bekort voorbeeld

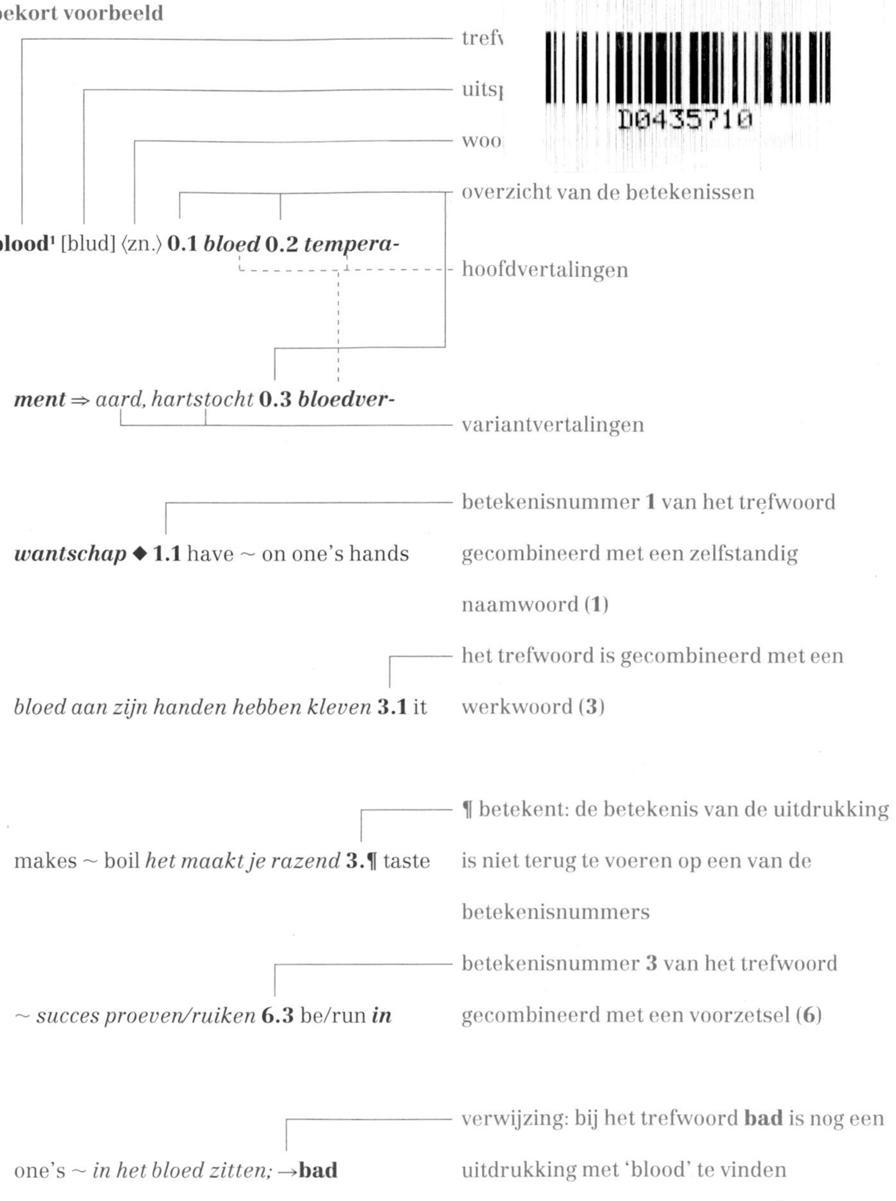

trefw
uitsp
woo
overzicht van de betekenissen
blood¹ [blud] ⟨zn.⟩ **0.1** ***bloed*** **0.2** ***tempera-***
hoofdvertalingen
ment ⇒ *aard, hartstocht* **0.3** ***bloedver-***
variantvertalingen
betekenisnummer **1** van het trefwoord
wantschap ◆ **1.1** have ~ on one's hands
gecombineerd met een zelfstandig
naamwoord (**1**)
het trefwoord is gecombineerd met een
bloed aan zijn handen hebben kleven **3.1** it
werkwoord (**3**)
¶ betekent: de betekenis van de uitdrukking
makes ~ boil *het maakt je razend* **3.¶** taste
is niet terug te voeren op een van de
betekenisnummers
betekenisnummer **3** van het trefwoord
~ *succes proeven/ruiken* **6.3** be/run ***in***
gecombineerd met een voorzetsel (**6**)
verwijzing: bij het trefwoord **bad** is nog een
one's ~ *in het bloed zitten;* →**bad**
uitdrukking met 'blood' te vinden

Handwoordenboek Engels - Nederlands

HANDWOORDENBOEKEN VOOR HEDENDAAGS TAALGEBRUIK

Hedendaags Nederlands

Frans - Nederlands

Nederlands - Frans

Duits - Nederlands

Nederlands - Duits

Spaans - Nederlands

Nederlands - Spaans

Zweeds - Nederlands

Nederlands - Zweeds

Nederlands - Engels

Engels - Nederlands

HANDWOORDENBOEK ENGELS-NEDERLANDS

dr. M. Hannay

in samenwerking met
drs. M. H. M. Schrama

derde druk

Van Dale Lexicografie
Utrecht/Antwerpen

Vormgeving binnenwerk
Bern. C. van Bercum BNO

Ontwerp band en stofomslag
R. Buschman

Zetwerk
Gardata bv, Leersum

Druk
Koninklijke Wöhrmann bv, Zutphen

Bibliotheekgegevens
Hannay, M.
Van Dale handwoordenboek Engels - Nederlands / M. Hannay. - Utrecht [etc.]: Van Dale Lexicografie. -
1e dr.: 1988, 2e dr.: 1994
ISBN 90-6648-217-6 geb.
ISBN 90-6648-229-x (set E - N/N - E)
NUGI 503
Trefw.: Engelse taal; woordenboeken.
D/1997/0108/704
R.8217602

Hoofdredacteur:
dr. M. Hannay
Studierichting Engels
Vrije Universiteit, Amsterdam

Bureauredacteur:
drs. M. H. M. Schrama

Aan de eerste druk van dit woordenboek werkten mee:

Kernredacteuren:
drs. A. J. Brugman
P. J. E. Hyams M.A.
S. Massotty B.A.

Redacteuren:
drs. J. L. Bol
drs. H. G. de Groot
drs. A. E. Reinders - Reeser
lic. W. Vanduffel
dr. W. Verschueren
drs. L. A. Wiemans

Overige medewerkers:
M. J. Bernstein B.A., M. Mus.
E. Beugeling
drs. M. A. A. Carbaat
drs. H. M. Crezee
prof. dr. A. J. Fry†
H. Hazenberg
drs. W. A. van Klaveren
drs. J. Klerkx
drs. M. L. H. M. Le Cat
prof. dr. J. L. Mackenzie
drs. P. J. van de Paverd
ir. M. A. Smits
dr. R. K. Todd

Een bijzonder woord van dank gaat naar drs. M. Bresser en drs. F. Zwarthoed voor hun bijdrage aan de tweede druk.

Inhoud

Woord vooraf

De eerste druk van dit woordenboek was ontleend aan het *Groot Woordenboek Engels - Nederlands.* Na het verschijnen van de tweede druk van het Groot Woordenboek, verscheen een, daarop gebaseerde, herziene druk van dit Handwoordenboek. Terwijl de derde druk van het Groot Woordenboek nog niet is verschenen, is er nu toch een derde druk van dit Handwoordenboek. Deze derde druk is dan ook op hoofdpunten identiek aan de tweede druk. Er zijn drie belangrijke verschillen:

- De spelling van het Nederlands is aangepast aan de nieuwe regels die in 1996 van kracht zijn geworden. De regels zijn toegepast volgens de interpretatie van de Van Dale redactieraad Spelling.
- Ongeveer vierhonderd trefwoorden zijn toegevoegd. In de meeste gevallen betreft het nieuwe termen voor nieuwe verschijnselen, waaronder **cellphone**, **cling film**, **EU**, **nicotine patch**, **road rage**. Soms ook is een woord toegevoegd dat in de vorige druk eigenlijk niet had mogen ontbreken, zoals **downplay**, **benchmark**.
  Er is in deze druk, op een enkele uitzondering na, niet geschrapt ten opzichte van de vorige. Het woordenboek is daardoor iets dikker geworden.
- Correcties zijn aangebracht, vaak als reactie op opmerkingen van gebruikers van het woordenboek die de moeite namen ons hun kritiek toe te sturen. We willen u graag uitnodigen om opmerkingen te maken. U kunt daarbij gebruik maken van ons antwoordnummer 4013, 3500 VB Utrecht. Vanuit Nederland is dat gratis.

De Handwoordenboeken van Van Dale zijn bedoeld en gemaakt voor Nederlandstalige gebruikers. Geregeld bereiken ons verzoeken van niet-Nederlandstaligen om aanpassingen die meer tegemoet komen aan hun informatiebehoefte, zoals het aanduiden van het lidwoord bij de vertalingen in het deel Engels - Nederlands en uitspraakweergave bij de trefwoorden in het deel Nederlands - Engels. Het ligt in de bedoeling om in de toekomst handreikingen te doen aan gebruikers met het Engels als moedertaal, maar in deze beperkt herziene druk lijkt het boek in dit opzicht nog sterk op de vorige druk.

De uitgever

Inleiding en gebruiksaanwijzing

Wat staat er in dit woordenboek?

Dit Handwoordenboek is tot stand gekomen op basis van het *Van Dale Groot Woordenboek Engels-Nederlands*. Het bevat 42.589 ingangen, die zo geselecteerd zijn dat alle woorden en woordbetekenissen die in de gewone omgangstaal voorkomen, vermeld zijn. Allerlei al te specialistische, technische, zeldzame of verouderde termen en betekenissen zal men in dit woordenboek tevergeefs zoeken; daarvoor kan men terecht bij het *Groot woordenboek*. Daarentegen zal men vrijwel alles wat zonder nadere uitleg voorkomt in de media, in vrijetijdslectuur of in studieboeken wel hier aantreffen.

Wat is het doel van dit woordenboek?

Dit woordenboek wil meer een begrijp- dan een vertaalwoordenboek zijn. Dit houdt in dat de gegeven vertalingen niet uitputtend zijn: vaak zijn nog andere vertalingen mogelijk. Wel is er naar gestreefd steeds zoveel informatie te geven dat een goed begrip van het woord gewaarborgd is: zo wordt vaak extra commentaar gegeven bij begrippen die in onze cultuur minder bekend zijn, en in andere gevallen worden bij de voorbeelden nog extra vertalingen gegeven.

Wat komt als ingang voor?

In dit woordenboek zijn behalve gewone woorden ook diverse andere soorten woorden als ingangen opgenomen: afkortingen, zoals **i.e.**; letterwoorden, zoals **UNESCO**; samentrekkingen, zoals **won't**; en tenslotte onregelmatige vormen van werkwoorden, zoals **ate**, **gave** enz.

In sommige gevallen bestaat een ingang uit meer dan één woord. Er zijn drie categorieën: werkwoorden die uit twee woorden bestaan, zoals **come in**, **go out**; combinaties van twee zelfstandige naamwoorden, zoals **leg warmer**, **steam engine**; en sommige combinaties van bijvoeglijk naamwoord en zelfstandig naamwoord, zoals **big time** en **White House**. Ingangen van deze laatste categorie komen alleen voor als het gaat om een woordencombinatie met een speciale betekenis.

Bovendien komen niet alle behandelde woorden als echte ingangen voor. Dit geldt voor afleidingen die niet frequent zijn, geen aparte betekenis hebben en geen andere vertaling hebben dan direct uit de vertaling van het grondwoord af te leiden is. Het gaat hier om twee belangrijke hoofdgroepen. De eerste groep bestaat uit bijwoorden met **-ly** en naamwoorden die eindigen met **-ness**. Deze zijn alleen opgenomen als ze betekenissen hebben die afwijken van die van het woord waarvan ze afgeleid zijn (en dus anders vertaald worden). Zo zijn enerzijds bijvoorbeeld **tamely** en **tameness** niet als aparte ingangen opgenomen omdat hun betekenis en vertaling af te leiden zijn van de betekenis van het woord **tame**. Anderzijds wordt bijvoorbeeld **technically** wel apart opgenomen omdat dit woord in een zin als **technically, you are right** met ***technisch gezien*** vertaald moet worden en niet met ***technisch***; verder vormt het woord **sameness** ook een aparte ingang omdat de vertalingen ervan op geen enkele manier af te leiden zijn van de vertalingen van het grondwoord **same**. Voor verdere informatie over het behandelen van bijwoorden, zie hieronder bij het onderdeel 'Grammatica en spelling'.

De tweede groep bestaat uit (a) sommige zelfstandige naamwoorden die zijn afgeleid van werkwoorden en bijvoeglijke naamwoorden, en (b) sommige bijvoeglijke naamwoorden die van zelfstandige naamwoorden afgeleid zijn. Voorbeelden van de eerste categorie zijn **electrification** (afgeleid van het werkwoord **electrify**), **enfranchisement** (afgeleid van het werkwoord **enfranchise**), **affability** (afgeleid van het bijvoeglijk naamwoord **affable**) en **lucidity** (afgeleid van het bijvoeglijk naamwoord **lucid**). Voorbeelden van de tweede categorie zijn **telepathic** (afgeleid van het zelfstandig naamwoord **telepathy**) en **anthropomorphic** (afgeleid van **anthropomorphism**). In alle dergelijke gevallen wordt de afleiding samen met een aanduiding van de woordsoort als afleiding opgenomen bij de grammaticale informatie van het grondwoord (met uitzondering van **-ness**, dat altijd een zelfstandig naamwoord aangeeft). Dit ziet er dan als volgt uit:

electrif|y ⟨zn.: **-ication**⟩
telepath|y ⟨bn.: **-ic**⟩
black[2] ⟨bn.; -ness⟩

Voor alle boven omschreven gevallen geldt de volgende opzoekregel: zoek eerst het woord zelf op; als dat er niet staat, zoek dan het grondwoord op.

Volgorde van de ingangen

De ingangen zijn strikt alfabetisch geordend. Dat geldt ook voor letterwoorden als **UNESCO** en afkortingen als **i.e.**

Woorden die dezelfde vorm hebben, maar tot verschillende woordsoorten behoren, gelden in principe als aparte ingangen; deze worden voorzien van bovengeschreven volgnummers. Zo is **decree** zowel zelfstandig naamwoord als werkwoord. Dit staat als volgt aangegeven:

decree[1] ⟨zn.⟩ ...
decree[2] ⟨ww.⟩ ...

Er zijn echter uitzonderingen hierop: als een woord dat tot twee woordsoorten hoort, betekenissen heeft die nauw met elkaar verwant zijn, en waarbij de ene betekenis afgeleid is van de andere, dan worden deze woordsoorten vaak onder één ingang behandeld. Dat wordt dan als volgt aangegeven:

illiterate 0.1 ⟨bn.⟩ ***ongeletterd*** **0.2** ⟨zn.⟩ ***analfabeet***
Norwegian 0.1 ⟨bn.⟩ ***Noors*** **0.2** ⟨eig.n.⟩ ***Noors*** ⟨taal⟩ **0.3** ⟨telb.zn.⟩ ***Noor***
machine gun 0.1⟨zn.⟩ ***machinegeweer*** **0.2** ⟨ww.⟩ ***mitrailleren*** ⇒*met een machinegeweer beschieten*

Opbouw van de artikelen

In ieder artikel staat eerst informatie over woordsoort en uitspraak. Daarna wordt er een overzicht gegeven van de betekenissen (**0.1** ... **0.2** ... enz.). Na het 'dropje' (◆) staan de voorbeelden. Bij woorden die tot verschillende grammaticale subcategorieën behoren, is een onderverdeling aangebracht die wordt aangegeven met Romeinse cijfers. Een werkwoord als **dine**, dat zowel overgankelijk als onovergankelijk gebruikt kan worden, krijgt de volgende onderverdeling:

dine I ⟨onov.ww.⟩ **0.1** ***dineren*** ...
II ⟨ov.ww.⟩ **0.1** ***op een diner onthalen***

De opbouw in elk van die onderverdelingen is gelijk aan die van enkelvoudige artikelen.

Uitspraak

De uitspraak van de trefwoorden wordt aangeduid volgens de Brits-Engelse uitspraak. De uitspraaknotatie maakt gebruik van gewone letters en van de uitspraakregels van het Nederlands. Accenten en vreemde tekens worden zo veel mogelijk vermeden. Alleen voor klanken die in het Nederlands niet voorkomen, wordt een symbool gebruikt, zoals de g voor de eerste klank van **goal** en de θ voor de beginklank van **thanks**. Een enkele klinker in de uitspraakweergave geeft *altijd* een zgn. korte klinker weer, ook aan het einde van een woord. Dus in **more** [mo:] klinkt de o niet als oo, maar als in 'por'. De dubbelepunt geeft aan dat de klank iets langer moet worden aangehouden. De gebruikte symbolen staan, met een voorbeeld, aan het eind van deze inleiding en helemaal achterin het boek. In de trefwoorden en in de uitspraaknotatie is de klemtoon aangegeven door onderstreping van de beklemtoonde klinker(s).
Voor het aanleren van een authentiek klinkende uitspraak zijn vanzelfsprekend andere hulpmiddelen nodig dan een woordenboek. Maar met deze uitspraaknotatie is snel te zien hoe een woord wordt uitgesproken. Bijvoorbeeld: wordt **recipe** uitgesproken als [riesajp]? Nee dus, namelijk als [ressippie].
Twee tips kunnen helpen een al te Nederlands klinkende uitspraak te vermijden.
1) De slot-d, zoals in [bed] wordt door Nederlandssprekenden vaak als een **t** uitgesproken. Probeer er een echte **d** van te maken.
2) De u-klank in een woord als **but** gaat in het Engels een beetje naar een a-klank toe. Vermijd de echt Nederlandse, volle u-klank van **prut** en **zult**.
De symbolen die worden gebruikt in de uitspraaknotatie worden hieronder gevolgd door een voorbeeld en een toelichting.

ə	cov**e**r	kuvvə	stomme e, als in 'de'
g	**g**oal	gool	als in 'goal'
æ	b**a**d	bæd	tussen a en e in
θ	**th**anks	θængks	zachtjes blazen met de tongpunt tegen de voortanden
ð	**th**e	ðə	zachtjes blazend een **d** proberen te zeggen, met de tongpunt tegen de voortanden
:	two	toe:	voorafgaande klank iets langer aanhouden
·	video	viddie·oo	scheidt klinkers

Grammatica en spelling

In principe wordt de woordsoort van een ingang niet vermeld, omdat dit door de Nederlandse vertaling duidelijk zal worden. Er zijn twee uitzonderingen: woorden met een bovengeschreven volgnummer en woorden met een Romeinse onderverdeling. In het geval van een Romeinse onderverdeling wordt ook steeds de grammaticale subcategorie vermeld.

De grammaticale aanduidingen per woord geven beperkte maar adequate informatie. Daar waar een nadere precisering kan helpen onderscheid te maken tussen betekenissen of gebruiksmogelijkheden wordt deze ook gegeven. Achterin dit boek wordt een lijst van de onregelmatige werkwoorden gegeven, met speciale aandacht voor **be**, **do** en **have**.
Na de uitspraak van een ingang komt vaak informatie over onregelmatige vormen en spelling. Dit gebeurt bij de volgende categorieën:

(a) *Vergrotende en overtreffende trappen*
Als bij de vergrotende trap van een bijvoeglijk naamwoord meer dan gewoon **-er**

wordt toegevoegd, wordt dit vermeld. De vergrotende trap van bijvoorbeeld **red** is **redder**. Dit wordt als volgt vermeld: **red**[2] ⟨-der⟩. Als de vergrotende en overtreffende trappen helemaal onregelmatig zijn, dan worden zij ook vermeld, bv. **good**[2] ⟨better, best⟩.

(b) *Meervouden*
De meervoudsvorm van het zelfstandig naamwoord **baby** is **babies**. Dit wordt als volgt aangegeven: **bab|y**[1] ⟨zn.; mv.: -ies⟩. Andere voorbeelden zijn:
potato ⟨mv.: -es⟩
calf ⟨mv.: calves⟩
carp ⟨mv.: ook carp⟩

(c) *Werkwoordsvormen*
Als spellingsonregelmatigheden in de verschillende persoonsvormen van werkwoorden voorkomen, dan wordt dit aan de hand van de verleden tijd aangegeven. Zo wordt **jigged**, de verleden tijd van het werkwoord **jig**, als volgt weergegeven: **jig**[2] ⟨ww.; -ged⟩. Andere voorbeelden zijn:
travel[2] ⟨BE -led⟩
dirt|y[2] ⟨-ied⟩
In het geval van onregelmatige werkwoorden staan tussen haakjes zowel de vorm van de verleden tijd als het voltooid deelwoord voluit. Voorbeelden zijn:
give[2] ⟨gave, given⟩
take[2] ⟨took, taken⟩

(d) *Bijwoordsvormen*
De bijwoordsvorm van een bijvoeglijk naamwoord wordt alleen vermeld als deze niet wordt gevormd door het simpelweg toevoegen van **-ly**. Zo is **domestically** de bijwoordsvorm van **domestic**. Dit wordt als volgt aangegeven: **domestic**[2] ⟨bn.; -ally⟩. Andere voorbeelden zijn:
friendly ⟨bw.: in a friendly manner⟩
laudab|le ⟨-ly⟩
Als een bijvoeglijk naamwoord op **-y** eindigt dan worden spellingsonregelmatigheden bij eventuele afleidingen aangeduid door of **-iness** of **-ily** of **-ier**. Voorbeelden zijn:
dizz|y[1] ⟨bn.; -iness⟩
dirt|y[1] ⟨bn.; -ily⟩

De opzoekcode

De voorbeelden na het 'dropje' (◆) worden voorafgegaan door een opzoekcode die het de gebruiker gemakkelijk maakt de gezochte uitdrukking te vinden. De opzoekcode bestaat steeds uit een cijfer, een punt en een cijfer, bv. **3.2**. Het *eerste cijfer* heeft betrekking op de *woordsoort* van het woord waarmee het opgezochte woord gecombineerd wordt. Hierbij hebben de getallen de volgende betekenis:
1. zelfstandig naamwoord
2. bijvoeglijk naamwoord
3. werkwoord
4. voornaamwoord
5. bijwoord
6. voorzetsel
7. determinator
8. voegwoord
9. tussenwerpsel.
Het *tweede cijfer* van de opzoekcode correspondeert met het *betekenisnummer* van het opgezochte woord. Zo staat bij **notice**[1] onder **3.2** take (no) ~ of; dat wil zeggen dat betekenisnummer **0.2** van **notice**[1] (aandacht, belangstelling) hier gecombineerd is met een werkwoord (take = woordsoort **3**). De opzoekcode maakt het mogelijk zeer snel na te gaan of bepaalde combinaties voorkomen. Alle gevallen waarin het ingangswoord voorkomt met een bijvoeglijk naamwoord staan zo achter een **2.-** en combinaties met een voorzetsel zijn steeds achter een **6.-** te vinden. Voorbeelden met dezelfde opzoekcode zijn alfabetisch geordend op het combinatiewoord.

Enkele voorbeelden kunnen het systeem nog verder verduidelijken:

nuclear ... **0.2** ⟨nat.⟩ ***nucleair*** ⇒*kern-, atoom-* ◆ ... **1.2** ~ disarmament *nucleaire ontwapening*
(betekenisnr. **2** gecombineerd met een zelfstandig naamwoord)

demand[1] ⟨zn.⟩ ... **0.4** ***vraag*** ⇒*behoefte* ... ◆ ... **6.4** ... be **in** great ~ *erg in trek zijn*
(betekenisnr. **4** gecombineerd met een voorzetsel)

Als de betekenis van een uitdrukking niet terug te voeren is op één van de onderscheidingen in het overzicht van betekenissen, dan wordt er na de punt in de opzoekcode een 'vlag' (¶) gezet: omdat geen van de 'gewone' betekenissen van **dust**[1] terug te vinden is in de uitdrukking 'bite the dust' ('in het stof bijten', 'sneuvelen'), staat deze achter **3.¶**.

Ook kan het voorkomen dat het onmogelijk is slechts één combinatiewoord aan te geven. En soms is er helemaal geen combinatiewoord. In die gevallen wordt het *eerste* cijfer vervangen door een 'vlag':

assume ... **0.1** ***aannemen*** ... ◆ **¶.1** ~ he's coming, what'll we do then? *stel dat hij komt, wat doen we dan?*

out[3] ... **0.1** ... ***uit*** ... ◆ **¶.1** ~ ! *d'r uit!*

Wanneer de beide hier genoemde gevallen zich tegelijk voordoen, dan vindt men **¶.¶**:

welcome[2] ⟨bn.⟩ ...
II ◆ ... **¶.¶** 'thank you' 'you're ~' *'dank u' 'geen dank/graag gedaan'*

Voorbeelden na het dropje

Voor het opzoeken van uitdrukkingen en vaste woordcombinaties geldt het zgn. **2-1-3**-principe. Dit houdt in dat de bedoelde uitdrukkingen te vinden zijn bij
2 het (eerste) bijvoeglijk naamwoord (= woordsoort **2**) of, als dat er niet is,
1 het (eerste) zelfstandige naamwoord (= woordsoort **1**) of, als dat er niet is,
3 het (eerste) werkwoord (= woordsoort **3**).

Zo staat 'wash one's dirty linen in public' bij **dirty**[1] ⟨bn.⟩ (eerste bijvoeglijk naamwoord), 'take the mickey out of s.o.' bij **mickey** (eerste zelfstandig naamwoord) en 'make at s.o.' bij **make**[2] **I** (werkwoord, er zijn geen bijvoeglijke of zelfstandige naamwoorden).

Wanneer het gaat om uitdrukkingen met zowel een bijvoeglijk naamwoord als een zelfstandig naamwoord, is de uitdrukking ook te vinden onder het zelfstandig naamwoord. Daar wordt echter geen vertaling gegeven maar, d.m.v. een pijl, verwezen naar het trefwoord waarbij de vertaling gegeven wordt. Zo vindt men bv. onder **ear**: →**deaf.** Bij het trefwoord **deaf** vindt men dan: ... **1.¶** turn a ~ ear to *doof zijn voor.*

Spreekwoorden

De spreekwoorden zijn opgenomen onder het meest voor de hand liggende trefwoord. Ze zijn te herkennen aan de afkorting ⟨sprw.⟩ vóór het spreekwoord. Zo nodig zijn er vanuit andere trefwoorden verwijzingen opgenomen naar het trefwoord waar het spreekwoord behandeld wordt.

Uitspraaknotatie

ə stomme e, als in 'de'
g als in 'goal'
æ tussen a en e in
θ als in 'thanks'
ð als in 'the'
ã door de neus (nasaal) uitspreken
a̲ onderstreept: klemtoon
: voorafgaande klank iets langer aanhouden
· scheidt klinkers

Symbolen

[...] tussen deze haken staat de uitspraak van een trefwoord
(...) ronde haken geven een element aan dat ook weggelaten kan worden
⟨...⟩ commentaar en afkortingen staan tussen punthaken
⇒ dubbelschachtige pijl: scheidt een hoofdvertaling van de bijbehorende varianten
→ pijl: verwijst naar een andere ingang van het woordenboek
◆ 'dropje': staat tussen het overzicht van vertaalmogelijkheden en de voorbeelden
~ tilde: staat in de plaats van het trefwoord (in voorbeelden)
¶ 'vlag': wordt gebruikt om aan te geven (a) dat de betekenis van een uitdrukking niet uit die van de samenstellende delen is af te leiden of (b) dat het meest kenmerkende woord uit de context van een trefwoord niet kon worden bepaald. In geval (a) vervangt de vlag het tweede cijfer van de opzoekcode, in geval (b) vervangt hij het eerste cijfer
/ schuine streep of slash scheidt alternatieve delen van een vertaling, zoals in 'succes proeven/ruiken'
| verticaal streepje in trefwoord: het woorddeel vóór de streep wordt in de afleiding, de onregelmatige meervoudsvorm e.d. vervangen door een liggend streepje. Voorbeelden: **telepath|y** ⟨bn.: **-ic**⟩. Het hierbij horend bijvoeglijk naamwoord is **telepathic**.
bab|y[1] ⟨zn.; mv.: -ies⟩. De meervoudsvorm van **baby** is **babies**
® 'registered trademark' wil zeggen dat de geredigeerde betekenis is gedeponeerd als handelsmerk

Afkortingen

aanv. w.	aanvoegende wijs
aanw.	aanwijzend
aardr.	aardrijkskunde
abstr.	abstract
adm.	administratie
AE	Amerikaans-Engels
afk.	afkorting
alg.	algemeen
Am.	Amerikaans
amb.	ambacht(elijk)
anat.	anatomie
antr.	antropologie
astrol.	astrologie
attr.	attributief
Austr. E	Australisch-Engels
AZN	Algemeen Zuid-Nederlands
BE	Brits-Engels
beh.	behalve
bel.	beledigend
Belg.	België
ben. voor	benaming voor
bep.	bepaald
bet.	betekenis
betr.	betrekkelijk
bez.	bezittelijk
bijb.	bijbel(s)
bijz.	bijzonder
bioch.	biochemie
biol.	biologie
bk.	beeldende kunst
bn.	bijvoeglijk naamwoord
boek.	boekwezen
bouwk.	bouwkunst
bv.	bijvoorbeeld
bw.	bijwoord
Can. E.	Canadees-Engels
com.	communicatie(media)
comp.	computer
conf.	confectie
cul.	culinaria
dansk.	danskunst
deelw.	deelwoord
det.	determinator
dierk.	dierkunde
dmv.	door middel van
dram.	dramaturgie
druk.	drukwezen, drukkunst
Dui.	Duits
d.w.z.	dat wil zeggen
ec.	economie
e.d.	en dergelijke
eig.n.	eigennaam
elek.	elektriciteit
elk.	elkaar
emf.	emfatisch
Eng.	Engels
enk.	enkelvoud
enz.	enzovoort
euf.	eufemistisch
evt.	eventueel
far.	farmacie, mbt. geneesmiddelen
fig.	figuurlijk
fil.	filosofie
film.	film(kunde)
foto.	fotografie
Fr.	Frans
GB	Groot-Brittannië
geb. w.	gebiedende wijs
geldw.	geldwezen
geol.	geologie
gesch.	geschiedenis
gew.	gewestelijk
graf.	grafische kunst
hand.	handel
hww.	hulpwerkwoord

IE	Iers-Engels
iem.	iemand
ihb.	in het bijzonder
ind.	industrie
Ind. E	Indisch-Engels
inf.	informeel
ipv.	in plaats van
iron.	ironisch
itt.	in tegenstelling tot
ivm.	in verband met
jud.	judaïsme, jodendom
jur.	juridisch, recht
kind.	kinderen
kww.	koppelwerkwoord
landb.	landbouw
landmeetk.	landmeetkunde
lett.	letterlijk
lidw.	lidwoord
lit.	literatuur
luchtv.	luchtvaart
man.	mannen(taal)
mbt.	met betrekking tot
med.	medicijnen, geneeskunde
meetk.	meetkunde
meteo.	meteorologie, mbt. het weer
mijnw.	mijnwezen
mil.	leger
ml.	mannelijk(e)
muz.	muziek
mv.	meervoud
nat.	natuurkunde
Ned.	Nederland(s)
nevensch.	nevenschikkend
n.-telb.	niet-telbaar
nw.	naamwoord
o.a.	onder andere
o.m.	onder meer
onb.	onbepaald
onb. w.	onbepaalde wijs
ondersch.	onderscheidend
oneig.	oneigenlijk
ong.	ongeveer
onov.	onovergankelijk
onpers.	onpersoonlijk
onvolt.	onvoltooid
oorspr.	oorspronkelijk
ov.	overgankelijk
overtr.	overtreffend
pass.	passief
pej.	pejoratief
pers.	persoon(lijk)
plantk.	plantkunde
pol.	politiek
post.	postnominaal, achtergeplaatst
pred.	predikatief
predet.	predeterminator
prot.	protestants
psych.	psychologie
rel.	religie, mbt. godsdienst, kerk
r.-k.	rooms-katholiek
ruim.	ruimtevaart

s	verwijzing naar sporttermen	v.	van
samentr.	samentrekking	v.d.	van de
Sch. E	Schots-Engels	v.e.	van een
scheep.	scheepvaart, scheepsbouw	vergr.	vergrotend
schei.	scheikunde	verk.	verkorting
scherts.	schertsend	verl.	verleden
school.	schoolwezen, onderwijs	vero.	verouderd
schr.	schrijftalig, zeer formeel	verz.	verzekeringswezen
sl.	slang	verz.n.	verzamelnaam
s.o.	someone	v.h.	van het
soc.	sociologie	vnl.	voornamelijk
sold.	soldaten(taal)	vnw.	voornaamwoord
sp.	spelling	volks.	volkstaal
sprw.	spreekwoord	volt.	voltooid
stat.	statistiek	vr.	vrouwelijk(e)/vragend
ster.	sterrenkunde	vulg.	vulgair
sth.	something	vw.	voegwoord
stud.	studenten	vz.	voorzetsel
		w.	wijs
t	verwijzing naar lijst van maten en gewichten	wet.	wetenschappelijk
t.	tijd	wisk.	wiskunde
taal.	taalkunde	wk.	wederkerend
tech.	techniek, technologie	ww.	werkwoord
teg.	tegenwoordig(e)	wwb.	weg- en waterbouw
telb.	telbaar	zgn.	zogenaamd
telw.	telwoord	zn.	zelfstandig naamwoord
tgov.	tegenover	Z.Afr. E	Zuid-Afrikaans-Engels
tov.	ten opzichte van		
tw.	tussenwerpsel		
uitdr.	uitdrukking(en)		
USA	United States of America		

a

a¹, A [ee] ⟨zn.; mv.: a's, A's⟩ **0.1** ***a, A*** **0.2** ***de eerste*** ⇒*de beste/hoogste (rang/graad);* ⟨attr. ook⟩ *eersteklas* ◆ **1.¶** not know A from B *geen a voor een b kennen;* A-1 *eersteklas, prima* **3.¶** John got an A for his essay *Jan kreeg een negen voor zijn opstel.*

a² [ə, ⟨sterk⟩ ee], ⟨voor klinker en vaak voor een onbeklemtoonde lettergreep beginnend met h-⟩ **an** [ən, ⟨sterk⟩ ee] ⟨lidw.⟩ **0.1** ⟨onb.⟩ ***een*** **0.2** ⟨voor eigennaam⟩ ***een (zekere)*** ⇒*ene* **0.3** ⟨voor n.-telb. zn.⟩ ***een (soort)*** **0.4** ***per*** **0.5** ***de/hetzelfde*** ◆ **1.1** a child needs love *een kind heeft liefde nodig* **1.2** a Mr Smith *een zekere meneer Smith* **1.3** an unknown cocoa *een onbekende cacaosoort* **1.4** five times a day *vijf keer per dag* **1.5** all of an age *allemaal even oud* **4.1** a hundred *honderd.*

A.A. ⟨afk.⟩ **0.1** ⟨BE⟩ [Automobile Association] **0.2** ⟨AE⟩ [Alcoholics Anonymous].

aardvark [a:dva:k] **0.1** ***aardvarken.***

A.B. ⟨afk.; BE⟩ **0.1** [able-bodied seaman].

abacus [æbəkəs] ⟨mv.: ook abaci [-saj]⟩ **0.1** ***telraam*** ⇒*abacus.*

abaft [əba:ft] ⟨scheep.⟩ **0.1** ⟨bw.⟩ ***(naar) achter*** ⇒*op/naar het achterschip* **0.2** ⟨vz.⟩ ***achter*** ◆ **1.1** with the wind ~ *met de wind van achteren.*

abandon¹ [əbændən] ⟨zn.⟩ **0.1** ***ongedwongenheid*** ⇒*vrijheid* ◆ **6.1** **with** ~ *uitbundig.*

abandon² ⟨ww.⟩ **0.1** ***in de steek laten*** ⇒*aan zijn lot overlaten* **0.2** ***op/prijsgeven*** ⇒*afstand doen van* **0.3** ***terugnemen*** ⇒*afzien van* **0.4** ⟨sport⟩ ***afgelasten*** ◆ **1.1** ~ a baby *een baby te vondeling leggen;* the order to ~ ship *het bevel het schip te verlaten* **1.2** ~ all hope *alle hoop laten varen;* ~ a subject *van een onderwerp afstappen* **4.2** ~ o.s. to *zich overgeven aan;* ⟨in volt. t.⟩ *ten prooi zijn aan.*

abandoned [əbændənd] **0.1** ***verlaten*** ⇒*opgegeven* **0.2** ***verdorven*** ⇒*losbandig, schaamteloos* **0.3** ***ongedwongen*** ⇒*ongeremd, uitbundig.*

abandonment [əbændənmənt] **0.1** ***ver/achterlating*** ⇒*het in de steek laten* **0.2** ***verlatenheid*** ⇒*het verlaten zijn* **0.3** ***het prijsgeven*** ⇒*overgave* **0.4** ***veronachtzaming*** **0.5** ***zelfverloochening*** **0.6** ***ongedwongenheid*** ⇒*nonchalance.*

abase [əbees] ⟨zn.: **-ment**⟩ ⟨vaak als wk. ww.⟩ **0.1** ***vernederen*** ⇒*verlagen.*

abash [əbæsj] ⟨vnl. pass.⟩ **0.1** ***beschamen*** ⇒*verlegen maken* ◆ **3.1** stand ~ed *beteuterd staan te kijken.*

abate [əbeet] ⟨zn.: **-ment**⟩ **I** ⟨onov.ww.⟩ **0.1** ***verminderen*** ⇒*afnemen* ◆ **1.1** the fever ~d *de koorts daalde;* the wind ~d *de wind ging liggen;*
II ⟨ov.ww.⟩ **0.1** ***uit de weg ruimen*** ⇒*een eind maken aan* **0.2** ***verminderen*** ⇒*verzachten, verzwakken* ⟨bv. belasting, pijn⟩ ◆ **1.2** nothing could ~ his pride *niets kon zijn trots doen afnemen.*

abattoir [æbətwa:] **0.1** ***slachthuis*** ⇒*abattoir.*

abbess [æbis] **0.1** ***abdis*** ⇒*moeder-overste.*

abbey [æbie] **0.1** ***abdij*** **0.2** ***abdijkerk.***

abbot [æbət] **0.1** ***abt.***

abbreviate [əbrie:vie·eet] **0.1** ***inkorten*** ⇒*verkorten* **0.2** ***afkorten.***

abbreviation [əbrie:vie·eesjn] **0.1** ***inkorting*** ⇒*verkorting* **0.2** ***afkorting.***

ABC **0.1** ***abc*** ⇒*alfabet* **0.2** ⟨vnl. mv.⟩ ***eerste beginselen v. lezen en schrijven*** ⇒⟨enk.; fig.⟩ *eerste beginselen.*

abdic|ate [æbdikkeet] ⟨zn.: **-ation**⟩ **0.1** ***abdiceren*** ⇒*aftreden* **0.2** ⟨schr.⟩ ***afstand doen van*** ⟨verantwoordelijkheid e.d.⟩ ◆ **1.1** ~ (from) the throne *troonsafstand doen.*

abdomen [æbdəmən] **0.1** ***abdomen*** ⇒*(onder)buik* **0.2** ***achterlijf*** ⟨v. insect⟩.

abdominal [æbdomminl] **0.1** ***abdominaal*** ⟨ook v. insect⟩ ◆ **1.1** ~ pain *pijn in de (onder)buik.*

abduct [æbdukt] **0.1** ***ontvoeren*** ⇒*kidnappen.*

abductee [æbduktie:] **0.1** ***ontvoerde.***

abduction [æbduksjn] **0.1** ***ontvoering*** ⇒*kidnapping.*

abeam [əbie:m] **0.1** ⟨scheep., luchtv.⟩ ***dwars(scheeps).***

abed [əbed] ⟨schr.⟩ **0.1** ***te/in bed.***

aberrant [æberrənt] ⟨vnl. biol.⟩ **0.1** ***afwijkend*** ⇒*atypisch, abnormaal* ◆ **1.1** ~ behaviour *afwijkend gedrag.*

aberration [æbəreesjn] **0.1** ***storing*** **0.2** ⟨vnl. biol.⟩ ***afwijking*** **0.3** ***afdwaling*** ⇒*misstap, fout* **0.4** ⟨nat.⟩ ***aberratie*** ◆ **1.1** in a moment of ~ *in een vlaag v. verstandsverbijstering* **6.1** an ~ **in** the computer *een storing in de computer.*

abet [əbet] ⟨-ted⟩ ⟨ook jur.⟩ **0.1** ⟨+in⟩ ***bijstaan (in)*** ⇒*helpen (bij)* ⟨iets slechts⟩ **0.2** ***opstoken*** ⇒*ophitsen.*

abeyance [əbeeəns] ⟨schr.⟩ **0.1** ***opschorting*** ⇒*uitstel* **0.2** ***toestand v. onzekerheid*** ⇒*onbeslistheid* ◆ **6.1** (be) **in/(fall) into** ~ *in onbruik/opgeschort (zijn/raken)* **6.2** the matter is **in** ~ *de zaak is onbeslist/hangende.*

abhor [əbho:] ⟨-red⟩ **0.1** ***verafschuwen*** ⇒*verfoeien, walgen van.*

abhorrence [əbhorrəns] **0.1** ***afschuw*** ⇒*gruwel* ◆ **6.1** hold **in** ~ *verafschuwen.*

abhorrent [əbhorrənt] **0.1** ***weerzinwekkend*** ⇒*afschuwelijk, afstotend* **0.2** ⟨+to⟩ ***onverenigbaar (met)*** ⇒*strijdig (met)* ◆ **6.1** that's ~ **to** him *zoiets verafschuwt hij.*

abide [əbajd] ⟨verl. t. en volt. deelw. ook abode⟩ **I** ⟨onov.ww.⟩ ⟨schr.⟩ **0.1** ***blijven*** ◆ **6.¶** ⟨vorl. t. alleen abided⟩ ~ **by** *zich neerleggen bij, zich houden aan; trouw blijven aan;*
II ⟨ov.ww.⟩ **0.1** ***doorstaan*** ⇒*het hoofd bieden aan* **0.2** ***dulden*** ⇒*verduren* ◆ **1.1** ~ the enemy's onslaught *de aanval v.d. vijand opvangen* **1.2** how can you ~ such cruelty? *hoe kun je zo'n wreedheid verdragen?*

abilit|y [əbillətie] ⟨mv.: -ies⟩ **0.1** ***bekwaamheid*** ⇒*vermogen, bevoegdheid* ⟨ook jur.⟩ **0.2** ⟨vnl. mv.⟩ ***talent*** ⇒*(geestes)gave* **0.3** ***solvabiliteit*** ⇒*solventie.*

abject [æbdzjekt] **0.1** ***rampzalig*** ⇒*ellendig, miserabel* **0.2** ***verachtelijk*** ⇒*kruiperig, laag* ◆ **1.1** ~ poverty *troosteloze armoede* **1.2** ~ slave *verachtelijke slaaf.*

abjection [æbdzjeksjn] **0.1** ***rampzaligheid*** ⇒*ellende, vernedering* **0.2** ***verachtelijkheid*** ⇒*kruiperigheid.*

abjur|e [əbdzjoeə] ⟨zn.: **-ation**⟩ **0.1** ***afzweren*** ⇒*herroepen, (onder ede) verzaken aan.*

ablaze [əbleez] **0.1** ***in lichterlaaie/brand*** **0.2** ***schitterend*** ⇒*stralend;* ⟨fig.⟩ *opgewonden* ◆ **3.1** set ~ *in vuur en vlam zetten* **6.2** ~ **with** excitement *gloeiend v. opwinding.*

able [eebl] ⟨ably⟩ **0.1** ***bekwaam*** ⇒*competent* **0.2** ***in staat*** ⇒*de macht/gelegenheid/mogelijkheid hebbend* ◆ **3.2** be ~ to *kunnen* **6.¶** ~ **in** body and mind *gezond v. lichaam en geest.*

able-bodied [eeblboddid] **0.1** ***gezond (v. lijf en leden)*** **0.2** ⟨scheep.⟩ ***bevoegd*** ⇒*bevaren* ◆ **1.1** ~ recruit *goedgekeurd rekruut* **1.2** ~ seaman *vol matroos.*

ablution [əbloe:sjn] **0.1** ***ablutie*** ⇒*rituele/ceremoniële wassing* **0.2** ⟨mv.; scherts.⟩ ***het wassen*** ⇒*toilet* **0.3** ⟨mv.; BE; inf.; mil.⟩ ***waslokaal*** ⇒⟨euf.⟩ *toiletten* ◆ **3.2** have you performed your ~s? *ben je klaar met je toilet?*

ably [eeblie] →**able.**

abnegation [æbnigeesjn] **0.1** ***zelfverloochening.***

abnormal [æbno:məl] **0.1** ***abnormaal*** ⇒*afwijkend* **0.2** ***uitzonderlijk.***

abnormalit|y [æbno:mæləti e] ⟨mv.: -ies⟩ **0.1** ***abnormaliteit*** ⇒*afwijking.*

abo [æboo] ⟨soms A-⟩⟨verk.⟩ [aborigine] ⟨Austr. E; sl.⟩ **0.1** ***inboorling.***

aboard [əbo:d] **0.1** ⟨bw.⟩ ***aan boord*** **0.2** ⟨vz.⟩ ***aan boord van*** ◆ **4.1** all ~! *instappen!*

abode[1] [əbood] ⟨zn.⟩⟨schr. of jur.⟩ **0.1** ***woonplaats*** ⇒*verblijf* ◆ **3.1** make one's ~ *zijn intrek nemen.*

abode[2] ⟨verl. t. en volt. deelw.⟩ →**abide.**

abolish [əbollisj] **0.1** ***afschaffen*** ⇒*een eind maken aan* ◆ **1.1** ~ the death penalty *de doodstraf afschaffen.*

abolition [æbəlisjn] **0.1** ***afschaffing.***

abolitionist [æbəlisjənist] ⟨gesch.⟩ **0.1** ***abolitionist*** ⟨voorstander v. afschaffing v. slavernij⟩.

A-bomb [eebom] **0.1** ***A-bom*** ⇒*atoombom.*

abominab|le [əbomminnəbl] ⟨-ly⟩ **0.1** ***afschuwelijk*** ⇒*walgelijk* ◆ **1.1** Abominable Snowman *verschrikkelijke sneeuwman.*

abominate [əbomminneet] **0.1** ***verafschuwen*** ⇒*walgen van.*

abomination [əbomminneesjn] **0.1** ***walgelijk iem. / iets.***

aboriginal [æbəridzjinl] **0.1** ⟨bn.⟩ ***inheems*** ⇒*autochtoon, oorspronkelijk;* ⟨ihb. A-⟩ *mbt. / v. de Australische inboorlingen* **0.2** ⟨zn.⟩ ***inboorling*** ⇒⟨ihb. A-⟩ *Australische inboorling.*

aborigine [æbəridzjinnie] **0.1** ***inboorling*** ⇒⟨ihb. A-⟩ *Australische inboorling.*

abort [əbo:t] **0.1** ***(doen) aborteren*** ⇒*een miskraam hebben/ opwekken, ontijdig bevallen* **0.2** ***tot een ontijdig einde komen/brengen*** ⇒*(doen) mislukken;* ⟨ihb. luchtv., ruim.⟩ *(de vlucht) voortijdig afbreken* ◆ **1.1** ~ a foetus *een vrucht afdrijven;* ~ a pregnancy *een zwangerschap afbreken/onderbreken* **1.2** the mission had to be ~ed *de vlucht moest voortijdig afgebroken worden.*

abortion [əbo:sjn] **I** ⟨telb.zn.⟩ **0.1** ***geaborteerde foetus*** ⇒ *doodgeboren kind* **0.2** ***onvolgroeid/mismaakt schepsel*** ⇒*wangedrocht, dwerg* **0.3** ***mislukking*** ⇒*flop;*
II ⟨telb. en n.-telb.zn.⟩ **0.1** ***abortus*** ⇒*miskraam* **0.2** ***abortus (provocatus)*** ⇒*vruchtafdrijving.*

abortion clinic **0.1** ***abortuskliniek.***

abortionism [əbo:sjənizm] **0.1** ***(de) abortusbeweging.***

abortionist [əbo:sjənist] **0.1** ***aborteur/euse.***

abortion-on-demand **0.1** ***vrije abortus*** **0.2** ***recht op abortus*** ⇒*baas-in-eigen-buikprincipe.*

abortive [əbo:tiv] **0.1** ***te vroeg geboren*** ⇒*onvoldragen;* ⟨fig. ook⟩ *vroeg/ontijdig, voorbarig* **0.2** ***abortief*** ⇒*vruchtafdrijvend* **0.3** ***vruchteloos*** ⇒*mislukt, abortief.*

abound [əbaund] **0.1** ***overvloedig aanwezig zijn*** ⇒*in overvloed voorkomen, wemelen (van)* ◆ **6.1** this area ~s **in** wild animals *het wemelt hier van de wilde dieren.*

about[1] [əbaut] ⟨bw.⟩ **0.1** ***ongeveer*** ⇒*bijna* **0.2** ⟨plaats- en richtingaanduidend⟩ ***rond(om)*** ⇒*in het rond/de buurt* **0.3** ***om(gekeerd)*** ⟨ook fig.⟩ ◆ **1.2** a long way ~ *een hele omweg* **1.3** the wrong way ~ *omgekeerd* **3.1** that's ~ it *dat moet het zo ongeveer zijn* **3.2** don't carry it ~ with you *draag het niet overal mee;* go ~ telling lies *overal leugens vertellen;* there's a lot of flu ~ *er heerst griep;* there's plenty of money ~ *er is veel geld in omloop* **3.3** he turned ~ *hij draaide zich om;* ⟨BE⟩ ~ turn!, ⟨AE⟩ ~ face! *rechtsomkeert!* **7.1** ~ twenty pence *ongeveer twintig pence.* →**be about, come about, go about etc.**

about[2] ⟨vz.⟩ **0.1** ***rond*** ⇒*om ... heen* **0.2** ⟨plaatsaanduidend, ook fig.⟩ ***rondom*** ⇒*in (de buurt van)* **0.3** ***door ... heen*** ⇒ *over* **0.4** ***over*** ⇒*met betrekking tot* **0.5** ***omstreeks*** ⇒*omtrent, ongeveer* ◆ **1.1** dance ~ the table *rond de tafel dansen* **1.2** there was an air of mystery ~ the boy *de jongen had iets geheimzinnigs over zich;* her toys lay ~ the floor *haar speelgoed lag verspreid over de vloer;* he is well known ~ the town *hij is in de hele stad goed bekend* **1.3** travel ~ the country *in het land rondreizen* **1.4** he was not long ~ the job *hij had dat karwei gauw geklaard;* a book ~ religion *een boek over godsdienst;* the truth, that's what it's all ~ *de waarheid, daar gaat het om* **1.5** ~ midnight *tegen middernacht* **4.4** be quick ~ it *schiet eens wat op* **4.¶** ~ it! *aan de slag!;* while you are ~ it *als je (er) toch (mee) bezig bent;* what ~ it? *nou, en ...?, so what?; wat wil je nu/erover zeggen?;* what/how ~ a cup of coffee? *zin in een kop koffie?, wat vind je van een kop koffie?;* what is he ~? *wat voert hij uit?*

about-turn, ⟨vnl. AE⟩ **about-face** **0.1** ⟨ook fig.⟩ ***totale om(me)keer*** ⇒*draai v. 180°* ◆ **6.1** an ~ **on** economic policy *een totale ommezwaai in het economisch beleid* **¶.1** ⟨mil.⟩ ~! *rechtsom(keert)!*

above[1] [əbuv] ⟨bn.⟩⟨schr.⟩ **0.1** ***bovenstaande*** ⇒*vorig* ◆ **1.1** the ~ paragraph *de alinea hierboven.*

above[2] ⟨bw.⟩ **0.1** ⟨duidt een hogere positie aan⟩ ***boven*** ⇒*hoger* **0.2** ⟨plaats in rangorde⟩ ***hoger*** ⇒*meer* ◆ **1.1** the saints ~ *de heiligen in de hemel* **3.1** the above-mentioned/ above-said *het bovengenoemde* **4.2** twenty and ~ *twintig en meer* **6.1 from** ~ *van boven;* ⟨fig.⟩ *uit de hemel* **6.2** imposed **from** ~ *v. hogerhand opgelegd* **7.1** the ~ *het bovengenoemde; de bovengenoemde personen.*

above[3] ⟨vz.⟩ **0.1** ⟨duidt een hogergelegen plaats aan⟩ ***boven*** ⇒ *hoger dan* **0.2** ⟨duidt een overschrijding aan⟩ ***hoger dan*** ⇒ *meer dan* **0.3** ***boven ... verheven*** ◆ **1.1** the roof ~ my head *het dak boven mijn hoofd;* ~ stairs *boven;* situated ~ the valley *boven het dal gelegen* **1.2** do not speak ~ a whisper *spreek fluisterend* **3.3** he's ~ talking to a farmer *hij acht het beneden zich met een boer te spreken* **4.2** ~ fifty *meer dan vijftig;* that's ~ me *dat gaat m'n petje te boven;* ~ all this *daar komt nog bij (dat)* **4.¶** ~ all *vooral;* ⟨inf.⟩ be ~ oneself *pretenties hebben.*

aboveboard **0.1** ***eerlijk*** ⇒*openlijk, rechtuit.*

abracadabra [æbrəkədæbrə] **0.1** ***abracadabra*** ⇒*toverformule; wartaal.*

abrade [əbreed] **0.1** ***(af)schuren*** ⇒*(af)schaven;* ⟨fig.⟩ *ondermijnen* ◆ **1.1** the river ~s the bank *de rivier schuurt de oever (uit);* ~d skin *geschaafde huid.*

abrasion [əbreezjn] **0.1** ***(af)schuring*** ⇒*afgeschaafde plek.*

abrasive[1] [əbreesiv] ⟨zn.⟩ **0.1** ***schuurmiddel*** ⇒*slijpmiddel.*

abrasive[2] ⟨bn.⟩ **0.1** ***schurend*** ⇒*krassend* **0.2** ***ruw*** ⇒*kwetsend* ◆ **1.1** ~ powder *slijppoeder* **1.2** ~ character *irritant karakter;* ~ voice *snijdende/scherpe stem.*

abreast [əbrest] **0.1** ***zij aan zij*** ⟨in dezelfde richting⟩ ⇒*naast elkaar, op een rij* **0.2** ***in gelijke tred*** ⇒*gelijk, op dezelfde hoogte* ◆ **4.1** march four ~ *met vier op een rij marcheren;* two ~ *twee aan twee* **6.2** keep wages ~ **of** *de lonen gelijke tred doen houden met;* be ~ **of/with** the times *op de hoogte zijn, bij de tijd zijn.*

abridge [əbridzj] **0.1** ***verkorten*** ⇒*inkorten;* ⟨fig.⟩ *beperken.*

abridg(e)ment [əbridzjmənt] **0.1** ***verkorting*** ⇒*korte inhoud, uittreksel;* ⟨fig.⟩ *beperking* ◆ **¶.1** an ~ for TV *een ingekorte versie voor de tv.*

abroad [əbro:d] **0.1** ***in/naar het buitenland*** **0.2** ***wijd uiteen*** ⇒*(naar) overal, in het rond;* ⟨fig. ook⟩ *in omloop, ruchtbaar* ◆ **1.2** there's bad news ~ *er zit slecht nieuws in de lucht* **3.2** the matter has got ~ *de zaak is bekend/rucht-*

baar geworden **6.1** (back) **from** ~ *(terug) uit het buitenland.*

abrog|ate [æbrəgeet] ⟨zn.: **-ation**⟩ **0.1** ***afschaffen*** ⇒*teniet-doen.*

abrupt [əbrupt] ⟨-ness⟩ **0.1** ***bruusk*** ⇒*abrupt, plots(eling)* **0.2** ***kortaf*** ⇒*kort aangebonden* **0.3** ***hortend*** **0.4** ***steil*** **0.5** ⟨plantk.⟩ ***afgeknot*** ◆ **1.2** that man has an ~ manner *die man is kort v. stof.*

ABS ⟨afk.⟩ **0.1** [Anti-Blocking System] *ABS* ⟨antiblokkeersysteem⟩.

abscess [æbses] **0.1** ***abces*** ⇒*ettergezwel.*

abscond [əbskond] ⟨schr.⟩ **0.1** ⟨+from⟩ ***in het geheim vertrekken (uit).***

abseil [æbsajl] ⟨bergsport⟩ **0.1** ***abseilen*** ⇒*(gezekerd) (af)dalen aan het touw.*

abseiling ⟨bergsport⟩ **0.1** ***(het) abseilen*** ⇒*(het) dalen aan het touw.*

absence [æbsns] **0.1** ***afwezigheid*** ⇒*absentie* **0.2** ***gebrek*** ◆ **1.¶** ~ of mind *verstrooidheid* **6.1** ⟨jur.⟩ he was condemned **in** his ~ *hij werd bij verstek veroordeeld* **6.2** **in** the ~ **of** proof *bij gebrek aan bewijs* **¶.1** ⟨sprw.⟩ ~ makes the heart grow fonder *afwezigheid versterkt de liefde.*

absent[1] [æbsnt] ⟨bn.⟩ **0.1** ***afwezig*** ⇒*absent* **0.2** ***niet-bestaand*** **0.3** ***verstrooid*** ⇒*afwezig* ◆ **1.1** ⟨mil.⟩ ~ without leave *weggebleven zonder verlof* **6.1** ~ **from** school *niet op school.*

absent[2] [æbsent] ⟨ov.ww.; wk.ww.⟩⟨schr.⟩ **0.1** ⟨+from⟩ ***wegblijven (van)*** ⇒*niet verschijnen* **0.2** ***zich verwijderen.***

absentee [æbsntie:] **0.1** ***afwezige*** ⇒⟨school.⟩ *absent.*

absenteeism [æbsntie:izm] **0.1** ***absenteïsme*** ⇒*arbeidsverzuim, spijbelarij.*

absent-minded ⟨-ness⟩ **0.1** ***verstrooid*** ⇒*afwezig.*

absinth(e) [æbsinθ] **0.1** ⟨plantk.⟩ ***alsem*** **0.2** ***absint*** ⟨drank met alsem bereid⟩.

absolute [æbsəloe:t] **0.1** ***absoluut*** ⟨ook fil., nat.⟩ ⇒*geheel, totaal, volkomen* **0.2** ***zuiver*** ⇒*puur, absoluut* ⟨ook kunst⟩ **0.3** ⟨vnl. pol.⟩ ***absoluut*** ⇒*onbeperkt* **0.4** ***onbetwistbaar*** ⇒*definitief* **0.5** ***onvoorwaardelijk*** ⟨bv. v. belofte⟩ ◆ **1.1** ~ zero *het absolute nulpunt* **1.3** ~ majority *absolute meerderheid;* ~ ruler *absoluut vorst* **1.4** ~ proof *onweerlegbaar bewijs* **3.¶** it ~ly exploded *het vloog zowaar/warempel de lucht in.*

absolution [æbsəloe:sjn] **0.1** ***absolutie*** ⇒*vergiffenis* **0.2** ***vrijspraak*** **0.3** ***ontheffing*** ⇒*kwijtschelding.*

absolutism [æbsəloe:tizm] ⟨pol.⟩ **0.1** ***absolutisme*** ⇒*alleenheerschappij, dictatuur.*

absolve [əbzolv] **0.1** ***vergeven*** ⇒*de absolutie geven* **0.2** ***vrijspreken*** **0.3** ***ontheffen*** ⇒*kwijtschelden* ◆ **6.1** ~ s.o. **of** sin *iemands zonden vergeven* **6.2** ~ s.o. **from** guilt *iem. vrijspreken* **6.3** ~ s.o. **from** a promise *iem. ontslaan van een belofte.*

absorb [əbso:b, -zo:b] **0.1** ***absorberen*** ⇒*(in zich) opnemen, opzuigen.*

absorbed [əbso:bd, -zo:bd] **0.1** ***geabsorbeerd*** ⇒*opgeslorpt, opgenomen* ◆ **6.1** be ~ **by** work *in het werk omkomen;* ~ **in** a book *verdiept in een boek;* ~ **in** thought *in gedachten verzonken.*

absorbent [əbso:bənt, -zo:-] **0.1** ⟨bn.⟩ ***absorberend*** **0.2** ⟨zn.⟩ ***absorberend materiaal*** ◆ **1.1** ⟨AE⟩ ~ cotton *(verband)watten.*

absorbing [əbso:bing, -zo:-] **0.1** ***boeiend*** ⇒*grijpend* ◆ **1.1** an ~ lecture *een boeiende lezing.*

absorption [əbso:psjn, -zo:-] **0.1** ***absorptie*** ⇒*het opgaan* ◆ **6.1** ~ of small businesses **into/by** big ones *opslorping v. kleine zaken door grote.*

absorptivity [æbso:ptivvittie, -zo:p-] ⟨nat.⟩ **0.1** ***absorptievermogen*** ⟨voor straling, geluid⟩.

abstain [əbsteen] **0.1** ***zich onthouden*** ◆ **6.1** ~ **from** alcohol *zich onthouden van alcohol(gebruik).*

abstainer [əbsteenə] **0.1** ***onthouder*** ◆ **2.1** total ~ *geheelonthouder.*

abstemious [əbstie:miəs] **0.1** ***matig*** ⇒*sober, abstinent* ◆ **1.1** an ~ meal *een sobere/karige maaltijd.*

abstention [əbstensjn] **0.1** ***onthouding*** ◆ **7.1** six votes in favour, and two ~s *zes stemmen voor, en twee onthoudingen.*

abstinence [æbstinnəns] **0.1** ***abstinentie*** ⇒*onthouding* ◆ **1.1** days of ~ *onthoudingsdagen* **2.1** total ~ *geheelonthouding.*

abstract[1] [æbstrækt] ⟨zn.⟩ **0.1** ***samenvatting*** ⇒*uittreksel* **0.2** ***abstract kunstwerk.***

abstract[2] [æbstrækt] ⟨bn.⟩ **0.1** ***abstract*** ⇒*theoretisch, algemeen* ◆ **6.1** **in** the ~ *in theorie, in abstracto.*

abstract[3] [əbstrækt] **I** ⟨onov. en ov.ww.⟩ **0.1** ***abstraheren*** ⇒*abstract denken (over);*
II ⟨ov.ww.⟩ **0.1** ***samenvatten*** **0.2** ⟨tech.⟩ ***onttrekken*** ⇒*scheiden* **0.3** ⟨euf.⟩ ***stelen*** ⇒*ontvreemden* ◆ **6.2** ~ metal **from** ore *metaal uit erts winnen.*

abstracted [əbstræktid] **0.1** ***verstrooid*** ⇒*afwezig.*

abstraction [əbstræksjn] **0.1** ***abstractie*** ⇒*abstract(e) begrip/term* **0.2** ***verstrooidheid*** **0.3** ⟨euf.⟩ ***ontvreemding.***

abstruse [əbstroe:s] **0.1** ***abstruus*** ⇒*cryptisch, duister.*

absurd [əbsə:d] **0.1** ***absurd*** ⇒*dwaas, belachelijk.*

absurdit|y [əbsə:dətie] ⟨mv.: -ies⟩ **0.1** ***absurditeit*** ⇒*dwaasheid.*

abundance [əbundəns] **0.1** ***overvloed*** ⇒*weelde, menigte* ◆ **1.1** an ~ of maize *een overvloed van maïs* **6.1** food **in** ~ *voedsel in overvloed.*

abundant [əbundənt] **0.1** ***overvloedig*** ⇒*ruimschoots voldoende* **0.2** ***rijk*** ◆ **6.2** a river ~ **in** fish *een rivier rijk aan vis.*

abuse[1] [əbjoe:s] **I** ⟨telb. en n.-telb.zn.⟩ **0.1** ***misbruik*** ⇒*verkeerd gebruik* ◆ **3.1** crying ~ *ten hemel schreiende wantoestand;*
II ⟨n.-telb.zn.⟩ **0.1** ***beschimpingen*** ⇒*scheldwoorden* **0.2** ***mishandeling.***

abuse[2] [əbjoe:z] ⟨ww.⟩ **0.1** ***misbruiken*** **0.2** ***mishandelen*** **0.3** ***beschimpen*** ⇒*(uit)schelden.*

abusive [əbjoe:siv] **0.1** ***beledigend*** ⇒*schimpend* ⟨v. taal bv.⟩ **0.2** ***verkeerd*** ⇒*corrupt* **0.3** ***ruw*** ◆ **1.2** ~ practices *corrupte praktijken* **3.1** become ~ *beginnen te schelden.*

abutment [əbutmənt] ⟨schr.⟩ **0.1** ***aanrakingspunt*** ⇒*belending, grens(paal)* **0.2** ***steun(punt)*** ⇒*bruggenhoofd.*

abut on [əbut] ⟨-ted⟩⟨schr.⟩ **0.1** ***raken aan*** ⇒*grenzen/palen aan* ⟨land⟩; *gebouwd zijn tegen* ⟨gebouw⟩.

abysmal [əbizml] **0.1** ***bodemloos*** ⇒*onpeilbaar* **0.2** ***hopeloos*** ⇒*afgrijselijk.*

abyss [əbis] **0.1** ***afgrond*** ⇒*peilloze diepte;* ⟨fig.⟩ *hel* ◆ **1.1** an ~ of despair *een poel v. wanhoop.*

a/c, A/C ⟨afk.⟩ **0.1** [account].

A.C. ⟨afk.⟩ **0.1** [alternating current].

acacia [əkeesjə] ⟨mv.: ook acacia⟩ **0.1** ***acacia*** **0.2** ***Arabische gom.***

academia [ækədie:miə] ⟨vnl. AE⟩ **0.1** ***de academische wereld.***

academic[1] [ækədemmik] ⟨zn.⟩ **0.1** ***academicus*** ⇒*wetenschapper.*

academic[2] ⟨bn.; -ally⟩ **0.1** ***academisch*** ⇒⟨fig.⟩ *abstract, theoretisch* **0.2** ***academisch*** ⇒*schools, conventioneel* ◆ **1.1** ~ year *academisch jaar* **1.2** an ~ painting style *een academische schilderstijl.*

academician [əkædəmisjn] **0.1** ***lid v.e. academie of genootschap.***

academ|y [əkædəmie] ⟨mv.: -ies⟩ **0.1** ***academie*** ⇒*genootschap; school voor speciale opleiding* **0.2** ***middelbare school*** ⟨meestal particulier⟩ ◆ **1.1** ~ of music *conservatorium;* Academy of Science *Academie van Wetenschappen.*

acanthus [əkænθəs]⟨mv.: ook acanthi [-θaj]⟩ ⟨plantk.⟩ **0.1** ***acanthus*** ⇒*berenklauw.*

ACAS [eekæs] ⟨afk.⟩ **0.1** [Advisory Conciliation and Arbitration Service] ***Acas*** ⟨bemiddelingsdienst bij sociale conflicten in het Verenigd Koninkrijk⟩.

accede [əksie:d] ⟨schr.⟩ **0.1** ⟨+to⟩ ***aanvaarden*** ⟨ambt⟩ ⇒*bestijgen* ⟨troon⟩ **0.2** ***toetreden*** **0.3** ***toestemmen*** ⇒*aanvaarden, inwilligen* ◆ **6.1** ~ **to** the throne *de troon bestijgen* **6.2** Greece ~d **to** the treaty *Griekenland sloot zich aan bij het verdrag* **6.3** ~ **to** a request *een verzoek inwilligen.*

accelerate [əksellәreet] **I** ⟨onov.ww.⟩ **0.1** ***sneller gaan*** ⇒*het tempo opvoeren; optrekken;*
II ⟨ov.ww.⟩ **0.1** ***versnellen*** **0.2** ⟨schr.⟩ ***bespoedigen.***

acceleration [əksellәreesjn] **0.1** ***versnelling*** ⇒*acceleratie(vermogen)* ⟨v. auto bv.⟩ **0.2** ***bespoediging*** ⇒*verhaasting.*

accelerator [əksellәreetə] **0.1** ***versneller*** ⟨ook nat., schei.⟩ **0.2** ***gaspedaal*** **0.3** ⟨ec.⟩ ***accelerator*** ⟨toe/afname v. investering gedeeld door toe/afname v. inkomen⟩.

accent[1] [æksnt] ⟨zn.⟩ **0.1** ***accent*** ⟨ook fig.⟩ ⇒*klemtoon; tongval, uitspraak* **0.2** ***accent(teken)*** ⇒*klemtoonteken* ◆ **6.1** the ~ is **on** exotic flowers *de nadruk ligt op exotische bloemen;* speak English **without** an ~ *Engels spreken zonder accent.*

accent[2] [əksent] ⟨ww.⟩ **0.1** ***accentueren*** ⟨ook fig.⟩ ⇒*de klemtoon/nadruk leggen op, (sterk) doen uitkomen* **0.2** ***accentueren*** ⇒*accenttekens plaatsen op.*

accentu|ate [əksentsjoe·eet] ⟨zn.: **-ation**⟩ **0.1** ***benadrukken*** ⇒*de nadruk/klemtoon leggen op.*

accept [əksept, æk-] **0.1** ***aannemen*** ⇒*aanvaarden, accepteren* ⟨ook hand.⟩, *overnemen* **0.2** ***aanvaarden*** ⇒*tolereren, verdragen* **0.3** ***goedvinden*** ⇒*goedkeuren, erkennen* ◆ **1.1** ~ed bill *geaccepteerde wissel, accept;* an ~ed fact *een (algemeen) aanvaard feit;* the machine does not ~ foreign coins *het apparaat neemt geen vreemde munten aan;* ~ an invitation *op een uitnodiging ingaan;* be ~ed practice *algemeen gebruikelijk zijn* **1.2** ~ one's fate *zijn lot aanvaarden* **1.3** all members ~ed the proposal *alle leden namen het voorstel aan.*

acceptab|le [əkseptəbl, æk-] ⟨-ly; zn.: **-ility**⟩ **0.1** ***aanvaardbaar*** ⇒*aannemelijk* **0.2** ***redelijk*** **0.3** ***aangenaam*** ◆ **1.3** an invitation would be ~ *een uitnodiging zou welkom zijn.*

acceptance [əkseptəns, æk-] **0.1** ***aanvaarding*** ⇒*overneming* **0.2** ***gunstige ontvangst*** ⇒*bijval* **0.3** ***instemming*** ⇒*goedkeuring* **0.4** ⟨hand.⟩ ***accept(atie).***

acceptance credit ⟨hand.⟩ **0.1** ***acceptkrediet.***

accepting house ⟨BE; geldw.⟩ **0.1** ***acceptfirma*** ⟨accepteert wissels⟩ ⇒⟨bij uitbr.⟩ *effectenbank.*

acceptor [əkseptə, æk-] ⟨hand.⟩ **0.1** ***acceptant*** ⟨v.e. wissel⟩.

access[1] [ækses] ⟨zn.⟩ **0.1** ⟨+to⟩ ***toegang (tot)*** ⇒*toegangsrecht, toelating* **0.2** ***toegang(sweg)*** ⇒*passage, inlaat* **0.3** ⟨schr.⟩ ***aanval*** ⟨v. hysterie e.d.⟩ ◆ **2.1** easy of ~ *toegankelijk.*

access[2] ⟨ww.⟩ **0.1** ***toegang hebben tot*** ⇒*bereiken, verkrijgen.*

accessib|le [əksessəbl, æk-] ⟨zn.: **-ility**⟩ **0.1** ⟨+to⟩ ***toegankelijk (voor)*** ⇒*bereikbaar (voor);* ⟨fig.⟩ *begrijpelijk (voor).*

accession [əksesjn, æk-] **0.1** ⟨+to⟩ ***instemming (met)*** ⇒*aanvaarding (van)* **0.2** ***(ambts)aanvaarding*** **0.3** ***toetreding*** ⇒*het bereiken* **0.4** ***het verkrijgen*** ⟨v. rang, titel e.d.⟩ **0.5** ***toevoeging*** ⇒*aanwinst(en)* ◆ **6.2** ~ **to** the throne *troonbestijging* **6.3** ~ **to** a treaty *toetreding tot een verdrag.*

accessor|y, ⟨in bet. 0.1 ook⟩ **accessary** [əksessəri, æk-] ⟨mv.: -ies⟩ **0.1** ***medeplichtige*** **0.2** ***bijkomstige zaak*** **0.3** ⟨vnl. mv.⟩ ***toebehoren*** ⇒*accessoires* ◆ **6.1** ~ **after/before** the fact *medeplichtig door steun achteraf/door aansporing;* be ~ **to** a crime *medeplichtig zijn aan een misdaad.*

access road **0.1** ***toegangsweg.***

access time ⟨comp.⟩ **0.1** ***toegangstijd.***

accident [æksid(ə)nt] **0.1** ***toeval(ligheid)*** ⇒*toevallige omstandigheid* **0.2** ***ongeluk*** ⇒*ongeval* **0.3** ⟨fil.⟩ ***accident*** ⇒*toevallige eigenschap* ◆ **6.1** **by** ~ *bij toeval, toevallig;* **by** ~ **of** birth *door geboorte* **6.2** **by** ~ *per ongeluk;* **without** ~ *zonder ongelukken.*

accidental [æksiddentl] **0.1** ***toevallig*** ⇒*onvoorzien, niet bedoeld* **0.2** ***door ongeval/onvoorzichtigheid*** **0.3** ***toevallig*** ⇒*niet-essentieel, bijkomstig* ◆ **1.1** ~ on purpose *per ongeluk expres* **1.2** ~ death *dood door ongeval.*

accidentally [æksiddentəlie] **0.1** ***toevallig*** ⇒*bij toeval* **0.2** ***per ongeluk.***

accident insurance **0.1** ***ongevallenverzekering.***

accident-prone **0.1** ***gemakkelijk ongelukken krijgend*** ◆ **5.1** he's very ~ *hem overkomt altijd van alles.*

acclaim[1] [əkleem] ⟨zn.⟩ **0.1** ***toejuiching*** ⇒*bijval, gejuich* ◆ **3.1** receive (critical) ~ *(door de critici) toegejuicht worden.*

acclaim[2] ⟨ww.⟩ **0.1** ***toejuichen*** ⇒*juichend instemmen (met)* **0.2** ***uitroepen (tot).***

acclamation [æklәmeesjn] **0.1** ***gejuich*** **0.2** ***acclamatie*** **0.3** ⟨vaak mv.⟩ ***toejuiching*** ⇒*juichkreet* ◆ **6.2** **by** ~ *bij acclamatie* ⟨zonder hoofdelijke stemming⟩.

acclimat|ize, -ise [əklajmətajz] ⟨zn.: **-ization**⟩ **0.1** ***acclimatiseren*** ⇒*(doen) wennen aan een ander klimaat/andere omgeving* ◆ **6.1** ~ **to** *(zich) aanpassen aan.*

accolade [ækəleed] **0.1** ***lofbetuiging*** ⇒*eerbetoon* **0.2** ⟨ook druk.⟩ ***accolade.***

accommodate [əkommədeet] **I** ⟨onov.ww.⟩ **0.1** ***accommoderen*** ⟨v. oog⟩ **0.2** ⟨+to⟩ ***zich aanpassen (aan);***
II ⟨ov.ww.⟩ **0.1** ***huisvesten*** ⇒*onderbrengen* **0.2** ***plaats hebben voor*** **0.3** ***aanpassen*** ⇒*(met elkaar) in overeenstemming brengen* ⟨plannen, ideeën⟩ **0.4** ⟨+with⟩ ***(iem.) een dienst bewijzen (met)*** ◆ **1.4** ~ s.o.'s wishes *aan iemands wensen tegemoet komen* **4.3** ~ o.s. (to) *zich aanpassen (aan).*

accommodating [əkommədeeting] **0.1** ***inschikkelijk*** ⇒*meegaand, plooibaar* **0.2** ***gedienstig.***

accommodation [əkommədeesjn] **0.1** ⟨AE vnl. mv.⟩ ***onderdak*** ⇒*(verblijf)plaats;* ⟨ihb.⟩ *logies* **0.2** ⟨AE vnl. mv.⟩ ***plaats*** ⇒*ruimte* **0.3** ***schikking*** ⇒*overeenkomst* **0.4** ***accommodatie(vermogen)*** ⇒*scherpstelling* ⟨v.h. oog⟩ ◆ **1.2** hotel ~ for 100 people *hotelaccommodatie voor 100 mensen* **3.3** come to an ~ *tot een vergelijk komen.*

accommodation acceptance, accommodation bill, accommodation note ⟨geldw.⟩ **0.1** ***schoorsteenwissel*** ⇒*ruiterwissel, accommodatiewissel, beleefdheidsaccept.*

accommodation address **0.1** ***correspondentieadres.***

accommodation ladder **0.1** ***staatsietrap*** ⇒*(grote) valreep.*

accommodation train ⟨AE⟩ **0.1** ***stoptrein*** ⇒*boemel(trein).*

accompaniment [əkump(ə)nimmənt] **0.1** ***begeleidingsverschijnsel*** ⇒*bijkomstig verschijnsel/iets* **0.2** ⟨muz.⟩ ***begeleiding*** ⇒*accompagnement.*

accompanist [əkump(ə)nist] ⟨muz.⟩ **0.1** ***begeleider.***

accompan|y [əkump(ə)nie] ⟨-ied⟩ **0.1** ***begeleiden*** ⇒*vergezellen* **0.2** ⟨+with⟩ ***vergezeld doen gaan (van)*** ⇒*toevoegen, aanvullen (met)* **0.3** ***begeleiden*** ⇒*samengaan met, optreden bij* **0.4** ⟨muz.⟩ ***begeleiden*** ⇒*accompagneren* ◆ **1.3**

~ing letter *bijgaande brief* **6.1** accompanied **by** s.o. *vergezeld v. iem.*

accomplice [əkumplis] **0.1** ***medeplichtige*** *⇒handlanger* ◆ **6.1** ~ **in** a crime *medeplichtige aan een misdaad.*

accomplish [əkumplisj] **0.1** ***volbrengen*** *⇒voltooien* **0.2** ***tot stand brengen.***

accomplished [əkumplisjt] **0.1** ⟨+in⟩ ***volleerd (in)*** *⇒bedreven (in), deskundig (in)* **0.2** ***volbracht*** *⇒voltooid, vervuld* **0.3** ***tot stand gebracht*** **0.4** ***bereikt*** ◆ **1.2** ~ fact *voldongen feit.*

accomplishment [əkumplisjmənt] **0.1** ***prestatie*** **0.2** ***bekwaamheid*** *⇒vaardigheid* ⟨vnl. op sociaal gebied⟩ **0.3** ***voltooiing*** *⇒vervulling* **0.4** ***het tot stand brengen*** **0.5** ***het bereiken.***

accord[1] [əko:d] ⟨zn.⟩ **0.1** ***akkoord*** *⇒schikking, overeenkomst, verdrag* **0.2** ***overeenstemming*** *⇒eensgezindheid, harmonie* ◆ **6.2** **in** ~ **(with)** *in overeenstemming (met);* **out of** ~ **(with)** *niet in overeenstemming (met)* **6.¶** **of** one's own ~ *uit eigen beweging;* **with** one ~ *unaniem.*

accord[2] **I** ⟨onov.ww.⟩ **0.1** ⟨+with⟩ ***overeenstemmen (met)*** *⇒ overeenkomen (met), harmoniëren (met)* ◆ **1.1** the reward will be ~ing *de beloning zal dienovereenkomstig zijn;*
II ⟨ov.ww.⟩⟨schr.⟩ **0.1** ***verlenen*** *⇒geven, schenken* ◆ **6.1** ~ permission **to** s.o. *toestemming verlenen aan iem.*

accordance [əko:dns] ◆ **6.¶** **in** ~ **with** *overeenkomstig, in overeenstemming met.*

accordingly [əko:dinglie] **0.1** ***dienovereenkomstig*** **0.2** ***bijgevolg*** *⇒dus* ◆ **3.1** he acted ~ *hij handelde dienovereenkomstig.*

according to [əko:ding toe] **0.1** ***volgens (het zeggen v.)*** *⇒ naar ... beweert* **0.2** ***volgens*** *⇒naar (gelang v.), in overeenstemming met* ◆ **1.1** ~ Sheila he is a genius *volgens Sheila is hij een genie* **1.2** God shall reward each ~ his merits *God zal eenieder naar verdienste belonen.*

accordion [əko:diən] **0.1** ***accordeon*** *⇒trekharmonica.*

accordionist [əko:diənist] **0.1** ***accordeonist.***

accost [əkost] **0.1** ***aanklampen*** *⇒lastig vallen* ◆ **1.1** I was ~ed by a stranger *een onbekende klampte mij aan.*

account[1] [əkaunt] **I** ⟨telb.zn.⟩ **0.1** ***verslag*** *⇒beschrijving; verklaring, uitleg* ⟨v. gedrag⟩ **0.2** ***rescontre*** *⇒afrekening, verrekening* ⟨vnl. op de Londense beurs⟩ **0.3** ***rekening*** *⇒ factuur* **0.4** ***(vaste) klant*** ◆ **1.3** ~ of goods purchased *inkooprekening, inkoopfactuur* **2.1** by all ~s *naar alles wat men hoort;* by one's own ~ *naar eigen zeggen* **3.1** give/render an ~ of *verslag uitbrengen over;*
II ⟨telb. en n.-telb.zn.⟩ **0.1** ⟨vnl. geldw., hand.⟩ ***rekening*** ⟨ook fig.⟩ ◆ **1.1** ~ of re-exchange *retourrekening;* for the ~ and risk of *voor rekening en risico van* **2.1** on one's own ~ *voor eigen rekening* **3.1** add/charge sth. to s.o.'s ~, put sth. down to s.o.'s ~ *iets op iemands rekening schrijven;* balance/settle/square (one's) ~s with s.o. *de rekening vereffenen met iem.;* ⟨ook fig.⟩ *afrekenen met iem.;* charge an ~ *een rekening belasten;* have/keep an ~ at/with the bank *een rekening hebben bij de bank;* open an ~ at/with the bank *een rekening openen bij de bank;* pass to ~ *op rekening stellen/zetten;* pay (in)to the ~ *op rekening betalen/storten* **3.¶** do/keep (the) ~s *boekhouden* **5.¶** not on any ~ *in geen geval* **6.1** **for** ~ **of** *voor rekening van;* **on** ~ *op rekening;* **to** s.o.'s ~ *op iemands rekening* **6.¶** **on** ~ **of** *wegens;* **on** no ~ *in geen geval;* **on** that ~ *om die reden, daarom;*
III ⟨n.-telb.zn.⟩ **0.1** ***rekenschap*** *⇒verantwoording* **0.2** ***beschouwing*** *⇒aandacht* **0.3** ***belang*** *⇒waarde, gewicht* **0.4** ***voordeel*** *⇒profijt, winst* ◆ **2.4** invest to good ~ *beleggen in winstgevende zaken* **3.1** bring/call s.o. to ~ for sth. *iem. ter verantwoording roepen voor iets;* give/render ~ of *rekenschap afleggen over* **3.2** leave sth. out of ~, take no ~ of sth. *iets buiten beschouwing laten;* take sth. into ~, take ~ of sth. *rekening houden met iets* **3.3** hold sth. in great ~ *iets van groot gewicht/grote waarde achten* **3.4** put/turn sth. to (good) ~ *zijn voordeel met iets doen* **6.3** **of** no ~ *van geen belang.*

account[2] ⟨ww.⟩ **0.1** ***beschouwen (als)*** *⇒houden voor, rekenen (onder)* ◆ **1.1** they ~ed Tim guilty *zij verklaarden Tim schuldig.* →**account for.**

accountab|le [əkauntəbl] ⟨zn.: **-ility**⟩ **0.1** ***verantwoordelijk*** *⇒rekenschap verschuldigd* **0.2** ***verklaarbaar*** ◆ **6.1** be ~ **for** sth. **to** s.o. *verantwoording schuldig zijn aan iem. voor iets.*

accountancy [əkauntənsie] **0.1** ***accountancy*** *⇒boekhouding* **0.2** ***ambt/beroep v. accountant/(hoofd)boekhouder*** **0.3** ***(ambtelijke) comptabiliteit.***

accountant [əkauntənt] **0.1** ***accountant*** *⇒(hoofd)boekhouder.*

account executive ⟨hand.⟩ **0.1** ***account-executive*** ⟨(hoofd)-verantwoordelijke voor relaties met vaste klanten, vnl. bij reclamebureau⟩.

account for **0.1** ***rekenschap geven v.*** *⇒verslag uitbrengen over* **0.2** ***verklaren*** *⇒uitleggen, veroorzaken* **0.3** ***voor zijn rekening nemen*** ⟨fig.⟩ *⇒aanpakken, doden* **0.4** ***vormen*** *⇒ uitmaken* **0.5** ⟨vnl. pass.⟩ ***bekend zijn*** ◆ **1.2** his disease accounts for his strange behaviour *zijn ziekte verklaart zijn vreemde gedrag* **1.3** the U.S.A. ~ 35% of the world consumption of meat *de USA nemen 35% v.d. wereldconsumptie v. vlees voor hun rekening* **1.4** native speakers of English ~ 300 millions of the world population *Engelstaligen maken 300 miljoen v.d. wereldbevolking uit* **1.5** the rest of the passengers still have to be accounted for *de overige passagiers worden nog steeds vermist.*

accounting period **0.1** ***boekhoudkundige periode.***

accounting unit ⟨ec.⟩ **0.1** ***rekeneenheid.***

accounts department **0.1** ***boekhouding*** *⇒financiële afdeling.*

accoutrement, ⟨AE sp.⟩ **accouterment** [əkoe:trəmənt] ⟨vaak mv.⟩ **0.1** ***(bijkomstig) uitrustingsstuk*** *⇒(bijkomstig) kledingstuk/uniformonderdeel* **0.2** ***uitrusting*** *⇒kledij, uniform* **0.3** ***kenteken*** *⇒(uiterlijk) kenmerk* ◆ **1.1** ⟨mil.⟩ ~s of war *oorlogsuitrusting.*

accredit [əkreddit] **0.1** ***accrediteren*** *⇒krediet verschaffen aan; erkennen* **0.2** ***toeschrijven*** *⇒toekennen* **0.3** ***accrediteren*** *⇒v. geloofsbrieven voorzien* ◆ **6.2** ~ sth. **to** s.o., ~ s.o. **with** sth. *iets aan iem. toeschrijven* **6.3** ~ s.o. **to** s.o. (as an ambassador) *iem. (als ambassadeur) naar iem. zenden.*

accredited [əkreddittid] **0.1** ***officieel erkend*** **0.2** ***(algemeen) erkend*** *⇒(algemeen) aangenomen* **0.3** ***goedgekeurd*** *⇒met kwaliteitsgarantie* **0.4** ***geaccrediteerd*** *⇒ met geloofsbrieven* **0.5** ***met goede naam*** *⇒kredietwaardig* ◆ **6.4** ~ **at/to** a court *geaccrediteerd bij een hof.*

accretion [əkrie:sjn] **0.1** ***aanzetting*** *⇒aanhechting, accretie* **0.2** ***groei*** *⇒aangroei, aanwas* **0.3** ***samengroeiing*** *⇒ samengroeisel* **0.4** ***aanslibbing*** *⇒aanslibsel.*

accrue [əkroe:] **0.1** ***groeien*** *⇒toenemen, vermeerderen* **0.2** ***toekomen*** **0.3** ***voortspruiten*** ◆ **1.1** allow interest to ~ *rente laten aangroeien* **6.2** ~ **to** *toekomen aan* **6.3** ~ **from** *voortkomen uit.*

acct ⟨afk.⟩ **0.1** [account] **0.2** [accountant].

accumulate [əkjoe:mjoeleet] **0.1** ***(zich) op(een)stapelen*** *⇒ (zich) op(een)hopen, (zich) accumuleren* ◆ **1.1** debts will ~ *schulden zullen oplopen;* ~ a fortune *een fortuin vergaren;* ~ speed *versnellen.*

accumulation [əkjoe:mjoeleesjn] **0.1** ***op(een)stapeling*** *⇒ op(een)hoping, accumulatie* **0.2** ***aangroei*** **0.3** ***cumulatie.***

accumulative [əkjoe:mjoelətiv] **0.1** ***op(een)stapelend*** ⇒*op-(een)hopend* **0.2** ***aangroeiend*** ⇒*(zich) vermeerderend.*

accumulator [əkjoe:mjoeleetə] ⟨BE⟩ **0.1** ***accu(mulator)*** ⇒ *elektrische batterij.*

accuracy [ækjərəsie] **0.1** ***nauwkeurigheid*** ⇒*correctheid, exactheid* **0.2** ***nauwkeurigheid*** ⇒*nauwgezetheid, accuratesse.*

accurate [ækjərət] **0.1** ***nauwkeurig*** ⇒*correct, zuiver* **0.2** ***nauwkeurig*** ⇒*nauwgezet, stipt.*

accursed [əkə:sid] **0.1** ***vervloekt*** ⇒*gedoemd, rampspoedig* **0.2** ***vervloekt*** ⇒*gehaat, hatelijk.*

accusation [ækjoezeesjn] **0.1** ***beschuldiging*** ⇒*aanklacht* ◆ **3.1** bring an ~ of corruption against s.o. *iem. beschuldigen v. omkoperij* **6.1** be **under** an ~ **of** murder *beschuldigd worden v. moord.*

accusative [əkjoe:zətiv] ⟨taal.⟩ **0.1** ***accusatief(vorm)*** ⇒*vierde naamval.*

accuse [əkjoe:z] **I** ⟨onov.ww.⟩ **0.1** ***een aanklacht indienen;*** **II** ⟨ov.ww.⟩ **0.1** ***beschuldigen*** ⇒*aanklagen, aan de kaak stellen* **0.2** ***de schuld geven*** ◆ **6.1** ~ s.o. **of** corruption *iem. aanklagen wegens omkoperij.*

accused [əkjoe:zd] **0.1** ***beschuldigd*** ⇒*aangeklaagd* ◆ **7.1** the ~ *de verdachte(n).*

accuser [əkjoe:zə] **0.1** ***aanklager*** ⇒*beschuldiger.*

accusingly [əkjoe:zinglie] **0.1** ***beschuldigend*** ◆ **3.1** say sth. ~ *iets zeggen op beschuldigende toon.*

accustom [əkustəm] **0.1** ***(ge)wennen*** ⇒*gewoon maken* ◆ **4.1** ~ oneself to sth. *wennen aan iets* **6.1** ~ s.o. **to** sth. *iem. wennen aan iets.*

accustomed [əkustəmd] **0.1** ***gebruikelijk*** ⇒*gewoon* **0.2** ***gewend*** ⇒*gewoon* ◆ **1.1** his ~ chair *zijn vertrouwde stoel* **6.2** be ~ **to** sth. *gewend zijn aan iets.*

AC/DC [eesie:die:sie:] ⟨sl.; naar afk. voor Alternating Current/Direct Current⟩ **0.1** ***biseksueel.***

ace [ees] **0.1** ⟨kaartspel⟩ ***aas*** ⇒*één;* ⟨fig.⟩ *troef* **0.2** ⟨sport, vnl. tennis⟩ ***ace*** **0.3** ⟨inf.⟩ ***aasje*** ⇒*ziertje, beetje* **0.4** ⟨inf.⟩ ***uitblinker*** **0.5** ⟨sl.⟩ ***dollarbiljet*** ◆ **1.1** ~ of hearts *hartenaas;* ⟨BE⟩ ~ up one's sleeve *troef achter de hand* **3.¶** have/hold all the ~s *de touwtjes in handen hebben* **6.3** **within** an ~ **of** death *de dood nabij* **6.4** an ~ **at** arithmetic *een hele piet in het rekenen.*

acerbity [əsə:bətie] ⟨schr.⟩ **0.1** ***wrangheid*** ⇒*zuurheid* **0.2** ***bitterheid*** ⇒*scherpheid.*

acetaldehyde [æsitældihhajd] ⟨schei.⟩ **0.1** ***acetaldehyde*** ⇒ *ethanal.*

acetate [æsitteet] **0.1** ***acetaat*** ⇒*azijnzuur zout* **0.2** ***cellulo-seacetaat*** **0.3** ***acetaatzijde*** ⇒*kunstzijde.*

acetic acid [əsie:tik æsid] ⟨schei.⟩ **0.1** ***azijnzuur.***

acetone [æsittoon] ⟨ook schei.⟩ **0.1** ***aceton.***

acetylene [əsettillie:n] ⟨schei.⟩ **0.1** ***acetyleen(gas)*** ⇒*ethyn.*

ache[1] [eek] ⟨zn.⟩ **0.1** ***(voortdurende) pijn*** ◆ **1.1** ~s and pains *pijntjes.*

ache[2] ⟨ww.⟩ **0.1** ***(pijn) lijden*** ⟨ook fig.⟩ **0.2** ***pijn doen*** ⇒ *schrijnen* **0.3** ⟨inf.⟩ ***(hevig) verlangen*** ⇒*hunkeren* ◆ **1.2** her head ~d *ze had hoofdpijn* **3.3** be aching to do sth. *staan te popelen om iets te doen* **6.1** my heart ~s **for** them *ik heb erg met ze te doen* **6.3** ~ **for** *hunkeren naar.*

achieve [ətsjie:v] **0.1** ***volbrengen*** ⇒*voltooien, tot stand brengen* **0.2** ***bereiken*** ⟨doel e.d.⟩ ⇒*presteren* ◆ **1.2** ~ success *succes behalen.*

achievement [ətsjie:vmənt] **I** ⟨telb.zn.⟩ **0.1** ***prestatie*** ⇒*(succesvolle) verrichting;*

II ⟨n.-telb.zn.⟩ **0.1** ***voltooiing*** **0.2** ***het bereiken.***

Achilles' heel [əkillie:z hie:l] **0.1** ***achilleshiel*** ⇒*kwetsbare plaats.*

Achilles' tendon **0.1** ***achillespees.***

achoo [ətsjoe:] **0.1** ***hatsjie*** ⟨niesgeluid⟩.

acid[1] [æsid] ⟨zn.⟩ **0.1** ⟨schei.⟩ ***zuur*** ⇒*zure stof/drank* **0.2** ⟨sl.⟩ ***acid*** ⇒*LSD.*

acid[2] ⟨bn.⟩ **0.1** ***zuur*** ⟨ook geol., schei.⟩ ⇒*zuurhoudend* **0.2** ***bits*** ⇒*bijtend, wrang* ◆ **1.1** ~ rain *zure regen;* ⟨schei.⟩ ~ salt *zuur zout.*

acidhead ⟨sl.⟩ **0.1** ***LSD-gebruiker/verslaafde.***

acidif|y [əsiddiffaj] ⟨-ied⟩ **0.1** ***zuur worden/maken*** ⇒*(aan)-zuren;* ⟨ook fig.⟩ *verzuren.*

acidit|y [əsiddətie] ⟨mv.: -ies⟩ **0.1** ***zuurheid*** ⇒*zuurte, aciditeit* **0.2** ***bitsheid*** ⇒*scherpte, sarcasme* **0.3** ***(maag)zuur*** **0.4** ⟨schei.⟩ ***zuur(heids)graad*** ⇒*zuurgehalte, aciditeit* ◆ **1.3** ~ of the stomach *maagzuur.*

acid test **0.1** ***vuurproef*** ⟨fig.⟩.

acidulate [əsidzjoeleet] **0.1** ***zurig worden/maken*** ⇒*verzuren, aanzuren.*

acidulous [əsidzjoeləs] **0.1** ***zurig*** **0.2** ***bitter (gestemd)*** ⇒ *scherp, zuur.*

acid value ⟨schei.⟩ **0.1** ***zuurgetal.***

acknowledge [əknollidzj] **0.1** ***erkennen*** ⇒*accepteren* **0.2** ***toegeven*** ⇒*erkennen* **0.3** ***zijn erkentelijkheid betuigen over*** ⇒*belonen* **0.4** ***ontvangst bevestigen v.*** **0.5** ***een teken v. herkenning geven aan*** ⟨dmv. knikje, groet⟩ **0.6** ***beantwoorden*** ⟨groet⟩ ◆ **1.1** ~ s.o. (as) leader *iem. als leider erkennen* **1.2** he doesn't ~ the signature *hij ontkent dat het zijn handtekening is* **1.4** I herewith ~ (receipt of) your letter *hierbij bevestig ik de ontvangst v. uw brief* **6.2** ~ sth. **to** s.o. *tgov. iem. iets toegeven.*

acknowledg(e)ment [əknollidzjmənt] **0.1** ***erkenning*** ⇒*acceptatie* **0.2** ***(bewijs v.) dank/erkentelijkheid*** **0.3** ***ontvangstbevestiging*** ⇒*kwitantie* **0.4** ***beantwoording*** ⟨v. groet⟩ ◆ **6.1** **in** ~ **of** *als erkenning v.* **6.2** **in** ~ **of** *als dank voor.*

acme [ækmie] **0.1** ***top(punt)*** ⇒*hoogtepunt, summum.*

acne [æknie] **0.1** ***acne*** ⇒*(jeugd)puistjes, pukkeltjes.*

acolyte [ækəlajt] **0.1** ***assistent*** ⇒*helper* **0.2** ***misdienaar*** ⇒ *acoliet* **0.3** ***volgeling*** ⇒*aanhanger.*

aconite [ækənajt] ⟨plantk.⟩ **0.1** ***monnikskap*** ⇒*akoniet* ⟨ook als vergif⟩.

acorn [eeko:n] **0.1** ***eikel.***

acoustic [əkoe:stik] ⟨-ally⟩ **0.1** ***akoestisch*** **0.2** ***geluid absorberend*** ⇒*geluiddempend* **0.3** ***v.h. gehoor*** **0.4** ⟨muz.⟩ ***akoestisch*** **0.5** ***akoestisch*** ⇒*mbt. geluidsleer/techniek* ◆ **1.1** ~ mine *akoestische mijn* **1.3** ~ duct *gehoorgang* **1.4** ~ guitar *akoestische gitaar.*

acoustics [əkoe:stiks] **0.1** ⟨mv.; ww. steeds mv.⟩ ***akoestiek*** ⟨v. zaal⟩ **0.2** ⟨ww. steeds enk.⟩ ***acustica*** ⇒*geluidsleer/techniek.*

acquaint [əkweent] **0.1** ***op de hoogte brengen*** ⇒*in kennis stellen, vertrouwd maken* ◆ **6.1** ~ s.o. **of/with** the facts *iem. op de hoogte stellen v.d. feiten* **6.¶** ⟨vnl. AE⟩ ~ s.o. **with** *iem. voorstellen aan.*

acquaintance [əkweentəns] **I** ⟨telb.zn.⟩ **0.1** ***kennis*** ⇒*bekende* **0.2** ⟨ww. enk. of mv.⟩ ***kennissenkring*** ◆ **1.1** a wide circle of ~s *een grote kennissenkring* **2.2** wide ~ *veel kennissen;*

II ⟨n.-telb.zn.⟩ **0.1** ***bekendheid*** ⇒*vertrouwdheid, kennis* **0.2** ***kennismaking*** ◆ **3.1** have a nodding ~ with s.o. *iem. oppervlakkig kennen* **3.2** make s.o.'s ~ *kennis maken met iem.* **3.¶** scrape (up) ~ with s.o. *zich aan iem. opdringen* **6.1** ~ **with** *kennis v.*

acquainted [əkweentid] **0.1** ***bekend*** ⇒*op de hoogte* ◆ **3.1** we are ~ *we kennen elkaar (al);* become/get ~ *elkaar leren kennen;* make s.o. ~ with *iem. voorstellen aan/in contact brengen met* **6.1** be ~ **with** sth. *iets kennen.*

acquiesce [æ̲kwie·e̲s] ⟨schr.⟩ **0.1** ⟨+in⟩ ***(zwijgend) instemmen (met)*** ⇒*berusten (in), zich schikken (naar).*
acquiesc|ent [æ̲kwie·e̲snt] ⟨zn.: **-ence**⟩ **0.1** ***berustend*** **0.2** ***inschikkelijk*** ⇒*toegevend.*
acquire [əkwa̲ijə] ⟨zn.: **-ment**⟩ **0.1** ***verwerven*** ⇒*verkrijgen, aanleren* **0.2** ***zich verwerven*** ⇒*aanschaffen, (aan)kopen* ◆ **1.1** ~d characteristics *aangeleerde* ⟨niet-erfelijke⟩ *eigenschappen;* it's an ~d taste *men moet het leren waarderen* ⟨eten, drinken enz.⟩.
acquisition [æ̲kwəzi̲sjn] **0.1** ***aanwinst*** ⇒*verworven bezit/goed, aankoop; verwerving* ◆ **2.1** latest ~ *nieuwste/jongste aanwinst.*
acquisitive [əkwi̲zzittiv] ⟨-ness⟩ **0.1** ***hebzuchtig*** ⇒*hebberig* **0.2** ***leergierig*** ◆ **1.1** ~ society *materialistische maatschappij.*
acquit [əkwi̲t] ⟨-ted⟩ **0.1** ***ontheffen*** ⟨v. verplichting⟩ **0.2** ⟨jur.⟩ ***vrijspreken*** ◆ **4.¶** ~ oneself (ill/well) *zich (slecht/goed) v. zijn taak kwijten* **6.2** be ~ed (on a charge) **of** murder *vrijgesproken worden van moord.*
acquittal [əkwi̲tl] **0.1** ***ontheffing*** **0.2** ⟨jur.⟩ ***vrijspraak.***
acre [e̲e̲kə] **0.1** ***acre*** ⟨landmaat, 4047 m^2⟩ ⇒⟨ong.⟩ *akker, morgen* ⟨→t⟩ **0.2** ***akker*** ⇒*(stuk) (bouw)land* **0.3** ⟨mv.⟩ ***landerijen*** ⇒*grondgebied, groot gebied* **0.4** ⟨mv.; inf.⟩ ***stapels*** ⇒*massa's, bergen* ◆ **1.4** ~s of books *meters boeken.*
acreage [e̲e̲kridzj] **0.1** ***oppervlakte (in acres).***
acrid [æ̲krid] **0.1** ***bijtend*** ⟨ook fig.⟩ ⇒*scherp, bitter.*
acrimonious [æ̲krimmo̲o̲niəs] **0.1** ***bitter*** ⇒*scherp, venijnig* ◆ **1.1** ~ dispute *felle woordenwisseling.*
acrimony [æ̲krimmənie] **0.1** ***bitterheid*** ⟨vnl. fig.⟩ ⇒*scherpheid, venijn.*
acrobat [æ̲krəbæt] **0.1** ***acrobaat.***
acrobatic [æ̲krəbæ̲tik] ⟨-ally⟩ **0.1** ***acrobatisch*** **0.2** ***soepel*** ⇒ *lenig.*
acrobatics [æ̲krəbæ̲tiks] **0.1** ⟨ww. vnl. enk.⟩ ***acrobatiek*** **0.2** ⟨ww. vnl. mv.⟩ ***acrobatenwerk*** ⇒*acrobatische toeren;* ⟨ook fig.⟩ *kunststukjes.*
acronym [æ̲krənim] **0.1** ***acroniem*** ⇒*letterwoord.*
across[1] [əkro̲s] ⟨bw.⟩ **0.1** ⟨plaats⟩ ***overdwars*** ⇒*gekruist* **0.2** ⟨plaats⟩ ***aan de overkant*** **0.3** ⟨richting; ook fig.⟩ ***over*** ⇒ *naar de overkant* **0.4** ⟨in kruiswoordraadsel⟩ ***horizontaal*** ◆ **1.1** it measured fifty yards ~ *het had een doorsnede v. vijftig yards* **3.1** it was cut ~ *het was overdwars gesneden* **3.2** they lived ~ from us *ze woonden aan de overkant* **3.3** the actor came ~ well *de acteur kwam goed over (bij het publiek);* put a message ~ *een boodschap overbrengen/meedelen.*
across[2] ⟨vz.⟩ **0.1** ***(tegen)over*** ⟨ook fig.⟩ ⇒*dwars, gekruist; aan/naar de overkant van* ◆ **1.1** look ~ the hedge *kijk over de haag;* from ~ the sea *van over zee;* the people ~ the street *de overburen; de mensen aan de overkant (v.d. straat).*
acro̲ss-the-bo̲ard **0.1** ***algemeen (geldend)*** ⟨belasting e.d.⟩ ⇒*voor iedereen, over de hele linie.*
acrostic [əkro̲stik] **0.1** ***naamdicht*** ⇒*acrostichon.*
acrylic[1] [əkri̲llik] **I** ⟨telb.zn.⟩ **0.1** ***schilderij in acrylverf;***
II ⟨n.-telb.zn.⟩ **0.1** ***acrylverf*** **0.2** ***acrylvezel.***
acrylic[2] ⟨bn.⟩ **0.1** ***acryl*** ◆ **1.1** ~ colour *acrylverf;* ~ fibre *acrylvezel.*
act[1] [ækt] ⟨zn.⟩ **0.1** ***handeling*** ⇒*daad, werk* **0.2** ⟨ook A-; jur.⟩ ***besluit*** ⇒*bepaling, wet* **0.3** ⟨jur.⟩ ***akte*** ⇒*(proces)stuk* **0.4** ⟨dram.⟩ ***bedrijf*** ⇒*akte* **0.5** ⟨circus⟩ ***nummer*** ⇒*act* **0.6** ⟨circus⟩ ***artiest*** ⇒*toneelspeler* **0.7** ⟨inf.; pej.⟩ ***komedie*** ⇒*veinzerij* ◆ **1.1** ~ of faith *geloofsdaad;* ~ of war *oorlogshandeling* **1.2** ⟨AE⟩ ~ of Congress, ⟨BE⟩ ~ of Parliament *wet v.h. Congres/Parlement* **1.3** ⟨ec.⟩ ~ of honour *wissel* **1.7** do the sweetheart ~ *het liefje uithangen* **1.¶** ⟨rel.⟩ Acts (of the Apostles) *Handelingen (v.d. Apostelen);* ⟨gesch.⟩ ~ of faith *ketterverbranding;* ~ of God *straffe Gods;* ⟨verz.⟩ *overmacht, force majeure* ⟨mbt. natuurgeweld⟩; ⟨jur.⟩ ~ of grace *concessie;* ⟨ook A-⟩ *amnestie(wet);* ⟨ook A-⟩ ~ of indemnity/oblivion *amnestie(wet)* **3.7** go into one's ~ *zijn bekende grapje(s) uithalen;* put on an ~ *komedie spelen* **3.¶** catch/take s.o. in the (very) ~ *iem. op heterdaad betrappen;* ⟨inf.⟩ get in on the ~, get into the ~ *meedoen (om zijn deel v.d. koek te hebben);* ⟨sl.⟩ get one's ~ together *orde op zaken stellen, zijn zaakjes voor elkaar krijgen;* steal the ~ *uitblinken* **6.¶** I was **in** the (very) ~ **of** writing a letter *ik was net een brief aan het schrijven.*
act[2] **I** ⟨onov.ww.⟩ **0.1** ***zich voordoen*** ⇒*zich gedragen* **0.2** ***handelen*** ⇒*optreden, iets doen* **0.3** ***fungeren*** ⇒*optreden* **0.4** ***werken*** ⇒*functioneren* **0.5** ***acteren*** ⇒*spelen* **0.6** ***komedie spelen*** ⇒*zich aanstellen, veinzen* **0.7** ⟨jur.⟩ ***besluiten*** ⇒*besluit nemen* ◆ **1.2** why don't the police ~? *waarom grijpt de politie niet in?* **2.1** he ~s important *hij doet gewichtig* **5.¶** Ayckbourn's plays ~ well *de stukken v. Ayckbourn zijn goed speelbaar/bekken goed* **6.1** he ~s **like** a fool *hij gedraagt zich als een dwaas* **6.3** ~ **as** chairman *het voorzitterschap waarnemen;* the chairman asked her to ~ **for** him *de voorzitter vroeg haar om hem te vervangen.* →**act up, act (up)on;**
II ⟨ov.ww.⟩ **0.1** ***uitbeelden*** ⇒*spelen, uitspelen* **0.2** ⟨dram.⟩ ***spelen*** ⇒*opvoeren, acteren* **0.3** ***spelen*** ⇒*zich voordoen als* **0.4** ***zich gedragen overeenkomstig*** ◆ **1.1** ~ a story *een verhaal uitbeelden* **1.3** ~ the fool *de idioot uithangen* **1.4** she doesn't ~ her age *zij gedraagt zich niet naar haar leeftijd* **5.1** ~ **out** one's emotions *zijn gevoelens uitspelen/naar buiten brengen.*
acting[1] [æ̲kting] ⟨zn.⟩ **0.1** ***het acteren*** ⇒*(toneel)spelen.*
acting[2] ⟨bn.⟩ **0.1** ***waarnemend*** ⇒*plaatsvervangend, tijdelijk* ◆ **1.1** the ~ chairman *de waarnemend voorzitter.*
action [æ̲ksjn] **0.1** ***actie*** ⇒*daad, handeling, activiteit, beweging* **0.2** ***gevechtsactie*** ⇒*treffen, strijd* **0.3** ***techniek*** ⇒ *wijze van gaan, gang* **0.4** ***mechaniek*** ⇒*mechanisme, werk* **0.5** ***aanslag*** ⟨v. toetsenbord e.d.⟩ **0.6** ⟨ec.⟩ ***actie*** ⇒*aandeel* **0.7** ⟨jur.⟩ ***proces*** ⇒*klacht, eis* ◆ **1.1** ~ holidays for ~ kids *actie(ve) vakanties voor actieve kinderen;* a man of ~ *een man v.d. daad* **1.3** a horse with a fine ~ *een paard met een mooie gang;* the ~ of a runner *de (loop)techniek v.e. hardloper* **1.4** the ~ of a piano *het (toets)mechaniek/de hamers v.e. piano* **1.¶** the ~ of the novel takes place in London *de roman speelt zich af in Londen* **2.5** a piano with a stiff ~ *een piano met een zware aanslag* **3.1** bring/put/set a machine in(to) ~ *een machine in werking stellen/aan de gang brengen;* go into ~ *in actie komen;* put sth. out of ~ *iets buiten werking/buiten bedrijf stellen;* take ~ *maatregelen nemen, tot handelen overgaan* **3.2** go into ~ *de aanval inzetten;* be killed in ~ *in de strijd sneuvelen;* put s.o. out of ~ *iem. buiten gevecht stellen;* see ~ *aan de gevechtshandelingen deelnemen* **5.1** ⟨inf.⟩ New York is where the ~ is *in New York valt wat te beleven* **6.7** she brought an ~ **against** him **for** slander *zij deed hem een proces aan wegens laster* **6.¶** the ~ of a drug **on** the brain *de (uit)werking/invloed v.e. geneesmiddel op de hersenen* **¶.1** ⟨sprw.⟩ ~s speak louder than words *geen woorden maar daden.*
actionable [æ̲ksjnəbl] ⟨jur.⟩ **0.1** ***strafbaar*** ⇒*vervolgbaar.*
a̲ction committee **0.1** ***actiecomité.***
a̲ction group **0.1** ***actiegroep.***
a̲ction point **0.1** ***actiepunt.***
a̲ction re̲play **0.1** ***herhaling.***
a̲ction stations ⟨mil.⟩ **0.1** ***gevechtsposten*** ⇒*gevechtsstellingen* ◆ **¶.¶** ⟨inf.⟩ ~! *op de plaatsen!*

activ|ate [æktivveet] ⟨zn.: **-ation**⟩ **0.1** ***activeren*** ⇒*actief/werkzaam maken, in werking/beweging brengen* **0.2** ⟨schei.⟩ ***activeren*** ⟨een reactie versnellen in⟩.

active [æktiv] **0.1** ***actief*** ⇒*werkend, in werking* **0.2** ***actief*** ⇒*bedrijvig, levendig* **0.3** ⟨taal.⟩ ***actief*** ⇒*bedrijvend* **0.4** ⟨ec.⟩ ***actief*** ⇒*productief* ◆ **1.1** an ~ remedy *een werkzaam middel;* an ~ volcano *een werkende vulkaan* **1.2** an ~ fellow *een dynamische kerel;* lead an ~ life *een actief/druk leven leiden* **1.3** ~ voice *bedrijvende vorm, actief* **1.4** an ~ balance of trade *een actieve/gunstige handelsbalans;* ~ property *activa* **1.¶** be under ~ consideration *(ernstig) overwogen worden;* ⟨hand.⟩ ~ debts *actieve/uitstaande schulden;* ⟨hand.⟩ ~ partner *werkend vennoot;* ⟨hand.⟩ ~ securities/stocks *actieve fondsen, druk verhandelde fondsen;* ⟨mil.⟩ on ~ service ⟨BE⟩ *aan het front;* ⟨AE⟩ *in actieve/feitelijke dienst.*

actively [æktivlie] **0.1** ***actief*** ⇒*handelend* **0.2** ***actief*** ⇒*druk, bedrijvig.*

activist [æktivvist] **0.1** ***activist.***

activit|y [æktivvətie] ⟨mv.: -ies⟩ **I** ⟨telb.zn.⟩ **0.1** ⟨vnl. mv.⟩ ***activiteit*** ⇒*daad, bezigheid* ◆ **2.1** he's fond of outdoor activities *hij is graag buiten bezig;*
II ⟨n.-telb.zn.⟩ **0.1** ***werking*** ⇒*activiteit, functie* **0.2** ***activiteit*** ⇒*bedrijvigheid, drukte* **0.3** ***levendigheid*** ⇒*behendigheid* ◆ **2.2** economic ~ *conjunctuur, economische bedrijvigheid.*

act liability insurance ⟨BE; verz.⟩ **0.1** ***verzekering tegenover derden*** ⇒*WA-verzekering, aansprakelijkheidsverzekering* ⟨v. auto's⟩.

act on, act upon **0.1** ***inwerken op*** ⇒*beïnvloeden* **0.2** ***opvolgen*** ⇒*zich laten leiden door* ◆ **1.1** this drug acts (up)on the nerves *dit geneesmiddel beïnvloedt de zenuwen* **1.2** she acted (up)on his advice *zij volgde zijn raad op.*

actor [æktə] **0.1** ***acteur*** ⟨ook fig.⟩ ⇒*toneelspeler, filmspeler.*

actress [æktris] **0.1** ***actrice*** ⟨ook fig.⟩ ⇒*toneelspeelster, filmspeelster.*

actual [æktsjoeəl] **0.1** ***werkelijk*** ⇒*feitelijk, eigenlijk* ◆ **1.1** ⟨tech.⟩ ~ current *effectieve stroom;* ~ figures *reële cijfers;* ⟨tech.⟩ ~ horsepower *effectief vermogen, effectieve paardenkracht;* ~ size *ware grootte;* what were his ~ words? *wat zei hij nou precies?* **1.¶** ⟨inf.⟩ in ~ fact *eigenlijk, in werkelijkheid* **4.1** ⟨BE; vaak scherts.⟩ your ~ ... *de echte/ware ...*

actualit|y [æktsjoe·æl ətie] ⟨mv.: -ies; vaak mv.⟩ **0.1** ***actualiteit*** ⇒*feit, werkelijkheid, realiteit* ◆ **6.¶** ⟨inf.⟩ **in** ~ *eigenlijk, in werkelijkheid.*

actually [æktsjoeəlie, -(t)sjəlie] **0.1** ***eigenlijk*** ⇒*feitelijk, werkelijk* **0.2** ***zowaar*** ⇒*werkelijk, echt* ◆ **3.2** they've ~ paid me! *ze hebben me zowaar betaald!* **¶.¶** you never go to see PSV anymore. ~, I saw them play Ajax yesterday *je gaat nooit meer naar PSV. nou, ik heb ze gister tegen Ajax zien spelen;* you've met John, haven't you? ~, I haven't *je kent John, hè? Nou, nee.*

actuarial [æktsjoe-eəriəl] ⟨verz.⟩ **0.1** ***actuarieel.***

actuar|y [æktsjoeərie] ⟨mv.: -ies⟩ ⟨verz.⟩ **0.1** ***actuaris*** ⇒*verzekeringsexpert.*

actuate [æktsjoe·eet] **0.1** ***(aan)drijven*** ◆ **1.1** the main character is ~d by hatred *de hoofdpersoon wordt gedreven door haat.*

act up ⟨inf.⟩ **0.1** ***lastig zijn*** ⇒*herrie schoppen, vervelend zijn* **0.2** ***drukte maken*** ⇒*opscheppen.*

act upon →**act on.**

acuity [əkjoe:ətie] ⟨schr.⟩ **0.1** ***scherpheid*** ⟨ook fig.⟩ ⇒*scherpte, scherpzinnigheid.*

acumen [ækjoemən] **0.1** ***scherpzinnigheid*** ⇒*scherpte v. verstand/geest/inzicht.*

acupressure [ækjəpresjə] **0.1** ***acupressuur.***

acupuncture [ækjoepungktsjə] ⟨med.⟩ **0.1** ***acupunctuur.***

acupuncturist [ækjoepungktsjərist] ⟨med.⟩ **0.1** ***acupuncteur/turist.***

acute [əkjoe:t] ⟨-ness⟩ **0.1** ***acuut*** ⇒*ernstig, hevig* **0.2** ***scherp(zinnig)*** ⇒*fijn, gevoelig* ⟨verstand, zintuigen⟩ **0.3** ***schril*** ⇒*snerpend* ⟨geluid⟩ ◆ **1.1** an ~ danger *een acuut gevaar;* ~ rheumatism *acuut reuma* **1.¶** an ~ angle *een scherpe hoek;* ~ accent *accent aigu.*

ad [æd] ⟨verk.⟩ [advertisement] ⟨inf.⟩ **0.1** ***advertentie*** ⇒*annonce.*

A.D., AD ⟨afk.⟩ **0.1** [Anno Domini] ***A.D.*** ⇒*Anno, in het jaar onzes Heren.*

adage [ædidzj] **0.1** ***adagium*** ⇒*spreekwoord, spreuk.*

Adam [ædəm] **0.1** ***Adam*** ⇒⟨fig.⟩ *stamvader* ◆ **3.¶** not know s.o. from ~ *niet weten wie iem. is.*

adamant [ædəmənt] **0.1** ***vastbesloten*** ⇒*onvermurwbaar, onbuigzaam.*

Adam's apple [ædəmz æpl] **0.1** ***adamsappel.***

adapt [ədæpt] **I** ⟨onov.ww.⟩ **0.1** ⟨+ to⟩ ***zich aanpassen (aan);***
II ⟨ov.ww.⟩ **0.1** ***aanpassen*** ⇒*bewerken, geschikt maken* ◆ **6.1** ~ a novel **for** TV *een roman voor de tv bewerken;* ~ed **from** the Chinese *uit het Chinees vertaald en bewerkt.*

adaptab|le [ədæptəbl] ⟨zn.: **-ility**⟩ **0.1** ***buigzaam*** ⇒*soepel, geschikt, flexibel* **0.2** ***aanpasbaar*** ⇒*aan te passen.*

adaptation [ædəpteesjn] **0.1** ***aanpassing(sproces)*** ⇒ ⟨psych.⟩ *adaptatie* **0.2** ⟨lit.⟩ ***adaptatie*** ⇒*bewerking* **0.3** ***geschiktheid*** ⇒*het aangepast zijn.*

adapter, adaptor [ədæptə] **0.1** ***aanpasser*** ⇒*bewerker* **0.2** ⟨tech.⟩ ***adapter*** ⇒*tussenstuk, verbindingsstuk, verloopstuk/stekker; verdeelstekker.*

adaptor card ⟨comp.⟩ **0.1** ***adapterkaart*** ⟨uitbreidingskaart voor andere uitbreidingen⟩.

A.D.C. ⟨afk.⟩ **0.1** [aide-de-camp].

add [æd] **I** ⟨onov.ww.⟩ **0.1** ***bijdragen*** **0.2** ***(op)tellen*** ⇒*(een) optelling maken* ◆ **1.2** Sheila simply can't ~ *Sheila kan eenvoudig niet tellen* **5.¶** these facts ~ **together** to show I am right *uit dit alles blijkt dat ik gelijk heb* **6.1** this discovery ~s **to** our knowledge *deze ontdekking draagt bij tot/vergroot onze kennis.* →**add up;**
II ⟨ov.ww.⟩ **0.1** ***toevoegen*** ⇒*erbij doen, bijvoegen* **0.2** ***optellen*** **0.3** ***nog verder zeggen*** ⇒*eraan toevoegen* ◆ **1.1** value ~ed tax *belasting op de toegevoegde waarde, btw;* he ~ed 10% for expenses *hij deed er 10% bij voor onkosten* **6.1** ~ one's name **to** the list *zijn naam aan de lijst toevoegen;* ~ a wing **to** the palace *een vleugel aan het paleis bijbouwen* **6.2** ~ five **to** three *tel vijf bij drie op.* →**add up.**

addendum [ədendəm] ⟨mv.: addenda [-də]⟩ **0.1** ***addendum*** ⇒*aanvulling, toevoegsel* **0.2** ⟨vnl. mv.⟩ ***addenda*** ⇒*appendix, aanhangsel* ⟨v. boek⟩.

adder [ædə] **0.1** ***adder.***

addict[1] [ædikt] ⟨zn.⟩ **0.1** ***verslaafde*** ⇒⟨fig.⟩ *fanaat, enthousiast(eling).*

addict[2] [ədikt] ⟨ww.⟩ **0.1** ⟨vnl. pass.⟩ ***verslaven*** ⇒*afhankelijk maken; zich overgeven* ◆ **6.1** ~ed **to** cocaine *aan cocaïne verslaafd.*

addiction [ədiksjn] **0.1** ***verslaving*** ⇒*verslaafdheid.*

addictive [ədiktiv] **0.1** ***verslavend.***

addition [ədisjn] **0.1** ***toevoeging*** ⇒*aanwinst, bijvoegsel* **0.2** ***optelling*** ⇒*toevoeging, het optellen* ◆ **6.1** an ~ **to** the family *gezinsuitbreiding* **6.2** **in** ~ *bovendien, daarbij;* **in** ~ **to** *behalve, naast.*

additional [ədisjnəl] **0.1** ***bijkomend*** ⇒*aanvullend, extra* ◆ **1.1** ~ charges *extra kosten.*

additionally [ədisjnəlie] **0.1** ***bovendien*** ⇒*daar komt nog bij.*

additive [ædittiv] **0.1** ***toevoeging*** ⇒*additief.*

addle [ædl] **0.1** ***in de war raken/brengen*** ⇒*verwarren, benevelen* **0.2** ***bederven*** ⇒*(laten) rotten* ⟨ei⟩.

add-on ⟨comp.⟩ **0.1** ***randapparaat.***

add-on card ⟨comp.⟩ **0.1** ***uitbreidingskaart.***

address[1] [ədres] ⟨zn.⟩ **0.1** ***adres*** ⟨ook comp.⟩ **0.2** ***toespraak*** **0.3** ***aanspreekvorm*** ⇒*aanspreektitel* ◆ **3.¶** pay one's ~es to s.o. *iem. het hof maken.*

address[2] ⟨ww.⟩ **0.1** ***richten*** ⇒*sturen* **0.2** ***adresseren*** **0.3** ***toespreken*** ⇒*een rede houden voor* **0.4** ***aanspreken*** **0.5** ***behandelen*** ⇒*aanpakken* ◆ **1.1** ~ complaints to our office *richt u met klachten tot ons bureau* **1.3** he ~ed the meeting *hij sprak de vergadering toe* **1.5** this chapter ~es three problems *in dit hoofdstuk worden drie problemen behandeld* **4.1** ~ o.s. to *zich richten/wenden tot; zich bezighouden met/toeleggen op* **6.4** ~ the judge as 'Your Honour' *spreek de rechter met 'Edelachtbare' aan.*

addressee [ædressie:] **0.1** ***geadresseerde.***

adduce [ədjoe:s] **0.1** ***aanhalen*** ⇒*aanvoeren* ◆ **1.1** ~ examples *voorbeelden aanhalen.*

add up I ⟨onov.ww.⟩⟨inf.⟩ **0.1** ***steek houden*** ⇒*kloppen* **0.2** ⟨+ to⟩ ***als uitkomst geven*** ⇒⟨fig.⟩ *neerkomen (op), inhouden* ◆ **1.1** the evidence does not ~ *het bewijsmateriaal deugt niet* **6.2** these numbers ~ **to** 499 *deze getallen zijn samen 499;* this so-called invention does not ~ **to** much *deze zgn. uitvinding stelt weinig voor;*
II ⟨ov.ww.⟩ **0.1** ***optellen.***

adenoidal [æd(ə)nojdl] **0.1** ***adenoïde*** ⇒*adenoïdaal* ◆ **1.1** an ~ voice *een nasale stem.*

adenoids [æd(ə)nojdz] ⟨med.⟩ **0.1** ***adenoïde vegetaties.***

adept[1] [ædept] ⟨zn.⟩ **0.1** ***expert*** ⇒*adept.*

adept[2] [ædept] ⟨bn.⟩ **0.1** ⟨+ at, in⟩ ***bedreven (in)*** ⇒*deskundig, ingewijd.*

adequacy [ædikwəsie] **0.1** ***geschiktheid*** ⇒*bekwaamheid* **0.2** ***adequaatheid.***

adequate [ædikwət] **0.1** ***voldoende*** ⇒*net (goed) genoeg* **0.2** ***geschikt*** ⇒*bekwaam.*

adhere [ədhiə] **0.1** ***kleven*** ⇒*aan/vastkleven, hechten* **0.2** ⟨+ to⟩ ***zich houden (aan)*** ⇒*vasthouden (aan), blijven bij* ◆ **6.2** you should ~ **to** your principles *je moet je aan je principes houden.*

adherence [ədhiərəns] **0.1** ***het kleven*** ⇒*aankleving, het vasthouden (aan)* **0.2** ***aanhankelijkheid.***

adherent [ədhiərənt] **0.1** ***aanhanger*** ⇒*voorstander, volgeling.*

adhesion [ədhie:zjn] **0.1** ***het vastkleven*** ⇒*aankleving* **0.2** ***aanhankelijkheid*** ⇒*loyaliteit* **0.3** ⟨nat.⟩ ***adhesie*** ⇒*moleculaire aantrekking.*

adhesive[1] [ədhie:siv, -ziv] ⟨zn.⟩ **0.1** ***kleefstof*** ⇒*plakmiddel, lijm.*

adhesive[2] ⟨bn.⟩ **0.1** ***klevend*** ⇒*plakkend, gegomd* ◆ **1.1** ~ plaster *hechtpleister;* ~ tape *plakband.*

ad hoc [æd hok] **0.1** ***ad hoc*** ◆ **1.1** an ~ committee *een commissie ad hoc.*

adieu [ədjoe:]⟨mv.: ook adieux [-z]⟩ **0.1** ***adieu*** ⇒*afscheidsgroet, vaarwel.*

ad infinitum [æd infinnajtəm] **0.1** ***ad infinitum*** ⇒*tot in het oneindige.*

adipose [ædippoos] ⟨biol.⟩ **0.1** ***mbt. (dierlijk) vet*** ⇒*vet-, vettig* ◆ **1.1** ~ tissue *vetweefsel.*

ADIZ ⟨afk.⟩ **0.1** [Air Defense Identification Zone].

adjacent [ədzjeesnt] **0.1** ***aangrenzend*** ⇒*belendend, aanliggend* **0.2** ***naburig*** ⇒*nabijgelegen* ◆ **6.1** the site is ~ **to** the river *het terrein ligt aan de rivier.*

adjective [ædzjəktiv] ⟨taal.⟩ **0.1** ***bijvoeglijk naamwoord*** ⇒*adjectief.*

adjoin [ədzjojn] **I** ⟨onov.ww.⟩ **0.1** ***aaneengrenzen;***
II ⟨ov.ww.⟩ **0.1** ***grenzen aan*** ⇒*palen aan.*

adjourn [ədzjə:n] **I** ⟨onov.ww.⟩ **0.1** ⟨+ to⟩ ***zich verplaatsen (naar)*** ⇒*zich begeven (naar);*
II ⟨ov.ww.⟩ **0.1** ***verdagen*** ⇒*uitstellen* **0.2** ***schorsen*** ⇒*onderbreken.*

adjournment [ədzjə:nmənt] **0.1** ***verdaging*** ⇒*uitstel* **0.2** ***onderbreking*** ⇒*schorsing, reces.*

adjudge [ədzjudzj] ⟨zn.: **-ment**⟩ **0.1** ***oordelen over*** ⇒*beschikken, beslissen, verklaren* ◆ **1.1** ~d the winner of the race *tot winnaar v.d. wedstrijd uitgeroepen* **8.1** the court ~d them guilty *het hof oordeelde hen schuldig.*

adjudic|ate [ədzjoe:dikkeet] ⟨zn.: **-ation**⟩ **0.1** ***oordelen*** ⇒*arbitreren, jureren* **0.2** ***als arbiter/jurylid optreden*** **0.3** ***verklaren*** ◆ **2.3** ~ s.o. bankrupt *iem. failliet verklaren* **6.1** ~ **(up)on** a matter *over een zaak oordelen.*

adjudicator [ədzjoe:dikkeetə] **0.1** ***scheidsrechter*** ⇒*arbiter, jurylid.*

adjunct [ædzjung(k)t] **0.1** ***toevoegsel*** ⇒*aanhangsel* **0.2** ***adjunct*** ⟨medewerker, ambtenaar⟩ **0.3** ⟨taal.⟩ ***bepaling.***

adjur|e [ədzjoeə] ⟨zn.: **-ation**⟩ **0.1** ***bezweren*** ⇒*aanmanen, smeken.*

adjust [ədzjust] **0.1** ***regelen*** ⇒*in orde brengen, rechtzetten* **0.2** ***afstellen*** ⇒*instellen, bijstellen* **0.3** ***taxeren*** ⇒*vaststellen* ⟨schade⟩ **0.4** ***(zich) aanpassen*** ⇒*in overeenstemming brengen, harmoniseren* ◆ **4.4** ~ (o.s) to new circumstances *(zich) aan nieuwe omstandigheden aanpassen.*

adjustab|le [ədzjustəbl] ⟨-ly⟩ **0.1** ***regelbaar*** ⇒*verstelbaar.*

adjuster [ədzjustə] **0.1** ***regelaar*** **0.2** ⟨inf.⟩ ***schade-expert.***

adjustment [ədzjus(t)mənt] **0.1** ***rechtzetting*** ⇒*correctie, verandering* **0.2** ***afstelling*** ⇒*instelling, bijstelling, het (ver)stellen* **0.3** ⟨tech.⟩ ***instelling*** ⇒*instelmechanisme* **0.4** ***regeling*** ⇒*schikking, vereffening* ⟨v. schade e.d.⟩ **0.5** ***aanpassing*** ⇒*harmonisering.*

adjutant [ædzjətənt], ⟨in het 0.3 ook⟩ **adjutant bird** **0.1** ***assistent*** **0.2** ⟨mil.⟩ ***adjudant*** **0.3** ⟨dierk.⟩ ***maraboe.***

adjutant general ⟨mv.: adjutants general⟩⟨mil.⟩ **0.1** ***administratief bevelvoerder v.e. eenheid.***

ad lib[1] [æd lib] ⟨bn.⟩⟨inf.⟩ **0.1** ***onvoorbereid*** ⇒*geïmproviseerd.*

ad lib[2] ⟨ww.; -bed⟩⟨inf.⟩ **0.1** ***improviseren*** ⇒*onvoorbereid spreken/spelen.*

ad lib[3] ⟨bw.⟩⟨inf.⟩ **0.1** ***ad libitum*** ⇒*naar believen* **0.2** ***onvoorbereid*** ⇒*geïmproviseerd* ◆ **3.1** you can drink ~ today *vandaag kun je drinken zoveel je wil.*

ad|man [ædmæn]⟨mv.: -men [-men]⟩ ⟨inf.⟩ **0.1** ***reclameman*** ⇒*reclamejongen.*

administer [ədminnistə] **0.1** ***beheren*** ⇒*besturen* **0.2** ***toepassen*** ⇒*uitvoeren* **0.3** ***toedienen*** ⇒*uitreiken, verlenen* ◆ **1.1** ~ an estate *een nalatenschap/bezit beheren* **1.2** ~ justice *rechtspreken* **1.3** ~ a medicine to s.o. *iem. een medicijn toedienen;* ~ a punishment to s.o. *iem. een straf opleggen;* ⟨r.-k.⟩ ~ the last sacraments to s.o. *iem. de laatste sacramenten toedienen* **6.¶** ~ **to** s.o.'s needs *in iemands behoeften voorzien.*

administration [ədminnistreesjn] **0.1** ***beheer*** ⇒*administratie, bestuur* **0.2** ⟨vaak A-; AE⟩ ***regering*** ⇒*bestuur; ambtsperiode* **0.3** ***toediening*** ⇒*uitreiking, verlening* **0.4** ***toepassing*** ⇒*uitvoering* ◆ **1.1** the ~ of an estate *het beheer v.e. nalatenschap/bezit* **1.2** the ~ of the previous President *de ambtsperiode v.d. vorige president* **1.3** ~ of justice *rechtsbedeling* **1.¶** ~ of an oath *afneming v.e. eed.*

administrative [ədminnistrətiv] **0.1** ***administratief*** ⇒*beheers-, bestuurs-.*

administrator [ədminnistreetə] **0.1** ***bestuurder*** ⇒*beheerder.*

admirab|le [ædmrəbl] ⟨-ly⟩ **0.1** ***bewonderenswaard(ig)*** **0.2** ***voortreffelijk*** ⇒*uitstekend, heerlijk.*

admiral [ædmrəl] **0.1** ***admiraal*** ⇒*vlagofficier* **0.2** ⟨A-; mil.⟩ ***admiraal*** ⟨op één na hoogste rang bij de Am., Britse, Canadese marine⟩ **0.3** ***admiraal(vlinder)*** ◆ **1.2** Admiral of the Fleet *opperadmiraal* ⟨hoogste rang bij de Britse en Canadese marine⟩ **2.3** red ~ *admiraal(vlinder), atalanta.*

Admiralt|y [ædmrəltie] ⟨mv.: -ies⟩ **0.1** ⟨ww. enk. of mv.; BE⟩ ***Admiraliteit*** ⟨bestuurscollege v.d. Britse marine⟩ **0.2** ⟨the⟩ ***Admiraliteit(sgebouw)*** ◆ **1.1** Board of Admiralty *Admiraliteit(scollege);* (First) Lord of the Admiralty *hoofd v.d. Admiraliteit.*

Admiralty mile **0.1** ***zeemijl*** ⟨1853,18 m⟩.

admiration [ædmirreesjn] **0.1** ***bewondering*** ⇒*eerbied* **0.2** ***voorwerp v. bewondering*** ◆ **1.2** he is the ~ of all girls *alle meisjes bewonderen hem.*

admire [ədmaijə] **0.1** ***bewonderen*** **0.2** ⟨inf.⟩ ***loven*** ⇒*prijzen.*

admirer [ədmajrə] **0.1** ***bewonderaar*** ⇒*aanbidder.*

admiring [ədmaijəring] **0.1** ***bewonderend*** ⇒*vol bewondering/lof.*

admissib|le [ədmissəbl] ⟨-ly; zn.: **-ility**⟩ **0.1** ***aannemelijk*** ⇒ *aanvaardbaar, acceptabel* **0.2** ***geoorloofd*** ⟨ook jur.⟩ ⇒*toelaatbaar.*

admission [ədmisjn] **0.1** ***erkenning*** ⇒*bekentenis, toegeving* **0.2** ***toegang*** ⇒*toegangsgeld/prijs, entree* ◆ **1.1** an ~ of guilt *een schuldbekentenis* **6.1 by/on** s.o.'s own ~ *naar iem. zelf erkent/toegeeft* **6.2** gain ~ **to** *toegang krijgen toe.*

admit [ədmit] ⟨-ted⟩ **I** ⟨onov.ww.⟩ **0.1** ***toelaten*** ⇒*ruimte laten* **0.2** ***toegang geven*** **0.3** ***erkennen*** ⇒*toegeven, bekennen* ◆ **6.1** these facts ~ **of** one interpretation only *deze feiten zijn maar voor één interpretatie vatbaar* **6.3** he ~s **to** knowing him *hij geeft toe dat hij hem kent;*
II ⟨ov.ww.⟩ **0.1** ***binnenlaten*** ⇒*toelaten* **0.2** ***toelaten*** ⇒ *mogelijk maken* **0.3** ***erkennen*** ⇒*toegeven, bekennen* **0.4** ***groot genoeg zijn voor*** ◆ **1.2** his statement ~s more than one interpretation *zijn verklaring is voor meer dan één interpretatie vatbaar* **1.4** the hall ~s 2,000 people *de zaal kan 2000 mensen herbergen* **3.3** he ~ted having lied *hij gaf toe dat hij gelogen had* **6.1** ~ **to** the theatre *in het theater binnenlaten;* he was ~ted **to** hospital *hij werd in het ziekenhuis opgenomen.*

admittance [ədmitns] **0.1** ***toegang*** ⇒*toelating* ◆ **3.1** he was refused ~ *de toegang werd hem geweigerd* **7.1** no ~ *geen toegang.*

admitted [ədmittid] **0.1** ***zoals men zelf erkent/toegeeft*** ◆ **1.1** he is an ~ thief *hij erkent zelf een dief te zijn.*

admittedly [ədmittidlie] **0.1** ***toegegeven*** ◆ **¶.1** ~, that is true *toegegeven, dat is waar;* it is, ~, a major problem ... *het is weliswaar een groot probleem ...*

admixture [ədmikstsjə] **0.1** ***toevoegsel*** ⇒*additief* **0.2** ***mengsel*** ⇒*mengeling, verbinding.*

admonish [ədmonnisj] **0.1** ***waarschuwen*** ⇒*vermanen, berispen* **0.2** ***aanmanen*** ⇒*aansporen, oproepen* ◆ **3.2** he ~ed them not to smoke *hij riep hen op om niet te roken* **6.1** he ~ed them **for** their bad manners *hij berispte hen om hun slechte manieren* **8.2** he ~ed them to hurry *hij spoorde hen aan zich te haasten.*

admonition [ædmənisjn] **0.1** ***waarschuwing*** ⇒*vermaning, berisping* **0.2** ***aanmaning*** ⇒*aansporing, oproep.*

admonitory [ədmonnitrie] **0.1** ***waarschuwend*** ⇒*vermanend.*

ad nauseam [ædno:ziəm, -ie·æm] **0.1** ***tot vervelens/walgens toe.***

ado [ədoe:] **0.1** ***drukte*** ⇒*ophef* ◆ **6.1 without** more/further ~ *zonder omhaal, meteen, dadelijk* **7.1** much ~ about nothing *een hoop koude drukte (om niks).*

adobe [ədoobie] **0.1** ***adobe*** ⟨in de zon gedroogde bouwsteen⟩ **0.2** ***steenklei*** ⟨voor adobe⟩.

adolescence [ædəlesns] **0.1** ***puberteit*** ⇒*adolescentie.*

adolescent [ædəlesnt] **0.1** ⟨bn.⟩ ***opgroeiend*** **0.2** ⟨bn.⟩ ***puberachtig*** ⇒*puberaal, jeugd-* **0.3** ⟨zn.⟩ ***puber*** ⇒*tiener, adolescent* ◆ **1.2** ~ spots *jeugdpuistjes.*

adopt [ədopt] **0.1** ***adopteren*** ⇒*aannemen, (uit)kiezen* **0.2** ***overnemen*** ⇒*aannemen* **0.3** ***aannemen*** ⇒*gebruiken, toepassen* **0.4** ***aannemen*** ⇒*aanvaarden, goedkeuren* ◆ **1.2** ~ an idea *een idee overnemen* **1.3** ~ modern techniques *nieuwe technieken in gebruik nemen/toepassen* **1.4** ~ a proposal *een voorstel aanvaarden.*

adoption [ədopsjn] **0.1** ***adoptie*** ⇒*aanneming* **0.2** ***aanneming*** ⇒*het aannemen/overnemen* **0.3** ***gebruik*** ⇒*toepassing* **0.4** ***aanvaarding*** ⇒*goedkeuring, aanneming* ◆ **1.1** Canada is now his country of ~ *Canada is nu zijn nieuwe vaderland.*

adoptive [ədoptiv] **0.1** ***adoptief*** ⇒*aangenomen, pleeg-* ◆ **1.1** an ~ child *een geadopteerd kind;* ~ parents *pleeg/adoptiefouders.*

adorab|le [ədo:rəbl] ⟨-ly⟩ **0.1** ***aanbiddelijk*** ⇒⟨inf.⟩ *schattig, lief.*

adoration [ædəreesjn] **0.1** ***aanbidding*** ⇒*verering, adoratie.*

adore [ədo:] **0.1** ***aanbidden*** ⇒*bewonderen, adoreren* **0.2** ⟨rel.⟩ ***aanbidden*** ⇒*vereren* **0.3** ⟨inf.⟩ ***dol zijn op.***

adorer [ədo:rə] **0.1** ***aanbidder*** ⇒*bewonderaar.*

adoring [ədo:ring] **0.1** ***bewonderend.***

adorn [ədo:n] ⟨zn.: **-ment**⟩ **0.1** ***versieren*** ⇒*mooi maken, opsmukken, (op)tooien.*

adrenal [ədrie:nl] ⟨anat.⟩ **0.1** ***bijnier-*** ◆ **1.1** ~ glands *bijnieren.*

adrenalin(e) [ədrennəlin] ⟨bioch.⟩ **0.1** ***adrenaline.***

adrift [ədrift] **0.1** ***op drift*** ⇒*driftig* **0.2** ***stuurloos*** ⇒*losgeslagen* ⟨ook lett.⟩, *hulpeloos, doelloos* ◆ **3.1** cut a boat ~ from its moorings *de meerkabels van een boot doorhakken* **3.2** turn/cast s.o. ~ *iem. de woestijn in sturen;* the project went ~ *het project ging de mist in.*

adroit [ədrojt] ⟨-ness⟩ **0.1** ***handig*** ⇒*gevat* ◆ **6.1** be ~ **at/in** carpentering *goed kunnen timmeren.*

adsorb [ædso:b] ⟨nat.⟩ **0.1** ***adsorberen.***

adsorption [ædso:psjn] ⟨nat.⟩ **0.1** ***adsorptie.***

adulation [ædzjoeleesjn] **0.1** ***ophemeling*** ⇒*pluimstrijkerij.*

adulator [ædzjoeleetə] **0.1** ***pluimstrijker*** ⇒*vleier.*

adult [ædult] **0.1** ⟨bn.⟩ ***volwassen*** ⇒*volgroeid, rijp* **0.2** ⟨bn.⟩ ***voor volwassenen*** **0.3** ⟨zn.⟩ ***volwassene*** ⟨ook dier⟩ ◆ **1.2** ~ education *volwassenenonderwijs;* ⟨euf.⟩ ~ movie *pornofilm* **3.3** ⟨euf.⟩ consenting ~ *meerderjarige (homoseksueel).*

adulter|ate [ədultəreet] ⟨zn.: **-ation**⟩ **0.1** ***vervalsen*** ⇒*versnijden* ◆ **6.1** ~ wine **with** grape juice *wijn met druivensap aanlengen.*

adulterer [ədultrə] **0.1** ***overspelige (man).***

adulteress [ədultris] **0.1** ***overspelige (vrouw).***

adulterous [ədultrəs] **0.1** ***overspelig.***

adulter|y [ədultərie] ⟨mv.: -ies⟩ **0.1** ***overspel*** ⇒*echtbreuk.*

adulthood [ædulthoed] **0.1** ***volwassenheid*** ⇒*meerderjarigheid.*

adumbr|ate [ædəmbreet] ⟨zn.: **-ation**⟩ **0.1** ***afschaduwen*** ⇒ *een vage voorstelling geven van* **0.2** ***prefigureren*** ⇒*vaag aankondigen/voorspellen.*

ad valorem [ædvəlo:rem] ⟨hand.⟩ **0.1** ***ad valorem*** ⇒*naar (geschatte) waarde/prijs* ◆ **1.1** ~ duties *waarderechten.*

advance[1] [ədva:ns] ⟨zn.⟩ **0.1** ***voorschot*** ⇒*vooruitbetaling* **0.2** ⟨vnl. mv.⟩ ***avance*** ⇒*eerste stappen, toenadering* **0.3** ***vooruitgang*** ⟨ook fig.⟩ ⇒*voortgang, vordering, ontwikkeling, verbetering* ◆ **6.3 in** ~ *vooraf, van tevoren* ⟨tijd⟩; *voor-*

uit, voorop ⟨ruimte⟩; he spent the money **in** ~ *hij gaf het geld uit voor hij het had;* Da Vinci was **in** ~ **of** his age *Da Vinci was zijn tijd vooruit.*

advance² ⟨bn.⟩ **0.1** ***vooraf*** ⇒*van tevoren, bij voorbaat* ◆ **1.1** ~ booking *reservering (vooraf);* ~ copy *voorpublicatie;* ⟨mil.⟩ ~ guard/party *voorhoede, voorpost;* ~ notice *vooraankondiging.*

advance³ I ⟨onov.ww.⟩ **0.1** ***vooruitgaan*** ⇒*voortbewegen; vorderen, vooruitgang boeken* **0.2** ***promotie maken*** ⇒*bevorderd worden* ◆ **6.1** the troops ~d **against/(up)on** the enemy *de troepen naderden/rukten op naar de vijand;* he ~d **towards** the door *hij begaf zich naar de deur;*
II ⟨ov.ww.⟩ **0.1** ***vooruitbewegen*** ⇒*vooruitbrengen/schuiven/zetten* **0.2** ***promoveren*** ⇒*bevorderen (in rang)* **0.3** ***bevorderen*** ⇒*steunen* ⟨plan⟩ **0.4** ***naar voren brengen*** ⇒ *te berde brengen* **0.5** ***vervroegen*** **0.6** ***voorschieten*** ⇒ *vooruitbetalen* ◆ **1.4** ~ one's opinion *zijn mening naar voren brengen* **1.5** ~ the date of a meeting *de datum v.e. vergadering vervroegen* **6.2** ~ s.o. **to** a higher position *iem. bevorderen.*

advanced [ədva:nst] **0.1** ***(ver)gevorderd*** **0.2** ***geavanceerd*** ⇒*modern, vooruitstrevend* ◆ **1.1** ⟨BE⟩ the ~ level ⟨ook: A level⟩ *schoolexamen vwo/atheneum;* ⟨BE⟩ ~ supplementary level ⟨ook: A/S level⟩ *A/S-examen(niveau)* ⟨vanaf 1989 nemen vwo-eindexamenkandidaten 2 vakken op A-niveau en 2 op A/S-niveau ipv. 3 op A-niveau⟩; ~ studies *studies voor gevorderden;* ⟨schr.⟩ ~ in years *op (hoge) leeftijd* **1.2** ~ ideas *progressieve ideeën;* ~ techniques *geavanceerde technieken.*

advancement [ədva:nsmənt] **0.1** ***vordering*** ⇒*het vooruitbewegen* **0.2** ***bevordering*** ⇒*verbetering, vooruitgang, promotie.*

advantage [ədva:ntidzj] **0.1** ***voordeel*** ⇒*gunstige omstandigheid* **0.2** ***voordeel*** ⇒*nut, profijt* **0.3** ***overwicht*** ⇒*superioriteit* **0.4** ⟨tennis⟩ ***advantage*** ⇒*voordeel* ◆ **3.1** have the ~ of/over s.o./sth. *iets voorhebben op iem./iets;* ⟨BE⟩ you have the ~ of me *u weet meer dan ik;* ⟨ihb.⟩ *u kent mij, maar ik ken u niet* **3.2** take ~ of s.o. *iem. bedriegen/uitbuiten; iem. verleiden;* take (full) ~ of sth. *(gretig) gebruik/misbruik maken van iets;* turn sth. to ~ *zijn voordeel met iets doen* **3.3** get the ~ *de bovenhand krijgen* **6.2** the sculpture shows **to** better ~ from this angle *de sculptuur komt beter uit vanuit deze hoek.*

advantageous [ædvənteedzjəs] **0.1** ***voordelig*** ⇒*nuttig, gunstig* **0.2** ***winstgevend.***

advantage rule ⟨sport⟩ **0.1** ***voordeelregel*** ◆ **3.1** play the ~ *de voordeelregel toepassen.*

advent [ædvent] **0.1** ***aankomst*** ⇒*komst, nadering* ⟨v. belangrijk iets/iem.⟩ **0.2** ⟨A-; rel.⟩ ***advent.***

Adventist [ædvəntist] ⟨rel.⟩ **0.1** ***adventist.***

adventitious [ædvəntisjəs] **0.1** ***bijkomend*** ⇒*accidenteel* **0.2** ***onvoorzien*** ⇒*onverwacht.*

adventure [ədventsjə] **0.1** ***avontuur*** ⇒*riskante onderneming; (beurs)speculatie.*

adventure film **0.1** ***avonturenfilm.***

adventure playground ⟨BE⟩ **0.1** ***speelterrein*** ⟨met rubberbanden, houten hutten e.d. om in/mee te spelen⟩.

adventurer [ədventsjərə] **0.1** ***avonturier*** ⇒*gelukzoeker; huurling; speculant.*

adventuress [ədventsjris] **0.1** ***avonturierster*** ⇒*gelukzoekster.*

adventurism [ədventsjərizm] **0.1** ***avonturisme.***

adventurous [ədventsjrəs] **0.1** ***avontuurlijk*** ⇒*ondernemend* **0.2** ***avontuurlijk*** ⇒*gewaagd, gedurfd.*

adverb [ædvə:b] ⟨taal.⟩ **0.1** ***bijwoord*** ⇒*adverbium.*

adverbial [ədvə:biəl] ⟨taal.⟩ **0.1** ***bijwoordelijk*** ⇒*adverbiaal.*

adversarial [ædvəseəriəl], ⟨AE vnl.⟩ **adversary** [ædvərserrie] **0.1** ⟨jur.⟩ ***met twee elkaar bestrijdende partijen*** **0.2** ***vijandig*** ⇒*antagonistisch, conflictueus, conflict-* ◆ **1.1** the ~ system of justice *het conflictmodel in de rechtspraak.*

adversar|y¹ [ædvəsrie] ⟨zn.; mv.: -ies⟩ **0.1** ***tegenstander*** ⇒ *vijand, antagonist.*

adversary² ⟨bn.⟩ ⟨AE; jur.⟩ →**adversarial.**

adverse [ædvə:s] **0.1** ***vijandig*** ⇒*antagonistisch* **0.2** ***ongunstig*** ⇒*nadelig, tegenwerkend* ◆ **1.1** ~ criticism *afbrekende kritiek* **1.2** ~ conditions *ongunstige omstandigheden;* ~ winds *tegenwind* **6.¶** ~ **to** our interests *strijdig met onze belangen.*

adversit|y [ədvə:sətie] ⟨mv.: -ies⟩ **0.1** ***tegenslag*** ⇒*tegenspoed* ◆ **3.1** meet with adversities *(met) tegenslag (te kampen) hebben.*

advert [ædvə:t] ⟨vnl. BE; inf.⟩ **0.1** ***advertentie*** ⇒*annonce.*

advertise, -ize [ædvətajz] **0.1** ***adverteren*** ⇒*reclame maken (voor), bekendmaken, aankondigen* **0.2** ***inlichten*** ⇒*op de hoogte brengen, verwittigen* **0.3** ⟨+for⟩ ***een advertentie plaatsen (voor)*** ◆ **4.1** ~ oneself *zichzelf in het middelpunt plaatsen.*

advertisement, ⟨soms⟩ **-izement** [ədva:tismənt] **0.1** ***advertentie*** ⇒*annonce, aankondiging* **0.2** ***reclame*** ⇒*het adverteren, publiciteit* ◆ **2.1** classified ~s *rubrieksadvertenties, kleine annonces.*

advertiser, -izer [ædvətajzə] **0.1** ***adverteerder*** **0.2** ***advertentieblad*** ⇒*huis-aan-huisblad.*

advertising, -izing [ædvətajzing] **0.1** ***reclame*** ⇒*het adverteren, publiciteit.*

advertising agency, advertising office **0.1** ***reclamebureau.***

advertising gimmick **0.1** ***reclamestunt.***

advertorial [ædvəto:riəl] **0.1** ***advertorial*** ⟨reclametekst in de vorm v.e. objectief artikel⟩.

advice [ədvajs] **0.1** ***raad*** ⇒*advies* **0.2** ⟨vnl. mv.⟩ ***bericht*** ⇒ *rapport, nota* **0.3** ⟨hand.⟩ ***verzendadvies*** ⇒*pakbrief* ◆ **1.1** give s.o. a piece/bit of ~ *iem. raad geven* **3.1** ask for/take ~ *om raad vragen, inlichtingen inwinnen;* act on/follow/take s.o.'s ~ *iemands advies opvolgen* **6.1** **on** the doctor's ~ *op doktersadvies.*

advice note **0.1** ⟨geldw.⟩ ***bericht v. creditering*** ⟨v. bank aan klant⟩ **0.2** ⟨hand.⟩ ***ontvangstbericht.***

advisab|le [ədvajzəbl] ⟨-ly; zn.: **-ility**⟩ **0.1** ***raadzaam*** ⇒*wenselijk, opportuun.*

advise [ədvajz] **I** ⟨onov. en ov.ww.⟩ **0.1** ***adviseren*** ⇒*(aan)raden* ◆ **3.1** they ~d waiting/me to wait *ze gaven me de raad te wachten* **5.¶** be **well** ~ed to ... *er verstandig aan doen om ...* **6.1** ~ (s.o.) **against** sth. *(iem.) iets afraden;* ~ (s.o.) **on** sth. *(iem.) advies geven omtrent iets;*
II ⟨ov.ww.⟩ **0.1** ***informeren*** ⇒*inlichten* ◆ **6.1** ~ s.o. **of** sth. *iem. van iets op de hoogte stellen.*

advisedly [ədvajzidlie] **0.1** ***bedachtzaam*** ⇒*doelbewust.*

advisement [ədvajzmənt] ⟨AE⟩ ◆ **6.¶** be **under** ~ *overwogen/besproken worden.*

adviser, ⟨AE ook⟩ **advisor** [ədvajzə] **0.1** ***adviseur*** ⇒*raadgever, raadsman.*

advisor|y [ədvajzərie] ⟨-ily⟩ **0.1** ***adviserend*** ⇒*raadgevend, voorlichtend* ◆ **1.1** ~ board/committee *adviescommissie.*

advisory body **0.1** ***adviesorgaan.***

advocacy [ædvəkəsie] **0.1** ***verdediging*** ⇒*voorspraak* ◆ **6.1** ~ **of** reforms *het pleiten voor hervormingen.*

advocate¹ [ædvəkit] ⟨zn.⟩ **0.1** ***verdediger*** ⇒*voorstander, advocaat.*

advocate² [ædvəkeet] ⟨ww.⟩ **0.1** ***bepleiten*** ⇒*verdedigen,* *voorstaan* ◆ **3.1** he ~s sending children to school at the age of three *hij is er voorstander van kinderen op driejarige leeftijd naar school te sturen.*

adze, ⟨vnl. AE sp.⟩ **adz** [ædz] **0.1** ***dissel*** *⇒houw.*

aegis, ⟨AE sp. ook⟩ **egis** [ie:dzjis] **0.1** ***aegis*** *⇒aegide, bescherming* ◆ **6.1 under** the ~ of *onder de bescherming van.*

Aeneid [ie:nie·id] ⟨the⟩ **0.1** ***Aeneïs*** *⇒Aeneïde.*

Aeolian, ⟨AE sp.⟩ **Eolian** [ie:ooliən] **0.1** ***Eolisch*** ◆ **1.¶** ~ harp *eolusharp, windharp.*

aeon, eon [ie:ən] **0.1** ***eon*** *⇒eeuwigheid;* ⟨fig.⟩ *eeuw.*

aer|ate [eəreet] ⟨zn.: **-ation**⟩ **0.1** ***aan lucht blootstellen*** **0.2** ***met koolzuur verzadigen*** ◆ **1.2** ⟨vnl. BE⟩ ~d water *spuitwater, sodawater.*

aerial[1] [eəriəl] ⟨zn.⟩ **0.1** ***antenne.***

aerial[2] ⟨bn.⟩ **0.1** ***lucht-*** *⇒in/vanuit de lucht, bovengronds* ◆ **1.1** ~ cableway/railway *kabelbaan, kabelspoor(weg);* ~ photograph *luchtfoto;* ~ roots *luchtwortels.*

aerie →**eyrie.**

aerobatic [eərəbætik] **0.1** ***luchtacrobatisch.***

aerobatics [-bætiks] ⟨mv.; ww. vnl. enk.⟩ **0.1** ***luchtacrobatiek*** *⇒kunstvliegen, stuntvliegen.*

aerobe [eəroob] ⟨biol.⟩ **0.1** ***aëroob organisme*** ⟨dat zuurstof aan de lucht onttrekt⟩.

aerobic [eəroobik] ⟨-ally⟩ **0.1** ⟨biol.⟩ ***aëroob*** **0.2** ⟨sport⟩ ***aerobic*** ◆ **1.2** ~ dancing *aerobic dansen.*

aerobics [eəroobiks] ⟨mv.; ww. vnl. enk.⟩ **0.1** ***aerobics*** *⇒aërobische oefeningen.*

aerodrome [-droom] **0.1** ***vliegveld*** *⇒(kleine) luchthaven.*

aerodynamic [eəroodajnæmik] ⟨-ally⟩ **0.1** ***aërodynamisch*** ◆ **1.1** ~ body *gestroomlijnde carrosserie* ⟨v. auto⟩.

aerodynamics [-dajnæmiks] ⟨mv.; ww. vnl. enk.⟩ **0.1** ***aërodynamica*** *⇒stromingsleer* ⟨ihb. v. lucht⟩.

aero-engine [-endzjin] **0.1** ***vliegtuigmotor.***

aerofoil [eərəfojl], ⟨AE vnl.⟩ **airfoil** [eə-] **0.1** ***aërodynamisch vlak*** *⇒draagvlak; vliegtuigvleugel; hielvlak; staartvin; staartvlak; vleugelklap; propellerblad;* ⟨autosport⟩ *spoiler.*

aerogenerator [eəroodzjennəreetə] **0.1** ***windgenerator*** *⇒windmolen.*

aeronaut [eərəno:t] **0.1** ***aëronaut.***

aeronautic|(al) [-no:tik(l)] ⟨-ally⟩ **0.1** ***luchtvaartkundig*** *⇒luchtvaart-, aëronautisch.*

aeronautics [-no:tiks] ⟨mv.; ww. vnl. enk.⟩ **0.1** ***luchtvaart(kunde)*** *⇒aëronautiek.*

aeroplane [eərəpleen], ⟨AE vnl.⟩ **airplane** [eə-] **0.1** ***vliegtuig*** *⇒vliegmachine.*

aerosol (can) [eəressol] **0.1** ***spuitbus*** *⇒aërosol.*

aerospace [-spees] ⟨vaak attr.⟩ **0.1** ***ruimte*** ⟨dampkring v.d. aarde plus de ruimte daarbuiten⟩ *⇒kosmos, heelal* ◆ **1.1** ~ vehicle *ruimtevaartuig.*

aertex [eəteks] ⟨BE⟩ **0.1** ***luchtig geweven stof*** *⇒*⟨ong.⟩ *mousseline, neteldoek.*

aery →**eyrie.**

aesthete, ⟨AE sp. ook⟩ **esthete** [ie:sθie:t] **0.1** ***estheet*** *⇒kunstminnaar.*

aesthetic|(al), ⟨AE sp. ook⟩ **esthetic(al)** [ie:sθettik(l)] ⟨-ally⟩ **0.1** ***esthetisch.***

aesthetics, ⟨AE sp. ook⟩ **esthetics** [ie:sθettik] ⟨mv.; ww. vnl. enk.⟩ **0.1** ***esthetica*** *⇒schoonheidsleer, esthetiek.*

aestivation, ⟨AE sp. ook⟩ **estivation** [ie:stivveesjn] ⟨dierk.⟩ **0.1** ***estivatie*** *⇒zomerslaap.*

aether →**ether.**

aetiolog|y, ⟨AE sp. vnl.⟩ **etiology** [ie:tie·olledzjie] ⟨mv.: -ies⟩ **0.1** ***etiologie*** *⇒leer der oorzaken (v. ziekten);* ⟨med. ook⟩ *oorzaak* ⟨v. ziekte⟩.

afar [əfa:] **0.1** ***(van) ver(re)*** *⇒veraf, ver weg* ◆ **6.1 from** ~ *van verre.*

afebrile [eefie:brajl] ⟨med.⟩ **0.1** ***koortsvrij.***

affab|le [æfəbl] ⟨-ly; zn.: **-ility**⟩ **0.1** ***minzaam*** *⇒vriendelijk, innemend.*

affair [əfeə] **0.1** ⟨vaak mv.⟩ ***zaak*** *⇒aangelegenheid* **0.2** ⟨inf.⟩ ***affaire*** *⇒kwestie, ding, zaak(je)* **0.3** ***verhouding*** *⇒liaison* ◆ **1.1** ~s of state *staatszaken* **1.¶** ~ of honour *erezaak, duel* **2.1** current ~s *lopende zaken, actualiteiten;* foreign ~s *buitenlandse zaken* **2.2** the meeting was a noisy ~ *de vergadering was een lawaaierige bedoening;* a poor ~ *niet veel zaaks* **3.1** settle one's ~s *zijn zaken regelen;* ⟨ihb.⟩ *zijn testament maken* **3.3** have an ~ (with s.o.) *een verhouding hebben (met iem.)* **7.1** that is my ~ *dat zijn mijn zaken, dat gaat je niets aan.*

affect [əfekt] **0.1** ***affecteren*** *⇒voorwenden, doen alsof* **0.2** ***zich voordoen als*** *⇒spelen* **0.3** ***houden van*** *⇒bij voorkeur gebruiken* **0.4** ***(ont)roeren*** *⇒aangrijpen* **0.5** ***beïnvloeden*** *⇒treffen* **0.6** ***aantasten*** *⇒aanvallen* ◆ **1.1** ~ illness *ziekte veinzen* **1.2** ~ the free thinker *de vrijdenker uithangen* **1.3** ~ long words *graag lange woorden gebruiken* **1.4** his death ~ed me deeply *ik was diep getroffen door zijn dood* **1.5** how will the new law ~ us? *welke invloed zal de nieuwe wet op ons hebben?;* tax increases ~ the whole population *belastingverhogingen treffen de hele bevolking* **1.6** smoking ~s your health *roken is slecht voor de gezondheid.*

affectation [æfekteesjn] **0.1** ***geaffecteerdheid*** *⇒gekunsteldheid, gemaaktheid* **0.2** ***aanstellerij*** *⇒vertoon, pralerige ingenomenheid.*

affected [əfektid] ⟨-ness⟩ **0.1** ***voorgewend*** *⇒hypocriet* **0.2** ***geaffecteerd*** *⇒gemaakt* **0.3** ***ontroerd*** *⇒aangedaan* **0.4** ***getroffen*** *⇒betrokken* **0.5** ***aangetast*** ◆ **1.1** ~ politeness *geveinsde beleefdheid* **1.2** an ~ style *een gekunstelde stijl* **1.4** the ~ area *het getroffen gebied* **1.5** his left lung is already ~ *zijn linker long is al aangetast.*

affecting [əfekting] **0.1** ***(ont)roerend*** *⇒aangrijpend, aandoenlijk.*

affection [əfeksjn] **0.1** ***affectie*** *⇒genegenheid* **0.2** ⟨med.⟩ ***aandoening*** *⇒ziekte* ◆ **6.1** ~ **for/toward(s)** *genegenheid tot, liefde tot/voor.*

affectionate [əfeksjnət] **0.1** ***hartelijk*** *⇒warm, lief(hebbend)* ◆ **¶.1** ~ly (yours) *veel liefs* ⟨als slotformule in brieven⟩.

affidavit [æfiddeevit] ⟨jur.⟩ **0.1** ***beëdigde verklaring*** *⇒attest, affidavit.*

affiliate [əfillie·eet] **0.1** ***(zich) aansluiten*** *⇒opnemen, aannemen* ◆ **6.1** ~ (o.s.) **to/with** *zich aansluiten bij.*

affiliation [əfillie·eesjn] **0.1** ***connectie*** *⇒band, verwantschap* **0.2** ***affiliatie*** *⇒aanhechting* ◆ **2.1** what is your religious ~? *tot welke kerk behoor je?*

affiliation order ⟨BE; jur.⟩ **0.1** ***veroordeling tot onderhoudsplicht v. onecht kind.***

affinit|y [əfinnətie] ⟨mv.: -ies⟩ **0.1** ***(aan)verwantschap*** **0.2** ***affiniteit*** *⇒verwantschap, gelijkaardigheid, overeenkomst, sympathie* ◆ **6.2** ~ **with/to/for** *affiniteit met, verwantschap met, sympathie voor.*

affirm [əfə:m] ⟨zn.: **-ation**⟩ **0.1** ***bevestigen*** *⇒beamen, verzekeren* ◆ **1.1** John ~ed his love for her *John verklaarde haar zijn liefde.*

affirmative [əfə:mətiv] **0.1** ⟨bn.⟩ ***bevestigend*** *⇒positief, affirmatief* **0.2** ⟨zn.⟩ ***bevestiging*** *⇒bevestigend antwoord* ◆ **1.1** ⟨AE⟩ ~ action *voorkeursbehandeling/positieve discriminatie v. minderheden/vrouwen* **3.2** answer in the ~ *bevestigend antwoorden.*

affix[1] [æfiks] ⟨zn.⟩ **0.1** ***toevoegsel*** *⇒aanhangsel.*

affix[2] [əfiks] ⟨ww.⟩ **0.1** ***toevoegen*** *⇒(aan)hechten, kleven, vastmaken* ⟨ook fig.⟩ ◆ **1.1** ~ blame for sth. to s.o. *iem. er-*

gens de schuld van geven; ~ one's name to a letter *een brief ondertekenen.*

afflict [əflikt] **0.1** ***kwellen*** ⇒*treffen, teisteren* ◆ **6.1** feel ~ed **by** the news *diepgetroffen zijn door het nieuws;* be ~ed **with** *lijden aan.*

affliction [əfliksjn] **0.1** ***kwelling*** ⇒*pijn(iging)* **0.2** ***nood*** ⇒*onheil, ramp* ◆ **1.1** ~s of old age *ouderdomskwalen.*

affluence [æfloeəns] **0.1** ***overvloed*** ⇒*rijkdom, welvaart* ◆ **3.1** live in ~ *in weelde leven;* rise to ~ *rijk worden.*

affluent[1] [æfloeənt] ⟨zn.⟩ **0.1** ***zijrivier.***

affluent[2] ⟨bn.⟩ **0.1** ***rijk*** ⇒*overvloedig, welvarend* ◆ **1.1** the ~ society *de welvaartsstaat.*

afford [əfo:d] **0.1** ***zich veroorloven*** ⇒*zich permitteren, riskeren* **0.2** ⟨schr.⟩ ***verschaffen*** ⇒*verlenen, opleveren* ◆ **1.1** I cannot ~ a holiday *ik kan me geen vakantie veroorloven* **1.2** the tree ~s a welcome shade *de boom zorgt voor wat welkome schaduw;* it ~s me great pleasure *het doet me zeer veel genoegen* **3.1** he can ~ to do it *hij kan het zich permitteren;* can you ~ to do without? *kun je (eigenlijk) wel zonder?*

afforest [əforrist] ⟨zn.: **-ation**⟩ **0.1** ***bebossen.***

affranchise [əfræntsjajz] ⟨zn.: **-ment**⟩ **0.1** ***vrijverklaren*** ⇒*vrijmaken, v. verplichting ontheffen.*

affray [əfree] **0.1** ***rel(letje)*** ⇒*opstootje, ongeregeldheid.*

affront[1] [əfrunt] ⟨zn.⟩ **0.1** ***belediging*** ⇒*affront, krenking* ◆ **3.1** suffer an ~ *beledigd worden.*

affront[2] ⟨ww.⟩ **0.1** ***(openlijk) beledigen*** ⇒*krenken, affronteren* ◆ **1.¶** ~ death *de dood trotseren* **6.1** feel ~ed **at/by** sth. *zich door iets gekrenkt voelen.*

Afghan [æfgæn] **0.1** ⟨bn.⟩ ***Afghaans*** **0.2** ⟨eig.n.⟩ ***Afghaans*** ⟨taal⟩ **0.3** ⟨telb. zn.⟩ ***Afghaan(se)*** **0.4** ⟨telb. zn.⟩ ***Afghaan(se windhond)*** **0.5** ⟨telb. zn.⟩ ***Afghaan(s tapijt).***

Afghanistan [æfgænista:n, -stæn] **0.1** ***Afghanistan.***

aficionado [əfisjəna:doo] ⟨vnl. sport⟩ **0.1** ***aficionado*** ⇒*fan.*

afield [əfie:ld] **0.1** ***ver (van huis)*** ⇒*ver weg* ⟨ook fig.⟩ ◆ **3.1** this would lead us too far ~ *dit zou ons te ver voeren/doen afwijken (v.h. onderwerp).*

afire [əfajjə] **0.1** ***in brand*** ⇒*in vuur en vlam, in lichterlaaie* ⟨ook fig.⟩ ◆ **3.1** set sth. ~ *iets in brand steken* **6.1** ~ **with** anger *witheet van woede;* be ~ **with** enthusiasm **for** *vreselijk enthousiast zijn over/voor.*

A.F.L. ⟨afk.⟩ **0.1** [American Federation of Labor] ⟨Am. vakbond⟩.

aflame [əfleem] **0.1** ***in brand*** ⇒*in vuur en vlam, gloeiend* ⟨ook fig.⟩ ◆ **3.1** be ~ *in brand staan* **6.1** ~ **with** autumn colours *met vlammende herfstkleuren.*

afloat [əfloot] **0.1** ***vlot(tend)*** ⇒*drijvend, varend* **0.2** ***aan boord*** ⇒*op zee* **0.3** ***uit de schuld*** **0.4** ***overstroomd*** ⇒*onder water* **0.5** ***in omloop*** ⇒*gangbaar* ◆ **1.2** life ~ *zeemansleven* **1.5** some nasty rumours are ~ *er doen enkele gemene roddels de ronde* **1.¶** our plans are ~ *onze plannen staan (nog) niet vast* **3.1** get a boat ~ *een boot vlot maken/krijgen* **3.2** spend a long time ~ *lange tijd op zee doorbrengen* **3.3** keep ~ *het hoofd boven water houden, rondkomen* **3.¶** get sth. ~ *iets v.d. grond krijgen.*

afoot [əfoet] **0.1** ⟨vaak pej.⟩ ***op gang*** ⇒*in werking, in voorbereiding, in aantocht* ◆ **1.1** there is trouble ~ *er zijn moeilijkheden op til;* there is a plan ~ to raise taxes *er wordt een plan voorbereid om de belastingen te verhogen.*

aforesaid, aforementioned **0.1** ***voornoemd*** ⇒*bovengenoemd, voormeld.*

aforethought ⟨vnl. jur.⟩ **0.1** ***voorbedacht*** ◆ **1.1** with malice ~ *met voorbedachten rade.*

a fortiori [eefo:tie·o:raj, -rie] **0.1** ***a fortiori*** ⇒*met meer grond.*

afoul of [əfaul əv] ⟨vnl. AE⟩ **0.1** ***verstrikt in*** ⇒*in botsing/conflict met* ◆ **1.1** fall/run ~ of the law *in botsing/conflict komen met de wet.*

afraid [əfreed] **0.1** ***bang*** ⇒*angstig, bezorgd* ◆ **1.1** ~ of work *werkschuw;* ~ of one's own shadow *bang als een wezel* **3.1** she was ~ to wake her husband *ze durfde haar man niet wakker te maken* **6.1** I'm ~ **for** you/your safety *ik maak me zorgen om jou/jouw veiligheid;* ~ **of** sth. *bang voor iets;* she was ~ **of** waking her husband *ze was bang dat ze haar man wakker zou maken;* don't be ~ **of** asking for help *vraag gerust om hulp* **¶.1** I'm ~ I'm late *het spijt me maar ik ben te laat;* I'm ~ you might be wrong there *ik vrees dat je daar ongelijk hebt;* I'm ~ not *helaas niet; ik ben bang van niet.*

afresh [əfresj] **0.1** ***opnieuw*** ⇒*andermaal* ◆ **3.1** start ~ *van voren af aan beginnen.*

African [æfrikkən] **0.1** ⟨bn.; ook a-⟩ ***Afrikaans*** **0.2** ⟨zn.⟩ ***Afrikaan(se)*** ◆ **1.¶** ⟨plantk.⟩ ~ marigold *afrikaan(tje);* ⟨plantk.⟩ ~ violet *Kaaps viooltje.*

Afrikaans [æfrikka:ns] **0.1** ⟨bn.⟩ ***Afrikaans*** ⇒*Zuid-Afrikaans* **0.2** ⟨eig.n.⟩ ***Afrikaans*** ⇒*Zuid-Afrikaans* ⟨taal⟩.

Afrikaner [æfrikka:nə] **0.1** ***Afrikaner.***

Afro [æfroo] **0.1** ***afrokapsel*** ⇒*afrolook.*

Afro-Asiatic [æfroo·eezie·ætik] **0.1** ***Afro-Aziatisch.***

Afro-haired **0.1** ***met afrokapsel.***

aft [a:ft] **0.1** ⟨scheep.⟩ ***achteruit*** ⇒*achterdeks* **0.2** ⟨luchtv.⟩ ***achterin*** ⇒*in de staart.*

after[1] [a:ftə] ⟨bn.⟩ **0.1** ***later*** ⇒*volgend* ◆ **1.1** in ~ years *in latere jaren, in de daarop volgende jaren.*

after[2] ⟨bw.⟩ **0.1** ***na*** ⇒*nadien, erachter* ◆ **1.1** five years ~ *vijf jaar later* **3.1** come ~ *achterop komen, later volgen;* Jack fell down and Jill came tumbling ~ *Jack viel en Jill kwam hem achterna getuimeld* **5.1** shortly ~ *spoedig daarna.*

after[3] ⟨vz.⟩ **0.1** ⟨plaats⟩ ***achter*** ⇒*na* **0.2** ⟨tijd⟩ ***na*** **0.3** ⟨rangschikking⟩ ***na*** ⇒*met uitzondering van* **0.4** ***naar*** ⇒*volgens, in navolging van* ◆ **1.1** cloud ~ cloud *de ene wolk na de andere;* Jack ran ~ Jill *Jack liep Jill achterna* **1.2** day ~ day *dag in dag uit;* it's ~ two o'clock *het is over tweeën* **1.3** the greatest ~ Beethoven *op Beethoven na de grootste* **1.4** named ~ his grandfather *naar zijn grootvader genoemd;* ~ the French nobility *in navolging van de Franse adel;* a study ~ Rubens *een studie naar Rubens* **3.4** take ~ one's father *op zijn vader lijken* **4.1** stand one ~ another *achter elkaar staan;* ~ you *na u, ga je gang* **4.¶** ~ all *toch, per slot (van rekening);* be ~ sth. *het gemunt hebben op/uit zijn op iets, iets najagen.*

after[4] ⟨vw.⟩ **0.1** ***nadat*** ⇒*als, toen, wanneer* ◆ **3.1** come back ~ finishing that job *kom terug als je met die klus klaar bent.*

afterbirth **0.1** ***nageboorte.***

afterburner ⟨tech.⟩ **0.1** ***na(ver)brander*** ⟨ihb. bij straalmotor⟩.

aftercare **0.1** ***nazorg.***

afterdeck **0.1** ***achterdek.***

aftereffect ⟨vaak mv.⟩ **0.1** ***nawerking*** ⇒*gevolg;* ⟨psych.⟩ *after-effect.*

afterglow **0.1** ***naglans*** ⟨ook fig.⟩ ⇒*nagloeiing* ⟨v. afkoelend metaal⟩ **0.2** ***avondrood*** ⇒*het nalichten* **0.3** ***het nagenieten.***

afterlife **0.1** ***latere/verdere leven*** ⇒⟨ihb.⟩ *leven na de dood, hiernamaals.*

aftermath [a:ftəma:θ] **0.1** ***nasleep*** ⇒*naspel* ◆ **1.1** the ~ of war *de nasleep v.d. oorlog.*

afternoon [a:ftənoe:n] **0.1** ***middag*** ⇒⟨AZN⟩ *namiddag* ⟨ook fig.⟩ ◆ **1.1** in the ~ of life *in de herfst/de avond v.h. leven*

6.1 in/during the ~ *'s middags;* **on** the ~ of 1 June *op de middag v. 1 juni.*

afternoons [a:ftənoe:nz] ⟨AE⟩ **0.1** ***(gewoonlijk) 's middags.***

afterpains 0.1 ***naweeën.***

afters [a:ftəz] ⟨BE; inf.⟩ **0.1** ***toetje*** ◆ **6.1** what's **for** ~? *wat krijgen we toe?*

aftershave, ⟨schr.⟩ **aftershave lotion 0.1** ***aftershave.***

aftertaste 0.1 ***nasmaak.***

after-tax 0.1 ***'schoon'*** *⇒netto* ⟨na betaling v. belasting⟩ ◆ **1.1** ~ earnings *netto-inkomsten/loon.*

afterthought 0.1 ***latere/nadere overweging*** *⇒iets dat later bij iem. opkomt, nabeschouwing* **0.2** ***latere toevoeging*** *⇒postscriptum.*

afterwards [a:ftəwədz], ⟨AE ook⟩ **afterward** [-wəd] **0.1** ***later*** *⇒naderhand.*

again [əgen, əgeen] **0.1** ***opnieuw*** *⇒weer, nog eens* **0.2** ***nogmaals*** **0.3** ***anderzijds*** *⇒daarentegen* ◆ **1.1** time and (time) ~ *telkens opnieuw* **1.¶** what is his name ~? *hoe heet hij ook (al) weer?* **3.1** marry ~ *hertrouwen;* come ~ *terugkomen;* ⟨als verzoek; inf.⟩ *wat zei je?* **4.1** as much/many ~ *(nog) eens zoveel;* half as much/many ~ *nog eens half zoveel, anderhalf keer zoveel;* (the) same ~! *schenk nog eens in!, hetzelfde nog eens!;* be oneself ~ *hersteld zijn; er weer bovenop zijn* **5.1** back/home ~ *weer terug/thuis;* never ~ *nooit meer/weer;* once/yet ~ *nog één keer;* now and ~ *nu en dan;* ~ and ~ *telkens/steeds opnieuw* **¶.2** ~, what about the child? *nogmaals, wat moet er met het kind?* **¶.3** he might go, and (then) ~ he might not *misschien gaat hij, en misschien ook wel weer niet.*

against [əgenst, əgeenst] **0.1** ⟨plaats of richting; ook fig.⟩ ***tegen*** *⇒tegen ... aan/in, in strijd met* **0.2** ⟨vergelijking⟩ ***tegenover*** *⇒in tegenstelling met* **0.3** ***met het oog op*** *⇒voor* **0.4** ⟨geldw.⟩ ***voor*** *⇒tegen* ⟨ihb. van wisselkoersen⟩ ◆ **1.1** a race ~ the clock *een wedloop tegen de klok;* ~ the current *tegen de stroom in;* evidence ~ John *bewijs(materiaal) tegen John;* the odds are ~ John *de kansen zijn in Johns nadeel;* vaccination ~ the measles *inenting tegen de mazelen;* houses ~ a blue sky *huizen die afsteken tegen een blauwe hemel;* fall ~ the table *tegen de tafel aan vallen;* ⟨elliptisch gebruikt⟩ votes for and ~ *stemmen vóór en tegen* **1.3** save ~ old age *sparen voor de oude dag* **1.¶** 41 franks ~ one dollar *een wisselkoers van 41 frank voor een dollar* **¶.2** as ~ *tegenover.*

agape [əgeep] **0.1** ***met open mond*** *⇒wijd open;* ⟨fig.⟩ *ten zeerste verbaasd* ◆ **6.1** ~ **with** surprise *met wijd open mond van verwondering.*

agate [ægət] **0.1** ***agaatsteen*** *⇒agaat.*

agave [əgeevie] ⟨plantk.⟩ **0.1** ***agave.***

age[1] [eedzj] ⟨zn.⟩ **0.1** ***leeftijd*** *⇒ouderdom* **0.2** ***mensenleven*** *⇒levensduur* **0.3** ***generatie*** **0.4** ⟨vaak A-⟩ ***eeuw*** *⇒tijdperk* **0.5** ⟨vnl. mv.; inf.⟩ ***eeuwigheid*** ◆ **1.4** the Age of Reason *de verlichting* **1.¶** ~ of consent *meerderjarigheid; leeftijd* ⟨vooral v. meisje⟩ *waarop je met iem. naar bed mag* **3.1** be your ~! *doe niet kinderachtig!;* be/come of ~ *meerderjarig zijn/worden;* look one's ~ *er zo oud uitzien als men is* **3.5** wait for ~s *een eeuwigheid wachten;* you've been ~s *je bent vreselijk lang weggebleven* **4.1** what is your ~? *hoe oud ben je?* **6.1 at** the ~ **of** ten *op tienjarige leeftijd;* **in** his (old) ~ *op zijn oude dag;* ten years **of** ~ *tien jaar oud;* be **of** an ~ to do sth. *oud genoeg zijn om iets te doen;* **under** ~ *minderjarig, te jong;* his back was bent **with** ~ *zijn rug was krom van ouderdom* **7.3** this ~ does not know what poverty is *de huidige generatie weet niet meer wat armoede is* **¶.1** ⟨sprw.⟩ ~ before beauty ⟨ong.⟩ *het stof gaat voor de bezem.*

age[2] **I** ⟨onov.ww.⟩ **0.1** ***verouderen*** *⇒ouder worden* **0.2** ***rijpen*** ⟨v. kaas⟩ *⇒op dronk komen* ⟨v. wijn⟩ ◆ **5.1** he's ~d a lot *hij is erg oud geworden* **5.2** this wine ~s well *dit is een wijn om op te leggen;*
II ⟨ov.ww.⟩ **0.1** ***doen verouderen, oud(er) maken*** **0.2** ***laten rijpen*** ⟨kaas⟩ *⇒opleggen, bewaren* ⟨wijn⟩.

age bracket 0.1 ***leeftijdsgroep.***

aged[1] [eedzjd] ⟨bn.⟩ **0.1** ***oud*** ◆ **4.1** ~ ten *tien jaar oud.*

aged[2] [eedzjid] ⟨bn.⟩ **0.1** ***oud*** *⇒(hoog)bejaard* ⟨vaak scherts.⟩ ◆ **7.1** the ~ *de bejaarden.*

aged care 0.1 ***bejaardenzorg.***

age group 0.1 ***leeftijdsgroep.***

ageing, ⟨AE sp. vnl.⟩ **aging** [eedzjing] **0.1** ***veroudering(sproces)*** *⇒het ouder (laten) worden/maken, rijping.*

ageist [eedzjist] **0.1** ***leeftijd discriminerend*** *⇒ouderen discriminerend.*

ageless [eedzjləs] ⟨-ness⟩ **0.1** ***leeftijdloos*** *⇒nooit verouderend, eeuwig (jong)* ◆ **1.1** an ~ truth *een eeuwige/klassieke waarheid.*

age limit 0.1 ***leeftijdsgrens.***

age-long 0.1 ***eeuwenlang*** *⇒eeuwigdurend.*

agenc|y [eedzjənsie] ⟨mv.: -ies⟩ **0.1** ***bureau*** *⇒instantie, instelling* **0.2** ***agentuur*** *⇒agentschap, vertegenwoordiging* **0.3** ***bemiddeling*** *⇒tussenkomst, toedoen* **0.4** ***werking*** *⇒kracht* ◆ **2.2** ⟨hand.⟩ exclusive/sole ~ *alleenvertegenwoordiging* **2.4** an invisible ~ *een onzichtbare macht* **6.1** find a job **through** a job ~ *een baan vinden via een uitzendbureau* **6.3** obtain a job **through/by** the ~ **of** friends *een baan krijgen door toedoen v. vrienden* **6.4** melt **by/through** the ~ **of** heat *smelten door de kracht v.d. warmte.*

agenda [ədzjendə] **0.1** ***agenda.***

agent [eedzjnt] **0.1** ***agent*** *⇒tussenpersoon, bemiddelaar, makelaar, vertegenwoordiger* **0.2** ***handelend persoon*** **0.3** ***instrument*** ⟨fig.; om iets gedaan te krijgen⟩ *⇒werktuig* **0.4** ⟨schei. enz.⟩ ***agens*** *⇒oorzaak, middel* ◆ **2.1** secret ~ *geheim agent* **2.2** I'm not a free ~ *ik ben niet mijn eigen baas* **3.4** oxidizing ~ *oxideermiddel.*

age-old 0.1 ***eeuwenoud*** *⇒stokoud.*

agglomerate[1] [əglommərət] ⟨zn.; bn.⟩ **0.1** ⟨bn.⟩ ***opeengehoopt*** **0.2** ⟨zn.⟩ ***agglomeraat*** ⟨ook geol.⟩ *⇒opeenhoping, (chaotische) verzameling.*

agglomer|ate[2] [əglommərееt] ⟨ww.; zn.: **-ation**⟩ **0.1** ***(zich) opeenhopen/stapelen*** *⇒samenklonteren.*

agglutinate [əgloe:tinneet] **0.1** ***samenkleven*** *⇒aaneenlijmen/hechten.*

aggrandize, -ise [əgrændajz] ⟨zn.: **-ment**⟩ **0.1** ***vergroten*** *⇒uitbreiden* ⟨gebied, macht⟩ **0.2** ***meer aanzien/macht geven aan (iem./zichzelf).***

aggrav|ate [ægrəveet] ⟨zn.: **-ation**⟩ **0.1** ***verergeren*** **0.2** ⟨inf.⟩ ***ergeren*** *⇒irriteren* ◆ **1.1** ~ an illness *een ziekte verergeren* **1.2** ~ a person *iem. het bloed onder de nagels vandaan halen.*

aggravating [ægrəveeting] **0.1** ***ergerlijk*** *⇒vervelend.*

aggregate[1] [ægrigət] ⟨zn.⟩ **0.1** ***totaal*** **0.2** ⟨tech.⟩ ***aggregaat*** ⟨toeslagstof bij betonbereiding⟩ ◆ **6.1 in** (the) ~ *alles bij elkaar genomen, opgeteld.*

aggregate[2] ⟨bn.⟩ **0.1** ***totaal*** ◆ **1.1** ⟨ec.⟩ ~ analysis *macro-economie;* ⟨ec.⟩ ~ demand *gezamenlijke/totale vraag* **1.¶** ⟨plantk.⟩ ~ fruit *samengestelde vrucht.*

aggreg|ate[3] [ægrigeet] ⟨ww.; zn.: **-ation**⟩ **0.1** ***optellen*** ⟨aantallen⟩ **0.2** ***groeperen.***

aggression [əgresjn] **0.1** ***agressie.***

aggressive [əgressiv] ⟨-ness⟩ **0.1** ***agressief*** *⇒aanvallend, strijdlustig* **0.2** ***opdringerig*** *⇒zeer doortastend* **0.3** ***ondernemend*** *⇒stoutmoedig, ambitieus* **0.4** ⟨schei.⟩ ***agressief*** *⇒aantastend* ◆ **1.4** ~ waters *agressief bijtend water.*

aggressor [əgressə] **0.1** ***aanvaller*** *⇒agressor.*
aggrieved [əgrie:vd] **0.1** ***gekrenkt*** *⇒gekwetst* ◆ **6.1** feel (o.s.) ~ **at/by/over** sth. *zich gekrenkt voelen door iets.*
aggro [ægroo] ⟨BE; inf.⟩ **0.1** ***agressie*** ⟨vnl. tussen jeugdbenden⟩ **0.2** ***gedoe.***
aghast [əga:st] **0.1** ⟨+ at⟩ ***ontzet (door)*** *⇒verbijsterd, verslagen.*
ag|ile [ædzjajl] ⟨zn.: **-ility**⟩ **0.1** ***lenig*** *⇒beweeglijk, soepel, behendig.*
aging →**ageing.**
agitate [ædzjitteet] **I** ⟨onov.ww.⟩ **0.1** ***ageren*** ◆ **6.1** ~ **for/against** *actie voeren voor/tegen;*
II ⟨ov.ww.⟩ **0.1** ***schudden*** *⇒roeren, bewegen* **0.2** ***verontrusten*** *⇒opwinden, (be)roeren.*
agitated [ædzjitteetid] **0.1** ***geërgerd*** *⇒geagiteerd.*
agitation [ædzjitteesjn] **0.1** ***actie*** *⇒agitatie, strijd* **0.2** ***opschudding*** **0.3** ***agitatie*** *⇒opgewondenheid, spanning.*
agitator [ædzjitteetə] **0.1** ***opruier*** *⇒oproerkraaier* **0.2** ***mengapparaat*** *⇒roermachine, agitator.*
agitprop [ædzjitprop] ⟨pol.⟩ **0.1** ***agitprop*** *⇒(communistische) agitatie en propaganda.*
aglow [əgloo] **0.1** ***gloeiend*** *⇒stralend* ⟨ook fig.⟩ ◆ **6.1** (all) ~ **with** happiness *stralend v. geluk.*
AGM ⟨afk.⟩ **0.1** [annual general meeting].
agnostic [ægnostik] **0.1** ⟨bn.⟩ ***agnostisch*** **0.2** ⟨zn.⟩ ***agnosticus.***
agnosticism [ægnostissizm] **0.1** ***agnosticisme.***
Agnus Dei [ægnoes deeie:] **0.1** ***Agnus Dei*** *⇒Lam Gods.*
ago [əgoo] **0.1** ***geleden*** ◆ **1.1** ten years ~ *tien jaar geleden* **5.1** not long ~ *kort geleden.*
agog [əgog] **0.1** ***opgewonden*** *⇒vol verwachting* ◆ **6.1** ~ **with** excitement *in beroering, opgewonden.*
a-go-go, à gogo [əgoogoo] **0.1** ***vrij*** *⇒ongelimiteerd* ◆ **1.1** whisky ~ *whisky in stromen/*⟨AZN⟩ *à volonté.*
agonize, -ise [ægənajz] **0.1** ***vreselijk lijden*** *⇒worstelen* ⟨vnl. fig.⟩ ◆ **6.1** ~ **over** *zich het hoofd breken over, (ergens) vreselijk mee in zijn maag zitten.*
agonized, -ised [ægənajzd] **0.1** ***getourmenteerd*** *⇒doodsbenauwd* ◆ **1.1** ~ cry *wanhoopskreet.*
agonizing, -ising [ægənajzing] **0.1** ***kwellend*** *⇒schrikwekkend, hartverscheurend* ◆ **1.1** an ~ decision *een moeilijke/pijnlijke beslissing.*
agon|y [ægənie] ⟨mv.: -ies⟩ **0.1** ***(ondraaglijke) pijn*** *⇒kwelling, foltering* **0.2** ***doodsstrijd*** *⇒agonie* ◆ **3.1** ⟨inf.⟩ pile on/put on/turn on the ~ *'t er dik (boven) opleggen* **6.1** lie **in** ~ *kronkelen/creperen v.d. pijn.*
agony aunt **0.1** ***lieve Lita*** ⟨schrijfster v.e. problemenrubriek⟩.
agony column ⟨inf.⟩ **0.1** ***problemenrubriek*** ⟨in damesbladen e.d.⟩ *⇒Help!, Margriet weet raad.*
agoraphobia [ægərəfoobiə] **0.1** ***agorafobie*** *⇒straat/ruimte/pleinvrees.*
agrarian [əgreəriən] **0.1** ***agrarisch*** *⇒land(bouw)-* ◆ **1.1** ~ laws *landbouwwetten.*
agree [əgrie:] **I** ⟨onov.ww.⟩ **0.1** ***akkoord gaan*** *⇒het eens zijn, het eens worden, afspreken* **0.2** ***overeenstemmen*** *⇒goed opschieten, passen* ◆ **3.1** ~ to differ, ~ to disagree *zich erbij neerleggen dat men niet tot een akkoord kan komen;* ~ to do sth. *afspreken iets te zullen doen* **4.1** I ~! *vind ik ook!;* I don't ~! *vind ik niet!* **6.1** ~ **on/upon** sth. *het ergens over eens zijn, een akkoord bereiken over iets;* ~ **to** sth. *met iets instemmen, in iets toestemmen;* ~ **with** s.o. **about** sth. *het met iem. over iets eens zijn* **6.2** ~ **with** *kloppen met, overeenstemmen met, passen bij* **8.1** ~ that *ermee akkoord gaan/ook vinden dat* **¶.1** ~d! *akkoord!* →**agree with;**
II ⟨ov.ww.⟩ **0.1** ***bepalen*** *⇒overeenkomen, afspreken* **0.2** ***goedkeuren*** *⇒aanvaarden* ◆ **1.1** ~ a price *een prijs afspreken* **1.2** ~ a plan *een plan goedkeuren.*
agree|able [əgrie:əbl] ⟨-ably⟩ **0.1** ***prettig*** *⇒aangenaam* **0.2** ***inschikkelijk*** *⇒gewillig* ◆ **6.1** the terms are not ~ **to** us *de voorwaarden staan ons niet aan/zijn voor ons niet aanvaardbaar* **6.2** ~ **to** the suggestion *bereid/geneigd het voorstel te aanvaarden.*
agreed [əgrie:d] **0.1** ***overeengekomen*** *⇒afgesproken* ◆ **3.1** be ~ on *het eens zijn over.*
agreement [əgrie:mənt] **0.1** ***overeenkomst*** *⇒overeenstemming, afspraak;* ⟨jur.⟩ *overeenkomst, contract* **0.2** ***instemming*** *⇒goedkeuring* ◆ **3.1** arrive at/to come at/make/reach an ~ (with s.o.) *tot een overeenkomst komen (met iem.)* **6.1** be **in** ~ **about/on/upon/with** *'t eens zijn over, akkoord gaan met.*
agree with ⟨vnl. ontkennend/vragend⟩ **0.1** ***bevallen*** *⇒gunstig beïnvloeden, bekomen* ◆ **1.1** the sea-air does not ~ him *de zeelucht is niet goed voor hem;* mussels do not ~ me *mosselen verdraag ik niet.*
agribusiness [ægribbiznis] **0.1** ***landbouwindustrie.***
agricultural [ægrikkultsjrəl] **0.1** ***boeren-*** *⇒landbouw-* ◆ **1.1** ~ pesticide *landbouwgif;* ~ worker *boerenknecht, landarbeider.*
agricultur(al)ist [ægrikkultsjr(əl)ist] **0.1** ***landbouwkundige.***
agriculture [ægrikkultsjə] **0.1** ***landbouw.***
agronomist [əgronnəmist] **0.1** ***agronoom*** *⇒landbouwkundige.*
agronomy [əgronnəmie] **0.1** ***agronomie*** *⇒landbouwkunde.*
agro-politics [ægroopollittiks] **0.1** ***landbouwpolitiek*** *⇒landbouwbeleid.*
agrotechnolog|y [ægrooteknolledzjie] ⟨mv.: -ies⟩ **0.1** ***landbouwtechnologie*** *⇒landbouwtechniek.*
aground [əgraund] **0.1** ***aan de grond*** *⇒vast* ◆ **3.1** run ~ *vastlopen, aan de grond (laten) lopen.*
ague [eegjoe:] **0.1** ***(koude) koorts*** *⇒koortsaanval, malariakoorts;* ⟨ook fig.⟩ *koude rillingen.*
ah [a:] **0.1** ***o*** *⇒och, ach.*
aha [a:ha:] **0.1** ***aha.***
ahead [əhed] **0.1** ***voorop*** **0.2** ***vooruit*** *⇒voorwaarts, v. tevoren, op voorhand* ◆ **1.2** full speed ~! *met volle kracht vooruit!* **3.1** ⟨sport⟩ be ~ *leiden, voorstaan;* go ~ *voorop gaan* **3.2** look/plan ~ *vooruitzien* **5.2** straight ~ *rechtdoor.*
ahead of **0.1** ***voor*** ◆ **1.1** the days ~ us *de komende dagen;* the road ~ us *de weg voor ons;* ~ his time *zijn tijd vooruit* **5.1** straight ~ you *recht voor je.*
ahem [mhm, əhem] **0.1** ***ahum*** *⇒hm.*
ahoy [əhoj] ⟨scheep.⟩ **0.1** ***ahoi.***
A.I. ⟨afk.⟩ **0.1** [artificial intelligence] *AI.*
aid[1] [eed] ⟨zn.⟩ **0.1** ***hulp*** *⇒bijstand, assistentie* **0.2** ***hulpmiddel*** *⇒apparaat, toestel* **0.3** ***helper*** *⇒assistent* **0.4** ⟨AE⟩ ***aide de camp*** *⇒adjudant* ◆ **2.2** audiovisual ~s *audiovisuele hulpmiddelen* **3.1** come/go to s.o.'s ~ *iem. te hulp komen/snellen* **6.1** **in** ~ **of** *ten dienste van;* ⟨inf.⟩ what's that **in** ~ **of**? *waar is dat goed voor/dient dat toe?* **7.1** first ~ *eerste hulp (bij ongelukken), EHBO.* →**financial, legal.**
aid[2] ⟨ww.⟩ **0.1** ***helpen*** *⇒steunen, bijstaan, bevorderen* ◆ **3.1** ⟨jur. of scherts.⟩ ~ and abet s.o. *iem. bijstaan/aanmoedigen, medeplichtig zijn.*
A.I.D. ⟨afk.; vnl. AE⟩ **0.1** [Agency for International Development].
aide [eed] **0.1** ***aide de camp*** *⇒adjudant* **0.2** ***assistent*** *⇒naaste medewerker, helper* ◆ **1.2** a nurse's ~ *een verpleeghulp.*

aide-de-camp [eed də kã] ⟨mv.: aides-de-camp [eed(z)-]⟩ **0.1** ***aide de camp*** ⇒*generaal-adjudant.*

aid package **0.1** ***hulppakket.***

AIDS [eedz] ⟨afk.⟩ **0.1** [Acquired Immune Deficiency Syndrome] ***aids.***

AIDS carrier **0.1** ***drager v.h. aidsvirus.***

AIDS inhibitor **0.1** ***aidsremmer.***

AIDS virus **0.1** ***aidsvirus.***

ail [eel] **I** ⟨onov.ww.⟩ **0.1** ***ziek(elijk) zijn*** ⇒*sukkelen, iets mankeren* ⟨ook fig.⟩;
II ⟨ov.ww.⟩ **0.1** ***schelen*** ⇒*mankeren* ◆ **4.1** what ~s him? *wat scheelt/mankeert hem?*

aileron [eelərон] **0.1** ***aileron*** ⇒*rolroer* ⟨v. vliegtuig⟩.

ailing [eeling] **0.1** ***ziekelijk*** ⟨ook fig.⟩ ◆ **1.1** an ~ business *een noodlijdend bedrijf.*

ailment [eelmənt] **0.1** ***kwaal*** ⇒*ziekte, aandoening.*

aim[1] [eem] ⟨zn.⟩ **0.1** ***(streef)doel*** ⇒*bedoeling, oogmerk, plan* **0.2** ***aanleg*** ⇒*het mikken/richten* ◆ **1.1** what's your ~ in life? *wat wil je in je leven bereiken?* **3.2** take ~ (at) *aanleggen/richten (op).*

aim[2] **I** ⟨onov.ww.⟩ **0.1** ***trachten*** ⇒*proberen, willen* ◆ **3.1** ~ to be an artist *kunstenaar willen worden* **6.1** ~ **at** doing sth. *iets willen/trachten te doen, van plan zijn iets te doen;* ~ **at/for** increased production *naar productieverhoging streven;* what are you ~ing **at**? *wat wil je nu eigenlijk?;*
II ⟨onov. en ov.ww.⟩ **0.1** ***richten*** ⇒*mikken, aanleggen* ◆ **5.1** ~ high *hoog mikken;* ⟨fig.⟩ *ambitieus zijn* **6.1** ~ (a gun) **at** *(een vuurwapen) richten op;* ~ **at** sth./s.o. *op iets/iem. doelen.*

aimless [eemləs] ⟨-ness⟩ **0.1** ***doelloos*** ⇒*zinloos.*

ain't [eent] ⟨samentr. v. am not, is not, are not, has not, have not⟩.

aioli [ajjoolie, ee-] ⟨cul.⟩ **0.1** ***aïoli*** ⇒*(Provençaalse) knoflookmayonaise.*

air[1] [eə] **I** ⟨telb.zn.⟩ **0.1** ***voorkomen*** ⇒*sfeer, aanzicht* **0.2** ⟨vaak mv.⟩ ***houding*** ⇒*manier van doen, aanstellerij* **0.3** ⟨scheep. of schr.⟩ ***bries(je)*** ⇒*lichte wind* **0.4** ⟨vero.⟩ ***melodie*** ⇒*wijsje, deuntje* ◆ **1.1** there was an ~ of excitement *er heerste een opgewonden stemming;* have an ~ of gentility/loneliness *een deftige/eenzame indruk maken* **1.2** ~s and graces *aanstellerij, kouwe drukte* **3.2** give o.s./put on ~s *zich aanstellen, indruk proberen te maken;*
II ⟨n.-telb.zn.⟩ **0.1** ***lucht*** ⇒*atmosfeer, dampkring* **0.2** ***lucht*** ⇒*luchtruim, hemel* **0.3** ⟨radio, tv⟩ ***ether*** ◆ **1.2** the birds of the ~ *de vogels (in de lucht);* ⟨schr.⟩ *de vogelen des hemels* **2.2** in the open ~ *in (de) open lucht* **3.1** clear the ~ in the room *de kamer luchten;* get some (fresh) ~ *een frisse neus halen* **3.2** the plane has just taken the ~ *het vliegtuig is zojuist opgestegen* **3.¶** ⟨fig.⟩ clear the ~ *de lucht doen opklaren, een misverstand uit de weg ruimen;* live on ~ *v.d. lucht leven, nauwelijks iets eten;* tread/walk on ~ *in de wolken/de zevende hemel zijn* **6.2** **by** ~ *met het vliegtuig, per luchtpost* **6.3** be/go **on** the ~ *in de ether zijn/gaan, uitzenden, uitgezonden worden;* the prime minister went **on** the ~ *de eerste minister hield een radio/tv-toespraak;* **over** the ~ *per radio* **6.¶** rumours are **in** the ~ *het gerucht doet de ronde;* my plans are still (up) **in** the ~ *mijn plannen staan nog niet vast;* he was left **in** the ~ *hij werd in het ongewisse gelaten;* she was up **in** the ~ about it *ze was er erg opgewonden door.* →**hot, thin.**

air[2] **I** ⟨onov.ww.⟩ **0.1** ***drogen*** **0.2** ***gelucht worden*** ◆ **1.1** the washing is ~ing *de was hangt te drogen* **1.2** your suit is ~ing *uw kostuum wordt gelucht;*
II ⟨ov.ww.⟩ **0.1** ***drogen*** ⇒*te drogen hangen* **0.2** ***luchten*** ⇒*ventileren* **0.3** ***bekendmaken*** ⇒*luchten, ventileren* ◆ **1.2** ~ a room *een kamer luchten* **1.3** ~ one's grievances/ideas *uiting geven aan zijn klachten/ideeën.*

air-and-space museum **0.1** ***lucht- en ruimtevaartmuseum.***

air base **0.1** ***lucht(macht)basis.***

air bed ⟨vnl. BE⟩ **0.1** ***luchtbed*** ⇒*opblaasbare matras.*

air bell **0.1** ***luchtbel(letje)*** **0.2** ⟨foto.⟩ ***vlek(je)*** ⟨op negatief of afdruk⟩.

airborne **0.1** ***in de lucht*** ⇒*door de lucht vervoerd/verspreid* **0.2** ⟨ook mil.⟩ ***per vliegtuig getransporteerd*** ◆ **1.1** the plane was ~ *het vliegtuig was in de lucht/los;* ~ pollen *stuifmeel in de lucht* **1.2** ~ attack *luchtlandingsoffensief;* ~ troops *luchtlandingstroepen.*

air brake **0.1** ***lucht(druk)rem*** **0.2** ***remklep*** ⇒⟨ong.⟩ *aileron, (laterale) vleugelklep* ⟨v. vliegtuig⟩.

air brick **0.1** ***gaatsteen.***

air bridge **0.1** ***luchtbrug.***

airbrush **0.1** ***verfspuit*** ⇒*lakspuit.*

air bus **0.1** ***airbus*** ⇒*luchtbus.*

air chief marshal ⟨BE⟩ **0.1** ***generaal*** ⟨bij de luchtmacht⟩.

air commodore ⟨BE⟩ **0.1** ***commodore*** ⟨bij de luchtmacht⟩.

air-conditioned **0.1** ***met airconditioning.***

air conditioner **0.1** ***airconditioning.***

air conditioning **0.1** ***airconditioning.***

air-cooled **0.1** ***luchtgekoeld.***

air cooling **0.1** ***luchtkoeling.***

air corridor **0.1** ***luchtcorridor.***

aircraft **0.1** ***vliegtuig.***

aircraft carrier **0.1** ***vliegdekschip.***

aircraft(s)|man [eəkra:ft(s)mən], **aircraft(s)woman** ⟨mv.: -men [-mən]⟩ ⟨vnl. BE⟩ **0.1** ***lid v.h. grondpersoneel v.d. luchtmacht.***

aircrew ⟨zn.; ww. enk. of mv.⟩ **0.1** ***vliegtuigbemanning.***

air cushion **0.1** ***luchtkussen.***

air-cushion(ed) **0.1** ***luchtkussen-*** ◆ **1.1** ~ vehicle *luchtkussenvoertuig, hovercraft.*

air-cushion vehicle **0.1** ***luchtkussenvoertuig*** ⇒*hovercraft.*

airdrop[1] ⟨zn.⟩ **0.1** ***(voedsel)dropping.***

airdrop[2] ⟨ww.⟩ **0.1** ***droppen*** ⟨voedsel, wapens, manschappen⟩.

air duct **0.1** ***luchtkanaal*** ⇒*luchtkoker.*

Airedale [eədeel], **Airedale terrier** **0.1** ***airedale (terriër).***

airfield **0.1** ***vliegveld*** ⇒*luchthaven.*

airflow **0.1** ***luchtstroom.***

air force **0.1** ⟨the; vnl. enk.⟩ ***luchtmacht*** ⇒*luchtstrijdkrachten.*

air freight **0.1** ***luchtvracht(vervoer)*** ⇒*luchttransport* **0.2** ***vrachtgeld*** ⟨voor luchtvervoer⟩.

air gun **0.1** ***luchtbuks*** ⇒*windbuks* **0.2** ***verfspuit.***

air hole **0.1** ***luchtgat.***

air hostess ⟨BE⟩ **0.1** ***stewardess.***

airing [eəring] **0.1** ***wandeling*** ⇒*ritje* **0.2** ***uiting*** ⇒*bekendmaking* **0.3** ***het luchten*** **0.4** ***het drogen.***

airing cupboard **0.1** ***droogkast.***

air lane **0.1** ***luchtcorridor*** ⇒*(aan)vliegroute.*

airless [eələs] **0.1** ***zonder lucht*** **0.2** ***bedompt*** ⇒*muf.*

airlift **0.1** ⟨zn.⟩ ***luchtbrug*** **0.2** ⟨ww.⟩ ***per luchtbrug vervoeren.***

airline **0.1** ***luchtvaartmaatschappij*** **0.2** ***luchtbuis*** ⟨v. duikersuitrusting⟩.

airliner **0.1** ***(passagiers)vliegtuig.***

air lock **0.1** ***luchtzak*** ⇒*luchtbel* ⟨in een leiding⟩ **0.2** ***luchtsluis*** ⇒*luchtslot.*

airmail[1] ⟨zn.⟩ **0.1** ***luchtpost.***

airmail[2] ⟨ww.⟩ **0.1** ***verzenden per luchtpost.***

air|man [e̲əmən]⟨mv.: -men [-mən]⟩ **0.1** ***personeelslid v.d. luchtmacht*** ⟨niet boven de rang v. onderofficier⟩ **0.2** ***vlieger*** ⇒*vliegenier, piloot.*
A̲ir Ma̲rshal ⟨BE⟩ **0.1** ***luitenant-generaal*** ⟨bij de luchtmacht⟩.
a̲ir mattress **0.1** ***luchtbed*** ⇒*opblaasbare matras.*
airplane →**aeroplane.**
a̲irplay **0.1** ***airplay*** ⇒*het gedraaid worden op/voor de radio* ⟨v. platen⟩.
a̲ir pocket ⟨luchtv.⟩ **0.1** ***luchtzak.***
a̲ir pollution **0.1** ***luchtverontreiniging*** ⇒*luchtvervuiling.*
a̲irport **0.1** ***luchthaven*** ⇒*vliegveld.*
a̲ir pressure **0.1** ***luchtdruk.***
a̲ir racing ⟨sport⟩ **0.1** ***(het) snelheidsvliegen*** ⟨vnl. in Amerika, op ovaal luchtcircuit⟩.
a̲ir raid **0.1** ***luchtaanval.***
a̲irraid shelter **0.1** ***schuilkelder.***
a̲ir rifle **0.1** ***windbuks*** ⇒*luchtbuks.*
a̲irscrew ⟨BE⟩ **0.1** ***propeller*** ⇒*(lucht)schroef.*
a̲ir-sea re̲scue **0.1** ***redding(soperatie) op zee*** ⟨vanuit de lucht⟩.
a̲irship **0.1** ***luchtschip*** ⇒*zeppelin.*
a̲ir show **0.1** ***vliegdemonstratie/show*** ⇒*luchtvaartshow.*
a̲irsick ⟨-ness⟩ **0.1** ***luchtziek.***
a̲irspace **0.1** ***luchtruim*** ⟨v. land⟩.
a̲ir speed **0.1** ***luchtsnelheid*** ⟨v. vliegtuig⟩.
a̲irstrip **0.1** ***landingsstrook.***
a̲ir support ⟨mil.⟩ **0.1** ***luchtdekking.***
a̲ir terminal **0.1** ***luchthaven*** ⇒*aankomst/vertrekhal* **0.2** ***air terminal*** ⇒*trein/busstation voor vervoer v. en naar vliegveld.*
a̲irtight **0.1** ***luchtdicht*** ⇒⟨fig.⟩ *sluitend, onweerlegbaar* ◆ **1.1** his alibi is ~ *hij heeft een waterdicht alibi;* an ~ argument *een onweerlegbaar argument.*
a̲ir time ⟨radio, tv⟩ **0.1** ***zendtijd*** **0.2** ***tijdstip v. uitzending.***
a̲ir-to-a̲ir **0.1** ***van vliegtuig tot vliegtuig*** ◆ **1.1** ⟨mil.⟩ ~ missiles *lucht-luchtwapens* **3.1** ~ refuelling *bijtanken in volle vlucht.*
a̲ir-to-gro̲und, a̲ir-to-su̲rface **0.1** ***lucht-grond-*** ◆ **1.1** ~ missile *lucht-grondraket.*
a̲ir traffic **0.1** ***luchtverkeer.***
a̲ir-traffic controller **0.1** ***(lucht)verkeersleider.***
a̲ir travel **0.1** ***vlucht.***
a̲irway **0.1** ***luchtkanaal*** ⇒*luchtschacht* ⟨in mijn enz.⟩ **0.2** ⟨vaak mv.⟩ ***luchtvaartmaatschappij.***
a̲irwoman ⟨vnl. BE⟩ **0.1** ***personeelslid v.d. luchtmacht*** ⟨niet boven de rang v. onderofficier⟩ **0.2** ***aviatrice*** ⇒*pilote.*
a̲irworth|y ⟨-iness⟩ **0.1** ***luchtwaardig*** ⟨v. vliegtuig⟩.
air|y [e̲ərie] ⟨-ily⟩ **0.1** ***lucht-*** ⇒*als lucht* **0.2** ***luchtig*** ⇒*fris, niet bedompt* **0.3** ***luchtig*** ⇒*zorgeloos, vrolijk* **0.4** ***vluchtig*** ⇒*ijl, etherisch* **0.5** ***geaffecteerd*** ⇒*aanstellerig* ◆ **1.1** ~ regions *hooggelegen streken* **1.3** an ~ tone *een luchtige toon* **1.4** ~ promises *holle beloftes* **1.5** an ~ attitude *een arrogante houding.*
a̲iry-fa̲iry ⟨inf.⟩ **0.1** ***wazig*** ⇒*vaag, hol* ◆ **1.1** ~ notions *droombeelden, wazige ideeën.*
aisle [ajl] **0.1** ***zijbeuk*** ⟨v. kerk⟩ **0.2** ***gang(pad)*** ⇒*middenpad* ⟨in kerk, trein, schouwburg enz.⟩ ◆ **3.¶** we had them rolling in the ~s *het publiek lag krom.*
aitch [eetsj] **0.1** ***(de letter) h*** ◆ **3.1** drop one's ~es *de h's weglaten/inslikken.*
aitchbone [e̲etsjboon] ⟨BE⟩ **0.1** ***stuitbeen*** ⇒*staartbeen* ⟨v. rund⟩ **0.2** ***staartstuk.***
ajar [ədzja̲:] **0.1** ***op een kier.***
Akela [əke̲elə] ⟨BE⟩ **0.1** ***akela.***
akimbo [əki̲mboo] **0.1** ***(met de handen) in de zij*** ◆ **1.1** with arms ~ *met de handen in de zij.*
akin [əki̲n] **0.1** ***verwant*** ⇒*analoog, gelijk(soortig)* ◆ **6.1** ~ **to** *verwant aan/met.*
à la [æ̲ lə, a̲: la:] **0.1** ***à la*** ⇒*volgens, op de wijze v.* ◆ **1.1** poetry ~ Dylan Thomas *gedichten in de stijl v. Dylan Thomas.*
alabaster [æ̲ləba:stə] **0.1** ***albast*** ◆ **1.1** ~ skin *albasten huid.*
alacrity [əlæ̲krətie] **0.1** ***monterheid*** ⇒*bereidwilligheid, enthousiasme.*
alarm[1] [əla̲:m] ⟨zn.⟩ **0.1** ***alarm*** ⇒*schrik, paniek* **0.2** ***alarm*** ⇒*waarschuwing, alarmsignaal* **0.3** ***wekker*** **0.4** ***alarmsysteem*** ⇒*alarminstallatie* **0.5** ⟨mil.⟩ ***strijdsignaal*** ◆ **1.1** in a state of ~ *in paniek* **3.1** take ~ at *opschrikken van, in paniek raken bij* **3.2** give/raise/sound the ~ *alarm geven/slaan* **3.3** set the ~ for 6 o'clock *de wekker op zes uur zetten.*
alarm[2] **I** ⟨onov.ww.⟩ **0.1** ***alarm slaan;***
II ⟨ov.ww.⟩ **0.1** ***alarmeren*** ⇒*opschrikken, verontrusten.*
ala̲rm chain ⟨BE⟩ **0.1** ***noodrem.***
ala̲rm clock **0.1** ***wekker.***
alarming [əla̲:ming] **0.1** ***alarmerend*** ⇒*onrustbarend, verontrustend.*
alarmist [əla̲:mist] **0.1** ⟨bn.⟩ ***paniekerig*** **0.2** ⟨zn.⟩ ***paniekzaaier*** ⇒*onruststoker, alarmist* ◆ **1.1** ~ tactics *paniekvoetbal* ⟨alleen fig.⟩ **3.1** be ~ *paniek zaaien.*
alas [əlæ̲s] ⟨schr.⟩ **0.1** ***helaas.***
Albania [ælbe̲eniə] **0.1** ***Albanië.***
Albanian [ælbe̲eniən] **0.1** ⟨bn.⟩ ***Albanees*** ⟨v. Albanië⟩ **0.2** ⟨eig.n.⟩ ***Albanees*** ⟨taal⟩ **0.3** ⟨telb. zn.⟩ ***Albanees.***
albatross [æ̲lbətros] ⟨mv.: ook albatross⟩ **0.1** ***albatros*** **0.2** ⟨golf⟩ ***albatros*** ⟨een score v. drie slagen onder par voor een hole⟩ ◆ **1.¶** an ~ around one's neck *een blok aan zijn been.*
albeit [o:lbie̲:it] ⟨schr.⟩ **0.1** ***zij het.***
albino [ælbie̲:noo] **0.1** ***albino.***
album [æ̲lbəm] **0.1** ***album*** ⇒*fotoalbum, poëziealbum* ⟨enz.⟩ **0.2** ***langspeelplaat.***
albumen [æ̲lbjoemən] **0.1** ***albumen*** ⇒*eiwit(stof)* **0.2** →**albumin.**
albumin [æ̲lbjoemin] **0.1** ***albumine*** ⟨oplosbare proteïne⟩.
alchemist [æ̲lkəmist] **0.1** ***alchemist.***
alchemy [æ̲lkəmie] **0.1** ***alchemie.***
alcohol [æ̲lkəhol] **0.1** ***alcohol.***
alcoholic [ælkəho̲llik] **0.1** ⟨zn.⟩ ***alcoholicus*** **0.2** ⟨bn.⟩ ***alcoholisch*** ⇒*alcoholhoudend* ◆ **1.2** ~ poisoning *alcoholvergiftiging.*
alcoholism [æ̲lkəhollizm] **0.1** ***alcoholisme*** ⇒*drankzucht.*
alcove [æ̲lkoov] **0.1** ***alkoof*** ⇒*(zit)nis.*
alder [o̲:ldə] **0.1** ***els*** ⇒*elzenboom.*
alder|man [o̲:ldəmən]⟨mv.: -men [-mən]⟩ **0.1** ***alderman*** ⟨in Engeland en sommige staten in USA⟩ ⇒⟨ong.⟩ *wethouder, gedeputeerde,* ⟨AZN⟩ *schepen.*
ale [eel] **0.1** ***ale*** ⇒*(licht, sterk gehopt) bier.*
alert[1] [əlǝ̲:t] ⟨zn.⟩ **0.1** ***alarm(signaal)*** ⇒*luchtalarm* ◆ **3.1** give the ~ *alarm slaan* **6.1** **on** the ~ **(for)** *op zijn hoede (voor).*
alert[2] ⟨bn.; -ness⟩ **0.1** ***alert*** ⇒*waakzaam, op zijn hoede* **0.2** ***levendig*** ⇒*vlug, kwiek* ◆ **6.1** ~ **to** danger *op gevaar bedacht.*
alert[3] ⟨ww.⟩ **0.1** ***alarmeren*** ⇒*waarschuwen, attent maken* ◆ **6.1** ~ s.o. **to** the danger *iem. wijzen op het gevaar.*
Aleutians [əlo̲e:sjnz], **Ale̲utian Islands** **0.1** ***Aleoeten*** ⟨Alaska⟩.
A̲ level ⟨afk.⟩ **0.1** [advanced level] ⟨Brits schooleindexamen⟩ ◆ **3.¶** do a subject to ~ *een vak in je eindexamenpakket*

hebben; pass one's ~s *zijn eindexamen halen;* ⟨ong.⟩ *slagen voor vwo.*
alfalfa [ælfælfə] ⟨plantk.⟩ **0.1** ***luzerne*** ⇒*alfalfa.*
alfresco [ælfreskoo] **0.1** ***in de open lucht*** ⇒*buiten.*
alga [ælgə] ⟨mv.: algae [-dzjie:, -gie:]⟩ ⟨vnl. mv.⟩ **0.1** ***alg(e)*** ⇒ *(zee)wier.*
algebra [ældzjəbrə] **0.1** ***algebra.***
algebraic [ældzjəbreeik] ⟨-ally⟩ **0.1** ***algebraïsch.***
Algeria [ældzjiəriə] **0.1** ***Algerije.***
Algerian [ældzjiəriən] **0.1** ⟨bn.⟩ ***Algerijns*** **0.2** ⟨zn.⟩ ***Algerijn.***
ALGOL, Algol [ælgol] ⟨afk.; comp.⟩ **0.1** [algorithmic oriented language] ***Algol*** ⟨computertaal⟩.
algorithm [ælgəriðm] ⟨bn.: **-ic**⟩ **0.1** ***algoritme.***
alias[1] [eeliəs] ⟨zn.⟩ **0.1** ***alias*** ⇒*bijnaam, schuilnaam.*
alias[2] ⟨bw.⟩ **0.1** ***alias*** ⇒*anders genoemd.*
alibi [ælibbaj] **0.1** ⟨jur.⟩ ***alibi*** **0.2** ⟨inf.⟩ ***excuus*** ⇒*uitvlucht.*
alien[1] [eeliən] ⟨zn.⟩ **0.1** ***vreemdeling*** ⇒*buitenlander; buitenaards wezen.*
alien[2] ⟨bn.⟩ **0.1** ***vreemd*** ⇒*buitenlands* **0.2** ***afwijkend*** ◆ **6.2** ~ **from** *verschillend van;* ~ **to** *vreemd aan, strijdig met.*
alienate [eeliəneet] **0.1** ***vervreemden*** ⇒*doen bekoelen* ⟨vriendschap⟩ **0.2** ⟨jur.⟩ ***aliëneren*** ⇒*vervreemden, overdragen* ◆ **1.1** ~ s.o.'s affections *iemands genegenheid aantasten* **6.1** ~d **from** his family *van zijn familie vervreemd.*
alienation [eeliəneesjn] **0.1** ***vervreemding*** ⇒*aliënatie* ⟨ook psych. en dram.⟩.
alight[1] [əlajt] ⟨bn.⟩ **0.1** ***brandend*** ⇒*in brand* **0.2** ***verlicht*** ⇒ ⟨fig.⟩ *schitterend* ◆ **3.1** set ~ *aansteken* **6.2** ~ **with** *stralend/schitterend van.*
alight[2] ⟨ww.; ook alit, alit [əlit]⟩ **0.1** ***afstappen*** ⇒*uitstappen, afstijgen* **0.2** ***neerkomen*** ⇒*neerstrijken* ⟨v. vogel⟩, *landen* ⟨v. vliegtuig⟩ ◆ **6.1** ~ **from** a horse/car *van een paard stijgen/uit een auto stappen* **6.2** ~ **on** *neerkijken op.*
align [əlajn] **I** ⟨onov.ww.⟩ **0.1** ***zich richten*** ⇒*op één lijn liggen* **0.2** ⟨+with⟩ ***zich aansluiten (bij);***
II ⟨ov.ww.⟩ **0.1** ***richten*** ⇒*op één lijn brengen; uitlijnen* ⟨wiel, band⟩ **0.2** ***aan(een)sluiten*** ◆ **1.2** ~ two nations (against) *twee landen front doen vormen (tegen)* **6.2** ~ o.s. **with** *zich aansluiten bij.*
alignment [əlajnmənt] **0.1** ***het op/in één lijn brengen/liggen*** **0.2** ***linie*** ⇒*(rooilijn), tracé* **0.3** ***groepering*** ⇒*verbond;* ⟨mil.⟩ *alignement, gebondenheid* ◆ **6.1** **in** ~ *gericht, gecentreerd;* **out of** ~ *ontzet, uit zijn verband.*
alike[1] [əlajk] ⟨bn.⟩ **0.1** ***gelijk(soortig)*** ⇒*gelijkend* ◆ **3.1** they are very much ~ *ze lijken heel erg op elkaar.*
alike[2] ⟨bw.⟩ **0.1** ***gelijk*** ⇒*op dezelfde manier* ◆ **3.1** treat all children ~ *alle kinderen gelijk behandelen.*
alimentary [ælimmentrie] **0.1** ***voedings-*** ⇒*alimentair, voedsel-* ◆ **1.1** ~ canal *spijsverteringskanaal.*
alimony [ælimmənie] **0.1** ***alimentatie*** ⇒*onderhoudsgeld.*
alive [əlajv] **0.1** ***levend*** ⇒*in leven* **0.2** ***actueel*** ⇒*in werking, geldig* **0.3** ***levendig*** ⇒*kwiek, actief* ◆ **1.1** any man ~ *om het even wie;* no man ~ *geen levende ziel, niemand;* the smartest woman ~ *de slimste vrouw ter wereld* **1.2** the wire is ~ *er staat stroom op de draad* **3.1** they'll skin us ~ *ze villen ons levend* **3.2** keep a matter ~ *een zaak in de aandacht houden* **3.3** ⟨ook fig.⟩ come ~ *opleven, (klaar)wakker worden;* ~ and kicking *springlevend* **3.¶** ⟨inf.⟩ look ~! *schiet op!* **6.¶** ~ **to** *bewust/op de hoogte/doordrongen van* ⟨een feit enz.⟩; the town was ~ **with** people *de stad krioelde van mensen.*
alkali [ælkəlaj] ⟨mv.: ook -es⟩ ⟨schei.⟩ **0.1** ***alkali*** ⇒*base.*
alkalify [ælkæliffaj, ælkəliffaj] ⟨schei.⟩ **0.1** ***alkalisch worden/maken*** ⇒*alkaliseren.*
alkaline [ælkəlajn] ⟨schei.⟩ **0.1** ***alkalisch*** ⇒*alkalihoudend, basisch.*
alk|y, alkie [ælkie] ⟨mv.: -ies⟩ ⟨inf.⟩ **0.1** ***zuipschuit.***
all[1] [o:l] ⟨zn.; geen mv.⟩ **0.1** ***gehele bezit*** ◆ **1.1** her jewels are her ~ *haar juwelen zijn haar gehele bezit.*
all[2] ⟨vnw.⟩ **0.1** ***alle(n)*** ⇒*allemaal, iedereen* **0.2** ***alles*** ⇒*al, allemaal* ◆ **3.2** when ~ is (said and) done *uiteindelijk* **3.¶** it was ~ I could do to convince him *ik had er de grootste moeite mee hem te overtuigen* **4.1** ⟨tennis⟩ thirty ~ *dertig gelijk;* one and ~, ~ and sundry *alles en iedereen, jan en alleman;* they ~ have left, they have ~ left, ~ of them have left *ze zijn allemaal weg* **4.2** what's it ~ about? *waar gaat het nou eigenlijk over?;* it's ~ one/the same to me *het kan me (allemaal) niet schelen;* ~ that I could see *het enige wat ik kon zien* **4.¶** if you can't, I'll have to do it, that's ~ *als jij het niet kunt, dan zal ik het moeten doen, zo simpel is/ligt dat* **5.¶** once and for ~ *voorgoed* **6.1** ~ **of** the soldiers *al de/alle soldaten* **6.2** **above** ~ *bovenal, voor alles* **6.¶** **after** ~ *per slot v. rekening, toch, tenslotte;* he can't walk **at** ~ *hij kan helemaal niet lopen;* if I could do it **at** ~ *als ik het maar enigszins kon doen;* did you do it **at** ~? *heb je het überhaupt/eigenlijk wel gedaan?;* she spoke very little if (she spoke) **at** ~ *ze zei heel weinig, als ze dan al wat zei;* ⟨na bedanking⟩ not **at** ~ *niets te danken, graag gedaan;* **for** ~ I care he can get stuffed *wat mij betreft kan hij de pot op;* **for** ~ I know *voor zover ik weet;* **for** ~ I know, he might nog come at all *misschien komt hij helemaal niet, weet ik veel;* **in** ~ *in 't geheel, in totaal;* ~ **in** ~ *al met al;* it costs ~ **of** $100 *het kost niet minder dan 100 dollar* **8.¶** and ~ *enzovoort;* ⟨inf.⟩ how could you do it, with your handicap and ~? *hoe heb je het kunnen doen, en dan nog wel met jouw handicap?* →**well.**
all[3] ⟨bw.⟩ **0.1** ***helemaal*** ⇒*geheel, volledig;* ⟨inf.⟩ *heel, erg* ◆ **2.1** he went ~ mad *hij werd knettergek;* ~ right *in orde, okay;* ~ worn out *helemaal versleten* **4.1** if it's ~ the same to you *als het jou niets uitmaakt* **4.¶** ~ the same *toch, desondanks* **5.1** I've known it ~ **along** *ik heb het altijd al geweten;* ~ at once *plotseling;* ~ **over** again, ⟨AE⟩ ~ **over** *van voren af aan;* ⟨vnl. AE⟩ books lay scattered ~ **over** *er lagen overal boeken;* paint it blue ~ **over** *schilder het helemaal blauw;* ~ **round** *overal;* ⟨fig.⟩ *in alle opzichten;* there was satisfaction ~ **round** *iedereen was tevreden;* ~ too soon *(maar) al te gauw* **5.¶** ⟨inf.⟩ it's not ~ that difficult *zo (vreselijk) moeilijk is het nu ook weer niet;* ~ **out** *uit alle macht; op volle snelheid;* ⟨inf.⟩ *bekaf;* go ~ **out** *alles geven, alles op alles zetten;* that's Jack ~ **over** ⟨inf.⟩ *dat is nou typisch Jack; hij lijkt precies op Jack;* ⟨inf.⟩ he's ~ there *hij is niet op zijn achterhoofd gevallen* **6.1** I'm ~ **for** it *ik ben er helemaal voor* **6.¶** the dog was ~ **over** me *de hond sprong v. alle kanten tegen me op;* the family were ~ **over** me *de familie verwelkomde me uitbundig* **7.¶** ~ the better/sooner *des te beter/sneller.* →**all right.**
all[4] **I** ⟨onb.det.⟩ **0.1** ***de grootst mogelijke*** **0.2** ***enig(e)*** **0.3** ***één en al*** ⇒⟨AE⟩ *puur, zuiver* ◆ **1.1** with ~ speed *zo snel mogelijk* **1.2** beyond ~ doubt *zonder enige twijfel* **1.3** he was ~ ears *hij was één en al oor;* ⟨AE⟩ it's ~ wool *het is zuivere/100% wol* **6.1** ⟨inf.⟩ **of** ~ ... *nota bene* ⟨drukt verontwaardiging of verbazing uit⟩; today **of** ~ days *uitgerekend vandaag;* **of** ~ the nerve/⟨BE⟩ cheek! *wat een brutaliteit!;* they called on uncle Jim, **of** ~ people! *ze gingen nota bene bij oom Jim op bezoek!;*
II ⟨onb.det., predet.⟩ **0.1** ***al(le)*** ⇒*geheel, gans* **0.2** ***al(le)*** ⇒ *ieder, elk* ◆ **1.1** ~ (the) angles (taken together) are 180° *alle hoeken v.e. driehoek (samen) zijn 180°;* with ~ my heart *van ganser harte;* ⟨vnl. BE⟩ ~ the morning, ⟨vnl. AE⟩ ~ morning *de hele morgen* **1.2** ~ (the) angles are 60° *elke hoek is/alle hoeken zijn 60°.* →**that.**

Allah [ælə, æla:] **0.1** ***Allah.***
all-American ⟨zn.⟩ **0.1** ⟨bn.⟩ ***(exclusief) Amerikaans*** ⇒*op-en-top/door en door Amerikaans* **0.2** ⟨zn.; sport⟩ ***(lid v.h.) all-American team*** ⟨door vakpers verkozen 'beste' ploeg v.h. jaar⟩.
allay [əlee] ⟨schr.⟩ **0.1** ***verminderen*** ⇒*verlichten, verkleinen* **0.2** ***kalmeren*** ⇒*(tot) bedaren (brengen)* ◆ **1.2** ~ all fears *alle angst wegnemen.*
all but **0.1** ***bijna*** ⇒*nagenoeg, vrijwel* ◆ **2.1** he was ~ dead *hij was bijna dood;* ~ impossible *vrijwel onmogelijk* **3.1** he ~ did it *hij had het bijna gedaan.*
all clear **0.1** ***allesveiligteken.***
all-day **0.1** ***de hele dag durend.***
allegation [æligeesjn] ⟨schr.⟩ **0.1** ***bewering*** ⇒*(onbewezen) beschuldiging.*
allege [əledzj] ⟨vnl. pass.⟩⟨schr.⟩ **0.1** ***beweren*** ⇒*aanvoeren* ◆ **1.1** the ~d thief *de vermeende dief* **3.1** he is ~d to have committed ten murders *hij zou tien moorden gepleegd hebben.*
allegedly [əledzjidlie] **0.1** ***naar men beweert/zegt.***
allegiance [əlie:dzjəns] **0.1** ***(ge)trouw(heid)*** ⇒*loyaliteit* ◆ **3.1** pledge ~ to the flag *trouw zweren aan de vlag.*
allegorical [æligorrikl] **0.1** ***allegorisch.***
allegor|y [æligrie] ⟨mv.: -ies⟩ **0.1** ***allegorie*** ⇒*zinnebeeldige voorstelling.*
alleluia [ælilloe:jə], **hallelujah** [hælilloe:jə] **0.1** ***halleluja.***
Allen key [ælən] **0.1** ***inbussleutel.***
Allen screw **0.1** ***inbusbout.***
allergen [ælədzjən] **0.1** ***allergeen*** ⟨allergie veroorzakende stof⟩.
allergic [ələ:dzjik] **0.1** ⟨+ to⟩ ***allergisch (voor)*** ⇒⟨inf.; fig.⟩ *afkerig.*
allerg|y [ælədzjie] ⟨mv.: -ies⟩ **0.1** ⟨+ to⟩ ***allergie (voor)*** ⇒⟨inf.; fig.⟩ *antipathie, afkeer (van).*
allevi|ate [əlie:vie·eet] ⟨zn.: **-ation**⟩ **0.1** ***verlichten*** ⇒*verzachten, lenigen* ◆ **1.1** ~ one's pain *zijn pijn verlichten.*
alley [ælie] **0.1** ***steeg(je)*** ⇒*(door)gang* **0.2** ***laan(tje)*** ⇒*pad* **0.3** ***kegelbaan*** ◆ **6.**¶ ⟨inf.⟩ it is right **down/up** his ~ *het is een kolfje naar zijn hand.* →**blind.**
alley cat ⟨AE⟩ **0.1** ***zwerfkat.***
alleyway **0.1** ***steeg(je)*** ⇒*(door)gang.*
Allhallow(s) **0.1** *Allerheiligen.*
alliance [əlajjəns] **0.1** ***verdrag*** ⇒*overeenkomst, verbintenis* **0.2** ***(ver)bond*** ⇒*vereniging, (bond)genootschap* ◆ **6.2** enter **into** an ~ **with** *een bondgenootschap/alliantie sluiten met.*
allied [ælajd, əlajd] **0.1** ***verbonden*** ⟨ook fig.⟩ ⇒*verenigd;* ⟨vaak A-⟩ *geallieerd* ◆ **1.1** the Allied Forces/Powers *de geallieerden* **6.1** (closely) ~ **to** *(nauw) verwant met.*
alligator [æligeetə] **0.1** ***alligator.***
alligator lizard ⟨dierk.⟩ **0.1** ***alligatorhagedis.***
all-in ⟨verk.⟩ [all-inclusive] **0.1** ⟨vnl. BE; inf.⟩ ***all-in*** ⇒*alles inbegrepen, inclusief* **0.2** ⟨sport⟩ ***vrij*** ⇒*zonder strenge regels* ◆ **1.1** ~ price *all-in prijs* **1.2** ~ wrestling *vrij worstelen* **1.**¶ ~ effort *massale inspanning.*
all-inclusive ⟨-ness⟩ **0.1** ***alles inbegrepen*** ⇒*inclusief.*
alliteration [əlittəreesjn] **0.1** ***alliteratie*** ⇒*stafrijm.*
alliterative [əlitrətiv] **0.1** ***allitererend.***
all-loss ⟨AE; verz.⟩ →**all-risk(s).**
all-night **0.1** ***de hele nacht durend/geopend*** ⇒*nacht-.*
allocate [æləkeet] **0.1** ***toewijzen*** ⇒*toekennen* ◆ **6.1** ~ money **to** sth. or s.o. *geld bestemmen voor iets of iem.*
allocation [æləkeesjn] **0.1** ***toewijzing*** ⇒*toekenning.*
allot [əlot] ⟨-ted⟩ **0.1** ***toewijzen*** ⇒*toebedelen* ◆ **1.1** each in his ~ted space *ieder in de hem toegewezen ruimte* **6.1** ~ two weeks **to** a project *twee weken uittrekken voor een project.*
allotment [əlotmənt] **0.1** ***toegewezen deel*** ⇒*aandeel, allocatie* **0.2** ***toewijzing*** ⇒*toekenning* **0.3** ⟨BE⟩ ***perceel*** ⟨door overheid verhuurd⟩ ⇒*volkstuintje.*
all-out ⟨inf.⟩ **0.1** ***volledig*** ⇒*intensief, zonder reserve* ◆ **1.1** ~ support *onverdeelde steun;* an ~ effort *een uiterste poging.*
allow [əlau] **I** ⟨onov.ww.⟩ →**allow for, allow of;**
II ⟨ov.ww.⟩ **0.1** ***toestaan*** ⇒*(toe)laten, veroorloven* **0.2** ***voorzien*** ⇒*mogelijk maken, zorgen voor* **0.3** ***toekennen*** ⇒*toestaan, toewijzen* **0.4** ***toegeven*** ⇒*erkennen* ◆ **1.1** smoking is not ~ed *verboden te roken;* no dogs ~ed *honden niet toegelaten;* my Mini ~s me to park anywhere *met mijn mini kan ik overal parkeren* **1.2** the plan ~s one hour for lunch *het plan voorziet één uur voor de lunch* **1.3** he was ~ed £100 a month for books *hij kreeg een maandelijkse toelage v. £100 voor boeken* **4.1** ~ o.s. *zich veroorloven* **5.1** ~ s.o. **in** *iem. binnenlaten* **5.3** ~ twenty percent **off** (for) *twintig percent korting geven (op)* **8.4** we must ~ that he is clever *we moeten toegeven dat hij slim is.*
allowab|le [əlauəbl] ⟨-ly⟩ **0.1** ***geoorloofd*** ⇒*toelaatbaar* ◆ **1.1** ~load/stress *maximum belasting/spanning.*
allowance [əlauəns] **0.1** ***toelage*** ⇒*uitkering, subsidie* **0.2** ***deel*** ⇒*portie, rantsoen* **0.3** ***vergoeding*** ⇒*toeslag* **0.4** ***korting*** ⇒*aftrek* **0.5** ***consideratie*** ⇒*toegeeflijkheid* **0.6** ⟨ec., geldw.⟩ ***reserve*** ◆ **1.6** ⟨AE⟩ ~ for doubtful account *reserve voor oninbare vorderingen* **2.1** weekly ~ *zakgeld* **2.5** due ~s being made *alles in aanmerking genomen* **6.5** make (an) ~ **for**, make ~(s) **for** *rekening houden met.*
allow for **0.1** ***rekening houden met*** ⇒*in aanmerking/overweging nemen, verdisconteren* ◆ **1.1** additional expenses are allowed for *bijkomende (on)kosten zijn voorzien;* allowing for his young age *gezien zijn jeugdige leeftijd.*
allow of **0.1** ***toelaten*** ⇒*toestaan* ◆ **1.1** it allows of no excuse *het valt niet goed te praten.*
alloy[1] [æloj] ⟨zn.⟩ **0.1** ***legering*** ⇒*metaalmengsel.*
alloy[2] [əloj] ⟨ww.⟩ **0.1** ***legeren*** ⇒*mengen* **0.2** ***bederven*** ⇒*beschadigen, verknoeien.*
all-purpose **0.1** ***voor alle doeleinden*** ⇒*universeel.*
all right[1] ⟨bn.⟩ **0.1** ***gezond*** ⇒*goed; veilig, ongedeerd* **0.2** ***goed (genoeg)*** ⇒*aanvaardbaar, in orde* **0.3** ⟨inf.⟩ ***goed*** ⇒*eerlijk, betrouwbaar* ◆ **1.2** an all-right movie *een (redelijk) goede film;* his work is ~ *zijn werk is acceptabel* **1.3** an all-right guy *een goeie jongen* **1.**¶ ⟨BE⟩ a bit of ~ *reuze/fijn/heerlijk* **3.1** I am (feeling) ~ *met mij gaat alles goed;* was he ~ (after the crash)? *is hij er (bij dat ongeluk) heelhuids vanaf gekomen?* **6.2** it's ~ **by** me *van mij mag je* ¶**.2** it's ~ ⟨ook⟩ *het geeft niet.*
all right[2] ⟨bw.⟩ **0.1** ***in orde*** ⇒*bevredigend, voldoende* **0.2** ***inderdaad*** ⇒*zonder twijfel, zeker* **0.3** ***begrepen*** ⇒*in orde, (dat is) afgesproken* ◆ **2.2** he's crazy ~ *hij is inderdaad écht gek* **3.1** he's doing ~ *hij doet het aardig* ¶**.3** ~, do as you please *okay dan/mij best, doe wat je niet laten kunt;* ~! *komt voor mekaar!*
all-risk(s) **0.1** ***all-risk*** ◆ **1.1** ~ policy *all-riskpolis.*
all-round, ⟨AE ook⟩ **all-around** **0.1** ***allround*** ⇒*veelzijdig.*
all-rounder **0.1** ***allrounder.***
All Saints' Day **0.1** *Allerheiligen* ⟨1 november⟩.
all-sorts **0.1** ***allerlei*** ⇒*melange,* ⟨ihb.⟩ *gemengde (hoeveelheid) drop.*
All Souls' Day **0.1** *Allerzielen* ⟨2 november⟩.
allspice **0.1** ***piment(bes/boom).***
all-star **0.1** ***louter uit sterren samengesteld*** ◆ **1.1** an ~ cast *een ster(ren)bezetting.*
all-time **0.1** ***van alle tijden*** ◆ **1.1** an ~ high *het hoogste punt*

ooit bereikt; an ~ record *een (langdurig) ongebroken record;* ⟨fig.⟩ *een onbreekbaar record.*

allude to [əloe:d toe] **0.1** ***zinspelen op*** *⇒toespelingen maken op.*

allure¹ [əl(j)oeə] ⟨zn.⟩ **0.1** ***aantrekkingskracht*** *⇒charme.*

allure² ⟨ww.⟩ **0.1** ***(ver)lokken*** *⇒verleiden.*

allurement [əl(j)oeəmənt] **0.1** ***verleiding*** *⇒(ver)lokking* **0.2** ***aantrekkingskracht*** *⇒charme.*

alluring [əl(j)oeəring] **0.1** ***verleidelijk*** *⇒aanlokkelijk, aantrekkelijk.*

allusion [əloe:zjn] **0.1** ⟨+ to⟩ ***zinspeling (op)*** *⇒toespeling.*

allusive [əloe:siv] **0.1** ***zinspelend*** *⇒vol toespelingen.*

alluvial [əloe:viəl] **0.1** ***alluviaal*** *⇒aangeslibd, mbt. het alluvium.*

alluvium [əloe:viəm]⟨mv.: ook alluvia [-viə]⟩ ⟨geol.⟩ **0.1** ***alluvium*** *⇒aanslibbing, alluviale grond.*

all-weather track ⟨atletiek⟩ **0.1** ***kunststofbaan.***

all|y¹ [ælaj] ⟨zn.; mv.: -ies⟩ **0.1** ***bondgenoot*** *⇒medestander, geallieerde* ◆ **7.1** the Allies *de geallieerden.*

all|y² [əlaj] ⟨ww.; -ied⟩ **0.1** ***(zich) verenigen*** *⇒(zich) verbinden* ◆ **4.1** ~ oneself with *een verbond sluiten met.*

alma mater [ælmə meetə] **0.1** ***alma mater.***

almanac [o:lmənæk] **0.1** ***almanak.***

almighty [o:lmajtie] **0.1** ***almachtig*** *⇒omnipotent* **0.2** ⟨inf.⟩ ***allemachtig*** *⇒geweldig, enorm* ◆ **1.2** an ~ din *een oorverdovend lawaai* **7.1** the Almighty *de Almachtige.*

almond [a:mənd] **0.1** ***amandel*** ⟨vrucht⟩ **0.2** ***amandel(boom)*** ◆ **3.1** blanched ~s *blanke amandelen.*

almond-eyed **0.1** ***met amandelvormige ogen.***

almond paste **0.1** ***(amandel)spijs.***

almoner [a:mənə] **0.1** ⟨gesch.⟩ ***aalmoezenier*** *⇒armenverzorger.*

almost [o:lmoost] **0.1** ***bijna*** *⇒praktisch, haast* ◆ **4.1** ~ all of them *haast iedereen* **5.1** I ~ never see her *ik zie haar zelden of nooit.*

alms [a:mz] ⟨mv.; ww. meestal enk.⟩ **0.1** ***aalmoes.***

alms box **0.1** ***armenbus.***

almshouse ⟨BE⟩ **0.1** ***hofje*** *⇒diakenhuis, arm(en)huis.*

aloe [æloo] ⟨plantk.⟩ **0.1** ***aloë.***

aloft [əloft] **0.1** ***omhoog*** *⇒opwaarts* ⟨ook fig.⟩ **0.2** ***hoog*** *⇒in de lucht* **0.3** ⟨scheep.⟩ ***in de mast*** *⇒in 't want, in de takelage* ◆ **3.1** smoke kept rising ~ *er bleef maar rook opstijgen.*

alone¹ [əloon] ⟨bn.⟩ **0.1** ***alleen*** *⇒afzonderlijk, in/op zijn eentje* ◆ **1.1** the author is not ~ in this *de auteur staat hierin niet alleen.*

alone² ⟨bw.⟩ **0.1** ***slechts*** *⇒enkel, alleen* **0.2** ***alleen*** *⇒op zijn eentje* ◆ **1.1** John ~ knew the way *John kende als enige de weg* **3.2** live/work ~ *alleen wonen/werken;* go it ~ *het op zijn eentje opknappen/afhandelen;* leave ~ *alleen laten;* leave/let ~ *met rust laten, afblijven van;* let s.o./sth. ~ *ergens zijn handen niet aan vuil willen maken;* leave/let well (enough) ~ *laat het daar maar bij;* he cannot walk, let ~ run *hij kan niet eens lopen, laat staan rennen.*

along¹ [əlong] ⟨bw.⟩ **0.1** ***door*** *⇒verder, voort* **0.2** ⟨begeleiding of gezelschap⟩ ***mee*** *⇒bij zich, met ... mee* **0.3** ***langs*** **0.4** ⟨dichtbij eindpunt⟩ ***gevorderd*** ◆ **1.4** ⟨AE⟩ the project was far ~ *het project was ver gevorderd;* ⟨AE⟩ the day was well ~ *het was al laat* **3.1** he went merrily ~ *hij ging vrolijk voort;* move ~ *doorlopen;* pass the book ~ *geef het boek door;* the ball rolled ~ *de bal rolde voort* **3.2** I'll be ~ *ik kom wel mee;* he brought his dog ~ *hij had zijn hond bij zich;* come ~ *kom mee;* go ~ (with) *meegaan (met)* **3.3** I'll be ~ *ik kom eens langs, ik kom je opzoeken;* come ~ anytime *(je bent) altijd welkom* **3.4** she's coming ~ *ze is aan de beterende hand* **5.1** I suspected it all ~ *ik heb het altijd wel vermoed* **6.1** ~ **by** the wall *langs de muur* **6.2** ~ **with** *samen met* **¶.¶** ⟨AE⟩ ~ about June *ergens omstreeks juni.*

along² ⟨vz.⟩ **0.1** ***langs*** *⇒door* ◆ **1.1** run ~ the corridor *loop door de gang;* an inquiry ~ these lines *een onderzoek volgens deze methode;* flowers ~ the path *bloemen langs het pad;* ~ the way *onderweg.*

alongside¹ ⟨bw.⟩ **0.1** ***opzij*** *⇒erlangs, aan zijn zijde* **0.2** ⟨scheep.⟩ ***langszij*** ◆ **1.1** his dog kept ~ *zijn hond bleef naast hem lopen* **6.1** he marched ~ **of** his father *hij marcheerde naast zijn vader.*

alongside² ⟨vz.⟩ **0.1** ***naast*** *⇒aan de zijde van* ◆ **1.1** ~ his friend *aan de zijde van zijn vriend;* ~ the road *aan de kant v.d. weg;* a car ~ another one *een auto naast een andere auto.*

aloof¹ [əloe:f] ⟨bn.; -ness⟩ **0.1** ***afstandelijk*** *⇒koel.*

aloof² ⟨bw.⟩ **0.1** ***op een afstand*** *⇒ver, afzijdig* ◆ **3.1** keep/hold/stand ~ (from) *zich afzijdig houden (van).*

aloud [əlaud] **0.1** ***hardop*** *⇒hoorbaar.*

alp [ælp] **0.1** ***alp*** ◆ **7.1** the Alps *de Alpen.*

alpaca [ælpækə] **0.1** ***alpaca*** ⟨Zuid-Amerikaans bergschaap⟩ **0.2** ***alpaca(wol).***

alpenhorn [ælpənho:n] **0.1** ***alpenhoorn.***

alpenstock [ælpənstok] **0.1** ***alpenstok.***

alpha [ælfə] ⟨ook A-⟩ **0.1** ***alfa*** ⟨1e letter v.h. Griekse alfabet⟩ ◆ **1.¶** Alpha and Omega *alfa en omega, het begin en het einde; de essentie.*

alphabet [ælfəbet] **0.1** ***alfabet*** *⇒abc* ⟨ook fig.⟩.

alphabetic|(al) [ælfəbettik(l)] ⟨-ally⟩ **0.1** ***alfabetisch.***

alphabetize [ælfəbettajz] **0.1** ***alfabetiseren*** *⇒alfabetisch rangschikken.*

alphanumeric|(al) [ælfənjoe:merrik(l)] ⟨-ally⟩⟨comp.⟩ **0.1** ***alfanumeriek*** ◆ **1.1** ~ code *alfanumerieke code.*

alpha particle **0.1** ***alfadeeltje.***

alpha radiation **0.1** ***alfastraling.***

alpine [ælpajn] **0.1** ***alpien*** *⇒Alpijns, alpen-, berg-* **0.2** ***alpinisten-*** ◆ **1.1** ~ vegetation *alpiene vegetatie* **1.2** ~ club *alpinistenclub.*

alpinist [ælpinnist] **0.1** ***alpinist*** *⇒bergbeklimmer.*

already [o:lreddie] **0.1** ***reeds*** *⇒al (eerder).*

alright **0.1** ***in orde*** *⇒okay* ⟨zie verder all right⟩.

Alsace [ælsæs] **0.1** ***de Elzas.***

Alsace-Lorraine [ælsæslәreen] **0.1** ***Elzas-Lotharingen.***

Alsatian [ælseesjn] **0.1** ⟨bn.⟩ ***Elzassisch*** **0.2** ⟨zn.⟩ ***Elzasser*** **0.3** ⟨zn.; BE⟩ ***Duitse herder(shond).***

also [o:lsoo] **0.1** ***ook*** *⇒bovendien, eveneens.*

also-ran ⟨inf.⟩ **0.1** ***verliezer*** ⟨ihb. renpaard, sportman, politicus⟩.

altar [o:ltə] **0.1** ***altaar*** *⇒Avondmaalstafel* ◆ **3.1** lead to the ~ *huwen.*

altar boy **0.1** ***misdienaar*** *⇒acoliet.*

altarpiece **0.1** ***altaarstuk*** *⇒altaarschilderij.*

altar wine **0.1** ***miswijn.***

alter [o:ltə] **0.1** ⟨schr.⟩ ***(zich) veranderen*** *⇒(zich) wijzigen* **0.2** ⟨vnl. AE; inf.; euf.⟩ ***helpen*** ⟨huisdier⟩ *⇒castreren, steriliseren.*

alterab|le [o:ltrəbl] ⟨-ly⟩ **0.1** ***veranderbaar*** *⇒voor wijziging vatbaar.*

alteration [o:ltəreesjn] **0.1** ***wijziging*** *⇒verandering* **0.2** ⟨vnl. AE; inf.; euf.⟩ ***castratie*** *⇒sterilisatie.*

altercation [o:ltəkəisjn] **0.1** ***onenigheid*** *⇒twist, (ge)ruzie.*

alter ego [æltər ie:goo, o:l-] **0.1** ***alter ego.***

alternate¹ [o:ltə:nət] ⟨bn.⟩ **0.1** ***alternerend*** *⇒(af/ver)wisselend, beurtelings* ◆ **1.1** ~ bearing *tweejarige dracht* ⟨als bij appelbomen⟩; on ~ days *om de (andere) dag.*

altern|ate[2] [o:ltəneet] ⟨ww.; zn.: **-ation**⟩ **0.1** ***(doen) alterneren*** *⇒afwisselen, verwisselen* ◆ **1.1** alternating current *wisselstroom* **6.1** ~ **between** optimism and pessimism *heen en weer geslingerd worden tussen optimisme en pessimisme;* good weather ~s **with** bad weather *goed en slecht weer wisselen elkaar af.*

alternative[1] [o:ltə:nətiv] ⟨zn.⟩ **0.1** ***alternatief*** *⇒keuze, optie* ◆ **6.1** an ~ **to** *een alternatief voor.*

alternative[2] ⟨bn.⟩ **0.1** ***alternatief*** ◆ **1.1** the ~ society *de alternatieve maatschappij.*

alternator [o:ltəneetə] **0.1** ***alternator*** *⇒wisselstroomdynamo.*

although →**though.**

altimeter [æltimmie:tə] **0.1** ***altimeter*** *⇒hoogtemeter.*

altitude [æltitjoe:d] **0.1** ***hoogte*** *⇒horizonshoogte, vlieghoogte* ◆ **1.1** take the ~ of the sun *de zon schieten;* the ~ of a triangle *de hoogte v.e. driehoek* **6.1** fly **at** high ~s *op grote hoogte vliegen.*

alto [æltoo] ⟨muz.⟩ **0.1** ***altpartij*** *⇒altinstrument, altstem* **0.2** ***alt*** *⇒altzanger(es).*

altogether[1] [o:ltəgeðə] ⟨zn.⟩ ◆ **6.¶** ⟨inf.⟩ **in** the ~ *in adamskostuum.*

altogether[2] ⟨bw.⟩ **0.1** ***totaal*** *⇒geheel, helemaal* **0.2** ***in het geheel*** *⇒in totaal, alles bij elkaar* **0.3** ***over het algemeen*** *⇒alles bij elkaar (genomen/beschouwd)* ◆ **2.1** the attempt was ~ successful *de poging was een volkomen succes* **¶.2** there were 30 people ~ *er waren in totaal 30 mensen* **¶.3** ~, our holidays were quite pleasant *alles bij elkaar was onze vakantie best prettig.*

altruism [æltroe·izm] **0.1** ***(daad v.) altruïsme.***

altruist [æltroe·ist] ⟨bn.: **-ic**⟩ **0.1** ***altruïst*** *⇒onbaatzuchtig iem.*

alum [æləm] **0.1** ***aluin*** *⇒kaliumaluminiumsulfaat.*

aluminium [æl(j)oeminniəm], ⟨AE vnl.⟩ **aluminum** [əloe:minnəm] **0.1** ***aluminium.***

aluminium foil **0.1** ***aluminiumfolie.***

alumna [əlumnə]⟨mv.: alumnae [-nie:]⟩ ⟨vnl. AE⟩ **0.1** ***oud-studente*** *⇒oud-leerlinge, alumna.*

alumnus [əlumnəs]⟨mv.: alumni [-naj]⟩ ⟨vnl. AE⟩ **0.1** ***oud-student*** *⇒oud-leerling, alumnus.*

always [o:lwəz, -weez] **0.1** ***altijd*** *⇒steeds, voorgoed* **0.2** ***in elk geval*** *⇒altijd nog* ◆ **3.1** he's ~ complaining *hij loopt voortdurend te klagen.*

Alzheimer's [æltshajməz] ⟨med.⟩ **0.1** ***alzheimer.***

am [m, əm, ⟨sterk⟩ æm] ⟨1e pers. teg. t.⟩ →**be.**

a.m. ⟨afk.⟩ **0.1** [ante meridiem] ***voor de middag*** *⇒a.m.* ◆ **7.1** at 5 ~ *om vijf uur 's ochtends.*

Am. ⟨afk.⟩ **0.1** [America(n)].

amalgam [əmælgəm] **0.1** ***amalgaam.***

amalgam|ate [əmælgəmeet] ⟨zn.: **-ation**⟩ **0.1** ***(doen) samensmelten*** *⇒(zich) amalgameren/verbinden/vermengen; annexeren, in zich opnemen* ◆ **6.1** ~ **with** *een fusie aangaan met.*

amanuensis [əmænjoe·ensis]⟨mv.: amanuenses [-sie:z]⟩ **0.1** ***amanuensis*** *⇒particulier secretaris.*

amaranth [æmərænθ] **0.1** ***amarant*** *⇒kattenstaart.*

amaryllis [æmərillis] **0.1** ***amaryllis.***

amass [əmæs] **0.1** ***vergaren*** *⇒opstapelen* ◆ **1.1** ~ riches *rijkdom vergaren.*

amateur [æmətə] **0.1** ⟨zn.⟩ ***amateur*** *⇒liefhebber;* ⟨pej.⟩ *dilettant* **0.2** ⟨bn.; vaak pej.⟩ ***amateur(s)-*** *⇒amateuristisch, dilettantistisch.*

amateurish [æmətərisj, -tə:risj] ⟨vaak pej.⟩ **0.1** ***amateuristisch*** *⇒dilettanterig.*

amateurism [æmətərizm] ⟨vaak pej.⟩ **0.1** ***amateurisme*** *⇒ dilettantisme.*

amatory [æmətri] **0.1** ***erotisch*** *⇒amoureus, verliefd.*

amaze [əmeez] **0.1** ***verbazen*** *⇒verwonderen, versteld doen staan.*

amazed [əmeezd] **0.1** ***verbaasd*** *⇒verwonderd.*

amazement [əmeezmənt] **0.1** ***verbazing*** *⇒verwondering.*

amazing [əmeezing] **0.1** ***verbazingwekkend*** *⇒verbazend.*

Amazon [æməzn] **0.1** ***Amazone*** ⟨rivier⟩ **0.2** ⟨vaak a-⟩ ***amazone*** ⟨krijgshaftige vrouw⟩.

ambassador [æmbæsədə] **0.1** ***ambassadeur*** *⇒vertegenwoordiger, (af)gezant* ◆ **2.1** ~ extraordinary *buitengewoon ambassadeur* **6.1** the ~ **from** Nicaragua **to** the US *de ambassadeur v. Nicaragua bij de VS.*

ambassador-at-large ⟨mv.: ambassadors-at-large⟩ **0.1** ***ambassadeur in algemene dienst.***

ambassadorial [æmbæsədo:riəl] **0.1** ***ambassadoriaal.***

ambassadress [æmbæsədris] **0.1** ***ambassadrice*** *⇒(af)gezante* **0.2** ***ambassadeursvrouw.***

amber [æmbə] **0.1** ***amber(steen)*** *⇒barnsteen* **0.2** ⟨vaak attr.⟩ ***amber(kleur)*** ◆ **7.2** the ~ (light) *het gele, oranje (verkeers)licht.*

ambergris [æmbəgrie:s, -is] **0.1** ***amber(grijs)*** *⇒grijze amber.*

ambidextrous [æmbiddekstrəs] **0.1** ***ambidexter*** **0.2** ***handig.***

ambience, ambiance [æmbiəns] **0.1** ***sfeer*** *⇒stemming, ambiance.*

ambient [æmbiənt] **0.1** ***omringend*** *⇒omsluitend* ◆ **1.1** ~ temperature *omgevingstemperatuur.*

ambiguit|y [æmbigjoe:ətie] ⟨mv.: **-ies**⟩ **0.1** ***ambiguïteit*** *⇒ dubbelzinnigheid.*

ambiguous [æmbigjoeəs] ⟨-ness⟩ **0.1** ***ambigu*** *⇒dubbelzinnig, onduidelijk.*

ambition [æmbisjn] **0.1** ***ambitie*** *⇒eerzucht.*

ambitious [æmbisjəs] ⟨-ness⟩ **0.1** ***ambitieus*** *⇒eerzuchtig* ◆ **1.1** ~ plans *ambitieuze/grootse plannen.*

ambivalence [æmbivvələns] **0.1** ***ambivalentie*** *⇒dubbelwaardigheid.*

ambivalent [æmbivvələnt] **0.1** ***ambivalent*** *⇒dubbelwaardig* ◆ **1.1** ~ feelings *tegenstrijdige gevoelens.*

amble[1] [æmbl] ⟨zn.⟩ **0.1** ***telgang*** *⇒pasgang* ⟨v. paard⟩ **0.2** ***kuierpas*** *⇒kalme gang* ◆ **3.2** go for an ~ *gaan wandelen* **6.2** **at** an ~ *op zijn (dooie) gemak.*

amble[2] ⟨ww.⟩ **0.1** ***in de telgang lopen*** **0.2** ***kuieren*** *⇒op zijn gemak wandelen.*

ambrosia [æmbroozjə] **0.1** ***ambrozijn*** ⟨ook fig.⟩ *⇒nectar* **0.2** ***ambrosia*** ⟨plant⟩.

ambrosia beetle **0.1** ***ambrosiakever.***

ambulance [æmbjoeləns] **0.1** ***ziekenwagen*** *⇒ambulance.*

ambulant [æmbjoelənt] **0.1** ***ambulant*** ⟨ook med.⟩.

ambulatory [æmbjoeleetrie] **0.1** ***ambulant*** ⟨ook med.⟩ *⇒ rondtrekkend, zwervend.*

ambush[1] [æmboesj] ⟨zn.⟩ **0.1** ***hinderlaag*** *⇒val(strik)* **0.2** ***verrassingsaanval*** **0.3** ***verdekt opgestelde persoon of troepenmacht*** ◆ **6.1** attack **by/from** ~ *uit een hinderlaag aanvallen;* lie/wait **in** ~ *in een hinderlaag liggen;* fall **into** an ~ *in een hinderlaag vallen.*

ambush[2] ⟨ww.⟩ **0.1** ***(van)uit een hinderlaag aanvallen*** *⇒in een hinderlaag lokken.*

ameba →**amoeba.**

amelior|ate [əmie:liəreet] ⟨zn.: **-ation**⟩ **0.1** ***(doen) verbeteren*** *⇒beter maken/worden.*

amen [a:men, ee-, eemen] **0.1** ***amen*** *⇒het zij zo* ⟨rel.⟩ ◆ **3.1** ⟨fig.⟩ say ~ to sth. *volledig met iets instemmen.*

amenab|le [əmie:nəbl] ⟨-ly; zn.: **-ility**⟩ **0.1** ***handelbaar*** *⇒gedwee, plooibaar* **0.2** ***ontvankelijk (voor)*** **0.3** ***onderwor-***

pen (aan) ⇒*verantwoordelijk* ◆ **6.2** ~ **to** reason *voor rede vatbaar* **6.3** ~ **to** the law *wettelijk aansprakelijk.*

amend [əmend] **0.1** ***amenderen*** ⟨een tekst, een wetsontwerp bv.⟩ ⇒*(bij amendement) wijzigen.*

amendment [əmen(d)mənt] **0.1** ***amendement*** **0.2** ***verbetering*** ⇒*rectificatie* ◆ **6.1** an ~ **to** a bill *een amendement bij een wetsvoorstel.*

amends [əmen(d)z] **0.1** ***genoegdoening*** ⇒*schadeloosstelling, compensatie* ◆ **3.1** make ~ for sth. to s.o. *iets weer goedmaken bij iem.; iem. schadevergoeding betalen voor iets.*

amenit|y [əmie:nətie] ⟨mv.: -ies⟩ **0.1** ⟨vaak mv.⟩ ***(sociale) voorziening*** ⇒*gemak* **0.2** ***aantrekkelijkheid*** ◆ **1.1** this house has every ~ *dit huis is van alle gemakken voorzien.*

America [əmerrikkə] **0.1** ***Amerika.***

American[1] [əmerrikkən] ⟨zn.⟩ **0.1** ***Amerikaan(se)*** **0.2** ***Amerikaans (Engels)*** ⟨idioom⟩ ◆ **2.1** Latin ~ *iem. uit Latijns-Amerika;* North ~ *Noord-Amerikaan.*

American[2] ⟨bn.⟩ **0.1** ***Amerikaans*** ◆ **1.1** as ~ as apple-pie *typisch Amerikaans;* ~ dream *American dream* ⟨het Am. ideaal⟩; ⟨BE⟩ ~ football *Amerikaans voetbal;* ~ Indian *(Amerikaanse) indiaan;* ~ Legion *Amerikaanse Oud-strijdersbond;* the ~ Revolution *de Amerikaanse onafhankelijkheidsoorlog* **1.¶** ⟨AE⟩ ~ plan *vol pension.*

American Indian **0.1** ***indiaans.***

Americanism [əmerrikkənizm] **0.1** ***trouw aan/sympathie voor de USA.***

American|ize, -ise [əmerrikkənajz] ⟨zn.: **-ization**⟩ **I** ⟨onov.ww.⟩ **0.1** ***veramerikaansen;***
II ⟨ov.ww.⟩ **0.1** ***amerikaniseren*** **0.2** ***tot Amerikaan naturaliseren.***

Amerindian [æmərindiən] **0.1** ***(Amerikaanse) indiaan.***

amethyst [æmiθist] **0.1** ***amethist*** **0.2** ⟨vaak attr.⟩ ***violet-(kleur)*** ⇒*purperviolet.*

amiab|le [eemiəbl] ⟨-ly; zn.: **-ility**⟩ **0.1** ***beminnelijk*** ⇒*aimabel, vriendelijk.*

amicab|le [æmikkəbl] ⟨-ly; zn.: **-ility**⟩ **0.1** ***amicaal*** ⇒*vriend(schapp)elijk* ◆ **1.1** come to an ~ agreement *een minnelijke schikking treffen.*

amid [əmid], **amidst** [əmidst], ⟨schr.⟩ **mid** [mid] **0.1** ***te midden v.*** ⇒*tussen, onder* ◆ **1.1** ~ the trees *te midden v.d. bomen;* ~ tears *onder tranen.*

amidships [əmidsjips] **0.1** ***midscheeps*** ⇒*tussendeks.*

amino [əmie:noo] **0.1** ***amino-*** ◆ **1.1** ~ acid *aminozuur.*

amiss[1] [əmis] ⟨bn.⟩ **0.1** ***verkeerd*** ⇒*gebrekkig* **0.2** ***misplaatst*** ⇒*ongelegen* ◆ **3.1** there is nothing ~ with her *ze mankeert niets* **3.2** an apology would not be ~ *een verontschuldiging zou niet misstaan;* that would not be ~ *dat zou me wel wat lijken.*

amiss[2] ⟨bw.⟩ **0.1** ***verkeerd*** ⇒*gebrekkig, fout(ief)* **0.2** ***misplaatst*** ⇒*te onpas* ◆ **3.1** take sth. ~ *iets kwalijk nemen* **3.2** nothing comes ~ to him *hij kan alles gebruiken.*

amity [æmətie] **0.1** ***vriendschap(pelijke relatie)*** ⇒*goede verstandhouding* ◆ **1.1** ~ and sweetness *pais en vree.*

ammeter [æmittə] **0.1** ***ampèremeter.***

ammo [æmoo] ⟨verk.⟩ [ammunition] ⟨inf.⟩ **0.1** ***munitie.***

ammonia [əmooniə] **0.1** ***ammonia(k).***

ammonite [æmənajt] **0.1** ***ammoniet.***

ammunition [æmjoenisjn] **0.1** ***(am)munitie.***

amnesia [æmnie:ziə] **0.1** ***amnesie*** ⇒*geheugenverlies.*

amnesty [æmnəstie] **0.1** ***amnestie*** ⇒*generaal pardon.*

amoeba, ⟨AE sp. ook⟩ **ameba** [əmie:bə] ⟨mv.: ook am(o)ebae [-bie:]⟩ **0.1** ***amoebe.***

amoebic, ⟨AE sp. ook⟩ **amebic** [əmie:bik] **0.1** ***amoeboïde*** **0.2** ***amoebe-*** ◆ **1.2** ~ dysentery *amoebedysenterie.*

amok [əmok], **amuck** [əmuk] ◆ **3.¶** run ~ *amok maken, als een bezetene te keer gaan.*

among [əmung], **amongst** [əmungst] **0.1** ***onder*** ⇒*te midden van, tussen* ◆ **1.1** ~ the crowd *onder/in de massa;* customs ~ the Indians *gebruiken bij de indianen;* a man ~ men *mens onder de mensen;* a rose ~ the thorns *een roos tussen de doornen* **4.1** ~ themselves *onder elkaar;* we have ten copies ~ us *we hebben samen tien exemplaren;* choose ~ us *kies één van ons.*

amoral [eemorrəl] ⟨zn.: **-ity**⟩ **0.1** ***amoreel.***

amorous [æmərəs] ⟨-ness⟩ **0.1** ***amoureus.***

amorphous [əmo:fəs] ⟨-ness⟩ **0.1** ***amorf*** ⟨ook schei.⟩.

amort|ize, -ise [əmo:tajz] ⟨zn.: **-ization**⟩ **0.1** ***amortiseren*** ⇒*delgen.*

amount [əmaunt] **0.1** ***hoeveelheid*** ⇒*grootte* **0.2** ***totaal*** ⇒*som, waarde* ◆ **6.1** **in** small ~s *bij beetjes* **6.2** **to** the ~ **of** *ten bedrage van* **7.1** any ~ of money *een berg geld;* no ~ of pain *geen pijn, hoe hevig dan ook;* a certain ~ of risk *enig risico.*

amount to **0.1** ***bedragen*** ⇒*oplopen tot, bereiken* **0.2** ***neerkomen op*** ⇒*gelijk staan met/zijn aan* ◆ **1.2** his reply amounted to a refusal *zijn antwoord kwam neer op een weigering* **4.1** it does not ~ much *het heeft niet veel te betekenen.*

amour [əmoeə] **0.1** ***(geheim) avontuurtje*** **0.2** ***liefje.***

amp [æmp] ⟨inf.⟩ **0.1** ⟨verk.⟩ [ampere] ***ampère*** **0.2** ⟨verk.⟩ [amplifier] ***versterker.***

amperage [æmpəridzj] **0.1** ***stroomsterkte*** ⟨in ampères⟩.

ampere, ampère [æmpeə] **0.1** ***ampère.***

ampersand [æmpəsænd] **0.1** ***en-teken*** ⟨het teken &⟩.

amphetamine [æmfettəmie:n, -min] **0.1** ***amfetamine.***

amphibian [æmfibbiən] **0.1** ⟨bn.⟩ ***amfibie-*** ⟨ook mil.⟩ **0.2** ⟨zn.⟩ ***amfibie*** **0.3** ⟨zn.⟩ ***amfibievoertuig*** ◆ **1.1** ~tank *amfibietank.*

amphibious [æmfibbiəs] **0.1** ***amfibisch*** ⟨ook mil.⟩ ◆ **1.1** ~ vehicles *amfibievoertuigen.*

amphitheatre, ⟨AE sp. vnl.⟩ **-theater** [æmfiθiətə] **0.1** ***amfitheater*** **0.2** ***arena.***

amphora [æmfərə] ⟨mv.: ook amphorae [-rie:]⟩ **0.1** ***amfoor.***

ample [æmpl] ⟨ook -r; amply⟩ **0.1** ***ruim*** ⇒*groot, uitgestrekt* **0.2** ***rijk(elijk)*** ⇒*overvloedig* **0.3** ⟨euf.⟩ ***corpulent*** ◆ **1.1** an ~ living room *een ruime woonkamer* **1.2** have ~ resources *bemiddeld zijn.*

amplifier [æmpliffajə] **0.1** ***versterker*** ⟨ook elek.⟩.

amplif|y [æmpliffaj] ⟨-ied; zn.: **-ication**⟩ **I** ⟨onov.ww.⟩ **0.1** ***uitweiden*** ◆ **6.1** ~ **on** the details *in detail treden;*
II ⟨ov.ww.⟩ **0.1** ***vergroten*** ⇒*vermeerderen* **0.2** ⟨elek.⟩ ***versterken*** **0.3** ***uitbreiden*** ⇒*aanvullen, toelichten.*

amplitude [æmplitjoe:d] **0.1** ***amplitude*** ⟨ook v. ster⟩ **0.2** ***uitgestrektheid*** **0.3** ***overvloed*** ⇒*volheid.*

amply →**ample.**

ampoule, ampul(e) [æmpoe:l] **0.1** ***ampul.***

amput|ate [æmpjoeteet] ⟨zn.: **-ation**⟩ **0.1** ***amputeren*** ⇒*afzetten.*

amputee [æmpjoetie:] **0.1** ***iem. die een amputatie heeft ondergaan.***

amuck →**amok.**

amulet [æmjoelit] **0.1** ***amulet*** ⇒*talisman.*

amuse [əmjoe:z] **0.1** ***amuseren*** ⇒*vermaken, bezig houden* ◆ **3.1** keep s.o. ~d *iem. zoet houden* **4.1** that ~s me *dat vind ik leuk* **6.1** be ~d **at/by/with** sth. *iets amusant vinden.*

amusement [əmjoe:zmənt] **0.1** ***amusement*** ⇒*vermaak, tijdverdrijf* **0.2** ***plezier*** ⇒*pret, genot* ◆ **4.1** a town with many ~s *een stad met veel uitgaansmogelijkheden* **6.2** watch **in** ~ *geamuseerd toekijken.*

amusement arcade **0.1** ***automatenhal.***
amusement park **0.1** ***lunapark*** ⇒*pretpark.*
amusing [əmjoe:zing] **0.1** ***vermakelijk*** ⇒*amusant, verstrooiend.*
an →**a.**
Anabaptism [ænəbæptizm] **0.1** ***anabaptisme.***
anabolic[1] [ænəbollik] ⟨zn.; vaak mv.⟩ **0.1** ***anabool*** ⇒⟨in mv.⟩ *anabolica, anabole steroïden.*
anabolic[2] ⟨bn.⟩ **0.1** ***anabolisch*** ⇒*anabool* ◆ **1.1** ~ steroids *anabolica, anabole steroïden.*
anachronism [ənækrənizm] **0.1** ***anachronisme.***
anachronistic [ənækrənistik], **anachronic** [ænəkronnik] ⟨-ally⟩ **0.1** ***anachronistisch*** **0.2** ***ouderwets.***
anaconda [ænəkondə] **0.1** ***anaconda*** ⇒*(Zuid-Amerikaanse) reuzenslang.*
anaemia, ⟨AE sp. ook⟩ **anemia** [ənie:miə] **0.1** ***bloedarmoede*** ⇒⟨fig.⟩ *lusteloosheid.*
anaemic, ⟨AE sp. ook⟩ **anemic** [ənie:mik] **0.1** ***bloedarm*** ⇒ ⟨fig.⟩ *lusteloos.*
anaesthesia, ⟨AE sp. ook⟩ **anesthesia** [ænisθie:zjə] **0.1** ***anesthesie*** ⇒*verdoving, narcose.*
anaesthetic[1], ⟨AE sp. ook⟩ **anesthetic** [ænisθettik] ⟨zn.⟩ **0.1** ***verdovingsmiddel*** ⇒*narcoticum.*
anaesthetic[2], ⟨AE sp. ook⟩ **anesthetic** ⟨bn.; -ally⟩ **0.1** ***verdovend*** ⇒*narcotisch.*
anaesthetist, ⟨AE sp. ook⟩ **anesthetist** [ənie:sθətist] **0.1** ***anesthesist*** ⇒*narcotiseur.*
anaesthetize, -ise, ⟨AE sp. ook⟩ **anesthetize** [ənie:sθətajz] **0.1** ***verdoven*** ⇒*onder narcose brengen.*
Anaglypta [ænəgliptə] **0.1** ***structuurbehang.***
anagram [ænəgræm] **0.1** ***anagram.***
anal [eenl] **0.1** ***anaal*** ◆ **1.1** ~ cleft *bilnaad.*
analgesia [ænəldzjie:ziə] **0.1** ***analgesie*** ⇒*gevoelloosheid (voor pijn).*
analgesic [ænəldzjie:sik] **0.1** ***pijnstillend.***
analogous [ənæləgəs] **0.1** ⟨+ to, with⟩ ***analoog (aan)*** ⇒*overeenkomstig (met), parallel.*
analogue, ⟨AE sp. ook⟩ **analog** [ænəlog] **0.1** ***analogon*** ⇒*parallel.*
analogue computer **0.1** ***analoge rekenmachine*** ⇒*analoge computer.*
analog|y [ənælədzjie] ⟨mv.: -ies⟩ **0.1** ***analogie*** ⇒*overeenkomst* ◆ **6.1** draw an ~ **between/to/with** *een vergelijking maken tussen/met;* argue **by/from** ~ *analogisch redeneren/argumenteren;* **on** the ~ **of, by** ~ **with** *naar analogie van.*
analyse, ⟨AE sp.⟩ **analyze** [ænəlajz] **0.1** ***analyseren*** ⇒*ontleden; ontbinden* **0.2** ⟨vnl. AE⟩ ***aan psychoanalyse onderwerpen.***
analysis [ənælissis]⟨mv.: analyses [-sie:z]⟩ **0.1** ***analyse*** ⟨ook wisk.⟩ ⇒*onderzoek, ontleding* **0.2** ⟨vnl. AE⟩ ***(psycho)analyse*** ◆ **2.1** in the final/last/ultimate ~ *per slot v. rekening.*
analyst [ænəlist] **0.1** ***analist(e)*** ⇒*scheikundige* **0.2** ⟨vnl. AE; psych.⟩ ***analyticus.***
analytic|(al) [ænəlittik(l)] ⟨-ally⟩ **0.1** ***analytisch*** ◆ **1.1** ~ geometry *analytische meetkunde.*
anamnesis [ænəmnie:sis]⟨mv.: anamneses [-sie:z]⟩ **0.1** ***anamnese.***
anapaest, ⟨AE sp. ook⟩ **anapest** [ænəpie:st] ⟨bn.: **-ic**⟩⟨lit.⟩ **0.1** ***anapest.***
anarchic|(al) [əna:kik(l)] ⟨-ally⟩ **0.1** ***anarchistisch*** **0.2** ***ordeloos*** ⇒*chaotisch.*
anarchism [ænəkizm] **0.1** ***anarchisme.***
anarchist [ænəkist] **0.1** ***anarchist.***
anarchistic [ænəkistik] ⟨-ally⟩ **0.1** ***anarchistisch.***
anarch|y [ænəkie] ⟨mv.: -ies⟩ **0.1** ***anarchie.***
anathema [ənæθəmə] **0.1** ***anathema*** **0.2** ⟨vnl. enk.⟩ ***gruwel*** ◆ **6.2** that is (an) ~ **to** me *dat is me een gruwel.*
anathematize [ənæθəmətajz] **0.1** ***anathematiseren*** ⇒*vervloeken, in de (kerk)ban doen.*
anatomical [ænətommikl] ⟨-ally⟩ **0.1** ***anatomisch*** ⇒*ontleedkundig.*
anatomist [ənætəmist] **0.1** ***anatoom.***
anatom|y [ənætəmie] ⟨mv.: -ies⟩ **0.1** ***(anatomische) bouw/structuur*** **0.2** ***anatomische verhandeling*** **0.3** ***anatomie*** ⇒*ontleding; analyse* **0.4** ⟨inf.⟩ ***lijf*** **0.5** ⟨med.⟩ ***fantoom.***
ancestor [ænsestə] **0.1** ***voorouder*** ⇒*voor/stamvader* **0.2** ***oertype*** ⇒*voorloper, prototype.*
ancestral [ænsestrəl] **0.1** ***voorouderlijk*** ⇒*voorvaderlijk* **0.2** ***prototypisch.***
ancestress [ænsestris] **0.1** ***stamvrouw*** ⇒*stammoeder.*
ancestr|y [ænsestrie] ⟨mv.: -ies; vnl. enk.⟩ **0.1** ***voorgeslacht*** ⇒*voorouders, voorvaderen* **0.2** ***afkomst*** ⇒*afstamming.*
anchor[1] [ængkə] ⟨zn.⟩ **0.1** ***anker*** **0.2** ***steun*** ⇒*toeverlaat, toevlucht* ◆ **3.1** cast/drop the ~ *het anker (uit)werpen/vieren/neerlaten;* come to ~ *voor anker komen/gaan;* lie/be/ride at ~ *voor/ten anker liggen;* weigh ~ *het anker lichten* **6.1** **at** ~ *voor anker.*
anchor[2] **I** ⟨onov.ww.⟩ **0.1** ***ankeren*** ⇒*het anker uitwerpen;* ⟨fig.⟩ *zich vestigen* **0.2** ***voor anker liggen;***
II ⟨ov.ww.⟩ **0.1** ***(ver)ankeren*** ⟨ook fig.⟩.
anchorage [ængkəridzj] **0.1** ***verankering*** **0.2** ***ankerplaats*** **0.3** ⟨alleen enk.⟩ ***ankergeld*** ⇒*havengeld* **0.4** ***steun*** ⇒*toeverlaat, toevlucht(soord).*
anchorite [ængkərajt] **0.1** ***kluizenaar.***
anchor leg ⟨atletiek⟩ ◆ **3.¶** run/swim the ~ *de laatste loper/zwemmer zijn* ⟨in estafettewedstrijd⟩.
anchor man ⟨mv.: anchor men⟩ **0.1** ⟨radio, tv⟩ ***vaste presentator*** ⟨v. nieuws- en actualiteitenprogramma's⟩ **0.2** ***laatste speler*** ⇒*laatste loper* ⟨in estafettewedstrijd⟩.
anchor woman ⟨radio, tv⟩ **0.1** ***vaste presentatrice*** ⟨v. nieuws- en actualiteitenprogramma's⟩.
anchov|y [æntsjəvie] ⟨mv.: -ies, ook anchovy⟩ **0.1** ***ansjovis.***
anchovy paste **0.1** ***ansjovispasta.***
ancient [eensjənt] **0.1** ***antiek*** ⇒*klassiek, uit de Oudheid* **0.2** ⟨ook scherts.⟩ ***oeroud*** ⇒*stokoud* ◆ **1.1** ~ history *de oude geschiedenis* **1.2** ~ history *een oude geschiedenis;* ⟨BE⟩ ~ monument *historisch monument.*
ancients [eensjənts] ⟨the; vaak A-⟩ **0.1** ***de Ouden*** ⟨ihb. Grieken en Romeinen⟩.
ancillar|y[1] [ænsillərie] ⟨zn.; mv.: -ies⟩ **0.1** ***assistent*** ⇒*helper.*
ancillary[2] ⟨bn.⟩ **0.1** ***ondergeschikt*** ⇒*bijkomstig* **0.2** ***helpend*** ⇒*aanvullend* ◆ **1.1** ~ industry *toeleveringsbedrijf* **6.1** ~ **to** *ondergeschikt aan.*
and [(ə)n(d), ⟨sterk⟩ ænd] **0.1** ***en*** ⇒*(samen) met, en toen/dan* **0.2** ⟨intensiteit of herhaling⟩ ***en (nog)*** ⇒*(en) maar* **0.3** ⟨de woorden voor het voegw. bepalen die erna; blijft onvertaald⟩ **0.4** ⟨tussen twee ww.⟩ ***te*** ◆ **1.1** one gin ~ tonic *één gin-tonic;* ~ interest *met rente* **1.2** thousands ~ thousands of people *duizenden en nog eens duizenden mensen* **1.¶** there are bags ~ bags *je hebt zakken v. alle soorten* **2.3** nice ~ quiet *lekker rustig;* lovely ~ warm *heerlijk warm* **3.1** children come ~ go *kinderen lopen in en uit* **3.2** she screamed ~ screamed *ze gilde alsmaar door* **3.4** try ~ finish it *probeer het af te maken;* come ~ see *kom kijken* **4.1** two ~ two *twee aan/en twee* **5.1** ~ so forth, ~ so on *enzovoort(s)* **8.1** ~ /or *en/of.*
andiron [ændajjən] **0.1** ***vuurbok*** ⇒*haardijzer.*
androgynous [ændrodzjinnəs] **0.1** ***androgyn*** ⟨ook plantk.⟩ ⇒*hermafrodiet, tweeslachtig.*

anecdotal [ænikdootl] **0.1** ***anekdotisch.***
anecdote [ænikdoot] **0.1** ***anekdote.***
anemia →**anaemia.**
anemic →**anaemic.**
anemometer [ænimmommittə] **0.1** ***anemometer*** ⇒*wind-(snelheids)meter.*
anemone [ənemmənie] **0.1** ***anemoon*** **0.2** ***zeeanemoon.***
aneroid barometer [ænerrojd] **0.1** ***aneroïdebarometer*** ⇒ *doosbarometer, metaalbarometer.*
anesthe- →**anaest-.**
anew [ənjoe:] **0.1** ***opnieuw*** ⇒*nogmaals, weer* **0.2** ***anders.***
angel [eendzjəl] **0.1** ***engel*** ⇒*beschermengel, engelbewaarder* **0.2** ***schat*** ⇒*lieverd* **0.3** ⟨inf.⟩ ***sponsor*** ◆ **2.1** my evil ~ *het duiveltje in mij* **3.2** be an ~ and go to bed *wees een engel en ga naar bed* **3.¶** ministering ~ *dienende/reddende engel* ⟨ihb. verpleegster⟩. →**fool.**
angel dust ⟨sl.⟩ **0.1** ***PCP*** ⇒*angel dust* ⟨als drug gebruikt narcosemiddel⟩.
angelic [ændzjellik] ⟨-ally⟩ **0.1** ***engelachtig*** ⇒*hemels, goddelijk* **0.2** ⟨inf.⟩ ***lief.***
angelica [ændzjellikkə] **0.1** ***engelwortel*** ⇒*engelkruid, angelica.*
angelus [ændzjilləs] ⟨the; vaak A-⟩⟨r.-k.⟩ **0.1** ***angelus.***
anger[1] [ænggə] ⟨zn.⟩ **0.1** ***woede*** ⇒*boosheid, toorn* ◆ **6.1** be filled with ~ **at** sth. *woedend zijn om iets.*
anger[2] ⟨ww.⟩ **0.1** ***boos/woedend maken.***
angina [ændzjajnə] **0.1** ***angina*** ⇒*keelontsteking.*
angina pectoris [ændzjajnə pektəris] **0.1** ***angina pectoris*** ⇒ *hartbeklemming.*
angle[1] [ænggl] ⟨zn.⟩ **0.1** ***hoek*** ⟨ook wisk.⟩ ⇒*kant, uitstekende punt* **0.2** ***gezichtshoek*** ⇒*perspectief;* ⟨fig.⟩ *gezichtspunt, standpunt* **0.3** ***aspect*** ⇒*zijde* ◆ **1.1** ~ of incidence *invalshoek;* ~ of reflection *terugkaatsingshoek;* ~ of refraction *brekingshoek* **3.3** consider all ~s of a question *alle facetten v.e. probleem bekijken* **6.1 at** an ~ (with) *schuin (op)* **6.2** look at sth. **from** a different/another ~ *iets v.e. andere kant bekijken.*
angle[2] **I** ⟨onov.ww.⟩ **0.1** ⟨+ for⟩ ***vissen (naar)*** ⟨ook fig.⟩ ⇒*hengelen (naar);*
II ⟨ov.ww.⟩ **0.1** ***ombuigen*** ⇒*(om)draaien* **0.2** ⟨inf.⟩ ***verdraaien*** ⇒*tendentieus voorstellen* **0.3** ⟨sport, vnl. tennis⟩ ***scherp slaan*** ⟨bal⟩.
Angle [ænggl] ⟨gesch.⟩ **0.1** ***Angel*** ⟨lid v. stam v.d. Angelen⟩.
angle bracket **0.1** ⟨mv.⟩ ***punthaken*** **0.2** ***hoekijzer*** ⇒*hoeksteun.*
angle iron **0.1** ***hoekstaal.***
anglepoise lamp [ængglpojz] ⟨ook A-⟩ **0.1** ***(verstelbare) bureaulamp.***
angler [ængglə] **0.1** ***visser*** ⇒*hengelaar.*
Anglican [ængglikkən] **0.1** ⟨bn.⟩ ***anglicaans*** **0.2** ⟨bn.; AE⟩ ***Brits*** ⇒*Engels* **0.3** ⟨zn.⟩ ***anglicaan*** ◆ **1.1** the ~ Church *de anglicaanse Kerk.*
Anglicanism [ængglikkənizm] **0.1** ***anglicanisme.***
anglicism [ængglissizm] ⟨vaak A-⟩ **0.1** ***anglicisme*** **0.2** ***(typisch) Engelse gewoonte/houding.***
Anglicize, -ise [ængglissajz] ⟨ook a-⟩ **0.1** ***(zich) verengelsen.***
angling [ænggling] **0.1** ***hengelsport.***
Anglo [ænggloo] **0.1** ⟨AE⟩ ***blanke Amerikaan*** ⟨itt. Hispanic⟩ **0.2** ⟨Can. E⟩ ***Engelstalige Canadees*** **0.3** ⟨BE⟩ ***Engelsman*** ⟨tgov. Ier, Schot en iem. uit Wales⟩ **0.4** ***Engelssprekend iem.***
Anglo- [ænggloo] ⟨ook a-⟩ **0.1** ***Engels*** **0.2** ***van Engelse oorsprong.***
Anglo-American **0.1** ⟨bn.⟩ ***Engels-Amerikaans*** ⇒*Anglo-Amerikaans* **0.2** ⟨zn.⟩ ***Amerikaan v. Engelse afkomst.***
Anglo-Catholic **0.1** ⟨bn.⟩ ***anglokatholiek*** **0.2** ⟨zn.⟩ ***anglokatholiek.***
Anglo-Indian **0.1** ⟨bn.⟩ ***Engels-Indisch*** **0.2** ⟨bn.⟩ ***Europees-Aziatisch*** **0.3** ⟨zn.⟩ ***Engelsman geboren/wonende in Indië*** **0.4** ⟨zn.⟩ ***Euraziër.***
Anglomania [ængglәmeeniə] **0.1** ***anglomanie.***
Anglophil(e) [ængglәfajl, -fil] **0.1** ⟨bn.⟩ ***anglofiel*** ⇒*Engelsgezind* **0.2** ⟨zn.⟩ ***anglofiel*** ⇒*Engelsgezinde.*
Anglophobe [-foob] **0.1** ***anglofoob.***
Anglophobia [-foobiə] **0.1** ***anglofobie.***
Anglo-Saxon **0.1** ⟨bn.⟩ ***Angelsaksisch*** **0.2** ⟨bw.⟩ ***Oud-Engels*** **0.3** ⟨bn.; AE⟩ ***Engels*** **0.4** ⟨eig.n.⟩ ***Oud-Engels*** **0.5** ⟨telb. zn.⟩ ***Angelsakser*** **0.6** ⟨telb. zn.⟩ ***(typische) Engelsman.***
angora [ænggo:rə] ⟨vaak A-⟩ **0.1** ***angora*** ⟨kat/geit/konijn met lange haren⟩ **0.2** ***angorawol*** ⇒*mohair.*
angostura [ænggəstjoeərə] **0.1** ***angostura.***
angr|y [ænggrie] ⟨-ily⟩ **0.1** ***boos*** ⇒*kwaad* **0.2** ***dreigend*** ⇒ *stormachtig* **0.3** ***ontstoken*** ⟨bv. v. wond⟩ ◆ **1.2** ~ clouds *dreigende wolken;* an ~ sea *een onstuimige zee* **6.1** be ~ **about/at** sth. *boos zijn over iets;* be ~ **at/with** s.o. *boos zijn op iem.*
angst [æng(k)st] **0.1** ***angstgevoel*** **0.2** ***levensangst.***
anguish [ænggwisj] **0.1** ***(zielen)leed*** ⇒*pijn, smart.*
anguished [ænggwisjt] **0.1** ***gekweld*** ⇒*vol angst, vol smart.*
angular [ænggjoelə] **0.1** ***hoekig*** ⇒*hoekvormig* **0.2** ***kantig*** ⇒ *met scherpe kanten* **0.3** ***hoek-*** **0.4** ***onbehouwen*** **0.5** ***benig*** ⇒*knokig* **0.6** ***nukkig.***
angularit|y [ænggjoelærətie] ⟨mv.: -ies⟩ **0.1** ***hoekigheid*** **0.2** ***onbehouwenheid*** ⇒*lompheid* **0.3** ***nukkigheid.***
aniline [ænillie:n, -lin] **0.1** ***aniline*** ⟨kleurloze vloeistof⟩.
animadversion [ænimædvə:sjn] ⟨schr.⟩ **0.1** ***aanmerking*** ⇒ *berisping.*
animal[1] [ænimməl] ⟨zn.⟩ **0.1** ***dier*** ⇒*beest, dierlijk wezen* **0.2** ***viervoeter*** **0.3** ***beest*** ⟨fig.⟩ ⇒*schoft* ◆ **7.¶** there is no such ~ *zo iets bestaat niet/kán niet bestaan.*
animal[2] ⟨bn.⟩ **0.1** ***dierlijk*** **0.2** ***vleselijk*** ⇒*zinnelijk* ◆ **1.1** ~ husbandry *veeteelt;* ~ spirits *levenslust;* ~ world *dierenwereld* **1.2** ~ desires *vleselijke lusten.*
animalcule [ænimælkjoe:l] **0.1** ***microscopisch klein diertje.***
animal-free **0.1** ***vegetarisch*** ⇒*niet van/door dieren gemaakt.*
animalism [ænimməlizm] **0.1** ***dierlijkheid*** **0.2** ***zinnelijkheid*** **0.3** ***animalisme*** ⟨leer dat de mens niets meer is dan een dier⟩.
animal kingdom ⟨the⟩ **0.1** ***dierenrijk.***
animal liberation, ⟨inf.⟩ **animal lib** [-lib] **0.1** ***dierenbevrijdingsbeweging/front.***
Animal Liberation Front **0.1** ***Dierenbevrijdingsfront.***
animal rights **0.1** ***dierenrechten.***
animate[1] [ænimmət] ⟨bn.⟩ **0.1** ***levend*** **0.2** ***bezield*** **0.3** ***levendig*** ⇒*opgewekt.*
animate[2] [ænimmeet] ⟨ww.⟩ **0.1** ***leven geven*** ⇒*bezielen* **0.2** ***verlevendigen*** ⇒*opwekken* **0.3** ***animeren*** ⇒*aanmoedigen, inspireren* **0.4** ⟨film.⟩ ***tot leven brengen*** ⟨poppen, voorwerpen⟩.
animated [ænimmeetid] **0.1** ***levend(ig)*** ⇒*bezield, geanimeerd* ◆ **1.¶** ~ cartoon *tekenfilm.*
animation [ænimmeesjn] **0.1** ***animatiefilm*** ⇒*teken/poppenfilm* **0.2** ***het maken v. animatiefilms*** ⇒*animatie* **0.3** ***levendigheid*** ⇒*opgewektheid, animo.*
animism [ænimmizm] **0.1** ***animisme.***
animist [ænimmist] **0.1** ⟨bn.⟩ ***animistisch*** **0.2** ⟨zn.⟩ ***animist*** ⟨aanhanger v.h. animisme⟩.
animosit|y [ænimmossətie] ⟨mv.: -ies⟩ **0.1** ***animositeit*** ⇒*vijandigheid; haat, wrok.*

animus [ænimməs] ⟨geen mv.⟩ **0.1** ***animositeit*** ⇒*vijandschap.*
anis [ænie:s] **0.1** ***anijslikeur.***
anise [ænis] **0.1** ***anijsplant.***
aniseed [ænissie:d] **0.1** ***anijszaad(je).***
ankle [ængkl] **0.1** ***enkel.***
ankle sock 0.1 ***enkelsok*** ⇒*halve sok.*
anklet [ængklit] **0.1** ***enkelring*** **0.2** ⟨AE⟩ ***enkelsok*** ⇒*halve sok.*
annalist [ænəlist] **0.1** ***kroniekschrijver*** ⇒*annalist.*
annals [ænlz] **0.1** ***annalen*** ⟨ook fig.⟩ ⇒*kronieken, jaarboeken.*
anneal [ənie:l] ⟨tech.⟩ **0.1** ***uitgloeien*** ⇒*temperen* ⟨glas⟩; *zacht gloeien, ontharden* ⟨water⟩; ⟨fig.⟩ *harden, stalen.*
annex¹, annexe [æneks] ⟨zn.⟩ **0.1** ***aanhangsel*** ⇒*addendum, bijlage* **0.2** ***aanbouw*** ⇒*bijgebouw, dependance.*
annex² [əneks] ⟨ww.; zn.: **-ation**⟩ **0.1** ***aanhechten*** ⇒*(bij)voegen* **0.2** ***annexeren*** ⇒*inlijven;* ⟨inf., iron.⟩ *zich toe-eigenen.*
annihil|ate [ənajjəleet] ⟨zn.: **-ation**⟩ **0.1** ***vernietigen*** ⇒*tenietdoen* ⟨ook fig.⟩.
anniversar|y [ænivvə:srie] ⟨mv.: -ies⟩ **0.1** ***verjaardag*** ⇒*jaardag, gedenkdag* **0.2** ***verjaarsfeest*** ⇒*jaarfeest.*
Anno Domini [ænoo domminnaj] **0.1** ***anno Domini*** ⇒*in het jaar onzes Heren.*
annot|ate [ænəteet] ⟨zn.: **-ation**⟩ **I** ⟨onov.ww.⟩ **0.1** ⟨+ (up)on⟩ ***aantekeningen maken (bij)*** ⇒*commentaar schrijven (op);* **II** ⟨ov.ww.⟩ **0.1** ***annoteren.***
announce [ənauns] **0.1** ***aankondigen*** ⇒*bekendmaken, melden* **0.2** ***omroepen.***
announcement [ənaunsmənt] **0.1** ***aankondiging*** ⇒*bekendmaking, mededeling.*
announcer [ənaunsə] **0.1** ***omroeper*** ⇒*verslaggever, reporter* **0.2** ***aankondiger.***
annoy [ənoj] **0.1** ***ergeren*** ⇒*kwellen, irriteren* **0.2** ***lastig vallen*** ⇒*hinderen, plagen* ◆ **6.1** be ~ed **at** sth. *zich over iets ergeren;* be ~ed **with** s.o. *boos zijn op iem.*
annoyance [ənojjəns] **0.1** ***ergernis*** ⇒*kwelling* **0.2** ***last*** ⇒*hinder, plaag.*
annoying [ənojjing] **0.1** ***ergerlijk*** ⇒*vervelend* ◆ **1.1** the ~ thing about it is ... *het vervelende v.d. zaak is ...*
annual¹ [ænjoeəl] ⟨zn.⟩ **0.1** ***éénjarige plant*** **0.2** ***jaarboek*** ⇒*jaarlijks gepubliceerde periodiek.*
annual² ⟨bn.⟩ **0.1** ***jaarlijks*** **0.2** ***eenjarig*** ◆ **1.1** ⟨boekhouden⟩ ~ accounts *jaarrekening;* ~ general meeting *jaarlijkse algemene vergadering* ⟨v. vennootschap, vereniging e.d.⟩; ~ income *jaar(lijks) inkomen;* ~ report *jaarverslag;* ~ ring *jaarring.*
annualize [ænjoeəlajz] ⟨geldw.⟩ **0.1** ***op jaarbasis berekenen*** ⟨voor een kortere periode, bv. een maand⟩.
annuit|y [ənjoe:ətie] ⟨mv.: -ies⟩ **0.1** ***jaargeld*** ⇒*jaarrente, annuïteit* ◆ **3.1** deferred annuities *uitgestelde lijfrente.*
annul [ənul] ⟨-led; zn.: **-ment**⟩ **0.1** ***vernietigen*** ⇒*tenietdoen, schrappen* **0.2** ***ongeldig/nietig verklaren*** ⇒*herroepen, annuleren.*
annular [ænjoelə] **0.1** ***ringvormig.***
annunciation [ənunsie·eesjn] **0.1** ***aankondiging*** ⇒*proclamatie, afkondiging* **0.2** ⟨A-; the⟩ ***Maria-Boodschap.***
anode [ænood] **0.1** ***anode*** ⟨positieve elektrode⟩ ⇒*plaat* ⟨radiobuis⟩.
anodyne¹ [ænədajn] ⟨zn.⟩ **0.1** ⟨med.⟩ ***pijnstillend middel*** **0.2** ***zoethoudertje.***
anodyne² ⟨bn.⟩ **0.1** ***pijnstillend*** **0.2** ***ontspannend*** ⇒*kalmerend, de aandacht afleidend.*
anoint [ənojnt] ⟨zn.: **-ment**⟩ **0.1** ⟨rel.⟩ ***zalven*** **0.2** ***inwrijven*** ⇒*insmeren.*
anomalous [ənommələs] **0.1** ***abnormaal*** ⇒*afwijkend.*
anomal|y [ənommәlie] ⟨mv.: -ies⟩ **0.1** ***anomalie.***
anon [ənon] ◆ **¶.¶** see you ~ *tot ziens, hè.*
anon. [ənon] ⟨afk.⟩ **0.1** [anonymous].
anonymity [ænənimmətie] **0.1** ***anonimiteit*** ⇒*naamloosheid.*
anonymous [ənonnimməs] **0.1** ***anoniem.***
anopheles [ənoffillie:z] **0.1** ***anofeles*** ⇒*(malaria)mug.*
anorak [ænəræk] **0.1** ***anorak*** ⇒*parka.*
anorectic [ænərektik], **anorexic** [ænəreksik] ⟨med.⟩ **0.1** ⟨zn.⟩ ***anorexiepatiënt*** **0.2** ⟨bn.⟩ ***lijdend aan anorexie*** ◆ **7.1** she is an ~ *zij lijdt aan anorexia nervosa.*
anorexia (nervosa) [ænəreksiə] **0.1** ***anorexia nervosa.***
another¹ [ənuðə] ⟨vnw.⟩ **0.1** ***een andere*** ⇒*nog één* **0.2** ***een/de andere*** ⇒*een verschillende* ◆ **3.1** when this coat is worn I'll buy you ~ *als deze jas versleten is zal ik een andere voor je kopen* **3.2** smoking is one thing but taking drugs is ~ *roken is één ding maar drugs gebruiken is wat anders* **6.2** **for** one reason or ~ *om een of andere reden;* **in** one way or ~ *op een of andere wijze.* →**one another.**
another² ⟨det.⟩ **0.1** ***nog een*** ⇒*een tweede, een andere* **0.2** ***een ander(e)*** ⇒*een verschillend(e)* ◆ **1.1** have ~ biscuit *neem nog een koekje;* she's ~ Sophia Loren *ze is een tweede Sophia Loren* **1.2** that's ~ matter *dat is een heel andere zaak.*
A.N. Other [ee en uðə] ⟨BE; sport⟩ **0.1** ***NN*** ⇒*X* ⟨nog niet geselecteerd speler⟩.
Anschluss [ænsjloes] ⟨pol.⟩ **0.1** ***anschluss*** ⇒*aansluiting, inlijving, annexatie* ⟨vnl. mbt. de vereniging v. Oostenrijk met Duitsland, 1938⟩.
ANSI ⟨afk.⟩ **0.1** [American National Standards Institution].
answer¹ [a:nsə] ⟨zn.⟩ **0.1** ***antwoord*** ⇒*reactie; oplossing, resultaat* **0.2** ***tegenhanger*** ⇒*pendant* ◆ **1.1** their ~ was a new attack *ze antwoordden met een nieuwe aanval* **3.1** he gave / made no ~ *hij gaf geen antwoord;* know the ~s to the questions *de vragen kunnen beantwoorden* **3.¶** he knows all the ~s *hij is v. alle markten thuis* **4.1** no ~ *er wordt niet opgenomen, ik krijg geen gehoor;* ⟨sprw.⟩ no ~ is also an answer *wie zwijgt stemt toe* **6.1** **in** ~ **to** your letter *in antwoord op uw brief;* my only ~ **to** that *mijn enige reactie daarop.*
answer² **I** ⟨onov.ww.⟩ **0.1** ***antwoorden*** ⇒*een antwoord geven* **0.2** ***voldoende zijn*** ⇒*aan het doel beantwoorden* ◆ **1.1** Mary couldn't ~ *Maria wist er geen antwoord op* **1.2** one word would ~ *één woord zou volstaan.* →**answer back, answer for, answer to;**
II ⟨ov.ww.⟩ **0.1** ***antwoorden (op)*** ⇒*beantwoorden, het/een antwoord geven op* **0.2** ***reageren op*** **0.3** ***beantwoorden aan*** ⇒*voldoen aan* **0.4** ***zich verantwoorden wegens*** ⟨beschuldiging bv.⟩ ⇒*zich verdedigen tegen* ◆ **1.1** ~ your father! *geef je vader antwoord!* **1.2** ~ the door (bell) *opendoen;* the ship didn't ~ the helm *het schip luisterde niet naar het roer;* our prayers were ~ed *onze gebeden werden verhoord;* ~ the telephone *de telefoon opnemen* **1.3** ~ the description *aan het signalement beantwoorden* **1.4** ~ a charge *zich verantwoorden wegens een beschuldiging.* → **answer back.**
answerab|le [a:nsrəbl] ⟨-ly⟩ **0.1** ***verantwoordelijk*** ⇒*aansprakelijk* **0.2** ***beantwoordbaar*** ◆ **6.1** be ~ **to** s.o. **for** sth. *bij iem. voor iets verantwoording moeten afleggen.*
answer back I ⟨onov.ww.⟩ **0.1** ***zich verdedigen;***
II ⟨onov. en ov.ww.⟩ **0.1** ***brutaal antwoorden*** ⇒*(schaamteloos) wat terugzeggen, tegenspreken.*
answer for 0.1 ***verantwoorden*** ⇒*verantwoordelijk zijn/worden voor* **0.2** ***instaan voor*** ⇒*beloven* **0.3** ***boeten voor***

⇒*rekenschap afleggen voor* **0.4** ***spreken uit naam van*** ◆ **1.1** ~ one's deeds *zijn daden verantwoorden* **1.2** I can't ~ the consequences *ik kan niet voor de gevolgen instaan* **1.¶** have a lot to ~ *heel wat op zijn geweten hebben.*

answering machine 0.1 ***antwoordapparaat*** ⇒*telefoonbeantwoorder.*

answering service 0.1 ***(telefonische) antwoorddienst.***

answerphone, ⟨merknaam ook⟩ **ansaphone** [a:nsəfoon] ⟨BE⟩ **0.1** ***antwoordapparaat*** ⇒*telefoonbeantwoorder* ◆ **1.1** 24 hours ~ *dag en nacht telefonisch bereikbaar.*

answer to 0.1 ***antwoorden op*** ⇒*antwoord geven aan (op)* **0.2** ***gehoorzamen*** ⇒*luisteren naar, reageren op* **0.3** ***zich verantwoorden tegenover*** **0.4** ***beantwoorden aan*** ◆ **1.2** ~ the name of *heten* **1.3** ~ s.o. for one's behaviour *zich bij iem. voor zijn gedrag verantwoorden* **1.4** ~ the description of *beantwoorden aan het signalement v.*

ant [ænt] **0.1** ***mier*** ◆ **1.¶** ⟨inf.⟩ he's got ~s in his pants *hij heeft de kriebel in zijn gat; hij is vreselijk nerveus.* → **white.**

antagonism [æntægənizm] **0.1** ***antagonisme*** ⇒*strijd, vijandschap* ◆ **6.1** there is strong ~ **between** those two leaders *de twee leiders zijn het grondig met elkaar oneens.*

antagonist [æntægənist] **0.1** ***antagonist*** ⇒*tegenstander* **0.2** ***antagonist*** ⟨spier⟩.

antagonistic [æntægənistik] ⟨-ally⟩ **0.1** ***antagonistisch*** ⇒*vijandig.*

antagonize, -ise [æntægənajz] **0.1** ***tegen zich in het harnas jagen*** ⇒*zich tot vijand maken* ⟨persoon⟩ **0.2** ***neutraliseren*** ⇒*tegenwerken* ⟨kracht⟩.

Antarctic [ænta:(k)tik] **0.1** ⟨bn.⟩ ***antarctisch*** **0.2** ⟨zn.; the⟩ ***antarctis*** ⇒*zuidpool(gebied)* **0.3** ⟨zn.; the⟩ ***Zuidelijke IJszee*** ◆ **1.1** ~ Circle *zuidpoolcirkel;* ~ (Ocean) *Zuidelijke IJszee.*

ante[1] [æntie-] ⟨zn.; meestal enk.⟩ **0.1** ⟨spel⟩ ***inzet*** ⇒*pot* **0.2** ⟨inf.⟩ ***bijdrage.***

ante[2] ⟨ww.⟩⟨AE; inf.⟩ **0.1** ⟨+up⟩ ***dokken*** ⇒*betalen.*

ant-eater 0.1 ***miereneter*** ⇒⟨ihb.⟩ *grote miereneter.*

anteced|ent[1] [æntissie:dnt] ⟨zn.; **-ence**⟩ **0.1** ***iets voorafgaands*** ⇒*voorafgaand feit;* ⟨mv.⟩ *antecedenten* **0.2** ***voorgaande term*** **0.3** ⟨mv.⟩ ***voorouders.***

antecedent[2] ⟨bn.⟩ **0.1** ***voorafgaand.***

antechamber [æntitsjeembə] **0.1** ***antichambre*** ⇒*voorvertrek.*

antedate[1] [-deet] ⟨zn.⟩ **0.1** ***antidatering*** ⇒*vervroegde dagtekening.*

antedate[2] ⟨ww.⟩ **0.1** ***antidateren*** ⇒*te vroeg dateren* **0.2** ***voorafgaan aan.***

antediluvian [-dilloe:viən] **0.1** ⟨bn.⟩ ***van vóór de zondvloed*** ⇒*voorwereldlijk, antediluviaans;* ⟨scherts.⟩ *ouderwets* **0.2** ⟨zn.; scherts.⟩ ***ouderwets mens.***

antelope [æntilloop] ⟨mv.: ook antelope⟩ **0.1** ***antilope*** **0.2** ***antilopeleer.***

ante meridiem [-məriddiəm] ⟨vero. in deze volle vorm, niet als afk. a.m.⟩ **0.1** ***voormiddags*** ⇒*'s morgens, 's ochtends.*

antenatal[1] [-neetl] ⟨zn.⟩⟨BE⟩ **0.1** ***zwangerschapscontrole.***

antenatal[2] ⟨bn.⟩⟨BE⟩ **0.1** ***prenataal*** ◆ **1.1** ~ care *zwangerschapszorg;* ~ clinic *kliniek voor aanstaande moeders.*

antenna [æntennə] ⟨mv. in 0.2: antennae [-tennie:]⟩ **0.1** ⟨AE⟩ ***antenne*** **0.2** ***voelhoorn*** ⇒*(voel)spriet, antenne.*

antenuptial [æntinnupsjl] **0.1** ***voorhuwelijks*** ◆ **1.1** ~ contract *huwelijkscontract, huwelijkse voorwaarden.*

antepenultimate [-pinnultimmət] **0.1** ⟨bn.⟩ ***op twee na laatst(e)*** **0.2** ⟨zn.⟩ ***op twee na laatste lettergreep.***

anterior [æntiəriə] **0.1** ***voorste*** ⇒*eerste, voor-* **0.2** ***voorafgaand*** ⇒*vroeger, ouder* ◆ **6.2** ~ **to** *vroeger/ouder dan, voorafgaand aan.*

anteroom [æntirroem,-roe:m] **0.1** ***antichambre*** ⇒*voorvertrek* **0.2** ***wachtkamer.***

anthem [ænθəm] **0.1** ***lofzang*** ⇒*hymne* ◆ **2.1** national ~ *volkslied.*

anther [ænθə] ⟨plantk.⟩ **0.1** ***helmknop.***

anthologist [ænθolləd zjist] **0.1** ***bloemlezer*** ⇒*samensteller v.e. bloemlezing.*

anthologize, -ise [ænθolləd zjajz] **0.1** ***bloemlezen*** ⇒*een bloemlezing maken.*

antholog|y [ænθolləd zjie] ⟨mv.: -ies⟩ **0.1** ***anthologie*** ⇒*bloemlezing.*

anthracite [ænθrəsajt] **0.1** ***antraciet.***

anthrax [ænθræks] **0.1** ***miltvuur.***

anthropocentric [ænθrəpoosentrik] **0.1** ***antropocentrisch.***

anthropoid [ænθrəpojd] **0.1** ⟨bn.⟩ ***antropoïde*** ⇒*mensachtig, mensvormig* **0.2** ⟨zn.⟩ ***mensaap*** ◆ **1.¶** ⟨dierk.⟩ ~ apes *mensapen.*

anthropological [-pəlodzjikl] **0.1** ***antropologisch.***

anthropologist [ænθrəpolləd zjist] **0.1** ***antropoloog.***

anthropology [ænθrəpolləd zjie] **0.1** ***antropologie.***

anthropomorph|ism [-mo:fizm] ⟨bn.: **-ic**⟩ **0.1** ***antropomorfisme.***

anti [æntie] **0.1** ***tegen*** ⇒*anti, tegenstander van, strijdig met* ◆ **1.1** he is very ~ smoking *hij is erg tegen het roken.*

antiabortion [-əbo:sjn] **0.1** ***anti-abortus-.***

antiabortionism [-əbo:sjənizm] **0.1** ***anti-abortusbeweging.***

antiabortionist [- əbo:sjənist] **0.1** ***tegenstander v. (vrije) abortus(wetgeving).***

antiaircraft [-eəkra:ft] **0.1** ***luchtdoel-*** ⇒*luchtafweer-* ◆ **1.1** ~ fire *luchtafweergeschut;* ~ gun *luchtdoelkanon.*

antiauthority 0.1 ***tegen de autoriteiten*** ⇒*anti-autoritair.*

antibacterial [æntibæktiəriəl] **0.1** ***bactericide.***

antibiotic[1] [-bajjottik] ⟨zn.⟩ **0.1** ***antibioticum*** ⟨geneesmiddel tegen infectieziekten⟩.

antibiotic[2] ⟨bn.; -ally⟩ **0.1** ***antibiotisch.***

antibod|y [æntibboddie] ⟨mv.: -ies⟩ **0.1** ***antistof*** ⇒*afweerstof.*

antic [æntik] ⟨vaak mv.⟩ **0.1** ***capriool*** ⇒*gekke/dolle streek* **0.2** ***frats*** ⇒*grap, klucht.*

anti-choice 0.1 ***anti-abortus.***

anticipate [æntissippeet] **0.1** ***vóór zijn*** ⇒*voorkomen, ondervangen, de wind uit de zeilen nemen* **0.2** ***verwachten*** ⇒*tegemoet zien, hopen op* **0.3** ***een voorgevoel hebben v.*** ⇒*voorvoelen/zien, van tevoren realiseren* **0.4** ***anticiperen*** ⇒*vooruitlopen (op)* ◆ **1.2** trouble is ~d *men rekent op/houdt rekening met moeilijkheden* **1.3** the Allies had ~d the enemy's movements *de geallieerden hadden de vijandige troepenbewegingen voorzien* **3.4** I won't ~ *ik wil niet op mijn verhaal vooruitlopen.*

anticipation [æntissippeesjən] ⟨→anticipate⟩ ◆ **6.¶ in ~ of** *in afwachting van;* thanking you **in** ~ *bij voorbaat dank.*

anticipatory [æntissippeetrie] **0.1** ***anticiperend*** **0.2** ***vooruit voelend*** **0.3** ***vooruitlopend*** **0.4** ***vol verwachting*** ⇒*hoopvol.*

anticlerical [æntiklerrikl] **0.1** ⟨bn.⟩ ***anti-klerikaal*** **0.2** ⟨zn.⟩ ***anti-klerikaal.***

anticlimax [-klajmæks] **0.1** ***anticlimax.***

anticlockwise [-klokwajz] ⟨BE⟩ **0.1** ***linksomdraaiend*** ⇒*tegen de wijzers v.d. klok (in).*

anticyclone [-sajkloon] ⟨meteo.⟩ **0.1** ***anticycloon*** ⇒*centrum v.e. hogedrukgebied.*

antidepressant [-dipresnt] **0.1** ***kalmeringsmiddel.***

antidote [æntiddoot] **0.1** ***tegengif.***

anti-dumping laws [æntiddumping] ⟨ec., jur.⟩ **0.1** ***wetten die dumping verbieden.***

antifemale [-fie:meel] **0.1** ***vrouwvijandig.***
antifreeze [-frie:z] **0.1** ***antivries(middel).***
antigen [æntidzjən] ⟨med.⟩ **0.1** ***antigeen.***
antihero [æntihhiəroo] ⟨mv.: -es⟩ **0.1** ***antiheld.***
antiknock [-nok] ⟨tech.⟩ **0.1** ***antiklopmiddel*** ⇒*klopwerend middel.*
anti-lock braking system 0.1 ***antiblokkeersysteem.***
antimacassar [æntimməkæsə] **0.1** ***antimakassar*** ⟨sofabeschermer/hoes⟩.
antimatter [æntimætə] **0.1** ***antimaterie.***
antinuclear [-njoe:kliə] **0.1** ***antinucleair*** ⇒*anti-kernwapen(s), tegen kernenergie.*
antipathetic [æntippəθettik] ⟨-ally⟩ **0.1** ***antipathiek*** ◆ **6.1** my father is ~ **to** any new idea *mijn vader is voor geen enkel nieuw idee te vinden.*
antipath|y [æntippəθie] ⟨mv.: -ies⟩ **0.1** ***antipathie*** ⇒*vooringenomenheid, afkeer.*
antipersonnel [æntippə:sənel] ⟨mil.⟩ **0.1** ***tegen personen gericht*** ◆ **1.1** ~ bomb *brisantbom.*
antipodean [æntippədiən] ⟨BE; schr.⟩ **0.1** ***Australisch en Nieuw-Zeelands.***
Antipodes [æntippədie:z] ⟨the⟩ **0.1** ***land v.d. tegenvoeters*** **0.2** ⟨A-; BE; schr.⟩ ***Australië en Nieuw-Zeeland.***
antiquarian[1] [æntikweəriən] ⟨zn.⟩ **0.1** ***oudheidkundige*** ⇒ *oudheidkenner* **0.2** ***antiquair*** **0.3** ***antiquaar.***
antiquarian[2] ⟨bn.⟩ **0.1** ***oudheidkundig*** **0.2** ***antiquarisch.***
antiquar|y [æntikwərie] ⟨mv.: -ies⟩ **0.1** ***oudheidkundige*** ⇒ *oudheidkenner* **0.2** ***antiquair*** **0.3** ***antiquaar.***
antiquated [æntikweetid] **0.1** ***ouderwets*** ⇒*verouderd, achterhaald.*
antique[1] [æntie:k] ⟨zn.⟩ **0.1** ***antiquiteit.***
antique[2] ⟨bn.⟩ **0.1** ***antiek*** ⇒*oud* **0.2** ***ouderwets.***
antiques road show 0.1 ***rondtrekkende antiekverkoop.***
antiquit|y [æntikwətie] ⟨mv.: -ies⟩ **0.1** ⟨vnl. mv.⟩ ***antiquiteit*** ⇒*overblijfsel, ruïne;* ⟨mv.⟩ *oudheden* **0.2** ***ouderdom*** **0.3** ⟨ook A-⟩ ***Oudheid.***
anti-racist [æntirreesist] **0.1** ***anti-racistisch.***
antirrhinum [æntirrajnəm] ⟨plantk.⟩ **0.1** ***leeuwenbek.***
anti-Semite [-sie:majt] **0.1** ***anti-semiet.***
anti-Semit|ism [-semmittizm] ⟨bn.: **-ic**⟩ **0.1** ***anti-semitisme.***
antiseptic[1] [-septik] ⟨zn.⟩ **0.1** ***ontsmettend middel*** ⇒*antisepticum.*
antiseptic[2] ⟨bn.; -ally⟩ **0.1** ***antiseptisch*** ⇒*ontsmettend* **0.2** ***overdreven schoon/netjes*** **0.3** ***steriel.***
antiskating[1] [-skeeting] ⟨zn.⟩ **0.1** ***dwarskrachtcompensatie*** ⟨v. pick-uparm⟩.
antiskating[2] ⟨bn.⟩⟨audio⟩ ◆ **1.¶** ~ compensation *dwarskrachtcompensatie;* ~ control/device *(voorziening voor) dwarskrachtcompensatie.*
antiskid [-skid] **0.1** ***antislip.***
antisocial [-soosjl] **0.1** ***asociaal*** **0.2** ***ongezellig.***
anti-terrorist [-terrərist] **0.1** ***antiterreur-*** ◆ **1.1** ~ measures *maatregelen tegen terrorisme;* ~ unit/squad *antiterreurbrigade.*
anti|thesis [æntiθəsis]⟨mv.: -theses [-sie:z]⟩ **0.1** ***antithese*** ⇒ *tegenstelling, tegenstrijdigheid* **0.2** ***tegengestelde.***
antithetic|(al) [æntiθetik(l)] ⟨-ally⟩ **0.1** ***antithetisch*** ⇒*tegengesteld, tegenstrijdig.*
antitoxin [æntittoksin] **0.1** ***antitoxine*** ⇒*tegengif.*
antitrade (wind) [æntitreed] **0.1** ***antipassaat(wind)*** ⇒*tegenpassaat.*
antitrust laws [-trust] ⟨AE; ec.⟩ **0.1** ***antitrustwetten.***
antler [æntlə] **0.1** ***geweitak*** ⇒⟨mv.⟩ *gewei.*
antonym [æntənim] **0.1** ***antoniem.***
anus [eenəs] **0.1** ***anus*** ⇒*aars.*
anvil [ænvil] **0.1** ***aambeeld.***
anxiet|y [æng(k)zajjətie] ⟨mv.: -ies⟩ **0.1** ***bezorgdheid*** ⇒*ongerustheid, vrees* **0.2** ***(psychische) angst*** ⇒*benauwdheid* **0.3** ⟨inf.⟩ ***(vurig) verlangen*** ⇒*begeerte.*
anxious [æng(k)sjəs] **0.1** ***bezorgd*** ⇒*ongerust, bekommerd* **0.2** ***verontrustend*** ⇒*zorgwekkend, beangstigend* **0.3** ⟨inf.⟩ ***verlangend*** ⇒*begerig, erop uit* ◆ **1.2** three ~ days followed *er volgden drie angstige dagen* **3.3** I am very ~ to know the result *ik kijk vol spanning uit naar het resultaat;* he was ~ to leave *hij stond te popelen om te mogen vertrekken* **6.1** you needn't be ~ **about** me *je hoeft je over mij geen zorgen te maken* **6.3** she is ~ **for** her mother to be there *zij wil dolgraag dat haar moeder er is* **8.3** he was ~ that I should have all I wanted *hij deed zijn best aan mijn wensen tegemoet te komen.*
any[1] [ennie] ⟨vnw.⟩ **0.1** ⟨aantal of hoeveelheid⟩ ***enige*** ⇒*enkele, wat* **0.2** ⟨entiteit⟩ ***iemand/iets*** ⇒*om het even wie/wat, wie/wat ook* ◆ **3.1** I didn't get ~ *ik heb er geen enkele gehad;* did you see ~ of the children? *heb je een van de kinderen gezien?;* didn't you see ~ of the children? *heb je geen van de kinderen gezien?* **3.2** ~ will do *geef me er maar een, het geeft niet welke* **3.¶** ⟨inf.⟩ I'm not having ~ (of that) *dat pik ik niet, daar trap/loop ik niet in* **8.1** defects, if ~, must be reported *eventuele gebreken moeten gemeld worden;* few, if ~ *weinig of geen, zo goed als geen.*
any[2] ⟨bw.⟩ **0.1** ⟨in negatieve en vragende constructies⟩ ***enigszins*** ⇒*op enigerlei wijze, in enig opzicht* ◆ **2.1** are you ~ happier here? *ben je hier gelukkiger?* **3.1** ⟨inf.⟩ she's not spoiling you ~ *ze verwent je helemaal niet* **5.1** I cannot stand it ~ longer *ik kan het niet langer uithouden.*
any[3] ⟨det.⟩ **0.1** ⟨aantal of hoeveelheid⟩ ***enig(e)*** ⇒*enkele, wat* **0.2** ⟨entiteit⟩ ***om het even welk(e)*** ⇒*welk(e) ... ook, elk(e)* ◆ **1.1** don't pay ~ attention to him *let maar niet op hem;* I cannot see ~ houses *ik zie geen huizen;* I can give you ~ number of marbles *ik kan je zoveel knikkers geven als je maar wilt;* have you got ~ paper? *heb je papier?* **1.2** ~ child can tell you that *elk kind kan je dat vertellen;* warn me if ~ part is missing *waarschuw mij als er enig onderdeel ontbreekt* **4.1** ~ one *om 't even welke, één.*
anybody [ennieboddie], **anyone** [enniewun] **0.1** ***om het even wie*** ⇒*wie dan ook, iemand, iedereen* ◆ **1.1** it's ~'s contest/game/⟨enz.⟩ *iedereen kan winnen* **3.¶** if you are ~ you must be there *als je iemand bent die iets betekent dan moet je daar zijn* **5.1** she 's not just ~ *ze is niet de eerste de beste.*
anyhow [enniehau], ⟨in alle bet. behalve 0.3 vnl. ook⟩ **anyway** [enniewee] **0.1** ⟨bw.⟩ ***toch (maar)*** ⟨aan het einde v.d. zin⟩ **0.2** ⟨bw.⟩ ***hoe dan ook*** ⟨aan het begin v.d. zin, als de spreker een discussie kort wil sluiten of met een verhaal verder wil gaan⟩ **0.3** ⟨bw.⟩ ***ongeordend*** ⇒*slordig, kriskras* **0.4** ⟨vw.⟩ ***zoals ... maar ...*** ◆ **¶.1** it's probably not worth it but let me see it ~ *het heeft waarschijnlijk geen zin maar laat me het toch maar zien* **¶.2** ~, when I got there he had already left *nou ja, hoe dan ook, toen ik dus aankwam, was hij al vertrokken;* ~, I have to go now, sorry *hoe dan ook, ik moet nu gaan, het spijt me* **¶.3** he threw his clothes down just ~ *hij gooide zijn kleren zomaar ergens neer* **¶.4** do it ~ you like *doe het zoals je maar wilt.*
anymore [enniemo:], ⟨BE vnl.⟩ **any more 0.1** ***nog*** ⇒*meer, opnieuw, langer* ⟨enz.⟩ ◆ **3.1** it's not hurting ~ *het doet geen pijn meer.*
anyone →**anybody.**
anyplace [ennieplees] →**anywhere.**
anything[1] [ennieθing] ⟨zn.⟩ **0.1** ***alles*** ⇒*wat dan ook, wat het ook zij* ◆ **3.1** she guards her jewels, her books, her ~ *ze bewaakt haar juwelen, haar boeken, alles wat ze heeft.*

anything[2] ⟨vnw.⟩ **0.1** ***om het even wat*** ⇒*wat dan ook, iets, (van) alles* ◆ **3.1** she didn't eat ~ *ze at niets;* she doesn't eat just ~ *ze eet niet zomaar alles;* give me ~ *geef me maar wat* **6.1** not **for** ~ *voor geen goud;* that could be ~ **from** $10 **to** $100 *het kan 10, het kan 100 dollar kosten, weet ik veel/ik heb geen idee* **8.1** ⟨inf.⟩ as/like ~ *heel;* as drunk as ~ *ladderzat;* ~ but safe *allesbehalve veilig;* if ~ this is even worse *dit is zo mogelijk nog slechter.*

anything[3] ⟨bw.⟩ **0.1** ***enigszins*** ⇒*in enige mate;* ⟨met ontkenning⟩ *bijlange na (niet)* ◆ **4.1** it isn't ~ much *het heeft niet veel om het lijf* **5.1** she wasn't ~ like as pretty as Jill *ze was bijlange niet zo mooi als Jill.*

anytime [ennietajm] ⟨inf.⟩ **0.1** ⟨bw.⟩ ***wanneer (dan) ook*** ⇒ *om het even wanneer* **0.2** ⟨vw.⟩ ***wanneer ... maar ...*** ◆ **3.1** he can come ~ now *hij kan nu elk ogenblik komen* **3.2** come ~ you like *kom wanneer je maar wilt.*

anyway →**anyhow.**

anywhere [ennieweə], ⟨in bet. 0.1 en 0.3 ook; inf.⟩ **anyplace** **0.1** ⟨bw.⟩ ***overal*** ⇒*ergens, om het even waar* **0.2** ⟨bw.⟩ ***in enigerlei mate*** ⇒*ergens* **0.3** ⟨vw.⟩ ***waar ... maar ...*** ◆ **5.2** she isn't ~ near as tall as me *ze is lang niet zo groot als ik* **6.1** he could come **from** ~ *hij zou waar dan ook vandaan kunnen komen;* far away **from** ~ *vreselijk afgelegen* **6.2** it could be ~ **between** twenty and fifty, ~ **from** twenty **to** fifty *het zou van alles kunnen zijn, ergens tussen de twintig en vijftig* ¶.**3** go ~ you like *ga waar je maar naar toe wilt.*

aorta [eeo:tə] ⟨mv.: ook aortae [-o:tie:]⟩ **0.1** ***aorta*** ⇒*grote lichaamsslagader.*

apanage, appanage [æpənidzj] **0.1** ***apanage*** ⟨leengoed/jaargeld voor onderhoud v. niet-regerende leden v.e. vorstenhuis⟩ **0.2** ***emolument*** ⇒*bijkomende verdienste/titel, bijkomend recht;* ⟨ook fig.⟩ *vanzelfsprekend recht, attribuut* ◆ **2.2** beauty is the natural ~ of happiness *schoonheid is een natuurlijk attribuut v.h. geluk.*

apart[1] [əpa:t] ⟨bn.⟩ **0.1** ***apart*** ⇒*speciaal* ◆ **1.1** a house ~ *een apart soort huis.*

apart[2] ⟨bw.⟩ **0.1** ***los*** ⇒*onafhankelijk, op zichzelf* **0.2** ***van elkaar (verwijderd)*** ⇒*op ... afstand, met ... verschil* **0.3** ***uit elkaar*** ⇒*aan stukken, kapot* **0.4** ***daargelaten*** ⇒*behoudens* ◆ **1.2** five miles ~ *op vijf mijlen van elkaar* **1.4** these things ~ *deze dingen daargelaten* **3.1** he stood ~ *hij stond terzijde* **3.3** come ~ *losgaan/raken;* take ~ *uit elkaar halen, demonteren* **6.**¶ ~ **from** ... *terzijde gelaten, op ... na, behalve.*

apartheid [əpa:thajt, -heet] **0.1** ***apartheid*** ⟨in Zuid-Afrika⟩.

apartment [əpa:tmənt] **0.1** ***kamer*** ⇒*vertrek* **0.2** ⟨vaak mv.; BE⟩ ***appartement(en)*** ⇒*reeks kamers* **0.3** ⟨AE⟩ ***flat*** ⇒*etage.*

apartment house, apartment building ⟨AE⟩ **0.1** ***flatgebouw.***

apathetic [æpəθettik] ⟨-ally⟩ **0.1** ***apathisch*** ⇒*lusteloos, onverschillig.*

apathy [æpəθie] **0.1** ***apathie*** ⇒*lusteloosheid, onverschilligheid.*

APB ⟨afk.; AE⟩ **0.1** [all points bulletin] ***opsporingsbericht.***

ape[1] [eep] ⟨zn.⟩ **0.1** ***(mens)aap*** ⇒*staartloze aap;* ⟨fig.⟩ *naaper.*

ape[2] ⟨ww.⟩ **0.1** ***na-apen.***

aperitif [əperrittie:f] **0.1** ***aperitief.***

aperture [æpətsjə] **0.1** ***opening*** ⇒*spleet* **0.2** ⟨foto.⟩ ***lensopening.***

apeshit [eepsjit] ⟨sl.⟩ ◆ **3.**¶ go ~ *laaiend/razend worden.*

apex [eepeks] ⟨mv.: ook apices⟩ **0.1** ***top*** ⇒*tip, hoogste punt;* ⟨fig.⟩ *toppunt, hoogtepunt.*

APEX [eepeks] ⟨afk.⟩ **0.1** [Advance Purchase Excursion] **0.2** ⟨BE⟩ [Association of Professional, Executive, Clerical and Computer Staff].

aphasia [əfeezjə] ⟨med.⟩ **0.1** ***afasie.***

aphasic [əfeezik] ⟨med.⟩ **0.1** ⟨bn.⟩ ***afatisch*** **0.2** ⟨zn.⟩ ***afasiepatiënt.***

aphid [eefid] **0.1** ***bladluis.***

aphorism [æfərizm] **0.1** ***aforisme.***

aphoristic [æfəristik] ⟨-ally⟩ **0.1** ***aforistisch.***

aphrodisiac [æfrədizzie·æk] **0.1** ⟨bn.⟩ ***de geslachtsdrift prikkelend*** **0.2** ⟨zn.⟩ ***afrodisiacum.***

apiarist [eepiərist] **0.1** ***imker*** ⇒*bijenhouder.*

apiar|y [eepiərie] ⟨mv.: -ies⟩ **0.1** ***bijenstal.***

apices [eepissiez] ⟨mv.⟩ →**apex.**

apiculture [eepikkultsjə] **0.1** ***bijenteelt.***

apiece [əpie:s] **0.1** ***elk*** ⇒*per stuk* ◆ **1.1** she gave us £10 ~ *ze gaf ons elk £10;* these pears cost 10 pence ~ *deze peren kosten 10 pence het stuk.*

apish [eepisj] ⟨-ness⟩ **0.1** ***aapachtig*** ⟨ook fig.⟩ ⇒*potsierlijk, dwaas* **0.2** ***na-aperig.***

aplomb [əplom] **0.1** ***aplomb*** ⇒*zelfverzekerdheid.*

apocalypse [əpokkəlips] **0.1** ***openbaring(sgeschrift)*** **0.2** ***Apocalyps*** ⇒*einde v.d. wereld.*

apocalyptic [əpokkəliptik] ⟨-ally⟩ **0.1** ***apocalyptisch*** ⇒*onheilspellend.*

Apocrypha [əpokriffə] ⟨zn.; ww. enk. of mv.; the⟩ **0.1** ***apocriefe boeken.***

apocryphal [əpokrifl] ⟨-ly⟩ **0.1** ***apocrief*** ⇒*niet echt, niet gezaghebbend* **0.2** ***ongeloofwaardig*** ⇒*onaannemelijk.*

apogee [æpədzjie:] **0.1** ***hoogste punt*** ⇒*toppunt.*

apologetic [əpolləd zjettik] ⟨-ally⟩ **0.1** ***verontschuldigend*** **0.2** ***verdedigend*** **0.3** ⟨rel.⟩ ***apologetisch*** ◆ **1.1** with an ~ smile *met een schuldbewuste glimlach* **6.1** she was most ~ **about** her mistake *zij zei dat het haar zeer/oprecht speet.*

apologetics [əpollədzjettiks] ⟨mv.; ww. vnl. enk.⟩ **0.1** ***apologetiek*** ⟨leer v.d. geloofsverdediging⟩ **0.2** ***apologie*** ⇒*verdediging(srede), verweerschrift.*

apologia [æpəloodzjiə] **0.1** ***apologie*** ⇒*verdedigingsrede, verweerschrift.*

apologist [əpollədzjist] **0.1** ***apologeet*** ⇒*(geloofs)verdediger.*

apologize, -ise [əpollədzjajz] **0.1** ***zich verontschuldigen*** ⇒ *zijn verontschuldigingen aanbieden* ◆ **6.1** you should ~ **to** your parents **for** being so rude *je moet je ouders je excuses aanbieden voor je onbeleefd gedrag.*

apolog|y [əpollədzjie] ⟨mv.: -ies⟩ **0.1** ***verontschuldiging*** **0.2** ***apologie*** ⇒*verweerschrift* **0.3** ⟨inf.⟩ ***minderwaardig vervangingsmiddel*** ⇒*surrogaat, aftreksel* ◆ **1.1** ~ for absence *bericht v. verhindering* **3.1** please accept my apologies *gelieve mijn verontschuldigingen te aanvaarden* **6.1** make/offer an ~ **to** s.o. **for** sth. *zich bij iem. voor iets verontschuldigen* **6.3** it was only an ~ **for** a meal! *en dat moest een maaltijd voorstellen!*

apoplectic [æpəplektik] ⟨-ally⟩ **0.1** ***apoplectisch*** ⇒*aanleg hebbend voor beroerte, mbt. een beroerte* **0.2** ⟨inf.⟩ ***cholerisch*** ⇒*vlug rood aanlopend* ◆ **1.1** ~ fit *beroerte.*

apoplex|y [æpəpleksie] ⟨mv.: -ies⟩ **0.1** ***apoplexie*** ⇒*beroerte.*

apostas|y [əpostəsie] ⟨mv.: -ies⟩ **0.1** ***apostasie*** ⇒*afval(ligheid)* ⟨v. geloof/partij⟩, *geloofsverzaking.*

apostate [əposteet, -tət] **0.1** ⟨bn.⟩ ***afvallig*** **0.2** ⟨zn.⟩ ***apostaat*** ⇒*geloofsverzaker, afvallige.*

apostatize, -ise [əpostətajz] **0.1** ***afvallig worden*** ⇒*zijn geloof verzaken.*

a posteriori [eeposterrie·o:raj] ⟨logica⟩ **0.1** ***a posteriori*** ⇒ *aposteriorisch.*

apostle [əposl] **0.1** ***apostel.***

apostolic [æpəstollik] ⟨-ally⟩ **0.1** ***apostolisch*** ⇒*(als) v.d. apostelen* **0.2** ***apostolisch*** ⇒*pauselijk.*

apostrophe [əpostrəfie] **0.1** ⟨taal.⟩ ***apostrof*** ⇒*weglatingsteken, afkappingsteken.*

apotheosis [əpoθie·oosis]⟨mv.: apotheoses [-sie:z]⟩ **0.1** ***apotheose*** ⇒*vergoddelijking, verheerlijking* **0.2** ***(vergoddelijkt) ideaal.***

appal, ⟨AE sp. ook⟩ **appall** [əpo:l] ⟨-led⟩ **0.1** ***met schrik vervullen*** ⇒*ontstellen* ◆ **6.1** she was appalled **at** the news *ze vernam het nieuws met ontzetting.*

appalling [əpo:ling] **0.1** ***ontstellend*** ⇒*verschrikkelijk* **0.2** ⟨inf.⟩ ***erg slecht.***

appanage →**apanage.**

apparatus [æpəreetəs] ⟨vnl. enk.⟩ **0.1** ***apparaat*** ⇒*toestel, machine* **0.2** ***apparaat*** ⇒*inrichting, organisatie;* ⟨med. ook⟩ *organen* **0.3** ***apparatuur*** ◆ **2.2** the respiratory ~ *de ademhalingsorganen* **3.3** the men set up their ~ *de mannen stelden hun apparatuur op.*

apparel [əpærəl] ⟨schr.⟩ **0.1** ***kleding*** ⇒*gewaad.*

apparent [əpærənt] **0.1** ***duidelijk*** ⇒*blijkbaar, kennelijk* **0.2** ***schijnbaar*** ⇒*ogenschijnlijk* ◆ ¶.**1** ~ly he never got your letter *blijkbaar heeft hij je brief nooit ontvangen.*

apparition [æpərisjn] **0.1** ***verschijning*** ⇒*spook, geest.*

appeal[1] [əpie:l] **I** ⟨telb. en n.-telb.zn.⟩ **0.1** ***verzoek*** ⇒*smeekbede* **0.2** ⟨jur.⟩ ***appel*** ⇒*(recht v.) beroep* **0.3** ⟨sport⟩ ***appel*** ⟨bij scheidsrechter⟩ ◆ **1.2** give notice of ~ *appel aantekenen, in (hoger) beroep gaan* **3.2** lodge an ~ *beroep aantekenen;*
II ⟨n.-telb.zn.⟩ **0.1** ***aantrekkingskracht.***

appeal[2] **I** ⟨onov.ww.⟩ **0.1** ***verzoeken*** ⇒*smeken* **0.2** ***aantrekkelijk zijn voor*** ⇒*aanspreken, aantrekken* **0.3** ***in beroep gaan*** ⇒*appelleren* **0.4** ***appelleren*** ⟨bij scheidsrechter⟩ ◆ **1.2** that book/idea doesn't ~ (to anyone) *dat boek/idee spreekt niemand aan* **6.1** ~ **to** s.o. **for** sth. *iem. (om) iets verzoeken, iem. om iets smeken* **6.3** ~ **against** that decision *tegen die beslissing beroep aantekenen.* →**appeal to;**
II ⟨ov.ww.⟩ **0.1** ***(naar een hoger gerechtshof) verwijzen.***

appeal fund **0.1** ***hulpfonds.***

appealing [əpie:ling] **0.1** ***smekend*** ⇒*meelijwekkend* **0.2** ***aantrekkelijk*** ⇒*aanlokkelijk.*

appeals court **0.1** ***hof v. beroep.***

appeal to **0.1** ***een beroep doen op*** ⇒*appelleren aan* ⟨gevoelens, gezond verstand⟩ **0.2** ***aanwenden*** ⇒*zijn toevlucht (moeten) nemen tot* ◆ **1.1** may we ~ your generosity? *mogen wij een beroep doen op uw vrijgevigheid?* **1.2** ~ the courts *zijn toevlucht tot het gerecht nemen.*

appear [əpiə] **I** ⟨onov.ww.⟩ **0.1** ***verschijnen*** ⇒*voorkomen* **0.2** ***opdagen*** **0.3** ***optreden*** ◆ **6.1** he had to ~ **before** court *hij moest voorkomen* **6.3** L. Olivier ~ed **as** Henry V *L. Olivier speelde Henry V;* ⟨jur.⟩ ~ **for** s.o. (in court) *iem. ter gerechtszitting vertegenwoordigen;*
II ⟨kww.⟩ **0.1** ***schijnen*** ⇒*lijken* **0.2** ***blijken*** ◆ **3.2** he ~ed to be honest *hij bleek eerlijk te zijn* **4.1** so it ~s *'t schijnt zo te zijn.*

appearance [əpiərəns] **I** ⟨telb.zn.⟩ **0.1** ***verschijning*** ⇒*optreden* **0.2** ***fenomeen*** ⇒*verschijnsel* ◆ **3.1** he put in/made an ~ at the party *hij liet zich even zien op het feest* **7.1** he made his last ~ *hij trad voor de laatste keer op;*
II ⟨telb. en n.-telb.zn.⟩ **0.1** ***uiterlijk*** ⇒*voorkomen;* ⟨mv.⟩ *schijn* ◆ **2.1** ~s are deceptive *schijn bedriegt;* he has a foreign ~ *hij heeft een uitheems uiterlijk;* outward ~s *uiterlijkheden* **3.1** keep up ~s *de schijn redden* **6.1** one shoudn't judge **by** ~s *je mag niet oordelen naar de schijn;* **to/by/from** all ~(s) *waarschijnlijk, naar het zich laat aanzien.*

appearance money **0.1** ***startgeld.***

appease [əpie:z] ⟨zn.: **-ment**⟩ **0.1** ***kalmeren*** ⇒*bedaren, sussen, verzoenen* **0.2** ***bevredigen*** ⇒*lessen, stillen* ◆ **1.1** ~ a quarrel *een twist bijleggen* **1.2** ~ one's curiosity *zijn nieuwsgierigheid bevredigen.*

appeasement (policy) **0.1** ***verzoeningspolitiek.***

appellant [əpelənt] **0.1** ⟨jur.⟩ ***appellant*** ⇒*eiser in hoger beroep.*

appellation [æpəleesjn] ⟨schr.⟩ **0.1** ***benaming*** ⇒*titel.*

append [əpend] ⟨schr.⟩ **0.1** ***bijvoegen*** ⇒*toevoegen* ◆ **6.1** ~ a seal **to** a document *een zegel aan een document bevestigen.*

appendage [əpendidzj] **0.1** ***aanhangsel*** ⇒*toevoegsel, bijvoegsel* **0.2** ***aanhang(er)*** ⇒*volgeling.*

appendices [əpendissie:z] ⟨mv.⟩ →**appendix.**

appendicitis [əpendissajtis] **0.1** ***blindedarmontsteking.***

appendix [əpendiks] ⟨mv.: ook appendices⟩ **0.1** ***aanhangsel*** ⇒*appendix* **0.2** ⟨med.⟩ ***appendix*** ⇒*aanhangsel v.d. blinde darm.*

appertain to [æpəteen] ⟨schr.⟩ **0.1** ***behoren bij*** ⇒*betrekking hebben op, in verband staan met.*

appetite [æpittajt] **0.1** ***eetlust*** ⇒*honger, trek* **0.2** ***begeerte*** ⇒*zin* ◆ **1.1** lack of ~ *gebrek aan eetlust* **2.2** sexual ~s *geslachtsdriften* **3.2** whet s.o.'s ~ *iem. lekker maken* **6.1** immense ~ **for** fish *enorme trek in vis.*

appetizer, -iser [æpittajzə] **0.1** ***aperitief*** **0.2** ***voorgerecht(je)*** ⇒*hapje vooraf.*

appetizing, -ising [æpittajzing] **0.1** ***appetijtelijk*** ⇒*eetlust opwekkend, smakelijk;* ⟨ook fig.⟩ *aanlokkelijk.*

applaud [əplo:d] **I** ⟨onov.ww.⟩ **0.1** ***applaudisseren;***
II ⟨ov.ww.⟩ **0.1** ***toejuichen*** ⟨ook fig.⟩ ⇒*prijzen, loven.*

applause [əplo:z] **0.1** ***applaus*** ⇒*toejuiching.*

apple [æpl] **0.1** ***appel*** ◆ **1.**¶ ~ of the/one's eye *oogappel* ⟨ook fig.⟩; ⟨schr.⟩ ~ of discord *twistappel* ¶.**1** ⟨sprw.⟩ an ~ a day keeps the doctor away *een appel per dag houdt de dokter uit huis.*

applecart **0.1** ***fruitstalletje*** ◆ **3.**¶ upset the/s.o.'s ~ *een streep door de/iemands rekening halen.*

applejack ⟨AE⟩ **0.1** ***appelbrandewijn.***

apple juice **0.1** ***appelsap.***

apple-pie **0.1** ***appeltaart.***

apple-pie order ⟨inf.⟩ ◆ **6.**¶ everything is **in** ~ *alles is perfect/tiptop in orde.*

applesauce **0.1** ***appelmoes.***

apple tree **0.1** ***appelboom.***

appliance [əplajjəns] **0.1** ***middel*** ⇒*hulpmiddel* **0.2** ***toestel*** ⇒*gereedschap, apparaat.*

applicab|le [æplikkəbl, əplikkəbl] ⟨-ly; zn.: **-ility**⟩ **0.1** ***toepasselijk*** ⇒*toepasbaar, bruikbaar* **0.2** ***geschikt*** ⇒*passend, doelmatig* ◆ **6.1** this law is also ~ **to** foreigners *deze wet is ook v. toepassing op vreemdelingen.*

applicant [æplikkənt] **0.1** ***sollicitant*** ⇒*verzoeker, aanvrager.*

application [æplikkeesjn] **I** ⟨telb.zn.⟩ **0.1** ***sollicitatie*** ⇒*sollicitatiebrief* **0.2** ***aanvraag(formulier)*** **0.3** ***middeltje*** ⇒*papje, zalfje* ◆ **1.1** letter of ~ *sollicitatiebrief* **3.1** put in an ~ for *solliciteren naar* **3.2** fill out the ~ first *je moet eerst het aanvraagformulier invullen;*
II ⟨n.-telb.zn.⟩ **0.1** ***toepassing*** ⇒*gebruik, aanwending* **0.2** ***aanbrenging*** ⟨bv. zalf op wond⟩ **0.3** ***aanvraag*** ⇒*verzoek* **0.4** ***ijver*** ⇒*vlijt, toewijding* ◆ **2.1** for outward ~ only *alleen voor uitwendig gebruik* **6.3** **on** ~ *op aanvraag* **6.4** he always studies **with** great ~ *hij studeert altijd zeer vlijtig.*

application form **0.1** ***aanvraagformulier.***

application(s) software ⟨comp.⟩ **0.1** ***toepassingsprogrammatuur.***

applied [əplajd] **0.1** ***toegepast*** ◆ **1.1** ~ science *toegepaste wetenschap.*

appl|y [əplaj] ⟨-ied⟩ **I** ⟨onov.ww.⟩ **0.1** ***v. toepassing zijn*** ⇒*betrekking hebben (op), gelden* **0.2** ***zich richten*** ⇒*zich wenden* **0.3** ⟨+for⟩ ***solliciteren (naar)*** ⇒*inschrijven (voor), aanvragen* ◆ **5.2** ~ **within/next** door *hier/hiernaast te bevragen* **6.1** these rules don't ~ **to** you *dit reglement geldt niet voor u;*
II ⟨ov.ww.⟩ **0.1** ***aanbrengen*** ⇒*(op)leggen, toedienen* **0.2** ***toepassen*** ⇒*aanwenden, gebruiken* ◆ **1.1** ~ a dressing *een verband aanbrengen* **1.2** ~ the brakes *remmen* **4.¶** ~ o.s. (to) *zich inspannen (voor), zich toeleggen (op)* **6.1** ~ this lotion **to** the skin *wrijf de huid in met deze lotion.*

appoint [əpojnt] **0.1** ***vaststellen*** ⇒*bepalen, vastleggen* **0.2** ***benoemen*** ⇒*aanstellen* ◆ **1.1** at the ~ed time *op de vastgestelde tijd* **1.2** ~ a headmaster *een directeur aanstellen* **6.2** who shall we ~ **to** the chairmanship? *wie zullen we tot voorzitter benoemen?*

appointment [əpojntmənt] **0.1** ***afspraak*** **0.2** ***aanstelling*** ⇒*benoeming* **0.3** ⟨mv.⟩ ***uitrusting*** ⇒*inrichting, meubilair* ◆ **3.2** a teaching ~ *een aanstelling als leraar* **6.1** **by** ~ *volgens afspraak.*

apportion [əpo:sjn] ⟨zn.: **-ment**⟩ **0.1** ***toebedelen*** ⇒*(evenredig) verdelen.*

apposite [æpəzit] **0.1** ***passend*** ⇒*geschikt, gepast, toepasselijk* ◆ **1.1** an ~ answer *een gevat antwoord.*

appraisal [əpreezl] **0.1** ***schatting*** ⇒*waardering, evaluatie.*

appraise [əpreez] **0.1** ***schatten*** ⇒*waarderen, evalueren.*

appreciab|le [əprie:sjəbl] ⟨-ly⟩ **0.1** ***merkbaar*** ⇒*waarneembaar, aanzienlijk.*

appreciate [əprie:sjie·eet] **I** ⟨onov.ww.⟩ **0.1** ***stijgen*** ⟨in prijs, waarde⟩;
II ⟨ov.ww.⟩ **0.1** ***waarderen*** ⇒*(naar waarde) schatten* **0.2** ***zich bewust zijn v.*** ⇒*zich realiseren, erkennen* **0.3** ***dankbaar zijn voor*** ⇒*dankbaarheid tonen voor.*

appreciation [əprie:sjie·eesjn] **0.1** ***waardering*** ⇒*beoordeling* **0.2** ***waardering*** ⇒*erkenning.*

appreciative [əprie:sjətiv] **0.1** ***erkentelijk*** ⇒*dankbaar* **0.2** ***begrijpend*** **0.3** ***waarderend*** ⇒*bewonderend.*

apprehend [æprihhend] **0.1** ***aanhouden*** ⇒*in hechtenis nemen* **0.2** ⟨verouderend⟩ ***begrijpen.***

apprehension [æprihhensjn] **0.1** ***vrees*** ⇒*bezorgdheid* **0.2** ***begrip*** ⇒*bevattingsvermogen* **0.3** ***aanhouding*** ⇒*arrestatie* ◆ **1.1** a feeling of ~ *een bang/angstig voorgevoel.*

apprehensive [æprihhensiv] **0.1** ***ongerust*** ⇒*bezorgd.*

apprentice[1] [əprentis] ⟨zn.⟩ **0.1** ***leerjongen*** ⇒*leerling.*

apprentice[2] ⟨ww.⟩ **0.1** ***in de leer doen/nemen*** ◆ **6.1** the boy was ~d **to** an electrician *de jongen werd in de leer gedaan bij een elektricien.*

apprenticeship [əprentisjip] **0.1** ***leerlingschap*** **0.2** ***leertijd.***

apprise, -ize [əprajz] ⟨schr.⟩ **0.1** ***informeren*** ⇒*op de hoogte brengen* ◆ **6.1** he was ~d **of** the facts *hij was op de hoogte van de feiten.*

appro [æproo] ⟨verk.⟩ [approval] ⟨BE⟩ **0.1** ***goedkeuring*** ◆ **6.1** send goods **on** ~ *goederen op zicht sturen.*

approach[1] [əprootsj] ⟨zn.⟩ **0.1** ***toegang(sweg)*** ⇒*oprit; aanvliegroute* ⟨v. vliegtuig⟩ **0.2** ***aanpak*** ⇒*(wijze v.) benadering* **0.3** ***contact*** ⇒*toenadering* **0.4** ***nadering*** ⇒*komst* **0.5** ***benadering*** ◆ **2.5** it's the nearest ~ to ... *het is bijna ..., het lijkt het meeste op ...* **3.3** I've had an ~ from a company to ... *ik ben benaderd door een bedrijf om ...;* we've made a first ~ *we hebben een eerste contact gelegd;* make ~es to s.o. *bij iem. avances maken, met iem. contact zoeken* **6.4** **with** the ~ **of** summer *als de zomer er aan komt.*

approach[2] **I** ⟨onov.ww.⟩ **0.1** ***naderen*** ⇒*(naderbij) komen;*
II ⟨ov.ww.⟩ **0.1** ***naderen*** ⇒*komen bij/in de buurt v.* **0.2** ***contact opnemen met*** ⇒*aanspreken, benaderen* **0.3** ***aanpakken*** ⟨probleem e.d.⟩ ◆ **6.2** ~ the director **about** a rise *met de directeur gaan praten over een loonsverhoging.*

approachable [əprootsjəbl] **0.1** ***toegankelijk*** ⇒⟨fig.⟩ *open, vriendelijk.*

approbation [æprəbeesjn] **0.1** ***officiële goedkeuring/toestemming.***

approbatory [əproobətrie] **0.1** ***goedkeurend*** ⇒*lovend.*

appropriate[1] [əproopriət] ⟨bn.; -ness⟩ **0.1** ***geschikt*** ⇒*passend, toepasselijk* ◆ **5.1** where ~ *waar nodig/van toepassing, in voorkomende gevallen* **6.1** ~ **for/to** *geschikt/passend voor.*

appropri|ate[2] [əprooprie·eet] ⟨ww.; zn.: **-ation**⟩ **0.1** ***bestemmen*** ⇒*toewijzen* **0.2** ***(zich) toe-eigenen*** ◆ **6.1** funds were ~d **for** building schools *er werden gelden gereserveerd voor scholenbouw* **6.2** he had ~d large sums **to** himself *hij had zich grote bedragen toegeëigend.*

approval [əproe:vl] **0.1** ***goedkeuring*** ⇒*toestemming* ◆ **6.1** **on** ~ *op zicht.*

approve [əproe:v] **I** ⟨onov.ww.⟩ **0.1** ***akkoord gaan*** ⇒*zijn goedkeuring geven* ◆ **6.1** I don't ~ **of** this *ik kan het hiermee niet eens zijn;*
II ⟨ov.ww.⟩ **0.1** ***goedkeuren*** ⇒*toestemmen in, akkoord gaan met* ◆ **1.1** an ~d contractor *een erkend aannemer;* ⟨BE⟩ ~d school *opvoedingsgesticht.*

approving [əproe:ving] **0.1** ***goedkeurend*** ◆ **1.1** an ~ reaction *een positieve reactie.*

approximate[1] [əproksimmət] ⟨bn.⟩ **0.1** ***bij benadering (aangegeven)*** ⇒*geschat* **0.2** ***nabij*** ◆ **1.1** ~ly three hours *ongeveer drie uur.*

approxim|ate[2] [əproksimmeet] ⟨ww.; zn.: **-ation**⟩ **0.1** ***benaderen*** ⇒*na(der)bij komen, niet ver af zijn van* ◆ **1.1** the damage will ~ (to) £1,000 *de schade zal de 1000 pond benaderen.*

appurtenances [əpə:tinnənsiz] **0.1** ***toebehoren*** ⇒*accessoires.*

APR ⟨afk.⟩ **0.1** [annual(ized) percentage rate] **0.2** [annual purchase rate].

apricot [eeprikkot] **0.1** ***abrikoos*** **0.2** ⟨vaak attr.⟩ ***abrikozenkleur.***

April [eeprəl] **0.1** ***april.***

April fool **0.1** ***aprilgek.***

April Fools' Day **0.1** ***één april.***

a priori [ee prajjo:raj] **0.1** ***a priori*** ⇒*van tevoren, vooraf.*

apron [eeprən] **0.1** ***schort*** ⇒*voorschoot* **0.2** ***platform*** ⟨op luchthaven⟩.

apron strings ◆ **3.¶** he is tied to his mother's/wife's ~ *hij loopt aan de leiband van zijn moeder/vrouw.*

apropos[1] [æprəpoo] ⟨bn.⟩ **0.1** ***gepast*** ⇒*geschikt* ◆ **3.1** be ~ *ter zake zijn.*

apropos[2] ⟨bw.⟩ **0.1** ***op het gepaste/geschikte ogenblik*** **0.2** ***à propos*** ◆ **¶.2** ~, is John coming too? *à propos, komt John ook?*

apropos of, ⟨inf. ook⟩ **apropos** **0.1** ***wat betreft*** ◆ **1.1** ~ our topic *wat ons onderwerp betreft.*

apse [æps] **0.1** ***apsis*** ⟨uitbouw aan kerkkoor⟩.

apt [æpt] ⟨-ness⟩ **0.1** ***geschikt*** ⇒*passend* **0.2** ***geneigd*** **0.3** ***begaafd*** ⇒*schrander* ◆ **6.2** a car is ~ **to** slip on icy roads *een auto slipt gauw op beijzelde wegen* **6.3** ~ **at** *goed in.*

aptitude [æptitjoe:d] **0.1** ***geschiktheid*** **0.2** ***neiging*** **0.3** ***aanleg*** ⇒*talent, begaafdheid.*

aqualung [ækwəlung] **0.1** ***aqualong.***

aquamarine [ækwəmərie:n] **0.1** ***aquamarijn*** **0.2** ⟨vaak attr.⟩ ***aquamarijn(kleur)*** ⇒*zeegroen.*

aquaplane[1] [ækwəpleen] ⟨zn.⟩ **0.1** ***waterskiplank.***

aquaplane[2] ⟨ww.⟩ **0.1** ***waterskiën.***
aquaplaning [ækwəpleening] **0.1** ***aquaplaning.***
aquarium [əkweəriəm] ⟨mv.: ook aquaria⟩ **0.1** ***aquarium.***
Aquarius [əkweəriəs] ⟨astrol., ster.⟩ **0.1** ***(de) Waterman.***
aquatic [əkwætik] ⟨-ally⟩ **0.1** ***water-*** ◆ **1.1** ~ sports *watersport.*
aquatube **0.1** ***superglijbaan*** ⟨in zwembad⟩.
aqueduct [ækwədukt] **0.1** ***aquaduct.***
aquiline [ækwillajn] **0.1** ***arends-*** ⇒*adelaars-* **0.2** ***gekromd*** ◆ **1.1** ~ nose *adelaars/arendsneus.*
Arab [ærəb] **0.1** ⟨bn.⟩ ***Arabisch*** **0.2** ⟨zn.⟩ ***Arabier*** **0.3** ⟨zn.⟩ ***Arabische volbloed.***
arabesque [ærəbesk] **0.1** ***arabesk(e).***
Arabia [əreebiə] **0.1** ***Arabië.***
Arabian [əreebiən] **0.1** ***Arabisch*** ◆ **1.1** ~ camel *dromedaris.*
Arabic [ærəbik] **0.1** ⟨bn.⟩ ***Arabisch*** **0.2** ⟨zn.⟩ ***Arabisch*** ⟨taal⟩ ◆ **1.1** ~ numerals *Arabische cijfers.*
arabize, -ise [ærəbajz] ⟨ook A-⟩ **0.1** ***arabiseren*** ⟨bevolking, taal e.d.⟩.
arable [ærəbl] **0.1** ***bebouwbaar*** ⇒*akker-* **0.2** ⟨zn.⟩ ***bouwland*** ⇒*landbouwgrond, akkerland.*
arachnid [əræknid] **0.1** ***spinachtig dier*** ⇒*arachnide, spinachtige.*
arbiter [a:bittə] **0.1** ***leidende figuur*** ⇒*toonaangevend iem.* **0.2** ***arbiter*** ⇒*scheidsrechter* ◆ **6.1** he is the ~ **of** Paris fashion *hij geeft de toon aan in de Parijse mode.*
arbitrar|y [a:bitrie] ⟨-iness⟩ **0.1** ***willekeurig*** ⇒*grillig* **0.2** ***eigenmachtig*** ⇒*despotisch* **0.3** ***arbitraal*** ⇒*scheidsrechterlijk.*
arbitrate [a:bitreet] **I** ⟨onov.ww.⟩ **0.1** ***arbitreren*** ⇒*als arbiter/bemiddelaar optreden;*
II ⟨ov.ww.⟩ **0.1** ***aan arbitrage onderwerpen*** ⇒*scheidsrechterlijk (laten) regelen.*
arbitration [a:bitreesjn] **0.1** ***arbitrage*** ⇒*bemiddeling, scheidsrechterlijke beslissing* ◆ **3.1** the Unions will go to ~ *de bonden zullen het geschil aan arbitrage onderwerpen.*
arbitrator [a:bitreetə] **0.1** ***scheidsrechter*** ⇒*arbiter, bemiddelaar.*
arboreal [a:bo:riəl] **0.1** ***boom-*** ⇒*boomachtig; in bomen levend* ◆ **1.1** ~ animal *boomdier.*
arboretum [a:bərie:təm] ⟨mv.: ook arboreta [-rie:tə]⟩ **0.1** ***arboretum*** ⇒*(wetenschappelijke) bomentuin.*
arbour, ⟨AE sp.⟩ **arbor** [a:bə] **0.1** ***prieel.***
arc[1] [a:k] ⟨zn.⟩ **0.1** ***(cirkel)boog*** **0.2** ⟨elek.⟩ ***lichtboog*** ⇒*vlamboog.*
arc[2] ⟨ww.⟩ **0.1** ***een boog vormen.***
arcade [a:keed] **0.1** ***arcade*** ⇒*zuilengang* **0.2** ***winkelgalerij.***
arcade game **0.1** ***videospelletje*** ⟨in amusementshal⟩ ⇒*gokspelletje.*
Arcadia [a:keediə] **0.1** ⟨vnl. fig.⟩ ***liefelijk oord.***
Arcadian [a:keediən] **0.1** ***arcadisch*** ⇒*landelijk.*
arcane [a:keen] **0.1** ***geheim(zinnig)*** ⇒*esoterisch.*
arch[1] [a:tsj] ⟨zn.⟩ **0.1** ***boog*** ⇒*gewelf, arcade* **0.2** ***voetholte*** ◆ **2.1** triumphal ~ *triomfboog.*
arch[2] ⟨bn.⟩ **0.1** ***ondeugend*** ⇒*schalks, guitig* ◆ **1.1** an ~ glance/smile *een schalkse blik/guitig lachje.*
arch[3] **I** ⟨onov.ww.⟩ **0.1** ⟨+ across, over⟩ ***(zich) welven (over)*** ⇒*zich uitspannen;*
II ⟨ov.ww.⟩ **0.1** ***(over)welven*** ⇒*overspannen* **0.2** ***krommen*** ⇒*buigen* ◆ **1.2** the cat ~ed its back *de kat zette een hoge rug op.*
archaeological, ⟨AE sp. ook⟩ **archeological** [a:kiəlodzjikl] **0.1** ***archeologisch*** ⇒*oudheidkundig.*
archaeologist, ⟨AE sp. ook⟩ **archeologist** [a:kie·olləd zjist] **0.1** ***archeoloog*** ⇒*oudheidkundige.*
archaeology, ⟨AE sp. ook⟩ **archeology** [a:kie·olləd zjie] **0.1** ***archeologie*** ⇒*oudheidkunde.*
archaic [a:keeik] ⟨-ally⟩ **0.1** ***archaïsch*** ⇒*verouderd, ouderwets* ◆ **1.1** ~ expression *verouderde uitdrukking.*
archaism [a:keeizm] **0.1** ***archaïsme*** ⇒*verouderd woord.*
archangel [a:keendzjl] **0.1** ***aartsengel.***
archbishop [a:tsjbisjəp] **0.1** ***aartsbisschop.***
archbishopric [-bisjəprik] **0.1** ***ambt(speriode) van (een) aartsbisschop*** **0.2** ***aartsbisdom*** ⇒*aartsdiocees.*
archdeacon [-die:kən] ⟨vnl. anglicaanse Kerk⟩ **0.1** ***aartsdiaken*** ⇒*aartsdeken.*
archdeaconr|y [-die:kənrie] ⟨mv.: -ies⟩ ⟨vnl. anglicaanse Kerk⟩ **0.1** ***aartsdiakenschap*** ⇒*aartsdecanaat, ambtsgebied/woning v. aartsdiaken.*
archdiocese [-dajjəsis] **0.1** ***aartsbisdom*** ⇒*aartsdiocees.*
archduke [-djoe:k] **0.1** ***aartshertog.***
archenem|y [-ennəmie] ⟨mv.: -ies⟩ **0.1** ***aartsvijand*** **0.2** ⟨vaak A-⟩ ***duivel.***
archeo- →**archaeo-.**
archer [a:tsjə] **0.1** ***boogschutter.***
archery [a:tsjərie] **0.1** ***het boogschieten.***
archetypal [a:kittajpl] **0.1** ***archetypisch*** ⇒*oer-;* ⟨fig.⟩ *klassiek.*
archetype [-tajp] **0.1** ***archetype*** ⇒*oertype, schoolvoorbeeld.*
archipelago [a:kippelləgoo] ⟨mv.: -s of -es⟩ **0.1** ***archipel*** ⇒*eilandengroep.*
architect [a:kittekt] **0.1** ***architect*** **0.2** ***ontwerper*** **0.3** ⟨fig.⟩ ***maker*** ⇒*schepper, grondlegger.*
architectural [a:kittektsjrəl] **0.1** ***architecturaal*** ⇒*bouwkundig.*
architecture [a:kittektsjə] **0.1** ***architectuur*** ⇒*bouwkunst, bouwstijl.*
archival [a:kajvl] **0.1** ***archivaal*** ⇒*van/in archieven, archief-.*
archive [a:kajv] **0.1** ***archiveren*** ⇒*behandelen voor en opbergen in een archief.*
archives [a:kajvz] ⟨mv.⟩ **0.1** ***archief*** ⟨bewaarplaats⟩ **0.2** ***archieven*** ⟨opgeslagen geschriften⟩.
archivist [a:kivvist] **0.1** ***archivaris.***
archway **0.1** ***overwelfde/overdekte galerij/doorgang*** ⇒*poort.*
arc lamp, arc light **0.1** ***booglamp*** ⇒*koolspitslamp.*
arctic [a:(k)tik] ⟨-ally⟩ **0.1** ⟨ook A-⟩ ***arctisch*** ⇒*(noord)pool-* **0.2** ***ijskoud*** ◆ **1.1** Arctic Circle *noordpoolcirkel.*
Arctic [a:(k)tik] ⟨the⟩ **0.1** ***noordpoolgebied*** ⇒*Arctica.*
arc welding **0.1** ***het (vlam)booglassen.***
ardent [a:dnt] **0.1** ***vurig*** ⇒*hevig, hartstochtelijk.*
ardour, ⟨AE sp.⟩ **ardor** [a:də] **0.1** ***vurigheid*** ⇒*bezieling, hartstocht.*
arduous [a:djoeəs] ⟨-ly; -ness⟩ **0.1** ***moeilijk*** ⇒*zwaar, lastig* ◆ **1.1** an ~ road *een steile weg.*
are[1] [a:] ⟨zn.⟩ **0.1** ***are*** ⟨oppervlaktemaat; →t⟩.
are[2] [ə, ⟨sterk⟩ a:] ⟨2e pers. enk. en alle pers. mv. aant.w. teg. t.⟩ →**be.**
area [eəriə] **0.1** ***oppervlakte*** **0.2** ***gebied*** ⟨ook fig.⟩ ⇒*streek, domein* **0.3** ***ruimte*** ⇒*plaats.*
area code ⟨AE⟩ **0.1** ***netnummer.***
area defence ⟨sport⟩ **0.1** ***ruimtedekking*** ⇒*zonedekking.*
arena [ərie:nə] **0.1** ***arena*** ⇒*strijdperk* ⟨ook fig.⟩.
argent [a:dzjnt] **0.1** ⟨zn.⟩ ***zilver(kleur)*** **0.2** ⟨bn.⟩ ***zilver(kleurig).***
Argentina [a:dzjntie:nə] **0.1** ***Argentinië.***
Argentine [a:dzjntajn] ⟨the⟩ **0.1** ***Argentinië.***
Argentinian [a:dzjntinniən] **0.1** ⟨bn.⟩ ***Argentijns*** **0.2** ⟨zn.⟩ ***Argentijn.***

Argie [a:dzjie] ⟨inf.⟩ **0.1** ***Argentijn(se).***
argie-bargie →**argy-bargy.**
argon [a:gon] ⟨schei.⟩ **0.1** ***argon.***
argot [a:goo] **0.1** ***Bargoens*** ⇒*boeventaal, jargon.*
arguab|le [a:gjoeəbl] ⟨-ly⟩ **0.1** ***betwistbaar*** ⇒*aanvechtbaar* **0.2** ***aantoonbaar*** ⇒*aanwijsbaar.*
argue [a:gjoe:] **I** ⟨onov.ww.⟩ **0.1** ***argumenteren*** ⇒*pleiten* **0.2** ⟨+ about, over⟩ ***redetwisten (over)*** ⇒*debatteren* **0.3** ***twisten*** ⇒*ruziën, kibbelen* ◆ **5.1** ~ **away** *wegredeneren* **6.1** they were ~ing **against/for** military intervention *zij pleitten tegen/voor militaire interventie* **6.3** don't ~ **with** me! *spreek me niet tegen!;*
II ⟨ov.ww.⟩ **0.1** ***doorpraten*** ⇒*bespreken* **0.2** ***stellen*** ⇒ *aanvoeren, bepleiten* **0.3** ***overreden*** ⇒*overhalen* ◆ **6.3** I managed to ~ him **into** coming *ik kon hem overreden om te komen;* he ~d me **out of** joining the army *hij deed me ervan afzien in het leger te gaan.*
argument [a:gjoemənt] **I** ⟨telb.zn.⟩ **0.1** ***argument*** ⇒*bewijs(grond)* **0.2** ***ruzie*** ⇒*onenigheid, woordenwisseling* **0.3** ***hoofdinhoud*** ⇒*korte inhoud* ⟨v. boek⟩ **0.4** ***onderwerp*** ⇒ *thema* ⟨v. gedicht, roman⟩ **0.5** ⟨wisk.⟩ ***argument*** ◆ **2.1** a strong ~ for/against *een sterk argument voor/tegen* **3.¶** ram the ~ home *een argument sterk benadrukken/doordrijven;*
II ⟨telb. en n.-telb.zn.⟩ **0.1** ***bewijsvoering*** ⇒*betoog, redenering* **0.2** ***discussie*** ⇒*gedachtewisseling* ◆ **1.1** let us, for the sake of ~, suppose ... *stel nu eens (het hypothetische geval) dat ...* **1.2** this is a matter for ~ *hiervoor kan men v. mening verschillen.*
argumentation [a:gjoementeesjn] **0.1** ***argumentatie*** ⇒*bewijsvoering* **0.2** ***discussie.***
argumentative [a:gjoementətiv] **0.1** ***twistziek*** ⇒*belust op discussie* **0.2** ***logisch*** ⇒*beredeneerd.*
argy-bargy[1] [a:dzjieba:dzjie] ⟨zn.⟩⟨BE; inf.⟩ **0.1** ***gehakketak*** ⇒*gekibbel.*
argy-bargy[2] ⟨ww.⟩⟨BE; inf.⟩ **0.1** ***hakketakken*** ⇒*kibbelen.*
arid [ærid] ⟨zn.: **-ity**⟩ **0.1** ***dor*** ⇒*droog, schraal, onvruchtbaar* **0.2** ***saai*** ⇒*droog, vervelend.*
Aries [eərie:z] ⟨astrol., ster.⟩ **0.1** ***(de) Ram.***
arise [ərajz]⟨arose [ərooz], arisen [ərizn]⟩ **0.1** ***zich voordoen*** ⇒*gebeuren, optreden* **0.2** ***voortkomen*** ⇒*ontstaan* **0.3** ⟨schr.⟩ ***opstaan*** ◆ **1.1** difficulties have ~n *er zijn moeilijkheden ontstaan;* a thunderstorm arose *er stak een onweer op* **6.2** ~ **from** *voortkomen uit, het gevolg zijn v.*
aristocrac|y [æristokrəsie] ⟨zn.; mv.: -ies⟩⟨ook fig.⟩ **0.1** ***aristocratie*** **0.2** ⟨ww. enk. en mv.⟩ ***aristocraten*** ⇒*aristocratie, adel.*
aristocrat [æristəkræt] **0.1** ***aristocraat*** ⇒*iem. v. adel;* ⟨fig.⟩ *beste, koning.*
aristocratic [æristəkrætik] ⟨-ally⟩⟨ook fig.⟩ **0.1** ***aristocratisch.***
arithmetic [əriθmmətik] **0.1** ***rekenkunde*** ⇒*aritmetica, getallenleer* **0.2** ***berekening*** ◆ **2.2** your ~ is wrong *je hebt verkeerd opgeteld/gerekend.*
arithmetic|(al) [æriθmmettik(l)] ⟨-ally⟩ **0.1** ***rekenkundig*** ⇒ *rekenkunstig* ◆ **1.1** arithmetic mean *rekenkundig gemiddelde;* ~ progression *rekenkundige reeks.*
arithmetician [əriθmmətisjn] **0.1** ***rekenkundige.***
ark [a:k] **0.1** ***ark*** ◆ **1.1** Ark of the Covenant *ark des verbonds, ark des Heren;* Noah's ~ *ark v. Noach* **6.¶** ⟨inf.⟩ **out** of the ~ *uit het jaar nul.*
arm[1] [a:m] **I** ⟨telb.zn.⟩ **0.1** ***arm*** ⟨v. mens, dier; ook fig.⟩ **0.2** ***mouw*** **0.3** ***armleuning*** **0.4** ***afdeling*** ⇒*tak* **0.5** ⟨mil.⟩ ***wapen*** ⟨als afdeling⟩ ◆ **1.1** ~ in ~ *arm in arm, gearmd;* the (long) ~ of the law *de sterke arm (der wet);* at ~'s length *op een afstand, op gepaste afstand;* within ~'s reach *binnen handbereik;* an ~ of the sea / river *een zeearm/rivierarm* **1.4** an ~ of a multinational *een afdeling v.e. multinational* **1.5** the air force is an important ~ of the military forces *de luchtmacht is een belangrijk wapen v.d. strijdkrachten* **1.¶** ⟨inf.⟩ it cost an ~ and a leg *het was een rib uit mijn lijf* **2.1** a list as long as your ~ *een ellenlange lijst* **3.1** she took my ~ *zij gaf me een arm;* twist s.o.'s ~ *iemands arm omdraaien;* ⟨fig.⟩ *forceren, het mes op de keel zetten* **3.¶** ⟨BE; inf.⟩ chance one's ~ *het erop wagen* **6.1** she was just a babe **in** ~s *zij was nog maar een baby.* →**long, open, right;**
II ⟨mv.⟩ **0.1** ***wapenen*** ⇒*(oorlogs)wapens, bewapening* **0.2** ***oorlogvoering*** ⇒*strijd* **0.3** ***wapen*** ⇒*blazoen, familiewapen* ◆ **3.1** ⟨schr.⟩ bear ~s *gewapend zijn; onder de wapenen zijn;* lay down (one's) ~s *de wapens neerleggen;* present ~s *het geweer presenteren;* take up ~s *naar de wapens grijpen; onder de wapens komen;* ⟨fig.⟩ *de strijd aanbinden* **3.2** rise up in ~s against *in verzet/het geweer komen tegen* **3.3** bear ~s *een familiewapen hebben* **6.1 under** ~s *onder de wapenen* **6.¶** be **up in** ~s **about/over/against** sth. *verontwaardigd zijn over iets.*
arm[2] **I** ⟨onov.ww.⟩ **0.1** ***zich (be)wapenen*** ⟨ook fig.⟩ ◆ **1.1** those countries are ~ing again *die landen zijn zich aan het herbewapenen* **6.1** you must ~ **against** jealous critics *je moet je tegen jaloerse critici wapenen;*
II ⟨ov.ww.⟩ **0.1** ***(be)wapenen*** ⟨ook fig.⟩ ⇒*uitrusten* **0.2** ⟨mil.⟩ ***scherp stellen*** ⇒*afstellen* ◆ **1.2** the bomb was ~ed *de bom was/werd scherp gesteld* **6.1** ~ed **with** a lot of information *gewapend met/voorzien v.e. boel informatie.*
armada [a:ma:də] ⟨zn.⟩ **0.1** ***armada*** ⇒*krijgsvloot, oorlogsvloot* ◆ **7.1** the (Spanish) Armada *de (Spaanse) Armada* ⟨v. 1588⟩.
armadillo [a:mədilloo] **0.1** ***gordeldier.***
Armageddon [a:məgedn] ⟨rel.; ook fig.⟩ **0.1** ***armageddon*** ⇒ *catastrofe, wereldbrand* ⟨Openb. 16:16⟩.
armament [a:məmənt] **0.1** ⟨vaak mv.⟩ ***wapentuig*** ⟨v. tank, schip, vliegtuig⟩ ⇒*oorlogstuig, geschut* **0.2** ***het bewapenen*** ⇒*bewapening.*
armaments industry, arms industry [a:məments indəstrie] **0.1** ***wapenindustrie*** ⇒*oorlogsindustrie.*
armature [a:mətsjə] **0.1** ***armatuur*** ⇒*(be)wapening, versterking* ⟨v. constructie⟩ **0.2** ***wapentooi*** ⇒*wapen(rusting)* **0.3** ***armatuur*** ⟨v.e. magneet⟩.
armband **0.1** ***armband*** ⇒*rouwband* ⟨als teken v. rouw⟩.
armchair ⟨ook attr.⟩ **0.1** ***leunstoel*** ⇒⟨in attr. bet.⟩ *theoretisch, zonder praktische ervaring* ◆ **1.1** ~ critics *stuurlui aan wal;* ~ socialist *salonsocialist;* ~ traveller *thuisreiziger* ⟨die alleen reisgidsen leest⟩.
armed [a:md] **0.1** ***gewapend*** ⇒*strijd-* **0.2** ***uit/toegerust*** ◆ **1.1** ~ forces, ⟨in vredestijd⟩ ~ services *strijdkrachten* **6.2** ~ **for** sth. *uitgerust voor iets.*
Armenia [a:mie:niə] **0.1** ***Armenië.***
Armenian [a:mie:niən] **0.1** ⟨bn.⟩ ***Armeens*** **0.2** ⟨eig.n.⟩ ***Armeens*** ⟨taal⟩ **0.3** ⟨telb. zn.⟩ ***Armeniër.***
armful [a:mfoel] **0.1** ***armvol*** ◆ **1.1** books by the ~ *hele ladingen boeken.*
armhole **0.1** ***armsgat.***
armistice [a:mistis] **0.1** ***wapenstilstand*** ⇒*bestand.*
Armistice Day **0.1** ***(herdenkings)dag v.d. wapenstilstand*** ⟨v. 11 november 1918⟩.
armlet [a:mlit] **0.1** ***armband*** **0.2** ***mouwband*** ⟨v. stof⟩ **0.3** ***kleine (zee/rivier)arm.***
armour, ⟨AE sp.⟩ **armor** [a:mə] **0.1** ***wapenrusting*** ⇒*harnas* **0.2** ***pantser(ing)*** ⇒*pantserbekleding* **0.3** ***beschutting*** ⇒ *dekking, schuilplaats* **0.4** ⟨ben. voor⟩ ***pantservoertuigen*** **0.5** ***duikerspak*** **0.6** ⟨biol.⟩ ***schubbedekking*** ⇒*pantser.*

armour-bearer 0.1 ***schildknaap*** *⇒wapendrager, wapenknecht.*
armour-clad 0.1 ***gepantserd*** *⇒geblindeerd.*
armoured, ⟨AE sp.⟩ **armored** [a:məd] **0.1** ***gepantserd*** **0.2** ***gewapend*** ⟨glas, beton enz.⟩ **0.3** ***geharnast*** ◆ **1.1** ~ car *pantserwagen;* ~ division *pantserdivisie* **1.2** ~ glass *gewapend glas.*
armourer, ⟨AE sp.⟩ **armorer** [a:m(ə)rə] **0.1** ***wapensmid*** **0.2** ⟨mil.⟩ ***wapenmeester.***
armour plate 0.1 ***pantserbekleding*** ⟨v.e. schip bv.⟩.
armour-plated 0.1 ***gepantserd.***
armour|y, ⟨AE sp.⟩ **armory** [a:m(ə)rie] ⟨mv.: -ies⟩ **0.1** ***wapenkamer*** *⇒wapenzaal, wapenmagazijn* **0.2** ***wapens*** *⇒wapensysteem* **0.3** ***arsenaal*** ⟨ook fig.⟩ **0.4** ***wapenfabriek.***
armpit 0.1 ***oksel.***
armrest 0.1 ***armleuning*** *⇒armsteun* ⟨in auto bv.⟩.
arms control 0.1 ***bewapeningscontrole*** *⇒wapenbeheersing.*
arms limitation 0.1 ***beperking v.d. bewapening.***
arms race 0.1 ***bewapeningswedloop.***
arms supply 0.1 ***wapenlevering.***
arms talks [a:mz to:ks] **0.1** ***ontwapeningsonderhandelingen.***
arm-twisting 0.1 ***(onfatsoenlijke) persoonlijke druk*** *⇒pressie, sterke druk* ⟨v. superieuren⟩.
arm-wrestling 0.1 ***(het) elleboog/tafelworstelen*** *⇒(het) armdrukken.*
arm|y [a:mie] ⟨mv.: -ies⟩ **0.1** ***leger*** ⟨ook fig.⟩ *⇒massa, menigte* ◆ **1.1** an ~ of bees *een grote zwerm bijen* **3.1** be in the ~ *bij het leger zijn;* join/go into the ~ *in dienst treden* **7.¶** the Army *het Leger des Heils.*
army base 0.1 ***legerbasis.***
army chaplain 0.1 ***aalmoezenier*** ⟨in leger⟩.
army corps ⟨zn.⟩ **0.1** ***legerkorps.***
Army List ⟨BE⟩ **0.1** ***officierslijst.***
army man 0.1 ***militair.***
army medic 0.1 ***legerarts*** *⇒militaire arts.*
aroma [əroomə] **0.1** ***aroma*** *⇒geur.*
aromatherapy 0.1 ***reuktherapie.***
aromatic [ærəmætik] ⟨-ally⟩ **0.1** ***aromatisch*** *⇒geurig* ◆ **1.1** ⟨schei.⟩ ~ compounds *aromatische verbindingen.*
arose ⟨verl. t.⟩ →**arise.**
around[1] [əraund] ⟨bw.⟩ **0.1** ***rond*** ⟨ook fig.⟩ *⇒in de vorm/richting van een cirkel* **0.2** ***in het rond*** *⇒aan alle kanten, verspreid* **0.3** ⟨nabijheid⟩ ***in de buurt*** *⇒*⟨bij uitbr.⟩ *überhaupt, bestaand* **0.4** ⟨benadering⟩ ***ongeveer*** *⇒omtrent, omstreeks* ◆ **1.1** the other way ~ *andersom;* a way ~ *een omweg;* the year ~ *het jaar rond* **1.3** the strongest metal ~ *het sterkste metaal dat er bestaat;* for miles ~ *kilometers in de omtrek* **3.1** bring ~ *tot een andere mening brengen, overreden;* his turn came ~ *het was zijn beurt;* people gathered ~ to see *mensen verzamelden zich om te kijken;* it measures five metres ~ *het heeft een omtrek van vijf meter;* pass it ~ *geef het rond/door;* turn ~ *(zich) omdraaien* **3.2** news gets ~ fast *nieuws verspreidt zich snel;* grope ~ *om zich heen tasten;* look ~ for *uitkijken naar/voor;* scattered ~ *her en der verspreid* **3.3** I'll be ~ *ik zal daar (ergens) zijn;* stay ~ *blijf in de buurt* **4.4** ~ six *omstreeks zes uur;* he's ~ sixty *hij is rond de zestig* **7.4** ~ fifty people *om en nabij de vijftig mensen.* →**be around, go around etc.**
around[2] ⟨vz.⟩ **0.1** ⟨cirkel⟩ ***rond*** *⇒rondom, om ... heen* **0.2** ⟨nabijheid⟩ ***in het rond*** *⇒rondom, om ... heen* **0.3** ⟨in alle richtingen⟩ ***door*** *⇒rond, her en der in* ◆ **1.1** come ~ the bend *de bocht om komen;* ~ the corner *om de hoek;* he ran ~ the green *hij liep rond het plantsoen;* a chain ~ his neck *een ketting om zijn hals;* ⟨fig.⟩ planned ~ a theme *rond een thema opgezet* **1.2** the houses ~ the church *de huizen bij de kerk;* the dog hung ~ the door *de hond bleef bij de deur rondhangen* **1.3** he paced ~ the house *hij liep heen en weer door het huis;* all ~ the land *door het hele land* **4.2** only those ~ him *alleen zijn naaste medewerkers.*
arousal [ərauzl] **0.1** ***opwinding*** *⇒prikkeling, ophitsing* **0.2** ***het (op)wekken*** *⇒opwekking, uitlokking* **0.3** ***het ontwaken.***
arouse [ərauz] **0.1** ***wekken*** ⟨ook fig.⟩ *⇒uitlokken, doen ontstaan* **0.2** ***opwekken*** *⇒prikkelen, ophitsen* ◆ **1.1** ~ suspicion *wantrouwen wekken.*
arr. ⟨afk.⟩ **0.1** [arranged (by)] **0.2** [arrival] **0.3** [arrive(s/d)].
arraign [əreen] ⟨zn.: **-ment**⟩ **0.1** ***beschuldigen*** *⇒aanvallen, aantijgen* **0.2** ⟨jur.⟩ ***aanklagen*** *⇒een (aan)klacht indienen tegen, voor de rechtbank slepen.*
arrange [əreendzj] **I** ⟨onov.ww.⟩ **0.1** ***maatregelen nemen*** *⇒stappen ondernemen, in orde brengen* **0.2** ***overeenkomen*** *⇒het eens zijn* ◆ **3.2** we've ~d to leave at 8 o'clock *we hebben afgesproken om acht uur weg te gaan* **6.1** ~ **about** sth. *ergens voor zorgen;* ~ **for** sth. *iets regelen, ergens voor zorgen* **6.2** ~ **with** s.o. **about** sth. *iets overeenkomen met iem.;* **II** ⟨ov.ww.⟩ **0.1** ***(rang)schikken*** *⇒ordenen, opstellen* **0.2** ***bijleggen*** *⇒rechtzetten, rechttrekken* **0.3** ***regelen*** *⇒organiseren, arrangeren, zorgen voor* **0.4** ⟨muz.⟩ ***arrangeren*** ◆ **1.3** ~ a meeting *een vergadering beleggen* **6.3** ~ an outing **for** one's friends *een uitje organiseren voor zijn vrienden.*
arrangement [əreendzjmənt] **0.1** ***ordening*** *⇒(rang)schikking, opstelling* **0.2** ***afspraak*** **0.3** ***arrangement*** *⇒regeling, overeenkomst* **0.4** ⟨vaak mv.⟩ ***maatregel(en)*** *⇒voorzorgen* **0.5** ⟨muz.⟩ ***arrangement*** *⇒bewerking* **0.6** ⟨vaak mv.⟩ ***plan*** ◆ **6.4** let's make ~s **for** getting home in time *laten we voorzorgen nemen om op tijd thuis te komen.*
arrant [ærənt] ⟨pej.⟩ **0.1** ***compleet*** *⇒volslagen, doortrapt* ◆ **1.1** an ~ coward *een ontzettende lafaard;* ~ nonsense *klinkklare onzin.*
arras [ærəs] ⟨mv.: arras⟩ **0.1** ***wandtapijt.***
array[1] [əree] ⟨zn.⟩ **0.1** ***serie*** *⇒collectie, reeks* **0.2** ***gelid*** *⇒marsorde, slagorde* **0.3** ⟨vnl. enk.⟩ ***kleed*** *⇒kledij* **0.4** ⟨schr.⟩ ***kledertooi*** *⇒klederpracht, opschik* **0.5** ⟨wisk.⟩ ***matrix*** **0.6** ⟨comp.⟩ ***rij*** ◆ **1.1** an ~ of information *een berg informatie.*
array[2] ⟨ww.⟩ **0.1** ***(in slagorde) opstellen*** *⇒verzamelen, (in het gelid) scharen/schikken* **0.2** ***(op)tooien*** *⇒(op)smukken, uitdossen.*
arrears [əriəz] **0.1** ***achterstand*** **0.2** ***achterstal*** *⇒(geld)schuld* ◆ **3.2** be in ~ *achterop/achter zijn* ⟨met betaling⟩; fall into ~ *achterop/achter raken* **6.1 in** ~ **with** one's work/rent *achter met zijn werk/huur* **6.2 in** ~ *verschuldigd* ⟨van geldsom⟩.
arrest[1] [ərest] ⟨zn.⟩ **0.1** ***stilstand*** ⟨v. groei, beweging⟩ **0.2** ***bedwinging*** *⇒intoming, beteugeling* ⟨v. ziekte, verval enz.⟩ **0.3** ***arrestatie*** *⇒aanhouding, (voorlopige) hechtenis* ◆ **2.1** ⟨med.⟩ cardiac ~ *hartstilstand* **3.3** place/put under ~ *in arrest nemen* **6.3 under** ~ *in arrest.* →**close.**
arrest[2] ⟨ww.⟩ **0.1** ***tegenhouden*** *⇒bedwingen, stuiten* **0.2** ***arresteren*** *⇒aanhouden* **0.3** ***boeien*** *⇒frapperen, fascineren* ◆ **1.1** ⟨jur.⟩ ~ judgement *vonnis opschorten.*
arresting [ərestìng] **0.1** ***boeiend*** *⇒fascinerend, markant.*
arrest warrant 0.1 ***arrestatiebevel(schrift).***
arr(h)ythmia [əriðmiə] ⟨med.⟩ **0.1** ***aritmie.***
arrival [ərajvl] **I** ⟨telb.zn.⟩ **0.1** ***aangekomene*** *⇒binnengevaren schip, binnengekomen trein/vliegtuig* **0.2** ***nieuwkomer*** *⇒nieuweling* ◆ **2.1** ⟨fig.⟩ new ~ *pasgeborene;*

II ⟨telb. en n.-telb.zn.⟩ **0.1** ***(aan)komst*** **0.2** ***het bereiken*** ⟨v.e. doel⟩.

arrival lounge **0.1** ***aankomsthal.***

arrive [ərajv] **0.1** ***arriveren*** ⇒*aankomen* ⟨v. personen/zaken⟩ **0.2** ***arriveren*** ⇒*het (waar) maken* **0.3** ***aanbreken*** ⇒*komen* ⟨v. tijdstip⟩ **0.4** ***(ter wereld) komen*** ⇒*geboren worden* ◆ **6.1** ~ **in** harbour *binnenlopen.*

arrive at **0.1** ***bereiken*** ⟨ook fig.⟩ ⇒*komen tot* ◆ **1.1** ~ a conclusion *tot een besluit komen, een conclusie trekken;* we arrived at the hotel around midnight *rond middernacht bereikten we het hotel.*

arrogance [ærəgəns] **0.1** ***arrogantie*** ⇒*aanmatiging, verwaandheid.*

arrogant [ærəgənt] **0.1** ***arrogant*** ⇒*aanmatigend, verwaand.*

arrogate [ærəgeet] **0.1** ***zich aanmatigen*** ⇒*(ten onrechte) opeisen* **0.2** ***zich toe-eigenen*** ⇒*naar zich toe halen* ◆ **6.2** ~ sth. **to** o.s. *zich iets toe-eigenen, iets aanhalen.*

arrow [æroo] **0.1** ***pijl.***

arrowhead **0.1** ***pijlpunt*** ⇒*pijlspits* **0.2** ⟨plantk.⟩ ***pijlkruid.***

arrowroot **0.1** ⟨plantk.⟩ ***arrowroot*** ⇒*pijlwortel* **0.2** ***arrowroot*** ⇒*pijlwortelmeel.*

arse [a:s] ⟨BE; vulg.⟩ **0.1** ***reet*** **0.2** ***klootzak*** ⇒*lul* ◆ **1.¶** not know one's ~ from one's elbow *nergens de ballen verstand v. hebben.*

arse about, arse around ⟨BE; vulg.⟩ **0.1** ***(aan)klooien*** ⇒*aanrotzooien.*

arsehole ⟨BE; vulg.⟩ **0.1** ***reet*** **0.2** ***klootzak*** ⇒*lul.*

arse-licking ⟨BE; vulg.⟩ **0.1** ***kont/gatlikkerij.***

arsenal [a:snəl] ⟨mil.⟩ **0.1** ***arsenaal*** ⇒*tuighuis;* ⟨fig.⟩ *(wapen)arsenaal.*

arsenic[1] [a:snik] ⟨zn.⟩ **0.1** ⟨schei.⟩ ***arsenicum*** ⇒*arseen* **0.2** ***rattenkruit.***

arsenic[2] [a:sennik] ⟨bn.⟩⟨schei.⟩ **0.1** ***arsenicum-*** ⇒*arseen-, arseenhoudend* ◆ **1.1** ~ acid *arsenicumzuur, arseenzuur.*

arson [a:sn] **0.1** ***brandstichting.***

arsonist [a:sənist] **0.1** ***brandstichter.***

art[1] [a:t] I ⟨telb. en n.-telb.zn.⟩ **0.1** ***kunst*** ⇒*bekwaamheid, vaardigheid* **0.2** ***kunst(greep)*** ⇒*truc, list* **0.3** ***kunst(richting)*** ◆ **1.1** ~s and crafts *kunst en ambacht;* work of ~ *kunstwerk* **2.1** the black ~ *zwarte kunst* **2.3** the fine ~s *de schone kunsten.* →**minimal, noble;**

II ⟨mv.; vnl. A-⟩ **0.1** ***letteren*** ⇒⟨ong.⟩ *niet-bètawetenschappen* ◆ **1.1** Bachelor of Arts *baccalaureus in de letteren;* Master of Arts ⟨ong.⟩ *doctorandus in de letteren;* Faculty of Arts *faculteit der letteren.*

art[2] ⟨2e pers. enk.⟩ →**be.**

artefact, artifact [a:tifækt] **0.1** ***artefact*** ⇒*kunstvoorwerp, kunstproduct.*

arterial [a:tiəriəl] **0.1** ***slagaderlijk*** ⇒*arterieel* ◆ **1.1** ⟨fig.⟩ ~ road *verkeersader.*

arteriosclerosis [a:tiərie·oosklirroosis]⟨mv.: arterioscleroses [-sie:z]⟩ **0.1** ***arteriosclerose*** ⇒*aderverkalking.*

arter|y [a:tərie] ⟨mv.: -ies⟩ **0.1** ***slagader*** ⇒⟨fig.⟩ *(verkeers/handels)ader.*

artesian [a:tie:ziən] **0.1** ***artesisch*** ◆ **1.1** ~ well *artesische put, welput.*

art form **0.1** ***kunstvorm.***

artful [a:tf(ə)l] ⟨-ness⟩ **0.1** ***listig*** ⇒*spitsvondig, geraffineerd, gewiekst.*

art gallery **0.1** ***kunstgalerij*** ⇒*galerie.*

arthritic [a:θrittik] **0.1** ⟨bn.⟩ ***jichtig*** ⇒*artritisch* **0.2** ⟨zn.⟩ ***artritispatiënt*** ⇒*iem. met jicht/gewrichtsontsteking.*

arthritis [a:θrajtis] **0.1** ***artritis*** ⇒*jicht, gewrichtsontsteking.*

arthropod [a:θrəpod] ⟨biol.⟩ **0.1** ***geleedpotige.***

arthrosis [a:θroosis] ⟨med.⟩ **0.1** ***artrose*** ⟨degeneratie v.e. gewricht⟩.

Arthurian [a:θjoeəriən] ◆ **1.¶** ~ legends *Arthurlegenden.*

artic [a:tik] ⟨verk.⟩ [articulated lorry] ⟨inf.⟩ **0.1** ***truck met oplegger.***

artichoke [a:titsjook] ⟨plantk.⟩ **0.1** ***artisjok*** **0.2** ***(wortelknol v.d.) aardpeer.***

article[1] [a:tikl] I ⟨telb.zn.⟩ **0.1** ***artikel*** ⇒*stuk, tekstfragment* **0.2** ⟨jur.⟩ ***artikel*** ⇒*bepaling* **0.3** ⟨hand.⟩ ***artikel*** ⇒*koopwaar, handelswaar* **0.4** ⟨taal.⟩ ***lidwoord*** ⇒*artikel* ◆ **1.1** ~ of faith *geloofsartikel;* a newspaper ~ *een krantenartikel* **1.3** ~ of clothing *kledingstuk;* ~ of furniture *meubel(stuk)* **2.4** definite/indefinite ~ *bepaald/onbepaald lidwoord* **3.1** leading ~ *hoofdartikel;*

II ⟨mv.⟩ **0.1** ***contract*** ⇒*statuten, akten* **0.2** ***leerovereenkomst*** ⇒⟨AZN⟩ *leercontract* ◆ **1.1** ~s of association *statuten;* Articles of war *krijgsartikelen* **1.2** ~s of apprenticeship *leerovereenkomst* **3.1** draw up the ~s *de statuten opmaken* **3.2** serve one's ~s *in de leer zijn.*

article[2] ⟨ww.⟩ **0.1** ***in de leer doen*** ⇒*als stagiair(e) aannemen* **0.2** ***contractueel binden*** ◆ **6.1** be ~d **to** *in de leer zijn bij, als stagiair(e) werkzaam zijn bij.*

articulacy [a:tikjələsie] **0.1** ***duidelijkheid*** **0.2** ***gearticuleerdheid.***

articulate[1] [a:tikjoelət] ⟨bn.; -ness⟩ **0.1** ***zich goed/duidelijk uitdrukkend*** ⟨persoon⟩ **0.2** ***duidelijk*** ⇒*helder (uitgedrukt/verwoord)* ⟨gedachte e.d.⟩ **0.3** ***gearticuleerd*** ⇒*duidelijk (uit)sprekend* **0.4** ***geleed*** ⇒*met gewrichten, scharnierend* ◆ **1.2** give ~ expression to *helder verwoorden.*

articulate[2] [a:tikjoeleet] I ⟨onov.ww.⟩ **0.1** ***duidelijk spreken*** ⇒*articuleren;*

II ⟨ov.ww.⟩ **0.1** ***articuleren*** ⇒*duidelijk uitspreken* **0.2** ***(helder) verwoorden*** ⇒*onder woorden brengen* **0.3** ⟨vnl. pass.⟩ ***aaneenkoppelen*** ⇒*(als) met gewrichten/scharnieren verbinden* ◆ **1.3** ~d bus *harmonicabus;* ~d lorry *truck met oplegger.*

articulation [a:tikjoeleesjn] **0.1** ***verbindingsstuk*** ⇒*gewricht, scharnier* **0.2** ***verbinding*** ⇒*aaneenkoppeling, lidverbinding* **0.3** ***articulatie*** **0.4** ***(heldere) verwoording*** ⟨v. gevoelens bv.⟩.

artifact →**artefact.**

artifice [a:tiffis] **0.1** ***truc*** ⇒*kunstgreep, list* **0.2** ***handigheid*** ⇒*spitsvondigheid, vlugheid* **0.3** ***listigheid*** ⇒*leepheid, gewiekstheid.*

artificial [a:tiffisjl] **0.1** ***kunstmatig*** **0.2** ***kunst-*** ⇒*namaak-* **0.3** ***gekunsteld*** ⇒*gemaakt, geaffecteerd* ◆ **1.1** ~ insemination *kunstmatige inseminatie;* ~ intelligence *kunstmatige intelligentie;* ~ respiration *kunstmatige ademhaling* **1.2** ~ flowers *kunstbloemen;* ~ kidney *kunstnier;* ~ language *kunsttaal* **1.3** an ~ smile *een gemaakte glimlach.*

artificiality [a:tiffisjie·ælətie] **0.1** ***kunstmatigheid*** **0.2** ***gekunsteldheid*** ⇒*gemaaktheid.*

artillery [a:tilləriе] ⟨mil.⟩ **0.1** ***artillerie*** ⇒*geschut* **0.2** ***artillerie*** ⟨onderdeel v.h. leger⟩.

artillery|man [a:tilləriemən]⟨mv.: -men [-mən]⟩ ⟨mil.⟩ **0.1** ***artillerist.***

artisan [a:tizæn] **0.1** ***handwerksman*** ⇒*vakman, ambachtsman.*

artisanal [a:tizzənəl] **0.1** ***artisanaal*** ⇒*ambachtelijk.*

artist [a:tist] **0.1** ***artiest*** ⇒*(beeldend) kunstenaar/nares* ⟨ook fig.⟩ **0.2** ***artiest(e)*** ⇒*(uitvoerend) kunstenaar/nares* ◆ **1.1** ~ in words *woordkunstenaar.*

artiste [a:tie:st] **0.1** ***(variété)artiest(e).***

artistic [a:tistik] ⟨-ally⟩ **0.1** ***artistiek.***

artistry [a:tistrie] **0.1** ***kunstenaarstalent*** ⇒*kunstgevoel* **0.2** ***kunstbeoefening.***

artist's impression **0.1** ***robotfoto*** **0.2** ⟨tech.⟩ ***schets(tekening)*** ⟨v.e. ontwerp⟩.
artless [a:tləs] ⟨-ness⟩ **0.1** ***ongekunsteld*** ⇒*argeloos, onschuldig.*
art lover **0.1** ***kunstliefhebber.***
art nouveau [a: noe:voo] ⟨bk.⟩ **0.1** ***Jugendstil*** ⇒*art nouveau.*
art paper **0.1** ***kunstdruk(papier).***
artschool **0.1** ***kunstacademie.***
art show **0.1** ***kunsttentoonstelling.***
art theft **0.1** ***kunstroof.***
artwork **0.1** ***kunst*** **0.2** ***illustraties.***
art|y [a:tie] ⟨-iness⟩⟨vaak pej.⟩ **0.1** ***quasi-artistiek*** ⇒*kitscherig* **0.2** ***artistiekerig.***
arty-crafty ⟨pej.⟩ **0.1** ***tierelantijnerig*** ⟨v. meubelen⟩ ⇒*decoratief, ornamenteel* **0.2** ***artistiekerig.***
arty-farty →**arty.**
Aryan, Arian [eəriən] **0.1** ⟨bn.⟩ ***Arisch*** ⇒*Indo-Iraans* **0.2** ⟨zn.⟩ ***Ariër*** ⇒*Indo-Iraan* **0.3** ⟨zn.; nazisme⟩ ***Ariër.***
as[1] [əz, ⟨sterk⟩ æs] ⟨vnw.⟩⟨schr.⟩ **0.1** ***die/dat*** ◆ **4.1** the same ~ he had seen *dezelfde die hij gezien had;* such / ⟨gew.⟩ them ~ came *zij die kwamen.*
as[2] [əz, ⟨sterk⟩ æz] ⟨bw.⟩ **0.1** ***even*** ⇒*zo* ◆ **2.1** none ~ clever *niemand zo slim;* ~ good as John *zo/even braaf als John* **5.¶** ~ well *ook, evenzeer; net zo lief/goed;* ~ well as *zowel ... als, en, niet alleen ... maar ook;* in theory ~ well as in practice *zowel in theorie als in de praktijk* **6.¶** her arguments ~ **against** yours *haar argumenten tegenover die van jou;* ~ **from** now *van nu af.*
as[3] ⟨vz.⟩ **0.1** ⟨aard, rol, functie enz.⟩ ***als*** ⇒*in de rol van, in de hoedanigheid van* **0.2** ⟨vergelijking⟩ ***als*** ⇒*gelijk* ◆ **1.1** ~ a goalkeeper he's hopeless *als keeper is hij hopeloos;* starring ~ Juliet *in de rol van Juliet;* ~ a result/consequence *als gevolg, tengevolge (daarvan);* ~ a rule *in de regel, gewoonlijk* **1.2** as light ~ a feather *vederlicht* **4.2** the same ~ me *hetzelfde als ik, zoals ik, ik ook* **4.¶** ~ such *als zodanig.*
as[4] ⟨vw.⟩ **0.1** ⟨overeenstemming of vergelijking⟩ ***(zo)als*** ⇒*naarmate, naargelang* **0.2** ⟨gelijktijdigheid⟩ ***terwijl*** ⇒*toen* **0.3** ⟨reden of oorzaak⟩ ***aangezien*** ⇒*daar, omdat* ◆ **1.1** he lived ~ a hermit (would) *hij leefde als een kluizenaar* **2.1** ~ tall ~ seven feet *wel zeven voet lang* **3.1** young ~ I am *hoewel ik jong ben;* cheap ~ cars go *goedkoop voor een wagen;* he got deafer ~ he got older *hij werd steeds dover naarmate hij ouder werd;* ~ it is *op zichzelf, zoals het is;* it's bad enough ~ it is *het is zo al erg genoeg;* ~ he later realized *zoals hij later besefte;* ~ he said *zoals hij zei;* rebel ~ he was *hoewel hij een rebel was;* ~ it were *als het ware, om zo te zeggen;* ~ you were! *herstel!* **3.2** she sang ~ she scrubbed *ze zong onder 't schrobben* **3.3** ~ he was poor *daar hij arm was* **4.1** as tall ~ I *zo lang als ik;* such ~ *zoals* **5.1** so beautiful ~ to seem unreal *zo mooi dat het onwerkelijk scheen;* be so kind ~ to *wees zo goed om te* **5.¶** so ~ to be first *om de eerste te zijn* **6.¶** ~ **for/to** *wat betreft;* ~ **from**/⟨AE⟩ **of** today *vanaf vandaag, met ingang v. heden* **8.1** ~ if *alsof* **¶.1** ~ by chance *als per toeval.*
asap ⟨afk.⟩ **0.1** [as soon as possible].
ASB ⟨afk.⟩ **0.1** [Alternative Service Book].
asbestos [æzbestos] **0.1** ***asbest.***
asbestos cement **0.1** ***eterniet.***
ascend [əsend] **I** ⟨onov.ww.⟩ **0.1** ***(op)stijgen*** ⇒*omhooggaan, zich verheffen* **0.2** ***oplopen*** ⇒*zich verheffen* ⟨v. glooiing, terrein⟩ ◆ **1.1** ~ing line *opgaande lijn;*
II ⟨ov.ww.⟩ **0.1** ***opgaan*** ⇒*naar boven gaan, beklimmen* **0.2** ***bestijgen*** ⟨troon⟩.
ascendancy, ascendency [əsendənsie] **0.1** ***overwicht*** ⇒*overhand* ◆ **3.1** have/gain (the) ~ over *(het) overwicht hebben/behalen op.*
ascendant, ascendent [əsendənt] **0.1** ***stijgend*** ⇒*opklimmend* **0.2** ***dominant*** ◆ **7.¶** in the ~ *v. overwegende invloed;* ⟨inf.⟩ *opkomend.*
Ascension [əsensjn] ⟨the⟩ **0.1** ***Hemelvaart.***
Ascension Day **0.1** ***hemelvaartsdag.***
ascent [əsent] **0.1** ***be/opstijging*** ⇒*(be)klim(ming), het (op)rijzen/omhooggaan* **0.2** ***oplopende helling/glooiing*** ◆ **1.1** an ~ of the mountain *een beklimming v.d. berg* **1.2** an ~ of thirteen degrees *een helling v. dertien graden.*
ascertain [æsəteen] **0.1** ***vaststellen*** ⇒*bepalen; te weten komen, ontdekken.*
ascertainab|le [æsəteenəbl] ⟨-ly⟩ **0.1** ***achterhaalbaar*** ⇒*vast te stellen, te bepalen.*
ascetic [əsettik] **0.1** ⟨bn.; -ally⟩ ***ascetisch*** **0.2** ⟨zn.⟩ ***asceet.***
asceticism [əsettissizm] **0.1** ***ascetisme*** ⇒*ascese.*
ASCII [æskie] ⟨afk.; comp.⟩ **0.1** [American Standard Code for Information Interchange].
ascorbic [əsko:bik] **0.1** ***ascorbine-*** ◆ **1.1** ~ acid *ascorbinezuur.*
ascribable [əskrajbəbl] **0.1** ⟨+ to⟩ ***toe te schrijven (aan)*** ⇒*toe te rekenen (aan).*
ascribe [əskrajb] **0.1** ⟨+ to⟩ ***toeschrijven (aan)*** ⇒*toerekenen (aan), toekennen (aan).*
ascription [əskripsjn] **0.1** ⟨+ to⟩ ***toeschrijving (aan)*** ⇒*toerekening (aan).*
asdic [æzdik] ⟨oorspr. afk. v. anti-submarine detection investigation committee⟩ **0.1** ***asdic*** ⟨voorloper v. sonar⟩.
asepsis [æsepsis, ee-] ⟨med.⟩ **0.1** ***asepsis*** ⇒*ontsmetting* **0.2** ***aseptiek*** ⟨aseptische toestand⟩.
aseptic [əseptik, ee-] ⟨-ally⟩ **0.1** ***aseptisch*** ⇒*gesteriliseerd, steriel* ⟨ook fig.⟩ ◆ **1.1** ~ gauze *aseptisch verband, verbandgaas.*
asexual [eeseksjoeəl] ⟨zn.: **-ity**⟩ **0.1** ***aseksueel*** ⇒*geslachtloos* ⟨v. organisme⟩; *ongeslachtelijk* ⟨v. voortplanting⟩ **0.2** ***aseksueel*** ⟨fig.⟩ ⇒*niet seksueel geïnteresseerd.*
ash [æsj] **0.1** ⟨plantk.⟩ ***es(senhout)*** **0.2** ⟨mv.⟩ ***as*** ⟨ihb. na verbranding lijk, stad enz., symbool v. rouw en boete⟩ **0.3** ⟨cricket⟩ ***Ashes*** ⟨(trofee voor winnaar v.d.) reeks testmatches tussen Engeland en Australië⟩ ◆ **1.2** we are ~es and dust *wij zijn maar stof en as* **3.2** cast ~es on one's head *zijn hoofd met as bestrooien;* lay in ~es *in de as leggen.*
ashamed [əsjeemd] **0.1** ***beschaamd*** ◆ **3.1** feel ~ *zich schamen* **6.1** be ~ **for** *zich schamen/generen voor;* be ~ **of** *zich schamen over;* you should be ~ **of** yourself *je moest je schamen.*
ashbin **0.1** ***vuilnisbak*** ⇒*vuilnisvat.*
ash can ⟨AE⟩ **0.1** ***vuilnisbak*** ⇒*vuilnisvat.*
ashen [æsjn] **0.1** ***as-*** ⇒*v. as* **0.2** ***asgrauw*** ⇒*vaal* **0.3** ***(lijk)-bleek*** **0.4** ***essen-*** ⇒*es-, v.e. es.*
ashlar [æsjlə] **0.1** ***(blok) natuursteen*** ⇒*blok (behouwen) hardsteen/arduinsteen; hardstenen metselwerk.*
ashore [əsjo:] **0.1** ***kustwaarts*** ⇒*landwaarts* **0.2** ***aan land*** ⇒*aan wal, op het strand* ◆ **3.2** go ~ *aan wal gaan;* run/be driven ~ *stranden, aan de grond lopen.*
ashpan **0.1** ***asla(de).***
ashtray **0.1** ***asbak.***
Ash Wednesday **0.1** ***Aswoensdag.***
ash|y [æsjie] ⟨-ier⟩ **0.1** ***asachtig*** ⇒*met as bedekt* **0.2** ***askleurig*** ⇒*grauw, doodsbleek.*
Asia [eesjə] **0.1** ***Azië*** ◆ **2.1** ~ Minor *Klein-Azië.*
Asian [eesjn], **Asiatic** [eezie-ætik] **0.1** ⟨bn.⟩ ***Aziatisch*** **0.2** ⟨zn.⟩ ***Aziaat*** ◆ **1.1** Asian flu *A-griep.*
aside[1] [əsajd] ⟨zn.⟩ **0.1** ⟨dram.⟩ ***terzijde*** **0.2** ***terloopse opmerking.***

aside[2] ⟨bw.⟩ **0.1** ***terzijde*** ⇒*opzij, zijwaarts* ◆ **3.1** ⟨fig.⟩ brush ~ protests *protesten naast zich neerleggen;* ⟨fig.⟩ all joking ~ *in alle ernst;* ⟨fig.⟩ set ~ *opzij zetten/leggen; sparen* ⟨geld⟩; take s.o. ~ *iem. terzijde nemen* ⟨voor gesprek⟩ **6.¶** ⟨AE⟩ ~ **from** *afgezien van, behalve.*

asinine [æsinnajn] **0.1** ***ezelachtig*** ⟨meestal fig.⟩ ⇒*dwaas, idioot.*

ask [a:sk] **I** ⟨onov.ww.⟩ **0.1** ***vragen*** ⇒*informeren, navraag doen* ◆ **4.¶** ⟨inf.⟩ now you're ~ing! *dolgraag!* **6.1** ~ **about/after/for** s.o./sth. *naar iem./iets vragen;* ~ **for** advice *om raad vragen;* ⟨inf.⟩ ~ **for** it *erom vragen, het uitlokken;* ~ **for** nothing better *niets liever willen;* ~ **for** trouble *om moeilijkheden vragen;*
II ⟨ov.ww.⟩ **0.1** ***vragen*** ⇒*verzoeken* **0.2** ***eisen*** ⇒*verlangen* **0.3** ***vragen*** ⇒*uitnodigen* ◆ **1.1** ~ s.o. a question *iem. een vraag stellen* **4.1** ⟨inf.⟩ ~ me another *daar vraag je me wat* **4.2** that's too much to ~ *dat is teveel gevraagd* **4.¶** stop it, I ~ you! *hou ermee op, alsjeblieft!;* ⟨inf.⟩ if you ~ me *volgens mij, als je het mij vraagt* **5.3** ~ s.o. **in** *iem. vragen binnen te komen;* ~ s.o. **out/over** for dinner *iem. voor een etentje uitnodigen;* ~ s.o. **round** *iem. thuis uitnodigen* **6.1** it's yours **for** the ~ing *je hebt er maar om te vragen;* ~ a favour **of** s.o. *iem. om een gunst vragen;* ⟨schr.⟩ ~ a question **of** s.o. *iem. een vraag stellen* **6.2** this job ~s a great deal **of** me *deze baan vergt veel v. mijn krachten.*

askance [əska:ns] **0.1** ***achterdochtig*** ⇒*wantrouwend* ◆ **3.1** look ~ at s.o./sth. *iem./iets wantrouwend aankijken/bekijken.*

askew [əskjoe:] **0.1** ***scheef*** ⇒*schuin.*

asking price **0.1** ***vraagprijs.***

aslant [əsla:nt] **0.1** ⟨bw.⟩ ***schuin*** ⇒*naar één kant* **0.2** ⟨vz.⟩ ***schuin over*** ◆ **3.1** he held it ~ *hij hield het schuin.*

asleep [əslie:p] **0.1** ***in slaap*** ⇒*slapend, sluimerend* ◆ **1.¶** my arm is ~ *mijn arm slaapt* **3.1** fall ~ *in slaap vallen* **5.1** fast/sound ~ *in een diepe slaap.*

ASLEF [æzlef] ⟨afk.; BE⟩ **0.1** [Associated Society of Locomotive Engineers and Firemen].

A/S level ⟨afk.⟩ **0.1** [Advanced Supplementary level] ***A/S niveau*** ⟨vanaf 1989 nemen vwo-eindexamenkandidaten 2 vakken op A-niveau en 2 op A/S-niveau ipv. 3 op A-niveau⟩.

asocial [eesoosjl] **0.1** ***asociaal.***

asp [æsp] **0.1** ***aspisadder.***

asparagus [əspærəgəs] ⟨mv.: ook asparagus⟩ **0.1** ***asperge.***

asparagus tip **0.1** ***aspergepunt*** ⇒*aspergekop.*

aspartame [əspa:teem] **0.1** ***aspartaam*** ⟨zoetstof⟩.

aspect [æspekt] **0.1** ***gezichtspunt*** ⇒*oogpunt* **0.2** ***ligging*** ⇒*uitzicht* ⟨v. huis, kamer, landschap⟩ **0.3** ***zijde*** ⇒*kant, facet* **0.4** ***aspect*** ⟨ook v. planeten⟩ **0.5** ***aanblik*** ⇒*voorkomen, uiterlijk* ◆ **3.2** a house with a south-facing ~ *een huis dat op het zuiden ligt.*

aspen [æspən] **0.1** ***esp(enboom)*** ⇒*ratelpopulier.*

asperit|y [æsperrətie] ⟨mv.: -ies⟩ **0.1** ⟨vnl. mv.⟩ ***ruw woord*** ⇒*onvriendelijke opmerking* **0.2** ⟨vnl. mv.⟩ ***misère*** ⇒*narigheid, guurheid* **0.3** ***ruwheid*** ⇒*scherpheid, wrangheid.*

aspersion [əspə:sjn] **0.1** ***laster*** ⇒*belastering* ◆ **3.1** cast ~s on/upon s.o. *iem. belasteren.*

asphalt [æsfælt] **0.1** ⟨zn.⟩ ***asfalt*** **0.2** ⟨ww.⟩ ***asfalteren.***

asphalt jungle **0.1** ***grote stad*** ⇒*grotestadsleven.*

asphodel [æsfədel] ⟨mv.: asphodel⟩ ⟨plantk.⟩ **0.1** ***affodil(le)*** ⇒*slaaplelie.*

asphyxia [æsfiksiə] **0.1** ***verstikking(sdood).***

asphyxi|ate [æsfiksie·eet] **I** ⟨onov.ww.; zn.: **-ation**⟩ **0.1** ***verstikken*** ⇒*de verstikkingsdood sterven;*
II ⟨ov.ww.⟩ **0.1** ***doen stikken*** ⇒*asfyxiëren.*

aspic [æspik] ⟨cul.⟩ **0.1** ***aspic*** ⇒*gelei.*

aspidistra [æspiddistrə] ⟨plantk.⟩ **0.1** ***aspidistra.***

aspirant [əspajjərənt] **0.1** ***iem. die een machtspositie zoekt*** ⇒*kandidaat.*

aspirate [æspirreet] **0.1** ⟨med.⟩ ***opzuigen*** ⇒*door zuigen verwijderen* **0.2** ⟨taal.⟩ ***aspireren.***

aspiration [æspirreesjn] **0.1** ***aspiratie*** ⇒*streven, ambitie* **0.2** ***inademing*** **0.3** ⟨med.⟩ ***aspiratie*** ⇒*op/weg/afzuiging* **0.4** ⟨taal.⟩ ***aspiratie.***

aspirator [æspirreetə] ⟨tech.⟩ **0.1** ***zuigpomp.***

aspire [əspajjə] **0.1** ***sterk verlangen*** ⇒*streven, aspireren* ◆ **6.1** ~ **after/to** sth. *naar iets streven/verlangen.*

aspirin [æsprin] ⟨mv.: ook aspirin⟩ **0.1** ***aspirine*** ⇒*aspirientje.*

aspiring [əspajjəring] **0.1** ***strevend*** ⇒*verlangend* **0.2** ***eerzuchtig.***

ass [æs] **0.1** ***ezel*** ⟨ook fig.⟩ ⇒*domoor* **0.2** ⟨AE; zeer inf.⟩ ***reet*** ⇒*kont* ◆ **1.¶** ⟨AE; zeer inf.⟩ a bit/piece of ~ *een lekker stuk* **3.1** make an ~ of o.s. *zichzelf belachelijk maken* **3.2** get your ~ over here *kom verdomme hierheen.*

ass about, ass around ⟨inf.⟩ **0.1** ***(aan)klooien*** ⇒*aanrotzooien.*

assagai, assegai [æsigaj] **0.1** ***assegaai*** ⇒*werpspies.*

assail [əseel] ⟨schr.⟩ **0.1** ***aanvallen*** ⟨ook fig.⟩ ⇒*overvallen* ◆ **6.1** ~ s.o. **with** questions *iem. met vragen bestoken;* be ~ed **with/by** doubt *overmand zijn door twijfel.*

assailant [əseelənt] **0.1** ***aanvaller.***

assassin [əsæsin] **0.1** ***moordenaar*** ⇒*sluipmoordenaar, huurmoordenaar.*

assassin|ate [əsæsinneet] ⟨zn.: **-ation**⟩ **0.1** ***vermoorden*** ⟨ihb. prominenten⟩ **0.2** ***vernietigen*** ⟨reputatie⟩.

assassination attempt **0.1** ***moordaanslag.***

assault[1] [əso:lt] ⟨zn.⟩ **0.1** ***aanval*** ⟨ook fig.⟩ **0.2** ⟨mil.⟩ ***bestorming*** **0.3** ⟨euf.⟩ ***aanranding*** **0.4** ⟨jur.⟩ ***daadwerkelijke bedreiging/belediging*** ◆ **1.4** ~ and battery *mishandeling, geweldpleging* **6.1** make an ~ **(up)on** sth. *op iets een aanval doen* **6.2** carry/take **by** ~ *stormenderhand innemen.* →**indecent.**

assault[2] ⟨ww.⟩ **0.1** ***aanvallen*** ⟨ook fig.⟩ **0.2** ⟨mil.⟩ ***bestormen*** **0.3** ⟨euf.⟩ ***aanranden.***

assault course ⟨mil.⟩ **0.1** ***stormbaan.***

assault craft ⟨mil.⟩ **0.1** ***lichte aanvalsboot*** ⇒*licht landingsvaartuig.*

assault troops **0.1** ***stormtroepen.***

assay[1] [əsee] ⟨zn.⟩ **0.1** ***analyse*** ⇒*keuring, vaststelling v. gehalte;* ⟨v. metaal, erts⟩ *essaai.*

assay[2] [əsee] ⟨ww.⟩ **0.1** ***analyseren*** ⇒*keuren* ⟨metaal, erts⟩ **0.2** ⟨schr.⟩ ***pogen*** ⇒*proberen.*

assegai →**assagai.**

assemblage [əsemblidzj] **0.1** ***verzameling*** ⇒*collectie;* ⟨ook scherts. voor personen⟩ *groep, vereniging* **0.2** ⟨tech.⟩ ***assemblage*** ⇒*montage.*

assemble [əsembl] **I** ⟨onov.ww.⟩ **0.1** ***zich verzamelen*** ⇒*samenkomen;*
II ⟨ov.ww.⟩ **0.1** ***assembleren*** ⇒*samenbrengen, verenigen;* ⟨tech.⟩ *in elkaar zetten, monteren* **0.2** ***ordenen*** **0.3** ⟨comp.⟩ ***assembleren*** ⟨omzetten v.e. programma in binaire machinetaal⟩.

assembler [əsemblə] **0.1** ⟨comp.⟩ ***assembleerprogramma*** ⇒*compilatieprogramma.*

assembl|y [əsemblie] ⟨mv.: -ies⟩ **0.1** ***samenkomst*** ⇒*vergadering, verzameling* **0.2** ***assemblage*** ⇒*samenvoeging, montage* **0.3** ⟨ww. enk. of mv.⟩ ***assemblee.***

assembly hall **0.1** ***montagehal*** ⇒*montagewerkplaats* **0.2** ***aula*** ⇒*vergaderzaal.*

assembly language, assembler language ⟨comp.⟩ 0.1 *assembleertaal.*
assembly line 0.1 *montageband* ⇒*lopende band.*
assembly|man [əsembliemən], **assemblywoman** ⟨mv.: -men [-mən]⟩ 0.1 *lid v.e. assemblee.*
assembly room 0.1 *montagehal* ⇒*montagewerkplaats* 0.2 ⟨vaak mv.⟩ *balzaal* ⇒*aula, vergaderzaal.*
assembly shop 0.1 *montagehal* ⇒*montagewerkplaats.*
assent[1] [əsent] ⟨zn.⟩ 0.1 *toestemming* ⇒*instemming, aanvaarding* ◆ 2.1 royal ~ *koninklijke bekrachtiging* ⟨v. wet⟩ 6.1 **by** common ~ *met algemene stemmen, unaniem.*
assent[2] ⟨ww.⟩⟨schr.⟩ 0.1 *toestemmen* ⇒*instemmen, aanvaarden* ◆ 6.1 ~ **to** sth. *met iets instemmen.*
assert [əsə:t] 0.1 *beweren* ⇒*verklaren* 0.2 *handhaven* ⇒ *laten/doen gelden, opkomen voor* ⟨rechten⟩ ◆ 1.2 ~ one's influence *zijn invloed doen gelden* 4.2 ~ o.s. *op zijn recht staan, zich laten gelden.*
assertion [əsə:sjn] 0.1 *bewering* ⇒*verklaring* 0.2 *handhaving* ⇒*verdediging.*
assertive [əsə:tiv] ⟨-ness⟩ 0.1 *stellig* ⇒*uitdrukkelijk, beslist* 0.2 *zelfbewust* ⇒*zelfverzekerd, assertief.*
assertiveness training 0.1 *assertiviteitstraining.*
assertivity [æsə:tivvittie] ⟨psych.⟩ 0.1 *assertiviteit* ⇒*zelfverzekerdheid.*
assess [əses] 0.1 *bepalen* ⇒*vaststellen* ⟨waarde, bedrag, schade⟩ 0.2 *belasten* ⇒*aanslaan* ⟨persoon, goed⟩ 0.3 *taxeren* ⇒*schatten, ramen;* ⟨fig. vnl.⟩ *beoordelen, inschatten* 0.4 *beboeten* ◆ 1.3 ~ the situation *de situatie beoordelen* 6.1 damages were ~ed **at** £50 *er werd voor £50 schade vastgesteld* 6.2 the house was ~ed **at** £50 *het huis werd aangeslagen voor een bedrag v. £50.*
assessment [əsesmənt] 0.1 *belasting* ⇒*aanslag* 0.2 *schatting* ⇒*taxatie, raming* 0.3 *vaststelling* ⇒*bepaling* 0.4 *beoordeling* ⇒*inschatting.*
assessment notice 0.1 *aanslagbiljet.*
assessor [əsessə] 0.1 *taxateur* ⇒*schade-expert.*
asset [æset] I ⟨telb.zn.⟩ 0.1 *goed* ⇒*bezit;* ⟨fig. ook⟩ *waardevolle/nuttige eigenschap, deugd, pluspunt, aanwinst* 0.2 ⟨ec.⟩ *creditpost* ◆ 2.1 health is the greatest ~ *gezondheid is het hoogste goed* 4.1 he's an ~ to the team *hij is een grote aanwinst voor het team;*
II ⟨mv.⟩⟨ec.⟩ 0.1 *activa* ⇒*baten, bedrijfsmiddelen* ◆ 1.1 ~s and liabilities *activa en passiva, baten en lasten* 2.1 available ~s *beschikbare activa;* current/circulating/floating ~s *vlottende activa;* fixed/permanent ~s *vaste/vastliggende activa;* fluid ~s *liquide middelen;* (in)tangible ~s *(im)materiële activa;* liquid ~s *liquide activa;* net ~s *netto activa;* real ~s *onroerende activa, onroerend vermogen;* realizable ~s *realiseerbare activa;* unproductive ~s *dood kapitaal.*
asset management 0.1 *vermogensbeheer.*
asset-stripping 0.1 *verkoop v. waardevolle activa* ⟨na overname slechtlopend bedrijf⟩.
assever|ate [əsevvəreet] ⟨zn.: **-ation**⟩⟨schr.⟩ 0.1 *plechtig verklaren.*
asshole ⟨vulg.⟩ 0.1 *reet* 0.2 *klootzak* ⇒*lul.*
assiduit|y [æsidjoe:ətie] ⟨mv.: -ies⟩⟨schr.⟩ 0.1 ⟨vnl. mv.⟩ *attentie* ⇒*voortdurende aandacht* 0.2 *volharding* ⇒*onverdroten ijver/inspanning.*
assiduous [əsidjoeəs] 0.1 *volhardend* ⇒*toegewijd, vlijtig.*
assign [əsajn] 0.1 *toewijzen* ⇒*toekennen, aanwijzen* 0.2 *bepalen* ⇒*vaststellen* ⟨dag, datum⟩; *opgeven, aanwijzen* ⟨als reden, oorzaak⟩ 0.3 *aanwijzen* ⇒*aanstellen, benoemen* ◆ 1.1 ~ s.o. a task *iem. een taak toebedelen* 6.3 ~ s.o. **to** a post *iem. in een functie benoemen.*
assignab|le [əsajnəbl] ⟨-ly⟩ 0.1 *toewijsbaar* ⇒*toe te schrijven* 0.2 *aanwijsbaar* ⇒*vast te stellen.*
assignation [æsigneesjn] 0.1 *afspraak* ⇒*rendez-vous* ⟨vnl. clandestien⟩.
assignment [əsajnmənt] 0.1 *taak* ⇒*opdracht;* ⟨AE; school.⟩ *huiswerk, taak* 0.2 *toewijzing* ⇒*toekenning, bestemming.*
assimilate [əsimmilleet] I ⟨onov.ww.⟩ 0.1 *zich assimileren* ⇒*opgenomen worden, gelijk worden/zijn* ◆ 6.1 ~ **into/with** sth. *opgenomen worden in/zich assimileren met iets;*
II ⟨ov.ww.⟩ 0.1 *assimileren* ⇒*gelijk maken, opnemen* ⟨ook fig.⟩ 0.2 *opnemen* ⟨voedsel⟩ 0.3 *in zich opnemen* ⇒*verwerken* ⟨kennis e.d.⟩.
assist [əsist] 0.1 *helpen* ⇒*bijstaan, assisteren.*
assistance [əsistəns] 0.1 *hulp* ⇒*bijstand, assistentie.*
assistant[1] [əsistənt] ⟨zn.⟩ 0.1 *helper* ⇒*assistent, adjunct* 0.2 *bediende* ⇒*hulpje.*
assistant[2] ⟨bn.⟩ 0.1 *assistent-* ⇒*hulp-, ondergeschikt* ◆ 1.1 ⟨AE⟩ ~ professor ⟨ong.⟩ *wetenschappelijk assistent/(hoofd)medewerker.*
assistantship [əsistəntsjip] 0.1 *assistentschap.*
Assizes [əsajzəz] ⟨mv.⟩⟨BE⟩ 0.1 *zittingen* ⇒*sessies* ⟨van rechtsprekend orgaan in graafschap, tot 1971⟩.
associate[1] [əsoosjiət, -sjət] ⟨zn.⟩ 0.1 *partner* ⇒*compagnon* 0.2 *(met)gezel* ⇒*kameraad, makker.*
associate[2] ⟨bn.⟩ 0.1 *toegevoegd* ⇒*bijgevoegd, mede-* ◆ 1.1 ~ member *buitengewoon lid;* ⟨AE⟩ ~ professor ⟨ong.⟩ *universitair hoofddocent.*
associate[3] [əsoosjie·eet, əsoosie-] I ⟨onov.ww.⟩ 0.1 *zich verenigen* ⇒*zich associëren* 0.2 ⟨+with⟩ *omgaan (met);*
II ⟨ov.ww.⟩ 0.1 *verenigen* ⇒*verbinden;* ⟨ook fig.⟩ *associëren, in verband brengen* ◆ 6.1 ~ o.s. **with** *zich verenigen met/aansluiten bij;* I always ~ this **with** my earliest childhood *dat doet me altijd aan mijn vroegste kinderjaren denken;* closely ~d **with** *nauw betrokken bij.*
association [əsoosjie·eesjn, əsoosie-] 0.1 *vereniging* ⇒*genootschap, gezelschap, bond* 0.2 *associatie* ⇒*verband, verbinding* 0.3 *samenwerking* ⇒*connectie* 0.4 *omgang* ⇒ *vriendschap* ◆ 1.1 articles/deed of ~ *statuten (v. handelsvennootschap)* 6.3 **in** ~ **with** *samen/in samenwerking met.*
Association football ⟨BE⟩ 0.1 *voetbal.*
assonance [æsənəns] 0.1 *assonantie* ⇒*halfrijm, klinkerrijm.*
assort [əso:t] 0.1 *(as)sorteren* ⇒*ordenen, classificeren.*
assorted [əso:tid] 0.1 *geassorteerd* ⇒*gemengd, gevarieerd* 0.2 *bij elkaar passend* ◆ 5.2 ill-/well-~ *slecht/goed bij elkaar passend.*
assortment [əso:tmənt] 0.1 *assortiment* ⇒*collectie, ruime keuze* 0.2 *sortering* ⇒*ordening, classificering.*
asst. ⟨afk.⟩ 0.1 [assistant].
assuage [əsweedzj] 0.1 *kalmeren* ⇒*verzachten, verlichten, (tot) bedaren (brengen)* 0.2 *bevredigen* ⇒*stillen* ⟨honger, verlangen⟩; *lessen* ⟨dorst⟩.
assume [əsjoe:m] 0.1 *aannemen* ⇒*vermoeden, veronderstellen* 0.2 *overnemen* ⇒*nemen, grijpen* 0.3 *op zich nemen* 0.4 *veinzen* ⇒*voorwenden* ◆ 1.3 he ~d the role of benefactor *hij speelde de weldoener;* ~ one's duties *zijn taak aanvangen* ¶.1 ~ he's coming, what'll we do then? *stel dat hij komt, wat doen we dan?*
assumed [əsjoe:md] 0.1 *aangenomen* ⇒*voorgewend, verzonnen* 0.2 *aangenomen* ⇒*verondersteld* ◆ 1.1 ~ name *aangenomen naam, schuilnaam.*
assuming [əsjoe:ming] 0.1 *ervan uitgaande dat.*
assumption [əsum(p)sjn] 0.1 *vermoeden* ⇒*(ver)onderstelling, aanname* 0.2 *overname* 0.3 *gespeelde rol* ◆ 6.2 ~ of

power *machtsovername* **6.3 with** an ~ **of** modesty *met gespeelde bescheidenheid.*

assurance [əsjoeərəns] **I** ⟨telb.zn.⟩ **0.1** ***verzekering*** *⇒belofte, garantie* ◆ **3.1** give s.o. one's ~ that *iem. verzekeren dat;*
II ⟨n.-telb.zn.⟩ **0.1** ***zekerheid*** *⇒vertrouwen* **0.2** ***zelfvertrouwen*** **0.3** ⟨BE⟩ ***assurantie*** *⇒verzekering,* ⟨ihb.⟩ *levensverzekering.*

assure [əsjoeə] **0.1** ***verzekeren*** **0.2** ⟨BE⟩ ***assureren*** *⇒verzekeren* ◆ **4.1** I ~ you that *ik verzeker je dat* **6.1** ~ s.o. **of** one's support *iem. v. zijn steun verzekeren.*

assured[1] [əsjoeəd] ⟨zn.; mv.: assured; the⟩⟨BE⟩ **0.1** ***verzekerde*** *⇒verzekeringnemer* ⟨vnl. v. levensverzekering⟩.

assured[2] ⟨bn.⟩ **0.1** ***zelfverzekerd*** *⇒zelfbewust, overtuigd* **0.2** ***zeker*** *⇒stellig, verzekerd* ◆ **3.2** you may rest ~ that *u mag erop vertrouwen dat.*

Assyrian [əsirriən] **0.1** ⟨bn.⟩ ***Assyrisch*** **0.2** ⟨eig.n.⟩ ***Assyrisch*** ⟨taal⟩ **0.3** ⟨zn.⟩ ***Assyriër.***

aster [æstə] **0.1** ***aster.***

asterisk [æstərisk] **0.1** ⟨zn.⟩ ***asterisk*** *⇒sterretje* **0.2** ⟨ww.⟩ ***met een asterisk aanduiden.***

astern [əstə:n] ⟨scheep.⟩ **0.1** ***achteruit*** *⇒(naar) achter(en)* ◆ **3.1** fall ~ (of) *achter(op) raken (bij).*

asteroid [æstərojd] **0.1** ***asteroïde*** *⇒kleine planeet, planetoïde.*

asthma [æsmə] **0.1** ***astma.***

asthmatic [æsmætik] ⟨med.⟩ **0.1** ⟨bn.⟩ ***astmatisch*** **0.2** ⟨zn.⟩ ***astmalijder*** *⇒astmaticus.*

astir [əstə:] **0.1** ***op(ge)staan*** *⇒op de been, wakker* **0.2** ***opgewonden*** *⇒geestdriftig.*

astonish [əstonnisj] **0.1** ***verbazen*** *⇒versteld doen staan* ◆ **6.1** be ~ed **at** sth. *zich over iets verbazen, stomverbaasd zijn over iets.*

astonishing [əstonnisjing] **0.1** ***verbazingwekkend.***

astonishment [əstonnisjmənt] **0.1** ***verbazing.***

astound [əstaund] **0.1** ***ontzetten*** *⇒verbazen, schokken.*

astounding [əstaunding] **0.1** ***verbazingwekkend.***

astrakhan, astrachan [æstrəkæn] **0.1** ***astrakan(bont/vel).***

astral [æstrəl] **0.1** ***astraal*** *⇒sterren-.*

astray [əstree] **0.1** ***verdwaald*** ◆ **3.1** go ~ *verdwalen, de verkeerde weg opgaan;* lead s.o. ~ *iem. op een dwaalspoor/het slechte pad brengen.*

astride[1] [əstrajd] ⟨bw.⟩ **0.1** ***schrijlings*** *⇒wijdbeens, dwars* ◆ **3.1** she rode ~ *ze reed schrijlings.*

astride[2] ⟨vz.⟩ **0.1** ***schrijlings over*** *⇒aan beide kanten v.* ◆ **1.1** she sat ~ her horse *ze zat schrijlings op haar paard.*

astring|ent [əstrindzjənt] ⟨zn.: **-ency**⟩ **0.1** ***streng*** *⇒scherp, bitter, nors.*

astrologer [əstrollədzjə] **0.1** ***astroloog*** *⇒sterrenwichelaar.*

astrologic|al [æstrəlodzjikl] ⟨-ally⟩ **0.1** ***astrologisch.***

astrology [əstrollədzjie] **0.1** ***astrologie.***

astronaut [æstrəno:t] **0.1** ***astronaut*** *⇒ruimtevaarder.*

astronautics [æstrəno:tiks] ⟨ww. steeds enk.⟩ **0.1** ***astronautica*** *⇒ruimtevaartwetenschap/technologie.*

astronomer [əstronnəmə] **0.1** ***astronoom*** *⇒sterrenkundige.*

astronomical [æstrənommikl] **0.1** ***astronomisch*** ⟨ook fig.⟩ *⇒sterrenkundig.*

astronomy [əstronnəmie] **0.1** ***astronomie*** *⇒sterrenkunde.*

astrophysics [æstroofizziks] ⟨ww. steeds enk.⟩ **0.1** ***astrofysica.***

Astroturf [æstrootə:f] ⟨merknaam⟩ **0.1** ***kunstgras.***

astute [əstjoe:t] ⟨-ness⟩ **0.1** ***scherpzinnig*** *⇒schrander, slim, sluw.*

asunder [əsundə] ⟨schr.⟩ **0.1** ***van/uit elkaar*** *⇒gescheiden* **0.2** ***in stukken*** *⇒stuk* ◆ **3.2** tear ~ *stukscheuren.*

asylum [əsajləm] **0.1** ***asiel*** *⇒toevlucht(soord)* **0.2** ⟨verouderend⟩ ***(krankzinnigen)gesticht*** ◆ **2.1** political ~ *politiek asiel.*

asylum country **0.1** ***asielland.***

asymmetric|(al) [eesimmetrik(l), æ-] ⟨-ally⟩ **0.1** ***asymmetrisch*** ◆ **1.1** ⟨turnen⟩ ~ bars *brug met ongelijke leggers.*

asymmetry [eesimmətrie] **0.1** ***asymmetrie*** *⇒het niet-symmetrisch zijn.*

asymptote [æsim(p)toot] ⟨wisk.⟩ **0.1** ***asymptoot.***

at [ət, ⟨sterk⟩ æt] **0.1** ⟨plaats, tijd, punt op een schaal⟩ ***aan*** *⇒ te, in, op, bij* ⟨enz.⟩ **0.2** ⟨doel of richting⟩ ***naar*** **0.3** ⟨activiteit of beroep⟩ ***bezig met*** **0.4** ⟨vaardigheid⟩ ***op het gebied van*** **0.5** ⟨omstandigheid of een toestand⟩ ***(verkerend) in*** **0.6** ***door*** *⇒naar aanleiding van, als gevolg van, door middel van, via* ◆ **1.1** ~ my aunt's *bij mijn tante;* ~ Christmas *met Kerstmis;* ~ the corner *op de hoek;* bake ~ 150° degrees centigrade *bakken bij een temperatuur v. 150° Celsius;* ~ dinner *bij het diner;* ~ 20 miles an hour *met 20 mijl per uur;* ~ noon *'s middags;* cheap ~ 10 p. *goedkoop voor 10 pence;* I am still ~ school *ik zit nog op school;* ~ sea *op zee;* ~ full speed *in volle vaart;* ~ that time *toen, in die tijd* **1.2** ⟨fig.⟩ she's always ~ Mary *ze valt Mary voortdurend lastig;* the president is hard to get ~ *het is moeilijk om de president te pakken te krijgen;* somebody has been ~ my things *iemand heeft in mijn spullen geneusd/gerommeld* **1.3** I was ~ my sums *ik was bezig mijn sommen te maken;* ~ work *aan het werk* **1.4** an expert ~ chess *een expert in het schaakspel* **1.5** nations ~ war *landen in oorlog (met elkaar)* **1.6** ~ my command *op mijn bevel;* have men ~ one's command *het bevel voeren over mannen;* ~ a glance *met/in één oogopslag* **4.1** ~ forty *op veertigjarige leeftijd;* we'll leave it ~ that *we zullen het daarbij laten;* ⟨sl.⟩ where it's ~ *waar het om draait, de essentie; waar het te doen is* **4.3** they're ~ it again *ze zijn weer bezig;* he doesn't know what he's ~ *hij weet niet wat hij doet/wil.* **→that.**

atavism [ætəvizm] **0.1** ***atavisme*** *⇒terugslag.*

atavistic [ætəvistik] ⟨-ally⟩ **0.1** ***atavistisch.***

atchoo [ətsjoe:] ⟨AE⟩ **0.1** ***hatsjie.***

ate [et] ⟨verl. t.⟩ **→eat.**

atelier [ətellie·ee] **0.1** ***atelier.***

atheism [eeθie·izm] **0.1** ***atheïsme*** *⇒godloochening.*

atheist [eeθie·ist] ⟨bn.: **-ic**⟩ **0.1** ***atheïst*** *⇒godloochenaar.*

Athenian [əθie:niən] **0.1** ⟨bn.⟩ ***Atheens*** **0.2** ⟨zn.⟩ ***Athener.***

Athens [æθinz] **0.1** ***Athene.***

athlete [æθlie:t] **0.1** ***atleet.***

athletic [æθlettik, əθ-] ⟨-ally⟩ **0.1** ***atletisch*** *⇒atletiek-* **0.2** ***atletisch*** *⇒sterk, groot en gespierd.*

athletics [æθlettiks, əθ-] ⟨mv.; ww. enk. of mv.⟩ **0.1** ***atletiek.***

-athon **0.1** ***marathon*** ⟨vaak voor liefdadigheidsdoeleinden⟩ ◆ **¶.1** bikeathon *fietsmarathon;* danceathon *dansmarathon;* talkathon *praatmarathon.*

atishoo [ətisjoe:], ⟨AE⟩ **atchoo, achoo** [ətsjoe:] **0.1** ***hatsjie.***

Atlantic [ətlæntik] ⟨the⟩ **0.1** ***Atlantische Oceaan.***

atlas [ætləs] **0.1** ***atlas*** **0.2** ⟨dierk.⟩ ***atlas*** *⇒bovenste halswervel.*

atmosphere [ætməsfiə] **0.1** ⟨vnl. the⟩ ***dampkring*** *⇒atmosfeer* **0.2** ***(atmo)sfeer*** *⇒stemming* **0.3** ⟨nat.⟩ ***atmosfeer*** ⟨eenheid v. druk⟩.

atmospheric [ætməsferrik] ⟨-ally⟩ **0.1** ***atmosferisch*** *⇒ lucht-, dampkrings-* **0.2** ***sfeer-*** ◆ **1.1** ⟨nat.⟩ ~ pressure *atmosferische druk* **1.2** ~ music *sfeermuziek.*

atmospherics [ætməsferriks] ⟨mv.; ww. ook enk.⟩ **0.1** ***luchtstoringen*** *⇒atmosferische storingen* ⟨op radio⟩.

atoll [ætol] ⟨aardr.⟩ **0.1** ***atol.***

atom [ætəm] **0.1** ⟨nat.⟩ ***atoom*** **0.2** ***zeer kleine hoeveelheid*** *⇒greintje.*

atom bomb 0.1 ***atoombom.***
atomic [ətommik] ⟨-ally⟩ **0.1** ***atoom-*** ⇒*kern-, atomair, nucleair* ◆ **1.1** Atomic Age *atoomtijdperk;* ~ bomb *atoombom;* ~ energy *atoomenergie;* ~ number *atoomgetal;* ~ pile *atoomreactor;* ~ power *atoomkracht; atoommogendheid;* ~ power station *kerncentrale;* ~ warfare *oorlogvoering met atoomwapens;* ~ weight *atoomgewicht.*
atomize, -ise [ætəmajz] **0.1** ***atomiseren*** ⇒*versplinteren* **0.2** ***verstuiven*** ⇒*vernevelen* **0.3** ***vernietigen door atoomwapens*** ◆ **1.2** ~d fuel *verstoven/vernevelde olie.*
atomizer [ætəmajzə] **0.1** ***verstuiver*** **0.2** ⟨landb.⟩ ***nevelspuit.***
atone for [ətoon] **0.1** ***goedmaken*** ◆ **3.1** how can I ~ being so oblivious? *hoe kan ik mijn vergeetachtigheid goedmaken?*
atonement [ətoonmənt] **0.1** ***vergoeding*** ⇒*boetedoening* ◆ **3.1** make ~ for *goedmaken* **7.1** the Atonement *het zoenoffer v. Christus.*
atop [ətop], **atop of** ⟨schr.⟩ **0.1** ***boven op*** ◆ **1.1** the cross ~ (of) the spire *het kruis boven op de torenspits.*
atrium [eetriəm]⟨mv.: atria [eetriə]⟩ **0.1** ⟨bouwk.⟩ ***atrium*** **0.2** ⟨med.⟩ ***atrium*** ⇒*boezem* ⟨v.h. hart⟩.
atrocious [ətroosjəs] ⟨-ness⟩ **0.1** ***wreed*** ⇒*monsterachtig* **0.2** ***afschuwelijk slecht.***
atrocit|y [ətrossətie] ⟨mv.: -ies⟩ **0.1** ***wreedheid*** **0.2** ***afschuwelijkheid.***
atrophy[1] [ætrəfie] ⟨zn.⟩⟨ook fig.⟩ **0.1** ***het wegkwijnen*** ⇒*het verschrompelen.*
atroph|y[2] ⟨ww.; -ied⟩⟨ook fig.⟩ **0.1** ***(doen) wegkwijnen.***
attaboy [ætəboj] ⟨inf.⟩ **0.1** ***goed zo!*** ⇒*goed gedaan!, bravo!*
attach [ətætsj] **I** ⟨onov.ww.⟩ →**attach to;**
II ⟨ov.ww.⟩ **0.1** ***(aan)hechten*** ⇒*vastmaken, verbinden, toevoegen* **0.2** ⟨+to⟩ ***detacheren (bij)*** ⇒*(tijdelijk) indelen/ te werk stellen (bij)* ◆ **1.1** ~ed you will find the documents *hierbij treft u de documenten aan* **6.1** deeply ~ed **to** her brother *zeer aan haar broer gehecht;* ~ too much importance **to** sth. *ergens te zwaar aan tillen;* ~ o.s. **to** a group *zich bij een groep aansluiten;* ~ o.s. **to** sth./s.o. *zich aan iets/iem. hechten.*
attachable [ətætsjəbl] **0.1** ***bevestigbaar*** ◆ **1.1** there is an ~ yellow glass for this camera *op dit fototoestel kun je een geelfilter zetten.*
attaché [ətæsjee] **0.1** ***attaché.***
attaché case 0.1 ***diplomatenkoffertje*** ⇒*attaché case.*
attachment [ətætsjmənt] **0.1** ***hulpstuk*** ⇒⟨in mv.⟩ *toebehoren, accessoires* **0.2** ***aanhechting*** ⇒*verbinding, toevoeging* **0.3** ***detachering*** **0.4** ***gehechtheid*** ⇒*genegenheid, trouw* ◆ **1.2** the ~s of the muscle *de aanhechting v.d. spier* **6.3** **on** ~ **from** *uitgeleend door (bedrijf enz.)* ⟨mbt. iets wat je tijdelijk niet nodig hebt⟩ **6.4** his ~ **to** the cause *zijn toewijding aan de zaak.*
attach to 0.1 ***horen bij*** ⇒*vastzitten aan* **0.2** ***toe te schrijven zijn aan*** ⇒*te wijten/danken zijn aan* ◆ **1.1** a heavy fine attaches to this infraction *er staat een zware boete op deze overtreding* **1.2** no blame attaches to him *hem treft geen blaam.*
attack[1] [ətæk] ⟨zn.⟩ **0.1** ***aanval*** ⇒*(scherpe) kritiek* **0.2** ***aanpak*** ◆ **1.1** an ~ of the blues *een neerslachtige bui* **6.1** be **under** ~ *aangevallen worden.*
attack[2] **I** ⟨onov. en ov.ww.⟩ **0.1** ***aanvallen*** ⟨ook fig.⟩ ⇒*overvallen;*
II ⟨ov.ww.⟩ **0.1** ***aantasten*** ⇒*aanvreten* **0.2** ***aanpakken*** ⟨bv. een probleem⟩.
attacker [ətækə] **0.1** ***aanvaller.***
attacking zone ⟨ijshockey⟩ **0.1** ***aanvalszone.***
attain [əteen] **0.1** ***bereiken*** ⇒*verkrijgen, verwerven* ⟨ihb. door inspanning⟩ ◆ **1.1** ~ old age *een hoge leeftijd bereiken.*
attainab|le [əteenəbl] ⟨zn.: **-ility**⟩ **0.1** ***bereikbaar*** ⇒*haalbaar.*
attainment [əteenmənt] **0.1** ⟨vnl. mv.⟩ ***verworvenheid*** ⇒*kundigheid* **0.2** ***het bereiken*** ⇒*verwerving* ◆ **1.2** the ~ of social status was her life ambition *op sociale status was heel haar leven gericht.*
attempt[1] [ətem(p)t] ⟨zn.⟩ **0.1** ⟨+to⟩ ***poging (tot)*** **0.2** ***aanval*** ⇒*aanslag* ◆ **1.1** ~ at conciliation *toenaderingspoging* **3.1** they make no ~ to change/at changing their living conditions *ze doen niets om hun levensvoorwaarden te verbeteren* **6.2** ~ **on** s.o.'s life *aanslag op iemands leven.*
attempt[2] ⟨ww.⟩ **0.1** ***pogen*** ⇒*proberen, wagen* ◆ **1.1** charged with ~ed murder *beschuldigd v.e. poging tot moord.*
attend [ətend] **I** ⟨onov.ww.⟩ **0.1** ***aanwezig zijn*** **0.2** ***opletten*** ⇒*(aandachtig) luisteren* ◆ **6.1** ~ **at** church *de dienst bijwonen.* →**attend to, attend (up)on;**
II ⟨ov.ww.⟩ **0.1** ***bijwonen*** ⇒*aanwezig zijn bij* **0.2** ***zorgen voor*** ⇒*verplegen* **0.3** ***letten op*** ⇒*bedienen* **0.4** ***begeleiden*** ⇒*vergezellen;* ⟨fig. ook⟩ *gepaard gaan met* ◆ **1.1** will you be ~ing his lecture? *ga je naar zijn lezing?* **1.3** who's ~ing this machine? *wie bedient deze machine?*
attendance [ətendəns] **0.1** ***opkomst*** ⇒*aantal aanwezigen* **0.2** ***aanwezigheid*** **0.3** ***dienst*** ⇒*toezicht* **0.4** ***bediening*** ⇒*verzorging; verpleging* ◆ **3.4** dance ~ upon s.o. *iem. op zijn wenken bedienen* **6.1** there was a large ~ **at** the meeting *er was veel volk op de bijeenkomst* **6.3** doctor **in** ~ *dienstdoende arts* **6.4** be **in** ~ **upon** s.o. *iem. bedienen, iem. verplegen.*
attendance teacher ⟨AE⟩ **0.1** ***spijbelambtenaar.***
attendant[1] [ətendənt] ⟨zn.⟩ **0.1** ***bediende*** ⇒*knecht* **0.2** ***begeleider*** ⇒*volgeling;* ⟨in mv.⟩ *gevolg* **0.3** ***bewaker*** ⇒*suppoost.*
attendant[2] ⟨bn.⟩ **0.1** ***dienend*** ⇒*dienstdoend* **0.2** ***begeleidend*** **0.3** ⟨+on⟩ ***gepaard gaand (met)*** ⇒*samengaand (met), bijkomend* ◆ **1.3** ~ circumstances *omstandigheden op dat ogenblik* **6.2** Lady L. was ~ **on** the queen *Lady L. begeleidde de koningin.*
attend to 0.1 ***aandacht schenken aan*** ⇒*luisteren naar* **0.2** ***zich inzetten voor*** ⇒*zorgen voor, bedienen* ◆ **1.2** he will ~ the business during my absence *hij past tijdens mijn afwezigheid op de zaak;* ~ s.o.'s interests *iemands belangen behartigen* **4.2** are you being attended to? *wordt u al geholpen?*
attend (up)on 0.1 ***zorgen voor*** ⇒*bijstaan, bedienen* ◆ **1.1** he will be attended on by the best doctors *hij is aan de zorgen v.d. beste dokters toevertrouwd.*
attention [ətensjn] **I** ⟨telb.zn.; vnl. mv.⟩ **0.1** ***attentie*** ⇒*hoffelijkheid* ◆ **2.1** all the little ~s we show them *al onze kleine attenties* **3.¶** pay one's ~s to s.o. *iem. het hof maken;*
II ⟨n.-telb.zn.⟩ **0.1** ***aandacht*** ⇒*zorg* **0.2** ***belangstelling*** ⇒*erkenning* ◆ **1.1** ~ Mr J. Smith *ter attentie v. dhr. J. Smith* **3.1** attract s.o.'s ~ *iemands aandacht trekken;* this plant needs a lot of ~ *deze plant vergt veel zorg;* pay ~ *opletten* **3.2** as a writer he received much ~ *als schrijver werd hij erg gewaardeerd* **3.¶** ⟨mil.⟩ come to ~ *in de houding gaan staan;* be/stand at ~ *in de houding staan* **6.1** **for** the ~ **of** *ter attentie v.* **7.1** I am all ~ *ik ben één en al aandacht* **¶.1** ~! *geef acht!*
attentive [ətentiv] ⟨-ness⟩ **0.1** ***aandachtig*** ⇒*oplettend* **0.2** ***attent*** ⇒*voorkomend, hoffelijk* ◆ **6.1** he is ~ **to** details *hij let op kleinigheden.*
attenuate[1] [ətenjoeət] ⟨bn.⟩⟨plantk.⟩ **0.1** ***puntig*** ⇒*spits gepunt, lancetvormig.*
attenu|ate[2] [ətenjoe·eet] ⟨ww.; zn.: **-ation**⟩ **0.1** ***verdunnen*** ⇒*dunner worden, versmallen* **0.2** ***verzwakken*** ⇒*verminde-*

ren; dempen ⟨geluid⟩ **0.3** ⟨schei.⟩ ***dunner/zachter/minder viskeus maken*** ⟨bv. door verwarmen⟩ ⇒*aanlengen* ◆ **1.2** with old age memories ~ *met de oude dag vervagen de herinneringen.*

attest [ətest] ⟨zn.: **-ation**⟩ **I** ⟨onov.ww.⟩ **0.1** ⟨+ to⟩ ***getuigen (van)*** ⇒*getuigenis afleggen (van);*
II ⟨ov.ww.⟩ **0.1** ***plechtig verklaren*** ⇒*officieel bevestigen* **0.2** ***getuigen van*** ⇒*betuigen* ◆ **1.1** the doctor ~ed him mad *de geneesheer gaf een krankzinnigverklaring over hem af* **1.2** the ruins ~ the city's power *de ruïnes getuigen van de macht v.d. stad.*

attic [ætik] **0.1** ***vliering*** ⇒*zolder(kamer).*

attire[1] [ətajjə] ⟨zn.⟩⟨schr.⟩ **0.1** ***gewaad*** ⇒*tooi, kledij.*

attire[2] ⟨ww.; vnl. pass.⟩⟨schr.⟩ **0.1** ***kleden*** ⇒*tooien* ◆ **6.1** ~d **in** a cloak *gehuld in een mantel.*

attitude [ætitjoe:d] **0.1** ***houding*** ⇒*stand; attitude* **0.2** ***houding*** ⇒*attitude, gedrag* **0.3** ***standpunt*** ⇒*opvatting* ◆ **1.2** ~ of mind *instelling* **3.2** strike an ~ *een pose aannemen;* try to strike a firm ~ *proberen er vastberaden uit te zien* **6.3** his ~ **towards** racism *zijn standpunt inzake racisme.*

attitudinize, -ise [ætitjoe:d(i)najz] ⟨pej.⟩ **0.1** ***poseren.***

attn ⟨afk.⟩ **0.1** [attention] ***t.a.v.***

attorney [ətə:nie] **0.1** ⟨BE⟩ ***procureur*** ⇒*gevolmachtigde* **0.2** ⟨AE⟩ ***advocaat*** ◆ **1.1** power of ~ *volmacht* **1.2** ~ at law *advocaat.*

Attorney General ⟨mv.: vnl. Attorneys General⟩ **0.1** ***procureur-generaal*** **0.2** ⟨AE⟩ ***Minister v. Justitie.***

attract [ətrækt] **0.1** ***aantrekken*** ⟨ook fig.⟩ ⇒*lokken, boeien.*

attraction [ətræksjn] **0.1** ***aantrekkelijkheid*** ⇒*aantrekking, bekoring* **0.2** ⟨nat.⟩ ***aantrekking(skracht)*** **0.3** ***attractie*** ⇒*bezienswaardigheid* ◆ **1.2** ~ of gravity *zwaartekracht* **2.1** her eyes are her greatest ~ *vooral haar ogen maken haar aantrekkelijk* **3.1** that profession has little ~ for me *dat beroep trekt me niet zo.*

attractive [ətræktiv] ⟨-ness⟩ **0.1** ***aantrekkelijk*** ⇒*attractief;* ⟨fig.⟩ *aanlokkelijk, knap* ◆ **1.¶** ⟨nat.⟩ ~ force *aantrekkingskracht.*

attributable [ətribjətəbl] **0.1** ⟨+ to⟩ ***toe te schrijven (aan)*** ⇒*toe te kennen (aan).*

attribute[1] [ætribjoe:t] ⟨zn.⟩ **0.1** ***eigenschap*** ⇒*(essentieel) kenmerk* **0.2** ***attribuut*** ⇒*kenteken, symbool.*

attribute[2] [ətribjoe:t] ⟨ww.⟩ **0.1** ***toeschrijven*** ⇒*toekennen* ◆ **6.1** his success was ~d **to** hard work *zijn succes had hij te danken aan hard werken;* ~ a play **to** Shakespeare *een stuk aan Shakespeare toeschrijven.*

attribution [ætribjoe:sjn] **0.1** ***eigenschap*** ⇒*(essentieel) kenmerk* **0.2** ***toeschrijving*** ⇒*attributie* ⟨v. werk aan een auteur⟩.

attributive [ətribjətiv] ⟨-ness⟩ **0.1** ***attributief*** ⇒*toekennend* **0.2** ⟨taal.⟩ ***attributief*** ⇒*als bijvoeglijke bepaling gebruikt.*

attrition [ətrisjn] **0.1** ***af/uitslijting door wrijving*** **0.2** ***uitputting*** **0.3** ***natuurlijk verloop*** ⟨van personeel⟩ ◆ **1.2** war of ~ *uitputtingsoorlog/slag* **3.1** this material withstands ~ *deze stof is tegen wrijving bestand* **6.3** the workforce will diminish **through** ~ *het personeelsbestand zal door natuurlijk verloop afnemen.*

attrition (out) **0.1** ***door natuurlijk verloop verminderen*** ⟨arbeidsplaatsen/krachten⟩ ⇒*door natuurlijk verloop in aantal doen afnemen* ◆ **1.1** 9000 employees were to be attritioned out *9000 arbeidskrachten zouden door natuurlijk verloop hun baan verliezen.*

attune [ətjoe:n] **0.1** ***doen overeenstemmen*** ⇒*afstemmen* ◆ **1.1** their minds were ~d *zij waren op elkaar afgestemd* **6.1** language ~d **to** a child's world *taalgebruik afgestemd op de wereld v.h. kind;* my ears are not ~d **to** modern jazz *mijn oren zijn niet gewend aan moderne jazz.*

atypical [eetippikl] **0.1** ***atypisch*** ⇒*opvallend, vreemd.*

aubergine [oobəzjie:n] ⟨vnl. BE⟩ **0.1** ***aubergine.***

auburn [o:bən] **0.1** ⟨bn.⟩ ***kastanjebruin*** ⇒*met kastanjebruin haar* **0.2** ⟨zn.⟩ ***kastanjebruin.***

auction[1] [o:ksjn] ⟨zn.⟩ **0.1** ***veiling*** ⇒*verkoop bij opbod* **0.2** ⟨kaartspel⟩ ***bieding*** ⇒*biedverloop* ◆ **1.1** ~ of an estate *veiling v.e. nalatenschap, boedelveiling* **3.1** sell by ~, put up for ~ *veilen, verkopen bij opbod.*

auction[2] ⟨ww.⟩ **0.1** ***veilen*** ⇒*verkopen bij opbod* ◆ **5.1** ~ **off** *bij opbod verkopen.*

auctioneer [o:ksjənio] **0.1** ***veilingmeester*** ⇒*veiler.*

audacious [o:deesjəs] **0.1** ***dapper*** ⇒*koen* **0.2** ***roekeloos*** **0.3** ***vrijpostig*** ⇒*brutaal* ◆ **1.1** an ~ experiment *een gewaagd experiment* **1.3** ~ speech *onbeschofte taal.*

audacit|y [o:dæsətie] **I** ⟨telb.zn.; mv.: -ies⟩ **0.1** ***dappere daad*** ⇒*waagstuk* **0.2** ***brutaliteit*** ⇒*vrijpostigheid;*
II ⟨n.-telb.zn.⟩ **0.1** ***dapperheid*** **0.2** ***roekeloosheid*** **0.3** ***vrijpostigheid*** ⇒*brutaliteit, onbeschoftheid.*

audib|le [o:dəbl] ⟨-ly; zn.: **-ility**⟩ **0.1** ***hoorbaar*** ⇒*verstaanbaar* ◆ **1.1** ~ signal *geluidssein/signaal.*

audience [o:diəns] **0.1** ⟨ww. enk. en mv.⟩ ***publiek*** ⇒*toehoorders, toeschouwers* **0.2** ⟨+ with⟩ ***audiëntie (bij)*** **0.3** ***het (aan)horen*** ◆ **3.3** give ~ to s.o. *iem. gehoor verlenen.*

audience-friendly **0.1** ***publieksvriendelijk.***

audio[1] [o:die·oo] ⟨zn.⟩ **0.1** ***geluidsweergave/ontvangst*** ⇒ *audio.*

audio[2] ⟨bn.⟩ **0.1** ***audio-*** ⇒*geluids-, gehoor-.*

audio-cassette [o:die·ookəset] **0.1** ***audiocassette*** ⇒*geluidscassette.*

audiometer [o:die·ommittə] **0.1** ***geluidmeter.***

audiosecretar|y [o:die·oosek(r)ətrie] ⟨mv.: -ies⟩ **0.1** ***audiotypist(e).***

audiotape [o:die·ooteep] **0.1** ⟨zn.⟩ ***geluidsband*** **0.2** ⟨ww.⟩ ***op geluidsband vastleggen.***

audiotypist [o:die·ootajpist] **0.1** ***audiotypist(e)*** ⇒*dictafonist(e), fonotypist(e).*

audio-visual [o:die·oovizjoeəl] **0.1** ***audiovisueel*** ◆ **1.1** ~ aids *audiovisuele middelen.*

audit[1] [o:dit] ⟨zn.⟩ **0.1** ⟨ec., jur.⟩ ***accountantsonderzoek/controle*** ⇒*het nazien v.d. boeken/rekeningen* **0.2** ⟨ec., jur.⟩ ***accountantsverslag*** **0.3** ***balans*** ⇒*afrekening.*

audit[2] ⟨ww.⟩⟨ec., jur.⟩ **0.1** ***(de boeken/rekeningen) controleren.***

audition[1] [o:disjn] ⟨zn.⟩ **0.1** ***auditie*** ⇒*proefoptreden* **0.2** ***het horen*** ⇒*het gehoor.*

audition[2] **I** ⟨onov.ww.⟩ **0.1** ***(een) auditie doen*** ⇒*voor proef optreden* ◆ **6.1** ~ **for** the lead *een auditie doen voor de hoofdrol;*
II ⟨ov.ww.⟩ **0.1** ***(iem.) (een) auditie laten doen.***

auditor [o:dittə] **0.1** ***auditor*** ⇒*toehoorder, luisteraar* **0.2** ***(register)accountant*** ⇒⟨AZN⟩ *bedrijfsrevisor.*

auditorium [o:ditto:riəm] ⟨mv.: ook auditoria [-riə]⟩ **0.1** ***gehoorzaal*** ⇒*auditorium, aula.*

auditory [o:ditrie] **0.1** ***auditief*** ⇒*gehoor-, mbt. het gehoor* ⟨vnl. med.⟩ ◆ **1.1** ~ nerve *gehoorzenuw;* ~ troubles *gehoorstoornissen.*

AUEW ⟨afk.⟩ **0.1** [Amalgamated Union of Engineering Workers].

au fait [oo fee] **0.1** ⟨+ with⟩ ***op de hoogte (van)*** ⇒*vertrouwd (met), ingewijd (in).*

aufond [oo fõ] **0.1** ***in de grond*** ⇒*eigenlijk.*

auger [o:gə] ⟨tech.⟩ **0.1** ***avegaar*** ⇒*effer, aard/grondboor.*

aught, ought [o:t] ⟨vero., beh. schr.⟩ **0.1** ***iets*** ⇒*wat dan ook* ◆ **3.1** for ~ I care! *voor mijn part, wat mij betreft;* for ~ I know *voor zover ik weet.*

augment [o:gmɐnt] ⟨zn.: **-ation**⟩ **0.1** ***vergroten*** ⇒*(doen) toenemen, vermeerderen.*
augur[1] [o:gə] ⟨zn.⟩ **0.1** ***augur*** ⇒*(vogel)wichelaar, ziener.*
augur[2] ⟨ww.⟩⟨schr.⟩ **0.1** ***voorspellen*** ◆ **5.1** ~ well/ill for *goeds/kwaads voorspellen voor.*
augur|y [o:gjərie] ⟨mv.: -ies⟩ **0.1** ***voorspelling*** **0.2** ***voorteken*** ⇒*omen* ◆ **2.2** a hopeful ~ *een gunstig voorteken.*
august [o:gust] ⟨-ness⟩ **0.1** ***verheven*** ⇒*groots, doorluchtig.*
August [o:gəst] **0.1** ***augustus.***
auk [o:k] ⟨dierk.⟩ **0.1** ***alk.***
auld [o:ld] ⟨Sch. E⟩ **0.1** ***oud*** ◆ **1.¶** ~ lang syne ⟨titel van afscheidslied⟩ *lang geleden, de goeie oude tijd.*
aunt [a:nt] **0.1** ***tante*** ◆ **1.¶** Aunt Sally *houten pop waarop men mikt met ballen of stokken; volksspel met dergelijke poppen;* ⟨fig.⟩ *mikpunt;* she is the Aunt Sally at the office *op kantoor hebben ze de pik op haar.*
auntie, aunt|y [a:ntie] ⟨mv.: -ies⟩⟨inf.⟩ **0.1** ***tantetje.***
au pair [oo pɐə], **au pair girl** **0.1** ***au pair (meisje).***
aura [o:rə] **0.1** ***aura*** ⇒*sfeer, waas* **0.2** ***aura*** ⟨begin v. epileptische aanval⟩ ◆ **1.1** he has an ~ of respectability *hij heeft iets waardigs over zich.*
aural [o:rəl] **0.1** ***oor-*** ⇒*v.h. oor* **0.2** ***via/langs het gehoor*** ⇒ *auditief.*
aureole [o:rie·ool], **aureola** [o:riələ] **0.1** ***aureool*** ⇒*stralenkrans, lichtkrans.*
auricle [o:rikl] **0.1** ⟨med.⟩ ***uitwendig oor*** ⇒*oorschelp* **0.2** ⟨med.⟩ ***atrium cordis*** ⇒*hartboezem* **0.3** ⟨biol., plantk.⟩ ***oortje*** ⇒*oorvormig(e) aanwas/aanhangsel.*
auricular [o:rikjoelə] **0.1** ***oor-*** ⇒*gehoor-, auditief* **0.2** ***oorvormig.***
auriferous [o:rifrəs] **0.1** ***goudhoudend.***
aurora [əro:rə]⟨mv.: ook aurorae [-rie:]⟩ ⟨meteo.⟩ **0.1** ***lichtstralen in de atmosfeer*** ◆ **2.1** ~ borealis *noorderlicht.*
auscult|ate [o:skəlteet] ⟨zn.: **-ation**⟩⟨med.⟩ **0.1** ***ausculteren.***
auspices [o:spissiz] **0.1** ***auspiciën*** ⇒*bescherming* ◆ **6.1** **under** the ~ **of** Her Majesty *onder de bescherming v. Hare Majesteit.*
auspicious [o:spisjəs] ⟨-ness⟩ **0.1** ***gunstig*** ⇒*voorspoedig* **0.2** ***veelbelovend.***
Aussie [ozzie] ⟨inf.⟩ **0.1** ⟨bn.⟩ ***Australisch*** **0.2** ⟨eig.n.⟩ ***Australië*** **0.3** ⟨telb. zn.⟩ ***Australiër.***
austere [o:stiə] ⟨-r⟩ **0.1** ***streng*** ⇒*onvriendelijk, nors; ernstig* **0.2** ***matig*** ⇒*sober, ascetisch* **0.3** ***eenvoudig*** ⇒*sober* ◆ **1.1** an ~ judge *een gestreng rechter* **1.2** he is not an ~ sort of person *hij is geen asceet* **1.3** ~ early Gothic buildings *eenvoudige vroeg-gotische gebouwen.*
austerit|y [osterrətie, o:-] ⟨mv.: -ies⟩ **0.1** ***(ge)strengheid*** ⇒ *onvriendelijkheid, norsheid; ernst* **0.2** ***soberheid*** ⇒*matiging, ascese* **0.3** ***(strenge) eenvoud*** ⇒*soberheid* **0.4** ***beperking*** ⇒*bezuiniging(smaatregel), inlevering* ◆ **1.1** the ~ of the penalty *de zwaarte v.d. straf* **1.2** the ~ of life in the mountains *het harde leven in de bergen* **¶.¶** the austerities during the war *de schaarste tijdens de oorlog.*
austerity measure **0.1** ***versoberingsmaatregel*** ⇒*bezuiniging.*
Australasian [ostrəleezjn] **0.1** ⟨bn.⟩ ***Austraal-Aziatisch*** **0.2** ⟨zn.⟩ ***bewoner van Austraal-Azië*** ⟨Oceanië⟩.
Australia [ostreeliə] **0.1** ***Australië.***
Australian [ostreeliən] **0.1** ⟨bn.⟩ ***Australisch*** ⇒*v. Australië* **0.2** ⟨eig.n.⟩ ***Australisch*** ⟨taal⟩ **0.3** ⟨telb. zn.⟩ ***Australiër*** ◆ **1.1** ~ (National) Rules (football) *Australisch voetbal.*
Austria [ostriə] **0.1** ***Oostenrijk.***
Austrian [ostriən] **0.1** ⟨bn.⟩ ***Oostenrijks*** **0.2** ⟨zn.⟩ ***Oostenrijker/se.***
Austro- [ostroo] **0.1** ***Oostenrijks-*** ◆ **¶.1** the Austro-German border *de Oostenrijks-Duitse grens.*
autarch|y [o:ta:kie] ⟨mv.: -ies⟩ **0.1** ***autocratie*** ⇒*dictatuur, dictatoriaal geregeerd land.*
autarkic [o:ta:kik] ⟨-(al)ly⟩⟨vnl. ec.⟩ **0.1** ***autarkisch*** ⇒*strevend naar economische onafhankelijkheid, zelfgenoegzaam.*
autark|y [o:ta:kie] ⟨mv.: -ies⟩⟨vnl. ec.⟩ **0.1** ***autarkie*** ⇒*gesloten staatshuishouding, autarkische staat.*
authentic [o:θentik] ⟨-ally⟩ **0.1** ***authentiek*** ⇒*onvervalst, origineel* **0.2** ***authentiek*** ⇒*rechtsgeldig, gewaarmerkt* **0.3** ***oprecht*** ⇒*waarachtig* ◆ **1.1** the Rubens proved to be ~ *het bleek een echte Rubens te zijn* **1.2** an ~ deed *een rechtsgeldige akte* **1.3** her regret was ~ *haar spijt was oprecht.*
authentic|ate [o:θentikkeet] ⟨zn.: **-ation**⟩ **0.1** ***(voor) authentiek verklaren*** ⇒*de authenticiteit bewijzen/bevestigen/waarborgen van* ◆ **1.1** ~ a will *een testament bekrachtigen.*
authenticity [o:θentissətie] **0.1** ***authenticiteit*** ⇒*echtheid, onvervalstheid* **0.2** ***oprechtheid.***
author [o:θə] **0.1** ***auteur*** ⇒*schrijver, opsteller; maker, schepper* ◆ **1.1** God, Author of the universe *God, Schepper v.h. heelal.*
authoress [o:θris] **0.1** ***schrijfster.***
authorial [o:θo:riəl] **0.1** ***mbt. een schrijver*** ⇒*auteur(s)-.*
authoritarian [o:θorritteəriən] **0.1** ⟨bn.⟩ ***autoritair*** ⇒*eigenmachtig* **0.2** ⟨zn.⟩ ***autoritair iemand*** ⇒*eigenmachtig individu.*
authoritative [o:θorrətətiv, ə-] **0.1** ***gezaghebbend*** **0.2** ***gezagsafdwingend*** ◆ **1.1** ~ dictionary *gezaghebbend woordenboek* **1.2** he has an ~ manner *hij dwingt respect af.*
authorit|y [o:θorrətie, ə-] **I** ⟨telb.zn.; mv.: -ies⟩ **0.1** ⟨vnl. mv.⟩ ***autoriteit*** ⇒*overheidsinstantie/persoon* **0.2** ***recht*** ⇒*toestemming* **0.3** ***autoriteit*** ⇒*deskundige* **0.4** ⟨jur.⟩ ***precedent*** ◆ **2.1** the competent authorities *de bevoegde overheden; het bevoegd gezag* **6.3** an ~ **on** the subject *een autoriteit op dit gebied;* to have sth. **on** good ~ *iets uit gezaghebbende bron vernomen hebben;*
II ⟨n.-telb.zn.⟩ **0.1** ***autoriteit*** ⇒*gezag, wettige macht* **0.2** ***autoriteit*** ⇒*(moreel) gezag, invloed* **0.3** ***volmacht*** ⇒ *machtiging* ◆ **1.1** abuse of ~ *machtsmisbruik* **3.2** you cannot deny his ~ *je kunt niet ontkennen dat hij iemand van aanzien is* **3.3** he has no ~ to decide *hij heeft geen volmacht om te beslissen* **6.1** who's **in** ~? *wie heeft de leiding?, wie is verantwoordelijk?* **6.3** **on/under** the ~ **of** *in opdracht v.*
authority figure **0.1** ***gezagdrager/draagster.***
authorization, -sation [o:θərajzeesjn] **0.1** ***autorisatie*** ⇒ *machtiging, volmacht* **0.2** ***vergunning*** ⇒*goedkeuring* ◆ **3.1** ~ to negotiate *volmacht om te onderhandelen.*
authorize, -ise [o:θərajz] **0.1** ***machtigen*** ⇒*recht geven tot, volmacht verlenen* **0.2** ***goedkeuren*** ⇒*inwilligen, toelaten* **0.3** ***rechtvaardigen*** ⇒*verantwoorden, billijken* ◆ **1.1** ~d agent *gevolmachtigd vertegenwoordiger, gevolmachtigde;* ~d persons *bevoegde personen* **1.2** ⟨ec.⟩ ~d capital/issue/stock *maatschappelijk/vennootschappelijk kapitaal;* the Authorized Version *de goedgekeurde bijbelvertaling* ⟨v. 1611⟩ **3.3** custom and tradition ~ us to act this way *gewoonte en traditie rechtvaardigen onze handelwijze.*
authorship [o:θəsjip] **0.1** ***auteurschap*** ⇒*schrijverschap; oorsprong v. literair werk/idee* ◆ **1.1** the ~ of this play is much debated *wie de auteur is van dit (toneel)stuk is omstreden.*
autism [o:tizm] ⟨psych.⟩ **0.1** ***autisme*** ⟨contactgestoordheid⟩.
autistic [o:tistik] ⟨-ally⟩⟨psych.⟩ **0.1** ***autistisch.***
auto [o:too] ⟨AE; inf.⟩ **0.1** ***auto*** ◆ **6.1** **by** ~ *per auto.*
autobiographical [-bajjəgræfikl] **0.1** ***autobiografisch.***

autobiograph|y [-bajjogrəfie] ⟨mv.: -ies⟩ **0.1** ***autobiografie.***

autocade [-keed] **0.1** ***stoet v./met auto's*** ⇒*autocolonne.*

autocrac|y [o:tokrəsie] ⟨mv.: -ies⟩ **0.1** ***autocratie*** ⇒*autocratisch geregeerd land.*

autocrat [o:təkræt] ⟨bn.: **-ic**⟩ **0.1** ***autocraat*** ⇒*alleenheerser;* ⟨fig.⟩ *despoot.*

autocrime [o:təkrajm] **0.1** ***autodiefstal*** ⇒*diefstal uit auto's.*

autocue [o:tookjoe:] **0.1** ***afleesapparaat voor tv-omroepers*** ⟨merknaam⟩.

autoeroticism [-irrottissizm] **0.1** ***auto-erotiek*** ⇒*masturbatie.*

autograph¹ [o:təgra:f] ⟨zn.⟩ **0.1** ***autograaf*** ⇒*handschrift,* ⟨ihb.⟩ *handtekening* ⟨ihb. v. beroemd persoon⟩.

autograph² ⟨ww.⟩ **0.1** ***(onder)tekenen*** ⇒*signeren, handtekening zetten op/onder* ◆ **1.1** ~ed copies *(door de auteur) gesigneerde exemplaren.*

autograph book, autograph album **0.1** ***album met handtekeningen.***

auto-ignition [o:too·ignisjn] ⟨tech.⟩ **0.1** ***zelfontsteking*** ⇒ *zelfontbranding.*

autoimmunity [o:too·imjoe:nətie] ⟨med.⟩ **0.1** ***auto-immuniteit.***

automat [o:təmæt] **0.1** ***automatiek.***

autom|ate [o:təmeet] ⟨zn.: **-ation**⟩ **0.1** ***automatiseren.***

automatic¹ [o:təmætik] ⟨zn.⟩ **0.1** ***automatisch wapen*** **0.2** ***automaat*** ⟨auto, apparaat⟩.

automatic² ⟨bn.; -ally⟩ **0.1** ***automatisch*** ⇒*zelfwerkend* **0.2** ***automatisch*** ⇒*instinctief, zonder na te denken* ◆ **1.1** ~ gear-change *automatische versnelling;* ~ pilot *automatische piloot;* ~ telling/teller machine *geldautomaat* **3.2** he ~ally thought of her *hij dacht onwillekeurig aan haar.*

automatism [o:tommətizm] **0.1** ***automatische handeling*** ⇒ *automatisme, routinehandeling* ◆ **1.1** many of our gestures are mere ~s *veel v. onze gebaren zijn automatismen.*

automaton [o:tommətən] ⟨mv.: ook automata⟩ ⟨ook fig.⟩ **0.1** ***automaat*** ⇒*robot.*

automobile [o:təməbie:l] ⟨AE⟩ **0.1** ***auto.***

Automobile Association ⟨BE⟩ **0.1** ***club v. automobilisten*** ⇒ ⟨ong.⟩ *ANWB.*

automotive [o:təmootiv] **0.1** ***automobiel-*** ⇒*auto-, mbt. motorvoertuigen* **0.2** ***automobiel*** ⇒*zichzelf voortbewegend* ◆ **1.1** the ~ industry *de auto-industrie.*

autonomous [o:tonnəməs] **0.1** ***autonoom*** ⇒*met zelfbestuur.*

autonomy [o:tonnəmie] **0.1** ***autonomie*** ⇒*zelfbestuur; onafhankelijkheid* ◆ **1.1** ~ of local authorities *autonomie v.d. plaatselijke overheid;* ~ of the individual *onafhankelijkheid v.h. individu.*

autopilot [o:toopajlət] ⟨verk.⟩ [automatic pilot] **0.1** ***automatische piloot.***

autops|y [o:topsie] ⟨mv.: -ies⟩ ⟨med.⟩ **0.1** ***autopsie*** ⇒*lijkschouwing, sectie.*

autosuggestion [o:toosədzjestsjn] ⟨psych.⟩ **0.1** ***autosuggestie.***

autumn [o:təm] ⟨ook fig.⟩ **0.1** ***herfst*** ⇒*najaar, nadagen* ◆ **1.1** the ~ of his life *de herfst v. zijn leven;* the ~ of her reign *de nadagen van haar regering* **6.1** **in** ~ *in de herfst.*

autumnal [o:tumnəl] ⟨ook fig.⟩ **0.1** ***herfst-*** ⇒*herfstachtig* ◆ **1.1** ~ equinox *herfstnachtevening.*

autumn crocus ⟨plantk.⟩ **0.1** ***herfsttijloos.***

auxiliar|y¹ [o:gzil(j)ərie, o:ksi-] ⟨zn.; mv.: -ies⟩ **0.1** ***helper*** ⇒ *hulpkracht, assistent* **0.2** ***hulpmiddel*** **0.3** ⟨taal.⟩ ***hulpwerkwoord*** **0.4** ⟨mv.⟩ ***hulptroepen.***

auxiliary² ⟨bn.⟩ **0.1** ***hulp-*** ⇒*behulpzaam, helpend* **0.2** ***aanvullend*** ⇒*supplementair, reserve-* ◆ **1.1** psychology is an ~ science to literature *psychologie is een hulpwetenschap voor literatuurstudie;* ~ troops *hulptroepen;* ⟨taal.⟩ ~ verb *hulpwerkwoord* **1.2** they called in the ~ police *ze haalden de reserve-eenheid van politie erbij* **1.¶** an ~ sloop *een sloep met hulpmotor.*

av. ⟨afk.⟩ **0.1** [average] **0.2** [avoirdupois].

Av. ⟨afk.⟩ **0.1** [avenue].

avail¹ [əveel] ⟨zn.⟩ ⟨schr.⟩ **0.1** ***nut*** ⇒*voordeel, baat* ◆ **6.1** **of** little ~ *v. weinig nut/baat;* **to** no ~ *nutteloos, vergeefs;* **without** ~ *nutteloos, zonder succes/resultaat.*

avail² ⟨ww.⟩ **0.1** ***baten*** ⇒*helpen, v. nut zijn* ◆ **1.1** your efforts to persuade her didn't ~ *uw pogingen haar te overreden, haalden niets uit* **4.¶** he ~ed himself of the opportunity *hij maakte v.d. gelegenheid gebruik.*

availability [əveeləbillətie] **0.1** ***beschikbaarheid*** ⇒*aanwezigheid.*

availab|le [əveeləbl] ⟨-ly⟩ **0.1** ***beschikbaar*** ⇒*verkrijgbaar, leverbaar, voorradig* **0.2** ***beschikbaar*** ⇒*ten dienste staand, niet bezet* ◆ **1.1** ⟨geldw.⟩ ~ balance *beschikbaar saldo;* the first excuse ~ *het eerste het beste excuus;* periodicals are ~ in the lounge *tijdschriften liggen ter beschikking in de conversatiezaal;* this sweater is ~ in different colours *deze trui is verkrijgbaar in verschillende kleuren* **1.2** engineer wants position, ~ from June onwards *ingenieur zoekt betrekking, vrij beschikbaar vanaf juni.*

avalanche [ævəla:ntsj] **0.1** ***lawine*** ⇒⟨fig.⟩ *vloed(golf), stortvloed* ⟨v. woorden, verwijten, vragen⟩ ◆ **1.1** an ~ of criticism *een golf v. kritiek.*

avant-garde [ævãng ga:d] ⟨zn.⟩ **0.1** ⟨bn.⟩ ***avant-garde*** ⇒*gedurfd, zijn tijd vooruit* **0.2** ⟨zn.; ww. enk. of mv.; the⟩ ***avant-garde.***

avarice [ævəris] **0.1** ***gierigheid*** ⇒*hebzucht.*

avaricious [ævərrisjəs] **0.1** ***hebzuchtig*** ⇒*gierig.*

Ave. ⟨afk.⟩ **0.1** [avenue].

avenge [əvendzj] **0.1** ***wreken*** ⇒*wraak nemen (voor)* ◆ **1.1** ~ s.o.'s death *iemands dood wreken.*

avenger [əvendzjə] **0.1** ***wreker.***

avenue [ævənjoe:] **0.1** ***avenue*** ⟨in straatnamen A-⟩ ⇒*(brede) laan, brede (hoofd)straat* **0.2** ⟨vnl. BE⟩ ***oprijlaan*** ⟨naar kasteel, landgoed⟩ **0.3** ***weg*** ⟨alleen fig.⟩ ⇒*toegang, middel* ◆ **3.3** explore every ~ *alle middelen proberen* **6.3** a new ~ **of** nuclear research *een nieuwe richting in kernonderzoek.*

aver [əvə:] ⟨-red⟩ **0.1** ***met klem beweren.***

average¹ [ævridzj] ⟨zn.⟩ **0.1** ⟨ook wisk.⟩ ***gemiddelde*** ⇒ *middelmaat;* ⟨ook fig.⟩ *doorsnee* ◆ **1.1** ten is the ~ of four and sixteen *tien is het gemiddelde v. vier en zestien* **3.1** his performance does not exceed the ~ *zijn prestatie stijgt niet boven de middelmaat uit* **6.1** **above** (the) ~ *boven het gemiddelde;* **below** (the) ~ *onder het gemiddelde* **6.¶** **on** (the) ~ *gemiddeld, doorgaans.* →**law.**

average² ⟨bn.⟩ **0.1** ***gemiddeld*** ⇒*midden-, doorsnee-* **0.2** ***middelmatig*** ⇒*gewoon* ◆ **1.1** ⟨ec.⟩ ~ cost *gemiddelde kostprijs;* this month's ~ temperature *de gemiddelde temperatuur van deze maand* **1.2** your brother is just ~ *je broer is maar middelmatig begaafd;* ~ man *de gewone man.*

average³ **I** ⟨onov.ww.⟩ **0.1** ***het gemiddelde berekenen.*** → **average out;**

II ⟨ov.ww.⟩ **0.1** ***het gemiddelde berekenen v.*** ⇒*het gemiddelde schatten/nemen v.* **0.2** ***het gemiddelde halen v.*** ⇒ *gemiddeld doen/hebben/verdienen/uitgeven* ⟨enz.⟩ **0.3** ***evenredig verdelen*** ◆ **1.1** if you ~ these amounts *als je het gemiddelde neemt v. die bedragen* **1.2** he ~s two hours of tennis a week *doorgaans speelt hij twee uur tennis per* *week* **1.3** ~ a loss/profits *een verlies/winst evenredig verdelen.* →**average out.**

average out ⟨inf.⟩ **I** ⟨onov.ww.⟩ **0.1** ***gemiddeld op hetzelfde neerkomen*** ⇒*uiteindelijk een gemiddelde bereiken* ◆ **1.1** the profits averaged out at fifty pounds a day *de winst kwam gemiddeld neer op vijftig pond per dag;*
II ⟨ov.ww.⟩ **0.1** ***een gemiddelde berekenen v.*** ⇒*een gemiddelde schatten v.* ◆ **1.1** if we ~ your income over three years at seven thousand pounds *als we uw inkomen over drie jaar op gemiddeld zevenduizend pond schatten.*

averse [əvə:s] **0.1** ⟨+to⟩ ***afkerig (van)*** ⇒*tegen, afwijzend* ◆ **1.1** I am not ~ to a glass of wine *ik hou wel van een glaasje wijn.*

aversion [əvə:sjn] **0.1** ⟨+to⟩ ***afkeer (van)*** ⇒*aversie* **0.2** ***persoon/iets waar men een hekel aan heeft*** ◆ **3.1** take an ~ to *een afkeer krijgen v.* →**pet.**

avert [əvə:t] **0.1** ⟨+from⟩ ***afwenden (van)*** ⟨ogen⟩ ⇒*afkeren* **0.2** ***voorkomen*** ⇒*vermijden, afwenden* ◆ **1.2** ~ danger *het gevaar keren.*

aviar|y [eeviərie] ⟨mv.: -ies⟩ **0.1** ***vogelhuis*** ⇒*vogelverblijf.*

aviation [eevie·eesjn] **0.1** ***luchtvaart*** ⇒*vliegkunst* **0.2** ***vliegtuigbouw.***

aviator [eevie·eetə] **0.1** ***vliegenier*** ⇒*piloot.*

aviculture [eevikkultsjə] **0.1** ***vogelteelt*** ⇒*avicultuur.*

avid [ævid] ⟨zn.: -**ity**⟩ **0.1** ***gretig*** ⇒*enthousiast* **0.2** ***begerig*** ⇒*verlangend* ◆ **1.1** an ~ reader *een grage lezer.*

avocado [ævəka:doo], **avocado pear** **0.1** ***avocado(peer).***

avocation [ævəkeesjn] **0.1** ***hobby*** ⇒*nevenwerkzaamheden.*

avocet [ævəset] **0.1** ***kluut.***

avoid [əvojd] **0.1** ***(ver)mijden*** ⇒*ontwijken* ◆ **3.1** they couldn't ~ doing it *zij moesten (het) wel (doen).*

avoidab|le [əvojdəbl] ⟨-ly⟩ **0.1** ***vermijdbaar.***

avoidance [əvojdəns] **0.1** ***vermijding*** ⇒*het vermijden/ontwijken.*

avoirdupois [ævədəpojz, ævwa:djoe:pwa:], **avoirdupois weight** **0.1** ***voormalig Eng. gewichtsstelsel*** ⇒*avoirdupois(stelsel)* **0.2** ***lichaamsgewicht*** ⇒*dikte* ⟨v. mensen⟩.

avow [əva·oe] **0.1** ***toegeven*** ⇒*erkennen* **0.2** ***(openlijk) bekennen*** ⇒*belijden* ⟨geloof e.d.⟩ ◆ **1.2** they are ~ed enemies *het zijn gezworen vijanden.*

avowal [əvauəl] ⟨schr.⟩ **0.1** ***(openlijke) bekentenis*** ⇒*belijdenis.*

avowedly [əvauidlie] **0.1** ***naar eigen zeggen*** ⇒*naar hij/zij zelf erkent.*

avuncular [əvungkjoelə] **0.1** ***als/v. een (vriendelijke) oom*** ⇒*vaderlijk.*

AWACS [eewæks] ⟨afk.⟩ **0.1** [Airborne Warning and Control System].

await [əweet] **0.1** ***opwachten*** ⇒*wachten op* **0.2** ***verwachten*** ⇒*tegemoet zien* ◆ **1.¶** a warm welcome ~s them *er wacht hen een warm welkom.*

awake[1] [əweek] ⟨bn.⟩ **0.1** ***wakker*** **0.2** ***waakzaam*** ⇒*alert* ◆ **5.1** wide ~ *klaarwakker* ⟨ook fig.⟩ **6.2** ~ **to** *zich bewust v.*

awake[2], ⟨ihb. in fig. bet.⟩ **awaken** [əweekən] ⟨voor 1e variant ook awoke [əwook], awoken [əwookən]⟩ **I** ⟨onov.ww.⟩ **0.1** ***ontwaken*** ⟨ook fig.⟩ ⇒*wakker worden* **0.2** ⟨+to⟩ ***zich bewust worden (van)*** ⇒*gaan beseffen;*
II ⟨ov.ww.⟩ **0.1** ***wekken*** ⇒*wakker maken* **0.2** ***bewust maken*** ⇒*doen beseffen* ◆ **6.2** awaken s.o. **to** *iem. bewust maken v.*

awakening [əweekəning] ⟨zelden mv.⟩ **0.1** ***het ontwaken*** **0.2** ***bewustwording.*** →**rude.**

award[1] [əwo:d] ⟨zn.⟩ **0.1** ***beloning*** ⇒*prijs* **0.2** ***toekenning*** ⟨v. beloning, prijs, schadevergoeding⟩.

award[2] ⟨ww.⟩ **0.1** ***toekennen*** ⟨prijs⟩ ⇒*toewijzen* **0.2** ***belonen.***

aware [əweə] **0.1** ***zich bewust*** ⇒*gewaar* **0.2** ***welingelicht*** ⇒ *op de hoogte* ◆ **5.1** politically ~ *politiek bewust* **6.1** be ~ **of** *zich bewust zijn v.* **8.1** ~ that *zich ervan bewust dat.*

awareness [əweənəs] **0.1** ***bewustzijn*** ◆ **1.1** lack of ~ *onoplettendheid.*

awash [əwosj] **0.1** ***onder water (staand)*** ⇒*overstroomd, blank* **0.2** ***overspoeld*** ⇒*omspoeld.*

away[1] [əwee] ⟨bn.⟩ **0.1** ***uit-*** ◆ **1.1** ~ match *uitwedstrijd;* an ~ win *een gewonnen uitwedstrijd.*

away[2] ⟨bw.⟩ **0.1** ***weg*** ⟨ook fig.⟩ ⇒*afwezig, op (een) afstand, uit* **0.2** ***voortdurend*** ⇒*onophoudelijk* ◆ **1.1** I'm only three miles ~ *ik ben maar vijf kilometer hier/daarvandaan* **3.1** die ~ *wegsterven* ⟨v. geluid⟩; give ~ *weggeven;* go ~ *weggaan;* ⟨sport⟩ play ~ *uitspelen;* put ~ *wegstoppen* **3.2** she was knitting ~ *ze zat aan één stuk door te breien* **5.¶** I'll do it right ~ *ik zal het gelijk doen* **6.1** ~ **with** it! *weg ermee!*

awe[1] [o:] ⟨zn.⟩ **0.1** ***ontzag*** ⇒*eerbied* ◆ **3.1** hold/keep s.o. in ~ *ontzag hebben voor iem.;* stand in ~ of *groot respect/ontzag hebben voor.*

awe[2] ⟨ww.⟩ **0.1** ***ontzag inboezemen*** ◆ **1.1** in an ~d voice *met eerbiedige stem* **6.1** be ~d **into** silence *(door ontzag) tot zwijgen gebracht worden.*

awe-inspiring **0.1** ***ontzagwekkend.***

awesome [o:səm] **0.1** ***ontzagwekkend*** ⇒*ontzag inboezemend* **0.2** ⟨sl.; teenagers⟩ ***gaaf*** ⇒*fantastisch.*

awe-stricken, awe-struck **0.1** ***vol ontzag*** ⇒*met ontzag vervuld.*

awful [o:f(ə)l] ⟨-ness⟩ **0.1** ⟨inf.⟩ ***afschuwelijk*** ⇒*ontzettend, enorm, vreselijk* ◆ **1.1** an ~ lot *ontzettend veel.*

awfully [o:flie] **0.1** ⟨inf.⟩ ***erg*** ⇒*vreselijk, ontzettend* ◆ **1.1** thanks ~ *reuze bedankt* **2.1** ~ nice *vreselijk aardig.*

awhile [əwajl] **0.1** ***korte tijd*** ⇒*een tijdje* ◆ **3.1** stay ~ *even blijven.*

awkward [o:kwəd] ⟨-ness⟩ **0.1** ***onhandig*** ⇒*onbeholpen* **0.2** ***onpraktisch*** ⇒*onhandig* **0.3** ***ongelegen*** ⇒*lastig, ongunstig* ⟨datum, tijdstip⟩ **0.4** ***gênant*** ⇒*penibel* **0.5** ***opgelaten*** ⇒*niet op zijn gemak* ◆ **1.4** ~ situation *pijnlijke situatie* **1.¶** ~ age *moeilijke leeftijd, puberteit;* ~ customer *lastig/moeilijk persoon.*

awl [o:l] ⟨tech.⟩ **0.1** ***els*** ⇒*priem.*

awned [o:nd], **awny** [o:nie] ⟨plantk.⟩ **0.1** ***gebaard*** ⇒*baard-, met kafnaalden.*

awning [o:ning] **0.1** ***dekzeil*** **0.2** ***scherm*** ⇒*luifel, kap, zonnescherm, markies.*

awoke ⟨verl. t.⟩ →**awake.**

awoken ⟨volt. deelw.⟩ →**awake.**

A.W.O.L., awol ⟨afk.; mil.⟩ **0.1** [absent without leave].

awry [əraj] **0.1** ***scheef*** ⟨ook fig.⟩ ⇒*schuin, fout* ◆ **3.1** go ~ *mislukken.*

axe[1], ⟨AE sp.⟩ **ax** [æks] ⟨zn.; mv.: axes⟩ **0.1** ***bijl*** **0.2** ⟨inf.⟩ ***afwijzing*** ◆ **3.1** ⟨fig.⟩ have an ~ to grind *zijn eigen belang nastreven, ergens belang bij hebben* **3.2** get the ~ *de zak krijgen;* the plan got the ~ from the government *het plan werd door de regering van tafel geveegd.*

axe[2], ⟨AE sp.⟩ **ax** ⟨ww.⟩ **0.1** ***de zak/bons geven*** ⇒*ontslaan, aan de dijk zetten* **0.2** ***afschaffen*** ⇒*wegbezuinigen.*

axes [æksie:z] ⟨mv.⟩ →**ax(e), axis.**

axil [æksil] ⟨plantk.⟩ **0.1** ***oksel.***

axiom [æksiəm] **0.1** ***axioma*** ⇒*(onbewezen) grondstelling* **0.2** ***vanzelfsprekendheid*** ⇒*onomstotelijke waarheid.*

axiomatic [æksiəmætik] ⟨-ally⟩ **0.1** ***vanzelfsprekend*** ⇒*axiomatisch.*

axis [æksis] ⟨mv.: axes⟩ **0.1** ***as(lijn)*** ⇒*spil* **0.2** ⟨plantk.⟩ ***as*** ⇒ *spil* **0.3** ⟨anat.⟩ ***draaier*** ⇒*tweede halswervel* **0.4** ***middellijn.***

axle [æksl] ⟨tech.⟩ **0.1** ***(draag)as*** ⇒*spil, loopas.*

ay(e)[1] [aj]⟨zn.; mv.: ayes [ajz]⟩ **0.1** ***bevestigend antwoord*** **0.2** ***voorstem(mer)*** ◆ **3.2** ⟨pol.⟩ the ayes have it *de meerderheid is vóór; aangenomen.*

ay(e)[2] ⟨bw.⟩ **0.1** ⟨schr.; gew.; scheep.⟩ ***ja*** ⇒*zeker, inderdaad* ◆ **1.1** aye, aye, sir *tot uw orders.*

azalea [əzeeliə] ⟨plantk.⟩ **0.1** ***azalea.***

Azerbaijan [æzəbajdzja:n] **0.1** ***Azerbeidzjan.***

Azerbaija|ni [æzəbajdzja:ni] ⟨mv.: -ni of -nis⟩ **0.1** ⟨bn.⟩ ***Azerbeidzjaans*** **0.2** ⟨eig.n.⟩ ***Azerbeidzjaans*** ⟨taal⟩ **0.3** ⟨telb.zn.⟩ ***Azerbeidzjaan.***

Azeri [əzeəri] **0.1** ***Azeri.***

azimuth [æzimməθ] ⟨landmeetk.⟩ **0.1** ***azimut.***

AZT ⟨afk.⟩ **0.1** [azidothymidine] ***AZT*** ⟨gebruikt in de behandeling v. aids⟩.

azure [æzjə, æzjjoeə] **0.1** ⟨bn.⟩ ***hemelsblauw*** ⇒*azuurblauw;* ⟨fig.⟩ *wolkenloos* **0.2** ⟨zn.⟩ ***hemelsblauw(e kleur).***

b, B [bie:] ⟨mv.: b's, B's⟩ **0.1** ***b, B*** **0.2** ***de tweede (rang/graad)*** ⇒⟨school.⟩ *op een na hoogste cijfer.*

b. ⟨afk.⟩ **0.1** [born].

B.A. ⟨afk.⟩ **0.1** [Bachelor of Arts] **0.2** [British Airways].

baa[1]**, ba** [ba:] ⟨zn.⟩ **0.1** ***geblaat.***

baa[2] ⟨ww.; baaed, baa'd [ba:d]⟩ **0.1** ***blaten.***

babbitt metal ⟨ook B-⟩⟨tech.⟩ **0.1** ***babbittmetaal*** ⇒*witmetaal.*

babble[1] [bæbl] ⟨zn.⟩ **0.1** ***gebabbel*** ⇒*gekeuvel* **0.2** ***gewauwel*** ⇒*geklets* **0.3** ***gekabbel*** ⟨v. beek⟩.

babble[2] **I** ⟨onov.ww.⟩ **0.1** ***babbelen*** ⇒*keuvelen* **0.2** ***wauwelen*** ⇒*kletsen* **0.3** ***kabbelen*** ⟨v. beek⟩ ◆ **5.1** ~ **away/on** *tateren* ⟨v. kinderen⟩;
II ⟨ov.ww.⟩ **0.1** ***afratelen*** ⇒*uitslaan* **0.2** ***verklappen*** ⇒ *uitbabbelen* ◆ **6.2** ~ a secret **out to** s.o. *iem. een geheim verklappen.*

babbler [bæblə] **0.1** ***babbelaar*** ⇒*babbelkous* **0.2** ***klikspaan.***

babe [beeb] **0.1** ⟨schr.⟩ ***kindje*** ⇒*baby* **0.2** ⟨vnl. AE; sl.⟩ ***popje*** ⇒*liefje* ◆ **1.¶** ~ in the woods/in arms *onnozele hals, naïeveling.*

babel [beebl] **0.1** ***toren v. Babel*** ⇒*hoog gebouw* **0.2** ***babel*** ⇒ *spraakverwarring; wanorde, chaos* ◆ **1.¶** tower of Babel *toren v. Babel.*

baboon [bəboe:n] **0.1** ***baviaan*** ⟨ook fig.; bel.⟩ ⇒*botterik, lomperd.*

bab|y[1] [beebie] ⟨zn.; mv.: -ies⟩ **0.1** ***baby*** ⇒*zuigeling, kleuter* **0.2** ***jongste*** ⇒*benjamin* **0.3** ⟨fig.⟩ ***klein kind*** ⇒*kinderachtig persoon* **0.4** ***jong*** ⟨v. dier⟩ **0.5** ***schatje*** **0.6** ⟨inf.⟩ ***persoon*** ⇒*zaak* ◆ **3.¶** ⟨fig.⟩ throw the ~ out with the bathwater *het kind met het badwater weggooien;* ⟨fig.⟩ be left carrying/holding the ~ *met de gebakken peren blijven zitten* **7.6** that's your ~ *dat is jouw zaak/probleem.*

baby[2] ⟨bn.⟩ **0.1** ***kinder-*** **0.2** ***klein*** ⇒*jong* **0.3** ***kinderachtig*** ◆ **1.2** ~ elephant *babyolifant.*

bab|y[3] ⟨ww.; -ied⟩⟨inf.⟩ **0.1** ***als een baby behandelen*** ⇒*vertroetelen.*

baby-battering **0.1** ***babymishandeling.***

baby blues ⟨inf.⟩ **0.1** ***kraamvrouwentranen*** ⟨emotionele inzinking kort na de bevalling⟩.

baby boom **0.1** ***geboortegolf*** ⇒*hoog geboortecijfer.*

baby boomer **0.1** ***iem. v. geboortegolfgeneratie.***

baby bust **0.1** ***laag geboortecijfer.***

baby carriage ⟨AE⟩ **0.1** ***kinderwagen.***

baby face **0.1** ***(persoon met) kindergezicht.***

Babygro [beebiegroo] ⟨BE⟩ **0.1** ***boxpakje.***

babyish [beebie·isj] ⟨vaak pej.⟩ **0.1** ***kinderachtig*** ⇒*kinderlijk.*

baby milk ⟨BE⟩ **0.1** ***flesvoeding.***

baby-sit ⟨ook -ted⟩ **0.1** ***babysitten*** ⇒*babysit zijn.*

baby sitter, ⟨vnl. BE⟩ **baby minder** **0.1** ***babysitter*** ⇒*oppas.*

baby snatcher **0.1** ***kinderdief/dievegge*** ⇒*kinderrover* **0.2** ⟨sl.⟩ ***vrouw met veel jongere echtgenoot.***

baby talk **0.1** ***kinderpraat.***

baby tooth ⟨vnl. AE⟩ **0.1** ***melktand.***

baccalaureate [bækəlo:riət] ⟨schr.⟩ **0.1** ***baccalaureaat*** ⟨graad v. bachelor, ong. kandidaatsdiploma⟩.

baccara(t) [bækəra:] **0.1** ***baccarat(spel).***

bacchanal [bækənl,bækənæl] **0.1** ***bacchant(e)*** ⇒*Bacchuspriester(es)* **0.2** ***zwierbol*** **0.3** ***bacchanaal*** ⇒*zwelgpartij, drinkgelag.*

bacchanalian [bækəneeliən] **0.1** ***bacchantisch*** ⇒*losbandig, orgiastisch.*

bach. ⟨afk.⟩ **0.1** [bachelor].

bachelor [bætsj(ə)lə] **0.1** ***vrijgezel*** **0.2** ***baccalaureus*** ⟨laagste academische graad⟩ ⇒⟨ong.⟩ *doctorandus* ◆ **1.2** Bachelor of Arts *baccalaureus in de Letteren;* Bachelor of Science *baccalaureus in de exacte wetenschappen.*

bachelor girl ⟨euf.⟩ **0.1** ***ongehuwde vrouw*** ⟨vnl. zelfstandig en jong⟩.

bachelor party ⟨AE⟩ **0.1** ***vrijgezellenavond/fuif*** ⟨ihb. vóór huwelijksdag⟩.

bacillary [bəsillərie] ⟨med.⟩ **0.1** ***bacillair.***

bacillus [bəsilləs]⟨mv.: bacilli [-laj]⟩ **0.1** ***bacil*** **0.2** ⟨vaak mv.; oneig.⟩ ***bacterie.***

back[1] [bæk] **I** ⟨telb.zn.⟩ **0.1** ***rug*** ⇒*achterkant* **0.2** ***achter-(hoede)speler*** ⇒*verdediger, back* **0.3** ***kiel*** ⟨v. schip⟩ ◆ **1.¶** ⟨fig.⟩ with one's ~ to the wall *met zijn rug tegen de muur* **3.¶** break s.o.'s ~ *iem. te zwaar belasten* ⟨met werk⟩; have broken the ~ of sth. *het grootste deel/ergste v. iets achter de rug hebben;* ⟨inf.⟩ get/put s.o.'s ~ up *iem. irriteren/kwaad maken;* ⟨inf.⟩ get off s.o.'s ~ *iem. met rust laten;* ⟨inf.⟩ get on s.o.'s ~ *iem. achter de vodden zitten;* ⟨inf.⟩ have one's ~ up *nijdig zijn;* pat o.s. on the ~ *tevreden zijn over zichzelf;* pat s.o. on the ~ *iem. een goedkeurend klopje geven;* put one's ~ into sth. *ergens de schouders onder zetten;* glad to see the ~ of s.o. *iem. liever zien gaan dan komen;* stab s.o. in the ~ *iem. een dolk in de rug steken, iem. verraden;* turn one's ~ on *de rug toekeren* **6.1** **behind** s.o.'s ~ *achter iemands rug* ⟨ook fig.⟩; (flat) **on** one's ~ *(ziek) in bed* **6.¶** ⟨inf.⟩ be **on** s.o.'s ~ *veel/altijd kritiek hebben op iem.* →**scratch;**
II ⟨telb. en n.-telb.zn.; the⟩ **0.1** ***achterkant/zijde*** ⇒*keerzijde, rug* **0.2** ***(rug)leuning*** **0.3** ***achterste deel*** **0.4** ⟨sport⟩ ***achter*** ◆ **1.1** ~ to ~ *ruggelings, rug tegen rug; achtereenvolgens;* the ~ of a book/hand *de rug v.e. boek/hand* **1.3** the ~ of a book *de laatste bladzijden v.e. boek;* ⟨fig.⟩ at the ~ of one's mind *in zijn achterhoofd* **1.¶** know like the ~ of one's hand *als zijn broekzak kennen;* talk through the ~ of one's neck *uit zijn nek kletsen* **6.1** **at** the ~ **of,** ⟨AE⟩ **in** ~ **(of)** *achter(op);* be **at** the ~ **of** s.o. *achter iem. staan* ⟨ook fig.⟩ **6.3** **at** the ~ *achterin.*

back[2] ⟨bn.⟩ **0.1** ***achter(-)*** **0.2** ***terug-*** **0.3** ***ver (weg)*** ⇒*(achter)afgelegen* **0.4** ***achterstallig*** **0.5** ***oud*** ⟨v. uitgave⟩ ◆ **1.1** ⟨fig.⟩ get in through/by the ~ door *een baan krijgen via kruiwagens/dank zij oneerlijke manipulaties;* ~ room *achterkamer(tje)* ⟨ook fig.⟩; *ergens achteraf;* ~ seat *achterbank* ⟨v. auto⟩; ⟨fig.⟩ *tweede plaats* **1.5** ~ issue/number *oud nummer* ⟨v. tijdschrift⟩.

back[3] **I** ⟨onov.ww.⟩ **0.1** ***krimpen*** ⟨v. wind⟩. →**back away, back down, back off, back onto, back out, back up;**
II ⟨onov. en ov.ww.⟩ **0.1** ***achteruit bewegen*** ⇒*achteruitrijden, (doen) achteruitgaan* ◆ **5.1** ~ **out** *achteruit wegrijden;* ~ the car **out** of the garage *de auto achteruit uit de garage rijden* **6.1** ~ (one's car) **into** another car *achteruitrijden tegen een andere auto;*
III ⟨ov.ww.⟩ **0.1** ***(onder)steunen*** ⟨ook financieel⟩ ⇒*schragen, bijstaan* **0.2** ⟨inf.⟩ ***wedden (op)*** ⇒*gokken op* **0.3** ⟨vnl. pass.; +with⟩ ***voeren (met)*** ⟨kleding e.d.⟩ **0.4** ⟨geldw.⟩ ***avaleren*** ⟨wissel⟩ **0.5** ⟨muz.⟩ ***backen*** ◆ **1.2** ⟨fig.⟩ ~ the wrong horse *op het verkeerde paard wedden.* →**back up.**

back[4] ⟨bw.⟩ **0.1** ***achter(op)*** ⇒*aan de achterkant* **0.2** ***achteruit*** ⇒*terug* **0.3** ***terug*** ⟨ook fig.⟩ ⇒⟨ihb.⟩ *weer thuis* **0.4** ⟨inf.⟩ ***in het verleden*** ⇒*geleden, terug* **0.5** ***op (enige) afstand*** **0.6** ***achterom*** ◆ **1.4** a few years ~ *een paar jaar geleden* **1.5** a few miles ~ *een paar mijl terug* **3.3** come ~ *terugkomen* **5.¶** ~ and forward/forth *heen en weer* **6.1** ⟨AE⟩ ~ **of** *achter* **¶.4** ~ in 1975 *(nog/reeds/destijds) in 1975.*

backache **0.1** ***rugpijn.***

back away **0.1** ⟨vaak +from⟩ ***achteruit weglopen (van)*** ⇒ *zich terugtrekken.*

backbench ⟨BE⟩ **0.1** ⟨mv.⟩ ***gewone Lagerhuisleden*** **0.2** ⟨the⟩ ***achterste bank in Lagerhuis.***

backbencher ⟨BE⟩ **0.1** ***gewoon Lagerhuislid*** ⇒*weinig prominent Lagerhuislid.*

backbite **0.1** ***kwaadspreken (over)*** ⇒*roddelen (over).*

backbiter **0.1** ***roddelaar*** ⇒*kwaadspreker.*

backboard **0.1** ⟨basketbal⟩ ***bord*** ⟨achter basket⟩.

backbone **0.1** ⟨inf.⟩ ***ruggengraat*** ⟨ook fig.⟩ ⇒*wervelkolom; wilskracht, pit* ◆ **6.1** ⟨fig.⟩ **to** the ~ *volledig, grondig.*

backbreaking **0.1** ***slopend*** ⇒*zwaar.*

backchat ⟨inf.⟩ **0.1** ***brutaliteit*** ⇒*brutale opmerking, tegenspraak.*

backcloth, backdrop **0.1** ***achtergrond*** ⟨vnl. fig.⟩.

backcomb **0.1** ***tegenkammen*** ⇒*touperen.*

back country ⟨Austr. E⟩ **0.1** ***binnenland.***

backdate **0.1** ***met terugwerkende kracht in doen gaan.***

backdoor[1] ⟨zn.⟩ **0.1** ***achterdeur(tje)*** ⟨ook fig.⟩.

backdoor[2] ⟨bn.⟩ **0.1** ***geheim*** ⇒*onderhands, clandestien.*

back down **0.1** ***terugkrabbelen*** ⇒*toegeven.*

backdrop →**backcloth.**

backed [bækt] **0.1** ***met een rug/leuning.***

backer [bækə] **0.1** ***(ruggen)steun*** ⇒*helper, financier* **0.2** ***wedder*** ⇒*gokker.*

backfire[1] ⟨zn.⟩⟨tech.⟩ **0.1** ***terugslag*** ⟨v. motor⟩ ⇒*naontsteking.*

backfire[2], ⟨in bet. 0.1 ook⟩ **backkick** ⟨ww.⟩ **0.1** ⟨tech.⟩ ***terugslaan*** ⟨v. motor⟩ ⇒*naontsteking hebben* **0.2** ***mislopen.***

back-four ⟨the⟩⟨voetbal⟩ **0.1** ***achterste vier.***

backgammon [bækgæmən] **0.1** ***backgammon*** ⇒⟨oneig.⟩ *triktrak.*

background **0.1** ***achtergrond*** ⟨ook fig.⟩ ◆ **6.1** remain **in** the ~ *op de achtergrond blijven.*

background information **0.1** ***achtergrondinformatie.***

background music **0.1** ***achtergrondmuziek.***

backhand ⟨tennis⟩ **0.1** ***backhand(slag).***

backhanded **0.1** ***met de rug v.d. hand*** **0.2** ***in tegengestelde richting*** ⟨v. normaal⟩ ◆ **1.¶** ~ compliment *dubbelzinnig/dubieus compliment.*

backhander **0.1** ***slag met de rug v.d. hand*** **0.2** ⟨inf.⟩ ***smeergeld.***

back heel ⟨voetbal⟩ **0.1** ***hakje.***

backing[1] [bæking] ⟨zn.⟩ **0.1** ***(ruggen)steun*** ⇒*ondersteuning* **0.2** ***achterban*** ⇒*medestanders* **0.3** ***achterkantbedekking*** **0.4** ⟨muz.⟩ ***begeleiding*** ⇒*achtergrond(muziek).*

backing[2] ⟨bn.⟩ **0.1** ***achtergrond-*** ◆ **1.1** ~ vocals *achtergrondstemmen.*

backlash **0.1** ***tegenstroom*** ⇒*verzet, reactie.*

backless [bækləs] **0.1** ***rugloos*** ⟨v. japon⟩ ⇒*met een lage rug.*

backlog ⟨vaak enk.⟩ **0.1** ⟨vnl. BE⟩ ***achterstand*** ⟨in werk⟩ ⇒ *nalevering.*

back marker ⟨sport⟩ **0.1** ***iem. die tijdens een race in laatste positie loopt.***

backmost [bækmoost] **0.1** ***achterst.***

back nine ⟨golf⟩ **0.1** ***laatste negen*** ⟨holes v.e. 18-holesbaan⟩.

back off **0.1** ***terugdeinzen*** ⇒*achteruitwijken.*

back onto **0.1** ***aan de achterkant uitkomen op/grenzen aan.***

back order ⟨hand.⟩ **0.1** ***back order*** ⟨besteld maar niet-aanwezig artikel⟩ **0.2** ***nabestelling.***

back out **0.1** ⟨vnl. +of⟩ ***zich terugtrekken (uit)*** ⇒*afzien (van).*

backpack ⟨AE⟩ **0.1** ***rugzak.***

backpacker **0.1** ***trekker met rugzak.***

back passage ⟨euf.⟩ **0.1** ***anus.***

backpedal ⟨BE -led⟩ **0.1** ***terugtrappen*** ⇒*achteruitfietsen* **0.2** ***terugkrabbelen.***

backroom **0.1** ***achterkamer(tje)*** ⟨ook fig.⟩ ⇒*ergens achteraf* ◆ **1.¶** ⟨inf.⟩ boys in the ~ *politiek ingewijden.*

backroom boys ⟨BE; inf.⟩ **0.1** ***geleerden*** ⇒*planners* ⟨werkend aan geheim onderzoek e.d.⟩.

backscattering ⟨nat.⟩ **0.1** ***(terug)verstrooiing.***

back-seat driver **0.1** ***passagier die 'meerijdt'*** ⇒⟨fig.⟩ *stuurman aan de wal.*

backside **0.1** ⟨inf.⟩ ***achterwerk*** ⇒*zitvlak* **0.2** ***achtereinde.***

backslash **0.1** ***backslash*** ⟨schuine streep naar links⟩.

backslide **0.1** ***terugvallen*** ⟨in fout⟩ ⇒*vervallen* **0.2** ***afvallig worden.***

backspace **0.1** ***een spatie teruggaan*** ⟨op schrijfmachine⟩.

backstage ⟨dram.; ook fig.⟩ **0.1** ***achter de schermen*** ⇒*in het geheim.*

backstair(s) **0.1** ***privé-*** ⇒*heimelijk* **0.2** ***achterbaks*** ⇒*onderhands* ◆ **1.1** ~ gossip *achterklap.*

back street ⟨vaak mv.⟩ **0.1** ***achterbuurt(en).***

back-street **0.1** ***clandestien*** ◆ **1.1** ~ abortion *illegale abortus.*

backstroke ⟨sport⟩ **0.1** ***rugslag.***

backswing ⟨sport, ihb. badminton⟩ **0.1** ***achterzwaai.***

back talk ⟨AE; inf.⟩ **0.1** ***brutaliteit*** ⇒*brutale opmerking, brutaal antwoord.*

back-to-back ⟨BE⟩ **0.1** ⟨ong.⟩ ***rijtjeshuis*** ⟨met achterkant tegen ander huis aangebouwd⟩.

backtrack **0.1** ***terugkeren*** **0.2** ***terugkrabbelen.***

backup **0.1** ***(ruggen)steun*** ⇒*ondersteuning* **0.2** ***reserve*** ⇒ *voorraad* **0.3** ⟨AE⟩ ***file.***

back up **I** ⟨onov.ww.⟩ **0.1** ***zich verzamelen*** ⟨bv. v. water achter dam⟩ **0.2** ⟨AE⟩ ***een file vormen*** **0.3** ⟨AE⟩ ***achteruitrijden*** ⟨v. auto⟩;
II ⟨ov.ww.⟩ **0.1** ***(onder)steunen*** ⇒*staan achter, bijstaan* **0.2** ***bevestigen*** ⟨verhaal⟩ **0.3** ⟨comp.⟩ ***een back-up maken van*** ⇒*back-uppen.*

back-up file ⟨comp.⟩ **0.1** ***reservebestand.***

backward [bækwəd] **0.1** ***achter(lijk)*** ⇒*achtergebleven* ⟨in ontwikkeling⟩, *traag, niet bij* **0.2** ***achteruit(-)*** ⇒*teruggaand, ruggelings* ◆ **1.1** ⟨pej.⟩ ~ country / nation *onderontwikkeld land* **1.2** a ~ glance *een blik achterom;* a ~ journey *een reis terug* **6.1** be ~ **in** one's studies *achter zijn met zijn studie.*

backwards [bækwədz], ⟨vnl. AE⟩ **backward** **0.1** ***achteruit*** ⟨ook fig.⟩ ⇒*achterwaarts, ruggelings* **0.2** ***naar het verleden*** ⇒*terug* ◆ **3.1** look ~ *achterom kijken* **5.1** ~ and forward(s) *heen en weer.*

backwash ⟨the⟩ **0.1** ***terugloop*** ⟨v. water⟩ **0.2** ⟨inf.⟩ ***nawerking*** ⇒*terugslag, reactie.*

backwater **0.1** ***(stil) binnenwater*** ⇒⟨fig.⟩ *impasse, (geestelijke) stagnatie* **0.2** ***achterwater.***

backwoods **0.1** ***binnenlanden*** ⇒*oerwouden* ⟨ihb. in USA⟩.

backwoods|man [bækwoedzmən]⟨mv.: -men [-mən]⟩ **0.1** ***woudbewoner*** **0.2** ⟨BE⟩ ***Hogerhuislid dat zelden present is.***

backyard **0.1** ***plaatsje*** ⇒*achterplaats;* ⟨fig.⟩ *achtertuin* **0.2** ⟨AE⟩ ***achtertuin*** ◆ **2.1** in one's own ~ *in zijn eigen achtertuin.*

bacon [beekən] **0.1** ***bacon*** ⇒*spek* ◆ **3.¶** ⟨inf.⟩ bring home the ~ *de kost verdienen;* ⟨vnl. BE; inf.⟩ save one's ~ *zijn hachje redden; er zonder kleerscheuren afkomen.*

bacteria [bæktiəriə] ⟨mv.⟩ →**bacterium.**

bacterial [bæktiəriəl] **0.1** ***bacterieel.***

bacteriologist [bæktirrie·olledzjist] **0.1** ***bacterioloog.***

bacteriology [-olledzjie] **0.1** ***bacteriologie.***

bacterium [bæktiəriəm] ⟨mv.: bacteria⟩ **0.1** ***bacterie.***

Bactrian [bæktriən] ◆ **1.¶** ~ camel *huiskameel.*

bad[1] [bæd] ⟨zn.⟩ **0.1** ***het slechte*** ⇒*het kwade* **0.2** ***pech*** **0.3** ***debet*** ⇒*schuld* ◆ **3.1** go to the ~ *de verkeerde kant opgaan;* take the ~ with the good *het goede met het kwade nemen* **6.3** be £ 500 **to** the ~ *voor 500 pond in het krijt staan.*

bad[2] ⟨bn.; worse [wə:s], worst [wə:st]; -ness⟩ **0.1** ***slecht*** ⇒ *minderwaardig, verkeerd* **0.2** ***kwaad*** ⇒*kwaadaardig, stout, ondeugend* **0.3** ***ziek*** ⇒*naar, pijnlijk* **0.4** ***erg*** ⇒*ernstig, lelijk* **0.5** ***ongunstig*** **0.6** ***vals*** **0.7** ***schadelijk*** **0.8** ***vol spijt*** ◆ **1.1** ~ air / meat *bedorven lucht/vlees;* ~ conscience *slecht geweten;* ⟨BE⟩ ~ form *slechte manieren;* ⟨inf.⟩ make the best of a ~ job *het beste er van (zien te) maken;* in ~ order *in slechte staat;* ⟨sprw.⟩ a ~ workman always blames his tools *een kwaad werkman vindt nooit goed gereedschap* **1.2** breed ~ blood, make / stir up ~ blood / feeling(s) *kwaad bloed zetten;* ~ boy *stoute jongen;* in ~ faith *te kwader trouw;* ~ feeling *bitterheid;* ~ language *grove taal* **1.3** ⟨sl.⟩ have a ~ trip *flippen* ⟨slecht reageren op drugs⟩ **1.4** ~ accident *zwaar ongeval;* ~ debt *oninbare schuld/vordering;* come to a ~ end *slecht aflopen;* be in a ~ way *er slecht aan toe zijn* **1.5** ⟨sprw.⟩ ~ news travels fast *men hoort van ver dat de winter koud is;* make the best of a ~ bargain *er het beste v. maken;* be in s.o.'s ~ book(s) *bij iem. in een slecht blaadje staan;* make s.o. appear in a ~ light *iem. in een kwaad daglicht stellen;* ~ luck *pech;* be on ~ terms with *een slechte verstandhouding hebben met* **1.6** ~ coin *valse munt* **1.¶** ⟨inf.⟩ he is a ~ egg / ⟨BE⟩ hat / lot *hij deugt voor geen cent;* with (a) ~ grace *met tegenzin;* keep ~ hours *laat naar bed gaan* **2.2** from ~ to worse *van kwaad tot erger* **3.1** go ~ *bederven;* bad-mannered *ongemanierd* **3.3** feel / be taken ~ *zich ziek/beroerd voelen* **3.5** that looks ~ *dat voorspelt niet veel goeds* **5.1** not half / so ~ *niet zo gek/ slecht* **5.5** ⟨inf.⟩ (that's) too ~ *(dat is) zonde/jammer;* (just) too ~ (for you) *pech gehad, daar kan ik niets aan veranderen* **6.1** I am ~ **at** football *ik ben niet goed in voetballen* **6.7** ~ **for** your liver *slecht voor je lever* **6.8** I feel ~ **about** that *dat spijt me.*

bad[3] ⟨bn.; -der⟩ ⟨vnl. AE; inf.⟩ **0.1** ***fantastisch*** ⇒*geweldig, prima, fijn.*

bad[4] ⟨bw.⟩ →**badly.**

baddie [bædie] **0.1** ***slechterik.***

bade [bæd, beed] ⟨verl. t. en volt. deelw.⟩ →**bid.**

badge [bædzj] **0.1** ***kenteken*** ⇒*ordeteken, badge, politiepenning* **0.2** ***kenmerk*** ⇒*uiterlijk teken* ◆ **1.1** his ~ of office *het kenmerk v. zijn functie.*

badger[1] [bædzjə] ⟨zn.⟩ **0.1** ***das*** **0.2** ***dassenhaar.***

badger[2] ⟨ww.⟩ **0.1** ***pesten*** ⇒*sarren, lastig vallen* ◆ **6.1** ~ s.o. **for** an ice-cream *bij iem. om een ijsje zeuren.*

badinage [bædinna:zj] **0.1** ***badinage*** ⇒*scherts.*

badlands [bædlæn(d)z] ⟨AE⟩ **0.1** ***woeste streek*** ⇒*steenwoestijn.*

badly [bædlie], ⟨AE; inf.⟩ **bad** **0.1** ***slecht*** **0.2** ***erg*** ⇒*zeer, hard* ◆ **3.1** act ~ *zich slecht gedragen;* do ~ *een slecht resultaat behalen* **3.2** I need it ~ *ik heb het hard nodig;* I want it ~ *ik wil het dolgraag hebben;* ~ wounded *zwaar gewond* **6.1** be ~ off **for** *arm zijn aan.*

badminton [bædmintən] **0.1** ***badminton.***

bad-tempered **0.1** ***slechtgeluimd*** ⇒*in een slecht humeur.*

baffle[1] [bæfl] ⟨zn.⟩ **0.1** ⟨tech.⟩ ***schot*** ⇒*plaat, tong* **0.2** ⟨AE⟩ ***klankbord*** ⇒*klankkast.*

baffle[2] ⟨ww.; zn.: **-ment**⟩ **0.1** ***verbijsteren*** ⇒*van zijn stuk/in de war brengen* **0.2** ***stoppen*** ⇒*smoren, dempen* ⟨geluid e.d.⟩ ◆ **4.1** the question ~d me *de vraag bracht me van mijn stuk;* it really ~s me how *het is me een raadsel hoe.*

baffling [bæfling] **0.1** ***verbijsterend*** ⇒*ongelofelijk.*

BAFTA [bæftə] ⟨afk.⟩ **0.1** [British Association of Film and Television Arts].

bag[1] [bæg] ⟨zn.⟩ **0.1** ***zak*** ⇒*baal* **0.2** ***zak*** ⇒*tas, koffer* **0.3** ***zakvormig voorwerp/lichaamsdeel*** **0.4** ***zak vol*** ⇒⟨fig.⟩ *grote hoeveelheid* **0.5** ***vangst*** ⟨mbt. gevangen/geschoten wild/vogels⟩ **0.6** ⟨mv.; BE; inf.⟩ ***(wijde) broek*** **0.7** ⟨bel.⟩ ***(lelijk) vrouwmens*** ◆ **1.3** ~s under the eyes *wallen onder de ogen* **1.4** the whole ~ of tricks *de hele santenkraam* **2.5** a good ~ *een flinke buit* **2.7** a silly old ~ *een stom oud wijf* **3.2** pack one's ~s *zijn biezen pakken* **3.¶** a mixed ~ *een allegaartje* **6.4** ⟨inf.⟩ ~s **of** money *hopen geld;* ~s **of** room *plaats genoeg* **6.¶** ⟨inf.⟩ it's **in** the ~ *het is in kannen en kruiken.* →**diplomatic.**

bag[2] ⟨-ged⟩ **I** ⟨onov.ww.⟩ **0.1** ***uitzakken*** ◆ **5.1** his pants ~ **out** at the knees *hij heeft knieën in zijn broek;*
II ⟨ov.ww.⟩ **0.1** ***doen zwellen/uitpuilen/uitzakken*** **0.2** ⟨+ up⟩ ***in een zak doen*** **0.3** ***vangen*** ⇒*schieten* ⟨wild, gevogelte⟩ **0.4** ⟨BE; inf.⟩ ***inpikken*** ◆ **1.2** ~ged cargo *lading in zakken* **4.4** ⟨kind.⟩ ~s I! *hebbes!, mijn!, da's van/voor mij!*

bagatelle [bægətel] **0.1** ***kleinigheid*** ⇒*bagatel* **0.2** ***flipperspel.***

bag-ful [bægfoel]⟨mv.: ook bagsful [bægzfoel]⟩ **0.1** ***zak vol*** ⇒ ⟨fig.⟩ *grote hoeveelheid* ◆ **1.1** ~s of money *hopen geld.*

baggage [bægidzj] **0.1** ⟨vnl. AE⟩ ***bagage*** ⇒*reisgoed;* ⟨fig.⟩ *algemene ontwikkeling, belezenheid.*

baggage check ⟨AE⟩ **0.1** ***bagagereçu*** **0.2** ***bagagecontrole.***

baggage room ⟨AE⟩ **0.1** ***bagagedepot.***

bagg|y [bægie] ⟨-ier⟩ **0.1** ***zakachtig*** ⇒*flodderig* ◆ **1.1** ~ cheeks *hangwangen;* ~ pants *wijd zittende broek.*

bag lady **0.1** ***zwerfster*** ⟨die haar bezittingen in plastic tasjes met zich meedraagt⟩.

bagpipes **0.1** ***doedelzak.***

bagsnatcher **0.1** ***tassendief.***

bah [ba:] **0.1** ***bah*** ⇒*foei.*

bail[1] [beel] ⟨zn.⟩⟨→s1⟩ **0.1** ⟨jur.⟩ ***borg(stelling)*** ⇒*borgtocht, borgsom* **0.2** ***dwarsboom*** ⇒*sluitboom* ⟨in stal⟩ **0.3** ⟨cricket⟩ ***bail*** ⟨dwarshoutje⟩ ◆ **3.1** admit to/grant/hold to ~ *tegen borgtocht vrijlaten;* give ~ *borg stellen;* go/stand/put in ~ for s.o./sth. *borg staan/zich borg stellen voor iem./iets;* ⟨fig.⟩ *voor iem./iets instaan;* refuse ~ *vrijlating tegen borgtocht weigeren* **6.1** out **on** ~ *vrijgelaten op/tegen borgtocht.*

bail[2] **I** ⟨onov.ww.⟩ **0.1** ***hozen.*** →**bail out;**
II ⟨ov.ww.⟩ **0.1** ***vrijlaten tegen/onder borgstelling*** **0.2** ***in bewaring/onderpand geven*** **0.3** ***leeghozen.*** →**bail out.**

bailey [beelie] **0.1** ***vestingmuur*** **0.2** ***binnenhof*** ⟨v. kasteel e.d.⟩.

Bailey bridge [beelie bridzj] **0.1** ***baileybrug*** ⟨nood- of geniebrug in geprefabriceerde onderdelen⟩.

bailiff [beelif] **0.1** ⟨BE; jur.⟩ ***deurwaarder*** **0.2** ⟨AE; jur.⟩ ***gerechtsdienaar*** **0.3** ⟨gesch.⟩ ***baljuw*** ⇒*drost, schout* **0.4** ***rentmeester.***

bail-jumper **0.1** ***iem. die zijn borgtocht verbeurt.***

bail out **I** ⟨onov.ww.⟩ **0.1** ***hozen*** **0.2** ⟨AE⟩ ***het vliegtuig uitspringen*** ⟨met parachute⟩;
II ⟨ov.ww.⟩ **0.1** ⟨jur.⟩ ***door borgtocht in vrijheid stellen*** ⇒ *vrijkopen* **0.2** ***opkopen*** ⇒*door financiële steun voor faillissement behoeden* **0.3** ⟨inf.⟩ ***uit de penarie helpen*** **0.4** ***leeghozen.***

bairn [beən] ⟨Noord-Eng. en Sch. E⟩ **0.1** ***kind.***

bait[1] [beet] ⟨zn.⟩ **0.1** ***aas*** ⇒*lokaas;* ⟨fig.⟩ *verleiding* ◆ **2.1** live ~ *levend aas* ⟨visjes, maden of wormen⟩ **3.1** rise to/swallow/take the ~ *toehappen;* ⟨fig. ook⟩ *erin trappen.*

bait[2] ⟨ww.⟩ **0.1** ***van lokaas voorzien*** **0.2** ***lokken*** ⇒*verleiden* **0.3** ***ophitsen*** ⇒*sarren* ⟨dier, vnl. met honden⟩ **0.4** ***treiteren*** ⇒*provoceren, boos maken* ◆ **1.1** he ~ed his hook with worms *hij deed wormen aan zijn haak.*

bait needle ⟨hengelsport⟩ **0.1** ***aasnaald.***

bait tin ⟨hengelsport⟩ **0.1** ***aasdoos.***

baize [beez] **0.1** ***groen laken*** ⇒*biljartlaken.*

bake [beek] **0.1** ***bakken*** **0.2** ***verbranden*** ◆ **1.1** ~d beans *gebakken witte bonen* ⟨meestal in tomatensaus ingeblikt⟩; ~d potatoes *gebakken aardappelen in de schil.*

bakelite [beekəlajt] ⟨ook B-⟩ **0.1** ***bakeliet*** ⟨oorspr. merknaam⟩.

baker [beekə] **0.1** ***bakker.***

baker's dozen **0.1** ***dertien.***

baker|y [beekərie] ⟨mv.: -ies⟩ **0.1** ***bakkerij*** **0.2** ***bakkerswinkel.***

baking powder **0.1** ***bakpoeder.***

baking soda **0.1** ***zuiveringszout.***

baking tin **0.1** ***bakvorm.***

baking tray **0.1** ***bakplaat.***

baksheesh, bakhsheesh [bæksjie:sj] ⟨mv.: bak(h)sheesh⟩ ⟨vnl. in het Oosten⟩ **0.1** ***baksjisj*** ⇒*fooi* **0.2** ***aalmoes.***

balaclava [bæləkla:və], **balaclava helmet** **0.1** ***bivakmuts.***

balalaika [bæləlajkə] ⟨muz.⟩ **0.1** ***balalaika.***

balance[1] [bæləns] **I** ⟨telb.zn.⟩ **0.1** ***balans*** ⇒*weegschaal* **0.2** ***tegengewicht*** ⟨vnl. fig.⟩ **0.3** ⟨tech.⟩ ***onrust*** ⟨in klok e.d.⟩ **0.4** ⟨hand.⟩ ***balans*** **0.5** ⟨geldw., hand.⟩ ***saldo*** ⇒*tegoed, overschot* **0.6** ⟨geldw.⟩ ***opgeld*** ⇒*opleg* ◆ **1.4** ~ of payments *betalingsbalans;* ~ of trade *handelsbalans* **1.5** ~ in hand *kasvoorraad;* ~ of profit *overwinst;* ~ of an account *saldo v.e. rekening* **2.4** adverse ~ *passieve balans* **2.5** available ~ *beschikbaar saldo;* budgetary ~ *begrotingssaldo;* ~ due *debetsaldo;* external ~ *uitvoersaldo* **3.1** ⟨fig.⟩ tip the ~ *de balans doen doorslaan* **3.4** strike a ~ ⟨fig.⟩ *een compromis/het juiste evenwicht vinden* **3.5** pay the ~ *het saldo vereffenen* **6.1** ⟨fig.⟩ his fate is/hangs **in** the ~ *zijn lot is onbeslist/onzeker;* ⟨fig.⟩ your future is **in** the ~ *je toekomst staat op het spel* **6.¶** **on** ~ *rekening houdend met alle gegevens, alles in aanmerking genomen;*
II ⟨telb. en n.-telb.zn.⟩ **0.1** ***evenwicht*** ⇒*balans* **0.2** ***harmonie*** ⇒*esthetisch evenwicht* **0.3** ***overwicht*** **0.4** ***(geluids)-balans*** ⟨tussen stereo kanalen⟩ ◆ **1.1** ~ of mind *psychologisch evenwicht;* ~ of power *machtsevenwicht* **3.1** lose one's ~ *zijn evenwicht verliezen;* ⟨fig.⟩ *van streek raken;* upset the ~ *het evenwicht verbreken;* redress the ~ *het evenwicht herstellen* **6.1** he put me **off** ~ *hij bracht me uit mijn evenwicht;* ⟨fig.⟩ *hij bracht mij van mijn stuk.*

balance[2] **I** ⟨onov.ww.⟩ **0.1** ***schommelen*** ⇒*balanceren, slingeren* **0.2** ⟨hand.⟩ ***sluiten*** ⟨v. balans⟩ ⇒*gelijk uitkomen, kloppen* **0.3** ***in evenwicht staan/blijven*** ⇒*balanceren* **0.4** ***opwegen tegen elkaar*** ◆ **5.2** his debts and credits ~d **out** *zijn schulden en vorderingen hielden elkaar in evenwicht* **5.4** ~ **out** *elkaar compenseren* **6.1** ~ **between** two issues *weifelen tussen twee mogelijkheden;*
II ⟨ov.ww.⟩ **0.1** ***wegen*** ⇒⟨fig.⟩ *overwegen, tegen elkaar afwegen* **0.2** ***in evenwicht brengen/houden*** ⇒*balanceren* **0.3** ⟨hand.⟩ ***opmaken*** ⇒*laten kloppen, sluitend maken* ⟨balans⟩ **0.4** ⟨hand.⟩ ***vereffenen*** **0.5** ***uitbalanceren*** ⟨bv.

dieet) ◆ **1.1** he ~d the various possibilities *hij woog de verschillende mogelijkheden tegen elkaar af* **1.3** ~ the books *de boeken/het boekjaar afsluiten* **1.4** ~ an account *een rekening vereffenen* **5.2** ~ each other **out** *tegen elkaar opwegen.*

balance beam 0.1 ⟨sport⟩ ***evenwichtsbalk.***

balanced [bælənst] **0.1** ***evenwichtig*** ⇒*bezadigd, harmonisch* **0.2** ⟨tech.⟩ ***(uit)gebalanceerd*** ⇒*gecentreerd* ◆ **1.1** a ~ character/personality *een evenwichtig karakter/harmonische persoonlijkheid;* a ~ budget *een sluitende begroting;* ~ diet *uitgebalanceerd dieet.*

balance sheet ⟨hand.⟩ **0.1** ***balans*** ◆ **2.1** annual ~ *jaarbalans;* fraudulent ~ *valse balans* **3.1** draw up the ~ *de balans opmaken.*

balance wheel 0.1 ***onrust*** ⟨in horloge⟩ **0.2** ***schakelrad*** ⟨in slingeruurwerk⟩.

balcon|y [bælkənie] ⟨mv.: -ies⟩ **0.1** ***balkon*** ⇒*bordes; galerij;* ⟨AE ihb.⟩ *eerste balkon.*

bald [bo:ld] **0.1** ***kaal*** ⇒⟨fig. ook⟩ *sober, saai* **0.2** ***naakt*** ⇒ *bloot* ◆ **1.1** ~ as a coot *kaal als een biljartbal;* ~ tyre *gladde band* **1.2** the ~ facts *de naakte waarheid* **1.¶** ~ eagle *Amerikaanse zeearend.*

balderdash [bo:ldədæsj] **0.1** ***nonsens.***

bald-headed 0.1 ***kaalhoofdig*** ⇒*kaal.*

balding [bo:lding] **0.1** ***kalend.***

baldly [bo:ldlie] **0.1** ***gewoonweg*** ⇒*zonder omwegen.*

baldness [bo:ldnəs] **0.1** ***kaalhoofdigheid*** ⇒*kaalheid* **0.2** ***onomwondenheid.***

baldpate 0.1 ***kaalkop.***

bale[1] [beel] ⟨zn.⟩ **0.1** ***baal.***

bale[2] **I** ⟨onov.ww.⟩ →**bale out;**
II ⟨ov.ww.⟩ **0.1** ***in balen verpakken*** **0.2** ***(uit)hozen*** ⇒*leeghozen.* →**bale out.**

baleful [beelfl] **0.1** ***noodlottig*** **0.2** ***onheilspellend*** ⟨bv. blik⟩.

bale out I ⟨onov.ww.⟩ **0.1** ***hozen*** **0.2** ***het vliegtuig uitspringen*** ⟨met valscherm⟩;
II ⟨ov.ww.⟩ **0.1** ***uithozen*** ⇒*leeghozen.*

balk[1], **baulk** [bo:k, bo:lk] ⟨zn.⟩ **0.1** ***balk*** ⇒*bint* **0.2** ***hindernis*** ⇒*tegenslag* **0.3** ⟨honkbal⟩ ***schijnworp*** ⟨overtreding v. spelregel⟩.

balk[2], **baulk I** ⟨onov.ww.⟩ **0.1** ***weigeren*** ⇒*stokken, blijven steken/hangen* **0.2** ⟨+at⟩ ***terugschrikken (van/voor)*** ⇒ *bezwaar maken (tegen)* ◆ **1.1** the engine ~ed *de motor sloeg af* **6.1** the horse ~ed **at** the fence *het paard weigerde de hindernis;*
II ⟨ov.ww.⟩ **0.1** ***verhinderen*** ◆ **1.1** ~ s.o.'s plans *iemands plannen in de weg staan* **6.1** be ~ed **in** one's ambitions *geremd worden in zijn ambities.*

Balkan [bo:lkən] **0.1** ***Balkan-*** ⇒*v./mbt. de Balkan.*

balkan|ize, -ise [bo:lkənajz] ⟨zn.: **-ization**⟩⟨pol.⟩ **0.1** ***balkaniseren.***

Balkans [bo:lkənz] ⟨the⟩ **0.1** ***de Balkan.***

balky, baulky [bo:kie, bo:lkie] **0.1** ***weigerachtig*** ⇒*onhandelbaar,* ⟨fig. ook⟩ *nukkig, vaak stuk* ◆ **1.1** a ~ gadget *een ding dat het vaak niet doet, een apparaat dat vaak weigert;* a ~ horse *een nukkig paard, een paard dat vaak zomaar stopt.*

ball[1] [bo:l] **I** ⟨telb.zn.⟩ **0.1** ***bal*** ⟨ook sport⟩ ⇒⟨alleen sport⟩ *worp, schop, slag* **0.2** ***bol*** ⇒*bolvormig voorwerp, bal* **0.3** ***prop*** ⇒*kluwen, bol* **0.4** ***rond lichaamsdeel*** ⇒*bal* ⟨v. voet⟩; *muis* ⟨v. hand⟩; *oogbol/appel* **0.5** ***kogel*** **0.6** ***bal*** ⇒*dansfeest* **0.7** ⟨sl.⟩ ***plezier*** ⇒*leut, lol* **0.8** ⟨mv.; vulg.⟩ ***ballen*** ⇒ *kloten* ◆ **1.1** the ~ is in your court *nu is het jouw beurt* ⟨ook fig.⟩; ⟨fig.⟩ keep one's eye on the ~ *een oogje in het zeil houden* **3.1** ⟨fig.⟩ keep the ~ rolling *de zaak aan de gang houden;* set/start the ~ rolling *de zaak aan het rollen brengen* **3.7** have a ~ *zich fantastisch amuseren* **3.8** have s.o. by the ~s *iem. bij de kladden hebben* **6.¶ on** the ~ *wakker, op zijn hoede;* be (right) **on** the ~ *op de hoogte/ad rem zijn* **¶.8** ~s! *gelul!;*
II ⟨n.-telb.zn.⟩ **0.1** ***balspel*** ⇒⟨AE ihb.⟩ *honkbal* ◆ **3.1** play ~ *met de bal spelen;* ⟨AE⟩ *honkbal spelen;* ⟨fig.⟩ *meewerken.*

ball[2] ⟨ww.⟩ **0.1** ***een bal maken van*** **0.2** ⟨vulg.⟩ ***neuken*** ⇒ *naaien* ◆ **1.1** he ~ed the paper into a wad *hij frommelde het papier tot een prop.* →**ball(s) up.**

ball-aching ⟨vulg.⟩ **0.1** ***klote-*** ⇒*klere-.*

ballad [bæləd] **0.1** ***ballade.***

ballade [bæla:d] **0.1** ***(rederijkers)ballade.***

ball and chain ⟨mv.: balls and chains⟩ **0.1** ***kluister*** ⟨ook fig.⟩ ⇒*boei* **0.2** ⟨inf.; pej.⟩ ***moeder de vrouw.***

ballast[1] [bæləst] ⟨zn.⟩ **0.1** ***ballast*** ⇒⟨fig.⟩ *bagage* ◆ **1.1** a bed of ~ *een ballastbed/grindbed* **3.1** ~ was stowed in the holds *ze namen ballast in* **6.1** ⟨scheep.⟩ **in** ~ *in ballast* ⟨zonder lading⟩.

ballast[2] ⟨ww.⟩ **0.1** ***ballasten*** ⇒*v. ballast voorzien.*

ball bearing ⟨tech.⟩ **0.1** ***kogellager*** **0.2** ***kogelblok.***

ball boy ⟨tennis⟩ **0.1** ***ballenjongen.***

ball-breaking ⟨sl.; vulg.⟩ **0.1** ***keihard*** ⇒*dominerend* ⟨v. vrouw⟩.

ball control ⟨sport⟩ **0.1** ***balcontrole/beheersing.***

ballerina [bælərie:nə] **0.1** ***balletdanseres*** ⇒*ballerina.*

ballet [bælee] **0.1** ***ballet*** ⇒*balletkunst* **0.2** ***ballet(groep)*** **0.3** ***stuk balletmuziek.***

ballet skirt 0.1 ***tutu*** ⇒*balletrokje.*

ball game 0.1 ***balspel*** ⇒⟨AE ihb.⟩ *honkbalspel* **0.2** ⟨AE; inf.⟩ ***situatie*** ⇒*stand van zaken* ◆ **2.2** it's a whole new ~ *de zaak staat er heel anders voor* **6.2** be **in** the ~ *meetellen.*

ball girl ⟨tennis⟩ **0.1** ***ballenmeisje.***

ballistic [bəlistik] **0.1** ***ballistisch*** ◆ **1.1** ~ missile *ballistisch projectiel;* ⟨tech.⟩ ~ mortar test *loodblokproef.*

ballistics [bəlistiks] ⟨ww. vnl. enk.⟩ **0.1** ***ballistiek.***

balloon[1] [bəloe:n] ⟨zn.⟩ **0.1** ***(lucht)ballon*** **0.2** ***ballon(netje)*** ⟨met tekst, in stripverhaal⟩ **0.3** ***cognacglas*** ◆ **3.1** the ~ goes up *de ballon stijgt op;* ⟨fig.⟩ *de pret begint; de moeilijkheden beginnen.*

balloon[2] **I** ⟨onov.ww.⟩ **0.1** ***per luchtballon reizen*** **0.2** ***opzwellen*** ⇒*bol gaan staan* **0.3** ***zweven als een ballon;***
II ⟨ov.ww.⟩ **0.1** ***doen opzwellen*** ⇒*opblazen* ◆ **1.1** ⟨fig.⟩ inflation has ~ed prices *de inflatie heeft de prijzen omhoog gejaagd.*

ballooning [bəloe:ning] **0.1** ***(de) ballonvaart.***

balloonist [bəloe:nist] **0.1** ***ballonvaarder.***

ballot[1] [bælət] ⟨zn.⟩ **0.1** ***stem(biljet/briefje/balletje)*** **0.2** ***stemming*** ⇒*stemronde; geheime stemming* **0.3** ***stemrecht*** **0.4** ***(aantal) uitgebrachte stemmen*** ⇒*resultaat v.d. stemming* ◆ **3.1** cast one's ~ *zijn stem uitbrengen* **3.2** let's take/have a ~ *laten we erover stemmen* **6.2** voting **by** ~ *geheime stemming.*

ballot[2] ⟨ww.⟩ **0.1** ***(laten) stemmen*** ◆ **6.1** ~ **for** *stemmen op; kiezen;* ~ the men **on** the proposal *de mannen over het voorstel laten stemmen.*

ballot box 0.1 ***stembus.***

ballot paper 0.1 ***stembriefje*** ⇒*stembiljet.*

ball park ⟨AE⟩ **0.1** ***honkbalveld.***

ball pen, ball-point (pen) 0.1 ***ballpoint*** ⇒*balpen.*

ballplayer 0.1 ***balspeler*** ⇒⟨AE ihb.⟩ *(beroeps)honkbalspeler.*

ballroom 0.1 ***balzaal*** ⇒*danszaal.*

ballroom dancing 0.1 ***(het) ballroomdansen.***

ball skill 0.1 ***balvaardigheid.***

balls up, ⟨AE sp.⟩ **ball up** ⟨vulg.⟩ **0.1** ***verpesten*** ⇒*naar de knoppen helpen, verzieken.*

balls-up ⟨vulg.⟩ **0.1** ***rotzooi.***
bally [bælie] ⟨BE; euf. voor bloody⟩ **0.1** ***verdomd.***
ballyhoo [bæliehoe:] **0.1** ***reclamebluf*** ⇒*tamtam.*
balm [ba:m] **0.1** ***balsem*** ⟨ook fig.⟩ ⇒*troost* **0.2** ⟨plantk.⟩ ***citroenmelisse.***
balmy [ba:mie] **0.1** ***balsemachtig*** **0.2** ***(zacht) geurend*** ⇒ *balsemiek* **0.3** ***zacht*** ⇒*mild* **0.4** ⟨inf.⟩ ***gek*** ⇒*zot* ◆ **1.3** ~ climate *zacht klimaat.*
baloney →**boloney.**
baloney sausage ⟨AE⟩ **0.1** ***saucisse de Boulogne*** ⇒*Bologne-se worst.*
balsa [bo:lsə] **0.1** ***balsa(hout).***
balsam [bo:lsəm] **I** ⟨telb.zn.⟩⟨plantk.⟩ **0.1** ***balsemboom*** **0.2** ***springzaad*** ⇒⟨ihb.⟩ *balsemien;*
II ⟨telb. en n.-telb.zn.⟩⟨ook fig.⟩ **0.1** ***balsem*** ⇒*verzachting.*
balsam fir **0.1** ***balsemden.***
balthazar [bælθəza:] **I** ⟨eig.n.; B-⟩ **0.1** ***Balthasar;***
II ⟨telb.zn.⟩ **0.1** ***balthasar*** ⟨wijnfles met inhoud v. 16 'gewone' flessen⟩.
Baltic [bo:ltik] **0.1** ***Baltisch*** ◆ **1.1** ~ Sea *Oostzee.*
baluster [bæləstə] **0.1** ***baluster*** ⇒*spijl, leuningstijl.*
balustrade [bæləstreed] **0.1** ***balustrade.***
bamboo [bæmboe:] **0.1** ***bamboe.***
bamboo curtain **0.1** ***bamboegordijn*** ⟨grens tussen communistisch China en rest v. Azië⟩.
bamboozle [bæmboe:zl] ⟨inf.⟩ **0.1** ***bedriegen*** ⇒*beetnemen* **0.2** ***verwarren*** ⇒*in de war brengen* ◆ **6.1** ~ s.o. **into** doing sth. *iem. door list ertoe brengen iets te doen;* ~ s.o. **out of** his money *iem. zijn geld afhandig maken.*
ban[1] [bæn] ⟨zn.⟩ **0.1** ***ban(vloek)*** **0.2** ***verbanning*** ⇒*ban* **0.3** ***verbod*** ⇒*verwerping* **0.4** ***banning order*** ⇒*spreek- en publicatieverbod* ⟨in Zuid-Afrika⟩ ◆ **1.1** the Pope's ~ *de pauselijke banvloek* **6.2** be **under** a ~ *verbannen zijn* **6.3** put a ~ **on** smoking *het roken officieel verbieden.*
ban[2] ⟨ww.; -ned⟩ **0.1** ***verbieden*** **0.2** ***verbannen*** ⇒*uitsluiten, verjagen* **0.3** ***verwerpen*** ⇒*afwijzen* ◆ **1.3** ~ the bomb *weg met de atoombom.*
banal [bəna:l] ⟨vaak pej.⟩ **0.1** ***banaal*** ⇒*gewoon, alledaags; niet interessant.*
banalit|y [bənælətie] ⟨mv.: -ies⟩ **0.1** ***banaliteit*** ⇒*waarheid als een koe, truïsme.*
banana [bəna:nə] **0.1** ***banaan.***
banana plug **0.1** ***banaanstekker.***
bananas [bəna:nəz] ⟨inf.⟩ **0.1** ***knettergek*** ⇒*hysterisch* ◆ **3.1** go ~ *stapelgek worden.*
banana shot ⟨voetbal⟩ **0.1** ***kromme bal.***
banana skin **0.1** ***bananenschil*** **0.2** ⟨inf.⟩ ***uitglijder*** ⇒*blunder, flater.*
band[1] [bænd] ⟨zn.⟩ **0.1** ***band*** ⟨ook fig.⟩ ⇒*riem; ring; (dwars)streep* ⟨op beest⟩; *reep; rand; boord* **0.2** ***bende*** ⇒*groep, troep* **0.3** ***band*** ⇒*(dans)orkestje, fanfare, popgroep* **0.4** ***bereik*** ⇒*veld, groep* ⟨v. numerieke waarden⟩ **0.5** ⟨mv.⟩ ***bef*** ◆ **1.1** a ~ of light *een lichtstreep/strook* **1.5** ~s and gown *bef en toga;* a pair of ~s *bef* **2.1** a black ~ round his hat *een zwart(e) lint/band om zijn hoed;* a rubber ~ *een elastiekje* **3.¶** the ~ begins to play *nu wordt het ernstig/menens.*
band[2] **I** ⟨onov.ww.⟩ **0.1** ***zich verenigen*** ◆ **5.1** ~ together against *zich als één man verzetten tegen;*
II ⟨ov.ww.⟩ **0.1** ***ringen*** ⟨vogels, bomen⟩.
bandage[1] [bændidzj] ⟨zn.⟩ **0.1** ***verband.***
bandage[2] ⟨ww.⟩ **0.1** ***verbinden*** ⇒*omzwachtelen* ◆ **5.1** ~ **up** s.o.'s arm *iemands arm in het verband leggen.*
band-aid ⟨inf.⟩ **0.1** ***wondpleister*** ⟨oorspr. merknaam⟩.
bandan(n)a [bændænə] **0.1** ***kleurige hals/hoofd/zakdoek*** ⇒*bandana.*
b. and b. ⟨afk.⟩ **0.1** [bed and breakfast].
bandeau [bændoo]⟨mv.: ook bandeaux [-dooz]⟩ **0.1** ***bandeau*** ⇒*haarband.*
bandit [bændit]⟨mv.: ook banditti [-dittie]⟩ **0.1** ***bandiet*** ⇒ *rover, gangster.*
banditry [bænditrie] **0.1** ***roof*** ⇒*roverij* **0.2** ***banditisme.***
bandmaster **0.1** ***kapelmeester.***
bandoleer, bandolier [bændəliə] **0.1** ***bandelier*** ⇒*schouderriem; patroongordel.*
bands|man [bændzmən]⟨mv.: -men [-mən]⟩ **0.1** ***muzikant*** ⟨in een band of kapel⟩.
bandstand **0.1** ***muziektent*** ⇒*tribune.*
bandwagon **0.1** ***muziekwagen*** **0.2** ⟨fig.⟩ ***iets dat algemene bijval vindt*** ◆ **3.2** climb/jump on the ~ *met de massa meedoen/meelopen; aan de kant v.d. winnaar gaan staan.*
bandy[1] [bændie] ⟨bn.⟩ **0.1** ***(naar buiten) gebogen*** ⟨v. poten of benen⟩ ⇒*krom, met o-benen.*
band|y[2] ⟨ww.; -ied⟩ **0.1** ***heen en weer doen bewegen/gooien*** **0.2** ***(uit)wisselen*** ◆ **1.2** ~ blows *slaags raken;* ~ words with s.o. *ruzie maken/woorden hebben met iem.* **5.¶** ~ **about** *te pas en te onpas noemen; verspreiden, rondbazuinen;* have one's name bandied **about** *voortdurend genoemd worden;* the news was quickly bandied **about** *het nieuws ging als een lopend vuurtje.*
bandy-legged **0.1** ***met o-benen.***
bane [been] **0.1** ***last*** ⇒*pest, kruis* **0.2** ***vloek*** ⇒*verderf* ◆ **1.1** the ~ of my existence/life *een nagel aan mijn doodskist.*
baneful [beenfoel] **0.1** ***verderfelijk*** ⇒*kwaad.*
bang[1] [bæng] ⟨zn.⟩ **0.1** ***klap*** ⇒*dreun, slag* **0.2** ***knal*** ⇒*ontploffing, schot* **0.3** ***plotselinge inspanning/energie*** **0.4** ⟨vnl. AE; inf.⟩ ***(hoop) plezier*** ⇒*kick, opwinding* ◆ **1.1** he got a ~ on the head *hij kreeg een klap op zijn hoofd* **3.3** start off with a ~ *hard aan het werk gaan/v. stapel lopen* **3.¶** ⟨inf.⟩ go off/⟨AE⟩ go over with a ~ *een reuzesucces oogsten.* →**big, sonic.**
bang[2] **I** ⟨onov.ww.⟩ **0.1** ***knallen*** ⇒*dreunen* **0.2** ⟨+on⟩ ***bonzen (op)*** ⇒*kloppen, slaan* ◆ **5.¶** ~ **about** *lawaai maken* **6.¶** ~ **into** s.o. *iem. toevallig ontmoeten.* →**bang away;**
II ⟨ov.ww.⟩ **0.1** ***stoten*** ⇒*bonzen, botsen* **0.2** ***dichtgooien/smijten*** **0.3** ***smijten*** ⇒*(neer)smakken* **0.4** ***in een pony knippen*** ⟨haar⟩ **0.5** ⟨sl.⟩ ***neuken met*** ◆ **5.¶** ~ **up** *verwonden; vernielen;* ⟨sl.⟩ *achter de tralies zetten.* →**bang out.**
bang[3] ⟨bw.⟩ **0.1** ***precies*** ⇒*pats, vlak* **0.2** ***plof*** ⇒*boem, paf* ◆ **1.1** ~ in the face *precies in zijn gezicht* **3.2** go ~ *uiteenbarsten; in elkaar klappen;* ~ went another million *nog een miljoen naar de maan* **5.1** ⟨inf.⟩ ~ **on** *precies goed/raak;* ~ **on** time *precies op tijd* **5.¶** ⟨inf.⟩ ~ **off** *meteen* **6.2** come ~ **up against** (sth.) *stuiten op (iets).*
bang[4] ⟨tw.⟩ **0.1** ***boem!*** ⇒*pats!, pang!*
bang away **0.1** ⟨inf.⟩ ***hard werken*** ⇒*ploeteren* **0.2** ***ratelen*** ⇒*er op los knallen* ⟨vuurwapens⟩ **0.3** ⟨vulg.⟩ ***er op los neuken.***
banger [bængə] ⟨BE⟩ **0.1** ***worstje*** **0.2** ***stuk (knal)vuurwerk*** **0.3** ⟨inf.⟩ ***aftandse auto.***
bangle [bænggl] **0.1** ***armband*** **0.2** ***enkelband*** **0.3** ***ronde hanger*** ⟨aan halsketting e.d.⟩.
bang out ⟨inf.⟩ **0.1** ***in elkaar flansen*** ⇒⟨ihb.⟩ *uit de schrijfmachine rammen* ⟨tekst⟩ **0.2** ***riedelen*** ⇒*dreunen, jengelen* ⟨muziek⟩.
bang-up ⟨AE; inf.⟩ **0.1** ***piekfijn*** ⇒*uitstekend.*
banian (tree), banyan (tree) [bænjən, -jæn] ⟨plantk.⟩ **0.1** ***banyan.***
banish [bænisj] ⟨zn.: **-ment**⟩ **0.1** ***verbannen*** ⇒*uitwijzen* **0.2** ***toegang ontzeggen*** **0.3** ***verjagen*** ⇒*verwijderen* ◆ **1.3** ~ those thoughts from your mind *zet die gedachten maar uit je hoofd.*

banister [bænistə] **0.1** ⟨vaak mv.⟩ ***(trap)spijl*** **0.2** ⟨mv.⟩ ***(trap)leuning.***

banjo [bændzjoo] ⟨mv.: ook -es⟩ **0.1** ***banjo.***

bank[1] [bængk] ⟨zn.⟩ **0.1** ***bank*** ⇒*mistbank; wolkenbank; sneeuwbank; zandbank; ophoging, aardwal* **0.2** ***oever*** ⇒ *glooiing* **0.3** ***bank*** ⟨ook als gebouw⟩ ⇒*geldbedrijf* **0.4** ***reserve*** ⇒*voorraad, spaarpot* **0.5** ***rij*** ⇒*serie* ◆ **1.3** ~ of deposit *depositobank* **2.3** central ~ *staatsbank* **3.4** break the ~ *de bank doen springen* **6.1** the ship ran aground **on** a ~ *het schip liep vast op een zandbank* **7.3** The Bank *de Bank v. Engeland.*

bank[2] **I** ⟨onov.ww.⟩ **0.1** ⟨vaak +up⟩ ***zich opstapelen*** ⇒*een bank vormen* **0.2** ***(over)hellen*** ⟨in een bocht⟩ **0.3** ***een bankrekening hebben*** **0.4** ***bankzaken doen*** ⇒*de bank houden* ◆ **5.1** ~ **up** *zich ophopen* **6.3** who(m) do you ~ **with**? *bij welke bank ben jij aangesloten?* **6.¶** ⟨inf.⟩ ~ **on** *vertrouwen/rekenen op;*

II ⟨ov.ww.⟩ **0.1** ***indammen*** **0.2** ***opstapelen*** ⇒*ophopen* **0.3** ***doen hellen*** ⟨bv. een vliegtuig, weg⟩ ⇒*doen glooien* **0.4** ⟨+ up⟩ ***opbanken*** ⇒*afdekken, inrekenen* ⟨vuur⟩ **0.5** ***deponeren*** ⇒*beleggen, op een bankrekening zetten* ◆ **1.1** ~ the river *de rivier indijken* **1.3** ~ a road at the curve *een weg schuin leggen in de bocht* **1.5** ~ one's salary *zijn salaris op de bank zetten* **5.2** ~ **up** earth *aarde opstapelen.*

bank account **0.1** ***bankrekening.***

bankbook **0.1** ***bankboekje*** ⇒*spaarboekje* **0.2** ***kassiersboek.***

bank circulation **0.1** ***bankbiljettenomloop/circulatie.***

bank draft, banker's draft **0.1** ***bankcheque*** **0.2** ⟨BE⟩ ***bankaccept.***

banker [bængkə] **0.1** ***bankier*** **0.2** ⟨kansspel⟩ ***bankhouder.***

banker's card **0.1** ***betaalpas(je)*** ⇒*bankkaart.*

banker's opinion ⟨hand.⟩ **0.1** ***handelsinlichtingen*** ⇒*handelsinformatie* ⟨mbt. solvabiliteit⟩.

banker's order **0.1** ***doorlopende order*** ⇒*staande opdracht;* ⟨ihb.⟩ *automatische afschrijving.*

bank holiday **0.1** ⟨BE⟩ ***officiële feestdag op een werkdag*** **0.2** ⟨AE⟩ ***periode waarin de banken v. staatswege gesloten zijn.***

banking [bængking] **0.1** ***bankwezen.***

banking hours **0.1** ***openingsuren v.e. bank.***

banking industry **0.1** ***bankwereld.***

bank note **0.1** ***bankbiljet.***

bank rate ⟨vaak the⟩ ⟨vnl. BE⟩ **0.1** ***bankdisconto.***

bankroll ⟨AE⟩ **0.1** ***rol bankbiljetten*** **0.2** ***fonds*** ⇒*budget.*

bank run ⟨geldw.⟩ **0.1** ***run op de bank*** ⇒*stormloop op de bank* ⟨voor opvraging v. tegoeden⟩.

bankrupt[1] [bængkrupt] ⟨zn.⟩ **0.1** ***bankroetier*** ⇒*gefailleerde* **0.2** ⟨pej.⟩ ***mislukkeling.***

bankrupt[2] ⟨bn.⟩ **0.1** ***failliet*** **0.2** ⟨pej.⟩ ***ontdaan*** **0.3** ⟨pej.⟩ ***waardeloos*** ◆ **3.1** go ~ *failliet gaan* **6.2** ~ **in/of** positive feelings *zonder enige positieve gevoelens.*

bankrupt[3] ⟨ww.⟩ **0.1** ***failliet doen gaan.***

bankruptc|y [bængkrup(t)sie] ⟨mv.: -ies⟩ ⟨ook fig.⟩ **0.1** ***bankroet*** ⇒*fiasco.*

bank statement **0.1** ***rekeningafschrift*** **0.2** ***bankstaat.***

banner [bænə] **0.1** ***banier*** ⟨ook fig.⟩ ⇒*vaandel* **0.2** ***spandoek*** **0.3** ***krantenkop over hele pagina*** ◆ **3.1** follow/join the ~ of s.o. *zich onder iemands banier scharen* **6.1** **under** the ~ **of** ... *met ... in het vaandel.*

banner headline **0.1** ***krantenkop over hele pagina.***

bannister →**banister.**

banns [bænz] **0.1** ***geboden*** ⇒*(kerkelijke) huwelijksaankondiging* ◆ **3.1** publish/put up the ~, have one's ~ called *een huwelijk (kerkelijk) afkondigen;* forbid the ~ *de geboden stuiten* ⟨huwelijksvoltrekking tegenhouden door bezwaar te maken⟩.

banquet[1] [bængkwit] ⟨zn.⟩ **0.1** ***banket*** ⇒*feestmaal* **0.2** ***festijn*** ⇒*smulpartij.*

banquet[2] **I** ⟨onov.ww.⟩ **0.1** ***smullen*** ⇒*brassen* **0.2** ***deelnemen aan een banket;***

II ⟨ov.ww.⟩ **0.1** ***op een banket vergasten*** ⇒*onthalen, trakteren.*

banshee, banshie [bænsjie:] ⟨IE, Sch. E⟩ **0.1** ***geest wier gejammer een sterfgeval aankondigt.***

bantam [bæntəm] **0.1** ***bantammer*** ⟨soort kip⟩.

bantamweight ⟨sport⟩ **0.1** ***bantamgewicht.***

banter[1] [bæntə] ⟨zn.⟩ **0.1** ***geplaag*** ⇒*scherts, badinage.*

banter[2] **I** ⟨onov.ww.⟩ **0.1** ***schertsen*** ⇒*badineren;*

II ⟨ov.ww.⟩ **0.1** ***plagen*** ⇒*pesten.*

bantering [bæntring] **0.1** ***plagerig*** ⇒*schertsend.*

Bantu [bæntoe:] ⟨mv.: ook Bantu⟩ **0.1** ⟨bn.⟩ ***Bantoe-*** ⇒*v.d. Bantoes* **0.2** ⟨eig.n.⟩ ***Bantoe*** ⟨ta(a)l(en)⟩ **0.3** ⟨telb. zn.⟩ ***Bantoe(neger).***

banyan →**banian.**

baobab [beeəbæb] **0.1** ***apenbroodboom*** ⇒*baobab.*

baptism [bæptizm] **0.1** ***doop*** ⟨fig.⟩ ⇒*inwijding (en naamgeving), inzegening* ◆ **1.1** ~ of fire *vuurdoop;* the sacrament of ~ *het sacrament v.d. doop;* ⟨r.-k.⟩ *het doopsel.*

baptismal [bæptizml] **0.1** ***doop-*** ◆ **1.1** ~ certificate *doopakte/attest;* ~ vows *doopbeloften.*

Baptist [bæptist] **0.1** ***doper*** **0.2** ***doopsgezinde*** ◆ **1.1** John the ~ *Johannes de Doper.*

baptize, -ise [bæptajz] **0.1** ***dopen*** ⇒*de doop geven* **0.2** ***een naam geven*** ◆ **1.1** ~d a Roman Catholic *katholiek gedoopt.*

bar[1] [ba:] **I** ⟨telb.zn.⟩ **0.1** ***langwerpig stuk*** ⟨v. hard materiaal⟩ ⇒*staaf, stang; baar, staaf; reep;* ⟨sport⟩ *lat* **0.2** ***afgrendelend iets*** ⇒*tralie; grendel; slagboom, afsluitboom;* ⟨fig.⟩ *obstakel, hindernis* **0.3** ***drempel*** ⟨in rivier, zee⟩ ⇒*ondiepte, (zand)bank* **0.4** ***streep*** ⇒*balk* ⟨op wapen, onderscheidingsteken⟩ **0.5** ***bar*** ⟨ook als lokaal⟩ ⇒*buffet* **0.6** ⟨BE⟩ ***ruimte voor niet-leden in parlement*** **0.7** ⟨muz.⟩ ***maat(streep)*** **0.8** ⟨tech.⟩ ***bar*** ⟨drukeenheid⟩ ◆ **1.1** ~ of chocolate *reep chocola;* ~ of gold *baar goud;* ~ of soap *stuk zeep* **1.4** a medal with a ~ on the ribbon *een medaille met een balk/gesp op het lint* **6.2** be put **behind** ~s *achter (de) tralies gezet worden.* →**horizontal, parallel;**

II ⟨telb. en n.-telb.zn.⟩ **0.1** ***balie*** ⟨v. rechtbank⟩ ⇒⟨bij uitbr.⟩ *gerecht, rechtbank;* ⟨fig.⟩ *oordeel* **0.2** ⟨jur.⟩ ***exceptie*** ◆ **1.1** the ~ of conscience *het oordeel v.h. geweten* **3.1** be tried at (the) ~ *in openbare terechtzitting berecht worden;*

III ⟨zn.; meestal B-; the; ww. enk. of mv.⟩ **0.1** ***advocatuur*** ⇒ *balie, advocatenstand;* ⟨AE⟩ *orde der juristen* ◆ **3.1** read/study for the Bar *voor advocaat studeren* **3.¶** be called/go to the Bar *als advocaat toegelaten worden.*

bar[2] ⟨ww.; -red⟩ **0.1** ***vergrendelen*** ⇒*afsluiten* **0.2** ***opsluiten*** ⇒*insluiten* **0.3** ***versperren*** ⟨ook fig.⟩ ⇒*verhinderen* **0.4** ***verbieden*** **0.5** ⟨meestal pass.⟩ ***strepen*** ◆ **1.5** the flag is ~red in red and white *de vlag heeft rode en witte strepen* **4.2** ~ o.s. in/out *zichzelf binnen/buitensluiten* **6.4** ~ s.o. **from** participation *iem. de deelneming verbieden.*

bar[3], **barring** [ba:ring] ⟨vz.⟩ **0.1** ***behalve*** ⇒*uitgezonderd* ◆ **1.1** ~ very bad weather *tenzij het zeer slecht weer is* **4.1** all ~ one *alle(n) op één na;* ~ none *zonder uitzondering.*

barb [ba:b] **0.1** ***weerhaak*** ⇒*prikkel* **0.2** ***steek*** ⟨fig.⟩ ⇒*hatelijkheid.*

barbarian [ba:beəriən] **0.1** ⟨zn.⟩ ***barbaar*** ⟨ook gesch.⟩ ⇒*onbeschaafd iem., primitieveling* **0.2** ⟨zn.⟩ ***woesteling*** ⇒ *bruut* **0.3** ⟨bn.⟩ ***barbaars.***

barbaric [ba:bærik] ⟨-ally⟩ **0.1** ***barbaars*** ⇒*ruw, onbeschaafd* **0.2** ***barbaars*** ⇒*wreed, wild* ◆ **1.1** ~ customs *barbaarse gewoonten.*
barbarism [ba:bərizm] **0.1** ***barbarisme*** **0.2** ***barbaarsheid.***
barbarit|y [ba:bærətie] ⟨mv.: -ies⟩ **0.1** ***barbaarsheid*** ⇒ *wreedheid.*
barbarize, -ise [ba:bərajz] **0.1** ***barbaars maken.***
barbarous [ba:brəs] **0.1** ***barbaars*** ⇒*onbeschaafd; wreed* **0.2** ***door barbarismen gekenmerkt*** ⟨taal⟩.
Barbary ape [ba:brie eep] **0.1** ***magot*** ⟨op Gibraltar⟩.
barbecue[1] [ba:bikjoe:] ⟨zn.⟩ **0.1** ***barbecue*** **0.2** ***op barbecue geroosterd (stuk) dier/vlees*** **0.3** ***barbecuefeest.***
barbecue[2] ⟨ww.⟩ **0.1** ***roosteren*** ⇒*barbecueën* **0.2** ***in pikante saus bereiden*** ◆ **1.1** ~d chicken *geroosterde kip.*
barbed [ba:bd] **0.1** ***met weerhaken*** **0.2** ⟨fig.⟩ ***scherp*** ⇒*bijtend* ⟨opmerkingen, woorden⟩ ◆ **1.¶** ~ wire *prikkeldraad.*
barbel [ba:bl] **0.1** ***barbeel*** ⟨vis⟩.
barbell [ba:bel] ⟨sport⟩ **0.1** ***lange halter.***
barber [ba:bə] **0.1** ***herenkapper*** ⇒*barbier.*
barber's pole **0.1** ***gestreepte paal buiten kapperszaak.***
barber's shop, ⟨AE sp. ook⟩ **barbershop** **0.1** ***herenkapperszaak.***
barbie [ba:bie] ⟨Austr. E; inf.⟩ **0.1** ***barbecue.***
bar billiards **0.1** ***biljart*** ⟨met kleinere tafel en beperkte speeltijd⟩.
barbitone [ba:bittoon], ⟨AE⟩ **barbital** [ba:bitæl] **0.1** ***slaapmiddel.***
barbiturate [ba:bitsjərət] **0.1** ***barbituraat*** ⟨als slaappil/drug⟩.
barcarole [ba:kərool] **0.1** ***barcarolle*** ⇒*gondellied.*
bar code **0.1** ***streepjescode.***
bard [ba:d] **0.1** ***bard*** ⇒*Keltisch zanger* **0.2** ***dichter*** ◆ **7.2** the Bard (of Avon) *Shakespeare, dé dichter (uit Avon).*
bardic [ba:dik] ◆ **1.¶** ~ song *bardenlied.*
bare[1] [beə] ⟨bn.; -r; -ness⟩ **0.1** ***naakt*** **0.2** ***kaal*** ⇒*leeg* **0.3** ***enkel*** ⇒*zonder meer* **0.4** ***schaars*** ⇒*schraal, krap* ◆ **1.1** with one's head ~ *blootshoofds;* in his ~ skin *in zijn blootje* **1.2** the ~ facts *de naakte feiten* **1.3** the ~ necessities (of life) *het strikt noodzakelijke;* the ~ thought! *de gedachte alleen al!* **1.4** with a ~ majority *met een krappe meerderheid* **3.1** lay ~ *blootleggen* **6.2** ~ **of** sth. *zonder iets.*
bare[2] ⟨ww.⟩ **0.1** ***ontbloten*** **0.2** ***blootleggen*** ⇒*onthullen* **0.3** ⟨+ of⟩ ***ontdoen (van)*** ◆ **1.1** ~ one's teeth *zijn tanden laten zien* **1.2** ~ one's soul *zijn gevoelens luchten.*
bareback **0.1** ***bloot*** ⇒*zonder zadel (rijdend).*
barebacked **0.1** ***met blote rug*** ⇒*ongezadeld* ⟨v. paard⟩.
barefaced **0.1** ***onbeschaamd*** ⇒*brutaal* **0.2** ***onverholen*** ◆ **1.1** ~ lies *schaamteloze leugens.*
barefoot[1], **barefooted** ⟨bn.⟩ **0.1** ***met/op blote voeten*** ⇒*ongeschoeid.*
barefoot[2] ⟨bw.⟩ **0.1** ***blootsvoets*** ⇒*barrevoets* ◆ **3.1** walk ~ *op blote voeten lopen.*
bareheaded **0.1** ***blootshoofds*** ⇒*zonder hoed.*
barelegged **0.1** ***met blote benen.***
barely [beəlie] **0.1** ***nauwelijks*** ⇒*amper* **0.2** ***schaars*** ⇒ *spaarzaam* ◆ **2.1** ~ enough to eat *nauwelijks genoeg te eten.*
bargain[1] [ba:gin] ⟨zn.⟩ **0.1** ***afspraak*** ⇒*akkoord; transactie* **0.2** ***koopje*** ◆ **3.1** make/strike a ~ *tot een akkoord komen* **4.1** it's/that's a ~! *akkoord!* **6.¶** **into**/⟨AE⟩ **in** the ~ *op de koop toe.* →**bad, Dutch, hard.**
bargain[2] **I** ⟨onov.ww.⟩ **0.1** ***onderhandelen*** ⇒*dingen* ◆ **6.1** ~ **about/for/over** sth. *over iets onderhandelen* **6.¶** more than he ~ed **for**/⟨AE ook⟩ **on** *meer dan waar hij op rekende;*
II ⟨ov.ww.⟩ **0.1** ***bedingen*** ◆ **5.¶** ~ **away** sth. *iets versjacheren.*
bargain hunting **0.1** ***koopjesjacht*** ⇒*op koopjes jagen.*
bargaining chip **0.1** ***onderhandelingstroef.***
bargaining position **0.1** ***onderhandelingspositie.***
bargaining table **0.1** ***onderhandelingstafel.***
bargain offer **0.1** ***speciale aanbieding.***
bargain price **0.1** ***spotprijs.***
bargain sale **0.1** ***uitverkoop*** ⇒*reclameverkoop.*
barge[1] [ba:dzj] ⟨zn.⟩ **0.1** ***schuit*** ⇒*praam, aak* **0.2** ***sloep.***
barge[2] ⟨ww.⟩⟨inf.⟩ **0.1** ***stommelen*** ◆ **5.¶** ~ **in** *binnenvallen; zich bemoeien;* ~ **in** on s.o. *iem. lastig vallen* **6.1** ~ **into/against** sth. *ergens tegenaan botsen.*
bargee [ba:dzjie:], ⟨AE⟩ **barge|man** [ba:dzjmən]⟨mv.: -men [-mən]⟩ **0.1** ***schipper*** ⇒*schuitenvoerder.*
barge-pole **0.1** ***vaarboom*** ◆ **3.¶** ⟨BE; inf.⟩ I wouldn't touch him with a ~ *ik wil helemaal niets met hem te maken hebben.*
baritone [bærittoon] **0.1** ***bariton.***
barium [beəriəm] **0.1** ***barium*** **0.2** ***bariumsulfaat.***
barium meal **0.1** ***bariumpap(je)*** ⟨voor röntgenonderzoek⟩.
bark[1], ⟨in bet. 0.2, 0.3 ook⟩ **barque** [ba:k] ⟨zn.⟩ **0.1** ***blaffend geluid*** ⇒*geblaf; ruw stemgeluid; (ge)knal* ⟨v. vuurwapen⟩ **0.2** ⟨scheep.⟩ ***bark*** **0.3** ***boot*** ⇒*sloep* **0.4** ***schors*** ⇒*bast* ◆ **2.1** speak in an angry ~ *afblaffen;* his ~ is worse than his bite *(het is bij hem) veel geschreeuw en weinig wol.*
bark[2] **I** ⟨onov.ww.⟩ **0.1** ⟨+ at⟩ ***blaffen (tegen)*** ⇒⟨fig.⟩ *hoesten; knallen, bulderen* ◆ **6.1** ⟨fig.⟩ ~ **at** s.o. *iem. afblaffen;*
II ⟨ov.ww.⟩ **0.1** ***(uit)brullen*** ⇒*aanblaffen; luid aanprijzen* **0.2** ***ontschorsen*** ⇒*afschillen* **0.3** ***schaven*** ⟨vel⟩ **0.4** ***tanen*** ◆ **1.1** ~ (out) an order *een bevel schreeuwen.*
barkeep(er) ⟨AE⟩ **0.1** ***barkeeper*** ⇒*kroegbaas.*
barker [ba:kə] **0.1** ***stoepier*** ⇒*klantenlokker* **0.2** ***ontschorsmachine*** **0.3** ⟨sl.⟩ ***blaffer*** ⇒*schietijzer.*
barley [ba:lie] **0.1** ***gerst.***
barleycorn **0.1** ***gerstkorrel*** **0.2** ***gerst.***
barley sugar **0.1** ***gerstesuiker*** **0.2** ***lolly.***
barley water **0.1** ***gerstewater.***
barley wine ⟨vnl. BE⟩ **0.1** ***gerstewijn.***
barm [ba:m] **0.1** ***(bier)gist.***
bar magnet **0.1** ***magneetstaaf*** ⇒*staafmagneet.*
barmaid **0.1** ***barmeisje.***
bar|man [ba:mən]⟨mv.: -men [-mən]⟩ **0.1** ***barman.***
bar mi(t)zvah [ba:mitsvə] ⟨jud.⟩ **0.1** ***bar mitswa.***
barm|y [ba:mie] ⟨-ier⟩ **0.1** ⟨vnl. BE; inf.⟩ ***stapelgek.***
barn [ba:n] **0.1** ***schuur*** **0.2** ⟨AE⟩ ***stal*** ⇒*loods* **0.3** ⟨pej.⟩ ***kast*** ⇒*groot oud huis* ◆ **2.1** as big as a ~ *zo groot als een huis/olifant.*
barnacle [ba:nəkl] **0.1** ***eendenmossel*** ⇒*zeepok* **0.2** ⟨fig.⟩ ***plakker.***
barnacle goose ⟨dierk.⟩ **0.1** ***brandgans.***
barn dance **0.1** ***boerenbal*** **0.2** ***boerendans*** ⇒*Schotse driepas.*
barn door **0.1** ***staldeur*** ◆ **3.¶** he is so near-sighted that he couldn't hit a ~ *hij is zo bijziend dat hij nog geen olifant kan raken.*
barn owl **0.1** ***kerkuil.***
barnstorm **I** ⟨onov.ww.⟩ **0.1** ***op tournee gaan*** ⟨v. acteurs, politici⟩;
II ⟨ov.ww.⟩ **0.1** ***(op tournee) doorkruisen.***
barnstormer [ba:nsto:mə] **0.1** ***acteur/showman/politicus op tournee.***
barnyard [ba:nja:d] **0.1** ***boerenerf*** ⇒*hof.*
barograph [bærəgra:f] **0.1** ***barograaf.***
barometer [bəroomittə] **0.1** ***barometer*** ⟨ook fig.⟩ ⇒*maatstaf, peilglas.*

barometric [bærəmetrik] ⟨-ally⟩ **0.1** ***barometrisch*** ◆ **1.1** ~ pressure *barometerstand.*
baron [bærən] **0.1** ***baron*** **0.2** ⟨vaak in samenstellingen; vnl. AE⟩ ***magnaat*** **0.3** ***(onuitgebeend) dubbel lendestuk.***
baronage [bærənidzj] **0.1** ***adelboek*** **0.2** ***waardigheid v. baron*** **0.3** ⟨ww. enk. of mv.⟩ ***adelstand.***
baroness [bærənis] **0.1** ***barones.***
baronet [bærənit] **0.1** ***baronet.***
baronetc|y [bærənitsie] ⟨mv.: -ies⟩ **0.1** ***titel v. baronet.***
baron|y [bærənie] ⟨mv.: -ies⟩ **0.1** ***rang/waardigheid v. baron*** **0.2** ***baronie.***
baroque [bərok, bərook] **0.1** ⟨bn.⟩ ***barok*** **0.2** ⟨zn.⟩ ***barok*** ◆ **7.1** the Baroque *de barok(stijl/tijd).*
barque →**bark**[1].
barrack[1] [bærək] ⟨zn.⟩ **0.1** ***barak*** ⇒*keet* **0.2** ⟨mv.; ww. ook enk.⟩ ***kazerne*** ⇒*kampement* **0.3** ⟨mv.; ww. ook enk.; pej.⟩ ***groot, lelijk huis.***
barrack[2] **I** ⟨onov.ww.⟩ ⟨BE; Austr. E⟩ **0.1** ***joelen en jouwen*** ⇒ *herrie schoppen;*
II ⟨ov.ww.⟩ **0.1** ***inlegeren*** ⇒*inkwartieren* **0.2** ⟨BE⟩ ***uitjouwen.***
barrage[1] [bæra:zj] ⟨zn.⟩ **0.1** ***stuwdam*** **0.2** ***versperring*** **0.3** ***spervuur*** ⟨ook fig.⟩ ⇒*barrage* **0.4** ⟨sport⟩ ***barrage*** ⇒*beslissingswedstrijd.*
barrage[2] [bæra:zj] ⟨ww.⟩ **0.1** ***onder spervuur leggen*** ⇒*met spervuur bestoken* ⟨ook fig.⟩ ◆ **1.1** be ~d with questions *een spervuur van vragen te beantwoorden krijgen.*
barrage balloon **0.1** ***versperringsballon.***
barre [ba:] **0.1** ***barre*** ⇒*bar.*
barrel[1] [bærəl] ⟨zn.⟩ **0.1** ***ton*** ⇒*vat* **0.2** ⟨ook mv.; inf.⟩ ***hoop*** ⇒ *grote hoeveelheid* **0.3** ***cilinder*** ⟨v. horloge e.d.⟩ ⇒*loop* ⟨v. vuurwapen⟩; *trommel* ⟨v. orgel⟩; *zuigerhuis* ⟨v. pomp⟩ **0.4** ***romp*** ⟨v. paard/koe⟩ **0.5** ⟨AE; inf.⟩ ***dikkerd*** ◆ **3.¶** scrape the ~ *zijn laatste duiten bijeenschrapen* **6.¶** **over** a ~ *hulpeloos.*
barrel[2] ⟨ww.; -led⟩ **0.1** ***in vaten doen*** ◆ **1.1** ~led pickles *ingelegde augurken.*
barrel organ **0.1** ***draaiorgel*** ⇒*pierement.*
barrel vault **0.1** ***tongewelf.***
barren [bærən] ⟨-ness⟩ **0.1** ***onvruchtbaar*** ⇒*steriel;* ⟨ook fig.⟩ *nutteloos* **0.2** ***dor*** ⇒*bar, kaal.*
barricade[1] [bærikkeed, bærikkeed] ⟨zn.⟩ **0.1** ***barricade*** ⇒ *versperring* **0.2** ***hindernis*** ◆ **6.1** ⟨fig.⟩ fight **on** the ~s for *de barricaden opgaan voor.*
barricade[2] ⟨ww.⟩ **0.1** ***barricaderen*** ⇒*versperren, afzetten* **0.2** ***achter barricaden verdedigen*** ◆ **4.2** ~ o.s. in one's room *zich opsluiten in zijn kamer.*
barrier [bæriə] **0.1** ***barrière*** ⇒*hek, slagboom; hindernis* **0.2** ***grens*** ⇒*grenspaal* **0.3** ***controle*** ⟨op station⟩ **0.4** ⟨mv.⟩ ***toernooi*** ◆ **3.1** put up ~s *barrières opwerpen* **6.1** lack of money is a ~ **to** progress *gebrek aan geld blokkeert de vooruitgang.*
barring [ba:ring] **0.1** ***uitgezonderd*** ⇒*behalve, tenzij* ◆ **1.1** ~ accidents *ijs en weder dienende.*
barrister [bæristə] **0.1** ⟨BE⟩ ***advocaat*** ⟨pleiter bij hogere rechtbanken⟩ **0.2** ⟨AE⟩ ***jurist.***
barrow [bæroo] **0.1** ***kruiwagen*** **0.2** ***draagbaar*** ⇒*berrie* **0.3** ***handkar*** **0.4** ***grafheuvel*** ⇒*terp.*
barrow boy, barrow man **0.1** ***venter*** ⟨met kar⟩.
bartender ⟨AE⟩ **0.1** ***barman.***
barter[1] [ba:tə] ⟨zn.⟩ **0.1** ***ruilhandel.***
barter[2] **I** ⟨onov.ww.⟩ **0.1** ***ruilhandel drijven*** **0.2** ***marchanderen*** ⇒*loven en bieden;*
II ⟨ov.ww.⟩ **0.1** ⟨+ for⟩ ***ruilen (voor/tegen)*** **0.2** ***opgeven*** ⟨in ruil voor iets⟩ ◆ **5.2** ~ **away** one's freedom *zijn vrijheid prijsgeven.*
basalt [bæso:lt, bəso:lt] **0.1** ***basalt*** **0.2** ***basalt ware*** ⟨aardewerk met zwarte scherf⟩.
bascule bridge [bæskjoe:l] **0.1** ***wipbrug*** ⇒*basculebrug.*
base[1] [bees] ⟨zn.⟩ **0.1** ***basis*** ⇒*voetstuk, voet;* ⟨meetkunde⟩ *grondlijn, grondvlak* **0.2** ***grondslag*** ⇒*fundament;* ⟨fig.⟩ *uitgangspunt* **0.3** ***hoofdbestanddeel*** **0.4** ***basiskamp*** ⇒ ⟨mil.⟩ *basis, hoofdkwartier* **0.5** ⟨wisk.⟩ ***grondtal*** **0.6** ⟨schei.⟩ ***base*** **0.7** ⟨sport⟩ ***honk*** **0.8** ⟨elektronica⟩ ***basis*** ⟨middendeel v. transistor⟩ **0.9** ⟨geldw.⟩ ***bodemprijs*** ⟨v. aandeel⟩ ◆ **1.1** the ~ of the mountain *de voet v.d. berg;* the ~ of the triangle *de basis v.d. driehoek* **1.4** ~ of operations *operatiebasis* **2.2** construct one's arguments on solid ~s *zijn argumenten stevig onderbouwen* **6.7** ⟨AE; fig.⟩ **off** ~ *naast het doel;* catch s.o. **off** ~ *iem. overvallen/onverwacht treffen* **7.¶** ⟨AE; inf.⟩ not get to first ~ *geen enkel succes boeken.*
base[2] ⟨bn.; -r; -ness⟩ **0.1** ***laag*** ⇒*minderwaardig, verachtelijk* **0.2** ***laag in rang*** ⇒*gemeen* **0.3** ***onedel*** ⟨metaal⟩ ⇒*onecht* ⟨munt⟩ ◆ **1.1** a ~ action *een laffe/gemene daad* **1.3** ~ metal *onedel metaal.*
base[3] ⟨ww.⟩ **0.1** ⟨+ (up)on⟩ ***baseren (op)*** ⇒*gronden (op), funderen (op)* ⟨ook fig.⟩ **0.2** ***vestigen*** **0.3** ***als basis dienen voor*** ◆ **1.1** computer-~d accountancy *geautomatiseerde/gecomputeriseerde boekhouding* **1.2** the fleet is ~d on/in Malta *de vloot heeft zijn basis op Malta* **4.1** ~ o.s. on *uitgaan van* **6.1** ~d **(up)on** mere gossip *slechts op roddel berustend.*
baseball **0.1** ***honkbal.***
baseboard **0.1** ⟨AE⟩ ***plint.***
baseborn **0.1** ***laaggeboren*** **0.2** ***buitenechtelijk*** **0.3** ***gemeen*** ⇒*minderwaardig.*
base hit **0.1** ***honkslag.***
baseless [beesləs] **0.1** ***ongegrond*** ⇒*ongefundeerd.*
base line **0.1** ***basislijn*** ⇒*grondlijn* **0.2** ⟨honkbal⟩ ***binnenveldlijn*** ⟨deel v. foutlijn⟩ ⇒*honklijn* **0.3** ⟨tennis⟩ ***achterlijn.***
baseline judge ⟨tennis⟩ **0.1** ***achterlijnrechter.***
baseline player ⟨tennis⟩ **0.1** ***baselinespeler.***
baseliner ⟨tennis⟩ **0.1** ***baselinespeler.***
base|man [beesmən] ⟨mv.: -men [-mən]⟩ **0.1** ***honkman.***
basement [beesmənt] **0.1** ***fundering*** ⇒*fundament, grondmuur* **0.2** ***souterrain.***
base rate **0.1** ***basistarief*** ⟨v.d. grote banken⟩.
bases ⟨mv.⟩ →**base**[1], **basis.**
bash[1] [bæsj] ⟨zn.⟩ **0.1** ***dreun*** ⇒*stoot, mep* **0.2** ⟨AE; inf.⟩ ***fuif*** ◆ **3.¶** ⟨BE; inf.⟩ have a ~ (at sth.) *iets eens proberen.*
bash[2] **I** ⟨onov.ww.⟩ **0.1** ***botsen*** ⇒*bonken* ◆ **6.1** the car ~ed **into** a tree *de auto reed te pletter tegen een boom;*
II ⟨ov.ww.⟩ **0.1** ***slaan*** ⇒*beuken* ◆ **1.1** ~ one's head *zijn hoofd stoten* **5.1** ~ the door **down** *de deur inbeuken;* ~ s.o.'s head **in** *iemands schedel inslaan;* ~ s.o. **up** *iem. in elkaar rammen.*
bashful [bæsjfl] ⟨-ness⟩ **0.1** ***verlegen*** ⇒*bedeesd.*
-bashing [bæsjing] ⟨vormt n.-telb. zn.⟩ ⟨inf.⟩ **0.1** ⟨in combinatie met personen, groepen⟩ ***(het) afranselen*** ⇒*(het) rammen;* ⟨fig.⟩ *(het) fel kritiseren, (het) afkraken* **0.2** ⟨duidt op intense activiteit mbt. het object⟩ ◆ **¶.1** ⟨vnl. BE⟩ Paki-bashing *(het) afranselen v. Pakistani's* ⟨uit racisme⟩; union-bashing *zwaar uithalen naar de vakbond* **¶.2** bible-bashing *(het) fanatiek verkondigen/naleven v.d. bijbel.*
basic [beesik] **0.1** ***basis-*** ⇒*fundamenteel* **0.2** ***basis-*** ⇒*minimum-* **0.3** ⟨schei.⟩ ***basisch*** ◆ **1.1** ~ data *hoofdgegevens;* ~ dye *grond/hoofdkleur;* ~ industry *basisindustrie* **1.2** ~ pay/salary *basisloon* **1.3** ~ dye *basische kleurstof.*
Basic [beesik], **Basic English** ⟨afk.⟩ **0.1** [British American

Scientific International Commercial] ***Basic (English)*** ⇒*basisengels* ⟨met woordenschat v. 850 woorden⟩.

BASIC [beesik] ⟨afk.⟩ **0.1** [Beginners All-purpose Symbolic Instruction Code] ***Basic*** ⟨computertaal⟩.

basically [beesiklie] **0.1** ***in de grond*** ⇒*eigenlijk, voornamelijk.*

basics [beesiks] ⟨vaak inf.⟩ **0.1** ***grondbeginselen*** ⇒*basiskennis.*

basil [bæzl] **0.1** ***schuinte*** ⇒*schuine kant* **0.2** ***basilicum.***

basilica [bəzillikkə, -si-] **0.1** ***basilica.***

basilisk [bæsillisk, bæz-] **0.1** ***basilisk.***

basin [beesn] **0.1** ***kom*** ⇒*schaal, schotel* **0.2** ***waterbekken*** ⇒ *bak* **0.3** ⟨aardr.⟩ ***bekken*** ⇒*stroomgebied* **0.4** ***keteldal*** **0.5** ⟨BE⟩ ***wasbak/kom*** ⇒*fonteintje* **0.6** ***bassin*** ⇒*(haven)dok* ◆ **2.3** the Mediterranean ~ *het Middellands(e zee)bekken* **2.6** tidal ~ *getijbekken.*

basis [beesis] ⟨mv.: bases [beesie:z]⟩ **0.1** ***basis*** ⇒*fundament;* ⟨fig.⟩ *grondslag; hoofdbestanddeel* **0.2** ***principe*** ⇒*maatstaf, standaard* ◆ **6.1 on** the ~ **of** *op grond v.* **6.2** work **on** a half-time ~ *op deeltijdbasis werken.*

bask [ba:sk] ⟨ook fig.⟩ **0.1** ***zich koesteren.***

basket [ba:skit] **0.1** ***mand*** ⇒*korf; schuitje, gondel;* ⟨basketbal⟩ *basket* **0.2** ⟨basketbal⟩ ***treffer*** **0.3** ⟨inf.; euf.⟩ ***type*** ⇒ *mens, schoft* ◆ **3.2** make / shoot a ~ *scoren.*

basketball **0.1** ***basketbal.***

basket meal **0.1** ⟨ong.⟩ ***boerenmaaltijd*** ⇒*broodmaaltijd in mandje.*

basketry [ba:skitrie], **basketwork** **0.1** ***mandenwerk.***

basking shark **0.1** ***reuzenhaai.***

Basque [bæsk] **0.1** ⟨bn.⟩ ***Baskisch*** **0.2** ⟨eig.n.⟩ ***Baskisch*** ⟨taal⟩ **0.3** ⟨telb. zn.⟩ ***Bask(ische).***

bas-relief [ba:rillie:f, bæs-] **0.1** ***bas-reliëf.***

bass[1] [bæs] ⟨zn.; mv.: ook bass⟩ **0.1** ***baars*** **0.2** ***zeebaars.***

bass[2] [bees] ⟨zn.⟩ **0.1** ***bas*** **0.2** ⟨inf.; verk.⟩ [bass guitar, double bass] ◆ **3.1** figured ~ *becijferde bas.*

bass[3] [bees] ⟨bn.⟩ **0.1** ***bas-*** ◆ **1.1** ~ guitar *basgitaar.*

bass drum **0.1** ***grote trom*** ⇒*bass drum.*

basset [bæsit] **0.1** ***basset*** ⇒*brakhond.*

basset hound **0.1** ***basset*** ⇒*brakhond.*

bassinet(te) [bæsinnet] **0.1** ***mandenwieg*** **0.2** ***mandenwagen(tje).***

bassoon [bəsoe:n] **0.1** ***fagot*** ⇒*basson.*

basswood [bæswoed] **0.1** ***Amerikaanse linde.***

bast [bæst] **0.1** ***floëem*** ⇒*bastweefsel* **0.2** ***(linde)bast*** ⟨voor vlechtwerk⟩.

bastard[1] [ba:stəd] ⟨zn.⟩ **0.1** ***bastaard*** ⇒*onecht kind* **0.2** ⟨inf.; bel.⟩ ***smeerlap*** ⇒*schoft* **0.3** ⟨inf.⟩ ***vent*** ⇒*rakker* **0.4** ⟨inf.⟩ ***rotding*** ⇒*kreng* ◆ **1.4** a ~ of a snowstorm *een gemene sneeuwstorm* **2.3** you lucky ~! *geluksvogel die je bent!*

bastard[2] ⟨bn.⟩ **0.1** ***bastaard*** ⇒⟨ook fig.⟩ *verbasterd* **0.2** ***onecht*** ⇒*minderwaardig* **0.3** ***v. ongewoon formaat*** ◆ **1.1** ~ cedar *bastaardceder;* ~ file *bastaardvijl* **1.2** ⟨inf.⟩ ~ measles *rodehond.*

bastard|ize, -ise [ba:stədajz] ⟨zn.: **-ization**⟩ **0.1** ***verbasteren*** ⇒*ontaarden* ◆ **1.1** a ~d account *een onnauwkeurige weergave.*

bastardy [ba:stədie] **0.1** ***bastaardij*** ⇒*onwettigheid.*

baste [beest] **0.1** ***los aaneennaaien*** ⇒*(aaneen)rijgen* **0.2** ***bedruipen*** ⟨met vet⟩ **0.3** ***(af)ranselen.***

bastinado [bæstinneedoo, -na:-] ⟨mv.: ook -es⟩ **0.1** ⟨zn.⟩ ***bastonnade*** **0.2** ⟨ww.⟩ ***met een stok op de voetzolen slaan*** ⇒ *een bastonnade geven.*

basting thread **0.1** ***rijgdraad.***

bastion [bæstiən] **0.1** ***bastion*** ⟨ook fig.⟩ ⇒*bolwerk.*

bat[1] [bæt] ⟨zn.⟩ **0.1** ***vleermuis*** **0.2** ***knuppel*** ⟨ook honkbal⟩ ⇒ ⟨cricket, tafeltennis⟩ *bat;* ⟨slagbal⟩ *slaghout; racket* **0.3** ⟨vnl. mv.; luchtv.⟩ ***stel landingsseinschijven*** ⇒*pannenkoeken* **0.4** ***batsman*** ⇒*slagman* **0.5** ⟨inf.⟩ ***slag*** ⟨v. bat/knuppel⟩ ◆ **1.¶** ⟨inf.⟩ have ~s in the / one's belfry *een klap v.d. molen gehad hebben* **6.¶** ⟨BE; inf.⟩ **off** one's own ~ *uit eigen beweging, op eigen houtje;* ⟨AE; inf.⟩ (right) **off** the ~ *direct.* →**blind.**

bat[2] ⟨-ted⟩ **I** ⟨onov.ww.⟩ **0.1** ***batten;***
II ⟨ov.ww.⟩ **0.1** ***slaan*** ⇒*raken* ⟨met bat/knuppel⟩ **0.2** ⟨honkbal⟩ ***een slaggemiddelde hebben v.*** **0.3** ***knipp(e-r)en*** ⟨ogen⟩ ◆ **1.3** without ~ting an eye(lid) *zonder een spier te vertrekken.*

batch [bætsj] **0.1** ***baksel*** **0.2** ***partij*** ⇒*groep, troep* ◆ **1.2** a ~ of letters *een stapel brieven.*

batch processing ⟨comp.⟩ **0.1** ***batchverwerking.***

bath[1] [ba:θ] ⟨zn.; mv.: ook baths [ba:ðz, ba:θs]⟩ **0.1** ***bad*** ⟨ook elektrolyse, foto., schei. enz.⟩ **0.2** ***badkamer*** **0.3** ***zwembad*** **0.4** ⟨mv.⟩ ***badhuis*** **0.5** ⟨mv.⟩ ***kuuroord*** ◆ **3.1** have / take a ~ *een bad nemen.*

bath[2] ⟨ww.⟩ ⟨BE⟩ **0.1** ***een bad nemen/geven.***

Bath chair ⟨ook b-⟩ **0.1** ***rolstoel.***

bathe[1] [beeð] ⟨zn.⟩ ⟨BE⟩ **0.1** ***bad*** ⇒*zwempartij* ◆ **3.1** let's go for a ~ *laten we gaan zwemmen.*

bathe[2] **I** ⟨onov.ww.⟩ **0.1** ⟨vnl. BE⟩ ***zich baden*** ⇒*zwemmen* **0.2** ⟨vnl. AE⟩ ***een bad nemen*** ⇒*zich wassen* **0.3** ⟨+ in⟩ ***baden (in)*** ⟨fig.⟩ ⇒*opgaan;*
II ⟨ov.ww.⟩ **0.1** ***baden*** ⇒*onderdompelen; bespoelen* **0.2** ***betten*** ⟨wond, bv.⟩ **0.3** ⟨vaak pass.⟩ ***baden*** ◆ **1.1** ~ one's eyes *zijn ogen baden* **6.3** ~d **in** sunshine *met zon overgoten;* ~d **in / with** tears *badend in tranen.*

bather [beeðə] **0.1** ***bader.***

bathing [beeðing] **0.1** ***het baden*** ⇒*het zwemmen.*

bathing beauty **0.1** ***schoonheid in badpak.***

bathing cap **0.1** ***badmuts.***

bathing suit **0.1** ***badpak.***

bath mat **0.1** ***badmat*** **0.2** ***antislipmat*** ⟨in bad⟩.

bathos [beeθos] **0.1** ***plotse overgang v.h. sublieme naar het banale*** ⇒*anticlimax* **0.2** ***vals pathos.***

bathrobe **0.1** ***badjas*** **0.2** ⟨AE⟩ ***kamerjas.***

bathroom **0.1** ***badkamer*** **0.2** ⟨euf.⟩ ***toilet*** ⇒*wc.*

bathtub **0.1** ***badkuip.***

bathysphere [bæθisfiə] **0.1** ***bathysfeer.***

batik, battik [bətie:k, bætik] **0.1** ***batik(doek)*** **0.2** ***batikkunst*** **0.3** ***batikdruk.***

batiste [bætie:st] **0.1** ***batist.***

bat|man [bætmən] ⟨mv.: -men [-mən]⟩ ⟨BE; mil.⟩ **0.1** ***batman*** ⇒*oppasser v.e. officier.*

bat mi(t)zvah [ba:t mitsvə], **bas mi(t)zvah** [ba:s mitsvə] ⟨jud.⟩ **0.1** ***bat/bas mitswa.***

baton [bæton] **0.1** ***stok*** ⇒*wapen/gummistok; dirigeerstok;* ⟨sport⟩ *estafettestokje* **0.2** ***stok(brood)*** **0.3** ***staf*** ⟨teken v. waardigheid⟩ ◆ **1.1** make a ~ charge *een charge uitvoeren met de wapenstok* **6.1 under** the ~ **of** *onder leiding v.*

baton change ⟨atletiek⟩ **0.1** ***wissel (v. estafettestokje).***

baton charge **0.1** ***charge met de wapenstok.***

baton-charge **0.1** ***een charge met de wapenstok uitvoeren tegen.***

baton round **0.1** ***rubber kogel.***

bats [bæts] ⟨sl.⟩ **0.1** ***niet goed snik*** ◆ **3.1** go ~ *knettergek worden.*

bats|man [bætsmən] ⟨mv.: -men [-mən]⟩ ⟨→s1⟩ **0.1** ***slagman*** ⇒⟨cricket⟩ *batsman, batter* **0.2** ⟨luchtv.⟩ ***signaleur*** ⇒*parkeermeester.*

battalion [bətæliən] **0.1** ***bataljon.***

batten[1] [bætn] ⟨zn.⟩ **0.1** ***lat*** ⇒*plank, hechtlat;* ⟨ihb.⟩ *vloer-*

bint; ⟨scheep.⟩ *schalmlat* **0.2** ***richtlat*** *⇒rij, (teken)mal* **0.3** ***(lat met) lampenrij*** ⟨voor toneelverlichting⟩ **0.4** ⟨scheep.⟩ ***zeillat.***

batten[2] **I** ⟨onov.ww.⟩ **0.1** ⟨+ (up)on⟩ ***zich vetmesten (met)*** **0.2** ⟨+ (up)on⟩ ***parasiteren (op);***
II ⟨ov.ww.⟩ **0.1** ***met latten versterken*** ◆ **1.1** a ~ed wall *een lattenmuur.*

batten down ⟨scheep.⟩ **I** ⟨onov.ww.⟩ **0.1** ***zich tegen de storm beveiligen*** ⟨dmv. schalmlatten⟩;
II ⟨ov.ww.⟩ **0.1** ***schalmen*** ◆ **1.1** ~ the hatches *de luiken schalmen;* ⟨fig.⟩ *voorbereidingen treffen.*

batter[1] [bætə] ⟨zn.⟩ **0.1** ***slagman*** *⇒batter* **0.2** ⟨cul.⟩ ***beslag*** ◆ **6.¶** ⟨sl.⟩ **on** the ~ *aan de boemel.*

batter[2] **I** ⟨onov.ww.⟩ **0.1** ***beuken*** *⇒timmeren* **0.2** ***achteroverhellen*** ⟨v. muur enz.⟩ ◆ **6.1** ~ (away) **at** *inbeuken op;*
II ⟨ov.ww.⟩ **0.1** ***slaan*** *⇒timmeren op, havenen* **0.2** ***beschieten*** *⇒bombarderen* **0.3** ***rammeien*** ◆ **1.1** ~ed baby *mishandelde baby;* ⟨fig.⟩ a ~ed face *een afgeleefd gezicht* **1.2** ⟨fig.⟩ ~ a theory *een theorie zwaar aanvallen* **5.2** ~ **down** *neerhalen.*

battering ram **0.1** ***stormram.***

batter|y [bætrie] ⟨mv.: -ies⟩ **0.1** ***batterij*** ⟨ook mil.⟩ *⇒reeks;* ⟨ihb.⟩ *legbatterij* **0.2** ***(elektrische) batterij*** **0.3** ***accu(mulator)*** **0.4** ***slagwerk*** ⟨in orkest⟩ **0.5** ⟨honkbal⟩ ***werper en vanger*** **0.6** ⟨jur.⟩ ***aanranding*** ◆ **6.1** a ~ **of** questions *een spervuur v. vragen;* a ~ **of** specialists *een heel legertje specialisten.*

battery cage **0.1** ***legbatterij.***

battery charger **0.1** ***batterij(op)lader.***

batting [bæting] **0.1** ⟨sport⟩ ***het slaan*** *⇒slag* **0.2** ***(watten)vulsel*** *⇒wattering.*

batting average **0.1** ***batgemiddelde*** ⇒⟨cricket, honkbal⟩ *slaggemiddelde.*

battle[1] [bætl] ⟨zn.⟩ **0.1** ***(veld)slag*** *⇒gevecht, competitie* **0.2** ⟨the⟩ ***overwinning*** ◆ **3.1** do/give/join/offer ~ *de strijd aangaan;* fight a losing ~ *een hopeloze strijd voeren;* fight s.o.'s ~(s) for s.o. *voor iem. de kastanjes uit het vuur halen;* give ~ *slag/strijd leveren;* a pitched ~ *een geregelde veldslag;* ⟨fig.⟩ *een hevige discussie;* a running ~ *een strijd zonder eind;* ⟨fig.⟩ *een eindeloze discussie* **6.1** go **into** ~ *ten strijde trekken* **8.2** youth is half the ~ *als je maar jong bent.*

battle[2] **I** ⟨onov.ww.⟩ **0.1** ***slag leveren*** ⟨ook fig.⟩ *⇒kampen, strijden* ◆ **6.1** ~ **for** *snakken naar;* ~ **through** the crowd *zich een weg banen door de menigte;*
II ⟨ov.ww.⟩ **0.1** ***door vechten bereiken*** **0.2** ⟨vnl. AE⟩ ***bekampen*** *⇒strijden met* ◆ **1.1** ~ one's way up to the top *door hard knokken de top bereiken* **5.1** ⟨inf.⟩ ~ it **out** *het uitvechten.*

battle-axe **0.1** ***strijdbijl*** **0.2** ⟨inf.⟩ ***dragonder*** *⇒manwijf.*

battle cruiser **0.1** ***slagkruiser.***

battle cry **0.1** ***strijdkreet.***

battle dress **0.1** ***battle dress*** *⇒veldtenue.*

battlefield **0.1** ***slagveld*** ⟨ook fig.⟩.

battleground **0.1** ***gevechtsterrein*** ⟨ook fig.⟩ *⇒slagveld.*

battlement [bætlmənt] ⟨meestal mv.⟩ **0.1** ***kanteel*** *⇒tinne.*

battler [bætlə] **0.1** ***dappere ploeteraar*** *⇒stugge zwoeger.*

battle royal ⟨mv.: ook battles royal⟩ **0.1** ***algemene vechtpartij*** **0.2** ***strijd tot het bittere einde*** **0.3** ***verhitte discussie.***

battleship **0.1** ***slagschip.***

battle station **0.1** ***commandopost.***

batt|y [bætie] ⟨-iness⟩ ⟨inf.⟩ **0.1** ***getikt*** **0.2** ***excentriek.***

bauble [bo:bl] **0.1** ***(prullig) sier/speelding*** **0.2** ⟨BE⟩ ***kerstbal*** **0.3** ***marot*** *⇒narrenstok.*

baulk →**balk.**

bauxite [bo:ksajt] **0.1** ***bauxiet.***

Bavaria [bəveəriə] **0.1** ***Beieren.***

Bavarian [bəveəriən] **0.1** ***Beiers*** ◆ **1.¶** ~ cream *bavarois.*

bawd [bo:d] ⟨vero.⟩ **0.1** ***hoerenmadam*** **0.2** ***prostituee.***

bawdy[1] [bo:die] ⟨zn.⟩ **0.1** ***schuine praat*** *⇒schuine grap* ◆ **3.1** talk ~ *schuine moppen tappen.*

bawd|y[2] ⟨bn.; -iness⟩ **0.1** ***schuin*** **0.2** ***gemeen*** *⇒vies.*

bawl [bo:l] **I** ⟨onov. en ov.ww.⟩ **0.1** ***schreeuwen*** ◆ **6.1** ~ **at** s.o. *iem. toebrullen;*
II ⟨ov.ww.⟩ ◆ **5.¶** ~ **out** *uitfoeteren.*

bay[1] [bee] ⟨zn.⟩ **0.1** ***baai*** *⇒zeearm, golf* **0.2** ***(muur)vak*** **0.3** ***nis*** *⇒erker* **0.4** ***afdeling*** *⇒vleugel, ruimte* ⟨in gebouw enz.⟩ **0.5** ***laurier(boom)*** **0.6** ***vos*** ⟨kleur, paard⟩ **0.7** ⟨mv.⟩ ***laurierkrans*** ⟨ook fig.⟩ *⇒lauwerkrans* **0.8** ***luid geblaf*** ◆ **3.¶** bring to ~ *in het nauw drijven;* hold/keep at ~ *op een afstand houden;* stand at ~ *zich te weer stellen* **6.¶** **at** ~ *in het nauw gedreven.*

bay[2] ⟨bn.⟩ **0.1** ***voskleurig*** ◆ **1.1** a ~ horse *een vos(paard).*

bay[3] ⟨ww.⟩ **0.1** ***(aan)blaffen*** *⇒bassen, huilen.*

bayberr|y [beebərie] ⟨mv.: -ies⟩ **0.1** ***laurierbes.***

bay laurel **0.1** ***laurierboom.***

bay leaf **0.1** ***laurierblad.***

bayonet [beeənit, -net] **0.1** ⟨zn.⟩ ***bajonet*** **0.2** ⟨zn.⟩ ***bajonet(sluiting)*** **0.3** ⟨ww.⟩ ***(door)steken met de bajonet.***

bayou [bajjoe:] **0.1** ***moerassige rivierarm*** ⟨in zuiden v. USA⟩.

bay rum **0.1** ***bay rum*** *⇒pimentawater/lotion.*

bay tree **0.1** ***laurierboom.***

bay window **0.1** ***erker.***

bay wreath **0.1** ***lauwerkrans.***

bazaar [bəza:] **0.1** ***bazaar.***

bazooka [bəzoe:kə] **0.1** ***bazooka.***

B.B.C. ⟨afk.⟩ **0.1** [British Broadcasting Corporation].

B.C. ⟨afk.⟩ **0.1** [before Christ] ***v. C.*** *⇒v. Chr.* **0.2** [British Columbia] **0.3** [British Council].

be [bie, ⟨sterk⟩ bie:] ⟨zie lijst v. onregelmatige werkwoorden⟩
I ⟨onov.ww.⟩ **0.1** ***zijn*** *⇒bestaan, voorkomen; plaatshebben* **0.2** ⟨alleen in volt. t.⟩ ***geweest/gekomen zijn*** ◆ **1.2** has the postman been? *is de postbode al geweest?* **3.¶** ⟨inf.⟩ have been and gone and done it *zo stom zijn geweest (om te)* **8.¶** ⟨BE; inf.⟩ he's been and won the first prize *laat ie me nou toch de eerste prijs winnen;*
II ⟨kww.⟩ **0.1** ***zijn*** **0.2** ⟨met aanduiding v. maat⟩ ***(waard/groot/oud/*** ⟨enz.⟩ ***) zijn*** *⇒kosten, meten, duren* ⟨enz.⟩ **0.3** ***zijn*** *⇒zich bevinden, plaatshebben* ⟨ook fig.⟩ **0.4** ***zijn*** *⇒betekenen* **0.5** ***liggen aan*** *⇒komen door, de schuld zijn v.* **0.6** ***bedoeld zijn*** *⇒dienen* ◆ **1.1** she's a teacher *zij is lerares;* she'd like to ~ a teacher *ze zou graag lerares worden;* the bride-to-be *de toekomstige/aanstaande bruid;* a would-be teacher *iem. die zich voor leraar uitgeeft;* Mrs Smith, Miss Jones that was *mevr. Smith, geboren Jones* **1.2** it's three pounds *het is drie pond* **1.5** it's that bloody bike of mine *het ligt aan die verdomde fiets van me* **2.4** A+ is excellent *een A-plus is/betekent uitstekend* **3.1** ~ that as it may *hoe het ook zij* **3.6** an axe is to fell trees with *een bijl dient om bomen om te hakken* **4.1** ⟨inf.⟩ it's me, ⟨schr.⟩ it is I *ik ben het;* how are you? *hoe is het met je?* **4.3** it was in 1953 *het gebeurde in 1953* **5.3** ⟨inf.⟩ ~ well **away** *een goede start genomen hebben* ⟨lett. en fig.⟩; ~ **back** *terug zijn* **5.5** how is that? *hoe komt dat (zo)?* **5.¶** ~ **along** *eraan komen;* ⟨inf.⟩ ~ nowhere *ver achter liggen* **6.3** ~ **about/around** *(ergens) rondslingeren;* ~ **above** sth. *hoger zijn dan;* ⟨fig.⟩ *ergens boven staan;* I'm **before** you *ik kom voor u aan de beurt;* what's **behind** this? *wat steekt hier ach-*

ter?; it's **beyond** my wildest expectations *het gaat mijn stoutste verwachtingen te boven;* ⟨alleen in volt. t.⟩ have you ever been **to** India? *ben je ooit naar/in India geweest?* **6.4** what's that **to** him? *wat trekt hij zich daarvan aan?* **6.¶** they were already **about** their business *ze waren al (met hun zaken) bezig;* ⟨inf.⟩ it's **above** me *het gaat boven mijn pet;* ~ **after** s.o. *iem. achternazitten;* ~ **after** sth. *iets proberen te pakken te krijgen, op iets uit zijn;* ⟨jur.⟩ ~ **before** the court *voorkomen;* ⟨inf.⟩ ~ **off** sth. *geen trek/zin meer hebben in;* ⟨inf.⟩ ~ **past** it *zijn (beste) tijd gehad hebben* **8.¶** as is/was *zoals hij/zij/het is/was.* →**be about, be around, be at, be down, be for, be in, be off, be on, be out, be out of, be over, be round, be through, be up, be upon, be up to, be with;**

III ⟨hww.⟩ **0.1** ***aan het ... zijn*** **0.2** ***worden*** ⇒⟨in volt. t.⟩ *zijn* **0.3** ***mocht*** ⇒*zou* ◆ **3.1** they were reading *ze waren aan het lezen, ze lazen* **3.2** he has been murdered *hij is vermoord* **3.3** if this were to happen, were this to happen *als dit zou/mocht gebeuren.* →**be going to, be to.**

be about, ⟨in bet. 0.1 en 0.2 ook⟩ **be around 0.1** ***rondhangen*** ⇒*rondslingeren* **0.2** ***er zijn*** ⇒*beschikbaar/aanwezig zijn* **0.3** ⟨steeds met ww.⟩ ***op het punt staan*** ◆ **1.1** John's got to ~ somewhere *John moet ergens in de buurt zijn* **1.2** there's a lot of flu about *er is heel wat griep onder de mensen* **3.3** he was about to leave *hij ging net vertrekken.*

beach[1] [bie:tsj] ⟨zn.⟩ **0.1** ***strand*** ⇒*oever* ◆ **6.¶ on** the ~ *werkloos; aan lagerwal.*

beach[2] ⟨ww.⟩ **0.1** ***op het strand duwen/zetten*** ⇒*laten stranden.*

beach ball 0.1 ***strandbal.***

beach buggy 0.1 ***strandbuggy.***

beachcomber 0.1 ***strandjutter*** ⇒*strandzwerver* **0.2** ***lange strandgolf.***

beachhead 0.1 ***bruggenhoofd*** ⟨op strand⟩.

beach wear 0.1 ***strandkleding.***

beacon [bie:kən] **0.1** ***(vuur)baken*** ⇒*licht/waarschuwingssignaal; vuurtoren, lichtbaken;* ⟨fig.⟩ *lichtend voorbeeld* **0.2** ***bakenzender*** ⇒*radiobaken.*

bead[1] [bie:d] ⟨zn.⟩ **0.1** ***kraal*** **0.2** ⟨mv.⟩ ***kralen halssnoer*** **0.3** ***druppel*** ⇒*kraal* **0.4** ***belletje*** ⇒*bubbel(tje)* **0.5** ***(vizier)korrel*** **0.6** ***kraallijst*** ⇒*parellijst* ◆ **1.3** ~s of sweat *parels v. zweet* **3.5** ⟨ook fig.⟩ draw a ~ on *op de korrel nemen.*

bead[2] ⟨ww.⟩ **0.1** ***met kralen versieren*** **0.2** ***doen parelen*** ◆ **1.2** ~ed with sweat *bedekt met zweetparels.*

bead curtain 0.1 ***kralengordijn.***

beading [bie:ding] **0.1** ***kraal/parelvorming*** **0.2** ***kralenversiering.***

beadle [bie:dl] **0.1** ⟨BE⟩ ***bode*** ⇒*ceremoniemeester,* ⟨ihb.⟩ *pedel* ⟨op universiteit⟩ **0.2** ⟨BE; gesch.⟩ ***ordebewaarder in kerk*** **0.3** ⟨Sch. E⟩ ***koster.***

bead|y [bie:die] ⟨ook -ier⟩ **0.1** ***kraalvormig*** **0.2** ***kralend*** ⇒*parelend* ◆ **1.1** ~ eyes *kraaloogjes* **1.¶** give s.o. the ~ eye *iem. dreigend/vermanend aankijken.*

beagle [bie:gl] **0.1** ***brak*** ⇒*kleine drijfhond.*

beagling [bie:gling] **0.1** ***(hazen)jacht met brakken.***

beak [bie:k] **0.1** ***snavel*** ⇒*bek, snuit* **0.2** ***mondstuk*** **0.3** ***tuit*** **0.4** ⟨inf.⟩ ***(haak)neus*** **0.5** ⟨gesch.; scheep.⟩ ***sneb*** ⇒*ramsteven.*

beaker [bie:kə] **0.1** ***beker(glas).***

be-all ⟨the⟩ **0.1** ***essentie*** ◆ **1.1** the ~ and end-all of sth. *de alfa en omega v. iets.*

beam[1] [bie:m] ⟨zn.⟩ **0.1** ***balk*** **0.2** ***boom*** ⇒*disselboom; ketting/weversboom; ploegboom* **0.3** ***ankerschacht*** **0.4** ***waagbalk*** **0.5** ***grootste breedte v. schip*** **0.6** ***zijde v. schip*** **0.7** ***straal*** ⇒*stralenbundel* **0.8** ***geleide straal*** ⇒*bakenstraal* **0.9** ***stralende blik/glimlach*** ◆ **1.¶** not see the ~ in one's eye *de balk in eigen ogen niet zien* **6.¶** be **off** (the) ~ ⟨inf.⟩ *ernaast zitten, het fout hebben;* be **on** the ~ ⟨inf.⟩ *op het goede spoor zitten, het juist hebben.* →**broad.**

beam[2] **I** ⟨onov.ww.⟩ **0.1** ***stralen*** ⇒*schijnen* ◆ **6.1** ~ **on** one's friend *zijn vriend stralend aankijken;*

II ⟨ov.ww.⟩ **0.1** ***uitstralen*** **0.2** ***in één richting uitzenden*** ⟨ook fig.⟩ ⇒*richten* ◆ **1.1** ~ a cheerful welcome *met stralend gezicht verwelkomen* **6.2** ~ **to** *uitzenden naar.*

beam-ends 0.1 ***uiteinden v.d. balken v.e. schip*** ◆ **6.1** the ship is thrown **on** her ~ *het schip wordt op zijn zij geworpen* **6.¶** be **on** one's ~ *op zwart zaad zitten.*

beam transmitter 0.1 ***straalzender.***

bean [bie:n] **0.1** ***boon*** **0.2** ⟨AE; sl.⟩ ***knikker*** ⇒*kop, hersens* ◆ **3.1** baked ~s *witte bonen in tomatensaus* **3.¶** ⟨sl.⟩ not have a ~ *geen rooie cent hebben;* ⟨inf.⟩ spill the ~s *zijn mond voorbijpraten.* →**French, full, green, old.**

bean curd 0.1 ***tahoe.***

beanpole 0.1 ***bonenstaak*** ⟨ook fig.⟩.

bean sprout 0.1 ***taugé.***

beanstalk 0.1 ***bonenstengel.***

bear[1] [beə] ⟨zn.; mv.: in bet. 0.1 ook bear⟩ **0.1** ***beer*** **0.2** ***ongelikte beer*** ⇒*bullebak* **0.3** ***baissier*** ⇒*baissespeculant.* → **sore.**

bear[2] ⟨bore [bo:], borne [bo:n]⟩ **I** ⟨onov.ww.⟩ **0.1** ***houden*** ⟨v. ijs⟩ **0.2** ***dragen*** ⟨v. muur⟩ **0.3** ***vruchten voortbrengen*** ⇒ *vruchtbaar zijn* **0.4** ***(aan)houden*** ⟨v. richting⟩ ⇒*(voort)gaan, lopen* **0.5** ***druk uitoefenen*** ⇒*duwen, leunen* **0.6** ⟨+ (up)on⟩ ***invloed hebben (op)*** ⇒*v. invloed zijn (op), betrekking hebben (op)* **0.7** ***liggen*** ⇒*gelegen zijn* **0.8** ***à la baisse speculeren*** ◆ **5.4** ~ (to the) left *links afslaan;* ~ near *naderen* **5.5** ~ **back** *achteruitwijken;* ~ hard/heavily/severely (up)on *zwaar drukken op* ⟨fig.⟩. →**bear down, bear up, bear with;**

II ⟨ov.ww.⟩ **0.1** ***dragen*** **0.2** ***(over)brengen*** **0.3** ***vertonen*** ⇒ *hebben* **0.4** ***hebben/voelen voor*** ⇒*toedragen, koesteren* **0.5** ***verdragen*** ⇒*dulden, uitstaan* **0.6** ***voortbrengen*** ⇒ *baren* **0.7** ***opbrengen*** ⇒*geven* ⟨rente⟩ **0.8** ***uitoefenen*** **0.9** ***drijven*** ⇒*duwen, drukken* **0.10** ⟨geldw.⟩ ***de prijs doen dalen v.*** ◆ **1.1** ~ fruit *vruchten voortbrengen;* ⟨fig.⟩ *vruchten afwerpen* **1.3** a word ~ing several meanings *een woord dat verschillende betekenissen heeft;* his letter bore no signature *zijn brief was niet ondertekend;* ~ signs/traces of *tekenen/sporen vertonen v.* **1.6** she has borne him two sons *zij heeft hem twee zonen geschonken* **1.7** ~ing capital *dragend kapitaal* **3.5** his words won't ~ repeating *zijn woorden zijn niet voor herhaling vatbaar* **4.¶** ~ o.s. with dignity *zich waardig gedragen* **5.1** be borne **away** *meegesleept worden;* ~ **away/off** a prize *een prijs in de wacht slepen* **6.6** borne **by** *geboren uit.* →**bear down, bear out, bear up.**

bearab|le [beərəbl] ⟨-ly⟩ **0.1** ***draaglijk*** ⇒*te dragen.*

beard[1] [biəd] ⟨zn.⟩ **0.1** ***baard*** **0.2** ***weerhaak.***

beard[2] ⟨ww.⟩ **0.1** ***trotseren*** ⇒*tarten* **0.2** ***(ont)baarden*** ⟨mossel⟩.

bearded [biədid] **0.1** ***gebaard*** **0.2** ***met een weerhaak*** **0.3** ***met een staart*** ⟨v. komeet⟩ ◆ **1.¶** ~ reedling/tit *baardmees;* ~ vulture *lammergier.*

beardless [biədləs] **0.1** ***baardeloos*** ⇒*glad (geschoren);* ⟨fig.⟩ *onvolwassen.*

bear down I ⟨onov.ww.⟩ **0.1** ***zich inspannen*** **0.2** ***persen*** ⇒ *druk uitoefenen* ◆ **6.1** ~ **with** all one's strength *zich tot het uiterste inspannen* **6.¶** ~ **(up)on** *zwaar drukken op; streng straffen; (snel) afkomen op;*

II ⟨ov.ww.⟩ **0.1** ***neerdrukken*** **0.2** ***verslaan*** ⇒*overwinnen, de kop indrukken.*

bearer [beərə] **0.1** ***drager*** **0.2** ***stut*** ⇒*steun* **0.3** ***bode*** ⇒*boodschapper* **0.4** ***toonder*** ⟨v. cheque enz.⟩ **0.5** ***vruchtdragende boom/plant*** ◆ **1.1** the ~ of a passport *de houder v.e. paspoort* **1.3** the ~ of this letter *de brenger dezes* **3.4** pay to ~ *betaal aan toonder.*

bearer cheque 0.1 ***cheque aan toonder.***

bearer paper 0.1 ***toonderpapier.***

bearer share, bearer stock 0.1 ***aandeel aan toonder.***

bear hug ⟨inf.⟩ **0.1** ***houdgreep*** ⇒*onstuimige omhelzing.*

bearing [beəring] **0.1** ***verband*** ⇒*betrekking* **0.2** ***betekenis*** ⇒*strekking, draagwijdte* **0.3** ⟨mv.⟩ ***positie*** ⇒*ligging, plaats* **0.4** ***het dragen*** **0.5** ***houding*** ⇒*voorkomen; gedrag, optreden* **0.6** ***het verduren*** ⇒*het verdragen* **0.7** ***het (vruchten) voortbrengen*** **0.8** ***peiling*** **0.9** ⟨vnl. mv.⟩ ***lager*** ⇒*asblok, kussenblok* **0.10** ***ondersteuning*** ⇒*steunpunt, draagvlak* ◆ **3.3** get/take one's ~s *zich oriënteren; poolshoogte nemen;* lose/be out of one's ~s *verdwaald zijn; de kluts kwijt zijn* **6.1** the matter **in** all its ~s *alle kanten v.d. zaak;* have no ~ **on** *los staan v.* **6.6 beyond/past** (all) ~ *onduldbaar* **6.7 in** ~ *dragend* ⟨v. boom⟩.

bearish [beərisj] **0.1** ***lomp*** **0.2** ***uit zijn humeur*** ⇒*nors* **0.3** ***in baissestemming*** ⇒*dalend* ⟨v. effectenbeurs⟩; ⟨fig.⟩ *pessimistisch.*

be around, ⟨in bet. 0.1 ook⟩ **be round 0.1** ***even aanlopen*** ⇒ *bezoeken* **0.2** ⟨inf.⟩ ***meetellen*** **0.3** ⟨alleen in volt. t.; inf.⟩ ***heel wat meegemaakt hebben*** ⟨ihb. op seksueel gebied⟩ **0.4** →**be about.**

bear out 0.1 ***(onder)steunen*** ⇒*bekrachtigen, staven* ◆ **4.1** bear s.o. out *iemands verklaring/verhaal bevestigen.*

bearskin 0.1 ***berenhuid*** **0.2** ***berenmuts.***

bear up I ⟨onov.ww.⟩ **0.1** ***zich (goed) houden*** ⇒*zich redden* **0.2** ***de moed niet laten zakken*** ◆ **6.1** ~ **against** sth. *ergens tegen opgewassen zijn;*
II ⟨ov.ww.⟩ **0.1** ***(onder)steunen.***

bear with 0.1 ***geduld hebben met.***

beast [bie:st] **0.1** ***beest*** ⟨ook fig.⟩ **0.2** ***rund*** **0.3** ***rijdier*** **0.4** ***vervelend iets/iem.*** ◆ **1.1** ~ of burden *lastdier;* ~ of prey *roofdier* **1.4** a ~ of a day *een beroerde dag* **7.1** the ~ *het beest/dierlijke (in de mens).*

beastl|y[1] [bie:stlie] ⟨bn.; -iness⟩ **0.1** ***beestachtig*** ◆ **1.1** ~ stench *walgelijke stank.*

beastly[2] ⟨bw.⟩⟨vnl. BE; inf.⟩ **0.1** ***beestachtig*** ◆ **2.1** ~ drunk *stomdronken.*

beat[1] [bie:t] ⟨zn.⟩ **0.1** ***slag*** **0.2** ***(vaste) ronde/route*** ⟨vnl. v. politieagent⟩ **0.3** ***metrum*** ⇒*versmaat* **0.4** ⟨muz.⟩ ***ritme*** ⇒ *beat* **0.5** ***klop/drijfjacht*** **0.6** ⟨nat.⟩ ***zweving*** ◆ **6.2** ⟨fig.⟩ that is **off** my ~ *dat is onbekend terrein voor mij;* be **on** one's ~ *zijn ronde doen.*

beat[2] ⟨beat [bie:t], beaten [bie:tn]/ook beat [bie:t]⟩ **I** ⟨onov.ww.⟩ **0.1** ***slaan*** ⇒*bonzen, beuken; woeden; kloppen* ⟨v. hart, bloed⟩; *trommelen; tikken* ⟨v. klok⟩; *fladderen* ⟨v. vleugel⟩ **0.2** ***een klop/drijfjacht houden*** **0.3** ***zich (moeizaam) een weg banen.*** →**beat about, beat down, beat off;**
II ⟨ov.ww.⟩ **0.1** ***slaan (op)*** ⇒⟨cul.⟩ *klutsen; kloppen* ⟨mat⟩; *fladderen met* ⟨vleugel⟩ **0.2** ***(uit)smeden*** ⇒*pletten* **0.3** ***banen*** ⟨pad⟩ **0.4** ***verslaan*** ⇒*eronder krijgen; breken* ⟨record⟩ **0.5** ***uitputten*** **0.6** ***afzoeken*** **0.7** ⟨AE; inf.⟩ ***ontlopen*** ⟨straf⟩ ◆ **1.1** ~ an alarm *alarm slaan;* ⟨inf.⟩ ~ s.o.'s brains out *iem. de hersens inslaan;* the recipe to ~ all recipes *het recept dat alles slaat* **1.4** this problem has ~en me *dit probleem is me te machtig* **2.1** ~ flat *platslaan* **4.4** ⟨inf.⟩ can you ~ that? *heb je ooit zoiets gehoord/gezien?* **4.¶** ⟨sl.⟩ ~ it! *smeer 'm!* **5.1** ~ **back** *terugslaan/drijven;* ~ the door **in** *de deur intrappen;* ~ s.o.'s head **in** *iem. de hersens inslaan* **5.5** he was dead ~ *hij was (dood)op* **6.1** ~ sth. **into** s.o.'s head *iem. iets inhameren* **6.4** he ~ me **to** it *hij was me voor.* →**beat down, beat off, beat out, beat up.**

be at ⟨inf.⟩ **0.1** ***zitten aan*** **0.2** ***op de huid zitten*** ⇒*lastig vallen* ◆ **4.¶** ⟨vnl. pej.⟩ they are at it again *ze zijn weer bezig;* ⟨niet inf.⟩ ~ one (with s.o.) *het (roerend) eens zijn (met iem.);* what are you at? *wat bedoel je nou eigenlijk?*

beat about 0.1 ⟨+for⟩ ***(naarstig) zoeken (naar).***

beat down I ⟨onov.ww.⟩ **0.1** ***branden*** ⟨v. zon⟩ ◆ **6.1** the sun ~ **on** my back *de zon brandde op mijn rug;*
II ⟨ov.ww.⟩ **0.1** ***neerslaan*** **0.2** ***intrappen*** ⟨deur⟩ **0.3** ***naar beneden brengen*** ⇒*drukken* ⟨prijs⟩ **0.4** ***afdingen (bij/op).***

beaten [bie:tn] **0.1** ***veel betreden*** ⇒*gebaand* ⟨v. weg; ook fig.⟩ **0.2** ***gesmeed*** ⇒*geplet* **0.3** ***verslagen*** **0.4** ***uitgeput*** ⟨ook v. grond⟩ ⇒*doodmoe* ◆ **1.1** be off the ~ track *verafgelegen zijn* **1.2** ~ gold *bladgoud.*

beater [bie:tə] **0.1** ***klopper*** **0.2** ***(grond)stamper*** **0.3** ⟨jacht⟩ ***drijver.***

beatific [biətiffik] ⟨-ally⟩ **0.1** ***gelukzalig*** **0.2** ***zaligmakend*** ◆ **1.2** ~ vision *zalige aanschouwing.*

beatif|y [bi·ætiffaj] ⟨-ied; zn.: **-ication**⟩ **0.1** ***(volmaakt) gelukkig maken*** **0.2** ***verheerlijken*** **0.3** ⟨r.-k.⟩ ***zalig verklaren.***

beating [bie:ting] **0.1** ***afstraffing*** ⟨ook fig.⟩ ⇒*bestraffing, pak slaag; nederlaag* **0.2** ***(hart)klopping*** ◆ **3.1** take some/a lot of ~ *moeilijk te overtreffen zijn.*

beatitude [bie·ætitjoe:d] **0.1** ***zaligverklaring*** **0.2** ***(geluk)zaligheid.***

beat music 0.1 ***beatmuziek.***

beat off I ⟨onov.ww.⟩⟨AE; sl.⟩ **0.1** ***(zich) aftrekken*** ⇒*masturberen;*
II ⟨ov.ww.⟩ **0.1** ***afslaan*** ⇒*terugdrijven, afweren.*

beat out 0.1 ***uitslaan*** ⟨vuur⟩ **0.2** ***uitdeuken*** **0.3** ***trommelen*** ⟨melodie⟩ **0.4** ⟨AE⟩ ***verslaan.***

beat up 0.1 ⟨inf.⟩ ***in elkaar slaan*** **0.2** ⟨cul.⟩ ***(op)kloppen*** ⇒ *klutsen* **0.3** ⟨inf.⟩ ***op/bijeentrommelen*** ⇒*werven.*

beaut [bjoe:t] ⟨verk.⟩ [beauty] ⟨AE, Austr. E; sl.⟩ **0.1** ***pracht(exemplaar)*** ⇒*juweel(tje).*

beauteous [bjoe:tiəs] ⟨schr.⟩ **0.1** ***schoon*** ⇒*prachtig.*

beautician [bjoe:tisjn] **0.1** ***schoonheidsspecialist(e).***

beautiful [bjoe:tifl] **0.1** ***mooi*** ⇒*fraai, prachtig* **0.2** ***heerlijk*** ⇒ *verrukkelijk* ⟨v. eten, weer⟩ **0.3** ***indrukwekkend*** ⇒*bewonderenswaardig* ⟨v. geduld⟩ **0.4** ⟨inf.⟩ ***geweldig*** ⇒*uit de kunst* ◆ **1.¶** the ~ people *de chic.*

beautif|y [bjoe:tiffaj] ⟨-ied⟩ **0.1** ***verfraaien*** ⇒*(ver)sieren, mooi maken.*

beaut|y [bjoe:tie] ⟨mv.: -ies⟩ **0.1** ***schoonheid*** **0.2** ⟨inf.⟩ ***pracht(exemplaar)*** ⇒*juweeltje* ◆ **4.1** that is the ~ of it *dat is het mooie ervan* **¶.1** ⟨sprw.⟩ ~ is but/only skin deep *uiterlijk schoon is slechts vertoon;* ⟨sprw.⟩ ~ is in the eye of the beholder *de schoonheid der vrijster ligt in 's vrijers oog.* →**age.**

beauty consultant 0.1 ***schoonheidsconsulent(e).***

beauty contest, beauty competition 0.1 ***schoonheidswedstrijd.***

beauty parlour, ⟨AE⟩ **beauty shop 0.1** ***schoonheidssalon.***

beauty queen 0.1 ***schoonheidskoningin.***

beauty sleep ⟨vnl. scherts.⟩ **0.1** ***schoonheidsslaapje*** ⟨slaap voor middernacht⟩ **0.2** ***dutje.***

beauty spot 0.1 ***schoonheidspleister/vlekje*** ⇒*mouche* **0.2** ***mooi plekje.***

beaver [bie:və] ⟨mv.: in bet. 0.1 ook beaver⟩ **0.1** ***bever*** **0.2** ***kastoor(hoed)*** ⇒*vilthoed* **0.3** ***hoge hoed.*** →**eager.**

beaver away ⟨BE; inf.⟩ **0.1** ***zwoegen*** ⇒*ploeteren.*

bebop [bie:bop] **0.1** ***bop*** *⇒bebop* ⟨stijl v. jazz⟩.

becalm [bikka:m] **0.1** ⟨vnl. pass.⟩ ***de wind uit de zeilen nemen*** ⟨lett.⟩ ◆ **1.1** the fleet was ~ed *de vloot werd door windstilte overvallen.*

became [bikkeem] ⟨verl. t.⟩ →**become.**

because [bikkəz, ⟨sterk⟩ bikkoz] **0.1** ***omdat*** *⇒want* **0.2** ***(het feit) dat*** ◆ **¶.2** the main reason is ~ he is old *de voornaamste reden is dat hij oud is* **¶.¶** 'Why (not)?' '~!' *'Waarom (niet)?' 'Daarom (niet)!'.*

because of **0.1** ***wegens*** *⇒omwille v., tengevolge v.*

beck [bek] **0.1** ⟨schr.⟩ ***teken*** *⇒knik, gebaar* **0.2** ⟨BE; gew.⟩ ***(berg)beek(je)*** ◆ **1.1** be at s.o.'s ~ and call *iem. op zijn wenken bedienen.*

beckon [bekkən] **0.1** ***wenken*** *⇒gebaren, een teken geven* **0.2** ***lonken (naar)*** ◆ **5.1** ~ s.o. **in/on** *gebaren dat iem. binnen moet komen/door moet lopen.*

become [bikkum] ⟨became [bikkeem], become [bikkum]⟩ **I** ⟨onov.ww.⟩ **0.1** ⟨+ of⟩ ***gebeuren (met)*** *⇒worden (van), aflopen (met);*
II ⟨ov.ww.⟩ **0.1** ***passen*** *⇒betamen, voegen* **0.2** ***eer aandoen*** **0.3** ***(goed) staan*** ⟨v. kleding⟩ ◆ **5.1** it ill ~s you *het siert je niet;*
III ⟨kww.⟩ **0.1** ***worden*** *⇒(ge)raken* ◆ **1.1** ~ mayor *burgemeester worden* **2.1** the sky is becoming cloudy *de lucht betrekt.*

becoming [bikkumming] **0.1** ***gepast*** *⇒betamelijk, behoorlijk* **0.2** ***goed staand*** ◆ **3.2** red looks ~ on you *rood staat je goed* **8.1** as is ~ *zoals het hoort.*

becquerel [bekkərel] **0.1** ***becquerel*** ⟨eenheid v. (kern)activiteit (B9)⟩.

bed[1] [bed] ⟨zn.⟩ **0.1** ***bed*** *⇒slaapplaats; huwelijk; leger* ⟨v. dier⟩; *bloem/tuinbed* **0.2** ***(laatste) rustplaats*** **0.3** ***(rivier)bedding*** **0.4** ***bed(ding)*** *⇒grondslag, onderlaag; (bodem)laag* **0.5** ***seks*** ◆ **1.1** ~ and board *kost en inwoning;* separation from ~ and board *scheiding v. tafel en bed;* ⟨BE⟩ ~ and breakfast *logies met ontbijt;* it is time for ~ *het is bedtijd* **1.4** ~ of coal *(steen)kolenbedding* **1.¶** a ~ of roses *een heerlijk bestaan;* ⟨inf.⟩ be on a ~ of roses *op rozen zitten;* no ~ of roses *geen pretje* **2.1** double/single ~ *tweepersoons/eenpersoonsbed;* spare ~ *logeerbed* **3.1** go to ~ *naar bed gaan;* ⟨druk.⟩ *ter perse gaan;* keep (to) one's ~ *het bed houden;* put to ~ *naar bed brengen;* ⟨druk.⟩ *ter perse leggen;* take to one's ~ *het bed moeten houden;* wet one's ~ *bedwateren.* → **wrong.**

bed[2] ⟨ww.; -ded⟩ **0.1** ⟨inf.⟩ ***naar bed gaan met*** **0.2** ***planten*** ◆ **5.2** ~ **out** *uitplanten.* →**bed down.**

bedaub [biddo:b] **0.1** ***besmeuren*** *⇒bekliederen* **0.2** ***opdirken.***

bedbug **0.1** ***bedwants.***

bedclothes **0.1** ***beddengoed.***

bedding [bedding] **0.1** ***beddengoed*** **0.2** ***ligstro*** **0.3** ***onderlaag*** *⇒grondslag, bedding* **0.4** ***stratificatie*** *⇒gelaagdheid.*

bed down **I** ⟨onov.ww.⟩ **0.1** ***ergens gaan slapen*** ⟨bv. op grond, bank⟩;
II ⟨ov.ww.⟩ **0.1** ***een slaapplaats geven*** **0.2** ***naar bed brengen.***

bedeck [biddek] **0.1** ***(op)tooien*** *⇒versieren.*

bedevil [biddevl] ⟨BE -led⟩ **0.1** ***treiteren*** *⇒dwarszitten, achtervolgen* **0.2** ***beheksen*** **0.3** ***(ernstig) bemoeilijken.***

bedew [bidjoe:] **0.1** ***bedauwen*** *⇒bevochtigen.*

bedfellow **0.1** ***bedgeno(o)t(e)*** **0.2** ***metgezel*** *⇒kameraad.*

bedim [biddim] ⟨-med⟩ **0.1** ***verdonkeren*** *⇒verduisteren.*

bedlam [bedləm] **0.1** ***gekkenhuis*** ⟨ook fig.⟩ *⇒gesticht;* ⟨inf.⟩ *heksenketel.*

bed linen **0.1** ***lakens en slopen.***

Bed(o)uin [beddoe·in] ⟨mv.: ook Bedo(u)in⟩ **0.1** ***bedoeïen.***

be down **0.1** ***beneden/onderaan zijn*** *⇒minder/verminderd/gezakt zijn* ⟨lett. en fig.⟩ **0.2** ***uitgeteld zijn/liggen*** ⇒ ⟨fig.⟩ *somber/neerslachtig zijn* **0.3** ***neer/ingeschreven zijn*** **0.4** ***buiten bedrijf zijn*** *⇒plat liggen* ⟨v. computer⟩ **0.5** ⟨sport⟩ ***achterstaan*** ◆ **1.1** demand was down *er was minder vraag;* Sue's hair was still down *Sues haar was nog niet opgestoken;* Mary isn't down yet *Maria is nog niet beneden/op* **3.3** ~ to speak *op de lijst v. sprekers staan* **5.2** ~ and **out** ⟨boksen⟩ *uitgeteld/knock-out zijn;* ⟨fig.⟩ *berooid/aan lager wal zijn* **6.1** our takings are £10 down **on** yesterday *we hebben £10 minder gedraaid vandaag* **6.2** ⟨inf.⟩ ~ **with** the flu *geveld zijn door griep* **6.3** ~ **for** a school *ingeschreven staan als leerling v.e. school* **6.¶** ⟨inf.⟩ ~ **on** s.o. *iem. aanpakken/overvallen; iem. fel bekritiseren;* he's down **to** his last pound *hij heeft nog maar één pond over.*

bedpan **0.1** ***(onder)steek.***

bedplate **0.1** ***grondplaat*** ⟨v. machine⟩.

bedpost **0.1** ***bedstijl*** ◆ **4.¶** ⟨inf.⟩ between you and me and the ~ *onder ons gezegd (en gezwegen).*

bedraggled [bidrægld] **0.1** ***doorweekt*** **0.2** ***verfomfaaid*** ⇒ *toegetakeld, sjofel* **0.3** ***bemodderd.***

bedridden [bedridn] **0.1** ***bedlegerig.***

bedrock **0.1** ***vast gesteente*** **0.2** ***minimum*** **0.3** ***basis*** *⇒essentie* ◆ **3.3** get down to ~ *tot de kern doordringen.*

bedroom **0.1** ***slaapkamer.***

Beds. ⟨afk.⟩ **0.1** [Bedfordshire].

bedside **0.1** ***(rand v.h.) bed.***

bedside manner **0.1** ***optreden aan het ziekbed*** ⟨v. dokter tgov. patiënt⟩.

bed-sitting-room, ⟨inf.⟩ **bed-sitter** ⟨BE⟩ **0.1** ***zitslaapkamer*** ⟨meestal bij hospita⟩.

bedsore **0.1** ***doorligging*** *⇒doorgelegen plek.*

bedspread **0.1** ***sprei.***

bedstead **0.1** ***ledikant.***

bedtime **0.1** ***bedtijd.***

bedtime prayer **0.1** ***nachtgebed*** *⇒gebed voor het slapen gaan.*

bedtime story **0.1** ***verhaaltje voor het slapen gaan.***

bed-wetting **0.1** ***het bedwateren.***

bee [bie:] **0.1** ***bij*** **0.2** ***bezige bij*** *⇒harde werker* **0.3** ⟨inf.⟩ ***gril*** ◆ **1.¶** ⟨inf.⟩ have a ~ in one's bonnet (about sth.) *door iets geobsedeerd worden/zijn; niet helemaal normaal zijn (op een bep. punt).*

Beeb [bie:b] ⟨verk.⟩ [BBC] ⟨BE; inf.⟩ **0.1** ***BBC.***

beech [bie:tsj] **0.1** ***beuk*** **0.2** ***beukenhout.***

beech mast **0.1** ***beukenmast*** ⟨veevoeder v. beukennootjes⟩.

beech-nut **0.1** ***beukennoot(je).***

beef[1] [bie:f] ⟨zn.⟩ **0.1** ***rundvlees*** **0.2** ⟨inf.⟩ ***kracht*** *⇒spierballen* **0.3** ⟨sl.⟩ ***klacht*** ◆ **3.1** corned ~ *cornedbeef* **3.2** put some ~ into sth. *ergens de schouders onder zetten.*

beef[2] ⟨zn.; mv.: BE beeves⟩ ⟨vaak mv.⟩ **0.1** ***(gemest/geslacht) rund*** *⇒mest/slachtvee,* ⟨ihb.⟩ *os.*

beef[3] ⟨ww.⟩ ⟨sl.⟩ **0.1** ***kankeren*** *⇒mopperen, zeuren.*

beefcake ⟨sl.⟩ **0.1** ***(foto's v.) gespierde kerels*** *⇒krachtpatsers.*

beef cattle ⟨zn.; ww. steeds mv.⟩ **0.1** ***mest/slachtvee.***

beefeater **0.1** ⟨BE⟩ ***koninklijke lijfwacht*** **0.2** ⟨BE⟩ ***hellebaardier v.d. Tower*** **0.3** ⟨AE; inf.⟩ ***Engelsman.***

beefsteak **0.1** ***biefstuk*** *⇒runderlap(je).*

beefsteak tomato **0.1** ***vleestomaat.***

beef tea **0.1** ***bouillon.***

beef up ⟨vnl. AE; sl.⟩ **0.1** ***versterken*** *⇒opvoeren.*

beef|y [bie:fie] ⟨ook -ier⟩ **0.1** ***vlezig*** *⇒zwaar* **0.2** ***stevig*** *⇒gespierd.*

beehive **0.1** ***bijenkorf*** ⟨ook fig.⟩ **0.2** ***suikerbrood*** ⟨haar⟩.
beekeeper **0.1** ***bijenhouder*** ⇒*imker.*
beeline ◆ **3.¶** ⟨inf.⟩ make a ~ for/to *regelrecht afgaan/afstevenen op.*
been [bie:n] ⟨volt. deelw.⟩ →**be.**
beep[1] [bie:p] ⟨zn.⟩ **0.1** ***getoeter*** ⇒*toet* **0.2** ***fluit/pieptoon*** ⇒ *piep(je)* ⟨als tijdsein⟩.
beep[2] ⟨ww.⟩ **0.1** ***toeteren*** **0.2** ***piepen.***
beeper [bie:pə] **0.1** ***pieper*** ⇒*portofoon, semafoon.*
beer [biə] **0.1** ***bier*** ⇒*glas bier.* →**small.**
beer|y [biərie] ⟨ook -ier⟩ **0.1** ***bierachtig*** **0.2** ***beneveld*** ⇒*aangeschoten* ◆ **1.1** ~ breath *bierkegel.*
beeswax **0.1** ***(bijen)was.***
beet [bie:t] **0.1** ***biet*** **0.2** ⟨vnl. AE⟩ ***(bieten)kroot*** ⇒*rode biet.*
beetle [bie:tl] **0.1** ***kever*** ⇒*tor* **0.2** ⟨ook B-; inf.⟩ ***kever*** ⇒*VW, Volkswagen* **0.3** ***sukkel*** ⇒*druiloor* **0.4** ***(grond)stamper.***
beetle-browed **0.1** ***met zware, borstelige/gefronste wenkbrauwen.***
beetle off **0.1** ⟨BE; inf.⟩ ***zich uit de voeten maken*** ◆ **5.1** ~! *wegwezen!*
beetroot ⟨mv.: ook beetroot⟩⟨BE⟩ **0.1** ***(bieten)kroot*** ⇒*rode biet* **0.2** ***beetwortel*** ⇒*suikerbiet.*
beet sugar **0.1** ***bietsuiker.***
beeves [bie:vz] ⟨mv.⟩ →**beef.**
befall [biffo:l]⟨befell [-fel], befallen [-fo:lən]⟩ ⟨schr.⟩ **0.1** ***overkomen*** ⇒*gebeuren (met).*
befit [biffit] ⟨-ted⟩⟨schr.⟩ **0.1** ***betamen*** ⇒*voegen, passen.*
befitting [biffitting] ⟨schr.⟩ **0.1** ***passend*** ⇒*geschikt* ◆ **1.1** act in a ~ manner *doen zoals het betaamt.*
befog [biffog] ⟨-ged⟩ **0.1** ***in mist/nevel hullen*** ⟨ook fig.⟩ ⇒ *benevelen; vertroebelen, verwarren.*
be for ⟨inf.⟩ **0.1** ***zijn voor*** ⇒*voorstander zijn v.* ◆ **4.¶** you're for it! *er zwaait wat voor je!*
before[1] [biffo:] ⟨bw.⟩ **0.1** ***voorop*** ⇒*vooraan, ervoor* **0.2** ***vroeger*** ⇒*eerder, vooraf* **0.3** ***in de toekomst*** ⇒*op komst, voor (ons) liggend* ◆ **1.2** three weeks ~ *drie weken geleden/ervoor* **3.1** look ~ *voor zich kijken* **3.2** I've been there ~ *ik ben daar nog geweest;* ⟨inf.; fig.⟩ *ik ken dat al* **3.3** what lies ~? *wat staat ons te wachten?*
before[2] ⟨vz.⟩ **0.1** ⟨tijd⟩ ***vóór*** ⇒*vroeger/eerder dan, alvorens* **0.2** ⟨plaats; ook fig.⟩ ***voor*** ⇒*voor … uit, tegenover* **0.3** ⟨relatieve waarde of belangrijkheid⟩ ***voor … op*** ⇒*gesteld voor, hoger dan* ◆ **1.1** ~ Christmas *voor Kerstmis* **1.2** run ~ the enemy *voor de vijand uit vluchten;* a crime ~ the law *een misdaad volgens de wet;* put a bill ~ parliament *een wetsontwerp bij het parlement indienen;* put the problem ~ the public *het publiek met het probleem confronteren;* ⟨scheep.⟩ sail ~ the wind *voor de wind zeilen* **1.3** put friendship ~ love *vriendschap hoger achten dan liefde;* s.o. ~ his time *iem. die zijn tijd voor is/was* **4.2** what lies ~ us *wat de tijd ons brengen zal* **4.3** ~ all else *bovenal* **5.1** ~ long *binnenkort.*
before[3] ⟨vw.⟩ **0.1** ***alvorens*** ⇒*voor, eer* ◆ **3.1** she will die ~ she will consent/~ consenting *ze zal eerder sterven dan toe te geven/toegeven.*
beforehand [biffo:hænd] **0.1** ***vooraf*** ⇒*van tevoren, vooruit.*
befoul [biffaul] **0.1** ***bezoedelen*** ⟨ook fig.⟩ ⇒*belasteren.*
befriend [bifrend] **0.1** ***een vriend zijn voor*** ⇒*bijstaan.*
befuddle [biffudl] **0.1** ***verwarren*** ⇒*v.d. wijs/in verlegenheid brengen* **0.2** ***dronken maken*** ⇒*benevelen* ◆ **6.2** be ~d **with** drink *in kennelijke staat zijn.*
beg [beg] ⟨-ged⟩ **I** ⟨onov.ww.⟩ **0.1** ***opzitten*** ⟨v. hond⟩ **0.2** ***de vrijheid nemen*** ⇒*zo vrij zijn* ◆ **3.2** I ~ to differ *ik ben zo vrij daar anders over te denken;*
II ⟨onov. en ov.ww.⟩ **0.1** ***bedelen*** **0.2** ***(dringend/met klem) verzoeken*** ⇒*smeken, (nederig) vragen* ◆ **1.2** the children ~ged and ~ged until *de kinderen zeurden net zo lang tot;* ~ leave *permissie vragen* **6.1** ~ **for** *bedelen om; smeken om* **6.2** I ~ **of** you: don't go *ik smeek je: ga niet;*
III ⟨ov.ww.⟩⟨inf.⟩ **0.1** ***ontwijken*** ⇒*negeren* ⟨probleem⟩. → **beg off.**
beget [biget]⟨verl. t. begot [bigot]/vero. of bijb. begat [bigæt], volt. deelw. begotten [bigotn]/vero. begot⟩ **0.1** ⟨rel.⟩ ***gewinnen*** ⇒*voortbrengen, verwekken* **0.2** ⟨schr.⟩ ***voortbrengen*** ⇒*veroorzaken.*
beggar[1] [begə] ⟨zn.⟩ **0.1** ***bedelaar(ster)*** ⇒*schooier* ◆ **¶.¶** ⟨sprw.⟩ ~s can't be choosers ⟨ong.⟩ *lieverkoekjes worden niet gebakken.*
beggar[2] ⟨ww.⟩ **0.1** ***tot de bedelstaf brengen*** ⇒*ruïneren* **0.2** ***te boven gaan*** ◆ **1.2** ~ (all) description *alle beschrijving tarten.*
beggarl|y [begəlie] ⟨-iness⟩ **0.1** ***armoedig*** ⇒*armzalig, bedelaars-.*
beggary [begərie] **0.1** ***bedelvolk*** ⇒*bedelaars* **0.2** ***(het) bedelen*** ⇒*bedelarij* ◆ **3.2** reduced to ~ *tot de bedelstaf gebracht.*
begging bowl **0.1** ***bedelnap.***
begging letter **0.1** ***bedelbrief.***
begin [bigin]⟨began [bigæn], begun [bigun]⟩ **0.1** ***beginnen*** ⇒ *aanvangen, starten* ◆ **1.1** ~ school *voor het eerst naar school gaan* **3.1** he couldn't (even) ~ to write a novel *hij zou niet (eens) weten hoe hij aan een roman moest beginnen* **6.1** life ~s **at** sixty *met zestig begint het echte leven;* he began **on** another bottle *hij brak een nieuwe fles aan* **6.¶** to ~ **with** *om te beginnen, in/op de eerste plaats.*
beginner [biginnə] **0.1** ***beginner*** ⇒*beginneling.*
beginner's luck **0.1** ⟨ong.⟩ ***meer geluk dan wijsheid.***
beginning [biginning] **I** ⟨telb.zn.⟩ **0.1** ***begin*** ⇒*aanvang* ◆ **6.1** **from** ~ **to** end *van begin tot einde;* **in** the ~ *aanvankelijk;*
II ⟨mv.; the⟩ **0.1** ***(prille) begin*** ◆ **1.1** the ~s of history *het prille begin der geschiedenis.*
beg off **0.1** ***(zich) excuseren*** ⇒*(zich) verontschuldigen* **0.2** ***om vrijstelling verzoeken (voor)*** ◆ **1.1** Ian begged off at the last moment *op het laatste moment zegde Ian af.*
be going to [bie goo·ing toe] **0.1** ***v. plan/zins zijn*** ⇒*plannen te* **0.2** ***gaan*** ⇒*zullen, op het punt staan te* ◆ **1.1** I am going to tell her tomorrow *morgen zeg ik het haar* **1.2** she is going to have a baby *ze verwacht een baby.*
begone [bigon] ⟨alleen geb. w. en infinitief⟩⟨vnl. schr.⟩ **0.1** ***weggaan*** ⇒*verdwijnen* ◆ **3.1** he was ordered to ~ at once *men beval hem onmiddellijk weg te gaan.*
begonia [bigooniə] **0.1** ***begonia.***
begorra [bigorrə] ⟨IE⟩ **0.1** ***verdorie.***
begot ⟨verl. t. of volt. deelw.⟩ →**beget.**
begotten ⟨volt. deelw.⟩ →**beget.**
begrime [bigrajm] **0.1** ***bevuilen*** ⇒*besmeuren.*
begrudge [bigrudzj] **0.1** ***misgunnen*** ⇒*benijden, niet gunnen* ◆ **1.1** we don't ~ you your little pleasures *we misgunnen je je pleziertjes niet.*
beguile [bigajl] ⟨zn.: **-ment**⟩ **0.1** ***bedriegen*** ⇒*verleiden* **0.2** ***korten*** ⇒*verdrijven* **0.3** ***bekoren*** ⇒*charmeren, betoveren* ◆ **1.2** we ~d the time by playing cards *we kortten de tijd met kaartspelen* **6.1** ~ **into** *ertoe verleiden (te);* be ~d **(out) of** money *geld ontfutseld worden.*
beguiling [bigajling] **0.1** ***verleidelijk*** ⇒*bekoorlijk.*
begum [beegəm, bie:-] ⟨ook B-⟩ **0.1** ***begum*** ⟨moslimprinses of -dame van hoge rang⟩.
begun ⟨volt. deelw.⟩ →**begin.**
behalf [bihha:f] ⟨alleen met on, in⟩ ◆ **6.¶** **on** ~ **(of)** *namens, ten voordele/behoeve van;* he intervened **on** our ~ *hij bemiddelde voor ons.*

behave [bihheev] ⟨onov.ww.; ook wk.ww.⟩ **0.1** ***zich gedragen*** ⇒*zich goed/fatsoenlijk gedragen* **0.2** ***zich gedragen*** ⇒*functioneren, werken* ◆ **6.1** she ~d badly **to(wards)** him *zij misdroeg zich tegenover hem.*

behaviour, ⟨AE sp.⟩ **behavior** [bihheeviə] **0.1** ***gedrag*** ⇒*houding, optreden* **0.2** ***gedrag*** ⇒*werking* ◆ **2.1** be on one's best ~ *zichzelf van zijn beste kant laten zien* **6.1** his ~ **to(wards)** her *zijn houding tgov./ten opzichte v. haar.*

behaviourism, ⟨AE sp.⟩ **behaviorism** [bihheeviərizm] **0.1** ***behaviorisme.***

behaviourist, ⟨AE sp.⟩ **behaviorist** [bihheeviərist] **0.1** ***behaviorist*** ⇒*gedragspsycholoog.*

behead [bihhed] **0.1** ***onthoofden.***

beheld ⟨verl. t. en volt. deelw.⟩ →**behold.**

behest [bihhest] ⟨meestal enk.⟩⟨schr.⟩ **0.1** ***opdracht*** ⇒*bevel, verzoek* ◆ **6.1** **at** the ~ **of** *op aandringen v.*

behind[1] [bihhajnd] ⟨zn.⟩ **0.1** ⟨inf., euf.⟩ ***achterste.***

behind[2] ⟨bw.⟩ **0.1** ⟨beweging, plaats of ruimte⟩ ***erachter*** ⇒ *achteraan/op/in/om, voorbij* **0.2** ⟨vertraging of achterstand⟩ ***achterop*** ⇒*achter, achterstallig* ◆ **1.1** you in front and the children ~ *jij vooraan en de kinderen achteraan* **1.2** my watch is ~ *mijn horloge loopt achter* **3.1** look ~ *omkijken* **3.2** they fell ~ *ze raakten achter* ⟨ook fig.⟩ **6.1** he came **from** ~ *hij kwam van achteren* **6.2** ~ **in** my work *achterop met mijn werk;* be ~ **with** the rent *achter zijn met de huur.*

behind[3] ⟨vz.⟩ **0.1** ⟨plaats, richting of tijd; ook fig.⟩ ***achter*** ⇒ *voorbij, verder dan, om* **0.2** ⟨vertraging of achterstand⟩ ***achter op*** ⇒*later dan, onder* **0.3** ***achter*** ⇒*aan de oorsprong van* **0.4** ***achter*** ⇒*ter ondersteuning van* ◆ **1.1** the house ~ the church *het huis achter de kerk* **1.2** our profits are ~ last year's *onze winsten liggen lager dan die van vorig jaar;* the bus is ~ schedule *de bus heeft vertraging;* ~ the times *niet mee met zijn tijd* **1.3** the real reasons ~ the quarrel *de echte redenen voor de ruzie;* ~ the wheel *aan/achter het stuur* **4.1** my best years are ~ me *mijn beste jaren heb ik gehad;* put one's problems ~ one *zijn problemen van zich afzetten* **4.3** who is ~ this? *wie is hiervoor verantwoordelijk?* **4.4** we are/stand ~ you *wij staan achter je/steunen je.*

behindhand **0.1** ***achter(stallig)*** **0.2** ***te traag*** ⇒*te laat, na de feiten* **0.3** ***achter*** ⇒*ten achter, achterop* ◆ **1.2** their offer was ~ *hun aanbod kwam met vertraging* **6.1** be ~ **in** paying one's bills *achter(stallig) zijn met het betalen van zijn rekeningen* **6.3** be ~ **with** one's work *achter zijn met zijn werk.*

behold [bihhoold] ⟨beheld, beheld [bihheld]⟩ ⟨vero., beh. in uitdr. onder 8.1⟩ **0.1** ***aanschouwen*** ◆ **8.1** ⟨scherts.⟩ lo and ~! *wel, wel!, en ziedaar!*

beholden [bihhooldən] **0.1** ***verschuldigd*** ⇒*verplicht* ◆ **6.1** I'm much ~ **to** you **for** your offer *uw aanbod verplicht mij zeer.*

beholder [bihhooldə] **0.1** ***aanschouwer*** ⇒*toeschouwer.*

behove [bihhoov], ⟨AE sp.⟩ **behoove** [bihhoe:v] ⟨onpers. ww.⟩ ⟨schr.⟩ **0.1** ***betamen*** ⇒*(be)horen, passen* ◆ **5.1** it **ill** ~s me to ask her *het zou (van mij) ongepast zijn als ik haar vroeg.*

beige [beezj] **0.1** ***beige.***

be in **0.1** ***binnen zijn*** ⇒*er zijn, aanwezig/aangekomen zijn* **0.2** ***geaccepteerd zijn*** ⇒*erbij/aanvaard/opgenomen zijn; in de mode/in zijn* ⟨v. dingen⟩ **0.3** ⟨ben. voor⟩ ***in werking zijn*** ◆ **1.1** the new fabrics aren't in yet *de nieuwe stoffen zijn nog niet binnen;* ⟨sl.⟩ John's in for murder *John zit in de bajes wegens moord* **1.2** blue is in *blauw is in (de mode)* **1.3** ⟨cricket⟩ John is in *John is aan bat/slag;* the tide is in *het is hoog tij* **6.2** ~ **on** *meedoen aan;* ~ **on** the latest developments/the secret *op de hoogte zijn v.d. laatste ontwikkelingen/v.h. geheim;* ~ **with** somebody *goede maatjes zijn met iem.* **6.3** ~ **for** a position *kandidaat zijn voor een betrekking* **6.¶** ⟨inf.⟩ we're in **for** a nasty surprise *er staat ons een onaangename verrassing te wachten.*

being [bie:ing] **0.1** ***wezen*** ⇒*schepsel* **0.2** ***wezen*** ⇒*bestaan, zijn, existentie* **0.3** ***wezen*** ⇒*essentie, aard, het wezenlijke* ◆ **3.2** bring/call into ~ *creëren, doen ontstaan;* come into ~ *ontstaan.*

belabour, ⟨AE sp.⟩ **belabor** [billeebə] **0.1** ***ervan langs geven*** ⇒*op zijn kop geven* **0.2** ***te uitvoerig behandelen*** ⇒*blijven hameren op* ◆ **2.2** ~ the obvious *open deuren intrappen.*

belated [billeetid] **0.1** ***laat.***

belay [billee] ⟨scheep., bergsport⟩ **0.1** ***beleggen*** ⇒*vastsjorren, vastmaken.*

belch[1] [beltsj] ⟨zn.⟩ **0.1** ***boer*** ⇒*oprisping* **0.2** ***uitbarsting.***

belch[2] ⟨ww.⟩ **0.1** ***boeren*** ⇒*een oprisping laten* **0.2** ***(uit)braken*** ⇒*uitbarsten* ◆ **5.2** the volcano ~ed **out** rocks *de vulkaan spuwde stenen (uit).*

beleaguer [billie:gə] **0.1** ***belegeren*** ⟨ook fig.⟩.

belfr|y [belfrie] ⟨mv.: -ies⟩ **0.1** ***klokkentoren*** **0.2** ***klokkenstoel.***

Belgian [beldzjən] **0.1** ⟨bn.⟩ ***Belgisch*** **0.2** ⟨zn.⟩ ***Belg.***

Belgium [beldzjəm] **0.1** ***België.***

belie [billaj] **0.1** ***een valse/verkeerde indruk geven van*** ⇒ *tegenspreken* **0.2** ***logenstraffen*** **0.3** ***niet nakomen*** ◆ **1.2** the attack ~d our hopes for peace *de aanval logenstrafte onze hoop op vrede.*

belief [billie:f] **0.1** ***(geloofs)overtuiging*** **0.2** ***geloof*** ⇒*vertrouwen* **0.3** ***geloof*** ⇒*mening* ◆ **2.3** to the best of my ~ *volgens mijn vaste overtuiging* **6.2** **beyond** ~ *ongelofelijk, niet te geloven.*

believabl|e [billie:vəbl] ⟨-ly⟩ **0.1** ***geloofwaardig*** ⇒*aannemelijk.*

believe [billie:v] **0.1** ***geloven*** ⇒*gelovig zijn* **0.2** ⟨+ in⟩ ***geloven (in)*** ⇒*vertrouwen hebben (in)* **0.3** ***geloven*** ⇒*menen, veronderstellen* **0.4** ***geloven*** ⇒*voor waar aannemen* ◆ **6.4** I'll ~ anything **of** that woman *die vrouw acht ik tot alles in staat.*

Belisha beacon [bəlie:sjə bie:kən] ⟨BE⟩ **0.1** ***knipperbol*** ⟨bij zebrapad⟩.

belittle [billitl] **0.1** ***onbelangrijk(er) doen schijnen*** ⇒*kleineren, bagatelliseren.*

bell [bel] **0.1** ***klok*** ⇒*bel, schel, belsignaal* **0.2** ⟨scheep.⟩ ***glas*** ⇒*halfuur* ◆ **3.1** pull/ring the ~ *(aan)bellen* **3.¶** give s.o. a ~ *iem. een belletje geven/opbellen;* that rings a ~ *dat komt me ergens bekend voor, daar gaat een lampje branden;* saved by the ~ *op het nippertje gered.* →**sound.**

belladonna [belləd onnə] **0.1** ***wolfskers*** ⇒*belladonna, doodkruid.*

bell-bottoms ⟨mv.; ww. steeds mv.⟩ **0.1** ***(strakke) broek, met wijd uitlopende pijpen.***

bell-boy **0.1** ***piccolo.***

belle [bel] **0.1** ***belle*** ⇒*schoonheid* ◆ **1.1** the ~ of the ball *het mooiste meisje aanwezig.*

belles-lettres [bellet(rə)] ⟨ww. vaak enk.⟩ **0.1** ***bellettrie*** ⇒ *(schone) letteren.*

bell-flower **0.1** ***klokbloem*** ⇒*klokje.*

bell-heather **0.1** ***rode dopheide.***

bellhop ⟨AE⟩ **0.1** ***piccolo.***

bellicos|e [bellikkoos] ⟨zn.: **-ity**⟩ **0.1** ***strijdlustig*** ⇒*oorlogszuchtig, agressief.*

belligerence [billidzjrəns], **belligerency** [billidzjrənsie] **0.1** ***strijdlust*** ⇒*oorlogszucht, agressiviteit* **0.2** ***staat v. oorlog.***

belligerent [billidzjrənt] **0.1** ⟨bn.⟩ ***oorlogvoerend*** **0.2** ⟨bn.⟩ ***strijdlustig*** *⇒uitdagend, agressief* **0.3** ⟨zn.⟩ ***oorlogspartij*** *⇒agressor.*

bellow[1] [belloo] ⟨zn.⟩ **0.1** ***gebrul*** *⇒geloei, gebulk.*

bellow[2] ⟨ww.⟩ **0.1** ***bulken*** *⇒loeien, brullen* **0.2** ⟨vaak +out, forth⟩ ***(uit)brullen*** *⇒bulderen, (uit)schreeuwen* ◆ **1.2** the general ~ed (out) his orders *de generaal schreeuwde zijn bevelen.*

bellows [bellooz] ⟨mv.; soms telb. zn.⟩ **0.1** ***blaasbalg*** ◆ **¶.1** a (pair of) ~ *een blaasbalg.*

bell-push **0.1** ***belknop(je).***

bell-ringer **0.1** ***klok(ken)luider*** *⇒beiaardier.*

bell-ringing **0.1** ***het klokkenluiden*** *⇒klokkenspel.*

bell-shaped **0.1** ***klokvormig*** ⟨v. curve⟩.

bell-wether **0.1** ***belhamel*** ⟨ook fig.⟩ *⇒haantje-de-voorste.*

bell|y [bellie] ⟨mv.: -ies⟩ **0.1** ⟨inf.⟩ ***buik*** *⇒maag, schoot* **0.2** ***holte*** ⟨als v.e. buik⟩ *⇒ruim* **0.3** ***ronding*** ⟨als v.e. buik⟩ *⇒ uitstulping, onderkant* **0.4** →**belly laugh** ◆ **1.2** the boat's ~ was full of coal *het ruim v.d. boot zat vol steenkool* **1.3** the ~ of an aeroplane *de buik/onderkant v.e. vliegtuig* **2.1** with an empty ~ *met een lege maag.*

bellyache[1] ⟨zn.⟩ **0.1** ***buikpijn.***

bellyache[2] ⟨ww.⟩⟨sl.⟩ **0.1** ***zaniken*** *⇒klagen, zeuren* ◆ **6.1** stop bellyaching **about** that car *hou op met dat gezanik over die auto.*

belly button ⟨inf.⟩ **0.1** ***navel.***

belly dance **0.1** ***buikdans.***

belly dancer **0.1** ***buikdanseres.***

belly flop ⟨inf.⟩ **0.1** ***buiklanding.***

bellyful [belliefoel] ⟨inf.⟩ **0.1** ***buikvol*** *⇒(meer dan) genoeg* ◆ **1.1** I've had a ~ of his poetry *ik heb mijn buik vol van zijn poëzie.*

belly-land ⟨inf.⟩ **0.1** ***een buiklanding maken.***

belly landing ⟨inf.⟩ **0.1** ***buiklanding.***

belly laugh ⟨inf.⟩ **0.1** ***daverende/gulle lach.***

bell|y out ⟨-ied⟩ **0.1** ***(doen) zwellen*** *⇒bol (doen) staan, bollen* ◆ **1.1** the sails bellied out *de zeilen bolden zich;* the wind bellied out the sails *de wind bolde de zeilen.*

belong [billong] **0.1** ***passen*** *⇒(thuis)horen* **0.2** ⟨inf.⟩ ***thuishoren*** *⇒zich thuis voelen, op z'n plaats zijn* ◆ **1.2** a sense of ~ing *het gevoel erbij te horen* **5.1** it doesn't ~ here *dat hoort hier niet (thuis)* **6.1** it ~s **with** the others *het hoort bij de anderen* **¶.2** they never really ~ed *ze waren (hier/er/daar) nooit echt op hun plaats.*

belongings [billongingz] **0.1** ***persoonlijke bezittingen/eigendommen*** *⇒bagage.*

belong to **0.1** ***toebehoren aan*** *⇒(eigendom) zijn van* **0.2** ***horen bij*** *⇒lid/deel zijn van* ◆ **1.1** that book belongs to me *dat boek is van mij* **1.2** which group do you ~? *bij welke groep zit jij?*

Belorussia [belloorusjə] **0.1** ***Wit-Rusland.***

beloved[1] [billuvvid] ⟨bn.⟩ **0.1** ***bemind*** *⇒geliefd* ◆ **4.1** my ~ *mijn geliefde* **¶.1** ⟨schr.; rel.⟩ ~! *beminden!, vrienden (in den Here)!*

beloved[2] [billuvd] ⟨bn.⟩ **0.1** ***bemind*** *⇒geliefd* ◆ **6.1** ~ **by/of** *geliefd bij, bemind door.*

below[1] [billoo] ⟨bw.⟩ **0.1** ***beneden*** *⇒eronder, onderaan* ◆ **1.1** she lives in the flat ~ *ze woont in de flat er/hieronder* **3.1** be ~ *beneden zijn;* go ~ *naar beneden gaan;* see ~ *zie verder* **4.¶** twenty ~ *20 graden onder nul* **5.1 down** ~ *(naar) beneden;* way ~ *helemaal onderaan.*

below[2] ⟨vz.⟩ **0.1** ***onder*** *⇒beneden, lager (gelegen) dan;* ⟨fig.⟩ *(verscholen/verborgen) achter* **0.2** ***ondergeschikt*** *⇒lager dan/minder dan* **0.3** ***beneden*** *⇒onder, te min* ◆ **1.1** Brussels lies ~ Antwerp *Brussel ligt onder/ten zuiden van Antwerpen;* the flat ~ ours *de flat onder de onze;* the truth ~ all these lies *de waarheid achter al deze leugens* **1.2** ~ average *minderwaardig, slecht;* ~ the average *onder het gemiddelde.*

belt[1] [belt] ⟨zn.⟩ **0.1** ***gordel*** *⇒(broek)riem, ceintuur* **0.2** ***drijfriem*** *⇒riem zonder einde* **0.3** ***(transport)band*** *⇒lopende band* **0.4** ⟨vooral als 2e lid v.e. samenstelling⟩ ***zone*** *⇒klimaatstreek/gebied* **0.5** ⟨inf.⟩ ***opduvel*** *⇒opdoffer* ◆ **1.4** a ~ of low pressure *een lagedrukgebied* **1.¶** wear a ~ and braces *geen risico's nemen* **2.1** ⟨budo⟩ black ~ *zwarte band* **3.¶** hit below the ~ *onder de gordel slaan/treffen;* tighten one's ~, ⟨AE ook⟩ pull one's ~ in *de buikriem aanhalen* **6.¶** **under** one's ~ *in zijn bezit, binnen.*

belt[2] ⟨ww.⟩ **0.1** ***omgorden*** *⇒aangorden* **0.2** ***een pak slaag/rammel geven (met een riem)*** **0.3** ***van een riem/gordel/band voorzien*** ◆ **5.1** he ~ed his sword **on** *hij gordde zijn zwaard aan* **5.¶** ~ **out** *brullen, bulken.* →**belt up.**

belt bag **0.1** ***heuptasje.***

belted [beltid] **0.1** ***met riem*** *⇒met ceintuur* ◆ **1.1** a ~ coat *een jas met ceintuur.*

belting [belting] **0.1** ***pak slaag (met een riem).***

belt up **I** ⟨onov.ww.⟩ **0.1** ***zijn veiligheidsgordel aandoen*** **0.2** ⟨sl.⟩ ***zijn waffel/bek/smoel houden;***
II ⟨ov.ww.⟩ **0.1** ***omgorden*** *⇒met een gordel/ceintuur sluiten.*

bemoan [bimmoon] ⟨schr.⟩ **0.1** ***bejammeren*** *⇒beklagen, bewenen.*

bemused [bimjoe:zd] **0.1** ***verbijsterd*** *⇒verdwaasd* **0.2** ***verstrooid*** *⇒in gedachten verzonken* ◆ **6.1** ~ **by/with** *verbijsterd/in de war gebracht door.*

ben [ben] ⟨Sch. E⟩ **0.1** ***binnenkamer*** **0.2** ⟨in namen v. bergen⟩ ***berg*** *⇒bergtop.*

bench [bentsj] **I** ⟨telb.zn.⟩ **0.1** ***bank*** *⇒zitbank* **0.2** ⟨BE⟩ ***(parlements)zetel*** *⇒bank* ⟨in het Lagerhuis⟩ **0.3** ***rechterstoel*** **0.4** ***werkbank*** **0.5** ⟨sport⟩ ***reservebank*** *⇒strafbank(je);*
II ⟨zn.; ww. enk. of mv.; the⟩ **0.1** ***rechtbank*** *⇒de rechters* **0.2** ⟨sport⟩ ***de reservebank*** *⇒de reservespelers* ◆ **3.¶** be raised to the ~ *tot rechter benoemd worden* **6.¶** be **on** the ~ *rechter zijn;* ⟨AE; sport⟩ *wisselspeler zijn.*

bench-mark ⟨ook attr.⟩ **0.1** ***standaard*** *⇒maatstaf.*

bench press ⟨krachtsport⟩ **0.1** ***bankdrukken*** ⟨halter uitdrukken liggend op een bank⟩ ◆ **7.1** ten ~es *tienmaal bankdrukken.*

bend[1] [bend] ⟨zn.⟩ **0.1** ***buiging*** *⇒kromming, knik* **0.2** ***bocht*** *⇒ draai* **0.3** ⟨mv.; ww. vaak enk.; the; inf.⟩ ***caissonziekte*** ◆ **2.2** a sharp ~ in the road *een scherpe bocht in de weg* **6.¶** (go) **(a)round** the ~ *knettergek (worden);* the noise drove me **round** the ~ *het lawaai maakte me hoorndol.*

bend[2] ⟨bent, bent [bent]⟩ **I** ⟨onov.ww.⟩ **0.1** ***buigen*** *⇒zwenken, neigen* **0.2** ***(zich) buigen*** *⇒zich onderwerpen, wijken* ◆ **5.1** the road ~s (to the) left *de weg buigt naar links;* ~ **down** *zich bukken, vooroverbuigen* **5.2** he doesn't ~ easily *hij geeft niet gemakkelijk toe* **5.¶** ~ **over** backwards *zich vreselijk uitsloven* **6.2** ~ **before/to** s.o.'s power *voor iemands macht buigen/wijken;*
II ⟨ov.ww.⟩ **0.1** ***spannen*** **0.2** ***buigen*** *⇒krommen, verbuigen* **0.3** ***onderwerpen*** *⇒(doen) buigen, plooien* **0.4** ***richten*** *⇒concentreren* **0.5** ⟨scheep.⟩ ***aanslaan*** ⟨v. zeilen⟩ *⇒ vastmaken, vastknopen* ⟨v. lijnen en vallen⟩ ◆ **1.1** ~ a bow *een boog (op)spannen* **1.2** he accidentally bent the can opener *per ongeluk verboog hij de blikopener;* ⟨fig.⟩ ~ the rules *de regels toepassen/interpreteren zoals het 't beste uitkomt* **1.4** all eyes were bent on her *aller ogen waren op haar gericht;* ~ one's mind to a problem *zijn aandacht op een probleem richten* **1.5** ~ the sail *het zeil aanslaan* **5.2**

bend **down/up** *naar beneden/boven buigen* **6.3** ~ s.o. **to** one's will *iem. naar zijn hand zetten.*

bended [bendid] **0.1** ***gebogen*** ◆ **1.1** (schr.) on ~ knees *op zijn blote knieën.*

bender [bendə] **0.1** (sl.) ***fuif*** ⇒*boemelpartij; doorzakfeestje* **0.2** (BE; inf.) ***homoseksueel*** ◆ **6.1 on** a ~ *aan de boemel.*

beneath[1] [binnie:θ] (bw.) **0.1** ***eronder*** ⇒*daaronder, onderaan* **0.2** ***ondergeschikt*** ⇒*eronder* ◆ **1.1** a mat with tiles ~ *een mat met tegels eronder.*

beneath[2] (vz.) **0.1** ***onder*** ⇒*beneden, lager dan* **0.2** ***achter*** ⇒ *verborgen achter* **0.3** ***onder*** ⇒*onder de invloed van* **0.4** ***ondergeschikt aan*** ⇒*onder, beneden* **0.5** ***beneden*** ⇒*onder, beneden de waardigheid van* ◆ **1.1** the house ~ the mountain *het huis aan de voet van de berg* **1.3** bent ~ his burden *onder zijn last gebukt* **1.4** marry ~ one's station *onder zijn stand trouwen* **1.5** manual labour was ~ Mr Smith *handenarbeid was dhr. Smith te min.*

benedictine [benniddiktie:n] (vaak B-) **0.1** ***benedictine*** (likeur).

Benedictine [benniddiktin] (rel.) **0.1** (bn.) ***benedictijns*** ⇒ *benedictijner* **0.2** (zn.) ***benedictijn/tines.***

benediction [benniddiksjn] (rel.) **0.1** ***benedictie*** ⇒*zegening.*

benefaction [bennifæksjn] **0.1** ***goed werk*** ⇒*goede daad, weldaad* **0.2** ***schenking*** **0.3** ***liefdadigheid.***

benefactor [bennifæktə] **0.1** ***weldoener.***

benefactress [bennifæktris] **0.1** ***weldoenster.***

benefic|ent [binneffisnt] (zn.: **-ence**) **0.1** ***liefdadig*** ⇒*goeddoend, weldadig.*

beneficial [benniffisjl] **0.1** ***voordelig*** ⇒*nuttig, heilzaam.*

beneficiar|y [benniffisjərie] (mv.: -ies) **0.1** ***beneficiarius*** ⇒ *beneficiant* **0.2** ***begunstigde.***

benefit[1] [benniffit] (zn.) **0.1** ***voordeel*** ⇒*profijt, hulp* **0.2** ***uitkering*** ⇒*steun(geld)* **0.3** ***benefiet*** ⇒*liefdadigheidsvoorstelling, benefiet-* ◆ **1.1** give s.o. the ~ of the doubt *iem. het voordeel v.d. twijfel geven* **6.1 for** the ~ **of** *ten voordele van.*

benefit[2] (ook benefitted, benefitting) **I** (onov.ww.) **0.1** ***voordeel halen*** ⇒*baat vinden* ◆ **6.1** no-one will ~ **from/by** his death *niemand wordt beter van zijn dood;*
II (ov.ww.) **0.1** ***ten goede komen aan*** ⇒*goed doen voor/aan* ◆ **¶.1** the mountain air will ~ you *de berglucht zal je goed doen.*

benefit concert **0.1** ***liefdadigheidsconcert*** ⇒*benefietconcert.*

benefit match **0.1** ***benefietwedstrijd.***

benefit performance **0.1** ***benefietvoorstelling.***

benevolence [binnevvələns] **0.1** ***liefdadigheid*** ⇒*welwillendheid, vrijgevigheid* **0.2** ***gunst.***

benevolent [binnevvələnt] **0.1** ***welwillend*** ⇒*goedgunstig, goedgezind* **0.2** ***liefdadig*** ⇒*weldadig, vrijgevig.*

Bengal [benggo:l] **0.1** ***Bengaals*** ◆ **1.1** ~ light *Bengaals vuur;* ~ tiger *Bengaalse tijger, koningstijger.*

benign [binnajn] **0.1** ***minzaam*** ⇒*vriendelijk* **0.2** ***zacht*** ⇒ *gunstig, heilzaam* **0.3** (med.) ***goedaardig*** ◆ **1.2** a ~ climate *een zacht/heilzaam klimaat* **1.3** a ~ tumour *een goedaardig gezwel.*

benignant [binnignənt] **0.1** ***minzaam*** ⇒*beminnelijk, welwillend* **0.2** ***heilzaam.***

benignity [binnignətie] **0.1** ***minzaamheid*** ⇒*welwillendheid* **0.2** (med.) ***goedaardigheid.***

bent[1] [bent] (zn.) **0.1** (zelden mv.) ***neiging*** ⇒*aanleg, voorliefde, zwak* ◆ **2.1** a strong mathematical ~ *een sterk wiskundige aard* **6.1** have a ~ **for** sth. *een zwak/aanleg hebben voor iets.*

bent[2] **I** (bn.) **0.1** ***afwijkend*** ⇒*krom, illegaal* **0.2** (BE; sl.) ***omkoopbaar*** **0.3** (BE; sl.) ***verkeerd*** (homoseksueel) ⇒*nichterig;*
II (bn., pred.) **0.1** ***vastbesloten*** ◆ **6.1** ~ **on** *uit op;* ~ **on** his work *geconcentreerd bezig met zijn werk.*

bent[3] (verl. t. en volt. deelw.) →**bend.**

benumb [binnum] **0.1** ***gevoelloos maken*** ⇒*doen verstijven, verkleumen* **0.2** (vnl. pass.) ***suf maken*** ⇒*verlammen* ◆ **6.1** ~ed **with** cold *stijf van de kou.*

Benzedrine [benzidrie:n] (vaak merknaam) **0.1** ***benzedrine*** ⇒*amfetamine.*

benzene [benzie:n, benzie:n] **0.1** ***benzeen*** ⇒*benzol.*

benzine [benzie:n, benzie:n] **0.1** ***benzine*** (vnl. als reinigingsmiddel) ⇒*wasbenzine.*

be off **0.1** (inf.) ***ervandoor zijn/gaan*** (ook fig.) ⇒*vertrekken, weg zijn, wegwezen;* (sport) *starten, weg zijn; beginnen* (ihb. te praten) **0.2** ***verwijderd zijn*** (ook fig.) **0.3** ***afgelast zijn*** ⇒*niet doorgaan* **0.4** (inf.) ***niet in orde zijn*** ⇒ *de kluts kwijt zijn* (v. persoon); *bedorven zijn* (v. voedsel) **0.5** ***afgesloten zijn*** (v. water, gas, elektriciteit) ◆ **1.1** when he saw Sue, John was off *toen hij Sue zag, nam John de benen* **1.2** Easter was two weeks off *het was nog twee weken vóór Pasen* **1.3** the party's off *het feestje gaat niet door* **1.4** the milk is off *de melk is zuur* **4.1** (sport) and they're off! *en weg zijn ze!* **5.¶** (inf.) be badly off *er slecht voorstaan;* be better/worse off *er beter/slechter aan toe zijn;* 'How are you off for food?' *'Hoeveel voedsel heb je (nog)?'* **6.1** ~ **to** a bad start *slecht v. start gaan;* ~ **with** you *maak dat je wegkomt* **¶.1** ~! *scheer je weg!*

be on **I** (onov.ww.) **0.1** ***aan (de gang) zijn*** ⇒*aan staan* (ook v. licht, radio e.d.) **0.2** ***bezig zijn*** ⇒*aan de beurt zijn, dienst hebben;* (inf.) *meedoen;* (honkbal) *aan bat/slag zijn* **0.3** ***gevorderd zijn*** **0.4** ***doorgaan*** ⇒*gehandhaafd worden* **0.5** (alleen met ontkenning; inf.) ***gepermitteerd zijn*** **0.6** ***op het toneel staan*** ⇒*spelen* (v. acteur) **0.7** ***op het programma staan*** ⇒*gegeven/vertoond/opgevoerd worden, op de radio/tv zijn* ◆ **1.1** the kettle's on *de ketel staat op het vuur;* the match is on *de wedstrijd is bezig;* the water's on again *er is weer water* **1.3** the project is well on *het project vordert goed* **4.2** 'I want to put five pounds on Little Red Riding Hood' 'Right, Sir, you are on' *'Ik wil vijf pond zetten op Roodkapje' 'Voor mekaar/u staat genoteerd, meneer'* (bij weddenschap; eigenlijk 'u doet mee') **4.5** that's not on! *dat doe je niet!* **5.3** it was well on into the night *het was al diep in de nacht* **6.1** ~ **with** sth. new *met iets nieuws bezig zijn* **6.7** what's on **at** the Plaza tonight? *wat draait er vanavond in de Plaza?* **6.¶** (inf.) ~ **about** sth. (alg.) *het hebben over iets;* (pej.) *altijd maar zeuren over iets;* (inf.) ~ **at/to** s.o. *iem. aan z'n kop/hoofd zeuren;* (inf.) ~ **to** s.o. *even/eens praten met iem.; weten wat voor vlees men in de kuip heeft;* (inf.) ~ **to** sth. *iets in de gaten/de smiezen hebben;*
II (ww. + vz.) **0.1** (inf.) ***op kosten zijn van*** ⇒*betaald worden door* (bij het geven v.e. rondje) ◆ **1.1** the drinks are on John *John trakteert* **4.¶** Christmas will soon be (up)on us *het zal gauw Kerstmis zijn.*

be out **0.1** ***(er)uit/buiten zijn*** ⇒*weg zijn, er niet (meer) zijn* **0.2** (inf.) ***uit/voorbij zijn*** **0.3** ***uit(gedoofd) zijn*** **0.4** ***openbaar (gemaakt) zijn*** ⇒*gepubliceerd/verschenen zijn* **0.5** (inf.) ***uit de mode zijn*** ⇒*niet meer in zijn* **0.6** (inf.) ***onmogelijk zijn*** ⇒*niet in aanmerking komen, niet gepermitteerd zijn* **0.7** (met bijwoordelijke bep.; BE) ***ernaast zitten*** **0.8** ***in staking zijn*** **0.9** (sl.) ***uitgeteld zijn/liggen*** ⇒*liggen te pitten* **0.10** (inf.) ***vrijgelaten zijn*** (v. gevangene) **0.11** ***laag zijn*** (v. getijde) **0.12** (cricket, honkbal) ***uit zijn*** **0.13** (plantk.) ***in bloei staan*** ◆ **1.1** his car is out *zijn auto staat* *er niet* **1.2** before the year is out *voor het jaar voorbij/om is* **1.4** the book will ~ in March *het boek verschijnt in maart;* the results are out *de resultaten zijn bekend;* the secret is out *het geheim is uitgelekt* **1.6** rough games are out! *geen ruwe spelletjes!* **1.7** his forecast was well out *zijn voorspelling was er helemaal naast* **1.8** the miners are out *de mijnwerkers zijn in staking* **1.9** one hook and Ali was out *één hoekslag en Ali was uitgeteld* **1.10** Chuck's out on bail *Chuck is vrij op borgtocht* **1.11** the tide is out *het is laag tij/eb* **3.¶** ⟨inf.⟩ ~ to do sth. *v. plan zijn iets te doen* **4.1** ⟨inf.⟩ one more word and you are out! *nog één woord en je vliegt eruit!* **6.¶** ~ **by** twenty pounds *twintig pond te weinig hebben/armer zijn;* ⟨inf.⟩ ~ **for** sth. *uit zijn op iets;* ~ **for** o.s. *zijn eigen belangen dienen.*

be out of **0.1** ***uit/buiten zijn*** **0.2** ***zonder zijn/zitten*** ◆ **1.1** we are out of range *we zijn buiten bereik* **1.2** he's out of a job *hij zit zonder werk* **4.1** ~ it *er niet bijhoren* **4.¶** ~ it *de kluts kwijt zijn;* ⟨inf.⟩ be well out of it *er mooi van af (gekomen) zijn.*

be over **I** ⟨onov.ww.⟩ **0.1** ***voorbij/over/uit zijn*** **0.2** ***overschieten*** **0.3** ***op bezoek zijn*** ⟨ihb. op grote afstand⟩ ◆ **1.2** there's a bit of fabric over *er schiet een beetje stof over* **3.1** ⟨inf.⟩ that's over and done with *dat is voor eens en altijd voorbij* **6.3** I'll ~ **at/with** my parents this weekend *dit weekend ben ik op bezoek bij mijn ouders;*
II ⟨ww. + vz.; met all⟩⟨inf.⟩ **0.1** ***overal bekend zijn in/op*** **0.2** ***niet kunnen afblijven v.*** ⇒*(overdreven) enthousiast begroeten* ◆ **1.1** it's all over the office *het hele kantoor weet ervan* **1.2** the creep was all over me *de griezel kon zijn poten niet thuishouden;* my mother-in-law was all over me *mijn schoonmoeder heette me poeslief welkom.*

bequeath [bikwie:ð, bikwie:θ] ⟨schr.⟩ **0.1** ***legateren*** ⟨ook fig.⟩ ⇒*vermaken, nalaten.*

bequest [bikwest] **0.1** ***erflating*** ⇒*legaat.*

berate [birreet] ⟨schr.⟩ **0.1** ***hekelen*** ⇒*een fikse uitbrander geven.*

Berber [bə:bə] **I** ⟨eig.n.⟩ **0.1** ***Berber*** ⟨taal⟩;
II ⟨telb.zn.⟩ **0.1** ***Berber(se).***

bereave[1] [birrie:v] ⟨ww.; vnl. pass.⟩ **0.1** ***beroven*** ⟨v.e. familielid door overlijden⟩ ◆ **1.1** the ~d parents *de getroffen ouders;* ⟨ook⟩ *de diepbedroefde ouders;* the accident ~d him of his daughter *bij het ongeval verloor hij zijn dochter.*

bereave[2] ⟨ww.; bereft, bereft [birreft], vnl. pass.⟩ **0.1** ***beroven*** ⇒*doen verliezen* ◆ **6.1** the explosion bereft them **of** their senses *de ontploffing deed hen horen en zien vergaan.*

bereavement [birrie:vmənt] **I** ⟨telb.zn.⟩ **0.1** ***sterfgeval*** ⇒ *overlijden;*
II ⟨n.-telb.zn.⟩ **0.1** ***verlies*** ◆ **3.1** we sympathize with you in your ~ *wij betuigen onze innige deelneming met uw verlies.*

beret [berree] **0.1** ***baret.*** →**green.**

berg [bə:g] **0.1** ***ijsberg.***

beriberi [berrieberrie] **0.1** ***beriberi*** ⇒*rijstziekte.*

berk [bə:k] ⟨BE; sl.⟩ **0.1** ***sul*** ⇒*oen.*

Berks. [ba:ks] ⟨afk.⟩ **0.1** [Berkshire] ⟨Engels graafschap⟩.

Bermudas [bəmjoe:dəz], **Bermuda shorts** ⟨mv.⟩ **0.1** ***bermuda's*** ⇒*bermudashort(s).*

be round →**be around.**

berr|y [berrie] ⟨mv.: -ies⟩ **0.1** ***bes*** **0.2** ***(koffie)boon.***

berserk [bə:zə:k, bə-] **0.1** ***woest*** ⇒*razend* ◆ **3.1** go ~ *razend worden.*

berth[1] [bə:θ] ⟨zn.⟩ **0.1** ***kooi*** ⇒*hut, couchette* **0.2** ⟨scheep.⟩ ***ligplaats*** ⇒*ankerplaats, aanlegplaats* **0.3** ⟨scheep.⟩ ***manoeuvreerruimte*** ⇒*afstand* ⟨tot andere schepen, land enz.⟩ ◆ **3.3** the captain kept a good ~ *de kapitein hield goed afstand.* →**wide.**

berth[2] **I** ⟨onov. en ov.ww.⟩⟨scheep.⟩ **0.1** ***aanleggen*** ⇒*ankeren;*
II ⟨ov.ww.⟩ **0.1** ***te slapen leggen*** ⇒*slaapplaats bezorgen aan* **0.2** ***stationeren*** ⇒*parkeren.*

beryl [berril] **0.1** ***beril.***

beseech [bissie:tsj]⟨ook besought, besought [bisso:t]⟩ ⟨schr.⟩ **0.1** ***smeken*** ⇒*dringend verzoeken.*

beset [bisset]⟨beset, beset [bisset]⟩ **0.1** ⟨vnl. pass.⟩ ***belegeren*** ⟨ook fig.⟩ ⇒*bestoken, overvallen, omsingelen* **0.2** ***insluiten*** ⇒*versperren, bezetten* ◆ **6.1** young people, ~ **by** doubts *door twijfel overvallen jongeren;* ~ **by** temptations *door verleidingen omringd.*

besetting [bissetting] **0.1** ***steeds wederkerend*** ⇒*hardnekkig* ◆ **1.1** ~ sin *zonde waarin men steeds weer vervalt.*

beside [bissajd] **0.1** ***naast*** ⇒*bij, langs, dichtbij, vergeleken bij* **0.2** →**besides** ◆ **1.1** it's ~ the point *het doet hier niet ter zake* **4.¶** be ~ o.s. with joy *buiten zichzelf van vreugde zijn.*

besides[1] [bissajdz] ⟨bw.⟩ **0.1** ***bovendien*** ⇒*daarenboven* **0.2** ***anders*** ⇒*daarnaast, behalve dat* **0.3** ***trouwens*** ◆ **1.1** she bought a new suit and a blouse ~ *ze kocht een nieuw pak en ook nog een bloes* **4.2** he brought sweets but nothing ~ *hij bracht snoep mee maar niets anders.*

besides[2], ⟨soms⟩ **beside** ⟨vz.⟩ **0.1** ***behalve*** ⇒*buiten, naast* ◆ **3.1** I can do nothing ~ wait *ik kan alleen maar wachten.*

besiege [bissie:dzj] **0.1** ***belegeren*** **0.2** ***bestormen*** ◆ **1.2** doubts ~d him *hij werd door twijfel overvallen* **6.2** ~ s.o. **with** questions **about** *iem. bestormen met vragen over.*

besieger [bissie:dzjə] **0.1** ***belegeraar*** **0.2** ⟨fig.⟩ ***bestormer.***

besmear [bismiə], **besmirch** [bismə:tsj] **0.1** ***bevuilen*** ⇒*besmeuren* **0.2** ***bekladden*** ⇒*belasteren.*

besom [bie:zəm] **0.1** ***bezem.***

besotted [bissottid] **0.1** ⟨+with⟩ ***verdwaasd (door)*** ⇒*dronken (van), gek (van).*

bespangle [bispængl] **0.1** ***met lovertjes versieren*** **0.2** ***bezaaien*** ⟨met glinsterende dingen⟩.

bespatter [bispætə] **0.1** ***bespatten*** **0.2** ***bekladden*** ⟨ook fig.⟩ ⇒*belasteren, uitschelden.*

bespeak [bispie:k]⟨bespoke [-spook], bespoken [-spookən]⟩ **0.1** ***getuigen v.*** ⇒*verraden* **0.2** ***bespreken*** ⇒*reserveren* ◆ **1.1** his reaction bespoke his stupidity *zijn reactie verried zijn domheid.*

best[1] [best] ⟨zn.; meestal the⟩ **0.1** ***(de/het) beste*** **0.2** ***beste kleren*** ⇒*beste/zondagse pak, paasbest* ◆ **1.1** to the ~ of my ability *naar mijn beste vermogen;* with the ~ of intentions *met de beste bedoelingen;* to the ~ of my knowledge (and belief) *voor zover ik weet;* (have) the ~ of both worlds *het beste/gunstigste v. twee dingen (combineren)* **3.1** bring out the ~ in s.o. *het beste in iem. doen uitkomen;* do/try one's (very) ~ *z'n (uiterste) best doen;* look one's ~ *er uitstekend uitzien;* make the ~ of *het beste maken van* **3.2** he wore his (Sunday) ~ *hij had zijn beste/zondagse kleren aan* **3.¶** get/have the ~ of s.o. *iem. te slim/vlug af zijn, het winnen van iem.;* get/have the ~ of it *de overhand krijgen/hebben;* give of one's ~ *zijn uiterste best doen* **4.1** ~ of all *het beste/leukste (v. alles/allemaal);* the ~ of it *het beste/mooiste van al* **4.¶** six of the ~ *stokslagen, met de lat* **6.1** **at** ~ *op z'n best (genomen); hoogstens;* I am not **at** my ~ on Monday mornings *ik ben 's maandagsmorgens niet op mijn best;* (even) **at** the ~ of times *(zelfs) onder de gunstigste omstandigheden;* he can still play golf **with** the ~ *bij het golfen staat hij z'n mannetje nog* **6.¶** it is (all) **for** the ~ *het komt allemaal wel goed* **¶.1** all the ~! *het beste!* →**bad.**

best[2] ⟨bn.; overtr. trap v. good⟩ **0.1** ***best*** ◆ **1.1** ~ bib and tucker *beste pak, mooiste kleren;* play one's ~ card *zijn hoog-*

ste/beste troeven uitspelen **1.¶** have seen its/one's ~ days *zijn beste tijd gehad hebben;* put one's ~ foot forward *zijn beste beentje voorzetten;* put one's ~ leg foremost *zich haasten;* ~ man *getuige* ⟨v. bruidegom⟩; *bruidsjonker;* the ~ part (of) *het merendeel/grootste deel (v.).*

best[3] ⟨bw.; overtr. trap v. well⟩ **0.1** ***best*** ⇒*het best* **0.2** ***meest*** ◆ **2.2** those ~ able to pay *zij die het meeste kunnen betalen* **3.1** this is ~ denied *dit kun je beter ontkennen;* had ~, ⟨AE⟩ would ~ *zou 't beste;* you'd ~ go home *je zou 't beste naar huis kunnen gaan* **3.2** as ~ one can/may *zo goed en zo kwaad als men kan;* like/love ~ *het meest houden van* **6.1** ~ **before** *ten minste houdbaar tot.*

bestial [bestiəl] ⟨ook fig.⟩ **0.1** ***beestachtig*** ⇒*bestiaal, dierlijk.*

bestialit|y [bestie·ælətie] ⟨mv.: -ies⟩ **0.1** ***beestachtigheid*** ⇒ *laagheid, wreedheid* **0.2** ***bestialiteit*** ⟨seksuele omgang met dieren⟩.

bestiar|y [bestiərie] ⟨mv.: -ies⟩ **0.1** ***bestiarium*** ⟨dierenboek⟩.

bestir [bistə:] ⟨-red⟩⟨schr.⟩ **0.1** ***in beweging brengen*** ⇒*activeren* ◆ **4.1** ~ o.s. to *zich haasten om.*

best-known **0.1** ***bekendst*** ⇒*beroemdst.*

bestow [bistoo] **0.1** ⟨schr.⟩ ***verlenen*** ⇒*schenken* ◆ **6.1** the king ~ed a title **upon/on** him *de koning verleende hem een titel.*

bestowal [bistooəl] **0.1** ***schenking*** ⇒*gift.*

bestrew [bistroe:]⟨bestrewed, bestrewn [bistroe:n]/bestrewed⟩ **0.1** ***bestrooien.***

bestride [bistrajd] ⟨bestrode, bestridden⟩ **0.1** ***schrijlings (gaan) zitten op*** **0.2** ***stappen over.***

best seller **0.1** ***bestseller*** ⇒*succesboek; succesartikel/product* **0.2** ***successchrijver.***

bet[1] [bet] ⟨zn.⟩ **0.1** ***weddenschap*** **0.2** ***inzet*** **0.3** ***iets waarop men wedt*** ⇒*kans, keuze* **0.4** ***mening*** ◆ **2.3** your best ~ is *je maakt de meeste kans met* **3.1** cover/hedge one's ~s *zich (in)dekken;* lay/make/place a bet (on sth.) *wedden (op iets)* **4.1** what's the ~ he doesn't do it *wedden dat hij het niet doet* **8.4** my ~ is that he won't win *ik wed/durf erop te wedden dat hij niet wint.*

bet[2] ⟨ww.; betted of ook bet, bet⟩ **0.1** ***wedden*** ⇒*verwedden* **0.2** ⟨inf.⟩ ***wedden*** ⇒*zeker (kunnen) zijn van* ◆ **4.2** ⟨inf.⟩ I ~ he's missed the bus again *wedden dat ie de bus weer gemist heeft?;* 'I reckon he'll do it' 'you ~ (he will)!' *'volgens mij doet hij het' 'nou en of/uiteraard!';* 'John's quite happy about the result' 'I ~ he is' *'John is best tevreden over het resultaat' 'dat kan ik me voorstellen';* 'perhaps I'll go after all' 'I ~ you will' *'misschien ga ik toch' 'ja, ja, dat wil ik weleens zien'* **6.1** ~ **on** sth. *op iets wedden.*

beta [bie:tə] **0.1** ***bèta*** **0.2** ***B*** ⇒⟨ong. Nederlands cijfer⟩ *acht.*

beta-blocker ⟨med.⟩ **0.1** ***bètablokker.***

betake [bitteek] ⟨ov.ww.; betook, betaken; wk.ww.⟩ **0.1** ⟨schr.⟩ ***zich begeven naar.***

beta particle ⟨nat.⟩ **0.1** ***bètadeeltje.***

beta ray ⟨nat.⟩ **0.1** ***bètastraal.***

bête noire [bet nwa:] ⟨mv.: bêtes noires⟩⟨fig.⟩ **0.1** ***bête noire*** ⇒*zwart schaap.*

bethink [biθingk] ⟨verl. t. en volt. deelw. bethought [biθo:t], wk. ww.⟩ **0.1** ***bedenken*** ⇒*denken over* **0.2** ***zich herinneren*** ⇒*denken (aan)* ◆ **6.2** ~ o.s. **of** *denken aan.*

be through **0.1** ***klaar zijn*** ⇒*er doorheen zijn* **0.2** ⟨inf.⟩ ***erdoor zitten*** ⇒*er de brui aan geven; afgedaan hebben* ⟨v. dingen⟩ **0.3** ⟨inf.⟩ ***het uitgemaakt hebben*** **0.4** ⟨com.⟩ ***verbonden zijn*** ⇒*verbinding hebben* ◆ **4.3** we are through *het is uit tussen ons* **6.1** I'm through **with** my work *ik ben klaar met mijn werk* **6.2** ~ **with** sth. *iets beu zijn;* I'm through **with** you *ik trek m'n handen v. je af* **6.4** ~ **to** New York *verbonden zijn met New York.*

betide [bittajd] ⟨alleen onb. w. en 3e pers. enk. aanv. w.⟩ ⟨schr.⟩ **0.1** ***gebeuren*** ⇒*overkomen* ◆ **4.1** whatever may ~ *wat er ook gebeure.*

betimes [bittajmz] **0.1** ⟨schr.; scherts.⟩ ***op tijd*** ⇒*tijdig.*

be to **0.1** ***moeten*** **0.2** ⟨steeds met ontkenning⟩ ***mogen*** **0.3** ***gaan*** ⇒*zullen* **0.4** ***zijn te*** ⇒*kunnen* ◆ **3.1** what am I to do *wat moet ik doen?;* you are to leave immediately *u moet onmiddellijk vertrekken* **3.2** visitors are not to feed the animals *de bezoekers mogen de dieren niet voeren* **3.3** we are to be married next year *we gaan volgend jaar trouwen* **3.4** Molly is nowhere to be found *Molly is nergens te vinden.*

betoken [bittookən] ⟨schr.⟩ **0.1** ***betekenen*** ⇒*een teken zijn v., voorspellen.*

betook ⟨verl. t.⟩ →**betake.**

betray [bitree] **0.1** ***verraden*** ⇒*in de steek laten* **0.2** ***verraden*** ⇒*uitbrengen, verklappen* **0.3** ***blijk geven v.*** ⇒*verraden, tonen* ◆ **1.1** ⟨fig.⟩ the old car ~ed him *de oude auto liet hem in de steek* **1.2** his eyes ~ed his thoughts *zijn ogen verraadden zijn gedachten* **1.3** this painting ~s great skill *dit schilderij verraadt grote bekwaamheid.*

betrayal [bitreeəl] **0.1** ***(daad v.) verraad*** **0.2** ***blijk*** ⇒*teken* ◆ **1.1** his silence was a ~ of his nervousness *zijn stilzwijgen verraadde zijn zenuwachtigheid.*

betrayer [bitreeə] **0.1** ***verrader.***

betroth [bitrooð, -trooθ] ⟨schr.⟩ **0.1** ***verloven*** ◆ **6.1** her parents ~ed her **to** a colonel *haar ouders verloofden haar met een kolonel.*

betrothal [bitrooðl] **0.1** ***verloving.***

betrothed [bitrooðd, -trooθt] **I** ⟨telb.zn.; geen mv.⟩ **0.1** ***verloofde*** ⇒*aanstaande (bruid/bruidegom);*
II ⟨zn.; ww. steeds mv.⟩ **0.1** ***verloofden*** ⇒*aanstaande bruid en bruidegom.*

better[1] [bettə] **I** ⟨telb.zn.⟩ **0.1** ⟨vnl. mv.⟩ ***betere*** ⇒*meerdere, superieur* **0.2** ⟨geen mv.⟩ ***iets beters*** ◆ **1.1** listen to the advice of your elders and ~s *luister naar de raad v. mensen die ouder en wijzer zijn dan jij* **4.1** John's my ~ at tennis *John tennist beter dan ik;*
II ⟨n.-telb.zn.⟩ **0.1** ***wat beter/gunstiger/wenselijker enz. is*** ⇒*verbetering* ◆ **1.¶** for ~ or(/for) worse *in voor- en tegenspoed* ⟨in huwelijksceremonie⟩ **3.1** change for the ~ *ten goede veranderen* **3.¶** get/have the ~ of s.o. *iem. te slim af zijn; het winnen v. iem.;* his emotions got the ~ of him *hij werd door zijn emoties overmand;* get the ~ of sth. *voordeel halen uit iets;* think (all) the ~ of s.o. for *een hogere dunk v. iem. krijgen vanwege.*

better[2] ⟨in bet. I vergr. trap v. good; in bet. II vergr. trap v. well⟩ **I** ⟨bn.⟩ **0.1** ***beter*** **0.2** ***groter*** ⇒*grootste* ⟨gedeelte⟩ ◆ **1.1** the hotel had seen ~ days *het hotel had betere tijden gekend;* do sth. against one's ~ judgement *iets tegen beter weten in doen;* ~ luck next time! *volgende keer beter!* **1.2** the ~ part of the day *het grootste gedeelte v.d. dag* **1.¶** ⟨scherts.⟩ my ~ half *mijn wederhelft, mijn echtgenote;* on the ~ side of forty *nog geen veertig;* ⟨inf.⟩ be ~ than one's word *meer doen dan men beloofd heeft* **5.1** he is little ~ than a thief *hij is nauwelijks beter/meer dan een dief* **5.¶** I'm none the ~ for it *ik ben er niet beter van geworden;*
II ⟨bn., pred.⟩ **0.1** ***hersteld*** ⇒*genezen, beter* **0.2** ***beter*** ⇒ *minder ziek.*

better[3] ⟨ww.⟩ **0.1** ***verbeteren*** ◆ **4.1** ~ o.s. *promotie maken.*

better[4] ⟨bw.; vergr. trap v. well⟩ **0.1** ***beter*** **0.2** ***meer*** ◆ **3.1** she knows the exact figures ~ than I do *zij weet de juiste cijfers beter dan ik* **3.2** I like prunes ~ than figs *ik hou meer v. pruimen dan v. vijgen* **5.1** teachers are ~ **off** than we *leraren hebben het beter dan wij* **8.2** ~ than six *meer dan zes.* →**go, have.**

betterment [bettəmənt] ⟨meestal mv.⟩ **0.1** ***verbetering*** ⟨o.a. aan onroerend goed⟩.

between[1] [bitwie:n] ⟨bw.⟩ **0.1** ***ertussen*** ⇒*tussendoor* ◆ **1.1** two gardens with a fence ~ *twee tuinen met een schutting ertussen.* →**betwixt.**

between[2] ⟨vz.⟩ **0.1** ⟨verbinding of (onder)scheiding⟩ ***onder*** ⇒ *tussen* **0.2** ⟨in ruimte, tijd of op een schaal⟩ ***tussen*** ⇒*tussen ... door, tussen ... in* ◆ **1.1** an agreement ~ the parties *een overeenkomst die de partijen verbindt;* similarities ~ people *overeenkomsten tussen mensen;* ~ school, her music and her friends she led a busy life *met de school, haar muziek en haar vrienden had ze alles bij elkaar een druk leven;* ~ one thing and another she could make ends meet *met alle beetjes samen kon ze de eindjes aan elkaar knopen* **1.2** I was sitting ~ my two sisters *ik zat tussen mijn twee zussen in* **4.1** they wrote the book ~ them *ze schreven het boek samen;* ~ you and me, ~ ourselves *onder ons (gezegd).*

betwixt [bitwikst] ⟨vero. of gew.⟩ **0.1** ***(er)tussen*** ◆ **5.¶** ⟨niet vero.; inf.⟩ ~ and between *half-en-half, zozo.*

be up 0.1 ***in een hoge(re) positie zijn*** ⟨ook fig.⟩ **0.2** ***op zijn*** ⇒ *opstaan, wakker zijn* **0.3** ***op zijn*** ⇒*over/voorbij/om zijn* **0.4** ***ter discussie staan*** ⇒*in aanmerking komen* **0.5** ***zijn*** ⇒*wonen, studeren* ⟨BE ihb. in een grote stad of aan een universiteit⟩ **0.6** ***aan de gang/hand zijn*** ⇒*gaande zijn* **0.7** ***aan de beurt zijn*** ⇒⟨sport⟩ *aan slag/bat zijn* ◆ **1.1** petrol's up again *de benzine is weer duurder geworden;* the river is up *de rivier staat hoog;* the sun is up already *de zon is al op;* his sleeves were up *hij had zijn mouwen opgestroopt* **1.3** your chance is up *je kans is verkeken;* ⟨BE; pol.⟩ Parliament is up *het Parlement is op reces* **1.4** Mary/Mary's case is up (in court) this afternoon *Maria/Maria's zaak komt vanmiddag voor* **4.1** ⟨sport⟩ be one up on s.o. *een punt voorstaan op iem.;* ⟨fig.⟩ *iem. een slag voor zijn* **4.6** sth.'s up again *er is weer iets aan de hand* **4.7** who's up? *wie is er aan de beurt?* **5.2** ⟨inf.⟩ ~ and about *(weer) op de been zijn, druk aan het werk zijn* **5.3** ⟨inf.⟩ it's all up with him *het is met hem gedaan/afgelopen* **5.5** ⟨golf⟩ the ball was well up *de bal kwam dicht bij de hole uit* **6.4** ~ **for** discussion *ter discussie staan;* ~ **for** election *verkiesbaar zijn* **6.5** my son is up **at** Oxford *mijn zoon studeert in Oxford* **6.6** what's up **with** you? *wat is er met jou aan de hand?* **6.¶** ~ **against** a problem *op een probleem gestoten zijn;* ⟨inf.⟩ ~ **against** it *in de puree/rats zitten;* be well up **in** sth. *goed op de hoogte zijn v. iets.*

be upon →**be on II 4.¶.**

be up to ⟨inf., beh. in bet. 0.1⟩ **0.1** ***komen/staan/reiken tot*** **0.2** ***in z'n schild voeren*** ⇒*uit zijn op* **0.3** ***in de gaten/smiezen hebben*** ⇒*doorhebben* **0.4** ***de zaak zijn v.*** **0.5** ⟨vnl. met ontkenning⟩ ***voldoen aan*** ⇒*beantwoorden aan* **0.6** ⟨steeds met ontkenning of vragend⟩ ***aankunnen*** ⇒*berekend zijn op, aandurven* ◆ **1.1** the flowers were up to the windowsill *de bloemen kwamen tot aan het venster;* ⟨fig.⟩ I'm up to my ears in work *ik zit tot over m'n oren in het werk* **1.2** he's up to a trick or two *hij zit vol gemene streken* **1.3** I'm up to all his tricks *ik heb z'n trucjes door* **1.5** it wasn't up to our expectations *het beantwoordde niet aan onze verwachtingen* **1.6** he isn't up to this job *hij kan deze klus niet aan* **4.2** what are you up to now? *wat voer je nu weer in je schild?* **4.4** it's up to you *het is jouw zaak, dat moet jij weten.*

bevel[1] [bevl] ⟨zn.⟩ **0.1** ***schuine rand*** ⇒*schuinte, helling* ⟨vooral op hout en glas⟩ **0.2** ***zwei*** ⇒*zwaaihaak.*

bevel[2] ⟨ww.; BE -led⟩ **0.1** ***afschuinen*** ⇒*met een schuine kant afwerken.*

bevel gear 0.1 ***kegelwiel*** ⇒*conisch tandwiel, kegelrad.*

beverage [bevridzj] **0.1** ***drank.***

bev|y [bevvie] ⟨mv.: -ies⟩ **0.1** ***gezelschap*** ⇒*groep* ⟨v. vrouwen/meisjes⟩ **0.2** ***troep*** ⟨v. vogels, dieren⟩ ⇒⟨ihb.⟩ *vlucht.*

bewail [biwweel] **0.1** ***bewenen*** ⇒*bejammeren, betreuren.*

beware [biwweə] ⟨alleen geb. w. en onb. w.⟩ **0.1** ***oppassen*** ⇒ *op zijn hoede zijn, voorzichtig zijn* ◆ **6.1** ~ **of** the dog *pas op voor de hond* **8.1** ~ (of) how you tackle him *pas op hoe je hem aanpakt.*

bewilder [biwwildə] **0.1** ***verbijsteren*** ⇒*v. zijn stuk brengen.*

bewildering [biwwildəring] **0.1** ***verbijsterend.***

bewilderment [biwwildəmənt] **0.1** ***verbijstering*** ⇒*verbazing.*

bewitch [biwwitsj] **0.1** ***beheksen*** **0.2** ***betoveren*** ⇒*bekoren.*

bewitching [biwwitsjing] **0.1** ***betoverend*** ⇒*bekoorlijk.*

be with ⟨inf.⟩ **0.1** ***(kunnen) volgen*** ⇒*(nog) snappen/begrijpen* **0.2** ***aan de kant staan van*** ⇒*op de hand zijn van, partij kiezen voor* ◆ **1.2** we are broadly with John *wij zijn het in grote trekken eens met John* **4.1** are you still with me? *volg/snap je me nog?*

beyond[1] [bijjond] ⟨zn.; the⟩ **0.1** ***het onbekende*** ⇒⟨ihb.⟩ *het hiernamaals* ◆ **2.1** the great ~ *het grote onbekende.*

beyond[2] ⟨bw.⟩ **0.1** ***verder*** ⇒*daarachter, aan de overzijde, daarna* **0.2** ***daarenboven*** ⇒*meer, daarbuiten* ◆ **1.1** the lake and the house ~ *het meer en het huis aan de overkant/daarachter* **4.2** she told him how she had escaped but nothing ~ *ze vertelde hem hoe ze was ontsnapt, maar niets daarbuiten/meer.*

beyond[3] ⟨vz.⟩ **0.1** ***voorbij*** ⇒*achter, verder dan* **0.2** ***naast*** ⇒ *buiten, behalve, meer dan* **0.3** ***niet te ...*** ⇒*buiten, boven* ◆ **1.1** the hills ~ the city *de heuvels achter de stad* **1.2** new duties ~ her daily tasks *nieuwe plichten/taken buiten haar dagelijkse taken* **1.3** ~ doubt *boven alle twijfel;* ~ hope *er is geen hoop meer;* stay ~ one's time *te lang blijven* **3.1** he had got ~ saying it *hij zei het allang niet meer* **3.2** ~ helping his friend he also cared for his mother *naast de hulp die hij zijn vriend gaf, zorgde hij ook voor zijn moeder* **4.3** it is ~ me *dat gaat mijn verstand te boven.*

bias[1] [bajjəs] ⟨zn.⟩ **0.1** ***neiging*** ⇒*tendens,* ⟨ihb.⟩ *vooroordeel, vooringenomenheid* **0.2** ***aanleg*** **0.3** ***schuinte*** ⇒*diagonaal* ⟨v. stof⟩ **0.4** ⟨bowls⟩ ***eenzijdige verzwaring*** ⟨v. bal⟩ ⇒⟨bij uitbr.⟩ *afwijking* ⟨in vorm en/of loop v.d. bal⟩, *effect* **0.5** ***voormagnetisatie*** ⟨v. cassette⟩ ◆ **2.2** with a mathematical ~ *met aanleg voor wiskunde* **3.3** cut (cloth) on the ~ *(stof) schuin knippen* **6.1** a ~ **towards** the left *een voorkeur voor/neiging naar links;* **without** ~ *onbevooroordeeld.*

bias[2] ⟨ww.; -(s)ed⟩ **0.1** ***bevooroordeeld maken*** ⇒*beïnvloeden* ◆ **6.1** he was ~(s)ed **against** black people *hij zat vol vooroordelen tegen negers.*

biased, biassed [bajjəst] **0.1** ***vooringenomen*** ⇒*bevooroordeeld* **0.2** ***tendentieus.***

biathlon [bajæθlon] ⟨sport⟩ **0.1** ***biatlon.***

bib [bib] **0.1** ***slab*** ⇒*slabbetje.* →**best.**

bible [bajbl] **0.1** ***bijbel*** ⟨ook fig.⟩.

biblical [biblikl] **0.1** ***bijbels.***

bibliographer [biblie·ogrəfə] **0.1** ***bibliograaf.***

bibliograph|y [biblie·ogrəfie] ⟨mv.: -ies⟩ **0.1** ***bibliografie*** ⇒ *literatuurlijst, titellijst, boekenlijst.*

bibliophil(e) [biblie·oofajl] **0.1** ***bibliofiel*** ⇒*boekenliefhebber.*

bibulous [bibjoeləs] **0.1** ⟨scherts.⟩ ***graag een borreltje lustend*** ⇒*aan de drank (verslaafd), drankzuchtig.*

bicameral [bajkæmrəl] **0.1** ***tweekamer-*** ⇒*met twee kamers* ◆ **1.1** a ~ heart *een hart met twee kamers;* a ~ legislature *een wetgevend stelsel met twee kamers.*

bicarbonate [bajka:bənət], **bicarb** [bajka:b] **0.1** ***bicarbonaat*** *⇒zuiveringszout* ◆ **1.1** ~ of soda *natriumbicarbonaat, zuiveringszout.*

bicentennial[1] [bajsentenniəl], **bicentenar|y** [bajsentie:nərie] ⟨zn.; mv.: -ies⟩ **0.1** ***tweehonderdjarig jubileum*** ⇒ *tweehonderdjarig gedenkfeest.*

bicentennial[2], **bicentenary** ⟨bn.⟩ **0.1** ***tweehonderdjarig*** ⇒ *tweehonderdste* ◆ **1.1** ~ anniversary *tweehonderdste verjaardag.*

biceps [bajseps] ⟨mv.: ook biceps⟩ **0.1** ***biceps*** **0.2** ***spierkracht.***

bicker [bikkə] **0.1** ***kibbelen*** *⇒ruziën* ◆ **6.1** ~ **with** s.o. **about/over** sth. *met iem. over iets kibbelen.*

bicycle[1] [bajsikl] ⟨zn.⟩ **0.1** ***fiets.***

bicycle[2] ⟨ww.⟩ **0.1** ***fietsen.***

bicycle kick ⟨voetbal⟩ **0.1** ***achterwaartse omhaal.***

bid[1] [bid] ⟨zn.⟩ **0.1** ***bod*** **0.2** ***prijsopgave*** *⇒offerte* **0.3** ⟨kaartspel⟩ ***bod*** *⇒beurt (om te bieden)* **0.4** ***poging*** ⟨om iets te verkrijgen⟩ *⇒gooi* ◆ **3.1** make a ~ at an auction for *op een veiling een bod doen op* **3.3** raise the ~ *het bod (in dezelfde kleur) verhogen* **6.4** a ~ **for** the presidency *een gooi naar het presidentschap* **7.3** no ~ *pas.*

bid[2] ⟨ww.; bid [bid], bid⟩ **0.1** ***bieden*** *⇒een bod doen (van)* **0.2** ***een prijsopgave indienen*** *⇒een offerte inzenden* **0.3** ***dingen*** ◆ **5.1** ~ **up** *opbieden* **6.3** ~ **for** the public's favour *naar de gunst v.h. publiek dingen.*

bid[3] ⟨ww.; bade [bæd, beed]/bid, bid [bid]/bidden [bidn]⟩ ⟨schr.⟩ **0.1** ***bevelen*** *⇒gelasten* **0.2** ***heten*** *⇒zeggen* **0.3** ***(uit)nodigen*** ◆ **1.2** ~ s.o. farewell *iem. vaarwel zeggen* **2.2** ~ s.o. welcome *iem. welkom heten.*

biddab|le [biddəbl] ⟨-ly⟩ **0.1** ***inschikkelijk*** *⇒volgzaam, mak* **0.2** ⟨kaartspel⟩ ***biedbaar*** *⇒waarmee geboden kan worden.*

bidder [biddə] **0.1** ***bieder*** ◆ **2.1** the highest ~ *de meestbiedende.*

bidding [bidding] **0.1** ***het bieden*** **0.2** ⟨schr.⟩ ***gebod*** *⇒bevel* ◆ **3.2** do s.o.'s ~ *iemands bevelen uitvoeren;* ⟨pej.⟩ *naar iemands pijpen dansen* **6.2** **at** s.o.'s ~ *ten dienste v. iem.; op iemands bevel.*

bide [bajd] ◆ **1.¶** ~ one's time *zijn tijd afwachten.*

bidet [bie:dee] **0.1** ***bidet.***

bidon [bie:dõ] ⟨wielrennen⟩ **0.1** ***bidon.***

bid price ⟨geldw.⟩ **0.1** ***biedprijs*** ⟨vnl. voor effecten⟩.

biennial [bajjenniəl] **0.1** ***tweejarig.***

bier [biə] **0.1** ***(lijk)baar.***

biff[1] [bif] ⟨zn.⟩⟨sl.⟩ **0.1** ***opdoffer*** *⇒opdonder, oplawaai.*

biff[2] ⟨ww.⟩⟨sl.⟩ **0.1** ***een opdoffer geven*** *⇒een opdonder verkopen.*

bifocal [bajfookl] **0.1** ***bifocaal*** *⇒met twee brandpunten, dubbelgeslepen* ◆ **1.1** ~ lenses *dubbelfocus lenzen/glazen.*

bifocals [bajfooklz] **0.1** ***dubbelfocusbril*** *⇒bifocale bril.*

bifurcate[1] [bajfəkeet], **bifurcated** [-keetid] ⟨bn.⟩ **0.1** ***gevorkt*** *⇒gaffelvormig, met vertakking.*

bifurc|ate[2] ⟨ww.; zn.: **-ation**⟩ **0.1** ***zich splitsen*** *⇒zich verdelen/vertakken in twee delen* ◆ **1.1** a mile further on the road ~s *een mijl verderop splitst de weg zich.*

big[1] [big] ⟨bn.; -ger; -ness⟩ **0.1** ***groot*** *⇒omvangrijk, dik, zwaar; (hoog)zwanger, (hoog)drachtig* **0.2** ***belangrijk*** *⇒invloedrijk, voornaam;* ⟨inf.⟩ *langverwacht* **0.3** ***groot*** *⇒ouder, volwassen* **0.4** ⟨inf.⟩ ***groot(s)*** *⇒hoogdravend, ambitieus* **0.5** ⟨inf.⟩ ***groot(moedig)*** *⇒gul, nobel* ◆ **1.1** ~ game *grof/groot wild* ⟨ook fig.⟩; ~ money *grof geld, het grote geld;* ⟨BE⟩ ~ wheel *reuzenrad;* a ~ woman *een grote/zware vrouw* **1.2** a ~ banker *een invloedrijk bankier;* ~ business *het groot kapitaal, de grote zakenwereld;* he is a ~ name in show business *hij heeft een grote naam in de showwereld;* the ~ opportunity *de grote kans* **1.3** my ~ sister *mijn grote/oudere zus* **1.4** the Big Bang *de Grote Knal, oerknal, oerexplosie; omwenteling, Big Bang* ⟨mbt. de Londense beurs in 1986⟩; ⟨inf.⟩ have ~ ideas *ambitieus zijn, het hoog in de bol hebben;* ~ talk *grootspraak, gebluf* **1.5** ~ words *bombast, grote woorden;* have a ~ heart *gulhartig zijn* **1.¶** ⟨inf.⟩ be too ~ for one's boots *het hoog in de bol hebben;* Big Brother *Big Brother, Grote Broeder* ⟨de dictator in Orwells roman '1984'⟩; ⟨iron.⟩ ~ deal! *reusachtig!;* ⟨BE⟩ ~ dipper *roetsjbaan;* ⟨AE⟩ the Big Dipper *de Grote Beer;* ⟨vaak fig.⟩ bang/beat the ~ drum *de grote trom roeren, hoog van de toren blazen;* ⟨tech.⟩ ~ end *(grote) drijfstangkop, big end;* what's the ~ hurry? *vanwaar die haast?;* what's the ~ idea? *wat is hier aan de hand?;* ⟨sl.⟩ ~ noise *grote baas; hoge ome;* ⟨sl.⟩ ~ shot *grote baas; hoge ome;* ⟨inf.⟩ ~ top *circustent; hoofdtent;* in a ~ way *op grote schaal; grandioos* **6.1** ~ **with** child *(hoog)zwanger, op alle dagen* **6.5** that was very ~ **of** him *dat was erg grootmoedig van hem.*

big[2] ⟨bw.⟩ **0.1** ⟨inf.⟩ ***veel*** *⇒duur, ruim* ◆ **3.1** pay ~ for sth. *veel voor iets betalen.* →**talk, think.**

bigamist [bigəmist] **0.1** ***bigamist.***

bigamous [bigəməs] **0.1** ***bigamisch.***

bigamy [bigəmie] **0.1** ***bigamie.***

big band **0.1** ***big band.***

big bang theory ⟨the⟩ **0.1** ***oerknaltheorie*** ⟨het heelal zou ontstaan zijn uit een explosie⟩.

biggie [bigie] ⟨inf.⟩ **0.1** ***grote*** *⇒groot succes, knaller; belangrijk iem.*

bighead **0.1** ⟨inf.⟩ ***blaaskaak*** *⇒verwaande kwast.*

bigheaded ⟨inf.⟩ **0.1** ***verwaand.***

big-hearted [bigha:tid] **0.1** ***grootmoedig*** *⇒groothartig.*

bight [bajt] **0.1** ***bocht*** *⇒kromming, baai.*

bigot [bigət] **0.1** ***dweper*** *⇒fanaticus.*

bigoted [bigətid] **0.1** ***dweepziek*** *⇒onverdraagzaam.*

bigotr|y [bigətrie] ⟨mv.: -ies⟩ **0.1** ***dweperij*** *⇒fanatisme, onverdraagzaamheid.*

big time ⟨the⟩⟨inf.⟩ **0.1** ***top*** ◆ **3.1** make the ~ *het (helemaal) maken.*

big-time ⟨sl.⟩ **0.1** ***top-*** *⇒eersteklas(-), eersterangs(-)* ◆ **1.1** ~ artist *populair artiest.*

big-timer [bigtajmə] ⟨sl.⟩ **0.1** ***topper*** *⇒topartiest, topspeler.*

bigwig ⟨inf.; vaak iron.⟩ **0.1** ***hoge ome*** *⇒hoge piet.*

bijou [bie:zjoe:] ⟨mv.: bijoux [bie:zjoe:z]⟩ ⟨ook fig.⟩ **0.1** ***juweel(tje)*** *⇒kleinood, sieraad.*

bike[1] [bajk] ⟨zn.⟩⟨inf.⟩ **0.1** ***fiets*** **0.2** ⟨AE⟩ ***motorfiets.***

bike[2] ⟨ww.⟩⟨inf.⟩ **0.1** ***fietsen*** **0.2** ⟨AE⟩ ***rijden (met de motor).***

bikini [bikkie:nie] **0.1** ***bikini.***

bilateral [bajlætrəl] **0.1** ***tweezijdig*** *⇒tweevoudig* **0.2** ***bilateraal*** *⇒wederzijds (bindend), tussen twee landen/partijen* ◆ **1.2** a ~ agreement *een bilateraal akkoord.*

bilberr|y [bilbrie] ⟨mv.: -ies⟩ **0.1** ***bosbes.***

bile [bajl] **0.1** ***gal*** **0.2** ***galstoornis*** **0.3** ⟨fig.⟩ ***korzeligheid*** ⇒ *zwartgalligheid, humeurigheid.*

bile duct ⟨med.⟩ **0.1** ***galkanaal.***

bilge [bildzj] **0.1** ***buik*** **0.2** ⟨scheep.⟩ ***onderruim*** *⇒ruim* **0.3** ⟨sl.⟩ ***flauwe kul*** *⇒larie, nonsens* ◆ **1.1** the ~ of a cask *de buik v.e. ton.*

bilge pump ⟨scheep.⟩ **0.1** ***lenspomp.***

bilge water ⟨scheep.⟩ **0.1** ***ruimwater*** *⇒lenswater.*

bilingual [bajlinggwəl] **0.1** ***tweetalig*** *⇒bilinguïstisch* ◆ **1.1** a ~ country *een tweetalig land.*

bilious [billiəs] ⟨-ness⟩ **0.1** ***gal-*** *⇒galachtig, gallig* **0.2** ***zwartgallig*** *⇒gemelijk, humeurig* ◆ **1.1** ~ attack *galstoornis, galaanval.*

bilk [bilk] **0.1** ***oplichten*** *⇒afzetten, bedriegen* ◆ **6.1** ~ s.o. **out of** a large amount of money *iem. voor een grote som geld oplichten.*

bill[1] [bil] ⟨zn.⟩ **0.1** ***rekening*** *⇒factuur, nota* **0.2** ***lijst*** *⇒aanplakbiljet, (strooi)biljet; programma* **0.3** ***certificaat*** *⇒bewijs, brief, rapport* **0.4** ***bek*** *⇒snavel, neus* **0.5** ⟨BE⟩ ***landtong*** **0.6** ⟨AE⟩ ***(bank)biljet*** **0.7** ⟨geldw.⟩ ***wissel*** *⇒schuldbekentenis* **0.8** ***wetsvoorstel*** *⇒wetsontwerp* ◆ **1.1** electricity ~ *elektriciteitsrekening* **1.2** ~ of fare *menu;* ⟨BE; bouwk.⟩ ~ of quantities *(quanta) bestek, kostenraming, begroting* **1.3** ⟨scheep.⟩ ~ of carriage *vrachtbrief;* ⟨scheep.⟩ ~ of health *gezondheidsattest, gezondheidspas;* ⟨scheep.⟩ ~ of lading *vrachtbrief, cognossement;* ~ of rights ⟨ook B- of R-⟩ *officiële verklaring v.d. rechten v. bepaalde groepen v. personen, Bill of Rights* ⟨BE: grondwettelijke overeenkomst v. 1689; AE: de eerste tien amendementen op de Grondwet⟩; ~ of sale *koopakte, koopcontract* **1.7** ~ of exchange *wissel* **1.¶** ~ of indictment *akte v. veroordeling (zonder proces)* ⟨vnl. wegens hoogverraad⟩ **2.7** ~s payable *te betalen wissels;* ~s receivable *te innen wissels* **3.1** foot the ~ (for) *de hele rekening betalen (voor); de verantwoordelijkheid dragen (voor)* **3.2** ⟨inf.⟩ head / top the ~ *de ster / vedette zijn, de attractie zijn; bovenaan (de lijst) staan;* stick no ~s *verboden aan te plakken* **3.8** pass a ~ *een wetsvoorstel aannemen* **3.¶** fill / fit the ~ *geschikt zijn, aan iemands wensen tegemoet komen.* →**clean.**

bill[2] **I** ⟨onov.ww.⟩ **0.1** ***minnekozen*** ◆ **3.1** ~ and coo *minnekozen;*
II ⟨ov.ww.⟩ **0.1** ***op het affiche plaatsen*** *⇒aankondigen, aanplakken* **0.2** ***op de rekening zetten*** *⇒de rekening sturen* ◆ **1.1** a new play is ~ed for next week *er staat voor volgende week een nieuw stuk op het programma* **1.2** the gas company ~s its customers every quarter *het gasbedrijf stuurt zijn klanten elk kwartaal een rekening.*

billboard [bilbo:d] **0.1** ⟨vnl. AE⟩ ***aanplakbord*** *⇒reclamebord.*

bill broker ⟨vnl. BE; geldw.⟩ **0.1** ***wisselmakelaar.***

billbroking ⟨vnl. BE; geldw.⟩ **0.1** ***wisselhandel.***

billet[1] [billit] ⟨zn.⟩ **0.1** ***kwartier*** *⇒bestemming, verblijfplaats* **0.2** ⟨mil.⟩ ***inkwartieringsbevel*** **0.3** ⟨metaalindustrie⟩ ***staaf*** *⇒baar* ⟨gegoten ruw metaal⟩ ◆ **2.¶** have a soft ~ *een makkelijk baantje hebben.*

billet[2] ⟨ww.⟩ **0.1** ***inkwartieren*** *⇒onderbrengen, onderdak geven* ◆ **6.1** the captain ~ed his troops **on** our town / **at** the local school *de kapitein bracht zijn troepen onder in ons stadje / in de plaatselijke school.*

billet-doux [billeedoe:] ⟨mv.: billets-doux⟩⟨vero. of scherts.⟩ **0.1** ***liefdesbrief(je)*** *⇒billet-doux.*

billhook **0.1** ***snoeimes*** *⇒kapmes.*

billiard [billiəd] **0.1** ***biljart-*** ◆ **1.1** ~ ball *biljartbal;* ~ cue *biljartkeu;* ~ table *biljart(tafel).*

billiards [billiədz] **0.1** ***(Engels) biljart*** *⇒het biljartspel.*

billion [billiən] **0.1** ***miljard*** *⇒*⟨fig.⟩ *talloos* **0.2** ⟨BE⟩ ***biljoen*** ◆ **1.1** he could tell a ~ lies *hij kon ontelbare leugens vertellen.*

billionth [billiənθ] **0.1** ***miljardste*** **0.2** ⟨BE⟩ ***biljoenste.***

billow[1] [billoo] ⟨zn.⟩ **0.1** ***(zware) golf*** *⇒stortzee, hoge deining* **0.2** ⟨fig.⟩ ***golf*** *⇒vloedgolf, zee.*

billow[2] ⟨ww.⟩ **0.1** ***deinen*** *⇒golven, bol staan* ◆ **1.1** the ~ing sea *de golvende zee.*

billowy [billoo·ie] ⟨ook fig.⟩ **0.1** ***golvend*** *⇒bollend* ◆ **1.1** the ~ sea *de golvende zee.*

billposter, billsticker **0.1** ***(aan)plakker.***

billy(can) [billie(kæn)] **0.1** ***kampeerpan(netje)*** *⇒kantineblik.*

billy goat **0.1** ***(geiten)bok.***

billy-o(h), billy-ho [billie·oo] ⟨BE; inf.⟩ **0.1** ⟨duidt hevigheid aan⟩ ◆ **6.¶** they were fighting like ~ *ze waren aan 't vechten dat de stukken eraf vlogen.*

bimbo [bimboo] ⟨mv.: ook bimboes⟩⟨inf.; pej.⟩ **0.1** ***stoot*** *⇒mokkel, dom blondje.*

bimetallic [bajmitælik] **0.1** ***bimetaal-*** ⟨samengesteld uit twee metalen⟩.

bimonthly [bajmunθlie] **0.1** ***tweemaandelijks*** **0.2** ⟨oneig.⟩ ***halfmaandelijks.***

bin [bin] **0.1** ***vergaarbak*** *⇒bak, mand, trommel;* ⟨ihb.⟩ *vuilnisbak; broodtrommel.*

binary [bajnərie] **0.1** ***binair*** *⇒tweevoudig, dubbel(-)* ◆ **1.1** ⟨schei.⟩ ~ compound *binaire verbinding;* ⟨comp., wisk.⟩ ~ digit *binair / tweetallig cijfer.*

bin bag ⟨BE⟩ **0.1** ***vuilniszak.***

bind[1] [bajnd] ⟨zn.⟩ **0.1** ***band*** *⇒bindsel* **0.2** ***binding*** *⇒band, gebondenheid* **0.3** ⟨inf.⟩ ***moeilijkheid*** *⇒dilemma* ◆ **6.3** be **in** a ~ *in de knoei zitten.*

bind[2] ⟨bound, bound [baund]⟩ **I** ⟨onov.ww.⟩ **0.1** ***(aaneen)plakken*** *⇒zich (ver)binden, vast / hard / dik worden* ◆ **1.1** butter ~s with egg and flour *boter bindt met ei en bloem;* heat causes clay to ~ *door de hitte wordt klei hard;*
II ⟨ov.ww.⟩ **0.1** ***(vast)binden*** *⇒bijeenbinden, boeien* **0.2** ***bedwingen*** *⇒aan banden leggen, hinderen* **0.3** ***verplichten*** *⇒verbinden, dwingen* **0.4** ***verbinden*** *⇒omwinden, omwikkelen* **0.5** ***(in)binden*** ⟨boek⟩ *⇒van een band voorzien; (om)boorden* ⟨tapijt e.d.⟩ **0.6** ***binden*** *⇒dik / hard / vast(er) maken* **0.7** ***verstoppen*** **0.8** ***(contractueel) verbinden*** *⇒in dienst nemen* ◆ **1.1** ~ (up) one's hair *zijn haar bijeenbinden;* ⟨fig.⟩ she was bound by the magic of his voice *ze werd geboeid door zijn betoverende stem* **1.2** be snowbound *vastzitten in / door de sneeuw* **1.4** ~ (up) a wound *een wond verbinden* **1.6** ~ a sauce with corn flour *een saus binden met maïzena* **1.7** eggs may ~ the bowels *eieren kunnen verstopping veroorzaken* **1.8** he's bound (by contract) *hij is (contractueel) gebonden* **3.3** she's bound to come *ze moet (wel) / is verplicht te komen, ze zal zeker komen* **3.¶** I'll be bound *ik ben er absoluut zeker van* **5.2** she felt bound **down** by the regulations *ze voelde zich aan banden gelegd door de bepalingen* **5.¶** he's bound **up** in his job *hij gaat helemaal op in zijn werk* **6.3** ~ s.o. **to** secrecy *iem. tot geheimhouding verplichten.* →**bind over.**

binder [bajndə] **0.1** ***binder*** ⟨ook landb.; ook machine⟩ *⇒bindster, boekbinder* **0.2** ***band*** *⇒snoer, touw, windsel* **0.3** ***map*** *⇒omslag, ringband* **0.4** ***bindmiddel*** ◆ **1.3** send magazines in a ~ *tijdschriften in een bandje versturen.*

binder|y [bajndərie] ⟨mv.: -ies⟩ **0.1** ***(boek)binderij.***

binding[1] [bajnding] ⟨zn.⟩ **0.1** ***band*** *⇒boekband, verband* **0.2** ***boordsel.***

binding[2] ⟨bn.⟩ **0.1** ***bindend*** ◆ **1.1** a ~ agreement *een bindende overeenkomst* **6.1** the treaty is ~ **on** all of us *het verdrag bindt ons allen.*

bind over ⟨jur.⟩ **0.1** ***onder toezicht plaatsen*** ◆ **3.1** bind s.o. over to keep the peace *iem. onder toezicht plaatsen (in het belang v.d. openbare orde).*

bindweed **0.1** ***woekerkruid*** *⇒winde.*

binge [bindzj] ⟨inf.⟩ **0.1** ***fuif*** *⇒braspartij* **0.2** ⟨in samenstellingen⟩ ***bui*** *⇒vlaag, -partij, -woede* ◆ **3.1** have a ~ *de bloemetjes buiten zetten* **3.2** have a shopping ~ *in een koopzieke bui zijn* **6.1** go **on** the ~ *fuiven, gaan stappen.*

bingo [binggoo] **0.1** ***bingo(spel)*** *⇒lotto* ◆ **¶.¶** ~! *bingo!, raak!*

bin-liner **0.1** ***(plastic) vuilniszak*** *⇒pedaalemmerzak.*

binnacle [binnəkl] ⟨scheep.⟩ **0.1** ***kompashuis(je)*** *⇒nachthuisje.*

binocular [bajnokjoelə] **0.1** ***binoculair*** *⇒voor/met/aan beide ogen* ◆ **1.1** ~ microscope *binoculaire microscoop.*
binoculars [binnokjoeləz] ⟨ww. zelden enk.⟩ **0.1** ***(verre)kijker*** *⇒veldkijker, toneelkijker* ◆ **1.1** two pairs of ~s *twee verrekijkers.*
binomial[1] [bajnoomiəl] ⟨zn.⟩ **0.1** ⟨wisk.⟩ ***tweeterm*** *⇒binomium.*
binomial[2] ⟨bn.⟩ **0.1** ⟨wisk.⟩ ***binominaal*** *⇒binomisch* ◆ **1.1** ~ expression *binominale uitdrukking, tweeterm.*
bint [bint] ⟨inf.; vaak bel.⟩ **0.1** ***vrouwmens*** *⇒teef, wijf.*
biochemistry [bajjookemmistrie] **0.1** ***biochemie.***
biodegradable [-digreedəbl] **0.1** ***(biologisch) afbreekbaar*** *⇒biogradabel* ◆ **1.1** ~ detergents *afbreekbare wasmiddelen.*
biodiversity [-dajvə:sətie] ⟨milieu.⟩ **0.1** ***biodiversiteit.***
bioengineering [-endzjinniəring] **0.1** ***biotechniek.***
biogas [bajjoogæs] **0.1** ***biogas.***
biogas plant **0.1** ***biogasinstallatie*** *⇒biogasgenerator.*
biogeography [bajjədzjie·ogrəfie] ⟨biol.⟩ **0.1** ***biogeografie.***
biographer [bajjogrəfə] **0.1** ***biogra(a)f(e).***
biographic [bajjəgræfik], **biographic|al** [-ikl] ⟨-ally⟩ **0.1** ***biografisch*** *⇒levensbeschrijvend.*
biograph|y [bajjogrəfie] ⟨mv.: -ies⟩ **0.1** ***biografie.***
bio industry ⟨the⟩ **0.1** ***bio-industrie.***
biologic|al [bajjəi·odzjikl], **biologic** ⟨-ally⟩ **0.1** ***biologisch*** ◆ **1.1** ~ control *(selectieve) biologische bestrijding;* ~ warfare *biologische oorlogvoering.*
biologist [bajjolləddzjist] **0.1** ***bioloog.***
biology [bajjollədzjie] **0.1** ***biologie.***
biomedical [bajjoomeddikl] **0.1** ***biomedisch.***
bionic [bajjonnik] **0.1** ***bionisch*** **0.2** ⟨inf.⟩ ***supervlug*** *⇒supersterk.*
biophysics [-fizziks] ⟨ww. vnl. enk.⟩ **0.1** ***biofysica.***
biops|y [bajjopsie] ⟨mv.: -ies⟩⟨med.⟩ **0.1** ***biopsie*** *⇒proefexcisie.*
biorhythm [bajjooriðm] ⟨vaak mv.⟩ **0.1** ***bioritme(n).***
biosphere [bajjəsfiə] ⟨the⟩ **0.1** ***biosfeer.***
biotope [-toop] ⟨biol.⟩ **0.1** ***biotoop*** *⇒woongebied.*
bipartisan [bajpa:tizæn] ⟨pol.⟩ **0.1** ***tweeledig*** *⇒tweepartijen-.*
bipartite [bajpa:tajt] **0.1** ***tweedelig*** *⇒tweeledig, tweezijdig* ◆ **1.1** a ~ contract *een tweezijdig/bilateraal contract.*
biped [bajped] **0.1** ***tweevoeter*** *⇒tweevoetig wezen/dier.*
biplane [bajpleen] **0.1** ***tweedekker.***
biquarterly [bajkwo:təlie] **0.1** ***tweemaal per kwartaal*** *⇒achtmaal 's jaars.*
birch[1] [bə:tsj] ⟨zn.⟩ **0.1** ***berk(enboom)*** **0.2** ***berk(enhout).***
birch[2] ⟨ww.⟩ **0.1** ***kastijden.***
bird [bə:d] **0.1** ***vogel*** **0.2** ⟨inf.⟩ ***vogel*** *⇒snuiter, kerel* **0.3** ⟨BE; inf.⟩ ***stuk*** *⇒griet, meisje* ◆ **1.1** ~ of paradise *paradijsvogel;* ~ of passage *trekvogel;* ⟨fig.⟩ *passant, doortrekkend reiziger;* ~ of prey *roofvogel* **1.¶** ⟨inf.⟩ the ~s and the bees *de bloemetjes en de bijtjes* ⟨basisfeiten over seks⟩; they are ~s of a feather ⟨vnl. pej.⟩ *het is één pot nat, ze hebben veel gemeen;* kill two ~s with one stone *twee vliegen in één klap slaan* **3.¶** ⟨BE; inf.⟩ do ~ *in de bak zitten;* the ~ is/has flown *de vogel is gevlogen;* ⟨inf.⟩ get the ~ *uitgefloten worden;* ⟨inf.⟩ give s.o. the ~ *iem. uitfluiten/uitjouwen* **6.¶** ⟨inf.⟩ (strictly) **for** the ~s *lullig, onbenullig;* like a ~ *gezwind, vlotjes* **¶.¶** ⟨sprw.⟩ a ~ in the hand (is worth two in the bush) *beter één vogel in de hand dan tien in de lucht;* ⟨sprw.⟩ ~s of a feather flock together *waar duiven zijn, daar vliegen altijd duiven toe; gelijk zoekt zijn gelijk.* → **early, little, old.**
bird-brained ⟨inf.⟩ **0.1** ***stompzinnig*** *⇒dom, onnozel.*
birdcage **0.1** ***vogelkooi.***
birdcall **0.1** ***vogelroep.***
bird dog ⟨AE⟩ **0.1** ***jachthond*** *⇒retriever* **0.2** ***speurder*** *⇒detective.*
birdie[1] [bə:die] ⟨zn.⟩ **0.1** ***vogeltje*** **0.2** ⟨golf⟩ ***birdie*** ⟨score v. 1 slag onder par voor een hole⟩.
birdie[2] ⟨ww.⟩⟨golf⟩ **0.1** ***met een birdie slaan*** ⟨hole⟩.
birdlime **0.1** ***vogellijm.***
birdseed **0.1** ***vogelzaad.***
bird's-eye **0.1** ***panoramisch*** *⇒in vogelvlucht* ◆ **1.1** a ~ view of the town *een panoramisch gezicht op de stad.*
bird's-nest[1] ⟨zn.⟩ **0.1** ***vogelnest*** ⟨ook als voedsel⟩ **0.2** ⟨scheep.⟩ ***kraaiennest.***
bird's-nest[2] ⟨ww.⟩ **0.1** ***(vogel)nesten roven/plunderen/uithalen.***
bird watcher **0.1** ***vogelwachter*** *⇒vogelwaarnemer.*
biretta [birrettə] **0.1** ***baret.***
biriani, biryani [birrie·a:nie] ⟨cul.⟩ **0.1** ***biryani*** ⟨Indiase rijstschotel⟩.
biro [bajroo] **0.1** ***ballpoint*** ◆ **6.1** **in** ~ *met ballpoint.*
birth [bə:θ] **I** ⟨telb. en n.-telb.zn.⟩ **0.1** ***geboorte*** *⇒*⟨fig.⟩ *ontstaan, begin, oorsprong* ◆ **3.1** give ~ to *het leven schenken aan;*
II ⟨n.-telb.zn.⟩ **0.1** ***afkomst*** *⇒afstamming* ◆ **2.1** of noble ~ *v. adellijke afkomst* **6.1** he is French **by** ~ *hij is Fransman v. geboorte.*
birth certificate **0.1** ***geboorteakte.***
birth control **0.1** ***geboortebeperking.***
birthday **0.1** ***geboortedag*** **0.2** ***verjaardag.***
birthday suit ⟨inf., scherts.⟩ **0.1** ***adamskostuum*** ◆ **6.1** **in** one's ~ *in zijn/haar blootje.*
birth father **0.1** ***biologische vader.***
birthmark **0.1** ***moedervlek.***
birth mother **0.1** ***biologische moeder.***
birth parent **0.1** ***biologische ouder.***
birthplace **0.1** ***geboorteplaats*** *⇒geboortehuis.*
birth rate **0.1** ***geboortecijfer.***
birthright **0.1** ***geboorterecht*** *⇒aangeboren recht* **0.2** ***eerstgeboorterecht.***
biscuit [biskit] **0.1** ⟨BE⟩ ***biscuit*** *⇒cracker* **0.2** ⟨AE⟩ ***zacht rond koekje*** **0.3** ***biscuit*** ⟨onverglaasd porselein⟩ **0.4** ***lichtbruin*** *⇒beige* ◆ **3.¶** that takes the ~! *dat is het toppunt!, dat slaat alles!*
bisect [bajsekt] **0.1** ***middendoor/in tweeën delen/splitsen*** *⇒halveren.*
bisection [ba·isseksjn] **0.1** ***halvering*** *⇒splitsing.*
bisexual [bajseksjoeəl] **0.1** ***biseksueel.***
bisexuality [bajseksjoe·ælətie] **0.1** ***biseksualiteit.***
bishop [bisjəp] **0.1** ***bisschop*** **0.2** ⟨schaakspel⟩ ***loper*** *⇒raadsheer.*
bishopric [bisjəprik] **0.1** ***bisdom*** *⇒diocees* **0.2** ***bisschopsambt.***
bismuth [bizməθ] ⟨schei.⟩ **0.1** ***bismut.***
bison [bajsn] ⟨mv.: ook bison⟩ **0.1** ***bizon*** *⇒*⟨ihb.⟩ *Amerikaanse bizon, (Noord-Amerikaanse) buffel.*
bisque [bisk] **0.1** ***krachtige (room)soep*** ⟨vnl. v. kreeft⟩.
bistro [bie:stroo, bi-] **0.1** ***bistro.***
bit [bit] **0.1** ***beetje*** *⇒hapje, stukje* ⟨voedsel⟩ **0.2** ***beetje*** *⇒stukje, kleinigheid* **0.3** ***beetje*** *⇒ogenblikje, momentje* **0.4** ***(ge)bit*** ⟨mondstuk voor paard⟩ **0.5** ***boorijzer*** **0.6** ***schaafijzer/beitel/mes*** **0.7** ***sleutelbaard*** **0.8** ***muntje*** ⟨AE, ihb. twaalf en een halve dollarcent⟩ **0.9** ⟨comp.⟩ ***bit*** ⟨kleinste eenheid v. informatie⟩ ◆ **1.2** ~s and pieces/bobs *stukken en brokken;* ⟨inf.⟩ a ~ at a time *bij beetjes, stukje voor stukje* **1.¶** ⟨BE; sl.⟩ a (nice) ~ of skirt/stuff/fluff *een lekker stuk* **3.6**

⟨fig.⟩ champ/chafe at the ~ *niet te houden/ongedurig zijn;* take the ~ between its teeth *op hol slaan* ⟨v. paard⟩; ⟨fig.⟩ *(te) hard van stapel lopen* **3.¶** ⟨inf.⟩ do one's ~ *zijn steen(tje) bijdragen* **4.2** that was a ~ much for me *dat was me wat te veel* **6.2** ⟨inf.⟩ ~ **by** ~ *bij beetjes, stukje voor stukje;* tear sth. **to** ~s *iets in stukken/stukjes scheuren;* ⟨fig.⟩ my nerves went **to** ~s *ik kreeg het op de zenuwen* **7.2** not a ~ better *geen haar beter;* not a ~ (of it) *helemaal niet(s), geen zier;* he is a ~ of a liar *hij is nogal een leugenaar;* a ~ of advice *een goede raad;* a ~ of news *een nieuwtje* **7.3** wait a ~! *wacht even!* **7.¶** ⟨inf.⟩ every ~ as good as you *in alle opzichten zo goed als jij.*

bitch[1] [bitsj] ⟨zn.⟩ **0.1** ⟨ook attr.⟩ ***teef*** ⇒*wijfje* ⟨v. hond, vos⟩ **0.2** ⟨bel.⟩ ***teef*** ⇒*kreng (v.e. wijf).*

bitch[2] ⟨ww.⟩ **0.1** ***hatelijk doen*** **0.2** ***zeuren*** ⇒*klagen.*

bitch|y [bitsjie] ⟨-iness⟩ **0.1** ***hatelijk*** ⇒*boosaardig.*

bite[1] [bajt] **I** ⟨telb.zn.⟩ **0.1** ***beet*** ⇒*hap* **0.2** ***hap(je)*** ⇒*beetje* ⟨eten⟩ **0.3** ***beet*** ⟨bij het vissen⟩ ◆ **3.1** take a ~ at an apple *een beet nemen v.e. appel* **3.2** I had not had a ~ that day *ik had die dag geen hap gegeten;* have a ~ to eat *iets eten* **3.3** after two hours I got a ~ *na twee uren kreeg ik beet* **7.¶** a second/another ~ at the cherry *een tweede kans;*
II ⟨telb. en n.-telb.zn.⟩ **0.1** ***vinnigheid*** ⇒*bits(ig)heid; scherpte* **0.2** ⟨tech.⟩ ***grip*** ⇒*het pakken* ⟨v. werktuig⟩ **0.3** ***het inbijten*** ⟨v. zuur bij etsen⟩ ◆ **1.1** there was a ~ in the air *er hing een vinnige kou in de lucht;* that gin had much ~ *die gin had een scherpe smaak.*

bite[2] ⟨ww.; bit [bit], bitten [bitn]⟩ **0.1** ***bijten*** ⇒*toebijten, (toe)happen* ⟨ook fig.⟩, *zich (gemakkelijk) laten beetnemen; steken, prikken* ⟨v. insecten⟩ **0.2** ***bijten*** ⇒*invreten, inwerken* ⟨v. zuren; ook fig.⟩ **0.3** ***voelbaar worden*** ⇒*effect hebben/sorteren* ⟨vnl. mbt. iets negatiefs⟩ **0.4** ***grip krijgen*** ⇒*pakken* ⟨bv. v. wiel, anker⟩ ◆ **1.1** the cold bit my fingers *de kou beet/sneed me in de vingers;* ⟨fig.⟩ ~ the hand that feeds you *je weldoener beledigen;* ⟨fig.⟩ ~ one's lip(s) *zich verbijten* **1.2** acids ~ into metals *zuren bijten in metalen* **4.¶** sth. to ~ on *iets tastbaars/voelbaars; een houvast* ⟨vnl. fig.⟩; ⟨inf.⟩ what's biting you? *wat zit je dwars?* **5.1** ~ **off** *afbijten* **5.¶** ~ **off** more than one can chew *te veel hooi op zijn vork nemen;* ⟨sprw.⟩ **once** bitten, twice shy ⟨ong.⟩ *door schade en schande wordt men wijs* **6.1** ~ **at** sth. *naar iets happen* **6.¶** be bitten **with** a passion for football *verslingerd zijn aan voetbal.*

biting [bajting] **0.1** ***bijtend*** ⟨ook fig.⟩ ⇒*scherp, venijnig* ◆ **1.1** a ~ remark *een scherpe/vinnige opmerking;* a ~ wind *een bijtende wind.*

bit part **0.1** ***bijrolletje*** ⟨in film, toneel⟩.

bitten [bitn] ⟨volt. deelw.⟩ →**bite.**

bitter[1] [bittə] ⟨zn.⟩ **0.1** ⟨BE⟩ ***bitter (bier)*** **0.2** ***bitterheid*** ⇒*het bittere* **0.3** ⟨mv.⟩ ***(maag)bitter*** ⟨digestieve likeur⟩ ◆ **3.2** take the ~ with the sweet *het nemen zoals het valt.*

bitter[2] ⟨bn.; bw.; -ness⟩ **0.1** ***bitter*** ⟨ook fig.⟩ ⇒*bijtend, scherp; bits(ig), venijnig; verbitterd* ◆ **1.1** ⟨fig.⟩ the ~ end *het bittere einde;* ⟨fig.⟩ a ~ pill to swallow *een bittere pil;* a ~ wind *een bitter koude/bijtende wind.*

bittern [bittən] **0.1** ***roerdomp.***

bittersweet[1] ⟨zn.⟩ **0.1** ***bitterzoetheid*** **0.2** ⟨plantk.⟩ ***bitterzoet*** ⇒*alfrank.*

bittersweet[2] ⟨bn.⟩ **0.1** ***bitterzoet*** ⟨ook fig.⟩.

bitt|y [bittie] ⟨-iness⟩ **0.1** ***samengeflanst*** ⇒*samengeraapt* **0.2** ⟨AE; gew.⟩ ***petieterig*** ⇒*nietig* ◆ **7.2** a little ~ child *een petieterig klein kindje.*

bitumen [bitsjoemin] **0.1** ***bitumen.***

bituminous [bitjoe:minnəs] **0.1** ***bitumineus*** ◆ **1.1** ~ coal *vette kolen.*

bival|ent [bajveelənt] ⟨zn.: **-ence**⟩ ⟨schei.⟩ **0.1** ***bivalent*** ⇒*tweewaardig.*

bivalve [bajvælv] **0.1** ***tweekleppig/schalig dier.***

bivouac[1] [bivvoe·æk] ⟨zn.⟩ **0.1** ***bivak.***

bivouac[2] ⟨ww.; -ked⟩ **0.1** ***bivakkeren.***

biweekl|y[1] [bajwie:klie] ⟨zn.; mv.: -ies⟩ **0.1** ***veertiendaags/tweewekelijks tijdschrift*** **0.2** ⟨gew.⟩ ***halfwekelijks tijdschrift.***

biweekly[2] ⟨bn.; bw.⟩ **0.1** ***veertiendaags*** ⇒*tweewekelijks, om de veertien dagen* **0.2** ⟨gew.⟩ ***halfwekelijks.***

bizarre [bizza:] **0.1** ***bizar*** ⇒*zonderling.*

blab [blæb], **blabber** [blæbə] ⟨-bed⟩ **I** ⟨onov.ww.⟩ **0.1** ***zijn mond voorbij praten*** ⇒*loslippig zijn;*
II ⟨ov.ww.⟩ **0.1** ***(er)uit flappen*** ◆ **5.1** ~ **out** sth. *iets eruit flappen/verraden.*

blabbermouth ⟨pej.⟩ **0.1** ***kletskous.***

black[1] [blæk] ⟨zn.⟩ **0.1** ***zwart*** **0.2** ***zwart*** ⇒*zwartsel, zwarte kleur/verfstof; roetzwart* **0.3** ⟨plantk.⟩ ***zwart*** ⇒*brand(zwam)* **0.4** ⟨vaak B-⟩ ***zwarte*** ⇒*neger(in)* **0.5** ***zwart(e) schaakstuk/damsteen*** ◆ **1.1** ~ and white *zwart-wit* ⟨film; ook fig.⟩; ⟨fig.⟩ (it is written down) in ~ and white *(het staat) zwart op wit* **1.¶** ~ and white (drawing) *pentekening* **3.1** dressed in ~ *in het zwart* **6.¶** be **in** the ~ *uit de rode cijfers zijn.*

black[2] ⟨bn.; -ness⟩ **0.1** ***zwart*** ⇒*(zeer) donker;* ⟨fig. ook⟩ *duister* **0.2** ***zwart*** ⇒*vuil, besmeurd* **0.3** ***zwart*** ⇒*(zeer) slecht, somber; nors, onvriendelijk; kwaad, verstoord; snood* ◆ **1.1** ⟨inf.⟩ (as) ~ as the ace of spades/as one's hat *roetzwart, zo zwart als zwarte Piet;* ~ art/magic *zwarte kunst;* ~ bear *zwarte beer; kraagbeer;* ~ belt *zwarte band* ⟨bv. bij judo⟩; be in s.o.'s ~ book(s) *bij iem. slecht aangeschreven staan;* ~ box *zwarte doos, black box;* ~ bread *zwart brood, grof roggebrood;* Black Death *de Zwarte Dood* ⟨pestepidemie⟩; ~ eye *donker/zwart oog; blauw oog* ⟨na slag⟩; ⟨fig.⟩ be ~ in the face *paars/blauw zien* ⟨bv. v. woede⟩; ⟨ster.⟩ ~ hole *zwart gat;* ⟨fig.⟩ *benauwde ruimte, cachot;* like the Black Hole of Calcutta *benauwd, om te stikken;* ~ mark *zwarte vlek;* ⟨fig. ook⟩ *slecht punt, smet;* ~ market *zwarte markt;* ~ markete(e)r *zwarthandelaar;* ~ nightshade *zwarte nachtschade;* (as) ~ as pitch *zo zwart als roet, pikzwart;* ~ sheep *zwart schaap* ⟨vnl. fig.⟩; ~ spot *zwarte plek, rampenplek* ⟨waar veel ongevallen gebeuren⟩; ~ tea *thee zonder melk;* ~ tie *zwart strikje; smoking;* ~ vulture *monniksgier;* ⟨dierk.⟩ ~ widow *zwarte weduwe* **1.3** ~ comedy *zwarte komedie;* ~ humour *zwarte humor;* give s.o. a ~ look *iem. nors aankijken;* in a ~ mood *in een sombere stemming;* ⟨inf.⟩ look as ~ as thunder *er kwaad/grimmig uitzien* **1.¶** ⟨BE⟩ Black Country *industriegebied* ⟨in de Midlands⟩; Black Friar *predikheer, dominicaan;* ⟨dierk.⟩ ~ grouse *korhoen;* ~ ice *ijzel;* ~ lead *potlood, grafiet; zwartsel;* ⟨inf.⟩ Black Maria *overvalwagen;* ~ money *zwart geld;* Black Muslim(s) *Zwarte moslim(s);* Black Panther(s) *Zwarte Panter(s);* ⟨BE⟩ ~ pudding *bloedworst;* ⟨BE⟩ Black Rod *ceremoniemeester v.h. Britse Hogerhuis;* ~ velvet *mengsel v. stout en champagne* **2.¶** ~ and blue *bont en blauw* ⟨geslagen⟩ **5.3** he is not so ~ as he is painted *hij is niet zo slecht als algemeen beweerd wordt.*

black[3] ⟨ww.⟩ **0.1** ***zwart maken*** ⇒*zwarten; poetsen* ⟨(zwarte) schoenen⟩ **0.2** ***bevuilen*** ⇒*besmeuren* **0.3** ***besmet verklaren*** ⟨lading v. schip, door stakers⟩ ◆ **1.¶** ~ s.o.'s eye *iem. een blauw oog slaan.* →**black out.**

black and tan ⟨mv.: black and tans⟩ **0.1** ***manchesterterriër*** ⟨zwart-geelbruin⟩ **0.2** ⟨B- and T-⟩ ***Black and Tan*** ⟨militair die de Ierse opstand v. 1920-'21 bestreed⟩ **0.3** ⟨BE⟩ ***mengsel v. bitter bier en stout.***

black-and-white **0.1** *zwart-wit* ⟨lett. en fig.⟩ ◆ **1.1** ~ television *zwart-wittelevisie.*
blackball **0.1** ***deballoteren*** ⇒*als lid afwijzen, tegenstemmen.*
blackberr|y [blækbrie] ⟨mv.: -ies⟩ **0.1** ***braam(struik)*** **0.2** ***braam(bes).***
blackberrying [blækberrie·ing] ◆ **3.¶** go ~ *bramen gaan plukken.*
blackbird **0.1** ⟨BE⟩ ***merel.***
blackboard **0.1** ***(school)bord.***
blackbody radiation ⟨nat.⟩ **0.1** ***zwarte straling.***
blackcap **0.1** ⟨dierk.⟩ ***zwartkop.***
blackcurrant ⟨plantk.⟩ **0.1** ***zwarte bes.***
blacken [blækən] **0.1** ***zwarten*** ⇒*zwart maken, bekladden* ⟨ook fig.⟩ ◆ **1.1** ~ s.o.'s reputation *iem. zwart maken.*
blackeyed **0.1** ***zwartogig*** ⇒*met zwarte ogen* ◆ **1.¶** ⟨plantk.⟩ ~ Susan *rudbeckia.*
blackguard [blæga:d, -gəd] ⟨pej.⟩ **0.1** ***schurk*** ⇒*bandiet, schoelje.*
blackhead **0.1** ***mee-eter*** ⇒*vetpuistje.*
black-headed ⟨dierk.⟩ **0.1** ***met zwarte kop*** ⇒*zwartkoppig* ◆ **1.1** ~ gull *kok/kapmeeuw.*
blacking [blæking] **0.1** ***zwart(e) schoensmeer*** **0.2** ***zwartsel*** ⇒*lampzwart.*
blackjack **0.1** ***leren beker/kroes/fles*** **0.2** ***zeeroversvlag*** **0.3** ⟨AE⟩ ***ploertendoder*** ⇒*gummiknuppel* **0.4** ***eenentwintigen*** ⇒*banken* ⟨kaartspel⟩.
blacklead [blækled] **0.1** ***potlood*** ⇒*grafiet* **0.2** ***zwartsel*** ⟨bv. voor kachel⟩.
blackleg[1] ⟨zn.⟩⟨BE; pej.⟩ **0.1** ***stakingsbreker.***
blackleg[2] ⟨ww.; -ged⟩⟨BE; pej.⟩ **0.1** ***onderkruipen*** ⇒*zich onsolidair gedragen.*
blacklist **0.1** ⟨zn.⟩ ***zwarte lijst*** **0.2** ⟨ww.⟩ ***op de zwarte lijst plaatsen.***
blackmail[1] ⟨zn.⟩ **0.1** ***afpersing*** ⇒⟨fig.⟩ *chantage.*
blackmail[2] ⟨ww.⟩ **0.1** ***chanteren*** ⇒*(geld) afpersen van;* ⟨fig.⟩ *afdwingen (onder dreiging)* ◆ **6.1** ~ s.o. **into** sth. *iem. iets afdwingen.*
blackmailer **0.1** ***afperser*** ⇒*chanteur.*
blackout **0.1** ***verduistering*** **0.2** ***black-out*** ⇒*tijdelijke bewusteloosheid; tijdelijk geheugenverlies; tijdelijke blindheid* **0.3** ***het onderbreken/stopzetten v. berichtgeving.***
black out **I** ⟨onov.ww.⟩ **0.1** ***een black-out hebben;***
II ⟨ov.ww.⟩ **0.1** ***verduisteren*** ⟨bij oorlog, op toneel⟩ **0.2** ***bedekken*** ⇒*onleesbaar maken* ⟨tekst⟩ **0.3** ⟨vnl. pass.⟩ ***uit de ether doen verdwijnen*** ⟨tv, bv. bij staking⟩.
Blackshirt ⟨gesch.⟩ **0.1** ***zwarthemd*** ⟨(Italiaans) fascist⟩.
blacksmith **0.1** ***smid*** ⇒⟨ihb.⟩ *hoefsmid.*
blackthorn ⟨plantk.⟩ **0.1** ***sleedoorn*** **0.2** ***Am. meidoorn.***
black-tie **0.1** ***avondkleding*** ◆ **1.1** ~ dinner *diner in avondkleding.*
blacktop **0.1** ⟨zn.⟩ ***asfaltbekleding*** ⟨op wegdek⟩ **0.2** ⟨ww.⟩ ***asfalteren.***
bladder [blædə] **0.1** ***blaas.***
bladder wrack **0.1** ***blaaswier.***
blade [bleed] **0.1** ⟨ben. voor⟩ ***plat snijgedeelte*** ⇒*lemmet* ⟨v. mes⟩, *blad* ⟨v. bijl, zaag⟩, *kling* ⟨v. zwaard⟩, *(scheer)mesje, dunne snijplaat; ijzer* ⟨v. schaats⟩ **0.2** ***blaadje*** ⟨bv. v. gras⟩ ⇒*halm* **0.3** ***(plat) uiteinde*** ⟨bv. v. propeller, roeiriem⟩ **0.4** ***schouderblad*** ⇒*scapula.*
blag [blæg] ⟨BE; sl.⟩ **0.1** ***aftroggelen*** ⇒*afdwingen* ◆ **1.¶** ~ one's way in *zich ergens naar binnen lullen.*
blah [bla:], **blah-blah** **0.1** ***blabla*** ⇒*gezwets, (hoogdravend) gezwam.*
blame[1] [bleem] ⟨zn.⟩ **0.1** ***schuld*** ⇒*blaam, verantwoording* ⟨voor iets slechts⟩ **0.2** ***kritiek*** ⇒*afkeuring, veroordeling* ◆ **3.1** bear / take the ~ *de schuld op zich nemen;* put / lay the ~ on s.o. / at s.o.'s door *iem. de schuld geven.*
blame[2] ⟨ww.⟩ **0.1** ***de schuld geven aan*** ⇒*verwijten, iets kwalijk nemen* **0.2** ***afkeuren*** ⇒*veroordelen, bekritiseren* ◆ **1.1** it's not her fault, I ~ you *het is niet haar schuld maar de jouwe;* I don't ~ Jane *ik geef Jane geen ongelijk (ik had het ook niet gedaan)* **3.1** we are not to ~ *wij kunnen er niets aan doen;* he is to ~ *het is zijn schuld* **6.1** don't always ~ him **for** everything / don't always ~ everything **on** him *geef hem niet altijd overal de schuld van.* →**bad.**
blameless [bleemləs] **0.1** ***onberispelijk*** ⇒*vlekkeloos, onschuldig.*
blameworth|y ⟨-iness⟩ **0.1** ***laakbaar*** ⇒*schuldig.*
blanch [bla:ntsj] **I** ⟨onov.ww.⟩ **0.1** ***bleek/wit worden*** ⇒*verschieten* ◆ **6.1** ~ **at** a remark *v. kleur verschieten bij een opmerking;*
II ⟨ov.ww.⟩ **0.1** ***doen verbleken*** ⇒*bleken, ontkleuren* **0.2** ***blancheren*** ⟨groente, metaal⟩ **0.3** ***blancheren*** ⇒*(door wering v. licht) bleek doen opgroeien* ⟨bv. selderie⟩.
blancmange [bləmon(d)zj] ⟨cul.⟩ **0.1** ***blanc-manger*** ⟨nagerecht v. amandelen, room, gelatine en suiker⟩.
bland [blænd] ⟨-ness⟩ **0.1** ***minzaam*** ⇒*(zacht)aardig, vriendelijk* **0.2** ***mild*** ⇒*niet te gekruid, zacht* **0.3** ***neutraal*** ⇒ *nietszeggend* **0.4** ***flauw*** ⇒*karakterloos, saai* **0.5** ***nuchter*** ⇒*koel* ◆ **1.1** his ~ behaviour *zijn vriendelijk gedrag* **1.2** a ~ soup *een flauw/zacht soepje* **1.4** a rather ~ man *een tamelijk saaie man.*
blandishment [blændisjmənt] ⟨vnl. mv.⟩ **0.1** ***vleierij*** ⇒*verleiding(smiddel), lieve/zoete woordjes.*
blank[1] [blængk] ⟨zn.⟩ **0.1** ***leegte*** ⇒*leemte, blanco formulier* **0.2** ***losse patroon*** ⟨v. geweer⟩ ⇒*losse flodder* **0.3** ***niet*** ⇒ *niet in de prijzen vallend lot* ◆ **1.1** his memory is a ~ *hij weet zich niets meer te herinneren* **2.¶** a double ~ *een dubbel blank, een dominosteen zonder ogen* **3.3** draw a ~ *niet in de prijzen vallen;* ⟨fig.⟩ *bot vangen.*
blank[2] ⟨bn.; -ness⟩ **0.1** ***leeg*** ⇒*blanco, onbeschreven* **0.2** ***uitdrukkingsloos*** ⇒*onbegrijpend, ongeïnteresseerd* ◆ **1.1** ⟨geldw.⟩ a ~ bill *een blanco wissel;* a ~ cartridge *een losse patroon/flodder;* ⟨geldw.⟩ a ~ cheque *een blanco cheque;* ⟨geldw.⟩ ~ letter of credit *blanco krediet/accreditief, open krediet/accreditief;* a ~ line *een witte regel;* a ~ page *een lege/blanco pagina* **1.2** a ~ look *een wezenloze blik* **1.¶** in ~ amazement *in volkomen verbijstering;* a ~ refusal *een botte weigering;* ~ verse *blank/rijmloos vers* ⟨in vijfvoetige jamben⟩.
blanket[1] [blængkit] ⟨zn.⟩ **0.1** ***(wollen) deken*** ⇒*bedekking;* ⟨fig.⟩ *(dikke) laag.* →**wet**[2].
blanket[2] ⟨bn.⟩ **0.1** ***allesomvattend*** ⇒*algemeen geldig, op iedereen/alles v. toepassing* ◆ **1.1** ~ insurance *pakketverzekering;* a ~ rule *een algemene regel.*
blanket[3] ⟨ww.; vnl. pass.⟩ **0.1** ***(geheel) bedekken*** ⇒*onderstoppen, afsluiten* ◆ **6.1** ~ed **with** snow *met een (dikke) laag sneeuw bedekt.*
blanket stitch **0.1** ***festonneersteek.***
blare[1] [bleə] ⟨zn.; the⟩ **0.1** ***geschal*** ⇒*lawaai, geblèr* ◆ **1.1** the ~ of trumpets *trompetgeschal.*
blare[2] ⟨ww.⟩ **0.1** ***schallen*** ⇒*lawaai maken, luid klinken* ◆ **5.1** ~ **out** *uitgalmen, luid doen klinken.*
blarney [bla:nie] ⟨inf.⟩ **0.1** ***gefleem*** ⇒*vleierij, zoete woordjes.*
Blarney Stone [bla:nie stoon] ◆ **3.¶** he must have kissed the ~ *hij kan goed vleien/liegen, hij is goed v.d. tongriem gesneden.*
blasé [bla:zee] **0.1** ***blasé.***

blaspheme [blæsfie:m] **0.1** ***godslasterlijk spreken (over)*** ⇒*godslasteringen uiten (over), spotten (met).*

blasphemer [blæsfie:mə] **0.1** ***(gods)lasteraar.***

blasphemous [blæsfimməs] **0.1** ***blasfemisch*** ⇒*(gods)lasterlijk.*

blasphem|y [blæsfimmie] ⟨mv.: -ies⟩ **0.1** ***(gods)lastering*** ⇒*blasfemie.*

blast[1] [bla:st] ⟨zn.⟩ **0.1** ***(wind)vlaag*** ⇒*rukwind* **0.2** ***sterke luchtstroom*** ⟨bv. bij ontploffing⟩ **0.3** ***explosie*** ⟨ook fig.⟩ ⇒*uitbarsting, felle reprimande* **0.4** ***stoot*** ⟨bv. op trompet⟩ ⇒*(claxon/fluit)signaal* **0.5** ***springlading*** ⇒*lading dynamiet* ◆ **2.¶** he was working at full ~ *hij werkte op volle toeren* **¶.¶** ~! *verdorie/verdraaid.*

blast[2] ⟨ww.⟩ **0.1** ***opblazen*** ⇒*doen exploderen, bombarderen* **0.2** ***vernietigen*** ⇒*verijdelen, ruïneren* **0.3** ⟨schr.⟩ ***doen verschrompelen*** ⟨bv. plant⟩ ⇒*doen verwelken/verzengen* **0.4** ⟨euf.⟩ ***verwensen*** ⇒*vervloeken* ◆ **1.2** he ~ed all my plans *hij heeft al mijn plannen in het honderd laten lopen* **1.3** ⟨fig.⟩ ~ s.o.'s reputation *iemands reputatie bezoedelen* **4.4** ~ him! *laat hem naar de maan lopen!* →**blast off.**

blasted [bla:stid] ⟨sl.⟩ **0.1** ***getroffen*** ⟨door bliksem e.d.⟩ **0.2** ***verschrompeld*** ⇒*verdwenen* **0.3** ***verdomd.***

blast furnace **0.1** ***hoogoven*** ⇒*smeltoven, blaasoven.*

blastoderm [blæstədə:m] ⟨biol.⟩ **0.1** ***blastoderm*** ⇒*kiemhuid.*

blast off **0.1** ***gelanceerd worden*** ⇒*gestart/afgevuurd worden.*

blast-off **0.1** ***lancering*** ⟨v. raket⟩.

blat|ant [bleetnt] ⟨zn.: **-ancy**⟩ **0.1** ***schaamteloos*** ⇒*onbeschaamd* **0.2** ***overduidelijk*** ⇒*opvallend, flagrant* **0.3** ***hinderlijk*** ⇒*ergerlijk* ◆ **1.1** his ~ behaviour *zijn onbeschaamde gedrag* **1.2** a ~ lie *een regelrechte leugen* **1.3** his ~ indiscretion *zijn hinderlijke tactloosheid.*

blather →**blether.**

blaze[1] [bleez] ⟨zn.; vnl. enk.⟩ **0.1** ***vlammen(zee)*** ⇒*(verwoestend) vuur, brand* **0.2** ***uitbarsting*** ⇒*plotselinge uitval/aanval* **0.3** ***felle gloed*** ⟨v. licht/kleur⟩ ⇒*vol licht, schittering* **0.4** ***bles*** ⇒*witte plek* ⟨op dierenkop⟩ ◆ **1.1** the ~ of the fire in the room *de gloed v.h. vuur in de kamer;* the house was in a ~ *het huis stond in lichterlaaie* **1.2** a ~ of anger *een uitbarsting v. woede* **3.¶** go to ~s! *loop naar de hel!* **6.¶** go **like** ~s *zeer snel gaan, als de weerlicht gaan.*

blaze[2] **I** ⟨onov.ww.⟩ **0.1** ***(fel) branden*** ⇒*gloeien, in lichterlaaie staan;* ⟨ook fig.⟩ *in vuur en vlam staan* ⟨bv. v. woede/opwinding⟩ **0.2** ***(fel) schijnen*** ⇒*verlicht zijn, schitteren* ◆ **5.1** she ~s **out** in anger *ze barst in woede uit;* the petrol-station ~d **up** *de vlammen sloegen uit het benzinestation;* the quarrel ~d **up** *de ruzie laaide op.* →**blaze away;**

II ⟨ov.ww.⟩ **0.1** ⟨ook fig.⟩ ***banen*** ⟨weg, pad⟩ ⇒*aangeven, merken* **0.2** ***verspreiden*** ⟨nieuws⟩ ◆ **1.1** ~ a trail *een pad banen/markeren, een nieuwe weg inslaan.*

blaze away **0.1** ***oplaaien*** ⟨v. vuur⟩ ⇒*oplichten, opvlammen* **0.2** ***erop los schieten/vuren.***

blazer [bleezə] **0.1** ***blazer*** ⇒*sportjasje.*

blazing [bleezing] **0.1** ***(fel) brandend*** ⇒*vlammend* ⟨toorts, blik⟩; *schel, verblindend* ⟨(zon)licht⟩ **0.2** ***woedend*** ⇒*kokend* **0.3** ***verdomd*** ◆ **1.1** her ~ eyes *haar vurige blik* **1.3** he's a ~ fool *hij is een verdomde idioot.*

blazon[1] [bleezn] ⟨zn.⟩ **0.1** ***blazoen*** ⇒*heraldiek wapen.*

blazon[2] ⟨ww.⟩ **0.1** ***blazoeneren*** ⇒*(wapenschilden) samenstellen/beschrijven* **0.2** ***rondbazuinen*** ⇒*wijd en zijd verkondigen.*

bleach[1] [blie:tsj] ⟨zn.⟩ **0.1** ***bleekmiddel*** **0.2** ***het bleken*** ⇒*bleekproces.*

bleach[2] ⟨ww.⟩ **0.1** ***bleken*** ⇒*bleek worden/maken, (doen) verbleken.*

bleachers [blie:tsjəz] ⟨AE⟩ **0.1** ***niet-overdekte tribune*** ⟨bij sportveld⟩.

bleaching powder **0.1** ***bleekpoeder.***

bleak [blie:k] **0.1** ***guur*** ⟨bv. v. weer⟩ ⇒*troosteloos, grauw* **0.2** ***ontmoedigend*** ⇒*deprimerend, somber* **0.3** ***onbeschut*** ⇒*aan weer en wind blootgesteld, kaal* ◆ **1.1** the ~ atmosphere *de kille sfeer;* a ~ sky *een donkere/grauwe lucht* **1.2** ~ prospects *sombere vooruitzichten* **1.3** a ~ place *een winderige/onbeschermde plaats.*

blear|y [bliərie] ⟨-iness⟩ **0.1** ***wazig*** ⇒*beneveld* ⟨blik⟩; *slaperig, waterig* ⟨ogen⟩.

bleary-eyed **0.1** ***met omfloerste/wazige blik.***

bleat[1] [blie:t] ⟨zn.⟩ **0.1** ***blatend geluid*** ⇒*geblaat;* ⟨fig.⟩ *gezanik.*

bleat[2] ⟨ww.⟩ **0.1** ***blaten*** ⇒*blèren; mekkeren* ⟨ook fig.⟩; ⟨fig.⟩ *zeuren, zaniken* ◆ **3.1** stop ~ing like that *hou op met dat gejammer* **6.1** ~ **about** his bad health *zeuren over zijn slechte gezondheid.*

bleed [blie:d] ⟨bled, bled [bled]⟩ **I** ⟨onov.ww.⟩ **0.1** ***bloeden*** ⇒*bloed verliezen* **0.2** ***uitvloeien*** ⇒*uitlopen, doorlopen* ⟨v. kleurstof⟩ **0.3** ***(vloeistof) afgeven*** ⇒*bloeden, afscheiden* ⟨bv. v. plant⟩ **0.4** ***uitgezogen worden*** ⇒*bloeden, afgezet worden* ◆ **1.1** my heart ~s ⟨fig.⟩ *ik ben erg verdrietig;* ⟨iron.⟩ *oh jee, wat heb ik een medelijden* **6.1** he was ~ing **at** the nose *hij had een bloedneus;* ⟨fig.⟩ her heart ~s **for** the poor *ze heeft diep medelijden met de armen;* ~ **to** death *doodbloeden;*

II ⟨ov.ww.⟩ **0.1** ***doen bloeden*** ⇒*bloed afnemen van, aderlaten* **0.2** ***uitzuigen*** ⇒*laten bloeden/boeten* **0.3** ***onttrekken*** ⟨bv. vloeistof⟩ ◆ **2.2** ⟨inf.⟩ ~ s.o. dry *iem. helemaal uitknijpen, iem. uitkleden.*

bleeder [blie:də] **0.1** ***bloeder*** ⇒*lijder aan hemofilie/bloederziekte* **0.2** ⟨BE; sl.⟩ ***schurk*** ⇒*schoft* **0.3** ⟨BE; sl.⟩ ***ziel*** ⇒*persoon, vent* ◆ **2.3** he is a lucky ~ *hij is een geluksvogel;* poor ~ *arme ziel.*

bleeding [blie:ding] ⟨BE; vulg.⟩ **0.1** ***vervloekt*** ⇒*verdomd.*

bleeding heart **0.1** ⟨plantk.⟩ ***gebroken hartje*** ⇒*Mariahartje, muurbloempje* **0.2** ⟨sl.⟩ ***weekhartig iem.***

bleep[1] [blie:p] ⟨zn.⟩ **0.1** ***piep*** ⇒*hoge pieptoon.*

bleep[2] ⟨ww.⟩ **0.1** ***(op)piepen*** ⇒*oproepen met piepsignaal* ◆ **1.1** ~ (for) the doctor *de dokter oppiepen.*

bleeper [blie:pə] **0.1** ***pieper*** ⟨v. oproepsysteem⟩.

blemish[1] [blemmisj] ⟨zn.⟩ **0.1** ***vlek*** ⟨ook fig.⟩ ⇒*smet, onvolkomenheid* ◆ **1.1** a ~ on s.o.'s good name *een smet op iemands goede naam.*

blemish[2] ⟨ww.⟩ **0.1** ***bevlekken*** ⟨ook fig.⟩ ⇒*besmetten; een smet werpen op* ◆ **1.1** her reputation was ~ed *haar reputatie werd bezoedeld.*

blench [blentsj] **0.1** ***ineenkrimpen*** ⇒*terugdeinzen* **0.2** ***verbleken*** ⇒*wit wegtrekken.*

blend[1] [blend] ⟨zn.⟩ **0.1** ***mengsel*** ⟨bv. v. thee, koffie, whisky⟩ ⇒*melange, mengeling* ◆ **1.1** a ~ of kindness and compassion *een mengeling v. vriendelijkheid en medelijden.*

blend[2] ⟨ook blent, blent [blent]⟩ **I** ⟨onov.ww.⟩ **0.1** ***zich vermengen*** ⇒*een harmonieus geheel vormen, bij elkaar passen* ◆ **1.1** their voices ~ well (with each other) *hun stemmen klinken goed bij elkaar* **6.1** this building ~s **into** the landscape *dit gebouw vormt één geheel met het landschap;*

II ⟨ov.ww.⟩ **0.1** ***mengen*** ⇒*combineren, in elkaar doen overlopen* ◆ **6.1** now ~ the eggs **with** the butter and sugar *meng/roer nu de eieren door de boter en suiker.*

blender [blendə] **0.1** ***mengbeker*** ⇒*mixer.*

bless [bles] ⟨ook blest, blest⟩ **0.1** ***zegenen*** ⇒*(in)wijden, consacreren* **0.2** ***Gods zegen/begunstiging vragen voor*** ⇒

om goddelijke steun vragen voor **0.3** ***begunstigen*** *⇒zegenen, begiftigen* **0.4** ***vereren*** ⟨bv. God⟩ *⇒aanbidden, loven* ◆ **1.1** the priest ~es the bread and wine *de priester zegent het brood en de wijn* **1.2** he ~ed the refugees at sea *hij vroeg om Gods steun voor de vluchtelingen op zee* **1.3** you are ~ed with great talent *je bent gezegend met groot talent* **4.1** ~ o.s. *een kruis slaan;* ⟨fig.⟩ *zich gelukkig prijzen* **4.¶** ⟨inf.⟩ (God) ~ me/you; I'm blest *goeie genade, lieve hemel;* (God) ~ you! *gezondheid!* ⟨na niezen⟩.

blessed [blessid, blest] **I** ⟨bn.⟩ **0.1** ***heilig*** *⇒(door God) gezegend* ◆ **1.1** the Blessed Sacrament *het heilig sacrament, de heilige communie;* the Blessed Virgin *de Heilige Maagd;*
II ⟨bn., attr.⟩ **0.1** ***gelukkig*** *⇒(geluk)zalig, gezegend* **0.2** ⟨sl.⟩ ***vervloekt*** *⇒verdomd* ◆ **1.1** ~ ignorance *zalige onwetendheid;* of ~ memory *zaliger gedachtenis* **1.2** the whole ~ day *de godganse dag;* not a ~ penny *geen rooie cent;* every ~ thing *alles, maar dan ook alles.*

blessing [blessing] **0.1** ***zegen(ing)*** *⇒godsgave, gelukkig feit* **0.2** ***goedkeuring*** *⇒aanmoediging, zegen* ◆ **1.1** a ~ in disguise *een verhulde zegen* **3.1** he can count his ~s *hij kan van geluk spreken;* count your ~! *wees blij/tevreden met wat je hebt!;* it was a mixed ~ *het had zo zijn voor- en nadelen/zijn voor en zijn tegen;* what a ~ that *wat een geluk dat* **3.2** your proposal has my ~ *je voorstel heeft mijn goedkeuring/zegen.*

blether[1] [bleðə], **blather** [blæðə] ⟨zn.⟩ **0.1** ***geklets*** *⇒onzin, nonsens.*

blether[2]**, blather** ⟨ww.⟩ **0.1** ***dom kletsen.***

blew ⟨verl. t.⟩ →**blow.**

blight[1] [blajt] ⟨zn.⟩ **0.1** ***plantenziekte*** *⇒meeldauw, brand;* ⟨BE⟩ *soort bladluis* **0.2** ***afzichtelijkheid*** *⇒onooglijkheid, afschuwelijkheid* **0.3** ***vloek*** ◆ **1.2** the ~ of this part of the inner city *de lelijkheid v. dit deel v.d. binnenstad* **1.3** air pollution is a ~ *luchtvervuiling is een plaag/verderfelijk iets* **3.3** cast/put a ~ (up)on *een vloek werpen op, een vernietigende werking hebben op.*

blight[2] ⟨ww.⟩ **0.1** ***aantasten*** ⟨met plantenziekte⟩ *⇒doen verdorren/verwelken* **0.2** ***een vernietigende uitwerking hebben op*** *⇒zwaar schaden, verwoesten* ◆ **1.2** a life ~ed by worries *een leven dat vergald werd door de zorgen.*

blighter [blajtə] ⟨BE; sl.⟩ **0.1** ***naarling*** *⇒klier* **0.2** ***man(spersoon)*** *⇒vent, knul* ◆ **2.2** you poor ~ *arme stakker.*

blimey [blajmie] ⟨BE; sl.⟩ **0.1** ***verdorie*** *⇒verdikkeme, verdomme.*

blimp [blimp] **0.1** ⟨vnl. B-⟩ ***pompeuze reactionair*** *⇒extreem conservatief* **0.2** ***blimp*** ⟨bep. klein luchtschip⟩.

blind[1] [blajnd] ⟨zn.⟩ **0.1** ***scherm*** *⇒jaloezie, zonnescherm, rolgordijn* **0.2** ***voorwendsel*** *⇒uitvlucht, dekmantel* **0.3** ⟨AE⟩ ***schuilhut*** ⟨v. jagers⟩ *⇒schuilplaats, observatiehut* **0.4** ⟨BE; sl.⟩ ***zuippartij*** ◆ **1.2** his job is a ~ for his spying activities *zijn baantje is een dekmantel voor zijn spionagewerk* **3.1** pull down the ~s *trek de jaloezieën naar beneden.* →**Venetian.**

blind[2] ⟨bn.; -ness⟩ **0.1** ***blind*** *⇒zonder te (kunnen) zien;* ⟨fig.⟩ *ondoordacht, roekeloos* **0.2** ***blind*** *⇒zonder begrip, ongevoelig* **0.3** ***blind*** *⇒onoverzichtelijk, aan het oog onttrokken* **0.4** ***doodlopend*** *⇒*⟨fig.⟩ *zonder vooruitzichten* **0.5** ***blind*** *⇒zonder opening* ◆ **1.1** ~ anger *blinde woede;* as ~ as a bat/mole *zo blind als een mol, stekeblind;* ~ faith *blind geloof/vertrouwen;* ~ landing *blinde landing* ⟨op de instrumenten⟩ **1.3** ~ corner *blinde hoek* **1.4** ~ alley *doodlopend straatje* **1.¶** not a ~ bit of *geen schijn van, niet de/het minste;* ⟨inf.⟩ ~ date *afspraak tussen elkaar nog onbekende man en vrouw; elk v.d. partners daarbij;* turn a ~ eye to sth. *iets door de vingers zien, een oogje dichtknijpen voor iets;* ~ letter *onbestelbare brief* **3.1** he was ~ly groping his way through the forest *tastend zocht hij zijn weg door het bos;* ~ly follow the leader *onvoorwaardelijk de leider volgen* **6.1** ~ **in** one eye *blind aan één oog;* ~ **with** rage *blind van woede* **6.2** be ~ **to** s.o.'s faults *geen oog hebben voor de fouten v. iem.* **7.1** the ~ *de blinden.*

blind[3] ⟨ww.⟩ **0.1** ***verblinden*** *⇒blind maken* **0.2** ***verblinden*** *⇒misleiden, begoochelen* **0.3** ***verduisteren*** *⇒verbergen, overschaduwen* **0.4** ***blinddoeken*** ◆ **1.3** the shrubbery ~s the windows *de heesters verduisteren het raam* **6.2** ~ s.o. **with** science *iem. overstelpen/overdonderen met kennis/feiten.*

blind[4] ⟨bw.⟩ **0.1** ***blind(elings)*** *⇒ondoordacht, roekeloos* ◆ **2.¶** ~ drunk *stomdronken* **3.1** fly ~ *blind/op de instrumenten vliegen.*

blinder [blajndə] **0.1** ⟨BE; inf.⟩ ***wild feest*** *⇒drinkfestijn* **0.2** ⟨BE⟩ ***prachtprestatie*** **0.3** ⟨AE⟩ ***oogklep*** *⇒*⟨fig.; steeds mv.⟩ *kortzichtigheid* ◆ **3.2** play a ~ of a game *een geweldige wedstrijd spelen.*

blindfold[1] ⟨zn.⟩ **0.1** ***blinddoek*** ⟨ook fig.⟩.

blindfold[2] ⟨bn.; bw.⟩ **0.1** ***geblinddoekt.***

blindfold[3] ⟨ww.⟩ **0.1** ***blinddoeken*** *⇒*⟨fig.⟩ *misleiden.*

blindingly ◆ **2.¶** ~ obvious *zonneklaar.*

blindman's buff **0.1** ***blindemannetje*** ⟨spel⟩.

blind spot **0.1** ⟨med.⟩ ***blinde vlek*** **0.2** ***blinde hoek*** **0.3** ***zwakke plek*** ◆ **3.3** I have a ~ where politics is concerned *van politiek heb ik geen kaas gegeten.*

blindworm **0.1** ***hazelworm.***

blink[1] [blingk] ⟨zn.⟩ **0.1** ***knipoog*** *⇒(oog)wenk* **0.2** ***glimp*** *⇒oogopslag* **0.3** ***flikkering*** *⇒schijnsel* ◆ **6.¶** ⟨inf.⟩ **on** the ~ *niet in orde, defect.*

blink[2] **I** ⟨onov.ww.⟩ **0.1** ***met half toegeknepen ogen kijken*** *⇒knipogen* **0.2** ***knipperen*** *⇒flikkeren, schitteren;*
II ⟨ov.ww.⟩ **0.1** ***knippe(re)n met*** ◆ **1.1** the oncoming driver ~ed his lights *de tegenligger knipperde met zijn lichten.*

blink at **0.1** ***een oogje dichtdoen voor*** **0.2** ***verrast zijn (door)*** ◆ **1.1** ~ illegal practices *illegale praktijken door de vingers zien* **3.2** he did not even ~ his wife running out on him *hij was niet eens verrast dat zijn vrouw bij hem wegliep.*

blinkered [blingkəd] **0.1** ***met oogkleppen*** *⇒*⟨fig.⟩ *bekrompen, kortzichtig.*

blinkers [blingkəz] **0.1** ***oogkleppen*** *⇒*⟨fig.⟩ *kortzichtigheid* **0.2** ⟨AE; sl.⟩ ***doppen*** *⇒kijkers, ogen* **0.3** ***stofbril*** ◆ **3.1** wear ~ when it comes to politics *oogkleppen dragen waar het politiek betreft.*

blinking [blingking] ⟨inf.; euf.⟩ **0.1** ***verdomd*** ◆ **1.1** ~ (old) nuisance *verrekte (ouwe) lastpost.*

blip [blip] **0.1** ***piep*** *⇒bliep* **0.2** ⟨radar⟩ ***echo.***

bliss [blis] **0.1** ***(geluk)zaligheid*** *⇒het einde, puur genot.*

blissful [blisfəl] ⟨-ness⟩ **0.1** ***zalig*** *⇒verrukkelijk.*

blister[1] [blistə] ⟨zn.⟩ **0.1** ***(brand)blaar*** **0.2** ***bladder*** *⇒blaas, bel.*

blister[2] **I** ⟨onov.ww.⟩ **0.1** ***blaren krijgen*** **0.2** ***(af)bladderen*** *⇒blazen/bellen vormen;*
II ⟨ov.ww.⟩ **0.1** ***doen bladderen*** *⇒verschroeien, blaren/blaasjes veroorzaken op.*

blistering [blistring] **0.1** ***verschroeiend*** *⇒verzengend* **0.2** ***vernietigend*** *⇒afbrekend* ◆ **1.1** the ~ sun *de gloeiendhete zon* **1.2** ~ speeches *vernietigende toespraken.*

blister pack **0.1** ***blisterverpakking*** *⇒doordruk/stripverpakking, doordrukstrip.*

blithe [blajð], **blithesome** [-səm] ⟨-r⟩ ⟨schr.⟩ **0.1** ***vreugdevol*** *⇒monter, blij* **0.2** ***zorgeloos*** *⇒onbezorgd.*

blithering [bliðring] ⟨pej.⟩ **0.1** ***stom*** *⇒getikt* ◆ **1.1** you ~ idiot! *volslagen/stomme idioot dat je bent!;* ~ nonsense *klinkklare onzin.*

blitz[1] [blits] ⟨zn.⟩⟨verk.⟩ [blitzkrieg] **0.1** ***blitz(krieg)*** ⇒*bliksemoorlog* **0.2** ***Duitse bomaanvallen op Londen in 1940*** **0.3** ***(intensieve) campagne*** ⇒*(overrompelende) actie, uitbarsting* ◆ **1.3** an advertising ~ *een reclamecampagne* **3.3** have a ~ on sth. *iets grondig aanpakken.*

blitz[2] ⟨ww.⟩ **0.1** ***bombarderen*** ⇒*luchtaanval uitvoeren op.*

blizzard [blizzəd] **0.1** ***(hevige) sneeuwstorm.***

bloated [blootid] **0.1** ***opgezwollen*** ⇒*opgezet, opgeblazen* ◆ **1.1** ~ figures *overdreven/opgeblazen cijfers.*

bloater [blootə] **0.1** ***bokking*** ⇒*(licht) gerookte vis.*

blob [blob] **0.1** ***klodder*** ⇒*druppel, spat* **0.2** ***vlek(je)*** ⇒*spikkel, stip(je).*

bloc [blok] **0.1** ***blok*** ⇒*groep, coalitie.*

block[1] [blok] ⟨zn.⟩ **0.1** ***blok*** ⟨ook druk., ook pol.⟩ ⇒*stronk, (hak/kap)blok; steenblok;* ⟨the⟩ *beulsblok* **0.2** ***blok*** ⟨v. gebouwen⟩ ⇒*huizenblok;* ⟨BE⟩ *(groot) gebouw* **0.3** ***versperring*** ⇒*stremming;* ⟨psych., sport⟩ *blokkering, obstructie* **0.4** ⟨inf.⟩ ***kop*** ⇒*kanis, hersens* **0.5** ⟨BE; druk.⟩ ***cliché*** ◆ **1.1** ~ and tackle *touw en blok;* ~ of marble *blok marmer* **1.2** ⟨BE⟩ ~ of flats *flatgebouw* **1.3** traffic ~ *verkeersopstopping* **2.3** psychological ~ *psychologische drempel* **3.4** ⟨inf.⟩ knock his ~ off *sla z'n kop/hersens in* **5.2** he lives four ~s **away** *hij woont vier straten verder(op)* **6.2** walk **around** the ~ *een straatje omlopen.* →**old.**

block[2] **I** ⟨onov.ww.⟩⟨sport⟩ **0.1** ***blokkeren*** ⇒*blokken, obstructie plegen;*
II ⟨ov.ww.⟩ **0.1** ***versperren*** ⇒*blokkeren* **0.2** ***belemmeren*** ⇒*verhinderen, tegenhouden* **0.3** ⟨sport; psych.⟩ ***blokkeren*** ⇒*obstructie plegen tegen* ◆ **1.1** ~ accounts *rekeningen blokkeren;* ~ credits *kredieten bevriezen;* ~ a bill *een wetsvoorstel tegenhouden;* the exits were ~ed *de uitgangen waren versperd* **1.2** he ~ed my plans *hij reed mij in de wielen* **5.1** ~ **off** *afsluiten, blokkeren;* ~ **out** sth. on a photo *iets op een foto afdekken/wegwerken;* ~ **up/in** a window *een raam afsluiten/dichtspijkeren* **5.¶** ~ **in/out** *ontwerpen, schetsen.*

blockade[1] [blokkeed] ⟨zn.⟩ **0.1** ***blokkade*** ⇒*afsluiting, versperring* ◆ **3.1** raise a ~ *een blokkade opheffen;* run a ~ *een blokkade breken.*

blockade[2] ⟨ww.⟩ **0.1** ***blokkeren*** ⇒*afsluiten* **0.2** ***belemmeren*** ⇒*verhinderen* ◆ **1.2** the caravan ~s my view *de caravan beneemt mij het uitzicht.*

blockage [blokkidzj] **0.1** ***verstopping*** ⇒*opstopping, obstakel* **0.2** ***stagnatie*** ⇒*stremming.*

block association ⟨zn.; ww. enk. of mv.⟩⟨AE⟩ **0.1** ***buurtvereniging*** ⇒*wijkvereniging/raad.*

blockbuster **0.1** ***kassucces*** **0.2** ***bom met grote vernietigingskracht.***

block capital →**block letter.**

block diagram **0.1** ***blokdiagram*** ⇒⟨comp.⟩ *blokschema.*

blockhead **0.1** ***domkop*** ⇒*stommerik.*

blockhouse **0.1** ***blokhuis*** **0.2** ***bunker.***

block letter, block capital **0.1** ***blokletter.***

block release **0.1** ***studieverlof*** ⟨vanuit je werk, voor een cursus⟩.

block signal ⟨spoorwegen⟩ **0.1** ***bloksignaal*** ⇒*bloksein.*

block system ⟨spoorwegen⟩ **0.1** ***blokstelsel*** ⇒*bloksysteem.*

block vote ⟨pol.⟩ **0.1** ***het stemmen in blok*** ⇒*blokstemming.*

bloke [blook] ⟨vnl. BE; inf.⟩ **0.1** ***kerel*** ⇒*gozer, vent.*

blond[1], ⟨in bet. 0.1 en 0.2 vr. vnl.⟩ **blonde** [blond] ⟨zn.⟩ **0.1** ***blond iem.*** ⇒⟨vr.⟩ *blondje, blondine* **0.2** ***iem. met een lichte/bleke huidkleur*** **0.3** ***blond*** ⟨de kleur⟩.

blond[2], ⟨vr. vnl.⟩ **blonde** ⟨bn.⟩ **0.1** ***blond*** **0.2** ***met een lichte/bleke huidkleur.***

blood[1] [blud] ⟨zn.⟩ **0.1** ***bloed*** **0.2** ***temperament*** ⇒*aard, hartstocht* **0.3** ***bloedverwantschap*** ⇒*afstamming, afkomst* ◆ **1.1** circulation of the ~ *bloedsomloop;* have ~ on one's hands *bloed aan zijn handen hebben kleven* **2.1** in cold ~ *in koelen bloede;* infuse new ~ into a firm *een firma nieuw leven inblazen* **2.3** blue ~ *blauw bloed;* of the ~ (royal) *v. adellijken/koninklijken bloede/huize* **3.1** get s.o.'s ~ up *iem. razend maken;* it makes your ~ boil *het maakt je razend;* let ~ *aderlaten;* needless shedding of ~ *nodeloos bloedvergieten* **3.3** bring in fresh ~ *vreemd/vers bloed inbrengen* **3.¶** taste ~ *succes proeven/ruiken;* ⟨sprw.⟩ you cannot get ~ out of a stone *men kan van een kikker geen veren plukken* **6.1** be **out for** s.o.'s ~ *iemands bloed willen zien* **6.3** be/run **in** one's ~ *in het bloed zitten* **¶.3** ⟨sprw.⟩ ~ is thicker than water *het hemd is nader dan de rok.* →**bad, cold.**

blood[2] ⟨ww.⟩ **0.1** ***de vuurdoop laten ondergaan*** ⇒*laten kennismaken met, inwijden.*

blood alcohol content **0.1** ***bloedalcoholgehalte.***

blood-and-thunder story **0.1** ***sensatieverhaal*** ⇒*gruwelverhaal.*

blood bank **0.1** ***bloedbank.***

bloodbath **0.1** ***bloedbad*** ⇒*slachtpartij* ◆ **3.1** cause a ~ *een bloedbad aanrichten.*

blood brother **0.1** ***(bloedeigen) broer*** **0.2** ***bloedbroeder.***

blood circulation **0.1** ***bloedsomloop*** ⇒*bloedcirculatie.*

blood clot ⟨med.⟩ **0.1** ***bloedstolsel.***

blood count **0.1** ***bloedonderzoek*** ⇒*bloedtelling.*

bloodcurdling [bludkə:dling] **0.1** ***ijzingwekkend*** ⇒*huiveringwekkend, bloedstollend.*

blood doping ⟨sport⟩ **0.1** ***bloeddoping.***

blood feud **0.1** ***(bloed)vete.***

blood group **0.1** ***bloedgroep.***

blood heat **0.1** ***bloedwarmte*** ⇒*lichaamswarmte.*

bloodhound **0.1** ***bloedhond*** ⇒⟨fig.⟩ *speurder, detective.*

bloodless [bludləs] ⟨-ness⟩ **0.1** ***bloedeloos*** ⇒*onbloedig* **0.2** ***bleek*** ⇒*kleurloos, anemisch* **0.3** ***saai*** ⇒*duf* **0.4** ***hardvochtig*** ⇒*harteloos* ◆ **1.1** ~ battle *slag zonder bloedvergieten.*

bloodletting [bludletting] **0.1** ***aderlating*** **0.2** ***bloedvergieten.***

bloodline **0.1** ***stamboom.***

bloodlust **0.1** ***bloeddorstigheid*** ⇒*moordlust.*

blood money **0.1** ***bloedgeld*** ⇒*moordloon* **0.2** ***weergeld*** ⇒*zoengeld.*

blood poisoning **0.1** ***bloedvergiftiging.***

blood pressure **0.1** ***bloeddruk.***

blood-red **0.1** ***bloedrood.***

blood relation **0.1** ***bloedverwant(e).***

bloodshed **0.1** ***bloedvergieten*** ⇒*oorlogsbedrijf.*

bloodshot **0.1** ***bloeddoorlopen.***

blood sport ⟨vnl. mv.⟩⟨pej.⟩ **0.1** ***jacht*** ⇒*bloedige sport.*

bloodstain **0.1** ***bloedvlek.***

bloodstained **0.1** ***met bloed bevlekt*** ⇒*bloederig.*

bloodstock **0.1** ***volbloed dieren*** ⇒*volbloed paarden/vee.*

bloodstream **0.1** ***bloedstroom/baan.***

bloodsucker **0.1** ⟨ook fig.⟩ ***bloedzuiger*** ⇒*woekeraar, uitzuiger.*

bloodthirst|y ⟨-iness⟩ **0.1** ***bloeddorstig*** ⇒*moorddadig.*

blood transfusion **0.1** ***bloedtransfusie.***

blood type **0.1** ***bloedgroep.***

blood vessel **0.1** ***bloedvat*** ⇒*ader.*

blood|y[1] [bluddie] ⟨-iness⟩ **I** ⟨bn.⟩ **0.1** ***bloedachtig*** ⇒*bloed-, bloedrood; bebloed* **0.2** ***bloed(er)ig*** **0.3** ***bloeddorstig*** ⇒*wreed* ◆ **1.1** ~ nose *bloedneus;*
II ⟨bn., attr.⟩⟨vnl. BE; inf.⟩ **0.1** ***verdomd*** ⇒*verdraaid, rot*

⟨als stopwoord, bijna betekenisloos⟩ ◆ **1.1** he's a ~ fool *hij is een verdomde idioot;* that's a ~ shame *dat is een grof schandaal.*

bloody² ⟨bw.⟩⟨vooral BE; inf.⟩ **0.1** ***verdomd*** ⇒*verdraaid, erg* ◆ **2.1** it's ~ beautiful *het is verrekte mooi;* not ~ likely! *je zuster!, geen kwestie van!;* you're ~ well right *je hebt nog gelijk ook.*

bloody-minded ⟨-ness⟩⟨BE; inf.⟩ **0.1** ***dwars*** ⇒*koppig, obstinaat.*

bloom¹ [bloe:m] ⟨zn.⟩ **0.1** ***bloem*** ⟨vooral v. planten die voor de bloem gekweekt worden⟩ ⇒*bloesem* **0.2** ***bloei(tijd)*** ⇒ *kracht, hoogste ontwikkeling* **0.3** ***waas*** ⇒*dauw* **0.4** ***blos*** ⇒ *gloed, ongerepteid* ◆ **1.4** a girl with a ~ *een meisje met een blos* **6.2** my tulips are **in** (full) ~ *mijn tulpen staan in (volle) bloei;* **in** the ~ of one's youth *in de kracht v. zijn jeugd.*

bloom² ⟨ww.⟩ **0.1** ***bloeien*** ⇒*in bloei zijn/staan* **0.2** ***in volle bloei komen*** ⟨ook fig.⟩ ⇒*tot volle ontplooiing komen* **0.3** ***floreren*** ⇒*gedijen, tieren* **0.4** ***blaken*** ⇒*blozen, stralen* ⟨vnl. v. vrouw⟩ **0.5** ***zich ontwikkelen*** ⇒*(op)bloeien, uitgroeien* ◆ **1.2** try to make the desert ~ *proberen de woestijn vruchtbaar te maken* **1.5** their friendship ~ed *hun vriendschap bloeide op* **6.4** she ~ed **with** health *zij blaakte v. gezondheid.*

bloomer [bloe:mə] **I** ⟨telb.zn.⟩ **0.1** ***bloeiende plant*** **0.2** ⟨inf.⟩ ***blunder*** ⇒*flater, miskleun* ◆ **3.2** make a ~ *een flater slaan;*
II ⟨mv.⟩⟨gesch.⟩ **0.1** ***knickerbockers*** ⟨v. vrouw⟩.

blooming [bloe:ming] ⟨euf. voor bloody⟩ **0.1** ***verdraaid*** ⇒ *volslagen.*

blossom¹ [blosm] ⟨zn.⟩⟨ook fig.⟩ **0.1** ***bloesem*** ⇒*bloeisel, bloei* ◆ **6.1** be **in** ~ *in bloesem/bloei staan.*

blossom² ⟨ww.⟩ **0.1** ***ontbloeien*** ⇒*tot bloei komen* ⟨ihb. v. vruchtbomen⟩ **0.2** ***zich ontwikkelen*** ⇒*opbloeien, zich ontpoppen* ◆ **1.1** the pear trees are ~ing *de perenbomen staan in bloei* **5.2** ~ **forth/out** *opbloeien;* the athlete is ~ing **out** *de atleet is op weg naar de top/'groeit'.*

blot¹ [blot] ⟨zn.⟩ **0.1** ***vlek*** ⇒*klad, smet* ⟨ook fig.⟩ ◆ **1.1** ~ of ink *inktvlek* **6.1** the building was a ~ **on** the landscape *het gebouw ontsierde het landschap.*

blot² ⟨-ted⟩ **I** ⟨onov.ww.⟩ **0.1** ***vlekken maken*** ⇒*knoeien, kliederen* **0.2** ***vlekken (krijgen)*** ⇒*vloeien* ⟨v. papier⟩ ◆ **1.1** ink ~s easily *inkt vlekt gemakkelijk* **1.2** that paper ~s well *dat papier neemt goed (inkt) op;*
II ⟨ov.ww.⟩ **0.1** ***bevlekken*** ⇒*bekladden, bezoedelen;* ⟨fig.⟩ *onteren, blaam werpen op* **0.2** ***ontsieren*** **0.3** ***(af)vloeien*** ⇒ *drogen met vloeipapier.*

blotch [blotsj] **0.1** ***vlek*** ⇒*puist, smet.*

blotch|y [blotsjie] ⟨-ier⟩ **0.1** ***gevlekt*** ⇒*vlekkerig.*

blot out **0.1** ***(weg)schrappen*** ⇒*doorhalen, uitwissen* **0.2** ***verbergen*** ⇒*aan het gezicht onttrekken, bedekken* **0.3** ***vernietigen*** ⇒*uitroeien* ◆ **1.1** words have been blotted out *woorden zijn weggeschrapt* **1.2** clouds ~ the sun *wolken schuiven voor de zon;* cars ~ my view *auto's belemmeren mij het uitzicht* **1.3** hundreds of people have been blotted out *honderden mensen zijn v.d. aardbodem weggevaagd.*

blotter [blottə] **0.1** ***vloeiblok*** ⇒*vloeiroller* **0.2** ***stuk vloei(papier)*** **0.3** ⟨AE⟩ ***(politie)register.***

blotting paper [blotting peepə] **0.1** ***vloei(papier).***

blotto [blottoo] ⟨BE; inf.⟩ **0.1** ***ladderzat*** ⇒*teut.*

blouse [blauz] **0.1** ***bloes*** ⟨gedragen door vrouwen⟩ ⇒*blauwe (werk)kiel* **0.2** ***tuniek*** ⟨gedragen door o.a. het Am. leger⟩ ⇒ *uniformjas.*

blow¹ [bloo] ⟨zn.⟩ **0.1** ***wind(vlaag)*** ⇒*rukwind; storm, stijve/ stevige bries* **0.2** ***slag*** ⇒*klap, mep* **0.3** ***(tegen)slag*** ⇒ *ramp, schok* ◆ **3.2** come to/exchange ~s *slaags raken;* ⟨ook fig.⟩ deal s.o. a ~ *iem. een slag toebrengen* **5.2** he struck a ~ **against/for** democracy *hij gaf de democratie een flinke knauw/hielp de democratie een stap vooruit* **6.1** a ~ **on** a whistle *gefluit op een fluitje* **6.2** **at/with** a (single)/one ~ *in één klap/poging;* ~ **by** ~ account *gedetailleerd verslag;* without (striking) a ~ *zonder slag of stoot, zonder geweld* **6.3** be a ~ **to** our hopes *onze hoop de bodem inslaan.*

blow² ⟨blew [bloe:], blown [bloon]⟩ **I** ⟨onov.ww.⟩ **0.1** ***(uit)blazen*** ⇒*fluiten, weerklinken; (uit)waaien, dwarrelen, wapperen* **0.2** ***hijgen*** ⇒*blazen, puffen* **0.3** ***stormen*** ⇒*hard waaien* **0.4** ⟨elek.⟩ ***doorsmelten*** ⇒*doorbranden, doorslaan* ⟨v. stop⟩ **0.5** ⟨sl.⟩ ***'m smeren*** ◆ **1.1** his hair blew in the wind *zijn haar wapperde in de wind;* the bugle ~s *de hoorn (weer)klinkt;* the whistle ~s *het fluitje gaat* **1.3** a storm is ~ing *het stormt* **4.¶** ⟨walvisvaart⟩ there she ~s! *daar spuit ie!* **5.1** ~ **down** *neergeblazen worden, omwaaien;* ⟨inf.⟩ ~ **in** *(komen) binnenvallen, (komen) aanwaaien; inwaaien;* the scandal will ~ **over** *het schandaal zal wel overwaaien* **5.¶** ⟨inf.⟩ ~ hot and cold (about) *veranderen gelijk het weer;* ⟨inf.⟩ ~ (wide) open *bekend worden* **6.1** ⟨inf.⟩ ~ **into** the room *de kamer binnenvallen.* →**blow out, blow up;**
II ⟨ov.ww.⟩ **0.1** ***blazen (op, door)*** ⇒*aan/af/op/rond/uit/ wegblazen; snuiten* ⟨neus⟩; *doen wapperen, doen dwarrelen* **0.2** ⟨elek.⟩ ***doorsmelten*** ⇒*doen doorslaan, doen doorbranden* **0.3** ***bespelen*** ⇒*blazen op, spelen op* **0.4** ⟨inf.⟩ ***verknallen*** ⇒*verprutsen, verknoeien* **0.5** ⟨vulg.⟩ ***pijpen*** ⇒ *afzuigen* **0.6** ⟨sl.⟩ ***vervloeken*** ⇒*verwensen* ◆ **1.1** ~ bubbles *bellen blazen;* the door was ~n open *de deur waaide open;* it's ~ing (up) a gale/storm *het stormt, het gaat stormen;* ~ glass *glasblazen;* the wind blew her hair *de wind woei door haar haar* **1.3** ~ the whistle *op het fluitje blazen, fluiten* **1.6** ~ the cost! *wat kunnen mij de kosten schelen!* **4.4** you blew it *je hebt het verknald/verpest* **4.6** I'll be ~ed if I'll do it *ik verdom het, ze kunnen me de pot op;* ~ it *verdorie;* well, I'm ~ed *wel heb je me nou!, wat zeg je me daar van!* **5.1** ~ **away** *wegblazen; wegjagen;* the wind blew the trees **down** *de wind blies de bomen om(ver);* ~ **in** *aanblazen, inblazen* ⟨ook fig.⟩; *doen springen* ⟨ruit⟩; ~ **off** *wegblazen, doen wegwaaien; afblazen, laten ontsnappen* ⟨stoom⟩; ~ **over** *om(ver)blazen, doen omwaaien;* ~ skyhigh *in de lucht laten vliegen;* ⟨fig.⟩ *geen spaan heel laten van* **5.¶** ~ **abroad** *ruchtbaar maken, als gerucht verspreiden* **6.1** the tank was ~n **to** pieces/glory *de tank werd aan stukken gereten.* →**blow out, blow up.**

blow-dry¹ ⟨zn.; geen mv.⟩ **0.1** ***(het) föhnen*** ◆ **1.1** I had a cut and a ~ *ik liet mijn haar knippen en föhnen.*

blow-dry² ⟨ww.⟩ **0.1** ***föhnen.***

blow-dryer **0.1** ***föhn*** ⇒*haardroger.*

blower [blooə] **0.1** ***aanjager*** ⇒*blower, ventilator* **0.2** ⟨BE; inf.⟩ ***telefoon.***

blowfly **0.1** ***vleesvlieg.***

blowgun **0.1** ***blaaspijp*** ⇒*blaasroer.*

blowhole **0.1** ***spuitgat*** ⟨v. walvis⟩ **0.2** ***gietblaas*** **0.3** ***wak*** ⟨in ijs⟩.

blowjob ⟨AE⟩ **0.1** ⟨vulg.⟩ ***het pijpen*** ⟨seksuele bevrediging met de mond⟩.

blowlamp, blowtorch **0.1** ***soldeerlamp.***

blowout **0.1** ***klapband*** ⇒*lekke band* **0.2** ***lek*** **0.3** ***uitbarsting*** ⟨v. activiteit in olie/gasbron⟩ ⇒*eruptie* **0.4** ⟨sl.⟩ ***knalfeest*** ⇒*knalfuif; eetfestijn, vreetpartij.*

blow out **I** ⟨onov.ww.⟩ **0.1** ***uitwaaien*** ⇒*uitgaan* **0.2** ***springen*** ⇒*klappen, barsten* **0.3** ***ophouden te werken*** ⟨v. elektrische apparatuur⟩ ⇒*uitvallen, doorbranden* ◆ **1.1** the lights blew out *het licht ging uit* **1.¶** the storm had blown itself out *de storm was uitgeraasd/was gaan liggen;* **II** ⟨ov.ww.⟩ **0.1** ***uitblazen*** *⇒uitdoen* **0.2** ***doen springen*** *⇒ doen klappen/barsten* **0.3** ***buiten bedrijf/werking stellen*** ⟨elektrische apparatuur⟩.

blowpipe 0.1 ***blaaspijp*** **0.2** ***gasbrander(pijp)*** **0.3** ***glas(blaas)pijp.***

blowup 0.1 ***explosie*** *⇒ontploffing* **0.2** ***uitbarsting*** *⇒ruzie, herrie* **0.3** ⟨foto.⟩ ***(uit)vergroting*** *⇒detailvergroting.*

blow up I ⟨onov.ww.⟩ **0.1** ***ontploffen*** *⇒exploderen, springen* **0.2** ⟨inf.⟩ ***in rook opgaan*** *⇒verijdeld worden* **0.3** ***opzwellen*** *⇒opgeblazen worden* **0.4** ***(in woede) uitbarsten*** *⇒ ontploffen* **0.5** ***sterker worden*** ⟨v. wind, storm⟩ *⇒komen opzetten;* ⟨fig.⟩ *uitbreken, losbarsten* ◆ **1.5** a storm is blowing up *er komt een storm opzetten;* the crisis blew up *de crisis brak uit* **6.4** he blew up **at** her *hij viel tegen haar uit;* **II** ⟨ov.ww.⟩ **0.1** ***opblazen*** *⇒laten ontploffen; vullen* ⟨met lucht⟩ **0.2** ⟨sl.⟩ ***verijdelen*** ⟨plannen e.d.⟩ **0.3** ***opblazen*** *⇒ overdrijven* **0.4** ***aanblazen*** ⟨vuur⟩ *⇒aanwakkeren, (op)stoken* **0.5** ***doen opwaaien*** *⇒opjagen, opdwarrelen* **0.6** ⟨foto.⟩ ***(uit)vergroten*** *⇒een blow-up maken van.*

blow|y [blooie] ⟨-ier⟩ **0.1** ***winderig.***

blowz|y, blows|y [blauzie] ⟨-ier⟩⟨meestal v. vrouw⟩ **0.1** ***slonzig*** *⇒verloederd, grof.*

blubber[1] [blubbəl] ⟨zn.⟩ **0.1** ***blubber*** *⇒walvisspek; spek(laag)* **0.2** ⟨sl.⟩ ***gejank*** *⇒gegrien.*

blubber[2] ⟨ww.⟩ **0.1** ***grienen*** *⇒snotteren, janken* ◆ **5.1** ~ sth. **out** *iets snikkend/jankend zeggen.*

blubbery [blub(ə)rie] **0.1** ***dik*** *⇒vet.*

bludgeon[1] [bludzjn] ⟨zn.⟩ **0.1** ***(gummi)knuppel*** *⇒knots.*

bludgeon[2] ⟨ww.⟩ **0.1** ***(neer)knuppelen*** *⇒(met een knuppel) aftuigen* ◆ **6.¶** he was ~ed **into** giving his money *zijn geld werd hem afgeperst.*

blue[1] [bloe:] ⟨zn.⟩ **0.1** ***blauw*** **0.2** ***blauwsel*** ⟨om linnengoed te blauwen⟩ **0.3** ⟨the⟩ ***blauwe lucht*** **0.4** ***blauwtje*** ⟨vlinder⟩ **0.5** ***lid/kleur v.e. conservatieve politieke partij*** *⇒*⟨BE⟩ *Tory, conservatief* **0.6** ⟨BE⟩ ***student(e) die universiteit vertegenwoordigt in sportwedstrijden tussen Oxford en Cambridge*** ◆ **3.¶** get/win one's ~ *gekozen worden als vertegenwoordiger (v. Oxford of Cambridge) in sportwedstrijden* **6.1** dressed in ~ *in het blauw (gekleed)* **6.3** **into** the ~ *naar/in het onbekende, in de ruimte;* **out of** the ~ *plotseling, als een donderslag bij heldere hemel.*

blue[2] ⟨bn.; -r; -ness⟩ **0.1** ***blauw*** *⇒azuur* **0.2** ***gedeprimeerd*** *⇒ triest, somber* **0.3** ***conservatief*** *⇒*⟨BE⟩ *Tory* **0.4** ⟨inf.⟩ ***obsceen*** *⇒porno-, gewaagd* ◆ **1.1** ~ blood *blauw bloed;* ~ blooded *v. adellijke afkomst;* ~ cheese *schimmelkaas;* ~-collar workers *handarbeiders;* ~ helmet *blauwhelm* **1.4** ~ film/movie *pornofilm, seksfilm* **1.¶** ~ chip *prima aandeel;* ⟨scheep.⟩ ~ ensign *Britse scheepsvlag;* wait till one is ~ in the face *wachten tot je een ons weegt;* ⟨inf.⟩ have a ~ fit *zich rot schrikken;* ⟨inf.⟩ be in a ~ funk *ontzettend in paniek zijn; in de rats zitten;* once in a ~ moon *(hoogst) zelden, zelden of nooit;* cry/scream/shout ~ murder *moord en brand schreeuwen;* ⟨the; ook B- P-⟩ ~ peter ⟨vnl. zeilsport⟩ *start/vertrek/afvaartvlag* **3.2** I'm feeling ~ today *ik voel me rot vandaag;* things are looking ~ *de zaken staan er slecht voor* **6.1** ~ **with** cold *blauw v.d. kou.*

blue[3] ⟨ww.⟩ **0.1** ***blauw kleuren/maken.***

blue-arsed ⟨inf.⟩ ◆ **1.¶** run (a)round like a ~ fly *het zo druk hebben als een klein baasje, van hot naar haar rennen.*

blue baby 0.1 ***blauwe baby*** ⟨met aangeboren hart- of longdefect⟩.

blue bag 0.1 ***zakje blauw*** *⇒blauwsel.*

bluebeard ⟨vaak B-⟩ **0.1** ***blauwbaard*** *⇒vrouwenhater, vrouwenmoordenaar.*

bluebell 0.1 ***grasklokje*** **0.2** ***wilde hyacint.***

blueberry [bloe:brie] **0.1** ***(blauwe) bosbes.***

bluebird 0.1 ***sialia*** ⟨zangvogel⟩.

blue book ⟨ook B- B-⟩ **0.1** ⟨BE⟩ ***blauwboek*** *⇒regeringsrapport/verslag* **0.2** ⟨AE; inf.⟩ ***vipboek*** ⟨boek met persoonlijke details over maatschappelijke prominenten⟩.

bluebottle 0.1 ***aasvlieg*** *⇒bromvlieg.*

bluecoat 0.1 ***iem. in blauw uniform*** *⇒*⟨ihb.⟩ *diender, smeris* **0.2** ⟨gesch.⟩ ***unionist*** ⟨soldaat v.h. federale leger in de Am. burgeroorlog⟩.

blue-collar 0.1 ***hand-, fabrieks-*** ⟨arbeider(s)⟩ ◆ **1.1** ~ workers *handarbeiders, fabrieksarbeiders* ⟨tgov. kantoormensen⟩.

blue-eyed 0.1 ***blauwogig*** **0.2** ***favoriet*** *⇒lievelings-* ◆ **1.2** somebody's ~ boy *iemands lievelingetje/oogappel(tje).*

bluejacket 0.1 ***matroos*** *⇒jantje, zeeman.*

blue jeans 0.1 ***jeans*** *⇒spijkerbroek.*

blue-pencil ⟨inf.⟩ **0.1** ***censureren*** *⇒schrappen.*

blueprint 0.1 ***blauwdruk*** *⇒ontwerp, schets* ◆ **1.1** ~ stage *blauwdrukfase.*

blue ribbon 0.1 ***hoogste onderscheiding*** *⇒eerste prijs.*

blues [bloe:z] ⟨zn.; ww. enk. of mv.⟩ **0.1** ⟨vaak the; muz.⟩ ***(de) blues*** **0.2** ⟨inf.⟩ ***zwaarmoedigheid*** *⇒melancholie* ◆ **1.2** the baby ~ *postnatale depressie* **3.1** he played another ~ *hij speelde nog een blues(nummer).*

bluestocking 0.1 ⟨vaak pej.⟩ ***blauwkous*** *⇒geleerde/intellectuele vrouw.*

bluesy [bloe:zie] **0.1** ***bluesachtig.***

bluethroat 0.1 ***blauwborst.***

bluetit 0.1 ***pimpelmees.***

blue whale 0.1 ***blauwe vinvis.***

bluff[1] [bluf] ⟨zn.⟩ **0.1** ***hoge, steile oever*** *⇒steile rotswand, klif* **0.2** ***bluf*** ◆ **3.1** call one's ~ *iem. tarten/uitdagen (zijn woorden waar te maken/iets (dan ook) te doen); iemands uitdaging aannemen.*

bluff[2] ⟨bn.; -ness⟩ **0.1** ***kortaf maar oprecht/openhartig*** *⇒ bruusk/plompverloren maar ronduit/eerlijk* ◆ **1.1** a ~ way of expressing *een lompe manier v. uitdrukken.*

bluff[3] **I** ⟨onov.ww.⟩ **0.1** ***bluffen*** ⟨ook v. poker⟩ *⇒brutaal/ driest optreden* **0.2** ***doen alsof*** *⇒voorwenden;* **II** ⟨ov.ww.⟩ **0.1** ***overbluffen*** *⇒overdonderen* **0.2** ***misleiden*** *⇒bedriegen, doen alsof* ◆ **1.2** ~ one's way out of a situation *zich (door bluf/bedrog) uit een (precaire) situatie redden* **5.2** ⟨inf.⟩ ~ it **out** *zich door bedrog/bluf eruit redden* **6.1** ~ s.o. **into** believing sth. *iem. iets wijsmaken.*

bluish, ⟨ook⟩ **blueish** [bloe:isj] **0.1** ***blauwachtig*** *⇒blauwig.*

blunder[1] [blundə] ⟨zn.⟩ **0.1** ***blunder*** *⇒flater, miskleun* ◆ **3.1** make a ~ *een bok schieten, een flater slaan.*

blunder[2] ⟨ww.⟩ **0.1** ***blunderen*** *⇒een stomme fout begaan/ maken, een flater slaan* **0.2** ***strompelen*** *⇒(voort)sukkelen, zich onhandig voortbewegen* ◆ **5.2** ~ **on** *voortsukkelen, voortstrompelen;* he ~ed **through** the poem *hij worstelde zich moeizaam door het gedicht* **5.¶** ~ **out** a stupid remark *een stomme opmerking eruit flappen* **6.2** ~ **into** a tree *tegen een boom opknallen;* ~ **(up)on** sth. *tegen iets aanlopen, door toeval/geluk iets vinden.*

blunderbuss [blundəbus] **0.1** ***donderbus.***

blunderer [blund(ə)rə] **0.1** ***klungel*** *⇒stommeling, kluns.*

blunt[1] [blunt] ⟨bn.; -ness⟩ **0.1** ***bot*** *⇒stomp, afgekant* **0.2** ***afgestompt*** *⇒ongevoelig, koud* **0.3** ***(p)lomp*** *⇒ongezouten; onverbloemd, onomwonden* ◆ **1.1** a ~ knife *een bot mes* **1.3** ~ refusal *botte weigering* **3.2** make senses ~ *zintuigen afstompen* **3.3** tell s.o. sth. ~ly *iem. iets botweg/recht in zijn gezicht vertellen.*

blunt[2] ⟨ww.⟩ **0.1** ***stomp/bot worden/maken*** *⇒afstompen,* *ongevoelig maken* ⟨ook fig.⟩ ◆ **1.1** the loss ~ed her lively spirit *het verlies stompte haar levendige geest af.*

blur[1] [blə:] ⟨zn.⟩ **0.1** ***onduidelijke plek*** ⇒*wazig beeld, verflauwde/vage indruk* ◆ **1.1** the letters turned into a ~ *de letters gingen in elkaar over;* the statues appeared as a ~ *de standbeelden doemden vaag op.*

blur[2] (-red) **I** ⟨onov.ww.⟩ **0.1** ***vervagen*** ⇒*vaag/onduidelijk worden* **0.2** ***vlekken*** ◆ **1.2** the ink has ~red *de inkt is uitgelopen;*
II ⟨ov.ww.⟩ **0.1** ***bevlekken*** ⇒*besmeren;* ⟨fig.⟩ *bekladden, bezoedelen* **0.2** ***onduidelijk/onscherp maken*** ⇒*troebel/vaag maken* ◆ **1.2** the tears ~ his eyes *de tranen vertroebelen zijn ogen;* ~red photographs *onscherpe foto's.*

blurb [blə:b] **0.1** ***flaptekst.***

blurt out [blə:t aut] **0.1** ***eruit flappen*** ⇒*eruit gooien, laten ontglippen.*

blush[1] [blusj] ⟨zn.⟩ **0.1** ***(schaamte)blos*** ⇒*(rode) kleur, schaamrood, (rode/rozen)gloed* ◆ **3.1** spare his ~es *maak hem niet verlegen (door hem te prijzen)* **7.¶** at (the) first ~ *op het eerste gezicht.*

blush[2] ⟨ww.⟩ **0.1** ***blozen*** ⇒*een kleur krijgen, rood worden* **0.2** (+for) ***zich schamen (voor)*** ◆ **6.1** ~ **at** sth. *om/vanwege iets blozen.*

blusher [blusjə] **0.1** ***rouge.***

bluster[1] [blustə] ⟨zn.⟩ **0.1** ***tumult*** ⇒*drukte; geloei, gebulder* ⟨v. storm⟩; *geraas, getier* ⟨v. boze stemmen⟩ **0.2** ***gebral*** ⇒ *gesnoef, opschepperij.*

bluster[2] ⟨ww.⟩ **0.1** ***razen*** ⇒*bulderen, tieren* **0.2** ***bulderen*** ⇒ *loeien, huilen* ⟨v. wind⟩ **0.3** ***brallen*** ⇒*opscheppen.*

blustery [blustrie] **0.1** ***stormachtig*** ⇒*winderig* **0.2** ***bralle-rig*** ⇒*opschepperig.*

blvd. ⟨afk.⟩ **0.1** [boulevard].

BMX ⟨afk.⟩ **0.1** [bicycle motocross].

BMX bike ⟨afk.⟩ **0.1** [bicycle motocross bike] ***crossfiets.***

bn ⟨afk.⟩ **0.1** [billion].

b.o., B.O. ⟨afk.⟩ **0.1** [body odour] ***lichaamsgeur*** ⇒*zweetlucht.*

boa [booə] **0.1** ***boa*** ⇒*boa constrictor* **0.2** ***boa*** ⇒*bontstola, bontje.*

boar [bo:] **0.1** ***beer*** ⟨mannetjesvarken⟩ **0.2** ***wild zwijn*** ⇒ *everzwijn* ◆ **2.2** wild ~ *everzwijn.*

board[1] [bo:d] ⟨zn.⟩ **0.1** ***plank*** ⇒*(vloer)deel; zwaard* ⟨v. schip⟩ **0.2** ***(aanplak/score)bord*** ⇒*schild, plaat; bord* ⟨basket- en korfbal⟩; *(schaak)bord; (speel)bord* **0.3** ⟨scheep.⟩ ***boord*** **0.4** ***kost(geld)*** ⇒*onderhoud, pension* **0.5** ⟨ww. enk. of mv.; vaak B-⟩ ***raad*** ⇒*bestuur(slichaam)* **0.6** ⟨mv.⟩ ***harde kaften v.e. boek*** ◆ **1.1** a two-inch ~ *een plank v. vijf cm dik* **1.4** ~ and lodging *kost en inwoning* **1.5** ~ of directors *raad v. bestuur;* ~ of governors *bestuur, curatorium* **2.4** full ~ *vol pension* **2.5** editorial ~ *redactie* **3.6** bound in ~s *gekartonneerd* **3.¶** groaning ~ *rijkbeladen tafel/dis;* sweep the ~ *grote winst(en) boeken, zegevieren;* ⟨inf.⟩ take on ~ *begrijpen, accepteren, aannemen* ⟨nieuwe ideeën e.d.⟩ **6.3** go **by** the ~ *overboord slaan;* ⟨fig.⟩ *volledig mislukken* ⟨v. plannen e.d.⟩; ~ **by** ~, ~ **on** ~ *boord aan boord, met de schepen langszij;* **on** ~ *aan boord van* **6.5** be **on** the ~ *in het bestuur zitten; bestuurslid zijn* **6.¶** **above** ~ *open, eerlijk;* **across** the ~ *over de hele linie, iedereen, niemand uitgezonderd;* go **on** ~ a train *in de trein stappen.*

board[2] **I** ⟨onov.ww.⟩ **0.1** ***in de kost zijn*** **0.2** ***laveren*** ⇒*slagen maken, opwerken* ◆ **6.1** he is ~ing **at** their house/**with** them *hij is bij hen in de kost;*
II ⟨ov.ww.⟩ **0.1** ***beplanken*** ⇒*beschieten, betimmeren, bevloeren, kartonneren* **0.2** ***in de kost hebben/nemen*** **0.3** ***uit huis doen*** ⇒*in de kost doen* **0.4** ***aan boord gaan van*** ⇒*instappen* ⟨vliegtuig⟩; *opstappen* ⟨motor⟩ **0.5** ⟨scheep.⟩ ***enteren*** ◆ **1.4** ~ a ship *zich inschepen* **5.1** ~ **up** the building *het gebouw dichttimmeren* **5.3** ~ s.o. **out** *iem. elders in de kost doen.*

board computer 0.1 ***boordcomputer*** **0.2** ***kaartcomputer.***

boarder [bo:də] **0.1** ***pensiongast*** ⇒*kostganger* **0.2** ***kostleerling*** ⇒*intern.*

board game 0.1 ***bordspel.***

boarding [bo:ding] **0.1** ***beplanking*** ⇒*betimmering, schutting.*

boardingcard, boardingpass 0.1 ***instapkaart.***

boardinghouse 0.1 ***kosthuis*** ⇒*pension, logement.*

boarding school 0.1 ***kostschool*** ⇒*internaat.*

boardroom 0.1 ***bestuurskamer*** ⇒*directiekamer.*

boardsailing ⟨sport⟩ **0.1** ***(het) plankzeilen*** ⇒*(het) (wind)-surfen.*

boardsailor ⟨sport⟩ **0.1** ***plankzeiler*** ⇒*(wind)surfer.*

boardwalk ⟨AE⟩ **0.1** ***promenade*** ⇒*plankenpad* ⟨langs strand⟩.

boast[1] [boost] ⟨zn.⟩ **0.1** ⟨vnl. pej.⟩ ***bluf*** ⇒*grootspraak* **0.2** ***trots*** ⇒*roem, glorie* ◆ **2.2** it is our proudest ~ that *we kunnen ons erop beroemen dat.*

boast[2] **I** ⟨onov.ww.⟩ **0.1** ***opscheppen*** ⇒*overdrijven, sterke verhalen vertellen* ◆ **6.1** ~ **about/of** *opscheppen over, zich laten voorstaan op;*
II ⟨ov.ww.⟩ **0.1** ***in het (trotse) bezit zijn van*** ⇒*(kunnen) bogen op (het bezit van)* **0.2** ⟨vnl. pej.⟩ ***(met misplaatste) trots vertellen*** ⇒*snoeven, pochen* ◆ **1.1** this town ~s a stadium *deze stad is de trotse bezitter v. een stadion/is een stadion rijk.*

boaster [boostə] **0.1** ***opschepper/ster*** ⇒*praatjesmaker.*

boastful [boos(t)fl] (-ness) **0.1** ***opschepperig*** ⇒*opsnij(d)erig.*

boat[1] [boot] ⟨zn.⟩ **0.1** ***(open) boot*** ⇒*vaartuig, (dek)schuit, sloep* **0.2** ⟨AE⟩ ***(zeewaardig) schip*** ⇒*(stoom)boot* ⟨vnl. door niet-zeelui gebruikt⟩ **0.3** ***(jus/saus)kom*** ◆ **2.1** be (all) in the same ~ ⟨fig.⟩ *(allen) in hetzelfde schuitje zitten* **3.1** take to the ~s *naar de reddingssloepen vluchten;* ⟨fig.⟩ *het zinkende schip verlaten* **3.¶** burn one's ~s *z'n schepen achter zich verbranden;* miss the ~ *de boot missen, zijn kans voorbij laten gaan;* ⟨BE; inf.⟩ push the ~ out *de bloemetjes buiten zetten;* ⟨inf.⟩ rock the ~ *de boel in het honderd sturen, spelbreker zijn.*

boat[2] ⟨ww.⟩ **0.1** ***in een boot varen*** ⇒*uit varen/roeien/zeilen gaan* ◆ **3.1** let's go ~ing *laten we gaan varen.*

boater [bootə] **0.1** ***schipper*** ⇒*roeier* **0.2** ***(stijve, platte) strohoed*** ⇒*matelot.*

boathook 0.1 ***bootshaak.***

boathouse 0.1 ***boothuis*** ⇒*schuitenhuis.*

boat|man [bootmən] ⟨mv.: -men [-mən]⟩ **0.1** ***jollenman*** ⇒ *vletterman* **0.2** ***bootjesverhuurder*** ⇒*schuitenverhuurder.*

boat people ⟨zn.⟩ **0.1** ***bootvluchtelingen*** ⟨in Z.O.-Azië⟩.

boat race 0.1 ***roeiwedstrijd*** ⇒*bootrace.*

boatswain [boosn] **0.1** ***bootsman*** ⇒*boots* ⟨onderofficier op schip⟩.

boat train 0.1 ***boottrein.***

boatyard 0.1 ***werf*** ⟨ihb. voor kleinere boten⟩.

bob[1] [bob] ⟨zn.⟩ **0.1** ⟨ben. voor⟩ ***hangend voorwerp*** ⇒*(slinger)gewicht, lens* ⟨v. uurwerk⟩; *gewicht, strik* ⟨aan vlieger⟩; *lood* ⟨v. dieplood⟩; *dobber, waker; aaskluwen* ⟨v. peur⟩ **0.2** ***bob(slee)*** **0.3** ***refrein*** ⇒*slotregel, keervers* **0.4** ***gecoupeerde staart*** **0.5** ***plotselinge (korte) beweging*** ⇒*sprong;* ⟨ihb.⟩ *(knie)buiging, knix* **0.6** ***bob(bed kapsel)*** ⇒*kort geknipte kop, jongenskop* ◆ **3.6** wear one's hair in a ~ *een kort kopje hebben* **¶.¶** ⟨BE; inf.⟩ Bob's your uncle *klaar is Kees, voor mekaar.*

bob² ⟨zn.; mv.: bob⟩⟨BE; inf.⟩ **0.1** ***shilling*** ⇒*5 pence, poen, geld* ◆ **3.1** that must have cost a few ~ *dat zal wel een flinke duit gekost hebben.*

bob³ ⟨-bed⟩ **I** ⟨onov.ww.⟩ **0.1** ***bobben*** ⇒*rodelen, bobsleeën* **0.2** ***(zich) op en neer/heen en weer bewegen*** ⇒*(op)springen, dobberen* **0.3** ***buigen*** ⇒*een (knie)buiging/knix maken* ◆ **1.2** the boat ~bed on the waves *de boot danste op de golven* **5.2** ~ **up** *(plotseling) te voorschijn komen, komen boven drijven, opduiken;*
II ⟨ov.ww.⟩ **0.1** ***(kort) knippen*** ⟨haar⟩ **0.2** ***couperen*** ⇒ *kortstaarten* **0.3** ***heen en weer/op en neer bewegen*** ⇒ *doen dansen, laten dobberen, knikken* ◆ **1.1** have one's hair ~bed *het haar kort laten knippen* **1.3** ~ a curtsy to s.o. *voor iem. een buiging maken.*

bobbin [bobbin] **0.1** ***spoel*** ⇒*klos, bobine.*

bobb|y [bobbie] ⟨mv.: -ies⟩ **0.1** ⟨BE; inf.⟩ ***bobby*** ⇒*oom agent, politieman.*

bobby pin ⟨AE⟩ **0.1** ***(plat) haarspeld(je).***

bobby sock ⟨mv.: ook bobby sox [bobbiesoks]⟩ ⟨AE; inf.⟩ **0.1** ***(enkel)sokje.***

bobbysoxer [bobbiesoksə], **bobbysocker** [-sokkə] ⟨AE; inf.⟩ **0.1** ***bakvis*** ⟨vnl. in de jaren '40⟩.

bobcat ⟨mv.: ook bobcat⟩ **0.1** ***rode lynx.***

bobsleigh [bobslee], **bobsled** [-sled] **0.1** ⟨zn.⟩ ***bob(slee)*** **0.2** ⟨ww.⟩ ***bobsleeën*** ⇒*bobben.*

bobsleigh course, bobsleigh run ⟨wintersport⟩ **0.1** ***bobsleebaan.***

bobtail **0.1** ***kortstaart*** ⇒*bolstaart* **0.2** ***gecoupeerde staart.***

bobtailed [bobteeld] **0.1** ***(met een) gecoupeerd(e staart)*** ⇒ *met een korte staart.*

Boche [bosj] ⟨mv.: ook Boche⟩⟨sl.; bel.⟩ **0.1** ***(rot)mof.***

bock beer, bock [bok] **0.1** ***bockbier.***

bod [bod] ⟨BE; inf.⟩ **0.1** ***kerel*** ◆ **2.1** an odd ~ *een kwibus.*

bode¹ [bood] ⟨ww.; geen pass.⟩⟨schr.⟩ **0.1** ***voorspellen*** ◆ **1.1** those messages ~ no good *die berichten voorspellen weinig goeds;* ~ well/ill for *een goed/slecht voorteken zijn voor.*

bode² ⟨verl. t.⟩ →**bide.**

bodice [boddis] **0.1** ***(keurs)lijfje.***

bodily¹ [boddillie] ⟨bn.⟩ **0.1** ***lichamelijk*** ⇒*lijfelijk* ◆ **1.1** ~ harm *lichamelijk letsel.*

bodily² ⟨bw.⟩ **0.1** ***met geweld*** **0.2** ***lichamelijk*** ⇒*in levende lijve, lijfelijk* **0.3** ***in z'n geheel*** ⇒*compleet, met huid en haar* ◆ **3.1** he was removed from the meeting ~ *hij werd met geweld uit de vergadering weggevoerd* **3.3** the group walked ~ to the exit *de groep liep in z'n geheel naar de uitgang.*

boding [booding] **0.1** ***omen*** ⇒*(slecht) voorteken, (slecht) voorgevoel.*

bodkin [bodkin] **0.1** ***rijgpen*** ⇒*rijgpin, rijgnaald* **0.2** ***priem*** ⇒ ⟨druk.⟩ *els* **0.3** ***lange haarspeld.***

bod|y [boddie] ⟨mv.: -ies⟩ **0.1** ***lichaam*** ⇒*romp, lijk* **0.2** ***persoon*** ⇒⟨jur.⟩ *rechtspersoon;* ⟨inf.⟩ *mens, ziel* **0.3** ***grote hoeveelheid*** ⇒*massa* **0.4** ⟨ben. voor⟩ ***voornaamste deel*** ⇒*grootste/centrale deel, kern, meerderheid; schip* ⟨v. kerk⟩; *casco, carrosserie* ⟨v. auto⟩; *romp* ⟨v. vliegtuig⟩; *klankkast* ⟨v. instrument⟩ **0.5** ⟨ww. enk. of mv.; soms B-⟩ ***lichaam*** ⇒*groep, korps* **0.6** ***voorwerp*** ⇒*object, lichaam* **0.7** ***substantie*** ⇒*dichtheid, sterkte, diepgang* ⟨v. literair werk⟩ **0.8** ***bodystocking*** ◆ **1.1** he thinks he owns me ~ and soul *hij denkt dat ik hem met lichaam en ziel toebehoor;* keep ~ and soul together *in leven blijven* **1.3** bodies of water *watermassa's* **1.4** the ~ of a letter *de kern v.e. brief* **1.7** a wine with a good ~ *een volle/rijke wijn* **2.1** a dead ~ *een lijk* **2.2** she's a dear old ~ *ze is een lief oud mens* **2.6** a foreign ~ in my eye *iets wat er niet hoort in mijn oog;* heavenly bodies *hemellichamen* **3.5** the Governing Body is/are meeting today *het bestuur vergadert vandaag* **6.5** they left **in** a ~ *ze vertrokken als één man.* →**corporate, politic.**

body bag **0.1** ***lijkzak*** ⟨v. rubber of plastic⟩.

body blow **0.1** ⟨boksen⟩ ***(reglementaire) stoot op het lichaam*** **0.2** ***(tegen)slag.***

body-builder **0.1** ***bodybuilder.***

body building **0.1** ***body building*** ⇒*lichaamsontwikkeling.*

bodycheck ⟨ijshockey, rugby⟩ **0.1** ***bodycheck*** ⇒*harde tackle.*

body count ⟨mil.; euf.⟩ **0.1** ***aantal gesneuvelden.***

bodyguard ⟨zn.⟩ **0.1** ***lijfwacht.***

body language **0.1** ***lichaamstaal.***

body odour **0.1** ***lichaamsgeur*** ⇒*zweetlucht.*

body scanner ⟨med.⟩ **0.1** ***(body)scanner.***

body shop **0.1** ***carrosseriebedrijf*** ⇒*plaatwerkerij.*

body snatcher **0.1** ***lijkenrover.***

body stocking, body **0.1** ***bodystocking*** ⟨damesondergoed⟩.

body warmer **0.1** ***bodywarmer*** ⟨kort, warm jasje zonder mouwen⟩.

bodywork **0.1** ***carrosserie*** ⇒*koetswerk.*

Boer [boeə, bo:] **0.1** ⟨bn.⟩ ***Boeren-*** **0.2** ⟨zn.⟩ ***Boer*** ⇒*Afrika(a)n(d)er* ◆ **1.1** the ~ War *Boerenoorlog.*

boffin [boffin] ⟨vnl. BE; inf.⟩ **0.1** ***expert*** ⇒*egghead, wetenschapper.*

bog [bog] **0.1** ***(veen)moeras*** ⇒*veenpoel, laagveen* **0.2** ⟨BE; inf.⟩ ***plee*** ⇒*wc.*

bog down ⟨-ged⟩ **0.1** ***gehinderd worden*** ⇒*in een impasse raken, vastlopen* **0.2** ***vast komen te zitten (in de modder)*** ◆ **1.¶** negotiations (got) bogged down *de onderhandelingen liepen vast* **6.¶** be bogged down **by/in** work *tot over zijn oren in het werk zitten;* get/be bogged down **in** details *in details verzanden.*

bog|ey, bog|y [boogie] ⟨mv.: -eys, -ies⟩ **0.1** ***boeman*** ⇒*(kwel)duivel, kwade geest* **0.2** ***spookbeeld*** ⇒*schrikbeeld* **0.3** ⟨ook B-; golf⟩ ***bogey*** ⇒*score v. 1 slag boven par voor een hole* **0.4** ⟨sl.⟩ ***punnik*** ⟨uit de neus⟩.

bog(e)y|man ⟨mv.: -men⟩ **0.1** ***boeman*** ⇒*(kwel)duivel, kwade geest.*

boggle [bogl] **0.1** ***terugschrikken*** ⇒*terugdeinzen* ◆ **1.¶** the mind ~s! *dat gaat mijn verstand te boven, daar kan ik (met mijn verstand) niet meer bij* **6.1** smalltime thieves usually ~ **at** murder *kruimeldieven deinzen gewoonlijk terug voor moord.*

bogg|y [bogie] ⟨-ier⟩ **0.1** ***moerassig*** ⇒*vol moerassen, drassig.*

bogie, bog|y [boogie] ⟨mv.: -ies⟩ **0.1** ***karretje*** ⇒*lorrie* **0.2** ⟨vnl. BE⟩ ***draaibaar onderstel*** ⇒*draaistel, bogie* ⟨v. locomotief⟩.

bogus [boogəs] **0.1** ***vals*** ⇒*onecht, nep-, vervalst* ◆ **1.1** a ~ policeman *een neppolitieman.*

bogy- →**bogey-.**

Bohemia [boohie:miə] **I** ⟨eig.n.⟩ **0.1** ***Bohemen;***
II ⟨telb.zn.; ook b-⟩ **0.1** ***kunstenaarswereldje*** **0.2** ***kunstenaarswijk.***

Bohemian [boohie:miən] **0.1** ⟨bn.⟩ ***Boheems*** **0.2** ⟨bn.; vaak b-⟩ ***onconventioneel*** ⇒*alternatief* **0.3** ⟨zn.⟩ ***Bohemer*** ⇒ *Tsjech* **0.4** ⟨zn.; vaak b-⟩ ***bohémien.***

boil¹ [bojl] ⟨zn.⟩ **0.1** ***steenpuist*** **0.2** ⟨the⟩ ***kookpunt*** ⇒*het koken, kook* ◆ **3.2** bring to the ~ *aan de kook brengen;* come to the ~ *koken;* ⟨fig.⟩ *tot uitbarsting komen* **6.2** be **at** the ~ *staan te koken.*

boil² **I** ⟨onov.ww.⟩ **0.1** ***(staan te) koken*** ⇒*het kookpunt bereiken, gekookt worden* **0.2** ***zieden*** ⇒*(inwendig) koken* ◆

1.1 the kettle is ~ing *het (thee)water staat op/kookt* **1.¶** ~ing surges *kolkende golven* **2.1** ~ing hot *kokend heet* **5.1** ~ **away** *staan te koken (tot niets overblijft);* ~ **down** *inkoken;* ~ **over** *overkoken;* ⟨fig.⟩ *uitbarsten (in woede); tot uitbarsting komen* **5.¶** ⟨inf.⟩ ~ **up** *zich ontwikkelen, broeien* ⟨v. onheil enz.⟩ **6.2** ~ing **with** anger *ziedend v. woede* **6.¶** ⟨inf.⟩ ~ **down to** *neerkomen op (in het kort, in grote lijnen);* **II** ⟨ov.ww.⟩ **0.1** ***koken*** ⇒*aan de kook brengen/houden* ◆ **5.1** ~ **down** *inkoken* **5.¶** ⟨inf.⟩ ~ **down** *kort samenvatten, de hoofdlijnen aangeven.*

boiler [bojlə] **0.1** ***boiler*** ⇒*heetwaterketel, stoomketel* **0.2** ***groente/gevogelte enz. geschikt om te koken*** ⇒⟨ihb.⟩ *soepkip.*

boilersuit **0.1** ***overall*** ⟨met lange mouwen⟩ ⇒*ketelpak.*

boiling point ⟨ook fig.⟩ **0.1** ***kookpunt*** ◆ **3.1** reach one's ~ *zijn zelfbeheersing verliezen.*

boisterous [bojstrəs] ⟨-ness⟩ **0.1** ***onstuimig*** ⇒*onbesuisd, luid(ruchtig)* **0.2** ***ruw*** ⇒*heftig, stormachtig* ⟨v. wind, weer e.d.⟩.

bold [boold] ⟨-ness⟩ **0.1** ***(stout)moedig*** ⇒*doortastend, onverschrokken* **0.2** ⟨vaak pej.⟩ ***brutaal*** ⇒*vrijpostig* **0.3** ***krachtig*** ⇒*goed uitkomend, duidelijk/scherp (omlijnd/(af)getekend)* **0.4** ⟨druk.⟩ ***vet (gedrukt)*** ◆ **1.2** ⟨inf.⟩ as ~ as brass *(honds)brutaal* **1.3** ~ description *duidelijke beschrijving;* ~ imagination *levendige fantasie* **1.¶** put a ~ face on the matter *zich goedhouden* **3.2** be/make (so) ~ (as) to disturb s.o. *zo vrij/brutaal zijn om iem. te storen;* make ~ with sth. *iets vrijelijk gebruiken.* →**fortune.**

boldface ⟨druk.⟩ **0.1** ***vette letter.***

bold-faced **0.1** ***onbeschaamd*** ⇒*brutaal, schaamteloos* **0.2** ⟨druk.⟩ ***vet gedrukt.***

bole [bool] **0.1** ***(boom)stam.***

bolero [bolləroo, ⟨in bet. 0.2⟩ bəlɛəroo] **0.1** ***bolero*** ⟨kort jasje⟩ **0.2** ***bolero*** ⟨Spaanse dans⟩.

boletus [boolie:təs] ⟨mv.: ook boleti⟩ ⟨plantk.⟩ **0.1** ***boleet.***

Bolivia [bəlivviə] **0.1** ***Bolivia.***

Bolivian [bəlivviən] **0.1** ⟨bn.⟩ ***Boliviaans*** **0.2** ⟨zn.⟩ ***Boliviaan(se).***

boll [bool] **0.1** ***(zaad)bol*** ⟨vnl. v. vlas, katoen⟩ ⇒*zaaddoos/huis.*

bollard [bolləd] **0.1** ⟨ben. voor⟩ ***korte paal*** ⇒*bolder, meerpaal* ⟨scheep.⟩; *verkeerszuiltje/paaltje.*

bollocking [bolləking] ⟨sl.⟩ **0.1** ***uitbrander.***

bollocks, ballocks [bolləks] ⟨BE, vulg.⟩ **0.1** ***kloten*** **0.2** ***onzin.***

boll weevil **0.1** ***katoen(pluis)kever*** ⇒*boll weevil.*

boloney [bəloonie], ⟨AE sp. ook⟩ **baloney** ⟨inf.⟩ **0.1** ***onzin*** ⇒*(flauwe)kul, gelul.*

Bolshevik [bolsjivvik] ⟨mv.: ook Bolsheviki [-vie:kie]⟩ **0.1** ***(marxistisch) revolutionair*** ⇒*radicaal, bolsjewiek.*

Bolshevism [bolsjivvizm] ⟨soms b-⟩ ⟨gesch.⟩ **0.1** ***bolsjewisme*** ⇒*Russisch communisme, leninisme.*

Bolshevist [bolsjəvist] ⟨soms b-⟩ ⟨gesch.⟩ **0.1** ***bolsjewist.***

Bolsh|ie[1], **Bolsh|y** [bolsjie] ⟨zn.; mv.: -ies⟩ ⟨BE; inf.⟩ **0.1** ***bolsjewist*** ⇒*revolutionair.*

Bolsh|ie[2], **Bolsh|y** ⟨bn.; -ier⟩ ⟨BE; inf.⟩ **0.1** ***bolsjewistisch*** ⇒*radicaal, links* **0.2** ⟨pej.⟩ ***dwars*** ⇒*opstandig, agressief, recalcitrant.*

bolster [boolstə] **0.1** ***peluw*** ⇒*(onder)kussen, hoofdmatras* **0.2** ***steun*** ⇒*ondersteuning, stut.*

bolster up **0.1** ***met kussen(s)/peluw(s) (onder)steunen*** **0.2** ***schragen*** ⇒*ondersteunen, opkrikken* ⟨ook fig.⟩ ◆ **1.2** ~ s.o.'s morale *iem. moed inspreken.*

bolt[1] [boolt] ⟨zn.⟩ **0.1** ***(slot)bout*** **0.2** ***(deur)grendel*** ⇒*schuif* **0.3** ***bliksemstraal/flits*** **0.4** ***rol*** ⟨weefsel⟩ **0.5** ***sprong*** ⇒*duik* **0.6** ***pijl*** ⟨v. kruisboog⟩ **0.7** ***grendel*** ⇒*sluittoestel* ⟨v. geweer⟩; *sluitstuk* ⟨v. achterlader⟩ ◆ **1.¶** a ~ from the blue *een complete verrassing* **3.5** make a ~ for it *er vandoor gaan* **3.6** ⟨fig.⟩ my ~ is shot *ik heb al mijn kruit verschoten.*

bolt[2], ⟨in bet. II 0.5 ook⟩ **boult I** ⟨onov.ww.⟩ **0.1** ⟨inf.⟩ ***op de loop/vlucht gaan*** ⇒*de benen nemen; op hol slaan* ⟨v. paard⟩ **0.2** ***(plotseling/verschrikt) op(zij)/wegspringen*** **0.3** ***doorschieten*** ⇒*(vroegtijdig/te vroeg) in het zaad schieten* **0.4** ***met bouten bevestigd zitten/zijn*** **0.5** ***sluiten*** ⇒*een grendel hebben;*
II ⟨ov.ww.⟩ **0.1** ***(snel) verorberen*** **0.2** ***vergrendelen*** ⇒*op slot doen* **0.3** ***met bout(en) bevestigen*** **0.4** ⟨AE; inf.; pol.⟩ ***treden uit*** ⟨eigen partij⟩ ⇒*weigeren te steunen, zich afscheiden van* **0.5** ***ziften*** ⇒*builen* ⟨meel⟩; ⟨fig.⟩ *onderzoeken, naspeuren* ◆ **1.4** they ~ed the country *zij vluchtten uit het land* **5.1** ~ **down** food *eten opschrokken* **5.2** be ~ed **in** *ingesloten zijn;* ~ s.o. **out** *iem. buitensluiten.*

bolt[3] ⟨bw.⟩ **0.1** ***recht*** ◆ **5.1** ~ upright *kaarsrecht.*

bolthole **0.1** ***vluchtgang*** ⇒*vluchtgat* **0.2** ***schuilplaats*** ⇒*toevlucht(soord).*

bomb[1] [bom] ⟨zn.⟩ **0.1** ***bom*** **0.2** ⟨the⟩ ***atoombom*** **0.3** ⟨inf.⟩ ***bom geld*** **0.4** ⟨BE; inf.⟩ ***hit*** ⇒*klapper, daverend succes* ◆ **3.3** cost a ~ *kapitalen kosten* **3.4** go like a ~ *als een trein lopen* **3.¶** go like a ~ *scheuren* ⟨v. auto⟩.

bomb[2] **I** ⟨onov.ww.⟩ **0.1** ***bommen werpen*** ⇒*een bombardement uitvoeren* **0.2** ***razen*** ⇒*racen;*
II ⟨ov.ww.⟩ **0.1** ***bombarderen*** ⇒*bommen werpen op* ◆ **5.1** ~ **out** *door bombardement(en) dakloos maken/verdrijven.*

bombard [bomba:d] **0.1** ***bombarderen*** ⇒*onder granaatvuur leggen, met bommen/granaten beschieten/bestoken;* ⟨fig.⟩ *bestoken, lastig vallen* ◆ **6.1** ~ s.o. **with** questions *vragen afvuren op iem.*

bombardier [bombədiə] **0.1** ⟨BE⟩ ***korporaal bij de artillerie*** **0.2** ⟨AE⟩ ***bommenrichter*** ⟨persoon⟩.

bombardment [bomba:dmənt] **0.1** ***bombardering*** ⇒*bombardement, bomaanval.*

bombast [bombæst] **0.1** ***bombast*** ⇒*gezwollen/hoogdravende taal/stijl.*

bombastic [bombæstik] ⟨-ally⟩ **0.1** ***bombastisch*** ⇒*hoogdravend, gezwollen.*

bomb attack **0.1** ***bomaanslag.***

Bombay duck [bombeeduk] **0.1** ***Bombay Duck*** ⟨delicatesse v. gedroogde visjes⟩.

bomb bay **0.1** ***bommenruim.***

bomb disposal squad **0.1** ***mijnopruimingsdienst*** ⇒*bomopruimingsdienst.*

bombed [bomd] ⟨sl.⟩ **0.1** ***stomdronken*** **0.2** ***stoned*** ⟨door drugs⟩ ◆ **1.1** John was ~ out of his mind *John had hem om.*

bomber [bommə] **0.1** ***bommenwerper*** **0.2** ***bommengooier*** ⟨persoon⟩.

bomber jacket **0.1** ***bomberjack.***

bombing raid [bomming reed] **0.1** ***bomaanval.***

bombproof **0.1** ***bomvrij.***

bomb scare **0.1** ***bommelding.***

bombshell **0.1** ***granaat*** ⇒*bom;* ⟨inf.; fig.⟩ *donderslag, (onaangename) verrassing* ◆ **1.1** the news was a ~ *het nieuws sloeg in als een bom* **3.1** drop a ~ *een sensationele mededeling doen.*

bomb shelter **0.1** ***schuilkelder*** ⇒*bunker.*

bomb site **0.1** ***platgebombardeerde plek*** ⇒*open plek, gat (in bebouwing).*

bona fide [boonəfajdie] **0.1** ***te goeder trouw*** ⇒*bonafide, betrouwbaar.*

bona fides [boonəfajdiez] ⟨jur.⟩ **0.1** ***goede trouw*** **0.2** ***oprechtheid*** ⇒*betrouwbaarheid, eerlijkheid.*

bonanza[1] [bənænzə, boo-] ⟨zn.⟩ **0.1** ***rijke (erts)vindplaats***

⟨vnl. v. goud, zilver, olie⟩ ⇒*rijke (erts)ader/oliebron/mijn;* ⟨fig.⟩ *goudmijn* **0.2** ***grote (winst)opbrengst.***

bonanza[2] ⟨bn.⟩ **0.1** ***welvarend*** ⇒*goed gedijend* ◆ **1.1** a ~ farm *een bloeiend boerenbedrijf.*

bonce [bons] ⟨BE; sl.⟩ **0.1** ***kanis*** ⇒*harse(n)s.*

bond[1] [bond] **I** ⟨telb. en n.-telb.zn.⟩ **0.1** ***band*** ⇒*verbond(enheid), binding* **0.2** ***verbintenis*** ⇒*contract, verplichting* **0.3** ***obligatie*** ⇒*schuldbrief, schuldbekentenis* **0.4** ***verbinding*** ⇒*hechting;* ⟨schei.⟩ *verbinding;* ⟨metselen⟩ *verband* ◆ **1.2** that man's word is as good as his ~ *je kunt die man op zijn woord vertrouwen* **6.¶** place goods **in** ~ *goederen in entrepot opslaan;* take goods **out of** ~ *goederen uit entrepot halen (door het betalen v. accijnzen/invoerrechten);*
II ⟨mv.⟩ **0.1** ***boeien*** ⇒*ketenen, gevangenschap* ◆ **3.1** burst one's ~s *de vrijheid hernemen, ontsnappen* **6.1** **in** ~s *in de gevangenis, in gevangenschap.*

bond[2] **I** ⟨onov.ww.⟩ **0.1** ***zich verbinden (met elk.)*** ⇒*(aan elk.) vast blijven zitten* **0.2** ***plakken*** ⇒*lijmen, hechten;*
II ⟨ov.ww.⟩ **0.1** ***in entrepot opslaan*** **0.2** ***(aan elk.) verbinden*** ⇒*(aan elk.) lijmen/metselen, hechten;* ⟨schei.⟩ *binden* ◆ **1.1** the wine was ~ed until the importer had paid duty *de wijn bleef in entrepot totdat de importeur accijns/invoerrecht had betaald* **1.¶** the firm ~s this merchandise *de zaak staat garant voor deze waar.*

bondage [bondidzj] **0.1** ***slavernij*** ⇒*lijfeigenschap, knechtschap* **0.2** ***onderworpenheid*** ⇒*het gebonden/verplicht zijn, gebondenheid* **0.3** ⟨seksueel⟩ ***SM.***

bonded [bondid] **0.1** ***in entrepot (geplaatst)*** **0.2** ***aan elkaar gelijmd*** ⇒*gelaagd* ◆ **1.1** ~ goods *goederen in entrepot;* ~ warehouse, ⟨BE⟩ ~ store *entrepot* **1.2** ~ wood *multiplex, gelaagd hout* **1.¶** ~ debts *obligatieschulden.*

bondholder **0.1** ***obligatiehouder.***

bond paper, bond **0.1** ***bankpost*** ⟨papiersoort v. hoge kwaliteit⟩.

bondsman [bon(d)zmən] ⟨mv.: -men⟩ **0.1** ***slaaf*** ⇒*lijfeigene.*

bone[1] [boon] ⟨zn.⟩ **0.1** ***bot*** ⇒*been, balein, graat* ⟨v. vis⟩ **0.2** ***kluif*** ⇒*stuk been* **0.3** ***been*** ⇒*beenachtige stof, ivoor* ◆ **1.¶** ~ of contention *twistappel* **2.1** as dry as a ~ *kurkdroog, beendroog* **3.¶** no ~s broken? *sans rancune?, even goede vrienden?;* make no ~s about *niet aarzelen om;* have a ~ to pick with s.o. *met iem. een appeltje te schillen hebben* **6.1** I can feel it/it is **in** my ~s *ik weet het zeker, ik voel het aankomen;* ham **off** the ~ *ham van het been;* chilled/frozen **to** the ~ *verkleumd/bevroren tot op het bot;* he is a communist **to** the ~ *hij is communist tot in het merg* **6.¶** close **to/near** the ~ *gewaagd, op het kantje af; pijnlijk* ⟨v. opmerking, grap e.d.⟩.

bone[2] ⟨bn.⟩ **0.1** ***benen*** ⇒*v. been/balein, ivoren.*

bone[3] ⟨ww.⟩ **0.1** ***uitbenen*** ⇒*ontgraten* ◆ **5.¶** I'll have to ~ **up** on my maths *ik zal hard op mijn wiskunde moeten blokken.*

bone[4] ⟨bw.⟩ **0.1** ***extreem*** ⇒*uitermate* ◆ **2.1** ~ dry *kurkdroog, beendroog;* ~ idle/lazy *aartslui.*

bone china **0.1** ***porselein.***

boned [boond] **0.1** ***uitgebeend*** ⇒*ontgraat* **0.2** ***(als) met baleinen versterkt.***

bonehead ⟨sl.⟩ **0.1** ***stommeling*** ⇒*uilskuiken, sufferd.*

boneheaded ⟨sl.⟩ **0.1** ***stom*** ⇒*achterlijk, idioot.*

boneless [boonləs] **0.1** ***zonder bot(ten)*** ⇒*zonder been(deren), graatloos* **0.2** ***slap*** ⇒*krachteloos, zonder ruggengraat.*

bone meal **0.1** ***beendermeel*** ⟨vnl. voor bemesting⟩ ⇒*beenpoeder.*

bonesetter **0.1** ***osteopaat.***

boneshaker ⟨inf.⟩ **0.1** ***rammelkast*** ⇒*wrakkig voertuig.*

bonfire [bonfajjə] **0.1** ***vuur in de openlucht*** ⇒*vreugdevuur, vuur om dode bladeren/afval te verbranden* ◆ **3.¶** make a ~ of *vernietigen.*

Bonfire Night ⟨BE⟩ **0.1** ***5 november*** ⇒*Guy Fawkes Day.*

bongo [bonggoo], **bongo drum** ⟨mv.: ook -es⟩ **0.1** ***bongo(trom).***

bonhomie [bonnəmie] **0.1** ***goedaardigheid*** ⇒*opgewektheid, jovialiteit.*

bonk [bongk] ⟨inf.⟩ **0.1** ***vrijen (met)*** ⇒*neuken (met).*

bonkers [bongkəz] ⟨BE; sl.⟩ **0.1** ***gek*** ⇒*maf, getikt* ◆ **5.1** (stark) raving ~ *volkomen geschift.*

bon mot [bõ moo] ⟨mv.: ook bon(s) mots [-moo(z)]⟩ **0.1** ***bonmot*** ⇒*kwinkslag, spitsvondige opmerking.*

bonnet [bonnit] **0.1** ***bonnet*** ⇒*hoed* ⟨met banden onder de keel⟩, *muts, kapothoed* **0.2** ***platte Schotse muts*** ⟨ihb. v. soldaten⟩ ⇒*baret* **0.3** ***beschermkap*** ⇒*schoorsteenkap;* ⟨BE⟩ *motorkap; vonkenvanger* ⟨v. locomotief⟩.

bonn|y [bonnie] ⟨-ily⟩ ⟨vnl. Sch. E⟩ **0.1** ***aardig*** ⇒*mooi, (blakend v.) gezond(heid)* **0.2** ***bekwaam*** ⇒*bedreven* ◆ **1.2** a ~ wrestler *een bedreven worstelaar.*

bonsai [bonsaj] ⟨mv.: bonsai⟩ **0.1** ***bonsaiboompje*** **0.2** ***bonsaistruik.***

bonus [boonəs] **0.1** ***bonus*** ⇒*premie, gratificatie* **0.2** ***bijslag*** ⇒*toelage* **0.3** ⟨inf.⟩ ***meevaller*** ⇒*extraatje.*

bonus issue ⟨BE; geldw.⟩ **0.1** ***bonusuitgifte.***

bonus share ⟨geldw.⟩ **0.1** ***bonusaandeel.***

bon vivant [bon vie:vã] ⟨mv.: ook bons vivants [-vã(z)]⟩ **0.1** ***bon-vivant*** ⇒*levensgenieter.*

bon|y [boonie] ⟨-ier⟩ **0.1** ***benig*** ⇒*met veel bot(ten)/graten* **0.2** ***benig*** ⇒*knokig, mager* ◆ **1.1** ~ fish *vis vol graten* **1.2** ~ hand *knokige hand.*

boo[1] [boe:] ⟨zn.⟩ **0.1** ***boe*** ⇒*kreet v. afkeuring, gejouw, boegeroep* ◆ **1.¶** can't/couldn't say ~ to a goose *dodelijk verlegen zijn; zo bang als een wezel zijn.*

boo[2] ⟨ww.⟩ **0.1** ***boe roepen*** ⇒*joelen, jouwen* **0.2** ***uitjouwen*** ⇒ *wegjoelen* ◆ **6.2** ~ s.o. **off** the platform *iem. v.h. podium joelen.*

boob[1] [boe:b] ⟨zn.⟩ ⟨inf.⟩ **0.1** ***flater*** ⇒*blunder* **0.2** ⟨vaak mv.⟩ ***tiet.***

boob[2] ⟨ww.⟩ ⟨inf.⟩ **0.1** ***een flater slaan.***

boo-boo ⟨inf.⟩ **0.1** ***flater*** ⇒*blunder.*

boob tube ⟨inf.⟩ **0.1** ***strapless topje*** **0.2** ⟨AE⟩ ***kijkkast*** ⇒*buis, tv.*

boob|y [boe:bie] ⟨mv.: -ies⟩ **0.1** ⟨inf.⟩ ***stommerd*** ⇒*domkop, idioot* **0.2** ⟨vulg.⟩ ***tiet.***

booby hatch **0.1** ⟨scheep.⟩ ***toegangsluik*** **0.2** ⟨AE; sl.⟩ ***gekkenhuis.***

booby prize **0.1** ***poedelprijs.***

booby trap **0.1** ⟨zn.⟩ ***boobytrap*** ⇒*valstrikbom* **0.2** ⟨ww.⟩ ***een boobytrap plaatsen op/bij.***

boodle [boe:dl] ⟨AE; sl.⟩ **0.1** ***omkoopgeld*** ⇒*smeergeld* **0.2** ***(smak) geld*** ◆ **6.¶** a big ~ **of** children *een troep kinderen.*

boohoo[1] [boe:hoe:] ⟨zn.⟩ **0.1** ***geluid v. kindergehuil*** ⇒*geblèr, (ge)brul.*

boohoo[2] ⟨tw.⟩ **0.1** ***boehoe*** ⇒*snik, snik.*

book[1] [boek] **I** ⟨telb.zn.⟩ **0.1** ***boek*** ⇒*boekdeel/werk;* ⟨vnl. BE; inf.⟩ *telefoonboek* **0.2** ⟨B-; the⟩ ***het Boek (der Boeken)*** ⇒*de Heilige Schrift, de bijbel* **0.3** ***boek*** ⟨hoofdstuk v. bijbel, gedicht e.d.⟩ **0.4** ***tekstboekje*** ⇒*libretto* ⟨v. opera e.d.⟩; *manuscript, script* ⟨v. toneelstuk⟩ **0.5** ***(schrijf)boek*** ⇒*schrift, blocnote* **0.6** ***boekje*** ⟨kaartjes, lucifers, postzegels⟩ **0.7** ***register*** ⇒*lijst, boek;* ⟨ihb.⟩ *lijst v. aangegane weddenschappen* ⟨bij wedrennen⟩ ◆ **1.1** Book of Common Prayer *gebedenboek* ⟨v. anglicaanse Kerk⟩ **1.2** the people of the Book *het joodse volk* **1.3** Books of the Maccabees *Boeken der*

Maccabeeën **1.4** ~ of words *tekstboek, libretto* **3.2** swear on the Book *de eed op de bijbel afleggen* **3.7** make/keep (a) ~ *wedmakelen, bookmaker zijn* **3.¶** bring s.o. to ~ for sth. *iem. voor iets rekenschap laten afleggen; iem. zijn gerechte straf doen ondergaan;* closed ~ *gesloten boek;* read s.o. like a ~ *iem. volkomen door hebben;* ⟨inf.⟩ throw the ~ (of rules) at s.o. *iem. maximum straf toebedelen; iem. de les lezen* **4.¶** ⟨inf.⟩ one for the ~ *iets om niet te vergeten* **6.1** be always **at** one's ~s *altijd met zijn neus in de boeken zitten* **6.¶ by** the ~ *volgens het boekje/de voorschriften;* **in** my ~ *volgens mij, mijns inziens;*
II ⟨mv.; the⟩ **0.1** ***de boeken*** ⇒*kasboek, kantoorboek, journaal* **0.2** ***boek*** ⇒*register, (leden)lijst* ◆ **3.¶** open the ~s *de boeken (her)openen, de intekening openstellen* **6.2 off** the ~s *v.d. lijst geschrapt;* **on** the ~s *ingeschreven, lid.* →**bad, black, good.**

book² **I** ⟨onov.ww.; ook book up⟩⟨vnl. BE⟩ **0.1** ***een plaats bespreken*** ⇒*een kaartje nemen, reserveren* ◆ **5.1** ~ **through** *een doorgaand reisbiljet/kaartje nemen* **5.¶** ~ **in** *zich laten inschrijven* ⟨in hotelregister⟩; *inchecken* ⟨op vliegveld⟩ **6.1** ~ **for** Australia *passage boeken naar Australië;*
II ⟨ov.ww.⟩ **0.1** ***boeken*** ⇒*reserveren, bestellen, engageren* **0.2** ***inschrijven*** ⇒*registreren, noteren* **0.3** ***bekeuren*** ⇒ *een proces-verbaal opmaken tegen* **0.4** ⟨sport⟩ ***een gele kaart geven*** ◆ **1.1** ~ a passage *passage/overtocht boeken* **1.2** ~ an order *een bestelling noteren/opnemen* **5.1** ~ s.o. **through** *iem. een doorgaand reisbiljet geven;* ~ed **up** *volgeboekt, uitverkocht;* ⟨v. persoon⟩ *bezet* **5.2** ~ the guests **in** *de gasten (in het register) inschrijven* **6.3** I was ~ed **for** speeding *ik werd wegens te hard rijden op de bon geslingerd.*

bookable [boekəbl] **0.1** ***bespreekbaar*** ⇒*te reserveren.*

bookbinder **0.1** ***(boek)binder.***

bookbinding **0.1** ***(boek)binderij*** ⇒*het (boek)binden.*

bookcase **0.1** ***boekenkast.***

bookclub **0.1** ***boekenclub*** **0.2** ***leesgezelschap*** ⇒*leeskring.*

book debt ⟨vaak mv.⟩⟨hand.⟩ **0.1** ***vordering*** ⇒*uitstaande schuld.*

bookend ⟨vnl. in mv.⟩ **0.1** ***boekensteun.***

bookie [boekie] ⟨inf.; paardensport⟩ **0.1** ***bookmaker.***

booking [boeking] **0.1** ***bespreking*** ⇒*reservering, boeking, engagement* **0.2** ***verbalisering*** **0.3** ⟨sport⟩ ***gele kaart.***

booking clerk ⟨BE⟩ **0.1** ***kaartjesverkoper/ster.***

booking form **0.1** ***inschrijvingsformulier.***

booking office ⟨BE⟩ **0.1** ***bespreekbureau*** ⇒*plaats(kaarten)-bureau, loket.*

bookish [boekisj] ⟨-ness⟩ **0.1** ***leesgraag*** ⇒*verslaafd aan boeken* **0.2** ***boekachtig*** ⇒*stijf, onnatuurlijk* **0.3** ***theoretisch*** ⇒*schools, saai* ◆ **1.1** ~ person *boekenmens/wurm* **1.2** ~ knowledge/learning *boekenkennis/geleerdheid;* ~ word *geleerd/schrijftalig woord.*

bookkeeper **0.1** ***boekhouder/ster.***

bookkeeping **0.1** ***boekhouding*** ⇒*(het) boekhouden.*

booklet [boeklit] **0.1** ***boekje.***

bookmaker **0.1** ⟨paardensport⟩ ***bookmaker.***

bookmark, bookmarker **0.1** ***boekenlegger*** ⇒*blad/leeswijzer.*

bookmobile [boekmoobie:l] ⟨vnl. AE⟩ **0.1** ***bibliobus*** ⇒*rijdende bibliotheek.*

bookplate **0.1** ***boekmerk*** ⇒*ex-libris.*

bookseller **0.1** ***boekhandelaar*** ⇒*boekverkoper.*

bookshelf **0.1** ***boekenplank*** ⇒*boekenrek.*

bookshop, ⟨AE⟩ **bookstore** **0.1** ***boekwinkel*** ⇒*boekhandel.*

bookstall **0.1** ***boekenstalletje*** **0.2** ⟨vnl. BE⟩ ***(tijdschriften/kranten)kiosk.***

book token ⟨BE⟩ **0.1** ***boekenbon.***

bookworm **0.1** ***boekworm*** ⇒⟨fig.⟩ *boekenwurm.*

boom¹ [boe:m] ⟨zn.⟩ **0.1** ***(dof, hol) gedreun*** ⇒*gebulder, gedaver* **0.2** ***hausse*** ⇒*(periode v.) hoogconjunctuur, sterke loon/prijsstijging* **0.3** ***(hoge) vlucht*** ⇒*(plotselinge, krachtige) stijging/toename* ⟨in aanzien/rijkdom e.d.⟩, *bloei, opkomst* **0.4** ⟨scheep.⟩ ***giek*** ⇒*spriet, bezaansboom* **0.5** ⟨scheep.⟩ ***(laad)boom*** ⇒*giek; (zware) spier* **0.6** ***galg*** ⇒*statief* ⟨v. microfoon e.d.⟩ **0.7** ***(haven)boom*** ⇒*versperring* ⟨v. havenmond⟩ ◆ **3.¶** lower a ~ on s.o. *iem. attaqueren.*

boom² **I** ⟨onov.ww.⟩ **0.1** ***een dof geluid maken*** ⇒*dreunen, bulderen; rollen* ⟨v. donder⟩ **0.2** ***een (hoge) vlucht nemen*** ⇒*zich snel ontwikkelen, bloeien; sterk stijgen* ⟨v. prijs⟩ **0.3** ***(snel) in aanzien stijgen*** ◆ **1.1** the wind ~s *de wind buldert* **1.2** business is ~ing *het gaat ons voor de wind* **1.3** a ~ing painter *een schilder in razendsnelle opkomst* **5.1** the clock ~ed **out** *de klok dreunde;*
II ⟨ov.ww.⟩ **0.1** ⟨vaak +out⟩ ***bulderend/galmend/dreunend uiten.***

boom box **0.1** ***gettoblaster*** ⟨grote, draagbare radiocassetterecorder⟩.

boomerang [boe:məræng] **0.1** ⟨zn.⟩ ***boemerang*** ⟨ook fig.⟩ **0.2** ⟨ww.⟩ ***als een boemerang terugkeren*** ⇒*'n boemerangeffect hebben.*

boom town **0.1** ***explosief gegroeide stad*** ⟨ivm. industriële ontwikkeling⟩.

boon [boe:n] **0.1** ***zegen*** ⇒*weldaad, gemak* **0.2** ⟨schr.⟩ ***gunst*** ⇒*wens.*

boon companion **0.1** ***goede kameraad*** ⇒*vrolijke kornuit.*

boor [boeə] **0.1** ⟨pej.⟩ ***lomperd*** ⇒*vlegel, (boeren)kinkel.*

boorish [boeərisj] ⟨-ness⟩ **0.1** ***lomp*** ⇒*boers, onbehouwen.*

boost¹ [boe:st] ⟨zn.⟩ **0.1** ***duw (omhoog)*** ⇒*zetje, (onder)steun(ing)* **0.2** ***verhoging*** ⇒*(prijs)opdrijving* **0.3** ***stimulans*** ⇒ *aanmoediging, versterking* **0.4** ***reclame/propaganda-(campagne)*** ◆ **1.3** a ~ to one's spirits *een opkikker(tje).*

boost² ⟨ww.⟩ **0.1** ***(op/omhoog)duwen*** ⇒*een duwtje/zetje geven, ondersteunen* **0.2** ***verhogen*** ⇒*opdrijven, opvoeren* ⟨prijs, productie e.d.⟩ **0.3** ⟨vnl. AE⟩ ***aanprijzen*** ⇒*propageren, reclame maken voor* **0.4** ***stimuleren*** ⇒*aanmoedigen, bevorderen* **0.5** ***verhogen*** ⟨druk, spanning⟩ ⇒*onder hogere druk zetten* ⟨vloeistof⟩; *versterken* ⟨radiosignaal⟩ ◆ **1.4** ~ one's spirits *iem. opkikkeren/opvrolijken;* ~ trade *de handel aanzwengelen* **5.1** ~ s.o. **up** *iem. een duwtje (omhoog) geven.*

booster [boe:stə] **0.1** ⟨ben. voor⟩ ***hulpkrachtbron*** ⇒*(booster)versterker, hulpversterker; hulpdynamo; aanjager, booster(pomp), aanjaagpomp; startmotor* ⟨v. vliegtuig⟩; *startraket* **0.2** ***verbetering*** ⇒*opkikker.*

booster injection ⟨med.⟩ **0.1** ***aanvulling*** ⇒⟨ihb.⟩ *herhalingsvaccinatie/inenting.*

booster rocket **0.1** ***hulpraket*** ⇒*aanjaagraket.*

boot¹ [boe:t] ⟨zn.⟩ **0.1** ***laars*** ⇒⟨BE⟩ *hoge schoen* **0.2** ***schop*** ⇒ *trap* **0.3** ⟨the⟩ ***ontslag*** ⇒*de bons* **0.4** ⟨BE⟩ ***kofferbak*** ⟨v. auto⟩ ⇒*bagageruimte* ◆ **1.¶** the ~ is on the other foot/leg *de bordjes zijn verhangen* **3.3** give/get the ~ *ontslag geven/krijgen* **3.¶** die in one's ~s/with one's ~s on *in het harnas sterven;* ⟨scherts.⟩ hang up one's ~s *de lier aan de wilgen hangen;* lick s.o.'s ~s *iemands hielen likken, iem. vleien;* ⟨sl.⟩ put the ~ in *in elkaar trappen, erop inhakken* **6.¶** ⟨meestal scherts.⟩ **to** ~ *op de koop toe.* →**big.**

boot² ⟨ww.⟩ **0.1** ⟨inf.⟩ ***schoppen*** ⇒*trappen* **0.2** ***laarzen aantrekken*** **0.3** ⟨AE; inf.⟩ ***ontslaan*** ⇒*op straat zetten, eruit gooien* **0.4** ⟨ook +up; comp.⟩ ***opstarten*** ⇒*booten* ◆ **5.3** he was ~ed **out** for his laziness *hij werd op de keien gezet vanwege zijn luiheid.*

bootblack **0.1** *schoenpoetser.*

bootee [boe:tie:, boe:tie], **bootie** **0.1** ***kort laarsje/sokje*** ⇒*gebreid babysokje/schoentje* ⟨v. wol/vilt⟩.

booth [boe:ð] **0.1** ***kraam*** ⇒*marktkraam, stalletje, (feest)tent* **0.2** ***hokje*** ⇒*stemhokje, telefooncel, (luister)cabine* ⟨in platenwinkel enz.⟩ ◆ **3.2** polling ~ *stemhokje.*

bootjack **0.1** ***laarzenknecht.***

bootlace **0.1** ***veter voor laars*** **0.2** ⟨BE⟩ ***schoenveter*** ◆ **3.¶** pull o.s. up by one's own ~s *zichzelf helemaal opwerken, het alleen klaarspelen.*

bootleg[1] ⟨bn.⟩ **0.1** ⟨bn.⟩ ***illegaal (geproduceerd)*** ⟨vnl. drank en platen⟩ **0.2** ⟨zn.⟩ ***bootleg*** ⇒*witte plaat* ⟨vnl. muziek⟩.

bootleg[2] ⟨ww.; -ged⟩ **0.1** ***smokkelen*** ⇒*clandestien (drank) stoken/verkopen.*

bootlegger **0.1** ***(drank)smokkelaar*** ⇒*illegale drankstoker/verkoper.*

bootless [boe:tləs] ⟨schr.⟩ **0.1** ***vergeefs*** ⇒*nutteloos, vruchteloos.*

boots [boe:ts] ⟨mv.: boots⟩ ⟨BE⟩ **0.1** ***knecht/schoenpoetser*** ⟨in een hotel⟩.

bootstrap[1] ⟨zn.⟩ **0.1** ***laarzentrekker*** ⇒*veter voor laars* ◆ **3.¶** pull o.s. up by one's (own) ~s *zichzelf opwerken, het alleen klaarspelen.*

bootstrap[2] ⟨ww.⟩ ⟨comp.⟩ **0.1** ***opstarten*** ⇒*booten.*

boot|y [boe:tie] ⟨mv.: -ies⟩ **0.1** ***buit*** ⇒*roof* ⟨vnl. in oorlog⟩ **0.2** ***winst*** ⇒*prijs, beloning.*

booze[1] [boe:z] ⟨zn.⟩ ⟨inf.⟩ **0.1** ***sterkedrank*** **0.2** ***zuippartij*** ◆ **6.1** **on** the ~ *aan de drank.*

booze[2] ⟨ww.⟩ ⟨inf.⟩ **0.1** ***zuipen.***

boozer [boe:zə] ⟨inf.⟩ **0.1** ***zuiper*** ⇒*dronkenlap* **0.2** ⟨BE⟩ ***kroeg.***

booze-up ⟨BE; inf.⟩ **0.1** ***zuippartij.***

booz|y [boe:zie] ⟨-iness⟩ ⟨inf.⟩ **0.1** ***drankzuchtig*** ⇒*verslaafd aan de drank* **0.2** ***dronken*** ⇒*lazarus.*

bop[1] [bop] **I** ⟨telb.zn.⟩ **0.1** ***slag*** ⇒*klap, stomp* **0.2** ⟨BE; inf.⟩ ***dans(en)*** ⇒*swingen* ⟨op pop/discomuziek⟩ ◆ **3.2** let's go and have a ~ *kom op, we gaan swingen;*
II ⟨n.-telb.zn.⟩ ⟨verk.⟩ [bebop] **0.1** ***bop*** ⟨jazzstijl⟩.

bop[2] ⟨ww.; -ped⟩ ⟨BE; inf.⟩ **0.1** ***swingen*** ⇒*dansen* ⟨op pop/discomuziek⟩.

bopeep [boopie:p] **0.1** ***kiekeboe*** ◆ **3.1** play ~ *kiekeboe spelen.*

boracic [bəræsik] **0.1** ***boor-*** ⇒*borax-* ◆ **1.1** ~ acid *boorzuur;* ~ lotion *boorwater.*

borage [borridzj] ⟨plantk.⟩ **0.1** ***bernage.***

borax [bo:ræks] **0.1** ***borax*** ⇒*boorzure soda.*

border[1] [bo:də] ⟨zn.⟩ **0.1** ***grens*** ⇒*grenslijn, afscheiding* **0.2** ⟨ben. voor⟩ ***rand*** ⇒*band; bies, lijst* **0.3** ***border*** ⇒*rabat.*

border[2] **I** ⟨onov.ww.⟩ →**border (up)on;**
II ⟨ov.ww.⟩ **0.1** ***begrenzen*** ⇒*omzomen, omranden.*

border clash **0.1** ***grensconflict.***

border crossing **0.1** ***grensovergang*** ⇒*grenspost.*

borderer [bo:d(ə)rə] **0.1** ***grensbewoner.***

borderland **0.1** ***grensgebied*** **0.2** ⟨the⟩ ***overgangsgebied*** ⇒*niemandsland.*

borderline[1] ⟨zn.⟩ **0.1** ***grens(lijn)*** ⇒*scheidingslijn, demarcatie.*

borderline[2] ⟨bn.⟩ **0.1** ***grens-*** ⇒*dubieus* **0.2** ***net (niet) acceptabel*** ⇒*op het kantje* ◆ **1.1** ~ case *grensgeval.*

border point **0.1** ***grenspost/plaats.***

border police ⟨zn.⟩ **0.1** ***grenswacht.***

border post **0.1** ***grenspost.***

border state **0.1** ***grensstaat*** ⇒*randstaat.*

border (up)on **0.1** ***grenzen aan*** ⇒*liggen naast, belenden* ◆ **1.1** his behaviour borders (up)on vulgarity *zijn gedrag grenst aan platvloersheid.*

bore[1] [bo:] ⟨zn.⟩ **0.1** ***boorgat*** ⇒*geboord gat, boring* **0.2** ***kaliber*** ⇒*diameter, boring* ⟨v.e. cilinder, vuurwapen⟩ **0.3** ***boor*** **0.4** ***(hoge) vloedgolf*** ⇒*getijdegolf* **0.5** ⟨pej.⟩ ***vervelend persoon*** ⇒*saaie piet, ouwehoer* **0.6** ⟨inf.⟩ ***vervelend iets*** ⇒*saaie boel, gezanik.*

bore[2] **I** ⟨onov.ww.⟩ **0.1** ***(een gat) boren*** ⇒*drillen, een put slaan* ◆ **1.¶** concrete does not ~ well *in beton is moeilijk te boren;*
II ⟨onov. en ov.ww.⟩ **0.1** ***doordringen*** ⇒*zich (een weg) banen, moeizaam vooruitkomen* ◆ **6.1** they ~d (their way) **through** the jungle/the crouwd *ze baanden zich moeizaam een weg door het oerwoud/de menigte;*
III ⟨ov.ww.⟩ **0.1** ***boren*** ⇒*door/uitboren, kalibreren* ⟨wapens⟩, *een gat boren in* **0.2** ***vervelen*** ◆ **5.2** ⟨inf.⟩ I'm ~d stiff *ik verveel mij rot/kapot* **6.2** ⟨inf.⟩ she was ~d **to** tears/death *ze verveelde zich dood.*

bore[3] ⟨verl. t.⟩ →**bear.**

boredom [bo:dəm] **0.1** ***iets vervelends*** ⇒*saaie boel* **0.2** ***verveling*** ⇒*landerigheid, vervelendheid.*

borehole **0.1** ***boorgat.***

borer [bo:rə] **0.1** ***boor(apparaat)*** **0.2** ***boorder*** ⇒*borend insect/weekdier;* ⟨ihb.⟩ *boormossel, boorkever.*

boric [bo:rik] **0.1** ***boor-*** ◆ **1.1** ~ acid *boorzuur.*

boring [bo:ring] **I** ⟨bn.⟩ **0.1** ***vervelend*** ⇒*saai, langdradig;*
II ⟨bn., attr.⟩ **0.1** ***boor-*** ◆ **1.1** a ~ tool *boorgereedschap.*

born [bo:n] **0.1** ***geboren*** ⇒*van geboorte/oorsprong/origine* **0.2** ***geboren*** ⇒*voorbestemd, in de wieg gelegd* **0.3** ***geboren*** ⇒*van nature* **0.4** ***geboren*** ⇒*ontstaan, voortgekomen* ◆ **1.2** (as) to the manner ~ *voor iets geknipt/in de wieg gelegd* **1.3** a ~ lunatic *een volslagen krankzinnige* **1.¶** all my ~ days *al mijn levensdagen* **2.1** she was ~ French *ze was v. huis uit Française* **2.3** he is ~ a performer *hij is een rasartiest;* ~ idle/tired *liever lui dan moe/aartslui* **3.1** ~ and bred *geboren en getogen* **3.2** ~ to be a leader *voor het leiderschap in de wieg gelegd* **5.1** ~ **again** *herboren;* not ~ yesterday *niet op z'n achterhoofd gevallen* **6.4** his behaviour was ~ **of** resentment *zijn gedrag was uit wrok ontstaan.* →**silver.**

borne [bo:n] ⟨volt. deelw.⟩ →**bear.**

boron [bo:ron] ⟨schei.⟩ **0.1** ***boor*** ⇒*borium.*

borough [burrə] **0.1** ***stad*** ⇒*(stedelijke) gemeente* **0.2** ⟨BE; gesch.⟩ ***kiesdistrict*** ◆ **2.1** municipal ~ *(stedelijke) gemeente* **2.2** parliamentary ~ *(stedelijk) kiesdistrict.* →**rotten.**

borrow [borroo] **0.1** ***lenen*** ⇒*ontlenen* **0.2** ⟨euf.⟩ ***pikken*** ⇒*lenen* ◆ **1.1** ~ ideas *ideeën overnemen;* he's living on ~ed time *hij had al lang dood moeten zijn* **6.1** ~ed **from** Latin *aan het Latijn ontleend;* ~ money **from/off** s.o. *geld van iem. lenen.*

borrowing [borroo·ing] **0.1** ***iets dat is geleend*** ◆ **6.1** Dutch has many ~s **from** other languages *het Nederlands kent veel leenwoorden.*

Borstal [bo:stl] ⟨soms b-⟩ ⟨BE⟩ **0.1** ***jeugdgevangenis*** ⇒*opvoedingsgesticht, tuchtschool.*

borzoi [bo:zoj] **0.1** ***barzoi*** ⟨Russische windhond⟩.

bosh [bosj] ⟨inf.⟩ **0.1** ***onzin*** ⇒*nonsens, kletskoek.*

bo(')s'n, bo(')sun [boosn] ⟨verk.⟩ [boatswain] **0.1** ***boots*** ⇒*bootsman.*

Bosnia Herzegovina [bozniə hə:tsəgoovie:nə] **0.1** ***Bosnië-Herzegovina.***

Bosnian [boznian] **0.1** ⟨bn.⟩ ***Bosnisch*** **0.2** ⟨zn.⟩ ***Bosniër.***

bosom [boezəm] **0.1** ***borst*** ⇒*boezem* **0.2** ***borststuk*** ⟨v. kledingstuk; AE ook v. herenkleding⟩ **0.3** ***ruimte tussen borst en kleding*** ⇒*boezem* **0.4** ***oppervlak*** ⟨vnl. v. zee, meer, aarde⟩ **0.5** ⟨schr.⟩ ***gemoed*** ⇒*hart, boezem* ◆ **1.¶** return to the ~ of the church *terugkeren in de armen/schoot v.d. kerk.*

bosom friend **0.1** ***hartsvriend(in)*** ⇒*boezemvriend(in).*

bosomy [boezəmie] **0.1** ***met zware boezem*** ⇒*met een flink gemoed.*

boss¹ [bos] ⟨zn.⟩ **0.1** ⟨inf.⟩ ***baas*** ⇒*chef, voorman* **0.2** ***knop*** ⇒ *knobbel* ⟨als versiersel op schild⟩ **0.3** ⟨bouwk.⟩ ***rozet*** ⟨versiersel op kruispunt v. ribben in gewelf⟩ ⇒*sluitsteen* **0.4** ⟨tech.⟩ ***naaf.***

boss² ⟨ww.⟩⟨inf.⟩ **0.1** ***commanderen*** ⇒*de baas spelen (over), orders geven (aan)* ◆ **5.1** ~ one's sister **about/around** *zijn zusje lopen te commanderen.*

boss-eyed ⟨BE; sl.⟩ **0.1** ***scheel.***

boss|y [bossie] ⟨-iness⟩⟨inf.⟩ **0.1** ***bazig*** ⇒*autoritair.*

bossy-boots, bossy-pants ⟨inf.⟩ **0.1** ***bazige tante*** ⇒*bemoeiziek iem., bemoeial.*

bosun [boosn] ⟨verk.⟩ [boatswain] **0.1** ***bootsman.***

botanical [bətænikl] **0.1** ***botanisch*** ⇒*plantkundig* **0.2** ***plantaardig*** ⇒*uit planten verkregen* ◆ **1.1** ~ garden *botanische tuin.*

botanist [bottənist] **0.1** ***plantkundige*** ⇒*botanist.*

botanize, -ise [bottənajz] **0.1** ***botaniseren*** ⇒*(planten) verzamelen en bestuderen (van).*

botany [bottənie] **0.1** ***plantkunde*** ⇒*botanie, botanica.*

botch¹ [botsj], **botch-up** ⟨zn.⟩⟨inf.⟩ **0.1** ***knoeiwerk*** ⇒*knoeiboel, puinhoop* ◆ **3.1** make a ~ of sth. *een puinhoop van iets maken.*

botch² ⟨ww.⟩⟨inf.⟩ **0.1** ***verknoeien*** ⇒*een puinhoop maken van, doen mislukken* **0.2** ***oplappen*** ⇒*slecht/slordig repareren* ◆ **1.2** that plumber ~ed the repairs *die loodgieter heeft niets v. die reparatie terechtgebracht* **5.1** ~ **together** *ineenflansen;* ~ it **up** *het verknallen.*

both¹ [booθ] ⟨telw.⟩ **0.1** ***beide(n)*** ⇒*allebei, alle twee* ◆ **1.1** Jack and Jill ~ got hurt *Jack en Jill raakten beiden gewond* **3.1** the girls could ~ sing *de meisjes konden beiden zingen* **4.1** I saw them ~ *ik heb ze allebei gezien* **6.1** ~ **of** them *alle twee.*

both² ⟨det., predet.⟩ **0.1** ***beide*** ⇒*allebei, de/alle twee* ◆ **1.1** ~ the children were frightened *allebei de kinderen waren bang;* she held up ~ her earrings *ze hield alle twee haar oorbellen omhoog;* ~ girls liked him *de twee meisjes mochten hem.*

both³ ⟨vw.; met and⟩ **0.1** ***zowel*** ⇒*beide* ◆ **1.1** ~ Jack and Jill got hurt *zowel Jack als Jill raakten gewond* **2.1** he was ~ tall and slim *hij was lang en slank.*

bother¹ [boðə] ⟨zn.⟩ **0.1** ***last*** ⇒*lastpost, plaag* **0.2** ***moeite*** ⇒ *probleem, moeilijkheid* ◆ **3.1** I hope I'm not being a ~ to you *ik hoop dat ik u niet tot last ben* **3.2** we had a lot of ~ finding the house *het heeft ons veel moeite gekost om het huis te vinden.*

bother² **I** ⟨onov.ww.⟩ **0.1** ***de moeite nemen*** ⇒*zich de moeite geven* ◆ **6.1** don't ~ **about** that *maak je daar nu maar niet druk om* **¶.1** don't ~ *doe maar geen moeite* **¶.¶** ~ *verdorie, wat vervelend;*

II ⟨ov.ww.⟩ **0.1** ***lastig vallen*** ⇒*dwarszitten, irriteren* ◆ **1.1** don't ~ your head/yourself about it *maak je er maar niet druk om;* his leg ~s him a lot *hij heeft veel last van zijn been;* ~ the lot of you, be quiet *hou verdomme allemaal je mond;* don't ~ your sister when she is reading *laat je zusje met rust als ze zit te lezen* **3.1** I can't be ~ed *ik heb geen zin/dat is me te veel moeite* **4.1** what's ~ing her? *wat heeft ze toch?*

botheration [boðəreesjn] **0.1** ⟨zelden⟩ ***gezeur*** ⇒*last, moeite* ◆ **¶.¶** ~! *wat naar nou!, wat vervelend!*

bothersome [boðəsəm] **0.1** ***ergerlijk*** ⇒*vervelend, lastig.*

both|y [boθie] ⟨mv.: -ies⟩⟨Sch. E⟩ **0.1** ***(berg)hut*** **0.2** ***boerenstulp.***

bottle¹ [botl] ⟨zn.⟩ **0.1** ***fles*** ⇒⟨fig.⟩ *drank* **0.2** ⟨BE; sl.⟩ ***moed*** ⇒ *lef* ◆ **3.1** crack a ~ *een fles aanspreken, een fles soldaat maken;* ⟨inf.⟩ hit the ~ *(te veel) beginnen te drinken* **6.1** a ~ **of** rum *een fles rum;* my baby is brought up **on** the ~ *mijn baby wordt met de fles grootgebracht;* the boss is **on** the ~ *de baas is aan de drank* **7.2** he's got no ~ *hij is een bangeschijter.*

bottle² ⟨ww.⟩ **0.1** ***bottelen*** ⇒*in flessen doen* **0.2** ***inmaken*** ◆ **1.2** ~d pears *ingemaakte peren.* →**bottle up.**

bottle bank **0.1** ***glasbak.***

bottle-feed **0.1** ***met de fles grootbrengen*** ⇒⟨fig.⟩ *vertroetelen* ◆ **1.1** bottle-fed baby *flessenkind.*

bottleful [botlfoel] **0.1** ***fles*** ◆ **6.1** three ~s **of** milk *drie flessen melk.*

bottle green **0.1** ***donkergroen.***

bottleneck **0.1** ***flessenhals*** ⟨ook fig.⟩ ⇒*knelpunt, bottleneck.*

bottleopener **0.1** ***flesopener*** ⇒*wipper.*

bottle up **0.1** ***opkroppen*** ◆ **1.1** don't ~ your anger *je moet je woede niet opkroppen.*

bottom¹ [bottəm] ⟨zn.⟩ **0.1** ***bodem*** ⇒⟨fig.⟩ *grond, het diepst* **0.2** ***onderste deel*** ⇒*voet, basis* ⟨ook fig.⟩ **0.3** ***het verste/laagste deel/punt*** ⇒⟨fig.⟩ *het minst eervolle gedeelte* **0.4** ***zitting*** ⟨v.e. stoel⟩ **0.5** ⟨inf.⟩ ***achterste*** ⇒*gat* **0.6** ***kiel*** ⇒ ⟨fig.⟩ *schip, bodem* **0.7** ⟨mv.; the⟩ ***laagliggend stuk land langs rivier*** ◆ **1.1** from the ~ of my heart *uit de grond v. mijn hart* **1.3** Jack is at the ~ of his class *Jack is een v.d. slechtsten v. zijn klas;* the ~ of the garden *achterin de tuin;* the ~ of the social ladder *onderaan de sociale ladder* **1.¶** get to the ~ of the heap *tot de verliezers/mislukkelingen (gaan) behoren* **3.1** go to the ~ *zinken;* send to the ~ *in de grond boren, kelderen* **3.2** the ~ is going to fall out of the gold market soon *de goudprijzen kelderen binnenkort;* knock the ~ out of sth. *iets waardeloos/krachteloos maken;* reach/touch ~ *het laagste punt bereiken* **5.2** ~ **up** *onderste boven* **5.¶** ⟨inf.⟩ ~s **up**! *ad fundum!* **6.2** **at** the ~ of the mountain/the stairs *aan de voet v.d. berg/trap;* **from** the ~ up *van bij het begin, helemaal (opnieuw)* **6.¶** **at** ~ *eigenlijk, in wezen;* tell me who is **at** the ~ of this *zeg me wie hier verantwoordelijk voor is;* I'll get **to** the ~ of this *ik ga dit helemaal uitzoeken.*

bottom² ⟨bn.⟩ **0.1** ***onderste*** ⇒*laatste, laagste* ◆ **1.1** on the ~ shelf *op de onderste plank* **1.¶** you can bet your ~ dollar *daar kun je je laatste stuiver onder verwedden;* ⟨BE; inf.⟩ ~ drawer *uitzet;* ⟨BE⟩ ~ gear *laagste versnelling.*

bottomless [bottəmləs] **0.1** ***bodemloos*** ⇒*heel diep, onuitputtelijk* ◆ **1.¶** the ~ pit *de bodemloze put, de hel.*

bottom line ⟨ook attr.⟩ **0.1** ***einduitkomst*** ⇒*resultaat* **0.2** ***hoofdkenmerk*** ◆ **1.1** ~ numbers *winst- of verliescijfers;* the ~ of the lesson *de moraal v.h. verhaal* **1.2** vitality was his ~ *vitaliteit was zijn voornaamste eigenschap.*

bottom out **0.1** ***het laagste punt bereiken*** ◆ **1.1** oil prices bottomed out in 1987 *de olieprijzen bereikten hun laagste peil in 1987.*

bott|y [bottie] ⟨mv.: -ies⟩⟨inf.⟩ **0.1** ***bips.***

botulism [botsjoelizm] **0.1** ***botulisme.***

boudoir [boe:dwa:] **0.1** ***boudoir*** ⟨klein damesvertrek⟩.

bouffant [boe:fong] **0.1** ***wijd uitstaand*** ⟨v. jurk, haar⟩.

bougainvill(a)ea [boe:gənvilliə] **0.1** ***bougainville*** ⟨tropische plant⟩.

bough [bau] **0.1** ***(grote) tak.***

bought ⟨verl. t. en volt. deelw.⟩ →**buy.**

boulder [booldə] **0.1** ***kei*** ⇒*zwerfkei, rotsblok.*

boulevard [boe:lva:, -va:d] **0.1** ***boulevard*** ⇒*hoofdverkeersweg.*

boult →**bolt².**

bounce[1] [bauns] ⟨zn.⟩ **0.1** ***vermogen tot stuit(er)en*** ⟨v. bal⟩ **0.2** ***stuit*** ⇒*terugsprong* ⟨v. bal⟩ **0.3** ***levendigheid*** ⇒*beweeglijkheid* **0.4** ***opschepperij*** ⇒*praatjes, grootspraak* ◆ **2.3** she is full of ~ *ze is erg levendig/druk* **3.¶** Phil got the ~ yesterday *Phil is er gisteren uitgeschopt/is gisteren ontslagen* **6.2** she caught the ball **on** the ~ *ze ving de bal toen hij opstuitte* **¶.¶** ~! *boem!, beng!*

bounce[2] **I** ⟨onov.ww.⟩ **0.1** ***stuit(er)en*** ⇒*terugkaatsen* **0.2** ***(op)springen*** ⇒*wippen* **0.3** ⟨inf.⟩ ***ongedekt zijn*** ⇒*geweigerd worden* ⟨v. cheque⟩ **0.4** ⟨inf.⟩ ***opscheppen*** ◆ **1.3** he paid by cheque but it ~d *hij betaalde met een ongedekte cheque* **5.1** ⟨inf.; fig.⟩ ~ **back** after a setback *er na een tegenslag weer bovenop komen* **6.2** she ~d noisily **into** the room *met veel lawaai viel ze de kamer binnen;*
II ⟨ov.ww.⟩ **0.1** ***laten stuit(er)en*** ⇒*kaatsen, stuit(er)en* **0.2** ⟨inf.⟩ ***eruit gooien*** ⇒*ontslaan* ◆ **1.1** she ~d her sister (on her knee) *ze liet haar zusje paardje rijden (op haar knie).*

bouncer [baunsə] **0.1** ***iem. die/iets dat stuit*** **0.2** ⟨inf.⟩ ***uitsmijter.***

bouncing [baunsing] **0.1** ***gezond*** ⇒*levendig, flink* ◆ **1.1** a ~ baby *een flinke/levendige baby.*

bounc|y [baunsie] ⟨-iness⟩ **0.1** ***levendig*** ⇒*levenslustig, luidruchtig* **0.2** ***die/dat kan stuiten*** ◆ **1.1** Sally has a rather ~ manner *Sally is nogal druk* **1.2** a ~ mattress *een goed verende matras.*

bound[1] [baund] ⟨zn.⟩ **0.1** ⟨vnl. mv.⟩ ***grens*** ⇒⟨wisk.⟩ *limiet* **0.2** ***sprong*** **0.3** ***stuit*** ⇒*terugsprong* ⟨v. bal⟩ ◆ **3.1** his anger knew no ~s *zijn woede ging alle perken te buiten* **3.¶** keep within the ~s of reason *redelijk blijven* **6.1** **out of** ~s *verboden terrein, taboe* ⟨ook fig.⟩ **6.2** **at** a/one ~ *met één sprong.*

bound[2] **I** ⟨bn.⟩ **0.1** ⟨boek.⟩ ***gebonden*** **0.2** ⟨schei.⟩ ***gebonden*** ⇒*verbonden;*
II ⟨bn., pred.⟩ **0.1** ***gebonden*** ⇒*vast* **0.2** ***zeker*** **0.3** ***verplicht*** **0.4** ***vastbesloten*** **0.5** ***op weg*** ⇒*onderweg* ◆ **3.2** he's ~ to pass his exam *hij haalt zijn examen beslist* **3.3** I feel ~ to warn you *ik voel me verplicht je te waarschuwen* **3.4** ~ and determined to try it *vastbesloten het te proberen* **4.2** I'll be ~ *daar sta ik voor in, daar ben ik zeker van* **6.1** he's ~ **to** his job *hij zit vast aan zijn werk;* she's completely ~ **up in** her research *ze gaat helemaal op in haar onderzoek;* our future is ~ **up with** that of the EEC *onze toekomst is nauw verbonden met die v.d. EEG* **6.5** this train is ~ **for** Poland *deze trein gaat naar Polen.*

bound[3] **I** ⟨onov.ww.⟩ **0.1** ***springen*** **0.2** ***stuit(er)en*** ⇒*terugkaatsen* ◆ **5.1** the dogs ~ed **down** the hill *de honden kwamen met grote sprongen de heuvel af;*
II ⟨ov.ww.⟩ **0.1** ***begrenzen*** ⇒*de grens vormen, beperken* ◆ **1.1** Belgium is ~ed on the South by France *België grenst in het Zuiden aan Frankrijk.*

-bound [baund] **0.1** ⟨ong.⟩ ***gehinderd door*** ⇒*vastzittend aan* **0.2** ***gebonden in*** ◆ **¶.1** be snowbound *vastzitten in de sneeuw* **¶.2** leather-bound books *in leer gebonden boeken.*

boundar|y [baundrie] ⟨mv.: -ies⟩ **0.1** ***grens*** ⇒*grenslijn.*

bounden [baundən] ◆ **1.¶** ⟨schr.⟩ ~ duty *dure/heilige plicht.*

boundless [baundləs] ⟨-ness⟩ **0.1** ***grenzeloos.***

bountiful [bauntiefl], **bounteous** [bauntiəs] ⟨-ness⟩⟨schr.⟩ **0.1** ***vrijgevig*** ⇒*gul, royaal* **0.2** ***overvloedig*** ⇒*copieus, rijk* ◆ **1.2** a ~ harvest *een rijke oogst.*

bount|y [bauntie] ⟨mv.: -ies⟩ **0.1** ***gulheid*** ⇒*vrijgevigheid* **0.2** ***(gulle) gift*** ⇒*donatie* **0.3** ***premie*** ⇒*bonus.*

bounty hunter **0.1** ***premiejager.***

bouquet [bookee, boe:-] **0.1** ***boeket*** ⇒*bos bloemen, ruiker* **0.2** ***complimentje*** ⇒*lof* **0.3** ***boeket*** ⇒*geur en smaak* ⟨v. wijn⟩ ◆ **2.1** ~ garni *kruidenbuiltje.*

bourbon [boeəbən] **0.1** ***bourbon*** ⟨Am. whisky⟩.

bourgeois[1] [boeəzjwa:] ⟨zn.; mv.: bourgeois⟩ **0.1** ***bourgeois*** ⇒*burger, iem. uit de middenstand/bezittende klasse* **0.2** ⟨pej.⟩ ***bourgeois*** ⇒*bekrompen/kleinburgerlijk persoon.*

bourgeois[2] ⟨bn.⟩ **0.1** ***(klein)burgerlijk*** ⇒*bourgeois.*

bourgeoisie [boeəzjwa:zie:] ⟨zn.; ww. enk. of mv.; the⟩ **0.1** ***bourgeoisie*** ⇒*gegoede en conservatieve middenstand, bezittende klasse, gevestigde burgerij.*

bourgeon →**burgeon.**

bout [baut] **0.1** ***vlaag*** ⇒*tijdje, periode; aanval* ⟨v. ziekte⟩ **0.2** ***wedstrijd*** ⇒*partij* ⟨v. boksen, worstelen⟩ ◆ **1.1** ~s of activity *vlagen v. activiteit;* ~s of migraine *migraineaanvallen.*

boutique [boe:tie:k] **0.1** ***boetiek*** ⇒*shop.*

bovine [boovajn] **0.1** ***runderachtig*** ⇒*runder-* **0.2** ⟨pej.⟩ ***stom*** ⇒*dom, sloom* ◆ **1.1** ~ animals *runderachtigen.*

bovver [bovvə] ⟨BE; sl.⟩ **0.1** ***geweld*** ⟨v. straatbenden⟩ ◆ **1.1** a spot of ~ *een knokpartijtje.*

bovver boot **0.1** ***laars met stalen neus.***

bow[1] [bau] ⟨zn.⟩ **0.1** ***buiging*** **0.2** ⟨vaak mv.⟩ ***boeg*** ⟨voorste deel v. schip⟩ ◆ **3.1** make one's ~ *formeel groeten/afscheid nemen;(voor het eerst) officieel verschijnen;* take a ~ *applaus in ontvangst nemen* **6.2** **off/on** the (port/starboard) ~ *over bakboord/stuurboord.*

bow[2] [boo] ⟨zn.⟩ **0.1** ***boog*** ⇒*kromming, curve* **0.2** ***boog*** ⇒*handboog* **0.3** ***strijkstok*** ⇒*streek v.e. strijkstok* **0.4** ***strik.***

bow[3] [bau] **I** ⟨onov.ww.⟩ **0.1** ***buigen*** ⇒*nijgen* ⟨als groet⟩ **0.2** ***buigen*** ⇒*zich (erbij) neerleggen; zich gewonnen geven* ◆ **3.1** ~ and scrape *vleien, stroop smeren* **6.2** he ~ed **to** the inevitable *hij legde zich bij het onvermijdelijke neer;* I ~ **to** nobody in this *wat dit betreft ga ik voor niemand opzij.* → **bow out;**
II ⟨ov.ww.⟩ ◆ **5.¶** he was ~ed **down** with worry *hij ging gebukt onder de zorgen.*

bow[4] [boo] ⟨ww.⟩ **0.1** ***buigen*** ⇒*krommen* **0.2** ***strijken*** ⟨v. violist⟩.

Bow Bells [boo belz] ⟨BE⟩ **0.1** ***de klokken v. Bow Church in Londen*** ◆ **3.1** she was born within the sound of ~ *zij is een echte cockney/Londenaar.*

bowdlerize, -ise [baudlərajz] ⟨pej.⟩ **0.1** ***kuisen*** ⇒*zuiveren* ⟨boeken e.d.⟩.

bow door ⟨vaak mv.⟩⟨scheep.⟩ **0.1** ***boegdeur.***

bowel [bauəl] **I** ⟨telb.zn.⟩⟨med.⟩ **0.1** ***darm;***
II ⟨mv.⟩ **0.1** ***darmen*** ⇒*ingewanden* **0.2** ***ingewand*** ⇒*binnenste* ◆ **1.2** deep in the ~s of the earth *in de diepste diepten v.d. aarde* **3.¶** move the ~s *zijn behoefte doen.*

bowel movement **0.1** ***ontlasting*** ⇒*stoelgang.*

bower [bauə] **0.1** ***tuinhuisje*** ⇒*prieel(tje), beschaduwde plek* ⟨in tuin⟩.

bowerbird **0.1** ***prieelvogel.***

bowheavy ⟨scheep.⟩ **0.1** ***koplastig.***

bowie knife [booie najf] **0.1** ***lang jachtmes*** ⇒*bowiemes.*

bowl[1] [bool] ⟨zn.⟩ **0.1** ***kom*** ⇒*schaal, bekken* **0.2** ⟨AE; aardr.⟩ ***kom*** ⇒*komvormig gebied, bekken* **0.3** ***kop*** ⟨v. pijp⟩ **0.4** ⟨AE⟩ ***amfitheater*** ⇒*stadion* **0.5** ⟨sport⟩ ***bowl.***

bowl[2] ⟨ww.⟩ **0.1** ⟨cricket⟩ ***bowlen*** **0.2** ***voortrollen*** ⇒*rollen* ◆ **1.2** the wind ~ed the bag down the street *de wind blies de tas door de straat* **5.¶** the batsman was ~ed **(out)** *de slagman werd uitgegooid.* →**bowl over.**

bowl along **0.1** ***vlot/soepel rijden*** ⇒*rollen* ⟨v. auto⟩ **0.2** ***vlotten*** ⇒*lekker gaan* ⟨v. werk⟩.

bowlegged [boolegd, -gid] **0.1** ***met o-benen.***

bowler [boolə] ⟨→s1⟩ **0.1** ***iem. die bowls speelt*** **0.2** ⟨cricket⟩ ***bowler.***

bowler (hat) ⟨BE⟩ **0.1** ***bolhoed.***

bowlful [boolfoel] **0.1** ***komvol*** ⇒*kom.*

bowline [boolin], **bowline knot 0.1** ***paalsteek.***
bowling [booling] **0.1** ***bowling*** ⇒*kegelen.*
bowling alley 0.1 ***kegelbaan*** ⇒*bowlingbaan/centrum.*
bowling green 0.1 ***veld om bowls op te spelen.***
bowl over 0.1 ***omverlopen*** ⇒*omverschieten;* ⟨fig.⟩ *van z'n stuk brengen, verwarren* ◆ **1.1** his behaviour quite bowled me over *zijn gedrag maakte me sprakeloos.*
bowls [boolz] **0.1** ***bowls*** ⟨spel met eenzijdig verzwaarde bal, op gras⟩.
bowman [boomən]⟨mv.: -men [-mən]⟩ **0.1** ***boogschutter.***
bow out [bau aut] **0.1** ***officieel afscheid nemen*** ⇒*zich terugtrekken* ⟨uit hoge positie⟩.
bowsprit [boosprit] **0.1** ***boegspriet.***
bow tie [boo taj] **0.1** ***strikje*** ⇒*vlinderdas.*
bow window [boo windoo] **0.1** ***erkerraam.***
bowwow [bau wau] **0.1** ⟨kind.⟩ ***waf-waf*** ⇒*hondje, woef.*
box[1] [boks] ⟨zn.⟩ **0.1** ***doos*** ⇒*kist, bak; trommel, bus* **0.2** ***loge*** ⇒*hokje, cel e.d.* ⟨in theater⟩ **0.3** ***foedraal*** ⇒*beschermhoes* **0.4** ⟨cricket, ijshockey e.d.⟩ ***toque*** ⇒*protector* **0.5** ***kader*** ⇒ *omlijning, omlijnd gebied* **0.6** ***mep*** ⇒*draai om de oren, oorveeg* **0.7** ⟨the⟩ ***buis*** ⇒*tv, televisie* ◆ **1.2** telephone ~, ⟨AE⟩ call ~ *telefooncel;* witness ~ *getuigenbank* **1.¶** Box and Cox *twee personen die om beurten iets doen* **3.6** give s.o. a ~ on the ears *iem. een draai om de oren geven* **3.7** glued to the ~ *aan de buis gekluisterd.*
box[2] ⟨zn.; mv.: ook box⟩ **0.1** ***buks(boom)*** ⇒*palmboompje* **0.2** ***hout v.d. buksboom*** ⇒*bukshout.*
box[3] **I** ⟨onov.ww.⟩ **0.1** ***boksen*** ◆ **3.¶** Box and Cox *beurtelings iets doen* **5.¶** ⟨inf.⟩ ~ clever *slim doen;*
II ⟨ov.ww.⟩ **0.1** ***boksen tegen/met*** **0.2** ***in dozen doen*** **0.3** ***een draai om de oren geven*** ◆ **1.3** ~ s.o.'s ears *iem. een draai om z'n oren geven.* →**box in.**
box barrage ⟨mil.⟩ **0.1** ***vuurdekking/spervuur v. alle kanten.***
box camera 0.1 ***boxje*** ⇒*boxcamera.*
boxcar ⟨AE⟩ **0.1** ***gesloten goederenwagen.***
boxer [boksə] **0.1** ***bokser*** ⇒*iem. die bokst* **0.2** ***boxer*** ⟨soort hond⟩.
boxer shorts 0.1 ***boxer(short).***
boxful [boksfoel] **0.1** ***doos vol*** ⇒*volle doos.*
box girder 0.1 ***kokerbalk.***
box in 0.1 ***opsluiten*** ⇒*insluiten* ◆ **3.1** feel boxed in *zich gekooid voelen.*
boxing [boksing] **0.1** ***(het) boksen*** ⇒*bokssport.*
Boxing Day 0.1 ***tweede kerstdag*** **0.2** ***derde kerstdag*** ⟨als tweede kerstdag op een zondag valt⟩.
boxing match 0.1 ***bokswedstrijd.***
boxing ring 0.1 ***boksring.***
box junction ⟨BE⟩ **0.1** ***kruispunt dat te allen tijde vrijgelaten moet worden*** ⟨aangegeven met arcering op wegdek⟩.
box number 0.1 ***(antwoord)nummer*** ⟨in advertentie e.d.⟩.
box office 0.1 ***bespreekbureau*** ⇒*loket, kassa* ⟨v. theater⟩.
box office success 0.1 ***publiekstrekker*** ⇒*kassucces.*
box room ⟨BE⟩ **0.1** ***bergruimte*** ⇒*opslagruimte* ⟨voor dozen⟩.
box spanner 0.1 ***dopsleutel*** ⇒*soksleutel.*
box spring 0.1 ***springveer*** ⟨in matras⟩.
boxwood 0.1 ***bukshout.***
boy[1] [boj] **I** ⟨telb.zn.⟩ **0.1** ***jongen*** ⇒*joch, knul* **0.2** ***jongen*** ⇒ *zoon(tje)* **0.3** ***boy*** ⇒*(inlandse) huisbediende* **0.4** ⟨AE; inf.⟩ ***man*** ⇒*jongen, vent* ◆ **2.1** Jimmy is his blue-eyed ~ *Jimmy is z'n oogappel/lieveling* **2.4** Tom Lyons is a local ~ *Tom Lyons komt hier uit de buurt;* come on, old ~ *vooruit, ouwe jongen* **4.1** that's my ~ *grote jongen, bravo knul* **¶.1** ⟨sprw.⟩ boys will be boys *zo zijn jongens nu eenmaal.* →**golden, good;**
II ⟨mv.; the⟩ **0.1** ***jongens*** ⇒*vrienden, club/cafématen* ◆ **1.1** jobs for the ~s *vriendjespolitiek* **2.1** ⟨AE; inf.⟩ the ~s uptown *de hoge smerissen, de maffiabazen.*
boy[2] ⟨tw.⟩⟨vnl. AE; inf.⟩ **0.1** ***jonge jonge*** ⇒*tjonge jonge.*
boycott[1] [bojkot] ⟨zn.⟩ **0.1** ***boycot.***
boycott[2] ⟨ww.⟩ **0.1** ***boycotten.***
boyfriend 0.1 ***vriend(je)*** ⇒*vrijer.*
boyhood [bojhoed] **0.1** ***jongenstijd*** ⇒*jongensjaren.*
boyish [bojjisj] ⟨-ness⟩ **0.1** ***jongensachtig*** ⇒*jongens-* ◆ **1.1** ~ pranks *kattenkwaad.*
boy scout 0.1 ***padvinder.***
boy wonder →**wonder boy.**
bps ⟨afk.; comp.⟩ **0.1** [bits per second].
Br., br. ⟨afk.⟩ **0.1** [British] ***Br.*** **0.2** [Brother] ***Br.***
B.R. ⟨afk.⟩ **0.1** [British Rail].
bra [bra:] ⟨verk.⟩ [brassière] **0.1** ***beha.***
brace[1] [brees] **I** ⟨telb.zn.⟩ **0.1** ***klamp*** ⇒*(draag)beugel, (muur)anker* **0.2** ***steun*** ⇒*stut, verstijvingsbalk* **0.3** ***booromslag*** **0.4** ***band*** ⇒*riem, spansnoer* **0.5** ⟨tandheelkunde⟩ ***beugel*** ◆ **1.3** ~ and bit *boor.* →**main;**
II ⟨mv.⟩⟨BE⟩ **0.1** ***bretels*** ◆ **1.1** two pairs of ~s *twee stel/paar bretels.*
brace[2] ⟨zn.; mv.: brace⟩ **0.1** ***koppel*** ⇒*paar, stel* ◆ **1.1** three ~ of partridge *drie koppel patrijzen* **6.¶** ⟨BE; inf.⟩ **in** a ~ of shakes *in een vloek en een zucht.*
brace[3] ⟨ww.⟩ **0.1** ***vastbinden*** ⇒*aantrekken, aanhalen* **0.2** ***versterken*** ⇒*verstevigen, ondersteunen* **0.3** ***schrap zetten*** ◆ **1.2** ~ a wall *een muur verstevigen* **1.3** she ~d her foot against the wall *ze zette haar voet schrap tegen de muur* **4.3** he told her to ~ herself for a shock *hij zei haar dat ze zich op een schok moest voorbereiden.*
bracelet [breeslit] **0.1** ***armband*** **0.2** ⟨mv.; sl.⟩ ***handboeien.***
bracer [breesə] **0.1** ⟨boogschieten, schermen⟩ ***armbeschermer*** **0.2** ***opkikkertje.***
brachiopod [breekiəpod, bræk-] ⟨dierk.⟩ **0.1** ***armpotige.***
bracing [breesing] **0.1** ***verkwikkend*** ⇒*opwekkend, versterkend* ⟨ihb. v. klimaat⟩.
bracken [brækən] **0.1** ***adelaarsvaren*** **0.2** ***varenvegetatie*** ⇒*varens.*
bracket[1] [brækit] ⟨zn.⟩ **0.1** ***steun*** ⇒*plankdrager, kraagsteen, console* **0.2** ***arm*** ⟨v. lamp⟩ ⇒*gasarm, uithouder* **0.3** ***haakje*** ⇒*accolade* **0.4** ***klasse*** ⇒*groep* ◆ **1.4** the lower income ~ *de lagere inkomensgroep* **6.3** **in/between** ~s *tussen haakjes.*
bracket[2] ⟨ww.⟩ **0.1** ***tussen haakjes zetten*** **0.2** ⟨vaak +together⟩ ***koppelen*** ⇒*in een adem noemen, in dezelfde categorie plaatsen* **0.3** ***(onder)steunen*** ⟨met klamp⟩.
brackish [brækisj] ⟨-ness⟩ **0.1** ***brak*** ⇒*niet zuiver.*
bract [brækt] ⟨plantk.⟩ **0.1** ***bractee*** ⇒*schutblad, dekblad.*
bradawl [brædo:l] **0.1** ***priem*** ⇒*els.*
brae [bree] ⟨Sch. E⟩ **0.1** ***helling*** ⇒*steile oever.*
brag[1] [bræg] ⟨zn.⟩ **0.1** ***blufpoker*** **0.2** ***opschepperij.***
brag[2] ⟨ww.; -ged⟩ **0.1** ⟨+ about/of⟩ ***opscheppen (over)*** ⇒ *snoeven, bluffen* ◆ **6.1** nothing to ~ **about** *niet veel bijzonders.*
braggart [brægət] **0.1** ***opschepper*** ⇒*snoever, pocher.*
braid[1] [breed] ⟨zn.⟩ **0.1** ⟨vaak mv.⟩ ***vlecht*** **0.2** ***galon*** ⇒*boordsel, tres* ◆ **2.2** gold ~ *goudgalon, gouden tressen* **6.1** she wears her hair **in** ~s *ze draagt haar haar in vlechten.*
braid[2] ⟨ww.⟩ **0.1** ***vlechten*** ⇒*vlechten maken in* **0.2** ***versieren met tressen.***
braille [breel] ⟨soms B-⟩ **0.1** ***braille(schrift).***
brain[1] [breen] **I** ⟨telb. en n.-telb.zn.⟩ **0.1** ⟨med.⟩ ***hersenen*** ⇒ *hersens, brein* ⟨als orgaan⟩ **0.2** ⟨inf.⟩ ***knappe kop*** ⇒*brein, genie* **0.3** ***brein*** ⇒*intelligentie, hoofd* ◆ **3.3** beat/cudgel/

rack one's ~(s) about sth. *zijn hersens pijnigen over iets, diep nadenken over iets;* get/have sth. on the ~ *steeds aan iets denken, iets niet uit zijn hoofd kunnen krijgen;* she has (a lot of) ~s/a good ~ *ze heeft (een goed stel) hersens;* pick s.o.'s ~(s) *iemands ideeën stelen;*
II ⟨mv.; ww. ook enk.⟩⟨inf.⟩ **0.1** ***hersens*** ⇒*hersenen* ⟨als substantie⟩ ◆ **1.1** I don't like calf's ~s *ik lust geen kalfshersenen* **3.1** blow s.o.'s ~s out *iem. een kogel door het hoofd schieten.*

brain[2] ⟨ww.⟩ **0.1** ***de hersens inslaan*** **0.2** ⟨inf.⟩ ***heel hard slaan*** ◆ **4.1** I'll ~ you if you're late ágain *als je weer te laat komt, vermoord ik je.*

brainbox ⟨sl.⟩ **0.1** ***hersenpan*** **0.2** ***knappe kop.***

brainchild ⟨inf.⟩ **0.1** ***geesteskind*** ⇒*geestesproduct.*

brain damage **0.1** ***hersenbeschadiging/letsel*** ◆ **1.1** brain-damaged children *kinderen met hersenletsel.*

brain dead **0.1** ***hersendood.***

brain death **0.1** ***hersendood.***

brain drain **0.1** ***uittocht v.h. intellect.***

brainless [breenləs] **0.1** ***dom*** ⇒*stom, stompzinnig.*

brainpan **0.1** ***hersenpan.***

brainstorm **0.1** ***hersenstoring*** **0.2** ⟨AE⟩ ***ingeving*** ⇒*goed idee, inspiratie* ◆ **3.1** I must have had a ~ *ik ben er zeker even niet bij geweest.*

brainstorming **0.1** ***het brainstormen*** ⟨groepsdiscussie op zoek naar nieuwe ideeën⟩.

brains trust, ⟨AE⟩ **brain trust** **0.1** ***adviesraad*** ⇒*vertrouwensraad.*

brainteaser **0.1** ***hersenbreker*** ⇒*puzzel, moeilijke vraag.*

brainwash **0.1** ***hersenspoelen*** ◆ **6.1** ~ s.o. **into** doing sth. *iem. bewerken om iets te doen.*

brainwashing ⟨pej.⟩ **0.1** ***hersenspoeling.***

brain wave ⟨inf.⟩ **0.1** ***ingeving*** ⇒*(goede) inval, goed idee.*

brain|y [breenie] ⟨-iness⟩⟨inf.⟩ **0.1** ***slim*** ⇒*knap, intelligent.*

braise [breez] **0.1** ***smoren.***

brake[1] [breek] ⟨zn.⟩ **0.1** ***rem*** **0.2** ***stationcar*** ⇒*combi* ◆ **3.1** apply/put on the ~s *remmen;* ⟨fig.⟩ *matigen, temperen;* slam the ~s on *hard op het rempedaal trappen.*

brake[2] ⟨ww.⟩ **0.1** ***(af)remmen.***

brake disc **0.1** ***remschijf.***

brake disc pad **0.1** ***remschijfblokje.***

brake horsepower **0.1** ***rempaardenkracht*** ⇒*effectief vermogen.*

brake pad **0.1** ***remblokje*** ⟨v. fiets⟩.

bramble [bræmbl] **0.1** ***doornstruik*** **0.2** ***braamstruik*** **0.3** ⟨vnl. BE⟩ ***braam.***

bran [bræn] **0.1** ***zemelen.***

branch[1] [bra:ntsj] ⟨zn.⟩ **0.1** ***tak*** ⇒*loot* **0.2** ***vertakking*** ⇒*afsplitsing, arm* ⟨v. rivier, weg enz.⟩ **0.3** ***tak*** ⇒*filiaal, bijkantoor, plaatselijke afdeling.*

branch[2] ⟨ww.⟩ **0.1** ***zich vertakken*** ⇒*zich splitsen, aftakken* ◆ **1.1** this road ~es there *deze weg splitst (zich) daar* **5.1** ~ **off** *zich splitsen, afbuigen;* they ~ed **off** there *ze zijn daar afgeslagen.*

branch out **0.1** ***zijn zaken/zich uitbreiden*** ⇒*zich ontwikkelen* ◆ **1.1** the company is branching out into furniture *het bedrijf wil ook meubelen gaan verkopen.*

brand[1] [brænd] ⟨zn.⟩ **0.1** ***merk(naam)*** ⇒*soort, type* **0.2** ***brandmerk*** ⇒*schandteken, stigma* **0.3** ⟨schr.⟩ ***brandend/verkoold stuk hout*** **0.4** ⟨schr.⟩ ***fakkel*** ⇒*toorts* ◆ **1.1** this is a new ~ of soap *dit is een nieuw merk zeep* **7.1** own ~ *huismerk, eigen merk.*

brand[2] ⟨ww.⟩ **0.1** ***(brand)merken*** ⇒*markeren* **0.2** ***brandmerken*** ⇒*stigmatiseren* **0.3** ***tekenen*** ◆ **1.1** ~ed goods *merkartikelen* **1.2** those people ~ed him (as) a heretic *die mensen hebben hem als ketter gebrandmerkt* **1.3** his experiences in Vietnam ~ed him for life *zijn ervaringen in Vietnam hebben hem voor het leven getekend.*

brand awareness, brand consciousness **0.1** ***merkbewustheid.***

branding iron **0.1** ***brandijzer*** ⇒*schroei-ijzer.*

brandish [brændisj] **0.1** ***zwaaien met*** ◆ **1.1** ~ a sword *(dreigend) zwaaien met een zwaard.*

brand name **0.1** ***merknaam.***

brand-new [bræn(d)njoe:] **0.1** ***gloednieuw*** ⇒*splinternieuw.*

brand|y [brændie] ⟨mv.: -ies⟩ **0.1** ***cognac*** **0.2** ***brandewijn.***

brandy snap **0.1** ***dun, kleverig, opgerold koekje/wafeltje met gembersmaak.***

bran tub ⟨BE⟩ **0.1** ***grabbelton.***

brash [bræsj] ⟨-ness⟩⟨inf.⟩ **0.1** ***onbezonnen*** ⇒*overhaast, overijld; vrijpostig, onbeschaamd, opdringerig.*

brass[1] [bra:s] ⟨zn.⟩ **0.1** ***messing*** ⇒*geelkoper* **0.2** ***koperen voorwerp/ornament*** **0.3** ***koperen gedenkplaat/grafversiering*** **0.4** ⟨muz.⟩ ***koper*** ⇒*koperen instrumenten* **0.5** ⟨sl.⟩ ***duiten*** ⇒*centen* **0.6** ⟨sl.⟩ ***lef.*** →**bold.**

brass[2] ⟨bn.⟩ **0.1** ***koperen*** ⇒*van koper* ◆ **1.1** ~ plate *(koperen) naambordje/plaatje* **1.¶** not a ~ farthing *geen cent;* ⟨sl.⟩ ~ hat *hoge piet;* ⟨AE⟩ ~ knuckles *boksbeugel;* ⟨inf.⟩ get down to ~ tacks *spijkers met koppen slaan.*

brass band **0.1** ***fanfarekorps.***

brassed off ⟨BE; sl.⟩ **0.1** ***beu*** ◆ **3.1** I am ~ with this *ik heb er genoeg van, ik ben het zat.*

brassiere, brassière [bræziə] **0.1** ***brassière*** ⇒*bustehouder.*

brass monkey ⟨inf.⟩ ◆ **1.¶** ~ weather *zeer koud weer* **¶.¶** freeze the balls of a ~ *de stenen uit de grond vriezen.*

brass|y [bra:sie] ⟨-ily⟩ **0.1** ***(geel)koperen*** ⇒*koperkleurig* **0.2** ***onbeschaamd*** ⇒*brutaal* **0.3** ***blikkerig*** ⟨geluid⟩ ⇒*schel.*

brat [bræt] **0.1** ⟨pej.⟩ ***kreng (v.e. kind)*** ⇒*snotaap, rotkind.*

bravado [brəva:doo] **0.1** ***bravade*** ⇒*snoeverij, waaghalzerij.*

brave[1] [breev] ⟨zn.⟩ **0.1** ***krijger*** ⟨v. Noord-Am. indianen⟩.

brave[2] ⟨bn.; -r⟩ **0.1** ***dapper*** ⇒*moedig, onverschrokken* ◆ **1.1** put a ~ face on *zich sterk houden.* →**fortune.**

brave[3] ⟨ww.⟩ **0.1** ***trotseren*** ⇒*weerstaan, tarten* ◆ **4.1** I'll have to ~ it out *ik zal me erdoorheen moeten slaan.*

bravery [breevrie] **0.1** ***moed*** ⇒*dapperheid.*

bravo [bra:voo] **0.1** ***bravo*** ⇒*uitstekend.*

bravura [brəv(j)oeərə] **0.1** ***bravoure.***

braw [bro:, bro:] ⟨vnl. Sch. E⟩ **0.1** ***fijn*** ⇒*prima* ⟨bv. knul⟩ **0.2** ***goedverzorgd/gekleed.***

brawl[1] [bro:l] ⟨zn.⟩ **0.1** ***vechtpartij*** ⇒*knokpartij.*

brawl[2] ⟨ww.⟩ **0.1** ***knokken*** ⇒*op de vuist gaan.*

brawn [bro:n] **0.1** ***spierkracht*** ⇒*spieren* **0.2** ⟨BE⟩ ***hoofdkaas*** ⇒*(zure) zult.*

brawn|y [bro:nie] ⟨-iness⟩ **0.1** ***gespierd.***

bray[1] [bree] ⟨zn.⟩ **0.1** ***schreeuw*** ⟨v. ezel⟩ ⇒*gebalk* ⟨ook fig.⟩; *geschetter, gehinnik.*

bray[2] ⟨ww.⟩ **0.1** ***balken*** ⟨v. ezel; ook fig.⟩ ⇒*schetteren, hinniken.*

brazen [breezn] **0.1** ***brutaal*** ⇒*onbeschaamd, schaamteloos.*

brazenfaced **0.1** ***brutaal*** ⇒*onbeschaamd, schaamteloos.*

brazen out **0.1** ***zich onverschrokken redden uit*** ◆ **4.1** ⟨vnl. in de uitdr.; inf.⟩ brazen it out *zich er onbewogen doorheen slaan.*

brazier [breeziə] **0.1** ***kolenvuur*** **0.2** ***stoof*** ⇒*komfoor.*

Brazil [brəzil] **0.1** ***Brazilië.***

Brazilian [brəziljən] **0.1** ⟨bn.⟩ ***Braziliaans*** **0.2** ⟨zn.⟩ ***Braziliaan(se).***

breach[1] [brie:tsj] ⟨zn.⟩ **0.1** ***breuk*** ⇒*bres, gat* **0.2** ***breuk*** ⇒*inbreuk, schending* ◆ **1.2** ~ of confidence *schending v. vertrouwen;* ~ of contract *contractbreuk;* ~ of promise *schen-*

ding v./het breken v.e. trouwbelofte; ~ of the peace *ordeverstoring* **3.1** ⟨fig.⟩ throw/fling o.s. into the ~ *in de bres springen, te hulp schieten.*

breach[2] ⟨ww.⟩ **0.1** ***doorbreken*** ⇒*een gat maken in, een bres slaan in* **0.2** ***verbreken*** ⇒*inbreuk maken op.*

bread[1] [bred] ⟨zn.⟩ **0.1** ***brood*** **0.2** ***brood*** ⇒*kost, levensonderhoud* **0.3** ⟨sl.⟩ ***geld*** ⇒*centen* ◆ **1.1** ~ and butter *boterham(men);* ⟨fig.⟩ *dagelijkse levensbehoeften, levensonderhoud;* a loaf of ~ *een brood;* slice of ~ *boterham* **2.2** daily ~ *dagelijks brood, dagelijkse levensbehoeften* **3.1** breaking of ~ *broodbreking* ⟨viering v.h. Avondmaal⟩ **3.2** earn one's ~ *zijn brood/kostje verdienen* **3.¶** his ~ is buttered on both sides *het gaat hem goed, alles zit hem mee* **¶.1** ⟨sprw.⟩ man cannot live by ~ alone *van brood alleen kan de mens niet leven.* →**great.**

bread[2] ⟨ww.⟩ **0.1** ***paneren.***

bread-and-butter **0.1** ***om den brode*** ⇒*voor de kost; v. elke dag, alledaags* **0.2** ***bedank-*** ◆ **1.1** a ~ job *een baantje om den brode* **1.2** ~ letter/note *bedankbrief(je).*

breadbasket **0.1** ***broodmandje*** **0.2** ⟨sl.⟩ ***maag*** **0.3** ***korenschuur*** ⟨streek die veel koren produceert⟩.

breadbin **0.1** ***broodtrommel.***

breadboard **0.1** ***broodplank.***

breadcrumb ⟨cul.⟩ **0.1** ***paneren.***

bread crumb **0.1** ***broodkruimel*** ⇒⟨mv.⟩ *paneermeel.*

breadfruit **0.1** ***broodvrucht(en).***

breadline **0.1** ***rij van wachtenden voor de bedeling*** ◆ **6.1** be **on** the ~ *in de bedeling zijn.*

bread roll **0.1** ***broodje.***

breadth [bredθ, bretθ] **0.1** ***breedte*** ⟨v. afmetingen⟩ **0.2** ***breedte*** ⇒*strook, baan* ⟨v. stof, behang enz.⟩ **0.3** ***ruimte*** ⇒*uitgestrektheid* **0.4** ***ruimdenkendheid.***

breadthways [bredθweez, bretθ-], **breadthwise** [-wajz] **0.1** ***in de breedte.***

breadwinner **0.1** ***broodwinner*** ⇒*kostwinner.*

break[1] [breek] **I** ⟨telb.zn.⟩ **0.1** ***onderbreking*** ⇒*verandering, breuk;* ⟨elek.⟩ *stroomonderbreking/storing* **0.2** ***uitbraak*** ⇒*ontsnapping;* ⟨wielrennen⟩ *demarrage* **0.3** ⟨tennis⟩ ***servicedoorbraak*** **0.4** ⟨inf.⟩ ***kans*** ⇒*geluk* **0.5** ⟨biljart⟩ ***serie*** **0.6** ⟨biljart⟩ ***openingsstoot*** ◆ **1.1** a ~ for lunch *een lunchpauze;* there was a ~ in the weather *het weer sloeg om* **2.4** bad ~ *pech, tegenvaller;* lucky ~ *geluk, meevaller* **3.2** make a ~ for it *proberen te ontsnappen* **3.4** give s.o. a ~ *iem. een kans geven (om zichzelf te bewijzen), iem. een plezier doen* **6.1** **without** a ~ *onophoudelijk, zonder te stoppen.* → **clean;**
II ⟨n.-telb.zn.⟩ **0.1** ***het breken*** **0.2** ***het aanbreken*** ⟨v. dag⟩ ◆ **1.2** ~ of day *dageraad, ochtendgloren.*

break[2] ⟨broke [brook], broken [brookən]⟩ **I** ⟨onov.ww.⟩ **0.1** ***breken*** ⟨ook fig.⟩ ⇒*kapot gaan, het begeven* **0.2** ***ontsnappen*** ⇒*uitbreken;* ⟨wielrennen⟩ *demarreren* **0.3** ***pauzeren*** **0.4** ***ophouden*** ⇒*tot een einde komen, omslaan* ⟨v. weer⟩ **0.5** ***plotseling beginnen*** ⇒*aanbreken* ⟨v. dag⟩; *losbreken, losbarsten* ⟨v. storm⟩ **0.6** ***bekendgemaakt worden*** ⟨v. nieuws⟩ **0.7** ***zich verspreiden*** ⇒*uiteengeslagen worden* ⟨v. troepen⟩ **0.8** ***plotseling dalen*** ⇒*kelderen, ineenstorten* ⟨v. prijzen op beurs⟩ ◆ **1.1** the abscess broke *het abces brak door;* his voice broke *hij kreeg de baard in zijn keel* **1.4** the frost broke *het hield op met vriezen, het ging dooien* **1.5** and then the storm broke *en toen barstte de storm los* **2.1** the box broke open *de doos barstte open* **2.2** ~ free/loose *ontsnappen, losbreken* **5.¶** ⟨inf.; ook hand.⟩ ~ even *quitte spelen;* ~ **forth** *uitbarsten, losbarsten* ⟨in woede⟩ **6.1** ~ **with** *breken met* ⟨traditie, familie bv.⟩ **6.5** ~ **into** a gallop *plotseling gaan galopperen* **6.¶** ~ **into** a tenner *een briefje van tien aanbreken;* this extra work ~s **into** my evenings *dit extra werk slokt mijn avonden op;* ~ **over** *overheen golven, overheen spoelen.* →**break away, break down, break in, break off, break out, break through, break up;**
II ⟨ov.ww.⟩ **0.1** ***breken*** ⟨ook fig.⟩ ⇒*kapot maken, (financieel) ruïneren, laten springen* ⟨bank⟩ **0.2** ***onderbreken*** ⟨reis bv.⟩ **0.3** ***uiteenslaan*** ⟨vijand⟩ **0.4** ***temmen*** ⇒*dresseren* ⟨paard⟩ **0.5** ***(voorzichtig) vertellen*** ⟨(slecht) nieuws⟩ ⇒ *tactvol vertellen* **0.6** ***ontplooien*** ⇒*uitvouwen* ⟨vlag⟩ **0.7** ***schaven*** ⇒*bezeren* ⟨huid⟩ **0.8** ***ontcijferen*** ⇒*breken* ⟨code⟩ **0.9** ⟨tennis⟩ ***doorbreken*** ⟨service⟩ ◆ **1.1** ~ a blow *een klap opvangen/breken;* ~ camp *het kamp opbreken;* ~ cover *uit de schuilplaats komen;* ~ s.o. of a habit *iem. een gewoonte afleren;* ~ the law *de wet overtreden/breken;* ~ a path/way *een weg banen;* ~ prison/jail *uitbreken;* ~ a record *een record verbeteren/breken;* ~ a strike *een staking breken;* ~ the surface *boven water komen* ⟨v. onderzeeër bv.⟩ **¶.¶** ⟨boksen⟩ ~! *break!, los!* →**break down, break in, break off, break up.**

breakable [breekəbl] **0.1** ***breekbaar.***

breakage [breekidzj] **0.1** ***breuk*** ⇒*het breken, barst* **0.2** ***brekage*** ⇒*gebroken waar* **0.3** ***vergoeding voor breukschade*** ◆ **1.2** £10 for ~s *£10 voor brekage.*

breakaway[1] ⟨zn.⟩ **0.1** ***afscheiding*** ⇒*afgescheiden groep* **0.2** ⟨sport⟩ ***uitval*** ⇒*demarrage aanval.*

breakaway[2] ⟨bn.⟩ **0.1** ***afgescheiden*** **0.2** ***makkelijk breekbaar.***

break away **0.1** ⟨+from⟩ ***wegrennen (van)*** ⇒*ontsnappen (aan);* ⟨fig.⟩ *zich losmaken (van).*

break dance **0.1** ***breakdance*** ⟨acrobatische dans uit de jaren tachtig⟩.

break-dance **0.1** ***breakdancen.***

breakdancing **0.1** ***breakdancing*** ⟨acrobatisch dansen, ook liggend op grond⟩.

breakdown **0.1** ***defect*** ⇒*mankement* **0.2** ***instorting*** ⇒ *zenuwinstorting* **0.3** ***uitsplitsing*** ⇒*specificatie* **0.4** ***stilstand*** ⇒*breuk, mislukken* ◆ **1.3** ~ of costs *kostenverdeling* **1.4** a ~ of negotiations *een mislukken v.d. onderhandelingen.*

break down **I** ⟨onov.ww.⟩ **0.1** ***stuk/kapot gaan*** ⇒*defect raken* ⟨v. machine⟩; *verbroken raken* ⟨v. verbindingen⟩ **0.2** ***mislukken*** ⟨v. besprekingen, huwelijk e.d.⟩ **0.3** ***instorten*** ⟨v. mens⟩ **0.4** ***zich laten uitsplitsen*** ⇒*omgeslagen/verdeeld worden;* ⟨+into⟩ *uiteenvallen (in);*
II ⟨ov.ww.⟩ **0.1** ***afbreken*** ⟨muur; ook fig.⟩ ⇒*vernietigen; slopen, inslaan/trappen* ⟨deur⟩ **0.2** ***uitsplitsen*** ⇒*analyseren* ⟨gegevens⟩; ⟨schei.⟩ *afbreken* **0.3** ***doorheen breken*** ⇒*overwinnen* ⟨verlegenheid⟩.

breaker [breekə] **0.1** ***sloper*** **0.2** ***breker*** ⇒*brandingsgolf.*

break-even[1] ⟨zn.⟩⟨ec.⟩ **0.1** ***rentabiliteitsdrempel.***

break-even[2] ⟨bn.⟩⟨ec.⟩ **0.1** ***break-even-*** ⇒*evenwichts-* ◆ **1.1** ~ chart *break-even-diagram;* ~ point *rentabiliteitsdrempel.*

breakfast [brekfəst] **0.1** ⟨zn.⟩ ***ontbijt*** **0.2** ⟨ww.⟩ ***ontbijten*** ◆ **6.1** what will you have **for** ~ *wat wil je als/bij je ontbijt hebben?* **6.2** ~ **on** eggs and tea *ontbijten met eieren en thee.* →**continental.**

break in **I** ⟨onov.ww.⟩ **0.1** ***interrumperen*** **0.2** ***inbreken*** ◆ **6.1** ~ **on/upon** *interrumperen, verstoren;*
II ⟨ov.ww.⟩ **0.1** ***africhten*** ⇒*dresseren* **0.2** ⟨inf.⟩ ***inlopen*** ⟨schoenen⟩.

break-in **0.1** ***inbraak.***

breaking point **0.1** ***breekpunt*** ⇒*breeksterktegrens.*

breakneck **0.1** ***halsbrekend*** ◆ **6.1** **at** (a) ~ speed *in razende vaart.*

break off I ⟨onov.ww.⟩ **0.1** ***afbreken*** ⟨bv. v. tak⟩ **0.2** ***pauzeren*** **0.3** ***ophouden met praten*** ⇒*zijn mond houden;*
II ⟨ov.ww.⟩ **0.1** ***afbreken*** ⟨bv. tak; ook fig.: onderhandelingen e.d.⟩ **0.2** ***verbreken*** ⟨relatie met iem.⟩ ⇒*ophouden met.*

breakout 0.1 ***uitbraak*** ⇒*ontsnapping.*

break out 0.1 ***uitbreken*** ⟨v. epidemie, oorlog⟩ **0.2** ⟨vaak +of⟩ ***ontsnappen (uit)*** ⇒*uitbreken, ontkomen (aan)* ◆ **6.¶** ~ **in** *bedekt raken met, onder komen te zitten* ⟨vlekjes bv.⟩; ~ **in** cries / tears *in huilen/tranen uitbarsten.*

break point ⟨tennis⟩ **0.1** ***breakpoint.***

breakthrough 0.1 ***doorbraak.***

break through I ⟨onov.ww.⟩ **0.1** ***doorbreken*** ⇒⟨fig.⟩ *een doorbraak maken;*
II ⟨ww. + vz.⟩ **0.1** ***doorbreken*** ⟨ook fig.⟩ ◆ **1.1** ~ the sound barrier *door de geluidsbarrière heen breken.*

break up I ⟨onov.ww.⟩ **0.1** ***uit elkaar vallen*** ⟨v. ding⟩ ⇒*in stukken breken;* ⟨fig.⟩ *ten einde komen; ontbonden worden* ⟨v. vergadering⟩ **0.2** ***uit elkaar gaan*** ⟨v. (huwelijks)partners, groep mensen e.d.⟩ **0.3** ***instorten*** ⟨v. mens⟩ **0.4** ***ophouden*** ⟨v. bep. activiteit; ihb. mbt. school⟩ ◆ **1.1** their marriage broke up *hun huwelijk ging kapot* **1.4** school broke up in June *de schoolvakantie begon in juni;*
II ⟨ov.ww.⟩ **0.1** ***uit elkaar doen vallen*** ⇒*in stukken breken;* ⟨fig.⟩ *onder/doorbreken* ⟨routine, stuk tekst⟩ **0.2** ***kapot maken*** ⟨huwelijk⟩ **0.3** ***verspreiden*** ⇒*uiteenjagen* ⟨groep mensen⟩ **0.4** ***beëindigen*** ⇒*een eind maken aan* ⟨ruzie, gevecht, vergadering⟩ **0.5** ***doen instorten*** ⇒*in elkaar doen klappen* ◆ **1.1** it breaks up the day *het breekt de dag een beetje* **1.5** the news of his death broke her up *door het bericht van zijn dood stortte ze in* **4.4** break it up! *hou ermee op!*

break-up 0.1 ***opheffing*** ⇒*beëindiging, liquidatie* ⟨bedrijf⟩ **0.2** ⟨inf.⟩ ***scheiding*** ⟨v. minnaars⟩ **0.3** ⟨inf.⟩ ***uitbarsting.***

breakwater 0.1 ***golfbreker.***

bream [brie:m] ⟨mv.: ook bream⟩ ⟨dierk.⟩ **0.1** ***(zee)brasem.***

breast[1] [brest] ⟨zn.⟩ **0.1** ***borst*** ⇒*voorzijde, borststuk* **0.2** ***hart*** ⇒*boezem, gemoed* **0.3** ***boezem*** ⟨v. schoorsteen⟩ ◆ **3.¶** beat one's ~ *groot misbaar v. verdriet maken.* →**clean.**

breast[2] ⟨ww.⟩ **0.1** ***het hoofd bieden*** ⇒*weerstaan, (op) worstelen tegen* **0.2** ⟨vero.; sport⟩ ***met de borst doorbreken*** ⟨finishlint⟩.

breastbone 0.1 ***borstbeen*** ⟨sternum⟩.

breast-feed 0.1 ***borstvoeding geven*** ◆ **1.1** breast-fed babies *baby's die borstvoeding krijgen/kregen.*

breastplate 0.1 ***borstschild*** ⇒*borstplaat* ⟨v. wapenrusting⟩, *buikschild* ⟨v. schildpad⟩ **0.2** ⟨tech.⟩ ***borst/drilplankje.***

breast pocket 0.1 ***borstzak.***

breast stroke ⟨vnl. enk.⟩ **0.1** ***schoolslag.***

breastwork 0.1 ***borstwering.***

breath [breθ] **0.1** ***adem(haling/tocht)*** ⇒*lucht, het ademen* **0.2** ***zuchtje (wind)*** ⇒*licht briesje* **0.3** ***vleugje*** ⇒*zweempje, spoor* ◆ **1.2** get a ~ of (fresh) air *een luchtje scheppen, een frisse neus halen* **1.¶** the ~ of life *noodzaak* **2.1** his last / dying ~ *zijn laatste adem(tocht);* in the next ~ *direct daarna* **3.1** with bated ~ *met ingehouden adem;* draw / take ~ *inademen, ademhalen;* get one's ~ (back) (again) *weer op adem komen;* have no ~ left *buiten adem zijn;* save your ~ *houd je mond maar;* take a deep ~ *diep ademhalen* **3.¶** catch one's ~ *zijn adem inhouden; weer op adem komen;* take one's ~ away *perplex doen staan;* waste one's ~ *woorden verspillen* **6.1** **in** one ~ *in één adem;* **out of** ~ *buiten adem* **6.3** not a ~ **of** suspicion *geen greintje argwaan* **6.¶** **under** one's ~ *fluisterend.*

breathalyse [breθəlajz] ⟨verkeer⟩ **0.1** ***laten blazen in een blaaspijpje*** ⇒*de blaastest afnemen.*

breathalyser [breθəlajzə] ⟨verkeer⟩ **0.1** ***blaaspijpje.***

breathe [brie:ð] **I** ⟨onov.ww.⟩ **0.1** ***ademen*** ⇒*ademhalen;* ⟨schr.⟩ *leven* **0.2** ***op adem komen*** ⇒*uitblazen, bijkomen* ◆ **1.1** the wine must ~ *de wijn moet ademen* **3.1** ⟨inf.⟩ as I live and ~ *hoe is het mogelijk!* **5.1** ~ **in** *inademen;* ~ **out** *uitademen;*
II ⟨ov.ww.⟩ **0.1** ***inademen*** **0.2** ***uitblazen*** ⇒*uitademen* **0.3** ***inblazen*** ⇒*ingeven, inboezemen* **0.4** ***fluisteren*** ⇒*uiting geven aan, (zachtjes) zeggen* ◆ **1.2** ~ one's last *de laatste adem(tocht) uitblazen;* ⟨fig.⟩ ~ fire *vuur spuwen* **1.3** ~ new life into *nieuw leven inblazen* **1.4** ~ simplicity *eenvoud uitstralen;* don't ~ a word of this! *praat je mond niet voorbij!*

breather [brie:ðə] **0.1** ⟨inf.⟩ ***pauze*** ⇒*adempauze* **0.2** ***beetje beweging*** ⇒*wandeling* **0.3** ***ontluchtingskanaal*** ⇒*ontluchter, ventilatieopening* ◆ **3.1** have / take a ~ *een pauze nemen.*

breathing [brie:ðing] **0.1** ***ademhaling*** ⇒*het ademen.*

breathing space 0.1 ***(adem)pauze*** ⇒*rustperiode.*

breathless [breθləs] **0.1** ***buiten adem*** ⇒*hijgend, ademloos* **0.2** ***ademloos*** ⇒*gespannen* **0.3** ***adembenemend*** ◆ **1.3** with ~ speed *met adembenemende snelheid.*

breathtaking 0.1 ***adembenemend.***

breath test 0.1 ***blaastest.***

bred [bred] ⟨verl. t. en volt. deelw.⟩ →**breed.**

breech [brie:tsj], ⟨in bet. 0.3; AE ook⟩ **britches,** ⟨in bet. 0.3; Sch. E⟩ **breeks** ⟨mv.: -es [britsjiz]⟩ **0.1** ***kulas*** ⇒*stootbodem, broek* ⟨v. kanon⟩ **0.2** ***staartstuk*** ⟨v. geweer⟩ **0.3** ⟨mv.⟩ ***kniebroek*** ⇒⟨inf.⟩ *lange broek, pantalon* ◆ **1.3** two pairs of ~es *twee broeken.*

breech birth ⟨med.⟩ **0.1** ***stuitgeboorte.***

breech delivery ⟨med.⟩ **0.1** ***stuitbevalling.***

breeches buoy ⟨scheep.⟩ **0.1** ***broek*** ⟨broek aan touw voor redden v. schipbreukelingen⟩.

breechloader 0.1 ⟨geweer⟩ ***achterlader.***

breed[1] [brie:d] ⟨zn.⟩ **0.1** ***ras*** ⇒*aard, soort.*

breed[2] ⟨bred, bred [bred]⟩ **I** ⟨onov.ww.⟩ **0.1** ***zich voortplanten*** ⇒*jongen;*
II ⟨ov.ww.⟩ **0.1** ***kweken*** ⇒*telen, fokken;* ⟨fig.⟩ *voortbrengen, doen ontstaan* **0.2** ***kweken*** ⇒*opvoeden, opleiden* ◆ **3.2** he is a Londoner born and bred *hij is een Londenaar in hart en nieren* **5.2** well bred *goed opgevoed, welgemanierd.*

breeder [brie:də] **0.1** ***fokker*** ⇒*kweker* **0.2** ***fokdier*** **0.3** ⟨verk.⟩ [breeder reactor].

breeder reactor 0.1 ***kweekreactor.***

breeding [brie:ding] **0.1** ***het fokken*** ⇒*het kweken, fokkerij, kwekerij* **0.2** ***voortplanting*** ⇒*het jongen* **0.3** ***opvoeding*** ⇒ *goede manieren.*

breeding ground 0.1 ⟨ook fig.⟩ ***broedplaats*** ⇒*kweekplaats, kweekgrond.*

breeks →**breech.**

breeze[1] [brie:z] ⟨zn.⟩ **0.1** ***bries*** ⇒*wind, koelte* ◆ **6.¶** ⟨AE⟩ **in** a ~ *op z'n sloffen, makkelijk.*

breeze[2] ⟨ww.⟩ **0.1** ⟨inf.⟩ ***(zich) snel/vlot bewegen*** ◆ **5.1** ~ **along** *lekker voortsnorren;* ~ **in** *(vrolijk/nonchalant) binnen komen waaien* **6.1** ~ **through** sth. *(nonchalant) door iets heen vliegen.*

breeze block 0.1 ***B-2-blok*** ⟨grote, lichte bouwsteen v. sintels en cement⟩.

breez|y [brie:zie] ⟨-iness⟩ **0.1** ***winderig*** ⇒*tochtig* **0.2** ***opgewekt*** ⇒*levendig, vrolijk.*

bren [bren], **bren gun 0.1** ***bren*** ⟨licht machinegeweer⟩.

brethren [breðrən] ⟨mv.⟩ →**brother.**

Breton [bretn] **0.1** ⟨bn.⟩ ***Bretons*** **0.2** ⟨eig.n.⟩ ***Bretons*** ⟨taal⟩ **0.3** ⟨telb. zn.⟩ ***Breton.***

breviar|y [brie:viərie] ⟨mv.: -ies⟩ **0.1** ***brevier*** ⇒*getijdenboek, breviarium.*

brevity [brevvətie] **0.1** ***kortheid*** →*korte duur* **0.2** ***beknoptheid*** ⇒*bondigheid.*

brew¹ [broe:] ⟨zn.⟩ **0.1** ***brouwsel*** ⇒*bier, aftreksel* ◆ **2.1** I like a strong ~ *ik houd van sterke thee.*

brew² **I** ⟨onov.ww.⟩ **0.1** ***bierbrouwen*** **0.2** ***trekken*** ⟨v. thee⟩ **0.3** ***broeien*** ⇒*dreigen, op komst zijn* ◆ **4.3** something's ~ing *er broeit iets* **5.¶** ~ **up** *thee zetten;*
II ⟨ov.ww.⟩ **0.1** ***brouwen*** ⟨bier⟩ ⇒*zetten* ⟨thee⟩ **0.2** ***brouwen*** ⇒*uitbroeden.*

brewer [broe:ə] **0.1** ***brouwer.***

brewer|y [broe:ərie] ⟨mv.: -ies⟩ **0.1** ***brouwerij.***

briar, brier [brajjə] **0.1** ***doornstruik*** **0.2** ***bruyèrepijp*** **0.3** → **brier rose** **0.4** ***bruyère(hout)*** ⟨v. boomheide⟩ **0.5** ***boomheide.***

bribe¹ [brajb] ⟨zn.⟩ **0.1** ***steekpenning*** ⇒*smeergeld* **0.2** ***lokmiddel.***

bribe² ⟨ww.⟩ **0.1** ***(om)kopen*** ⇒*steekpenningen geven, smeergeld betalen.*

brib(e)able [brajbəbl] **0.1** ***omkoopbaar.***

bribery [brajbrie] **0.1** ***omkoperij.***

bric-à-brac [brikkəbræk] **0.1** ***bric-à-brac*** ⇒*snuisterijen, curiosa.*

brick¹ [brik] ⟨zn.⟩ **0.1** ***baksteen*** **0.2** ⟨BE⟩ ***blok*** ⟨speelgoed⟩ ◆ **1.¶** make ~s without straw *ijzer met handen willen breken* **3.¶** ⟨BE; sl.⟩ drop a ~ *iets verkeerds zeggen, een blunder begaan.*

brick² ⟨ww.⟩ **0.1** ***metselen*** ⇒*met baksteen bekleden* ◆ **5.1** ~ **up/in** *dichtmetselen, inmetselen.*

brickbat **0.1** ***projectiel*** **0.2** ⟨inf.⟩ ***verwensing*** ⇒*scheldkanonnade.*

brickie [brikkie] ⟨BE; inf.⟩ **0.1** ***metselaar.***

brickkiln **0.1** ***steenoven*** ⇒*ticheloven.*

bricklayer **0.1** ***metselaar.***

brick red ⟨vaak attr.⟩ **0.1** ***steenrood.***

brick wall **0.1** ***bakstenen muur*** ◆ **3.¶** it's like talking to a ~ *het is alsof je tegen een muur praat.*

brickwork **0.1** ***metselwerk.***

bridal [brajdl] **0.1** ***bruids-*** ⇒*huwelijks-, bruilofts-* ◆ **1.1** ~ suite *bruidssuite.*

bride [brajd] **0.1** ***bruid.***

bridegroom **0.1** ***bruidegom.***

bridesmaid [brajdzmeed] **0.1** ***bruidsmeisje.***

bridge¹ [bridzj] ⟨zn.⟩ **0.1** ⟨elek., scheep., tandheelkunde, wwb.⟩ ***brug*** **0.2** ***neusrug*** **0.3** ***brug*** ⟨v. brilmontuur⟩ **0.4** ***kam*** ⟨op snaarinstrument⟩ **0.5** ***bok*** ⟨steun bij het biljarten⟩ **0.6** ***bridge*** ⟨kaartspel⟩ ◆ **3.¶** burn one's ~s *zijn schepen achter zich verbranden;* ⟨sprw.⟩ don't cross the ~ until you come to it *komen de tijden, komen de plagen; die dan leeft, die dan zorgt;* we'll cross that ~ when we come to it *we zien wel als het zover is;* a lot of water has flowed under the ~ (since then) *er is (sinds die tijd) heel wat water naar de zee gestroomd.*

bridge² ⟨ww.⟩ **0.1** ***overbruggen*** ⇒*een brug slaan over* ◆ **1.1** a bridging loan *een overbruggingskrediet.* →**bridge over.**

bridge deck ⟨scheep.⟩ **0.1** ***brugdek.***

bridgehead ⟨mil.⟩ **0.1** ***bruggenhoofd*** ⟨ook fig.⟩.

bridge over **0.1** ***uit de brand helpen*** ⇒*nood op korte termijn lenigen* ◆ **1.1** this money should bridge you over till next week *met dit geld kun je tot de volgende week wel weer vooruit.*

bridle¹ [brajdl] ⟨zn.⟩ **0.1** ***hoofdstel*** ⇒*hoofdtuig;* ⟨fig.⟩ *breidel, toom.*

bridle² **I** ⟨onov.ww.⟩ **0.1** ***(gepikeerd, verontwaardigd) het hoofd in de nek gooien*** ◆ **6.1** she ~d (up) **with** anger at his remarks *ze gooide boos het hoofd in de nek bij zijn opmerkingen;*
II ⟨ov.ww.⟩ **0.1** ***(een paard) het hoofdstel aandoen*** ⇒*tomen, tuigen* **0.2** ***breidelen*** ⇒*in toom houden* ◆ **1.2** ~ one's tongue *zijn tong in toom/bedwang houden.*

bridle path **0.1** ***ruiterpad.***

brief¹ [brie:f] **I** ⟨telb.zn.⟩ **0.1** ***stukken*** ⇒*bescheiden, dossier;* ⟨jur.⟩ *instructie voor pleiter* ⟨opgesteld ten behoeve v. advocaat⟩; ⟨BE; bij uitbr.⟩ *opdracht voor een 'barrister'* **0.2** ⟨luchtv.⟩ ***vlieginstructie*** ⟨voor (gevechts)piloten⟩ ⇒*briefing* **0.3** ⟨r.-k.⟩ ***breve*** ⇒*kort pauselijk schrijven* ◆ **1.1** a barrister with plenty of ~s *een advocaat met een drukke praktijk* **3.1** hold (a) ~ for s.o. ⟨jur.⟩ *pleitbezorger zijn van iem.;* ⟨fig.⟩ it's not part of your ~ to tell her what to do *het is niet aan jou haar te zeggen wat ze doen moet;*
II ⟨mv.; ww. steeds mv.⟩ **0.1** ***(dames/heren)slip*** ⇒*(pijploos) onderbroekje, bikinibroekje.*

brief² ⟨bn.⟩ **0.1** ***kort(stondig)*** ⇒*beknopt, bondig, vluchtig* ◆ **1.1** a ~ look at the newspaper *een vluchtige blik in de krant;* ~ and to the point *kort en krachtig* **3.1** be ~ *het kort houden* **6.1** **in** ~ *om kort te gaan, kortom.*

brief³ ⟨ww.⟩ **0.1** ***instrueren*** ⇒*aanwijzingen geven* ◆ **6.1** please ~ me **on** this point *wil je dit punt even met me doornemen?*

briefcase **0.1** ***aktetas*** ⇒*diplomatenkoffertje.*

briefing [brie:fing] **0.1** ***(laatste) instructies*** ⇒*briefing, instruering,* ⟨ihb.⟩ *vluchtinstructies.*

brier →**briar.**

brier rose, briar, brier ⟨plantk.⟩ **0.1** ***hondsroos*** ⇒*wilde roos.*

brig [brig] **0.1** ⟨scheep.⟩ ***brik*** ⇒*brigantijn* **0.2** ⟨AE; sl.⟩ ***(militaire) gevangenis*** ⇒*petoet, cachot.*

brigade [brigeed] **0.1** ***brigade*** **0.2** ***(geüniformeerde) groep mensen (met een bep. taak)*** ⇒*korps, brigade.*

brigadier [brigədiə] ⟨ook B-⟩ **0.1** ***brigadegeneraal*** ⟨in het Britse leger⟩ ⇒*brigadecommandant* **0.2** ⟨AE; verk.⟩ [brigadier general].

brigadier general ⟨mv.: brigadiers general⟩ **0.1** ***brigadegeneraal*** ⟨ook als titulaire rang; in USA ook bij luchtmacht en marine⟩.

brigand [brigənd] **0.1** ***(struik)rover*** ⇒*bandiet.*

brigantine [brigəntie:n] ⟨scheep.⟩ **0.1** ***brigantijn.***

bright [brajt] **0.1** ***hel(der)*** ⟨ook fig.⟩ ⇒*licht, stralend* **0.2** ***opgewekt*** ⇒*opgeruimd, vrolijk* **0.3** ***schrander*** →*pienter* ◆ **1.1** a ~ future *een mooie toekomst;* ~ as a new pin *zo helder als wat/glas;* look on the ~ side of things *de dingen van de zonzijde bezien* **1.2** ~ eyes *heldere/stralende ogen* **1.3** a ~ idea *een slim idee* **1.¶** the ~ lights *het uitgaanscentrum;* ⟨BE; inf.; vaak iron.⟩ a ~ spark *een slimmerd* **2.1** ~ red *helderrood* **3.1** shine ~ *helder schijnen* **5.¶** ~ and early *voor dag en dauw.*

brighten [brajtn] **0.1** ***(doen) opklaren*** ⇒*ophelderen* ⟨ook fig.⟩ **0.2** ***oppoetsen*** ⇒*polijsten; opfleuren, opvrolijken* ◆ **5.1** the sky is ~ing **up** *de lucht klaart op* **5.2** she has ~ed **up** his whole life *dank zij haar is hij helemaal opgeleefd.*

bright-eyed **0.1** ***met stralende/pientere ogen*** ◆ **2.1** ~ and bushy-tailed *kien en pienter.*

brill¹ [bril] ⟨zn.; mv.: ook brill⟩ ⟨dierk.⟩ **0.1** ***griet.***

brill² ⟨bn.⟩ ⟨inf.⟩ **0.1** ***fantastisch.***

brilliance [brilliəns] **0.1** ***virtuositeit*** ⇒*genialiteit* **0.2** ***schittering*** ⇒*zuiverheid, glans.*

brilliant¹ [brilliənt] ⟨zn.⟩ **0.1** ***briljant(je).***

brilliant² ⟨bn.⟩ **0.1** ***stralend*** ⇒*fonkelend, glinsterend* **0.2** ***briljant*** ⇒*magnifiek, geniaal* ◆ **1.1** ~ stars *fonkelende* *sterren* **1.2** cut/make a ~ figure *een briljante indruk maken* **2.1** ~ red *hoogrood.*

brilliantine [brilliəntie:n] **0.1** ***brillantine.***

Brillo pad [brilloo pæd] ⟨merknaam⟩ **0.1** ***(Brillo)sponsje*** ⇒ *schuursponsje.*

brim[1] [brim] ⟨zn.⟩ **0.1** ***(boven)rand*** ⇒*boord* **0.2** ***rand*** ⟨v.e. hoed⟩ ◆ **6.1** full **to** the ~ *tot de rand toe vol, boordevol* ⟨v.e. glas⟩.

brim[2] ⟨ww.; -med⟩ **0.1** ***boordevol zijn*** ⇒*tot barstens toe gevuld zijn* ◆ **1.1** her eyes ~med with tears *haar ogen schoten vol tranen.*

brimful [brimfoel] **0.1** ***boordevol*** ⇒*propvol* ◆ **6.1** ~ **of** new ideas *boordevol nieuwe ideeën.*

brim over **0.1** ***overlopen*** ⇒*over de rand lopen* ◆ **6.1** ~ **with** *overlopen van, bruisen van;* he brims over **with** ideas *hij zit barstensvol ideeën.*

brimstone [brimstoon] ◆ **1.¶** fire and ~ *vuur en zwavel;* ⟨ihb.⟩ *het hellevuur.*

brindled [brindld] **0.1** ***getijgerd*** ⟨vnl. v. koeien en katten⟩ ⇒ *gestreept en gevlekt* ⟨op bruinige ondergrond⟩.

brine [brajn] **0.1** ***pekel(nat/water)*** ⇒*brijn, brem* **0.2** ⟨the; schr.⟩ ***het zilte nat*** ⇒*het pekelnat.*

bring [bring]⟨brought, brought [bro:t]⟩ **0.1** ***(mee)brengen*** ⇒ *(mee)nemen, aandragen* **0.2** ***opleveren*** ⇒*opbrengen* **0.3** ***teweegbrengen*** ⇒*leiden tot, voortbrengen* ◆ **1.1** his cries brought his neighbours running *op zijn kreten kwamen zijn buren aangesneld;* ~ your friend to the party *neem je vriend(in) mee naar het feestje* **1.2** ~ a good price *een goede prijs opbrengen;* his deeds brought him fame *zijn daden brachten hem roem* **1.3** the sight brought tears to my eyes *de aanblik bracht mij (de) tranen in de ogen* **1.¶** ~ a complaint *een klacht indienen* **3.¶** ~ pressure to bear on *druk uitoefenen op* **4.3** I can't ~ myself to kill an animal *ik kan me(zelf) er niet toe brengen een dier te doden* **5.3** ~ low *neerhalen* **5.¶** ~ home to *duidelijk maken, aan het verstand brengen* **6.1** ~ a case **before** the court *een zaak aan de rechter voorleggen;* ~ **to** o.s. *tot zichzelf brengen, wakker schudden;* her suggestions can be brought **under** three headings *haar suggesties kunnen in drie categorieën worden ingedeeld* **6.3** ⟨mil.⟩ ~ **into** action *in actie/stelling brengen, inzetten;* ~ **into** sight/view *zichtbaar maken, onthullen;* you've brought this problem **(up)on** yourself *je hebt je dit probleem zelf op de hals gehaald;* you've brought her fury **(up)on** your head *je hebt haar woede over je afgeroepen* **6.¶** ~ a charge **against** *een klacht indienen tegen; verbaliseren.* →**bring about, bring along/(a)round, bring along/on, bring (a)round/over, bring away, bring back, bring down, bring forth, bring forward, bring in, bring off, bring on, bring out, bring over, bring round, bring through, bring to, bring together, bring under, bring up.**

bring about **0.1** ***veroorzaken*** ⇒*teweegbrengen, aanrichten* **0.2** ⟨scheep.⟩ ***wenden*** ◆ **1.1** ~ changes *veranderingen teweegbrengen.*

bring along[1], **bring (a)round** ⟨ww.⟩ **0.1** ***meenemen*** ⇒*meebrengen.*

bring along[2], **bring on** ⟨ww.⟩ **0.1** ***opkweken*** ⇒*in de ontwikkeling stimuleren* **0.2** ***doen gedijen*** ⇒*doen ontkiemen/uitlopen* ◆ **1.1** ~ promising young swimmers *jong zwemtalent opkweken* **1.2** this fine weather will bring the crops along very nicely *met dit mooie weer zal het gewas uit de grond schieten.*

bring-and-buy sale ⟨BE; Nieuw-Zeeland⟩ **0.1** ***rommelmarkt voor liefdadig doel.***

bring (a)round, bring over **0.1** ***overhalen*** ⇒*ompraten, overreden* **0.2** →**bring along/(a)round** ◆ **6.1** I can't bring him around **to** our point of view *ik kan hem niet overtuigen van onze zienswijze.*

bring away **0.1** ***overhouden*** ⇒*mee terug/meebrengen* ◆ **1.1** we brought away rather bad impressions of our holiday *we kwamen nogal teleurgesteld terug van onze vakantie.*

bring back **0.1** ***terugbrengen*** ⇒*retourneren, mee terugbrengen* **0.2** ***in de herinnering terugbrengen*** ⇒*doen herleven, oproepen* **0.3** ***herinvoeren*** ⇒*herintroduceren* ◆ **1.1** ~ borrowed things *geleende spullen terugbrengen;* bring me back a newspaper *neem een krant voor me mee* **1.2** this song brings back memories *dit liedje brengt (goede) herinneringen boven* **1.3** ~ capital punishment *de doodstraf weer invoeren* **6.1** ~ **to** life *nieuw leven inblazen.*

bring down **0.1** ***neerhalen*** ⇒*neerschieten* ⟨vliegtuig, vogel⟩ **0.2** ***aan de grond zetten*** **0.3** ⟨sport⟩ ***neerleggen*** ⇒*onderuithalen, ten val brengen* ⟨tegenspeler⟩ **0.4** ***ten val brengen*** ⇒*omverwerpen* ⟨regering⟩ **0.5** ***drukken*** ⇒*verlagen, terugschroeven* ⟨kosten⟩ **0.6** ⟨wisk.⟩ ***aanhalen*** ⇒*bijhalen,* ⟨AZN⟩ *neerlaten* ⟨bij delingen⟩ ◆ **6.¶** ~ sth. **on** s.o. *iem. iets aandoen, iem. met iets opschepen.*

bring forth ⟨schr.⟩ **0.1** ***voortbrengen*** ⇒*het leven schenken aan;* ⟨fig.⟩ *veroorzaken, oproepen* ⟨protesten, kritiek⟩.

bring forward **0.1** ***naar voren brengen*** ⇒*aanvoeren, leveren* **0.2** ***vervroegen*** ⇒*naar voren schuiven* ⟨klok, horloge⟩ **0.3** ⟨boekhouden⟩ ***transporteren*** ⇒*overbrengen* ◆ **1.1** can you ~ any proof of this story? *kunt u enig bewijs leveren voor dit verhaal?* **1.2** can't we ~ this meeting to August? *kunnen we die vergadering niet al in augustus houden?*

bring in **0.1** ***binnenhalen*** ⟨oogst⟩ **0.2** ***opleveren*** ⇒*afwerpen, inbrengen* **0.3** ***bijhalen*** ⇒*opnemen in, aanwerven* **0.4** ***inrekenen*** ⟨arrestant⟩ **0.5** ***komen aanzetten met*** ⇒*introduceren* ⟨nieuwe mode⟩, *indienen* ⟨wetsontwerp⟩ ◆ **1.2** my sons ~ £10 a week *mijn zoons zijn samen goed voor £10 per week* **1.3** ~ experts to advise *deskundigen in de arm nemen* **1.¶** ~ a verdict *uitspraak doen* ⟨v.e. jury⟩ **6.3** ~ **on** *inschakelen/betrekken bij, inspraak geven in.*

bring off **0.1** ***in veiligheid brengen*** ⇒*redden uit* **0.2** ⟨inf.⟩ ***voor elkaar krijgen/boksen*** ⇒*fiksen* ◆ **4.1** we've brought it off *we hebben het voor elkaar gekregen.*

bring on **0.1** ***veroorzaken*** ⇒*teweegbrengen* ◆ **1.1** the smell almost brought on an attack of nausea *je werd bijna misselijk van de stank.*

bring out **0.1** ***naar buiten brengen*** ⇒*voor de dag komen met;* ⟨fig. ook⟩ *uitbrengen* **0.2** ***op de markt brengen*** ⇒*uitbrengen* ⟨product⟩ **0.3** ***duidelijk doen uitkomen*** ⇒*releveren, expliciteren* **0.4** ***vrijer laten spreken/handelen*** ⇒ *doen loskomen, ontdooien* **0.5** ***het werk laten neerleggen*** ⇒*doen staken, in staking laten gaan* ◆ **1.1** he brings out the worst in me *hij roept de wildste instincten in mij wakker* **1.3** this photo brings out all the details *op deze foto zijn alle details goed te zien* **1.4** her friend managed to bring Sheila out *dankzij haar vriend is Sheila wat losgekomen* **1.5** the shop-stewards brought out the steelworkers *de vakbondsvertegenwoordigers hebben de metaalarbeiders het werk laten neerleggen* **6.¶** excitement brings him out **in** a rash *als hij opgewonden is, krijgt hij uitslag.*

bring over **0.1** ***laten overkomen*** ⟨van verre⟩ ⇒*overhalen* **0.2** →**bring (a)round/over.**

bring round **0.1** ***bij bewustzijn brengen*** ⇒*bijbrengen* **0.2** ⟨scheep.⟩ ***omdraaien*** ⇒*(om)wenden* **0.3** →**bring along/(a)round** **0.4** →**bring (a)round/over** ◆ **6.¶** ~ **to** *(het gesprek) in de richting sturen/leiden van.*

bring through 0.1 ***erdoorheen brengen*** ⇒(ihb.) *erbovenop helpen* ◆ **1.1** they managed to bring her through *zij hebben haar er doorheen geholpen.*
bring to 0.1 (scheep.) ***tot stilstand (doen) komen*** ⇒*(doen) bijdraaien* **0.2** ***bij bewustzijn brengen*** ⇒*bijbrengen.*
bring together 0.1 ***bijeenbrengen*** ⇒*samenbrengen, verzoenen.*
bring under 0.1 ***bedwingen*** ⇒*het zwijgen opleggen, onderwerpen.*
bring up 0.1 ***naar boven brengen*** **0.2** ***grootbrengen*** ⇒*opvoeden* **0.3** ***ter sprake brengen*** ⇒*naar voren brengen* **0.4** (inf.) ***(plotseling) tegenhouden*** ⇒*(plotseling) doen ophouden, afkappen* **0.5** (inf.) ***uitbraken*** ⇒*overgeven, uitkotsen* ◆ **1.2** they were brought up the hard way *zij zijn met harde hand opgevoed* **5.4** a shrill cry brought me up short *een schrille kreet deed mij abrupt de pas inhouden* **6.1** ~ **to** the standard of the others *op het niveau brengen v.d. anderen.*
brink [bringk] (alleen enk.) **0.1** ***(steile) rand*** ⇒*dalrand, (steile) oever* ◆ **6.1 on/to** the ~ of war *op/tot op de rand v. oorlog.*
brinkmanship [bringkmənsjip] **0.1** ***va-banquepolitiek*** ⇒ *crisisdiplomatie* (die gaat tot aan de rand v.e. oorlog/catastrofe).
briny [brajnie], **briny deep** (the) (inf.) **0.1** ***het zilte nat*** ⇒*het ruime sop.*
briquet(te) [brikket] **0.1** ***briket.***
brisk [brisk] (-ness) **0.1** ***kwiek*** ⇒*vlot, kordaat* **0.2** ***verkwikkend*** ⇒*fris* (v. wind) ◆ **1.1** ~ pace *kwieke/energieke tred;* ~ trade *levendige handel* **1.2** a ~ wind *een fris/pittig windje.*
brisket [briskit] (cul.) **0.1** ***borst(stuk).***
bristle[1] [brisl] (zn.) **0.1** ***stoppel(haar)*** ⇒(mv. ook) *zwijnsborstels.*
bristle[2] (ww.) **0.1** ***recht overeind staan*** (v. haar) ◆ **5.1** ~ **(up)** *zijn stekels opzetten; nijdig worden;* ~ **(up)** with anger *opvliegen van woede;* the dog ~d **up** *de hond zette zijn nekhaar overeind* **6.1** ~ **with** *wemelen/krioelen van.*
bristly [brislie] **0.1** ***borstelig*** ⇒*stekelig.*
Brit [brit] (verk.) [Briton] (inf.).
Britain [britn] **0.1** ***Groot-Brittannië*** (Engeland, Wales en Schotland).
Britannia [britæniə] **0.1** ***(Vrouwe) Brittannia*** (personificatie v. Groot-Brittannië) **0.2** (schr.) ***Groot-Brittannië.***
Britannic [britænik] **0.1** ***Brits*** ◆ **1.1** Her/His ~ Majesty *Zijne/Hare Majesteit de Koning(in) van Groot-Brittannië.*
britches →**breech.**
British [brittisj] **0.1** ***Brits*** ⇒*Engels* ◆ **1.1** the ~ Empire *het Britse Rijk;* ~ Legion *Britse Legioen, Britse vereniging v. oud-strijders;* ~ thermal unit *BTU, British thermal unit* (Britse warmte-eenheid) **7.1** the ~ *de Britten, de Engelsen.*
Britisher [brittisjə] (AE; inf.) **0.1** ***Engelsman/Engelse*** ⇒ *Brit(se), Engels onderdaan.*
Britishness [brittisjnəs] **0.1** ***het Brits/Engels zijn.***
Briton [britn] (ook gesch.) **0.1** ***Brit(se).***
Brittany [brit(ə)nie] **0.1** ***Bretagne.***
brittle [britl] **0.1** ***broos*** ⇒*breekbaar, fragiel* **0.2** ***onbestendig*** ⇒*vergankelijk, wankel* ◆ **1.1** she has a ~ nature *ze is lichtgeraakt.*
broach [broots] **0.1** ***aanspreken*** ⇒*openmaken* (fles enz.) **0.2** ***aanslaan*** ⇒*aansteken* (vat) **0.3** ***aansnijden*** ⇒*ter sprake brengen, beginnen over* (onderwerp).
broad[1] [bro:d] (zn.) **0.1** ***brede (ge)deel(te)*** **0.2** (vnl. mv.; vaak B-; BE) ***plas*** **0.3** (AE; sl.) ***wijf*** ⇒*mokkel* ◆ **1.1** the ~ of the back *het achterste, het ondereind v.d. rug* **7.2** the (Norfolk) Broads *de Norfolkse plassen.*
broad[2] (-ness) **I** (bn.) **0.1** ***breed(gebouwd)*** ⇒*uitgestrekt, in de breedte* **0.2** ***ruim(denkend)*** ⇒*liberaal, vrijzinnig* **0.3** ***gedurfd*** ⇒*onbekrompen, royaal* **0.4** ***duidelijk*** ⇒*evident, direct* **0.5** ***grof*** ⇒*plat, lomp* ◆ **1.1** (inf.) ~ in the beam *met een zwaar achterwerk, goedgebroekt;* ~ bean *tuinboon;* 2 feet ~ *60 centimeter breed;* ~ fields *uitgestrekte velden;* ~ shoulders *brede schouders* **1.2** Broad Church *vrijzinnige stroming in de anglicaanse Kerk;* ~ views *ruime opvattingen, liberale denkbeelden* **1.3** the ~ sweep of his imagination *de grote vlucht v. zijn fantasie* **1.4** a ~ hint *een overduidelijke wenk* **1.5** ~ Scots *met een sterk Schots accent* **3.1** ~ly speaking *in zijn algemeenheid;*
II (bn., attr.) **0.1** ***ruim*** ⇒*globaal, ruw* **0.2** ***helder*** ⇒*duidelijk* ◆ **1.1** a ~ distinction *een globaal onderscheid* **1.2** in ~ daylight *op klaarlichte dag.*
broadcast[1] [bro:dka:st] (zn.) **0.1** ***(radio/televisie-)uitzending.***
broadcast[2] (ook broadcast, broadcast [bro:dka:st]) **I** (onov.ww.) **0.1** ***uitzenden*** ⇒*in de lucht zijn, te beluisteren zijn* **0.2** ***voor de radio/op de televisie zijn;***
II (ov.ww.) **0.1** ***breedwerpig zaaien*** (zaad) ⇒(fig.) *rondbazuinen, rondstrooien* **0.2** ***uitzenden*** ⇒*via radio/televisie bekendmaken* ◆ **1.1** you'd better not ~ this news *je kunt dit nieuws beter niet aan de grote klok hangen.*
broadcaster [bro:dka:stə] **0.1** ***omroep (instelling/organisatie)*** **0.2** ***radio/televisiemedewerker*** ⇒(ihb.) *verslaggever, nieuwslezer, presentator.*
broadcasting [bro:dka:sting] **0.1** ***het uitzenden*** ⇒*radio, televisie.*
broaden [bro:dn] **0.1** ***(zich) verbreden*** ⇒*breder worden/maken* ◆ **1.1** reading ~s the mind *lezen verruimt de blik* **5.1** the river ~s **out** here *de rivier verbreedt zich hier.*
broad jump (the) (AE; sport) **0.1** ***(het) verspringen.***
broadloom **0.1** ***kamerbreed*** (v. tapijt).
broad-minded (-ness) **0.1** ***ruimdenkend*** ⇒*tolerant.*
broadsheet, broadside **0.1** ***plano(blad/vel)*** **0.2** (BE) ***vlugschrift*** ⇒*pamflet, schotschrift.*
broadside **0.1** (scheep.) ***(vrij)boord*** **0.2** ***boordvuur/salvo*** (v. boordbatterij) ⇒(fig.) *grof geschut, de volle laag, tirade* ◆ **5.1** ~ **on/to** *v. langszij, v. opzij.*
broadsword **0.1** ***slagzwaard.***
brocade [brəkeed] **0.1** (zn.) ***(goud/zilver)brokaat*** **0.2** (ww.) ***versieren met reliëfpatronen*** ⇒*brocheren* (weefsel).
broc(c)oli [brokkəlie] **0.1** ***broccoli*** (groene, Italiaanse bloemkoolsoort).
brochure [broosjə] **0.1** ***brochure*** ⇒*folder, prospectus* ◆ **3.1** advertising ~s *reclamefolders.*
brogue [broog] **0.1** (vnl. mv.) ***golfschoen*** ⇒*brogue* **0.2** (vnl. enk.) ***zwaar (Iers) accent.***
broil [brojl] **I** (onov.ww.) **0.1** ***(liggen) bakken/branden*** (ook in de zon);
II (ov.ww.) (vooral AE) **0.1** ***grillen*** ⇒*grilleren, roosteren* **0.2** ***stoven*** ⇒*verhitten, blakeren* ◆ **2.2** ~ing hot *smoor/bloedheet.*
broiler [brojlə] **0.1** ***grill*** ⇒*braadrooster* **0.2** ***braadkuiken*** ⇒ *slachtkuiken.*
broke[1] [brook] (bn.) (inf.) **0.1** ***platzak*** ⇒*blut, aan de grond, bankroet* ◆ **5.1** stony/flat ~ *finaal aan de grond, zonder een rooie cent.*
broke[2] (verl. t. en volt. deelw.) →**break.**
broken [brookən] **0.1** ***gebroken*** ⇒*kapot, stuk* **0.2** ***oneffen*** (v. terrein) ⇒*ruw, geaccidenteerd* **0.3** ***onderbroken*** ⇒*onsamenhangend, verbrokkeld* ◆ **1.1** ~ colours *gebroken kleuren;* ~ English *gebrekkig/krom Engels;* ~ home *onvol-*

ledig/ontwricht gezin; a ~ marriage *een stukgelopen huwelijk* **1.2** ~ ground *ruw terrein* **1.3** a ~ journey *een reis met veel onderbrekingen.*

broken-down 0.1 ***versleten*** ⇒*vervallen, ontredderd.*

brokenhearted 0.1 ***ontroostbaar*** ⇒*diepbedroefd.*

broker[1] [brookə] ⟨zn.⟩ **0.1** ***(effecten)makelaar.***

broker[2] **I** ⟨onov.ww.⟩ **0.1** ***als makelaar optreden;***
II ⟨ov.ww.⟩ **0.1** ***(als makelaar) regelen.***

brokerage [brookəridzj] **0.1** ***makelaardij*** ⇒*makelarij* **0.2** ***courtage*** ⇒*makel(aars)loon.*

broll|y [brollie] ⟨mv.: -ies⟩⟨BE⟩ **0.1** ⟨inf.⟩ ***(para)plu*** **0.2** ⟨sl.⟩ ***parachute.***

bromide [broomajd] **0.1** ***gemeenplaats*** ⇒*afgezaagde onbenulligheid* **0.2** ⟨far., schei.⟩ ***bromide*** ⇒*broomkali/natrium* ⟨als kalmeringsmiddel⟩.

bromide paper ⟨foto.⟩ **0.1** ***(zilver)bromidepapier*** ⇒*broomzilverpapier.*

bronchi [brongkaj] ⟨mv.⟩ →**bronchus.**

bronchia [brongkiə] ⟨anat.⟩ **0.1** ***bronchievertakkingen.***

bronchial [brongkiəl] ⟨anat.⟩ **0.1** ***bronchiaal*** ◆ **1.1** ~ tubes *bronchiën, luchtpijptakken.*

bronchitis [brongka·ittis] **0.1** ***bronchitis*** ⇒*aandoening v.d. luchtwegen.*

bronchus [brongkəs] ⟨mv.: bronchi⟩ **0.1** ***bronchus*** ⇒*bronchie.*

brontosaurus [brontəso:rəs]⟨mv.: brontosauri [-so:raj]⟩ **0.1** ***brontosaurus.***

Bronx cheer ⟨AE; sl.⟩ **0.1** ***boegeroep*** ⇒*gefluit, lipscheet* **0.2** ***negatieve kritiek*** ⇒*afkeuring, bespotting* ⟨genoemd naar stadsdeel v. New York⟩.

bronze[1] [bronz] ⟨zn.⟩ **0.1** ***bronzen (kunst)voorwerp*** ⇒*brons* **0.2** ***bronzen medaille*** ⇒*brons, derde plaats* **0.3** ***brons*** **0.4** ⟨vaak attr.⟩ ***bronskleur*** ⇒*brons.*

bronze[2] **I** ⟨onov.ww.⟩ **0.1** ***bronsachtig/kleurig worden*** ⇒ *bruinen;*
II ⟨ov.ww.⟩ **0.1** ***bronzen*** ⇒*bruinen* ◆ **1.1** ~d faces *gebronsde gezichten.*

Bronze Age ⟨the⟩ **0.1** ***bronstijd*** ⇒*bronsperiode.*

brooch, broach [brootsj] **0.1** ***broche.***

brood[1] [broe:d] ⟨zn.⟩ **0.1** ***gebroed*** ⇒*broed(sel), kroost* ⟨ook fig.⟩.

brood[2] ⟨ww.⟩ **0.1** ***broeden*** **0.2** ***tobben*** ⇒*piekeren, peinzen* ◆ **3.2** she just sits there ~ing *ze zit daar maar te piekeren* **6.2** ~ **about/on/over/upon** *tobben over, piekeren over;* ~ **over** one's future *inzitten over zijn toekomst.*

brooder [broe:də] **0.1** ***piekeraar*** ⇒*tobber.*

broodhen 0.1 ***broedkip.***

broodmare 0.1 ***fokmerrie.***

brood|y [broe:die] ⟨-iness⟩ **0.1** ***broeds*** **0.2** ⟨inf.⟩ ***verlangend naar een eigen kind*** **0.3** ***bedrukt*** ⇒*somber, zwaartillend.*

brook[1] [broek] ⟨zn.⟩ **0.1** ***beek*** ⇒*stroompje.*

brook[2] ⟨ww.; vnl. met ontkenning⟩⟨schr.⟩ **0.1** ***dulden*** ⇒*verdragen, gedogen* ◆ **1.1** this matter ~s no delay *deze kwestie kan geen uitstel lijden.*

brooklet [broeklit] **0.1** ***beekje.***

broom [broe:m, broem] **0.1** ***bezem*** ⇒*schrobber* **0.2** ⟨plantk.⟩ ***brem.***

broomstick 0.1 ***bezemsteel.***

Bros. ⟨afk.; vnl. als onderdeel v.e. firmanaam⟩ **0.1** [Brothers] ***Gebr.*** ⟨Gebroeders⟩ ◆ **1.1** Jones ~ *Gebr. Jones.*

broth [broθ] **0.1** ***bouillon*** ⇒*vleesnat, soep* **0.2** ***vloeibare kweek/bodem*** ⟨voor bacteriën⟩. →**Scotch.**

brothel [broθl] **0.1** ***bordeel.***

brothel-creepers ⟨BE; inf.⟩ **0.1** ***bordeelsluipers*** ⟨soort schoenen⟩.

brother [bruðə] ⟨mv.: in bet. 0.2 ook brethren⟩ **0.1** ***broer*** **0.2** ***broe(de)r*** ⇒*ordebroeder, kloosterbroeder* **0.3** ⟨AE; inf.⟩ ***makker*** ⇒*maat* ⟨als aanspreekvorm⟩ ◆ **1.2** ~ in arms *wapenbroeder* **6.1** he's been like a ~ to me *hij is als een broer voor me geweest* **¶.¶** ⟨vnl. AE⟩ oh ~! *nee toch, o jee.* →**lay.**

brotherhood [bruðəhoed] **0.1** ***broederschap.***

brother-in-law ⟨mv.: brothers-in-law⟩ **0.1** ***zwager.***

brotherl|y [bruðəlie] ⟨-iness⟩ **0.1** ***broederlijk*** ◆ **1.1** ~ love *broederliefde.*

brougham [broe:əm] ⟨gesch.⟩ **0.1** ***coupé*** ⟨vierwielige tweepersoons koets met één paard⟩.

brought ⟨verl. t. en volt. deelw.⟩ →**bring.**

brow [brau] **0.1** ⟨vnl. mv.⟩ ***wenkbrauw*** **0.2** ***voorhoofd*** **0.3** ***bovenrand*** ⇒*(overhangende) rots/heuvelrand; top, kruin* ◆ **3.1** knit one's ~s *(de wenkbrauwen) fronsen.*

browbeat 0.1 ***overdonderen*** ⇒*intimideren, tiranniseren* ◆ **1.1** the landlord browbeat them into moving *de huisbaas werkte hen met dreigementen hun woning uit.*

brown[1] [braun] ⟨zn.⟩ **0.1** ***bruin(e kleur)*** ⇒*bruine verfstof* ◆ **3.1** dressed in ~ *gekleed in het bruin.*

brown[2] ⟨bn.⟩ **0.1** ***bruin(kleurig)*** ◆ **1.1** ~ algae *bruinwieren;* ~ bear *bruine beer;* ~ belt *bruine band* ⟨bij judo en karate⟩; ~ bread *bruinbrood; volkorenbrood;* ~ paper *pakpapier;* ~ rice *zilvervliesrijst, bruine rijst* **1.¶** in a ~ study *in gepeins verzonken.*

brown[3] ⟨ww.⟩ **0.1** ***bruinen*** ◆ **1.1** this meat ~s well *dit vlees bruint goed.* →**brown off.**

brownie [braunie] **0.1** ***goede fee*** ⇒*nachtelfje* **0.2** ⟨B-⟩ ***padvindster*** ⇒*kabouter* ⟨v. 7 tot 11 jaar⟩.

brownie point ⟨ook B-⟩⟨inf.⟩ **0.1** ⟨ong.⟩ ***pluspunt.***

brownish [braunisj] **0.1** ***bruinachtig*** ⇒*bruinig.*

brownnose ⟨vulg.⟩ **0.1** ***kontlikker.***

brown off ⟨sl.⟩ **0.1** ***doen afknappen (op)*** ⇒*vervelen* ◆ **5.1** he's really browned off *hij is het spuugzat.*

Brown Shirts ⟨pej.⟩ **0.1** ***bruinhemden*** ⟨ihb. de leden v. Sturmabteilungen⟩.

brownstone ⟨AE⟩ **0.1** ***huis v. bruinrode zandsteen*** ⇒*voornaam huis, patriciërshuis* **0.2** ***bruinrode zandsteen.***

browse[1] [brauz] ⟨zn.⟩ **0.1** ⟨vnl. enk.⟩ ***het grasduinen*** ⇒*het neuzen* **0.2** ***(jonge) scheuten*** ⟨als voedsel voor dieren⟩ ◆ **3.1** have a good ~ through *flink grasduinen in.*

browse[2] ⟨ww.⟩ **0.1** ***grasduinen*** ⇒*(in boeken) snuffelen, (rond)neuzen* **0.2** ***weiden*** ⇒*(af)grazen* ◆ **6.1** ~ **through** last week's papers *de kranten v.d. afgelopen week doorbladeren.*

bruise[1] [broe:z] ⟨zn.⟩ **0.1** ***kneuzing*** ⟨ook v. fruit⟩ ⇒*blauwe plek.*

bruise[2] **I** ⟨onov.ww.⟩ **0.1** ***blauwe plek(ken) vertonen*** ⇒*gekneusd zijn* ◆ **1.1** he ~s easily *hij heeft gauw blauwe plekken;*
II ⟨ov.ww.⟩ **0.1** ***kneuzen*** ⇒*bezeren.*

bruiser [broe:zə] ⟨inf.⟩ **0.1** ***krachtpatser*** ⇒*rouwdouwer.*

bruit abroad, bruit about [broe:t] **0.1** ***rondbazuinen*** ⇒*verkondigen.*

brunch [bruntsj] **0.1** ***brunch*** ⟨combinatie v. ontbijt en lunch⟩ ⇒*zondagsontbijt.*

brunet(te) [broe:net] **0.1** ***brunette.***

brunt [brunt] ⟨the⟩ **0.1** ***eerste/volle stoot*** ⇒*zwaartepunt, toppunt* ◆ **3.1** she bore the (full) ~ of his anger *zij kreeg de volle laag;* bear the ~ of an attack *het bij een aanval het zwaarst te verduren hebben.*

brush[1] [brusj] **I** ⟨telb.zn.⟩ **0.1** ***borstel*** ⇒*kwast, penseel* ⟨v. (kunst)schilder⟩; *brushes* ⟨slagborstels voor snaartrommels⟩ **0.2** ***pluim(staart)*** ⇒*vossenstaart* **0.3** ***(af)borsteling*** **0.4** ***streek*** ⇒*lichte aanraking, beroering; schaafplek*

0.5 ***schermutseling*** *⇒kort treffen* **0.6** ⟨elek.⟩ ***(kool)borstel*** *⇒sleepcontact* ◆ **2.1** ⟨fig.⟩ tarred with the same ~ *uit hetzelfde (slechte) hout gesneden* **3.3** give one's clothes a ~ *zijn kleren afborstelen* **3.4** he felt the ~ of her skirt against him *hij voelde de aanraking van haar rok;*
II ⟨n.-telb.zn.⟩ **0.1** ***kreupelhout*** *⇒onderhout* **0.2** ***kreupelbos*** *⇒met dicht struikgewas begroeid gebied* **0.3** ***penseelvoering*** *⇒touche.*

brush[2] ⟨ww.⟩ **0.1** ***(af/op/uit)borstelen*** *⇒(af/weg/uit)vegen; schuieren* **0.2** ***strijken (langs/over)*** *⇒rakelings gaan (langs)* ◆ **1.1** ~ one's trousers *zijn broek afschuieren* **1.2** the cat's whiskers ~ed my cheek *de snorharen v.d. kat streken langs mijn wang* **5.2** ~ **over** *aan/bestrijken, dunnetjes overschilderen;* she just ~ed **past** me when we met last *toen ik haar laatst tegenkwam, liep ze me straal voorbij.* →**brush aside, brush down, brush off, brush up.**

brush aside **0.1** ***weg/opzij schuiven*** ⟨weerstand, oppositie e.d.⟩ *⇒uit de weg ruimen* **0.2** ***terzijde schuiven*** *⇒negeren, naast zich neerleggen* ◆ **1.2** brush complaints aside *klachten wegwuiven/onder tafel vegen.*

brush down **0.1** ***afborstelen*** **0.2** ⟨inf.⟩ ***de wind van voren geven*** *⇒de mantel uitvegen.*

brush fire **0.1** ***kreupelhoutbrand*** *⇒kruip/loopvuur.*

brush off I ⟨onov.ww.⟩ **0.1** ***zich laten wegborstelen*** *⇒(door borstelen) loslaten, afgaan* ◆ **1.1** the dirt won't ~ *het vuil gaat er niet af* **5.1** don't worry, it will ~ easily *geen nood, dat is gemakkelijk weg te borstelen;*
II ⟨ov.ww.⟩ **0.1** ***wegborstelen*** *⇒afborstelen* **0.2** ***(zich v.) iem. afhouden*** *⇒afwijzen, afschepen* ◆ **1.2** I won't be brushed off *ik laat me niet afschepen.*

brush-off ⟨the⟩⟨inf.⟩ **0.1** ***afscheping*** *⇒afpoeiering; de bons* ◆ **3.1** give s.o. the ~ *iem. met een kluitje in het riet sturen; iem. de bons geven.*

brushup **0.1** ***opknapbeurt*** *⇒opfrissing.*

brush up **0.1** ***opfrissen*** ⟨kennis⟩ *⇒ophalen, bijspijkeren* ◆ **1.1** ~ (on) your English *je Engels ophalen.*

brushwood **0.1** ***onderhout*** *⇒kreupelhout* **0.2** ***kreupelbos*** **0.3** ***sprokkelhout.***

brushwork **0.1** ***penseelwerk/voering*** *⇒touche.*

brusque, brusk [broe:sk, broesk] **0.1** ***bruusk*** *⇒abrupt, kort aangebonden.*

Brussels (sprouts) ⟨ook b-⟩ **0.1** ***spruitjes.***

brutal [broe:tl] **0.1** ***bruut*** *⇒beestachtig; meedogenloos* ◆ **1.1** ~ frankness *genadeloze/niets ontziende openhartigheid;* ~ weather *honden/beestenweer.*

brutalit|y [broe:tælətie] ⟨mv.: -ies⟩ **0.1** ***bruutheid*** *⇒wreedheid, onmenselijkheid.*

brutal|ize, -ise [broe:tlajz] ⟨zn.: **-ization**⟩ **0.1** ***verwilderen*** *⇒ontmenselijken, verdierlijken* **0.2** ***brutaliseren*** *⇒grof bejegenen.*

brute[1] [broe:t] ⟨zn.⟩ **0.1** ***beest*** *⇒dier* **0.2** ***bruut*** *⇒beest, woesteling.*

brute[2] ⟨bn.⟩ **0.1** ***bruut*** *⇒redeloos, grof* ◆ **1.1** ~ creatures *redeloze dieren;* ~ force *grof geweld.*

brutish [broe:tisj] **0.1** ***dierlijk*** *⇒grof, liederlijk* ◆ **3.1** eat with ~ appetite *eten als een beest, schrokken.*

B.Sc. ⟨afk.⟩ **0.1** [Bachelor of Science].

BSE ⟨afk.⟩ **0.1** [bovine spongiform encephalitis] ***BSE*** *⇒gekkekoeienziekte.*

B.S.I. ⟨afk.⟩ **0.1** [British Standards Institution].

B.S.T. ⟨afk.⟩ **0.1** [British Standard Time] **0.2** [British Summer Time].

bub [bub] ⟨sl.⟩ **0.1** ⟨AE; aanspreekvorm⟩ ***makker*** *⇒(ouwe) jongen, knul* **0.2** ⟨mv.⟩ ***tieten.***

bubble[1] [bubl] ⟨zn.⟩ **0.1** ***(lucht)bel(letje)*** **0.2** ***glaskoepel*** **0.3** ⟨fig.⟩ ***zeepbel*** *⇒ballonnetje* **0.4** ***gepruttel*** *⇒gesputter, gespetter, gebruis* ◆ **1.¶** ⟨vnl. BE⟩ ~ and squeak *kliekjes* ⟨aardappelen, kool of andere groente, soms vlees, tezamen in boter gebakken⟩ **3.1** blow ~s *bellen blazen.*

bubble[2] ⟨ww.⟩ **0.1** ***borrelen*** *⇒bruisen, pruttelen* **0.2** ***glimmen*** *⇒stralen* ◆ **1.2** the girl was bubbling on her birthday *het meisje glom v. plezier op haar verjaardag* **5.1** the oil ~d **up** through the sand *de olie welde/borrelde omhoog uit het zand* **5.2** ~ **over** with enthusiasm *overlopen v. enthousiasme.*

bubble bath **0.1** ***schuimbad*** **0.2** ***badschuim*** *⇒mousse.*

bubble chamber ⟨nat.⟩ **0.1** ***bellenvat*** *⇒glaservat.*

bubble gum **0.1** ***klapkauwgom.***

bubble pack →**blister pack.**

bubbly[1] [bublie] ⟨zn.⟩⟨BE; inf., scherts.⟩ **0.1** ***champagne.***

bubbl|y[2] ⟨bn.; -ier⟩ **0.1** ***bruisend*** *⇒sprankelend* **0.2** ***jolig.***

bubonic [bjoe:bonnik] **0.1** ***builen-*** ◆ **1.1** ~ plague *(builen)-pest.*

buccaneer [bukkənjə] **0.1** ***boekanier*** *⇒zeerover, vrijbuiter.*

buck[1] [buk] ⟨zn.; mv.: in bet. 0.1 ook buck⟩ **0.1** ***mannetjesdier*** *⇒bok* ⟨v. hert⟩, *ram(melaar)* ⟨v. konijn, haas⟩ **0.2** ⟨inf.⟩ ***robuuste jongeman*** **0.3** ***(spring)bok*** **0.4** ⟨AE⟩ ***zaag/houtbok*** **0.5** ***bokkensprong*** ⟨v. paard⟩ **0.6** ⟨vnl. AE, Austr. E; sl.⟩ ***dollar*** ◆ **3.¶** ⟨inf.⟩ pass the ~ (to s.o.) *de verantwoordelijkheid afschuiven (op iem.); (iem.) de zwartepiet toespelen.* → **fast.**

buck[2] **I** ⟨onov.ww.⟩ **0.1** ***bokken*** ⟨v. paard⟩ *⇒bokkensprongen maken.* →**buck up;**
II ⟨ov.ww.⟩ **0.1** ***afwerpen*** ⟨ruiter⟩ *⇒afgooien* **0.2** ⟨vnl. AE; inf.⟩ ***tegenwerken*** ◆ **1.2** you can't go on ~ing the system *je kunt je niet blijven verzetten tegen het systeem.* →**buck up.**

buckboard **0.1** ***eenvoudig licht vierwielig karretje*** ⟨vnl. in USA⟩.

bucked [bukt] ⟨inf.⟩ **0.1** ***opgetogen*** *⇒opgelucht, opgemonterd.*

bucket[1] [bukkit] ⟨zn.⟩ **0.1** ***emmer*** **0.2** ***grijper*** *⇒(grijp)emmer; schoep* ⟨v. rad⟩ ◆ **3.¶** ⟨sl.⟩ kick the ~ *het hoekje omgaan, het afleggen* **6.1** ⟨inf.; fig.⟩ it came down **in** ~s *het regende dat het goot.*

bucket[2] ⟨ww.⟩ **0.1** ⟨BE; inf.⟩ ***gieten*** *⇒plenzen, bij bakken neervallen* ⟨v. regen ook⟩ **0.2** ***slingeren*** *⇒zoeven* ◆ **5.1** it/the rain has been ~ing **down** all morning *het giet de hele ochtend al* **5.2** the car ~ed **along** the motorway *de auto scheurde over de snelweg* **6.2** they ~ed **down** the hill *ze kwamen hotsend de berg afdenderen.*

bucketful [bukkitfoel] ⟨mv.: ook bucketsful⟩ **0.1** ***emmer (vol)*** ◆ **1.1** a ~ of water *een emmer water.*

bucket seat **0.1** ***kuipstoel.***

bucket shop **0.1** ***illegaal effectenkantoor*** **0.2** ***semi-legaal reisbureau gespecialiseerd in goedkope vliegreizen.***

buckeye **0.1** ***paardenkastanje.***

buckle[1] [bukl] ⟨zn.⟩ **0.1** ***gesp*** **0.2** ***knik*** ⟨in materiaal⟩ *⇒welving, bolling.*

buckle[2] **I** ⟨onov.ww.⟩ **0.1** ***met een gesp sluiten/vastzitten*** *⇒aangegespt (kunnen) worden* **0.2** ***kromtrekken*** *⇒ontzetten, ontwricht raken* **0.3** ***wankelen*** *⇒wijken, bezwijken* ◆ **1.1** these belts ~ easily *deze riemen zijn gemakkelijk vast te gespen* **5.1** the ends of this necklace ~ **together** at the back *de uiteinden v. deze ketting zitten van achter met een sluiting vast* **6.3** despite our efforts we ~d **under** their attack *ondanks onze inspanningen wankelden we onder hun aanval.* →**buckle to;**
II ⟨ov.ww.⟩ **0.1** ***(vast)gespen*** *⇒aangespen, omgespen* **0.2** ***ontwrichten*** *⇒ontzetten, (uit/ver)buigen* ◆ **1.2** the fire ~d

the plates of the ship *door de brand raakten de platen v.h. schip ontzet* **5.1** ~ **up** a belt *een riem omdoen/gespen.*

buckle down to ⟨inf.⟩ **0.1** ***de schouders zetten onder*** ⇒*zich toeleggen op, (serieus) aanpakken.*

buckler [buklə] **0.1** ***beukelaar*** ⟨klein rond schild met knop in het midden⟩.

buckle to ⟨inf.⟩ **0.1** ***de handen uit de mouwen steken*** ⇒*de handjes laten wapperen, zijn best doen.*

buckram [bukrəm] **0.1** ***buckram*** ⇒*boekbinderslinnen.*

Bucks. [buks] ⟨afk.⟩ **0.1** [Buckinghamshire].

buck's fizz ⟨ook B- F-⟩ **0.1** ***buck's fizz*** ⟨cocktail v. champagne en sinaasappelsap⟩.

buckshee [buksjie:] ⟨BE; sl.⟩ **0.1** ***gratis*** ⇒*kosteloos, voor nop-(pes)* ◆ **1.1** ~ ticket *vrijkaartje.*

buckshot ⟨mv.: ook buckshot⟩ **0.1** ***schot grove hagel*** ⇒*reeposten.*

buckskin I ⟨telb. en n.-telb.zn.⟩ **0.1** ***bokkenvel*** ⟨v. hert⟩ **0.2** ***geiten/schapenleer*** **0.3** ***bukskin;***
II ⟨mv.⟩⟨AE⟩ **0.1** ⟨ben. voor⟩ ***leren kledingstuk*** ⇒*bukskinse broek/schoenen.*

bucktooth ⟨vnl. mv.⟩ **0.1** ***vooruitstekende (boven)tand.***

buck up ⟨inf.⟩ **I** ⟨onov.ww.⟩ **0.1** ***opschieten*** ⇒*voortmaken, haast maken;*
II ⟨onov. en ov.ww.⟩ **0.1** ***opvrolijken*** ⇒*opfleuren, goed doen* ◆ **1.1** our visit didn't do much to buck him up *ons bezoek haalde niet veel uit, hij kikkerde er niet van op* **¶.1** ~, things will be all right *kop op, het komt wel weer goed.*

buckwheat **0.1** ***boekweit(meel).***

bucolic [bjoe:kollik] ⟨-ally⟩ **0.1** ***bucolisch*** ⇒*pastoraal, herders-* **0.2** ***plattelands.***

bud[1] [bud] **I** ⟨telb.zn.⟩⟨verk.⟩ [buddy] ⟨vnl. AE⟩;
II ⟨telb. en n.-telb.zn.⟩ **0.1** ***knop*** ⇒*uitspruitsel, kiem* ◆ **3.1** nip in the ~ *in de kiem smoren* **6.1** **in** ~ *in knop;* ⟨fig.⟩ **in** the ~ *in de dop.*

bud[2] ⟨ww.; -ded⟩ **0.1** ***knoppen*** ⇒*uitlopen, ontluiken.*

Buddha [boedə] **0.1** ***boeddha(beeld).***

Buddhism [boedizm] **0.1** ***boeddhisme.***

Buddhist [boedist] **0.1** ⟨bn.⟩ ***boeddhistisch*** **0.2** ⟨zn.⟩ ***boeddhist.***

budding [budding] **0.1** ***ontluikend*** ⇒*aankomend, in de dop.*

budd|y[1] [buddie], ⟨in bet. 0.2 ook⟩ **bud** ⟨zn.; mv.: -ies⟩⟨inf.⟩ **0.1** ***maat*** ⇒*vriend, kameraad* **0.2** ⟨ihb. als aanspreekvorm⟩ ***maatje*** ⟨vnl. AE⟩ ⇒*makker.*

budd|y[2] ⟨ww.; -ied⟩⟨AE; sl.⟩ **0.1** ***goede maatjes worden*** **0.2** ⟨stud.⟩ ***samenwonen*** ⇒*woonruimte delen* ◆ **6.1** ~ **(up) with** s.o. *goede maatjes met iem. worden.*

buddy-buddy ⟨AE; sl.⟩ **0.1** ***slijmerig*** ⇒*overvriendelijk.*

budge [budzj] ⟨vnl. met ontkenning v. shall/will/would, can/could⟩ **I** ⟨onov.ww.⟩ **0.1** ***zich (ver)roeren*** ⇒*(zich) bewegen, zich verplaatsen* **0.2** ***veranderen*** ◆ **1.1** the cap won't ~ *ik krijg geen beweging in die dop* **6.2** not ~ **from** one's opinion *aan zijn mening vasthouden;*
II ⟨ov.ww.⟩ **0.1** ***(een klein stukje) verplaatsen*** ⇒*verschuiven, verschikken* ◆ **1.1** not ~ one inch *geen duimbreed wijken.*

budgerigar [budzjriga:] **0.1** ***(gras)parkiet.***

budget[1] [budzjit] ⟨zn.⟩ **0.1** ***begroting*** ⇒*budget* ◆ **3.1** balance the ~ *de begroting sluitend maken;* ⟨pol.⟩ introduce/open the ~ *de begroting presenteren* **6.1** **on** a ~ *zuinig.*

budget[2] ⟨bn.⟩ **0.1** ***voordelig*** ⇒*goedkoop* ◆ **1.1** ~ prices *speciale aanbiedingen.*

budget[3] **I** ⟨onov.ww.⟩ **0.1** ***budgetteren*** ⇒*een/de begroting opstellen* **0.2** ***huishouden*** ◆ **6.1** ~ **for** *geld uittrekken voor; de begroting opstellen voor;*
II ⟨ov.ww.⟩ **0.1** ***in een begroting opnemen*** ⇒*reserveren, ramen.*

budgetary [budzjitrie] **0.1** ***budgettair*** ◆ **1.1** ⟨hand.⟩ ~ balance *begrotingssaldo;* ~ control *budgetcontrole.*

budget deficit **0.1** ***begrotingstekort*** ⇒*overheidstekort.*

budget speech **0.1** ***begrotingsrede*** ⟨ong. presentatie v.d. miljoenennota in de Tweede Kamer⟩.

budgie [budzjie] ⟨verk.⟩ [budgerigar] ⟨inf.⟩ **0.1** ***piet(je).***

buff[1] [buf] ⟨zn.⟩ **0.1** ⟨vnl. als 2e lid in samenstellingen; AE; inf.⟩ ***enthousiast*** ⇒*liefhebber, fanaat* **0.2** ***rundleer*** ⇒*buffelleer* **0.3** ⟨vaak attr.⟩ ***vaalgeel*** ⇒*bruingeel, buff* **0.4** ⟨inf.⟩ ***nakie*** ⇒*blootje* ◆ **1.1** a film ~ *een filmfanaat* **1.3** ~ yellow *vaalgeel* **3.4** strip to the ~ *zich helemaal uitkleden* **6.4** **in** the ~ *naakt.*

buff[2] ⟨ww.⟩ **0.1** ***polijsten*** ⇒*opwrijven.*

buffalo [buffəloo] ⟨mv.: ook ~es en buffalo⟩ **0.1** ***buffel*** **0.2** ***karbouw*** **0.3** ***bizon.***

buffer[1] [buffə] ⟨zn.⟩ **0.1** ***buffer*** ⇒*stootkussen/veer/plaat/b(l)ok* **0.2** ***bufferstaat*** **0.3** ⟨schei.⟩ ***buffer(mengsel)*** **0.4** ⟨comp.⟩ ***buffer(geheugen)*** ⟨opslag v. in- en uitvoerinformatie⟩ **0.5** ***poetsgereedschap*** ⇒*poetskussen, poetslap, polijstschijf* **0.6** ⟨BE; inf.⟩ ***ouwe gek.***

buffer[2] ⟨ww.⟩ **0.1** ***als buffer optreden voor*** ⇒*beschermen, behoeden* **0.2** ⟨schei.⟩ ***bufferen*** ⇒*behandelen met een buffermengsel.*

buffer state **0.1** ***bufferstaat.***

buffet[1] [boefee] ⟨zn.⟩ **0.1** ***dressoir*** ⇒*buffet* **0.2** ***buffet*** ⇒*schenktafel* **0.3** ***niet-uitgeserveerde maaltijd*** ◆ **2.3** cold ~ *koud buffet.*

buffet[2] [buffit] ⟨zn.⟩ **0.1** ***slag*** ⟨ook fig.⟩ ⇒*klap, dreun.*

buffet[3] ⟨ww.⟩ **0.1** ***meppen*** ⇒*slaan, ranselen; beuken* **0.2** ***teisteren*** ⇒*kwellen, treffen* **0.3** ⟨schr.⟩ ***worstelen met*** ⇒*zwoegen tegen* ◆ **1.1** rain and wind ~ed the trees *regen en wind geselden de bomen* **1.2** ~ed by misfortunes *geteisterd door tegenslag.*

buffoon [bəfoe:n] **0.1** ***hansworst*** ⇒*potsenmaker, clown* ◆ **3.1** play the ~ *de gek uithangen.*

buffooner|y [bəfoe:n(ə)rie] ⟨mv.: -ies⟩ **0.1** ***zotternij*** ⇒*hansworsterij.*

bug[1] [bug] ⟨zn.⟩ **0.1** ***halfvleugelig insect*** ⇒*wants;* ⟨ihb.⟩ *bedwants* **0.2** ⟨AE⟩ ***insect*** ⇒*beestje, ongedierte* **0.3** ⟨AE; sl.⟩ ***kever*** ⟨Volkswagen⟩ **0.4** ⟨ook attr.; inf.⟩ ***virus*** ⟨ook fig.⟩ ⇒*bacil, bacterie* **0.5** ⟨inf.⟩ ***obsessie*** **0.6** ⟨inf.⟩ ***mankement*** ⇒*storing, defect* **0.7** ⟨inf.⟩ ***afluisterapparaatje*** ⇒*verborgen microfoontje* ◆ **1.6** there's a ~ in the circuit somewhere *ergens in het circuit is er iets mis* **3.4** bitten by the disco ~ *gegrepen door de discorage.*

bug[2] ⟨ww.; -ged⟩⟨inf.⟩ **0.1** ***afluisterapparatuur plaatsen in*** **0.2** ⟨vnl. AE⟩ ***irriteren*** ⇒*ergeren, lastig vallen* ◆ **1.2** what's ~ging him? *wat zit hem dwars?* **3.2** stop ~ging me! *hou op met je gezeur!*

bugaboo [bugəboe:] ⟨inf.⟩ **0.1** ***angst*** ⇒*spook(beeld).*

bugbear ⟨inf.⟩ **0.1** ***spook(beeld)*** ⇒*boeman, schrikbeeld.*

bugger[1] [bugə] ⟨zn.⟩ **0.1** ⟨vulg.⟩ ***lul(hannes)*** ⇒*zak(kenwasser)* **0.2** ⟨vulg.⟩ ***pederast, sodomiet*** **0.3** ***(arme) drommel*** ⇒*(arme) donder, kerel* **0.4** ***(heidense) klus*** ⇒*klerewerk* ◆ **¶.¶** ~-all *geen sodemieter, geen flikker.*

bugger[2] ⟨ww.⟩ **0.1** ⟨jur. of vulg.⟩ ***sodomie bedrijven (met)*** ◆ **4.¶** ~ him! *hij kan de tering krijgen;* ~ it, you've messed the whole thing up *sodeju, je hebt er een puinhoop v. gemaakt.*

bugger about, bugger around ⟨vulg.⟩ **I** ⟨onov.ww.⟩ **0.1** ***donderjagen*** ⇒*klooien* ◆ **3.1** stop buggering about! *hou op met dat gesodemieter!;*
II ⟨ov.ww.⟩ **0.1** ***een kunstje flikken*** ⇒*sollen met, besodemieteren.*

buggered [bugəd] ⟨vnl. BE; vulg.⟩ **0.1** ***afgepeigerd*** ⇒*(dood)-op.*

bugger off ⟨BE; vulg.⟩ **0.1** ***opsodemieteren*** *⇒opdonderen, oprotten.*
bugger up ⟨BE; vulg.⟩ **0.1** ***verpesten*** *⇒verziekken, verknallen.*
buggery [bugərie] ⟨vnl. BE; jur. of vulg.⟩ **0.1** ***sodomie.***
bugg|y [bugie] ⟨mv.: -ies⟩ **0.1** ***buggy*** ⟨licht rijtuigje; open autootje⟩ **0.2** ⟨AE⟩ ***kinderwagen*** **0.3** ⟨BE⟩ ***wandelwagen*** ◆ **1.1** ⟨inf.⟩ the horse-and-~ days *de tijd van voor de auto.*
bugle [bjoe:gl] **0.1** ***bugel*** ⟨voor militaire signalen⟩ *⇒signaal/seinhoorn.*
bugler [bjoe:glə] **0.1** ***bugel(blazer)*** *⇒hoornblazer.*
bugloss [bjoe:glos] ⟨plantk.⟩ **0.1** ***ossentong.***
bugrake ⟨BE; sl.; scherts.⟩ **0.1** ***kam.***
buhl [boe:l] **0.1** ***boulewerk*** *⇒inlegwerk* ⟨v. koper en schildpad⟩.
build[1] [bild] ⟨zn.⟩ **0.1** ***(lichaams)bouw*** *⇒gestalte, vorm* ◆ **2.1** they are of the same ~ *ze zijn hetzelfde gebouwd.*
build[2] ⟨built, built [bilt]⟩ **I** ⟨onov.ww.⟩ **0.1** ***bouwen*** **0.2** ***(in kracht) toenemen*** *⇒aanwakkeren, verhevigen, groeien, aanzwellen* ◆ **1.1** they're ~ing there now *ze bouwen nu daar* **1.2** tension built within her *de spanning in haar nam toe.* →**build up, build (up)on;**
II ⟨ov.ww.⟩ **0.1** ***(op)bouwen*** *⇒maken, construeren* **0.2** ***vormen*** *⇒ontwikkelen, ontplooien* **0.3** ⟨vaak pass.⟩ ***samenstellen*** *⇒vormen, opbouwen* **0.4** ⟨+on⟩ ***baseren (op)*** *⇒grondvesten, onderbouwen* **0.5** ⟨vaak pass.⟩ ***inbouwen*** ⟨ook fig.⟩ *⇒opnemen* ◆ **1.1** ~ a fire *een vuur maken/stoken;* ~ a railway *een spoorlijn aanleggen* **1.¶** ⟨sprw.⟩ Rome was not ~ in a day *Keulen en Aken zijn niet op één dag gebouwd* **5.¶** ~ **on** *aanbouwen, bijbouwen;* this part was built **on** in 1982 *dit gedeelte is in 1982 aangebouwd;* ~ **round** *inbouwen* **6.1** ~ a house **(out) of** brick *een huis uit baksteen optrekken* **6.3** loose parts built **into** a whole *tot een geheel samengevoegde losse onderdelen* **6.4** ~ one's hopes **on** *zijn hoop vestigen op* **6.5** a clause that was not built **into** my contract *een clausule die niet in mijn contract was opgenomen;* this cupboard is built **into** the wall *deze kast is in de muur ingebouwd.* →**build in, build up.**
build-down **0.1** ***afbouw*** ⟨v. kernwapens⟩.
builder [bildə] **0.1** ***aannemer*** *⇒bouwer* **0.2** ⟨vaak in samenstellingen⟩ ***ontwikkelaar*** *⇒pionier, stichter* ◆ **1.2** empire ~s *degenen die een/het rijk groot hebben gemaakt.*
build in **0.1** ***inbouwen*** *⇒opnemen in* ◆ **1.1** this cupboard is built in *dit is een vaste kast;* these problems are built in *deze problemen zijn inherent.*
building [bilding] **I** ⟨telb.zn.⟩ **0.1** ***gebouw*** *⇒bouwwerk, pand;*
II ⟨n.-telb.zn.⟩ **0.1** ***bouw*** *⇒het bouwen, bouwkunst.*
building block **0.1** ***bouwsteen*** ⟨ook fig.⟩.
building contractor **0.1** ***bouwondernemer.***
building site **0.1** ***bouwterrein.***
building society ⟨BE⟩ **0.1** ***bouwfonds.***
build on →**build (up)on.**
buildup **I** ⟨telb.zn.⟩ **0.1** ***opstopping*** *⇒opeenhoping, opeenstapeling* **0.2** ⟨inf.⟩ ***reclamecampagne*** *⇒ophemeling, affichering* ◆ **1.1** a ~ of traffic *een verkeersopstopping;*
II ⟨telb. en n.-telb.zn.; alleen enk.⟩ **0.1** ***ontwikkeling*** *⇒opbouw, vorming, opvoering* **0.2** ***(troepen)concentratie.***
build up **I** ⟨onov.ww.⟩ **0.1** ***aangroeien*** *⇒toenemen, zich opstapelen* **0.2** ***(geleidelijk) toe werken*** ⟨naar⟩ ◆ **1.1** traffic is building up along the roads to the border *de wegen naar de grens raken verstopt* **6.1** tension was building up **to** a climax *de situatie was gespannen en het dreigde tot een uitbarsting te komen;*
II ⟨ov.ww.⟩ **0.1** ***opbouwen*** *⇒ontwikkelen, tot bloei brengen* **0.2** ⟨vaak pass.⟩ ***bebouwen*** *⇒volbouwen* **0.3** ***ophemelen*** *⇒loven, prijzen* ◆ **1.1** ~ one's strength *zijn kracht ontwikkelen;* ~ a firm from scratch *een bedrijf van de grond af opbouwen* **1.2** this area won't be built up *dit gebied zal niet bebouwd worden.*
build (up)on **0.1** ***vertrouwen op*** *⇒bouwen op, zich verlaten op* ◆ **1.1** don't ~ vague promises *ga niet af op vage toezeggingen.*
built ⟨verl. t. en volt. deelw.⟩ →**build.**
built-in **0.1** ***ingebouwd*** ⟨ook fig.⟩ *⇒inherent, aangeboren.*
built-up **0.1** ***samengesteld*** *⇒geconstrueerd, opgestapeld* **0.2** ***bebouwd*** *⇒volgebouwd* **0.3** ***opgehoogd*** *⇒verhoogd* ◆ **2.2** ~ area *bebouwde kom.*
bulb [bulb] **0.1** ***bol(letje)*** *⇒bloembol;* ⟨bij uitbr.⟩ *bolgewas* **0.2** ***(licht)peertje*** *⇒(gloei)lamp.*
bulb field **0.1** ***bloembollenveld.***
bulbous [bulbəs], ⟨in bet. 0.2 ook⟩ **bulbaceous** [bulbeesjəs] **0.1** ***bolvormig*** *⇒knolvormig, bol-* **0.2** ⟨plantk.⟩ ***uit een bol voortspruitend*** ◆ **1.1** ~ nose *klompneus, stompe neus.*
Bulgaria [bulgeəriə, boel-] **0.1** ***Bulgarije.***
Bulgarian [bulgeəriən, boel-] **0.1** ⟨bn.⟩ ***Bulgaars*** **0.2** ⟨eig.n.⟩ ***Bulgaars*** ⟨taal⟩ **0.3** ⟨telb.zn.⟩ ***Bulgaar.***
bulge[1] [buldzj] ⟨zn.⟩ **0.1** ***bobbel*** *⇒(op)bolling, uitstulping* **0.2** ⟨scheep.⟩ ***buik*** ⟨onderzijde v. kiel⟩ **0.3** ***golf*** *⇒aanwas, piek* ◆ **1.¶** Battle of the Bulge *Ardennenoffensief.*
bulge[2] ⟨ww.⟩ **0.1** ***(op)zwellen*** *⇒uitdijen* **0.2** ***bol staan*** *⇒opbollen, uitpuilen* ◆ **5.2** ~ **out** *uitpuilen.*
bulg|y [buldzjie] ⟨-iness⟩ **0.1** ***(uit)puilend*** *⇒(op)bollend, uitstulpend.*
bulimia [bjoe:limmiə] ⟨med.⟩ **0.1** ***boulimie*** ⟨ziekelijke honger⟩.
bulk[1] [bulk] **I** ⟨telb.zn.⟩ **0.1** ***kolos*** *⇒gevaarte, massa* **0.2** ***(scheeps)ruim*** ◆ **3.1** the elephant heaved its great ~ *de olifant hees zich overeind in al zijn kolossale omvang;*
II ⟨n.-telb.zn.⟩ **0.1** ***(grote) massa*** *⇒omvang, volume* **0.2** ***(scheeps)lading*** *⇒vracht* **0.3** ⟨the⟩ ***grootste deel*** *⇒merendeel, gros* ◆ **1.3** the ~ of the property has already been sold *het bezit is al voor het grootste deel verkocht* **3.1** ~ buying *massa-aankopen doen* **3.2** break ~ *beginnen te lossen* **6.1** **in** ~ *onverpakt, los; in het groot.*
bulk[2] ⟨ww.⟩ ◆ **5.¶** mining ~s large in this town *de mijnbouw is nadrukkelijk aanwezig/bepaalt het beeld in deze stad.*
bulk carrier, bulker [bulkə] **0.1** ***bulkcarrier*** ⟨vrachtschip voor gestorte lading, zoals kolen⟩.
bulkhead **0.1** ***(waterdicht) schot*** *⇒scheidingswand, afscheiding.*
bulk|y [hulkie] ⟨-iness⟩ **0.1** ***lijvig*** *⇒log, dik, omvangrijk.*
bull[1] [boel] **I** ⟨telb.zn.⟩ **0.1** ***stier*** *⇒bul, mannetje* ⟨v. walvis, olifant e.d.⟩ **0.2** ***krachtpatser*** *⇒beer, stier* **0.3** ⟨vaak attr.⟩ ***stier*** ⟨optimistisch speculant⟩ **0.4** ***(pauselijke) bul*** ◆ **1.1** like a ~ in a china shop *als een olifant in een porseleinkast* **1.3** ~ market *oplopende/rijzende/willige markt* **3.1** take the ~ by the horns *de koe bij de hoorns vatten.* →**Irish;**
II ⟨n.-telb.zn.⟩ **0.1** ⟨sl.⟩ ***gelul*** *⇒geouwehoer, gezeik* **0.2** ⟨BE; sl.; sold.⟩ ***overdreven nadruk op corvee*** ◆ **¶.¶** ~! *gelul!*
bull[2], ⟨in bet. II 0.2 ook⟩ **bullock** **I** ⟨onov.ww.⟩⟨sl.⟩ **0.1** ***lullen*** *⇒ouwehoeren, zeiken* **0.2** ***bluffen*** *⇒overdrijven;*
II ⟨ov.ww.⟩ **0.1** ***(de prijs) opdrijven (v.)*** *⇒doen oplopen/rijzen* **0.2** ***zich (een weg ergens doorheen) vechten/dringen/werken*** ◆ **1.1** try to ~ the market *proberen de markt op te drijven.*
bulldog **0.1** ***buldog*** **0.2** ***doordouwer*** *⇒volhouder, vuurvreter, terriër.*
bulldog clip, bulldog **0.1** ***veerklem*** *⇒papierknijper/klem.*
bulldoze [boeldooz] **0.1** ***wegschuiven/wegruimen met een bulldozer*** **0.2** ⟨inf.⟩ ***(plat)walsen*** *⇒doordrukken, zijn zin doordrijven* **0.3** ⟨inf.⟩ ***intimideren*** *⇒onder druk zetten,*

overdonderen ◆ **6.2** he tried to ~ his plan **through** the committee *hij probeerde zijn plan door de commissie heen te walsen* **6.3** don't let yourself be ~d **into** agreeing *laat je niet met het pistool op de borst dwingen tot instemming.*

bulldozer [boeldoozə] **0.1** ***bulldozer*** ⇒*grondschuiver.*

bulldyke ⟨AE; sl.⟩ **0.1** ***dijk*** ⇒*vermannelijkte lesbienne.*

bullet [boelit] **0.1** ***(geweer)kogel*** ⇒*patroon* ◆ **3.¶** bite (on) the ~ *door de zure appel heen bijten, de tanden op elkaar zetten.*

bulletheaded **0.1** ***met ronde kop.***

bulletin [boelətin] **0.1** ***(nieuws)bulletin*** ⇒*dienstmededeling; (rond)schrijven.*

bulletin board ⟨AE⟩ **0.1** ***mededelingenbord*** ⇒*prikbord.*

bulletproof **0.1** ***kogelvrij.***

bullet wound **0.1** ***schotwond.***

bullfight **0.1** ***stierengevecht.***

bullfighter **0.1** ***stierenvechter.***

bullfighting **0.1** ***het stierenvechten.***

bullfinch **0.1** ***goudvink.***

bullfrog **0.1** ***(echte) kikker*** ⇒⟨ihb.⟩ *stierkikker, brulkikvors.*

bullheaded ⟨-ness⟩ **0.1** ***stijfkoppig*** ⇒*star, doordouwerig.*

bullhorn ⟨AE⟩ **0.1** ***megafoon.***

bullion [boeliən] **0.1** ***onbewerkt goud/zilver*** ⇒*ongemunt goud/zilver, staaf goud/zilver.*

bullish [boelisj] **0.1** ⟨beurs⟩ ***oplopend*** ⇒*willig, rijzend.*

bull market **0.1** ***haussemarkt*** ⇒*stijgende markt* ⟨op effectenbeurs⟩.

bullnecked **0.1** ***met een stierennek.***

bullock [boelək] **0.1** ***os*** ⇒*gecastreerde stier* **0.2** ***jonge stier*** ⇒*stiertje.*

bullpen ⟨AE⟩ **0.1** ***stierenwei/box*** **0.2** ⟨inf.⟩ ***(grote) cel*** ⟨voor tijdelijke opsluiting⟩ **0.3** ⟨honkbal⟩ ***inwerpveldje/ruimte.***

bullring **0.1** ***arena*** ⟨voor stierengevechten⟩.

bull's-eye **0.1** ***roos*** ⟨doelwit⟩ **0.2** ***schot in de roos*** ⟨ook fig.⟩ ⇒*rake opmerking* **0.3** ⟨ben. voor⟩ ***glasknoop*** ⇒*glaskern, ossenoog; ronde glazen lichtopening* **0.4** ⟨soort⟩ ***toverbal*** ⟨snoepje v. pepermunt⟩.

bullshit[1] ⟨zn.⟩⟨sl.; vulg.⟩ **0.1** ***gelul*** ⇒*geouwehoer, gezeik.*

bullshit[2] ⟨ww.⟩⟨sl.⟩ →**bull**[2] **I 0.1, 0.2.**

bullshitter ⟨sl.⟩ **0.1** ***ouwehoer*** ⇒*kletsmajoor, zeikerd.*

bull terrier **0.1** ***bulterriër.***

bull|y[1] [boelie], ⟨in bet. 0.3 ook⟩ **bully beef** ⟨zn.; mv.: -ies⟩ **0.1** ***bullebak*** ⇒*beul, kwelgeest* **0.2** ⟨hockey⟩ ***bully*** ⇒*afslag* **0.3** ***blikjesvlees*** ⇒*(soort) cornedbeef* ◆ **1.1** he's the ~ of the neighbourhood *hij is de schrik van de buurt.*

bully[2] ⟨bn.⟩⟨vaak iron.⟩ **0.1** ***prima*** ◆ **6.1** ~ **for** you *bravo!, wat geweldig van jou!*

bull|y[3] ⟨-ied⟩ **I** ⟨onov.ww.⟩ →**bully off;**
II ⟨ov.ww.⟩ **0.1** ***koeioneren*** ⇒*intimideren* ◆ **6.1** ~ s.o. **into** doing sth. *iem. met bedreigingen dwingen tot iets.*

bullyboy ⟨inf.⟩ **0.1** ***(gehuurde) zware jongen*** ⇒*vechtersbaas, knokker.*

bully off, bully ⟨BE; hockey⟩ **0.1** ***de bully/afslag verrichten.***

bully-off ⟨BE; hockey⟩ **0.1** ***bully*** ⇒*afslag.*

bulrush [boelrusj] **0.1** ***bies*** ⇒⟨ihb.⟩ *matten/stoelbies* **0.2** ***lisdodde*** ⇒*bulpezerik* **0.3** ⟨rel.⟩ ***papyrus(plant).***

bulwark [boelwək] **0.1** ⟨vaak mv.⟩ ***(verdedigings)muur*** ⇒ *wal, schans* **0.2** ***bolwerk*** ⟨ook fig.⟩ ⇒*bastion* **0.3** ⟨vaak mv.; scheep.⟩ ***verschansing*** ◆ **6.2** a ~ **of** freedom *een bolwerk v.d. vrijheid.*

bum[1] [bum] ⟨zn.⟩⟨sl.⟩ **0.1** ⟨vnl. BE⟩ ***kont*** ⇒*gat, achterste* **0.2** ⟨AE en Austr. E; pej.⟩ ***zwerver*** ⇒*schooier, landloper; bedelaar* **0.3** ***(kloot)zak*** ⇒*mislukkeling, nietsnut* **0.4** ***sportfanaat.***

bum[2] ⟨bn.⟩⟨sl.⟩ **0.1** ***waardeloos*** ⇒*rottig, klote-* ◆ **1.1** some ~ driver *een of andere zondagsrijder;* I've got a ~ leg *ik sukkel met mijn ene poot.*

bum[3] ⟨-med⟩⟨inf.⟩ **I** ⟨onov.ww.⟩ **0.1** ***(rond)zwerven*** ⇒*rondhangen* **0.2** ***(gaan) bedelen*** **0.3** ***liften*** ◆ **6.1** they were just bumming **along** the road *zij toerden gewoon wat rond;*
II ⟨ov.ww.⟩ **0.1** ***bietsen*** ⇒*bedelen, aftroggelen.*

bum about, bum around ⟨sl.⟩ **0.1** ***lanterfanten*** ⇒*lummelen, rondhangen.*

bum along ⟨sl.⟩ **0.1** ***toeren*** ⇒*rustig rijden.*

bum bag **0.1** ***heuptasje.***

bumble [bumbl] **0.1** ***mompelen*** ⇒*brabbelen, bazelen* **0.2** ***stuntelen*** ⇒*klungelen* ◆ **5.1** to keep bumbling **on** about sth. *blijven doorzeuren over iets* **6.2** ~ **about** the room *door de kamer stuntelen.*

bumblebee **0.1** ***hommel.***

bumf, bumph [bumf] ⟨BE; sl.⟩ **0.1** ⟨pej.⟩ ***papierrommel/troep/winkel.***

bummed out [bumd aut] ⟨sl.⟩ **0.1** ***afgeknapt.***

bummer [bummə] ⟨vnl. AE; sl.⟩ **0.1** ***afknapper*** ⇒*teleurstelling, flop; slechte trip* ◆ **¶.¶** ⟨tieners⟩ (what a) ~! *(wat) jammer.*

bump[1] [bump] ⟨zn.⟩ **0.1** ***bons*** ⇒*schok, stoot* **0.2** ***buil*** ⇒*bult; hobbel* ⟨in weg, terrein⟩; *luchtstoot* ⟨opwaartse stoot tegen vliegtuig⟩.

bump[2] **I** ⟨onov.ww.⟩ **0.1** ***bonzen*** ⇒*stoten, botsen* **0.2** ***hobbelen*** ⇒*schokken* ◆ **5.1** the cars ~ed **together** *de auto's botsten tegen elkaar* **5.2** we ~ed **along** in our old car *we denderden voort in onze oude auto* **6.1** people keep ~ing **into** me *er lopen de hele tijd mensen tegen me op.* →**bump into;**
II ⟨ov.ww.⟩ **0.1** ***stoten tegen*** ⇒*botsen tegen, rammen* **0.2** ***af/weg/omstoten*** ⇒*omverbotsen/stoten* ◆ **1.1** the car ~ed the wall *de auto botste tegen de muur;* don't ~ your head *stoot je hoofd niet.* →**bump off, bump up.**

bump[3] ⟨bw.⟩ **0.1** ***pats-boem*** ⇒*pardoes* ◆ **6.1** he ran ~ **into** a parked car *hij knalde tegen een geparkeerde auto op.*

bumper [bumpə] **0.1** ***(auto)bumper*** ⇒*stootkussen/rand* ⟨aan veerpont, stofzuiger enz.⟩; ⟨AE⟩ *buffer, stootb(l)ok* **0.2** ***iets vols/groots*** ⇒*overvloed* **0.3** ⟨cricket⟩ ***bumper*** ◆ **1.2** ~ crop/harvest *recordoogst* **6.1** the traffic was ~ **to** ~ all the way *het hele eind reed het verkeer bumper aan bumper.*

bumper sticker, bumper strip **0.1** ***bumpersticker*** ⟨op auto⟩.

bumph →**bumf.**

bump into ⟨inf.⟩ **0.1** ***tegen het lijf lopen*** ⇒*toevallig tegenkomen.*

bumpkin [bum(p)kin] **0.1** ⟨inf.; pej.⟩ ***ongelikte beer*** ⇒*(boeren)kinkel/pummel.*

bump off ⟨sl.⟩ **0.1** ***vermoorden*** ⇒*koud maken.*

bumptious [bum(p)sjəs] ⟨-ness⟩ **0.1** ***opdringerig*** ⇒*verwaand.*

bump up ⟨inf.⟩ **0.1** ***opkrikken*** ⇒*opschroeven, opvijzelen.*

bump|y [bumpie] ⟨-iness⟩ **0.1** ***hobbelig*** ⇒*bobbelig* ◆ **1.1** a ~ head *een knobbelig hoofd;* a ~ road *een hobbelige weg;* ⟨inf.; fig.⟩ have a ~ time of it *ups and downs kennen.*

bun [bun] **0.1** ***(krenten)bolletje*** ⇒*(krenten/koffie)broodje* **0.2** ***(haar)knot(je)*** ◆ **1.1** ⟨vnl. man.; scherts.⟩ have a ~ in the oven ⟨v. vrouwen⟩ *een kleintje op stapel hebben staan.* →**hot.**

bunch[1] [buntsj] ⟨zn.⟩ **0.1** ***bos(je)*** ⇒*bundel, tros* **0.2** ⟨inf.⟩ ***troep(je)*** ⇒*groep(je), stel(letje)* ◆ **1.1** a ~ of flowers *een bos(je) bloemen;* a ~ of grapes *een tros(je) druiven;* a ~ of keys *een sleutelbos* **1.2** the best of the ~ *de beste v.h. stel.*

bunch[2] **I** ⟨onov.ww.⟩ **0.1** ***samendringen/drommen/hopen*** **0.2** ***kreuke(le)n;***

II ⟨ov.ww.⟩ **0.1** ***samenballen/binden/bundelen*** **0.2** ***kreuke(le)n*** *⇒verfrommelen.*

bundle[1] [bundl] ⟨zn.⟩ **0.1** ***bundel*** *⇒bos; pak(ket); zenuw/spier/vezelbundel* **0.2** ⟨sl.⟩ ***smak/schuif geld*** *⇒bom duiten* ◆ **6.1** ~ **of** joy *wolk v.e. kind, honnepon;* he's a ~ **of** nerves *hij is één bonk zenuwen.*

bundle[2] ⟨ww.⟩ **0.1** ***bundelen*** *⇒samenbinden/pakken/vouwen* **0.2** ***proppen*** *⇒(weg)stouwen/stoppen, induwen/proppen* ◆ **5.1** ~ **up** old newspapers *een touwtje om oude kranten doen* **6.2** the terrorists ~d the banker **into** a car and drove away *de terroristen werkten de bankier hals over kop een auto in en reden weg.*

bundle off **0.1** ***wegbonjouren*** *⇒wegsturen* ◆ **6.1** bundle s.o. off **to** Australia *iem. hals over kop naar Australië sturen.*

bundle up **0.1** ***(zich) warm aankleden*** *⇒(zich) inpakken, iets warms aantrekken/aandoen.*

bung[1] [bung] ⟨zn.⟩ **0.1** ***stop*** *⇒kurk, afsluiter.*

bung[2] ⟨ww.⟩ **0.1** ***(dicht/af)stoppen*** *⇒dichten, (af)sluiten* ⟨met kurk⟩ **0.2** ⟨BE; inf.⟩ ***keilen*** *⇒gooien, smijten* **0.3** ***proppen*** *⇒drukken, persen.* →**bung up.**

bungalow [bunggəloo] **0.1** ***bungalow.***

bungee jumping, bungy jumping [bundzjie] **0.1** ***bungeejumping*** *⇒elastiekspringen.*

bunghole **0.1** ⟨tech.⟩ ***bom/spongat.***

bungle[1] [bunggl] ⟨zn.⟩ **0.1** ***knoeierij*** *⇒pruts/knoei/broddelwerk.*

bungle[2] ⟨ww.⟩ **0.1** ***(ver)knoeien*** *⇒(ver)prutsen.*

bungler [bungglə] **0.1** ***prutser*** *⇒knoeier, klungel.*

bung up ⟨BE; inf.⟩ **0.1** ***verstoppen*** *⇒dichtstoppen, blokkeren* ◆ **1.1** my nose is bunged up *mijn neus zit/is verstopt.*

bunion [bunniən] **0.1** ***(eelt)knobbel*** ⟨vnl. aan grote teen⟩.

bunk[1] [bungk] **I** ⟨telb.zn.⟩ **0.1** ***(stapel)bed*** *⇒kooi, slaapbank/plaats* ◆ **3.¶** ⟨BE; sl.⟩ do a ~ *ertussenuit knijpen, 'm smeren;*
II ⟨n.-telb.zn.⟩ **0.1** ⟨verk.⟩ [bunkum].

bunk[2] ⟨ww.⟩ **0.1** ⟨inf.⟩ ***naar bed gaan*** *⇒gaan pitten/maffen* ◆ **5.1** ~ **down** *gaan slapen.* →**bunk up.**

bunkbed **0.1** ***stapelbed.***

bunker [bungkə] **0.1** ***bunker*** ⟨ook kolenruim in schip; zandbak in golfbaan⟩.

bunkhouse ⟨vnl. AE⟩ **0.1** ***slaapverblijf/barak/zaal*** ⟨voor arbeiders of boerenknechten⟩.

bunkum [bungkəm], **bunk** **0.1** ***onzin*** *⇒gezwam.*

bunk up ⟨sl.⟩ **0.1** ***slapen (met iem.)*** *⇒(met iem.) naar bed gaan.*

bunk-up ⟨vnl. enk.⟩ **0.1** ***duwtje*** *⇒voetje* ◆ **3.1** give me a ~, I want to look over this wall *geef me eens een zetje, ik wil over die muur hier kijken.*

bunn|y [bunnie] ⟨mv.: -ies⟩ **0.1** ⟨kind.⟩ ***(ko)nijntje*** **0.2** → **bunny girl.**

bunny girl **0.1** ***bunny*** *⇒serveerster* ⟨in nachtclub⟩.

Bunsen burner [bunsn bə:nə] **0.1** ***bunsenbrander.***

bunt [bunt] **0.1** ⟨AE; honkbal⟩ ***stootslag*** *⇒stopstoot, opofferingsslag.*

bunting [bunting] **I** ⟨telb.zn.⟩ **0.1** ⟨dierk.⟩ ***gors*** **0.2** ⟨dierk.⟩ ***vink;***
II ⟨n.-telb.zn.⟩ **0.1** ***dundoek*** *⇒vlaggetjes.*

buoy[1] [boj] ⟨zn.⟩ **0.1** ***boei*** *⇒ton(boei)* **0.2** ***redding(s)boei.***

buoy[2] ⟨ww.⟩ **0.1** ***drijvend/vlot houden*** **0.2** ***schragen*** *⇒ondersteunen, dragen* ◆ **6.1** ~ed (up) **by** the sea *drijvend op de zee* **6.2** affluence ~ed **by** the export of gas *door de uitvoer van gas in stand gehouden welvaart.* →**buoy up.**

buoyancy [bojjənsie] **0.1** ***drijfvermogen*** **0.2** ***opwaartse druk*** **0.3** ***opgewektheid*** *⇒vrolijkheid* **0.4** ***vastheid*** ⟨v. beurs⟩ *⇒prijshoudendheid.*

buoyant [bojjənt] **0.1** ***drijvend*** **0.2** ***opwaartse druk uitoefenend*** **0.3** ***opgewekt*** *⇒vrolijk, luchthartig* **0.4** ***vast*** *⇒prijshoudend* ⟨v. beurs⟩ ◆ **1.3** a ~ nature *een opgeruimde natuur.*

buoy up **0.1** ***opmonteren*** *⇒opvrolijken, opbeuren* ◆ **1.1** his spirits were buoyed up by new hopes *nieuwe hoop blies hem nieuw leven in.*

buppie [buppie] ⟨afk.⟩ **0.1** [black urban professional] ***zwarte yuppie.***

bur, burr [bə:] **0.1** ***klis*** *⇒klit* **0.2** ***(kastanje)bolster*** **0.3** ***katje*** ◆ **3.1** he sticks like a ~ *hij blijft aan je klitten.*

burble [bə:bl] **0.1** ***kabbelen*** **0.2** ***leuteren*** *⇒ratelen, kwekken* ◆ **5.2** she just ~s **away/on** *ze ratelt maar door.*

burbot [bə:bət] ⟨mv.: ook burbot⟩ **0.1** ***kwabaal.***

burden[1] [bə:dn] ⟨zn.⟩ **0.1** ***last*** *⇒vracht, verplichting* **0.2** ***leidmotief*** *⇒grond/hoofdthema, kern* **0.3** ⟨geen mv.⟩ ***tonnage*** *⇒tonnenmaat* ◆ **1.1** beast of ~ *lastdier, pakdier/ezel/paard;* the white man's ~ *de last/taak des blanken;* ~ of proof *bewijslast;* the ~ of taxation *de belastingdruk* **6.1** be a ~ **to** s.o. *iem. tot last zijn.*

burden[2] ⟨ww.⟩ **0.1** ***belasten*** *⇒be/overladen, (zwaar) drukken op.*

burdensome [bə:dnsəm] ⟨-ness⟩ **0.1** ***(lood)zwaar*** *⇒bezwarend, drukkend.*

burdock [bə:dok] ⟨plantk.⟩ **0.1** ***klis.***

bureau [bjoeəroo] ⟨mv.: ook bureaux [-rooz]⟩ **0.1** ⟨vnl. BE⟩ ***bureau(-ministre)*** *⇒schrijftafel* **0.2** ⟨AE⟩ ***ladekast*** **0.3** ***dienst*** *⇒bureau; kantoor; departement, ministerie.*

bureaucrac|y [bjoerokrəsi] ⟨mv.: -ies; vnl. enk.⟩ ⟨vaak pej.⟩ **0.1** ***bureaucratie*** *⇒heerschappij v. ambtenaren, ambtenarij; ambtenarenapparaat.*

bureaucrat [bjoeərəkræt] ⟨bn.: **-ic**⟩ ⟨vaak pej.⟩ **0.1** ***bureaucraat.***

burg [bə:g] **0.1** ***versterkte stad*** *⇒vesting, burcht* **0.2** ⟨AE; inf.⟩ ***plaats*** *⇒dorp, stad.*

burgeon [bə:dzjən] ⟨schr.; plantk.⟩ **0.1** ***(doen) uitbotten*** *⇒(doen) uitlopen, (doen) uitkomen;* ⟨fig.⟩ *(doen) ontluiken, als een paddestoel uit de grond (doen) schieten.*

burger [bə:gə] ⟨vnl. AE; inf.⟩ **0.1** ***hamburger.***

burgess [bə:dzjis] ⟨BE; gesch.⟩ **0.1** ***(kiesgerechtigd) burger.***

burgh [burrə] ⟨Sch. E voor borough⟩ **0.1** ***stad*** *⇒(stedelijke) gemeente* **0.2** ***kiesdistrict.***

burgher [bə:gə] **0.1** ⟨schr.⟩ ***(gezeten) burger*** ⟨vnl. v.e. Nederlandse of Duitse stad⟩.

burglar [bə:glə] **0.1** ***(nachtelijke) inbreker.***

burglar alarm **0.1** ***alarminstallatie*** *⇒inbraakalarm.*

burglarproof **0.1** ***tegen inbraak beveiligd.***

burglar|y [bə:glərie] ⟨mv.: -ies⟩ **0.1** ***(nachtelijke) inbraak*** *⇒diefstal met braak (bij nacht).*

burgle [bə:gl], ⟨AE ook⟩ **burglarize** [bə:glərajz] **0.1** ***inbreken (in)*** *⇒inbraak plegen (bij), stelen (bij)* ◆ **1.1** ~ a house/s.o. *in een huis/bij iem. inbreken.*

burgomaster [bə:gəma:stə] **0.1** ***burgemeester*** ⟨vnl. v.e. Nederlandse, Vlaamse of Duitse stad⟩.

Burgundian [bə:gundiən] **0.1** ***Bourgondisch.***

Burgundy [bə:gəndie] **I** ⟨eig.n.⟩ **0.1** ***Bourgondië;***
II ⟨n.-telb.zn.⟩ **0.1** ***bourgogne(wijn)*** *⇒Bourgondische wijn* **0.2** ⟨ook b-; vaak attr.⟩ ***bordeauxrood.***

burial [berriəl] **0.1** ***begrafenis*** *⇒teraardebestelling, het begraven.*

burial chapel **0.1** ***grafkapel.***

burial ground **0.1** ***begraafplaats.***

Burial Service ⟨ook b- s-⟩ **0.1** ***lijkdienst*** *⇒uitvaart(plechtigheid).*

burin [bjoeərin] **0.1** ***burijn*** *⇒graveerijzer/naald/stift.*

burlap [bə:læp] **0.1** ***zakkengoed*** *⇒jute, canvas.*

burlesque[1] [bə:lesk] ⟨zn.⟩ **0.1** ***klucht*** ⇒*parodie, travestie* **0.2** ⟨AE⟩ ***pikante variété*** ⇒*vaudeville, revue.*

burlesque[2] ⟨bn.⟩ **0.1** ***koddig*** ⇒*kluchtig, burlesk.*

burlesque[3] ⟨ww.⟩ **0.1** ***parodiëren*** ⇒*belachelijk maken.*

burl|y [bə:lie] ⟨-iness⟩ **0.1** ***potig*** ⇒*zwaar, flink.*

Burma [bə:mə] **0.1** ***Birma.***

Burmese [bə:mie:z] ⟨mv.: Burmese⟩ **0.1** ⟨bn.⟩ ***Birmaans*** **0.2** ⟨eig.n.⟩ ***Birmaans*** ⟨taal⟩ **0.3** ⟨telb. zn.⟩ ***Birmaan.***

burn[1] [bə:n] **I** ⟨telb.zn.⟩ **0.1** ***brandwond*** ⇒*brandgaatje* **0.2** ***brandperiode/tijd*** ⟨v. raketmotor⟩ **0.3** ***door afbranding vrijgemaakt stuk bos*** **0.4** ⟨Noord-Eng. en Sch. E⟩ ***stroompje*** ⇒*beekje* ◆ **1.1** a third-degree ~ *een derdegraadsverbranding* **1.2** a one-minute ~ to correct course *een koerscorrectie v. één minuut;*
II ⟨n.-telb.zn.; the⟩ **0.1** ***branderigheid*** ⇒*het branden/bijten* ◆ **1.¶** the ~ of iodine *het bijten v. jodium.*

burn[2] ⟨ook burnt, burnt [bə:nt]⟩ **I** ⟨onov.ww.⟩ **0.1** ***branden*** ⇒ *gloeien* ◆ **3.1** you don't seem to be ~ing to accept my offer *zo te zien sta je niet te springen om op mijn aanbod in te gaan* **5.1** ~ **away** *doorbranden, verder branden;* ~ low *uitgaan/doven* **6.1** ~ing **for** an ideal *in vuur en vlam voor een ideaal;* ~ing **with** ambition *verteerd door ambitie;* ~ **with** anger *zieden/koken van woede.* →**burn down;**
II ⟨onov. en ov.ww.⟩ **0.1** ***branden*** ⇒*af/ver/ontbranden, in brand staan/steken* ◆ **1.1** the acid ~t its way through the cloth *het zuur brandde door de stof;* the soup ~t my mouth *ik heb mijn mond aan de soep gebrand;* her skin ~s easily *ze verbrandt snel (in de zon)* **5.1** ~ **away** *op/wegbranden;* ⟨fig.⟩ *verteren;* ~ **off** *weg/afbranden, schoon/leegbranden* **6.1** be ~t **to** ashes *in de as worden gelegd;* ~ **to** death *door verbranding om het leven brengen.* →**burn down, burn out, burn up;**
III ⟨ov.ww.⟩ **0.1** ***branden/lopen/werken op*** ⇒*gebruiken als brandstof* ◆ **1.1** this engine ~s coal *deze machine loopt op kolen.*

burn down **I** ⟨onov.ww.⟩ **0.1** ***opbranden*** ⇒*minder fel gaan branden, uitgaan/doven;*
II ⟨ov.ww.⟩ **0.1** ***(tot de grond toe) afbranden*** ⇒*platbranden.*

burner [bə:nə] **0.1** ***brander*** ⇒*pit* ⟨v. kooktoestel enz.⟩.

burning [bə:ning] **0.1** ***brandend*** ⇒*gloeiend, vurig, dringend* ◆ **1.1** a ~ issue *een brandend vraagstuk, een nijpende kwestie;* a ~ shame *een grof schandaal* **1.¶** ~ bush ⟨bijb.⟩ *brandende braambos.*

burning glass **0.1** ***brandglas.***

burnish [bə:nisj] **0.1** ***(op)glanzen*** ⇒*gaan glanzen; polijsten.*

burnous(e), ⟨AE sp. ook⟩ **burnoose** [bə:noe:s] **0.1** ***boernoes.***

burn out **I** ⟨onov.ww.⟩ **0.1** ***uitbranden*** ⇒*opbranden* ⟨ook fig.⟩ **0.2** ***doorbranden*** ⟨v. elektrisch apparaat e.d.⟩ ⇒*doorslaan* ◆ **1.1** leave that candle to ~ *laat die kaars maar opbranden;* as a poet he's burnt out *als dichter is hij opgebrand;*
II ⟨ov.ww.⟩ **0.1** ⟨vnl. pass.⟩ ***uitbranden*** **0.2** ⟨vnl. pass.⟩ ***door brand verdrijven uit*** ⇒*door brand dakloos maken* **0.3** ⟨inf.⟩ ***overwerken*** ⇒*over de kop werken* **0.4** ***doen doorbranden/doorslaan*** ◆ **1.1** the tank was completely burnt out *de tank was volledig uitgebrand* **4.3** burn o.s. out *zich over de kop werken.*

burn-out syndrome **0.1** ***burnoutsyndroom.***

burnt[1] [bə:nt] ⟨bn.⟩ **0.1** ***gebrand*** ⇒*geschroeid; gebakken* ◆ **1.1** ~ offering/sacrifice *brandoffer.*

burnt[2] ⟨verl. t. en volt. deelw.⟩ →**burn.**

burnt-out, burned-out **0.1** ***opgebrand*** ⇒*uitgeblust, versleten* **0.2** ***uitgebrand*** **0.3** ***dakloos*** ⟨door brand⟩ **0.4** ⟨inf.⟩ ***doodmoe*** ⇒*uitgeput, afgepeigerd.*

burn up **I** ⟨onov.ww.⟩ **0.1** ***oplaaien*** ⇒*feller gaan branden* **0.2** ***tot ontbranding komen*** ⇒*verbranden* **0.3** ⟨BE; sl.⟩ ***scheuren*** ⇒*jakkeren, hard rijden* **0.4** ⟨AE; sl.⟩ ***laaiend (v. woede) zijn*** ◆ **1.1** if you put some more wood on it the fire will ~ *als je wat meer hout op het vuur gooit laait het weer op* **1.2** the rocket burned up on re-entry *bij terugkeer in de atmosfeer verbrandde de raket;*
II ⟨ov.ww.⟩ **0.1** ***op/verstoken*** ⇒*op/verbranden* **0.2** ⟨BE; sl.⟩ ***verslinden*** ⟨v. weg⟩ ◆ **1.1** he burnt up all our wood *hij heeft al ons hout verstookt* **1.2** ~ the breeze/road *plankgas rijden* **1.¶** ⟨AE; sl.⟩ that really burns me up *van zoiets word ik nou witheet.*

burp[1] [bə:p] ⟨zn.⟩⟨inf.⟩ **0.1** ***boer(tje)*** ⇒*oprisping.*

burp[2] ⟨ww.⟩ **0.1** ⟨inf.⟩ ***(laten) boeren*** ⇒*een boertje laten doen* ⟨zuigeling⟩.

burr[1] [bə:] ⟨zn.⟩ **0.1** ***brouw-r*** ⇒*brouwend accent* **0.2** ***bromgeluid*** ⇒*gebrom* **0.3** →**bur.**

burr[2] ⟨ww.⟩ **0.1** ***brouwen*** ⇒*spreken met een brouw-r* **0.2** ***brommen*** ⇒*gonzen.*

burro [boeroo] ⟨vnl. AE⟩ **0.1** ***(pak)ezel(tje)*** ⇒*grauwtje.*

burrow[1] [burroo] ⟨zn.⟩ **0.1** ***leger*** ⟨v. konijn enz.⟩ ⇒*hol(letje), tunnel(tje).*

burrow[2] **I** ⟨onov.ww.⟩ **0.1** ***een leger graven*** ⇒⟨fig.⟩ *zich nestelen, beschutting zoeken* **0.2** ***schuilen/wonen in een leger/holletje*** **0.3** ***boren*** ⇒*wroeten, graven, zich (een weg) banen* ◆ **6.1** she ~ed **against** his chest *ze schurkte zich behaaglijk tegen zijn borst* **6.3** ⟨fig.⟩ ~ **into** somebody's secrets *in iemands geheimen wroeten;*
II ⟨ov.ww.⟩ **0.1** ***(uit)graven*** ⇒*uithollen* **0.2** ***schuilhouden*** ⇒*ingraven* **0.3** ***nestelen*** ⇒*begraven, wegdrukken* ◆ **1.1** rabbits ~ shallow holes *konijnen graven legers* **6.3** the cat ~ed its head **into** her shoulder *de poes nestelde zich met haar kop tegen haar schouder.*

bursar [bə:sə] **0.1** ***thesaurier*** ⟨ihb. v. instellingen voor hoger onderwijs⟩ ⇒*penningmeester.*

bursar|y [bə:srie] ⟨mv.: -ies⟩ **0.1** ***thesaurie*** ⟨ihb. v. onderwijsinstelling of religieuze orde⟩ ⇒*kantoor v.d. penningmeester.*

burst[1] [bə:st] ⟨zn.⟩ **0.1** ***los/uitbarsting*** ⇒*ontploffing; demarrage* **0.2** ***barst*** ⇒*breuk, scheur* ◆ **1.1** ~ of anger *woede-uitbarsting;* ~ of flame *steekvlam;* ~ of laughter *lachsalvo.*

burst[2] ⟨burst, burst⟩ **I** ⟨onov.ww.⟩ **0.1** ***(door/los/uit)barsten/breken*** ⇒*uit elkaar spatten/springen/vliegen* **0.2** ***op barsten/breken/springen staan*** ⇒*barstensvol zitten* ◆ **1.1** the abscess ~ *de zweer is doorgebroken;* the bottle ~ *de fles spatte uiteen;* that boy'll eat till he ~s *dat joch eet zich te barsten;* the storm ~ *de storm brak los* **3.2** be ~ing to come *staan te popelen om te komen* **5.1** ~ **away** *wegrennen, zich losrukken;* ~ **forth/out** *uitroepen, uitbarsten;* ~ **out** crying *in huilen uitbarsten;* the sun ~ **out** *plotseling brak de zon door* **6.1** ~ **into** the bedroom *de slaapkamer komen binnenvallen;* ~ **into** blossom *in bloei schieten;* ~ **into** flames *in brand vliegen;* ~ **into** sight/view *(plotseling) in zicht komen;* ~ (out) **into** song *in gezang losbarsten;* ~ **into** tears *in tranen uitbarsten;* ~ **out of** *uitbreken* ⟨uit gevangenis⟩; ~ **out of** one's clothes *uit zijn kleren barsten* **6.2** ~ **with** joy *dolgelukkig zijn.* →**burst in;**
II ⟨ov.ww.⟩ **0.1** ***door/open/verbreken*** ⇒*forceren, inslaan, intrappen* ◆ **1.1** the river will ~ its banks *de rivier zal buiten haar oevers treden;* ~ a blood-vessel *een aderbreuk hebben/krijgen;* ~ a door (open) *een deur intrappen/rammen;* ~ a tyre *een lekke band hebben;* ⟨fig.⟩ ~ one's sides (with) laughing *schudden v.h. lachen.*

burst in **0.1** ***komen binnenvallen*** ⇒*binnenstormen, (ruw) onderbreken.*

burton [bə:tn] ◆ **3.¶** ⟨BE; inf.⟩ gone for a ~ *vermist, onvindbaar; gesneuveld; kapot.*

bur|y [berrie] ⟨-ied⟩ **0.1** ***begraven*** ⇒*ter aarde bestellen; bedelven* **0.2** ***verbergen*** ⇒*verstoppen* **0.3** ***verzinken*** ⟨ook fig.⟩ ◆ **1.1** she has buried two husbands *ze heeft twee echtgenoten overleefd* **1.2** ~ one's hands in one's pockets *zijn handen (diep) in zijn zakken steken;* ~ one's head in one's hands *zijn hoofd in zijn handen laten zakken* **1.3** buried in thoughts *in gedachten verzonken* **4.3** ~ o.s. in one's books/studies *zich in zijn boeken/studie verdiepen.*

bus[1] [bus] ⟨zn.; mv.: AE ook -ses⟩ **0.1** ***(auto)bus*** **0.2** ⟨inf.⟩ ***bak*** ⇒*brik, kar* **0.3** ⟨inf.⟩ ***kist*** ⇒*vliegtuig* ◆ **3.1** catch/miss the ~ *de bus halen/missen;* ⟨fig.⟩ miss the ~ *de boot missen* **6.1** go **by** ~ *de bus nemen.*

bus[2] ⟨ww.; -sed⟩ **0.1** ***met de bus gaan/vervoeren*** ⇒*de bus nemen, per bus reizen; op de bus zetten;* ⟨ihb.; AE⟩ *vervoeren/vervoerd worden per bus naar geïntegreerde scholen* ⟨blanke en zwarte kinderen⟩ **0.2** ⟨AE⟩ ***werken als hulpkelner*** ⇒*tafels afruimen.*

busb|y [buzbie] ⟨mv.: -ies⟩ **0.1** ***kolbak*** ⇒*berenmuts.*

bus conductor **0.1** ***busconducteur.***

bus driver **0.1** ***buschauffeur/chauffeuse.***

bush [boesj] **I** ⟨telb.zn.⟩ **0.1** ***struik*** ⇒*bosje* **0.2** ***(haar)bos*** ⇒ ⟨ihb. sl.⟩ *baard, struikgewas* ◆ **3.¶** beat about/around the ~ *ergens omheen draaien, niet ter zake komen;*
II ⟨n.-telb.zn.⟩ **0.1** ***struikgewas*** ⇒*onderhout, kreupelhout* **0.2** ⟨the⟩ ***rimboe*** ⇒*woestenij, wildernis* ⟨vnl. in Afrika en Australië⟩ ◆ **3.2** take to the ~ *in de rimboe onderduiken* ⟨vnl. v. ontsnapte gevangene⟩.

bush baby **0.1** ***galago*** ⇒*bushbaby* ⟨aapje⟩.

bushed [boesjt] ⟨inf.⟩ **0.1** ***bekaf*** ⇒*doodop, uitgeput.*

bushel [boesjl] **0.1** ***bushel*** ⟨inhoudsmaat; →t⟩ **0.2** ⟨inf.⟩ ***hoop*** ⇒*lading, bos* ◆ **1.2** I received ~s of letters *ik heb stapels brieven ontvangen.*

bush-league ⟨AE; inf.⟩ **0.1** ***mbt. een lagere honkbaldivisie.***

Bushman [boesjmən]⟨mv.: Bushmen [-mən]⟩ **0.1** ***Bosjesman*** **0.2** ⟨b-; Austr. E⟩ ***rimboebewoner*** ⇒*woudloper.*

bush telegraph **0.1** ***tamtam*** ⇒*het verzenden v. boodschappen via tamtam.*

bushw(h)ack ⟨inf.⟩ **I** ⟨onov.ww.⟩ **0.1** ***zich (met het kapmes) een pad banen*** **0.2** ***in de rimboe/wildernis wonen;***
II ⟨ov.ww.⟩ **0.1** ***aanvallen vanuit een hinderlaag.***

bushw(h)acker **0.1** ***ontginner*** **0.2** ***houtvester.***

bush|y [boesjie] ⟨-iness⟩ **0.1** ***dik*** ⇒*bossig, ruig* ⟨v. haar⟩.

business [biznis] **I** ⟨telb.zn.⟩ **0.1** ***aangelegenheid*** ⇒*affaire, zaak, kwestie* **0.2** ⟨a⟩ ***moeilijke taak*** ⇒*hele kluif/klus* **0.3** ***zaak*** ⇒*winkel, bedrijf* ◆ **2.1** I'm sick and tired of this whole ~ *ik ben dit hele gedoe meer dan zat;*
II ⟨telb. en n.-telb.zn.⟩ **0.1** ***(ver)plicht(ing)*** ⇒*taak, verantwoordelijkheid, werk* **0.2** ***agenda*** ⇒*programma* **0.3** ⟨euf.⟩ ***grote boodschap*** ◆ **1.1** ⟨inf.⟩ my affairs are no ~ of yours/none of your ~ *mijn zaken gaan jou niets aan* **1.2** the ~ of today's meeting is ... *voor de vergadering v. vandaag staat op de agenda ...* **3.1** go about one's ~ *met zijn gewone werk verder gaan;* have no ~ to do sth./doing sth. *ergens niet het recht toe hebben;* know one's ~ *zijn vak/zaken kennen;* I will make it my ~ to see that ... *ik zal het op me nemen ervoor te zorgen dat ...;* ⟨inf.⟩ mind your own ~ *bemoei je met je eigen (zaken)* **4.¶** ⟨inf.⟩ like nobody's ~ *als geen ander* **6.1** send s.o. **about** his ~ *iem. zeggen zich met zijn eigen zaken te bemoeien* **7.2** ⟨op agenda v. vergadering⟩ any other ~ *rondvraag; wat verder ter tafel komt;*
III ⟨n.-telb.zn.⟩ **0.1** ***handel*** ⇒*zaken* **0.2** ⟨the; ben. voor⟩ ***iets afdoends*** ⇒⟨ihb.⟩ *ruwe behandeling; standje; beurt* ◆ **1.1** ~ is ~ *zaken zijn zaken* **3.1** get down to ~ *ter zake komen, spijkers met koppen slaan;* mean ~ *het serieus menen;* talk ~ *over zaken spreken* **5.1** how's ~ today? *hoe staan de zaken vandaag?* **6.1** I'm in ~ **for** myself now *ik ben voor mezelf begonnen;* be **in** ~ *(bezig met) handel drijven;* ⟨fig.⟩ *startklaar staan;* go **into** ~ *in de handel gaan;* **on** ~ *voor zaken.*

business address **0.1** ***zakenadres.***

business card **0.1** ***visitekaartje.***

business economics **0.1** ***bedrijfseconomie.***

business end ⟨the⟩⟨inf.⟩ **0.1** ***het kardinale deel/punt*** ⇒*het deel waar het op aankomt* ◆ **1.1** the ~ of a gun *de loop v.e. geweer.*

business gift **0.1** ***relatiegeschenk.***

business hours **0.1** ***kantooruren/tijd*** ⇒*openingstijden.*

business licence **0.1** ***bedrijfsvergunning.***

businesslike [biznislajk] **0.1** ***zakelijk*** ⇒*efficiënt.*

business|man [biznismən]⟨mv.: -men [-mən]⟩ **0.1** ***zakenman.***

business suit ⟨AE⟩ **0.1** ***(daags) kostuum*** ⇒*pak.*

business trip **0.1** ***zakenreis.***

businesswoman **0.1** ***zakenvrouw.***

busk [busk] ⟨BE⟩ **0.1** ***optreden en bedelen als (straat)muzikant*** ⇒*straatmuziek maken.*

busker [buskə] ⟨BE⟩ **0.1** ***(bedelend) straatmuzikant.***

busload **0.1** ***buslading.***

bus|man [busmən]⟨mv.: -men [-mən]⟩ **0.1** ***buschauffeur.***

busman's holiday ⟨inf.⟩ **0.1** ***vakantie waarin je iets doet wat eigenlijk hetzelfde is als je gewone werk*** ⟨bv. timmerman die zijn eigen keuken opknapt⟩.

bus shelter **0.1** ***wachthuisje*** ⇒*abri.*

bus(s)ing [bussing] **0.1** ***busvervoer*** ⇒⟨ihb.⟩ *in USA busvervoer v. kinderen naar geïntegreerde scholen.*

bus stop **0.1** ***bushalte.***

bust[1] [bust] ⟨zn.⟩ **0.1** ***buste*** ⇒*borstbeeld, tors* **0.2** ***boezem*** ⇒ *buste, borsten* **0.3** ⟨inf.⟩ ***flop*** ⇒*mislukking, afgang;* ⟨ihb.⟩ *bankroet, faillissement* **0.4** ⟨inf.⟩ ***arrestatie*** ⇒*politie-inval/overval.*

bust[2] ⟨bn.⟩⟨inf.⟩ **0.1** ***kapot*** ⇒*stuk, naar de knoppen* ◆ **3.1** go ~ *op de fles gaan.*

bust[3] ⟨sl.⟩ **I** ⟨onov.ww.⟩ **0.1** ***barsten*** ⇒*breken, kapotgaan* **0.2** ***op de fles gaan*** ⇒*bankroet gaan.* →**bust out, bust up;**
II ⟨ov.ww.⟩ **0.1** ***breken*** ⇒*mollen, kapot/stuk maken* **0.2** ***laten springen*** ⇒*door/verbreken, bankroet laten gaan, platzak maken* **0.3** ***degraderen*** **0.4** ***arresteren*** ⇒*aanhouden* **0.5** ***een inval doen in*** ⇒ *huiszoeking doen bij* ⟨v.d. politie⟩. →**bust up.**

bustard [bustəd] ⟨dierk.⟩ **0.1** ***trap.***

buster [bustə] **0.1** ⟨ook B-; aanspreekvorm; vnl. AE; sl.; vnl. pej.⟩ ***kerel*** ⇒*makker, jochie* **0.2** ⟨vnl. als 2e lid in samenstellingen⟩ ***verwoester*** ⇒*breker, oplosser, bestrijder* ◆ **1.2** crimebuster *misdaadbestrijder.*

bustier [bustjee] **0.1** ***bustier*** ⟨als topje gedragen kledingstuk⟩.

bustle[1] [busl] ⟨zn.; geen mv.⟩ **0.1** ***drukte*** ⇒*bedrijvigheid.*

bustle[2] ⟨ww.⟩ **0.1** ***druk in de weer zijn*** ⇒*jachten, zich haasten* ◆ **6.1** ~ **with** *bruisen/gonzen van.*

bust out ⟨AE; sl.⟩ **0.1** ***uitbreken*** ⟨uit gevangenis⟩.

bust up ⟨inf.⟩ **I** ⟨onov.ww.⟩ **0.1** ⟨BE⟩ ***bonje/hommeles hebben*** **0.2** ***uit elkaar gaan*** ⇒*scheiden;*
II ⟨ov.ww.⟩⟨AE⟩ **0.1** ***in de war sturen*** ⇒*verknallen, bederven* **0.2** ***uit elkaar drijven.***

bust-up ⟨inf.⟩ **0.1** ⟨BE⟩ ***stennis*** ⇒*herrie, hommeles* **0.2** ⟨AE⟩ ***mislukking*** ⟨v.e. huwelijk⟩ ⇒*het stuklopen.*

busway ⟨verkeer⟩ **0.1** ***busstrook.***

bus|y[1] [bizzie] ⟨bn.; -ily; busyness⟩ **0.1** ***bezig*** ⇒*druk (bezet),* *bedrijvig* **0.2** ⟨vnl. AE⟩ ***bezet*** ⇒*in gesprek* ⟨v. telefoon⟩ ◆ **1.1** as ~ as a bee/bees *zo bezig als een bij;* it's been a ~ day *het is een drukke dag geweest* **1.2** the line is ~ *de lijn is bezet, het toestel is in gesprek* **1.¶** ⟨BE; plantk.⟩ ~ Lizzy *vlijtig liesje* **3.1** I'm ~ cleaning *ik ben (druk) aan het schoonmaken* **6.1** she's ~ **at/with** her work *ze is druk aan het werk;* he's ~ **with** a book *hij werkt aan een boek.*

bus|y² ⟨ww.; -ied⟩ **0.1** ***bezig houden*** ⇒*zoet houden* ◆ **6.1** ~ o.s. **with** collecting stamps *postzegels verzamelen om iets om handen te hebben.*

busybod|y ⟨mv.: -ies⟩ **0.1** ***bemoeial.***

busy signal ⟨vnl. AE⟩ **0.1** ***ingesprektoon/signaal*** ⟨v. telefoon⟩.

but¹ [but] ⟨zn.⟩ **0.1** ***maar*** ⇒*tegenwerping, bedenking* ◆ **1.1** ⟨inf.⟩ ifs and ~s *maren, bedenkingen* **3.1** but me no ~s *geen gemaar, niks te maren* **6.1** ⟨inf.⟩ no ~s **about** it *zeker weten, reken maar.*

but² [bət, ⟨sterk⟩ but] ⟨vnw.; steeds met negatief antecedent⟩ **0.1** ***die/dat niet*** ◆ **1.1** not a man ~ was moved to tears *geen man die niet tot tranen toe bewogen was.*

but³ [bət, ⟨sterk⟩ but] ⟨bw.⟩ **0.1** ***slechts*** ⇒*enkel, alleen, maar, pas* **0.2** ***(en) toch*** ⇒*echter, anderzijds* ◆ **1.1** he's ~ a student *het is maar een student* **3.1** I could ~ feel sorry for her *ik kon enkel medelijden hebben met haar* **4.1** I know ~ one *ik ken er maar één.*

but⁴ [bət, ⟨sterk⟩ but] ⟨vz.⟩ **0.1** ***behalve*** ⇒*buiten, uitgezonderd, anders dan* ◆ **1.1** none ~ father *niemand buiten vader;* all ~ John *allen behalve John;* who ~ John? *wie anders dan John?;* he wanted nothing ~ peace *hij wilde slechts rust* **4.1** the last ~ one *op één na de laatste;* the next summer ~ one *de zomer na de volgende.*

but⁵ [bət, ⟨sterk⟩ but] ⟨leidt vaak elliptische zin in⟩ **I** ⟨ondersch.vw.⟩ **0.1** ⟨uitzondering⟩ ***behalve*** ⇒*buiten, uitgezonderd* **0.2** ⟨voor indirecte rede, na negatief/vragend hoofdwerkwoord⟩ ***dat*** ◆ **3.1** I cannot (choose) ~ accept his proposal *ik kan niet anders dan zijn voorstel aannemen;* what could I do ~ surrender? *wat kon ik doen behalve me overgeven?* **3.¶** ⟨inf.⟩ no sooner had she spoken ~ it appeared again *ze was nog niet uitgesproken of het verscheen opnieuw* **8.2** he did not doubt ~ that he had failed *hij twijfelde er niet aan dat hij gefaald had;*
II ⟨nevensch.vw.⟩ **0.1** ⟨tegenstelling⟩ ***maar (toch)*** ⇒*niettemin, desondanks* **0.2** ⟨versterkend en tegenstellend⟩ ***en hoe*** ⇒*wat, maar, en* ◆ **1.1** not a man ~ an animal *geen mens maar een dier* **2.1** young ~ clever *jong maar sluw* **3.2** he ran ~ ran! *hij liep, en hoe!* **5.1** ~ then (again) *(maar) anderzijds/ja;* ~ yet *niettemin* **5.2** he ran ~ fast! *hij liep, en snel ook!;* ~ no! *nee maar!, nee toch!;* ~ yes! *maar ja toch!* →**all but, but for.**

butadiene [bjoe:tədajjie:n] ⟨schei.⟩ **0.1** ***butadieen.***

but-and-ben [butnben] ⟨Sch. E⟩ **0.1** ***tweekamerhuisje.***

butane [bjoe:teen] **0.1** ***butaan*** ⇒*butagas.*

butane gas **0.1** ***butagas.***

butch¹ [boetsj] ⟨zn.⟩⟨sl.⟩ **0.1** ***manwijf*** ⇒*pot, dijk* **0.2** ***ruwe klant*** ⇒*vechtersbaas.*

butch² ⟨ww.⟩⟨AE; sl.⟩ ◆ **¶.¶** ~ sth. (up) *iets verprutsen/verknoeien.*

butcher¹ [boetsjə] ⟨zn.⟩ **0.1** ***slager*** ⇒*slachter;* ⟨scherts.; fig.⟩ *slecht chirurg; afmaker, moordenaar* ◆ **3.¶** ⟨BE; sl.⟩ take a ~'s *neem eens een kijkje* **7.1** the ~'s *de slager(ij).*

butcher² ⟨ww.⟩ **0.1** ***slachten*** **0.2** ***afslachten*** ⇒*uitmoorden* **0.3** ***verknoeien*** ⇒*verprutsen;* ⟨fig.⟩ *verminken.*

butcher|y [boetsjrie] **0.1** ⟨vaak attr.⟩ ***het slachten*** ⇒*slachterij, slachters-, slagers-* **0.2** ***het afslachten/afmaken*** ⇒ *slachting, bloedbad.*

but for [but fo:] **0.1** ***ware het niet voor*** ⇒*als niet* ◆ **¶.1** ~ her I would have been a monk *ik zou monnik geworden zijn ware het niet voor haar/als zij er niet geweest was.*

butler [butlə] **0.1** ***butler.***

butt¹ [but], ⟨in bet. 0.3 ook⟩ **butt end** ⟨zn.⟩ **0.1** ***mikpunt*** ⟨v. spot⟩ **0.2** ***doelwit*** ⇒*roos* **0.3** ⟨ben. voor⟩ ***(dik) uiteinde*** ⇒ *kolf, handvat; restant, eindje; peuk* ⟨v. sigaret⟩; ⟨sl.⟩ *achterste, krent;* ⟨AE⟩ *romp, tors* **0.4** ⟨AE; sl.⟩ ***sigaret*** ⇒*peuk* **0.5** ***(bier/wijn)vat*** ⇒*(regen)ton* **0.6** ***ram*** ⇒*kopstoot, stoot* ⟨met hoofd of hoorns⟩.

butt² ⟨ww.⟩ **0.1** ***rammen*** ⟨met hoofd of hoorns⟩ ⇒*stoten, een kopstoot geven* **0.2** ***met de uiteinden/een stootvoeg verbonden zijn/aan elkaar verbinden*** ⇒*aangrenzen/sluiten* **0.3** ***(voor)uitsteken/springen.*** →**butt in.**

butte [bjoe:t] ⟨AE⟩ **0.1** ***tafelberg.***

butter¹ [buttə] ⟨zn.⟩ **0.1** ***boter*** **0.2** ⟨inf.⟩ ***stroop(smeerderij)*** ⇒*geslijm* ◆ **1.¶** (he looks as if) ~ wouldn't melt in his mouth *hij lijkt de onschuld zelve, hij lijkt van de prins geen kwaad te weten.*

butter² ⟨ww.⟩ **0.1** ***beboteren*** ⇒*besmeren (met boter), in boter bereiden.* →**butter up.**

butter bean **0.1** ***wasboon*** ⇒*gele (sperzie)boon.*

buttercup **0.1** ***boterbloem.***

butterfingers ⟨mv.: butterfingers⟩⟨inf.⟩ **0.1** ***breekal*** ⇒*stuntel, stoethaspel;* ⟨ihb. sport⟩ *slecht vanger.*

butterfl|y [buttəflaj] ⟨mv.: -ies⟩ **0.1** ***vlinder*** ⇒*kapel;* ⟨fig.⟩ *losbol, vrolijke Frans* **0.2** ⟨verk.⟩ [butterfly stroke] **0.3** ⟨mv.; inf.⟩ ***de kriebels*** ⇒*nerveuze spanningen* ◆ **1.1** have butterflies in one's stomach *vlinders in de buik hebben.*

butterfly stroke **0.1** ***vlinderslag.***

buttermilk **0.1** ***karnemelk.***

butterscotch [buttəskotsj] **0.1** ***stroopbal(letje)*** ⇒*boterbabbelaar* **0.2** ***butterscotch*** **0.3** ⟨vaak attr.⟩ ***geelbruin.***

butter up ⟨inf.⟩ **0.1** ***vleien*** ⇒*stroop om de mond smeren, slijmen* ◆ **1.1** he tries to ~ the boss *hij probeert bij de baas een wit voetje te halen* **6.1** try to ~ **to** s.o. *bij iem. in het gevlij proberen te komen, met iem. aanpappen.*

butter|y [buttərie], **butler|y** ⟨mv.: -ies⟩ **0.1** ***provisiekamer*** ⟨ihb. voor drank⟩ ⇒*wijnkelder* **0.2** ⟨BE⟩ ***etensbalie*** ⇒*kantine* ⟨aan sommige universiteiten⟩.

butt in ⟨inf.⟩ **0.1** ***tussenbeide komen*** ⇒*interrumperen, onderbreken.*

buttock [buttək] **0.1** ***bil*** ⇒*bilstuk* **0.2** ⟨mv.⟩ ***achterste*** ⇒*achterwerk.*

button¹ [butn] ⟨zn.⟩ **0.1** ***knoop(je)*** **0.2** ***(druk)knop*** ⇒*knopje* **0.3** ⟨vnl. AE⟩ ***button*** ⇒*rond insigne* ◆ **2.1** ⟨BE⟩ not worth a ~ *geen zier waard* **3.¶** ⟨inf.⟩ have a few ~s missing *ze niet allemaal op een rijtje hebben* **6.¶** ⟨AE; inf.⟩ **on** the ~ *precies, de spijker op z'n kop; in de roos.*

button² ⟨ww.⟩ **0.1** ***dicht/vastknopen*** ⇒*sluiten* ◆ **1.1** my shirt won't ~ *ik krijg (de knoopjes v.) mijn overhemd niet dicht;* ⟨AE; sl.⟩ ~ your lip *kop dicht, hou je bek/waffel.* → **button up.**

button bar ⟨comp.⟩ **0.1** ***menubalk.***

button-down **0.1** ***button-down*** ⟨v. boord en overhemd⟩.

buttonhole¹ ⟨zn.⟩ **0.1** ***knoopsgat.***

buttonhole² ⟨ww.⟩ **0.1** ***in zijn kraag grijpen*** ⇒*staande houden.*

button up **I** ⟨onov.ww.⟩⟨sl.⟩ **0.1** ***zijn kop/bek houden*** ◆ **3.1** tell them to ~ *zeg dat ze hun waffel houden;*
II ⟨ov.ww.⟩ **0.1** ***dichtknopen*** ⇒*dichtdoen* ◆ **1.1** ⟨AE; sl.⟩ ~ your lip *hou je kop/bek* **1.¶** that job's buttoned up *dat is voor elkaar.*

buttress¹ [butris] ⟨zn.⟩ **0.1** ***steunbeer*** ⇒*contrefort;* ⟨fig.⟩ *steunpilaar.*

buttress[2] ⟨ww.⟩ **0.1** ⟨vaak +up⟩ ***versterken met steun-(beer)/contrefort*** ⇒⟨fig.⟩ *(onder)steunen.*

butyl alcohol [bjoe:tajl ælkəhol] ⟨schei.⟩ **0.1** ***butanol*** ⇒*butylalcohol.*

buxom [buksm] **0.1** ⟨v.e. vrouw⟩ ***weelderig*** ⇒*mollig.*

buy[1] [baj] ⟨zn.⟩ **0.1** ***aankoop*** ⇒*aanschaf, koop* **0.2** ***koopje*** ⇒ *voordeeltje.*

buy[2] ⟨bought, bought [bo:t]⟩ **I** ⟨onov. en ov.ww.⟩ **0.1** ***(aan/in/op)kopen*** ⇒*aanschaffen* ◆ **1.1** ~ in bulk *in het groot inkopen;* the dollar doesn't ~ what it used to *de dollar is ook niet meer (waard) wat ie was;* peace was dearly bought *de vrede werd duur betaald;* ~ time *tijd winnen* **4.¶** ⟨sl.⟩ ~ it *gedood worden* **5.1** ~ **back** *terugkopen;* ~ **off** *afkopen, omkopen;* ~ **out** *los/uit/vrijkopen; opkopen, (in zijn geheel) overnemen;* ⟨BE⟩ ~ **over** *omkopen;* ~ **up** *opkopen, overnemen* **6.1** ~ sth. **from**/⟨sl.⟩ **off** s.o. *iets van iem. kopen.* →**buy in;**

II ⟨ov.ww.⟩ **0.1** ⟨inf.⟩ ***omkopen*** ⇒*stieken* **0.2** ⟨inf.⟩ ***geloven*** ⇒*pikken, accepteren, (voor waar) aannemen* **0.3** ⟨AE; inf.⟩ ***inhuren*** ⇒*in dienst nemen* ◆ **1.2** don't ~ that nonsense *laat je niks wijsmaken* **4.2** I'll ~ it/that *dat neem ik aan, dat kan ik accepteren.*

buyer [bajjə] **0.1** ***koper*** ⇒*klant* **0.2** ***inkoper*** ⟨v.e. warenhuis enz.⟩.

buyer's market, buyers' market **0.1** ⟨ec.⟩ ***kopersmarkt*** ⟨met groot aanbod en lage prijzen⟩.

buy in **0.1** ***inkopen*** ⇒*aankopen* ⟨voorraden⟩.

buying agent **0.1** ***inkoopagent.***

buy-out **0.1** ***bedrijfsovername*** ⟨ihb. door eigen werknemers⟩.

buzz[1] [buz] ⟨zn.⟩ **0.1** ***brom/gons/zoemgeluid*** ⇒*gebrom, gezoem; geroezemoes* **0.2** ⟨inf.⟩ ***belletje*** ⇒*telefoontje* ◆ **3.2** give mother a ~ *bel moeder even.*

buzz[2] **I** ⟨onov.ww.⟩ **0.1** ***zoemen*** ⇒*brommen, gonzen; roezemoezen* **0.2** ***druk in de weer zijn*** ⇒*redderen* **0.3** ***op een zoemer drukken*** ⇒*(aan)bellen* ◆ **5.¶** ⟨AE; sl.⟩ ~ **along** *opstappen* ⟨na visite⟩; ⟨vnl. BE; sl.⟩ ~ **off** *'m smeren, aftaaien;* ~ **off!** *wegwezen!, donder op!* **6.1** ~ **along** the road *over de weg zoeven;* the crowd ~ed **with** excitement *een opgewonden geroezemoes klonk op uit de menigte;*

II ⟨ov.ww.⟩ **0.1** ***laten brommen/gonzen/zoemen/snorren*** **0.2** ***(per zoemer) oproepen*** **0.3** ⟨inf.⟩ ***opbellen*** ⇒*een telefoontje geven* ◆ **1.2** ~ your secretary *bel je secretaresse even.*

buzzard [buzzəd] **0.1** ⟨BE⟩ ***buizerd*** **0.2** ⟨AE⟩ ***kalkoengier*** **0.3** ⟨AE; sl.⟩ ***insigne*** ⟨v. Am. adelaar⟩.

buzzer [buzzə] **0.1** ***zoemer*** **0.2** ***zoemtoon.***

B/W ⟨afk.; foto.⟩ **0.1** [black and white].

by[1] [baj] ⟨bw.⟩ **0.1** ***langs*** ⇒*voorbij* **0.2** ***nabij*** ⇒*dichtbij, in de buurt* ◆ **3.1** he came ~ for a chat *hij kwam langs om een praatje te maken;* he drove ~ in a red car *hij reed voorbij in een rode auto;* in years gone ~ *in vervlogen jaren* **3.2** be ~ *erbij/in de buurt zijn;* lay/put/set sth. ~ *iets opzij leggen* ⟨vnl. geld⟩ **5.¶** ~ and ~ *straks;* ~ and large *over 't algemeen.*

by[2] [baj] ⟨vz.⟩ **0.1** ⟨nabijheid, vnl. v. plaats⟩ ***bij*** ⇒*dichtbij, vlakbij, naast;* ⟨op kompasroos⟩ *ten* **0.2** ⟨weg, medium enz.⟩ ***door*** ⇒*langs, via, voorbij* **0.3** ⟨tijd⟩ ***tegen*** ⇒*vóór, niet later dan;* ⟨bij uitbr.⟩ *op, om* ⟨bep. tijdstip⟩; *in* ⟨bep. jaar⟩ **0.4** ⟨instrument, middel enz.⟩ ***door*** ⇒*door middel/toedoen v., per, als gevolg v.* **0.5** ⟨duidt een relatie van betrokkenheid, vergelijking aan⟩ ***ten opzichte v.*** ⇒*met betrekking tot, ten aanzien v., wat ... betreft* **0.6** ⟨tijd of omstandigheid⟩ ***bij*** ⇒ *tijdens* **0.7** ⟨opeenvolging⟩ ***na*** ⇒*per* ◆ **1.1** he stayed ~ the cupboard *hij hing in de buurt van de kast rond;* North ~ East *noord ten oosten;* he sat ~ the river *hij zat aan de kant van de rivier;* a house ~ the sea *een huis aan zee;* sit ~ my side *kom naast mij zitten* **1.2** travel ~ air *vliegen;* he went ~ the motorway *hij ging via de autoweg;* taught ~ radio *via de radio geleerd;* she dropped ~ Sheila's *zij ging bij Sheila langs* **1.3** finished ~ Sunday *klaar tegen zondag* **1.4** ~ accident *per ongeluk;* two meters ~ fifty centimeters *twee meter bij vijftig centimeter;* ~ sheer chance *door zuiver toeval;* ~ force *met geweld;* deceived ~ his friend *bedrogen door zijn vriend;* they came ~ the hundreds *ze kwamen met honderden;* he missed ~ an inch *hij miste op een paar centimeter;* I can tell ~ your looks *ik kan het aan je (uiterlijk) zien;* known ~ the name of Jack *bekend onder de naam Jack;* he died ~ the sword *hij sneuvelde door het zwaard;* divide four ~ two *deel vier door twee;* a daughter ~ his first wife *een dochter van zijn eerste vrouw* **1.5** ~ birth *van geboorte;* paid ~ the hour *per uur betaald;* ~ profession *van beroep;* play ~ the rules *volgens de regels spelen;* it's eight o'clock ~ my watch *het is acht uur op mijn horloge* **1.6** dinner ~ candlelight *eten bij kaarslicht;* ~ day *overdag;* ~ night *'s nachts* **1.7** day ~ day *dag na dag;* he got worse ~ the hour *hij ging van uur tot uur achteruit* **1.¶** swear ~ the Bible *op de bijbel zweren* **3.4** he began ~ tidying up *hij begon met op te ruimen* **4.1** I keep it ~ me all the time *ik heb het altijd bij me;* ~ o.s. *alleen* **4.3** ~ 1980 it had become clear that ... *(al) in 1980/zo tegen 1980 was het duidelijk geworden dat ...* **4.4** I did it all ~ myself *ik heb het helemaal alleen gedaan* **4.5** that's fine ~ me *ik vind het/wat mij betreft is het goed/best* **5.3** ~ now *nu (al)* **5.7** little ~ little *beetje bij beetje.*

bye[1] [baj] ⟨zn.⟩ **0.1** ⟨sport⟩ ***vrijgelote ploeg/speler*** ⇒*ploeg/speler die vrijgeloot is* **0.2** ⟨cricket⟩ ***bye*** ⟨run gemaakt op een bal die door de batsman niet geraakt is⟩.

bye[2], **bye-bye,** ⟨vnl. AE⟩ **bye now** ⟨tw.⟩⟨inf.⟩ **0.1** ***tot ziens*** ⇒ *dag.*

bye-byes ⟨kind.⟩ ◆ **3.¶** go (to) ~ *bedje toe, slapies doen.*

by(e)-election **0.1** ***tussentijdse verkiezing.***

by(e)law **0.1** ⟨vnl. BE⟩ ***(plaatselijke) verordening*** ⇒*gemeenteverordening* **0.2** ⟨vnl. AE⟩ ***(bedrijfs)voorschrift*** ⇒ *(huis)regel;* ⟨in mv.⟩ *huishoudelijk reglement.*

Byelorussia [bjelloorusjə], **Belorussia** [belloo-] **0.1** ***Wit-Rusland.***

bygone [bajgon] **0.1** ***voorbij*** ⇒*vroeger* ◆ **1.1** in ~ days *(in) vroeger (tijd).*

bygones [bajgonz] ◆ **3.¶** ⟨sprw.⟩ let ~ be ~ *het verleden laten rusten, zand erover; men moet geen oude koeien uit de sloot halen.*

by-line **0.1** ***naamregel*** ⟨regel in de kop v.e. artikel, met de naam v.d. schrijver⟩ **0.2** ⟨voetbal⟩ ***achterlijn.***

BYO ⟨afk.; Austr. E; inf.⟩ **0.1** [bring your own] ***restaurant waar je als klant je eigen drank mee naar toe kunt nemen.***

by-pass[1] ⟨zn.⟩ **0.1** ⟨verkeer⟩ ***rondweg*** ⇒*ringweg* **0.2** ⟨tech.⟩ ***omloopkanaal/leiding/verbinding.***

by-pass[2] ⟨ww.⟩ **0.1** ***om*** ⟨stad enz.⟩ ***heen gaan*** ⇒*mijden.*

bypass operation ⟨med.⟩ **0.1** ***bypassoperatie.***

by-product **0.1** ***bij/nevenproduct*** ⇒*afvalproduct* **0.2** ***bijverschijnsel*** ⇒*neveneffect.*

byroad, bystreet **0.1** ***zijstraat*** **0.2** ***achterstraat*** ⇒*stil straatje.*

bystander [bajstændə] **0.1** ***omstander*** ⇒*toekijker/schouwer.*

byte [bajt] ⟨comp.⟩ **0.1** ***byte.***

byway **0.1** ***zijweg*** ◆ **1.¶** ⟨fig.⟩ the ~s of literature *de minder bekende paden v.d. letterkunde.*

byword **0.1** ***spreekwoord*** *⇒gezegde, zegswijze* **0.2** ***belichaming*** *⇒synoniem, prototype* ◆ **1.1** make s.o.'s name a ~ *iemands naam bekendmaken* **6.2** the canals are a ~ **for** Amsterdam *wie grachten zegt, zegt Amsterdam;* he is a ~ **for** laziness *hij is het prototype v.d. luiaard.*

byzantine [bizæntajn] **0.1** ⟨B-⟩ ***Byzantijns*** **0.2** ⟨schr.; vaak pej.⟩ ***ingewikkeld*** *⇒duister, gezocht.*

c, C [sie:] ⟨mv.: c's, C's⟩ **0.1** ***c, C.***

c., C. ⟨afk.⟩ **0.1** [Celsius] **0.2** [cent] **0.3** [centigrade] **0.4** [circa] **0.5** ⟨elek.⟩ [coulomb] **0.6** [cubic] **0.7** [cup].

cab [kæb] **0.1** ⟨vnl. AE⟩ ***taxi*** **0.2** ⟨inf.; verkeer⟩ ***cabine*** *⇒bok, cockpit* ◆ **6.1** go **by** ~ *een taxi nemen.*

CAB ⟨afk.⟩ **0.1** [Citizens Advice Bureau] ⟨GB⟩.

cabaret [kæbəree] **0.1** ***variétérestaurant*** *⇒cabaretrestaurant, restaurant met floorshow* **0.2** ***show*** ⟨in restaurant⟩ ⇒ *variété, entertainment.*

cabbage [kæbidzj] **0.1** ***(sluit)kool*** **0.2** ***palmkool*** **0.3** ⟨BE; inf.⟩ ***slome duikelaar*** *⇒sufkop, druiloor.*

cabbage butterfly, cabbage white **0.1** ***koolwitje.***

cabb|y, cabb|ie [kæbie] ⟨mv.: -ies⟩ **0.1** ⟨inf.⟩ ***taxichauffeur.***

cabdriver, cabman [kæbmən]⟨mv.: cabmen [-mən]⟩ **0.1** ⟨vnl. AE⟩ ***taxichauffeur.***

caber [keebə] **0.1** ***paal*** *⇒juffer* ◆ **3.1** toss the ~ *paalwerpen* ⟨Schotse sport⟩.

cabin [kæbin] **0.1** ***(houten) optrek*** *⇒huisje, hut; kleedhokje, badhokje;* ⟨spoorwegen⟩ *seinhuis* **0.2** ***cabine*** *⇒(slaap)hut* ⟨in schip⟩; *laadruimte, bagageruim* ⟨in vliegtuig⟩.

cabin boy **0.1** ***hut/kajuits/scheepsjongen.***

cabin class **0.1** ***kajuitsklasse*** ⟨tussen eerste klas en toeristenklasse⟩ *⇒tweede klasse.*

cabin cruiser **0.1** ***motorjacht*** *⇒kruiser.*

cabinet [kæbnit] **I** ⟨telb.zn.⟩ **0.1** ***kabinet*** *⇒kast;* ⟨ihb.⟩ *pronkkast, porseleinkast; televisiemeubel; dossierkast;*
II ⟨telb. en n.-telb.zn.⟩ **0.1** ⟨vnl. BE⟩ ***kabinetsberaad/vergadering/zitting*** **0.2** ⟨ww. enk. of mv.⟩ ***kabinet*** *⇒ministerraad* ◆ **6.1** that is to be decided **in** ~ *dat moet door het kabinet beslist worden.*

cabinetmaker **0.1** ***kastenmaker*** *⇒schrijnwerker, meubelmaker.*

cabinet meeting **0.1** ***kabinetsberaad.***

Cabinet Minister ⟨BE⟩ **0.1** ***kabinetslid*** *⇒lid v.d. ministerraad.*

cable[1] [keebl] **I** ⟨telb.zn.⟩ **0.1** →**cablegram** **0.2** ⟨inf.⟩ →**cable's length** **0.3** ⟨vaak attr.⟩ ***kabel*** *⇒kabelvormig ornament;* ⟨breien⟩ *kabelsteek;*
II ⟨telb. en n.-telb.zn.⟩ **0.1** ***(draag)kabel*** *⇒ankerkabel; draadkabel; sleep/trekkabel* **0.2** ***(geleidings)kabel*** ⇒ *elektriciteitskabel; televisiekabel* ◆ **6.2** send a message **by** ~ *een boodschap per telegram versturen;* be **on** the ~ *op kabeltelevisie aangesloten zijn.*

cable[2] ⟨ww.⟩ **0.1** ***telegraferen*** ⟨per kabel⟩ *⇒overseinen* ◆ **4.1** ~ us as soon as possible *stuur ons zo snel mogelijk een telegram.*

cable car **0.1** ***kabelwagen*** *⇒gondel, cabine v.e. kabelbaan.*

cablegram **0.1** ***(per kabel verzonden) telegram.***

cable railway **0.1** ***kabelspoor(weg)*** *⇒kabelbaan.*

cable release ⟨foto.⟩ **0.1** ***draadontspanner.***

cable's length, cable length ⟨mv.: cables' lengths⟩ **0.1** ***kabellengte*** ⟨1/10 zeemijl, ong. 185 m⟩.

cable sweater **0.1** ***kabeltrui.***

cable television, cable vision **0.1** ***kabeltelevisie.***

caboodle [kəboe:dl] ⟨sl.⟩ **0.1** ***troep*** *⇒zwik, bups; bende, zootje* ◆ **2.1** the whole (kit and) ~ *de hele bups/klerezooi/rotzooi.*

caboose [kəboe:s] **0.1** ***kombuis*** *⇒scheepskeuken* **0.2** ⟨AE⟩ ***personeelswagon*** ⟨laatste wagon v. goederentrein⟩.

cabotage [kæbəta:zj] **0.1** ***kustvaart/handel.***
cab rank, cabstand **0.1** ***taxistandplaats.***
cabriolet [kæbriəlee] **0.1** ***cabriolet*** ⟨auto met vouwkap⟩.
cacao [kəka:oo] **0.1** ***cacaoboom*** **0.2** ***cacaoboon/zaad*** ⇒*cacao.*
cache[1] [kæsj] ⟨zn.⟩ **0.1** ***(geheime) berg/opslagplaats*** **0.2** ***(geheime/verborgen) voorraad.***
cache[2] ⟨ww.⟩ **0.1** ***verbergen*** ⇒*ver/wegstoppen.*
cachet [kæsjee] **I** ⟨telb.zn.⟩ **0.1** ***cachet*** ⇒*zegel, stempel; kwaliteits(ken/waar)merk* **0.2** ***cachet*** ⇒*ouwelcapsule;*
II ⟨telb. en n.-telb.zn.⟩ **0.1** ***distinctie*** ⇒*cachet, allure.*
cachou [kæsjoe:] **0.1** ***cachou(pastille)*** ⇒*catechu* ⟨ademzuiverend middel⟩.
cackhanded ⟨BE; inf.⟩ **0.1** ***links(handig)*** ⇒*onhandig, met twee linkerhanden.*
cackle[1] [kækl] **I** ⟨telb.zn.⟩ **0.1** ***kakelgeluid*** **0.2** ***giechel(lachje)*** ⇒*gekraai* **0.3** ⟨scherts.⟩ ***kip*** ◆ **1.2** ~s of excitement *opgewonden gilletjes;*
II ⟨n.-telb.zn.⟩ **0.1** ***gekakel*** ⇒⟨fig.⟩ *gekwebbel, geklets* ◆ **3.1** ⟨inf.⟩ cut the ~ *genoeg gekletst.*
cackle[2] ⟨ww.⟩ **0.1** ***kakelen*** ⇒⟨fig.⟩ *kwebbelen, kletsen* **0.2** ***giechelen*** ⇒*kraaien.*
cacophonous [kəkoffənəs] **0.1** ***kakofonisch.***
cacophon|y [kəkoffənie] ⟨mv.: -ies⟩ **0.1** ***kakofonie*** **0.2** ***wanklank.***
cactus [kæktəs]⟨mv.: ook cacti [-təi]⟩ **0.1** ***cactus.***
cad [kæd] ⟨pej.⟩ **0.1** ***schoft*** ⇒*ploert, proleet.*
CAD ⟨afk.⟩ **0.1** [computer-aided design].
cadaver [kədeevə,kədævə] ⟨vnl. med.⟩ **0.1** ***(menselijk) lijk*** ⇒*kadaver.*
cadaveric [kədævrik] ⟨med.⟩ **0.1** ***een lijk betreffende*** ⇒*lijk-.*
cadaverous [kədævrəs] **0.1** ***lijkachtig*** ⇒*lijkkleurig, bleek.*
cadd|ie, cadd|y [kædie] ⟨mv.: -ies⟩ **0.1** ⟨zn.; golf⟩ ***caddie*** **0.2** ⟨ww.⟩ ***als caddie optreden.***
caddis fly [kædis flaj] **0.1** ***kokerjuffer*** ⇒*schietmot.*
caddish [kædisj] **0.1** ***schofterig*** ⇒*ploerterig.*
caddis worm **0.1** ***(larve v.d.) kokerjuffer.***
cadd|y [kædie] ⟨mv.: -ies⟩ **0.1** ***theeblikje/busje*** **0.2** →**caddie.**
cadence [keedns] **0.1** ***stembuiging*** ⇒*toonval, intonatie* **0.2** ⟨muz.⟩ ***cadens*** ⇒*cadenza* **0.3** ***cadans*** ⇒*vloeiend ritme.*
cadenza [kədenzə] ⟨muz.⟩ **0.1** ***cadenza*** ⇒*cadens.*
cadet [kədet] **0.1** ***cadet*** **0.2** ⟨BE⟩ ***lid v.e. 'cadet corps'*** **0.3** ***stagiair(e)*** ⇒*stageloper, volontair.*
cadet corps ⟨zn.⟩ **0.1** ***organisatie die oudere jongens eenvoudige militaire training geeft*** ⟨op sommige Engelse scholen⟩.
cadge[1] [kædzj] ⟨zn.; the⟩⟨inf.; pej.⟩ ◆ **6.¶** **on** the ~ *op de biets.*
cadge[2] ⟨inf.; pej.⟩ **I** ⟨onov.ww.⟩ **0.1** ***klaplopen*** ⇒*op de biets lopen, schooien;*
II ⟨ov.ww.⟩ **0.1** ***bietsen*** ⇒*aftroggelen* ◆ **1.1** ~ one's meal *zijn maal bij elkaar bietsen.*
cadger [kædzjə] ⟨inf.; pej.⟩ **0.1** ***bietser*** ⇒*klaploper, uitvreter.*
cadmium [kædmiəm] **0.1** ***cadmium.***
cadre [ka:də,-drə] ⟨vnl. pol. en mil.⟩ **0.1** ***kader(lid)*** **0.2** ⟨ww. enk. of mv.⟩ ***kader*** ⇒*harde kern.*
Caesar [sie:zə] **0.1** ***caesar*** **0.2** ***(alleen)heerser*** ⇒*dictator.* → **render.**
C(a)esarean (section), C(a)esarian (section) [sizzeəriən] **0.1** ⟨ook c-; med.⟩ ***keizersnede*** ◆ **3.1** born by ~ *met de keizersnede gehaald.*
caesium, ⟨AE sp. ook⟩ **cesium** [sie:ziəm] ⟨schei.⟩ **0.1** ***cesium.***
c(a)esura [sizjoeərə]⟨mv.: ook caesurae [-rie:]⟩ ⟨lit., muz.⟩ **0.1** ***cesuur*** ⇒⟨fig.⟩ *breuk.*
café, cafe [kæfee] **0.1** ***eethuisje*** ⇒*café-restaurant, snackbar* **0.2** ⟨BE⟩ ***theesalon*** ⇒*tearoom* **0.3** ***koffiehuis*** ⇒*koffieshop.*
cafeteria [kæfittiəriə] **0.1** ***snelbuffet*** ⇒*zelfbedieningsrestaurant.*
caff [kæf] ⟨BE; sl.; scherts.⟩ →**café.**
caffein(e) [kæfie:n] **0.1** ***cafeïne.***
caftan, kaftan [kæftæn] **0.1** ***kaftan*** ⇒*kaftanjapon.*
cage[1] [keedzj] ⟨zn.⟩ **0.1** ***kooi(constructie)*** **0.2** ***liftkooi*** ⇒*liftbak;* ⟨in mijn⟩ *ophaal/schachtkooi* **0.3** ***gevangenis*** ⇒*(krijgs)gevangenkamp* **0.4** ⟨ijshockey⟩ ***kooi*** ⇒*doel.*
cage[2] ⟨ww.⟩ **0.1** ***kooien*** ⇒*in een kooi opsluiten/gevangen houden.*
cag|(e)y [keedzjie] ⟨-iness⟩⟨inf.⟩ **0.1** ***gesloten*** ⇒*behoedzaam, teruggetrokken* **0.2** ***argwanend*** ⇒*achterdochtig, verholen* ◆ **6.1** be very ~ **about** future plans *erg terughoudend over toekomstplannen zijn.*
cagoule, kagoul(e), kagool [kəgoe:l] **0.1** ***lichte, lange anorak*** ⇒*(soort) parka.*
cahoots [kəhoe:ts] ⟨vnl. AE; sl.⟩ ◆ **6.¶** be **in** ~ with *onder één hoedje spelen met.*
CAI ⟨afk.⟩ **0.1** [computer-aided/assisted instruction] ***COO.***
caiman →**cayman.**
Cain [keen] ⟨rel.⟩ **0.1** ***Kaïn*** ◆ **3.¶** ⟨inf.⟩ raise ~ *de boel op stelten zetten, herrie schoppen.*
cairn [keən] ⟨gesch.⟩ **0.1** ***cairn*** ⟨kegelvormige steenhoop⟩.
caisson [keesn, kəsoe:n] **0.1** ***caisson*** ⇒*(artillerie)munitiewagen* **0.2** ***caisson*** ⇒*waterdichte (overdruk)ruimte* ⟨voor werkzaamheden onder water⟩ **0.3** ⟨scheep.⟩ ***lichter*** ⇒*(scheeps)kameel* **0.4** ***afsluitponton*** ⟨in havenmond⟩.
cajole [kədzjool] **0.1** ***(door vleierij) bepraten*** ⇒*ompraten, overhalen, inpalmen* ◆ **6.1** ~ s.o. **into** giving money *iem. geld aftroggelen.*
cajoler|y [kədzjoolərie], **cajolement** [-mənt] ⟨mv.: -ies⟩ **0.1** ***vleierij*** ⇒*stroopsmeerderij.*
Cajun [keedzjən] **0.1** ***iem. afkomstig uit Louisiana*** ⟨en nakomeling v.d. Franse kolonisten⟩ **0.2** ***cajun(muziek).***
cake[1] [keek] ⟨zn.⟩ **0.1** ***cake*** ⇒*taart, (pannen)koek, gebak* **0.2** ***blok*** ⟨v. compact materiaal⟩ ⇒*koek* ◆ **1.2** a ~ of soap *een stuk zeep;* a ~ of tobacco *een plakje tabak* **1.¶** ~s and ale *het goede des levens;* ⟨inf.⟩ a piece of ~ *een fluitje v.e. cent* **2.1** fancy ~s *gebakjes* **3.1** go/sell like hot ~s *verkopen als warme broodjes, lopen als een trein* **3.¶** ⟨inf.⟩ you can't have your ~ and eat it *je kunt niet alles willen/hebben;* ⟨sprw.⟩ one cannot have one's ~ and eat it *men kan niet het laken hebben en het geld houden;* ⟨ong.⟩ *kiezen is verliezen.*
cake[2] **I** ⟨onov.ww.⟩ **0.1** ***koeken*** ⇒*harden, stollen* ◆ **1.1** coal ~s when heated *steenkool gaat koeken bij verhitting;*
II ⟨ov.ww.⟩ **0.1** ***(dik) bedekken*** ◆ **6.1** (be) ~d **with** dirt *ónder het vuil (zitten).*
CAL [kæl] ⟨afk.⟩ **0.1** [computer-aided/assisted learning].
calabash [kæləbæsj] **0.1** ***kalebasboom*** **0.2** ***kalebas(fles).***
calamine lotion **0.1** ***soort zonnebrandlotion.***
calamitous [kəlæmittəs] **0.1** ***rampzalig*** ⇒*rampspoedig.*
calamit|y [kəlæmətie] ⟨mv.: -ies⟩ **0.1** ***onheil*** ⇒*calamiteit, ramp(spoed).*
calcif|y [kælsiffaj] ⟨-ied⟩ **0.1** ***(doen) verkalken*** ⟨ook fig.⟩.
calcin|e [kælsajn] ⟨zn.: **-ation**⟩ **I** ⟨onov.ww.⟩ **0.1** ***calcineren*** ⇒*door gloeiing oxideren;*
II ⟨ov.ww.⟩ **0.1** ***(uit)gloeien*** ⇒*roosten, branden;* ⟨schei.⟩ *verassen, calcineren.*
calcium [kælsiəm] ⟨schei.⟩ **0.1** ***calcium.***
calcium carbide ⟨schei.⟩ **0.1** ***(calcium)carbid.***
calculab|le [kælkjoeləbl] ⟨-ly⟩ **0.1** ***berekenbaar*** ⇒*meetbaar;* ⟨fig. ook⟩ *betrouwbaar.*
calculate [kælkjoeleet] **I** ⟨onov.ww.⟩ **0.1** ***rekenen*** ⇒*een berekening maken* **0.2** ***schatten*** ⇒*een schatting maken;*

II ⟨ov.ww.⟩ **0.1** ***(wiskundig) berekenen*** ⇒*(vooraf) uitrekenen* **0.2** ***beramen*** ⇒*bewust plannen* **0.3** ***incalculeren*** **0.4** ⟨AE; gew.⟩ ***denken*** ⇒*geloven* ◆ **1.3** ~d risk *ingecalculeerd risico* **3.2** ~d to attract the attention *bedoeld om de aandacht te trekken.*

calculate (up)on **0.1** ***rekenen op*** ⇒*vertrouwen op* ◆ **3.1** you can't ~ getting a lift right away *je mag er niet van uitgaan dat je meteen een lift krijgt.*

calculating [kælkjoeleeting] **0.1** ***bereken(en)d*** ⇒*uitgerekend, egoïstisch.*

calculating machine **0.1** ***rekenmachine.***

calculation [kælkjoeleesjn] **0.1** ***berekening*** ⟨ook fig.⟩ **0.2** ***voorspelling*** ⇒*schatting* **0.3** ***bedachtzaamheid*** ⇒*weloverwogenheid.*

calculator [kælkjoeleetə] **0.1** ***rekenaar*** ⇒*calculator* **0.2** ***rekenmachine*** **0.3** ***verzameling rekentafels/tabellen.***

calculus [kælkjoeləs] ⟨mv.: ook calculi [-lajl]⟩ **0.1** ⟨med.⟩ ***steen*** **0.2** ⟨wisk.⟩ ***calculus*** ⇒*analyse, rekening* ◆ **1.2** ~ of probabilities *kansrekening;* ~ of variations *variatierekening.*

caldron →**cauldron.**

calendar [kælində] **0.1** ***kalender*** ⇒*calendarium, almanak* **0.2** ⟨AE⟩ ***agenda*** ⟨v. vergadering⟩ ◆ **2.1** Gregorian ~ *Gregoriaanse kalender/tijdrekening.*

calendar month **0.1** ***kalendermaand.***

calendar year **0.1** ***kalenderjaar.***

calender[1] [kælində] ⟨zn.⟩ **0.1** ***kalander(machine)*** ⇒*stofglanzer.*

calender[2] ⟨ww.⟩ **0.1** ***kalanderen*** ⇒*met een kalander glanzen.*

calf [ka:f] ⟨mv.: calves [ka:vz]⟩ **0.1** ***kalf*** ⟨ook v. olifant, walvis enz.⟩ ⇒⟨fig.⟩ *goedzak, sul* **0.2** ***kalfsleer*** **0.3** ***kuit*** ⟨v. onderbeen⟩ ◆ **3.¶** kill the fatted ~ for s.o. *iem. een feestelijk onthaal bereiden* **6.1** the cow is **in/with** ~ *de koe is drachtig/moet kalveren.*

calf love **0.1** ***kalverliefde.***

calfskin **0.1** ***kalfshuid*** **0.2** ***kalfsleer.***

calibrate [kælibreet] **0.1** ***het kaliber bepalen van*** **0.2** ***kalibreren*** ⇒*ijken* **0.3** ***afstemmen*** ⇒*aanpassen.*

calibration [kælibreesjn] **0.1** ***schaalverdeling*** **0.2** ***kaliberbepaling*** ⇒*ijking.*

calibre, ⟨AE sp.⟩ **caliber** [kælibbə] **0.1** ***kaliber*** ⇒*gehalte, niveau, klasse.*

calico [kælikkoo] ⟨mv.: ook calicoes⟩ **0.1** ***calicot*** ⟨soort katoenstof⟩ **0.2** ⟨AE⟩ ***bedrukte katoenstof*** ⇒*bont.*

Californian [kæliffo:niən] **0.1** ⟨bn.⟩ ***Californisch*** **0.2** ⟨zn.⟩ ***Californiër*** ⇒*inwoner v. Californië.*

calipers →**callipers.**

caliph, khalif [keelif, kæ-] **0.1** ***kalief.***

calisthenic(s) →**callisthenic(s).**

calk[1] [ko:k] ⟨zn.⟩ **0.1** ***ijsspoor*** ⇒*kalkoen, ijskrap.*

calk[2] ⟨ww.⟩ **0.1** ***scherp zetten*** ⇒*scherpen, scherp/met gescherpte hoefijzers beslaan* **0.2** →**caulk.**

call[1] [ko:l] ⟨zn.⟩ **0.1** ***kreet*** ⇒*(ge)roep, roep v. dier* ⟨ihb. v. vogel⟩ **0.2** ***lokfluitje*** ⟨ihb. v. vogels⟩ **0.3** ⟨ben. voor⟩ ***signaal*** ⇒⟨mil.⟩ *verzamelsignaal* ⟨op bugel e.d.⟩; ⟨jacht⟩ *hoornsignaal; (met lokfluitje) nagebootste dierenroep;* ⟨brandweer⟩ *alarm* **0.4** ***(kort/formeel/zakelijk) bezoek*** **0.5** ***beroep*** ⇒*aanspraak, claim* **0.6** ***oproep(ing)*** ⇒*sommatie, roep(ing); appel, voorlezing v. presentielijst* ⟨school, parlement e.d.⟩; ⟨geldw.⟩ *oproep tot aflossing v.e. schuld, aanmaning* **0.7** ***reden*** ⇒*aanleiding, noodzaak, behoefte* **0.8** ⟨kaartspel⟩ ***bod*** ⇒⟨bij uitbr.⟩ *contract* **0.9** ⟨sport, ihb. honkbal⟩ ***(scheidsrechterlijke) beslissing*** **0.10** ***telefoontje*** ⇒*(telefoon)gesprek, belletje* ◆ **1.¶** ⟨BE⟩ ~ to the bar *toelating als advocaat;* ⟨euf.⟩ ~ of nature *aandrang* ⟨om naar het toilet te gaan⟩; *natuurlijke behoefte* **3.4** pay a ~ *een visite afleggen;* ⟨inf.; euf.⟩ *naar een zekere plaats/nummer 100 gaan;* pay a ~ on s.o. *iem. een kort bezoek brengen, bij iem. langsgaan* **3.6** he answered the ~ of his country *hij gaf gehoor aan de roep v. zijn land;* the actors received a ~ for eight o'clock *de acteurs moesten om acht uur op* **3.10** give s.o. a ~ *iem. bellen;* I'll take the ~ *ik neem hem wel* ⟨telefoon⟩ **6.1** we heard a ~ **for** help *we hoorden hulpgeroep;* **within** ~ *binnen gehoorsafstand* **6.6** **at/on** ~ *(onmiddellijk) beschikbaar; (telefonisch) oproepbaar; (direct) opeisbaar; op afroep;* have **at/on** one's ~ *tot zijn (onmiddellijke) beschikking hebben;* ⟨geldw.⟩ money **at/on** ~, loan **on** ~ *callgeld, daggeldlening* **6.¶** there's not much ~ **for** figs *er is niet veel vraag naar vijgen* **7.7** you have no ~ for more money *jij hebt geld genoeg zo;* there's no ~ for you to worry *je hoeft je niet ongerust te maken.* →**close.**

call[2] **I** ⟨onov.ww.⟩ **0.1** ***(even) langsgaan/komen*** ⇒*(kort) op bezoek gaan, aanwippen; stoppen* ⟨op station⟩ ◆ **1.1** the baker ~s every day *de bakker komt iedere dag* **5.1** ⟨inf.⟩ ~ **by** *(even) aan/binnenwippen;* please ~ **in** this afternoon *kom vanmiddag even langs alsjeblieft;* do ~ **round** again *kom vooral nog eens langs* **6.1** the ship ~s **at** numerous ports *het schip doet talrijke havens aan.* →**call for, call in, call (up)on;**

II ⟨onov. en ov.ww.⟩ **0.1** ***(uit)roepen*** **0.2** ***(op)bellen*** ⇒⟨bij uitbr.⟩ *oproepen, radiotelefoneren, (draadloos) telegraferen* **0.3** ***roepen*** ⟨ook fig.⟩ ⇒*zijn roep uiten* ⟨v. vogel⟩; *lokken* ⟨door nabootsing v. dierengeluid⟩; ⟨ihb.⟩ *ritmisch roepen* ⟨instructies⟩; *bij dans* **0.4** ⟨kaartspel⟩ ***bieden*** ⇒*annonceren;* ⟨ihb.⟩ *de troefkleur noemen* ◆ **1.2** London ~ing *hier (radio) Londen;* Edith will ~ (you) tonight *Edith belt (je) vanavond* **1.3** birds were ~ing (to) each other *vogels riepen (naar) elkaar;* duty ~s (me) *de/mijn plicht roept* **1.4** did Joan ~ (hearts) at all? *hééft Joan wel (harten) geboden?* **6.1** ~ **for** help *om hulp roepen;* ~ (sth.) (out) **to** s.o. *iem. (iets) toeroepen.* →**call back, call out;**

III ⟨ov.ww.⟩ **0.1** ***afroepen*** ⇒*oplezen, opsommen* **0.2** ***(op)roepen*** ⇒*aanroepen; terugroepen* ⟨acteur⟩; ⟨ihb.⟩ *tot het priesterschap roepen* **0.3** ***afkondigen*** ⇒*bijeenroepen, proclameren* **0.4** ***wakker maken*** ⇒*wekken, roepen* **0.5** ***(be)noemen*** ⇒*aanduiden als;* ⟨sport⟩ *annonceren, geven* **0.6** ***vinden*** ⇒*beschouwen als* **0.7** ***het houden op*** ⇒*zeggen, (een bedrag) afmaken op* **0.8** ⟨kaartspel⟩ ***bieden*** **0.9** ⟨inf.⟩ ***bewijs eisen*** ⇒*waarmaking eisen;* ⟨ihb. poker⟩ *willen zien* **0.10** ⟨geldw.⟩ ***(terug)betaling eisen v.*** ⇒*opeisen, opzeggen* ◆ **1.1** ~ (off/out) numbers *nummers afroepen* **1.2** ~ a witness *een getuige oproepen* **1.3** ~ an election *een verkiezing afkondigen;* ~ a meeting *een vergadering beleggen/bijeenroepen* **1.5** ⟨honkbal⟩ the ball/pitch/strike was ~ed out *de bal/worp/slag werd uit/wijd gegeven;* how can you ~ yourself my friend? *hoe kun je beweren dat je mijn vriend(in) bent?;* ~ s.o. a liar *iem. uitmaken voor leugenaar* **1.6** I ~ it nonsense *ik vind het onzin* **1.7** let's ~ it ten guilders *laten we het op een tientje houden* **2.5** you ~ that hard? *noem/vind je dat moeilijk?* **3.2** ~ to witness *als getuige oproepen* **3.¶** ~ into being *in het leven roepen* **4.5** ~ (sth.) one's own *(iets) bezitten, (iets) zijn eigendom (kunnen) noemen;* ⟨inf.⟩ what d'you ~ it? *hoe-heet-het-ook-weer?, dinges* **5.2** ~ **down/in/over** *(naar) beneden/(naar) binnen/bij zich roepen* **5.¶** ~ **away** *wegroepen;* ~ **forth** *oproepen, (naar) boven brengen;* ~ **forward** *naar voren roepen* **6.5** be ~ed **after** one's grandfather *vernoemd zijn naar zijn grootvader.* →**call down, call in, call off, call up.**

calla [kælə], **calla lily** **0.1** ***witte aronskelk.***

Callanetics [kælənettiks] ⟨sport⟩ **0.1** ***callanetics.***
call back I ⟨onov.ww.⟩ **0.1** ***terugkomen*** ⇒*nog eens langsgaan/komen;*
II ⟨onov. en ov.ww.⟩ **0.1** ***terugbellen*** **0.2** ***nog eens bellen;***
III ⟨ov.ww.⟩ **0.1** ***terugroepen*** **0.2** ***herroepen*** ⇒*terugkomen op.*
call box ⟨BE⟩ **0.1** ***telefooncel.***
callboy 0.1 ⟨theater⟩ ***toneeljongen*** ⟨die de acteurs waarschuwt⟩.
call charges, call-out charges 0.1 ***voorrijkosten.***
call down 0.1 ***afroepen*** ⇒⟨fig.⟩ *doen neerdalen* **0.2** ⟨sl.⟩ ***afkraken*** ⇒*afbreken.*
caller [ko:lə] **0.1** ***bezoeker*** **0.2** ***beller*** ⇒*iem. die belt/telefoneert* **0.3** ***afroeper*** ⟨ihb. v. nummers bij bingo⟩.
call for 0.1 ***komen om*** ⇒*(komen) af/ophalen* **0.2** ***wensen*** ⇒ *verlangen, vragen* **0.3** ***vereisen*** ⇒*verlangen* ◆ **1.1** I'll ~ you at eight *ik haal je om acht uur op/af* **1.2** ~ the bill *de rekening vragen;* ~ the waiter *de ober roepen* **1.3** this situation calls for immediate action *in deze toestand is onmiddellijk handelen geboden;* that calls for a drink! *daar moet op gedronken worden!* **5.3** not called for *onnodig, overbodig; misplaatst.*
call girl 0.1 ***callgirl*** ⇒*luxeprostituee.*
calligrapher [kəligrəfə], **calligraphist** [-fist] **0.1** ***kalligraaf*** ⇒*schoonschrijver.*
calligraph|y [kəligrəfie] ⟨bn.: **-ic**⟩ **0.1** ***kalligrafie*** ⇒*(schoon)schrijfkunst.*
call in I ⟨onov.ww.⟩ **0.1** ***opbellen*** ◆ **5.1** ~ sick *opbellen om te zeggen dat men ziek is;*
II ⟨ov.ww.⟩ **0.1** ***laten komen*** ⇒*erbij halen;* ⟨bij uitbr.⟩ *de hulp inroepen van, consulteren* **0.2** ***terugroepen/vorderen*** ⇒*opvragen;* ⟨ihb.⟩ *uit de circulatie nemen* ◆ **1.1** ~ a specialist *er een specialist bij halen* **1.2** some cars had to be called in *een aantal auto's moest terug naar de fabriek;* ~ all gold coins *alle gouden munten uit de circulatie nemen.*
call-in ⟨vaak attr.⟩ **0.1** ***opbelprogramma*** ⟨radio/tv-programma met deelname v. luisteraars/kijkers⟩.
calling [ko:ling] **0.1** ***roeping*** **0.2** ***beroep*** ◆ **3.1** have a ~ to become a priest *zich geroepen voelen tot het priesterschap.*
cal(l)ipers [kælippəz] ⟨mv.⟩ **0.1** ***krompasser.***
cal(l)isthenic [kælisθennik] **0.1** ***gymnastisch.***
cal(l)isthenics [kælisθenniks] ⟨ww. meestal mv.⟩ **0.1** ***gymnastiek(oefeningen)*** ⟨vnl. in groepsverband en zonder toestellen⟩.
call loan ⟨geldw.⟩ **0.1** ***calllening*** ⇒*dagelijks opzegbare lening.*
call money ⟨geldw.⟩ **0.1** ***callgeld*** ⇒*daggeld.*
call number 0.1 ⟨com.⟩ ***abonneenummer*** **0.2** ***magazijnnummer*** ⟨vnl. mbt. plaats v. boek in bibliotheek⟩.
call off 0.1 ***afzeggen*** ⇒*afgelasten, laten vervallen* **0.2** ***terug/wegroepen*** ⇒*in bedwang/toom houden* ⟨ihb. hond⟩ **0.3** ***afroepen*** ⇒*(hardop) voorlezen/opsommen* **0.4** ***afleiden*** ⟨gedachten, aandacht⟩ ◆ **1.1** ~ one's engagement *het af/uitmaken.*
call option ⟨geldw.⟩ **0.1** ***call-optie*** ⇒*aandelenoptie* ⟨in premieaffaire⟩.
callosit|y [kələssətie] ⟨mv.: -ies⟩ **0.1** ***eeltplek*** ⇒*eeltknobbel* **0.2** ***gevoelloosheid.***
callous [kæləs] ⟨-ness⟩ **0.1** ***vereelt*** ⇒*verhard* **0.2** ***ongevoelig*** ⇒*gevoelloos, harteloos.*
call out I ⟨onov.ww.⟩ **0.1** ***uitroepen*** ⇒*een kreet slaken, een gil geven* **0.2** ***roepen*** ⇒*hardop praten;*
II ⟨ov.ww.⟩ **0.1** ***afroepen*** ⇒*opnoemen* **0.2** ***te hulp roepen*** ⇒*de hulp inroepen v., doen uitrukken* ⟨brandweer e.d.⟩ **0.3** ***tot staking oproepen*** **0.4** ***oproepen*** ⇒*naar boven brengen, teweegbrengen.*
callow [kæloo] **0.1** ***kaal*** ⟨v. vogels⟩ ⇒*vederloos* **0.2** ***groen*** ⇒ *jong, onervaren* ◆ **1.2** a ~ youth *een groentje.*
call sign, call signal ⟨com.⟩ **0.1** ***zendercode.***
call up 0.1 ***opbellen*** **0.2** ***in het geheugen roepen*** ⇒*zich (weer) voor de geest halen* **0.3** ⟨mil.⟩ ***oproepen*** ⇒*mobiliseren* **0.4** ⟨mil.⟩ ***te hulp roepen*** ⇒*inschakelen* ◆ **1.4** ~ reserves *reserves inzetten.*
call-up ⟨ook attr.⟩⟨mil.⟩ **0.1** ***oproep(ing)*** ⇒*mobilisatie(bevel).*
call (up)on 0.1 ***(even) langsgaan/komen bij*** ⇒*(kort) bezoeken* **0.2** ***uitnodigen*** ⇒*(dringend) vragen, verzoeken* **0.3** ***een beroep doen op*** ⇒*aanspreken* **0.4** ***het woord geven aan*** ⇒*verzoeken het woord te nemen* ◆ **1.1** we'll ~ you tomorrow *we komen morgen bij u langs* **1.2** we ~ you to keep your promise *wij vragen u dringend uw belofte na te komen* **3.3** I feel called (up)on to … *ik voel me genoodzaakt om …, ik acht het mijn plicht om …*
callus [kæləs] **0.1** ***eeltplek*** ⇒*eeltknobbel* **0.2** ***litteken(weefsel).***
calm[1] [ka:m] ⟨zn.⟩ **0.1** ***(wind)stilte*** ⟨ook fig.⟩ ⇒*kalmte, sereniteit* **0.2** ***windstilte*** ⟨windkracht o⟩.
calm[2] ⟨bn.⟩ **0.1** ***kalm*** ⇒*(wind)stil, vredig, rustig* ◆ **3.1** keep ~ *zijn kalmte bewaren.*
calm[3], **calm down I** ⟨onov.ww.⟩ **0.1** ***bedaren*** ⇒*tot bedaren komen, kalmeren* ◆ **1.1** the gale calmed (down) *de storm nam af/ging liggen;*
II ⟨ov.ww.⟩ **0.1** ***kalmeren*** ⇒*doen bedaren.*
calomel [kæləmel] **0.1** ***kalomel*** ⇒*kwik/mercurochloride.*
calor gas [kæləgæs] ⟨ook C-⟩ **0.1** ⟨BE⟩ ***butagas*** ⇒*butaan.*
caloric [kələrrik] **0.1** ***calorisch*** ⇒*warmte-, calorie-* ◆ **1.1** ~ engine *heteluchtmotor.*
calorie [kælərie] **0.1** ***calorie*** ◆ **2.1** large ~ *grote calorie, kilocalorie;* small ~ *kleine calorie, gramcalorie.*
calorific [kælərïffik] **0.1** ***warmtegevend*** ⇒*warmte-, calorisch.*
calumniate [kəlumnie·eet] **0.1** ***belasteren*** ⇒*zwart maken.*
calumn|y [kæləmnie] ⟨mv.: -ies⟩ **0.1** ***laster(praat)*** ⇒*kwaadsprekerij, (ge)roddel, achterklap; eerroof.*
calvary [kælvərie] ⟨C-⟩ **0.1** ***Calvarieberg*** ⇒*Golgotha.*
calve [ka:v] **0.1** ***kalv(er)en*** ⇒*een kalf krijgen.*
calves [ka:vz] ⟨mv.⟩ →**calf.**
calypso [kəlipsoo] ⟨mv.: ook -es⟩ **0.1** ***calypso.***
calyx [kæliks,kee-]⟨mv.: ook calyces [-lissie:z]⟩ **0.1** ***(bloem)kelk.***
cam [kæm] **0.1** ***nok*** ⇒*kruk, kam* ⟨op wiel/krukas⟩.
camaraderie [kæməra:dərie] **0.1** ***camaraderie*** ⇒*kameraadschap.*
camber[1] [kæmbə] ⟨zn.⟩ **0.1** ***tonrondte*** ⇒*welving, zeeg* **0.2** ***schuinte v. wegoppervlak*** ⟨in bocht⟩ **0.3** ***(binnenwaartse) wielvlucht.***
camber[2] ⟨ww.⟩ **0.1** ***tonrond zijn/maken*** ⇒*een lichte welving vertonen/maken* **0.2** ***schuin (doen) oplopen*** ⟨in een bocht v.e. weg⟩.
Cambodia [kæmboodiə] **0.1** ***Cambodja.***
Cambodian [kæmboodiən] **0.1** ⟨bn.⟩ ***Cambodjaans*** **0.2** ⟨telb. zn⟩ ***Cambodjaan(se).***
cambric [kæmbrik] **0.1** ***batist.***
Cambs. ⟨afk.⟩ **0.1** [Cambridgeshire].
camcorder [kæmko:də] **0.1** ***camcorder*** ⟨videocamera en -recorder tezamen⟩.
came ⟨verl. t.⟩ →**come.**
camel [kæml] **0.1** ***kameel*** ⇒*dromedaris* **0.2** ***scheepskameel***

0.3 ⟨vaak attr.⟩ *kameel(kleur)* ⇒*camel* ◆ 2.1 Arabian ~ *dromedaris;* Bactrian ~ *kameel.* →**last.**
camellia [kəmie:liə] **0.1** *camelia.*
camel('s) hair **0.1** *kameelhaar* ⇒*mohair.*
cameo [kæmie·oo] **0.1** *camee* **0.2** *karakterschets* ⟨in literatuur/drama⟩.
camera [kæmrə] **0.1** *fototoestel* ⇒*camera* **0.2** *filmcamera* ⇒*televisiecamera* ◆ **2.1** still ~ *fototoestel* **6.2 on** ~ *rechtstreeks uitgezonden, in beeld* **6.¶** ⟨jur.⟩ **in** ~ *achter/met gesloten deuren, in besloten zitting.*
camera crew ⟨zn.⟩ **0.1** *cameraploeg.*
cameraman [kæmrəmən] **0.1** *cameraman.*
camera ready ⟨graf.⟩ **0.1** *camera ready* ⇒*reprografeerbaar.*
camera-shy **0.1** *cameraschuw* ◆ **3.1** be ~ *niet graag op de foto willen.*
camiknickers [kæmienikkəz] ⟨BE⟩ **0.1** *hemdbroek(je).*
camisole [kæmissool] **0.1** *kamizool(tje)* ⇒*(mouwloos) hemdje.*
camomile, chamomile [kæməmajl] **0.1** *kamille.*
camouflage[1] [kæməfla:zj] ⟨zn.⟩ **0.1** *camouflage.*
camouflage[2] ⟨ww.⟩ **0.1** *camoufleren* ⇒*wegmoffelen; verbloemen.*
camp[1] [kæmp] **I** ⟨telb.zn.⟩ **0.1** *kamp* ⇒*kampement, legerplaats;* ⟨fig.⟩ *aanhang v. partij/stelsel* ◆ **2.1** be in the same ~ *aan dezelfde kant staan;* the socialist ~ *het socialistische kamp* **3.1** break (up)/strike ~ *(zijn tenten) opbreken;* pitch ~ *zijn tenten opslaan;*
II ⟨n.-telb.zn.⟩ **0.1** *militaire leven* ⇒*dienst* **0.2** *kitsch* ◆ **2.2** high ~ *superkitsch.*
camp[2] ⟨bn.⟩ **0.1** *verwijfd* ⇒*nichterig, precieus* **0.2** *homoseksueel* **0.3** *overdreven* ⇒*theatraal, bizar* **0.4** *kitscherig* ◆ **5.4** high ~ *superkitscherig;* low ~ *goedkoop, laag-bij-de-gronds.*
camp[3] **I** ⟨onov.ww.⟩ **0.1** *kamperen* ⇒*zijn kamp/tenten opslaan* **0.2** *zich nichterig/overdreven gedragen* ◆ **1.1** ~ing holiday *kampeervakantie* **5.1** they ~ed **out** last night *ze hebben vannacht in de tent geslapen;* ⟨vnl. BE; sl.⟩ ~ **out** with *inwonen bij;*
II ⟨ov.ww.⟩ **0.1** *overdrijven.* →**camp up.**
campaign[1] [kæmpeen] ⟨zn.⟩ **0.1** *campagne* ⇒*veldtocht; manoeuvre* ◆ **2.1** advertising ~ *reclamecampagne;* political ~ *politieke campagne* **6.1** be **on** ~ in the country *campagne voeren in de provincie.*
campaign[2] ⟨ww.⟩ **0.1** *campagne voeren* ⇒*op campagne gaan/zijn; te velde trekken.*
campaign chairman, campaign chief, campaign manager **0.1** *(verkiezings)campagneleider.*
campaigner [kæmpeenə] **0.1** *campagnevoerder* ⇒*activist* ◆ **2.1** ⟨fig.⟩ old ~ *oude rot (in het vak); veteraan.*
campaign strategy **0.1** *(verkiezings)campagnestrategie.*
campanile [kæmpənie:lie] **0.1** *campanile* ⇒*(vrijstaande) klokkentoren.*
campanula [kæmpænjoelə] ⟨plantk.⟩ **0.1** *klokje.*
camp bed **0.1** *veldbed* ⇒*kampeerbed, stretcher.*
camp chair **0.1** *kampeerstoel* ⇒*vouwstoel.*
camper [kæmpə] **0.1** *kampeerder* **0.2** *kampeerauto* ⇒*camper, woonbusje.*
campfire **0.1** *kampvuur.*
campfire girl ⟨AE⟩ **0.1** *campfire girl* ⇒⟨ong.⟩ *padvindster.*
camp follower **0.1** *marketent(st)er* ⇒*zoetelaar(ster)* **0.2** *soldatenhoer* **0.3** ⟨fig.⟩ *meeloper* ⇒*aanhanger.*
campground **0.1** *kampeerterrein* ⇒*camping* **0.2** ⟨vnl. AE⟩ *terrein voor (godsdienstige) openluchtbijeenkomsten.*
camphor [kæmfə] **0.1** *kamfer.*
camphor ball **0.1** *kamferballetje.*
campion [kæmpiən] **0.1** *koekoeksbloem* **0.2** *silene* ⇒*lijnkruid.*
campsite **0.1** *kampeerterrein* ⇒*camping.*
camp up **0.1** ⟨vaak: camp it up⟩ *chargeren* ⇒*overacteren, overdreven spelen.*
campus [kæmpəs] **0.1** *campus* ⟨universiteits/schoolterrein⟩.
camshaft **0.1** *nokkenas* ⇒*kamas.*
can[1] [kæn] ⟨zn.⟩ **0.1** *houder* ⟨gewoonlijk v. metaal, met handvat⟩ ⇒*kroes; kan; kruik; weckpot/fles* **0.2** ⟨vnl. AE⟩ *blik* ⇒*conservenblikje; filmblik* **0.3** ⟨AE; sl.⟩ *plee* **0.4** ⟨sl.⟩ *bak* ⇒*bajes, lik* **0.5** ⟨AE; sl.⟩ *kont* ◆ **1.2** ~ of beer *blikje bier* **1.¶** ⟨AE; sl.⟩ ~ of worms *een moeilijke/ingewikkelde kwestie* **3.¶** ⟨BE; inf.⟩ carry/take the ~ (back) *ergens voor opdraaien* **6.2 in** the ~ *klaar voor vertoning* ⟨v. film⟩.
can[2] [kæn] ⟨ww.; -ned⟩ **0.1** *inblikken* ⇒*conserveren, inmaken* **0.2** ⟨AE; sl.⟩ *op straat zetten* ⇒*eruit gooien* ◆ **4.¶** ⟨AE; sl.⟩ ~ it! *hou op!*
can[3] [kən, ⟨sterk⟩ kæn] ⟨ww.; verl. t. could⟩ **0.1** *kunnen* ⇒*in staat zijn te* **0.2** *kunnen* ⇒*zou kunnen* **0.3** *mogen* ⇒*kunnen, bevoegd zijn te* ◆ **3.1** he ~ take the strain *hij kan de spanning verdragen;* I ~ understand that *ik kan dat best begrijpen* **3.2** ~ this be true? *zou dit waar kunnen zijn?;* she ~not have gone *ze kan toch niet vertrokken zijn* **3.3** only Parliament ~ decide on this issue *alleen het parlement is bevoegd om over deze kwestie te beslissen;* you ~ go now *je mag nu gaan.*
Canada [kænədə] **0.1** *Canada.*
Canadian [kəneediən] **0.1** ⟨bn.⟩ *Canadees* ⇒*van/uit Canada* **0.2** ⟨zn.⟩ *Canadees.*
canal [kənæl] **0.1** *kanaal* ⇒*vaart; gracht; (water)leiding.*
canalboat **0.1** *kanaalschip.*
canal|ize, -ise [kænəlajz], **canal** ⟨zn.: **-ization**⟩ **0.1** *kanaliseren* ⇒*v. kanalen voorzien; tot kanaal maken* ⟨rivier⟩.
canapé [kænəpee] **0.1** *canapé* ⇒*opgemaakt sneetje (geroosterd) brood.*
canard [kæna:d] **0.1** *canard* ⇒*loos/foutief (kranten)bericht.*
Canaries [kəneəriez], **Canary Islands** **0.1** *Canarische Eilanden.*
canar|y[1] [kəneərie] ⟨zn.; mv.: -ies⟩ **0.1** *kanarie(piet).*
canary[2] ⟨bn.⟩ **0.1** *kanariegeel.*
canasta [kənæstə] **0.1** *canasta* ⟨kaartspel⟩.
cancan [kænkæn] **0.1** *cancan* ⟨Franse revuedans⟩.
cancel [kænsl] ⟨BE -led⟩ **I** ⟨onov.ww.⟩ **0.1** *tegen elkaar wegvallen* ⇒*elkaar compenseren/neutraliseren, tegen elkaar opwegen* **0.2** ⟨wisk.⟩ *deelbaar zijn door hetzelfde getal of dezelfde hoeveelheid* ⇒*te vereenvoudigen zijn* ◆ **1.1** the arguments ~ (each other) *de argumenten wegen tegen elkaar op.* →**cancel out;**
II ⟨ov.ww.⟩ **0.1** *doorstrepen* ⇒*doorhalen, (door)schrappen* **0.2** *opheffen* ⇒*ongedaan maken, vernietigen* **0.3** *annuleren* ⇒*af/opzeggen, intrekken* ⟨order⟩, *herroepen; afgelasten* **0.4** *neutraliseren* ⇒*compenseren* **0.5** *ongeldig maken* ⇒*afstempelen* ⟨postzegel⟩, *perforeren* ⟨cheque⟩ **0.6** ⟨wisk.⟩ *(tegen elkaar) wegstrepen* ⇒*vereenvoudigen, delen door hetzelfde getal* ◆ **1.4** the inflation was ~led by wage increases *de inflatie werd gecompenseerd door loonsverhogingen.* →**cancel out.**
cancellation [kænsəleesjn] **I** ⟨telb.zn.⟩ **0.1** *(post)stempel* ⇒*afstempeling;*
II ⟨telb. en n.-telb.zn.⟩ **0.1** *annulering* ⇒*af/opzegging, intrekking* ⟨v. order⟩; *herroeping; afgelasting.*
cancel out **I** ⟨onov.ww.⟩ **0.1** *elkaar compenseren/neutraliseren* ⇒*tegen elkaar opwegen;*

II ⟨ov.ww.⟩ **0.1** ***compenseren*** ⇒*goedmaken, neutraliseren* ◆ **1.1** the profits have cancelled out last year's losses *de winsten hebben de verliezen van vorig jaar gecompenseerd;* the pros and cons cancel each other out *de voor- en nadelen heffen elkaar op.*

cancer [kænsə] **I** ⟨eig.n., telb.zn.; C-⟩⟨astrol., ster.⟩ **0.1** ***(de) Kreeft*** ◆ **1.1** tropic of ~ *kreeftskeerkring;*
II ⟨telb. en n.-telb.zn.⟩ **0.1** ***kanker*** ⇒*kwaadaardig(e) gezwel/tumor;* ⟨fig.⟩ *(verderfelijk/woekerend) kwaad.*

cancerous [kænsrəs] **0.1** ***kanker(acht)ig.***

cancer stick ⟨sl.⟩ **0.1** ***kankerstok*** ⇒*sigaret.*

candela [kændie:lə, -deelə] **0.1** ***candela*** ⟨internationale eenheid v. lichtsterkte⟩.

candelabrum [kændilla:brəm], **candelabra** ⟨1e variant BE vnl. candelabra [-brə]⟩ **0.1** ***kandelaber*** ⇒*grote (arm)kandelaar.*

candid [kændid] **0.1** ***open(hartig)*** ⇒*rechtuit, eerlijk* **0.2** ***ongekunsteld*** ⇒*ongeposeerd* ◆ **1.1** ~ camera *verborgen camera* **1.2** ~ picture *spontane foto.*

candidac|y [kændiddəsie], ⟨BE vnl.⟩ **candidature** [-dətsjə] ⟨mv.: -ies⟩ **0.1** ***kandidatuur*** ⇒*kandidaatschap.*

candidate [kændiddit] **0.1** ***kandidaat*** ⇒*gegadigde* **0.2** ***examinandus.***

candied [kændied] **0.1** ***geglaceerd*** ⇒*bedekt met glanzende suikerlaag* **0.2** ***gekonfijt*** ⇒*in suiker ingelegd* **0.3** ***zoetsappig*** ⇒*suiker/honingzoet, vleierig* ◆ **1.2** ~ fruit(s) *gekonfijte vruchten;* ~ peel *sukade* **1.3** ~ praise *geveinsde lof.*

candle [kændl] **0.1** ***kaars*** ◆ **1.¶** hold a ~ to the devil *medeplichtig zijn* ⟨bij iets kwaads⟩; burn the/one's ~ at both ends *te veel hooi op zijn vork nemen, ondoordacht met zijn middelen omspringen* **2.1** Roman ~ *Romeinse kaars* ⟨type vuurwerk⟩ **3.¶** he can't hold a ~ to her *hij is verreweg haar mindere.* →**fit.**

candlelight **0.1** ***kaarslicht.***

Candlemas [kændlməs] ⟨r.-k.⟩ **0.1** ***Maria-Lichtmis.***

candlepower **0.1** ***kaarssterkte*** ⇒*lichtsterkte* ⟨uitgedrukt in kaarsen⟩.

candlestick **0.1** ***kandelaar*** ⟨vnl. voor een kaars⟩ ⇒*kaarsenstandaard.*

candlewick **0.1** ***kaarsenpit*** ⇒*(kaars)lemmet* **0.2** ⟨vaak attr.⟩ ***chenille.***

can-do ⟨inf.⟩ **0.1** ***ondernemend*** ◆ **1.1** people with the ~ spirit/a ~ attitude *mensen die van wanten/aanpakken weten; mensen die het wel even opknappen.*

candour, ⟨AE sp.⟩ **candor** [kændə] **0.1** ***open(hartig)heid*** ⇒*eerlijkheid, oprechtheid.*

cand|y¹ [kændie] ⟨zn.; mv.: -ies⟩ **0.1** ***(stukje) kandij*** ⇒*suikergoed* **0.2** ⟨AE⟩ ***snoep(goed)*** ⇒*snoepje(s); zuurtje(s); chocola(atje); bonbon* **0.3** ⟨AE; sl.⟩ ***verdovend middel.***

cand|y² ⟨ww.; -ied⟩ **0.1** ***konfijten*** ⇒*in suiker inleggen* **0.2** ***tot kandij koken*** ⟨suiker⟩.

candyfloss ⟨BE⟩ **0.1** ***suikerspin*** ◆ **7.¶** the ~ of the Wilsonian Government *het magere beleid v.d. regering Wilson.*

candy store ⟨AE⟩ **0.1** ***snoepwinkel.***

candytuft [kændietuft] **0.1** ***scheefbloem.***

cane¹ [keen] **I** ⟨telb.zn.⟩ **0.1** ***dikke stengel*** ⇒*riet/bamboestengel, rotan(stok)* **0.2** ***rotting*** ⇒*wandelstok; plantensteun* **0.3** ⟨plantk.⟩ ***stam*** ⇒*stengel, scheut;*
II ⟨n.-telb.zn.⟩ **0.1** ⟨vaak attr.⟩ ***riet*** ⇒*rotan* ⟨ook straf⟩; *rotting, bamboe, suikerriet* ◆ **3.1** get/give the ~ *met het rietje krijgen/geven.*

cane² ⟨ww.⟩ **0.1** ***met het rietje geven*** ⇒*afranselen* **0.2** ***matten*** ⟨v. meubels⟩.

cane sugar **0.1** ***rietsuiker.***

canine [keenajn, kæ-] **0.1** ***hondachtig*** ⇒*honds-.*

canine tooth **0.1** ***hoektand.***

caning [keening] **0.1** ***afranseling*** ◆ **2.1** a good ~ *een flink pak slaag.*

canister [kænistə] **0.1** ***bus*** ⇒*trommel, blik* **0.2** ***(granaat)kartets*** ⇒*granaat* ◆ **1.2** a ~ of teargas *een traangasgranaat.*

canker¹ [kængkə] **I** ⟨telb.zn.⟩ **0.1** ***kanker*** ⇒*kwaad* **0.2** ***bladrups;***
II ⟨telb. en n.-telb.zn.⟩ **0.1** ***kanker*** ⟨bij planten en dieren⟩.

canker² ⟨ww.⟩ **0.1** ***(ver)kankeren.***

cankerous [kængkərəs] **0.1** ***kanker(acht)ig*** **0.2** ***kankerverwekkend.***

cannabis [kænəbis] **0.1** ***(Indische) hennep*** ⇒*cannabis* **0.2** ***marihuana*** ⇒*wiet.*

canned [kænd] **0.1** ⟨vnl. AE⟩ ***ingeblikt*** ⇒*in blik* **0.2** ⟨AE; sl.⟩ ***op straat gezet*** ⇒*ontslagen* ◆ **1.¶** ~ music *ingeblikte muziek, muzak;* ~ show *op video/van tevoren opgenomen programma.*

canner|y [kænərie] ⟨mv.: -ies⟩ **0.1** ***conservenfabriek.***

cannibal [kænibl] ⟨vaak attr.⟩ **0.1** ***kannibaal*** ⇒*menseneter.*

cannibalism [kænibbəlizm] **0.1** ***kannibalisme*** ⇒*menseneterij.*

cannibalistic [kænibbəlistik] **0.1** ***kannibaals*** ⇒*mensenetend.*

cannibalize, -ise [kænibbəlajz] **0.1** ***kannibaliseren*** ⟨machine, voertuig, materiaal, personeel⟩.

canning [kæning] **0.1** ***inmaak*** ⇒*het inblikken/wecken.*

cannon¹ [kænən] ⟨zn.; mv.: ook cannon⟩ **0.1** ***kanon*** ⇒*(stuk) geschut, boordkanon* **0.2** ⟨BE; biljart⟩ ***carambole.***

cannon² ⟨ww.⟩ **0.1** ***kanonneren*** ⇒*bombarderen* **0.2** ⟨vnl. BE⟩ ***(op)botsen*** **0.3** ⟨BE⟩ ***(laten) caramboleren*** ◆ **6.2** she ~ed into me *ze vloog tegen me op.*

cannonade [kænəneed] **0.1** ***kanonnade*** ⇒*bombardement.*

cannonball **0.1** ***kanonskogel.***

cannon fodder **0.1** ***kanonnenvoer/vlees.***

cannot [kænot] ⟨samentr. v. can not⟩.

cann|y [kænie] ⟨-ily⟩ **0.1** ***slim*** ⇒*uitgekookt, leep* **0.2** ***zuinig*** ⇒*spaarzaam* **0.3** ⟨Sch. E⟩ ***behoedzaam*** ⇒*voorzichtig.*

canoe¹ [kənoe:] ⟨zn.⟩ **0.1** ***kano.***

canoe² ⟨-d⟩ **I** ⟨onov.ww.⟩ **0.1** ***kanoën*** ⇒*kanovaren;*
II ⟨ov.ww.⟩ **0.1** ***per kano bevaren/vervoeren*** ◆ **1.1** they ~d the lake in two hours *ze kanoden in twee uur het meer over.*

canoeing [kənoe:ing] ⟨sport⟩ **0.1** ***(het) kano- en kajakvaren*** ⇒*(het) kanovaren, (het) kajakvaren.*

canoeist [kənoe:ist] **0.1** ***kanoër*** ⇒*kanovaarder.*

canon [kænən] **0.1** ***canon*** ⇒*kerkelijke leerstelling; (algemene) regel/maatstaf/norm, richtsnoer; lijst v. als authentiek erkende heilige boeken* ⟨ook fig.⟩; ⟨ook C-⟩ *deel v.d. mis v. sanctus tot paternoster* **0.2** ***kanunnik*** ⇒*kapittelheer, domheer* ◆ **1.1** the ~s of conduct *de normen der betamelijkheid;* against the ~s of good manners *tegen de geldende goede manieren in;* the Shakespeare ~ *(lijst v.) officieel aan Shakespeare toegeschreven werken.*

canonical [kənonnikl] **0.1** ***canoniek*** ⇒*orthodox; op de canon voorkomend; gezaghebbend, (officieel) aanvaard* **0.2** ***kanonikaal*** ◆ **1.¶** ~ dress *priesterkleed/gewaad.*

canon|ize, -ise [kænənajz] ⟨zn.: **-ization**⟩ **0.1** ***canoniseren*** ⇒*heilig verklaren* **0.2** ***sanctioneren*** ⟨door de kerk⟩ ⇒*autoriseren.*

canon law ⟨r.-k.⟩ **0.1** ***canoniek recht*** ⇒*kerkrecht.*

canoodle [kənoe:dl] ⟨sl.⟩ **0.1** ***knuffelen*** ⇒*scharrelen.*

can opener **0.1** ***blikopener.***

canop|y [kænəpie] ⟨mv.: -ies⟩ **0.1** ⟨ben. voor⟩ ***overhuiving*** ⇒

baldakijn, (troon/altaar)hemel; hemel ⟨v. hemelbed⟩; ⟨fig.⟩ *gewelf; kap; dak.*

canst [kənst, ⟨sterk⟩ kænst] ⟨2e pers. enk.⟩ ⟨vero.⟩ →**can.**

cant[1] [kænt] **I** ⟨telb.zn.⟩ **0.1** ***schuinte*** *⇒helling* **0.2** ***kanteling*** *⇒plotselinge overhelling* ◆ **3.2** the bus gave a ~ *de bus helde plotseling over;*
II ⟨n.-telb.zn.⟩ **0.1** ***jargon*** ⟨ook attr.⟩ *⇒boeventaal* **0.2** ***quasi vrome taal*** *⇒huicheltaal, schijnheilige praat* **0.3** ***opgedreunde tekst.***

cant[2] **I** ⟨onov.ww.⟩ **0.1** ***(over)hellen*** *⇒schuin liggen/staan* **0.2** ***kantelen*** ⇒⟨scheep.⟩ *kenteren* **0.3** ***jargon bezigen*** **0.4** ***quasi vrome taal bezigen*** *⇒huichelen, schijnheilig praten* ◆ **5.1** ~ **over** *overhellen;*
II ⟨ov.ww.⟩ **0.1** ***afschuinen*** **0.2** ***schuin houden*** *⇒doen (over)hellen* **0.3** ***kantelen*** *⇒kenteren.*

can't [ka:nt] ⟨samentr. v. can not⟩.

Cantab. [kæntæb] ⟨afk.⟩ **0.1** [Cantabrigian] ***v.d. universiteit v. Cambridge.***

cantaloup(e) [kæntəloe:p] **0.1** ***kanteloep*** *⇒knobbel/wratmeloen.*

cantankerous [kæntængkrəs] **0.1** ***ruzieachtig.***

cantata [kənta:tə] **0.1** ***cantate.***

canteen [kæntie:n] **0.1** ***kampwinkel*** **0.2** ***kantine*** **0.3** ***veldfles*** **0.4** ⟨BE⟩ ***cassette*** ⟨met couverts⟩ ◆ **2.1** dry/wet ~ *kampwinkel zonder/met drank.*

canter[1] [kæntə] ⟨zn.⟩ **0.1** ***handgalop*** **0.2** ***rit(je) in handgalop.***

canter[2] ⟨ww.⟩ **0.1** ***in handgalop gaan/brengen.***

canticle [kæntikl] **0.1** ***kantiek*** *⇒canticum, lofzang.*

cantilever [kæntillie:və] **0.1** ***cantilever*** *⇒kraagligger, console.*

cantilever bridge **0.1** ***cantileverbrug.***

canto [kæntoo] **0.1** ***canto*** *⇒zang.*

canton [kænton, kænton] **0.1** ***kanton.***

Cantonese [kæntənie:z] ⟨mv.: Cantonese⟩ **0.1** ⟨bn.⟩ ***Kantonees*** **0.2** ⟨eig.n.⟩ ***Kantonees*** ⟨taal⟩ **0.3** ⟨telb. zn.⟩ ***Kantonees.***

cantonment [kæntoe:nmənt] **0.1** ***kantonnement*** *⇒kampement.*

cantor [kænto:] ⟨rel.⟩ **0.1** ***voorzanger*** *⇒cantor.*

canvas, ⟨AE sp. ook⟩ **canvass** [kænvəs] **I** ⟨telb.zn.⟩ **0.1** ***doek*** *⇒ stuk schilderslinnen; (olieverf)schilderij* **0.2** ***(circus)tent*** *⇒tentenkamp* **0.3** ⟨scheep.⟩ ***presenning*** *⇒dekzeil* **0.4** ⟨the; boksen, worstelen⟩ ***het canvas*** ⇒⟨worstelen⟩ *de mat* ◆ **3.4** ⟨inf.⟩ kiss the ~ *knock-out gaan* **6.4** ⟨boksen⟩ **on** the ~ *tegen het canvas;*
II ⟨n.-telb.zn.⟩ **0.1** ***canvas*** *⇒zeildoek, tentdoek* **0.2** ***schilderslinnen*** **0.3** ***borduurgaas*** **0.4** ⟨scheep.⟩ ***zeilvoering*** ◆ **6.1 under** ~ *in een tent, in tenten* **6.4 under** ~ *onder vol zeil.*

canvass[1], ⟨AE sp. ook⟩ **canvas** [kænvəs] ⟨zn.⟩ **0.1** ***stemmenwerving*** **0.2** ***opiniepeiling.***

canvass[2], ⟨AE sp. ook⟩ **canvas** ⟨ww.⟩ **0.1** ***diepgaand (be)discussiëren*** *⇒grondig onderzoek doen* **0.2** ***stemmen werven (in)*** **0.3** ***klanten werven*** *⇒colporteren* **0.4** ***opiniepeiling houden (over)*** ◆ **1.1** all the items on the agenda have been ~ed *alle agendapunten zijn grondig doorgenomen* **1.2** the candidate is ~ing the slums today *de kandidaat 'doet'/bewerkt vandaag de achterbuurten* **6.3** ~ **for** a magazine *colporteren voor/leuren met een weekblad.*

canyon, cañon [kænjən] **0.1** ***cañon*** *⇒ravijn.*

cap[1] [kæp] ⟨zn.⟩ **0.1** ***hoofddeksel*** *⇒kapje* ⟨v. verpleegster, dienstbode e.d.⟩; *muts, pet; baret;* ⟨sport⟩ *cap* ⟨als teken van selectie; BE ook fig.⟩, *selectie als international* **0.2** ***kapvormig voorwerp*** *⇒hoed* ⟨v.e. paddestoel⟩; *napje; kniekap; molenkap; (flessen/vulpen/afsluit)dop; beschermkapje* **0.3** ***pessarium*** **0.4** ***slaghoedje*** **0.5** ***klappertje*** ◆ **1.1** ~ and bells *zotskap, narrenkap;* ~ and gown *baret en toga* **1.¶** ~ in hand *onderdanig, nederig* **3.1** get one's ~ *geselecteerd worden;* take the ~ round *met de pet rondgaan* **3.¶** ⟨sprw.⟩ if the ~ fits, wear it *wie de schoen past, trekke hem aan.* →**Dutch.**

cap[2] ⟨ww.; -ped⟩ **0.1** ***een cap/baret opzetten*** *⇒iem. een promotiebaret opzetten; een universitaire graad verlenen;* ⟨BE; sport; fig.⟩ *in de nationale ploeg opstellen* **0.2** ***als een kap bedekken*** *⇒beschermen, afdekken* ⟨v.e. top⟩ **0.3** ***verbeteren*** *⇒overtroeven* **0.4** ***completeren*** *⇒bekronen* **0.5** ***voorzien v.e. dop*** ◆ **1.2** snow ~ped the mountains *er lag sneeuw op de bergtoppen* **1.3** ~ a quotation *een beter/treffender citaat geven* **4.3** to ~ it all *als klap op de vuurpijl; tot overmaat v. ramp.*

cap. ⟨afk.⟩ **0.1** [capital (letter)].

CAP ⟨afk.⟩ **0.1** [Common Agricultural Policy] **0.2** [computer-aided production].

capabilit|y [keepəbillətie] ⟨mv.: -ies⟩ **0.1** ***vermogen*** *⇒capaciteit, bekwaamheid* **0.2** ***potentievermogen*** *⇒vatbaarheid, ontvankelijkheid* **0.3** ⟨mv.⟩ ***talenten*** *⇒capaciteiten* ◆ **2.1** nuclear ~ *nucleaire potentie/slagkracht.*

capab|le [keepəbl] ⟨-ly⟩ **0.1** ***in staat*** **0.2** ***vatbaar*** *⇒ontvankelijk* **0.3** ***capabel*** *⇒bekwaam, competent* ◆ **6.1** he's ~ **of** anything *hij is tot alles in staat;* show us what you are ~ **of** *laat eens zien wat je kan* **6.2** ~ **of** improvement *voor verbetering vatbaar.*

capacious [kəpeesjəs] ⟨schr.⟩ **0.1** ***ruim*** ◆ **1.1** ~ memory *goed geheugen.*

capacit|y [kəpæsətie] ⟨mv.: -ies⟩ **I** ⟨telb.zn.⟩ **0.1** ***hoedanigheid*** ◆ **6.1 in** my ~ of chairman *in mijn hoedanigheid v. voorzitter/als voorzitter;*
II ⟨telb. en n.-telb.zn.⟩ **0.1** ***vermogen*** *⇒capaciteit, aanleg* **0.2** ***capaciteit*** *⇒inhoud, volume* ◆ **1.2** measure of ~ *inhoudsmaat* **2.2** productive ~ *productiecapaciteit* **3.2** seating ~ *aantal zitplaatsen* **6.2** filled **to** ~ *tot de laatste plaats bezet;* work **to** ~ *op volle kracht werken;*
III ⟨n.-telb.zn.⟩ ⟨jur.⟩ **0.1** ***competentie*** *⇒bevoegdheid.*

capacity audience **0.1** ***volle zaal.***

capacity crowd **0.1** ***vol stadion.***

caparison [kəpærisn] ⟨meestal mv.⟩ **0.1** ***sjabrak*** ⟨versierd paardendekkleed⟩.

cape [keep] **I** ⟨eig.n.; C-; the⟩ **0.1** ***de Kaap*** *⇒Kaap de Goede Hoop; de Kaapkolonie* **0.2** ⟨AE⟩ ***Cape Cod*** ⟨Noord-Am. schiereiland⟩;
II ⟨telb.zn.⟩ **0.1** ***cape*** *⇒pelerine* **0.2** ***kaap*** *⇒voorgebergte.*

caper[1] [keepə] ⟨zn.⟩ **0.1** ⟨plantk.⟩ ***kap(p)er*** ⟨struik⟩ **0.2** ⟨vnl. mv.⟩ ***kapper(tje)*** ⟨bloesemknop v.d. kap(p)er⟩ **0.3** ⟨ook fig.⟩ ***bokkensprong*** *⇒capriool* **0.4** ⟨inf.⟩ ***(ondeugende) streek*** *⇒kwajongensstreek, poets* **0.5** ⟨sl.⟩ ***karwei*** *⇒klus;* ⟨ihb.⟩ *kraak, (onwettige) praktijk* ◆ **3.3** cut a ~ / ~s *capriolen uithalen.*

caper[2] ⟨ww.⟩ **0.1** ***(rond)dartelen*** *⇒capriolen maken.*

Cape Town **0.1** ***Kaapstad.***

capful [kæpfoel] **0.1** ***vleugje*** ◆ **6.¶** one ~ **to** a liter *één maatdop per liter.*

capillar|y[1] [kəpillərie] ⟨zn.; mv.: -ies⟩ **0.1** ***haarvat*** *⇒capillair.*

capillary[2] ⟨bn.⟩ **0.1** ***capillair*** ◆ **1.1** ~ attraction *capillariteit* ⟨opwaartse stuwing⟩; ~ repulsion *capillariteit* ⟨neerwaartse zuiging⟩.

capital[1] [kæpitl] **I** ⟨telb.zn.⟩ **0.1** ⟨bouwk.⟩ ***kapiteel*** **0.2** ***hoofdletter*** *⇒kapitaal* **0.3** ***hoofdstad*** ◆ **6.2** ⟨druk.⟩ (printed) in ~s *bovenkast/kapitaal;*

II ⟨n.-telb.zn.⟩ **0.1** ***kapitaal*** ◆ **3.1** circulating/floating ~ *vlottend kapitaal;* fixed ~ *vast kapitaal;* ⟨fig.⟩ make ~ (out) of *munt slaan uit;* ⟨ec.⟩ registered ~ *maatschappelijk/vennootschappelijk kapitaal.*

capital² ⟨bn.⟩ **0.1** ***kapitaal*** ⇒*hoofd-* **0.2** ***dood-*** ⇒*dodelijk* ◆ **1.1** art with a ~ A *kunst met een grote K;* ~ city/town *hoofdstad;* of ~ importance *van levensbelang;* ~ letter *hoofdletter, kapitaal;* ~ sum *hoofdsom;* ⟨verz.⟩ *kapitaaluitkering, verzekerd bedrag* **1.2** ⟨fig.⟩ ~ blunder *kapitale blunder;* ~ offence/crime *halsmisdaad;* ~ punishment *doodstraf;* ~ sin/vice *doodzonde, hoofdzonde* ¶.¶ ~! *kapitaal!, kostelijk!*

capital account ⟨ec.⟩ **0.1** ***kapitaalrekening*** ⟨mbt. betalingsbalans of boekhouding⟩.

capital allowance **0.1** ***investeringsaftrek.***

capital assets ⟨ec.⟩ **0.1** ***vaste activa*** ⟨vast plus vlottend kapitaal⟩.

capital expenditure ⟨ec.⟩ **0.1** ***(kapitaal)investering*** ⇒*kapitaaluitgave.*

capital gain ⟨ec.⟩ **0.1** ***vermogensaanwas*** ◆ **1.1** ~s tax *vermogens(aanwas)belasting.*

capital goods ⟨ec.⟩ **0.1** ***kapitaalgoederen*** ⟨productiemiddelen als kapitaal⟩.

capital-intensive **0.1** ***kapitaalintensief.***

capitalism [kæpitlizm] **0.1** ***kapitalisme.***

capital issue ⟨ec.⟩ **0.1** ***aandelenemissie*** ⇒*uitgifte v. obligaties.*

capitalist¹ [kæpitlist] ⟨zn.⟩ **0.1** ***kapitalist.***

capitalist², capitalistic [kæpitlistik] ⟨bn.⟩ **0.1** ***kapitalistisch.***

capitalization, -sation [kæpitlajzeesjn] **0.1** ***kapitalisatie*** **0.2** ***totaalvermogen v.e. onderneming*** **0.3** ***het totaal aan volgestorte aandelen*** **0.4** ***gebruik v. hoofdletters.***

capitalize, -ise [kæpitlajz] **I** ⟨onov. en ov.ww.⟩ **0.1** ***kapitaliseren*** **0.2** ***omzetten v. schuld in aandelen*** ◆ **6.1** ⟨fig.⟩ ~ **(up)on** *uitbuiten, munt slaan uit;*
II ⟨ov.ww.⟩ **0.1** ***financieren*** **0.2** ***met (een) hoofdletter(s) schrijven*** **0.3** ***uitbuiten*** ⇒*munt slaan uit, profiteren van.*

capital levy, capital tax ⟨ec.⟩ **0.1** ***vermogensheffing*** ⟨eenmalige belasting op basis v.h. zuiver vermogen⟩ ⇒*kapitaalheffing,* ⟨AZN⟩ *kapitaalbelasting* **0.2** ***vermogensbelasting*** **0.3** ***onroerendgoedbelasting.***

capital stock ⟨AE; ec.⟩ **0.1** ***aandelenkapitaal.***

capital transfer tax **0.1** ⟨Belg.⟩ ***overdrachttaks*** ⇒⟨Ned.; ong.⟩ *schenkingsrecht.*

capitation [kæpitteesjn] **0.1** ***hoofdelijke belasting/omslag.***

Capitol [kæpitl] ⟨the⟩ **0.1** ***Capitool*** **0.2** ***Capitool*** ⇒*zetel v.h. (Amerikaanse) Congres.*

Capitol Hill **0.1** ***Capitol Hill*** ⟨waarop het Capitool staat⟩ ⇒ ⟨fig.⟩ *het (Amerikaanse) Congres.*

capitulate [kəpitsjoeleet] **0.1** ***capituleren*** ⇒*zich overgeven, zich neerleggen bij.*

capitulation [kəpitsjoeleesjn] **0.1** ***capitulatie*** ⇒*overgave, vergelijk* **0.2** ***verdrag(sbepalingen)*** ⇒*traktaat* **0.3** ***opsomming*** ⟨v.d. hoofdpunten v.e. onderwerp⟩ ⇒*recapitulatie.*

capon [keepən] **0.1** ***kapoen.***

capriccio [kəpritsjie·oo]⟨mv.: ook capricci [-tsjie]⟩ **0.1** ***bokkensprong*** ⇒*capriool* **0.2** ***bevlieging.***

caprice [kəprie:s] **0.1** ***gril(ligheid)*** ⇒*nuk, kuur; wispelturigheid.*

capricious [kəprisjəs] ⟨-ness⟩ **0.1** ***wispelturig*** ⇒*grillig, nukkig.*

Capricorn [kæprikko:n] ⟨astrol., ster.⟩ **0.1** ***(de) Steenbok.***

capriole¹ [kæprie·ool] ⟨zn.⟩ **0.1** ***capriool*** ⇒⟨ballet⟩ *cabriole.*

capriole² ⟨ww.⟩ **0.1** ***capriolen maken*** ⇒⟨ballet⟩ *cabriole maken.*

Capri pants [kəprie: pænts], **Capris** [kəprie:s] **0.1** ***strakke damespantalon.***

capsicum [kæpsikkəm] **0.1** ***peper*** ⇒*Spaanse peper; cayennepeper; paprika.*

capsize [kæpsajz] **0.1** ***(doen) kapseizen*** ⇒*(doen) omslaan/kenteren.*

capstan [kæpstən] **0.1** ⟨scheep.⟩ ***kaapstander*** ⇒*windas, lier.*

capsule [kæpsjoe:l] **0.1** ***capsule*** **0.2** ***capsule*** ⇒*neuskegel* ⟨v. raket⟩; *cabine* ⟨v. ruimtevaartuig⟩ **0.3** ⟨biol.⟩ ***vlies*** ⇒*kapsel* **0.4** ⟨plantk.⟩ ***doosvrucht*** ⇒*zaaddoos, capsule.*

Capt. ⟨afk.⟩ **0.1** [Captain].

captain¹ [kæptin] ⟨zn.⟩ **0.1** ***kapitein*** ⟨ook mil.⟩ ⇒*bevelhebber; (scheeps)gezagvoerder;* ⟨mil.⟩ *kapitein-ter-zee* **0.2** ***groot strateeg*** ⇒*ervaren veldheer* **0.3** ⟨luchtv.⟩ ***gezagvoerder*** **0.4** ⟨AE⟩ ***(korps/districts)commandant*** ⟨bij politie⟩ **0.5** ***voorman*** ⇒*ploegbaas* **0.6** ⟨sport⟩ ***aanvoerder*** ⇒ *captain* ◆ **1.1** ~ of a fire brigade *brandweercommandant;* ~ of industry *grootindustrieel.*

captain² ⟨ww.⟩ **0.1** ***commanderen*** ⇒*leiden, de aanvoerder zijn van.*

caption¹ [kæpsjn] ⟨zn.⟩ **0.1** ***titel*** ⇒*kop, hoofd* **0.2** ***onderschrift*** ⇒*bijschrift* ⟨v. illustratie⟩; ⟨film, tv⟩ *ondertitel(ing).*

caption² ⟨ww.⟩ **0.1** ***(be)titelen*** ⇒⟨film, tv⟩ *ondertitelen.*

captious [kæpsjəs] ⟨-ness⟩ **0.1** ***vitziek*** ⇒*muggenzifterig* **0.2** ***lichtgeraakt*** ⇒*prikkelbaar* **0.3** ***bedrieglijk*** ◆ **1.3** ~ question *strikvraag.*

captiv|ate [kæptivveet] ⟨zn.: **-ation**⟩ **0.1** ***boeien*** ⇒*bekoren, fascineren* ◆ **6.1** be ~d **with** his charm *door zijn charme ingenomen worden.*

captive¹ [kæptiv] ⟨zn.⟩ **0.1** ***gevangene*** ⟨ook flg.⟩ ⇒⟨ihb.⟩ *krijgsgevangene.*

captive² ⟨bn.⟩ **0.1** ***(krijgs)gevangen (genomen)*** ⇒⟨fig.⟩ *geketend* **0.2** ***geboeid*** ⇒*gecharmeerd* ◆ **1.1** ~ animals *dieren in gevangenschap;* ~ audience *een aan hun stoelen gekluisterd publiek;* ~ balloon *kabelballon;* ~ state *gevangenschap* **3.1** hold s.o. ~ *iem. gevangen houden;* be taken ~ *gevangengenomen worden.*

captivit|y [kæptivvətie] ⟨mv.: -ies⟩ **0.1** ***gevangenschap*** ⟨ook fig.⟩ ⇒⟨ihb.⟩ *krijgsgevangenschap.*

captor [kæptə] **0.1** ***overweldiger*** ⇒*overmeesteraar, veroveraar.*

capture¹ [kæptsjə] **I** ⟨telb.zn.⟩ **0.1** ***gevangene*** ⇒*vangst, buit, prijs;*
II ⟨telb. en n.-telb.zn.⟩ **0.1** ***vangst*** ⇒*gevangenneming, inbezitneming.*

capture² ⟨ww.⟩ **0.1** ***vangen*** ⇒*gevangennemen, gevangen houden;* ⟨fig.⟩ *boeien, fascineren* **0.2** ⟨com.⟩ ***vastleggen*** ⇒ *schieten* **0.3** ***buitmaken*** ⇒*bemachtigen, veroveren* **0.4** ⟨bordspel⟩ ***slaan*** ⟨stuk, steen e.d.⟩ ◆ **1.1** ~ the imagination *tot de verbeelding spreken* **1.3** ~ a prize *een prijs in de wacht slepen.*

car [ka:] **0.1** ***auto(mobiel)*** ⇒*motorrijtuig, wagen* **0.2** ***rijtuig*** ⇒⟨AE ihb.⟩ *(spoorweg)wagon, tram(wagen)* **0.3** ***gondel*** ⟨v. luchtschip, kabelbaan⟩ **0.4** ⟨AE⟩ ***liftkooi*** ◆ **6.1** **by** ~ *met de auto.* →**veteran.**

carafe [kəræf, kəra:f] **0.1** ***karaf.***

caramel [kærəməl, -mel] **0.1** ***karamel.***

carapace [kærəpees] **0.1** ***(rug)schild*** ⟨v. schildpad⟩ ⇒⟨fig.⟩ *pantser* **0.2** ***schaal*** ⟨v. schaaldier⟩ **0.3** ***korst*** ⇒*schaal* ◆ **1.3** ~ of lava *lavakorst.*

carat [kærət] **0.1** ***karaat*** ◆ **7.1** pure gold is 24 ~s *zuiver goud is 24 karaat.*

caravan [kærəvæn] **0.1** ***karavaan*** **0.2** ***woonwagen*** *⇒kermiswagen* **0.3** ⟨BE⟩ ***caravan*** *⇒kampeerwagen.*
caravanning [kærəvæning] ⟨BE⟩ **0.1** ***het trekken met de caravan.***
caravansarai [kærəvænsəraj] ⟨mv.: ook caravanserai⟩ **0.1** ***karavansera(i).***
caraway [kærəwee] **0.1** ***karwij(zaad).***
carbide [ka:bajd] **0.1** ***carbide*** **0.2** ***hardmetaal.***
carbine [ka:bajn] **0.1** ***karabijn.***
carbohydrate [ka:boo hajdreet, -drət] **0.1** ***koolhydraat*** **0.2** ⟨vaak mv.; inf.⟩ ***dikmaker*** ⟨koolhydraatrijk voedsel⟩.
carbolic [ka:bollik] **0.1** ***carbol-*** ◆ **1.1** ~ acid *carbol(zuur), fenol;* ~ soap *carbolzeep.*
car bomb **0.1** ***bomauto*** *⇒autobom.*
carbon [ka:bən] **I** ⟨telb.zn.⟩ **0.1** ***carbonkopie*** *⇒doorslag* **0.2** ***(velletje) carbon(papier);***
II ⟨n.-telb.zn.⟩ **0.1** ***koolstof*** **0.2** ***carbon(papier).***
carbonated [ka:bəneetid] **0.1** ***koolzuurhoudend*** ◆ **1.1** ~ water *soda/spuitwater.*
carbon black **0.1** ***zwartsel*** *⇒carbonzwart.*
carbon copy **0.1** ***carbonkopie*** *⇒doorslag* **0.2** ***evenbeeld*** *⇒duplicaat, getrouwe kopie.*
carbon dating **0.1** ***koolstofdatering*** *⇒C14-methode.*
carbon dioxide **0.1** ***kooldioxide*** *⇒koolzuur(gas).*
carboniferous [ka:bənifrəs] **0.1** ***koolhoudend*** *⇒kool(stof)rijk.*
carbon|ize, -ise [ka:bənajz] ⟨zn.: **-ization**⟩ **0.1** ***carboniseren*** *⇒verkolen, branden, droog distilleren.*
carbon monoxide **0.1** ***koolmonoxide*** *⇒kolendamp.*
carbon paper **0.1** ***carbon(papier).***
carborundum [ka:bərundəm] **0.1** ***carborundum*** ⟨harde slijpstof⟩.
carboy **0.1** ***korffles*** *⇒mand(en)fles.*
carbuncle [ka:bungkl] **0.1** ***karbonkel*** ⟨(hoogrode) granaat/robijn⟩ **0.2** ***(steen)puist*** *⇒karbonkel.*
carburettor [ka:bjoerettə,-bə-], ⟨AE sp.⟩ **carburetor** [karbəreetər] **0.1** ***carburator.***
carcass, carcase [ka:kəs] **0.1** ***karkas*** *⇒romp* ⟨v. geslacht dier⟩ **0.2** ***geraamte*** *⇒skelet; karkas* ⟨v. autoband⟩ **0.3** ⟨pej. voor mens⟩ ***lijk*** *⇒kadaver* **0.4** ⟨pej., scherts⟩ ***lijf*** **0.5** ⟨inf.; pej.⟩ ***wrak*** ◆ **3.4** move your ~! *ga eens opzij met dat lijf!*
carcinogen [ka:sinnədzjən] **0.1** ***carcinogeen*** *⇒kankerverwekkende stof.*
carcinoma [ka:sinnoomə]⟨mv.: ook carcinomata [-mətə]⟩ **0.1** ***carcinoom*** *⇒kankergezwel.*
card¹ [ka:d] ⟨zn.⟩ **0.1** ***kaart*** **0.2** ⟨mv.; ww. soms enk.⟩ ***kaartspel*** **0.3** ⟨mv.; ww. soms enk.; BE; inf.⟩ ***werknemerspapieren*** ⟨beheerd door de werkgever⟩ **0.4** ***programma*** ⟨ihb. v. sportwedstrijd⟩ **0.5** ***scorestaat/kaart*** ⟨bv. v. cricket, golf⟩ **0.6** ***(wind)roos*** *⇒kompasroos* **0.7** ⟨inf.⟩ ***kwibus*** *⇒vreemde snoeshaan* **0.8** ⟨inf.⟩ ***grappenmaker*** **0.9** ***(wol)kaarde*** ◆ **1.1** house of ~s *kaartenhuis* **1.¶** the ~s were in their hands *ze hadden alle troeven in handen;* have a ~ up one's sleeve *(nog) iets achter de hand/in petto hebben* **2.7** a cool ~ *een ijskoude;* queer ~ *rare kwibus* **3.1** ~-carrying member *geregistreerd/stemgerechtigd lid* ⟨bv. v. politieke partij, vakbond, e.d.⟩; hold/keep/play one's ~s close to one's/the chest *zich niet in de kaart laten kijken, terughoudend zijn;* leading ~ *troefkaart* ⟨ook fig.⟩; read (the) ~s *de kaart leggen* **3.2** play ~s *kaarten* **3.3** ask for/be given one's ~s *zijn ontslag nemen/krijgen* **3.¶** count (up)on one's ~s *de toekomst vol vertrouwen tegemoet zien;* have all the ~s *alle troeven in handen hebben;* he played his ~s right/well *hij heeft zijn kansen goed benut;* put (all) one's ~s on the table *open kaart spelen* **6.2** win a fortune **at** ~s *met kaarten een vermogen verdienen* **6.¶** ⟨BE; inf.⟩ it's **on** the ~s, ⟨AE⟩ it's **in** the ~s *het zit er in.* →**best, sure, unlucky.**
card² ⟨ww.⟩ **0.1** ***kaarden*** ⟨wol⟩ **0.2** ***voorzien v.e. kaart*** **0.3** ***ficheren*** *⇒op kaartsysteem brengen.*
cardamom [ka:dəməm] **0.1** ***kardemom(plant).***
cardan (joint) [ka:dn] **0.1** ***cardan(koppeling)*** *⇒kruis-(scharnier)koppeling.*
cardan shaft **0.1** ***cardanas*** *⇒transmissieas.*
cardboard¹ ⟨zn.⟩ **0.1** ***karton*** *⇒bordpapier.*
cardboard² ⟨bn.⟩ **0.1** ***kartonnen*** *⇒bordpapieren* **0.2** ***onecht*** *⇒clichématig, gekunsteld* ◆ **1.2** ~ characters *stereotiepe figuren.*
card-carrying **0.1** ***officieel*** *⇒volwaardig;* ⟨bij uitbr.⟩ *geëngageerd* ◆ **1.1** be a ~ Communist *lid v.d. CPN zijn.*
card catalog(ue) **0.1** ***(kaart)catalogus.***
card game **0.1** ***kaartspel.***
cardholder **0.1** ***bezitter v. creditcard*** *⇒kaarthouder.*
cardiac [ka:die·æk] ⟨med.⟩ **0.1** ***cardiaal*** *⇒hart-* **0.2** ***mbt. de cardia*** ◆ **1.1** ~ arrest *hartstilstand;* ~ arrythmia *hartritmestoornis;* ~ murmur *hartgeruis* **1.2** ~ orifice *maagmond, cardia.*
cardigan [ka:digən] **0.1** ***cardigan*** *⇒gebreid vestje/jasje.*
cardinal¹ [ka:dnəl] ⟨zn.⟩ **0.1** ***hoofdtelwoord*** *⇒kardinaal getal* **0.2** ⟨r.-k.⟩ ***kardinaal*** **0.3** ⟨vaak attr.⟩ ***kardinaalrood.***
cardinal² ⟨bn.⟩ **0.1** ***kardinaal*** *⇒fundamenteel, vitaal* **0.2** ***kardinaalrood*** ◆ **1.1** ~ idea *centrale gedachte;* ~ number *kardinaal getal, hoofdtelwoord;* ⟨r.-k.⟩ ~ sin *doodzonde;* ⟨r.-k.⟩ ~ virtue *hoofddeugd.*
card index **0.1** ***kaartsysteem*** *⇒kaartregister.*
cardiogram [ka:diəgræm] **0.1** ***cardiogram*** *⇒e.c.g.*
cardiologist [ka:die·olledzjist] **0.1** ***cardioloog*** *⇒hartspecialist.*
card punch, ⟨AE ook⟩ **card key** **0.1** ***(kaart)ponsmachine.***
cardsharp(er) **0.1** ***(oneerlijke) broodkaarter.***
card table **0.1** ***speeltafel(tje).***
card vote **0.1** ***stemming bij gedifferentieerde volmacht*** ⟨ihb. op vakbondscongressen⟩.
card|y, cardie [ka:die] ⟨mv.: -ies⟩⟨verk.⟩ [cardigan] **0.1** ***vestje.***
care¹ [keə] ⟨zn.⟩ **0.1** ***zorg*** *⇒ongerustheid, (be)kommer(nis)* **0.2** ***zorg(vuldigheid)*** *⇒voorzichtigheid, behoedzaamheid* **0.3** ***verantwoordelijkheid*** *⇒zorg, toezicht* **0.4** ***kinderzorg*** *⇒kleuterzorg* ◆ **2.1** free from ~(s) *zonder zorgen* **3.1** ⟨inf.⟩ have a ~! *pas op!;* a ~-marked face *een door zorgen getekend gezicht* **3.2** take ~ *opletten;* take ~ and see you next week *tot over een week en hou je taai;* take ~ of the pence/pennies *op de kleintjes letten;* handle with ~ *(pas op,) breekbaar!* **3.3** have the ~ of *de zorg hebben voor;* take ~ of *zorgen voor; af/behandelen; onder zijn hoede nemen;* ⟨sl.⟩ *uit de weg ruimen;* it will take ~ of itself *het komt vanzelf (weer op zijn pootjes) terecht;* take ~ to *ervoor zorgen dat* **6.3** leave **in** the ~ of *toevertrouwen aan de hoede/zorg van;* (in) ~ **of** *per adres;* **under** doctor's ~ *onder doktersbehandeling;* the shop is **under** the ~ of Mrs Jones *de winkel wordt beheerd door mevrouw Jones* **6.4** take **into** ~ *opnemen in een kindertehuis* **7.1** the child is my ~ *ik heb het kind onder mijn hoede.*
care² **I** ⟨onov.ww.⟩ **0.1** ***erom geven*** *⇒zich erom bekommeren* **0.2** ***bezwaar hebben*** ◆ **4.1** well, who ~s? *nou, en?; wat zou het?* **6.1** do you ~ much **about** going? *moet jij er nou zo nodig heen?;* I am **beyond/past** caring (for) *het kan me niets meer schelen;* **for** all I ~ *wat mij betreft* **8.2** I won't ~ if you take my bike *je mag best mijn fiets nemen;* I don't ~ if you do *mij best.* →**care for;**
II ⟨ov.ww.⟩ **0.1** ***(graag) willen*** *⇒zin hebben (in), bereid*

zijn te **0.2** ***zich bekommeren om*** ⇒*geven om, zich aantrekken van* ◆ **1.2** he doesn't ~ a damn *het interesseert hem geen barst* **3.1** if only they would ~ to listen *als ze maar eens de moeite namen om te luisteren* **5.2** I couldn't ~ less *het zal me een zorg zijn;* he doesn't seem to ~ very much *zo te zien kan het hem weinig schelen.*

careen [kərie:n] **I** ⟨onov.ww.⟩⟨AE⟩ **0.1** ***voortdenderen*** ⇒*voortrazen;*
II ⟨onov. en ov.ww.⟩ **0.1** ***kielen*** ⇒*overhellen, krengen.*

career¹ [kəriə] ⟨zn.⟩ **0.1** ***carrière*** ⇒*(succesvolle) loopbaan* **0.2** ***(levens)loop*** ⇒*geschiedenis, ontwikkeling* **0.3** ⟨ook attr.⟩ ***beroep*** **0.4** ***(grote) vaart*** ⇒*(hoge) snelheid* ◆ **1.3** ~ diplomat *carrièrediplomaat;* ~s master / mistress *schooldecaan;* a ~ position *een door studie/opleiding behaalde functie* **2.4** at / in full ~ *in volle vaart* **3.1** that girl has a ~ before her *dat meisje zal zeker carrière maken.*

career² ⟨ww.⟩ **0.1** ***voortdenderen*** ⇒*voortdaveren* ◆ **5.1** ~ **about** *rondrazen.*

career diplomat **0.1** ***carrière/beroepsdiplomaat.***

career girl, career woman **0.1** ***carrièrevrouw.***

careerist [kəriərist] ⟨vaak pej.⟩ **0.1** ***carrièrejager*** ⇒*streber.*

careers advice **0.1** ***advies bij beroepskeuze.***

careers adviser **0.1** ***beroepskeuzeadviseur.***

careers master, careers mistress ⟨BE; school.⟩ **0.1** ***schooldecaan.***

careers officer **0.1** ***beroepskeuzeadviseur*** ⇒*beroepskeuzevoorlichter.*

care for **0.1** ***verzorgen*** ⇒*letten/passen op, onderhouden* **0.2** ***zin hebben in*** ⇒*(graag) willen* **0.3** ***houden van*** ⇒*belangstelling hebben voor* ◆ **1.2** would you ~ some coffee? *wilt u (misschien)/heeft u trek in een kopje koffie?* **1.3** I don't care too much for money *geld interesseert me niet zo* **5.3** more than I ~ *meer dan me lief is.*

carefree **0.1** ***onbekommerd*** ⇒*zonder zorgen* **0.2** ⟨pej.⟩ ***onverantwoordelijk*** ⇒*zorgeloos, onzorgvuldig.*

careful [keəfl] ⟨-ness⟩ **0.1** ***zorgzaam*** ⇒*met veel zorg* **0.2** ***angstvallig*** **0.3** ***voor/omzichtig*** ⇒*behoedzaam, oplettend* **0.4** ***zorgvuldig*** ⇒*nauwkeurig* **0.5** ***nauwgezet*** ⇒*consciëntieus* **0.6** ⟨+with; inf.⟩ ***gierig (met)*** ⇒*vrekkig* ◆ **1.4** ~ examination *zorgvuldig onderzoek* **3.3** be ~ (about) what you say *let op je woorden;* hold this ~ly *hou dit goed vast.*

caregiver ⟨AE, Austr. E⟩ **0.1** ***thuisverzorger*** ⟨meestal v. familielid⟩.

care label **0.1** ***wasvoorschrift*** ⟨als merkje in kleding⟩ ⇒*wasmerkje.*

careless [keələs] ⟨-ness⟩ **0.1** ***achteloos*** ⇒*onverschillig, onvoorzichtig* **0.2** ***onoplettend*** ⇒*onattent, onachtzaam* **0.3** ***moeiteloos*** **0.4** ***onzorgvuldig*** ⇒*slordig, nonchalant* ◆ **1.4** ~ drivers *roekeloze automobilisten;* ~ mistake *slordige vergissing.*

carer [keərə] **0.1** ***thuisverzorger*** ⟨meestal v. familielid⟩.

caress¹ [kəres] ⟨zn.⟩ **0.1** ***teder/warm gebaar*** ⇒*liefkozing, streling.*

caress² ⟨ww.⟩ **0.1** ***liefkozen*** ⇒*kussen, aanhalen* **0.2** ***liefdevol behandelen*** ◆ **1.1** he ~ed her hair *hij streelde haar haren.*

caressing [kəressing] **0.1** ***liefdevol*** ⇒*teder, warm.*

caret [kærit] ⟨druk.⟩ **0.1** ***caret*** ⇒*inlasteken.*

caretaker [keəteekə] **0.1** ⟨vnl. BE⟩ ***conciërge*** ⇒*huismeester* **0.2** ***huisbewaarder*** **0.3** ⟨vaak attr.⟩ ***toezichthouder*** ⇒*zaakwaarnemer; waarnemend.*

caretaker government **0.1** ***interimregering*** ⇒*demissionair kabinet.*

careworn, care-laden **0.1** ***afgetobd*** ⇒*(door zorgen) getekend.*

carfare ⟨AE⟩ **0.1** ***bus/metro/tramgeld/tarief*** ⇒*ritprijs.*

car ferry **0.1** ***autoveer(boot/dienst)*** ⇒*ferry(boot).*

cargo [ka:goo] ⟨mv.: ook -es⟩ **0.1** ***lading*** ⇒*vracht, cargo.*

cargo boat **0.1** ***vrachtboot.***

Caribbean [kæribbiən] **0.1** ⟨bn.⟩ ***Caribisch*** **0.2** ⟨zn.; the⟩ ***Caribisch(e) Zee/gebied.***

caribou [kæribboe:] ⟨mv.: ook caribou⟩ **0.1** ***kariboe.***

caricature¹ [kærikkətsjoeə] ⟨zn.⟩ **0.1** ***karikatuur*** ⇒*spotprent.*

caricature² ⟨ww.⟩ **0.1** ***karikaturiseren.***

caricaturist [kærikkətsjoeərist] **0.1** ***karikaturist*** ⇒*cartoonist, spotprenttekenaar.*

caries [keəriez] **0.1** ***cariës*** ⇒*tandbederf, wolf* ◆ **2.1** dental ~ *tandbederf.*

carillon [kæriljən,kəri-] **0.1** ***carillon*** ⇒*beiaard, klokkenspel* **0.2** ***carillonklanken*** ⇒*beiaardwijsje.*

caring¹ [keəring] ⟨zn.⟩ **0.1** ***zorg*** ⇒*verzorging* **0.2** ***hartelijkheid*** ⇒*warmte.*

caring² ⟨bn.⟩ **0.1** ***zorgzaam*** ⇒*vol zorg, meelevend, attent* **0.2** ***verzorgend*** ◆ **1.1** a ~ society *een zorgzame maatschappij* **1.2** a ~ job *een verzorgend beroep.*

carious [keəriəs] **0.1** ***rot(tend)*** ⇒*verrot, aangevreten.*

Carmelite [ka:millajt] ⟨r.-k.⟩ **0.1** ***karmeliet(es).***

carmine [ka:min,-majn] ⟨vaak attr.⟩ **0.1** ***karm(oz)ijn(rood).***

carnage [ka:nidzj] **0.1** ***slachting*** ⟨ihb. onder mensen⟩ ⇒*bloedbad.*

carnal [ka:nl] **0.1** ⟨vaak pej.⟩ ***vleselijk*** ⇒*zinnelijk, lichamelijk* **0.2** ***werelds*** ⇒*aards, ongewijd* ◆ **1.1** ~-minded *zinnelijk;* ⟨jur.⟩ have ~ knowledge with *vleselijke gemeenschap hebben met.*

carnation [ka:neesjn] **0.1** ***(eenjarige) tuinanjer*** **0.2** ***anjer*** ⇒*anjelier.*

carnelian →**cornelian.**

carnival [ka:nivl] **0.1** ***carnaval*** ⇒*carnavalstijd/viering* **0.2** ⟨AE⟩ ***circus*** **0.3** ⟨AE⟩ ***kermis*** **0.4** ***festival*** ⇒*beurs, jaarmarkt.*

carnivore [ka:nivvo:] **0.1** ***carnivoor*** ⇒*vleeseter, roofdier* **0.2** ***vleesetende/insectenetende plant.***

carnivorous [ka:niv(ə)rəs] **0.1** ***vleesetend*** ⇒*verscheurend* ◆ **1.1** deer are not ~ *herten zijn geen carnivoren/vleeseters.*

carol¹ [kærəl] ⟨zn.⟩ **0.1** ***(gewijde) hymne*** ⇒*lofzang, kerstlied/hymne* **0.2** ⟨schr.⟩ ***vreugdezang*** ⇒*jubel(zang)* ◆ **1.2** the ~ of birds *het kwelen/kwinkeleren v. vogels.*

carol² ⟨BE -led⟩ **I** ⟨onov.ww.⟩ **0.1** ***(kerst)hymnen zingen*** ⇒ ⟨ihb.⟩ *op kerstavond langs de huizen gaan om (voor een kerstgave) te zingen;*
II ⟨onov. en ov.ww.⟩ **0.1** ***(jubelend) (be)zingen*** ⇒*de lof zingen (van).*

carotid [kərottid] **0.1** ***mbt. de halsslagader.***

carouse¹ [kərauz] ⟨zn.⟩⟨schr.⟩ **0.1** ***drinkgelag*** ⇒*slemppartij, bacchanaal* **0.2** ***uitbundig feestgedruis.***

carouse² ⟨ww.⟩⟨schr.⟩ **0.1** ***brassen*** ⇒*zwelgen, slempen.*

carousel, ⟨AE sp. ook⟩ **carrousel** [kærəsel] **0.1** ⟨AE⟩ ***carrousel*** ⇒*draaimolen* **0.2** ***bagagecarrousel*** ⇒*(roterende) bagageband.*

carp¹ [ka:p] ⟨zn.; mv.: ook carp⟩ **0.1** ***karper(achtige).***

carp² ⟨ww.⟩⟨vaak pej.⟩ **0.1** ***zeuren*** ⇒*zaniken, vitten* ◆ **6.1** she's always ~ing **at** my pronunciation *ze heeft altijd wat aan te merken op mijn uitspraak.*

carpal [ka:pa] **0.1** ***mbt. de handwortel.***

car park ⟨BE⟩ **0.1** ***parkeerterrein*** **0.2** ***parkeergarage.***

carpenter [ka:pintə] **0.1** ***timmerman.***

carpentry [ka:pintrie] **0.1** ***timmerwerk*** ⇒*timmermansambacht, timmerkunst.*

carpet[1] [ka:pit] ⟨zn.⟩ **0.1** ***(vloer)tapijt*** ⇒*(vloer)kleed, karpet, (trap)loper* **0.2** ***(bom)tapijt*** ◆ **1.1** ~ of flowers *bloemenkleed* **3.1** fitted ~ *vast/kamerbreed tapijt* **3.**¶ ⟨BE⟩ sweep under the ~ *in de doofpot stoppen* **6.**¶ be **on** the ~ *op het matje komen; ter discussie staan.* →**magic, red.**

carpet[2] ⟨ww.⟩ **0.1** ***tapijt leggen*** ⇒*bekleden* **0.2** ⟨vnl. BE; inf.⟩ ***een uitbrander/standje geven*** ◆ **1.1** ~ the stairs *een loper op de trap leggen* **6.2** she was ~ed **for** her laziness *ze kreeg ervan langs vanwege haar luiheid.*

carpetbag, ⟨AE ook⟩ **carpetsack 0.1** ***reistas*** ⇒*valies.*

carpetbagger 0.1 ***politiek avonturier*** ⟨ihb. die zich uit opportunisme kandidaat stelt in een district waar hij zelf niet woont⟩.

carpet-beater 0.1 ***mattenklopper.***

carpeting [ka:pitting] **0.1** ***tapijt(goed/stof).***

carpet slipper 0.1 ***(huis)pantoffel*** ⇒*slipper.*

carpet sweeper 0.1 ***rolveger*** ⇒*rolschuier.*

carpet tile 0.1 ***tapijttegel.***

car phone 0.1 ***autotelefoon.***

carping [ka:ping] **0.1** ***muggenzifterig*** ⇒*vitterig* **0.2** ***klagerig*** ⇒*zeurderig* ◆ **1.1** ~ criticism *kleinzielige/kinderachtige kritiek.*

carpool 0.1 ***autopool.***

carport 0.1 ***carport.***

carriage [kæridzj] **I** ⟨telb.zn.⟩ **0.1** ***rijtuig*** ⇒*koets;* ⟨BE; spoorwegen⟩ *(personen)wagon* **0.2** ***slee*** ⇒*onderstel* ⟨v. wagen⟩; *affuit* ⟨v. geschut⟩ **0.3** ***slee*** ⇒*(schrijfmachine)wagen* **0.4** ***kinderwagen*** ◆ **1.1** ~ and pair/four/six *(rijtuig met) twee/vier/zesspan;*
II ⟨telb. en n.-telb.zn.⟩ **0.1** ***(lichaams)houding*** ⇒*gang;*
III ⟨n.-telb.zn.⟩ **0.1** ***vervoer*** ⇒*transport, verzending* **0.2** ***vracht(prijs)*** ⇒*vervoers/transport/verzendkosten* **0.3** ***aanneming*** ⟨v. motie⟩ ◆ **3.2** ~ paid *franco, port/vrachtvrij* **5.**¶ ~ forward *port te betalen onder rembours, niet franco;* ~ free *franco, port/vrachtvrij.*

carriage clock 0.1 ***tafelklok.***

carriageway ⟨BE⟩ **0.1** ***verkeersweg*** **0.2** ***rijweg/baan.*** → **dual.**

carrier [kæriə] **0.1** ⟨ben. voor⟩ ***vervoerder v. goederen of reizigers*** ⇒*expediteur, transporteur; vrachtvaarder; expeditie/transport/vervoerbedrijf; luchtvaartmaatschappij; spoorwegmaatschappij; rederij* **0.2** ⟨med., nat., schei.⟩ ***drager*** **0.3** ***bagagedrager*** **0.4** ⟨mil.⟩ ***vervoermiddel voor mensen en materieel*** ⇒⟨ihb.⟩ *vliegdekschip* **0.5** ***(papieren/plastic) boodschappentas(je)*** **0.6** ***postduif.*** →**common.**

carrier bag 0.1 ***(papieren/plastic) (boodschappen)tas(je).***

carrier pigeon 0.1 ***postduif.***

carrion [kæriən] **0.1** ***aas*** ⟨rottend vlees⟩ ⇒*kadaver* **0.2** ***vuiligheid*** ⇒*vunzigheid.*

carrion crow 0.1 ***zwarte kraai.***

carrot [kærət] **0.1** ***peen*** ⇒⟨als groente⟩ *worteltjes* **0.2** ⟨fig.; inf.⟩ ***lokmiddel*** ⇒*lokaas* ◆ **1.**¶ which shall it be: the ~ or the stick? ⟨ong.⟩ *zeg het maar: moet het goedschiks of kwaadschiks?* **3.2** hold out/offer a ~ to s.o. *iem. een worst voorhouden.*

carroty [kærətie] **0.1** ***rood(harig)*** **0.2** ***wortelkleurig*** ⇒ *oranjerood.*

carrousel →**carousel.**

carr|y[1] [kærie] ⟨mv.: -ies⟩ **I** ⟨telb.zn.⟩ **0.1** ***draagplaats*** **0.2** ⟨mil.⟩ ***(positie v.) geschouderd geweer;***
II ⟨telb. en n.-telb.zn.⟩ **0.1** ***draagwijdte*** ⟨v.e. vuurwapen⟩ **0.2** ***vervoer*** ⟨ihb. v.e. boot over een draagplaats⟩.

carr|y[2] ⟨-ied⟩ **I** ⟨onov.ww.⟩ **0.1** ***dragen*** ⇒*reiken* ⟨bv. v. stem⟩ **0.2** ***in verwachting zijn*** ⇒*drachtig zijn* **0.3** ***vervoerbaar zijn*** **0.4** ***aangenomen worden*** ⟨v. wet bv.⟩ ⇒*erdoor komen* ◆ **1.1** this rifle carries far *dit geweer draagt ver* **1.3** a large suitcase doesn't ~ easily *een grote koffer draagt niet gemakkelijk.* →**carry on, carry over, carry through;**
II ⟨ov.ww.⟩ **0.1** ***vervoeren*** ⇒*transporteren, (over)brengen; (mee)dragen, steunen; (met zich) (mee)voeren, bij zich hebben; afvoeren;* ⟨nat.⟩ *(ge)leiden; (binnen)halen* ⟨oogst e.d.⟩; *drijven; door/optrekken* **0.2** ***zwanger/in verwachting zijn van*** **0.3** ***veroveren*** ⇒*in de wacht/uit het vuur slepen, voor zich winnen* **0.4** ***met zich meebrengen*** ⇒*impliceren* **0.5** ***(als artikel) voeren*** ⇒*in het assortiment hebben, verkopen* **0.6** ***(kunnen) bevatten*** ⇒*aankunnen* **0.7** ***uitzenden*** ⇒*publiceren* ◆ **1.1** she carries her age very well *ze ziet er goed uit voor haar leeftijd;* my brother carries the whole department *de hele afdeling draait op mijn broer;* such a crime carries a severe punishment *op zo'n misdaad staat een strenge straf;* diseases carried by insects *ziekten door insecten overgebracht;* ~ to excess *te ver doordrijven;* ~ a motion *een motie steunen;* this field carries wheat *op deze akker staat tarwe;* ⟨inf.⟩ the firm will ~ you until your illness is over *de zaak springt bij tot je weer beter bent;* the loan carries an interest *de lening is rentedragend;* he carried the news to everyone in the family *hij ging de hele familie af/rond met het nieuwtje;* these pipes will ~ the oil *de olie zal via deze pijpleidingen getransporteerd worden;* ~ new pipes under a street *nieuwe buizen onder een straat leggen;* power carries responsibility *macht verplicht tot verantwoordelijkheid;* write 3 and ~ 2 *3 opschrijven, 2 onthouden;* copper wires ~ electric current *elektrische stroom loopt door koperen draden* **1.3** the government carried the country *de regering had de steun v.h. land/volk;* ~ one's motion/bill *zijn motie/wetsontwerp erdoor krijgen;* the soldiers carried the enemy's position *de soldaten namen de vijandelijke stelling stormenderhand in* **1.6** this field can ~ up to 25 sheep *op dit land kunnen hoogstens 25 schapen grazen/weiden;* the report carried several suggestions *het rapport bevatte diverse suggesties;* he can't ~ a tune *hij kan geen wijs houden* **4.1** Joan carries herself like a model *Joan gedraagt zich als een mannequin* **4.6** he can't ~ more than a few drinks *hij kan maar een paar borrels hebben* **4.**¶ ~ all/everything before one *in ieder opzicht slagen* **5.1** you don't have to ~ that umbrella **about** all the time *je hoeft niet voortdurend die paraplu mee te slepen;* the building will be carried **up** to 10 floors *het gebouw wordt opgetrokken tot 10 verdiepingen* **5.**¶ ~ too far *overdrijven* **6.1** ~ **into** effect *ten uitvoer brengen* **6.3** he carried his audience **with** him *hij nam het publiek (sterk) voor zich in.* →**carry along, carry away, carry back, carry forward, carry off, carry on, carry out, carry over, carry through.**

carryall [kærie·o:l] **0.1** ⟨AE⟩ ***weekendtas*** ⇒*reistas.*

carry along 0.1 ***stimuleren*** ⇒*aansporen, (voort)drijven.*

carry away ⟨meestal pass.⟩ **0.1** ***meesleuren*** ⇒*meeslepen, opzwepen* **0.2** ***wegdragen*** ◆ **6.1** carried away **by** rage *in blinde razernij.*

carry back 0.1 ***doen (terug)denken aan*** ⇒*terugvoeren* ◆ **1.1** further than my memory will carry me back *verder dan mijn geheugen reikt/strekt.*

carrycot ⟨vnl. BE⟩ **0.1** ***reiswieg.***

carry down ⟨boekhouden⟩ **0.1** ***overbrengen*** ⟨naar rekening op zelfde pagina⟩.

carry forward 0.1 ⟨boekhouden⟩ ***transporteren*** **0.2** ***vorderen met*** ⟨werk bv.⟩ ⇒*voortzetten* **0.3** ⟨ec.⟩ ***in mindering brengen*** ⇒*overbrengen naar volgend boekjaar* **0.4** ***doortrekken*** ⟨spoor e.d.⟩.

carryings-on [kærie·ingz on] ⟨inf.⟩ **0.1** ***(bedenkelijke/dolle) streken*** ⇒*fratsen, handel en wandel* **0.2** ***geflirt*** ◆ **5.1** as soon as the lights went out there were ~ *zodra het licht uitging begon het gedonder in de glazen.*

carry off 0.1 ***winnen*** ⇒*veroveren, in de wacht slepen* **0.2** ***wegvoeren*** ⇒*ontvoeren, er vandoor gaan met* **0.3** ***trotseren*** ⇒*braveren, tarten* ◆ **1.1** they're bound to ~ the first prize *zij zullen zeker beslag leggen op de eerste prijs* **4.¶** I managed to carry it off *ik heb me eruit weten te redden.*

carry on I ⟨onov.ww.⟩ **0.1** ***doorgaan*** ⇒*zijn gang gaan, doorzetten* **0.2** ⟨inf.⟩ ***tekeergaan*** ⇒*stennis/ophef maken, zich aanstellen* **0.3** ⟨inf.; vaak pej.⟩ ***scharrelen*** ⇒*het houden/het aanleggen met (elkaar)* ◆ **6.1** you'd better ~ **with** your work *ik zou maar weer aan het werk gaan;*
II ⟨ov.ww.⟩ **0.1** ***continueren*** ⇒*voortzetten, volhouden* **0.2** ***(uit)voeren*** ⇒*drijven, gaande houden* **0.3** ***voeren*** ⟨oorlog, proces e.d.⟩ ◆ **1.1** ~ the good work! *hou vol!* **1.2** it's hard to ~ the business *het valt niet mee om de zaak draaiende te houden* **3.1** ~ talking *doorpraten.*

carry-on ⟨mv.: ook carry-on⟩ **0.1** ***hand(bagage)tasje*** **0.2** ***aanstellerij.***

carry out 0.1 ***uitvoeren*** ⇒*vervullen, volbrengen* ◆ **1.1** ~ tests *proeven doen* **6.1** ~ **to** the letter *naar de letter uitvoeren.*

carry-out ⟨AE, Sch. E⟩ **0.1** ***om mee te nemen*** ◆ **1.1** ~ restaurant *afhaalrestaurant.*

carry over I ⟨onov.ww.⟩ **0.1** ***bijblijven*** ⇒*meekrijgen* ◆ **1.1** many habits ~ from childhood *veel gewoonten krijgt men uit zijn jeugd mee;*
II ⟨ov.ww.⟩ **0.1** →**carry forward 0.2** ***uitstellen*** ⇒*verdagen, overhevelen* **0.3** ⟨beurs⟩ ***reporteren.***

carry-over 0.1 ⟨hand.⟩ ***rescontre*** **0.2** ⟨vaak enk.; boekhouden⟩ ***transport.***

carry through I ⟨onov.ww.⟩ **0.1** ***voortbestaan*** ⇒*voortduren;*
II ⟨ov.ww.⟩ **0.1** ***erdoor helpen/slepen*** **0.2** ***uitvoeren*** ⇒*realiseren* ◆ **1.2** you should carry your promises through *je moet je aan je beloften houden* **7.1** his faith carried him through *zijn geloof hield hem op de been.*

carsick ⟨-ness⟩ **0.1** ***wagenziek.***

cart[1] [ka:t] ⟨zn.⟩ **0.1** ***kar*** ◆ **1.¶** put/set the ~ before the horse *het paard achter de wagen spannen.*

cart[2] ⟨ww.⟩ **0.1** ***vervoeren in een kar*** ⇒*binnenhalen* ⟨bv. oogst⟩ **0.2** ⟨inf.⟩ ***(rond)zeulen*** ◆ **1.1** ~ manure *mest karren* **5.1** ~ **off** a prisoner *een gevangene (hardhandig) afvoeren.*

cartage [ka:tidzj] **I** ⟨telb. en n.-telb.zn.⟩ **0.1** ***vracht(prijs)*** ⇒*sleeploon;*
II ⟨n.-telb.zn.⟩ **0.1** ***vervoer*** ⟨vnl. over korte afstand⟩.

carte [ka:t] ⟨cul.⟩ ◆ **6.¶ à** la ~ *à la carte.*

carte blanche [ka:t bla:nsj] ⟨mv.: cartes blanches [ka:ts-]⟩ **0.1** ***carte blanche*** ⇒*blanco/onbeperkte volmacht, (de) vrije hand.*

cartel [ka:tel] **0.1** ***kartel*** **0.2** ***blok*** ⟨v. politieke partijen⟩ ⇒*coalitie.*

carter [ka:tə] **0.1** ***voerman*** **0.2** ⟨AE⟩ ***transportarbeider*** ⇒*(vrachtwagen)chauffeur.*

Cartesian [ka:tie:zjn] **0.1** ***cartesiaans*** ⇒*van/zoals bij Descartes* ◆ **1.1** ⟨wisk.⟩ ~ coordinate system *cartesisch assenstelsel.*

cart horse 0.1 ***karrenpaard*** ⇒*trekpaard.*

cartilage [ka:tlidzj] **0.1** ***kraakbeen.***

cartilaginous [ka:tilædzjənəs] **0.1** ***kraakbeenachtig.***

cartload 0.1 ***karrenvracht.***

cartographer [ka:togrəfə] **0.1** ***cartograaf*** ⇒*(land)kaarttekenaar.*

cartograph|y [ka:togrəfie] ⟨bn.: **-ic(al)**⟩ **0.1** ***cartografie*** ⇒*het kaarttekenen.*

carton [ka:tn] **0.1** ***kartonnen doos*** **0.2** ***wit*** ⟨middelpunt v. schietschijf⟩ **0.3** ***schot in het wit*** ⟨v. schietschijf⟩ ◆ **1.1** a ~ of cigarettes *een slof sigaretten.*

cartoon[1] [ka:toe:n] ⟨zn.⟩ **0.1** ***(politieke) spotprent*** ⇒*satirische prent, cartoon* **0.2** ***strip(verhaal)*** **0.3** ***tekenfilm*** ⇒*animatiefilm* ◆ **3.2** animated ~ *tekenfilm, animatiefilm.*

cartoon[2] **I** ⟨onov.ww.⟩ **0.1** ***karikatuur/cartoon/striptekenen;***
II ⟨ov.ww.⟩ **0.1** ***karikaturiseren.***

cartoonist [ka:toe:nist] **0.1** ***cartoonist*** ⇒*karikatuur/cartoon/striptekenaar.*

cartouch(e) [ka:toe:sj] ⟨bouwk.⟩ **0.1** ***cartouche*** ⟨ovaal schild met lijst v. lofwerk⟩ ⇒*lofwerk, sierlijst, krulversiering, volute.*

cartridge [ka:tridzj] **0.1** ***patroon(huls)*** **0.2** ***verwisselbaar pick-up element*** **0.3** ***(kant-en-klare) vulling*** ⇒*cassette; inktpatroon; gasvulling.* →**blank.**

cartridge belt 0.1 ***patroongordel/riem.***

cartridge case 0.1 ***patroonhuls.***

cartridge clip 0.1 ***patroonhouder*** ⟨voor automatisch wapen⟩.

cartridge paper 0.1 ***patroonpapier*** ⇒*kardoespapier* **0.2** ***(dik, wit) tekenpapier.***

cart track, cart road 0.1 ***karrenspoor*** ⇒*wagenspoor.*

cartwheel 0.1 ***karrenwiel*** ⟨ook fig.⟩ ⇒*karrad, wagenwiel* **0.2** ***radslag*** **0.3** ⟨AE; sl.⟩ ***(zilveren) dollar*** ◆ **3.2** do/turn ~s *radslagen maken.*

carve [ka:v] **I** ⟨onov.ww.⟩ **0.1** ***beeldhouwen*** **0.2** ***graveren*** ◆ **1.1** my sister ~s *mijn zusje is beeldhouwster;*
II ⟨onov. en ov.ww.⟩ **0.1** ***voorsnijden*** ⟨vlees, gevogelte e.d.⟩ ⇒*trancheren.* →**carve up;**
III ⟨ov.ww.⟩ **0.1** ***kerven*** ⇒*houwen, beitelen; krassen, graveren/beeldhouwen in; splijten* ◆ **1.1** wrinkles ~d his face *rimpels doorgroefden zijn gelaat* **6.1** ~ **from** marble *uit marmer houwen;* ~ wood **into** a figure *uit hout een figuur snijden.* →**carve out.**

carve out 0.1 ***uitsnijden*** ⇒*afsnijden, (uit)houwen* **0.2** ***bevechten*** ⇒*zich veroveren* ◆ **1.1** ~ a path *een pad hakken* **1.2** everyone must ~ his own fortune *elk is de bewerker van zijn eigen geluk;* he carved out a name for himself *hij heeft zich met veel moeite een naam opgebouwd.*

carver [ka:və] **0.1** ***beeldhouwer*** ⇒*graveur; houtsnijder* **0.2** ***voorsnijder*** **0.3** ***voorsnijmes*** ⇒*trancheermes* **0.4** ⟨mv.⟩ ***voorsnijcouvert.***

carve up 0.1 ⟨inf.⟩ ***opdelen*** ⇒*aan stukken snijden* **0.2** ⟨sl.⟩ ***een jaap bezorgen.***

carving [ka:ving] **0.1** ***sculptuur*** ⇒*beeld(houwwerk); houtsnede; gravure; reliëf.*

carving fork 0.1 ***voorsnijvork.***

carving knife 0.1 ***voorsnijmes.***

car-wash ⟨vnl. AE⟩ **0.1** ***autowasserette*** ⇒*autowasplaats, carwash.*

cascade[1] [kæskeed] ⟨zn.⟩ **0.1** ***cascade*** ⇒*kleine waterval* **0.2** ***cascadeproces*** ⇒*cascadeschakeling* ◆ **1.1** a ~ of curls *een waterval v. krullen.*

cascade[2] ⟨ww.⟩ **0.1** ***(doen) vallen (als) in een waterval*** ⇒*draperen.*

case[1] [kees] **I** ⟨telb.zn.⟩ **0.1** ***geval*** ⇒*kwestie, zaak; stand v. zaken; voorbeeld, specimen; patiënt, ziektegeval;* ⟨inf.⟩ *(excentriek) type* **0.2** ***argumenten*** ⇒*bewijs(materiaal), pleidooi* ⟨ook jur.⟩ **0.3** ⟨jur.⟩ ***(rechts)zaak*** ⇒*geding, proces* **0.4** ⟨ben. voor⟩ ***omhulsel*** ⟨vnl. met inhoud⟩ ⇒*doos, kist, koffer; zak, tas(je); schede, koker; huls, mantel; sloop, overtrek;*

cassette, etui; omslag; band; uitstalkast, vitrine; kast ⟨v. horloge, piano; voor boeken enz.⟩; ⟨tech.⟩ *huis; trommel, bus;* ⟨plantk.⟩ *zaadhuisje/hulsel* **0.5** ***kozijn*** ⇒*raamwerk, deurlijst* ◆ **1.1** ~ of honour *erezaak;* ~ in point *goed voorbeeld* **2.1** he's a real ~ *hij is echt geschift* **2.2** have a strong ~ *er goed/sterk voor staan* **2.3** criminal ~ *strafzaak* **3.2** make (out) one's ~ *aantonen dat men gelijk heeft;* put the ~ (that) *opperen/voorstellen (om te)* **3.3** leading ~ *precedent* **6.1 in** ~ *voor het geval dat;* ⟨vnl. AE⟩ *indien;* (just) **in** ~ *voor het geval dat;* **in** ~ **of** *in geval van, voor het geval dat;* **in** the ~ **of** *met betrekking tot* **6.2** the ~ **for** the defendant *het pleidooi ten gunste v.d. beklaagde* **7.1** in any/no ~ *in elk/geen geval;* it's (not) the ~ *het is (niet) waar/het geval;* such being the ~ *in het licht daarvan;* in this/that ~ *in dit/dat geval;* three ~s of measles *drie gevallen v. mazelen* **7.2** have no ~ *geen been hebben om op te staan* **7.3** my ~ is to be heard today *mijn zaak komt vandaag voor* **8.1** as the ~ may be *afhankelijk v.d. situatie/omstandigheden;*

II ⟨telb. en n.-telb.zn.⟩⟨taal.⟩ **0.1** ***naamval*** ⇒*casus.*

case[2] ⟨ww.⟩ **0.1** ***voorzien v.e. omhulsel/doos*** ⇒*insluiten, vatten* **0.2** ⟨sl.⟩ ***afleggen*** ⇒*verkennen, onderzoeken* ⟨gebouw, persoon vóór beroving⟩.

casebook 0.1 ***register v. behandelde gevallen*** ⟨door arts, jurist e.d.⟩ ⇒*patiënten/cliëntenboek, casuslijst/register.*

casebook example 0.1 ***schoolvoorbeeld*** ⇒*model, typisch voorbeeld.*

cased [keest] **0.1** ***met harde kaft*** ⟨v. boek⟩.

case history 0.1 ***voorgeschiedenis*** ⇒*doopceel;* ⟨med.⟩ *ziektegeschiedenis.*

case law ⟨jur.⟩ **0.1** ***jurisprudentie(recht)*** ⇒*precedentenrecht.*

case study ⟨soc.⟩ **0.1** ***casestudy*** ⇒*gevalsanalyse.*

casework 0.1 ***casework*** ⇒*(individueel) maatschappelijk werk.*

caseworker 0.1 ***caseworker*** ⇒*(psychologisch-)maatschappelijk werker.*

cash[1] [kæsj] ⟨zn.⟩ **0.1** ***contant geld*** ⇒*contanten, cash;* ⟨inf.⟩ *geld, centen* ◆ **1.1** ~ on delivery *(onder) rembours; betaling bij levering* **2.1** hard ~ *munten* ⟨tgov. papiergeld⟩; ⟨inf.⟩ *contant geld;* ready ~ *baar geld, klinkende munt;* (be) short of ~ *krap (bij kas) (zitten)* **3.1** pay in ~ *per kas/contant betalen;* be rolling in ~ *in het geld zwemmen* **5.1** ~ **down** *(à) contant.*

cash[2] **I** ⟨onov.ww.⟩ →**cash in;**

II ⟨ov.ww.⟩ **0.1** ***omwisselen in contanten*** ⟨cheques e.d.⟩ ⇒ *verzilveren, innen.* →**cash in.**

cashable [kæsjəbl] **0.1** ***verzilverbaar*** ⇒*inbaar, in/omwisselbaar.*

cash account ⟨geldw.⟩ **0.1** ***kasgeldrekening.***

cash-and-carry (store) 0.1 ***cash-and-carry(bedrijf).***

cash balance 0.1 ***kassaldo*** ⇒*kastegoed.*

cash card 0.1 ***betaalpas*** ⇒*geldautomaatpasje;* ⟨giro⟩ *giromaatpasje, pinpas.*

cash crop 0.1 ***marktgewas*** ⟨niet voor eigen gebruik⟩.

cash desk 0.1 ***kassa*** ⇒*betalingsloket.*

cash discount ⟨hand.⟩ **0.1** ***korting*** ⟨bij vlotte betaling⟩.

cash dispenser 0.1 ***geldautomaat*** ⇒*bankbiljettenautomaat.*

cashew [kæsjoe:] **0.1** ***cashewnoot*** ⇒*bombaynoot(je).*

cash flow ⟨ec.⟩ **0.1** ***cashflow*** ⟨nettowinst + afschrijvingen v.e. onderneming⟩ ⇒*kas(gelden)stroom.*

cashier[1] [kæsjiə] ⟨zn.⟩ **0.1** ***kassier*** **0.2** ***caissière*** ⇒*kassajuffrouw.*

cashier[2] ⟨ww.⟩⟨mil.⟩ **0.1** ***oneervol ontslaan*** ⇒*casseren, afzetten.*

cash in I ⟨onov.ww.⟩⟨inf.⟩ **0.1** ***het loodje leggen*** ⇒*de pijp uitgaan* **0.2** ***zijn slag slaan*** ⇒*profiteren* ◆ **6.2** ~ **on** *munt/een slaatje slaan uit;*

II ⟨ov.ww.⟩ **0.1** ***omwisselen in contanten*** ⇒*verzilveren, innen.*

cashless [kæsjləs] ◆ **1.¶** ~ payment *betaling met creditcard/betaalkaart/per cheque of overschrijving;* ⟨euf.⟩ ~ shopping *proletarisch winkelen;* ~ society *plasticgeldmaatschappij.*

cashmere, kashmir [kæsjmiə] **I** ⟨telb.zn.⟩ **0.1** ***kasjmieren sjaal;***

II ⟨n.-telb.zn.⟩ **0.1** ***kasjmier*** ⟨wol⟩.

cashpoint [kæsjpojnt], ⟨AE ook⟩ **cashomat** [kæsjəmæt] **0.1** ***geldautomaat.***

cashpoint card 0.1 ***geldautomaatpasje*** ⇒⟨giro⟩ *giromaatpas.*

cash price 0.1 ***prijs bij contante betaling.***

cash register 0.1 ***kasregister*** ⇒*kassa.*

cash up ⟨BE⟩ **0.1** ***de kas opmaken.***

casing [keesing] **0.1** ⟨ben. voor⟩ ***omhulsel*** ⇒*doos;* ⟨ihb.⟩ *vulkanisatielaag* ⟨v. autoband⟩; ⟨vnl. mv.⟩ *worstvel;* ⟨tech.⟩ *boor/bekledingsbuis;* ⟨tech.⟩ *bekisting, kast, omhulsel* **0.2** ***kozijn*** ⇒*raamwerk, deurlijst.*

casino [kəsie:noo] **0.1** ***casino*** ⇒*gokpaleis.*

cask [ka:sk] **0.1** ***vat*** ⇒*fust.*

casket [ka:skit] **0.1** ***(juwelen)kistje*** ⇒*cassette, doosje* **0.2** ⟨AE⟩ ***dood(s)kist.***

ca(s)sava [kəsa:və] **0.1** ***maniok*** ⇒*cassave* **0.2** ***tapioca*** ⇒ *cassave(meel), maniokmeel.*

casserole [kæsərool] **0.1** ***braadschotel*** ⇒*stoofpan, ovenschotel* **0.2** ***stoofschotel*** ⇒*eenpansgerecht.*

cassette [kəset] **0.1** ***cassette.***

cassette deck 0.1 ***cassettedeck.***

cassette recorder 0.1 ***cassetterecorder.***

cassock [kæsək] **0.1** ***soutane*** ⇒*toga, toog.*

cassowar|y [kæsəweərie] ⟨mv.: -ies⟩ **0.1** ***kasuaris*** ⟨loopvogel⟩.

cast[1] [ka:st] ⟨zn.⟩ **0.1** ***worp*** ⇒*gooi* **0.2** ⟨ben. voor⟩ ***iets wat geworpen wordt*** ⇒*lijn* ⟨met kunstvlieg als aas⟩; *braakbal; afgeworpen huid* **0.3** ***gietvorm*** ⇒*model; afdruk* **0.4** ***gipsverband*** **0.5** ***neiging*** ⇒*hang, zweem(pje)* **0.6** ***hoedanigheid*** ⇒*kwaliteit, aard; uitdrukking, uiterlijk* ⟨v. gezicht⟩ **0.7** ⟨ww. enk. of mv.⟩ ***bezetting*** ⟨v. film, toneelstuk e.d.⟩ ⇒ *cast, rolverdeling* ◆ **1.6** ~ of mind *geestesgesteldheid* **¶.7** an all-star ~ *een sterbezetting.*

cast[2] ⟨cast, cast [ka:st]⟩ **I** ⟨onov.ww.⟩ **0.1** ***zijn hengel uitwerpen*** **0.2** ***de doorslag geven*** ⇒*beslissend zijn* **0.3** ***(zich laten) gieten*** ◆ **1.2** ~ing vote *beslissende stem* ⟨vnl. v. voorzitter, bij staking v. stemmen⟩ **1.3** iron ~s better than copper *ijzer laat zich beter gieten dan koper.* →**cast about/(a)round;**

II ⟨onov. en ov.ww.⟩ **0.1** ***(be/uit)rekenen*** ⇒*(be)cijferen, calculeren; optellen; trekken* ⟨horoscoop⟩ ◆ **1.1** ~ (up) accounts *rekeningen optellen.* →**cast off, cast on, cast up;**

III ⟨ov.ww.⟩ **0.1** ⟨ben. voor⟩ ***werpen*** ⇒*(van zich) afwerpen; weggooien, uitgooien; laten vallen; afwerpen* ⟨huid v. dier⟩; *verliezen* ⟨hoefijzer⟩; *neerkwakken; (ontijdig) bevallen van* **0.2** ***kiezen*** ⟨acteurs⟩ ⇒*(de) rol(len) toedelen aan, casten* **0.3** ***gieten*** ⟨metalen; ook fig.⟩ ⇒*een afgietsel maken van* ◆ **1.1** they ~ their nets into the sea *zij wierpen hun netten uit in zee* **1.3** ~ bronze *brons gieten;* a man ~ in the right mold *iem. uit het goede hout gesneden* **5.1** ⟨scheep.⟩ ~ **adrift** *losgooien;* ~ **ashore** *op de kust/het strand werpen.* →**cast aside, cast away, cast down, cast off, cast out, cast up.**

cast about, cast (a)round 0.1 ***(naarstig/koortsachtig)***

zoeken ◆ **6.1** ~ **for** an excuse *koortsachtig naar een excuus zoeken.*

castanet [kæstənet] ⟨vnl. mv.⟩ **0.1** ***castagnet.***

cast aside **0.1** ***afdanken*** ⇒*aan de kant schuiven/zetten, laten vallen.*

castaway [ka:stəwee] **0.1** ***schipbreukeling*** **0.2** ***aan land gezette schepeling.***

cast away **0.1** ***aan land zetten*** ⟨schepeling, als straf op verlaten kust⟩ **0.2** ***verwerpen*** ⇒*afwijzen* **0.3** ***weggooien*** ◆ **1.3** ~ one's life *zijn leven vergooien* **¶.1** be ~ *(moederziel) alleen achterblijven;* ⟨ihb. na een schipbreuk⟩ *aanspoelen* ⟨op een onbewoond eiland⟩.

cast down **0.1** ***terneerslaan*** ⇒*droevig stemmen* **0.2** ***neerslaan*** ⟨ogen⟩ **0.3** ***buigen*** ⟨hoofd⟩ ◆ **¶.1** ⟨volt. deelw.⟩ ~ *terneergeslagen.*

caste [ka:st] ⟨ook attr.⟩ **0.1** ***kaste*** ⇒*afgesloten sociale klasse* ⟨ook v. insecten⟩ **0.2** ***kastestelsel*** **0.3** ***prestige*** ⇒*sociale status* ◆ **3.3** lose ~ among/with *in aanzien dalen bij/tegenover.*

castellated [kæstilleetid] **0.1** ***kasteelachtig*** **0.2** ***gekanteeld.***

caster [ka:stə] **0.1** ***werper*** **0.2** ***(metaal)gieter*** **0.3** →**castor.**

caster sugar **0.1** ***poedersuiker.***

castig|ate [kæstigeet] ⟨zn.: **-ation**⟩ ⟨schr.⟩ **0.1** ***kastijden*** ⇒*tuchtigen* **0.2** ***hekelen*** ⇒*laken, gispen* **0.3** ***corrigeren*** ⇒*herzien* ⟨tekst⟩.

casting [ka:sting] **I** ⟨telb.zn.⟩ **0.1** ***gietstuk*** ⇒*gietsel* **0.2** ***afgeworpen huid*** ⟨v. dier⟩ **0.3** ***wormhoopje*** **0.4** ***braakbal;***
II ⟨n.-telb.zn.⟩ **0.1** ***het maken v. gietmallen*** **0.2** ***het kiezen v. acteurs voor een rol*** ⇒*casting.*

casting net ⟨hengelsport⟩ **0.1** ***werpnet.***

cast iron **0.1** ***gietijzer.***

cast-iron **0.1** ***gietijzeren*** **0.2** ***ijzersterk*** **0.3** ***vast*** ⇒*onbuigzaam, hard(vochtig)* ◆ **1.2** a ~ stomach *een maag van beton;* a ~ will/constitution *een ijzeren wil/gestel* **1.3** ~ rule *vaste regel.*

castle¹ [ka:sl] ⟨zn.⟩ **0.1** ***kasteel*** ⇒*slot, burcht* ⟨ook fig.⟩ **0.2** ⟨schaakspel⟩ ***toren*** ⇒*kasteel* **0.3** ⟨AE; scherts.⟩ ***woning*** ◆ **1.¶** build ~s in the air/Spain *luchtkastelen bouwen, dagdromen.*

castle² ⟨ww.⟩ ⟨schaakspel⟩ **0.1** ***rokeren*** ⇒*de rokade toepassen* ◆ **1.1** ~ the king *rokeren.*

cast list **0.1** ***in/aftiteling*** ⟨bij film⟩.

cast off **I** ⟨onov. en ov.ww.⟩ **0.1** ⟨scheep.⟩ ***(de trossen) losgooien*** **0.2** ⟨breien⟩ ***minderen*** ⇒*afhechten;*
II ⟨ov.ww.⟩ **0.1** ***van zich werpen*** ⇒*weggooien* ⟨kleren⟩ **0.2** ***afdanken*** ⇒*aan de kant zetten.*

cast-off **0.1** ***afgedankt*** ⇒*weggegooid* ◆ **1.1** ~ clothes *afdankertjes, oude kleren.*

castoffs **0.1** ***afdankertjes*** ⇒*afgedankte kledingstukken.*

cast on **0.1** ***(breiwerk/steken) opzetten.***

castor, caster [ka:stə] **0.1** ***strooier*** ⇒*strooibus/fles* **0.2** ***zwenkwieltje*** ⇒*rolletje* ⟨v. meubilair⟩ ◆ **1.1** a set of ~s *peper-en-zoutstelletje; olie-en-azijnstelletje.*

castor oil **0.1** ***wonderolie*** ⇒*castorolie.*

castor sugar **0.1** ***poedersuiker.***

cast out ⟨meestal pass.⟩ **0.1** ***verstoten*** ⇒*verjagen, uitdrijven.*

castr|ate [kæstreet] ⟨zn.: **-ation**⟩ **0.1** ***castreren*** **0.2** ***ontzielen*** ⇒*beroven v. energie/veerkracht* **0.3** ***castigeren*** ⇒*kuisen, zuiveren.*

cast round →**cast about.**

cast up **0.1** ***doen aanspoelen*** ⇒*aan land werpen* **0.2** ***optellen*** ⇒*berekenen.*

casual¹ [kæzjoeəl] ⟨zn.⟩ **0.1** ⟨vnl. mv.⟩ ***gemakkelijk (zittend) kledingstuk*** ⇒*vrijetijdskleding* **0.2** ***tijdelijke (arbeids)kracht*** **0.3** ***slipper*** ⇒*sandaal* **0.4** ⟨mil.⟩ ***tijdelijk gedetacheerd soldaat.***

casual² ⟨bn.; -ness⟩ **0.1** ***toevallig*** **0.2** ***ongeregeld*** ⇒*onsystematisch* **0.3** ***terloops*** ⇒*onwillekeurig* **0.4** ***nonchalant*** ⇒*ongeïnteresseerd* **0.5** ***informeel*** **0.6** ***oppervlakkig*** ◆ **1.2** ~ labour *tijdelijk werk;* ~ labourer *los werkman* **1.3** ~ contacts *losse (seksuele) contacten;* a ~ glance *een vluchtige blik* **1.5** ~ clothes/wear *vrijetijdskleding, gemakkelijke kleren;* ~ shoe *slipper, sandaal* **1.6** a ~ acquaintance *een oppervlakkige kennis.*

casualt|y [kæzjoeəltie] ⟨mv.: -ies⟩ **I** ⟨telb.zn.⟩ **0.1** ***(dodelijk) ongeval*** ⇒*ongeluk, ramp(spoed)* **0.2** ⟨vnl. mv.⟩ ***slachtoffer*** ⇒*gesneuvelde, gewonde* ◆ **2.2** three serious casualties *drie personen ernstig gewond* **3.2** suffer heavy casualties *zware verliezen lijden;*
II ⟨telb. en n.-telb.zn.⟩ **0.1** ***eerste hulp (afdeling).***

casualty list **0.1** ***verlieslijst.***

casualty ward **0.1** ***(afdeling) eerste hulp*** ⟨v.e. ziekenhuis⟩.

casuist [kæzjoe·ist] **0.1** ***casuïst*** ⇒*sofist;* ⟨pej.⟩ *haarklover.*

casuistic|(al) [kæzjoe·istik(l)] ⟨-ally⟩ **0.1** ***casuïstisch*** ⇒*sofistisch, spitsvondig;* ⟨pej.⟩ *vergezocht.*

casuistr|y [kæzjoe·istrie] ⟨mv.: -ies⟩ ⟨vaak pej.⟩ **I** ⟨telb.zn.⟩ **0.1** ***drogreden*** ⇒*sofisme;*
II ⟨n.-telb.zn.⟩ **0.1** ***casuïstiek.***

cat [kæt] **0.1** ***kat*** ⇒*poes, kater;* ⟨dierk.⟩ *katachtige* **0.2** ⟨inf.⟩ ***kat(je)*** ⇒*kattenkop* **0.3** ⟨sl.⟩ ***kerel*** ⇒*vent, gast* **0.4** ⟨sl.⟩ ***(hippe) vogel*** ⇒*non-conformist* **0.5** ⟨sl.⟩ ***jazzmusicus/freak*** ⇒*swinger* ◆ **1.¶** let the ~ out of the bag *uit de school klappen* ⟨vnl. onbedoeld⟩; rain ~s and dogs *bakstenen/pijpenstelen regenen;* not a ~ in hell's chance *geen schijn v. kans;* play ~ and mouse (with s.o.) *kat en muis (met iem.) spelen;* (put) a ~ among the pigeons *een knuppel in het hoenderhok (werpen)* **2.1** sick as a ~ *kotsmisselijk* **3.¶** like sth. the ~ brought in *verfomfaaid* **¶.¶** ⟨sprw.⟩ a ~ has nine lives *een kat komt altijd op zijn pootjes terecht;* ⟨sprw.⟩ when the ~'s away (the mice will play) *als de kat van huis is, dansen de muizen op tafel.* →**curiosity, fat, hot.**

cataclysm [kætəklizm] **0.1** ***cataclysme*** ⇒*ramp, onheil.*

cataclysmic [kætəklizmik] **0.1** ***cataclysmisch.***

catacomb [kætəkoe:m] ⟨vnl. mv.⟩ **0.1** ***catacombe*** ⇒*(graf)kelder.*

catafalque [kætəfælk] **0.1** ***katafalk*** ⇒*rouwpodium.*

catalogue¹, ⟨AE sp. ook⟩ **catalog** [kætəlog] ⟨zn.⟩ **0.1** ***catalogus*** **0.2** ***(was)lijst*** ⇒*rits, opsomming* **0.3** ⟨AE; ong.⟩ ***studiegids*** **0.4** ***(kaart)catalogus.***

catalogue², ⟨AE sp. ook⟩ **catalog** ⟨ww.⟩ **0.1** ***catalogiseren.***

catalogue house **0.1** ***postorderbedrijf*** ⇒*verzendhuis.*

catalpa [kətælpə] **0.1** ***trompetboom.***

catalyse, ⟨AE sp.⟩ **catalyze** [kætəlajz] **0.1** ***katalyseren*** ⇒*als katalysator werken op.*

catalysis [kətælissis] **0.1** ***katalyse*** ⇒*werking v.e. katalysator.*

catalyst [kætəlist] **0.1** ***katalysator*** ⟨ook fig.⟩.

catalytic [kætlittik] ⟨-ally⟩ **0.1** ***katalytisch*** ◆ **1.1** ~ converter *katalysator.*

catamaran [kætəmərən] **0.1** ***catamaran.***

cat-and-dog life ⟨geen mv.⟩ **0.1** ***ruziënd bestaan*** ◆ **3.1** lead a ~ *leven als kat en hond.*

catapult¹ [kætəpult] ⟨zn.⟩ **0.1** ***katapult*** ⟨BE ook: speelgoed⟩.

catapult² **I** ⟨onov.ww.⟩ **0.1** ***afgeschoten worden*** ⇒*losvliegen, zich slingeren* ◆ **6.1** the plane ~ed **from** the carrier *het vliegtuig schoot los van het vliegdekschip;*
II ⟨ov.ww.⟩ **0.1** ***met een katapult (be)schieten*** ⇒⟨mil.⟩ *lanceren met een katapult(inrichting)* ⟨vliegtuig⟩ ◆ **6.1** the

driver was ~ed **through** the window *de chauffeur werd door de ruit geslingerd.*

cataract [kætərækt] **I** ⟨telb.zn.⟩ **0.1** ***cataract*** ⇒*waterval* **0.2** ⟨vnl. mv.⟩ ***sterke stroomversnelling*** ⟨in rivier⟩ **0.3** ***stortbui*** ⇒*wolkbreuk;* ⟨fig.⟩ *stortvloed;*
II ⟨telb. en n.-telb.zn.⟩ ⟨med.⟩ **0.1** ***grauwe staar*** ⇒*cataract.*

catarrh [kəta:] **0.1** ***slijmvliesontsteking*** ⇒*catarre.*

catastrophe [kətæstrəfie] **0.1** ***catastrofe*** ⇒*ramp, calamiteit.*

catastrophic [kætəstroffik] ⟨-ally⟩ **0.1** ***catastrofaal*** ⇒*noodlottig, rampzalig.*

catbird **0.1** ***katvogel.***

cat burglar ⟨BE⟩ **0.1** ***geveltoerist.***

catcall[1] ⟨zn.⟩ **0.1** ***fluitconcert*** ⇒*(afkeurend) gejoel.*

catcall[2] **I** ⟨onov.ww.⟩ **0.1** ***een fluitconcert aanheffen;***
II ⟨ov.ww.⟩ **0.1** ***uitfluiten*** ⇒*weghonen.*

catch[1] [kætsj] **I** ⟨telb.zn.⟩ **0.1** ***vang*** ⇒*het vangen* **0.2** ***vangst*** ⇒*buit, aanwinst;* ⟨ihb.⟩ *visvangst* **0.3** ***vangbal*** **0.4** ***houvast*** ⇒*greep* **0.5** ***hapering*** ⟨v. stem, adem, machine e.d.⟩ ⇒ *het stokken* **0.6** ⟨inf.⟩ ***addertje onder het gras*** ⇒*luchtje, valstrik* **0.7** ***vergrendeling*** ⇒*pal, klink* **0.8** ⟨muz.⟩ ***canon*** ◆ **2.2** ⟨inf., ihb. mbt. het huwelijk⟩ a good ~ *een goede partij* **7.2** no ~ *geen aanwinst;*
II ⟨n.-telb.zn.⟩ **0.1** ***overgooien*** ⟨balspel⟩.

catch[2] ⟨caught, caught [ko:t]⟩ **I** ⟨onov.ww.⟩ **0.1** ***vlam vatten*** ⇒*ontbranden* **0.2** ***pakken*** ⇒*aanslaan* **0.3** ***besmettelijk zijn*** ⇒*zich verspreiden* ⟨v. ziekte⟩ **0.4** ⟨honkbal⟩ ***achtervangen*** ⇒*achtervanger/catcher zijn* **0.5** ***klem/vast komen te zitten*** ⇒*blijven haken/zitten* ◆ **1.2** the engine failed to ~ *de motor sloeg niet aan;* the nut doesn't ~ *de moer pakt niet* **1.5** the bolt has caught *de grendel zit vast* **6.¶** ~ **at** any opportunity *iedere gelegenheid aangrijpen.* → **catch on, catch up;**
II ⟨ov.ww.⟩ **0.1** ***(op)vangen*** ⇒*pakken, grijpen* **0.2** ***(plotseling) stuiten op*** ⇒*tegen het lijf lopen* **0.3** ***betrappen*** ⇒ *verrassen* **0.4** ***inhalen*** **0.5** ***halen*** ⟨bv. trein, bus⟩ ⇒*(nog) op tijd zijn voor* **0.6** ***oplopen*** ⇒*krijgen, opdoen* ⟨ziekte⟩ **0.7** ***slaan*** ⇒*een klap geven* **0.8** ***trekken*** ⟨aandacht e.d.⟩ ⇒ *wekken, vangen* **0.9** ***opvangen*** ⇒*(kunnen) ontvangen, zien* ⟨radio/tv-uitzending, film e.d.⟩ **0.10** ***stuiten*** ⇒*(plotseling) inhouden/tegenhouden* **0.11** ***bevangen*** ⇒*overweldigen* **0.12** ***verstaan*** ⇒*(kunnen) volgen* **0.13** ***(weten te) vangen*** ⇒*accuraat (weten) weer (te) geven* ◆ **1.1** ~ fish/thieves *vis/dieven vangen;* a nail caught his shirt *hij bleef met zijn overhemd aan een spijker haken/hangen* **1.3** caught in the act *op heterdaad betrapt* **1.6** ~ (a) cold *kou vatten* **1.8** ~ s.o.'s attention/interest *iemands aandacht trekken/belangstelling wekken* **1.9** ~ a glimpse of *een glimp opvangen van* **1.10** he caught his breath from fear *van angst stokte zijn adem* **1.12** I didn't quite ~ what you said *ik verstond je niet goed* **4.3** ⟨iron.⟩ ~ me! *ik kijk wel uit!* **4.10** ~ o.s. *zich plotseling inhouden, opeens stoppen* **4.11** ⟨inf.⟩ ~ it *de wind van voren krijgen* **5.¶** ~ a dress **in** *een jurk insnoeren* **6.1** I caught my thumb **in** the car door *ik ben met mijn duim tussen het portier gekomen;* ~ one's foot **on** sth. *met zijn voet ergens achter blijven haken, over iets struikelen* **6.7** ⟨sl.⟩ she caught him a blow *ze gaf hem een klap.* →**catch out, catch up.**

catch crop **0.1** ***tussenbouwgewas*** ⇒*tussencultuur.*

catcher [kætsjə] **0.1** ***vanger*** ⇒⟨ihb. honkbal⟩ *achtervanger, catcher* **0.2** ***blikvanger.***

catching [kætsjing] **0.1** ***besmettelijk*** **0.2** ***boeiend*** ⇒*attractief, pakkend.*

catchment area **0.1** ***rayon*** ⇒*regio, verzorgingsgebied.*

catchment basin **0.1** ***stroomgebied*** ⇒*afwaterings/drainagegebied.*

catch on ⟨inf.⟩ **0.1** ***aanslaan*** ⇒*het doen, ingang vinden* **0.2** ***doorhebben*** ⇒*snappen* ⟨idee, grap⟩.

catch out **0.1** ***betrappen*** **0.2** ***vangen*** ⇒*klem zetten, erin laten lopen.*

catchphrase **0.1** ***cliché(uitdrukking)*** ⇒*populaire uitspraak, kreet.*

catch up **I** ⟨onov.ww.⟩ **0.1** ⟨inf.⟩ ***een achterstand wegwerken/inlopen*** **0.2** ***(weer) bij raken*** ⇒*(weer) op de hoogte raken* ◆ **6.1** ~ **on** neglected subjects *verwaarloosde vakken weer ophalen* **6.¶** ~ **on** *klein krijgen;*
II ⟨onov. en ov.ww.⟩ **0.1** ***blijven haken (met)*** ⇒*vast komen te zitten* **0.2** ⟨inf.⟩ ***inhalen*** ⇒*bijkomen, gelijk komen* ◆ **6.1** he caught his scarf up **in** the door *zijn sjaal kwam tussen de deur* **6.2** ~ **to/with** s.o. *iem. inhalen* **6.¶** be caught up **in** *verwikkeld zijn in;* caught up **in** an intrigue *betrokken bij een intrige;* caught up **in** a daydream *in gedachten verzonken;*
III ⟨ov.ww.⟩ **0.1** ***oppakken*** ⇒*opnemen* **0.2** ***ophouden*** ⇒ *opsteken, omhoog houden.*

catchweight ⟨sport⟩ **0.1** ***zonder gewichtsklasse*** ⇒*voor alle categorieën.*

catchword **0.1** ***frase*** ⇒*kreet, slogan,* ⟨ihb.⟩ *partijleus.*

catch|y [kætsjie] ⟨-ily⟩ **0.1** ***pakkend*** ⇒*boeiend* **0.2** ***gemakkelijk te onthouden*** ⇒*goed in het gehoor liggend* ⟨v. muziek e.d.⟩.

catechism [kætikkizm] **0.1** ***catechismus*** **0.2** ***(godsdienst)onderwijs*** ⟨in de vorm v. vraag en antwoord⟩ ⇒*catechese* **0.3** ***ondervraging.***

catechist [kætikkist] **0.1** ***catecheet*** ⇒*godsdienstonderwijzer.*

catechize, -ise [kætikkajz] **0.1** ***godsdienstonderwijs geven (aan)*** ⇒*catechiseren* **0.2** ***ondervragen*** ⇒*een (kruis)verhoor afnemen.*

categorical [kætigorrikl] **0.1** ***categorisch*** ⇒*onvoorwaardelijk, absoluut; afdoend* **0.2** ***expliciet*** ⇒*uitgesproken, zonder omwegen* **0.3** ***categor(i)aal.***

categorize, -ise [kætigərajz] **0.1** ***categoriseren.***

categor|y [kætigrie] ⟨mv.: -ies⟩ **0.1** ***categorie*** ⇒*groep.*

cater [keetə] **0.1** ***maaltijden verzorgen/leveren (bij)*** ⇒*cateren* ◆ **1.1** who's ~ing (at) your son's wedding? *wie verzorgt het eten bij het huwelijk v. je zoon?* →**cater for, cater to.**

caterer [keetərə] **0.1** ***cateringbedrijf*** **0.2** ***restaurateur*** ⇒ *hotel/restauranteigenaar.*

cater for ⟨BE⟩ **0.1** ***maaltijden verzorgen/leveren*** ⇒*cateren* **0.2** ***in aanmerking nemen*** ⇒*overwegen, rekening houden met* **0.3** ***zich richten op*** ⇒*bedienen, inspelen/inhaken op* ◆ **1.1** weddings and parties catered for *wij verzorgen bruiloften en partijen* ⟨v. diners e.d.⟩ **1.3** a play centre catering for children *een speeltuin die vertier biedt aan kinderen;* we ~ all tastes *wij bieden voor elk wat wils.*

catering [keetring] **0.1** ***catering*** ⇒*receptie/dinerverzorging.*

caterpillar [kætəpillə] **0.1** ***rups*** **0.2** ***rupsband*** **0.3** ***rupsbaan*** ⟨kermisattractie⟩.

caterpillar track **0.1** ***rups(band)*** ⇒*rupsketting.*

caterpillar tractor **0.1** ***rupsbandtrekker/tractor.***

cater to ⟨AE; BE vaak pej.⟩ **0.1** ***zich richten op*** ⇒*bedienen, inspelen/inhaken op; tegemoet komen aan* ◆ **1.1** ⟨vnl. BE⟩ politicians often ~ the whims of the voters *politici volgen vaak de grillen v.d. kiezers.*

caterwaul[1] [kætəwo:l] ⟨zn.⟩ **0.1** ***kattengejank*** ⇒*krols geschreeuw.*

caterwaul[2] ⟨ww.⟩ **0.1** ***krollen*** ⇒*janken (als een krolse kat)* **0.2** ⟨inf.⟩ ***bekvechten.***

catfish 0.1 ***meerval.***

catgut 0.1 ***catgut*** ⇒*kattendarm* ⟨als snaar of medisch hechtdraad⟩, *darmsnaar.*

catharsis [kəθa:sis]⟨mv.: catharses [-sie:z]⟩ **0.1** ***catharsis*** ⇒ ⟨psych.⟩ *(het) afreageren, loutering.*

cathartic [kəθa:tik] **0.1** ***mbt./leidend tot een catharsis.***

cathead ⟨scheep.⟩ **0.1** ***kraanbalk*** ⟨voor anker⟩.

cathedral [kəθie:drəl] **0.1** ***kathedraal*** ⇒*domkerk; grote kerk.*

catherine wheel [kæθrin wie:l] ⟨ook C-⟩ **0.1** ***roosvenster*** ⇒ *radvenster* **0.2** ⟨vuurwerk⟩ ***vuurrad.***

catheter [kæθittə] **0.1** ***catheter*** ⇒*sonde.*

cathode, kathode [kæθood] **0.1** ***kathode*** ⇒*negatieve elektrode/pool.*

cathode ray 0.1 ***kathodestraal*** ⇒*(elektron in een) elektronenstraal.*

cathode-ray tube 0.1 ***elektronenstraalbuis*** ⇒*kathodestraalbuis;* ⟨tv⟩ *beeldbuis.*

catholic ⟨-ally⟩ **0.1** ⟨C-⟩ ***katholiek*** **0.2** ***universeel*** ⇒*algemeen, (al)omvattend* **0.3** ***ruimdenkend*** ⇒*tolerant, verdraagzaam* ◆ **1.1** ~ Epistles *katholieke brieven;* ~ Church *(de) katholieke Kerk* **2.2** a man of ~ tastes *een man met vele interesses/een brede belangstelling.*

Catholic [kæθlik] **0.1** ***katholiek.***

catholicism [kəθollissizm] ⟨meestal C-⟩ **0.1** ***katholicisme.***

catholicity [kæθəlissətie] **0.1** ***ruimdenkendheid*** ⇒*verdraagzaamheid; brede belangstelling* **0.2** ***universaliteit*** ⇒ *algemene geldigheid.*

catkin [kætkin] **0.1** ***katje*** ◆ **1.1** ~s of the willow *wilgenkatjes.*

catmint, ⟨AE⟩ **catnip 0.1** ***kattenkruid.***

catnap ⟨inf.⟩ **0.1** ***hazenslaapje*** ⇒*dutje, tukje.*

cat-o'-nine-tails [kætənajnteelz] ⟨mv.: ook cat-o'-nine-tails⟩ **0.1** ***kat met negen staarten*** ⇒*gesel.*

C(A)T-scan [kætskæn] **0.1** ***C(A)T-scan.***

C(A)T scanner ⟨med.⟩ **0.1** ***(C(A)T-)scanner*** ⇒*computertomograaf.*

cat's cradle 0.1 ***afneemspel*** ⟨waarbij met behulp v.e. lus om de handen figuren worden gevormd⟩.

cat's-eye 0.1 ***kat(ten)oog*** ⟨reflector⟩ **0.2** ***kat(ten)oog*** ⟨halfedelsteen⟩.

cat's-paw, cats-paw 0.1 ***werktuig*** ⟨iem. die gebruikt/misbruikt wordt⟩ ⇒*dupe* **0.2** ***kattenpootje*** ⟨rimpeling v.d. waterspiegel⟩ **0.3** ⟨scheep.⟩ ***katlijntje*** ⟨op haak v.h. katblok⟩.

cat's tail, cat tail 0.1 ***kattenstaart*** ⟨lett.⟩ **0.2** ***(grote) lisdodde*** **0.3** ***wilgenkatje.***

cat suit 0.1 ***jumpsuit*** ⇒*bodystocking.*

cat's whiskers ⟨inf.⟩ **0.1** ***het neusje v.d. zalm*** ⇒*het einde.*

cattle [kætl] ⟨zn.; ww. steeds mv.⟩ **0.1** ***(rund)vee*** ◆ **1.1** six head of ~ *zes stuks vee* **3.1** the ~ are grazing *het vee graast.*

cattle-breeder 0.1 ***veefokker*** ⇒*veeboer.*

cattle cake 0.1 ***veekoek.***

cattle farming 0.1 ***veeteelt.***

cattle grid 0.1 ***wildrooster.***

catt|y [kætie] ⟨-iness⟩ **0.1** ***kattig*** ⇒*vals, roddelziek* **0.2** ***steels*** ⇒*stil, als een kat.*

catwalk 0.1 ***richel*** ⇒*smal looppad* ⟨langs brug, machine enz.⟩; ⟨scheep.⟩ *loopbrug* **0.2** ***lang, smal podium*** ⟨voor modeshows enz.⟩ ⇒*lichtbrug* ⟨in theater⟩.

Caucasian [ko:keezjn] **0.1** ⟨bn.⟩ ***Kaukasisch*** **0.2** ⟨bn.⟩ ***blank*** ⇒*v.h. Indo-Europese ras* **0.3** ⟨zn.⟩ ***Kaukasiër*** **0.4** ⟨zn.⟩ ***blanke*** ⇒*lid v.h. Indo-Europese ras.*

caucus [ko:kəs] ⟨pol.; soms pej.⟩ **0.1** ⟨vnl. AE⟩ ***(besloten) verkiezingsbijeenkomst v. partijleden*** ⟨beslist over politiek en kandidaten⟩ **0.2** ⟨vnl. AE⟩ ***(besloten) vergadering v. partijleiders/afgevaardigden*** ⇒*fractie(vergadering)* **0.3** ⟨vnl. BE⟩ ***(plaatselijke) partijorganisatie.***

caudal [ko:dl] **0.1** ***staart-*** **0.2** ***v.h. achterwerk*** ◆ **1.1** ~ fin *staartvin.*

caught ⟨verl. t. en volt. deelw.⟩ →**catch.**

caul [ko:l] **0.1** ***helm*** ◆ **3.1** ⟨fig.⟩ born with a ~ *met de helm geboren.*

cauldron, caldron [ko:ldrən] **0.1** ***ketel*** ⇒*kookpot;* ⟨fig.⟩ *heksenketel.*

cauliflower [kolliflauə] **0.1** ***bloemkool.***

cauliflower ear 0.1 ***bloemkooloor.***

caulk, calk [ko:k] **0.1** ***dichten*** ⇒*waterdicht maken* **0.2** ***breeuwen*** ⟨schip⟩ ⇒*kalfateren.*

causal [ko:zl] **0.1** ***oorzakelijk*** ⇒*causaal* ◆ **1.1** ~ connection *causaal verband.*

causality [ko:zælətie] **0.1** ***causaliteit.***

causation [ko:zeesjn] **0.1** ***het veroorzaken*** **0.2** ***causaliteit.***

causative [ko:zətiv] **0.1** ***veroorzakend.***

cause[1] [ko:z] ⟨zn.⟩ **0.1** ***oorzaak*** **0.2** ***reden*** ⇒*beweegreden, motief, grond* **0.3** ***zaak*** ⇒*doel* ◆ **2.3** make common ~ with s.o. *gemene zaak maken met iem.* ⟨in politiek enz.⟩; work for a good ~ *voor een goed doel werken* **3.2** give ~ for *reden geven tot/om* **3.3** plead one's ~ *zijn zaak bepleiten;* a lost ~ *een verloren/hopeloze zaak* **7.2** there is no ~ for alarm *er is geen reden voor ongerustheid.*

cause[2] ⟨ww.⟩ **0.1** ***veroorzaken*** ⇒*ertoe brengen* ◆ **3.1** it ~d him to stop *het deed hem ophouden.*

'cause [kəz] ⟨verk.⟩ [because] ⟨inf.⟩.

cause célèbre [ko:z səleb(rə)] ⟨mv.: causes célèbres⟩ **0.1** ***cause célèbre*** ⇒*geruchtmakende zaak.*

causeway [ko:zwee] **0.1** ***verhoogde weg*** **0.2** ***geplaveide weg.***

caustic[1] [ko:stik] ⟨zn.⟩ **0.1** ***caustisch middel.***

caustic[2] ⟨bn.; -ally⟩ **0.1** ***caustisch*** ⇒*brandend* **0.2** ***bijtend*** ⟨ook fig.⟩ ⇒*sarcastisch* ◆ **1.2** ~ humour *bijtende humor.*

caution[1] [ko:sjn] **I** ⟨telb.zn.⟩ **0.1** ***waarschuwing*** **0.2** ***waarschuwingscommando*** **0.3** ***berisping*** ⇒*reprimande, vermaning;*

II ⟨n.-telb.zn.⟩ **0.1** ***voorzichtigheid*** ⇒*behoedzaamheid* ◆ **3.¶** throw/fling ~ to the winds *alle voorzichtigheid laten varen* **¶.¶** ~! *voorzichtig!;* ⟨verkeer⟩ *let op!*

caution[2] ⟨ww.⟩ **0.1** ***waarschuwen*** ⇒*tot voorzichtigheid manen* **0.2** ***berispen*** ⇒*vermanen* ◆ **6.1** ~ **about/for** *waarschuwen voor;* ~ **against** *waarschuwen tegen.*

cautionary [ko:sjənrie] ⟨schr.⟩ **0.1** ***waarschuwend*** ⇒*bedoeld als waarschuwing* ◆ **1.1** a ~ notice *een waarschuwingsbord.*

caution light ⟨verkeer⟩ **0.1** ***waarschuwingslicht.***

cautious [ko:sjəs] ⟨-ness⟩ **0.1** ***voorzichtig*** ⇒*behoedzaam, op zijn hoede.*

cavalcade [kævlkeed] **0.1** ***optocht*** ⟨v. ruiters/koetsen⟩ ⇒*cavalcade* **0.2** ***(bonte) stoet.***

cavalier[1] [kævəliə] ⟨zn.⟩ **0.1** ***galante heer*** ⇒*cavalier* **0.2** ***begeleider*** ⟨v. dame⟩ ⇒*galant, escorte* **0.3** ⟨meestal C-⟩ ***Cavalier*** ⟨aanhanger v. Karel I⟩ ◆ **1.1** he sought a ~'s satisfaction in a duel *als een man van eer wenste hij genoegdoening in een duel* **1.3** Cavalier poets *groep dichters verbonden aan het hof van Karel I.*

cavalier[2] ⟨bn.⟩ **0.1** ***hooghartig*** ⇒*arrogant, trots* **0.2** ***nonchalant*** ⇒*achteloos, onnadenkend* **0.3** ***onhoffelijk*** ⇒*zelfzuchtig, kortaf* ◆ **1.3** ~ methods *grove methodes* **3.2** her objections were ~ly dismissed *haar bezwaren werden luchtig weggewuifd.*

cavalry [kævlrie] ⟨zn.; ww. vaak mv.⟩ **0.1** ***cavalerie*** ⇒ ⟨oorspr.⟩ *ruiterij* **0.2** ⟨vnl. AE⟩ ***bereden/gemotoriseerde strijdkrachten*** ⇒*lichte pantsers.*
cavalryman 0.1 ***cavalerist*** ⇒*bereden soldaat.*
cave[1] [keev] ⟨zn.⟩ **0.1** ***hol*** ⇒*grot, spelonk* ◆ **1.1** a ~ of thieves *een dievenhol.*
cave[2] **I** ⟨onov.ww.⟩ **0.1** ***een holte vormen*** ⇒*instorten, inzakken* **0.2** ***grotten exploreren.*** →**cave in;**
II ⟨ov.ww.⟩ **0.1** ***uithollen*** ⇒*uithakken, indeuken.* →**cave in.**
caveat [keevie·æt, kæ-] **0.1** ⟨jur.; ben. voor⟩ ***caveat*** ⇒*protest, verzoek om opschorting v. rechtszaak* **0.2** ***waarschuwing*** ⇒*voorbehoud* ◆ **6.2** put in a ~ **against** *een waarschuwing laten horen tegen.*
cave-dweller 0.1 ***holbewoner*** ⇒*holenmens.*
cave in I ⟨onov.ww.⟩ **0.1** ***instorten*** ⇒*invallen, inzakken* **0.2** ⟨inf.⟩ ***zwichten*** ⇒*(onder druk) toegeven;*
II ⟨ov.ww.⟩ **0.1** ***doen instorten*** ⇒*inslaan.*
cave-in 0.1 ***instorting*** ⇒*verzakking* **0.2** ⟨inf.⟩ ***capitulatie*** ⇒ *overgave, zwichting.*
caveman ⟨mv.: cavemen⟩ **0.1** ***holbewoner*** ⇒*holenmens* **0.2** ⟨inf.; bel.⟩ ***bruut.***
cavern [kævən] **0.1** ***spelonk*** ⇒*diepe grot, hol* **0.2** ***donkere holte*** ⇒*nis, gat* **0.3** ***holte (in orgaan)*** ⟨t.g.v. ziekte⟩ ◆ **1.1** ⟨fig.⟩ the ~s of his mind *de duistere uithoeken van zijn geest.*
cavernous [kævənəs] **0.1** ***vol grotten*** **0.2** ***vol gaten*** ⇒*poreus* ⟨v. steen bv.⟩ **0.3** ***spelonkachtig*** ⇒*hol en donker* ◆ **1.1** ~ hills *heuvels rijk aan grotten* **1.3** ~ eyes *holle ogen.*
caviar(e) [kævie·a:] **0.1** ***kaviaar*** ◆ **1.1** ⟨fig.⟩ ~ to the general *parels voor de zwijnen.*
cavies ⟨mv.⟩ →**cavy.**
cavil [kævl] ⟨BE -led⟩ **I** ⟨onov.ww.⟩ **0.1** ⟨+at⟩ ***vitten (op)*** ⇒ *spijkers op laag water zoeken;*
II ⟨ov.ww.⟩ **0.1** ***onnodig bekritiseren*** ◆ **6.1** be ~led **for** *bekritiseerd worden om.*
cavit|y [kævətie] ⟨mv.: -ies⟩ **0.1** ***holte*** ⟨ook in lichaamsdeel⟩ ⇒ *gat, uitholling* **0.2** ***gaatje*** ◆ **2.1** oral ~ *mondholte* **2.2** dental ~ *gaatje in tand/kies.*
cavity wall 0.1 ***spouwmuur.***
cavort [kəvo:t] ⟨inf.⟩ **0.1** ***steigeren*** ⇒*(rond)springen* **0.2** ***dartelen*** ⇒*uitgelaten zijn.*
cav|y [keevie] ⟨mv.: -ies⟩ **0.1** ***cavia*** ⇒*Guinees biggetje.*
caw[1] [ko:] ⟨zn.⟩ **0.1** ***gekras*** ⟨(als) v.e. raaf⟩.
caw[2] ⟨ww.⟩ **0.1** ⟨vaak +out⟩ ***krassen*** ⟨als een raaf⟩ ⇒*een krassend geluid maken.*
cayenne [keeen] **0.1** ***rode peper*** ⇒*Spaanse peper;* ⟨als specerij⟩ *cayennepeper.*
cayman, caiman [keemən] **0.1** ***kaaiman*** ⟨Zuid-Am. krokodil⟩.
C.B.E. ⟨afk.; BE⟩ **0.1** [Commander (of the Order) of the British Empire].
CB-er [sie:bie:ə] **0.1** ***zendamateur*** ⇒*CB'er.*
C.B.I. ⟨afk.; BE⟩ **0.1** [Confederation of British Industry].
CBS ⟨afk.; AE⟩ **0.1** [Columbia Broadcasting System].
cc ⟨afk.⟩ **0.1** [cubic centimetre(s)] ***cc*** ⇒*kubieke centimeter.*
CD ⟨afk.⟩ **0.1** [Corps Diplomatique] ***CD*** **0.2** [compact disc] ***cd.***
CD player 0.1 ***cd-speler.***
CD-ROM [sie:die:rom] ⟨afk.; comp.⟩ **0.1** [compact disc read-only memory] ***cd-rom.***
cease[1] [sie:s] ⟨zn.⟩⟨schr.⟩ ◆ **6.¶ without** ~ *onophoudelijk.*
cease[2] ⟨schr.⟩ **I** ⟨onov.ww.⟩ **0.1** ***ophouden*** ⇒*tot een eind komen, stoppen;*
II ⟨ov.ww.⟩ **0.1** ***beëindigen*** ⇒*uitscheiden met* ◆ **1.1** ~ fire! *staakt het vuren!* **3.1** ~ to exist *ophouden te bestaan.*
cease-fire 0.1 ***order om het vuren te staken*** **0.2** ***wapenstilstand.***
ceaseless [sie:sləs] ⟨schr.⟩ **0.1** ***onafgebroken*** ⇒*aanhoudend, doorlopend.*
cedar [sie:də] **0.1** ***ceder*** ⟨boom en hout⟩.
cede [sie:d] **I** ⟨onov.ww.⟩ **0.1** ⟨+to⟩ ***wijken (voor)*** ⇒*voorrang geven (aan);*
II ⟨ov.ww.⟩ **0.1** ***afstaan*** ⇒*overdragen, afstand doen van* **0.2** ***toegeven*** ◆ **1.2** after a long discussion he ~d the point *na een lange discussie gaf hij zijn ongelijk op dit punt toe.*
cedilla [siddillə] **0.1** ***cedille*** ⟨teken onder de letter c⟩.
Ceefax [sie:fæks] **0.1** ***teletekst*** ⟨op BBC⟩.
ceilidh [keelie] **0.1** ***(Schotse/Ierse) informele samenkomst met dans en muziek.***
ceiling [sie:ling] **0.1** ***plafond*** ⇒*zoldering* **0.2** ***bovengrens*** ⟨v. lonen, prijzen e.d.⟩ ⇒*plafond* **0.3** ⟨luchtv.⟩ ***hoogtegrens*** ⟨v. vliegtuig⟩ ⇒*plafond* **0.4** ⟨meteo.⟩ ***wolkenbasis*** ⟨benedengrens v.h. wolkendek⟩ ◆ **1.2** ~ price *maximum prijs* **3.1** ⟨inf.; fig.⟩ hit the ~ *ontploffen, woedend worden* **6.2** a high ~ **of** tolerance *een hoge tolerantiegrens.*
ceiling price 0.1 ***maximumprijs*** ⇒*plafondprijs.*
celandine [selləndajn] **0.1** ***stinkende gouwe*** **0.2** ***speenkruid*** ◆ **2.1** greater ~ *stinkende gouwe* **2.2** lesser ~ *speenkruid.*
celebrant [sellibrənt] **0.1** ***celebrant*** ⇒*voorganger* **0.2** ***deelnemer aan een kerkdienst*** ⇒*kerkganger* **0.3** ***feestvierder.***
celebrate [sellibreet] **I** ⟨onov.ww.⟩ **0.1** ***de mis opdragen*** **0.2** ***vieren;***
II ⟨ov.ww.⟩ **0.1** ***vieren*** **0.2** ***prijzen*** ⇒*loven, roemen, huldigen* **0.3** ***opdragen*** ◆ **1.1** ~ a victory *een overwinning vieren* **1.2** ~ an artist *een kunstenaar huldigen* **1.3** ~ mass *de mis celebreren.*
celebrated [sellibreetid] **0.1** ***beroemd*** ⇒*bekend, befaamd* ◆ **6.1** ~ **for** its sands *beroemd om zijn zandstrand.*
celebration [sellibreesjn] **0.1** ***viering*** ⇒*festiviteit* **0.2** ***communie/Avondmaal.***
celebrit|y [sillebrətie] ⟨mv.: -ies⟩ **I** ⟨telb.zn.⟩ **0.1** ***beroemdheid*** ⇒*beroemd/bekend persoon;*
II ⟨n.-telb.zn.⟩ **0.1** ***roem*** ⇒*faam.*
celerity [sillerrətie] ⟨schr.⟩ **0.1** ***snelheid*** ⇒*spoed, vlugheid.*
celery [sellərie] **0.1** ***selderie*** ⇒*bleekselderij.*
celestial [sillestiəl] **0.1** ***goddelijk*** ⇒*hemels mooi* **0.2** ***hemels*** ⇒*v.d. hemel* ◆ **1.2** ~ body *hemellichaam.*
celibacy [sellibbəsie] **0.1** ***celibaat*** ⇒*het ongehuwd zijn.*
celibate [sellibbət] **0.1** ⟨zn.⟩ ***ongehuwd persoon*** ⇒*celibatair* **0.2** ⟨bn.⟩ ***ongehuwd.***
cell [sel] **0.1** ***cel*** ⟨ook biol.⟩ ⇒*gevangeniscel, bijencel* **0.2** ⟨elek.⟩ ***batterijcel*** **0.3** ⟨pol.⟩ ***kern*** ⇒*cel, groep(je)* **0.4** ⟨rel.⟩ ***afhankelijk klooster*** ⇒*dochterklooster* ◆ **2.2** solar ~ *zonnecel* **3.1** put in a ~ *opsluiten (in een cel).*
cellar [sellə] **0.1** ***kelder*** ⇒*ondergrondse bergplaats* **0.2** ***wijnkelder*** ⟨ook fig.⟩ ⇒*wijnbezit.*
cellarage [selləridzj] **0.1** ***kelderruimte*** ⇒*kelder(s)* **0.2** ***kelderopslag*** **0.3** ***kelderhuur.***
cell division ⟨biol.⟩ **0.1** ***celdeling.***
cellist [tsjellist] ⟨verk.⟩ [violoncellist] **0.1** ***cellist*** ⇒*cellospeler.*
cello [tsjelloo]⟨mv.: ook celli [-lie]⟩ ⟨verk.⟩ [violoncello] **0.1** ***cello*** ⇒*violoncello* **0.2** ⟨meestal mv.⟩ ***cellist*** ⇒*cello, cellospeler.*
cellophane [selləfeen] **0.1** ***cellofaan.***
cellphone [selfoon] **0.1** ***draagbare/draadloze telefoon.***
cellular [seljoelə] **0.1** ***cellulair*** ⇒*cellig, met cellen* **0.2** ***celvormig*** ⇒*celachtig* **0.3** ***poreus*** **0.4** ⟨textiel⟩ ***luchtig*** ⇒*los-*

geweven ◆ **1.1** ~ tissue *celweefsel* **1.3** ~ rock *poreus gesteente* **1.4** ~ shirt *nethemd* **1.¶** ~ (tele)phone *draagbare/draadloze telefoon.*

cellulite [seljoelajt] **0.1** ***cellulitis*** ⇒*sinaasappelhuid.*

celluloid [seljoelojd] **0.1** ***celluloid*** ◆ **1.¶** ~ heroes *filmhelden* **6.¶ on** ~ *op film.*

cellulose [seljoeloos] **0.1** ***cellulose*** ⇒*celweefsel, celstof.*

cell wall ⟨biol.⟩ **0.1** ***celwand.***

Celsius [selsiəs] **0.1** ***Celsius.***

Celt, Kelt [kelt] **0.1** ***Kelt*** ⟨inwoner v. Ierland, Wales, Cornwall, Schotland, Bretagne⟩.

Celtic, Keltic [keltik] **0.1** ⟨bn.⟩ ***Keltisch*** **0.2** ⟨zn.⟩ ***Keltisch*** ⟨taal⟩.

cement[1] [simment] ⟨zn.⟩ **0.1** ***cement*** ⇒*mortel, bindmiddel* ⟨ook fig.⟩, *band, bindende kracht* **0.2** ⟨tandheelkunde⟩ ***plombeersel*** ◆ **1.1** asphalt, glue and plaster are ~s *asfalt, lijm en gips zijn bindmiddelen.*

cement[2] ⟨ww.⟩ **0.1** ***cement(er)en*** ⇒*met cement bestrijken* **0.2** ***cementeren*** ⇒*met cement verbinden, vast verbinden, hard(er) maken* ◆ **1.2** ~ a union *een verbond versterken* **5.1** part of the park has been cemented **over** *in een deel v.h. park is de grond met cement verhard.*

cement mixer **0.1** ***betonmolen*** **0.2** ***iem. die cement maakt/bewerkt.***

cemeter|y [semmitrie] ⟨mv.: -ies⟩ **0.1** ***begraafplaats*** ⇒*kerkhof.*

cenotaph [sennəta:f] **0.1** ***cenotaaf.***

censer [sensə] **0.1** ***wierookvat.***

censor[1] [sensə] ⟨zn.⟩ **0.1** ***censor*** **0.2** ***zedenmeester.***

censor[2] ⟨ww.⟩ **0.1** ***censureren*** **0.2** ***schrappen.***

censorious [senso:riəs] ⟨-ness⟩ **0.1** ***al te kritisch*** ⇒*vol kritiek.*

censorship [sensəsjip] **0.1** ***ambt v. censor*** ⇒*taak v.e. censor* **0.2** ***censuur.***

censure[1] [sensjə] ⟨zn.⟩ **0.1** ***afkeuring*** ⇒*berisping, terechtwijzing* ◆ **1.1** a vote of ~ *een motie v. wantrouwen.*

censure[2] ⟨ww.⟩ **0.1** ***afkeuren*** ⇒*laken, bekritiseren* ◆ **6.1** ~ s.o. **for** being late *iem. berispen omdat hij te laat komt.*

census [sensəs] **0.1** ***volkstelling*** **0.2** ***(officiële) telling*** ⟨bv. v.h. verkeer⟩.

cent [sent] **0.1** ***cent*** **0.2** ***kleine munt*** ◆ **3.2** ⟨fig.⟩ he didn't care a ~ *het kon hem niets/geen cent schelen* **6.¶** per ~ *percent.*

cent. ⟨afk.⟩ **0.1** [century] **0.2** [centigrade].

centaur [sento:] **0.1** ***centaur*** ⇒*paardmens, menspaard.*

centenarian [sentinneəriən] **0.1** ⟨bn.⟩ ***honderdjarig*** **0.2** ⟨zn.⟩ ***honderdjarige.***

centenar|y[1] [sentie:nərie] ⟨zn.; mv.: -ies⟩ **0.1** ***eeuwfeest*** **0.2** ***periode v. honderd jaar.***

centenary[2] ⟨bn.⟩ **0.1** ***honderdjarig*** **0.2** ***v./mbt. een periode v. honderd jaar*** **0.3** ***eenmaal in de honderd jaar voorkomend.***

centennial[1] [sentenniəl] ⟨zn.⟩⟨vnl. AE⟩ **0.1** ***eeuwfeest.***

centennial[2] ⟨bn.⟩ **0.1** ***honderdste*** ⇒*honderdjarig* **0.2** ***honderd jaar durend*** **0.3** ***iedere honderd jaar voorkomend*** ◆ **1.1** ~ anniversary *eeuwfeest.*

center →**centre.**

centigrade [sentigreed] **0.1** ***Celsius*** ⇒*op/v. de Celsiusschaal.*

centigram(me) [sentigræm] **0.1** ***centigram.***

centilitre [sentillie:tə] **0.1** ***centiliter.***

centime [sa:ntie:m] **0.1** ***centime*** (1/100 franc).

centimetre [sentimmie:tə] **0.1** ***centimeter.***

centipede [sentippie:d] **0.1** ***duizendpoot.***

central [sentrəl] **0.1** ***centraal*** ⇒*midden-* **0.2** ***belangrijkst*** ⇒*voornaamst* ◆ **1.1** ~ heating *centrale verwarming;* ⟨geldw.⟩ ~ rate *spilkoers, middenkoers;* ⟨BE; verkeer⟩ ~ reservation *middenberm/strook* **1.2** ~ government *centrale/nationale regering;* the ~ issue *de hoofdzaak* **1.¶** Central Intelligence Agency *CIA* ⟨geheime dienst v.d. USA⟩ **6.2** be ~ **to** *van hoofdbelang zijn voor.*

central|ize, -ise [sentrəlajz] ⟨zn.: **-ization**⟩ **I** ⟨onov.ww.⟩ **0.1** ***zich concentreren*** ⇒*samenkomen;*
II ⟨ov.ww.⟩ **0.1** ***centraliseren*** ⇒*in één punt samenbrengen.*

centre[1], ⟨AE sp.⟩ **center** [sentə] ⟨zn.⟩⟨→s2⟩ **0.1** ***midden*** ⇒*centrum, middelpunt* ⟨ook fig.⟩; *spil, as;* ⟨pol.⟩ *centrumpartij; (zenuw)centrum; haard* ⟨v. storm, rebellie⟩ **0.2** ***centrum*** ⇒*instelling, bureau* **0.3** ⟨basketbal, rugby⟩ ***middenspeler*** ⇒*spil* **0.4** ⟨bouwk.⟩ ***formeel*** ⟨tijdelijke steun v. boog of koepel⟩ ◆ **1.1** ~ of attraction *zwaartepunt;* ⟨fig.⟩ *middelpunt v.d. belangstelling;* ~ of gravity *zwaartepunt.*

centre[2], ⟨AE sp.⟩ **center** ⟨bn.⟩ **0.1** ***middel-*** ⇒*centraal* ◆ **1.1** ~ field *middenveld;* ~ line *middellijn.*

centre[3], ⟨AE sp.⟩ **center** **I** ⟨onov.ww.⟩ **0.1** ***zich concentreren*** ⇒*zich richten* ◆ **6.1** ~ **(a)round** *als middelpunt hebben;* ~ **(up)on** *zich concentreren op;*
II ⟨ov.ww.⟩ **0.1** ***in het midden plaatsen*** **0.2** ***concentreren*** ⇒*(in het midden) samenbrengen* **0.3** ⟨tech.⟩ ***centreren.***

centreboard **0.1** ***kielzwaard.***

centre circle ⟨sport, ihb. voetbal⟩ **0.1** ***middencirkel.***

centrefold **0.1** ***uitklapplaat*** ⟨in een tijdschrift⟩.

centrepiece **0.1** ***pièce de milieu*** ⇒*middenstuk* ⟨als tafelversiering⟩.

centre three-quarter, centre ⟨→s2⟩⟨rugby⟩ **0.1** ***centre-driekwart(speler).***

centrifugal [sentriefjoe:gl, sentrifjoegl] **0.1** ***centrifugaal*** ⇒*middelpuntvliedend* ◆ **1.1** ~ force *middelpuntvliedende kracht.*

centrifuge[1] [sentrifjoe:dzj] ⟨zn.⟩ **0.1** ***centrifuge.***

centrifuge[2] ⟨ww.⟩ **0.1** ***centrifugeren.***

centripetal [sentrippitl] **0.1** ***centripetaal*** ◆ **1.1** ~ force *middelpuntzoekende/centrumzoekende kracht.*

centrism [sentrizm] **0.1** ***gematigde lijn*** ⇒*politiek v.h. midden.*

centrist [sentrist] **0.1** ⟨bn.⟩ ***gematigd*** **0.2** ⟨zn.⟩ ***gematigde*** ⇒*centrumpoliticus, aanhanger/lid v. middenpartij.*

centrist party **0.1** ***partij v.h. centrum.***

centurion [sentsjoeriən] **0.1** ***centurio*** ⇒*honderdman, hoofdman over honderd.*

centur|y [sentsj(ə)rie] ⟨mv.: -ies⟩ **0.1** ***eeuw*** **0.2** ***honderdtal.***

cephalic [sifælik] ⟨anat.⟩ **0.1** ***hoofd-*** ⇒*schedel-* ◆ **1.1** ~ index *schedelindex.*

ceramic [siræmik] **0.1** ***keramisch.***

ceramics [siræmiks] **0.1** ⟨mv.; ww. steeds mv.⟩ ***keramiek*** ⇒*keramische producten* **0.2** ⟨mv.; ww. enk.⟩ ***keramiek*** ⇒*pottenbakkerskunst.*

cereal [siəriəl] ⟨vnl. mv.⟩ **I** ⟨telb.zn.⟩ **0.1** ***graan(gewas)*** ⟨eetbaar⟩;
II ⟨telb. en n.-telb.zn.⟩ **0.1** ***graanproduct*** ⟨vnl. bij ontbijt⟩ ⇒*cornflakes* ⟨enz.⟩.

cerebellum [serribbelləm]⟨mv.: ook cerebella [-lə]⟩ **0.1** ***cerebellum*** ⇒*kleine hersenen.*

cerebral [serribrəl] **0.1** ***hersen-*** ⇒*cerebraal* **0.2** ***cerebraal*** ⇒*te zeer verstandelijk* ◆ **1.1** ~ cortex *hersenschors;* ~ death *hersendood;* ~ infarction *herseninfarct;* ~ palsy *spastische verlamming.*

cerebration [serribreesjn] **0.1** ***hersenwerking*** ⇒*het denken* **0.2** ⟨scherts.⟩ ***het diep nadenken.***

cerebrovascular [serribroovæskjoelə] ◆ **1.¶** ⟨med.⟩ ~ accident *herseninfarct.*

cerebrum [səri:brəm]⟨mv.: ook cerebra [-brə]⟩ **0.1** ***grote hersenen.***

ceremonial[1] [serrimmooniəl] ⟨zn.⟩ **0.1** ***plechtigheid*** **0.2** ***ritueel*** **0.3** ***ceremonieel*** ⇒*het geheel der ceremoniën* ◆ **2.1** a tribal ~ *een stamfeest.*

ceremonial[2] ⟨bn.⟩ **0.1** ***ceremonieel*** ⇒*plechtig, vormelijk* ◆ **1.1** ~ dress/garb *officiële dracht.*

ceremonious [serrimmooniəs] ⟨-ness⟩ **0.1** ***ceremonieus*** ⇒ *vol plichtplegingen, vormelijk (beleefd).*

ceremon|y [serrimmənie] ⟨mv.: -ies⟩ **0.1** ***ceremonie*** ⇒⟨rel.⟩ *rite* **0.2** ***vormelijkheid*** ⇒*formaliteit, vorm* ◆ **1.1** master of ceremonies *ceremoniemeester* **3.2** stand (up)on ~ *hechten aan de vormen* **6.2** **without** ~ *informeel.*

cerise [səri:z] ⟨vaak attr.⟩ **0.1** ***cerise*** ⇒*kersrood.*

cert [sə:t] ⟨BE; inf.⟩ **0.1** ⟨verk.⟩ [certainty] ***vaste prik*** ⇒*iets dat zeker zal gebeuren* **0.2** ⟨verk.⟩ [certainty] ***paard dat zeker zal winnen*** ⇒*geheide/gedoodverfde kampioen* **0.3** ⟨verk.⟩ [certificate] ***certificaat*** ◆ **2.1** it's a dead ~ that he'll come *hij komt vast en zeker.*

certain[1] [sə:tn] **I** ⟨bn.⟩ **0.1** ***zeker*** ⇒*vast, onfeilbaar* ◆ **1.1** ~ death *een zekere dood* **6.1** **for** ~ *(vast en) zeker;*
II ⟨bn., attr.⟩ **0.1** ***zeker*** ⇒*bepaald, een of ander* **0.2** ***enig*** ⇒ *zeker* ◆ **1.1** a ~ Mr Jones *ene meneer Jones* **1.2** a ~ hope *enige hoop;*
III ⟨bn., pred.⟩ **0.1** ***zeker*** ⇒*verzekerd, overtuigd* **0.2** ***zeker*** ⇒*vaststaand, onbetwistbaar* ◆ **3.1** are you ~? *weet je het zeker?;* make ~ (that) *zich ervan vergewissen (dat)* **3.2** he is ~ to come *hij komt beslist* **6.1** is she ~ **about/of** that? *weet zij dat zeker?;* be ~ **of** success *van succes verzekerd zijn.*

certain[2] [sə:tn] ⟨vnw.⟩ **0.1** ***sommige(n)*** ◆ **6.1** ~ **of** his friends *enkele van zijn vrienden;* ~ **of** us doubt this *sommigen van ons betwijfelen dit.*

certainly [sə:tnlie] **0.1** ***zeker*** ⇒*ongetwijfeld, beslist* ◆ **¶.¶** ~ not! *nee!, onder geen beding!*

certaint|y [sə:tntie] ⟨mv.: -ies⟩ **0.1** ***zekerheid*** ⇒*(vaststaand) feit; vaste overtuiging* ◆ **2.1** legal ~ *rechtszekerheid* **3.1** bet on a ~ *wedden op een tip/een zekerheidje* **6.1** **for** a ~ *zonder enige twijfel;* I can't say **with** any ~ if it will work *ik weet (absoluut) niet zeker of het werkt* **8.1** it is a ~ that ... *het staat vast/is zeker dat ...*

certifiab|le [sə:tiffajjəbl] ⟨-ly⟩ **0.1** ***certificeerbaar*** **0.2** ⟨BE; inf.⟩ ***rijp voor het gekkenhuis*** ⇒*maf, gek.*

certificate [sətiffikkət] **0.1** ***certificaat*** ⟨vnl. jur.⟩ ⇒*getuigschrift, papieren, legitimatiebewijs* ◆ **1.1** ~ of birth *geboorteakte;* ⟨hand.⟩ ~ of damage *schadecertificaat;* ⟨geldw.⟩ ~ of deposit *depositobewijs;* ~ of (moral) conduct *getuigschrift v. goed (zedelijk) gedrag;* Certificate of Secondary Education, ⟨vaak als⟩ CSE *middelbareschooldiploma;* ⟨ong.⟩ *mavodiploma;* General Certificate of Education, ⟨vaak als⟩ GCE *middelbareschooldiploma;* ⟨ong.⟩ *havo/vwo-diploma;* ⟨sinds 1987⟩ General Certificate of Secondary Education, ⟨vaak als⟩ GCSE *middelbareschooldiploma* ⟨ong. samenvoeging van havo- en mavodiploma⟩; ~ of (good) health *gezondheidsattest/verklaring;* ~ of marriage *(afschrift v.) huwelijksakte;* ⟨ong.⟩ *trouwboekje;* ⟨hand.⟩ ~ of origin *certificaat v. oorsprong;* ⟨hand.⟩ ~ of registry *zeebrief.*

certificated [sətiffikkeetid] ⟨vnl. BE⟩ **0.1** ***gediplomeerd*** ⇒*bevoegd.*

certified [sə:tiffajd] **0.1** ***schriftelijk gegarandeerd*** ⇒*officieel (verklaard)* **0.2** ***gediplomeerd*** ⇒*bevoegd* ◆ **1.1** ~ accountant, ⟨AE⟩ ~ public accountant *accountant;* ~ cheque *gewaarmerkte cheque;* ~ copy *eensluidend afschrift;* ~ document *authentieke akte;* ⟨AE⟩ ~ mail *aangetekende post met bewijs v. ontvangst;* ⟨AE⟩ ~ milk *gegarandeerd kiemvrije melk.*

certif|y [sə:tiffaj] ⟨-ied⟩ **I** ⟨onov.ww.⟩ **0.1** ⟨+to⟩ ***getuigen (over, betreffende)*** **0.2** ⟨AE⟩ ***een diploma uitreiken;***
II ⟨ov.ww.⟩ **0.1** ***(officieel) verklaren*** ⇒*attesteren, certificeren* **0.2** ⟨AE⟩ ***een certificaat verlenen aan*** ⇒*diplomeren* **0.3** ⟨BE; inf.⟩ ***officieel krankzinnig verklaren*** ◆ **1.1** the bank certified the accounts (as) correct *de bank heeft de rekening gefiatteerd;* ~ a copy *een afschrift voor eensluidend waarmerken;* ~ s.o.'s death *iemands dood (officieel) vaststellen* **1.3** John should be certified *ze zouden Jan moeten opbergen* **8.1** this is to ~ that ... *met dezen verklaart ondergetekende dat ...*

certitude [sə:titjoe:d] **0.1** ***zekerheid*** ⇒*(vaste) overtuiging.*

cerulean [sirroe:liən] **0.1** ***hemelsblauw*** ⇒*azuur.*

cervical [sə:vikl] ⟨anat.⟩ **0.1** ***cervicaal*** ⇒*hals-, nek-* **0.2** ***cervicaal*** ⇒*baarmoederhals-* ◆ **1.2** ~ cancer *baarmoederhalskanker;* ~ smear *uitstrijkje.*

cervix [sə:viks]⟨mv.: ook cervices [-vissie:z]⟩ **0.1** ***hals*** **0.2** ***baarmoederhals*** ⇒*cervix.*

Cesarean, Cesarian →**Caesarean.**

cessation [sesseesjn] **0.1** ***beëindiging*** ⟨ook tijdelijk⟩ ⇒*het staken* ◆ **1.1** a ~ of fighting *een gevechtspauze.*

cession [sesjn] **0.1** ***cessie*** ⇒*overdracht* ◆ **1.1** the ~ of property *de overdracht van eigendom.*

cesspit, cesspool **0.1** ***beerput*** ⇒*zinkput* **0.2** ***poel*** ⟨ook fig.⟩ ◆ **1.2** a ~ of vice *een poel van zonde.*

cesura →**caesura.**

C.E.T. ⟨afk.⟩ **0.1** [Central European Time] ***M.E.T.*** ⇒*Middel-Europese tijd.*

Ceylonese [sellənie:z] ⟨mv.: Ceylonese⟩ **0.1** ⟨bn.⟩ ***Ceylons*** **0.2** ⟨zn.⟩ ***Ceylonees.***

cf. ⟨afk.⟩ **0.1** [confer] ***cf.*** ⇒*confer, (men) vergelijk(e).*

CFC ⟨afk.; schei.⟩ **0.1** [chlorofluorocarbon] ***cfk.***

CFE ⟨afk.⟩ **0.1** [Conventional Forces in Europe] **0.2** ⟨BE⟩ [College of Further Education].

ch. ⟨afk.⟩ **0.1** [chapter].

chafe[1] [tsjeef] ⟨zn.⟩ **0.1** ***pijnlijke/ruwe plek*** ⇒*schaafwond* **0.2** ***ergernis*** ◆ **6.2** **in** a ~ *geërgerd.*

chafe[2] **I** ⟨onov.ww.⟩ **0.1** ***schuren*** **0.2** ***pijn doen*** ⇒*pijnlijk zijn (door schuren)* **0.3** ***zich ergeren*** ⇒*ongeduldig zijn/worden, inwendig koken* **0.4** ***tekeergaan*** ◆ **6.1** the boat ~d **against** the quay *de boot schuurde tegen de kade* **6.3** ~ **at/under** *zich opwinden over;*
II ⟨ov.ww.⟩ **0.1** ***warm wrijven*** **0.2** ***schuren*** ⇒*(open)schaven* **0.3** ***ergeren*** ⇒*sarren, irriteren* ◆ **1.2** his collar ~d his neck *zijn boord schuurde om/rond zijn nek.*

chaff[1] [tsja:f] ⟨zn.⟩ **0.1** ***kaf*** ⟨ook fig.⟩ **0.2** ***haksel*** **0.3** ***namaak*** ⇒*nep, prullaria* **0.4** ***(goedmoedige) plagerij.***

chaff[2] **I** ⟨onov.ww.⟩ **0.1** ***schertsen*** ⇒*gekscheren, gekheid maken;*
II ⟨ov.ww.⟩ **0.1** ***fijnhakken*** **0.2** ***plagen*** ◆ **1.1** ~ hay/straw *hooi/stro fijnhakken* **6.2** ~ s.o. **about** sth. *iem. met iets plagen.*

chaffinch [tsjæfintsj] **0.1** ***vink.***

chafing dish [tsjeefing disj] **0.1** ***komfoor met pannetje erop*** **0.2** ***schotel(ver)warmer.***

chagrin[1] [sjægrin] ⟨zn.⟩ **0.1** ***verdriet*** ⇒*boosheid, ergernis.*

chagrin[2] ⟨ww.⟩ **0.1** ***bedroeven*** ⇒*verdrieten, teleurstellen* ◆ **6.1** be/feel ~ed **at/by** *boos zijn om.*

chain[1] [tsjeen] ⟨zn.⟩ **0.1** ***ketting*** ⇒*keten* ⟨ook schei.⟩ **0.2** ***reeks*** ⇒*serie* **0.3** ***groep*** ⇒*maatschappij, keten* **0.4** ***bergketen*** **0.5** ***kordon*** **0.6** ⟨mv.⟩ ***boeien*** ⇒*ketenen* ◆ **1.1** a ~ of office *een ambtsketen* **1.2** a ~ of coincidences *een reeks v. toevalligheden* **1.3** a ~ of shops/newspapers *een winkel-*

keten/krantengroep **1.5** a ~ of military posts *een kordon van militaire posten* **6.6** in ~s *geketend* ⟨ook fig.⟩.

chain² ⟨ww.⟩ **0.1** ***ketenen*** ⇒*in de boeien slaan* ◆ **5.1** ~ **up** a dog *een hond aan de ketting leggen.*

chain armour, chain mail 0.1 ***maliën*** ◆ **6.1** clothed **in** ~ *in een maliënkolder.*

chain bridge 0.1 ***kettingbrug.***

chain cable 0.1 ***ankerketting.***

chain drive, chain gear 0.1 ***kettingoverbrenging.***

chain gang 0.1 ***ploeg dwangarbeiders (in ketenen)*** ⇒ *ploeg kettinggangers.*

chain letter 0.1 ***kettingbrief.***

chain mail →**chain armour.**

chain reaction 0.1 ***kettingreactie.***

chain rule ⟨wisk.⟩ **0.1** ***kettingregel.***

chain saw 0.1 ***kettingzaag.***

chain-smoke 0.1 ***kettingroken.***

chain smoker 0.1 ***kettingroker.***

chain stitch 0.1 ***kettingsteek.***

chain store 0.1 ***filiaal (v.e. grootwinkelbedrijf).***

chair¹ [tsjeə] ⟨zn.⟩ **0.1** ***stoel*** ⇒*zetel, zitplaats;* ⟨fig.⟩ *positie, functie* **0.2** ⟨the⟩ ***voorzittersstoel*** ⇒*voorzitter(schap)* **0.3** ⟨the; BE⟩ ***burgemeesterschap* 0.4 *leerstoel*** ⇒*katheder* **0.5** ***draagstoel*** **0.6** ⟨the; inf.⟩ ***elektrische stoel*** ◆ **1.1** a bishop's ~ *een bisschoppelijke zetel* **3.1** take a ~ *ga zitten* **3.2** be in/take the ~ *voorzitten.*

chair² ⟨ww.⟩ **0.1** ***voorzitten*** ⇒*voorzitter zijn van* **0.2** ⟨BE⟩ ***ronddragen in triomf*** ⟨op de schouders of op een stoel⟩ ◆ **1.1** ~ a meeting *een vergadering voorzitten.*

chair lift 0.1 ***stoeltjeslift.***

chairman [tsjeəmən] ⟨mv.: chairmen [-mən]⟩ **0.1** ***voorzitter*** **0.2** ***hoofd*** **0.3** ***presentator*** ⟨bij amusement⟩.

chairmanship [tsjeəmənsjip] **0.1** ***voorzitterschap*** ⇒*presidium.*

chairperson 0.1 ***voorzitter*** ⇒*voorzitster.*

chairwoman 0.1 ***voorzitster.***

chaise longue [sjeez long] ⟨mv.: ook chaises longues [-long(z)]⟩ **0.1** ***chaise longue.***

chalet [sjælee] **0.1** ***chalet*** **0.2** ***berghut*** **0.3** ***vakantiehuisje*** ⇒*zomerhuisje.*

chalice [tsjælis] **0.1** ***kelk*** ⇒⟨ihb.; r.-k.⟩ *miskelk;* ⟨prot.⟩ *Avondmaalsbeker, Avondmaalskelk* **0.2** ⟨schr.⟩ ***bloemkelk.***

chalk¹ [tsjo:k] **I** ⟨telb.zn.⟩ **0.1** ***krijtje*** ⇒*kleurkrijtje* **0.2** ***krijtstreep*** **0.3** ***krijttekening*** ⇒*crayon.* →**long;**
II ⟨n.-telb.zn.⟩ **0.1** ***krijt*** **0.2** ***kleurkrijt*** ◆ **1.1** a piece of ~, a stick of ~ *een krijtje* **2.1** ⟨inf.⟩ as different as ~ and/from cheese, as like as ~ and cheese *verschillend als dag en nacht.* →**French.**

chalk² ⟨ww.⟩ **0.1** ***krijten*** ⇒*met krijt schrijven/merken* ◆ **1.1** ~ a cue *een biljartkeu krijten.* →**chalk out, chalk up.**

chalk-bed 0.1 ***kalklaag.***

chalkface ⟨BE; inf.⟩ ◆ **6.¶ at** the ~ *in het onderwijs.*

chalk out 0.1 ***uittekenen*** **0.2** ***beschrijven*** ⇒*ruw schetsen* ◆ **1.2** ~ the plans for the holidays *globaal aangeven wat de vakantieplannen zijn.*

chalk up 0.1 ***opschrijven*** ⟨op een bord/lei⟩ **0.2** ***optellen (bij de score)*** ⇒*noteren* **0.3** ***op iemands rekening schrijven*** ◆ **1.2** ~ success/many points *een overwinning/veel punten boeken* **4.3** chalk it up, please! *wilt u het op mijn rekening zetten?*

chalk|y [tsjo:kie] ⟨-ily⟩ **0.1** ***krijtachtig*** ⇒*van/als krijt.*

challenge¹ [tsjælindzj] ⟨zn.⟩ **0.1** ***uitdaging*** ⇒*moeilijke taak, test* **0.2** ***vraag naar identiteit*** ⟨door een soldaat op wacht⟩ **0.3** ***vraag om uitleg*** ⇒*uiting van twijfel* **0.4** ⟨med.⟩ ***immuniteitsonderzoek*** ◆ **3.1** rise to the ~ *de uitdaging aandurven* **6.1 without** ~ *zonder tegenspraak* **¶.2** 'who's there?' is a ~ *'wie daar?' vraagt een soldaat op wacht.*

challenge² ⟨ww.⟩ **0.1** ***uitdagen*** ⇒*tarten, op de proef stellen* **0.2** ***uitlokken*** ⇒*opwekken* **0.3** ***aanroepen*** ⇒*aanhouden* **0.4** ***betwisten*** ⇒*in twijfel trekken* **0.5** ***opeisen*** ⇒*vragen* ◆ **1.2** ~ the imagination *de verbeelding prikkelen;* ~ thought *tot nadenken stemmen* **1.3** ~ a stranger *een vreemde staande houden* **1.5** ~ attention *de aandacht opeisen* **6.1** ~ s.o. **to** a duel *iem. uitdagen tot een duel.*

challenger [tsjælindzjə] **0.1** ***uitdager*** ⇒⟨vnl. boksen ook⟩ *challenger* **0.2** ***betwister*** ⇒*bestrijder* **0.3** ***eiser*** ⇒*vrager* **0.4** ***mededinger*** ⟨bv. voor ambt⟩.

challenging [tsjælindzjing] **0.1** ***een uitdaging vormend*** ⇒ *interessante problemen biedend.*

chamber [tsjeembə] **0.1** ⟨vero.⟩ ***kamer*** ⇒*vertrek;* ⟨ihb.⟩ *slaapkamer/vertrek* **0.2** ***raad*** ⇒*college, groep* **0.3** ⟨jur.⟩ ***afdeling v.e. rechtbank*** ⇒*kamer* **0.4** ⟨pol.⟩ ***kamer*** ⇒*(vergaderzaal v.) wetgevend lichaam* **0.5** ⟨mv.; BE⟩ ***ambtsvertrekken*** ⇒*kantoor, kabinet* **0.6** ⟨plantk.⟩ ***hok*** ⟨v. zaaddoos⟩ **0.7** ***schatkist*** ◆ **1.1** ~ of horrors *gruwelkamer* **1.2** ~ of commerce *kamer v. koophandel* **1.4** Chamber of Deputies *huis v. afgevaardigden* ⟨Tweede Kamer⟩ **1.5** the ~s in the Inns of Court *de advocatenkantoren in de Inns of Court.* → **lower, upper.**

chamber concert 0.1 ***kamer(muziek)concert.***

chamber counsel 0.1 ***adviserend advocaat*** ⟨die niet pleit⟩ **0.2** ***(privé) advies*** ⟨v.e. adviserend advocaat⟩.

chamberlain [tsjeembəlin] **0.1** ***kamerheer*** **0.2** ***penningmeester.***

chambermaid 0.1 ***kamermeisje*** ⟨in hotel⟩.

chamber music 0.1 ***kamermuziek.***

chamber orchestra 0.1 ***kamerorkest*** ⇒*kamermuziekensemble.*

chamber pot 0.1 ***kamerpot*** ⇒*nachtpot, po.*

chameleon [kəmie:liən] **0.1** ***kameleon*** ⟨ook fig.⟩.

chamois [sjæmwa:] ⟨mv.: chamois⟩ **0.1** ***gems*** **0.2** ***zeemlap*** ⇒ *zeemlerenlap.*

chamois leather [sjæmieleðə] **0.1** ***gemzenleer*** **0.2** ***zeemleer.***

chamomile →**camomile.**

champ¹ [tsjæmp] ⟨zn.⟩ **0.1** ⟨verk.⟩ [champion] ⟨inf.⟩ ***kampioen.***

champ², chomp I ⟨onov.ww.⟩ **0.1** ***smakken*** ⇒*(hoorbaar) kauwen;* ⟨fig.⟩ *ongeduld tonen, popelen* ◆ **3.1** they were ~ing to get back *zij popelden om terug te gaan;*
II ⟨ov.ww.⟩ **0.1** ***hoorbaar kauwen (op)*** ⇒*hoorbaar bijten op.*

champagne [sjæmpeen] **0.1** ***champagne.***

champers [sjæmpəz] ⟨BE; sl.⟩ **0.1** ***champie*** ⇒*champagne.*

champion¹ [tsjæmpiən] ⟨zn.⟩ **0.1** ***kampioen*** ⇒*winnaar* **0.2** ***voorvechter*** ⇒*voorstander, verdediger.*

champion² ⟨ww.⟩ **0.1** ***verdedigen*** ⇒*opkomen/pleiten voor, voorstander zijn van.*

championship [tsjæmpiənsjip] **0.1** ***kampioenschap*** **0.2** ***kampioenschapswedstrijd*** **0.3** ***het voorvechter zijn.***

chance¹ [tsja:ns] ⟨zn.⟩ **0.1** ***kans*** ⇒*mogelijkheid, waarschijnlijkheid* **0.2** ***toevallige gebeurtenis*** **0.3** ***kans*** ⇒*gelegenheid* **0.4** ***risico*** **0.5** ***lot*** ⟨kaartje in loterij⟩ **0.6** ***het lot*** ⇒*de fortuin* ◆ **1.3** a/one ~ in a million *een kans van één op duizend* **1.6** a game of ~ *een kansspel* **3.1** stand a (good/fair) ~ *een (goede/redelijke) kans maken* **3.3** leap at a ~ *een kans (met beide handen) aangrijpen;* I never miss a ~ *ik laat geen gelegenheid voorbijgaan* **3.4** take ~s, take a ~ *ri-*

sico's nemen **3.6** leave to ~ *aan het toeval overlaten* **3.¶** he runs a ~ of being late *hij zou laat kunnen zijn* **5.1** not a ~ *geen schijn v. kans, geen denken aan* **6.1** if, **by** any ~ / some ~ or other *mocht het zo zijn dat;* a ~ **of** success *een kans op succes* **6.6 by** (any) ~ *toevallig* **8.1** (the) ~s are that *het is waarschijnlijk dat.* →**fighting.**

chance[2] ⟨bn.⟩ **0.1** ***toevallig*** ◆ **1.1** a ~ meeting *een toevallige ontmoeting.*

chance[3] **I** ⟨onov.ww.⟩ **0.1** ***(toevallig) gebeuren*** ◆ **3.1** I ~d to be on the same boat *ik zat toevallig op dezelfde boot;* if it should ~ to snow *mocht het gaan sneeuwen* **6.¶** ~ **(up)on** *(toevallig) vinden/aantreffen;*
II ⟨ov.ww.⟩ **0.1** ***wagen*** ⇒*riskeren* ◆ **1.1** they ~d defeat *zij liepen de kans verslagen te worden* **4.1** ⟨inf.⟩ ~ it *het erop wagen.*

chancel [tsja:nsl] ⟨bouwk.⟩ **0.1** ***koor*** ⟨v.e. kerk⟩.

chanceller|y [tsja:nslərie] ⟨mv.: -ies⟩ **0.1** ***kanselarij*** **0.2** ***kanseliersambt.***

chancellor [tsja:nslə] ⟨vaak C-⟩ **0.1** ***kanselier*** ⇒*hoofd v.e. kanselarij; hoofd v.e. universiteit* ⟨in Eng. enkel in naam, als eretitel⟩ **0.2** ⟨AE; jur.⟩ ***president*** ⇒*voorzitter* ⟨van sommige rechtbanken⟩ **0.3** ⟨BE⟩ ***minister van financiën*** ◆ **1.¶** ⟨BE⟩ Chancellor of the Exchequer *minister v. financiën.*

chancer [tsja:nsə] ⟨sl.⟩ **0.1** ***opportunist.***

chancer|y [tsja:nsərie] ⟨mv.: -ies; vaak C-⟩ **0.1** ***kanselarij*** **0.2** ⟨BE; jur.⟩ ***civiele afdeling v.h. hooggerechtshof*** ◆ **6.2 in** ~ *onder toezicht v. hooggerechtshof* **6.¶** ⟨inf.⟩ **in** ~ *in een benarde positie.*

chancre [sjængkə] ⟨med.⟩ **0.1** ***(harde) sjanker*** ⇒*venerische zweer.*

chanc|y [tsja:nsie] ⟨-iness⟩⟨inf.⟩ **0.1** ***gewaagd*** ⇒*riskant, onzeker.*

chandelier [sjændəliə] **0.1** ***kroonluchter*** ⇒*kandelaber.*

chandler [tsja:ndlə] **0.1** ***kaarsenmaker*** **0.2** ⟨ong.⟩ ***kruidenier.***

change[1] [tsjeendzj] ⟨zn.⟩ **0.1** ***verandering*** ⇒*ver/afwisseling, overgang, variatie* **0.2** ***verschoning*** ⇒*(stel) schone kleren* **0.3** ***verversing*** **0.4** ⟨verkeer⟩ ***het overstappen*** **0.5** ***wisselgeld*** **0.6** ***kleingeld*** **0.7** ⟨C-⟩ ***de Beurs*** ◆ **1.1** a ~ for the better/worse *een verandering ten goede/kwade;* ~ of heart *bekering, verandering v. ideeën;* the ~ of seasons *de wisseling der seizoenen* **1.2** a ~ of shirt *een schoon hemd* **1.3** a ~ of oil *nieuwe olie* **1.¶** ~ of life *overgang(sjaren)* **3.4** I had a ~ between L. and M. *tussen L. en M. moest ik overstappen* **3.5** keep the ~! *laat maar zitten!* **3.6** give / ⟨AE ook⟩ make ~ for a banknote *een briefje wisselen* **3.¶** ⟨inf.⟩ get no ~ out of s.o. *geen cent wijzer worden v. iem.;* ⟨inf.⟩ give s.o. ~ *iem. lik op stuk geven;* ring the ~s on sth. *iets op alle mogelijke manieren aanpakken; niet uitgepraat raken over iets;* ⟨BE; inf.⟩ ring the ~s *veranderen, het anders aanpakken* **6.1 for** a ~ *voor de verandering/afwisseling* **7.¶** the ~ *overgang(sjaren).*

change[2] **I** ⟨onov.ww.⟩ **0.1** ***veranderen*** ⇒*anders worden, wisselen* **0.2** ***zich verkleden*** ⇒*andere/schone kleren aantrekken* **0.3** ***overstappen*** **0.4** ⟨tech.⟩ ***schakelen*** ⇒*v. versnelling veranderen* ◆ **1.1** his voice is changing *zijn stem is aan het wisselen/breken* **5.1** ~ **back** into *weer veranderen in* **5.4** ~ **down** *terugschakelen;* ~ **up** *(naar een hogere versnelling) schakelen* **6.1** ~ **from** a child **into** a man *van een kind een man worden* **6.2** ~ **into** sth. comfortable *iets gemakkelijks aandoen* **6.3** ~ **to** a boat *overstappen op een boot* **6.4** ~ **into** second gear *in zijn twee zetten.* → **change over;**
II ⟨ov.ww.⟩ **0.1** ***veranderen*** ⇒*anders maken, transformeren* **0.2** ***(om/ver)ruilen*** ⇒*(om/ver)wisselen* **0.3** ⟨geldw.⟩ ***(om)wisselen*** **0.4** ***verschonen*** ◆ **1.2** ~ one's clothes *zich omkleden;* ~ gear *(over)schakelen;* ~ oil *olie verversen* **1.4** ~ a baby *een baby een schone luier aandoen;* ~ the bed *het beddengoed verschonen* **6.2** ~ sth. **for** sth. else *iets (om)ruilen (voor iets anders)* **6.3** ~ pounds **into** francs *ponden (om)wisselen in franken.*

changeab|le [tsjeendzjəbl] ⟨-ly; zn.: **-ility**⟩ **0.1** ***veranderlijk*** ⇒*wisselvallig* ◆ **1.1** a ~ temper *een licht ontvlambare aard;* ~ weather *wisselvallig weer.*

changeful [tsjeendzjfəl] **0.1** ***veranderlijk*** ⇒*wisselvallig.*

changeless [tsjeendzjləs] **0.1** ***onveranderlijk*** ⇒*constant.*

changeling [tsjeendzjling] **0.1** ***wisselkind*** ⇒*ondergeschoven kind.*

changeover **0.1** ***omschakeling*** ⇒*overschakeling, overgang* **0.2** ⟨sport⟩ ***het wisselen.***

change over **0.1** ***veranderen*** ⇒*overgaan, omschakelen* **0.2** ***ruilen (van plaats)*** **0.3** ***omzwaaien*** ◆ **1.1** ~ from oil to gas *van olie overschakelen op gas* **6.3** he changed over **to** history *hij is omgezwaaid naar geschiedenis.*

changeroom ⟨AE⟩ **0.1** ***kleedkamer.***

changing cubicle ⟨sport⟩ **0.1** ***kleedhokje.***

changing room ⟨BE⟩ **0.1** ***kleedkamer.***

channel[1] [tsjænl] **I** ⟨eig.n.; C-; the⟩ **0.1** ***het Kanaal;***
II ⟨telb.zn.⟩ **0.1** ***kanaal*** ⇒*zee-engte* **0.2** ***(vaar)geul*** ⇒*bedding* **0.3** ***kanaal*** ⇒*buis, pijp, goot* **0.4** ***kanaal*** ⇒*weg, middel, richting* **0.5** ⟨radio, tv⟩ ***kanaal*** ⇒⟨fig.⟩ *net, programma* ◆ **1.4** ~ of thought *denkwijze* **3.4** he has his ~s everywhere *hij heeft overal zijn kanalen.*

channel[2] ⟨ww.; BE -led⟩ **0.1** ***kanaliseren*** ⇒*voorzien van kanalen/geulen/groeven/goten* **0.2** ***leiden*** ⇒*sturen, in bepaalde banen leiden.*

Channel Islands, Channel Isles ⟨the⟩ **0.1** ***Kanaaleilanden.***

chant[1] [tsja:nt] ⟨zn.⟩ **0.1** ***lied*** ⇒*(eenvoudige) melodie, psalm* **0.2** ***zangerige intonatie*** **0.3** ***(gescandeerde) kreet*** ⇒ *spreekkoor* **0.4** ***psalmodie*** ⇒*monotoon gezang.*

chant[2] ⟨ww.⟩ **0.1** ***zingen*** ⇒*op één toon zingen* **0.2** ***roepen*** ⇒ *herhalen, scanderen* ◆ **1.1** ~ a psalm *psalmodiëren;* the students ~ed 'Down with the pigs' *de studenten riepen voortdurend 'Weg met de smerissen'* **1.2** ~ somebody's praises *iem. voortdurend prijzen.*

chanterelle [sja:ntərel, sjon-] **0.1** ***cantharel.***

chaos [keeos] ⟨geen mv.⟩ **0.1** ***chaos*** ⇒*verwarring, wanorde.*

chaos theory ⟨nat.; wisk.⟩ **0.1** ***chaostheorie.***

chaotic [keeottik] ⟨-ally⟩ **0.1** ***chaotisch*** ⇒*verward, ongeordend.*

chap[1] [tsjæp] ⟨zn.⟩ **0.1** ⟨vnl. BE; inf.⟩ ***vent*** ⇒*kerel, knul* **0.2** ⟨vnl. mv.⟩ ***kinnebak*** ⇒*kaak, wang* **0.3** ***kloof(je)*** ⇒*barst(je)* ⟨in lip of huid⟩; *scheur* ⟨in grond⟩ ◆ **3.2** ⟨inf.⟩ lick one's ~s *zijn lippen likken* ⟨lett. en fig.⟩.

chap[2] ⟨ww.; -ped⟩ **0.1** ***splijten*** ⇒*(doen) barsten, kloven.*

chapel [tsjæpl] **0.1** ***kapel*** ⇒*huis/slotkapel* **0.2** ***(zij)kapel*** ⟨in kerk⟩ **0.3** ⟨BE⟩ ***dissidente kerk*** ⟨vnl. in Eng. en Wales⟩ **0.4** ***dienst*** ⟨in een kapel of 'chapel'⟩ **0.5** ⟨ww. enk. of mv.⟩ ***afdeling v.d. drukkersbond*** ◆ **1.1** ~ of ease *hulpkerk* **1.3** are you church or ~? *hoort u bij de anglicaanse kerk of bij een protestantse kerk?* **2.1** ~ royal *hofkapel* **2.3** the Presbyterian ~ *de presbyteriaanse kerk* **6.4** go **to** ~ *de dienst bijwonen.*

chaperon(e)[1] [sjæpəroon] ⟨zn.⟩ **0.1** ***chaperonne*** ⇒*chaperon.*

chaperon(e)[2] ⟨ww.⟩ **0.1** ***chaperonneren*** ⇒*begeleiden.*

chaplain [tsjæplin] **0.1** ***kapelaan*** ⇒*huisgeestelijke, geestelijke verbonden aan een kapel* **0.2** ***hulppriester*** ⇒*kapelaan* **0.3** ***veldprediker*** ⇒*aalmoezenier.*

chaplainc|y [tsjæplinsie] ⟨mv.: -ies⟩ **0.1** ***bureau v.e. kapelaan*** ⟨gebouw⟩ **0.2** ***kapelaanschap*** ⟨ambt of periode⟩.

chaplet [tsjæplit] **0.1** ***(lauwer)krans*** ⇒*bloemkrans* **0.2** ***kralensnoer*** ⇒*halssnoer* **0.3** ⟨r.-k.⟩ ***rozenhoedje.***

chapter [tsjæptə] **0.1** ***hoofdstuk*** **0.2** ***episode*** ⇒*periode* **0.3** ⟨BE⟩ ***wet*** ⟨genummerd als deel v. handelingen v. parlement⟩ **0.4** ⟨rel.⟩ ***kapittel(vergadering)*** ◆ **1.1** give ~ and verse *de precieze bronvermelding geven;* ⟨inf.; fig.⟩ *alle details geven, tekst en uitleg geven;* ⟨inf.; fig.⟩ he knows it ~ and verse *hij kent het tot in de puntjes* **1.2** ⟨BE⟩ a whole ~ of accidents *een hele reeks tegenslagen* **2.2** a glorious ~ in our history *een roemrijke periode in onze geschiedenis.*

chapter house **0.1** ***kapittelzaal*** ⇒*kapittelkamer, kapittelhuis.*

char[1] [tsja:] ⟨zn.⟩ **0.1** ⟨BE; verk.⟩ [char-lady, char-woman] ***werkster*** **0.2** ***klus(je)*** ⇒*taak, (huishoudelijk) karwei(tje)* **0.3** ⟨BE; inf.⟩ ***thee.***

char[2] ⟨-red⟩ **I** ⟨onov.ww.⟩ **0.1** ***werkster zijn;***
II ⟨onov. en ov.ww.⟩ **0.1** ***verbranden*** ⇒*verkolen, schroeien.*

charabanc, char-à-banc [sjærəbæng] ⟨vero.; BE⟩ **0.1** ***janplezier*** ⇒*char-à-bancs.*

character [kæriktə] **I** ⟨telb.zn.⟩ **0.1** ***(ken/merk)teken*** ⇒*kenmerk, (karakter)trek* **0.2** ***teken*** ⇒*symbool, letter, cijfer* **0.3** ***persoon*** ⇒*type, individu* ⟨ook pej.⟩ **0.4** ***personage*** ⇒*rol, figuur* **0.5** ⟨inf.⟩ ***excentriek figuur*** ◆ **1.4** a ~ in a play *een rol in een toneelstuk* **2.2** Chinese ~s *Chinese karakters* **2.3** a suspicious ~ *een louche figuur* **5.3** he is quite a ~ *hij is me d'r eentje;*
II ⟨telb. en n.-telb.zn.⟩ **0.1** ***karakter*** ⇒*aard, natuur* **0.2** ***schrift*** ⇒*handschrift, (druk)letters* **0.3** ***(goede) reputatie*** ◆ **3.3** he's earned ~ *hij heeft een goede reputatie verworven* **6.1** that's **in** ~ **with** his style *dat past bij zijn stijl;* **out of** ~ *niet typisch; ongepast;*
III ⟨n.-telb.zn.⟩ **0.1** ***moed*** ◆ **6.1** a man **of** ~ *een moedig/dapper man.*

character actor **0.1** ***karakterspeler.***

character assassination **0.1** ***aanslag op iemands goede naam.***

characterful [kæriktəfoel] **0.1** ***karaktervol.***

characteristic[1] [kæriktəristik] ⟨zn.⟩ **0.1** ***kenmerk*** ⇒*(kenmerkende) eigenschap, karakteristiek.*

characteristic[2] ⟨bn.; -ally⟩ **0.1** ***karakteristiek*** ⇒*kenmerkend, tekenend* ◆ **1.1** ⟨elek., wisk.⟩ ~ curve *karakteristiek* ⟨grafische voorstelling v.d. eigenschappen v.e. apparaat⟩ **6.1** that is ~ **of** John *dat is typisch John.*

character|ize, -ise [kæriktərajz] ⟨zn.: **-ization**⟩ **0.1** ***karakteriseren*** ⇒*kenmerken, typeren.*

characterless [kæriktələs] **0.1** ***karakterloos*** ⇒*gewoon(tjes).*

character part **0.1** ***karakterrol.***

character printer ⟨comp.⟩ **0.1** ***tekendrukker.***

character reader ⟨comp.⟩ **0.1** ***tekenlezer*** ⇒*schriftlezer.*

character set ⟨comp.⟩ **0.1** ***tekenset.***

charade [sjəra:d] **0.1** ***charade*** ⇒*lettergreepraadsel* **0.2** ***schertsvertoning*** ⇒*poppenkast* **0.3** ⟨mv.; ww. vnl. enk.⟩ ***charade*** ⟨spel⟩.

charcoal [tsja:kool] **0.1** ***houtskool*** **0.2** ***houtskooltekening*** **0.3** ⟨vaak attr.⟩ ***donkergrijs*** ⇒*antraciet(kleur)* ◆ **1.1** a stick of ~ *een staafje houtskool.*

charcoal burner **0.1** ***houtskoolbrander*** ⇒*maker van houtskool.*

chard [tsja:d] **0.1** ***snijbiet.***

charge[1] [tsja:dzj] **I** ⟨telb.zn.⟩ **0.1** ***lading*** ⟨ook elektrische⟩ ⇒*belasting* **0.2** ***lading springstof*** ⇒*bom* **0.3** ***prijs*** ⇒*kost(en), schuld* **0.4** ***iets/iem. waarvoor men verantwoordelijk is*** ⇒*pupil, beschermeling* **0.5** ***instructie*** ⇒*opdracht;* ⟨mil.⟩ *bevel tot de aanval* **0.6** ⟨mil.⟩ ***aanval*** ⇒*charge, uitval;* ⟨sport ook⟩ *charge met het lichaam* **0.7** ⟨jur.⟩ ***telastlegging*** ⇒*beschuldiging, aanklacht* ◆ **3.3** a reversed ~ call *gesprek op kosten v.d. ontvanger* ⟨telefoon⟩ **3.7** bring a ~ against s.o. *iem. van iets beschuldigen;* face a ~ of theft *terechtstaan wegens diefstal* **6.4** a ~ **on** the public *iem. die ten laste v.d. gemeenschap komt* **6.7** arrest s.o. **on** a ~ **of** murder *iem. arresteren op beschuldiging v. moord;*
II ⟨n.-telb.zn.⟩ **0.1** ***zorg*** ⇒*hoede, leiding* ◆ **1.1** officer in ~ *dienstdoend officier* **3.1** I've got ~ of this class *ik heb de leiding in deze klas;* take ~ of *de leiding nemen over, zich belasten met* **6.1 in** ~ **of** *verantwoordelijk voor;* **in/under** the ~ of *onder de hoede van.*

charge[2] **I** ⟨onov. en ov.ww.⟩ **0.1** ***aanvallen*** ⇒*losstormen op* **0.2** ***opladen*** ⇒*laden, vullen* ◆ **1.2** this battery ~s/is ~d easily *deze batterij laadt makkelijk op* **6.1** ~ **at** an opponent *een tegenstander aanvallen;*
II ⟨ov.ww.⟩ **0.1** ***(aan)rekenen*** ⇒*in rekening brengen* **0.2** ***beschuldigen*** ⇒*aanklagen* **0.3** ***bevelen*** ⇒*opdragen, instrueren* ◆ **1.1** he ~d me five pounds *hij rekende mij vijf pond* **6.1** ~ sth. (up) **to/against** one's account *iets op zijn rekening laten schrijven* **6.2** ~ s.o. **with** theft *iem. van diefstal beschuldigen* **6.3** ~ s.o. **with** sth. *iem. met iets belasten.*

chargé [sja:zjee], **chargé d'affaires** [-da:feə] ⟨mv.: chargés (d'affaires) [-zjee(z)-]⟩ **0.1** ***zaakgelastigde*** ⇒*chargé d'affaires.*

chargeable [tsja:dzjəbl] **0.1** ***schuldig*** ⇒*te beschuldigen* **0.2** ***in rekening te brengen*** ◆ **6.2** the damage is ~ **on** the owner *de eigenaar moet voor de schade opdraaien;* the costs are ~ **to** me *de kosten komen voor mijn rekening.*

charge account ⟨AE⟩ **0.1** ***(lopende) rekening.***

charge card **0.1** ***klanten(krediet)kaart*** ⇒*klantenpas.*

charged [tsja:dzjd] **0.1** ***emotioneel*** ⇒*sterk voelend* **0.2** ***geladen*** ⇒*omstreden, controversieel* ◆ **1.1** a ~ man *een emotioneel man* **1.2** a ~ atmosphere *een geladen atmosfeer.*

charger [tsja:dzjə] **0.1** ⟨tech.⟩ ***laadapparaat*** ⇒*acculader.*

charge sheet **0.1** ***register van arrestaties en klachten*** ⟨op politiebureau⟩.

chariot [tsjæriət] **0.1** ***triomfwagen*** ⇒*(strijd)wagen.*

charioteer [tsjæriətiə] **0.1** ***wagenmenner.***

charisma [kərizmə] ⟨mv.: ook charismata⟩ **0.1** ⟨rel.⟩ ***charisma*** ⇒*bovennatuurlijke/bijzondere gave* **0.2** ***charisma*** ⇒*persoonlijke uitstraling.*

charismata [kərizmətə] ⟨mv.⟩ →**charisma.**

charismatic [kærizmætik] ⟨-ally⟩ **0.1** ***charismatisch*** ⇒*inspirerend.*

charitab|le [tsjærittəbl] ⟨-ly⟩ **0.1** ***menslievend*** ⇒*welwillend* **0.2** ***liefdadig*** ⇒*vrijgevig* **0.3** ***charitatief*** ⇒*van/voor een liefdadig doel* **0.4** ***mild in zijn/haar oordeel*** ⇒*vergevensgezind* ◆ **1.2** a very ~ lady *een zeer vrijgevige vrouw* **1.3** ~ institutions *liefdadige instellingen.*

charit|y [tsjærətie] ⟨mv.: -ies⟩ **0.1** ***liefdadige organisatie*** ⇒*liefdadigheidsinstelling* **0.2** ***liefdadigheid*** **0.3** ***(naasten)liefde*** ⇒*menslievendheid* **0.4** ***mildheid in zijn/haar oordeel*** ⇒*barmhartigheid* ◆ **3.2** ask/beg for ~ *om een aalmoes smeken* **6.2 in/out of** ~ *uit barmhartigheid* **6.4** judge people **with** ~ *mensen mild beoordelen* ¶.¶ ⟨sprw.⟩ ~ begins at home ⟨ong.⟩ *het hemd is nader dan de rok.*

charity school **0.1** ***armenschool.***

charity walk **0.1** ***sponsorloop*** ⟨voor het goede doel⟩.

charlady [tsja:leedie] ⟨BE⟩ **0.1** ***werkster.***

charlatan [sja:lətən] **0.1** ***charlatan*** ⇒*kwakzalver.*

charlock [tsja:lok] ⟨plantk.⟩ **0.1** ***herik*** ⇒*wilde mosterd.*

charm[1] [tsja:m] ⟨zn.⟩ **0.1** ***charme*** ⇒*bekoorlijke eigenschap,* *aantrekkelijkheid* **0.2** ***tovermiddel*** *⇒toverspreuk* **0.3** ***amulet*** **0.4** ***bedeltje*** ⟨aan armband⟩ ◆ **3.2** ⟨inf.⟩ it works like a ~ *het werkt/loopt perfect.*

charm² ⟨ww.⟩ **0.1** ***betoveren*** *⇒charmeren, bekoren* **0.2** ***bezweren*** ◆ **1.2** ~ snakes *slangen bezweren.*

charmer [tsja:mə] **0.1** ***charmeur*** *⇒aantrekkelijk iemand* **0.2** ***tovenaar.***

charming [tsja:ming] **0.1** ***charmant*** *⇒bekoorlijk, aantrekkelijk;* ⟨ook iron.⟩ *prachtig.*

charnel [tsja:nl], **charnel house** **0.1** ***knekelhuis.***

chart¹ [tsja:t] ⟨zn.⟩ **0.1** ***kaart*** *⇒zee/weerkaart* **0.2** ***grafiek*** *⇒ curve, tabel* **0.3** ⟨mv.; the⟩ ***hitparade.***

chart² ⟨ww.⟩ **0.1** ***in kaart brengen*** *⇒een kaart maken van* **0.2** ⟨inf.⟩ ***plannen*** ◆ **1.1** ~ a course *een koers uitzetten.*

charter¹ [tsja:tə] **I** ⟨telb.zn.⟩ **0.1** ***oorkonde*** *⇒(voor)recht;* ⟨fig.⟩ *vrijbrief voor slecht gedrag* **0.2** ***handvest*** **0.3** ***(firma)contract*** *⇒statuten* ◆ **1.2** the ~ of the United Nations *het handvest van de Verenigde Naties* **6.1** their rights are governed **by** ~ *hun rechten zijn geregeld in decreten;*
II ⟨telb. en n.-telb.zn.⟩ **0.1** ***het charteren*** *⇒huur.*

charter² ⟨ww.⟩ **0.1** ***een recht/octrooi verlenen aan*** **0.2** ***charteren*** *⇒(af)huren, bevrachten* ◆ **1.1** ~ed accountant *(beëdigd) accountant.*

charter flight **0.1** ***chartervlucht.***

chart house, chart room ⟨scheep.⟩ **0.1** ***kaartenkamer.***

charwoman **0.1** ***werkster.***

char|y [tsjeərie] ⟨-ily⟩ **0.1** ***voorzichtig*** *⇒behoedzaam* **0.2** ***verlegen*** **0.3** ***zuinig*** *⇒karig, spaarzaam* **0.4** ***kieskeurig*** ◆ **6.3** ~ **of** giving praise *zuinig met zijn lof.*

chase¹ [tsjees] ⟨zn.⟩ **0.1** ***achtervolging*** *⇒jacht* ⟨ook sport⟩ **0.2** ⟨BE⟩ ***park*** *⇒jachtveld* **0.3** ***(nagejaagde) prooi*** **0.4** ***steeplechase*** *⇒wedren met hindernissen* ◆ **3.1** give ~ (to) *achternazitten* **6.1** **in** ~ **of** s.o. / sth. *achter iemand/iets aan rennend.*

chase² **I** ⟨onov.ww.⟩ **0.1** ***jagen*** *⇒jachten, zich haasten* ◆ **5.1** ~ **about** *rondrennen;* ~ **off** *ervandoor rennen;*
II ⟨ov.ww.⟩ **0.1** ***achtervolgen*** *⇒achternazitten;* ⟨fig.⟩ *najagen* **0.2** ***verjagen*** *⇒verdrijven* **0.3** ***drijven*** ⟨zilver⟩ *⇒ciseleren, door kloppen bewerken* ◆ **1.1** ~ girls *meisjes proberen te versieren* **5.1** ~ **down / up** *opsporen* **5.2** ~ **away / out / off** *wegjagen* **6.2** ~ **from / out of** *verdrijven uit, wegjagen uit.*

chaser [tsjeesə] **0.1** ***achtervolger*** *⇒jager* ⟨ook mil.⟩ **0.2** ⟨inf.⟩ ***(bestelling v.) drankje*** ⟨bier, water⟩ ***na sterk alcoholische drank.***

chasm [kæzm] **0.1** ***kloof*** *⇒spleet, afgrond;* ⟨fig. ook⟩ *verschil, tegenstelling.*

chassis [sjæsie] ⟨mv.: chassis [-siez]⟩ **0.1** ***chassis*** *⇒onderstel* **0.2** ***landingsgestel.***

chaste [tsjeest] **0.1** ***kuis*** *⇒ingetogen* **0.2** ***eenvoudig*** ⟨v. stijl⟩.

chasten [tsjeesn] **0.1** ⟨vero. in lett. bet.⟩ ***kastijden*** *⇒kuisen, zuiveren, louteren* **0.2** ***matigen.***

chastise [tsjæstajz] ⟨zn.: **-ment**⟩ **0.1** ***kastijden*** *⇒tuchtigen, (streng) straffen.*

chastity [tsjæstətie] **0.1** ***kuisheid*** *⇒maagdelijkheid* **0.2** ***eenvoud*** ⟨v. stijl of smaak⟩.

chastity belt **0.1** ***kuisheidsgordel.***

chasuble [tsjæzjoebl] **0.1** ***kazuifel.***

chat¹ [tsjæt] ⟨zn.⟩ **0.1** ***babbeltje*** *⇒praatje* **0.2** ***geklets*** *⇒gebabbel.*

chat² ⟨-ted⟩ **I** ⟨onov.ww.⟩ **0.1** ***babbelen*** *⇒kletsen, praten* ◆ **5.1** ~ **away** *erop los kletsen;*
II ⟨ov.ww.⟩ →**chat up.**

château [sjætoo] ⟨mv.: ook châteaux [-z]⟩ **0.1** ***kasteel*** *⇒landhuis* ⟨ihb. in Frankrijk⟩.

chateaubriand [sjætoobrie:ã] ⟨ook C-⟩ ⟨cul.⟩ **0.1** ***chateaubriand.***

chatline **0.1** ***babbellijn.***

chat show ⟨BE⟩ **0.1** ***praatprogramma.***

chattel [tsjætl] ⟨jur.⟩ **0.1** ***bezitting*** *⇒roerend goed* ◆ **1.1** goods and ~s *have en goed.*

chatter¹ [tsjætə] ⟨zn.⟩ **0.1** ***geklets*** *⇒gepraat* **0.2** ***geklapper*** ⟨v. tanden⟩.

chatter² ⟨ww.⟩ **0.1** ***kwebbelen*** *⇒(druk) praten* **0.2** ***klapperen*** ⟨v. tanden⟩ ◆ **3.2** his teeth ~ed *hij klappertandde* **5.1** ~ **away** *(erop los) praten.*

chatterbox **0.1** ⟨inf.⟩ ***kletskous*** *⇒babbelkous* ⟨ihb. een kind⟩.

chatt|y [tsjætie] ⟨-ily⟩ **0.1** ***praatziek*** *⇒babbelziek* **0.2** ***gezellig*** *⇒informeel (van stijl)* ◆ **1.2** a ~ letter *een gezellige brief.*

chat up ⟨inf.⟩ **0.1** ***met praatjes proberen te versieren*** *⇒flirten met.*

chauffeur¹ [sjoofə] ⟨zn.⟩ **0.1** ***(particuliere) chauffeur.***

chauffeur² **I** ⟨onov.ww.⟩ **0.1** ***als chauffeur werken;***
II ⟨ov.ww.⟩ **0.1** ***(rond) rijden*** *⇒vervoeren.*

chauffeuse [sjoofə:z] **0.1** ***chauffeuse.***

chauvinism [sjoovinnizm] **0.1** ***chauvinisme*** *⇒overdreven vaderlandsliefde* **0.2** ***vooringenomenheid*** *⇒vooroorde(e)l(en)* ◆ **2.2** male ~ *mannelijk superioriteitsgevoel.*

chauvinist(ic) **0.1** ***chauvinistisch*** *⇒overdreven vaderlandslievend* **0.2** ***bevooroordeeld*** ◆ **1.2** ⟨inf.⟩ male ~ pig *seksist.*

chauvinist [sjoovinnist] **0.1** ***chauvinist*** **0.2** ***bevooroordeeld persoon*** ◆ **2.2** a male ~ *een man die zich superieur waant aan vrouwen.*

cheap¹ [tsjie:p] ⟨bn.; -ness⟩ **0.1** ***goedkoop*** *⇒voordelig* **0.2** ***gemakkelijk*** **0.3** ***vulgair*** *⇒ordinair, grof* **0.4** ⟨vooral AE⟩ ***zuinig*** *⇒gierig* **0.5** ***onoprecht*** *⇒oppervlakkig* ◆ **1.2** ~ victory *gemakkelijke overwinning* **1.3** a ~ kind of humour *flauwe grappen;* ~ shot *rotopmerking/streek* **2.1** ~ and nasty *armoedig, van slechte kwaliteit* **3.1** ⟨inf.⟩ feel ~ *zich schamen;* make o.s. ~ *zijn goede naam/reputatie te grabbel gooien* **6.1** **on** the ~ *voor een prikje.*

cheap² ⟨bw.⟩ **0.1** ***goedkoop*** *⇒voordelig, op goedkope wijze* **0.2** ***vulgair*** *⇒ordinair* ◆ **3.1** get sth. ~ *ergens voordelig aankomen.*

cheapen [tsjie:pən] **I** ⟨onov.ww.⟩ **0.1** ***goedko(o)p(er) worden*** *⇒in prijs dalen;*
II ⟨ov.ww.⟩ **0.1** ***goedko(o)p(er) maken*** *⇒in waarde doen dalen, verlagen;* ⟨fig.⟩ *afbreuk doen aan* **0.2** ***afdingen op.***

cheat¹ [tsjie:t] ⟨zn.⟩ **0.1** ***bedrog*** *⇒afzetterij, fraude* **0.2** ***bedrieger*** *⇒valsspeler, fraudeur.*

cheat² **I** ⟨onov.ww.⟩ **0.1** ***bedrog plegen*** *⇒frauderen, vals/gemeen spelen* **0.2** ⟨inf.⟩ ***ontrouw zijn*** ◆ **6.2** ~ **on** one's wife *zijn vrouw bedriegen (met een ander);*
II ⟨ov.ww.⟩ **0.1** ***bedriegen*** *⇒oplichten, afzetten* **0.2** ***ontglippen (aan)*** *⇒ontsnappen aan* ◆ **1.1** ~ your husband *ontrouw zijn aan je man* **1.2** ~ death *de dood ontglippen* **6.1** ~ **at** exams *spieken;* ~ **at** games *vals spelen (bij spelletjes);* ~ s.o. **out of** sth. *iem. iets afhandig maken.*

cheater [tsjie:tə] **0.1** ***bedrieger*** *⇒oplichter, afzetter.*

check¹ [tsjek] **I** ⟨telb.zn.⟩ **0.1** ***belemmering*** *⇒oponthoud;* ⟨ijshockey⟩ *(body)check* **0.2** ***proef*** *⇒test, controle* **0.3** ⟨AE⟩ ***rekening*** ⟨in restaurant⟩ **0.4** ***kaartje*** *⇒reçu, bonnetje* **0.5** ⟨AE sp.⟩ →**cheque** ◆ **3.1** keep a ~ on s.o., ⟨AE⟩ have one's ~s upon s.o. *iem. in de gaten/het oog houden;* put a ~ on s.o. *iem. intomen;*
II ⟨telb. en n.-telb.zn.⟩ **0.1** ***ruit(je)*** *⇒ruitpatroon, geruite stof;*

III ⟨n.-telb.zn.⟩ **0.1** ***controle*** ⇒*bedwang* **0.2** ***schaak*** ◆ **3.1** keep in ~ *onder controle/in bedwang houden* **6.1 without** ~ *ongehinderd* ¶.**2** ~! *schaak!*

check[2] **I** ⟨onov.ww.⟩ **0.1** ***kloppen*** ⇒*punt voor punt overeenstemmen* ◆ **6.1** the description ~s (out) **with** the photograph *de beschrijving klopt met de foto* **6.**¶ ~ **into** a hotel *zich inschrijven in een hotel.* →**check in, check out;**
II ⟨onov. en ov.ww.⟩ **0.1** ***controleren*** ⇒*testen, toetsen* ◆ **6.1** ~ (up) **on** sth. *iets controleren;* ~ **over/through** the proofs *de drukproeven na/doorkijken;*
III ⟨ov.ww.⟩ **0.1** ***(doen) stoppen*** ⇒*tegenhouden, afremmen;* ⟨sport⟩ *hinderen;* ⟨ijshockey⟩ *een bodycheck geven* **0.2** ***schaak zetten*** ⇒*bedreigen* **0.3** ⟨AE⟩ ***afgeven*** ⟨ter bewaring⟩ ◆ **1.1** ~ the blood flow *het bloed stelpen;* ~ one's hunger *zijn honger stillen.* →**check in, check out.**

checked [tsjekt] **0.1** ***geruit*** ⇒*geblokt* ◆ **1.1** a ~ curtain *een geruit gordijn.*

checker →**chequer.**

checkers [tsjekkəz] ⟨AE⟩ **0.1** ***damspel*** ⇒*dammen.*

check in I ⟨onov.ww.⟩ **0.1** ***zich melden*** ⇒*zich inschrijven, arriveren* ◆ **6.1** ~ **at** a hotel *zich inschrijven in het gastenboek;*
II ⟨ov.ww.⟩⟨vnl. AE⟩ **0.1** ***registreren*** ⇒*inschrijven* **0.2** ***terugbrengen.***

check-in ⟨ook attr.⟩ **0.1** ***controle(post).***

checking account ⟨AE; ec.⟩ **0.1** ***lopende rekening.***

checklist 0.1 ***checklist*** ⇒*controlelijst.*

checkmate 0.1 ⟨zn.⟩ ***schaakmat*** **0.2** ⟨ww.⟩ ***schaakmat zetten.***

checkout 0.1 ***vertrek*** **0.2** ***controle*** **0.3** ***kassa*** ◆ **1.1** ~ time *het tijdstip waarop men een hotelkamer enz., ontruimd moet hebben.*

check out I ⟨onov.ww.⟩ **0.1** ***vertrekken*** ⇒*zich uitschrijven* ◆ **6.1** ~ **of** a hotel *vertrekken uit een hotel;*
II ⟨ov.ww.⟩⟨vnl. AE⟩ **0.1** ***uitschrijven*** **0.2** ***lenen*** ⇒*meenemen* ◆ **6.2** check a book out **of** the library *een boek lenen van de bibliotheek.*

check-out girl, check-out operator 0.1 ***caissière*** ⟨in supermarkt⟩.

checkpoint 0.1 ***controlepost.***

checkroom ⟨AE⟩ **0.1** ***bagagedepot*** **0.2** ***garderobe*** ⟨in hotel, schouwburg enz.⟩.

checksum ⟨comp.⟩ **0.1** ***controlesom.***

checkup 0.1 ***(algemeen medisch) onderzoek.***

cheddar [tsjeddə] ⟨vaak C-⟩ **0.1** ***cheddar*** ⟨kaas⟩.

cheek[1] [tsjie:k] **I** ⟨telb.zn.⟩ **0.1** ***wang*** ⇒*koon* **0.2** ⟨inf.⟩ ***bil*** ⇒*achterdeel, ham* ◆ **1.**¶ ~ by jowl (with) *dicht bijeen; (als) twee handen op een buik* **3.1** turn the other ~ *de andere wang toekeren;*
II ⟨n.-telb.zn.⟩ **0.1** ***brutaliteit*** ⇒*lef* ◆ **3.1** don't give me any of your ~! *doe niet zo brutaal jij!;* have the ~ to *het lef hebben om (te).*

cheek[2] ⟨ww.⟩ **0.1** ***brutaal zijn tegen*** ⇒*onbeschoft zijn tegen.*

cheekbone 0.1 ***jukbeen.***

cheek|y [tsjie:kie] ⟨-iness⟩ **0.1** ***brutaal*** ⇒*onbeschaamd.*

cheep[1] [tsjie:p] ⟨zn.⟩ **0.1** ***gepiep*** ⇒*gefluit, getjilp* ⟨v. vogels⟩ ◆ **7.1** ⟨inf.⟩ not a ~ *geen kik.*

cheep[2] ⟨ww.⟩ **0.1** ***fluiten*** ⇒*tjilpen, sjilpen, piepen* ⟨v. vogels⟩.

cheer[1] [tsjiə] ⟨zn.⟩ **0.1** ***(juich)kreet*** ⇒*schreeuw;* ⟨in mv.⟩ *hoerageroep, gejuich* **0.2** ***bemoediging*** ⇒*aanmoediging* **0.3** ***stemming*** ⇒*humeur* **0.4** ***vrolijkheid*** **0.5** ***onthaal*** ⇒*spijs (en drank)* ◆ **1.2** words of ~ *bemoedigende woorden* **2.3** of/with good ~ *welgemoed, vrolijk* **7.1** three ~s for *drie hoeraatjes (voor).*

cheer[2] **I** ⟨onov.ww.⟩ **0.1** ***juichen*** ⇒*schreeuwen, roepen* ◆ **5.**¶ ~ **up**! *kop op!;*
II ⟨ov.ww.⟩ **0.1** ***toejuichen*** ⇒*aanmoedigen, opvrolijken* **0.2** ***bemoedigen*** ⇒*opmonteren* ◆ **5.1** ~ **on** *aanmoedigen* **5.2** ~ **up** *opmonteren, opvrolijken.*

cheerful [tsjiəfl] ⟨-ness⟩ **0.1** ***vrolijk*** ⇒*blij, opgewekt.*

cheerio [tsjiərie·oo] ⟨BE; inf.⟩ **0.1** ***dag!*** ⇒*tot ziens!* **0.2** ***proost!***

cheerleader ⟨vnl. AE⟩ **0.1** ***cheerleader*** ⟨aanvoerster v. toejuichers bij sportwedstrijd⟩.

cheerless [tsjiələs] ⟨-ness⟩ **0.1** ***troosteloos*** ⇒*somber* ◆ **1.1** a ~ room *een ongezellige kamer.*

cheers [tsjiəz] **0.1** ***proost!*** **0.2** ⟨inf.⟩ ***dag!*** ⇒*tot ziens!*

cheer|y [tsjiərie] ⟨-ness⟩ **0.1** ***vrolijk*** ⇒*opgewekt, levendig.*

cheese [tsjie:z] **0.1** ***kaas*** ◆ **3.**¶ say ~ *kijk/lach eens naar het vogeltje* ⟨bij het maken v.e. foto⟩. →**chalk, different.**

cheeseboard 0.1 ***kaasplank*** ⇒*de kaas* ⟨na 't eten⟩.

cheeseburger 0.1 ***hamburger met kaas.***

cheesecake 0.1 ***kwarktaart.***

cheesecloth 0.1 ***kaasdoek.***

cheese off ⟨sl.⟩ **0.1** ***doen afknappen (op)*** ⇒*vervelen* ◆ **6.1** be cheesed off **with** sth. *schoon genoeg hebben van iets, van iets (de) balen (hebben).*

cheese-paring 0.1 ⟨bn.⟩ ***krenterig*** ⇒*gierig* **0.2** ⟨zn.⟩ ***krenterigheid*** ⇒*gierigheid.*

cheese slicer 0.1 ***kaasschaaf.***

cheeta(h) [tsjie:tə] **0.1** ***jachtluipaard.***

chef [sjef] **0.1** ***chef-kok.***

chemical[1] [kemmikl] ⟨zn.⟩ **0.1** ***chemisch product*** ⇒*chemische stof/verbinding* ◆ ¶.**1** ~s *chemicaliën.*

chemical[2] ⟨bn.⟩ **0.1** ***chemisch*** ⇒*scheikundig* ◆ **1.1** a ~ reaction *een scheikundige reactie;* ~ engineering *chemische technologie;* ~ warfare *chemische oorlogvoering.*

chemise [sjəmie:z] **0.1** ***hemd*** ⟨v.e. vrouw⟩ **0.2** ***hemdjurk.***

chemist [kemmist] **0.1** ***chemicus*** ⇒*scheikundige* **0.2** ⟨BE⟩ ***apotheker*** **0.3** ⟨BE⟩ ***drogist.***

chemistry [kemmistrie] **0.1** ***chemie*** ⇒*scheikunde* **0.2** ***chemische eigenschappen*** ⇒⟨fig.⟩ *geheimzinnige werking* ◆ **1.2** the ~ of love *de mysterieuze werking v.d. liefde.*

chemotherapy [kie:mooθerrəpie, ke-] ⟨med.⟩ **0.1** ***chemotherapie.***

chenille [sjənie:l] **0.1** ***fluweelkoord*** ⇒*chenillegaren* **0.2** ***chenille*** ⟨weefsel⟩.

cheque, ⟨AE sp.⟩ **check** [tsjek] **0.1** ***cheque*** ◆ **6.1** pay **by** ~ *met een cheque betalen;* a ~ **for** 60 pounds *een cheque ter waarde v. 60 pond.* →**blank.**

chequebook 0.1 ***chequeboek(je).***

cheque card, cheque guarantee card 0.1 ***betaalpas(je)*** ⇒*bankkaart.*

chequer, ⟨AE sp.⟩ **checker** [tsjekkə] **0.1** ***ruiten*** ⇒*in ruiten verdelen* **0.2** ***schakeren*** ⇒*afwisseling brengen in;* ⟨fig.⟩ *kenmerken door wisselend succes* ◆ **1.2** a ~ed life *een leven met voor- en tegenspoed.*

cherish [tsjerrisj] **0.1** ***koesteren*** ⇒*liefhebben* ◆ **1.1** ~ hopes *hoop koesteren;* a ~ed possession *een dierbaar bezit.*

cheroot [sjəroe:t] **0.1** ***(soort) sigaar*** ⟨open aan beide einden⟩.

cherr|y[1] [tsjerrie] ⟨mv.: -ies⟩ **I** ⟨telb.zn.⟩ **0.1** ***kers*** **0.2** ***kersenboom;***
II ⟨n.-telb.zn.⟩ **0.1** ***kersenhout*** **0.2** ***kersrood*** ⇒*kerskleur, cerise.*

cherry[2] ⟨bn.⟩ **0.1** ***kerskleurig*** ⇒*kersrood, cerise* ◆ **1.1** ~ lips *rode lippen.*

cherry brandy 0.1 ***cherry brandy*** ⇒*kersenbrandewijn.*

cherry pie 0.1 ***kersentaart*** ⇒*kersenvlaai.*

cherry tomato 0.1 ***cherrytomaat*** ⇒*kerstomaat.*

cherub [tsjerrəb] ⟨in bet. 0.1; mv.: ook cherubim [tsjerrəbim]⟩ **0.1** ⟨rel., lit.⟩ ***cherub(ijn)*** **0.2** ***lief kind(je)*** ⇒*engeltje.*

chervil [tsjə:vil] **0.1** ***kervel.***
Cheshire cat 0.1 ***Cheshire kat*** ◆ **3.¶** grin like a ~ *breed grijnzen.*
chess [tsjes] **0.1** ***schaak*** ⇒*schaakspel, het schaken.*
chessboard 0.1 ***schaakbord.***
chessman [tsjesmən] ⟨mv.: chessmen [-mən]⟩ **0.1** ***schaakstuk.***
chest [tsjest] **0.1** ***borst(kas)*** **0.2** ***kist*** ⇒*kast; bak, doos* **0.3** ⟨AE⟩ ***kas*** ⟨v.e. instelling⟩ ◆ **1.2** ~ of drawers *ladekast* **3.1** get sth. off one's ~ *over iets zijn hart luchten* **3.¶** play (one's cards) close to one's ~ *gesloten/terughoudend zijn* **6.1** I know what you have **on** your ~ *ik weet wat je op je hart hebt.*
chest down ⟨sport⟩ **0.1** ***met de borst stoppen en neerleggen*** ⟨bal⟩.
chesterfield [tsjestəfie:ld] **0.1** ***chesterfield*** ⟨soort bank⟩ **0.2** ***chesterfield*** ⟨(over)jas⟩.
chestnut [tsjesnut] **0.1** ***kastanje*** **0.2** ⟨verk.⟩ [chestnut tree] **0.3** ***vos(paard)*** **0.4** ⟨inf.⟩ ***ouwe bak/mop*** ⇒*bekend verhaal* **0.5** ⟨ook attr.⟩ ***kastanjekleur*** ⇒*kastanjebruin.*
chestnut tree 0.1 ***kastanje(boom).***
chest|y [tsjestie] ⟨-ily⟩⟨inf.⟩ **0.1** ***met een flinke boezem*** ⟨vrouwen⟩ **0.2** ***met zwakke longen*** ⇒*het op de borst hebbend.*
cheval glass [sjəvæl gla:s] **0.1** ***psyché*** ⇒*grote spiegel* ⟨draaibaar om een horizontale as⟩.
chevalier [sjevvəliə] **0.1** ***ridder*** ⇒*ridderlijke/galante man/heer.*
chevron [sjevrən] **0.1** ⟨bouwk.⟩ ***chevron*** ⇒*balk* ⟨in de vorm v.e. omgekeerde V⟩, *keper* **0.2** ⟨mil.⟩ ***onderscheidingsteken*** ⇒*streep, chevron.*
chew[1] [tsjoe:] ⟨zn.⟩ **0.1** ***het kauwen*** ⇒*het kauwproces* **0.2** ***iets dat gekauwd wordt*** ⇒*(tabaks)pruim, snoepje* ◆ **1.2** a ~ of tobacco *een tabakspruim* **3.1** have a ~ *(zitten) kauwen.*
chew[2] ⟨ww.⟩ **0.1** ***kauwen*** ⇒*knauwen, pruimen* **0.2** ⟨inf.; ook fig.⟩ ***herkauwen*** ⇒*(over)denken, bepraten* ◆ **5.2** ~ sth. **over** *ergens over nadenken* **5.¶** ⟨AE; inf.⟩ ~ s.o.('s ass) **out** *iem. uitkafferen;* ⟨AE; inf.⟩ don't get ~ed **up** about it *zit daar nu niet over in, maak je daar nu niet druk over* **6.2** ~ **over** sth. *iets bespreken;* ~ **over/(up)on** sth. *nadenken over iets.*
chewing gum 0.1 ***kauwgom.***
chewy [tsjoe:ie] **0.1** ***stevig*** ⇒*om op te kauwen.*
chez [sjee] **0.1** ***bij*** ⇒*ten huize van* ◆ **1.1** we dine ~ Suzanne *wij eten chez Suzanne.*
chiaroscuro [kie·a:rəskoeəroo] **0.1** ***schilderij in clair-obscur*** **0.2** ***clair-obscur*** ⇒*licht- en schaduweffecten.*
chic [sjie:k] **0.1** ⟨bn.⟩ ***chic*** ⇒*stijlvol, elegant* **0.2** ⟨zn.⟩ ***chic*** ⇒ *verfijning, stijl.*
chicane [sjikkeen] **0.1** ⟨autosport⟩ ***chicane*** ⟨kunstmatige hindernis in circuit⟩.
chicaner|y [sjikkeenrie] ⟨mv.: -ies⟩ **0.1** ***chicane*** ⇒*afkeurenswaardig/spitsvondig verweermiddel; vals argument, drogreden* **0.2** ***bedrog*** ⇒*chicanes.*
chichi[1] [sjie:sjie:] ⟨zn.⟩⟨inf.⟩ **0.1** ***poeha*** ⇒*(koude) drukte.*
chichi[2] ⟨bn.⟩⟨inf.⟩ **0.1** ***opzichtig*** ⇒*overdreven, aanstellerig* **0.2** ***chic*** ⇒*elegant.*
chick [tsjik] **0.1** ***kuiken*** ⇒*(jong) vogeltje* **0.2** ⟨inf.⟩ ***meisje*** ⇒ *grietje, stuk* **0.3** ***kind.***
chicken[1] [tsjikkin] ⟨mv.: ook chicken⟩ **I** ⟨telb.zn.⟩ **0.1** ***kuiken*** ⇒*(jong) vogeltje* **0.2** ***kip*** **0.3** ***kind*** **0.4** ⟨inf.; bel.⟩ ***lafaard*** ⇒ *bangerik* **0.5** ⟨inf.⟩ ***lekker stuk*** ⇒*grietje* ◆ **3.¶** ⟨inf.; pej.⟩ his ~s came home to roost *hij kreeg zijn trekken thuis;* count one's ~s before they are hatched *de huid verkopen voor dat men de beer geschoten heeft* **7.3** Mary is no ~ *Mary is niet meer zo piep;*
II ⟨n.-telb.zn.⟩ **0.1** ***kip(penvlees)*** **0.2** ⟨sl.⟩ ***overdreven gezagsvertoon*** ◆ **3.¶** ⟨inf.⟩ play ~ *zien wie 't eerst bang is.*
chicken[2] ⟨bn.⟩⟨inf.⟩ **0.1** ***laf*** ⇒*bang.*
chicken broth 0.1 ***kippenbouillon*** ⇒*kippensoep.*
chicken feed 0.1 ***kippenvoer*** **0.2** ⟨inf.⟩ ***kleingeld*** ⇒*iets (vrijwel) waardeloos.*
chicken-hearted, chicken-livered ⟨-ness⟩ **0.1** ***bang*** ⇒*laf.*
chicken out ⟨inf.⟩ **0.1** ***ertussenuit knijpen*** ◆ **6.1** ~ **of** sth. *ergens tussenuit knijpen;* ~ **of** doing sth. *ervoor terugschrikken iets te doen.*
chicken pox 0.1 ***waterpokken.***
chicken wire 0.1 ***kippengaas.***
chickpea 0.1 ***keker*** **0.2** ***kikkererwt*** ⟨vrucht v. 0.1⟩.
chickweed ⟨plantk.⟩ **0.1** ***muur.***
chicory [tsjikkərie] ⟨plantk.⟩ **0.1** ***cichorei*** ⟨ook als sla, koffie-ersatz⟩ ⇒*Brussels lof, witlof* **0.2** ⟨vnl. AE⟩ ***andijvie.***
chide [tsjajd] ⟨ook chid [tsjid], chidden [tsjidn]⟩ ⟨schr.⟩ **I** ⟨on-ov.ww.⟩ **0.1** ***zijn afkeuring uitspreken*** ⇒*zijn beklag maken;*
II ⟨ov.ww.⟩ **0.1** ***berispen*** ⇒*afkeuren* ◆ **6.1** ~ s.o. **with/for** sth. *iem. berispen wegens iets.*
chief[1] [tsjie:f] ⟨zn.⟩ **0.1** ***leider*** ⇒*aanvoerder, opperhoofd* ◆ **1.1** ⟨mil.⟩ Chief of Staff *stafchef* **6.¶** **in** ~ *vooral, voornamelijk; hoofd-; opperste.*
chief[2] ⟨bn.⟩ **0.1** ***belangrijkst*** ⇒*voornaamst, hoofd-* ◆ **1.1** ~ accountant *hoofdaccountant;* ⟨BE⟩ ~ constable *hoofd v. politie in Brits graafschap;* ~ engineer *eerste machinist;* ⟨AE⟩ ~ executive *president; gouverneur* ⟨v.e. staat⟩; ~ inspector *(politie-)inspecteur* ⟨vooral in Groot-Brittannië⟩; ~ superintendant (of police) *hoofdcommissaris v. politie.*
chiefly [tsjie:flie] **0.1** ***voornamelijk*** ⇒*hoofdzakelijk, vooral.*
chieftain [tsjie:ftin] **0.1** ***hoofdman*** ⟨v. stam enz.⟩ **0.2** ***bendeleider*** ⟨v. dieven⟩.
chieftainship [tsjie:ftinsjip], **chieftainc|y** [-sie] ⟨mv.: -ies⟩ **0.1** ***hoofdmanschap*** ⇒*leiding.*
chiffon [sjiffon, sjiffon] **0.1** ***chiffon*** ⟨fijn zijden gaas⟩.
chignon [sjie:njon] **0.1** ***chignon*** ⇒*haarwrong.*
chihuahua [tsjiwwa:wə] **0.1** ***chihuahua*** ⟨kleine dameshond⟩.
chilblain [tsjilbleen] **0.1** ***winterhanden/voeten.***
child [tsjajld] ⟨mv.: children⟩ **0.1** ***kind*** ⟨ook fig.⟩ **0.2** ***nakomeling*** ⇒*afstammeling* **0.3** ***volgeling*** ⇒*aanhanger* **0.4** ***(geestes)kind*** ⇒*product, resultaat* ◆ **3.1** ⟨sprw.⟩ ~ren should be seen and not heard *kinderen moeten stil zijn en in de buurt blijven* **6.1** **from** a ~ *van kindsbeen af;* great/heavy **with** ~ *op alle dagen lopend, hoogzwanger.*
child abuse 0.1 ***kindermishandeling*** ⟨ook psychisch⟩.
child-battering 0.1 ***kindermishandeling*** ⟨alleen fysiek geweld⟩.
childbearing 0.1 ***het baren*** ⇒*kraambed.*
child benefit ⟨BE⟩ **0.1** ***kinderbijslag.***
childbirth 0.1 ***bevalling*** ⇒*het baren, kraambed.*
child-care centre 0.1 ***kinderdagverblijf.***
child guidance clinic 0.1 ⟨ong.⟩ ***medisch opvoedkundig bureau.***
childhood [tsjajldhoed] **0.1** ***jeugd*** ⇒*kinderjaren* ◆ **7.¶** second ~ *kindsheid.*
childish [tsjajldisj] ⟨-ness⟩ **0.1** ***kinderachtig*** ⇒*kinderlijk.*
childless [tsjajldləs] **0.1** ***kinderloos*** ⇒*zonder kinderen.*
childlike [tsjajldlajk] **0.1** ***kinderlijk*** ⇒*eenvoudig, onschuldig.*
childminder 0.1 ***kinderoppas*** ⇒*babysit.*
childminding 0.1 ***kinderoppas/opvang.***

child prodigy 0.1 *wonderkind.*
childproof 0.1 ***kinderveilig*** ⟨bv. een sluiting⟩ ⇒*onverwoestbaar* ⟨speelgoed⟩ ◆ **1.1** ~ lock *kinderslot.*
children [tsjildrən] ⟨mv.⟩ →**child.**
childsnatching 0.1 ***ontvoering v. kind*** ⟨door één der ouders⟩.
child's play 0.1 ***kinderspel.***
Chile [tsjillie] **0.1** ***Chili.***
Chilean [tsilliən] **0.1** ⟨bn.⟩ ***Chileens*** **0.2** ⟨zn.⟩ ***Chileen(se).***
chili →**chilli.**
chill[1] [tsjil] ⟨zn.⟩ **0.1** ***verkoudheid*** ⇒*koude rilling* **0.2** ⟨vnl. enk.⟩ ***kilte*** ⇒*koelte, frisheid;* ⟨fig.⟩ *onhartelijkheid; domper* ◆ **3.1** catch a ~ *kouvatten* **3.2** cast a ~ over sth. *een domper zetten op iets.*
chill[2] ⟨bn.⟩ →**chilly.**
chill[3] **I** ⟨onov.ww.⟩ **0.1** ***afkoelen*** ⇒*koud worden;*
II ⟨ov.ww.⟩ **0.1** ***doen afkoelen*** ⇒*koud maken, koelen;* ⟨fig.⟩ *beklemmen, ontmoedigen; temperen* **0.2** ⟨metallurgie⟩ ***afschrikken*** ⇒*harden* **0.3** ⟨AE; sl.⟩ ***koud maken*** ⇒*afmaken, naar de andere wereld helpen* ◆ **1.1** ~ed meat *gekoeld vlees.*
chill factor →**windchill factor.**
chilli, ⟨AE sp. vnl.⟩ **chili** [tsjillie] ⟨mv.: -es⟩ **0.1** ***Spaanse peper*** ⇒*chilipeper, cayennepeper.*
chill|y [tsjillie], **chill** ⟨-iness⟩ **0.1** ***koel*** ⇒*kil, koud* **0.2** ***huiverig*** ⇒*kouwelijk* **0.3** ***onvriendelijk*** ⇒*ongevoelig.*
chim(a)era [kajmiərə] **0.1** ⟨vaak C-⟩ ***Chimaera*** ⇒*monster(dier)* ⟨uit Griekse mythologie⟩ **0.2** ***hersenschim*** ⇒*schrikbeeld.*
chime[1] [tsjajm] ⟨zn.⟩ **0.1** ⟨vnl. mv.⟩ ***klok*** ⇒*klokkenspel, carillon* **0.2** ***klokgelui*** ⇒*klokgebeier* **0.3** ***harmonie*** ⇒*overeenstemming* ◆ **1.1** a ~ of bells *een klokkenspel* **3.1** ring the ~s *de klokken luiden.*
chime[2] **I** ⟨onov.ww.⟩ **0.1** ***luiden*** ⇒*klingelen, slaan* **0.2** ***in harmonie zijn*** ⇒*harmoniëren, overeenstemmen* ◆ **6.1** ~ **with** *in overeenstemming zijn met;*
II ⟨ov.ww.⟩ **0.1** ***(harmonisch) luiden*** ⇒*doen klinken, bespelen* ◆ **1.1** the clock ~d one (o'clock) *de klok sloeg één uur.*
chime in 0.1 ***overeenstemmen*** ⇒*instemmen* **0.2** ***opmerken*** ⇒*invallen* ⟨met opmerking⟩, *bijvallen* ◆ **6.1** ~ **with** *overeenstemmen met* **6.2** ~ **with** *invallen/tussenbeide komen met* ⟨opmerking⟩.
chimeric|(al) [kajmerrik(l), ki-] ⟨-ally⟩ **0.1** ***hersenschimmig.***
chimney [tsjimnie] **0.1** ***schoorsteen*** ⇒*rookkanaal, rookgat* **0.2** ***lampenglas.***
chimney-breast 0.1 ***schoorsteenmantel.***
chimney-piece 0.1 ***schoorsteenmantel.***
chimney pot 0.1 ***schoorsteen(pot).***
chimney-stack 0.1 ***(meervoudige) schoorsteen.***
chimney sweep(er) 0.1 ***schoorsteenveger.***
chimp [tsjimp] ⟨verk.⟩ [chimpanzee] ⟨inf.⟩ **0.1** ***chimpansee.***
chimpanzee [tsjimpænzie:, -pən-] **0.1** ***chimpansee.***
chin [tsjin] **0.1** ***kin*** ◆ **3.¶** ⟨inf.⟩ stick one's ~ out *erom vragen, problemen zoeken;* take sth. on the ~ *iets moedig verdragen* **5.¶** ⟨inf.⟩ (keep your) ~ **up**! *kop op!*
china [tsjajnə] **I** ⟨eig.n.; C-⟩ **0.1** ***China;***
II ⟨n.-telb.zn.⟩ **0.1** ***porselein*** **0.2** ⟨verk.⟩ [china ware].
china clay 0.1 ***porseleinaarde.***
china closet 0.1 ***porseleinkast.***
China syndrome ⟨the⟩ **0.1** ***het smelten v.d. reactorkern.***
chinaware 0.1 ***porselein(en voorwerpen)*** ⟨vnl. serviesgoed⟩.
chinchilla [tsjintsjillə] **0.1** ⟨dierk.⟩ ***chinchilla*** **0.2** ***chinchilla(pels)*** **0.3** ⟨AE⟩ ***mantelgoed*** ⟨zware wollen mantelstof⟩.
chin-chin [tsjintsjin] ⟨BE; inf.⟩ **0.1** ***prosit*** ⇒*proost* **0.2** ***dag*** ⇒*tot ziens.*
chine [tsjajn] **0.1** ***ruggengraat*** **0.2** ***rugstuk*** ⇒*rugvlees* **0.3** ***heuvelrug*** ⇒*bergrug.*
Chinese[1] [tsjajnie:z] ⟨mv.: Chinese⟩ **I** ⟨eig.n.⟩ **0.1** ***Chinees*** ⇒*Chinese taal;*
II ⟨telb.zn.⟩ **0.1** ***Chinees.***
Chinese[2] ⟨bn.⟩ **0.1** ***Chinees*** ⇒*van/uit China, van het Chinees* ◆ **1.¶** ~ boxes *nest dozen;* ~ copy *slaafse kopie, slechte reproductie;* ~ lantern, ⟨plantk. ook⟩ ~ lantern plant *lampion, papieren lantaarn;* ⟨plantk.⟩ *lampionplant;* ~ puzzle *moeilijke puzzel; moeilijk probleem, puzzel;* ~ wall *Chinese Muur;* ⟨fig.⟩ *onoverkomelijke hindernis.*
chink[1] [tsjingk] ⟨zn.⟩ **0.1** ***spleet*** ⇒*opening, gat* **0.2** ***lichtstraal*** ⟨als door een spleet⟩ ⇒*straaltje licht* **0.3** ***kling*** ⇒*het rinkelen* **0.4** ⟨C-; sl.; bel.⟩ ***spleetoog*** ⇒*Chinees* ◆ **1.1** ⟨fig.⟩ that's the ~ in his armour *dat is zijn zwakke plek/achilleshiel;* he watched them through a ~ in the wall *hij zag hen door een spleet in de muur* **1.2** a ~ of light *een lichtstraal* **1.3** the ~ of glass *rinkelend glas.*
chink[2] **I** ⟨onov.ww.⟩ **0.1** ***klingelen*** ⇒*rinkelen* ⟨(als) v. metaal, glas⟩;
II ⟨ov.ww.⟩ **0.1** ***doen klingelen*** ⇒*doen rinkelen* ⟨(als) metaal, glas⟩ **0.2** ***dichten*** ⇒*(op)vullen.*
chinless [tsjinləs] **0.1** ***kinloos*** ⇒*met een zwakke kin* **0.2** ⟨BE; inf.⟩ ***slap*** ⇒*karakterloos* ⟨v. persoon⟩ ◆ **1.¶** ⟨BE; sl.⟩ ~ wonder *(aristocratische) nietsnut.*
chin strap 0.1 ***kinriem*** ⇒*stormband, stormriem.*
chintz [tsjints] **0.1** ***chintz.***
chintz|y [tsjintsie] ⟨-ier⟩ **0.1** ***(als) van chintz*** **0.2** ***goedkoop*** ⇒*opzichtig, prull(er)ig.*
chin-wag ⟨sl.⟩ **0.1** ***geklets*** ⇒*praatje* **0.2** ***geroddel*** ◆ **3.1** have a good ~ *even gezellig kletsen.*
chip[1] [tsjip] ⟨zn.⟩ **0.1** ***schilfertje*** ⇒*splinter(tje), scherf* **0.2** ***fiche*** ⇒*betaalpenning* **0.3** ⟨vnl. mv.; vooral BE⟩ ***friet*** ⇒*patat* **0.4** ⟨mv.; AE, Austr. E⟩ ***chips*** **0.5** ***schijfje*** ⇒*reepje* **0.6** ⟨tech., comp.⟩ ***chip*** **0.7** ⟨voetbal, golf⟩ ***boogbal(letje)*** ◆ **1.5** a ~ of apple *een schijfje appel* **1.¶** have a ~ on one's shoulder *prikkelbaar zijn, lichtgeraakt zijn* **3.2** ⟨inf.; euf.⟩ hand in one's ~s *het tijdelijke met het eeuwige verwisselen;* ⟨inf.⟩ when the ~s are down *als het erop aankomt, als het menens wordt* **6.¶** ⟨sl.⟩ **in** the ~ *rijk, welvarend.* →**blue, old.**
chip[2] **I** ⟨onov.ww.⟩ **0.1** ***afsplinteren*** ⇒*afbrokkelen, schilferen* ◆ **6.1** ~ **away at** a piece of wood *hout vorm geven;*
II ⟨ov.ww.⟩ **0.1** ***(af)kappen*** ⇒*afsnijden, afbikken; onderbreken, in de rede vallen* **0.2** ***beitelen*** ⇒*beeldhouwen* **0.3** ⟨vnl. BE⟩ ***in reepjes snijden*** ⟨aardappel⟩ ⇒*friet/patat maken v.* **0.4** ⟨voetbal, golf⟩ ***(een boogbal(letje)) slaan/trappen*** ◆ **5.1** ~ **off** *afbikken, afbreken.*
chipboard 0.1 ***spaan(der)plaat.***
chip in 0.1 ***(zijn steentje) bijdragen*** ⇒*lappen, botje bij botje leggen* **0.2** ***opperen*** ⇒*onderbreken.*
chipmunk [tsjipmungk], **chipmuck** [-muk] **0.1** ***aardeekhoorn*** ⟨klein gestreept Noord-Amerikaans knaagdier⟩ ⇒*wangzakeekhoorn.*
Chippendale [tsjippəndeel] **0.1** ***chippendale(stijl)*** **0.2** ***chippendalemeubels.***
chipper [tsjippə] ⟨AE; inf.⟩ **0.1** ***vrolijk*** ⇒*levendig, kwiek.*
chipping [tsjipping] ⟨vnl. BE⟩ **0.1** ⟨vnl. mv.⟩ ***scherfje*** ⇒*stukje* **0.2** ***bik*** ⇒*losse stukjes steen* ◆ **2.2** there were new ~s on the road *er lag nieuw grind op de weg.*
chiropodist [kirroppədist] ⟨med.⟩ **0.1** ***chiropodist.***
chiropody [kirroppədie] ⟨med.⟩ **0.1** ***chiropodie.***
chiropractic [kajrəpræktik] ⟨med.⟩ **0.1** ***chiropraktijk.***

chiropractor [kajrəpræktə] ⟨med.⟩ **0.1** ***chiropractor*** *⇒chiropracticus.*
chirp[1] [tsjə:p] ⟨zn.⟩ **0.1** ***(ge)tjirp*** *⇒(ge)sjilp, (ge)piep.*
chirp[2] **I** ⟨onov.ww.⟩ **0.1** ***tjirpen*** *⇒tjilpen, piepen* **0.2** ***kwetteren*** *⇒vrolijk/met een hoge stem praten;*
II ⟨ov.ww.⟩ **0.1** ***zingen*** *⇒op een hoge/vrolijke toon zeggen* ◆ **1.1** a lark was ~ing a song *een leeuwerik zong.*
chirp|y [tsjə:pie] ⟨-iness⟩ **0.1** ***vrolijk*** *⇒levendig* ⟨inf.⟩; *spraakzaam.*
chirrup[1] [tsjirrəp] ⟨zn.⟩ **0.1** ***piep*** *⇒getjilp, getjirp* **0.2** ***geklik*** ⟨o.a. om paard aan te moedigen⟩.
chirrup[2] ⟨ww.⟩ **0.1** ***tjirpen*** *⇒tjilpen, piepen* **0.2** ***klikken(d) aanmoedigen*** ⟨paard⟩.
chisel[1] [tsjizl] ⟨zn.⟩ **0.1** ***beitel.***
chisel[2] ⟨ww.; BE -led⟩ **0.1** ***beitelen*** *⇒de beitel gebruiken, beeldhouwen* **0.2** ⟨sl.⟩ ***(be)zwendelen*** *⇒bedriegen* ◆ **1.1** ⟨fig.⟩ ~led features *scherpe gelaatstrekken* **6.1** ~ a figure **out of** a piece of wood *een figuur beitelen in een stuk hout* **6.2** ~ an old man **out of** his property *een oude man van zijn bezit beroven.*
chi-square [kajskweə] ⟨stat.⟩ **0.1** ***chi-kwadraat.***
chit [tsjit] **0.1** ***jong kind*** *⇒hummel* **0.2** ⟨vaak pej. / bel.; voor vrouw⟩ ***jong ding*** **0.3** ⟨vnl. BE⟩ ***briefje*** *⇒memo* **0.4** ***rekening*** *⇒bon(netje), cheque.*
chitchat [tsjittsjæt] ⟨inf.⟩ **0.1** ***gekeuvel*** *⇒geklets, praatje* **0.2** ***geroddel.***
chivalrous [sjivlrəs] **0.1** ***ridderlijk*** *⇒ridder-, galant.*
chivalry [sjivlrie] **0.1** ***ridderschap*** **0.2** ***ridderlijkheid.***
chives [tsjajvz] **0.1** ***bieslook.***
chiv(v)|y [tsjivvie] ⟨-ied⟩ **0.1** ***achterna zitten*** *⇒(op)jagen, aansporen* ◆ **5.1** John needs a lot of chivvying **(along / up)** *je moet John steeds achter de broek zitten.*
chloride [klo:rajd] **0.1** ***chloride*** ◆ **1.1** ~ of lime *chloorkalk.*
chlorin|ate [klo:rinneet] ⟨zn.: **-ation**⟩ **0.1** ***chlor(er)en*** ◆ **1.1** ~d water *chloorwater.*
chlorine [klo:rie:n] ⟨schei.⟩ **0.1** ***chloor.***
chloroform [klorrəfo:m] **0.1** ⟨zn.⟩ ***chloroform*** **0.2** ⟨ww.⟩ ***(door chloroform) verdoven.***
chlorophyl(l) [klorrəfil] **0.1** ***chlorofyl*** *⇒bladgroen.*
choc-ice, ⟨ook⟩ **choc-bar** ⟨BE; inf.⟩ **0.1** ***chocoladeijsje.***
chock[1] [tsjok] ⟨zn.⟩ **0.1** ***blok*** *⇒klos, klamp.*
chock[2] ⟨ww.⟩ **0.1** ***vastzetten*** *⇒blokkeren, vastleggen* ◆ **5.1** ~ that wheel **up** *blokkeer dat wiel.*
chockablock [tsjokkəblok] ⟨inf.⟩ **0.1** ***propvol*** *⇒tjokvol, boordevol.*
chock-full [tsjokfoel] **0.1** ***propvol*** *⇒tjokvol.*
chocolate[1] [tsjoklət] ⟨zn.⟩ **0.1** ***chocolaatje*** *⇒bonbon, praline* **0.2** ***chocolade*** **0.3** ***chocolade(kleur)*** ◆ **1.1** a bar of ~ *een reep chocolade.*
chocolate[2] ⟨bn.⟩ **0.1** ***chocoladekleurig*** **0.2** ***chocolade*** *⇒naar chocolade smakend.*
choice[1] [tsjojs] **I** ⟨telb.zn.⟩ **0.1** ***keus*** *⇒keuze* **0.2** ***keuzemogelijkheid*** *⇒keur, optie* **0.3** ***het/de gekozene*** *⇒keus, keuze, voorkeur* ◆ **1.2** a ~ of goods *een ruim assortiment* **1.3** Peter's ~ *Piets keus* **3.1** take one's ~ *(uit)kiezen* **6.1** **by / for** ~ *bij voorkeur;*
II ⟨n.-telb.zn.⟩ **0.1** ***keuze(mogelijkheid)*** *⇒keus, alternatief* ◆ **1.1** I've got Hobson's ~ *ik heb helemaal geen keus* **3.1** he had little ~ in the matter *er bleef hem weinig keus;* John has no ~ but to come *John moet wel komen* **6.1** **from** ~ *graag, gewillig.*
choice[2] ⟨bn.; -r; -ness⟩ **0.1** ***uitgelezen*** *⇒kwaliteits-, prima* **0.2** ***scherp*** *⇒zorgvuldig gekozen* ⟨v. bewoording / woorden⟩ ◆ **1.1** ~ meat *kwaliteitsvlees.*
choir [kwajjə] **0.1** ⟨bouwk.⟩ ***koor*** **0.2** ⟨ww. enk. of mv.⟩ ***koor*** ◆ **1.2** a ~ of singers *een zangkoor.*
choirboy **0.1** ***koorknaap*** *⇒koorzanger(tje).*
choirmaster **0.1** ***koordirigent*** *⇒koorleider.*
choir stall **0.1** ***koorbank*** *⇒koorzetel, koorstal;* ⟨mv.⟩ *koorgestoelte.*
choke[1] [tsjook] ⟨zn.⟩ **0.1** ⟨tech.⟩ ***choke*** *⇒gasklep, smoorklep.*
choke[2] **I** ⟨onov.ww.⟩ **0.1** ***(ver)stikken*** *⇒naar adem snakken, zich verslikken* ◆ **1.1** the baby is choking *de baby heeft zich verslikt;*
II ⟨ov.ww.⟩ **0.1** ***verstikken*** *⇒doen stikken, smoren* **0.2** ***verstoppen*** *⇒versperren, volproppen* **0.3** ***beroeren*** *⇒overstuur maken, van z'n stuk brengen* **0.4** ***onderdrukken*** *⇒inslikken, bedwingen* **0.5** ⟨tech.⟩ ***choken*** *⇒de choke gebruiken voor* ◆ **1.1** ~ a fire *een vuur doven* **5.1** ~ **down** food *eten met moeite naar binnen slikken* ⟨door pijn enz.⟩; *eten vlug naar binnen werken* ⟨uit haast⟩ **5.2** a road ~d **up** with traffic *een overvolle weg* **5.3** he got all ~d **up** *hij was helemaal overstuur* **5.4** ~ **back / down** feelings / anger *gevoelens / woede onderdrukken / inslikken* **5.¶** we managed to ~ Martha **off** *het lukte ons Martha af te schepen* **6.1** ~ the life **out of** somebody *iemand wurgen.*
choker [tsjookə] **0.1** ***vadermoordenaar*** **0.2** ***choker*** *⇒nauwsluitende halsketting* **0.3** ***(strop)das*** *⇒choker, lefdoekje.*
cholera [kollərə] **0.1** ***cholera.***
choleric [kollərik] ⟨-ally⟩ **0.1** ***cholerisch*** *⇒zwartgallig, opvliegend.*
cholesterol [kəlestərol] **0.1** ***cholesterol.***
chomp →**champ**[2].
choose [tsjoe:z]⟨chose [tsjooz], chosen [tsjoozn]⟩ **0.1** ***(uit)kiezen*** *⇒selecteren* **0.2** ***beslissen*** *⇒besluiten* **0.3** ***(ver)kiezen*** *⇒willen, wensen* ◆ **1.1** who did you ~ (as / to be) leader? *wie hebben jullie als leider genomen?* **3.2** George chose not to come *George besloot niet te komen, kwam liever niet* **6.1** there is not much to ~ **between** them *er valt weinig aan te kiezen;* a lot to ~ **from** *veel om uit te kiezen.*
choos(e)y [tsjoe:zie] ⟨choosier⟩ **0.1** ***kieskeurig.***
chop[1] [tsjop] **I** ⟨telb. en n.-telb.zn.⟩ **0.1** ***houw*** *⇒hak, slag* **0.2** ***karbonade*** *⇒kotelet* **0.3** ***(karate)slag*** **0.4** ⟨tennis enz.⟩ ***kapbal*** **0.5** ***korte golfslag*** *⇒korte zeegang* ⟨door wind tegen stroom⟩ ◆ **3.¶** get the ~ *ontslagen worden, gedood worden; afgeblazen worden* ⟨v. project⟩;
II ⟨mv.⟩ **0.1** ***kaken*** *⇒lippen* ⟨ihb. v. dieren⟩ **0.2** ⟨inf.⟩ ***smoel*** ◆ **3.1** lick one's ~s *zijn lippen aflikken* **6.2** he got one night **in** the ~s *hij kreeg een mep vol in het gezicht.*
chop[2] ⟨-ped⟩ **I** ⟨onov.ww.⟩ **0.1** ***hakken*** *⇒kappen, houwen* **0.2** ***voortdurend en onberekenbaar veranderen*** ⟨ook fig.⟩ ◆ **3.2** ~ and change *erg veranderlijk zijn, vaak v. mening veranderen* **5.2** why do you ~ **about** so much? *waarom ben je toch zo veranderlijk?;* the wind ~ped **about / around** *de wind schiftte voortdurend* **6.1** ~ **at** sth. / s.o. *naar iem. / iets uithalen;*
II ⟨ov.ww.⟩ **0.1** ***hakken*** *⇒kappen, houwen* **0.2** ***fijnhakken*** *⇒fijnsnijden* **0.3** ***een (karate)slag toedienen*** **0.4** ⟨vaak pass.; inf.⟩ ***doen stoppen*** ◆ **1.4** New Pool Plans Chopped *Plannen Nieuw Zwembad van de Baan* **5.1** ~ **away** some branches *een paar takken weghakken;* ~ **down** trees *bomen omhakken;* ~ **off** branches *takken afhakken* **5.2** ~ **up** parsley *peterselie fijnhakken.*
chop-chop ⟨sl.; pidgin⟩ **0.1** ***gauw-gauw.***
chophouse **0.1** ***(eenvoudig) eethuisje*** *⇒bistro.*
chopper [tsjoppə] **0.1** ***hakker*** *⇒houwer* **0.2** ***hakmes*** *⇒kapmes, slagersmes* **0.3** ***bijl*** **0.4** ⟨inf.⟩ ***helikopter*** **0.5** ⟨elek.⟩ ***stroomonderbreker*** **0.6** ⟨mv.; sl.⟩ ***tanden*** *⇒kaken.*
chopp|y [tsjoppie] ⟨-iness⟩ **0.1** ***knobbelig*** *⇒met korte golfslag* **0.2** ***veranderlijk*** *⇒onsamenhangend* ◆ **1.1** ~ sea *ru-*

we zee **1.2** ~ wind *veranderlijke wind;* his style is too ~ *zijn stijl is te onsamenhangend.*

chopstick ⟨meestal mv.⟩ **0.1** ***(eet)stokje.***

chop suey [tsjop soe:ie] **0.1** ***tjaptjoi*** ⟨Chinees gerecht⟩.

choral [ko:rəl] **0.1** ***koor-*** *⇒van/voor/met een koor* **0.2** ***vocaal*** *⇒gezongen, gesproken* **0.3** ***koraal-*** *⇒als/van/met een koraal* ◆ **1.1** a ~ dance *een koordans, een reidans* **1.2** ~ service *gezongen mis* **1.3** a ~ cantata *een koraalcantate.*

chorale [korra:l] **0.1** ***koraal*** *⇒koorgezang, kerkgezang.*

choral society 0.1 ***zangvereniging.***

chord [ko:d] **0.1** ***snaar*** ⟨ook fig.⟩ **0.2** ⟨meetkunde⟩ ***koorde*** **0.3** ⟨muz.⟩ ***akkoord*** **0.4** ⟨anat.⟩ ***streng*** *⇒band* ◆ **3.1** ⟨fig.⟩ that strikes a ~ *dat herinnert me aan iets;* touch the right ~ *de juiste toon treffen/weten te vinden* ⟨iem. op de juiste manier aanpakken⟩; what he said struck a sympathetic ~ *wat hij zei vond weerklank.*

chore [tsjo:] **0.1** ⟨vaak mv.⟩ ***karwei(tje)*** ◆ **3.1** do the ~s *het huishouden/werk doen* **¶.1** it's a bit of a ~ *het is een hele klus.*

choreographer [korrie·ogrəfə] **0.1** ***choreograaf.***

choreograph|y [korrie·ogrəfie] ⟨bn.: **-ic**⟩ **0.1** ***choreografie.***

chorionic [ko:ri·onnik] ◆ **1.¶** ⟨med.⟩ ~ villi sampling *vlokkentest.*

chorister [korristə] **0.1** ***korist*** *⇒koorknaap.*

chortle [tsjo:tl] **0.1** ⟨zn.⟩ ***luidruchtig gegnuif/gegrinnik*** **0.2** ⟨ww.⟩ ***luidruchtig gnuiven/grinniken.***

chorus[1] [ko:rəs] ⟨zn.⟩ **0.1** ***koor*** **0.2** ***refrein*** ◆ **1.1** a ~ of disapproval *veel afkeuring* **6.1** **in** ~ *samen, in koor.*

chorus[2] ⟨ww.; chorus(s)ed⟩ **0.1** ***in koor zingen/praten/zeggen.***

chorus girl 0.1 ***danseresje.***

chose ⟨verl. t.⟩ →**choose.**

chosen ⟨volt. deelw.⟩ →**choose.**

chou [sjoe:]⟨mv.: choux [sjoe:]⟩ ⟨cul.⟩ **0.1** ***soes(je).***

choux pastry ⟨cul.⟩ **0.1** ***soesjesdeeg.***

chow [tsjau] **0.1** ***chow-chow*** ⟨hond⟩ **0.2** ⟨sl.⟩ ***eten*** *⇒bik, voer.*

chow-chow 0.1 ***chow-chow*** ⟨hond⟩.

chowder [tsjaudə] ⟨vnl. AE⟩ **0.1** ***dikke vissoep.***

Christ [krajst] **I** ⟨eig.n.⟩ **0.1** ***Christus*** ◆ **¶.¶** ~! *jezus!, jeetje!;* **II** ⟨n.-telb.zn.⟩ **0.1** ***Messias*** *⇒Gezalfde* ◆ **7.1** the ~ *de Gezalfde.*

christen [krisn] **0.1** ***dopen*** *⇒kerstenen* **0.2** ***als (doop)naam geven*** *⇒noemen, dopen* **0.3** ⟨inf.⟩ ***inwijden*** *⇒voor het eerst gebruiken* ◆ **6.2** their daughter was ~ed **after** her grandfather *ze hebben hun dochter naar haar grootvader genoemd.*

Christendom [krisndəm] **0.1** ***christenheid.***

christening [krisning] **0.1** ***doop.***

Christian[1] [kristsjən] ⟨zn.⟩ **0.1** ***christen*** *⇒christenmens.*

Christian[2] ⟨bn.⟩ **0.1** ***christelijk*** ◆ **1.¶** ~ burial *kerkelijke begrafenis;* he did it in a ~ way *hij deed het fatsoenlijk/als een christen;* ~ year *kerkelijk jaar.*

Christianity [kristie·ænətie] **0.1** ***christendom*** **0.2** ***christelijkheid.***

christianize [kristsjənajz] **0.1** ***kerstenen.***

Christian name 0.1 ***doopnaam*** *⇒voornaam.*

Christmas [krisməs] **0.1** ***Kerstmis*** *⇒kerst(tijd).*

Christmas box ⟨BE⟩ **0.1** ***kerstgeschenk*** ⟨ong. nieuwjaarsfooi⟩.

Christmas card 0.1 ***kerstkaart(je).***

Christmas carol ⟨vaak mv.⟩ **0.1** ***kerstlied.***

Christmas cracker 0.1 ***kerstpistache*** *⇒knalbonbon.*

Christmas Eve 0.1 ***kerstavond*** *⇒avond/dag voor Kerstmis.*

Christmas rose 0.1 ***kerstroos.***

Christmas stamp 0.1 ***kerstzegel*** *⇒*⟨ong.⟩ *decemberzegel.*

Christmas stocking 0.1 ***(kerst)kous*** ⟨voor cadeautjes⟩.

Christmastime, Christmastide 0.1 ***kerst(tijd).***

Christmas tree 0.1 ***kerstboom.***

chromatic [krəmætik] ⟨-ally⟩ **0.1** ***chromatisch*** ⟨van kleur en tonen⟩.

chrome [kroom] **0.1** ***verchroomd voorwerp*** **0.2** ***chroomverbinding*** **0.3** ***chroomgeel*** *⇒chromaatgeel.*

chrome steel 0.1 ***chroomstaal.***

chromium [kroomiəm] **0.1** ***chromium*** *⇒chroom.*

chromosome [kroomasoom] **0.1** ***chromosoom.***

chronic [kronnik] ⟨-ally⟩ **0.1** ***chronisch*** *⇒slepend, langdurend;* ⟨v. ziekte ook⟩ *ongeneeslijk* **0.2** ⟨BE; sl.⟩ ***erg*** *⇒slecht, vreselijk* ◆ **1.1** ~ bronchitis *chronische bronchitis;* a ~ invalid *een blijvend invalide* **3.2** her talk was ~ *haar toespraak was niets waard.*

chronicle[1] [kronnikl] ⟨zn.⟩ **0.1** ***kroniek*** **0.2** ⟨mv.; C-; rel.⟩ ***Kronieken.***

chronicle[2] ⟨ww.⟩ **0.1** ***in een kroniek schrijven*** *⇒te boek stellen.*

chronicler [kronniklə] **0.1** ***kroniekschrijver*** *⇒chroniqueur.*

chronograph [-gra:f] **0.1** ***chronograaf*** *⇒tijdschrijver* **0.2** ***stopwatch.***

chronological [kronnəlodzjikl] **0.1** ***chronologisch*** ◆ **1.1** ~ age *chronologische leeftijd.*

chronolog|y [krənolladzjie] ⟨mv.: -ies⟩ **0.1** ***chronologie*** *⇒tijdrekenkunde.*

chronometer [krənommittə] **0.1** ***chronometer.***

chrysalis [krissəlis] ⟨biol.⟩ **0.1** ***pop*** ⟨ook het omhulsel⟩ **0.2** ***onvolgroeid stadium*** *⇒tussenstadium.*

chrysanthemum [krisænθimməm], ⟨inf.⟩ **chrysanth** [-sænθ] **0.1** ***chrysant.***

chub [tsjub] ⟨mv.: ook chub⟩ **0.1** ***kopvoorn*** **0.2** ⟨AE⟩ ***karperachtige.***

chubb|y [tsjubbie] ⟨-iness⟩⟨inf.⟩ **0.1** ***mollig*** *⇒gevuld* ⟨v. gezicht⟩ ◆ **1.1** a ~ face *een rond/vol gezicht.*

chuck[1] [tsjuk] ⟨zn.⟩ **0.1** ***aaitje*** ⟨vnl. onder de kin⟩ *⇒tikje, klopje* **0.2** ***worp*** *⇒gooi* **0.3** ***klem*** *⇒klauwplaat, boorklauw* ⟨aan een draaibank⟩ **0.4** ⟨AE⟩ ***bikkesement*** ◆ **3.¶** give/get the ~ *de bons geven/krijgen.*

chuck[2] ⟨ww.⟩ **0.1** ⟨inf.⟩ ***gooien*** *⇒smijten, kwakken* **0.2** ⟨inf.⟩ ***de bons geven*** *⇒laten zitten/staan* **0.3** ⟨sl.⟩ ***ophouden met*** *⇒laten, opgeven* ◆ **1.1** ~ s.o. a ball *iem. een bal toegooien;* ~ the stuff in the van *het spul in de bestelwagen gooien* **1.2** Tom has ~ed Sarah (up) *Tom heeft Sarah laten zitten* **1.3** ~ a job *een baan eraan geven* **4.3** ~ it! *schei uit!, hou (ermee) op!* **5.1** ~ **away** opportunities *kansen vergooien/weggooien;* ~ s.o. **out** *iem. eruit donderen* **5.3** ~ it **in** *er de brui aan geven, ermee ophouden;* ~ **up** a job/everything *een baan/alles opgeven* **6.¶** ~ s.o. **under** the chin *iem. onder de kin strijken.*

chucker-out ⟨mv.: chuckers-out⟩⟨BE⟩ **0.1** ***uitsmijter*** *⇒barportier,* ⟨AZN⟩ *buitenwipper.*

chuckle[1] [tsjukl] ⟨zn.⟩ **0.1** ***lachje*** *⇒gegniffel, gegrinnik, binnenpretje.*

chuckle[2] ⟨ww.⟩ **0.1** ***grinniken*** *⇒gniffelen, een binnenpretje hebben* **0.2** ***leedvermaak hebben*** ◆ **6.2** ~ **over** s.o. else's misfortune *leedvermaak hebben over iem. anders ongeluk.*

chuffed [tsjuft] ⟨BE; sl.⟩ **0.1** ***in zijn nopjes*** *⇒in zijn schik, tevreden.*

chug[1] [tsjug] ⟨zn.⟩ **0.1** ***puf*** *⇒geronk/getuf* ⟨v.e. motor/trein⟩.

chug[2] ⟨ww.; -ged⟩ **0.1** ⟨vaak +along⟩ ***(voort)puffen*** *⇒(voort)tjoeken, ronken* ⟨v.e. motor/trein⟩.

chukker [tsjukkə], **chukka** [-kə] ⟨polo⟩ **0.1** ***spelperiode*** ⟨v. 7½ minuut⟩.

chum[1] [tsjum] ⟨zn.⟩ **0.1** ***makker*** ⇒*vriendje, gabber, maat* ⟨vnl. onder jongens⟩ **0.2** ⟨AE⟩ ***kamergenoot.***
chum[2] ⟨ww.; -med⟩ **0.1** ⟨inf.⟩ ***een kamer delen*** **0.2** ⟨inf.⟩ ***goede maatjes zijn/worden*** ⇒*vriendschap sluiten* ◆ **5.2** ~ **up** easily (with) *snel goede maatjes worden (met)* **6.1** ~ **with** s.o. *met iem. op één kamer (samen)wonen.*
chummy [tsjummie] ⟨-ier⟩⟨inf.⟩ **0.1** ***intiem.***
chump [tsjump] **0.1** ⟨BE⟩ →**chump chop** **0.2** ⟨sl.⟩ ***uilskuiken*** ⇒*sukkel* ◆ **6.¶** ⟨sl.⟩ go **off** one's ~ *zijn kop kwijtraken; stapelgek worden.*
chump chop **0.1** ***lendestuk*** ⇒*lendebiefstuk.*
chunk [tsjungk] **0.1** ***brok*** ⇒*stuk, homp* ⟨ook fig.⟩ ◆ **1.1** a ~ of cheese/bread *een brok/stuk kaas, een homp brood* **6.1** information gathered **in** small ~s *informatie beetje bij beetje verzameld.*
chunky [tsjungkie] **0.1** ***in brokken*** **0.2** ***kort/dik en gedrongen*** ⟨v. dieren, mensen⟩ **0.3** ***ruw*** ⇒*ruig* ◆ **1.1** ~ dog food *hondenvoer in/met brokjes* **1.3** ~ tweed *ruige tweed.*
church [tsjə:tsj] **0.1** ***kerk(gebouw)*** **0.2** ⟨vaak C-⟩ ***kerk(genootschap)*** **0.3** ***kerk(dienst)*** ◆ **1.2** the ~ of England *de anglicaanse Kerk* **3.1** established ~ *staatskerk* **6.2** go **into** the ~ *in het ambt gaan, geestelijke/predikant worden* **6.3** John's **in** ~ *John is naar de kerk;* go **to** ~ *naar de kerk gaan.* →**broad, episcopal, low.**
churchgoer **0.1** ***kerkganger/ster.***
churchgoing **0.1** ***kerks.***
church|man [tsjə:tsjmən]⟨mv.: -men [-mən]⟩ **0.1** ***geestelijke*** ⇒*predikant, pastoor* **0.2** ***lid v.d. (staats)kerk.***
church mouse ◆ **2.¶** poor as a ~ *arm als een kerkrat.*
church service **0.1** ***kerkdienst.***
church warden **0.1** ***kerkvoogd*** ⇒*kerkmeester.*
church wedding **0.1** ***kerkelijk huwelijk.***
church|y [tsjə:tsjie] ⟨-ier⟩ **0.1** ***kerks*** ⇒*(overdreven) kerkelijk.*
churchyard **0.1** ***kerkhof*** ⇒*begraafplaats.*
churlish [tsjə:lisj] ⟨-ness⟩ **0.1** ***boers*** ⇒*lomp, ongelikt.*
churn[1] [tsjə:n] ⟨zn.⟩ **0.1** ***karn(ton)*** **0.2** ⟨BE⟩ ***melkbus.***
churn[2] ⟨ww.⟩ **0.1** ***roeren*** ⟨melk of room⟩ **0.2** ***karnen*** **0.3** ***omroeren*** ⇒*laten schuimen, omschudden* ◆ **1.2** ~ butter *boter karnen* **5.¶** ⟨inf.⟩ ~ **out** *(in grote hoeveelheden tegelijk) produceren, afdraaien* ⟨tekst⟩ **6.3** ~ milk **to** foam *melk opkloppen tot ze schuimt* **¶.3** the bouncing of the car made my stomach ~ *door het gehobbel v.d. auto kwam mijn maag in opstand.*
chute [sjoe:t] **0.1** ***helling*** ⇒*glijbaan; stortkoker* **0.2** ***stroomversnelling*** **0.3** ⟨verk.; inf.⟩ ***parachute.***
chutney [tsjutnie] ⟨cul.⟩ **0.1** ***chutney.***
chutzpah [choetspə] ⟨sl.⟩ **0.1** ***gotspe*** ⇒*schaamteloze brutaliteit.*
C.I.A. ⟨afk.; AE⟩ **0.1** [Central Intelligence Agency].
cicada [sikka:də] **0.1** ***cicade.***
cicatrice [sikkətris], **cicatrix** [-triks]⟨mv.: cicatrices [-traj-sie:z]⟩ **0.1** ***litteken.***
C.I.D. ⟨afk.; BE⟩ **0.1** [Criminal Investigation Department].
cider, ⟨BE sp. ook⟩ **cyder** [sajdə] **0.1** ***cider*** ⇒*appelwijn.*
cider press **0.1** ***ciderpers.***
c.i.f. ⟨afk.; hand.⟩ **0.1** [cost, insurance, freight] ***c.i.f.***
cig [sig], **cigg|y** [sigie] ⟨mv.: -ies⟩⟨verk.⟩ [cigarette] ⟨inf.⟩.
cigar [siga:] **0.1** ***sigaar.***
cigar box **0.1** ***sigarenkistje.***
cigar case **0.1** ***sigarenkoker.***
cigarette [sigəret] **0.1** ***sigaret.***
cigarette case **0.1** ***sigarettenkoker*** ⇒*sigarettenetui.*
cigarette end **0.1** ***(sigaretten)peuk.***
cigarette holder **0.1** ***sigarettenpijpje.***
cigarette lighter **0.1** ***(sigaretten)aansteker.***
cigarette paper **0.1** ***sigarettenpapier*** ⇒*(sigaretten)vloei.*
cigarillo [sigərilloo] **0.1** ***cigarillo*** ⇒*sigaartje.*
cigar-shaped **0.1** ***sigaarvormig.***
ciggie, cigg|y [sigie] ⟨mv.: -ies⟩⟨inf.⟩ **0.1** ***sigaretje*** ⇒*saffie.*
C.-in-C. ⟨afk.⟩ **0.1** [Commander-in-chief].
cinch [sintsj] ⟨AE⟩ **0.1** ***zadelriem*** ⇒*buikriem, singel* ⟨v. paard⟩ **0.2** ⟨AE; inf.⟩ ***zekerheid*** ⇒*iets zekers/vasts* **0.3** ⟨geen mv.; inf.⟩ ***makkie*** ⇒*kinderspel* ◆ **¶.2** it's a ~ that John will pass his exam *het staat vast dat John slaagt voor zijn examen* **¶.3** it's a ~ *dat is een makkie.*
cinder [sində] **I** ⟨telb.zn.⟩ **0.1** ***slak*** ⇒⟨geol.⟩ *stuk lava* **0.2** ***sintel*** ⇒⟨mv.⟩ *as;*
II ⟨n.-telb.zn.⟩⟨metallurgie⟩ **0.1** ***slakken.***
Cinderella [sindərellə] **I** ⟨eig.n.⟩ **0.1** ***Assepoester;***
II ⟨telb.zn.⟩ **0.1** ***assepoester*** ⇒*stiefkind* ◆ **6.1** German is the ~ **of** the languages at school *op school wordt het Duits stiefmoederlijk behandeld.*
cinder track **0.1** ***sintelbaan.***
cinecamera **0.1** ***(smal)filmcamera.***
cinefilm **0.1** ***smalfilm.***
cinema [sinnimmə] **I** ⟨telb.zn.⟩⟨BE⟩ **0.1** ***bioscoop*** ⇒*cinema* **0.2** ***film*** ⇒*rolprent;*
II ⟨n.-telb.zn.; vaak the⟩ **0.1** ***films*** ⇒*filmindustrie* **0.2** ***film(kunst).***
cinematic [sinnimætik] ⟨-ally⟩ **0.1** ***film-*** ⇒*van/in/op/(de) film* **0.2** ***filmisch*** ⇒*filmtechnisch* ◆ **1.1** his first ~ appearance *zijn eerste filmoptreden.*
cinematography [sinnimmətogrəfie] **0.1** ***filmkunst*** ⇒*cinematografie.*
cine-projector **0.1** ***(film)projector.***
cinnamon [sinnəmən] **0.1** ***kaneel(boom)*** **0.2** ⟨vaak attr.⟩ ***kaneelkleur*** ⇒*geelbruin.*
cipher[1], **cypher** [sajfə] ⟨zn.⟩ **0.1** ***nul*** ⇒⟨fig.⟩ *non-valeur* **0.2** ***cijfer*** **0.3** ***boodschap in geheimschrift*** **0.4** ***sleutel*** ⟨v. code⟩ **0.5** ***monogram*** ⇒*naamcijfer* **0.6** ***code*** ⇒*geheimschrift, cijferschrift* ◆ **2.1** father is a mere ~ *vader is een (grote) nul* **2.6** what's today's ~? *welke code hebben we vandaag?* **6.6** the message was **in** ~ *de boodschap was in geheimschrift.*
cipher[2], **cypher** ⟨ww.⟩ **0.1** ***(be)cijferen*** ⇒*(be)rekenen* **0.2** ***coderen*** ⇒*in geheimschrift overzetten* ◆ **5.1** ~ **out** *berekenen, uitrekenen.*
circa [sə:kə] **0.1** ***circa*** ⇒*omstreeks.*
circle[1] [sə:kl] ⟨zn.⟩ **0.1** ***cirkel*** ⇒*cirkelvlak* **0.2** ⟨ben. voor⟩ ***kring*** ⇒*ring;* ⟨archeologie⟩ *kring stenen; rotonde, ringlijn, rondweg; balkon* ⟨in theater⟩; *arena; diadeem;* ⟨hockey⟩ *slagcirkel* **0.3** ***groep*** ⇒*clubje, kring* ◆ **2.3** move in the best ~s *in de hoogste kringen verkeren* **2.¶** vicious ~ *vicieuze cirkel;* come full ~ *weer bij het begin terugkomen* **3.1** square the ~ ⟨fig.⟩ *iets (bijna) onmogelijks ondernemen* **6.2** ⟨fig.⟩ go round **in** ~s *in kringetjes ronddraaien;* ⟨inf.⟩ run round **in** ~s *nodeloos druk in de weer zijn* **7.2** the Circle *ringlijn v.d. ondergrondse in Londen.*
circle[2] **I** ⟨onov.ww.⟩ **0.1** ***rondcirkelen*** ⇒*ronddraaien, rondgaan* ◆ **5.1** ~ **(a)round** over *rondcirkelen boven;* ~ **back** *met een boog terugkeren;*
II ⟨ov.ww.⟩ **0.1** ***omcirkelen*** ◆ **1.1** ~ a landingfield *boven een landingsplaats rondcirkelen;* ~ a mountain *om een berg heenlopen;* all mistakes had been ~d in red *alle fouten waren rood omcirkeld.*
circlet [sə:klit] **0.1** ***cirkeltje*** ⇒*kringetje* **0.2** ***diadeem*** ⇒*armband, ring.*
circs [sə:ks] ⟨verk.⟩ [circumstances] ⟨inf.⟩.
circuit [sə:kit] **0.1** ***kring*** ⇒*omtrek, gebied, ronde* **0.2** ***(race)-baan*** ⇒*circuit* **0.3** ***keten*** ⟨v. bioscopen, theaters enz.⟩ **0.4**

(jur.) ***rondgang*** (v. rechters of advocaten) ⇒*tournee, rondgaande rechtbank* **0.5** (jur., kerk) ***district*** ⇒*rayon, kring* **0.6** (elek.) ***stroomkring*** ⇒*stroomketen, schakeling* **0.7** (sport) ***circuit*** ◆ **3.¶** closed ~ *gesloten circuit* **6.1** make a ~ **of** the country *een rondreis door het land maken;* do the ~ **of** the course *de hele baan rond lopen* **6.5 on** ~ *op tournee.* →**short.**

circuit board (comp.) **0.1** ***printplaat*** ⇒*kaart.*

circuit breaker (elek.) **0.1** ***(stroom)onderbreker.***

circuit diagram (elek.) **0.1** ***(schakel)schema*** ⇒*bedradingsschema.*

circuitous [səkjoeətəs] **0.1** ***omslachtig*** ◆ **1.1** we got there by a ~ route *we kwamen daar via allerlei omwegen terecht.*

circuit training (sport) **0.1** ***circuittraining.***

circular[1] [sə:kjələ] (zn.) **0.1** ***rondschrijven*** ⇒*circulaire.*

circular[2] (bn.) **0.1** ***rond*** ⇒*cirkelvormig* **0.2** ***rondlopend*** ⇒ *rondgaand, (k)ring-* **0.3** ***ontwijkend*** ⇒*indirect;* (fil.) *circulair* ◆ **1.1** ~ saw *cirkelzaag* **1.2** ~ railway *ringlijn;* North Circular (Road) *noordelijke ringweg om Londen* **1.3** ~ argument *cirkelredenering* **1.¶** ~ letter *circulaire, rondschrijven;* (geldw.) ~ letter of credit *circulaire kredietbrief, reis- en kredietbrief.*

circularize, -ise [sə:kjələrajz] **0.1** ***circulaires zenden aan*** **0.2** (AE) ***publiceren*** ⇒*verspreiden* (dmv. circulaires), *laten circuleren.*

circulate [sə:kjəleet] **0.1** ***(laten) circuleren*** ⇒*(zich) verspreiden.*

circulating [sə:kjəleeting] **0.1** ***rondgaand*** ◆ **1.1** ~ capital *vlottende middelen;* ~ medium *ruilmiddel, betaalmiddel.*

circulating librar|y (mv.: -ies) (vnl. AE) **0.1** ***uitleenbibliotheek*** ⇒*bibliobus.*

circulation [sə:kjəleesjn] **I** (telb.zn.) **0.1** ***oplage;***
II (n.-telb.zn.) **0.1** ***bloedsomloop*** **0.2** ***omloop*** ⇒*circulatie, distributie* ◆ **6.2 in / out of** ~ *in/uit de roulatie/circulatie.*

circulatory [sə:kjələtrie] **0.1** ***circulerend*** ⇒*(bloed)circulatie* **0.2** ***mbt./v. de bloedsomloop.***

circulatory system **0.1** ***(bloed/lymf)vatenstelsel.***

circumcise [-sajz] **0.1** ***besnijden.***

circumcision [-sizjn] **0.1** ***besnijdenis*** **0.2** (the; C~; rel.) ***besnijdenisfeest*** (1 januari).

circumference [səkumfrəns] **0.1** ***cirkelomtrek*** ⇒*circumferentie, perimeter.*

circumflex [sə:kəmfleks], **circumflex accent** **0.1** ***accent circonflexe*** ⇒*dakje, kapje.*

circumlocution [-ləkjoe:sjn] **0.1** ***omschrijving*** ⇒*indirecte/vage uitdrukking* **0.2** ***omhaal (van woorden)*** ⇒*omslachtigheid, breedsprakigheid* **0.3** ***vaagheid*** ⇒*ontwijkend gepraat.*

circumlocutory [-lokjətrie] **0.1** ***omslachtig*** ⇒*wijdlopig, met veel omhaal van woorden* **0.2** ***ontwijkend.***

circumnavig|ate [-nævigeet] (zn.: **-ation**) **0.1** ***varen rond*** ⇒ *varen om* (ihb. de wereld).

circumscribe [-skrajb] **0.1** ***omcirkelen*** ⇒*een lijn trekken om* **0.2** (meetkunde) ***omschrijven*** ⇒*beschrijven om* **0.3** ***begrenzen*** ⇒*definiëren, de grens aangeven van* ◆ **1.2** ~ a square *de omgeschreven cirkel trekken v.e. vierkant* **1.3** power ~d by law *bij de wet omschreven macht.*

circumscription [-skripsjn] **0.1** ***omtrek*** ⇒*begrenzing, omschrijving* (ook fig.) **0.2** ***beperking*** **0.3** ***randschrift*** ⇒*omschrift* (op munt).

circumspect [-spekt] **0.1** ***omzichtig*** ⇒*op zijn hoede, voorzichtig, terughoudend.*

circumspection [-speksjn] **0.1** ***behoedzaamheid*** ⇒*voorzichtigheid, omzichtigheid.*

circumstance [sə:kəmstæns, -stəns] **I** (telb.zn.) **0.1** (vaak mv.) ***omstandigheid*** **0.2** ***bijzonderheid*** ⇒*detail* **0.3** ***feit*** ⇒*geval, gebeurtenis* ◆ **6.1 in / under** no ~s *onder geen voorwaarde, in geen geval;* **in / under** the ~s *onder de gegeven omstandigheden* **8.3** the ~ that *het feit dat;*
II (n.-telb.zn.) **0.1** ***praal*** ⇒*drukte, omhaal* ◆ **1.1** pomp and ~ *pracht en praal* **6.1 without** ~ *zonder plichtplegingen/ceremonieel;*
III (mv.) **0.1** ***(materiële) positie*** ⇒*(financiële) situatie* ◆ **2.1** easy ~s *comfortabele positie, welstand* **3.1** straitened/reduced ~s *behoeftige omstandigheden.*

circumstantial [-stænsjl] **0.1** ***(afhankelijk) van de omstandigheden*** **0.2** ***bijkomstig*** ⇒*bijkomend, niet essentieel* **0.3** ***uitvoerig*** ⇒*omstandig, breedvoerig* ◆ **1.1** (jur.) ~ evidence *middellijk/indirect bewijs, stille getuigen.*

circumvent [-vent] **0.1** ***omringen*** ⇒*omsingelen* **0.2** ***ontduiken*** (wet e.d.) ⇒*ontwijken, omzeilen.*

circumvention [-vensjn] **0.1** ***omsingeling*** **0.2** ***ontwijking*** ⇒ *ontwijkend antwoord.*

circus [sə:kəs] **0.1** ***circus*** **0.2** (BE) ***(rond) plein*** ⇒*circuit* **0.3** (inf.) ***pandemonium*** ⇒*beestenboel, opwinding* **0.4** (AE; sl.) ***naaktshow*** ◆ **1.2** Piccadilly Circus *Piccadilly Circus* (plein in Londen) **3.3** what a ~ you're making of it *wat maken jullie er een circus van.*

cirrhosis [sirroosis] (mv.: cirrhoses [-sie:z]) (med.) **0.1** ***levercirrose.***

cirrus [sirrəs] (meteo.) **0.1** ***cirrus*** ⇒*vederwolken.*

CIS (afk.) **0.1** [Commonwealth of Independent States] ***GOS.***

cissy →**sissy.**

cistern [sistən] **0.1** ***waterreservoir*** ⇒*stortbak, vergaarbak.*

citadel [sittədl, -del] **0.1** ***fort*** ⇒*citadel, bolwerk* (ook fig.).

citation [sajteesjn] **0.1** ***aanhaling*** ⇒*citaat* **0.2** (jur.) ***dagvaarding*** ⇒*daging* **0.3** (ihb. mil.) ***eervolle vermelding.***

cite [sajt] **0.1** ***aanhalen*** ⇒*citeren* **0.2** (jur.) ***dagvaarden*** ⇒ *dagen* **0.3** (+ for; ihb. mil.) ***eervol vermelden (wegens)*** ◆ **1.1** ~ examples *voorbeelden aanhalen.*

citizen [sittizn] **0.1** ***burger*** ⇒*stedeling, inwoner* **0.2** ***staatsburger*** ⇒*onderdaan* **0.3** (AE) ***niet-militair*** ⇒*burger, civiel* ◆ **2.2** Joey is a British ~ *Joey is Brits onderdaan* **6.1** a ~ **of** Bristol *een inwoner van Bristol;* ~ **of** the world *kosmopoliet, wereldburger.*

citizenry [sittiz(ə)nrie] (zn.; ww. enk. of mv.) **0.1** ***burgerij*** ⇒ *inwoners, bevolking.*

citizens' band (AE) **0.1** ***27 MC-band*** ⇒*CB.*

citizenship [sittiznsjip] **0.1** ***(staats)burgerschap.***

citric [sitrik] **0.1** ***citroen-*** ◆ **1.1** ~ acid *citroenzuur.*

citron [sitrən] **0.1** ***muskuscitroen*** ⇒*cedraat, sukade* **0.2** ***sukadeboom*** **0.3** ***sukade.***

citrus[1] [sitrəs] (zn.; mv.: ook citrus) **0.1** ***citrus(boom).***

citrus[2], (BE ook) **citrous** [sitrəs] (bn.) **0.1** ***citrus-*** ◆ **1.1** ~ fruit *citrusvruchten.*

cit|y [sittie] (mv.: -ies) **I** (eig.n.; C-; the) **0.1** ***de City*** (oude binnenstad v. Londen) ⇒(fig.) *financieel centrum* ◆ **6.1** go into the City *in het zakenleven/in zaken gaan;*
II (telb.zn.) **0.1** ***(grote) stad*** **0.2** (BE) ***bisschopsstad*** ◆ **1.1** City of God *de Stad/Staat Gods;* the city of Manchester/Leeds *de stad Manchester/Leeds* **6.1** Mrs. Brown **of** this ~ *Mrs. Brown alhier.*

City article (BE; journalistiek) **0.1** ***financieel artikel.***

city council (zn.; ww. enk. of mv.) **0.1** ***gemeenteraad.***

city desk (AE; journalistiek) **0.1** ***stadsredactie.***

city dweller **0.1** ***stadsbewoner*** ⇒*stadsmens.*

City editor (journalistiek) **0.1** (BE) ***financieel-economisch redacteur*** **0.2** (c-; AE) ***stadsredacteur.***

city father (vnl. mv.) **0.1** ***stadsbestuurder*** ◆ **7.1** the ~s *de vroede vaderen/vroedschap.*

city hall ⟨AE⟩ **0.1** ***gemeentehuis*** ⇒*stadhuis* **0.2** ***stadsbestuur.***
city lights 0.1 ***stadslichten*** ⇒*stadsverlichting.*
City page ⟨BE; journalistiek⟩ **0.1** ***financiële pagina.***
city slicker ⟨inf.; vnl. pej.⟩ **0.1** ***gisse jongen*** ⇒*gehaaide kerel* **0.2** ***man v.d. wereld.***
city-state 0.1 ***stadstaat.***
civet [sivvit] **0.1** ***civet(kat).***
civic [sivvik] ⟨-ally⟩ **0.1** ***burger-*** ⇒*burgerlijk* **0.2** ***stedelijk*** ⇒ *stads-, gemeente-* **0.3** ***officieel*** ◆ **1.1** ~ duties / rights *burgerplichten/rechten* **1.2** ~ centre *bestuurs-, openbaar centrum* **1.3** ~ reception *officiële receptie.*
civics [sivviks] **0.1** ***leer van burgerrechten en -plichten*** ⇒ ⟨school., ong.⟩ *maatschappijleer.*
civic watchdog group 0.1 ***burgerwacht.***
civies →**civvies.**
civil [sivl] **0.1** ***burger-*** ⇒*burgerlijk, civiel* **0.2** ***beschaafd*** ⇒ *beleefd, geciviliseerd* **0.3** ***civiel*** ⇒*niet-militair, burger-* ◆ **1.1** ~ disobedience *burgerlijke ongehoorzaamheid;* ~ law ⟨ook Common Law⟩ *burgerlijk recht, Romeins recht;* ~ liberty *burgerlijke vrijheid;* ~ marriage *burgerlijk huwelijk;* ~ rights *burgerrechten;* ~ war *burgeroorlog* **1.2** a ~ question deserves a ~ answer *een beleefde vraag is een beleefd antwoord waard;* keep a ~ tongue in your head *hou je brutale opmerkingen voor je* **1.3** ~ aviation *burgerluchtvaart;* ~ defence *burgerbescherming;* ⟨vnl.⟩ *luchtbescherming;* ~ servant *(rijks)ambtenaar;* ~ service *civiele dienst, ambtenarij* **1.¶** ~ engineer *civiel-ingenieur;* ~ engineering *wegen waterbouwkunde.*
civilian [sivvilliən] **0.1** ⟨bn.⟩ ***burger-*** ⇒*civiel, burgerlijk* **0.2** ⟨zn.⟩ ***burger*** ⇒*niet-militair* ◆ **1.1** ~ casualty *burgerslachtoffer.*
civilit|y [sivvillətie] ⟨mv.: -ies⟩ **0.1** ***beleefde opmerking*** ⇒ *plichtpleging, beleefdheid* **0.2** ***beleefdheid*** ⇒*wellevendheid, hoffelijkheid.*
civilization, -sation [sivvəlajzeesjn] **0.1** ***beschaving*** ⇒*cultuur, ontwikkeling* **0.2** ***de beschaafde wereld.***
civilize, -ise [sivvəlajz] **0.1** ***beschaven*** ⇒*ontwikkelen, civiliseren* **0.2** ***opvoeden*** ⇒*manieren leren, temmen* ◆ **1.2** married life has ~d Billy *Billy is in zijn huwelijk zijn wilde haren kwijtgeraakt.*
civil list ⟨the⟩ **0.1** ***civiele lijst*** ⟨begrotingspost voor huishoudelijke kosten v.h. staatshoofd en familieleden⟩.
civvies, civies [sivviez] ⟨mv.⟩⟨verk.⟩ [civilian clothes] ⟨sl.⟩ **0.1** ***burgerkloffie*** ⇒*burgerpak.*
civvy street ⟨vaak C- S-⟩⟨BE; sl.⟩ **0.1** ***(burger)maatschappij*** ◆ **3.1** go back to ~ *afzwaaien.*
ckd ⟨afk.; hand.⟩ **0.1** [completely knocked-down].
clack[1] [klæk] ⟨zn.⟩ **0.1** ***klik*** ⇒*klap, tik, geklepper* ◆ **1.1** ~s of cups and saucers *gerinkel van kopjes en schoteltjes.*
clack[2] ⟨ww.⟩ **0.1** ***klepperen*** ⇒*klikken, tikken* ◆ **1.1** ~ing needles *tikkende (brei)naalden.*
clad [klæd] ⟨schr.⟩ **0.1** ***gekleed*** ⇒*bedekt, omsluierd* ◆ **1.1** nickel-~ coins *vernikkelde munten.*
claim[1] [kleem] ⟨zn.⟩ **0.1** ***aanspraak*** ⇒*recht, claim, eis* **0.2** ***vordering*** ⇒*claim* **0.3** ***bewering*** ⇒*stelling* ◆ **1.1** no ~s bonus *no claim korting* **3.1** have a ~ on / to *verdienen, recht hebben op;* lay ~ / make a ~ to *aanspraak maken op* **3.2** put in / make a ~ for *schadevergoeding eisen voor.*
claim[2] **I** ⟨onov.ww.⟩ **0.1** ***een vordering indienen*** ⇒*een eis instellen, genoegdoening/schadevergoeding eisen* ◆ **6.1** ~ **on** *een schadeclaim indienen bij;*
II ⟨ov.ww.⟩ **0.1** ***opeisen*** ⇒*aanspraak maken op, rechten doen gelden op* **0.2** ***beweren*** ⇒*verkondigen, stellen* **0.3** ***recht hebben op*** ⇒*verdienen, nodig hebben* ◆ **1.1** ~ damages *schadevergoeding eisen;* the accident ~ed six lives *het ongeluk eiste zes levens* **1.3** ~ attention *aandacht opeisen/verdienen* **5.1** ~ **back** *terugvorderen.*
claimant [kleemənt] **0.1** ***eiser*** **0.2** ***pretendent.***
clairvoyance [kleəvojjəns] **0.1** ***helderziendheid.***
clairvoyant [kleəvojjənt] **0.1** ⟨zn.⟩ ***helderziende*** ⇒*clairvoyant* **0.2** ⟨bn.⟩ ***helderziend.***
clam [klæm] **0.1** ⟨AE; ben. voor⟩ ***tweekleppig schelpdier*** ⟨genera Mya, Venus e.a.⟩ ⇒*gortschelp, grote strandgaper* ⟨Mya arenaria⟩; *sint-jakobsschelp; mossel; slijkgaper; venusschelp* ◆ **6.¶** he shut up **like** a ~ *hij hield zijn mond stijf dicht.*
clamber[1] [klæmbə] ⟨zn.⟩ **0.1** ***zware beklimming*** ⇒*beklautering.*
clamber[2] ⟨ww.⟩ **0.1** ***beklauteren*** ⇒*opklimmen tegen, beklimmen.*
clamm|y [klæmie] ⟨-iness⟩ **0.1** ***klam*** ⇒*vochtig.*
clamorous, ⟨BE sp. ook⟩ **clamourous** [klæmrəs] **0.1** ***lawaaierig*** ⇒*schreeuwerig, luidruchtig.*
clamour[1], ⟨AE sp.⟩ **clamor** [klæmə] ⟨zn.; vnl. enk.⟩ **0.1** ***geschreeuw*** ⇒*misbaar, getier* **0.2** ***herrie*** ⇒*geraas, lawaai, leven* **0.3** ***protest*** ⇒*(aan)klacht; aandrang.*
clamour[2], ⟨AE sp.⟩ **clamor** ⟨ww.⟩ **0.1** ***schreeuwen*** ⇒*tieren, lawaai maken* **0.2** ***protesteren*** ⇒*zijn stem verheffen, aandringen* ◆ **6.2** ~ **against** *protesteren tegen;* ~ **for** *aandringen op.*
clamp[1] [klæmp] ⟨zn.⟩ **0.1** ***klem*** ⇒*klamp; (klem)beugel; knevel, tourniquet* **0.2** ***kram*** ⇒*(muur)anker* **0.3** ***klamp*** ⇒*stapel;* ⟨BE⟩ *hoop* ⟨ingekuilde aardappelen enz.⟩.
clamp[2] ⟨ww.⟩ **0.1** ***klampen*** ⇒*vastklemmen, krammen* **0.2** ***klampen*** ⇒*ophopen;* ⟨BE⟩ *inkuilen.*
clamp down 0.1 ⟨+ on⟩ ***een eind maken (aan)*** ⇒*de kop indrukken* ◆ **6.1** we're clamping down **on** overspending *we willen een eind maken aan de overbesteding.*
clamshell 0.1 ***mossel/oesterschelp*** ⇒*schelp v. strandgaper.*
clam up ⟨-med⟩ **0.1** ***dichtslaan*** ⇒*weigeren iets te zeggen* ◆ **6.1** he clammed up **on** me *ik kreeg geen woord meer uit hem.*
clan [klæn] **0.1** ***geslacht*** ⟨in Schotse Hooglanden⟩ ⇒*stam, familie, clan* ⟨ook fig.⟩.
clandestine [klændestin] ⟨-ness⟩ **0.1** ***clandestien*** ⇒*geheim.*
clang[1] [klæng] ⟨zn.⟩ **0.1** ***metalige klank*** ⇒*galm, luiden* ⟨klok, bel⟩, *gekletter; gerinkel.*
clang[2] ⟨ww.⟩ **0.1** ***(metalig) (doen) klinken*** ⇒*luiden, rinkelen, kletteren, (doen) galmen.*
clanger [klængə] ⟨BE; sl.⟩ **0.1** ***miskleun*** ⇒*blunder, flater* ◆ **3.1** drop a ~ *een flater slaan.*
clangorous [klængərəs] **0.1** ***vol gekletter*** ⇒*rinkelend, ratelend.*
clangour, ⟨AE sp.⟩ **clangor** [klængə] **0.1** ***(voortdurend) gekletter*** ⇒*gerinkel, geratel* ⟨v. metaal op metaal⟩.
clank[1] [klængk] ⟨zn.⟩ **0.1** ***metaalgerinkel*** ⇒*gekletter, geratel, gerammel.*
clank[2] ⟨ww.⟩ **0.1** ***(laten) rinkelen*** ⇒*rammelen (met), (laten) ratelen.*
clannish [klænisj] ⟨-ness⟩ **0.1** ***(overdreven) solidair*** ⇒*een hechte gemeenschap vormend;* ⟨pej.⟩ *kliekerig* ◆ **1.1** ~ behaviour *kliekjesgeest.*
clans|man [klænzmən] ⟨mv.: -men [-mən]⟩ **0.1** ***lid v.e. clan*** ⇒ *clangenoot.*
clap[1] [klæp] **I** ⟨telb.zn.⟩ **0.1** ***klap*** ⇒*slag, tik, applaus* ◆ **1.1** ~ of thunder *donderslag;*
II ⟨n.-telb.zn.; the⟩⟨sl.⟩ **0.1** ***druiper*** ⇒*gonorroe.*
clap[2] ⟨-ped⟩ **I** ⟨onov.ww.⟩ **0.1** ***klappen*** ⇒*slaan, kloppen* **0.2** ***applaudisseren;***

II ⟨ov.ww.⟩ **0.1** ***(stevig) plaatsen*** ⇒*zetten, planten, poten* **0.2** ***slaan*** **0.3** ***klappen in/met*** ⇒*slaan in* ◆ **1.2** ~ s.o. on the back *iem. op de rug slaan* **1.3** ~ one's hands *in de handen klappen;* the bird ~ped its wings *de vogel klapwiekte* **5.1** ~ **on** *(haastig) opzetten* **6.1** ~ s.o. **in** jail *iem. achter de tralies zetten* **6.3** ~ handcuffs **on** s.o. *iem. in boeien slaan;* ~ eyes **on** s.o. *iem. te zien krijgen.*

clapboard [klæpbo:d] ⟨AE⟩ **0.1** ⟨bouwk.⟩ ***dakspaan*** ⇒*potdeksel(plank).*

clapometer [klæpommətə] **0.1** ***applausmeter.***

clapped-out ⟨BE; inf.⟩ **0.1** ***uitgeteld*** ⇒*afgedraaid* **0.2** ***gammel*** ⇒*wrakkig* ◆ **1.2** a ~ car *een aftandse auto.*

clapper [klæpə] **0.1** ***klepel*** **0.2** ***ratel*** ◆ **7.¶** ⟨BE; inf.⟩ like the ~s *als de gesmeerde bliksem.*

clapperboard, clapper ⟨film⟩ **0.1** ***klap*** ⟨scènenummerbord⟩.

claptrap **0.1** ***bombast*** ⇒*holle frasen, goedkope trucs* **0.2** ***onzin*** ⇒*geouwehoer, leugenpraat.*

claque [klæk] **0.1** ***claque*** ⟨gehuurde applausmakers⟩.

claret [klærət] **0.1** ***rode (tafel)wijn*** ⟨ihb. bordeaux⟩ **0.2** ⟨vaak attr.⟩ ***wijnkleur*** ⇒*paarsrood, bruinrood.*

clarification [klæriffikkeesjn] **0.1** ***zuivering*** ⇒*klaring* ⟨v. boter⟩; *filtrering* ⟨vloeistof, lucht⟩ **0.2** ***opheldering*** ⇒*verklaring, uitleg.*

clarif|y [klæriffaj] ⟨-ied⟩ **I** ⟨onov.ww.⟩ **0.1** ***helder worden*** ⇒*klaren, bezinken* ⟨vloeistof, vet, lucht⟩; ⟨fig.⟩ *verhelderen, duidelijk worden;*
II ⟨ov.ww.⟩ **0.1** ***zuiveren*** ⇒*klaren, doen bezinken* **0.2** ***ophelderen*** ⇒*duidelijk maken, toelichten.*

clarinet [klærinnet] **0.1** ***klarinet.***

clarinettist, ⟨AE sp. ook⟩ **clarinetist** [klærinnettist] **0.1** ***klarinettist(e).***

clarion[1] [klæriən] ⟨zn.⟩ **0.1** ***klaroen*** ⇒*signaalhoorn, krijgstrompet* **0.2** ***(klaroen)geschal*** ⇒*trompetgeschal.*

clarion[2] ⟨bn.⟩ **0.1** ***luid en helder*** ⇒*klaroen-* ◆ **1.1** ~ call *klaroengeschal.*

clarity [klærətie] **0.1** ***helderheid*** ⇒*duidelijkheid, klaarheid.*

clash[1] [klæsj] ⟨zn.⟩ **0.1** ***gevecht*** ⇒*schermutseling;* ⟨ook fig.⟩ *botsing, conflict* **0.2** ***gekletter*** ⟨v. wapens⟩ ◆ **6.1** a ~ **of** opinions *verschil van mening, botsing der meningen.*

clash[2] ⟨ww.⟩ **0.1** ***slaags raken*** ⇒*botsen* **0.2** ***tegenstrijdig zijn*** ⇒*botsen, in conflict zijn/raken* ◆ **1.2** ~ing colours *vloekende kleuren* **6.¶** the party ~es **with** my exam *het feest valt samen met mijn examen.*

clasp[1] [kla:sp] ⟨zn.⟩ **0.1** ⟨ben. voor⟩ ***sluithaak*** ⇒*gesp; (boek)slot; haak, knip* **0.2** ***greep*** **0.3** ***handdruk.***

clasp[2] ⟨ww.⟩ **0.1** ***voorzien v.e. gesp/slot/haak*** **0.2** ***vastmaken*** ⇒*dichthaken, vastgespen* **0.3** ***vastgrijpen*** ⇒*vasthouden, vastklemmen* **0.4** ***omvatten*** ⇒*omhelzen, tegen zich aan klemmen* ◆ **1.3** ~ hands *elkaars hand grijpen;* ~ one's hands (together) *de handen ineenvouwen* **6.3** ~ s.o. **by** the arm *iem. bij de arm grijpen;* ~ sth. **in** the hand *iets in de hand klemmen.*

clasp knife **0.1** ***zakmes*** ⇒*knipmes.*

class[1] [kla:s] **I** ⟨telb.zn.⟩ **0.1** ⟨ww. enk. of mv.; vaak mv. met enk. bet.⟩ ***stand*** ⇒*(maatschappelijke) klasse* **0.2** ***rang*** ⇒*klas(se), soort, kwaliteit* **0.3** ***klas*** ⇒*klasgenoten* **0.4** ⟨mil.⟩ ***lichting*** ⇒*jaarklasse* **0.5** ***categorie*** ⇒*groep, verzameling;* ⟨ook wisk.; biol.⟩ *klasse* ◆ **4.5** in a ~ of its/his/⟨enz.⟩ own *een klasse apart* **6.5** not **in** the same ~ *niet te vergelijken met.* →**upper;**
II ⟨telb. en n.-telb.zn.⟩ **0.1** ***les*** ⇒*lesuur, college, cursus;*
III ⟨n.-telb.zn.; vaak attr.⟩⟨inf.⟩ **0.1** ***stijl*** ⇒*distinctie, cachet.*

class[2] ⟨bn.⟩ **0.1** ***eersteklas*** ⇒*prima, van klasse* ◆ **1.1** a ~ orchestra *een uitstekend orkest.*

class[3] ⟨ww.⟩ **0.1** ***plaatsen*** ⇒*indelen, classificeren* ◆ **6.1** ~ **as** *beschouwen als;* ~ **with** *over één kam scheren met.*

class-conscious ⟨-ness⟩ **0.1** ***klassebewust.***

class distinction **0.1** ***klasseonderscheid.***

class feeling **0.1** ***klassehaat*** **0.2** ***klassegeest/bewustzijn/solidariteit.***

classic[1] [klæsik] **I** ⟨telb.zn.⟩ **0.1** ***een der klassieken*** ⇒*klassieker* ◆ **1.1** that film has become a ~ *die film is nu klassiek;*
II ⟨mv.; the⟩ **0.1** ***klassieke talen*** ⇒*oude talen* **0.2** ***antieke literatuur*** ⇒*de klassieken.*

classic[2] ⟨bn.⟩ **0.1** ***klassiek*** ⇒*tijdloos, traditioneel* **0.2** ***kenmerkend*** ⇒*typisch, klassiek* ◆ **1.2** a ~ example *een schoolvoorbeeld.*

classical [klæsikl] **0.1** ***klassiek*** ⇒*conventioneel, traditioneel* **0.2** ***antiek*** ⇒*mbt./uit de klassieke Oudheid, klassiek* **0.3** ***classicistisch*** ◆ **1.1** ~ music *klassieke/serieuze muziek* **1.2** ~ education *klassieke/gymnasiale opleiding;* ~ scholar *classicus.*

classicism [klæsissizm], **classicalism** [klæsikkəlizm] **0.1** ⟨ook C-⟩ ***classicisme.***

classicist [klæsissist] **0.1** ***classicus/ca.***

classifiable [klæsiffajjəbl] **0.1** ***classificeerbaar*** ⇒*in te delen, rubriceerbaar.*

classification [klæsiffikkeesjn] **I** ⟨telb.zn.⟩ **0.1** ***categorie*** ⇒*classificatie, klasse* **0.2** ***rangschikking*** ⇒*(systeem v.) catalogisering* ⟨in bibliotheek⟩;
II ⟨n.-telb.zn.⟩ **0.1** ***het classificeren*** ⇒*indeling, classificatie.*

classified [klæsiffajd] **0.1** ***gerubriceerd*** ⇒*gerangschikt, geclassificeerd* **0.2** ⟨AE; pol., ihb. mil.⟩ ***geheim*** ◆ **1.1** ~ advertisements, ⟨inf.⟩ ~ ads *rubrieksadvertenties, kleine annonces* **1.2** ~ documents *geheime documenten.*

classif|y [klæsiffaj] ⟨-ied⟩ **0.1** ***indelen*** ⇒*rubriceren, classificeren* **0.2** ⟨AE; pol., ihb. mil.⟩ ***geheim verklaren*** ⇒*als geheim aanmerken.*

classless [kla:sləs] ⟨-ness⟩ **0.1** ***klasseloos.***

class list ⟨BE⟩ **0.1** ***lijst van geslaagde tentamen/examenkandidaten*** ⟨ingedeeld naar resultaat⟩.

classmate [kla:smeet] **0.1** ***klasgenoot/genote.***

classroom [kla:sroem, -roe:m] **0.1** ***klaslokaal*** ⇒*leslokaal.*

class struggle ⟨vaak the⟩ **0.1** ***klassestrijd.***

class|y [kla:sie] ⟨-ier⟩⟨inf.⟩ **0.1** ***sjiek*** ⇒*deftig, elegant.*

clatter[1] [klætə] ⟨zn.⟩ **0.1** ***gekletter*** ⇒*gerammel, geklepper.*

clatter[2] ⟨ww.⟩ **0.1** ***kletteren*** ⇒*klepperen.*

clause [klo:z] **0.1** ⟨taal.⟩ ***zin*** **0.2** ***clausule*** ⇒*bepaling, beding* ◆ **2.1** main ~ *hoofdzin;* subordinate ~ *bijzin.*

claustrophobia [klo:strəfoobiə] **0.1** ***claustrofobie*** ⇒*engtevrees.*

claustrophobic [klo:strəfoobik] **0.1** ⟨bn.⟩ ***claustrofoob*** ⇒*lijdend aan claustrofobie/engtevrees* **0.2** ⟨bn.⟩ ***claustrofobie veroorzakend*** **0.3** ⟨zn.⟩ ***lijder aan claustrofobie/engtevrees.***

clavichord [klævikko:d] **0.1** ***klavichord.***

clavicle [klævikl] **0.1** ***sleutelbeen.***

claw[1] [klo:] ⟨zn.⟩ **0.1** ***klauw*** **0.2** ***poot*** **0.3** ***schaar*** ⟨v. krab, e.d.⟩.

claw[2] ⟨ww.⟩ **0.1** ***klauwen*** ⇒*grissen, graaien* ◆ **5.1** ~ **back** *(gedeeltelijk) terugvorderen* ⟨overdrachtsuitgaven, via belasting⟩.

claw hammer **0.1** ***klauwhamer.***

clay [klee] **0.1** ***klei*** ⇒*leem, aarde, modder* **0.2** ⟨schr.⟩ ***stoffelijk omhulsel*** ⇒*vlees, lichaam* ⟨tgov. de geest⟩.

clay court ⟨tennis⟩ **0.1** ***gravelbaan.***

clayey [kleeie] **0.1** ***kleiig*** ⇒*klei-, kleihoudend.*

clay pigeon **0.1** ⟨schietsport⟩ ***kleiduif.***
clay pigeon shooting ⟨sport⟩ **0.1** ***(het) kleiduivenschieten.***
clean[1] [klie:n] ⟨zn.⟩ **0.1** ***schoonmaakbeurt*** ◆ **3.1** give the room a ~ *de kamer een (goede) beurt geven.*
clean[2] ⟨bn.; -ness⟩ **0.1** ***schoon*** ⇒*proper; helder; zuiver, rein, puur* ⟨lucht⟩; *ongebruikt, nieuw* ⟨vel papier⟩ **0.2** ⟨ben. voor⟩ ***welgevormd*** ⇒*sierlijk; glad, gestroomlijnd* ⟨vliegtuig⟩; *regelmatig; duidelijk, helder* ⟨stijl⟩ **0.3** ***compleet*** ⇒*finaal, helemaal* **0.4** ***oprecht*** ⇒*eerlijk, sportief* **0.5** ***onschuldig*** ⇒ *netjes, fatsoenlijk, kuis* **0.6** ⟨sl.⟩ ***schoon*** ⇒*clean, eraf,* ⟨ihb.⟩ *geen drank/drugs gebruikend, droog; geen verboden wapens/drugs hebbend* ◆ **1.1** give s.o. a ~ bill of health *iem. kerngezond verklaren, iem. in orde verklaren* ⟨ook fig.⟩; *verklaren dat iem. er financieel goed voorstaat* **1.3** a ~ break *een radicale breuk;* make a ~ sweep *schoon schip maken* **1.4** a ~ fight *een eerlijk gevecht* **1.5** ⟨inf.⟩ a ~ joke *een mopje voor onder de kerstboom;* a ~ record *een blanco strafblad* **1.¶** ⟨geldw.⟩ ~ bill / credit *niet-gedocumenteerd(e) wissel/krediet;* ⟨hand.⟩ ~ bill of lading *schoon cognossement;* make a ~ breast of sth. *iets bekennen, ergens schoon schip mee maken;* keep one's nose ~ *zich nergens mee bemoeien;* show a ~ pair of heels *z'n hielen lichten, de benen nemen;* ~ as a new pin / as a whistle *brandschoon, zo schoon als wat;* wipe the slate ~ *met een schone lei beginnen* **3.3** hit the ball ~ly *de bal vol raken;* catch a ball ~ly *een bal in een keer vangen* **3.4** come ~ *voor de draad komen, eerlijk bekennen* **3.5** keep it ~ *hou 't netjes.*
clean[3] **I** ⟨onov.ww.⟩ **0.1** ***schoon(gemaakt) worden*** ⇒*zich laten reinigen* **0.2** ***schoonmaken*** ⇒*reinigende kracht bezitten* ◆ **1.1** tiles ~ easily *tegels zijn makkelijk schoon te maken.* →**clean up;**
II ⟨ov.ww.⟩ **0.1** ***schoonmaken*** ⇒*reinigen, zuiveren* ◆ **1.1** ⟨fig.⟩ ~ one's plate *zijn bord leegeten;* have a coat ~ed *een jas laten stomen* **5.1** ~ **down** *schoonborstelen, schoonwassen.* →**clean out, clean up.**
clean[4] ⟨bw.⟩ **0.1** ***volkomen*** ⇒*helemaal, compleet, finaal* **0.2** ***eerlijk*** ⇒*fair* ◆ **3.1** ⟨inf.⟩ ~ forgotten *straal/glad vergeten* **3.2** play it ~ *hou het sportief* **5.1** I'm ~ **out** of sugar *ik zit helemaal zonder suiker;* cut ~ **through** *helemaal/finaal doorgesneden.*
clean-and-jerk ⟨gewichtheffen⟩ **0.1** ***(het) stoten.***
clean-cut **0.1** ***duidelijk*** ⇒*helder, scherp omlijnd* ⟨gelaatstrekken⟩ **0.2** ***netjes*** ⇒*verzorgd* ⟨mbt. uiterlijk⟩ ◆ **1.1** a ~ decision *een ondubbelzinnige beslissing.*
cleaner [klie:nə] **0.1** ***schoonmaker/maakster*** ⇒*werkster* **0.2** ***schoonmaakmiddel*** ⇒*reinigingsmiddel* **0.3** ⟨cleaner's⟩ ***stomerij*** ◆ **3.¶** ⟨inf.⟩ take s.o. to the ~'s *iem. uitkleden/uitschudden; de vloer met iem. aanvegen.*
cleaning lady, cleaning woman **0.1** ***werkster*** ⇒*schoonmaakster.*
clean-limbed ⟨cleaner-limbed⟩ **0.1** ***recht van lijf en leden*** ⇒ *welgeschapen.*
clean-living **0.1** ***rechtschapen*** ⇒*eerbaar.*
cleanl|y [klenlie] ⟨-iness⟩ **0.1** ***proper*** ⇒*zindelijk, netjes* ◆ **¶.1** ⟨sprw.⟩ cleanliness is next to godliness *reinheid van ziel begint met reinheid van het lichaam.*
clean out **0.1** ***schoonvegen*** ⇒*uitvegen, uitmesten* **0.2** ⟨inf.⟩ ***kaal plukken*** ⇒*uitschudden; opkopen* ⟨voorraad⟩, *afhandig maken* ⟨geld⟩ ◆ **6.2** the shop was cleaned out **of** sugar *de hele winkelvoorraad suiker was weggekocht.*
cleanse [klenz] **0.1** ***reinigen*** ⇒*zuiveren, desinfecteren* ⟨wond⟩ **0.2** ⟨rel.⟩ ***louteren*** ◆ **1.1** ~ a cut *een snee ontsmetten.*
cleanser [klenzə] **0.1** ***reinigingsmiddel*** ⇒*reiniger.*
clean-shaven **0.1** ***gladgeschoren.***
cleanup **0.1** ***schoonmaakbeurt*** ⟨ook fig.⟩ ⇒*sanering* **0.2** ⟨inf.⟩ ***flinke meevaller*** ⇒*groot voordeel.*
clean up **I** ⟨onov.ww.⟩ **0.1** ***de boel opruimen/aan kant maken*** ⇒*schoonmaken* **0.2** ***zich opknappen*** **0.3** ⟨inf.⟩ ***snel winst maken*** ⇒*veel geld verdienen;*
II ⟨ov.ww.⟩ **0.1** ***opruimen*** **0.2** ***(goed) schoonmaken*** ⇒*opknappen* **0.3** ⟨inf.⟩ ***opstrijken*** ⇒*toucheren* ⟨fortuin, vette winst⟩ **0.4** ***zuiveren*** ⇒⟨fig.⟩ *uitmesten, saneren* ◆ **1.4** ~ the town *de stad (van misdaad) zuiveren* **4.2** clean o.s. up *zich opknappen.*
clear[1] [kliə] ⟨zn.⟩ ◆ **6.¶** be **in** the ~ *buiten gevaar zijn, vrijuit gaan; uit de rode cijfers zijn;* ⟨sport⟩ *vrij staan.*
clear[2] ⟨bn.; -ness⟩ **0.1** ***helder*** ⇒*schoon, doorzichtig, klaar* **0.2** ***duidelijk*** ⇒*ondubbelzinnig, uitgesproken* **0.3** ***netto*** ⇒ *schoon* ⟨loon, winst e.d.⟩ **0.4** ***compleet*** ⇒*volkomen, absoluut* **0.5** ***vrij*** ⇒*open, op een afstand, veilig, onbelemmerd* ◆ **1.1** ~ memory *onfeilbaar geheugen* **1.2** a ~ message *een ongecodeerd bericht* **1.3** a ~ £1,000 a month *duizend pond schoon per maand* **1.4** a ~ majority *een duidelijke meerderheid* **1.5** the coast is ~ *de kust is veilig;* next month is still ~ *de volgende maand is nog vrij* **1.¶** ~ conscience *zuiver geweten;* ⟨paardensport⟩ a ~ round *een foutloos parcours* ⟨bij concours hippique⟩; out of a ~ (blue) sky *totaal onverwacht;* I cannot see my way ~ to getting the money *ik zie niet goed hoe ik aan het geld moet komen* **3.2** get that ~ *begrijp dat goed;* make o.s. ~ *duidelijk maken wat men bedoelt* **3.5** keep ~ *vrijhouden, niet versperren* **6.2** be ~ **about / as to / on** sth. *iets zeker weten, iets vast in zijn hoofd/voor ogen hebben* **6.5** ~ **of** guilt *vrij van schuld.*
clear[3] **I** ⟨onov.ww.⟩ **0.1** ***helder worden*** ⇒*opklaren* ⟨v. lucht⟩ **0.2** ***weggaan*** ⇒*wegtrekken, optrekken* ⟨v. mist⟩ **0.3** ***overgeboekt worden*** ⟨v. cheque⟩ ◆ **1.2** the crowds ~ed *de menigte trok weg* **1.3** it takes ages for a cheque to ~ *het duurt eeuwen voordat een cheque overgeschreven wordt* **5.2** ~ **away** *optrekken.* →**clear off, clear out, clear up;**
II ⟨ov.ww.⟩ **0.1** ***helder maken*** ⇒*schoonmaken, ophelderen, verhelderen* **0.2** ***vrijmaken*** ⇒*ontruimen* ⟨gebouw, straat⟩, *lossen* ⟨schip⟩ **0.3** ***verwijderen*** ⇒*opruimen* **0.4** ***zuiveren*** ⇒*onschuldig verklaren, betrouwbaar verklaren* **0.5** ***(ruim) passeren*** ⇒*springen over* ⟨hek⟩, *erlangs kunnen* **0.6** ***(laten) passeren*** ⟨de douane⟩ ⇒*in/uitklaren* **0.7** ***overhouden*** ⟨winst⟩ ⇒*schoon verdienen* **0.8** ***verrekenen*** ⇒*vereffenen* ⟨schuld⟩, *clearen* ⟨cheque⟩ **0.9** ***op veilig zetten*** ⟨sein⟩ ◆ **1.1** ~ one's mind about sth. *zich opheldering verschaffen over iets* **1.2** ~ a room *een zaal ontruimen;* ~ the table *de tafel afruimen* **1.3** ⟨sport⟩ ~ the ball *de bal opruimen* **1.7** ~ expenses *de kosten eruit halen/kunnen dekken* **6.2** ~ the road **of** debris *de weg puinvrij maken* **6.3** ~ sth. **out of** the way *iets uit de weg ruimen/wegruimen* **6.4** ~ s.o. **of** suspicion *iem. van verdenking zuiveren* **6.6** ~ goods **through** customs *goederen in/uitklaren.* →**clear off, clear out, clear up.**
clear[4] ⟨bw.⟩ **0.1** ***duidelijk*** ⇒*helder, klaar* **0.2** ***volkomen*** ⇒ *helemaal, totaal* **0.3** ***het hele eind*** ⇒*helemaal* **0.4** ***op voldoende afstand*** ⇒*een eindje, vrij* ◆ **3.1** his voice came through loud and ~ *zijn stem kwam luid en helder door* **3.4** keep / stay / steer ~ of *uit de weg gaan, (proberen te) vermijden* **6.2** they danced ~ **through** the night *ze dansten de hele nacht door* **6.3** you can see ~ **to** the other side of the lake *je kunt helemaal naar de overkant v.h. meer kijken.*
clear-air turbulence ⟨luchtv.⟩ **0.1** ***hoogteturbulentie*** ⇒ *stratosfeerremous.*
clearance [kliərəns] **0.1** ***op/verheldering*** ⇒*verduidelijking* **0.2** ***ontruiming*** ⇒*opruiming, uitverkoop* **0.3** ⟨ben. voor⟩

vergunning ⇒*toestemming, fiat, (akte v.) in/uitklaring* ⟨ihb. schepen⟩; ⟨luchtv.⟩ *toestemming tot landen/opstijgen* **0.4** ***boeking*** ⇒*afschrijving* ⟨cheque⟩, *verrekening, vereffening* **0.5** ***speling*** ⇒*vrije ruimte, tussenruimte* **0.6** ***het geslaagd nemen v.e. hindernis*** ⟨bij concours hippique⟩ **0.7** ⟨sport⟩ ***het opruimen*** ⟨v.d. bal⟩ ⇒*het uitverdedigen* ◆ **2.7** oh, what a bad ~ by Spelbos *o, wat wordt die bal slecht weggewerkt door Spelbos* **6.5** there was only 2 ft. ~ **between** the two ships *er zat maar twee voet speling tussen de twee schepen.*

clearance sale ⟨BE⟩ **0.1** ***uitverkoop*** ⇒*opruiming.*

clear-cut **0.1** ***scherp omlijnd*** ⟨ook fig.⟩ ⇒*duidelijk, uitgesproken* ◆ **1.1** ~ plans *vastomlijnde plannen.*

clear-headed ⟨-ness⟩ **0.1** ***helder denkend*** ⇒*schrander, scherpzinnig.*

clearing [kliəring] **0.1** ***open(gekapte) plek*** ⟨in bos⟩ **0.2** ***verrekening*** ⇒*vereffening, clearing.*

clearing agent ⟨hand.⟩ **0.1** ***douane-/grensexpediteur.***

clearing-house **0.1** ***verrekenkantoor*** ⟨voor banken en spoorwegmaatschappijen onderling⟩ ⇒*clearinginstituut/kantoor, verrekenkamer* **0.2** ***uitwisselingsplaats*** ⟨van informatie, materialen⟩ ⇒*distributiecentrum.*

clearly [kliəlie] **0.1** ***duidelijk*** **0.2** ***ongetwijfeld*** ⇒*zeer zeker, onmiskenbaar* ◆ **3.1** understand sth. ~ *iets goed begrijpen* **¶.2** ~, I was wrong *ik had beslist ongelijk.*

clear off I ⟨onov.ww.⟩⟨inf.⟩ **0.1** ***de benen nemen*** ⇒*'m smeren, afdruipen* ◆ **¶.1** ~! *opgehoepeld!;*
II ⟨ov.ww.⟩ **0.1** ***afmaken*** ⇒*een eind maken aan, uit de weg ruimen* ⟨achterstallig werk⟩ **0.2** ***aflossen*** ⇒*afbetalen, afdoen* ⟨schulden, hypotheek⟩.

clearout ⟨BE; inf.⟩ **0.1** ***opruiming*** ⇒*schoonmaak(beurt), sanering.*

clear out I ⟨onov.ww.⟩⟨inf.⟩ **0.1** ***zijn biezen pakken*** ⇒*de benen nemen, ophoepelen;*
II ⟨ov.ww.⟩ **0.1** ***uitruimen*** ⇒*leeghalen, uithalen* ⟨kast, afvoer⟩, *opruimen* ⟨kamer⟩ **0.2** ***wegdoen*** ⟨oude kleren⟩ **0.3** ⟨inf.⟩ ***uitputten*** ⇒*leeghalen* ⟨voorraden⟩ **0.4** ⟨sl.⟩ ***uitschudden*** ⇒*kaal plukken* ◆ **1.4** gambling has cleared Jim out *gokken heeft Jim blut gemaakt.*

clear-sighted ⟨-ness⟩ **0.1** ***met scherpe blik*** ⟨vaak fig.⟩ ⇒*scherpziend, scherpzinnig* **0.2** ***vooruitziend.***

clear up I ⟨onov.ww.⟩ **0.1** ***opklaren*** ⟨het weer⟩ **0.2** ***ophouden*** ⇒*bijtrekken* ⟨moeilijkheden⟩ **0.3** ***(rommel) opruimen;***
II ⟨ov.ww.⟩ **0.1** ***opruimen*** ⇒*uit de weg ruimen* ⟨rommel⟩, *afmaken* ⟨werk⟩ **0.2** ***verklaren*** ⇒*uitleggen, ophelderen.*

clearway ⟨BE⟩ **0.1** ⟨ong.⟩ ***autoweg*** ⟨met stopverbod⟩.

cleat [klie:t] **0.1** ***wig*** **0.2** ***klamp.***

cleavage [klie:vidzj] **0.1** ***scheiding*** ⇒*kloof, breuk* ⟨ook fig.⟩ **0.2** ⟨inf.⟩ ***gleuf*** ⇒*gootje* ⟨tussen borsten⟩; *decolleté, inkijk* ◆ **6.1** a sharp ~ **between** generations *een diepe generatiekloof.*

cleave [klie:v]⟨verl. t. ook cleft [kleft], clove [kloov], volt. deelw. ook cleft [kleft], cloven [kloovn]⟩ **I** ⟨onov.ww.⟩ **0.1** ***splijten*** ⇒*scheuren, klieven* ⟨ook geol.⟩ **0.2** ***(zich) een weg banen.*** →**cleave to;**
II ⟨ov.ww.⟩ **0.1** ***kloven*** ⇒*splijten, hakken, (door)klieven* ⟨golven, lucht⟩ ◆ **1.1** ~ a path through the jungle *zich een weg door het oerwoud banen.*

cleaver [klie:və] **0.1** ***hakmes*** ⇒*kapmes.*

cleave to ⟨schr.⟩ **0.1** ***hangen aan*** ⇒*gehecht zijn/blijven aan* ◆ **6.1** ~ old customs *oude gewoonten trouw blijven.*

clef [klef] ⟨muz.⟩ **0.1** ***sleutel.***

cleft[1] [kleft] ⟨zn.⟩ **0.1** ***spleet*** ⇒*barst, scheur; kloof* ⟨ook fig.⟩ **0.2** ***gleuf*** ⇒*kuiltje* ⟨in kin⟩.

cleft[2] ⟨bn.⟩ **0.1** ***gespleten*** ⇒*gekloofd* ⟨v. hoef⟩ ◆ **1.1** ~ palate *gespleten gehemelte* **1.¶** be (caught) in a ~ stick *in de knel zitten, in het nauw zitten.*

clematis [klemmətis, klimmeetis] ⟨mv.: ook clematis⟩ **0.1** ***clematis*** ⇒*bosrank.*

clem|ent [klemmənt] ⟨zn.: **-ency**⟩ **0.1** ***mild*** ⇒*weldadig, zacht* **0.2** ***genadig*** ⇒*barmhartig, welwillend.*

clench [klentsj] **0.1** ***dichtklemmen*** ⇒*op elkaar klemmen* ⟨kaken, tanden⟩, *dichtknijpen* **0.2** ***vastklemmen*** ⇒*vastgrijpen* ◆ **1.1** with ~ed fist *met gebalde vuist.*

clergy [klə:dzjie] ⟨zn.; BE ww. altijd mv.⟩ **0.1** ***geestelijkheid*** ⇒*geestelijken, clerus* ◆ **7.1** twenty (of the) ~ *twintig geestelijken.*

clergy|man [klə:dzjiemən]⟨mv.: -men [-mən]⟩ **0.1** ***geestelijke*** ⇒*predikant, priester* ⟨BE ihb. van anglicaanse Kerk⟩.

clergywoman [klə:dzjiewoemən] **0.1** ***vrouwelijke priester.***

cleric [klerrik] **0.1** ***geestelijke.***

clerical [klerrikl] **0.1** ***geestelijk*** ⇒*klerikaal, kerkelijk* **0.2** ***administratief*** ⇒*schrijf-* ◆ **1.1** ~ dress *priesterkleed* **1.2** a ~ job *een administratieve baan, een kantoorbaan.*

clerihew [klerrihjoe:] **0.1** ***clerihew*** ⇒*spottend kwatrijn, nonsenskwatrijn.*

clerk [kla:k] **0.1** ***(kantoor)beambte*** ⇒*klerk* **0.2** ***secretaris*** ⇒*griffier, (hoofd)administrateur* **0.3** ⟨AE⟩ ***(winkel)bediende*** **0.4** ⟨AE⟩ ***receptionist*** ◆ **1.2** ~ of (the) works *(bouw)opzichter* **6.2** ~ **to** the Council *griffier.*

clever [klevvə] ⟨-ness⟩ **0.1** ***knap*** ⇒*slim, intelligent, vernuftig* **0.2** ***handig*** ⇒*bekwaam, vaardig* ⟨ambachtsman⟩ **0.3** ⟨pej.⟩ ***sluw*** ⇒*pienter, geslepen* ◆ **3.¶** he isn't looking very ~ *hij ziet er niet al te best uit* **5.3** ⟨inf.⟩ too ~ by half *slimmer dan goed voor iem. is* **6.1** ~ **at** sth. *goed in iets.*

clever dick ⟨inf.⟩ **0.1** ***betweter*** ⇒*wijsneus.*

clew [kloe:] **0.1** ***kluwen*** ⇒*bal (touw);* ⟨fig.⟩ *draad (v. Ariadne).*

cliché [klie:sjee] **0.1** ⟨tech.⟩ ***cliché*** **0.2** ***gemeenplaats*** ⇒*banaliteit, cliché.*

clichéd [klie:sjeed] **0.1** ***banaal*** ⇒*cliché(matig), afgezaagd.*

click[1] [klik] ⟨zn.⟩ **0.1** ***klik*** ⇒*tik, klak.*

click[2] **I** ⟨onov.ww.⟩ **0.1** ***klikken*** ⇒*tikken, ratelen* **0.2** ⟨inf.⟩ ***het (samen) kunnen vinden*** ⇒*bij elkaar passen* **0.3** ⟨inf.⟩ ***aanslaan*** ⇒*het maken, succes hebben, een succes zijn* **0.4** ⟨inf.⟩ ***op z'n plaats vallen*** ⇒*plotseling duidelijk worden* ⟨grapje, opmerking⟩ ◆ **6.1** ⟨comp.⟩ ~ **on** *aanklikken* **6.3** that book has really ~ed **with** the young *dat boek is enorm ingeslagen bij de jeugd;*
II ⟨ov.ww.⟩ **0.1** ***klikken met*** ⇒*laten klikken/klakken* ⟨hakken, tong⟩.

clickety-click [klikkətie klik] **0.1** ***geklikklak*** ⇒*geratel, gedender.*

client [klajjənt] **0.1** ***cliënt*** **0.2** ***klant*** ⇒*afnemer, opdrachtgever* **0.3** →**client state.**

clientele [klie:əntel] **0.1** ***klantenkring*** ⇒*clientèle* **0.2** ***praktijk*** ⟨v. advocaat⟩ **0.3** ***vaste bezoekers*** ⇒*habitués* ⟨v. theater, restaurant enz.⟩.

client state **0.1** ***afhankelijke staat*** ⇒*satellietstaat* ⟨op militair en/of economisch gebied⟩.

cliff [klif] **0.1** ***steile rots*** ⇒*klip, klif* ⟨ihb. aan de kust⟩.

cliff-hanger ⟨inf.⟩ **0.1** ***spannende wedstrijd*** ⇒*spannend verhaal/hoorspel* ⟨enz.⟩.

climacteric [klajmæktərik, klajmækterrik] **0.1** ⟨med.⟩ ***overgang(sleeftijd)*** ⇒*climacterium;* ⟨ihb.⟩ *menopauze* **0.2** ***kritieke periode*** ⇒*kritiek(e) leeftijd/jaar.*

climactic [klajmæktik] ⟨-ally⟩ **0.1** ***leidend tot een climax*** ⇒*climactisch.*

climate [klajmət], ⟨schr.⟩ **clime** [klajm] **0.1** ***klimaat*** **0.2** ***(lucht)streek*** ⇒*klimaatgordel* **0.3** ***sfeer*** ⇒*stemming, klimaat.*

climatic [klajmætik] ⟨-ally⟩ **0.1** ***klimaat-*** ⇒*klimatisch.*
climatology [klajmətolədzjie] **0.1** ***klimatologie.***
climax[1] [klajmæks] ⟨zn.⟩ **0.1** ***hoogtepunt*** ⇒*climax* ⟨ook retorisch⟩, *toppunt* **0.2** ***orgasme*** ⇒*climax, hoogtepunt.*
climax[2] ⟨ww.⟩ **0.1** ***een hoogtepunt bereiken*** ⇒*culmineren.*
climb[1] [klajm] ⟨zn.⟩ **0.1** ***klim*** ⇒*beklimming* **0.2** ***helling*** ⇒ *klim, weg omhoog* ◆ **6.2** the ~ **to** fame *de weg naar roem.*
climb[2] **I** ⟨onov.ww.⟩ **0.1** ***omhoog gaan*** ⇒*klimmen, stijgen* ⟨v. zon, vliegtuig⟩, *toenemen* ⟨v. temperatuur⟩ **0.2** ***oplopen*** ⇒ *omhooggaan* ⟨v. weg⟩ **0.3** ***zich opwerken*** ⇒*opklimmen* ⟨in rang, stand⟩ ◆ **6.1** ~ **into** one's clothes *zijn kleren aanschieten;* ~ **up** a wall *tegen een muur opklimmen;*
II ⟨ov.ww.⟩ **0.1** ***klimmen in/op*** ⇒*beklimmen, bestijgen.*
climb down **0.1** ***naar beneden klimmen*** **0.2** ⟨inf.⟩ ***een toontje lager zingen*** ⇒*inbinden, ongelijk bekennen.*
climb-down ⟨BE; inf.⟩ **0.1** ***het ongelijk bekennen*** ⇒*het inbinden.*
climber [klajmə] **0.1** ***klimmer*** ⇒*klauteraar, bergbeklimmer* **0.2** ***klimplant*** ⇒*klimmer* **0.3** ***streber*** ⇒*eerzuchtig persoon.*
climbing-iron ⟨meestal mv.⟩ **0.1** ***klimijzer*** ⇒*klimspoor.*
clime →**climate.**
clinch[1] [klintsj] ⟨zn.⟩ **0.1** ***vaste greep*** ⇒*omklemming* **0.2** ⟨boksen⟩ ***clinch*** **0.3** ⟨inf.⟩ ***omarming*** ⇒*omhelzing* **0.4** ⟨tech.⟩ ***klinknagel*** **0.5** ⟨AE⟩ ***handgemeen*** ⇒*schermutseling* ◆ **6.1** hold sth. **in** a ~ *iets stijf vasthouden* ⟨ook fig.⟩.
clinch[2] **I** ⟨onov.ww.⟩ **0.1** ⟨boksen⟩ ***(met elkaar) in de clinch gaan*** ⇒*lijf aan lijf staan* **0.2** ⟨inf.⟩ ***elkaar omhelzen;***
II ⟨ov.ww.⟩ **0.1** ⟨tech.⟩ ***klinken*** ⟨klinknagel⟩ **0.2** ⟨tech.⟩ ***vastklinken*** ⇒*aaneenklinken* ⟨stukken hout⟩ **0.3** ***beklinken*** ⇒*sluiten, afmaken* ⟨overeenkomst, transactie⟩ ◆ **1.3** that ~ed the matter *dat gaf de doorslag.*
clincher [klintsjə] **0.1** ***beslissende omstandigheid*** ⇒*doorslaggevend argument, afdoende opmerking.*
cline [klajn] ⟨biol.⟩ **0.1** ***continuüm*** ⇒*scala, reeks.*
cling [kling]⟨clung, clung [klung]⟩ **0.1** ***kleven*** ⇒*zich vasthouden, zich vastklemmen* **0.2** ***dicht blijven bij*** ⇒*hangen, hechten* **0.3** ***zich vastklampen*** ⇒*vasthouden* ◆ **1.1** the smell of garlic ~s *knoflook blijf je ruiken* **6.2** Betty really ~s **to** her elder brother *Betty hangt erg aan haar grote broer.*
cling film **0.1** ***huishoudfolie.***
clinging [klinging] **0.1** ***aanhankelijk*** ⇒*kleverig* **0.2** ***nauwsluitend*** ⟨kleding enz.⟩ ◆ **1.¶** ~ vine *klit* ⟨vrouwspersoon⟩.
clinic [klinnik] **I** ⟨telb.zn.⟩ **0.1** ***kliniek*** ⇒⟨BE⟩ *privékliniek* **0.2** ***adviesbureau*** ⇒*consultatiebureau;*
II ⟨telb. en n.-telb.zn.⟩ **0.1** ***klinisch onderricht*** ⇒*kliniek.*
clinical [klinnikl] **0.1** ***klinisch*** **0.2** ***klinisch*** ⇒*onbewogen, zakelijk* ⟨houding⟩ ◆ **1.1** ~ picture *ziektebeeld;* ~ thermometer *koortsthermometer.*
clink[1] [klingk] ⟨zn.⟩ **0.1** ***getinkel*** ⇒*gerinkel, geklink* **0.2** ⟨the; sl.⟩ ***nor*** ⇒*bak.*
clink[2] **I** ⟨onov.ww.⟩ **0.1** ***klinken*** ⇒*rinkelen, rammelen;*
II ⟨ov.ww.⟩ **0.1** ***laten rinkelen*** ⇒*klinken met* ⟨bv. glazen⟩.
clinker [klingkə] **0.1** ***klinker(steen).***
clip[1] [klip] ⟨zn.⟩ **0.1** ***knippende/scherende beweging*** ⇒ *scheerbeurt, trimbeurt* **0.2** ⟨ben. voor⟩ ***klem*** ⇒*knijper, clip* **0.3** ***fragment*** ⇒*stuk, gedeelte* ⟨ihb. uit film⟩; *(video)clip* **0.4** ***klap*** ⇒*oorvijg* **0.5** ***patroonhouder*** ⇒*magazijn* ◆ **1.1** give the sheep a ~ *de schapen scheren* **6.4** a ~ **around** the ear(s) *een oorvijg;* a ~ **on** the jaw *een kaakslag* **6.¶ at** a (fair) ~ *met een vaart.*
clip[2] **I** ⟨onov.ww.⟩ **0.1** ***knippen*** ⇒*snoeien;*
II ⟨ov.ww.⟩ **0.1** ***(vast)klemmen*** ⇒*vastzetten* **0.2** ***(bij)knippen*** ⇒*afknippen, kort knippen, trimmen; scheren* ⟨schapen⟩; *uitknippen* ⟨uit krant, film⟩ **0.3** ⟨inf.⟩ ***een oplawaai geven*** ⇒*raken* **0.4** ***afbijten*** ⟨woorden⟩ ⇒*inslikken* ⟨lettergreep⟩ ◆ **1.3** ~ s.o.'s ears *iem. een oorveeg geven* **5.1** ~ **together** *samenklemmen* **5.2** ~ **off** *afknippen* **6.1** the ticket was ~ped **to** the programme *het kaartje zat met een paperclip aan het programma.*
clipboard **0.1** ***klembord.***
clip-on **0.1** ***klem-*** ⇒*met een klem, knijp-* ◆ **1.1** a ~ tie *een nepdasje.*
clip out **0.1** ***uitknippen.***
clipper [klippə] **I** ⟨telb.zn.⟩ **0.1** ***knipper*** ⇒*scheerder, (be)snoeier* **0.2** ⟨scheep.⟩ ***klipper(schip);***
II ⟨mv.⟩ **0.1** ***kniptang*** ⟨v. conducteur⟩ **0.2** ***nagelkniptang*** **0.3** ***tondeuse.***
clippie [klippie] ⟨BE; inf.⟩ **0.1** ***(bus)conductrice.***
clipping [klipping] **0.1** ⟨AE⟩ ***krantenknipsel*** ◆ **1.¶** nail ~s *afgeknipte nagels.*
clique [klie:k] **0.1** ***kliek*** ⇒*club(je), coterie.*
cliquish [klie:kisj], ⟨inf.⟩ **cliquey** [-kie] ⟨-ness⟩ **0.1** ***kliekjesachtig*** ⇒*kliek-, exclusief.*
clit [klit] ⟨inf.⟩ **0.1** ***kittelaar*** ⇒*knopje, clitoris.*
clitoris [klittəris] **0.1** ***kittelaar*** ⇒*clitoris.*
cloaca [klooeekə]⟨mv.: cloacae [-kie:]⟩ **0.1** ⟨dierk.⟩ ***cloaca*** ⇒ *anus, aars* **0.2** ***riool*** ⇒*goot, cloaca* ⟨ook fig.⟩.
cloak[1] [klook] ⟨zn.⟩ **0.1** ***cape*** ⇒*mantel* **0.2** ***omhulling*** ⇒*bedekking, laag* **0.3** ***dekmantel*** ⇒*verhulling* ◆ **1.2** a ~ of snow *een deken v. sneeuw* **6.3 under** the ~ of darkness *onder de mantel v.d. duisternis.*
cloak[2] ⟨ww.⟩ **0.1** ***een cape omslaan*** ⇒*een mantel aantrekken* **0.2** ***verhullen*** ⇒*omhullen, verbergen, vermommen* ◆ **6.2** ~ed **in/with** kindness *verpakt in vriendelijkheid.*
cloak-and-dagger **0.1** ***vol intriges*** ⇒*spionage-* ◆ **1.1** ~ story *avonturenverhaal.*
cloakroom **0.1** ***garderobe*** ⇒*vestiaire* **0.2** ⟨BE; euf.⟩ ***toilet.***
clobber[1] [klobbə] ⟨zn.⟩⟨sl.⟩ **0.1** ***boeltje*** ⇒*spullen* **0.2** ***plunje*** ⇒*spullen, kloffie.*
clobber[2] ⟨ww.⟩⟨sl.⟩ **0.1** ***aftuigen*** ⇒*een pak rammel geven* **0.2** ***in de pan hakken*** ⇒*volkomen verslaan* **0.3** ***hakken op*** ⇒*hard aanpakken, hekelen* ◆ **1.2** our football team was ~ed last Saturday *ons voetbalteam werd zaterdag volkomen ingemaakt.*
cloche [klosj] **0.1** ⟨landb.⟩ ***glazen of plastic kap*** ⟨om over jonge plantjes te zetten⟩ ⇒*klok, stolp.*
clock[1] [klok] ⟨zn.⟩ **0.1** ***klok*** ⇒*uurwerk* **0.2** ⟨inf. ben. voor⟩ ***meter*** ⇒*teller; taximeter; prikklok; snelheidsmeter; kilometerteller* ◆ **3.1** put the ~ forward/on *de klok vooruit zetten;* put the ~ back *de klok terugzetten* ⟨ook fig.⟩; watch the ~ *de tijd in de gaten houden* **3.¶** beat the ~ *voortijdig klaar zijn;* ⟨inf.⟩ enough to stop a ~ *erg lelijk* ⟨v.e. gezicht⟩ **6.1** sleep **(a)round** the ~ *het klokje rond slapen;* a race **against** the ~ *een race tegen de klok.* →**German.**
clock[2] **I** ⟨onov.ww.⟩ **0.1** ***klokken*** ⟨met prikklok⟩ ◆ **5.1** ~ **in/on** *inklokken;* ~ **off/out** *uitklokken;*
II ⟨ov.ww.⟩ **0.1** ***de tijd opnemen van*** ⇒*timen, klokken* **0.2** ⟨sl.⟩ ***een oplawaai geven*** ⇒*een dreun verkopen* **0.3** ***laten noteren*** ⟨tijd voor race enz.⟩ ◆ **1.3** Peter ~ed 2 hours and 10 minutes for the marathon *Peter liep de marathon in 2 uur 10 minuten* **4.2** ~ s.o. one *iemand een optater geven.*
clockface **0.1** ***wijzerplaat.***
clock radio **0.1** ***klok/wekkerradio.***
clock tower **0.1** ***klokkentoren.***
clock up ⟨inf.⟩ **0.1** ***laten noteren*** ⇒*laten vastleggen* ⟨tijd, afstand⟩ **0.2** ***halen*** ⇒*bereiken* ⟨snelheid⟩.
clockwatcher ⟨inf.; pej.⟩ **0.1** ***op-de-klokkijker.***
clock-watching ⟨inf.; pej.⟩ **0.1** ***op-de-klokgekijk.***
clockwise [klokwajz] **0.1** ***met de (wijzers v.d.) klok mee (bewegend).***

clockwork **0.1** ***uurwerk*** ⇒*opwindmechaniek* ◆ **6.1** **like** ~ *op rolletjes, gesmeerd.*

clockwork orange **0.1** ***gerobotiseerde mens*** ⇒*robot.*

clod [klod] **0.1** ***kluit(aarde)*** ⇒*klomp(klei), klont* **0.2** ⟨inf.⟩ ***boerenkinkel*** ⇒*pummel.*

cloddish [kloddisj] ⟨-ness⟩ **0.1** ***pummelig*** ⇒*lomp, onbehouwen.*

clodhopper ⟨inf.⟩ **0.1** ***lummel*** ⇒*boerenkinkel, pummel* **0.2** ⟨vaak mv.⟩ ***turftrapper*** ⇒*kistje* ⟨schoen⟩.

clog[1] [klog] ⟨zn.⟩ **0.1** ***klomp*** **0.2** ***trip*** ⇒*Zweedse muil, holsblok* ⟨met houten zool⟩ **0.3** ***blok*** ⇒*kluister* ⟨aan poot v. dier⟩.

clog[2] ⟨-ged⟩ **I** ⟨onov.ww.⟩ **0.1** ***verstopt raken*** ⇒*dicht gaan zitten, verstoppen* **0.2** ***stollen*** ⇒*samenklonteren* ◆ **5.1** ~ **up** *verstopt raken* ⟨afvoerpijp⟩; *vastlopen* ⟨machinerie⟩;
II ⟨ov.ww.⟩ **0.1** ***(doen) verstoppen*** **0.2** ***belemmeren*** ⇒ *hinderen* ◆ **5.1** ~ **up** *doen verstoppen, vast laten draaien* ⟨machines⟩ **6.1** ~ged **with** dirt *totaal vervuild.*

clog dance **0.1** ***klompendans.***

cloister[1] [klojstə] ⟨zn.; vaak mv.⟩ **0.1** ***kruisgang*** ⇒*kloostergang* **0.2** ***klooster.***

cloister[2] ⟨ww.⟩ **0.1** ***opsluiten*** ⇒*afzonderen, insluiten* ⟨als in klooster⟩ ◆ **1.1** a ~ed life *een kluizenaarsbestaan.*

clone[1] [kloon] ⟨zn.⟩ **0.1** ***kloon*** ⇒*kopie* **0.2** ⟨comp.⟩ ***(IBM-)kloon.***

clone[2] ⟨ww.⟩ **0.1** ***klonen.***

clop[1] [klop] ⟨zn.⟩ **0.1** ***geklepper*** ⇒*geklop* ⟨v. paardenhoeven⟩.

clop[2] ⟨ww.; -ped⟩ **0.1** ***klepperen*** ⇒*klossen.*

close[1] [kloos] ⟨zn.⟩ **0.1** ***binnenplaats*** ⇒*hofje* **0.2** ⟨BE⟩ ***terrein*** ⟨rond kathedraal, school enz.⟩.

close[2] [klooz] ⟨zn.⟩ **0.1** ***einde*** ⇒*slot, besluit* ◆ **3.1** bring to a ~ *tot een eind brengen, afsluiten;* come / draw to a ~ *ten einde lopen* **6.1** **at** the ~ of the century *aan het eind v.d. eeuw.*

close[3] [kloos] ⟨bn.; -ness⟩ **0.1** ***dicht*** ⇒*gesloten; nauw, benauwd* ⟨ruimte⟩; *drukkend, benauwd* ⟨weer, lucht⟩ **0.2** ***bedekt*** ⇒*verborgen, geheim; zwijgzaam* **0.3** ***gierig*** **0.4** ***beperkt*** ⇒*select, besloten* ⟨vennootschap⟩, *verboden* **0.5** ***nabij*** ⇒*naast* ⟨familie⟩; *intiem, dik* ⟨vriend(schap)⟩; *onmiddellijk, direct* ⟨nabijheid⟩; *getrouw, letterlijk* ⟨kopie, vertaling⟩; *gelijk opgaand* ⟨(wed)strijd⟩; *kort* ⟨haar, gras⟩ **0.6** ***grondig*** ⇒*diepgaand, geconcentreerd* ⟨aandacht⟩ ◆ **1.5** in ~ combat *in hevig gevecht (gewikkeld);* too ~ for comfort *een beetje (al) te dichtbij;* ~ at hand *(vlak) bij de hand, dicht in de buurt;* at ~ range *van dichtbij* **1.6** in ~ confinement *in strikte afzondering;* keep a ~ watch on s.o. *iem. scherp in de gaten houden* **1.¶** under ~ arrest *onder streng arrest;* at ~ quarters *zeer dichtbij;* ⟨inf.⟩ a ~ shave / thing / call *op het nippertje* **3.5** a ~ly knit family *een hechte familieband* **6.5** ~ **to** sth. *dicht bij iets.*

close[4] [klooz] **I** ⟨onov.ww.⟩ **0.1** ***dichtgaan*** ⇒*(zich) sluiten* **0.2** ***aflopen*** ⇒*eindigen; besluiten* ⟨v. spreker⟩ ◆ **6.1** ~ **around** *zich sluiten om;* ~ **on** *zich sluiten om/over.* → **close down, close in, close out, close up, close with;**
II ⟨ov.ww.⟩ **0.1** ***dichtmaken*** ⇒*(af)sluiten; hechten* ⟨wond⟩; *dichten* ⟨gat⟩ **0.2** ***besluiten*** ⇒*beëindigen, (af)sluiten* ⟨betoog⟩ **0.3** ***dichter bij elkaar brengen*** ⇒*aaneensluiten* **0.4** ***afmaken*** ⇒*rond maken, sluiten* ⟨overeenkomst, zaak⟩ ◆ **1.4** ~ a deal *een overeenkomst afsluiten.* →**close down, close up.**

close[5] [kloos] ⟨bw.⟩ **0.1** ***dicht*** ⇒*stevig* **0.2** ***dicht(bij)*** ⇒*vlak, tegen* ◆ **1.2** ⟨inf.⟩ ~ to home *dicht bij de waarheid, een gevoelige snaar rakend;* sail ~ to the wind *hoog/scherp aan de wind zeilen* **3.2** go / run ~ *op de hielen zitten* **6.2** ~ **by / to** *vlak bij;* ⟨inf.⟩ ~ **on** *vlak bij, bijna;* ~ **on** sixty years *bijna zestig jaar.*

close-cropped [-kropt] **0.1** ***(met) kortgeknipt (haar)*** ⇒*gemillimeterd.*

closed [kloozd] **0.1** ***dicht*** ⇒*gesloten, toe* **0.2** ***besloten*** ⇒*select, exclusief* **0.3** ***verboden*** ◆ **1.1** behind / with ~ doors *besloten, achter/met gesloten deuren* **6.1** ~ **to** *gesloten voor.*

closed-circuit ⟨tech.⟩ **0.1** ***via een gesloten circuit*** ◆ **1.1** ~ current *ruststroom;* ~ television *televisiebewaking, bewaking dmv. camera's.*

closedown [kloozdaun] **0.1** ***sluiting*** ⇒*stopzetting, opheffing* **0.2** ⟨BE⟩ ***sluiting*** ⟨v. radio- of tv-uitzendingen⟩.

close down [klooz daun] **0.1** ***sluiten*** ⇒*opheffen, dicht gaan/doen* ⟨(v.) zaak⟩ **0.2** ⟨BE⟩ ***sluiten*** ⟨(v.) radio- en tv-programma's⟩ ◆ **6.¶** ~ **on** *stevig aanpakken, afrekenen met.*

closefisted [kloosfistid] ⟨-ness⟩ **0.1** ***gierig*** ⇒*vrekkig.*

close-fitting [-fitting] **0.1** ***nauwsluitend*** ⇒*strak(zittend).*

close-grained [-greend] **0.1** ***fijn gestructureerd*** ⇒*hard* ⟨v. hout⟩.

close in [klooz in] **0.1** ***korter worden*** ⇒*korten* ⟨v. dagen⟩ **0.2** ***naderen*** ⇒*dichterbij komen* **0.3** ***(in)vallen*** ⟨v. duisternis⟩ ◆ **6.2** ~ **(up)on** *omsingelen, insluiten.*

close-knit [kloosnit], **closely-knit** [klooslie-] **0.1** ***hecht.***

close-lipped [klooslipt], **close-mouthed** [-mauðd] **0.1** ***zwijgzaam*** ⇒*gesloten, stil.*

close out [klooz aut] ⟨AE⟩ **0.1** ***opruimen*** ⇒*uitverkoop houden.*

close-set [kloosset] **0.1** ***dicht bij elkaar (staand)*** ⇒*dicht opeengedrongen.*

closet[1] [klozzit] ⟨zn.⟩ **0.1** ***(ingebouwde) kast*** ⇒*bergruimte* ◆ **1.¶** a ~ queen *een stiekeme nicht* **3.¶** ⟨inf.⟩ come out of the ~ *kleur bekennen; er(gens) openlijk voor uitkomen.*

closet[2] ⟨ww.; vnl. pass.⟩ **0.1** ***in een privévertrek opsluiten*** ⇒ ⟨pass.⟩ *in een privégesprek zijn* ◆ **6.1** he was ~ed **with** the headmaster *hij had een privéonderhoud met het schoolhoofd.*

close up [klooz up] **I** ⟨onov.ww.⟩ **0.1** ***dichtgaan*** ⟨v. bloemen⟩ **0.2** ***aansluiten*** ⇒*dichterbij komen* ◆ **6.2** he closed up **to** her *hij kwam dichter bij haar;*
II ⟨ov.ww.⟩ **0.1** ***afsluiten*** ⇒*blokkeren, sluiten* ◆ **1.1** ~ shop *de winkel sluiten.*

close-up [kloosup] **0.1** ***close-up*** ⇒*detailopname;* ⟨fig.⟩ *indringende beschrijving.*

close with ⟨BE⟩ **0.1** ***het eens worden met*** ⇒*akkoord gaan met* **0.2** ***aanvaarden*** ⇒*aannemen* **0.3** ***handgemeen worden met*** ⇒*een gevecht beginnen met* ◆ **1.2** the buyer quickly closed with the offer *de koper nam het aanbod gretig aan.*

closing price **0.1** ***slotkoers/notering.***

closing time **0.1** ***sluitingstijd*** ⟨v. winkel, café⟩.

closure[1] [kloozjə], ⟨AE in bet. 0.3 vnl.⟩ **cloture** [klootsjə] ⟨zn.⟩ **0.1** ***het sluiten*** ⇒*sluiting* **0.2** ***slot*** ⇒*einde, besluit* **0.3** ⟨pol.⟩ ***sluiting*** ⟨v.e. debat⟩ ◆ **3.3** move the ~ *voorstellen over te gaan tot stemming* ⟨zonder verdere discussie⟩.

closure[2] ⟨ww.⟩ ⟨pol.⟩ **0.1** ***afsluiten*** ⇒*stopzetten, het debat sluiten over* ◆ **1.1** ~ a motion *een motie zonder verdere discussie in stemming brengen;* ~ a speaker *een spreker het woord ontnemen.*

clot[1] [klot] ⟨zn.⟩ **0.1** ***klonter*** ⇒*klont* **0.2** ⟨BE; sl.⟩ ***stommeling*** ⇒*idioot, ezel* ◆ **1.1** a ~ of blood *een bloedstolsel.*

clot[2] ⟨ww.; -ted⟩ **0.1** ***(doen) klonteren*** ⇒*(doen) stollen* ◆ **1.1** ~ted cream *dikke room* ⟨verkregen v. bijna kokende melk⟩.

cloth [kloθ] **I** ⟨telb.zn.⟩ **0.1** ***stuk stof*** ⇒*doek, lap* **0.2** ***tafellaken;***
II ⟨n.-telb.zn.⟩ **0.1** ***stof*** ⇒*materiaal, geweven stof;* ⟨ihb.⟩ *la-*

ken, zeildoek **0.2** ***beroepskledij*** ⟨ihb. van geestelijken⟩ ⇒ ⟨the; fig.⟩ *de clerus, de geestelijkheid* ◆ **6.1 in** ~ *in linnen band.*

cloth cap 0.1 ***arbeiderspet*** ⇒*werkmanspet.*

cloth-cap 0.1 ***proletarisch*** ⇒*(als) van de arbeidersklasse, van Jan met de pet* ◆ **1.1** the ~ image of the Labour Party *het proletarisch image v.d. Labour Partij.*

clothe [klooð] **0.1** ***kleden*** ⇒*aankleden, van kleren voorzien;* ⟨fig.⟩ *(om)hullen, inkleden* ◆ **4.1** ~ o.s. *zich kleden/hullen in.*

clothes [kloo(ð)z] ⟨mv.⟩ **0.1** ***kleding*** ⇒*kleren, (was)goed* **0.2** ⟨verk.⟩ [bed-clothes] ***beddengoed.***

clothes basket 0.1 ***wasmand.***

clothes hanger 0.1 ***kleerhanger*** ⇒*knaapje.*

clotheshorse 0.1 ***droogrek.***

clothesline 0.1 ***drooglijn*** ⇒*waslijn.*

clothes-peg, ⟨AE vnl.⟩ **clothes pin 0.1** ***(was)knijper.***

clothes tree 0.1 ***(staande) kapstok.***

clothier [klooðiə] **0.1** ***kleermaker*** ⟨voor heren⟩ ⇒*tailleur* **0.2** ***kledinghandelaar*** ⇒*(heren)modewinkel/zaak.*

clothing [klooðing] **0.1** ***kleding*** ⇒*kledij.*

cloud[1] [klaud] **I** ⟨telb.zn.⟩ **0.1** ***wolk*** ⇒⟨fig.⟩ *schaduw, probleem* **0.2** ***massa*** ⇒*menigte, zwerm* ⟨v. insecten⟩ ◆ **3.1** ⟨fig.⟩ fall/drop from the ~s *uit de zevende hemel vallen* **6.1** ⟨fig.⟩ **in** the ~s *irreëel/onpraktisch;* ⟨van personen⟩ *onoplettend, verstrooid;* he is somewhat up **in** the ~s *hij is een beetje een fantast;* ⟨inf.⟩ be **on** a ~ *in de wolken zijn;* ⟨inf.⟩ **on** ~ nine *in de zevende hemel;* **under** a ~ *uit de gratie, in diskrediet* **¶.¶** ⟨sprw.⟩ every ~ has a silver lining *achter de wolken schijnt de zon;*
II ⟨telb. en n.-telb.zn.⟩ **0.1** ***troebelheid*** ⇒*vertroebeling* ◆ **6.1** there's a/some ~ in the brandy *de cognac is wat troebel.*

cloud[2] **I** ⟨onov.ww.⟩ **0.1** ***bewolken*** ⇒*verduisteren, betrekken* ⟨ook fig.⟩ ◆ **5.1** the sky ~ed **over/up** *het werd bewolkt;*
II ⟨ov.ww.⟩ **0.1** ***(zoals) met wolken bedekken*** ⇒*verduisteren, vertroebelen* ⟨ook fig.⟩ ◆ **1.1** ~ the issue *de zaak vertroebelen.*

cloud-bank 0.1 ***wolkenbank*** ⇒*laaghangende bewolking.*

cloudburst 0.1 ***wolkbreuk.***

cloud-capped 0.1 ***in wolken gehuld*** ⇒*met wolken omgeven.*

cloud chamber ⟨nat.⟩ **0.1** ***nevelkamer*** ⇒*nevelvat.*

cloud-(cuckoo-)land ⟨soms C- C- L-⟩⟨vnl. pej.⟩ **0.1** ***rijk der fabelen*** ⇒*droomwereld.*

cloudless [klaudləs] **0.1** ***onbewolkt.***

cloudy [klaudie] **0.1** ***bewolkt*** ⇒*betrokken, duister; troebel* ⟨v. vloeistof⟩; *beslagen, dof* ⟨v. glas⟩; *onduidelijk, verward* ⟨v. geheugen⟩.

clout[1] [klaut] **I** ⟨telb.zn.⟩ **0.1** ⟨inf.⟩ ***mep*** ⇒*klap, opstopper* **0.2** ⟨honkbal⟩ ***hit tot in 't verre veld*** ◆ **¶.¶** ⟨sprw.⟩ never cast a ~ till May is out ⟨ong.⟩ *het is een wenk, reeds lang verjaard, 't vriest even vaak in mei als in maart;*
II ⟨n.-telb.zn.⟩⟨inf.⟩ **0.1** ***(politieke) invloed*** ⇒*(politieke) macht, prestige* ◆ **6.1** he has a lot of ~ **with** the senator *hij kan via de senator heel wat bereiken.*

clout[2] ⟨ww.⟩ **0.1** ⟨inf.⟩ ***een mep/klap geven.***

clove[1] [kloov] ⟨zn.⟩ **0.1** ***teen(tje)*** ⇒*bijbol* **0.2** ***kruidnagel*** ◆ **1.1** a ~ of garlic *een teentje knoflook* **1.2** oil of ~s *kruidnagelolie.*

clove[2] ⟨verl. t.⟩ →**cleave.**

cloven ⟨volt. deelw.⟩ →**cleave.**

cloven-footed, cloven-hoofed 0.1 ***met gespleten hoef*** **0.2** ***duivels*** ⇒*satanisch.*

clover [kloovə] **0.1** ***klaver*** ◆ **6.¶** be/live **in** ~ *leven als God in Frankrijk.*

cloverleaf 0.1 ***klaverblad*** ⇒⟨ook fig.⟩ *verkeersknooppunt.*

clown[1] [klaun] ⟨zn.⟩ **0.1** ***clown*** ⇒*grappenmaker* **0.2** ***moppentapper*** ⇒*lolbroek.*

clown[2] ⟨ww.⟩ **0.1** ***de clown spelen*** ◆ **5.1** stop ~ing **about** *hou op met die lol.*

clownish [klaunisj] ⟨-ness⟩ **0.1** ***clownachtig*** ⇒*potsierlijk, dwaas.*

cloy [kloj] **0.1** ***tegenstaan*** ⇒*doen walgen* ◆ **1.1** cream ~s if you have too much of it *room gaat tegenstaan als je er te veel van eet.*

club[1] [klub] ⟨zn.⟩ **0.1** ***knuppel*** ⇒*knots* **0.2** ***golfstok*** **0.3** ***klaveren*** ⟨één kaart⟩ **0.4** ***clubgebouw*** ⇒*clubhuis* **0.5** ⟨ww. enk. of mv.⟩ ***club*** ⇒*sociëteit, vereniging* ◆ **1.3** ~s are trumps *klaveren (zijn) troef* **3.5** ⟨vnl. BE; inf.⟩ 'I've lost my money.' 'Join the ~!' *'Ik heb mijn geld verloren.' 'Jij ook al!'* **6.¶** ⟨sl.⟩ **in** the ~ *in verwachting.*

club[2] ⟨-bed⟩ **I** ⟨onov.ww.⟩ **0.1** ***een bijdrage leveren*** ◆ **6.¶** his friends ~bed **together** to buy a present *zijn vrienden hebben een potje gemaakt om een cadeautje te kopen;*
II ⟨ov.ww.⟩ **0.1** ***knuppelen.***

clubfoot 0.1 ***horrelvoet*** ⇒*klompvoet.*

clubfooted 0.1 ***met een horrelvoet/klompvoet.***

clubhouse 0.1 ***clubhuis*** ⟨vooral v. sportverenigingen⟩.

club sandwich ⟨AE⟩ **0.1** ***club sandwich*** ⟨drie sneetjes brood met vleeswaren, ei en salade⟩.

club soda 0.1 ***sodawater*** ⇒*spuitwater.*

cluck[1] [kluk] ⟨zn.⟩ **0.1** ***klok*** ⇒*geklok* ⟨als v.e. hen⟩.

cluck[2] ⟨ww.⟩ **0.1** ***klokken*** ⇒*klokkend geluid maken* ⟨als v.e. hen⟩.

clue[1] [kloe:] ⟨zn.⟩ **0.1** ***aanwijzing*** ⇒*spoor, hint, tip* ◆ **3.1** ⟨inf.⟩ I haven't a ~ *ik heb geen idee.*

clue[2] ⟨ww.⟩⟨inf.⟩ **0.1** ***een tip geven*** ⇒*een hint/aanwijzing geven* ◆ **5.1** please ~ me **in** *geef me toch een hint.*

clued-up [kloe:dup], **clued-in** [kloe:din] ⟨inf.⟩ **0.1** ***goed geïnformeerd*** ⇒*op de hoogte* ◆ **6.1** he is quite ~ **about/on** America *hij is aardig op de hoogte wat Amerika betreft.*

clueless [kloe:ləs] ⟨inf.⟩ **0.1** ***stom*** ⇒*dom, idioot.*

clump[1] [klump] ⟨zn.⟩ **0.1** ***groep*** ⟨vnl. v. bomen of planten⟩ **0.2** ***klont*** ⇒*brok* **0.3** ⟨inf.⟩ ***dreun*** ⇒*opdoffer, mep; bons* ◆ **1.2** a ~ of mud *een modderkluit.*

clump[2] **I** ⟨onov.ww.⟩ **0.1** ***stommelen*** ⇒*zwaar lopen, klossen* **0.2** ⟨biol.⟩ ***klonteren*** ◆ **5.2** the cells ~ed **together** *de cellen klonterden (samen);*
II ⟨ov.ww.⟩ **0.1** ***bij elkaar planten*** **0.2** ***samendoen*** ⇒*bij elkaar gooien* ◆ **5.1** ~ trees **together** *bomen bijeen planten.*

clums|y [klumzie] ⟨-iness⟩ **0.1** ***onhandig*** ⇒*lomp, log* **0.2** ***tactloos*** ⇒*lomp, onbeholpen.*

clung [klustə] ⟨verl. t. en volt. deelw.⟩ →**cling.**

cluster[1] [klustə] ⟨zn.⟩ **0.1** ***bos(je)*** ⇒*groep(je)* **0.2** ***groep*** ⇒ *tros, zwerm, cluster* ◆ **1.1** a ~ of shrubs *een groepje struiken* **1.2** a ~ of bees *een zwerm bijen.*

cluster[2] **I** ⟨onov.ww.⟩ **0.1** ***zich groeperen*** ⇒*zich scharen* **0.2** ***in bosjes groeien*** ⇒*in een groep groeien/zijn/staan;*
II ⟨ov.ww.⟩ **0.1** ***bundelen*** ⇒*groeperen.*

cluster analysis ⟨stat.⟩ **0.1** ***clusteranalyse.***

clutch[1] [klutsj] ⟨zn.⟩ **0.1** ⟨lett. vnl. enk., fig. vnl. mv.⟩ ***greep*** ⇒ *klauw;* ⟨fig. ook⟩ *macht, controle, bezit* **0.2** ***legsel*** ⇒*nest (eieren/kuikens);* ⟨fig.⟩ *stel, groep, reeks* **0.3** ⟨tech.⟩ ***koppeling*** **0.4** ⟨tech.⟩ ***koppelingspedaal*** ◆ **3.4** let the ~ in *koppelen;* let the ~ out *ontkoppelen* **6.1** make a ~ **at** *grijpen naar;* be **in** the ~es of a blackmailer *in de greep/klauwen v.e. chanteur zijn.*

clutch[2] ⟨ww.⟩ **0.1** ***grijpen*** ⇒*beet/vastgrijpen; stevig vasthouden* ◆ **6.1** he ~ed **at** the tree *hij greep naar de boom.*

clutch bag **0.1** ***enveloppetasje*** ⇒*damestas, handtas* ⟨zonder hengsel⟩.
clutter[1] [kluttə] ⟨zn.⟩ **0.1** ***rommel*** ⇒*warboel* ◆ **6.1** the kitchen was **in** a ~ *de keuken was in wanorde.*
clutter[2] ⟨ww.⟩ **0.1** ***rommelig maken*** ⇒*onoverzichtelijk/te vol maken, in wanorde brengen* **0.2** ***(op)vullen*** ⇒*volproppen, volstoppen* ◆ **6.2** a sink ~ed (up) **with** dishes *een aanrecht bedolven onder de borden.*
C.N.D. ⟨afk.; BE⟩ **0.1** [Campaign for Nuclear Disarmament].
c/o ⟨afk.⟩ **0.1** [care of] ***p/a.***
Co. ⟨afk.⟩ **0.1** [company] **0.2** [county].
CO ⟨afk.⟩ **0.1** [commanding officer].
coach[1] [kootsj] ⟨zn.⟩ **0.1** ***koets*** ⇒*staatsiekoets* **0.2** ***diligence*** **0.3** ***spoorrijtuig*** ⇒*spoorwagon* **0.4** ***bus*** ⇒*touringcar, coach* **0.5** ***trainer*** ⇒*coach* ◆ **6.4** go/travel **by** ~ *met de bus reizen.*
coach[2] ⟨ww.⟩ **0.1** ***in een koets vervoeren*** ⇒*in een diligence vervoeren* **0.2** ***trainen*** ⇒*coachen.*
coach-builder **0.1** ***koetsenmaker*** **0.2** ***koetswerkbouwer*** ⇒ *carrosseriebouwer* ⟨v. spoorrijtuigen, auto's enz.⟩.
coach|man [kootsjmən]⟨mv.: -men [-mən]⟩ **0.1** ***koetsier.***
coachwork **0.1** ***koetswerk*** ⇒*carrosserie.*
coagulant [kooægjoelənt] **0.1** ***stremmingsmiddel*** ⇒*stollings/coaguleringsmiddel.*
coagul|ate [kooægjoeleet] ⟨zn.: **-ation**⟩ **0.1** ***(doen) stremmen*** ⇒*(doen) stollen/coaguleren.*
coal [kool] **I** ⟨telb.zn.⟩ **0.1** ***(steen)kool*** ⇒*gloeiend stuk kool/hout, kooltje* ◆ **1.¶** carry/take ~s to Newcastle *water naar de zee dragen* **3.¶** haul s.o. over the ~s *iem. de les lezen.* → **hot;**
II ⟨n.-telb.zn.⟩ **0.1** ***steenkool*** **0.2** ***houtskool.***
coal board ⟨zn.; ww. enk. of mv.; ook C- B-⟩ **0.1** ***steenkolenraad.***
coal bunker **0.1** ***kolenopslagplaats*** ⇒*kolenhok.*
coalesce [kooəles] **0.1** ***zich verenigen*** ⇒*samengroeien, samenvallen.*
coalescence [kooəlesns] **0.1** ***samengroeiing*** ⇒*samensmelting, samenvoeging.*
coal-face **0.1** ***kolenfront.***
coal field **0.1** ***kolengebied*** ⇒*mijnstreek.*
coal-fish **0.1** ***koolvis.***
coal gas **0.1** ***steenkolengas*** ⇒*lichtgas, stadsgas.*
coal-hole **0.1** ⟨BE⟩ ***kolenkelder*** ⇒*kolenhok.*
coal-house **0.1** ***kolenopslagplaats*** ⇒*kolenschuur, kolenhok.*
coaling station **0.1** ***kolenstation*** ⇒*bunkerhaven.*
coalition [kooəlisjn] ⟨vnl. pol.⟩ **0.1** ***coalitie*** ⇒*alliantie, unie, verbond.*
coal merchant **0.1** ***kolenhandelaar*** ⇒*kolenboer.*
coalmine **0.1** ***kolenmijn.***
coalminer **0.1** ***mijnwerker.***
coalmining **0.1** ***mijnbouw*** ⇒*kolenwinning.*
coal pit **0.1** ***kolenmijn.***
coal scuttle **0.1** ***kolenemmer*** ⇒*kolenkit.*
coal seam **0.1** ***steenkoollaag.***
coal tar **0.1** ***koolteer.***
coal tit **0.1** ***zwarte mees.***
coarse [ko:s] ⟨-ness⟩ **0.1** ***inferieur*** ⇒*minderwaardig, slecht van kwaliteit* **0.2** ***grof*** ⇒*ruw* **0.3** ***grof*** ⇒*ruw, ordinair, plat* ◆ **1.1** ~ food *slecht eten* **1.2** a ~ skin *een ruwe huid* **1.3** ~ jokes *schuine moppen.*
coarse fish ⟨BE⟩ **0.1** ***gewone zoetwatervis*** ⟨beh. zalm en forel⟩.
coarse fishing ⟨hengelsport⟩ **0.1** ***(het) zoetwatervissen*** ⟨vanaf de oever⟩.
coarsen [ko:sn] **0.1** ***ruw worden/maken.***
coast[1] [koost] ⟨zn.⟩ **0.1** ***kust.*** →**clear.**
coast[2] ⟨ww.⟩ **0.1** ***freewheelen*** ⇒*met de motor in de vrijloop rijden* **0.2** ⟨vnl. fig.⟩ ***zonder inspanning vooruitkomen*** ⇒ *zich (doelloos) laten voortdrijven, zich niet inspannen* ◆ **5.1** the children ~ed **along** on their bikes with the wind behind *met de wind in de rug fietsten de kinderen zonder te trappen* **6.2** ~ **to** victory *op zijn sloffen winnen.*
coastal [koostl] **0.1** ***kust-.***
coaster [koostə] **0.1** ***kustbewoner*** **0.2** ***kustvaarder*** ⇒*coaster* **0.3** ***onderzetter*** ⇒*bierviltje.*
coast guard **0.1** ***lid v.d. kustwacht*** ⇒*kustwachter* **0.2** ⟨ww. enk. of mv.⟩ ***kustwacht.***
coastline **0.1** ***kustlijn.***
coat[1] [koot] ⟨zn.⟩ **0.1** ***(over)jas*** ⇒*mantel, jasje* **0.2** ***vacht*** ⇒ *beharing, verenkleed* **0.3** ***schil*** ⇒*dop, rok* **0.4** ***laag*** ⇒*deklaag* ◆ **1.4** ~ of paint/dust *verf/stoflaag* **1.¶** ~ of arms *wapenschild, familiewapen;* ~ of mail *maliënkolder* **3.1** fitted ~ *jas naar maat* **3.¶** trail one's ~ *ruzie zoeken.*
coat[2] ⟨ww.⟩ **0.1** ***een laag geven*** ⇒*met een laag bedekken* ◆ **1.1** ~ed tongue *beslagen tong* **6.1** pills are sometimes ~ed **with** sugar *om pillen zit soms een laagje suiker.*
coat-hanger **0.1** ***kleerhanger*** ⇒*knaapje.*
coating [kooting] **0.1** ***laag*** ⇒*deklaag.*
coat-tail **0.1** ***slippen*** ⟨v. rok of jacquet⟩.
co-author [koo·o:θə] **0.1** ⟨zn.⟩ ***medeauteur*** **0.2** ⟨ww.⟩ ***medeauteur zijn v.***
coax [kooks] **0.1** ***vleien*** ⇒*overreden, overhalen* ◆ **1.1** ~ a fire to burn *een vuur voorzichtig aanwakkeren* **6.1** I ~ed my friend **into** taking me with him *ik kreeg mijn vriend zover dat hij me meenam;* he ~ed my last cigarette **out of** me *hij wist me mijn laatste sigaret af te bietsen.*
coaxial [koo·æksɪəl] ◆ **1.¶** ⟨tech.⟩ ~ cable *coaxiale kabel, coaxkabel.*
coaxingly [kooksinglie] **0.1** ***overredenderwijs*** ⇒*vleiend.*
cob [kob] **0.1** ***mannetjeszwaan*** **0.2** ***grote hazelnoot*** **0.3** ***maïskolf*** ⟨zonder maïskorrels⟩.
cobalt [koobo:lt] **0.1** ***kobalt*** **0.2** ⟨ook attr.⟩ ***kobaltblauw*** ⇒ *ultramarijn.*
cobber [kobbə] ⟨Austr. E; inf.⟩ **0.1** ***makker*** ⇒*kameraad, maat(je).*
cobble[1] [kobl] ⟨zn.⟩ **0.1** ***kei*** ⇒*kinderkopje, kassei.*
cobble[2] ⟨ww.⟩ **0.1** ***bestraten (met keien)*** ⇒*plaveien* ◆ **5.¶** ~ **together** *in elkaar flansen/draaien.*
cobbler [koblə] **0.1** ***schoenmaker*** **0.2** ***knoeier*** ⇒*beunhaas* ◆ **1.¶** ⟨BE; sl.⟩ a load of old ~s *lulkoek, onzin.*
cobble-stone **0.1** ***kei*** ⇒*kinderkopje.*
cobra [kobrə, koo-] **0.1** ***cobra*** ⇒*brilslang.*
cobweb [kobweb] **0.1** ***spinnenweb*** ⇒*web* ⟨ook fig.⟩ **0.2** ***spinrag*** **0.3** ***ragfijn weefsel*** ⟨ook fig.⟩ ◆ **1.¶** have ~s in the brain *verward van geest zijn* **3.¶** blow the ~s away *de dufheid verdrijven.*
cocaine [kookeen] **0.1** ***cocaïne.***
cocain(e) branch **0.1** ***drugsbrigade.***
coccyx [koksiks]⟨mv.: ook coccyges [koksajdzjie:z]⟩ **0.1** ***stuitbeen*** ⇒*staartbeen.*
cochineal [kotsjinnie:l] **0.1** ***cochenille*** ⟨rode verfstof⟩.
cock[1] [kok] ⟨zn.⟩ **0.1** ***haan*** ⇒⟨fig.⟩ *kemphaan* **0.2** ⟨ook attr.⟩ ***mannetje*** ⟨v. vogels⟩ ⇒*mannetjes-* **0.3** ⟨BE; inf.⟩ ***makker*** ⇒ *maat, ouwe jongen* **0.4** ***kraan*** ⇒*tap* **0.5** ⟨vulg.⟩ ***lul*** ⇒*pik* **0.6** ***haan*** ⟨v. vuurwapens⟩ ◆ **1.¶** a load of (old) ~ *een hoop gelul;* ~ of the walk *dominant persoon* **2.6** go off at half ~ *voortijdig beginnen; mislukken (door overijld handelen)* **3.¶** ⟨BE⟩ live like fighting ~s *een leven als een vorst leiden;* ⟨BE⟩ I don't like his ~ *ik houd niet van zijn brutaal optreden.*

cock² ⟨ww.⟩ **0.1** ***overeind (doen) staan*** **0.2** ***spannen*** ⟨haan v. vuurwapen⟩ **0.3** ***scheef (op)zetten*** ◆ **1.1** ~ the ears *de oren spitsen* **1.3** ~ one's hat *zijn hoed scheef opzetten.* → **cock up.**

cockade [kokkeed] **0.1** ***kokarde.***

cock-a-doodle-doo [kokkədoe:dldoe:] **0.1** ***kukeleku*** **0.2** ⟨kind.⟩ ***(kukel)haan.***

cock-a-hoop [kokkəhoe:p] **0.1** ***uitgelaten*** ⇒*uitbundig* **0.2** ***in de war*** ⇒*overhoop.*

cock-a-leekie [kokkəlie:kie], **cocky-leeky** [-kie-] **0.1** ***kippensoep met prei.***

cock-and-bull story **0.1** ***sterk verhaal*** ⇒*kletsverhaal.*

cockatoo [kokkətoe:] **0.1** ***kaketoe.***

cockchafer [koktsjeefə] **0.1** ***meikever.***

cockcrow [kokkroo] **0.1** ***zonsopgang*** ⇒*dageraad* ◆ **3.1** get up at ~ *opstaan bij het krieken v.d. dag.*

cocked [kokt] **0.1** ***opgeslagen*** ◆ **1.1** a ~ hat *hoed met opgeslagen randen.* → **hat.**

cockerel [kokrəl] **0.1** ***jonge haan.***

cocker spaniel **0.1** ***cockerspaniël.***

cock-eyed **0.1** ⟨sl.⟩ ***scheef*** ⇒*schuin* **0.2** ⟨sl.⟩ ***onzinnig*** ⇒*belachelijk, dwaas.*

cockfight **0.1** ***hanengevecht.***

cockfighting **0.1** ***(het houden van) hanengevechten.***

cockhorse **0.1** ***stokpaard*** **0.2** ***hobbelpaard.***

cockle [kokl] **I** ⟨telb.zn.⟩ **0.1** ***kokkel(schelp)*** **0.2** ***notendop*** ⟨klein bootje⟩ ◆ **3.¶** warm the ~s of one's heart *iemands hart goed doen;*
II ⟨n.-telb.zn.⟩⟨plantk.⟩ **0.1** ***zwarte roest*** ⟨ziekte v. graan⟩.

cockleshell **0.1** ***hartschelp*** **0.2** ***notendop*** ⟨klein bootje⟩.

cockney [koknie] ⟨vaak C-⟩ **0.1** ***cockney*** ⟨inwoner v. Londen, ihb. East End⟩.

cockpit **0.1** ***hanenmat*** ⟨vechtplaats voor hanen⟩ ⇒⟨fig.⟩ *slagveld* **0.2** ***cockpit*** ⇒*stuurhut* **0.3** ⟨scheep.⟩ ***kuip.***

cockroach [kokrootsj] **0.1** ***kakkerlak.***

cockscomb, ⟨in bet 0.2 ook⟩ **coxcomb** **0.1** ***hanenkam*** **0.2** ***zotskap.***

cocksure [koksjoeə] ⟨inf.⟩ **0.1** ***(al te) zelfverzekerd*** ⇒*(al te) zelfbewust, aanmatigend.*

cocktail [kokteel] **0.1** ***cocktail*** ◆ **1.1** shrimp / fruit ~ *garnalen/vruchtencocktail.*

cocktail dress **0.1** ***cocktailjurk.***

cocktail lounge **0.1** ***cocktailbar.***

cockteaser ⟨vulg.⟩ **0.1** ***opgeilster*** ⇒*opnaaister* ⟨iem. die een man flink opgeilt maar niet klaar laat komen⟩.

cockup ⟨BE; vulg.⟩ **0.1** ***puinhoop*** ⇒*klerezooi.*

cock up **0.1** ***oprichten*** ⇒*spitsen* **0.2** ⟨BE; vulg.⟩ ***in de war sturen*** ⇒*in het honderd laten lopen* ◆ **1.1** ~ one's ears *de oren spitsen.*

cock|y [kokkie] ⟨-iness⟩ **0.1** ***brutaal en verwaand.***

cocky-leeky → **cock-a-leekie.**

cocoa [kookoo] **0.1** ***warme chocola*** **0.2** ***cacao(poeder).***

cocoa butter, cacao butter **0.1** ***cacaoboter.***

coconut, cocoanut [kookənut] **0.1** ***kokosnoot*** **0.2** ***kokos(vlees).***

coconut matting **0.1** ***kokosmat(ten).***

coconut palm **0.1** ***kokospalm/boom.***

coconut shy **0.1** ***werpspel naar kokosnoten op kermis.***

cocoon¹ [kəkoe:n] ⟨zn.⟩ **0.1** ***cocon*** ⇒*pop* **0.2** ***overtrek*** ⇒*(beschermend) omhulsel.*

cocoon² ⟨ww.⟩ **0.1** ***inpakken*** ⇒*afdekken.*

coco-palm **0.1** ***kokospalm/boom.***

cod [kod] ⟨mv.: cod⟩ **0.1** ***kabeljauw.***

C.O.D. ⟨afk.⟩ **0.1** [cash on delivery].

coddle [kodl] **0.1** ***zacht koken*** **0.2** ***vertroetelen*** ⇒*verwennen.*

code¹ [kood] ⟨zn.⟩ **0.1** ⟨ook biol.⟩ ***code*** ⟨stelsel v. letters / signalen / symbolen⟩ **0.2** ***gedragslijn*** **0.3** ***wetboek*** ◆ **1.2** ~ of honour *erecode* **2.2** moral ~ *zedenwet* **3.1** break a ~ *een code ontcijferen.*

code² ⟨ww.⟩ **0.1** ***coderen*** ⇒*in codeschrift overbrengen.*

code dating **0.1** ***datumcodering*** ⟨op levensmiddelen⟩.

codeine [koodie:n] ⟨med.⟩ **0.1** ***codeïne.***

codeword **0.1** ***codewoord/naam*** **0.2** ***ander woord*** ⇒*eufemisme.*

codex [koodeks]⟨mv.: codices [koodissie:z]⟩ **0.1** ***codex*** ⇒*manuscript, handschrift.*

codfish **0.1** ***kabeljauw.***

codger [kodzjə] ⟨inf.⟩ **0.1** ***vreemde (oude) vent.***

codicil [koddissil] **0.1** ***codicil.***

codifier [koodiffajjə] **0.1** ***wetgever.***

codif|y [koodiffaj] ⟨-ied; zn.: **-ication**⟩ **0.1** ***codificeren.***

codling¹ [kodling], **codlin** [-lin] ⟨zn.⟩ **0.1** ***stoofappel.***

codling² ⟨zn.; mv.: ook codling⟩ **0.1** ***jonge kabeljauw.***

cod-liver oil **0.1** ***levertraan.***

codpiece **0.1** ***broekklep*** ⟨15e, 16e eeuw⟩.

co-driver [koodrajvə] **0.1** ***bijrijder.***

codswallop [kodzwollәp] ⟨BE; sl.⟩ **0.1** ***nonsens*** ⇒*onzin.*

coed¹ [koo·ed] ⟨zn.⟩⟨AE; inf.⟩ **0.1** ***meisjesstudent.***

coed² ⟨bn.⟩⟨afk.; inf.⟩ **0.1** [coeducational].

coeducation [kooedzjoekeesjn] **0.1** ***co-educatie*** ⟨gemengd onderwijs⟩.

coeducational [kooedzjoekeesjnəl] **0.1** ***co-educatie-*** ⇒*v./mbt. gemengd onderwijs.*

coefficient [kooiffisjnt] **0.1** ***coëfficiënt*** ◆ **1.1** ~ of expansion *uitzettingscoëfficiënt.*

coequal [koo·ie:kwəl] ⟨schr.⟩ **0.1** ⟨bn.⟩ ***gelijk(waardig)*** **0.2** ⟨zn.⟩ ***gelijke*** ⇒*standgenoot.*

coerce [kooə:s] **0.1** ***dwingen*** **0.2** ⟨vaak pass.⟩ ***afdwingen*** **0.3** ⟨vaak pass.⟩ ***onderdrukken*** ◆ **6.1** ~ s.o. **into** doing sth. *iem. dwingen iets te doen.*

coercible [kooə:səbl] **0.1** ⟨nat.⟩ ***coërcibel*** ⇒*condenseerbaar* ⟨v. gassen⟩.

coercion [kooə:sjn] **0.1** ***dwang*** **0.2** ***onderdrukkingsregime*** ◆ **6.1** obey **under** ~ *onder dwang gehoorzamen.*

coercive [kooə:siv] ⟨-ness⟩ **0.1** ***dwang-*** ⇒*dwingend* ◆ **1.1** ~ measures *dwangmaatregelen.*

coeternal [kooittə:nl] ⟨rel.⟩ **0.1** ***voor eeuwig tezamen bestaand.***

coeval [koo·ie:vl] ⟨schr.⟩ **0.1** ***tijdgenoot.***

coexist [kooigzist] **0.1** ***coëxisteren*** ⇒*(vreedzaam) naast elkaar bestaan/samenleven.*

coexistence [kooigzistəns] **0.1** ***coëxistentie*** ⇒*het (vreedzaam) naast elkaar bestaan* ◆ **2.1** peaceful ~ *vreedzame coëxistentie.*

coexistent [kooigzistənt] **0.1** ***coëxistent*** ⇒*naast elkaar (gelijktijdig) bestaand.*

C. of E. [sie: əv ie:] ⟨afk.⟩ **0.1** [Church of England].

coffee [koffie] **0.1** ***koffie*** ◆ **7.1** two ~s! *twee koffie!*

coffee bar ⟨BE⟩ **0.1** ***koffiebar*** ⇒*espressobar.*

coffee bean **0.1** ***koffieboon.***

coffee break ⟨vnl. AE⟩ **0.1** ***koffiepauze.***

coffee grinder **0.1** ***koffiemolen.***

coffee house **0.1** ***koffiehuis.***

coffee mill **0.1** ***koffiemolen.***

coffeepot **0.1** ***koffiepot*** ⇒*koffiekan.*

coffee shop **0.1** ⟨AE⟩ ***koffieshop*** **0.2** ***koffiewinkel.***

coffee table **0.1** ***salontafel(tje).***

coffee-table book ⟨vaak pej. of scherts.⟩ **0.1** ***salontafelboek*** ⟨duur en rijk geïllustreerd boek⟩.

coffer [koffə] **0.1** ***koffer*** ⇒*(geld)kist, brandkast* **0.2** ⟨bouwk.⟩

cassette ⇒*verzonken (plafond)paneel* **0.3** ***sluis*** **0.4** ⟨mv.⟩ ***schatkist*** ⇒⟨inf.⟩ *fondsen.*

coffin [koffin] **0.1** ***(dood)kist.***

coffin corner ⟨inf.; honkbal⟩ **0.1** ***derde honk.***

cog [kog] **0.1** ***tand(je)*** ⟨v. rad⟩ ⇒*kam, nok* ◆ **1.¶** ⟨fig.; inf.⟩ a ~ in the machine/wheel *een miniem radertje in een grote onderneming.*

cogency [koodzjənsie] **0.1** ***overtuigingskracht*** ⇒*bewijskracht.*

cogent [koodzjənt] **0.1** ***overtuigend*** ⇒*afdoend, krachtig.*

cogitate [kodzjitteet] ⟨schr.⟩ **0.1** ***denken*** ⇒*peinzen* ◆ **6.1** ~ **about/on/upon** *nadenken over.*

cogitation [kodzjitteesjn] ⟨schr.⟩ **I** ⟨telb.zn.; vaak mv.⟩ **0.1** ***gedachte*** ⇒*overweging, bespiegeling;*
II ⟨n.-telb.zn.⟩ **0.1** ***het nadenken*** ⇒*gepeins.*

cognac [konjæk] **0.1** ***cognac.***

cognate [kogneet] **0.1** ⟨bn.⟩ ***verwant*** **0.2** ⟨zn.⟩ ***cognaat*** ⇒ *bloedverwant (v. moeders zijde).*

cognition [kognisjn] ⟨vnl. fil.⟩ **0.1** ***kenvermogen*** ⇒*cognitie, het kennen* **0.2** ***waarneming.***

cognitive [kognətiv] **0.1** ***cognitief*** ⇒*de kennis betreffend.*

cognizance, -sance [kognizzəns] ⟨schr. of jur.⟩ **0.1** ***kennis(neming)*** ◆ **3.1** take ~ of *kennis/nota nemen van.*

cognizant, -sant [kognizzənt] **0.1** ⟨schr. of jur.⟩ ***bekend*** ⇒ *bewust, op de hoogte* ◆ **6.1** be ~ **of** *ingelicht zijn over.*

cognoscenti [konjoosjentie:] ⟨mv.⟩ **0.1** ***kenners*** ⇒*connaisseurs.*

cogwheel **0.1** ***tandrad*** ⇒*kamrad.*

cohabit [koohæbit] ⟨zn.: **-ation**⟩ **0.1** ***samenwonen.***

cohabitant [koohæbittənt] **0.1** ***samenwoner*** ⟨buiten echt⟩.

cohere [koohiə] **0.1** ***samenkleven*** **0.2** ***(logisch) samenhangen*** ⇒*coherent zijn.*

coher|ent [koohiərənt] ⟨zn.: **-ence**⟩ **0.1** ***coherent*** ⟨ook nat.⟩ ⇒*samenhangend, begrijpelijk.*

cohesion [koohie:zjn] **0.1** ***cohesie*** ⟨ook nat.⟩ ⇒*(onderlinge) samenhang.*

cohesive [koohie:siv] ⟨-ness⟩ **0.1** ***samenhangend*** ⇒*coherent* **0.2** ***bindend*** ⇒*de samenhang bevorderend.*

cohort [kooho:t] **0.1** ***cohort*** **0.2** ***(krijgs)bende*** ⇒*schare, menigte* **0.3** ⟨AE; inf.; vaak pej.⟩ ***trawant.***

COHSE [koozie] ⟨afk.⟩ **0.1** [Confederation of Health Service Employees] ⟨GB⟩.

coif[1] [kojf] ⟨zn.⟩ **0.1** ***kap(je)*** ⇒*mutsje* ⟨vnl. gedragen door nonnen⟩.

coif[2] [kwa:f] ⟨zn.⟩ **0.1** ***kapsel.***

coif[3] [kwa:f] ⟨ww.; verl. t. en volt. deelw. ook coiffed; teg. deelw. ook coiffing⟩ **0.1** ***coifferen*** ⇒*opmaken* ⟨haar⟩.

coiffeur [kwoffə:] **0.1** ***kapper.***

coiffure [kwofjoeə] **0.1** ***kapsel.***

coil[1] [kojl] ⟨zn.⟩ **0.1** ***tros*** ⟨v. touw/kabel⟩ **0.2** ***winding*** ⇒*wikkeling, spiraal* **0.3** ***vlecht*** ⇒*tres* **0.4** ⟨elek.⟩ ***spoel*** ⇒*inductieklos* **0.5** ⟨med.⟩ ***spiraaltje.***

coil[2] ⟨ww.⟩ **0.1** ***(zich) kronkelen*** ⇒*(op)rollen* ◆ **5.1** ~ **up** a rope *een touw opschieten;* he ~ed himself **up** in the sofa *hij nestelde zich op de sofa;* the snake ~ed **up** under the tree *de slang rolde zich op onder de boom.*

coin[1] [kojn] ⟨zn.⟩ **0.1** ***munt(stuk)*** ⇒*geldstuk* **0.2** ***specie*** ⇒*gemunt geld* ◆ **2.1** a gold ~ *een goudstuk* **2.2** false/base ~ *vals geld;* ⟨fig.⟩ *iets onechts* **3.1** toss/flip a ~ *kruis of munt gooien, tossen.*

coin[2] ⟨ww.⟩ **0.1** ***aanmunten*** ⇒*munten, slaan* ⟨geld⟩ **0.2** ***verzinnen*** ⇒*uitvinden* ◆ **1.2** ~ a word *een woord verzinnen.*

coinage [kojnidzj] **0.1** ***aanmunting*** ⇒*het munten, het geldslaan* **0.2** ***munt(stelsel)*** **0.3** ***munten*** **0.4** ***nieuwvorm*** ⇒ *verzinsel.*

coincide [kooinsajd] **0.1** ⟨+ with⟩ ***samenvallen (met)*** ⇒*coïncideren* **0.2** ⟨+ with⟩ ***overeenstemmen (met)*** ⇒*identiek zijn.*

coincidence [kooinsiddəns] **0.1** ***het samenvallen*** ⇒*samenloop (v. omstandigheden)* **0.2** ***overeenstemming*** ◆ **2.1** a mere ~ *louter/puur toeval.*

coincident [kooinsiddənt] **0.1** ***samenvallend*** ⇒*gelijktijdig* **0.2** ***overeenstemmend.***

coincidental [kooinsiddentl] **0.1** ***toevallig.***

coin wash **0.1** ***wasserette*** ⇒*wasautomatiek, muntwasserij.*

coir [kojjə] **0.1** ***coir*** ⇒*kokosvezels.*

coital [kojtl] **0.1** ***coïtaal*** ⇒*coïtus-.*

coitus [kojtəs], **coition** [kooisjn] **0.1** ***coïtus*** ⇒*geslachtsdaad.*

coke[1] [kook] ⟨zn.⟩ **0.1** ⟨soms C-; inf.⟩ ***coca-cola*** **0.2** ***cokes*** **0.3** ⟨sl.⟩ ***cocaïne.***

coke[2] **I** ⟨onov.ww.⟩ **0.1** ***cokes worden;***
II ⟨ov.ww.⟩ **0.1** ***vercooksen*** ⇒*tot cokes verwerken.*

col [kol] **0.1** ***col*** ⇒*bergpas, bergengte.*

col. ⟨afk.⟩ **0.1** [colonel] **0.2** [column].

colander [kulləndə, ko-], **cullender** [kullində] **0.1** ***vergiet.***

cold[1] [koold] **I** ⟨telb.zn.⟩ **0.1** ***verkoudheid*** ◆ **2.1** common ~ *verkoudheid* **3.1** catch (a) ~ *kou vatten;* have a ~ *verkouden zijn;*
II ⟨n.-telb.zn.; vaak the⟩ **0.1** ***kou*** ◆ **3.¶** come in from/out of the ~ *uit de brand zijn;* she was left out in the ~ *ze was aan haar lot overgelaten.*

cold[2] ⟨-ness⟩ **I** ⟨bn.⟩ **0.1** ***koud*** ⇒*koel;* ⟨fig.⟩ *onvriendelijk* **0.2** ⟨inf.; psych.⟩ ***frigide*** ◆ **1.1** ⟨nat., ook elek.⟩ ~ cathode *koude kathode;* a ~ fish *een kouwe kikker;* ~ logic *de nuchtere logica;* ⟨cul.⟩ ~ meat/⟨vnl. AE⟩ cuts *gemengd koud vlees, assiette anglaise;* ⟨inf.⟩ ~ sweat *het angstzweet;* a ~ welcome *een koele ontvangst* **1.¶** in ~ blood *in koelen bloede;* ~ comfort *schrale troost;* get/have ~ feet *bang worden/zijn;* ⟨inf.⟩ get the ~ shoulder *genegeerd worden;* ⟨inf.⟩ give s.o. the ~ shoulder *iem. koeltjes behandelen;* ⟨fig.⟩ put sth. in(to) ~ storage *iets in de ijskast zetten;* ~ turkey *onverbloemde waarheid;* ⟨inf.⟩ *harde ontwenningskuur/ontwenningsverschijnselen v. verslaafde* ⟨door hem/haar opeens alle drugs te onthouden⟩; ~ war *koude oorlog* **3.1** be/feel ~ *het koud hebben;* ⟨vulg.⟩ it's ~ enough to freeze the balls off a brass monkey *het is zo koud dat je ballen eraf vallen/vriezen;* it leaves me ~ *het laat me koud* **3.¶** make s.o.'s blood run ~ *iem. het bloed in de aderen doen stollen;*
II ⟨bn., pred.⟩ ⟨inf.⟩ **0.1** ***koud*** ⟨bij zoekspelletjes⟩ **0.2** ***bewusteloos*** ⇒*buiten westen* ◆ **3.2** he was knocked out ~ *hij werd buiten westen geslagen.*

cold[3] ⟨bw.⟩ **0.1** ***in koude toestand*** **0.2** ⟨inf.⟩ ***volledig*** ⇒*compleet, helemaal* **0.3** ⟨AE⟩ ***onvoorbereid*** ⇒*spontaan* ◆ **2.2** ~ sober *broodnuchter* **3.3** go on/perform ~ *onvoorbereid optreden;* quit one's job ~ *op staande voet ontslag nemen;* be turned down ~ *zonder meer afgewezen worden.*

cold-blooded **0.1** ***koudbloedig*** **0.2** ***koelbloedig*** ⇒*ongevoelig, wreed* **0.3** ⟨inf.⟩ ***kouwelijk.***

cold chisel **0.1** ***koubeitel.***

cold cream **0.1** ***coldcream*** ⟨reinigende huidcrème⟩.

cold frame ⟨tuinbouw⟩ **0.1** ***koude bak.***

cold front ⟨meteo.⟩ **0.1** ***koufront.***

cold-hearted ⟨-ness⟩ **0.1** ***koud*** ⇒*koel, onverschillig.*

cold pack **0.1** ⟨med.⟩ ***koud kompres.***

cold saw ⟨tech.⟩ **0.1** ***koudzaag.***

coldshoulder ⟨inf.⟩ **0.1** ***de rug toekeren*** ⇒*negeren, niet zien staan.*

cold slaw →**coleslaw.**

cold sore ⟨med.⟩ **0.1** ***koortsuitslag*** ⟨op/rond de lippen⟩.

cold store **0.1** ***koelhuis.***

coleslaw [koolslo:], ⟨AE ook⟩ **cold slaw 0.1** ***koolsalade.***
coley [koolie] **0.1** ***pollak*** **0.2** ***koolvis.***
colic [kollik] ⟨the⟩ **0.1** ***koliek.***
colicky [kollikkie] **0.1** ***koliekachtig*** **0.2** ***vatbaar voor koliek.***
coliseum [kollissiəm], **colosseum** [kollə-] ⟨in bet. 0.1 C-; the⟩ **0.1** ***Colosseum*** **0.2** ⟨vnl. AE⟩ ***stadion*** ⟨gebouwd als amfitheater⟩.
collabor|ate [kəlæbəreet] ⟨zn.: **-ation**⟩ **0.1** ***samenwerken*** ⇒*medewerken* **0.2** ***collaboreren*** ⟨met de vijand⟩ ◆ **6.1** they ~d **in** writing plays *ze schreven samen toneelstukken.*
collaborationist [kəlæbəreesjənist] ⟨ook attr.⟩ **0.1** ***collaborateur.***
collaborator [kəlæbəreetə] **0.1** ***medewerker*** **0.2** ***collaborateur.***
collage [kolla:zj] **0.1** ***collage.***
collagen [kollədzjin] ⟨biol.⟩ **0.1** ***collageen*** ⟨bindweefseleiwit⟩.
collapse[1] [kəlæps] ⟨zn.⟩ **0.1** ***in(een)storting*** ⇒*in(een)zakking* **0.2** ***val*** ⇒*ondergang* **0.3** ***inzinking*** ⇒*collaps, verval v. krachten* **0.4** ***mislukking*** ⇒*fiasco, misslag.*
collapse[2] **I** ⟨onov.ww.⟩ **0.1** ***in(een)storten*** ⇒*in(een)vallen, in elkaar zakken* **0.2** ***opvouwbaar zijn*** **0.3** ***bezwijken*** ⇒ *neerzijgen* **0.4** ***mislukken*** **0.5** ⟨med.⟩ ***collaberen;***
II ⟨ov.ww.⟩ **0.1** ***in(een) doen storten*** ⇒*in(een) doen vallen, in elkaar doen zakken* **0.2** ***opvouwen*** ⇒*samenvouwen* **0.3** ⟨med.⟩ ***doen collaberen.***
collapsible [kəlæpsəbl] **0.1** ***opvouwbaar*** ⇒*samenvouwbaar, inschuifbaar.*
collar[1] [kollə] ⟨zn.⟩ **0.1** ***kraag*** ⇒*halskraag* ⟨ook tech.⟩ **0.2** ***boord(je)*** ⇒*halsboord* **0.3** ***halsband*** ⇒*halsring* **0.4** ***halsketting*** ⇒*halssnoer* **0.5** ***gareel*** ⇒*haam* ⟨v. paard⟩ **0.6** ⟨dierk.⟩ ***halskraagje.*** →**hot.**
collar[2] ⟨ww.⟩ **0.1** ⟨inf.⟩ ***in de kraag grijpen*** ⇒*inrekenen.*
collarbone 0.1 ***sleutelbeen.***
collar-button ⟨AE⟩ **0.1** ***boordenknoopje.***
collar-stud ⟨BE⟩ **0.1** ***boordenknoopje.***
collate [kəleet] **0.1** ***collationeren*** ⇒*nauwkeurig vergelijken, verifiëren* **0.2** ⟨boek.⟩ ***verzamelen.***
collateral[1] [kəlætrəl] ⟨zn.⟩ **0.1** ***zakelijk onderpand.***
collateral[2] ⟨bn.⟩ **0.1** ***collateraal*** ⇒*zijdelings, zij aan zij* **0.2** ***bijkomstig*** ⇒*ondergeschikt, secundair* **0.3** ***concomitant*** ⇒*samengaand* **0.4** ***verwant in de zijlijn*** ⇒*tweedegraads* **0.5** ⟨ec.⟩ ***als onderpand dienend*** ⇒*door een onderpand gedekt* ◆ **1.5** ~ security *zakelijk onderpand.*
collation [kəleesjn] **0.1** ⟨schr.⟩ ***collatie*** ⇒*lichte maaltijd* **0.2** ***collatie*** ⇒*tekstvergelijking, collationering* **0.3** ⟨boek.⟩ ***verzameling*** ◆ **2.1** a cold ~ *een koude collatie.*
colleague [kollie:g] **0.1** ***collega.***
collect[1] [kəlekt] ⟨bn.; bw.⟩⟨AE⟩ **0.1** ***te betalen door opgeroepene*** ⟨telefoon⟩ ◆ **1.1** a ~ call *een telefoongesprek voor rekening v.d. opgeroepene* **3.1** call me ~ *bel me maar op mijn kosten.*
collect[2] **I** ⟨onov.ww.⟩ **0.1** ***zich verzamelen*** ⇒*zich ophopen, samenkomen* **0.2** ⟨inf.⟩ ***geld ontvangen;***
II ⟨ov.ww.⟩ **0.1** ***verzamelen*** **0.2** ***innen*** ⇒*incasseren, collecteren* **0.3** ***(weer) onder controle krijgen*** **0.4** ⟨inf.⟩ ***afhalen*** ⇒*ophalen* ◆ **1.3** ~ one's thoughts/ideas *zijn gedachten bijeenrapen* **4.3** ~ o.s. *zijn zelfbeheersing terugkrijgen.*
collectable, collectible [kəlektəbl] **0.1** ***verzamelobject.***
collected [kəlektid] **0.1** ***kalm*** ⇒*bedaard, beheerst* **0.2** ***verzameld*** ◆ **2.1** cool, calm and ~ *rustig en beheerst.*
collection [kəleksjn] **I** ⟨telb.zn.⟩ **0.1** ***verzameling*** ⇒*collectie* **0.2** ***collecte*** ⇒*inzameling* **0.3** ***buslichting*** **0.4** ***ophoping*** ⇒*afzetting* ◆ **1.4** a ~ of dust *een hoop stof* **3.2** make/take up a ~ *een collecte/inzameling houden;*
II ⟨n.-telb.zn.⟩ **0.1** ***het verzamelen*** ⇒*het inzamelen, de incassering* **0.2** ***incasso*** ⇒*inning, invordering.*
collective[1] [kəlektiv] ⟨zn.⟩ **0.1** ***groep*** ⇒*gemeenschap, collectief* **0.2** ***gemeenschappelijke/gezamenlijke onderneming*** ⇒*collectief landbouwbedrijf.*
collective[2] ⟨bn.⟩ **0.1** ***gezamenlijk*** ⇒*gemeenschappelijk, collectief* ◆ **1.1** ~ agreement *collectieve arbeidsovereenkomst, cao;* ~ farm *collectief landbouwbedrijf;* ~ leadership *collectief leiderschap;* ~ noun *verzamelnaam;* ~ ownership *collectief bezit* **3.1** ~ bargaining *collectieve arbeidsonderhandelingen, cao-overleg.*
collectivism [kəlektivvizm] **0.1** ***collectivisme.***
collectiv|ize, -ise [kəlektivvajz] ⟨zn.: **-ization**⟩ **0.1** ***collectiviseren*** ⇒*tot collectief bezit maken.*
collector [kəlektə] **0.1** ***verzamelaar*** ⇒*collectioneur* **0.2** ***collecteur*** ⟨v. staatsgelden⟩ ⇒*ontvanger (der belasting), inzamelaar* **0.3** ***collectant*** **0.4** ⟨tech.⟩ ***collector*** ⇒*verzamelaar, opvanginrichting;* ⟨ihb.⟩ *zonnecollector/paneel* **0.5** ⟨elek.⟩ ***collector.***
collector's item 0.1 ***gezocht (verzamel)object.***
colleen [kollie:n] ⟨IE⟩ **0.1** ***meisje.***
college [kollidzj] **0.1** ***hogere beroepsschool*** ⇒*academie, instituut* ⟨soms met universiteit verbonden⟩ **0.2** ⟨BE⟩ ***college*** ⟨onafhankelijke afdeling v.e. universiteit met internaat en eigen bestuur⟩ **0.3** ⟨AE⟩ ***(kleine) universiteit*** ⟨die (enkel) Bachelor's degree geeft⟩ **0.4** ⟨BE⟩ ***grote kostschool*** **0.5** ***universiteitsgebouw(en)*** ⇒*schoolgebouw(en)* **0.6** ***college*** ◆ **2.6** Sacred College (of Cardinals) *College v. Kardinalen* **3.2** go to ~ *naar de universiteit gaan, studeren.*
college pudding ⟨BE⟩ **0.1** ***kleine plumpudding*** ⇒*vruchtencake.*
collegiate [kəlie:dzjiət] **0.1** ***ingericht als/behorend tot een college/universiteit*** **0.2** ***studenten-*** ⇒*studentikoos, studentachtig* **0.3** ***bestaande uit verschillende autonome afdelingen*** ⟨v. universiteit⟩ ◆ **1.1** ~ church *collegiale kerk* **1.3** Oxford is a ~ university *de universiteit v. Oxford bestaat uit colleges.*
collet [kollit] **0.1** ⟨edelsmeedkunst⟩ ***ringkas*** **0.2** ⟨tech.⟩ ***ashals.***
collide [kəlajd] **0.1** ***botsen*** ⇒*aanrijden, aanvaren;* ⟨fig.⟩ *in botsing/conflict komen.*
collie [kollie] **0.1** ***collie*** ⟨Schotse herdershond⟩.
collier [kolliə] ⟨BE⟩ **0.1** ***mijnwerker*** ⇒*kompel* **0.2** ***kolenschip.***
collier|y [kolliərie] ⟨mv.: -ies⟩⟨BE⟩ **0.1** ***kolenmijn.***
collision [kəlizjn] **0.1** ***botsing*** ⇒*aanrijding, aanvaring;* ⟨fig. ook⟩ *conflict.*
collision course 0.1 ***ramkoers*** ⟨v. raket⟩ ⇒⟨fig.⟩ *een botsing uitlokkend(e) houding/optreden.*
collocate [kollәkeet] **0.1** ***(doen) samengaan*** ⇒*bijeen plaatsen, rangschikken, ordenen* ⟨v. woorden⟩; *bij elkaar horen.*
collocation [kolləkeesjn] **0.1** ⟨taal.⟩ ***collocatie*** ⇒*verbinding* **0.2** ***bijeenplaatsing*** ⇒*(rang)schikking, ordening.*
colloid [kollojd] ⟨schei.⟩ **0.1** ***colloïde.***
colloquial [kəlookwiəl] **0.1** ***tot de spreektaal behorend*** ⇒ *informeel.*
colloquialism [kəlookwiəlizm] **0.1** ***alledaagse uitdrukking*** **0.2** ***informele stijl.***
collo|quy [kolləkwie] ⟨mv.: -quies⟩ **0.1** ⟨schr.⟩ ***colloquium*** ⇒ *onderhoud.*
collude [kəloe:d] ⟨schr. of jur.⟩ **0.1** ***samenzweren*** ⇒*samenspannen* ◆ **6.1** ~ **with** *in geheime verstandhouding staan met/tot.*

collusion [kəloe:zjn] ⟨schr. of jur.⟩ **0.1** ***collusie*** ⇒*heimelijke verstandhouding.*
collusive [kəloe:siv] ⟨schr. of jur.⟩ **0.1** ***heimelijk*** ⇒*onder(s)-hands.*
collywobbles [kolliewoblz] ⟨the⟩⟨inf.⟩ **0.1** ***buikpijn*** ⟨ook van angst/zenuwen⟩.
Cologne [kəloon] **0.1** ***Keulen.***
Colombia [kəlombiə] **0.1** ***Colombia.***
Colombian [kəlombiən] **0.1** ⟨bn.⟩ ***Colombiaans*** **0.2** ⟨zn.⟩ ***Colombiaan.***
colon[1] [koolən] ⟨zn.⟩ **0.1** ***dubbelepunt.***
colon[2] ⟨zn.; mv.: ook cola⟩ **0.1** ⟨med.⟩ ***colon*** ⇒*karteldarm.*
colonel [kə:nl] **0.1** ***kolonel*** ◆ **1.¶** ⟨pej.⟩ ~ Blimp *kortzichtige conservatief.*
colonial[1] [kəlooniəl] ⟨zn.⟩ **0.1** ***koloniaal.***
colonial[2] ⟨bn.⟩ **0.1** ***koloniaal*** ⇒*v.d. koloniën* **0.2** ⟨vaak C -⟩ ***koloniaal*** ⟨uit de Britse koloniale tijd in de USA⟩ **0.3** ⟨biol.⟩ ***in groepsverband/kolonies levend*** ◆ **1.1** ⟨BE⟩ Colonial Office *Ministerie van Koloniën.*
colonialism [kəlooniəlizm] **0.1** ***kolonialisme*** ⇒*koloniaal stelsel.*
colonialist [kəlooniəlist] **0.1** ⟨bn.⟩ ***kolonialistisch*** **0.2** ⟨zn.⟩ ***kolonialist*** ⇒*aanhanger/voorstander v.h. kolonialisme.*
colonist [kollənist] **0.1** ***kolonist.***
colon|ize, -ise [kollənajz] ⟨zn.: **-ization**⟩ **I** ⟨onov.ww.⟩ **0.1** ***een kolonie vormen/stichten;***
II ⟨ov.ww.⟩ **0.1** ***koloniseren.***
colonizer, -iser [kollənajzə] **0.1** ***kolonisator.***
colonnade [kolləneed] **0.1** ***colonnade*** ⇒*zuilenrij/gang.*
colonnaded [kolləneedid] **0.1** ***met een zuilenrij.***
colon|y [kollənie] ⟨mv.: -ies⟩ **0.1** ***kolonie*** ⟨ook biol.⟩.
colophon [kooləfon] ⟨boek.⟩ **0.1** ***colofon.***
color →**colour.**
Colorado beetle [kollәra:doo bie:tl] ⟨dierk.⟩ **0.1** ***coloradokever.***
coloration [kulləreesjn] **0.1** ***kleuring*** ⇒*kleur* **0.2** ***overtuiging(en)*** ⇒*opvattingen, (politieke) mening.*
coloratura [kollərətjoeərə] **0.1** ***coloratuurzangeres*** **0.2** ***coloratuur(muziek).***
colossal [kəlosl] **0.1** ***kolossaal*** ⇒*reusachtig, enorm* **0.2** ⟨inf.⟩ ***geweldig*** ⇒*prachtig, groots* ◆ **¶.2** it was ~ly interesting *het was reuze interessant.*
colosseum →**coliseum.**
colossus [kəlossəs]⟨mv.: ook colossi [-saj]⟩ **0.1** ***kolos*** ⟨ook fig.⟩ ⇒*kolossus;* ⟨fig.⟩ *geniaal/indrukwekkend persoon;* ⟨fig.⟩ *uitgestrekt/machtig land.*
colour[1], ⟨AE sp.⟩ **color** [kullə] **I** ⟨telb. en n.-telb.zn.⟩ **0.1** ***kleur*** **0.2** ***verf(stof)*** ⇒*kleurstof, pigment* **0.3** ***kleurtje*** ⇒*gelaatskleur, tint* ◆ **1.¶** let's see the ~ of your money *laat eerst je geld eens zien, eerst betalen* **2.3** have a high ~ *een rood hoofd hebben* **3.1** ⟨fig.⟩ paint in glowing ~s *zeer enthousiast beschrijven* **3.3** change ~ *v. kleur verschieten;* lose ~ *bleek worden* **7.3** have little ~ *er bleekjes uitzien;*
II ⟨n.-telb.zn.⟩ **0.1** ***donkere huidkleur*** **0.2** ⟨ben. voor⟩ ***coloriet*** ⇒*kleur; schilderachtigheid; levendigheid, bloemrijke stijl* **0.3** ***schijn (v. werkelijkheid)*** ⇒*uiterlijk* **0.4** ***soort*** ⇒*aard, slag* ◆ **3.3** give/lend ~ to *geloofwaardiger maken* **6.¶** be/feel/look **off** ~ *zich niet lekker voelen;*
III ⟨mv.⟩ **0.1** ⟨the⟩ ***nationale vlag*** ⇒*vaandel* **0.2** ***clubkleuren*** ⇒*insigne, lint* **0.3** ***gevoelens*** ⇒*positie, opvatting* ◆ **3.1** salute the ~s *het vaandel groeten* **3.2** get/win one's ~s *opgesteld worden, meespelen in de ploeg* **3.3** ⟨inf.⟩ show one's (true) ~s *zijn ware gedaante tonen* **3.¶** ⟨inf.⟩ with flying ~s *met vlag en wimpel;* trooping the ~(s) *vaandelceremonie bij het wisselen v.d. wacht.* →**false.**
colour[2], ⟨AE sp.⟩ **color I** ⟨onov.ww.⟩ **0.1** ***kleur krijgen*** ⇒*kleuren* **0.2** ***blozen*** ⇒*rood worden* **0.3** ***van kleur veranderen*** ◆ **5.2** ~ **up** *blozen;*
II ⟨ov.ww.⟩ **0.1** ***kleuren*** ⇒*verven* **0.2** ***verbloemen*** ⇒*vermommen* **0.3** ***verkeerd voorstellen*** ⇒*verdraaien* **0.4** ***beïnvloeden.***
colour bar **0.1** ***rassenbarrière*** ⇒*rassendiscriminatie.*
colour-blind ⟨-ness⟩ **0.1** ***kleurenblind.***
colour copier **0.1** ***kleurenkopieerapparaat.***
coloured, ⟨AE sp.⟩ **colored** [kulləd] **0.1** ***gekleurd*** **0.2** ⟨vaak C-⟩ ***niet-blank*** ⇒⟨ihb.⟩ *zwart* ◆ **1.2** ~ people *niet-blanken;* ⟨ihb.⟩ *zwarten;* ⟨Z.-Afr. E⟩ *kleurlingen.*
colourfast ⟨-ness⟩ **0.1** ***kleurecht*** ⇒*kleurvast.*
colourful, ⟨AE sp.⟩ **colorful** [kulləfl] **0.1** ***kleurrijk*** **0.2** ***schitterend*** ⇒*levendig, interessant.*
colour graphics card ⟨comp.⟩ **0.1** ***grafische kleurenkaart.***
colouring, ⟨AE sp.⟩ **coloring** [kulləring] **I** ⟨telb. en n.-telb.zn.⟩ **0.1** ***verf(stof)*** ⇒*kleur(stof), kleursel;*
II ⟨n.-telb.zn.⟩ **0.1** ***kleuring*** ⇒*het kleuren* **0.2** ***coloriet*** **0.3** ***(gezonde) gelaatskleur.***
colourless, ⟨AE sp.⟩ **colorless** [kulləlэs] ⟨-ness⟩ **0.1** ***kleurloos*** ⇒*ongekleurd* **0.2** ***bleek*** **0.3** ***saai*** ⇒*vervelend, weinig interessant.*
colour print **0.1** ***kleurenafdruk.***
colour printer **0.1** ***kleurenprinter.***
colour rinse **0.1** ***kleurspoeling.***
colour scheme **0.1** ***kleurenschema.***
colour television **0.1** ***kleurentelevisie.***
colt [koolt] **0.1** ***veulen*** ⇒*jonge hengst* ⟨tot vier à vijf jaar⟩ **0.2** ⟨inf.; ihb. sport⟩ ***beginneling*** ⇒*jonge speler.*
colter →**coulter.**
coltish [kooltisj] ⟨-ness⟩ **0.1** ***veulenachtig*** **0.2** ⟨vaak pej.⟩ ***dartel*** ⇒*uitgelaten.*
columbine [kolləmbajn] ⟨plantk.⟩ **0.1** ***akelei.***
column [kolləm] **0.1** ***zuil*** ⇒*pilaar, pijler* **0.2** ***kolom*** **0.3** ⟨mil.⟩ ***colonne*** **0.4** ⟨AE; pol.⟩ ***partij*** ⇒*fractie* ◆ **1.1** ~ of smoke *rookzuil* **3.2** the advertising ~s *de advertentiekolommen* **7.¶** fifth ~ *vijfde colonne.*
columnist [kolləmnist] **0.1** ***columnist*** ⇒*rubriekschrijver.*
COM [kom] ⟨afk.; comp.⟩ **0.1** [Computer Output on Microfilm] ***COM.***
coma [koomə] **0.1** ***coma*** ⇒*diepe bewusteloosheid.*
comatose [koomətoos] **0.1** ***comateus*** ⇒*diep bewusteloos* **0.2** ***slaperig*** ⇒*sloom, lethargisch.*
comb[1] [koom] ⟨zn.⟩ **0.1** ***kam*** ⟨ook v. haan e.d.⟩ **0.2** ***honingraat*** ◆ **2.1** his hair needs a good ~ *er moet eens een stevige kam door z'n haar.*
comb[2] ⟨ww.⟩ **0.1** ***kammen*** **0.2** ⟨inf.⟩ ***doorzoeken*** ⇒*afzoeken, uitkammen.* →**comb out.**
combat[1] [kombæt] ⟨zn.⟩ **0.1** ***strijd*** ⇒*gevecht.*
combat[2] [kombæt] ⟨ww.; BE -ted; AE ook -ted⟩ **0.1** ***vechten (tegen)*** ⇒*(be)strijden.*
combatant [kombətənt] **0.1** ***strijder*** ⇒*combattant.*
combat fatigue **0.1** ***oorlogsmoeheid.***
combative [kombətiv] **0.1** ***strijdlustig.***
combat unit **0.1** ***gevechtseenheid.***
combat zone **0.1** ***gevechtsterrein.***
comber [koomə] **0.1** ***(wol)kammer*** **0.2** ***kammachine*** **0.3** ***lange, omkrullende golf.***
combination [kombinneesjn] **I** ⟨telb.zn.⟩ **0.1** ***combinatie*** ⟨ook algebra en schaakspel⟩ ⇒*vereniging, verbinding* **0.2** ***(geheime letter)combinatie*** **0.3** ***aggregaat*** ⇒*samenstelling* **0.4** ***klein dansorkest*** ⇒*(jazz) band, combo* **0.5** ⟨schei.⟩ ***verbinding;***
II ⟨n.-telb.zn.⟩ **0.1** ***combinatie*** ⇒*het combineren, het verbinden* ◆ **6.1** **in** ~ **with** *samen met.*

combination boiler **0.1** *combiketel.*

combination lock **0.1** *combinatieslot* ⇒*letterslot, cijferslot.*

combine[1] [kombajn] ⟨zn.⟩ **0.1** ***politieke/economische belangengemeenschap*** **0.2** ***maaidorser*** ⇒*combine.*

combine[2] [kəmbajn] **I** ⟨onov.ww.⟩ **0.1** ***zich verenigen*** ⇒*zich verbinden* **0.2** ***coöpereren*** ⇒*samenwerken* **0.3** ⟨schei.⟩ ***zich verbinden;***

II ⟨ov.ww.⟩ **0.1** ***combineren*** ⇒*verenigen, verbinden, samenvoegen* **0.2** ***in zich verenigen*** ◆ **1.1** ~d operations/exercises *legeroefeningen waarbij land-, lucht- en zeemacht samenwerken* **6.1** ~ business **with** pleasure *het nuttige met het aangename verenigen.*

combine harvester **0.1** ***maaidorser*** ⇒*combine.*

combo [komboo] **0.1** ⟨muz.⟩ ***combo*** ⇒*bandje, orkestje.*

comb out ⟨inf.⟩ **0.1** ***uitkammen*** ⇒*doorzoeken, onderzoeken* **0.2** ***(uit)zuiveren*** ⇒*schiften* **0.3** ***verwijderen*** ⇒*afvoeren* ⟨overbodig personeel⟩.

comb-out ⟨inf.⟩ **0.1** ***uitkamming*** ⇒*zorgvuldig onderzoek; zuivering.*

combustible [kəmbustəbl] **0.1** ⟨bn.⟩ ***(ver)brandbaar*** ⇒*ontvlambaar* **0.2** ⟨bn.⟩ ***opvliegend*** ⇒*lichtgeraakt* **0.3** ⟨zn.; vaak mv.⟩ ***brandstof*** ⇒*brandbare stof, brandbaar materiaal.*

combustion [kəmbustsjən] **0.1** ***verbranding*** ◆ **2.1** spontaneous ~ *zelfontbranding.*

combustion chamber **0.1** ***verbrandingskamer*** ⇒*verbrandingsruimte.*

come[1] [kum] ⟨zn.⟩⟨vulg.⟩ **0.1** ***sperma*** ⇒*geil.*

come[2] ⟨ww.; came [keem], come [kum]⟩ **0.1** ***komen*** ⇒*naderen, nader(bij) komen* **0.2** ***aankomen*** ⇒*arriveren* **0.3** ***beschikbaar zijn*** ⇒*verkrijgbaar zijn, aangeboden/geproduceerd worden* **0.4** ***verschijnen*** **0.5** ***meegaan*** **0.6** ***gebeuren*** **0.7** ***staan*** ⇒*komen, gaan* **0.8** ***zijn*** **0.9** ***beginnen*** ⇒*gaan, worden* **0.10** ***(een bepaalde) vorm aannemen*** **0.11** ⟨vulg.⟩ ***klaarkomen*** ⟨orgasme⟩ ◆ **1.1** in the time to ~ *in de toekomst;* the time will ~ when … *er komt een tijd dat …;* in the years to ~ *in de komende jaren* **1.2** the goods have ~ *de goederen zijn aangekomen;* the train is coming *de trein komt eraan* **1.3** this costume ~s in two sizes *dit mantelpak is verkrijgbaar in twee maten* **1.4** that news came as a surprise *dat nieuws kwam als een verrassing* **1.9** the buttons came unfastened *de knopen raakten los* **1.¶** ⟨inf.⟩ three years ~ Christmas *over drie jaar met Kerstmis;* the life to ~ *het leven in het hiernamaals;* ⟨inf.⟩ ~ Saturday *aanstaande zaterdag;* ⟨inf.⟩ he'll be eighteen ~ September *hij wordt achttien in september* **2.8** it ~s cheaper by the dozen *het is goedkoper per dozijn;* it ~s rather easy *het is nogal gemakkelijk* **2.9** ~ loose *loskomen, losgaan* **3.1** she came running *ze kwam aangerend;* ~ and go *heen en weer lopen;* ⟨fig.⟩ *komen en gaan* **3.6** ~ what may *wat er ook moge gebeuren;* (now that I) ~ to think of it *nu ik eraan denk* **3.9** it has ~ to be used wrongly *men is het verkeerd gaan gebruiken;* ~ to believe *tot de overtuiging komen;* ~ to know s.o. better *iem. beter leren kennen* **3.¶** she doesn't know whether she is coming or going *ze is de kluts kwijt;* ~ home to roost *zich keren tegen (de aanstichter), zich wreken* **4.2** I'm coming! *ik kom eraan!* **4.5** are you coming? *kom je mee?* **5.1** ~ **aboard** *aan boord komen* **5.2** ⟨sprw.⟩ first ~, first served *die eerst komt, eerst maalt* **5.6** ⟨inf.⟩ **how** ~? *hoe komt dat?, waarom?* **5.¶** ~ now! *kom, kom!, zachtjes aan!;* ~ **home** to s.o. *tot iem. doordringen;* ~ **near** to tears *bijna in tranen uitbarsten;* ~ **together** *het eens worden, een geschil bijleggen* **6.7** my job ~s **before** everything else *mijn baan gaat vóór alles* **6.¶** ~ **near** doing sth. *iets bijna doen.*

→**come about, come across, come after, come again, come along, come apart, come around, come at, come away, come back, come before, come between, come by, come down, come for, come forward, come from, come in, come into, come of, come off, come on, come out, come over, come round, come through, come to, come under, come up, come upon.**

come about **0.1** ***gebeuren*** ⇒*geschieden* **0.2** ***v. richting veranderen*** ⇒*(rond)draaien* ◆ **1.1** how did the accident ~? *hoe is het ongeluk gebeurd?* **1.2** the wind has ~ (in)to the west *de wind is naar het westen gedraaid.*

come across **I** ⟨onov.ww.⟩ **0.1** ***overkomen*** ⟨v. bedoeling, grap e.d.⟩ ⇒*begrepen worden* **0.2** ⟨inf.⟩ ***lijken te zijn*** ⇒*overkomen (als)* ◆ **1.1** his speech didn't ~ very well *zijn toespraak sloeg niet erg aan* **6.2** he comes across to me as quite a nice fellow *hij lijkt me een aardige kerel* **6.¶** ⟨inf.⟩ ~ **with** *over de brug komen met* ⟨geld⟩; *voor de dag komen met* ⟨informatie⟩;

II ⟨ww. + vz.⟩ **0.1** ***aantreffen*** ⇒*vinden, stoten op* **0.2** ***invallen*** ⇒*opkomen* ◆ **1.1** I came across an old friend *ik liep een oude vriend tegen het lijf* **1.2** it came across my mind *het schoot me te binnen.*

come after **0.1** ***volgen*** ⇒*komen na, later komen* **0.2** ⟨inf.⟩ ***(achter iem.) aanzitten.***

come again **0.1** ***terugkomen*** ⇒*teruggaan, terugkeren* **0.2** ⟨inf.⟩ ***iets herhalen*** ⇒*iets nog eens zeggen* ◆ **¶.2** ~? *zeg 't nog eens.*

come along **0.1** ***meekomen*** ⇒*meegaan* **0.2** ***opschieten*** ⇒*vorderen, vooruitkomen* **0.3** ***zich voordoen*** ⇒*gebeuren, opdagen* **0.4** ***beter worden*** ⇒*herstellen, opknappen* ⟨v. zieke⟩ **0.5** ⟨vaak geb. w.⟩ ***zijn best doen*** ◆ **1.2** how is your work coming along? *schiet je op met je werk?* **1.3** take every opportunity that comes along *elke kans grijpen die zich voordoet* **5.4** the patient is coming along nicely *de patiënt gaat goed vooruit* **¶.2** ~! *vooruit! schiet op!* **¶.5** ~! *komaan!*

come apart **0.1** ***uit elkaar vallen*** ⇒*losgaan, uit/van elkaar gaan.*

come around →**come round.**

come at **0.1** ***komen bij*** ⇒*er bij kunnen, te pakken krijgen* **0.2** ***bereiken*** ⇒*toegang krijgen tot* **0.3** ***er op losgaan*** ⇒*aanvallen* ◆ **1.2** the truth is often difficult to ~ *het is dikwijls moeilijk de waarheid te achterhalen* **1.3** he came at me with a knife *hij viel me aan met een mes.*

come-at-able [kumætəbl] ⟨inf.⟩ **0.1** ***toegankelijk*** ⇒*bereikbaar.*

come away **0.1** ***losraken*** ⇒*losgaan, loslaten* **0.2** ***heengaan*** ⇒*weggaan, ervandaan komen.*

comeback ⟨ook attr.⟩ **0.1** ***comeback*** ⇒*hernieuwd optreden, terugkeer* **0.2** ***gevat antwoord*** ⇒*repliek, tegenzet* **0.3** ⟨AE⟩ ***herstel*** ⟨na ziekte⟩ ◆ **3.1** stage/make/try/attempt a ~ *een comeback (proberen te) maken.*

come back **0.1** ***terugkomen*** ⇒*terugkeren, een comeback maken* **0.2** ***weer in de mode komen*** ⇒*weer populair/ingevoerd worden* **0.3** ***weer te binnen schieten*** **0.4** ***weer bijkomen*** **0.5** ***gevat antwoorden*** ⇒*wat terugzeggen* ◆ **6.5** John came back **at** her **with** an unfriendly remark *John zette het haar betaald met een vervelende opmerking.*

come before **0.1** ***komen voor*** ⇒*de voorrang hebben op, belangrijker zijn dan* **0.2** ***voorkomen*** ⇒*behandeld worden* ◆ **1.2** he must ~ the court tomorrow *morgen moet hij voorkomen.*

come between **0.1** ***tussenbeide komen*** ⇒*zich bemoeien met, zich mengen in* ◆ **1.1** ~ a man and his wife *stoken in* *een huwelijk* **4.¶** ~ s.o. and sth. *iem. beletten iets te doen/v. iets te genieten.*

come by I ⟨onov.ww.⟩ **0.1** ***voorbijkomen*** ⇒*passeren, voorbijgaan;*
II ⟨ww. + vz.⟩ **0.1** ***krijgen*** ⇒*komen aan* **0.2** ***oplopen*** ⟨ziekte, wond e.d.⟩ ⇒*vinden, tegen het lijf lopen* ◆ **1.1** jobs are hard to ~ *werk is moeilijk te vinden;* how did you ~ all that money? *hoe kwam je aan al dat geld?* **1.2** her father came by his death tragically *haar vader kwam tragisch om het leven.*

Comecon [kommikkon] ⟨afk.; gesch.⟩ **0.1** [Council for Mutual Economic Assistance/Aid] ***Comecon*** ⟨Economische Raad v. vnl. Oostbloklanden⟩.

comedian [kəmie:diən] **0.1** ***(blijspel)acteur*** ⇒*komediant* ⟨ook fig.⟩ **0.2** ***blijspelauteur*** ⇒*komedieschrijver* **0.3** ***komiek*** ⇒*grappenmaker, clown.*

comedienne [kəmie:die·en] **0.1** ***comédienne*** ⇒*blijspelspeelster, komediespeelster.*

comedown ⟨inf.⟩ **0.1** ***val*** ⇒*vernedering, achteruitgang* **0.2** ***ontgoocheling*** ⇒*tegenvaller.*

come down 0.1 ***neerkomen*** ⇒*naar beneden komen, (neer)vallen* **0.2** ***terechtkomen (in)*** **0.3** ***afzakken, aan lager wal geraken*** **0.4** ***overgeleverd worden*** ⟨v. traditie e.d.⟩ **0.5** ***dalen*** ⟨ook v. vliegtuig⟩ ⇒*zakken, lager worden* ⟨v. prijs⟩ **0.6** ***overkomen*** **0.7** ⟨BE⟩ ***de universiteit verlaten*** **0.8** ⟨sl.: drugsgebruik⟩ ***v.e. trip terugkomen*** ⟨de uitwerking v.e. dosis niet meer voelen⟩ ◆ **1.2** ~ inside the enemy lines *achter de vijandelijke linies terecht komen* **1.3** Mary has ~ in my estimation *Mary is in mijn achting gedaald* **1.5** prices won't ~ this year *de prijzen zullen dit jaar niet dalen* **6.3** ~ **in** the world *aan lager wal geraken* **6.4** this song has ~ **to** us from the 14th century *dit lied is ons overgeleverd uit de 14e eeuw* **6.6** he's just ~ **from** London *hij is pas uit Londen gekomen* **6.7** she came down **from** Cambridge in 1961 *in 1961 studeerde ze af in Cambridge* **6.¶** ~ **in** favour **of/on** the side **of** *zich uitspreken voor/ten gunste van.*

come down on 0.1 ***neerkomen op*** ⇒*toespringen (op), overvallen* **0.2** ***straffen*** **0.3** ⟨inf.⟩ ***krachtig/dringend eisen*** **0.4** ⟨inf.⟩ ***berispen*** ⇒*uitschelden, uitvaren tegen* ◆ **1.4** he came down on me like a ton of bricks *hij verpletterde me onder zijn kritiek* **5.2** come down heavily on criminals *delinquenten zwaar aanpakken.*

come down to 0.1 ⟨inf.; fig.⟩ ***neerkomen op*** ◆ **1.1** when it comes down to generosity *wanneer het op vrijgevigheid aankomt;* the problem comes down to this *het probleem komt hierop neer.*

come down with 0.1 ***krijgen*** ⟨ziekte⟩.

comed|y [kommədie] ⟨mv.: -ies⟩ **I** ⟨telb.zn.⟩ **0.1** ***blijspel*** ⇒*komedie* **0.2** ***komisch voorval*** ⇒*komische situatie* ◆ **1.1** ~ of manners *zedenkomedie, satire;*
II ⟨n.-telb.zn.⟩ **0.1** ***humor*** **0.2** ***het komische genre.***

come for 0.1 ***komen om*** ⇒*komen (af)halen* **0.2** ***(dreigend) afkomen op.***

come forward 0.1 ***zich (vrijwillig) aanbieden*** ⇒*zich aanmelden* ◆ **6.¶** ~ **with** a good suggestion *met een goede suggestie/goed idee komen.*

come from 0.1 ***komen uit/van*** ⇒*afstammen v.* **0.2** ***het resultaat zijn v.*** ◆ **3.2** that's what comes from trying to help people *dat komt ervan als je mensen wilt helpen.*

come in 0.1 ***binnenkomen*** **0.2** ***aankomen*** **0.3** ***verkozen/benoemd worden*** ⇒*aan de macht/het bewind komen* **0.4** ***in de mode komen/raken*** ⇒*de mode worden* **0.5** ***deelnemen*** ⇒*een plaats vinden* **0.6** ***voordeel hebben*** **0.7** ***beginnen*** ⇒*aan de beurt komen* ⟨o.a. cricket, radioverkeer⟩ **0.8** ***opkomen*** ⇒*rijzen* ⟨v. getijde⟩ **0.9** ***binnenkomen*** ⇒*in ontvangst genomen worden, verkregen worden* ⟨v. geld⟩ **0.10** ***dienen*** ⇒*nut hebben* ◆ **1.2** the train hasn't ~ yet *de trein is nog niet binnengekomen* **1.7** ~, London! *hallo, Londen, hoort u mij?* **1.9** there's no money coming in yet *er komt nog maar geen geld binnen* **2.10** ~ handy/useful *goed te/van pas komen* **4.2** he came in second *hij kwam als tweede binnen* **5.5** this is where you ~ *hier kom jij aan de beurt, hier begint jouw rol;* where do I ~? *en ik dan?* **5.6** where do I ~? *wat levert het voor mij op?* **5.7** this is where we ~ *hier begint voor ons het verhaal.*

come in for 0.1 ***krijgen*** ⇒*ontvangen* **0.2** ***aantrekken*** ⇒*het voorwerp zijn v., uitlokken* ◆ **1.1** ~ a fortune *een fortuin krijgen* **1.2** ~ a great deal of criticism *heel wat kritiek uitlokken.*

come in on ⟨inf.⟩ **0.1** ***deelnemen aan*** ⇒*zich voegen bij, meewerken aan.*

come into 0.1 ***(ver)krijgen*** ⇒*verwerven, in het bezit komen v.* **0.2** ***komen in*** **0.3** ⟨vaak emf.⟩ ***binnenkomen*** ⇒*binnentreden* ◆ **1.1** ~ a fortune *een fortuin erven;* ~ s.o.'s possession *in iemands bezit komen* **1.2** ~ action *in actie komen;* ~ blossom/flower *beginnen te bloeien;* ~ fashion *in de mode komen;* ~ sight/view *in zicht komen;* ~ the world *ter wereld komen* **4.¶** ~ one's own *echt laten zien wat je waard bent.*

comel|y [kumlie] ⟨-iness⟩ **0.1** ***aantrekkelijk*** ⇒*knap.*

come of 0.1 ***komen uit/van*** ⇒*afstammen van* **0.2** ***het resultaat zijn van*** ◆ **1.1** he comes of noble ancestors *hij stamt uit een nobel geslacht* **3.2** that's what comes of being late *dat komt ervan als je te laat bent* **4.2** nothing came of it *er kwam niets van terecht; het is nooit iets geworden.*

come off I ⟨onov.ww.⟩ **0.1** ***loslaten*** ⟨bv. v. behang v.d. muur⟩ ⇒*loskomen, losgaan* **0.2** ***er afkomen*** ⇒*(het) er afbrengen* **0.3** ***lukken*** ⇒*goed aflopen* **0.4** ***plaatshebben*** **0.5** ***uit productie/roulatie genomen worden*** ⟨v. film, toneelstuk⟩ **0.6** ***afgeven*** ⇒*afgaan* ⟨v. verf⟩ ◆ **1.4** their marriage didn't ~ *hun huwelijk ging niet door* **1.6** this paint comes off *deze verf laat los/bladdert af* **4.3** it didn't ~ *het lukte niet* **5.2** ~ badly *het er slecht van afbrengen* **7.2** ⟨inf.⟩ ~ second best *op de tweede plaats eindigen;*
II ⟨ww. + vz.⟩ **0.1** ***afkomen van*** ⇒*loslaten, verlaten* **0.2** ***beëindigen*** ⟨opdracht⟩ **0.3** ***afgaan*** ⟨v.d. prijs⟩ ◆ **1.1** ⟨fig.⟩ ~ the booze *van de drank afraken;* has this button ~ your coat? *komt deze knoop van jouw jas af?;* Britain came off the gold standard in 1931 *in 1931 verliet Engeland de gouden standaard* **1.2** the inspector had just ~ a murder case *de inspecteur had net een moordzaak achter de rug* **1.3** that'll ~ your paycheck *dat zal van jouw salaris worden afgetrokken* **4.¶** ⟨inf.⟩ oh, ~ it! *schei uit!*

come on I ⟨onov.ww.⟩ **0.1** ***naderbij komen*** ⇒*oprukken, (blijven) komen* **0.2** ***opschieten*** ⇒*vorderen, vooruitkomen* **0.3** ⟨ben. voor⟩ ***beginnen*** ⇒*opkomen* ⟨v. onweer⟩, *vallen* ⟨v. nacht⟩, *aangaan* ⟨v. licht⟩, *beginnen (te ontstaan)* ⟨v. ziekte e.d.⟩ **0.4** ***op de tv komen*** **0.5** ***opkomen*** ⟨v. toneelspeler⟩ **0.6** ***beter worden*** ⇒*herstellen, opknappen* ⟨v. ziekte⟩ **0.7** ⟨AE⟩ ***een grote indruk maken*** ⇒*overkomen* ⟨op tv, radio⟩ ◆ **1.2** that horse has ~ a ton *dat paard is er enorm op vooruitgegaan* **1.3** I've got a cold coming on *ik heb een opkomende verkoudheid;* the rain came on *het begon te regenen* **3.3** ⟨BE⟩ it came on to rain *het begon te regenen* **5.1** I'll ~ later *ik kom je wel achterna* **5.¶** ~ **in**! *kom toch binnen!;* ~ **up**! *kom toch boven!* **¶.¶** ~! *kom op!* ⟨om iem. tot haast aan te sporen of aan te moedigen iets te doen/zeggen⟩; oh ~ (not again)! *oh alsjeblieft niet nog eens!;*

II ⟨ww. + vz.⟩ **0.1** ***aantreffen*** ⇒*stoten op* **0.2** ***treffen*** ⟨v. iets ongewensts⟩ ⇒*overvallen* ◆ **1.2** the disease came on her suddenly *de ziekte trof haar plotseling.*

come-on ⟨sl.⟩ **0.1** ***lokmiddel*** ⇒*verlokking* **0.2** ⟨AE; sl.⟩ ***uitnodiging*** ⇒*invitatie* ◆ **3.2** ⟨sl.⟩ as soon as her husband had left she gave me the ~ *zodra haar man de kamer uit was begon ze avances te maken.*

come out 0.1 ***uitkomen*** ⇒*eruit komen, naar buiten komen* **0.2** ***staken*** ⇒*in staking gaan* **0.3** ⟨ben. voor⟩ ***verschijnen*** ⇒*te voorschijn komen, gepubliceerd worden* ⟨v. boek⟩, *uitlopen, bloeien* ⟨v. planten, bomen⟩, *doorkomen* ⟨v. zon⟩, *uit de mond komen* ⟨v. woorden⟩, *uitbreken* ⟨v. ziekte⟩ **0.4** ***ontdekt/bekend worden*** **0.5** ***vrijkomen*** ⇒*ontslagen worden* ⟨uit de gevangenis⟩ **0.6** ***duidelijk worden/zijn*** ⇒*goed uitkomen, er goed op staan* ⟨foto⟩ **0.7** ***verdwijnen*** ⇒*verschieten, verbleken* ⟨v. kleur⟩, *uitvallen* ⟨v. haar, tanden⟩ **0.8** ***zich voor/tegen iets verklaren*** **0.9** ***haar/zijn debuut maken*** ⟨op het toneel; in de wereld, vnl. mbt. meisje uit hogere stand⟩ **0.10** ***verwijderd worden*** ⇒*er uitgaan* ⟨v. vlek⟩ **0.11** ***uitkomen*** ⇒*kloppen, juist zijn* ⟨v. rekening⟩ **0.12** ***openlijk uitkomen voor*** ⟨seksuele geaardheid⟩ ◆ **1.1** Lucy came out in the top three *Lucy eindigde bij de eerste drie* **5.¶** ~ **badly/well** *het er slecht/goed afbrengen;* ~ of nowhere *uit het niets opkomen;* ~ **right/wrong** *goed/slecht aflopen* **6.3** he's coming out **in** spots/a rash *hij zit vol uitslag;* ⟨inf.⟩ ~ **with** the truth *met de waarheid voor de dag komen* **6.8** the Government came out strong(ly) **against** the Russian invasion *de regering protesteerde krachtig tegen de Russische invasie* **6.11** the total comes out **at/to** 367 *het totaal beloopt 367* **6.¶** ~ **for** s.o./sth. *iem./iets zijn steun toezeggen.*

come over I ⟨onov.ww.⟩ **0.1** ***overkomen*** ⇒*komen over, oversteken* **0.2** ***overgaan*** ⇒*(naar een andere partij) overlopen* **0.3** ***langs komen*** ⇒*bezoeken* **0.4** ***inslaan*** ⇒*overkomen, aanslaan* **0.5** ⟨BE⟩ ***worden*** ⇒*zich voelen* ◆ **2.5** ~ faint/dizzy/queer/funny *zich flauw/duizelig/ziek/raar voelen;*
II ⟨ww. + vz.⟩ **0.1** ***overkomen*** ⇒*bekruipen* ◆ **1.1** a strange feeling came over her *een vreemd gevoel bekroop haar* **4.1** what has ~ you? *wat bezielt je?*

comer [kumma] **0.1** ⟨AE; inf.⟩ ***coming man*** ⇒*veelbelovend iemand* ◆ **7.¶** all ~s *iedereen.*

come round, ⟨vnl. AE⟩ **come around 0.1** ***aanlopen*** ⇒*langs komen, bezoeken* **0.2** ***bijkomen*** ⇒*weer bij zijn positieven komen* **0.3** ***overgaan*** ⇒*bijdraaien* **0.4** ***terugkomen*** ⇒*(regelmatig) terugkeren* **0.5** ***een geschil/ruzie bijleggen*** **0.6** ***een omweg maken*** **0.7** ***bijtrekken*** ⟨na boze bui⟩ ◆ **1.3** Jim has ~ *Jim heeft het geaccepteerd* **1.4** Christmas is coming round next month *'t is weer Kerstmis volgende maand* **5.7** she'll soon ~ *ze zal wel gauw in een beter humeur komen* **6.3** she'll never ~ **to** our side *ze zal nooit aan onze kant gaan staan.*

comestible [kəmestəbl] **0.1** ⟨bn.⟩ ***eetbaar*** **0.2** ⟨zn.; vnl. mv.⟩ ***eetwaren.***

comet [kommit] **0.1** ***komeet.***

come through I ⟨onov.ww.⟩ **0.1** ***doorkomen*** ⇒*overkomen, komen door* **0.2** ***overleven*** ⟨mbt. ziekte e.d.⟩ **0.3** ⟨AE⟩ ***slagen*** ⇒*lukken, de bestemming bereiken* **0.4** ⟨inf.⟩ ***doen als verwacht*** ⇒*over de brug komen* ◆ **1.1** the message isn't coming through clearly *het bericht komt niet goed door* **6.2** ~ **without** a scratch *er zonder kleerscheuren afkomen;*
II ⟨ww. + vz.⟩ **0.1** ***overleven*** ⇒*te boven komen, doorstaan* ⟨ziekte e.d.⟩ ◆ **1.1** he came through two worldwars *hij heeft twee wereldoorlogen overleefd.*

come to I ⟨onov.ww.⟩ **0.1** ***bijkomen*** ⇒*weer bij zijn positieven komen;*
II ⟨ww. + vz.⟩ **0.1** ***betreffen*** ⇒*aankomen op* **0.2** ***komen tot (aan)*** ⇒*komen bij* **0.3** ***belopen*** ⇒*bedragen, (neer)komen op* **0.4** ***te binnen schieten*** ⇒*komen op* **0.5** ***toekomen*** ⇒*ten deel/te beurt vallen, gegeven worden* **0.6** ***overkomen*** **0.7** ***benaderen*** ⇒*aanpakken, onder handen nemen* ⟨probleem, taak e.d.⟩ ◆ **1.2** ~ an agreement *het eens worden;* ~ s.o.'s aid/assistance/help *iem. te hulp komen;* ~ a decision *tot een besluit komen;* John came to a bad/no good/a sticky end *het liep slecht af met Jan;* ~ fruition *in vervulling gaan;* ~ a halt/standstill *tot stilstand komen;* ~ life *tot leven komen, weer bijkomen;* ~ light *aan het licht komen;* ~ one's senses/o.s. *tot bezinning komen, weer bijkomen;* ~ an understanding *het eens worden* **1.3** ~ the same thing *op hetzelfde neerkomen* **1.4** the idea came to her on the way home *op weg naar huis schoot haar dat idee te binnen* **1.5** a lot of money is coming to her *ze zal heel wat geld erven* **1.6** I hope no harm will ~ you *ik hoop dat je geen kwaad geschiedt* **3.1** when it comes to speaking in public *als het er op aankomt in het openbaar te spreken* **4.¶** he'll never ~ anything *er zal nooit iets uit hem worden;* ⟨sl.⟩ he had it coming to him *hij kreeg zijn verdiende loon;* ~ little *weinig uithalen;* what's it all coming to? *waar moet dat allemaal heen?;* ~ nothing *op niets uitdraaien;* ~ o.s. *tot zichzelf komen;* if it comes to that *in dat geval;* we never thought things would ~ this! *we hadden nooit gedacht dat het zo ver zou komen!* **5.5** it comes naturally/⟨inf.⟩ natural to him *het gaat hem makkelijk af.*

come under 0.1 ***komen onder*** ⇒*ressorteren onder, vallen onder* ◆ **1.1** ~ heavy enemy gunfire *door de vijand zwaar onder vuur genomen worden.*

come up 0.1 ***opkomen*** ⇒*(naar) boven komen, opdoemen* **0.2** ***uitkomen*** ⇒*opschieten, kiemen* **0.3** ***aan de orde komen*** ⇒*ter sprake komen* **0.4** ***gebeuren*** ⇒*voorkomen, zich voordoen* **0.5** ***vooruitkomen*** **0.6** ***eruit komen*** ⇒*uitgebraakt worden* ⟨v. voedsel⟩ **0.7** ***naderbij komen*** ⟨om iets te zeggen⟩ **0.8** ***voorkomen*** ⟨v. rechtszaak⟩ **0.9** ⟨inf.⟩ ***uitkomen*** ⇒*getrokken/gekozen worden* **0.10** ⟨BE⟩ ***aan de universiteit komen*** ⇒*gaan studeren, student worden, eerstejaars zijn* ⟨vnl. Oxford, Cambridge⟩ **0.11** ***overkomen*** ◆ **1.5** ~ the hard way *door schade en schande wijs worden;* ~ in the world *vooruitkomen in de wereld* **1.9** I hope my number will ~ this time *ik hoop dat mijn nummer deze keer wint/uitkomt* **3.¶** ⟨inf.⟩ he always comes up smiling *hij overwint het altijd met een lach* **6.1** ~ **for** election *verkiesbaar zijn* **6.11** she's just ~ **from** New York *zij is pas uit New York gekomen* **6.¶** ~ **against** *in conflict komen met;* our holiday didn't ~ **to** our expectations *onze vakantie viel tegen;* ⟨inf.⟩ you'll have to ~ **with** a better answer *je zult met een beter antwoord op de proppen moeten komen.*

come upon 0.1 ***overvallen*** ⇒*overrompelen, komen over* **0.2** ***aantreffen*** ⇒*stoten op, tegen het lijf lopen* ◆ **1.1** fear came upon them *ze werden door angst bevangen.*

comeuppance [kummuppəns] ⟨inf.⟩ ◆ **3.¶** get one's ~ *zijn verdiende loon krijgen.*

comfort[1] [kumfət] **I** ⟨telb.zn.⟩ **0.1** ***troost*** ⇒*trooster, steun* **0.2** ⟨vaak mv.⟩ ***comfort*** ⇒*gemak* ◆ **2.2** house with all modern ~s *huis met alle modern comfort;*
II ⟨n.-telb.zn.⟩ **0.1** ***troost*** ⇒*bemoediging* **0.2** ***hulp*** ⇒*steun* **0.3** ***comfort*** ⇒*gemak, gerieflijkheid* **0.4** ***welstand*** ⇒*welgesteldheid* ◆ **3.1** derive/take ~ from sth. *troost putten uit iets* **3.4** live in ~ *welgesteld zijn.* →**close, cold.**

comfort[2] ⟨ww.⟩ **0.1** ***troosten*** ⇒*bemoedigen.*

comfortab|le [kumf(ə)təbl] ⟨-ly⟩ **0.1** ***aangenaam*** ⇒*gemakkelijk, behaaglijk* **0.2** ***comfortabel*** ⇒*gerieflijk; royaal, vorstelijk* **0.3** ***eenvoudig*** ⇒*gemakkelijk, niet veeleisend* **0.4**

rustig ⇒*zonder pijn* **0.5** ***welgesteld*** ◆ **1.1** a ~ armchair *een gemakkelijke (leun)stoel* **1.2** a ~ income *een royaal inkomen* **1.3** lots of people are ~ in their ignorance *vele mensen zijn gelukkig in hun onwetendheid* **1.4** have a ~ night *een rustige nacht hebben* **1.5** live in ~ circumstances *in goeden doen zijn* **3.1** feel ~ *zich goed voelen;* make yourself ~ *maak het je gemakkelijk.*

comforter [kumfətə] **0.1** ***trooster*** ⇒*steun* **0.2** ⟨BE⟩ ***fopspeen*** **0.3** ⟨BE⟩ ***bouffante*** ⇒*shawl* **0.4** ⟨AE⟩ ***dons*** ⇒*dekbed, gewatteerde deken.*

comfrey [kumfrie] **0.1** ***(gewone) smeerwortel.***

comf|y [kumfie] ⟨ook -ier⟩⟨inf.⟩ **0.1** ***aangenaam*** ⇒*behaaglijk, knus.*

comic[1] [kommik] **I** ⟨telb.zn.⟩ **0.1** ⟨inf.⟩ ***komiek*** ⇒*grappenmaker;* ⟨pej.⟩ *grapjas, joker* **0.2** ⟨vnl. mv.; AE; inf.⟩ ***stripboek*** ⇒ *strippagina;*
II ⟨n.-telb.zn.; the⟩ **0.1** ***komische (element).***

comic[2] ⟨bn.⟩ **0.1** ***grappig*** ⇒*komisch* **0.2** ***blijspel-*** ⇒*v.h. blijspel/de klucht* ◆ **1.1** ~ relief *vrolijke noot, komisch intermezzo* **1.2** ~ opera *opera buffa, opera comique.*

comical [kommikl] ⟨inf.⟩ **0.1** ***grappig*** ⇒*komisch* **0.2** ***blijspel-*** ⇒*v.h. blijspel/de klucht.*

comic book ⟨AE⟩ **0.1** ***strip(boekje).***

comic strip ⟨AE⟩ **0.1** ***strip(verhaal).***

coming[1] [kumming] ⟨zn.⟩ **0.1** ***komst*** ◆ **1.1** the ~s and goings *het komen en gaan.*

coming[2] ⟨bn.⟩ **0.1** ***toekomstig*** ⇒*komend, aanstaand* **0.2** ⟨inf.⟩ ***veelbelovend*** ⇒*in opkomst* ◆ **1.1** the ~ week *volgende week.*

coming-out **0.1** ***officiële introductie v.e. meisje in de grote wereld*** ⇒*debuut.*

comit|y [kommətie] ⟨mv.: -ies⟩ **0.1** ***beleefdheid*** ⇒*hoffelijkheid, respect* **0.2** ***samenleving op basis v. wederzijds respect*** ◆ **1.1** ~ of nations *(landengemeenschap op basis v.) internationaal wederzijds respect.*

comma [kommə] **0.1** ***komma*** ⟨ook muz.⟩ **0.2** ***cesuur*** ◆ **3.¶** inverted ~s *aanhalingstekens.*

command[1] [kəma:nd] ⟨zn.⟩ **0.1** ***commando*** ⇒*leiding, militair gezag* **0.2** ***bevel*** ⇒*order, gebod* **0.3** ***legeronderdeel*** ⇒ *commando, legerdistrict* **0.4** ***beheersing*** ⇒*controle, meesterschap* **0.5** ⟨comp.⟩ ***commando*** ⇒*opdracht(impuls/signaal)* ◆ **1.2** at the word of ~ *op het commando* **1.4** have (a) good ~ of a language *een taal goed beheersen* **3.1** have/take ~ of *het bevel hebben/nemen over* **6.1** **at/by** his ~ *op zijn bevel;* be **in** ~ **of** *het bevel voeren over;* be **in** ~ **of** the situation *de zaak onder controle hebben;* **under** ~ of *onder het bevel van* **6.2** he is **at** my ~ *hij staat te mijner beschikking.* →**high.**

command[2] **I** ⟨onov.ww.⟩ **0.1** ***bevelen geven*** **0.2** ***het bevel/gezag voeren/hebben;***
II ⟨ov.ww.⟩ **0.1** ***bevelen*** ⇒*gebieden, commanderen* **0.2** ***het bevel/commando voeren over*** **0.3** ***beheersen*** **0.4** ***bestrijken*** ⇒*overzien* **0.5** ***afdwingen*** **0.6** ⟨schr.⟩ ***beschikken over*** ◆ **1.4** this hill ~s a fine view *vanaf deze heuvel heeft men een prachtig uitzicht* **1.5** ~ respect *eerbied afdwingen* **1.6** ~ great sums of money *over grote sommen geld beschikken* **4.3** ~ o.s. *zich beheersen.*

commandant [kommənd**æ**nt] **0.1** ***commandant*** ⇒*bevelvoerend officier.*

commandeer [kommənd**iə**] **0.1** ***tot militaire dienst dwingen*** **0.2** ***(op)vorderen*** ⇒*in beslag nemen.*

commander [kəma:ndə] **0.1** ***bevelhebber*** ⇒*commandant;* ⟨scheep.⟩ *gezagvoerder* **0.2** ⟨scheep.⟩ ***kapitein-luitenant-ter-zee*** **0.3** ***commandeur*** ⟨v. ridderorde⟩ ◆ **1.1** ~ in chief *opperbevelhebber.*

commanding [kəma:nding] **0.1** ***bevelvoerend*** ⇒*bevelend* **0.2** ***indrukwekkend*** ⇒*imponerend* **0.3** ***dwingend*** ⇒*autoritair* **0.4** ***weids*** ⇒*(de omtrek) bestrijkend* ◆ **1.1** ~ officer *bevelvoerend officier* **1.2** a ~ presence *een indrukwekkende verschijning.*

commandment [kəma:n(d)mənt] **0.1** ***bevel*** ⇒*order, gebod* **0.2** ***edict*** ⇒*bevelschrift* **0.3** ⟨rel.; vaak C-⟩ ***gebod*** ◆ **7.3** the Ten Commandments *de Tien Geboden.*

command module ⟨ruim.⟩ **0.1** ***bemanningscompartiment.***

commando [kəma:ndoo] ⟨mv.: ook -es⟩⟨mil.⟩ **0.1** ***commando*** ⇒*stoottroep, stoottroeper.*

command performance **0.1** ***(toneel)opvoering op koninklijk bevel.***

command post ⟨mil.⟩ **0.1** ***commandopost.***

comme il faut [kom ie:l foo] **0.1** ***zoals het hoort*** ⇒*fatsoenlijk.*

commemorate [kəmemməreet] **0.1** ***herdenken*** ⇒*gedenken, vieren.*

commemoration [kəmemməreesjn] **0.1** ***herdenking*** ⇒*herinnering, viering* **0.2** ***gedenkteken*** ⇒*monument* ◆ **6.1** **in ~ of** *ter herinnering aan.*

commence [kəmens] ⟨zn.: **-ment**⟩⟨schr.⟩ **0.1** ***beginnen.***

commend [kəmend] ⟨schr.⟩ **0.1** ***toevertrouwen*** ⇒*opdragen* **0.2** ***prijzen*** ⇒*loven* **0.3** ***aanbevelen*** ◆ **4.3** this novel ~s itself to the reader *deze roman valt bij de lezer in de smaak* **5.2** highly ~ed *met eervolle vermelding* **6.1** ~ sth. **to** s.o.'s care *iets aan iemands zorg/hoede toevertrouwen.*

commendab|le [kəmendəbl] ⟨-ly⟩ **0.1** ***prijzenswaardig*** ⇒ *lofwaardig, aanbevelenswaardig.*

commendation [kommənd**ee**sjn] **0.1** ***prijs*** ⇒*eerbewijs; eervolle vermelding* **0.2** ⟨schr.⟩ ***lof*** ⇒*bijval* **0.3** ⟨schr.⟩ ***aanbeveling.***

commendatory [kəmendətrie] ⟨schr.⟩ **0.1** ***prijzend*** **0.2** ***aanbevelend*** ◆ **1.2** a ~ letter *een aanbevelingsbrief.*

commensurab|le [kəmensj(ə)rəbl] ⟨-ly⟩ **0.1** ⟨+ to, with⟩ ***vergelijkbaar (met)*** ⇒*meetbaar met dezelfde maatstaf* **0.2** ⟨+ to, with⟩ ***evenredig (met)*** ⇒*passend, geschikt.*

commensurate [kəmensj(ə)rət] **0.1** ⟨+ with⟩ ***samenvallend (met)*** ⇒*gelijk* **0.2** ⟨+ to, with⟩ ***evenredig (met)*** ⇒*passend, geschikt* **0.3** ***vergelijkbaar.***

commensuration [kəmensjər**ee**sjn] **0.1** ***vergelijkbaarheid*** ⇒*gelijkenis, (punt v.) overeenstemming* **0.2** ***evenredigheid.***

comment[1] [komment] ⟨zn.⟩ **0.1** ***(verklarende/kritische) aantekening*** ⇒*commentaar, toelichting* **0.2** ***bemerking*** ⇒ *opmerking* **0.3** ***gepraat*** ⇒*praatjes* ◆ **3.1** give/make (a) ~ on *commentaar leveren bij* **7.1** ⟨inf.⟩ no ~ *geen commentaar.*

comment[2] **I** ⟨onov.ww.⟩ **0.1** ⟨+ (up)on⟩ ***commentaar leveren (op)*** **0.2** ***opmerkingen/aanmerkingen maken*** ⇒*kritiek leveren;*
II ⟨ov.ww.⟩ **0.1** ***(be)commentariëren*** ⇒*van commentaar voorzien, annoteren.*

commentar|y [kommantrie] ⟨mv.: -ies⟩ **0.1** ***commentaar*** ⇒ *opmerking* **0.2** ***uitleg*** ⇒*verklaring* **0.3** ***reportage*** ◆ **3.3** a running ~ *een doorlopende reportage.*

commentate [kommənteet] **I** ⟨onov.ww.⟩ **0.1** ⟨+ on⟩ ***verslag geven (van)*** ⇒*commentaar leveren (op);*
II ⟨ov.ww.⟩ **0.1** ***verslaan*** ⇒*een reportage geven van.*

commentator [kommənteetə] **0.1** ***commentator*** **0.2** ***verslaggever.***

commerce [kommə:s] **0.1** ***handel*** ⇒*(handels)verkeer* **0.2** ***(intellectuele/sociale) omgang*** ⇒*verkeer.*

commercial[1] [kəmə:sjl] ⟨zn.⟩ **0.1** ***reclame*** ⇒*commercial, spot.*

commercial[2] ⟨bn.⟩ **0.1** ***commercieel*** ⟨ook pej.⟩ ◆ **1.1** ~ art *toegepaste grafische kunst;* ~ bank *handelsbank;* ~ college *handelshogeschool;* ~ radio/TV *commerciële radio/tv;* ⟨BE⟩ ~ traveller *vertegenwoordiger, handelsreiziger;* ~ vehicle *bedrijfsauto.*
commercialese [kəmə:sjəlie:z] **0.1** ***handelsjargon.***
commercialism [kəmə:sjəlizm] ⟨vaak pej.⟩ **0.1** ***handelsgeest*** ⇒*handelspraktijken.*
commercial|ize, -ise [kəmə:sjəlajz] ⟨zn.: **-ization**⟩ **0.1** ***vercommercialiseren*** ⇒*op de verkoop richten.*
commie [kommie] ⟨sl.; pej.⟩ **0.1** ***rooie*** ⇒*communist.*
commingle [kommingɡl] **0.1** ***(zich) vermengen.***
commiser|ate [kəmizzəreet] ⟨zn.: **-ation**⟩ **0.1** ⟨+with⟩ ***medelijden hebben/voelen (met)*** ⇒*medeleven betuigen.*
commissar [kommissa:] **0.1** ***volkscommissaris*** ⟨in de USSR⟩.
commissariat [kommisseəriət] **0.1** ***voedselvoorziening*** ⟨vnl. v.h. leger⟩ **0.2** ⟨ww. enk. of mv.⟩ ***volkscommissariaat*** ⟨in de USSR⟩ **0.3** ⟨ww. enk. of mv.⟩ ***militaire intendance.***
commissar|y [kommisrie] ⟨mv.: -ies⟩ **0.1** ⟨mil.⟩ ***intendant*** ⇒*intendanceofficier* **0.2** ⟨AE⟩ ***kantine*** ⇒⟨bij uitbr.⟩ *voedsel/kledingmagazijn* ◆ **2.1** ~ general *hoofdintendant.*
commission[1] [kəmisjn] ⟨zn.⟩ **0.1** ***opdracht*** **0.2** ***benoeming*** ⇒*aanstelling* ⟨ihb. v. officier⟩; *benoemingsbrief* **0.3** ⟨ww. enk. of mv.; vaak C-⟩ ***commissie*** ⇒*comité* **0.4** ***commissie*** ⇒*verlening* ⟨v. macht, ambt enz.⟩; *machtiging, instructie* **0.5** ***provisie*** ⇒*commissieloon* **0.6** ***het begaan*** ⟨v. misdaad/zonde⟩ ◆ **3.2** hold the (King's) ~ *officier zijn* **6.4** **in** ~ *met een opdracht belast* **6.5** sell **on** ~ *in commissie verkopen* **6.¶** be **out of** ~ *niet in gebruik zijn.*
commission[2] ⟨ww.⟩ **0.1** ***opdragen*** ⇒*belasten* **0.2** ***bestellen*** **0.3** ***vaarklaar maken*** ⟨schip⟩ **0.4** ***aanstellen*** ⇒*benoemen* ⟨officier bij marine⟩.
commission-agent ⟨ec.⟩ **0.1** ***commissionair*** ⇒⟨vnl.⟩ *bookmaker.*
commissionaire [kəmisjəneə] ⟨vnl. BE⟩ **0.1** ***portier.***
commissioner [kəmisjənə] ⟨vaak C-⟩ **0.1** ***commissaris*** ⇒*gelastigde, gevolmachtigde* **0.2** ***(hoofd)commissaris*** ⟨v. politie⟩ **0.3** ***(hoofd)ambtenaar*** **0.4** ***hoofd v. dienst*** ⟨bij overheid⟩ ◆ **1.3** Commissioners of Inland Revenue *ontvanger der (directe) belastingen.*
commit [kəmit] ⟨-ted⟩ **0.1** ***toevertrouwen*** ⇒*prijsgeven* **0.2** ***verwijzen*** ⟨wet naar commissie⟩ **0.3** ***in (voorlopige) hechtenis nemen*** ⇒*opsluiten* **0.4** ***plegen*** ⇒*begaan, bedrijven* **0.5** ***beschikbaar stellen*** ⇒*toewijzen* ◆ **4.¶** ~ o.s. *zich verplichten; zich uitspreken* **6.1** ~ **to** the earth *ter aarde bestellen;* ~ **to** memory *uit het hoofd leren;* ~ **to** writing/paper *op schrift stellen* **6.3** ~ **to** a mental hospital *in een inrichting (doen) opnemen;* ~ **to** prison *in hechtenis nemen* **6.5** ~ money **to** a new project *geld uittrekken voor een nieuw project* **6.¶** ~ o.s. **on** an issue *zijn mening over een zaak geven;* ~ o.s. **to** a cause *zich inzetten voor een (goed) doel.*
commitment [kəmitmənt] **0.1** ***verplichting*** ⇒*verbintenis, belofte* **0.2** ***overtuiging*** **0.3** ***engagement*** ⇒*inzet, betrokkenheid* **0.4** ***(bevel tot) inhechtenisneming*** ⇒*aanhouding* **0.5** ***het doen opnemen in ziekenhuis/inrichting*** **0.6** ***verwijzing*** ⟨naar commissie⟩ ◆ **3.1** he made a ~ to/that ... *hij verplichtte zich om ...* **6.2** have a ~ **to** Socialism *het socialisme aanhangen.*
committal [kəmitl] **0.1** ***inhechtenisneming*** ⇒*opsluiting, opname* **0.2** ***toezegging*** ⇒*belofte* **0.3** ***verwijzing*** ⇒*toewijzing.*
committed [kəmittid] **0.1** ***toegewijd*** ⇒*overtuigd* **0.2** ***geëngageerd.***
committee [kəmittie] ⟨zn.; ww. enk. of mv.⟩ **0.1** ***commissie*** ⇒*bestuur, comité* ◆ **1.1** ~ of inquiry *onderzoekscommissie;* ⟨AE⟩ ~ of the whole *comité generaal* ⟨alle leden v. wetgevend lichaam⟩ **3.1** standing ~ *vaste commissie* **6.1** to be/sit **on** a ~ *lid zijn v.e. commissie.*
committee|man ⟨mv.: -men [-mən]⟩ **0.1** ***commissielid*** **0.2** ***leider v.e. kiescomité.***
committee stage ⟨jur.⟩ **0.1** ***(stadium in de) behandeling v. wetsvoorstel*** ⟨door kamercommissies in Engeland⟩.
commode [kəmood] **0.1** ***ladekast*** ⇒*commode* **0.2** ***stilletje*** ⇒*toilet.*
commodious [kəmoodiəs] **0.1** ***ruim.***
commodit|y [kəmoddətie] ⟨mv.: -ies⟩ **0.1** ***(handels)artikel*** ⇒*product, nuttig voorwerp* **0.2** ⟨ec., hand.⟩ ***basisproduct*** ⇒⟨ong.⟩ *grondstof.*
commodity market ⟨hand.⟩ **0.1** ***markt voor grondstoffen*** ⇒*handel in grondstoffen.*
commodore [kommədo:] ⟨scheep.⟩ **0.1** ***commandeur*** **0.2** ***commodore*** ⇒*bevelhebber v.e. smaldeel/eskader* ⟨in Eng. of USA⟩, *gezagvoerder v.e. konvooi koopvaardijschepen.*
common[1] [kommən] **I** ⟨telb. en n.-telb.zn.⟩ **0.1** ***meent*** ⇒*gemeenschapsgrond* **0.2** ***het gewone*** ◆ **6.2** **out of** the ~ *ongewoon, ongebruikelijk* **6.¶** **in** ~ *gemeenschappelijk, gezamenlijk;* **in** ~ **with** *evenals, op dezelfde manier als;*
II ⟨mv.⟩ **0.1** ⟨the⟩ ***burgerstand*** ⇒*(gewone) burgerij* **0.2** ⟨C-; the⟩ ***(leden v.h.) Lagerhuis.***
common[2] ⟨bn.; -ness⟩ **0.1** ***gemeenschappelijk*** ⇒*gemeen, gemeenzaam* **0.2** ***openbaar*** ⇒*publiek* **0.3** ***gewoon*** ⇒*algemeen, gebruikelijk, gangbaar* **0.4** ***ordinair*** **0.5** ⟨taal.⟩ ***onbepaald*** ⇒*variabel, gemeenslachtig* ◆ **1.1** by ~ consent *met algemene instemming;* Common Market *gemeenschappelijke markt, Europese (Economische) Gemeenschap;* ~ property *gemeenschapsgrond, gemeenschappelijk eigendom* **1.2** his past was ~ knowledge *iedereen wist van zijn verleden;* for the ~ good *in het algemeen belang* **1.3** the ~ herd *de meute/massa;* the ~ man *de gewone man, Jan met de pet;* ~ people *gewone/doorsnee mensen* **1.4** as ~ as muck/dirt *vreselijk ordinair* **1.5** ~ noun *soortnaam* **1.¶** ~ carrier *vervoersbedrijf, busonderneming;* make ~ cause with *gemene zaak maken met;* ~ denominator *gemeenschappelijke noemer* ⟨ook fig.⟩; ~ divisor, ~ factor *gemene deler;* ~ ground *overeenstemming, punt v. overeenkomst;* ~ law *gewoonterecht, ongeschreven recht;* (The Book of) Common Prayer *anglicaanse liturgie;* ~ sense *gezond verstand;* ⟨BE; jur.⟩ Common Serjeant ⟨ong.⟩ *advocaat-generaal* ⟨bij Londens gerechtshof⟩; ~ time *(doorgeslagen) vierkwartsmaat;* ~ viper *adder* **5.1** it's very ~ *het komt heel vaak voor.*
commonalty [kommənəltie] ⟨zn.; ww. enk. of mv.; the⟩ **0.1** ***burgerij*** ⇒*het gewone volk.*
commoner [kommənə] **0.1** ***burger*** ⇒*gewone man* **0.2** ***student zonder beurs.***
common land **0.1** ***meent*** ⇒*gemeenschapsgrond.*
common-law **0.1** ***(volgens het) gewoonterecht*** ◆ **1.1** they are ~ husband and wife *ze zijn zonder boterbriefje getrouwd.*
commonly [kommənlie] **0.1** →**common** **0.2** ***gewoonlijk*** ⇒*gebruikelijk, vaak* **0.3** ***ordinair.***
common marketeer **0.1** ***voorstander v. EEG-lidmaatschap.***
common-or-garden ⟨inf.⟩ **0.1** ***huis-, tuin- en keuken-*** ⇒*alledaags, doodgewoon.*
commonplace[1] [kommənplees] ⟨zn.⟩ **0.1** ***gemeenplaats*** ⇒*platitude, cliché* **0.2** ***alledaags iets.***
commonplace[2] ⟨bn.⟩ **0.1** ***afgezaagd*** ⇒*clichématig* **0.2** ***alledaags*** ⇒*gewoon, doorsnee.*

common-room ⟨BE⟩ **0.1** ***docentenkamer*** **0.2** ***studentenvertrek*** ⇒*leerlingenkamer.*

Commonwealth [kommənwelθ] **I** ⟨eig.n.⟩ **0.1** ***Britse Gemenebest*** **0.2** ***de (Britse) Republiek*** ⟨onder Cromwell, 1649-1660⟩ ◆ **1.1** ~ of Nations *Britse Gemenebest* **1.¶** ~ of Independent States *Gemenebest van Onafhankelijke Staten;*
II ⟨telb.zn.⟩ **0.1** ⟨vaak c-⟩ ***gemenebest*** **0.2** ***staat*** **0.3** ***gebied met zelfbestuur*** ◆ **1.1** the ~ of letters *het rijk der letteren.*

Commonwealth Games ⟨sport⟩ **0.1** ***de Britse Gemenebestspelen.***

commotion [kəmoosjn] **0.1** ***beroering*** ⇒*onrust, opschudding* **0.2** ***rumoer*** ⇒*lawaai, herrie.*

communal [komjoenl] ⟨-ly⟩ **0.1** ***gemeenschappelijk*** ⇒*gezamenlijk, gemeenschaps-* **0.2** ***v.e. commune*** ⇒*commune-* ◆ **1.1** ~ life *gemeenschapsleven;* ~ difficulties in Belgium *communautaire moeilijkheden in België.*

communality [komjoenælətie] **0.1** ***gemeenschappelijkheid*** **0.2** ***samenhorigheidsgevoel.***

commune[1] [komjoe:n] ⟨zn.⟩ **0.1** ***commune*** ⇒*leef/woongemeenschap* **0.2** ***gemeente*** ⟨in Frankrijk, België, Italië, Spanje, Zwitserland⟩ **0.3** ***organisatie ter behartiging v. plaatselijke belangen.***

commune[2] [kəmjoe:n] ⟨ww.⟩ **0.1** ***in nauw contact staan*** ⇒*gevoelens/gedachten uitwisselen, zich één voelen* **0.2** ⟨AE; r.-k.⟩ ***de communie ontvangen*** **0.3** ⟨AE; prot.⟩ ***het Avondmaal vieren*** ◆ **6.1** ~ **with** friends *een intiem gesprek met vrienden hebben;* ~ **with** nature *zich één voelen met de natuur.*

communicab|le [kəmjoe:nikkəbl] ⟨-ly⟩ **0.1** ***besmettelijk*** **0.2** ***overdraagbaar*** ⟨v. ideeën⟩ ⇒*communiceerbaar, mededeelbaar.*

communicant [kəmjoe:nikkənt] **0.1** ***communicant*** ⇒*Avondmaalganger;* ⟨bij uitbr.⟩ *kerkganger* **0.2** ***informant*** ⇒*zegsman, bron.*

communicate [kəmjoe:nikkeet] **I** ⟨onov.ww.⟩ **0.1** ⟨r.-k.⟩ ***communiceren*** ⇒*de communie ontvangen* **0.2** ⟨prot.⟩ ***het Avondmaal vieren*** **0.3** ***communiceren*** ⇒*contact hebben* **0.4** ***in verbinding staan*** ◆ **6.4** our living-room ~s **with** the kitchen *onze woonkamer staat in verbinding met de keuken;*
II ⟨ov.ww.⟩ **0.1** ***overbrengen*** ⇒*bekendmaken, doorgeven* **0.2** ⟨r.-k.⟩ ***de communie uitreiken*** **0.3** ⟨prot.⟩ ***tot het Avondmaal toelaten*** ◆ **1.1** the Chairman didn't ~ his opinions clearly *de voorzitter drukte zich niet duidelijk uit* **6.1** the radiator ~d heat **to** the room *de radiator gaf warmte af aan de kamer.*

communication [kəmjoe:nikkeesjn] **0.1** ***mededeling*** ⇒*boodschap, bericht* **0.2** ***verbinding*** ⇒*contact, communicatie* **0.3** ***het overbrengen/dragen*** ⟨v. ideeën, ziektes⟩ **0.4** ⟨mv.⟩ ***verbindingen*** ⇒*communicatiemiddelen.*

communication cord **0.1** ***noodrem*** ⟨in trein⟩.

communication skills **0.1** ***goede contactuele eigenschappen.***

communicative [kəmjoe:nikkətiv] **0.1** ***spraakzaam*** ⇒*praatgraag, openhartig* **0.2** ***communicatief.***

communion [kəmjoe:niən] **0.1** ***kerkgenootschap*** ⇒*gemeente, gemeenschap* **0.2** ⟨C-; r.-k.⟩ ***communie*** **0.3** ⟨C-; prot.⟩ ***Avondmaal*** **0.4** ***gemeenschappelijkheid*** **0.5** ***nauw contact*** **0.6** ***het zich één voelen*** ⇒*verbondenheid* ◆ **1.1** ⟨theol.⟩ the Communion of Saints *de gemeenschap der heiligen* **3.2** take/receive Communion *ter communie gaan* **3.5** hold ~ with o.s. *zich bezinnen.*

communiqué [kəmjoe:nikkee] **0.1** ***communiqué*** ⇒*bekendmaking, persbericht.*

communism [komjoenizm] ⟨vaak C-⟩ **0.1** ***communisme.***

communist [komjoenist] ⟨vaak C-⟩ **0.1** ⟨bn.; ook: -ic⟩ ***communistisch*** **0.2** ⟨zn.⟩ ***communist.***

communit|y [kəmjoe:nətie] ⟨mv.: -ies⟩ **0.1** ***gemeenschap*** ⇒*bevolkingsgroep* **0.2** ***overeenkomst(igheid)*** ⇒*gemeenschappelijkheid* **0.3** ⟨r.-k.⟩ ***congregatie*** ⇒*broederschap* **0.4** ⟨the⟩ ***bevolking*** ⇒*publiek, gemeenschap* **0.5** ⟨biol.⟩ ***woongebied*** ⇒*broedplaats, kolonie* ◆ **1.2** a ~ of interests *gemeenschappelijke belangen;* ~ of property *gemeenschappelijk bezit.*

community centre **0.1** ***wijkcentrum*** ⇒*buurthuis.*

community charge **0.1** ***personele belasting.***

community chest ⟨AE⟩ **0.1** ***sociaal voorzieningsfonds.***

community service ⟨jur.⟩ **0.1** ***dienstverlening*** ⟨als alternatieve straf⟩.

community singing **0.1** ***samenzang.***

community tax **0.1** ***personele belasting.***

commutable [kəmjoe:təbl] **0.1** ***vervangbaar*** ⇒*verwisselbaar, afkoopbaar.*

commutation [komjoeteesjn] **0.1** ***omzetting*** ⟨v. straf⟩ ⇒*verlichting, vermindering* **0.2** ***afkoopsom*** ⇒*afkoopbedrag* **0.3** ***het pendelen*** **0.4** ***het afkopen.***

commutation ticket ⟨AE⟩ **0.1** ***(trein/bus)abonnement*** ⇒*maandkaart, weekabonnement.*

commutative [kəmjoe:tətiv] **0.1** ***vervangbaar*** ⇒*verwisselbaar, (plaats)vervangend* **0.2** ⟨wisk.⟩ ***commutatief.***

commute [kəmjoe:t] **I** ⟨onov.ww.⟩ **0.1** ***pendelen*** ⇒*forenzen* ◆ **6.1** ~ **between** home and office *pendelen tussen kantoor en huis;*
II ⟨ov.ww.⟩ **0.1** ***verlichten*** ⇒*verminderen, omzetten* **0.2** ***veranderen*** ⇒*omzetten, afkopen* ◆ **6.1** ~ a sentence **from** death **to** life imprisonment *een vonnis van doodstraf in levenslang omzetten* **6.2** ~ an insurance policy **into/for** a lump sum *een verzekeringspolis afkopen voor een uitkering ineens.*

commuter [kəmjoe:tə] **0.1** ***forens*** ⇒*pendelaar.*

compact[1] [kompækt] ⟨zn.⟩ **0.1** ***overeenkomst*** ⇒*verbond, verdrag* **0.2** ***poederdoos*** **0.3** ⟨AE⟩ ***middelgrote/kleine auto*** ⇒*compact car.*

compact[2] [kəmpækt] ⟨bn.; -ness⟩ **0.1** ***compact*** ⇒*samengeperst* **0.2** ***compact*** ⇒*bondig, beknopt* ◆ **3.1** ~ly built *met een stevig/gedrongen postuur.*

compact[3] [kəmpækt, ⟨in bet. I 0.1⟩ kompækt] **I** ⟨onov.ww.⟩ **0.1** ***een overeenkomst aangaan;***
II ⟨ov.ww.⟩ **0.1** ***samenpakken*** ⇒*samenpersen, opeenhopen* ◆ **6.¶** a gang ~ed **of** dangerous criminals *een bende (bestaande uit) gevaarlijke misdadigers.*

compact disc **0.1** ***compact disc.***

compact disc player **0.1** ***compactdiscspeler*** ⇒*cd-speler.*

Companies Registry **0.1** ***nationaal handelsregister v. Groot-Brittannië.***

companion [kəmpæniən] **0.1** ***metgezel*** ⇒*lotgenoot, kameraad* **0.2** ***vennoot*** ⇒*partner* **0.3** ***gezelschapsdame*** **0.4** ⟨vaak C-⟩ ***handboek*** ⇒*gids, wegwijzer* **0.5** ***pendant*** ⇒*tegenstuk, één v. twee bij elkaar behorende exemplaren* ◆ **1.1** ~ in arms *wapenbroeder, strijdmakker.*

companionab|le [kəmpæniənəbl] ⟨-ly⟩ **0.1** ***gezellig*** ⇒*aangenaam, vriendelijk.*

companionship [kəmpæniənsjip] **0.1** ***kameraadschap*** ⇒*gezelschap, omgang.*

companionway **0.1** ***(loop)gang*** ⇒*kruipgang* ⟨in vliegtuig⟩.

compan|y [kump(ə)nie] **I** ⟨n.-telb.zn.⟩ **0.1** ***gezelschap*** **0.2** ***bezoek*** ⇒*gasten* **0.3** ***compagnonschap*** ⇒*compagnon(s)* ◆ **2.1** John's good/bad ~ *John is een gezellige/ongezellige kerel* **3.1** bear/keep s.o. ~ *iemand vergezellen/gezelschap* *houden* **3.2** have/expect ~ *visite/bezoek hebben/krijgen* **6.1** part ~ **from/with** *scheiden van, verlaten;* **in** ~ *in gezelschap;* **in** ~ **with** *samen met;* request the ~ **of** *inviteren;* keep ~ **with** *omgaan met, verkering hebben met.* →**two;** **II** ⟨zn.; ww. enk. of mv.⟩ **0.1** ***gezelschap*** ⇒*groep, gemeenschap, toneelgezelschap* **0.2** ***onderneming*** ⇒*firma, bedrijf, maatschappij, vennootschap* **0.3** ***gilde*** ⇒*genootschap* **0.4** ⟨mil.⟩ ***compagnie*** **0.5** ⟨scheep.⟩ ***(gehele) bemanning*** ◆ **1.1** theatre ~ *toneelgezelschap* **3.2** ⟨BE; ec.⟩ limited ~ *naamloze vennootschap.*

company car **0.1** ***dienstauto*** ⇒*auto v.d. zaak.*

company doctor **0.1** ***bedrijfsarts/dokter.***

company law **0.1** ***vennootschapsrecht.***

company manners **0.1** ***(overdreven/afgemeten) beleefdheid.***

company officer ⟨mil.⟩ **0.1** ***subaltern officier.***

company sergeant-major ⟨mil.⟩ **0.1** ***compagniesergeant-majoor.***

comparab|le [koomprəbl] ⟨-ly; zn.: **-ility**⟩ **0.1** ***vergelijkbaar*** ◆ **6.1** my car is not ~ **with/to** yours *mijn auto is niet met die van jou te vergelijken.*

comparative[1] [kəmpærətiv] ⟨zn.⟩⟨taal.⟩ **0.1** ***vergelijkende/vergrotende trap.***

comparative[2] ⟨bn.⟩ **0.1** ***vergelijkend*** ⇒*betrekkelijk, relatief* ◆ **1.1** they live in ~ comfort now *het gaat ze nu verhoudingsgewijs beter;* the ~ merits of the two projects *de relatieve verdiensten v. beide plannen.*

compare[1] [kəmpeə] ⟨zn.⟩⟨schr.⟩ ◆ **6.¶ beyond/past/without** ~ *onvergelijkbaar, weergaloos.*

compare[2] **I** ⟨onov.ww.⟩ **0.1** ***vergelijkbaar zijn*** ⇒*de vergelijking kunnen doorstaan* ◆ **6.1** he can't ~ **with** his brother *hij kan niet bij zijn broer in de schaduw staan;* our results ~ poorly **with** theirs *onze resultaten steken mager/pover bij de hunne af;*
II ⟨ov.ww.⟩ **0.1** ***vergelijken*** ⇒*de gelijkenis vaststellen/nagaan tussen* ◆ **6.1** I'm tall, ~d **to** him *bij hem vergeleken ben ik (nog) lang;* ~ a translation **with** the original *een vertaling naast het origineel leggen.*

comparison [kəmpærisn] **0.1** ***vergelijking*** ◆ **3.1** bear/stand ~ with *de vergelijking kunnen doorstaan met* **6.1** there's no ~ **between** us *we zijn niet te vergelijken;* **by/in** ~ **with** *in vergelijking/vergeleken met.*

compartment [kəmpa:tmənt] **0.1** ***compartiment*** ⇒*vakje, (trein)coupé, (gescheiden) ruimte* ◆ **1.1** a ship's ~s *de ruimen v.e. schip.*

compartmental [kompa:tmentəl] **0.1** ***onderverdeeld*** ⇒*opgedeeld, in hokjes/vakjes verdeeld.*

compartmentalize, -ise [kompa:tmentəlajz] **0.1** ***in compartimenten/vakken verdelen*** ⇒*onderverdelen, categoriseren.*

compass [kumpəs] **0.1** ***kompas*** **0.2** ⟨vnl. enk.; schr.⟩ ***bereik*** ⇒*begrenzing, omsloten ruimte/gebied* **0.3** ⟨vnl. mv.⟩ ***passer*** ◆ **1.1** the points of the ~ *de kompasrichtingen/streken* **1.3** a pair of ~es *een passer* **6.2** that's not **within** the ~ of my responsibility *dat valt niet onder mijn verantwoordelijkheid.*

compassion [kəmpæsjn] **0.1** ***medelijden*** ⇒*begaanheid, deelneming* ◆ **6.1** ~ **for/on** the poor *medeleven met de behoeftigen.*

compassionate [kəmpæsj(ə)nət] **0.1** ***medelevend/lijdend*** ◆ **1.1** ⟨BE⟩ ~ leave *verlof wegens familieomstandigheden.*

compass point **0.1** ***kompasrichting/streek*** ⇒*windrichting.*

compatib|le [kəmpætəbl] ⟨-ly; zn.: **-ility**⟩ **0.1** ***verenigbaar*** ⇒*combineerbaar, bij elkaar passend; aansluitbaar* ⟨v. technische apparaten⟩ ◆ **1.1** ~ systems *onderling verenigbare systemen* **6.1** ~ **with** *aangepast aan;* drinking is not ~ **with** driving *drinken en autorijden verdragen elkaar niet.*

compatriot [kəmpætriət] **0.1** ***landgeno(o)t(e).***

compel [kəmpel] ⟨-led⟩ **0.1** ***(af)dwingen*** ⇒*verplichten, noodzaken* ◆ **1.¶** ⟨fig.⟩ his eloquence ~led the audience *met zijn welbespraaktheid hield hij het publiek geboeid* **3.1** lack of money ~led us to return *geldgebrek dwong ons terug te keren.*

compelling [kəmpelling] **0.1** ***fascinerend*** ⇒*onweerstaanbaar, meeslepend.*

compendious [kəmpendiəs] ⟨schr.⟩ **0.1** ***(kort) samengevat*** ⇒*bondig, beknopt.*

compendium [kəmpendiəm]⟨mv.: ook compendia [kəmpendiə]⟩ **0.1** ***compendium*** ⇒*samenvatting.*

compensate [kompənsəit] **I** ⟨onov.ww.⟩ **0.1** ⟨+for⟩ ***dienen als tegenwicht (voor)*** ⇒*opwegen (tegen)* **0.2** ***compenseren*** ◆ **6.1** nothing can ~ **for** losing a child *niets kan het verlies v.e. kind compenseren* **6.2** he's small, so he ~s **by** bullying his family *hij is klein, dus hangt hij ter compensatie thuis de tiran uit;*
II ⟨onov. en ov.ww.⟩ **0.1** ***vergoeden*** ⇒*vereffenen, goedmaken* ◆ **6.1** I want the landlord to ~ me **for** all this trouble *ik wil dat de huisbaas me schadeloosstelt voor al deze overlast.*

compensation [kompənseesjn] **0.1** ***compensatie*** ⇒*(onkosten/schade)vergoeding, schadeloosstelling.*

compensatory [kompənseetərie] **0.1** ***compenserend*** ⇒*vergoedings-, herstel-.*

compere, compère [kompeə] ⟨BE⟩ **0.1** ⟨zn.⟩ ***conferencier*** ⇒*ceremoniemeester, presentator* **0.2** ⟨ww.⟩ ***als presentator/conferencier optreden.***

compete [kəmpie:t] **0.1** ***wedijveren*** ⇒*meedingen, concurreren* ◆ **1.1** how many teams will be competing? *hoeveel ploegen doen er mee?*

competence [kompətəns], **competency** [-nsie] **0.1** ***(vak)bekwaamheid*** ⇒*vaardigheid, (des)kundigheid* **0.2** ⟨jur.⟩ ***bevoegdheid*** ⇒*competentie* ◆ **6.1** he lacks ~ **for** that task *hij is niet geschikt voor die taak* **6.2** that's **beyond** the ~ of this court *dat behoort niet tot de competentie v. dit hof.*

competent [kompət(ə)nt] **0.1** ***competent*** ⇒*(vak)bekwaam, (des)kundig* **0.2** ***voldoende*** ⇒*toereikend, adequaat* **0.3** ***competent*** ⟨vnl. jur.⟩ ⇒*bevoegd, gerechtigd* ◆ **1.1** he's a ~ teacher *hij is een vakkundig/goed onderwijzer* **1.2** the carpenter did a ~ job *de timmerman heeft een goed stuk werk afgeleverd.*

competition [kompətisjn] **0.1** ***wedstrijd*** ⇒*toernooi, concours* **0.2** ***competitie*** ⇒*wedijver, rivaliteit, concurrentie* ◆ **1.2** what sort of ~ are we up against? *wat voor tegenstander hebben we?* **6.2** we're **in** ~ **with** the best teams of Europe *we moeten wedijveren met de beste ploegen v. Europa.*

competitive [kəmpettətiv] ⟨-ness⟩ **0.1** ***concurrerend*** ◆ **1.1** ~ examination *vergelijkend examen;* the ~ nature of modern society *het prestatiegerichte karakter v.d. moderne samenleving;* ~ prices *concurrerende prijzen.*

competitiveness [kəmpettətivnəs] **0.1** ***concurrentievermogen*** ⇒⟨Belg.⟩ *competitiviteit; slagvaardigheid in de concurrentiestrijd, concurrentiepositie* **0.2** ***prestatiegerichtheid*** ⇒*ambitie.*

competitor [kəmpettittə] **0.1** ***concurrent*** ⇒*(wedstrijd)deelnemer, rivaal.*

compilation [kompilleesjn] **0.1** ***samenstelling*** ⇒*bundel(ing), verzameling.*

compilation CD **0.1** ***verzamel-cd.***

compile [kəmpajl] **0.1** ***samenstellen*** *⇒bijeenbrengen/garen, verzamelen* ◆ **1.1** ~ dictionaries/guide books *woordenboeken/gidsen samenstellen.*
compiler [kəmpajlə] **0.1** ***samensteller*** **0.2** ⟨comp.⟩ ***compiler*** *⇒vertaalprogramma.*
complacenc|y [kəmpleesnsie], **complacence** [-pleesns] ⟨mv.: -ies⟩⟨vaak pej.⟩ **0.1** ***zelfgenoegzaamheid*** *⇒(zelf)voldaanheid, zelfingenomenheid.*
complacent [kəmpleesnt] ⟨vaak pej.⟩ **0.1** ***zelfgenoegzaam*** *⇒ zelfvoldaan, zelfingenomen.*
complain [kəmpleen] **0.1** ***klagen*** *⇒zich beklagen; een klacht indienen.*
complaining [kəmpleening] **0.1** ***klagend*** *⇒klagerig, zeurderig.*
complaint [kəmpleent] **0.1** ***klacht*** ⟨ook jur.⟩ *⇒grief;* ⟨oneig.⟩ *kwaal* **0.2** ***beklag*** *⇒het klagen* ◆ **3.1** lodge a ~ against s.o. *een aanklacht tegen iem. indienen* **6.2** no cause/ground **for** ~ *geen reden tot klagen.*
complaisance [kəmpleezns] ⟨schr.⟩ **0.1** ***gedienstigheid*** *⇒ inschikkelijkheid, behulpzaamheid.*
complaisant [kəmpleeznt] ⟨schr.⟩ **0.1** ***gedienstig*** *⇒inschikkelijk, behulpzaam.*
complement[1] [komplimmənt] ⟨zn.⟩ **0.1** ***aanvulling*** *⇒vervolmaking* **0.2** ***vereiste hoeveelheid*** *⇒volledige/voltallige bemanning/bezetting.*
complement[2] [kompliment] ⟨ww.⟩ **0.1** ***aanvullen*** *⇒vervolmaken, afronden.*
complementary [komplimmentrie] **0.1** ***complementair*** *⇒ aanvullend* ◆ **1.1** ~ angles *complementaire hoeken* ⟨die samen 90° vormen⟩; ~ characters *elkaar aanvullende karakters;* ~ colours *complementaire kleuren* ⟨die samen wit vormen⟩.
complete[1] [kəmplie:t] ⟨bn.; -ness⟩ **0.1** ***compleet*** *⇒volkomen, totaal* **0.2** ***klaar*** *⇒afgerond, voltooid* ◆ **1.1** a ~ edition of Goethe's works *het verzamelde werk v. Goethe;* a ~ surprise *een volslagen verrassing.*
complete[2] ⟨ww.⟩ **0.1** ***vervolledigen*** *⇒afmaken, voltooien; invullen* ⟨formulier⟩ ◆ **1.1** our navy ~d a successful attack *onze marine deed een geslaagde aanval;* the work is not ~d yet *het werk is nog niet af.*
completion [kəmplie:sjn] **0.1** ***voltooiing*** *⇒afwerking, afronding* ◆ **6.1** be **near** ~ *(de/zijn) voltooiing naderen;* **on** ~ **of** *bij (de) voltooiing v.*
complex[1] [kompleks] ⟨zn.⟩ **0.1** ***complex*** ⟨bv. sportcomplex⟩ *⇒ samengesteld geheel* **0.2** ⟨psych.⟩ ***complex*** *⇒*⟨inf.; oneig.⟩ *obsessie* **0.3** ⟨schei.⟩ ***complex*** *⇒complexe verbinding* ◆ **6.2** ⟨inf.⟩ she has a ~ **about** her pimples *ze heeft een complex over haar puistjes.*
complex[2] ⟨bn.⟩ **0.1** ***gecompliceerd*** *⇒samengesteld, ingewikkeld* ◆ **1.1** a ~ network of roads *een ingewikkeld/dicht vertakt wegennet.*
complexion [kəmpleksjn] **0.1** ***huidkleur*** *⇒uiterlijk;* ⟨ihb.⟩ *gelaatskleur, teint* **0.2** ***aanzien*** *⇒voorkomen, aard* ◆ **1.2** that changed the ~ of the matter *dat gaf de kwestie een heel ander aanzien* **2.1** dark/fair ~ *donkere/bleke teint.*
complexit|y [kəmpleksətie] ⟨mv.: -ies⟩ **0.1** ***complicatie*** *⇒ moeilijkheid, probleem* **0.2** ***ingewikkeldheid*** *⇒gecompliceerdheid, complexiteit.*
compliance [kəmplajjəns] **0.1** ***volgzaamheid*** *⇒meegaandheid* **0.2** ***onderdanigheid*** *⇒onderworpenheid* ◆ **6.1** **in** ~ **with** your wish *overeenkomstig uw wens;* ~ **with** the law *naleving v.d. wet.*
compliant [kəmplajjənt] **0.1** ***volgzaam*** *⇒inschikkelijk, toegeeflijk* **0.2** ***onderdanig*** *⇒onderworpen.*
complicate [komplikkeet] **0.1** ***ingewikkeld(er)/gecompliceerd worden/maken*** **0.2** ***verergeren.***
complicated [komplikkeetid] ⟨-ness⟩ **0.1** ***gecompliceerd*** *⇒ ingewikkeld.*
complication [komplikkeesjn] **0.1** ***complicatie*** ⟨ook med.⟩ *⇒ (extra/onvoorziene) moeilijkheid, verwikkeling* ◆ **2.1** if there's any further ~, I'll get out *als de zaak nog onoverzichtelijker wordt, stap ik eruit* **3.1** ~s arose *er deden zich complicaties voor.*
complicit [kəmplissit] **0.1** ***medeplichtig*** *⇒medeschuldig* ◆ **1.1** ~ smiles *samenzweerderige lachjes* **6.1** ~ **in** *medeplichtig aan.*
complicity [kəmplissətie] **0.1** ***medeplichtigheid*** ◆ **6.1** ~ **in** *medeplichtigheid aan.*
compliment[1] [komplimmənt] ⟨zn.⟩ **0.1** ***compliment*** *⇒lofbetuiging, beleefdheid* ◆ **1.1** the ~s of the season *kerst/nieuwjaarswens;* ⟨als wens⟩ *prettige feestdagen* **3.1** ⟨vnl. pej.⟩ fish/angle for ~s *naar (een) complimentje(s) vissen/hengelen;* pay s.o. a ~, pay a ~ to s.o. (on sth.) *iem. een complimentje (over iets) maken;* return a/the ~ *iem. op zijn beurt complimenteren* **6.1** my ~s **to** your wife *de groeten/complimenten aan uw vrouw.*
compliment[2] [kompliment] ⟨ww.⟩ **0.1** ⟨+on⟩ ***complimenteren (met/over)*** *⇒een compliment maken, gelukwensen.*
complimentar|y [komplimmentrie] ⟨-ily⟩ **0.1** ***complimenteus*** *⇒vleiend* **0.2** ***gratis*** *⇒bij wijze v. geste gegeven* ◆ **1.2** ~ copy *presentexemplaar;* ~ tickets *vrijkaartjes.*
compl|y [kəmplaj] ⟨-ied⟩ **0.1** ***zich schikken/voegen*** *⇒gehoorzamen* ◆ **3.1** refuse to ~ *weigeren mee te werken* **6.1** ~ **with** *zich neerleggen bij, gehoor geven aan; naleven* ⟨wet⟩.
component [kəmpoonənt] **0.1** ⟨bn.⟩ ***samenstellend*** **0.2** ⟨zn.⟩ ***component*** *⇒onderdeel, element* ◆ **1.1** ~ parts *onderdelen, bestanddelen.*
comport [kəmpo:t] ⟨onov. en ov.ww.; wk.ww.⟩ **0.1** ***zich gedragen*** *⇒handelen, optreden* ◆ **4.1** he ~ed himself with dignity *hij gedroeg zich waardig* **6.¶** that does not ~ **with** his high position *dat strookt niet met/past niet bij zijn hoge functie.*
comportment [kəmpo:tmənt] ⟨schr.⟩ **0.1** ***gedrag*** *⇒houding, optreden.*
compose [kəmpooz] **I** ⟨onov. en ov.ww.⟩ **0.1** ***schrijven*** ⟨literair of muzikaal werk⟩ *⇒componeren* **0.2** ⟨boek.⟩ ***zetten;*** **II** ⟨ov.ww.⟩ **0.1** ***samenstellen*** *⇒vormen, in elkaar zetten* **0.2** ***tot bedaren/rust brengen*** *⇒bedaren, kalmeren* **0.3** ***bijleggen*** *⇒sussen, beslechten* ⟨geschil⟩ ◆ **1.1** the parts that ~ a whole *de delen waaruit een geheel bestaat* **4.2** ~ yourself *kalm/rustig nou maar;* ~ o.s. to write *zich ertoe zetten/voorbereiden om te gaan schrijven* **6.1** ~d **of** *bestaande/opgebouwd uit.*
composed [kəmpoozd] **0.1** ***kalm*** *⇒rustig, beheerst.*
composer [kəmpoozə] **0.1** ***componist*** **0.2** ***auteur*** *⇒schrijver* ⟨v. brief, gedicht⟩.
composite [kompəzit] **0.1** ⟨bn.⟩ ***samengesteld*** **0.2** ⟨zn.⟩ ***samengesteld geheel*** *⇒samenstel(ling), mengsel* ◆ **1.1** ~ photograph *montage/compositiefoto;* ~ number *deelbaar getal.*
composition [kompəzisjn] **0.1** ***samenstelling*** *⇒compositie, constructie, opbouw* **0.2** ***het componeren*** *⇒het (op)stellen, de schrijfkunst* **0.3** ***kunstwerk*** *⇒*⟨ihb.⟩ *muziekstuk, compositie; dichtwerk, tekst* **0.4** ***steloefening*** *⇒opstel, verhandeling* **0.5** ***mengsel*** *⇒samengesteld materiaal;* ⟨ihb.⟩ *kunststof* **0.6** ⟨geen mv.⟩ ***constitutie*** *⇒gestel, aard* **0.7** ⟨druk.⟩ ***het letterzetten*** *⇒zetting, composerzetsel* **0.8** ***schikking*** *⇒regeling, vergelijk* ◆ **1.1** a piece of his own ~ *een stuk v. eigen hand* **2.5** chemical ~s *chemische mengsels* **7.6** he has a touch of madness in his ~ *er is bij hem een steekje los.*

composition photo 0.1 *compositiefoto* ⇒*montagefoto.*
compositor [kəmpozzittə] ⟨druk.⟩ **0.1** *(letter)zetter.*
compos mentis [kompəs mentis] **0.1** *compos mentis* ⇒*bij zijn volle verstand* ⟨vnl. jur.⟩ ◆ **3.1** ⟨inf.⟩ I'm not feeling quite ~ today *ik ben er (met mijn hoofd) niet helemaal bij vandaag.*
compost[1] [kompost] ⟨zn.⟩ **0.1** *compost.*
compost[2] ⟨ww.⟩ **0.1** *met compost bedekken* ⇒*bemesten* **0.2** *composteren* ⇒*verwerken tot compost.*
compostable [kəmpostəbl] **0.1** *composteerbaar* ⇒*afbreekbaar.*
compost bin **0.1** *compostbak.*
compost heap, compost pile **0.1** *composthoop.*
composure [kəmpoozjə] **0.1** *(zelf)beheersing* ⇒*kalmte, evenwicht(igheid).*
compote [kompot] **0.1** *compote* ⇒*vruchtenmoes.*
compound[1] [kompaund] ⟨zn.⟩ **0.1** ⟨ben. voor⟩ *samenstel* ⇒ *mengsel;* ⟨taal.⟩ *samengesteld woord;* ⟨schei.⟩ *(chemische) verbinding* **0.2** ⟨ben. voor⟩ *omheinde groep gebouwen/huizen* ⇒*(krijgs)gevangenkamp; omheind gebied, schutstal* ⟨voor vee⟩.
compound[2] ⟨bn.⟩ **0.1** *samengesteld* ⇒*ge/vermengd, gecombineerd* ◆ **1.1** ~ addition *optelling v. ongelijknamige waarden;* ⟨anat.⟩ ~ eye *facetoog, samengesteld oog;* ⟨wisk.⟩ ~ fraction *samengestelde breuk;* ⟨med.⟩ ~ fracture *gecompliceerde breuk/fractuur;* ~ interest *samengestelde interest, rente op rente;* ⟨plantk.⟩ ~ leaf *samengesteld/(dubbel)geveerd blad;* ~ number *getal bestaande uit verschillende meeteenheden* ⟨bv. 6 voet 2 duim⟩; ⟨taal.⟩ ~ sentence *samengestelde zin.*
compound[3] [kəmpaund] **I** ⟨onov.ww.⟩ **0.1** *tot overeenstemming/een vergelijk komen* ⇒*bijleggen* ◆ **6.1** ~ **with** s.o. **for** sth. *met iem. tot overeenstemming komen over iets;* **II** ⟨ov.ww.⟩ **0.1** *(dooreen/ver)mengen* ⇒*samenstellen, opbouwen* **0.2** *berekenen* ⇒*vaststellen* ⟨samengestelde interest⟩ **0.3** ⟨vnl. pass.⟩ *vergroten* ⇒*verergeren* **0.4** ⟨jur.⟩ *(minnelijk) schikken* ⇒*afzien v. vervolging, (schuld) vereffenen* ◆ **1.1** ~ a recipe *een recept klaarmaken* **1.3** the situation was ~ed by his absence *door zijn afwezigheid werd de zaak bemoeilijkt.*
comprehend [komprihhend] **0.1** *(be)vatten* ⇒*begrijpen, doorgronden* **0.2** *omvatten* ⇒*beslaan, inhouden.*
comprehensib|le [komprihhensəbl] ⟨-ly; zn.: **-ility**⟩ **0.1** *begrijpelijk* ⇒*doorzichtig, duidelijk.*
comprehension [komprihhensjn] **0.1** ⟨school.⟩ *begripstest* ⇒*lees/luistertoets* **0.2** *begrip* ⇒*bevattingsvermogen* **0.3** *(toepassings)bereik* ⇒*(veel)omvattendheid, toepasbaarheid, omvang.*
comprehensive[1] [komprihhensiv] ⟨zn.⟩ **0.1** ⟨BE⟩ *scholengemeenschap.*
comprehensive[2] ⟨bn.⟩ **0.1** *alles/veelomvattend* ⇒*uitvoerig, uitgebreid* **0.2** *het begrijpen betreffende* ⇒*verstandelijk* ◆ **1.1** ~ insurance *all-risk verzekering;* ⟨BE⟩ ~ school *middenschool* **1.2** ~ faculty *begripsvermogen, bevattingsvermogen.*
compress[1] [kompres] ⟨zn.⟩ **0.1** *kompres* ⇒*drukverband.*
compress[2] [kəmpres] ⟨ww.⟩ **0.1** *opeen/samendrukken* ⇒ *opeen/samenpersen* ◆ **1.1** ~ed air *perslucht, samengeperste lucht* **6.1** ~ a complex idea **into** a few words *een ingewikkeld idee in een paar woorden samenvatten.*
compressib|le [kəmpressəbl] ⟨zn.: **-ility**⟩ **0.1** *samendrukbaar/persbaar.*
compression [kəmpresjn] **0.1** *samendrukking/persing* ⇒ *verdichting, compressie* **0.2** *samengedruktheid/geperstheid* ⇒*dichtheid, compactheid.*
compressor [kəmpressə] **0.1** *compressor* ⇒*perspomp, luchtverdichter.*
comprise [kəmprajz] **0.1** *bestaan/opgebouwd zijn uit* ⇒ *be/omvatten, vormen* ◆ **1.1** the house ~s five rooms *het huis telt vijf kamers;* 15 republics ~ the Soviet Union *15 republieken vormen samen de Sovjet-Unie.*
compromise[1] [komprəmajz] ⟨zn.⟩ **0.1** *compromis* ⇒*tussenoplossing, midden/tussenweg;* ⟨pej.⟩ *geschipper.*
compromise[2] **I** ⟨onov.ww.⟩ **0.1** *een compromis sluiten;* **II** ⟨ov.ww.⟩ **0.1** *door een compromis regelen* ⇒*(minnelijk) schikken* **0.2** *compromitteren* ⇒*in opspraak brengen, de goede naam aantasten v.* **0.3** *in gevaar brengen* ◆ **4.2** you ~d yourself by working for that paper *door je werk voor die krant heb je je gecompromitteerd.*
comptometer [kom(p)tommittə] **0.1** *rekenmachine* ⇒*telmachine.*
comptroller [kəntroolə, kəmp-] ⟨schr.; vnl. in titels⟩ **0.1** *controleur* ⇒⟨ong.⟩ *thesaurier, schatmeester.*
compulsion [kəmpulsjn] **0.1** ⟨psych.⟩ *onweerstaanbare drang* ⇒*dwangmatige handeling* **0.2** *dwang* ⇒*verplichting, druk* ◆ **6.1** **under** ~ *onder dwang.*
compulsive [kəmpulsiv] ⟨-ness⟩ **0.1** *dwingend* ⇒*gedwongen, verplicht* **0.2** ⟨psych.⟩ *dwangmatig* ⇒*uit een dwangneurose voortkomend, dwang-;* ⟨fig.⟩ *onweerstaanbaar* ◆ **1.1** a ~ smoker *een verslaafd roker.*
compulsor|y [kəmpulsrie] ⟨-ily⟩ **0.1** *verplicht* **0.2** *dwingend* ⇒*onontkoombaar, noodzakelijk* ◆ **1.1** ~ education *leerplicht;* ~ military service *dienstplicht;* ⟨school.⟩ ~ subject *verplicht vak* **1.2** ~ purchase *dwingende koop, onteigening.*
compunction [kəmpung(k)sjn] **0.1** *schuldgevoel* ⇒*(gewetens)bezwaar, wroeging* ◆ **6.1** she lies to me **without** the slightest ~ *ze liegt me met het grootste gemak voor.*
computation [kompjoeteesjn] ⟨vaak mv. met enk. bet.⟩ **0.1** *berekening* ⇒*raming, begroting* **0.2** *computergebruik/verwerking* ◆ **2.1** if my ~s are right *als mijn berekeningen kloppen.*
compute [kəmpjoe:t] **0.1** *berekenen* ⇒*uitrekenen* ◆ **1.1** computing machine *rekenmachine, telmachine.*
computer [kəmpjoe:tə] **0.1** *computer.*
computer age **0.1** *computertijdperk.*
computer-aided **0.1** *met de computer geleid/bestuurd* ◆ **1.1** ~ instruction *computerondersteund onderwijs.*
computer-assisted **0.1** *computerondersteund.*
computer centre **0.1** *computercentrum* ⇒*rekencentrum.*
computer conferencing ⟨comp.⟩ **0.1** *computervergaderen.*
computer controlled **0.1** *computergestuurd.*
computer crime **0.1** *computerfraude.*
computerese [kəmpjoe:tərie:z] **0.1** *computerlatijn* ⇒*computerjargon.*
computer game **0.1** *computerspel(letje).*
computerist [kəmpjoe:tərist] **0.1** *computerdeskundige* ⇒ *computergek, computerfanaat.*
computer|ize [kəmpjoe:tərajz] **I** ⟨onov. en ov.ww.; zn.: **-ization**⟩ **0.1** *computeriseren* ⇒*overschakelen op computers;* **II** ⟨ov.ww.⟩ **0.1** *verwerken met een computer* ⟨informatie⟩ ⇒*opslaan/invoeren in een computer.*
computer literacy **0.1** *computerdeskundigheid* ⇒*vaardigheid in het gebruik v.d. computer.*
computer-literate **0.1** *vaardig in het gebruik v.d. computer* ⇒*bekend met/op de hoogte v. computers.*
computer magazine **0.1** *computerblad.*
computer nerd **0.1** *computermaniak/fanaat.*
computer network **0.1** *computernetwerk.*

computernik [kəmpjoe:tənik], **computerite** [-rajt] **0.1** ⟨inf.⟩ ***computermaniak/fanaat*** **0.2** ***computerdeskundige.***
computer programme **0.1** *computerprogramma.*
computer shop, ⟨AE⟩ **computer store** **0.1** *computerzaak.*
computer typesetting ⟨comp.⟩ **0.1** ***(het) computergestuurd zetten.***
computer virus **0.1** *computervirus.*
computer widow **0.1** ***computerweduwe*** ⇒*groene weduwe.*
computing [kəmpjoe:ting] **0.1** ***(het) computeriseren*** ⇒*computerisering, (het) werken met/gebruiken v. computers, computerwerk* ◆ **3.1** I've never done any ~ *ik heb nooit met een computer gewerkt* **6.1** she's **in** ~ *zij werkt in de computerbranche.*
computing centre →**computer centre.**
comrade [komrid, -reed] **0.1** ***kameraad*** ⇒*vriend, makker* **0.2** ⟨vaak C-; pol.⟩ ***kameraad*** ⇒*medecommunist* ◆ **1.1** ~s in arms *wapenbroeders* **7.2** the ~s *de kameraden/communisten.*
comradely [-lie] **0.1** ***kameraadschappelijk.***
comradeship [-sjip] **0.1** ***kameraadschap/vriendschap(pelijkheid).***
comsat [komsæt] ⟨verk.⟩ [communications satellite] **0.1** ***communicatiesatelliet.***
con[1] [kon] ⟨zn.⟩ **0.1** ⟨vnl. mv.; verk. v. contra⟩ ***tegenargument*** ⇒*nadeel, bezwaar* **0.2** ***tegenstem(mer)*** **0.3** ⟨verk. v. confidence (trick); sl.⟩ ***oplichterij*** **0.4** ⟨verk. v. convict; sl.⟩ ***veroordeelde*** ⇒*(oud-)gevangene.* →**mod.**
con[2] ⟨ww.; -ned⟩ **0.1** ⟨sl.⟩ ***oplichten*** ⇒*afzetten, bezwendelen* **0.2** ⟨sl.⟩ ***be/ompraten*** ⇒*bewerken, overhalen* ◆ **6.1** ~ s.o. **out of** his money *iem. zijn geld afhandig maken* **6.2** he ~ned me **into** signing *hij heeft me mijn handtekening weten te ontfutselen.*
con[3] ⟨bw.⟩ →**contra.**
concaten|ate [konkætinneet] ⟨zn.: **-ation**⟩ ⟨schr. of tech.⟩ **0.1** ***aaneenschakelen*** ⇒*aaneenkoppelen/voegen.*
concave [konkeev] **0.1** ***concaaf*** ⇒*hol(rond).*
concavit|y [kənkævətie] ⟨mv.: -ies⟩ **0.1** ***concaaf/hol(rond) oppervlak*** ⇒*concave lijn, uitholling, koepel* **0.2** ***concaafheid*** ⇒*hol(rond)heid.*
conceal [kənsie:l] **0.1** ***verbergen*** ⇒*verstoppen, achter/geheimhouden* ◆ **1.1** ~ed turning *let op, bocht* ⟨als verkeersteken⟩ **6.1** ~ the facts **from** s.o. *de feiten voor iem. verbergen/achterhouden.*
concealment [kənsie:lmənt] **0.1** ***verschuiling*** ⇒*schuil/geheimhouding, verzwijging* ◆ **6.1** stay **in** ~ *zich schuil/verborgen houden.*
concede [kənsie:d] **I** ⟨onov.ww.⟩ **0.1** ***zich gewonnen geven*** ⇒*opgeven, capituleren* ⟨vnl. pol., sport⟩;
II ⟨ov.ww.⟩ **0.1** ***toegeven*** **0.2** ***toestaan*** ⇒*op/prijsgeven, inwilligen, gunnen* ◆ **1.1** ~ defeat *zijn nederlaag erkennen;* ~ a point *ongelijk bekennen* **6.2** he ~d 50 yards **to** me at the start *hij gaf me 50 yards voorsprong bij de start.*
conceit [kənsie:t] **0.1** ⟨lit.⟩ ***vergezochte/(te) ver doorgevoerde vergelijking*** ⇒*gekunstelde beeldspraak/metafoor* **0.2** ***verwaandheid*** ⇒*ijdelheid, verbeelding* ◆ **2.1** she's full of ~ *ze is erg verwaand.*
conceited [kənsie:tid] ⟨-ness⟩ **0.1** ***verwaand*** ⇒*ijdel, zelfingenomen.*
conceivab|le [kənsie:vəbl] ⟨-ly⟩ **0.1** ***voorstelbaar*** ⇒*denkbaar, mogelijk.*
conceive [kənsie:v] **I** ⟨onov.ww.⟩ →**conceive of;**
II ⟨onov. en ov.ww.⟩ ⟨rel.⟩ **0.1** ***ontvangen*** ⟨kind⟩ ⇒*zwanger worden (van)* ◆ **1.1** the child was ~d in spring *het kind is in de lente verwekt;*
III ⟨ov.ww.⟩ **0.1** ***bedenken*** ⇒*ontwerpen* **0.2** ***opvatten*** ⇒*begrijpen* ◆ **1.1** she ~d a dislike for me *ze kreeg een hekel aan mij.*
conceive of **0.1** ***zich voorstellen*** ⇒*zich indenken.*
concentrate[1] [konsntreet] ⟨zn.⟩ **0.1** ***concentraat*** ⟨ook schei.⟩ ⇒*ingedampte/ingekookte substantie, extract.*
concentrate[2] **I** ⟨onov.ww.⟩ **0.1** ⟨+ (up)on⟩ ***zich concentreren (op)*** ⇒*zich toeleggen* **0.2** ***bijeen/samenkomen in/op één punt*** ⇒*zich concentreren* ◆ **1.2** the riots ~d in the centre of town *de rellen concentreerden zich in het centrum v.d. stad;*
II ⟨ov.ww.⟩ **0.1** ***concentreren*** **0.2** ***concentreren*** ⇒*samentrekken, samenbrengen* **0.3** ⟨schei.⟩ ***concentreren*** ⇒*indrogen, inkoken* ◆ **1.1** ~ one's attention on *zijn aandacht richten op* **1.2** ~ all aliens in one part of a town *alle buitenlanders in één wijk samenbrengen.*
concentrated [konsntreetid] **0.1** ⟨schei.⟩ ***geconcentreerd*** ⇒*v. sterk gehalte, onverdund* **0.2** ***krachtig*** ⇒*intens, intensief* ◆ **1.2** ~ hate *intense haat.*
concentration [konsntreesjn] **0.1** ***concentratie*** ⇒*oplettendheid, aandacht* **0.2** ***concentratie*** ⇒*samentrekking, bijeenkomst* ◆ **1.1** power of ~ *concentratievermogen* **1.2** a ~ of aliens in one part of a town *een concentratie v. vreemdelingen in één wijk;* the ~ of salt *het zoutgehalte.*
concentration camp **0.1** ***concentratiekamp.***
concentric [kənsentrik] ⟨-ally⟩ **0.1** ***concentrisch.***
concept [konsept] **0.1** ***idee*** ⇒*voorstelling, denkbeeld* ◆ **1.1** the ~ of progress *de vooruitgangsgedachte.*
conception [kənsepsjn] **0.1** ***ontstaan*** ⟨v. idee e.d.⟩ ⇒*ontwerp, vinding* **0.2** ***voorstelling*** ⇒*opvatting, begrip* **0.3** ***bevruchting*** ⟨ook fig.⟩ ⇒*conceptie, ontvangenis* ◆ **1.1** the moment of ~ *het moment v. wording* **6.2** I have no ~ **of** what he meant *ik heb er geen idee van wat hij bedoelde.*
conceptual [kənseptsjoeəl] **0.1** ***conceptueel*** ◆ **1.1** ⟨bk.⟩ ~ art *conceptuele kunst, ideeënkunst.*
conceptualize, -ise [kənseptsjoeəlajz] **0.1** ***ideeën maken/vormen*** **0.2** ***zich een beeld vormen/voorstelling maken van.***
concern[1] [kənsə:n] ⟨zn.⟩ **0.1** ***aangelegenheid*** ⇒*belang, interesse* **0.2** ***(be)zorg(dheid)*** ⇒*begaanheid, (gevoel v.) betrokkenheid* **0.3** ***bedrijf*** ⇒*onderneming, firma* **0.4** ***(aan)deel*** ⇒*belang* ◆ **1.1** your drinking habits aren't my ~ / are no ~ of mine *uw drinkgewoonten gaan mij niet aan/zijn mijn zaak niet* **3.3** going ~ *bloeiende onderneming;* paying ~ *winstgevend/rendabel bedrijf* **6.2** cause **for** ~ *reden tot ongerustheid;* look at s.o. **in** ~ *begaan/zorgelijk naar iem. kijken* **6.4** have a ~ **in** a business *aandelen/een belang hebben in een zaak.*
concern[2] ⟨ww.⟩ **0.1** ***aangaan*** ⇒*raken, van belang zijn voor* **0.2** ***betreffen*** ⇒*gaan/handelen over* **0.3** ***met zorg vervullen*** ⇒*dwars zitten, verontrusten* **0.4** ⟨wk. of pass.⟩ ***zich aantrekken*** ⇒*zich interesseren, zich bekommeren* ◆ **1.1** their marriage doesn't ~ me *ik heb met hun huwelijk niets te maken;* where money is ~ed *als het om geld gaat* **1.2** the story ~s a football player *het verhaal gaat over een voetballer* **1.3** don't let our opinion ~ you *je hoeft je van onze mening niets aan te trekken* **3.1** to whom it may ~ *aan wie dit leest* ⟨aanhef v.e. open brief⟩ **6.4** be ~ed / ~ o.s. **about/in/over/with** sth. *zich ergens mee bezighouden/voor inzetten/zorgen om maken* **8.1** so/as far as your role is ~ed *wat uw rol aangaat;* as far as I'm ~ed *wat mij betreft, voor mijn part.*
concerned [kənsə:nd] **0.1** ***bezorgd*** ⇒*ongerust, bekommerd* **0.2** ***geïnteresseerd*** ⇒*betrokken* ◆ **1.2** all the people ~ *alle (erbij) betrokkenen, alle geïnteresseerden* **6.2** ~ **in** *betrokken bij* **6.¶** be ~ **with** *betreffen, gaan/handelen over.*

concerning [kənsə:ning] **0.1** ***omtrent*** ⇒*betreffende, in verband met, over.*
concert [konsət] **0.1** ***concert*** ⇒*muziekuitvoering* ◆ **6.1** Prince **in** ~ *een optreden v. Prince* **6.¶ in** ~ *in onderlinge samenwerking, in harmonie; gezamenlijk.*
concerted [kənsə:tid] **0.1** ***gecombineerd*** ⇒*gezamenlijk* ◆ **1.1** despite ~ effort *ondanks eensgezinde pogingen;* ⟨inf.; oneig.⟩ *ondanks verwoede pogingen* ⟨v. één persoon⟩.
concertgoer [konsətgooə] **0.1** ***concertganger.***
concert grand **0.1** ***concertvleugel.***
concert hall **0.1** ***concertzaal*** ⇒*concertgebouw.*
concertina [konsətie:nə] ⟨BE; inf.⟩ **0.1** ***als een harmonica in elkaar schuiven*** ⇒*in elkaar deuken/vouwen* ⟨vnl. v.e. voertuig bij een ongeluk⟩.
concertmaster ⟨vnl. AE⟩ **0.1** ***concertmeester*** ⇒*eerste violist.*
concerto [kəntsjə:too]⟨mv.: ook concerti [kəntsjə:tie]⟩ ⟨muz.⟩ **0.1** ***concerto*** ⇒*concert.*
concert pitch ◆ **6.¶** ⟨inf.; fig.⟩ **at** ~ *tot het uiterste gespannen.*
concession [kənsesjn] **0.1** ***concessie*** ⇒⟨ihb.⟩ *concessieterrein/veld* **0.2** ***concessie(verlening)*** ⇒*vergunning, tegemoetkoming.*
concession(n)aire [kənsesjənea] **0.1** ***concessionaris*** ⇒*licentiehoud(st)er.*
concessive [kənsessiv] **0.1** ***toegevend*** ⇒*toegeeflijk, concessief.*
conch [kontsj, kongk]⟨mv.: conch [kongks]/conches [kontsjiz]⟩ **0.1** ***schelpdier*** ⇒⟨ihb.⟩ *kroonslak* **0.2** ***schelp*** ⟨als trompet gebruikt⟩ ⇒*trompethoorn/schelp.*
conchie, conch|y [kontsjie] ⟨mv.: -ies⟩⟨verk.⟩ [conscientious objector] ⟨sl.; pej.⟩ **0.1** ***gewetensbezwaarde*** ⇒*dienstweigeraar.*
concierge [konsie·eəzj] **0.1** ***conciërge*** ⇒*portier, huisbewaarder.*
conciliate [kənsillie·eet] **0.1** ***tot bedaren/rust brengen*** ⇒*kalmeren, sussen* **0.2** ***verzoenen*** ⇒*in overeenstemming brengen.*
conciliation [kənsillie·eesjn] **0.1** ***verzoening*** ⇒*vreedzame beslechting v.e. geschil.*
conciliation board ⟨zn.; ww. enk. of mv.⟩ **0.1** ***geschillencommissie.***
conciliatory [kənsilliətrie] **0.1** ***verzoeningsgezind*** ⇒*verzoenend.*
concise [kənsajs] ⟨-ness⟩ **0.1** ***bondig*** ⇒*beknopt, kort maar krachtig.*
concision [kənsizjn] **0.1** ***bondigheid*** ⇒*beknoptheid, kernachtigheid.*
conclave [kongkleev] ⟨zn.; ww. enk. of mv.⟩ **0.1** ⟨r.-k.⟩ ***conclaaf*** ⇒⟨fig.⟩ *geheime/vertrouwelijke vergadering* ◆ **6.1** sit **in** ~ *in conclaaf/geheime zitting bijeen zijn.*
conclude [kənkloe:d] **I** ⟨onov.ww.⟩ **0.1** ***eindigen*** ⇒*ten einde komen, aflopen* **0.2** ***tot een conclusie/besluit/akkoord komen;***
II ⟨ov.ww.⟩ **0.1** ***beëindigen*** ⇒*(af/be)sluiten, afronden* **0.2** ***(af)sluiten*** ⇒*tot stand brengen* **0.3** ***concluderen*** ⇒*afleiden, vaststellen* **0.4** ***beslissen*** ⇒*besluiten* ◆ **1.1** ~ a lecture *een lezing besluiten* **1.2** ~ an agreement *een overeenkomst sluiten* **3.4** we ~d not to invite him *we besloten hem niet uit te nodigen.*
conclusion [kənkloe:zjn] **0.1** ***besluit*** ⇒*beëindiging, slot* **0.2** ***sluiting*** ⇒*totstandkoming, regeling* **0.3** ***conclusie*** ⇒*slotsom, gevolgtrekking* ◆ **1.1** the ~ of a book *het slot/de ontknoping v.e. boek* **1.2** the ~ of peace *het vrede sluiten* **3.3** come to/draw/reach ~s *conclusies trekken;* a foregone ~ *een bij voorbaat uitgemaakte zaak;* jump to ~s/to a ~ *overhaaste gevolgtrekkingen maken, zich een overhaast oordeel vormen* **6.1 in** ~ *samenvattend, tot besluit.*
conclusive [kənkloe:siv] **0.1** ***afdoend*** ⇒*overtuigend, beslissend.*
concoct [kənkokt] **0.1** ***samenstellen*** ⇒*bereiden, brouwen* **0.2** ⟨vnl. pej.⟩ ***verzinnen*** ⇒*bedenken, bekokstoven* ◆ **1.1** ~ a meal *een maaltijd in elkaar flansen* **1.2** ~ an excuse *een smoes verzinnen.*
concoction [kənkoksjn] **0.1** ***samenstelling*** ⇒*dooreenmenging, brouwsel* **0.2** ***verzinsel*** ⇒*bedenksel.*
concomitance [kənkommittəns] **0.1** ***het samengaan/vallen*** ⇒*coëxistentie, het tegelijkertijd optreden.*
concomitant [kənkommittənt] **0.1** ⟨bn.⟩ ***begeleidend*** ⇒*bijkomend, samengaand/vallend* **0.2** ⟨zn.; vnl. mv.⟩ ***bijverschijnsel*** ⇒*nevenomstandigheid* ◆ **1.1** ~ circumstances *bijkomende omstandigheden;* old age with all its ~ infirmities *de ouderdom en alle gebreken die daarmee gepaard gaan.*
concord [kongko:d] **0.1** ***verdrag*** ⇒*overeenkomst, akkoord* **0.2** ***harmonie*** ⇒*eendracht, overeenstemming* **0.3** ⟨taal.⟩ ***congruentie*** ⇒*overeenkomst* ◆ **6.2** live **in** ~ (with each other) *eendrachtig samenleven.*
concordance [kənko:dns] **0.1** ***concordantie*** ⇒*register* ⟨v. alle woorden v.e. bep. auteur⟩ **0.2** ***overeenstemming*** ⇒*harmonie, eendracht(igheid).*
concordant [kənko:dnt] **0.1** ***harmonieus*** ⇒*eensgezind, overeenstemmend.*
concordat [konko:dæt] **0.1** ***concordaat*** ⟨ihb. tussen Vaticaan en een regering⟩ ⇒*(pauselijk) verdrag, traktaat.*
concourse [kongko:s] **0.1** ***menigte*** ⇒*toeloop, massa* **0.2** ***samenkomst/loop*** ⇒*bijeenkomst, toevloed* **0.3** ⟨ben. voor⟩ ***weidse ruimte*** ⇒*plein, promenade; (stations)hal* ◆ **1.1** a (mighty) ~ of people *een enorme menigte* **1.2** a fortunate ~ of circumstances *een gelukkige samenloop v. omstandigheden.*
concrete[1] [kongkrie:t] ⟨zn.⟩ **0.1** ***beton.***
concrete[2] [kongkrie:t] ⟨bn.⟩ **0.1** ***concreet*** ⇒*echt, tastbaar* **0.2** ***vast*** ⇒*massief, hard* **0.3** ***betonnen*** ⇒*beton-* ◆ **1.1** he doesn't have a ~ idea of what he wants *hij heeft geen vastomlijnd idee van wat hij wil.*
concrete[3] [kənkrie:t, ⟨in bet. 0.2⟩ kongkrie:t] ⟨ww.⟩ **0.1** ***(ver)harden*** ⇒*compact/hard/massief worden/maken, (doen) stollen* **0.2** ***betonneren*** ⇒*met beton bedekken, (in) beton storten* **0.3** ***concreet maken*** ⇒*belichamen, concretiseren.*
concrete mixer **0.1** ***betonmolen.***
concretion [kənkrie:sjn] **0.1** ***samengegroeide/gepakte massa*** ⇒*samengroeisel, klomp* **0.2** ***concretisering*** ⇒*belichaming, verwerkelijking* **0.3** ***samengroeiing*** ⇒*vergroeiing, verstening.*
concubinage [konkjoe:binnidzj] **0.1** ***concubinaat.***
concubine [kongkjoebajn] **0.1** ***concubine*** ⇒*bijzit; bijvrouw.*
concupisc|ent [kənkjoe:pisnt] ⟨zn.: **-ence**⟩ **0.1** ***wellustig*** ⇒*zinnelijk, begerig.*
concur [kənkə:] ⟨-red⟩ **0.1** ***samenvallen*** ⇒*parallel lopen, overeenstemmen* **0.2** ⟨wisk.⟩ ***elkaar snijden*** ⟨v. lijnen⟩ ◆ **1.1** their opinions ~ *zij zijn het met elkaar eens* **3.1** everything ~red to produce a successful experiment *alles droeg bij tot/werkte mee aan het welslagen v.h. experiment* **6.¶** ~ **with** s.o/**in** sth. *het eens zijn met iem./iets.*
concurrence [kənkurrəns] **0.1** ***overeenstemming*** ⇒*eensgezindheid, in/toestemming* **0.2** ***samenkomst*** ⇒*samenloop, het samenvallen* **0.3** ⟨wisk.⟩ ***snijpunt*** ⟨v. lijnen⟩ ◆ **6.¶ in** ~ *gezamenlijk, met vereende krachten.*
concurrent [kənkurrənt] **0.1** ***samenvallend*** ⇒*gelijktijdig*

(optredend/voorkomend) **0.2** ***samenwerkend*** *⇒gezamenlijk* **0.3** ***evenwijdig*** **0.4** ⟨wisk.⟩ ***elkaar snijdend*** **0.5** ***overeenkomstig*** *⇒eenstemmig, eensluidend.*

concuss [kənkus] ⟨vnl. pass.⟩ **0.1** ***(de hersenen) beschadigen door schok/stoot*** ⟨enz.⟩ **0.2** ***hevig aangrijpen*** *⇒ schokken* ◆ **1.1** the player was ~ed *de speler liep een hersenschudding op.*

concussion [kənkusjn] **0.1** ***schok*** *⇒stoot, klap* **0.2** ***hersenschudding*** ◆ **3.2** suffer from ~ *een hersenschudding hebben.*

condemn [kəndem] **0.1** ***veroordelen*** *⇒schuldig verklaren* **0.2** ***afkeuren*** *⇒verwerpen* **0.3** ⟨AE⟩ ***verbeurdverklaren*** *⇒ confisqueren, in beslag nemen* ◆ **1.1** that evil look in his eyes ~s him *die kwade blik in zijn ogen verraadt hem;* the suspect was ~ed (to death) for that crime *de verdachte is voor die misdaad (ter dood) veroordeeld;* ~ violence *geweld veroordelen/afwijzen* **1.2** ~ meat as unfit for human consumption *vlees afkeuren voor menselijke consumptie;* ~ an old house *een oud huis onbewoonbaar verklaren* **1.3** ~ smuggled goods *smokkelwaar in beslag nemen* **3.1** ~ed to spend one's life in poverty *gedoemd zijn leven lang armoede te lijden* **6.1** the loss of both her legs ~ed her **to** a wheelchair *het verlies v. beide benen veroordeelde haar tot de rolstoel.*

condemnation [kondemneesjn] **0.1** ⟨vnl. enk.⟩ ***veroordelingsgrond*** *⇒reden v. veroordeling* **0.2** ***veroordeling*** *⇒ afkeuring, verwerping.*

condemned cell **0.1** ***dodencel.***

condensation [kondenseesjn] **0.1** ⟨nat., schei.⟩ ***condensatie*** **0.2** ***condens*** *⇒condens(atie)water* **0.3** ***het inkorten*** ⟨v. boek, verslag⟩ *⇒ingekorte versie.*

condense [kəndens] **0.1** ***condenseren*** ⟨ook fig.⟩ *⇒indampen, be/in/verkorten* ◆ **1.1** ~d milk *gecondenseerde melk.*

condenser [kəndensə] **0.1** ⟨foto., nat.⟩ ***condensor*** **0.2** ⟨elek., nat.⟩ ***condensator.***

condescend [kondissend] **0.1** ***zich verlagen*** *⇒zich lenen, zich verwaardigen* **0.2** ***neerbuigend/uit de hoogte doen*** *⇒neerkijken* ◆ **3.1** the prime minister ~ed to open the new factory *de premier was zo goed/vriendelijk de nieuwe fabriek te openen;* he ~ed to take bribes *hij verlaagde zich tot het aannemen van steekpenningen.*

condescension [kondissensjn] **0.1** ***neerbuigendheid*** *⇒laatdunkendheid, hooghartigheid.*

condign [kəndajn] ⟨schr.⟩ **0.1** ***welverdiend*** *⇒gerecht* ⟨vnl. v. straf⟩.

condiment [kondimmənt] ⟨vaak mv.⟩ **0.1** ***kruiderij*** *⇒specerij, toekruid.*

condition[1] [kəndisjn] ⟨zn.⟩ **0.1** ***(lichamelijke) toestand*** *⇒ staat, conditie* **0.2** ***voorwaarde*** *⇒conditie, beding* **0.3** ⟨vnl. mv.⟩ ***omstandigheid*** **0.4** ***(maatschappelijke) rang*** *⇒stand, positie* **0.5** ⟨med.⟩ ***afwijking*** *⇒aandoening, kwaal* **0.6** ⟨AE; school.⟩ ***cijfer op grond waarvan men voorwaardelijk overgaat*** ⟨met herexamen of taak⟩ ◆ **1.4** people of every ~ *mensen v. alle rangen en standen* **2.1** this machine is in good/poor ~ *deze machine verkeert in goede/slechte staat* **2.3** favourable ~s *gunstige omstandigheden* **6.1** **in** a ~ **of** weightlessness *in een toestand v. gewichtloosheid;* she's **in** no ~ to work *ze is niet in staat om te werken;* **in/out of** ~ *in/niet in conditie/vorm* **6.2** the ~s **of** success *de voorwaarden voor succes;* **on** ~ that *op voorwaarde dat, mits;* **on** no ~ *op geen enkele voorwaarde, nooit* **8.2** he made it a ~ that *hij stelde als voorwaarde dat.*

condition[2] ⟨ww.⟩ **0.1** ***bepalen*** *⇒vaststellen, afhangen (van)* **0.2** ***in conditie brengen*** *⇒in een gewenste toestand brengen, verzorgen* **0.3** ⟨psych.⟩ ***conditioneren*** *⇒trainen, africhten* **0.4** ⟨AE; school.⟩ ***herexamen/taak geven aan*** ◆ **1.1** a nation's expenditure is ~ed by its income *de bestedingsmogelijkheden v.e. land worden bepaald door het nationale inkomen* **4.2** ~ o.s. *z'n conditie op peil brengen.*

conditional [kəndisjnəl] ⟨ook taal.⟩ **0.1** ***voorwaardelijk*** *⇒ conditioneel* ◆ **1.1** ~ clause *voorwaardelijke bijzin* **6.1** his promise to you was ~ **(up)on** my consent *zijn belofte aan u was afhankelijk v. mijn toestemming.*

conditioner [kəndisjnə] **0.1** ***crèmespoeling.***

condo [kondoo] →**condominium 0.3.**

condolence [kəndooləns] **0.1** ***deelneming*** *⇒sympathie, medeleven* **0.2** ⟨mv.⟩ ***betuiging v. deelneming*** *⇒condoleantie, rouwbeklag* ◆ **6.2** please accept my ~s **on** your sister's death *mag ik mijn deelneming betuigen met de dood v. uw zuster.*

condole with **0.1** ⟨+ on⟩ ***(iem.) zijn deelneming/medeleven betuigen (met)*** *⇒condoleren (met), zijn condoléances aanbieden.*

condom [kondəm] **0.1** ***condoom*** *⇒kapotje.*

condominium [kondəminniəm] **0.1** ***condominium*** ⟨gemeenschappelijk bestuurd gebied⟩ **0.2** ***condominium*** ⟨gemeenschappelijk bestuur/beheer⟩ **0.3** ⟨AE⟩ ***(flatgebouw met) koopflat(s)*** *⇒appartement.*

condon|e [kəndoon] ⟨zn.: **-ation**⟩ **0.1** ⟨ook jur.⟩ ***vergeven*** ⟨ihb. overspel⟩ *⇒niet aanrekenen, door de vingers zien.*

condor [kondo:] **0.1** ***condor*** *⇒*⟨ihb.⟩ *Andescondor; Californische condor.*

conduce to [kəndjoe:s] ⟨schr.⟩ **0.1** ***bijdragen tot*** *⇒strekken tot, bevorderen.*

conducive [kəndjoe:siv] ⟨-ness⟩⟨schr.⟩ **0.1** ***bevorderlijk*** *⇒ gunstig* ◆ **6.1** be ~ **to** *bevorderlijk zijn voor.*

conduct[1] [kondukt] ⟨zn.⟩ **0.1** ***gedrag*** *⇒houding, handelwijze* **0.2** ***(bedrijfs)leiding*** *⇒bestuur, beleid* **0.3** ***wijze van behandeling/uitvoering*** *⇒behandelingswijze.*

conduct[2] [kəndukt] **I** ⟨onov. en ov.ww.⟩ **0.1** ***leiden*** *⇒rondleiden, begeleiden* **0.2** ⟨muz.⟩ ***dirigeren*** *⇒dirigent zijn (v.)* **0.3** ***(zich) gedragen*** **0.4** ⟨nat., elek.⟩ ***geleiden*** ◆ **1.1** ~ed tour *verzorgde reis, rondleiding* **4.3** ~ o.s. *zich gedragen* **5.1** the police ~ed the troublemakers **away** *de politie voerde de herrieschoppers af;*

II ⟨ov.ww.⟩ **0.1** ***besturen*** *⇒leiden, (aan)voeren* **0.2** ***behandelen*** *⇒(uit)voeren* ◆ **1.1** ~ elections *verkiezingen organiseren* **1.2** who ~s your correspondence? *wie voert uw correspondentie?*

conduction [kənduksjn] ⟨nat.⟩ **0.1** ***geleiding*** *⇒conductie.*

conductive [kənduktiv] ⟨nat.⟩ **0.1** ***geleidend*** *⇒conductief.*

conductivity [konduktievətie] ⟨nat.⟩ **0.1** ***(specifiek) geleidingsvermogen*** *⇒soortgelijke geleiding.*

conductor [kənduktə] **0.1** ***(bus/tram)conducteur*** *⇒*⟨AE⟩ *treinconducteur* **0.2** ⟨muz.⟩ ***dirigent*** *⇒orkestleider* **0.3** ⟨nat., elek.⟩ ***geleider*** *⇒conductor* ◆ **1.3** steel is a good ~ of heat *staal is een goede warmtegeleider.*

conductor rail **0.1** ***contact/stroomrail*** *⇒middenrail* ⟨voor treinlocomotief⟩.

conductress [kənduktris] **0.1** ***(bus/tram)conductrice*** *⇒* ⟨AE⟩ *treinconductrice.*

conduit [kondit, kondjoe·it] **0.1** ***buis*** ⟨voor water, gas, elektriciteit enz.⟩ *⇒leiding, kanaal* ⟨ook fig.⟩.

cone [koon] **0.1** ***kegel*** *⇒kegelberg, stormkegel* **0.2** ***(ijs)-hoorntje*** **0.3** ***dennenappel.***

coney →**cony.**

confab [konfæb] ⟨verk.⟩ [confabulate, confabulation] ⟨inf.⟩.

confabul|ate [kənfæbjoeleet] ⟨zn.: **-ation**⟩ **0.1** ***babbelen*** *⇒ kletsen, keuvelen.*

confection [kənfeksjn] **0.1** ***zoetigheid*** *⇒gebak, bonbon* **0.2** ***confectiekledingstuk*** ⟨vnl. voor dames⟩.

confectioner [kənfeksjənə] **0.1** ***banketbakker*** *⇒confiseur, confiturier.*

confectioner|y [kənfeksjənrie] ⟨mv.: -ies⟩ **0.1** ***banketbakkerij*** *⇒banketbakkerswinkel* **0.2** ***gebak*** *⇒zoetigheid, suikergoed* **0.3** ***banketbakkersvak.***

confederac|y [kənfedrəsie] ⟨mv.: -ies⟩ **0.1** ***(con)federatie*** *⇒(ver)bond, statenbond* **0.2** ***complot*** *⇒samenzwering, samenspanning.*

confederate[1] [kənfedrət] ⟨zn.⟩ **0.1** ***federatielid*** *⇒lidstaat, bondgenoot* **0.2** ***samenzweerder*** *⇒medeplichtige;* ⟨in mv.⟩ *consorten* **0.3** ⟨vnl. C-; gesch.⟩ ***aanhanger der geconfedereerden*** ⟨in de Am. burgeroorlog⟩.

confederate[2] ⟨bn.⟩ **0.1** ***in een federatie verenigd*** *⇒aangesloten (bij een federatie), verbonden* ◆ **1.1** the Confederate States (of America) *de geconfedereerde Staten (v. Amerika).*

confederate[3] [kənfeddəreet] **I** ⟨onov.ww.⟩ **0.1** ***een federatie vormen*** *⇒een verbond aangaan, zich verenigen* **0.2** ***samenspannen;***
II ⟨ov.ww.⟩ **0.1** ***federaliseren*** *⇒tot een federatie aaneensluiten, alliëren.*

confederation [kənfeddəreesjn] **0.1** ***(con)federatie*** *⇒(ver)bond, statenbond* **0.2** ***federalisering*** *⇒federatievorming, federatieverband.*

confer [kənfə:] ⟨-red⟩ **I** ⟨onov.ww.⟩ **0.1** ***confereren*** *⇒beraadslagen, ruggespraak houden* ◆ **6.1** I'll have to ~ **with** my lawyer **on** this *ik moet het met mijn advocaat hierover hebben;*
II ⟨ov.ww.⟩ **0.1** ***verlenen*** *⇒uitreiken, schenken* ◆ **6.1** ~ a knighthood **on** s.o. *iem. een ridderorde verlenen.*

conference [konfrəns] **0.1** ***conferentie*** *⇒congres, bespreking; synode* ◆ **6.1** **in** ~ *in conferentie/vergadering/bespreking.*

conference centre **0.1** ***congrescentrum*** *⇒congresgebouw.*

conferment [kənfə:mənt], **conferral** [kənfə:rəl] **0.1** ***verlening*** ⟨vnl. v.e. titel⟩.

confess [kənfes] **0.1** ***bekennen*** *⇒erkennen, toegeven* **0.2** ⟨rel.⟩ ***(op)biechten*** *⇒belijden* **0.3** ⟨rel.⟩ ***de biecht afnemen*** ◆ **1.2** ~ one's sins *zijn zonden opbiechten* **3.1** I must/have to ~ I like it *ik moet toegeven dat ik het leuk vind* **6.1** she ~ed **to** a dread of cats *ze onthulde haar angst voor katten;* I ~ **to** having done it *ik geef toe dat ik de dader ben.*

confessed [kənfest] **0.1** ***openlijk*** *⇒onverholen, erkend* ◆ **1.1** he is a (self) ~ alcoholic *hij komt er openlijk voor uit alcoholist te zijn.*

confession [kənfesjn] **0.1** ***bekentenis*** *⇒erkenning, toegeving* **0.2** ⟨rel.⟩ ***biecht*** **0.3** ⟨rel.⟩ ***(geloofs)belijdenis*** **0.4** ***kerkgenootschap*** *⇒gezindte, confessie* ◆ **1.3** ~ of faith *geloofsbelijdenis* **2.1** a full ~ *een volledige bekentenis* **3.2** go to ~ *te biecht gaan;* hear ~(s) *de biecht afnemen* **6.1** **on** his own ~ *naar hij zelf toegeeft/erkent.*

confessional [kənfesjnəl] ⟨rel.⟩ **0.1** ***biechtstoel*** *⇒confessionale* ◆ **1.1** the secrecy of the ~ *het biechtgeheim.*

confessor [kənfessə] ⟨rel.⟩ **0.1** ***biechtvader*** *⇒zielverzorger* **0.2** ***belijder*** ◆ **1.2** Edward the Confessor *Eduard de Belijder.*

confetti [kənfettie] **0.1** ***confetti.***

confidant [konfidænt] **0.1** ***vertrouweling*** *⇒vertrouwensman.*

confidante [konfidænt] **0.1** ***vertrouwelinge*** *⇒hartsvriendin, confidente.*

confide [kənfajd] **I** ⟨onov.ww.⟩ →**confide in;**
II ⟨ov.ww.⟩ **0.1** ***toevertrouwen*** *⇒in vertrouwen mededelen* ◆ **6.1** ~ a child/a secret **to** s.o. *een kind/een geheim aan iem. toevertrouwen.*

confide in **0.1** ***zich verlaten op*** *⇒vertrouwen, in vertrouwen nemen.*

confidence [konfid(ə)ns] **0.1** ***(zelf)vertrouwen*** *⇒geloof, confidentie* **0.2** ***confidentie*** *⇒vertrouwelijke mededeling, geheim* **0.3** ⟨verk.⟩ [confidence trick] ◆ **3.1** instill ~ in s.o. *iem. (zelf)vertrouwen geven;* place ~ in/on *vertrouwen stellen in;* take s.o. into one's ~ *iem. in vertrouwen nemen* **6.1** **in** ~ *in vertrouwen, vertrouwelijk.*

confidence man **0.1** ***oplichter*** *⇒zwendelaar.*

confidence trick, ⟨AE⟩ **confidence game** **0.1** ***oplichterij*** *⇒zwendelarij, misbruik v. (goed) vertrouwen.*

confident [konfid(ə)nt] **0.1** ***(tref)zeker*** *⇒zelfverzekerd, overtuigd* ◆ **6.1** he was ~ **of** success *hij was ervan overtuigd te zullen slagen.*

confidential [konfiddensjl] ⟨zn.: **-ity**⟩ **0.1** ***vertrouwelijk*** *⇒confidentieel* **0.2** ***vertrouwens-*** *⇒privé-, vertrouwd* ◆ **1.2** ⟨ec.⟩ ~ clerk *procuratiehouder;* ~ secretary *privésecretaris/esse.*

confiding [kənfajding] **0.1** ***vertrouwend*** *⇒vol vertrouwen* ◆ **1.1** the child is of a ~ nature *het kind is goed v. vertrouwen.*

configuration [kənfigjəreesjn] **0.1** ***configuratie*** ⟨ook comp., ster.⟩ *⇒samenstel(ling), opbouw* **0.2** ***(uiterlijke) gedaante*** *⇒vorm, gestalte.*

confine[1] [konfajn] ⟨zn.; vnl. mv.⟩ **0.1** ***grens*** ⟨ook fig.⟩.

confine[2] [kənfajn] ⟨ww.⟩ **0.1** ***beperken*** *⇒bepalen, begrenzen* **0.2** ***opsluiten*** *⇒insluiten* ◆ **1.1** ~ your questions to tonight's subject *wilt u uw vragen beperken tot het onderwerp v. vanavond?* **6.2** the soldier was ~d **to** barracks *de soldaat had kwartierarrest;* be ~d **to** bed *het bed moeten houden.*

confined [kənfajnd] **0.1** ***krap*** *⇒eng, nauw.*

confinement [kənfajnmənt] **0.1** ***beperking*** **0.2** ***opsluiting*** **0.3** ***bevalling*** **0.4** ***het thuisblijven*** ⟨wegens ziekte⟩ ◆ **6.1** ~ **to** a spare diet *beperking tot een mager dieet.*

confirm [kənfə:m] **0.1** ***bevestigen*** *⇒bekrachtigen, bij besluit vastleggen* **0.2** ***bevestigen*** *⇒goedkeuren, confirmeren* **0.3** ⟨prot.⟩ ***confirmeren*** *⇒(als lidmaat) aannemen* **0.4** ⟨r.-k.⟩ ***vormen*** *⇒het vormsel toedienen* ◆ **1.1** ~ minutes *notulen arresteren;* ~ by letter/in writing *schriftelijk bevestigen* **6.2** he hasn't been ~ed **in** office yet *zijn benoeming moet nog bevestigd worden.*

confirmation [konfəmeesjn] **0.1** ***bevestiging*** *⇒bekrachtiging* **0.2** ***bevestiging*** *⇒ratificatie, goedkeuring* **0.3** ⟨prot.⟩ ***confirmatie*** *⇒bevestiging als lidmaat* **0.4** ⟨r.-k.⟩ ***(heilig) vormsel*** ◆ **6.1** that was ~ **for** our suspicions *dat bevestigde onze vermoedens* **6.2** evidence **in** ~ **of** your statement *bewijzen die uw bewering staven.*

confirmed [kənfə:md] **0.1** ***overtuigd*** *⇒gezworen, verstokt* ◆ **1.1** a ~ bachelor *een verstokte vrijgezel.*

confisc|ate [konfiskeet] ⟨zn.: **-ation**⟩ **0.1** ***in beslag nemen*** *⇒verbeurd verklaren, afnemen* ◆ **1.1** ~ smuggled goods *smokkelwaar in beslag nemen.*

confiscatory [konfiskətrie] **0.1** ***inhalig*** ⟨vnl. v. belastingen⟩ *⇒vernietigend.*

conflagration [konfləgreesjn] **0.1** ***grote brand*** ⟨vnl. v. bossen, gebouwen⟩ *⇒vuurzee.*

confl|ate [kənfleet] ⟨zn.: **-ation**⟩ **0.1** ***samenvoegen/smelten*** *⇒dooreenmengen.*

conflict[1] [konflikt] ⟨zn.⟩ **0.1** ***strijd*** *⇒conflict(situatie); onenigheid* ◆ **6.1** this law is **in** ~ **with** the constitution *deze wet is in strijd met de grondwet.*

conflict[2] [kənflikt] ⟨ww.⟩ **0.1** ***onverenigbaar/strijdig zijn*** *⇒in tegenspraak zijn, botsen* **0.2** ***strijden*** *⇒botsen, in conflict komen/zijn* ◆ **1.1** ~ing interests *(tegen)strijdige belangen* **6.1** this law ~s **with** the constitution *deze wet is in strijd met de grondwet.*

confluence [konfloeəns], **conflux** [-fluks] **0.1** ***samenvloeiing*** *⇒samenkomst/loop* **0.2** ***toeloop*** *⇒toevloed* ⟨v. mensen⟩ ◆ **1.1** at the ~ of the Meuse and the Waal *waar Maas en Waal samenvloeien.*

conform [kənfo:m] **0.1** ***zich conformeren*** *⇒zich aanpassen, zich schikken* ◆ **6.1** ~ **to** the rules of society *de regels v.d. samenleving naleven.*

conformab|le [kənfo:məbl] ⟨-ly⟩ **0.1** ***gehoorzaam*** *⇒meegaand* **0.2** ***conform*** *⇒overeenkomstig, in overeenstemming* ◆ **6.1** ~ **to** certain wishes *gehoor gevend aan bepaalde wensen* **6.2** ~ **to** custom *zoals (te doen) gebruikelijk.*

conformation [konfo:meesjn] **I** ⟨telb. en n.-telb.zn.⟩ **0.1** ***samenstelling*** *⇒(op)bouw, structuur;*
II ⟨n.-telb.zn.⟩ **0.1** ***aanpassing.***

conformist [kənfo:mist] ⟨vnl. BE; rel.; soms pej.⟩ **0.1** ***conformist.***

conformity [kənfo:mətie], **conformance** [-fo:məns] **0.1** ***overeenkomst*** *⇒gelijkvormigheid, overeenstemming* **0.2** ***aanpassing*** *⇒inschikkelijkheid, naleving* ◆ **6.1** **in** ~ **with** *in overeenstemming met, overeenkomstig* **6.2** ~ **to** the latest fashion *navolging v.d. nieuwste mode.*

confound [kənfaund] **0.1** ***verbazen*** *⇒in verwarring brengen, versteld doen staan* **0.2** ***verwarren*** *⇒door elkaar halen* ◆ **4.¶** ⟨euf.⟩ ~ it! *verdraaid nog aan toe!*

confounded [kənfaundid] **I** ⟨bn.⟩ **0.1** ***verward*** *⇒verbaasd, versteld;*
II ⟨bn., attr.⟩ ⟨inf.; euf.⟩ **0.1** ***verdraaid*** *⇒verduiveld* ◆ **1.1** those ~ boys! *die bliksemse/donderse jongens!*

confoundedly [kənfaundidlie] ⟨inf.; euf.⟩ **0.1** ***verdraaid*** *⇒verduiveld, heel (erg)* ◆ **2.1** ~ pretty *oogverblindend mooi.*

confraternit|y [konfrətə:nətie] ⟨zn.; ww. enk. of mv.; mv.: -ies⟩ **0.1** ***broederschap.***

confrère [konfreə] **0.1** ***collega*** *⇒vakbroeder, ambt/vakgenoot.*

confront [kənfrunt] **0.1** ***confronteren*** *⇒tegenoverstellen, tegenover elkaar plaatsen;* ⟨fig.⟩ *het hoofd bieden aan* ◆ **1.1** they'll have to ~ danger *ze zullen gevaar onder ogen moeten zien;* huge problems ~ our nation *ons land ziet zich gesteld voor enorme problemen* **6.1** we want to ~ you **with** new evidence *we willen u nieuw bewijsmateriaal voorleggen.*

confrontation [konfrənteesjn] **0.1** ***confrontatie*** **0.2** ***het tegenover (elkaar) stellen.***

confrontational [konfrənteesjnəl] **0.1** ***confrontatie-*** ◆ **1.1** ~ politics *confrontatiepolitiek.*

confuse [kənfjoe:z] **0.1** ***in de war brengen*** *⇒verwarren, in verwarring brengen* **0.2** ***door elkaar halen*** *⇒verwarren* ◆ **3.1** I got ~d *ik raakte in de war.*

confused [kənfjoe:zd] **0.1** ***verward*** *⇒beduusd, verbijsterd* **0.2** ***wanordelijk*** *⇒verward, rommelig.*

confusion [kənfjoe:zjn] **0.1** ***verwarring*** *⇒ontsteltenis, wanorde* ◆ **1.1** ~ of names/tongues *naams/spraakverwarring* **6.1** his desk is **in** complete ~ *zijn bureau is een complete chaos.*

confut|e [kənfjoe:t] ⟨zn.: **-ation**⟩ **0.1** ***weerleggen*** *⇒het zwijgen opleggen.*

congé [konzjee] ⟨vnl. enk.⟩ **0.1** ⟨schr.⟩ ***afscheid*** **0.2** ⟨pej.⟩ ***congé*** *⇒ontslag* ◆ **3.1** take one's ~ *afscheid nemen* **3.2** give s.o. his ~ *iem. zijn congé geven.*

congeal [kəndzjie:l] **0.1** ***stremmen*** *⇒(doen) stollen, in/verdikken.*

congenial [kəndzjie:niəl] **0.1** ***(geest/ziels)verwant*** *⇒gelijkgestemd/gezind, sympathiek* **0.2** ***passend*** *⇒geschikt, aangenaam* ◆ **6.1** ~ **to/with** s.o. *met dezelfde ideeën als iem.* **6.2** that job was ~ **to** him *die klus lag hem.*

congenital [kəndzjenitl] **0.1** ***aangeboren*** *⇒geboren* ◆ **1.1** ~ defect *aangeboren afwijking;* a ~ thief *een aartsdief.*

conger [konggə], **conger eel** ⟨dierk.⟩ **0.1** ***kongeraal.***

congest [kəndzjest] **0.1** ***verstoppen*** ⟨ook med.⟩ *⇒(zich) ophopen, verstopt raken* ◆ **1.1** several blood vessels seem to be ~ed *in verscheidene bloedvaten schijnt congestie te zijn opgetreden* **6.1** a town ~ed **with** traffic *een door verkeersopstoppingen geplaagde stad.*

congestion [kəndzjestsjn] **0.1** ***op(een)hoping*** *⇒op/verstopping, stagnatie* ⟨ook med.⟩.

conglomerate[1] [kənglommərət] ⟨zn.⟩ **0.1** ***(samen)klontering*** *⇒conglomeraat, opeenhoping* ⟨ook geol.⟩ **0.2** ⟨ec.⟩ ***conglomeraat*** *⇒concern.*

conglomerate[2] ⟨bn.⟩ **0.1** ***samengeklonterd*** *⇒opeengehoopt, samengepakt* ⟨ook geol.⟩.

conglomerate[3] [kənglomməreet] ⟨ww.⟩ **0.1** ***samenklonteren*** *⇒samenballen, (zich) tot een massa verenigen.*

conglomeration [kənglomməreesjn] **0.1** ***samenraapsel*** *⇒bundeling, verzameling* **0.2** ***het samenklonteren*** *⇒het tot een massa worden.*

congrats [kəngræts] ⟨verk.⟩ [congratulations] ⟨inf.⟩ **0.1** ***gefeliciteerd.***

congratulate [kəngrætsjoeleet] **0.1** ***gelukwensen*** *⇒feliciteren* ◆ **4.1** ~ o.s. on *zichzelf gelukkig prijzen met* **6.1** they ~d me **on** my victory *ze feliciteerden me met mijn overwinning.*

congratulation [kəngrætsjoeleesjn] **0.1** ***gelukwens*** *⇒felicitatie* **0.2** ***gelukwensing*** *⇒het feliciteren* ◆ **¶.1** ~s! *gefeliciteerd!*

congratulatory [kəngrætsjoeleetrie] **0.1** ***feliciterend*** *⇒gelukwensend, felicitatie-* ◆ **1.1** ~ telegram *gelukstelegram.*

congregate [konggrigeet] **I** ⟨onov.ww.⟩ **0.1** ***samenkomen/stromen*** *⇒zich verzamelen, bijeenkomen;*
II ⟨ov.ww.⟩ **0.1** ***samen/bijeenbrengen*** *⇒verzamelen, bijeendrijven.*

congregation [konggrigeesjn] **0.1** ***bijeenkomst*** *⇒verzameling* **0.2** ⟨ww. enk. of mv.⟩ ***verzamelde groep mensen*** *⇒menigte, groep* **0.3** ⟨ww. enk. of mv.; rel.⟩ ***gemeente*** *⇒broederschap, congregatie.*

congregational [konggrigeesjnəl] ⟨rel.⟩ **0.1** ***v.d. congregatie*** *⇒gemeente-* **0.2** ⟨C-⟩ ***congregationalistisch.***

Congregationalism [konggrigeesjnəlizm] ⟨rel.⟩ **0.1** ***congregationalisme*** *⇒congregationalistisch stelsel.*

congress [konggres] **I** ⟨eig.n.; C-; (the)⟩ **0.1** ***Het Congres*** ⟨Senaat en Huis v. Afgevaardigden in USA⟩;
II ⟨telb. en n.-telb.zn.⟩ **0.1** ⟨ww. enk. of mv.⟩ ***congres*** *⇒vergadering, bijeenkomst* **0.2** ⟨schr.⟩ ***coïtus.***

congressional [kəngresjnəl] ⟨vaak C-⟩ **0.1** ***een congres/het (Amerikaanse) Congres betreffende*** ◆ **1.1** Congressional Record *Handelingen v.h. Congres.*

congress|man [konggresmən] ⟨mv.: -men [-mən]; ook C-⟩ **0.1** ***congreslid*** *⇒*⟨ihb.⟩ *lid v.h. huis v. afgevaardigden.*

congresswoman ⟨ook C-⟩ **0.1** ***(vrouwelijk) congreslid*** *⇒*⟨ihb.⟩ *(vrouwelijk) lid v.h. huis v. afgevaardigden.*

congruence [konggroeəns], **congruency** [-sie] **0.1** ***overeenstemming*** *⇒harmonie, gelijkvormigheid;* ⟨wisk.⟩ *congruentie.*

congruent [konggroeənt] **0.1** ⟨wisk.⟩ ***congruent*** **0.2** →**congruous.**

congruit|y [kəngroe:ətie] ⟨mv.: -ies⟩ **0.1** ***gepastheid*** *⇒overeenstemming, overeenkomst* **0.2** ⟨vnl. mv.⟩ ***punt v. overeenstemming.***

congruous [konggroeəs] ⟨schr.⟩ **0.1** ***passend*** *⇒overeenstemmend, verenigbaar* ◆ **6.1** this is not ~ **with** the system *dit strookt niet met het systeem.*

conic|**(al)** [konnik(l)] ⟨-ally⟩ **0.1** ***mbt. een kegel*** ⇒*kegel-* **0.2** ***kegelvormig*** ⇒*conisch, taps* ◆ **1.1** ⟨cartografie, wisk.⟩ projection *kegelprojectie;* ⟨wisk.⟩ conic section *kegelsnede.*
conifer [konniffə] **0.1** ***naaldboom*** ⇒*conifeer.*
coniferous [kənifrəs] **0.1** ***naald-*** ⇒*conifeerachtig.*
conjectural [kəndzjektsjrəl] **0.1** ***gegist*** ⇒*geschat, verondersteld.*
conjecture[1] [kəndzjektsjə] ⟨zn.⟩ **0.1** ***gis(sing)*** ⇒*(vage) schatting, vermoeden* **0.2** ***giswerk*** ⇒*speculatie, gokwerk* ◆ **3.1** his suspicion is based on a ~ *zijn verdenking is een slag in de lucht.*
conjecture[2] ⟨ww.⟩ **0.1** ***gissen*** ⇒*veronderstellen, vermoeden.*
conjoin [kəndzjojn] **0.1** ***(zich) verenigen*** ⇒*(zich) aaneensluiten, samenvoegen.*
conjoint [kəndzjojnt] **0.1** ***verenigd*** ⇒*verbonden, samengevoegd.*
conjugal [kondzjoegl] ⟨schr.⟩ **0.1** ***echtelijk*** ⇒*huwelijks* ◆ **1.1** ~ rights *echtelijke plichten/rechten.*
conjugate[1] [kondzjoegət] ⟨bn.⟩ **0.1** ***gepaard*** ⇒*(paarsgewijs) gekoppeld, verenigd.*
conjugate[2] [kondzjoegeet] **I** ⟨onov.ww.⟩ **0.1** ⟨biol.⟩ ***conjugatie ondergaan*** ⇒*zich verbinden* **0.2** ⟨taal.⟩ ***vervoegd worden*** ⟨v.e. ww.⟩ ◆ **1.2** this verb ~s irregularly *dit werkwoord is onregelmatig;*
II ⟨ov.ww.⟩ **0.1** ⟨taal.⟩ ***vervoegen.***
conjugation [kondzjoegeesjn] **0.1** ⟨taal.⟩ ***vervoeging*** **0.2** ⟨biol.⟩ ***conjugatie*** **0.3** ***vereniging*** ⇒*verbinding, koppeling.*
conjunction [kəndzjung(k)sjn] **0.1** ⟨taal.⟩ ***voegwoord*** ⇒*conjunctie* **0.2** →**conjuncture** **0.3** ***verbinding*** ⇒*combinatie, samengaan* ◆ **1.3** a ~ of stupidity and ignorance *een combinatie v. domheid en onwetendheid* **6.3** **in** ~ **with** *in combinatie/samenwerking met, samen met.*
conjunctive [kəndzjung(k)tiv] **0.1** ***verbindend*** ⇒*koppelend, aaneensluitend* **0.2** ***verbonden*** ⇒*gecombineerd, aaneengekoppeld.*
conjuncture [kəndzjungktsjə] **0.1** ***(kritieke) toestand*** ⇒*samenloop v. omstandigheden, (crisis)situatie.*
conjure[1] [kəndzjoeə] ⟨ww.⟩⟨schr.⟩ **0.1** ***(af)smeken*** ⇒*bezweren, aanroepen.*
conjure[2] [kundzjə] **I** ⟨onov.ww.⟩ **0.1** ***toveren*** ⇒*goochelen, manipuleren;*
II ⟨ov.ww.⟩ **0.1** ***(te voorschijn) toveren*** ⇒*oproepen, voor de geest roepen* ◆ **5.1** ~ **up** a meal *een maaltijd te voorschijn toveren;* ~ **up** a vision of everlasting peace *een visioen v. eeuwigdurende vrede oproepen.*
conjurer, conjuror [kundzjrə] **0.1** ***goochelaar*** ⇒*illusionist* **0.2** ***(geesten)bezweerder*** ⇒*tovenaar, magiër.*
conk[1] [kongk] ⟨zn.⟩⟨sl.⟩ **0.1** ⟨vnl. BE⟩ ***gok*** ⇒*neus* **0.2** ***kop*** ⇒*harses, smoel.*
conk[2] ⟨sl.⟩ **I** ⟨onov.ww.⟩ →**conk out;**
II ⟨ov.ww.⟩ **0.1** ***een oplawaai geven*** ⇒*een dreun/hengst/opdonder geven/verkopen* ⟨op het hoofd⟩.
conker [kongkə] ⟨vnl. BE; inf.⟩ **0.1** ***wilde kastanje*** ⇒*paardenkastanje* **0.2** ⟨mv.⟩ ***kinderspel met kastanjes aan touwtjes.***
conk out ⟨sl.⟩ **0.1** ***het begeven*** ⇒*kapot gaan, mankementen vertonen* **0.2** ***in elkaar storten/zakken*** ⇒*onderuitgaan, van z'n stokje gaan* ◆ **1.1** a conked out old car *een gammele ouwe brik.*
con man ⟨verk.⟩ [confidence man] ⟨inf.⟩ **0.1** ***zwendelaar*** ⇒*oplichter.*
connect [kənekt] **I** ⟨onov.ww.⟩ **0.1** ***in verbinding komen/staan*** ⇒*in verband staan* **0.2** ***aansluiten*** ⇒*aansluiting hebben* **0.3** ⟨inf.; sport; ben. voor⟩ ***doel treffen*** ⇒*scoren; (de bal (voluit)) raken* ⟨balsport⟩; *een homerun slaan* ⟨honkbal⟩; *zijn tegenstander raken* ⟨boksen⟩ ◆ **5.1** ~ **up** *in verbinding komen/staan;*
II ⟨ov.ww.⟩ **0.1** ***verbinden*** ⇒*aaneenvoegen/sluiten/schakelen, doorverbinden* ⟨telefoon⟩ **0.2** ⟨+ with⟩ ***in verband brengen (met)*** ⇒*een verbinding leggen tussen, relateren* ◆ **1.1** the islands are ~ed by a causeway *de eilanden staan via een dam met elkaar in verbinding* **5.1** ~ **up** *verbinden.*
connected [kənektid] **0.1** ***onderling verbonden*** ⇒*samenhangend* **0.2** ***gerelateerd*** ⇒*gelieerd, verwant* **0.3** ***relaties hebbend*** ◆ **5.3** he's **well** ~ *hij heeft goede connecties* **6.2** are you ~ **with** the Royal family? *bent u geparenteerd aan het koninklijk huis?* **6.3** are you ~ **with** the circus? *hoort u bij het circus?*
connecter, connector [kənektə] ⟨tech.⟩ **0.1** ***verbindings/aansluit/koppelstuk*** ⇒*verbindingsklem.*
connecting rod ⟨tech.⟩ **0.1** ***koppelstang*** ⇒*drijf/krukstang.*
connection, ⟨BE sp. ook⟩ **connexion** [kəneksjn] **0.1** ***verbinding*** ⇒*verband, aansluiting* **0.2** ***samenhang*** ⇒*coherentie* **0.3** ⟨vnl. mv.⟩ ***connectie*** ⇒*betrekking, relatie* **0.4** ⟨vnl. mv.⟩ ***verwant*** ⇒*familielid* **0.5** ***verbindingsstuk*** **0.6** ⟨elek.⟩ ***lichtpunt*** ⇒*stopcontact, (wand)contactdoos* ◆ **1.1** the ~ of a new telephone *het aansluiten v.e. nieuwe telefoon* **3.1** cut the ~ *de verbinding/band verbreken;* miss one's ~ *zijn (bus/trein)aansluiting missen* **6.1** **in** this ~ *in dit verband;* **in** ~ **with** *in verband met.*
connective [kənektiv] **0.1** ⟨bn.⟩ ***verbindend*** ⇒*koppelend* **0.2** ⟨zn.⟩ ***verbinding(sstuk)*** ⇒*koppeling(sstuk)* ◆ **1.1** ~ tissue *bindweefsel.*
conning tower ⟨marine⟩ **0.1** ***commandotoren*** ⇒*bovenbouw* ⟨v. onderzeeboot⟩.
connivance, connivence [kənajvns] **0.1** ***samenspanning*** **0.2** ***oogluiking*** ⇒*stilzwijgende medewerking/toestemming, medeweten bij misdrijven* ◆ **4.2** how much do I get for my ~? *wat krijg ik als ik de andere kant op kijk?* **6.2** ~ **at/in** *het stilzwijgend toestemmen in.*
connive [kənajv] **0.1** ***oogluikend toezien*** ⇒*(even) de andere kant opkijken* **0.2** ***samenspannen*** ⇒*samenzweren, complotteren* ◆ **6.1** ~ **at** *oogluikend toelaten, door de vingers zien* **6.2** the criminals ~d **with** the manager *de misdadigers speelden onder één hoedje met de bedrijfsleider.*
connoisseur [konnəsə:] **0.1** ***(kunst)kenner*** ⇒*connaisseur, fijnproever* ◆ **6.1** a ~ **of** wine *een wijnkenner.*
connotation [konnəteesjn] **0.1** ***connotatie*** ⇒*bijbetekenis, gevoelswaarde, associatie* ◆ **1.1** the word 'bungalow' has better ~s in Dutch than in English *het woord 'bungalow' heeft in het Nederlands een betere gevoelswaarde dan in het Engels.*
connote [kənoot] **0.1** ***een bijklank hebben van*** ⇒*suggereren, associaties oproepen aan* **0.2** ***inhouden*** ⇒*betekenen, impliceren.*
connubial [kənjoe:biəl] ⟨schr.⟩ **0.1** ***echtelijk*** ⇒*huwelijks.*
conquer [kongkə] **I** ⟨onov.ww.⟩ **0.1** ***zegevieren*** ⇒*overwinnen, de (over)winnaar zijn* ◆ **4.1** I came, I saw, I ~ed *ik kwam, zag en overwon;*
II ⟨ov.ww.⟩ **0.1** ***veroveren*** ⇒*innemen, bemachtigen* ⟨ook fig.⟩ **0.2** ***verslaan*** ⇒*overwinnen, bedwingen* ◆ **1.2** ~ mountains *bergen bedwingen.*
conqueror [kongkərə] **0.1** ***veroveraar*** ⇒*overwinnaar, bedwinger* ◆ **7.1** ⟨gesch.⟩ William the Conqueror *Willem de Veroveraar.*
conquest [kongkwest] **0.1** ***verovering*** ⇒*overwinning, het bedwingen* ⟨v.e. berg⟩ ◆ **2.1** here comes Jane with her new ~ *daar heb je Jane met haar nieuwe verovering* **3.1** make a

~ of *voor zich winnen, inpalmen* **7.1** ⟨gesch.⟩ the Norman Conquest *de Normandische verovering* ⟨v. Engeland in 1066⟩.

consanguineous [konsænggwinniəs] ⟨schr.⟩ **0.1** ***verwant (in den bloede)***.

consanguinit|y [konsænggwinnətie] ⟨mv.: -ies⟩⟨schr.⟩ **0.1** ***bloedverwantschap***.

conscience [konsjns] **0.1** ***geweten*** ⇒*zedelijk bewustzijn* ◆ **1.1** the murderer has no ~ *de moordenaar is gewetenloos* **6.1 in** all ~, **upon** my ~ *met een gerust geweten, waarachtig;* have sth. **on** one's ~ *iets op zijn geweten hebben*.

conscience money **0.1** ***gewetensgeld***.

conscience-smitten, conscience-stricken **0.1** ***door gewetensnood/zijn geweten gekweld*** ⇒*vol wroeging, berouwvol*.

conscientious [konsjie·ensjəs] ⟨-ness⟩ **0.1** ***consciëntieus*** ⇒*plichtsgetrouw, zorgvuldig* ◆ **1.1** ~ objector *gewetensbezwaarde, principiële dienstweigeraar*.

conscious [konsjəs] **0.1** ***bewust*** ⇒*denkend* **0.2** ***welbewust*** ⇒*opzettelijk, weloverwogen* **0.3** ***(zich) bewust*** **0.4** ***bewust*** ⇒*bij bewustzijn/kennis/z'n positieven* ◆ **1.1** that ~ animal, man *dat denkend dier, de mens* **6.3** become ~ **of** sth. *zich iets bewust worden, iets gewaarworden*.

consciousness [konsjəsnəs] ⟨geen mv.⟩ **0.1** ***bewustzijn*** **0.2** ***gevoel*** ⇒*besef* ◆ **3.1** lose ~ *het bewustzijn verliezen;* recover/regain ~ *weer bij bewustzijn komen, bijkomen* **8.2** a ~ that s.o. was following her *een gevoel/idee dat ze gevolgd werd*.

conscript[1] [konskript] ⟨zn.⟩ **0.1** ***dienstplichtige*** ⇒*dienstplichtig militair*.

conscript[2] [kənskript] ⟨ww.⟩ **0.1** ***oproepen*** ⟨voor militaire dienst⟩ ⇒*onder de wapenen brengen* ◆ **6.1** ~ed **into** the army *opgeroepen voor militaire dienst*.

conscription [kənskripsjn] **0.1** ***dienstplicht*** **0.2** ***oorlogsheffing*** ⇒*oorlogsbelasting*.

consecrate [konsikreet] **0.1** ***(in)wijden*** ⇒*inzegenen, in dienst stellen* ◆ **1.1** ~ a church *een kerk (in)wijden* **6.1** ~ one's life **to** sth. *zijn leven wijden aan/in dienst stellen van iets*.

consecration [konsikreesjn] ⟨rel.⟩ **0.1** ***(toe)wijding*** ⇒*inwijding, inzegening; consecratie*.

consecutive [kənsekjoetiv] **0.1** ***achtereenvolgens*** ⇒*opeenvolgend* **0.2** ***logisch voortvloeiend*** ⇒*samenhangend* ◆ **1.1** on two ~ days *twee dagen achter elkaar*.

consensus [kənsensəs] ⟨vnl. enk.⟩ **0.1** ***algemene opvatting*** ⇒*overeenstemming, algemeen gevoelen* ◆ **6.1** ~ **of** opinion *overeenstemming, meerderheid*.

consent[1] [kənsent] ⟨zn.⟩ **0.1** ***toestemming*** ⇒*instemming, goedkeuring* ◆ **2.1** by common/general ~ *met algemene stemmen*.

consent[2] ⟨ww.⟩ **0.1** ***toestemmen*** ⇒*zijn goedkeuring/toestemming geven, zich bereid verklaren* ◆ **6.1** ~ **to** sth. *iets toestaan*.

consequence [konsikwəns] **0.1** ***consequentie*** ⇒*gevolg(trekking), resultaat* **0.2** ⟨schr.⟩ ***belang*** ⇒*gewicht* ◆ **3.1** take the ~s *de consequenties aanvaarden* **6.1 in** ~ **(of)**, **as** a ~ **(of)** *met als gevolg, als gevolg van* **6.2 of** no ~ *van geen belang;* a person **of** ~ *een man v. gewicht*.

consequent [konsikwənt] ⟨schr.⟩ **0.1** ⟨+ upon⟩ ***voortvloeiend (uit)*** ⇒*volgend, resulterend* **0.2** ***consequent*** ⇒*logisch volgend*.

consequential [konsikwensjl] **0.1** ***gewichtig*** ⇒*met verstrekkend(e) gevolg(en)* **0.2** ***pompeus*** ⇒*gewichtig, aanmatigend* **0.3** ⟨+ upon⟩ ***voortvloeiend (uit)*** ⇒*volgend, resulterend*.

consequently [konsikwəntlie] **0.1** ***derhalve*** ⇒*dus, dientengevolge*.

conservanc|y [kənsə:vnsie] ⟨mv.: -ies⟩ **0.1** ***milieu/natuurbeheer*** ⇒⟨soms⟩ *(monumenten)zorg* **0.2** ⟨ww. enk. of mv.; vaak C-; BE⟩ ***natuur/milieubeschermingsraad*** ⇒*commissie v. toezicht; monumentenraad*.

conservation [konsəveesjn] **0.1** ***behoud*** ⇒*verduurzaming, instandhouding* **0.2** ***milieubeheer/bescherming*** ⇒*natuurbehoud/bescherming;* ⟨soms⟩ *monumentenzorg* ◆ **1.1** ~ of energy *behoud v. arbeidsvermogen/energie;* ~ of mass/matter *behoud v. massa*.

conservationist [konsəveesjənist] **0.1** ***milieubeschermer*** ⇒*natuurbeschermer*.

conservatism [kənsə:vətizm] **0.1** ***conservatisme*** ⇒*behoudzucht* **0.2** ⟨vaak C-; pol.⟩ ***conservatisme*** ⇒*ideologie der Conservatieven*.

conservative[1] [kənsə:vətiv] ⟨zn.⟩ **0.1** ***conservatief*** ⇒*behoudend persoon;* ⟨pol.⟩ *lid v.d. Conservatieve Partij*.

conservative[2] ⟨bn.⟩ **0.1** ***conservatief*** ⇒*behoudend, traditioneel (ingesteld);* ⟨pol.⟩ *de Conservatieve Partij aanhangend/betreffend* **0.2** ***voorzichtig*** ⇒*(ge)matig(d), bescheiden* ◆ **1.1** a ~ suit *een klassiek kostuum;* the Conservative (and Unionist) Party *de Conservatieve Partij* ⟨in Groot-Brittannië⟩ **1.2** a ~ estimate *een voorzichtige schatting*.

conservatoire [kənsə:vətwa:] **0.1** ***conservatorium*** ⇒*muziekacademie*.

conservator|y [kənsə:vətrie] ⟨mv.: -ies⟩ **0.1** ***serre*** ⇒*(broei/planten)kas, oranjerie* **0.2** ***conservatorium*** ⇒*muziekacademie, toneelschool*.

conserve[1] [kənsə:v] ⟨zn.; vnl. mv.⟩ **0.1** ***jam*** ⇒*confiture, ingemaakte vruchten*.

conserve[2] [kənsə:v] ⟨ww.⟩ **0.1** ***behouden*** ⇒*bewaren, goed houden;* ⟨fig.⟩ *sparen, ontzien* **0.2** ***inmaken*** ⇒*konfijten* ◆ **1.1** ~ one's health *op zijn gezondheid letten*.

consider [kənsiddə] **0.1** ***overwegen*** ⇒*nadenken over, in overweging nemen* **0.2** ***beschouwen*** ⇒*achten, zien* **0.3** ***in aanmerking nemen*** ⇒*rekening houden met, letten op* ◆ **1.2** we ~ him (to be/as) a man of genius *we beschouwen hem als een genie* **1.3** ~ s.o.'s feelings *rekening houden met iemands gevoelens* **4.2** ~ yourself under arrest *u staat onder arrest*.

considerab|le [kənsidrəbl] ⟨-ly⟩ **0.1** ***aanzienlijk*** ⇒*behoorlijk, aanmerkelijk; vooraanstaand* ⟨v. persoon⟩ ◆ **1.1** a ~ number *een aanzienlijk aantal;* a ~ time *geruime tijd* **1.¶** a ~ problem *een zwaarwegend probleem* **2.1** it's considerably warmer in here *het is hier binnen aanzienlijk/een stuk warmer*.

considerate [kənsidrət] ⟨-ness⟩ **0.1** ***attent*** ⇒*voorkomend, vriendelijk* **0.2** ***weloverwogen*** ⇒*om/voorzichtig, behoedzaam*.

consideration [kənsiddəreesjn] **0.1** ***overweging*** ⇒*beschouwing, aandacht* **0.2** ***(punt v.) overweging*** ⇒*(beweeg)reden* **0.3** ***voorkomendheid*** ⇒*attentheid, begrip* **0.4** ⟨vnl. enk.⟩ ***beloning*** ⇒*betaling, vergoeding* ◆ **1.2** time is no ~ *tijd speelt geen rol/is geen punt van overweging* **3.1** leave sth. out of ~ *iets buiten beschouwing laten; iets over het hoofd zien;* taking everything into ~ *alles welbeschouwd, al met al;* take sth. into ~ *ergens rekening mee houden* **6.1 in** ~ **of** *met het oog op, gezien;* your request is still **under** ~ *uw verzoek wordt nog in beraad gehouden* **6.2 on** no ~ *in geen geval, onder geen (enkele) voorwaarde* **6.3** you ought to show some ~ **for** your father *je moet een beetje meer rekening houden met je vader* **6.4** in ~ **of** *als tegenprestatie voor* **6.¶ of** no ~ *v. geen belang, onbeduidend*.

considered [kənsiddəd] **0.1** ***geacht*** **0.2** ***weldoordacht/***

overwogen ◆ 1.2 one's ~ opinion *zijn vaste overtuiging, zijn weloverwogen mening;* all things ~ *alles welbeschouwd/in aanmerking genomen* 5.1 a very highly ~ doctor *een dokter die in zeer hoog aanzien staat.*

considering[1] [kənsidring] ⟨bw.⟩⟨inf.⟩ **0.1** ⟨aan het einde v.d. zin⟩ ***alles wel beschouwd*** ⇒*alles bij elkaar (genomen)* ◆ ¶.1 she's been very successful, ~ *alles bij elkaar genomen/ eigenlijk heeft ze het ver gebracht.*

considering[2] ⟨vz.⟩ **0.1** ***gezien*** ⇒*rekening houdend met* ◆ **1.1** she could do better, ~ her opportunities *ze moet beter kunnen, gelet op haar mogelijkheden.*

considering[3] ⟨vw.⟩ **0.1** ***gezien (het feit dat)*** ⇒*in aanmerking nemend (het feit) dat* ◆ ¶.1 she did badly, ~ it was her third chance *ze heeft het slecht gedaan als je je bedenkt dat het haar derde kans was.*

consign [kənsajn] **0.1** ⟨hand.⟩ ***verzenden*** ⇒*versturen, leveren* **0.2** ***overdragen*** ⇒*toevertrouwen, in handen stellen* ◆ **1.1** ~ goods by railway *goederen per trein verzenden* **6.2** ~ one's child **to** the care of s.o. else *zijn kind toevertrouwen aan de zorg v. iem. anders.*

consignee [konsajnie:] ⟨hand.⟩ **0.1** ***consignataris*** ⇒*geadresseerde, depotnemer.*

consignment [kənsajnmənt] ⟨hand.⟩ **0.1** ***consignatiezending*** ⇒*(ver)zending, consignatie/depotgoederen* **0.2** ***consignatie*** ⇒*consignering* ◆ **3.2** give in ~ *in consignatie/depot geven;* send on ~ *in consignatie/commissie zenden.*

consignment note ⟨hand.⟩ **0.1** ***consignatie/vrachtbrief*** ⇒*vervoerdocument, cognossement.*

consignor, consigner [kənsajnə] ⟨hand.⟩ **0.1** ***consignant*** ⇒*verzender, lastgever.*

consistenc|y [kənsistənsie], **consistence** [-sistəns] ⟨mv.: -ies⟩ **0.1** ***consequentheid*** ⇒*samenhang, beginselvastheid, rechtlijnigheid* **0.2** ***dikte*** ⇒*stroperigheid, gebondenheid* ⟨vnl. v. vloeistoffen⟩.

consistent [kənsistənt] **0.1** ***consequent*** ⇒*samenhangend, beginselvast* **0.2** ***overeenkomend*** ⇒*kloppend, verenigbaar* ◆ **6.2** be ~ **with** *kloppen met.*

consist in [kənsist in] **0.1** ***bestaan in*** ⇒*gevormd/uitgemaakt worden door.*

consist of **0.1** ***bestaan uit*** ⇒*opgebouwd zijn uit.*

consistor|y [kənsistrie] ⟨mv.: -ies⟩⟨rel.⟩ **0.1** ***consistorie*** ⇒⟨prot.⟩ *kerkenraad* **0.2** ***consistorie(kamer/ruimte/zaal).***

consolation [konsəleesjn] **0.1** ***(ver)troost(ing)*** ⇒*troostrijke gedachte, bemoediging* ◆ **1.1** letter of ~ *troostbrief.*

consolation final ⟨sport, ihb. zwemsport⟩ **0.1** ***B-finale*** ⟨voor plaats 9 t/m 16⟩.

consolation goal ⟨sport, ihb. voetbal⟩ **0.1** ***eerreddend doelpunt*** ⟨voor verliezers⟩.

consolation prize **0.1** ***troostprijs*** ⇒*poedelprijs.*

consolatory [kənsollətrie] **0.1** ***troostrijk*** ⇒*troostgevend, (ver)troostend.*

console[1] [konsool] ⟨zn.⟩ **0.1** ⟨bouwk.⟩ ***console*** ⇒*steunstuk, draag/kraagsteen* **0.2** ***toetsenbord*** ⇒*klaviatuur* ⟨v.e. orgel⟩ **0.3** ***radio/televisie/grammofoonmeubel*** **0.4** ***(bedienings)paneel*** ⇒*controle/schakelbord;* ⟨comp.⟩ *console* **0.5** ⟨verk.⟩ [console table].

console[2] [kənsool] ⟨ww.⟩ **0.1** ***(ver)troosten*** ⇒*bemoedigen(d toespreken), opbeuren.*

console table **0.1** ***wandtafel*** ⇒*penanttafeltje* **0.2** ***consoletafel.***

consolid|ate [kənsolliddeet] ⟨zn.: **-ation**⟩ **I** ⟨onov.ww.⟩ **0.1** ***hechter/steviger/stabieler worden*** **0.2** ***zich aaneensluiten*** ⇒*samengaan, fuseren;*
II ⟨ov.ww.⟩ **0.1** ***consolideren*** ⇒*verstevigen, stabiliseren* **0.2** ***(tot een geheel) verenigen*** ⇒*consolideren* ⟨schulden⟩, *samenvoegen* ◆ **1.2** ⟨BE; geldw.⟩ ~d annuities/stocks *consols.*

consonance [konsənəns] **0.1** ***gelijkluidendheid*** ⇒⟨fig.⟩ *overeenstemming, harmonie* ◆ **6.1** **in** ~ **with** *in overeenstemming met, volgens.*

consonant[1] [konsənənt] ⟨zn.⟩⟨taal.⟩ **0.1** ***medeklinker*** ⇒*consonant.*

consonant[2] ⟨bn.⟩ **0.1** ⟨+ to/with⟩ ***overeenkomend (met)*** ⇒*overeenkomstig, afgestemd* **0.2** ***consonant*** ⇒*eens/welluidend, harmonieus.*

consort[1] [konso:t] ⟨zn.⟩ **0.1** ***gade*** ⇒*gemaal, gemalin* **0.2** ***metgezel*** ⇒*partner* **0.3** ⟨scheep.⟩ ***konvooischip*** ⇒*meeligger* ◆ **6.**¶ ⟨schr.⟩ **in** ~ **with** *samen met.*

consort[2] [kənso:t] ⟨ww.⟩ **0.1** ***omgaan*** ⇒*optrekken, in gezelschap verkeren* **0.2** ***stroken*** ⇒*verenigbaar zijn* ◆ **6.1** ~ **with** criminals *omgaan met misdadigers.*

consortium [kənso:tiəm]⟨mv.: ook consortia [-tiə]⟩ **0.1** ***consortium*** ⇒*syndicaat.*

conspectus [kənspektəs] **0.1** ***(schematisch) overzicht*** ⇒*synopsis.*

conspicuous [kənspikjoeəs] ⟨-ness⟩ **0.1** ***opvallend*** ⇒*in het oog lopend, opmerkelijk* ◆ **3.1** make o.s. ~ *aandacht trekken, indruk proberen te maken* **6.1** be ~ **by** one's absence *schitteren door afwezigheid.*

conspirac|y [kənspirrəsie] ⟨mv.: -ies⟩ **0.1** ***samenzwering*** ⇒*complot;* ⟨jur.⟩ *samenspanning* ◆ **1.1** ~ of silence *doodzwijgcampagne.*

conspirator [kənspirrətə] **0.1** ***samenzweerder.***

conspiratorial [kənspirrəto:riəl] **0.1** ***samenzweerderig*** ⇒*samenzwerings/zweerders-* ◆ **1.1** with a ~ look *met een blik v. verstandhouding.*

conspire [kənspajjə] **I** ⟨onov.ww.⟩ **0.1** ***samenzweren*** ⇒*complotteren, samen/meewerken;* ⟨jur.⟩ *samenspannen;*
II ⟨ov.ww.⟩ **0.1** ***beramen*** ⇒*smeden, op touw zetten.*

constable [kunstəbl] **0.1** ⟨BE⟩ ***agent*** ⇒*politieman* **0.2** ⟨AE⟩ ***(ongeüniformeerde) politiefunctionaris onder sheriff*** ⇒⟨ong.⟩ *vrederechter* **0.3** ***slotvoogd*** ◆ **3.**¶ outrun the ~ *op te grote voet leven.*

constabular|y [kənstæbjoel(ə)rie] ⟨zn.; ww. enk. of mv.; mv.: -ies⟩ **0.1** ***politie(korps/macht).***

constancy [konstənsie] **0.1** ***standvastigheid*** ⇒*bestendig/onveranderlijkheid* **0.2** ***(ge)trouw(heid)*** ⇒*loyaliteit* ◆ **1.1** ~ of purpose *doelbewustheid, vastberadenheid.*

constant[1] [konstənt] ⟨zn.⟩ **0.1** ***constante*** ⇒*onveranderlijke grootheid* ⟨vnl. nat., wisk.⟩.

constant[2] ⟨bn.⟩ **0.1** ***constant*** ⇒*voortdurend, onveranderlijk* **0.2** ***(ge)trouw*** ⇒*loyaal, standvastig* ◆ **6.2** remain ~ **to** s.o. *iem. trouw blijven.*

constellation [konstilleesjn] **0.1** ⟨astrol., ster.⟩ ***sterrenbeeld*** ⇒*gesternte, constellatie* ⟨ook fig.⟩ **0.2** ***verzameling*** ⇒*groep* ◆ **1.2** a ~ of atomic scientists *een keur v. atoomgeleerden.*

consternation [konstəneesjn] **0.1** ***opschudding*** ⇒*ontsteltenis.*

constip|ate [konstippeet] ⟨zn.: **-ation**⟩ **0.1** ***verstoppen*** ⇒*verstopt raken, last v. obstipatie hebben;* ⟨fig.⟩ *verstikken, blokkeren* ◆ ¶.1 he's been ~d for weeks *hij heeft al weken last van obstipatie.*

constituenc|y [kənstitsjoeənsie] ⟨mv.: -ies⟩ **0.1** ***kiesdistrict*** **0.2** ⟨ww. enk. of mv.⟩ ***achterban*** ⇒*kiezers.*

constituent[1] [kənstitsjoeənt] ⟨zn.⟩ **0.1** ***kiezer*** ⇒*ingezetene/lid v.e. kiesdistrict* **0.2** ***samenstellend deel*** ⇒*onderdeel, bestanddeel.*

constituent[2] ⟨bn.⟩ **0.1** ***kiezend*** ⇒*kiezers-, electoraal* **0.2** ***samenstellend*** ◆ **1.1** ~ body *kiescollege* **1.2** ~ parts *bestanddelen* **1.**¶ ~ assembly *constituerende vergadering.*

constitute [konstitjoe:t] **0.1** ***vormen*** *⇒(samen) uitmaken, vertegenwoordigen* **0.2** ***instellen*** *⇒vestigen, stichten* **0.3** ***aanstellen*** *⇒aanwijzen, benoemen* ◆ **1.1** ten years ~ a decade *tien jaar vormen/maken samen een decennium* **1.2** ~ a law *een wet uitvaardigen/in werking doen treden* **1.3** they ~d him ambassador *ze hebben hem aangesteld als/tot ambassadeur.*

constitution [konstitjoe:sjn] **0.1** ***grondwet*** *⇒constitutie, staatsinstelling/regeling* **0.2** ***constitutie*** *⇒conditie, (lichamelijke/geestelijke) gesteldheid* **0.3** ***constructie*** *⇒opbouw, structuur* **0.4** ***constitutie*** *⇒in/aanstelling, vestiging* ◆ **3.1** written ~ *geschreven grondwet.*

constitutional[1] [konstitjoe:sjnəl] ⟨zn.⟩ **0.1** ***wandelingetje voor de gezondheid.***

constitutional[2] ⟨bn.⟩ **0.1** ***constitutioneel*** *⇒grondwettig/wettelijk* **0.2** ***constitutioneel*** *⇒mbt. de constitutie/het gestel;* ⟨oneig.⟩ *aangeboren, natuurlijk* ◆ **1.1** ~ government/monarchy/sovereign *constitutionele regering(svorm)/monarchie/vorst(in);* ~ law *staatsrecht.*

constitutionalism [-izm] **0.1** ***constitutionalisme*** *⇒constitutionele regeringsvorm.*

constitutionalist [-ist] **0.1** ***constitutionalist*** *⇒aanhanger v.h. constitutionalisme.*

constitutive [-tjoe:tiv] **0.1** ***constitutief*** *⇒vormend, samenstellend* **0.2** ***essentieel*** **0.3** ***wetgevend.***

constrain [kənstreen] **0.1** ***(af)dwingen*** *⇒verplichten, noodzaken* ◆ **3.1** feel ~ed to do sth. *zich ergens toe verplicht voelen.*

constrained [kənstreend] **0.1** ***geforceerd*** *⇒onnatuurlijk, gewild, geremd.*

constraint [kənstreent] **0.1** ***beperking*** *⇒restrictie* **0.2** ***dwang*** *⇒verplichting* **0.3** ***gedwongenheid*** *⇒geforceerde stemming, geremdheid* ◆ **3.3** I always feel ~ in her presence *ik voel me in haar aanwezigheid altijd geremd.*

constrict [kənstrikt] **0.1** ***vernauwen*** *⇒versmallen, beperken* ◆ **1.1** ⟨fig.⟩ a very ~ed point of view *een erg beperkt standpunt.*

constriction [kənstriksjn] **0.1** ***beklemming*** **0.2** ***vernauwing*** *⇒verenging, versmalling* **0.3** ***benauwdheid*** *⇒beklemdheid, benauwenis* ◆ **1.1** a ~ in the chest *een beklemd/benauwd gevoel op de borst* **3.3** suffer from ~ of the chest *het benauwd hebben, aamborstig zijn.*

constrictor [kənstriktə] **0.1** ***sluit/trekspier*** **0.2** ***wurgslang*** *⇒*⟨ihb.⟩ *boa (constrictor).*

construct[1] [konstrukt] ⟨zn.⟩ **0.1** ***conceptie*** ⟨vnl. psych.⟩ *⇒constructie, denkbeeld.*

construct[2] [kənstrukt] ⟨ww.⟩ **0.1** ***construeren*** *⇒in elkaar zetten, bouwen.*

construction [kənstruksjn] **I** ⟨telb.zn.⟩ **0.1** ***interpretatie*** *⇒voorstelling v. zaken, uitleg* ◆ **3.1** put the right ~ on sth. *de juiste lezing van iets geven;*
II ⟨telb. en n.-telb.zn.⟩ **0.1** ***constructie*** *⇒aanbouw/leg, (huizen)bouw, bouwwerk* ◆ **2.1** houses of very solid ~ *heel stevig gebouwde huizen* **6.1** **under** ~ *in aanbouw.*

constructional [kənstruksjnəl] **0.1** ***mbt. (een) constructie(s)*** *⇒constructief, structureel* ◆ **1.1** ~ engineer *bouwkundig ingenieur; machineconstructeur.*

construction site **0.1** ***bouwterrein.***

construction worker **0.1** ***bouwvakker*** *⇒bouwvakarbeider.*

constructive [kənstruktiv] ⟨-ness⟩ **0.1** ***constructief*** *⇒opbouwend, positief.*

constructor [kənstruktə] **0.1** ***aannemer*** *⇒bouwer, maker* ◆ **1.1** a firm of ~s *een aannemersbedrijf.*

construe [kənstroe:] **0.1** ***interpreteren*** *⇒opvatten, verklaren* ◆ **5.1** our criticism was wrongly ~d *onze kritiek werd verkeerd uitgelegd* **6.1** ~ **from** *afleiden uit.*

consul [konsl] **0.1** ***consul.***

consular [konsjoelə] **0.1** ***consulair.***

consulate [konsjoelət] **0.1** ***consulaat.***

consulship [konslsjip] **0.1** ***consulaat*** *⇒ambtsperiode v.e. consul.*

consult [kənsult] **I** ⟨onov.ww.⟩ **0.1** ***overleggen*** *⇒beraadslagen* **0.2** ***(als) consulent (werkzaam) zijn*** ◆ **6.1** ~ **about/upon** *beraadslagen over;* ~ **with** one's doctor *zijn dokter raadplegen* **6.2** he ~s **for** a London firm *hij werkt als consulent bij een bedrijf in Londen;*
II ⟨ov.ww.⟩ **0.1** ***raadplegen*** *⇒consulteren* ◆ **1.1** ~ a dictionary *een woordenboek raadplegen.*

consultanc|y [kənsult(ə)nsie] ⟨mv.: -ies⟩ **0.1** ***baan als consulterend geneesheer*** **0.2** ***baan als (bedrijfs)adviseur.***

consultant [kənsult(ə)nt] **0.1** ⟨vnl. BE⟩ ***consulterend geneesheer*** **0.2** ***consulent*** *⇒(bedrijfs)adviseur, deskundige.*

consultation [konslteesjn] **I** ⟨telb.zn.⟩ **0.1** ***beraadslaging*** *⇒vergadering, bespreking;*
II ⟨n.-telb.zn.⟩ **0.1** ***overleg*** *⇒raadpleging, consult* ◆ **6.1** **in** ~ **with** *in overleg met.*

consultative [kənsultətiv] **0.1** ***consultatief*** *⇒adviserend, raadgevend* ◆ **1.1** ~ committee *adviescommissie.*

consume [kənsjoe:m] **0.1** ***consumeren*** *⇒nuttigen, verorberen* **0.2** ***verbruiken*** *⇒opgebruiken* **0.3** ***verteren*** *⇒wegvreten, verwoesten* **0.4** ⟨pej.⟩ ***verspillen*** *⇒opmaken* ◆ **1.3** the fire ~d all wooden buildings *de brand legde alle houten gebouwen in de as;* consuming passion *verterende hartstocht* **1.4** he ~d a considerable fortune *hij heeft er een aanzienlijk fortuin doorgejaagd* **6.3** ~d **by/with** hate *verteerd door haat.*

consumer [kənsjoe:mə] **0.1** ***consument*** *⇒verbruiker, koper.*

consumer adviser **0.1** ***consumentenadviseur.***

consumer credit ⟨geldw.⟩ **0.1** ***consumptief krediet*** *⇒consumentenkrediet.*

consumer durables **0.1** ***duurzame gebruiksgoederen.***

consumer goods **0.1** ***consumptie/verbruiksgoederen.***

Consumer Price Index ⟨ec.⟩ **0.1** ***prijsindex v. verbruiksgoederen*** ⟨in USA⟩.

consumer society **0.1** ***consumptiemaatschappij.***

consummate[1] [kənsummət] ⟨bn.⟩ **0.1** ***compleet*** *⇒volledig* **0.2** ***volleerd*** *⇒perfect.*

consumm|ate[2] [konsəmeet] ⟨ww.; zn.: **-ation**⟩ **0.1** ***vervolmaken*** *⇒voltooien, in vervulling doen gaan* **0.2** ***voltrekken*** ⟨een huwelijk door de 1e coïtus⟩ ◆ **1.1** her happiness was ~d *ze kon haar geluk niet op.*

consumption [kənsumpsjn] **0.1** ***consumptie*** *⇒verbruik, (ver)tering* **0.2** ***verwoesting*** *⇒aantasting* **0.3** ⟨vero.⟩ ***tering*** *⇒(long)tuberculose, tbc.*

consumptive [kənsumptiv] **0.1** ***consumptief*** *⇒consumptie-* **0.2** ***consumerend*** *⇒consumptiegericht.*

cont. ⟨afk.⟩ **0.1** [continued].

contact[1] [kontækt] ⟨zn.⟩ **0.1** ***contact(persoon)*** *⇒verbindingsman, connectie;* ⟨med.⟩ *potentiële smetstof/ziektekiemdrager* **0.2** ***contact*** ⟨ook elek.⟩ *⇒aanraking, voeling* **0.3** ⟨mv.; inf.⟩ ***(contact)lenzen.***

contact[2] ⟨ww.⟩ **0.1** ***in contact/verbinding brengen*** *⇒een contact leggen tussen* **0.2** ***contact opnemen met*** *⇒zich in verbinding stellen met.*

contactable [kəntæktəbl] **0.1** ***bereikbaar.***

contact lens **0.1** ***contactlens.***

contact sport ⟨sport⟩ **0.1** ***contactsport.***

contagion [kənteedzjn] **I** ⟨telb.zn.⟩ **0.1** ***besmettelijke ziekte*** *⇒*⟨fig.⟩ *besmettelijk invloed, virus;*
II ⟨n.-telb.zn.⟩ **0.1** ***besmetting*** *⇒besmettelijkheid;* ⟨fig.⟩ *verderf;* ⟨fig.⟩ *aanstekelijkheid.*

contagious [kənteedzjəs] ⟨-ness⟩ 0.1 ***besmet(telijk)*** ⇒⟨fig.⟩ *aanstekelijk* **0.2** ***infectueus*** ⇒*infectie-*.
contain [kənteen] **0.1** ***be/omvatten*** ⇒*tellen, inhouden* **0.2** ***beheersen*** ⇒*onder controle houden, bedwingen* ◆ **4.2** ~ yourself! *beheers je!, hou je in!*
contained [kənteend] **0.1** ***beheerst*** ⇒*ingehouden*.
container [kənteenə] **0.1** ***houder*** ⇒*vat, bak, doosje, bus* **0.2** ***container*** ⇒*laadkist*.
container|ize, -ise [kənteenərajz] ⟨zn.: **-ization**⟩ **0.1** ***vervoeren per container*** ⇒*verpakken in (een) container(s)*.
container port **0.1** ***containerhaven*** ⇒*overslagplaats*.
container ship **0.1** ***containerschip*** ⇒*laadkistenschip*.
containment [kənteenmənt] **0.1** ⟨pol.⟩ ***expansiebeperking*** ⇒*insluiting*.
contamin|ate [kəntæminneet] ⟨zn.: **-ation**⟩ **0.1** ***be/vervuilen*** ⇒*verontreinigen, (doen) bederven;* ⟨fig.⟩ *bezoedelen, besmeuren*.
contaminator [kəntæminneetə] **0.1** ***vervuiler*** ⇒*verontreiniger, besmetter*.
contd. ⟨afk.⟩ **0.1** [continued].
contemplate [kontəmpleet] **I** ⟨onov.ww.⟩ **0.1** ***nadenken*** ⇒*peinzen, in gedachten verzonken zijn;*
II ⟨ov.ww.⟩ **0.1** ***aan/beschouwen*** ⇒*contempleren, bezien* **0.2** ***nadenken over*** ⇒*overdenken, zich verdiepen in* **0.3** ***overwegen*** ⇒*zich bezinnen op, van plan zijn* **0.4** ***rekening houden met*** ⇒*verwachten, bedacht zijn op* ◆ **1.4** we didn't ~ this sort of trouble *op dit soort moeilijkheden waren we niet voorbereid* **3.3** did you ~ going abroad? *had je plannen om naar het buitenland te gaan?*
contemplation [kontəmpleesjn] **0.1** ***overpeinzing*** ⇒*bespiegeling, bezinning, overdenking* ◆ **6.1** lost **in** ~ *in gepeins verzonken*.
contemplative [kontəmpleetiv] **0.1** ***contemplatief (ingesteld)*** ⇒*bedachtzaam, beschouwend*.
contemporaneous [kəntempəreeniəs] **0.1** ***gelijktijdig*** ⇒*in de tijd samenvallend, contemporair*.
contemporar|y[1] [kəntemp(r)ərie] ⟨zn.; mv.: -ies⟩ **0.1** ***tijdgenoot*** ⇒*contemporain* **0.2** ***leeftijdgenoot*** ⇒*jaargenoot*.
contemporary[2] ⟨bn.⟩ **0.1** ***contemporain*** ⇒*gelijktijdig, uit dezelfde tijd* **0.2** ***even oud*** **0.3** ***eigentijds*** ⇒*hedendaags*.
contempt [kəntem(p)t] **0.1** ***min/verachting*** ⇒*geringschatting* **0.2** ***verachtelijkheid*** ⇒*schandelijkheid* ◆ **1.1** ⟨jur.⟩ ~ of court ⟨lett.⟩ *minachting voor de rechtbank, contempt of court* ⟨in Angelsaksisch recht, strafbare weigering de instructies v.d. rechtbank op te volgen⟩ **3.1** have/hold sth. in ~ *neerzien op iets, iets min/verachten* **6.1** **beneath** ~ *beneden alles*.
contemptib|le [kəntem(p)təbl] ⟨-ly⟩ **0.1** ***verachtelijk*** ⇒*laag, min*.
contemptuous [kəntem(p)tsjoeəs] **0.1** ***min/verachtend*** ⇒*geringschattend, neerbuigend* ◆ **6.1** a government ~ **of** parliament *een regering die het parlement minacht*.
contend [kəntend] **I** ⟨onov.ww.⟩ **0.1** ***wedijveren*** ⇒*strijden, twisten* ◆ **6.1** ~ **against** *kampen met;* ~ **for** *strijden om;* ~ **with** difficulties *met problemen (te) kampen (hebben);*
II ⟨ov.ww.⟩ **0.1** ***betogen*** ⇒*(met klem) beweren, stellen*.
contender [kəntendə] **0.1** ⟨sport⟩ ***uitdager*** ⇒*titelpretendent* **0.2** ***mededinger***.
content[1] [kontent] **I** ⟨telb. en n.-telb.zn.⟩ **0.1** ***capaciteit*** ⇒*volume, omvang, inhoud(smaat)* **0.2** ***inhoud*** ⇒*onderwerp* **0.3** ***gehalte*** ◆ **2.3** nutritional ~ *voedingswaarde;*
II ⟨mv.⟩ **0.1** ***inhoud*** ⟨v. fles, tas⟩ **0.2** ***inhoud(sopgave)*** ⟨v. boek⟩ ◆ **1.2** table of ~s *inhoudsopgave*.
content[2] [kəntent] ⟨bn.⟩ **0.1** ***tevreden*** ⇒*blij, content*.
content[3] [kəntent] ⟨ww.⟩ **0.1** ***tevredenstellen*** ◆ **4.1** ~ o.s. with *zich tevredenstellen met, genoegen nemen met*.
contented [kəntentid] **0.1** ***tevreden*** ⇒*blij, voldaan*.
contention [kəntensjn] **0.1** ***standpunt*** ⇒*stellingname, opvatting* **0.2** ***(woorden)twist*** ⇒*geschil, conflict*.
contentious [kəntensjəs] ⟨-ness⟩ **0.1** ***twistziek*** ⇒*polemisch, kritisch, tegendraads* **0.2** ***controversieel*** ⇒*aanvechtbaar* ◆ **1.1** ~ issue *twistpunt*.
contentment [kəntentmənt] **0.1** ***tevredenheid*** ⇒*voldoening, bevredigdheid*.
contest[1] [kontest] ⟨zn.⟩ **0.1** ***krachtmeting*** ⇒*strijd, (kracht)proef* **0.2** ***(wed)strijd*** ⇒*prijsvraag, concours* **0.3** ***twist(gesprek)*** ⇒*geschil, debat*.
contest[2] [kəntest] **I** ⟨onov.ww.⟩ **0.1** ***twisten*** ⇒*strijden, wedijveren* ◆ **6.1** ~ **against/with** *strijden/wedijveren met;*
II ⟨ov.ww.⟩ **0.1** ***dingen naar*** ⇒*strijden om* **0.2** ***betwisten*** ⇒*aanvechten* ◆ **1.1** ~ a seat in Parliament *kandidaat zijn voor een zetel in het parlement*.
contestant [kəntestənt] **0.1** ***mededinger*** ⇒*kandidaat, deelnemer (aan wedstrijd), strijdende partij* **0.2** ***betwister*** ⇒*aanvechter*.
context [kontekst] **0.1** ***context*** ⟨ook fig.⟩ ⇒*(rede)verband, samenhang*.
contextual [kəntekstsjoeəl] **0.1** ***contextueel*** ⇒*contextgebonden*.
contiguity [kontigjoe:ətie] **0.1** ***contiguïteit*** ⇒*aangrenzing, naburigheid* **0.2** ***opeenvolging*** ⇒*aan(een)sluiting*.
contiguous [kəntigjoeəs] **0.1** ***aangrenzend/liggend*** ⇒*belendend* **0.2** ***opeenvolgend*** ⟨in tijd of volgorde⟩ ⇒*aansluitend, achtereenvolgens* ◆ **6.1** ~ **to/with** the sea *aan zee grenzend*.
continence [kontinnəns] **0.1** ***zelfbeheersing*** ⇒*matigheid, ingetogenheid* **0.2** ***(seksuele) onthouding*** ⇒*abstinentie, kuisheid* **0.3** ***continentie*** ⟨vermogen tot beheersing v.d. uitscheiding⟩ ⇒*zindelijkheid*.
continent[1] [kontinnənt] **I** ⟨eig.n.; C-; the⟩ **0.1** ***vasteland (v. Europa)*** ⟨tgov. Groot-Brittannië⟩;
II ⟨telb.zn.⟩ **0.1** ***continent*** ⇒*werelddeel*.
continent[2] ⟨bn.⟩ **0.1** ***beheerst*** ⇒*(ge)matig(d), ingetogen* **0.2** ***zich onthoudend*** ⟨v. seksuele activiteit⟩ ⇒*kuis* **0.3** ***continent*** ⇒*zindelijk*.
continental[1] [kontinnentl] ⟨zn.⟩ **0.1** ⟨ook C-⟩ ***vastelander*** ⇒*bewoner v.h. Europese vasteland;* ⟨AE ook⟩ *Europeaan*.
continental[2] ⟨bn.⟩ **0.1** ***continentaal*** **0.2** ⟨ook C-⟩ ***het vasteland v. Europa betreffende*** ⇒*vastelands* ◆ **1.1** ~ drift *continentverschuiving;* ~ shelf *continentaal plat(eau)* **1.2** ~ breakfast *ontbijt met koffie en croissants enz.* **1.¶** ~ quilt *dekbed*.
contingenc|y [kəntindzjənsie], **contingence** [kəntindzjəns] ⟨mv.: -ies⟩ **0.1** ***eventualiteit*** ⇒*onvoorziene gebeurtenis/uitgave*.
contingency plan **0.1** ***rampenplan***.
contingent[1] [kəntindzjənt] ⟨zn.; ww. enk. of mv.⟩ **0.1** ***afvaardiging*** ⇒*vertegenwoordiging* **0.2** ⟨mil.⟩ ***(troepen)contingent***.
contingent[2] **I** ⟨bn.⟩ **0.1** ***toevallig*** ⇒*onvoorzien* **0.2** ***gebeurlijk*** ⇒*mogelijk, eventueel* **0.3** ***bijkomend*** ⇒*incidenteel;*
II ⟨bn., pred.⟩ **0.1** ***contingent*** ⇒*voorwaardelijk, afhankelijk* ◆ **6.1** our success is ~ **(up)on** his cooperation *ons slagen hangt v. zijn medewerking af*.
continual [kəntinjoeəl] ⟨vnl. pej.⟩ **0.1** ***aanhoudend*** ⇒*voortdurend, gedurig, onophoudelijk*.
continuance [kəntinjoeəns] **0.1** ***voortduring*** ⇒*voortzetting, prolongatie* **0.2** ⟨the⟩ ***duur*** ⇒*continuïteit* ◆ **1.1** a government's ~ in office *de continuering v.e. regeerperiode* **1.2** for the ~ of the war *voor de duur v.d. oorlog*.
continuation [kəntinjoe·eesjn] **0.1** ***voortzetting*** ⇒*vervolg,*

continuering, hervatting **0.2** ⟨BE; geldw.⟩ ***prolongatie*** ◆ **1.1** this street is a ~ of Fleet Street *deze straat ligt in het verlengde v. Fleet Street.*

continue [kəntinjoe:] **I** ⟨onov.ww.⟩ **0.1** ***door/voortgaan*** ⇒ *verder gaan, volhouden, zich voortzetten/uitstrekken* **0.2** ***(in stand) blijven*** ⇒*voortduren, continueren* **0.3** ***vervolgen*** ⇒*verder gaan* ◆ **1.1** a continuing period *een ononderbroken/aaneengesloten periode* **5.2** the weather ~s fine *het mooie weer houdt aan* **6.2** we can't ~ **in** this house much longer *we kunnen ons verblijf in dit huis niet veel langer rekken* ¶**.3** 'this is sad stuff, sir,' he continued *'dit is een treurig verhaal, meneer', vervolgde hij;*
II ⟨ov.ww.⟩ **0.1** ***voortzetten*** ⇒*(weer) door/voort/verder gaan met, volhouden, vervolgen* **0.2** ***handhaven*** ⇒*aanhouden, continueren* **0.3** ***verlengen*** ⇒*doortrekken* ◆ **3.1** to be ~d *wordt vervolgd.*

continuit|y [kontinjoe:ətie] **I** ⟨telb. en n.-telb.zn.; mv.: -ies⟩ **0.1** ***continuïteit*** ⇒*(chrono)logisch verloop/verband, samenhang;*
II ⟨n.-telb.zn.⟩ **0.1** ⟨film⟩ ***draaiboek*** ⇒*continuityscript* **0.2** ⟨radio, tv⟩ ***tekstboek*** ⇒*draaiboek, verbindende teksten.*

continuity girl ⟨film en tv⟩ **0.1** ***continuitygirl*** ⇒*scriptgirl.*

continuous [kəntinjoeəs] **0.1** ***ononderbroken*** ⇒*continu, onophoudelijk* **0.2** ⟨wisk.⟩ ***continu*** ◆ **1.1** ~ current *gelijkstroom;* ~ performance *doorlopende voorstelling;* ⟨nat.⟩ ~ spectrum *continu spectrum, continuüm;* ⟨nat.⟩ ~ wave *ongedempte golf.*

continuum [kəntinjoeəm] ⟨mv.: ook continua [kəntinjoeə]⟩ ⟨ook wisk.⟩ **0.1** ***continuüm.***

contort [kənto:t] **I** ⟨onov.ww.⟩ **0.1** ***verwrongen/ontwricht/ontzet raken*** ◆ **6.1** his face ~ed **with** rage *zijn gezicht vertrok v. woede;*
II ⟨ov.ww.⟩ **0.1** ***verwringen*** ⇒*vertrekken, ontwrichten.*

contortion [kənto:sjn] **0.1** ***kronkeling*** ⇒*bocht, draaiing* **0.2** ***verwringing*** ⇒*ontwrichting, verkramping.*

contortionist [kənto:sjənist] **0.1** ***slangenmens*** ⇒*contorsionist.*

contour[1] [kontoeə] ⟨zn.⟩ **0.1** ⟨vaak mv.⟩ ***contour*** ⟨ook fig.⟩ ⇒ *omtrek(lijn), vorm.*

contour[2] ⟨ww.⟩ **0.1** ***contouren schetsen/trekken van*** ⇒*in contourvorm weergeven op.*

contra [kontrə], ⟨verk.⟩ **con** **0.1** ⟨bw.⟩ ***ertegen*** **0.2** ⟨vz.⟩ ***tegen*** ◆ **1.2** there were more pro than contra the proposal *er waren meer mensen vóór dan tegen het voorstel* **3.1** he would always argue contra if he could *hij zou je altijd tegenspreken als hij kon.*

contraband [kontrəbænd] ⟨vaak attr.⟩ **0.1** ***contrabande*** ⇒ *smokkelwaar/goed* **0.2** ***smokkel(handel).***

contrabass [kontrəbees] ⟨muz.⟩ **0.1** ***contrabas.***

contraception [kontrəsepsjn] **0.1** ***anticonceptie*** ⇒*contraceptie.*

contraceptive[1] [kontrəseptiv] ⟨zn.⟩ **0.1** ***voorbehoed(s)middel.***

contraceptive[2] ⟨bn.⟩ **0.1** ***anticonceptioneel*** ⇒*contraceptief.*

contract[1] [kontrækt] ⟨zn.⟩ **0.1** ***contract*** ⟨ook bridge⟩ ⇒*(bindende) overeenkomst, verdrag, verbintenis;* ⟨attr.⟩ *contractueel vastgelegd* ◆ **3.1** enter into/make a ~ *een contract sluiten, een verbintenis aangaan* **6.1** be **under** ~ **to** s.o. *zich contractueel verbonden hebben tgov. iem.*

contract[2] [kəntrækt] **I** ⟨onov.ww.⟩ **0.1** ***een contract/overeenkomst/verdrag sluiten*** ⇒*een verbintenis aangaan, contracteren* ◆ **1.1** ~ing parties *contracterende partijen* **3.1** ~ to build a factory *een contract sluiten voor de bouw v.e. fabriek;* ~ to do sth. *zich contractueel verplichten om iets te doen* **5.1** ⟨vnl. BE⟩ ~ **out** *zich terugtrekken;*
II ⟨onov. en ov.ww.⟩ **0.1** ***samentrekken*** ⇒*inkrimpen, slinken* ◆ **6.1** 'we will' can be ~ed **to** 'we'll' *'we will' kan samengetrokken worden tot 'we'll';*
III ⟨ov.ww.⟩ **0.1** ***per/bij contract regelen/vaststellen*** ⇒ *contracteren, aangaan* **0.2** ⟨vnl. pej.⟩ ***oplopen*** ⇒*zich op de hals halen* ◆ **1.1** ~ an alliance *een bondgenootschap sluiten;* ~ debts *schulden aangaan/op zich nemen* **1.2** ~ a cold *een verkoudheid oplopen* **5.1** ~ **out** *uitbesteden.*

contract bridge **0.1** ***contractbridge.***

contractile [kəntræktajl], **contractible** [-təbl] ⟨contractibleness⟩ **0.1** ***samentrekkend*** ⇒*contractiel* **0.2** ***samentrekbaar*** ⇒*inklapbaar.*

contraction [kəntræksjn] **I** ⟨telb. en n.-telb.zn.⟩ **0.1** ***samentrekking*** ⇒*in/verkorting, (ver)kramp(ing); (barens)wee;*
II ⟨n.-telb.zn.⟩ **0.1** ***het oplopen/opdoen*** **0.2** ***het aangaan/op zich nemen*** ⟨schulden⟩.

contract marriage **0.1** ***contracthuwelijk*** ⟨aangegaan voor een gespecificeerde periode⟩.

contractor [kəntræktə] **0.1** ***aannemer(sbedrijf)*** ⇒*handelaar in bouwmaterialen* **0.2** ***contractant.***

contract research **0.1** ***contractresearch/onderzoek*** ⇒*onderzoek op contractbasis.*

contract time ⟨ec.⟩ **0.1** ***aangenomen tijd.***

contractual [kəntræktsjoeəl] **0.1** ***contractueel.***

contract work ⟨ec.⟩ **0.1** ***aangenomen werk.***

contradict [kontrədikt] **0.1** ***tegen/weerspreken*** ⇒*in tegenspraak zijn met, ontkennen* ◆ **1.1** their statements ~ each other *hun verklaringen spreken elkaar tegen.*

contradiction [-diksjn] **0.1** ***tegenspraak*** ⇒*contradictie, tegenstrijdigheid* **0.2** ***weerlegging*** ◆ **1.1** ~ in terms *contradictio in terminis, innerlijke tegenspraak.*

contradictor|y [-diktrie] ⟨-iness⟩ **0.1** ***tegenstrijdig*** ⇒*in tegenspraak, inconsistent* **0.2** ***ontkennend*** ◆ **6.1** ~ **to** *strijdig met.*

contradistinction [kontrədistingksjn] ⟨schr.⟩ **0.1** ***tegenstelling*** ⇒*contrast* ◆ **6.1** **in** ~ **to** *in tegenstelling tot.*

contraflow (traffic) [-floo] ⟨BE; verkeer⟩ **0.1** ***verkeer over één weghelft*** ⟨bij werkzaamheden, ongeluk⟩ ⇒⟨ong.⟩ *tegenliggers.*

contrail [kontreel] ⟨verk.⟩ [condensation trail] ⟨luchtv.⟩ **0.1** ***condens(atie)streep.***

contraindication [kontrəindikkeesjn] ⟨med.⟩ **0.1** ***contra-indicatie.***

contralto [kəntræltoo] ⟨mv.: ook contralti [-tie:]⟩ **0.1** ***alt.***

contraption [kəntræpsjn] ⟨inf.⟩ **0.1** ***geval*** ⇒*toestand, ding, apparaat.*

contrariet|y [kontrərajjətie] ⟨mv.: -ies⟩ **0.1** ***tegenstrijdigheid*** ⇒*onverenigbaarheid* **0.2** ***tegenslag.***

contrariwise [kəntreəriewajz] **0.1** ***aan de andere kant*** ⇒ *daarentegen, omgekeerd* **0.2** ***in tegen(over)gestelde richting*** ⇒*dwars.*

contrar|y[1] [kontrərie] ⟨zn.; mv.: -ies⟩ **0.1** ⟨in enk. altijd met the⟩ ***tegendeel*** ⇒*tegen(over)gestelde* ◆ **6.1** **on** the ~ *integendeel, juist niet;* ... **to** the ~ ... *ten spijt, niettegenstaande ...;* if I don't hear anything **to** the ~ ... *zonder tegenbericht ...;* evidence **to** the ~ *bewijs v.h. tegendeel.*

contrar|y[2] [kontrərie, ⟨in bet. 0.3⟩ kəntreərie] ⟨bn.; -iness⟩ **0.1** ***tegen(over)gesteld*** ⇒*strijdig* **0.2** ***ongunstig*** ⇒*tegenwerkend, averechts* **0.3** ***tegendraads*** ⇒*weerbarstig/spannig, eigenwijs* ◆ **1.2** ~ winds *tegenwind* **6.1** be ~ **to** *botsen/strijdig zijn met;* ~ **to** *tegen ... in, ... ten spijt, ondanks.*

contrast[1] [kontra:st] ⟨zn.⟩ **0.1** ***contrast*** ⟨ook foto.⟩ ⇒*contrastwerking;* ⟨fig. ook⟩ *tegenbeeld, verschil* ◆ **1.1** the use of ~ *het werken met contrasten* **6.1** **by** ~ **with** *(vooral) naast, vergeleken bij;* **in** ~ **to/with** *in tegenstelling tot.*

contrast² [kəntra:st] **I** ⟨onov.ww.⟩ **0.1** ***contrasteren*** ⇒*(tegen elkaar) afsteken, (een) verschil(len) vertonen* ◆ **6.1** ~ **with** *afsteken bij/tegen;*
II ⟨ov.ww.⟩ **0.1** ***tegenover elkaar stellen*** ⇒*vergelijken* ◆ **6.1** ~ one thing **with/**and the other *het ene tegenover het andere stellen.*

contravene [kontrəvie:n] ⟨schr.⟩ **0.1** ***strijdig/in strijd zijn met*** **0.2** ⟨vnl. jur.⟩ ***overtreden*** ⇒*inbreuk maken op.*

contravention [-vensjn] ⟨schr.⟩ **0.1** ***overtreding*** ⇒*inbreuk* ◆ **6.1 in** ~ **of** *in strijd/strijdig met.*

contretemps [kontrətã] ⟨mv.: contretemps⟩ **0.1** ***tegenslag*** ⇒ *tegenvaller.*

contribute [kəntribjoe:t] **0.1** ***bijdragen*** ⇒*een bijdrage leveren, bevorderen* ◆ **6.1** ~ **to** *bijdragen aan/tot, medewerken aan;* ~ short stories **to** a magazine *korte verhalen schrijven in/voor een blad.*

contribution [kontribjoe:sjn] **0.1** ***bijdrage*** ⇒*inbreng, contributie.*

contributor [kəntribjoetə] **0.1** ***bijdrager*** ⇒*contribuant, medewerker.*

contributory [kəntribjoetrie] **0.1** ***medebepalend*** ⇒*bijdragend* **0.2** ⟨v.e. pensioenregeling of verzekering⟩ ***door werkgever en -nemer samen betaald*** ◆ **1.1** ⟨jur.⟩ ~ negligence *medeoorzakelijke nalatigheid.*

contrite [kəntrajt] **0.1** ***berouwvol*** ⇒*schuldbewust, door wroeging gekweld.*

contrition [kəntrisjn] **0.1** ***(diep) berouw*** ⇒*wroeging.*

contrivance [kəntrajvns] **0.1** ***apparaat*** ⇒*toestel, (handig) ding* **0.2** ⟨vnl. mv.⟩ ***list*** ⇒*truc, slimmigheid(je)* **0.3** ***vernuft(igheid)*** ⇒*vindingrijkheid.*

contrive [kəntrajv] **0.1** ***voor elkaar boksen/krijgen*** ⇒*kans zien om te* **0.2** ***bedenken*** ⇒*uitvinden, ontwerpen* **0.3** ***beramen*** ⇒*smeden* ◆ **3.1** he had ~d to meet her *hij had het zo uitgekiend dat hij haar zou ontmoeten.*

contrived [kəntrajvd] **0.1** ***geforceerd*** ⇒*onnatuurlijk, gemaakt, gekunsteld.*

control¹ [kəntrool] **I** ⟨telb.zn.⟩ **0.1** ⟨vnl. mv.⟩ ***bedienings/controlepaneel*** ⇒*regeleenheid, besturingstoestel* **0.2** ⟨vnl. mv.⟩ ***controlemiddel/maatregel*** ⇒*beheersings/regelingsmechanisme;*
II ⟨n.-telb.zn.⟩ **0.1** ***beheersing*** ⇒*controle, zeggenschap* **0.2** ***bestuur*** ⇒*op/toezicht, leiding* ◆ **3.1** lose ~ (of o.s.) *zijn zelfbeheersing verliezen;* keep under ~ *bedwingen, in toom houden;* take ~ of/over *de macht/leiding in handen nemen over* **6.1 beyond** ~ *onhandelbaar;* **in** ~ **of** the situation *de situatie meester/de baas;* get/go **out of** ~ *uit de hand lopen;* have no ~ **over/of** a class *geen orde kunnen houden in een klas* **6.2** be **in** ~ *de leiding hebben, het voor het zeggen hebben;* ~ **over** an organization *leiding over een organisatie.*

control² ⟨ww.; -led⟩ **0.1** ***controleren*** ⇒*leiden, toezicht uitoefenen op; beheren* **0.2** ***besturen*** ⇒*aan het roer zitten* **0.3** ***in toom/bedwang houden*** ⇒*beheersen, onder controle houden* **0.4** ***nakijken*** ⇒*controleren, nalopen/zien/trekken* ◆ **1.1** ⟨ec.⟩ ~ling interest *meerderheidsbelang* **1.4** ⟨biol., psych.⟩ ~led study *vergelijkende studie.*

control experiment ⟨vnl. biol., psych.⟩ **0.1** ***vergelijkende proef.***

controller [kəntroolə], ⟨in bet. 0.2 ook⟩ **comptroller 0.1** ***controleur*** ⇒*controlemechanisme, regulateur* **0.2** ***penningmeester*** **0.3** ***afdelingschef/hoofd.***

control panel 0.1 ***bedienings/besturings-/controlepaneel*** ⇒*schakelbord, regelpaneel/tafel;* ⟨comp.⟩ *besturingstafel;* ⟨radio⟩ *regietafel, mengtafel, mengpaneel.*

control room 0.1 ***controlekamer*** ⇒⟨luchtv.⟩ *vluchtleidingscentrum;* ⟨spoorwegen⟩ *schakelkamer;* ⟨radio⟩ *regelkamer.*

control tower ⟨luchtv.⟩ **0.1** ***verkeerstoren.***

controversial [kontrəvə:sjl] **0.1** ***controversieel*** ⇒*aanvechtbaar, omstreden* **0.2** ***polemisch*** ⇒*tegendraads.*

controvers|y [kontrəvə:sie, kəntrovvəsie] ⟨mv.: -ies⟩ **I** ⟨telb.zn.⟩ **0.1** ***controverse*** ⇒*strijdpunt;*
II ⟨n.-telb.zn.⟩ **0.1** ***onenigheid*** ⇒*wrijving, verdeeldheid* ◆ **3.1** cause a great deal of ~ *veel stof doen opwaaien* **6.1 beyond** ~ *buiten kijf.*

controvert [kontrəvə:t] **0.1** ***zich kanten tegen*** ⇒*bestrijden, aanvechten* **0.2** ***loochenen*** ⇒*ontkennen, verwerpen* **0.3** ***discussiëren/redetwisten over.***

contumacious [kontjoemeesjəs] ⟨schr.⟩ **0.1** ***weerspannig*** ⟨ihb. ten aanzien van rechtbank⟩ ⇒*weerbarstig, opstandig.*

contumac|y [kontjoeməsie] ⟨mv.: -ies⟩⟨schr.⟩ **0.1** ***weerspannigheid*** ⇒*weerbarstigheid, opstandigheid;* ⟨ihb. jur.⟩ *verstek, insubordinatie.*

contumelious [kontjoemie:liəs] **0.1** ***onbeschaamd*** ⇒ *schaamteloos, krenkend.*

contumel|y [kontjoe:mlie, kəntjoe:məlie] ⟨mv.: -ies⟩ **0.1** ***vernedering*** ⇒*belediging, onbeschaamdheid.*

cont|use [kəntjoe:z] ⟨zn.: **-usion**⟩⟨med.⟩ **0.1** ***kneuzen*** ⇒*bezeren.*

conundrum [kənundrəm] **0.1** ***raadsel(vraag)*** ⇒*strikvraag, raadselachtige kwestie.*

conurbation [konnə:beesjn] **0.1** ***agglomeratie*** ⇒*verstedelijkt gebied.*

convalesce [konvəles] **0.1** ***herstellen(de zijn)*** ⟨v.e. ziekte⟩ ⇒ *genezen.*

convalescence [konvəlesns] **0.1** ***herstel(periode)*** ⇒*genezing(speriode).*

convalescent [konvəlesnt] **0.1** ⟨bn.⟩ ***herstellend*** ⇒*genezend, herstellings-* **0.2** ⟨zn.⟩ ***herstellende patiënt*** ◆ **1.1** ~ hospital/(nursing) home *herstellingsoord.*

convection [kənveksjn] ⟨meteo., nat.⟩ **0.1** ***convectie.***

convector [kənvektə] **0.1** ***convector*** ⇒*warmtewisselaar.*

convene [kənvie:n] **I** ⟨onov.ww.⟩ **0.1** ***bijeen/samenkomen*** ⇒*(zich) vergaderen;*
II ⟨ov.ww.⟩ **0.1** ***bijeen/samenroepen*** ⇒*convoceren* **0.2** ***(voor het gerecht) dagen*** ⇒*dagvaarden, oproepen.*

convener, convenor [kənvie:nə] ⟨vnl. BE⟩ **0.1** ***lid v.e. vereniging belast met de convocaties*** ⇒*secretaris, voorzitter.*

convenience [kənvie:niəns] **I** ⟨telb.zn.⟩⟨BE; schr. of scherts.⟩ **0.1** ***(openbaar) toilet*** ⇒*wc, urinoir* ◆ **2.1** public ~s *openba(a)r(e) toilet(ten);*
II ⟨telb. en n.-telb.zn.⟩ **0.1** ***gemak*** ⇒*comfort, gerief(lijkheid)* ◆ **2.1** his house has all the modern ~s *zijn huis is van alle moderne gemakken voorzien* **3.1** make a ~ of s.o. *iem. als voetveeg gebruiken* **6.1 at** your ~ *naar/wanneer het u schikt/gelegen komt;* **at** your earliest ~ *zodra het u schikt/gelegen komt;* **for** ~ (sake) *gemakshalve.*

convenience food 0.1 ***vlugklaargerecht(en)*** ⇒*kant-en-klaarmaaltijd(en).*

convenience goods ⟨ec.⟩ **0.1** ***kant-en-klare consumptiegoederen*** ⇒*meeneemartikelen* ⟨bv. diepvriesmaaltijden, tijdschriften⟩.

convenience store 0.1 ***dag- en avondwinkel.***

convenient [kənvie:niənt] **0.1** ***geschikt*** ⇒*passend, gerieflijk, handig* **0.2** ⟨inf.⟩ ***gunstig gelegen*** ⇒*gemakkelijk bereikbaar* ◆ **3.1** they were ~ly forgotten *zij werden gemakshalve vergeten* **6.1** will two o'clock be ~ **to/for** you? *is twee uur een geschikte tijd voor je?* **6.2** a house that's ~ **for** the shops *een huis met veel winkels in de buurt.*

convent [konvent] **0.1** ***(nonnen)klooster*** ⇒*convent, kloostergebouw/gemeenschap* ◆ **3.1** enter a ~ *in het klooster treden.*

convention [kənvensjn] **I** ⟨telb.zn.⟩ **0.1** ***conventie*** ⇒*overeenkomst, verdrag* **0.2** ***conventie*** ⇒*bijeenkomst, congres, conferentie;*
II ⟨telb. en n.-telb.zn.⟩ **0.1** ***conventie*** ⇒*gewoonte, gebruik* **0.2** ⟨bridge⟩ ***conventie.***

conventional [kənvensjnəl] **0.1** ***conventioneel*** ⇒*gebruikelijk, traditioneel* **0.2** ⟨pej.⟩ ***conformistisch*** ⇒*fantasieloos* **0.3** ***conventioneel*** ⇒*niet-nucleair* ⟨bewapening e.d.⟩ ◆ **1.1** ~ wisdom *volkswijsheid.*

conventionalit|y [kənvensjənæləti] **I** ⟨telb. en n.-telb.zn.; mv.: -ies⟩ **0.1** ***conventie*** ⇒*gewoonte* **0.2** ***conventionaliteit*** ⇒*vormelijkheid;*
II ⟨mv.; the⟩ **0.1** ***vaste gebruiken en gewoonten*** ⇒*etiquette.*

converge [kənvə:dzj] **I** ⟨onov.ww.⟩ **0.1** ***samenkomen/lopen/vallen*** ⇒*convergeren* ⟨ook wisk.⟩ ◆ **6.1** armies converging **on** an enemy town *zich rond een vijandelijke stad samentrekkende legers;*
II ⟨ov.ww.⟩ **0.1** ***naar één punt leiden*** ⇒*doen convergeren/samenkomen.*

convergence [kənvə:dzjəns], **convergenc|y** [-dzjənsie] ⟨mv.: -ies⟩ **0.1** ***mate/punt v. convergentie*** ⇒*convergentiepunt* **0.2** ***convergentie*** ⟨ook biol., meteo., wisk.⟩ **0.3** ***het samenkomen/vallen.***

convergent [kənvə:dzjənt] **0.1** ***convergerend*** ⟨ook biol., meteo., wisk.⟩ ⇒*convergent, in één punt samenkomend.*

conversant [kənvə:snt] **0.1** ***vertrouwd*** ⇒*bedreven, geoefend* ◆ **6.1** ~ **with** international politics *vertrouwd met de internationale politiek.*

conversation [konvəseesjn] **0.1** ***gesprek*** ⇒*conversatie, praatje.*

conversational [konvəseesjnəl] **0.1** ***gespreks-*** ⇒*conversatie-, omgangs-* **0.2** ***spraakzaam*** ⇒*onderhoudend, gezellig.*

conversationalist [konvəseesjnəlist] **0.1** ***causeur*** ⇒*onderhoudende/gezellige prater.*

conversation piece **0.1** ***gesprek v.d. dag*** ⇒*gespreksstof, geliefd onderwerp.*

conversation-stopper **0.1** ***iets/opmerking waardoor de conversatie stokt.***

converse[1] [konvə:s] ⟨zn.⟩ **0.1** ⟨the⟩ ***tegendeel*** ⇒*omgekeerde;* ⟨logica⟩ *conversie.*

converse[2] [konvə:s] ⟨bn.⟩ **0.1** ***tegenovergesteld*** ⇒*omgekeerd.*

converse[3] [kənvə:s] ⟨ww.⟩ **0.1** ***spreken*** ⇒*converseren, een gesprek voeren* ◆ **6.1** ~ **with** s.o. **(up)on** sth. *zich met iem. over iets onderhouden.*

conversion [kənvə:sjn] **0.1** ***omzetting*** ⇒*om/overschakeling, omrekening, verbouwing* **0.2** ⟨rel.⟩ ***bekering*** **0.3** ⟨rugby, Am. football⟩ ***conversie*** **0.4** ***conversie*** ⟨ook ec., logica, psych.⟩ ◆ **1.2** ~ of pagans to Christianity *kerstening v. heidenen.*

convert[1] [konvə:t] ⟨zn.⟩ **0.1** ***bekeerling.***

convert[2] [kənvə:t] **I** ⟨onov.ww.⟩ **0.1** ***(een) verandering(en) ondergaan*** ⇒*veranderen, overgaan* **0.2** ⟨AE⟩ ***zich bekeren*** ⇒*v. godsdienst veranderen* **0.3** ⟨hand.⟩ ***converteerbaar/inwisselbaar zijn*** ◆ **6.1** this seat ~s **into** a single bed *deze stoel is uitklapbaar tot een eenpersoonsbed;*
II ⟨ov.ww.⟩ **0.1** ⟨vnl. pass.⟩ ***bekeren*** ⟨ook fig.⟩ ⇒*overhalen* **0.2** ***om/overschakelen/zetten*** ⇒*veranderen, om/verbouwen, om/inwisselen, omrekenen* **0.3** ***zich (wederrechtelijk) toe-eigenen*** ⇒*verduisteren* ◆ **1.2** ~ a loan *een lening converteren* **6.2** ~ coal **to** gas *steenkool vergassen* **6.3** ~ public funds **to** one's own use *gemeenschapsgelden ten eigen bate aanwenden.*

converter, convertor [kənvə:tə] ⟨tech.⟩ **0.1** ***convertor*** **0.2** ⟨elek., comp.⟩ ***(signaal)omzetter/omvormer*** ⇒*convertor.*

convertible[1] [kənvə:təbl] ⟨zn.⟩ **0.1** ⟨geldw.⟩ ***converteerbare eenheid*** ⇒*obligatie, aandeel* **0.2** ***convertible*** ⇒*cabriolet* ⟨auto⟩.

convertible[2] ⟨bn.; zn.: **-ility**⟩ **0.1** ⟨geldw.⟩ ***convertibel*** ⇒*in/omwisselbaar* **0.2** ***met vouwdak*** ⇒*met open dak* **0.3** ***variabel*** ⟨vnl. v. meubels⟩ ⇒*opvouwbaar, in/uitklapbaar.*

convex [konveks] **0.1** ***convex*** ⇒*bol(rond).*

convexity [kənveksətie] **0.1** ***convexiteit*** ⇒*bol(rond)heid, gewelfdheid.*

convey [kənvee] **0.1** ***(ver)voeren*** ⇒*transporteren, (ge)leiden* **0.2** ***meedelen*** ⇒*bekend/kenbaar/duidelijk maken, uitdrukken* ◆ **1.2** his tone ~ed his real intention *uit zijn toon bleek zijn werkelijke bedoeling.*

conveyance [kənveeəns] **0.1** ⟨jur.⟩ ***overdrachts/transportakte*** **0.2** ***vervoermiddel*** **0.3** ***vervoer*** ⇒*transport* **0.4** ***overdracht/brenging*** ⇒*uitdrukking.*

conveyancing [kənveeənsing] ⟨jur.⟩ **0.1** ⟨werk mbt.⟩ ***opstellen van overdrachtsakten.***

conveyer [kənveeə] **0.1** ***vervoerder*** ⇒*transporteur* **0.2** ⟨verk.⟩ [conveyer belt].

conveyer belt **0.1** ***transportband*** ⇒*sorteerband, lopende band.*

convict[1] [konvikt] ⟨zn.⟩ **0.1** ***veroordeelde*** **0.2** ***gedetineerde*** ⇒*gevangene.*

convict[2] [kənvikt] ⟨ww.⟩ **0.1** ***veroordelen*** ⇒*schuldig bevinden/verklaren* **0.2** ***doen inzien/bekennen*** ⇒*overtuigen* ◆ **6.1** ~ed **of** murder *veroordeeld wegens moord.*

conviction [kənviksjn] **0.1** ***veroordeling*** ⇒*schuldigbevinding/verklaring* **0.2** ***(innerlijke) overtuiging*** ⇒*overtuigdheid, (vaste) mening* ◆ **3.2** carry ~ *overtuigend zijn;* speak from/without ~ *uit/zonder overtuiging spreken.*

convince [kənvins] **0.1** ***overtuigen*** ⇒*overreden, overhalen* ◆ **1.1** a ~d socialist *een overtuigd socialist* **6.1** ~ s.o. **of** sth. *iem. van iets overtuigen.*

convincing [kənvinsing] **0.1** ***overtuigend*** ⇒*aannemelijk.*

convivial [kənvivviəl] **0.1** ***(levens)lustig*** ⇒*joviaal, uitgelaten* **0.2** ***vrolijk*** ⇒*jolig, feestelijk.*

conviviality [kənvivvie·æləti] **0.1** ***(levens)lustigheid*** ⇒*jovialiteit, uitgelatenheid* **0.2** ***feestelijkheid*** ⇒*joligheid, vrolijkheid.*

convocation [konvəkeesjn] **I** ⟨telb. en n.-telb.zn.⟩ **0.1** ***vergadering*** ⇒*bijeenkomst* **0.2** ***bijeen/samenroeping*** ⇒*convocatie, oproep;*
II ⟨zn.; ww. enk. of mv.; vaak C-⟩ **0.1** ⟨rel.⟩ ***synode.***

convoke [kənvook] **0.1** ***bijeen/op/samenroepen*** ⇒*convoceren.*

convoluted [konvəloe:tid] **0.1** ***(in elkaar) gedraaid*** ⇒*gekronkeld, opgerold* **0.2** ***ingewikkeld*** ⇒*gecompliceerd, ondoorzichtig.*

convolution [konvəloe:sjn] **0.1** ⟨vnl. mv.⟩ ***kronkeling*** ⇒*draaiing, winding.*

convoy[1] [konvoj] ⟨zn.⟩ **0.1** ⟨ww. enk. of mv.⟩ ***konvooi*** ⇒*(krijgs)geleide, escorte* **0.2** ***konvooiering*** ⇒*escortering* **0.3** ***het reizen/varen onder konvooi*** ◆ **6.1** sail **under** ~ *onder konvooi varen.*

convoy[2] [konvoj] ⟨ww.⟩ **0.1** ***konvooieren*** ⇒*escorteren, (be)geleiden.*

convulse [kənvuls] **I** ⟨onov.ww.⟩ **0.1** ***stuiptrekken*** ⇒*stuipen/convulsies krijgen;*
II ⟨ov.ww.⟩ **0.1** ***schokken*** ⇒*in (hevige) beroering brengen, aangrijpen* **0.2** ⟨vnl. pass.⟩ ***uitbundig doen lachen*** ⇒*doen schuddebuiken* ◆ **1.1** we were ~d by the news of his death *het nieuws van zijn dood sloeg bij ons in als een bom* **6.2** be ~d **with** laughter *zich een stuip/bult lachen.*

convulsion [kənvulsjn] **I** ⟨telb.zn.⟩ **0.1** ⟨vnl. mv.⟩ ***stuip(trekking)*** ⇒*convulsie* **0.2** ***uitbarsting*** ⇒*verstoring;*
II ⟨mv.⟩ **0.1** ***lachsalvo*** ⇒*onbedaarlijk gelach.*

convulsive [kənvulsiv] **0.1** ***stuipachtig*** ⇒*spastisch* **0.2** ***schokkend*** ⇒*grote opschudding veroorzakend* **0.3** ***stuiptrekkend*** ⇒*aan stuipen lijdend.*

cony, coney [koonie] **0.1** ***konijn(enbont)*** ⟨ihb. als imitatie⟩.

coo[1] [koe:] ⟨zn.⟩ **0.1** ***roekoe(geluid)*** ⇒*gekoer.*

coo[2] ⟨ww.⟩ **0.1** ***roekoeën*** ⇒*koeren, kirren, lispelen* ⟨ook fig.⟩.

cook[1] [koek] ⟨zn.⟩ **0.1** ***kok(kin).***

cook[2] **I** ⟨onov.ww.⟩ **0.1** ***op het vuur staan*** ⇒*(af)koken, sudderen;*
II ⟨onov. en ov.ww.⟩ **0.1** ***koken*** ⇒*(eten) bereiden/klaarmaken* ◆ **4.¶** ⟨inf.⟩ what's ~ing? *wat is er aan de hand?;*
III ⟨ov.ww.⟩ **0.1** ⟨inf.⟩ ***knoeien met*** ⇒*vervalsen* ◆ **5.¶** ⟨inf.⟩ ~**up** *verzinnen; bekokstoven.*

cooker [koekə] **0.1** ***kooktoestel*** ⇒*fornuis, kookplaat/stel* **0.2** ***(kook)pan*** **0.3** ⟨vnl. mv.⟩ ***stoofappel/peer.***

cooker|y [koekərie] ⟨mv.: -ies⟩ **I** ⟨telb.zn.⟩⟨AE⟩ **0.1** ***kookplaats/ruimte*** ⇒*keuken;*
II ⟨n.-telb.zn.⟩ **0.1** ***het koken*** ⇒*kookkunst, het kokkerellen.*

cookery book, ⟨AE⟩ **cookbook 0.1** ***kookboek.***

cookhouse 0.1 ***veldkeuken*** ⇒*kampkeuken* **0.2** ***kombuis.***

cooking [koeking] **0.1** ***het koken*** ⇒*kookkunst* **0.2** ***keuken*** ⇒*eten* ◆ **2.2** French ~ *de Franse keuken.*

cooking apple 0.1 ***moesappel*** **0.2** ***stoofappel.***

cooking oil 0.1 ***spijsolie*** ⇒*slaolie.*

cooking sherry 0.1 ***sherry voor keukengebruik*** ⇒*kooksherry.*

cook|y, cookie, cookey [koekie] ⟨mv.: -ies⟩ **0.1** ⟨vnl. AE⟩ ***koekje*** ⇒*biskwietje* **0.2** ⟨AE; sl.⟩ ***figuur*** ⇒*type, persoon.*

cool[1] [koe:l] ⟨zn.⟩ **0.1** ⟨the⟩ ***koelte*** ⇒*koelheid* **0.2** ⟨inf.⟩ ***kalmte*** ⇒*zelfbeheersing, onverstoorbaarheid* ◆ **3.2** blow/lose one's ~ *zijn zelfbeheersing verliezen;* keep your ~ *hou je in/rustig.*

cool[2] ⟨bn.; -ly; -ness⟩ **0.1** ***koel*** ⇒*fris* **0.2** ***koel*** ⇒*luchtig, licht* ⟨v. kleren⟩ **0.3** ***kalm*** ⇒*rustig, beheerst* **0.4** ***kil*** ⇒*koel, gereserveerd, afstandelijk* **0.5** ⟨inf.⟩ ***cool*** ⇒*ongeëmotioneerd* **0.6** ⟨sl.⟩ ***bevredigend*** ⇒*smaakvol, uitstekend* ◆ **1.3** (as) ~ as a cucumber *ijskoud, doodbedaard* **1.4** a ~ welcome *een kille ontvangst* **1.5** a ~ card/customer/hand *een gehaaid figuur, sluwe vos* **3.3** keep ~ *rustig maar, kalm aan* **3.5** expressing desires isn't ~ *het is niet 'cool' om je verlangens te uiten.*

cool[3] ⟨ww.⟩ **0.1** ***(af)koelen*** ⟨ook fig.⟩ ⇒*be/verkoelen, op/verfrissen* ◆ **4.¶** ⟨sl.⟩ ~ it *rustig maar, kalm aan* **5.1** their friendship soon ~ed **down** *hun vriendschap bekoelde al snel;* try to ~ your wife **down/off** a bit *probeer je vrouw een beetje tot bedaren te brengen.*

cool[4] ⟨bw.⟩ **0.1** ***koel*** ◆ **3.1** play it ~ *rustig te werk gaan, er(gens) de tijd voor nemen.*

coolant [koe:lənt] **0.1** ***koelmiddel.***

cooler [koe:lə] **0.1** ***koeler*** ⇒*koelcel/emmer/tas;* ⟨AE⟩ *ijskast.*

cool-headed ⟨ook cooler-headed⟩ **0.1** ***koelbloedig*** ⇒*beheerst, kalm.*

coolie, cool|y [koe:lie] ⟨mv.: -ies⟩ **0.1** ***koelie.***

cooling-off period 0.1 ***afkoelingsperiode.***

coolish [koe:lisj] **0.1** ***tamelijk koel*** ⇒*fris.*

coon [koe:n] **0.1** ⟨vnl. AE; inf.; verk.⟩ [racoon] ***wasbeer(tje)*** **0.2** ⟨sl.⟩ ***nikker.***

coop[1] [koe:p] ⟨zn.⟩ **0.1** ***kippenren*** ⇒*kippenhok* ◆ **3.¶** ⟨sl.⟩ fly the ~ *ertussenuit knijpen, 'm smeren.*

coop[2] ⟨ww.⟩ **0.1** ***opsluiten in een (kippen)hok*** ⇒*kooien* ◆ **5.1** ⟨inf.⟩ ~**in/up** *opsluiten, kooien;* did you spend the day ~ed **up** in here? *heb je de hele dag hier in dit benauwde hok gezeten?*

co-op [kooop] ⟨verk.⟩ [co-operative] ⟨inf.⟩ **0.1** ***coöperatieve onderneming/winkel*** ⟨enz.⟩ **0.2** ⟨vnl. C-; BE⟩ ***Co-op-(winkel).***

cooper [koe:pə] **0.1** ***kuiper*** ⇒*vaten/tonnenmaker.*

co-operate, cooperate, ⟨AE sp. ook⟩ **coöperate** [-oppəreet] **0.1** ***samenwerken*** ⇒*meewerken, de handen ineenslaan.*

co-operation, cooperation [-oppəreesjn] **0.1** ***coöperatie*** ⇒*samenwerkingsverband* **0.2** ***medewerking*** ⇒*samenwerking, hulp.*

co-operative[1], **cooperative** [-oprətiv] ⟨zn.⟩ **0.1** ***coöperatie*** ⇒*collectief, coöperatief bedrijf* ⟨enz.⟩ **0.2** ⟨vnl. C-; BE⟩ ***Co-op-(winkel)*** ◆ **2.1** agricultural ~ *landbouwcoöperatie.*

co-operative[2], **cooperative** ⟨bn.⟩ **0.1** ***behulpzaam*** ⇒*medewerkend, bereidwillig* **0.2** ***coöperatief*** ⇒*op coöperatieve grondslag* ◆ **1.2** ~ farm *coöperatieve boerderij;* ~ shop/store *coöperatieve winkel;* ~ society *coöperatie.*

co-operator, cooperator [-oppəreetə] **0.1** ***coöperator*** ⇒*deelnemer in een coöperatie* **0.2** ***mede/samenwerker.***

co-opt [-opt] **0.1** ***coöpteren*** ⇒*erbij kiezen.*

co-ordinate[1], **coordinate** [-o:dinnət] ⟨zn.⟩ **0.1** ***stand/klasse/soortgenoot*** ⇒*gelijke* **0.2** ⟨wisk.⟩ ***coördinaat*** ⇒*waarde, grootheid.*

co-ordinate[2], **coordinate** ⟨bn.⟩ **0.1** ***gelijkwaardig*** ⇒*gelijk in rang* **0.2** ***coördinatief*** **0.3** ***coördinatief*** ⇒*coördinaat-.*

co-ordin|ate[3], **coordinate** [-o:dinneet] ⟨zn.: **-ation**⟩ **I** ⟨onov.ww.⟩ **0.1** ***(harmonieus) samenwerken;***
II ⟨ov.ww.⟩ **0.1** ***coördineren*** ⇒*rangschikken (in onderling verband), ordenen.*

coot [koe:t] **0.1** ***koet*** ⇒⟨ihb.⟩ *meerkoet; Amerikaanse meerkoet.* →**bald.**

cop[1] [kop] ⟨zn.⟩ **0.1** ⟨inf.⟩ ***smeris*** ⇒*juut, kip* **0.2** ⟨vnl. BE; sl.⟩ ***arrestatie*** ⇒*vangst.*

cop[2] ⟨-ped⟩⟨sl.⟩ **I** ⟨onov.ww.⟩ →**cop out;**
II ⟨ov.ww.⟩ **0.1** ***betrappen*** ⇒*grijpen, vangen* **0.2** ⟨vnl. BE; gew.⟩ ***raken*** ⇒*treffen* ◆ **4.¶** ⟨vnl. BE⟩ ~ it *last krijgen.*

copartner, co-partner [koopa:tnə] ⟨ec.⟩ **0.1** ***compagnon*** ⇒*deelhebber, medevennoot, commanditair.*

copartnership, co-partnership [-pa:tnəsjip] ⟨ec.⟩ **0.1** ***(commanditaire) vennootschap (onder firma)*** ⇒*deelgenootschap, medezeggenschap, bedrijfsmedebezit, copartnership.*

cope [koop] **0.1** ***het aankunnen*** ⇒*zich weten te redden* ◆ **6.1** ~ **with** *het hoofd bieden (aan), bestrijden.*

copeck, kopeck [koopek] **0.1** ***kopek(e)*** ⟨Russische munt⟩.

Copernican [koopə:nikkən] **0.1** ***Copernicaans*** ⇒*van/mbt. Copernicus.*

copier [koppiə] **0.1** ***kopieerapparaat*** ⇒*kopieerder* **0.2** ***kopiist*** ⇒*afschrijver* **0.3** ***nabootser*** ⇒*imitator.*

co-pilot, copilot [koopajlət] **0.1** ***tweede piloot.***

copious [koopiəs] **0.1** ***overvloedig*** ⇒*onbekrompen, ruim(schoots)* **0.2** ***productief*** ⇒*vruchtbaar* ⟨auteur e.d.⟩ ◆ **1.1** a ~ speech *een wijdlopige redevoering.*

cop out ⟨sl.⟩ **0.1** ⟨vaak pej.⟩ ***terugkrabbelen*** ⇒*zich terugtrekken, afhaken.*

copper[1] [koppə] **I** ⟨telb.zn.⟩ **0.1** ***koperen muntje*** ⇒*koper(geld)* **0.2** ⟨vnl. BE⟩ ***wasketel/teil*** **0.3** ⟨dierk.⟩ ***vuurvlinder*** **0.4** ⟨sl.⟩ ***smeris;***
II ⟨n.-telb.zn.⟩ **0.1** ***(rood) koper*** **0.2** ⟨vaak attr.⟩ ***koperkleur*** ⇒*bruinrood.*

copper[2] ⟨ww.⟩ **0.1** ***(ver)koperen.***

copper beech ⟨plantk.⟩ **0.1** ***bruine beuk*** ⟨Fagus sylvatica 'atropunicea⟩.

copper-bottomed 0.1 ***met verkoperde bodem*** ⇒*verkoperd* **0.2** ⟨inf.⟩ ***solide*** ⇒*spijkerhard, betrouwbaar.*

copperhead **0.1** ⟨dierk.⟩ ***koperkop*** ⟨Amerikaanse gifslang⟩.
copperplate **0.1** ⟨bk.⟩ ***kopergravure*** ⇒*koperdruk* **0.2** ⟨bk.⟩ ***koperdrukplaat*** ⇒*koperen plaat, gravureplaat* **0.3** ⟨vnl. attr.⟩ ***duidelijk/lopend schrift*** ⇒⟨ihb.⟩ *schrift als gedrukt.*
coppersmith **0.1** ***koperslager/smid.***
coppery [koppərie] **0.1** ***koperachtig*** **0.2** ***koperkleurig.***
coppice [koppis], **copse** [kops] **0.1** ***hakhoutbosje*** ⇒*kreupelbosje/hout.*
copra [koprə] **0.1** ***kopra.***
Coptic [koptik] **0.1** ⟨bn.⟩ ***koptisch*** **0.2** ⟨zn.⟩ ***Koptisch*** ⟨taal⟩ ◆ **1.1** the ~ Church *de koptische Kerk.*
copula [kopjoeləl]⟨mv.: ook copulae [-lie:]⟩ **0.1** ⟨logica, taal.⟩ ***koppel(werk)woord.***
copulate [kopjoeleet] **0.1** ***copuleren*** ⇒*geslachtsgemeenschap hebben.*
copulation [kopjoeleesjn] **0.1** ***copulatie*** ⇒*geslachtsgemeenschap.*
copulative [kopjoelətiv] **0.1** ***verbindend*** ⇒*verbindings-, koppel-* ⟨ook taal.⟩.
cop|y[1] [koppie] ⟨mv.: -ies⟩ **I** ⟨telb.zn.⟩ **0.1** ***kopie*** ⇒*reproductie, imitatie, fotokopie* **0.2** ***exemplaar*** ⇒*nummer;*
II ⟨n.-telb.zn.⟩ **0.1** ***kopij*** ⇒*(reclame)tekst* ◆ **2.1** this will make good ~ *hier zit kopij in.*
cop|y[2] ⟨-ied⟩ **I** ⟨onov.ww.⟩ **0.1** ***een kopie/kopieën maken*** ⇒ *overschrijven* ◆ **6.1** ~ **from/off** s.o. *v. iem. overschrijven/kopiëren;*
II ⟨ov.ww.⟩ **0.1** ***kopiëren*** ⇒*een afdruk/kopie maken van, overschrijven* **0.2** ***navolgen*** ⇒*imiteren, overnemen* ◆ **5.1** ~ **down** a statement *een verklaring opschrijven;* ~ **out** a letter *een brief (in het net) overschrijven.*
copybook[1] ⟨zn.⟩ **0.1** ***voorbeeldenboek*** ⇒*schrijfboek* ◆ **3.¶** ⟨vnl. BE; inf.⟩ blot one's ~ *zijn reputatie verspelen, een slechte beurt maken.*
copybook[2] ⟨bn.⟩ **0.1** ***perfect*** ⇒*(helemaal) volgens het boekje.*
copy boy **0.1** ***jongste bediende*** ⇒*loopjongen* ⟨bij een krant⟩.
copycat ⟨inf.⟩ **0.1** ***na-aper*** ⇒*navolger, nabootser* **0.2** ***afkijker*** ⇒*spieker.*
copy desk ⟨AE⟩ **0.1** ***redactie/redigeertafel.***
copy editor **0.1** ***pers. die kopij persklaar maakt*** ⇒*bureauredacteur.*
copyist [koppie·ist] **0.1** ***kopiist*** ⇒*afschrijver, overschrijver.*
copyright[1] ⟨zn.⟩ **0.1** ***auteursrecht*** ⇒*copyright.*
copyright[2], **copyrighted** [koppierajtid] ⟨bn.⟩ **0.1** ***auteursrechtelijk beschermd*** ⇒*vallend onder het auteursrecht/copyright* ◆ **1.1** ~ publications *door het auteursrecht beschermde publicaties.*
copyright[3] ⟨ww.⟩ **0.1** ***het auteursrecht deponeren van.***
copywriter **0.1** ***(reclame)tekstschrijver*** ⇒*copywriter.*
coquetr|y [kokkətrie] ⟨mv.: -ies⟩ **0.1** ***koketterie*** ⇒*geflirt.*
coquette [kooket] **0.1** ***coquette*** ⇒*kokette/behaagzieke vrouw.*
coquettish [kookettisj] **0.1** ***koket(terig)*** ⇒*flirterig.*
cor [ko:] ⟨BE; sl.⟩ **0.1** ***goh*** ⇒*gossie(mijne), god allemachtig.*
coracle [korrəkl] **0.1** ***coracle*** ⟨bootje v. met waterdicht materiaal overtrokken latten⟩.
coral [korrəl] **0.1** ***koraal*** ⇒*kraal(tje)* **0.2** ⟨vaak attr.⟩ ***koraal-(kleur/rood).***
coral island **0.1** ***koraaleiland.***
coral reef **0.1** ***koraalrif.***
corbel [ko:bl] ⟨bouwk.⟩ **0.1** ***kraag/draagsteen*** ⇒*corbeau, console.*
cor blimey [ko:blajmie] ⟨BE; sl.⟩ **0.1** ***godsamme*** ⇒*wat krijgen we nou.*
cord[1] [ko:d] **I** ⟨telb. en n.-telb.zn.⟩ **0.1** ⟨anat.⟩ ***streng*** ⇒*band* **0.2** ***koord*** ⇒*streng, touw, snaar* **0.3** ***(elektrisch) snoer*** ⇒ *kabel, draad* **0.4** ⟨conf.⟩ ***rips*** ⇒*ribfluweel, corduroy* ◆ **1.1** the ~ of a bow *de pees v.e. boog;*
II ⟨mv.⟩ ⟨inf.⟩ **0.1** ***corduroy broek*** ⇒*broek v. ribfluweel.*
cord[2] ⟨ww.⟩ **0.1** ***vastbinden*** ⇒*vastsnoeren/sjorren.*
CORD ⟨afk.⟩ **0.1** [chronic obstructive respiratory disorder] ◆ **1.¶** patient with ~ *carapatiënt.*
cordage [ko:didzj] **0.1** ***touwwerk*** ⟨vnl. scheep.⟩.
cordgrass ⟨plantk.⟩ **0.1** ***slijkgras.***
cordial[1] [ko:diəl] ⟨zn.⟩ **0.1** ***likeur(tje)*** ⇒*brandewijn, kruidenbitter* **0.2** ***(ingedikt) vruchtensap*** ⟨waaraan water wordt toegevoegd⟩.
cordial[2] ⟨bn.⟩ **0.1** ***hartelijk*** ⇒*oprecht, welgemeend* **0.2** ***opwekkend*** ⇒*versterkend, stimulerend.*
cordialit|y [ko:die·ælətie] ⟨mv.: -ies⟩ **0.1** ***hartelijkheid*** ⇒ *vriendelijkheid* ◆ **3.1** exchange cordialities *vriendelijkheden uitwisselen.*
cordite [ko:dajt] **0.1** ***cordiet*** ⟨explosief⟩.
cordon [ko:dn] **0.1** ***kordon*** ⇒*ring* **0.2** ***ordelint(je)*** ⇒*sjerp, nestel.*
cordon off **0.1** ***afzetten*** ⇒*afsluiten, afgrendelen (dmv. een kordon).*
corduroy [ko:d(ə)roj] **I** ⟨n.-telb.zn.; vaak attr.⟩ **0.1** ***corduroy*** ⇒*fijn ribfluweel;*
II ⟨mv.⟩ **0.1** ***corduroy broek*** ⇒*ribfluwelen broek.*
core[1] [ko:] ⟨zn.⟩ **0.1** ⟨ben. voor⟩ ***binnenste*** ⇒*kern; klokhuis;* ⟨kernenergie⟩ *reactorkern;* ⟨fig.⟩ *wezen, essentie, hart* ◆ **6.1** British **to** the ~ *door en door Brits.*
core[2] ⟨ww.⟩ **0.1** ***uitboren*** ⇒*van het klokhuis ontdoen.*
core area ⟨archeologie, sociologie⟩ **0.1** ***concentratiegebied.***
corelate, co-relate →**correlate.**
co-religionist, coreligionist [koorillidzjənist] **0.1** ***geloofsgenoot/genote.***
corer [ko:rə] **0.1** ***appelboor.***
co-respondent, corespondent [koorispondənt] ⟨jur.⟩ **0.1** ***man/vrouw gedagvaard wegens overspel met echtgenoot/genote v.d. eisende partij*** ⟨bij echtscheidingen⟩.
core time **0.1** ***bloktijd*** ⟨tijd dat men allemaal aanwezig is bij variabele werktijden⟩.
corgi [ko:gie] **0.1** ***corgi*** ⟨kleine herdershond⟩.
coriander [korrie·ændə] ⟨plantk.⟩ **0.1** ***koriander(zaad)*** ⟨ook als specerij⟩.
Corinthian [kərinθiən] **0.1** ⟨bn.⟩ ***Corinthisch*** ⟨vnl. bouwk.⟩ **0.2** ⟨zn.⟩ ***Corinthiër*** ◆ **1.1** ⟨bouwk.⟩ ~ order *Corinthische bouworde.*
cork[1] [ko:k] ⟨zn.⟩ **0.1** ***kurk*** ⇒*drijver* ⟨aan visnet/lijn⟩, *flessenkurk, (rubber) stop.*
cork[2] ⟨ww.⟩ **0.1** ***(toe)kurken*** ⇒*afsluiten met een kurk, dichtstoppen* ◆ **5.1** ~ **up** a bottle *een fles kurken.*
corkage [ko:kidzj] **0.1** ***kurkengeld*** **0.2** ***het (ont)kurken.***
corked [ko:kt] **0.1** ***gekurkt*** ⇒*met een kurk afgesloten* **0.2** ***door kurksmaak aangetast*** ⇒*naar (de) kurk smakend.*
corker [ko:kə] ⟨sl.⟩ **0.1** ***verbazingwekkend/bewonderenswaardig iets/iem.*** ⇒*prachtexemplaar, kanjer.*
corkscrew **0.1** ***kurkentrekker.***
corm [ko:m] ⟨plantk.⟩ **0.1** ***(stengel)knol.***
cormorant [ko:mrənt] **0.1** ***aalscholver.***
corn[1] [ko:n] ⟨zn.⟩ **0.1** ***likdoorn*** ⇒*eksteroog* **0.2** ***korrel*** ⇒ *graan/maïs/tarwekorrel* ⟨enz.⟩, *zaadje, graantje* **0.3** ⟨BE⟩ ***graan*** ⇒*koren;* ⟨ihb.⟩ *tarwe* **0.4** ⟨AE⟩ ***maïs*** **0.5** ⟨sl.⟩ ***sentimenteel gedoe*** ⇒*melodrama, banaliteit* ◆ **1.4** ~ on the cob *maïskolf, maïs op/aan de kolf* ⟨als gekookt voedsel⟩.
corn[2] ⟨ww.⟩ **0.1** ***(in)zouten*** ⇒*pekelen.*
corn belt **0.1** ***koren/maïsgebied*** ⇒*gebied waar overwegend koren/maïs verbouwd wordt* ⟨ihb. het Midden-Westen v.d. USA⟩.

corn bread ⟨vnl. AE⟩ **0.1** ***maïsbrood.***

corncob 0.1 ***maïskolf*** ⟨zonder korrels⟩.

corncrake ⟨dierk.⟩ **0.1** ***kwartelkoning.***

cornea [ko:niə] ⟨anat.⟩ **0.1** ***hoornvlies*** ⇒*cornea.*

corneal [ko:niəl] **0.1** ***mbt./v.h. hoornvlies*** ⇒*corneaal* ◆ **1.1** ~ grafting *hoornvliestransplantatie.*

cornelian [ko:nie:liən], **carnelian** [ka:-] **0.1** ***kornalijn*** ⇒ *carneool, corneool.*

corner[1] [ko:nə] ⟨zn.⟩ **0.1** ***hoek*** ⇒*bocht; hoekje* **0.2** ⟨sport⟩ ***hoekschop*** ⇒*corner* **0.3** ⟨ec.⟩ ***corner*** ⇒*monopolie;* ⟨beurs⟩ *hoek* ◆ **2.1** in a remote ~ of the country *in een uithoek v.h. land* **3.1** cut ~s *bochten afsnijden;* this car takes ~s well *deze auto ligt goed in de bocht* **3.3** make a ~ in corn *een corner/monopolie in graan verwerven* **3.¶** cut ~s *op de uitgaven besnoeien; formaliteiten omzeilen* **6.1** (just) **(a)round** the ~ *(vlak) om de hoek (v.d. deur), vlakbij;* **from** all the ~s of the world *uit alle delen v.d. wereld* **6.¶** ⟨AE⟩ go **around** the ~ *de pijp uitgaan.* →**tight.**

corner[2] **I** ⟨onov.ww.⟩ **0.1** ***een/de bocht nemen*** ⇒*door de bocht gaan, de hoek omgaan* **0.2** ⟨AE⟩ ***in/op een hoek samenkomen*** ⇒*op een hoek aan elkaar grenzen* ◆ **6.2** ~ **on** *grenzen aan;*
II ⟨ov.ww.⟩ **0.1** ***in het nauw drijven*** ⇒*insluiten, klem zetten.*

corner back ⟨→s3⟩ ⟨sport⟩ **0.1** ***cornerback*** ⇒*links/rechtsachter(speler)* ⟨in Am. football⟩.

corner hit ⟨sport⟩ **0.1** ***(lange) hoekslag*** ⟨in hockey⟩.

cornerstone 0.1 ***hoeksteen*** ⇒*steunpilaar* ⟨ook fig.⟩.

cornet [ko:nit] **0.1** ⟨muz.⟩ ***kornet*** **0.2** ⟨BE⟩ ***(ijsco)hoorn*** ⇒ *cornet.*

cornfield 0.1 ***graan/koren/maïsveld.***

corn flour ⟨BE⟩ **0.1** ***maïzena*** ⇒*maïsmeel* **0.2** ***bloem.***

cornflower ⟨plantk.⟩ **0.1** ***korenbloem*** ⇒*roggebloem.*

cornice [ko:nis] **0.1** ⟨bouwk.⟩ ***kroon/deklijst*** ⇒*lijst(krans), kornis* **0.2** ***corniche*** ⇒*overhangende sneeuw/rotsmassa.*

Cornish [ko:nisj] **0.1** ***mbt./v. Cornwall*** ◆ **1.1** ~ pasty *vleespastei, Cornish pasty* ⟨met groenten en vlees⟩.

cornstarch ⟨AE⟩ **0.1** ***maïszetmeel*** **0.2** ***maïzena*** ⇒*maïsmeel.*

cornucopia [ko:njoekoopiə] **0.1** ***hoorn des overvloeds*** ⇒ ⟨fig.⟩ *overvloed, rijkdom.*

corn|y [ko:nie] ⟨-ier⟩ **0.1** ⟨inf.⟩ ***afgezaagd*** ⇒*clichématig, flauw.*

corolla [kərollə] **0.1** ***(bloem)kroon*** ⇒*corolla.*

corollar|y[1] [kərollərie] ⟨zn.; mv.: -ies⟩ **0.1** ***uitvloeisel*** ⇒*(logisch) gevolg, resultaat.*

corollar|y[2] ⟨bn.; -ily⟩ **0.1** ***voortvloeiend*** ⇒*volgend, resulterend.*

corona [kəroonə] ⟨mv.: ook coronae [-nie:]⟩ **0.1** ***corona*** ⟨rechte sigaar⟩.

coronar|y[1] [korrənrie] ⟨zn.; mv.: -ies⟩ **0.1** ⟨inf.; med.⟩ ***hartinfarct/aanval*** **0.2** ⟨anat.⟩ ***krans(slag)ader.***

coronary[2] ⟨bn.⟩ **0.1** ***mbt. de krans(slag)ader*** ⇒*coronair, kransvormig* **0.2** ***mbt. het hart*** ⇒*hart-* ◆ **1.1** ~ arteries *krans(slag)aderen;* ~ thrombosis *coronairtrombose, hartinfarct* **1.2** ~ care *hartbewaking.*

coronation [korrəneesjn] **0.1** ***kroning.***

coroner [korrənə] ⟨jur.⟩ **0.1** ***coroner*** ⇒*lijkschouwer, patholoog-anatoom* **0.2** ***rechter v. instructie.***

coroner's inquest ⟨jur.⟩ **0.1** ***onderzoek v.e. coroner*** ⇒⟨ihb.⟩ *lijkschouwing;* ⟨ong.⟩ *gerechtelijk vooronderzoek (na een doodslag).*

coronet [korrənit] **0.1** ***(adellijk) kroontje*** ⇒*prinsen/prinsessenkroon* **0.2** ***diadeem*** ⇒*(haar)kransje.*

corpora [ko:prə] ⟨mv.⟩ →**corpus.**

corporal[1] [ko:prl] ⟨zn.⟩ **0.1** ⟨mil.⟩ ***korporaal*** **0.2** ⟨rel.⟩ ***corporale*** ⇒*altaardoek.*

corporal[2] ⟨bn.; -ly⟩ **0.1** ***lichamelijk*** ⇒*lijfelijk, lichaams-* ◆ **1.1** ~ punishment *lijfstraf.*

corporate [ko:prət] **0.1** ***gezamenlijk*** ⇒*collectief, verenigd* **0.2** ***rechtspersoonlijkheid bezittend*** **0.3** ⟨BE⟩ ***mbt. een gemeente(bestuur/raad)*** ⇒*gemeente-, gemeentelijk* **0.4** ⟨AE⟩ ***mbt. een naamloze vennootschap*** ⇒*bedrijfs-, ondernemings-* ◆ **1.1** ~ power *institutionele macht;* ~ responsibility *collectieve verantwoordelijkheid* **1.2** ~ body, body ~ *lichaam, rechtspersoon* **1.4** ~ culture *bedrijfscultuur;* ⟨reclame⟩ ~ identity *bedrijfsidentiteit, huisstijl.*

corporation [ko:pəreesjn] **0.1** ⟨ww. enk. of mv.⟩ ***gemeenteraad/bestuur*** **0.2** ⟨ww. enk. of mv.; ben. voor⟩ ***rechtspersoon*** ⇒*corporatie, lichaam;* ⟨vnl. AE⟩ *naamloze vennootschap, onderneming* **0.3** ⟨sl.⟩ ***(vette) pens*** ⇒*hangbuik* ◆ **2.2** public ~ *openbaar/publiek lichaam.*

corporation tax 0.1 ***vennootschapsbelasting.***

corporeal [ko:po:riəl] **0.1** ***lichamelijk*** ⇒*lijfelijk, fysiek* **0.2** ***tastbaar*** ⇒*materieel, stoffelijk.*

corps [ko:] ⟨zn.; ww. enk. of mv.; mv.: corps [ko:z]; vaak C-⟩ **0.1** ⟨mil.⟩ ***(leger)korps*** ⇒*wapen, staf* **0.2** ***korps*** ⇒*staf* ◆ **1.2** ~ d'élite *elitegroep, keurkorps.*

corpse [ko:ps] **0.1** ***lijk (v.e. mens).***

corpul|ent [ko:pjoelənt] ⟨zn.: **-ence**⟩ **0.1** ***corpulent*** ⇒*dik, zwaar(lijvig).*

corpus [ko:pəs] ⟨mv.: ook corpora⟩ **0.1** ***corpus*** ⇒*materiaalverzameling, geheel v. geschriften* **0.2** ***corpus*** ⇒*lichaam, lijk.*

corpuscle [ko:pusl] **0.1** ⟨biol.⟩ ***lichaampje*** ⇒*corpusculum,* ⟨ihb.⟩ *bloedlichaampje.*

corpuscular [ko:puskjoelə] ⟨biol.⟩ **0.1** ***corpusculair.***

corpus delicti [ko:pəs dilliktaj] ⟨mv.: corpora delicti [ko:prə-]⟩ ⟨jur.⟩ **0.1** ***corpus delicti*** ⇒*voorwerp v.d. misdaad, overtuigend bewijsstuk;* ⟨ihb.⟩ *lijk.*

corral[1] [korra:l] ⟨zn.⟩ **0.1** ⟨vnl. AE⟩ ***(vee)kraal*** ⇒⟨ihb.⟩ *omheining voor paarden* **0.2** ***wagenburg*** ⇒*wagenkamp* ⟨in een cirkel geplaatste wagens⟩.

corral[2] ⟨ww.; -led⟩ **0.1** ⟨vnl. AE⟩ ***opsluiten in een (vee)kraal/paardenkamp*** ⇒*bijeendrijven* **0.2** ***opstellen in een cirkel/wagenkamp.***

correct[1] [kərekt] ⟨bn.⟩ **0.1** ***correct*** ⇒*juist* **0.2** ***correct*** ⇒*onberispelijk, beleefd* ◆ **5.1** politically ~ *politiek correct.*

correct[2] ⟨ww.⟩ **0.1** ***verbeteren*** ⇒*corrigeren, nakijken* **0.2** ***terechtwijzen*** ⇒*vermanen, berispen* **0.3** ***rechtzetten*** ⇒*rectificeren, bijstellen* **0.4** ***verhelpen*** ⇒*repareren, tegengaan.*

correction [kəreksjn] **0.1** ***correctie*** ⇒*verbetering, rectificatie* ◆ **1.1** house of ~ *tuchtschool, opvoedingsgesticht.*

correction facility ⟨AE; euf.⟩ **0.1** ***gevangenis.***

correction fluid 0.1 ***correctievloeistof.***

correction officer ⟨AE; euf.⟩ **0.1** ***(gevangen)bewaarder.***

correctitude [kərektitjoe:d] **0.1** ***correctheid*** ⇒*vormelijkheid, gepastheid.*

corrective [kərektiv] **0.1** ⟨bn.⟩ ***corrigerend*** ⇒*verbeterend, herstellend* **0.2** ⟨zn.⟩ ***correctief*** ⇒*middel tot verbetering* ◆ **1.1** ~ surgery *esthetische/plastische chirurgie.*

correlate[1] [korrilleet] ⟨zn.⟩ **0.1** ***correlaat*** ⇒*wisselbegrip* ⟨een v. twee gerelateerde verschijnselen⟩.

correlate[2], **corelate** ⟨ww.⟩ **0.1** ***correleren*** ⇒*in (onderling) verband staan/brengen* ◆ **6.1** ~ **with** *op één lijn brengen/liggen met.*

correlation [korrilleesjn] **0.1** ***correlatie*** ⟨ook statistiek⟩ ⇒ *wisselwerking, wederzijdse betrekking* ◆ **3.1** establish ~s *verbanden aantonen.*

correlative [kərellətiv] **0.1** ⟨bn.⟩ ***correlatief*** ⇒*(onderling) gerelateerd/afhankelijk* **0.2** ⟨zn.⟩ ***correlaat*** ⇒*correlatieve entiteit.*

correspond [korrispond] **0.1** ⟨+to/with⟩ ***overeenkomen/stemmen (met)*** ⇒*kloppen, corresponderen* **0.2** ***corresponderen*** ⇒*een briefwisseling voeren, schrijven* ◆ **6.1** the description doesn't ~ **to/with** what really happened *de beschrijving dekt de werkelijkheid niet.*

correspondence [korrispondəns] **0.1** ***overeenkomst/stemming*** ⇒*gelijkenis, analogie* **0.2** ***correspondentie*** ⇒*briefwisseling* ◆ **2.2** commercial ~ *handelscorrespondentie.*

correspondence course **0.1** ***schriftelijke cursus.***

correspondent[1] [korrispondənt] ⟨zn.⟩ **0.1** ***correspondent*** ⇒ *verslaggever, journalist ter plaatse* **0.2** ***(handels)relatie.***

correspondent[2] ⟨bn.⟩⟨schr.⟩ **0.1** ***overeenkomend/stemmend*** **0.2** ***overeenkomstig*** ⇒*evenredig, analoog* ◆ **6.1** ~ **with** *in overeenkomst/overeenstemming met.*

corresponding [korrisponding] **0.1** ***overeenkomstig*** ⇒ *evenredig* **0.2** ***corresponderend*** ⇒*in briefwisseling* ◆ **2.1** a big country has ~ly big problems *een groot land heeft navenant grote problemen.*

corridor [korriddo:] **0.1** ***gang*** ⟨ook pol.⟩ ⇒*corridor, galerij* **0.2** ***luchtweg*** ⇒*corridor, luchtvaart/vliegtuigroute* **0.3** ⟨vnl. mv.⟩ ***wandelgang*** ⟨fig.⟩ ◆ **1.3** the ~s of power *de wandelgangen* ⟨lokatie voor het politiek lobbyen⟩.

corridor train **0.1** ***harmonicatrein*** ⇒*trein met doorgangsrijtuigen.*

corrigendum [korridzjendəm]⟨mv.: corrigenda [-dzjendə]⟩ **0.1** ***drukfout*** ⇒⟨mv.⟩ *errata, lijst v. verbeteringen.*

corrobor|ate [kərobbəreet] ⟨zn.: **-ation**⟩ **0.1** ***bevestigen*** ⇒ *ondersteunen, bekrachtigen.*

corroboration [kərobbəreesjn] **0.1** ***bevestiging*** ⇒*ondersteuning, bekrachtiging* ◆ **6.1** **in** ~ **of** *ter staving van.*

corroborative [kərobrətiv] **0.1** ***bevestigend*** ⇒*ondersteunend, bekrachtigend.*

corrode [kərood] **I** ⟨onov.ww.⟩ **0.1** ***vergaan*** ⇒*ver/wegteren, (ver/weg)roesten;*
II ⟨ov.ww.⟩ **0.1** ***aantasten*** ⇒*aan/wegvreten.*

corrosion [kəroozjn] **0.1** ***corrosie*** ⇒*verroesting, aantasting* **0.2** ***roest.***

corrosive [kəroosiv] ⟨-ness⟩ **0.1** ***corrosief*** ⇒*aantastend, bijtend* **0.2** ***ondermijnend*** ⇒*uithollend, slopend* **0.3** ***venijnig*** ⇒*giftig, messcherp* ⟨v. taal, houding e.d.⟩ ◆ **1.1** ⟨schei.⟩ ~ sublimate *kwik/mercurichloride, sublimaat.*

corrug|ate [korrəgeet] ⟨zn.: **-ation**⟩ **0.1** ***plooien*** ⇒*rimpelen, golven* ◆ **1.1** ~d (card)board *golfkarton;* sheets of ~d iron *golfplaten.*

corrupt[1] [kərupt] ⟨bn.⟩ **0.1** ***verdorven*** ⇒*immoreel* **0.2** ***corrupt*** ⇒*omkoopbaar* **0.3** ***bedorven*** ⇒*verbasterd, onbetrouwbaar* **0.4** ***onzuiver*** ⇒*besmet, (ver)rot* ◆ **1.2** ~ practices *corruptiepraktijken;* ⟨ihb.⟩ *verkiezingsfraude* **1.3** a ~ form of Latin *een verbasterd soort Latijn;* ~ parts in an old manuscript *corrupte/onbetrouwbare gedeelten in een oud manuscript.*

corrupt[2] **I** ⟨onov.ww.⟩ **0.1** ***slecht worden*** ⇒*ontaarden; (zeden)bederf veroorzaken;*
II ⟨ov.ww.⟩ **0.1** ***corrumperen*** ⇒*aantasten, besmetten* **0.2** ***omkopen*** ⇒*corrupt maken, corrumperen* **0.3** ***verbasteren*** ⇒*vervalsen, verknoeien* **0.4** ***verontreinigen*** ⇒*onzuiver maken, bezoedelen.*

corruptib|le [kəruptəbl] ⟨-ly; zn.: **-ility**⟩ **0.1** ***corrumpeerbaar*** ⇒*voor ontaarding/verwording ontvankelijk* **0.2** ***bederfelijk*** ⇒*aan bederf onderhevig* **0.3** ***omkoopbaar.***

corruption [kərupsjn] **I** ⟨telb. en n.-telb.zn.⟩ **0.1** ***corruptie*** ⇒ *omkoperij* **0.2** ***verbastering*** ⇒*ontaarding, verwording* **0.3** ***bederf*** ⇒*verderf, knoeierij;*
II ⟨n.-telb.zn.⟩ **0.1** ***verval*** ⇒*ontbinding* ◆ **1.1** the ~ of the body after death *de ontbinding v.h. lichaam na de dood.*

corsage [ko:sa:zj] **0.1** ⟨vnl. AE⟩ ***corsage*** **0.2** ***lijf(je)*** ⟨v.e. jurk⟩ ⇒*corsage.*

corsair [ko:seə] ⟨gesch.⟩ **0.1** ***(Barbarijse) zeerover*** ⇒*boekanier, kaper* **0.2** ***kaapvaarder*** ⇒*kaapschip.*

corselet[1] [ko:slet] ⟨zn.⟩ **0.1** ***corselet*** ⟨korset en beha⟩.

corselet[2], **corslet** [ko:slet] ⟨zn.⟩ **0.1** ***(borst)harnas*** ⇒*kuras, corselet.*

corset [ko:sit] **0.1** ***korset*** ⇒*keurs/rijglijfje.*

cortege, cortège [ko:teezj] ⟨zn.⟩ **0.1** ***rouwstoet*** ⇒*lijkstoet* **0.2** ***gevolg*** ⇒*entourage, cortège.*

cortex [ko:teks] ⟨mv.: ook cortices⟩ **0.1** ⟨plantk.⟩ ***schors*** ⇒ *cortex* **0.2** ⟨anat.⟩ ***cortex*** ⇒*bijnierschors, hersenschors.*

cortical [ko:tikl] ⟨anat., plantk.⟩ **0.1** ***mbt. (de) schors*** ⇒*corticaal.*

cortices [ko:tissie:z] ⟨mv.⟩ →**cortex.**

corticosteroid [ko:tikkoostiərojd] **0.1** ***corticosteroïde.***

corundum [kərundəm] **0.1** ***korund*** ⟨mineraal⟩.

corusc|ate [korrəskeet] ⟨zn.: **-ation**⟩ **0.1** ***schitteren*** ⇒*glinsteren, sprankelen* ◆ **1.1** coruscating conversation *sprankelende/flitsende conversatie.*

coryphée [korriffee] ⟨dansk.⟩ **0.1** ***coryfee*** ⟨rang hoger dan corps de ballet⟩.

cos[1] [kos] ⟨zn.⟩ →**cos lettuce.**

cos[2], **cos** [kəz] ⟨vw.⟩⟨verk.⟩ [because] ⟨inf.⟩ **0.1** ***omdat.***

cosh [kosj] **0.1** ⟨zn.; BE; sl.⟩ ***(gummi)knuppel*** ⇒*ploertendoder* **0.2** ⟨ww.⟩ ***slaan met een (gummi)knuppel/ploertendoder*** ⇒*aftuigen, neerknuppelen.*

co-sign [koosajn] **0.1** ***medeondertekenen*** ⇒*cosigneren.*

co-signator|y [koosignətrie] ⟨mv.: -ies⟩ **0.1** ***medeondertekenaar.***

cosine [koosajn] ⟨wisk.⟩ **0.1** ***cosinus.*** →**versed.**

cos lettuce **0.1** ***snijsla*** ⇒*bindsla.*

cosmetic[1] [kozmettik] ⟨zn.; vnl. mv.⟩ **0.1** ***cosmetisch middel*** ⇒*schoonheidsmiddel/preparaat;* ⟨mv.⟩ *cosmetica.*

cosmetic[2] ⟨bn.; -(al)ly⟩ **0.1** ***cosmetisch*** ⇒*schoonheids-* **0.2** ⟨pej.⟩ ***verfraaiend*** ⇒*voor de schone schijn, oppervlakkig* ◆ **1.1** ~ surgery *cosmetische/esthetische chirurgie.*

cosmetician [kozmətisjn] **0.1** ***schoonheidsspecialist(e)*** ⇒ *cosmetist.*

cosmic [kozmik] ⟨-(al)ly⟩ **0.1** ***kosmisch*** ⇒*van/mbt. het heelal* ◆ **1.1** ~ dust *kosmisch stof;* ~ radiation *kosmische straling.*

cosmogon|y [kozmogənie] ⟨mv.: -ies⟩ **0.1** ***kosmogonie.***

cosmonaut [kozməno:t] **0.1** ***kosmonaut.***

cosmopolitan [kozməpollittən] **0.1** ⟨bn.⟩ ***kosmopolitisch*** **0.2** ⟨zn.⟩ ***wereldburger*** ⇒*kosmopoliet.*

cosmos[1] [kozmos] ⟨zn.⟩ **0.1** ***kosmos*** ⇒*heelal.*

cosmos[2] ⟨zn.; mv.: ook cosmos⟩⟨plantk.⟩ **0.1** ***cosmos*** ⇒⟨ihb.⟩ *cosmea.*

co-sponsor [koosponsə] **0.1** ***medesponsor.***

Cossack [kosæk] **0.1** ***kozak.***

cosset [kossit] ⟨-ted⟩ **0.1** ***vertroetelen*** ⇒*verwennen.*

cost[1] [kost] ⟨zn.; vaak mv. met enk. bet.⟩ **0.1** ***kost(en)*** ⇒*prijs, uitgave* **0.2** ⟨mv.; jur.⟩ ***(proces)kosten*** ◆ **1.1** ~ of capital *kapitaalkosten;* ~ and freight *kostprijs en vracht;* the ~ of living *de kosten v.(h.) levensonderhoud* **3.¶** count the ~ *de bezwaren/nadelen/risico's overwegen* ⟨alvorens te handelen⟩ **6.1** **at** ~ *tegen kostprijs;* **at** all ~s, **at** any ~ *koste wat het kost, tot elke prijs;* **at** the ~ of *ten koste van.* →**fixed.**

cost[2] ⟨ww.⟩ **0.1** ***begroten*** ⇒*ramen* ◆ **6.1** the project was ~ed **at** 12 million *de kosten v.h. project werden begroot op 12 miljoen.*

cost[3] ⟨cost, cost [kost]⟩ **I** ⟨onov.ww.⟩ **0.1** ***kostbaar zijn*** ⇒*in de papieren lopen;*
II ⟨ov.ww.; geen pass.⟩ **0.1** ***kosten*** ⇒*komen (te staan) op,*

vergen ◆ **1.1** it ~ me 10 dollars *het heeft me 10 dollar gekost* **5.1** this'll ~ you dear(ly) *dit zal je duur komen te staan/opbreken.*
cost accountant, cost clerk 0.1 ***(bedrijfs)calculator*** *⇒kostendeskundige.*
cost accounting 0.1 ***het calculeren*** *⇒kostenberekening.*
cost allocation ⟨ec.⟩ **0.1** ***specificatie v. kosten.***
co-star[1] [koosta:] ⟨zn.⟩ **0.1** ***medester*** *⇒tegenspeler/speelster.*
co-star[2] ⟨-red⟩ **I** ⟨onov.ww.⟩ **0.1** ***als medester/costar optreden*** ◆ **6.1** Streisand ~s **with** Redford in this picture *Streisand heeft Redford als tegenspeler in deze film;*
II ⟨ov.ww.⟩ **0.1** ***als medester/naast elkaar als ster vertonen/presenteren*** ◆ **1.1** ~ring Jack Nicholson and Paul Newman *met in de hoofdrollen Jack Nicholson en Paul Newman.*
cost-benefit analysis 0.1 ***kosten-batenanalyse.***
cost-conscious 0.1 ***prijsbewust*** **0.2** ***kostenbewust.***
cost-cut 0.1 ***korten*** *⇒bezuinigen op, besnoeien op.*
cost-cutting 0.1 ***kostenbesparend*** *⇒kostenverlagend* ◆ **1.1** ~ measures *bezuinigingsmaatregelen.*
cost-effective 0.1 ***(voldoende) rendement opleverend*** *⇒rendabel.*
costermonger [kostəmunggə], **coster** [kostə] ⟨BE⟩ **0.1** ***fruit/groente/visventer*** *⇒straatventer.*
costing [kosting] **0.1** ***(kost)prijsberekening*** *⇒raming, (na)calculatie.*
costl|y [kos(t)lie] ⟨-iness⟩ **0.1** ***kostbaar*** *⇒duur.*
cost-of-living 0.1 ***mbt./v.d. kosten v. levensonderhoud*** ◆ **1.1** ~ bonus/supplement *duurtetoeslag;* ~ index *prijsindex.*
cost price 0.1 ***kostprijs.***
cost-push inflation 0.1 ***kosteninflatie.***
costume [kostjoem] **0.1** ***kostuum*** *⇒(kleder)dracht; pak* ◆ **2.1** dancers wearing historical ~ *dansers in klederdracht.*
costume ball 0.1 ***gekostumeerd bal.***
costume drama 0.1 ***kostuumstuk.***
costume jewellery 0.1 ***namaakbijouterie*** *⇒namaakjuwelen.*
costumier [kostjoe:miə], **costumer** [kostjoe:mə] **0.1** ***costumier*** ⟨vnl. voor theater⟩.
cos|y[1], ⟨AE sp. vnl.⟩ **cozy** [koozie] ⟨zn.; mv.: -ies⟩ **0.1** ***theemuts*** **0.2** ***eierwarmer.***
cos|y[2], ⟨AE sp. ook⟩ **cozy** ⟨bn.; -iness⟩ **0.1** ***knus*** *⇒behaaglijk, gezellig.*
cosy up, ⟨AE sp. ook⟩ **cozy up** ⟨vnl. AE⟩ **0.1** ***dicht(er) aankruipen*** ⟨tegen iem.⟩ ⇒⟨fig.⟩ *in de gunst proberen te komen* ⟨bij iem.⟩.
cot [kot] **0.1** ⟨BE⟩ ***ledikantje*** *⇒kinderbed(je), wieg* **0.2** ⟨AE⟩ ***veldbed*** *⇒stretcher.*
cot death ⟨vnl. BE; med.⟩ **0.1** ***wiegendood.***
cote [koot] **0.1** ⟨ben. voor⟩ ***(dieren)hok/kooi*** *⇒schaapskooi, duivenhok.*
coterie [kootərie] **0.1** ***coterie*** ⇒⟨pej.⟩ *kliek.*
coterminous [kootə:minnəs] ⟨schr.⟩ **0.1** ***aangrenzend/liggend.***
cotillion, cotillon [kətilliən] **I** ⟨telb.zn.⟩ **0.1** ***introductiebal*** ⟨ter introducering v. meisjes in de society⟩;
II ⟨telb. en n.-telb.zn.⟩ **0.1** ⟨dansk., muz.⟩ ***cotillon*** *⇒slotdans* **0.2** ⟨dansk.⟩ ***quadrille.***
cottage [kottidzj] **0.1** ***(arbeiders/plattelands)huisje*** *⇒optrekje, hut* **0.2** ***vakantie/zomerhuisje.***
cottage cheese 0.1 ***cottagecheese*** *⇒Hüttenkäse®;* ⟨ong.⟩ *kwark;* ⟨AZN⟩ *plattekaas.*
cottage hospital 0.1 ⟨BE⟩ ***plattelandsziekenhuis.***
cottage industry 0.1 ***huisindustrie/arbeid/nijverheid.***
cottage loaf ⟨BE⟩ **0.1** ***rond boerenbrood*** ⟨van twee bollen op elkaar⟩.
cottage pie ⟨vnl. BE; cul.⟩ **0.1** ***schotel v. gehakt en aardappelpuree.***
cottager [kottidzjə] **0.1** ⟨BE⟩ ***landarbeider*** *⇒landman, dorpeling.*
cotter [kottə] **0.1** ***spie.***
cotton [kotn] **0.1** ***katoen(draad/garen/stof/vezel)*** **0.2** ***katoenen stof*** *⇒katoenweefsel* **0.3** ***katoenplant*** *⇒katoen(gewas).*
cotton belt 0.1 ***katoengebied/streek*** *⇒streek waar overwegend katoen verbouwd wordt* ⟨ihb. in het zuidoosten v.d. USA⟩.
cotton bud, cotton stick 0.1 ***wattenstaafje.***
cotton candy ⟨AE⟩ **0.1** ***gesponnen suiker*** *⇒suikerspin.*
cotton gin 0.1 ***ontpittingsmachine*** *⇒katoenzuiveringsmachine.*
cotton on ⟨inf.⟩ **0.1** ***tot besef/inzicht komen*** *⇒doorkrijgen* ◆ **6.1** before I cottoned on **to** what he meant ... *voor ik doorhad wat hij bedoelde ...*
cotton picker 0.1 ***katoenplukmachine*** **0.2** ***katoenplukker.***
cotton-picking ⟨AE; sl.⟩ **0.1** ***verduiveld*** *⇒verdomd.*
cotton plant 0.1 ***katoenplant.***
cottonseed 0.1 ***katoenzaad.***
cottonseed oil 0.1 ***katoen(zaad)olie.***
cotton stick →**cotton bud.**
cottontail 0.1 ***katoenstaartkonijn*** *⇒Am. konijn.*
cotton to, cotton up to ⟨vnl. AE; inf.⟩ **0.1** ***contact leggen met*** *⇒vriendschap aanknopen met.*
cottonwood 0.1 ***populier*** ⇒⟨ihb.⟩ *Amerikaanse populier.*
cotton wool 0.1 ⟨BE⟩ ***watten*** **0.2** ⟨vnl. AE⟩ ***ruwe katoen*** *⇒katoenpluis* ◆ **3.¶** ⟨inf.⟩ wrap/keep in ~ *in de watten leggen.*
cotyledon [kottillie:dn] ⟨plantk.⟩ **0.1** ***zaadlob*** *⇒cotyl(edon).*
couch[1] [kautsj] ⟨zn.⟩ **0.1** ***(rust)bank*** *⇒sofa, divan* **0.2** ⟨schr.⟩ ***sponde*** *⇒legerstede, bed* **0.3** ***(hazen)leger*** *⇒hol, nest.*
couch[2] [kautsj] **I** ⟨onov.ww.⟩ **0.1** ***gaan liggen*** ⟨vnl. v. dieren⟩ *⇒zich plat tegen de grond drukken;*
II ⟨ov.ww.⟩ **0.1** ⟨vaak pass.⟩ ***inkleden*** *⇒formuleren, verwoorden* **0.2** ***vellen*** ⟨speer/lans⟩.
couchette [koe:sjet] ⟨BE⟩ **0.1** ***slaapcoupé*** **0.2** ***couchette.***
couch grass 0.1 ***kweek(gras).***
cougar [koe:gə] ⟨mv.: ook cougar⟩ **0.1** ***poema.***
cough[1] [kof] ⟨zn.⟩ **0.1** ⟨geen mv.⟩ ***hoest*** **0.2** ***kuch(je)*** *⇒hoestbui/aanval* ◆ **2.1** have a bad ~ *erg/lelijk hoesten.*
cough[2] **I** ⟨onov.ww.⟩ **0.1** ***hoesten*** *⇒kuchen* **0.2** ***sputteren*** *⇒blaffen* ⟨v. vuurwapen⟩ ◆ **1.2** the engine ~s and misfires *de motor sputtert en hapert;*
II ⟨ov.ww.⟩ **0.1** ***ophoesten*** *⇒uithoesten* ◆ **1.1** ~ (out/up) blood *bloed opgeven.*
cough drop 0.1 ***hoestbonbon*** *⇒keelpastille.*
cough mixture 0.1 ***hoestdrank.***
cough syrup 0.1 ***hoestsiroop.***
cough up 0.1 ***opbiechten*** *⇒bekennen* **0.2** ***dokken*** *⇒op tafel leggen* ⟨geld⟩.
could [kəd, ⟨sterk⟩ koed] ⟨verl. t. v. can⟩ **0.1** ***kon(den)*** *⇒zou(den) kunnen* **0.2** ***mocht(en)*** *⇒zou(den) mogen, zou(den) kunnen* ◆ **3.1** she ~ already dance when she was three *ze kon al dansen toen ze drie was;* I ~ go if you like *ik zou kunnen gaan als je wilt;* you ~ have warned us *je had ons toch kunnen verwittigen;* I ~ weep with exhaustion *ik zou kunnen huilen van vermoeidheid* **3.2** he told them they ~ go *hij zei dat ze mochten gaan.*
coulter, ⟨AE sp. ook⟩ **colter** [kooltə] **0.1** ***kouter*** *⇒ploegijzer/schaar.*

council [kaunsl] **I** ⟨n.-telb.zn.⟩ **0.1** ***vergadering*** ⇒*bespreking* ◆ **6.1** Mr Jones is **in** ~ *Mr. Jones heeft een bespreking;* **II** ⟨zn.; ww. enk. of mv.⟩ **0.1** ***raad*** ⇒*(advies)college, bestuur* **0.2** ***kerkvergadering*** ⇒*synode, concilie* **0.3** ⟨rel.⟩ ***sanhedrin*** ⇒*Hoge Raad der Israëlieten* ◆ **1.1** ~ of war *krijgsraad* **2.1** municipal ~ *gemeenteraad.* →**privy.**
council chamber 0.1 ***raadszaal.***
council estate ⟨BE⟩ **0.1** ***wijk met gemeentewoningen.***
council house ⟨BE⟩ **0.1** ***gemeentewoning*** ⇒⟨ong.⟩ *woningwetwoning.*
councillor, ⟨AE sp. ook⟩ **councilor** [kaunslə] **0.1** ***raadslid.***
councillorship [kaunsləsjip] **0.1** ***raadslidmaatschap*** ⇒ *ambt/positie v. raadslid.*
council tax 0.1 ***gemeentebelasting*** ⟨in GB⟩.
counsel[1] [kaunsl] **I** ⟨n.-telb.zn.⟩ **0.1** ***raad*** ⇒*(deskundig) advies, leidraad* **0.2** ***overleg*** ⇒*beraad(slaging), consult* ◆ **1.1** ~ of perfection *volmaakt maar onuitvoerbaar advies* **3.2** hold/take ~ with *te rade gaan bij;* take ~ together *beraadslagen, overleggen;*
II ⟨zn.; ww. steeds mv.⟩⟨jur.⟩ **0.1** ***raadslieden*** ⇒*advocaat, verdediging* ◆ **1.1** ~ for the defence claim that ... *de verdediging voert aan dat ...*
counsel[2] ⟨ww.; BE -led⟩ **0.1** ***advies/raad geven*** ⇒*adviseren, aanraden* **0.2** ***advies inwinnen*** ⇒*raad aannemen* **0.3** ⟨psych.⟩ ***counselen*** ◆ **1.1** ~ patience *op geduld aandringen.*
counselling [kaunsəling] ⟨psych.⟩ **0.1** ***counseling.***
counsellor, ⟨AE sp. ook⟩ **counselor** [kaunslə] **0.1** ***adviseur*** ⇒ *consulent(e);* ⟨ihb. AE⟩ *(studenten)decaan, beroepskeuzeadviseur* **0.2** ⟨vnl. AE⟩ ***raadsman/vrouw*** ⇒*advocaat.*
count[1] [kaunt] **I** ⟨telb.zn.⟩ **0.1** ***onderdeel v.e. aanklacht*** ⇒ *(onderdeel v.e.) tenlastelegging* **0.2** ***het uittellen*** ⟨v.e. bokser⟩ **0.3** ***(niet-Engelse) graaf*** ◆ **3.2** take the ~ *uitgeteld/verslagen worden* ⟨ook fig.⟩; *het onderspit delven* **6.2** be **out for** the ~ *uitgeteld zijn* ⟨ook fig.⟩ **7.1** guilty on all ~s *schuldig (bevonden) op alle onderdelen v.d. aanklacht;*
II ⟨telb. en n.-telb.zn.⟩ **0.1** ***telling*** ⇒*tel, getal* ◆ **3.1** keep ~ *de tel(ling) bijhouden, (mee)tellen;* lose ~ *de tel kwijt raken/zijn;*
III ⟨n.-telb.zn.⟩⟨inf.⟩ **0.1** ***aandacht*** ⇒*acht* ◆ **3.1** I take no ~ of his opinion *ik trek me niets aan van/sla geen acht op zijn mening.*
count[2] **I** ⟨onov.ww.⟩ **0.1** ***tellen*** ⇒*meetellen, gelden* ◆ **4.1** that doesn't ~ *dat telt niet* **6.1** ~ **for** little/nothing *weinig/niets voorstellen* **6.¶** ~ **against** *pleiten tegen.* →**count (up)on;**
II ⟨onov. en ov.ww.⟩ **0.1** ***tellen*** ⇒*optellen, tellen tot* ◆ **5.1** ~ **down** *aftellen.* →**count off, count out;**
III ⟨ov.ww.⟩ **0.1** ***meetellen*** ⇒*meerekenen* **0.2** ***rekenen tot*** ⇒*beschouwen (als), achten* **0.3** ***aftellen*** ⇒*dmv. een aftelrijmpje aanwijzen* ◆ **1.1** there were 80 victims, not ~ing (in) the crew *er waren 80 slachtoffers, de bemanning niet meegerekend* **4.2** ~ o.s. lucky *zich gelukkig prijzen* **5.1** you can ~ me **in** *ik ben van de partij* **6.2** he ~s prominent politicians **among** his friends *hij telt vooraanstaande politici onder zijn vrienden* **6.¶** they'll ~ it **against** you ... *ze zullen het je kwalijk nemen/aanrekenen ...* →**count out.**
countab|le [kauntəbl] ⟨-ly⟩ **0.1** ***telbaar.***
countdown 0.1 ***het aftellen*** ⟨ihb. voor de lancering v.e. projectiel⟩.
countenance[1] [kauntinnəns] **I** ⟨telb.zn.⟩ **0.1** ***gelaat*** ⇒*gelaatstrekken/uitdrukking* **0.2** ***aanzicht*** ⇒*aanzien* **0.3** ***welwillende/bemoedigende blik*** ◆ **3.1** she changed ~ *haar gelaatsuitdrukking veranderde;*
II ⟨n.-telb.zn.⟩ **0.1** ***kalmte*** ⇒*gemoedsrust, zelfbeheersing* **0.2** ***(morele) steun*** ⇒*instemming, goedkeuring* ◆ **3.1** keep one's ~ *zijn zelfbeheersing bewaren;* ⟨ihb.⟩ *zijn lachen kunnen houden;* lose ~ *van zijn stuk raken* **3.2** we won't give/lend ~ to such plans *we zullen dergelijke plannen niet steunen* **6.1** **out of** ~ *van zijn stuk gebracht.*
countenance[2] ⟨ww.⟩ **0.1** ***goedkeuren*** ⇒*(stilzwijgend/oogluikend) toestaan, dulden.*
counter[1] [kauntə] ⟨zn.⟩ **0.1** ***toonbank*** ⇒*balie, bar; loket, kassa* **0.2** ***teller*** ⇒*telwerk, rekenmachine* **0.3** ***fiche*** ⇒*speelmuntje* **0.4** ***tegenzet*** ⇒*tegenmaatregel, tegenwicht* **0.5** ***tegendeel*** ⇒*tegenovergestelde* **0.6** ***verweerstoot*** ⇒⟨boksen⟩ *counter, tegenstoot;* ⟨schermen⟩ *tegenstoot;* ⟨voetbal⟩ *counter* ◆ **6.¶** **over** the ~ *zonder recept (verkrijgbaar)* ⟨v. medicijnen⟩; **under** the ~ *onder de toonbank, clandestien.*
counter[2] ⟨bn.⟩ **0.1** ***tegen(over)gesteld*** ⇒*tegenwerkend, contra-* **0.2** ***duplicaat-*** ⇒*dubbel* ◆ **1.2** ~ list *duplicaat, controlelijst.*
counter[3] **I** ⟨onov.ww.⟩ **0.1** ***een tegenzet doen*** ⇒*zich verweren, terugvechten;* ⟨ihb. boksen⟩ *counteren;*
II ⟨ov.ww.⟩ **0.1** ***zich verzetten tegen*** ⇒*tegenwerken, (ver)hinderen* **0.2** ***beantwoorden*** ⇒*reageren op* **0.3** ***tenietdoen*** ⇒*weerleggen.*
counter[4] ⟨bw.⟩ **0.1** ***in tegenovergestelde richting*** **0.2** ***op tegengestelde wijze*** ◆ **3.1** go/hunt/run ~ *het spoor in de verkeerde richting volgen* **3.2** act/go ~ to *niet opvolgen, ingaan tegen.*
counteract 0.1 ***tegengaan*** ⇒*neutraliseren, tenietdoen.*
counteraction 0.1 ***tegenwerking*** ⇒*tegenactie.*
counterad ⟨AE; inf.⟩ **0.1** ***tegenadvertentie.***
counterattack[1] ⟨zn.⟩ **0.1** ***tegenaanval.***
counterattack[2] **I** ⟨onov.ww.⟩ **0.1** ***in de tegenaanval gaan;***
II ⟨ov.ww.⟩ **0.1** ***een tegenaanval uitvoeren op.***
counterattraction 0.1 ***concurrerende/rivaliserende attractie.***
counterbalance 0.1 ⟨zn.⟩ ***tegenwicht*** **0.2** ⟨ww.⟩ ***een tegenwicht vormen tegen*** ⇒*compenseren.*
counterblast 0.1 ***(agressieve/onbesuisde) reactie*** ⇒*weerwoord.*
counterclaim 0.1 ***tegeneis*** ⟨vnl. jur.⟩ ⇒*tegenvordering.*
counterclockwise [kauntəklokwajz] ⟨vnl. AE⟩ **0.1** ***linksdraaiend*** ⇒*tegen de wijzers v.d. klok in (draaiend).*
counterespionage 0.1 ***contraspionage.***
counterexample 0.1 ***tegenvoorbeeld.***
counterfeit[1] [kauntəfit] ⟨zn.; bn.⟩ **0.1** ⟨bn.⟩ ***vals*** ⇒*vervalst, onecht* **0.2** ⟨bn.⟩ ***voorgewend*** ⇒*geveinsd* **0.3** ⟨zn.⟩ ***vervalsing*** ⇒*falsificatie.*
counterfeit[2] ⟨ww.⟩ **0.1** ***vervalsen*** ⇒*namaken* **0.2** ***voorgeven*** ⇒*pretenderen.*
counterfeiter [kauntəfittə] **0.1** ***vervalser*** ⇒*valsemunter.*
counterfoil 0.1 ***controlestrookje*** ⇒*kwitantiestrook.*
counterintelligence 0.1 ***contraspionage*** ⇒*(binnenlandse) veiligheidsdienst.*
countermand [kauntəma:nd] **0.1** ***(dmv. een tegenbevel) herroepen*** ⇒*terugnemen, intrekken* ⟨bevel⟩ **0.2** ***(dmv. een nieuwe order/bestelling) ongedaan maken*** ⇒*annuleren* **0.3** ***terugroepen*** ⇒*terughalen* ◆ **1.1** ~ a cheque *een cheque blokkeren.*
countermanoeuvre 0.1 ***tegenmanoeuvre.***
countermarch[1] ⟨zn.⟩ **0.1** ***contramars*** ⟨in tegengestelde richting⟩ **0.2** ***volledige ommezwaai.***
countermarch[2] ⟨ww.⟩ **0.1** ***terugmarcheren*** ⇒*in tegengestelde richting (gaan) marcheren.*
countermeasure 0.1 ***tegenmaatregel.***
countermove 0.1 ***tegenzet*** ⇒*tegenactie.*
counteroffensive 0.1 ***tegenoffensief.***
counteroffer 0.1 ***tegenbod.***

counterorder 0.1 ***tegenorder*** ⇒*tegenbevel.*
counterpane [kauntəpeen] 0.1 ***(bedden)sprei.***
counterpart 0.1 ***tegenhanger*** ⇒*pendant, equivalent.*
counterplot[1] ⟨zn.⟩ 0.1 ***tegenlist.***
counterplot[2] ⟨ww.⟩ 0.1 ***een tegenlist bedenken/uitvoeren.***
counterpoint ⟨muz.⟩ 0.1 ***contrapuntische melodie/begeleiding/muziek*** ⇒*contrastelement* 0.2 ***contrapunt*** ⟨ook fig.⟩.
counterpoise[1] ⟨zn.⟩ 0.1 ***tegenwicht*** ⇒*tegendruk* 0.2 ***evenwicht.***
counterpoise[2] ⟨ww.⟩ 0.1 ***in evenwicht brengen/houden*** ⇒ *opwegen tegen, compenseren.*
counterproductive 0.1 ***averechts*** ⇒*met averechtse uitwerking.*
counterproposal [-prəpoozl] 0.1 ***tegenvoorstel.***
counterrevolution 0.1 ***contrarevolutie*** ⇒*tegenrevolutie.*
counterrevolutionary 0.1 ⟨bn.⟩ ***contrarevolutionair*** 0.2 ⟨zn.⟩ ***contrarevolutionair.***
countersign[1], ⟨in bet. 0.2 ook⟩ **countersignature** ⟨zn.⟩ 0.1 ***wachtwoord*** ⇒*consigne, geheim teken* 0.2 ***medeondertekening*** ⇒*contraseign.*
countersign[2] ⟨ww.⟩ 0.1 ***medeondertekenen*** ⇒*contrasigneren.*
countersink[1] ⟨zn.⟩ 0.1 ***verzinkboor.***
countersink[2] ⟨ww.⟩ 0.1 ***soevereinen*** ⇒*opboren* ⟨gat⟩ 0.2 ***verzinken*** ⟨spijkers, schroeven⟩.
countertenor ⟨muz.⟩ 0.1 ***contratenor.***
countertrade 0.1 ***compensatiehandel.***
countervail [kauntəveel] **I** ⟨onov.ww.⟩ 0.1 ⟨+ against⟩ ***een tegenwicht vormen (tegen)*** ⇒*staan (tegenover);*
II ⟨ov.ww.⟩ 0.1 ***opwegen/opgewassen zijn tegen*** ⇒*compenseren.*
counterweight 0.1 ***tegen(ge)wicht.***
countess [kauntis] 0.1 ***gravin*** ⇒*echtgenote v.e. graaf.*
counting frame 0.1 ***telraam*** ⇒*abacus.*
countless [kauntləs] 0.1 ***talloos*** ⇒*ontelbaar.*
count off 0.1 ***aftellen*** ⇒*(al tellende) verdelen/afscheiden* ◆ 1.1 he counted off ten men to help him *hij wees tien man aan om hem te helpen.*
count out ⟨inf.⟩ 0.1 ***niet meetellen*** ⇒*afschrijven, terzijde schuiven* 0.2 ⟨sport⟩ ***uittellen*** ⟨bokser⟩ 0.3 ***neertellen*** ◆ 1.3 ~ ten guilders *tien gulden uit/neertellen* 4.1 if it rains tonight you can count me out *als het vanavond regent moet je niet op me rekenen.*
countrified [kuntriefajd] 0.1 ***boers*** ⟨vnl. pej.⟩ ⇒*plattelands, provinciaal.*
countr|y [kuntrie] ⟨mv.: -ies⟩ 0.1 ***land*** ⇒*geboorteland, vaderland* 0.2 ***land*** ⇒*natie; volk* 0.3 ***land*** ⇒*(land)streek, terrein* 0.4 ⟨the; vaak attr.⟩ ***platteland*** ⇒*provincie* ◆ 2.2 a European ~ *een Europees land* 3.2 the ~ doesn't support this decision *het land/volk staat niet achter deze beslissing* 3.3 densely wooded ~ *dichtbebost land/terrein* 3.¶ ⟨vnl. BE⟩ go to the ~ *(het parlement ontbinden en) verkiezingen uitschrijven* 6.4 go for a day **in** the ~ *een dagje naar buiten/de stad uit gaan.* →**old.**
country bumpkin 0.1 ***boerenkinkel/pummel.***
country club 0.1 ***buitensociëteit*** ⇒*sport- en gezelligheidsclub (buiten de stad).*
country cousin ⟨pej.⟩ 0.1 ***provinciaal(tje)*** ⇒*boertje (van buiten).*
country-dance 0.1 ***contradans*** ⇒*volksdans* ⟨in paren⟩.
countryfolk ⟨mv.; ww. steeds mv.⟩ 0.1 ***plattelanders*** ⇒*buitenlui.*
countryhouse 0.1 ***landhuis*** ⇒*buitenverblijf.*
country|man [kuntriemən] ⟨mv.: -men⟩ 0.1 ***landgenoot*** 0.2 ***plattelander.***
countryseat 0.1 ***landhuis*** ⇒*buitenplaats, buitenverblijf.*
countryside 0.1 ***platteland*** ◆ 6.1 **in** the ~ *op het platteland, buiten.*
countrywoman 0.1 ***landgenote*** 0.2 ***plattelandsvrouw.***
count (up)on 0.1 ***rekenen/vertrouwen op*** ◆ 1.1 can we ~ the neighbours to help? *kunnen we op de hulp v.d. buren rekenen?*
count|y [kauntie] ⟨mv.: -ies⟩ 0.1 ⟨BE⟩ ***graafschap*** ⇒*provincie* 0.2 ⟨AE⟩ ***provincie*** ⇒*bestuurlijke onderverdeling v.e. staat* 0.3 ***provinciale bevolking*** ⇒*districtsbevolking.*
county borough ⟨BE; gesch.⟩ 0.1 ***stad (met de status v. graafschap).***
county council ⟨zn.; ww. enk. of mv.⟩ ⟨BE⟩ 0.1 ***graafschapsbestuur*** ⇒*provinciaal bestuur;* ⟨ong.⟩ *Provinciale Staten.*
county court ⟨BE⟩ 0.1 ***districtsrechtbank*** ⇒⟨ong.⟩ *kantongerecht.*
county hall ⟨vnl. C- H-⟩ 0.1 ***provinciehuis.***
county seat ⟨AE⟩ 0.1 ***provinciehoofdstad*** ⇒*(districts)hoofdplaats.*
county town ⟨BE⟩ 0.1 ***graafschapshoofdstad*** ⇒*(provincie)-hoofdplaats.*
coup [koe:] 0.1 ***slimme/goede zet*** ⇒*prestatie, succes* 0.2 ***staatsgreep*** ⇒*coup, putsch* ◆ 3.1 make/pull off a ~ *zijn slag slaan.*
coup de grâce [koe:dəgra:s] ⟨mv.: coups de grâce [gra:s]⟩ 0.1 ***genadeslag*** ⇒*genadeklap/schot, coup de grâce.*
coup d'état [koe:deeta:] ⟨mv.: ook coups d'état [-ta:]⟩ 0.1 ***staatsgreep*** ⇒*coup (d'état).*
coupé [koe:pee], **coupe** [koe:p] 0.1 ***coupé*** ⇒*tweedeurs(auto).*
couple[1] [kupl] ⟨zn.⟩ 0.1 ***koppel*** ⇒*paar, span* 0.2 ***(echt)paar*** ⇒*stel* ◆ 6.1 **in** ~s *twee aan twee;* a ~ **of** *twee;* ⟨inf.⟩ *een paar, een stuk of twee/wat* ⟨niet meer dan drie⟩.
couple[2] **I** ⟨onov.ww.⟩ 0.1 ***paren vormen*** 0.2 ***paren*** ⇒*copuleren;*
II ⟨ov.ww.⟩ 0.1 ***(aaneen)koppelen*** ⇒*verbinden, aanhaken* 0.2 ***twee aan twee opstellen*** ⇒*paren* 0.3 ***trouwen*** ⇒*in de echt verenigen* 0.4 ***(met elkaar) in verband brengen*** ⇒ *gepaard laten gaan* ◆ 5.1 two more carriages were ~d **on** *er werden nog twee rijtuigen aangehaakt;* ~ **up** *aan elkaar koppelen* 6.4 for most people bullfighting is ~d **with** Spain *de meeste mensen associëren stierenvechten met Spanje.*
couplet [kuplit] 0.1 ***(tweeregelige) strofe*** ⇒*(tweeregelig) couplet.* →**heroic.**
coupling [kupling] 0.1 ***koppeling*** ⇒*verbinding, koppelstuk* 0.2 ***paring*** ⇒*copulatie.*
coupon [koe:pon] 0.1 ***bon*** ⇒*kaartje, zegel* 0.2 ***coupon*** 0.3 ***(toto)formulier*** ◆ 6.2 ⟨geldw.⟩ ex ~ *ex coupon, zonder dividendbewijs.*
courage [kurridzj] 0.1 ***moed*** ⇒*dapperheid, durf* ◆ 1.1 have the ~ of one's convictions *de moed hebben te handelen naar zijn overtuigingen;* take one's ~ in both hands *al zijn moed bij elkaar schrapen* 3.1 muster up/pluck up/take/summon up ~ *moed scheppen/vatten/verzamelen.* → **Dutch.**
courageous [kəreedzjəs] 0.1 ***moedig*** ⇒*dapper, onverschrokken.*
courgette [koeəzjet] ⟨vnl. BE⟩ 0.1 ***courgette.***
courier [koeriə] 0.1 ***koerier*** ⇒*bode* 0.2 ***reisgids*** ⇒*reisleider.*
course[1] [ko:s] ⟨zn.⟩ 0.1 ***loop*** ⇒*(voort)gang, duur* 0.2 ***koers*** ⇒ *richting, route* 0.3 ***manier*** ⇒*weg, (gedrags)lijn* 0.4 ***cursus*** ⇒*curriculum* 0.5 ***cyclus*** ⇒*reeks, serie* 0.6 ⟨sport⟩ ***baan*** 0.7 ⟨cul.⟩ ***gang*** 0.8 ⟨med.⟩ ***kuur*** 0.9 ⟨bouwk.⟩ ***(metsel)-laag*** 0.10 ⟨scheep.⟩ ***onderzeil*** ◆ 1.1 the ~ of events *de loop*

der gebeurtenissen; the river has changed its ~ *de rivier heeft zijn loop verlegd* **1.3** there was no other ~ of action open to us *er stond ons geen andere weg open* **1.5** ~ of lectures *lezingencyclus* **1.8** ~ of drugs *geneesmiddelenkuur* **2.4** an English ~ *een cursus Engels* **3.1** run/take its ~ *zijn beloop hebben, (natuurlijk) verlopen;* your illness must run its ~ *je zal het moeten uitzieken* **3.2** stay the ~ *tot het eind toe volhouden* **6.1 in** the ~ **of** *in de loop van;* **in** (the) ~ **of** time *op den duur, mettertijd* **6.2 off** ~ *uit de koers;* **on** ~ *op koers* **6.¶ of** ~ *natuurlijk, vanzelfsprekend* **¶.¶** ⟨verk. v. of course; inf.⟩ ~! *tuurlijk!, vanzelf!* **→due.**

course[2] **I** ⟨onov.ww.⟩ **0.1** ***stromen*** ⇒*sijpelen, vloeien* **0.2** ***(met honden) jagen;***
II ⟨ov.ww.⟩ **0.1** ***met honden jagen op*** ⟨ihb. hazen⟩.

courser [ko:sə] **0.1** ***jachthond*** ⇒*lange hond, (haze)windhond.*

courseware ⟨comp.⟩ **0.1** ***educatieve/didactische software.***

coursing [ko:sing] **0.1** ***hazen/konijnenjacht met windhonden.***

court[1] [ko:t] ⟨zn.⟩ **0.1** ***rechtbank*** ⇒*gerechtsgebouw/zaal, (gerechts)hof* **0.2** ***rechtszitting*** **0.3** ***hof*** ⇒*koninklijk paleis, hofhouding* **0.4** ⟨sport⟩ ***(tennis)baan*** **0.5** ***omsloten ruimte*** ⇒*(licht)hal; binnenhof/plaats, cul-de-sac* ◆ **1.1** Court of Appeal(s) *hof v. appel/beroep;* Court of Cassation *hof v. cassatie;* Court of Claims *bestuursrechtelijk hof* ⟨in de USA⟩; ~ of honour *ereraad;* ~ of inquiry *gerechtelijke commissie v. onderzoek;* ~ of justice *gerechtshof;* ~ of law *rechtbank;* Court of Session *(Schots) civiel hooggerechtshof* **1.3** Court of St. James's *het kabinet v. St.-James, de Engelse regering, het Britse hof* **2.2** in open ~ *in openbare rechtszitting* **3.1** go to ~ *naar de rechter stappen;* settle out of ~ *in der minne/buiten de rechter om schikken;* take s.o. to ~ *iem. voor de rechter slepen* **3.3** hold ~ *hof houden;* be presented at ~ *aan het hof gepresenteerd worden* **3.¶** laugh s.o./sth. out of ~ *iem./iets weghonen;* pay ~ to s.o. *iem. het hof maken;* rule/put out of ~ ***uitsluiten*** ⟨getuige, bewijsmateriaal; ook fig.⟩; ⟨fig.⟩ *(iets/iem.) totaal geen kans geven.*

court[2] **I** ⟨onov.ww.⟩ **0.1** ***verkering hebben;***
II ⟨ov.ww.⟩ **0.1** ***vleien*** ⇒*in de gunst trachten te komen bij* **0.2** ***het hof maken*** ⇒*dingen naar de hand van* **0.3** ***(trachten te) winnen*** ⇒*streven naar* **0.4** ***flirten met*** ⇒*vragen om, uitlokken* ◆ **1.3** an entertainer ~ing applause *een artiest die hengelt naar applaus* **1.4** ~ disaster *om moeilijkheden vragen.*

court card ⟨kaartspel⟩ **0.1** ***honneur*** ⇒*plaatje, pop* ⟨minus aas⟩.

court circular **0.1** ***hofberichten/nieuws.***

court dress **0.1** ***gala(kostuum/kleding).***

courteous [kə:tiəs] **0.1** ***hoffelijk*** ⇒*beleefd, welgemanierd.*

courtesan [ko:tizæn] **0.1** ***courtisane.***

courtes|y [kə:tissie] ⟨mv.: -ies⟩ **0.1** ***beleefdheid*** ⇒*hoffelijkheid, welgemanierdheid; beleefdheidsbetuiging/gebaar* **0.2** ⟨dansk.⟩ ***revérence*** ⇒*buiging* ◆ **6.1 by** ~ **of** *welwillend ter beschikking gesteld door, met toestemming van.*

courtesy call **0.1** ***beleefdheidsbezoek.***

courtesy title **0.1** ***beleefdheidstitel*** ⇒*eretitel* ⟨in Engeland⟩.

courthouse **0.1** ***gerechtsgebouw*** ⇒*(gebouw v.e.) rechtbank.*

courtier [ko:tiə] **0.1** ***hoveling(e)*** ⟨ook pej.⟩.

courtl|y [ko:tlie] ⟨-iness⟩ **0.1** ***hoofs*** ⇒*verfijnd, elegant* **0.2** ***welgemanierd*** ⇒*beleefd, hoffelijk* ◆ **1.1** ~ love *hoofse liefde.*

court-martial [ko:tma:sjl] ⟨mv.: ook courts-martial⟩ **0.1** ⟨zn.⟩ ***krijgsraad*** ⇒*(hoog) militair gerechtshof* **0.2** ⟨zn.⟩ ***zitting v.e. krijgsraad/militair gerechtshof*** **0.3** ⟨ww.⟩ ***voor een krijgsraad berechten/brengen.***

court order ⟨jur.⟩ **0.1** ***rechterlijk bevel/vonnis*** ⇒*gerechtelijk bevel.*

courtroom **0.1** ***rechtszaal.***

courtship [ko:tsjip] **I** ⟨telb.zn.⟩ **0.1** ***verkering(stijd);***
II ⟨n.-telb.zn.⟩ **0.1** ***het hof maken*** ⇒*vrijage* **0.2** ⟨dierk.⟩ ***balts*** ⇒*balderen.*

courtyard **0.1** ***binnenhof*** ⇒*binnenplaats, plein.*

cousin [kuzn] **0.1** ***neef/nicht*** ⇒*dochter/zoon v. tante/oom* **0.2** ***verwante taalgroep/bevolkingsgroep*** ⟨enz.⟩ ◆ **7.1** first ~ *volle neef/nicht.*

couture [koe:tjoeə] **0.1** ***couture*** ⇒*het modeontwerpen, de modewereld.*

couturier [koe:tjoeərie·ee] **0.1** ***couturier*** ⇒*modeontwerper, modehuis.*

coval|ent [koovælənt] ⟨zn.: **-ence**⟩⟨schei.⟩ **0.1** ***covalent*** ◆ **1.1** ~ bond *atoombinding, covalente binding.*

cove [koov] **0.1** ***inham*** ⇒*kleine baai, kreek* **0.2** ***beschutte plek*** ⇒*(beschutte) inham* **0.3** ⟨bouwk.⟩ ***holle kroonlijst.***

coven [kuvn] **0.1** ***heksensamenkomst.***

covenant[1] [kuvnənt] ⟨zn.⟩ **0.1** ***overeenkomst*** ⇒*convenant, beding* **0.2** ***schenkingsbelofte*** ⟨mbt. regelmatige donaties⟩ **0.3** ⟨rel.⟩ ***verbond.***

covenant[2] ⟨ww.⟩ **0.1** ***een overeenkomst aangaan*** ⇒*een verdrag/verbond sluiten* **0.2** ***schriftelijk beloven*** ⇒*overeenkomen, zich verbinden tot.*

Coventry [kovntrie, kuv-] ◆ **3.¶** send s.o. to ~ *iem. links laten liggen.*

cover[1] [kuvvə] (→s1) **I** ⟨telb.zn.⟩ **0.1** ***bedekking*** ⇒*dek(kleed), hoes;* ⟨mv.⟩ *dekens, dekbed* **0.2** ***deksel*** ⇒*klep* **0.3** ***omslag*** ⇒*stofomslag, boekband* **0.4** ***enveloppe*** ⇒*briefomslag;* ⟨filatelie⟩ *eerstedagenveloppe/uitgave* **0.5** ***couvert*** ⇒*mes en vork* **0.6** ***invaller*** ⇒*vervanger* **0.7** **→cover charge** **0.8** **→cover version** ◆ **6.3** read a book **from** ~ **to** ~ *een boek v. begin tot eind lezen* **6.4 under** ~ *in een enveloppe; in/bijgesloten;*
II ⟨telb. en n.-telb.zn.⟩ **0.1** ***dekmantel*** ⇒*voorwendsel, mom* **0.2** ***dekking*** ⟨ook sport⟩ ⇒*beschutting, schuilplaats* **0.3** ***dekking*** ⟨vnl. verz.⟩ ⇒*verzekering, dekkingsfonds* ◆ **3.2** break ~ *uit zijn dekking te voorschijn komen;* take ~ *dekking zoeken, (gaan) schuilen* **6.1 under** ~ of friendship *onder het mom v. vriendschap* **6.2** this policy provides ~ **against** burglary *deze polis biedt dekking tegen inbraak;* **under** ~ *heimelijk, in het geheim; verborgen.*

cover[2] **I** ⟨onov.ww.⟩⟨inf.⟩ **0.1** ⟨+for⟩ ***invallen (voor)*** ⇒*vervangen.* **→cover up;**
II ⟨ov.ww.⟩ **0.1** ***bedekken*** ⇒*overtrekken* **0.2** ***beslaan*** ⇒*omvatten, bestrijken* **0.3** ***afleggen*** ⟨afstand⟩ **0.4** ***bewaken*** ⟨bv. toegangswegen⟩ **0.5** ***verslaan*** ⇒*verslag uitbrengen over/van* **0.6** ***dekken*** ⇒*verzekeren* **0.7** ***dekken*** ⇒*bescherming/een alibi geven* **0.8** ***onder schot houden*** ⇒*in bedwang houden* **0.9** ***beheersen*** ⇒*controleren, bestrijken* **0.10** ⟨sport⟩ ***dekken*** ⇒*bewaken* ◆ **1.1** dust ~ed the furniture *er lag stof op het meubilair;* a ~ed wagon *een huifkar* **1.2** you can't ~ all possibilities *je kunt niet alle mogelijkheden voorzien;* the two towns ~ 50 square miles *de twee steden beslaan/strekken zich uit over 50 vierkante mijl* **1.5** ~ an international conference *een internationale conferentie verslaan* **1.6** we won't be able to ~ our expenses *we zullen onze onkosten niet kunnen dekken* **1.9** from here you can ~ the whole valley *van hier kun je de hele vallei bestrijken* **1.¶** a ~ing letter/note *een begeleidend schrijven* **3.8** keep them ~ed! *hou ze onder schot!* **5.1** ~ **in** *overdek-*

ken **6.1** he was ~ed **in/with** blood *hij zat ónder het bloed;* ~ **over** *bedekken* **6.6** we aren't ~ed **against** fire *we zijn niet tegen brand verzekerd* **6.7** ~ed **from** behind by his partner *met rugdekking van/in de rug gedekt door zijn maat.* →**cover up.**

coverage [kuvridzj] **0.1** ***dekking*** ⟨ook verz.⟩ ⇒*verzekerd bedrag/risico* **0.2** ***berichtgeving*** ⇒*verslag(geving), publiciteit* **0.3** ***bereik*** ⇒*bestrijkings/verbreidingsgebied.*

cover charge 0.1 ***couvert(kosten)*** ⟨eerste aanslag in restaurant, nachtclub e.d.⟩.

cover drive ⟨cricket⟩ **0.1** ***cover drive*** ⇒⟨ong.⟩ *aanvallende slag in de off.*

cover girl 0.1 ***covergirl.***

covering [kuvring] **0.1** ***bedekking*** ⇒*dekkleed, dekzeil.*

coverlet [kuvvəlit] **0.1** ***(bedden)sprei.***

cover note 0.1 ***sluitnota*** ⇒*voorlopige polis* ⟨bij verzekering⟩.

cover point, cover ⟨→s1⟩⟨cricket⟩ **0.1** ***cover point*** ⇒⟨ong.⟩ *kortestoppositie in de off, korte stop.*

cover story 0.1 ***omslagartikel*** ⇒*coverstory.*

covert[1] [kuvvə(t)] ⟨zn.⟩ **0.1** ***beschutte plaats*** ⇒*schuilplaats* **0.2** ***kreupelbos*** ⇒*kreupelhout* ◆ **3.2** draw a ~ *het wild uit het hout drijven.*

covert[2] [kuvvət] ⟨bn.⟩ **0.1** ***bedekt*** ⇒*heimelijk, steels; illegaal, clandestien.*

cover term 0.1 ***algemene term.***

cover up I ⟨onov.ww.⟩ **0.1** ***een alibi verstrekken*** ⇒*dekking geven* ◆ **6.1** these doctors are covering up **for** each other *die artsen dekken elkaar;*
II ⟨ov.ww.⟩ **0.1** ***verdoezelen*** ⇒*wegmoffelen, verhullen* **0.2** ***toedekken*** ⇒*inwikkelen* ◆ **1.1** ~ one's tracks *zijn sporen uitwissen.*

cover-up 0.1 ***doofpotaffaire*** **0.2** ***dekmantel*** ⇒*alibi.*

cover version 0.1 ***nieuwe versie/uitvoering*** ⟨v. nummer⟩ ⇒ *cover (versie).*

covet [kuvvit] **0.1** ***begeren.***

covetous [kuvvittəs] **0.1** ***begerig*** ⇒*inhalig, hebzuchtig.*

covey [kuvvie] **0.1** ***koppel (patrijzen)*** ⇒*vlucht* **0.2** ⟨inf.⟩ ***groepje*** ⇒*stelletje.*

cow[1] [kau] ⟨zn.⟩ **0.1** ***koe*** ⇒*wijfje* ⟨v. grote zoogdieren⟩ **0.2** ⟨sl.; bel.⟩ ***wijf*** ⇒*vervelend mens* **0.3** ⟨sl.; bel.⟩ ***dikzak*** ⇒*vetzak* ◆ **2.1** ⟨fig.⟩ sacred ~ *heilige koe* **3.¶** till the ~s come home *tot je een ons weegt, eindeloos.* →**holy.**

cow[2] ⟨ww.⟩ **0.1** ***koeioneren*** ⇒*intimideren, bang maken.*

coward [kauəd] **0.1** ***lafaard*** ⇒*angsthaas.*

cowardice [kauədis] **0.1** ***lafheid.***

cowardl|y [kauədlie] ⟨-iness⟩ **0.1** ***laf(hartig)*** ⇒*bangelijk, schijterig.*

cowbell 0.1 ***koebel.***

cowboy 0.1 ⟨AE⟩ ***cowboy*** ⇒*veedrijver* **0.2** ⟨BE⟩ ***koeienhoeder*** ⇒*koewachter* **0.3** ⟨inf.⟩ ***dolle Dries*** ⇒*rouwdouw, vrijbuiter* **0.4** ⟨inf.⟩ ***gewetenloos zakenman*** ◆ **1.4** ~ employers *gewetenloze/onbetrouwbare werkgevers.*

cowcatcher 0.1 ***baanschuiver*** ⇒*koevanger* ⟨op locomotief⟩.

cower [kauə] **0.1** ***in elkaar duiken*** ⇒*ineenkrimpen.*

cowgirl 0.1 ***cowgirl*** ⇒*vrouwelijke veedrijver.*

cowhand 0.1 ***cowboy*** **0.2** ***koeien/veehoeder.***

cowherd 0.1 ***koeien/veehoeder.***

cowhide 0.1 ***koeienhuid*** **0.2** ***rundleer*** **0.3** ***(leren) zweep.***

cowl [kaul] **0.1** ***monnikskap*** ⇒*kap* **0.2** ***monnikspij*** **0.3** ***schoorsteenkap*** **0.4** →**cowling.**

cowlick 0.1 ***spuuglok*** ⇒*(vet)kuif.*

cowling [kauling] **0.1** ***motorkap.***

cow|man [kaumən]⟨mv.: -men [-mən]⟩ **0.1** ⟨BE⟩ ***koeien/veehoeder*** ⇒*melker* **0.2** ⟨AE⟩ ***veehouder*** ⇒*veeboer.*

co-worker [koowə:kə] **0.1** ***medewerker.***

cow parsley 0.1 ***fluitenkruid.***

cow parsnip 0.1 ***berenklauw.***

cow pat 0.1 ***koeienvla.***

cowpox 0.1 ***koepokken*** **0.2** ***koepokstof*** ⟨vaccin⟩.

cowrie, cowr|y [kaurie] ⟨mv.: -ies⟩ **0.1** ***porseleinslak.***

cowshed, cowhouse 0.1 ***koestal.***

cowskin 0.1 ***koeienhuid*** ⇒*rundleer.*

cowslip 0.1 ***sleutelbloem*** **0.2** ⟨AE⟩ ***dotterbloem.***

cox [koks] **0.1** ⟨zn.⟩ ***stuurman*** ⇒*stuur* ⟨vnl. v. roeiboot⟩ **0.2** ⟨ww.⟩ ***stuurman zijn (voor).***

coxcomb [kokskoom] **0.1** ***ijdeltuit*** ⇒*fat* **0.2** →**cockscomb.**

coxed [kokst] ⟨roeisport⟩ **0.1** ***met stuurman*** ◆ **1.1** ~ fours *vier met (stuurman);* ~ pairs *twee met (stuurman).*

coxless [koksləs] ⟨roeisport⟩ **0.1** ***zonder stuurman*** ◆ **1.1** ~ fours *vier zonder (stuurman);* ~ pairs *twee zonder (stuurman).*

coxswain[1] [koksween] ⟨zn.⟩⟨schr.⟩ **0.1** ***stuur(man)*** ⟨vnl. v. roeiboot⟩.

coxswain[2] ⟨ww.⟩⟨schr.⟩ **0.1** ***stuurman zijn (voor).***

coy [koj] ⟨-ness⟩ **0.1** ***ingetogen*** ⇒*bedeesd, terughoudend* **0.2** ***koket*** ⇒*quasi-verlegen* ◆ **6.1** a politician ~ **about** his plans *een politicus die zijn plannen voor zich houdt.*

coyote [kojjoot, kojjootie] **0.1** ***coyote*** ⇒*prairiewolf.*

coypu [kojpoe:] **0.1** ***beverrat.***

cozy →**cosy.**

cps ⟨afk.; comp.⟩ **0.1** [characters/cycles per second].

CPS ⟨afk.⟩ **0.1** ⟨BE⟩ [Crown Prosecution Service].

CPU ⟨afk.; comp.⟩ **0.1** [Central Processing Unit] ***CVE.***

crab[1] [kræb] ⟨zn.⟩ **0.1** ***krab*** ⇒⟨ihb.⟩ *degenkrab* **0.2** ***kraan*** ⇒ *lier, loopkat* **0.3** ⟨inf.⟩ ***mopperaar*** ⇒*zuurpruim* **0.4** ⟨vnl. mv.; inf.⟩ ***platje*** ⇒*schaamluis.*

crab[2] ⟨ww.; -bed⟩ **0.1** ***krabben vangen*** **0.2** ⟨inf.⟩ ***kankeren*** ⇒*mopperen.*

crab apple 0.1 ***wilde appel.***

crabbed [kræbid] ⟨-ness⟩ **0.1** ***chagrijnig*** ⇒*prikkelbaar, wrevelig* **0.2** ***kriebelig*** ⇒*gekrabbeld, onduidelijk* ⟨v. handschrift⟩ **0.3** ***ingewikkeld*** ⇒*obscuur* ⟨v. stijl, tekst enz.⟩.

crabb|y [kræbie] ⟨-ier⟩ **0.1** ***chagrijnig.***

crabgrass ⟨AE⟩ **0.1** ***bloedgierst*** ⇒*harig vingergras.*

crab louse 0.1 ***platluis*** ⇒*schaamluis.*

crab sticks 0.1 ***krabsticks.***

crabwise [kræbwajz], **crabways** [-weez] **0.1** ***krabsgewijs*** ⇒ *als een krab, zijwaarts.*

crack[1] [kræk] ⟨zn.⟩ **0.1** ***barst(je)*** ⇒*breuk, scheur(tje)* **0.2** ***kier*** ⇒*spleet, reet* **0.3** ***knal(geluid)*** ⇒*knak, kraak* **0.4** ***klap*** ⇒ *pets* **0.5** ⟨inf.⟩ ***gooi*** ⇒*poging* **0.6** ***grap(je)*** ⇒*geintje* **0.7** ⟨vnl. BE; inf.⟩ ***kraan*** ⇒*kei, uitblinker* **0.8** ⟨inf.⟩ ***crack*** ⟨zuivere vorm van cocaïne⟩ ◆ **1.3** the ~ of the guns *het gebulder v.d. kanonnen* **1.¶** ⟨inf.⟩ at the ~ of dawn *bij het krieken v.d. dag* **2.2** the door was open a ~ *de deur stond op een kier/stond aan* **3.1** ⟨fig.⟩ paper/paste/cover over the ~s *de foutjes wegmoffelen/onder het tapijt vegen* **6.5** have a ~ **at** *een gooi doen naar, proberen* **¶.3** ~! *krak!* →**fair.**

crack[2] ⟨bn.⟩⟨inf.⟩ **0.1** ***prima*** ⇒*keur-, uitgelezen* ◆ **1.1** a ~ shot/marksman *een eersteklas schutter.*

crack[3] **I** ⟨onov.ww.⟩ **0.1** ***in(een)storten*** ⇒*het begeven, knakken* **0.2** ***knallen*** ⇒*kraken* **0.3** ***barsten*** ⇒*splijten, scheuren* **0.4** ***breken*** ⇒*schor worden, overslaan* ⟨v.d. stem⟩. → **crack down on, crack up;**
II ⟨onov. en ov.ww.⟩ **0.1** ***(open/stuk)breken*** ⇒*knappen, knakken, kraken* **0.2** ⟨schei.⟩ ***kraken*** ◆ **1.1** ~ a safe *een kluis openbreken;*
III ⟨ov.ww.⟩ **0.1** ***laten knallen*** ⇒*laten kraken* **0.2** ***doen barsten*** ⇒*splijten, scheuren* **0.3** ***doen breken*** ⇒*schor*

maken ⟨de stem⟩ **0.4** ***meppen*** ⇒*slaan* **0.5** ***de oplossing vinden van*** ⇒*een uitleg vinden voor* ⟨een probleem⟩ **0.6** ⟨inf.⟩ ***vertellen*** ◆ **1.1** ~ a whip *klappen met een zweep* **1.5** ~ a code *een code ontcijferen* **1.6** ~ a joke *een mop/bak vertellen* **6.1** I ~ed my head **against** the door *ik knalde met mijn hoofd tegen de deur.* →**crack up.**

crackbrained **0.1** ***onzinnig*** ⇒*getikt, dwaas.*

crackdown **0.1** ***(straf)campagne*** ⇒*(politie)optreden, actie.*

crack down on **0.1** ***met harde hand optreden tegen*** ⇒*(steviger) aanpakken.*

cracked [krækt] ⟨inf.⟩ **0.1** ***getikt*** ⇒*maf, knetter.*

cracker [krækə] **0.1** ***cracker(tje)*** ⇒*knäckebröd* **0.2** ***voetzoeker*** ⇒*rotje* **0.3** ***knalbonbon*** ⇒*pistache* **0.4** ⟨BE; inf.⟩ ***stuk*** ⇒*mokkel* **0.5** ⟨AE; inf.; pej.⟩ ***armoedige blanke.***

crackers [krækəz] ⟨vnl. BE; inf.⟩ **0.1** ***gek*** ⇒*maf, knetter* ◆ **6.¶** go ~ **about** sth. *laaiend enthousiast over iets worden.*

cracking [kræking] ⟨sl.⟩ **0.1** ***schitterend*** ⇒*uitstekend, geweldig, prima* **0.2** ***snel*** ◆ **1.2** ~ pace *stevige vaart* **3.¶** get ~ *aan de slag gaan.*

crackle[1] [krækl] ⟨zn.⟩ **0.1** ⟨the⟩ ***geknetter*** ⇒*geknap(per), geknisper* **0.2** ***craquelé(porselein).***

crackle[2] **I** ⟨onov.ww.⟩ **0.1** ***knapp(er)en*** ⇒*knetteren, knisperen; kraken* ⟨v. telefoon⟩;
II ⟨ov.ww.⟩ **0.1** ***onder gekraak verfrommelen.***

crackleware **0.1** ***craquelé(porselein).***

crackling [krækling] **0.1** ***geknetter*** ⇒*geknap(per), geknisper* **0.2** ***braadkorst v. varkensvlees*** ◆ **1.¶** ⟨inf.⟩ a bit of ~ *lekker stuk/wijf.*

crackpot ⟨inf.⟩ **0.1** ***zonderling*** ⇒*bizarre figuur, excentriekeling.*

crackup ⟨inf.⟩ **0.1** ***in(een)storting*** ⇒*inzinking.*

crack up ⟨inf.⟩ **I** ⟨onov.ww.⟩ **0.1** ***bezwijken*** ⇒*instorten, eronderdoor gaan* **0.2** ⟨AE⟩ ***in de lach schieten*** ⇒*zich bescheuren;*
II ⟨ov.ww.⟩ **0.1** ***ophemelen*** ⇒*roemen, prijzen* **0.2** ⟨AE⟩ ***in de lach doen schieten*** ◆ **¶.1** he isn't everything he's cracked up to be *hij is niet zo goed als zijn reputatie deed verwachten.*

cradle[1] [kreedl] ⟨zn.⟩ **0.1** ***wieg*** ⟨ook fig.⟩ ⇒*bakermat* **0.2** ⟨ben. voor⟩ ***draagtoestel*** ⇒*stellage;* ⟨scheep.⟩ *(constructie)bok; haak* ⟨v. telefoon⟩; *hangstelling; goudwastrog; zeisboog* ◆ **1.1** from the ~ to the grave *van de wieg tot het graf.*

cradle[2] ⟨ww.⟩ **0.1** ***wiegen*** ⇒*vasthouden* **0.2** ***in een wieg leggen/stoppen*** **0.3** ***op de haak leggen*** ⟨telefoon⟩ ◆ **1.3** ~ the receiver *ophangen, opleggen.*

cradle-to-grave **0.1** ***van de wieg tot het graf*** ⇒*volledig.*

craft[1] [kra:ft] ⟨zn.⟩ **0.1** ***vak*** ⇒*ambacht* **0.2** ***(kunst)vaardigheid*** ⇒*kunstnijverheid* **0.3** ⟨ww. enk. of mv.⟩ ***bedrijfstak*** ⇒*branche, (ambachts)gilde.*

craft[2] ⟨zn.; mv.: craft⟩ **0.1** ***boot(je)*** ⇒*vaartuig* **0.2** ***vliegtuig*** **0.3** ***ruimtevaartuig.***

crafts|man [kra:f(t)smən] ⟨mv.: -men⟩ **0.1** ***handwerksman*** ⇒*vakman* ⟨ook fig.⟩.

craftsmanship [kra:f(t)smənsjip] **0.1** ***vakmanschap*** ⇒*(vak)bekwaamheid.*

crafts shop **0.1** ***kunstwinkeltje.***

craft union **0.1** ***categorale bond*** ⇒*beroepsvereniging.*

craft|y [kra:ftie] ⟨-iness⟩ **0.1** ***geslepen*** ⇒*doortrapt, geraffineerd.*

crag [kræg] **0.1** ***steile rots(massa)*** **0.2** ⟨geol.⟩ ***crag(laag)*** ⇒*schelpgrind(laag)* ⟨plioceen⟩.

cragg|y [krægie] ⟨-iness⟩ **0.1** ***rotsig*** ⇒*onherbergzaam, woest* **0.2** ***verweerd*** ⟨vnl. v. mannelijk gezicht⟩ ⇒*bonkig, stoer.*

crake [kreek] **0.1** ***ralachtige*** ⇒⟨ihb.⟩ *kwartelkoning; waterhoen.*

cram [kræm] ⟨-med⟩ **I** ⟨onov.ww.⟩ **0.1** ***zich volproppen*** ⇒*schrokken* **0.2** ***blokken*** ⇒*stampen;*
II ⟨ov.ww.⟩ **0.1** ***(vol)proppen*** ⇒*aanstampen, (vol)stouwen* **0.2** ***klaarstomen*** ⟨leerling⟩ **0.3** ***erin stampen*** ⟨leerstof⟩ ◆ **5.3** ~ **up** a few pages *een paar bladzijden erin stampen.*

cram course **0.1** ***stoomcursus.***

cramfull ⟨BE; inf.⟩ **0.1** ***stampvol*** ⇒*tjokvol.*

crammer [kræmə] **0.1** ***blokker*** ⇒*boekenwurm* **0.2** ⟨inf.⟩ ***repetitor*** ⇒*examengids.*

cramp[1] [kræmp] **I** ⟨telb.zn.⟩ **0.1** ***(muur)anker*** ⇒*kram, klamp* **0.2** ***klem(haak)*** ⇒*spanijzer, lijmtang;*
II ⟨telb. en n.-telb.zn.⟩ **0.1** ***kramp(scheut)*** ⇒⟨mv.⟩ *maagkramp; buikkramp.*

cramp[2] ⟨ww.⟩ **0.1** ***kramp veroorzaken bij/in*** ⇒*verkrampen* **0.2** ***krammen*** ⇒*vastzetten met een (muur)anker/klem(haak)* **0.3** ***onderdrukken*** ⇒*tegengaan, belemmeren.*

cramped [kræmpt] **0.1** ***benauwd*** ⇒*krap, kleinbehuisd* **0.2** ***kriebelig*** ⟨v. handschrift⟩ **0.3** ***gewrongen.***

cramp iron **0.1** ***(muur)anker*** ⇒*kram, klamp.*

crampon [kræmpən] **0.1** ***heftang*** **0.2** ⟨mv.⟩ ***ijskrap*** ⇒*ijsspoor, klimijzer.*

cranberr|y [krænbrie] ⟨mv.: -ies⟩ **0.1** ***Am. veenbes*** ⇒*Preiselbeere, zure bosbes.*

crane[1] [kreen] ⟨zn.⟩ **0.1** ***kraanvogel*** **0.2** ***kraan*** ⇒*hijskraan* **0.3** ***ketelhaak.***

crane[2] **I** ⟨onov.ww.⟩ **0.1** ***de hals uitstrekken*** ⇒*reikhalzen* ◆ **5.1** ~ **forward** *de hals uitstrekken, reikhalzen;*
II ⟨ov.ww.⟩ **0.1** ***(reikhalzend) uitstrekken*** ⇒*vooruitsteken* **0.2** ***ophijsen (met een kraan)*** ⇒*omhoogtakelen.*

crane driver **0.1** ***kraanmachinist/bestuurder.***

crane fly **0.1** ***langpoot(mug).***

crane's bill [kreenzbil] **0.1** ***ooievaarsbek.***

cranial [kreeniəl] ⟨-ly⟩ **0.1** ***craniaal*** ⇒*schedel-.*

cranium [kreeniəm] ⟨mv.: ook crania [-niə]⟩ **0.1** ***schedel*** ⇒*cranium.*

crank[1] [krængk] ⟨zn.⟩ **0.1** ***krukas*** ⇒*autoslinger; crank* ⟨v. fiets⟩ **0.2** ⟨inf.⟩ ***zonderling*** ⇒*excentriekeling* **0.3** ⟨vnl. AE; inf.⟩ ***mopperkont.***

crank[2] ⟨ww.⟩ **0.1** ***aanzwengelen*** ⇒*aanslingeren* ◆ **5.1** ~ **up** a car *een auto aanslingeren* **5.¶** ⟨inf.⟩ ~ **out** *aan de lopende band produceren, ophoesten.*

crankshaft **0.1** ***krukas*** ⇒*trapas.*

crank|y [krængkie] ⟨-ier⟩ **0.1** ⟨inf.⟩ ***zonderling*** ⇒*bizar* **0.2** ⟨vnl. AE; inf.⟩ ***chagrijnig*** ⇒*nors.*

crann|y [krænie] ⟨mv.: -ies⟩ **0.1** ***spleet*** ⇒*scheur.*

crap[1] [kræp] **I** ⟨telb.zn.⟩ **0.1** ***verliezende worp*** ⟨2, 3 of 12 bij 'craps'⟩ **0.2** ⟨sl.⟩ ***potje schijten*** ◆ **3.2** have a ~ *schijten, een drol leggen/draaien;*
II ⟨n.-telb.zn.⟩ **0.1** ⟨sl.⟩ ***stront*** **0.2** ⟨sl.⟩ ***gelul*** ⇒*geouwehoer* **0.3** ⟨sl.⟩ ***troep*** ⇒*rotzooi* ◆ **1.2** a load of ~ *een hoop gezever* **¶.2** ~! *gelul!;*
III ⟨mv.; ww. vaak enk.⟩ **0.1** ***craps*** ⟨dobbelspel⟩ ◆ **3.1** shoot ~s *craps spelen, dobbelen.*

crap[2] ⟨ww.; -ped⟩ ⟨sl.⟩ **0.1** ***schijten*** ⇒*kakken.*

crape →**crepe.**

crapp|y [kræpie] ⟨-ier⟩ ⟨sl.⟩ **0.1** ***waardeloos*** ⇒*klote.*

crash[1] [kræsj] ⟨zn.⟩ **0.1** ***klap*** ⇒*slag, dreun* **0.2** ***botsing*** ⇒*neerstorting, ongeluk* **0.3** ***krach*** ⇒*ineenstorting, debacle.*

crash[2] ⟨bn.⟩ **0.1** ***spoed-*** ◆ **1.1** ~ course *stoom/spoedcursus;* ~ programme/project *rampenplan/noodplan.*

crash[3] **I** ⟨onov.ww.⟩ **0.1** ***te pletter slaan/vallen*** ⇒*verongelukken, botsen, (neer)storten* **0.2** ***stormen*** ⇒*denderen* **0.3** ***dreunen*** ⇒*knallen, kraken* **0.4** ***ineenstorten*** ⇒*failliet/op de fles gaan, springen;* ⟨comp.⟩ *crashen, down/plat gaan* **0.5** ⟨sl.⟩ ***(blijven) pitten*** ⇒*de nacht doorbrengen* ◆ **1.3** the

thunder ~ed *de donder dreunde/ratelde* **6.1** his whole world came ~ing **about** his ears *zijn hele wereld stortte in;* the plates ~ed **to** the floor *de borden kletterden op de grond;*
II ⟨ov.ww.⟩ **0.1** ***te pletter laten slaan/vallen*** ⇒*botsen op/tegen* **0.2** ***neersmijten/kwakken*** ⇒*stuksmijten/gooien* **0.3** ⟨inf.⟩ ***ongevraagd/onuitgenodigd bezoeken*** ⟨feest⟩ ◆ **6.1** he ~ed his car **into** a tree *hij is met zijn auto tegen een boom geknald.*

crash[4] ⟨bw.⟩ **0.1** ***met een knal/klap*** ⇒*dreunend, pats, beng.*

crashbarrier **0.1** ***vangrail*** **0.2** ***dranghek.***

crash dive[1] ⟨zn.⟩ **0.1** ***snelle duik*** ⟨v. onderzeeboot⟩ ⇒*plotselinge duik* ⟨v. vliegtuig⟩.

crash dive[2] ⟨ww.⟩ **0.1** ***snel/plotseling (doen) duiken*** ⟨(v.) vliegtuig/onderzeeër⟩.

crasher [kræsjə] **0.1** ***computervandaal*** ⟨mbt. computervirussen⟩.

crash helmet **0.1** ***valhelm.***

crashing [kræsjing] ⟨inf.⟩ **0.1** ***verpletterend*** ⇒*ontiegelijk, ongelofelijk* ◆ **1.1** a ~ bore *een afgrijselijke droogkloot.*

crash-land **0.1** ***een buik/noodlanding (laten) maken*** ⟨(v.) vliegtuig⟩.

crash landing **0.1** ***buik/noodlanding.***

crass [kræs] ⟨-ness⟩ **0.1** ***bot*** ⇒*onbehouwen, lomp* ◆ **¶.1** ~ stupidity *peilloze domheid.*

crate[1] [kreet] ⟨zn.⟩ **0.1** ***krat*** ⇒*kist, (tenen) mand/korf* **0.2** ***krat (vol)*** **0.3** ⟨inf.⟩ ***brik*** ⇒*bak* **0.4** ⟨inf.⟩ ***kist*** ⇒*wrakkig vliegtuig.*

crate[2] ⟨ww.⟩ **0.1** ***verpakken in kratten/kisten.***

crateful [kreetfoel] **0.1** ***krat (vol)*** ◆ **6.1** six ~s **of** beer *zes kratten bier.*

crater [kreetə] **0.1** ***krater.***

cravat [krəvæt] **0.1** ***sjaaltje.***

crave [kreev] **I** ⟨onov. en ov.ww.⟩ **0.1** ***hunkeren (naar)*** ⇒*smachten (naar)* ◆ **6.1** ⟨schr.⟩ ~ **after/for** *smachten naar;*
II ⟨ov.ww.⟩ **0.1** ⟨schr.⟩ ***verzoeken (om)*** ⇒*bidden/smeken om.*

craven [kreevn] **0.1** ⟨bn.⟩ ***laf*** **0.2** ⟨zn.⟩ ***lafaard*** ⇒*bloodaard, lafbek.*

craving [kreeving] **0.1** ***hunkering*** ⇒*verlangen, begeerte.*

crawdad [kro:dæd] ⟨AE; inf.; dierk.⟩ **0.1** ***rivierkreeft.***

crawfish →**crayfish.**

crawl[1] [kro:l] ⟨zn.⟩ **0.1** ***slakkengang*** ⇒*kruipsnelheid* **0.2** ***crawl(slag).***

crawl[2] ⟨ww.⟩ **0.1** ***kruipen*** ⇒*sluipen, moeizaam vooruitkomen* **0.2** ***krioelen*** ⇒*wemelen* **0.3** ***kippenvel hebben*** ⇒*rillen, huiveren* **0.4** ***kruipen*** ⇒*kruiperig doen/zijn, slijmen* **0.5** ***crawlen*** ⇒*crawlzwemmen* ◆ **1.3** it makes my skin ~ *ik krijg er kippenvel van* **6.2** the place was ~ing **with** vermin *het krioelde er van ongedierte* **6.4** ~ **to** one's boss *de hielen likken van zijn baas.*

crawler [kro:lə] **0.1** ***kruiper*** ⇒⟨ihb.⟩ *slijmer, strooplikker* **0.2** ***crawlzwemmer/ster*** **0.3** ⟨inf.⟩ ***beestje*** ⇒*kruipend insect.*

crawl(er) lane **0.1** ***kruipspoor*** ⇒*kruipstrook* ⟨van autoweg⟩.

crayfish [kreefisj], **crawfish** [kro:fisj] **0.1** ***rivierkreeft.***

crayon[1] [kreeən, -on] ⟨zn.⟩ **0.1** ***kleurkrijt*** ⇒*schrijf/tekenkrijt* **0.2** ***kleurpotlood*** **0.3** ***crayon*** ⇒*krijttekening, houtskoolschets.*

crayon[2] ⟨ww.⟩ **0.1** ***crayoneren*** ⇒*met krijt tekenen;* ⟨fig.⟩ *schetsen, schilderen.*

craze[1] [kreez] ⟨zn.⟩ **0.1** ***rage*** ⇒*manie, gril* **0.2** ***craquelé(patroon).***

craze[2] **I** ⟨onov.ww.⟩ **0.1** ***een craquelépatroon hebben/krijgen*** ⇒*gecraqueleerd zijn;*
II ⟨ov.ww.⟩ **0.1** ⟨vnl. als volt. deelw.⟩ ***van zijn zinnen beroven*** ⇒*verdwazen, verwarren* **0.2** ***craquelé aanbrengen op.***

craz|y [kreezie] ⟨-iness⟩ **0.1** ***gek*** ⇒*krankzinnig, dol, waanzinnig* **0.2** ⟨inf.⟩ ***te gek*** ⇒*fantastisch, geweldig* ◆ **1.¶** ~ paving *fantasiebestrating;* ~ quilt *lappendeken* **3.1** go ~ *gek worden* **6.1** ⟨inf.⟩ ~ **about** fishing *gek van vissen;* ~ **about** a girl *stapel op een meisje* **6.¶** ⟨sl.⟩ **like** ~ *als een gek, verwoed.*

creak[1] [krie:k] ⟨zn.⟩ **0.1** ***geknars*** ⇒*gekners, gekraak.*

creak[2] ⟨ww.⟩ **0.1** ***knarsen*** ⇒*knersen, kraken.*

creak|y [krie:kie] ⟨-iness⟩ **0.1** ***knarsend*** ⇒*knersend, krakerig.*

cream[1] [krie:m] ⟨zn.⟩ **0.1** ***(slag)room*** **0.2** ***roomsaus*** ⇒*roomschotel/soep/gerecht* **0.3** ***crème*** ⟨voor op huid⟩ **0.4** ⟨vaak attr.⟩ ***crème*** ⟨kleur⟩ **0.5** ⟨the⟩ ***crème*** ⟨ook fig.⟩ ⇒*puikje, fine fleur* ◆ **3.1** clotted ~ *dikke/geklonterde room.*

cream[2] **I** ⟨onov.ww.⟩ **0.1** ***schuimen*** ⇒*schuim/room vormen;*
II ⟨onov. en ov.ww.⟩ **0.1** ***romen*** ⇒*opromen, ontromen, afromen* ⟨ook fig.⟩ ◆ **5.1** ~ off *afromen;*
III ⟨ov.ww.⟩ **0.1** ***kloppen*** ⇒*(krachtig) dooreenroeren* **0.2** ***room/eieren/boter toevoegen aan*** ⇒*in/met room e.d. bereiden* **0.3** ***inwrijven/smeren*** ⟨huid⟩ ◆ **1.2** ~ed potatoes *aardappelpuree.*

cream cheese **0.1** ***roomkaas.***

creamer [krie:mə] **0.1** ***roomkan(netje)*** **0.2** ***roomschotel*** ⇒*roomafscheider.*

creamer|y [krie:mrie] ⟨mv.: -ies⟩ **0.1** ***zuivelhandel/winkel*** ⇒*melkboer* **0.2** ***zuivelfabriek.***

cream puff **0.1** ***roomsoesje*** **0.2** ⟨inf.⟩ ***slapjanus*** ⇒*halve zachte.*

cream tea ⟨BE⟩ **0.1** ***theemaaltijd met 'scones' met dikke room (en jam).***

cream|y [krie:mie] ⟨-iness⟩ **0.1** ***romig*** ⇒*(room)zacht.*

crease[1] [krie:s] ⟨zn.⟩ ⟨→s1⟩ **0.1** ***vouw*** ⇒*plooi, kreukel* ◆ **2.1** ~ resistant *kreukvrij.*

crease[2] **I** ⟨onov. en ov.ww.⟩ **0.1** ***kreuke(le)n*** ⇒*vouwen, plooien;*
II ⟨ov.ww.⟩ **0.1** ***persen*** ⇒*een vouw maken in* **0.2** ⟨vaak +up; sl.⟩ ***(in lachen) doen uitbarsten*** **0.3** ***met een schampschot treffen.***

create [krie·eet] **I** ⟨onov.ww.⟩ ⟨BE; inf.⟩ **0.1** ***tekeergaan*** ⇒*leven maken;*
II ⟨ov.ww.⟩ **0.1** ***scheppen*** ⇒*creëren, ontwerpen* **0.2** ***veroorzaken*** ⇒*teweegbrengen* **0.3** ***benoemen*** ⇒*(in de adelstand) verheffen, aanstellen.*

creation [krie·eesjn] **I** ⟨telb.zn.⟩ **0.1** ***creatie*** ⇒*(mode)ontwerp;*
II ⟨telb. en n.-telb.zn.⟩ **0.1** ***schepping*** ⇒*instelling, oprichting* ◆ **7.1** the Creation *de schepping.*

creative [krie·eetiv] ⟨-ness⟩ **0.1** ***creatief*** ⇒*scheppend, vindingrijk.*

creativity [krie:ətivvətie] **0.1** ***creativiteit*** ⇒*scheppingsdrang/vermogen, scheppende kracht.*

creator [krie·eetə] **0.1** ***schepper.***

creature [krie:tsjə] **0.1** ***schepsel*** ⇒*schepping, voortbrengsel* **0.2** ***dier*** ⇒*beest* **0.3** ***(levend) wezen*** **0.4** ***stakker*** ⇒*mens(je), creatuur* **0.5** ***werktuig*** ⇒*stroman, beschermeling* ◆ **1.1** all God's ~s (great and small) *alle schepselen Gods;* ~ of habit *gewoontedier/mens.*

creature comforts **0.1** ***geneugten des levens.***

crèche [kreesj] **0.1** ⟨vnl. BE⟩ ***crèche*** ⇒*kinderdagverblijf* **0.2** ⟨AE⟩ ***kerststal*** ⇒*krib.*

cred ⟨verk.⟩ [credibility] ⟨inf.⟩.

credence [krie:dns] **0.1** ***geloof*** ◆ **3.1** attach/give no ~ to *geen geloof hechten aan.*

credentials [kriddensjlz] **0.1** ***introductie/geloofsbrieven*** ⇒ *legitimatiebewijs.*

credibility gap ⟨vnl. pol.⟩ **0.1** ***vertrouwenscrisis*** ⇒*ongeloofwaardigheid.*

credib|le [kreddəbl] ⟨-ly; zn.: **-ility**⟩ **0.1** ***geloofwaardig*** ⇒ *vertrouwenswaardig, betrouwbaar* **0.2** ***overtuigend*** ⇒ *plausibel.*

credit[1] [kreddit] **I** ⟨telb.zn.⟩ **0.1** ⟨AE; school.⟩ ***studiepunt*** ⇒ *examen/tentamenbriefje* **0.2** ⟨vnl. enk.⟩ ***sieraad*** ◆ **6.2** she's a ~ **to** our family *ze is een sieraad voor onze familie;* **II** ⟨telb. en n.-telb.zn.⟩ **0.1** ***krediet*** **0.2** ***credit*** ⇒*creditzijde creditpost* **0.3** ***tegoed*** ⇒*spaarbanktegoed, positief saldo* ◆ **2.1** unlimited ~ *onbeperkt/blanco krediet* **6.1** buy **on** ~ *op krediet/afbetaling kopen;*
III ⟨n.-telb.zn.⟩ **0.1** ***geloof*** ⇒*vertrouwen* **0.2** ***eer*** ⇒*lof, verdienste* **0.3** ***krediet(waardigheid)*** ⇒*solventie, goede naam* **0.4** ***krediet(termijn)*** ◆ **2.3** his ~ is good *hij is kredietwaardig* **3.1** gain ~ *geloofwaardiger worden;* do you give ~ to that story? *hecht jij enig geloof aan dat verhaal?;* lend ~ to *bevestigen, geloofwaardig maken* **3.2** it does you ~, it is to your ~, it reflects ~ on you *het siert je, het strekt je tot eer;* he took the ~ for it *hij ging met de eer strijken;* ⟨sprw.⟩ give ~ where credit is due *ere wie ere toekomt* **6.2** they have 30 albums **to** their ~ *ze hebben 30 elpees op hun naam;*
IV ⟨mv.⟩ **0.1** ***titelrol*** ⇒*aftiteling.*

credit[2] ⟨ww.⟩ **0.1** ***geloven*** ⇒*geloof hechten aan* **0.2** ***crediteren*** ⇒*op iemands tegoed bijschrijven* **0.3** ***toedenken*** ⇒ *toeschrijven* ◆ **6.2** ~ an amount **to** s.o. / **to** s.o.'s account, ~ s.o. **with** an amount *iem. voor een bedrag crediteren* **6.3** he's ~ed **with** the invention *de uitvinding staat op zijn naam.*

creditab|le [kreddittəbl] ⟨-ly⟩ **0.1** ***loffelijk*** ⇒*eervol, lof/prijzenswaardig* **0.2** ***te geloven.***

credit account ⟨BE⟩ **0.1** ***rekening*** ⟨bij een winkel⟩.

credit card **0.1** ***credit card*** ⇒⟨ong.⟩ *betaalkaart.*

credit card bill **0.1** ***maandafrekening*** ⇒*maandoverzicht* ⟨v. via creditcard betaalde rekeningen⟩.

credit control **0.1** ***kredietbewaking.***

credit institution **0.1** ***kredietinstelling.***

credit line **0.1** ***kredietlimiet*** ⇒*kredietgrens, plafond.*

credit note **0.1** ***creditnota*** **0.2** ***tegoedbon.***

creditor [kreddittə] **0.1** ***crediteur*** ⇒*schuldeiser.*

credit rating **0.1** ***kredietrapport*** ⇒*taxatie v. iemands kredietwaardigheid.*

credit sale **0.1** ***krediet/termijnverkoop.***

credit squeeze **0.1** ***kredietbeperking/restrictie.***

credit titles **0.1** ***titelrol*** ⇒*aftiteling.*

creditworth|y ⟨-iness⟩ **0.1** ***kredietwaardig.***

credo [krie:doo] **0.1** ***credo*** ⟨ook fig.⟩ ⇒*geloofsbelijdenis.*

credulity [kridjoe:lətie] **0.1** ***lichtgelovigheid*** ⇒*goedgelovigheid.*

credulous [kredzjələs] ⟨-ness⟩ **0.1** ***lichtgelovig*** ⇒*goedgelovig.*

creed [krie:d] **0.1** ***geloofsbelijdenis*** ⇒*credo* ⟨ook fig.⟩ **0.2** ***(geloofs)overtuiging*** ⇒*gezindte* ◆ **7.1** the Creed *het credo.*

creek [krie:k] **0.1** ⟨BE⟩ ***kreek*** ⇒*inham, bocht* **0.2** ⟨AE, Austr. E⟩ ***kreek*** ⇒*beek, kleine rivier* ◆ **6.¶** ⟨sl.⟩ **up** the ~, **up** shit ~ without a paddle *in een lastig parket, in de penarie.*

creep[1] [krie:p] ⟨zn.⟩ **0.1** ⟨sl.⟩ ***gluiper(d)*** ⇒*griezel, engerd;* ⟨ihb.⟩ *slijmer(d), (kont)kruiper* **0.2** ⟨mv.; the; inf.⟩ ***kriebels*** ⇒*kippenvel, koude rillingen.*

creep[2] ⟨ww.; crept, crept [krept]⟩ **0.1** ***kruipen*** ⟨ook plantk., tech.⟩ ⇒*sluipen* **0.2** ⟨pej.⟩ ***kruipen*** ⇒*strooplikken, slijmen* **0.3** ***rillen*** ⟨v.d. huid⟩ ⇒*kippenvel vertonen, huiveren* ◆ **5.1** ~ **in** *binnensluipen* **6.1** ~ **up on** *bekruipen, besluipen.*

creeper [krie:pə] **I** ⟨telb.zn.⟩ **0.1** ***kruiper*** **0.2** ⟨plantk.⟩ ***kruiper*** ⇒*kruipend gewas, klimplant* **0.3** ***kruipend dier/insect*** **0.4** ***dreg*** ⇒*dreghaak/instrument;*
II ⟨mv.⟩ **0.1** ⟨AE⟩ ***kruippak*** **0.2** ***bordeelsluipers*** ⇒*schoenen met crêpe zolen.*

creep|y [krie:pie] ⟨-iness⟩ **0.1** ***griezelig*** ⇒*eng, huiveringwekkend.*

creepycrawl|y ⟨mv.: -ies⟩⟨inf.⟩ **0.1** ***beestje*** ⇒*(kruipend) insect/ongedierte.*

crem|ate [krimmeet] ⟨zn.: **-ation**⟩ **0.1** ***cremeren*** ⇒*verassen.*

crematorium [kremmətoːriəm] ⟨mv.: ook crematoria⟩ **0.1** ***crematorium(gebouw).***

crematory [kremmətrie] ⟨mv.: -ies⟩ **0.1** ***crematorium(gebouw).***

crenellated, ⟨AE sp. ook⟩ **crenelated** [krennəleetid] **0.1** ***gecreneleerd*** ⇒*gekanteeld.*

Creole [krie:ool] **0.1** ⟨bn.⟩ ***creools*** **0.2** ⟨eig.n.⟩ ***creools*** ⟨taal⟩ **0.3** ⟨telb. zn.⟩ ***creool(se).***

creosote [kriəsoot] **0.1** ⟨zn.⟩ ***creosoot(olie)*** **0.2** ⟨ww.⟩ ***creosoteren*** ⇒*met creosoot behandelen.*

crepe [kreep] **I** ⟨telb.zn.⟩ **0.1** ***rouwband*** **0.2** ***flensje*** ⇒*dun pannenkoekje;*
II ⟨n.-telb.zn.⟩ **0.1** ***crêpe*** ⇒*krip;* ⟨ihb.⟩ *floers* **0.2** ***crêpepapier*** **0.3** ***crêpe(rubber)*** ◆ **1.1** ~ de Chine *crêpe de Chine.*

crepe rubber **0.1** ***crêpe(rubber).***

crept [krept] ⟨verl. t. en volt. deelw.⟩ →**creep.**

crepuscular [krippuskjoelə] **0.1** ***schemerig*** ⇒*schemerend, schemer-, vaag* **0.2** ⟨biol.⟩ ***crepusculair.***

Cres. ⟨afk.⟩ **0.1** [Crescent].

crescendo [krisjendoo]⟨mv.: ook crescendi [-sjendie:]⟩ **0.1** ***crescendo*** ⟨ook fig.⟩ ⇒*climax.*

crescent[1] [kresnt] ⟨zn.⟩ **0.1** ***maansikkel*** ⇒*halvemaan, afnemende/wassende maan* **0.2** ⟨ben. voor⟩ ***halvemaanvormig iets*** ⇒*halvemaantje;* ⟨BE; in straatnamen C-⟩ *halvemaanvormige rij huizen* **0.3** ⟨C-; the⟩ ***halvemaan*** ⇒*islam.*

crescent[2] ⟨bn.⟩ **0.1** ***halvemaanvormig*** **0.2** ***toenemend*** ⇒ *aanwassend.*

cress [kres] ⟨cul., plantk.⟩ **0.1** ***kers*** ⇒⟨ihb.⟩ *gewone kers, tuin/sterrenkers.*

crest[1] [krest] ⟨zn.⟩ **0.1** ***kam*** ⇒*pluim, kuif* **0.2** ***helmbos/pluim*** ⇒*vederbos* **0.3** ***top*** ⇒*berg/heuveltop; golfkam* **0.4** ***wapen*** ⇒*helmteken* **0.5** ⟨med.⟩ ***rand*** ⇒*kam, crista* ◆ **2.5** frontal ~ *voorhoofdskam* **3.3** ⟨fig.⟩ he's riding the ~ (of the waves) *hij is op het hoogtepunt van zijn macht/carrière/succes ...*

crest[2] ⟨ww.⟩ **0.1** ***de top bereiken van*** ⇒*bedwingen* ⟨berg⟩.

crested [krestid] **0.1** ***met een kam/pluim/kuif/wapen.***

crestfallen ⟨-ly⟩ **0.1** ***terneergeslagen*** ⇒*teleurgesteld.*

cretaceous [kritteesjəs] **0.1** ***krijtachtig*** ⇒*krijtig, krijthoudend* **0.2** ⟨vaak C-; geol.⟩ ***het Krijt betreffende*** ⇒*Krijt-.*

Cretaceous ⟨the⟩⟨geol.⟩ **0.1** ***Krijt*** ⇒*Krijtperiode/tijd.*

Cretan [krie:tn] **0.1** ⟨bn.⟩ ***Kretenzisch*** ⇒*Kretenzer* **0.2** ⟨zn.⟩ ***Kretenzer.***

Crete [krie:t] **0.1** ***Kreta.***

cretin [krettin] **0.1** ⟨med.⟩ ***cretin*** **0.2** ⟨inf.⟩ ***idioot*** ⇒*gek, stomkop.*

crevasse [krivæs] **0.1** ***crevasse*** ⇒*gletsjer/bergspleet.*

crevice [krevvis] **0.1** ***(berg)spleet*** ⇒*scheur, kloof.*

crew[1] [kroe:] ⟨zn.; ww. enk. of mv.⟩ **0.1** ***bemanning*** ⇒*equipage* **0.2** ***personeel*** **0.3** ***ploeg*** ⇒*roeibootbemanning, roeiploeg* **0.4** ⟨inf.⟩ ***gezelschap*** ⇒*club(je), ploeg(je)* ◆ **4.1** several (of the) ~ are ill *verscheidene bemanningsleden zijn ziek.*

crew[2] **I** ⟨onov.ww.⟩ **0.1** ***bemanning/bemanningslid/roeier zijn;***
II ⟨ov.ww.⟩ **0.1** ***bemannen.***
crew[3] ⟨verl. t.⟩ →**crow.**
crew cut **0.1** ***stekeltjes(haar)*** *⇒borstelkop, schuierkop.*
crew|man [kroe:mən]⟨mv.: -men [-mən]⟩ **0.1** ***bemanningslid*** *⇒teamlid.*
crewmember **0.1** ***bemanningslid.***
crib[1] [krib] **I** ⟨telb.zn.⟩ **0.1** ⟨vnl. AE⟩ ***ledikantje*** *⇒bedje, wieg* **0.2** ***krib*** *⇒voederbak, ruif* **0.3** ⟨vnl. BE⟩ ***kerststal*** **0.4** ⟨AE⟩ ***maïsschuur/kist*** *⇒voorraadschuurtje* **0.5** ⟨vnl. BE; inf.⟩ ***afgekeken antwoord/oplossing*** *⇒spiekwerk, plagiaat* **0.6** ⟨inf.⟩ ***spiekvertaling*** *⇒spiekbriefje* ◆ **3.¶** ⟨BE⟩ crack a ~ *een kraak zetten, inbreken;*
II ⟨n.-telb.zn.⟩⟨inf.⟩ **0.1** ***cribbage*** ⟨kaartspel⟩.
crib[2] ⟨inf.⟩ **I** ⟨onov.ww.⟩ **0.1** ***spieken*** *⇒plagiaat plegen;*
II ⟨ov.ww.⟩ **0.1** ***afkijken*** *⇒overschrijven* **0.2** ***jatten*** *⇒pikken.*
cribbage [kribbidzj] **0.1** ***cribbage*** ⟨kaartspel⟩.
crib death ⟨vnl. AE; med.⟩ **0.1** ***wiegendood.***
crick[1] [krik] ⟨zn.⟩ **0.1** ***stijfheid*** *⇒spit* ◆ **1.1** a ~ in the neck *een stijve nek.*
crick[2] ⟨ww.⟩ **0.1** ***verrekken*** *⇒verdraaien, ontwrichten* ◆ **1.1** I ~ed my neck/back *ik heb een stijve nek/rug.*
cricket [krikkit] ⟨→s1⟩ **I** ⟨telb.zn.⟩ **0.1** ***krekel*** ◆ **2.1** ⟨inf.⟩ as chirpy/lively as a ~ *zo fris/fit als een hoentje, kiplekker;*
II ⟨n.-telb.zn.⟩ **0.1** ***cricket*** ◆ **5.¶** ⟨BE; inf.⟩ that's not ~ *dat is onsportief, zoiets doe je niet.*
cricketer [krikkittə] **0.1** ***cricketspeler.***
cricketground **0.1** ***cricketveld.***
cri de coeur [krie: də kə:] ⟨mv.: cris de coeur⟩ **0.1** ***cri de coeur*** *⇒hartenkreet.*
crier, cryer [kra-iə] **0.1** ***schreeuwer*** **0.2** ***(gerechts)deurwaarder*** *⇒gerechtsbode* **0.3** ***(stads/dorps)omroeper*** **0.4** ***huilebalk.***
crikey [krajkie] ⟨BE; inf.⟩ **0.1** ***(t)jee(tje).***
crime [krajm] **I** ⟨telb.zn.⟩ **0.1** ***misdaad*** *⇒misdrijf, zwaar vergrijp* **0.2** ***zonde*** **0.3** ⟨g. mv.; inf.⟩ ***schandaal*** *⇒schande* ◆ **1.1** ~ of violence *geweldmisdrijven* **3.1** commit a ~ *een misdaad begaan* **4.3** it's a ~ the way he treats us *het is schandalig zoals hij ons behandelt;*
II ⟨n.-telb.zn.⟩ **0.1** ***criminaliteit*** *⇒(de) misdaad* ◆ **3.1** ⟨sprw.⟩ ~ doesn't pay *gestolen goed gedijt niet.*
Crimea [krajmiə] ⟨the⟩ **0.1** ***Krim.***
crime fiction **0.1** ***misdaadlectuur*** *⇒misdaadroman(s).*
crime rate **0.1** ***misdaadcijfer*** ⇒⟨bij uitbr.⟩ *criminaliteit.*
crime wave **0.1** ***misdaadgolf*** *⇒golf v. misdadigheid.*
criminal[1] [krimminl] ⟨zn.⟩ **0.1** ***misdadiger.***
criminal[2] **I** ⟨bn.⟩ **0.1** ***misdadig*** *⇒crimineel, strafbaar* **0.2** ⟨inf.⟩ ***schandalig*** ◆ **1.1** ~ act *misdrijf, strafbare handeling;*
II ⟨bn., attr.⟩ **0.1** ***strafrechtelijk*** *⇒straf-, crimineel* ◆ **1.1** Court of Criminal Appeal *Hof v. Beroep;* ~ code *wetboek v. strafrecht;* ~ court *strafrechter, rechtbank voor strafzaken;* ~ law *strafrecht;* ~ lawyer *strafpleiter, strafrechtspecialist;* ~ libel *smaad.*
criminalit|y [krimminælətie] ⟨mv.: -ies⟩ **0.1** ***misdadigheid.***
criminalize, -ise [krimminnəlajz] **0.1** ***criminaliseren*** *⇒in de criminele sfeer trekken.*
criminologist [krimminnolləd zjist] **0.1** ***criminoloog.***
criminology [krimminnolləd zjie] **0.1** ***criminologie.***
crimp [krimp] **0.1** ***plooien*** ⟨materiaal in regelmatige golfjes⟩ *⇒rimpelen, ribbe(le)n, plisseren* **0.2** ***krullen*** ⟨haar⟩ *⇒friseren, in de krul zetten.*
crimson[1] [krimzn] ⟨zn.; bn.⟩ **0.1** ⟨bn.⟩ ***karmozijn(rood)*** *⇒karmijnen* **0.2** ⟨zn.⟩ ***karmozijn(rood)*** *⇒karmijn(rood)* ◆ **3.1** turn ~ *(vuur)rood aanlopen.*
crimson[2] ⟨ww.⟩ **0.1** ***karmozijn(rood) worden/kleuren*** **0.2** ***(diep) (doen) kleuren/blozen*** *⇒(vuur)rood (doen) aanlopen.*
cringe [krindzj] **0.1** ***ineenkrimpen*** *⇒terugdeinzen, terugschrikken* **0.2** ⟨+to⟩ ***kruipen (voor)*** *⇒door het stof gaan (voor), zich vernederen* **0.3** ⟨inf.⟩ ***de kriebel(s) krijgen*** *⇒tureluurs worden* ◆ **1.3** his foolish talk makes me ~ *zijn gezwets hangt me mijlenver de keel uit* **5.1** the dogs ~d **away** from the man *de honden deinsden terug voor de man.*
crinkle[1] [kringkl] ⟨zn.⟩ **0.1** ***kreuk*** *⇒(valse/ongewenste) vouw.*
crinkle[2] ⟨ww.⟩ **0.1** ***(doen) kreuke(le)n*** *⇒(doen) rimpelen, verfrommelen, verkreuken* **0.2** ***(doen) ritselen*** ◆ **1.1** my dress is all ~d *mijn jurk is helemaal gekreukt/verkreukt;* ~d paper *geplooid/gerimpeld papier* ⟨bv. crêpepapier⟩.
crinkl|y [kringklie] ⟨-iness⟩ **0.1** ***ge-/verkreukt*** *⇒gekreukeld, verfrommeld* **0.2** ***gekruld.***
crinoline [krinnəlin] **0.1** ***crinoline(stof).***
cripes [krajps] ⟨vulg.⟩ **0.1** ***tjezus!***
cripple[1] [kripl] ⟨zn.⟩ **0.1** ***invalide*** *⇒(gedeeltelijk) verlamde, kreupele.*
cripple[2] ⟨ww.⟩ **0.1** ***verlammen*** *⇒invalide/kreupel maken;* ⟨fig.⟩ *(ernstig) beschadigen/verzwakken* ◆ **1.1** ~d soldiers *verminkte soldaten* **6.1** ~d **with** gout *krom v.d. jicht.*
crisis [krajsis]⟨mv.: crises [-sie:z]⟩ **0.1** ***crisis*** ⟨ook med.⟩ *⇒kritiek stadium, keerpunt.*
crisp[1] [krisp] ⟨zn.⟩ **0.1** ⟨vnl. mv.; BE⟩ ***(aardappel)chip*** ◆ **3.¶** burn to a ~ *helemaal verbranden/zwart laten worden.*
crisp[2] ⟨bn.; -ness⟩ **0.1** ***knapperig*** *⇒krokant* **0.2** ***stevig*** *⇒vers* ⟨groente e.d.⟩ **0.3** ***fris*** *⇒helder, opwekkend, verfrissend* **0.4** ***helder*** *⇒spits, ter zake, kernachtig* **0.5** ***kroezend*** *⇒kroes-, krul-* **0.6** ***gerimpeld*** *⇒met kleine golfjes* ◆ **1.1** a ~ pound note *een kraaknieuw biljet v.e. pond;* the snow was ~ underfoot *de sneeuw knerpte onder je voeten* **1.2** ~ vegetables *stevige groente(n)* **1.3** the ~ autumn wind *de frisse herfstwind* **1.4** a quick, ~ answer *een kort en bondig antwoord.*
crisp[3] ⟨ww.⟩ **0.1** ***bros/krokant maken/worden*** **0.2** ***sterk (doen) krullen*** *⇒(doen) rimpelen, (doen) omkrullen.*
crispbread **0.1** ***knäckebröd.***
crisper [krispə] **0.1** ***groentelade/vak*** ⟨in koelkast⟩.
crisp|y [krispie] ⟨-iness⟩ **0.1** ***knapperig*** *⇒krokant* **0.2** ***stevig*** *⇒vers* ⟨groente e.d.⟩ **0.3** ***fris*** *⇒opwekkend* **0.4** ***krullend*** *⇒kroes-.*
crisscross[1] [kriskros] ⟨zn.⟩ **0.1** ***netwerk*** *⇒web, wirwar.*
crisscross[2] ⟨bn.⟩ **0.1** ***kruiselings*** *⇒kruis-* ◆ **1.1** ~ pattern *netwerk, patroon v. elkaar kruisende lijnen.*
crisscross[3] ⟨ww.⟩ **0.1** ***(kriskras) (door)kruisen*** **0.2** ***doorsnijden*** **0.3** ***krassen maken op*** *⇒bekrassen* ◆ **1.2** train tracks ~ the country *spoorlijnen doorsnijden het land.*
crisscross[4] ⟨bw.⟩ **0.1** ***kriskras*** *⇒door elkaar.*
criterion [krajtiəriən]⟨mv.: ook criteria [-riə]⟩ **0.1** ***criterium*** *⇒toets(steen).*
critic [krittik] **0.1** ***criticus*** *⇒recensent, criticaster.*
critical [krittikl] **0.1** ***kritisch*** *⇒streng* **0.2** ***kritiek*** *⇒beslissend, cruciaal* ◆ **1.1** ~ thinker *kritisch/onafhankelijk denker* **1.2** of ~ importance *v. cruciaal belang;* the patient's condition is ~ *de toestand v.d. patiënt is kritiek* **1.¶** ~ angle *grenshoek;* ~ writings *kritische geschriften/artikelen, kritieken* **6.1** be ~ **of** sth. *ergens kritisch tegenover staan.*
criticism [krittissizm] **0.1** ***kritiek*** *⇒recensie, bespreking* **0.2** ***kritiek*** *⇒afkeuring, afwijzing.*
criticizable, -cisable [krittissajzəbl] **0.1** ***bekritiseerbaar*** *⇒open voor kritiek.*

criticize, -ise [krittissajz] **0.1** ***kritiek hebben/uitoefenen (op)*** **0.2** ***(be)kritiseren*** ⇒*beoordelen, recenseren* **0.3** ***hekelen*** ⇒*afkeuren.*

critique [krittie:k] **0.1** ***kritiek*** ⇒*recensie;* ⟨ihb.⟩ *kunstkritiek.*

critter [krittə] ⟨AE; gew.; scherts.⟩ **0.1** ***schepsel*** ⇒*creatuur, mens.*

croak[1] [krook] ⟨zn.⟩ **0.1** ***gekwaak*** ⟨v. kikvors⟩ ⇒*gekras* ⟨o.m. v. raaf en kraai⟩ **0.2** ⟨g. mv.⟩ ***heesheid*** ⇒*schorheid* ◆ **2.¶** s.o.'s last ~ *iemands laatste adem* **6.2** speak **with** a ~ *hees zijn.*

croak[2] **I** ⟨onov.ww.⟩ **0.1** ***kwaken*** ⟨door kikvorsen⟩ ⇒*krassen* ⟨o.m. door raven en kraaien⟩; *hees/schor zijn; (ontevreden) grommen, brommen* **0.2** ⟨sl.⟩ ***het loodje leggen;***
II ⟨ov.ww.⟩ **0.1** ***op hese toon/met schorre stem zeggen/voorspellen*** **0.2** ⟨sl.⟩ ***mollen*** ⇒*om zeep helpen.*

Croat [krooæt] **0.1** ***Kroaat.***

Croatia [krooeesjə] **0.1** ***Kroatië.***

Croatian [krooeesjən] **0.1** ⟨bn.⟩ ***Kroatisch*** **0.2** ⟨zn.⟩ ***Kroaat.***

crochet[1] [kroosjee] ⟨zn.⟩ **0.1** ***haakwerk.***

crochet[2] ⟨ww.⟩ **0.1** ***haken.***

crochet hook **0.1** ***haaknaald/pen.***

crock [krok] **0.1** ***aardewerk(en) pot/kan/kruik*** **0.2** ***potscherf*** **0.3** ⟨vnl. BE; inf.⟩ ***(oud) wrak*** ⇒*kneusje, deuk, ouwe knol* ◆ **1.¶** ⟨AE; vulg.⟩ a ~ of shit *leugens, flauwe kul; leugenaar, opschepper.*

crockery [krokrie] **0.1** ***aardewerk*** ⇒*vaatwerk, serviesgoed.*

crock up **I** ⟨onov.ww.⟩⟨vnl. BE⟩ **0.1** ⟨inf.⟩ ***in elkaar klappen*** ⇒*instorten;*
II ⟨ov.ww.⟩ **0.1** ⟨vnl. BE; inf.⟩ ***nekken*** ⇒*de das omdoen, in elkaar doen klappen* ◆ **1.1** the death of his wife has crocked him up *de dood v. zijn vrouw heeft hem gebroken.*

crocodile [krokkədajl] ⟨mv.: ook crocodile⟩ **0.1** ***krokodil.***

crocodile tears **0.1** ***krokodillentranen.***

crocus [krookəs] **0.1** ***krokus.***

croft [kroft] ⟨BE⟩ **0.1** ***omheind stukje (bouw)land*** ⇒*akkertje* **0.2** ***(pacht)boerderijtje*** ⟨in Schotland⟩.

crofter [kroftə] ⟨BE⟩ **0.1** ***keuterboertje*** ⟨ihb. in Schotland⟩.

cromlech [kromlek] **0.1** ***cromlech*** ⇒*dolmen, steenkrans.*

crone [kroon] **0.1** ***besje*** ⇒*(verschrompeld) oud vrouwtje, oudje.*

cron|y [kroonie] ⟨mv.: -ies⟩ **0.1** ***makker*** ⇒*maat(je), gabber.*

crook[1] [kroek] ⟨zn.⟩ **0.1** ***herdersstaf*** **0.2** ***bisschopsstaf*** ⇒*kromstaf* **0.3** ***bocht*** ⇒*kronkel, buiging* **0.4** ***haak*** ⇒*hoek, luik* **0.5** ⟨inf.⟩ ***oplichter*** ⇒*zwendelaar, flessentrekker* ◆ **1.3** the ~ of one's arm *de elleboogsholte.*

crook[2] ⟨ww.⟩ **0.1** ***buigen*** ⇒*knikken, (zich) krommen, kronkelen.*

crookback **0.1** ***(ge)bochel(de)*** ⇒*bult(enaar).*

crooked [kroekid] ⟨-ness⟩ **0.1** ***bochtig*** ⇒*slingerend, kronkelig* **0.2** ***misvormd*** ⇒*krom(gegroeid)* ⟨ook v. ouderdom⟩, *gebocheld* **0.3** ***oneerlijk*** ⇒*onbetrouwbaar, achterbaks.*

croon [kroe:n] **0.1** ***croonen*** ⇒*half neuriënd zingen, zacht zingen* ◆ **1.1** she ~ed her child to sleep *zij zong haar kind zachtjes in slaap.*

crooner [kroe:nə] **0.1** ***crooner*** ⇒*sentimenteel zanger (v. smartlappen).*

crop[1] [krop] ⟨zn.⟩ **0.1** ***krop*** ⟨v. vogel⟩ **0.2** ***rijzweep(je)*** ⇒*karwats, rijstokje* **0.3** ***zweepstok*** **0.4** ⟨vaak mv.⟩ ***gewas*** ⇒ ⟨ihb.⟩ *landbouwproduct(en)* **0.5** ***oogst*** ⟨ook fig.⟩ ⇒⟨ihb.⟩ *graanoogst; lading, lichting* ◆ **1.5** a whole new ~ of students *een hele nieuwe lichting studenten* **2.¶** a fine ~ of hair *een mooie bos haar* **3.5** get the ~s in *de oogst binnenhalen.*

crop[2] ⟨-ped⟩ **I** ⟨onov.ww.⟩ **0.1** ***oogst opleveren*** ⇒*vrucht dragen* ◆ **1.1** the potatoes ~ well this year *de aardappels doen het uitstekend dit jaar.* →**crop up;**
II ⟨ov.ww.⟩ **0.1** ***afsnijden/knippen*** ⇒*couperen* ⟨staart, oren⟩; *maaien* ⟨gras⟩ **0.2** ***(af)grazen*** **0.3** ***oogsten*** ⇒*binnenhalen* ⟨oogst⟩, *plukken* ◆ **1.1** have one's hair ~ped *zijn haar laten millimeteren* **1.2** the cows ~ped the grass short *de koeien hebben het gras kortgegraasd.*

crop dusting, crop spraying **0.1** ***gewasbespuiting*** ⇒*gewasbesproeiing* ⟨ihb. vanuit vliegtuig⟩.

cropland **0.1** ***akkerland.***

cropper [kroppə] **0.1** ***coupeerder*** ⇒*scheerder, knipper* **0.2** ***(vruchtdragende) plant*** ⇒*productief gewas* **0.3** ⟨inf.⟩ ***smak*** ⇒*tuimeling* **0.4** ⟨landb.⟩ ***akkerbouwer*** ◆ **2.2** these beans are good/heavy/light ~s *deze bonen geven een goede/rijke/schamele opbrengst* **3.3** come a ~ *een (dood)smak maken;* ⟨fig.⟩ *op z'n bek vallen, afgaan.*

crop rotation ⟨landb.⟩ **0.1** ***wisselbouw.***

crop up **0.1** ⟨inf.⟩ ***opduiken*** ⇒*de kop opsteken, plotseling/onverhoopt ter sprake komen* ◆ **1.1** give me a call if anything crops up at the office *bel me even als er wat loos is op de zaak;* her name keeps cropping up in the papers *haar naam duikt voortdurend op in de krant.*

croquet [krookee] **0.1** ***croquet(spel).***

croquette [krooket] **0.1** ***kroket.***

crosier, crozier [kroozjə] **0.1** ***bisschopsstaf*** ⇒*herdersstaf, kromstaf.*

cross[1] [kros] **I** ⟨eig.n.; C-; the⟩ **0.1** ***(Heilige) Kruis*** ⇒*kruisiging, kruisdood* ⟨v. Christus⟩; *christendom;*
II ⟨telb.zn.⟩ **0.1** ⟨ben. voor⟩ ***kruis(je)*** ⇒*kruishout;* ⟨met Christusfiguur⟩ *crucifix; kruisteken* **0.2** ***kruis*** ⇒*beproeving, lijden* **0.3** ***kruising*** ⇒*bastaard* **0.4** ⟨voetbal⟩ ***voorzet*** ◆ **3.1** make the sign of the ~ *een kruis(je) slaan/maken* **3.2** bear one's ~ *zijn (eigen) kruis dragen;* take up one's ~ *gelaten zijn kruis dragen* **3.¶** take the ~ *ter kruistocht gaan* **6.¶** **on** the ~ *diagonaal, schuin(s);* ⟨fig.⟩ *oneerlijk.* → **Greek, hot, Maltese, red.**

cross[2] ⟨bn.; -ness⟩ **0.1** ⟨inf.⟩ ***boos*** ⇒*kwaad, uit zijn humeur* ◆ **6.1** be ~ **with** s.o. *kwaad op iem. zijn.*

cross[3] **I** ⟨onov.ww.⟩ **0.1** ***(elkaar) kruisen/snijden*** ◆ **1.1** I'll meet you where the roads ~ *ik tref je bij/op het kruispunt/de viersprong;*
II ⟨onov. en ov.ww.⟩ **0.1** ***oversteken*** ⇒*over/doortrekken* **0.2** ***kruisen*** ⇒*(elkaar) passeren* ◆ **1.2** our letters must have ~ed in the post *onze brieven moeten elkaar gekruist hebben;*
III ⟨ov.ww.⟩ **0.1** ***kruisen*** ⇒*over elkaar slaan* **0.2** ***een kruisteken maken op/boven*** **0.3** ***(door)strepen*** ⇒*een streep trekken over/door, wegstrepen* **0.4** ***dwarsbomen*** ⇒*tegenwerken, doorkruisen* ⟨plan⟩ **0.5** ⟨sl.⟩ ***belazeren*** ⇒*neppen* **0.6** ⟨biol.⟩ ***kruisen*** ◆ **1.1** ~ one's arms/legs *zijn armen/benen over elkaar slaan;* sit with ~ed legs *met zijn benen over elkaar zitten;* ⟨op de grond⟩ *in kleermakerszit zitten* **1.3** remember to ~ your t's *vergeet de dwarsstreepjes v.d. t's niet* **1.5** he's been ~ed in love *hij heeft een blauwtje gelopen* **4.2** ~ o.s. *een kruis(je) slaan/maken* **5.3** ~ **out/off** *doorstrepen/halen, schrappen* ⟨ook fig.⟩.

crossbar **0.1** ***(doel)lat*** ⇒*stang* ⟨v. herenfiets⟩.

crossbeam **0.1** ***dwars/steunbalk*** ⇒*(dwars)ligger.*

crossbencher ⟨BE⟩ **0.1** ***onafhankelijk parlementariër.***

crossbenches ⟨BE⟩ **0.1** ***banken in het Britse parlement waar de onafhankelijke parlementariërs zitten.***

crossbones **0.1** ***gekruiste knekels*** ⟨onder doodshoofd⟩.

crossbow **0.1** ***kruisboog.***

crossbred **0.1** ⟨bn.⟩ ***gekruist*** ⇒*bastaard-* **0.2** ⟨zn.⟩ ***kruising*** ⇒*bastaard.*

crossbreed[1] ⟨zn.⟩ **0.1** ***kruising*** ⇒*bastaard* **0.2** ***gekruist ras*** ⇒*bastaardras.*

crossbreed[2] ⟨ww.⟩ **0.1** ***(zich) kruisen.***
crosscheck[1] ⟨zn.⟩⟨ec.⟩ **0.1** ***kruiscontrole*** ⇒*contracheck.*
crosscheck[2] **I** ⟨onov. en ov.ww.⟩ **0.1** ***(op andere manieren/ via andere kanalen) controleren;***
II ⟨ov.ww.⟩⟨ijshockey⟩ **0.1** ***blokkeren met de stick.***
cross-country[1] ⟨zn.⟩ **0.1** ***cross(-country)*** ⇒*terreinwedstrijd;* ⟨atletiek⟩ *veldloop;* ⟨wielrennen⟩ *veldrit;* ⟨paardensport⟩ *cross-countryterreinrit;* ⟨skiën⟩ *langlauf.*
cross-country[2] ⟨bn.; bw.⟩ **0.1** ***terrein-*** ⇒*veld-, door het veld* **0.2** ***over het hele land*** ⇒*v. kust tot kust* ◆ **1.1** ~ race/ride *terrein/veldloop/rit* **1.2** ~ concert tour *landelijke concerttournee* **3.2** the programme was broadcast ~ *het programma werd landelijk uitgezonden.*
cross-country runner ⟨atletiek⟩ **0.1** ***veldloper.***
cross-country ski ⟨wintersport⟩ **0.1** ***langlaufski.***
cross-cultural 0.1 ***intercultureel.***
crosscurrent 0.1 ***dwarsstroom*** ⟨tov. de (hoofd)stroomrichting⟩ **0.2** ⟨vnl. mv.⟩ ***tegenstroom*** ⇒*tegenkracht* ◆ **2.2** political ~s *politieke tegenkrachten.*
crosscut[1] ⟨zn.⟩ **0.1** ***diagonaal afgestoken route*** ⇒*af/doorsteek, kortste weg* **0.2** ***dwarsdoorsnede.***
crosscut[2] ⟨bn.⟩ **0.1** ***overdwars gesneden*** ◆ **1.1** ~ incision *kruissnede.*
crosscut saw 0.1 ***afkortzaag*** ⇒*kortzaag, trekzaag.*
cross-examination 0.1 ***kruisverhoor*** ⟨ook fig.⟩.
cross-examine, cross-question 0.1 ***aan een kruisverhoor onderwerpen*** ⟨ook fig.⟩ ⇒*scherp/streng ondervragen.*
cross-examiner, cross-questioner 0.1 ***advocaat die het kruisverhoor afneemt.***
cross-eyed 0.1 ***scheel(ogig)*** ◆ **5.1** he's slightly ~ *hij loenst een beetje.*
cross-fertil|ize, -ise ⟨zn.: **-ization**⟩ **0.1** ***bevruchten dmv. kruisbestuiving/bevruchting*** ⇒⟨fig.⟩ *bevruchten, een bevruchtende wisselwerking uitoefenen op.*
cross-file ⟨AE; pol.⟩ **0.1** ***als kandidaat voor meer dan één partij deelnemen aan voorverkiezingen.***
crossfire 0.1 ***kruisvuur*** **0.2** ***kruisverhoor.***
cross-grained 0.1 ***met een dwarse of onregelmatige draad*** ⟨v. hout⟩ ⇒⟨fig.⟩ *lastig, dwars, tegendraads.*
crosshead 0.1 ⟨tech.⟩ ***kruiskop*** ⇒*kruishoofd.*
crossing [krossing] **0.1** ***oversteek*** ⇒*overtocht/vaart* **0.2** ***kruising*** ⇒*snijpunt, kruispunt* **0.3** ***oversteekplaats*** ⇒*zebra; overweg.*
crosskeys 0.1 ***gekruiste sleutels*** ⟨als in het wapen v.d. paus⟩.
cross-legged [kroslegd,-gid] **0.1** ***met gekruiste benen*** ⇒*in kleermakerszit* **0.2** ***met de benen over elkaar.***
crossover 0.1 ***oversteekplaats*** ⇒*viaduct, voetgangersbrug* **0.2** ⟨spoorwegen⟩ ***dwarslijn*** ⟨verbindingsrails tussen parallelle sporen⟩.
crosspatch ⟨inf.⟩ **0.1** ***kruidje-roer-mij-niet*** ⇒*dwarskop, chagrijn.*
crosspiece 0.1 ***dwarsstuk*** ⇒*dwarsbalk/verbinding.*
crossply 0.1 ***diagonaal-*** ⟨v. autoband⟩.
cross-pollin|ate ⟨zn.: **-ation**⟩ **0.1** ***bevruchten dmv. kruisbestuiving*** ⇒*kruisbestuiven.*
cross-purpose ◆ **6.¶** be **at** ~s *elkaar misverstaan; elkaar (onbedoeld) in de wielen rijden;* talk **at** ~ *langs elkaar heen praten.*
cross-question →**cross-examine.**
cross-questioner →**cross-examiner.**
cross-refer 0.1 ***verwijzen*** ⇒*refereren* ◆ **6.1** ~ **from** one word **to** another *verwijzen v.h. ene woord naar het andere.*
cross-reference 0.1 ***verwijzing*** ⇒*referentie.*
crossroads ⟨ww. vnl. enk.⟩ **0.1** ***wegkruising*** ⇒*twee/drie/viersprong, kruispunt;* ⟨fig.⟩ *tweesprong, beslissend moment, keerpunt; trefpunt v. culturen* ◆ **6.1** our country is **at** the ~ *ons land staat nu op de tweesprong.*
cross section 0.1 ***dwarsdoorsnede*** ⟨ook fig.⟩ ⇒*dwarsprofiel* ⟨loodrecht op de lengteas⟩, *kenmerkende/representatieve steekproef.*
cross-stitch ⟨handwerken⟩ **0.1** ***kruissteek.***
crosstalk 0.1 ⟨BE⟩ ***cross-talk*** ⟨snelle, gevatte dialoog⟩ **0.2** ⟨telecommunicatie⟩ ***overspraak*** ⟨storing door interferentie of inductie⟩.
crosswalk ⟨AE⟩ **0.1** ***(voetgangers)oversteekplaats*** ⇒*zebra.*
crosswind 0.1 ***zijwind.***
crosswise [kroswajz], **crossways** [krosweez] **0.1** ***kruiselings*** ⇒*kruisgewijs, diagonaal, (over)dwars.*
crossword, crossword puzzle 0.1 ***kruiswoordraadsel/puzzel.***
crotch [krotsj], ⟨in bet. 0.2 ook⟩ **crutch** [krutsj] **0.1** ***vertakking*** ⇒*bifurcatie, vork* **0.2** ***kruis*** ⟨v. mens of kledingstuk⟩.
crotchet [krotsjit] **0.1** ⟨BE; muz.⟩ ***kwart(noot).***
crotchet|y [krotsjətie] ⟨-iness⟩ **0.1** ***chagrijnig*** ⇒*knorrig, nurks.*
crouch[1] [krautsj] **I** ⟨telb.zn.⟩ **0.1** ***gehurkte/knielende houding*** ⇒*hurkzit;*
II ⟨n.-telb.zn.⟩ **0.1** ***het hurken/knielen.***
crouch[2] ⟨ww.⟩ **0.1** ***zich (laag) bukken*** ⇒*ineenduiken, zich buigen* ◆ **5.1** ~ **down** *ineengehurkt zitten.*
croup [kroe:p] **I** ⟨telb.zn.⟩ **0.1** ***kruis*** ⟨achterste v. sommige dieren, ihb. een paard⟩;
II ⟨n.-telb.zn.; the⟩⟨med.⟩ **0.1** ***(valse) kroep.***
croupier [kroe:piə] ⟨spel⟩ **0.1** ***croupier.***
crouton [kroe:ton] ⟨cul.⟩ **0.1** ***crouton.***
crow[1] [kroo] ⟨zn.⟩ **0.1** ***kraai*** ⇒⟨ihb.⟩ *Amerikaanse kraai; zwarte kraai; roek* **0.2** ⟨(the); geen mv.⟩ ***gekraai*** ⟨v. haan⟩ **0.3** ⟨geen mv.⟩ ***kreetje*** ⇒*geluidje, gekraai* ⟨v. baby⟩ **0.4** ⟨AE; mil.; sl.⟩ ***adelaar*** ⟨symbool v. Am. op insignes⟩ ⇒⟨fig.⟩ *hoge piet/ome* ⟨die zo'n insigne draagt⟩ ◆ **3.¶** as the ~ flies *hemelsbreed.*
crow[2] ⟨ww.; BE verl. t. in bet. 0.1 ook crew [kroe:]⟩ **0.1** ***kraaien*** ⟨v. haan⟩ **0.2** ***kraaien*** ⟨v. kind⟩ **0.3** ⟨inf.⟩ ***opscheppen*** ⇒ *snoeven* ◆ **6.2** the baby ~ed **with** pleasure *het kindje kraaide v. plezier* **6.¶** ~ **over** *(triomfantelijk) juichen/jubelen over;* ⟨ihb.⟩ *uitbundig leedvermaak hebben over.*
crowbar 0.1 ***koevoet*** **0.2** ***breekijzer.***
crowberr|y [kroobrie] ⟨mv.: -ies⟩ **0.1** ***(vrucht v.) kraaiheide*** ⇒*(zwarte) besheide.*
crowd[1] [kraud] **I** ⟨telb.zn.⟩ **0.1** ⟨inf.⟩ ***volkje*** ⇒*kliek(je)* **0.2** ***(wanordelijke) bende*** ⇒*pan, troep* ◆ **2.1** I don't like the artistic ~ *ik hou niet van dat artiestenvolkje;*
II ⟨zn.; ww. enk. of mv.⟩ **0.1** ***(mensen)menigte*** ⇒*massa* ◆ **1.1** large ~s of people in the streets *drommen mensen op straat* **3.¶** follow/move with/go with the ~ *in de pas lopen, zich conformeren aan de massa;* raise o.s./rise above the ~ *boven de massa uitstijgen.*
crowd[2] **I** ⟨onov.ww.⟩ **0.1** ***samendrommen*** ⇒*elkaar/zich verdringen* **0.2** ***(zich naar) binnendringen*** ◆ **5.1** people ~ed **in/round** *mensen dromden samen/verdrongen elkaar;* ~ (all) **together** *(allemaal) op een kluitje gaan staan;*
II ⟨ov.ww.⟩ **0.1** ***(over)bevolken*** ⇒*(meer dan) volledig vullen* **0.2** ***proppen*** ⇒*persen, (dicht) op/tegen elkaar drukken* **0.3** ⟨BE; inf.⟩ ***onder druk zetten*** ⇒*op de huid zitten* ◆ **1.1** shoppers ~ed the stores *de winkels waren vol winkelende mensen* **5.2** they were ~ed **in** *ze werden naar binnen geperst* **5.¶** ~ **out** *buitensluiten, verdringen.*
crowded [kraudid] ⟨-ness⟩ **0.1** ***vol*** ⇒*druk* **0.2** ***samengepakt***

◆ **1.1** ~ streets/trains *drukke/volle straten/treinen* **1.2** passengers ~ (together) on a bus *op elkaar geperste passagiers in een bus.*

crowfoot ⟨mv.: crowfoots⟩⟨plantk.⟩ **0.1** ⟨ben. voor⟩ ***plant waarvan blad op vogelpoot lijkt*** ⇒⟨ihb.⟩ *(land)ranonkel, boterbloem, hanenvoet, hanenpoot, kraaienpoot.*

crown[1] [kraun] ⟨zn.⟩ **0.1** ***(blader/bloem)krans*** **0.2** ⟨vaak C-⟩ ***(konings)kroon*** ⇒⟨fig., steeds met the⟩ *vorstelijke macht/ heerschappij; regering;* ⟨BE; jur.⟩ *openbare aanklager* **0.3** ***kroon*** ⇒*bekroning* **0.4** ⟨ben. voor⟩ ***hoogste punt/bovenste gedeelte*** ⇒*(hoofd)kruin; boomkroon/kruin; (heuvel)kam/kruin; corona, kroon* ⟨v. tand/kies, ook als prothese⟩, *jacket(kroon); kroon* ⟨v. edelsteen⟩ **0.5** ⟨sport⟩ ***kampioen(schap)stitel*** **0.6** ⟨geldw.⟩ ***kroon*** ⟨munt⟩ ◆ **1.2** minister of the Crown *zittend minister* ⟨in Engeland⟩ **1.3** the ~ of one's labours *de kroon op zijn werk* **3.2** succeed to the ~ *op de troon komen* **4.6** half a ~ *halve kroon* ⟨tot 1971⟩.

crown[2] ⟨ww.⟩ **0.1** ***kronen*** **0.2** ***bekronen*** ⇒*belonen, eren* **0.3** ***kronen*** ⇒*de top vormen/bedekken van, sieren* **0.4** ***voltooien*** ⇒*(met succes) bekronen, de kroon op het werk vormen/zetten* **0.5** ⟨inf.⟩ ***een draai om de oren geven*** **0.6** ⟨tandheelkunde⟩ ***voorzien v.e. kroon*** **0.7** ⟨damspel⟩ ***tot dam verheffen*** ◆ **1.1** ~ed heads *gekroonde hoofden, regerende vorsten* **1.3** a church ~ed the hill *een kerk troonde op de heuvel(top)* **1.4** ~ing folly *toppunt v. dwaasheid;* ~ing touch *klap op de vuurpijl* **4.4** to ~ (it) all *als klap op de vuurpijl;* ⟨iron.⟩ *tot overmaat v. ramp.*

crown cap **0.1** ***kroonkurk.***

crown colony ⟨vaak C- C-⟩⟨BE⟩ **0.1** ***kroonkolonie.***

crown court ⟨vaak C- C-⟩⟨jur.⟩ **0.1** ***rechtbank voor strafzaken*** ⇒*strafrechter.*

crown green bowls ⟨sport⟩ **0.1** ***crown green bowls*** ⟨spel met eenzijdig verzwaarde bal op een green met verhoogd midden⟩.

crown jewels **0.1** ***kroonjuwelen.***

crown land **0.1** ***kroondomein.***

crown prince **0.1** ***kroonprins*** ⟨ook fig.⟩.

crown princess **0.1** ***kroonprinses*** ⟨ook fig.⟩.

crown wheel **0.1** ***kroonrad/wiel.***

crown witness **0.1** ***getuige à charge.***

crow's-foot ⟨mv.: crow's-feet⟩ **0.1** ⟨meestal mv.⟩ ***kraaienpootje*** ⟨rimpel in de ooghoek⟩.

crow's-nest ⟨scheep.⟩ **0.1** ***kraaiennest*** ⇒*uitkijk.*

crozier →**crosier.**

crucial [kroe:sjl] **0.1** ***cruciaal*** ⇒*(alles)beslissend;* ⟨inf.⟩ *zeer belangrijk* **0.2** ***kritiek*** ◆ **1.1** ~ point *keerpunt;* ~ test *beslissende proef;* ⟨fig.⟩ *vuurproef.*

crucible [kroe:səbl] **0.1** ***smeltkroes*** **0.2** ***kroes*** ⟨metaalreservoir v. hoogoven⟩ **0.3** ***vuurproef*** ⇒*zware beproeving.*

crucifix [kroe:siffiks] **0.1** ***crucifix*** ⇒*kruisbeeld.*

crucifixion [kroe:siffiksjn] **0.1** ***(uitbeelding/voorstelling v.) kruisiging*** ⟨v. Christus⟩.

cruciform [kroe:siffo:m] **0.1** ***kruisvormig.***

crucif|y [kroe:siffaj] ⟨-ied⟩ **0.1** ***kruisigen*** **0.2** ***tuchtigen*** ⇒*kastijden* **0.3** ***(publiekelijk) aan het kruis nagelen*** ◆ **1.2** ~ the flesh *het vlees doden.*

crude[1] [kroe:d] ⟨zn.⟩ **0.1** ***ruwe olie*** ⇒*aardolie.*

crude[2] ⟨bn.⟩ **0.1** ***ruw*** ⇒*onbewerkt, ongezuiverd* **0.2** ***rauw*** ⇒*bot, grof, onbehouwen* **0.3** ***r(a)uw*** ⇒*primitief, onaf/uitgewerkt* ◆ **1.1** ~ oil *ruwe olie, aardolie;* ~ sugar *ruwe/ongeraffineerde suiker* **1.2** ~ behaviour *lomp gedrag* **1.3** the ~ facts *de naakte feiten;* a ~ log cabin *een primitieve blokhut.*

crudit|y [kroe:dətie] ⟨mv.: -ies⟩ **I** ⟨telb.zn.⟩ **0.1** ***grofheid*** ⇒*botte/lompe opmerking/bejegening;*
II ⟨n.-telb.zn.⟩ **0.1** ***ruwheid*** ⇒*onbewerkte staat.*

cruel [kroe:əl] ⟨-ness⟩ **0.1** ***wreed*** ⇒*hard(vochtig), gemeen;* ⟨fig.⟩ *guur, bar* ◆ **1.1** a ~ wind *een gure wind.*

cruelt|y [kroe:əltie] ⟨mv.: -ies⟩ **0.1** ***wreedheid*** ⇒*onbarmhartigheid, hardvochtigheid* ◆ **1.1** ~ to animals *dierenmishandeling.*

cruet [kroe:it] **0.1** →**cruet stand** **0.2** ***(olie/azijn)flesje.***

cruet stand **0.1** ***olie-en-azijnstel(letje).***

cruise[1] [kroe:z] ⟨zn.⟩ **0.1** ***cruise*** ◆ **6.1** go **for/on** a ~ *een cruise (gaan) maken.*

cruise[2] **I** ⟨onov.ww.⟩ **0.1** ***een cruise maken*** **0.2** ***kruisen*** ⟨v. vliegtuig, auto e.d.⟩ ⇒*zich met kruissnelheid voortbewegen* **0.3** ⟨scheep.⟩ ***kruisen*** ⟨ter bescherming v.e. vloot⟩ ⇒ *patrouilleren, surveilleren* ⟨ook v.e. politieauto⟩; *(langzaam) rondrijden* ⟨v.e. taxi⟩ **0.4** ⟨sl.⟩ ***op de (versier)toer zijn;***
II ⟨ov.ww.⟩ **0.1** ***bevaren*** ⇒*doorkruisen.*

cruise missile **0.1** ***kruisraket.***

cruiser [kroe:zə] **0.1** ***motorjacht*** ⇒*kruiser(tje)* **0.2** ⟨mil.⟩ ***(slag)kruiser.***

cruiserweight ⟨vnl. BE; boksen⟩ **0.1** ***licht zwaargewicht*** ⇒ *halfzwaargewicht.*

cruising speed **0.1** ***kruissnelheid.***

crumb [krum] **0.1** ***(brood/koek)kruimel*** ⇒*kruim(pje)* **0.2** ***klein beetje*** ⇒*fractie, zweem(pje).*

crumble[1] [krumbl] ⟨zn.⟩⟨BE⟩ **0.1** ***kruimeltaart*** ⟨met vruchten⟩ **0.2** ***kruimeldeeg.***

crumble[2] **I** ⟨onov.ww.⟩ **0.1** ***ten onder gaan*** ⇒*vergaan, vervallen, afbrokkelen* ◆ **1.1** ~ to dust *tot stof vergaan;* crumbling walls *bouwvallige muren* **5.¶** ~ **away** *afbrokkelen; ver/wegschrompelen;*
II ⟨onov. en ov.ww.⟩ **0.1** ***(ver)kruimelen*** ⇒*(af/ver)brokkelen.*

crumbly [krumblie] **0.1** ***kruimelig*** ⇒*snel kruim(el)end, bros.*

crumm|y [krummie] ⟨-ier⟩⟨sl.⟩ **0.1** ***waardeloos*** ⇒*goedkoop, akelig, rot* **0.2** ***belabberd*** ⇒*beroerd.*

crumpet [krumpit] **I** ⟨telb.zn.⟩ **0.1** ⟨vnl. BE; ong.⟩ ***beschuitbol*** ⇒*drie-in-de-pan;*
II ⟨n.-telb.zn.⟩⟨inf.; vaak scherts.⟩ **0.1** ***de andere sekse*** ⇒ *de meiden* ◆ **1.1** a nice piece/bit of ~ *een lekkere meid.*

crumple [krumpl] **I** ⟨onov.ww.⟩ **0.1** ⟨vaak +up⟩ ***ver/wegschrompelen*** ⇒*ineenstorten/klappen;*
II ⟨onov. en ov.ww.⟩ **0.1** ⟨vaak +up⟩ ***kreuk(el)en*** ⇒*rimpelen, verfrommelen* ◆ **6.1** a paper bag ~d (up) **into** a ball *een tot een prop verfrommelde papieren zak.*

crunch[1] [kruntsj] ⟨zn.⟩ **0.1** ***knerpend/knarsend geluid*** ⇒ *geknerp, geknars* **0.2** ⟨the⟩ ***beslissend/cruciaal moment*** ⇒*beslissende confrontatie* ◆ **3.2** if/when it comes to the ~ *als puntje bij paaltje komt.*

crunch[2] ⟨ww.⟩ **0.1** ***(doen) knerpen*** ⇒*(doen) knarsen* **0.2** ***knauwen (op)*** ⇒*(luidruchtig) kluiven, knagen (aan)* ◆ **1.1** the snow ~ed underfoot *de sneeuw knerpte onder onze voeten* **6.2** the dog was ~ing **on** a bone *de hond lag op/ aan een bot te knauwen.*

crunch|y [kruntsjie] ⟨-ier⟩ **0.1** ***knapperig*** ⇒*knerpend, knisperend.*

crupper [kruppə] **0.1** ***staartriem*** ⇒*culeron* ⟨v. paardentuig⟩ **0.2** ***achterhand*** ⇒*kruis* ⟨v. paard⟩.

crusade[1] [kroe:seed] ⟨zn.⟩ **0.1** ⟨ook C-; gesch.⟩ ***kruistocht*** ⇒ *kruisvaart* **0.2** ***kruistocht*** ⇒*felle campagne/actie.*

crusade[2] ⟨ww.⟩ **0.1** ***een kruistocht voeren*** ⇒*fel campagne/ actie voeren.*

crusader [kroe:seedə] **0.1** ⟨gesch.⟩ ***kruisvaarder*** **0.2** ***gedreven actievoerder.***

cruse [kroe:z, kroe:s] ⟨vero., beh. rel.⟩ **0.1** ***(aarden) kruik.***

crush[1] [krusj] **I** ⟨telb.zn.⟩ **0.1** ***drom*** ⇒*(samengepakte) men-*

senmenigte **0.2** ⟨steeds enk.⟩ ***gedrang*** **0.3** ⟨vnl. enk.; inf.⟩ ***overmatig drukke bijeenkomst*** **0.4** ⟨inf.⟩ ***(hevige) verliefdheid*** ◆ **3.2** avoid the ~ *de drukte vermijden* **6.4** have/ get a ~ **on** *smoorverliefd zijn op;*
II ⟨n.-telb.zn.⟩ **0.1** ⟨vnl. BE⟩ ***(uit)geperst vruchtensap*** ⇒ *jus, sap.*

crush² **I** ⟨onov. en ov.ww.⟩ **0.1** ***dringen*** ⇒*(zich) persen/ drukken* **0.2** ***kreuk(el)en*** ⇒*rimpelen, pletten* ◆ **1.2** my new dress ~es easily *mijn nieuwe jurk kreukt snel* **6.1** ~ **into** a place *ergens (naar) binnen dringen;*
II ⟨ov.ww.⟩ **0.1** ***in elkaar drukken*** ⇒*indeuken* **0.2** ***(ver)malen*** ⇒*vergruiz(el)en, pletten* **0.3** ***vernietigen*** ⇒*de kop indrukken* **0.4** ***(uit)persen*** ◆ **1.1** be ~ed to death in a crowd *doodgedrukt worden in een mensenmenigte;* ~ into submission *tot overgave dwingen* **5.2** ~ **up** *verkruimelen, fijnmalen* **6.4** ~ the juice **out of** a lemon *een citroen uitpersen.*

crush bar ⟨BE⟩ **0.1** ***foyer.***

crush barrier **0.1** ***dranghek.***

crushing [krusjing] **0.1** ***vernietigend*** ⇒*verpletterend* ◆ **1.1** a ~ defeat/remark *een vernietigende nederlaag/opmerking.*

crust¹ [krust] ⟨zn.⟩ **0.1** ***korst*** ⇒*broodkorst; kapje;* ⟨cul.⟩ *korst/ bladerdeeg* **0.2** ***aardkost*** **0.3** ⟨med.⟩ ***(wond)korst*** **0.4** ***wijnmoer*** ⇒*afzetting, depot* **0.5** ⟨sl.⟩ ***lef*** ⇒*brutaliteit* ◆ **1.1** the earth's ~ *de aardkorst;* ⟨fig.⟩ a ~ of indifference *een laag v. onverschilligheid* **6.¶** ⟨sl.⟩ **off** one's ~ *getikt.* →**upper.**

crust² ⟨ww.⟩ **0.1** ***(ver)korsten*** ⇒*met een korst bedekt/tot korst worden.*

crustacean [krusteesjn] **0.1** ⟨bn.⟩ ***v./behorende tot de schaaldieren/kreeftachtigen*** ⇒*schaaldier-* **0.2** ⟨zn.⟩ ***schaaldier.***

crust|y [krustie] ⟨-iness⟩ **0.1** ***knapperig*** ⇒*doorbakken* **0.2** ***kortaf*** ⇒*chagrijnig, humeurig.*

crutch [krutsj] **0.1** ***kruk*** ⟨v. invalide⟩ **0.2** ***steun(pilaar)*** ⇒ *toeverlaat* ◆ **1.1** a pair of ~es *(een stel) krukken* **6.1** go about **on** ~es *met/op krukken lopen/gaan.*

crux [kruks, kroeks] **0.1** ***essentie*** ⇒*kern(punt).*

cry¹ [kraj] ⟨zn.; mv.: cries⟩ **0.1** ***kreet*** ⇒*(uit)roep, (ge)schreeuw, strijdkreet* **0.2** ***huilpartij*** ⇒*gehuil* **0.3** ⟨ben. voor⟩ ***diergeluid*** ⇒*schreeuw, (vogel)roep* **0.4** ***roep*** ⇒ *smeekbede, appel* **0.5** ***leus*** ⇒*strijdleuze, devies, motto, slogan* ◆ **2.3** in full ~ *luid hals gevend* ⟨v.e. troep jachthonden⟩; ⟨fig.⟩ *fel van leer trekkend* **3.2** have a (good) ~ *eens (goed) uithuilen* **6.4** a general ~ **for** higher wages *een algemene roep om loonsverhoging.* →**far.**

cry² ⟨cried⟩ **I** ⟨onov.ww.⟩ **0.1** ***schreeuwen*** ⇒*jammeren, lamenteren* **0.2** ⟨ben. voor⟩ ***natuurlijk geluid geven*** ⟨v. dieren, ihb. vogels⟩ ⇒*roepen* ◆ **6.1** ~ (out) **with** pain *het uitschreeuwen v.d. pijn;*
II ⟨onov. en ov.ww.⟩ **0.1** ***huilen*** ⇒*schreien, janken* **0.2** ***roepen*** ⇒*schreeuwen* **0.3** ***omroepen*** ⇒*verkondigen* ◆ **1.1** ~ bitter tears *bittere tranen huilen* **4.1** ⟨inf.⟩ I'll give you sth. to ~ about/for! *ik zal je leren huilen!;* ~ o.s. to sleep *zichzelf in slaap huilen* **5.¶** ~ sth. **down** *iets kleineren, iets afbreken;* ⟨inf.⟩ for ~ing out loud *allemachtig, in vredesnaam;* ~ **off** *terugkrabbelen, er(gens) van afzien;* ~ sth. **up** *iets ophemelen/opsteken* **6.1** ~ **for** sth. *om iets jengelen, om iets huilen;* ~ **for** joy *huilen v. blijdschap;* ~ **over** sth. *iets bewenen;* ~ **with** grief *huilen v. verdriet* **6.2** ~(out) **for** help/mercy *om hulp/genade roepen;* the fields are ~ing out **for** rain *het land schreeuwt om regen;* ~ (out) **to** s.o. *tegen iem. schreeuwen;*
III ⟨ov.ww.⟩ **0.1** ***(uit)venten*** ⇒*bij uitroep verkopen* **0.2** ***smeken*** ◆ **1.1** ~ one's wares *zijn waren uitventen/aanprijzen* **1.2** ~ forgiveness *om genade smeken.*

crybaby **0.1** ***huilebalk*** ⇒*griener* ⟨ook fig.⟩.

crying [krajjing] **0.1** ***hemeltergend*** ⇒*schreeuwend* ◆ **1.1** a ~ need *een schreeuwende behoefte;* a ~ shame *een grof schandaal.*

cryonics [krajjonniks] **0.1** ***(het) invriezen v.e. lijk.***

crypt [kript] **0.1** ***crypt(e)*** ⇒*grafkelder, ondergrondse kapel.*

cryptic [kriptik] ⟨-ally⟩ **0.1** ***cryptisch*** ⇒*verborgen, geheimzinnig* ◆ **1.1** ~ crossword *cryptogram;* a ~ remark *een cryptische uitspraak/opmerking.*

crypto- [kriptoo], **crypt-** [kript] **0.1** ***crypt(o)-*** ⇒*verborgen, heimelijk* ◆ **¶.1** crypto-Communist *cryptocommunist.*

cryptogram [kriptəgræm] **0.1** ***bericht in code/geheimschrift*** ⇒*cryptogram.*

cryptographer [kriptogrəfə] **0.1** ***codeur*** ⇒*geheimschrijver.*

cryptograph|y [kriptogrəfie] ⟨mv.: -ies; bn.: **-ic**⟩ **0.1** ***geheimschrift*** **0.2** ***cryptografie*** ⇒*cryptologie, cryptoanalyse.*

crystal¹ [kristl] **I** ⟨telb.zn.⟩ **0.1** ⟨nat.⟩ ***kristal*** **0.2** ***kristallen sieraad*** ⇒*kristal, kristallijn* **0.3** ⟨AE⟩ ***horlogeglas;***
II ⟨n.-telb.zn.⟩ **0.1** ***kristal(glas).***

crystal² ⟨bn.⟩ **0.1** ***kristal(len)*** ⇒*kristallijn(en)* **0.2** ***(kristal)helder*** ⇒*transparant, doorzichtig* ◆ **1.1** ~ ball *kristallen/ glazen bol* ⟨v. waarzegster⟩.

crystal clear **0.1** ***glashelder*** ⟨ook fig.⟩.

crystal-gazer **0.1** ***koffiedikkijker.***

crystal gazing **0.1** ***koffiedik kijken*** ⇒*de toekomst voorspellen met een kristallen bol.*

crystalline [kristəlajn] **0.1** ***kristallijn(en)*** ⇒*kristallen, kristalhelder.*

crystal(l)|ize, -ise [kristəlajz] ⟨zn.: **-ization**⟩ **0.1** ***(laten) (uit)kristalliseren*** ⟨ook fig.⟩ ⇒*in kristal(vorm) doen overgaan, vaste vorm aannemen/geven* ◆ **1.¶** ~d fruit *gekonfijte vrucht(en)* **6.1** my ideas must first ~ (out) **into** a new plan *mijn ideeën moeten eerst tot een nieuw plan uitkristalliseren.*

crystallography [kristəlogrəfie] **0.1** ***kristallografie.***

crystal set ⟨radio⟩ **0.1** ***kristalontvanger.***

CSCE ⟨afk.⟩ **0.1** [Conference for Security and Cooperation in Europe] ***CVSE*** ⟨Conferentie voor Veiligheid en Samenwerking in Europa⟩.

CSE ⟨afk.; BE⟩ **0.1** [Certificate of Secondary Education].

ct. ⟨afk.⟩ **0.1** [cent].

CT scanner →**CAT scanner.**

cu. ⟨afk.⟩ **0.1** [cubic].

cub [kub] **0.1** ***welp*** ⇒*jong;* ⟨ihb.⟩ *vossenjong* **0.2** ***groentje*** ⇒ *beginneling* **0.3** ⟨vnl. C-; verk.⟩ [Cub Scout].

Cuba [kjoe:bə] **0.1** ***Cuba.***

Cuban [kjoe:bən] **0.1** ⟨bn.⟩ ***Cubaans*** **0.2** ⟨eig.n.⟩ ***Cubaans*** ⟨taal⟩ **0.3** ⟨telb. zn.⟩ ***Cubaan.***

cubbyhole **0.1** ***holletje*** ⇒*knus plekje* **0.2** ***hokje*** ⇒*vakje.*

cube¹ [kjoe:b] ⟨zn.⟩ **0.1** ***kubus*** ⇒*klontje, blokje* **0.2** ***dobbelsteen*** **0.3** ⟨wisk.⟩ ***derdemacht*** ⇒*kubiek(getal)* ◆ **1.1** ⟨AE⟩ a ~ of sugar *een suikerklontje.*

cube² ⟨ww.⟩ **0.1** ⟨wisk.⟩ ***tot de derdemacht verheffen*** ⇒*kuberen* **0.2** ***in blokjes/dobbelsteentjes snijden*** ◆ **4.1** two ~d is eight *twee tot de derde is acht.*

cube root ⟨wisk.⟩ **0.1** ***derdemachtswortel*** ⇒*kubiekwortel.*

cubic [kjoe:bik] **0.1** ***kubiek*** ⇒*driedimensionaal* **0.2** ***kubusvormig*** ⇒*kubiek, rechthoekig* **0.3** ⟨wisk.⟩ ***kubisch*** ⇒*derdemachts-* ◆ **1.1** ~ content *kubieke inhoud;* ~ metre *kubieke meter* **1.3** ~ equation *derdemachtsvergelijking, vergelijking v.d. derde graad.*

cubical [kjoe:bikl] **0.1** →**cubic** **0.2** ***inhouds-*** ⇒*volume-, kubiek* ◆ **1.2** ⟨nat.⟩ ~ expansion *kubieke uitzetting.*

cubicle [kjoe:bikl] **0.1** ***kleedhokje*** **0.2** ***slaapho(e)kje*** **0.3** ***cel*** ⇒*studeercel.*

cubism [kjoe:bizm] ⟨vaak C-⟩⟨bk.⟩ **0.1** ***kubisme.***

cubist [kjoe:bist] **0.1** ⟨bk.⟩ ***kubist*** ⇒*aanhanger v.h. kubisme.*

cubit [kjoe:bit] ⟨gesch., bijb.⟩ **0.1** ***(oude) el*** ⟨45-56 cm⟩.

cub reporter ⟨inf.⟩ **0.1** ***aankomend journalist*** ⇒*leerling-journalist.*

Cub Scout ⟨padvinderij⟩ **0.1** ***welp.***

cucking stool, cuckstool [kuk(ing)-] ⟨gesch.⟩ **0.1** ***schandstoel*** ⟨waarop heksen e.d. als straf vastgebonden werden en te pronk gesteld of te water gegooid⟩ ⇒⟨ong.⟩ *schandpaal.*

cuckold[1] [kukld,kukkoold] ⟨zn.⟩ **0.1** ***hoorndrager*** ⇒*bedrogen echtgenoot.*

cuckold[2] ⟨ww.⟩ **0.1** ***hoorns opzetten*** ⇒*bedriegen, ontrouw zijn.*

cuckoldry [kukldrie] **0.1** ***hoorndragerschap*** **0.2** ***overspel.***

cuckoo[1] [koekoe:] ⟨zn.⟩ **0.1** ***koekoek*** **0.2** ***koekoek*** ⇒*koekoeksroep* **0.3** ***uilskuiken*** ⇒*sul, sukkel* ◆ **1.¶** ~ in the nest *ongewenste indringer, spelbreker.*

cuckoo[2] ⟨bn.⟩⟨inf.⟩ **0.1** ***achterlijk*** ⇒*idioot, niet (goed) wijs.*

cuckoo clock **0.1** ***koekoeksklok.***

cuckooflower **0.1** ***pinksterbloem*** **0.2** ***echte koekoeksbloem.***

cuckoo spit(tle) ⟨ook C-⟩ **0.1** ***koekoeksspog*** ⇒*kikkerspog, lenteschuim.*

cucumber [kjoe:kumbə] **0.1** ***komkommer(plant).*** →**cool.**

cud [kud] **0.1** ***herkauwmassa*** ⟨ter herkauwing uit de pens teruggegeven voedsel⟩ ◆ **3.1** chew the ~ *herkauwen;* ⟨fig.⟩ *prakkeseren, tobben;* mammals that chew their ~ *herkauwers.*

cuddle[1] [kudl] ⟨zn.⟩ **0.1** ***(ge)knuffel.***

cuddle[2] **I** ⟨onov.ww.⟩ **0.1** ***kroelen*** ⇒*dicht tegen elkaar aan (genesteld) liggen* ◆ **5.1** ~ **up** *dicht tegen elkaar aankruipen* **6.1** ~ up **to** s.o. *zich bij iem. nestelen;*
II ⟨ov.ww.⟩ **0.1** ***knuffelen*** ⇒*liefkozen.*

cuddl|y [kudl], **cuddlesome** [-lsəm] ⟨-ier⟩ **0.1** ***snoezig*** ⇒*schattig, aanhalig* ◆ **1.1** a ~ toy *een knuffelbeestje/popje.*

cudgel[1] [kudzjl] ⟨zn.⟩ **0.1** ***knuppel*** ◆ **3.¶** take up the ~s (for) *in/op de bres springen/staan (voor).*

cudgel[2] ⟨ww.; BE -led⟩ **0.1** ***(neer)knuppelen*** ⇒*slaan met een knuppel, afrossen.*

cue[1] [kjoe:] ⟨zn.⟩ **0.1** ⟨dram.⟩ ***claus*** ⇒*wacht(woord)* **0.2** ***aansporing*** ⇒*wenk, hint* **0.3** ***richtsnoer*** ⇒*voorbeeld, leidraad* **0.4** ***(biljart)keu*** ◆ **3.3** take one's ~ from *een voorbeeld nemen aan* **6.¶** right **on** ~ *precies op het juiste moment.*

cue[2] **I** ⟨onov. en ov.ww.⟩ **0.1** ⟨biljart⟩ ***stoten;***
II ⟨ov.ww.⟩ **0.1** ⟨dram.⟩ ***het wachtwoord geven*** ◆ **5.¶** ~ **in** *een seintje geven.*

cue ball ⟨biljart⟩ **0.1** ***speelbal.***

cue card ⟨tv⟩ **0.1** ***spiekbriefje*** ⟨voor presentator⟩.

cue tip ⟨biljart⟩ **0.1** ***pomerans.***

cuff[1] [kuf] ⟨zn.⟩ **0.1** ***manchet*** **0.2** ⟨AE⟩ ***(broek)omslag*** **0.3** ***pets*** ⇒*klap* ⟨met de vlakke hand⟩, *draai om de oren* **0.4** ⟨vnl. mv.; inf.⟩ ***handboei*** ◆ **6.¶** ⟨inf.⟩ **off** the ~ *voor de vuist (weg).*

cuff[2] ⟨ww.⟩ **0.1** ***een pets/draai om de oren geven.***

cuff link ⟨vnl. mv.⟩ **0.1** ***manchetknoop.***

cuisine [kwizzie:n] **0.1** ***keuken*** ⇒*kookstijl, cuisine.*

cul-de-sac [kul də sæk] ⟨mv.: ook culs-de-sac⟩ **0.1** ***doodlopende straat/steeg*** **0.2** ***dood punt*** ⇒*impasse.*

culinary [kullinrie] **0.1** ***culinair.***

cull[1] [kul] ⟨zn.⟩ **0.1** ***selectie*** ⇒⟨vaak mv.⟩ *uitschifting* ⟨v. zwakke/improductieve dieren⟩ **0.2** ***(wegens zwakte/improductiviteit) afgemaakt dier*** ◆ **1.1** rabbit ~s will soon be necessary *er zullen binnenkort konijnen moeten worden afgeschoten.*

cull[2] ⟨ww.⟩ **0.1** ***plukken*** ⟨bloemen e.d.⟩ **0.2** ***verzamelen*** ⇒*vergaren* **0.3** ***uitschiften*** ⇒*selecteren* ⟨ihb. zwakke/improductieve dieren⟩, *uitkammen, uitziften* ◆ **6.3** ~ **from** *selecteren uit.*

cullender →**colander.**

culmin|ate [kulminneet] ⟨zn.: **-ation**⟩ **0.1** ***culmineren*** ⇒*zijn hoogtepunt bereiken.*

culotte [kjoe:lot]⟨mv.: culottes [-lot]⟩ **0.1** ***broekrok*** ◆ **1.1** two pairs of ~s *twee broekrokken.*

culpab|le [kulpəbl] ⟨-ly; zn.: **-ility**⟩ **0.1** ***laakbaar*** ⇒*afkeurenswaardig, verwerpelijk* **0.2** ***verwijtbaar*** ⇒*aanwrijfbaar* **0.3** ***aansprakelijk*** ⇒*schuldig* ◆ **1.2** ⟨jur.⟩ ~ homicide *dood door schuld;* ~ negligence *verwijtbare nalatigheid* ⟨ook jur.⟩.

culprit [kulprit] **0.1** ***beklaagde*** ⇒*verdachte, beschuldigde* **0.2** ***schuldige*** ⇒*dader, boosdoener.*

cult [kult] ⟨ook attr.⟩ **0.1** ***cultus*** ⇒*godsverering, eredienst;* ⟨pej.⟩ *ziekelijke verering, rage* **0.2** ***sekte*** ⇒*incrowd, kliek* ◆ **1.2** ~ book *cultboek, exclusief boek.*

cultivable [kultivvəbl] **0.1** ***bebouwbaar*** ⇒*cultiveerbaar.*

cultivate [kultivveet] **0.1** ⟨landb.⟩ ***cultiveren*** ⇒*aan/bebouwen, ontginnen* **0.2** ***kweken*** ⟨bv. bacteriën⟩ **0.3** ⟨landb.⟩ ***bewerken met een cultivator*** **0.4** ***cultiveren*** ⇒*aankweken, bevorderen* **0.5** ⟨vnl. volt. deelw.⟩ ***cultiveren*** ⇒*vormen, ontwikkelen* **0.6** ***voor zich proberen in te nemen/te winnen*** ⇒*vleien.*

cultivated [kultivveetid] **0.1** ***beschaafd*** ⇒*ontwikkeld, welopgevoed* **0.2** ⟨landb.⟩ ***ontgonnen*** ⇒*bouw-.*

cultivation [kultivveesjn] **0.1** ⟨landb.⟩ ***cultuur*** ⇒*ontginning, verbouw* **0.2** ***beschaafdheid*** ⇒*welgemanierdheid* ◆ **6.1** **under** ~ *in cultuur.*

cultivator [kultivveetə] ⟨landb.⟩ **0.1** ***landbouwer*** ⇒*agrariër* **0.2** ***teler*** ⇒*verbouwer, kweker* **0.3** ***cultivator*** ⟨werktuig⟩.

cultural [kultsjrəl] ⟨-ly⟩ **0.1** ***cultureel*** ⇒*cultuur-.*

culture [kultsjə] **I** ⟨telb. en n.-telb.zn.⟩ **0.1** ***cultuur*** ⇒*beschaving(stoestand), ontwikkeling(sniveau)* **0.2** ***(bacterie)cultuur/kweek;***
II ⟨n.-telb.zn.⟩ **0.1** ***algemene ontwikkeling*** **0.2** ***kweek*** ⇒*verbouw, cultuur, teelt* **0.3** ⟨landb.⟩ ***bebouwing*** ⇒*bewerking* ⟨v. bodem⟩.

cultured [kultsjəd] **0.1** ***(door de mens) gekweekt*** ⇒*geteeld* **0.2** ***beschaafd*** ⇒*verfijnd, ontwikkeld* ◆ **1.1** ~ pearl *gekweekte parel, cultuurparel.*

culture dish **0.1** ***petrischaal.***

culture medium **0.1** ***voedingsbodem*** ⟨voor bacteriën e.d.⟩.

culture shock **0.1** ***cultuurschok.***

culvert [kulvət] **0.1** ⟨wwb.⟩ ***duiker*** ⇒*doorlaat, overwelfd riool* **0.2** ⟨elek.⟩ ***kabelkanaal.***

cum [koem,kum] ⟨vaak -cum-⟩ **0.1** ***met*** ⇒*plus, inclusief; annex, zowel als, tevens* ◆ **1.1** bed-cum-sitting room *zitslaapkamer.*

cumbersome [kumbəsəm] **0.1** ***onhandelbaar*** ⇒*log, (p)lomp* **0.2** ***hinderlijk*** ⇒*lastig, zwaar.*

cummerbund [kumməbund] **0.1** ***cummerband*** ⟨onderdeel v. smoking⟩.

cum(m)in [kummin] **0.1** ***komijn*** **0.2** ***komijn(zaad).***

cumquat, kumquat [kumkwot] ⟨plantk.⟩ **0.1** ***kumquat*** ⟨kleine citrusvrucht⟩.

cumulative [kjoe:mjoelətiv] **0.1** ***(ac)cumulatief*** ⇒*op(een)hopend, aangroeiend* ◆ **1.1** ⟨hand.⟩ ~ preference shares/stock *cumulatief preferente aandelen.*

cumulus [kjoe:mjoeləs]⟨mv.: cumuli [-laj]⟩ **0.1** ⟨meteo.⟩ ***cumulus(wolk)*** ⇒*stapelwolk.*

cuneiform [kjoe:niefo:m] **0.1** ⟨bn.⟩ ***wigvormig*** ⟨ook biol.⟩ **0.2** ⟨bn.⟩ ***in/mbt. spijkerschrift*** **0.3** ⟨zn.⟩ ***spijkerschrift*** ◆ **1.2** ~ characters *spijkerschrift.*

cunnilingus [kunnillinggəs], **cunnilinctus** [-lingktəs] **0.1** ***cunnilingus.***

cunning[1] [kunning] ⟨zn.⟩ **0.1** ***sluwheid*** ⇒*listigheid, slimheid.*

cunning[2] ⟨bn.⟩ **0.1** ***sluw*** ⇒*listig, slim* ◆ **1.1** as ~ as a fox *(zo) sluw als een vos.*

cunt [kunt] ⟨vulg.⟩ **0.1** ***kut*** **0.2** ⟨sl.⟩ ***mokkel*** ⇒*(lekker) wijf* **0.3** ⟨sl.; bel.⟩ ***trut*** ⇒*kuttenkop;* ⟨mbt. man⟩ *(kloot)zak, lul* ◆ **3.1** eat ~ *kutlikken.*

cup[1] [kup] ⟨zn.⟩ **0.1** ***kop(je)*** ⇒*mok, beker* **0.2** ⟨cul.⟩ ***kop(je)*** ⟨niet-officiële inhoudsmaat; UK 284 ml; USA 236 ml⟩ **0.3** ⟨vaak the; sport⟩ ***(wissel)beker*** ⇒*cup, bokaal* **0.4** ***cup*** ⟨v. beha⟩ **0.5** ⟨rel.⟩ ***(mis)kelk*** ⇒*(Avondmaals)beker* ⟨ook de inhoud⟩ **0.6** ***(lijdens)kelk*** ⇒*lot, wedervaren* ◆ **1.1** ~ and saucer *kop en schotel* **1.¶** between ~ and lip *op de valreep;* my ~ of tea *(echt) iets voor mij.*

cup[2] ⟨ww.; -ped⟩ **0.1** ***tot een kom vormen*** ⟨vnl. de handen⟩ **0.2** ⟨gesch., med.⟩ ***koppen*** ⇒*aderlaten (dmv. laatkoppen)* ◆ **6.1** with one's chin ~ped **in** one's hand *met de hand onder de kin;* ~ one's hands **round** sth. *zijn handen ergens (beschermend/als een kom) omheen leggen.*

cupbearer **0.1** ***schenker.***

cupboard [kubbəd] **0.1** ***kast.***

cupboard love **0.1** ***baatzuchtige liefde.***

cupcake **0.1** ***cakeje.***

cup final ⟨sport⟩ **0.1** ***bekerfinale.***

cupful [kupfl] ⟨mv.: ook cupsful⟩ **0.1** ***kop(je)*** ⟨inhoudsmaat⟩.

cup-holder ⟨sport⟩ **0.1** ***bekerhouder.***

cupid [kjoe:pid] **I** ⟨eig.n.; C-⟩ **0.1** ***Cupido*** ⟨Romeinse god der liefde⟩;
II ⟨telb.zn.⟩ **0.1** ***cupido(otje).***

cupidity [kjoe:piddətie] **0.1** ***hebzucht*** ⇒*inhaligheid, begerigheid.*

cuppa [kuppə], **cupper** [kuppə] ⟨vnl. enk.⟩⟨verk.⟩ [cup of] ⟨BE; inf.⟩ **0.1** ***kop thee.***

cupping [kupping] ⟨gesch., med.⟩ **0.1** ***het koppen*** ⇒*het aderlaten met een laatkop.*

cupric [kjoe:prik] ⟨schei.⟩ **0.1** ***cupri-*** ⇒*koper-, mbt. tweewaardig koper.*

cuprous [kjoe:prəs] ⟨schei.⟩ **0.1** ***cupro-*** ⇒*koper-, mbt. eenwaardig koper.*

cup-tie ⟨sport⟩ **0.1** ***bekerwedstrijd.***

cur [kə:] **0.1** ***straathond*** ⇒*vuilnisbakkenras;* ⟨ihb.⟩ *valse hond* **0.2** ***hondsvot*** ⇒*lafbek.*

curab|le [kjoeərəbl] ⟨-ly⟩ **0.1** ***geneesbaar*** ⇒*geneeslijk.*

curaçao [kjoeərəsoo,-] **0.1** ***curaçao*** ⇒*curaçao(bitter), glaasje curaçao* ⟨likeur⟩.

curate [kjoeərət] **0.1** ***hulppredikant*** ⇒⟨r.-k.⟩ *kapelaan.*

curative [kjoeərətiv] **0.1** ⟨bn.⟩ ***genezend*** ⇒*heilzaam* **0.2** ⟨zn.⟩ ***remedie*** ⇒*geneesmiddel.*

curator [kjoereetə] **0.1** ***beheerder*** ⇒*curator;* ⟨ihb.⟩ *museum/bibliotheekbeheerder, conservator.*

curatorship [kjoereetəsjip] **0.1** ***curatorschap*** ⇒*beheersfunctie.*

curb[1], ⟨in bet. 0.3 BE sp. vnl.⟩ **kerb** [kə:b] ⟨zn.⟩ **0.1** ***trens*** ⇒*mentrens* ⟨v. paard⟩ **0.2** ***rem*** ⇒*beteugeling, betoming* **0.3** ***trottoirband*** ⇒*stoeprand* ◆ **3.2** put/keep a (sharp) ~ on one's aggression *zijn agressie (stevig) in bedwang/toom houden.*

curb[2] ⟨ww.⟩ **0.1** ***intomen*** ⟨ook fig.⟩ ⇒*beteugelen, in bedwang houden.*

curb crawler →**kerb crawler.**

curbstone **0.1** ***trottoirband*** ⇒*stoeprand* **0.2** ⟨autosport⟩ *curbstone.*

curcuma [kə:kjoemə] **0.1** ***kurkuma(plant)*** **0.2** ***geelwortel*** ⇒*kurkuma(poeder).*

curd [kə:d] **I** ⟨telb.zn.⟩ **0.1** ⟨vaak mv. met enk. bet.⟩ ***wrongel*** ⇒*gestremde melk* ◆ **1.1** ~s and whey *wrongel en wei;*
II ⟨n.-telb.zn.⟩ **0.1** ⟨vnl. in samenstellingen⟩ ***stremsel*** ⇒*stolsel, gelei.*

curdle [kə:dl] **0.1** ***stremmen*** ⇒*(doen) stollen/klonteren* ◆ **1.1** her blood ~d at the spectacle *het schouwspel deed haar bloed stollen;* the milk has ~d *de melk is gestremd.*

cure[1] [kjoeə] ⟨zn.⟩ **0.1** ***(medische) behandeling*** ⇒*kuur* **0.2** ***(genees)middel*** ⇒*medicament, remedie* ⟨ook fig.⟩ **0.3** ***genezing*** ⇒*herstel* ◆ **3.1** ⟨AE⟩ take the ~ *afkicken, een ontwenningskuur doen.*

cure[2] **I** ⟨onov.ww.⟩ **0.1** ***kuren*** ⇒*een kuur ondergaan/doen* **0.2** ***een heilzame werking hebben*** **0.3** ***verduurzaamd worden*** ⇒*roken, drogen;*
II ⟨onov. en ov.ww.⟩ **0.1** ***genezen*** ⇒*beter maken, (doen) herstellen* ◆ **1.1** ~ (s.o. of) a disease *(iem. van) een ziekte genezen* **6.1** ~ s.o. **of** drinking *iem. v.d. drank afhelpen;* ~ o.s. **of** bad habits *zijn slechte gewoonten afleren;*
III ⟨ov.ww.⟩ **0.1** ***verduurzamen*** ⇒*conserveren;* ⟨ihb.⟩ *zouten/roken* ⟨vis/vlees⟩, *drogen* ⟨tabak⟩.

curé [kjoeree] **0.1** ***curé*** ⟨(Franse) pastoor⟩.

cure-all **0.1** ***wondermiddel*** ⇒*panacee.*

curettage [kjoeərettidzj] ⟨med.⟩ **0.1** ***curettage.***

curet(te)ment [kjoeərətmənt] ⟨med.⟩ **0.1** ***curettage.***

curfew [kə:fjoe:] **0.1** ***avondklok*** ⇒*uitgaansverbod* **0.2** ***spertijd*** ⟨waarin avondklok geldt⟩ ◆ **3.1** impose a ~ *een avondklok instellen;* lift/end a ~ *een avondklok opheffen.*

curia [kjoeəriə] ⟨mv.: curiae [-ri·ie:]⟩ **0.1** ⟨r.-k.⟩ ***(pauselijke/roomse) curie.***

curie [kjoeərie] ⟨nat.⟩ **0.1** ***curie*** ⟨eenheid v. radioactiviteit⟩.

curio [kjoeərie·oo] **0.1** ***curiosum*** ⇒*curiositeit, rariteit.*

curiosit|y [kjoeərie·ossətie] ⟨mv.: -ies⟩ **I** ⟨telb.zn.⟩ **0.1** ***curiosum*** ⇒*curiositeit, rariteit;*
II ⟨telb. en n.-telb.zn.⟩ **0.1** ***nieuwsgierigheid*** ⇒*benieuwdheid* **0.2** ***leergierigheid*** ◆ **3.1** die of/burn with (a) ~ *branden v. nieuwsgierigheid* **6.2** ~ (to learn) **about** sth. *verlangen naar kennis over iets* **¶.1** ⟨sprw.⟩ ~ killed the cat *de duivel heeft het vragen uitgevonden.*

curious [kjoeəriəs] **0.1** ***nieuwsgierig*** ⇒*benieuwd* **0.2** ***leergierig*** **0.3** ***curieus*** ⇒*merkwaardig, vreemd* ◆ **3.2** be ~ to learn *leergierig zijn* **¶.3** ~ly (enough) *merkwaardigerwijs, vreemd genoeg.*

curl[1] [kə:l] **I** ⟨telb.zn.⟩ **0.1** ***krul*** ⇒*spiraal* ◆ **1.1** ~ of the lips *(smalend) krullende lippen;* ~ of smoke *rookspiraal;*
II ⟨telb. en n.-telb.zn.⟩ **0.1** ***(haar)krul*** ⇒*pijpenkrul* ◆ **6.1** keep one's hair **in** ~ *zijn haar in de krul houden;*
III ⟨n.-telb.zn.⟩ **0.1** ***(het) krul(len)*** ⇒*krulling.*

curl[2] **I** ⟨onov.ww.⟩ **0.1** ***spiralen*** ⇒*kringelen, zich winden* ⟨v. plant⟩ **0.2** ***(om/op)krullen*** **0.3** ***curling spelen*** ⇒*curlen* ◆ **1.1** smoke ~ed from the chimney *uit de schoorsteen kringelde rook* **1.2** leaves that ~ (up) *(om)krullende bladeren;*
II ⟨onov. en ov.ww.⟩ **0.1** ***krullen*** ⟨v. haar⟩ ⇒*in de krul zetten, kroezen.* →**curl up;**
III ⟨ov.ww.⟩ **0.1** ***met krullen versieren*** **0.2** ***doen (om/op)krullen*** **0.3** ***kronkelen om*** ⇒*winden om.*

curler [kə:lə] **0.1** ***krulspeld*** ⇒*roller, kruller.*

curlew [kə:ljoe:] ⟨dierk.⟩ **0.1** ***wulp.***

curlicue, curlycue [kə:likjoe:] **0.1** ***(sier)krul*** ⇒*tierelantijn(tje).*

curling [kə:ling] **0.1** ***curling*** ⟨Schotse ijssport⟩.

curling iron ⟨vnl. mv.⟩ **0.1** ***krulijzer*** ⇒*friseerijzer.*

curling stone **0.1** ***curlingsteen/schijf.***
curling tongs ⟨mv.⟩ **0.1** ***krultang*** ⇒*friseertang.*
curl up **I** ⟨onov. en ov.ww.⟩ **0.1** ⟨inf.⟩ ***(doen) ineenkrimpen*** ⟨v. afschuw, schaamte, pret e.d.⟩ **0.2** ***omkrullen*** **0.3** ⟨inf.⟩ ***neergaan/halen*** ⇒*in elkaar (doen) klappen, tegen de vlakte (doen) gaan* ◆ **1.3** Mike curled up at the blow *door de klap ging Mike tegen de grond;*
II ⟨onov. of ov.ww. als wk.ww.⟩ **0.1** ***zich (behaaglijk) oprollen/nestelen*** ⇒*in elkaar kruipen, zich schurken* ◆ **1.1** the cat curled (itself) up near the fire *de kat nestelde zich/rolde zich op bij het vuur.*
curl|y [kə:lie] ⟨-iness⟩ **0.1** ***krul-*** ⇒*krullend, gekruld* ◆ **1.1** ~ hair *krulhaar* **1.¶** ~ kale *boerenkool* **2.1** a ~-headed person *een krullenbol.*
curmudgeon [kə:mudzjən] ⟨inf.⟩ **0.1** ***(oude) chagrijn*** ⇒ *zuurpruim.*
currant [kurrənt] **0.1** ***krent*** **0.2** ***aalbes (struik)*** **0.3** ***(aal)bes*** ◆ **2.3** black/red/white ~ *zwarte/rode/witte bes.*
currenc|y [kurrənsie] ⟨mv.: -ies⟩ **I** ⟨telb. en n.-telb.zn.⟩ **0.1** ***valuta*** ⇒*munt;* ⟨ihb.⟩ *(papier)geld* **0.2** ***munt/geldstelsel*** ◆ **2.1** foreign/hard/soft currencies *vreemde/harde/zachte valuta's;* the French ~ *de Franse valuta;*
II ⟨n.-telb.zn.⟩ **0.1** ***(geld)circulatie*** ⇒*(geld)omloop* **0.2** ***gangbaarheid*** ⇒*geldendheid, courantheid* ◆ **2.2** have short ~ *een korte omlooptijd hebben* **3.2** gain ~ *ingang vinden; zich verspreiden;* give ~ to *ruchtbaarheid geven aan; verspreiden.*
currency rate ⟨BE⟩ **0.1** ***wisselkoers*** ⟨voor £1⟩.
current[1] [kurrənt] **I** ⟨telb.zn.⟩ **0.1** ***stroom*** ⇒*stroming* ⟨in gas/vloeistof⟩ **0.2** ⟨elek.⟩ ***stroomsterkte*** **0.3** ***loop*** ⇒*gang, tendens* ◆ **1.1** a cold ~ of air *een koude luchtstroom* **1.3** the ~ of public thought *de publieke opinie;*
II ⟨telb. en n.-telb.zn.⟩ **0.1** ***(elektrische) stroom*** ◆ **2.1** alternate ~ *wisselstroom;* direct ~ *gelijkstroom.*
current[2] ⟨bn.⟩ **0.1** ***huidig*** ⇒*actueel, lopend* **0.2** ***gangbaar*** ⇒ *geldend, heersend* **0.3** ⟨geldw.⟩ ***in omloop*** ◆ **1.1** the ~ issue of Time *het laatste/nieuwste nummer v. Time* **1.2** customs that are no longer ~ *in onbruik geraakte gewoonten* **1.¶** ⟨ec.⟩ ~ assets *vlottende middelen;* ⟨ec.⟩ ~ cost *nieuwwaarde, vervangingswaarde.*
current account ⟨geldw.⟩ **0.1** ***rekening-courant*** ⇒*(bank)girorekening, lopende rekening.*
currently **0.1** ***momenteel*** ⇒*tegenwoordig.*
curriculum [kərikjoeləm]⟨mv.: ook curricula [-lə]⟩ **0.1** ***studiepakket*** **0.2** ***onderwijsprogramma*** ⇒*leerplan.*
curriculum vitae [-vajtie:,-vie:taj] ⟨mv.: curricula vitae⟩ **0.1** ***curriculum vitae.***
currish [kə:risj] **0.1** ***laf(hartig)*** ⇒*laag, gemeen* **0.2** ***chagrijnig*** ⇒*bits, snauwerig.*
curr|y[1], **currie** [kurrie] ⟨zn.; mv.: -ies⟩ **0.1** ***kerrieschotel*** **0.2** ***kerrie(poeder).***
curr|y[2] ⟨ww.; -ied⟩ **0.1** ***roskammen*** **0.2** ***met kerrie bereiden/kruiden.***
currycomb **0.1** ***roskam.***
curry powder **0.1** ***kerrie(poeder).***
curse[1] [kə:s] **I** ⟨telb.zn.⟩ **0.1** ***vloek(woord)*** ⇒*vervloeking, verwensing* **0.2** ***vloek*** ⇒*doem* **0.3** ***bezoeking*** ⇒*ramp, plaag* ◆ **1.3** work is the ~ of the drinking class *werk is de vloek v.d. drinkende klasse* **3.1** call down ~s (from heaven) upon s.o. *iem. vervloeken* **3.2** lay s.o. under a ~ *een vloek op iem. leggen* **6.2** the project is **under** a ~ *er rust een vloek/geen zegen op de onderneming;*
II ⟨n.-telb.zn.; the⟩⟨euf.⟩ **0.1** ***opoe (op bezoek)*** ⇒*de (rode) vlag* ⟨menstruatie⟩.
curse[2] ⟨ook curst, curst [kə:st]⟩ **I** ⟨onov. en ov.ww.⟩ **0.1** ***(uit)vloeken*** ⇒*vloeken (op/tegen), (uit)schelden* ◆ **6.1** ~ **at** s.o./sth. *vloeken tegen iem./iets;*
II ⟨ov.ww.⟩ **0.1** ***vervloeken*** ⇒*verwensen, een vloek uitspreken over* **0.2** ⟨vnl. pass.⟩ ***straffen*** ⇒*bezoeken, kwellen* ◆ **4.1** ~ it/you! *verdorie!* **6.2** be ~d **with** *gebukt gaan onder.*
cursed [kə:sid], **curst** [kə:st] **0.1** ***vervloekt*** ⇒*donders* **0.2** ***akelig*** ⇒*afschuwelijk;* ⟨inf.⟩ *rot-, zenuwen-* ◆ **1.2** that ~ cat! *die rotkat!;* a ~ nuisance *iets stom/oervervelends.*
cursive [kə:siv] **0.1** ***aaneengeschreven*** ⇒*schuin(-)* ⟨v. schrift⟩; ⟨druk.⟩ *cursief.*
cursor [kə:sə] ⟨comp.⟩ **0.1** ***cursor.***
cursor|y [kə:srie] ⟨-ily⟩ **0.1** ***vluchtig*** ⇒*oppervlakkig* ◆ **3.1** a ~ reading *een oppervlakkige lezing.*
curt [kə:t] ⟨-ness⟩ **0.1** ***kortaf*** ⇒*kortaangebonden, nors* **0.2** ***bondig*** ⇒*beknopt, summier* ◆ **1.1** a ~ manner *een botte manier v. doen* **1.2** a ~ answer *een bondig antwoord.*
curtail [kə:teel] ⟨zn.: **-ment**⟩ **0.1** ***inkorten*** ⇒*bekorten, verkorten* **0.2** ***verkleinen*** ⇒*verminderen* **0.3** ***beperken*** ⇒*beknotten* ◆ **1.2** ~ one's spending *zijn uitgaven besnoeien, bezuinigen op zijn uitgaven.*
curtain[1] [kə:tn] **I** ⟨telb.zn.⟩ **0.1** ***gordijn*** ⇒*voorhang(sel);* ⟨fig.⟩ *barrière* **0.2** ⟨theater⟩ ***doek*** ⇒*(toneel)gordijn, scherm* **0.3** ⟨theater⟩ ***slotregel/scène*** ⟨v. bedrijf⟩ **0.4** ⟨verk.⟩ [curtain call] ◆ **1.1** ~ of smoke *rookgordijn* **2.1** the Iron/Bamboo Curtain *het IJzeren/Bamboe Gordijn* **3.1** draw the ~s *de gordijnen dichtdoen* **3.2** ring up/down the ~ (on sth.) *het signaal geven om het doek op te halen/neer te laten;* ⟨fig.⟩ *het begin/einde v. iets aangeven, in/uitluiden* **3.¶** draw a ~ over (sth.) *(een onderwerp) afsluiten* **¶.2** ~ is at 8.00 p.m. *aanvang der voorstelling: 20 uur* **¶.¶** ~! *tableau!;*
II ⟨mv.⟩⟨sl.⟩ **0.1** ***verdoemenis*** ⇒*het einde;* ⟨ihb.⟩ *de dood* ◆ **6.1** it'll soon be ~s **for** him *straks is het met hem gebeurd.*
curtain[2] ⟨ww.⟩ **0.1** ***voorzien van/afsluiten met gordijnen*** ◆ **1.1** ~ed windows *ramen met gordijnen (ervoor)* **5.1** ~ **off** *afschermen* ⟨dmv. een gordijn⟩.
curtain call ⟨dram.⟩ **0.1** ***het applaus halen*** ⟨v. acteurs, na het stuk⟩ **0.2** ***het terugroepen*** ⇒*het halen/gehaald worden* ⟨v. acteurs door publiek⟩.
curtain material **0.1** ***gordijnstof.***
curts(e)|y[1] [kə:tsie] ⟨zn.; mv.: ook -ies⟩ **0.1** ***revérence*** ⇒ *knicksje* ◆ **3.1** drop/make a ~ to s.o. *een revérence voor iem. maken.*
curts(e)|y[2] ⟨ww.; -ied⟩ **0.1** ***een revérence maken*** ◆ **6.1** ~ **to** s.o. *een revérence voor iem. maken.*
curvaceous, curvacious [kə:veesjəs] ⟨inf.⟩ **0.1** ***gewelfd*** ⇒ *welgevormd, weelderig* ⟨vnl. v. vrouwen⟩.
curvature [kə:vətsjə] **0.1** ***(ver)buiging*** ⇒*kromming, welving* ◆ **1.1** the ~ of a concave mirror *de kromming v.e. holle spiegel;* ~ of the spine *ruggengraatsverkromming.*
curve[1] [kə:v] ⟨zn.⟩ **0.1** ***gebogen/kromme lijn*** ⇒⟨ihb. wisk.⟩ *kromme, curve, boog* **0.2** ***bocht*** ⟨vnl. in weg⟩ **0.3** ⟨vaak mv.⟩ ***ronding*** ⇒*welving, ampele vorm* ⟨vnl. v. vrouw⟩ **0.4** ***grafische voorstelling*** ⇒*grafiek* ⟨ook wisk.⟩ **0.5** ***(uit grafiek afgeleide) tendens*** ⇒*lijn* **0.6** ⟨wisk.⟩ ***snijkromme*** ⟨snijlijn v. twee vlakken⟩.
curve[2] ⟨ww.⟩ **0.1** ***buigen*** ⇒*een bocht (doen) maken, (zich) krommen* ◆ **1.1** he ~d the ball round the keeper *hij draaide de bal om de keeper.*
cushion[1] [koesjn] ⟨zn.⟩ **0.1** ***kussen*** **0.2** ***stootkussen*** ⇒*buffer, schokdemper* **0.3** ⟨biljart⟩ ***band*** **0.4** ***(lucht)kussen.***
cushion[2] ⟨ww.⟩ **0.1** ***voorzien van kussen(s)*** **0.2** ***dempen*** ⇒ *verzachten, opvangen* ⟨klap, schok, uitwerking⟩ **0.3** ***in de watten leggen*** ⇒*beschermen* ◆ **1.1** ~ed seats *beklede stoelen/banken* **1.3** a ~ed life *een beschermd leventje.*

cush|y [koesjie] ⟨-iness⟩⟨inf.⟩ **0.1** ***makkelijk*** ⇒*comfortabel* ◆ **1.1** a ~ job *een luizenbaantje, een makkie.*
cusp [kusp] **0.1** ***punt*** ⇒*top, spits* **0.2** ***hoorn*** ⟨schijngestalte v. maan⟩ **0.3** ⟨astrol.⟩ ***cusp*** ⇒*hoorn.*
cuspidor [kuspiddo:] ⟨AE⟩ **0.1** ***kwispedoor*** ⇒*spuwpot(je)/ bak(je).*
cuss[1] [kus] ⟨zn.⟩⟨sl.⟩ **0.1** ***vloek*** ⇒*krachtterm* **0.2** ⟨vaak pej.⟩ ***snuiter*** ◆ **2.2** a queer ~ *een rare snijboon/vogel* **3.¶** not give/care a ~ *ergens lak/schijt aan hebben.*
cuss[2] ⟨ww.⟩⟨inf.⟩ **0.1** ***(uit)vloeken*** ⇒*vloeken tegen, (uit)-schelden.*
custard [kustəd] **0.1** ***custard(pudding/vla)*** **0.2** ***vla.***
custard powder **0.1** ***custard(poeder).***
custodial [kustoodiəl] **0.1** ***hoedend*** ⇒*bewarend, beschermend;* ⟨AE⟩ *conciërge-.*
custodian [kustoodiən] **0.1** ***custos*** ⇒*beheerder, conservator, bewaarder* **0.2** ***voogd(es)*** **0.3** ⟨AE⟩ ***conciërge*** ⇒*beheerder.*
custody [kustədie] **0.1** ***voogdij*** ⇒*zorg* **0.2** ***beheer*** ⇒*hoede, bewaring* **0.3** ***hechtenis*** ⇒*voorarrest, verzekerde bewaring* ◆ **3.2** give sth. in ~ (at the bank) *iets (bij de bank) in bewaring geven* **3.3** give s.o. into ~ *iem. overdragen aan de politie;* take s.o. into ~ *iem. aanhouden* **6.1** be given ~ **of** *de voogdij krijgen over* **6.3** be **in** ~ *in hechtenis/voorarrest zitten.*
custom [kustəm] **I** ⟨telb.zn.⟩⟨jur.⟩ **0.1** ***gewoonte*** ⟨met kracht v. recht⟩;
II ⟨telb. en n.-telb.zn.⟩ **0.1** ***gewoonte*** ⇒*gebruik* ◆ **6.1** be a slave **to** ~ *een slaaf v. zijn gewoonten zijn;*
III ⟨n.-telb.zn.⟩ **0.1** ***klandizie*** ⇒*nering* ◆ **7.1** we would certainly appreciate your ~ *we zouden uw klandizie zeker op prijs stellen;*
IV ⟨mv.⟩ **0.1** ***douaneheffing*** ⇒*invoerrechten* **0.2** ⟨ww. vnl. enk.; vaak C-⟩ ***douane(dienst)*** ◆ **3.2** pass through Customs *door de douane gaan.*
customar|y [kustəmrie] ⟨-ily⟩ **0.1** ***gebruikelijk*** ⇒*gewoonlijk, normaal* **0.2** ***gewoonte-*** ⇒*gebruik(s)-* ◆ **1.2** ~ law *gewoonterecht, gebruiksrecht.*
custom-built **0.1** ***op bestelling gebouwd*** ⇒*gebouwd/gemaakt volgens de wensen v.d. koper* ◆ **1.1** a ~ car *een auto aangepast aan de wensen v.d. klant.*
custom-design **0.1** ***op bestelling ontwerpen.***
customer [kustəmə] **0.1** ***klant*** ⇒*(regelmatige) afnemer* **0.2** ⟨inf.⟩ ***klant*** ⇒*snuiter, gast* ◆ **2.2** awkward ~ *rare snijboon, vreemde vogel;* he's a tough ~ *het is een taaie.*
customer-friendly **0.1** ***klantvriendelijk.***
customhouse, customshouse **0.1** ***douanekantoor*** ⇒⟨ihb.⟩ *inklaringskantoor* ⟨in haven⟩.
custom-made **0.1** ***op maat gemaakt/gebouwd*** **0.2** ***op bestelling gemaakt/gebouwd*** ⟨naar de wensen v.d. klant⟩ ◆ **1.1** a ~ suit *een maatkostuum.*
customs agent ⟨hand.⟩ **0.1** ***douane-/grensexpediteur.***
customs dut|y ⟨mv.: -ies; vaak mv.⟩ **0.1** ***douaneheffing*** ⇒*invoerrechten.*
customs union **0.1** ***tolunie/verbond.***
cut[1] [kut] ⟨zn.⟩ **0.1** ⟨ben. voor⟩ ***slag/snee met scherp voorwerp*** ⇒*(mes)sne(d)e, keep, insnijding, snijwond; hak, houw; striem, (zweep)slag* **0.2** ⟨ben. voor⟩ ***afgesneden/gehakte/geknipte hoeveelheid*** ⇒*stuk; lap, bout* ⟨vlees⟩ **0.3** ***(haar)knipbeurt*** **0.4** ***vermindering*** ⇒*verlaging* **0.5** ***coupure*** ⇒*weglating, in/verkorting* **0.6** ***snit*** ⇒*coupe* **0.7** ***hatelijkheid*** ⇒*veeg (uit de pan)* **0.8** ⟨ben. voor⟩ ***in/doorsnijding*** ⇒*geul, kloof, kanaal, doorgraving; kortere weg* **0.9** ***gravure*** ⇒*(hout)snede* **0.10** ***liedje*** ⟨op grammofoonplaat⟩ ⇒*opname, plaat* **0.11** ⟨inf.⟩ ***(aan)deel*** ⇒*provisie, commissie* **0.12** ⟨film⟩ ***scherpe overgang*** ◆ **1.¶** I don't like the ~ of his jib *zijn smoel staat me niet aan;* ~ and thrust *(woorden)steekspel, vinnig debat* **2.8** take a short ~ *een kortere weg nemen* **6.¶** ⟨inf.⟩ be a ~ **above** *beter zijn dan.*
cut[2] ⟨cut, cut [kut]⟩ **I** ⟨onov.ww.⟩ **0.1** ⟨ben. voor⟩ ***scheid/bewerkbaar zijn met scherp voorwerp*** ⇒*(zich laten) snijden/knippen/maaien, te snijden/knippen/hakken/maaien zijn* **0.2** ⟨ben. voor⟩ ***een inkeping/scheiding maken*** ⇒*snijden; knippen; hakken, kappen, kerven; maaien* **0.3** ***plotseling v. richting veranderen*** ⟨v. man; v. bal⟩ ⇒*effect hebben, een kapbeweging maken* **0.4** ***rennen*** **0.5** ***(er mee) stoppen*** ⇒*(er mee) kappen;* ⟨film.⟩ *de opname stoppen* **0.6** ***doorkomen*** ⟨v. tanden⟩ **0.7** ⟨inf.⟩ ***een plaat maken/opnemen*** ◆ **1.1** the butter/grass ~s easily *de boter/ het gras snijdt/maait gemakkelijk* **1.2** this knife will not ~ *dit mes snijdt niet* **3.¶** ⟨inf.⟩ ~ and run *de benen nemen, 'm smeren* **5.¶** ~ both ways *tweesnijdend zijn; voor- en nadelen hebben.* →**cut across, cut at, cut down, cut down on, cut in, cut into, cut out, cut through, cut up;**
II ⟨onov. en ov.ww.⟩ **0.1** ***snijden*** ⇒*kruisen* **0.2** ⟨kaartspel⟩ ***couperen*** ⇒*afnemen* **0.3** ⟨inf.⟩ ***verzuimen*** ⇒*spijbelen, overslaan* ◆ **1.1** three lines that ~ *drie lijnen die elkaar snijden.* →**cut back;**
III ⟨ov.ww.⟩ **0.1** ***snijden in*** ⇒*verwonden; stuksnijden* **0.2** ⟨ben. voor⟩ ***scheiden dmv. scherp voorwerp*** ⇒*(af/door/ los/weg)snijden/knippen/hakken; (om)hakken/kappen/ zagen* **0.3** ⟨ben. voor⟩ ***maken met scherp voorwerp*** ⇒*kerven; slijpen; (bij)snijden/knippen/hakken; boren; graveren; snijden* ⟨grammofoonplaat⟩; ⟨bij uitbr.⟩ *opnemen, maken* ⟨grammofoonplaat⟩ **0.4** ***maaien*** ⇒*oogsten, binnenhalen* ⟨gewas⟩ **0.5** ⟨ben. voor⟩ ***inkorten*** ⇒*snijden (in), couperen* ⟨boek, film e.d.⟩; *afsnijden* ⟨route, hoek⟩; *besnoeien (op), inkrimpen, bezuinigen* **0.6** ⟨ben. voor⟩ ***stopzetten*** ⇒*ophouden met; afsluiten, afsnijden* ⟨water, energie⟩; *uitschakelen, afzetten* **0.7** ***krijgen*** ⟨tand⟩ **0.8** ***krenken*** ⇒*(diep) raken, pijn doen* ⟨v. opmerking e.d.⟩ **0.9** ***negeren*** ⇒*veronachtzamen, links laten liggen* **0.10** ***effect geven*** ⇒*kappen, snijden* ⟨bal⟩ **0.11** ⟨film⟩ ***monteren*** ◆ **1.1** ~ one's finger *zich in zijn vinger snijden* **1.2** ~ s.o. a piece of cake *een stuk taart voor iem. snijden;* ~ the tape *het lint doorknippen* **1.3** ~ a record *een plaat maken/opnemen;* ~ one's initials into sth. *zijn initialen ergens in kerven* **1.5** ~ the travelling time by a third *de reistijd tot twee derde terugbrengen;* my wage was ~ *mijn loon is verlaagd* **1.7** I'm ~ting my wisdom tooth *mijn verstandskies komt door* **2.2** ~ free *lossnijden/kappen/hakken; bevrijden;* ~ s.o. loose *iem. lossnijden/losmaken;* ~ open *openhalen/rijten* **5.2** ~ **away** *wegsnijden/hakken/knippen; snoeien* **5.9** ~ s.o. dead/ cold *iem. niet zien staan, iem. straal negeren* **6.2** ~ **in** half/ two *doormidden/in tweeën snijden/knippen/hakken;* ~ **into** halves/thirds/pieces *doormidden/in drieën/in stukken snijden/knippen/hakken;* ~ a way **through** the jungle *zich een weg banen door de jungle.* →**cut back, cut down, cut in, cut off, cut out, cut up.**
cut across **0.1** ***afsnijden*** ⇒*doorsteken, een kortere weg nemen* **0.2** ***strijdig/in strijd zijn met*** ⇒*ingaan tegen* **0.3** ***doorbreken*** ⇒*overstijgen, uitstijgen boven* ◆ **1.1** can't we ~ the wood? *kunnen we niet doorsteken via het bos?* **1.3** ~ traditional party loyalties *de geijkte partijbindingen doorbreken* **5.2** cut clean across *lijnrecht staan tegenover.*
cut-and-dried, cut-and-dry **0.1** ***pasklaar*** ⇒*kant-en-klaar* **0.2** ***bij voorbaat vaststaand*** ⇒*onwrikbaar* **0.3** ***geijkt*** ⇒ *afgezaagd.*
cut at **0.1** ***uithalen naar*** ⇒*steken naar* **0.2** ***inhakken op*** ◆ **1.1** ~ s.o. with a knife *naar iem. uithalen met een mes* **1.2** the police ~ the demonstrants with their batons *de politie hakte op de betogers in met de gummiknuppel.*

cutaway¹, cutaway coat ⟨zn.⟩ **0.1** *rok(kostuum).*
cutaway² ⟨bn.⟩⟨tech.⟩ **0.1** *opengewerkt* ⟨bv. v. bouwtekening⟩.
cutback 0.1 *inkrimping* ⇒*bezuiniging* **0.2** *scherpe draai* ◆ **6.1** ~ **in** investment *verlaging v.d. investeringen;* ~ **in** government expenditure(s) *bezuiniging op de overheidsuitgaven.*
cut back I ⟨onov. en ov.ww.⟩ **0.1** *inkrimpen* ⇒*besnoeien, bezuinigen* ◆ **1.1** ~ (on) production *de productie inkrimpen;* **II** ⟨ov.ww.⟩ **0.1** *snoeien* ⟨gewassen⟩.
cut down I ⟨onov.ww.⟩ **0.1** *minderen* ◆ **3.1** you smoke too much, try to ~ a bit *je rookt te veel, probeer wat te minderen;*
II ⟨ov.ww.⟩ **0.1** *kappen* ⇒*omhakken/houwen, vellen* **0.2** ⟨vnl. pass.⟩ *vellen* ⇒*doen sneuvelen* **0.3** *inperken* ⇒*beperken, verminderen* **0.4** *inkorten* ⇒*korter maken* **0.5** *afdingen bij* ⇒*afpingelen bij* ◆ **1.1** ~ trees *bomen kappen* **1.2** be ~ in battle *sneuvelen op het slagveld;* ~ one's enemy *zijn vijand vellen/neersabelen* **1.3** ~ one's expenses *zijn bestedingen/uitgaven beperken* **1.4** ~ an article *een artikel inkorten* **6.5** I cut her down **to** 10 guilders *ik heb bij haar afgedongen tot 10 gulden.*
cut down on 0.1 *minderen met* ⇒*de consumptie/het verbruik beperken van* ◆ **1.1** ~ clothes *minder kleren kopen* **3.1** ~ smoking *minder gaan roken.*
cute [kjoe:t] ⟨-r; -ness⟩ **0.1** *schattig* ⇒*snoezig, leuk.*
cut flowers 0.1 *snijbloemen.*
cut glass¹ ⟨zn.⟩ **0.1** *geslepen glas.*
cut glass² ⟨bn.⟩ **0.1** *van geslepen glas* **0.2** *deftig* ⟨accent⟩.
cuticle [kjoe:tikl] **0.1** *opperhuid* ⇒*epidermis* **0.2** *nagelriem.*
cutie, cutey [kjoe:tie] ⟨sl.⟩ **0.1** *leuk/knap/schattig iem.* ⇒ *mooie meid/jongen, dot* **0.2** *uitgekookte gozer* ⇒*iem. die niet van gisteren is, slimme vogel, linkmichel* **0.3** *patser* ⇒ *dikdoener* ◆ **1.¶** you're a ~ *je bent me er één.*
cut in I ⟨onov.ww.⟩ **0.1** *er(gens) tussen komen* ⇒*in de rede vallen, onderbreken* **0.2** *gevaarlijk/scherp invoegen* ⟨met voertuig⟩ ⇒*couperen, snijden* **0.3** ⟨kaartspel⟩ *iemands plaats innemen* **0.4** *aftikken* ⟨bij het dansen⟩ ◆ **6.2** ~ **on** s.o. *iem. snijden;*
II ⟨ov.ww.⟩ **0.1** ⟨inf.⟩ *er(gens) bij halen/betrekken* ⇒*laten meedelen/meedoen.*
cut into 0.1 *aansnijden* **0.2** *onderbreken* ⇒*tussenbeide komen, in de rede vallen* **0.3** *storend/nadelig werken op* ⇒*een aanslag doen op* ◆ **1.1** ~ a cake *een taart aansnijden* **1.2** ~ a conversation *zich (plotseling) mengen in een gesprek;* ~ the silence *de stilte verbreken/verstoren* **1.3** this job cuts into my evenings off *deze baan kost me een groot deel v. mijn vrije avonden.*
cutlass [kutləs] **0.1** ⟨gesch.⟩ *kortelas* ⟨door zeelieden gebruikte korte sabel⟩ **0.2** *machete* ⟨kapmes⟩.
cutler [kutlə] **0.1** *messenmaker.*
cutlery [kutlərie] **0.1** *bestek* ⇒*eetgerei, couvert.*
cutlet [kutlit] ⟨cul.⟩ **0.1** *lapje (lams/schapen)vlees* ⇒⟨ihb.⟩ *halsstukje, (lams)koteletje* **0.2** *kalfslapje* ⇒*kalfskoteletje* **0.3** ⟨ben. voor⟩ *gepaneerde schijf vlees/vis.*
cutoff 0.1 ⟨ook attr.⟩ *scheiding* ⇒*grens, afsluiting* **0.2** *afslag* ⇒*afrit* **0.3** ⟨tech.⟩ *afsluiter* ⇒*(afsluit)klep* **0.4** *afsnijding* ⇒*kortere weg* ◆ **1.1** ~ date *sluitingsdatum.*
cut off 0.1 *afsnijden/hakken/knippen* **0.2** *afsluiten* ⇒ *stopzetten, blokkeren* **0.3** *(van de buitenwereld) afsnijden/afsluiten* ⇒*isoleren* **0.4** *onderbreken* ⇒*verbreken* ⟨telefoonverbinding⟩ **0.5** ⟨vnl. pass.⟩ *vellen* ⇒*doden, invalide maken* **0.6** *onterven* ⇒*geen cent nalaten* ◆ **1.2** ~ s.o.'s allowance *iemands toelage stopzetten;* ~ the gas (supply) *het gas afsluiten* **1.3** ~ an army *een leger de pas afsnijden;* villages ~ by floods *door overstromingen geïsoleerde dorpen* **1.5** be ~ in the prime of life *geveld worden in de bloei v. zijn leven* **5.4** we were suddenly ~ *plotseling werd de verbinding verbroken.*
cutout 0.1 *uitgeknipte/gesneden/gehakte figuur* ⇒*knipplaat, knipsel, coupure, uitsnijding* **0.2** ⟨tech.⟩ *afslag* ⇒ *(stroom)onderbreker* **0.3** ⟨tech.⟩ *vrije uitlaat* ◆ **2.2** automatic ~ *automatische afslag;* ⟨ihb.⟩ *thermostaat.*
cut out I ⟨onov.ww.⟩ **0.1** *uitvallen* ⇒*defect raken, het begeven* **0.2** *afslaan* **0.3** *(plotseling) uitwijken* ⟨voertuig⟩ **0.4** ⟨sl.⟩ *pleite gaan* ⇒*'m pleiten/smeren* ◆ **1.1** the engine ~ *de motor sloeg af* ⟨auto⟩ */viel uit* ⟨vliegtuig⟩ **1.2** the boiler cuts out at 90 degrees *de boiler slaat af bij 90 graden;*
II ⟨ov.ww.⟩ **0.1** *uitsnijden/knippen/hakken* ⇒*modelleren, vormen* **0.2** *knippen* ⟨jurk, patroon⟩ **0.3** ⟨inf.⟩ *ophouden/stoppen met* ⇒*laten (staan)* **0.4** ⟨inf.⟩ *weglaten* ⇒ *verwijderen, schrappen* **0.5** *uitschakelen* ⇒*elimineren;* ⟨inf.⟩ *het nakijken geven* **0.6** *uitschakelen* ⇒*afzetten* ◆ **1.1** I cut the article out *ik heb het artikel uitgeknipt* **1.2** ~ a dress *een jurk knippen* **1.5** ~ an opponent *een tegenstander uitschakelen* **4.3** cut it/that out! *hou (er/daarmee/over) op!* **6.¶** ⟨inf.⟩ be ~ **for** *geknipt zijn voor.*
cut-price, cut-rate 0.1 *met korting* ⇒*tegen gereduceerde prijs, goedko(o)p(er)* **0.2** *korting-* ⇒*discount-* ◆ **1.1** ~ petrol *goedkope/witte benzine* **1.2** ~ shop *discountzaak, kortingwinkel.*
cutter [kuttə] **0.1** ⟨ben. voor⟩ *gebruiker/bediener v. scherp voorwerp* ⇒⟨ihb.⟩ *coupeur, knipper; snijder; hakker; houwer; slijper* **0.2** ⟨ben. voor⟩ *snijwerktuig* ⇒*snijmachine; schaar, tang; mes;* ⟨slagerij⟩ *cutter* **0.3** *sloep (v. oorlogsschip)* **0.4** *(motor)barkas* ⟨voor vervoer tussen schip en kust⟩ **0.5** *kotter* **0.6** *kustwachter* ⇒*kustbewakingsschip* **0.7** ⟨film.⟩ *cutter* ⇒*filmmonteerder.*
cutthroat¹ ⟨zn.⟩ **0.1** *moordenaar* ⇒*geweldpleger* **0.2** *scheermes.*
cutthroat² ⟨bn.⟩ **0.1** *moorddadig* ⇒*moordlustig* **0.2** *genadeloos* ⇒*moordend* **0.3** ⟨kaartspel⟩ *driemans-* ◆ **1.2** ~ competition *genadeloze concurrentie.*
cutthroat razor 0.1 *scheermes.*
cut through 0.1 *zich worstelen door* ⇒*doorbreken, zich heen werken door* ◆ **1.1** ~ red tape/verbiage *zich door bureaucratie/blabla heen worstelen.*
cutting¹ [kutting] **I** ⟨telb.zn.⟩ **0.1** *(afgesneden/afgeknipt/uitgeknipt) stuk(je)* **0.2** *stek* ⟨v. plant⟩ **0.3** ⟨BE⟩ *(kranten)-knipsel* **0.4** *uitgraving* ⟨voor (spoor)weg⟩ ⇒*doorsteek, holle weg* ◆ **3.2** take a ~ *stekken;*
II ⟨n.-telb.zn.⟩ **0.1** ⟨film.⟩ *montage* ⇒*het monteren.*
cutting² ⟨bn.⟩ **0.1** *scherp* ⇒*bijtend* **0.2** *bijtend* ⇒*snijdend, guur* ⟨ihb. v. wind⟩ ◆ **1.1** ~ remark *grievende/sarcastische opmerking.*
cutting room ⟨film.⟩ **0.1** *montagekamer.*
cuttings library 0.1 *knipselarchief.*
cutting torch 0.1 *snijbrander.*
cuttlefish [kutlfisj] ⟨mv.: ook cuttlefish⟩ **0.1** *inktvis.*
cut up I ⟨onov.ww.⟩ **0.1** *zich (in stukken) laten snijden/knippen/hakken* ◆ **1.1** this wood cuts up easily *dit hout is gemakkelijk te (ver)zagen/bewerken* **5.¶** ⟨BE; inf.⟩ ~ rough *tekeergaan* **6.1** this piece of cloth will ~ **into** two shirts *uit deze lap gaan twee overhemden;*
II ⟨ov.ww.⟩ **0.1** *(in stukken) snijden/knippen/hakken* **0.2** *in de pan hakken* ⇒*(vernietigend) verslaan* **0.3** *(ernstig) verwonden* **0.4** ⟨inf.⟩ *niets heel laten van* ⇒*afkraken* **0.5** ⟨vnl. pass.; inf.⟩ *(ernstig) aangrijpen* ◆ **1.1** ~ meat *vlees (in stukjes) snijden* **1.4** ~ a film *een film afkraken* **6.1**

~ **into** small pieces *in kleine stukjes snijden/hakken/ knippen* **6.5** be ~ **about** sth. *zich iets vreselijk aantrekken, ergens ondersteboven/kapot van zijn.*
cutworm 0.1 ***aardrups.***
CV ⟨afk.⟩ **0.1** [curriculum vitae].
CVA ⟨afk.; med.⟩ **0.1** [cerebrovascular accident].
cwm [koe:m] ⟨aardr.⟩ **0.1** ***(korte) vallei*** ⇒*dalkom* **0.2** ***ketel(dal).***
cwt. ⟨afk.⟩ **0.1** [hundredweight] ***cwt.***
cyanide [sajjənajd], **cyanid** [sajjənid] ⟨schei.⟩ **0.1** ***cyanide.***
cyanogen [sajænədzjin] ⟨schei.⟩ **0.1** ***cyaan.***
cyanosis [sajjənoosis]⟨mv.: cyanoses [-sie:z]⟩ ⟨med.⟩ **0.1** ***blauwzucht*** ⇒*cyanose.*
cybernetic [sajbennettik] ⟨-ally⟩ **0.1** ***cybernetisch.***
cybernetics [sajbənettiks] ⟨ww. ook enk.⟩ **0.1** ***cybernetica.***
cyberspace [sajbəspees] ⟨comp.⟩ **0.1** ***cyberspace.***
cyclamate [sajkləmeet,siklə-] **0.1** ***cyclamaat*** ⇒*zoetstof.*
cyclamen [sikləmən] ⟨mv.: ook cyclamen⟩ **0.1** ***cyclaam*** ⇒*cyclamen.*
cycle[1] [sajkl] ⟨zn.⟩ **0.1** ***cyclus*** ⟨ook lit., muz.⟩ ⇒*(tijd)kring, periode* **0.2** ***kringloop*** ⇒*cirkelgang;* ⟨fig. ook⟩ *spiraal* **0.3** ⟨elek.⟩ ***trilling*** ⇒⟨ihb.⟩ *trilling per seconde, hertz* **0.4** ⟨verk.⟩ [bicycle] ***fiets*** **0.5** ⟨verk.⟩ [motorcycle] ***motor(fiets).***
cycle[2] ⟨ww.⟩ **0.1** ***cyclisch verlopen*** **0.2** ***cirkelen*** ⇒*ronddraaien, kringen beschrijven* **0.3** ***fietsen*** **0.4** ***motorrijden.***
cycle race ⟨sport⟩ **0.1** ***wielerwedstrijd.***
cycle racing ⟨sport⟩ **0.1** ***(het) wielrennen.***
cyclic [sajklik,sik-], **cyclical** [-ikl] ⟨-(al)ly⟩ **0.1** ***cyclisch*** ⟨ook lit., plantk., schei.⟩ ⇒*tot een cyclus behorend, rondgaand* **0.2** ⟨hand.⟩ ***conjunctureel*** ⇒*conjunctuurgevoelig* ◆ **1.1** ⟨schei.⟩ cyclic AMP *cyclisch AMP, CAMP* **1.2** ~ unemployment *conjuncturele werkloosheid.*
cyclist [sajklist], **cycler** [sajklə] **0.1** ***fietser*** ⇒*wielrijder/renner* **0.2** ***motorrijder.***
cyclone [sajkloon] **0.1** ⟨meteo.⟩ ***cycloon*** ⇒*wervelstorm, tyfoon, tornado.*
Cyclops [sajklops] ⟨ook c-⟩ **0.1** ***cycloop*** ⇒*eenogige reus.*
cyclorama [sajklər<u>a:</u>mə] **0.1** ***cyclorama*** ⇒*cirkelvormig panorama.*
cyclotron [sajklətron] ⟨nat.⟩ **0.1** ***cyclotron*** ⇒*deeltjesversneller.*
cyder →**cider.**
cygnet [signit] **0.1** ***jonge zwaan*** ⇒*zwanenjong.*
cylinder [sillində] **0.1** ***cilinder*** **0.2** ⟨ben. voor⟩ ***cilindrisch voorwerp*** ⇒*magazijn/cilinder* ⟨v. revolver⟩; *rol, wals, trommel; buis, pijp; (gas)fles* ◆ **7.1** a four ~ engine *een viercilinder motor.*
cylinder head ⟨tech.⟩ **0.1** ***cilinderkop.***
cylindrical [sillindrikl] **0.1** ***cilindrisch*** ⇒*cilindervormig.*
cymbal [simbl] ⟨muz.⟩ **0.1** ***(klank)bekken*** ⇒*cimbaal.*
cynic [sinnik] **0.1** ⟨ook fil.⟩ ***cynicus*** ⇒*cynisch persoon.*
cynical [sinnikl] **0.1** ⟨ook fil.⟩ ***cynisch.***
cynicism [sinnissizm] **I** ⟨telb.zn.⟩ **0.1** ***cynische uitlating*** ⇒*cynisme;*
II ⟨n.-telb.zn.⟩ **0.1** ⟨ook fil.⟩ ***cynisme*** ⇒*cynische houding/natuur.*
cynosure [sinnəzjoeə] **0.1** ***brandpunt*** ⟨v. aandacht/bewondering⟩.
cypher →**cipher.**
cypress [sajpris] **0.1** ***cipres*** ⇒*cipressenboom* **0.2** ***cipressenhout.***
Cypriot [sipriət] **0.1** ⟨bn.⟩ ***Cyprisch*** ⇒*mbt./van Cyprus* **0.2** ⟨zn.⟩ ***Cyprioot*** ⇒*bewoner v. Cyprus.*
Cyprus [sajprəs] **0.1** ***Cyprus.***
Cyrillic [sirrillik] **0.1** ⟨bn.⟩ ***cyrillisch*** **0.2** ⟨zn.⟩ ***cyrillisch schrift/alfabet.***
cyst [sist] **0.1** ⟨med.⟩ ***cyste*** ⇒*blaas, (beurs)gezwel* **0.2** ⟨biol.⟩ ***cyste*** ⇒*kiemkapsel, hulsel* **0.3** ⟨plantk.⟩ ***embryocel.***
cytologist [sajtolladzjist] **0.1** ***cytoloog*** ⇒*celkundige.*
cytology [sajtolladzjie] **0.1** ***cytologie*** ⇒*celleer.*
cytoplasm [sajtəplæzm] ⟨biol.⟩ **0.1** ***cytoplasma*** ⇒*celplasma.*
czar →**tsar.**
czarina →**tsarina.**
Czech [tsjek] **0.1** ⟨bn.⟩ ***Tsjechisch*** **0.2** ⟨eig.n.⟩ ***Tsjechisch*** ⟨taal⟩ **0.3** ⟨telb. zn.⟩ ***Tsjech*** ◆ **1.1** ~ Republic *Tsjechië.*
Czechoslovak [tsjekkoosloovæk], **Czechoslovakian** [-sloovækiən] **0.1** ⟨bn.⟩ ***Tsjecho-Slowaaks*** **0.2** ⟨zn.⟩ ***Tsjecho-Slowaak.***

d

d, D [die:] ⟨mv.: d's, D's⟩ **0.1** ***d, D.***
d., D. ⟨afk.⟩ **0.1** ⟨BE; penny⟩ [denarius] **0.2** [died].
'd ⟨samentr.⟩ →**had, would.**
dab[1] [dæb] ⟨mv.: in bet. I 0.4 ook dab⟩ **I** ⟨telb.zn.⟩ **0.1** ***tik(je)*** ⇒*klopje* **0.2** ***lik(je)*** ⇒*kwast(je), hoopje* **0.3** ***een keertje betten*** ⇒*veegje* **0.4** ⟨dierk.⟩ ***schar*** **0.5** ⟨BE; inf.⟩ ***kei*** ⇒*kraan* ◆ **1.2** a ~ of paint/butter *een likje verf/boter* **1.3** a ~ with a sponge *(even) een sponsje eroverheen* **6.5** he's a ~ (hand) **at** chess *hij kan ontzettend goed schaken;*
II ⟨mv.⟩⟨BE; sl.⟩ **0.1** ***vingerafdrukken.***
dab[2] ⟨-bed⟩ **I** ⟨onov. en ov.ww.⟩ **0.1** ***(aan)tikken*** ⇒*(be)kloppen* **0.2** ***betten*** ⇒*deppen* ◆ **1.1** ~ powder on one's cheeks *zich de wangen poederen* **1.2** he ~bed (at) the wound *hij bette de wond;*
II ⟨ov.ww.⟩ **0.1** ***opbrengen*** ⇒*tamponneren* ⟨ihb. verf⟩ ◆ **5.1** ~ **on** *(zachtjes) aan/opbrengen.*
dabble [dæbl] **0.1** ***poedelen*** ⇒*plassen, ploeteren* **0.2** ***liefhebberen*** **0.3** ***(in water) rondscharrelen*** ⟨over de bodem⟩ ◆ **6.2** ~ **at/in** arts *(wat) liefhebberen in de kunst.*
dabbler [dæblə] **0.1** ***liefhebber*** ⇒*dilettant, amateur.*
dabchick **0.1** ***fuut*** ⇒⟨ihb.⟩ *dodaars.*
dab hand ⟨BE; inf.⟩ **0.1** ***kei*** ⇒*kraan.*
dace [dees] ⟨mv.: ook dace⟩⟨dierk.⟩ **0.1** ***serpeling.***
dachshund [dækshoend, -sənd] **0.1** ***teckel*** ⇒*taks, dashond.*
Dacron [deekrən] **0.1** ***dacron.***
dactyl [dæktil] ⟨lit.⟩ **0.1** ***dactylus.***
dactylic [dæktillik] ⟨vaak mv.⟩⟨lit.⟩ **0.1** ***dactylisch vers.***
dad [dæd] ⟨inf.⟩ **0.1** ***pa*** ⇒*paps.*
dadd|y [dædie] ⟨mv.: -ies⟩⟨inf.⟩ **0.1** ***papa*** ⇒*pappie.*
daddy longlegs [dædie longlegz] ⟨mv.: daddy longlegs⟩⟨inf.⟩ **0.1** ⟨vnl. BE⟩ ***langpoot(mug)*** **0.2** ⟨AE⟩ ***hooiwagen(achtige)*** ⇒*langbeen.*
dado [deedoo] ⟨mv.: dado(e)s⟩ **0.1** ***lambrisering*** **0.2** ⟨bouwk.⟩ ***sokkel.***
daemon(ic) →**demon(ic).**
daff [dæf] ⟨verk.⟩ [daffodil] ⟨inf.⟩ **0.1** ***narcis.***
daffodil [dæfədil], ⟨inf. ook⟩ **daff** [dæf] **0.1** ***(gele) narcis.***
daft [da:ft], ⟨inf. ook⟩ **daffy** [dæfie] ⟨-ness⟩ **0.1** ***halfgaar*** ⇒*niet goed snik, (van lotje) getikt* **0.2** ***idioot*** ⇒*belachelijk, stupide, maf* ◆ **6.1** she's ~ **about** Frank Sinatra *ze is gek op/valt in katzwijm voor Frank Sinatra.*
dagger [dægə] **0.1** ***dolk*** ◆ **3.¶** at ~s drawn with s.o. *op voet v. oorlog met iem.;* look ~s (at s.o.) *(iem.) vernietigend/agressief (aan)kijken.*
dago [deegoo] ⟨mv.: ook -es⟩⟨sl.; bel.⟩ **0.1** ***alg. pej. ben. voor Spanjaarden, Portugezen, Italianen en Zuid-Amerikanen.***
dahlia [deeliə] **0.1** ***dahlia.***
Dail (Eireann) [dojl eərən] ⟨the⟩ **0.1** ***Dail (Eireann)*** ⇒*Iers Lagerhuis.*
dail|y[1] [deelie] ⟨zn.; mv.: -ies⟩ **0.1** ***dagblad*** ⇒*krant* **0.2** ⟨BE; inf.⟩ ***werkster*** ⇒*schoonmaakster.*
daily[2] ⟨bn.⟩ **0.1** ***dagelijks*** **0.2** ***geregeld*** ⇒*vaak, constant* ◆ **1.1** ~ help/woman *werkster;* get a ~ wage *in daggeld werken* **1.¶** earn one's ~ bread *de kost verdienen;* do one's ~ dozen *zijn ochtendgymnastiek doen;* the ~ grind/round *de dagelijkse sleur/routine.*
daily[3] ⟨bw.⟩ **0.1** ***dagelijks*** ⇒*per dag* ◆ **1.1** three times ~ *driemaal daags.*
daint|y[1] [deentie] ⟨zn.; mv.: -ies⟩⟨vnl. mv.⟩ **0.1** ***lekkernij*** ⇒*delicatesse.*
daint|y[2] ⟨bn.; -iness⟩ **0.1** ***bevallig*** ⇒*sierlijk, verfijnd* **0.2** ***delicaat*** ⇒*teer, gevoelig* **0.3** ***kostelijk*** ⇒*uitgelezen, verrukkelijk* **0.4** ***kieskeurig*** ⇒*veeleisend* ◆ **1.1** ~ gesture *gracieus gebaar* **1.2** ~ flowers *tere bloemen* **1.3** ~ food *uitgelezen voedsel* **1.4** ~ eater *kieskeurig eter.*
dair|y [deərie] ⟨mv.: -ies⟩ **0.1** ***zuivelbedrijf*** ⇒*zuivelproducent, melkerij* **0.2** ***melkschuur*** **0.3** ***melkboer*** ⇒*zuivelhandel* **0.4** ***melkvee(stapel).***
dairy cattle ⟨zn.⟩ **0.1** ***melkvee.***
dairy farm **0.1** ***melkveebedrijf*** ⇒*melkveehouderij.*
dairy farmer **0.1** ***melkveehouder.***
dairymaid **0.1** ***melkmeid*** ⇒*melkster.*
dairy|man [deərieman] ⟨mv.: -men⟩ **0.1** ***melkveehouder*** ⇒*zuivelboer* **0.2** ***melkknecht*** **0.3** ***melkboer*** ⇒*zuivelhandelaar.*
dairy products **0.1** ***zuivelproducten*** ⇒*melkproducten.*
dais [deeis, dees] **0.1** ***podium*** ⇒*verhoging.*
dais|y [deezie] ⟨mv.: -ies⟩ **0.1** ***madelief(je)*** ⇒*meizoentje* **0.2** ***margriet*** ⇒*grote madelief* **0.3** ⟨sl.⟩ ***juweel(tje)*** ◆ **3.¶** ⟨inf.⟩ be pushing up the daisies *onder de groene zoden liggen.* → **fresh.**
daisywheel **0.1** ***letterschijf*** ⇒*daisy wheel, margrietschijf, letterwiel* ⟨op schrijfmachine, printer⟩.
daisywheel printer ⟨comp.⟩ **0.1** ***daisywheelprinter.***
dale [deel] ⟨gew.; schr.⟩ **0.1** ***dal*** ⇒*vallei.*
dalek [da:lek] ⟨ook D-⟩ **0.1** ***(koele/meedogenloze/met blikken stem sprekende) robot*** ⟨naar SF-figuur⟩.
dales|man [deelzmən] ⟨mv.: -men [-mən]⟩ ⟨gew.; schr.⟩ **0.1** ***dalbewoner*** ⟨ihb. iem. uit Yorkshire⟩.
dalliance [dæliəns] **0.1** ***tijdverspilling*** ⇒*gelanterfant* **0.2** ***treuzelarij*** ⇒*getreuzel, getalm* **0.3** ***(ge)flirt*** ⟨ook fig.⟩ ◆ **1.3** ~ with revolutionary theories *het stoeien met revolutionaire theorieën.*
dall|y [dælie] ⟨-ied⟩ **0.1** ***lanterfanten*** ⇒*(rond)lummelen, klungelen* **0.2** ***treuzelen*** ⇒*talmen* ◆ **5.1** ~ **about** *rondlummelen* **6.2** don't ~ **over** your food *zit niet zo te kieskauwen* **6.¶** ~ **with** *flirten met;* ⟨ook fig.⟩ *spelen/stoeien met* ⟨een idee⟩; ~ **with** s.o.'s affections *met iem. flirten.*
Dalmatian [dælmeesjn] **0.1** ⟨bn.⟩ ***Dalmatisch*** **0.2** ⟨zn.⟩ ***dalmatiër*** ⇒*dalmatiner* ⟨hondenras⟩ **0.3** ⟨zn.⟩ ***Dalmatiër*** ⟨persoon⟩.
dam[1] [dæm] ⟨zn.⟩ **0.1** ***(stuw)dam*** **0.2** ***stuwmeer*** ⇒*stuwbekken* **0.3** ***barrière*** ⇒*belemmering, hinderpaal* **0.4** ***moederdier*** ⟨ihb. viervoeter⟩ ⇒*moer.*
dam[2] ⟨ww.; -med⟩ **0.1** ***van een dam voorzien*** ⇒*afdammen* **0.2** ***indammen*** ⇒*beteugelen* ◆ **1.1** ~ (up) a river *een rivier afdammen* **5.2** ~ **in** *inperken;* ~ **up** *opkroppen* ⟨gevoelens⟩.
damage[1] [dæmidzj] **I** ⟨n.-telb.zn.⟩ **0.1** ***schade*** ⇒*beschadiging, averij* **0.2** ⟨the; inf.⟩ ***schade*** ⇒*kosten* ◆ **7.2** what's the ~? *hoeveel is het?;*
II ⟨mv.⟩⟨jur.⟩ **0.1** ***schadevergoeding*** ⇒*schadeloosstelling* ◆ **3.1** claim £1,000 ~s *1000 pond schadevergoeding eisen.* →**vindictive.**
damage[2] ⟨ww.⟩ **0.1** ***beschadigen*** ⇒*schade toebrengen, aantasten* **0.2** ***schaden*** ⇒*in diskrediet brengen.*
damask [dæməsk] **0.1** ⟨bn.⟩ ***damasten*** **0.2** ⟨zn.⟩ ***damast*** ⟨weefsel⟩.
damask rose **0.1** ***damascusroos*** ⇒*Perzische roos* **0.2** ⟨vaak attr.⟩ ***damascusroos(kleur).***
dame [deem] **0.1** ⟨vero.; scherts.⟩ ***vrouw*** ⇒⟨ihb.⟩ *gehuwde vrouw, vrouw des huizes* **0.2** ⟨D-; BE⟩ ***dame*** ⟨adellijke titel, vrouwelijk pendant v. sir⟩ **0.3** ⟨AE; sl.⟩ ***wijf*** ⇒*mokkel* **0.4** ***dame*** ⟨door man gespeelde vrouwenfiguur in pantomime⟩ ◆ **1.¶** Dame Fortune *vrouwe Fortuna.*

damfool [dæmfoe:l], **damfoolish** [dæmfoe:lisj] ⟨-ness⟩⟨inf.⟩ **0.1** ***idioot*** *⇒stupide* ◆ **1.1** a ~ question *een belachelijke vraag.*

dammit [dæmit] ⟨samentr. v. damn it⟩⟨inf.⟩ **0.1** ***verdomme*** *⇒ jezus, verdorie* ◆ **¶.1** I'm ready as near as ~ *ik ben zo goed als klaar.*

damn¹ [dæm], **dang** [dæng] ⟨zn.⟩ **0.1** ⟨inf.⟩ ***zak*** *⇒reet, (malle)moer, donder* ◆ **2.1** not be worth a (tuppenny) ~ *geen ene moer waard zijn* **3.1** she doesn't care / give a (tinker's) ~ *het kan haar geen barst schelen* **¶.¶** ~! *verdomme!*

damn² ⟨bn.; bw.⟩⟨sl.⟩ **0.1** ***allejezus*** *⇒godvergeten, verdom-d(e)* ◆ **1.1** a ~ fool *een verdomde idioot* **2.1** ~ fast *verdomd snel* **4.¶** ⟨sl.⟩ he knew ~ all about it *hij wist er geen reet van* **5.1** you're ~ well going to *jij doet dat om de sodemieter wel.*

damn³ ⟨ww.⟩ **0.1** ***verdoemen*** *⇒vervloeken, verwensen* **0.2** ***te gronde richten*** *⇒ruïneren* **0.3** ***(af)kraken*** *⇒afbreken* **0.4** ***vloeken (tegen)*** *⇒uitvloeken* ◆ **1.1** ~ that fool! *laat ie doodvallen!* **1.3** the play was ~ed by the critics *het stuk werd door de recensenten de grond ingeboord* **4.1** ⟨inf.⟩ I'll be / I'm ~ed if I go *ik verdom het (mooi) om te gaan;* ⟨inf.⟩ (well,) I'll be ~ed *wel allejezus/verdomme, krijg nou wat;* ⟨sl.⟩ ~ it! *verdomme!;* ~ you! *(kloot)zak!, val dood!*

damnab|le [dæmnəbl] ⟨-ly⟩ **0.1** ⟨inf.⟩ ***godsgruwelijk*** *⇒god-geklaagd, verdomd* ◆ **1.1** ~ weather *pokkeweer.*

damnation [dæmneesjn] **0.1** ***verdoeming*** *⇒verdoemenis, vervloeking* ◆ **2.1** suffer eternal ~ *voor eeuwig verdoemd zijn* **¶.¶** ~! *allejezus!, verdomme!*

damned¹ [dæmd] ⟨bn.⟩ **0.1** ***verdoemd*** *⇒vervloekt, gedoemd* **0.2** ⟨inf.⟩ ***godsgruwelijk*** *⇒godgeklaagd, verdomd* ◆ **1.2** isn't that the ~est thing you've ever heard / seen? *dat is toch wel het toppunt!* **3.¶** ⟨inf.⟩ do one's ~est *alles uit de kast halen;* I'll see you ~ first! *over mijn lijk!* **7.1** the ~ *de verdoemden.*

damned² ⟨bw.⟩⟨inf.⟩ **0.1** ***donders*** *⇒godvergeten, verdomd* ◆ **2.1** a ~ poor excuse *een verdomd slap excuus* **5.1** you can ~ well do it on your own *je kan het om de dooie dood wel alleen af;* you know ~ well ... *je weet donders goed ...*

damning [dæming] **0.1** ***belastend*** *⇒(ernstig) bezwarend, vernietigend.*

damp¹ [dæmp] ⟨zn.⟩ **0.1** ***vocht(igheid)*** **0.2** ***nevel*** *⇒damp* ◆ **3.¶** cast / strike a ~ over / into *een domper zetten op, een schaduw werpen over.*

damp² ⟨bn.; -ness⟩ **0.1** ***vochtig*** *⇒nattig, klam* ◆ **1.¶** ~ squib *sof, fiasco.*

damp³ ⟨ww.⟩ **0.1** ***bevochtigen*** *⇒invochten* ⟨strijkgoed⟩ **0.2** ***smoren*** *⇒doven, temperen* ⟨door afsluiting v. luchttoevoer⟩ **0.3** ***temperen*** *⇒doen bekoelen* **0.4** ***dempen*** ⟨trilling⟩ ◆ **1.3** it ~ed her spirits *het ontmoedigde haar* **5.2** ~ **down** *inrekenen* ⟨vuur⟩; *inrakelen, afdekken* **5.3** ~ **down** s.o.'s enthusiasm *iemands enthousiasme temperen.*

damp course, damp-proof course ⟨bouwk.⟩ **0.1** ***vochtwerende laag.***

dampen [dæmpən] **0.1** ***bevochtigen*** *⇒vochtig maken* **0.2** ***temperen*** *⇒doen bekoelen, ontmoedigen.*

damper [dæmpə] **0.1** ***sleutel*** ⟨v. kachel⟩ *⇒regelschuif/klep, demper* **0.2** ***schokdemper*** *⇒schokbreker* **0.3** ***bevochtiger*** **0.4** ***(trillings)demper*** **0.5** ***domper*** *⇒schaduw, teleurstelling* **0.6** ***spelbreker/bederver*** ◆ **3.5** put a ~ on sth. *ergens een domper op zetten/schaduw op werpen.*

damsel [dæmzl] **0.1** ⟨vero.⟩ ***juffer*** *⇒maagd, jonkvrouw* **0.2** ⟨scherts.⟩ ***jongedame*** *⇒meiske.*

damselfly [dæmzlflaj] **0.1** ***waterjuffer.***

damson [dæmzn] ⟨plantk.⟩ **0.1** ***kroosje*** *⇒kriekpruim, damastpruim* **0.2** ⟨ook attr.⟩ ***damastpruim(kleur).***

dan [dæn] ⟨budo⟩ **0.1** ***dan.***

dance¹ [da:ns] **I** ⟨telb.zn.⟩ **0.1** ***dans*** *⇒dansnummer* **0.2** ***dansfeest*** *⇒bal, dansavond* **0.3** ***dans*** ⟨muziekstuk waarop kan worden gedanst⟩ ◆ **2.3** a slow ~ *een langzame dans* **3.1** join the ~ *mee gaan dansen;* ⟨fig.⟩ *met de (grote) hoop meedoen* **3.¶** lead s.o. a (jolly / merry / pretty) ~ *iem. het leven zuur maken;*
II ⟨n.-telb.zn.; the; soms D-⟩ **0.1** ***danskunst*** *⇒dans.*

dance² **I** ⟨onov.ww.⟩ **0.1** ***dansen*** *⇒springen, (staan te) trappelen* ◆ **1.1** the leaves were dancing in the wind *de blaren dwarrelden in de wind* **6.1** her eyes ~d **for / with** joy *haar ogen tintelden van vreugde;* ~ **to** music *op muziek dansen;* ~ **with** rage / pain *trappelen van woede/van de pijn;*
II ⟨ov.ww.⟩ **0.1** ***dansen*** **0.2** ***doen/laten dansen*** ◆ **1.1** ~ the title role in a ballet *de titelrol vertolken in een ballet* **1.2** ~ a baby on one's knee *een kindje op zijn knie laten rijden* **1.¶** ~ one's way into the hearts of the public *al dansend het hart v.h. publiek veroveren.*

dance band, dance orchestra **0.1** ***dansorkest.***

dance hall **0.1** ***dancing*** *⇒dansgelegenheid.*

dance hostess **0.1** ***beroepsdanseres*** ⟨als partner in dancing⟩.

dance music **0.1** ***dansmuziek.***

dancer [da:nsə] **0.1** ***danser(es)*** *⇒ballerina.*

dancing girl **0.1** ***danseres.***

dancing hall **0.1** ***danszaal.***

dancing master **0.1** ***dansleraar/lerares.***

dancing partner **0.1** ***danspartner.***

dancing shoe **0.1** ***dansschoen*** ◆ **3.1** put on your ~s! *maak je mooi!*

dandelion [dændillajjən] **0.1** ***paardenbloem.***

dander [dændə] ⟨inf.⟩ **0.1** ***(slecht) humeur*** *⇒nijd(igheid), woede* ◆ **3.¶** get one's ~ up *pissig/woest worden;* get s.o.'s ~ up *iem. nijdig maken.*

dandif|y [dændiffaj] ⟨-ied⟩ **0.1** ***opdirken*** *⇒opsmukken* ◆ **1.1** a dandified person *een fatterig/opgedirkt persoon.*

dandle [dændl] **0.1** ***wiege(le)n*** ⟨kind⟩ *⇒laten dansen* ◆ **1.1** ~ a baby on one's knee *een kindje op zijn knie laten rijden.*

dandruff [dændrəf, -druf] **0.1** ***(hoofd)roos.***

dand|y¹ [dændie] ⟨zn.; mv.: -ies⟩ **0.1** ***fat*** *⇒dandy, modegek/pop* **0.2** ⟨inf.⟩ ***juweel(tje)*** *⇒prachtstuk/figuur.*

dand|y² ⟨bn.; -ier⟩ **0.1** ***fatterig*** *⇒dandyachtig* **0.2** ⟨vnl. AE; inf.⟩ ***tiptop*** *⇒puik, prima.*

Dane [deen] **0.1** ***Deen*** **0.2** ***Deense dog*** ◆ **2.2** Great ~ *Deense dog.*

Danelaw [deenlo:] ⟨gesch.⟩ **0.1** ***Noormannenrecht*** ⟨in Noord-Engeland⟩.

danger [deendzjə] **0.1** ***gevaar*** *⇒risico, onraad* ◆ **6.1** the signal was **at** ~ *het sein stond op onveilig;* her life was **in** ~, she was **in** ~ **of** losing her life *ze verkeerde in levensgevaar;* be **in** ~ **of** *het gevaar lopen te;* **out of** ~ *buiten (levens)gevaar;* **without** ~ *veilig, zonder risico* **¶.1** Danger! Falling rocks *Pas op! Neerstortend gesteente.*

danger man ⟨sport⟩ **0.1** ***gevaarlijke man.***

danger money **0.1** ***gevarengeld.***

dangerous [deendzjrəs] **0.1** ***gevaarlijk*** *⇒riskant* ◆ **1.1** ~ drug *gevaarlijk* ⟨ihb. verslavend⟩ *medicijn, (verslavend) verdovend middel.*

danger sign **0.1** ***waarschuwingsteken.***

dangle [dænggl] **I** ⟨onov.ww.⟩ **0.1** ***bengelen*** *⇒bungelen, slingeren* **0.2** ***(om iem. heen) draaien*** *⇒(achter)nalopen* ◆ **3.1** ⟨fig.⟩ keep s.o. dangling *iem. aan het lijntje houden* **6.2** ~ **about / after / round** s.o. *om iem. heen draaien* ⟨als een vlieg om de stroop⟩;
II ⟨ov.ww.⟩ **0.1** ***laten bengelen/bungelen/slingeren*** ◆

6.1 ⟨fig.⟩ ~ sth. **before/in front of** s.o. *iem. met iets trachten te paaien/verleiden.*

Danish [deenisj] **0.1** ⟨bn.⟩ ***Deens*** **0.2** ⟨zn.⟩ ***Deens*** ⟨taal⟩ ◆ **1.¶** ~ blue *Danish blue* ⟨blauwschimmelkaas⟩; ~ pastry *Deens gebak(je).*

dank [dængk] ⟨-ness⟩ **0.1** ***dompig*** ⇒*klam(-vochtig)* ◆ **1.1** a ~ cellar *een bedompte kelder.*

Danube [dænjoe:b] **0.1** ***Donau.***

dapper [dæpə] **0.1** ***keurig*** ⇒*netjes, goed verzorgd* **0.2** ***parmant(ig)*** ⇒*zwierig, kwiek.*

dapple [dæpl] **I** ⟨onov.ww.⟩ **0.1** ***spikkels/vlekken krijgen;***
II ⟨ov.ww.⟩ **0.1** ***(be)spikkelen*** ⇒*met vlekken bedekken.*

dapple-grey **0.1** ⟨bn.⟩ ***appelgrauw*** **0.2** ⟨zn.⟩ ***appelschimmel*** ⟨paard⟩.

Darby and Joan [da:bie ən dzjoon] ⟨vnl. BE⟩ **0.1** ***verknocht bejaard echtpaar*** ⇒*onafscheidelijke oudjes.*

Darby and Joan club **0.1** ***bejaardensociëteit*** ⇒⟨AZN⟩ *gepensioneerdenbond.*

dare¹ [deə] ⟨zn.⟩ **0.1** ***uitdaging*** ⇒*provocatie* **0.2** ***gedurfde handeling*** ⇒*moedige daad* ◆ **6.1** do sth. **for** a ~ *zich niet laten kennen.*

dare² [deə] **I** ⟨ov.ww.⟩ **0.1** ***aandurven*** ⇒*trotseren* **0.2** ***uitdagen*** ⇒*tarten* ◆ **1.1** she ~d his wrath *ze trotseerde zijn woede* **1.2** she ~d Bill to hit her *ze daagde Bill uit haar te slaan;*
II ⟨hww.; 3e pers. enk. dare⟩ **0.1** ***(aan)durven*** ⇒*het wagen, het lef hebben te* ◆ **3.1** he does not ~ to/~ not answer back *hij durft niet tegen te spreken* **3.¶** I ~ say *ik veronderstel, ik neem aan;* ⟨als tussenwerpsel⟩ *natuurlijk, waarschijnlijk;* ⟨BE⟩ *misschien* **5.1** how ~ (you say such things)? *hoe durf je zoiets te zeggen?*

daredevil ⟨ook attr.⟩ **0.1** ***waaghals*** ⇒*durfal* ◆ **7.1** he's such a ~ (fellow) *het is zo'n waaghals/doldrieste figuur.*

daresay [deəsee] ⟨alleen 1e pers. enk., teg. t.⟩ **0.1** ***geloven*** ⇒ *denken, veronderstellen* ◆ **4.1** you're right, I ~ *je hebt ongetwijfeld gelijk.*

daring¹ [deəring] ⟨zn.⟩ **0.1** ***moed*** ⇒*durf, lef* **0.2** ***gewaagdheid*** ⇒*gedurfdheid* ◆ **1.2** a proposal/film of great ~ *een zeer gedurfd voorstel/gewaagde film.*

daring² ⟨bn.⟩ **0.1** ***brutaal*** ⇒*moedig, gedurfd* **0.2** ***gewaagd*** ⇒ *gedurfd, vergaand.*

dark¹ [da:k] **I** ⟨telb. en n.-telb.zn.⟩ **0.1** ***donkere kleur/tint*** **0.2** ***donkere plaats*** ◆ **1.1** the ~ of her eyes *het donker/zwart v. haar ogen;*
II ⟨n.-telb.zn.⟩ **0.1** ***duister*** ⇒*duister(nis), donkerte* **0.2** ***vallen v.d. avond*** ◆ **3.¶** keep s.o. in the ~ about sth. *iem. ergens onkundig van laten;* whistle in the ~ *doen alsof men niet bang is* **6.1** **in** the ~ *in het donker;* ⟨fig.⟩ *in het geniep* **6.2** **after/before** ~ *na/voor het donker* **6.¶** be **in** the ~ (about sth.) *in het duister tasten (omtrent iets).*

dark² ⟨bn.⟩ **0.1** ***donker*** ⇒*duister, onverlicht* **0.2** ***slecht*** ⇒ *duister, verdorven* **0.3** ***somber*** ⇒*donker, zwart, triest* **0.4** ***verborgen*** ⇒*geheimzinnig, duister* **0.5** ***obscuur*** ⇒*onbegrijpelijk* **0.6** ***donker*** ⇒*laag en vol* ⟨v. stem⟩ ◆ **1.1** ~ brown *donkerbruin* **1.2** ~ powers *duistere machten* **1.3** the ~ side of things *de schaduwzijde der dingen* **1.4** in ~est Africa *in donker Afrika;* the Dark Continent *het zwarte werelddeel;* a ~ secret *een diep geheim* **1.¶** ~ era in history *donkere periode in de geschiedenis;* ~ horse *outsider* ⟨in race⟩; *onbekende mededinger* ⟨bij verkiezingen⟩.

Dark Ages ⟨the⟩ **0.1** ***donkere/duistere Middeleeuwen.***

darken [da:kən] **I** ⟨onov.ww.⟩ **0.1** ***donker(der) worden*** ⇒ *verduisteren* **0.2** ***vertroebelen*** ⇒*vervagen* **0.3** ***betrekken*** ⇒*bewolkt worden* **0.4** ***versomberen*** ⇒*treurig worden, uit zijn humeur raken* **0.5** ***blind worden;***
II ⟨ov.ww.⟩ **0.1** ***donker(der) maken*** ⇒*verduisteren* **0.2** ***(doen) vertroebelen*** ⇒*onduidelijk maken* **0.3** ***triest/somber stemmen*** ⇒*uit zijn humeur brengen* **0.4** ***blind maken*** ⇒*verblinden.*

darkness [da:knəs] **0.1** ***duisternis*** ⇒⟨ihb.⟩ *verdorvenheid* ◆ **1.1** powers of ~ *kwade machten.*

darkroom ⟨foto.⟩ **0.1** ***donkere kamer.***

dark|y, darkey, darkie [da:kie] ⟨mv.: -ies⟩⟨inf.; bel.⟩ **0.1** ***zwartje*** ⇒*nikker.*

darling¹ [da:ling] ⟨zn.⟩ **0.1** ***schat(je)*** ⇒*lieveling, lieverd.*

darling² ⟨bn.⟩ **0.1** ***geliefd*** ⇒*(aller)lief(st)* **0.2** ⟨inf.⟩ ***schattig*** ⇒*snoezig* ◆ **1.1** my ~ wife *mijn geliefde echtgenote* **1.2** a ~ dress *een (werkelijk) schattig jurkje.*

darn¹ [da:n] ⟨zn.⟩ **0.1** ***stop*** ⇒*gestopt gat, stopsel* **0.2** ⟨euf. voor damn⟩ ***donder*** ◆ **3.2** I don't give a ~ *het kan me geen zier schelen.*

darn² ⟨bn.; bw.⟩⟨euf. voor damn⟩ **0.1** ***verdraaid*** ⇒*vervloekt.*

darn³ ⟨ww.⟩ **0.1** ***stoppen*** ⇒*mazen* **0.2** ⟨euf. voor damn⟩ ***(ver)vloeken*** ⇒*verwensen* ◆ **1.1** ~ (a hole in) a sock *(een gat in) een sok stoppen* **¶.2** ~ (it)! *verdraaid!, verduiveld!*

darned [da:nd] ⟨euf. voor damned⟩ **0.1** ***verdraaid*** ⇒*vervloekt.*

darning [da:ning] **0.1** ***stop/maaswerk.***

dart¹ [da:t] ⟨zn.⟩ **0.1** ***pijl(tje)*** **0.2** ***pluimpje*** ⟨voor windbuks⟩ **0.3** ***angel*** ⟨v. insect⟩ **0.4** ***(plotselinge/scherpe) uitval*** ⟨ook fig.⟩ ⇒*steek, sprong* **0.5** ***coupenaad*** ◆ **1.4** his speech was filled with ~s of sarcasm *zijn toespraak zat vol met sarcastische uitvallen* **3.4** make a ~ for the door *naar de deur springen/schieten.*

dart² **I** ⟨onov.ww.⟩ **0.1** ***(toe/weg)snellen/schieten/stuiven*** ◆ **5.1** ~ **across** *snel oversteken;* ~ **along/away/out** *langs/weg/naar buiten stuiven;*
II ⟨ov.ww.⟩ **0.1** ***(toe)werpen*** ⇒*schieten, plotseling richten op* **0.2** ***plotseling uitsteken*** ⇒*priemen* ◆ **1.1** ~ a glance/look at *een (plotselinge/scherpe) blik toewerpen* **5.2** ~ **out** one's tongue *(razendsnel) zijn tong uitsteken* ⟨v. slang⟩.

dartboard **0.1** ***dartsboard*** ⇒⟨AZN⟩ *vogelpikschijf.*

Dartmoor [da:tmo:, -moeə] **0.1** ***Dartmoor*** ⟨heidegebied in Devonshire; gevangenis⟩.

darts [da:ts] **0.1** ***darts*** ⇒⟨AZN⟩ *vogelpik.*

dash¹ [dæsj] **I** ⟨telb.zn.⟩ **0.1** ***ietsje, tik(kel)je*** ⇒*scheutje; snu(i)fje* **0.2** ***(snelle, krachtige) slag*** ⇒*dreun* **0.3** ***spurt*** ⇒ *sprint, uitval* **0.4** ⟨g. mv.⟩ ***geklets*** ⇒*gekabbel, geklater* **0.5** ***penne/penseelstreek*** **0.6** ***streep*** ⟨in morsealfabet⟩ **0.7** ⟨druk.⟩ ***kastlijn*** ⇒*gedachtestreep(je)* ◆ **1.1** ~ of brandy *scheutje cognac;* ~ of pepper *snufje peper* **1.3** the 100 metres ~ *de honderd meter sprint* **1.4** the ~ of waves *golfgeklots* **1.6** dots and ~es *punten en strepen* **3.3** the prisoners made a ~ for freedom *de gevangenen deden een snelle uitbreekpoging* **3.¶** cut a ~ *de show stelen;*
II ⟨n.-telb.zn.⟩ **0.1** ***elan*** ⇒*zwier, durf.*

dash² **I** ⟨onov.ww.⟩ **0.1** ***(vooruit)stormen*** ⇒*(zich) storten, denderen* **0.2** ***(rond)banjeren*** ⇒*(met veel vertoon) rondspringen* ◆ **3.1** I'm afraid I must ~ now *en nu moet ik er als de bliksem vandoor* **5.1** ~ **along/past** *voorbijstuiven;* ~ **away** *wegstormen, zich uit de voeten maken;* ~ **off** *er (als de gesmeerde bliksem) vandoor gaan;* ~ **up** *komen aansnellen* **5.2** ~ **about** *rondbanjeren;*
II ⟨onov. en ov.ww.⟩ **0.1** ***(met grote kracht) slaan*** ⇒*smijten, beuken* ◆ **1.1** the fish bowl ~ed to pieces *de viskom spatte uit elkaar* **5.1** ~ **down** *neersmijten* **6.1** the waves ~ed **against** the rocks *de golven beukten tegen de rotsen;*
III ⟨ov.ww.⟩ **0.1** ***vermorzelen*** ⇒*verbrijzelen, verpletteren;* ⟨fig.⟩ *de bodem inslaan, verijdelen* **0.2** ***(be)spatten*** ⇒*besmeuren, (be)sprenkelen* **0.3** ***snel/gehaast doen*** **0.4** ⟨inf.;

euf. voor damn⟩ ***vervloeken*** ⇒*verwensen* **0.5** ***doorspekken*** ⇒*larderen* ◆ **1.1** all my expectations were ~ed *al mijn verwachtingen werden de bodem ingeslagen* **4.4** ~ it (all)! *verdraaid!, nondeju!* **5.1** ~ one's/s.o.'s brains **out** *zijn hersenpan kraken, iem. de hersens inslaan* **5.3** ~ sth. **down/off** *iets nog even gauw eruit stampen/opschrijven* **6.2** ~ mud **over** sth., ~ sth. **with** mud *iets met modder bespatten/besmeuren.*

dashboard **0.1** ***dashboard*** ⟨v. auto, vliegtuig e.d.⟩ **0.2** ***spatscherm*** ⟨v. rijtuig⟩.

dashed [dæsjt] ⟨BE; euf. voor damned⟩ **0.1** ***verdraaid*** ⇒*verduiveld, deksels.*

dashing [dæsjing] **0.1** ***onstuimig*** ⇒*driest, brutaal* **0.2** ***levendig*** ⇒*wilskrachtig, vlot* **0.3** ***opzichtig*** ⇒*zwierig.*

dastardly [dæstədlie] **0.1** ***snood*** ⇒*schijterig, geniepig.*

DAT [dæt] ⟨afk.⟩ **0.1** [Digital Audio Tape] ***DAT*** ⟨digitale geluidsband/tape⟩.

data [deetə] ⟨mv.; thans vaak n.-telb.zn.⟩ →**datum.**

data bank ⟨comp.⟩ **0.1** ***databank.***

data base ⟨comp.⟩ **0.1** ***database.***

database management ⟨comp.⟩ **0.1** ***databasebeheer.***

data link ⟨comp.⟩ **0.1** ***gegevensverbinding.***

data manager ⟨comp.⟩ **0.1** ***gegevensbeheerder.***

data processing ⟨comp.⟩ **0.1** ***gegevensverwerking.***

data processor ⟨comp.⟩ **0.1** ***gegevensverwerkende machine.***

data set ⟨comp.⟩ **0.1** ***bestand.***

data structure ⟨comp.⟩ **0.1** ***gegevensstructuur*** ⇒*datastructuur.*

data transmission ⟨comp.⟩ **0.1** ***datatransmissie*** ⇒*overdracht v. gegevens.*

date[1] [deet] **I** ⟨telb.zn.⟩ **0.1** ***dadel*** **0.2** ⟨verk.⟩ [date palm] **0.3** ***datum*** ⇒*dagtekening* **0.4** ***afspraak*** ⇒⟨inf.⟩ *afspraakje* **0.5** ⟨vnl. AE; inf.⟩ ***vriend(innet)je*** ⇒*partner, 'afspraakje'* ◆ **3.4** we made a ~ to meet tomorrow *we hebben afgesproken morgen bij elkaar te komen* **4.4** it's a ~ *afgesproken.* → **blind;**
II ⟨telb. en n.-telb.zn.⟩ **0.1** ***tijd(perk)*** ⇒*periode* **0.2** ***(levens)duur*** ◆ **2.1** of (an) early/(a) late ~ *uit een vroege/late periode* **3.¶** go out of ~ *in onbruik raken* **6.¶** **out of** ~ *verouderd; ouderwets;* **to** ~ *tot op heden;* **up to** ~ *bij (de tijd), modern, geavanceerd; volledig bijgewerkt;* bring **up to** ~ *bijwerken, moderniseren;*
III ⟨mv.⟩ **0.1** ***geboorte- en sterfjaar.***

date[2] **I** ⟨onov.ww.⟩ **0.1** ***verouderen*** ⇒*uit de tijd raken/zijn* **0.2** ***dateren*** **0.3** ⟨vnl. AE; inf.⟩ ***afspraakjes hebben*** ⇒*uitgaan* ◆ **1.3** Peter and Jane have been dating for a year *Peter en Jane gaan al een jaar met elkaar om* **6.2** ~ **back to** *stammen/dateren uit;* ~ **from** *stammen/dateren uit;*
II ⟨ov.ww.⟩ **0.1** ***dateren*** ⇒*dagtekenen* **0.2** ***dateren*** ⇒*de datum/ouderdom vaststellen van* **0.3** ***de ouderdom verraden van*** ⇒*een ouderwets cachet verlenen aan* **0.4** ***omgaan/uitgaan met*** ⇒*afspraakjes hebben met, vrijen met* ◆ **1.2** ~ a painting *een schilderij dateren* **4.3** that ~s me, doesn't it! *nu weet je meteen hoe oud ik ben!* **4.4** ~ each other *met elkaar omgaan* **6.2** ~ sth. **to** a certain period *iets aan een bepaald tijdvak/tijdperk toeschrijven* **6.3** the model of the car ~s it **at** about 1900 *gezien het model dateert de auto van rond 1900.*

dated [deetid] **0.1** ***ouderwets*** ⇒*gedateerd, verouderd.*

dateless [deetləs] ⟨-ness⟩ **0.1** ***ongedateerd*** ⇒*zonder datum* **0.2** ***tijd(e)loos*** ⇒*niet verouderend, onvergankelijk.*

dateline **0.1** ***dagtekening (v. krantenartikel)*** **0.2** ***datumgrens/lijn.***

date palm **0.1** ***dadel(palm)*** ⇒*dadelboom.*

dative [deetiv] **0.1** ***datief*** ⇒*derde naamval.*

datum [deetəm] ⟨mv.: data⟩ **I** ⟨telb.zn.⟩ **0.1** ***feit*** ⇒*gegeven* **0.2** ***nulpunt*** ⟨v. schaal e.d.⟩ ⇒⟨ihb.⟩ *(gemiddeld laag)waterpeil* ◆ **1.1** a ~ of experience *een ervaringsfeit;*
II ⟨mv.; ww. vnl. enk.⟩ **0.1** ***gegevens*** ⇒*data, informatie* ⟨ook comp.⟩ ◆ **3.1** the data is/are being prepared for processing *de informatie wordt gereedgemaakt voor verwerking.*

daub[1] [do:b] **I** ⟨telb.zn.⟩ **0.1** ***lik*** ⇒*klodder, smeer* **0.2** ***kladschilderij*** ⇒*kladderwerk* ◆ **1.1** ~ of butter/paint *lik boter/verf;*
II ⟨telb. en n.-telb.zn.⟩ **0.1** ***(muur)pleister*** ⇒*pleisterkalk/leem.*

daub[2] ⟨ww.⟩ **0.1** ***besmeren*** ⇒*bekladden, besmeuren* ◆ **6.1** ~ paint **on(to)** a wall/~ a wall **with** paint *verf op een muur kwakken;* he had ~ed grease all **over** his overalls *zijn overall zat van onder tot boven onder de smeer.*

dauber [do:bə] **0.1** ***kladschilder*** ⇒*kliederaar* **0.2** ***stukadoor.***

daughter [do:tə] **0.1** ***dochter*** ⟨ook fig. en nat.⟩ **0.2** ⟨biol.⟩ ***dochtercel*** ◆ **1.1** Spanish is a ~ (language) of Latin *het Spaans is een dochtertaal v.h. Latijn.*

daughter-in-law ⟨mv.: daughters-in-law⟩ **0.1** ***schoondochter.***

daughterly [do:təlie] **0.1** ***dochterlijk*** ⇒*zoals het een dochter betaamt.*

daunt [do:nt] **0.1** ***ontmoedigen*** ⇒*intimideren, afschrikken* ◆ **5.1** nothing ~ed *onverdroten, onvervaard.*

dauntless [do:ntləs] **0.1** ***onverschrokken*** ⇒*onbevreesd, onvervaard* **0.2** ***volhardend*** ⇒*vasthoudend, niet-aflatend.*

dauphin [do:fin] ⟨ook D-⟩ **0.1** ***dauphin*** ⟨Fr. kroonprins⟩.

dauphine [do:fie:n] ⟨gesch.⟩ **0.1** ***dauphine*** ⟨gemalin v. Fr. kroonprins⟩.

davenport [dævnpo:t] **0.1** ⟨BE; ong.⟩ ***secretaire*** ⇒*schrijfmeubel* **0.2** ⟨vnl. AE⟩ ***(zitslaap)bank.***

davit [dævit, deevit] ⟨scheep.⟩ **0.1** ***davit*** **0.2** ***kraanbalk*** ⇒*laadboom, giek.*

Davy Jones's locker ⟨inf.⟩ **0.1** ***dieperik*** ⇒*(eerlijk) zeemansgraf* ◆ **3.1** go to ~ *naar de kelder gaan.*

Dav|y(lamp) [deevie] ⟨mv.: -ies⟩ **0.1** ***davylamp*** ⇒*mijnwerkerslamp.*

dawdle [do:dl] **I** ⟨onov.ww.⟩ **0.1** ***treuzelen*** ⇒*teuten* ◆ **6.¶** ~ **over** one's food *kieskauwen, met lange tanden eten;*
II ⟨ov.ww.⟩ ◆ **5.¶** ~ **away** *verlummelen, verprutsen.*

dawdler [do:dlə] **0.1** ***teut*** ⇒*treuzel(aar), beuzelaar.*

dawn[1] [do:n] ⟨zn.⟩ **0.1** ***dageraad*** ⟨ook fig.⟩ ⇒*morgenrood, zonsopgang* ◆ **1.1** the ~ of civilization *de ochtendstond der beschaving* **3.1** ~ is breaking *de dag breekt aan* **6.1** **at** ~ *bij het krieken v.d. dag;* **from** ~ **till** dark *van de ochtend tot de avond, van vroeg tot laat.*

dawn[2] ⟨ww.⟩ **0.1** ***dagen*** ⟨ook fig.⟩ ⇒*licht worden, aanbreken, duidelijk worden* ◆ **1.1** the day is ~ing *de dag breekt aan* **6.1** it ~ed **on** me *het begon me te dagen, het drong tot me door.*

dawn chorus **0.1** ***morgenlied*** ⟨v. vogel⟩.

day [dee] **I** ⟨telb.zn.⟩ **0.1** ***dag*** ⇒*etmaal* **0.2** ***werkdag*** **0.3** ⟨in samenstellingen⟩ ***(hoogtij)dag*** **0.4** ***tijdstip*** ⇒*gelegenheid* **0.5** ***jour*** ⇒*ontvangdag* ◆ **1.1** ⟨BE⟩ this ~ fortnight/week *vandaag over veertien dagen/een week;* ~ of judgement/reckoning *dag des oordeels/der afrekening;* ~ and night/night and ~ *dag en nacht;* the ~ after tomorrow *overmorgen* **1.2** an 8-hour ~ *een achturige werkdag* **1.¶** come the ~ before the fair *(ergens) te vroeg (mee) komen;* ⟨hand.⟩ ~s of grace *respijtdagen;* all in a/the ~'s work *de normale gang v. zaken;* a good ~'s work *een productief dagje* **3.1** work ~s

overdag werken, dagdienst hebben **3.¶** call it a ~ *het voor gezien houden;* let's call it a ~ *laten we er een punt achter zetten;* end one's ~s *zijn laatste dagen slijten; sterven;* make a ~ of it *een dagje doorhalen;* make s.o.'s ~ *iemands dag goedmaken;* name the ~ *de trouwdag vaststellen* **4.1** ⟨inf.⟩ from ~ one *meteen, vanaf de eerste dag* **4.¶** one of these (fine) ~s *een dezer dagen;* one of those ~s *zo'n dag waarop alles tegenzit* **5.1** ~ **in**, ~ **out** *dag in, dag uit;* ~ **out** *dagje uit* **5.2** ~ **off** *vrije dag* **5.¶** not (have) one's ~ *zijn dag niet (hebben)* **6.1** ~ **after** ~ *dag in, dag uit;* ~ **by** ~, **from** ~ **to** ~ *dagelijks, v. dag tot dag* **6.¶** **from** one ~ **to** the next *van vandaag op morgen;* **on** one's ~ *op het toppunt v. zijn kunnen* **7.4** one ~ *op een zekere dag;* some ~ *eens, eenmaal, op een keer; bij gelegenheid* **7.¶** ⟨inf.⟩ every other ~ *om de haverklap* **8.¶** she's thirty if she's a ~ *ze is op zijn minst dertig.* →**born, happy, rainy;**
II ⟨telb. en n.-telb.zn.⟩ **0.1** ***dag*** ⇒*daglicht* **0.2** ***tijd*** ⇒*periode, dag(en)* ◆ **1.2** (in) ~s of old / yore *(in) vroeger tijden* **2.2** (in) olden ~s *(in) vroeger tijden* **3.2** he's had his ~ *hij heeft zijn tijd gehad* **4.2** those were the ~s *dat waren pas/nog eens tijden* **4.¶** that will be the ~ *dat wil ik zien* **6.1** ⟨vnl. schr.⟩ **by** ~ *overdag* **6.2** **at** the present ~ *vandaag de dag;* **in** one's ~ *in iemands tijd/leven;* **in** the ~s **of** *ten tijde van* **6.¶** **to** the / a ~ *op de dag af;* **to** this ~ *tot op de dag v. vandaag, tot op heden* **7.2** questions of the ~ *hedendaagse/actuele vraagstukken;* these ~s *tegenwoordig, vandaag de dag;* (in) this ~ and age *vandaag de dag;* in those ~s *in die dagen* **7.¶** the other ~ *onlangs, pas geleden.* →**better, evil;**
III ⟨n.-telb.zn.; the⟩ **0.1** ***slag*** ⇒*strijd* ◆ **3.1** carry / save / win the ~ *de slag winnen;* lose the ~ *de slag verliezen;*
IV ⟨mv.⟩ **0.1** ***levensdagen*** ⇒*leven* ◆ **3.1** spend one's ~s in solitude *zijn leven in eenzaamheid slijten.*

day bed **0.1** ***(zit/slaap)bank.***

daybook **0.1** ⟨boekhouden⟩ ***dagboek*** ⇒*kladboek, journaal.*

day-boy, day-girl ⟨BE⟩ **0.1** ***externe leerling*** ⇒*dagscholier.*

daybreak **0.1** ***dageraad*** ⇒*zonsopgang.*

day-care **0.1** ***dag/kinderopvang*** ◆ **1.1** ~ centre *crèche, kinderdagverblijf.*

daycentre **0.1** ***dagverblijf.***

daydream[1] ⟨zn.⟩ **0.1** ***dagdroom*** ⇒*mijmering.*

daydream[2] ⟨ww.⟩ **0.1** ***dagdromen*** ⇒*mijmeren.*

daydreamer **0.1** ***dagdromer.***

daylight **0.1** ***daglicht*** ⇒⟨fig.⟩ *openbaarheid, publiciteit* **0.2** ***dageraad*** ⇒*ochtendgloren, zonsopgang* ◆ **2.1** in broad ~ *op klaarlichte dag* **3.¶** ⟨inf.⟩ let ~ into *nieuw licht werpen op; zich (her)bezinnen;* see ~ *iets door/in de gaten krijgen; een lichtpuntje zien;* beat / knock the (living) ~s out of s.o. *iem. overhoop/buiten westen slaan;* scare the (living) ~s out of s.o. *iem. de stuipen op het lijf jagen.*

daylight robbery **0.1** ***beroving op klaarlichte dag*** **0.2** ***schaamteloze oplichterij.***

daylong **0.1** ***de hele dag durend*** ⇒*een dag lang.*

day nursery **0.1** ***crèche*** ⇒*kinderdagverblijf* **0.2** ***kinderkamer*** ⇒*speelkamer.*

day release ⟨BE⟩ **I** ⟨telb.zn.⟩ **0.1** ***werknemer met educatief verlof*** ⇒⟨ong.⟩ *leerling in het participatieonderwijs;*
II ⟨n.-telb.zn.⟩ **0.1** ***educatief verlof*** ⇒⟨ong.⟩ *participatieonderwijs.*

day release course ⟨BE⟩ **0.1** ***cursus in (doorbetaalde) werktijd.***

day return, day ticket ⟨BE⟩ **0.1** ***dagretour.***

dayroom **0.1** ***dagverblijf.***

day school **0.1** ***dagschool.***

day shift **0.1** ***dagdienst*** ⇒*dagploeg.*

daytime[1] ⟨zn.; the⟩ **0.1** ***dag*** ⇒*periode tussen zonsopgang en zonsondergang* ◆ **6.1** **in** the ~ *overdag.*

daytime[2] ⟨bn.⟩ **0.1** ***dag-*** ◆ **1.1** ~ flights *dagvluchten.*

day-to-day **0.1** ***dagelijks*** ⇒*van alledag* **0.2** ***van dag tot dag*** ⇒*bij de dag.*

daytrip **0.1** ***dagtocht(je).***

daze[1] [deez] ⟨zn.⟩ **0.1** ***verdoving*** **0.2** ***verbijstering*** ⇒*verbluftheid* ◆ **6.1** **in** a ~ *verdoofd, versuft* **6.2** **in** a ~ *verbluft, ontsteld.*

daze[2] ⟨ww.⟩ **0.1** ***verdoven*** ⇒*bedwelmen, doen duizelen* **0.2** ***verbijsteren*** ⇒*verbluffen* ◆ **4.1** he was ~d *het duizelde hem* **6.1** ~d **with** drugs *versuft v. medicijnen/drugs.*

dazedly [deezidlie] **0.1** ***verdoofd*** ⇒*versuft* **0.2** ***verbijsterd*** ⇒*verbluft.*

dazzle [dæzl] ⟨zn.: **-ment**⟩ **I** ⟨onov. en ov.ww.⟩ **0.1** ***imponeren*** ⇒*indruk maken (op);*
II ⟨ov.ww.⟩ **0.1** ***verblinden*** **0.2** ***verbijsteren*** ⇒*verbluffen* **0.3** ***begoochelen.***

DBMS ⟨afk.; comp.⟩ **0.1** [Data Base Management System].

D.C. ⟨afk.⟩ **0.1** [direct current] **0.2** [District of Columbia].

DCC ⟨afk.⟩ **0.1** [digital compact cassette] ***dcc.***

D-day [die:dee] **0.1** ⟨mil.; verk.⟩ [Decision day] ***D-day*** ⇒*Dag D, kritische begindag* ⟨ihb. v.d. invasie in Normandië, 6 juni 1944⟩.

DDT ⟨verk.⟩ [dichlorodiphenyltrichloroethane] **0.1** ***DDT*** ⟨insecticide⟩.

deacon [die:kən] ⟨rel.⟩ **0.1** ***diaken.***

deactiv|ate [die:·æktivveet] ⟨zn.: **-ation**⟩ **0.1** ***onschadelijk maken*** ⇒*demonteren* ⟨bv. bom⟩ **0.2** ⟨mil.⟩ ***op non-actief/-activiteit stellen.***

dead[1] [ded] ⟨zn.⟩ **0.1** ***hoogte/dieptepunt*** ◆ **6.1** **in** the / **at** ~ of night *in het holst v.d. nacht* **7.1** the ~ of winter *hartje winter.*

dead[2] ⟨-ness⟩ **I** ⟨bn.⟩ **0.1** ***dood*** ⇒*overleden, gestorven* **0.2** ***verouderd*** **0.3** ***onwerkzaam*** ⇒*leeg, uit, op* **0.4** ***uitgestorven*** ⇒*onbezield* **0.5** ***gevoelloos*** ⇒*ongevoelig* **0.6** ⟨sport⟩ ***uit (het spel)*** ⟨v. bal⟩ **0.7** ***niet stuitend*** ⟨o.m. v. bal⟩ ◆ **1.1** over my ~ body *over mijn lijk;* ⟨sprw.⟩ ~ men tell no tales *dode honden bijten niet* **1.3** ~ battery *lege accu;* ~ coal *dove/⟨AZN⟩ dode kolen;* ~ flame *uitgedoofde vlam;* ~ match *afgebrande lucifer;* the radio is ~ *de radio is uitgevallen/doet het niet (meer);* cut out (the) ~ wood *ontdoen/verwijderen v. ballast/overbodige franje* **1.4** the place is ~ *het is er een dooie boel* **1.¶** ~ as a doornail / as mutton *morsdood, zo dood als een pier;* ⟨sl.⟩ ~ duck *mislukk(el)ing, verliezer;* ~ end *doodlopende straat; impasse, dood punt;* come to a ~ end *op niets uitlopen;* ⟨sport⟩ ~ heat *gedeelde eerste (tweede enz.) plaats;* beat / flog a ~ horse *oude koeien uit de sloot halen;* ~ letter *dode letter* ⟨v. wet⟩; *onbestelbare brief;* step into a ~ man's shoes *iem. opvolgen;* wait for a ~ man's shoes *op iemands bezit/erfenis/baantje azen;* ⟨inf.⟩ ~ from the neck up *hersenloos, stompzinnig;* ~ nettle *dovenetel;* Queen Anne is ~ *(dat is) oud nieuws;* ⟨scheep.⟩ ~ reckoning *gegist bestek;* make a ~ set at *te lijf gaan* ⟨vnl. fig.⟩; *(vastberaden) avances maken;* ~ weight *dood gewicht, dode last;* ⟨tech.⟩ *deadweight, draagvermogen, eigen gewicht;* ⟨fig.⟩ *ongedekte schuld;* ~ to the world *in diepe slaap; bewusteloos* **3.1** leave for ~ *voor dood achterlaten* **3.3** ~ and gone *dood (en begraven);* ⟨fig.⟩ *voorgoed voorbij* **3.¶** go ~ *vastlopen, niet verder kunnen;* ⟨fig.⟩ *opgeven; verbroken worden, uitvallen* ⟨v. verbinding⟩; ⟨inf.⟩ I wouldn't be seen ~ in that dress / in there *voor geen geld/goud zou ik me in die jurk/daar vertonen;* I'll see you ~ first *over mijn lijk;* ⟨sl.⟩ strike me ~! *ik mag doodvallen (als het niet zo is)!* **6.5** ~ **to** *ongevoelig voor; gehard tegen* **7.1** the ~ *de dode(n);* raise from the ~ *uit de dood wekken;* rise from the ~ *uit de dood opstaan;*

II ⟨bn., attr.⟩ **0.1** ***dood*** *⇒levenloos* **0.2** ***volkomen*** *⇒absoluut, compleet* **0.3** ***abrupt*** *⇒plotseling* **0.4** ***exact*** *⇒precies* ◆ **1.1** the ~ hours (of the night) *de stille uurtjes* **1.2** ~ certainty *absolute zekerheid;* in ~ earnest *doodernstig;* ~ loss *puur verlies; tijdverspilling;* ⟨inf.⟩ *miskleun, fiasco;* ~ silence *doodse stilte;* ⟨inf.⟩ be in ~ trouble *de klos zijn* **1.3** come to a ~ stop *(plotseling) stokstijf stil (blijven) staan* **1.4** ~ centre *precieze midden;* on a ~ level *precies naast elkaar* **1.¶** the ~ spit of (his father) *het evenbeeld v./precies (zijn vader);*

III ⟨bn., pred.⟩⟨inf.⟩ **0.1** ***doodop*** *⇒bekaf.*

dead³ ⟨bw.⟩ **0.1** ***volkomen*** *⇒absoluut* **0.2** ***pal*** *⇒vlak, onmiddellijk* ◆ **1.1** ~ on target *(midden) in de roos* **2.1** ~ certain *honderd procent zeker;* ~ drunk *stomdronken;* ~ easy *doodsimpel;* be ~ right *groot gelijk hebben;* ~ slow *met een slakkengang;* ~ straight *kaarsrecht* **3.1** stop ~ *stokstijf blijven staan;* ~ tired / exhausted *doodop, bekaf* **5.2** ~ **ahead** of you *pal/vlak voor je (uit)* **6.2** ~ **against** *pal tegen* ⟨v. wind⟩; *fel tegen* ⟨plan e.d.⟩.

dead-and-alive ⟨BE⟩ **0.1** ***eentonig*** *⇒(oer)saai* ⟨werk, oord⟩.

deadbeat ⟨inf.⟩ **0.1** ***klaploper*** *⇒nietsnut.*

dead beat **0.1** ⟨inf.⟩ ***doodop*** *⇒bekaf.*

deaden [dedn] **I** ⟨onov.ww.⟩ **0.1** ***de kracht/helderheid/glans verliezen*** *⇒verflauwen, verzwakken;*

II ⟨ov.ww.⟩ **0.1** ***verzwakken*** *⇒dempen* ⟨geluid⟩, *verzachten, dof maken* ⟨kleur⟩ **0.2** ***ongevoelig maken*** *⇒verdoven* ◆ **1.2** drugs to ~ the pain *medicijnen om de pijn te stillen.*

dead-end **0.1** ***doodlopend*** **0.2** ***uitzichtloos*** *⇒heilloos.*

dead lift ⟨krachtsport⟩ **0.1** ***armbuigen*** *⇒deadlift.*

deadline **0.1** ***(tijds)limiet*** *⇒deadline, uiterste leverdatum* ◆ **3.¶** meet a ~ *tijdig af hebben/inleveren.*

deadlock **0.1** ***impasse*** *⇒patstelling* ◆ **3.1** reach (a) (total) ~ *(muur)vast (komen te) zitten.*

deadl|y¹ [dedlie] ⟨-iness⟩ **I** ⟨bn.⟩ **0.1** ***dodelijk*** ⟨ook fig.⟩ *⇒fataal* **0.2** ⟨pej.⟩ ***doods*** *⇒dodelijk (saai)* ◆ **1.¶** ~ nightshade *wolfskers, dolkruid; zwarte nachtschade;*

II ⟨bn., attr.⟩ **0.1** ***doods-*** *⇒aarts-* **0.2** ***dodelijk*** *⇒onwrikbaar* **0.3** ⟨inf.⟩ ***enorm*** *⇒buitengewoon, uiterst* ◆ **1.¶** ~ sin *doodzonde;* the seven ~ sins *de zeven hoofdzonden.*

deadly² ⟨bw.⟩ **0.1** ***doods-*** *⇒lijk-, dodelijk* **0.2** ***oer-*** *⇒aarts-, uiterst* ◆ **2.1** ~ pale *lijkbleek* **2.2** ~ dull *oersaai.*

dead man's handle, dead man's pedal ⟨tech.⟩ **0.1** ***dodemanshendel/kruk/pedaal*** *⇒dodeman.*

deadpan ⟨inf.⟩ **0.1** ***met een uitgestreken/stalen gezicht.***

deadweight ◆ **1.¶** ⟨scheep.⟩ ~ capacity *draagvermogen;* ⟨BE⟩ ~ debt *oorlogsschuld;* ⟨scheep.⟩ ~ tonnage *bruto tonnage.*

dead wood **0.1** ***(overbodige) ballast*** ⟨ook fig.⟩ **0.2** ***dood hout.***

deaf [def] ⟨-ness⟩ **0.1** ***doof*** ⟨ook fig.⟩ *⇒hardhorend, gehoorgestoord* **0.2** ***amuzikaal*** *⇒toondoof* ◆ **1.¶** as ~ as a (door)-post *stokdoof;* fall on ~ ears *een dovemansoor/geen gehoor vinden;* turn a ~ ear to *doof zijn voor* **6.1** ~ **in** one ear *doof aan een oor* **7.1** the ~ *(de) doven.*

deaf-aid ⟨BE⟩ **0.1** ***(ge)hoorapparaat.***

deaf-and-dumb **0.1** ***doofstom*** **0.2** ***doofstommen-*** ◆ **1.2** ~ alphabet/language *doofstommenalfabet/taal.*

deafen [defn] **0.1** ***verdoven*** *⇒doof maken; overstemmen.*

deafening [defning] **0.1** ***oorverdovend.***

deaf-mute **0.1** ⟨bn.⟩ ***doofstom*** **0.2** ⟨zn.⟩ ***doofstomme.***

deaf-mutism **0.1** ***doofstomheid.***

deal¹ [die:l] **I** ⟨telb.zn.⟩ **0.1** ***transactie*** *⇒overeenkomst, handel* **0.2** ⟨geen mv.⟩ ***(grote) hoeveelheid*** *⇒mate* **0.3** ⟨inf.; pej.⟩ ***(koe)handeltje*** *⇒deal* ◆ **2.¶** he gave us a dirty ~ *hij heeft ons smerig behandeld* **3.3** let's do a ~ *laten we een deal maken* **6.2** ⟨inf.⟩ a ~ **of** money *heel wat geld* **¶.¶** it's a ~! *afgesproken!, akkoord!* →**big, square;**

II ⟨telb. en n.-telb.zn.⟩ **0.1** ⟨kaartspel⟩ ***gift*** *⇒het geven, beurt om te geven* ◆ **7.1** it's your ~ *jij moet geven.*

deal² ⟨dealt, dealt [delt]⟩ **I** ⟨onov.ww.⟩ **0.1** ***zaken doen*** *⇒handelen* **0.2** ⟨sl.⟩ ***dealen*** *⇒stuff verkopen* ◆ **6.1** ~ **in** *handelen in, verkopen.* →**deal with;**

II ⟨onov. en ov.ww.⟩⟨kaartspel⟩ **0.1** ***geven*** *⇒delen;*

III ⟨ov.ww.⟩ **0.1** ***(uit)delen*** *⇒geven* ◆ **1.1** ~ s.o. a blow *iem. een dreun verkopen* **5.1** ~ (out) fairly *eerlijk verdelen;* ~ **out** justice *rechtspreken* **5.¶** ~ (s.o.) **in** *(iem.) laten meespelen/doen.*

dealer [die:lə] **0.1** ***handelaar*** *⇒koopman, dealer* **0.2** ***effectenhandelaar*** **0.3** ⟨kaartspel⟩ ***gever.***

dealing [die:ling] **I** ⟨n.-telb.zn.⟩ **0.1** ***manier v. zaken doen*** *⇒aanpak* ◆ **2.1** fair ~ *eerlijke aanpak;*

II ⟨mv.⟩ **0.1** ***transacties*** *⇒affaires, relaties* ⟨ihb. zakelijke⟩ **0.2** ***betrekkingen*** *⇒omgang* ◆ **6.¶** have ~s **with** s.o. *zaken doen met iem.; met iem. in zee gaan.*

deal with **0.1** ***zaken doen met*** *⇒handel drijven met, kopen bij* **0.2** ***behandelen*** *⇒afhandelen* **0.3** ***aanpakken*** *⇒een oplossing zoeken voor* **0.4** ***optreden tegen*** **0.5** ***behandelen*** *⇒bejegenen, omgaan met* **0.6** ***zich inlaten met*** **0.7** ***gaan/handelen over*** ◆ **1.1** they are pleasant people to ~ *het is prettig zaken doen met die lui* **1.2** ~ complaints *klachten behandelen* **1.3** they ought to ~ this problem *men zou iets aan dit probleem moeten doen* **1.4** I'll ~ Charles later *Charles is nog niet van me af* **1.6** I refuse to ~ Sheila *ik wil niets met Sheila te maken hebben* **1.7** the book deals with racism *het boek gaat over racisme* **2.5** be impossible to ~ *onmogelijk in de omgang zijn.*

dean [die:n] **0.1** ⟨rel.⟩ ***deken*** **0.2** ***deken*** *⇒oudste, overste* **0.3** ⟨universiteit⟩ ***decaan*** *⇒faculteitsvoorzitter* **0.4** ⟨universiteit; ong.⟩ ***(studenten)decaan*** ⟨met disciplinaire bevoegdheden⟩.

deaner|y [die:nəri] ⟨mv.: -ies⟩ **0.1** ***decanaat.***

dear¹ [diə] ⟨zn.⟩ **0.1** ***schat*** *⇒lieverd* ◆ **7.1** there's a ~ *goed/braaf zo;* go to sleep, there's a ~ *ga slapen, dan ben je een schat* **¶.¶** ~, ~!, oh ~! *lieve hemel!, nee maar!*

dear² ⟨-ness⟩ **I** ⟨bn.⟩ **0.1** ***dierbaar*** *⇒lief, geliefd* **0.2** ***lief*** *⇒schattig, snoezig* **0.3** ***vurig*** **0.4** ***duur*** *⇒prijzig* ◆ **1.1** my ~est friend *mijn liefste/beste vriend(in)* **1.2** a ~ little girl *een snoezig klein meisje* **1.3** s.o.'s ~est desire *iemands vurigste wens* **1.¶** for ~ life *of zijn/haar leven ervan afhangt;*

II ⟨bn., attr.; vaak D-⟩ **0.1** ***beste*** *⇒lieve; geachte* ⟨bv. in briefaanhef⟩ ◆ **1.1** ~ Julia *beste/lieve Julia;* my ~ lady *mevrouw;* ~ sir *geachte heer;* ~ sirs *mijne heren* **4.¶** ~ me! *goeie genade!;*

III ⟨bn., pred.⟩ **0.1** ***dierbaar*** *⇒lief* ◆ **3.1** she holds life ~ *haar leven is haar lief;* I hold her very ~ *ze ligt me na aan het hart* **6.1** lose what is ~ **to** one *verliezen wat je dierbaar is.*

dear³ ⟨bw.⟩ **0.1** ***duur (betaald)*** ⟨ook fig.⟩ **0.2** ***innig*** *⇒vurig.*

dearest [diərist] **0.1** ***liefste.***

dearie, deary [diərie] ⟨inf.⟩ **0.1** ***liefje*** ◆ **4.¶** ~ me! *hemeltjelief!*

dearly [diəlie] **0.1** →**dear** **0.2** ***innig*** *⇒vurig* **0.3** ***duur(betaald)*** ⟨ook fig.⟩ **0.4** ***vurig*** ◆ **3.2** wish ~ *vurig wensen* **3.3** pay ~ for sth. *iets duur betalen.*

dearth [də:θ] ⟨geen mv.⟩ **0.1** ***schaarste*** *⇒tekort* ◆ **6.1** a ~ **of** talent *te weinig talent.*

death [deθ] **I** ⟨telb.zn.⟩ **0.1** ***sterfgeval*** *⇒slachtoffer* ◆ **1.1** number of ~s *dodental/cijfer;*

II ⟨n.-telb.zn.⟩ **0.1** ***dood*** *⇒overlijden;* ⟨fig.⟩ *einde, vernietiging* **0.2** ⟨vnl. D-⟩ ***de Dood*** *⇒magere Hein* ◆ **1.¶** at ~'s door *op sterven, de dood nabij* **3.1** ⟨fig.⟩ be in at the ~ *een onderneming zien stranden;* be the ~ of s.o. *iemands dood zijn*

⟨ook fig.⟩; ⟨fig.⟩ bore s.o. to ~ *iem. stierlijk vervelen;* do to ~ *overdrijven;* feign ~ *zich dood houden;* put/do to ~ *ter dood brengen, terechtstellen;* scared to ~ *doodsbang;* tired to ~ *hondsmoe* **3.¶** dice with ~ *met vuur spelen;* ⟨inf.⟩ flog to ~ *uitentreuren herhalen;* flog o.s./one's car to ~ *zich/zijn wagen afjakkeren;* tickled to ~ *ontzettend blij/tevreden;* ⟨sl.⟩ like ~ warmed up *hondsberoerd;* worked to ~ *afgezaagd, uitgemolken* **6.1** burn **to** ~ *levend verbranden;* war **to** the ~ *oorlog op leven en dood.* →**black, grim, sick.**

deathbed ⟨ook attr.⟩ **0.1** ***sterfbed*** ◆ **6.1** be **on** one's ~ *niet lang meer te leven hebben.*

deathblow 0.1 ***doodklap*** ⇒*genade/nekslag* ⟨ook fig.⟩.

death cell 0.1 ***dodencel.***

death certificate 0.1 ***overlijdensakte.***

death duty, ⟨AE⟩ **death tax** ⟨vaak mv.⟩ **0.1** ***successierecht.***

deathlike [deθllajk] **0.1** ***doods*** ⇒*lijk-* ◆ **1.1** ~ paleness *lijkbleekheid.*

deathl|y [deθllie] ⟨-iness⟩ **0.1** ***doods*** ⇒*dood-, lijk-.*

death mask 0.1 ***dodenmasker.***

death pangs 0.1 ***doodsangst(en).***

death penalty 0.1 ***doodstraf.***

death rate 0.1 ***sterftecijfer.***

death rattle 0.1 ***doodsgerochel.***

death roll 0.1 ***dodenlijst*** ⇒*lijst v. slachtoffers/gesneuvelden.*

death row ⟨AE⟩ **0.1** ***dodencel(len)*** ◆ **6.1** be **on** ~ *ter dood veroordeeld zijn.*

death sentence 0.1 ***doodvonnis*** ⇒*doodstraf.*

death's-head [deθshed] **0.1** ***doodshoofd.***

death's-head moth 0.1 ***doodshoofdvlinder.***

death squad 0.1 ***moordcommando*** ⇒*doodseskader.*

death tax →**death duty.**

death throes ⟨mv.⟩ **0.1** ***doodsstrijd*** ⇒*doodsnood.*

death toll ⟨geen mv.⟩ **0.1** ***dodencijfer*** ⇒*doden(aan)tal.*

deathtrap 0.1 ***levensgevaarlijk(e) punt/situatie.***

death warrant 0.1 ***executie/terechtstellingsbevel*** **0.2** ***genadeslag.***

deathwatch, ⟨in bet. 0.2 ook⟩ **death-watch beetle 0.1** ***dodenwake*** ⇒*dodenwacht* **0.2** ***doodskloppertje*** ⇒*houtworm(larve).*

death wish ⟨psych.⟩ **0.1** ***doodsdrift*** ⇒*(zelf)vernietigingsdrang, doodsverlangen.*

deb [deb] ⟨verk.⟩ [débutante] ⟨inf.⟩ **0.1** ***debutante.***

débâcle [deeba:kl] **0.1** ***debacle*** ⇒*algehele ineenstorting, afgang* **0.2** ***wilde vlucht*** →*paniek* ⟨v. leger⟩.

debar [dibba:] ⟨-red⟩ **0.1** ***uitsluiten*** ⇒*weren, uitzonderen* ◆ **6.1** ~ s.o. **from** voting *iem. uitsluiten v. stemrecht* **6.¶** ~ s.o. **from** admission *iem. de toegang beletten.*

debarkation [die:ba:keesjn] **0.1** ***ontscheping.***

debase [dibbees] ⟨zn.: **-ment**⟩ **0.1** ***depreciëren*** ⇒*degraderen* **0.2** ***vervalsen*** **0.3** ***verlagen*** ⇒*onteren, vernederen* ◆ **1.3** such behaviour ~s you *door dergelijk gedrag verlaag je je.*

debatab|le [dibbeetəbl] ⟨-ly⟩ **0.1** ***aanvechtbaar*** ⇒*kwestieus* **0.2** ***betwist*** ⇒*omstreden* ◆ **1.2** ~ ground *betwist/omstreden gebied* ⟨ook fig.⟩.

debate¹ [dibbeet] **I** ⟨telb.zn.⟩ **0.1** ⟨+ on/about⟩ ***debat (over)*** ⇒*discussie, dispuut* **0.2** ***twist*** ⇒*conflict, strijd* ◆ **6.1** the issue **under** ~ *het onderwerp v. discussie;*

II ⟨n.-telb.zn.⟩ **0.1** ***overweging*** ⇒*beraad* ◆ **7.1** after much ~ *na lang delibereren.*

debate² I ⟨onov.ww.⟩ **0.1** ⟨+ about/upon⟩ ***debatteren (over)*** ⇒*discussiëren, een debat houden* **0.2** ***beraadslagen*** ⇒*delibereren;*

II ⟨ov.ww.⟩ **0.1** ***bespreken*** ⇒*beraadslagen over, in debat treden over* **0.2** ***zich beraden over*** ◆ **6.1** ~ sth. **with** s.o. *met iem. over iets in debat treden.*

debater [dibbeetə] **0.1** ***debater.***

debauch¹ [dibbo:tsj] ⟨zn.⟩ **0.1** ***orgie*** ⇒*bras/slemp/zwelgpartij.*

debauch² ⟨ww.⟩ ⟨schr.⟩ **0.1** ***op het slechte pad brengen*** ⇒ *zedeloos maken, verleiden.*

debauched [dibbo:tsjt] **0.1** ***liederlijk*** ⇒*verloederd, verdorven.*

debauchee [dibbo:tsjie:] **0.1** ***wellusteling*** ⇒*lichtmis.*

debauchery [dibbo:tsjrie] **0.1** ***losbandigheid*** ⇒*lichtzinnigheid, uitspatting, orgie.*

debenture [dibbentsjə] **0.1** ***obligatie*** ⇒⟨BE ihb.⟩ *preferente obligatie* **0.2** ***mandaat tot restitutie v. douanerechten.***

debilitate [dibbillitteet] **0.1** ***verzwakken*** ⟨gestel/gezondheid⟩ ⇒*afmatten, ondermijnen* ◆ **1.1** debilitating climate *slopend klimaat;* debilitating disease *slopende ziekte.*

debility [dibbillətie] **0.1** ***zwakte*** ⟨ihb. als gevolg v. ziekte⟩ ⇒ *zwakheid.*

debit¹ [debbit] ⟨zn.⟩ ⟨hand.⟩ **0.1** ***debetpost*** ⇒*debitering, debetboeking* **0.2** ***debetsaldo*** **0.3** ***debetzijde*** ⇒*debetkolom* ◆ **6.1** **to** the ~ of my account *te mijnen laste;* the sum has been placed **to** your ~ *u bent voor het bedrag gedebiteerd.*

debit² ⟨ww.⟩ ⟨hand.⟩ **0.1** ***debiteren*** ⇒*als debet boeken* ◆ **6.1** ~ a sum **against** s.o.('s account) *iemand(s rekening) voor een bedrag debiteren;* the £10 has been ~ed **to** me, I have been ~ed **with** the £10 *de tien pond is ten laste van mijn rekening/te mijnen laste geboekt.*

debit balance ⟨geldw.⟩ **0.1** ***debetsaldo*** ⇒*negatief saldo.*

debit card 0.1 ***betaalpas(je)*** ⇒*bankpas, pinpas.*

debit note ⟨hand.⟩ **0.1** ***debetnota.***

debit side ⟨hand.⟩ **0.1** ***debetzijde*** ⇒*debetkolom.*

debonair [debbənеə] **0.1** ***charmant*** ⇒*voorkomend, galant.*

debone [die:boon] **0.1** ***uitbenen*** ⇒*fileren* ⟨vlees⟩.

debouch [dibbautsj] **0.1** ***uitmonden/stromen*** ⟨v. rivier⟩ ⇒ *uitlopen* ⟨v. straat e.d.⟩; *te voorschijn komen.*

debrief [die:brie:f] **0.1** ⟨mil.; ook inf.⟩ ***ondervragen (na voltooiing v. opdracht).***

debris [debrie:], **débris** [dee-] **0.1** ***puin*** ⇒*brokstukken, overblijfselen.*

debt [det] **0.1** ***schuld*** ⇒*(terugbetalings)verplichting, tol* ◆ **1.1** owe s.o. a ~ of gratitude *iem. dank verschuldigd zijn;* ~ of honour *ereschuld* **3.1** ⟨geldw.⟩ floating ~ *vlottende schuld;* get/run into ~ *schulden maken;* get out of ~ *uit de rode cijfers komen;* owe a ~ (to s.o.) *(bij iem.) in het krijt staan* **6.1** be **in** ~ **(to** s.o.) *(bij iem.) in de schuld/in het krijt staan;* be **in** s.o.'s ~ *iem. iets verschuldigd/verplicht zijn.* →**active, bad.**

debt-collecting agency ⟨hand.⟩ **0.1** ***incassobureau/bedrijf.***

debt collector 0.1 ***invorderaar*** ⇒*incasseerder.*

debtor [dettə] **0.1** ***schuldenaar*** **0.2** ⟨hand.⟩ ***debiteur.***

debt servicing ⟨geldw.⟩ **0.1** ***rentebetaling.***

debug [die:bug] ⟨-ged⟩ ⟨inf.⟩ **0.1** ⟨ong.⟩ ***ontluizen*** ⇒*van insecten ontdoen* **0.2** ⟨tech.⟩ ***(van mankementen) zuiveren*** ⇒*kinderziekten verhelpen bij* **0.3** ***afluisterapparatuur verwijderen uit*** **0.4** ⟨comp.⟩ ***(van fouten) zuiveren*** ⇒*debuggen.*

debunk [die:bungk] ⟨inf.⟩ **0.1** ***ontmaskeren*** ⇒*aan de kaak stellen, op de korrel nemen.*

debut [debjoe:], **début** [dee-] **0.1** ⟨zn.⟩ ***debuut*** **0.2** ⟨ww.⟩ ***debuteren*** ◆ **3.1** make one's ~ *zijn debuut maken, debuteren* **6.2** ~ **as** a cook *voor het eerst in je leven koken.*

débutante [debjoeta:nt] **0.1** ***debutante*** ⟨meisje op haar eerste societybal⟩.

decade [dekkeed] **0.1** ***decennium*** ◆ **2.1** during the past ~ *(in) de afgelopen tien jaar.*
decadence [dekkədəns] **0.1** ***decadentie*** ⇒*verval* ⟨ihb. in de kunst⟩.
decadent [dekkədənt] **0.1** ⟨bn.⟩ ***decadent*** ⇒*verworden, genotzuchtig* **0.2** ⟨zn.⟩ ***decadent*** ⇒⟨ihb.⟩ *kunstenaar die tot de decadenten behoort* ⟨± 1890⟩.
decaf [die:kæf] ⟨verk.⟩ [decaffeinated coffee] ⟨inf.⟩ **0.1** ***deca*** ⇒ *cafeïnevrij(e koffie).*
decaffeinnate [die:kæfinneet] **0.1** ***cafeïnevrij/cafeïnearm maken*** ◆ **1.1** ~d coffee *cafeïnevrije/arme koffie.*
decagram [dekkəgræm] **0.1** ***decagram.***
decalitre, ⟨AE sp.⟩ **decaliter** [dekkəlie:tə] **0.1** ***decaliter.***
Decalog(ue) [dekkəlog] ⟨ook d-; the⟩ **0.1** ***decaloog*** ⇒*tien geboden.*
decametre, ⟨AE sp.⟩ **decameter** [dekkəmie:tə] **0.1** ***decameter.***
decamp [dikæmp] **0.1** ***(een kamp) opbreken*** ⇒*decamperen* ⟨vnl. mil.⟩ **0.2** ***zijn biezen pakken*** ⇒*de benen nemen.*
decant [dikænt] **0.1** ***decanteren*** ⟨vnl. wijn⟩ ⇒*overgieten, overschenken* **0.2** ⟨inf.⟩ ***overhevelen*** ⇒⟨ihb.⟩ *(tijdelijk) elders huisvesten/te werk stellen.*
decanter [dikæntə] **0.1** ***(wijn)karaf.***
decapit|ate [dikæpitteet] ⟨zn.: **-ation**⟩ **0.1** ***onthoofden.***
decarbon|ize, -ise [die:ka:bənajz] ⟨zn.: **-ization**⟩ **0.1** ***ontkolen*** ⟨ihb. verbrandingsmotor⟩.
decathlete [dikæθlie:t] ⟨atletiek⟩ **0.1** ***tienkamper.***
decathlon [dikæθlon] ⟨atletiek⟩ **0.1** ***tienkamp.***
decay[1] [dikkee] ⟨zn.⟩ **0.1** ***verval*** ⇒*(geleidelijke) achteruitgang* **0.2** ***bederf*** ⇒*rotting* **0.3** ⟨nat.⟩ ***(radioactief) verval*** ⇒*(radioactieve) desintegratie* ◆ **1.2** tooth ~ *tandbederf, cariës.*
decay[2] ⟨ww.⟩ **0.1** ***vervallen*** ⇒*in verval raken, wegkwijnen* **0.2** ***(ver)rotten*** ⇒*bederven, verteren* **0.3** ⟨nat.⟩ ***vervallen*** ⇒*desintegreren* ⟨door radioactief verval⟩ ◆ **1.1** ~ed buildings *bouwvallen* **1.2** ~ed tooth *rotte kies/tand.*
decease[1] [dissie:s] ⟨zn.⟩⟨schr. of jur.⟩ **0.1** ***het overlijden*** ⇒ *het verscheiden* ◆ **6.1** **upon** your ~ *bij/na uw overlijden.*
decease[2] ⟨ww.⟩⟨vnl. schr. of jur.⟩ **0.1** ***overlijden*** ⇒*verscheiden.*
deceased [dissie:st] **0.1** ***overleden*** ⇒⟨ihb.⟩ *pas gestorven* ◆ **7.1** the ~ *de overledene(n).*
deceit [dissie:t] **0.1** ***bedrog*** **0.2** ***oneerlijkheid*** ◆ **2.2** be incapable of ~ *niet kunnen liegen, goudeerlijk zijn.*
deceitful [dissie:tfoel] ⟨-ness⟩ **0.1** ***bedrieglijk*** ⇒*(arg)listig* **0.2** ***onbetrouwbaar*** ⇒*oneerlijk.*
deceive [dissie:v] **I** ⟨onov.ww.⟩ **0.1** ***bedrog plegen;***
II ⟨ov.ww.⟩ **0.1** ***bedriegen*** ⇒*misleiden, om de tuin leiden* **0.2** ***teleurstellen*** ⟨in hoop, verwachtingen⟩ ◆ **1.1** if my ears do not ~ me *als mijn oren me niet bedriegen* **3.1** be ~ed *bedrogen uitkomen* **4.1** ~ o.s. *zichzelf voor de gek houden.*
deceiver [dissie:və] **0.1** ***bedrieger*** ⇒*misleider, leugenaar.*
deceler|ate [die:sellәreet] ⟨zn.: **-ation**⟩ **0.1** ***vertragen*** ⇒*afremmen, vaart minderen* ◆ **1.1** ~d motion *vertraagde beweging.*
December [dissembə] **0.1** ***december.***
decenc|y [die:snsie] ⟨mv.: -ies⟩ **0.1** ***fatsoen(lijkheid)*** ⇒*betamelijkheid, welvoeglijkheid* ◆ **1.1** an offence against ~ *een inbreuk op de betamelijkheid;* for ~'s sake *fatsoenshalve* **3.¶** observe the decencies *de goede vormen in acht nemen.*
decent [die:snt] **0.1** ***fatsoenlijk*** ⇒*betamelijk, welvoeglijk* **0.2** ***kies*** ⇒*wellevend, ordentelijk* **0.3** ***behoorlijk*** ⇒*aanvaardbaar* **0.4** ⟨inf.⟩ ***geschikt*** ⇒*sympathiek* ◆ **1.2** his behaviour is not ~ *zijn gedrag is aanstootgevend* **1.3** put on some ~ clothes *trek wat behoorlijks aan;* they serve quite a ~ dinner here *je kunt hier heel behoorlijk eten;* a ~ wage *een redelijk loon* **1.4** a ~ guy *een geschikte kerel* **3.¶** are you ~? *kan ik binnenkomen?, ben je (al) aangekleed?*
decentral|ize, -ise [die:sentrəlajz] ⟨zn.: **-ization**⟩ **0.1** ***decentraliseren*** ⇒*spreiden.*
deception [dissepsjn] **0.1** ***misleiding*** ⇒*list, bedriegerij; bedrog* **0.2** ***(valse) kunstgreep*** ⇒*(smerige) truc, kunstje* ◆ **1.1** ~ of the public *misleiding v.d. mensen, volksverlakkerij.*
deceptive [disseptiv] ⟨-ness⟩ **0.1** ***bedrieglijk*** ⇒*misleidend* **0.2** ***onoprecht*** ⇒*vals, oneerlijk* ◆ **1.1** appearances are often ~ *schijn bedriegt* **2.1** ~ly cheap *bedrieglijk goedkoop.*
decibel [dessibbel] **0.1** ***decibel.***
decide [dissajd] **I** ⟨onov.ww.⟩ **0.1** ***beslissen*** ⇒*een beslissing nemen, een keuze maken* **0.2** ***besluiten*** ⇒*een besluit nemen* **0.3** ***een uitspraak doen*** ⇒⟨jur.⟩ *vonnis wijzen* ◆ **1.3** the court ~d in his favour *de rechter stelde hem in het gelijk* **6.1** ~ **between** two hats *kiezen tussen twee hoeden;* she ~d **on** the red boots *ze besloot de rode laarsjes te nemen* **6.2** ~ **against** *afzien van* **6.3** ~ **against** *in het ongelijk stellen;* ~ **for/in favour of** *vonnis wijzen ten gunste van;*
II ⟨ov.ww.⟩ **0.1** ***beslissen*** ⇒*uitmaken* **0.2** ***doen besluiten*** ⇒*overhalen* **0.3** ***een uitspraak doen in*** ◆ **1.1** ~ a question *een knoop doorhakken* **1.2** your integrity has ~d me to support you *vanwege je integriteit heb ik besloten je te steunen* **4.2** that ~s me/it/the matter *dat geeft de doorslag.*
decided [dissajdid] **0.1** ***onbetwistbaar*** ⇒*ontegenzeglijk* **0.2** ***beslist*** ⇒*gedecideerd* ◆ **2.1** ~ly better *onmiskenbaar beter.*
decider [dissajdə] ⟨sport⟩ **0.1** ***beslissingswedstrijd*** **0.2** ***beslissend punt/doelpunt.***
deciduous [dissidzjoeəs] **0.1** ⟨ben. voor⟩ ***(periodiek) afwerpend/verliezend*** ⇒*(periodiek) af/uitvallend* ◆ **1.1** ~ antlers *jaarlijks afgeworpen gewei;* ~ leaves *jaarlijks afvallend(e) loof/bladeren;* ~ tree *loofboom.*
decimal[1] [dessimməl] ⟨zn.⟩ **0.1** ***decimale breuk*** **0.2** ***decimaal getal*** ◆ **3.1** recurring ~ *repeterende breuk.*
decimal[2] ⟨bn.⟩ **0.1** ***decimaal*** ⇒*tiendelig* ◆ **1.1** ~ place *decimaal, cijfer achter de komma;* ~ point *decimaalpunt/teken, komma* **3.1** go ~ *overgaan op het decimale muntstelsel.*
decimal|ize [dessimməlajz] ⟨zn.: **-ization**⟩ **0.1** ***tientallig/decimaal maken*** ⇒*decimaliseren* ◆ **1.1** ~ the currency *overgaan op het decimale muntstelsel.*
decim|ate [dessimmeet] ⟨zn.: **-ation**⟩ **0.1** ***decimeren*** ⇒*uitdunnen, afslachten* ◆ **1.1** the population was ~d by the epidemic *de bevolking werd door de epidemie uitgedund.*
decipher [dissajfə] **0.1** ***ontcijferen*** ⇒*ontwarren, decoderen.*
decipherable [dissajfrəbl] **0.1** ***ontcijferbaar*** ⇒*leesbaar, decodeerbaar.*
decision [dissizjn] **I** ⟨telb.zn.⟩ **0.1** ***beslissing*** ⇒*besluit, uitspraak* **0.2** ⟨boksen⟩ ***zege/winst op punten*** ◆ **3.1** arrive at/take a ~ *een beslissing/besluit nemen* **6.1** give a ~ **on** a case *een uitspraak doen in een zaak;*
II ⟨n.-telb.zn.⟩ **0.1** ***beslissing*** ⇒*(definitieve) uitspraak* **0.2** ***besluitvaardigheid*** ⇒*beslistheid* ◆ **3.2** lack ~ *besluiteloos zijn.*
decision maker **0.1** ***beleidsvormer.***
decision making **0.1** ***besluitvorming.***
decision theory **0.1** ***besliskunde.***
decision tree **0.1** ***beslisboom.***
decisive [dissajsiv] ⟨-ness⟩ **0.1** ***beslissend*** ⇒*doorslaggevend* **0.2** ***beslist*** ⇒*gedecideerd, zelfverzekerd* ◆ **1.1** ~ battle *beslissende slag.*

deck[1] [dek] ⟨zn.⟩ **0.1** ***(scheeps)dek*** ⇒*scheepsvloer/zoldering;* ⟨scheep.⟩ *tussendekse ruimte* **0.2** ***verdieping v. bus*** **0.3** ⟨vnl. AE⟩ ***spel (kaarten)*** **0.4** ***(tape/cassette)deck*** ◆ **3.1** clear the ~s (for action) ⟨fig.⟩ *zich opmaken voor de strijd* **3.¶** ⟨sl.⟩ hit the ~ *op je bek vallen;* ⟨boksen⟩ *neergaan* **6.1** **below** ~(s) *benedendeks;* **between** ~s *tussendeks;* **on** ~ *aan dek.*

deck[2] ⟨ww.⟩ **0.1** ***(ver)sieren*** ⇒*(uit)dossen* ◆ **5.1** ⟨inf.⟩ ~ (o.s.) **out** (in) *(zich) opdoffen/uitdossen (met/in).*

deck chair **0.1** ***ligstoel*** ⇒*dekstoel.*

deck hand ⟨scheep.⟩ **0.1** ***dekknecht.***

deckle-edged ⟨ind.⟩ **0.1** ***geschept*** ⇒*kartelig* ◆ **1.1** ~ paper *geschept papier.*

deck officers ⟨scheep.⟩ **0.1** ***dekofficieren.***

deck quoits ⟨sport⟩ **0.1** ***ringwerpen*** ⟨aan dek v. schip⟩.

deck tennis ⟨sport⟩ **0.1** ***dektennis.***

declaim [dikleem] **I** ⟨onov.ww.⟩ **0.1** ***uitvaren*** ⇒*schelden* **0.2** ***oreren*** ⇒*retorisch spreken* ◆ **6.1** ~ **against** *uitvaren tegen;*
II ⟨onov. en ov.ww.⟩ **0.1** ***declameren*** ⇒*voordragen.*

declamation [dekləmeesjn] **0.1** ***declamatie*** ⇒*voordracht(skunst);* ⟨pej. ook⟩ *hoogdravendheid* **0.2** ***tirade*** ⇒*donderpreek, georeer.*

declamator|y [diklæmətrie] ⟨-ily⟩ **0.1** ***declamatie-*** ⇒*voordrachts-* **0.2** ***retorisch*** ⇒*hoogdravend.*

declarable [dikleərəbl] **0.1** ***aan te geven.***

declaration [dekləreesjn] **0.1** ***(openbare/formele) verklaring*** ⇒*declaratie, afkondiging* **0.2** ***geschreven verklaring*** **0.3** ⟨cricket⟩ ***vrijwillige sluiting v. innings*** **0.4** ***aangifte*** ⟨voor belasting, douane e.d.⟩ ⇒*declaratie* ◆ **1.1** Declaration of Independence *Amerikaanse onafhankelijkheidsverklaring;* ~ of intent *beginselverklaring.*

declaratory [diklærətrie] **0.1** ***bevestigend*** ⇒*blijk gevend (van).*

declare [dikleə] **I** ⟨onov.ww.⟩ **0.1** ***een verklaring afleggen*** ⇒*een aankondiging/bekendmaking doen* **0.2** ⟨+ against/for⟩ ***stelling nemen (tegen/voor)*** ⇒*zich (openlijk) uitspreken (tegen/voor)* **0.3** ⟨cricket⟩ ***sluiten*** ⇒*een inning gesloten verklaren* ◆ **4.¶** I (do) ~! *heb je (nou toch) ooit!, (wel) nu nog mooier!;*
II ⟨ov.ww.⟩ **0.1** ***bekendmaken*** ⇒*aankondigen, afkondigen* **0.2** ***(expliciet) verklaren*** ⇒*beweren* **0.3** ***bestempelen als*** ⇒*uitroepen tot* **0.4** ***aangeven*** ⟨douanegoederen, inkomen e.d.⟩ **0.5** ⟨cricket⟩ ***sluiten*** ⟨innings⟩ ◆ **1.1** ~ the outcome of an election *een verkiezingsuitslag bekendmaken* **1.2** ~ a meeting closed *een vergadering voor gesloten verklaren* **1.3** ~ s.o. the winner *iem. tot winnaar uitroepen* **4.¶** ~ o.s. *zijn ware aard/bedoeling tonen.*

declared [dikleəd] **0.1** ***verklaard*** ⇒*erkend, overtuigd* ◆ **1.1** a ~ opponent of the regime *een verklaard tegenstander v.h. bestel.*

declassif|y [die:klæsiffaj] ⟨-ied; zn.: **-ication**⟩ **0.1** ***vrijgeven*** ⟨ihb. geheime stukken⟩ ⇒*de geheimhouding opheffen van.*

declination [deklinneesjn] **I** ⟨telb.zn.⟩ **0.1** ⟨AE⟩ ***declinatie*** ⇒*(formele) afwijzing/weigering;*
II ⟨telb. en n.-telb.zn.⟩ **0.1** ***(voorover)helling*** ⇒*afhelling* **0.2** ⟨aardr., nat., ster.⟩ ***declinatie*** ⇒*afwijking(shoek)/miswijzing* ⟨v. kompasnaald⟩.

decline[1] [diklajn] ⟨zn.⟩ **0.1** ***verval*** ⇒*achteruitgang, aftakeling* **0.2** ***daling*** ⇒*afname, vermindering* **0.3** ***slotfase*** ⇒*ondergang* ◆ **1.2** ~ in prices *prijsdaling* **3.1** fall/go into a ~ *beginnen af te takelen, in verval raken* **6.2** **on** the ~ *tanend.*

decline[2] **I** ⟨onov.ww.⟩ **0.1** ***(af)hellen*** ⇒*aflopen, dalen* **0.2** ***ten einde lopen*** ⇒*wegkwijnen, aftakelen* **0.3** ***afnemen*** ⇒*achteruitgaan* ◆ **1.2** declining years *oude dag, laatste jaren;*
II ⟨onov. en ov.ww.⟩ **0.1** ***(beleefd) weigeren*** ⇒*afslaan, van de hand wijzen* ◆ **1.1** ~ an invitation *niet op een uitnodiging ingaan;* ⟨vaak iron.⟩ ~ with thanks *(feestelijk) voor de eer bedanken.*

declivit|y [diklivvətie] ⟨mv.: -ies⟩ **0.1** ***(aflopende) helling*** ⇒*glooiing.*

declutch [die:klutsj] **0.1** ***ontkoppelen.***

decode [die:kood] **0.1** ***decoderen*** ⇒*ontcijferen.*

decoder [die:koodə] ⟨tech.⟩ **0.1** ***decodeerder*** ⇒*decodeermachine;* ⟨ihb. geluidsapparatuur⟩ *stereodecoder.*

décolletage [deekolta:zj] **0.1** ***decolleté*** ⇒*laag uitgesneden hals* **0.2** ***gedecolleteerde japon.***

décolleté(e) [deekoltee] **0.1** ***gedecolleteerd*** ⇒*met laag uitgesneden hals, met decolleté* ◆ **1.1** ~ dress *gedecolleteerde japon.*

decolon|ize, -ise [die:kollənajz] ⟨zn.: **-ization**⟩ **0.1** ***dekoloniseren.***

decommission [die:kəmisjn] **0.1** ***uit bedrijf nemen*** ⇒*ontmantelen.*

decompose [die:kəmpooz] **I** ⟨onov.ww.⟩ **0.1** ***desintegreren*** ⇒*uiteenvallen* **0.2** ***(ver)rotten*** ⇒*bederven;*
II ⟨ov.ww.⟩ **0.1** ***ontleden*** ⇒*ontbinden, afbreken* **0.2** ***doen rotten/bederven.***

decomposer [die:kəmpoozə] ⟨ecologie⟩ **0.1** ***afbrekend organisme.***

decomposition [die:kompəzisjn] **0.1** ***ontleding*** ⇒*decompositie* **0.2** ***desintegratie*** ⇒*ontbinding* **0.3** ⟨biol.⟩ ***rotting*** ⇒*bederf* **0.4** ⟨schei.⟩ ***afbraak.***

decompress [die:kəmpres] ⟨tech.⟩ **0.1** ***decomprimeren*** ⇒*verlagen v.d. druk in/op.*

decompression [die:kəmpresjn] ⟨med., tech.⟩ **0.1** ***decompressie.***

decongestant [die:kəndzjestənt] ⟨med.⟩ **0.1** ***decongestivum.***

decontamin|ate [die:kəntæminneet] ⟨zn.: **-ation**⟩ **0.1** ***ontsmetten*** ⇒*desinfecteren.*

decor, décor [deeko:] **0.1** ***(toneel)decor*** **0.2** ***inrichting*** ⟨v. kamer⟩.

decorate [dekkəreet] **0.1** ⟨ben. voor⟩ ***afwerken*** ⇒*verven, schilderen; behangen* **0.2** ***versieren*** ⇒*verfraaien* **0.3** ***decoreren*** ⇒*ridderen, onderscheiden.*

decoration [dekkəreesjn] **0.1** ***versiering*** ⇒*decoratie* **0.2** ***versiering*** ⇒*tooi, opsmuk* **0.3** ***inrichting (en stoffering)*** ⇒*aankleding* ⟨v. huis, vertrek⟩ **0.4** ***onderscheiding(steken)*** ⇒*decoratie, ordeteken* ◆ **1.1** Christmas ~s *kerstversieringen* **1.3** interior ~ *binnenhuisarchitectuur.*

decorative [dekrətiv] **0.1** ***decoratief*** ⇒*versierend, fraai.*

decorator [dekkəreetə] **0.1** ⟨vnl. BE; ben. voor⟩ ***afwerker (v. huis)*** ⇒*(huis)schilder; stukadoor; behanger* **0.2** ⟨verk.⟩ [interior decorator] ***binnenhuisarchitect.***

decorous [dekkərəs] **0.1** ***betamelijk*** ⇒*correct, fatsoenlijk.*

decorum [dikko:rəm] **0.1** ***decorum*** ⇒*betamelijkheid, welvoeglijkheid.*

decoy[1] [die:koj] ⟨zn.⟩ **0.1** ***lokvogel*** ⇒⟨ihb.⟩ *lokeend* **0.2** ***lokaas*** ⇒*lokmiddel.*

decoy[2] [dikkoj] ⟨ww.⟩ **0.1** ***(ver)lokken*** ⇒*verleiden, misleiden* **0.2** ***in de val lokken*** ⇒*een valstrik zetten voor* ◆ **6.1** ~ s.o. **into** a dark alley *iem. een donker steegje in lokken.*

decrease[1] [die:krie:s] ⟨zn.⟩ **0.1** ***vermindering*** ⇒*afneming, daling* ◆ **6.1** ~ **in/of** exports *daling v.d. export;* **on** the ~ *teruglopend, afnemend.*

decrease[2] [dikrie:s] **I** ⟨onov.ww.⟩ **0.1** ***(geleidelijk) afnemen*** ⇒*teruglopen, achteruitgaan* ◆ **6.1** ~ **by** 10 **to** 50 *met 10 afnemen tot 50;*

II ⟨ov.ww.⟩ **0.1** ***verminderen*** ⇒*beperken, verkleinen* ◆ **6.1** ~ **to** *terugbrengen tot.*
decree[1] [dikrie:] ⟨zn.⟩ **0.1** ***decreet*** ⇒*verordening, besluit* **0.2** ⟨vnl. AE; jur.⟩ ***vonnis*** ⇒*uitspraak* ⟨v. bepaalde rechtbanken⟩ ◆ **6.1 by** ~ *bij/per decreet.*
decree[2] ⟨ww.⟩ **0.1** ***decreteren*** ⇒*verordenen, bevelen* **0.2** ⟨vnl. AE; jur.⟩ ***bevelen*** ⇒*beslissen, besluiten* ◆ **1.2** ⟨fig.⟩ fate ~d that *het lot wilde/beschikte dat.*
decrepit [dikreppit] **0.1** ***versleten*** ⇒*afgeleefd, op* **0.2** ***vervallen*** ⇒*bouwvallig, uitgewoond.*
decrepitude [dikreppitjoe:d] **0.1** ***afgeleefdheid*** **0.2** ***zwakheid*** ⇒*gebrekkigheid* **0.3** ***bouwvalligheid*** ⇒*staat v. verval.*
decriminalize, -ise [die:krimmənəlajz] **0.1** ***decriminaliseren*** ⇒*uit de criminele sfeer halen.*
decry [dikraj] ⟨decried⟩ **0.1** ***kleineren*** ⇒*openlijk afkeuren* **0.2** ***kwaadspreken over/van*** ⇒*afgeven op* **0.3** ⟨vnl. geldw.⟩ ***depreciëren.***
dedicate [deddikkeet] **0.1** ***wijden*** ⇒*toewijden, in dienst stellen van* **0.2** ***opdragen*** ⇒*toewijden* **0.3** ⟨rel.⟩ ***(in)wijden*** ⇒ *inzegenen* ◆ **6.1** ~ one's life/o.s. **to** the arts *zijn leven/zich aan de kunst wijden* **6.2** ~ a book **to** s.o. *een boek aan iem. opdragen.*
dedicated [deddikkeetid] **0.1** ***toegewijd*** ⇒*toegedaan, trouw* **0.2** ***hardnekkig*** ⇒*onverzettelijk* ◆ **1.1** ~ follower of fashion *trouw volger v.d. mode* **1.¶** ⟨comp.⟩ a ~ computer *een specifieke/toepassingsgerichte computer.*
dedication [deddikkeesjn] **I** ⟨telb.zn.⟩ **0.1** ***opdracht*** ◆ **6.1** please, accept my ~ **to** you both *sta mij toe het werk op te dragen aan u beiden;*
II ⟨telb. en n.-telb.zn.⟩ **0.1** ***(in)wijding*** ⇒*inzegening* **0.2** ⟨vnl. enk.⟩ ***toewijding*** ⇒*trouw, toegedaanheid.*
deduce [didjoe:s] **0.1** ***deduceren*** ⇒*(logisch) afleiden* ◆ **6.1** ~ **from** *afleiden/opmaken uit.*
deducible [didjoe:səbl] **0.1** ***deduceerbaar*** ⇒*(logisch) afleidbaar, af te leiden.*
deduct [diddukt] **0.1** ⟨+ from⟩ ***aftrekken (van)*** ⇒*in mindering brengen (op).*
deductible [didduktəbl] **0.1** ***aftrekbaar*** ⟨ihb. van het belastbaar inkomen⟩.
deduction [didduksjn] **0.1** ***conclusie*** ⇒*gevolgtrekking, slotsom;* ⟨ihb. logica⟩ *deductie* **0.2** ***inhouding*** ⇒*korting, (ver)mindering* **0.3** ⟨geldw.⟩ ***aftrekpost*** ◆ **6.2** ~s **from** pay *inhoudingen op het loon.*
deductive [didduktiv] **0.1** ***deductief*** ⇒*op deductie berustend.*
deed [die:d] **0.1** ***daad*** ⇒*handeling* **0.2** ***wapenfeit*** ⇒*(helden)daad* **0.3** ⟨jur.⟩ ***akte*** ⇒*document* ⟨ihb. v. eigendomsoverdracht⟩ ◆ **1.1** ~ of transfer *overdrachtsakte* **1.3** ~ of covenant *eigendomsakte* **2.1** good ~s *goede daden* **6.1** in word and **in** ~ *met/in woord en daad.*
deed poll ⟨ook deeds poll⟩⟨jur.⟩ **0.1** ***eenzijdige akte*** ⟨vnl. v. naamsverandering⟩ ◆ **6.1** transfer **by** ~ *bij eenzijdige akte overdragen.*
deem [die:m] ⟨vnl. schr.⟩ **0.1** ***achten*** ⇒*oordelen, menen, vinden* ◆ **1.1** ~ sth. an honour *iets als een eer beschouwen.*
deep[1] [die:p] ⟨zn.⟩ **0.1** ***diepte*** ⇒*afgrond* ◆ **7.¶** the ~ ⟨schr.⟩ *het diep, de zee.*
deep[2] ⟨-ness⟩ **I** ⟨bn.⟩ **0.1** ***diep*** ⇒*diepgelegen/liggend, ver(afgelegen/verwijderd)* **0.2** ⟨ihb. als 2e lid v. samenstellingen⟩ ***diep*** **0.3** ***diep(zinnig)*** ⇒*onbevattelijk, moeilijk, duister;* ⟨BE ook v. persoon⟩ *ondoorgrondelijk, ontoegankelijk* **0.4** ***diep(gaand)*** ⇒*ernstig, hevig* **0.5** ***diep*** ⇒*intens* ⟨v. gevoelens⟩; *donker* ⟨v. kleuren⟩ **0.6** ***diep*** ⇒*laag, zwaar* ⟨v. geluid⟩ ◆ **1.1** ~ border *brede rand;* the ~ end *het diepe* ⟨in zwembad⟩; ~ shelf *diepe/brede plank;* ⟨AE⟩ Deep South *diepe Zuiden* ⟨Louisiana, Mississippi, Alabama, Georgia en Zuid-Carolina⟩ **1.4** take a ~ breath *diep ademhalen;* in ~ debt *diep in de schuld;* ~ feelings/sleep *diepe gevoelens/slaap;* ~ understanding *grondig begrip* **1.¶** go/jump in at the ~ end *een sprong in het duister wagen;* ⟨inf.⟩ go off the ~ end *uit zijn vel springen (van woede);* thrown in at the ~ end *meteen voor het blok gezet, meteen met het moeilijkste (moeten) beginnen;* be caught between the devil and the ~ (blue) sea *tussen twee vuren zitten, tussen twee kwaden moeten kiezen;* ⟨med.⟩ ~ therapy *radiotherapie;* ~ waters *onbekende aspecten;* in ~ water(s) *in grote moeilijkheden;*
II ⟨bn., pred.⟩ **0.1** ***diep*** ⇒*ver* **0.2** ***diep*** ⇒*verdiept, verzonken* ◆ **1.1** ~ in the forest *diep in het bos* **6.2** ~ **in** conversation *diep in gesprek;*
III ⟨bn., attr. na het zn.⟩ **0.1** ***dik*** ⇒*achter/naast elkaar* ◆ **4.1** the people were standing ten ~ *de mensen stonden tien rijen dik.*
deep[3] ⟨bw.⟩ **0.1** ***diep*** ⇒*tot op grote diepte* ◆ **1.1** ~ into the night *tot diep in de nacht.*
deepen [die:pən] **0.1** ***dieper (doen) worden*** ⇒⟨bij uitbr.⟩ *(doen) toenemen, versterken.*
deepfreeze[1] ⟨zn.⟩ **0.1** ***diepvriezer*** ⇒*(diep)vrieskist* **0.2** ***vriesvak*** ⇒*diepvriesafdeling.*
deepfreeze[2] ⟨ww.⟩ **0.1** ***diepvriezen*** ◆ **1.1** deep-frozen fish *diepvriesvis.*
deep-fry **0.1** ***frituren.***
deep-laid **0.1** ***heimelijk beraamd*** ⇒*bekokstoofd.*
deep-rooted, deeply rooted **0.1** ***diepgeworteld*** ⇒*ingekankerd.*
deep-sea, deep-water **0.1** ***diepzee-.***
deep-seated **0.1** ***diepliggend*** ⇒*ingeworteld.*
deer [diə] ⟨mv.: vnl. deer⟩ **0.1** ***hert.*** →**red.**
deerskin **0.1** ***hertenhuid/vel*** **0.2** ⟨ook attr.⟩ ***hert(sleer)*** ⇒ *hertenleer.*
deerstalker [diəsto:kə], ⟨in bet. 0.2 ook⟩ **deerstalker hat** **0.1** ***hertenjager*** **0.2** ***jachtpet*** ⟨met klep voor en achter⟩.
de-escal|ate [die:·eskəleet] ⟨zn.: **-ation**⟩ **0.1** ***deëscaleren*** ⇒ *trapsgewijs (doen) verminderen* ⟨ihb. v. oorlogshandelingen⟩.
deface [diffees] ⟨zn.: **-ment**⟩ **0.1** ***schenden*** ⇒*beschadigen, verminken* **0.2** ***onleesbaar maken*** ⇒⟨ihb.⟩ *bekladden.*
defalcation [die:fælkeesjn] **0.1** ***verduistering*** ⇒*fraude.*
defamation [deffəmeesjn] **0.1** ***schandalisering*** ⇒*(be)laster(ing).*
defamatory [difæmətri] **0.1** ***lasterlijk*** ⇒*smaad-, schandaliserend.*
defame [diffeem] **0.1** ***schandaliseren*** ⇒*te schande maken, in diskrediet brengen.*
default[1] [diffo:lt] ⟨zn.⟩ **0.1** ***afwezigheid*** ⇒*ontstentenis* **0.2** ***verzuim*** ⇒*niet-nakoming* ⟨ihb. v. betalingsverplichting⟩, *wanbetaling* **0.3** ***niet-verschijning*** ⇒⟨jur.⟩ *verstek;* ⟨sport⟩ *het niet-opkomen/niet-verschijnen* ◆ **1.3** judgement by ~ *vonnis bij verstek* **3.3** win by ~ *winnen wegens het niet-opkomen/niet-verschijnen v.d. tegenpartij* **6.1 by** ~ *bij gebrek aan beter;* **in** ~ **of** *bij gebrek aan; bij ontstentenis van.*
default[2] ⟨ww.⟩ **0.1** ***niet verschijnen*** ⇒⟨jur.⟩ *verstek laten gaan* ⟨sport ook⟩; *niet opkomen* **0.2** ***in gebreke blijven*** ⇒ *verzuimen;* ⟨ihb.⟩ *wanbetaling plegen.*
defaulter [diffo:ltə] **0.1** ***verzuimer*** ⇒*iem. die in gebreke blijft/verstek laat gaan* **0.2** ***wanbetaler.***
default value ⟨comp.⟩ **0.1** ***defaultwaarde*** ⇒*standaardwaarde.*
defeat[1] [diffie:t] ⟨zn.⟩ **0.1** ***nederlaag*** **0.2** ***mislukking*** **0.3**

verijdeling ⇒*dwarsboming* **0.4** ⟨jur.⟩ ***tenietdoening*** ⇒ *nietigverklaring* ◆ **3.1** suffer ~ *een nederlaag lijden* **6.1** ~ **of** an opponent *overwinning op een tegenstander.*

defeat² ⟨ww.⟩ **0.1** ***verslaan*** ⇒*overwinnen, winnen van* **0.2** ***verijdelen*** ⇒*dwarsbomen* **0.3** ***verwerpen*** ⇒*afstemmen* **0.4** ***tenietdoen*** ⇒*vernietigen* ⟨ook jur.⟩ ◆ **1.1** ⟨fig.⟩ your theory has ~ed me *uw theorie ging mijn verstand te boven* **1.4** her expectations were ~ed *haar verwachtingen werden de bodem ingeslagen* **6.2** be ~ed **in** an attempt *een poging zien mislukken/stranden.*

defeatism [diffie:tizm] **0.1** ***defaitisme*** ⇒*moedeloosheid.*

defeatist [diffie:tist] **0.1** ***defaitist.***

defec|ate [deffikkeet] ⟨zn.: **-ation**⟩ **0.1** ***defeceren*** ⇒*stoelgang/ontlasting hebben.*

defect¹ [die:fekt, diffekt] ⟨zn.⟩ **0.1** ***mankement*** ⇒*gebrek* ◆ **3.1** a hearing ~ *een gehoorstoornis.*

defect² [diffekt] ⟨ww.⟩ **0.1** ***overlopen*** ⇒*afvallig worden* **0.2** ***uitwijken*** ⟨ihb. door asiel te vragen⟩ ◆ **1.2** a ~ed conductor *een uitgeweken dirigent.*

defection [diffeksjn] **0.1** ***overloperij*** ⇒*(geval v.) afvalligheid, ontrouw* **0.2** ***uitwijking*** ⟨ihb. door asiel te vragen⟩.

defective [diffektiv] ⟨-ness⟩ **0.1** ***onvolkomen*** ⇒*gebrekkig, onvolmaakt* **0.2** ***tekortschietend/komend*** ⇒*onvolledig* **0.3** ***geestelijk onvolwaardig*** ⇒*zwakzinnig* ◆ **1.1** ~ car *auto met gebreken* **6.2** he's ~ **in** skill *het ontbreekt hem aan vakmanschap.*

defector [diffektə] **0.1** ***overloper*** ⇒*afvallige.*

defence, ⟨AE sp.⟩ **defense** [diffens] **I** ⟨telb.zn.⟩ **0.1** ***(af)weermiddel*** ⇒*verdediging, bescherming;* ⟨mv.⟩ *verdedigingswerken, versterkingen* **0.2** ***verdediging(srede)*** ⇒*apologie, verweer* **0.3** ⟨sport; ook schaakspel⟩ ***verdediging*** **0.4** ⟨vaak enk.; jur.⟩ ***verweer*** ⇒*verdediging* ◆ **3.4** conduct one's own ~ *zijn eigen verdediging voeren;*
II ⟨n.-telb.zn.⟩ **0.1** ***verdediging*** ⇒*afweer, defensief* **0.2** ⟨ook attr.⟩ ***defensie*** ⇒*(lands)verdediging* **0.3** ***zelfverdediging*** ◆ **1.1** line of ~ *verdedigingslinie* **2.2** national ~ *nationale defensie* **6.1** **in** ~ **of** *ter verdediging van;*
III ⟨zn.; ww. enk. of mv.⟩ **0.1** ⟨sport⟩ ***verdedigende partij*** ⇒ *verdediging.*

defenceless, ⟨AE sp.⟩ **defenseless** [diffensləs] **0.1** ***weerloos*** ⇒*machteloos.*

defence mechanism **0.1** ⟨med.⟩ ***afweerreactie*** **0.2** ⟨psych.⟩ ***afweermechanisme.***

defend [diffend] **0.1** ***verdedigen*** ⇒*afweren, verweren;* ⟨jur.⟩ *als verdediger optreden (voor)* **0.2** ***beschermen*** ⇒*beveiligen, behoeden* ◆ **6.1** ~ **against** *verdedigen tegen* **6.2** ~ **from** *behoeden voor, beschermen tegen.*

defendant [diffendənt] ⟨jur.⟩ **0.1** ***gedaagde*** ⇒*beschuldigde.*

defender [diffendə] **0.1** ***verdediger*** **0.2** ⟨sport⟩ ***verdediger*** ⇒*achterspeler* **0.3** ⟨sport⟩ ***titelverdediger.***

defensib|le [diffensəbl] ⟨-ly⟩ **0.1** ***(goed) verdedigbaar*** ⇒ *houdbaar* **0.2** ***verdedigbaar*** ⇒*gerechtvaardigd.*

defensive¹ [diffensiv] ⟨zn.⟩ **0.1** ***defensief*** ◆ **6.1** be **on** the ~ *een verdedigende/defensieve houding aannemen.*

defensive² ⟨bn.; -ness⟩⟨→s3⟩ **0.1** ***verdedigend*** ⇒*verdedigings-, defensief* **0.2** ⟨ook pej.⟩ ***defensief*** ⇒*afwerend* ◆ **1.1** ⟨Am. football⟩ ~ end *defensive end;* ~ strategy *defensiestrategie;* ⟨Am. football⟩ ~ tackle *defensive tackle* **3.2** act ~ly *zich defensief opstellen.*

defensive zone ⟨ijshockey⟩ **0.1** ***verdedigingszone.***

defer [diffə:] ⟨-red; zn.: **-ment**⟩ **I** ⟨onov.ww.⟩ **0.1** ***zich onderwerpen*** ⇒*het hoofd buigen* ◆ **6.1** ~ **to** *eerbiedigen, respecteren; in acht nemen;*
II ⟨ov.ww.⟩ **0.1** ***opschorten*** ⇒*uitstellen.*

deference [defrəns] **0.1** ***achting*** ⇒*eerbied, respect* ◆ **3.1** pay/show ~ to *eerbied betonen, eerbiedigen* **6.1** **in/out of** ~ **to** *uit achting/eerbied voor.*

deferential [deffərensjl] **0.1** ***eerbiedig*** ⇒*respectvol.*

defiance [diffajjəns] **0.1** ***trotsering*** ⇒*tarting, uitdagende houding* **0.2** ***openlijk(e) ongehoorzaamheid/verzet*** ⇒ *opstandigheid* ◆ **3.1** bid ~ to *trotseren, uitdagen* **6.1** **in** ~ **of** *in weerwil van* **6.2** **in** ~ **of** *met minachting voor; in strijd met;* act **in** ~ **of** *zich niets aantrekken van.*

defiant [diffajjənt] **0.1** ***tartend*** ⇒*uitdagend* **0.2** ***opstandig*** ⇒*openlijk ongehoorzaam.*

deficienc|y [diffisjnsie] ⟨mv.: -ies⟩ **0.1** ***tekort*** ⇒*gebrek* **0.2** ***tekort*** ⇒*deficit, nadelig saldo* **0.3** ***gebrek*** ⇒*onvolkomenheid, ontoereikendheid* ◆ **1.1** ~ of food *voedseltekort.*

deficiency disease **0.1** ***gebrekszieke*** ⇒*deficiëntieziekte.*

deficient [diffisjnt] **0.1** ***incompleet*** ⇒*onvolledig, gebrekkig* **0.2** ***ontoereikend*** ⇒*onvoldoende, -arm* **0.3** ***onvolwaardig*** ⇒*zwakzinnig* ◆ **4.3** she's mentally ~ *ze is geestelijk onvolwaardig* **6.2** ~ **in** iron *ijzerarm.*

deficit [deffissit] **0.1** ***deficit*** ⇒*tekort, nadelig saldo* **0.2** ***tekort*** ⇒*gebrek.*

deficit financing, deficit spending ⟨ec.⟩ **0.1** ***overbesteding (door de overheid)*** ⇒*overbestedingsbeleid.*

defile¹ [die:fajl] ⟨zn.⟩ **0.1** ***engte*** ⇒*nauwe doorgang;* ⟨ihb.⟩ *bergpas.*

defile² [diffajl] ⟨ww.; zn.: **-ment**⟩ **0.1** ***bevuilen*** ⇒*verontreinigen, vervuilen* **0.2** ***ontwijden*** ⇒*schenden, ontheiligen.*

defiler [diffajlə] **0.1** ***bevuiler*** ⇒*vervuiler* **0.2** ***schender.***

definable [diffajnəbl] **0.1** ***definieerbaar*** **0.2** ***begrensbaar*** ⇒ *bepaalbaar.*

define [diffajn] **0.1** ***definiëren*** ⇒*een definitie geven (van)* **0.2** ***afbakenen*** ⇒*bepalen, begrenzen* **0.3** ***kenschetsen*** ⇒ *karakteriseren* **0.4** ***aftekenen*** ◆ **1.1** we ~ a circle as *onder een cirkel verstaan we* **4.3** what ~s them as superior? *waarin bestaat hun superioriteit?* **6.4** she stood clearly ~d **against** the background *haar gestalte tekende zich duidelijk af tegen de achtergrond.*

definite [def(i)nit] **0.1** ***welomlijnd*** ⇒*scherp begrensd, exact* **0.2** ***ondubbelzinnig*** ⇒*duidelijk* **0.3** ***uitgesproken*** ⇒*onbetwistbaar* **0.4** ***beslist*** ⇒*vastberaden* **0.5** ⟨taal.⟩ ***bepaald*** ⇒ *bepalend* **0.6** ⟨wisk.⟩ ***bepaald*** ◆ **1.5** ~ article *bepaald lidwoord* **1.6** ~ integral *bepaalde integraal.*

definitely [def(i)nitlie] **0.1** →**definite** **0.2** ⟨inf.⟩ ***absoluut*** ⇒ *beslist* ◆ ¶.**2** ~ not *geen sprake van.*

definition [deffinnisjn] **0.1** ***definitie*** ⇒*omschrijving* **0.2** ***afbakening*** ⇒*bepaling, begrenzing* **0.3** ***kenschets*** ⇒*karakteristiek* **0.4** ***scherpte*** ⇒⟨ihb.⟩ *beeldscherpte, definitie* ⟨v. tv⟩ ◆ **3.4** lack ~ *onscherp zijn* ⟨foto e.d.⟩.

definitive [diffinnətiv] **0.1** ***definitief*** ⇒*blijvend, onherroepelijk* **0.2** ***beslissend*** ⇒*afdoend* **0.3** ***(meest) gezaghebbend*** ⇒*onbetwist* **0.4** ***ondubbelzinnig*** ⇒*expliciet* ◆ **1.2** ~ defeat *beslissende nederlaag.*

defl|ate [die:fleet] ⟨zn.: **-ation**⟩ **I** ⟨onov.ww.⟩ **0.1** ***leeglopen*** ⟨v. band, luchtballon e.d.⟩ **0.2** ***de moed verliezen*** ⇒*zijn zelfvertrouwen kwijtraken* **0.3** ⟨ec.⟩ ***een deflatoir beleid voeren*** ⇒⟨ihb.⟩ *de geldhoeveelheid inkrimpen;*
II ⟨ov.ww.⟩ **0.1** ***leeg laten lopen*** ⟨band, luchtballon e.d.⟩ ⇒ ⟨fig.⟩ *doorprikken* ⟨verwaand persoon⟩ **0.2** ***kleineren*** ⇒ *minder belangrijk maken* **0.3** ⟨ec.⟩ ***aan deflatie onderwerpen*** ⇒⟨ihb.⟩ *de geldhoeveelheid inkrimpen van.*

deflation [die:fleesjn] **0.1** ⟨ec.⟩ ***deflatie*** ⇒*waardevermeerdering v. geld.*

deflationary [die:fleesjnrie] ⟨ec.⟩ **0.1** ***deflatoir*** ⇒*deflatie-* ◆ **1.1** ~ policy *deflatoir beleid.*

deflect [diflekt] **0.1** ***(doen) afbuigen*** ⇒*(doen) afwijken, uitwijken* **0.2** ***afbrengen*** ⇒*afleiden* ◆ **1.1** the ball was ~ed ...

de bal werd van richting veranderd ... **6.2** ~ s.o. **from** his line of reasoning *iem. v. zijn betoog afbrengen.*

deflection, ⟨BE sp. ook⟩ **deflexion** [difleksjn] **0.1** ***afbuiging*** ⇒*afwijking, deviatie* **0.2** ⟨nat.⟩ ***afbuiging*** ⇒*deflectie* **0.3** ⟨tech.⟩ ***(door)buiging*** ⇒*doorhanging, doorvering* **0.4** ⟨tech.⟩ ***uitslag*** ⟨v. meetinstrument⟩ ⇒*uitwijking.*

deflower [die:flauə] **0.1** ***ontmaagden.***

defoliant [die:fooliənt] **0.1** ***ontbladeringsmiddel.***

defoli|ate [die:foolie·eet] ⟨zn.: **-ation**⟩ **0.1** ***ontbladeren*** ⟨ihb. als mil. tactiek⟩.

deforest [die:forrist] ⟨zn.: **-ation**⟩ ⟨vnl. AE⟩ **0.1** ***ontbossen.***

deform [diffo:m] **0.1** ***misvormen*** ⇒*mismaken, vervormen* **0.2** ***ontsieren*** ⇒*schenden* **0.3** ⟨nat.⟩ ***vervormen*** ⇒*deformeren* ◆ **1.1** her face was ~ed by fear *haar gezicht was vertrokken v. angst.*

deformation [die:fo:meesjn] **0.1** ***misvorming*** ⇒*deformatie* **0.2** ***deformatie*** ⇒*vormverandering* **0.3** ***verandering ten kwade*** ⇒*verslechtering, achteruitgang.*

deformed [diffo:md] **0.1** ***misvormd*** ⇒*mismaakt, verminkt* **0.2** ***verknipt*** ⇒*pervers* **0.3** ***wanstaltig*** ⇒*gedrochtelijk* ◆ **1.1** ~ face *verwrongen gezicht.*

deformit|y [diffo:mətie] ⟨mv.: -ies⟩ **0.1** ***misvorming*** ⇒*vergroeiing, mismaaktheid* **0.2** ***(morele/artistieke) tekortkoming*** ⇒*feilen* **0.3** ***gedrocht(elijkheid)*** ⇒*wanstaltigheid.*

defraud [difro:d] **0.1** ***bedriegen*** ⇒*bezwendelen* ◆ **6.1** ~ s.o. **of** his money *iem. (door bedrog) zijn geld afhandig maken.*

defray [difree] **0.1** ***financieren*** ⇒*betalen, voor zijn rekening nemen* ◆ **1.1** ~ the cost(s) *de kosten dragen.*

defrock [die:frok] **0.1** ***uit het ambt ontzetten*** ⇒⟨ihb.⟩ *uit het priesterambt ontzetten.*

defrost [die:frost] **0.1** ***ontdooien*** ◆ **1.1** ~ the refrigerator/windscreen *de koelkast/voorruit ontdooien.*

defroster [die:frostə] **0.1** ***ontdooier*** ⟨v. voorruit, koelkast⟩.

deft [deft] ⟨-ness⟩ **0.1** ***behendig*** ⇒*handig, bedreven;* ⟨ihb.⟩ *vingervlug.*

defunct [diffungkt] **0.1** ***overleden*** ⇒*dood* **0.2** ***verdwenen*** ⇒ *in onbruik* ◆ **1.2** ~ ideas/laws *achterhaalde ideeën/wetten.*

defuse [die:fjoe:z] **0.1** ***onschadelijk maken*** ⟨ook fig.⟩ ⇒ ⟨ihb.⟩ *demonteren* ⟨explosieven⟩ ◆ **1.1** ~ a crisis *een crisis bezweren.*

defy [diffaj] ⟨defied⟩ **0.1** ***tarten*** ⇒*uitdagen* **0.2** ***trotseren*** ⇒ *weerstaan* ◆ **1.2** ~ definition/description *elke beschrijving tarten* **4.1** ~ s.o. to do sth. *iem. tarten iets te doen.*

degauss [die:gaus] ⟨tech.⟩ **0.1** ***demagnetiseren*** ⇒*degaussen.*

degenerac|y [didzjenrəsie] ⟨mv.: -ies⟩ **0.1** ***degeneratie*** ⇒ *ontaarding, verwording* **0.2** ***gedegenereerdheid*** ⇒*ontaardheid;* ⟨ihb.⟩ *perversie, zedenverwildering.*

degenerate[1] [didzjenrət] ⟨zn.; bn.⟩ **0.1** ⟨bn.⟩ ***gedegenereerd*** ⇒*verloederd* **0.2** ⟨zn.⟩ ***dégénéré*** ⇒*gedegenereerde;* ⟨ihb.⟩ *(seksueel) geperverteerde.*

degener|ate[2] [didzjennəreet] ⟨ww.; zn.: **-ation**⟩ **0.1** ***degenereren*** ⇒*ontaarden, verloederen* **0.2** ***verslechteren*** ⇒*achteruitgaan.*

degenerative [didzjenrətiv] **0.1** ***degeneratief.***

deglaze [die:gleez], **déglacer** [deeglæsee] ⟨cul.⟩ **0.1** ***(af)blussen.***

degradation [degrədeesjn] **0.1** ***degradatie*** ⇒*achteruit/terugzetting, achteruitgang* **0.2** ***degeneratie*** ⇒*verwording, verloedering* **0.3** ⟨schei.⟩ ***degradatie*** ⇒*afbreking, desintegratie.*

degrade [digreed] **I** ⟨onov.ww.⟩ **0.1** ***degenereren*** ⇒*ontaarden, verwilderen* **0.2** ⟨schei.⟩ ***degraderen*** ⇒*desintegreren, uiteenvallen;*

II ⟨ov.ww.⟩ **0.1** ***degraderen*** ⇒*achteruit/terugzetten* **0.2** ***verlagen*** ⇒*corrumperen* **0.3** ***vernederen*** ⇒*onteren* **0.4** ⟨schei.⟩ ***afbreken*** **0.5** ⟨nat.⟩ ***naar een lager energieniveau brengen*** ⟨energie⟩ ◆ **4.2** ~ o.s. *zich verlagen.*

degrading [digreeding] **0.1** ***vernederend.***

degree [digrie:] **I** ⟨telb.zn.⟩ **0.1** ⟨aardr., nat., wisk.⟩ ***graad*** **0.2** ***(universitaire) graad*** ⇒*academische titel;* ⟨ook⟩ *akte, lesbevoegdheid* **0.3** ***(verwantschaps)graad*** ⇒*graad v. verwantschap* ◆ **1.1** an angle of 45 ~s *een hoek v. 45 graden;* ~ of latitude/longitude *breedte/lengtegraad* **3.2** take one's ~ *afstuderen;*

II ⟨telb. en n.-telb.zn.⟩ **0.1** ***mate*** ⇒*hoogte, graad, trap* ◆ **1.1** ~s of ability/skill *niveaus v. aanleg/vaardigheid* **2.1** to a high ~ *tot op grote hoogte;* not in the slightest ~ *niet in het minst* **6.1 by** ~s *stukje bij beetje, gaandeweg;* **to** a certain/some ~ *in zekere mate; tot op zekere hoogte;* **to** what ~ *in hoeverre, tot op welke hoogte.*

dehorn [die:ho:n], **dishorn** [dis-] **0.1** ***onthoornen*** ⇒*van hoorns ontdoen* ⟨vee⟩.

dehuman|ize, -ise [die:hjoe:mənajz] ⟨zn.: **-ization**⟩ **0.1** ***ontmenselijken*** ⇒*dehumaniseren.*

dehydr|ate [die:hajdreet] ⟨zn.: **-ation**⟩ **I** ⟨onov.ww.⟩ **0.1** ***vocht verliezen*** **0.2** ***(op/uit/ver)drogen*** ⇒*verdorren;*

II ⟨ov.ww.⟩ **0.1** ***ontwateren*** ⇒*vocht/water onttrekken aan* ◆ **1.1** ~d milk *melkpoeder;* ~d vegetables *gedroogde groenten.*

deice [die:·ajs] **0.1** ***ontijz(el)en*** ⇒*ontdooien.*

deif|y [die:iffaj] ⟨-ied; zn.: **-ication**⟩ **0.1** ***vergoddelijken.***

deign [deen] **0.1** ***zich verwaardigen*** ⇒*zich niet te goed achten* ◆ **3.1** not ~ to look at *geen blik waardig keuren.*

de-industrialization [die:industriəlajzeesjn] **0.1** ***verlies v. industrie*** ⟨in bep. gebied/land⟩.

de-industrialize [die:industriəlajz] **0.1** ***het verlies v. industrie teweeg brengen in.***

deism [die:izm] ⟨ook D-⟩ **0.1** ***deïsme.***

deist [die:ist] **0.1** ***deïst.***

deit|y [die:ətie] ⟨mv.: -ies⟩ **0.1** ***god(in)*** ⇒*godheid* **0.2** ***(af)god*** ⇒*verafgode figuur.*

déjà vu [deezja:voe:] **0.1** ***déjà-vu(gevoel/ervaring).***

deject [didzjekt] ⟨meestal pass.⟩ **0.1** ***terneerslaan*** ⇒*ontmoedigen, droevig stemmen.*

dejected [didzjektid] ⟨-ness⟩ **0.1** ***terneergeslagen*** ⇒*neerslachtig, somber* **0.2** ***bedroefd*** ⇒*verdrietig.*

dejection [didzjeksjn] **0.1** ***neerslachtigheid*** ⇒*mismoedigheid* **0.2** ***bedroefdheid*** ⇒*verdriet* **0.3** ⟨med.⟩ ***ontlasting*** ⇒ *defecatie, stoelgang.*

de jure [die: dzjoeərie] **0.1** ***rechtens*** ⇒*de jure.*

dekko [dekkoo] ⟨BE; sl.⟩ **0.1** ***kijkje*** ◆ **3.1** have a ~ at sth. *ergens een kijkje nemen.*

delay[1] [dillee] ⟨zn.⟩ **0.1** ***vertraging*** ⇒*oponthoud* **0.2** ***uitstel*** ⇒*verschuiving* ◆ **6.2 without** (any) ~ *onverwijld, zonder uitstel.*

delay[2] **I** ⟨onov.ww.⟩ **0.1** ***treuzelen*** ⇒*tijd rekken/winnen* ◆ **3.1** don't ~, act today *stel niet uit tot morgen wat ge heden nog kunt doen;*

II ⟨ov.ww.⟩ **0.1** ***uitstellen*** ⇒*verschuiven* **0.2** ***ophouden*** ⇒ *vertragen, hinderen.*

delayed action ⟨foto.⟩ **0.1** ***zelfontspanner.***

delayed-action [dilleed æksjn], **delay-action** **0.1** ***tijd-*** ⇒*automatisch* ◆ **1.1** ~ bomb *tijdbom;* ⟨foto.⟩ ~ device *zelfontspanner.*

delaying action **0.1** ***vertragingsactie.***

delectab|le [dillektəbl] ⟨-ly⟩ **0.1** ***verrukkelijk*** ⇒*heerlijk, zalig.*

delectation [die:lekteesjn] **0.1** ***genot*** ⇒*plezier, genoegen* ◆ **6.1 for** your ~ *voor uw plezier.*

delegac|y [delligəsie] ⟨mv.: -ies⟩ **0.1** ***delegatie*** ⇒*afvaardiging.*

delegate¹ [delligət] ⟨zn.⟩ **0.1** ***afgevaardigde*** ⇒*gedelegeerde, ge(vol)machtigde.*

delegate² [delligeet] ⟨ww.⟩ **0.1** ***afvaardigen*** ⇒*delegeren* **0.2** ***machtigen*** **0.3** ***delegeren*** ⇒*overdragen.*

delegation [delligeesjn] **0.1** ***delegatie*** ⇒*afvaardiging* **0.2** ***machtiging*** ⇒*verlening v. volmacht, delegering.*

del|ete [dillie:t] ⟨zn.: **-etion**⟩ **0.1** ***(weg)schrappen*** ⇒*doorhalen, wegstrepen, deleten* ◆ **6.1** ~ **from** *schrappen uit.*

deleterious [dellittiəriəs] **0.1** ***schadelijk*** ⇒*ongezond, nadelig.*

deli, dell|y [dellie] ⟨mv.: -ies⟩ **0.1** ⟨afk.⟩ [delicatessen] ***delicatessewinkel.***

deliberate¹ [dillibret] ⟨bn.; -ness⟩ **0.1** ***doelbewust*** ⇒*opzettelijk, welbewust* **0.2** ***weloverwogen*** ⇒*overdacht* **0.3** ***behoedzaam*** ⇒*voorzichtig* **0.4** ***bedachtzaam*** ⇒*bedaard.*

deliberate² [dillibbəreet] **I** ⟨onov.ww.⟩ **0.1** ***delibereren*** ⇒ *wikken en wegen, beraadslagen* **0.2** ***raad inwinnen*** ⇒*te rade gaan;*
II ⟨ov.ww.⟩ **0.1** ***(zorgvuldig) af/overwegen*** **0.2** ***beraadslagen/zich beraden over.***

deliberation [dillibbəreesjn] **0.1** ***(zorgvuldige) af/overweging*** ⇒*overleg* **0.2** ***behoedzaamheid*** ⇒*omzichtigheid* **0.3** ***bedachtzaamheid*** ⇒*bedaardheid* ◆ **6.1 after** much ~ *na lang wikken en wegen.*

deliberative [dillibrətiv] **0.1** ***overleg-*** ⇒*overleggend, beraadslagend* ◆ **1.1** ~ assembly *debatvergadering;* ~ body *overlegorgaan.*

delicac|y [dellikkəsie] ⟨mv.: -ies⟩ **0.1** ***delicatesse*** ⇒*lekkernij* **0.2** ***teerheid*** ⇒*zwakte* ⟨v. gestel⟩, *tengerheid* **0.3** ***delicaatheid*** ⇒*neteligheid* **0.4** ***(fijn)gevoeligheid*** ⇒*verfijndheid* **0.5** ***exquisheid*** ⇒*fijnzinnigheid* **0.6** ***tact*** ⇒*kiesheid* **0.7** ***delicaatheid*** ⟨v. kleur, smaak e.d.⟩ ◆ **1.2** the girl's ~ is alarming *het meisje heeft een verontrustend zwak gestel.*

delicate [dellikkət] **0.1** ***fijn*** ⇒*verfijnd, uitgezocht* **0.2** ***lekker*** ⇒*fijn, delicaat* ⟨mbt. spijzen⟩ **0.3** ***teer*** ⇒*zwak, broos, tenger* **0.4** ***(fijn)gevoelig*** **0.5** ***tactvol*** ⇒*kies* **0.6** ***kieskeurig*** ⇒ *kritisch* **0.7** ***delicaat*** ⇒*netelig, kritiek* **0.8** ***subtiel*** ⇒*fijn* **0.9** ***gedempt*** ⇒*zacht* ⟨mbt. kleur⟩ ◆ **1.3** a ~ constitution *een teer gestel* **1.8** ~ humour *subtiele humor.*

delicatessen [dellikkətesn] **0.1** ***comestibleswinkel*** ⇒*delicatessewinkel.*

delicious [dillisjəs] ⟨-ness⟩ **0.1** ***(over)heerlijk*** ⇒*verrukkelijk, kostelijk.*

delight¹ [dillajt] ⟨zn.⟩ **0.1** ***verrukking*** ⇒*groot genoegen* **0.2** ***genot*** ⇒*vreugde* ◆ **1.1** the ~s of country life *de verrukkingen v.h. buitenleven* **2.2** real ~ *waar genoegen* **3.2** take ~ in *behagen scheppen/genot vinden in.*

delight² **I** ⟨onov.ww.⟩ **0.1** ***behagen scheppen*** ⇒*genot vinden* **0.2** ***genot verschaffen*** ⇒*verrukken* ◆ **1.2** the play is bound to ~ *het stuk zal de mensen in verrukking brengen* **6.1** ~ **in** teasing *het heerlijk vinden om te plagen;*
II ⟨ov.ww.⟩ **0.1** ***in verrukking brengen*** ⇒*verrukken* ◆ **6.1** she ~ed them **with** her play *haar spel bracht hen in verrukking.*

delighted [dillajtid] **0.1** ***verrukt*** ⇒*opgetogen* ◆ **3.1** I shall be ~ *het zal me een groot/waar genoegen zijn* **6.1** ~ **at/with** *opgetogen/verrukt over.*

delightful [dillajtfl] **0.1** ***verrukkelijk*** ⇒*heerlijk, zalig.*

delimit [dillimmit], **delimit|ate** [dillimmitteet] ⟨zn.: **-ation**⟩ **0.1** ***afbakenen*** ⇒*begrenzen.*

deline|ate [dillinnie-eet] ⟨zn.: **-ation**⟩ **0.1** ***omlijnen*** ⇒*afbakenen* **0.2** ***schetsen*** ⇒*tekenen, afbeelden.*

delinquenc|y [dillingkwənsie] ⟨mv.: -ies⟩ **0.1** ***vergrijp*** ⇒*delict* **0.2** ***criminaliteit*** ⇒*misdadigheid, misdaad* ◆ **2.2** juvenile ~ *jeugdcriminaliteit.*

delinquent¹ [dillingkwənt] ⟨zn.⟩ **0.1** ***delinquent*** ⇒*wetsovertreder;* ⟨ihb.⟩ *jeugdige misdadiger* ◆ **2.1** juvenile ~ *jeugddelinquent.*

delinquent² ⟨bn.⟩ **0.1** ***schuldig (aan wetsovertreding)*** **0.2** ***delinquent*** ⇒*geneigd tot misdadigheid* **0.3** ***achterstallig*** ⇒*niet op tijd betaald* ◆ **1.3** ~ account *achterstallige rekening.*

deliquescence [dellikwesns] **0.1** ***smelting*** ⇒*het vloeibaar worden.*

delirious [dilliəriəs] **0.1** ***ijlend*** ⇒*ijl-* **0.2** ***dol(zinnig)*** ⇒*uitzinnig* **0.3** ***geëxalteerd*** ⇒*extatisch, in vervoering* ◆ **1.3** ~ speech *geëxalteerde toespraak* **3.1** become ~ *gaan ijlen* **6.2** ~ **with** joy *dol(zinnig) v. vreugde.*

delirium [dilliəriəm] ⟨mv.: ook deliria [-riə]⟩ **0.1** ***ijltoestand*** ⇒*ijlkoorts, delirium* **0.2** ***uitzinnigheid*** ⇒*dolzinnigheid, extase.*

delirium tremens [-tremmənz] **0.1** ***dronkenmanswaanzin*** ⇒*delirium tremens.*

deliver [dillivvə] **I** ⟨onov.ww.⟩ **0.1** ⟨inf.⟩ ***afkomen*** ⇒*over de brug komen* ◆ **6.1** he will ~ **on** his promise *hij zal doen wat hij beloofd heeft;*
II ⟨ov.ww.⟩ **0.1** ***verlossen*** ⇒*bevrijden* **0.2** ⟨vaak pass.⟩ ***verlossen*** ⇒*helpen baren/bevallen* **0.3** ***ter wereld helpen*** **0.4** ***presenteren*** ⇒*overhandigen* **0.5** ***bezorgen*** ⇒*(af)leveren* **0.6** ***voordragen*** ⇒*uitspreken* ◆ **1.2** ~ a woman *een vrouw verlossen* **1.3** ~ a child *een kind ter wereld helpen* **1.4** ~ an account *een rekening presenteren* **1.5** ⟨hand.⟩ ~ed price *leveringsprijs* **1.6** ~ a lecture/paper *een lezing houden* **6.1** ~ us **from** evil *verlos ons van den Boze* **6.2** be ~ed **of** *verlost worden/bevallen van.*

deliverance [dillivrəns] **0.1** ***verlossing*** ⇒*bevrijding, redding.*

deliver|y [dillivrie] ⟨mv.: -ies⟩ **0.1** ***bevalling*** ⇒*verlossing, geboorte* **0.2** ***bestelling*** ⇒*leverantie, levering* **0.3** ***bevrijding*** ⇒*verlossing, redding* **0.4** ***bezorging*** ⇒*(post)bestelling* **0.5** ***overgave*** ⇒*overdracht* **0.6** ***voordracht*** ⇒*redevoering* **0.7** ⟨sport, honkbal⟩ ***worp*** ⇒*aangooi;* ⟨cricket⟩ *het bowlen (v.d. bal), gebowlde bal* ◆ **1.5** the ~ of a fortress *de overgave v.e. fort* **2.1** the mother had a difficult ~ *de moeder had een zware bevalling* **3.2** the ~ arrived just in time *de bestelling kwam net op tijd* **3.4** the letter came first ~ *de brief kwam met de eerste post;* ⟨BE⟩ recorded ~ *aangetekend(e) versturen/zending* **3.¶** take ~ of *in ontvangst nemen* **6.4 on** ~ *bij levering.*

delivery boy **0.1** ***bezorger*** ⇒*loopjongen.*

delivery|man [dillivriemən] ⟨mv.: -men [-mən]⟩ ⟨vnl. AE⟩ **0.1** ***besteller*** ⇒*bezorger.*

delivery note **0.1** ***afleveringsbon*** ⇒*vrachtbrief.*

delivery room **0.1** ***verloskamer.***

delivery truck ⟨AE⟩ **0.1** ***bestelwagen.***

delivery van ⟨vnl. BE⟩ **0.1** ***bestelwagen.***

dell [del] **0.1** ***valleitje.***

delouse [die:laus] **0.1** ***ontluizen.***

Delphian [delfiən], **Delphic** [delfik] **0.1** ***Delfisch*** ⇒*mbt. Delphi* **0.2** ***delfisch*** ⇒*orakelachtig, raadselachtig.*

delta [deltə] **0.1** ***(rivier)delta.***

delta wing ⟨luchtv.⟩ **0.1** ***delta(vleugel)*** ⇒*driehoeksvleugel.*

delude [dilloe:d] **0.1** ***misleiden*** ⇒*op een dwaalspoor brengen, bedriegen* ◆ **6.1** ~ s.o. **into** doing sth. *iem. verleiden/zover krijgen om iets te doen;* ~ o.s. **into** *zichzelf wijsmaken dat.*

deluge¹ [deljoe:dzj] **I** ⟨eig.n.; D-; the⟩ **0.1** ***zondvloed;***
II ⟨telb.zn.⟩ **0.1** ***overstroming*** ⇒*watervloed* **0.2** ***wolk-***

breuk ⇒*stortbui* **0.3** ***stortvloed*** ⇒*stroom, waterval* ⟨v. woorden e.d.⟩.
deluge[2] ⟨ww.⟩ **0.1** ***overstromen*** ⇒*onder water zetten* **0.2** ⟨vaak pass.⟩ ***overstelpen*** ⇒*overstromen.*
delusion [dilloe:zjn] **0.1** ***waan(idee/voorstelling)*** ⇒*hersenschim, misvatting* ◆ **1.1** ~s of grandeur *grootheidswaan* **6.1** be **under** the ~ that *in de waan verkeren dat.*
delusive [dilloe:siv] **0.1** ***bedrieglijk*** ⇒*misleidend* **0.2** ***vals*** ⇒ *onecht, waan-.*
de luxe [dilluks] **0.1** ***luxueus*** ⇒*weelderig, luxe-* ◆ **1.1** ~ edition *luxe-editie/uitgave.*
delve [delv] **0.1** ***speuren*** ⇒*vorsen, neuzen* ◆ **6.1** ~ **among** the newspapers *tussen de kranten speuren;* ~ **into** s.o.'s past *in iemands verleden graven.*
demagnet|ize, -ise [die:mægnətajz] ⟨zn.: **-ization**⟩ **0.1** ***ontmagnetiseren*** ⇒*demagnetiseren.*
demagogic [demməgogik, -dzjik] ⟨-ally⟩ **0.1** ***demagogisch.***
demagogue, ⟨AE sp. ook⟩ **demagog** [demməgog] **0.1** ⟨vnl. pej.⟩ ***demagoog*** ⇒*volksmenner, oproerstoker.*
demagoguery [demməgogərie] **0.1** ***demagogie*** ⇒*volksverleiding, volksverlakkerij.*
demagogy [demməgogie, -dzjie] **0.1** ***demagogie.***
demand[1] [dimma:nd] ⟨zn.⟩ **0.1** ***eis*** ⇒*verzoek, verlangen* **0.2** ***aanspraak*** ⇒*claim, vordering* **0.3** ⟨jur.⟩ ***vordering*** **0.4** ***vraag*** ⇒*behoefte* **0.5** →**demand note** ◆ **1.1** the workers' ~s *de (loon)eisen v.d. arbeiders* **1.4** supply and ~, ~ and supply *vraag en aanbod* **3.1** satisfy all ~s *aan alle eisen tegemoet komen* **6.2** make great/many ~s **on** *veel vergen van* **6.4** little ~ **for** doctors *weinig vraag naar artsen;* be **in** great ~ *erg in trek zijn* **6.¶** (payable) **on** ~ *(betaalbaar) op vertoon.*
demand[2] ⟨ww.⟩ **0.1** ***eisen*** ⇒*verlangen, vorderen* **0.2** ***vergen*** ⇒*(ver)eisen* **0.3** ***dringend nodig hebben*** ⇒*schreeuwen om* ◆ **1.1** ~ an answer *erop staan een antwoord te krijgen* **6.2** this job will ~ much **of** you *deze baan zal veel van u vergen.*
demand bill, demand draft ⟨hand.⟩ **0.1** ***zichtwissel.***
demand-driven **0.1** ***vraagafhankelijk.***
demanding [dimma:nding] **0.1** ***veeleisend.***
demand note ⟨hand.⟩ **0.1** ***orderbriefje*** ⇒*promesse, accept.*
demand price ⟨ec.⟩ **0.1** ***vraagprijs.***
demand-pull inflation ⟨ec.⟩ **0.1** ***vraaginflatie*** ⇒*bestedingsinflatie.*
demarc|ate [die:ma:keet] ⟨zn.: **-ation**⟩ **0.1** ***afbakenen*** ⇒*begrenzen, demarqueren.*
démarche [deema:sj] **0.1** ***demarche*** ⇒*diplomatieke stap.*
demean [dimmie:n] **0.1** ***verlagen*** ⇒*vernederen* ◆ **4.1** ~ o.s. *zich verlagen;* such language ~s you *dergelijke taal is beneden je waardigheid.*
demeanour, ⟨AE sp.⟩ **demeanor** [dimmie:nə] **0.1** ***gedrag*** ⇒ *houding, optreden.*
demented [dimmentid] **0.1** ***krankzinnig*** ⇒*gek, gestoord* **0.2** ***dement*** ⇒*kinds.*
demerara [demmərearə], **demerara sugar** **0.1** ***bruine (riet)suiker.***
demerge [die:mə:dzj] ⟨ec.⟩ **0.1** ***weer uiteengaan*** ⟨v. gefuseerde bedrijven⟩.
demerger [die:mə:dzjə] ⟨ec.⟩ **0.1** ***het weer uiteengaan*** ⟨v. gefuseerde bedrijven⟩.
demerit [die:merrit] **0.1** ***tekort(koming)*** ⇒*fout, gebrek* **0.2** ⟨AE⟩ ***slechte aantekening*** ⇒*minpunt.*
demesne [dimmeen] **0.1** ***domein*** ⇒*grondbezit.*
demigod [demmiegod] **0.1** ***halfgod.***
demijohn [demmiedzjon] **0.1** ***grote mand(en)fles.***
demilitar|ize, -ise [die:millittərajz] ⟨zn.: **-ization**⟩ **0.1** ***demilitariseren*** ◆ **1.1** ~d zone *gedemilitariseerde zone.*
demise [dimmajz] **0.1** ⟨jur.; euf.⟩ ***overlijden*** **0.2** ⟨scherts.⟩ ***het ter ziele gaan.***
demist [die:mist] ⟨BE⟩ **0.1** ***droogblazen*** ⇒*condensvrij maken* ⟨autoruiten⟩.
demister [die:mistə] ⟨BE⟩ **0.1** ***ruitverwarmer*** ⇒*fan* ⟨v. auto⟩.
demo [demmoo] **0.1** ⟨verk.; BE; inf.⟩ [demonstration] ***betoging*** ⇒*demonstratie, protestmars.*
demob[1] [die:mob] ⟨zn.; ook attr.⟩⟨verk.⟩ [demobilization] ⟨BE; inf.⟩ **0.1** ***ontslag uit de militaire dienst*** ⇒*het afzwaaien.*
demob[2] ⟨ww.; -bed⟩⟨verk.⟩ [demobilize] ⟨BE; inf.⟩ **0.1** ***demobiliseren.***
demobil|ize, -ise [die:moobillajz] ⟨zn.: **-ization**⟩ **0.1** ***demobiliseren*** ⇒*uit de krijgsdienst ontslaan.*
democrac|y [dimmokrəsie] ⟨mv.: -ies⟩ **0.1** ***democratie*** ⇒*democratisch geregeerde staat* **0.2** ***democratisch stelsel*** ⇒ *democratie* **0.3** ***gelijkgerechtigdheid*** ⇒*medezeggenschap* ◆ **2.3** industrial ~ *medezeggenschap in het bedrijfsleven.*
democrat [demməkræt] **0.1** ***democraat*** ⇒*voorstander v. volksregering* **0.2** ***democraat*** ⇒*aanhanger v. democratische partij.*
democratic [demməkrætik] ⟨-ally⟩ **0.1** ***democratisch.***
democrat|ize, -ise [dimmokrətajz] ⟨zn.: **-ization**⟩ **0.1** ***democratiseren.***
démodé [deemoodee] **0.1** ***ouderwets*** ⇒*uit de mode, achterhaald.*
demographer [dimmogrəfə] **0.1** ***demograaf.***
demograph|y [dimmogrəfie] ⟨bn.: **-ic**⟩ **0.1** ***demografie.***
demolish [dimmollisj] **0.1** ***slopen*** ⇒*vernielen, afbreken* **0.2** ***vernietigen*** ⇒⟨ihb.⟩ *opblazen* **0.3** ***omverwerpen*** ⇒*te gronde richten* **0.4** ***ontzenuwen*** ⇒*weerleggen.*
demolition [demməlisjn] **0.1** ***vernieling*** ⇒*afbraak, sloop.*
demon, ⟨in bet. 0.3 ook⟩ **daemon** [die:mən] **0.1** ***demon*** ⇒*boze geest, duivel;* ⟨fig.⟩ *slechterik, duivel(s mens)* **0.2** ⟨inf.⟩ ***bezetene*** ⇒*fanaat* **0.3** ⟨Griekse mythologie⟩ ***demon*** ⇒ *halfgod* ◆ **1.2** be a ~ for work *werken als een bezetene.*
demonetize, -ise [die:munnittajz] ⟨geldw.⟩ **0.1** ***demonetiseren*** ⟨geld⟩ ⇒*ontmunten, niet meer als standaard gebruiken* ⟨goud/zilver⟩.
demoniac|(al) [die:mənajjək(l)] ⟨-(al)ly⟩ **0.1** ***demonisch*** ⇒ *duivels, duivelachtig* **0.2** ***bezeten*** ⟨ook fig.⟩.
demonic, daemonic [dimmonnik] **0.1** ***demonisch*** ⇒*duivels, duivelachtig* **0.2** ***bezield*** ⇒*geïnspireerd* ⟨door hogere machten⟩.
demonstrab|le [dimmonstrəbl, demmən-] ⟨-ly; zn.: **-ility**⟩ **0.1** ***aantoonbaar*** ⇒*bewijsbaar* **0.2** ***onloochenbaar*** ⇒ *zonneklaar.*
demonstrate [demmənstreet] **I** ⟨onov.ww.⟩ **0.1** ***demonstreren*** ⇒*betogen;*
II ⟨ov.ww.⟩ **0.1** ***demonstreren*** ⇒*een demonstratie geven van* **0.2** ***aantonen*** ⇒*bewijzen* **0.3** ***uiten*** ⇒*openbaren* ◆ **1.3** ~ one's affection *zijn genegenheid tonen.*
demonstration [demmənstreesjn] **0.1** ***demonstratie*** ⇒*betoging, manifestatie* **0.2** ***demonstratie*** ⇒*vertoning v.d. werking* **0.3** ***bewijs*** ⇒*demonstratie* **0.4** ***uiting*** ⇒*manifestatie, vertoon.*
demonstrative [dimmonstrətiv] **0.1** ***(aan)tonend*** ⇒*veraanschouwelijkend, blijk gevend van* **0.2** ***open*** ⇒*extravert* **0.3** ⟨taal.⟩ ***aanwijzend*** ⇒*demonstratief* ◆ **1.3** ~ pronoun *aanwijzend voornaamwoord* **6.1** be ~ **of** *aantonen.*
demonstrator [demmənstreetə] **0.1** ***demonstrateur*** **0.2** ***demonstrant*** ⇒*betoger.*
demoral|ize, -ise [dimmorrəlajz] ⟨zn.: **-ization**⟩ **0.1** ***demoraliseren*** ⇒*ontmoedigen.*
demote [die:moot] **0.1** ***degraderen*** ⇒*in rang verlagen.*

demotic [dimmottik] **0.1** ***gemeenzaam*** *⇒plat, volks-.*
demotion [die:moosjn] **0.1** ***degradatie*** *⇒verlaging in rang.*
demotivate [die:mootivveet] **0.1** ***demotiveren*** *⇒ontmoedigen.*
demountable [die:mauntəbl] **0.1** ***demonteerbaar.***
demur[1] [dimmə:] ⟨zn.⟩ **0.1** ***bedenking*** *⇒tegenwerping, bezwaar* **0.2** ***aarzeling*** *⇒weifeling* ◆ **6.1** **with** no/**without** ~ *zonder meer, zonder aarzelen.*
demur[2] ⟨ww.; -red⟩ **0.1** ***bedenkingen hebben*** *⇒tegenwerpingen/bezwaar maken* **0.2** ⟨jur.⟩ ***een exceptie/excepties opwerpen*** ◆ **6.1** ~ **at/to** an argument *bedenkingen hebben tegen een argument.*
demure [dimjoeə] ⟨ook -r; -ness⟩ **0.1** ***ingetogen*** *⇒zedig, kuis* **0.2** ***bezadigd*** *⇒ernstig, terughoudend.*
demystif|y [die:mistiffaj] ⟨-ied; zn.: **-ication**⟩ **0.1** ***ontsluieren*** *⇒ophelderen, ontraadselen* **0.2** ***de mystiek wegnemen v.***
den [den] **0.1** ***hol*** *⇒schuilplaats, leger* ⟨ihb. v. dier⟩ **0.2** ***hol*** *⇒(misdadigers)verblijf* **0.3** ⟨inf.⟩ ***(studeer/hobby)kamertje*** *⇒hok* ◆ **1.2** ~ of thieves *dievenhol.*
denational|ize, -ise [die:næsjnəlajz] ⟨zn.: **-ization**⟩ **0.1** ***denationaliseren*** *⇒privatiseren* ⟨onderneming⟩.
deniab|le [dinnajjəbl] ⟨-ly⟩ **0.1** ***loochenbaar*** *⇒te ontkennen.*
denial [dinnajjəl] **0.1** ***ontzegging*** *⇒weigering* **0.2** ***ontkenning*** *⇒negatie, tegenspraak* **0.3** ***verloochening*** *⇒verwerping* **0.4** ***zelfverloochening*** ◆ **1.1** ⟨jur.⟩ ~ of justice *rechtsweigering.*
denier [denniə] **0.1** ⟨vnl. als 2e lid v. samenstellingen met getal⟩ ***denier*** ⟨garennummer⟩ ◆ ¶**.1** twenty-denier stockings *kousen v. twintig denier.*
denigr|ate [dennigreet] ⟨zn.: **-ation**⟩ **0.1** ***denigreren*** *⇒kleineren; belasteren.*
denim [dennim] **I** ⟨n.-telb.zn.⟩ **0.1** ***denim*** *⇒spijkerstof;*
II ⟨mv.⟩ **0.1** ***spijkerbroek.***
denizen [dennizn] **0.1** ***inwoner*** ⟨ook scherts.; schr.⟩ *⇒bewoner.*
Denmark [denma:k] **0.1** ***Denemarken.***
denominate [dinnomminneet] **0.1** ***benoemen*** *⇒v.e. naam voorzien* **0.2** ***noemen*** *⇒aanduiden als.*
denomination [dinnomminneesjn] **0.1** ⟨ben. voor⟩ ***(eenheids)klasse*** *⇒munteenheid/soort; coupure; getalsoort; gewichtsklasse* **0.2** ***noemer*** **0.3** ⟨rel.⟩ ***denominatie*** *⇒gezindte, kerk(genootschap)* **0.4** ***naamgeving*** *⇒benaming* ◆ **2.1** coin of the lowest ~ *kleinste munteenheid;* money of small ~s *geld in kleine coupures* **3.2** reduce fractions to the same ~ *breuken gelijknamig maken.*
denominational [dinnomminneesjnəl] **0.1** ***confessioneel*** *⇒bijzonder* ◆ **1.1** ~ school *confessionele school.*
denominator [dinnomminneetə] **0.1** ⟨wisk.⟩ ***noemer*** *⇒deler* **0.2** ***gemeenschappelijk kenmerk*** *⇒noemer.*
denotation [die:nooteesjn] **0.1** ***aanduiding*** *⇒verwijzing, naam* **0.2** ***teken*** *⇒symbool* **0.3** ***betekenis*** **0.4** ⟨taal.⟩ ***denotatie*** *⇒vast omschreven betekenis* ⟨itt. connotatie⟩.
denotative [dinnootətiv] **0.1** ***aanduidend*** *⇒verwijzend, een betekenis hebbend* **0.2** ***expliciet.***
denote [dinnoot] **0.1** ***aanduiden*** *⇒verwijzen naar, omschrijven* **0.2** ***aangeven*** *⇒wijzen/duiden op, een teken zijn van* **0.3** ***betekenen*** *⇒als naam/symbool dienen voor.*
dénouement, denouement [deenoe:mã] **0.1** ***ontknoping*** ⟨ook lit.⟩ *⇒afloop, uitkomst.*
denounce [dinnauns] ⟨zn.: **-ment**⟩ **0.1** ***kapittelen*** *⇒hekelen, afkeuren* **0.2** ***aan de kaak stellen*** *⇒openlijk beschuldigen/aanklagen* **0.3** ***aangeven*** *⇒verklikken* **0.4** ***opzeggen*** ⟨verdrag⟩ ◆ **6.2** ~ s.o. **as** a thief *iem. voor dief uitmaken/van diefstal betichten.*
dense [dens] ⟨-ness⟩ **0.1** ***dicht*** *⇒compact, samen/opeengepakt* **0.2** ***dom*** *⇒hersenloos* ◆ **1.1** ~ crowd *dichte menigte;* ~ prose *compact proza* **3.1** ~ly populated *dichtbevolkt.*
densit|y [densətie] ⟨mv.: -ies⟩ **0.1** ***dichtheid*** *⇒compactheid, concentratie* **0.2** ***bevolkingsdichtheid*** **0.3** ⟨nat.⟩ ***dichtheid*** *⇒soortelijke massa.*
dent[1] [dent] ⟨zn.⟩ **0.1** ***deuk*** *⇒bluts* **0.2** ⟨fig.⟩ ***deuk*** *⇒knauw* ◆ **1.2** it made a serious ~ in her reputation *haar reputatie liep een aardige deuk op* **3.**¶ that made a big ~ in our savings *dat kostte ons flink wat van ons spaargeld.*
dent[2] ⟨ww.⟩ **0.1** ***deuken*** *⇒een deuk maken/krijgen in* **0.2** ⟨fig.⟩ ***deuken*** *⇒een knauw geven.*
dental [dentl] **0.1** ***dentaal*** *⇒mbt. het gebit, tand-* **0.2** ***tandheelkundig*** ◆ **1.2** ~ decay *tandbederf, cariës;* ~ floss *tandzijde;* ~ plate *kunstgebit, (tand)prothese;* ~ surgeon *tandheelkundige.*
dentifrice [dentifris] ⟨vnl. schr.⟩ **0.1** ***tandpasta.***
dentist [dentist] **0.1** ***tandarts.***
dentistry [dentistrie] **0.1** ***tandheelkunde.***
denture [dentsjə] **0.1** ***gebit*** **0.2** ⟨vaak mv.⟩ ***kunstgebit*** *⇒vals gebit.*
denuclearize, -ise [die:njoe:kliərajz] **0.1** ***kernvrij maken*** *⇒atoomvrij maken.*
denude [dinjoe:d] ⟨schr.⟩ **0.1** ***ontbloten*** *⇒kaal maken; ontbossen* ◆ **6.1** rain had ~d the hill **of** its fertile soil *de regen had de vruchtbare bodem v.d. heuvel weggespoeld.*
denunciation [dinnunsie·eesjn] **0.1** ***openlijke veroordeling*** **0.2** ***beschuldiging*** *⇒aangifte, aanklacht* **0.3** ***opzegging*** ⟨v. verdrag enz.⟩.
Denver boot [denvə boe:t] ⟨AE⟩ **0.1** ***wielklem*** *⇒parkeerklem.*
den|y [dinnaj] ⟨-ied⟩ **0.1** ***ontkennen*** *⇒(ver)loochenen* **0.2** ***ontzeggen*** *⇒weigeren* ◆ **1.2** John denies himself/his children nothing *John ontzegt zichzelf/zijn kinderen niets;* he has always denied himself *hij heeft zichzelf nooit iets gegund.*
deodorant [die·oodərənt], **deodorizer, -iser** [-rajzə] **0.1** ***deodorant*** *⇒geurbestrijdingsmiddel.*
deodorize, -ise [die·oodərajz] **0.1** ***de(s)odoriseren*** *⇒reuk verdrijven van.*
depart [dippa:t] ⟨schr.⟩ **I** ⟨onov.ww.⟩ **0.1** ***heengaan*** *⇒weggaan, vertrekken* ◆ **6.1** ~ **for** *vertrekken naar, afreizen naar;* ~ **from** *vertrekken van, afwijken van;* ~ **from** this life *sterven, heengaan;*
II ⟨ov.ww.⟩ **0.1** ***verlaten*** ◆ **1.1** ~ this life *sterven.*
departed [dippa:tid] **0.1** ***vervlogen*** *⇒voorbij, voorbijgegaan* **0.2** ⟨euf.⟩ ***heengegaan*** *⇒dood* ◆ **7.2** the ~ *de overledene(n).*
department [dippa:tmənt] **0.1** ***afdeling*** *⇒departement;* ⟨onderwijs⟩ *vakgroep, sectie; instituut* ⟨aan universiteit⟩ **0.2** ***departement*** ⟨vnl. in Frankrijk⟩ *⇒(bestuurlijk) gewest, provincie* **0.3** ⟨vaak D-⟩ ***ministerie*** *⇒departement* ◆ **1.3** Department of Environment ⟨ong.⟩ *Ministerie v. Milieuzaken* ¶**.1** ⟨inf.⟩ doing the dishes is your ~ *de afwas is voor jou/jouw werk.*
departmental [die:pa:tmentl] **0.1** ***departementaal*** *⇒afdelings-.*
department store **0.1** ***warenhuis.***
departure [dippa:tsjə] **0.1** ***vertrek(tijd)*** **0.2** ***afwijking*** ◆ **2.2** new ~ *nieuwe koers/richting.*
departure lounge **0.1** ***wachtruimte*** *⇒vertrekhal.*
depend [dippend] **0.1** ***afhangen*** ◆ **4.1** it all ~s *het hangt er nog maar van af.* →**depend (up)on.**
dependab|le [dippendəbl] ⟨zn.: **-ility**⟩ **0.1** ***betrouwbaar.***
dependant, ⟨ook⟩ **dependent** [dippendənt] **0.1** ***afhankelijke*** ⟨bv. voor levensonderhoud⟩.

dependence [dippendəns] **0.1** ***afhankelijkheid*** **0.2** ***vertrouwen*** **0.3** ***verslaving*** ◆ **6.1** ~ **on** luxury *afhankelijkheid van luxe.*
dependenc|y, ⟨ook⟩ **dependancy** [dippendənsie] ⟨mv.: -ies⟩ **0.1** ***afhankelijkheid*** **0.2** ***ondergeschiktheid*** *⇒onderhorigheid* **0.3** ***gebiedsdeel*** *⇒kolonie, provincie.*
dependent, ⟨ook⟩ **dependant** [dippendənt] ⟨-ly⟩ **0.1** ***afhankelijk*** **0.2** ***verslaafd*** ◆ **1.1** ⟨wisk.⟩ ~ variable *afhankelijke grootheid/veranderlijke* **6.1** ~ **(up)on** *afhankelijk van.*
depend (up)on **0.1** ***afhangen van*** *⇒afhankelijk zijn van* **0.2** ***vertrouwen op*** *⇒bouwen op, zich verlaten op* ◆ **4.2** you can ~ it! *reken daar maar op!*
depict [dippikt], **depicture** [-tsjə] **0.1** ***(af)schilderen*** *⇒beschrijven, afbeelden.*
depiction [dippiksjn] **0.1** ***afbeelding*** *⇒beschrijving, (af)schildering.*
depilator|y [dippillətrie] ⟨mv.: -ies⟩ **0.1** ⟨bn.⟩ ***ontharend*** **0.2** ⟨zn.⟩ ***ontharingsmiddel.***
depl|ete [diplie:t] ⟨zn.: **-etion**⟩ **0.1** ***leeghalen*** *⇒uitputten.*
deplorab|le [diplo:rəbl] ⟨-ly⟩ **0.1** ***betreurenswaardig*** *⇒zeer slecht.*
deplore [diplo:] **0.1** ***betreuren*** *⇒bedroefd zijn over.*
deploy [diploj] **0.1** ⟨mil.⟩ ***opstellen*** *⇒in slagorde scharen/stellen* **0.2** ***inzetten.***
deployment [diplojmənt] ⟨mil.⟩ **0.1** ***plaatsing*** ⟨v. wapens⟩ ⇒ *het inzetten* ⟨v. troepen⟩, *opstelling.*
depopul|ate [die:popjoeleet] ⟨zn.: **-ation**⟩ **0.1** ***ontvolken.***
deport [dippo:t] **0.1** ⟨wk. ww.; schr.⟩ ***(zich) gedragen*** ⇒ *(zich) houden* **0.2** ***deporteren*** *⇒verbannen, uitzetten* ◆ **4.1** ~ o.s. *zich gedragen.*
deportation [die:po:teesjn] **0.1** ***deportatie*** *⇒verbanning.*
deportee [die:po:tie:] **0.1** ***gedeporteerde*** *⇒banneling.*
deportment [dippo:tmənt] ⟨schr.⟩ **0.1** ⟨vnl. BE⟩ ***(lichaams)houding*** *⇒postuur* **0.2** ⟨vnl. AE⟩ ***gedrag*** *⇒manieren, houding.*
depose [dippooz] **0.1** ***afzetten*** *⇒onttronen* **0.2** ***getuigen*** ⇒ *onder ede/belofte verklaren* ⟨vnl. schriftelijk⟩.
deposit[1] [dippozzit] ⟨zn.⟩ **0.1** ***onderpand*** *⇒waarborgsom, aanbetaling; statiegeld* **0.2** ⟨geldw.⟩ ***storting*** **0.3** ⟨geldw.⟩ ***deposito*** *⇒depositogeld* ⟨met opzegtermijn⟩ **0.4** ***afzetting*** *⇒ertslaag; bezinksel, sediment; droesem, depot* ⟨in wijn⟩ ◆ **6.3** money **in/on** ~ *geld à/in deposito.*
deposit[2] ⟨ww.⟩ **0.1** ***afzetten*** *⇒bezinken* **0.2** ***neerleggen*** ⇒ *plaatsen* **0.3** ***deponeren*** *⇒in bewaring geven;* ⟨geldw.⟩ *storten.*
deposit account **0.1** ***depositorekening.***
deposition [deppəzisjn, die:-] **0.1** ***verklaring onder ede/belofte*** *⇒depositie, getuigenverklaring* **0.2** ***kruisafneming*** **0.3** ***afzetting*** *⇒onttroning* **0.4** ***neerslag*** *⇒sediment, afzetting.*
deposit money ⟨geldw.⟩ **0.1** ***depositogeld.***
depositor [dippozzittə] **0.1** ***depositeur*** *⇒deponent, bewaargever.*
depositor|y [dippozzitrie] ⟨mv.: -ies⟩ **0.1** ***opslagruimte*** ⇒ *bewaarplaats.*
depot [deppoo] **0.1** ***depot*** *⇒magazijn, opslagruimte* **0.2** ***(leger)depot*** *⇒militair magazijn* **0.3** ⟨vnl. AE⟩ ***spoorweg/busstation.***
depravation [deprəveesjn] **0.1** ***ontaarding*** *⇒verdorvenheid, bederf.*
deprave [dipreev] **0.1** ***bederven*** *⇒doen verloederen, doen ontaarden* ◆ **1.1** ~d habits *verderfelijke gewoonten.*
depravit|y [dipræveətie] ⟨mv.: -ies⟩ **0.1** ***verdorven handeling*** *⇒corrupte daad* **0.2** ***verdorvenheid*** *⇒corruptheid.*
deprec|ate [deprikkeet] ⟨zn.: **-ation**⟩⟨schr.⟩ **0.1** ***laken*** *⇒afkeuren, betreuren.*
deprecatory [deprikkeetrie] **0.1** ***afkeurend*** **0.2** ***verontschuldigend.***
depreciable [diprie:sjəbl] **0.1** ***afschrijfbaar*** ⟨bij belastingen⟩ **0.2** ***aan devaluatie onderhevig.***
depreciate [diprie:sjie·eet] **0.1** ***(doen) devalueren*** *⇒in waarde (doen) dalen* **0.2** ***geringschatten*** *⇒denigreren, kleineren.*
depreciation [diprie:sjie·eesjn] **0.1** ***devaluatie*** *⇒waardevermindering* **0.2** ***geringschatting*** **0.3** ⟨hand.⟩ ***afschrijving*** ◆ **3.3** accelerated ~ *vervroegde afschrijving.*
depreciatory [diprie:sjiətrie] **0.1** ***geringschattend*** *⇒denigrerend, kleinerend* **0.2** ***dalend in waarde*** *⇒devaluerend.*
depredation [depriddeesjn] ⟨meestal mv.⟩⟨schr.⟩ **0.1** ***plundering*** *⇒verwoesting, rooftocht.*
depress [dipres] **0.1** ⟨schr.⟩ ***indrukken*** *⇒neerdrukken* **0.2** ***verlagen*** *⇒drukken* ⟨prijzen e.d.⟩ **0.3** ***deprimeren.***
depressed [diprest] **0.1** ***gedeprimeerd*** *⇒ontmoedigd* **0.2** ***ingedrukt*** *⇒ingezakt* **0.3** ***noodlijdend*** *⇒onderdrukt* ◆ **1.3** ~ area *noodlijdend gebied; streek met aanhoudend hoge werkloosheid.*
depressing [dipressing] **0.1** ***deprimerend*** *⇒ontmoedigend.*
depression [dipresjn] **0.1** ***laagte*** *⇒holte, indruk* **0.2** ⟨meteo.⟩ ***depressie*** *⇒lagedrukgebied, lage luchtdruk* **0.3** ***depressie*** *⇒crisis(tijd), malaise* **0.4** ***depressiviteit*** *⇒neerslachtigheid, moedeloosheid.*
depressive [dipressiv] **0.1** ***depressief*** *⇒neerslachtig, terneergeslagen.*
deprivation [deprivveesjn], **deprival** [diprajvl] **0.1** ***ontbering*** *⇒verlies, gemis* **0.2** ***beroving*** *⇒af/ontneming* **0.3** ***deprivatie*** *⇒ontzetting (uit kerkelijk ambt).*
deprive [diprajv] **0.1** ***beroven*** **0.2** ***afzetten*** *⇒ontzetten* ⟨geestelijke uit ambt zetten⟩ ◆ **6.1** ~ s.o. **of** sth. *iem. iets af/ontnemen, iem. van iets beroven.*
deprived [diprajvd] **0.1** ***misdeeld*** *⇒achtergesteld, arm* ◆ **1.1** a ~ area *een achtergestelde/arme streek* **7.1** the ~ *de misdeelden.*
dept. ⟨afk.⟩ **0.1** [department] **0.2** [deputy].
depth [depθ] **0.1** ***diepte*** **0.2** ***diepzinnigheid*** *⇒scherpzinnigheid* **0.3** ⟨the; vaak mv.⟩ ***het diepst*** *⇒het holst/midden/hart* ◆ **6.1** **at** a ~ of *op een diepte van;* he was/went/got **beyond/out of** his ~ *hij verloor de grond onder z'n voeten;* **in** ~ *diepgaand, grondig* **6.3** **in** the ~s of Africa *in het hart van Afrika;* **in** the ~s of the night *in het holst van de nacht;* **in** the ~(s) of winter *midden in de winter.*
depth bomb, depth charge **0.1** ***dieptebom.***
deputation [depjoeteesjn] **0.1** ***afvaardiging*** *⇒deputatie, delegatie.*
depute [dipjoe:t] ⟨schr.⟩ **0.1** ***afvaardigen*** *⇒aanstellen als plaatsvervanger* **0.2** ***delegeren*** *⇒overdragen* ⟨macht e.d.⟩ ◆ **3.1** ~ s.o. to do sth. *iem. delegeren tot iets* **6.2** ~ sth. **to** s.o. *iets aan iem. overdragen/delegeren.*
deputize, -ise [depjoetajz] **I** ⟨onov.ww.⟩ **0.1** ***waarnemen*** ⇒ *vervangen* ◆ **6.1** ~ **for** *waarnemen/invallen voor;*
II ⟨ov.ww.⟩⟨AE⟩ **0.1** ***aanstellen tot plaatsvervanger*** *⇒deputeren.*
deput|y[1] [depjoetie] ⟨zn.; mv.: -ies⟩ **0.1** ***(plaats)vervanger*** ⇒ *waarnemer* **0.2** ***afgevaardigde*** *⇒kamerlid* **0.3** ⟨AE⟩ ***hulpsheriff*** ⇒⟨ong.⟩ *plaatsvervangend commissaris.*
deputy[2] ⟨bn.⟩ **0.1** ***onder-*** *⇒vice-, plaatsvervangend.*
derail [die:reel] ⟨zn.: **-ment**⟩ **0.1** ***(doen) ontsporen*** *⇒(doen) derailleren* ◆ **3.1** be/get ~ed *ontsporen, derailleren.*
derange [dirreendzj] ⟨zn.: **-ment**⟩ **0.1** ***verwarren*** *⇒krankzinnig maken* ◆ **5.1** mentally ~d *geestelijk gestoord, krankzinnig.*

derb|y [da:bi] ⟨mv.: -ies⟩ **0.1** ⟨ook D-⟩ ***derby*** **0.2** ⟨AE⟩ ***bolhoed*** ⇒*dophoed* ◆ **2.1** local ~ *derby* ⟨wedstrijd tussen twee ploegen uit eenzelfde plaats / streek⟩.
deregister [die:redzjistə] **0.1** ***uitschrijven.***
deregistration [die:redzjistreesjn] **0.1** ***uitschrijving.***
deregul|ate [die:regjoeleet] ⟨zn.: **-ation**⟩ **0.1** ***dereguleren*** ⇒ *vrijmaken v. beperkende (overheids)voorschriften.*
derelict[1] [derrillikt] ⟨zn.⟩ **0.1** ***verlaten schip*** ⇒*wrak, derelict* **0.2** ***uitgestotene*** ⇒*zwerver.*
derelict[2] ⟨bn.⟩ **0.1** ***verwaarloosd*** ⇒*verlaten.*
dereliction [derrilliksjn] **0.1** ***nalatigheid*** **0.2** ***verval*** ⇒*verwaarlozing, haveloosheid* ◆ **1.1** ~ of duty *plichtsverzuim.*
deride [dirrajd] **0.1** ***uitlachen*** ⇒*bespotten, belachelijk maken* ◆ **6.1** ~ **as** *uitmaken voor.*
derision [dirrizjn] **0.1** ***spot*** ⇒*bespotting, hoon* ◆ **1.1** be / become an object of ~ *bespot worden* **3.1** hold / have s.o. / sth. in ~ *met iem. / iets de spot drijven.*
derisive [dirrajsiv] ⟨-ness⟩ **0.1** ***spottend*** ⇒*de spot drijvend, honend* **0.2** ***bespottelijk*** ⇒*belachelijk.*
derisor|y [dirrajsərie] ⟨-ily⟩ **0.1** ***spottend*** ⇒*honend* **0.2** ***bespottelijk*** ⇒*belachelijk.*
derivation [derrivveesjn] **0.1** ***afleiding*** ⇒*afkomst, etymologie.*
derivative[1] [dirrivvətiv] ⟨zn.⟩ **0.1** ***afleiding*** ⇒*afgeleid woord / product, derivaat.*
derivative[2] ⟨bn.⟩ **0.1** ***afgeleid*** ⇒*derivatief, niet oorspronkelijk.*
derive [dirrajv] **I** ⟨onov.ww.⟩ **0.1** ***afstammen*** ◆ **6.1** ~ **from** *ontleend zijn aan, (voort)komen uit;* this word ~s **from** Latin *dit woord stamt uit het Latijn;*
II ⟨ov.ww.⟩ **0.1** ***afleiden*** ⇒*krijgen, halen* ◆ **6.1** ~ **from** *afleiden van / uit, ontlenen aan.*
dermatitis [də:mətajtis] **0.1** ***dermatitis*** ⇒*huidontsteking.*
dermatologist [də:mətolləd zjist] **0.1** ***huidarts*** ⇒*dermatoloog.*
dermatology [də:mətollədzjie] **0.1** ***dermatologie*** ⇒*leer der huidziekten.*
derogate [derrəgeet] ⟨schr.⟩ **I** ⟨onov.ww.⟩ **0.1** ***verdwalen*** ⇒ *(van de goede weg) afwijken* ◆ **6.¶** ~ **from** *afwijken van, inbreuk maken op* ⟨bv. principe⟩; *afbreuk doen aan* ⟨reputatie e.d.⟩;
II ⟨ov.ww.⟩ **0.1** ***denigreren*** ⇒*geringschatten, kleineren.*
derogation [derrəgeesjn] **0.1** ***afbreuk*** **0.2** ***afwijking*** ⇒*inbreuk* ⟨mbt. principe⟩ **0.3** ***verlaging*** ⇒*ontaarding* ◆ **6.1** ~ **of** s.o.'s reputation *aantasting v. iemands reputatie.*
derogator|y [dirrogətrie] ⟨-ily⟩ **0.1** ***geringschattend*** ⇒*minachtend, kleinerend* ◆ **6.¶** ~ **from / to** *schadelijk voor.*
derrick [derrik] **0.1** ***bok*** ⇒*giek, derrickkraan* **0.2** ***(olie)-boortoren.***
derv [də:v] ⟨afk.; BE; handelsmerk⟩ **0.1** [diesel-engined road vehicle] ***(soort) dieselolie.***
dervish [də:visj] **0.1** ***derwisj*** ⟨islamitische bedelmonnik⟩.
DES ⟨afk.⟩ **0.1** [Department of Education and Science] ⟨in GB⟩.
desalin|ate [die:sælinneet], **desaliniz|e** ⟨zn.: **-ation**⟩ **0.1** ***ontzilten*** ⇒*ontzouten* ⟨bv. zeewater⟩.
descale [die:skeel] **0.1** ***(kalk)aanslag verwijderen uit*** ⇒ *ontkalken.*
descant [deskænt] **I** ⟨telb.zn.⟩⟨schr.⟩ **0.1** ***melodie*** ⇒*lied* **0.2** ***discussie*** ⇒*uitweiding;*
II ⟨telb. en n.-telb.zn.⟩⟨muz.⟩ **0.1** ***discant(us)*** ⟨hoge tegenmelodie⟩ ⇒*bovenstem, (discant)sopraan.*
descend [dissend] ⟨vnl. schr.⟩ **I** ⟨onov.ww.⟩ **0.1** ***(af)dalen*** ⇒ *naar beneden gaan / komen, neerkomen* **0.2** ***afstammen*** **0.3** ⟨+ to⟩ ***zich verlagen (tot)*** ◆ **6.1** ~ **(up)on** s.o. *bij iem. binnenvallen;* ~ **upon** a village *een dorp binnenvallen* **6.2** be ~ed **from** *afstammen van;*
II ⟨ov.ww.⟩ **0.1** ***afdalen*** ⇒*naar beneden gaan langs; afzakken* ⟨rivier⟩.
descendant [dissendənt] **0.1** ***afstammeling*** ⇒*nakomeling, nazaat.*
descent [dissent] **0.1** ***afkomst*** ⇒*afstamming* **0.2** ***overdracht*** ⇒*overerving* **0.3** ***aanval*** ⇒*overval* **0.4** ***afdaling*** ⇒ *landing, val* **0.5** ***helling*** ◆ **1.4** ~ from the cross *kruisafneming* **6.3** ~ **upon** *inval in / op.*
describe [diskrajb] **0.1** ***beschrijven*** ⇒*karakteriseren* **0.2** ***beschrijven*** ⇒*trekken* **0.3** ***beschrijven*** ◆ **1.2** ~ a circle *een cirkel tekenen* **1.3** the plane ~d a circle *het vliegtuig beschreef / maakte een cirkel* **4.1** ~ o.s. as *zich uitgeven voor.*
description [diskripsjn] **0.1** ***beschrijving*** **0.2** ⟨inf.⟩ ***soort*** ⇒ *type* ◆ **3.1** answer to / fit a ~ *aan een signalement beantwoorden* **7.2** of all ~s / every ~ *allerlei.*
descriptive [diskriptiv] ⟨-ness⟩ **0.1** ***beschrijvend*** ⇒*descriptief.*
descr|y [diskraj] ⟨-ied⟩⟨schr.⟩ **0.1** ***gewaarworden*** ⇒*ontwaren.*
desecr|ate [dessikreet] ⟨zn.: **-ation**⟩ **0.1** ***ontheiligen*** ⇒*ontwijden, schenden.*
desegreg|ate [die:segrigeet] ⟨zn.: **-ation**⟩ **0.1** ***rassenscheiding opheffen in*** ◆ **1.1** ~d school *gemengde school, school zonder rassenscheiding.*
deselect [die:sillekt] ⟨zn.: **-ion**⟩⟨BE; pol.⟩ **0.1** ***weigeren opnieuw te (ver)kiezen*** ⟨parlementslid⟩ ⇒*van de verkiezingslijst schrappen.*
desensit|ize, -ise [die:sensittajz] ⟨zn.: **-ization**⟩ **0.1** ***ongevoelig(er) maken*** ⇒*desensibiliseren.*
desert[1] [dezzət] ⟨zn.⟩ **0.1** ***woestijn.***
desert[2] ⟨bn.⟩ **0.1** ***onbewoond*** ⇒*verlaten* **0.2** ***braakliggend*** ⇒*kaal, dor.*
desert[3] [dizzə:t] **I** ⟨onov.ww.⟩ **0.1** ***deserteren;***
II ⟨ov.ww.⟩ **0.1** ***verlaten*** ⇒*in de steek laten* ◆ **1.1** ~ed streets *uitgestorven straten.*
deserter [dizzə:tə] **0.1** ***deserteur.***
desertion [dizzə:sjn] **0.1** ***desertie.***
deserts [dizzə:ts] **0.1** ***verdiensten*** ⇒*verdiende loon / straf* ◆ **3.1** give s.o. his (just) ~, reward / punish s.o. according to his ~ *iem. zijn verdiende loon geven.*
deserve [dizzə:v] **0.1** ***verdienen*** ⇒*recht hebben op* ◆ **5.1** ~ well / ill of *verdienen goed / slecht behandeld te worden door.*
deservedly [dizzə:vidlie] **0.1** ***terecht*** ◆ **2.1** be ~ famous *terecht beroemd zijn.*
deserving [dizzə:ving] **0.1** ***waardig*** ⇒*verdienstelijk* ◆ **6.1** be ~ **of** *waard zijn.*
déshabillé [deezæbie:ee] **0.1** ***(gedeeltelijk) ontklede staat*** ⇒*negligé.*
desiccant [dessikkənt] **0.1** ***droogmiddel*** ⇒*ontwateringsmiddel.*
desicc|ate [dessikkeet] ⟨zn.: **-ation**⟩ **0.1** ***drogen*** ⇒*dehydreren.*
desideratum [dizziddəra:təm]⟨mv.: desiderata [-ra:tə]⟩ **0.1** ***desideratum.***
design[1] [dizzajn] ⟨zn.⟩ **0.1** ***ontwerp*** ⇒*tekening, blauwdruk; constructie; vormgeving* **0.2** ***dessin*** ⇒*patroon* **0.3** ***opzet*** ⇒ *bedoeling, doel* ◆ **3.3** have ~s against / (up)on *boze plannen hebben met* **6.3** **by** ~ *met opzet.*
design[2] **I** ⟨onov. en ov.ww.⟩ **0.1** ***ontwerpen;***
II ⟨ov.ww.⟩ **0.1** ***uitdenken*** ⇒*bedenken, beramen* **0.2** ***bedoelen*** ⇒*ontwikkelen, bestemmen* ◆ **6.2** ~ed **for** children *bedoeld voor kinderen.*

designate[1] [dezzignət, -neet] ⟨bn.⟩⟨schr.⟩ **0.1** ***aangesteld*** ⟨maar nog niet geïnstalleerd⟩.
designate[2] [dezzigneet] ⟨ww.⟩ **0.1** ***aanwijzen*** ⇒*aangeven, markeren* **0.2** ***noemen*** ⇒*karakteriseren, bestempelen* **0.3** ***aanstellen*** ◆ **8.3** ~ as *benoemen tot.*
designation [dezzigneesjn] **0.1** ***benaming*** ⇒*predikaat* **0.2** ***benoeming*** ⇒*aanstelling.*
designedly [dizzajnidlie] ⟨schr.⟩ **0.1** ***expres*** ⇒*met opzet.*
designer [dizzajnə] ⟨ook attr.⟩ **0.1** ***designer*** ⇒*ontwerper, tekenaar* ◆ **1.1** ~ clothes *designer/haute-couturekleding.*
designing[1] [dizzajning] ⟨zn.⟩ **0.1** ***(kunst v.) het ontwerpen*** ⇒ *design.*
designing[2] ⟨bn.⟩ **0.1** ***listig*** ⇒*berekenend, sluw.*
desirab|le [dizzajjərəbl] ⟨-ly; zn.: **-ility**⟩ **0.1** ***wenselijk*** **0.2** ***begeerlijk*** ⇒*aantrekkelijk.*
desire[1] [dizzajjə] ⟨zn.⟩ **0.1** ⟨+for⟩ ***wens*** ⇒*verlangen (naar), wil* **0.2** ***begeerte*** ⇒*hartstocht.*
desire[2] ⟨ww.⟩ **0.1** ***wensen*** ⇒*verlangen, begeren* ◆ **3.1** leave much/nothing to be ~d *veel/niets te wensen overlaten.*
desirous [dizzajjərəs] ⟨schr.⟩ **0.1** ⟨+of⟩ ***verlangend (naar)*** ⇒ *begerig.*
desist [dizzist] ⟨schr.⟩ **0.1** ⟨+from⟩ ***ophouden (met)*** ⇒*uitscheiden (met), afzien (van).*
desk [desk] **0.1** ***werktafel*** ⇒*(schrijf)bureau, lessenaar* **0.2** ***balie*** ⇒*receptie, kas* **0.3** ***afdeling*** ⟨v. organisatie⟩ ⇒*departement; (gespecialiseerde) redactie* ⟨v. krant⟩.
desk clerk ⟨AE⟩ **0.1** ***receptionist(e).***
desk|man ⟨mv.: -men⟩ **0.1** ***bureauambtenaar*** **0.2** ⟨journalistiek⟩ ***bureauredacteur.***
desktop 0.1 ***tafel-*** ⇒*bureau-, pc-.*
desktop publishing 0.1 ***desktop publishing.***
desk work 0.1 ***administratief werk*** ⇒*papierwinkel.*
desolate[1] [dessələt] ⟨bn.⟩ **0.1** ***verlaten*** ⇒*uitgestorven, troosteloos* **0.2** ***diepbedroefd*** ⇒*eenzaam.*
desolate[2] [dessəleet] ⟨ww.⟩ **0.1** ***verwoesten*** ⇒*ontvolken* **0.2** ***diep ongelukkig maken*** ⇒*eenzaam maken.*
desolation [dessəleesjn] **0.1** ***verwoesting*** ⇒*vernietiging, ontvolking* **0.2** ***verlatenheid*** ⇒*woestenij, troosteloosheid* **0.3** ***eenzaamheid.***
despair[1] [dispeə] ⟨zn.⟩ **0.1** ***wanhoop*** ⇒*vertwijfeling* ◆ **3.1** drive s.o. to ~, fill s.o. with ~ *iem. tot wanhoop drijven* **6.1** be the ~ of s.o. *iem. wanhopig maken.*
despair[2] ⟨ww.⟩ **0.1** ***wanhopen*** ◆ **6.1** he ~ed **of** ever escaping *hij had de hoop opgegeven ooit te ontsnappen.*
despairing [dispeəring] **0.1** ***wanhopig*** ⇒*desperaat.*
despatch →**dispatch.**
desperado [despəra:doo] ⟨mv.: ook -es⟩ **0.1** ***desperado*** ⇒ *bandiet.*
desperate [desprət] **0.1** ***wanhopig*** ⇒*hopeloos, uitzichtloos* ⟨v. situatie⟩; *vertwijfeld, radeloos* ⟨v. daden, mensen⟩ **0.2** ***vreselijk*** ⟨v. storm e.d.⟩ ◆ **6.1** be ~ **for** help *wanhopig op hulp wachten.*
desperation [despəreesjn] **0.1** ***wanhoop*** ⇒*vertwijfeling* ◆ **3.1** drive s.o. to ~ *iem. tot wanhoop brengen.*
despicab|le [dispikkəbl] ⟨-ly⟩ **0.1** ***verachtelijk.***
despise [dispajz] **0.1** ***verachten*** ⇒*versmaden* ◆ **1.1** such a salary is not to be ~d *zo'n salaris is niet te versmaden.*
despite [dispajt] **0.1** ***ondanks*** ⇒*niettegenstaande.*
despoil [dispojl] ⟨schr.⟩ **0.1** ***(be)roven*** ⇒*plunderen* ◆ **6.1** ~ s.o. **of** sth. *iem. iets ontroven/ontnemen.*
despondence [dispondəns], **despondency** [-dənsie] **0.1** ***wanhoop*** ⇒*vertwijfeling* **0.2** ***melancholie*** ◆ **3.2** fall into ~ *tot zwaarmoedigheid vervallen.*
despondent [dispondənt] **0.1** ***wanhopig*** ⇒*vertwijfeld* **0.2** ***melancholiek*** ⇒*zwaarmoedig.*
despot [despot, -pət] **0.1** ***despoot*** ⇒*tiran.*
despotic [dispottik] ⟨-ally⟩ **0.1** ***despotisch.***
despotism [despətizm] **0.1** ***despotisme*** ⇒*tirannie.*
des res [des res] ⟨verk.⟩ [desirable residence] ⟨BE; inf.; scherts.⟩ **0.1** ***(aardig) optrekje*** ⇒*droomhuis.*
dessert [dizzə:t] **0.1** ***dessert.***
dessertspoon 0.1 ***dessertlepel.***
dessert wine 0.1 ***dessertwijn.***
destabil|ize, -ise [die:steebillajz] ⟨zn.: **-ization**⟩ **0.1** ***destabiliseren.***
destination [destinneesjn] **0.1** ***(plaats v.) bestemming*** ⇒ *doel, eindpunt.*
destine [destin] ⟨vnl. pass.⟩ **0.1** ***bestemmen*** ⇒*(voor)beschikken* ◆ **6.1** be ~d **for** *bestemd/voorbeschikt zijn voor.*
destin|y [destinnie] ⟨mv.: -ies⟩ **0.1** ***lot*** ⇒*bestemming, beschikking* **0.2** ⟨vaak D-⟩ ***(nood)lot*** ⇒*fortuin, de lotsgodin.*
destitute [destitjoe:t] **0.1** ***berooid*** ⇒*behoeftig* ◆ **6.1** be ~ **of** *verstoken zijn van.*
destitution [destitjoe:sjn] **0.1** ***armoede*** ⇒*gebrek, behoeftigheid.*
destroy [distroj] **0.1** ***vernielen*** ⇒*vernietigen, ruïneren* **0.2** ⟨euf.⟩ ***laten inslapen*** ⟨bv. huisdier⟩.
destroyer [distrojjə] **0.1** ***vernietiger*** **0.2** ⟨mil.⟩ ***torpedo-(boot)jager*** ⇒*destroyer.*
destructib|le [distruktəbl] ⟨zn.: **-ility**⟩ **0.1** ***vernietigbaar*** ⇒ *afbreekbaar.*
destruction [distruksjn] **0.1** ***vernietiging*** ⇒*destructie, afbraak* **0.2** ***ondergang.***
destructive [distruktiv] ⟨-ness⟩ **0.1** ***vernietigend*** ⇒*destructief, vernielend* ◆ **1.1** ~ criticism *afbrekende/dodelijke kritiek* **6.1** be ~ **of/to** *slecht zijn voor.*
destructor [distruktə] **0.1** ***vuilverbrandingsoven.***
desuetude [disjoe:itjoe:d] ⟨schr.⟩ **0.1** ***onbruik*** ◆ **6.1** fall **into** ~ *in onbruik geraken.*
desultor|y [desltrie, dezl-] ⟨-ily⟩ **0.1** ***onsystematisch*** ⇒*van de hak op de tak, onsamenhangend.*
detach [ditætsj] **0.1** ⟨+from⟩ ***losmaken (van)*** ⇒*scheiden, uit elkaar halen* **0.2** ⟨mil.⟩ ***detacheren.***
detachab|le [ditætsjəbl] ⟨-ly⟩ **0.1** ***afneembaar*** ⇒*uitneembaar.*
detached [ditætsjt] **0.1** ***los*** ⇒⟨vnl. BE⟩ *vrijstaand* ⟨v. huis⟩, *niet verbonden, geïsoleerd* **0.2** ***onbevooroordeeld*** ⇒*onpartijdig* **0.3** ***afstandelijk*** ⇒*gereserveerd* ◆ **1.1** ⟨mil.⟩ ~ post *vooruitgeschoven post* **1.2** ~ view of sth. *objectieve kijk op iets.*
detachment [ditætsjmənt] **0.1** ⟨mil.⟩ ***detachering*** ⇒*detachement* **0.2** ***scheiding*** ⇒*losraking* **0.3** ***afstandelijkheid*** ⇒*gereserveerdheid* **0.4** ***onpartijdigheid.***
detail[1] [die:teel] ⟨zn.⟩ **0.1** ***detail*** ⇒*bijzonderheid, kleinigheid* **0.2** ***kleine versiering/decoratie*** ⇒*detail* **0.3** ⟨mil.⟩ ***detachement*** ◆ **3.1** enter/go into ~(s) *op bijzonderheden ingaan;* explain sth. in ~ *iets tot in detail(s) uitleggen* **6.1 in** (great/much) ~ *uitvoerig* ¶**.1** ~s, ~s/but that is a ~ *een kniesoor die daarop let.*
detail[2] ⟨ww.⟩ **0.1** ⟨mil.⟩ ***detacheren*** ⇒*aanwijzen.*
detailed 0.1 ***uitvoerig.***
detain [ditteen] ⟨zn.: **-ment**⟩ **0.1** ***aanhouden*** ⇒*laten nablijven, gevangen houden* **0.2** ***laten schoolblijven*** **0.3** ***ophouden*** ⇒*vertragen.*
detainee [die:teenie:] **0.1** ***(politieke) gevangene*** ⇒*gedetineerde.*
detect [dittekt] **0.1** ***ontdekken*** ⇒*bespeuren.*
detection [ditteksjn] **0.1** ***waarneming*** ⇒*ontdekking* **0.2** ***speurwerk*** ◆ **1.2** the ~ of a crime *het aan het licht brengen/het opsporen v.e. misdaad.*

detective [dittektiv] **0.1** ***detective*** ⇒*speurder, rechercheur* ◆ **2.1** private ~ *privédetective.*
detective story **0.1** ***detective(verhaal).***
detector [dittektə] **0.1** ***detector*** ⇒*verklikker.*
détente [deeta:nt] ⟨pol.⟩ **0.1** ***ontspanning*** ⇒*detente.*
detention [dittensjn] **0.1** ***opsluiting*** ⇒*(militaire) detentie, hechtenis* **0.2** ***het schoolblijven*** **0.3** ***vertraging*** ⇒*oponthoud* ◆ **6.2** keep s.o. **in**/put s.o. **on** ~ *iem. laten nablijven.*
detention centre **0.1** ***jeugdgevangenis*** ⇒*tuchtschool.*
detention room **0.1** ***arrestantenlokaal.***
deter [dittə:] ⟨-red⟩ **0.1** ⟨+from⟩ ***afschrikken (van)*** ⇒*ontmoedigen, afhouden (van).*
detergent [dittə:dzjənt] **0.1** ***wasmiddel*** ⇒*afwasmiddel, reinigingsmiddel.*
deteriorate [dittiəriəreet] **I** ⟨onov.ww.⟩ **0.1** ***verslechteren*** ⇒*degenereren, achteruitgaan;*
II ⟨ov.ww.⟩ **0.1** ***erger maken*** ⇒*schaden.*
deterioration [dittiəriəreesjn] **0.1** ***achteruitgang*** ⇒*verslechtering.*
determinant[1] [dittə:minnənt] ⟨zn.⟩⟨schr.⟩ **0.1** ***determinant*** ⟨ook wisk.⟩ ⇒*bepalend/doorslaggevend element.*
determinant[2] ⟨bn.⟩⟨schr.⟩ **0.1** ***bepalend*** ⇒*beslissend.*
determination [dittə:minneesjn] **0.1** ***determinatie*** ⟨ook fil.⟩ ⇒*bepaling, vaststelling* **0.2** ***vast voornemen*** ⇒*bedoeling, plan* **0.3** ***vastberadenheid*** ⇒*vastbeslotenheid* **0.4** ***besluit*** ⇒*uitspraak* ⟨v. rechter⟩.
determine [dittə:min] **0.1** ***besluiten*** ⇒*beslissen* **0.2** ***vaststellen*** ⇒*bepalen, determineren* ⟨ook fil.⟩, *berekenen* **0.3** ***doen besluiten*** ⇒*drijven/brengen tot* **0.4** ***beperken*** ⇒*bepalen* ◆ **1.2** ~ the speed of a bullet *de snelheid v.e. kogel berekenen* **3.1** ~ to do sth. *besluiten iets te doen.*
determined [dittə:mind] **0.1** ***beslist*** ⇒*vastberaden, vastbesloten.*
determiner [dittə:minnə] **0.1** ***determinant*** ⟨ook wisk.⟩ ⇒*bepalende factor.*
determin|ism [dittə:minnizm] ⟨bn.: **-istic**⟩ **0.1** ***determinisme.***
deterrent [ditterrənt] **0.1** ***afschrikwekkend middel*** ⇒*afschrikmiddel;* ⟨ihb.⟩ *atoombom.*
detest [dittest] **0.1** ***verafschuwen*** ⇒*walgen van.*
detestab|le [dittestəbl] ⟨-ly⟩ **0.1** ***afschuwelijk*** ⇒*walgelijk.*
detestation [die:testeesjn] **0.1** ***(voorwerp v.) haat/afschuw*** ◆ **3.1** hold in ~ *verafschuwen.*
dethrone [diθrroon] ⟨zn.: **-ment**⟩ **0.1** ***afzetten*** ⇒*onttronen.*
deton|ate [dettəneet] ⟨zn.: **-ation**⟩ **I** ⟨onov.ww.⟩ **0.1** ***ontploffen*** ⇒*detoneren, exploderen;*
II ⟨ov.ww.⟩ **0.1** ***tot ontploffing brengen*** ⇒*laten exploderen/ontbranden.*
detonator [dettəneetə] **0.1** ***detonator*** ⇒*slaghoedje, ontsteker* **0.2** ⟨spoorwegen⟩ ***knalsein*** ⇒*knalsignaal.*
detour[1] [die:toeə] ⟨zn.⟩ **0.1** ***omweg*** ⇒*bocht, (rivier)kronkel* **0.2** ***omleiding.***
detour[2] **I** ⟨onov.ww.⟩ **0.1** ***omrijden*** ⇒*een omweg maken* ◆ **6.1** ~ **(a)round** sth. *om iets heen gaan/rijden;*
II ⟨ov.ww.⟩ **0.1** ***omleiden.***
detoxification centre **0.1** ***ontwenningskliniek*** ⇒*afkickcentrum.*
detract [ditrækt] **I** ⟨onov.ww.⟩ ◆ **6.¶** ~ **from** *kleineren; afbreuk doen aan, verminderen;*
II ⟨ov.ww.⟩ **0.1** ***afnemen*** ◆ **1.1** ~ attention from sth. *ergens de aandacht van afleiden.*
detraction [ditræksjn] **0.1** ***geringschatting*** ⇒*het kleineren.*
detractor [ditræktə] **0.1** ***iem. die kleineert.***
detriment [detrimmənt] **0.1** ***(oorzaak v.) schade*** ⇒*kwaad, nadeel* ◆ **6.1** **to** the ~ **of** *ten nadele van.*
detrimental [detrimmentl] **0.1** ***schadelijk*** ⇒*slecht, nadelig.*
detritus [ditrajtəs] **0.1** ⟨geol.⟩ ***detritus*** ⇒*(verwerings)puin* **0.2** ***bezinksel*** ⇒*(riool)slib.*
deuce [djoe:s] **0.1** ***twee*** ⟨op dobbelsteen⟩ **0.2** ⟨vero.; inf.; euf.⟩ ***duivel*** **0.3** ***pech*** ⇒*ongeluk, onheil* **0.4** ⟨tennis⟩ ***deuce*** ⇒*veertig gelijk* ◆ **3.¶** the ~ you will *o jawel;* the ~ you won't *van zijn leven niet* **4.2** who the ~ are you? *en wie ben jij dan wel?* **7.¶** a/the ~ of a fight *een vreselijke knokpartij.*
deuced [djoe:sid, djoe:st] ⟨vero.; inf.; euf.⟩ **0.1** ***verduiveld.***
deuterium [djoe:tiəriəm] **0.1** ***deuterium*** ⇒*zware waterstof.*
deuterium oxide **0.1** ***deuteriumoxide*** ⇒*zwaar water.*
Deuteronomy [djoe:tərонnəmie] **0.1** ***Deuteronomium*** ⟨vijfde boek v.h. OT⟩.
devaluation [die:væljoe·eesjn] **0.1** ***devaluatie*** ⇒*waardevermindering.*
devalue [die:væljoe:], **devaluate** [-joe·eet] **0.1** ***devalueren*** ⇒*in waarde (doen) dalen.*
devast|ate [devvəsteet] ⟨zn.: **-ation**⟩ **0.1** ***verwoesten*** ⇒*ruïneren, vernietigen.*
devastating [devvəsteeting] **0.1** ***vernietigend*** ⇒*verschrikkelijk* **0.2** ⟨inf.⟩ ***fantastisch*** ⇒*afgrijselijk goed.*
develop [divvelləp] **I** ⟨onov. en ov.ww.⟩ **0.1** ***(zich) ontwikkelen*** ⇒*(doen) ontstaan; (doen) evolueren/rijpen; (doen) uitbreiden* ◆ **1.1** ~ a cold *verkouden worden* **6.1** ~ **from** a bud **into** a flower *van knop tot bloem worden;*
II ⟨ov.ww.⟩ **0.1** ***ontwikkelen*** ⇒*uitwerken; ontginnen* **0.2** ***ontvouwen*** ⇒*uiteenzetten* ◆ **1.1** ~ing country/nation *ontwikkelingsland/gebied;* ~ a film *een film(pje) ontwikkelen;* ⟨schaakspel⟩ ~ a piece *een stuk ontwikkelen.*
developer [divvelləpə] **0.1** ***projectontwikkelaar*** **0.2** ⟨foto.⟩ ***ontwikkelaar.***
development [divvelləpmənt] **0.1** ***ontwikkeling*** ⇒*verloop; evolutie; ontplooiing, ontvouwing; groei, wasdom; verdere uitwerking* **0.2** ***gebeurtenis*** **0.3** ***(nieuw)bouwproject*** ◆ **3.1** await further ~s *afwachten wat er verder komt.*
development aid **0.1** ***ontwikkelingshulp.***
developmental [divvelləpmentl] ⟨schr.⟩ **0.1** ***ontwikkelings-*** ◆ **1.1** ~ diseases *groeiziekten.*
development area ⟨BE⟩ **0.1** ***ontwikkelingsgebied.***
deviance [die:viəns], **devianc|y** [-sie] ⟨mv.: -ies⟩ **0.1** ***afwijking*** ⇒*afwijkend/abnormaal gedrag.*
deviant [die:viənt] **0.1** ⟨bn.⟩ ***afwijkend*** ⇒*tegen de norm* **0.2** ⟨bn.⟩ ***anders geaard*** ⇒*abnormaal* **0.3** ⟨zn.⟩ ***afwijkend persoon*** **0.4** ⟨zn.⟩ ***anders geaarde*** ⇒*abnormaal iem.*
deviate [die:vie·eet] **0.1** ⟨+from⟩ ***afwijken (van)*** ⇒*afdwalen.*
deviation [die:vie·eesjn] **0.1** ***afwijking*** ⟨v.d. geldende norm⟩ ⇒*deviatie, abnormaliteit* ◆ **6.1** ~ **from** *afwijking van.*
deviationism [die:vie·eesjənizm] ⟨pol.; vaak pej.⟩ **0.1** ***het afwijken v.d. partijlijn*** ⟨vnl. v.d. communistische partij⟩ ⇒*afvalligheid.*
deviationist [die:vie·eesjənist] ⟨pol.; vaak pej.⟩ **0.1** ***dissident*** ⟨vnl. v.d. communistische partij⟩.
device [divvajs] **0.1** ***apparaat*** ⇒*toestel* **0.2** ***middel*** ⇒*kunstgreep, truc* **0.3** ⟨vaak mv.⟩ ***wens*** ⇒*neiging, wil* **0.4** ***devies*** ⇒*motto, leus* **0.5** ***tekening*** ⇒*ontwerp* **0.6** ***emblematisch figuur*** ⟨op wapen⟩ ◆ **3.¶** left to his own ~s *op zichzelf aangewezen.*
devil[1] [devl] **I** ⟨eig.n.; vnl. D-; the⟩ **0.1** ***duivel;***
II ⟨telb.zn.⟩ **0.1** ***duivel*** ⇒*duvel* ⟨vnl. als krachtterm⟩ **0.2** ***man/jongen*** ⇒*donder, kerel* **0.3** ***duvelstoejager*** ⇒*hulpje* ⟨v. advocaat, drukker e.d.⟩ ◆ **1.¶** give the ~ his due *ieder het zijne geven (dan heeft de duivel niets); ere wie ere toekomt;* ~ take the hindmost *ieder voor zich en God voor ons allen;* the ~'s own luck *geweldige mazzel* **2.2** poor ~ *arme bliksem* **3.¶** be a ~ *kom op, spring eens uit de band;* ⟨sl.⟩ go

to the ~! *loop naar de bliksem!;* ⟨sl.⟩ go to the ~ *naar de bliksem gaan;* there'll be the ~ to pay *dan krijgen we de poppen aan het dansen;* the ~ you will/can *jazeker wel;* the ~ he won't/can't *om de dooie dood niet* **4.¶** what/where/who the ~ *wat/waar/wie voor de duivel* **6.¶** (work) **like** a ~ *(zich) uit de naad (werken);* a/the ~ **of** an undertaking *een helse klus;* our John is a ~ **with** the ladies *onze John is een grote versierder.* →**deep.**

devil² ⟨BE -led⟩ **I** ⟨onov.ww.⟩ **0.1** ***duvelstoejager zijn;***
II ⟨ov.ww.⟩ **0.1** ***pittig gekruid grillen/peperen.***

devilfish **0.1** ***zeeduivel*** **0.2** ***duivelsrog*** **0.3** ***octopus.***

devilish [dev(ə)lisj] ⟨-ness⟩ **0.1** ***duivels*** ⇒*boosaardig* **0.2** ⟨vero.; inf.⟩ ***drommels*** ⇒*verduiveld* ◆ **2.2** it's ~ cold *het is verduiveld koud.*

devil-may-care **0.1** ***roekeloos*** ⇒*wie-dan-leeft-wie-dan-zorgt.*

devilment [devlmənt] **0.1** ***ondeugendheid*** ⇒*duivelsstreek, kattenkwaad* **0.2** ***dolle vrolijkheid*** ◆ **6.2** full **of** ~ *volkomen uitgelaten.*

devilr|y [devlrie] ⟨mv.: -ies⟩ **0.1** ***ondeugendheid*** ⇒*duivelsstreek, kattenkwaad* **0.2** ***dolle vrolijkheid*** **0.3** ***hekserij*** ⇒*duivelskunsten* **0.4** ***wreedheid*** ⇒*slechtheid* **0.5** ***de duivel en zijn werken.***

devil's advocate [devlz ædvəkət] **0.1** ***duivelsadvocaat*** ⇒*advocaat v.d. duivel.*

devious [die:viəs] ⟨-ness⟩ **0.1** ***kronkelend*** ⇒*slingerend;* ⟨fig.⟩ *omslachtig* **0.2** ***onoprecht*** ⇒*onbetrouwbaar, sluw* ◆ **1.1** ~ route *omweg* **1.2** by ~ ways *langs slinkse wegen.*

devise [divvajz] **0.1** ***bedenken*** ⇒*beramen.*

devital|ize, -ise [die:vajtlajz] ⟨zn.: **-ization**⟩ **0.1** ***minder levenslustig maken*** ⇒*van levenskracht/moed beroven.*

devoid [divvojd] ⟨schr.⟩ **0.1** ⟨+of⟩ ***verstoken (van)*** ⇒*ontbloot (van), gespeend (van).*

devolution [die:vəloe:sjn] **0.1** ***het delegeren*** ⇒*overdracht* **0.2** ***decentralisatie*** **0.3** ***negatieve ontwikkeling*** ⇒*terugval, regressie.*

devolve [divvolv] ⟨schr.⟩ **I** ⟨onov.ww.⟩ **0.1** ***neerkomen*** ⇒*terechtkomen, belanden* ◆ **6.1** his duties ~d **(up)on** *zijn taken werden overgenomen door* **6.¶** ⟨jur.⟩ the property ~d **to** his son *het land viel toe aan zijn zoon;*
II ⟨ov.ww.⟩ **0.1** ***afschuiven*** ⇒*delegeren, overdragen* ◆ **6.1** ~ **on/to/upon** *afwentelen op.*

devote [divvoot] **0.1** ⟨+to⟩ ***(toe)wijden (aan)*** ⇒*besteden (aan)* ◆ **6.1** ~ o.s. **to** *zich overgeven aan.*

devoted [divvootid] **0.1** ⟨+to⟩ ***toegewijd (aan)*** ⇒*liefhebbend, gehecht (aan).*

devotee [devvətie:] **0.1** ⟨+of⟩ ***liefhebber (van)*** ⇒*aanbidder, enthousiast* **0.2** ***aanhanger*** ⇒*volgeling* ⟨v. religieuze sekte⟩ **0.3** ***dweper*** ⇒*fanaticus.*

devotion [divvoosjn] **0.1** ***toewijding*** ⇒*liefde, overgave* **0.2** ***het besteden*** **0.3** ***vroomheid*** ⇒*devotie* **0.4** ⟨mv.⟩ ***gebeden*** ◆ **6.1** ~ **to** duty *plichtsbetrachting* **6.4** **at** his ~s *in gebed.*

devotional [divvoosjnəl] **0.1** ***godsdienstig*** ◆ **1.1** ~ literature *stichtelijke literatuur.*

devour [divvauə] **0.1** ***verslinden*** ⟨ook fig.⟩ ⇒*verzwelgen* **0.2** ⟨vnl. pass.⟩ ***verteren*** ◆ **1.2** (be) ~ed by jealousy *verteerd (worden) door jaloezie.*

devout [divvaut] ⟨-ness⟩ **0.1** ***devoot*** ⇒*vroom, godvruchtig* **0.2** ***vurig*** ⇒*oprecht.*

dew [djoe:] **0.1** ***dauw.***

dewdrop **0.1** ***dauwdrup(pel)*** **0.2** ⟨scherts.⟩ ***druppel aan iemands neus.***

dewlap [djoe:læp] **0.1** ***kossem*** ⇒*halskwab.*

deworm [die:wə:m] **0.1** ***ontwormen*** ⟨honden enz.⟩.

dewpond ⟨BE⟩ **0.1** ***ondiep (kunstmatig) vijvertje.***

dew|y [djoe:ie] ⟨-ily⟩ **0.1** ***vochtig*** **0.2** ***dauwachtig.***

dewy-eyed **0.1** ***vol vertrouwen*** ⇒*kinderlijk onschuldig.*

dexterity [dekstεrrətie] **0.1** ***handigheid*** ⇒*behendigheid, (hand)vaardigheid.*

dexterous, dextrous [dekstrəs] **0.1** ***handig*** ⇒*bedreven, kundig.*

dextrose [dekstrooz] **0.1** ***dextrose*** ⇒*druivensuiker.*

D.G. ⟨afk.⟩ **0.1** [Dei gratia] ***D.G.*** **0.2** [Director General].

DHHS ⟨afk.⟩ **0.1** [Department of Health and Social Security] ⟨GB⟩.

dhoti [dootie] ⟨Ind. E⟩ **0.1** ***lendedoek.***

dhow [dau] **0.1** ***dhow.***

DHSS ⟨afk.⟩ **0.1** [Department of Health and Social Security].

diabetes [dajjəbie:tie:z] ⟨mv.: diabetes⟩ **0.1** ***diabetes*** ⇒*suikerziekte.*

diabetic [dajjəbettik] **0.1** ⟨bn.⟩ ***voor suikerzieken*** ⇒*diabetes-* **0.2** ⟨zn.⟩ ***suikerzieke.***

diabolic [dajjəbollik] ⟨-ally⟩ **0.1** ***duivels.***

diabolical [dajjəbollikl] **0.1** ***afschuwelijk*** ⇒*afgrijselijk, ontzettend* **0.2** →**diabolic** ◆ **2.1** ~ly dangerous *ontzettend gevaarlijk.*

diachronic [dajjəkronnik] ⟨-ally⟩ **0.1** ***diachronisch.***

diacritic [dajjəkrittik] **0.1** ⟨bn.⟩ ***diakritisch*** **0.2** ⟨zn.⟩ ***diakritisch teken.***

diadem [dajjədem] **0.1** ***diadeem.***

diaeresis, ⟨AE sp. ook⟩ **dieresis** [dajjiərissis] ⟨mv.: di(a)ereses [-sie:z]⟩ **0.1** ***trema*** ⇒*deelteken.*

diagnose [dajjəgnooz] **0.1** ***de/een diagnose stellen (van).***

diagnosis [dajjəgnoosis] ⟨mv.: diagnoses [-sie:z]⟩ **0.1** ***diagnose.***

diagnostic [dajjəgnostik] ⟨-ally⟩ **0.1** ***diagnostisch*** **0.2** ⟨+of⟩ ***kenmerkend (voor)*** ⇒*duidend (op).*

diagnostician [dajjəgnostisjn] **0.1** ***diagnosticus.***

diagonal [dajægənl] **0.1** ⟨bn. en zn.⟩ ***diagonaal.***

diagram [dajjəgræm] **0.1** ***diagram*** ⇒*schets, schema; grafiek.*

diagrammatic [dajjəgrəmætik] ⟨-ally⟩ **0.1** ***schematisch*** ⇒*grafisch.*

dial¹ [dajjəl] ⟨zn.⟩ **0.1** ***schaal(verdeling)*** ⇒*wijzerplaat; (afstem)schaal* ⟨v. radio e.d.⟩; *zonnewijzer* **0.2** ***kiesschijf*** ⟨v. telefoon⟩ **0.3** ***afstemknop*** ⟨v. radio e.d.⟩.

dial² ⟨BE -led⟩ **I** ⟨onov. en ov.ww.⟩ **0.1** ***draaien*** ⇒*bellen* ⟨mbt. telefoon⟩;
II ⟨ov.ww.⟩ **0.1** ***aanwijzen*** ⇒*meten* ⟨op/met schaal⟩ **0.2** ***zoeken*** ⇒*afstemmen op* ⟨bv. radiozender⟩.

dial-a- ⟨vormt nomina die dienst aanduiden die kan worden opgebeld⟩ **0.1** ***de ...-lijn*** ◆ **¶.1** dial-a-bus *de opbelbus.*

dial-a-joke ⟨ook D- a -J⟩ **0.1** ***geinlijn.***

dialect [dajjəlekt] **0.1** ***dialect.***

dialectal [dajjəlektl] **0.1** ***dialectisch.***

dialectic¹ [dajjəlektik] ⟨zn.⟩ **0.1** ***dialectiek.***

dialectic², ⟨in bet. 0.1 ook⟩ **dialectical** [dajjəlektikl] ⟨bn.⟩ **0.1** ***dialectisch*** **0.2** ***spitsvondig*** **0.3** ***in/mbt. dialect(en)*** ◆ **1.1** ~ materialism *dialectisch materialisme* ⟨marxistische wereldbeschouwing⟩.

dialectics [dajjəlektiks] **0.1** ***dialectiek.***

dialling code [dajjəling kood] **0.1** ***netnummer*** **0.2** ***landnummer.***

dialling tone, ⟨vnl. AE⟩ **dial tone** **0.1** ***kiestoon.***

dialogue, ⟨AE sp. ook⟩ **dialog** [dajjəlog] **0.1** ***dialoog.***

dial-up access (account) **0.1** ***inbelpunt.***

diameter [dajæmittə] **0.1** ***diameter*** ⇒*middellijn, doorsne(d)e.*

diametrical [dajjəmetrikl] **0.1** ***diametraal*** ◆ **2.1** ~ly opposed views *volkomen tegengestelde meningen* **3.1** ~ly opposed *absoluut tegen.*

diamond [dajjəmənd] **0.1** ***diamant*** *⇒diamanten sieraad* **0.2** ***gereedschap met diamant*** *⇒glassnijder; diamantboor* **0.3** ***diamantnaald*** **0.4** ***ruit(vormige figuur)*** **0.5** ***ruiten(kaart)*** **0.6** ⟨mv.; ww. ook enk.⟩ ***ruiten*** ⟨kaartspel⟩ **0.7** ⟨honkbal⟩ ***binnenveld*** ⇒⟨bij uitbr.⟩ *speelveld* ◆ **1.6** Queen of ~s *ruitenvrouw* **3.¶** it was ~ cut ~ *het ging hard tegen hard.*

diamond cutter **0.1** ***diamantslijper.***

diamond jubilee **0.1** ***diamanten/60-jarig jubileum.***

diamond-shaped **0.1** ***ruitvormig.***

diamond wedding **0.1** ***diamanten bruiloft.***

diaper [dajjəpə] ⟨AE⟩ **0.1** ***luier.***

diaphanous [dajæfənəs] **0.1** ***heel fijn*** *⇒doorschijnend* ⟨stof⟩.

diaphragm [dajjəfræm] **0.1** ***diafragma*** ⟨ook foto., tech.⟩ ⇒ ⟨ihb.⟩ *middenrif* **0.2** ***pessarium*** **0.3** ⟨geluidstechniek⟩ ***membraan*** *⇒trilplaatje.*

diarch|y, ⟨AE sp. ook⟩ **dyarch|y** [dajja:kie] ⟨mv.: -ies⟩ **0.1** ***tweemanschap*** *⇒tweekoppig/hoofdig bestuur.*

diarist [dajjərist] **0.1** ***dagboekschrijver.***

diarrhoea, ⟨AE sp. ook⟩ **diarrhea** [dajjəriə] **0.1** ***diarree*** ⟨ook fig.⟩ *⇒buikloop* ◆ **2.1** verbal ~ *gezwets, spraakwater.*

diar|y [dajjərie] ⟨mv.: -ies⟩ **0.1** ***dagboek*** **0.2** ***agenda.***

Diaspora [dajæspərə] ⟨the⟩ **0.1** ***diaspora.***

diatonic [dajjətonnik] ◆ **1.¶** ~ scale *diatonische toonladder.*

diatribe [dajjətrajb] **0.1** ***scherpe kritiek*** *⇒schimprede.*

dibble[1] [dibl] ⟨zn.⟩ **0.1** ***plantboor*** *⇒pootstok.*

dibble[2] ⟨ww.⟩ **0.1** ***poten/planten (met een plantboor)*** **0.2** ***bewerken met een plantboor*** ⟨grond⟩.

dice[1] [dajs] ⟨zn.⟩ →**die.**

dice[2] **I** ⟨onov. en ov.ww.⟩ **0.1** ***dobbelen*** *⇒met dobbelstenen spelen* ◆ **5.1** ~ **away** a fortune *een fortuin verdobbelen* **6.1** let's ~ **for** it *laten we erom dobbelen/gooien;* ~ o.s. **into** a lot of money *een hoop geld bij elkaar spelen/dobbelen;*
II ⟨ov.ww.⟩ **0.1** ***in dobbelsteentjes snijden.***

dicey [dajsie] ⟨BE; inf.⟩ **0.1** ***link*** *⇒riskant.*

dichotom|y [dajkottəmie] ⟨mv.: -ies⟩ **0.1** ***dichotomie*** ⟨ook plantk.⟩ *⇒tweedeling.*

dick [dik] ⟨inf.⟩ **I** ⟨eig.n.; D-⟩ ⟨vnl. BE⟩ **0.1** ***Dick*** ⟨kort voor Richard⟩;
II ⟨telb.zn.⟩ **0.1** ⟨vnl. AE⟩ ***speurder*** *⇒stille* **0.2** ⟨vulg.⟩ ***piemel*** *⇒pik.*

dickens [dikkinz] ⟨the⟩ ⟨inf.⟩ **0.1** ***duivel*** *⇒drommel* ◆ **4.1** who/what/where the ~ is it? *verdorie/verdikkeme, wie/wat/waar is het?*

Dickensian [dikkenziən] **0.1** ***dickensiaans*** *⇒die/dat aan (het werk v.) Dickens doet denken.*

dicker [dikkə] ⟨inf.⟩ **0.1** ***ruilhandel plegen*** **0.2** ***pingelen*** *⇒sjacheren* ◆ **6.2** ~ **with** s.o. **for** sth. *met iem. over iets marchanderen.*

dickhead ⟨sl.⟩ **0.1** ***idioot*** *⇒stommeling.*

dick|y[1]**, dickey** [dikkie] ⟨zn.; mv.: -ies⟩ ⟨inf.⟩ **0.1** ***vogeltje*** **0.2** ***frontje*** *⇒halfhemdje* ⟨mannenkleding⟩, *losse col, valse kraag* ⟨vrouwenkleding⟩ **0.3** ⟨vnl. BE⟩ ***dickey(seat)*** *⇒kattenbak* ⟨achterop koets⟩, *achterzitplaats* ⟨in tweepersoons auto⟩.

dick|y[2] ⟨bn.; -ier⟩ ⟨BE; inf.⟩ **0.1** ***wankel*** *⇒wiebelig* ◆ **1.1** a ~ heart *een zwak hart.*

dickybird ⟨inf.⟩ **0.1** ⟨kind.⟩ ***vogeltje*** *⇒pietje* ◆ **3.¶** not say a ~ *geen woord zeggen.*

dicky bow ⟨BE; inf.⟩ **0.1** ***strikje*** *⇒vlinderdas.*

dicta [diktə] ⟨mv.⟩ →**dictum.**

Dictaphone [diktəfoon] ⟨ook d-⟩ ⟨handelsmerk⟩ **0.1** ***dictafoon*** *⇒dicteermachine.*

dictate[1] [dikteet] ⟨zn.; vnl. mv.⟩ **0.1** ***ingeving*** *⇒bevel* ◆ **3.1** follow the ~s of one's conscience *de stem van zijn geweten volgen.*

dictate[2] [dikteet] ⟨ww.⟩ **0.1** ***dicteren*** **0.2** ***commanderen*** *⇒opleggen* ◆ **6.2** I will not be ~d **to** *ik laat me de wet niet voorschrijven.*

dictation [dikteesjn] **0.1** ***dictee*** **0.2** ***het dicteren*** **0.3** ***het dictaat opnemen*** *⇒een dictee opschrijven* **0.4** ***oplegging*** *⇒bevel, dictaat.*

dictator [dikteetə] **0.1** ***dictator.***

dictatorial [diktəto:riəl] **0.1** ***dictatoriaal.***

dictatorship [dikteetəsjip] **0.1** ***dictatuur.***

diction [diksjn] **0.1** ***dictie*** *⇒voordracht* **0.2** ***taalgebruik*** *⇒woordkeus, dictie.*

dictionar|y [diksjənrie] ⟨mv.: -ies⟩ **0.1** ***woordenboek*** **0.2** ***lexicon.***

dictum [diktəm] ⟨mv.: ook dicta⟩ **0.1** ***dictum*** **0.2** ***gezegde*** *⇒volkswijsheid.*

did ⟨verl. t.⟩ →**do.**

didactic [dajdæktik] ⟨-ally⟩ **0.1** ***didactisch*** **0.2** ***belerend*** ⟨vaak pej.⟩.

diddle [didl] ⟨inf.⟩ **0.1** ***ontfutselen*** *⇒bedriegen* ◆ **6.1** he ~d me **out of** £5 *hij heeft me £5 afgezet.*

didgeridoo [didzjəriedoe:] **0.1** ***didgeridoo*** ⟨blaasinstrument v. Australische aborigines⟩.

die[1] [daj] ⟨zn.⟩ **0.1** ***matrijs*** *⇒stempel; gietvorm.*

die[2]**,** ⟨inf. ook⟩ **dice** [dajs] ⟨zn.; mv.: alleen dice⟩ **0.1** ***dobbelsteen*** *⇒teerling;* ⟨ook fig.⟩ *kans, geluk* **0.2** ⟨mv.⟩ ***dobbelspel*** ◆ **1.1** small dice of bacon *dobbelsteentjes spek* **3.1** the dice are loaded against him *het lot is hem niet gunstig gezind* **4.1** one of the dice *een dobbelsteen* **6.2** gamble away money **at** dice *geld verdobbelen* **7.¶** ⟨vnl. AE; inf.⟩ no dice *tevergeefs.*

die[3] ⟨ww.⟩ **0.1** ***sterven*** *⇒doodgaan, overlijden, omkomen* **0.2** ***ophouden te bestaan*** *⇒verloren gaan* **0.3** ***uitsterven*** *⇒wegsterven, wegteren* **0.4** ***verzwakken*** *⇒verminderen, bedaren* ◆ **3.¶** be dying to smoke a cigarette *snakken naar een sigaret* **5.¶** ~ **away** *wegsterven* ⟨v. geluid⟩; *uitgaan* ⟨v. vuur⟩; *wegkwijnen; gaan liggen* ⟨v. wind⟩; ~ **back** *afsterven* ⟨v. plant⟩; ~ **down** *bedaren; afnemen* ⟨v. wind⟩; *uitgaan* ⟨v. vuur⟩; ~ **hard** *maar langzaam verdwijnen, niet opgeven;* ~ **off** *een voor een sterven; uitsterven* **6.1** ~ **by** one's own hand *de hand aan zichzelf slaan;* ~ **from/of** an illness *sterven aan een ziekte* **6.2** the mystery ~d **with** him *hij nam het geheim mee in zijn graf* **6.¶** be dying **for** a cigarette *smachten/snakken naar een sigaret;* ⟨inf.⟩ ~ **of** anxiety *doodsangsten uitstaan.*

die-cast **0.1** ***gegoten.***

die-casting **0.1** ***gietsel.***

die-hard ⟨vaak attr.⟩ **0.1** ***taaie*** *⇒volhouder* **0.2** ***aartsconservatief*** **0.3** ***onverzoenlijke.***

dieresis →**diaeresis.**

diesel [die:zl] ⟨vaak attr.⟩ **0.1** ***diesel.***

diesel oil, diesel fuel **0.1** ***dieselolie.***

diesinker [dajsingkə] **0.1** ***stempelsnijder*** *⇒stempelmaker.*

diet[1] [dajjət] ⟨zn.⟩ **0.1** ***dieet*** *⇒regime, leefregel* **0.2** ***voedsel*** *⇒kost* **0.3** ⟨vaak D-⟩ ***parlementszitting*** *⇒rijksdag* ◆ **6.1** **on** a ~ *op dieet.*

diet[2] **I** ⟨onov.ww.⟩ **0.1** ***op dieet zijn*** ⇒⟨oneig.⟩ *lijnen;*
II ⟨ov.ww.⟩ **0.1** ***op dieet stellen.***

dietary [dajjətrie] **0.1** ***diëtisch*** *⇒dieet-* ◆ **1.1** ~ rules *voedselvoorschriften.*

dietetic [dajjətettik] **0.1** ***mbt. dieet(voorschrift)*** **0.2** ***diëtetisch*** *⇒voedingsleer-.*

dietetics [dajjətettiks] **0.1** ***diëtetiek*** *⇒voedingsleer.*

dietician [dajjətisjn] **0.1** ***diëtist(e)*** *⇒voedingsspecialist(e).*

differ [diffə] **0.1** ***(van elkaar) verschillen*** *⇒afwijken* **0.2** ***van mening verschillen*** **0.3** ***redetwisten*** ◆ **6.1** ~ **from**

s.o. *anders zijn dan iem.* **6.2** ~ **from** s.o. *het met iem. oneens zijn.*

difference [difrəns] **0.1** ***verschil*** ⇒*onderscheid* **0.2** ⟨the⟩ ***verschil*** ⇒*rest* **0.3** ***kenmerk*** ⇒*karakteristiek* **0.4** ⟨vaak mv.⟩ ***meningsverschil*** ⇒*geschil(punt)* ◆ **3.1** make a ~ between *verschillend behandelen;* that makes all the ~ *dat maakt veel uit* **3.2** split the ~ *het verschil (samen) delen* **6.3** the bank **with** a ~ *de bank die anders is dan andere* **7.1** ⟨inf.⟩ same ~ *precies hetzelfde.*

different [difrənt] **0.1** ***verschillend*** ⇒*onderscheiden, ongelijk; afwijkend, apart* **0.2** ⟨inf.⟩ ***ongewoon*** ⇒*speciaal* ◆ **1.1** as ~ as chalk and / from cheese *verschillend als dag en nacht;* ⟨fig.⟩ see in a ~ light *in een ander licht zien;* ⟨fig.⟩ sing a ~ tune *een andere toon aanslaan;* ⟨fig.⟩ strike a ~ note *een ander geluid laten horen;* ⟨sprw.⟩ ~ strokes for different folks ⟨ong.⟩ *ieder zijn meug* **1.¶** a horse of a ~ colour *een geheel andere kwestie;* ⟨inf.⟩ this is a ~ kettle of fish *dit is andere koek* **6.1** ~ **from** / ⟨vnl. BE⟩ **to** *anders dan.*

differential[1] [diffərensjl] ⟨zn.⟩ **0.1** ***loonklasseverschil*** **0.2** ***differentie*** ⇒*koersverschil* **0.3** ⟨tech.⟩ ***differentieel.***

differential[2] ⟨bn.⟩ **0.1** ***differentieel*** **0.2** ***onderscheidend*** **0.3** ⟨tech.⟩ ***differentiaal*** **0.4** ⟨wisk.⟩ ***differentiaal-*** ◆ **1.1** ~ duties *differentiële rechten* **1.3** ~ gear *differentieel* **1.4** ~ calculus *differentiaalrekening.*

differentiate [diffərensjie·eet] **I** ⟨onov.ww.⟩ **0.1** ***differentiëren*** ⇒*zich onderscheiden* **0.2** ***een onderscheid/verschil maken*** ◆ **6.2** ~ **between** *ongelijk behandelen;*
II ⟨ov.ww.⟩ **0.1** ***onderscheiden*** ⇒*(van elkaar) afscheiden; onderkennen.*

differentiation [diffərensjie·eesjn] **0.1** ***verschil*** ⇒*onderscheid* **0.2** ***differentiatie.***

difficult [diffiklt] **0.1** ***moeilijk*** ⟨ook v. karakter⟩ ⇒*lastig.*

difficult|y [diffikltie] ⟨mv.: -ies⟩ **0.1** ***moeilijkheid*** ⇒*probleem* **0.2** ***moeite*** ◆ **3.1** make difficulties *lastig doen, moeilijkheden maken* **6.2** **with** ~ *met moeite.*

diffidence [diffid(ə)ns] **0.1** ***bedeesdheid*** ⇒*schroom.*

diffident [diffid(ə)nt] **0.1** ***bedeesd*** ⇒*beschroomd, terughoudend.*

diffract [difrækt] **0.1** ***buigen*** ⟨(v.) stralen, golven⟩.

diffraction [difræksjn] **0.1** ***diffractie.***

diffuse[1] [difjoe:s] ⟨bn.; -ness⟩ **0.1** ***diffuus*** ⟨ook stijl⟩.

diffuse[2] [difjoe:z] **I** ⟨onov.ww.⟩ **0.1** ***zich verspreiden*** ⇒*verstrooid worden* ⟨v. licht⟩ **0.2** ⟨nat.⟩ ***diffunderen;***
II ⟨ov.ww.⟩ **0.1** ***verspreiden*** ⇒*verstrooien* ⟨licht⟩, *uitzenden* ⟨hitte⟩, *verbreiden* ⟨ook fig.⟩ **0.2** ***uitgieten*** **0.3** ⟨nat.⟩ ***doen diffunderen*** ◆ **1.1** ~d light *diffuus licht.*

diffusion [difjoe:zjn] **0.1** ***verspreiding*** ⇒*verstrooiing* **0.2** ***wijdlopigheid*** ⇒*breedvoerigheid* ⟨stijl⟩ **0.3** ⟨nat.⟩ ***diffusie.***

dig[1] [dig] ⟨zn.⟩⟨inf.⟩ **0.1** ***por*** **0.2** ***steek (onder water)*** **0.3** ***(archeologische) opgraving*** **0.4** ⟨mv.; BE; inf.⟩ ***kamer(s)*** ◆ **6.2** have a ~ **at** s.o. *over iem. iets hatelijks zeggen.*

dig[2] ⟨dug, dug [dug]⟩ **I** ⟨onov.ww.⟩ **0.1** ***doordringen*** ⇒*vorsen* **0.2** ⟨inf.⟩ ***zwoegen*** ⇒*ploeteren* ◆ **6.¶** ~ **at** s.o. *iem. een steek onder water geven.* →**dig into;**
II ⟨onov. en ov.ww.⟩⟨ook fig.⟩ **0.1** ***graven*** ⇒*delven, opgraven* ◆ **5.¶** ~ **over** *overpeinzen* **6.1** ~ **for** information *naar gegevens spitten/zoeken.* →**dig in, dig up;**
III ⟨ov.ww.⟩ **0.1** ***uitgraven*** ⇒*rooien* **0.2** ***uitzoeken*** ⇒*voor de dag halen* **0.3** ***porren*** **0.4** ⟨sl.⟩ ***vatten*** ⇒*snappen* **0.5** ⟨sl.⟩ ***leuk vinden.*** →**dig out.**

digest[1] [dajdzjest] ⟨zn.⟩ **0.1** ***samenvatting*** ⇒*(periodiek) overzicht.*

digest[2] [dajdzjest] **I** ⟨onov.ww.⟩ **0.1** ***verteren;***
II ⟨ov.ww.⟩⟨ook fig.⟩ **0.1** ***verteren*** ⇒*slikken; verwerken, in zich opnemen.*

digestib|le [dajdzjestəbl, di-] ⟨zn.: **-ility**⟩ **0.1** ***verteerbaar*** ⇒*opneembaar* **0.2** ***verwerkbaar.***

digestion [dajdzjestsjən, di-] **0.1** ***spijsvertering*** ⇒*digestie* **0.2** ***(geestelijke) verwerking.***

digestive[1] [dajdzjestiv, di-] ⟨zn.⟩ **0.1** ***digestief*** **0.2** ⟨BE⟩ ***volkorenbiscuit.***

digestive[2] ⟨bn.⟩ **0.1** ***spijsverterings-*** **0.2** ***digestief*** ⇒*de spijsvertering bevorderend* ◆ **1.1** ~ system *spijsverteringskanaal/stelsel.*

digger [digə] **0.1** ***graver*** ⇒⟨ihb.⟩ *gouddelver* **0.2** ***excavateur*** ⇒*graafmachine* **0.3** ⟨inf.⟩ ***Australiër.***

digging [diging] **0.1** ***opgraving*** **0.2** ⟨mv.; ww. ook enk.⟩ ***opgraving(sterrein)*** **0.3** ⟨mv.⟩ ***opgegraven materiaal.***

dig in I ⟨onov.ww.⟩ **0.1** ***zich ingraven*** **0.2** ***aanvallen*** ⟨op eten⟩ **0.3** ***van geen wijken weten;***
II ⟨ov.ww.⟩ **0.1** ***ingraven*** **0.2** ***onderspitten*** ◆ **4.1** dig o.s. in *zich ingraven;* ⟨fig.⟩ *zijn positie verstevigen.*

dig into **0.1** ***graven in*** **0.2** ***prikken/slaan/boren in*** **0.3** ***zijn tanden zetten in*** **0.4** ***diepgaand onderzoeken*** ◆ **1.1** dig sth. into the soil *iets ondergraven/onderspitten.*

digit [didzjit] **0.1** ***cijfer*** ⇒*getal* ⟨0 t/m 9⟩ **0.2** ***vinger*** **0.3** ***teen.***

digital [didzjitl] **0.1** ***digitaal*** ◆ **1.1** ~ clock *digitale klok.*

dignified [digniffajd] **0.1** ***waardig*** ⇒*deftig, statig.*

dignif|y [digniffaj] ⟨-ied⟩ **0.1** ***waardigheid geven aan*** ⇒*vereren, onderscheiden* **0.2** ***sieren*** ⇒*opluisteren* **0.3** ***adelen*** ⇒*veredelen.*

dignitar|y [dignitrie] ⟨mv.: -ies⟩ **0.1** ***(kerkelijk) hoogwaardigheidsbekleder*** ⇒*dignitaris* ◆ **2.1** the local dignitaries *de dorpsnotabelen.*

dignit|y [dignətie] ⟨mv.: -ies⟩ **0.1** ***waardigheid*** ⇒*ereambt, statigheid* **0.2** ⟨vaak mv.⟩ ***waardigheidsteken*** ◆ **3.1** stand on one's ~ *op z'n punt v. eer staan* **6.1** **beneath** one's ~ *beneden z'n waardigheid.*

dig out **0.1** ***uitgraven*** **0.2** ***opdiepen*** ⇒*voor de dag halen* **0.3** ***blootleggen*** ◆ **6.3** dig the truth out **of** s.o. *de waarheid uit iem. krijgen.*

digraph [dajgra:f] **0.1** ***twee letters als één klank uitgesproken.***

digress [dajgres] **0.1** ***uitweiden*** ◆ **6.1** ~ **from** one's subject *afdwalen van zijn onderwerp.*

digression [dajgresjn] **0.1** ⟨+on⟩ ***uitweiding (over).***

dig up I ⟨onov.ww.⟩⟨AE⟩ **0.1** ***bijdrage leveren*** ⇒*betalen;*
II ⟨ov.ww.⟩ **0.1** ***opgraven*** ⇒*uitgraven, omspitten* ⟨weg⟩, *rooien, opengraven* **0.2** ***blootleggen*** ⇒*opsporen* **0.3** ⟨inf.⟩ ***bij elkaar scharrelen*** **0.4** ⟨inf.⟩ ***opscharrelen.***

dike[1], **dyke** [dajk] ⟨zn.⟩ **0.1** ***dijk*** ⇒*(keer)dam* **0.2** ***kanaaltje*** ⇒*sloot, (natuurlijke) waterloop* **0.3** ⟨sl.; bel.⟩ ***pot*** ⇒*lesbienne.*

dike[2], **dyke** ⟨ww.⟩ **0.1** ***indijken*** ⇒*omwallen* **0.2** ***met een sloot omgeven.***

dilapidated [dilæpiddeetid] **0.1** ***vervallen*** ⇒*bouwvallig, verkrot; beduimeld* ⟨mbt. boek⟩; *versleten* ⟨bv. v. kleren⟩.

dilapidation [dilæpiddeesjn] **0.1** ***verval*** ⇒*verwaarlozing, bouwvalligheid, slijtage* **0.2** ***puin.***

dil|ate [dajleet] ⟨zn.: **-ation**⟩ **I** ⟨onov.ww.⟩ **0.1** ***uitzetten*** ⇒*zich verwijden* ◆ **6.¶** ~ **(up)on** *uitweiden over;*
II ⟨ov.ww.⟩ **0.1** ***verwijden*** ⇒*opensperren* ⟨ogen bv.⟩ **0.2** ***doen uitzetten.***

dilatory [dillətrie] **0.1** ***traag*** ⇒*langzaam, laks* **0.2** ***vertragend*** ⇒*dilatoir.*

dildo [dildoo] **0.1** ***kunstpenis*** ⇒*dildo.*

dilemma [dillemmə, daj-] **0.1** ***dilemma*** ⇒*netelig vraagstuk* ◆ **6.1** be **in** a ~ *voor een dilemma staan.*

dilettante [dillitæntie]⟨mv.: ook dilettanti [-tie:]⟩ ⟨vnl. pej.⟩

0.1 ⟨bn.⟩ ***dilettantisch*** ⇒*amateuristisch* **0.2** ⟨zn.⟩ ***dilettant(e).***

diligence [dillidzjəns] **0.1** ***ijver*** ⇒*vlijt, toewijding* **0.2** ***diligence*** ⇒*postkoets.*

diligent [dillidzjənt] **0.1** ***ijverig*** ⇒*vlijtig.*

dill [dil] **0.1** ***dille.***

dilly-dall|y ⟨-ied⟩⟨inf.⟩ **0.1** ***teuten*** ⇒*treuzelen* **0.2** ***dubben*** ⇒ *weifelen, aarzelen.*

dilute¹ [dajl(j)oe:t] ⟨bn.⟩ **0.1** ***verdund*** ⇒*aangelengd* **0.2** ***verbleekt*** ⇒*verkleurd* **0.3** ***verwaterd*** ⇒*flauw.*

dil|ute² ⟨ww.; zn.: **-ution**⟩ **0.1** ***verdunnen*** ⇒*aanlengen* **0.2** ***doen verbleken*** ⇒*doen vervalen* **0.3** ***afzwakken*** ⇒*doen verwateren.*

dim¹ [dim] ⟨bn.; -mer; -ness⟩ **0.1** ***schemerig*** ⇒*(half)duister* **0.2** ***vaag*** ⇒*flauw* **0.3** ⟨inf.⟩ ***stom*** ◆ **1.¶** ⟨inf.⟩ take a ~ view of sth. *iets afkeuren, niets ophebben met iets.*

dim² ⟨ww.; -med⟩ **0.1** ***verduisteren*** ⇒*versomberen* **0.2** ***vervagen*** ⇒*z'n glans (doen) verliezen, dof worden/maken* **0.3** ⟨vnl. AE⟩ ***temperen*** ⇒*dimmen, afzwakken* ◆ **1.2** a ~med career *een ontluisterde carrière* **1.3** ~ the headlights *dimmen.*

dime [dajm] **0.1** ***dime*** ⇒*10-centstuk* ⟨in USA/Canada⟩; ⟨oneig.⟩ *cent, stuiver* ◆ **1.¶** ⟨AE; inf.⟩ a ~ a dozen *dertien in een dozijn.*

dime novel ⟨AE⟩ **0.1** ***stuiversroman.***

dimension [dajmensjn, di-] **0.1** ⟨vaak mv.⟩ ***afmeting*** ⇒ *grootte, omvang;* ⟨fig.⟩ *kaliber, formaat* **0.2** ***dimensie*** ⇒*aspect, kwaliteit* ◆ **1.1** he had the ~ of a superstar *hij had het kaliber/de allure v.e. superster* **2.1** of great ~s *kolossaal.*

dimensional [dajmensjnəl, di-] **0.1** ***dimensionaal.***

dimer [dajmə] ⟨bn.: **-ic**⟩⟨schei.⟩ **0.1** ***dimeer.***

diminish [dimminnisj] **0.1** ***verminderen*** ⇒*verkleinen, afnemen; z'n waarde verliezen, aantasten* **0.2** ***taps/conisch (doen) toelopen*** ⇒*vernauwen* ◆ **1.1** ⟨ec.⟩ law of ~ing returns *wet v.d. afnemende meeropbrengsten.*

diminished [dimminnisjt] **0.1** ***verminderd*** ⇒*verkleind, verzwakt, gereduceerd* ◆ **1.¶** ⟨jur.⟩ ~ responsibility *verminderde toerekeningsvatbaarheid.*

diminutive¹ [dimminjoetiv] ⟨zn.⟩ **0.1** ***verkleinwoord.***

diminutive² ⟨bn.⟩ **0.1** ***verklein-*** **0.2** ***nietig*** ⇒*gering* ◆ **1.1** ~ suffix *verkleiningsuitgang* **1.2** a ~ kitten *een piepklein poesje.*

dimit|y [dimmətie] ⟨mv.: -ies⟩ **0.1** ***diemit*** ⟨stof⟩.

dimmer [dimmə] **0.1** ***dimmer*** ⇒*dimschakelaar* **0.2** ⟨vaak mv.⟩ ***parkeerlicht.***

dim-out ⟨vnl. AE⟩ **0.1** ***verduistering*** ⟨ihb. in oorlog⟩.

dimple [dimpl] **0.1** ***kuiltje*** **0.2** ***rimpeling*** ⟨v. watervlak⟩.

dimwit [dimwit] ⟨inf.⟩ **0.1** ***sufferd*** ⇒*onbenul.*

dimwitted [dimwittid] ⟨inf.⟩ **0.1** ***stom.***

din¹ [din] ⟨zn.⟩ **0.1** ***kabaal*** ⇒*lawaai* ◆ **3.1** kick up/make a ~ *herrie schoppen.*

din² ⟨-ned⟩ **I** ⟨onov.ww.⟩ **0.1** ***weerklinken*** ⇒*dreunen, galmen;*
II ⟨ov.ww.⟩ **0.1** ***verdoven*** ⟨met lawaai⟩ **0.2** ***inprenten*** ◆ **5.2** ~ **in** *erin stampen* **6.2** ~ sth. **into** s.o. *iets er bij iem. in stampen.*

dine [dajn] **I** ⟨onov.ww.⟩ **0.1** ***dineren*** ◆ **5.1** ~ **in** *thuis eten;* ~ **out** *buitenshuis dineren* **6.1** we ~d **off/on** dry bread, because the fridge was empty *we aten droog brood, omdat de koelkast leeg was;*
II ⟨ov.ww.⟩ **0.1** ***op een diner onthalen.***

diner [dajnə] **0.1** ***iem. die dineert*** ⇒*eter, gast* **0.2** ***restauratiewagen*** **0.3** ⟨AE⟩ ***klein (weg)restaurant.***

dingbat [dingbæt] ⟨AE; inf.⟩ **0.1** ***iets om mee te gooien*** ⇒ *steen(tje), stuk hout* **0.2** ***idioot*** ⇒*halfgare.*

ding-dong¹ [dingdong] ⟨zn.⟩⟨AE⟩ **0.1** ***gebimbam*** ⇒*gebeier* **0.2** ⟨inf.⟩ ***herrieschopperij*** ⇒*verhitte discussie, vechtpartij.*

ding-dong² ⟨bn.⟩ **0.1** ***bimbam-*** ⇒*beier-* **0.2** ⟨inf.⟩ ***met wisselende kansen*** ⇒*vinnig* ⟨gevecht, discussie enz.⟩.

dingh|y, ding|y, dingey [ding(g)ie] ⟨mv.: -ies⟩ **0.1** ***jol*** **0.2** ***kleine boot*** ⇒*(opblaasbaar) reddingsvlot; rubberboot.*

dingle [dinggl] **0.1** ***diepe begroeide vallei*** ⇒*dal.*

dingo [dinggoo] ⟨mv.: -es⟩ **0.1** ***dingo*** ⟨Austr. wilde hond⟩.

ding|y [dingdzjie] ⟨-iness⟩ **0.1** ***smerig*** ⇒*smoezelig* **0.2** ***sjofel*** ⇒*armoedig.*

dining car **0.1** ***restauratiewagen.***

dining room **0.1** ***eetkamer*** ⇒*eetzaal.*

dining table **0.1** ***eettafel*** ⇒*eetkamertafel.*

DINKS [dingks], **dinkies** [dingkie:z] ⟨afk.⟩ **0.1** [Double-Income-No-Kids] ***tweeverdieners zonder kinderen.***

dink|y [dingkie] ⟨-ier⟩⟨inf.⟩ **0.1** ⟨BE⟩ ***snoezig*** **0.2** ⟨AE⟩ ***armzalig.***

dinner [dinnə] **0.1** ***eten*** ⇒*avondeten, (warm) middagmaal* **0.2** ***diner*** ◆ **3.1** have/⟨AE⟩ eat ~ *eten;* we're having ~ *we zitten te eten* **5.1** ~'s ready! *aan tafel!* **6.1** be **at** ~ *zitten te eten;* they had lamb **for** (their) ~ *ze aten lamsvlees.*

dinner bell **0.1** ***etensbel*** ⇒*gong.*

dinner hour, dinner time **0.1** ***etenstijd*** **0.2** ***middaguur*** ⇒ *lunchpauze* ⟨op school⟩.

dinner jacket **0.1** ***smoking(jasje).***

dinner lady ⟨BE⟩ **0.1** ***kantinejuf*** ⟨op school⟩ ⇒*opschepster.*

dinner party **0.1** ***dineetje*** ⇒*etentje.*

dinner service, dinner set **0.1** ***(eet)servies*** ⇒*tafelservies.*

dinner table **0.1** ***eettafel.***

dinosaur [dajnəso:] **0.1** ***dinosaurus.***

dint [dint] **0.1** ***deuk*** ⇒*indruk, b(l)uts* ⟨ook fig.⟩ ◆ **6.¶** **by** ~ **of** *door middel van.*

diocesan [dajjossisn] **0.1** ***diocesaan*** ⇒*v./mbt. een bisdom.*

diocese [dajjəsis] **0.1** ***diocees*** ⇒*bisdom.*

diode [dajjood] **0.1** ***diode.***

Dionysian [dajjənizziən] **0.1** ***v./mbt. Dionysus*** ⇒*Dionysisch* **0.2** ⟨vaak d-⟩ ***dionysisch*** ⇒*uitbundig, wild.*

dioxide [dajjoksajd] **0.1** ***dioxide.***

dioxin [dajjoksin] ⟨schei.⟩ **0.1** ***dioxine.***

dip¹ [dip] **I** ⟨telb.zn.⟩ **0.1** ⟨ben. voor⟩ ***indoping*** ⇒*onderdompeling; wasbeurt* ⟨dieren, met insecticide⟩; ⟨inf.⟩ *duik* ⟨ook fig.⟩ **0.2** ***schepje*** **0.3** ***helling*** ⇒*daling, dal* ⟨landschap⟩ **0.4** ***(kleine) daling*** ⇒*vermindering* **0.5** ***getrokken (vet)kaars*** **0.6** ⟨sl.⟩ ***slome duikelaar;***
II ⟨telb. en n.-telb.zn.⟩ **0.1** ***dipsaus*** **0.2** ***wasmiddel*** ⇒*bad* ⟨voor dieren⟩.

dip² ⟨-ped⟩ **I** ⟨onov.ww.⟩ **0.1** ***duiken*** ⇒*plonzen, kopje-onder gaan* **0.2** ***ondergaan*** ⇒*vallen, zinken* **0.3** ***hellen*** ⇒*dalen* **0.4** ***tasten*** ⇒*reiken, grijpen* ◆ **1.3** the land ~s to the river *het land loopt naar de rivier af* **1.¶** ~ into the future *zich de toekomst proberen voor te stellen* **5.4** ~ **in** *toetasten* **6.4** ~ **into** one's financial resources *een aanspraak doen op zijn geldelijke middelen;* ~ **into** one's pocket *in de zak tasten* **6.¶** ~ **into** *vluchtig bekijken;*
II ⟨ov.ww.⟩ **0.1** ⟨ben. voor⟩ ***(onder)dompelen*** ⇒*(in)dopen; galvaniseren* ⟨in bad⟩; *wassen* ⟨dieren in bad met insecticide⟩ **0.2** ***verven*** ⇒*in verfbad dopen* **0.3** ***trekken*** ⟨kaarsen⟩ **0.4** ***scheppen*** ⇒*putten* **0.5** ⟨BE⟩ ***dimmen*** ⟨koplampen⟩ ◆ **6.1** ~ a hand **into** the water *een hand in het water steken* **6.4** ~ water **out of** the well *water uit de bron putten.*

Dip HE ⟨afk.; BE⟩ **0.1** [Diploma of Higher Education].

diphtheria [difθiəriə, dip-] **0.1** ***difterie.***

diphthong [difθong, dip-] ⟨taal.⟩ **0.1** ***diftong*** ⇒*tweeklank.*

diploma [diploomə] **0.1** ***diploma.***

diplomacy [diploomәsie] **0.1** ***diplomatie*** ⟨ook fig.⟩ ⇒*(politieke) tact, diplomatiek optreden.*

diplomat [diplәmæt], **diplomatist** [diploomәtist] **0.1** ***diplomaat*** ⟨ook fig.⟩ ⇒*slimme onderhandelaar, tactvol/diplomatiek (optredend) persoon.*

diplomatic [diplәmætik] ⟨-ally⟩ **0.1** ***met diplomatie*** ⇒*diplomatiek* **0.2** ***subtiel*** ⇒*berekend, sluw* **0.3** ***diplomatiek*** ⇒ *mbt./v.d. diplomatie(ke dienst)* ◆ **1.3** ~ bag *diplomatieke post(zak)* ⟨voor ambassade e.d.⟩; ~ corps *corps diplomatique, diplomatieke korps;* ~ immunity/privilege *diplomatieke onschendbaarheid/immuniteit;* ~ service *diplomatieke dienst, diplomatie.*

dip needle, dipping needle ⟨tech.⟩ **0.1** ***inclinatienaald.***

dipper [dippә] **I** ⟨eig.n.; D-; the⟩⟨AE; ster.⟩ **0.1** ***Beer*** ⇒⟨ihb.⟩ *Grote Beer* ◆ **2.1** Big Dipper *Grote Beer;* Little Dipper *Kleine Beer;*
II ⟨telb.zn.⟩ **0.1** ***scheplepel*** **0.2** ⟨BE⟩ ***dimschakelaar*** ⇒ *dimmer* **0.3** ⟨dierk.⟩ ***waterspreeuw.*** →**big.**

dipp|y [dippie] ⟨-iness⟩⟨inf.⟩ **0.1** ***krankjorum*** ⇒*mal* ◆ **1.1** a ~ plan *een dwaas plan.*

dipsomania [dipsәmeeniә] **0.1** ***dipsomanie*** ⇒*(periodiek(e)) drankzucht/alcoholisme.*

dipsomaniac [dipsәmeenie·æk], ⟨inf.⟩ **dipso** [dipsoo] **0.1** ***kwartaaldrinker*** ⇒*dipsomanielijder, (periodiek) alcoholist.*

dipstick **0.1** ***peilstok*** ⇒*meetstok.*

dipswitch ⟨BE⟩ **0.1** ***dimschakelaar.***

diptych [diptik] **0.1** ***diptiek*** ⇒*tweeluik.*

dire [dajjә] **0.1** ***ijselijk*** ⇒*ontzettend, uiterst (dringend)* ◆ **1.1** a ~ blow *een verpletterende slag;* a ~ fate *een grimmig lot;* be in ~ need of water *snakken naar water;* ~ poverty *bittere armoede.*

direct¹ [dirrekt, daj-] **I** ⟨bn.⟩ **0.1** ***direct*** ⇒*rechtstreeks, onmiddellijk, openhartig* ◆ **1.1** ⟨comp.⟩ ~ access *directe toegankelijkheid* ⟨v. geheugen⟩; ~ action *directe actie* ⟨bezetting, staking⟩; ⟨ec.⟩ ~ charge/cost *directe kosten;* ~ contact *rechtstreeks contact;* be a ~ descendant *in een rechte lijn van iem. afstammen;* ~ drive *directe aandrijving;* ~ evidence *bewijs uit de eerste hand;* a ~ flight *een rechtstreekse vlucht;* a ~ hit *een voltreffer;* the ~ road *de kortste weg;* ⟨taal.⟩ ~ speech *directe rede;* ~ taxes *directe belastingen* **1.¶** ~ current *gelijkstroom;* ⟨BE⟩ ~ grant *rijkssubsidie* ⟨voor scholen itt. subsidie v. plaatselijke overheid⟩; ~ mail *direct mail, postreclame* ⟨(persoonlijk gerichte) reclame via de brievenbus⟩; ⟨taal.⟩ ~ object *lijdend voorwerp* **3.1** be ~ *er geen doekjes om winden;*
II ⟨bn., attr.⟩ **0.1** ***absoluut*** ⇒*exact, precies* ◆ **1.1** ~ opposites *absolute tegenpolen.*

direct² **I** ⟨onov.ww.⟩ **0.1** ***het bevel voeren*** ⇒*aanwijzingen geven, opdracht geven;*
II ⟨onov. en ov.ww.⟩ **0.1** ***regisseren*** **0.2** ***dirigeren;***
III ⟨ov.ww.⟩ **0.1** ***adresseren*** ⇒*sturen* **0.2** ***richten*** **0.3** ***de weg wijzen*** ⇒*leiden, gidsen* **0.4** ***bestemmen*** ⇒*toewijzen, aanwijzen* **0.5** ***leiden*** ⇒*de leiding hebben over, besturen* **0.6** ***geleiden*** ⇒*als richtlijn dienen voor* **0.7** ***opdracht geven*** ⇒*bevelen;* ⟨jur.⟩ *instrueren* ◆ **6.1** ~ a letter **to** s.o. *een brief aan iem. adresseren* **6.2** these measures are ~ed **against** abuse *deze maatregelen zijn gericht tegen misbruik;* he ~ed a blow **at** his brother *hij sloeg naar zijn broer;* his remarks were ~ed **at** all of us *zijn opmerkingen waren voor ons allemaal bedoeld* **6.3** would you ~ me **to** the town hall? *zou u mij kunnen zeggen hoe ik bij het stadhuis moet komen?*

direct³ ⟨bw.⟩ **0.1** ***rechtstreeks*** ◆ **3.1** broadcast ~ *rechtstreeks uitzenden;* she came ~ to Paris *ze kwam rechtstreeks naar Parijs.*

direction [dirreksjn, daj-] **I** ⟨telb.zn.⟩ **0.1** ***opzicht*** ⇒*kant, tendens, richting;* ⟨fig. ook⟩ *gebied, terrein* **0.2** ⟨vnl. mv.⟩ ***instructie*** ⇒*bevel, aanwijzing* **0.3** ***oogmerk*** ⇒*doel* ◆ **6.1** progress **in** all ~s *vooruitgang op alle gebieden* **6.2** at the ~ **of**, **by** ~ **of** *op last v.;*
II ⟨telb. en n.-telb.zn.⟩ **0.1** ***leiding*** ⇒*directie, supervisie* **0.2** ***richting*** **0.3** ***geleiding*** ⇒*het geleiden* **0.4** ***directie*** ⇒ *het dirigeren* **0.5** ***regie*** ⇒*het regisseren* ◆ **1.2** a good sense of ~ *een goed richtinggevoel* **6.2** **in** the ~ **of** London *in de richting v. Londen;* they ran **in** every ~ *ze renden alle kanten op.*

directional [dirreksjnәl, daj-] **0.1** ***richting(s)-*** ⟨ook wisk.⟩ **0.2** ⟨tech.⟩ ***gericht*** ◆ **1.1** ~ signal *richtingaanwijzer* **1.2** ~ aerial *gerichte antenne, richtantenne.*

direction finder **0.1** ***richtingzoeker*** ⟨mbt. radiosignalen⟩ ⇒ *radiopeiler.*

direction indicator **0.1** ***richtingaanwijzer.***

directive¹ [dirrektiv, daj-] ⟨zn.⟩ **0.1** ***instructie*** ⇒*bevel, directief.*

directive² ⟨bn.⟩ **0.1** ***leidinggevend*** ⇒*richtinggevend.*

directly¹ [dirrek(t)li, daj-] ⟨bw.⟩ **0.1** →**direct** **0.2** ***direct*** ⇒ *rechtstreeks, openhartig* **0.3** ***dadelijk*** ⇒*zo* **0.4** ***precies*** ⇒ *direct* ◆ **¶.4** ~ opposite the door *precies tegenover de deur.*

directly² ⟨vw.⟩⟨vnl. BE; inf.⟩ **0.1** ***zo gauw als*** ⇒*zodra* ◆ **¶.1** ~ he saw her he ran away *zo gauw als hij haar zag ging hij ervandoor.*

direct-mail advertising **0.1** ***persoonlijk geadresseerde reclame*** ⇒*direct mail* **0.2** ***(het) reclame (maken) dmv. direct mail.***

directness [dirrek(t)nis, daj-] **0.1** ***directheid*** ⇒*openhartigheid.*

director [dirrektә, daj-] **0.1** ***directeur*** ⇒*manager, directielid* **0.2** ⟨vnl. AE⟩ ***dirigent*** **0.3** ***regisseur*** ⇒*spelleider* ◆ **1.1** the board of ~s *de raad v. bestuur.*

directorate [dirrektrәt, daj-] **0.1** ***directoraat*** ⇒*directeurschap, ambt v. directeur* **0.2** ***commissariaat*** **0.3** ⟨ww. enk. of mv.⟩ ***raad v. commissarissen.***

directorship [dirrektәsjip, daj-] **0.1** ***directeurschap*** ⇒*directoraat, directeurspost.*

directors' report ⟨ec.⟩ **0.1** ***jaarverslag*** ⟨v. vennootschap⟩.

director|y [dajrektrie, di-] ⟨mv.: -ies⟩ **0.1** ***adresboek*** ⟨ook comp.⟩ ⇒*gids, adressenbestand* **0.2** ***telefoonboek.***

directory inquiries ⟨BE⟩ **0.1** ***inlichtingen (over telefoonnummers)*** ◆ **3.1** phone ~ *inlichtingen/(06-8)008 bellen.*

direful [dajjәfl] ⟨schr.⟩ **0.1** ***verschrikkelijk*** ⇒*vreselijk.*

dirge [dә:dzj] **0.1** ***lijkzang*** ⇒*treurzang* **0.2** ***klaagzang*** ⇒ *elegie.*

dirigible [dirridzjәbl] **0.1** ***bestuurbaar luchtschip*** ⇒*zeppelin.*

dirk [dә:k] **0.1** ***dolk*** ⇒*kort zwaard.*

dirndl [dә:ndl] **0.1** ***dirndl*** ⟨Tiroler(achtig) kostuum⟩.

dirt [dә:t] **0.1** ***vuil*** ⇒*modder; drek, stront; viezigheid, smerige troep* **0.2** ***lasterpraat*** ⇒*geroddel* **0.3** ***pornografie*** ⇒ *schunnigheid* **0.4** ***grond*** ⇒*aarde* ◆ **2.1** that woman is as cheap/common as ~ *dat is een ordinaire/vulgaire vrouw* **3.1** ⟨sl.⟩ do s.o. ~ *iem. smerig behandelen;* treat s.o. like ~ *iem. als oud vuil behandelen* **3.2** fling/throw ~ at s.o. *iem. door de modder halen* **3.¶** eat ~ *beledigingen (moeten) slikken, door het stof moeten;* ⟨sprw.⟩ fling enough ~ and someone will stick ⟨ong.⟩ *wee de wolf die in een kwaad gerucht staat.*

dirt-cheap **0.1** ***spotgoedkoop*** ⇒*voor een habbekrats.*

dirt farmer ⟨AE⟩ **0.1** ***keuterboer(tje).***

dirt road ⟨AE⟩ **0.1** ***onverharde weg*** ⇒*zandweg.*

dirt-track 0.1 ***sintelbaan*** 0.2 ***renbaan v. zand*** ⟨voor vlakkebaanren⟩.

dirt|y¹ [da:tie] ⟨bn.; -ily⟩ 0.1 ***vies*** ⇒*vuil, smerig* 0.2 ***obsceen*** ⇒*vuil, schunnig* 0.3 ***verachtelijk*** ⇒*laag, gemeen, oneerlijk* 0.4 ***sterk radioactief*** ⇒*met veel radioactiviteit/radioactieve neerslag, vuil* 0.5 ⟨inf.⟩ ***slecht*** ⇒*akelig, ruw* ⟨v. weer⟩ ◆ 1.2 ~ words *obscene/vieze woorden* 1.3 ⟨sl.⟩ that ~ dog cheated me *die smerige hond heeft me belazerd;* ⟨inf.⟩ give s.o. a ~ look *iem. vuil aankijken;* play a ~ trick on s.o. *iem. een gemene streek leveren* 1.5 on a ~ night like this *in zulk hondenweer als vanavond* 1.¶ ⟨inf.⟩ get the ~ end of the stick *oneerlijk behandeld worden, opgezadeld worden met het vervelendste werk;* wash one's ~ linen in public *de vuile was buiten hangen;* ~ money *vuil werk toeslag* 3.3 ⟨inf.⟩ do the ~ on s.o. *iem. gemeen behandelen.*

dirt|y² ⟨-ied⟩ I ⟨onov.ww.⟩ 0.1 ***smerig worden*** ⇒*vies raken* ◆ 1.1 white trousers ~ very quickly *een witte broek wordt erg snel vuil;*
II ⟨ov.ww.⟩ 0.1 ***bevuilen*** ⇒*vuil/smerig maken.*

dirty³ ⟨bw.⟩⟨inf.⟩ 0.1 ***zeer*** ⇒*ontzettend* ◆ 2.1 a ~ big house *een schandalig groot huis.*

dirty work 0.1 ***vies werk*** ⇒*smerig werk* 0.2 ***vervelend werk*** ⇒*onplezierige taak, rotklus* 0.3 ⟨inf.⟩ ***oneerlijk gedrag*** ⇒*geknoei, fraude* ◆ 1.3 some ~ with the accounts *geknoei met de boekhouding* 3.3 I don't want to do your ~ anymore *ik wil die smerige karweitjes niet meer voor je opknappen.*

disabilit|y [dissəbillətie] ⟨mv.: -ies⟩ I ⟨telb. en n.-telb.zn.⟩ 0.1 ***onbekwaamheid*** ⇒*onvermogen* 0.2 ***belemmering*** ⇒*nadeel, handicap* 0.3 ⟨jur.⟩ ***onbekwaamheid*** ⇒*onbevoegdheid, diskwalificatie* ◆ 2.3 legal ~ *wettelijke belemmering;*
II ⟨n.-telb.zn.⟩ 0.1 ***invaliditeit*** ⇒*lichamelijke ongeschiktheid.*

disability pension 0.1 ***arbeidsongeschiktheidsuitkering*** ⇒*WAO-uitkering.*

disable [disseebl] ⟨zn.: **-ment**⟩ 0.1 ***onmogelijk maken*** ⇒*onbekwaam/onbruikbaar/ongeschikt maken* 0.2 ⟨vaak pass.⟩ ***invalide maken*** ⇒*arbeidsongeschikt maken* ◆ 1.2 ~d persons *(lichamelijk) gehandicapte mensen* 6.1 that accident ~d him **for** his job *dat ongeluk maakte hem ongeschikt voor zijn baan* 7.2 the ~d *de invaliden.*

disabuse [dissəbjoe:z] ⟨schr.⟩ 0.1 ***ontdoen*** ⇒*uit de droom helpen* ◆ 6.1 she had to ~ her followers **of** many weird ideas *zij moest haar volgelingen v. veel bizarre ideeën afhelpen.*

disadvantage [dissədva:ntidzj] 0.1 ***nadeel*** ⇒*ongunstige situatie/factor* 0.2 ⟨vnl. enk.⟩ ***schade*** ⇒*verlies, smaad* ◆ 6.1 **at** a ~ *in het nadeel;* show **to** ~ *er op zijn slechtst uitzien;* be **to** one's ~ *in zijn nadeel zijn* 6.2 sell **to** ~ *met verlies verkopen.*

disadvantaged [dissədva:ntidzjd] 0.1 ***minder bevoorrecht*** ⇒*benadeeld* ◆ 7.1 the ~ *de minder bevoorrechte klasse.*

disadvantageous [disædvənteedzjəs] 0.1 ***nadelig*** ⇒*ongunstig, schadelijk* ◆ 6.1 ~ **to** his plans *nadelig voor zijn plannen.*

disaffected [dissəfektid] 0.1 ***afvallig*** ⇒*ontevreden, misnoegd, ontrouw.*

disaffection [dissəfeksjn] 0.1 ***ontrouw*** ⇒*politieke onvrede, afvalligheid.*

disafforestation [dissəforristeesjn] 0.1 ***ontbossing.***

disagree [dissəgrie:] 0.1 ***het oneens zijn*** ⇒*verschillen v. mening, ruziën* 0.2 ***verschillen*** ⇒*niet kloppen, niet overeenkomen* ◆ 1.1 father and mother sometimes ~ *vader en moeder hebben soms een meningsverschil* 1.2 the two statements ~ *de twee beweringen stemmen niet overeen* 6.1 ~ **with** s.o. **about** sth. *het oneens met iem. zijn over iets, een andere mening hebben over iets dan iem.* 6.2 his account of the events ~s **with** mine *zijn verslag v.d. gebeurtenissen komt niet overeen met het mijne.* →**disagree with.**

disagree|able [dissəgrie:əbl] ⟨-ably; -ableness⟩ 0.1 ***onaangenaam*** 0.2 ***slecht gehumeurd/gemutst*** ⇒*onvriendelijk* ◆ 1.2 a ~ fellow *een humeurige kerel* 3.1 be disagreeably surprised *onaangenaam verrast worden.*

disagreement [dissəgrie:mənt] 0.1 ***onenigheid*** ⇒*meningsverschil, ruzie* 0.2 ***verschil*** ⇒*afwijking* ◆ 6.1 he was **in** ~ **with** his employer's plans *hij was het niet eens met de plannen v. zijn werkgever* 6.2 the two accounts are **in** ~ *de twee verslagen stemmen niet overeen.*

disagree with 0.1 ***ongeschikt blijken/zijn voor*** ⇒*ziek maken* ◆ 1.1 Italian wine disagrees with me *ik kan niet tegen Italiaanse wijn;* this climate disagrees with me *dit klimaat ligt mij niet.*

disallow [dissəlau] 0.1 ***niet toestaan*** ⇒*verbieden* 0.2 ***ongeldig verklaren*** ⇒*verwerpen, afkeuren* ◆ 1.2 ~ a claim *een eis niet toekennen;* ~ a goal *een doelpunt afkeuren.*

disappear [dissəpiə] 0.1 ***verdwijnen*** 0.2 ***uitsterven*** ⇒*ophouden te bestaan* ◆ 6.1 ~ **from** view/sight *uit het zicht verdwijnen.*

disappearance [dissəpiərəns] 0.1 ***verdwijning.***

disappoint [dissəpojnt] 0.1 ***teleurstellen*** ⇒*niet aan de verwachtingen voldoen, tegenvallen* 0.2 ***verijdelen*** ⟨plan⟩ ⇒*doen mislukken, tenietdoen.*

disappointed [dissəpojntid] 0.1 ***teleurgesteld*** 0.2 ***verijdeld*** ⇒*mislukt* ◆ 6.1 she was ~ **about/at** not winning the game *zij was teleurgesteld dat ze het spel niet gewonnen had;* she was ~ **in** her love for her daughter *zij was teleurgesteld in haar liefde voor haar dochter;* she was ~ **in** him *hij viel haar tegen* 6.2 he was ~ **of** his success *er was geen succes voor hem weggelegd.*

disappointing [dissəpojnting] 0.1 ***teleurstellend*** ⇒*tegenvallend* ◆ 1.1 the weather was rather ~ *het weer viel nogal tegen.*

disappointingly [dissəpojntinglie] 0.1 ***tot mijn/onze teleurstelling*** ◆ ¶.1 ~, he didn't come *tot mijn/onze teleurstelling kwam hij niet.*

disappointment [dissəpojntmənt] 0.1 ***teleurstelling.***

disapprobation [disæprəbeesjn] ⟨schr.⟩ 0.1 ***afkeuring*** ◆ 6.1 show ~ **at** s.o.'s behaviour *afkeuring tonen over iemands gedrag.*

disapproval [dissəproe:vl] 0.1 ***afkeuring*** ⇒*veroordeling* ◆ 6.1 she shook her head **in** ~ *zij schudde afkeurend haar hoofd.*

disapprove [dissəproe:v] 0.1 ***afkeuren*** ⇒*veroordelen* ◆ 1.1 he wants to become a painter but his parents ~ *hij wil schilder worden, maar zijn ouders vinden dat niet goed* 6.1 they ~ **of** men wearing earrings *zij keuren het af dat mannen oorbellen dragen.*

disapprovingly [dissəproe:vinglie] 0.1 ***afkeurend.***

disarm [dissa:m] I ⟨onov. en ov.ww.⟩ 0.1 ***ontwapenen*** ⇒*onschadelijk maken* ◆ 1.1 the terrorists were ~ed *de terroristen werden ontwapend/ontdaan van hun wapens* 3.1 the two nations promised to ~ *de twee naties beloofden tot ontwapening over te gaan;*
II ⟨ov.ww.⟩ 0.1 ***de kracht ontnemen*** ⇒*vriendelijk stemmen* ◆ 1.1 his quiet manners ~ed all opposition *zijn rustige manier v. doen nam alle tegenstand weg;* a ~ing smile *een ontwapenende glimlach.*

disarmament [dissa:məmənt] 0.1 ***ontwapening.***

disarrange [dissəreendzj] ⟨zn.: **-ment**⟩ 0.1 ***in de war brengen*** ⇒*verstoren.*

disarray [dissəree] **0.1** ***wanorde*** ⇒*verwarring* ◆ **6.1** the troops fled **in** ~ *de troepen vluchtten in wanorde.*

disassociate →**dissociate.**

disaster [dizza:stə] **0.1** ***ramp*** ⇒*catastrofe;* ⟨fig.⟩ *totale mislukking* ◆ **3.1** court ~ *om moeilijkheden vragen.*

disaster area **0.1** ***rampgebied.***

disaster film, ⟨AE⟩ **disaster movie** **0.1** ***rampenfilm.***

disastrous [dizza:strəs] **0.1** ***rampzalig*** ⇒*noodlottig.*

disavow [dissəvau] ⟨zn.: **-al**⟩ ⟨schr.⟩ **0.1** ***ontkennen*** ⇒*loochenen* **0.2** ***verwerpen*** ⇒*verstoten, afwijzen.*

disband [disbænd] ⟨zn.: **-ment**⟩ **0.1** ***(zich) ontbinden*** ⇒*uiteengaan, ontbonden worden.*

disbelief [disbillie:f] **0.1** ***ongeloof.***

disbelieve [disbillie:v] **0.1** ***niet geloven*** ⇒*betwijfelen, verwerpen.*

disbeliever [disbillie:və] **0.1** ***ongelovige*** ⇒*niet-gelover.*

disburse [disbə:s] ⟨zn.: **-ment**⟩ **0.1** ***(uit)betalen*** ⟨vooral uit staatsfonds⟩ ⇒*uitgeven.*

disc, ⟨AE sp. en bet. 0.5 vnl.⟩ **disk** [disk] **0.1** ***schijf*** ⇒⟨ihb.⟩ *parkeerschijf* **0.2** ***discus*** **0.3** ***(grammofoon)plaat*** **0.4** ⟨med.⟩ ***schijf*** ⇒⟨ihb.⟩ *tussenwervelschijf* **0.5** ⟨comp.⟩ ***schijf*** ◆ **3.4** a slipped ~ *een hernia.*

discant →**descant.**

discard[1] [diska:d] **I** ⟨telb.zn.⟩ **0.1** ⟨kaartspel⟩ ***afgegooide/geëcarteerde kaart*** **0.2** ⟨ben. voor⟩ ***wat/wie wordt weggedaan/weggestuurd*** ⇒*afdankertje;*
II ⟨n.-telb.zn.⟩ **0.1** ***afval*** ⇒*afgedankte rommel.*

discard[2] **I** ⟨onov. en ov.ww.⟩ ⟨kaartspel⟩ **0.1** ***afgooien*** ⇒*ecarteren;* ⟨ihb.⟩ *niet bekennen;*
II ⟨ov.ww.⟩ **0.1** ***zich ontdoen van*** ⇒*weggooien, afdanken* ◆ **1.1** ~ one's old school things *zijn oude schoolspullen wegdoen.*

disc brake ⟨vaak mv.⟩ **0.1** ***schijfrem.***

discern [dissə:n] **0.1** ***waarnemen*** ⇒*onderscheiden, bespeuren* **0.2** ***onderscheiden*** ⇒*verschil zien, onderscheid maken* ◆ **1.1** it is difficult to ~ whether ... *het is moeilijk op te maken of ...;* I could hardly ~ the words *ik kon de woorden nauwelijks onderscheiden.*

discernib|le [dissə:nəbl] ⟨-ly⟩ **0.1** ***waarneembaar*** ⇒*te onderscheiden.*

discerning [dissə:ning] **0.1** ***scherpzinnig*** ⇒*opmerkzaam, kritisch.*

discernment [dissə:nmənt] **0.1** ***het opmerken/bespeuren*** **0.2** ***scherpzinnigheid*** ⇒*inzicht.*

discharge[1] [distsja:dzj] **I** ⟨telb.zn.⟩ **0.1** ***bewijs v. kwijting/ontslag;***
II ⟨telb. en n.-telb.zn.⟩ **0.1** ***lossing*** ⇒*ontlading, het uitladen* **0.2** ***uitstorting*** ⇒*afvoer, uitstroming;* ⟨v. gas e.d.; ook fig.⟩ *uiting* **0.3** ***schot*** ⇒*het afvuren* **0.4** ***kwijting*** ⇒*aflossing, vervulling* **0.5** ***ontslag*** ⇒⟨jur.⟩ *ontslag v. rechtsvervolging, vrijspraak* **0.6** ⟨elek., nat.⟩ ***ontlading*** ◆ **1.4** the ~ of debts *de kwijting v. schulden;* the ~ of one's duties *het vervullen v. zijn plicht* **2.2** a profuse ~ of words *een overvloedige woordenstroom;* a purulent ~ *een etterige afscheiding.*

discharge[2] [distsja:dzj] **I** ⟨onov.ww.⟩ **0.1** ***zich ontladen*** ⇒*zich uitstorten; etteren* ⟨v. wond⟩ **0.2** ***doorlopen*** ⇒*uitlopen, vlekken* ⟨v. kleur⟩ **0.3** ⟨elek.⟩ ***zich ontladen*** ◆ **6.1** the river ~s **into** the sea *de rivier mondt in zee uit;*
II ⟨ov.ww.⟩ **0.1** ***ontladen*** ⇒*uitladen, lossen* **0.2** ***afvuren*** ⇒*afschieten, lossen* **0.3** ***ontladen*** ⇒*van elektrische lading ontdoen* **0.4** ***wegsturen*** ⇒*ontslaan, ontheffen van;* ⟨mil.⟩ *pasporteren;* ⟨jur.⟩ *vrijspreken, in vrijheid stellen* **0.5** ***uitstorten*** ⇒*uitstoten, afgeven* **0.6** ***vervullen*** ⇒*voldoen, zich kwijten van* ◆ **1.4** ~ a defendant *een beklaagde van rechtsvervolging ontslaan;* ~ the jury *de jury van zijn plichten ontslaan;* ~ a patient *een patiënt ontslaan;* ~ a sailor *een zeeman afmonsteren* **1.5** ~ pus *etteren;* ~ oaths/screams *vloeken/kreten uitstoten* **1.6** ~d bankrupt *vrij man na opheffing v. faillissement;* ~ one's debts *zijn schulden voldoen;* ~ one's duties *zijn taak vervullen* **6.4** ~ s.o. **from** service *iem. uit de dienst ontslaan.*

disc harrow **0.1** ***schijfeg*** ⇒*schijveneg.*

disciple [dissajpl] **0.1** ***discipel*** ⟨ook rel.⟩ ⇒*leerling, volgeling.*

disciplinarian [dissiplinneəriən] **0.1** ***handhaver/voorstander v. strenge tucht.***

disciplinary [dissiplinrie] **0.1** ***disciplinair*** ◆ **1.1** ~ measures *disciplinaire maatregelen.*

discipline[1] [dissiplin] **I** ⟨telb.zn.⟩ **0.1** ***methode*** ⇒*systeem* **0.2** ***vak*** ⇒*discipline, tak v. wetenschap* **0.3** ⟨rel.⟩ ***reglement*** ⇒*regels, wetten;*
II ⟨telb. en n.-telb.zn.⟩ **0.1** ***discipline*** ⇒*tucht, orde, controle* ◆ **3.1** maintain ~ *orde houden;* they behaved with an admirable ~ *ze gedroegen zich met bewonderenswaardige zelfbeheersing;*
III ⟨n.-telb.zn.⟩ **0.1** ***straf*** **0.2** ⟨rel.⟩ ***boetedoening.***

discipline[2] ⟨ww.⟩ **0.1** ***disciplineren*** ⇒*onder tucht brengen, drillen* **0.2** ***straffen*** ⇒*disciplinaire maatregelen nemen tegen* ◆ **4.1** he will never learn to ~ himself *hij zal nooit zelfdiscipline krijgen.*

disc jockey **0.1** ***diskjockey.***

disclaim [diskleem] **0.1** ***ontkennen*** ⇒*afwijzen, verwerpen* ◆ **1.1** they ~ed any responsibility for the incident *ze wezen elke verantwoordelijkheid voor het voorval van de hand.*

disclaimer [diskleemə] **0.1** ***ontkenning*** ⇒*afwijzing.*

disclose [disklooz] **0.1** ***onthullen*** ⟨ook fig.⟩ ⇒*bekendmaken, tonen.*

disclosure [disklooz jə] **0.1** ***onthulling*** ⇒*openbaring.*

disco [diskoo] ⟨verk.⟩ [discotheque] ⟨inf.⟩ **0.1** ***disco*** ⇒*discotheek.*

discolour, ⟨AE sp.⟩ **discolor** [diskullə] ⟨zn.: **-ation**⟩ **0.1** ***verkleuren*** ⇒*(doen) verschieten, vlekken* ◆ **1.1** the damp had ~ed the leather *het leer zat vol vlekken van het vocht.*

discomfit [diskumfit] **0.1** ***verwarren*** ⇒*in verlegenheid brengen.*

discomfiture [diskumfitsjə] **0.1** ***verwarring*** ⇒*verlegenheid.*

discomfort [diskumfət] **I** ⟨telb.zn.⟩ **0.1** ***ongemak*** ⇒*ontbering, moeilijkheid;*
II ⟨n.-telb.zn.⟩ **0.1** ***onbehaaglijkheid*** ⇒*ongemakkelijkheid, gebrek aan comfort.*

discomposure [diskəmpoozjə] **0.1** ***verwarring*** ⇒*verontrusting, ontsteltenis* **0.2** ***wanorde.***

disco music **0.1** ***discomuziek.***

disconcert [diskənsə:t] **0.1** ***verontrusten*** ⇒*in verlegenheid brengen* **0.2** ***verijdelen*** ⟨plannen⟩.

disconcerting [diskənsə:ting] **0.1** ***verontrustend*** ⇒*in verlegenheid brengend.*

disconnect [diskənekt] **0.1** ***losmaken*** ⇒*scheiden, loskoppelen; afsluiten* ⟨iem., van het gas e.d.⟩; ⟨fig.⟩ *ontkoppelen, uit elkaar halen* ◆ **3.1** we were suddenly ~ed *de (telefoon)verbinding werd plotseling verbroken* **6.1** ~ the plug **from** the power point *de stekker uit het stopcontact halen.*

disconnected [diskənektid] **0.1** ***los*** ⇒*losgemaakt, niet verbonden* **0.2** ***onsamenhangend.***

disconnection [diskəneksjn] **0.1** ***losmaking*** ⇒*ontkoppeling, scheiding.*

disconsolate [diskonsələt] **0.1** ⟨+ about/at⟩ ***ontroostbaar (over)*** ⇒*wanhopig.*

discontent[1] [diskəntent], **discontentment** [-mənt] **I** ⟨telb.zn.⟩ **0.1** ***grief*** ⇒*bezwaar;*

II ⟨n.-telb.zn.⟩ **0.1** ***ontevredenheid*** *⇒misnoegen, ongenoegen.*

discontent² ⟨bn.⟩ **0.1** ⟨+ with⟩ ***ontevreden (over/met)*** *⇒teleurgesteld, misnoegd.*

discontent³ ⟨ww.⟩ **0.1** ***mishagen*** *⇒ontevreden maken, teleurstellen.*

discontented [diskəntentid] **0.1** ***ontevreden*** *⇒teleurgesteld.*

discontinuance [diskəntinjoeəns], **discontinuation** [diskəntinjoe·eesjn] ⟨schr.⟩ **0.1** ***beëindiging*** *⇒staking, onderbreking.*

discontinue [diskəntinjoe:] **I** ⟨onov.ww.⟩ **0.1** ***tot een einde komen*** *⇒ophouden* ◆ **1.1** the magazine has been ~d *het blad is opgehouden te verschijnen;*
II ⟨ov.ww.⟩ **0.1** ***beëindigen*** *⇒een eind maken aan, ophouden met* **0.2** ***opzeggen*** ⟨krant e.d.⟩ ◆ **1.1** the club was ~d after a couple of months *de club werd na een paar maanden opgeheven;* ~ a newspaper *de publicatie v.e. krant staken.*

discontinuit|y [diskontinjoe:ətie] ⟨mv.: -ies⟩ **I** ⟨telb.zn.⟩ **0.1** ***onderbreking*** **0.2** ⟨wisk.⟩ ***discontinuïteit;***
II ⟨n.-telb.zn.⟩ **0.1** ***discontinuïteit*** *⇒onregelmatigheid* **0.2** ***onsamenhangendheid*** *⇒gebrek aan samenhang.*

discontinuous [diskəntinjoeəs] **0.1** ***onderbroken*** *⇒met onderbrekingen, onregelmatig.*

discord [disko:d], ⟨in bet. 0.1 ook⟩ **discordance** [disko:dns] **0.1** ***onenigheid*** *⇒twist, ruzie; wrijving, disharmonie* **0.2** ***lawaai*** *⇒onwelluidende klanken.*

discordant [disko:dnt] **0.1** ***strijdig*** *⇒in tegenspraak, botsend* **0.2** ***wanklanken producerend*** *⇒dissonant.*

discotheque, discothèque [diskətek] **0.1** ***disco*** *⇒discotheek.*

discount¹ [diskaunt] ⟨zn.⟩ **0.1** ***reductie*** *⇒korting, rabat* **0.2** ⟨hand.⟩ ***disconto*** *⇒wisseldisconto* ◆ **6.1 at** a ~ *met korting.*

discount² [diskaunt] ⟨ww.⟩ **0.1** ***disconto geven/nemen*** *⇒disconteren* ⟨wissel⟩ **0.2** ***korting geven (op)*** **0.3** ***buiten beschouwing laten*** *⇒niet serieus nemen.*

discount broker ⟨hand.⟩ **0.1** ***wisselmakelaar*** *⇒discontomakelaar.*

discountenance [diskauntinnəns] **0.1** ***veroordelen*** *⇒zijn afkeuring uitspreken over.*

discount house, in bet. 0.1 discount store 0.1 ***ramsjwinkel*** *⇒discountwinkel* **0.2** ⟨vnl. BE; geldw.⟩ ***discontobank.***

discourage [diskurridzj] **0.1** ***ontmoedigen*** *⇒de moed ontnemen* **0.2** ***weerhouden*** *⇒afhouden, afbrengen* ◆ **6.2** ~ s.o. **from** starting all over again *iem. ervan weerhouden helemaal opnieuw te beginnen.*

discouragement [diskurridzjmənt] **I** ⟨telb.zn.⟩ **0.1** ***ontmoediging*** *⇒obstakel, tegenslag;*
II ⟨n.-telb.zn.⟩ **0.1** ***moedeloosheid*** *⇒ontmoediging, het ontmoedigd zijn* **0.2** ***ontmoediging*** *⇒het iem. de moed ontnemen* **0.3** ***het iem. weerhouden.***

discourse¹ [disko:s] ⟨schr.⟩ **I** ⟨telb.zn.⟩ **0.1** ***gesprek*** *⇒dialoog, conversatie* **0.2** ***verhandeling*** *⇒traktaat, lezing;*
II ⟨n.-telb.zn.⟩ **0.1** ***beraad*** *⇒overleg* ◆ **3.1** hold ~ with s.o. *overleg plegen met iem.*

discourse² [disko:s] ⟨ww.⟩⟨schr.⟩ **0.1** ***converseren*** *⇒een gesprek voeren, van gedachten wisselen* **0.2** ⟨+ (up)on⟩ ***een verhandeling schrijven/houden (over).***

discourse analysis ⟨taal.⟩ **0.1** ***discourseanalyse.***

discourteous [diskə:tiəs] ⟨-ness⟩ **0.1** ***onbeleefd*** *⇒onhoffelijk.*

discourtes|y [diskə:təsie] ⟨mv.: -ies⟩ **0.1** ***onbeleefdheid*** *⇒onbeschoftheid.*

discover [diskuvvə] **0.1** ***ontdekken*** *⇒(uit)vinden* **0.2** ***onthullen*** *⇒blootleggen;* ⟨fig.⟩ *aan het licht brengen, bekendmaken* **0.3** ***aantreffen*** *⇒bemerken, bespeuren, te weten komen* **0.4** ⟨schaakspel⟩ ***aftrekschaak geven*** ◆ **1.1** Tasman ~ed New Zealand *Tasman heeft Nieuw-Zeeland ontdekt* **1.2** the truth was ~ed *de waarheid werd aan het licht gebracht* **1.3** I ~ed the lost cat in our kitchen *ik trof de weggelopen poes in onze keuken aan* **8.3** I ~ed that I had left my purse behind *ik ontdekte dat ik mijn tas had laten liggen.*

discoverer [diskuvrə] **0.1** ***ontdekker*** *⇒ontdekkingsreiziger; uitvinder.*

discover|y [diskuvrie] ⟨mv.: -ies⟩ **0.1** ***ontdekking*** **0.2** ***onthulling*** *⇒bekendmaking* **0.3** ⟨jur.⟩ ***inzage v. stukken*** ◆ **1.1** a voyage of ~ *een ontdekkingsreis.*

discredit¹ [diskreddit] **I** ⟨telb. en n.-telb.zn.⟩ **0.1** ***schande*** *⇒diskrediet, opspraak* ◆ **3.1** bring ~ (up)on o.s., bring o.s. into ~ *zich te schande maken* **6.1** he is a ~ **to** our school *hij schaadt de goede naam van onze school;*
II ⟨n.-telb.zn.⟩ **0.1** ***ongeloof*** *⇒wantrouwen, verdenking* ◆ **3.1** throw ~ on a report *de geloofwaardigheid v.e. verslag schaden.*

discredit² ⟨ww.⟩ **0.1** ***te schande maken*** *⇒in diskrediet brengen* **0.2** ***wantrouwen*** *⇒verdenken* **0.3** ***verdacht maken*** *⇒doen wantrouwen* ◆ **6.1** ~ s.o. **with** others *iem. bij anderen zwart maken.*

discreditab|le [diskreddittəbl] ⟨-ly⟩ **0.1** ***schandelijk*** *⇒verwerpelijk.*

discreet [diskrie:t] **0.1** ***discreet*** **0.2** ***bescheiden*** *⇒onopvallend.*

discrepanc|y [diskreppənsie] ⟨mv.: -ies⟩ **0.1** ***discrepantie*** *⇒afwijking, verschil* ◆ **6.1** a ~ **between** two stories *een tegenspraak tussen twee verhalen.*

discrete [diskrie:t] ⟨-ness⟩ **0.1** ***afzonderlijk*** *⇒los, verschillend.*

discretion [diskresjn] **0.1** ***oordeelkundigheid*** *⇒tact, verstand* **0.2** ***discretie*** *⇒oordeel, vrijheid (v. handelen)* ◆ **1.1** the age/years of ~ *de jaren des onderscheids* **3.2** use one's ~ *naar eigen goeddunken handelen* **6.2** it will all be decided **at** your father's ~ *je vader zal bepalen wat er allemaal moet gebeuren* ¶**.1** ⟨sprw.⟩ ~ is the better part of valour *voorzichtigheid is de moeder der wijsheid.*

discretionary [diskresjənrie] **0.1** ***naar goeddunken*** *⇒naar eigen oordeel* ◆ **1.1** ~ income *beschikbaar inkomen;* ⟨jur.⟩ ~ powers *discretionaire macht.*

discriminate [diskrimminneet] **I** ⟨onov.ww.⟩ **0.1** ***onderscheid maken*** **0.2** ***discrimineren*** ◆ **6.1** ~ **between** *verschil maken tussen* **6.2** ~ **against** *discrimineren;* ~ **in favour of** *voortrekken;*
II ⟨ov.ww.⟩ **0.1** ***onderscheiden*** *⇒herkennen.*

discriminating [diskrimminneeting] **0.1** ***oordeelkundig*** *⇒opmerkzaam, scherpzinnig* **0.2** ***onderscheidend*** *⇒kenmerkend* **0.3** ***kieskeurig*** *⇒overkritisch* **0.4** ***discriminerend*** ◆ **1.4** ⟨hand.⟩ ~ duties/taxes *differentiële rechten.*

discrimination [diskrimminneesjn] **0.1** ***onderscheid*** *⇒het maken v. onderscheid* **0.2** ***discriminatie*** **0.3** ***waarneming*** *⇒herkenning* **0.4** ***oordeelsvermogen*** *⇒kritische smaak.*

discriminatory [diskrimminnətrie] **0.1** ***discriminerend*** ⟨bv. maatregelen, wet⟩.

discursive [diskə:siv] ⟨-ness⟩ **0.1** ***onsamenhangend*** *⇒wijdlopig* **0.2** ⟨fil.⟩ ***(logisch) redenerend*** *⇒discursief.*

discus [diskəs] ⟨atletiek⟩ **I** ⟨telb.zn.⟩ **0.1** ***discus;***
II ⟨n.-telb.zn.⟩ **0.1** ***het discuswerpen.***

discuss [diskus] **0.1** ***bespreken*** *⇒behandelen, praten over* ◆

6.1 ~ **with** s.o. what to do *met iem. bespreken wat er gedaan moet worden.*
discussant [diskussənt], **discusser** [diskussə] **0.1** ***discussiant*** ⇒*deelnemer aan een discussie, panellid.*
discussion [diskusjn] **0.1** ***bespreking*** ⇒*discussie, gesprek* **0.2** ***uiteenzetting*** ⇒*verhandeling, bespreking* ◆ **6.1** come up **for** ~ *op de agenda staan;* be **under** ~ *in behandeling zijn.*
disdain[1] [disdeen] (zn.) **0.1** ***minachting*** ⇒*laatdunkendheid, verachting.*
disdain[2] (ww.) **0.1** ***minachten*** ⇒*verachten* ◆ **1.1** they ~ed my offer *ze wezen mijn aanbod minachtend van de hand.*
disdainful [disdeenfl] **0.1** ***minachtend*** ⇒*hooghartig, neerbuigend.*
disease [dizzie:z] **0.1** ***ziekte*** ⇒*aandoening, kwaal* **0.2** ***wantoestand*** ◆ **3.1** recurring ~ *recidiverende ziekte.*
diseased [dizzie:zd] **0.1** ***ziek*** ⇒*aangetast, ziekelijk;* (fig.) *ongezond, verziekt.*
diseconom|y [dissikkonnəmi] (mv.: -ies) (ec.) **0.1** ***economisch nadeel*** ◆ **1.1** diseconomies of scale *schaalnadelen.*
disembark [dissimba:k] (zn.: **-ation**) **I** (onov.ww.) **0.1** ***van boord gaan*** ⇒*aan wal/land gaan; uitstappen;*
II (ov.ww.) **0.1** ***ontschepen*** ⇒*aan land brengen, lossen.*
disembarrass [dissimbærəs] (zn.: **-ment**) (schr.) **0.1** ***bevrijden*** ⇒*ontdoen, verlossen* ◆ **6.1** ~ o.s. **of** prejudices *zich van vooroordelen bevrijden;* may I ~ you **of** your coat? *mag ik uw mantel aannemen?*
disembodied [dissimboddied] **0.1** ***zonder lichaam*** ⇒*onstoffelijk, niet tastbaar* ◆ **1.1** ~ spirits *lichaamloze zielen;* ~ voices *de stemmen v. onzichtbaren.*
disembowel [dissimbauəl] (BE -led) **0.1** ***van de ingewanden ontdoen*** ⇒*ontweien* **0.2** ***de ingewanden blootleggen v.*** ⇒ *de buik openrijten v.*
disembroil [dissimbrojl] **0.1** ***ontwarren*** (ook fig.) ⇒*uit de knoop halen, bevrijden.*
disenchant [dissintsja:nt] (zn.: **-ment**) **0.1** ***ontgoochelen*** ⇒ *ontnuchteren, uit de droom helpen.*
disencumber [dissinkumbə] (schr.) **0.1** (+from) ***bevrijden (van)*** ⇒*ontdoen (van), ontlasten.*
disendow [dissindau] (zn.: **-ment**) **0.1** ***van bezittingen ontdoen*** ⇒*giften ontnemen, onteigenen* (ihb. kerkelijke bezittingen).
disenfranchise [dissinfræntsjajz] **0.1** ***ontzetten uit een recht*** ⇒*rechten/privileges ontnemen;* (ihb.) *het kiesrecht/de burgerrechten ontnemen.*
disengage [dissinggeedzj] (zn.: **-ment**) **I** (onov.ww.) **0.1** ***losraken*** ⇒*zich losmaken;*
II (ov.ww.) **0.1** ***losmaken*** ⇒*vrij maken, bevrijden.*
disengaged [dissinggeedzjd] (schr.) **0.1** ***vrij*** ⇒*onbezet, beschikbaar.*
disentangle [dissintænggl] (zn.: **-ment**) **I** (onov.ww.) **0.1** ***zich ontwarren*** ◆ **1.1** your hair won't ~ for a fortnight *je haar zal nog weken in de knoop zitten;*
II (ov.ww.) **0.1** ***ontwarren*** ⇒*ontrafelen, oplossen* (ook fig.) **0.2** ***bevrijden*** ⇒*uit de knoop halen, losmaken* ◆ **6.2** I could not ~ the truth **from** all her falsehoods *ik kon de waarheid niet ontdekken tussen al haar leugens.*
disequilibrium [dissekwillibriəm, dissie:-] (schr.) **0.1** ***onevenwichtigheid*** ⇒*verstoord evenwicht.*
disestablish [dissistæblisj] (zn.: **-ment**) **0.1** ***de officiële positie ontnemen*** ⇒(ihb.) *van de staat scheiden* (kerk).
disfavour[1] [disfeevə] (zn.) (schr.) **0.1** ***afkeuring*** ⇒*lage dunk* **0.2** ***ongenade*** ⇒*ongunst* ◆ **3.1** look upon/regard/view s.o. with ~ *iem. niet mogen* **3.2** fall into ~ with s.o. *bij iem. uit de gunst raken.*
disfavour[2] (ww.) **0.1** ***afkeuren*** ⇒*een lage dunk hebben v., afwijzen* **0.2** ***niet mogen*** ⇒*ongunstig denken over.*
disfigure [disfigə] (zn.: **-ment**) **0.1** ***misvormen*** ⇒*vervormen, verminken.*
disfranchisement [disfræntsjizmənt] **0.1** ***ontzetting uit een recht*** ⇒*ontneming v. rechten/privileges;* (ihb.) *ontneming v.h. kiesrecht/v.d. burgerrechten.*
disgorge [disgo:dzj] **I** (onov.ww.) **0.1** ***leegstromen*** ⇒*zich legen, zich uitstorten;*
II (ov.ww.) **0.1** ***uitbraken*** ⇒*uitspugen, uitstoten* **0.2** ***uitstorten*** ⇒*uitstromen.*
disgrace[1] [disgrees] (zn.) **0.1** ***schande*** ⇒*eerverlies, ongenade* ◆ **3.1** bring ~ on one's family *zijn familie schande aandoen;* I have fallen into ~ with him *ik ben bij hem uit de gunst geraakt* **6.1** be **in** ~ *uit de gratie zijn;* they are a ~ **to** our school *ze maken onze school te schande.*
disgrace[2] (ww.) **0.1** ***te schande maken*** ⇒*onteren, een slechte naam bezorgen* ◆ **3.1** be ~d *in ongenade vallen* **4.1** they ~d themselves by their behaviour *ze hebben zich te schande gemaakt door hun gedrag.*
disgraceful [disgreesfl] **0.1** ***schandelijk.***
disgruntled [disgruntld] **0.1** ***ontevreden*** ⇒*misnoegd, knorrig* ◆ **6.1** ~ **at** sth. / **with** s.o. *ontstemd over iets/iem.*
disguise[1] [disgajz] (zn.) **0.1** ***vermomming*** **0.2** ***voorwendsel*** ⇒*schijn, dekmantel* ◆ **3.1** make no ~ of one's feelings *van zijn hart geen moordkuil maken* **6.1** **in** ~ *vermomd/in het verborgene.*
disguise[2] (ww.) **0.1** ***vermommen*** **0.2** ***een valse voorstelling geven v.*** **0.3** ***verbergen*** ⇒*maskeren, verhullen* ◆ **1.3** there is no disguising the fact that *het is zonneklaar dat.*
disgust[1] [disgust] (zn.) **0.1** ***afschuw*** ⇒*afkeer, walging* ◆ **3.1** fill one with ~ *met afschuw vervullen* **6.1** ~ **at** sth. / **with** s.o. *walging voor iets/iem.;* leave **in** ~ *vol weerzin weggaan.*
disgust[2] (ww.) **0.1** ***doen walgen*** ⇒*afkeer opwekken* ◆ **6.1** she was suddenly ~ed **at/by/with** him *plotseling vond ze hem weerzinwekkend.*
disgusted [disgustid] **0.1** ***vol afkeer*** ⇒*walgend.*
disgusting [disgusting] **0.1** ***weerzinwekkend*** ⇒*walgelijk.*
dish[1] [disj] (zn.) **0.1** ***schaal*** ⇒*schotel* **0.2** ***gerecht*** ⇒*schotel* **0.3** ***schotelvormig voorwerp*** ⇒(ihb.) *schotelantenne* **0.4** (inf.) ***lekker stuk*** ⇒*lekkere meid* ◆ **3.¶** do the ~es *de afwas doen, afwassen.*
dish[2] (ww.) **0.1** (vnl. BE; inf.) ***ruïneren*** ⇒*naar de maan helpen, verknallen* ◆ **4.¶** ~ it out *straf uitdelen* **5.¶** (inf.) ~ **out** *uitdelen* (papieren, pakjes enz.); *rondgeven, rondstrooien* (advies). → **dish up.**
dishabille [dissəbie:l], **déshabillé** [deezæbie:ee] **0.1** ***deshabillé*** ⇒*half ontklede staat, het onaangekleed zijn.*
dish aerial **0.1** ***schotelantenne.***
disharmonious [disha:mooniəs] **0.1** ***onharmonisch*** ⇒*tegenstrijdig.*
disharmon|y [disha:mənie] (mv.: -ies) **0.1** ***disharmonie*** ⇒ *onenigheid, tweedracht.*
dishcloth **0.1** (vnl. BE) ***theedoek*** ⇒*droogdoek.*
dish drainer **0.1** ***afdruiprek.***
dishearten [disha:tn] (zn.: **-ment**) **0.1** ***ontmoedigen*** ⇒*terneerslaan, mismoedig maken.*
dishevelled, (AE sp.) **disheveled** [disjevld] **0.1** ***slonzig*** ⇒ *slordig, onverzorgd.*
dishful [disjfoel] **0.1** ***schaal vol*** ⇒*schaal.*
dishonest [dissonnist] **0.1** ***oneerlijk*** ⇒*bedrieglijk, vals.*
dishonest|y [dissonnistie] (mv.: -ies) **I** (telb.zn.) **0.1** ***leugen;***
II (n.-telb.zn.) **0.1** ***leugenachtigheid*** ⇒*oneerlijkheid.*
dishonour[1], (AE sp.) **dishonor** [dissonnə] (zn.) **0.1** ***schande***

⇒*eerverlies, smaad* **0.2** ⟨geldw.⟩ ***weigering v. wissel/ cheque*** ◆ **3.1** bring ~ on *schande brengen over.*
dishonour[2], ⟨AE sp.⟩ **dishonor** ⟨ww.⟩ **0.1** ***zonder eerbied bejegenen*** **0.2** ***schande brengen over*** **0.3** ⟨geldw.⟩ ***weigeren*** ⇒*niet honoreren* ⟨wissel, cheque⟩.
dishonourab|le, ⟨AE sp.⟩ **dishonorable** [dissonnərəbl] ⟨-ly⟩ **0.1** ***schandelijk*** ⇒*laag, eerloos.*
dish rack **0.1** ***afdruiprek.***
dishtowel **0.1** ***theedoek*** ⇒*droogdoek.*
dish up ⟨inf.⟩ **I** ⟨onov.ww.⟩ **0.1** ***het eten opdienen;***
II ⟨ov.ww.⟩ **0.1** ***opdienen*** ⇒*serveren;* ⟨fig.⟩ *presenteren, opdissen* ⟨feiten enz.⟩.
dishwasher **0.1** ***afwasser*** ⇒*bordenwasser* **0.2** ***afwasmachine*** ⇒*vaatwasmachine.*
dishwater **0.1** ***afwaswater*** ⇒⟨fig.⟩ *slootwater, bocht.*
dish|y [disjie] ⟨-ier⟩⟨BE; inf.⟩ **0.1** ***aantrekkelijk*** ⇒*appetijtelijk, sexy.*
disillusion[1] [dissilloe:zjn] ⟨zn.⟩ **0.1** ***ontgoocheling*** ⇒*desillusie.*
disillusion[2] ⟨ww.; zn.: **-ment**⟩ **0.1** ***ontgoochelen*** ⇒*desillusioneren, uit de droom helpen* ◆ **6.1** be ~ed **at/about/with** *teleurgesteld zijn over.*
disincentive [dissinsentiv] **0.1** ***belemmering*** ⇒*ontmoediging.*
disinclination [dissingklinneesjn] **0.1** ***tegenzin*** ⇒*onwil, afkeer* ◆ **3.1** feel a/some ~ to meet s.o. *geen (echte) zin hebben om iem. te ontmoeten.*
disinclined [dissingklajnd] **0.1** ***afkerig*** ◆ **3.1** they were ~ to believe him *ze waren niet geneigd hem te geloven* **6.1** she felt ~ **for** dancing *ze had geen zin om te dansen.*
disinfect [dissinfekt] **0.1** ***desinfecteren*** ⇒*ontsmetten.*
disinfectant [dissinfektənt] **0.1** ⟨zn.⟩ ***desinfecterend middel*** ⇒*ontsmettingsmiddel* **0.2** ⟨bn.⟩ ***desinfecterend*** ⇒ *ontsmettend.*
disinfection [dissinfeksjn] **0.1** ***het desinfecteren*** ⇒*desinfectering, ontsmetting.*
disinfest [dissinfest] ⟨zn.: **-ation**⟩ **0.1** ***van een plaag bevrijden*** ⟨huis, plaats⟩ ⇒*ongedierte bestrijden in/te.*
disinflation [dissinfleesjn] ⟨ec.⟩ **0.1** ***vermindering v. inflatie*** ⇒*desinflatie.*
disinform [dissinfo:m] ⟨pol.⟩ **0.1** ***opzettelijk verkeerde informatie verstrekken.***
disinformation [dissinfəmeesjn] **0.1** ***desinformatie*** ⇒*opzettelijk verkeerde informatie.*
disingenuous [dissindzjenjoeəs] ⟨-ness⟩ **0.1** ***onoprecht*** ⇒ *oneerlijk.*
disinherit [dissinherrit] **0.1** ***onterven.***
disinheritance [dissinherrittəns] **0.1** ***onterving.***
disintegr|ate [dissintigreet] ⟨zn.: **-ation**⟩ **I** ⟨onov.ww.⟩ **0.1** ***uiteenvallen*** ⇒*uit elkaar vallen, vergaan* **0.2** ⟨schei.⟩ ***afbreken;***
II ⟨ov.ww.⟩ **0.1** ***uiteen doen vallen*** ⇒*ineen doen storten, doen vergaan* **0.2** ⟨schei.⟩ ***laten afbreken.***
disinter [dissintə:] ⟨-red; vaak pass.; zn.: **-ment**⟩⟨schr.⟩ **0.1** ***opgraven*** ⇒*uit het graf nemen* **0.2** ***aan het licht brengen*** ⇒*onthullen.*
disinterest [dissintrist] **0.1** ***belangeloosheid*** ⇒*onbaatzuchtigheid* **0.2** ⟨inf.⟩ ***ongeïnteresseerdheid*** ⇒*onverschilligheid.*
disinterested [dissintristid] ⟨-ness⟩ **0.1** ***belangeloos*** ⇒*onbaatzuchtig* **0.2** ⟨inf.⟩ ***ongeïnteresseerd*** ⇒*onverschillig.*
disinvest [dissinvest] ⟨zn.: **-ment**⟩ **0.1** ⟨ec.⟩ ***desinvesteren*** ⇒ ⟨ihb.⟩ *investeringen terugtrekken* ⟨vnl. uit Zuid-Afrika⟩.
disjoint [disdzjojnt] **0.1** ***voorsnijden*** ⇒*trancheren* **0.2** ⟨med.⟩ ***ontwrichten*** ⇒*verschuiven, dislokeren.*
disjointed [disdzjojntid] ⟨-ness⟩ **0.1** ***onsamenhangend*** ⇒ *verward* ⟨v. verhaal, ideeën⟩.
disk →**disc.**
disk drive ⟨comp.⟩ **0.1** ***(magneet)schijfeenheid*** ⇒*diskdrive, diskette-eenheid.*
diskette [disket] ⟨comp.⟩ **0.1** ***diskette*** ⇒*floppy(disk).*
disk pack ⟨comp.⟩ **0.1** ***schijvenpakket.***
disk storage ⟨comp.⟩ **0.1** ***schijfgeheugen.***
dislike[1] [dislajk] ⟨zn.⟩ **0.1** ***afkeer*** ⇒*tegenzin* ◆ **1.1** likes and ~s *sympathieën en antipathieën* **6.1** a ~ **of/for** cats *een afkeer van katten;* take a ~ **to** *een hekel krijgen aan.*
dislike[2] [dislajk] ⟨ww.⟩ **0.1** ***niet houden van*** ⇒*een afkeer hebben van, een hekel hebben aan* ◆ **3.1** he ~s rising early *hij heeft een hekel aan vroeg opstaan.*
dislocate [disləkeet] **0.1** ***verplaatsen*** **0.2** ***onklaar maken*** ⇒ *ontregelen;* ⟨fig.⟩ *verstoren, in de war brengen* **0.3** ⟨med.⟩ ***ontwrichten*** ⇒*dislokeren.*
dislocation [disləkeesjn] **0.1** ***verstoring*** ⇒*ontregeling, verwarring* **0.2** ⟨med.⟩ ***dislokatie*** ⇒*ontwrichting.*
dislodge [dislodzj] ⟨zn.: **-ment**⟩ **0.1** ***verjagen*** ⇒*verdrijven, opdrijven* **0.2** ***loswrikken*** ⇒*loshalen* ◆ **1.1** ~ a gang from their hiding-place *een bende uit zijn schuilplaats verjagen* **1.2** ~ a nail from a floorboard *een spijker uit een vloerplank loswrikken.*
disloyal [disloijəl] **0.1** ***ontrouw*** ⇒*trouweloos, niet loyaal.*
disloyalt|y [disloijəltie] ⟨mv.: -ies⟩ **I** ⟨telb.zn.⟩ **0.1** ***trouweloze daad*** ⇒*verraad, ontrouw;*
II ⟨n.-telb.zn.⟩ **0.1** ***trouweloosheid*** ⇒*gebrek aan loyaliteit.*
dismal [dizml] **0.1** ***ellendig*** ⇒*troosteloos, somber* **0.2** ⟨inf.⟩ ***zwak*** ⇒*armzalig.*
dismantle [dismæntl] ⟨zn.: **-ment**⟩ **I** ⟨onov.ww.⟩ **0.1** ***uitneembaar zijn;***
II ⟨ov.ww.⟩ **0.1** ***ontmantelen*** ⇒*van de bedekking/omhulling ontdoen* **0.2** ***leeghalen*** ⇒*van meubilair/uitrusting ontdoen, onttakelen* **0.3** ***slopen*** ⇒*afbreken, uit elkaar halen.*
dismay[1] [dismee] ⟨zn.⟩ **0.1** ***wanhoop*** ⇒*verbijstering, ontzetting* ◆ **3.1** his letter filled us with ~ *zijn brief vervulde ons met ontzetting* **6.1** **in/with** ~ *vol ontzetting;* **to** our ~ *tot onze ontzetting.*
dismay[2] ⟨ww.⟩ **0.1** ***met wanhoop vervullen*** ⇒*verbijsteren, ontzetten* ◆ **6.1** be ~ed **at/by** the sight *de moed verliezen door de aanblik.*
dismember [dismembə] ⟨zn.: **-ment**⟩ **0.1** ***uiteenrijten*** ⇒*in stukken scheuren, de ledematen afrukken* **0.2** ***in stukken snijden*** ⇒*de ledematen afsnijden* **0.3** ***in stukken verdelen*** ⟨gebied, land⟩ ◆ **1.1** the body was ~ed by wolves *het lijk werd door wolven verscheurd.*
dismiss [dismis] **0.1** ***laten gaan*** ⇒*wegsturen* **0.2** ***ontslaan*** ⇒*opzeggen* **0.3** ***van zich afzetten*** ⇒*uit zijn gedachten zetten* **0.4** ***afdoen*** ⇒*zich (kort) afmaken van, verwerpen* **0.5** ⟨jur.⟩ ***afwijzen*** ⇒*niet-ontvankelijk verklaren* **0.6** ⟨cricket⟩ ***'uit' maken*** **0.7** ⟨mil.⟩ ***afdanken*** ⇒*laten inrukken* ◆ **1.4** they ~ed the suggestion *ze verwierpen het voorstel* **6.2** ~ s.o. **from** service *iem. ontslaan* **6.3** he tried to ~ her **from** his mind *hij probeerde haar uit zijn gedachten te zetten* **¶.7** dismiss! *ingerukt mars!*
dismissal [dismisl] **0.1** ***verlof/bevel om te gaan*** **0.2** ***ontslag*** **0.3** ***verdringing*** ⇒*het uit zijn gedachten zetten* **0.4** ***het terzijde schuiven*** ⇒*verwerping, het afdoen* **0.5** ⟨jur.⟩ ***verklaring v. onontvankelijkheid*** ⇒*afwijzing.*
dismissive [dismissiv] **0.1** ***minachtend*** ⇒*geringschattend, afwijzend* **0.2** ***afwijzend*** ◆ **6.1** be ~ **of** s.o./sth. *iem. neerbuigend behandelen, zich smalend/afwijzend uitlaten over iem./iets.*

dismount [dismaunt] I ⟨onov.ww.⟩ **0.1** ***afstijgen*** ⇒*afstappen* ◆ **6.1** ~ **from** one's bicycle *van zijn fiets afstappen;* II ⟨ov.ww.⟩ **0.1** ***doen vallen*** ⇒⟨ihb.⟩ *uit het zadel gooien* **0.2** ***van de standaard afnemen*** ⇒⟨ihb.⟩ *afleggen* ⟨een geweer⟩.

disobedience [dissəbie:diəns] **0.1** ***ongehoorzaamheid*** ⇒ *opstandigheid.*

disobedient [dissəbie:diənt] **0.1** ***ongehoorzaam*** ⇒*opstandig.*

disobey [dissəbee] **0.1** ***niet gehoorzamen*** ⇒*ongehoorzaam zijn; negeren* ⟨bevel⟩, *overtreden* ⟨regels⟩.

disoblige [dissəblajdzj] **0.1** ***tegenwerken*** ⇒*tegen de wensen ingaan van* **0.2** ***last bezorgen*** ⇒*het moeilijk maken.*

disobligingly [dissəblajdzjinglie] **0.1** ***onwelwillend*** ⇒*zonder tegemoetkoming.*

disorder[1] [disso:də] I ⟨telb. en n.-telb.zn.⟩ **0.1** ***oproer*** ⇒*opstootje, ordeverstoring* **0.2** ***stoornis*** ⇒*kwaal, ziekte, aandoening* ◆ **2.2** mental ~ *(geestelijke) gestoordheid;* II ⟨n.-telb.zn.⟩ **0.1** ***wanorde*** ⇒*verwarring, ordeloosheid.*

disorder[2] ⟨ww.⟩ **0.1** ***verstoren*** ⇒*ontregelen.*

disorderl|y [disso:dəlie] ⟨-iness⟩ **0.1** ***wanordelijk*** ⇒*slordig, ongeregeld* **0.2** ***oproerig*** ⇒*gewelddadig, wetteloos* **0.3** ***aanstootgevend*** ⇒*tegen de openbare orde* ◆ **1.3** ~ conduct *verstoring v.d. openbare orde.*

disorgan|ize, -ise [disso:gənajz] ⟨zn.: **-ization**⟩ **0.1** ***verstoren*** ⇒*in de war brengen, ontregelen.*

disorient|ate [disso:riənteet], ⟨vnl. AE⟩ **disorient** [disso:riənt] ⟨zn.: **-ation**⟩ **0.1** ***het gevoel voor richting ontnemen*** ⇒*desoriënteren, stuurloos maken* ⟨ook fig.⟩.

disown [dissoon] **0.1** ***verwerpen*** ⇒*afwijzen, ontkennen* **0.2** ***verstoten*** ⇒*niet meer willen kennen.*

disparage [dispæridzj] ⟨zn.: **-ment**⟩ **0.1** ***kleineren*** ⇒*geringschatten, verachtelijk spreken over* **0.2** ***in diskrediet brengen*** ⇒*verdacht maken, vernederen.*

disparaging [dispæridzjing] **0.1** ***geringschattend*** ⇒*minachtend, kleinerend.*

disparate [disprət] **0.1** ***ongelijksoortig*** ⇒*niet vergelijkbaar.*

disparit|y [dispærətie] ⟨mv.: -ies⟩ **0.1** ***ongelijkheid*** ⇒*ongelijksoortigheid, ongelijkwaardigheid* ◆ **6.1** (a) great ~ **of/in** age between them *een groot leeftijdsverschil tussen hen.*

dispassionate [dispæsjnət] ⟨-ness⟩ **0.1** ***emotieloos*** ⇒*kalm, zonder hartstocht* **0.2** ***onpartijdig*** ⇒*objectief.*

dispatch[1]**, despatch** [dispætsj] I ⟨telb.zn.⟩ **0.1** ***bericht*** ⇒*depêche, officieel rapport;* ⟨ihb.⟩ *verslag v. krijgsverrichtingen;* II ⟨n.-telb.zn.⟩ **0.1** ***het wegsturen*** **0.2** ***doeltreffendheid*** ⇒ *snelle afhandeling* ◆ **6.2** **with** great ~ *met grote doeltreffendheid.*

dispatch[2]**, despatch** ⟨ww.⟩ **0.1** ***(ver)zenden*** ⇒*(weg)sturen* **0.2** ***de genadeslag geven*** ⇒*doden, expediëren* **0.3** ***doeltreffend afhandelen*** **0.4** ***wegwerken*** ⟨eten e.d.⟩ ⇒*soldaat maken.*

dispatch box **0.1** ***aktedoos*** **0.2** ⟨vnl. BE⟩ ***spreekgestoelte in Brits Lagerhuis voor ministers en belangrijke leden v.d. oppositie.***

dispatch case →**dispatch box 0.1.**

dispatch rider ⟨mil.⟩ **0.1** ***koerier.***

dispel [dispel] ⟨-led⟩ **0.1** ***verjagen*** ⇒*verdrijven.*

dispensable [dispensəbl] **0.1** ***niet noodzakelijk*** ⇒*van weinig belang.*

dispensar|y [dispensrie] ⟨mv.: -ies⟩ **0.1** ***apotheek*** ⇒*huisapotheek* ⟨in school e.d.⟩ **0.2** ***consultatiebureau*** ⇒*medische hulppost.*

dispensation [dispenseesjn] **0.1** ***distributie*** ⇒*uitdeling, bedeling* **0.2** ⟨jur., r.-k.⟩ ***vrijstelling*** ⇒*ontheffing, dispensatie* **0.3** ***stelsel*** ⇒*heersend systeem* ◆ **6.2** ~ **with** *vrijstelling/ontheffing van.*

dispense [dispens] I ⟨onov.ww.⟩ **0.1** ***ontheffing geven*** ⇒ *vrijstelling/dispensatie verlenen;* II ⟨ov.ww.⟩ **0.1** ***uitreiken*** ⇒*distribueren, geven* **0.2** ***klaarmaken en leveren*** ⟨medicijnen⟩ ◆ **1.1** ~ justice *het recht toepassen, gerechtigheid doen geschieden* **1.2** ⟨BE⟩ dispensing chemist *apotheker.*

dispenser [dispensə] **0.1** ***apotheker*** **0.2** ***automaat*** ⇒*houder* ◆ **1.2** ~ for tissue-paper *tissueautomaat.*

dispense with **0.1** ***afzien van*** ⇒*het zonder stellen, niet nodig hebben* **0.2** ***overbodig maken*** ⇒*terzijde zetten.*

dispersal [dispə:sl] **0.1** ***verspreiding*** ⇒*verstrooiing, het uiteenjagen* **0.2** ***spreiding*** ⇒*verdeling, distributie.*

disperse [dispə:s] I ⟨onov.ww.⟩ **0.1** ***zich verspreiden*** ⇒*uiteengaan, uiteenstuiven;* II ⟨ov.ww.⟩ **0.1** ***uiteen drijven*** ⇒*verstrooien, verspreiden* **0.2** ***verspreiden*** ⇒*spreiden, uiteenplaatsen* **0.3** ***verspreiden*** ⇒*overal bekendmaken* **0.4** ***verjagen*** **0.5** ⟨nat.⟩ ***dispergeren*** ⇒*spreiden* **0.6** ⟨schei.⟩ ***dispergeren*** ⇒*colloïdaal verdelen.*

dispersion [dispə:sjn] **0.1** ***verspreiding*** ⇒*verstrooiing* **0.2** ⟨nat.⟩ ***dispersie*** **0.3** ⟨schei.⟩ ***colloïde*** ⇒*dispersie* ◆ **7.1** the Dispersion *de diaspora.*

dispirit [dispirrit] **0.1** ***ontmoedigen*** ⇒*mismoedig maken.*

dispirited [dispirrittid] **0.1** ***moedeloos*** ⇒*somber, mistroostig* ◆ **1.1** a ~ look *een sombere blik.*

displace [displees] **0.1** ***verplaatsen*** ⇒*verschuiven* **0.2** ***vervangen*** ⇒*verdringen* ◆ **1.1** ~d aggression *verschoven agressie* **6.2** he was ~d **by** a younger man *zijn plaats werd ingenomen door een jongere.*

displacement [displeesmənt] I ⟨telb.zn.⟩⟨scheep.⟩ **0.1** ***waterverplaatsing;*** II ⟨n.-telb.zn.⟩ **0.1** ***verplaatsing*** ⇒*verschuiving* **0.2** ***vervanging.***

displacement tonnage ⟨scheep.⟩ **0.1** ***netto tonnage.***

display[1] [displee] ⟨zn.⟩ **0.1** ***tentoonstelling*** ⇒*uitstalling, weergave* **0.2** ***vertoning*** ⇒*tentoonspreiding* **0.3** ***demonstratie*** ⇒*vertoon, druktemakerij* **0.4** ⟨comp., tech.⟩ ***beeldscherm*** ⇒*schermbeeld, display* **0.5** ***display*** ⇒*intimidatiegedrag* ⟨v. vogels⟩ **0.6** ⟨tech.⟩ ***aanwijs/afleesinstrument*** ◆ **3.3** don't make such a ~ of your knowledge *loop niet zo met je kennis te geuren* **6.1** **on** ~ *te bezichtigen.*

display[2] ⟨ww.⟩ **0.1** ***tonen*** ⇒*exposeren, uitstallen* **0.2** ***tentoonspreiden*** ⇒*tonen, aan de dag leggen* **0.3** ***te koop lopen met*** ⇒*demonstreren.*

display case **0.1** ***vitrine*** ⇒*etalage, uitstalkast.*

displease [displie:z] **0.1** ***ergeren*** ⇒*irriteren* ◆ **6.1** be ~d **at** sth. / **with** s.o. *boos zijn over iets/op iem.*

displeasing [displie:zing] **0.1** ***onaangenaam*** ⇒*onprettig.*

displeasure [displezjə] **0.1** ***afkeuring*** ⇒*ergernis* ◆ **3.1** incur s.o.'s ~ *zich iemands ongenoegen op de hals halen.*

disport [dispo:t] ⟨schr.⟩ I ⟨onov.ww.⟩ **0.1** ***zich vermaken*** ⇒ *spelen;* II ⟨ov.ww.; wk.ww.⟩ **0.1** ***vermaken*** ⇒*ontspannen* ◆ **4.1** ~ o.s. *zich vermaken.*

disposable [dispoozəbl] **0.1** ***beschikbaar*** ⇒*bruikbaar, ter beschikking* **0.2** ***wegwerp-*** ⇒*weggooi-, wegwerpbaar* ◆ **1.1** ~ income *besteedbaar inkomen* **1.2** ~ cups *wegwerpbekertjes.*

disposal [dispoozl] I ⟨telb.zn.⟩ **0.1** →**disposal unit;** II ⟨n.-telb.zn.⟩ **0.1** ***het wegdoen*** ⇒*verwijdering* **0.2** ***afdoening*** ⇒*afhandeling, regeling* **0.3** ***overdracht*** ⇒*verkoop,* *schenking* **0.4** ***beschikking*** **0.5** ***plaatsing*** ⇒*ordening, rangschikking* ◆ **6.4** I am entirely **at** your ~ *ik sta geheel tot uw beschikking.*

disposal unit **0.1** ***afvalvernietiger*** ⟨in gootsteen⟩.

dispose [dispooz] **I** ⟨onov.ww.⟩ **0.1** ***beschikken;***
II ⟨ov.ww.⟩ **0.1** ***plaatsen*** ⇒*ordenen, rangschikken, regelen* **0.2** ***brengen tot*** ⇒*bewegen* ◆ **1.1** ~ the troops *de troepen opstellen* **3.2** ~ s.o. to do sth. *iem. er toe brengen iets te doen.*

disposed [dispoozd] **0.1** ***geneigd*** ⇒*bereid, genegen* ◆ **6.1** a man ~ **to** violence *een man met een gewelddadige inslag;* they seemed favourably ~ **to(wards)** that idea *zij schenen tegenover dat idee welwillend te staan.*

dispose of **0.1** ***van de hand doen*** ⇒*verkopen, wegdoen* **0.2** ***afhandelen*** ⇒*uit de weg ruimen* ⟨vragen, problemen enz.⟩ ◆ **1.1** the widow had two other daughters to ~ *de weduwe had nog twee andere dochters die zij aan de man moest brengen.*

disposition [dispəzisjn] **0.1** ***plaatsing*** ⇒*rangschikking, ordening, opstelling* **0.2** ***beschikking*** ⇒*regeling, maatregel* **0.3** ***aard*** ⇒*karakter, neiging* ◆ **1.2** a ~ of Providence *een beschikking der Voorzienigheid* **2.3** she has / is of a happy ~ *zij heeft een opgewekt karakter.*

dispossess [dispəzes] **0.1** ***onteigenen*** ⇒*ontnemen* ◆ **6.1** ~ s.o. **of** sth. *iem. iets ontnemen.*

dispossessed [dispəzest] **0.1** ***beroofd*** ◆ **6.1** ~ **of** one's rights *van zijn rechten beroofd.*

dispossession [dispəzesjn] **0.1** ***het ontnemen*** ⇒*onteigening, beroving.*

disproof [disproe:f] **0.1** ***weerlegging*** ⇒*tegenbewijs.*

disproportion [disprəpo:sjn] **0.1** ***onevenredigheid*** ⇒*wanverhouding.*

disproportionate [disprəpo:sjnət] **0.1** ***onevenredig*** ⇒*niet naar verhouding* ◆ **6.1** the price was ~ **to** the value *de prijs stond niet in verhouding tot de waarde.*

disprove [disproe:v] **0.1** ***weerleggen*** ⇒*de onwaarheid/onjuistheid aantonen van.*

disputab|le [dispjoe:təbl] ⟨-ly⟩ **0.1** ***aanvechtbaar*** ⇒*betwistbaar, onzeker.*

disputant [dispjoe:tənt] ⟨schr.⟩ **0.1** ***disputant*** ⇒*redetwister* ◆ **7.1** ⟨vnl. jur.⟩ the ~s *de twistende partijen.*

disputation [dispjoeteesjn] **0.1** ***dispuut*** ⇒*twistgesprek, discussie* **0.2** ***het disputeren.***

disputatious [dispjoeteesjəs] **0.1** ***twistziek*** ⇒*ruzieachtig.*

dispute¹ [dispjoe:t, dispjoe:t] ⟨zn.⟩ **0.1** ***twistgesprek*** ⇒*discussie, woordenstrijd* **0.2** ***geschil*** ⇒*twist* ◆ **6.1** be **in** ~ *ter discussie staan;* the matter **in** ~ *de zaak in kwestie* **6.2** **beyond / past / without** ~ *buiten kijf.*

dispute² [dispjoe:t] **I** ⟨onov.ww.⟩ **0.1** ***redetwisten*** ⇒*discussiëren, argumenteren* **0.2** ***(rede)twisten*** ⇒*het oneens zijn* ◆ **6.1** they are always disputing **about** politics *zij zitten altijd over politiek te bekvechten;*
II ⟨ov.ww.⟩ **0.1** ***heftig bespreken*** ⇒*heftig discussiëren over* **0.2** ***aanvechten*** ⇒*in twijfel trekken* **0.3** ***betwisten*** ⇒*strijd voeren over* **0.4** ***weerstand bieden aan.***

disqualification [diskwolliffikkeesjn] **0.1** ***belemmering*** ⇒*beletsel* **0.2** ***diskwalificatie*** ⇒*uitsluiting, onbevoegdverklaring.*

disqualif|y [diskwolliffaj] ⟨-ied⟩ **0.1** ***ongeschikt maken*** **0.2** ***onbevoegd verklaren*** **0.3** ***diskwalificeren*** ⇒*uitsluiten* ◆ **6.1** his age disqualifies him **for** that job *door zijn leeftijd komt hij niet in aanmerking voor die baan* **6.3** ~ a player **from** a game *een speler van een wedstrijd uitsluiten.*

disquiet¹ [diskwajjət] ⟨zn.⟩ **0.1** ***onrust*** **0.2** ***ongerustheid*** ⇒*bezorgdheid.*

disquiet² ⟨ww.⟩ **0.1** ***ongerust maken.***

disquietude [diskwajjətjoe:d] ⟨schr.⟩ **0.1** ***onrust*** **0.2** ***ongerustheid.***

disquisition [diskwizzisjn] **0.1** ***uiteenzetting*** ⇒*verhandeling.*

disregard¹ [disriga:d] ⟨zn.⟩ **0.1** ***veronachtzaming*** ⇒*onverschilligheid, het negeren* **0.2** ***gebrek aan achting*** ⇒*geringschatting* ◆ **6.1** ~ **for / of** regulations *het niet in acht nemen v.d. voorschriften* **6.2** his ~ **for / of** his parents *zijn gebrek aan achting voor zijn ouders.*

disregard² ⟨ww.⟩ **0.1** ***geen acht slaan op*** ⇒*negeren, veronachtzamen* **0.2** ***geringschatten*** ◆ **1.1** ~ a warning *een waarschuwing in de wind slaan.*

disrelish¹ [disrellisj] ⟨zn.⟩⟨schr.⟩ **0.1** ***afkeer*** ⇒*tegenzin.*

disrelish² ⟨ww.⟩⟨schr.⟩ **0.1** ***een afkeer hebben van*** ⇒*niet houden van.*

disrepair [disrippeə] **0.1** ***verval*** ⇒*bouwvalligheid* ◆ **6.1** the house had fallen **into** ~ / was **in** ~ *het huis was vervallen/bouwvallig.*

disreputab|le [disrepjoetəbl] ⟨-ly⟩ **0.1** ***berucht*** ⇒*een slechte naam/reputatie hebbend* **0.2** ***schandelijk*** ⇒*onfatsoenlijk* ◆ **1.1** a ~ character *een onguur/louche type.*

disrepute [disripjoe:t] **0.1** ***slechte naam*** ⇒*diskrediet* ◆ **6.1** bring **into** ~ *in diskrediet brengen;* fall **into** ~ *in een slechte reuk komen te staan.*

disrespect [disrispekt] **0.1** ***oneerbiedigheid*** ⇒*gebrek aan respect, onbeleefdheid.*

disrespectful [disrispektfl] **0.1** ***oneerbiedig*** ⇒*onbeleefd.*

disrobe [disroob] ⟨schr.⟩ **I** ⟨onov.ww.⟩ **0.1** ***zijn (ambts)gewaad afleggen*** ⇒*zich ontkleden;*
II ⟨ov.ww.⟩ **0.1** ***van zijn gewaad ontdoen*** ⇒*ontkleden;* ⟨fig.⟩ *beroven.*

disrupt [disrupt] **0.1** ***uiteenrukken*** ⇒*uiteen doen vallen, verscheuren* **0.2** ***ontwrichten*** ⇒*verstoren* ◆ **1.1** ~ the silence *de stilte verscheuren* **1.2** communications were ~ed *de verbindingen waren verbroken.*

disruption [disrupsjn] **0.1** ***het uiteenrukken*** ⇒*het uiteenvallen, scheuring* **0.2** ***ontwrichting*** ⇒*verstoring.*

disruptive [disruptiv] **0.1** ***uiteenrukkend*** ⇒*vernietigend* **0.2** ***ontwrichtend*** ⇒*verstorend.*

diss [dis] ⟨AE; sl.⟩ **0.1** ***dissen*** ⇒*afzeiken, afkammen, beledigen.*

dissatisfaction [disætisfæksjn] **0.1** ***ontevredenheid.***

dissatisf|y [disætisfaj] ⟨-ied; vnl. pass.⟩ **0.1** ***niet tevreden stellen*** ◆ **6.1** dissatisfied **with** *ontevreden over/met.*

dissect [dissekt, daj-] **0.1** ***in stukken snijden*** ⇒*verdelen* **0.2** ⟨biol. of fig.⟩ ***ontleden*** ⇒*grondig analyseren.*

dissection [disseksjn, daj-] **I** ⟨telb.zn.⟩ **0.1** ***ontleed(deel v.) dier of plant;***
II ⟨telb. en n.-telb.zn.⟩ **0.1** ⟨biol. of fig.⟩ ***ontleding*** ⇒*analyse.*

dissemble [dissembl] **I** ⟨onov.ww.⟩ **0.1** ***huichelen*** ⇒*veinzen;*
II ⟨ov.ww.⟩ **0.1** ***veinzen*** ⇒*voorwenden* **0.2** ***verhullen.***

dissembler [dissemblə] **0.1** ***veinzer*** ⇒*huichelaar.*

dissemin|ate [dissemminneet] ⟨zn.: **-ation**⟩ **0.1** ***uitzaaien*** ⇒*verspreiden* ◆ **1.1** ~ knowledge / a disease *kennis/een ziekte verspreiden.*

dissension [dissensjn] **I** ⟨telb.zn.⟩ **0.1** ***meningsverschil;***
II ⟨n.-telb.zn.⟩ **0.1** ***tweedracht*** ⇒*verdeeldheid, onenigheid* ◆ **1.1** the seeds of ~ *het zaad der tweedracht.*

dissent¹ [dissent] **I** ⟨telb.zn.⟩⟨AE; jur.⟩ **0.1** ***afwijkende mening*** ⟨van een v.d. rechters in een rechtszaak⟩;
II ⟨n.-telb.zn.⟩ **0.1** ***verschil van mening*** ⇒*gebrek aan overeenstemming* **0.2** ⟨vaak D-⟩ ***weigering de doctrine v.d. staatskerk te aanvaarden.***

dissent[2] ⟨ww.⟩⟨schr.⟩ **0.1** ***weigeren in te stemmen*** **0.2** ***het oneens zijn*** ⇒*van mening verschillen* **0.3** ***niet instemmen met de doctrine van de staatskerk*** ◆ **6.**¶ ~ **from** the generally accepted doctrine *afwijken van de algemeen gangbare leer(stelling).*

dissenter [dissentə] **0.1** ***dissenter*** ⇒*andersdenkende;* ⟨vaak D-; rel.⟩ *niet tot de staatskerk behorende protestant.*

dissertation [dissəteesjn] **0.1** ***verhandeling*** ⇒*dissertatie, proefschrift* **0.2** ***scriptie.***

disservice [dissə:vis] **0.1** ***slechte dienst*** ⇒*schade, nadeel* ◆ **3.1** do s.o. a ~ *iem. een slechte dienst bewijzen/schade berokkenen* **6.1** be of great ~ **to** sth. *erg schadelijk voor iets zijn.*

dissever [dissevvə] ⟨schr.⟩ **0.1** ***scheiden*** **0.2** ***in stukken delen.***

dissidence [dissid(ə)ns] **0.1** ***onenigheid*** ⇒*meningsverschil, afvalligheid.*

dissident [dissid(ə)nt] **0.1** ⟨bn.⟩ ***dissident*** ⇒*andersdenkend* **0.2** ⟨zn.⟩ ***dissident*** ⇒*andersdenkende.*

dissimilar [dissimmillə] **0.1** ***ongelijk*** ⇒*verschillend, anders* ◆ **6.1** this case is ~ **from/to** the previous one *dit geval lijkt niet op het vorige;* ~ **in** character *verschillend van aard.*

dissimilarit|y [dissimmilærətie] ⟨mv.: -ies⟩ **I** ⟨telb.zn.⟩ **0.1** ***verschil(punt);***

II ⟨n.-telb.zn.⟩ **0.1** ***ongelijkheid*** ⇒*verschil.*

dissimilitude [dissimmillitjoe:d] ⟨schr.⟩ **0.1** ***ongelijkheid*** ⇒*verschil.*

dissimul|ate [dissimjoeleet] ⟨zn.: **-ation**⟩⟨schr.⟩ **0.1** ***veinzen*** ⇒*huichelen, verbergen* ◆ **1.1** he ~d his real intentions *hij hield zijn ware bedoelingen verborgen.*

dissipate [dissippeet] **I** ⟨onov.ww.⟩ **0.1** ***zich verspreiden*** ⇒*verdwijnen* ◆ **1.1** the mob rapidly ~d *de menigte ging snel uiteen;*

II ⟨ov.ww.⟩ **0.1** ***verdrijven*** ⇒*verjagen, doen verdwijnen* **0.2** ***verspillen*** ⟨geld, krachten enz.⟩ ⇒*verkwisten* ◆ **1.1** the sun ~d the fog *de zon deed de mist optrekken* **1.2** ~ one's energy *zijn krachten verspillen.*

dissipated [dissippeetid] **0.1** ***liederlijk*** ⇒*losbandig, losgeslagen.*

dissipation [dissippeesjn] **0.1** ***het verspreiden*** ⇒*het verdrijven* **0.2** ***het verspreid zijn*** **0.3** ***verspilling*** ⇒*verkwisting* **0.4** ***frivool vermaak*** ⇒*losbandigheid* ◆ **1.3** ~ of energy *energieverspilling.*

dissociate [dissoosjie·eet, -sie·eet], **disassociate** [dissə-] **0.1** ***scheiden*** ⇒*afscheiden* **0.2** ⟨schei.⟩ ***ontbinden*** ◆ **6.1** his actions cannot be ~d **from** his political views *men kan zijn optreden niet los zien van zijn politieke overtuiging* **6.2** ~ o.s. **from** *zich distantiëren van.*

dissociation [dissoosie·eesjn], **disassociation** [dissə-] **0.1** ***scheiding*** **0.2** ⟨schei.⟩ ***ontbinding*** ⇒*dissociatie.*

dissolub|le [dissoljoebl] ⟨zn.: **-ility**⟩ **0.1** ***oplosbaar*** ⇒*ontbindbaar.*

dissolute [dissəloe:t] ⟨-ness⟩ **0.1** ***losbandig*** ⇒*liederlijk* **0.2** ***verdorven*** ⇒*zedeloos.*

dissolution [dissəloe:sjn] **0.1** ***ontbinding*** ⇒*desintegratie, het uiteenvallen* **0.2** ***ontbinding*** ⇒*opheffing* **0.3** ***einde*** ⇒*verval* ◆ **1.2** the ~ of Parliament *de ontbinding v.h. parlement.*

dissolve [dizzolv] **I** ⟨onov.ww.⟩ **0.1** ***oplossen*** ⇒*smelten* **0.2** ***verdwijnen*** **0.3** ***uiteengaan*** ◆ **6.1** ⟨fig.⟩ ~ **in(to)** tears *in tranen wegsmelten* **6.2** the castle ~d **in** the fog *het kasteel loste op in de mist;*

II ⟨ov.ww.⟩ **0.1** ***oplossen*** **0.2** ***doen verdwijnen*** **0.3** ***ontbinden*** ⟨v.h. parlement⟩ ⇒*opheffen* ◆ **6.1** ~ a solid **in** water *een vaste stof in water oplossen.*

dissonance [dissənəns] **I** ⟨telb.zn.⟩ **0.1** ***dissonant*** ⇒*wanklank;*

II ⟨n.-telb.zn.⟩ **0.1** ***dissonantie*** ⇒*onwelluidendheid* **0.2** ***verschil*** ⇒*onenigheid.*

dissonant [dissənənt] **0.1** ***onwelluidend*** ⇒*dissonant* **0.2** ***afwijkend*** ⇒*strijdig.*

dissuade [disweed] **0.1** ***ontraden*** ⇒*afraden* ◆ **6.1** he tried to ~ her **from** moving to London *hij trachtte haar te weerhouden naar Londen te verhuizen.*

dissuasion [disweezjn] **0.1** ***ontrading*** ⇒*(het) afraden, (poging tot) weerhouding.*

distaff [dista:f] **0.1** ***spinrok(ken).***

distaff side **0.1** ***vrouwelijke linie.***

distance [distəns] **I** ⟨telb.zn.⟩ **0.1** ⟨vnl. mv.⟩ ***verte*** ⇒*uitgestrektheid, ruimte;*

II ⟨telb. en n.-telb.zn.⟩ **0.1** ***afstand*** ⇒*tussenruimte, eind(je);* ⟨fig.⟩ *afstand(elijkheid), terughoudendheid* **0.2** ***(tijds)afstand*** ⇒*tijdsverloop, tijdruimte* ◆ **3.1** within hailing ~ *binnen gehoorsafstand;* keep one's ~ *afstand bewaren;* keep s.o. at a ~ *iem. op (een) afstand houden;* within walking ~ *op loopafstand* **3.**¶ ⟨oorspr. boksen⟩ go/last/stay the ~ *tot het einde volhouden* **6.1** she lived **at** quite a ~ from her work *ze woonde vrij ver van haar werk;* **in** the ~ *in de verte* **7.1** it's no ~ at all *het is vlakbij.* →**middle.**

distant [distənt] **I** ⟨bn.⟩ **0.1** ***ver*** ⇒*afgelegen, verwijderd* **0.2** ***afstandelijk*** ⇒*gereserveerd, terughoudend* ◆ **1.1** in the ~ future *in de verre toekomst;* the ~ sound of thunder *het in de verte rommelend onweer;*

II ⟨bn., attr.⟩ **0.1** ***ver*** ⇒*over een grote afstand* **0.2** ***ver*** ⇒*niet nauw verwant* ◆ **1.1** a ~ journey *een verre reis;* a ~ look *een starende/verre blik* **1.2** ~ relations *verre bloedverwanten.*

distaste [disteest] **0.1** ⟨+for⟩ ***afkeer (van)*** ⇒*aversie (tegen), weerzin.*

distasteful [distees(t)fl] ⟨-ness⟩ **0.1** ***onaangenaam*** ⇒*akelig* ◆ **6.1** such a way of life is ~ **to** me *zo'n manier van leven staat mij (vreselijk) tegen.*

distemper[1] [distempə] ⟨zn.⟩ **0.1** ***hondenziekte*** **0.2** ***tempera*** **0.3** ***het schilderen met tempera*** **0.4** ⟨BE⟩ ***muurverf.***

distemper[2] ⟨ww.⟩ **0.1** ***met tempera schilderen*** **0.2** ⟨BE⟩ ***sausen*** ⇒*kalken.*

distend [distend] **0.1** ***(doen) (op)zwellen*** ⇒*(doen) uitzetten.*

distension [distensjn] **0.1** ***zwelling*** ⇒*uitzetting.*

distil, ⟨AE sp.⟩ **distill** [distil] ⟨BE -led⟩ **I** ⟨onov.ww.⟩ **0.1** ***afdruppelen*** ⇒*(neer)druppelen* **0.2** ***sijpelen*** **0.3** ***gedistilleerd worden;***

II ⟨ov.ww.⟩ **0.1** ***druppelsgewijs afstaan*** ⇒*in kleine hoeveelheden afgeven* **0.2** ***distilleren*** ⇒*door verdamping en condensatie zuiveren of scheiden* **0.3** ***afleiden*** **0.4** ***via distillatie vervaardigen*** ⇒*branden, stoken* ◆ **1.1** firs ~ resin *dennenbomen geven hars af* **1.2** ~ water *water distilleren* **5.2** ~ **off/out** *afdistilleren, uitdistilleren.*

distillation [distilleesjn] **0.1** ***distillaat*** ⇒*product v. distillatie* **0.2** ***distillatie*** ⇒*het distilleren.*

distiller [distillə] **0.1** ***distilleerder*** ⇒*distillateur* **0.2** ***distilleertoestel.***

distiller|y [distillərie] ⟨mv.: -ies⟩ **0.1** ***distilleerderij*** ⇒*stokerij.*

distinct [distingkt] **0.1** ***onderscheiden*** ⇒*verschillend, apart* **0.2** ***duidelijk*** ⇒*goed waarneembaar* **0.3** ***onmiskenbaar*** ⇒*beslist* ◆ **1.1** four ~ meanings *vier afzonderlijke betekenissen* **1.2** a ~ smell of cigar smoke *een duidelijke geur v. sigarenrook* **1.3** a ~ possibility *een stellige mogelijkheid* **3.3** I ~ly heard him say it *ik heb het hem duidelijk horen zeggen* **6.1** be ~ **from** each other *van elkaar verschillen.*

distinction [distingksjn] **0.1** ***onderscheiding*** ⇒*ereteken* **0.2** ***onderscheid(ing)*** ⇒*verschil* **0.3** ***uitmuntendheid*** ⇒*aanzien, gedistingeerdheid* ◆ **6.2** draw a sharp ~ **between** *een scherp onderscheid maken tussen* **6.3** a writer **of** ~ *een vooraanstaand schrijver.*

distinctive [distingktiv] ⟨-ness⟩ **0.1** ***onderscheidend*** ⇒*kenmerkend, distinctief* ◆ **1.1** a ~ flavour *een aparte smaak;* a ~ sign *een onderscheidingsteken.*

distinctive-looking 0.1 ***opvallend uitziend.***

distinguish [distinggwisj] **I** ⟨onov.ww.⟩ ◆ **6.¶** ~ **between** *onderscheid maken tussen, uit elkaar houden;*
II ⟨ov.ww.⟩ **0.1** ***indelen*** ⇒*rangschikken* **0.2** ***onderscheiden*** ⇒*onderkennen* **0.3** ***zien*** ⇒*onderscheiden* **0.4** ***kenmerken*** ⇒*karakteriseren* **0.5** ⟨wk.⟩ ***zich onderscheiden*** ◆ **1.2** ~ cause and effect *oorzaak en gevolg onderscheiden* **1.3** I could ~ the tower in the distance *in de verte kon ik de toren onderscheiden* **6.2** ~ A **from** B *A van B onderscheiden* **6.4** these birds are ~ed **by** their brilliant colours *deze vogels onderscheiden zich door hun felle kleuren.*

distinguishab|le [distinggwisjəbl] ⟨-ly⟩ **0.1** ***duidelijk waarneembaar*** ⇒*goed te onderscheiden* **0.2** ***te onderscheiden*** ⇒*verschillend* ◆ **6.2** she is easily ~ **from** her twin sister *zij is makkelijk van haar tweelingzuster te onderscheiden.*

distinguished [distinggwisjt] **0.1** ***eminent*** ⇒*voornaam, aanzienlijk* **0.2** ***beroemd*** ⇒*befaamd* **0.3** ***gedistingeerd*** ◆ **1.1** a ~ statesman *een eminent staatsman.*

distort [disto:t] **0.1** ***vervormen*** ⇒*verwringen* **0.2** ***verdraaien*** ⇒*vertekenen* ◆ **1.1** ~ed features *verwrongen gelaatstrekken.*

distortion [disto:sjn] **0.1** ***vervorming*** ⇒*vertekening, verdraaiing;* ⟨elektronica ook⟩ *distorsie.*

distract [distrækt] **0.1** ***afleiden*** **0.2** ***verwarren*** ⇒*verbijsteren* ◆ **1.1** she ~ed his attention *zij leidde zijn aandacht af* **1.2** the difficult questions ~ed him *hij werd in verwarring gebracht door de moeilijke vragen* **6.1** ~ **from** *afleiden van.*

distraction [distræksjn] **I** ⟨telb. en n.-telb.zn.; vnl. mv.⟩ **0.1** ***vermakelijkheid*** ⇒*ontspanning, vermaak* ◆ **7.1** there are enough ~s *er valt genoeg te beleven;*
II ⟨n.-telb.zn.⟩ **0.1** ***afleiding*** **0.2** ***ontspanning*** ⇒*vermaak* **0.3** ***gebrek aan aandacht/concentratie*** **0.4** ***verwarring*** ⇒*gekheid* ◆ **6.4** she loved him **to** ~ *ze was stapelgek op hem;* the children are driving me **to** ~ *de kinderen maken mij hoorndol.*

distrain [distreen] ⟨jur.⟩ **0.1** ***beslag leggen*** ⟨wegens schulden⟩ ◆ **6.1** ~ **upon** s.o./s.o.'s goods for non-payment of rent *beslag leggen op iemands goederen wegens huurschuld.*

distraught [distro:t] **0.1** ***verontrust*** ⇒*bevreesd, radeloos* ◆ **6.1** ~ **with** grief *radeloos van verdriet.*

distress[1] [distres] **I** ⟨telb. en n.-telb.zn.⟩ **0.1** ***leed*** ⇒*verdriet, zorg;*
II ⟨n.-telb.zn.⟩ **0.1** ***nood*** ⇒*armoede, tegenspoed* **0.2** ***gevaar*** ⇒*nood* ◆ **3.1** relieve ~ *de nood verlichten* **6.2** a ship **in** ~ *een schip in nood;* utter a cry **of** ~ *een noodkreet slaken.*

distress[2] ⟨ww.⟩ **0.1** ***leed berokkenen*** ⇒*pijn/verdriet doen* **0.2** ***verontrusten*** ⇒*beangstigen* ◆ **4.2** the sight of all those poor people ~ed me *bij het zien van al die arme mensen raakte ik van streek.*

distressed [distrest] **0.1** ***(diep) bedroefd*** **0.2** ***bevreesd*** ⇒*bang* **0.3** ***overstuur*** ⇒*van streek* **0.4** ***noodlijdend*** ⇒*behoeftig, in nood verkerend* ◆ **1.4** the ~ population *de noodlijdende bevolking.*

distressful [distresfl] **0.1** ***pijn/verdriet veroorzakend*** ⇒*rampspoedig* **0.2** ***verontrustend.***

distressing [distressing] **0.1** ***pijn/verdriet veroorzakend*** **0.2** ***verontrustend.***

distress signal 0.1 ***noodsein*** ⇒*noodsignaal.*

distribute [distribjoe:t] **0.1** ***distribueren*** ⇒*verdelen* ◆ **5.1** the rainfall is evenly ~d throughout the year *de regenval is gelijkmatig over het jaar verdeeld* **6.1** ~ **among/to** *uit/ronddelen aan;* ~ **over** *verspreiden over;* ~ leaflets **to** the onlookers *pamfletten verspreiden onder de omstanders.*

distribution [distribjoe:sjn] **0.1** ***verdeling*** ⇒*(ver)spreiding, distributie* ⟨ook ec.; overdracht v. goederen van producent naar consument⟩ **0.2** ⟨statistiek⟩ ***verdeling*** ◆ **2.1** a more equal ~ of the national income *een gelijkmatiger verdeling v.h. nationale inkomen;* the geographical ~ of an animal *de geografische spreiding v.e. diersoort.*

distribution box ⟨elek.⟩ **0.1** ***verdeelkast.***

distributive [distribjoetiv] **0.1** ***distributief*** ⇒*verdelend.*

distributor [distribjoetə] **0.1** ***verdeler*** ⇒*verspreider* **0.2** ***groothandelaar*** ⇒*grossier* **0.3** ***stroomverdeler*** ⟨v. auto⟩.

district [distrikt] **0.1** ***district*** ⇒*regio* **0.2** ***streek*** ⇒*gebied* **0.3** ***wijk*** ⇒*buurt* ◆ **2.2** urban and rural ~s *stedelijke en plattelandsgemeenten.*

district attorney ⟨AE⟩ **0.1** ***officier van justitie*** ⟨bij een arrondissementsrechtbank⟩.

district court ⟨AE⟩ **0.1** ***arrondissementsrechtbank.***

district nurse ⟨BE⟩ **0.1** ***wijkverpleegster*** ⇒*wijkzuster.*

distrust[1] [distrust] ⟨zn.⟩ **0.1** ***wantrouwen*** ⇒*argwaan, achterdocht* ◆ **6.1** have a profound ~ **of** *diep wantrouwen koesteren jegens.*

distrust[2] ⟨ww.⟩ **0.1** ***wantrouwen*** ⇒*geen vertrouwen stellen in.*

distrustful [distrustfl] ⟨-ness⟩ **0.1** ***wantrouwend*** ⇒*argwanend* ◆ **6.1** we were ~ **of** his offer *wij stonden wantrouwend tegenover zijn aanbod.*

disturb [distə:b] **0.1** ***in beroering brengen*** ⟨ook fig.⟩ ⇒*verontrusten* **0.2** ***storen*** **0.3** ***verstoren*** **0.4** ***van zijn plaats halen*** ◆ **1.1** the breeze ~ed the leaves *de wind bracht de bladeren in beweging;* ~ing facts *verontrustende feiten* **1.3** ~ the peace *de openbare orde verstoren* **4.4** nothing in the room had been ~ed *niets was in de kamer van zijn plaats gehaald* **5.2** be mentally ~ed *geestelijk gestoord zijn;* please do not ~! *a.u.b. niet storen!*

disturbance [distə:bəns] **0.1** ***opschudding*** ⇒*beroering, relletje* **0.2** ***stoornis*** ⇒*verstoring* **0.3** ***storing*** ◆ **1.2** a ~ of the peace *een ordeverstoring* **3.1** the price increase gave rise to ~s all over the country *de prijsverhoging gaf in het hele land aanleiding tot relletjes* **7.1** his arrival caused quite a ~ *zijn komst veroorzaakte heel wat opschudding.*

disturbed [distə:bd] **0.1** ***gestoord*** ◆ **1.1** a ~ mind *een gestoorde geest.*

disunion [disjoe:niən] **0.1** ***scheiding*** ⇒*het gescheiden zijn* **0.2** ***verdeeldheid*** ⇒*onenigheid* ◆ **6.1** the ~ **among** the members of the party *de verdeeldheid binnen de partij.*

disunite [disjoe:najt] **0.1** ***(zich) scheiden*** ⇒*verdelen.*

disunity [disjoe:nətie] **0.1** ***verdeeldheid*** ⇒*onenigheid.*

disuse [disjoe:s] **0.1** ***onbruik*** ◆ **3.1** fall into ~ *in onbruik (ge)raken.*

disused [disjoe:zd] **0.1** ***niet meer gebruikt*** ⇒*buiten gebruik.*

disyllabic [dissilæbik] **0.1** ***tweelettergrepig.***

disyllable [dissiləbl] **0.1** ***tweelettergrepig woord.***

ditch[1] [ditsj] ⟨zn.⟩ **0.1** ***sloot*** ⇒*greppel.*

ditch[2] ⟨ww.⟩⟨sl.⟩ **0.1** ***afdanken*** ⇒*terzijde schuiven, in de steek laten* **0.2** ***een noodlanding op het water laten maken*** ◆ **1.1** he ~ed his old bike *hij dankte zijn oude fiets af;*

when did she ~ Brian? *wanneer heeft zij Brian de bons gegeven?* **1.2** the pilot tried to ~ his plane *de piloot trachtte een noodlanding op het water te maken.*

ditchwater **0.1** ***slootwater*** ⇒*vuil, stilstaand water.* →**dull.**

dither[1] [diðə] ⟨zn.⟩⟨inf.⟩ **0.1** ***zenuwachtigheid*** ⇒*nerveuze opwinding* **0.2** ***aarzeling*** ◆ **3.¶** ⟨BE; inf.⟩ my aunt has got the ~s about the flight *mijn tante heeft het op haar zenuwen over de vliegreis* **6.1** be **in** a ~ *van streek zijn, niet weten wat te doen;* all **of** a ~ *zenuwachtig, opgewonden.*

dither[2] ⟨ww.⟩ **0.1** ***aarzelen*** **0.2** ***zenuwachtig zijn/doen.***

ditto [dittoo] ⟨mv.: ook -es⟩ **0.1** ***dito*** ⟨ook inf.⟩ ⇒*idem, hetzelfde* **0.2** ***duplicaat.***

ditt|y [dittie] ⟨mv.: -ies⟩ **0.1** ***liedje*** ⇒*deuntje.*

diurnal [dajjə:nl] ⟨schr.⟩ **0.1** ***van de dag*** ⇒*overdag, gedurende de dag* **0.2** ***dagelijks*** ◆ **1.1** ~ and nocturnal animals *dag- en nachtdieren.*

div. ⟨afk.⟩ **0.1** [divided] **0.2** [dividend] **0.3** [divine] **0.4** [division].

divag|ate [dajvəgeet] ⟨zn.: **-ation**⟩⟨schr.⟩ **0.1** ***afdwalen*** ⇒ *uitweiden, divageren* ◆ **6.1** the lecturer ~d **from** his subject *de spreker dwaalde van zijn onderwerp af.*

divan [divæn] **0.1** ***divan*** ⇒*sofa.*

divan bed **0.1** ***divanbed*** ⇒*bedbank.*

dive[1] [dajv] ⟨zn.⟩ **0.1** ***duik*** ⇒*het duiken, duikvlucht* **0.2** ***plotselinge snelle beweging*** ⇒*greep, duik* **0.3** ⟨inf.⟩ ***kroeg*** ⇒ *tent* **0.4** ⟨boksen⟩ ***verkochte knock-out*** ◆ **2.1** the plane went into a steep ~ *het vliegtuig dook steil naar beneden* **3.2** he made a ~ for the ball *hij dook naar de bal* **3.4** take a ~ *de boksmatch 'verkopen'.*

dive[2] ⟨ww.; vnl. AE verl. t. ook dove [doov]⟩ **0.1** ***duiken*** ⟨ook fig.⟩ ⇒*onderduiken, een duikvlucht maken* **0.2** ***wegduiken*** **0.3** ***tasten*** ⇒*de hand steken (in)* ◆ **5.1** I am usually the first to ~ **in** *ik duik meestal als eerste het water in* **5.¶** ~ **in** *aanvallen, toetasten* ⟨op eten⟩ **6.1** ~ **for** pearls *naar parels duiken;* ~ **into** one's studies *zich werpen/storten op zijn studie* **6.3** she ~d **into** her purse *zij stak haar hand diep in haar tasje.*

dive-bomb **0.1** ***bommen afwerpen op*** ⟨tijdens een duikvlucht⟩.

dive bomber **0.1** ***duikbommenwerper.***

diver [dajvə] **0.1** ***duiker.***

diverge [dajvə:dzj] **0.1** ***uiteenlopen*** ⇒*uiteenwijken* **0.2** ***afwijken*** ⇒*verschillen* **0.3** ***afdwalen*** ◆ **1.1** then our paths ~d *daarna liepen onze wegen uiteen* **6.2** his account ~s **from** the official version *zijn verslag wijkt af v.d. officiële versie* **6.3** ~ **from** one's subject *van zijn onderwerp afdwalen.*

diverg|ent [dajvə:dzjənt] ⟨zn.: **-ence**⟩ **0.1** ***uiteenlopend*** ⇒ *uiteenwijkend* **0.2** ***afwijkend*** ⇒*verschillend* ◆ **1.2** a ~ opinion *een afwijkende mening* **5.1** widely ~ characters *sterk uiteenlopende karakters.*

diverse [dajvə:s] **0.1** ***divers*** ⇒*verschillend* **0.2** ***afwisselend*** ⇒*gevarieerd* ◆ **6.1** ~ **in** character *uiteenlopend v. aard.*

diversif|y [dajvə:siffaj] ⟨zn.: **-ication**⟩ **0.1** ***diversifiëren*** ⇒ *verscheidenheid aanbrengen* **0.2** ***afwisselen*** ⇒*afwisseling aanbrengen, variëren* ◆ **1.1** developing countries should ~ their industries *ontwikkelingslanden dienen hun industrie te diversifiëren.*

diversion [dajvə:sjn] **I** ⟨telb.zn.⟩ **0.1** ***afleidingsactie*** ⇒ *schijnbeweging;* ⟨mil.⟩ *diversie;*
II ⟨telb. en n.-telb.zn.⟩ **0.1** ***verstrooiing*** ⇒*afleiding, ontspanning* **0.2** ⟨BE⟩ ***omleiding*** ◆ **3.1** create a ~ *de aandacht afleiden.*

diversionary [dajvə:sjənrie] **0.1** ***afleidend*** ◆ **1.1** ~ attack *afleidingsaanval.*

diversity [dajvə:sətie] ⟨geen mv.⟩ **0.1** ***ongelijkheid*** **0.2** ***verscheidenheid*** ⇒*diversiteit* ◆ **1.1** their ~ of interests *hun uiteenlopende belangen* **2.2** a great ~ of products *een grote verscheidenheid aan producten.*

divert [dajvə:t] **0.1** ***een andere richting geven*** ⇒*verleggen, omleiden* **0.2** ***afleiden*** ⟨aandacht⟩ **0.3** ***amuseren*** ⇒*vermaken* ◆ **4.3** their antics seemed to ~ him *hun capriolen schenen hem wel te vermaken* **6.1** why was their plane ~ed **to** Vienna? *waarom moest hun toestel uitwijken naar Wenen?;* she ~ed part of the proceeds **to** her own pocket *zij heeft een deel v.d. opbrengst in eigen zak gestoken.*

divest of [dajvest əv] **0.1** ***ontdoen van*** ⇒*beroven van* ◆ **1.1** ~ parental power *uit de ouderlijke macht ontzetten.*

divide[1] [divvajd] ⟨zn.⟩ **0.1** ***waterscheiding*** **0.2** ***scheidslijn.*** → **great.**

divide[2] **I** ⟨onov.ww.⟩ **0.1** ***verdeeld worden*** **0.2** ***onenigheid krijgen*** **0.3** ***zich delen*** ⇒*zich vertakken* **0.4** ⟨BE⟩ ***stemmen*** ⟨door zich in twee groepen te verdelen⟩ ◆ **1.2** on those issues the meeting ~d *op die punten was de vergadering verdeeld* **1.3** suddenly the river ~d *plotseling splitste de rivier zich in tweeën* **1.4** finally the House ~d and rejected the bill *ten slotte stemde het Lagerhuis en verwierp het wetsontwerp;*
II ⟨ov.ww.⟩ **0.1** ***delen*** ⇒*in delen splitsen, indelen* **0.2** ***scheiden*** **0.3** ***onderling verdelen*** ⟨ook fig.⟩ ⇒*distribueren, verkavelen* **0.4** ⟨wisk.⟩ ***delen*** **0.5** ⟨BE⟩ ***in twee groepen delen om te stemmen*** ◆ **1.2** ⟨AE⟩ ~d highway *weg met gescheiden dubbele rijbanen* **6.1** ~ **into** several parts *in verschillende stukken (ver)delen* **6.3** ~d **against** itself *onderling verdeeld;* the profits were ~d **among** the shareholders *de winst werd onder de aandeelhouders verdeeld* **6.4** how much is 18 ~d **by** 3? *hoeveel is 18 gedeeld door 3?*

dividend [divviddənd] **0.1** ***dividend*** ⇒*winstaandeel, uitkering (v. winst)* ◆ **3.1** carry a fixed ~ *een vast dividend geven;* ⟨fig.⟩ that machine will pay ~s *die machine zal haar geld wel opbrengen.*

dividers [divvajdəz] **0.1** ***(steek/verdeel)passer.***

divination [divvinneesjn] **0.1** ***profetie*** ⇒*voorspelling* **0.2** ***waarzegging*** ⇒*waarzeggerij, wichelarij.*

divine[1] [divvajn] ⟨zn.⟩ **0.1** ***godgeleerde*** ⇒*theoloog.*

divine[2] ⟨bn.; ook -r⟩ **0.1** ***goddelijk*** **0.2** ***aan God gewijd*** **0.3** ⟨inf.⟩ ***hemels*** ⇒*verrukkelijk* ◆ **1.1** ~ right of kings *het goddelijk recht van koningen* **1.2** ⟨ook D- O-⟩ ~ office *breviergebeden, getijden;* ~ service *godsdienstoefening* **1.3** a ~ dress *een fantastische jurk.*

divine[3] **I** ⟨onov.ww.⟩ **0.1** ***waarzeggen*** **0.2** ***(met wichelroede) vaststellen;***
II ⟨ov.ww.⟩ **0.1** ***gissen*** ⇒*raden, inzien; een voorgevoel hebben van* **0.2** ***voorspellen*** ◆ **1.1** I suddenly ~d his intentions *plotseling besefte ik wat hij van plan was.*

diviner [divvajnə] **0.1** ***waarzegger*** ⇒*wichelaar* **0.2** ***(wichel)roedeloper.***

diving [dajving] ⟨sport⟩ **0.1** ***(het) schoonspringen.***

diving bell **0.1** ***duikerklok.***

diving board **0.1** ***duikplank.***

diving suit **0.1** ***duikerpak.***

divining rod **0.1** ***wichelroede.***

divinit|y [divvinnətie] ⟨mv.: -ies⟩ **I** ⟨telb.zn.; vaak D-⟩ **0.1** ***godheid*** ⇒*god, goddelijk wezen* ◆ **7.1** the Divinity *de Godheid;*
II ⟨n.-telb.zn.⟩ **0.1** ***goddelijkheid*** ⇒*godheid* **0.2** ***theologie*** ◆ **1.2** student of ~ *student in de theologie.*

divisible [divvizzəbl] **0.1** ⟨wisk.⟩ ***deelbaar*** ◆ **6.1** 10 is ~ **by** 2 *10 is deelbaar door 2.*

division [divvizjn] **0.1** ***(ver)deling*** ⇒*het delen* ⟨ook wisk.⟩ **0.2** ***afdeling*** ⟨branche, bureau⟩ ⇒⟨plantk.⟩ *phylum, stam,* *hoogste taxon* **0.3** ⟨ww. enk. of mv.; mil.⟩ ***divisie*** **0.4** ***scheiding*** ⇒*scheidslijn, afscheiding* **0.5** ***verschil*** ⇒*ongelijkheid, onenigheid* **0.6** ⟨BE⟩ ***stemming*** ⟨door zich in twee groepen te verdelen⟩ ◆ **1.1** a ~ of labour *een arbeidsverdeling* **1.5** a ~ of opinion *uiteenlopende meningen* **2.5** social ~s *maatschappelijke verschillen* **3.6** the opposition tried to force a ~ *de oppositie stuurde op een stemming aan.* → **long, short.**

divisional [divvizjnəl] ⟨vnl. mil.⟩ **0.1** ***divisie-*** ⇒*v.e. divisie.*

division bell ⟨BE⟩ **0.1** ***bel*** ⟨als sein voor MP's om te stemmen⟩.

division lobby ⟨BE⟩ **0.1** ***stemhoek*** ⟨deel v.h. parlement waar leden hun stem voor/tegen kenbaar maken⟩.

divisive [divvajsiv] ⟨-ness⟩ **0.1** ***tot ongelijkheid/(onderlinge) verschillen leidend*** ⟨bv. schoolsysteem⟩ ⇒*verdeeldheid zaaiend; onenigheid brengend.*

divorce[1] [divvo:s] ⟨zn.⟩ **0.1** ***(echt)scheiding*** **0.2** ***(af)scheiding*** ◆ **3.1** seek a ~ *echtscheiding aanvragen.*

divorce[2] ⟨ww.⟩ **0.1** ***scheiden (van)*** ⇒*zich laten scheiden van* **0.2** ***scheiden*** ⇒*afzonderen* ◆ **1.1** willing to ~ his wife *bereid van zijn vrouw te scheiden.*

divorcee [divvo:sie:] **0.1** ***gescheiden vrouw.***

divot [divvət] ⟨golf⟩ **0.1** ***(stukje) graszode*** ⟨losgeslagen met een golfclub⟩.

divulg|e [dajvuldzj] ⟨zn.: **-ence**⟩ **0.1** ***onthullen*** ⇒*openbaar maken, bekendmaken.*

divv|y [divvie] ⟨mv.: -ies⟩ ⟨verk.⟩ [dividend] ⟨inf.⟩ **0.1** ***dividend*** ⇒*uitkering* **0.2** ***(aan)deel.***

Dixie [diksie] **I** ⟨eig.n.⟩ **0.1** ***zuidelijke staten v.d. USA*** ⇒ *Dixie(land);*
II ⟨n.-telb.zn.⟩ →**Dixieland II.**

Dixieland [diksielænd] **I** ⟨eig.n.⟩ →**Dixie I;**
II ⟨n.-telb.zn.; ook d-⟩ **0.1** ***dixieland(jazz)*** ⟨oudestijljazz⟩.

D.I.Y. ⟨afk.⟩ **0.1** [do-it-yourself] ***d.h.z.*** ⇒*doe-het-zelf.*

dizz|y[1] [dizzie] ⟨bn.; -iness⟩ **0.1** ***duizelig*** ⇒*draaierig* **0.2** ***verward*** ⇒*versuft* **0.3** ***duizelingwekkend*** ⟨v. hoogte, snelheid e.d.⟩ **0.4** ⟨inf.⟩ ***dwaas*** ⇒*mal* ◆ **3.2** all those figures made her ~ *het duizelde haar van al die cijfers.*

dizz|y[2] ⟨ww.; -ied⟩ **0.1** ***verwarren*** ⇒*verbijsteren, in de war brengen.*

D.J.[1] [die:dzjee] ⟨zn.⟩ ⟨afk.⟩ **0.1** [disc jockey] ***deejay.***

D.J.[2] ⟨afk.⟩ **0.1** [dinner-jacket].

djinn →**genie.**

DNA ⟨afk.⟩ **0.1** [deoxyribonucleic acid] ***DNA.***

DNA-test **0.1** ***DNA-onderzoek.***

do[1] [doe:] ⟨zn.; mv.: ook do's⟩ **0.1** ⟨BE; inf.⟩ ***partij*** ⇒*feest* ◆ **1.¶** ~'s and don'ts *wat wel en wat niet mag.* →**fair.**

do[2] ⟨does, did, done⟩ **I** ⟨onov.ww.⟩ **0.1** ***doen*** ⇒*handelen, zich gedragen* **0.2** ***het stellen*** ⇒*zich voelen* **0.3** ***aan de hand zijn*** ⇒*gebeuren* **0.4** ***klaar zijn*** ⇒*opgehouden zijn/hebben* **0.5** ***geschikt/bruikbaar zijn*** ⇒*voldoen, volstaan* **0.6** ⟨inf.⟩ ***het (moeten) doen*** ⇒*het stellen* ◆ **1.5** this copy won't ~ *deze kopie is niet goed genoeg;* the dress must be made to ~ for a while yet *deze jurk moet nog een poosje meegaan* **3.4** have done! *schei uit!* **3.5** it doesn't ~ to worry like that *het haalt niets uit je zo'n zorgen te maken* **4.2** how do you ~ *aangenaam, hoe maakt u het* **4.3** ⟨inf.⟩ nothing ~ing *er gebeurt (hier) niets; daar komt niets van in;* ⟨inf.⟩ he made a pass at her, but nothing ~ing *hij probeerde haar te versieren, maar geen kans;* what's ~ing in London? *wat is er in Londen te doen?* **4.5** it doesn't ~ to say such things *zoiets hoor je niet te zeggen;* nothing ~ing *het haalt niets uit;* that will ~! *en nou is 't uit!;* that doesn't/won't ~ *dat lukt niet; daar kan ik geen genoegen mee nemen* **4.¶** ⟨inf.⟩ nothing to ~ with *niets mee te maken* **5.1** don't! *niet doen!, schei uit!;* he did well to refuse that offer *hij deed er goed aan dat aanbod te weigeren* **5.2** business is ~ing well *de zaken gaan goed;* he is ~ing well *het gaat goed met hem* **5.5** it will ~ tomorrow, tomorrow will ~ *morgen kan ook nog/is het ook goed* **5.6** that will ~ nicely *dat is prima;* ~ well/badly for sth. *goed/slecht voorzien zijn v. iets* **5.¶** ⟨inf.⟩ ~ **away** with *wegdoen/gooien, een eind maken aan; afschaffen* ⟨doodstraf, instituut e.d.⟩; ⟨inf.⟩ ~ **away** with s.o. *iem. uit de weg ruimen, iem. afmaken;* ⟨inf.⟩ ~ **away** with o.s. *zelfmoord plegen;* how does this jacket ~ **up**? *hoe gaat dit jasje dicht?* **6.1** she was hard done **by** *zij was oneerlijk behandeld;* ~ well/badly **by** s.o. *iem. goed/slecht behandelen;* ~ as you would be done **by** *wat u niet wilt dat u geschiedt, doe dat ook een ander niet* **6.2** ~ well **out of** selling souvenirs *aardig profiteren v. het verkopen v. souvenirs* **6.4** Jack had done **with** eating *Jack was klaar met eten;* have/⟨inf.⟩ be done **with** s.o. *niets meer te maken (willen) hebben met iem.;* have done **with** it *er de brui aan gegeven hebben* **6.5** Joan will ~ **as** my helper *Joan kan ik als mijn helper gebruiken;* that coat will ~ **as/for** a blanket *die jas kan (wel) als deken dienen;* that will ~ **for** me *dat is wel genoeg voor mij* **6.6** he can (make) ~ **with** very little food *hij heeft maar weinig eten nodig;* they'll have to ~ **with** what they've got *ze zullen het moeten doen met wat ze hebben;* I can't ~ **without** music *ik kan niet zonder muziek* **6.¶** ⟨BE; inf.⟩ ~ **for** s.o. *het huishouden doen voor iem., werkster zijn bij iem.;* ⟨inf.⟩ I'm done **for** *ik ben er geweest, het is met mij gedaan;* ⟨inf.⟩ what will we ~ **for** water? *hoe komen we aan water?;* I could ~ **with** a few quid *ik zou best een paar pond kunnen gebruiken;* it's got nothing to ~ **with** you *jij staat erbuiten;* he has/⟨BE⟩ is sth. to ~ **with** *hij heeft iets te maken met* **8.1** ⟨sprw.⟩ ~ as you would be done by *wat u niet wilt dat u geschiedt, doe dat ook een ander niet* **¶.1** ~ as you please *doe wat je wilt;* ⟨sprw.⟩ ~ or die *pompen of verzuipen;*
II ⟨ov.ww.⟩ **0.1** ***doen*** ⟨iets abstracts⟩ **0.2** ***bezig zijn met*** ⟨iets concreets/bestaands⟩ ⇒*doen; opknappen, in orde brengen, herstellen; oplossen* ⟨puzzels e.d.⟩; *studeren* ⟨enz.⟩ **0.3** ***maken*** ⇒*doen ontstaan/worden* **0.4** ***(aan)doen*** ⇒*geven, veroorzaken* **0.5** ***beëindigen*** ⇒*afhandelen, afmaken;* ⟨inf.; fig.⟩ *uitputten, kapotmaken* **0.6** ⟨cul.⟩ ***bereiden*** ⇒*klaarmaken* **0.7** ***(de rol) spelen (v.)*** ⟨ook fig.⟩ ⇒⟨bij uitbr.⟩ *nadoen* **0.8** ***rijden*** ⇒*afleggen* **0.9** ⟨inf.⟩ ***bezoeken*** ⇒ *bekijken, doen* **0.10** ⟨inf.⟩ ***beetnemen*** ⇒*afzetten, neppen* **0.11** ***handelen in*** ⇒*verkopen, hebben* **0.12** ***ontvangen*** ⇒ *onthalen* **0.13** ⟨vnl. BE; inf.⟩ ***dienen*** ⇒*volstaan, schikken* **0.14** ⟨sl.⟩ ***uitzitten*** ⟨een straf⟩ **0.15** ⟨inf.⟩ ***overvallen*** ⇒*beroven* **0.16** ⟨sl.⟩ ***neuken*** ⇒*naaien, het doen met* ◆ **1.1** ~ battle *slag leveren;* ~ one's best *zijn best doen;* ~ business with *zaken doen met;* ~ a concert *een concert geven;* ~ a dance *een dans uitvoeren;* ~ exams *examens afleggen/doen;* ~ hard work *hard werken* **1.2** I still have to ~ the bedroom/dishes *ik moet de slaapkamer/vaat nog doen;* ~ a degree *studeren voor een (universitaire) graad;* ~ one's duty *zijn plicht doen;* ~ one's face *zijn gezicht/zich opmaken;* ~ psychology *psychologie studeren;* they did the dining room in blue and white *zij hebben de eetkamer in blauw en wit ingericht;* ~ his service *in dienst zijn;* have one's teeth done *zijn tanden laten nakijken/behandelen;* ~ the windows *de ramen lappen* **1.3** the storm did a lot of damage *de storm richtte heel wat schade aan;* ~ an omelette *een omelet bakken;* ~ a story *een verhaal schrijven;* ~ a translation *een vertaling maken;* ~ wonders *wonderen verrichten* **1.4** it does her credit *het strekt haar tot eer;* ~ s.o. a favour *iem. een dienst bewijzen;* it does me good *het*

doet me goed; ⟨iron.⟩ much good may it ~ you! *veel geluk ermee!;* it does one no harm *het kan geen kwaad* **1.5** the day was done *de dag was ten einde;* the girls were really done *de meisjes waren bekaf* **1.6** I usually ~ the meat in the oven *ik doe het vlees meestal in de oven;* the potatoes aren't done yet *de aardappelen zijn nog niet gaar;* how do you want your steak done? *hoe wil jij je biefstuk?* **1.7** she did a perfect Thatcher *ze gaf een perfecte imitatie v. Thatcher;* he did the villain *hij speelde de schurkenrol* **1.8** ~ 50 mph. *80 km/uur rijden* **1.9** ~ Europe in five days *Europa bezoeken/doen in vijf dagen* **1.11** we don't ~ eggs *we verkopen geen eieren;* we ~ only B&B *we hebben enkel kamer met ontbijt* **1.13** it will ~ the children for a house *het zal de kinderen tot huis dienen* **1.15** we did a shop in Soho *we hebben een zaak in Soho overvallen* **3.1** ~ some skiing *een beetje skiën;* he did all the talking at the meeting *hij voerde steeds het woord op de vergadering* **3.5** I have / ⟨inf.⟩ am done cleaning *ik ben klaar met de schoonmaak* **4.1** ~ it yourself *het zelf doen; doe het zelf;* if you want to go, ~ it now *als je wilt gaan, doe het dan nu;* it isn't done *zoiets doet men niet;* it does sth. for / to me *het doet me wat, het geeft me een kick;* that embroidered M does sth. for / to your dress *die geborduurde M geeft je jurk net dat beetje extra;* what can I ~ for you? *wat kan ik voor je doen?;* ⟨in winkel⟩ *wat mag het zijn?* **4.¶** that's done it! *gelukt!; nou is 't uit/naar de knoppen;* that does it! *dat doet de deur dicht!;* I've done it again *ik heb het weer verknoeid/verknald;* that does me *daar kan ik (met m'n pet) niet bij;* a boiled egg will ~ me *ik heb genoeg aan een gekookt ei;* what are you ~ing with yourself? *wat voer je tegenwoordig uit?;* they did not know what to ~ with themselves *ze verveelden zich;* if you don't stop now, I'll ~ you! *als je nu niet ophoudt, doe ik je wat!/dan zal ik je!* **5.1** well done! *goed zo!, knap gedaan!;* ~ sth. again / ⟨AE⟩ **over** *iets overdoen* **5.2** ~ **out** *grondig onder handen nemen/schoonmaken/opruimen;* ~ a room **over** *de kamer weer eens opknappen;* ~ **up** the kitchen *de keuken opknappen;* ~ **up** (in) a parcel *een pakje maken (van);* ~ a house **up** *een huis renoveren/restaureren;* she did her hair **up** *ze stak haar haar op;* ~ o.s. **up** *zich opmaken, zich opdoffen* **5.5** done **in** *bekaf, afgepeigerd;* ⟨sl.⟩ ~ s.o. **in** *iem. v. kant maken* **5.6** well done *goed doorbakken* ⟨v. vlees⟩ **5.10** ⟨BE; sl.⟩ Sheila's been done **(down)** *Sheila heeft zich laten afzetten* **5.12** he does himself well *hij zorgt wel dat hij niets te kort komt* **5.15** ~ a place **over** *een woning plunderen* **5.¶** ~ s.o. / sth. **down** *iem./iets kleineren;* ~ s.o. **down** *iem. beduvelen/belazeren;* ⟨vnl. BE; sl.⟩ ~ s.o. **over** *iem. aftuigen;* **over** and done with *voltooid verleden tijd;* ~ **up** a zip / a coat *een rits/jas dichtdoen;* would you ~ me **up** please *wil jij mijn rits even voor me dicht doen* **6.5** get done **with** sth. *iets afmaken* **6.10** ~ s.o. **for** $100 *iem. voor honderd dollar afzetten;* ~ a child **out of** its prize *een kind zijn prijs afhandig maken;*

III ⟨hww.⟩ **0.1** ⟨om inversie en ontkenning mogelijk te maken; onvertaald⟩ **0.2** ⟨als vervanging voor een eerder gebruikt ww.; vnl. onvertaald; soms⟩ ***doen*** **0.3** ⟨om nadruk mogelijk te maken; vnl. te vertalen door een bw.⟩ ◆ **¶.1** ~ you know him? *ken je hem?;* I don't know him *ik ken hem niet* **¶.2** he laughed and so did she *hij lachte, en zij (lachte/deed dat) ook;* I treat my friends as he does his enemies: badly *ik behandel mijn vrienden zoals hij zijn vijanden: slecht;* he worked harder than he'd ever done before *hij werkte harder dan (hij vroeger) ooit (gedaan had);* 'I take it it's true' 'So ~ I/But I don't' *'Ik neem aan dat het waar is' 'Ik ook/Ik niet';* he writes well, doesn't he? *hij schrijft goed, niet (waar)?/vind je niet?;* 'Did you see it?' 'I did/I didn't' *'Heb jij het gezien?' 'Ja/Neen';* 'He sold his car' 'Did he?' *'Hij heeft zijn auto verkocht' 'Echt (waar)?';* ⟨inf.⟩ they behave strangely, ~ women *ze doen rare dingen, de vrouwen* **¶.3** you did tell him *je hebt het hem wél gezegd;* I ~ love you *ik hou echt v. je;* ~ come in! *kom toch binnen!*

do. ⟨afk.⟩ **0.1** [ditto].

dobbin [dobbin] **0.1** ***trekpaard*** ⇒*werkpaard.*

doc [dok] ⟨verk.⟩ [doctor] ⟨inf.⟩ **0.1** ***dokter.***

doc|ile [doosajl] ⟨zn.: **-ility**⟩ **0.1** ***gedwee*** ⇒*meegaand, volgzaam, dociel* ◆ **1.1** a ~ horse *een mak paard.*

dock[1] [dok] ⟨zn.⟩ **0.1** ***dok*** ⇒*droogdok, havendok, kade* **0.2** ⟨vnl. mv.⟩ ***haven(s)*** **0.3** ***laadperron*** **0.4** ***werf*** **0.5** ⟨jur.⟩ ***beklaagdenbank*** **0.6** ⟨plantk.⟩ ***zuring*** ◆ **2.1** floating ~ *drijvend dok* **6.5** be **in** the ~ *terechtstaan* **6.¶** ⟨inf.⟩ **in** ~ *in reparatie; in het ziekenhuis; op de helling.*

dock[2] **I** ⟨onov.ww.⟩ **0.1** ***dokken*** ⇒*de haven binnenlopen, in het dok gaan* **0.2** ***gekoppeld worden*** ⟨ruimteschepen⟩; **II** ⟨ov.ww.⟩ **0.1** ***couperen*** ⟨staart e.d.⟩ ⇒*afsnijden, afknippen* **0.2** ***korten*** ⇒*(gedeeltelijk) inhouden, achterhouden* **0.3** ***beroven*** ⇒*ontnemen, ontdoen van* **0.4** ***dokken*** ⇒*in het dok brengen* **0.5** ***koppelen*** ⟨ruimteschepen⟩ ◆ **6.2** £10 was ~ed **from** his salary *er werd £10 van zijn salaris ingehouden* **6.3** ~ s.o. **of** his small pleasures *iem. zijn kleine genoegens ontnemen.*

docker [dokkə] **0.1** ***dokwerker*** ⇒*havenarbeider, stuwadoor.*

docket[1] [dokkit] ⟨zn.⟩ **0.1** ⟨BE⟩ ***bon*** ⇒*borderel, certificaat, bewijsstuk, reçu* **0.2** ***korte inhoud*** ⟨v.e. document, rapport⟩.

docket[2] ⟨ww.⟩ **0.1** ***van een korte inhoudsopgave voorzien*** **0.2** ***van een bon voorzien.***

dockland ⟨BE⟩ **0.1** ***havenbuurt*** ⇒*havenkwartier.*

dockyard **0.1** ***werf.***

Doc Martens [dok ma:tənz], **Doctor Martens** ⟨merknaam⟩ **0.1** ***Doc(tor) Martens*** ⟨bep. stevige schoenen/laarzen⟩.

doctor[1] [doktə] ⟨zn.⟩ **0.1** ***dokter*** ⇒*arts;* ⟨AE⟩ *tandarts, veearts* **0.2** ⟨D-⟩ ***doctor*** ⟨iem. met de hoogste universitaire graad⟩ **0.3** ⟨inf.⟩ ***reparateur*** ⇒*hersteller* ◆ **1.2** Doctor of Letters *doctor in de letteren;* Doctor of Philosophy *doctor* ⟨beh. voor rechten, medicijnen en theologie⟩ **3.1** ⟨inf.⟩ that's just what the ~ ordered *dat is net wat je nodig hebt* **6.1** ⟨inf.⟩ **under** the ~ *onder doktersbehandeling.* **→apple.**

doctor[2] ⟨ww.⟩ **0.1** ⟨euf.⟩ ***helpen*** ⇒*steriliseren, castreren* **0.2** ***knoeien met*** ⇒*rommelen met, vervalsen* ◆ **1.1** our cat has been ~ed *onze kat is geholpen* **1.2** ~ the accounts *de boeken vervalsen;* the wine was ~ed *de wijn was versneden.*

doctoral [doktrəl] **0.1** ***doctors-*** ⇒*v.e. doctor* ◆ **1.1** ~ degree *doctorsgraad;* ~ thesis / dissertation *proefschrift.*

doctorate [doktrət] **0.1** ***doctoraat*** ⇒*doctorstitel.*

doctor's certificate **0.1** ***doktersverklaring*** ⇒*geneeskundige/medische verklaring.*

doctrinaire [doktrinneə], **doctrinarian** [-riən] ⟨pej.⟩ **0.1** ⟨bn.⟩ ***theoretisch*** ⇒*onpraktisch* **0.2** ⟨bn.⟩ ***doctrinair*** ⇒*bekrompen, hardnekkig vasthoudend* **0.3** ⟨zn.⟩ ***doctrinair*** ⇒ *dogmaticus, theoreticus.*

doctrinal [doktrajnl] **0.1** ***leerstellig*** ⇒*dogmatisch, doctrinair.*

doctrine [doktrin] **0.1** ***doctrine*** ⇒*leer, leerstuk, leerstelling* **0.2** ***dogma*** ⇒*beginsel.*

docudrama [dokjoedra:mə] **0.1** ***docudrama*** ⟨op de werkelijkheid berustend(e) drama/film enz.⟩.

document[1] [dokjoemənt] ⟨zn.⟩ **0.1** ***document*** ⇒*bewijsstuk;* ⟨jur.⟩ *akte* ◆ **1.1** ~s of the case *processtukken.*

document[2] [dokjoement] ⟨ww.⟩ **0.1** ***documenteren*** ◆ **1.1** a well ~ed report *een goed gedocumenteerd verslag.*

documentar|y[1] [dokjoementrie] ⟨zn.; mv.: -ies⟩ **0.1** ***documentaire*** ◆ **3.1** dramatized ~ *docudrama.*
documentary[2] ⟨bn.⟩ **0.1** ***documentair*** *⇒op documenten berustend, feitelijk* ◆ **1.1** ⟨hand.⟩ ~ draft *documentaire wissel/traite;* ~ evidence *documentair bewijs;* ~ film *documentaire (film);* ⟨hand.⟩ ~ letter of credit *documentaire kredietbrief.*
documentation [dokjoementeesjn] **0.1** ***het documenteren*** *⇒documentatie* **0.2** ***bewijsmateriaal.***
document case **0.1** ***diplomatenkoffertje*** *⇒diplomatentas, aktetas.*
document retrieval ⟨comp.⟩ **0.1** ***het ontsluiten/terugvinden v. documenten.***
DOD ⟨afk.⟩ **0.1** [Department of Defense] ⟨in USA⟩.
dodder [doddə] **0.1** ***beven*** ⟨v. ouderdom, zwakte⟩ **0.2** ***schuifelen*** *⇒strompelen* ◆ **6.2** the old lady ~ed **along** the road *de oude dame schuifelde voort over de weg.*
dodderer [doddərə] **0.1** ***iem. die beeft/moeilijk loopt*** *⇒ stakker.*
doddering [dod(ə)ring], **doddery** [doddərie] **0.1** ***beverig*** *⇒ bevend, trillend* **0.2** ***onzeker bewegend*** *⇒wankelend.*
dodge[1] [dodzj] ⟨zn.⟩ **0.1** ***(zij)sprong*** *⇒ontwijkende beweging* **0.2** ⟨inf.⟩ ***foefje*** *⇒trucje, slimmigheidje.*
dodge[2] **I** ⟨onov.ww.⟩ **0.1** ***(opzij) springen*** *⇒snel bewegen, rennen* **0.2** ***uitvluchten zoeken*** *⇒(eromheen) draaien* ◆ **6.1** the woman ~d **behind** the chair *de vrouw dook weg achter de stoel;* the thief ~d **round** the corner and got away *de dief rende de hoek om en ontkwam;*
II ⟨ov.ww.⟩ **0.1** ***ontwijken*** *⇒vermijden, ontduiken* **0.2** ***te slim af zijn*** ◆ **1.1** she ~d the blow *zij ontweek de klap;* he kept dodging the question *hij bleef de vraag ontwijken;* he ~d the regulations *hij ontdook de voorschriften.*
dodgem [dodzjəm] ⟨vnl. mv.⟩ ⟨BE⟩ **0.1** ***botsautootje.***
dodger [dodzjə] **0.1** ***ontduiker*** *⇒ontwijker* **0.2** ***goochemerd*** *⇒slimmerik.*
dodg|y [dodzjie] ⟨-ier⟩ ⟨vnl. BE; inf.⟩ **0.1** ***goochem*** *⇒slim, gewiekst* **0.2** ***hachelijk*** *⇒netelig* **0.3** ***onbetrouwbaar*** *⇒onzeker, wankel* ◆ **1.2** ~ idea *gewaagd idee;* ~ situation *netelige situatie* **1.3** careful! that sofa is ~ *pas op! die sofa is nogal wankel.*
dodo [doodoo] ⟨mv.: ook -es⟩ **0.1** ***dodo*** ⟨uitgestorven vogel⟩ ◆ **2.1** as dead as a ~ *zo dood als een pier.*
doe [doo] ⟨mv.: ook doe⟩ **0.1** ***wijfje v.e. damhert/konijn.***
doer [doe:ə] **0.1** ***doener*** *⇒aanpakker* ◆ **7.1** he's a talker, not a ~ *hij praat liever dan dat hij iets doet.*
does [dəz, ⟨sterk⟩ duz] ⟨3e pers. enk. teg. t.⟩ →**do.**
doeskin **0.1** ***hertenhuid*** **0.2** ⟨ook attr.⟩ ***hertsleer.***
doff [dof] ⟨vero.⟩ **0.1** ***zich ontdoen van*** ⟨kleding⟩ **0.2** ***afnemen*** ⟨hoed⟩ ◆ **1.2** he ~ed his hat for an acquaintance *hij lichtte zijn hoed voor een bekende.*
dog[1] [dog] **I** ⟨telb.zn.⟩ **0.1** ***hond*** **0.2** ⟨ook attr.⟩ ***mannetje v.d. hond/vos/wolf*** **0.3** ***hond*** ⟨scheldwoord⟩ *⇒ellendeling* **0.4** ⟨inf.⟩ ***kerel*** **0.5** ⟨AE; sl.⟩ ***inferieur iets*** *⇒misbaksel, wanproduct* **0.6** ***klauw*** *⇒klemhaak* **0.7** ⟨AE; sl.⟩ ***lelijk meisje*** ◆ **1.¶** not a ~'s chance *geen schijn van kans;* he is a ~ in the manger *hij kan de zon niet in het water zien schijnen* **2.3** he is a dirty ~ *hij is een echte ellendeling/rotzak* **2.4** lucky ~ *bofferd;* gay ~ *vrolijke Frans* **3.1** treat s.o. like a ~ *iem. honds behandelen;* die like a ~ *als een hond creperen* **3.¶** ~ eats ~ *homo homini lupus, de mens is de mens een wolf;* go to the ~s *naar de bliksem gaan;* ⟨AE; inf.⟩ put on the ~ *gewichtig doen* **¶.¶** ⟨sprw.⟩ give a ~ a bad name (and hang him) *wee de wolf die in een kwaad gerucht staat.* →**dull, old, sleep**[2]**;**
II ⟨mv.⟩ **0.1** ⟨the; inf.⟩ ***(wind)hondenrennen.***

dog[2] ⟨ww.; -ged⟩ **0.1** ***(achter)volgen*** *⇒(achter)nazitten.*
dog-biscuit **0.1** ***brokje/stukje hondenbrood*** *⇒hondenbrok(je).*
dogcart **0.1** ***dog-cart*** *⇒dogkar* **0.2** ***hondenkar.***
dogcatcher **0.1** ***hondenmepper.***
dog collar **0.1** ***halsband*** **0.2** ⟨scherts.⟩ ***boord v.e. geestelijke.***
dog days ⟨the⟩ **0.1** ***hondsdagen*** *⇒warmste tijd v.h. jaar.*
doge [doodzj] ⟨gesch.⟩ **0.1** ***doge.***
dog-eared **0.1** ***met ezelsoren*** ⟨bladzij⟩.
dog-eat-dog **0.1** ***meedogenloos*** *⇒onmenselijk* ◆ **1.1** a ~ society *een meedogenloze samenleving.*
dogfight **0.1** ***hondengevecht*** **0.2** ***vechtpartij*** *⇒ruzie* **0.3** ***luchtgevecht.***
dogfish **0.1** ***hondshaai.***
dogged [dogid] ⟨-ness⟩ **0.1** ***vasthoudend*** *⇒volhardend* ◆ **1.1** with ~ determination *met hardnekkige vastberadenheid.*
doggerel [dogrəl] **0.1** ***rijmelarij*** *⇒kreupelrijm.*
doggie, dogg|y [dogie] ⟨mv.: -ies⟩ **0.1** ***hondje.***
doggie bag ⟨AE⟩ **0.1** ***tas/zak om het restant v.e. maaltijd in een restaurant mee naar huis te nemen.***
doggo [dogoo] ⟨BE; inf.⟩ ◆ **3.¶** lie ~ *zich koest/gedeisd houden.*
doggone[1] [dogon], **doggoned** [dogond] ⟨bn.⟩ ⟨AE; inf.⟩ **0.1** ***verdraaid*** *⇒donders, verduiveld.*
doggone[2] ⟨ww.⟩ ⟨AE; inf.⟩ **0.1** ***vervloeken*** *⇒verdoemen* ◆ **3.1** I'll be ~d if I do it *ik mag barsten als ik het doe* **4.1** ~ him *de duivel hale hem;* ~ it *wel verdraaid.*
doggy →**doggie.**
doghouse **0.1** ⟨AE⟩ ***hondenhok*** ◆ **6.¶** ⟨sl.⟩ be **in** the ~ *uit de gratie zijn.*
dogleg **0.1** ***scherpe bocht/hoek*** *⇒*⟨ihb.⟩ *deel v.e. golfbaan.*
doglike **0.1** ***(als) v.e. hond*** *⇒honden-* ◆ **1.1** ~ devotion *hondentrouw.*
dogma [dogmə] **0.1** ***dogma*** **0.2** ***stellige meningsuiting*** ◆ **2.1** the Christian ~ *de christelijke geloofsleer.*
dogmatic [dogmætik] ⟨-ally⟩ **0.1** ***dogmatisch*** *⇒op een dogma berustend* **0.2** ***meesterachtig*** *⇒autoritair* ◆ **1.1** his ~ manner annoyed me *ik ergerde mij aan zijn autoritaire manier van doen;* ~ opinions *dogmatische meningen.*
dogmatics [dogmætiks] **0.1** ***dogmatiek*** *⇒leer der dogma's.*
dogmatism [dogmətizm] **0.1** ***dogmatisme*** *⇒dogmatiek.*
dogmatist [dogmətist] **0.1** ***dogmaticus*** **0.2** ***dogmatist.***
dogmatize, -ise [dogmətajz] **0.1** ***dogmatiseren*** *⇒(zich) dogmatisch uitdrukken, met stelligheid poneren.*
do-gooder [doe:goedə] **0.1** ⟨iron.⟩ ***(naïeve/onpraktische) weldoener*** **0.2** ***wereldverbeteraar*** *⇒hemelbestormer.*
dog paddle **0.1** ***het zwemmen op z'n hondjes.***
dogsbody [dogzboddie] ⟨inf.⟩ **0.1** ***duvelstoejager*** *⇒sloof, toegewijde slaaf* ◆ **2.1** a general ~ *een manusje-van-alles.*
dog's dinner ⟨BE; inf.⟩ ◆ **8.¶** (dressed up) like a ~ *(overdreven) chic/opzichtig (gekleed), in een apenpak.*
dog's life **0.1** ***hondenleven*** *⇒ellendig bestaan* ◆ **3.1** lead a ~ *een hondenleven hebben;* lead s.o. a ~ *iem. het leven zuur maken.*
dog tag **0.1** ***hondenpenning*** **0.2** ⟨AE; sl.; mil.⟩ ***identiteitsplaatje*** ⟨v. militairen⟩.
dog-tired **0.1** ***hondsmoe*** *⇒doodop.*
dogtrot ⟨vnl. enk.⟩ **0.1** ***soepel drafje*** *⇒sukkeldrafje.*
dogwood **0.1** ***kornoelje*** ⟨elke heester v.h. genus Cornus⟩ ⇒ ⟨ihb.⟩ *Amerikaans kornoelje.*
doil|y, doyley, doyl|y [dojlie] ⟨mv.: -ies⟩ **0.1** ***(cake/taart)-rand.***
doing [doe:ing] **I** ⟨telb.zn.⟩ **0.1** ***handeling*** *⇒het handelen,*

het (toe)doen ◆ **4.1** it is all their ~ *het is allemaal hun toedoen/schuld;*
II ⟨mv.⟩ **0.1** ***daden*** ⇒*handelingen* **0.2** ***feestje*** **0.3** ⟨BE; inf.⟩ ***dinges*** ◆ **4.1** keep me informed of her ~s *hou mij van haar doen en laten op de hoogte* **7.2** are you going to the ~s tomorrow? *ga jij morgen naar dat avondje?*

do-it-yourself **0.1** ***doe-het-zelf.***

Dolby [dolbie] **0.1** ***dolby(systeem)*** ⟨mechanisme voor ruisonderdrukking⟩.

doldrums [doldrəmz] ⟨mv.; ww. steeds mv.⟩ **0.1** ***neerslachtigheid*** ⇒*gedeprimeerdheid* **0.2** ***het stilliggen v.e. schip*** **0.3** ⟨fig.⟩ ***stilstand*** ⇒*stagnatie* ◆ **6.1** be **in** the ~ *in de put zitten.*

dole [dool] ⟨the⟩ **0.1** ⟨BE⟩ ***werkloosheidsuitkering*** ⇒*steun* ◆ **6.1** be **on** the ~ *steun trekken.*

dole card **0.1** ***stempelkaart.***

doleful [doolfl] ⟨-ness⟩ **0.1** ***somber*** ⇒*naargeestig* **0.2** ***treurig*** ⇒*bedroefd.*

dole out **0.1** ***(karig) uitdelen.***

doll [dol] **0.1** ***pop*** **0.2** ⟨sl.⟩ ***meisje*** ⇒*meid* **0.3** ⟨sl.; ook als aanspreekvorm⟩ ***schat*** ⟨ook v. mannen⟩ ⇒*stuk, spetter* ◆ **1.2** guys and ~s *kerels en meiden* **1.3** he is a real ~ *hij is echt een stuk.*

dollar [dollə] **0.1** ⟨vnl. enk.⟩ ***dollar*** ◆ **7.¶** ⟨inf.⟩ (like) a million ~s *helemaal te gek.*

dollar area ⟨geldw.⟩ **0.1** ***dollarzone.***

dollar diplomacy **0.1** ***dollardiplomatie.***

dollop [dolləp] ⟨inf.⟩ **0.1** ***(klein) beetje*** ⇒*kwak, scheut* ◆ **1.1** a ~ of rum *een scheut rum.*

doll's house, ⟨AE⟩ **dollhouse** **0.1** ***poppenhuis*** **0.2** ***popperig/klein huisje.***

doll up ⟨onov. en ov.ww.; wk.ww.⟩ ⟨sl.⟩ **0.1** ***zich optutten*** ◆ **4.1** doll o.s. up *zich uitdossen.*

doll|y [dollie] ⟨mv.: -ies⟩ **0.1** ⟨kind.⟩ ***pop(je)*** **0.2** ***dolly*** ⇒*verrijdbaar statief* ⟨voor camera⟩, *rijdend plateau* ⟨voor zware vrachten, om onder auto te werken e.d.⟩ **0.3** ⟨inf.⟩ ***stuk*** ⇒*leuk/aantrekkelijk meisje.*

dolmen [dolmən] **0.1** ***dolmen.***

dolorous [dollərəs] ⟨schr.⟩ **0.1** ***smartelijk*** **0.2** ***treurig.***

dolour, ⟨AE sp.⟩ **dolor** [dollə] ⟨schr.⟩ **0.1** ***smart.***

dolphin [dolfin] **0.1** ***dolfijn.***

dolt [doolt] **0.1** ***domoor*** ⇒*uilskuiken.*

doltish [dooltisj] **0.1** ***dom*** ⇒*sullig.*

domain [dəmeen, doo-] **0.1** ***domein*** ⇒*(land)goed* **0.2** ***gebied*** ⟨fig.⟩ ⇒*veld, terrein* **0.3** ⟨wisk.⟩ ***domein*** ⇒*gebied, codomein* ◆ **1.2** the garden is my wife's ~ *de tuin is het domein van mijn vrouw* **2.1** national ~ *staatsdomein.*

dome [doom] **0.1** ***koepel*** **0.2** ***gewelf*** **0.3** ***ronde top*** **0.4** ⟨sl.⟩ ***knikker*** ⇒*kop* ◆ **1.2** the ~ of the sky *het uitspansel* **1.3** the ~ of a hill *de ronde top v.e. heuvel* **2.4** a bald ~ *een kale knikker.*

domed [doomd] **0.1** ***koepelvormig*** ⇒*gewelfd* **0.2** ***met een koepel*** ◆ **1.1** a ~ roof *een koepeldak.*

domestic¹ [dəmestik] ⟨zn.⟩ **0.1** ***bediende*** ⇒*dienstbode.*

domestic² ⟨bn.; -ally⟩ **0.1** ***huishoudelijk*** ⇒*het huishouden betreffend* **0.2** ***huiselijk*** **0.3** ***binnenlands*** ⇒*van het land zelf* **0.4** ***tam*** ⇒*huis-* ◆ **1.1** ~ economy/science *huishoudkunde;* ~ service *werk als dienstbode;* for ~ use *voor huishoudelijk gebruik* **1.3** ~ products *binnenlandse producten* **1.4** ~ animals *huisdieren.*

domestic|ate [dəmestikkeet] ⟨zn.: **-ation**⟩ **0.1** ***aan het huiselijk leven doen wennen*** **0.2** ***aan zich onderwerpen*** ⇒ *temmen, beteugelen; tot huisdier maken.*

domesticity [doomestissətie] **0.1** ***huiselijkheid*** **0.2** ***gezinsleven.***

domestique [doomestie:k] ⟨wielrennen⟩ **0.1** ***knecht*** ⇒*waterdrager.*

domicile¹ [dommissajl] ⟨zn.⟩ **0.1** ⟨schr.⟩ ***verblijfplaats*** ⇒*woning.*

domicile², domicil ⟨ww.⟩ **0.1** ⟨schr.⟩ ***(zich) vestigen*** ◆ **1.1** the company is ~d in the Bahamas *de firma heeft haar zetel op de Bahama's.*

domiciliary [dommissilliərie] **0.1** ⟨schr.⟩ ***huis-*** ⇒*betrekking hebbend op de woon/verblijfplaats* ◆ **1.1** ~ care *verpleging/verzorging thuis.*

dominance [domminnəns] **0.1** ***dominantie*** ⇒*overheersing.*

dominant [domminnənt] **0.1** ***dominant*** ⟨ook biol.⟩ ⇒*(over)heersend* ◆ **1.1** curly hair is ~ *krullend haar is dominant;* a ~ personality *een dominerende persoonlijkheid.*

dominate [domminneet] **0.1** ***domineren*** ⇒*overheersen* ◆ **1.1** a dominating factor *een overheersende factor;* ~ the conversation *het hoogste woord voeren* **6.1** he ~s **in** the field of genetics *hij neemt een vooraanstaande plaats in op het terrein v.d. genetica;* the tower ~d **(over)** all buildings *de toren stak boven alle andere gebouwen uit.*

domination [domminneesjn] **0.1** ***overheersing*** ⇒*heerschappij* ◆ **1.1** the ~ of technology *de overheersende invloed v.d. technologie* **6.1** the Spanish ~ **of/over** Latin America *de Spaanse heerschappij over Latijns-Amerika.*

domineer [domminniə] **0.1** ***(over)heersen*** ⇒*de baas spelen (over)* ◆ **6.1** ~ **over** *de baas spelen over.*

domineering [domminniəring] **0.1** ***bazig.***

Dominican¹ [dəminnikkən] ⟨zn.⟩ ⟨rel.⟩ **0.1** ***dominicaan.***

Dominican² ⟨bn.⟩ **0.1** ***dominicaans*** ⇒*van/mbt. de dominicanen, dominicaner* **0.2** ***van/mbt. de Dominicaanse Republiek.***

dominion [dəminniən] **I** ⟨telb.zn.⟩ **0.1** ***domein*** ⇒*(grond)gebied, rijk* **0.2** ⟨vaak D-⟩ ***dominion*** ⟨autonoom deel v.h. Britse Gemenebest⟩ ◆ **1.1** the ~s of the King *de koninklijke domeinen;*
II ⟨n.-telb.zn.⟩ **0.1** ***heerschappij*** ⇒*macht* ◆ **6.1** ~ **of/over** the world *heerschappij over de wereld;* **under** his ~ *in zijn macht.*

domino [domminnoo] ⟨mv.: -es⟩ **0.1** ***dominosteen*** **0.2** ⟨mv.⟩ ***domino(spel).***

domino effect ⟨pol.⟩ **0.1** ***domino-effect.***

domino theory ⟨pol.⟩ **0.1** ***dominotheorie.***

don¹ [don] ⟨zn.⟩ **0.1** ⟨BE⟩ ***don*** ⟨hoofd/lid v.d. wetenschappelijke staf v.e. universiteit, vnl. Oxford en Cambridge⟩.

don² ⟨ww.; -ned⟩ ⟨schr.⟩ **0.1** ***aandoen*** ⇒*aantrekken, opzetten* ◆ **1.1** she ~ned her hat and coat *zij zette haar hoed op en trok haar jas aan.*

donate [dooneet] **0.1** ***schenken*** ⇒*geven* ◆ **1.1** she ~d all her spare time to welfare work *zij wijdde al haar vrije tijd aan sociaal werk* **6.1** ~ money **towards** sth. *geld schenken voor iets.*

donation [dooneesjn] **0.1** ***schenking*** ⇒*donatie, bijdrage* **0.2** ***het schenken*** ⇒*(het ten geschenke) geven.*

done¹ [dun] **I** ⟨bn.⟩ **0.1** ***netjes*** ⇒*gepast* ◆ **4.1** it is not ~ *zoiets doet men niet;*
II ⟨bn., pred.⟩ **0.1** ***klaar*** ⇒*gereed, af* **0.2** ***doodmoe*** ⇒*uitgeput* ◆ **3.1** have ~! *hou op!* **5.¶** hard ~ **by** *oneerlijk behandeld;* I am ~ **for** *het is met mij gedaan;* she seemed completely ~ **in/up** *zij leek volkomen uitgeteld* **6.1** be ~ **with** *klaar zijn met;* have ~ **with** *niets meer te maken (willen) hebben met* **¶.¶** done! *akkoord!, afgesproken!;* ⟨sprw.⟩ what is ~ is done *gedane zaken nemen geen keer.*

done² ⟨volt. deelw.⟩ →**do.**

dongle [donggl] ⟨BE; comp.⟩ **0.1** ***dongle*** ⟨apparaatje dat computerprogramma's beveiligt; zonder het apparaatje werkt programma niet⟩.

donkey [dongkie] **0.1** ***ezel*** ⟨ook fig.⟩ ⇒*domoor, sufferd.*

donkey engine ⟨vnl. scheep.⟩ **0.1** ***donkeypomp*** ⇒*hulpstoompomp.*

donkey jacket ⟨BE⟩ **0.1** ***jekker*** ⇒*duffels jasje.*

donkey's years ⟨sl.⟩ **0.1** ***eeuwigheid*** ⇒*lange tijd* ◆ **6.1** I haven't seen her **for** ~ *ik heb haar in eeuwen niet gezien.*

donkey work **0.1** ***slavenwerk*** ⇒*monnikenwerk.*

donnish [donnisj] **0.1** ***intellectueel*** ⇒*geleerd* **0.2** ***pedant*** ⇒*schoolmeesterachtig* ◆ **3.2** he acts a bit ~ly *hij doet wat frikkerig.*

donor [doonə] **0.1** ***gever*** ⇒*schenker* **0.2** ⟨med.⟩ ***donor.***

donorship **0.1** ***donorschap.***

don't[1] [doont] ⟨zn.; vnl. mv.⟩ **0.1** ***verbod*** ◆ **1.1** do's and ~s *wat wel en niet mag, geboden en verboden.*

don't[2] ⟨ww.⟩⟨samentr. van do not⟩.

don't-know [doon(t)noo] **0.1** ***zwevende kiezer*** ⇒*zwevende stem.*

donut →**doughnut.**

dooda(h) [doe:da:] ⟨BE; inf.⟩ **0.1** ***je-weet-wel*** ⇒*ding(etje), dinges.*

doodle[1] [doe:dl] ⟨zn.⟩ **0.1** ***krabbel*** ⇒*figuurtje, poppetje.*

doodle[2] ⟨ww.⟩ **0.1** ***krabbelen*** ⇒*figuurtjes/poppetjes tekenen.*

doodlebug **0.1** ⟨AE⟩ ***(larve van een) mierenleeuw*** **0.2** ⟨vnl. BE; inf.⟩ ***vliegende bom*** ⟨V1, V2⟩.

doom[1] [doe:m] ⟨zn.⟩ **0.1** ***noodlot*** ⇒*lot* **0.2** ***ondergang*** ⇒*verderf* **0.3** ***laatste oordeel*** ◆ **1.1** a sense of ~ and foreboding *een gevoel van naderend onheil* **3.2** meet one's ~ *de ondergang vinden* **6.2** send s.o. **to** his ~ *iem. zijn ondergang tegemoet sturen.*

doom[2] ⟨ww.⟩ **0.1** ***veroordelen*** ⇒*(ver)doemen* **0.2** ⟨vnl. volt. deelw.⟩ ***tot mislukking/ten ondergang doemen*** ◆ **1.2** the undertaking was ~ed from the start *de onderneming was tot mislukken gedoemd vanaf het begin* **4.1** we are ~ed! *we zijn verloren!* **6.1** ~ed **to** unemployment *tot werkloosheid gedoemd.*

doommonger **0.1** ***doemdenker*** ⇒*onheilsprofeet.*

Doomsday [doe:mzdee] ⟨ook d-⟩ **0.1** ***dag des oordeels*** ⟨ook fig.⟩ ⇒*doemdag* ◆ **6.1** **till** ~ *eeuwig.*

doomster [doe:mstə] ⟨inf.⟩ **0.1** ***doemdenker*** ⇒*onheilsprofeet.*

doomwatch, ⟨in bet. 0.2 ook⟩ **doomwatching** **0.1** ***milieuwacht/toezicht*** **0.2** ***het doemdenken.***

doomwatcher **0.1** ***milieuwachter*** **0.2** ***doemdenker*** ⇒*alarmist.*

doomy [doe:mie] ⟨inf.⟩ **0.1** ***pessimistisch*** **0.2** ***deprimerend.***

door [do:] **0.1** ***deur*** ⇒*(auto)portier* **0.2** ***toegang*** ⇒*mogelijkheid* ◆ **3.1** who answered the ~? *wie deed er open?;* show s.o. the ~ *iem. de deur wijzen;* show s.o. to the ~ *iem. uitlaten* **3.2** leave the ~ open *de mogelijkheid openlaten;* close/shut the ~ on/to *onmogelijk maken* **3.¶** darken s.o.'s ~ *iem. ongewenst bezoeken;* lay the blame at s.o.'s ~ *iem. de schuld geven;* he shut the ~ in my face *hij gooide de deur voor mijn neus dicht* **5.1** four ~s **away/down/off** *vier huizen verder* **6.1** **from** ~ **to** ~ *van huis tot huis;* **out of** ~s *buiten(shuis).* →**French, open, stable.**

doorbell **0.1** ***(voor)deurbel.***

do-or-die **0.1** ***alles-of-niets*** ⇒*erop of eronder.*

doorframe, doorcase **0.1** ***deurkozijn.***

doorhandle ⟨vnl. BE⟩ **0.1** ***deurkruk*** ⇒*klink.*

doorkeeper **0.1** ***portier*** ⇒*conciërge.*

doorknob **0.1** ***deurknop.***

doorknocker **0.1** ***deurklopper.***

door|man [do:mən] ⟨mv.: -men [-mən]⟩ **0.1** ***portier*** ⟨v. hotel, theater e.d.⟩ ⇒*conciërge.*

doormat **0.1** ***(deur)mat*** ⇒⟨fig.⟩ *voetveeg.*

doornail →**dead.**

doorplate **0.1** ***naamplaat(je)*** ⇒*deurplaat.*

doorpost **0.1** ***deurpost*** ⇒*deurstijl.* →**deaf.**

doorscraper **0.1** ***voet(en)krabber*** ⇒*voetschraper.*

doorstep **0.1** ***stoep*** **0.2** ⟨BE; sl.⟩ ***dikke boterham*** ⇒*pil* ◆ **6.¶** **on** one's/the ~ *vlakbij.*

doorstop, doorstopper **0.1** ***deurrubber*** ⇒*stootdop* **0.2** ***deurvanger.***

door-to-door **0.1** ***huis-aan-huis*** ◆ **1.1** a ~ salesman *een huis-aan-huisverkoper, een colporteur.*

doorway **0.1** ***deuropening*** ⇒*ingang, deurgat.*

dope[1] [doop] **I** ⟨telb.zn.⟩⟨inf.⟩ **0.1** ***sufferd*** ⇒*domoor;*
II ⟨n.-telb.zn.⟩ **0.1** ⟨inf.⟩ ***drugs*** ⇒*verdovende middelen* **0.2** ⟨inf.⟩ ***doping*** ⇒*stimulerende middelen* **0.3** ⟨inf.⟩ ***info(rmatie)*** ⇒*nieuws* **0.4** ***smeermiddel*** ⇒*smeersel* **0.5** ⟨AE; inf.⟩ ***ben. voor allerlei verslavende middelen*** ⇒*koffie; sigaret, saffie; Coca Cola.*

dope[2] ⟨ww.⟩ **0.1** ***drugs/verdovende middelen/doping toedienen aan*** ◆ **1.1** they must have ~d his drink *zij moeten iets in zijn drankje gedaan hebben;* the horse was ~d *het paard was gedrogeerd.*

dope fiend **0.1** ***junkie*** ⇒*verslaafde.*

dopey, dopy [doopie] ⟨sl.⟩ **0.1** ***suf*** **0.2** ***dom.***

Doppler effect [doplə iffekt] ⟨nat.⟩ **0.1** ***dopplereffect.***

Doric [dorrik] **0.1** ***Dorisch*** ◆ **1.1** ⟨bouwk.⟩ ~ order *Dorische orde/stijl.*

dorm [do:m] ⟨verk.⟩ [dormitory] **0.1** ***slaapzaal*** **0.2** ⟨AE⟩ ***studentenhuis.***

dormant [do:mənt] **0.1** ***slapend*** ⇒*sluimerend;* ⟨biol.⟩ *in een ruststadium verkerend, in winterslaap* **0.2** ***latent*** ⇒*verborgen* **0.3** ***inactief*** ⇒*(tijdelijk) niet-werkend* ◆ **1.2** ~ qualities *verborgen talenten* **1.3** a ~ volcano *een slapende vulkaan;* ~ partner *stille vennoot* **3.1** fear lay ~ in her mind *de angst bleef sluimeren in haar geest.*

dormer [do:mə], **dormer window** ⟨bouwk.⟩ **0.1** ***koekoek*** ⇒*dakkapel.*

Dormition [do:misjn] ◆ **1.¶** ⟨r.-k.⟩ ~ of the Blessed Virgin *Maria-Hemelvaart, Tenhemelopneming (v. Maria).*

dormitor|y [do:mitrie] ⟨mv.: -ies⟩ **0.1** ***slaapzaal*** **0.2** ⟨AE⟩ ***studentenhuis.***

dormitory town, dormitory suburb ⟨BE⟩ **0.1** ***slaapstad.***

dormobile [do:məbie:l] ⟨BE⟩ **0.1** ***kampeerauto*** ⇒*camper.*

dormouse [do:maus] **0.1** ***slaapmuis*** ⇒⟨ihb.⟩ *hazelmuis; relmuis, zevenslaper.*

dorsal [do:sl] **0.1** ⟨biol.⟩ ***dorsaal*** ⇒*van/mbt. de rug, rug-.*

dosage [doosidzj] ⟨vnl. enk.⟩ **0.1** ***dosering*** ⇒*dosis.*

dose[1] [doos] ⟨zn.⟩ **0.1** ***dosis*** ⟨ook fig.⟩ ⇒*hoeveelheid* ⟨ihb.⟩; *stralingsdosis* **0.2** ⟨sl.⟩ ***druiper*** ◆ **1.1** a ~ of bad luck *enige/flink wat tegenslag* **1.¶** ⟨sl.⟩ like a ~ of salts *razend vlug.*

dose[2] ⟨ww.⟩ **0.1** ***doseren*** ⇒*medicijn toedienen aan.*

dosh [dosj] ⟨BE, Austr. E; inf.⟩ **0.1** ***poen.***

doss down [das daun] ⟨BE; sl.⟩ **0.1** ***maffen*** ⇒*pitten.*

dosser [dossə] **0.1** ⟨BE; sl.⟩ ***iem. die regelmatig goedkoop overnacht.***

dosshouse ⟨BE; sl.⟩ **0.1** ***logement*** ⇒*goedkoop hotelletje, lijmkit.*

dossier [dossie·ee] **0.1** ***dossier.***

dost [dəst, ⟨sterk⟩ dust] ⟨2e persoon enk. teg. t.; vero., beh. rel.⟩ →**do.**

dot[1] [dot] ⟨zn.⟩ **0.1** ***punt*** ⟨ook muz., morse; op letterteken⟩ ⇒*spikkel, stip* ◆ **6.¶** ⟨inf.⟩ **on** the ~ *stipt (op tijd).*

dot[2] ⟨ww.; -ted⟩ **0.1** ***een punt zetten op/bij*** ⟨ook muz.⟩ **0.2** ***stippelen*** ⇒*(be)spikkelen* ◆ **1.1** ⟨fig.⟩ ~ the i's (and cross the t's) *de puntjes op de i zetten* **1.2** ~ted line *stippellijn;* a yellow ~ted tie *een geel gespikkelde das* **1.¶** sign on the ~ted line *(een contract) ondertekenen* **6.2** the meadow was ~ted **with** daisies *de weide was bezaaid met madeliefjes.*

DOT ⟨afk.⟩ **0.1** [Departement of Transportation] ⟨in USA⟩.

dotage [dootidzj] **0.1** ***kindsheid*** *⇒dementie* ◆ **6.1** be **in** one's ~ *seniel zijn.*

dote (up)on 0.1 ***dol zijn op*** *⇒verzot zijn op;* ⟨fig.⟩ *aanbidden, verafgoden.*

doth [dəθ, ⟨sterk⟩ dʌθ] ⟨3e pers. enk. teg. t.⟩ ⟨vero., beh. rel.⟩ → **do.**

doting [dooting] **0.1** ***overdreven gesteld op*** *⇒dol op* ◆ **1.1** he is a ~ father *hij adoreert zijn kinderen.*

dot matrix printer 0.1 ***dot matrix printer.***

dot printer 0.1 ***matrixprinter.***

dottle [dotl] **0.1** ***klokhuis*** ⟨restant tabak in een pijp⟩.

dott|y [dottie] ⟨-ier⟩ **0.1** ***gespikkeld*** *⇒gestippeld* **0.2** ⟨BE; inf.⟩ ***getikt*** *⇒niet goed snik* **0.3** ⟨+ about⟩ ***dol (op)*** *⇒gek (op).*

double[1] [dubl] ⟨zn.⟩ **0.1** ***dubbel*** *⇒doublet* **0.2** ***het dubbele*** *⇒ dubbele (hoeveelheid/snelheid e.d.)* **0.3** ***dubbelganger*** **0.4** ⟨film enz.⟩ ***doublure*** *⇒vervanger, stuntman* **0.5** ⟨ben. voor⟩ ***verdubbeling*** ⟨v. score, bord, inzet enz. in diverse sporten⟩ ⇒⟨bridge⟩ *doublet;* ⟨darts⟩ *worp in de dubbelring;* ⟨honkbal⟩ *tweehonkslag;* ⟨paardenrennen⟩ *weddenschap op de dubbel* **0.6** ⟨mv.; tennis⟩ ***dubbel(spel)*** ◆ **3.2** offer ~ *het dubbele bieden* ⟨v.e. bepaald bedrag⟩; order a ~ *een dubbele bestellen* ⟨bv. whisky⟩; ⟨sport⟩ win the ~ *een dubbelslag slaan* ⟨in voetbal bv. beker en kampioenschap winnen⟩ **3.6** mixed ~s *gemengd dubbel* **6.¶ at/on** the ~ *in looppas;* ⟨fig.⟩ *meteen, onmiddellijk* **¶.1** ~ or quits *quitte of dubbel.*

double[2] ⟨bn.⟩ **0.1** ***dubbel*** *⇒tweemaal (zo groot/veel/enz.), dubbeldik; dubbelgevouwen, dubbelgebogen; tweedelig; voor twee* **0.2** ***oneerlijk*** *⇒dubbelhartig, vals* ◆ **1.1** ~ the amount *tweemaal zo veel;* ~ bed/room *tweepersoonsbed/kamer;* ~ ⟨AE⟩ boiler/⟨BE⟩ saucepan *au-bain-mariestel;* ~ CD *dubbel-cd;* ~ chin *onderkin, dubbele kin;* ⟨BE⟩ ~ cream *dikke room;* ⟨inf.⟩ ~ date *afspraakje voor vier* ⟨twee jongens en twee meisjes⟩; ⟨adm.⟩ ~ entry (bookkeeping) *dubbele boekhouding;* ⟨foto.⟩ ~ exposure *dubbele belichting;* ⟨tennis⟩ ~ fault *dubbele fout;* ~ feature *bioscoopvoorstelling met twee hoofdfilms;* ⟨BE⟩ ~ first *(behaler v.d.) hoogste graad in twee hoofdvakken;* ~ glazing/windows *dubbele beglazing/ramen;* ~ meaning *dubbele/ambigue betekenis;* ⟨honkbal⟩ ~ play *dubbelspel* ⟨2 man tegelijk uit⟩; ⟨med.⟩ ~ pneumonia *dubbele longontsteking;* ~ standard *het meten met twee maten* ⟨vnl. fig.⟩ **1.2** ~ agent *dubbelagent/spion;* ~ life *dubbelleven* **1.¶** ⟨inf.⟩ ~ Dutch *koeterwaals, onzin.*

double[3] **I** ⟨onov.ww.⟩ **0.1** ***(zich) verdubbelen*** *⇒doubleren, tweemaal zo groot/veel worden* **0.2** ***terugkeren*** *⇒plotseling omkeren* **0.3** ***een dubbele rol/functie spelen/hebben*** **0.4** ⟨film enz.⟩ ***als vervanger optreden*** **0.5** ⟨bridge⟩ ***doubleren*** ◆ **1.1** the sales ~d *de omzet werd verdubbeld* **6.2** ~ (back) **on** one's tracks *op zijn schreden terugkeren* **6.3** in the play he ~s **as** the father *in het stuk speelt hij ook de rol v.d. vader* **6.4** ~ **for** an actor *een (toneel)speler vervangen.* →**double back, double over, double up;**
II ⟨ov.ww.⟩ **0.1** ***verdubbelen*** *⇒doubleren, tweemaal zo groot maken* **0.2** ***dubbelvouwen*** *⇒dubbelslaan* **0.3** ***spelen*** *⇒doubleren, tijdelijk overnemen* **0.4** ⟨film enz.⟩ ***als vervanger optreden van*** **0.5** ⟨bridge⟩ ***doubleren*** ◆ **1.2** the punch ~d him *hij sloeg dubbel door de klap;* he ~d his fists *hij balde zijn vuisten* **1.3** ~ two parts *twee rollen spelen* ⟨in één stuk⟩ **1.4** he ~d the hero in the fight *hij was stand-in voor de held tijdens het gevecht.* →**double back, double over, double up.**

double[4] ⟨bw.⟩ **0.1** ***dubbel*** *⇒tweemaal (zoveel als); in tweeën; samen, in groepjes v. twee* ◆ **3.1** bend ~ *dubbelvouwen;* cost ~ *tweemaal zoveel kosten;* see ~ *dubbel zien;* sleep ~ *met zijn tweeën in één bed slapen.*

double back I ⟨onov.ww.⟩ **0.1** ***terugkeren*** ◆ **6.1** ~ **on** one's tracks *op zijn schreden terugkeren;*
II ⟨ov.ww.⟩ **0.1** ***terugslaan*** *⇒terugvouwen* ◆ **6.1** ~ the cuffs **over** one's sweater *de manchetten over de trui omslaan.*

double-barrelled, ⟨AE sp.⟩ **double-barreled 0.1** ***dubbelloops*** *⇒met een dubbele loop* **0.2** ⟨inf.⟩ ***dubbelzinnig*** ◆ **1.2** a ~ statement *een ambigue uitspraak* **1.¶** a ~ name *een dubbele naam* ⟨met koppelteken⟩.

double-bass ⟨muz.⟩ **0.1** ***contrabas.***

double-bedded 0.1 ***met twee bedden*** **0.2** ***met een tweepersoonsbed.***

double-breasted 0.1 ***met twee rijen knopen*** *⇒dubbelrijs.*

double-check 0.1 ***een extra/dubbele controle uitvoeren*** **0.2** ***extra/dubbel controleren.***

double-click 0.1 ***dubbelklikken.***

double-cross[1] ⟨zn.⟩ ⟨inf.⟩ **0.1** ***bedriegerij*** ⟨vooral v. (zaken)-partner⟩ *⇒oplichterij.*

double-cross[2] ⟨ww.⟩ ⟨inf.⟩ **0.1** ***bedriegen*** *⇒dubbel spel spelen met, oplichten.*

double-crosser ⟨inf.⟩ **0.1** ***bedrieger*** *⇒oplichter.*

double-dealer 0.1 ***oplichter*** *⇒bedrieger.*

double-dealing 0.1 ⟨bn.⟩ ***oneerlijk*** *⇒vals* **0.2** ⟨zn.⟩ ***oplichterij*** *⇒bedrog.*

double-decker 0.1 ***dubbeldekker*** **0.2** ⟨inf.⟩ ***dubbeldekker*** *⇒dubbele sandwich.*

double-declutch [-diklutsj], ⟨AE⟩ **double-clutch 0.1** ***dubbel klutsen.***

double-digit 0.1 ***van/in tientallen*** ◆ **1.1** ~ inflation *inflatie v. 10% en meer.*

double-dyed 0.1 ***tweemaal geverfd*** ⇒⟨fig.⟩ *door de wol geverfd* ◆ **1.1** a ~ liar *een doortrapte leugenaar.*

double-edged 0.1 ***tweesnijdend*** ⟨ook fig.⟩ ◆ **1.1** a ~ argument *een argument dat zowel vóór als tegen kan worden gebruikt.*

double-fault ⟨tennis⟩ **0.1** ***dubbele fout slaan.***

double-jointed 0.1 ***dubbelgeleed*** ⇒⟨fig.⟩ *elastisch, lenig.*

double over 0.1 ***(doen) buigen*** *⇒(doen) ineenkrimpen* ⟨v.h. lachen, v.d. pijn⟩ **0.2** ***terugslaan*** *⇒terugvouwen.*

double-park 0.1 ***dubbel parkeren.***

double-quick ⟨inf.⟩ **0.1** ***vliegensvlug*** *⇒razendsnel; zo snel je kan* ◆ **1.1** in ~ time *in een oogwenk, onmiddellijk.*

double-space 0.1 ***dubbele regelafstand laten.***

doublet [dublit] **0.1** ***doublet*** ⟨ook taal.⟩ *⇒dubbel(vorm), paar* ◆ **1.1** 'shirt' and 'skirt' are ~s/a ~ *'shirt' en 'skirt' vormen een doublet* **1.¶** ~ and hose *wambuis en pof/kuitbroek.*

double-take ⟨vnl. AE; inf.⟩ **0.1** ***vertraagde reactie*** ◆ **3.1** do a ~ *pas bij nader inzien reageren, twee keer moeten kijken.*

double-talk[1] ⟨zn.⟩ **0.1** ***onzin*** **0.2** ***dubbelzinnigheid*** *⇒dubbelzinnige opmerking(en).*

double-talk[2] ⟨ww.⟩ **0.1** ***onzin uitkramen*** **0.2** ***dubbelzinnigheden debiteren*** *⇒een ingewikkeld verhaal ophangen.*

doublethink 0.1 ***het langs twee sporen denken*** *⇒het accepteren v. (schijnbare) tegenstrijdigheden.*

double-time 0.1 ***looppas*** **0.2** ***overwerkgeld*** *⇒onregelmatigheidstoeslag* ⟨v. werknemer⟩ ◆ **6.1** ⟨fig.⟩ eat **at** ~ *schrokken;* get back **in** ~ *kom onmiddellijk terug.*

double up I ⟨onov.ww.⟩ **0.1** ***ineenkrimpen*** ⟨v.h. lachen, v.d. pijn⟩ **0.2** ***(samen) delen*** ⟨ihb. een kamer⟩ ◆ **3.2** we haven't

any single rooms left. Do you mind doubling up? *er zijn geen eenpersoonskamers meer vrij. Vindt u het erg een kamer te delen?;*
II ⟨ov.ww.⟩ **0.1** ***buigen*** ⇒*doen ineenkrimpen* **0.2** ***opvouwen*** ⇒*om/terugslaan, (om)vouwen* ◆ **1.1** ~ one's legs *zijn benen intrekken.*

doubloon [dubloe:n] **0.1** ***dubloen*** ⟨oude Spaanse munt⟩.

doubly [dublie] **0.1** ***dubbel (zo)*** ⇒*tweemaal (zo)* ◆ **2.1** ~ careful *extra voorzichtig;* ~ troubled *om twee redenen bezorgd.*

doubt[1] [daut] ⟨zn.⟩ **0.1** ***twijfel*** ⇒*onzekerheid, aarzeling* ◆ **1.1** the benefit of the ~ *het voordeel v.d. twijfel* **3.1** be in no ~ about sth. *ergens zeker v. zijn;* cast/throw ~(s) (up)on *in twijfel trekken;* have one's ~s about sth. *ergens aan twijfelen* **6.1 beyond** ~ *stellig, zonder enige twijfel;* **in** ~ *in onzekerheid;* **without** (a) ~ *ongetwijfeld* **7.1** no ~ *ongetwijfeld, zonder (enige) twijfel* **8.1** ~ (as to/about) whether, ~ if *onzekerheid of.*

doubt[2] ⟨ww.⟩ **0.1** ***twijfelen (aan)*** ⇒*onzeker zijn, betwijfelen* ◆ **8.1** ~ that/whether *(be)twijfelen of.*

doubtful [dautfl] **0.1** ***twijfelachtig*** ⇒*onzeker, verdacht* **0.2** ***weifelend*** ⇒*aarzelend* **0.3** ***onwaarschijnlijk*** ◆ **6.1** be ~ **about/of** *zijn bedenkingen hebben over.*

doubtless [dautləs] **0.1** ***zonder twijfel*** ⇒*ongetwijfeld, naar alle waarschijnlijkheid.*

douche [doe:sj] **0.1** ⟨AE; med.⟩ ***irrigatie*** ⟨v. vagina⟩ ⇒*(uit)spoeling.*

dough [doo] **0.1** ***deeg*** **0.2** ⟨sl.⟩ ***poen*** ⇒*centen.*

doughboy **0.1** ⟨AE; sl.⟩ ***Amerikaans infanterist*** ⟨in de Eerste Wereldoorlog⟩.

doughnut, ⟨AE sp. ook⟩ **donut** **0.1** ***donut.***

dought|y [dautie] ⟨-ier⟩⟨iron.⟩ **0.1** ***dapper*** ⇒*flink.*

dough|y [dooie] ⟨-ier⟩ **0.1** ***klef*** ⇒*niet gaar, deegachtig* **0.2** ***pafferig*** ⇒*opgeblazen* ◆ **1.2** ~ skin *pafferige huid.*

Douglas fir [dugləs fə:], **Douglas pine** **0.1** ***douglasspar.***

dour [doeə] **0.1** ***streng*** ⇒*stug.*

douse, dowse [daus] **0.1** ⟨scheep.⟩ ***strijken*** ⇒*laten zakken* **0.2** ⟨inf.⟩ ***uitdoen*** ⟨licht⟩ **0.3** ***water gooien over*** ⇒*kletsnat maken, onderdompelen* ◆ **1.1** ~ the sails *de zeilen strijken* **6.3** ~ **in/with** *door en door nat maken met, doordrenken van.*

dove[1] ⟨verl. t.⟩ →**dive.**

dove[2] [duv] ⟨zn.⟩ **0.1** ***duif*** ⟨ook fig.⟩ ⇒*aanhanger v. vredespolitiek* ◆ **7.1** my ~ *m'n liefje/duifje.*

dovecot(e) [duvkoot, -kot] **0.1** ***duiventil.***

dovetail[1] ⟨zn.⟩ **0.1** ***zwaluwstaart(verbinding).***

dovetail[2] ⟨ww.⟩ **0.1** ***zwaluwstaarten*** ⇒*met een zwaluwstaart verbinden* **0.2** ***precies passen*** ⟨ook fig.⟩ ⇒*overeenkomen* ◆ **6.2** my plans ~ed **with** his *mijn plannen sloten aan bij de zijne.*

dowager [dauidzjə] **0.1** ***douairière.***

dowd|y [daudie] ⟨-iness⟩ **0.1** ***slonzig*** ⇒*slordig/slecht gekleed* ◆ **1.1** ~ clothes *sjofele kleren.*

dowel [dauəl] **0.1** ***deuvel*** ⇒*houten pen.*

dower[1] [dauə] ⟨zn.⟩ **0.1** ***weduwgift*** ⇒*weduwgeld* **0.2** ***gave*** ⇒*talent* **0.3** ⟨schr.⟩ ***bruidsschat*** ◆ **1.2** have a ~ of health *gezegend zijn met een goede gezondheid.*

dower[2] ⟨ww.⟩ **0.1** ***een bruidsschat geven aan*** ⇒*begiftigen.*

Dow Jones average [dau dzjoonz ævridzj] **0.1** ***Dow-Jones-koersgemiddelde*** ⇒*Dow-Jonesindex.*

down[1] [daun] **I** ⟨telb.zn.⟩ **0.1** ⟨Am. football⟩ ***down*** ◆ **3.¶** have a ~ on s.o. *de pest/een hekel hebben aan iem.;*
II ⟨n.-telb.zn.⟩ **0.1** ***dons*** ⇒*haartjes, veertjes;*
III ⟨mv.; D-⟩ **0.1** ***heuvellandschap in Z.-Engeland*** ◆ **2.1** the North/South Downs *de noordelijke/zuidelijke heuvelrug in Z.-Engeland.*

down[2] ⟨bn.⟩ **0.1** ***neergaand*** ⇒*naar onder/beneden leidend* **0.2** ***beneden*** **0.3** ***depressief*** ⇒*verdrietig* ◆ **1.1** the sales are ~ *de verkoopcijfers zijn gezakt* **1.2** it's 7.30, but no one is ~ yet *het is 7.30, maar er is nog niemand beneden* **1.¶** cash ~ *contante betaling, handje contantje;* ~ payment *contante betaling* **3.3** I feel ~ today *ik voel me rot vandaag.*

down[3] ⟨ww.⟩ **0.1** ***neerslaan*** ⇒*neerhalen, onderuithalen;* ⟨sport⟩ *tackelen* **0.2** ***verslaan*** ⇒⟨fig.⟩ *nekken* **0.3** ***opdrinken*** ⇒*(haastig) doorslikken* ◆ **1.1** ~ an aeroplane *een vliegtuig neerschieten/halen* **1.2** ~ the opposition *de oppositie verslaan* **1.3** ~ a lot of drinks *een flink aantal glazen (drank) achteroverslaan.*

down[4] ⟨bw.⟩ **0.1** ⟨plaats of richting; ook fig.⟩ ***neer*** ⇒*(naar) beneden, omlaag, onder* **0.2** ⟨mbt. vaste verblijf- of werkplaats⟩ ***vanuit*** ⇒⟨dram.⟩ *vooraan op het toneel* ◆ **1.1** lines ~ and across *horizontale en verticale lijnen* **3.1** bend ~ *bukken, vooroverbuigen;* come ~ (in life) *aan lager wal (ge)raken;* go ~ *naar beneden gaan; zinken;* the sun goes ~ *de zon gaat onder;* go ~ (south) *naar het zuiden trekken;* go ~ in price *goedkoper worden;* go ~ three to one *met drieeen verliezen;* keep ~ *onder de duim houden, onderdrukken;* keep ~ one's food *zijn eten binnenhouden;* put ~ in writing *opschrijven;* the wind went/died ~ *de wind ging liggen* **3.2** ⟨BE⟩ come/go ~ *de universiteit verlaten* ⟨voor vakantie of wegens afstuderen⟩; go ~ to the country *het platteland bezoeken;* ⟨BE⟩ be sent ~ *weggezonden worden v.d. universiteit;* track s.o. ~ *iem. opsporen* **4.¶** eight ~ and two to go *acht gespeeld, nog twee te spelen* **5.1 up** and ~ *op en neer* **5.2** ⟨AE⟩ ~ south *in/naar de zuidelijke staten* **5.¶** deep ~ **inside**, ~ **under** *in zijn binnenste;* ~ **under** *bij de tegenvoeters, in Australië en Nieuw-Zeeland* **6.1** ~ **on** your knees! *op de knieën!;* ~ **with** the president! *weg met de president!* **¶.1** ~! *liggen!, koest!, af!* ⟨tegen hond⟩. →**be down, go down etc.**

down[5] ⟨vz.⟩ **0.1** ⟨plaats of richting⟩ ***vanaf*** ⇒*langs, onder in* **0.2** ⟨tgov. up⟩ ***neer*** ⇒*af* ◆ **1.1** ~ the coast *langs de kust;* roll ~ (the) hill *(van) de berg (af)rollen;* ~ (the) river *de rivier af, verder stroomafwaarts;* ~ South *zuidwaarts, in het zuiden;* he went ~ the street *hij liep de straat door* **1.¶** ~ stage *vóór op het toneel;* ~ town *de stad in, in het centrum.*

down-and-out, down-and-outer ⟨inf.⟩ **0.1** ***mislukkeling*** ⇒*armoedzaaier, stakker.*

downbeat ⟨inf.⟩ **0.1** ***pessimistisch*** ⇒*somber.*

downcast **0.1** ***terneergeslagen*** ⇒*somber, neerslachtig* **0.2** ***neergeslagen*** ◆ **1.2** ~ eyes *neergeslagen ogen.*

downdraught, ⟨AE sp. ook⟩ **downdraft** **0.1** ***benedenwaartse trek/tocht*** ⟨vnl. door schoorsteen⟩.

downer [daunə] ⟨inf.⟩ **0.1** ***kalmerend middel*** ⇒*tranquillizer* **0.2** ***vervelende/teleurstellende ervaring*** ◆ **1.1** uppers and ~s *pepmiddelen en kalmeringsmiddelen.*

downfall **0.1** ***stortbui*** **0.2** ***val*** ⇒*ondergang.*

downgrade **0.1** ***degraderen*** ⇒*in rang verlagen* **0.2** ***de waarde/het belang naar beneden halen van.***

downhearted **0.1** ***ontmoedigd*** ⇒*terneergeslagen, in de put.*

downhill[1] ⟨zn.; bn.⟩ **0.1** ⟨bn.⟩ ***(af)hellend*** ⇒*naar beneden, neerwaarts* **0.2** ⟨bn.; inf.⟩ ***gemakkelijk*** **0.3** ⟨zn.; skisport⟩ ***afdaling*** ◆ **5.2** it's all ~ from here *het is een makkie vanaf hier.*

downhill[2] ⟨bw.⟩ **0.1** ***bergafwaarts*** ⇒*naar beneden, neerwaarts* ◆ **3.1** go ~ *verslechteren.*

downhome ⟨AE⟩ **0.1** ***boeren-*** ⇒*plattelands-* ◆ **1.1** ~ wisdom *boerenslimheid.*

download ⟨comp.⟩ **0.1** ***van groot naar klein systeem zenden*** ⇒*downloaden.*

down-market 0.1 *voor de lagere inkomensklasse* ⇒*uit een goedkopere prijsklasse, v. mindere kwaliteit, inferieur* ◆ **1.1** that shop has become ~ *die winkel is zich gaan richten op een minder koopkrachtig publiek.*
downplay 0.1 ***afzwakken*** ⇒*bagatelliseren, relativeren.*
downpour 0.1 ***stortbui*** ⇒*plensbui.*
downright[1] ⟨bn.⟩ 0.1 ***uitgesproken*** ⇒*overduidelijk* **0.2** ***volkomen*** ◆ **1.1** a ~ liar *iem. die liegt dat het gedrukt staat.*
downright[2] ⟨bw.⟩ 0.1 ***volkomen*** ⇒*door en door* ◆ **2.1** ~ beautiful *werkelijk prachtig.*
down-river racing ⟨sport⟩ 0.1 ***(het) wildwatervaren.***
downsizing 0.1 ***inkrimping*** ⇒*bezuiniging.*
Down's syndrome ⟨med.⟩ 0.1 ***syndroom v. Down*** ⇒*downsyndroom, mongolisme.*
downstage[1] ⟨zn.⟩ 0.1 ***voortoneel*** ⇒*voorkant v.h. toneel.*
downstage[2] ⟨bw.⟩ 0.1 ***voor op het toneel*** ⇒*naar de voorkant v.h. toneel.*
downstairs[1] ⟨zn.; mv.: downstairs⟩ 0.1 ***benedenverdieping*** **0.2** ⟨ww. vnl. enk.⟩ ***dienstpersoneel.***
downstairs[2] ⟨bn.⟩ 0.1 ***beneden*** ⇒*op de begane grond.*
downstairs[3] ⟨bw.⟩ 0.1 ***(naar) beneden*** ⇒*de trap af.*
downstream 0.1 ***stroomafwaarts.***
downstroke 0.1 ***neerhaal*** ⟨v. (geschreven) letter⟩ **0.2** ⟨tech.⟩ ***neergaande beweging/slag.***
downtime 0.1 ***stilstandtijd*** ⟨bv. voor onderhoud⟩ ⇒*storingsduur/tijd, productieonderbreking; ongebruikte/verloren tijd* ⟨bv. mbt. niet gebruiken v. computer⟩.
down-to-earth 0.1 ***nuchter*** ⇒*met beide benen op de grond.*
downtown[1] ⟨zn.⟩⟨AE⟩ 0.1 ***de binnenstad*** ⇒*het (zaken)centrum.*
downtown[2] ⟨bw.⟩⟨AE⟩ 0.1 ***naar de binnenstad*** ⇒*de stad in.*
downtrodden 0.1 ***onderdrukt*** ⇒*onder de duim gehouden.*
downturn ⟨hand.⟩ 0.1 ***daling*** ⇒*teruggang.*
downward[1] [daunwəd] ⟨bn.⟩ 0.1 ***naar beneden gaand*** ⇒*neerwaarts, aflopend.*
downward[2], **downwards** [daunwədz] ⟨bw.⟩ 0.1 ***naar beneden*** ⇒*benedenwaarts* **0.2** ***vanaf*** ⇒*sinds* ◆ **6.2** from the Middle Ages ~ *sinds de Middeleeuwen.*
downwind 0.1 ***met de wind mee (gaand).***
down|y [daunie] ⟨-ier⟩ 0.1 ***donzig*** ⇒*zacht.*
dowr|y [dau(ə)rie] ⟨mv.: -ies⟩ 0.1 ***bruidsschat.***
dowse [dauz] **I** ⟨onov.ww.⟩ 0.1 ***(met een wichelroede) wateraders/mineralen opsporen*** ⇒*wichelroede lopen;*
II ⟨ov.ww.⟩ 0.1 →**douse.**
dowser [dauzə] 0.1 ***wichelroedelo(o)p(st)er.***
dowsing-rod 0.1 ***wichelroede.***
doxolog|y [doksolladzjie] ⟨mv.: -ies⟩⟨rel.⟩ 0.1 ***lofprijzing*** ⟨v. God⟩ ⇒*gloria.*
doyen [dojjən], ⟨vr. vorm⟩ **doyenne** [dojjen] 0.1 ***oudste*** ⇒*deken, nestor.*
doyl(e)y →**doily.**
doz. ⟨afk.⟩ 0.1 [dozen].
doze[1] [dooz] ⟨zn.⟩ 0.1 ***sluimering*** ⇒*dutje.*
doze[2] **I** ⟨onov.ww.⟩ 0.1 ***sluimeren*** ⇒*dutten, soezen* ◆ **5.1** ~ **off** *indutten, in slaap sukkelen;*
II ⟨ov.ww.⟩ 0.1 ⟨vnl. +away⟩ ***verdutten*** ⇒*versuffen.*
dozen [duzn] ⟨mv.: ook dozen⟩ 0.1 ***dozijn*** ⇒*twaalftal* **0.2** ⟨inf.⟩ ***groot aantal*** ⇒*heleboel* ◆ **1.1** a ~ books *een tiental boeken* **1.2** ~s (and ~s) of people *een heleboel mensen* **3.¶** speak/talk nineteen/twenty/forty to the ~ *aan één stuk door praten/ratelen* **4.¶** it's six of one and half a ~ of the other *het is lood om oud ijzer* **6.2** by the ~ *bij tientallen, bij bosjes.* →**daily, long.**
doz|y [doozie] ⟨-iness⟩ 0.1 ***slaperig*** ⇒*soezerig* **0.2** ⟨BE; inf.⟩ ***dom*** ◆ **1.1** a ~ day *een lekker lome dag.*
dpt. ⟨afk.⟩ 0.1 [department].
Dr. ⟨afk.⟩ 0.1 [Drive].
drab[1] [dræb] ⟨zn.⟩ 0.1 ***slons*** ⇒*slet, hoer.*
drab[2] ⟨bn.; -ber; -ness⟩ 0.1 ***vaalbruin*** **0.2** ***kleurloos*** ⇒*saai.*
drachm [dræm] 0.1 →**dram** 0.1, 0.2 **0.2** ⟨BE⟩ ***drachme*** ⟨3,55 ml; →t⟩ **0.3** →**drachma.**
drachma [drækmə]⟨mv.: ook drachmae [-mie:]⟩ 0.1 ***drachme*** ⟨Griekse munt⟩.
draconian [drəkoonian] ⟨vaak D-⟩ 0.1 ***draconisch*** ⇒*zeer streng* ◆ **1.1** ~ measures *uiterst harde maatregelen.*
draft[1] [dra:ft] ⟨zn.⟩ 0.1 ***klad(je)*** ⇒*concept, schets* **0.2** ⟨hand.⟩ ***traite*** ⇒*(getrokken) wissel* **0.3** →**draught** **0.4** ⟨AE; the⟩ ***dienstplicht*** ◆ **3.2** make a ~ on s.o. *een wissel trekken op iem.* **6.1** in ~ *in het klad* **6.2** by ~ *per wissel.*
draft[2], **draught** ⟨ww.⟩ 0.1 ***ontwerpen*** ⇒*schetsen, een klad(je) maken van* **0.2** ⟨AE⟩ ***indelen*** ⇒*detacheren* **0.3** ⟨AE⟩ ***oproepen*** ◆ **6.3** ~ s.o. **into** the army *iem. oproepen voor het leger.*
draft card ⟨AE; mil.⟩ 0.1 ***oproep(ings)kaart*** ⇒*oproep.*
draft dodger ⟨AE⟩ 0.1 ***ontduiker v.d. dienstplicht.***
draftee [dra:ftie:] ⟨AE⟩ 0.1 ***dienstplichtig militair.***
drafts|man [dra:ftsmən]⟨mv.: -men [-mən]⟩ 0.1 ***tekenaar*** ⇒*ontwerper* **0.2** ***opsteller (v. documenten)*** **0.3** → **draughtsman.**
draft treaty 0.1 ***ontwerp-akkoord*** ⇒*ontwerp-overeenkomst.*
drafty →**draughty.**
drag[1] [dræg] ⟨zn.⟩ 0.1 ***het slepen*** ⇒*het trekken, het zeulen* **0.2** ***het dreggen*** **0.3** ***dreg*** ⇒*dregnet, dreganker* **0.4** ***rem*** ⟨fig.⟩ ⇒*belemmering, vertraging, blok aan het been* **0.5** ⟨luchtv.⟩ ***luchtweerstand*** **0.6** ⟨inf.⟩ ***saai gedoe/figuur*** ⇒*vervelend iets/iem.* **0.7** ⟨inf.⟩ ***trekje*** ⟨aan sigaret⟩ ⇒*haaltje* **0.8** ***door een man gedragen vrouwenkleding*** ◆ **6.4** it was a ~ **on** the proceedings *het belemmerde de werkzaamheden* **6.8** **in** ~ *in travestie, als man/vrouw verkleed* **7.6** it was such a ~ *het was stierlijk vervelend/stomvervelend.*
drag[2] ⟨-ged⟩ **I** ⟨onov.ww.⟩ 0.1 ***dreggen*** **0.2** ***zich voortslepen*** ⇒*kruipen* ⟨v. tijd⟩, *lang duren, langdradig/saai zijn* **0.3** ***achterblijven*** ◆ **5.2** ~ **on** *eindeloos duren* **6.1** ~ **for** *dreggen naar;*
II ⟨onov. en ov.ww.⟩ 0.1 ***(mee)slepen*** ⇒*(voort)trekken/sleuren/zeulen* ◆ **1.1** ~ through the mire/mud *door het slijk halen* ⟨ook fig.⟩ **5.1** ⟨inf.⟩ he always ~s **in** his ancestry *hij haalt er altijd zijn voorgeslacht bij;* don't ~ my name **in** *laat mijn naam erbuiten;* she ~ged him **off** to concerts *ze sleepte hem mee naar concerten* **6.1** ⟨inf.⟩ ~ **at/on** a cigarette *een trek(je) nemen;* ~ s.o. **into** sth. *iem. tegen zijn zin ergens in betrekken.* →**drag down, drag out, drag up;**
III ⟨ov.ww.⟩ 0.1 ***afdreggen*** ⇒*afzoeken* ⟨rivier⟩.
drag artist 0.1 ***travestiespeler.***
drag down 0.1 ***slopen*** ⇒*uitputten, ontmoedigen* **0.2** ***neerhalen*** ⟨ook fig.⟩ ⇒*zedelijk laag doen staan, verlagen.*
dragg|y [drægie] ⟨-ier⟩⟨inf.⟩ 0.1 ***duf*** ⇒*saai, vervelend.*
dragnet 0.1 ***dregnet*** ⇒*sleepnet;* ⟨fig.⟩ *(vang)net* ⟨om misdadigers te vatten⟩.
drago|man [drægəmən]⟨mv.: ook -men [-mən]⟩ 0.1 ***dragoman*** ⇒*drogman* ⟨tolk bij de volken v.h. Nabije en Midden-Oosten⟩.
dragon [drægən] 0.1 ***draak*** ⟨ook fig.⟩ ⇒*onuitstaanbaar mens.*
dragonfly 0.1 ***libel*** ⇒*waterjuffer.*
dragoon[1] [drəgoe:n] ⟨zn.⟩ 0.1 ***dragonder*** ⟨ook fig.⟩.
dragoon[2] ⟨ww.⟩ 0.1 ⟨+ into⟩ ***(met geweld) dwingen tot.***
drag out 0.1 ***eruit trekken*** ⟨waarheid e.d.⟩ **0.2** ***rekken*** ⟨vergadering, verhaal e.d.⟩ ⇒*uitspinnen.*

drag queen ⟨sl.⟩ **0.1** ***mannelijke travestiet*** **0.2** ***verwijfde homo.***

drag race **0.1** ***dragrace*** ⟨voor auto's over een kwart mijl waarbij het om het acceleratievermogen gaat⟩.

dragster [drægstə] ⟨AE⟩ **0.1** ***dragster*** ⟨auto die omgebouwd is voor een dragrace⟩.

drag up ⟨inf.⟩ **0.1** ***oprakelen*** ⇒*weer naar voren brengen* **0.2** ⟨BE⟩ ***slecht opvoeden*** ⇒*zijn gang (maar) laten gaan* ⟨kind⟩.

drain[1] [dreen] ⟨zn.⟩ **0.1** ***afvoerkanaal*** ⇒*afvoerbuis/pijp, riool;* ⟨med.⟩ *drain* **0.2** ***afvloeiing*** ⇒*onttrekking;* ⟨fig.⟩ *druk, belasting* ◆ **6.1** ⟨inf.⟩ **down** the ~ *naar de knoppen, verloren* **6.2** it is a great ~ **on** his strength *het vergt veel van zijn krachten.*

drain[2] **I** ⟨onov.ww.⟩ **0.1** ***weglopen*** ⇒*wegstromen, (uit)lekken* **0.2** ***leeglopen*** ⇒*afdruipen, uitdruipen* **0.3** ***afwateren*** ⇒ *lozen* ◆ **2.2** let the dishes ~ dry *de vaat droog laten druipen* **5.1** ~ **away** *wegvloeien;* ⟨fig.⟩ *wegebben, afnemen;*
II ⟨ov.ww.⟩ **0.1** ***afvoeren*** ⇒*doen afvloeien, afgieten;* ⟨fig.⟩ *doen verdwijnen* **0.2** ***leegmaken*** ⇒*leegdrinken, uitdrinken;* ⟨fig.⟩ *uitputten* **0.3** ***draineren*** ⇒*droogleggen* ◆ **2.2** ~ dry *tot op de bodem leegmaken;* ⟨fig.⟩ *helemaal uitputten* **5.1** ~ **away** *doen wegvloeien, doen weglopen* **5.2** ~ **off** *afvoeren, leegmaken* **6.¶** a face ~ed **of** all colour *een doodsbleek gezicht.*

drainage [dreenidzj] **0.1** ***drainage*** ⇒*het afvoeren, drooglegging* **0.2** ***het leegmaken*** ⇒⟨fig.⟩ *het uitputten* **0.3** ***het leeglopen*** ⇒*het wegstromen* **0.4** ***afvoer*** ⇒*afwatering, riolering* **0.5** ***het afgevoerde water*** ⇒⟨BE⟩ *rioolwater.*

drainage basin ⟨aardr.⟩ **0.1** ***stroomgebied.***

drainingboard, ⟨AE⟩ **drainboard** **0.1** ***afdruipplaat/plank*** ⟨v. aanrecht⟩.

drainpipe **0.1** ***rioolbuis*** ⇒*afvoerpijp.*

drainpipe trousers ⟨inf.⟩ **0.1** ***broek met smalle pijpen.***

drake [dreek] **0.1** ***woerd*** ⇒*mannetjeseend.*

dram [dræm] **0.1** ***(medicinale) drachme*** ⟨3,888 g⟩ **0.2** ***drachme*** ⇒*dram* ⟨'avoirdupois' 1,772 g;→t⟩ **0.3** ⟨AE⟩ ***drachme*** ⇒*dram* ⟨3,70 ml;→t⟩ **0.4** ***druppeltje*** ⇒*greintje* **0.5** ⟨inf.⟩ ***neutje.***

drama [dra:mə] **0.1** ***toneelstuk*** ⇒*drama, toneelspel* **0.2** ***toneel*** ⇒*drama* ◆ **7.2** the ~ *de toneelkunst.*

drama-documentary **0.1** ***gedramatiseerde documentaire.***

dramatic [drəmætik] ⟨-ally⟩ **0.1** ***dramatisch*** ⇒*theatraal, toneel-* **0.2** ***indrukwekkend*** ⇒*aangrijpend, overdreven; spectaculair* ◆ **1.1** ~ irony *tragische ironie* **1.2** ~ behaviour *theatraal gedrag.*

dramatics [drəmætiks] ⟨mv.; ww. enk. of mv.⟩ **0.1** ***dramatiek*** ⇒*toneelkunst, dramaturgie* **0.2** ***dramatisch gedrag*** ⇒*theatraal gedoe.*

dramatis personae [dræmətis pə:soonaj] **0.1** ***dramatis personae*** ⇒*personages (in een toneelstuk).*

dramatist [dræmətist] **0.1** ***dramaticus*** ⇒*toneelschrijver/schrijfster, dramaturg.*

dramatization, -sation [dræmətajzeesjn] **0.1** ***dramatisering.***

dramatize, -ise [dræmətajz] **I** ⟨onov.ww.⟩ **0.1** ***zich aanstellen*** ⇒*dramatisch doen, overdrijven;*
II ⟨ov.ww.⟩ **0.1** ***dramatiseren*** ⇒*als drama bewerken, aanschouwelijk/dramatisch voorstellen.*

drank ⟨verl. t.⟩ →**drink.**

drape[1] [dreep] ⟨zn.⟩ **0.1** ***draperie*** **0.2** ⟨AE⟩ ***gordijn*** **0.3** ***val*** ⇒ *soepelheid, manier v. vallen* ⟨v. textiel⟩ ◆ **2.3** this silk has a lovely ~ *deze zijde valt erg mooi.*

drape[2] ⟨ww.⟩ **0.1** ***bekleden*** ⇒*omhullen, versieren* **0.2** ***draperen*** ⟨ook fig.⟩ **0.3** ***(achteloos) leggen*** ⇒*deponeren, laten hangen/liggen* ◆ **1.3** ~ one's legs over a chair *zijn benen op een stoel leggen.*

draper [dreepə] ⟨BE⟩ **0.1** ***manufacturier.***

draper|y [dreeprie] ⟨mv.: -ies⟩ **0.1** ⟨BE⟩ ***stoffen*** **0.2** ⟨BE⟩ ***manufacturenhandel*** **0.3** ***het draperen*** ⇒*draperie, drapering* **0.4** ⟨AE⟩ ***gordijn.***

drastic [dræstik] ⟨-ally⟩ **0.1** ***drastisch*** ⇒*ingrijpend.*

drat [dræt] ⟨-ted⟩ ⟨inf.⟩ **0.1** ***verwensen*** ⇒*vervloeken* ◆ **1.1** that ~ted animal! *dat verdraaide beest!* **4.1** ~ it! *verdorie!*

draught[1], ⟨AE⟩ **draft** [dra:ft] ⟨zn.⟩ **0.1** ***tocht*** ⇒*trek, luchtstroom* **0.2** ***teug*** ⇒*slok* ⟨v. medicinaal drankje⟩ **0.3** ***drankje*** ⇒*medicijn, dosis* **0.4** ***het aftappen*** **0.5** ***schets*** ⇒*concept, klad* **0.6** ⟨the; AE⟩ ***dienstplicht*** **0.7** ⟨BE⟩ ***damschijf*** ◆ **1.7** (game of) ~s *damspel, het dammen* **3.1** ⟨sl.⟩ feel the ~ *op de tocht zitten;* ⟨fig.⟩ *in geldnood verkeren* **3.3** a sleeping ~ *een slaapdrankje* **6.4** beer **on** ~ *bier van/uit het vat.*

draught[2] ⟨ww.⟩ →**draft**[2].

draught beer **0.1** ***bier van/uit het vat.***

draughtboard ⟨BE⟩ **0.1** ***dambord.***

draught-free **0.1** ***tochtvrij*** ⟨v. ruimte, ventilatie enz.⟩.

draught-proof[1] ⟨bn.⟩ **0.1** ***tochtdicht/vrij*** ⟨v. ramen enz.⟩.

draught-proof[2] ⟨ww.⟩ **0.1** ***tochtvrij maken*** ⟨dmv. tochtstrippen e.d.⟩.

draughts|man, ⟨in bet. 0.1 en 0.2 AE⟩ **drafts|man** [dra:ftsmən] ⟨mv.: -men [-mən]⟩ **0.1** ***tekenaar*** ⇒*ontwerper* **0.2** ***opsteller (v. documenten)*** **0.3** ⟨BE⟩ ***damschijf.***

draught stripping **0.1** ***tochtwering*** ⟨dmv. tochtband e.d.⟩.

draughty, ⟨AE⟩ **drafty** [dra:ftie] **0.1** ***tochtig.***

draw[1] [dro:] ⟨zn.⟩ **0.1** ***trek*** ⇒*het trekken* **0.2** ⟨AE⟩ ***trekje*** ⇒ *haal* ⟨bij het roken⟩ **0.3** ***aantrekkingskracht*** ⇒*attractie, trekpleister* **0.4** ⟨loterij⟩ ***trekking*** ⇒*(uit/ver)loting* **0.5** ***gelijkspel*** ⇒*remise* **0.6** ***getrokken kaart*** ⇒*getrokken lot* ◆ **2.1** he is quick on the ~ *hij kan snel zijn revolver trekken;* ⟨fig.⟩ *hij reageert snel.*

draw[2] ⟨drew [droe:], drawn [dro:n]⟩ **I** ⟨onov.ww.⟩ **0.1** ***komen*** ⇒*gaan* **0.2** ***aantrekkingskracht uitoefenen*** ⇒*publiek trekken* **0.3** ⟨sport, spel⟩ ***gelijkspelen*** ⇒*in gelijkspel eindigen, remise maken* **0.4** ***trekken*** ⟨ihb. v. thee⟩ ◆ **1.1** ~ to an end/a close *ten einde lopen* **1.2** the play was ~ing well *het stuk liep goed* **5.1** ~ level *gelijk komen* ⟨in race⟩; ~ **near** *naderen, dichterbij komen;* ~ **off** *(zich) terugtrekken, weggaan* **6.1** he drew **alongside** the bus *hij ging naast de bus rijden.* →**draw apart, draw away, draw back, draw in, draw on, draw out, draw up;**
II ⟨onov. en ov.ww.⟩ **0.1** ***trekken*** ⇒*slepen; spannen* ⟨boog⟩; *te voorschijn halen* ⟨wapen⟩; *dichtdoen* ⟨gordijn⟩ **0.2** ***tekenen*** ⇒*schetsen* **0.3** ***loten*** ⇒*door loting verkrijgen* **0.4** ***putten*** ⟨ook fig.⟩ ◆ **1.1** ~ the blinds *de jaloezieën neerlaten;* the chimney doesn't ~ *de schoorsteen trekt niet;* ~ one's sword against *ten strijde trekken tegen* **1.2** ~ a circle *een cirkel trekken/beschrijven;* ⟨fig.⟩ one has to ~ the line somewhere *je moet ergens een grens trekken* **1.4** ~ consolation from *troost putten uit;* ~ inspiration from *inspiratie opdoen uit* **1.¶** ~ a conclusion *een conclusie trekken* **5.1** ~ **along** *voorttrekken;* ~ **aside** *opzij trekken, apart nemen;* ~ **back** the curtains *de gordijnen opentrekken/doen;* ~ **down** *naar beneden trekken;* ⟨fig.⟩ *teweegbrengen, uitlokken;* ~ **off** *uittrekken, afdoen;* ~ **together** *samentrekken, nader tot elkaar komen* **6.1** ~ s.o. **into** a conversation *iem. in een gesprek betrekken* **6.3** let us ~ **for** it *laten we erom loten* **6.4** ~ **on/upon** *een beroep doen op, putten uit, gebruik maken van;* I'll have to ~ **upon** my savings *ik zal mijn spaargeld moeten aanspreken;*
III ⟨ov.ww.⟩ **0.1** ***(aan)trekken*** ⇒*(aan)lokken* **0.2** ***(in)ha-***

len **0.3** ***ertoe brengen*** ⇒*overhalen* **0.4** ***(te voorschijn) halen*** ⇒*uittrekken;* ⟨fig.⟩ *ontlokken; naar buiten brengen/halen; (af)tappen* ⟨bier enz.⟩ **0.5** ***van de ingewanden ontdoen*** ⇒*ontweien, schoonmaken* **0.6** ***opstellen*** ⟨tekst⟩ ⇒ *opmaken, formuleren, uitschrijven* ⟨cheque⟩ **0.7** ***trekken*** ⟨geld, loon⟩ ⇒*opnemen, ontvangen* **0.8** ⟨geldw.⟩ ***opbrengen*** **0.9** ⟨sport, spel⟩ ***in gelijkspel doen eindigen*** **0.10** ⟨sport⟩ ***een bep. richting/effect geven aan*** ⟨de bal⟩ ⇒⟨biljart⟩ *trekken;* ⟨cricket, golf⟩ *(te veel) naar links slaan* ⟨v. rechtshandige⟩; *(te veel) naar rechts slaan* ⟨v. linkshandige⟩ ◆ **1.1** ~ attention to *de aandacht vestigen op* **1.2** ~ a deep breath *diep inademen, diep ademhalen* **1.4** ~ blood *bloed doen vloeien;* ⟨fig.⟩ *iem. gevoelig raken;* his story drew tears *zijn verhaal maakte de ogen vochtig* **1.7** ~ one's salary regularly *regelmatig zijn salaris ontvangen;* she drew all her savings from her account *zij nam al haar spaargeld op (van haar rekening)* **1.8** capital ~ing interest *rentedragend kapitaal* **1.9** the game is ~n *het is gelijkspel;* ⟨schaakspel, damspel⟩ *de partij is remise* **3.4** he refused to be ~n *hij liet zich niet uit zijn tent lokken* **5.4** ~ **forth** *te voorschijn halen* **5.¶** ~ **off** *afleiden* ⟨aandacht⟩; *weglokken; aftappen.* →**draw on, draw out, draw up.**

draw apart **0.1** ***van/uit elkaar gaan*** ⇒*uit elkaar groeien, zich afscheiden.*

draw away **0.1** ⟨+from⟩ ***wegtrekken (van)*** ⇒*(zich) terugtrekken (van)* **0.2** ⟨+from⟩ ***uitlopen (op)*** ⇒*een voorsprong nemen (op).*

drawback **0.1** ***nadeel*** ⇒*bezwaar, schaduwzijde* ◆ **7.1** there is only one ~ *er is maar één ding op tegen.*

draw back **0.1** ⟨+from⟩ ***(zich) terugtrekken (van)*** ⇒*terugwijken (van/voor)* ◆ **1.1** she drew back in horror *vol afgrijzen deinsde zij terug.*

drawbridge **0.1** ***ophaalbrug.***

drawee [dro:·ie:] ⟨geldw.⟩ **0.1** ***trassaat*** ⇒*betrokkene* ⟨degene op wie een wissel is getrokken⟩.

drawer[1] [dro:] **I** ⟨telb.zn.⟩ **0.1** ***lade*** ◆ **1.1** a chest of ~s *een ladekast.* →**bottom, top;**
II ⟨mv.⟩ **0.1** ***(lange) onderbroek.***

drawer[2] [dro:ə] ⟨zn.⟩ **0.1** ***tekenaar*** **0.2** ⟨geldw.⟩ ***trassant*** ⇒ *trekker.*

draw in **0.1** ***binnenrijden*** ⇒*komen aanrijden* **0.2** ***aan de kant gaan rijden*** **0.3** ***ten einde lopen*** ⟨v. dag⟩ ⇒*schemerig worden* **0.4** ***korter worden*** ⟨v. dagen⟩.

drawing [dro:ing] **0.1** ***tekening*** **0.2** ***het tekenen*** ⇒*tekenkunst* **0.3** ***trekking*** ⇒*loting* **0.4** ***het trekken.***

drawing board **0.1** ***tekenbord*** ⇒*tekenplank* ◆ **5.1** ⟨inf.; vnl. scherts.⟩ **back** to the ~! *terug naar af!, overnieuw!*

drawing pin ⟨BE⟩ **0.1** ***punaise.***

drawing rights ⟨geldw.⟩ **0.1** ***trekkingsrechten.***

drawing room **0.1** ***salon*** ⇒*zitkamer.*

drawl[1] [dro:l] ⟨zn.⟩ **0.1** ***lijzige manier v. praten.***

drawl[2] ⟨ww.⟩ **0.1** ***lijzig praten.***

drawn [dro:n] **0.1** ***vertrokken*** ⇒*strak, afgetobd* ⟨gezicht⟩ **0.2** ***onbeslist*** ⟨wedstrijd⟩ ◆ **6.1** ~ **with** pain *vertrokken van de pijn.*

draw on **I** ⟨onov.ww.⟩ **0.1** ***naderen*** ⇒*dichter komen bij* ◆ **1.1** winter is drawing on *de winter is in aantocht;*
II ⟨ov.ww.⟩ **0.1** ***bewegen*** ⇒*aanmoedigen, ertoe brengen* **0.2** ***aantrekken*** ⟨kledingstukken⟩.

draw out **I** ⟨onov.ww.⟩ **0.1** ***lengen*** ⟨v. dagen⟩ **0.2** ***wegrijden*** ⟨v. trein enz.⟩;
II ⟨ov.ww.⟩ **0.1** ***(uit)rekken*** ⇒*uitspinnen* **0.2** ***aan de praat krijgen*** ⇒*eruit halen, uithoren* **0.3** ***opmaken*** ⇒*opstellen* **0.4** ***opnemen*** ⟨geld⟩ ◆ **1.2** finally they drew the truth out of him *uiteindelijk kregen zij de waarheid uit hem.*

drawstring **0.1** ***trekkoord.***

draw up **I** ⟨onov.ww.⟩ **0.1** ***stoppen*** ⇒*tot stilstand komen* ⟨v. auto e.d.⟩ ◆ **6.1** ~ **to** *naderen, dichter komen bij;*
II ⟨ov.ww.⟩ **0.1** ***opstellen*** ⇒*plaatsen* ⟨soldaten⟩ **0.2** ***opmaken*** ⇒*opstellen, formuleren* **0.3** ***aanschuiven*** ⟨stoel⟩ ⇒ *bijtrekken* ◆ **4.¶** draw o.s. up *zich oprichten, zich lang maken.*

dray [dree] **0.1** ***sleperswagen*** ⇒*brouwerswagen.*

dread[1] [dred] ⟨zn.⟩ **0.1** ***(doods)angst*** ⇒*vrees, schrik* **0.2** ***angstbeeld*** ◆ **6.1** have a ~ **of** fire *(doods)bang zijn voor vuur.*

dread[2] ⟨bn.⟩⟨schr.⟩ **0.1** ***gevreesd*** ⇒*angstaanjagend, ontzagwekkend* ◆ **1.1** the ~ hand of God *Gods afschrikwekkend ingrijpen.*

dread[3] ⟨ww.⟩ **0.1** ***vrezen*** ⇒*erg opzien tegen, doodsbang zijn (voor)* ◆ **3.1** I ~ to think (of) what will happen to him *ik moet er niet aan denken wat hem allemaal zal overkomen.*

dreadful [dredfl] ⟨-ness⟩ **0.1** ***vreselijk*** ⇒*ontzettend;* ⟨inf. ook⟩ *(heel) erg* ◆ **2.1** I'm ~(ly) tired *ik ben bekaf.*

dreadlocks [dredloks] ⟨inf.⟩ **0.1** ***schriklokken*** ⇒*rastakapsel/vlechten.*

dreadnought, dreadnaught [dredno:t] **0.1** ⟨scheep.⟩ ***dreadnought*** ⇒*zwaar slagschip.*

dream[1] [drie:m] ⟨zn.⟩ **0.1** ***droom*** ⇒⟨fig.⟩ *ideaal* ◆ **1.1** a ~ of a dress *een snoes v.e. jurk* **3.1** live in a ~ *in een waas leven.* →**wet.**

dream[2] ⟨ww.; vnl. BE dreamt, dreamt [dremt]⟩ **0.1** ***dromen*** ⇒ *zich verbeelden, zich indenken* ◆ **5.1** ~ **away** *verdromen, verdoen;* ~ **up** *verzinnen* **6.1** ~ **about/of** *dromen van;* ⟨inf.⟩ she wouldn't ~ **of** moving *zij piekerde er niet over om te verhuizen.*

dreamboat ⟨inf.⟩ **0.1** ***droom*** ⇒*ideaal.*

dreamer [drie:mə] **0.1** ***dromer*** ⟨ook fig.⟩.

dream factory **0.1** ***droomfabriek*** ⇒*filmstudio; filmindustrie.*

dreamland **0.1** ***droomwereld*** **0.2** ⟨scherts.⟩ ***dromenland.***

dreamless [drie:mləs] **0.1** ***droomloos.***

dreamlike [drie:mlajk] **0.1** ***onwezenlijk*** ⇒*als (in) een droom, dromerig.*

dream world **0.1** ***schijnwereld*** ⇒*droomwereld.*

dream|y [drie:mie] ⟨-iness⟩ **0.1** ***dromerig*** ⇒*onwezenlijk* **0.2** ⟨inf.⟩ ***beeldig*** ⇒*schattig, snoezig.*

drear|y [driərie], ⟨schr.⟩ **drear** [driə] ⟨-iness⟩ **0.1** ***somber*** ⇒ *treurig* **0.2** ***saai.***

dredge [dredzj] **I** ⟨onov.ww.⟩ **0.1** ***dreggen*** ⇒*baggeren* **0.2** ⟨scheep.⟩ ***met krabbend anker afdrijven;***
II ⟨ov.ww.⟩ **0.1** ***opdreggen*** ⇒*uitbaggeren* **0.2** ***bestrooien*** ◆ **5.1** ⟨fig.⟩ ~ **up** old memories *herinneringen ophalen* **6.2** ~ fish **in** bread crumbs *vis door het paneermeel halen.*

dredger [dredzjə], ⟨in bet. 0.2 ook⟩ **dredge** [dredzj] **0.1** ***dregger*** ⇒*baggeraar* **0.2** ***baggermachine*** ⇒*baggermolen, dreg.*

dregs [dregz] **0.1** ***sediment*** ⇒*bezinksel, droesem* **0.2** ⟨pej.⟩ ***iets waardeloos*** ⇒*uitvaagsel* ◆ **1.2** ~ of society *uitschot v.d. maatschappij* **3.1** drink/drain to the ~ *tot op de bodem ledigen.*

drench [drentsj] **0.1** ***doordrenken*** ⇒*doorweken, kletsnat maken* ◆ **1.1** sun-~ed beaches *zonovergoten stranden.*

drenching [drentsjing] **0.1** ***stortbui*** ⇒*nat pak* ◆ **3.1** he got a (good) ~ *hij raakte doorweekt/door en door nat.*

dress[1] [dres] ⟨zn.⟩ **0.1** ***jurk*** ⇒*japon* **0.2** ***kleding*** ⇒*tenue, dracht.*

dress[2] **I** ⟨onov. en ov.ww.; wk.ww.⟩ **0.1** ***zich (aan)kleden*** ⇒ *gekleed gaan, toilet maken* **0.2** ***zich verkleden*** ⇒*avond-*

toilet aantrekken ◆ **4.¶** ~ed (up) to the nines *piekfijn gekleed* **5.1** ~ **down** *zich zeer eenvoudig kleden* **5.¶** ~ **up** *zich netjes/mooi aankleden, zich verkleden/vermommen* **6.2** ~ **for** dinner *zich verkleden voor het eten;*
II ⟨ov.ww.⟩ **0.1** ***(aan)kleden*** ⇒*van kleding voorzien, kleren aantrekken* **0.2** ***versieren*** ⇒*opsieren, optuigen* **0.3** ⟨med.⟩ ***verbinden*** ⇒*verzorgen* ⟨wond⟩, *verband aanleggen op/om* **0.4** ***met saus overgieten*** ⇒*aanmaken* **0.5** ***opmaken*** ⇒*kammen en borstelen, kappen* ◆ **1.2** ~ a shop window *een etalage inrichten* **1.4** ~ed salad *aangemaakte sla* **1.¶** ~ed fowl *schoongemaakt gevogelte* **3.1** ~ed to kill *opvallend/mooi gekleed* ⟨v. iem. op de versiertoer enz.⟩ **5.1** ~ **up** *verkleden, vermommen* **5.2** ~ **up** *opdoffen* ⟨ook fig.⟩; *mooi doen schijnen; aanvaardbaar laten klinken/maken, leuk brengen* **5.¶** ~ **down** *zacht/soepel maken* ⟨leer⟩; *roskammen* ⟨paard⟩; ⟨fig.⟩ *een pak slaag geven, op z'n donder geven* **6.1** ~ed **in** one's (Sunday) best *met z'n goeie goed aan;* ~ed **in** black *in het zwart.*

dressage [dressa:zj] **0.1** ***dressuur.***

dressage event ⟨paardensport⟩ **0.1** ***dressuurwedstrijd.***

dressage test ⟨paardensport⟩ **0.1** ***dressuurproef.***

dress circle **0.1** ***balkon*** ⟨in theater⟩.

dresser [dressə] **0.1** ⟨dram.⟩ ***kleder/kleedster*** **0.2** ⟨BE⟩ ***keukenkast*** ⇒*dressoir, buffet(kast)* **0.3** ⟨AE⟩ ***ladekast.***

dressing [dressing] **0.1** ***het (aan)kleden*** **0.2** ⟨med.⟩ ***verband(materiaal)*** **0.3** ***slasaus*** ⇒*vinaigrette* **0.4** ⟨AE; cul.⟩ ***vulling.***

dressing down **0.1** ***schrobbering*** ⇒*uitbrander.*

dressing gown **0.1** ***badjas*** **0.2** ***ochtendjas.***

dressing room **0.1** ***kleedkamer.***

dressing table **0.1** ***toilettafel*** ⇒*kaptafel.*

dressmaker **0.1** ***naaister*** ⇒*kleermaker/maakster.*

dressmaking **0.1** ***het naaien*** ⇒*kleermakerij.*

dress rehearsal **0.1** ***generale repetitie.***

dress|y [dressie] ⟨-ier⟩ **0.1** ***chic*** ⇒*elegant, gekleed* **0.2** ⟨fig.⟩ ***overdreven gekleed*** ⇒*opgedirkt, opgedoft.*

drew ⟨verl. t.⟩ →**draw.**

dribble[1] [dribl] ⟨zn.⟩ **0.1** ***stroompje*** ⇒⟨fig.⟩ *vleugje, druppeltje, beetje* **0.2** ⟨sport⟩ ***dribbel*** **0.3** ***kwijl*** ⇒*speeksel.*

dribble[2] **I** ⟨onov.ww.⟩ **0.1** ***(weg)druppelen*** ⇒*langzaam wegstromen;* ⟨fig.⟩ *haast ongemerkt verdwijnen* **0.2** ***kwijlen*** **0.3** ⟨sport⟩ ***dribbelen*** ◆ **5.1** money just ~s **away** *geld glipt als zand door je vingers;* the answers ~d **in** *de antwoorden kwamen binnendruppelen;*
II ⟨ov.ww.⟩ **0.1** ***(laten) druppelen*** ⇒*langzaam laten vloeien.*

driblet [driblit] **0.1** ***druppeltje*** ⇒⟨fig.⟩ *beetje (geld), stukje* ◆ **6.1 in/by** ~s *bij stukjes en beetjes, met horten en stoten.*

dribs [dribz] ◆ **1.¶** in ~ and drabs *bij stukjes en beetjes, beetje bij beetje.*

dried [drajd] **0.1** ***droog*** ⇒*gedroogd* ◆ **1.1** ~ fruit *gedroogd(e) vruchten/fruit;* ~ milk *melkpoeder* **5.1** ~ **up** *opgedroogd, verschrompeld.*

drier, dryer [drajjə] **0.1** ***iem. die droogt*** ⇒*droger* **0.2** ***droger*** ⇒*haardroger, föhn; droogmachine, wasdroger, droogmolen* **0.3** ***droogmiddel*** ⇒*siccatief.*

drift[1] [drift] ⟨zn.⟩ **0.1** ***afwijking/drijving*** ⇒*het weg/afdrijven, het zwerven* **0.2** ***vlaag*** ⇒*sneeuw/regenvlaag, stofwolk* **0.3** ***opeenhoping*** ⇒*berg, massa* **0.4** ***ongeorganiseerde beweging*** ⇒*gang, trek* **0.5** ***strekking*** ⇒*tendens, bedoeling* ◆ **1.3** a ~ of leaves *een bladerhoop* ⟨door wind opgehoopt⟩ **1.¶** a policy of ~ *een laat-maar-waaienpolitiek* **2.5** the general ~ of the story *de algemene strekking v.h. verhaal* **3.5** I get your ~ *ik begrijp wat je bedoelt* **6.4** the ~ **from** the country to the city *de trek van het platteland naar de stad.* →**continental.**

drift[2] **I** ⟨onov.ww.⟩ **0.1** ***(af/uiteen)drijven*** ⟨ook fig.⟩ ⇒*(zich laten) meedrijven, (rond)zwalken* **0.2** ***opwaaien*** ⇒*(zich) ophopen* ⟨v. sneeuw⟩ ◆ **5.1** he just ~s **along** *hij doet maar wat;* John and Mary ~ed **apart** *John en Mary vervreemdden van elkaar;* ~ **away / off** *geleidelijk verdwijnen;* she just ~ed **in** *ze kwam zomaar even langs;*
II ⟨ov.ww.⟩ **0.1** ***meevoeren*** ⇒*voortdrijven* **0.2** ***bedekken*** ⟨met sneeuw/bladeren⟩.

driftage [driftidzj] ⟨geen mv.⟩ **0.1** ⟨vnl. scheep.⟩ ***afdrijving*** ⇒*drift* **0.2** ***wrakgoed*** ⇒*wrakhout, drijfhout.*

drift anchor ⟨scheep.⟩ **0.1** ***drijfanker*** ⇒*sleepzak.*

drifter [driftə] **0.1** ⟨pej.⟩ ***lanterfanter*** ⇒*zwerver* **0.2** ***(vissers)boot met drijfnetten*** ⇒*drifter, drijfnetvisser.*

drift ice **0.1** ***drijfijs.***

driftnet **0.1** ***drijfnet.***

driftwood **0.1** ***drijfhout*** ⇒*wrakhout.*

drill[1] [dril] ⟨zn.⟩ **0.1** ***boor(machine)*** ⇒*drilboor, boorstaal* **0.2** ***het drillen*** ⇒*exercitie, oefening* **0.3** ***driloefening*** ⇒*het opdreunen, het erin stampen* **0.4** ⟨the; BE; inf.⟩ ***gebruikelijke procedure*** ⇒*normale gang v. zaken* **0.5** ⟨dierk.⟩ ***dril*** ⟨ong. mandril⟩ ◆ **2.3** a special ~ for learning verbs *een speciale methode om de werkwoorden te leren.*

drill[2] **I** ⟨onov.ww.⟩ **0.1** ***boren*** ⇒*gaten boren* **0.2** ***stampen*** ⇒*(mechanisch) leren* **0.3** ***oefenen*** ⇒*exerceren;*
II ⟨ov.ww.⟩ **0.1** ***doorboren*** **0.2** ***aanboren*** **0.3** ***drillen*** ⇒*africhten, trainen* **0.4** ***erin stampen*** ⇒*erin heien.*

drill bit ⟨mijnw.⟩ **0.1** ***boorkop.***

drilling platform **0.1** ***boorplatform*** ⇒*booreiland.*

drily [drajlie] **0.1** →**dry** **0.2** ***droog(jes).***

drink[1] [dringk] ⟨zn.⟩ **0.1** ***(iets te) drinken*** ⇒*slok, teug* **0.2** ***drank*** ⇒*sterkedrank, alcohol* **0.3** ***het (teveel) drinken*** **0.4** ⟨the; sl.⟩ ***plomp*** ⇒*plas* ◆ **1.1** give him a ~ of water *geef hem wat water te drinken* **1.2** food and ~ *eten en drinken, spijs en drank* **3.3** she took to ~ *ze ging aan de drank.* → **long, soft, worse.**

drink[2] ⟨drank [drængk], drunk [drungk]⟩ **I** ⟨onov.ww.⟩ → **drink to;**
II ⟨onov. en ov.ww.⟩ **0.1** ***drinken*** ⇒*leegdrinken, op/uitdrinken* ◆ **1.1** he ~s like a fish *hij drinkt als een tempelier* **5.1** ~ **away** all one's money *al zijn geld verdrinken;* ~ **down / off** *in een teug op/leegdrinken;* ~ **up** *opdrinken, (het glas) leegdrinken;*
III ⟨ov.ww.⟩ **0.1** ***in zich opnemen*** ⇒*(in)drinken* **0.2** ***drinken op*** ⇒*het glas heffen op* ◆ **1.2** they drank his health *zij dronken op zijn gezondheid* **5.1** ~ **in** s.o.'s words *iemands woorden in zich opnemen.*

drinkable [dringkəbl] **0.1** ***drinkbaar*** ⇒*te drinken.*

drink-driver ⟨BE⟩ **0.1** ***alcomobilist*** ⟨iem. die onder invloed v. alcohol rijdt⟩.

drink-driving ⟨ook attr.⟩ ⟨BE⟩ **0.1** ***alcomobilisme*** ⇒*(het) rijden onder invloed* ◆ **1.1** ~ test *alcoholcontrole.*

drinker [dringkə] **0.1** ***iem. die drinkt*** ⇒*drinker.*

drinking fountain **0.1** ***drinkfontein(tje).***

drinking-up time ⟨BE⟩ **0.1** ***tijd om het laatste glas leeg te drinken*** ⟨in een pub⟩.

drinking water **0.1** ***drinkwater.***

drink to **0.1** ***toasten op*** ⇒*een dronk uitbrengen op* ◆ **1.1** let us ~ the future *laten we op de toekomst drinken.*

drip[1] [drip] ⟨zn.⟩ **0.1** ***gedruppel*** ⇒*druppel, het druppelen* **0.2** ⟨med.⟩ ***infuus*** ⇒*infusievloeistof* **0.3** ⟨sl.⟩ ***sukkel*** ⇒*slome (donder/duikelaar).*

drip[2] ⟨-ped⟩ **I** ⟨onov.ww.⟩ **0.1** ***druipen*** ⇒*druppelen* ◆ **2.1** ~ping wet *drijfnat, doornat* **6.1** ~ping **with** *druipend van;* ⟨fig.⟩ *overvloeiend van;*
II ⟨ov.ww.⟩ **0.1** ***laten druppelen.***

drip-dry[1] ⟨bn.⟩ **0.1** ***strijkvrij*** ⇒*kreukvrij* ⟨v. stof⟩.
drip-dry[2] ⟨ww.⟩ **0.1** ***(laten) drogen zonder kreuken.***
drip irrigation, trickle irrigation 0.1 ***druppelbevloeiing.***
dripping [dripping] **0.1** ***het druppelen*** ⇒*het druipen, gedruppel* **0.2** ***braadvet.***
drippy [drippie] ⟨inf.⟩ **0.1** ***flauw*** ⇒*onnozel.*
drive[1] [drajv] ⟨zn.⟩ **0.1** ***rit(je)*** ⇒*rijtoer* **0.2** ***drijfjacht*** ⇒*het (bijeen/op)drijven* **0.3** ⟨sport⟩ ***slag*** ⇒*drive* **0.4** ⟨psych.⟩ ***drift*** ⇒*drang* **0.5** ***actie*** ⇒*campagne* **0.6** ⟨BE⟩ ***wedstrijd (bingo/whist)*** ⇒*bridgedrive* **0.7** ***laan*** ⟨in straatnamen D-⟩ ⇒*oprijlaan, oprit* **0.8** ⟨mil.⟩ ***(groot) offensief*** ⇒*(zware) aanval* **0.9** ***aandrijving*** ⇒*overbrenging* **0.10** ***drijfkracht*** ⇒*stuwkracht* **0.11** ***energie*** ⇒*voortvarendheid, doorzettingsvermogen* **0.12** ⟨comp.⟩ ***(magneet)schijfeenheid*** ⇒*diskdrive* ◆ **2.1** it is a long ~ *het is een heel eind rijden* **2.¶** right-hand ~ *met het stuur rechts.*
drive[2] ⟨drove [droov], driven [drivn]⟩ **I** ⟨onov.ww.⟩ **0.1** ***snellen*** ⇒*(voort)stormen, (blijven) doorgaan* **0.2** ***gooien*** ⇒*schieten, lanceren* ◆ **3.2** let ~ at *schieten op, slaan naar.* → **drive at;**
II ⟨onov. en ov.ww.⟩ **0.1** ***drijven*** ⟨ook fig.⟩ ⇒*opjagen, bijeendrijven* **0.2** ***rijden*** ⇒*(be)sturen, vervoeren* **0.3** ***voortdrijven*** ⇒*duwen, slaan* ⟨ook sport⟩ ◆ **1.1** ~ into a (tight) corner *in het nauw drijven* **5.1** ~ **away** *wegjagen;* ~ **out** *verdrijven, uitdrijven, verdringen* **5.2** ~ **in** *binnenrijden;* ~ **off** *wegrijden;* ~ **up** *voorrijden* **5.3** ~ home *vastslaan, inhameren; volkomen duidelijk maken;* ~ **in** *inslaan* ⟨spijker enz.⟩; *inhameren* ⟨ook fig.⟩; ~ **off** an attack *een aanval afslaan* **6.3** ~ a stake **into** the ground *een paal de grond inheien;*
III ⟨ov.ww.⟩ **0.1** ***boren*** ⟨tunnel⟩ ⇒*graven, drijven* ⟨galerij, mijngang⟩ **0.2** ***dwingen*** ⇒*nopen, brengen tot* **0.3** ***aandrijven*** ◆ **1.2** ~ s.o. to despair *iem. wanhopig maken.*
drive at 0.1 ***doelen op*** ⇒*bedoelen* ◆ **4.1** what is he driving at? *wat bedoelt hij?*
drive-in 0.1 ⟨bn.⟩ ***drive-in*** ⇒*inrij-* **0.2** ⟨zn.⟩ ***drive-in*** ⇒*inrijbank/bioscoop/cafetaria.*
drivel[1] [drivl] ⟨zn.⟩ **0.1** ***gezwam*** ⇒*kletskoek.*
drivel[2] ⟨ww.; -led⟩ **0.1** ***zwammen*** ⇒*(onzin) kletsen, zeveren* ◆ **5.1** ~ **on** *doorleuteren/wauwelen.*
driven ⟨volt. deelw.⟩ →**drive.**
driver [drajvə] **0.1** ***bestuurder*** ⇒*chauffeur, machinist* **0.2** ⟨golf⟩ ***driver*** ⇒*(houten) golfstok* **0.3** ***(vee)drijver.***
driveway 0.1 ***oprijlaan*** ⇒*oprit.*
driving [drajving] **0.1** ***aandrijvend*** ⇒*stuwend* ⟨ook fig.⟩ **0.2** ***krachtig*** ⇒*energiek* ◆ **1.2** ~ rain *slagregen.*
driving licence, ⟨AE⟩ **driver's licence 0.1** ***rijbewijs.***
driving mirror 0.1 ***achteruitkijkspiegel.***
driving range ⟨golf⟩ **0.1** ***oefenafslagplaats*** ⟨oefenbaan voor lange slagen⟩ ⇒*driving range.*
driving test 0.1 ***rijexamen.***
driving wheel, drive wheel 0.1 ***drijfwiel*** ⇒*vliegwiel.*
drizzle[1] [drizl] ⟨zn.⟩ **0.1** ***motregen.***
drizzle[2] ⟨ww.⟩ **0.1** ***motregenen*** ⇒*miezeren.*
drizzly [drizlie] **0.1** ***miezerig*** ⇒*druilerig.*
Dr Martens →**Doc Martens.**
drogue [droog] **0.1** ⟨scheep.⟩ ***zeeanker*** **0.2** ⟨verk.⟩ [drogue parachute].
drogue parachute 0.1 ***remparachute*** ⇒*remscherm.*
droll [drool] ⟨-y; -ness⟩ **0.1** ***komiek*** ⇒*koddig, humoristisch.*
droller|y [droolərie] ⟨mv.: -ies⟩ **0.1** ***eigenaardige humor*** ⇒*grappenmakerij* **0.2** ***grap*** ⇒*geintje.*
dromedar|y [drommədrie] ⟨mv.: -ies⟩ **0.1** ***dromedaris.***
drone[1] [droon] ⟨zn.⟩ **0.1** ***hommel*** ⇒*dar* **0.2** ***klaploper*** ⇒*leegloper, uitvreter* **0.3** ***radiografisch bestuurd(e) vliegtuig/raket*** **0.4** ***gegons*** ⇒*gezoem, gebrom* **0.5** ***dreun*** ⇒*eentonige manier v. praten.*
drone[2] **I** ⟨onov.ww.⟩ **0.1** ***gonzen*** ⇒*zoemen, brommen* **0.2** ***dreunen*** ⟨ook fig.⟩ ⇒*monotoon spreken;*
II ⟨ov.ww.⟩ **0.1** ***opdreunen.***
drone on 0.1 ***eindeloos doorzeuren*** **0.2** ***eindeloos duren.***
drool [droe:l] **0.1** ***kwijlen*** **0.2** ⟨inf.⟩ ***zwammen*** ⇒*leuteren* ◆ **6.1** ⟨inf.; fig.⟩ ~ **about/over** *dwepen met, weglopen met.*
droop[1] [droe:p] ⟨zn.; geen mv.⟩ **0.1** ***hangende houding*** ⇒*het (laten) hangen.*
droop[2] **I** ⟨onov.ww.⟩ **0.1** ***neerhangen*** ⇒*(af)hangen, slap zijn/worden, krom staan* **0.2** ***toevallen*** ⟨v. oogleden⟩ **0.3** ***verflauwen*** ⇒*afnemen, verslappen* ◆ **1.3** don't let your spirits ~ *laat de moed niet zakken;*
II ⟨ov.ww.⟩ **0.1** ***laten hangen*** ⟨hoofd enz.⟩ **0.2** ***neerslaan*** ⟨ogen⟩.
drop[1] [drop] **I** ⟨telb.zn.⟩ **0.1** ***druppel*** ⇒*drupje, neutje;* ⟨fig.⟩ *greintje, spoor(tje)* **0.2** ***zuurtje*** **0.3** ***val*** ⇒*daling, verval* ⟨v. rivier⟩, *valling* **0.4** ***dropping*** ⇒*het afwerpen per parachute/uit vliegtuig* ◆ **1.¶** a ~ in a bucket/in the ocean *een druppel op een gloeiende plaat;* at the ~ of a hat *meteen, bij de minste aanleiding* **3.1** he has had a ~ too much *hij heeft te diep in het glaasje gekeken* **6.1** ~ **by** ~, **by/in** ~s *druppel voor druppel;*
II ⟨mv.⟩ **0.1** ***druppels*** ⇒*medicijn* ◆ **2.1** ⟨AE; sl.⟩ knock-out ~s *bedwelmingsmiddel.*
drop[2] ⟨-ped⟩ **I** ⟨onov.ww.⟩ **0.1** ***druppelen*** ⇒*druipen* **0.2** ***vallen*** ⇒*om/neervallen, zich laten vallen;* ⟨fig.⟩ *terloops geuit worden* **0.3** ***ophouden*** ⇒*verlopen, uitvallen* **0.4** ***dalen*** ⇒*afnemen, zakken* ◆ **1.2** he ~ped out of sight years ago *ik heb hem al jaren geleden uit het oog verloren* **1.3** they let the matter ~ *zij lieten de zaak verder rusten* **1.4** the wind has ~ped *de wind is gaan liggen* **5.2** ⟨sl.⟩ ~ dead! *val dood!* **5.4** ~ **away** *geleidelijk afnemen, teruglopen* **5.¶** ~ **back/behind** *achterblijven, achtergelaten worden* **6.¶** ~ **behind** *achter raken bij.* →**drop by/in, drop off, drop out;**
II ⟨ov.ww.⟩ **0.1** ***laten druppelen*** ⇒*laten druipen* **0.2** ***laten vallen*** ⇒*laten zakken, neerlaten* **0.3** ***laten varen*** ⇒*laten schieten, opgeven* **0.4** ***laten dalen*** ⇒*verminderen, verlagen* **0.5** ***terloops zeggen*** ⇒*laten vallen* **0.6** ⟨inf.⟩ ***vellen*** ⇒*neerslaan/leggen, vloeren* **0.7** ***afleveren*** ⇒*afgeven, afzetten* **0.8** ***weglaten*** ⟨letter, woord⟩ ◆ **1.2** ⟨scheep.⟩ we ~ped anchor *wij gooiden het anker uit;* she ~ped her eyes *zij sloeg haar ogen neer* **1.3** ~ (the) charges *een aanklacht intrekken* **1.4** ~ one's voice *zachter praten* **1.5** ~ s.o. a hint *iem. een wenk geven;* ~ me a line *schrijf me even een paar regeltjes* **1.8** he ~s his h's *hij slikt de h in* **4.3** ⟨inf.⟩ ~ it! *schei uit!, hou ermee op!* **6.7** he ~ped me **at** the corner *hij zette mij bij de hoek af.* →**drop off.**
drop by, drop in 0.1 ***langskomen*** ⇒*binnenvallen* ◆ **6.1** drop in **on** s.o. *even aanlopen bij iem.*
drop hammer 0.1 ***valhamer.***
drop in →**drop by.**
drop-in centre ⟨BE⟩ **0.1** ⟨ong.⟩ ***dagcentrum voor welzijnszorg.***
drop kick ⟨rugby; Am. football⟩ **0.1** ⟨zn.⟩ ***dropkick*** ⟨trap tegen opstuitende bal⟩ **0.2** ⟨ww.⟩ ***dropkicken*** ⇒*trappen (tegen een opstuitende bal).*
droplet [droplit] **0.1** ***druppeltje*** ⇒*drupje.*
drop off I ⟨onov.ww.⟩ **0.1** ***geleidelijk afnemen*** ⇒*teruglopen* **0.2** ⟨inf.⟩ ***in slaap vallen;***
II ⟨ov.ww.⟩ **0.1** ***afzetten*** ⇒*laten uitstappen.*
drop-off 0.1 ***scherpe daling*** ⇒*snelle achteruitgang* **0.2** ***steile daling/helling.***
dropout ⟨inf.⟩ **0.1** ***drop-out*** ⟨iem. die de school niet afge-

maakt heeft, iem. die de samenleving de rug toegekeerd heeft⟩.

drop out 0.1 ***opgeven*** ⇒*zich terugtrekken* 0.2 ***vroegtijdig verlaten*** ⟨AE, ihb. school⟩.

drop(ped) ball ⟨sport, ihb. voetbal⟩ 0.1 ***scheidsrechterbal*** ⇒ *stuitbal.*

dropper [droppə] 0.1 ***druppelaar*** ⇒*druppelbuisje.*

droppings [droppingz] 0.1 ***uitwerpselen*** ⟨v. dieren⟩ ⇒*keutels.*

dropping zone ⟨parachutespringen⟩ 0.1 ***(veilig) landingsgebied.***

drop shot ⟨tennis, badminton⟩ 0.1 ***dropshot*** ⟨bal/shuttle die plotseling loodrecht naar beneden valt⟩.

dropsical [dropsikl] 0.1 ***gezwollen*** ⇒*opgeblazen.*

dropsy [dropsie] ⟨med.⟩ 0.1 ***waterzucht.***

drosophila [drossoffillə] 0.1 ***fruitvliegje*** ⇒*bananenvliegje.*

dross [dros] 0.1 ***slak*** ⇒*metaalslak/schuim;* ⟨fig.⟩ *waardeloos spul.*

drought [draut], ⟨AE⟩ **drouth** [drauθ] 0.1 ***droogte*** ⇒*droge periode.*

drove[1] [droov] ⟨zn.⟩ 0.1 ***horde*** ⇒*kudde* ⟨ihb. vee⟩; *menigte* ⟨mensen⟩ ◆ 6.1 people came **in** ~s *de mensen kwamen in drommen.*

drove[2] ⟨verl. t.⟩ →**drive.**

drover [droovə] 0.1 ***veedrijver.***

drown [draun] 0.1 ***(doen) verdrinken*** ⇒*(doen) verzuipen* 0.2 ***(doen) overstromen*** ⇒*onder water zetten, (rijkelijk) overspoelen;* ⟨fig.⟩ *overstemmen, overstelpen* ◆ 1.1 ~ one's sorrows (in drink) *zijn verdriet verdrinken* 5.2 ~ **out** *overstemmen, overschreeuwen* 6.2 ⟨fig.⟩ fruit ~ed **in** cream *vruchten die in room zwemmen.*

drowse[1] [drauz] ⟨zn.; geen mv.⟩ 0.1 ***lichte slaap*** ⇒*dommel.*

drowse[2] I ⟨onov.ww.⟩ 0.1 ***slaperig zijn*** ⇒*dommelen, loom zijn;*
II ⟨ov.ww.⟩ 0.1 ***slaperig maken*** ⇒*suf maken, sloom maken.*

drows|y [drauzie] ⟨-iness⟩ 0.1 ***slaperig*** ⇒*suf, soezerig* 0.2 ***er slaperig uitziend*** ⇒*dromerig* ◆ 1.2 a ~ hamlet *een ingeslapen gehucht.*

drub [drub] ⟨-bed⟩ 0.1 ***slaan*** ⇒*afranselen, afrossen;* ⟨fig.⟩ *hardhandig (af)leren* 0.2 ***(drastisch) verslaan*** ⇒*verpletteren* ◆ 6.1 ~ sth. **out of** s.o.'s head *iets eruit slaan bij iem.*

drubbing [drubbing] 0.1 ***pak slaag*** ⇒*aframmeling* 0.2 ***(zware) nederlaag.***

drudge[1] [drudzj] ⟨zn.⟩ 0.1 ***sloof*** ⇒*zwoeger, werkezel.*

drudge[2] ⟨ww.⟩ 0.1 ***zwoegen*** ⇒*zich afbeulen, eentonig werk doen.*

drudgery [drudzjərie] 0.1 ***eentonig werk*** ⇒*slaafs/geestdodend werk.*

drug[1] [drug] ⟨zn.⟩ 0.1 ***geneesmiddel*** ⇒*medicijn* 0.2 ***drug*** ⇒ *verdovend/stimulerend middel* ◆ 1.¶ a ~ on the market *een onverkoopbaar artikel.*

drug[2] ⟨ww.; -ged⟩ 0.1 ***medicijn(en) e.d. toedienen*** ⇒*bedwelmen, drogeren, verdoven* ◆ 1.1 the doctor ~ged his patient *de dokter gaf zijn patiënt een pijnstiller.*

drug abuse 0.1 ***drugsmisbruik.***

drug addict, drug fiend 0.1 ***drugsverslaafde.***

drug addiction 0.1 ***drugsverslaving.***

drug baron, drug lord 0.1 ***drugsbaron/baas.***

drugget [drugit] 0.1 ***(vloerkleed v.) droget.***

druggist [drugist] 0.1 ***apotheker*** 0.2 ***drogist.***

drug rehabilitation centre, drug rehabilitation clinic 0.1 ***afkickcentrum.***

drug smuggler 0.1 ***drugssmokkelaar.***

drugs squad ⟨zn.⟩⟨polit.⟩ 0.1 ***narcoticabrigade.***

drugstore ⟨vnl. AE⟩ 0.1 ***drugstore*** ⟨klein warenhuis⟩ ⇒*apotheek, drogisterij.*

drug traffic 0.1 ***drugshandel*** ⇒⟨Belg.⟩ *drugstraffiek.*

drug trafficker 0.1 ***drugshandelaar.***

Druid [droe:id] ⟨ook d-⟩ 0.1 ***druïde*** ⟨Keltische priester⟩.

drum[1] [drum] ⟨zn.⟩ 0.1 ***trom*** ⇒*trommel* 0.2 ***getrommel*** ⇒ *(ge)roffel, het trommelen* 0.3 ⟨mv.⟩ ***slagwerk*** ⇒*drumstel, drums* 0.4 ***drum*** ⇒*ton, vat* ◆ 1.2 the ~ of the rain on the roof *het getik v.d. regen op het dak* 3.1 with ~s beating and colours flying *met vliegende vaandels en slaande trom.* →**big.**

drum[2] ⟨-med⟩ I ⟨onov.ww.⟩ 0.1 ***trommelen*** ⇒*drummen, slagwerker zijn, roffelen;*
II ⟨ov.ww.⟩ 0.1 ***trommelen*** ⇒*ritmisch tikken* ◆ 5.¶ ~ **out** *dmv. tromgeroffel doorgeven* ⟨ook fig.⟩; *eruit gooien;* ⟨fig.⟩ ~ **up** *optrommelen, bijeenroepen;* ~ **up** a new procedure *een nieuwe werkwijze ontwikkelen;* ~ **up** trade *een markt creëren, klanten werven* 6.¶ ~ sth. **into** s.o. / s.o.'s head *iets bij iem. erin hameren.*

drumbeat 0.1 ***drumritme*** ⇒*trommelslag, tromgeroffel;* ⟨fig.⟩ *voortdurend gehamer, gedram.*

drumhead 0.1 ***trommelvel.***

drum major 0.1 ⟨mil.⟩ ***tamboer-majoor*** 0.2 ⟨AE⟩ ***tambourmaître.***

drum majorette 0.1 ***majorette.***

drummer [drummə] 0.1 ***slagwerker*** ⇒*drummer, tamboer* 0.2 ⟨vnl. AE; inf.⟩ ***handelsreiziger.***

drumstick 0.1 ***trommelstok*** 0.2 ***(gebraden) kippen/kalkoenenpootje*** ⇒*drumstick.*

drunk[1] [drungk] ⟨zn.⟩ 0.1 ***(habituele) dronkaard*** ⇒*zuiplap.*

drunk[2] ⟨bn.⟩⟨inf.⟩ 0.1 ***dronken*** 0.2 ***door het dolle heen*** ⇒ *(brood)dronken* ◆ 1.1 ~ driving *het rijden onder invloed* 1.¶ (as) ~ as a ⟨BE⟩ lord / ⟨AE⟩ skunk *stomdronken, ladderzat* 2.1 ~ and disorderly *in kennelijke staat* 3.1 get ~ *dronken worden, zich bezatten* 5.1 blind / dead ~ *stomdronken* 6.2 ~ **with** joy *dol v. vreugde;* ~ **with** power *tiranniek, machtswellustig.*

drunk[3] ⟨volt. deelw.⟩ →**drink.**

drunkard [drungkəd] 0.1 ***dronkaard*** ⇒*zuiplap.*

drunk-driving ⟨AE⟩ 0.1 ***alcomobilisme*** ⇒*(het) rijden onder invloed.*

drunken [drungkən] ⟨-ness⟩ 0.1 ***dronken*** ⇒*dronkenmans-.*

drupe [droe:p] ⟨plantk.⟩ 0.1 ***steenvrucht.***

dry[1] [draj] ⟨bn.; drier; drily, dryly; dryness⟩ 0.1 ***droog*** ⇒*zonder vocht* 0.2 ***droog*** ⇒*(op)gedroogd, ingedroogd, uitgedroogd; zonder smeersel/beleg* ⟨brood⟩; *drooggelegd* ⟨land; ook fig.⟩; *schraal* ⟨wind⟩ 0.3 ⟨inf.⟩ ***dorstig*** 0.4 ***droog*** ⟨wijn⟩ ⇒*sec, niet zoet* 0.5 ***zonder franje*** ⇒*onbewogen* 0.6 ***droog*** ⇒*op droge toon (gezegd), ironisch* ◆ 1.1 ~ land *vaste grond* 1.2 ~ well *opgedroogde/droge put* 1.¶ ~ cleaner('s) *stomerij;* (as) ~ as dust / a bone, bone-~ *gortdroog, kurkdroog;* ~ ice *droog ijs, vast koolzuur;* keep one's powder ~ *zijn kruit droog houden, zich gereedhouden voor de strijd;* ~ rot *huiszwam; bruine rot* ⟨in hout⟩; *rotting, bederf;* ~ run *repetitie, het proefdraaien* 3.2 run ~ *opdrogen, droog komen te staan* 3.¶ ⟨inf.⟩ bleed s.o. ~ *iem. helemaal uitknijpen, iem. uitkleden.*

dry[2] ⟨dried⟩ I ⟨onov.ww.⟩ 0.1 ***(op)drogen*** ⇒*droog worden, uitdrogen* ◆ 1.1 dried milk *melkpoeder* 5.¶ ~ **out** *uitdrogen, grondig droog worden; afkicken* ⟨alcoholici⟩; ~ **up** *opdrogen* ⟨ook fig.⟩; *afnemen tot niets* ⟨v. stroom water, woorden, geld, ideeën⟩; ⟨inf.⟩ now ~ **up**! *kop dicht!;*
II ⟨ov.ww.⟩ 0.1 ***(af)drogen*** ⇒*laten drogen, doen drogen* ◆ 5.¶ ~ **out** *grondig droog laten worden; laten afkicken* ⟨alcoholici⟩.

dryad [drajæd] ⟨ook D-⟩ **0.1** ***dryade*** ⇒*bosnimf, boomnimf.*
dry battery ⟨elek.⟩ **0.1** ***droge batterij.***
dry-clean **0.1** ***chemisch reinigen*** ⇒*stomen.*
dry-cleaning **0.1** ***(het) chemisch reinigen*** **0.2** ***chemisch gereinigde kleding.***
dry dock **0.1** ***droogdok.***
dryer →**drier.**
dry-eyed **0.1** ***met droge ogen*** ⇒*zonder te huilen, uiterlijk onbewogen.*
dry goods **0.1** ⟨AE⟩ ***manufacturen*** ⇒*textiel, kleding.*
drying oil **0.1** ***drogende olie.***
dry-shod **0.1** ***droogvoets.***
dry-wall, dry-walling [drajwo:ling] **0.1** ***(het bouwen v.e.) stapelmuurtje.***
DTI ⟨afk.⟩ **0.1** [Departement of Trade and Industry] ⟨in GB⟩.
DTP ⟨afk.; comp.⟩ **0.1** [desktop publishing].
D.T.'s, D.T.(s) ⟨afk.⟩ **0.1** [delerium tremens].
dual [djoe:əl] **0.1** ***tweevoudig*** ⇒*tweeledig, dubbel* ◆ **1.1** ⟨BE⟩ ~ carriageway *vierbaansweg;* ~ control *dubbele bediening* ⟨vliegtuig, leswagen⟩; ~-purpose *twee doelen dienend.*
dual-purpose **0.1** ***twee doelen dienend.***
dub [dub] ⟨-bed⟩ **0.1** ***tot ridder slaan*** ⇒*ridderen* **0.2** ***noemen*** ⇒*(om)dopen (tot), de bijnaam geven v.* **0.3** ***(na)synchroniseren*** ⇒*dubben.*
dubbing [dubbing], ⟨in bet. 0.2 ook⟩ **dubbin** **0.1** ***het bijmixen*** ⟨geluid⟩ ⇒*(na)synchronisatie* **0.2** ***leervet.***
dubiet|y [djoe:bajjətie] ⟨mv.: -ies⟩⟨schr.⟩ **0.1** ***dubieuze zaak*** **0.2** ***onzekerheid*** ⇒*twijfel(ing).*
dubious [djoe:biəs] ⟨-ness⟩ **0.1** ***twijfelend*** ⇒*aarzelend, onzeker* **0.2** ***dubieus*** ⇒*onbetrouwbaar, twijfelachtig* ◆ **1.2** a ~ character *een dubieus sujet;* a ~ smell *een merkwaardig luchtje* **3.1** feel ~ about *zijn twijfels hebben over.*
ducal [djoe:kl] **0.1** ***hertogelijk*** ⇒*hertogs-.*
ducat [dukkət] **0.1** ***dukaat.***
duchess [dutsjis] **0.1** ***hertogin.***
duch|y [dutsjie] ⟨mv.: -ies; ook D-⟩ **0.1** ***hertogdom.***
duck[1] [duk] ⟨zn.; mv.: voor 0.1 ook duck⟩ **0.1** ***eend*** ⇒*eendvogel* **0.2** ***eendenvlees*** ⇒*eend* **0.3** ⟨BE; inf.⟩ ***liefje*** ⇒*schatje, snoesje* ⟨vnl. als aanspreekvorm; ook in mv.⟩ **0.4** ⟨cricket⟩ ***nul(score)*** **0.5** ***ongekeperd linnen*** **0.6** ⟨mv.⟩ ***broek v. ongekeperd linnen*** ◆ **1.¶** ~(s) and drake(s) *het keilen, het kiskassen;* play ~s and drakes with / make ~s and drakes of *verkwanselen;* take to sth. like a ~ to water *in z'n element zijn* **2.¶** funny old ~ *vreemde snoeshaan* **3.¶** ⟨vulg.⟩ (go) fuck a ~! *krijg (nou) de klere!*
duck[2] **I** ⟨onov.ww.⟩ **0.1** ***buigen*** ⇒*(zich) bukken, wegduiken.* → **duck out;**
II ⟨ov.ww.⟩ **0.1** ***plotseling (onder)dompelen*** ⇒*kopje-onder duwen* **0.2** ⟨inf.⟩ ***ontwijken*** ⇒*vermijden* **0.3** ***snel intrekken*** ⟨hoofd⟩.
duckbilled platypus **0.1** ***vogelbekdier.***
duckboard ⟨vaak mv. met enk. bet.⟩ **0.1** ***loopplank*** ⟨over greppel of modder⟩.
ducking stool ⟨gesch.⟩ **0.1** ***duikstoel*** ⟨om heksen, bedriegers op vast te binden en in het water te gooien⟩.
duckling [dukling] **0.1** ***jonge eend*** ⇒*eendje, eendenkuiken* **0.2** ***eend*** ⇒*vlees v. jonge eend.* →**ugly.**
duck out **0.1** ***ervandoor gaan*** ⇒*'m smeren, (onder)duiken* ◆ **6.1** he managed to ~ **of** the situation *hij wist zich aan de situatie te onttrekken.*
duckweed ⟨plantk.⟩ **0.1** ***(eenden)kroos.***
duck|y [dukkie] ⟨mv.: -ies⟩⟨BE; inf.⟩ **0.1** ***liefje*** ⇒*snoesje, schatje* ⟨vnl. als aanspreekvorm⟩.
duct [dukt] **0.1** ***buis*** ⟨ook biol.⟩ ⇒*kanaal, goot, leiding.*
duct|ile [duktajl] ⟨zn.: **-ility**⟩ **0.1** ⟨tech.⟩ ***taai*** ⇒*(koud) vervormbaar, rekbaar* **0.2** ***kneedbaar*** ⟨ook fig.⟩ ⇒*handelbaar.*
dud [dud] ⟨sl.⟩ **0.1** ***prul*** ⇒*lor, nepding* **0.2** ***blindganger*** ⟨bom, granaat⟩ **0.3** ***sukkel*** ⇒*klungel* **0.4** ⟨mv.⟩ ***plunje*** ⟨kleren⟩.
dude [djoe:d] ⟨AE; inf.⟩ **0.1** ***kerel*** ⇒*vent* **0.2** ***stadsmens*** ⟨vnl. als vakantieganger op boerderij⟩.
dude ranch ⟨AE⟩ **0.1** ***vakantieboerderij.***
dudgeon [dudzjən] ⟨schr.⟩ ◆ **2.¶** in high ~ *woedend, razend.*
due[1] [djoe:] ⟨zn.⟩ **0.1** ***het iem. toekomende*** ⇒*het iem. verschuldigde* **0.2** ⟨mv.⟩ ***schuld(en)*** ⇒*rechten, contributie* ◆ **3.1** give s.o. his ~ *iem. niet te kort doen, iem. geven wat hem toekomt.*
due[2] ⟨bn.⟩ **0.1** ⟨schr.⟩ ***gepast*** ⇒*juist, terecht* **0.2** ***schuldig*** ⇒*verschuldigd, invorderbaar, verplicht* **0.3** ***verwacht*** ◆ **1.1** with ~ care *met gepaste zorgvuldigheid;* after ~ consideration *na rijp beraad;* in ~ time, in ~ course (of time) *te zijner tijd;* with ~ respect *met (alle) respect* **1.2** balance ~ *debetsaldo, te betalen saldo;* postage ~ *ongefrankeerd* **1.3** the aircraft is ~ at 4.50 p.m. *het toestel wordt om 16 uur 50 verwacht* **3.2** ⟨geldw.⟩ fall / become ~ *vervallen, verschijnen* ⟨termijn⟩ **6.2** our thanks are ~ **to** you *wij zijn u dank verschuldigd* **6.3** the car is ~ **for** repairs *de auto is aan reparatie toe* **6.¶** ~ **to** *toe te schrijven / te wijten / te danken aan.* →**due to.**
due[3] ⟨bw.⟩ **0.1** ***precies*** ⟨alleen vóór windstreken⟩ ◆ **5.1** ~ south *pal naar het zuiden.*
due date ⟨geldw.⟩ **0.1** ***vervaldatum.***
duel[1] [djoe:əl] ⟨zn.⟩ **0.1** ***duel.***
duel[2] ⟨ww.; -led⟩ **0.1** ***duelleren.***
dueller, ⟨AE sp.⟩ **dueler** [djoe:ələ] **0.1** ***duellist.***
duet [djoe:et] **0.1** ⟨muz.⟩ ***duet.***
due to **0.1** ***wegens*** ⇒*vanwege, door.*
duff [duf] ⟨BE; inf.⟩ **0.1** ***waardeloos*** ⇒*slecht, kapot.*
duffer [duffə] ⟨inf.⟩ **0.1** ***sufferd*** ⇒*sukkel, kruk.*
duffle, duffel [dufl] **0.1** ***duffel.***
duffle bag **0.1** ***plunjezak.***
duffle coat **0.1** ***duffel*** ⇒*duffelse jas.*
dug[1] [dug] ⟨zn.⟩ **0.1** ***uier*** ⇒*tepel* ⟨v. dier⟩.
dug[2] ⟨verl. t. en volt. deelw.⟩ →**dig.**
dugout **0.1** ***(boomstam)kano*** **0.2** ⟨mil.⟩ ***schuilhol*** ⇒*uitgegraven schuilplaats* **0.3** ⟨sport⟩ ***dug-out.***
duke [djoe:k] **0.1** ***hertog*** **0.2** ⟨mv.; sl.⟩ ***knuisten*** ⇒*vuisten.*
dukedom [djoe:kdəm] **0.1** ***hertogdom*** ⟨ook periode waarin iem. hertog is⟩ **0.2** ***hertogelijke titel.***
dulcet [dulsit] ⟨schr.⟩ **0.1** ***zoet / zacht klinkend.***
dulcimer [dulsimmə] ⟨muz.⟩ **0.1** ***hakkebord.***
dull[1] [dul] ⟨bn.; -y; -ness⟩ **0.1** ***saai*** ⇒*vervelend, oninteressant* **0.2** ***dom*** ⇒*onintelligent, sloom* **0.3** ***mat*** ⟨v. kleur, geluid, pijn⟩ ⇒*dof, saai* **0.4** ***bot*** ⇒*stomp* **0.5** ***bewolkt*** ⇒*betrokken* **0.6** ⟨hand.⟩ ***flauw*** ⇒*slap* ◆ **1.3** a ~ pain *een doffe pijn* **1.6** the ~ season *de slappe tijd* **1.¶** as ~ as ditchwater / dishwater *oersaai;* a ~ dog *een saaie piet.*
dull[2] **I** ⟨onov.ww.⟩ **0.1** ***afstompen*** ⇒*afnemen, verslappen* **0.2** ***dof / mat worden*** **0.3** ***stomp worden;***
II ⟨ov.ww.⟩ **0.1** ***suf maken*** ⇒*verdoven* **0.2** ***dof maken*** **0.3** ***stomp maken*** ⇒⟨fig.⟩ *afzwakken* **0.4** ***dom / stom maken*** ◆ **1.1** ~ the pain *de pijn stillen.*
dullard [dulləd] **0.1** ***slome (duikelaar)*** ⇒*sul.*
duly [djoe:lie] **0.1** ***behoorlijk*** ⇒*naar behoren, terecht* **0.2** ***stipt*** ⇒*prompt.*
dumb [dum] ⟨-ness⟩ **0.1** ***stom*** ⇒*niet kunnen / willen spreken, zwijgzaam* **0.2** ***dom*** ⇒*stom, suf* ◆ **1.2** a ~ blonde *een dom blondje* **3.1** to be struck ~ *met stomheid geslagen zijn, sprakeloos zijn* **7.1** the ~ *de stommen.*

dumbbell 0.1 ⟨vnl. mv.⟩ ***halter* 0.2** ⟨vnl. AE; sl.⟩ ***sufferd.***
dumbfound, ⟨AE sp. ook⟩ **dumfound** [dumfaund] **0.1 *verstomd doen staan.***
dumbo [dumboo] ⟨inf.⟩ **0.1** ***dombo*** ⇒*stomkop.*
dumb show 0.1 ***gebarenspel*** ⇒*pantomime.*
dumbwaiter 0.1 ***stommeknecht*** ⇒*serveertafel* **0.2** ***etenslift.***
dumdum [dumdum], **dumdum bullet 0.1** ***dumdum(kogel).***
dumm|y[1] [dummie] ⟨zn.; mv.: -ies⟩ **0.1** ⟨ben. voor⟩ ***dummy*** ⇒ *blinde* ⟨kaartspel⟩; *pop* ⟨v. buikspreker; bij gesimuleerde autobotsing⟩; *model* ⟨v. boek⟩; *proefpagina; stroman, figurant; (pas/kostuum)pop, model* **0.2** ⟨ben. voor⟩ ***nepartikel*** ⇒⟨ihb. BE⟩ *fopspeen* **0.3** ⟨vnl. AE; sl.⟩ ***sufferd*** ⇒*uilskuiken.*
dummy[2] ⟨bn.⟩ **0.1** ***namaak*** ⇒*schijn, nep* **0.2** ***proef-*** ◆ **1.1** ~ cartridge *exercitiepatroon, losse flodder* **1.2** ~ run *het proefdraaien, militaire oefening.*
dump[1] [dump] ⟨zn.⟩ **0.1** ***hoop*** ⇒*(vuilnis)belt, (vuil)stortplaats* **0.2** ***dump*** ⇒*tijdelijk depot v. legergoederen* **0.3** ⟨inf.⟩ ***puinhoop*** ⇒*vervallen woning, desolate stad, desolaat dorp* **0.4** ⟨comp.⟩ ***gedumpte informatie*** ◆ **6.¶** ⟨inf.⟩ (down) **in** the ~s *in de put, somber.*
dump[2] ⟨ww.⟩ **0.1** ***dumpen*** ⇒*storten, lozen, neersmijten* **0.2** ***opslaan*** ⟨munitie⟩ **0.3** ⟨hand.⟩ ***dumpen*** ⟨goederen op buitenlandse markt⟩ **0.4** ⟨inf.⟩ ***achterlaten*** ⇒*in de steek laten.*
dumper [dumpə], **dump(er) truck 0.1** ***kiepauto*** ⇒*kiepkar.*
dumpling [dumpling] **0.1** ***knoedel*** ⇒*meelballetje* **0.2** ⟨ong.⟩ ***bol*** ⟨bv. appelbol⟩.
dump|y [dumpie] ⟨-iness⟩ ⟨inf.⟩ **0.1** ***kort en dik.***
dun[1] [dun] ⟨zn.; bn.⟩ **0.1** ⟨bn.⟩ ***grijsbruin* 0.2** ⟨zn.⟩ ***grijsbruin paard* 0.3** ⟨zn.⟩ ***donkere grijsbruine kleur.***
dun[2] ⟨ww.; -ned⟩ **0.1** ***aanmanen* 0.2** ***grijsbruin kleuren/maken.***
dunce [duns] **0.1** ***domkop*** ⇒*uilskuiken, langzame leerling.*
dunce cap, dunce's cap 0.1 ***sliepuitmuts*** ⟨vroeger gebruikt ter vernedering v. slechte leerlingen⟩.
dunderhead [dundəhed] **0.1** ***stommeling.***
dune [djoe:n] **0.1** ***duin.***
dune buggy 0.1 ***strandbuggy*** ⟨sportief open autootje⟩.
dung [dung] **0.1** ***mest*** ⇒*drek, gier.*
dungarees [dunggərie:z] **0.1** ***overall*** ⇒*jeans, tuinbroek.*
dungeon [dundzjən] **0.1** ***kerker.***
dunghill 0.1 ***mesthoop* 0.2** ***(moreel) verwerpelijke zaak/toestand*** ⇒*puinhoop.*
dunk [dungk] ⟨inf.⟩ **0.1** ***onderdompelen*** ⟨ook fig.⟩ ⇒*(in)dopen, soppen* ⟨brood in thee e.d.⟩.
dunk shot ⟨basketbal⟩ **0.1** ***dunkshot*** ⟨bal v. bovenaf in basket gooien/drukken⟩.
dunno [dunnoo, -də-] ⟨samentr. v. I don't know; spreektaal⟩ **0.1** ***kweenie*** ⇒*wee-nie.*
dunnock [dunnək] ⟨dierk.⟩ **0.1** ***heggenmus.***
duo [djoe:oo] **0.1** ***duo*** ⇒⟨scherts.⟩ *stel, paar.*
duodecimal [-dessiml] **0.1** ***twaalfdelig*** ⇒*twaalftallig.*
duodenal [-die:nl] **0.1** ***mbt./van de twaalfvingerige darm.***
duodenum [-die:nəm] ⟨mv.: ook duodena [-die:nə]⟩ **0.1** ***twaalfvingerige darm.***
duologue [-log] **0.1** ***samenspraak.***
dupe[1] [djoe:p] ⟨zn.⟩ **0.1** ***dupe*** ⇒*slachtoffer (v. bedrog), bedrogene.*
dupe[2] ⟨ww.⟩ **0.1** ***bedriegen*** ⇒*benadelen, duperen.*
duplex [djoe:pleks] **0.1** ⟨bn.⟩ ***duplex*** ⇒*tweevoudig* **0.2** ⟨zn.; AE⟩ ***halfvrijstaand huis*** ⇒*(huis v.) twee onder een kap* ◆ **1.¶** ⟨AE⟩ ~ apartment *maisonnette.*
duplicate[1] [djoe:plikkət] ⟨zn.⟩ **0.1** ***duplicaat*** ⇒*(eensluidend) afschrift, kopie* **0.2** ***duplo*** ⇒*tweevoud* ◆ **6.2 in** ~ *in duplo, in tweevoud.*
duplicate[2] ⟨bn.⟩ **0.1** ***dubbel*** ⇒*duplicaat-, tweevoudig* **0.2** ***gelijkluidend*** ⇒*identiek* ◆ **1.2** ~ key *extra/tweede sleutel.*
duplic|ate[3] [djoe:plikkeet] ⟨ww.; zn.: **-ation**⟩ **0.1** ***verdubbelen*** ⇒*kopiëren, verveelvuldigen* **0.2** ***herhalen.***
duplicator [djoe:plikkeetə] **0.1** ***duplicator*** ⇒*stencilmachine.*
duplicity [djoe:plissətie] **0.1** ***dubbelhartigheid*** ⇒*bedrog.*
durab|le [djoeərəbl] ⟨-ly; zn.: **-ility**⟩ **0.1** ***duurzaam*** ⇒*bestendig, onverslijtbaar.*
duration [djoereesjn] **0.1** ***duur*** ◆ **6.1 for** the ~ of *zolang ... duurt, tijdens.*
duress [djoeres] **0.1** ***dwang*** ◆ **6.¶ under** ~ *gedwongen, niet uit vrije wil.*
durex [djoeəreks] ⟨vnl. D-⟩ ⟨BE; merknaam⟩ **0.1** ***condoom.***
during [djoeəring] **0.1** ***tijdens*** ⇒*gedurende, onder* ◆ **1.1** ~ the afternoon *in de loop van/gedurende de middag.*
durst ⟨verl. t.⟩ →**dare.**
dusk [dusk] **0.1** ***schemer(ing)*** ⇒*duister(nis), schemerdonker.*
dusk|y [duskie] ⟨-iness⟩ **0.1** ***duister*** ⇒*donker, schemerig.*
dust[1] [dust] ⟨zn.⟩ **0.1** ***stof*** ⇒*poeder, stuifaarde* **0.2** ***stofwolk*** **0.3** ⟨BE⟩ ***vuil(nis)*** ⇒*(bijeengeveegd) afval* **0.4** ***iets waardeloos*** ◆ **1.4** ~ and ashes *waardeloze troep; afgang* **3.1** lay the ~ *sprenkelen* **3.2** ⟨fig.⟩ kick up/raise a ~ *stennis maken, verwarring zaaien;* ⟨fig.⟩ when the ~ had settled *toen de gemoederen bedaard waren* **3.¶** bite the ~ *in het stof bijten, sneuvelen;* shake the ~ off one's feet *(woedend) vertrekken;* throw ~ into s.o.'s eyes *iem. zand in de ogen strooien.*
dust[2] **I** ⟨onov.ww.⟩ **0.1** ***(af)stoffen*** ⇒*stof afnemen;*
II ⟨ov.ww.⟩ **0.1** ***bestuiven*** ⇒*bestrooien* **0.2** ***afstoffen*** ⇒ *stof wegkloppen, afschuieren* ◆ **1.1** ~ crops *gewas besproeien* ⟨vanuit vliegtuig⟩; then ~ icing-sugar onto the cake *daarna de taart met poedersuiker bestrooien.* →**dust off.**
dustbin ⟨BE⟩ **0.1** ***vuilnisbak.***
dust bowl 0.1 ***verdroogde/vaak ondergestoven landstreek.***
dust cart ⟨BE⟩ **0.1** ***vuilniswagen.***
dustcoat 0.1 ***stofjas.***
duster [dustə] **0.1** ***stoffer*** ⇒*plumeau* **0.2** ***stofdoek.***
dustfree 0.1 ***stofvrij.***
dust jacket 0.1 ***stofomslag.***
dust|man [dus(t)mən] ⟨mv.: -men [-mən]⟩ ⟨BE⟩ **0.1** ***vuilnisman.***
dust off 0.1 ***afstoffen*** ⇒⟨fig.⟩ *opfrissen, ophalen* ⟨oude kennis⟩.
dustpan 0.1 ***blik*** ⟨stoffer en blik⟩.
dust sheet 0.1 ***stoflaken.***
duststorm ⟨meteo.⟩ **0.1** ***stofstorm.***
dustup ⟨inf.⟩ **0.1** ***handgemeen*** **0.2** ***rel*** ⇒*oproer.*
dust|y [dustie] ⟨-iness⟩ **0.1** ***stoffig*** ⇒*bestoft, droog* **0.2** ***als stof*** ◆ **5.¶** ⟨BE; sl.⟩ not so ~ *lang niet gek.*
Dutch[1] [dutsj] **I** ⟨eig.n.⟩ **0.1** ***Nederlands*** ⇒*Hollands* ◆ **6.¶ in** ~ *in de penarie/rotzooi.* →**double;**
II ⟨telb.zn.⟩ **0.1** ⟨BE; sl.; scherts.⟩ ***moeder (de vrouw);***
III ⟨mv.; the⟩ **0.1** ***Nederlanders*** ⇒*Nederlandse volk* ◆ **3.¶** ⟨AE; inf.⟩ beat the ~ *een bijzondere prestatie leveren.*
Dutch[2] ⟨bn.; AE ook d-⟩ **0.1** ***Nederlands*** ⇒*Hollands* ◆ **1.1** ~ cheese *Edammer kaas, boerenkaas* **1.¶** ~ auction *veiling/verkoping bij afslag;* ⟨inf.⟩ ~ bargain *overeenkomst die met een dronk bezegeld wordt;* ~ barn *kapschuur;* ~ cap *pessarium (occlusivum);* ~ comfort *schrale troost;* ⟨inf.⟩ ~ courage *jenevermoed;* ~ doll *ledenpop;* ~ door *boerderijdeur,*

onder- en bovendeur; ~ elm disease *iep(en)ziekte;* ~ fuck *het aansteken van de ene sigaret aan de andere;* ~ hoe *(duw)schoffel;* ~ oven *(braad)oven, bakoven;* ~ treat *feest/uitstapje waarbij ieder voor zich betaalt;* talk like a ~ uncle *duidelijk zeggen waar het op staat.*

Dutch[3] ⟨bw.⟩ ◆ **3.¶** go ~ *ieder voor zich betalen.*

Dutching [dutsjing] ⟨ook d-⟩ **0.1** ***doorstraling*** ⟨v. voedsel⟩.

Dutch|man [dutsjmən]⟨mv.: -men [-mən]⟩ **0.1** ***Nederlander*** ⇒*Hollander* ◆ **4.¶** ... or I am a ~, I am a ~ if ... *ik ben een boon als ik* ... →**flying.**

dutiable [djoe:tiəbl] **0.1** ***belastbaar.***

dutiful [djoe:tifl], **duteous** [djoe:tiəs] ⟨-ness⟩ **0.1** ***plicht(s)getrouw*** **0.2** ***gehoorzaam*** ⇒*eerbiedigend.*

dut|y [djoe:tie] **I** ⟨telb. en n.-telb.zn.; mv.: -ies⟩ **0.1** ***plicht*** ⇒ *verplichting, taak, functie, dienst* **0.2** ***belasting*** ⇒*accijns, (invoer/uitvoer)recht(en)* **0.3** ***eer(betoon)*** ⇒*plichtsbesef* **0.4** ***mechanisch arbeidsvermogen*** ◆ **2.4** a heavy ~ drilling machine *een boormachine voor zwaar werk* **3.1** (as) in ~ bound *(zoals) verplicht, plichtshalve;* do ~ for *dienst doen als, vervangen* **6.1 off** ~ *buiten (de) dienst(tijd), in vrije tijd;* **on** ~ *in functie, in diensttijd;*
II ⟨mv.⟩ **0.1** ***functie*** ⇒*werkzaamheden* **0.2** ***belasting*** ⇒*accijns, (in/uitvoer)rechten.*

duty-free **0.1** ***belastingvrij*** ◆ **1.1** ~ shop *belastingvrije winkel.*

duty officer **0.1** ***officier v. dienst.***

duty roster ⟨mil.⟩ **0.1** ***dienstrooster.***

duvet [doe:vee] **0.1** ***(donzen) dekbed.***

dwarf[1] [dwo:f] ⟨zn.; bn.; mv.: ook dwarves⟩ **0.1** ⟨zn.⟩ ***dwerg*** **0.2** ⟨bn.⟩ ***dwerg-*** ⇒*dwergachtig, miniatuur-.*

dwarf[2] ⟨ww.⟩ **0.1** ***in z'n groei belemmeren/remmen*** ⇒ *klein(er) maken, klein houden* **0.2** ***klein(er) doen lijken*** ◆ **1.1** ~ plants *miniatuurplanten kweken* **1.2** the skyscraper ~ed all the other buildings *bij de wolkenkrabber verzonken alle andere gebouwen in het niet.*

dwell [dwel]⟨ook dwelt, dwelt [dwelt]⟩ **0.1** ***wonen*** ⇒*verblijven, zich ophouden* **0.2** ***blijven stilstaan*** ⇒*uitweiden* ◆ **6.1** ~ **in/at** *wonen in/te* **6.2** ~ **(up)on** *(lang) blijven stilstaan bij, (lang) doorgaan over.*

dwelling [dwelling] ⟨schr.; scherts.⟩ **0.1** ***woning.***

dwelling house ⟨vnl. jur.⟩ **0.1** ***(woon)huis*** ⇒*bewoond pand.*

dwindle [dwindl] **0.1** ***afnemen*** ⇒*achteruitgaan.*

dyarchy →**diarchy.**

dye[1] [daj] ⟨zn.⟩ **0.1** ***verf(stof)*** ⇒*kleurstof* **0.2** ***kleur*** ⇒*tint* ◆ **2.1** ⟨fig.⟩ of the deepest/blackest ~ *van de ergste soort.*

dye[2] ⟨ww.⟩ **0.1** ***verven*** ⇒*kleuren* **0.2** ***zich laten verven*** ⇒ *kleur aannemen* ◆ **1.2** this material ~s well *deze stof pakt de verf goed.*

dyed-in-the-wool [dajd in ðə woel] **0.1** ***door de wol geverfd*** ⇒*door en door.*

dyestuff ⟨vaak mv.⟩ **0.1** ***verfstof.***

dyeworks ⟨mv.: dyeworks⟩ **0.1** ***(textiel)ververij.***

dying [dajjing] **0.1** ***stervend*** ⟨ook fig.⟩ ⇒*doods-, stervens-* ◆ **1.1** to one's ~ day *tot z'n laatste snik;* ~ words/wish *laatste woorden/wens* **6.¶** ⟨inf.⟩ be ~ **for** (a cup of tea) *snakken naar (een kop thee).*

dyke →**dike.**

dynamic[1] [dajnæmik] ⟨zn.⟩ **0.1** ***(innerlijke) bewogenheid*** ⇒ *kracht, drang* **0.2** ***drijfkracht*** ⇒*stuwkracht.*

dynamic[2] ⟨bn.; -ally⟩ **0.1** ***dynamisch*** ⇒*bewegend* **0.2** ***voortvarend*** ⇒*actief, energiek* **0.3** ⟨med.⟩ ***functioneel.***

dynamics [dajnæmiks] **0.1** ***dynamica*** ⇒*bewegingsleer* **0.2** ⟨muz.⟩ ***dynamiek.***

dynamism [dajnəmizm] **0.1** ***dynamiek.***

dynamite[1] [dajnəmajt] ⟨zn.⟩ **0.1** ***dynamiet*** ⇒⟨inf.; fig.⟩ *bom* ◆ **1.1** the news was really ~ *het nieuws sloeg in als een bom.*

dynamite[2] ⟨ww.⟩ **0.1** ***opblazen*** ⟨met dynamiet⟩ ⇒*doen springen.*

dynamo [dajnəmoo] **0.1** ***dynamo*** **0.2** ***energiek mens*** ⇒ *doordouwer, motor.*

dynastic [dinæstik] **0.1** ***dynastiek.***

dynast|y [dinnəstie] ⟨mv.: -ies⟩ **0.1** ***dynastie*** ⇒*(vorsten)huis.*

dysentery [disntrie] **0.1** ***dysenterie*** ⇒*bloeddiarree.*

dyslexia [disleksiə] **0.1** ***leesblindheid*** ⇒*dyslexie.*

dyslexic [disleksik] **0.1** ***leesblind*** ⇒*dyslectisch.*

dyspepsia [dispepsiə] **0.1** ***dyspepsie.***

dyspeptic [dispeptik] **0.1** ⟨bn.⟩ ***dyspeptisch*** ⇒⟨fig.⟩ *gemelijk* **0.2** ⟨zn.⟩ ***lijder aan slechte spijsvertering.***

e, E [ie:] ⟨mv.: e's, E's⟩ **0.1** ***e, E.***
E ⟨afk.⟩ **0.1** ⟨vnl. BE; elek.⟩ [earth] **0.2** [east(ern)].
each[1] [ie:tsj] ⟨vnw.⟩ **0.1** ***elk*** ⇒*ieder* ⟨v.e. groep⟩ **0.2** ⟨schr.⟩ ***iedereen*** ⇒*elkeen* ⟨in het alg.⟩ ◆ **1.1** they are a dollar ~ *ze kosten een dollar per stuk* **3.1** she gave them a book ~ *ze gaf hen elk een boek* **3.2** ~ shall be judged *iedereen zal geoordeeld worden* **6.1** ~ **of** the children worked hard *elk van de kinderen werkte hard.* →**each other.**
each[2] ⟨det.⟩ **0.1** ***elk(e)*** ⇒*ieder(e) (afzonderlijk)* ◆ **1.1** a glove in ~ hand *een handschoen in elke hand;* ~ year he grows weaker *ieder jaar wordt hij zwakker.*
each other **0.1** ***elkaar*** ⇒*mekaar* ◆ **1.1** they hate ~'s guts *ze kunnen mekaar niet luchten* **3.1** they hate ~ *ze hebben een hekel aan elkaar.*
eager [ie:gə] ⟨-ness⟩ **0.1** ***vurig*** ⇒*onstuimig* **0.2** ⟨+for⟩ ***(hevig) verlangend (naar)*** ⇒*begerig* ◆ **1.1** with ~ cries *met enthousiaste kreten* **1.¶** ⟨inf.⟩ ~ beaver *(overdreven) harde werker* **3.2** he was ~ to win *hij was erop gebrand te winnen.*
eagle[1] [ie:gl] ⟨zn.⟩ **0.1** ***adelaar*** ⟨ook als symbool/veldteken⟩ ⇒*arend* **0.2** ⟨golf⟩ ***eagle*** ⟨score v. twee slagen onder par voor een hole⟩. →**bald, tawny.**
eagle[2] ⟨ww.⟩⟨golf⟩ **0.1** ***met een eagle slaan*** ⟨hole⟩.
eagle eye **0.1** ***arendsblik*** ◆ **3.1** keep an ~ on *scherp in de gaten houden, geen moment uit het oog verliezen.*
eagle-eyed [ie:gl ajd] **0.1** ***scherpziend*** ⇒*met arendsogen.*
eagle owl **0.1** ***oehoe.***
eaglet [ie:glit] **0.1** ***adelaarsjong.***
ear [iə] **0.1** ***oor*** ⇒*oorschelp; gehoororgaan* **0.2** ***gehoor*** ⇒*oor* **0.3** ***(koren)aar*** **0.4** ***oor*** ⇒*lus; oog; handvat* ◆ **1.¶** keep an ~/one's ~(s) (close) to the ground *(goed) op de hoogte blijven* ⟨v. trends, roddels⟩; *de boel goed in de gaten houden* **3.¶** not believe one's ~s *zijn oren niet geloven;* ⟨inf.⟩ s.o.'s ~s are/must be burning *wat zitten we te roddelen;* fall about one's ~s *(om iem. heen) instorten;* lend s.o. an ~/one's ~s *het oor aan iem. lenen, naar iem. luisteren;* prick up one's ~s *de oren spitsen* **6.1** ⟨fig.⟩ play it **by** ~ *improviseren, op z'n gevoel afgaan;* **in** (at) one ~, **out** (at) the other *het ene oor in, het andere uit;* **up to** one's ~s *tot over zijn oren* **6.2** have an ~ **for** *een oor/gevoel hebben voor* **6.¶** be **out on** one's ~ *ontslagen worden* **7.¶** be all ~s *een en al oor zijn.* →**deaf, wet.**
earache **0.1** ***oorpijn.***
ear clip **0.1** ***oorknop.***
eardrum **0.1** ***trommelvlies.***
earful [iəfoel] ⟨inf.⟩ **0.1** ***(de) onomwonden waarheid*** ◆ **3.1** give s.o. an ~ *iem. onomwonden de waarheid zeggen.*
earl [ə:l] **0.1** ***(Engelse) graaf.***
earldom [ə:ldəm] **0.1** ***grafelijke titel/waardigheid*** **0.2** ***graafschap.***
ear lobe **0.1** ***oorlel(letje).***
earl|y[1] [ə:lie] ⟨bn.; -iness⟩ **0.1** ***vroeg*** ⇒*vroegtijdig* **0.2** ***spoedig*** **0.3** ***oud*** ⇒*van lang geleden* ◆ **1.1** ~ bird *vroege vogel, vroege opstaander;* ⟨pol.⟩ ~ general elections *vervroegde algemene verkiezingen;* keep ~ hours *vroeg naar bed gaan en vroeg opstaan;* ~ retirement *VUT, vervroegd pensioen;* an ~ riser *iem. die vroeg opstaat;* ~ warning system *netwerk v. waarschuwingsradar;* ⟨sprw.⟩ the ~ bird catches the worm *de vroege vogeltjes vangen de wormpjes; vroeg begonnen, veel gewonnen* **1.2** an ~ reply *een vlot antwoord* **1.3** the ~ Celts *de oude/eerste Kelten.*
early[2] ⟨bw.⟩ **0.1** ***vroeg*** ⇒*(in het) begin, tijdig* **0.2** ***te vroeg*** ◆ **1.2** we were an hour ~ *we waren een uur te vroeg* **2.1** ~ Victorian *vroeg Victoriaans* **3.1** ~ closing day *verplichte sluitingsmiddag* **5.1** ~ or late *vroeg of laat;* ~ **on** (in) *al vroeg, al in het begin.*
early-warning aircraft **0.1** ***radarvliegtuig.***
earmark[1] ⟨zn.⟩ **0.1** ***(oor)merk*** ⇒*kenteken;* ⟨fig.⟩ *kenmerk, karakteristiek.*
earmark[2] ⟨ww.⟩ **0.1** ***reserveren*** ⟨gelden e.d.⟩ ⇒*bestemmen, oormerken* ◆ **6.1** ~ **for** *opzij leggen om (... te).*
earmuff **0.1** ***oorbeschermer.***
earn [ə:n] **0.1** ***verdienen*** ⇒*(ver)krijgen* **0.2** ***verwerven*** ⇒*(terecht) krijgen* ◆ **1.1** ~ed income *inkomen uit arbeid* **1.2** the war hero had ~ed his medal *de oorlogsheld had zijn onderscheiding verdiend;* his behaviour ~ed him his nickname *zijn gedrag bezorgde hem zijn bijnaam.*
earnest[1] [ə:nist] ⟨zn.⟩ **0.1** ***ernst*** ◆ **6.1** **in** (real) ~ *menens;* I am **in** (real) ~ *ik méén het.*
earnest[2] ⟨bn.; -ness⟩ **0.1** ***ernstig*** ⇒*serieus, gemeend.*
earning rate ⟨geldw.⟩ **0.1** ***winstpercentage*** ⟨in verhouding tot gestort kapitaal⟩.
earnings [ə:ningz] **0.1** ***inkomen*** ⇒*inkomsten, verdiensten* **0.2** ***winst*** ⟨v. bedrijf⟩.
earnings-related ⟨vnl. BE⟩ **0.1** ***gekoppeld aan het inkomen.***
earphone **0.1** ***oortelefoon*** **0.2** ⟨mv.⟩ ***koptelefoon.***
earpiece ⟨vaak mv.⟩ **0.1** ***oortelefoon*** **0.2** ***oorlap(je)*** **0.3** ***brilveer.***
earplug **0.1** ***oordopje.***
earring **0.1** ***oorbel.***
earshot **0.1** ***gehoorsafstand*** ◆ **6.1** **out of/within** ~ *buiten/binnen gehoorsafstand.*
earth[1] [ə:θ] ⟨zn.⟩ **0.1** ⟨ook E-; (the)⟩ ***aarde*** ⇒*aardbol* **0.2** ***aarde*** ⇒*aardbodem, grond* **0.3** ***natuur*** **0.4** ⟨vnl. BE; elek.⟩ ***aardverbinding*** ⇒*massa, aarde* **0.5** ⟨vnl. BE; dierk.⟩ ***hol*** **0.6** ⟨schei.⟩ ***aardmetaal*** ◆ **3.5** go/run to ~ *zijn hol invluchten; onderduiken;* ⟨fig.⟩ run (sth./s.o.) to ~ *opsporen* **3.¶** come back/down to ~ (with a bang/bump) *weer met beide benen op de grond komen te staan, uit een dagdroom ontwaken;* it cost the ~ *het kostte een vermogen;* promise the ~ *gouden bergen beloven* **4.¶** ⟨inf.⟩ like nothing on ~ *verschrikkelijk* **6.3** friends **of** the ~ *vrienden der aarde* **6.¶** **down to** ~ *met beide benen op de grond, nuchter, eerlijk;* why **on** ~ *waarom in vredesnaam.*
earth[2] ⟨ww.⟩ **0.1** ⟨BE; elek.⟩ ***aarden*** ◆ **5.¶** ~ **up** *aanaarden.*
earthbound **0.1** ***aan de aarde gebonden/bevestigd*** **0.2** ***op weg naar de aarde.***
earthen [ə:θn,-ðn] **0.1** ***aarden*** **0.2** ***v. aardewerk.***
earthenware ⟨ook attr.⟩ **0.1** ***aardewerk.***
earthling [ə:θling] **0.1** ***aardbewoner.***
earthly [ə:θlie] **0.1** ***aards*** ⇒*wereIds* ◆ **1.¶** ⟨inf.⟩ no ~ chance/reason/use *absoluut geen kans/reden/zin.*
earth metal ⟨schei.⟩ **0.1** ***aardmetaal.***
earth-moving ⟨wwb.⟩ **0.1** ***grondverzet.***
earthnut **0.1** ***aardnoot*** **0.2** ***truffel*** **0.3** ***Franse aardkastanje.***
earthquake **0.1** ***aardbeving.***
earthshaking **0.1** ***wereldschokkend.***
earthwork ⟨vaak mv.⟩ **0.1** ***(aarden) wal.***
earthworm **0.1** ***aardworm*** ⇒*pier, regenworm.*
earth|y [ə:θie] ⟨-iness⟩ **0.1** ***vuil (van aarde)*** **0.2** ***materialistisch*** ⇒*aards(gezind), grof.*

earwax 0.1 *oorsmeer.*
earwig 0.1 *oorwurm.*
ease[1] [ie:z] ⟨zn.⟩ **0.1** ***gemak*** ⇒*gemakkelijkheid* **0.2** ***ongedwongenheid*** ⇒*gemak, comfort* **0.3** ***welbehagen*** ⇒*zielenrust* **0.4** ***financiële onafhankelijkheid*** ◆ **1.4** a life of ~ *een financieel onafhankelijk leven* **2.3** ill at ~ *niet op z'n gemak* **3.3** put/set s.o. at (his) ~ *iemand op z'n gemak stellen/geruststellen* **6.1** **with** ~ *gemakkelijk, met gemak* **6.2** ⟨mil.⟩ stand **at** ~ *op de plaats rust;* **at** one's ~ *op zijn gemak, rustig.*
ease[2] **I** ⟨onov.ww.⟩ **0.1** ***afnemen*** ⇒*minder worden, (vaart) minderen* ◆ **5.1** ~ **back** on the throttle *gas terugnemen;* ~ **off/up** *afnemen, verminderen, rustiger aan gaan doen* **6.1** ~ **up on** s.o. *minder streng zijn tegen iem.;*
II ⟨ov.ww.⟩ **0.1** ***verlichten*** ⇒*doen afnemen/verminderen* **0.2** ***gemakkelijk(er) maken*** ⇒*verschikken* **0.3** ***behoedzaam/omzichtig bewegen*** ◆ **1.2** ⟨fig.⟩ ~ s.o.'s mind *iem. geruststellen* **4.1** ~ o.s. *zich ontlasten* **5.1** ~ **back** the throttle *gas terugnemen* **5.3** ~ **down** *langzaam laten zakken;* ~ **off** the lid *voorzichtig de deksel eraf halen* **6.3** she ~d the car **from** its narrow berth *behoedzaam reed ze de auto uit de nauwe parkeerplaats.*
easel [ie:zl] **0.1** ***(schilders)ezel.***
easily [ie:zəlie] **0.1** →**easy** **0.2** ***moeiteloos*** ⇒*rustig, met gemak* **0.3** ***ongetwijfeld*** ⇒*zonder meer, beslist.*
east[1] [ie:st] ⟨zn.⟩ **0.1** ⟨vaak E-; the⟩ ***Oosten*** ⇒*de Oost, de Oriënt, Oost-Europa; het (Noord)oosten (v.d. Verenigde Staten)* **0.2** ***oosten*** ⟨windrichting⟩ ◆ **2.1** the Far East *het Verre Oosten.*
east[2] ⟨bn.; ook E-⟩ **0.1** ***oostelijk*** ⇒*oost(en)-* ◆ **1.1** ⟨BE⟩ East End(er) *(bewoner v.) Oost-Londen;* ⟨AE⟩ East Side(r) *(bewoner v.) Oost-Manhattan;* ~ wind *oostenwind.*
east[3] ⟨bw.⟩ **0.1** ***in/uit/naar het oosten*** ⇒*ten oosten* ◆ **5.1** sail due ~ *recht naar het oosten varen* **6.1** ⟨AE⟩ **back** East *in/naar het (Noord)oosten (v.d. USA);* ⟨BE⟩ **out** East *in/naar Azië.*
eastbound [ie:stbaund] **0.1** ***in oostelijke richting (gaand/reizend).***
Easter [ie:stə] **0.1** ***Pasen.***
Easter egg **0.1** ***paasei.***
easterl|y [ie:stəlie] **0.1** ⟨zn.; mv.: -ies⟩ ***oostenwind*** **0.2** ⟨bn.⟩ ***oostelijk*** **0.3** ⟨bw.⟩ ***naar/uit het oosten.***
eastern [ie:stən] ⟨ook E-⟩ **0.1** ***oostelijk*** ⇒*oost(en)-* **0.2** ***oosters*** ◆ **1.1** the Eastern bloc *het Oostblok.*
easterner [ie:stənə] ⟨ook E-⟩ ⟨AE⟩ **0.1** ***oosterling*** **0.2** ***Amerikaan uit het (Noord)oosten (v.d. USA).***
easternmost [ie:stənmoost] **0.1** ***oostelijkst*** ⇒*meest oostelijk gelegen.*
East German[1] ⟨zn.⟩ **0.1** ***Oost-Duitser*** ⇒*inwoner/inwoonster v.d. voormalige DDR.*
East German[2] ⟨bn.⟩ **0.1** ***Oost-Duits*** ⇒*van/uit de voormalige DDR.*
eastward [ie:stwəd] **0.1** ***oost(waarts)*** ⇒*oostelijk.*
eastwards [ie:stwədz], ⟨AE ook⟩ **eastward** **0.1** ***oost(waarts)*** ⇒*oostelijk.*
eas|y[1] [ie:zie] ⟨bn.; -iness⟩ **0.1** ***(ge)makkelijk*** ⇒*eenvoudig, moeiteloos* **0.2** ***ongedwongen*** **0.3** ***behaaglijk*** ⇒*comfortabel, gemakkelijk* **0.4** ***welgesteld*** ⇒*bemiddeld* ◆ **1.1** have ~ access to sth. *makkelijk toegang hebben tot iets;* ⟨inf.⟩ as ~ as pie/winking *reuzegemakkelijk, een koud kunstje* **1.2** have an ~ manner *ontspannen optreden* **1.3** ~ chair *leunstoel, luie stoel* **1.4** in ~ circumstances *in goede doen;* have an ~ time (of it) *een gemakkelijk leventje hebben* **1.¶** ⟨sl.⟩ an ~ lay *vrouw die snel plat gaat;* ~ money *gemakkelijk/illegaal verkregen geld;* by ~ stages *stap voor stap;* live on Easy Street *in goede doen zijn;* on ~ terms *op gemakkelijke condities, op afbetaling* **3.¶** ⟨BE; inf.⟩ I'm ~ *mij om het even* **6.3** ~ **on** the ear/eye *aangenaam om te horen/zien* **¶.1** ⟨sprw.⟩ it's ~ to be wise after the event *als het kleed gemaakt is, ziet men de fouten.*
easy[2] ⟨bw.⟩ **0.1** ***gemakkelijk*** ⇒*eenvoudig* **0.2** ***kalm*** ⇒*rustig* ◆ **3.1** easier said than done *gemakkelijker gezegd dan gedaan* **3.2** take it ~ *het rustig aan doen;* ⟨AE; inf.⟩ *tot ziens dan maar* **3.¶** ⟨sprw.⟩ ~ come, easy go *zo gewonnen, zo geronnen* **5.1** ~ as pie *een fluitje van een cent* **¶.2** ~ does it! *voorzichtig!* **¶.¶** ~ (now) *kalmpjes aan!, rustig!*
easygoing [ie:ziegooing] **0.1** ***laconiek*** ⇒*makkelijk* **0.2** ***gemakzuchtig*** ⇒*laks.*
eat [ie:t] ⟨ate [et, eet], eaten [ie:tn]⟩ **I** ⟨onov.ww.⟩ **0.1** ***de maaltijd gebruiken*** **0.2** ***zich opvreten*** ⇒⟨fig.⟩ *wegteren* ◆ **5.1** ~ **out** *buitenshuis eten* **6.1** ~ **out of** s.o.'s hand *uit iemands hand eten* **6.2** ~ **away at** *knagen aan;* ~ **into** *aantasten* ⟨bv. reserves⟩;
II ⟨ov.ww.⟩ **0.1** ***(op)eten*** ⇒*vreten* **0.2** ***verslinden*** ⇒*opvreten* **0.3** ***aantasten*** ⇒*wegvreten* ◆ **1.2** ~ money *geld verslinden* **4.¶** what's ~ing you? *wat zit je zo dwars?* **5.2** she (just) ate **up** all that praise *zij zwolg in al de bewondering;* ~en **up** with curiosity *verteerd door nieuwsgierigheid* **5.¶** ~ s.o. **out** *iem. beffen* ⟨cunnilingus bedrijven⟩.
eatable [ie:təbl] **0.1** ***eetbaar.***
eatables [ie:təblz] **0.1** ***levensmiddelen*** ⇒*eetwaar.*
eater [ie:tə] **0.1** ***eter*** ⇒*gast* **0.2** ***handappel*** ◆ **2.1** be a big ~ *een grote eter zijn* **3.2** are these ~s or cookers? *zijn dit hand- of moesappelen?*
eating apple **0.1** ***handappel.***
eating house, eating place **0.1** ***eethuisje.***
eats [ie:ts] ⟨mv.⟩⟨inf.⟩ **0.1** ***voer*** ⇒*voedsel.*
eaves [ie:vz] ⟨mv.; ww. vnl. mv.⟩ **0.1** ***(overhangende) dakrand.***
eavesdrop [ie:vzdrop] ⟨-ped⟩ **0.1** ***afluisteren*** ⇒*luistervinken* ◆ **6.1** ~ **on** s.o. *iem. afluisteren.*
eavesdropper [ie:vzdroppə] **0.1** ***luistervink.***
ebb[1] [eb] ⟨zn.⟩ **0.1** ***eb*** ⇒*laag water/tij* ◆ **2.1** ⟨fig.⟩ be at a low ~ *in de put zitten.*
ebb[2] ⟨ww.⟩ **0.1** ***ebben*** **0.2** ***afnemen*** ⇒*wegebben* ◆ **5.2** his life ~ed **away** *het leven ebde/vloeide uit hem weg.*
ebb tide **0.1** ***eb*** ⇒*laag tij* ◆ **6.1** **on** the ~ *bij afnemend tij.*
EBCDIC [epsiddik] ⟨afk.; comp.⟩ **0.1** [Extended Binary Coded Decimal Interchange Code].
ebony [ebbənie] **0.1** ⟨zn.⟩ ***ebbenhout*** **0.2** ⟨bn.⟩ ***ebbenhouten*** ⇒*zwart (als ebbenhout).*
ebullience [ibboeliəns] **0.1** ***uitbundigheid*** ⇒*uitgelatenheid* ◆ **1.1** a state of ~ *een uitgelaten stemming.*
ebullient [ibboeliənt] ⟨-ly⟩ **0.1** ***uitbundig*** ⇒*uitgelaten.*
EC ⟨afk.⟩ **0.1** [European Community] ***EG.***
eccentric[1] [iksentrik] ⟨zn.⟩ **0.1** ***zonderling*** ⇒*excentriekeling* **0.2** ⟨tech.⟩ ***excentriek*** ⇒*krukas.*
eccentric[2] ⟨bn.; -ally⟩ **0.1** ***zonderling*** ⇒*buitenissig, excentriek* **0.2** ***excentrisch.***
eccentricit|y [eksəntrissətie] ⟨mv.: -ies⟩ **0.1** ***excentriciteit*** ⇒*buitenissigheid.*
Ecclesiastes [iklie:zie·æstie:z] **0.1** ***(het boek) Prediker.***
ecclesiastic [iklie:zie·æstik] **0.1** ***geestelijke*** ⇒*predikant.*
ecclesiastical [iklie:zie·æstikl] **0.1** ***geestelijk*** ⇒*kerkelijk, kerk-.*
echelon [esjəlon] **0.1** ***rang*** ⇒*groep, echelon.*
echinoderm [ikkajnoodə:m] **0.1** ***stekelhuidige.***
echo[1] [ekkoo] ⟨zn.; mv.: -es⟩ **0.1** ***echo*** ⟨ook muz.⟩ ⇒*nagalm, weerklank* **0.2** ***weerschijn*** ⇒*weerspiegeling.*
echo[2] **I** ⟨onov.ww.⟩ **0.1** ***weergalmen*** ⇒*resoneren, weerklinken* ◆ **6.1** ~ **with** *weergalmen met;*

II ⟨onov. en ov.ww.⟩ **0.1** ***echoën*** ⇒*herhalen, nazeggen;*
III ⟨ov.ww.⟩ **0.1** ***weerkaatsen*** ⇒*terugkaatsen.*
echosounder **0.1** ***echolood.***
éclair [eekleə] **0.1** ***(met chocola) geglaceerde langwerpige (room)soes.***
éclat [eekla:] **0.1** ***éclat*** ⇒*glans, luister* **0.2** ***opzien*** ◆ **6.1 with** ~ *met glans; opzienbarend.*
eclectic [iklektik] **0.1** ⟨bn.⟩ ***eclectisch*** **0.2** ⟨zn.⟩ ***eclecticus.***
eclecticism [iklektissizm] **0.1** ***eclecticisme.***
eclipse[1] [iklips] ⟨zn.⟩ **0.1** ***eclips*** ⇒*verduistering* **0.2** ***ontluistering*** ⇒*eclips.*
eclipse[2] ⟨ww.⟩ **0.1** ***verduisteren*** ⇒*verdonkeren* **0.2** ***overschaduwen*** ⇒*in glans/luister overtreffen.*
ecliptic [ikliptik] ⟨the⟩⟨ster.⟩ **0.1** ***ecliptica*** ⟨schijnbare baan v.d. zon⟩.
eco- [ikko] **0.1** ***eco-*** ⇒*ecologisch.*
ecological [ie:kəlodzjikl] **0.1** ***ecologisch.***
ecologist [ikkolləd zjist] **0.1** ***ecoloog*** ⟨wetenschapper⟩ **0.2** ***milieuactivist*** ⇒*ecologist.*
ecology [ikkollədzjie] **0.1** ***ecologie.***
econometrician [ikkonnəmətrisjn], **econometrist** [-metrist] **0.1** ***econometrist.***
econometrics [ikkonnəmetriks] **0.1** ***econometrie.***
economic [ekkənommik, ie:-] **0.1** ***economisch*** **0.2** ***rendabel*** ⇒*lonend, winstgevend.*
economical [ekkənommikl, ie:-] **0.1** ***zuinig*** ⇒*spaarzaam* **0.2** ***economisch*** ⇒*voordelig.*
economically [ekkənommiklie, ie:-] **0.1** ***zuinig*** ⇒*spaarzaam* **0.2** ***economisch (gezien/gesproken).***
economics [ekkənommiks, ie:-] ⟨ww. enk. of mv.⟩ **0.1** ***economie*** **0.2** ***rendabiliteit.***
economist [ikkonnəmist, ikka-] **0.1** ***econoom*** ⇒*economist* **0.2** ***zuinig iemand.***
economize, -ise [ikkonnəmajz] **I** ⟨onov.ww.⟩ **0.1** ⟨+ on⟩ ***bezuinigen (op)*** ⇒*spaarzaam zijn;*
II ⟨ov.ww.⟩ **0.1** ***economiseren*** ⇒*besparen, zuinig beheren.*
econom|y [ikkonnəmi] ⟨mv.: -ies⟩ **I** ⟨telb.zn.⟩ **0.1** ***beheer*** ⇒ *administratie* **0.2** ***economie*** ⇒*economisch stelsel* **0.3** ***besparing*** ⇒*bezuiniging* ◆ **1.¶** ⟨ec.⟩ economies of scale *schaalvoordelen* **2.1** domestic ~ *huishoudkunde* **2.2** political ~ *economie, staathuishoudkunde;*
II ⟨telb. en n.-telb.zn.⟩ **0.1** ***zuinig gebruik*** ⇒*efficiënt gebruik.*
economy car **0.1** ***zuinige auto.***
economy class, economy **0.1** ***economy class*** ⇒*toeristenklasse* ⟨ihb. bij luchtv.⟩.
economy drive **0.1** ***bezuinigingscampagne*** ⇒*bezuinigingsmaatregelen.*
economy measure **0.1** ***besparende maatregel*** ⇒*bezuinigingsmaatregel.*
economy pack **0.1** ***voordeel(ver)pak(king)*** ⇒*gezins(ver)pak(king).*
economy size **0.1** ***voordeelverpakking*** ⇒*voordeelpak.*
eco-tourism **0.1** ***ecotoerisme.***
ECSC ⟨afk.⟩ **0.1** [European Coal and Steel Community] ***EGKS.***
ecstas|y [ekstəsie] ⟨mv.: -ies⟩ **0.1** ***extase*** ⇒*vervoering* ◆ **6.1 in** ecstasies *in vervoering.*
ecstatic [ikstætik] ⟨-ally⟩ **0.1** ***extatisch*** ⇒*verrukt, in vervoering.*
E.C.T. ⟨afk.⟩ **0.1** [electroconvulsive therapy].
ectoderm [ektoodə:m] **0.1** ***ectoderm.***
ectoplasm [ektəplæzm] **0.1** ***ectoplasma*** ⇒*buitenlaag v.h. protoplasma.*
ECU [eekjoe:, ie:sie:joe:] ⟨oorspr. afk.⟩ **0.1** [European Currency Unit] ***ecu.***
Ecuador [ekwədo:] **0.1** ***Ecuador.***
Ecuadorean [ekwədorriən] **0.1** ⟨bn.⟩ ***Ecuadoraans*** **0.2** ⟨telb. zn.⟩ ***Ecuadoraan(se).***
ecumenical, oecumenical [ie:kjoemennikl] **0.1** ***oecumenisch.***
ecumenicalism, oecumenicalism [ie:kjoemennikkəlizm] **0.1** ***oecumene*** ⇒*oecumenische beweging.*
eczema [eksimmə] **0.1** ***eczeem.***
ed. ⟨afk.⟩ **0.1** [edition] ***ed.*** **0.2** [editor] ***ed.***
edd|y[1] [eddie] ⟨zn.; mv.: -ies⟩ **0.1** ***werveling*** ⇒*draaikolk.*
edd|y[2] ⟨ww.; -ied⟩ **0.1** ***(doen) dwarrelen*** ⇒*(doen) kolken, (doen) wielen.*
edelweiss [eedlvajs] **0.1** ***edelweiss.***
Eden [ie:dn] **0.1** ***Eden*** ⇒*paradijs, lustoord.*
edge[1] [edzj] ⟨zn.⟩ **0.1** ***snede*** ⇒*snijkant, scherpte* ⟨ook fig.⟩, *effectiviteit, kracht* **0.2** ***kant*** ⇒*richel* **0.3** ***rand*** ⇒*boord, oever, grens* ◆ **1.1** her voice had an ~ to it *haar stem klonk scherp* **2.1** she gave me the rough / sharp ~ of her tongue *zij sprak mij bits toe* **3.1** put an ~ on *slijpen;* take the ~ off *het ergste wegnemen* **3.¶** ⟨inf.⟩ have an / the ~ over / on *een voorsprong hebben op* **6.3 on** the ~ **of** *op het punt van* **6.¶** be **on** ~ *gespannen/prikkelbaar zijn.* →**fine.**
edge[2] **I** ⟨onov.ww.⟩ **0.1** ***(langzaam/voorzichtig) bewegen*** ◆ **5.1** ~ **away / off** *voorzichtig wegsluipen;* ~ **up** *dichterbij schuiven;*
II ⟨ov.ww.⟩ **0.1** ***scherpen*** ⇒*wetten, aanzetten* ⟨ook fig.⟩ **0.2** ***omranden*** ⇒*omboorden, omzomen* **0.3** ***ongemerkt doen bewegen*** ◆ **1.3** he ~d his way along the precipice *hij kroop voorzichtig langs de afgrond* **4.3** she ~d herself to the front *zij drong ongemerkt naar voren* **6.2** ~d **with** lace *met een randje kant* **6.3** the dog ~d me **off** the seat *de hond duwde mij van de bank af.* →**edge out.**
edge out **0.1** ***verdringen*** **0.2** ***met een klein verschil verslaan.***
edgeways [edzjweez], **edgewise** [-wajz] **0.1** ***met de kant naar voren*** **0.2** ***op zijn kant.***
edging [edzjing] **0.1** ***rand*** ⇒*boord(sel), bies.*
edg|y [edzjie] ⟨-ily⟩ **0.1** ***scherp*** ⟨ook fig.⟩ **0.2** ***gespannen*** ⇒ *prikkelbaar.*
edible[1] [eddəbl] ⟨zn.; vnl. mv.⟩ **0.1** ***eetwaar*** ⇒*eetwaren.*
edible[2] ⟨bn.⟩ **0.1** ***eetbaar*** ⇒*niet giftig.*
edict [ie:dikt] **0.1** ***edict*** ⇒*bevelschrift, plakkaat.*
edifice [eddiffis] **0.1** ***gebouw*** ⇒*bouwwerk, bouwsel* ⟨ook fig.⟩.
edif|y [eddiffaj] ⟨-ied; zn.: **-ication**⟩ **0.1** ***stichten*** ◆ **1.1** an ~ing homily *een stichtelijke preek.*
Edinburgh [eddinbərə] **0.1** ***Edinburgh.***
edit [eddit] **0.1** ***bewerken*** ⇒*persklaar maken; herschrijven* **0.2** ***monteren*** ⟨film enz.⟩ **0.3** ***redigeren*** ⇒*de redactie voeren van* ◆ **1.1** an ~ed version *een gekuiste/aangepaste versie* **5.1** ~ **out** *eruit laten, wegstrepen* **6.3** ~ed **by** *onder redactie v.* ⟨tijdschriften e.d.⟩.
editing [edditting] ⟨comp.⟩ **0.1** ***opmaak.***
edition [iddisjn] **0.1** ***uitgave*** ⇒*editie, oplage;* ⟨fig.⟩ *versie.*
editor [eddittə] **0.1** ***redacteur*** **0.2** ***editor*** **0.3** ***bewerker*** ⇒ *samensteller* **0.4** ***uitgever*** ◆ **1.1** ~ in chief *hoofdredacteur.*
editorial [eddito:riəl] **0.1** ⟨bn.⟩ ***redactioneel*** ⇒*redactie-, redacteurs-* **0.2** ⟨zn.⟩ ***hoofdartikel*** ⇒*redactioneel artikel/ commentaar* ◆ **1.1** the ~ staff *de redactie.*
editorialize, -ise [eddito:riəlajz] ⟨AE⟩ **0.1** ***een opinie geven (in een hoofdartikel)*** **0.2** ***een subjectief verslag geven*** ⇒ *meningen als feitenmateriaal presenteren* **0.3** ***mening geven*** ⇒*standpunt(en) uitdrukken.*
editor-in-chief ⟨mv.: editors-in-chief⟩ **0.1** ***hoofdredacteur.***
educate [edjoekeet] **0.1** ***opvoeden*** ⇒*grootbrengen, vormen* **0.2** ***opleiden*** ⇒*onderwijzen* **0.3** ***scholen*** ⇒*trainen* ◆ **1.2**

~d person *onderlegd/gestudeerd iem., intellectueel* **1.¶** an ~d guess *een gefundeerde schatting/gissing* ⟨gebaseerd op voorkennis en ervaring⟩ **5.1** highly ~d *zeer beschaafd/ontwikkeld.*

education [edjoekeesjn] **0.1** ***onderwijs*** ⇒*scholing, opleiding* **0.2** ***opvoeding*** ⇒*vorming* **0.3** ***pedagogie*** ⇒*opvoedkunde* **0.4** ***kennis.***

educational [edjoekeesjnəl] **0.1** ***school-*** ⇒*onderwijs-, opvoeding-* **0.2** ***leerzaam*** ⇒*educatief* ◆ **1.1** ~ establishment *onderwijsinstelling* **1.2** an ~ experience *een leerzame ervaring;* ~ toy *educatief stuk speelgoed.*

education(al)ist [edjoekeesjn(əl)ist] **0.1** ***onderwijsdeskundige*** ⇒*pedagoog, opvoedkundige* **0.2** ⟨vnl. BE⟩ ***onderwijzer(es).***

educator [edjoekeetə] **0.1** ***onderwijzer*** ⇒*leraar, opvoeder* **0.2** ***opvoedkundige*** ⇒*pedagoog.*

educe [idjoe:s] **0.1** ***afleiden*** ⇒*deduceren.*

edutainment [edjoeteenmənt] ⟨verk.⟩ [education entertainment] **0.1** ***edutainment.***

E.E.C. ⟨afk.⟩ **0.1** [European Economic Community] *EEG.*

E.E.G. ⟨afk.⟩ **0.1** [electroencephalogram] *EEG.*

eel [ie:l] ⟨mv.: ook eel⟩ **0.1** ***paling*** **0.2** ⟨inf.⟩ ***gladjanus*** ◆ **2.¶** be as slippery as an ~ *zo glad als een aal zijn.*

e'en [ie:n] ⟨samentr. v. even; schr.⟩.

eenie, meenie, minie, mo, eeny, meeny, miney, mo [ie:nie mie:nie majnie moo] **0.1** ***iene miene mutte.***

e'er [eə] ⟨samentr. v. ever; schr.⟩.

eeri|e [iərie] ⟨-ness⟩ **0.1** ***angstaanjagend*** ⇒*griezelig.*

EETPU ⟨afk.⟩ **0.1** [Electrical, Electronic, Telecommunications, and Plumbing Union] ⟨GB⟩.

eff [ef] ⟨vulg.; euf. afk. voor 'fuck'⟩ **0.1** ***vloeken*** ⇒*schelden, tieren* **0.2** ***opsodemieteren*** ⇒*oprotten* ◆ **1.2** he's an ~ing pain in the arse *hij is een grote klootzak* **3.1** he was ~ing and blinding *hij liep te vloeken en te schelden* **5.2** ~ **off**! *rot op!*

efface [iffees] ⟨zn.: **-ment**⟩ **0.1** ***uitwissen*** **0.2** ***uit het geheugen bannen*** ◆ **4.¶** ~ o.s. *zich wegcijferen.*

effect¹ [iffekt] **I** ⟨telb. en n.-telb.zn.⟩ **0.1** ***resultaat*** ⇒*gevolg* **0.2** ***effect*** ⇒*uitwerking* **0.3** ⟨mv.⟩ ***bezittingen*** ⇒*eigendommen* ◆ **3.2** take ~ *resultaat hebben* **6.1 of** no ~ *vruchteloos, tevergeefs* **6.2** just **for** ~ *alleen maar om indruk te maken* **6.¶ in** ~ *in feite, eigenlijk;*

II ⟨n.-telb.zn.⟩ **0.1** ***uitvoering*** ⇒*voltrekking* **0.2** ***inhoud*** ⇒ *strekking* **0.3** ***werking*** ⇒*(rechts)geldigheid* ◆ **3.1** bring/carry/put plans into ~ *plannen uitvoeren* **6.2** words **to** that ~ *woorden v. die strekking;* a message **to** the ~ that *een berichtje (dat erop neerkomt) dat* **6.3** be **in** ~ *van kracht zijn* ⟨v. wet⟩; come **into** ~, take ~ *van kracht worden;*

III ⟨mv.⟩ ◆ **7.¶** ⟨geldw.⟩ no ~s *geweigerd* ⟨op cheque⟩.

effect² ⟨ww.⟩ **0.1** ***bewerkstelligen*** ⇒*teweegbrengen, veroorzaken* **0.2** ***verwezenlijken*** ⇒*bereiken* ◆ **1.1** ~ a cure for s.o. *iem. genezen;* ⟨geldw.⟩ ~ payment *overgaan tot betaling* **1.2** ~ an entrance *zich toegang verschaffen;* ~ one's purpose *zijn doel verwezenlijken.*

effective [iffektiv] **0.1** ***effectief*** ⇒*doeltreffend* **0.2** ***indrukwekkend*** ⇒*treffend* **0.3** ***van kracht*** ⟨wet e.d.⟩ **0.4** ***effectief*** ⇒*wezenlijk* ◆ **1.1** the innovations have been very ~ *de vernieuwingen zijn niet zonder resultaat gebleven* **1.2** ~ speeches *indrukwekkende toespraken* **1.4** ⟨ec.⟩ ~ demand *effectieve vraag;* the ~ strength of the navy *de operationele sterkte/inzetbaarheid v.d. marine.*

effectively [iffektivlie] **0.1** →**effective** **0.2** ***in feite*** ⇒*eigenlijk.*

effectiveness [iffektivnəs] **0.1** ***doeltreffendheid*** ⇒*werkzaamheid, kracht* **0.2** ***uitwerking.***

effectual [iffektsjoeəl] ⟨-ness⟩ **0.1** ***doeltreffend*** ◆ **1.1** take ~ measures *effectieve maatregelen treffen.*

effectuate [iffektsjoe·eet] **0.1** ***bewerkstelligen*** ⇒*teweegbrengen.*

effeminacy [iffemminnəsie] **0.1** ***verwijfdheid.***

effeminate [iffemminnət] **0.1** ***verwijfd.***

effervesce [effəves] **0.1** ***borrelen*** ⇒*bruisen, schuimen* **0.2** ***opgewonden/uitgelaten zijn.***

effervesc|ent [effəvesnt] ⟨zn.: **-ence**⟩ **0.1** ***borrelend*** ⇒*bruisend, schuimend* **0.2** ***opgewonden*** ⇒*uitgelaten.*

effete [iffie:t] ⟨-ness⟩ **0.1** ***verzwakt*** ⇒*slap.*

efficacious [effikkeesjəs] **0.1** ***werkzaam*** ⇒*doeltreffend.*

efficacy [effikkəsie] **0.1** ***werkzaamheid*** ⇒*doeltreffendheid.*

efficiency [iffisjnsie] **0.1** ***efficiëntie*** ⇒*doeltreffendheid, doelmatigheid* **0.2** ***bekwaamheid*** ⇒*competentie* **0.3** ***efficiëntie*** ⇒*rendement* **0.4** ***productiviteit*** ⇒*capaciteit.*

efficient [iffisjnt] **0.1** ***efficiënt*** ⇒*doeltreffend, doelmatig* **0.2** ***bekwaam*** ⇒*competent* **0.3** ***efficiënt*** ⇒*renderend* **0.4** ***productief.***

effig|y [effidzjie] ⟨mv.: -ies⟩ **0.1** ***beeltenis*** ⇒*effigie, afbeelding* ◆ **6.1** burn s.o. **in** ~ *iem. in effigie verbranden.*

effloresc|ent [eflo:resnt] ⟨zn.: **-ence**⟩ **0.1** ***bloeiend*** ⟨ook fig.⟩ ⇒*ontluikend, tot bloei komend.*

effluent [efloeənt] **I** ⟨telb.zn.⟩ **0.1** ***aftakking*** ⇒*zijrivier; afvoer;*

II ⟨telb. en n.-telb.zn.⟩ **0.1** ***afvalwater*** ⇒*rioolwater.*

efflux [efluks] **0.1** ***uitvloeisel*** ⇒*uitstromend gas* **0.2** ***uitvloeiing.***

effort [effət] **0.1** ***moeite*** ⇒*inspanning, poging* **0.2** ***prestatie*** ◆ **3.1** make an ~ (to do sth.) *zich inspannen/proberen (iets te doen)* **6.1** his ~s **at** improving working conditions *zijn pogingen om de werkomstandigheden te verbeteren;* **without** ~ *zonder enige moeite.*

effortless [effətləs] ⟨-ness⟩ **0.1** ***moeiteloos*** ⇒*gemakkelijk.*

effronter|y [ifruntərie] ⟨mv.: -ies⟩ **0.1** ***onbeschaamdheid*** ⇒ *brutaliteit.*

effulg|ent [iffuldzjənt] ⟨zn.: **-ence**⟩ ⟨ook fig.⟩ **0.1** ***stralend*** ⇒ *glanzend.*

effusion [ifjoe:zjn] **0.1** ***ontboezeming*** ⇒*gemoedsuitstorting* **0.2** ***uitstroming*** ⇒*effusie* ◆ **1.2** ~ of blood *bloedvergieten.*

effusive [ifjoe:siv] ⟨-ness⟩ **0.1** ***overdadig*** ⟨v. uitingen⟩ ⇒*uitbundig.*

EFL ⟨afk.⟩ **0.1** [English as a Foreign Language].

eft [eft] **0.1** ***watersalamander.***

E.F.T.A., Efta [eftə] ⟨afk.⟩ **0.1** [European Free Trade Association] *EVA* ⟨Europese Vrijhandelsassociatie⟩.

EFTS ⟨afk.; comp.⟩ **0.1** [Electronic Funds Transfer System].

e.g. ⟨afk.⟩ **0.1** [exempli gratia] *bv.*

egalitarian [igælitteəriən] **0.1** ⟨bn.⟩ ***gelijkheids-*** ⇒*gelijkheid voorstaand* **0.2** ⟨zn.⟩ ***egalist*** ⇒*voorstander v. algemene gelijkheid.*

egalitarianism [igælitteəriənizm] **0.1** ***egalitarisme.***

egg [eg] **0.1** ***ei*** ⇒*eicel, ovum* **0.2** ***ei(erstruif)*** ◆ **1.¶** have/put all one's ~s in one basket *alles op één kaart zetten;* ⟨vnl. BE; inf.⟩ have ~ on one's face *voor schut staan* **3.1** fried ~ *gebakken ei;* poached ~ *gepocheerd ei;* scrambled ~s *roerei.* →**bad, golden, old.**

eggbeater ⟨vnl. AE⟩ **0.1** ***eierklopper.***

egg-bound **0.1** ***niet in staat eieren te leggen*** ⟨v. vogel⟩.

eggcup **0.1** ***eierdopje.***

egg custard **0.1** ***custardpudding.***

egghead ⟨inf.⟩ **0.1** ***intellectueel*** ⇒*gestudeerde.*

eggnog [egnog] **0.1** ***eierdrank*** ⇒*eggnogg.*

egg on **0.1** ***aanzetten*** ⇒*aansporen.*

eggplant **0.1** ***aubergine.***

egg roll ⟨AE⟩ **0.1** ***loempia.***
egg separator 0.1 ***eierscheider.***
eggshell[1] ⟨zn.⟩ **0.1** ***eierschaal.***
eggshell[2] ⟨bn.⟩ **0.1** ***halfmat*** ⇒*halfglanzend* ⟨v. verf⟩.
eggshell china, eggshell porcelain 0.1 ***eierschaalporselein.***
egg slicer 0.1 ***eiersnijder.***
egg timer 0.1 ***zandloper.***
egg whisk ⟨vnl. BE⟩ **0.1** ***eierklopper.***
egg white 0.1 ***eiwit.***
egis →**aegis.**
eglantine [eglǝntajn, -tie:n] **0.1** ***egelantier.***
ego [ie:goo, egoo] **0.1** ***ego*** ⇒*(het) ik* **0.2** ***het bewuste ik*** ⇒*ik-bewustzijn* **0.3** ***eigenwaarde.***
egocentric [ie:goosentrik, egoo-] ⟨-ally; zn.: **-ity**⟩ **0.1** ***egocentrisch*** **0.2** ***egoïstisch*** ⇒*zelfzuchtig.*
ego-enhancement ⟨psych.⟩ **0.1** ***ik-versterking.***
egoism [ie:goo·izm, egoo-] **0.1** ***egoïsme*** ⇒*zelfzucht, eigenliefde.*
egoist [ie:goo·ist, egoo-] **0.1** ***egoïst(e)*** ⇒*zelfzuchtige.*
egoistic|(al) [ie:gooistik(l), egoo-] ⟨-(al)ly⟩ **0.1** ***egoïstisch*** ⇒ *zelfzuchtig.*
egotism [ie:gǝtizm, egǝ-] **0.1** ***egotisme*** ⇒*eigenwaan.*
egotist [ie:gǝtist, egǝ-] **0.1** ***egotist*** ⇒*iem. met eigenwaan.*
egotistic|(al) [ie:gǝtistik(l), egǝ-] ⟨-(al)ly⟩ **0.1** ***egotistisch*** ⇒ *vol eigenwaan.*
ego trip 0.1 ***egotrip.***
ego tripper 0.1 ***egotripper.***
egregious [igrie:dzjǝs] ⟨-ness⟩ **0.1** ***kolossaal*** ⟨in negatieve zin⟩ ⇒*verschrikkelijk (groot), ontzettend.*
egress [ie:gres] ⟨schr.⟩ **0.1** ***uitgang*** **0.2** ***(recht van) uitgang.***
egret [ie:grit] **0.1** ***zilverreiger.***
Egypt [ie:dzjipt] **0.1** ***Egypte.***
Egyptian [idzjipsjn] **0.1** ⟨bn.⟩ ***Egyptisch*** **0.2** ⟨eig.n.⟩ ***Egyptisch(e taal)*** **0.3** ⟨telb. zn.⟩ ***Egyptenaar/Egyptische.***
eh [ee] ⟨inf.⟩ **0.1** ***hè*** ⇒*hé, wat* ◆ **1.1** let's have a cuppa, ~? *hé, zullen we effe een bakkie drinken?*
eider [ajdǝ], **eiderduck 0.1** ***eidereend.***
eiderdown 0.1 ***(donzen) dekbed*** **0.2** ***eierdons.***
eight [eet] **0.1** ***acht*** ⟨ook voorwerp/groep ter waarde/grootte v. acht⟩ ⇒⟨ihb.⟩ *achtriemsboot* ◆ **1.¶** ⟨AE⟩ be behind the ~ ball *in het nadeel zijn* **3.1** they formed an ~ *zij vormden een achttal/een achtspan* **4.¶** ⟨BE; sl.⟩ he had one over the ~ *hij had er eentje te veel op* **6.1** arranged **in** ~s *per acht gerangschikt.*
eighteen [eetie:n] **0.1** ***achttien*** ⟨ook voorwerp/groep ter waarde/grootte v. achttien⟩.
eighteenth [eetie:nθ] **0.1** ***achttiende*** ⇒⟨als zn.⟩ *achttiende deel.*
eighth [eetθ] **0.1** ***achtste*** ⇒⟨als zn.⟩ *achtste deel* ◆ **2.1** the ~ largest industry *de op zeven na grootste industrie* **3.1** she came ~ *ze kwam op de achtste plaats* **6.1** written **in** ~s *in achtste noten geschreven;* the ~ **of** November *de achtste november.*
eighthly [eetθlie], **eighth 0.1** ***ten/als achtste.***
eightieth [eetie·iθ] **0.1** ***tachtigste*** ⇒⟨als zn.⟩ *tachtigste deel.*
eighty [eetie] **0.1** ***tachtig*** ⟨ook voorwerp/groep ter waarde/grootte v. tachtig⟩ ◆ **6.1** a man **in** his eighties *een man van in de tachtig;* **in** the eighties *in de jaren tachtig;* temperatures **in** the eighties *temperaturen boven de tachtig (graden).*
Eire [eǝrǝ] **0.1** ***Eire*** ⇒*(Republiek) Ierland.*
eisteddfod [ajstedfǝd] ⟨mv.: ook eisteddfodau [-daj]⟩ **0.1** ***eisteddfod*** ⟨wedstrijd in dichtkunst, zang, dans, muziek in Wales⟩.
either[1] [ajðǝ] ⟨vnw.⟩ **0.1** ***één van beide(n)*** **0.2** ***beide(n)*** ⇒*alle twee, allebei* ◆ **6.1** choose ~ **of** the colours *kies één v.d. twee kleuren* **6.2** ~ **of** them will tell you *ze zullen het je beiden vertellen* **¶.2** 'Sherry or hock?' 'Either' *'Sherry of rijnwijn?' 'Maakt niet uit'.*
either[2] ⟨bw.⟩ **0.1** ⟨na ontkenning⟩ ***evenmin*** ⇒*ook niet, bovendien niet* ◆ **3.1** he can't swim, and I can't ~ *hij kan niet zwemmen en ik ook niet;* she doesn't like apples, nor oranges ~ *ze lust geen appels en ook geen sinaasappels;* he is hardworking and not unfriendly ~ *hij is een harde werker en bovendien niet onvriendelijk.*
either[3] ⟨det.⟩ **0.1** ***één v. beide*** ⇒*onverschillig welke v.d. twee* **0.2** ***beide*** ◆ **1.1** use ~ hand *gebruik welke hand dan ook* **1.2** in ~ case, ~ way *in beide gevallen, in elk geval;* of ~ sex *v. beiderlei kunne;* on ~ side *aan beide kanten.*
either[4] ⟨vw.; met or⟩ **0.1** ***of*** ⇒*ofwel, hetzij* ◆ **1.1** have ~ cheese or a dessert *neem kaas of een toetje* **2.1** she is ~ lazy or stupid *ze is (of) lui of dom* **3.1** you can ~ go or stay *je kunt weggaan of blijven.*
either-or ⟨inf.⟩ **0.1** ***of-of keuze*** ⇒*keuze uit twee alternatieven.*
ejacul|ate [idzjækjoeleet] ⟨zn.: **-ation**⟩ **0.1** ***ejaculeren*** **0.2** ***uitroepen*** ⇒*plotseling uitbrengen.*
eject [idzjekt] **I** ⟨onov.ww.⟩ **0.1** ***een vliegtuig verlaten met een schietstoel;***
II ⟨ov.ww.⟩ **0.1** ***uitgooien*** ⇒*uitzetten, uitstoten* **0.2** ***uitwerpen*** ◆ **6.1** the bouncers ~ed the rowdies **from** the disco *de uitsmijters gooiden de herrieschoppers uit de discotheek.*
ejection [idzjeksjn] **0.1** ***verdrijving*** ⇒*(ambts)ontzetting, uitzetting* **0.2** ***uitwerping.***
ejector seat, ⟨vnl. AE⟩ **ejection seat 0.1** ***schietstoel.***
eke out 0.1 ***rekken*** ⟨ook voorraden⟩ ⇒*aanvullen* **0.2** ***bijeenscharrelen*** ◆ **1.2** ~ a living *(met moeite) zijn kostje bijeenscharrelen.*
EKG ⟨afk.; AE⟩ **0.1** [electrocardiogram] ***e.c.g.*** ⇒*elektrocardiogram.*
el [el] ⟨afk.; AE; inf.⟩ **0.1** [elevated railway] ***luchtspoorweg.***
elaborate[1] [ilæbrǝt] ⟨bn.; -ness⟩ **0.1** ***gedetailleerd*** ⇒*uitgebreid, uitvoerig* **0.2** ***ingewikkeld.***
elaborate[2] [ilæbǝreet] **I** ⟨onov.ww.⟩ **0.1** ⟨+ (up)on⟩ ***uitweiden (over);***
II ⟨ov.ww.⟩ **0.1** ***in detail uitwerken*** ⇒*uitvoerig behandelen, uitweiden over* **0.2** ***(moeizaam) voortbrengen*** ⇒*ontwikkelen.*
elaboration [ilæbǝreesjn] **0.1** ***ingewikkeldheid*** ⇒*(te grote) gedetailleerdheid* **0.2** ***uitweiding*** ⇒*uitvoerige behandeling* **0.3** ***zorgvuldige uitvoering.***
élan [eela:n, eelæn] **0.1** ***elan.***
elapse[1] [ilæps] ⟨zn.⟩ **0.1** ***periode*** ⇒*tijdspanne.*
elapse[2] ⟨ww.⟩ **0.1** ***verstrijken*** ⇒*voorbijgaan.*
elastic[1] [ilæstik] ⟨zn.⟩ **0.1** ***elastiek(je).***
elastic[2] ⟨bn.⟩ **0.1** ***elastieken*** **0.2** ***elastisch*** ⇒*rekbaar* **0.3** ***flexibel*** ⇒*soepel* ◆ **1.1** ⟨BE⟩ ~ band *elastiekje;* ~ stocking *elastieken kous(enband), steunkous.*
elasticity [ie:læstissǝtie] **0.1** ***elasticiteit*** ⇒*veerkracht* **0.2** ***flexibiliteit.***
elate [illeet] **0.1** ***verrukken*** ⇒*in vervoering brengen* ◆ **6.1** be ~d **at/by** sth. *met iets verguld/in de wolken zijn.*
elation [illeesjn] **0.1** ***opgetogenheid*** ⇒*verrukking, vervoering.*
elbow[1] [elboo] ⟨zn.⟩ **0.1** ***elleboog*** ⟨ook in pijp enz.⟩ ⇒*(scherpe) bocht; elleboogpijp* **0.2** ***knie(stuk)*** ◆ **3.¶** ⟨inf.⟩ give s.o. the ~ *iem. de bons geven/afdanken;* ⟨sl.⟩ rub ~s with *omgaan met* ⟨ihb. beroemde mensen⟩ **6.¶** **at** s.o.'s ~ *naast*

iem., bij iem. in de buurt; **up to** one's ~s in work *tot over zijn oren in het werk.*

elbow[2] ⟨ww.⟩ **0.1** ***zich (een weg) banen*** ⇒*met de ellebogen dringen/duwen/werken* ◆ **1.1** they had to ~ their way out of the shop *ze moesten zich met de ellebogen een weg uit de winkel banen.*

elbow grease ⟨inf.⟩ **0.1** ***zwaar werk*** ⇒⟨ihb.⟩ *poetswerk, schoonmaakwerk* ◆ **3.1** show a bit of ~ *de handen flink uit de mouwen steken.*

elbowroom 0.1 ***bewegingsruimte*** ⇒*bewegingsvrijheid, armslag.*

elder[1] [eldə], ⟨in bet. 0.4 ook⟩ **elder tree** ⟨zn.⟩ **0.1** ⟨vaak mv.⟩ ***oudere*** **0.2** ⟨vaak the⟩ ***oudste*** ⟨v. twee⟩ **0.3** ***voorganger*** ⇒ *ouderling* **0.4** ***vlier(boom)*** ◆ **3.1** respect one's ~s *degene die ouder dan jij zijn met respect behandelen* **6.1** he is my ~ **by** four years *hij is vier jaar ouder dan ik* **7.2** who's the ~, you or your brother? *wie is de oudste, jij of je broer?*

elder[2] ⟨bn.⟩ **0.1** ***oudste*** ⟨v. twee⟩ ⇒*oudere* **0.2** ***oude(re)*** ⇒*senior* **0.3** ***eerbiedwaardig*** ⇒*wijs* ◆ **1.1** her ~ sister is sixteen *haar oudere zusje is zestien* **1.3** ~ statesman *wijs staatsman, nestor* **7.2** the ~ Jones / Jones the ~ *de oude Jones, Jones senior.*

elderberry [eldəbrie] **0.1** ***vlierbes.***

elderly [eldəlie] **0.1** ***op leeftijd*** ⇒*bejaard* ◆ **7.1** a home for the ~ *een bejaardentehuis.*

eldest [eldist] **0.1** ⟨bn.⟩ ***oudste*** ⟨v. drie of meer⟩ **0.2** ⟨zn.; geen mv.⟩ ***oudste (zoon/dochter/familielid).***

elect[1] [illekt] ⟨bn.⟩ **0.1** ***gekozen*** ⟨maar nog niet geïnstalleerd⟩ ◆ **1.1** the president ~ *de nieuwgekozen president.*

elect[2] ⟨ww.⟩ **0.1** ***kiezen*** ⇒*uitkiezen, verkiezen (als)* **0.2** ***besluiten*** ◆ **3.2** ~ to become a lawyer *besluiten jurist te worden* **4.1** ~ s.o. (as/to be) president *iem. tot president kiezen* **6.1** ~ s.o. **to** the Board *iem. in/voor het bestuur kiezen.*

election [illeksjn] **0.1** ***verkiezing*** ⇒*keus* **0.2** ⟨rel.⟩ ***het uitverkoren zijn.***

election campaign 0.1 ***verkiezingscampagne.***

Election Day 0.1 ***verkiezingsdag*** ⟨in de USA, dag v. nationale verkiezingen⟩.

electioneer [illeksjənìə] **0.1** ***stemmen werven*** ◆ **3.1** go (out) ~ing *op verkiezingscampagne gaan, kiezers winnen.*

election results ⟨mv.⟩ **0.1** ***verkiezingsuitslag.***

election victory 0.1 ***verkiezingsoverwinning.***

elective[1] [illektiv] ⟨zn.⟩ ⟨AE⟩ **0.1** ***facultatief vak*** ⇒*keuzevak.*

elective[2] ⟨bn.⟩ **0.1** ***verkiezings-*** ⇒*kies-* **0.2** ***gekozen*** ⇒*verkiesbaar* **0.3** ⟨AE⟩ ***facultatief*** ◆ **1.3** ~ subject *keuzevak.*

elector [illektə] **0.1** ***kiezer*** ⇒*kiesgerechtigde* **0.2** ⟨AE⟩ ***kiesman*** **0.3** ⟨E-; gesch.⟩ ***keurvorst*** ⇒*elector.*

electoral [illektrəl] **0.1** ***kies-*** ⇒*kiezers-* **0.2** ***electoraal*** ⇒ *verkiezings-* ◆ **1.1** ~ college *kiescollege* ⟨kiest president v. USA⟩; ~ register / roll *kiesregister* **1.2** ~ campaign *verkiezingscampagne.*

electorate [illektrət] ⟨zn.; ww. enk. of mv.⟩ **0.1** ***electoraat*** ⇒ *de kiezers.*

electric [illektrik] **0.1** ***elektrisch*** ⇒*elektriseer-* **0.2** ***opwindend*** ⇒*opzwepend* **0.3** ***gespannen*** ⟨bv. van sfeer⟩ ◆ **1.1** ~ chair *(doodstraf op de) elektrische stoel;* ~ eel/ray *sidderaal/rog;* ~ fence *schrikdraadafrastering;* ~ field *elektrisch veld;* ~ fire *straalkachel;* ~ generator *generator;* ~ guitar *elektrische gitaar;* ~ shock *elektrische schok, elektroshock;* ⟨AE⟩ ~ shock therapy *elektroshocktherapie;* ~ storm *onweer* **1.¶** ⟨vaak attr.⟩ ~ blue *staalblauw, helder lichtblauw.*

electrical [illektrikl] **0.1** ***elektrisch*** ⇒*elektro-* ◆ **1.1** ~ engineer *elektrotechnicus, elektrotechnisch ingenieur;* ~ engineering *elektrotechniek.*

electrician [illektrisjn] **0.1** ***elektricien*** ⇒*elektromonteur.*

electricity [illektrissətie] **0.1** ***elektriciteit*** ⇒*elektrische stroom/lading* **0.2** ***elektriciteitsleer*** **0.3** ***opgewondenheid*** ⇒*geestdrift.*

electrif|y [illektriffaj] ⟨-ied; zn.: **-ication**⟩ **0.1** ***elektriseren*** ⇒ *onder spanning/stroom zetten* **0.2** ***elektrificeren*** ⇒*voorzien v. elektrische installaties* **0.3** ***opwinden*** ⇒*geestdriftig maken* **0.4** ***laten schrikken*** ◆ **1.4** his performance electrified the spectators *zijn voorstelling choqueerde de kijkers.*

electrocardiogram [-ka:diəgræm] **0.1** ***elektrocardiogram.***

electrocardiograph [-ka:diəgra:f] **0.1** ***elektrocardiograaf.***

electroc|ute [illektrəkjoe:t] ⟨zn.: **-ution**⟩ **0.1** ***elektrocuteren*** ⇒*op de elektrische stoel ter dood brengen.*

electrode [illektrood] **0.1** ***elektrode.***

electroencephalogram [-inseffələgræm] **0.1** ***elektro-encefalogram.***

electroencephalograph [-inseffələgra:f] **0.1** ***elektro-encefalograaf.***

electrolyse, ⟨AE⟩ **-lyze** [illektrəlajz] ⟨schei.⟩ **0.1** ***elektrolyseren.***

electrolysis [illektrollissis] ⟨mv.: electrolyses [-sie:z]⟩ ⟨schei.; ook med.⟩ **0.1** ***elektrolyse.***

electrolyte [illektrəlajt] ⟨schei.⟩ **0.1** ***elektrolyt.***

electromagnet [illektroomægnit] **0.1** ***elektromagneet.***

electromagnetism [-mægnittizm] **0.1** ***elektromagnetisme.***

electron [illektron] **0.1** ***elektron*** ◆ **2.1** positive ~ *positron.*

electronic [illektronnik] **0.1** ***elektronisch*** ◆ **1.1** ⟨inf.⟩ ~ brain *elektronische computer;* ~ flash *elektronenflitser;* ~ highway *elektronische snelweg;* ~ mail *elektronische post.*

electronics [illektronniks] ⟨ww. vnl. enk.⟩ **0.1** ***elektronica.***

electron microscope 0.1 ***elektronenmicroscoop.***

electrophoretic [-fərettik] ⟨-ally⟩ ⟨nat.⟩ **0.1** ***elektroforetisch.***

electroplate [illektrəpleet] **0.1** ***galvaniseren.***

electroshock therapy 0.1 ***elektroshocktherapie.***

eleemosynary [ellie·immossinnərie] **0.1** ***v. aalmoezen levend*** **0.2** ***als aalmoes.***

elegance [elligəns] **0.1** ***elegantie*** ⇒*sierlijkheid, bevalligheid.*

elegant [elligənt] **0.1** ***elegant*** ⇒*bevallig, sierlijk.*

elegiac [ellidzjaijək] ⟨vnl. mv.⟩ **0.1** ***elegisch gedicht.***

elegiac|(al) [ellidzjaijikl] ⟨-ally⟩ **0.1** ***elegisch*** ⇒*treur-, klaag-* **0.2** ***weemoedig*** ⇒*klagend* ◆ **1.1** ~ poem *treurdicht* **1.2** ~ mood *weemoedige stemming.*

eleg|y [ellidzjie] ⟨mv.: -ies⟩ **0.1** ***elegie*** ⇒*treurdicht, klaaglied, treurzang.*

element [ellimmənt] **I** ⟨telb.zn.⟩ **0.1** ***element*** ⇒*onderdeel, (hoofd)bestanddeel* **0.2** ⟨geen mv.; ben. voor⟩ ***bep. hoeveelheid*** ⇒*iets, wat* **0.3** ***element*** ⇒*hoofdstof* **0.4** ⟨schei., wisk.⟩ ***element*** ◆ **1.2** there is an ~ of truth in it *er zit wel wat waars in* **2.1** rebellious ~s *oproerkraaiers* **6.1** **in** one's ~ *in zijn element;* **out of** one's ~ *als een vis op het droge* **7.3** the four ~s *de vier elementen* ⟨aarde, water, vuur, lucht⟩;

II ⟨mv.; the⟩ **0.1** ***de elementen*** ⟨v.h. weer⟩ **0.2** ***(grond)beginselen*** ⇒*grondslagen.*

elemental [ellimmentl] **0.1** ***v.d. elementen*** ⟨ook v.h. weer⟩ ⇒ *elementair, natuur-* **0.2** ***primitief*** ⇒*simpel, ruw* **0.3** ***essentieel*** ⇒*wezenlijk, fundamenteel* **0.4** ⟨schei.⟩ ***enkelvoudig*** ⇒*niet samengesteld* **0.5** ⟨schei.⟩ ***elementair*** ⇒*mbt. chemische elementen* ◆ **1.1** ~ force *natuurkracht, elementaire kracht* **1.3** ~ needs *basisbehoeften.*

elementary [ellimmentrie] **0.1** ***eenvoudig*** ⇒*simpel, makkelijk* **0.2** ***inleidend*** ⇒*elementair, basis-* **0.3** ⟨nat., schei.⟩ ***elementair*** **0.4** ⟨schei.⟩ ***enkelvoudig*** ⇒*onvermengd, zui-*

ver ⟨v. stoffen⟩ ◆ **1.1** ~ question *eenvoudige vraag* **1.2** ~ knowledge *elementaire kennis;* ~ school *lagere school, basisschool.*

elephant [elliffənt] **0.1** ***olifant*** ◆ **2.**¶ pink ~ *hersenschim;* white ~ *overbodig luxeartikel.*

elephantiasis [elliffəntajjəsis] **0.1** ⟨med.⟩ ***elefantiasis*** ⇒*olifantsziekte, knobbelmelaatsheid.*

elephantine [ellifæntajn] **0.1** ***olifant(s/e/en)-*** **0.2** ***log*** ⇒ *(p)lomp, olifanten-* **0.3** ***enorm*** ⇒*reusachtig* ◆ **1.1** ~ memory *olifantengeheugen* **1.3** an ~ problem *een reusachtig probleem.*

elevate [ellivveet] **0.1** ***opheffen*** ⇒*omhoogbrengen, verhogen; opslaan* ⟨ogen⟩ **0.2** ***verhogen*** ⟨stem, spanning, hoop enz.⟩ ⇒*vergroten, opvoeren* **0.3** ***verheffen*** ⟨alleen fig.⟩ ⇒*op een hoger plan brengen* **0.4** ***promoveren*** ⇒*bevorderen* ◆ **1.3** ~ the discussion *de discussie op een hoger plan tillen;* elevating play *stichtend stuk* **6.4** ~d **to** the presidency *tot president verheven.*

elevated [ellivveetid] **0.1** ***verhoogd*** ⇒*opgeheven, hoog* **0.2** ***verheven*** ⇒*voornaam, edel* **0.3** ***verheffend*** ⇒*stichtelijk* **0.4** ***uitgelaten*** ⇒*opgetogen* ◆ **1.1** ~ railway/⟨AE⟩ railroad *luchtspoor(weg)* **1.2** ~ thoughts *verheven gedachten.*

elevation [ellivveesjn] **0.1** ***hoogte*** ⇒*heuvel, ophoging* **0.2** ⟨geen mv.⟩ ***hoogte*** ⟨boven zeespiegel⟩ **0.3** ⟨bouwk.⟩ ***opstand(schets)*** ⟨vooraanzicht, gevel e.d.⟩ **0.4** ⟨geen mv.⟩ ***elevatie(hoek)*** ⟨v. kanon, raket⟩ **0.5** ***verhoging*** ⇒*vergroting, vermeerdering* ⟨v. druk e.d.⟩ **0.6** ⟨ballet⟩ ***sprong*** **0.7** ***bevordering*** ⇒*promotie* **0.8** ***verhevenheid*** ⇒*waardigheid, grandeur* ◆ **6.2** be **at** an ~ of twenty meters *twintig meter boven de zeespiegel liggen* **6.4** **at** an ~ of fourty degrees *onder een elevatie(hoek) v. veertig graden.*

elevator [ellivveetə] **0.1** ⟨AE⟩ ***lift*** **0.2** ***(band/ketting)elevator*** ⇒*graanelevator* **0.3** ***(graan)silo*** ⇒*graanpakhuis.*

eleven [illevn] **0.1** ***elf*** ⟨ook voorwerp/groep ter waarde/grootte v. elf⟩ ⇒⟨ihb. sport⟩ *elftal, ploeg* ◆ **3.1** he takes an ~ *hij draagt maat elf.*

eleven-plus ⟨the⟩⟨BE⟩ **0.1** ***toelatingsexamen voor het middelbaar onderwijs.***

elevenses [illevnziz], **elevens** [illevnz] ⟨BE⟩ **0.1** ***elfuurtje*** ⇒ *hapje om elf uur, met koffie of thee.*

eleventh [illevnθ] **0.1** ***elfde*** ⇒⟨als zn.⟩ *elfde deel* ◆ **1.1** ⟨vnl. fig.⟩ at the ~ hour *ter elfder ure.*

elf [elf] ⟨mv.: elves⟩ **0.1** ***elf*** ⇒*fee.*

elfin [elfin] **0.1** ***(boze) geest(en)-*** ⇒*kabouterachtig, trol(len)-* **0.2** ***elfen-*** ⇒*elfachtig, feeëriek.*

elfish [elfisj], **elvish** [-visj] **0.1** ***elfen-*** ⇒*trol(len)-, elfachtig.*

elicit [illissit] ⟨zn.: **-ation**⟩ **0.1** ***ontlokken*** ⇒*loskrijgen* **0.2** ***onthullen*** ⇒*aan het licht brengen* **0.3** ***teweegbrengen*** ⇒ *veroorzaken* ◆ **1.1** ~ an answer from s.o. *een antwoord uit iem. krijgen* **1.2** ~ some relevant facts *enige belangrijke feiten aan het licht brengen.*

eligib|le [ellidzjəbl] ⟨-ly; zn.: **-ility**⟩ **0.1** ***in aanmerking komend*** ⇒*geschikt, bevoegd* **0.2** ***begeerlijk*** ⟨als partner⟩ ⇒ *begerenswaardig, verkieslijk* ◆ **1.2** ~ bachelors *begerenswaardige vrijgezellen* **6.1** ~ **for** (a) pension *pensioengerechtigd.*

eliminate [illimminneet] **0.1** ***verwijderen*** ⇒*uithalen, wegwerken* **0.2** ***uitsluiten*** ⇒*buiten beschouwing laten* **0.3** ***uitschakelen*** ⟨in wedstrijd e.d.⟩ **0.4** ⟨inf.; euf. of scherts.⟩ ***v. kant maken*** ⇒*uit de weg ruimen* **0.5** ***uitscheiden*** ⇒*afscheiden, uitstoten* ⟨afvalstoffen uit lichaam⟩ **0.6** ⟨schei.⟩ ***afscheiden*** **0.7** ⟨wisk.⟩ ***elimineren*** ◆ **1.2** ~ the possibility of murder *de mogelijkheid v. moord uitsluiten.*

elimination [illimminneesjn] **0.1** ***verwijdering*** ⇒*uitbanning, eliminatie* **0.2** ***uitschakeling*** ⟨in wedstrijd e.d.⟩ **0.3** ***uitsluiting*** ⇒*het schrappen* ⟨v. mogelijkheden⟩ **0.4** ⟨inf.; euf. of scherts.⟩ ***liquidatie*** ⇒*opruiming* **0.5** ***eliminatie*** ⟨v. afvalstoffen⟩ ⇒*uitscheiding* **0.6** ⟨schei.⟩ ***afscheiding*** ⟨uit verbinding⟩.

elite, élite [eelie:t] ⟨zn.; ww. enk. of mv.⟩ **0.1** ***elite*** ⇒*keur.*

elitism, élitism [eelie:tizm] **0.1** ***elitarisme.***

elitist, élitist [eelie:tist] **0.1** ⟨bn.⟩ ***elitair*** **0.2** ⟨zn.⟩ ***elitair persoon.***

elixir [illiksə] **0.1** ***elixer*** ⇒*panacee, wondermiddel; sterk extract* ◆ **1.1** ~ of life *levenselixer.*

Elizabethan [illizzəbie:θn] **0.1** ⟨bn.⟩ ***Elizabethaans*** **0.2** ⟨zn.⟩ ***Elizabethaan*** ⟨tijdgeno(o)t(e) v. Elizabeth I v. Engeland⟩.

elk [elk] ⟨mv.: ook elk⟩ **0.1** ***eland*** **0.2** ⟨AE⟩ ***wapiti.***

ellipse [illips] ⟨wisk.⟩ **0.1** ***ellips*** ⇒*ovaal.*

ellipsis [illipsis] ⟨mv.: ellipses [-sie:z]⟩ **0.1** ⟨taal.⟩ ***ellips*** **0.2** ⟨druk.⟩ ***weglatingsteken*** ⟨drie punten/sterretjes⟩.

elliptic|(al) [illiptik(l)] ⟨-ally⟩ **0.1** ***elliptisch*** ⇒*onvolledig* ◆ **1.1** an ~ sentence *een elliptische zin.*

elm [elm], ⟨in bet. 0.1 ook⟩ **elm tree,** ⟨in bet. 0.2 ook⟩ **elm wood** ⟨plantk.⟩ **0.1** ***iep*** ⇒*olm* **0.2** ***iepenhout*** ⇒*olmenhout.*

elocution [elləkjoe:sjn] **0.1** ***rede/voordrachtskunst*** ⇒*welbespraaktheid.*

elocutionary [elləkjoe:sjənrie] **0.1** ***oratorisch*** ⇒*redenaars-.*

elocutionist [elləkjoe:sjənist] **0.1** ***voordrachtskunstenaar*** ⇒*voordrager* **0.2** ***spraaklera(a)r(es)*** ⇒*dictielera(a)r(es).*

elongate[1] [ie:longgeet] ⟨bn.⟩ **0.1** ***uitgerekt*** ⇒*verlengd* **0.2** ***lang(werpig)*** ⇒*slank.*

elong|ate[2] ⟨ww.; zn.: **-ation**⟩ **0.1** ***langer worden/maken*** ⇒ *(zich) verlengen, in de lengte (doen) groeien.*

elope [illoop] **0.1** ***er vandoor gaan*** ⟨vnl. met minnaar, of om in het geheim te trouwen⟩.

elopement [illoopmənt] **0.1** ***vlucht*** ⇒*ontsnapping, schaking.*

eloquence [elləkwəns] **0.1** ***welsprekendheid*** ⇒*welbespraaktheid.*

eloquent [elləkwənt] **0.1** ***welsprekend*** ⟨v. persoon, betoog⟩ ⇒*eloquent, welbespraakt* **0.2** ***sprekend*** ⟨alleen fig.⟩ ⇒*getuigend* ◆ **1.1** an ~ speech *een welsprekende toespraak* **1.2** ~ silence *veelzeggende stilte.*

else [els] **0.1** ***anders*** ⇒*nog meer* ◆ **4.1** anything ~? *verder nog iets?;* everybody ~ but you *op jou na iedereen;* little ~ *niet veel meer;* it's nobody else's business *verder gaat het niemand wat aan;* that is something ~ again! *dat is heel wat anders!;* what ~ can I do? *wat kan ik anders doen?* **5.1** nowhere ~ *nergens anders* **8.1** or ~ *of (anders);* hurry, (or) ~ you'll miss your train *schiet op, anders mis je je trein (nog).*

elsewhere [elsweə] **0.1** ***elders*** ⇒*ergens anders* ◆ **3.1** look ~ *elders een kijkje nemen/zoeken.*

ELT ⟨afk.⟩ **0.1** [English Language Teaching].

elucid|ate [illoe:siddeet] ⟨zn.: **-ation**⟩ **0.1** ***(nader) toelichten*** ⇒*licht werpen op, ophelderen.*

elucidatory [illoe:siddeetrie] **0.1** ***verklarend*** ⇒*toelichtend.*

elude [illoe:d] **0.1** ***ontwijken*** ⇒*ontschieten, ontsnappen aan;* ⟨fig.⟩ *ontduiken, zich onttrekken aan* ⟨plichten⟩, *uit de weg gaan* **0.2** ***ontgaan*** ⟨v. feit, naam⟩ ⇒*ontschieten* ◆ **1.1** ~ capture *weten te ontkomen;* ~ the law *de wet ontduiken* **1.2** the meaning of your note ~s him *de bedoeling v. je briefje ontgaat hem;* his name ~s me *ik ben zijn naam kwijt.*

elusive [illoe:siv], **elusory** [illoe:sərie] **0.1** ***ontwijkend*** **0.2** ***moeilijk te vangen*** **0.3** ***onvatbaar*** ⇒*ongrijpbaar* ◆ **1.1** ~ answer *ontwijkend antwoord* **1.2** ~ murderer *moeilijk te vangen moordenaar* **1.3** an ~ name *een moeilijk te onthouden naam.*

elver [elvə] **0.1** ***elver*** ⇒*jonge paling.*

elves [elvz] ⟨mv.⟩ →**elf.**

elvish →**elfish.**

Elysian [illizziən] **0.1** ***Elysisch*** ⟨ook fig.⟩ ⇒*hemels, paradijselijk.*

Elysium [illizziəm]⟨mv. ook: Elysia [-ziə]⟩ **0.1** ***Elysium*** ⇒*Elyseïsche/Elyzeese velden* **0.2** ***paradijs*** ⟨alleen fig.⟩.

'em →**them.**

emaci|ate [immeesjie·eet] ⟨zn.: **-ation**⟩ **0.1** ***uitmergelen*** ⇒ *uitteren, vermageren* ◆ **1.1** ~d bodies *uitgeteerde lichamen.*

e-mail ⟨verk.⟩ [electronic mail] **0.1** ***elektronische post*** ⇒*e-mail.*

e-mail address **0.1** ***e-mailadres.***

emanate from [emməneet] ⟨schr.⟩ **0.1** ***(voort)komen uit*** ⇒ *uit/voortvloeien uit, afkomstig zijn v.* ◆ **1.1** the awful smell emanated from the withered flowers *de afschuwelijke geur kwam v.d. verlepte bloemen.*

emanation [emməneesjn] **0.1** ***uitvloeisel*** ⇒*gevolg, resultaat* **0.2** ***uitvloeiing*** ⇒*uitstroming.*

emancipate [imænsippeet] **0.1** ***vrijmaken*** ⟨slaven enz.⟩ ⇒ *emanciperen, zelfstandig maken* **0.2** ***gelijkstellen voor de wet*** ⇒*emanciperen* ◆ **1.1** ~d women *geëmancipeerde vrouwen.*

emancipation [imænsippeesjn] **0.1** ***bevrijding*** ⟨v. slaven⟩ ⇒ *emancipatie, vrijmaking* **0.2** ***emancipatie*** ⇒*gelijkstelling voor de wet* **0.3** ⟨inf.⟩ ***geëmancipeerdheid*** ⇒*onafhankelijkheid* ◆ **1.2** the ~ of women *de emancipatie v.d. vrouw.*

emancipator [imænsippeetə] **0.1** ***bevrijder.***

emasculate [imæskjoeleet] **0.1** ***castreren*** ⇒*ontmannen* **0.2** ***ontkrachten*** ⇒*ontzenuwen; week/verwijfd maken.*

embalm [imba:m] ⟨zn.: **-ment**⟩ **0.1** ***balsemen.***

embankment [imbængkmənt] **0.1** ***dijk*** ⇒*dam, wal* **0.2** ***opgehoogde baan/weg*** ⇒*spoordijk* **0.3** ***kade.***

embargo[1] [imba:goo] ⟨zn.; mv.: **-es**⟩ **0.1** ***embargo*** ⟨v. schepen, handel⟩ ⇒*blokkade, beslag(legging); verbod, belemmering; uitvoerverbod* ◆ **3.1** lay/place under (an) embargo, put an ~ on *een embargo leggen op;* lift/raise/remove an ~ *een embargo opheffen* **6.1** these products are **under** an ~ *op deze producten rust een embargo.*

embargo[2] ⟨ww.⟩ **0.1** ***een embargo leggen op*** ⇒*beslag leggen op; blokkeren.*

embark [imba:k] **0.1** ***aan boord gaan/nemen*** ⇒*(zich) inschepen* **0.2** ***beginnen*** ⇒*v. start gaan* ◆ **6.1** they ~ed **at** Rotterdam **for** Hull *zij scheepten zich te Rotterdam in voor/naar Hull* **6.2** ~ **(up)on** *zich begeven/wagen in, beginnen (aan).*

embarkation [emba:keesjn] **0.1** ***inscheping*** ⇒*inlading, het aan boord gaan/brengen* **0.2** ***het beginnen*** ⇒*het aanvangen* ◆ **6.2** the ~ **(up)on** new project *het beginnen aan een nieuw project.*

embarrass [imbærəs] **0.1** ***in verlegenheid brengen*** ⇒*verwarren* **0.2** ***in geldverlegenheid brengen*** ⇒*in financiële moeilijkheden brengen* ◆ **1.1** ~ed by so many frank questions *in verlegenheid gebracht door zo veel openhartige vragen* **3.2** be ~ed *in geldproblemen zitten.*

embarrassing [imbærəsing] **0.1** ***beschamend*** ⇒*genant, pijnlijk* ◆ **1.1** ~ remarks *pijnlijke opmerkingen.*

embarrassment [imbærəsmənt] **0.1** ***(geld)verlegenheid*** ⇒ *(geld)probleem* **0.2** ***verlegenheid*** ⇒*gêne, verwarring, onbehagen* ◆ **2.1** financial ~s *geldproblemen.*

embass|y [embəsie] ⟨mv.: **-ies**⟩ **0.1** ***ambassade(gebouw)*** ⇒ *gezantschap* **0.2** ***ambassade*** ⇒*diplomatieke vertegenwoordigers.*

embattled [imbætld] **0.1** ***omsingeld*** **0.2** ***(voortdurend) in moeilijkheden.***

embed, imbed [imbed] ⟨-ded⟩ **0.1** ***(vast)zetten*** ⇒*vastleggen* **0.2** ***om/insluiten*** ⇒*omringen, omgeven* **0.3** ⟨taal.⟩ ***inbedden*** ◆ **1.1** the arrow ~ded itself in his leg *de pijl zette zich vast in zijn been* **6.1** be ~ded **in** *vastzitten/gevat zijn in.*

embellish [imbellisj] ⟨zn.: **-ment**⟩ **0.1** ***verfraaien*** ⇒*versieren* ◆ **1.1** ~ a story *een verhaal opsmukken.*

ember [embə] **I** ⟨telb.zn.⟩ **0.1** ***stukje gloeiend(e) kool/hout*** ⇒*sintel;*

II ⟨mv.⟩ **0.1** ***sintels*** ⇒*gloeiende as, smeulend vuur;* ⟨fig.⟩ *laatste vonken, resten.*

embezzle [imbezl] ⟨zn.: **-ment**⟩ **0.1** ***verduisteren*** ⇒*achterhouden.*

embitter [imbittə] ⟨zn.: **-ment**⟩ **0.1** ***verbitteren*** ⇒*bitter(der) maken* ◆ **1.1** an ~ed man *een verbitterd man.*

emblazon [imbleezn] **0.1** ***rijkelijk versieren*** ⇒*uitdossen;* ⟨ihb.⟩ *(met wapens) beschilderen/uitvoeren* **0.2** ***uitbazuinen*** ⇒*ophemelen* ◆ **6.1** ~ed **with** the family arms *met het familiewapen erop geschilderd/aangebracht.*

emblem [embləm] **0.1** ***embleem*** ⇒*zinnebeeld, symbool.*

emblematic [emblimætik] ⟨-ally⟩ **0.1** ***emblematisch*** ⇒*symbolisch* ◆ **6.1** be ~ **of** *het symbool zijn v.*

embodiment [imboddimmənt] **0.1** ***belichaming*** ⇒*verpersoonlijking* **0.2** ***verwezenlijking*** ⇒*belichaming* **0.3** ***inlijving*** ⇒*incorporatie* ◆ **1.1** the ~ of virtue *de belichaming v. deugd.*

embod|y [imboddie] ⟨-ied⟩ **0.1** ***vorm geven (aan)*** ⇒*uitdrukken* **0.2** ***belichamen*** ⇒*personifiëren, verpersoonlijken* **0.3** ***be/omvatten*** ⇒*insluiten* **0.4** ***inlijven*** ⇒*incorporeren* ◆ **1.1** ~ one's thoughts *een concrete vorm geven aan zijn gedachten* **1.4** his points of view were embodied in the article *zijn standpunten waren verwerkt in het artikel* **6.1** ~ one's principles **in** actions *zijn principes tot uiting laten komen in daden.*

embolden [imbooldən] **0.1** ***aanmoedigen*** ⇒*moed inspreken.*

embolism [embəlizm] ⟨med.⟩ **0.1** ***embolus*** ⟨klontertje dat embolie veroorzaakt⟩.

emboss [imbos] **0.1** ***bosseleren*** ⇒*voorzien v. reliëfversiering* **0.2** ***prenten*** ⇒*figuren drukken op* ◆ **1.2** ~ed paper *gegaufreerd papier* **6.2** his address was ~ed **on** his writing paper *zijn adres was in reliëf op zijn schrijfpapier geperst.*

embrace[1] [imbrees] ⟨zn.⟩ **0.1** ***omhelzing*** ⇒*omarming.*

embrace[2] **I** ⟨onov.ww.⟩ **0.1** ***elkaar omhelzen*** ⇒*elkaar omarmen;*

II ⟨ov.ww.⟩ **0.1** ***omhelzen*** ⇒*omarmen, omvatten* **0.2** ***gebruik maken v.*** ⇒*aangrijpen* **0.3** ***insluiten*** ⇒*bevatten* **0.4** ***zich aansluiten bij*** ⟨geloof, partij⟩ ⇒*aannemen, aanvaarden* ◆ **1.2** ~ an offer *gebruik maken v.e. aanbod* **1.3** your essay ~s too many subjects *je opstel bevat te veel onderwerpen* **1.4** ~ a new faith *een nieuw geloof aanvaarden.*

embrasure [imbreezjə] **0.1** ***schietgat*** ⇒*embrasure* **0.2** ⟨bouwk.⟩ ***neg(ge)*** ⟨binnenmuurse schuine verwijding v. deur/vensteropening⟩.

embrocation [embrəkeesjn] **0.1** ***(in)wrijfmiddel*** ⟨ihb. tegen spierpijn⟩ ⇒*smeersel.*

embroider [imbrojdə] **0.1** ***borduren*** **0.2** ***opsmukken*** ⇒ *verfraaien* ◆ **1.2** he always ~s his tales *hij maakt zijn verhalen altijd mooier dan ze al waren* **6.1** ~ sth. **in** silver thread *iets met zilverdraad borduren.*

embroider|y [imbrojdərie] ⟨mv.: **-ies**⟩ **0.1** ***borduurwerk*** ⇒ *borduursel, borduurkunst.*

embroil [imbrojl] **0.1** ***verwikkelen*** ⇒*betrekken,* ⟨ihb.⟩ *brouilleren* ◆ **6.1** ~ o.s. **in** *betrokken raken bij;* ~ s.o. **in** *iem. betrekken bij;* (become/get) ~ed **in** *verwikkeld (raken) in;* ~ o.s. **with** s.o. *met iem. overhoop liggen.*

embryo [embrie·oo] **0.1** ***embryo*** ⇒*(wordings)kiem* ⟨ook fig.⟩ ◆ **6.1 in** ~ *in de kiem (aanwezig).*
embryonic [embrie·onnik] **0.1** ***embryonaal*** ⇒*v.e. embryo* **0.2** ***embryonaal*** ⇒*onontwikkeld, rudimentair* ◆ **1.2** an ~ plan *een plan in wording.*
emend [immend], **emend|ate** [ie:mendeet] ⟨zn.: **-ation**⟩ **0.1** ***emenderen*** ⇒*corrigeren, verbeteringen aanbrengen* ⟨ihb. in tekst⟩.
emerald[1] [emrəld], ⟨in bet. 0.2 ook⟩ **emerald green** ⟨zn.⟩ **0.1** ***smaragd*** ⇒*emerald* ⟨edelsteen⟩ **0.2** ***smaragd(groen)*** ⟨kleur⟩.
emerald[2], ⟨in bet. 0.1 ook⟩ **emerald green** ⟨bn.⟩ **0.1** ***smaragd(groen)*** **0.2** ***smaragden*** ⇒*van smaragd* ◆ **1.¶** Emerald Isle *het Groene Erin, Ierland.*
emerge [immə:dzj] **0.1** ***verschijnen*** ⇒*te voorschijn komen* **0.2** ***bovenkomen*** ⇒*opduiken* **0.3** ***blijken*** ⇒*uitkomen* ◆ **6.1** ~ **from/out of** *te voorschijn komen uit* **8.3** after a long investigation it ~ed that *een langdurig onderzoek wees uit dat.*
emergence [immə:dzjns] **0.1** ***het verschijnen*** ⇒*het te voorschijn komen* **0.2** ***het bovenkomen*** ⇒*het opduiken/opkomen* **0.3** ***het blijken*** ⇒*het uitkomen* **0.4** ***het zich voordoen*** ⇒*het optreden.*
emergenc|y [immə:dzjnsie] ⟨mv.: -ies⟩ **0.1** ***onverwachte gebeurtenis*** ⇒*onvoorzien voorval* **0.2** ***noodsituatie*** ⇒*noodtoestand, noodgeval* ◆ **1.2** state of ~ *noodtoestand* **6.2** in case **of** ~ *in geval van nood.*
emergency exit **0.1** ***nooduitgang*** ⇒*nooddeur.*
emergency landing **0.1** ***noodlanding.***
emergency measure **0.1** ***noodmaatregel.***
emergency services ⟨the⟩ **0.1** ***hulpdiensten.***
emergency stairs ⟨mv.⟩ **0.1** ***brandtrap.***
emergency telephone **0.1** ***praatpaal.***
emergent [immə:dzjnt] **0.1** ***verschijnend*** ⇒*te voorschijn komend* **0.2** ***bovenkomend*** ⇒*opkomend;* ⟨ook fig.⟩ *zich ontwikkelend* **0.3** ***zich voordoend*** ⇒*optredend* ⟨uit⟩ ◆ **6.3** the difficulties ~ **from** the epidemic *de problemen die de epidemie met zich meebrengt.*
emeritus [immerrittəs] **0.1** ***rustend*** ⇒*emeritus* ◆ **1.1** ~ professor, professor ~ *emeritus professor.*
emery [emrie] **0.1** ***amaril*** ⇒*polijststeen.*
emetic [immettik] ⟨med.⟩ **0.1** ***braakmiddel*** ⇒⟨mv.⟩ *emetica.*
emigrant [emmigrənt] **0.1** ***emigrant(e)*** ⇒*landverhuizer.*
emigr|ate [emmigreet] ⟨zn.: **-ation**⟩ **0.1** ***emigreren*** ⇒*het land verlaten.*
emigré [emmigree] **0.1** ***emigrant(e)*** ⇒*landverhuizer;* ⟨ihb.⟩ *politiek vluchteling.*
eminence [emminnəns], **eminenc|y** [-nsie] ⟨mv.: -ies⟩ **0.1** ***heuvel*** ⇒*hoogte* **0.2** ***eminentie*** ⟨ook titel⟩ ⇒*verhevenheid* **0.3** ***voortreffelijkheid*** ⇒*uitstekendheid.* →**grey.**
eminent [emminnənt] **0.1** ***eminent*** ⇒*uitstekend* **0.2** ***hoog*** ⇒ *verheven* ⟨ook lett.⟩, *aanzienlijk* ◆ **1.2** the tower is ~ among other buildings *de toren steekt boven andere gebouwen uit* **2.2** it is ~ly clear *het is in hoge mate duidelijk.*
emirate [emmiərət] **0.1** ***emiraat.***
emissar|y [emmisrie] ⟨mv.: -ies⟩ **0.1** ***(geheim) afgezant*** ⇒ *bode.*
emission [immisjn] **0.1** ***afgifte*** ⇒*uitzending; afscheiding* ⟨ihb. v.h. lichaam⟩; ⟨nat.⟩ *emissie; uitstoot* ⟨v. (giftige) gassen⟩ **0.2** ***ejaculatie*** ⇒*semen* **0.3** ⟨geldw., hand.⟩ ***emissie*** ⇒ *uitgifte* ⟨v. aandelen⟩.
emit [immit] ⟨-ted⟩ **0.1** ***uitstralen*** ⇒*uitzenden* **0.2** ***afscheiden*** ⇒*afgeven; uitstoten* ⟨(giftige) gassen⟩ **0.3** ***uiten*** ⇒*uiting geven aan* **0.4** ⟨geldw.⟩ ***emitteren*** ⇒*uitgeven, in omloop brengen* ⟨ihb. geld, aandelen⟩ ◆ **1.2** ~ a smell *stank afgeven;* ~ vapour *dampen.*
emitter [immittə] ⟨elek.⟩ **0.1** ***zender.***
emollient [immolliənt] **0.1** ⟨bn.⟩ ***verzachtend*** ⇒*zachtmakend* **0.2** ⟨zn.⟩ ***verzachtend middel*** ⇒*zachtmaker.*
emolument [immoljoemənt] ⟨vaak mv.⟩ **0.1** ***salaris*** ⇒*loon, honorarium;* ⟨mv.⟩ *emolumenten.*
emote [immoot] ⟨inf.⟩ **0.1** ***theatraal-emotioneel handelen.***
emotion [immoosjn] **0.1** ***(gevoels)aandoening*** ⇒*emotie, gevoelen, ontroering* **0.2** ***het gevoel*** ⇒*de gevoelswereld* **0.3** ***bewogenheid*** ◆ **6.3** tremble **with** ~ *beven v. ontroering.*
emotional [immoosjnəl] **0.1** ***emotioneel*** ⇒*gevoels-, gemoeds-* **0.2** ***ontroerend.***
emotionalism [immoosjnəlizm] **0.1** ***emotionaliteit*** ⇒*aandoenlijkheid* **0.2** ***overdreven vertoon v. emotie.***
emotionless [immoosjnləs] ⟨-ness⟩ **0.1** ***gevoelloos*** ⇒*emotieloos.*
emotive [immootiv] **0.1** ***emotief*** ⇒*op het gemoed/gevoel werkend, gevoels-* **0.2** ***roerend*** ⇒*aandoenlijk* ◆ **1.1** an ~ issue *een gevoelig punt.*
empanel [impænl] →**impanel.**
empathy [empəθie] **0.1** ***empathie.***
emperor [emprə], ⟨in bet. 0.2 ook⟩ **emperor moth** **0.1** ***keizer*** ⇒*monarch* **0.2** ⟨dierk.⟩ ***nachtpauwoog.***
emphasis [emfəsis] ⟨mv.: emphases [-sie:z]⟩ **0.1** ***accent*** ⇒ *klemtoon* ⟨ook fig.⟩ **0.2** ***nadruk*** ⇒*klem, kracht* ◆ **3.1** lay/place/put an ~ on sth. *het accent leggen op iets.*
emphasize, -ise [emfəsajz] **0.1** ***benadrukken*** ⇒*beklemtonen* **0.2** ***meer doen uitkomen.***
emphatic [imfætik] ⟨-ally⟩ **0.1** ***nadrukkelijk*** ⇒*met nadruk/klem* **0.2** ***krachtig*** ⇒*vigoureus* **0.3** ***duidelijk*** ⇒*onbetwistbaar* ◆ **1.3** an ~ victory *een onbetwistbare overwinning.*
emphysema [emfissie:mə] ⟨med.⟩ **0.1** ***(long)emfyseem.***
empire [empajjə] **0.1** ***(keizer)rijk*** ⇒*imperium* ⟨ook fig.⟩, *wereldrijk* ◆ **2.1** an industrial ~ *een industrieel imperium.*
empirical [empirrikl] **0.1** ***empirisch*** ⇒*gebaseerd op ervaring.*
empiricism [empirrissizm] **0.1** ***empirisme.***
empiricist [empirrissist] **0.1** ***empiricus*** **0.2** ***empirist.***
emplacement [impleesmənt] **0.1** ***geschutemplacement.***
employ[1] [imploj] ⟨zn.⟩ **0.1** ***(loon)dienst*** ⇒*betrekking, emplooi* ◆ **6.1 in** the ~ **of** *in dienst van.*
employ[2] ⟨ww.⟩ **0.1** ***in dienst nemen/hebben*** ⇒*tewerkstellen* **0.2** ***gebruiken*** ⇒*aanwenden* **0.3** ***bezighouden*** ◆ **6.3** be ~ed **in** *bezig zijn, zich bezighouden met.*
employable [implojjəbl] **0.1** ***bruikbaar*** ⇒*inzetbaar.*
employee [implojjie:, emplojjie:] **0.1** ***employé*** ⇒*werknemer.*
employee participation **0.1** ***medezeggenschap*** ⟨in bedrijven⟩.
employer [implojjə] **0.1** ***werkgever.***
employment [implojmənt] **0.1** ***beroep*** ⇒*werk, baan* **0.2** ***bezigheid*** **0.3** ***tewerkstelling*** **0.4** ***werkgelegenheid*** **0.5** ***gebruik*** ⇒*het gebruiken* ◆ **2.4** full ~ *volledige werkgelegenheid.*
employment advertisement **0.1** ***personeelsadvertentie.***
employment agency **0.1** ***arbeidsbureau*** ⇒*uitzendbureau* ⟨particulier⟩.
employment office **0.1** ***arbeidsbureau*** ⟨v.h. Rijk⟩.
employment secretary ⟨GB⟩ **0.1** ***minister v. werkgelegenheid.***
emporium [impo:riəm] ⟨mv.: ook emporia [-riə]⟩ **0.1** ***handelscentrum*** **0.2** ***markt*** **0.3** ***warenhuis*** ⇒*grote winkel.*
empower [impauə] **0.1** ***machtigen*** ⇒*autoriseren* **0.2** ***in staat stellen.***
empress [empris] **0.1** ***keizerin.***
emptiness [emptienəs] **0.1** ***leegte*** ⇒*ledigheid.*
empt|y[1] [em(p)tie] ⟨zn.; mv.: -ies⟩ **0.1** ***leeg voorwerp*** ⟨bv. fles,

wagon⟩ ◆ **3.1** returned empties *geretourneerde lege flessen.*

empt|y² ⟨bn.; -ier⟩ **0.1** ***leeg*** *⇒ledig* **0.2** ***nietszeggend*** *⇒hol* **0.3** ***onbewoond*** *⇒leegstaand* **0.4** ***leeghoofdig*** *⇒oppervlakkig* **0.5** ⟨inf.⟩ ***hongerig*** *⇒met een lege maag* ◆ **1.1** on an ~ stomach *op een lege maag* **6.1** ~ **of** *zonder, verstoken van.*

empt|y³ ⟨-ied⟩ **I** ⟨onov.ww.⟩ **0.1** ***leeg raken*** *⇒(zich) legen* **0.2** ***uitmonden*** ◆ **6.2** this river empties (itself) **into** the sea *deze rivier mondt in zee uit;*
II ⟨ov.ww.⟩ **0.1** ***legen*** *⇒leegmaken* ◆ **5.1** ~ **out** one's pockets *zijn zakken leegmaken* **6.¶** ~ (o.s.) **of** *(zich) ontdoen van.*

empty-handed **0.1** ***met lege handen.***

empty-headed ⟨inf.⟩ **0.1** ***onnozel*** *⇒dom.*

empurple [impə:pl] **0.1** ***purper(rood) kleuren.***

empurpled [impə:pld] **0.1** ***purper(rood) gekleurd.***

EMS ⟨afk.⟩ **0.1** [European Monetary System].

emu, emeu [ie:mjoe:] ⟨dierk.⟩ **0.1** ***emoe*** ⟨Austr. struisvogel⟩.

EMU [ie:emjoe:, ie:mjoe:] ⟨afk.⟩ **0.1** [European Monetary Union, Economic and Monetary Union] ***EMU*** ⟨Europese Monetaire Unie, Economische en Monetaire Unie⟩.

emulate [emjoeleet] **0.1** ***wedijveren met*** *⇒(trachten te) evenaren.*

emulation [emjoeleesjn] **0.1** ***wedijver*** *⇒naijver, poging iem. te overtreffen* ◆ **6.1** he worked **in** ~ **of** his friend *hij trachtte zijn vriend door zijn werk te overtreffen.*

emulsif|y [immulsiffaj] ⟨-ied⟩ **0.1** ***emulgeren.***

emulsion [immulsjn] **0.1** ***emulsie*** **0.2** ⟨foto.⟩ ***(licht)gevoelige laag.***

emulsion paint **0.1** ***emulgerende verf(soort).***

emulsive [immulsiv] **0.1** ***emulsieachtig.***

enable [inneebl] **0.1** ***in staat stellen*** *⇒(de) gelegenheid geven* **0.2** ***mogelijk maken*** **0.3** ***autoriseren*** *⇒volmacht geven* ◆ **1.3** enabling act *machtigingswet.*

enact [inækt] **0.1** ***bepalen*** *⇒vaststellen* **0.2** ***tot wet verheffen*** **0.3** ⟨dram.⟩ ***opvoeren*** *⇒spelen.*

enactment [inæk(t)mənt] **0.1** ***bepaling*** *⇒vaststelling, verordening* **0.2** ***wet*** **0.3** ***het tot wet verheffen*** *⇒bekrachtiging.*

enamel¹ [inæml] ⟨zn.⟩ **0.1** ***(email)lak*** *⇒glazuur, vernis* **0.2** ***email*** *⇒brandverf* **0.3** ***(tand)glazuur*** *⇒email.*

enamel² ⟨ww.; BE -led⟩ **0.1** ***emailleren*** *⇒moffelen* **0.2** ***glazuren*** *⇒verglazen* **0.3** ***lakken*** *⇒vernissen.*

enamelware [inæmlweə] **0.1** ***emailgoed*** *⇒emailwaren.*

enamour, ⟨AE sp.⟩ **enamor** [inæmə] **0.1** ***bekoren*** *⇒verliefd laten worden* ◆ **6.1** ~ed **of / with** *dol/verliefd op.*

encamp [inkæmp] **I** ⟨onov.ww.⟩ **0.1** ***kamperen*** **0.2** ***de tenten opslaan*** *⇒zich legeren;*
II ⟨ov.ww.⟩ **0.1** ***een kampeer/legerplaats geven (aan)*** ◆ **3.1** be ~ ed *zijn tenten opgeslagen hebben.*

encampment [inkæmpmənt] **0.1** ***kamp(ement)*** *⇒legerplaats, veldverblijf.*

encapsulate, ⟨AE sp. ook⟩ **incapsulate** [inkæpsjoeleet] **0.1** ***(zich) inkapselen*** **0.2** ***samenvatten*** *⇒resumeren.*

encase, ⟨AE sp. ook⟩ **incase** [inkees] **0.1** ***in een omhulsel/koker enz. stoppen*** *⇒opbergen, in een doos/etui bergen* **0.2** ***als een omhulsel/koker enz. omgeven*** *⇒bedekken* ◆ **6.1** ~d **in** leather *gehuld in leer.*

encaustic [inko:stik] **0.1** ***encaustisch*** *⇒ingebrand* ◆ **1.1** ~ tile *tegel met ingebrande kleuren.*

encephalin [enseffəlin], **enkephalin** [engkeffəlin] **0.1** ***encefaline.***

encephalitis [enseffəlajtis] ⟨med.⟩ **0.1** ***encefalitis*** *⇒hersenontsteking.*

encephalogram [inseffələgræm] ⟨med.⟩ **0.1** ***encefalogram.***

enchain [intsjeen] ⟨zn.: **-ment**⟩ **0.1** ***ketenen*** *⇒in de boeien slaan; boeien* ⟨ook fig.⟩.

enchant [intsja:nt] **0.1** ***betoveren*** *⇒beheksen* **0.2** ***bekoren*** *⇒verrukken* ◆ **6.2** be ~ ed **by / with** *verrukt zijn over.*

enchanter [intsja:ntə] **0.1** ***tovenaar.***

enchanting [intsja:nting] **0.1** ***betoverend*** *⇒bekorend* **0.2** ***fascinerend.***

enchantment [intsja:ntmənt] **0.1** ***betovering*** *⇒bekoring.*

enchantress [intsja:ntris] **0.1** ***tovenares*** *⇒heks.*

encipher [insajfə] **0.1** ***coderen.***

encircle [insə:kl] **0.1** ***omcirkelen*** *⇒insluiten* **0.2** ⟨mil.⟩ ***omsingelen.***

encirclement [insə:klmənt] **0.1** ***omcirkeling*** *⇒insluiting* **0.2** ⟨mil.⟩ ***omsingeling.***

encl. ⟨afk.⟩ **0.1** [enclosed, enclosure] ***bijl.***

enclave [enkleev] **0.1** ***enclave.***

enclose [inklooz] **0.1** ***omheinen*** *⇒insluiten* **0.2** ***insluiten*** *⇒bijsluiten* ⟨bijlage e.d.⟩.

enclosure [inkloozjə] **0.1** ***(om)heining*** *⇒schutting* **0.2** ***omheind stuk land*** **0.3** ***afgescheiden/afgeschoten gedeelte*** *⇒vak, afdeling* **0.4** ***bijlage.***

encode [inkood] **0.1** ***coderen.***

encomium [inkoomiəm] ⟨mv.: ook encomia [-miə]⟩ **0.1** ***lof*** *⇒lofrede.*

encompass [inkumpəs] **0.1** ***omringen*** *⇒omgeven* **0.2** ***bevatten*** *⇒omvatten* **0.3** ***veroorzaken*** *⇒slagen in* ◆ **6.1** ~ed **with** *omgeven door.*

encore [ongko:] **0.1** ***toegift*** *⇒bis, encore* ◆ **¶.1** ~! *bis!, nog eens!*

encounter¹ [inkauntə] ⟨zn.⟩ **0.1** ***(onverwachte) ontmoeting*** **0.2** ***krachtmeting*** *⇒confrontatie, treffen.*

encounter² ⟨ww.⟩ **0.1** ***ontmoeten*** *⇒(onverwacht) tegenkomen* **0.2** ***ontmoeten*** *⇒geconfronteerd worden met* ◆ **1.2** ~ dangers *aan gevaren worden blootgesteld;* ~ difficulties *moeilijkheden moeten overwinnen.*

encounter group ⟨psych.⟩ **0.1** ***encountergroep*** *⇒*⟨ong.⟩ *sensitivitytrainingsgroep.*

encourage [inkurridzj] **0.1** ***bemoedigen*** *⇒hoop geven* **0.2** ***aanmoedigen*** *⇒stimuleren, in de hand werken.*

encouragement [inkurridzjmənt] **0.1** ***aanmoediging*** *⇒bemoediging, stimulans.*

encouraging [inkurridzjing] **0.1** ***bemoedigend*** *⇒stimulerend.*

encroach [inkrootsj] **0.1** ***opdringen*** *⇒oprukken* ◆ **6.1** ~ **on** s.o.'s rights *inbreuk maken op iemands rechten;* the sea ~es further **(up)on** the land *de zee tast de kust steeds verder aan;* ~ **(up)on** s.o.'s time *beslag leggen op iemands tijd.*

encroachment [inkrootsjmənt] **0.1** ***aantasting*** *⇒afslijting* ⟨door de zee e.d.⟩ **0.2** ***overschrijding*** *⇒het opdringen* ⟨ook fig.⟩, *inbreuk.*

encrust, incrust [inkrust] **0.1** ***met een korst bedekken*** **0.2** ***bedekken*** *⇒*⟨ihb.⟩ *bezetten* ◆ **6.2** ~ed **with** precious stones *bezet met edelstenen.*

encrypt [inkript] **0.1** ***coderen*** *⇒in code weergeven* ⟨boodschap, gegevens⟩ **0.2** ***vervormen*** ⟨tv-signaal⟩ *⇒versleutelen.*

encumber [inkumbə] **0.1** ***beladen*** *⇒(over)belasten* **0.2** ***hinderen*** *⇒belemmeren* ◆ **6.1** ⟨geldw.⟩ ~ed **with** mortgage *met hypotheek bezwaard;* ~ed **with** parcels *met boodschappen beladen* **6.2** ~ o.s. **with** financial responsibilities *zich financiële verplichtingen op de hals halen.*

encumbrance [inkumbrəns] **0.1** ***last*** ⟨ook fig.⟩ *⇒belemmering.*

encyclical (letter) [ins<u>i</u>klikl] ⟨r.-k.⟩ **0.1** ***encycliek*** ⇒*pauselijke zendbrief.*

encyclop(a)edia [ins<u>a</u>jkləp<u>ie:</u>diə] **0.1** ***encyclopedie.***

encyclop(a)edic [ins<u>a</u>jkləp<u>ie:</u>dik] ⟨-ally⟩ **0.1** ***encyclopedisch*** ⇒*allesomvattend.*

end[1] [end] ⟨zn.⟩ **0.1** ***einde*** ⇒*afsluiting, besluit* **0.2** ***einde*** ⇒ *uiteinde, eind* **0.3** ***einde*** ⇒*verste punt, grens;* ⟨ook fig.⟩ *uiterste* **0.4** ***kant*** ⇒*onder/bovenkant, zijde;* ⟨ook fig.⟩ *afdeling, part* **0.5** ***einde*** ⇒*vernietiging, dood* **0.6** ***doel*** ⇒*bedoeling;* ⟨bij uitbr.⟩ *(beoogd) resultaat* **0.7** ⟨AE; voetbal⟩ ***end*** ⇒ *eindspeler* ◆ **1.¶** at the ~ of the day *uiteindelijk, als puntje bij paaltje komt;* the ~ of the line *laatste fase, kritiek stadium;* ⟨inf.⟩ see beyond the ~ of one's nose *verder kijken dan je neus lang is;* be at the ~ of one's tether *aan het eind v. zijn krachten/geduld/mogelijkheden zijn* **3.1** come/draw to an ~ *ten einde lopen, ophouden;* put an ~ to *een eind maken aan, afschaffen;* ⟨sprw.⟩ everything has an ~ *aan alles komt een einde* **3.¶** ⟨BE; vulg.⟩ get one's ~ away *een wip maken;* keep one's ~ up *volhouden;* make (both) ~s meet *de eindjes aan elkaar knopen;* see an ~ of/to *een einde zien komen aan* **4.4** that is your ~ of the business *dat is jouw afdeling* **5.¶** collide ~ **on** *frontaal botsen* **6.1** they are **at** the ~ of their resources *hun mogelijkheden zijn uitgeput;* **in** the ~ *ten slotte, op het laatst; uiteindelijk;* for weeks **on** ~ *weken achtereen* **6.2** ~ **to** ~ *in de lengte* **6.4** place **on** ~ *rechtop/overeind zetten* **7.6** to no ~ *tevergeefs* **7.¶** no ~ *heel erg, in grote mate;* no ~ of time *zeeën v. tijd;* the ~ *het summum* **¶.6** ⟨sprw.⟩ the ~ justifies the means *het doel heiligt de middelen.* →**bad, big, bitter, dead, deep, dirty, east, loose, thick, thin, wrong.**

end[2] **I** ⟨onov.ww.⟩ **0.1** ***eindigen*** **0.2** ***eindigen*** ⇒*aflopen* **0.3** ***zijn einde vinden*** ⇒*sterven* ◆ **5.2** he'll ~ **up** in jail *hij zal nog in de gevangenis terecht komen* **6.1** carving knifes ~ **in** a point *vleesmessen eindigen in een punt* **6.2** our efforts ~ed **in** a total failure *onze pogingen liepen op niets uit;*
II ⟨ov.ww.⟩ **0.1** ***beëindigen*** ⇒*een eind maken aan, ophouden met* **0.2** ***conclusie/einde vormen v.*** **0.3** ***vernietigen*** ⇒*een eind maken aan* ◆ **1.1** ~ one's days in a lunatic asylum *zijn laatste dagen in een gekkenhuis slijten* **4.3** ~ it (all) *er een eind aan maken, zelfmoord plegen* **5.1** ~ **off** sth. (with) *iets besluiten (met)* **¶.¶** a novel/victory to ~ all novels/victories *een roman/overwinning die alle andere overbodig maakt/in de schaduw stelt.*

endanger [ind<u>ee</u>ndzjə] **0.1** ***in gevaar brengen*** ⇒*een gevaar vormen voor, bedreigen* ◆ **1.1** ~ed species *bedreigde diersoorten/plantensoorten.*

<u>e</u>nd consumer ⟨hand.⟩ **0.1** ***eindverbruiker.***

endear [ind<u>i</u>ə] **0.1** ***geliefd maken*** ◆ **6.1** his friendliness ~ed him **to** everyone *met zijn vriendelijkheid nam hij iedereen voor zich in.*

endearing [ind<u>i</u>əring] **0.1** ***innemend*** ⇒*ontwapenend, vertederend.*

endearment [ind<u>i</u>əmənt] **0.1** ***uiting v. genegenheid*** **0.2** ***innemendheid*** ◆ **1.2** terms of ~ *lieve woordjes.*

endeavour[1], ⟨AE sp.⟩ **endeavor** [ind<u>e</u>vvə] ⟨zn.⟩ **0.1** ***poging*** ⇒ *moeite, inspanning* ◆ **6.1** an ~ **at** being patient *een poging om geduldig te zijn.*

endeavour[2], ⟨AE sp.⟩ **endeavor** ⟨ww.⟩ **0.1** ***pogen*** ⇒*trachten, zich inspannen.*

endemic [end<u>e</u>mmik, in-] ⟨-ally⟩ **0.1** ***endemisch*** ⇒*inheems, plaatsgebonden* ⟨v. dier, plant, ziekte⟩.

ending [<u>e</u>nding] **0.1** ***einde*** ⇒*beëindiging, afronding;* ⟨spel⟩ *eindspel* **0.2** ***einde*** ⇒*slot, afloop* ◆ **2.2** happy ~ *goede afloop.*

endive [<u>e</u>ndiv] **0.1** ***andijvie*** **0.2** ⟨AE⟩ ***witlof.***

endless [<u>e</u>ndləs] **0.1** ***eindeloos*** ⇒*oneindig, eeuwig* **0.2** ⟨inf.⟩ ***ontelbaar*** ⇒*eindeloos veel* ◆ **1.1** involved in ~ political discussions *verwikkeld in eindeloze politieke discussies.*

endocrine [<u>e</u>ndookrin, -krajn] ⟨biol.⟩ **0.1** ***endocrien*** ⇒*met inwendige secretie* ◆ **1.1** ~ glands *endocriene klieren.*

endomorph [-mo:f] **0.1** ⟨antr.⟩ ***endomorf*** ⇒*pycnicus.*

endorse, indorse [ind<u>o:</u>s] **0.1** ***endosseren*** **0.2** ***bevestigen*** ⇒ *bekrachtigen, beamen* **0.3** ⟨vnl. BE⟩ ***aantekening maken op*** ⟨rijbewijs e.d.; bij overtreding⟩.

endorsement [ind<u>o:</u>smənt] **0.1** ***endossement*** **0.2** ***bevestiging*** ⇒*bekrachtiging* **0.3** ⟨vnl. BE⟩ ***aantekening*** ⟨op rijbewijs e.d.⟩.

endotherm [-θ<u>ə:</u>m] ⟨dierk.⟩ **0.1** ***warmbloedig dier.***

endow [ind<u>au</u>] **0.1** ***begiftigen*** ⇒*subsidiëren, bekostigen* **0.2** ***begiftigen*** ⇒*schenken, geven aan* ◆ **1.1** ~ a hospital *schenkingen doen aan een ziekenhuis* **6.2** ~ed **with** great musical talent *begiftigd met grote muzikaliteit.*

endowment [ind<u>au</u>mənt] **I** ⟨telb.zn.; vnl. mv.⟩ **0.1** ***gave*** ⇒*begaafdheid, talent* **0.2** ***gift*** ⇒*schenking, dotatie;*
II ⟨n.-telb.zn.⟩ **0.1** ***het schenken*** ⇒*begiftiging, bekostiging.*

end<u>o</u>wment mortgage ⟨fin.⟩ **0.1** ***spaarhypotheek*** ⇒*(verbeterde) levenhypotheek.*

end<u>o</u>wment policy ⟨verz.⟩ **0.1** ***kapitaalverzekering.***

<u>e</u>ndpaper, <u>e</u>nd leaf ⟨vnl. mv.⟩ **0.1** ***schutblad*** ⟨v. boek⟩.

<u>e</u>nd product **0.1** ***eindproduct.***

<u>e</u>nd result **0.1** ***eindresultaat.***

endue, indue [indj<u>oe:</u>] **0.1** ***begiftigen*** ⇒*schenken* ◆ **6.1** ~d **with** many talents *begenadigd met vele talenten.*

endurab|le [indj<u>oe</u>ərəbl] ⟨-ly⟩ **0.1** ***draaglijk*** ⇒*uit te houden.*

endurance [indj<u>oe</u>ərəns] **0.1** ***uithoudingsvermogen*** ⇒ *weerstand* **0.2** ***duurzaamheid*** ◆ **6.¶** **beyond/past** (one's) ~ *onverdraaglijk, niet uit te houden.*

end<u>u</u>rance test **0.1** ***beproeving*** ⇒*uithoudingsproef* **0.2** ***duurzaamheidstest.***

end<u>u</u>rance training ⟨sport⟩ **0.1** ***duurtraining*** ⇒*duurwerk.*

endure [indj<u>oe</u>ə] **I** ⟨onov.ww.⟩ **0.1** ***duren*** ⇒*blijven* **0.2** ***het uithouden;***
II ⟨ov.ww.⟩ **0.1** ***doorstaan*** ⇒*uithouden, verdragen* **0.2** ***ondergaan*** ⇒*lijden.*

enduring [indj<u>oe</u>əring] **0.1** ***blijvend*** ⇒*(voort)durend.*

<u>e</u>nd user **0.1** ***(uiteindelijke) gebruiker*** ⇒*eindgebruiker/verbruiker.*

endways [<u>e</u>ndweez], **endwise** [-wajz] **0.1** ***in de lengte*** ⇒*met de uiteinden tegen elkaar; met de smalle kant naar voren.*

<u>e</u>nd zone ⟨→s3⟩ ⟨Am. football⟩ **0.1** ***end zone.***

enema [<u>e</u>nnimmə] ⟨med.⟩ **0.1** ***klisteerspuit*** **0.2** ***klysma*** ⇒ *lavement.*

enem|y [<u>e</u>nnəmie] ⟨mv.: -ies⟩ **0.1** ***vijand*** ⟨ook fig.⟩ **0.2** ⟨ww. enk. of mv.; the⟩ ***vijand(elijke troepen/macht).***

energetic [ennədzj<u>e</u>ttik] ⟨-ally⟩ **0.1** ***energiek*** ⇒*vurig, actief* **0.2** ***krachtig*** ⇒*sterk* ⟨protest e.d.⟩.

energize, -ise [<u>e</u>nnədzjajz] **0.1** ⟨tech.⟩ ***in werking stellen*** ⇒ *energie toevoeren aan.*

energ|y [<u>e</u>nnədzjie] ⟨mv.: -ies⟩ **0.1** ***kracht*** ⇒*energie* ⟨ook nat.⟩ ◆ **2.1** nuclear ~ *kernenergie* **3.1** devote all one's energies to *al zijn krachten wijden aan.*

<u>e</u>nergy audit **0.1** ***inventarisatie v.h. energieverbruik.***

<u>e</u>nergy company **0.1** ***energiebedrijf.***

<u>e</u>nergy conservation **0.1** ***energiebehoud.***

<u>e</u>nergy crisis **0.1** ***energiecrisis.***

<u>e</u>nergy policy **0.1** ***energiebeleid.***

<u>e</u>nergy saving **0.1** ⟨zn.⟩ ***energiebesparing*** **0.2** ⟨bn.⟩ ***energiebesparend.***

<u>e</u>nergy-shortage **0.1** ***energieschaarste.***

energy supply **0.1** *energievoorziening.*
enervate [ennəveet] **0.1** ***ontkrachten*** ⇒*slap maken, verzwakken.*
enfeeble [infie:bl] ⟨zn.: **-ment**⟩ **0.1** ***verzwakken*** ⇒*uitputten.*
enfold [infoold] **0.1** ⟨+in⟩ ***wikkelen (in)*** ⇒*hullen (in)* **0.2** ***omsluiten*** ⇒*omvouwen* ◆ **6.2** ~ **in** one's arms *in de armen sluiten.*
enforce [info:s] ⟨zn.: **-ment**⟩ **0.1** ***uitvoeren*** ⇒*op de naleving toezien v., de hand houden aan* ⟨regel, wet⟩ **0.2** ***(af)dwingen*** **0.3** ***versterken*** ⇒*benadrukken* ◆ **1.3** ~ an argument with *een argument kracht bijzetten met* **6.2** ~ obedience **(up)on** s.o. *iem. dwingen tot gehoorzaamheid.*
enforceable [info:səbl] **0.1** ***uitvoerbaar*** ⟨v. wet⟩ **0.2** ***af te dwingen.***
enfranchise [infræntsjajz] ⟨zn.: **-ment**⟩ **0.1** ***stemrecht geven*** **0.2** ***vrijmaken*** ⇒*uit slavernij bevrijden.*
ENG ⟨afk.⟩ **0.1** [Electronic News Gathering].
engage [ingeedzj] **I** ⟨onov.ww.⟩ **0.1** ⟨+in⟩ ***zich bezig houden (met)*** ⇒*zich inlaten (met), doen (aan)* **0.2** ***zich verplichten*** ⇒*beloven, aangaan* **0.3** ⟨+for⟩ ***borg staan (voor)*** ⇒*garanderen, instaan (voor)* **0.4** ⟨vnl. tech.⟩ ***in elkaar grijpen*** ⇒ *gekoppeld worden* **0.5** ⟨+with; vnl. mil.⟩ ***de strijd aanbinden (met)*** ◆ **6.1** she ~s **in** politics *ze houdt zich met politiek bezig;* ⟨schr.⟩ ~ **upon** *zich bezig gaan houden met, aangaan* **6.4** ~ **with** *grijpen* ⟨tandradertjes⟩;
II ⟨ov.ww.⟩ **0.1** ***aannemen*** ⇒*in dienst nemen, contracteren* **0.2** ***bespreken*** ⇒*reserveren* ⟨plaats⟩ **0.3** ***bezetten*** ⇒*in beslag nemen* ⟨ook fig.⟩ **0.4** ***beloven*** ⇒*verplichten* **0.5** ⟨vnl. mil.⟩ ***aanvallen*** **0.6** ⟨tech.⟩ ***koppelen*** ⇒*doen ingrijpen, inschakelen* ◆ **1.3** her attention was ~d *haar aandacht werd in beslag genomen* **1.6** ~ the clutch *koppelen* ⟨auto⟩ **4.1** ~ o.s. with a new theatre company *bij een nieuw toneelgezelschap gaan* **4.3** he ~s himself in painting *hij houdt zich bezig met schilderen* **4.4** ~ o.s. to do sth. *beloven iets te doen* **6.3** ~ s.o. **in** conversation *een gesprek met iem. aanknopen.*
engaged [ingeedzjd] **0.1** ***verloofd*** **0.2** ***bezet*** ⇒*bezig, druk* **0.3** ***in gesprek*** ⟨telefoon⟩ **0.4** ***gecontracteerd*** **0.5** ***bezet*** ⇒ *gereserveerd* **0.6** ***geëngageerd*** ⇒*maatschappelijk betrokken* ◆ **1.5** are these seats ~? *zijn deze plaatsen bezet?* **4.2** I'm ~ *ik heb een afspraak* **6.1** ~ **to** *verloofd met* **6.2** ~ **in** composing an opera *bezig een opera te schrijven;* ~ **on** a study of French opera *werkend aan een studie over de Franse opera.*
engaged signal, engaged tone **0.1** *ingesprektoon* ⟨telefoon⟩.
engagement [ingeedzjmənt] **0.1** ***verloving*** **0.2** ***afspraak*** **0.3** ***belofte*** ⇒*verplichting;* ⟨vaak mv.⟩ *financiële verplichting* **0.4** ***treffen*** ⇒*gevecht* **0.5** ***engagement*** ⇒*contract* **0.6** ⟨tech.⟩ ***inschakeling*** ⇒*koppeling* **0.7** ***engagement*** ⇒ *maatschappelijke betrokkenheid* ◆ **6.3** **without** ~ *vrijblijvend.*
engagement ring **0.1** *verlovingsring.*
engaging [ingeedzjing] **0.1** ***innemend*** ⇒*aantrekkelijk.*
engender [indzjendə] **0.1** ***veroorzaken*** ⇒*voortbrengen.*
engine [endzjin] **0.1** ***motor*** **0.2** ***machine*** **0.3** ***locomotief.***
engine driver ⟨BE⟩ **0.1** ***(trein)machinist.***
engineer[1] [endzjinnie] ⟨zn.⟩ **0.1** ***ingenieur*** **0.2** ***machinebouwer*** **0.3** ***genieofficier/soldaat*** **0.4** ***technicus*** ⇒*mecanicien;* ⟨scheep.⟩ *werktuigkundige* **0.5** ⟨AE⟩ ***(trein)machinist*** **0.6** ***brein*** ⇒*bedenker* ⟨v. plan⟩ ◆ **7.3** the (Royal) Engineers *de Genie.* →**civil.**
engineer[2] ⟨ww.⟩ **0.1** ***bouwen*** ⇒*maken, construeren* **0.2** ⟨inf.⟩ ***bewerkstelligen*** ⇒*op touw zetten, bekokstoven.*
engineering [endzjinniəring] **0.1** ***techniek*** **0.2** ***bouw*** ⇒*constructie.* →**civil.**
engineering works ⟨ww. enk. of mv.⟩ **0.1** ***machinefabriek.***
engine room ⟨ihb. scheep.⟩ **0.1** ***machinekamer.***
England [ingglənd] **0.1** ***Engeland*** ⇒⟨oneig.⟩ *Groot-Brittannië; Verenigd Koninkrijk.*
English[1] [ingglisj] ⟨zn.⟩ **0.1** ***Engels*** ⇒*de Engelse taal;* ⟨ook⟩ *Engelse les* **0.2** ⟨ww. steeds mv.; the⟩ ***Engelsen*** ⇒*Engelse volk.*
English[2] ⟨bn.⟩ **0.1** ***Engels*** ⇒*in/uit Engeland; in het Engels* ◆ **1.1** ⟨bouwk.⟩ ~ bond *blokverband;* ~ breakfast *Engels ontbijt, ontbijt met spek en eieren;* ~ horn *Engelse hoorn, althobo* **5.¶** ⟨bouwk.⟩ Early ~ *vroege Engelse gotiek* ⟨13e eeuw⟩.
English|man [ingglisjmən] ⟨mv.: -men [-mən]⟩ **0.1** ***Engelsman*** ◆ **1.1** ⟨sprw.⟩ an ~'s home is his castle *een Engelsman is erg gesteld op privacy in zijn eigen huis.*
English-speaking **0.1** *Engelstalig.*
Englishwoman **0.1** *Engelse (vrouw).*
engraft, ingraft [ingra:ft] **0.1** ⟨+into/onto/(up)on⟩ ***enten (op)*** ⟨ook fig.⟩ **0.2** ***(in)planten*** ⟨fig.⟩.
engrave [ingreev] **0.1** ***graveren*** **0.2** ***griffen*** ⇒*inprenten* ◆ **6.2** it is ~d **in/(up)on** my memory *het staat in mijn geheugen gegrift.*
engraver [ingreevə] **0.1** ***graveur.***
engraving [ingreeving] **0.1** ***gravure*** **0.2** ***graveerkunst.***
engross [ingroos] ⟨vaak pass.⟩ **0.1** ***geheel in beslag nemen*** ⇒*overheersen* **0.2** ⟨jur.⟩ ***grosseren*** ⇒*een grosse maken v.* ◆ **6.1** I was so ~ed **in** my book that *ik was zo in mijn boek verdiept, dat.*
engrossing [ingroosing] **0.1** ***boeiend*** ⇒*fascinerend.*
engulf, ingulf [ingulf] **0.1** ***overspoelen*** ⟨ook fig.⟩ ⇒*wegspoelen* ◆ **6.1** ~ed **by** fear *door angst overmand;* ~ed **in** the waves *door de golven verzwolgen.*
enhance [inha:ns] ⟨zn.: **-ment**⟩ **0.1** ***verhogen*** ⇒*versterken* ⟨alleen mbt. iets positiefs⟩ ◆ **6.1** ~ **in** value *in waarde doen toenemen.*
enigma [innigmə] **0.1** ***mysterie*** ⇒*raadsel.*
enigmatic [ennigmætik] ⟨-ally⟩ **0.1** ***mysterieus*** ⇒*raadselachtig.*
enjoin [indzjojn] **0.1** ***opleggen*** ⇒*eisen, bevelen* **0.2** ⟨vnl. jur.⟩ ***verbieden*** ◆ **6.1** ~ silence **on** the class *stilte in de klas eisen.*
enjoy [indzjoj] **0.1** ***genieten v.*** ⇒*plezier beleven aan* **0.2** ***genieten*** ⇒*hebben, bezitten* **0.3** ***ondervinden*** ⇒*ervaren* ◆ **1.2** ~ good health *een goede gezondheid genieten* **4.¶** ~ o.s. *zich vermaken* **¶.1** ~! *eet ze!* ⟨eet smakelijk⟩.
enjoyab|le [indzjojjəbl] ⟨-ly⟩ **0.1** ***plezierig*** ⇒*prettig, fijn.*
enjoyment [indzjojmənt] **0.1** ***plezier*** ⇒*vreugde, genot* **0.2** ***genot*** ⇒*beschikking.*
enkephalin →**encephalin.**
enkindle [inkindl] **0.1** ***ont/aansteken*** ⟨vnl. fig.⟩ ⇒*doen oplaaien, opwekken* ⟨woede, hartstocht⟩.
enlarge [inla:dzj] **I** ⟨onov.ww.⟩ **0.1** ***groeien*** ⇒*groter worden, zich uitbreiden* **0.2** ***uitgebreid spreken*** ⇒*uitweiden* **0.3** ⟨foto.⟩ ***uitvergroot worden*** ◆ **6.2** ~ **(up)on** a subject *uitweiden over een onderwerp;*
II ⟨ov.ww.⟩ **0.1** ***vergroten*** ⇒*groter maken* ◆ **1.1** ~ a photograph *een foto vergroten.*
enlargement [inla:dzjmənt] **0.1** ***vergroting*** ⇒*vergrote foto* **0.2** ⟨geen mv.⟩ ***vergroting*** ⇒*uitbreiding.*
enlighten [inlajtn] **0.1** ***onderrichten*** ⇒*onderwijzen;* ⟨ihb.⟩ *v. misvattingen ontdoen* **0.2** ⟨schr.⟩ ***informeren*** ⇒*op de hoogte brengen, inlichten* **0.3** ⟨rel.⟩ ***verlichten*** ⇒*het licht brengen* **0.4** ⟨schr.⟩ ***verlichten*** ⟨lett.⟩ ⇒*licht werpen op* ◆ **6.2** could you please ~ me **about/on** this? *zou u mij hier wat meer over kunnen vertellen?*

enlightened [inlajtnd] **0.1** ***verlicht*** *⇒rationeel, redelijk* ◆ **1.1** ~ ideas *verlichte opvattingen.*

enlightenment [inlajtnmənt] **I** ⟨eig.n.; E-; the⟩⟨gesch.⟩ **0.1** ***verlichting;***
II ⟨n.-telb.zn.⟩ **0.1** ***opheldering*** *⇒verduidelijking* **0.2** ⟨rel.⟩ ***verlichting*** *⇒geestelijk licht.*

enlist [inlist] **I** ⟨onov.ww.⟩ **0.1** ***dienst nemen*** *⇒vrijwillig in het leger gaan* **0.2** ***zich inzetten*** *⇒deelnemen* ◆ **6.1** ~ **in** the army *dienst nemen bij het leger* **6.2** ~ **in** a project *aan een project meedoen;*
II ⟨ov.ww.⟩ **0.1** ***inroepen*** *⇒werven, mobiliseren* **0.2** ⟨mil.⟩ ***aanwerven*** *⇒in dienst nemen* ◆ **6.1** ~ s.o. **in** an enterprise *iem. bij een onderneming te hulp roepen.*

enlisted [inlistid] ⟨AE; mil.⟩ **0.1** ***mbt. de laagste rangen*** ◆ **1.1** ~ man *gewoon soldaat/matroos.*

enlistment [inlis(t)mənt] **0.1** ⟨mil.⟩ ***dienst*** *⇒diensttijd* **0.2** ⟨mil.⟩ ***dienstneming*** **0.3** ***inzet*** *⇒deelname.*

enliven [inlajvn] **0.1** ***stimuleren*** *⇒opwekken, nieuw leven inblazen* **0.2** ***opvrolijken.***

enmesh [inmesj] **0.1** ***vangen*** *⇒verstrikken; vast laten lopen* ⟨ook fig.⟩ ◆ **6.1** ~ed **in** an endless political discussion *verstrikt in een eindeloze politieke discussie.*

enmit|y [enmətie] ⟨mv.: -ies⟩ **0.1** ***vijandschap*** *⇒haat(gevoel), onmin* ◆ **6.1** be **at** ~ **with** *in vijandschap leven met.*

ennoble [innoobl] ⟨zn.: **-ment**⟩ **0.1** ***in de adelstand verheffen*** **0.2** ***veredelen*** *⇒adelen, verheffen.*

ennui [onwie:] **0.1** ***verveling*** *⇒lusteloosheid.*

enormit|y [inno:mətie] ⟨mv.: -ies⟩ **0.1** ⟨vnl. mv.⟩ ***gruweldaad*** *⇒wandaad* **0.2** ***gruwelijkheid*** *⇒misdadigheid* **0.3** ***enorme omvang*** *⇒immense grootte* ⟨v. probleem e.d.⟩ **0.4** ***enormiteit*** *⇒buitensporige domheid.*

enormous [inno:məs] ⟨-ness⟩ **0.1** ***enorm*** *⇒geweldig groot.*

enough[1] [innuf] ⟨vnw.⟩ **0.1** ***genoeg*** ◆ **1.¶** be ~ of a fool to *zo gek zijn om te;* be ~ of a man to *wel zo flink zijn om te* **3.1** ~ said *genoeg daarover* **3.¶** we had ~ to do to get there *het kostte ons de grootste moeite om er te komen;* they have done ~ and to spare *ze hebben meer dan genoeg gedaan* **¶.¶** ⟨sprw.⟩ ~ is as good as a feast ⟨ong.⟩ *genoeg is meer dan overvloed.*

enough[2] ⟨bw.⟩ **0.1** ***genoeg*** **0.2** ***zeer*** *⇒heel* **0.3** ***tamelijk*** *⇒redelijk* ◆ **5.1** oddly/strangely ~ *merkwaardig/vreemd genoeg, merkwaardigerwijs* **5.3** she paints well ~ *ze schildert vrij behoorlijk.* →**fair, good, right, sure.**

enough[3] ⟨det.⟩ **0.1** ***voldoende*** *⇒genoeg* ◆ **1.1** beer ~ *genoeg bier.*

enquire →**inquire.**

enquiry →**inquiry.**

enrage [inreedzj] **0.1** ***woedend maken*** *⇒tot razernij brengen* ◆ **6.1** ~d **at/by/with** *razend op/om.*

enrapture [inræptsjə] **0.1** ***verrukken*** *⇒in vervoering brengen* ◆ **6.1** ~d **at/by** *in vervoering om/door.*

enrich [inritsj] ⟨zn.: **-ment**⟩ **0.1** ***verrijken*** *⇒rijk(er) maken* **0.2** ***verrijken*** *⇒de kwaliteit verhogen* **0.3** ***verrijken*** *⇒uitbreiden* ⟨collectie, taal⟩ ◆ **1.2** ~ed uranium *verrijkt uranium.*

enrol, ⟨AE sp.⟩ **enroll** [inrool] ⟨-led⟩ **I** ⟨onov.ww.⟩ **0.1** ***zich inschrijven*** *⇒zich opgeven* ◆ **6.1** ~ **in** French classes *zich voor een Franse cursus opgeven;*
II ⟨ov.ww.⟩ **0.1** ***inschrijven*** *⇒opnemen* **0.2** ***werven*** *⇒aanwerven, in dienst nemen;* ⟨ihb.⟩ *rekruteren* ◆ **6.1** ~ s.o. **in** history classes *iem. voor geschiedenis inschrijven.*

enrolment, ⟨AE sp.⟩ **enrollment** [inroolmənt] **0.1** ⟨vnl. AE⟩ ***aantal inschrijvingen*** *⇒aantal leerlingen/studenten* **0.2** ***inschrijving*** **0.3** ***aanwerving*** ◆ **6.1** a college with an ~ of 700 students *een college met 700 studenten.*

ensconce [inskons] **0.1** ***nestelen*** *⇒veilig wegkruipen* ◆ **6.1** ~d **in** family-life *genesteld in het gezinsleven.*

ensemble [onsombl] **0.1** ***geheel*** *⇒totaal* **0.2** ***stel*** *⇒set* **0.3** ⟨ww. enk. of mv.; dram., muz.⟩ ***ensemble*** *⇒groep, gezelschap.*

enshrine [insjrajn] ⟨schr.⟩ **0.1** ***in een schrijn bergen*** *⇒in een kistje wegsluiten* **0.2** ***omsluiten*** *⇒in zich bergen* ◆ **1.2** the silver box that ~d the precious stones *het zilveren kistje waarin de edelstenen opgeborgen waren.*

enshroud [insjraud] **0.1** ***verbergen*** *⇒verhullen.*

ensign [ensajn] **0.1** ***insigne*** *⇒embleem* **0.2** ⟨scheep., luchtv., vnl. mil.⟩ ***vlag*** *⇒nationale vlag* **0.3** ⟨mil.⟩ ***vaandeldrager*** **0.4** ⟨gesch.; mil.⟩ ***vaandrig.*** →**blue, red, white.**

enslave [insleev] ⟨zn.: **-ment**⟩ **0.1** ***knechten*** *⇒tot slaaf maken, onderwerpen* **0.2** ***verslaven.***

ensnare [insneə] **0.1** ***vangen*** *⇒verstrikken;* ⟨ook fig.⟩ *verlokken, in de val laten lopen.*

ensue [insjoe:] **0.1** ***volgen*** *⇒vervolgens plaatsvinden* **0.2** ⟨+ from⟩ ***voortvloeien (uit)*** *⇒voortkomen (uit)* ◆ **1.1** the ensuing month *de volgende maand.*

ensure [insjoeə] **0.1** ***veilig stellen*** *⇒beschermen* **0.2** ***garanderen*** *⇒instaan voor* **0.3** ***verzekeren van.***

entail[1] [enteel] ⟨zn.⟩ **0.1** ***onvervreemdbaar erfgoed*** *⇒erfenis;* ⟨ook fig.⟩ *overgeërfde eigenschappen.*

entail[2] [inteel] ⟨ww.⟩ **0.1** ***met zich meebrengen*** *⇒noodzakelijk maken, inhouden.*

entangle [intænggl] **0.1** ***verwarren*** *⇒onontwarbaar maken, verknopen;* ⟨ook fig.⟩ *verstrikken, vast laten lopen* **0.2** ***verwarren*** *⇒ingewikkeld maken* ◆ **6.1** she is ~d **with** an old professor *ze heeft iets met een oude professor.*

entanglement [intængglmənt] **0.1** ***verwarring*** **0.2** ***complicatie*** **0.3** ***contact*** *⇒(compromitterende) relatie;* ⟨ihb.⟩ *affaire* **0.4** ***hindernis.***

enter [entə] **I** ⟨onov.ww.⟩ **0.1** ***zich laten inschrijven*** *⇒zich opgeven* **0.2** ⟨dram.⟩ ***opkomen.*** →**enter into, enter on/upon;**
II ⟨onov. en ov.ww.⟩ **0.1** ***binnengaan*** *⇒binnenlopen* ⟨v. schip⟩; *binnendringen* ◆ **1.1** he ~s his eightieth year *hij gaat zijn tachtigste jaar in;*
III ⟨ov.ww.⟩ **0.1** ***gaan in/op/bij*** *⇒zich begeven in, zijn intrede doen in* **0.2** ***in/bijschrijven*** *⇒opschrijven, noteren* ⟨in boek, notulen⟩; *boeken* ⟨in kasboek⟩; *opnemen, plaatsen* ⟨in boek⟩; *intypen, invoeren* ⟨gegevens⟩ **0.3** ***opgeven*** *⇒inschrijven* **0.4** ***toelaten*** *⇒binnenlaten* ⟨als lid⟩ **0.5** ***deelnemen aan*** *⇒meedoen aan* ⟨(wed)strijd⟩ **0.6** ***inzenden*** **0.7** ***inklaren*** *⇒aangeven* ⟨lading⟩ ◆ **1.1** ~ the Church *priester worden* **1.6** ~ sth. in the competition *iets inzenden voor de wedstrijd* **5.2** ~ **up** sth. in the books *iets noteren in de boeken* **5.¶** ~ **up** the accountbooks *de kasboeken bijwerken* **6.2** ~ **against** *op rekening schrijven van.*

enter into **0.1** ***beginnen*** *⇒aanknopen* ⟨gesprek⟩ **0.2** ***zich verplaatsen in*** *⇒zich inleven in* **0.3** ***deel uitmaken v.*** *⇒onderdeel vormen v.* **0.4** ***ingaan op*** *⇒onder de loep nemen* ⟨zaak, details⟩ **0.5** ***aangaan*** *⇒sluiten* ⟨contract, verdrag⟩.

enteritis [entərajtis] **0.1** ***enteritis*** *⇒darm(slijmvlies)ontsteking.*

enter on, enter upon **0.1** ***aanvangen*** *⇒beginnen, aanvaarden* **0.2** ***in bezit nemen*** ⟨land, erfenis⟩ **0.3** ***beginnen aan/over*** *⇒aansnijden, aanpakken* ⟨onderwerp⟩ ◆ **1.1** ~ a period of instability *een periode v. instabiliteit ingaan.*

enterprise [entəprajz] **0.1** ***onderneming*** *⇒*⟨ihb.⟩ *waagstuk* **0.2** ***(handels)onderneming*** *⇒firma, zaak* **0.3** ***ondernemingsgeest*** *⇒ondernemingszin* ◆ **1.3** a man of ~ *iem. met initiatief.* →**private.**

enterprise zone 0.1 ***stimuleringsgebied.***

enterprising [entəprajzing] 0.1 ***ondernemend*** ⇒*stoutmoedig.*

entertain [entəteen] **I** ⟨onov.ww.⟩ **0.1** ***een feestje/etentje geven*** ⇒*gasten hebben* **0.2** ***vermaak bieden;***
II ⟨ov.ww.⟩ **0.1** ***gastvrij ontvangen*** ⇒*aanbieden* **0.2** ***onderhouden*** ⇒*amuseren* **0.3** ***koesteren*** ⇒*erop nahouden* **0.4** ***overdenken*** ⇒*in overweging nemen* ◆ **1.3** ~ doubts *twijfels hebben* **1.4** ~ a proposal *over een voorstel nadenken* **4.2** ~ o.s. *zich amuseren* **6.1** ~ s.o. **at/to** dinner *iem. op een diner onthalen.*

entertainer [entəteenə] **0.1** ***iem. die het publiek vermaakt*** ⇒*zanger; conferencier; cabaretier; goochelaar; entertainer* **0.2** ***gastheer.***

entertaining [entəteening] **0.1** ***onderhoudend*** ⇒*vermakelijk, amusant* ◆ **1.1** an ~ talker *een gezellige prater.*

entertainment [entəteenmənt] **0.1** ***iets dat amusement biedt*** ⇒*opvoering, uitvoering; show; conference* **0.2** ***feest*** ⇒*partij,* ⟨ihb.⟩ *feestmaal* **0.3** ***gastvrijheid*** ⇒*gastvrij onthaal* **0.4** ***het onthalen*** ⇒*het trakteren op een etentje* **0.5** ***vermaak*** ⇒*plezier; amusement* **0.6** ***amusementswereld (je)*** ⇒*amusementsbedrijf* ◆ **3.5** provide ~ for the guests *de gasten vermaak bieden* **3.6** he's in ~ *hij zit in de amusementswereld* **5.5** greatly/much to our ~ *tot onze grote pret.*

entertainment expenses **0.1** ***representatiekosten.***

enthral, ⟨AE sp. ook⟩ **enthrall** [inθro:l] **0.1** ***boeien*** ⇒*betoveren, in de ban doen raken* **0.2** ***onderwerpen*** ⇒*tot slaaf maken.*

enthralling [inθro:ling] **0.1** ***betoverend*** ⇒*boeiend.*

enthrone [inθroon] **0.1** ***op de troon zetten*** ⇒*kronen* ⟨koning⟩ **0.2** ***installeren*** ⇒*wijden* ⟨bisschop⟩ **0.3** ***hoogachten*** ⇒*eren, verheerlijken* ◆ **1.3** a king ~d in the hearts of his people *een koning in hoog aanzien bij zijn mensen* **3.1** be ~d *zetelen, tronen* ⟨ook fig.⟩.

enthronement [inθroonmənt] **0.1** ***kroning*** ⇒*inauguratie;* ⟨kerk⟩ *installatie, wijding.*

enthuse [inθjoe:z] ⟨inf.⟩ **I** ⟨onov.ww.⟩ **0.1** ⟨+ about, over⟩ ***enthousiast zijn (over);***
II ⟨ov.ww.⟩ **0.1** ***enthousiast maken*** ⇒*warm maken.*

enthusiasm [inθjoe:zie·æzm] **0.1** ⟨+ about, for⟩ ***enthousiasme (voor)*** ⇒*geestdrift (voor/over); verrukking, vervoering* **0.2** ***vurige interesse*** ⇒*passie.*

enthusiast [inθjoe:zie·æst] **0.1** ⟨+ about, for⟩ ***enthousiasteling (in)*** ⇒*fan (van), liefhebber (van)* **0.2** ***dweper.***

enthusiastic [inθjoe:zie·æstik] ⟨-ally⟩ **0.1** ⟨+ about, over⟩ ***enthousiast (over)*** ⇒*geestdriftig (over), vol vuur (over).*

entice [intajs] **0.1** ***(ver)lokken*** ⇒*verleiden* ◆ **6.1** ~ s.o. **into** doing sth. *iem. overhalen iets te doen.*

enticement [intajsmənt] **0.1** ⟨vaak mv.⟩ ***verlokking*** ⇒*bekoring* **0.2** ***verleiding*** ⟨ihb. seksueel⟩ ◆ **2.1** have great ~ for s.o. *iem. zeer lokken.*

enticing [intajsing] **0.1** ***verleidelijk*** ⇒*verlokkelijk.*

entire [intajjə] **0.1** ***compleet*** ⇒*volledig* **0.2** ***geheel*** ⇒*totaal* **0.3** ***gaaf*** ⇒*heel, onbeschadigd* ◆ **1.1** the ~ audience *het voltallige publiek* **1.2** you have ~ freedom *u bent volkomen vrij.*

entirely [intajjəlie] **0.1** ***helemaal*** ⇒*geheel (en al), volkomen* **0.2** ***alleen*** ⇒*enkel, slechts.*

entirety [intajjərətie] **0.1** ***totaliteit*** **0.2** ***totaal*** ◆ **1.2** the ~ of working women *het totale aantal werkende vrouwen* **6.1** **in** its ~ *in zijn geheel.*

entitle [intajtl] **0.1** ***betitelen*** ⇒*noemen* **0.2** ***recht geven op*** ⟨ook jur.⟩ **0.3** ***de titel geven (v.)*** ⇒*de titel (v.) verlenen* ◆ **6.2** be ~d **to** sth. *recht hebben op iets.*

entitlement [intajtlmənt] **0.1** ***betiteling*** **0.2** ***bedrag*** ⟨dat iem. toekomt⟩ **0.3** ***recht*** ⟨bv. op uitkering⟩.

entit|y [entətie] ⟨mv.: -ies⟩ **0.1** ***entiteit*** ⇒*eenheid* **0.2** ***bestaan*** ⇒*wezen, het zijn.*

entomb [intoe:m] ⟨zn.: **-ment**⟩ **0.1** ***begraven*** ⟨ook fig.⟩ ⇒*opsluiten* **0.2** ***als graf dienen voor*** ⇒*het graf zijn v.*

entomologist [entəmolləd zjist] **0.1** ***entomoloog*** ⇒*insectenkenner.*

entomolog|y [entəmolləd zjie] ⟨bn.: **-ic**⟩ **0.1** ***entomologie*** ⇒ *insectenkunde.*

entourage [ontoera:zj] **0.1** ***omgeving*** ⇒*entourage* **0.2** ⟨ww. enk. of mv.⟩ ***gevolg*** ⇒*entourage.*

entr'acte [ontrækt] **0.1** ***entr'acte*** ⇒*pauze, pauzestuk.*

entrails [entreelz] **0.1** ***ingewanden*** ⇒*darmen* **0.2** ***binnenste*** ⇒*inwendige* ◆ **1.2** the ~ of the earth *het binnenste der aarde.*

entrain [intreen] **I** ⟨onov.ww.⟩ **0.1** ***in/op de trein stappen;***
II ⟨ov.ww.⟩ **0.1** ***op de trein zetten*** ⟨soldaten⟩ **0.2** ***meesleuren*** ⇒*meevoeren.*

entrance[1] [entrəns] ⟨zn.⟩ **0.1** ***ingang*** ⇒*toegang, entree* **0.2** ***binnenkomst*** ⇒*intrede* **0.3** ***opkomst*** ⟨op toneel⟩ **0.4** ***entree*** ⇒*toelating;* ⟨bij uitbr.⟩ *toegangsgeld* **0.5** ***(ambts)aanvaarding*** ⇒*intrede* ◆ **2.4** free ~ *vrije toegang* **6.5** ~ **into/upon** office *ambtsaanvaarding* **7.4** no ~ *verboden toegang.*

entrance[2] [intra:ns] ⟨ww.⟩ **0.1** ***in verrukking brengen*** ⇒ *meeslepen* **0.2** ***in trance brengen*** ⇒*hypnotiseren* ◆ **6.1** ~d **at/by/with** *in vervoering van;* ~d **with** joy *dronken van vreugde.*

entrance fee, entrance money **0.1** ***toegangsprijs*** ⇒ *entree(geld).*

entrant [entrənt] **0.1** ***binnenkomende*** ⇒*binnenkomer* **0.2** ***deelnemer*** ⟨aan race e.d.⟩ **0.3** ***nieuweling*** ◆ **6.3** ~s **to** the organisation *nieuwe medewerkers aan de organisatie.*

entrap [intræp] ⟨-ped⟩ **0.1** ***(in een val) vangen*** **0.2** ***(ver)strikken*** ⇒*in de val laten lopen* ◆ **6.2** ~ped **into** confessing *tot bekennen verlokt;* ~ s.o. **to** death *iem. de dood inlokken.*

entreat [intrie:t] **0.1** ***smeken (om)*** ⇒*bidden (om), dringend verzoeken* ◆ **1.1** ~ assistance *om bijstand bidden.*

entreatingly [intrie:tinglie] **0.1** ***smekend*** ⇒*biddend, pleitend.*

entreat|y [intrie:tie] ⟨mv.: -ies⟩ **0.1** ***smeekbede*** ⇒*dringend verzoek* **0.2** ***gesmeek*** ◆ **6.2** succeed **by** ~ *het voor elkaar krijgen met smeken.*

entrée [ontree] **0.1** ⟨vnl. BE; cul.⟩ ***entree*** ⇒*voorgerecht* **0.2** ⟨AE; cul.⟩ ***hoofdgerecht*** **0.3** ***toegang*** ⟨ihb. tot gerechtshof⟩ ◆ **6.3** have ~ **into** *toegang hebben tot.*

entrench, intrench [intrentsj] **I** ⟨onov.ww.⟩ **0.1** ***zich verschansen*** ⇒*zich ingraven* **0.2** ⟨+ on, upon⟩ ***inbreuk maken (op);***
II ⟨ov.ww.⟩ **0.1** ***verschansen*** ⇒*met loopgraven omgeven* **0.2** ***stevig vastleggen*** ⇒*verankeren* ⟨recht, gewoonte e.d.⟩ ◆ **4.1** ~ o.s. *zich ingraven* ⟨ook fig.⟩.

entrenchment [intrentsjmənt] **0.1** ***loopgravenstelsel*** **0.2** ***verschansing.***

entrepôt [ontrəpoo] **0.1** ***entrepot*** ⇒⟨bij uitbr.⟩ *opslagplaats.*

entrepreneur [ontrəprənə:] **0.1** ***ondernemer*** **0.2** ***impresario*** ⟨toneel⟩.

entrepreneurial [ontrəprənə:riəl] **0.1** ***ondernemers-*** ⇒*ondernemings-, zakelijk.*

entresol [ontrəsol] **0.1** ***entresol.***

entropy [entrəpie] **0.1** ***entropie.***

entrust, intrust [intrust] **0.1** ***toevertrouwen*** ◆ **6.1** ~ sth. **to** s.o., ~ s.o. **with** sth. *iem. iets toevertrouwen.*

entr|y [entrie] ⟨mv.: -ies⟩ **0.1** ***intrede*** *⇒entree; toetreding; intocht, binnenkomst;* ⟨dram.⟩ *opkomst* **0.2** ***toegang*** **0.3** ***ingang*** *⇒toegang, hal* **0.4** ***ingang*** *⇒notitie; trefwoord; (geboekte) post; inschrijving, boeking* ⟨in register⟩ **0.5** ⟨douane⟩ ***inklaring*** *⇒aangifte* **0.6** ***deelnemer*** ⇒⟨bij uitbr.⟩ *inzending* **0.7** ***deelnemerslijst*** ◆ **1.1** England's ~ into the E.E.C. *de toetreding v. Engeland tot de EEG* **3.1** make one's ~ *opkomen* **7.2** no ~ *verboden in te rijden.* →**double, single.**

entry visa **0.1** ***inreisvisum.***

entwine [intwajn] **I** ⟨onov.ww.⟩ **0.1** ***zich verstrengelen;*** **II** ⟨ov.ww.⟩ **0.1** ***ineenstrengelen*** *⇒vlechten, verstrengelen* **0.2** ⟨+ about, around, with⟩ ***(zich) winden (om)*** *⇒(zich) kronkelen/slingeren (om).*

E number **0.1** ***E-nummer.***

enumer|ate [injoe:mәreet] ⟨zn.: **-ation**⟩ **0.1** ***opsommen*** *⇒ één voor één opnoemen* **0.2** ***(op)tellen.***

enunci|ate [innunsie·eet] ⟨zn.: **-ation**⟩ **I** ⟨onov.ww.⟩ **0.1** ***goed articuleren*** *⇒duidelijk uitspreken;* **II** ⟨ov.ww.⟩ **0.1** ***uitspreken*** *⇒articuleren* **0.2** ***formuleren*** **0.3** ***verkondigen*** *⇒afkondigen* ◆ **1.3** ~ one's aims *zijn doelstellingen bekendmaken/uiteenzetten.*

envelop [invellәp] **0.1** ***in/omwikkelen*** *⇒inpakken;* ⟨fig.⟩ *omhullen, omgeven* **0.2** ***omhullen*** ⟨v. jas⟩ ◆ **6.1** a subject ~ed **in** mystery *een onderwerp omgeven met geheimzinnigheid.*

envelope [envәloop] **0.1** ***omhulling*** ⟨ook fig.⟩ **0.2** ***envelop(pe)*** **0.3** ***ballon(omhulsel)*** ◆ **3.2** padded ~ *luchtkussenenveloppe, jiffy(enveloppe).*

envelopment [invellәpmәnt] **0.1** ***omhulling*** *⇒inwikkeling* **0.2** ***verpakkingsmateriaal.***

envenom [invennәm] **0.1** ***vergiftigen*** **0.2** ***verbitteren*** *⇒v. haat vervullen.*

enviab|le [enviәbl] ⟨-ly⟩ **0.1** ***benijdenswaardig*** *⇒begerenswaardig.*

envious [enviәs] **0.1** ⟨+ of⟩ ***jaloers (op)*** *⇒afgunstig.*

environment [invajrәnmәnt] **0.1** ***omgeving*** **0.2** ***environment*** *⇒ambiance* ⟨in de kunst⟩ **0.3** ***milieu*** ⟨ook biol.⟩ *⇒ omgeving.*

environmental [invajrәnmentl] **0.1** ***milieu-*** ⟨ook biol.⟩ *⇒omgevings-* **0.2** ***environment-*** *⇒ambiance-* ⟨in kunst⟩ ◆ **1.1** the ~ effects *de gevolgen voor het milieu;* ~ impact assessment *milieueffectrapportage;* ~ pollution *milieuvervuiling* **2.1** ~ly safe *milieuveilig.*

environmentalism [invajrәnmentәlizm] ⟨psych.⟩ **0.1** ***milieutheorie.***

environmentalist [invajrәnmentәlist] **0.1** ***milieudeskundige*** *⇒milieubeheerder* **0.2** ***milieuactivist*** *⇒milieubewust iem.* **0.3** ***maker v.e. environment*** *⇒environmentkunstenaar* **0.4** ⟨psych.⟩ ***aanhanger v.d. milieutheorie.***

environment-friendly **0.1** ***milieuvriendelijk.***

environmentology [invajrәnmentollәdzjie] **0.1** ***milieukunde.***

environs [invajrәnz] **0.1** ***omstreken*** *⇒omtrek, buurt;* ⟨ihb.⟩ *buitenwijken, voorsteden* **0.2** ***omgeving.***

envisage [invizzidzj] **0.1** ***voorzien*** *⇒zich voorstellen* ⟨in de toekomst⟩.

envoy [envoj] **0.1** ***(af)gezant*** *⇒diplomatiek vertegenwoordiger.* →**extraordinary.**

env|y[1] [envie] ⟨zn.; mv.: -ies⟩ **0.1** ***(voorwerp/grond v.) afgunst*** ◆ **6.1** he was filled with ~ **at** my new car *hij benijdde me mijn nieuwe wagen;* be the ~ **of** s.o. *voorwerp v. afgunst zijn voor iem.*

env|y[2] ⟨ww.; -ied⟩ **0.1** ***benijden.***

enwrap [inræp] ⟨-ped⟩ **0.1** ***om/inwikkelen*** *⇒omhullen* **0.2** ***in beslag nemen.***

enzyme [enzajm] ⟨bioch.⟩ **0.1** ***enzym.***

eolian →**Aeolian.**

eon →**aeon.**

epaulet(te) [eppәlet] **0.1** ***epaulet.***

épée [eppee] **0.1** ***degen.***

ephemeral [iffemrәl] **0.1** ***efemeer*** *⇒kortstondig, voorbijgaand.*

epic[1] [eppik] ⟨zn.⟩ **0.1** ***epos*** ⟨ook fig.⟩ *⇒heldendicht.*

epic[2] ⟨bn.; -ally⟩ **0.1** ***episch*** *⇒verhalend* **0.2** ***heroïsch*** *⇒ heldhaftig.*

epicentre, ⟨AE sp.⟩ **epicenter** [eppissentә] **0.1** ***epicentrum*** ⟨v. aardbeving⟩ **0.2** ⟨fig.⟩ ***brandpunt.***

epicure [eppikjoeә] **0.1** ***epicurist.***

epicurean [eppikjoerie:әn] **0.1** ⟨bn.⟩ ***epicuristisch*** *⇒genotzuchtig* **0.2** ⟨zn.⟩ ***epicurist.***

epidemic[1] [eppiddemmik] ⟨zn.⟩ **0.1** ***epidemie*** ⟨ook fig.⟩ *⇒rage.*

epidemic[2] ⟨bn.; -ally⟩ **0.1** ***epidemisch*** ⇒⟨fig. ook⟩ *zich snel verbreidend.*

epidermis [-dә:mis] **0.1** ***epidermis*** *⇒opperhuid* ⟨ook v. planten⟩.

epidiascope [eppiddajjәskoop] **0.1** ***epidiascoop.***

epidural[1] [eppidjoeәrәl], **epidural anaesthesia** ⟨zn.⟩⟨med.⟩ **0.1** ***epidurale injectie*** *⇒injectie in het ruggenmerg* **0.2** ***epidurale anesthesie*** *⇒verdoving in het ruggenmerg.*

epidural[2] ⟨bn.⟩⟨med.⟩ **0.1** ***epiduraal*** *⇒op/buiten de dura mater.*

epiglottis [eppiglottis] **0.1** ***epiglottis*** *⇒strotklep(je).*

epigram [eppigræm] **0.1** ***epigram*** *⇒puntdicht;* ⟨fig.⟩ *puntig gezegde, boutade.*

epigrammatic [-grәmætik] ⟨-ally⟩ **0.1** ***epigrammatisch*** *⇒ gevat, kort en stekelig; vol epigrammen.*

epilepsy [eppillepsie] **0.1** ***epilepsie*** *⇒vallende ziekte.*

epileptic [-leptik] **0.1** ⟨bn.⟩ ***epileptisch*** **0.2** ⟨zn.⟩ ***epilepticus*** ◆ **1.1** an ~ fit *een aanval v. vallende ziekte.*

epilogue, ⟨AE sp. ook⟩ **epilog** [eppillog] **0.1** ***epiloog*** *⇒narede, slotrede* **0.2** ***naschrift*** ⇒⟨fig.⟩ *naspel; nawoord; slot.*

epiphan|y [ippiffәnie] ⟨mv.: -ies⟩ **0.1** ⟨E-⟩ ***(feest v.) Epifanie*** *⇒Driekoningen* **0.2** ***epifanie*** *⇒goddelijke openbaring/ verschijning.*

epiphenomenon [eppiffinnommәnәn]⟨mv.: epiphenomena [-mәnә]⟩ ⟨fil.⟩ **0.1** ***epifenomeen*** *⇒secundair verschijnsel.*

epiphyte [eppiffajt] **0.1** ***epifyt*** *⇒gastplant.*

episcopacy [ippiskәpәsie] ⟨rel.⟩ **0.1** ***episcopaat*** *⇒bisschopsambt/schap* **0.2** ⟨the; ww. enk. of mv.⟩ ***het episcopaat*** *⇒ de (gezamenlijke) bisschoppen* ⟨v.e. land⟩.

episcopal [ippiskәpl] **0.1** ***episcopaal*** *⇒bisschoppelijk;* ⟨vaak E-⟩ *door bisschoppen geregeerd* ◆ **1.1** ~ vicar *hulpbisschop* **1.¶** ⟨AE⟩ Episcopal Church *de anglicaanse Kerk* ⟨in de USA en Schotland⟩.

episcopalian [ippiskәpeeliәn] **0.1** ⟨bn.⟩ ***episcopaal*** **0.2** ⟨bn.; vnl. AE⟩ ***tot de anglicaanse Kerk behorend*** **0.3** ⟨zn.⟩ ***episcopaal*** *⇒lid v.e. episcopale kerk* **0.4** ⟨zn.; AE⟩ ***anglicaan.***

episode [eppissood] **0.1** ***episode*** *⇒(belangrijke) gebeurtenis, voorval; aflevering* ⟨v. vervolgverhaal⟩.

episodic [eppissoddik] ⟨-ally⟩ **0.1** ***episodisch*** *⇒uit (losse) episodes bestaand* **0.2** ***onregelmatig.***

epispastic [eppispæstik] **0.1** ***blaartrekkend middel*** *⇒trekpleister.*

epistemology [ippistәmollәdzjie] **0.1** ***epistemologie*** *⇒kennisleer, wetenschapsleer.*

epistle [ippisl] **0.1** ***epistel*** *⇒zendbrief v.d. apostelen;* ⟨vnl. scherts.⟩ *brief.*

epistolary [ippistәlrie] **0.1** ***epistolair*** ⟨bv. v. stijl⟩ *⇒in briefvorm.*

epitaph [eppitta:f] **0.1** ***grafschrift*** *⇒epitaaf.*
epithet [eppiθet] **0.1** ***(minder vleiende) benaming*** *⇒ scheldwoord* **0.2** ***epitheton*** *⇒bij/toenaam.*
epitome [ippittəmie] **0.1** ***belichaming*** *⇒personificatie* **0.2** ***epitome*** *⇒uittreksel, kort overzicht* ◆ **6.1** the ~ **of** *het toppunt van.*
epitomize, -ise [ippittəmajz] **0.1** ***belichamen*** *⇒in zich verenigen* **0.2** ***samenvatten*** *⇒een uittreksel maken van.*
EPNS ⟨afk.⟩ **0.1** [electroplated nickel silver].
epoch [ie:pok] **0.1** ***keerpunt*** *⇒mijlpaal* **0.2** ***tijdvak*** *⇒tijdperk.*
epoch-making **0.1** ***v. grote betekenis*** *⇒baanbrekend.*
eponymous [ipponnimməs] **0.1** ***naamgevend*** ◆ **1.1** the ~ role *de titelrol.*
epoxy [ippoksie] **0.1** ***epoxy-*** ◆ **1.1** ~ resin *epoxyhars.*
EPROM [eprom] ⟨afk.; comp.⟩ **0.1** [Erasable Programmable Read-Only Memory] ***EPROM.***
eps ⟨afk.⟩ **0.1** [earnings per share] ***winst per aandeel.***
Epsom salts [epsəm so:lts] ⟨ww. vnl. enk.⟩ **0.1** ***epsomzout*** *⇒ bitterzout.*
equability [ekwəbillətie] **0.1** ***gelijkmatigheid*** *⇒gelijkmoedigheid.*
equable [ekwəbl] **0.1** ***gelijkmatig*** *⇒gelijkmoedig.*
equal[1] [ie:kwəl] ⟨zn.⟩ **0.1** ***gelijke*** *⇒weerga.*
equal[2] ⟨bn.⟩ **0.1** ***gelijk*** *⇒overeenkomstig, hetzelfde* **0.2** ***onpartijdig*** *⇒eerlijk, rechtvaardig* ⟨v. wet bv.⟩ **0.3** ***gelijkmatig*** *⇒effen* ◆ **1.1** on ~ terms *op voet v. gelijkheid;* all other things being ~ *onder overigens gelijke omstandigheden* **1.2** an ~ fight *een gelijke strijd;* ~ opportunity *gelijkberechtiging;* ~ opportunities employer *een werkgever die geen discriminatie toepast* **6.1** ~ **to** *gelijk aan* **6.¶** ~ **to** *opgewassen/bestand tegen, in staat tot.*
equal[3] ⟨ww.; BE -led⟩ **0.1** ***evenaren*** *⇒gelijk zijn aan* ◆ **4.1** two and two ~s four *twee en twee is vier* **5.¶** it ~s **out** at sixty *het gemiddelde komt op zestig* **6.1** she ~led him **in** cruelty *zij was even wreed als hij.*
equalit|y [ikwollətie] ⟨mv.: -ies⟩ **0.1** ***gelijkheid*** *⇒overeenkomst.*
equalization, -sation [ie:kwəlajzeesjn] **0.1** ***het gelijkmaken*** **0.2** ***het evenredig verdelen.***
equalization fund ⟨geldw.⟩ **0.1** ***egalisatiefonds.***
equalize, -ise [ie:kwəlajz] **I** ⟨onov.ww.⟩ **0.1** ***gelijk worden*** **0.2** ⟨sport⟩ ***gelijkmaken;***
II ⟨ov.ww.⟩ **0.1** ***gelijkmaken*** *⇒gelijkstellen* ◆ **6.1** ~ **to/with** *gelijkmaken aan.*
equalizer [ie:kwəlajzə] **0.1** ⟨sport⟩ ***gelijkmaker.***
equally [ie:kwəlie] **0.1** →**equal** **0.2** ***gelijkelijk*** *⇒eerlijk, evenzeer* **0.3** ***even*** *⇒in dezelfde mate* **0.4** ***gelijkmatig.***
equanimity [ie:kwənimmətie, ekwə-] **0.1** ***gelijkmoedigheid*** **0.2** ***equanimiteit*** *⇒gemoedsrust* **0.3** ***berusting*** *⇒gelatenheid.*
equate [ikweet] **0.1** ⟨+ to, with⟩ ***vergelijken (met)*** **0.2** ⟨+ with⟩ ***gelijkstellen (aan)*** **0.3** ***gelijkmaken*** *⇒met elkaar in evenwicht brengen.*
equation [ikweezjn] **0.1** ***vergelijking*** ⟨ook wisk.⟩ ⇒⟨schei.⟩ *reactievergelijking* **0.2** ***het gelijkmaken*** *⇒het gelijkstellen.* →**quadratic.**
equator [ikweetə] **0.1** ***evenaar*** *⇒equator.*
equatorial [ekwəto:riəl] **0.1** ***equatoriaal*** ⇒⟨bij uitbr.⟩ *tropisch.*
equerr|y [ikwerrie, ekwərie] ⟨mv.: -ies⟩ **0.1** ***(opper)stalmeester*** **0.2** ⟨BE⟩ ***adjudant*** ⟨v. vorstelijk persoon⟩.
equestrian [ikwestriən] **0.1** ⟨bn.⟩ ***ruiter-*** **0.2** ⟨zn.⟩ ***ruiter.***
equestrienne [ikwestrie·en] **0.1** ***amazone.***
equidistant [ie:kwiedistənt] **0.1** ⟨+ from⟩ ***equidistant*** *⇒op gelijke afstand gelegen (van).*
equilateral ⟨wisk.⟩ **0.1** ***gelijkzijdig*** ◆ **1.1** ~ triangle *gelijkzijdige driehoek.*
equilibrium [ie:kwillibriəm] **0.1** ***evenwicht*** ⟨ook ec., psych.⟩ ◆ **6.1** ⟨ec.⟩ the price is **in** ~ *de prijs is in evenwicht* ⟨bij vraag=aanbod⟩. →**unstable.**
equine [ekwajn] **0.1** ***als/v.e. paard.***
equinoctial [ie:kwinnoksjl] **0.1** ***equinoctiaal*** **0.2** ***tropisch*** ◆ **1.1** ~ gales *equinoctiaalstormen;* ~ point *nachteveningspunt.*
equinox [ie:kwinnoks] **0.1** ***equinox*** **0.2** ***equinoctiaalpunt*** ◆ **2.1** autumnal ~ *herfstnachtevening;* vernal ~ *lentenachtevening.*
equip [ikwip] ⟨-ped⟩ **0.1** ⟨+ with⟩ ***uitrusten (met)*** *⇒toerusten (met)* ◆ **4.1** ~ o.s. for a journey *zich uitrusten voor een reis.*
equipage [ekwippidzj] **0.1** ***uitrusting*** *⇒benodigdheden* **0.2** ***equipage*** ⟨eigen rijtuig en toebehoren⟩.
equipment [ikwipmənt] **0.1** ***uitrusting*** *⇒installatie, benodigdheden* **0.2** ***het uitgerust worden*** *⇒het toegerust worden* **0.3** ***geestesinhoud*** *⇒verstandelijk(e) vermogen(s).*
equipoise [ekwippojz] **0.1** ***tegenwicht*** **0.2** ***evenwicht.***
equitab|le [ekwittəbl] ⟨-ly⟩ **0.1** ***billijk*** *⇒rechtvaardig, onpartijdig.*
equit|y [ekwətie] ⟨mv.: -ies⟩ **0.1** ***billijkheid*** *⇒rechtvaardigheid* **0.2** ***equity*** ⟨Engels systeem v. rechtsregels naast het gewone recht⟩ **0.3** ⟨mv.⟩ ***aandelen*** ◆ **1.1** ~ and law *recht en billijkheid.*
equity share **0.1** ***aandelenoptie.***
equivalent[1] [ikwivvələnt] ⟨zn.⟩ **0.1** ***equivalent.***
equival|ent[2] ⟨bn.; zn.: **-ence**⟩ ⟨ook schei.⟩ **0.1** ⟨+ to⟩ ***equivalent (aan)*** *⇒gelijkwaardig (aan).*
equivocal [ikwivvəkl] **0.1** ***dubbelzinnig*** **0.2** ***twijfelachtig*** *⇒ dubieus.*
equivocate [ikwivvəkeet] **0.1** ***(er/ergens omheen) draaien*** *⇒een ontwijkend antwoord geven* **0.2** ***een slag om de arm houden.***
equivocation [ikwivvəkeesjn] **0.1** ***dubbelzinnigheid*** **0.2** ***het draaien*** *⇒het geven v.e. ontwijkend antwoord.*
er [ə(:), u(:)] **0.1** ***eh*** ⟨aarzeling⟩.
era [iərə] **0.1** ***era*** *⇒tijdperk, jaartelling;* ⟨geol.⟩ *hoofdtijdperk.*
eradic|ate [irædikkeet] ⟨zn.: **-ation**⟩ **0.1** ***met wortel en al uittrekken*** *⇒ontwortelen;* ⟨fig.⟩ *uitroeien, verdelgen.*
eradicator [irædikkeetə] **0.1** ***vlekkenwater.***
erase [irreez] **0.1** ***uitvegen*** *⇒uitvlakken* **0.2** ***uitwissen*** ⇒ ⟨fig.⟩ *wegvagen, vernietigen;* ⟨sl.⟩ *doden.*
eraser [irreezə] **0.1** ***stukje vlakgom*** *⇒gummetje* **0.2** ***bordenwisser.***
erasure [irreezjə] **0.1** ***uitwissing*** *⇒radering* **0.2** ***het uitvegen*** *⇒het uitvlakken* **0.3** ***het uitwissen*** ⇒⟨fig.⟩ *het wegvagen, het vernietigen.*
ere[1] [eə] ⟨vz.⟩ ⟨schr.⟩ **0.1** ***vóór.***
ere[2] ⟨vw.⟩ ⟨schr.⟩ **0.1** ***vóór*** *⇒voordat.*
erect[1] [irrekt] ⟨bn.; -ness⟩ **0.1** ***recht*** *⇒rechtop (gaand), opgericht* **0.2** ***nobel*** *⇒oprecht.*
erect[2] ⟨ww.⟩ **0.1** ***oprichten*** *⇒bouwen, neerzetten* **0.2** ***stichten*** *⇒vestigen, instellen.*
erectile [irrektajl] ⟨biol.⟩ **0.1** ***erectiel*** ◆ **1.1** ~ tissue *erectiel weefsel* ⟨v. spons- en zwellichamen⟩.
erection [irreksjn] **0.1** ***erectie*** **0.2** ***gebouw*** **0.3** ***het oprichten*** *⇒het bouwen, het optrekken* **0.4** ***het stichten*** *⇒het vestigen, het instellen.*
erg [ə:g] ⟨vero.; nat.⟩ **0.1** ***erg*** ⟨eenheid v. arbeid⟩.
ergo [ə:goo] **0.1** ***ergo*** *⇒bijgevolg, dus.*
ergonomic [ə:gənommik] ⟨-ally⟩ **0.1** ***ergonomisch*** ◆ **1.1** ~ chair *ergonomisch(e (verantwoorde)) stoel.*

ergonomics [ə:gənommiks] ⟨ww. ook enk.⟩ **0.1** ***ergonomie.***
ergonomist [ə:gonnəmist] **0.1** ***ergono(o)m(e).***
Erin [errin] ⟨schr.⟩ **0.1** ***Ierland.***
ERM ⟨afk.⟩ **0.1** [(European) Exchange Rate Mechanism].
ermine [ə:min] **0.1** ***hermelijn.***
erne, ⟨AE sp. ook⟩ **ern** [ə:n] **0.1** ***zeearend.***
erode [irrood] **I** ⟨onov.ww.⟩ **0.1** ***wegspoelen;***
II ⟨onov. en ov.ww.⟩ **0.1** ***verslechteren*** ⇒*verminderen;*
III ⟨ov.ww.⟩ **0.1** ⟨vaak +away⟩ ***uitbijten*** ⟨v. zuur⟩ ⇒*wegbijten* **0.2** ⟨vaak +away⟩ ***uithollen*** ⟨v. water⟩ ⇒*afslijpen, eroderen.*
erogenous [irrodzjənəs] **0.1** ***erogeen*** ◆ **1.1** ~ zone *erogene zone.*
erosion [irroozjn] **0.1** ***erosie*** ⟨ook fig.⟩.
erosive [irroosiv] ⟨-ness⟩ **0.1** ***uithollend*** ⟨ook fig.⟩ ⇒*eroderend.*
erotic [irrottik] ⟨-ally⟩ **0.1** ***erotisch.***
erotica [irrottikkə] ⟨mv.⟩ **0.1** ***erotische literatuur*** ⇒*erotica* **0.2** ***erotische kunst.***
eroticism [irrottissizm] **0.1** ***erotiek*** **0.2** ***seksue(e)l(e) verlangen/opwinding*** **0.3** ***erotisme.***
err [ə:] **0.1** ***zich vergissen*** **0.2** ***afwijken*** **0.3** ***zondigen*** ◆ **1.2** ~ on the side of caution *het zekere voor het onzekere nemen.*
errand [errənd] **0.1** ***boodschap*** **0.2** ***doel*** ⟨v. boodschap⟩ ◆ **1.1** ~ of mercy ⟨ong.⟩ *hulpactie* **3.1** go on/run ~s for s.o. *boodschappen doen voor iem.*
errand-boy **0.1** ***loopjongen*** ⇒*boodschappenjongen.*
errant [errənt] **0.1** ***zondigend*** ⇒*v.h. rechte pad afwijkend/geraakt* **0.2** ***dwalend*** ⇒*dolend* **0.3** ***rondtrekkend*** ◆ **1.1** ~ husband *ontrouwe echtgenoot* **1.3** ~ judge *rondreizende rechter.*
erratic [iræt̮ik] ⟨-ally⟩ **0.1** ***onregelmatig*** ⇒*ongeregeld, grillig* **0.2** ***excentriek*** ⇒*onconventioneel* **0.3** ***labiel*** ⇒*veranderlijk, wispelturig* **0.4** ***zwervend.***
erratum [erra:təm] ⟨mv.: errata [erra:tə]⟩ **0.1** ***(druk)fout*** ⇒*erratum* **0.2** ***schrijffout*** **0.3** ⟨mv.⟩ ***lijst v. drukfouten*** ⇒*errata.*
erroneous [irrəoeniəs] ⟨schr.⟩ **0.1** ***onjuist.***
error [errə] **0.1** ***vergissing*** ⇒*dwaling, zonde* **0.2** ⟨honkbal⟩ ***(veld)fout*** ◆ **1.1** ~ of judgement *beoordelingsfout* **2.1** human ~ *menselijke fout* **6.1 in** ~ *per vergissing;* be **in** ~ *zich vergissen.*
error message ⟨comp.⟩ **0.1** ***foutmelding.***
error rate **0.1** ***(berekende) foutenmarge.***
ersatz [eəzæts] ⟨pej.⟩ **0.1** ***surrogaat-.***
Erse [ə:s] **0.1** *Erse* ⇒*Schots-Gaelisch, Iers-Gaelisch* ⟨Keltische taal⟩.
erstwhile [ə:stwajl] **0.1** ***vroeger*** ⇒*eerder, voorgaand.*
eructation [irrukteesjn] **0.1** ***oprisping*** ⇒*boer* **0.2** ***uitbarsting*** ⟨v. vulkaan⟩.
erudite [erroedajt] ⟨schr.⟩ **0.1** ***erudiet.***
erudition [erroedisjn] ⟨schr.⟩ **0.1** ***uitgebreide kennis*** ⇒*eruditie.*
erupt [irrupt] **0.1** ***uitbarsten*** ⟨v. vulkaan, geiser enz.⟩ ⇒*(vuur)spuwen, spuiten* **0.2** ***barsten*** ⟨ook fig.⟩ ⇒*uitbreken* **0.3** ***opkomen*** ⟨v. puistjes⟩ ⇒*doorbreken* **0.4** ***doorkomen*** ⟨v. tanden⟩ ◆ **6.2** ~ **in** anger *in woede losbarsten.*
eruption [irrupsjn] **0.1** ***uitbarsting*** ⟨v. geiser, vulkaan⟩ ⇒*eruptie;* ⟨fig.⟩ *het losbarsten* **0.2** ***(het opkomen/uitbreken v.) huiduitslag*** ◆ **1.1** the ~ of a disease *het uitbreken v.e. ziekte* **2.1** his angry ~s *zijn boze uitvallen.*
escal|ate [eskəleet] ⟨zn.: **-ation**⟩ **I** ⟨onov.ww.⟩ **0.1** ***stijgen*** ⟨v. prijzen, lonen⟩;
II ⟨onov. en ov.ww.⟩ **0.1** ***verhevigen*** ⇒*(doen) escaleren.*

escalator [eskəleetə] **0.1** ***roltrap.***
escapade [eskəpeed, -peed] **0.1** ***escapade*** **0.2** ***dolle streek*** ⇒*wild avontuur.*
escape¹ [iskeep] ⟨zn.⟩ **0.1** ***ontsnapping*** ⇒*vlucht* **0.2** ⟨geen mv.⟩ ***ontsnappingsmiddel*** **0.3** ***ontsnappingsmogelijkheid*** ⟨bv. brandladder⟩ ◆ **1.2** alcohol is his ~ from worry *door de alcohol vergeet hij zijn zorgen* **3.1** make one's ~ *ontsnappen.* →**narrow, near.**
escape² **I** ⟨onov.ww.⟩ **0.1** ⟨+from, out of⟩ ***ontsnappen (uit, aan)*** ⇒*ontvluchten* **0.2** ***naar buiten komen*** ⇒*ontsnappen* ⟨v. gas, stoom; ook fig.⟩ **0.3** ***verdwijnen*** ⇒*vervagen, vergeten raken* ◆ **1.1** ~ with one's life *het er levend afbrengen;*
II ⟨ov.ww.⟩ **0.1** ***vermijden*** ⇒*ontkomen aan* **0.2** ***ontschieten*** ⇒*(even) vergeten zijn* ⟨v. naam e.d.⟩ **0.3** ***ontgaan*** **0.4** ***ontglippen*** ⇒*ontvallen* ◆ **1.1** ~ death *de dood ontlopen* **1.3** ~ one's attention *aan iemands aandacht ontsnappen.*
escape artist **0.1** ⟨ong.⟩ ***boeienkoning.***
escapee [eskeepie:] **0.1** ***ontsnapte gevangene.***
escape hatch **0.1** ***noodluik/deur*** **0.2** ***uitvlucht.***
escapement [iskeepmənt] **0.1** ***echappement.***
escape road **0.1** ***vluchtstrook.***
escape valve **0.1** ***veiligheidsklep.***
escape velocity ⟨geen mv.⟩ **0.1** ***ontsnappingssnelheid.***
escapism [iskeepizm] **0.1** ***escapisme.***
escapist [iskeepist] **0.1** ⟨bn.⟩ ***escapistisch*** **0.2** ⟨zn.⟩ ***escapist.***
escapologist [eskəpolləd̮zjist] **0.1** ⟨ong.⟩ ***boeienkoning.***
escargot [eska:goo] **0.1** ***(eetbare) slak*** ⇒*wijngaardslak.*
escarpment [iska:pmənt] **0.1** ***escarpe*** ⇒*binnentalud* **0.2** ***steile wand/helling*** ⟨ook geol.⟩.
eschar [eska:] **0.1** ***korst(je)*** ⇒*roofje)* ⟨op brandwond⟩.
eschatolog|y [eskətolləd̮zjie] ⟨bn.: **-ical**⟩ **0.1** ***eschatologie*** ⟨leer der laatste dingen⟩.
eschew [istsjoe:] ⟨schr.⟩ **0.1** ***schuwen*** ⟨slechte zaken⟩ ⇒*(ver)mijden* **0.2** ***zich onthouden v.*** ⟨drank, bep. voedsel⟩.
escort¹ [esko:t] ⟨zn.⟩ **0.1** ***escorte*** ⇒*(gewapende) geleide* **0.2** ***begeleider*** ⇒*metgezel* **0.3** ⟨euf.⟩ ***gezelschapsdame.***
escort² [isko:t] ⟨ww.⟩ **0.1** ***escorteren*** ⇒*begeleiden, uitgeleide doen* ◆ **6.1** ~ **from** *(onder escorte) wegvoeren van.*
escritoire [eskritwa:] **0.1** ***secretaire.***
escutcheon [iskutsjn] **0.1** ***wapenschild.***
Eskimo [eskimmoo] ⟨mv.: ook Eskimo⟩ **0.1** ⟨eig.n.⟩ ***Eskimo*** ⟨taal⟩ **0.2** ⟨bn.⟩ ***eskimo-*** **0.3** ⟨zn.⟩ ***eskimo*** ⟨persoon⟩.
ESL ⟨afk.⟩ **0.1** [English as a Second Language].
esophagus →**oesophagus.**
esoteric [essəterrik] ⟨-ally⟩ **0.1** ***esoterisch*** ⇒*alleen voor ingewijden/deskundigen* **0.2** ***diepzinnig*** ⇒*duister* **0.3** ***geheim*** ⇒*vertrouwelijk.*
esp. ⟨afk.⟩ **0.1** [especially].
ESP ⟨afk.⟩ **0.1** [extrasensory perception].
espalier [ispæliə] **0.1** ***spalier*** ⟨latwerk⟩ **0.2** ***leiboom*** ⇒*spalierboom.*
especial [ispesjl] **0.1** ***speciaal*** ⇒*bijzonder.*
especially [ispesjlie] **0.1** ***speciaal*** **0.2** ***vooral*** ⇒*in het bijzonder, voornamelijk* ◆ **3.1** bought ~ for you *speciaal voor jou gekocht.*
espied ⟨verl. t.⟩ →**espy.**
espionage [espiəna:zj] **0.1** ***spionage.***
esplanade [espləneed] **0.1** ***boulevard*** ⇒*(wandel)promenade* **0.2** ***voorplein*** ⟨v.e. fort⟩ ⇒*esplanade.*
espousal [ispauzl] **0.1** ***omhelzing*** ⟨fig., v.e. zaak⟩ ⇒*steun.*
espouse [ispauz] **0.1** ***omhelzen*** ⟨alleen fig.⟩ ⇒*aannemen, steunen.*
esprit [esprie:] **0.1** ***esprit*** ⇒*geest; geestigheid.*

espy [ispaj] ⟨espied⟩ **0.1** ***bespeuren*** ⟨fouten⟩ ⇒*ontdekken.*
Esq. ⟨afk.⟩ **0.1** [Esquire].
esquire [iskwajjə] ⟨afk. Esq.⟩ **0.1** ⟨BE⟩ ***de (Weledele/Weledelgeboren) Heer*** ⟨als titel⟩.
essay[1] [essee, ⟨in bet. 0.2 ook⟩ essee] ⟨zn.⟩ **0.1** ***essay*** ⇒*opstel, (korte) verhandeling* **0.2** ⟨schr.⟩ ***poging*** ◆ **6.2** ~ **at/in** *poging tot.*
essay[2] [essee] ⟨ww.⟩⟨schr.⟩ **0.1** ***pogen*** ⇒*proberen.*
essayist [essee·ist] **0.1** ***essayist.***
essence [esns] **0.1** ***essentie*** ⇒*kern* **0.2** ***wezen*** ⇒*essence; geest* **0.3** ***essence*** ⟨ook fig.⟩ ⇒*aftreksel* ◆ **6.2 in** ~ *wezenlijk;* **of** the ~ *van wezenlijk belang;* he's the ~ **of** kindness *hij is de vriendelijkheid zelf.*
essential[1] [issensjl] ⟨zn.; vooral mv.⟩ **0.1** ***het essentiële*** ⇒*essentie, wezen* **0.2** ***essentieel punt*** ⇒*hoofdzaak* **0.3** ***noodzakelijk iets*** ⇒*onontbeerlijke zaak* ◆ **2.3** the basic ~s *de allernoodzakelijkste dingen.*
essential[2] ⟨bn.⟩ **0.1** ⟨+for, to⟩ ***essentieel (voor)*** ⇒*wezenlijk* **0.2** ⟨+for, to⟩ ***onmisbaar (voor)*** ⇒*onontbeerlijk (voor), noodzakelijk (voor)* **0.3** ***verplicht*** **0.4** ***etherisch*** ⟨v. olie bv.⟩ ⇒*vluchtig* ◆ **1.3** experience ~ *ervaring vereist.*
essentially [issensjlie] **0.1** →**essential** **0.2** ***in wezen*** ⇒ *hoofdzakelijk* **0.3** ***absoluut*** ⇒*beslist, noodzakelijk(erwijs)* ◆ **2.3** ~ necessary *absoluut noodzakelijk.*
E.S.T. ⟨afk.⟩ **0.1** [Eastern Standard Time].
establish [istæblisj] **0.1** ***vestigen*** ⟨ook fig.⟩ ⇒*oprichten, stichten* **0.2** ***vestigen*** ⟨in beroep⟩ **0.3** ***(vast) benoemen*** ⇒ *aanstellen* **0.4** ***vaststellen*** ⟨feiten⟩ ⇒*staven, bewijzen* ◆ **1.1** he ~ed his name as an actor *hij heeft naam gemaakt als toneelspeler;* ~ed custom *ingeburgerd gebruik;* ~ a rule *een regel instellen* **1.¶** ~ed church *staatskerk* **4.2** ~ o.s. *zich vestigen.*
establishment [istæblisjmənt] **0.1** ***vestiging*** ⇒*oprichting, instelling* **0.2** ⟨ww. enk. of mv.; the; vaak E-; vnl. BE⟩ ***gevestigde orde*** **0.3** ***huishouding*** **0.4** ⟨mil.⟩ ***formatie*** ⇒*sterkte* **0.5** ***handelshuis*** ⇒*etablissement* ◆ **1.¶** ~ of the port *havengetal* **3.3** keep a large ~ *een groot huishouden voeren.*
estate [isteet] **0.1** ***landgoed*** ⇒*buiten(huis/verblijf)* **0.2** ⟨jur.⟩ ***(land)bezit*** ⇒*vastgoed* **0.3** ⟨BE⟩ ***woonwijk*** **0.4** ***stand*** ⇒ *klasse* **0.5** ⟨jur.⟩ ***boedel*** **0.6** ***plantage*** ◆ **2.¶** industrial ~ *industrieterrein/gebied/wijk* **7.4** third ~ *derde stand;* the Three Estates (of the Realm) *de drie standen* ⟨in Eng.: het Lagerhuis, de wereldlijke Lords en de geestelijke Lords⟩. → **personal.**
estate agency **0.1** ***makelaardij*** ⟨in onroerend goed⟩.
estate agent ⟨BE⟩ **0.1** ***makelaar in onroerend goed.***
estate car ⟨BE⟩ **0.1** ***stationcar.***
estate duty ⟨BE⟩ **0.1** ***successierecht.***
esteem[1] [istie:m] ⟨zn.⟩⟨schr.⟩ **0.1** ***achting*** ⇒*respect, waardering* ◆ **2.1** hold s.o. in high ~ *iem. hoogachten.*
esteem[2] ⟨ww.⟩⟨schr.⟩ **0.1** ***(hoog)achten*** ⇒*waarderen, respecteren* **0.2** ***beschouwen*** ◆ **1.2** ~ sth. a duty *iets als een plicht zien.*
esthet- →**aesthet-.**
estimab|le [estimməbl] ⟨-ly⟩ **0.1** ***achtenswaardig*** **0.2** ***schatbaar*** ⇒*taxeerbaar.*
estimate[1] [estimmət] ⟨zn.⟩ **0.1** ***schatting*** **0.2** ***(kosten)raming*** ⇒*begroting, prijsopgave;* ⟨the Estimates⟩ *rijksbegroting* **0.3** ***oordeel*** ◆ **2.1** rough ~ *ruwe schatting* **6.1 at** a rough ~ *ruwweg.*
estimate[2] [estimmeet] **I** ⟨onov.ww.⟩ →**estimate for;** **II** ⟨ov.ww.⟩ **0.1** ***schatten*** ⇒*berekenen, begroten* **0.2** ***beoordelen*** ⟨persoon⟩ ◆ **6.1** ~ sth. **at** £100 *iets op 100 pond schatten.*
estimate for **0.1** ***taxeren*** ⇒*begroten, prijsopgave geven voor.*
estimation [estimmeesjn] **0.1** ***(hoog)achting*** **0.2** ***schatting*** ⇒*taxatie* ◆ **3.1** hold s.o. in ~ *iem. (hoog)achten;* lower o.s. in s.o.'s ~ *in iemands achting dalen.*
Estonia [estooniə] **0.1** ***Estland.***
Estonian [estooniən] **0.1** ⟨bn.⟩ ***Estlands*** **0.2** ⟨eig.n.⟩ ***Estlands*** ⟨taal⟩ **0.3** ⟨telb.zn.⟩ ***Est*** ⇒*Estlander.*
estrange [istreendzj] ⟨zn.: **-ment**⟩ **0.1** ⟨+from⟩ ***vervreemden (van).***
estrogen →**oestrogen.**
estuar|y [estsjoeərie] ⟨mv.: -ies⟩ **0.1** ***(wijde) riviermond.***
E.T.A. ⟨afk.⟩ **0.1** [estimated time of arrival].
et al. ⟨afk.⟩ **0.1** [et alia, et alii] ***e.a.***
etc. ⟨afk.⟩ **0.1** [et cetera] ***enz.*** ⇒*etc.*
et cetera [itsetrə, ik-] **0.1** ***enzovoort*** ⇒*et cetera.*
etch [etsj] **I** ⟨onov. en ov.ww.⟩ **0.1** ***etsen*** ◆ **5.¶** ~ **in** *intekenen;* **II** ⟨ov.ww.⟩ **0.1** ***indruk maken*** ◆ **1.1** be ~ed in/on one's memory *in zijn geheugen gegrift staan.*
etching [etsjing] **0.1** ***ets*** **0.2** ***het etsen.***
eternal [ittə:nl] **0.1** ***eeuwig*** ⟨ook inf.⟩ ◆ **1.1** Eternal City *eeuwige stad* ⟨Rome⟩ **1.¶** ~ triangle *driehoeksverhouding.*
eternit|y [ittə:nətie] ⟨mv.: -ies⟩ **0.1** ***eeuwigheid*** ⟨ook inf.⟩ **0.2** ***onsterfelijkheid*** **0.3** ***het eeuwige leven*** ◆ **3.1** it seemed an ~ *het leek wel een eeuwigheid* **3.3** blow/send s.o. to ~ *iem. naar de andere wereld helpen.*
ethane [eθeen] **0.1** ***ethaan.***
ethanol [eθənol] **0.1** ***ethanol.***
ether, aether [ie:θə] **0.1** ⟨nat., schei.; ook schr.⟩ ***ether*** ◆ **6.¶ in** the ~ *op de radio.*
ethereal [ie:θiəriəl] **0.1** ***etherisch*** ⟨ook fig.⟩ ⇒*hemels; ijl* ◆ **1.1** ~ oil *etherische olie.*
ethic [eθik] **0.1** ***ethiek*** **0.2** ***ethos.***
ethical [eθikl] **0.1** ***ethisch*** **0.2** ***(alleen) op recept verkrijgbaar*** ⟨v. medicijnen⟩.
ethics [eθiks] ⟨ww. vnl. enk.⟩ **0.1** ***ethica*** ⇒*ethiek, zedenleer* **0.2** ***gedragsnormen/code*** ⇒*ethiek* ◆ **1.2** a matter of ~ *een morele kwestie.*
ethnic [eθnnik] ⟨-ally⟩ **0.1** ***etnisch*** **0.2** ⟨vnl. AE⟩ ***primitief-exotisch*** ◆ **1.1** ~ minority *etnische minderheid* **1.2** ~ music *etnische muziek.*
ethnographer [eθnnogrəfə] **0.1** ***etnograaf*** ⇒*volkenbeschrijver.*
ethnograph|y [eθnnogrəfie] **0.1** ***etnografie*** ⇒*beschrijvende volkenkunde.*
ethnologist [eθnnolədzjist] **0.1** ***etnoloog*** ⇒*volkenkundige.*
ethnology [eθnnolədzjie] **0.1** ***etnologie*** ⇒*(vergelijkende) volkenkunde.*
ethological [eθəlodzjikl] **0.1** ***ethologisch.***
ethology [ie:θolədzjie] **0.1** ***ethologie*** ⇒*gedragsstudie* **0.2** ***karakterleer.***
ethos [ie:θos] **0.1** ***ethos.***
ethyl [eθl] **0.1** ***ethyl.***
ethyl alcohol **0.1** ***(gewone) alcohol*** ⇒*ethylalcohol.*
ethylene [eθillie:n] **0.1** ***ethyleen.***
etio- →**aetio-.**
etiol|ate [ie:tiəleet] ⟨zn.: **-ation**⟩ **0.1** ⟨plantk.⟩ ***(doen) etioleren*** **0.2** ***(doen) verbleken.***
etiquette [ettikket] **0.1** ***etiquette*** ⇒*gedragscode* ◆ **1.1** the ~ at court *de hofetiquette.*
etymologist [ettimmolədzjist] **0.1** ***etymoloog.***
etymolog|y [ettimmolədzjie] ⟨mv.: -ies; bn.: **-ical**⟩ **0.1** ***etymologie.***
EU [ie: joe:] ⟨afk.⟩ **0.1** [European Union] ***EU.***
eucalyptus [joe:kəliptəs], ⟨in bet. 0.2 ook⟩ **eucalyptus oil** ⟨mv.: ook eucalypti [-taj/-tie:]⟩ **0.1** ***eucalyptus*** ⇒*gomboom* **0.2** ***eucalyptusolie.***

Eucharist [joe:kərist] ⟨the⟩⟨rel.⟩ **0.1** ⟨anglicaans, r.-k.⟩ ***eucharistie*** **0.2** ⟨prot.⟩ ***Avondmaal*** ◆ **1.1** celebration of the ~ *eucharistieviering.*
eugenic [joe:dzjennik] ⟨-ally⟩ **0.1** ***gezonde kinderen voortbrengend*** **0.2** ***eugenetisch.***
eugenics [joe:dzjenniks] **0.1** ***eugenese.***
eulogist [joe:lədzjist] ⟨schr.⟩ **0.1** ***lofredenaar.***
eulogistic [joe:lədzjistik] ⟨-ally⟩ **0.1** ***prijzend*** ⇒*vol lof.*
eulogize, -ise [joe:lədzjajz] ⟨schr.⟩ **0.1** ***loven*** ⇒*een lofrede houden over.*
eulog|y [joe:lədzjie] ⟨mv.: -ies⟩⟨schr.⟩ **0.1** ⟨+ of, on⟩ ***lofprijzing (over).***
eunuch [joe:nək] **0.1** ***eunuch*** **0.2** ***zwakkeling.***
euphemism [joe:fimmizm] **0.1** ***eufemisme.***
euphemistic [joe:fimmistik] ⟨-ally⟩ **0.1** ***eufemistisch.***
euphonious [joe:fooniəs] **0.1** ***welluidend*** ⇒*eufonisch.*
euphony [joe:fənie] **0.1** ***welluidendheid.***
euphoria [joe:fo:riə] **0.1** ***euforie*** ⟨ook psych.⟩.
euphoric [joe:forrik] ⟨-ally⟩ **0.1** ***euforisch.***
Eurasian [joeəreesjn] **0.1** ⟨bn.⟩ ***Europees-Aziatisch*** **0.2** ⟨bn.⟩ ***Indo-Europees*** ⟨v. persoon⟩ **0.3** ⟨zn.⟩ ***Euraziër*** ⇒*Indo(-Europeaan).*
eureka [joeərie:kə] **0.1** ***eureka*** ⇒*ik heb het (gevonden).*
eur(h)ythmics [joe:riðmiks] **0.1** ***euritmie.***
Euro [joeəroo] ⟨geldw.⟩ **0.1** ***euro.***
Eurobank [joeəroobængk] **0.1** ***Eurobank.***
Eurobond [joeəroobond] ⟨geldw.⟩ **0.1** ***eurobond*** ⇒*euro-obligatie* ⟨verkocht buiten het valutagebied v.d. gebruikte munteenheid⟩.
Eurocheque [joeərootsjek] **0.1** ***eurocheque.***
Eurocommunism [joeərookomjoenizm] **0.1** ***eurocommunisme.***
Eurocommunist [-komjoenist] **0.1** ***eurocommunist.***
Eurocrat [joeərəkræt] **0.1** ***eurocraat.***
Eurocurrenc|y [joeərookurənsi] ⟨mv.: -ies⟩ **0.1** ***Europese munt/valuta.***
Euro-election **0.1** ***Europese verkiezing.***
Euromarket [joeərooma:kit] **0.1** ***euromarkt.***
Euro-MP **0.1** ***europarlementariër.***
Euronet [joeəroonet] **0.1** ***euronet*** ⟨databanknetwerk v.d. EG⟩.
Europe [joeərəp] **0.1** ***Europa.***
European [joeərəpiən] **0.1** ⟨bn.⟩ ***Europees*** **0.2** ⟨bn.; vnl. BE⟩ ***blank*** ⟨v. mensen⟩ **0.3** ⟨zn.⟩ ***Europeaan*** ◆ **1.1** ~ (Economic) Community *Europese (Economische) Gemeenschap, E(E)G;* ~ Union *Europese Unie, EU* **1.¶** ⟨AE⟩ ~ plan *logies zonder maaltijden.*
Europlug [joeərooplug] **0.1** ***eurostekker*** ⇒*gestandaardiseerd en geschikt voor EG-landen.*
Euro-poll [joeəroopool] **0.1** ***Europese verkiezing.***
Eurospeak [joeəroospie:k] **0.1** ***EG-jargon.***
Eurosummit [joeəroosummit] **0.1** ***EG-top(conferentie).***
Eurovision [joeərəvizjn] **0.1** ***Eurovisie*** ⟨Europees televisienet⟩.
eurythmics →**eurhythmics.**
Eustachian [joesteesjn] ◆ **1.¶** ~ tube *buis v. Eustachius.*
euthanasia [joe:θəneeziə] **0.1** ***euthanasie.***
evacu|ate [ivækjoe·eet] ⟨zn.: **-ation**⟩ **0.1** ***evacueren*** ⇒*ontruimen;* ⟨mil.⟩ *terugtrekken uit* **0.2** ⟨schr.⟩ ***ledigen*** ⇒*ontlasten* ⟨ingewanden⟩ ◆ **1.1** the village was ~d *het dorp werd geëvacueerd/ontruimd* **1.2** ~ the bowels *zich ontlasten.*
evacuee [ivækjoe·ie:] **0.1** ***evacué, evacuee.***
evade [ivveed] **0.1** ***vermijden*** ⇒*(proberen te) ontkomen/ontsnappen aan, ontwijken* **0.2** ***tarten*** ◆ **1.1** ~ one's creditors *aan zijn schuldeisers ontkomen;* ~ a painful question *een pijnlijke vraag omzeilen;* ~ one's responsibilities *zijn verantwoordelijkheden uit de weg gaan;* ~ (paying one's) taxes *belasting ontduiken* **1.2** his acting talent ~s description *zijn acteertalent tart elke beschrijving.*
evaluate [ivæljoe·eet] **0.1** ***de waarde/betekenis bepalen v.*** ⇒*evalueren* **0.2** ***berekenen.***
evaluation [ivæljoe·eesjn] **0.1** ***waardebepaling*** ⇒*beoordeling, evaluatie* **0.2** ***berekening.***
evaluative [ivæljoeətiv] **0.1** ***evaluatief.***
evanescence [ie:vənesns] **0.1** ***verdwijning*** ⇒*vervaging.*
evanescent [ie:vənesnt] **0.1** ***verdwijnend*** ⇒*vluchtig.*
evangelical [ie:vændzjellikl] ⟨-ally⟩ **0.1** ***evangelisch*** **0.2** ***v./mbt. de evangelische kerk*** ⟨in Eng.: Low Church⟩.
evangelicalism [ie:vændzjellikkəlizm] **0.1** ***evangelische leer*** **0.2** ***het aanhangen v.d. evangelische leer/kerk.***
evangelism [ivændzjillizm] **0.1** ***evangelieprediking*** **0.2** ***evangelische leer*** **0.3** ***het aanhangen v.d. evangelische leer/kerk.***
evangelist [ivændzjillist] ⟨bn.: **-ic**⟩ **0.1** ⟨ook E-⟩ ***evangelist*** ◆ **7.1** the four ~s *de vier evangelisten.*
evangelize, -ise [ivændzjillajz] **0.1** ***evangeliseren.***
evaporate [ivæpəreet] **0.1** ***verdampen*** ⇒*(doen) vervliegen;* ⟨fig.⟩ *in het niets (doen) verdwijnen* ◆ **1.1** my hope has ~d *ik heb de hoop verloren;* ~d milk *geëvaporeerde/gecondenseerde melk, koffiemelk;* perfume ~s quickly *parfum vervliegt snel.*
evaporation [ivæpəreesjn] **0.1** ***verdamping*** ⇒*evaporatie* **0.2** ***het vervliegen*** ⟨ook fig.⟩ ⇒*verlies.*
evasion [ivveezjn] **0.1** ***ontwijking*** ⇒*uitvlucht* ◆ **1.1** ~ of taxes *belastingontduiking.*
evasive [ivveesiv] ⟨-ness⟩ **0.1** ***ontwijkend*** ◆ **1.1** take ~ action *moeilijkheden uit de weg gaan;* ⟨mil.⟩ *(contact met) de vijand vermijden;* an ~ glance *een ontwijkende blik.*
eve [ie:v] **I** ⟨eig.n., telb.zn.; E-⟩ **0.1** ***Eva*** ⇒*de vrouw;*
II ⟨telb.zn.; vnl. enk.; vaak E-⟩ **0.1** ***vooravond*** **0.2** ⟨schr.⟩ ***avond*** ◆ **1.1** on the ~ of *aan de vooravond v.;* on the ~ of the race *de dag voor de wedstrijd.*
even[1] [ie:vn] ⟨bn.; -ness⟩ **0.1** ***vlak*** ⇒*gelijk, glad* **0.2** ***gelijkmatig*** ⇒*kalm, onveranderlijk* **0.3** ***even*** **0.4** ***gelijk*** ⇒*quitte* **0.5** ***eerlijk*** **0.6** ***exact*** ⇒*precies* ◆ **1.1** on an ~ keel *horizontaal; rustig* **1.2** ~ breathing *rustige/regelmatige ademhaling;* an ~ temper *een evenwichtig humeur;* an ~ temperature *een gelijkmatige temperatuur* **1.3** ~ and odd numbers *even en oneven getallen* **1.4** ⟨inf.⟩ it is ~ chances that he comes *de kans is fifty-fifty dat hij komt;* ~ money *gelijke inzet* ⟨bij een weddenschap⟩; ⟨fig.⟩ *gelijke kansen;* ~ odds *gelijke kansen* **1.5** an ~ exchange *een eerlijke ruil* **1.6** pay an ~ pound *een vol pond betalen* **1.¶** ⟨sl.⟩ ~ Steven/Stephen *(precies) gelijk* **3.4** be/get ~ with s.o. *'t iem. betaald zetten;* first I was losing, now we're ~ again *eerst verloor ik, nu staan we weer quitte* **6.4** she is ~ **with** me *ze staat gelijk met mij.*
even[2] **I** ⟨onov.ww.⟩ **0.1** ***gelijk worden*** ⇒*glad/effen worden.* →**even up;**
II ⟨ov.ww.⟩ **0.1** ***gelijk maken.*** →**even out, even up.**
even[3] ⟨bw.⟩ **0.1** ***zelfs*** **0.2** ⟨vnl. voor vergrotende trap⟩ ***nog*** **0.3** ⟨schr.⟩ ***juist*** ⇒*precies, exact* ◆ **2.1** she isn't ~ grateful for what you have done *ze is niet eens dankbaar voor wat je gedaan hebt* **2.2** that's ~ better *dat is zelfs (nog) beter* **3.1** he doesn't ~ eat any more *hij eet zelfs niet meer;* she was unhappy, ~ weeping *ze was ongelukkig, ja zelfs in tranen* **5.1** ~ now *zelfs nu;* ~ so *maar toch;* ~ then *zelfs toen* **8.1** ~ if/though *zelfs al* **8.3** ~ as *precies toen.*
even-handed **0.1** ***onpartijdig*** **0.2** ***evenwichtig.***

evening [ie:vning] **0.1** ***avond*** *⇒*(fig.) *avondstond, einde* ◆ **1.1** (fig.) the ~ of life *de levensavond* **2.1** good ~! *goedenavond!* **3.1** ~ is falling *de avond valt/daalt* **5.1** late in the ~ *'s avonds laat;* an ~ **out** *een avondje uit* **6.1 in/during** the ~ *'s avonds;* **on** Tuesday ~ *op dinsdagavond.*

evening classes **0.1** ***avondcursus*** *⇒avondschool.*

evening dress **0.1** ***avondjurk*** **0.2** ***smoking*** **0.3** ***rok/jacquetkostuum*** **0.4** ***avondkleding*** *⇒avondtoilet.*

evening news **0.1** ***avondnieuws*** *⇒avondjournaal.*

evening prayer, evensong **0.1** ***avondgebed*** *⇒vesper* **0.2** (vaak E- P-) ***avonddienst.***

evenings [ie:vningz] (AE) **0.1** ***'s avonds*** ◆ **3.1** I like to go out ~ *'s avonds ga ik graag uit.*

evening star (the) **0.1** ***Avondster.***

evening wear **0.1** ***avondkleding*** *⇒avondtoilet.*

even out **0.1** ***(gelijkmatig) spreiden*** *⇒gelijk verdelen, uitsmeren* ◆ **1.1** his debts were evened out over ten years *zijn schulden werden gespreid over tien jaar.*

evens [ie:vnz] **0.1** ***evenveel kans*** *⇒vijftig procent kans.*

evensong **0.1** ***avonddienst.***

even-stephen, even-steven (sl.) **0.1** ***quitte*** *⇒gelijk, effen.*

event [ivvent] **0.1** ***gebeurtenis*** *⇒evenement, manifestatie* **0.2** ***geval*** **0.3** ***uitkomst*** *⇒afloop* **0.4** (sport) ***nummer*** *⇒onderdeel* ◆ **1.1** the natural/normal/usual course of ~s *de gewone/normale gang v. zaken* **1.4** (paardensport) three-day ~ *military* **2.1** happy ~ *blijde gebeurtenis* (geboorte) **2.4** the next ~ will be the ladies' race *het volgende nummer is de dameswedloop* **6.1 after** the ~ *achteraf, te laat* **6.2 at** all ~s *in elk geval;* **in** any/either ~ I'll let you know *in elk geval/wat er ook moge gebeuren, ik hou je op de hoogte;* **in** the ~ **of** his death *in het geval dat hij komt te overlijden* **6.3** (vnl. BE) **in** the ~ *toen het erop aan kwam.* → **wise.**

even-tempered **0.1** ***gelijkmoedig*** *⇒gelijkmatig v. humeur.*

eventful [ivventfl] (-ness) **0.1** ***veelbewogen*** *⇒rijk aan gebeurtenissen* **0.2** ***belangrijk*** *⇒gewichtig, gedenkwaardig.*

eventing [ivventing] (paardensport) **0.1** ***military.***

eventual [ivventsjoeəl] **0.1** ***uiteindelijk.***

eventualit|y [ivventsjoe·ælətie] (mv.: -ies) **0.1** ***eventualiteit*** *⇒mogelijke gebeurtenis* ◆ **1.1** be ready for the ~ of war *klaarstaan in geval v. oorlog* **7.1** prepare for any ~ / all ~s *zich voorbereiden op alle mogelijke gebeurtenissen.*

eventually [ivventsjoeəlie] **0.1** ***ten slotte*** *⇒uiteindelijk* ◆ **3.1** they ~ got married *ze trouwden uiteindelijk (toch).*

eventuate [ivventsjoe·eet] (schr.) **0.1** ***aflopen*** *⇒uitdraaien, uitlopen* ◆ **5.1** ~ well/ill *goed/slecht aflopen* **6.1** his illness ~d **in** death *zijn ziekte had de dood tot gevolg.*

even up **0.1** ***gelijk worden/maken*** *⇒uniform worden/maken; gelijkschakelen, evenwicht herstellen* ◆ **1.1** we'll have to ~ the score *we moeten gelijk maken.*

ever [evvə], (schr.) **e'er** [eə] **0.1** ***ooit*** *⇒van mijn/je/zijn leven* **0.2** (inf.) ***toch*** *⇒in 's hemelsnaam* **0.3** (inf.; emf.) ***echt*** *⇒erg, verschrikkelijk, zo ... als het maar kan* **0.4** (schr. beh. in sommige verbindingen) ***immer*** *⇒altijd, voortdurend* ◆ **2.2** (AE) boy, is he ~ conceited! *sjonge, wat is me dat een verwaande kwast!* **3.1** did you ~ (see/hear the like)! *asjemenou!, heb je van je leven!;* have you ~ been to Rome? *ben je ooit naar Rome geweest?* **3.4** an ~-growing fear *een steeds groeiende angst* **4.2** what ~ did you do to him? *wat heb je hem in 's hemelsnaam (aan)gedaan?* **4.4** (inf.) yours ~ / ~ yours *je* (aan eind v. brief) **5.1** (inf.) never ~! *nooit van mijn leven!* **5.2** how ~ could I do that? *hoe zou ik dat in 's hemelsnaam kunnen?* **5.3** (vnl. BE) it is ~ so cold *het is verschrikkelijk koud;* (vnl. BE) thanks ~ so much! *hartstikke bedankt!* **5.4** they lived happily ~ after *daarna leefden ze lang en gelukkig;* ~ since *van toen af; sindsdien* **6.4 for** ~ (and ~ / a day) *voor (eeuwig en) altijd* **8.1** faster than ~ *sneller dan ooit.*

evergreen [evvəgrie:n] **0.1** (bn.) ***altijdgroen*** *⇒groenblijvend;* (fig.) *onsterfelijk, altijd jeugdig* **0.2** (zn.) ***altijdgroene/groenblijvende plant/heester/boom*** **0.3** (zn.) ***altijd jeugdig iem./iets*** *⇒onsterfelijke melodie* (e.d.), *evergreen.*

ever-increasing **0.1** ***steeds toenemend.***

everlasting[1] [evvəla:sting] **I** (eig.n.; the E-) **0.1** ***Oneindige*** *⇒God;*

II (telb.zn.) **0.1** ***strobloem;***

III (n.-telb.zn.) **0.1** ***eeuwigheid*** ◆ **6.1 from** ~ *sedert het begin der tijden.*

everlasting[2] (bn.; -ness) **0.1** ***eeuwig(durend)*** **0.2** ***onsterfelijk*** *⇒*(fig.) *onverwoestbaar* **0.3** ***eindeloos*** *⇒voortdurend* ◆ **1.2** those tyres are supposed to be ~ *die banden moeten onverslijtbaar zijn* **1.3** your ~ bother *je/jullie eindeloos gezeur.*

evermore [evvəmo:] **0.1** (schr.) ***altijd*** (mbt. toekomst) **0.2** ***voortdurend*** ◆ **3.2** he keeps asking questions ~ *hij houdt niet op met vragen stellen* **6.1 for** ~ *voor altijd.*

ever-present **0.1** ***altijd aanwezig.***

every [evrie] **0.1** (vnl. met telb. zn.) ***elk(e)*** *⇒ieder(e), alle* **0.2** (ook met n.-telb. zn.) ***alle*** *⇒alle mogelijke, elke voorstelbare* ◆ **1.1** (inf.) ~ bit as good *in elk opzicht even goed;* ~ second person *elke tweede persoon;* ~ which way *in alle richtingen* **1.2** we have ~ hope of winning *we denken een goede kans te maken om te winnen;* she was given ~ opportunity *ze kreeg alle kansen* **4.1** ~ (single) one of them is wrong *ze zijn stuk voor stuk verkeerd;* three out of ~ seven *drie op zeven* **5.¶** ~ now and again/then, ~ so often *(zo) nu en dan, af en toe* **7.1** ~ other day *om de andere dag;* (fig.) *om de haverklap* **7.2** his ~ thought goes out to you *al zijn gedachten gaan naar u uit.*

everybody [evrieboddie], **everyone** [evriewun] **0.1** ***iedereen*** **0.2** ***alle interessante mensen*** ◆ **3.1** ~ despises her *iedereen kijkt op haar neer* **3.2** ~ comes to this pub *iedereen die wat betekent komt naar dit café* **6.1** sweets for ~ **in** the class *snoepjes voor de hele klas.*

everyday [evriedee] **0.1** ***(alle)daags*** *⇒gewoon, doordeweeks* ◆ **1.1** my ~ suit *mijn (alle)daagse plunje;* ~ worries *(alle)daagse zorgen.*

everyplace [evrieplees] (AE; inf.) **0.1** ***overal.***

everything [evrieθing] **0.1** ***alles*** *⇒alle dingen/zaken* **0.2** ***het voornaamste*** *⇒het enige, alles* **0.3** (steeds +and) ***van alles*** *⇒dergelijke, zo, dat (alles), nog van die dingen* ◆ **3.1** she wanted ~ she saw *ze wilde alles hebben wat ze zag;* she put ~ she had into the performance *ze gaf zich helemaal in de opvoering* **3.2** he thinks Bach is ~ *voor hem is Bach het einde* **6.1** ~ **but** a success *allesbehalve een succes/bepaald geen succes* **8.3** with exams, holidays and ~ she had plenty to think of *met examens, vakantie en zo had ze genoeg om over te denken.*

everywhere [evrieweə] **0.1** ***overal*** **0.2** ***overal waar*** *⇒waar ook* ◆ **3.2** ~ he looked he saw decay *waar hij ook keek zag hij verval.*

evict [ivvikt] **0.1** ***uitzetten*** *⇒verdrijven* ◆ **6.1** the tenants were ~ed **from** their homes *de huurders/bewoners werden hun huis uitgezet.*

eviction [ivviksjn] **0.1** ***uitzetting*** *⇒verdrijving.*

eviction order (jur.) **0.1** ***bevel tot uitzetting*** *⇒uitzettingsbevel.*

evidence[1] [evviddəns] **I** (telb. en n.-telb.zn.) **0.1** ***aanduiding*** *⇒spoor, teken* **0.2** ***bewijs*** *⇒bewijsstuk/materiaal/plaats*

◆ **1.2** ⟨jur.⟩ ~ of guilt *bewijs v. schuld* **2.2** conclusive ~ *afdoend bewijs* **3.1** bear / show ~ of *sporen/ tekenen dragen van, getuigen van;* give ~ of *tekenen vertonen van* **3.2** bear ~ that *het bewijs leveren dat;* produce ~ *bewijs leveren/ verschaffen* **6.2** ⟨jur.⟩ ~ **against** *belastend(e) materiaal/ feiten ingebracht tegen;* ⟨jur.⟩ ~ **for** the defence / prosecution *bewijs à decharge/ à charge;* **on** the ~ **of** *op grond van.* →**circumstantial, external, internal;**
II ⟨n.-telb.zn.⟩ **0.1** ***getuigenis*** ⇒*getuigenverklaring* **0.2** ***duidelijkheid*** ⇒*zichtbaarheid, opvallendheid* ◆ **3.1** give ~ before court *voor het gerecht getuigen(is afleggen)* **6.1** call s.o. **in** ~ *iem. als getuige oproepen* **6.2** be **in** ~ *zichtbaar zijn/ opvallen.*

evidence² ⟨ww.⟩ **0.1** ***getuigen van*** ⇒*blijk geven van, tonen.*

evident [evviddənt] **0.1** ***duidelijk*** ⇒*zichtbaar, klaarblijkelijk.*

evil¹ [ie:vl] ⟨zn.⟩ **0.1** ***kwaad*** ⇒*onheil, ongeluk* **0.2** ***kwaad*** ⇒ *zonde* **0.3** ***kwaal*** ◆ **1.1** the ~s of war *de rampen/ het leed v.d. oorlog* **2.1** choose the least / lesser of two ~s *van twee kwaden het minste kiezen* **2.2** return good for ~ *kwaad met goed vergelden* **3.2** speak ~ of *kwaadspreken over* **6.1** deliver us **from** ~ *verlos ons van het kwade.*

evil² ⟨bn.; ook -(l)er⟩ **0.1** ***kwaad*** ⇒*slecht, boos* **0.2** ***kwaad*** ⇒ *zondig* **0.3** ⟨sl.⟩ ***heerlijk*** ⇒*aangrijpend, sensationeel* ◆ **1.1** put off the ~ day / hour *iets onaangenaams op de lange baan schuiven;* fall on ~ days / times *met tegenslag te kampen hebben, slechte tijden beleven;* the ~ eye *het boze oog;* an ~ repute *een slechte reputatie;* have an ~ tongue *een kwade tong hebben* **2.1** ~ly disposed *kwaad gezind* **4.¶** the Evil One *de duivel.*

evildoer **0.1** ***boosdoener*** ⇒*zondaar.*

evil-minded ⟨-ness⟩ **0.1** ***kwaadaardig*** ⇒*boosaardig.*

evil-smelling **0.1** ***kwalijk riekend.***

evil-tempered **0.1** ***humeurig*** ⇒*slecht geluimd.*

evince [ivvins] **0.1** ***tonen*** ⇒*betonen, aan de dag leggen.*

eviscerate [ivvissəreet] **0.1** ***van ingewanden ontdoen*** ⇒ *ontweien* **0.2** ***ontkrachten*** ⇒*verzwakken, uithollen.*

evocation [evvəkeesjn, ie:voo-] **0.1** ***evocatie*** ⇒*oproeping.*

evocative [ivvokkətiv] **0.1** ***(gevoelens) oproepend*** ⇒*te voorschijn roepend* **0.2** ***levensecht*** ⇒*beeldend, suggestief* ◆ **6.1** it is ~ **of** his earlier paintings *het doet denken aan zijn vroegere schilderijen.*

evoke [ivvook] **0.1** ***oproepen*** ⇒*te voorschijn roepen, (op)wekken.*

evolution [ie:vəloe:sjn] **I** ⟨telb.zn.; vaak mv.⟩ **0.1** ***draaiende beweging*** ⇒*zwenking, evolutie;* ⟨ook mil.⟩ *(tactische/ exercitie) manoeuvre;*
II ⟨telb. en n.-telb.zn.⟩ **0.1** ***evolutie*** ⇒*ontwikkeling, groei* ⟨ook nat.⟩.

evolutionary [ie:vəloe:sjənrie] ◆ **1.¶** ~ theory *evolutietheorie.*

evolve [ivvolv] **I** ⟨onov.ww.⟩ **0.1** ***zich ontwikkelen*** ⇒*zich ontvouwen, geleidelijk ontstaan;*
II ⟨ov.ww.⟩ **0.1** ***ontwikkelen*** ⇒*afleiden, uitdenken.*

ewe [joe:] **0.1** ***ooi*** ⇒*wijfjesschaap.*

ewer [joe:ə] **0.1** ***(lampet)kan.***

ex¹ [eks] ⟨zn.⟩ **0.1** ⟨inf.⟩ ***ex*** ⇒*ex-man/ -vrouw/ -verloofde.*

ex² ⟨vz.⟩ **0.1** ***(komende) uit*** **0.2** ⟨hand.⟩ ***vrij van*** ⇒*zonder* ◆ **1.1** ~ works *af fabriek* **1.2** ~ coupon / dividend *ex/ zonder coupon/ dividend.*

exacerb|ate [igzæsəbeet] ⟨zn.: **-ation**⟩ ⟨schr.⟩ **0.1** ***verergeren*** ⇒*erger maken.*

exact¹ [igzækt] ⟨bn.; -ness⟩ **0.1** ***nauwkeurig*** ⇒*nauwgezet, accuraat* **0.2** ⟨ook als bw.⟩ ***exact*** ⇒*precies, juist* ◆ **1.1** ~ rules *stipte voorschriften* **1.2** the ~ sciences *de exacte wetenschappen;* the ~ time *de juiste tijd* **2.2** ⟨inf.⟩ the ~ same car *precies dezelfde auto.*

exact² ⟨ww.⟩ **0.1** ***vorderen*** ⟨geld, betaling⟩ ⇒*afdwingen, afpersen* **0.2** ***eisen*** ⇒*vereisen, vergen* ◆ **6.1** ~ money **from / of** s.o. *van iem. geld vorderen.*

exacting [igzækting] **0.1** ***veeleisend.***

exaction [igzæksjn] **0.1** ***vordering*** ⇒*afpersing; eis.*

exactitude [igzæktitjoe:d] **0.1** ***nauwkeurigheid*** ⇒*exactheid.*

exactly [igzæk(t)lie] **0.1** ***precies*** ⇒*helemaal, juist* **0.2** ***nauwkeurig*** ◆ **4.1** I achieved ~ nothing *ik heb helemaal niets bereikt* **5.1** not ~ *eigenlijk niet;* ⟨iron.⟩ *niet bepaald.*

exaggerate [igzædzjəreet] **0.1** ***overdrijven*** ⇒*aandikken* **0.2** ***versterken*** ⇒*accentueren, verergeren.*

exaggerated [igzædzjəreetid] **0.1** ***overdreven*** ⇒*aangedikt, buitensporig.*

exaggeration [igzædzjəreesjn] **0.1** ***overdrijving.***

exalt [igzo:lt] **0.1** ***verheffen*** ⇒*verhogen, adelen* **0.2** ***loven*** ⇒ *prijzen* **0.3** ***in vervoering brengen*** ⇒*exalteren* ◆ **1.2** ~ to the skies *huizenhoog prijzen* **6.1** ~ s.o. **to** a high position *iem. tot een hoge post verheffen.*

exaltation [egzo:lteesjn] **0.1** ***verrukking*** ⇒*vervoering, blijdschap* ◆ **1.¶** ⟨rel.⟩ the Exaltation of the Cross *de Verheffing v.h. Kruis.*

exalted [igzo:ltid] **0.1** ***verheven*** ⇒*hoog* **0.2** ***opgetogen*** ⇒ *verrukt.*

exam [igzæm] ⟨verk.⟩ [examination] ⟨inf.⟩ **0.1** ***examen.***

examination [igzæminneesjn] **I** ⟨telb.zn.⟩ **0.1** ***examen*** ◆ **3.1** sit for / take an ~ *examen doen* **6.1** an ~ **in** mathematics *een wiskunde-examen;*
II ⟨telb. en n.-telb.zn.⟩ **0.1** ***onderzoek*** ⇒*inspectie, analyse* **0.2** ⟨jur.⟩ ***ondervraging*** ⇒*verhoor* ◆ **2.1** a medical ~ *een medisch onderzoek* **3.1** his affairs won't bear ~ *zijn zaken kunnen het daglicht niet verdragen* **6.1 on** closer ~ *bij nader onderzoek;* **under** ~ *nog in onderzoek.*

examine [igzæmin] **0.1** ***onderzoeken*** ⟨ook med.⟩ ⇒*onder de loep nemen, nagaan* **0.2** ***examineren*** **0.3** ⟨jur.⟩ ***verhoren*** ⇒*ondervragen* ◆ **1.1** ⟨inf.⟩ she needs her head ~d *zij is niet goed snik* **6.2** ~ s.o. **in / on** *iem. examineren in.*

examiner [igzæminnə] **0.1** ***examinator*** **0.2** ***inspecteur.***

example [igza:mpl] **0.1** ***voorbeeld*** ⇒*exemplaar, specimen* ◆ **3.1** give / set a good ~ *een goed voorbeeld geven;* make an ~ of s.o. *een voorbeeld stellen* **6.1 for** ~ *bijvoorbeeld.*

exasperate [igza:spəreet] **0.1** ***irriteren*** ⇒*prikkelen, ergeren* ◆ **6.1** ~d **at / by** his insolence *geërgerd door zijn onbeschaamdheid.*

exasperating [igza:spəreeting] **0.1** ***ergerlijk*** ⇒*tergend, onuitstaanbaar.*

exasperation [igza:spəreesjn] **0.1** ***ergernis*** ⇒*ergerlijkheid, kwaadheid* ◆ **6.1** she screamed **in** ~ *zij schreeuwde van kwaadheid/ ergernis.*

excavate [ekskəveet] **0.1** ***graven*** ⇒*delven* **0.2** ***opgraven*** ⇒ *uitgraven, blootleggen* **0.3** ***uithollen*** ◆ **1.2** ~ old foundations *oude fundamenten blootleggen.*

excavation [ekskəveesjn] **0.1** ***uitgraving*** ⇒*opgraving, blootlegging.*

excavator [ekskəveetə] **0.1** ***graver*** ⇒*opgraver* **0.2** ***excavateur*** ⇒*grondgraafmachine.*

exceed [iksie:d] **0.1** ***overschrijden*** ⇒*te buiten gaan* **0.2** ***overtreffen*** ⇒*te boven gaan* ◆ **1.1** this ~s all bounds *dit overschrijdt alle grenzen* **1.2** it ~s my comprehension *het gaat mijn begrip te boven* **6.2** they ~ed us **in** number *zij overtroffen ons in aantal.*

exceedingly [iksie:dienglie] **0.1** ***buitengewoon*** ⇒*bijzonder.*

excel [iksel] ⟨-led⟩ **I** ⟨onov.ww.⟩ **0.1** ***uitblinken*** ⇒*knap zijn* ◆ **6.1** he ~led **at / in** singing *hij blonk uit in zang;*

II ⟨ov.ww.⟩ **0.1** ***overtreffen*** ⇒*uitsteken boven.*
excellence [eks(ə)ləns] **0.1** ***voortreffelijkheid*** ⇒*uitmuntendheid* **0.2** ***uitmuntende eigenschap.***
Excellenc|y [eks(ə)lənsie] ⟨mv.: -ies⟩ **0.1** ***excellentie*** ◆ **7.1** His/Her/Your ~ *Zijne/Hare/Uwe Excellentie.*
excellent [eks(ə)lənt] **0.1** ***uitstekend*** ⇒*uitmuntend, voortreffelijk.*
excelsior [ikselsie·o:] ⟨AE⟩ **0.1** ***houtwol.***
except[1] [iksept] ⟨ww.⟩ **0.1** ***uitzonderen*** ⇒*uitsluiten, buiten beschouwing laten* ◆ **1.1** everyone, my father ~ed, felt tired *iedereen, behalve mijn vader, voelde zich vermoeid* **6.1** he was ~ed **from** the general pardon *hij werd v.d. amnestie uitgesloten.*
except[2], ⟨na ontkenning ook⟩ **excepting** [ikse̲pting] ⟨vz.⟩ **0.1** ***behalve*** ⇒*uitgezonderd, tenzij, op ... na* ◆ **1.1** all ~ Mary were there *iedereen was er op Mary na* **3.1** she did everything ~ clean windows *ze deed alles behalve ramen lappen* **5.1** all income, not excepting gifts, must be declared *alle inkomsten, inclusief geschenken, moeten aangegeven worden* **6.1** ~ **for** Sheila *behalve Sheila.*
except[3], **except that** ⟨vw.⟩ **0.1** ***ware het niet dat*** ⇒*maar, echter, alleen* ◆ **¶.1** I'd buy it for you ~ I have no money *ik zou het voor je willen kopen, maar/alleen ik heb geen geld.*
exception [iksepsjn] **0.1** ***uitzondering*** ⇒*uitsluiting* ◆ **3.¶** take ~ to *bezwaar maken tegen; aanstoot nemen aan* **6.1** **with** the ~ of *met uitzondering van;* **without** ~ *zonder uitzondering* **¶.1** ⟨sprw.⟩ the ~ proves the rule *de uitzondering bevestigt de regel.*
exceptionab|le [iksepsjnəbl] ⟨-ly⟩ **0.1** ***verwerpelijk*** ⇒*laakbaar* **0.2** ***betwistbaar*** ⇒*aanvechtbaar.*
exceptional [iksepsjnəl] **0.1** ***uitzonderlijk*** ⇒*buitengewoon.*
excerpt [eksə:pt] **0.1** ***excerpt*** ⇒*uittreksel* **0.2** ***stukje*** ⇒*fragment, passage.*
excess[1] [ikses, ekses] ⟨zn.⟩ **0.1** ***overmaat*** ⇒*overdaad* **0.2** ⟨vaak mv.⟩ ***exces*** ⇒*buitensporigheid, uitspatting* **0.3** ***overschot*** ⇒*surplus, rest* **0.4** ***eigen risico*** ⟨v. verzekering⟩ ◆ **6.1** **in/to** ~ *bovenmate, buitenmate* **6.¶** **in** ~ **of** *meer dan, boven;* drink **to** ~ *onmatig drinken.*
excess[2] [ekses] ⟨bn.⟩ **0.1** ***bovenmatig*** ⇒*buitenmatig* **0.2** ***extra-*** ⇒*over-* ◆ **1.2** ~ baggage/luggage *overvracht;* ⟨sl.; fig.⟩ *ballast;* ~ fare *toeslag;* ~ postage *strafport.*
excessive [iksessiv] **0.1** ***excessief*** ⇒*buitensporig, exorbitant* **0.2** ***overdadig*** ⇒*overmatig.*
exchange[1] [ikstsjeendzj] **I** ⟨telb.zn.⟩ **0.1** ***ruil*** ⇒*(uit)wisseling, woorden/gedachtewisseling* **0.2** ***ruilnummer*** ⟨bv. v. tijdschrift⟩ **0.3** ***beurs*** ⇒*beursgebouw* **0.4** ***telefooncentrale*** **0.5** ⟨schaakspel, damspel⟩ ***afruil*** ◆ **3.5** win/lose the ~ *een kwaliteit winnen/verliezen;*
II ⟨n.-telb.zn.⟩ **0.1** ***het (om)ruilen*** ⇒*het (uit)wisselen* **0.2** ***het wisselen*** ⟨v. geld⟩ ◆ **6.1** **in** ~ **for** *in ruil voor.*
exchange[2] ⟨ww.⟩ **0.1** ***ruilen*** ⇒*uitwisselen, verwisselen* **0.2** ***wisselen*** ⟨ook geldw.⟩ ⇒*inwisselen* ◆ **1.1** ~ words with *een woordenwisseling hebben met* **6.1** I would like to ~ it **for** a smaller one *ik zou het graag voor een kleinere willen ruilen* **6.2** ~ ideas **with** *van gedachten wisselen met.*
exchangeable [ikstsjeendzjəbl] **0.1** ***ruilbaar*** ⇒*inwisselbaar, verwisselbaar.*
exchange control **0.1** ***deviezencontrole.***
exchange rate **0.1** ***wisselkoers.***
exchequer [ikstsjekkə] **I** ⟨telb.zn.; geen mv.⟩ **0.1** ***schatkist*** ⇒*staatskas* **0.2** ***kas*** ⇒*financiën* ◆ **2.2** my ~ is low *ik ben slecht bij kas;*
II ⟨zn.; ww. enk. of mv.; E-; the⟩ ⟨BE⟩ **0.1** ***ministerie v. financiën.***
excise[1] [eksajz] ⟨zn.⟩ **0.1** ***accijns.***
excise[2] [eksajz] ⟨ww.⟩ **0.1** ***accijns laten betalen*** **0.2** ***accijns leggen op*** **0.3** ***uitsnijden*** ⇒*wegnemen.*
excise|man ⟨mv.: -men⟩ **0.1** ***commies.***
excision [iksizjn] **0.1** ***excisie*** ⇒*coupure* **0.2** ⟨rel.⟩ ***excommunicatie.***
excitab|le [iksajtəbl] ⟨zn.: **-ility**⟩ **0.1** ***prikkelbaar*** ⇒*lichtgeraakt.*
excite [iksajt] **0.1** ***opwekken*** ⇒*uitlokken, oproepen* **0.2** ***opwinden*** **0.3** ***prikkelen*** ⇒*stimuleren* ⟨ook seksueel⟩ **0.4** ⟨nat.⟩ ***aanslaan*** ⇒*exciteren* ⟨atoom⟩ ◆ **1.1** his policy ~d riots *zijn politiek lokte relletjes uit* **1.2** do not get ~d about it! *wind je er niet over op!*
excited [iksajtid] **0.1** ***opgewonden*** ⇒*geprikkeld.*
excitement [iksajtmənt] **I** ⟨telb.zn.⟩ **0.1** ***iets opwindends*** ⇒*opwindende gebeurtenis; sensatie;*
II ⟨n.-telb.zn.⟩ **0.1** ***opwinding*** ⇒*opschudding.*
exciting [iksajting] ⟨-ness⟩ **0.1** ***opwindend*** ⇒*spannend* **0.2** ***opwekkend*** ⇒*stimulerend.*
exclaim [ikskleem] **0.1** ***(uit)roepen*** ⇒*schreeuwen* ◆ **6.1** ~ **at** sth. *hardop zijn verrassing over iets kenbaar maken;* ~ **from/with** pain *het uitschreeuwen v.d. pijn* **8.1** he ~ed that he did not care *hij riep (uit) dat het hem niet kon schelen;* he ~ed how sorry he was *hij riep hoezeer het hem speet.*
exclamation [eksklәmeesjn] **I** ⟨telb.zn.⟩ **0.1** ***uitroep*** ⇒*schreeuw, kreet;*
II ⟨n.-telb.zn.⟩ **0.1** ***geroep*** ⇒*geschreeuw, luidruchtig commentaar.*
exclamation mark, ⟨AE⟩ **exclamation point** ⟨BE⟩ **0.1** ***uitroepteken.***
exclamatory [iksklæmətrie] **0.1** ***uitroepend.***
exclude [ikskloe:d] **0.1** ***uitsluiten*** ⇒*buitensluiten, weren; uitzonderen, verwerpen* ◆ **1.1** ~ all doubt *elke twijfel uitsluiten* **6.1** ~ s.o. **from** membership *iem. v.h. lidmaatschap uitsluiten.*
excluding [ikskloe:ding] **0.1** ***exclusief*** ⇒*niet inbegrepen.*
exclusion [ikskloe:zjn] **0.1** ***uitsluiting*** ⇒*buitensluiting, wering; verwerping, uitzondering* **0.2** ***uitzetting*** ◆ **6.1** **to** the ~ of *met uitsluiting van.*
exclusive[1] [ikskloe:siv] ⟨zn.⟩ **0.1** ***exclusief bericht/verslag.***
exclusive[2] ⟨bn.; -ness⟩ **0.1** ***exclusief*** ⇒*enig; afgesloten, select* ⟨gemeenschap, karakter⟩ ◆ **1.1** mutually ~ duties *onverenigbare functies;* s.o.'s ~ occupation *iemands enige bezigheid;* ~ rights *alleenrecht, monopolie;* a car for his ~ use *een auto voor hem alleen* **6.1** ~ **of** *exclusief, niet inbegrepen.*
exclusively [ikskloe:sivlie] **0.1** →**exclusive** **0.2** ***uitsluitend*** ⇒*enkel, alleen.*
excogit|ate [ekskodzjitteet] ⟨zn.: **-ation**⟩ ⟨schr.; ook scherts.⟩ **0.1** ***uitdenken*** ⇒*bedenken, verzinnen.*
excommunic|ate [ekskəmjoe:nikkeet] ⟨zn.: **-ation**⟩ ⟨rel.⟩ **0.1** ***excommuniceren*** ⇒*excommuniëren, in de (kerk)ban doen.*
excori|ate [ikskorie·eet] ⟨zn.: **-ation**⟩ ⟨schr.⟩ **0.1** ***villen*** ⇒*(af)schaven, schuren* ⟨huid⟩ **0.2** ***hekelen*** ⇒*afbreken.*
excrement [ekskrimmənt] **0.1** ***uitwerpsel(en)*** ⇒*ontlasting.*
excrescence [ikskresns] ⟨schr.⟩ **0.1** ***uitwas*** ⟨ook fig.⟩.
excreta [ikskrie:tə] ⟨mv.⟩ **0.1** ***excreten*** ⇒*excretie/uitscheidings/afscheidingsproducten.*
excrete [ikskrie:t] **0.1** ***uitscheiden*** ⇒*afscheiden.*
excretion [ikskrie:sjn] **0.1** ***uitscheiding*** ⇒*excretie.*
excruciating [ikskroe:sjie·eeting] **0.1** ***martelend*** **0.2** ***ondraaglijk*** ⇒*verschrikkelijk* ⟨vnl. mbt. pijn; ook scherts.⟩ ◆ **2.2** it was ~ly funny *het was om je ziek te lachen.*

exculp|ate [ekskulpeet] ⟨zn.: **-ation**⟩ **0.1** ***van blaam zuiveren*** ⇒*de onschuld erkennen/bewijzen van, vrijspreken* ◆ **6.1** ~ s.o. **from** a charge *iem. v.e. beschuldiging vrijspreken.*

excursion [ikskə:sjn] **0.1** ***excursie*** ⇒*uitstapje, plezier-tochtje* **0.2** ***uitweiding.***

excursionist [ikskə:sjənist] **0.1** ***excursionist*** ⇒*dagjesmens, dagtoerist.*

excuse[1] [ikskjoe:s] ⟨zn.⟩ **0.1** ***excuus*** ⇒*verontschuldiging* **0.2** ***uitvlucht*** ⇒*voorwendsel* **0.3** ***armzalig specimen*** ◆ **3.1** make one's/s.o.'s ~s *zich/iem. excuseren (voor afwezigheid)* **6.1** **in** ~ **of** his behaviour *als excuus voor zijn gedrag;* absent **without** ~ *afwezig zonder excuus* **6.3** a poor ~ **for** a director *een armzalig type directeur.*

excuse[2] [ikskjoe:z] ⟨ww.⟩ **0.1** ***excuseren*** ⇒*verontschuldigen, vergeven; niet kwalijk nemen, door de vingers zien* **0.2** ***vrijstellen*** ⇒*ontheffen* **0.3** ***laten weggaan*** ⇒*niet langer ophouden* ◆ **1.1** ~ s.o.'s mistakes *iemands fouten vergeven;* ~ s.o.'s shortcomings *iemands tekortkomingen door de vingers zien* **3.1** ~ my being late *neem me niet kwalijk dat ik te laat ben* **3.¶** ⟨inf.⟩ may I be ~d? *mag ik even naar buiten?* ⟨voor het toilet⟩ **4.1** ~ me, can you tell me ...? *pardon, kunt u me zeggen ...?;* ⟨AE⟩ ~ me! *sorry!, pardon!* ⟨bv. wanneer men iem. hindert⟩ **4.¶** ~ o.s. *zich excuseren* ⟨ook voor afwezigheid⟩ **6.1** ~ s.o. **for** his bad conduct *iemands slechte gedrag excuseren;* ~ me **for** interrupting you *neem me niet kwalijk dat ik u onderbreek* **6.2** he is ~d **from** (taking) that examination *hij is vrijgesteld van dat examen.*

ex-directory [eksdirrektrie, -daj-] ⟨BE⟩ **0.1** ***geheim*** ⟨mbt. telefoonnummer⟩ ◆ **3.1** go ~ *zijn nummer uit het telefoonboek laten verwijderen.*

execrab|le [eksikrəbl] ⟨-ly⟩ **0.1** ***verfoeilijk*** ⇒*afschuwelijk, abominabel.*

execrate [eksikreet] **0.1** ***verfoeien*** ⇒*verafschuwen, haten.*

execration [eksikreesjn] **0.1** ***vloek*** **0.2** ***afschuw*** ⇒*afkeer, haat.*

executant [igzekjoetənt] **0.1** ***uitvoerder*** ⇒*executeur; vertolker.*

execute [eksikjoe:t] **0.1** ***uitvoeren*** ⇒*ten uitvoer brengen, volbrengen, executeren* ⟨vonnis⟩, *afwikkelen* ⟨testament⟩ **0.2** ***passeren*** ⇒*bekrachtigen* ⟨akte⟩ **0.3** ***executeren*** ⇒*terechtstellen* ◆ **1.1** ~ a command *een bevel uitvoeren/volbrengen.*

execution [eksikjoe:sjn] **0.1** ***executie*** ⇒*terechtstelling* **0.2** ***uitvoering*** ⇒*tenuitvoerlegging, volbrenging* ⟨v. vonnis⟩, *afwikkeling* ⟨v. testament⟩ **0.3** ***spel*** ⇒*(muzikale) voordracht, vertolking* **0.4** ⟨vero.⟩ ***vernietigende uitwerking*** ⟨v. wapens; ook fig.⟩ **0.5** ⟨jur.⟩ ***bekrachtiging*** ⇒*passering* ⟨v. akte⟩ ◆ **3.2** carry/put into ~ *ten uitvoer brengen, volbrengen.*

executioner [eksikjoe:sjənə] **0.1** ***beul*** ⇒*scherprechter.*

executive[1] [igzekjoetiv] ⟨zn.⟩ **0.1** ⟨ben. voor⟩ ***leidinggevend persoon*** ⇒*hoofd, directeur* ⟨v. onderneming⟩; *kader/staflid, hoofdambtenaar, bewindsman* **0.2** ⟨pol.⟩ ***uitvoerend orgaan/college*** ⇒*administratie, dagelijks bestuur* ◆ **2.1** the chief ~ *de hoofddirecteur, de algemeen directeur;* ⟨ook⟩ *de president* ⟨v.d. USA⟩ **7.2** the ~ *de uitvoerende macht* ⟨als staatsorgaan⟩.

executive[2] ⟨bn.⟩ **0.1** ***leidinggevend*** ⇒*leidend, verantwoordelijk* **0.2** ***uitvoerend*** ⟨ook pol.⟩ **0.3** ⟨inf.⟩ ***exclusief*** ⇒*chic, duur* ◆ **1.1** ~ director *lid v.d. raad v. bestuur, directeur* ⟨die lid is v.d. raad v. bestuur⟩ **1.2** the ~ branch of the government *het uitvoerend college v.d. regering* ⟨in de USA⟩; the ~ power *de uitvoerende macht* ⟨als bevoegdheid⟩ **1.¶** ~ officer *tweede officier in rang* ⟨na de bevelhebber⟩; *persoon met uitvoerende/leidinggevende bevoegdheid;* ~ session *besloten vergadering* ⟨vnl. v.d. Am. Senaat⟩.

executor [igzekjoetə] **0.1** ⟨jur.⟩ ***executeur(-testamentair)*** ◆ **2.1** literary ~ *uitvoerder v. literair testament.*

executory [igzekjoetrie] **0.1** ⟨pol.⟩ ***uitvoerend*** ⇒*administratief.*

exegesis [eksidzjie:sis] ⟨mv.: exegeses [-sie:z]⟩ **0.1** ***exegese.***

exemplary [igzemplərie] **0.1** ***voorbeeldig*** ⟨v. gedrag bv.⟩ **0.2** ***exemplair*** ⇒*voorbeeldig, afschrikwekkend* ◆ **1.2** ⟨jur.⟩ ~ damages *hoge schadevergoeding* ⟨tevens als boete⟩.

exemplification [igzempliffikkeesjn] **0.1** ***voorbeeld*** ⇒*illustratie* **0.2** ***toelichting*** ⇒*illustratie.*

exemplif|y [igzempliffaj] ⟨-ied⟩ **0.1** ***toelichten*** ⇒*illustreren* ⟨met voorbeeld⟩.

exempt[1] [igzempt] ⟨bn.⟩ **0.1** ***vrij(gesteld)*** ⇒*ontheven, geëxcuseerd* ◆ **6.1** ~ **from** taxation *vrijgesteld van belasting.*

exempt[2] ⟨ww.⟩ **0.1** ⟨+from⟩ ***vrijstellen (van)*** ⇒*ontheffen, excuseren.*

exemption [igzem(p)sjn] **0.1** ***vrijstelling*** ⇒*vrijgesteld bedrag* ⟨mbt. belasting⟩.

exercise[1] [eksəsajz] **I** ⟨telb.zn.⟩ **0.1** ***oefening*** ⇒*opgaaf, taak* **0.2** ***(godsdienstige) praktijk*** ◆ **2.1** spiritual ~s *geestelijke oefeningen, gebed;* vocal ~s *stemoefeningen* **6.1** ~s **in** composition *opsteloefeningen;*
II ⟨telb. en n.-telb.zn.⟩ **0.1** ***(uit)oefening*** ⇒*gebruik, toepassing* **0.2** ***lichaamsoefening*** ⇒*training* **0.3** ***mentale training*** ◆ **1.1** the ~ of a duty *het uitoefenen v.e. ambt;* the ~ of one's mental faculties *het gebruik v. zijn geestelijke vermogens;*
III ⟨mv.⟩ **0.1** ***militaire oefeningen*** ⇒*manoeuvres* **0.2** ⟨AE⟩ ***ceremonie*** ⇒*officiële plechtigheid* ⟨vnl. bij diploma-uitreiking⟩.

exercise[2] **I** ⟨onov. en ov.ww.⟩ **0.1** ***(zich) oefenen*** ⇒⟨ihb.⟩ *lichaamsoefeningen doen, trainen;*
II ⟨ov.ww.⟩ **0.1** ***(uit)oefenen*** ⇒*gebruiken, toepassen* **0.2** ***uitoefenen*** ⇒*waarnemen, bekleden* ⟨ambt, functie⟩ **0.3** ⟨mil.⟩ ***laten exerceren*** ⇒*drillen* ◆ **1.1** ~ patience *geduld oefenen;* ~ power *macht uitoefenen* **6.1** ~ one's influence **over** s.o./sth. *zijn invloed op iem./iets aanwenden* **6.3** ~ recruits **in** the use of weapons *rekruten in het gebruik van wapens trainen.*

exercise bike **0.1** ***trimfiets.***

exercise book **0.1** ***schoolschrift.***

exert [igzə:t] **0.1** ***uitoefenen*** ⇒*aanwenden, doen gelden* ◆ **1.1** ~ influence *invloed aanwenden/doen gelden;* ~ pressure *pressie uitoefenen* **4.1** ~ o.s. *zich inspannen/inzetten.*

exertion [igzə:sjn] **0.1** ***(zware) inspanning*** **0.2** ***uitoefening*** ⇒*aanwending.*

exeunt [eksie·oent, -unt] ⟨dram.⟩ **0.1** ***exeunt*** ⇒*(zij gaan) af* ⟨als regieaanwijzing⟩.

exeunt omnes [-omneez] ⟨dram.⟩ **0.1** ***allen af*** ⟨als regieaanwijzing⟩.

exfoliator [eksfoolie·eetə], **exfoliant** [eksfoolieənt] **0.1** ***scrub(crème)*** ⇒*peeling cream.*

ex gratia [eksgreesjə] **0.1** ***als gratificatie/toelage*** ◆ **1.1** ~ payment *gratificatie.*

exhal|e [ekshee l] ⟨zn.: **-ation**⟩ **0.1** ***uitademen*** **0.2** ***uitwasemen*** ⇒*exhaleren, uitblazen* ◆ **6.1** gases ~ **from/out of** chimneys *gassen ontsnappen uit schoorstenen.*

exhaust[1] [igzo:st], ⟨in bet. I 0.1 ook⟩ **exhaust pipe** **I** ⟨telb.zn.⟩ **0.1** ***uitlaat(buis/pijp)*** **0.2** ***afzuigapparaat;***
II ⟨n.-telb.zn.⟩ **0.1** ***uitlaatstoffen*** ⇒⟨ihb.⟩ *uitlaatgassen.*

exhaust[2] ⟨ww.⟩ **0.1** ***opgebruiken*** ⇒*opmaken* **0.2** ***uitputten*** ⇒*afmatten;* ⟨fig.⟩ *volledig/uitputtend behandelen* ◆ **1.2** ~

a subject *een onderwerp uitputten* 3.2 feel ~ed *zich uitgeput voelen.*

exhaust fume ⟨vaak mv.⟩ 0.1 *uitlaatgas.*

exhaust gases 0.1 *uitlaatgassen.*

exhaustion [igzo:stsjən] 0.1 *het opgebruiken* 0.2 *uitputting* ⟨ook fig.⟩ ⇒*afgematheid.*

exhaustive [igzo:stiv] ⟨-ness⟩ 0.1 *diepgaand* ⇒*grondig, volledig* ◆ 1.1 an ~ study *een uitputtende studie.*

exhibit[1] [igzibbit] ⟨zn.⟩ 0.1 *geëxposeerd stuk* 0.2 *geëxposeerde collectie* 0.3 ⟨jur.⟩ *officieel bewijsstuk* 0.4 ⟨AE⟩ *tentoonstelling* ⇒*expositie.*

exhibit[2] ⟨ww.⟩ 0.1 *tentoonstellen* ⇒*exposeren, uitstallen* 0.2 *vertonen* ⇒*tonen, blijk geven van* ◆ 1.2 he ~ed great courage *hij gaf blijk van grote moed.*

exhibition [eksibbisjn] I ⟨telb.zn.⟩ 0.1 ⟨BE⟩ *studiebeurs* ⟨van school/universiteit⟩;
II ⟨telb. en n.-telb.zn.⟩ 0.1 *tentoonstelling* ⇒*expositie* 0.2 *vertoning* ⇒*blijk* ◆ 3.¶ make an ~ of o.s. *zich belachelijk aanstellen/maken* 6.1 objects **on** ~ *tentoongestelde voorwerpen.*

exhibitionism [eksibbisjənizm] 0.1 *exhibitionisme.*

exhibitionist [eksibbisjənist] ⟨bn.: -ic⟩ 0.1 *exhibitionist.*

exhibitor [igzibbittə] 0.1 *exposant* ⇒*inzender.*

exhilarate [igzilləreet] 0.1 *opwekken* ⇒*opvrolijken* 0.2 *versterken* ⇒*stimuleren.*

exhilarating [igzilləreeting] 0.1 *opwekkend* ⇒*opbeurend* 0.2 *versterkend* ⇒*stimulerend.*

exhilaration [igzilləreesjn] 0.1 *vreugde* ⇒*blijdschap.*

exhort [igzo:t] ⟨zn.: -ation⟩ 0.1 *vermanen* ⇒*berispen* 0.2 *aanmanen* ⇒*oproepen* ◆ 3.2 they ~ed the population to stay inside *zij maanden de bevolking aan (om) binnen te blijven.*

exhum|e [igzjoe:m, ekshjoe:m] ⟨zn.: -ation⟩⟨schr.⟩ 0.1 *opgraven* ⟨vnl. lijk⟩ ⇒⟨fig.⟩ *aan het licht brengen.*

exigenc|y [igzidzjənsie], **exigence** [eksidzjəns] ⟨mv.: -ies⟩ 0.1 *noodsituatie/toestand* 0.2 ⟨vnl. mv.⟩ *dringende behoeften* ⇒*eisen* 0.3 *dringendheid* ⇒*nood.*

exigent [eksidzjənt] 0.1 *dringend* 0.2 *veeleisend.*

exiguous [igzigjoeəs] ⟨-ness⟩⟨schr.⟩ 0.1 *schaars* ⇒*karig, onvoldoende.*

exile[1] [eksajl, egzajl] I ⟨telb.zn.⟩ 0.1 *balling* ⇒*banneling;*
II ⟨n.-telb.zn.⟩ 0.1 *ballingschap* 0.2 *verbanning* ◆ 3.1 send into ~ *in ballingschap zenden* 6.1 **in** ~ *in ballingschap* 7.1 ⟨rel.⟩ the Exile *de Babylonische ballingschap.*

exile[2] ⟨ww.⟩ 0.1 *verbannen.*

exist [igzist] 0.1 *bestaan* ⇒*zijn; voorkomen, gebeuren* 0.2 *(over)leven* ⇒*bestaan, voortbestaan* ◆ 1.1 does God ~? *bestaat God (echt)?;* that situation does not really ~ *die situatie komt niet echt voor* 1.2 how can they ~ in these conditions? *hoe kunnen zij in deze omstandigheden overleven?*

existence [igzistəns] I ⟨telb.zn.⟩ 0.1 *bestaanswijze* ⇒*levenswijze* ◆ 3.1 lead a poor ~ *een armzalig bestaan leiden;*
II ⟨n.-telb.zn.⟩ 0.1 *het bestaan* ⇒*het zijn* ◆ 6.1 be **in** ~ *bestaan;* come **into** ~ *ontstaan.*

existent [igzistənt] 0.1 *bestaand* 0.2 *levend* ⇒*in leven* 0.3 *huidig* ⇒*actueel.*

existential [egzistensjl] 0.1 ⟨vnl. fil.⟩ *existentieel* ⇒*bestaans-* 0.2 *empirisch* ⇒*reëel, bestaand.*

existentialism [egzistensjəlizm] ⟨fil.⟩ 0.1 *existentialisme.*

existentialist [egzistensjəlist] ⟨fil.⟩ 0.1 ⟨bn.⟩ *existentialistisch* 0.2 ⟨zn.⟩ *existentialist.*

exit[1] [eksit, egzit] ⟨zn.⟩ 0.1 ⟨dram.⟩ *het aftreden* ⇒*afgang* ⟨v. acteur; ook fig.⟩ 0.2 *uitgang* ⟨v. theater e.d.⟩ 0.3 *afslag* ⇒*uitrit* ⟨v. autoweg⟩ 0.4 *vertrek* 0.5 ⟨euf.⟩ *heengaan* ⇒*overlijden* ◆ 3.1 make one's ~ *v.h. toneel verdwijnen.*

exit[2] ⟨ww.⟩ 0.1 ⟨vero.; dram.⟩ *afgaan* ⇒*van het toneel verdwijnen* ⟨ook fig.⟩ 0.2 *heengaan* ⇒*overlijden, sterven* ◆ 1.1 ⟨regieaanwijzing⟩ ~ Hamlet *Hamlet af.*

exit visa 0.1 *uitreisvisum.*

exodus [eksədəs] ⟨geen mv.⟩ 0.1 *exodus* ⇒*uittocht.*

ex officio [eks əfisjie·oo] 0.1 *ex officio* ⇒*ambtshalve* ◆ 1.1 he is an ~ member *hij is ex officio/ambtshalve lid.*

exogenous ⟨biol., med.⟩ 0.1 *exogeen.*

exoner|ate [igzonnerreet] ⟨zn.: -ation⟩ 0.1 *zuiveren* ⇒*vrijspreken* 0.2 *vrijstellen* ⇒*ontlasten* ◆ 6.1 ~ s.o. **from** all blame *iem. van alle blaam zuiveren.*

exorbit|ant [igzo:bittənt] ⟨zn.: -ance⟩ 0.1 *buitensporig* ⇒*overdreven* ◆ 1.1 ~ prices *overdreven prijzen.*

exorcism [ekso:sizm] 0.1 *uitdrijving* ⇒*(duivel/geesten)bezwering.*

exorcist [ekso:sist] 0.1 *exorcist* ⇒*uitdrijver.*

exorcize, -ise [ekso:sajz] 0.1 *uitdrijven* ⇒*(uit)bannen, bezweren* ◆ 6.1 ~ an evil spirit **from** s.o./a place *een boze geest uit iem./een plaats verdrijven.*

exotic [igzottik] ⟨-ally⟩ 0.1 *exotisch* ⇒*uitheems, vreemd.*

exotica [igzottikkə] 0.1 *exotische voorwerpen.*

expand [ikspænd] I ⟨onov.ww.⟩ 0.1 *opengaan* ⇒*zich ontplooien/ontvouwen* 0.2 *loskomen* ⇒*opbloeien* 0.3 *uitzetten* ⇒*(op)zwellen* 0.4 *zich uitbreiden* ⇒*zich ontwikkelen, uitgroeien* ◆ 1.2 the girl did not ~ soon in her new surroundings *het meisje kwam niet gauw los in haar nieuwe omgeving* 6.4 the firm has ~ed **into** a large company *de firma is tot een grote maatschappij uitgegroeid* 6.¶ ~ **on** sth. *over iets uitweiden;*
II ⟨ov.ww.⟩ 0.1 *spreiden* ⇒*ontplooien, ontvouwen* 0.2 *(doen) uitzetten* ⇒*(in omvang) doen toenemen* 0.3 *uitbreiden* ⇒*ontwikkelen* 0.4 *uitwerken* ⇒*uitschrijven* ◆ 1.2 ~ one's chest *de borst uitzetten.*

expanse [ikspæns] I ⟨telb.zn.⟩ 0.1 *uitgestrektheid* ⇒*(uitgestrekte) oppervlakte* ◆ 1.1 the blue ~ of the sky *het blauwe firmament;*
II ⟨n.-telb.zn.⟩ 0.1 *uitbreiding* ⇒*expansie.*

expansion [ikspænsjn] I ⟨telb.zn.⟩ 0.1 *uitbreiding* ⇒*uitgezet deel, vergroting;*
II ⟨n.-telb.zn.⟩ 0.1 *expansie* ⇒*uitbreiding, uitzetting* 0.2 *expansie(graad)* ⇒*vergroting, (commerciële) groei* 0.3 *uitgebreidheid* ⇒*uitgestrektheid* 0.4 ⟨wisk.⟩ *desintegratie* ⇒*ontwikkeling* ◆ 1.1 ~ of gas may be dangerous *de uitzetting van gas kan gevaarlijk zijn* 1.2 ~ of currency *vermeerdering v.d. bankbiljettencirculatie* 2.2 sudden industrial ~ *plotselinge industriële groei.*

expansion board, expansion card ⟨comp.⟩ 0.1 *uitbreidingskaart* ⇒*insteekkaart.*

expansionism [ikspænsjənizm] 0.1 *expansionisme* ⇒*expansiepolitiek.*

expansionist [ikspænsjənist] 0.1 ⟨bn.⟩ *expansionistisch* 0.2 *expansionist.*

expansive [ikspænsiv] ⟨-ness⟩ 0.1 *expansief* ⇒*uitzetbaar, expansiegericht* 0.2 *uitgebreid* ⇒*uitgestrekt, veelomvattend* 0.3 *mededeelzaam* ⇒*open(hartig)* 0.4 *overvloedig* ⇒*prachtig* ◆ 1.1 ~ force *expansieve kracht, uitzettingsvermogen.*

expatiate [ekspeesjie·eet] 0.1 ⟨+ on/up⟩ *uitweiden (over)* ⇒*uitvoerig spreken.*

expatriate[1] [ekspætriət] ⟨zn.; bn.⟩ 0.1 ⟨bn.⟩ *in het buitenland wonend* 0.2 ⟨zn.⟩ *(ver)banneling* ⇒*iem. die in het buitenland woont* ◆ 1.1 ~ Americans *uitgeweken Amerikanen.*

expatriate[2] [ekspætrie·eet] ⟨ww.⟩ **0.1** ***verbannen*** *⇒(uit zijn vaderland) verdrijven* **0.2** ***de nationaliteit ontnemen.***

expect [ikspekt] **0.1** ***verwachten*** *⇒wachten op, voorzien* **0.2** ***verwachten*** *⇒rekenen op, verlangen* **0.3** ⟨vnl. BE; inf.⟩ ***aannemen*** *⇒vermoeden* ◆ **3.1** he ~s to pass *hij denkt te slagen* **3.2** I was ~ed to read it first *van mij werd verwacht dat ik het van tevoren las* **3.3** I ~ you're coming too *jij komt zeker ook?* **3.¶** be ~ing (a baby) *in (blijde) verwachting zijn;* ⟨inf.⟩ ~ me when you see me *ik weet niet wanneer ik terug zal zijn* **6.2** ~ too much **of** s.o. *te veel van iem. verlangen* **¶.1** I did not ~ this *ik was hierop niet voorbereid.*

expectancy [ikspektənsie], **expectance** [-təns] **0.1** ***verwachting*** *⇒afwachting* ◆ **1.1** a state of happy ~ *een toestand v. blijde verwachting.*

expectant [ikspektənt] **0.1** ***verwachtend*** *⇒(af)wachtend, vol vertrouwen, hoopvol* **0.2** ***toekomstige*** *⇒aanstaande, vermoedelijke* ◆ **1.1** ~ crowds *menigte vol verwachting* **1.2** ~ mother *aanstaande moeder.*

expectation [ekspekteesjn] **0.1** ***verwachting*** *⇒afwachting, (voor)uitzicht;* ⟨ihb. mv.⟩ *vooruitzicht(en)* ⟨op erfenis/geld⟩ ◆ **1.1** ~ of life *vermoedelijke levensduur* **3.1** not come up to/fall short of one's ~s *niet aan je verwachtingen beantwoorden* **6.1 against/contrary to** (all) ~(s) *tegen alle verwachting in;* **beyond** all ~(s) *boven alle verwachting;* **in** ~ of *in afwachting.*

expectorate [ikspektəreet] **I** ⟨onov.ww.⟩ **0.1** ***spuwen*** **0.2** ***slijm/bloed opgeven;***
II ⟨ov.ww.⟩ **0.1** ***opgeven*** *⇒(uit)spuwen* ⟨slijm/bloed⟩.

expediency [ikspie:diənsie], **expedience** [-diəns] **0.1** ***geschiktheid*** *⇒gepastheid, nut* **0.2** ***opportunisme*** *⇒zelfzucht, eigenbelang.*

expedient[1] [ikspie:diənt] ⟨zn.⟩ **0.1** ***(geschikt) middeltje*** **0.2** ***hulpmiddel*** *⇒uitweg.*

expedient[2] ⟨bn.⟩ **0.1** ***geschikt*** *⇒passend* ◆ **3.1** I thought it ~ not to mention that *ik vond het aangewezen dat niet te vermelden.*

expedite [ekspiddajt] **0.1** ***bevorderen*** *⇒bespoedigen* **0.2** ***(snel) afhandelen*** *⇒afwerken* ⟨zaak⟩.

expedition [ekspiddisjn] **I** ⟨telb.zn.⟩ **0.1** ***expeditie*** *⇒onderzoekingstocht/reis;* ⟨bij uitbr.⟩ *plezierreis, excursie* ◆ **2.1** polar ~ *poolexpeditie;*
II ⟨n.-telb.zn.⟩ **0.1** ***spoed*** *⇒snelheid.*

expeditionary [ekspiddisjənrie] ⟨vnl. mil.⟩ **0.1** ***expeditie-*** ◆ **1.1** ~ force *expeditieleger.*

expeditious [ekspiddisjəs] ⟨-ness⟩ **0.1** ***snel*** *⇒prompt.*

expel [ikspel] ⟨-led⟩ **0.1** ***verdrijven*** *⇒uitdrijven, verjagen* **0.2** ***wegzenden*** *⇒verbannen, deporteren* ◆ **6.1** ~ the smoke **from** the kitchen *de rook uit de keuken blazen* **6.2** ~ **from** school *van school sturen.*

expend [ikspend] **0.1** ***besteden*** *⇒uitgeven, spenderen* **0.2** ***(op)gebruiken*** *⇒verbruiken, uitputten* ◆ **6.1** ~ all one's time and energy **in/on** working *al zijn tijd en energie aan zijn werk besteden.*

expendable [ikspendəbl] **0.1** ***(ver)bruikbaar*** *⇒voor gebruik/verbruik* **0.2** ***waardeloos*** *⇒vervangbaar, onbelangrijk* ◆ **1.1** ~ items *verbruiksgoederen* **4.2** he's ~ *hij is vervangbaar.*

expenditure [ikspenditsjə] **0.1** ***uitgave(n)*** *⇒kosten, verbruik* ◆ **2.1** excess ~(s) *hogere uitgaven* **3.1** I can't justify an ~ of 500 dollars *ik kan een uitgave van 500 dollar niet rechtvaardigen* **6.1** the ~ of money **on** arms *het uitgeven v. geld aan wapens.*

expense [ikspens] **I** ⟨telb.zn.⟩ **0.1** ***uitgave(post)*** ◆ **1.1** buying a car is a great ~ *een auto kopen is een grote uitgave;*
II ⟨telb. en n.-telb.zn.⟩ **0.1** ***kosten*** *⇒uitgave(n), prijs;* ⟨fig.⟩ *moeite, opoffering* ◆ **3.1** go to great ~ *veel kosten maken* **3.¶** put to (great) ~ *op (hoge) kosten jagen;* spare no ~ *geen kosten/moeite sparen* **6.1 at** the ~ of *op kosten van;* ⟨fig.⟩ *ten koste van;* **at** any ~ *tegen elke prijs;*
III ⟨mv.⟩ **0.1** ***(on)kosten*** **0.2** ***onkostenvergoeding*** ◆ **1.2** he gets a salary plus ~s *hij krijgt een salaris plus een onkostenvergoeding.*

expense account **0.1** ***onkostenrekening/nota.***

expensive [ikspensiv] **0.1** ***duur*** *⇒kostbaar* ◆ **1.1** cars come ~ *auto's zijn duur.*

experience[1] [ikspiəriəns] ⟨zn.⟩ **0.1** ***ervaring*** *⇒belevenis* **0.2** ***ervaring*** *⇒ondervinding, praktijk* ◆ **6.2 by/from** ~ *uit/door ervaring.*

experience[2] ⟨ww.⟩ **0.1** ***ervaren*** *⇒beleven, ondervinden* ◆ **1.1** ~ difficulties *op moeilijkheden stoten;* ~ pleasure *plezier hebben.*

experienced [ikspiəriənst] **0.1** ***ervaren*** *⇒geschikt, geroutineerd.*

experiment[1] [iksperrimmənt] ⟨zn.⟩ **0.1** ***experiment*** *⇒proef(neming), test* ◆ **3.1** make/perform an ~ *een experiment doen/uitvoeren;* demonstrate by ~ *proefondervindelijk/experimenteel bewijzen.*

experiment[2] ⟨ww.⟩ **0.1** ***experimenteren*** *⇒proeven/een proef nemen* ◆ **6.1** ~ **(up)on** *experimenteren op, proeven doen op.*

experimental [iksperrimmentl] **0.1** ***experimenteel*** *⇒proefondervindelijk, proef-* **0.2** ***empirisch*** *⇒ervarings-* ◆ **1.1** ~ animals *proefdieren;* ~ stage *proefstadium.*

experimentation [iksperrimmenteesjn] **0.1** ***proefneming*** *⇒ geëxperimenteer.*

expert[1] [ekspə:t] ⟨zn.⟩ **0.1** ***expert*** *⇒deskundige, vakman, specialist* ◆ **2.1** agricultural ~ *landbouwdeskundige* **6.1** an ~ **at/in** *een expert in.*

expert[2] ⟨bn.; -ness⟩ **0.1** ***bedreven*** *⇒deskundig, bekwaam* ◆ **1.1** ~ card player *knappe kaartspeler;* ~ job *vakkundig/bekwaam uitgevoerde job/klus; werkje voor een expert* **6.1** she is ~ **at/in** *zij is een expert in.*

expertise [ekspə:tie:z] **I** ⟨telb.zn.⟩ **0.1** ***expertise(rapport)*** **0.2** ***deskundig(e) advies/opinie;***
II ⟨n.-telb.zn.⟩ **0.1** ***bekwaamheid*** *⇒deskundigheid, (vak)kennis.*

expert system ⟨comp.⟩ **0.1** ***expert systeem.***

expiate [ekspie·eet] **0.1** ***boeten (voor)*** *⇒goedmaken, weer in orde brengen.*

expiation [ekspie·eesjn] **I** ⟨telb.zn.⟩ **0.1** ***vergoeding*** *⇒compensatie, verzoening;*
II ⟨n.-telb.zn.⟩ **0.1** ***boete(doening)*** ◆ **3.1** make ~ for *boeten voor* **6.1 in** ~ **of** *als boete(doening) voor.*

expiration [ekspirreesjn] **0.1** ***einde*** *⇒afloop, vervaldag.*

expire [ikspajjə] **I** ⟨onov.ww.⟩ **0.1** ***verlopen*** *⇒verstrijken, aflopen, vervallen* **0.2** ⟨schr.⟩ ***sterven*** *⇒zijn laatste adem uitblazen* ◆ **1.1** a period ~s *een periode verstrijkt;* your ticket ~s *je kaart wordt ongeldig;*
II ⟨onov. en ov.ww.⟩ **0.1** ***uitademen*** *⇒uitblazen.*

expir|y [ikspajjərie] ⟨mv.: -ies⟩ **0.1** ***dood*** **0.2** ***einde*** *⇒verval(dag), afloop.*

expiry date **0.1** ***vervaldatum*** *⇒vervaldag.*

explain [ikspleen] **0.1** ***(nader) verklaren*** *⇒uitleggen, uiteenzetten, toelichten; verantwoorden, rechtvaardigen* ◆ **1.1** ~ one's conduct *zijn gedrag verantwoorden* **4.1** ~ o.s. *zich nader verklaren* **5.1** ~ **away** *wegredeneren, goedpraten.*

explanation [eksplaneesjn] **0.1** ***verklaring*** *⇒uitleg(ging), toelichting* ◆ **2.1** ready ~ *onmiddellijke verklaring* **6.1 in** ~ **of** *ter verklaring van.*

explanatory [iksplænətrie] **0.1** ***verklarend*** ⇒*verhelderend.*
expletive [iksplie:tiv] **0.1** ***(op)vulsel*** ⇒*opvulling* **0.2** ***krachtterm*** ⇒*vloek, verwensing.*
explicab|le [eksplikkəbl] ⟨-ly⟩ **0.1** ***verklaarbaar*** ⇒*te verklaren.*
explic|ate [eksplikkeet] ⟨zn.: **-ation**⟩ **0.1** ***expliceren*** ⇒*uitleggen, (gedetailleerd) verklaren.*
explicit [ikspl*i*ssit] ⟨-ness⟩ **0.1** ***expliciet*** ⇒*duidelijk, uitvoerig; uitgesproken, uitdrukkelijk* ◆ **1.¶** ~ faith *onvoorwaardelijk geloof.*
explode [iksplood] **I** ⟨onov.ww.⟩ **0.1** ***exploderen*** ⇒*ontploffen, (uiteen)barsten* **0.2** ***uitbarsten*** ⇒*uitvallen* **0.3** ***snel/plots stijgen*** ◆ **1.3** ~d population *snel gestegen bevolkingsaantal* **6.2** ~ **in/with** fury *in woede uitbarsten;* ~ **with** laughter *in lachen uitbarsten;*
II ⟨ov.ww.⟩ **0.1** ***tot ontploffing brengen*** ⇒*opblazen* **0.2** ***ontzenuwen*** ⇒*verwerpen* ◆ **1.2** ~d ideas *achterhaalde ideeën.*
exploit[1] [eksplojt] ⟨zn.⟩ **0.1** ***(helden)daad*** ⇒*prestatie, wapenfeit.*
exploit[2] [iksplojt] ⟨ww.⟩ **0.1** ***exploiteren*** ⇒*ontginnen, bewerken* **0.2** ***benutten*** ⇒*gebruik maken/profiteren van* **0.3** ***uitbuiten*** ◆ **1.1** ~ a mine *een mijn ontginnen* **1.2** ~ an advantage *(ten volle) van een voordeel profiteren* **1.3** ~ migrant workers *gastarbeiders uitbuiten.*
exploitation [eksplojteesjn] **0.1** ***exploitatie*** ⇒*gebruik, ontginning* **0.2** ***uitbuiting.***
exploiter [iksplojtə] **0.1** ***exploitant*** **0.2** ***uitbuiter.***
exploration [eksplәreesjn] **0.1** ***exploratie*** ⇒*onderzoek, studie* **0.2** ⟨med.⟩ ***observatieonderzoek*** ⇒⟨ihb.⟩ *sondering* ◆ **1.1** journey of ~ *verkenningsreis, expeditie;* ~ of ore *opsporing v. erts.*
exploratory [iksplorrətrie] **0.1** ***onderzoekend*** ⇒*verkennend* ◆ **1.1** ~ drilling *proefboring;* ~ surgery *proefoperatie;* ~ talks *inleidende/informatieve gesprekken.*
explore [iksplo:] **I** ⟨onov.ww.⟩ **0.1** ***een onderzoek instellen*** ⇒*vorsen* ◆ **6.1** ~ **for** coal *naar steenkool zoeken;*
II ⟨ov.ww.⟩ **0.1** ***onderzoeken*** ⇒*bestuderen, navorsen* **0.2** ***exploreren*** ⇒*verkennen* ◆ **1.1** ~ all possibilities *alle mogelijkheden onderzoeken.*
explorer [iksplo:rə] **0.1** ***explorator*** ⇒*ontdekkingsreiziger, onderzoeker* **0.2** ⟨E-; AE⟩ ***verkenner*** ⟨bij de scouts⟩.
explosion [iksploozjn] **0.1** ***explosie*** ⇒*ontploffing, uitbarsting* **0.2** ***uitbarsting*** ⇒*losbarsting, uitval* **0.3** ***explosie*** ⇒ *boom, plotselinge groei* **0.4** ⟨fig.⟩ ***ineenstorting*** ◆ **1.2** ~ of anger *uitval v. woede* **1.3** ~ of wages *loonexplosie* **1.4** ~ of a theory *ineenstorting v.e. theorie.*
explosive[1] [iksploosiv] ⟨zn.⟩ **0.1** ***explosief*** ⇒*ontplofbare stof, springstof* ◆ **2.1** high ~s *brisante explosieven.*
explosive[2] ⟨bn.; -ness⟩ **0.1** ***explosief*** ⇒*(gemakkelijk) ontploffend* **0.2** ***opvliegend*** ⇒*driftig* **0.3** ***explosief*** ⇒*gevaarlijk, controversieel* ◆ **1.1** ~ charge *springlading;* ~ engine *explosie/ontploffingsmotor;* ~ population increase *enorme bevolkingsgroei* **1.3** ~ issue *controversiële kwestie.*
expo [ekspoo] ⟨ook E-⟩ **0.1** ***expo(sitie)*** ⇒*wereldtentoonstelling.*
exponent [ikspoonənt] **0.1** ***exponent*** ⇒*vertegenwoordiger, voorbeeld* **0.2** ***verklaarder*** ⇒*vertolker, uitvoerder* **0.3** ***exponent*** ⇒*machtsgetal.*
exponential [ekspənensjl] ⟨wisk.⟩ **0.1** ***exponentieel*** ◆ **1.1** ~ equation *exponentiële vergelijking.*
export[1] [ekspo:t] ⟨zn.⟩ **0.1** ***export*** ⇒*uitvoer(handel)* **0.2** ***exportartikel.*** →**invisible.**
export[2] [ikspo:t] ⟨ww.⟩ **0.1** ***exporteren*** ⇒*uitvoeren.*
exportable [ikspo:təbl] **0.1** ***uitvoerbaar*** ⇒*te exporteren.*
exportation [ekspo:teesjn] **0.1** ***export(handel)*** ⇒*uitvoer.*
exporter [ikspo:tə] **0.1** ***exporteur*** ⇒*uitvoerder.*
export trade **0.1** ***exporthandel*** ⇒*uitvoerhandel.*
expose [ikspooz] **0.1** ***blootstellen*** ⇒*blootgeven, introduceren aan* **0.2** ***tentoonstellen*** ⇒*uitstallen, (ver)tonen* **0.3** ***onthullen*** ⇒*ontmaskeren, bekendmaken* **0.4** ⟨foto.⟩ ***belichten*** ◆ **1.2** ~ the goods *de waren uitstallen;* ~ one's views *zijn mening uiteenzetten* **1.3** ~ the crook *de bandiet verraden/ontmaskeren* **4.¶** ~ o.s. *zich exhibitionistisch gedragen* **6.1** ~ (o.s.) **to** ridicule *(zich) (tot) een voorwerp v. spot maken;* ~ **to** bad weather *aan slecht weer blootstellen.*
exposé [ekspoozee] **0.1** ***onthulling*** ⇒*ontmaskering* **0.2** ***exposé*** ⇒*overzicht, uiteenzetting.*
exposed [ikspoozd] **0.1** ***open*** ⇒*vrij, blootliggend* **0.2** ***blootgesteld*** ⇒*onbeschut, kwetsbaar* ◆ **1.2** ~ pipes *slecht geïsoleerde leidingen* **6.1** ~ **to** the north *blootliggend op het noorden* **6.2** be ~ **to** *blootstaan aan* **6.¶** be ~ **to** *in aanraking komen met, te maken krijgen met.*
exposition [ekspəzisjn] **I** ⟨telb.zn.⟩ **0.1** ***expositie*** ⇒*tentoonstelling, show;*
II ⟨telb. en n.-telb.zn.⟩ **0.1** ***uiteenzetting*** ⇒*verklaring* ◆ **1.1** ~ of the scheme *uiteenzetting v.h. plan.*
expostul|ate [ikspostsjoeleet] ⟨zn.: **-ation**⟩ **0.1** ***protesteren*** ⇒*tegenwerpingen maken* **0.2** ***de les lezen*** ⇒*ter verantwoording roepen, terechtwijzen* ◆ **6.2** ~ **with** s.o. **about/on** *iem. onderhouden over.*
exposure [ikspoozjə] **0.1** ***blootstelling*** ⟨aan weer, gevaar, licht⟩ **0.2** ***bekendmaking*** ⇒*uiteenzetting, onthulling* **0.3** ***uitstalling*** ⇒*tentoonspreiding* ⟨v. artikelen⟩ **0.4** ***ligging*** ⟨bv. v. huis⟩ **0.5** ***publiciteit*** **0.6** ⟨foto.⟩ ***belichting*** ◆ **1.2** the ~ of his crimes *de onthulling v. zijn misdaden;* the ~ of this criminal *de ontmaskering v. deze misdadiger* **2.3** ⟨fig.⟩ indecent ~ *exhibitionisme* **2.4** have a northern ~ *op het noorden liggen* **3.5** his new film has been given a lot of ~ *zijn nieuwe film heeft veel aandacht gehad in de media* **6.1** death **by** ~ *dood door blootstelling aan kou.*
exposure meter **0.1** ***belichtingsmeter.***
expound [ikspaund] **0.1** ***uiteenzetten*** ⇒*verklaren, uitleggen, toelichten* ◆ **1.1** he ~ed his view *hij zette zijn mening uiteen.*
express[1] [ikspres] ⟨zn.⟩ **0.1** ***sneltrein/bus*** ⇒*exprestrein* **0.2** ⟨BE; ben. voor⟩ ***expresse(stuk)*** ⇒*spoedbericht* ◆ **6.1** send it **by** ~ *stuur het per expresse;* the ~ **to** Glasgow *de sneltrein naar Glasgow.*
express[2] ⟨bn.⟩ **0.1** ***uitdrukkelijk*** ⇒*duidelijk (kenbaar gemaakt), nadrukkelijk* **0.2** ***snel(gaand)*** ⇒*expres-, ijl-* **0.3** ***precies*** ⟨v. gelijkenis⟩ ⇒*nauwkeurig* **0.4** ***speciaal*** ⇒*bijzonder, opzettelijk* ◆ **1.1** it was his ~ wish it should be done *het was zijn uitdrukkelijke wens dat het gedaan werd* **1.2** an ~ courier/messenger *een ijlbode;* an ~ train *een sneltrein* **1.3** she is an ~ copy of her mother *ze is het evenbeeld v. haar moeder* **1.4** his ~ meaning became clear to me then *zijn speciale bedoeling werd me toen duidelijk.*
express[3] ⟨ww.⟩ **0.1** ***uitdrukken*** ⇒*laten zien, betuigen* **0.2** ⟨BE⟩ ***per expresse sturen*** **0.3** ***uitpersen*** ⇒*uitknijpen* ◆ **1.1** he ~ed his concern *hij toonde/uitte zijn bezorgdheid* **1.2** ~ an urgent message *een dringende boodschap per expresse sturen* **4.1** you must ~ yourself more clearly *je moet je duidelijker uitdrukken.*
express[4] ⟨bw.⟩ **0.1** ***met grote snelheid*** ⇒*met spoed* **0.2** ***per expresse*** ⇒*met snelpost* **0.3** ***speciaal*** ◆ **3.2** send it ~ *het per expresse sturen.*
expression [ikspresjn] **I** ⟨telb.zn.⟩ **0.1** ***uitdrukking*** ⇒*zegswijze* **0.2** ***(gelaats)uitdrukking*** ⇒*blik* **0.3** ⟨wisk.⟩ ***(hoe-***

veelheids)uitdrukking ⇒*symbool, symbolen(verzameling)* ◆ **2.1** a famous ~ *een gevleugeld woord;*
II ⟨n.-telb.zn.⟩ **0.1** ***het uitdrukken*** ⇒*het uiten* **0.2** ***expressie*** ⇒*uitdrukkingskracht* ◆ **3.1** these ideas find ~ in his last novel *deze ideeën komen tot uitdrukking in zijn laatste roman* **3.2** she laid so much ~ in her performance *ze legde zoveel gevoelsuitdrukking in haar uitvoering* **6.1** that's **beyond / past** ~ *daar zijn geen woorden voor.*

expressionism [iksprejsjənizm] **0.1** ***expressionisme.***

expressionist [ikspresjənist] **0.1** ⟨bn.; ook -ic⟩ ***expressionistisch*** **0.2** ⟨zn.⟩ ***expressionist.***

expressionless [ikspresjnləs] **0.1** ***wezenloos*** ⇒*zonder uitdrukking.*

expressive [ikspressiv] ⟨-ness⟩ **0.1** ***expressief*** ⇒*betekenisvol, veelzeggend* ◆ **1.1** an ~ gesture *een veelzeggend gebaar* **6.1** this poem is ~ **of** great sorrow *dit gedicht drukt groot verdriet uit.*

expressly [ikspreslie] **0.1** →**express** **0.2** ***uitdrukkelijk*** ⇒*duidelijk, met nadruk* **0.3** ***expres*** ⇒*speciaal, met opzet* ◆ **3.1** I told him ~ it was a confidential matter *ik vertelde hem nadrukkelijk dat het een vertrouwelijke zaak was* **6.3** this poem had been written ~ **for** her *dit gedicht was speciaal voor haar geschreven.*

expressway ⟨AE⟩ **0.1** ***snelweg.***

expropri|ate [eksproopríe·eet] ⟨zn.: **-ation**⟩⟨jur.⟩ **0.1** ***onteigenen*** ⇒*confisqueren, beslag leggen op.*

expulsion [ikspulsjn] **0.1** ***verdrijving*** ⇒*verbanning, uitwijzing.*

expulsion order **0.1** ***uitwijzingsbevel.***

expunge [ikspundzj] ⟨schr.; ook fig.⟩ **0.1** ***verwijderen*** ⇒*uitwissen* ◆ **1.1** his guilt cannot be ~d *zijn schuld kan niet worden uitgewist* **6.1** ~ an event **from** memory *een gebeurtenis uit de herinnering wegvagen.*

expurg|ate [ekspəgeet] ⟨zn.: **-ation**⟩ **0.1** ***zuiveren*** ⇒*reinigen, netjes maken* ◆ **1.1** the ~d edition of this book *de gekuiste uitgave v. dit boek.*

exquisite [ikskwizzit, ekskwizzit] ⟨-ness⟩ **0.1** ***uitstekend*** ⇒*prachtig, exquis(iet), voortreffelijk* **0.2** ***zeer groot*** ⇒*intens, hevig* ⟨v. pijn, plezier enz.⟩ **0.3** ***fijn*** ⇒*delicaat, subtiel* ⟨bv. v. gevoeligheid⟩ ◆ **1.3** her ~ sensibility *haar (grote) fijngevoeligheid.*

ex-service|man [ekssə:visman] ⟨mv.: -men [-mən]⟩ ⟨vnl. BE⟩ **0.1** ***oudgediende*** ⇒*oud-soldaat.*

extant [ekstænt, ekstənt] **0.1** ***(nog) bestaand*** ⇒*overgebleven, overlevend.*

extemporary [ikstemprərie], **extemporaneous** [-pəreeniəs] **0.1** ⟨vnl. v. rede⟩ ***onvoorbereid (uitgesproken)*** ⇒*geïmproviseerd.*

extempore [ikstempərie] **0.1** ⟨vnl. v. rede⟩ ***onvoorbereid*** ⇒*geïmproviseerd, improviserend, ex-tempore* ◆ **3.1** speak ~ *onvoorbereid spreken.*

extempor|ize, -ise [ikstempərajz] ⟨zn.: **-ization**⟩ **0.1** ***improviseren*** ⇒*onvoorbereid zingen/spelen.*

extend [ikstend] **I** ⟨onov.ww.⟩ **0.1** ***zich uitstrekken*** ⟨v. land/tijd⟩ ⇒*reiken, voortduren* ◆ **1.1** her uncertainty about it ~ed for months *haar onzekerheid daarover duurde maandenlang voort;*
II ⟨ov.ww.⟩ **0.1** ***(uitt)rekken*** ⇒*langer/groter maken, uitbreiden* **0.2** ***uitstrekken*** ⇒*uitsteken, aanreiken* **0.3** ***(aan)bieden*** ⇒*verlenen, betuigen, bewijzen* **0.4** ⟨vnl. pass.⟩ ***(tot het uiterste) belasten*** ⇒*het uiterste vergen van* ◆ **1.1** an ~ing ladder *schuifladder;* ~ his leave of absence *zijn verlof verlengen* **1.2** ~ shorthand notes *stenoaantekeningen uitwerken* **1.3** ~ credit to s.o. *iem. krediet verlenen;* ~ an invitation to s.o. *een uitnodiging aan iem. richten;* ~ a warm welcome to s.o. *iem. hartelijk welkom heten* **1.4** the horse was fully ~ed *het paard werd tot het uiterste toe belast.*

extension [ikstensjn] **I** ⟨telb.zn.⟩ **0.1** ***aanvulling*** ⇒*verlenging, toevoeging* **0.2** ***(extra) toestel(nummer)*** **0.3** ***uitstel(periode/verlenging)*** ⇒*langer tijdvak* ◆ **1.1** the ~ onto a house *de aanbouw aan een huis;* the two ~s of this table *de twee schuiven/uittrekbladen v. deze tafel* **1.2** one phone and two ~s *een telefoontoestel en twee extra toestellen* **1.3** did the creditor grant him an ~? *verleende de schuldeiser hem uitstel v. betaling?* **3.2** ask for ~ 212 *vraag om toestel 212;*
II ⟨n.-telb.zn.⟩ **0.1** ***uitbreiding*** ⇒*vergroting, verlenging, expansie* **0.2** ***uitgebreidheid*** ⇒*omvang, reikwijdte, grootte* **0.3** ⟨med.⟩ ***extensie*** ⇒*strekking, uitrekking* ◆ **1.1** the ~ of a contract *de verlenging v.e. contract;* the ~ of your knowledge *de vergroting v. je kennis;* the ~ of this railway *het doortrekken v. deze spoorlijn* **1.2** the ~ of this area *de uitgestrektheid v. dit gebied;* the ~ of his success *de omvang v. zijn succes.*

extension ladder **0.1** ***schuifladder.***

extensive [ikstensiv] ⟨-ness⟩ **0.1** ***uitgestrekt*** ⇒*groot, uitgebreid* **0.2** ***extensief*** ⇒*op grote schaal* ◆ **1.1** an ~ library *een veelomvattende bibliotheek* **1.2** ~ agriculture *extensieve landbouw.*

extent [ikstent] **0.1** ***omvang*** ⇒*grootte, uitgestrektheid* **0.2** ***mate*** ⇒*graad, hoogte* ◆ **1.1** the full ~ of his knowledge *de volle omvang v. zijn kennis* **2.1** the enormous ~ of this territory *de enorme uitgestrektheid v. dit grondgebied* **6.2** 100 miles **in** ~ *100 mijl groot/lang;* **to** a certain ~ *tot op zekere hoogte;* **to** a great/large ~ *in belangrijke mate, grotendeels;* **to** the ~ **of** 100 dollars *ten bedrage v. 100 dollar;* **to** such an ~ that I got frightened *zo/zozeer dat ik bang werd;* **to** what ~ *in hoeverre.*

extenuate [ikstenjoe·eet] **0.1** ***verzachten*** ⇒*vergoelijken, afzwakken* ◆ **1.1** extenuating circumstances *verzachtende omstandigheden;* ~ his guilt *zijn schuld afzwakken.*

extenuation [ikstenjoe·eesjn] **0.1** ***verzachting*** ⇒*afzwakking* ◆ **6.1** **in** ~ of this crime *als excuus voor deze misdaad;* **in** ~ of his criticism *ter vergoelijking v. zijn kritiek.*

exterior[1] [ikstiəriə] ⟨zn.⟩ **0.1** ***buitenkant*** ⇒*oppervlakte, uiterlijk* ◆ **3.1** do not judge people by their ~s *je moet mensen niet op hun uiterlijk beoordelen.*

exterior[2] ⟨bn.⟩ **0.1** ***buiten-*** ⇒*aan/v.d. buitenkant, v. buiten* **0.2** ***voor buiten geschikt*** ◆ **1.1** an ~ appearance of friendliness *een uiterlijk v. vriendelijkheid;* ~ lighting *buitenverlichting* **1.2** an ~ paint *een buitenverf.*

exterior|ize, -ise [ikstiəriərajz] ⟨zn.: **-ization**⟩⟨psych.⟩ **0.1** ***naar de oppervlakte/buiten brengen*** ⇒*veruitwendigen.*

extermin|ate [ikstə:minneet] ⟨zn.: **-ation**⟩ **0.1** ***uitroeien*** ⇒*verdelgen, elimineren.*

external[1] [ikstə:nl] ⟨zn.⟩ **0.1** ⟨vaak mv.⟩ ***(uiterlijke) omstandigheid*** ⇒*uiterlijk(heid), bijkomstigheid* **0.2** ***uitwendig deel/oppervlak*** ◆ **3.1** don't judge by ~s *oordeel niet op grond v. uiterlijkheden.*

external[2] ⟨bn.⟩ **0.1** ***uiterlijk*** ⇒*buiten-, extern* **0.2** ***oppervlakkig*** ⇒*ogenschijnlijk* **0.3** ***(voor) uitwendig (gebruik)*** **0.4** ***buitenlands*** ◆ **1.1** to all ~ appearances she was friendly *uiterlijk scheen zij vriendelijk;* ~ causes *externe oorzaken;* ~ pressure *druk v. buitenaf* **1.2** her ~ happiness *haar geluk voor de buitenwereld* **1.3** for ~ use only *alleen voor uitwendig gebruik* **1.4** ⟨hand.⟩ ~ balance *uitvoersaldo* **1.¶** ~ evidence *onafhankelijk bewijs;* ~ examination/examiner *examen/examinator v. buiten de school* **3.¶** study ~ly *als extraneus studeren.*

external|ize, -ise [ikstə:nəlajz] ⟨zn.: **-ization**⟩ **0.1** ***naar bui-***

ten brengen ⟨ook psych.⟩ ⇒naar de oppervlakte krijgen 0.2 rationaliseren ◆ 1.1 spoken language ~s thought gesproken taal geeft de gedachte uiterlijke vorm.

exterritorial [eksterrittο:riəl] 0.1 ex(tra)territoriaal.

extinct [ikstingkt] 0.1 uitgestorven 0.2 niet meer bestaand/voorkomend ⇒afgeschaft 0.3 uitgedoofd ⇒niet meer werkzaam/actief, (uit)geblust ⟨ook fig.⟩, dood ◆ 1.1 an ~ species een uitgestorven ras 1.3 an ~ volcano een uitgedoofde vulkaan.

extinction [ikstingksjn] 0.1 het (doen) uitsterven ⇒ondergang, uitroeiing 0.2 vernietiging 0.3 opheffing ⟨bv. v. firma⟩ 0.4 uitblussing ⟨ook fig.⟩ ⇒het doven ◆ 1.2 the ~ of my hopes de vernietiging v. mijn hoop 3.1 be threatened by/with complete ~ bedreigd worden door totale uitroeiing.

extinguish [ikstinggwisj] 0.1 doven ⇒uitmaken, (uit)blussen 0.2 vernietigen ⇒beëindigen 0.3 delgen ⟨schuld⟩ ⇒ vereffenen, tenietdoen ◆ 1.2 ~ feeling het gevoel doden; all hope was ~ed alle hoop werd vernietigd.

extinguisher [ikstinggwisjə] 0.1 (brand)blusapparaat ⇒ brandblusser 0.2 domper ⇒kaarsendover.

extirp|ate [ekstə:peet] ⟨zn.: -ation⟩⟨schr.⟩ 0.1 uitroeien ⇒ volledig vernietigen/uitbannen 0.2 (met wortel en al) uittrekken ⇒ontwortelen 0.3 ⟨med.⟩ extirperen ⇒langs operatieve weg verwijderen, wegnemen ◆ 1.1 ~ this kind of discrimination dit soort discriminatie totaal uitbannen 1.2 ~ weeds onkruid uittrekken/vernietigen 1.3 ~ a tumour een tumor wegsnijden.

extol [ikstool] ⟨-led⟩⟨schr.⟩ 0.1 hoog prijzen ⇒ophemelen, verheerlijken ◆ 1.1 ~ s.o.'s talents to the skies iemands talent hemelhoog prijzen.

extort [iksto:t] 0.1 afpersen ⇒opeisen (dmv. dwang/intimidatie), loskrijgen met geweld/bedreiging 0.2 met moeite onttrekken ◆ 6.1 ~ a confession from s.o. iem. een bekentenis afdwingen; ~ money from s.o. iem. geld afpersen 6.2 ~ a meaning from these words met moeite een betekenis uit deze woorden halen.

extortion [iksto:sjn] 0.1 afpersing ⇒afzetterij.

extortionate [iksto:sjnət] 0.1 afpersers- ⇒afdwingend, buitensporig (hoog) ◆ 1.1 an ~ demand een exorbitante/veel te ver gaande eis.

extortioner [iksto:sjnə] 0.1 afperser ⇒uitbuiter, afzetter.

extra¹ [ekstrə] ⟨zn.⟩ 0.1 niet (in de prijs) inbegrepen zaak ⇒exclusief iets, bijkomend tarief 0.2 figurant ⇒dummy 0.3 extra-editie ⟨v. krant⟩ ⇒buitengewone editie 0.4 ⟨cricket⟩ extra run ⟨gescoord punt zonder batslag⟩ ◆ 1.1 use of the sauna is an ~ gebruik v.d. sauna is niet bij de prijs inbegrepen.

extra² ⟨bn.⟩ 0.1 extra ⇒bijkomend 0.2 superieur ⇒uitmuntend, voortreffelijk 0.3 niet (bij de prijs) inbegrepen ◆ 1.1 ~ buses for football-supporters speciaal ingezette bussen voor voetbalsupporters; ~ pay for ~ work extra betaling voor overwerk; four pound ~ vier pond extra 1.2 the ~ quality of this wine de superieure kwaliteit v. deze wijn.

extra³ ⟨bw.⟩ 0.1 extra ⇒buitengewoon, bijzonder (veel) 0.2 buiten het gewone tarief ◆ 2.1 ~ good quality speciale kwaliteit 3.2 pay ~ for postage bijbetalen voor portokosten.

extract¹ [ekstrækt] I ⟨telb.zn.⟩ 0.1 passage ⇒fragment, uittreksel ◆ 6.1 an ~ from his book een passage uit zijn boek; II ⟨telb. en n.-telb.zn.⟩ 0.1 extract ⇒aftreksel, afkooksel ◆ 1.1 ~ of meat vleesextract.

extract² [ikstrækt] ⟨ww.⟩ 0.1 (uit)trekken ⇒(uit)halen, verwijderen; ⟨fig.⟩ afpersen, weten te ontlokken 0.2 ⟨ben. voor⟩ (uit)halen ⟨(delf)stoffen e.d.⟩ ⇒onttrekken; winnen 0.3 overnemen ⟨passage⟩ ⇒overschrijven, kopiëren 0.4 ⟨wisk.⟩ trekken ⟨wortel⟩ ⇒berekenen, bepalen ◆ 1.1 ~ a confession een bekentenis afdwingen; ~ pleasure from sth. plezier in iets vinden; ~ a tooth een kies trekken 1.2 ~ coal kolen winnen.

extraction [ikstræksjn] I ⟨telb. en n.-telb.zn.⟩ 0.1 extractie ⇒ trekking 0.2 ontfutseling ⇒afpersing 0.3 extract ⇒concentraat ◆ 1.2 ~ of some extra money het loskrijgen v. wat extra geld 3.1 I need two ~s er moeten bij mij twee kiezen getrokken worden; II ⟨n.-telb.zn.⟩ 0.1 het onttrekken ⟨v. (delf)stoffen e.d.⟩ ⇒ afscheiding, winning 0.2 afkomst ⇒oorsprong 0.3 ⟨wisk.⟩ het trekken ⟨v. wortels⟩ ◆ 1.1 the ~ of coal de steenkoolwinning 1.2 Americans of Polish and Irish ~ Amerikanen v. Poolse en Ierse afkomst 1.3 ~ of roots het worteltrekken.

extractor hood [ikstrækrə hoed] 0.1 afzuigkap.

extracurricular [ekstrəkərikjoelə] 0.1 buitenschools ⇒buiten de lessen/het werk vallend.

extraditable [ekstrədajtəbl] 0.1 uitlevering rechtvaardigend ⟨v.e. misdaad⟩ 0.2 uitleverbaar ⇒uit te leveren ◆ 1.2 an ~ Nazi een nazi die in aanmerking komt voor uitlevering.

extrad|ite [ekstrədajt] ⟨zn.: -ition⟩ 0.1 uitleveren ⟨misdadiger⟩ 0.2 uitgeleverd krijgen.

extrajudicial [ekstrədzjoe:disjl] 0.1 buitengerechtelijk ⇒ extrajudicieel 0.2 wederrechtelijk ⇒buiten de wet om ◆ 1.2 an ~ punishment een onrechtmatige straf.

extramarital [ekstrəmæritl] 0.1 buitenechtelijk.

extramural [ekstrəmjoeərəl] 0.1 extramuraal ⇒buiten de school/instelling/universiteit plaatshebbend 0.2 buiten de stadsmuren/grenzen (plaatsvindend) 0.3 ⟨AE⟩ interscolair ⇒tussen verschillende scholen plaatsvindend ◆ 1.1 ~ activities buitenschoolse activiteiten; ~ hospital care extramurale gezondheidszorg 1.3 an ~ football tournament een interscolair voetbaltoernooi.

extraneous [ikstreeniəs] 0.1 v. buitenaf ⇒buiten-, extern 0.2 irrelevant ⇒onbelangrijk ◆ 1.1 ~ interference tussenkomst v. buitenaf 1.2 ~ information irrelevante informatie 6.¶ be ~ to vreemd zijn aan, niet behoren bij, geen deel uitmaken v.

extraordinar|y [ikstro:dnrie] ⟨-ily⟩ 0.1 extra ⇒buitengewoon, speciaal 0.2 buitengewoon ⇒bijzonder, uitzonderlijk 0.3 in speciale dienst ⇒buitengewoon ◆ 1.1 an ~ session een extra zitting 1.3 an envoy ~ een afgezant in speciale dienst 5.2 how ~! wat vreemd!

extra-parliamentary [ekstrəpa:ləmentrie] 0.1 extraparlementair ⇒buitenparlementair.

extrapol|ate [ikstræpəleet] ⟨zn.: -ation⟩ 0.1 extrapoleren ⟨ook wisk.⟩ ⇒afleiden.

extrasensory [ekstrəsensrie] 0.1 buitenzintuiglijk ◆ 1.1 ~ perception buitenzintuiglijke waarneming.

extraterrestrial [ekstrətərestriəl] 0.1 buitenaards ◆ 7.1 an ~ een buitenaards wezen.

extraterritorial [ekstrəterritto:riəl] 0.1 exterritoriaal ◆ 1.1 diplomats have ~ rights diplomaten zijn niet onderworpen aan de rechtspraak v.h. land waar zij verblijven.

extra time ⟨sport⟩ 0.1 verlenging ⇒extra time.

extravagance [ikstrævəgəns] 0.1 ongerijmdheid ⇒enormiteit 0.2 buitensporigheid ⇒extravagantie, mateloosheid, verkwisting.

extravagant [ikstrævəgənt] 0.1 extravagant ⇒buitensporig, mateloos, overdreven 0.2 verkwistend ⇒verspillend, kwistig ◆ 1.1 an ~ growth een al te weelderige plantengroei 3.2 she is rather ~ zij smijt met geld.

extravaganza [ikstrævəgænzə] 0.1 fantastisch stuk ⟨toneel, muziek⟩ ⇒⟨ong.⟩ *parodie, farce, burleske* **0.2** ***spectaculaire show.***

extravert →**extrovert.**

extreme[1] [ikstr<u>ie:</u>m] ⟨zn.⟩ **0.1** ⟨vaak mv.⟩ ***uiterste*** ⇒*extreem* **0.2** ⟨wisk.⟩ ***uiterste waarde*** ⇒*extreem* ◆ **3.1** carry the matter to an ~ *de zaak op de spits drijven;* be driven to ~s *tot het uiterste gebracht/gedreven worden;* go to ~s, run to an ~ *tot het uiterste gaan;* go from one ~ to the other *v.h. ene uiterste in het andere (ver)vallen* **6.1** **in** the ~ *uitermate, uiterst;* **to** such an ~ *in zo hoge mate.*

extreme[2] **I** ⟨bn.⟩ **0.1** ***extreem*** ⇒*buitengewoon, uiterst strikt/streng* ◆ **1.1** take ~ action/measures *drastische/de strengste maatregelen nemen;* hold ~ opinions *er radicale/extreme ideeën op na houden;*
II ⟨bn., attr.⟩ **0.1** ***uiterst*** ⇒*verst* **0.2** ***grootst*** ⇒*hoogst* ◆ **1.2** ~ danger *grootste gevaar;* ~ penalty *hoogste/zwaarste straf* **1.¶** Extreme Unction *het heilig oliesel.*

extremely [ikstr<u>ie:</u>mlie] **0.1** ***uitermate*** ⇒*uiterst, buitengewoon.*

extremism [ikstr<u>ie:</u>mizm] **0.1** ***extremisme.***

extremist [ikstr<u>ie:</u>mist] **0.1** ⟨bn.⟩ ***extremistisch*** **0.2** ⟨zn.⟩ ***extremist.***

extremit|y [ikstr<u>e</u>mmətie] ⟨mv.: -ies⟩ **I** ⟨telb.zn.⟩ **0.1** ***uiteinde*** **0.2** ⟨steeds enk.⟩ ***uiterste*** **0.3** ⟨vnl. mv.⟩ ***extreme maatregel*** **0.4** ⟨vnl. mv.⟩ ***lidmaat*** **0.5** ⟨mv.⟩ ***handen en voeten*** ◆ **2.4** the upper and lower extremities *armen en benen;*
II ⟨n.-telb.zn.⟩ **0.1** ***uiterste nood*** ◆ **2.1** the last ~ *de alleruiterste nood.*

extricable [ekstr<u>i</u>kkəbl] **0.1** ***ontwarbaar*** ⇒*los te maken.*

extric|ate [<u>e</u>kstrikkeet] ⟨zn.: **-ation**⟩ **0.1** ***halen uit*** ⇒*bevrijden, losmaken* **0.2** ***ontwarren*** ◆ **4.1** ~ o.s. from difficulties *zich uit de nesten redden* **6.1** ~ **from** the wreck *uit het wrak bevrijden.*

extrinsic [ekstr<u>i</u>nsik] **0.1** ***extrinsiek*** ⇒*niet wezenlijk* ◆ **1.1** ~ value *extrinsieke waarde.*

extroversion, extraversion [<u>e</u>kstrəv<u>ə:</u>sjn] ⟨psych.⟩ **0.1** ***extraversie.***

extrovert, extravert [<u>e</u>kstrəvə:t] **0.1** ⟨bn. en zn.⟩ ***extravert.***

extrude [ikstr<u>oe:</u>d] **0.1** ***uitduwen/werpen*** ⇒*uitknijpen, eruit werken* **0.2** ⟨tech.⟩ ***extruderen*** ⟨bv. metaal/plastic⟩ ⇒ *in een extruder persen* ◆ **6.1** ~ toothpaste **from** the tube *tandpasta uit de tube knijpen.*

extrusion [ikstr<u>oe:</u>zjn] **I** ⟨telb. en n.-telb.zn.⟩ **0.1** ***uitwerping*** ⇒*uitdrijving, het naar buiten werken* **0.2** ***extrusie*** ⇒*uitpersing (door opening/mondstuk);*
II ⟨n.-telb.zn.⟩ **0.1** ***geëxtrudeerd materiaal.***

extrusive [ikstr<u>oe:</u>siv] **0.1** ⟨tech.⟩ ***geëxtrudeerd.***

exuber|ant [igz(j)<u>oe:</u>brənt] ⟨zn.: **-ance**⟩ **0.1** ***uitbundig*** ⇒*vol enthousiasme, geestdriftig* **0.2** ***overdadig*** ⇒*overvloedig* ◆ **1.2** ~ growth *weelderige groei.*

exude [igzj<u>oe:</u>d] **0.1** ***(zich) afscheiden*** ⇒*afgeven* **0.2** ***(uit)stralen*** ⇒*duidelijk tonen* ◆ **1.1** ~ sweat *zweet afscheiden* **1.2** ~ happiness *geluk uitstralen.*

exult [igz<u>u</u>lt] **0.1** ***jubelen*** ⇒*juichen* ◆ **6.1** ~ **at/in** a success *dolblij zijn met een succes.*

exultant [igz<u>u</u>ltənt] **0.1** ***jubelend*** ⇒*juichend, dolblij.*

exultation [<u>e</u>gzult<u>ee</u>sjn] **0.1** ***uitgelatenheid*** ⇒*verrukking* ◆ **6.1** his ~ **at** the news *zijn grote vreugde over dat nieuws.*

eye[1] [aj] ⟨zn.⟩ **0.1** ***oog*** ⇒*gezichtszintuig;* ⟨ook mv.⟩ *gezichtsvermogen; blik, kijk* **0.2** ***oog*** ⇒*opening* ⟨v. naald⟩; *oog, ringetje* ⟨voor haakje⟩ **0.3** ***centrum*** ⇒*oog, middelpunt* ⟨v. storm⟩ **0.4** ⟨bouwk.⟩ ***rond venster*** **0.5** ⟨plantk.⟩ ***kiem*** ⇒ *oog* ⟨v. aardappel⟩, *knop* ◆ **2.1** as far as the ~ can see *zo ver het oog reikt;* she has a good ~ for colour *zij heeft oog voor kleur* **3.1** not be able to believe one's ~s *je ogen niet kunnen geloven;* black s.o.'s ~ *iem. een blauw oog slaan;* cast/run an/one's ~ over *een (kritische) blik werpen op;* catch the/s.o.'s ~ *de/iemands aandacht trekken;* close/shut one's ~s to *oogluikend toestaan;* cry/weep one's ~s out *hevig huilen;* have ~s for *belangstelling hebben voor;* have an ~ for *kijk hebben op;* have an ~ to/one's ~ on *een oogje hebben op; uit zijn op;* it hit me in the ~ *het viel mij meteen op;* keep an ~ on *in de gaten houden;* keep an ~ out for *in de gaten houden; uitkijken naar;* ⟨inf.⟩ keep your ~s open/⟨BE⟩ skinned/⟨AE⟩ peeled! *let goed op!;* look s.o. in the ~ *iem. recht aankijken;* make s.o. open his ~s *iem. verbaasd doen staan;* meet s.o.'s ~ *iem. recht aankijken;* there is more to it/in it than meets the ~ *er zit meer achter;* open s.o.'s ~s (to) *iem. de ogen openen (voor);* set/lay/clap ~s on *onder ogen krijgen;* not be able to take one's ~s off sth. *niet genoeg krijgen van iets;* wipe one's ~(s) *de tranen drogen* **3.¶** without batting an ~ *zonder een spier te vertrekken;* do s.o. in the ~ *iem. een kool stoven;* ⟨sport⟩ get one's ~ in ⟨schietsport; mil.⟩ *(zich) inschieten;* ⟨tennis enz.⟩ *zich inspelen;* give s.o. the ~ *iem. uitnodigend aankijken;* keep one's ~ on the ball *de aandacht erbij houden;* make ~s at *lonken naar;* see ~ to ~ (with s.o.) *het eens zijn (met iem.);* with one's ~s shut *met het grootste gemak* **4.¶** ⟨inf.⟩ that was one in the ~ for him *dat was een hele klap voor hem* **5.1** ⟨mil.⟩ ~s front! *hoofd front!* **6.1** an ~ **for** an ~ *oog om oog;* **in** the ~(s) of the law *in het oog der wet;* **in/through** the ~s of, **in** s.o.'s ~s *volgens;* **under/before** his very ~s *vlak voor/onder zijn ogen;* **up to** the/one's ~s *tot over de oren;* **with** an ~ **to** *met het oog op* **7.1** all ~s *een en al oog/aandacht* **7.¶** my ~! *kom nou!* →**beady, blind, easy, glad, magic, main.**

eye[2] ⟨ww.; ook eying⟩ **0.1** ***bekijken*** ⇒*aankijken, kijken naar* ◆ **5.1** ~ **up** *opnemen;* ⟨inf.⟩ *verlekkerd bekijken/kijken naar, lonken naar* ⟨bv. meisje⟩.

<u>eye</u>ball[1] ⟨zn.⟩ **0.1** ***oogappel*** ⇒*oogbal, oogbol;* ⟨bij uitbr.⟩ *oog* ◆ **6.1** ⟨inf.⟩ ~ **to** ~ *(vlak) tegenover elkaar.*

eyeball[2] ⟨ww.⟩⟨AE; inf.⟩ **0.1** ***aanstaren*** ⇒*aankijken.*

<u>eye</u>bright ⟨plantk.⟩ **0.1** ***ogentroost.***

<u>eye</u>brow **0.1** ***wenkbrauw*** ◆ **3.1** raise an~/one's ~s *de wenkbrauwen optrekken* **6.1** (be) **up to** one's ~s (in work) *tot over de oren (in het werk zitten).*

<u>eye</u>brow pencil **0.1** ***wenkbrauwpotlood/stift.***

<u>eye</u>-catcher **0.1** ***blikvanger.***

<u>eye</u>-catching **0.1** ***opvallend*** ⇒*treffend.*

<u>eye</u> contact **0.1** ***oogcontact.***

<u>eye</u>cup **0.1** ***oogbadje*** ⟨ook als maat⟩.

-eyed [ajd] **0.1** ***-ogig*** ◆ **¶.1** blue-eyed *blauwogig.*

<u>eye</u> drops **0.1** ***oogdruppels.***

eyeful [<u>a</u>jfoel] ⟨geen mv.⟩⟨inf.⟩ **0.1** ***goede blik*** **0.2** ***lust voor het oog*** ◆ **1.2** his wife is quite an ~ *zijn vrouw is een echt stuk* **3.1** get/have an ~ (of) *een goede blik kunnen werpen (op).*

<u>eye</u>glass **0.1** ***monocle*** **0.2** ⟨mv.⟩ ***bril*** ◆ **1.1** two pairs of ~es *twee brillen.*

<u>eye</u>lash **0.1** ***wimper*** ⇒*ooghaartje.*

eyelet [<u>a</u>jlit] **0.1** ***oogje*** **0.2** ***(ringetje v.) vetergaatje/reefgat.***

<u>eye</u>lid **0.1** ***ooglid*** ◆ **3.¶** without batting an ~ *zonder een spier te vertrekken.*

<u>eye</u>liner **0.1** ***eyeliner.***

<u>eye</u> opener ⟨inf.⟩ **0.1** ***openbaring*** ⇒*verrassing* ◆ **4.1** it was an ~ to him *daar keek hij van op.*

<u>eye</u>piece **0.1** ***oculair*** ⇒*ooglens/lenzen.*

<u>eye</u> rhyme ⟨lit.⟩ **0.1** ***schijnbare/onzuiver rijm*** ⟨v. twee dezelfde klinkers die echter verschillend worden uitgesproken: gehaspel en naspel⟩.

eyeshade 0.1 ***oogscherm.***
eye shadow 0.1 ***oogschaduw.***
eyeshot 0.1 ***gezicht(sveld)*** ◆ **6.1 beyond / out of** ~ *uit het gezicht;* **in / within** ~ *in het gezicht.*
eyesight 0.1 ***gezicht(svermogen)*** **0.2** ***gezichtsveld*** ◆ **2.1** have good ~ *goede ogen hebben.*
eyesore 0.1 ***belediging voor het oog*** **0.2** ***doorn in het oog.***
eyestrain 0.1 ***vermoeidheid v.h. oog/v.d. ogen.***
eyetooth 0.1 ***oogtand*** ◆ **3.¶** cut one's eyeteeth *wijzer worden;* I would give my eyeteeth *ik zou er alles voor over hebben.*
eyewash 0.1 ***oogwater*** **0.2** ⟨inf.⟩ ***onzin*** ⇒*larie.*
eyewitness 0.1 ***ooggetuige.***
eye witness report 0.1 ***ooggetuigenverslag.***
eyot [eet, eeət] ⟨BE⟩ **0.1** ***eilandje in rivier.***
eyrie, eyry, aerie, aery [ajjərie, iərie, eərie] **0.1** ***nest v. roofvogel*** ⇒*arendsnest* ⟨ook fig.⟩.

f, F [ef] ⟨mv.: f's, F's⟩ **0.1** ***f, F.***
F.A. ⟨afk.; BE⟩ **0.1** [Football Association].
fable [feebl] **0.1** ⟨lit.⟩ ***fabel*** **0.2** ⟨lit.⟩ ***mythe*** ⇒*legende* **0.3** ***mythen*** ⇒*legenden* **0.4** ***verzinsel(s)*** ⇒*fabeltje, praatje.*
fabled [feebld] **0.1** ***legendarisch*** ⇒*fabelachtig.*
fabric [fæbrik] **0.1** ***stof*** ⇒*materiaal, weefsel* **0.2** ***constructie*** ⇒*structuur;* ⟨ook fig.⟩ *stelsel, systeem* **0.3** ***bouw*** ⇒*constructie* ◆ **1.2** the ~ of human relations *het web van menselijke relaties.*
fabricate [fæbrikkeet] **0.1** ***bouwen*** ⇒*vervaardigen, fabriceren* **0.2** ***verzinnen*** ⇒*uit de duim zuigen* ⟨verhaal⟩.
fabrication [fæbrikkeesjn] **0.1** ***verzinsel*** ⇒*leugen, vervalsing* **0.2** ***fabricage*** ⇒*bouw, constructie* ◆ **2.1** that's pure ~ *dat is allemaal verzonnen.*
fabric softener 0.1 ***wasverzachter.***
fabulous [fæbjələs] **0.1** ***legendarisch*** ⇒*befaamd uit verhalen; verzonnen* **0.2** ⟨inf.⟩ ***fantastisch*** ◆ **2.2** ~ly wealthy *fabelachtig rijk.*
façade, facade [fəsa:d] **0.1** ***gevel*** ⇒*front, voorzijde* **0.2** ***schijn(vertoning)*** ⇒*façade.*
face[1] [fees] ⟨zn.⟩ **0.1** ***gezicht*** ⇒*gelaat* **0.2** ***(gezichts)uitdrukking*** **0.3** ***aanzien*** ⇒*reputatie, goede naam* **0.4** ⟨ben. voor⟩ ***(belangrijkste) zijde*** ⇒*oppervlak, bodem* ⟨aarde⟩; *gevel, voorzijde;* ⟨tech.⟩ *loopvlak, draagvlak; wijzerplaat* ⟨klok⟩; ⟨mijnw.⟩ *pijler, front; kant, wand* ⟨berg⟩ ◆ **3.1** look s.o. in the ~ *iem. recht aankijken* ⟨ook fig.⟩; meet s.o. ~ to ~ *iem. onder ogen komen;* show one's ~ *zijn gezicht laten zien* **3.2** fall on one's ~ *(plat) op zijn gezicht vallen;* ⟨ook fig.⟩ *zijn neus stoten;* laugh in s.o.'s ~ *iem. in zijn gezicht uitlachen;* make / pull ~s / a ~ at s.o. *een gezicht tegen iem. trekken* **3.3** lose (one's) ~ *zijn gezicht verliezen, afgaan;* save (one's) ~ *zijn figuur redden* **3.¶** fly in the ~ of sth. *tegen iets in gaan;* have the ~ to *de brutaliteit hebben om;* set one's ~ against sth. *ergens tegen gekant zijn;* throw sth. in s.o.'s ~ *iem. iets voor de voeten gooien/verwijten;* wipe sth. off the ~ of the earth *iets volkomen doen verdwijnen* **6.1 before** one's ~ *voor iemands ogen;* she shut the door **in** my ~ *ze gooide de deur (vlak) voor mijn neus dicht;* **in** (the) ~ **of** *ondanks, tegenover;* **in** the ~ **of, to** s.o.'s ~ *in aanwezigheid van* **6.¶ on** the ~ **of** it *op het eerste gezicht.* →**long, straight.**
face[2] **I** ⟨onov.ww.⟩ **0.1** ***uitzien*** ⇒*het gezicht/de voorkant toekeren, uitzicht hebben* **0.2** ⟨mil.⟩ ***omkeren*** ⇒*zich op de plaats omdraaien* ◆ **5.2** ⟨AE; mil.⟩ About/Left/Right ~! *Rechtsomkeert/Linksom/Rechtsom!* **6.1** the house ~s **onto / towards** the west *het huis ligt op het westen;* ~ **up to** the truth *de waarheid onder ogen zien/accepteren;*
II ⟨ov.ww.⟩ **0.1** ***onder ogen zien*** ⇒*(moedig) tegemoet treden* **0.2** ***confronteren*** **0.3** ***staan tegenover*** ⇒*uitzien op* **0.4** ***bekleden*** ⇒*afzetten* ⟨jurk⟩; ⟨tech.⟩ *bedekken, bekleden* ⟨muur met pleister⟩ ◆ **1.2** Joe was ~d with many difficulties *Joe werd met vele moeilijkheden geconfronteerd* **1.3** the house ~s a prison *het huis kijkt uit op een gevangenis;* the picture facing the title page *de illustratie tegenover het titelblad* **4.1** let's ~ it, ... *laten we wel wezen, ...* **5.1** ~ sth. **out** *zich ergens met lef doorheen slaan* **5.¶** ~ s.o. **down** *iem. overbluffen.*
face cloth 0.1 ***washandje.***

face flannel ⟨BE⟩ **0.1** ***washandje.***
faceless [feesləs] **0.1** ***gezichtloos*** ⇒*grauw, anoniem* ⟨v. massa⟩.
face-lift **0.1** ***facelift*** ⟨ook fig.⟩ ⇒*opknapbeurt.*
face pack ⟨cosmetica⟩ **0.1** ***gezichtsmasker.***
face powder ⟨cosmetica⟩ **0.1** ***(gezichts)poeder.***
facer [feesə] **0.1** ***klap in het gezicht*** **0.2** ***onverwachte moeilijkheid*** ⇒*kink in de kabel, probleem.*
face-saver **0.1** ***iets waar je je gezicht mee redt*** ⟨besluit, compromis⟩.
face-saving **0.1** ***de waardigheid bewarend*** ⇒*het gezicht reddend* ◆ **1.1** a ~ compromise *een compromis zonder gezichtsverlies.*
facet [fæsit] **0.1** ***facet*** ⇒*vlak* ⟨v. edelsteen⟩; *aspect, kant* ⟨v. zaak⟩.
facetious [fəsie:sjəs] ⟨-ness⟩⟨ook pej.⟩ **0.1** ***(ongepast) geestig*** ⇒*grappig, schertsend.*
face value **0.1** ***nominale waarde*** **0.2** ***ogenschijnlijke betekenis*** ⇒*eerste indruk* ◆ **3.2** take sth. at (its) ~ *iets kritiekloos accepteren;* taken at ~ *op het oog.*
face worker ⟨mijnw.⟩ **0.1** ***mijnwerker werkzaam in de pijler.***
facial [feesjl] **0.1** ⟨bn.⟩ ***gezichts-*** ⇒*gelaats-, v.h. gezicht* **0.2** ⟨zn.; cosmetica⟩ ***gezichtsbehandeling.***
facile [fæsajl] ⟨-ness⟩⟨vaak pej.⟩ **0.1** ***oppervlakkig*** ⇒*luchtig, luchthartig* **0.2** ***makkelijk*** ⇒*vlot* **0.3** ***vlot*** ⇒*vaardig, vloeiend* ⟨stijl, hand v. schrijven⟩.
facilit|ate [fəsillitteet] ⟨zn.: **-ation**⟩ **0.1** ***vergemakkelijken*** ⇒*verlichten, bevorderen.*
facilit|y [fəsillətie] ⟨mv.: -ies⟩ **0.1** ⟨vaak mv.⟩ ***voorziening*** ⇒*gelegenheid* **0.2** ***mogelijkheid*** **0.3** ***vaardigheid*** ⇒*handigheid, talent* **0.4** ***simpelheid*** ⇒*gemakkelijkheid* ⟨v. taak, muziekstuk⟩ ◆ **1.1** research facilities *onderzoeksfaciliteiten* **1.2** a cassettedeck with an autoreverse ~ *een cassettedeck met autoreverse;* a ~ in/with mathematics *(een) talent voor wiskunde;* have an overdraft ~ at the bank *rood mogen staan bij de bank* **3.1** facilities for laundering *gelegenheid om te wassen* **7.1** where are the facilities? *waar kan ik even mijn handen wassen?, waar is het toilet?*
facility trip ⟨BE⟩ **0.1** ***snoepreisje.***
facing [feesing] **0.1** ⟨tech.⟩ ***bekleding*** ⇒*(aanbrenging v.) deklaag/buitenlaag* ⟨op muur, metaal enz.⟩ **0.2** ⟨mode⟩ ***beleg*** **0.3** ⟨mv.⟩ ***uitmonstering*** ⟨v. uniform: kraag en opslagen in afstekende kleur⟩.
facsimile [fæksimmillie] **0.1** ***facsimile(druk).***
fact [fækt] **0.1** ***feit*** ⇒*waarheid, zekerheid* **0.2** ***werkelijkheid*** ⇒*realiteit* **0.3** ⟨jur.⟩ ***(mis)daad*** ◆ **1.1** ⟨inf.; euf.⟩ the ~s of life *de bloemetjes en de bijtjes* **1.2** separate ~ from fiction *schijn en werkelijkheid uit elkaar houden* **2.1** his ~s are shaky *zijn verhaal is slecht onderbouwd* **2.2** in actual ~ *in werkelijkheid* **3.1** know for a ~ *zeker weten* **6.2** **in** ~ *in feite, eigenlijk* **6.¶** **in** ~ *bovendien, zelfs, en niet te vergeten* **8.1** it's a ~ that *het staat vast, dat.*
fact finder **0.1** ***iem. die een onderzoek instelt*** ⇒*iem. die feiten verzamelt.*
fact-finding **0.1** ***onderzoeks-*** ◆ **1.1** he's on a ~ mission *hij is op onderzoeksreis om feitenmateriaal te verzamelen, hij is op inspectiereis.*
faction [fæksjn] **0.1** ***factie*** ⇒*(pressie)groep* ⟨vnl. binnen politieke partij⟩ **0.2** ***partijruzie*** ⇒*strijd binnen partij, interne onenigheid.*
factionalism [fæksjnəlizm] **0.1** ***partijzucht*** ⇒*partijschap, factiezucht.*
factious [fæksjəs] **0.1** ***partijzuchtig*** **0.2** ***twistziek*** ⇒*oproerig.*
factitious [fæktisjəs] **0.1** ***kunstmatig*** ⇒*onecht, opzettelijk gecreëerd.*
factor [fæktə] **0.1** ***factor*** ⇒*omstandigheid* **0.2** ***agent*** ⇒*vertegenwoordiger, zaakgelastigde* **0.3** ⟨wisk.⟩ ***factor*** **0.4** ⟨biol.⟩ ***gen*** ⇒*genetische factor* ◆ **1.3** ⟨tech.⟩ ~ of safety *veiligheidscoëfficiënt/factor.*
factorage [fækt(ə)ridzj] ⟨hand.⟩ **0.1** ***commissieloon*** ⇒*commissie.*
factor analysis ⟨stat.⟩ **0.1** ***factoranalyse.***
factor|ize, -ise [fækt(ə)rajz] ⟨zn.: **-ization**⟩⟨wisk.⟩ **I** ⟨onov.ww.⟩ **0.1** ***in factoren ontbindbaar zijn;***
II ⟨ov.ww.⟩ **0.1** ***in factoren ontbinden.***
factor|y [fæktrie] ⟨mv.: -ies⟩ **0.1** ***fabriek*** ⇒*werkplaats.*
factory farm ⟨veeteelt⟩ **0.1** ***een als fabriek opgezet boerenbedrijf.***
factory farming **0.1** ***bio-industrie.***
factotum [fæktootəm] **0.1** ***manusje-van-alles*** ⇒*factotum.*
fact sheet **0.1** ***blad/brochure met concrete/praktische gegevens*** ⇒*informatiefolder* ⟨bv. met gegevens/informatie uit radio/tv-programma⟩.
factual [fæktsjoeəl] **0.1** ***feitelijk*** ⇒*werkelijk* ◆ **1.1** ~ consideration *bestudering v.d. feiten.*
facult|y [fæk!tie] ⟨mv.: -ies⟩ **0.1** ***gave*** ⇒*talent* **0.2** ***(geest)vermogen*** ⇒*functie, zin(tuig);* ⟨mv.⟩ *verstandelijke vermogens* **0.3** ⟨ww. enk. of mv.; school., universiteit⟩ ***(leden v.) faculteit*** ⇒*wetenschappelijk personeel, staf* ◆ **1.2** the ~ of hearing/reason/speech *de gehoorzin/de rede/het spraakvermogen* **1.3** the Faculty of Law *de Juridische Faculteit* **6.1** a ~ **for** languages *een talenknobbel.*
fad [fæd] **0.1** ***bevlieging*** ⇒*rage, gril* ◆ **1.1** ~s and fancies *nukken en grillen.*
fade[1] [feed] ⟨zn.⟩ **0.1** ⟨film.⟩ ***in/uitvloeier*** ⇒*fade.*
fade[2] **I** ⟨onov.ww.⟩ **0.1** ***(langzaam) verdwijnen*** ⇒*afnemen, verflauwen* ⟨v. enthousiasme⟩; *vervagen* ⟨v. kleuren, herinneringen⟩; *verbleken, verschieten* ⟨v. kleuren⟩; *verwelken* ⟨v. bloemen⟩; *uitsterven* ⟨v. soort⟩ ◆ **5.1** ⟨film.⟩ ~ **in** *(in)faden, invloeien* ⟨v. beeld⟩. →**fade away, fade out;**
II ⟨ov.ww.⟩ **0.1** ***doen verdwijnen*** ⇒*laten wegsterven, laten vervagen* ◆ **5.1** ~ **in/up** ⟨v. radio⟩ *het volume (geleidelijk) laten opkomen;* ⟨film.⟩ *(in)faden, invloeien* ⟨beeld⟩. → **fade out.**
fade away **0.1** ***(geleidelijk) verdwijnen*** ⇒*afnemen* ⟨krachten⟩; *vervagen* ⟨kleuren⟩; *wegsterven* ⟨geluid⟩.
fade-in **0.1** ⟨film.⟩ ***invloeier*** ⇒*fade-in.*
fade out **0.1** ⟨radio⟩ ***langzaam (doen) wegsterven*** ⇒*wegdraaien* ⟨geluid⟩ **0.2** ⟨film.⟩ ***geleidelijk (doen) vervagen*** ⇒*langzaam uitfaden* ⟨beeld⟩ **0.3** ***verdwijnen*** ◆ **6.3** I'll ~ **of** her life *ik ga wel uit haar leven verdwijnen.*
fade-out **0.1** ⟨film.⟩ ***uitvloeier*** ⟨fade-out⟩.
faeces, ⟨AE sp.⟩ **feces** [fie:sie:z] ⟨mv.⟩ **0.1** ***fecaliën*** ⇒*feces, ontlasting.*
faff about [fæf], **faff around** ⟨BE; inf.⟩ **0.1** ***zijn tijd verlummelen/verknoeien (aan bijkomstigheden)*** ⇒*onnodige drukte maken.*
fag[1] [fæg] ⟨zn.⟩ **0.1** ***vervelend/saai/geestdodend werk*** **0.2** ⟨BE; school.⟩ ***knechtje*** ⇒*werkezel* ⟨jongerejaars die karweitjes moet doen voor ouderejaars⟩ **0.3** ⟨inf.⟩ ***saffie*** ⇒*sigaret* **0.4** ⟨sl.⟩ ***flikker*** ◆ **7.1** dictionary work is too much (of a) ~ *lexicografisch werk is veel te eentonig.*
fag[2] ⟨ww.; -ged⟩ **0.1** ***sloven*** ⇒*zich afmatten, hard werken* **0.2** ⟨BE; school.⟩ ***manusje-van-alles zijn*** ⟨voor oudere leerling⟩ ⇒*knechtje spelen* ◆ **5.1** ~ **away** at sth. *ergens op ploeteren.*
fag end [fæg end, ⟨in bet. 0.2⟩ fægend] **0.1** ***rest(je)*** ⇒*laatste eindje* **0.2** ⟨inf.⟩ ***peuk.***

fagged [fægd], **fagged out** ⟨BE; inf.⟩ **0.1** ***afgepeigerd*** ⇒*kapot.*
faggot¹, ⟨AE sp.⟩ **fagot** [fægət] ⟨zn.⟩ **0.1** ***takkenbos*** ⇒*bundel (aanmaak)houtjes* **0.2** ***bal gehakt*** **0.3** ***vervelend mens*** ⇒ *(oude) zak.*
faggot² ⟨zn.⟩⟨vnl. AE; inf.⟩ **0.1** ***flikker*** ⇒*nicht.*
Fahrenheit [færənhajt] ⟨nat.⟩ **0.1** ***Fahrenheit.***
faience [fajja:ns,-ons] **0.1** ***geglazuurd aardewerk.***
fail¹ [feel] ⟨zn.⟩⟨school.⟩ **0.1** ***onvoldoende*** ◆ **6.¶ without** ~ *zonder mankeren/falen, stellig.*
fail² I ⟨onov.ww.⟩ **0.1** ***tekortschieten*** ⇒*ontbreken, het begeven* **0.2** ***afnemen*** ⇒*op raken, verzwakken* **0.3** ***zakken*** ⇒ *een onvoldoende halen* **0.4** ***mislukken*** ⇒*het niet halen, het laten afweten* **0.5** ***failliet gaan*** ◆ **1.1** his courage ~ed him *het ontbrak hem aan moed;* words ~ed me *ik kon geen woorden vinden;* the crops will ~ this year *de oogst zal dit jaar mislukken* **1.2** her health is ~ing rapidly *haar gezondheid gaat snel achteruit* **6.1** he ~ed **in** his duty *hij deed zijn plicht niet;*
II ⟨ov.ww.⟩ **0.1** ***nalaten*** ⇒*niet in staat zijn/er niet in slagen* **0.2** ***in de steek laten*** ⇒*teleurstellen* **0.3** ***zakken voor*** ⇒*niet halen* ⟨examen⟩ **0.4** ⟨school.⟩ ***laten zakken*** ⇒*onvoldoende achten* ◆ **3.1** I ~ to see your point *ik begrijp niet wat u bedoelt.*
failing¹ [feeling] ⟨zn.⟩ **0.1** ***tekortkoming*** ⇒*zwakheid, onvolmaaktheid* ⟨in karakter⟩, *fout* ⟨in constructie⟩.
failing² ⟨vz.⟩ **0.1** ***bij gebrek aan*** ◆ **1.1** ~ clear instructions we'll just have to experiment *bij gebrek aan duidelijke instructies zullen we dan maar moeten experimenteren.*
fail-safe ⟨tech.⟩ **0.1** ***veilig falend*** ⇒*faalveilig.*
failure [feeljə] **0.1** ***het falen*** ⇒*het zakken, afgang* **0.2** ***mislukking*** ⇒*fiasco, mislukkeling* **0.3** ***nalatigheid*** ⇒*verzuim, onvermogen* **0.4** ***het uitblijven*** ⇒*mislukking* ⟨oogst⟩ **0.5** ⟨med.⟩ ***stilstand*** ⟨hart, nieren⟩ **0.6** ***faillissement*** **0.7** ***verzwakking*** ⇒*achteruitgang* **0.8** ⟨tech.⟩ ***storing*** ⇒*ontregeling* ◆ **1.1** power ~ *stroomstoring/uitval* **3.3** ~ to give due notice *het niet in acht nemen van de gebruikelijke opzegtermijn.*
faint¹ [feent] ⟨zn.⟩ **0.1** ***flauwte*** ⇒*onmacht, bezwijming* ◆ **2.1** to fall down in a ~ *flauwvallen.*
faint² ⟨bn.; -ness⟩ **0.1** ***flauw*** ⇒*leeg, wee* **0.2** ***halfgemeend*** ⇒ *zwak* ⟨loftuitingen, poging⟩ **0.3** ***laf*** **0.4** ***nauwelijks waarneembaar*** ⇒*vaag; onduidelijk* ⟨geluid⟩ **0.5** ***flets*** ⟨kleur⟩ **0.6** ***gering*** ⇒*vaag, zwak* ⟨idee, hoop⟩ ◆ **1.2** damn with ~ praise *de grond/het graf in prijzen;* ⟨sprw.⟩ ~ heart never won fair lady *een schroomvallig hart won nooit een schone bruid* **1.6** I haven't the ~est idea *ik heb geen flauw idee* **6.1** ~ **with** hunger *flauw v.d. honger.*
faint³ ⟨ww.⟩ **0.1** ***flauwvallen.***
faint-hearted ⟨-ness⟩ **0.1** ***beschroomd*** ⇒*bedeesd.*
fair¹ [feə] ⟨zn.⟩ **0.1** ***markt*** ⇒*bazaar* **0.2** ***beurs*** ⇒*(jaar)markt, tentoonstelling* **0.3** ⟨BE⟩ ***kermis.***
fair² ⟨bn.; -ness⟩ **0.1** ***eerlijk*** ⇒*redelijk, geoorloofd* **0.2** ***behoorlijk*** ⇒*bevredigend, redelijk* **0.3** ***mooi*** ⟨weer⟩ ⇒*helder* ⟨lucht⟩ **0.4** ***gunstig*** ⇒*veelbelovend* **0.5** ***blank*** ⇒*licht(gekleurd), blond* ⟨haar, huid⟩ ◆ **1.1** ⟨inf.⟩ ~ dos/do's! *eerlijk delen!; wees nou eerlijk!, geef toe!;* ~ game *wild waarop gejaagd mag worden;* ⟨fig.⟩ *gemakkelijke prooi* ⟨bv. voor kritiek⟩; get a ~ hearing *een eerlijk proces krijgen;* by ~ means or foul *met alle/geoorloofde en ongeoorloofde middelen;* ~ play *fair play, eerlijk spel* ⟨ook fig.⟩ **1.2** his knowledge of French is ~ *zijn kennis v.h. Frans is behoorlijk* **1.4** ⟨scheep.⟩ ~ sailing *open/vrije vaart;* ⟨scheep.⟩ ~ wind *gunstige wind* **1.5** a ~ man *een blonde man* **1.¶** ~ promises *mooie beloften;* the ~ sex *het schone geslacht;* ⟨BE; inf.⟩ a ~ crack of the whip *een eerlijke kans* **5.1** ⟨inf.⟩ ~ enough! *dat is niet onredelijk!, okay!* **¶.1** ⟨sprw.⟩ all's ~ in love and war *in oorlog en liefde is alles geoorloofd.*
fair³ ⟨bw.⟩ **0.1** ***eerlijk*** ⇒*rechtvaardig* **0.2** ***beleefd*** ⇒*hoffelijk, netjes* **0.3** ***precies*** ⇒*pal, net* ◆ **3.1** play ~ *eerlijk spelen, integer zijn* **5.3** ~ and square *precies; rechtuit, open(hartig).*
fair ground ⟨ook mv.⟩ **0.1** ***kermisterrein.***
fair-haired **0.1** ***blond*** ⇒*met blond haar* ◆ **1.¶** ~ boy *lievelingetje, oogappel.*
fairly [feərlie] **0.1** ***eerlijk*** ⇒*billijk* **0.2** ***volkomen*** ⇒*helemaal* **0.3** ***tamelijk*** ⇒*redelijk* **0.4** ***werkelijk*** ⇒*gewoon* ◆ **3.2** I was ~ stunned *ik stond compleet paf* **3.4** I was ~ crying with joy *ik zat gewoon te huilen van blijdschap.*
fair-minded ⟨-ness⟩ **0.1** ***rechtvaardig*** ⇒*eerlijk.*
fairness [feərnəs] **0.1** ***eerlijkheid*** ⇒*billijkheid, rechtvaardigheid, redelijkheid* **0.2** ⟨ben. voor⟩ ***lichte kleur*** ⟨v. haar, huid⟩ ⇒*blond(heid)* ◆ **6.1 in** (all) ~ to the boys it should be said ... *in alle eerlijkheid moet worden opgemerkt dat de jongens ...;* **in** all ~ she's a hard worker *eerlijk is eerlijk, zij is een harde werker.*
fair-trade ⟨hand.⟩ **0.1** ***prijsbindings-*** ◆ **1.1** ~ agreement *prijsbinding(sovereenkomst).*
fairway **0.1** ⟨scheep.⟩ ***vaargeul*** ⇒*vaarwater* **0.2** ⟨golf⟩ ***fairway*** ⟨grasbaan tussen afslagplaats en de green⟩.
fair-weather **0.1** ***mooiweer-*** ⇒*waar je niet van op aan kunt, onbetrouwbaar* ◆ **1.1** ~ friends *schijnvrienden.*
fair|y [feərie] ⟨mv.: -ies⟩ **0.1** ***(tover)fee*** ⇒*elf(je)* **0.2** ⟨sl.⟩ ***flikker.***
fairy lamp, fairy light **0.1** ***kerst(boom)verlichting.***
fairyland **0.1** ***sprookjeswereld*** ⇒*sprookjesland.*
fairy tale, fairy story **0.1** ***sprookje*** **0.2** ***verzinsel.***
fairy-tale **0.1** ***sprookjesachtig*** ⇒*sprookjes-, onwerkelijk* ◆ **1.1** a ~ dress *een droomjurk.*
faith [feeθ] **0.1** ***geloof*** ⇒*vertrouwen* ⟨in persoon, mogelijkheid e.d.⟩ **0.2** ***(ere)woord*** ⇒*gelofte* **0.3** ***trouw*** ⇒*oprechtheid* **0.4** ***geloof*** ⇒*geloofsovertuiging, religie* ◆ **2.4** the Jewish ~ *het joodse geloof* **3.1** pin one's ~ on/to, put one's ~ in *vertrouwen stellen in* **3.2** break ~ with *zijn woord breken jegens;* keep ~ with *zijn woord houden jegens* **3.3** act in good ~ *te goeder trouw handelen.* →**bad, good.**
faith cure **0.1** ***gebedsgenezing.***
faithful [feeθfl] ⟨-ness⟩ **0.1** ***gelovig*** ⇒*godsdienstig* **0.2** ***trouw*** ⇒*loyaal, getrouw* **0.3** ***getrouw*** ⟨kopie⟩ **0.4** ***betrouwbaar*** ⟨werker⟩ ◆ **7.1** the ~ *de gelovigen.*
faithfully [feeθfəlie] **0.1** →**faithful** **0.2** ***met de hand op het hart*** ⟨iets beloven⟩ ◆ **4.¶** yours ~ *hoogachtend.*
faith healer **0.1** ***gebedsgenezer.***
faithless [feeθləs] ⟨-ness⟩ **0.1** ***ongelovig*** **0.2** ***trouweloos*** ⇒ *ontrouw* **0.3** ***onbetrouwbaar*** ⇒*vals.*
fake¹ [feek] ⟨zn.⟩ **0.1** ***vervalsing*** ⇒*kopie* **0.2** ***oplichter*** ⇒*bedrieger* ◆ **1.1** that Rembrandt is a ~ *die Rembrandt is een vervalsing.*
fake² ⟨bn.⟩ **0.1** ***namaak-*** ⇒*vals, vervalst* ⟨sieraad, schilderij⟩.
fake³ ⟨ww.⟩ **0.1** ***voorwenden*** ⇒*veinzen* ⟨ziekte, verbazing⟩ **0.2** ***namaken*** ⇒*vervalsen, fingeren* ⟨schilderij, handtekening⟩ ◆ **1.1** a ~d robbery *een in scène gezette overval* **5.2** ~ **up** *namaken, vervalsen.*
fakir [feekiə, fæ-] **0.1** ***fakir.***
falafel [fəla:fəl] ⟨cul.⟩ **0.1** ***falafel*** ⟨broodje met gekruide salade als vulling⟩.
falcon [fo:lkən] **0.1** ***valk.***
falconer [fo:lkənə] **0.1** ***valkenier.***
falconry [fo:lkənrie] **0.1** ***valkenierschap*** ⇒*valkendressuur* **0.2** ***valkenjacht*** ⇒*valkerij.*

fall[1] [fo:l] ⟨zn.⟩ **0.1** ***val*** ⇒*smak, het vallen;* ⟨fig.⟩ *ondergang, verderf* **0.2** ***neerslag*** ⇒*regenval, pak* ⟨sneeuw⟩ **0.3** ***afname*** ⇒*daling, verval* ⟨v. rivier⟩; *het zakken* ⟨v. prijzen, temperatuur⟩ **0.4** ***helling*** ⇒*glooiing* ⟨v. land⟩ **0.5** ⟨vnl. mv.⟩ ***waterval*** **0.6** ⟨vaak F-; AE⟩ ***herfst*** ⇒*najaar* **0.7** ⟨worstelen⟩ ***touché*** ⇒*schouderlegging;* ⟨fig.⟩ *worsteling* **0.8** ⟨judo⟩ ***(ippon gescoord door) worp op de rug*** ◆ **1.1** rise and ~ *opkomst en ondergang* **1.5** the Niagara Falls *de Niagara waterval(len)* **3.1** ride for a ~ *zijn ondergang tegemoet gaan* **7.1** the Fall (of man) *de zondeval.*

fall[2] ⟨fell [fel], fallen [fo:lən]⟩ **I** ⟨onov.ww.⟩ **0.1** ***vallen*** ⇒*om/neervallen, invallen* ⟨v. duisternis⟩; *afnemen, dalen* ⟨v. prijzen, barometer, stem⟩; *aflopen, afhellen* ⟨v. land⟩ **0.2** ***ten onder gaan*** ⇒*vallen; sneuvelen; ingenomen worden* ⟨v. stad, fort⟩; *zijn (hoge) positie verliezen;* ⟨rel.⟩ *zondigen, onteerd worden* ⟨v. vrouw⟩ **0.3** ***uitmonden*** ⇒*uitkomen* ⟨v. rivier⟩ **0.4** ***betrekken*** ⟨v. gezicht⟩ **0.5** ***terechtkomen*** ⇒*neerkomen;* ⟨fig.⟩ *ten deel vallen* **0.6** ***raken*** ◆ **1.1** ~ to one's knees *op zijn knieën vallen;* ~ to pieces *in stukken/kapot vallen* ⟨ook fig.⟩; ~ on one's sword *zich op zijn zwaard storten;* it fell on my way *het kwam op mijn pad;* ⟨cricket⟩ six wickets fell in the first hour *in het eerste uur gingen er zes batsmen uit;* the wind fell *de wind nam af, ging liggen* **1.2** ~ from power *de macht verliezen;* the town fell to the enemy *de stad viel in handen v.d. vijand* **1.¶** Easter always ~s on a Sunday *Pasen valt altijd op zondag;* Nick's name fell *Nicks naam viel/werd genoemd* **5.1** ⟨inf.⟩ ~ **about** (laughing/with laughter) *omrollen/omvallen (v.h. lachen);* ~ **apart** *uiteenvallen;* ⟨sl.⟩ *instorten;* ~ **back** *achteruitgaan/wijken;* ⟨mil.⟩ *zich terugtrekken;* sth. to ~ **back** on *iets om op terug te vallen;* ~ **over** *omvallen;* ⟨inf.⟩ ~ **over backwards** *zich uitsloven, zich in allerlei bochten wringen;* ~ **through** *mislukken* **5.6** ~ **behind** (with) *achterop raken (met)* **5.¶** ~ asleep *in slaap vallen;* ~ flat *niet inslaan, mislukken;* ~ foul of *in aanvaring komen met;* ⟨fig.⟩ *in botsing/aanraking komen met;* ~ short (of) *tekortschieten (voor), niet voldoen (aan)* **6.1** ⟨inf.⟩ ~ **over** o.s. *zich uitsloven;* ~ **(up)on** *zich werpen op, een aanval doen op* ⟨vijand, eten⟩ **6.2** ~ **for** *zich laten overtuigen door, erin trappen; vallen op, verliefd worden op* **6.5** these goods ~ **to** the Crown *deze goederen vervallen aan de kroon;* it fell **to** me to put the question *het was aan mij de vraag te stellen* **6.6** ~ **from** grace *uit de gratie raken* **6.¶** ~ **in** love **(with)** *verliefd worden (op).* →**fall away, fall down, fall into, fall in (with), fall off, fall out, fall to, let;**
II ⟨ov.ww.⟩ →**fall in;**
III ⟨kww.⟩ **0.1** ***worden*** ◆ **2.1** ~ ill *ziek worden;* ~ silent *stil worden/vallen.*

fallacious [fəleesjəs] **0.1** ***misleidend*** ⇒*bedrieglijk* ◆ **1.1** ~ argument *drogreden.*

fallac|y [fæləsie] ⟨mv.: -ies⟩ **0.1** ***denkfout*** ⇒*drogreden* **0.2** ***misvatting*** ⇒*dwaling, vergissing* ◆ **1.2** a popular ~ *een wijdverbreid misverstand.* →**pathetic.**

fall away **0.1** ***(steil) afhellen*** ⇒*aflopen* ⟨v. land⟩ **0.2** ***minder worden*** ⇒*zakken* ⟨ook v. prijzen, productie⟩ **0.3** ***afvallen*** ⇒*afvallig worden, de boel in de steek laten* **0.4** ***afwijken*** ⇒*afdrijven, uit de koers raken.*

fall-back price ⟨hand.⟩ **0.1** ***minimumprijs*** ⇒*bodemprijs;* ⟨in EG⟩ *interventieprijs.*

fall down **0.1** ***(neer)vallen*** ⇒*instorten, ten val komen* **0.2** ⟨inf.⟩ ***mislukken*** ⇒*tekortschieten* ◆ **6.2** ~ **on** sth. / the job *ergens/er niets van bakken.*

fallen[1] [fo:lən] ⟨bn.⟩ **0.1** ***gevallen*** **0.2** ***zondig*** ⇒*onteerd, verdorven* **0.3** ***gesneuveld*** ◆ **1.2** ~ angel/woman *gevallen engel/vrouw* **1.¶** ~ arches *doorgezakte voeten.*

fallen[2] ⟨volt. deelw.⟩ →**fall.**

fall guy ⟨AE; inf.⟩ **0.1** ***slachtoffer*** **0.2** ***zondebok.***

fallib|le [fæləbl] ⟨-ly; zn.: **-ility**⟩ **0.1** ***feilbaar*** ⇒*onvolmaakt.*

fall in **I** ⟨onov.ww.⟩ **0.1** ***instorten*** ⇒*invallen* ⟨v. dak, tunnel⟩ **0.2** ⟨vnl. mil.⟩ ***aantreden*** ⇒*zich in het gelid opstellen* **0.3** ***aflopen*** ⟨v. huurcontract⟩ **0.4** ***beschikbaar komen*** ⟨v. land, schuld⟩ ◆ **6.2** ~ **alongside / beside** *zich aansluiten bij;*
II ⟨ov.ww.⟩ ⟨mil.⟩ **0.1** ***laten aantreden.***

fall into **0.1** ***terechtkomen in*** ⇒*verzeild raken in* **0.2** ***uiteenvallen in*** ⇒*verdeeld worden/zijn in* ◆ **1.1** ~ conversation with *in gesprek raken met;* ~ a habit *een gewoonte aannemen.*

fall in with **0.1** ***ontmoeten*** ⇒*tegen het lijf lopen* **0.2** ***het eens zijn met*** ⇒*toestemmen in* ⟨plan⟩.

fall off **0.1** ***afnemen*** ⇒*dalen, verminderen* ⟨v. prijs, belangstelling⟩.

Fallopian tube [fəloopiən tjoe:b] ⟨anat.⟩ **0.1** ***eileider.***

fall out **0.1** ⟨+ with⟩ ***ruzie maken/hebben (met)*** ⇒*twisten* **0.2** ***gebeuren*** ⇒*terechtkomen, uitkomen* **0.3** ***vertrekken*** ⇒⟨mil.⟩ *inrukken.*

fall-out **0.1** ***radioactieve neerslag*** ⇒*fall-out* **0.2** ***het uitvallen*** ⇒*het ophouden.*

fall-out shelter **0.1** ***atoomschuilkelder.***

fallow [fæloo] **0.1** ⟨bn.; landb.⟩ ***braak*** ⇒*onbewerkt* **0.2** ⟨zn.⟩ ***braakland*** ⇒*braakakker, braak* ◆ **3.1** lie ~ *braak liggen* ⟨ook fig.⟩.

fallow deer **0.1** ***damhert.***

fall to **0.1** ***toetasten*** ⇒*aanvallen, beginnen.*

false[1] [fo:ls] ⟨bn.; -r; -ness⟩ **0.1** ***onjuist*** ⇒*fout(ief), verkeerd* **0.2** ***onecht*** ⇒*kunstmatig* **0.3** ***bedrieglijk*** ⇒*onbetrouwbaar, leugenachtig* **0.4** ⟨tech.⟩ ***vals*** ⇒*pseudo-* ◆ **1.1** ~ pride *ongerechtvaardigde trots;* ~ start *valse start* **1.2** ~ teeth *kunstgebit* **1.3** ~ alarm *loos alarm;* ~ bottom *dubbele bodem;* sail under ~ colours *onder valse vlag varen* ⟨ook fig.⟩; under ~ pretences *onder valse voorwendsels;* ~ scent *dwaalspoor* **2.1** true or ~? *waar of onwaar?* **6.3** be ~ **to** one's friends *zijn vrienden ontrouw zijn.*

false[2] ⟨bw.⟩ ◆ **3.¶** play s.o. ~ *iem. bedriegen* ⟨vnl. in (liefdes)-relatie⟩.

false-hearted **0.1** ***trouweloos*** ⇒*vals.*

falsehood [fo:lshoed] **0.1** ***onwaarheid*** ⇒*leugen* **0.2** ***het liegen.***

falsies [fo:lsie:z] **0.1** ***vullingen*** ⟨in beha⟩.

falsifiable [fo:lsiffajjəbl, -fajjəbl] **0.1** ***falsifi(c)eerbaar.***

falsif|y [fo:lsiffaj] ⟨-ied; zn.: **-ication**⟩ **0.1** ***vervalsen*** ⇒*falsificeren* **0.2** ***verkeerd voorstellen*** ⟨gebeurtenis⟩ **0.3** ***weerleggen*** ⇒*de onjuistheid aantonen van, logenstraffen* ⟨voorspelling⟩.

falsit|y [fo:lsətie] ⟨mv.: -ies⟩ **0.1** ***valsheid*** ⇒*onwaarheid, leugen.*

falter [fo:ltə] **I** ⟨onov.ww.⟩ **0.1** ***wankelen*** ⇒*waggelen* **0.2** ***aarzelen*** ⇒*weifelen* **0.3** ***stotteren*** ⇒*stamelen* **0.4** ***teruglopen*** ⟨v. zaken⟩ ◆ **1.3** Vic's voice ~ed *Vics stem stokte;*
II ⟨ov.ww.⟩ **0.1** ***stamelen*** ⇒*uitbrengen* ◆ **5.1** ~ **out** an apology *een verontschuldiging stamelen.*

falteringly [fo:ltəringlie] **0.1** ***wankelend*** ⇒*onvast* **0.2** ***weifelend*** ⇒*aarzelend* **0.3** ***stamelend*** ⇒*stotterend.*

fame [feem] **0.1** ***roem*** ⇒*bekendheid, vermaardheid* **0.2** ***(goede) naam*** ⇒*reputatie* ◆ **2.2** of ill ~ *berucht* **3.1** come to ~ *beroemd worden.*

famed [feemd] **0.1** ⟨+ for⟩ ***beroemd (om)*** ⇒*befaamd, bekend.*

familial [fəmilliəl] **0.1** ***familie-*** ⇒*familiaal* ◆ **1.1** ~ trait *familietrek.*

familiar[1] [fəmilliə] ⟨zn.⟩ **0.1** ***boezemvriend(in)*** ⇒*intimus, intima.*

familiar[2] ⟨bn.⟩ 0.1 ***vertrouwd*** ⇒*bekend, gewoon* 0.2 ⟨+with⟩ ***op de hoogte (van)*** ⇒*bekend (met)* 0.3 ***informeel*** ⇒*ongedwongen, gemeenzaam* 0.4 ***vrijpostig*** ⇒*familiair, gemeenzaam* ◆ 1.1 move on ~ ground *op vertrouwd terrein zijn* 6.1 doesn't that look ~ **to** you? *komt dat je niet bekend voor?*

familiarit|y [fəmillie·ærətie] ⟨mv.: -ies⟩ 0.1 ***vertrouwdheid*** ⇒*bekendheid* 0.2 ***ongedwongenheid*** ⇒*informaliteit* 0.3 ⟨vaak mv.⟩ ***vrijpostigheid*** ⇒*vrijheid* ◆ ¶.1 ⟨sprw.⟩ ~ breeds contempt *altijd mooi is nooit mooi.*

familiar|ize, -ise [fəmilliərajz] ⟨zn.: **-ization**⟩ 0.1 ***bekendmaken*** ⇒*vertrouwd/gewoon maken* ◆ 6.1 ~ o.s. **with** *zich eigen maken, zich vertrouwd maken met.*

famil|y [fæm(ə)lie] ⟨mv.: -ies⟩ 0.1 ⟨ww. enk. of mv.⟩ ***(huis)gezin*** ⇒*kinderen, gezinsleden* 0.2 ⟨ww. enk. of mv.⟩ ***familie(leden)*** ⇒*verwanten, geslacht* 0.3 ***afkomst*** ⇒*afstamming, familie* 0.4 ⟨biol.⟩ ***familie*** ◆ 2.1 a small ~ *een gezin met weinig kinderen, een klein gezin* 2.2 all our ~ are short *onze hele familie is klein van stuk* 2.3 of good ~ *v. goede familie/afkomst* 3.1 start a ~ *een gezin stichten* 3.2 run in the ~ *in de familie zitten* ⟨eigenschap, talent⟩ 7.1 have you any ~? *hebt u kinderen?*

family affair 0.1 ***familieaangelegenheid.***

family allowance ⟨vero.⟩ 0.1 ***kinderbijslag.***

family car 0.1 ***gezinsauto.***

family circle 0.1 ***familiekring.***

Family Division ⟨the⟩⟨BE; jur.⟩ 0.1 ⟨ong.⟩ ***Burgerlijke Kamer*** ⟨v. Hoge Raad; rechtbank voor gezinsaangelegenheden⟩.

family doctor 0.1 ***huisarts.***

family law 0.1 ***familierecht.***

family man 0.1 ***huisvader*** 0.2 ***huiselijk man.***

family planning 0.1 ***geboorteregeling*** ⇒*geboortebeperking.*

family therapy 0.1 ***gezinstherapie.***

family tree 0.1 ***stamboom*** ⇒*genealogie.*

family way ◆ 6.¶ ⟨inf.⟩ be **in** the ~ *in verwachting/zwanger zijn.*

famine [fæmin] 0.1 ***hongersnood*** 0.2 ***tekort*** ⇒*schaarste, gebrek.*

famish [fæmisj] 0.1 ***(laten) verhongeren*** ⇒*uithongeren, uitgehongerd zijn* ◆ 1.1 ⟨inf.⟩ the men were ~ed *de mannen waren uitgehongerd.*

famous [feeməs] 0.1 ⟨+for⟩ ***beroemd (om)*** ⇒*(wel)bekend, vermaard.*

fan[1] [fæn] ⟨zn.⟩ 0.1 ***waaier*** 0.2 ***ventilator*** ⇒*fan* 0.3 ***bewonderaar(ster)*** ⇒*enthousiast, fan.*

fan[2] ⟨-ned⟩ I ⟨onov.ww.⟩ 0.1 ***zich verspreiden*** ◆ 5.1 ~ **out** *uitwaaieren, zich verspreiden* ⟨v. soldaten, jagers e.d.⟩;
II ⟨ov.ww.⟩ 0.1 ***(toe)waaien*** ⇒*blazen* ⟨lucht⟩; *toewuiven* ⟨koelte⟩ 0.2 ***aanblazen*** ⇒*aanwakkeren* ⟨ook fig.⟩ 0.3 ***doen uitwaaieren*** ⇒*waaiervormig uitspreiden* ⟨kaarten⟩ ◆ 1.2 ~ the flames *het vuur aanwakkeren, olie op het vuur gieten;* ~ a passion *gevoelens aanwakkeren.*

fanatic|(al) [fənætik(l)] ⟨-ally⟩ 0.1 ***fanatiek.***

fanatic [fənætik] 0.1 ***fanaticus*** ⇒*fanatiekeling(e).*

fanaticism [fənætissizm] 0.1 ***fanatisme.***

fan belt ⟨tech.⟩ 0.1 ***ventilatorriem.***

fanciable [fænsiəbl] ⟨BE⟩ 0.1 ***aantrekkelijk*** ⇒*sexy.*

fancier [fænsieə] ⟨vnl. in samenstellingen⟩ 0.1 ***liefhebber*** ⇒*enthousiast* 0.2 ***fokker*** ◆ 1.1 a pigeon ~ *een duivenmelker.*

fanciful [fænsiefl] 0.1 ***fantasievol*** ⇒*rijk aan fantasie* ⟨stijl, schrijver⟩ 0.2 ***fantastisch*** ⇒*bizar, apart* ⟨kleren⟩ 0.3 ***denkbeeldig*** ⇒*verzonnen, ingebeeld.*

fan club 0.1 ***fanclub.***

fanc|y[1] [fænsie] ⟨zn.; mv.: -ies⟩ 0.1 ***fantasie*** ⇒*verbeelding(skracht), inbeelding* 0.2 ***voorkeur*** ⇒*voorliefde, zin* 0.3 ***veronderstelling*** ⇒*idee, fantasie* 0.4 ⟨mv.; inf.⟩ ***taartjes*** ⇒ *gebakjes* ◆ 2.2 a passing ~ *een bevlieging* 3.2 catch/take the ~ of *in de smaak vallen bij;* take a ~ for/to *een voorliefde opvatten voor.*

fanc|y[2] ⟨bn.; -ily⟩ 0.1 ***versierd*** ⇒*decoratief, elegant* 0.2 ***grillig*** ⇒*extravagant, buitensporig* ⟨prijzen⟩ 0.3 ***verzonnen*** ⇒ *denkbeeldig* ◆ 1.1 ~ cakes *taartjes;* ~ dress *kostuum;* ~ goods *fantasiegoed, snuisterijen* 1.3 ~ notions *illusies.*

fanc|y[3] ⟨ww.; -ied⟩ 0.1 ***zich voorstellen*** ⇒*zich indenken* 0.2 ***vermoeden*** ⇒*geloven* 0.3 ***een voorliefde hebben voor*** ⇒ *leuk vinden, zin hebben in* ◆ 1.3 ~ a girl *op een meisje vallen;* ~ some peanuts? *wil je wat pinda's?* 4.2 ~ that! *stel je voor!, niet te geloven!* 4.3 ~ o.s. *een hoge dunk van zichzelf hebben.*

fancy-free 0.1 ***ongebonden*** ⇒*niet verliefd, vrij* ◆ 2.1 footloose and ~ *vrij en onbekommerd.*

fancy man ⟨sl.⟩ 0.1 ***minnaar*** 0.2 ***pooier.***

fancy woman ⟨sl.⟩ 0.1 ***minnares*** 0.2 ***hoertje.***

fancywork 0.1 ***fraaie handwerken*** ⇒*borduurwerk.*

fandango [fændænggoo] ⟨mv.: ook -es⟩ 0.1 ***fandango*** ⟨Spaanse dans⟩.

fang [fæng] 0.1 ***hoektand*** ⇒*snijtand* ⟨v. hond of wolf⟩, *giftand* ⟨v. slang⟩, *slagtand.*

fan light ⟨bouwk.⟩ 0.1 ***(waaiervormig) bovenlicht*** ⇒*waaiervenster.*

fan mail 0.1 ***fanmail*** ⇒*brieven van bewonderaars.*

fann|y [fænie] ⟨mv.: -ies⟩ 0.1 ⟨BE; vulg.⟩ ***kut*** ⇒*pruim* 0.2 ⟨AE; inf.⟩ ***kont*** ⇒*achterwerk.*

fantailed ⟨dierk.⟩ ◆ 1.¶ ~ warbler *waaierstaartrietzanger.*

fantasist [fæntəsist] 0.1 ***fantast.***

fantasize, -ise [fæntəsajz] 0.1 ***fantaseren.***

fantastic [fæntæstik] ⟨-ally⟩ 0.1 ***grillig*** ⇒*excentriek, bizar* 0.2 ***denkbeeldig*** 0.3 ⟨inf.⟩ ***enorm*** ⇒*fantastisch, geweldig.*

fantasticate [fæntæstikkeet] ⟨schr.⟩ I ⟨onov.ww.⟩ 0.1 ***fantaseren;***
II ⟨ov.ww.⟩ 0.1 ***fantastisch(er)/bizar(der)/wonderlijk(er) maken.***

fantas|y, phantas|y [fæntəsie] ⟨mv.: -ies⟩ 0.1 ***verbeelding*** ⇒ *fantasie* 0.2 ***illusie*** ⇒*fantasie, hersenspinsel* 0.3 ⟨lit., muz.⟩ ***fantasie*** ⇒*improvisatie.*

fan vaulting ⟨bouwk.⟩ 0.1 ***waaiergewelf/gewelven.***

fanzine [fænzie:n] 0.1 ***fanblaadje.***

far[1] [fa:] ⟨bn.; farther [fa:ðə], further [fə:ðə], farthest [fa:ðist], furthest [fə:ðist]⟩ 0.1 ***ver*** ⇒*(ver)afgelegen, ver verwijderd* ◆ 1.1 your plum-pudding is a ~ cry from the real thing *jouw plumpudding heeft weinig te maken met een echte;* at the ~ end of the room *aan het andere eind v.d. kamer;* to the ~ right *uiterst rechts* ⟨ook pol.⟩.

far[2] ⟨bw.⟩ 0.1 ***ver*** 0.2 ***lang*** ⇒*ver* ⟨v. tijd⟩ 0.3 ***veel*** ⇒*verreweg* ◆ 2.3 ~ too easy *veel te makkelijk* 3.1 carry/take sth. too ~ *iets te ver doordrijven/te ver laten komen;* a pound doesn't go very ~ these days *tegenwoordig kun je met een pond haast niets meer doen;* ~ gone *ver heen* 5.1 how ~ *hoe ver, in hoeverre;* ~ and **near** *overal;* so ~ *(tot) zó ver, in zoverre;* ~ and wide *wijd en zijd* 5.2 so ~ *tot nu toe;* so ~ so good *zover zijn we in elk geval, tot nu toe is alles nog goed gegaan* 5.3 ~ and **away** the best *verreweg het beste* 6.1 ~ **from** easy *verre van/allesbehalve makkelijk;* ~ be it **from** me to criticize *het is verre van mij om kritiek te leveren;* **in** so/as ~ as *voor zover* 6.2 ~ **into** the afternoon *ver in de middag* 6.3 that book is the better **by** ~ *dat is verreweg het beste boek* 8.1 as/so ~ as *voor zover; tot aan, zover als;* as ~ as I can see *volgens mij.* →**far-off, far-out.**

faraway [fa:rəwee] **0.1** ***(ver)afgelegen*** ⇒*ver* **0.2** ***afwezig*** ⇒ *dromerig, ver* ⟨v. blik⟩.

farce [fa:s] **0.1** ⟨dram.⟩ ***klucht(spel)*** **0.2** ***schijnvertoning*** ⇒ *zinloos gedoe, farce.*

farcical [fa:sikl] **0.1** ***kluchtig*** ⇒*lachwekkend* **0.2** ***futiel*** ⇒ *absurd.*

fare[1] [feə] ⟨zn.⟩ **0.1** ***vervoerprijs*** ⇒*vervoerkosten, tarief;* ⟨ong.⟩ *kaartje* **0.2** ***passagier*** ⇒*vrachtje* ⟨in taxi⟩ **0.3** ***kost*** ⇒*voedsel, voer* ◆ **2.3** simple ~ *eenvoudige kost.*

fare[2] ⟨ww.⟩ ◆ **4.¶** how did you ~? *hoe ben je gevaren?, hoe is het gegaan?* **5.¶** ~ **ill** *het slecht treffen, geen geluk hebben;* ~ **well** *succes hebben, het goed maken.*

fare dodger ⟨inf.⟩ **0.1** ***zwartrijder.***

fare stage **0.1** ***zonegrens*** ⟨v. openbaar vervoer⟩.

farewell[1] ⟨zn.⟩⟨schr.⟩ **0.1** ***afscheid*** ⇒*vaarwel.*

farewell[2] ⟨tw.⟩⟨schr.⟩ **0.1** ***vaarwel*** ⇒*adieu, tot ziens.*

far-fetched **0.1** ***vergezocht*** ⇒*gewrongen* ⟨v. voorbeeld, vergelijking⟩.

far-flung ⟨schr.⟩ **0.1** ***wijdverbreid*** ⇒*ver verspreid* ⟨v. netwerk, connecties⟩ **0.2** ***verafgelegen.***

farinaceous [færinneesjəs] **0.1** ***zetmeelhoudend*** ⇒*melig, meel-* ◆ **1.1** ~ foods *meelproducten.*

farm[1] [fa:m] ⟨zn.⟩ **0.1** ***boerderij*** ⇒*landbouwbedrijf, boerenbedrijf* **0.2** ***boerenhoeve*** ⇒*boerderij.*

farm[2] **I** ⟨onov.ww.⟩ **0.1** ***boer zijn*** ⇒*boeren, een boerderij hebben;*
II ⟨ov.ww.⟩ **0.1** ***bewerken*** ⇒*bebouwen, cultiveren* ⟨grond⟩ ◆ **5.¶** ~ **out** *uitbesteden* ⟨werk, kind⟩; *overdragen, afschuiven* ⟨verantwoordelijkheid⟩.

farmer [fa:mə] **0.1** ***boer*** ⇒*landbouwer, agrariër.*

farm-hand **0.1** ***boerenknecht*** ⇒*landarbeider.*

farmhouse **0.1** ***(boeren)hoeve*** ⇒*boerderij.*

farming [fa:ming] **0.1** ***het boeren*** ⇒*het boer zijn, het boerenbedrijf.*

farmland **0.1** ***landbouwgrond.***

farmstead **0.1** ***boerenhoeve.***

farmyard **0.1** ***(boeren)erf.***

far-off **0.1** ***ver(afgelegen)*** ⇒*ver weg, lang geleden.*

far-out **0.1** ***afgelegen*** ⇒*ver weg* **0.2** ⟨inf.⟩ ***uitzonderlijk*** ⇒ *uitheems, bizar* ⟨v. kleding, ideeën⟩ **0.3** ⟨inf.⟩ ***fantastisch.***

farrago [fəra:goo] ⟨mv.: ook -es⟩ **0.1** ***ratjetoe*** ⇒*allegaartje.*

far-ranging **0.1** ***verreikend.***

far-reaching **0.1** ***verstrekkend*** ⇒*verreikend* ⟨v. gevolg, effect⟩.

farrier [færiə] ⟨BE⟩ **0.1** ***hoefsmid.***

farrow[1] [færoo] ⟨zn.⟩ **0.1** ***worp*** ⇒*nest* ⟨v. biggen⟩.

farrow[2] ⟨ww.⟩ **0.1** ***biggen*** ⇒*jongen, werpen* ⟨v. zeug⟩.

Farsi [fa:sie] **0.1** ***Farsi*** ⇒*de Perzische taal.*

far-sighted **0.1** ***voorziend*** ⇒*vooruitziend* **0.2** ***verziend.***

fart[1] [fa:t] ⟨zn.⟩⟨vulg.⟩ **0.1** ***scheet*** ⇒*wind* **0.2** ***lul*** ⇒*klootzak.*

fart[2] ⟨ww.⟩⟨vulg.⟩ **0.1** ***een scheet laten*** ◆ **5.¶** ~ **about/around** *aanklooien/rotzooien.*

farther[1] [fa:ðə] ⟨bn.; vergr. trap v. far⟩ **0.1** ***verder (weg)*** ◆ **1.1** the ~ side of the field *de overkant v.h. veld.*

farther[2] ⟨bw.⟩ **0.1** ***verder*** ⇒*door, vooruit* ◆ **3.1** you won't get much ~ with him that way *op die manier kom je niet verder met hem;* walk ~ *verder lopen.*

farthest [fa:ðist] ⟨overtr. trap v. far⟩ **0.1** ⟨bn.⟩ ***verst (weg)*** **0.2** ⟨bw.⟩ ***het verst*** ◆ **3.2** who walked ~? *wie heeft het verst gelopen?* **6.1** **at** (the) ~ *op z'n hoogst.*

farthing [fa:ðing] ⟨BE; gesch.⟩ **0.1** ***een vierde penny*** ⇒⟨ong.⟩ *duit* ⟨ook fig.⟩.

fascia [feesjə], **facia** **0.1** ***band*** ⇒*strook, sjerp* **0.2** ⟨BE⟩ ***dashboard.***

fascinate [fæsinneet] **0.1** ***boeien*** ⇒*fascineren* **0.2** ***bekoren*** ⇒*hypnotiseren* ⟨v. slang⟩ ◆ **6.1** Fanny is ~d **by/with** photography *Fanny is helemaal in de ban v.d. fotografie.*

fascinating [fæsinneeting] **0.1** ***boeiend*** ⇒*pakkend, fascinerend* **0.2** ***onweerstaanbaar*** ⇒*betoverend.*

fascination [fæsinneesjn] **0.1** ***aantrekkingskracht*** ⇒*charme, bekoring* **0.2** ***geboeidheid*** ◆ **6.1** old-timers have always had a great ~ **for** Tim *Tim is altijd al gek geweest op oude auto's.*

fascism [fæsjizm] ⟨vaak F-⟩⟨pol.⟩ **0.1** ***fascisme.***

fascist [fæsjist] ⟨vaak F-⟩⟨pol.⟩ **0.1** ⟨bn.⟩ ***fascistisch*** ⇒*fascistoïde* **0.2** ⟨zn.⟩ ***fascist.***

fash [fæsj] ⟨Sch. E⟩ **0.1** ***lastig vallen*** ⇒*plagen, ergeren* ◆ **4.1** ~ o.s. *zich ergeren.*

fashion[1] [fæsjn] ⟨zn.⟩ **0.1** ***gebruik*** ⇒*mode, gewoonte* **0.2** ***manier*** ⇒*stijl, trant* ◆ **1.2** the ~ of a coat *de snit v.e. jas* **3.1** it's the ~ to do that *het is de gewoonte/gebruikelijk (om) dat te doen;* set a ~ *de toon aangeven* **6.1** be **in** ~ *in de mode/in zwang zijn;* come **into** ~ *in de mode raken;* go **out of** ~ *uit de mode raken* **6.2** did he change the nappies? yes, **after** a ~ *heeft hij de baby verschoond? ja, op zijn manier* ⟨d.w.z. niet perfect⟩ **7.1** be all the ~ *erg in zijn.*

fashion[2] ⟨ww.⟩ **0.1** ***vormen*** ⇒*modelleren, maken* **0.2** ***veranderen*** ⇒*aanpassen* ◆ **6.1** ~ sth. **from/out of** a piece of cloth *iets maken van een lap stof;* ~ a sheet **into** a dress *van een laken een jurk fabrieken.*

fashionab|le [fæsjnəbl] ⟨-ly⟩ **0.1** ***modieus*** ⇒*in (de mode), populair* ◆ **3.1** fashionably dressed *naar de laatste mode gekleed.*

fashion designer **0.1** ***modeontwerper.***

fashion house **0.1** ***modehuis*** ⇒*modeontwerper, couturier.*

fashion plate **0.1** ***modeplaat*** ⟨ook fig.⟩.

fashion scene **0.1** ***modewereldje.***

fashion shoot **0.1** ***modereportage*** ⇒*fotoreportage v. modeshow.*

fashion victim ⟨inf.⟩ **0.1** ***modegek.***

fast[1] [fa:st] ⟨zn.⟩ **0.1** ***vasten(tijd).***

fast[2] ⟨bn.⟩ **0.1** ***vast*** ⇒*stevig, hecht* **0.2** ***snel*** ⇒*vlug; gevoelig* ⟨film⟩ **0.3** ***vóór*** ⟨v. klok⟩ ◆ **1.1** ~ colours *wasechte kleuren* **1.2** ⟨sl.⟩ ~ food *snelle hap, eten uit de muur, snacks* ⟨hamburgers, patat enz.⟩, ~ lane *linker rijbaan, inhaalstrook* ⟨v. autoweg⟩; ~ train *sneltrein* **1.3** his watch is always five minutes ~ *zijn horloge loopt altijd vijf minuten voor* **1.¶** ⟨sl.⟩ make a ~ buck *snel geld verdienen;* live in the ~ lane *een jachtig/hectisch leven leiden* **2.¶** ~ and furious *uitbundig* **3.1** make ~ *stevig vastmaken* **3.¶** ⟨sl.⟩ pull a ~ one on s.o. *met iem. een vuile streek uithalen, iem. afzetten.*

fast[3] ⟨ww.⟩ **0.1** ***vasten.***

fast[4] ⟨bw.⟩ **0.1** ***stevig*** ⇒*vast* **0.2** ***snel*** ⇒*vlug, hard* ◆ **2.1** ~ asleep *in diepe slaap* **3.1** hold ~ to sth. *iets stevig vasthouden;* play ~ and loose (with) *het niet zo nauw nemen (met); spelen (met)* ⟨iemands gevoelens⟩; stand ~ *stand houden;* ⟨fig.⟩ *voet bij stuk houden.*

fast-breeder reactor ⟨kernfysica⟩ **0.1** ***snelle kweekreactor.***

fasten [fa:sn] **I** ⟨onov.ww.⟩ **0.1** ***dichtgaan*** ⇒*sluiten* ◆ **1.1** the jacket ~s in front *het jasje heeft de sluiting van voren* **6.¶** ~ **(up)on** an idea *zich op een idee storten;*
II ⟨ov.ww.⟩ **0.1** ***vastmaken*** ⇒*bevestigen, dichtmaken/doen* **0.2** ***vestigen*** ⇒*richten* ◆ **5.1** ~ **up** one's coat *zijn jas dichtdoen* **5.2** ~ s.o. **down** on sth. *iem. ergens op vastpinnen* **6.2** ~ the blame **on** *de schuld schuiven op;* ~ one's eyes **on** *de ogen vestigen op.*

fastener [fa:snə] **0.1** ⟨ben. voor⟩ ***bevestigingsmiddel*** ⇒ *(rits)sluiting, haakje* ⟨v. jurk⟩.

fastening [fa:sning] **0.1** ***sluiting*** ⇒*slot, bevestiging* ⟨v. raam, deur⟩.

fastidious [fæstiddiəs] ⟨-ness⟩ **0.1** ***veeleisend*** ⇒*pietluttig, kieskeurig.*
fastness [fa:stnəs] **0.1** ***vesting*** **0.2** ***kleurechtheid.***
fat[1] [fæt] ⟨zn.; in bet. 0.2 ook F-⟩ **0.1** ***vet*** ⇒*bakvet, lichaamsvet* **0.2** ⟨inf.⟩ ***dikke(rd)*** ⇒*bolle* ◆ **1.¶** the ~ is in the fire *de boot is aan, de poppen zijn aan het dansen;* live off/on the ~ of the land *van het goede der aarde genieten* **3.1** run to ~ *dik worden* **3.¶** chew the ~ *kletsen, lullen.*
fat[2] ⟨bn.; fatter; -ness⟩ **0.1** ***dik*** ⇒*vet(gemest), weldoorvoed* **0.2** ***vettig*** ⇒*zwaar, vet* ⟨v. vlees, voedsel⟩ **0.3** ***rijk*** ⇒ *vruchtbaar* ⟨v. land⟩, *vet* ⟨v. klei⟩ **0.4** ***groot*** ⇒*dik, lijvig* ◆ **1.3** ⟨inf.⟩ ~ jobs *vette baantjes* **1.4** ⟨iron.⟩ a ~ chance *niet de minste kans, geen schijn v. kans;* ⟨sl.; iron.⟩ a ~ lot of good that'll do you *daar schiet je geen moer mee op;* ~ volumes *lijvige boekdelen* **1.¶** ⟨AE; inf.⟩ a ~ cat *rijke pief;* ⟨ihb.⟩ *(stille) financier, geldschieter* ⟨achter politicus of partij⟩; ⟨plantk.⟩ ~ hen *melganzenvoet.*
fat[3] ⟨ww.⟩ →**calf.**
fatal [feetl] **0.1** ⟨+ to⟩ ***noodlottig (voor)*** ⇒*dodelijk, fataal* ⟨v. ziekte, ongeluk⟩ **0.2** ***rampzalig*** ⟨v. besluit⟩.
fatalism [feetlizm] **0.1** ***fatalisme.***
fatalist [feetlist] ⟨bn.: **-ic**⟩ **0.1** ***fatalist(e).***
fatalit|y [fətæləti̱e] ⟨mv.: -ies⟩ **0.1** ***slachtoffer*** ⇒*dodelijk ongeluk* **0.2** ***noodlottigheid*** ⇒*onafwendbaarheid, voorbeschiktheid* **0.3** ***dodelijk verloop*** ⟨v. ziekte e.d.⟩ ◆ **3.1** the drought caused many fatalities *de droogte maakte veel slachtoffers* **6.2** there seems to be a ~ **about** our meetings *onze ontmoetingen schijnen voorbeschikt te zijn.*
fatally [feetlie] **0.1** ***dodelijk*** ⇒*fataal* **0.2** ***tot haar/zijn ongeluk*** ⇒*helaas* ◆ **3.2** she tried, ~, to cross the river *haar poging de rivier over te steken werd haar noodlottig.*
fat-cat ⟨vnl. AE; inf.⟩ **0.1** ***steenrijk.***
fate [feet] **0.1** ⟨vaak F-⟩ ***lot*** ⇒*noodlot, bestemming* **0.2** ***dood*** ⇒*verderf, vernietiging* ◆ **2.1** as sure as ~ *daar kun je donder op zeggen* **3.2** meet one's ~ *aan zijn eind komen.*
fated [feetid] **0.1** ***voorbestemd*** ⇒*voorbeschikt, gedoemd* ◆ **3.1** father was ~ to have an accident *vader was gedoemd/voorbestemd om een ongeluk te krijgen.*
fateful [feetfl] **0.1** ***noodlottig*** ⇒*rampzalig, belangrijk.*
fathead ⟨inf.⟩ **0.1** ***sufferd.***
fat-headed **0.1** ***dom*** ⇒*stom, onnozel.*
father[1] [fa:ðə] ⟨zn.⟩ **0.1** ***vader*** ⇒*huisvader* **0.2** ⟨vnl. mv.⟩ ***voorvader*** ⇒*voorouder* **0.3** ⟨vaak F-⟩ ***grondlegger*** ⇒ *stichter* **0.4** ⟨vaak F-⟩ ***pater*** ⇒*priester* ◆ **1.3** Fathers of the Church *kerkvaders* **3.¶** ⟨schr.; euf.⟩ be gathered to one's ~s *tot de vaderen vergaderd worden, sterven* **6.1** ⟨sprw.⟩ like ~, like son *zo vader, zo zoon.* →**heavy.**
father[2] ⟨ww.⟩ **0.1** ***vader zijn/worden van/voor*** **0.2** ***produceren*** ⇒*de geestelijke vader zijn van* ⟨plan, boek enz.⟩ **0.3** ***aanwijzen als vader van*** ⟨ook fig.⟩ ⇒*toeschrijven* ◆ **6.3** ~ sth. **(up)on** s.o. *iem. iets in de schoenen schuiven.*
Father Christmas **0.1** ***de kerstman*** ⇒*het kerstmannetje.*
father figure **0.1** ***vaderfiguur.***
fatherhood [fa:ðəhoed] **0.1** ***vaderschap.***
father-in-law ⟨mv.: fathers-in-law⟩ **0.1** ***schoonvader.***
fatherless [fa:ðələs] **0.1** ***vaderloos.***
fatherl|y [fa:ðəlie] ⟨-iness⟩ **0.1** ***vaderlijk.***
fathom[1] [fæðəm] ⟨zn.⟩ **0.1** ***vadem*** ⇒*vaam* ⟨1,82 m⟩.
fathom[2] ⟨ww.⟩ **0.1** ***peilen*** ⟨diepte v. water⟩ **0.2** ***doorgronden*** ⇒*(be)vatten* ⟨betekenis⟩.
fathomless [fæðəmləs] **0.1** ***onpeilbaar*** ⇒*bodemloos.*
fatigue[1] [fəti̱e:g] ⟨zn.⟩ **0.1** ***vermoeidheid*** ⇒*moeheid* ⟨ook v. metalen⟩ **0.2** ⟨mil.⟩ ***corvee*** ◆ **6.2** be **on** ~ *corvee hebben.*
fatigue[2] ⟨ww.⟩ **0.1** ***afmatten*** ⇒*vermoeien.*
fatstock **0.1** ***slachtvee.***
fatten [fætn] **I** ⟨onov.ww.⟩ **0.1** ***dik worden*** ⇒*vet worden* **0.2** ***rijk(er) worden;***
II ⟨ov.ww.⟩ **0.1** ***dik(ker) maken*** ◆ **5.1** ~ **up** *(vet)mesten.*
fatt|y[1] [fætie] ⟨zn.; mv.: -ies; vaak F-⟩ ⟨inf.; bel.⟩ **0.1** ***vetzak*** ⇒ *dikke(rd).*
fatt|y[2] ⟨bn.; -iness⟩ **0.1** ***vettig*** ⇒*vet(houdend)* ◆ **1.1** ⟨schei.⟩ (un)saturated ~ acids *(on)verzadigde vetzuren;* ⟨med.⟩ ~ degeneration *vervetting* ⟨v. hart, nieren⟩.
fatuity [fətsjoeətie] **0.1** ***dwaasheid*** ⇒*stompzinnigheid.*
fatuous [fætsjoeəs] **0.1** ***dom*** ⇒*dwaas, stompzinnig.*
fatwa, fatwah [fætwa:] ⟨rel.⟩ **0.1** ***fatwa*** ⟨islamitisch religieus vonnis⟩.
faucet [fo:sit] **0.1** ⟨AE⟩ ***kraan.***
fault[1] [fo:lt] ⟨zn.⟩ **0.1** ***fout*** ⇒*defect, gebrek* ⟨ook elek.⟩ **0.2** ***overtreding*** ⇒*misstap* **0.3** ***foute service*** ⇒*fout* ⟨bij tennis enz.⟩ **0.4** ***schuld*** ⇒*oorzaak* **0.5** ⟨geol.⟩ ***breuk*** ⇒*verschuiving* ◆ **3.1** find ~ with *iets aan te merken hebben op* **3.4** the ~ lies with Lucy *het is Lucy's schuld* **6.1** economical **to** a ~ *overdreven zuinig* **6.4** **at** ~ *schuldig.*
fault[2] ⟨ww.⟩ **0.1** ***aanmerkingen maken op*** ⇒*bekritiseren* **0.2** ⟨geol.⟩ ***(doen) verschuiven*** ◆ **1.1** nobody could ~ Bert's behaviour *er viel niets op Berts gedrag aan te merken* **1.2** ~ed plane *verschoven vlak.*
faultfinding [fo:ltfajnding] **0.1** ***muggenzifterij*** ⇒*haarkloverij.*
faultless [fo:ltləs] **0.1** ***volmaakt*** ⇒*foutloos.*
fault line ⟨geol.⟩ **0.1** ***breuklijn.***
fault-repair service **0.1** ***storingsdienst.***
fault|y [fo:ltie] ⟨-ily⟩ **0.1** ***defect*** ⇒*onklaar* **0.2** ***onjuist*** ⇒*verkeerd, gebrekkig.*
faun [fo:n] **0.1** ***faun*** ⇒*bosgod.*
fauna [fo:nə] ⟨mv.: ook faunae [-nie:]⟩ **0.1** ***fauna*** ⇒*dierenwereld.*
faux pas [foo pa:] ⟨mv.: faux pas⟩ **0.1** ***faux pas*** ⇒*misstap.*
favour[1], ⟨AE sp.⟩ **favor** [feevə] ⟨zn.⟩ **0.1** ***genegenheid*** ⇒*sympathie, goedkeuring* **0.2** ***partijdigheid*** ⇒*voorkeur, voortrekkerij* **0.3** ***gunst*** ⇒*attentie, begunstiging* **0.4** ⟨ong.⟩ ***insigne*** ⇒*rozet, strik* ⟨v. team of partij⟩ ◆ **3.1** curry s.o.'s ~ *zich bij iem. in de gunst dringen;* find ~ in s.o.'s eyes, find ~ with s.o. *iemands goedkeuring krijgen;* look with ~ on *iets met welgevallen bezien, iets goedkeuren;* lose ~ with s.o./in s.o.'s eyes *uit de gratie raken bij iem.* **3.3** do s.o. a ~ *iem. een plezier doen;* return a ~ *een wederdienst bewijzen* **3.¶** do me a ~! *zeg, doe me een lol!* **6.1** be/stand high **in** s.o.'s ~ *bij iem. in een goed blaadje staan;* be **in/out of** ~ **with** *in de gunst/uit de gratie zijn bij* **6.¶** vote **in** ~ **of** a motion *vóór een motie stemmen;* a cheque **in** ~ **of** *een cheque ten name van;* **in** your ~ *te uwen gunste.*
favour[2], ⟨AE sp.⟩ **favor** ⟨ww.⟩ **0.1** ***gunstig gezind zijn*** ⇒*positief staan tegenover, een voorstander zijn van* **0.2** ⟨+ with⟩ ***vereren (met)*** ⇒*dienen (met)* **0.3** ***begunstigen*** ⇒*prefereren, bevoorrechten* **0.4** ⟨inf.⟩ ***lijken op*** ◆ **1.3** mothers shouldn't ~ one child *moeders moeten geen kinderen voortrekken;* ⟨hand.⟩ most ~ed nation *meestbegunstigde natie* **1.4** the child ~s its mother *het kind lijkt op zijn moeder* **6.2** ~ s.o. **with** a smile *iem. een glimlach schenken.*
favourab|le, ⟨AE sp.⟩ **favorable** [feevrəbl] ⟨-ly⟩ **0.1** ***welwillend*** ⇒*goedgunstig* **0.2** ***gunstig*** ⇒*veelbelovend, positief* ◆ **1.2** a ~ balance of trade *positieve/gunstige handelsbalans* **6.1** the weather is ~ **to** us *het weer zit ons mee.*
favourite[1], ⟨AE sp.⟩ **favorite** [feevrit] ⟨zn.⟩ **0.1** ***favoriet(e)*** ⟨ook sport⟩ **0.2** ***gunsteling(e)*** ⇒*lieveling(e)* ◆ **3.1** the ~ came in third *de favoriet kwam als derde binnen.*
favourite[2], ⟨AE sp.⟩ **favorite** ⟨bn.⟩ **0.1** ***favoriet*** ⇒*lievelings-* ◆ **1.¶** ⟨AE⟩ ~ son ⟨ong.⟩ *uitverkoren zoon* ⟨presidentskandidaat, voorgedragen door delegatie v. zijn eigen staat⟩.

favouritism, ⟨AE sp.⟩ **favoritism** [feevrittizm] **0.1** ***bevoorrechting*** *⇒voortrekkerij, vriendjespolitiek.*

fawn[1] [fo:n] ⟨zn.⟩ **0.1** ***reekalf*** *⇒jong hert(je)* **0.2** ⟨ook attr.⟩ ***licht geelbruin*** *⇒reebruin.*

fawn[2] ⟨ww.⟩ **0.1** ***kwispelstaarten*** ⟨v. hond⟩ ◆ **6.¶** ~ **(up)on** *vleien, kruipen voor.*

fax[1] [fæks] ⟨zn.⟩⟨verk.⟩ [facsimile] **0.1** ***fax(apparaat).***

fax[2] ⟨ww.⟩⟨verk.⟩ [facsimile] **0.1** ***faxen.***

fax modem **0.1** ***faxmodem.***

fax number **0.1** ***faxnummer.***

faxpost **0.1** ***faxpost.***

fay [fee] ⟨schr.⟩ **0.1** ***fee.***

faze [feez] ⟨vnl. AE; inf.⟩ **0.1** ***van streek maken*** *⇒in de war doen geraken.*

F.B.I. ⟨afk.; AE⟩ **0.1** [Federal Bureau of Investigation].

fealty [fie:(ə)ltie] ⟨gesch.⟩ **0.1** ***(eed v.) trouw*** *⇒verbondenheid* ⟨aan/met koning of leenheer⟩ ◆ **1.1** take an oath of ~ *trouw zweren, een gelofte v. trouw afleggen* **3.1** swear ~ to one's country *trouw zweren aan zijn land.*

fear[1] [fiə] ⟨zn.⟩ **0.1** ***vrees*** *⇒angst(gevoel)* **0.2** ***gevaar*** *⇒kans* ◆ **1.1** without ~ or favour *rechtvaardig, onpartijdig* **1.¶** ~ of God *godvrezendheid* **3.¶** put the ~ of God into s.o. *iem. goed bang maken* **6.1** **for** ~ **of** *uit vrees dat;* **in** ~ and trembling *met angst en beven;* go **in** ~ **of** *bang zijn voor* **6.2** there's some ~ **of** losing the match *er is wel een kans dat we de wedstrijd verliezen* **7.2** ⟨inf.⟩ no ~ *beslist niet, geen sprake van.*

fear[2] **I** ⟨onov.ww.⟩ **0.1** ⟨+ for⟩ ***bezorgd zijn (om/over)*** *⇒vrezen (voor);*
II ⟨ov.ww.⟩ **0.1** ***vrezen*** *⇒bang zijn voor, duchten* **0.2** ***vermoeden*** *⇒een voorgevoel hebben van, vrezen* ◆ **2.2** ~ the worst *het ergste vrezen* **4.1** I ~ it's too late *ik ben bang dat het te laat is.*

fearful [fiəfl] ⟨-ness⟩ **0.1** ***vreselijk*** *⇒afschuwelijk, ontzettend* **0.2** ***bang*** *⇒angstig, bevreesd* ◆ **1.1** a ~ accident *een verschrikkelijk ongeluk* **2.1** ~ly bad weather *afgrijselijk slecht weer* **3.2** Fanny was ~ of disturbing her father *Fanny was bang dat ze haar vader zou storen.*

fearless [fiələs] ⟨-ness⟩ **0.1** ***onverschrokken*** *⇒onbevreesd, onvervaard* ◆ **6.1** ~ **of** the results *zonder angst voor de gevolgen.*

fearsome [fiəsəm] **0.1** ***afschrikwekkend*** *⇒ontzaglijk* ⟨vaak scherts.⟩.

feasibility study **0.1** ***haalbaarheidsstudie/onderzoek.***

feasib|le [fie:zəbl] ⟨-ly; zn.: **-ility**⟩ **0.1** ***uitvoerbaar*** *⇒haalbaar, doenlijk* **0.2** ***aannemelijk*** *⇒waarschijnlijk, geloofwaardig.*

feast[1] [fie:st] ⟨zn.⟩ **0.1** ***(kerkelijk) feest*** ⟨ook fig.⟩ **0.2** ***feestmaal*** *⇒banket* ◆ **1.1** ⟨jud.⟩ Feast of Tabernacles *Loofhuttenfeest, Soekoth.* →**enough.**

feast[2] **I** ⟨onov.ww.⟩ **0.1** ***feesten*** *⇒feestvieren* **0.2** ***zich te goed doen*** *⇒smullen, er goed van eten* ◆ **6.2** ~ **on/upon** *genieten van, zich te goed doen aan;*
II ⟨ov.ww.⟩ **0.1** ***onthalen*** *⇒trakteren* ⟨ook fig.⟩ ◆ **1.1** ~ one's eyes (on) *zich verlustigen in de aanblik (van);* ~ one's friends (on) *zijn vrienden trakteren (op).*

feat [fie:t] **0.1** ***heldendaad*** **0.2** ***prestatie*** *⇒knap stuk werk.*

feather[1] [feðə] ⟨zn.⟩ **0.1** ***veer*** *⇒pluim* ⟨ook aan staart e.d.⟩ ◆ **1.¶** a ~ in one's cap *iets om trots op te zijn, een eer* **3.1** you could have knocked Kate down/over with a ~ *Kate was er volkomen ondersteboven van* **3.¶** ruffle s.o.'s ~s *iem. tegen de haren instrijken.* →**bird, fine, white.**

feather[2] ⟨ww.⟩ **0.1** ***met veren bekleden*** *⇒van veren voorzien, bevederen* **0.2** ***vlakdraaien*** ⟨roeiriemen⟩ *⇒snijden* **0.3** ⟨luchtv.⟩ ***in vaanstand zetten*** ⟨propeller⟩ ◆ **1.1** ~ an arrow *een pijl bevederen.*

feather bed **0.1** ***veren bed.***

featherbrained **0.1** ***onnozel*** *⇒leeghoofdig.*

feather duster **0.1** ***plumeau.***

featherweight **0.1** ***zeer licht persoon*** *⇒*⟨boksen⟩ *vedergewicht* ⟨ook attr.⟩ **0.2** ***licht dingetje*** *⇒pluisje, veertje.*

feathery [feð(ə)rie] **0.1** ***veerachtig*** *⇒veervormig* **0.2** ***bevederd*** *⇒bedekt met veren, veer-* **0.3** ***luchtig*** ⟨deeg⟩.

feature[1] [fie:tsjə] ⟨zn.⟩ **0.1** ***(gelaats)trek*** *⇒*⟨mv.⟩ *gezicht, gelaat* **0.2** ***(hoofd)kenmerk*** *⇒hoofdtrek, karakteristiek* **0.3** ***hoogtepunt*** *⇒specialiteit, hoofdnummer* **0.4** ***speelfilm*** *⇒hoofdfilm* **0.5** ⟨hand.⟩ ***(speciale) attractie*** *⇒aanbieding, stunt* **0.6** ⟨journalistiek⟩ ***speciaal onderwerp*** *⇒*⟨krant⟩ *hoofdartikel* ◆ **2.1** fine ~s *een fijn gezichtje* **2.2** climatological ~s *klimaat.*

feature[2] **I** ⟨onov.ww.⟩ **0.1** ***een (belangrijke) plaats innemen*** *⇒prominent zijn, opvallen;*
II ⟨ov.ww.⟩ **0.1** ***vertonen*** *⇒als speciale attractie hebben* **0.2** ***brengen*** *⇒speciale aandacht besteden aan, doen uitkomen* ◆ **1.1** a film featuring Greta Garbo *een film met Greta Garbo in de hoofdrol* **1.2** the shop ~s video-recorders this month *deze maand heeft de zaak een speciale aanbieding v. videorecorders.*

feature film **0.1** ***speelfilm*** *⇒hoofdfilm.*

featureless [fie:tsjələs] **0.1** ***kleurloos*** *⇒saai, onopvallend.*

febrile [fie:brajl] ⟨med.⟩ **0.1** ***koortsig*** *⇒koorts-.*

February [febroeərie, febjoeərie] **0.1** ***februari.***

feces →**faeces.**

feckless [fekləs] ⟨-ness⟩ **0.1** ***lamlendig*** *⇒futloos.*

fecund [fie:kənd] **0.1** ***vruchtbaar*** *⇒productief* ⟨v. schrijver⟩.

fecundity [fikkundətie] **0.1** ***vruchtbaarheid*** *⇒productiviteit.*

fed ⟨verl. t. en volt. deelw.⟩ →**feed.**

Fed [fed] ⟨AE; sl.⟩ **0.1** ⟨verk.⟩ [Federal Agent] ***FBI-agent.***

federal [fedrəl] ⟨vaak F-⟩ **0.1** ***federaal*** *⇒bonds-* **0.2** ⟨vnl. AE⟩ ***nationaal*** *⇒lands-, regerings-* ◆ **1.1** ⟨AE⟩ Federal Bureau of Investigation *Federale Recherche, FBI;* the Federal Republic of Germany *de Bondsrepubliek (Duitsland)* **1.2** ~ government *federale/centrale regering, landsregering;* ⟨geldw.⟩ ~ reserve *nationale reserve;* ~ spending *staats/overheidsuitgave.*

federalism [fedrəlizm] **0.1** ***federalisme.***

federalist [fedrəlist] **0.1** ⟨bn.⟩ ***federaal*** **0.2** ⟨zn.⟩ ***federalist.***

federalize, -ise [fedrəlajz] **0.1** ***samenbrengen*** *⇒verenigen* ⟨in federatie⟩ **0.2** ⟨pol.⟩ ***onder federaal toezicht/centraal gezag stellen.***

federate[1] [fedrət] ⟨bn.⟩ **0.1** ***verbonden*** *⇒verenigd, federatief.*

federate[2] [feddəreet] **I** ⟨onov.ww.⟩ **0.1** ***zich (tot een federatie) verenigen*** *⇒zich aaneensluiten, een bond vormen;*
II ⟨ov.ww.⟩ **0.1** ***federaliseren*** *⇒(in een federatie) samenbrengen.*

federation [feddəreesjn] **I** ⟨telb.zn.⟩ **0.1** ⟨pol.⟩ ***federatie*** *⇒statenbond* **0.2** ***bond*** *⇒federatie, overkoepelend orgaan;*
II ⟨n.-telb.zn.⟩ **0.1** ***federatievorming*** *⇒het samengaan.*

fed up ⟨inf.⟩ **0.1** ***(het) zat*** *⇒ontevreden, (het) beu* ◆ **6.1** be ~ **about** sth. *van iets balen;* I'm ~ **with** Ned's nagging *Neds gezeur zit me tot hier* **8.1** Fanny's ~ that you didn't write *Fanny is kwaad dat je niet geschreven hebt.*

fee [fie:] **0.1** ***honorarium*** ⟨v. arts, advocaat enz.⟩ **0.2** ***inschrijfgeld*** *⇒lidmaatschapsgeld* **0.3** ⟨mv.⟩ ***schoolgeld*** *⇒collegegeld* **0.4** ***tarief*** *⇒vergoeding, fooi.*

feeble [fie:bl] ⟨feebly; -ness⟩ **0.1** ***zwak*** *⇒teer, krachteloos* ⟨v. levende wezens⟩ **0.2** ***flauw*** *⇒slap, zwak* ⟨v. excuus, grap e.d.⟩ **0.3** ***onduidelijk*** *⇒zwak, zacht* ⟨v. geluid, stem e.d.⟩ ◆ **1.2** a ~ effort *een halfhartige poging.*

feeble-minded **0.1** ***zwakzinnig*** *⇒zwak begaafd* **0.2** ***dom.***

feed[1] [fie:d] **I** ⟨telb.zn.⟩ **0.1** ***voeding*** ⟨v. dier / baby⟩ *⇒voedering;* ⟨scherts.⟩ *hap, portie, maal* **0.2** ⟨tech.⟩ ***toevoerkanaal*** *⇒aanvoerweg / leiding; voeding; toevoer, invoer;* **II** ⟨n.-telb.zn.⟩ **0.1** ***(vee)voer*** *⇒groenvoer* **0.2** ***het voeren*** *⇒aanvoer, toevoer* ◆ **6.1** out **at** ~ *in de wei* ⟨v. vee⟩; the cat is **off** its ~ *de kat wil niet eten* **6.¶** **off** one's ~ *ziek.*

feed[2] ⟨fed, fed [fed]⟩ **I** ⟨onov.ww.⟩ **0.1** ***eten*** *⇒zich voeden* ⟨ihb. v. dieren en baby's⟩; *grazen, weiden;* ⟨scherts.⟩ *kanen, schranzen* ◆ **6.1** ~ **on** *leven van, zich voeden met* ⟨ook fig.⟩; **II** ⟨ov.ww.⟩ **0.1** ***voeren*** *⇒(te) eten geven, voederen* **0.2** ***voedsel geven aan*** *⇒*⟨fig.⟩ *stimuleren* ⟨verbeelding⟩ **0.3** ***tot voedsel dienen voor*** *⇒voedzaam zijn voor* **0.4** ⟨meestal tech.⟩ ***aanvoeren*** ⟨grondstof enz.⟩ *⇒toevoeren* ⟨materiaal⟩; *op peil houden, doorgeven aan; op gang houden* ⟨machine⟩ ◆ **1.1** ⟨sl.⟩ ~ one's face *zich volproppen, kanen* **1.3** one chicken barely ~s four people *een kip is nauwelijks genoeg voor vier personen* **1.4** two rivers ~ the lake *in het meer komen twee rivieren uit;* ~ the fire *het vuur onderhouden* **4.1** can the child ~ itself yet? *kan het kind al zelf eten?* **5.1** ~ **up** *vetmesten; volstoppen* **6.1** mothers ~ing their children **on** rice only *moeders die hun kinderen alleen rijst te eten geven* **6.4** ⟨inf.⟩ ~ sth. **into** a computer *iets in de computer stoppen / invoeren;* ~ coins **into** the pay phone *munten in de telefoon stoppen;* ~ a wire **through** a pipe *een draad door een buis halen.* →**fed up.**

feedback **0.1** ⟨tech., elek.⟩ ***terugkoppeling*** **0.2** ⟨ook comp.⟩ ***feedback*** *⇒terugkoppeling.*

feedbag ⟨AE⟩ **0.1** ***haverzak*** ⟨v. paard⟩ ◆ **3.¶** ⟨sl.⟩ put on the ~ *eten, kanen.*

feeder [fie:də] **0.1** ***eter*** **0.2** ***mestdier*** **0.3** ⟨vnl. BE⟩ ***slab(betje)*** **0.4** ***toevoerinrichting*** *⇒voedingskabel, hoofdleiding; aanvoerkanaal; vultrechter* **0.5** ⟨vaak attr.⟩ ***aftakking*** *⇒zijweg, aanvoerweg; plaatselijke (lucht- of spoor)verbinding; zijrivier* ⟨enz.⟩.

feeding bottle **0.1** ***zuigfles.***

feeding station ⟨sport, ihb. wielrennen⟩ **0.1** ***ravitailleringspost.***

feeding time **0.1** ***voedertijd*** *⇒*⟨scherts.⟩ *etenstijd.*

feel[1] [fie:l] **I** ⟨telb.zn.; geen mv.⟩ **0.1** ***het voelen*** *⇒betasting* **0.2** ***aanleg*** *⇒gevoel, feeling* ◆ **3.1** let me have a ~ *laat mij eens voelen* **6.2** a ~ **for** music *muzikaliteit;* **II** ⟨n.-telb.zn.; the⟩ **0.1** ***gevoel*** *⇒greep* ⟨v. stof⟩ **0.2** ***routine*** ◆ **3.2** get the ~ of sth. *iets in zijn vingers krijgen* **6.1** you can tell **by** the ~ that it's real wool *je kunt wel voelen dat het echte wol is.*

feel[2] ⟨felt, felt [felt]⟩ **I** ⟨onov.ww.⟩ **0.1** ***(rond)tasten*** *⇒(rond)zoeken* **0.2** ***voelen*** *⇒gevoel / tastzin hebben* **0.3** ***gevoelens hebben*** *⇒een mening hebben* ◆ **6.1** ~ (about) **after / for** sth. in one's pockets *in zijn zakken naar iets (rond)tasten / zoeken;* ⟨AE⟩ ~ **of** *betasten, voelen (aan)* **6.3** what do you ~ **about** him *wat vind je van hem?;* ~ strongly **about / on** sth. *een uitgesproken mening over iets hebben;* everybody felt **for** the poor boy *iedereen had te doen met de arme jongen;* I really felt **with** John *ik voelde echt mee met Jan;* **II** ⟨ov.ww.⟩ **0.1** ***voelen*** *⇒gewaarworden* **0.2** ***voelen (aan)*** *⇒betasten* ⟨als sl. ook mbt. seks⟩ **0.3** ***(ge)voelen*** *⇒gewaarworden* **0.4** ***(ge)voelen*** *⇒aanvoelen, de indruk krijgen* **0.5** ***vinden*** *⇒menen* ◆ **1.2** ~ s.o.'s pulse *iem. de pols voelen* ⟨ook fig.⟩; ~ one's way *op de tast gaan* ⟨ook fig.⟩ **1.3** ~ one's age *zich oud voelen;* ~ the effects of *lijden onder de gevolgen v.;* make one's presence felt *zijn aanwezigheid doen gevoelen* **1.4** a (long-)felt need *een sinds lang gevoelde / reële behoefte* **4.3** poverty made itself felt in the big cities *de armoede werd voelbaar in de grote steden* **4.4** I ~ it necessary to deny that *ik vind het nodig dat te ontkennen* **5.2** ⟨vulg.; sl.⟩ ~ **up** *betasten, strelen* ⟨geslachtsdelen⟩ **5.¶** ~ s.o. **out** *iem. uithoren / aan de tand voelen* **8.5** it was felt that ... *men was de mening toegedaan dat ...;* **III** ⟨kww.⟩ **0.1** ***zich (ge)voelen*** **0.2** ***aanvoelen*** *⇒een gevoel geven, voelen* ◆ **1.1** I felt such a fool *ik voelde me zo stom* **2.1** ~ angry *zich boos (ge)voelen, boos zijn;* ~ cold / warm *het koud / warm hebben;* ~ fine *zich lekker voelen;* ~ funny *zich raar / niet lekker voelen;* ~ good *zich goed / fijn voelen;* ~ hungry *honger / trek hebben;* ~ small *zich klein / nietig voelen* ⟨beschaamd, nederig⟩ **2.2** it ~s great to be in love *het is een heerlijk gevoel om verliefd te zijn* **4.1** ~ (quite) (like) o.s. *zich zelfverzekerd / in goede conditie voelen* **5.1** ~ well *zich goed (ge)voelen* **6.1** ⟨inf.⟩ I ~ **like** sleeping *ik heb zin om te slapen;* I ~ **like** a walk *ik heb zin in een wandelingetje;* I really felt **out of** it / things at that party *ik voelde me niet goed op mijn plaats / niet goed thuis op dat feestje;* ~ **up to** one's task *zich tegen zijn taak opgewassen voelen* **6.2** it ~s **like** silk *het voelt zijdeachtig aan.*

feeler [fie:lə] **0.1** ⟨biol.⟩ ***voel / tastorgaan*** *⇒voelhoorn, voelspriet;* ⟨fig.⟩ *proefballonnetjes* ◆ **3.1** put / throw out ~s *een balletje opgooien.*

feeler gauge ⟨tech.⟩ **0.1** ***voelermaat.***

feel-good, feelgood **0.1** ***positief*** *⇒een goed gevoel gevend* ⟨bv. film⟩.

feel-good factor, feelgood factor ⟨BE⟩ **0.1** ***vertrouwen v.d. burger in de toekomst*** ⟨vnl. in politieke en economische zin⟩ *⇒consumentenvertrouwen.*

feeling[1] [fie:ling] **I** ⟨telb.zn.⟩ **0.1** ***gevoel*** *⇒gewaarwording* **0.2** ***emotie*** *⇒gevoel;* ⟨vaak mv.⟩ *gevoelens* **0.3** ***idee*** *⇒gevoel, indruk* **0.4** ⟨geen mv.⟩ ***aanleg*** *⇒gevoel* **0.5** ⟨geen mv.⟩ ***opinie*** *⇒mening, geloof* ◆ **2.2** bad / ill ~ *bitterheid, wrok;* no hard ~s *even goede vrienden;* I have no strong ~s either way *het is mij om het even* **2.5** the general ~ was against the plan *de algemene opinie was tegen het plan* **3.1** a sinking ~ *een benauwd / akelig gevoel* ⟨als er iets mis dreigt te gaan⟩ **3.2** hurt s.o.'s ~s *iem. / iemands gevoelens kwetsen;* mixed ~s *gemengde gevoelens* **6.1** a ~ **of** sorrow / security *een gevoel van droefheid / geborgenheid* **6.4** a ~ **for** colour *een kleurgevoel* **8.3** there was a ~ that something was going to happen *men voelde dat er iets stond te gebeuren;* **II** ⟨telb. en n.-telb.zn.⟩ **0.1** ***opwinding*** *⇒*⟨ihb.⟩ *ontstemming, wrok* ◆ **3.1** ~s ran high *de gemoederen raakten verhit;* **III** ⟨n.-telb.zn.⟩ **0.1** ***het voelen*** *⇒het denken* ⟨enz.; zie feel[2]⟩ **0.2** ***gevoel*** **0.3** ***begrip*** *⇒feeling, gevoel* ◆ **3.2** have lost all ~ in one's fingers *alle gevoel in zijn vingers kwijt zijn* **6.3** James plays the flute **with** ~ *James speelt gevoelig fluit.*

feeling[2] ⟨bn.⟩ **0.1** ***voelend*** *⇒denkend* ⟨enz.; zie feel[2]⟩ **0.2** ***gevoelig*** *⇒emotioneel* **0.3** ***meelevend*** *⇒vol sympathie* **0.4** ***gemoedsvol*** *⇒vol uitdrukking* ◆ **1.2** a ~ attitude *een emotionele houding* **3.3** write ~ly *met gevoel schrijven.*

feet [fie:t] ⟨mv.⟩ →**foot.**

feign [feen] **0.1** ***veinzen*** *⇒simuleren* **0.2** ***verzinnen*** ⟨smoes⟩ ◆ **1.1** ~ illness *ziekte veinzen;* ~ed modesty *valse bescheidenheid;* ~ sleep *doen alsof men slaapt.*

feint[1] [feent] ⟨zn.⟩ **0.1** ***schijnbeweging*** *⇒schijnaanval* **0.2** ***voorwendsel*** ◆ **3.2** make a ~ of being asleep *doen alsof men slaapt.*

feint[2] ⟨ww.⟩ **0.1** ***een schijnbeweging maken*** *⇒een afleidingsmanoeuvre uitvoeren* ◆ **6.1** ~ **against / at / upon** s.o. *een schijnbeweging naar iem. maken;* ~ **with** *een schijnaanval doen met.*

felafel [fella:fəl] ⟨cul.⟩ **0.1** ***falafel*** ⟨broodje met gekruide salade als vulling⟩.

felicit|ate [fillissitteet] ⟨zn.: **-ation**⟩⟨schr.⟩ **0.1** ***gelukwensen*** ⇒*feliciteren* ◆ **6.1** ~ **on/upon** *gelukwensen met.*
felicitous [fillissittəs] ⟨schr.⟩ **0.1** ***gelukkig*** ⇒*welgekozen* ⟨woorden, vergelijking⟩.
felicit|y [fillissətie] ⟨mv.: -ies⟩ **0.1** ***geluk(zaligheid)*** **0.2** ***goed gekozen uitdrukking*** ◆ **1.2** felicities of expression *stilistische vondsten* **3.2** express o.s. with ~ *zijn woorden goed weten te kiezen.*
feline [fie:lajn] **0.1** ⟨bn.⟩ ***katachtig*** **0.2** ⟨bn.⟩ ***katten-*** ⇒*van/ als een kat* **0.3** ⟨zn.⟩ ***kat(achtige)*** ◆ **1.1** ~ movements *katachtige bewegingen.*
fell[1] [fel] ⟨zn.⟩ **0.1** ***huid*** ⇒*vel, vacht* **0.2** ⟨BE⟩ ***berg*** ⇒*rots, heuvel* **0.3** ⟨BE⟩ ***hoogland.***
fell[2] ⟨bn.⟩⟨schr.⟩ **0.1** ***wreed*** ◆ **1.1** at one ~ swoop *in één (enkele) klap.*
fell[3] ⟨ww.⟩ **0.1** ***omhakken*** ⇒*kappen* **0.2** ⟨schr.⟩ ***(neer)vellen*** ⇒*neerslaan* ◆ **1.2** he ~ed his opponent at a/with one blow *hij velde zijn tegenstander met één klap.*
fell[4] ⟨verl. t.⟩ →**fall.**
fella(h) [fellə] ⟨inf.⟩ **0.1** ***vent*** ⇒*gast, gozer.*
fellah [fellə,fella:]⟨mv.: ook fellaheen, fellahin [felləhie:n]⟩ **0.1** ***fellah.***
fellatio [fəleesjie·oo] **0.1** ***fellatie.***
fellow[1] [felloo] ⟨zn.⟩ **0.1** ⟨inf.⟩ ***kerel*** ⇒*vent* **0.2** ***maat*** ⇒*kameraad* **0.3** ***wederhelft*** ⇒*andere helft* ⟨v. twee⟩ **0.4** ⟨BE⟩ ***lid v. universiteitsbestuur*** **0.5** ***lid v. (wetenschappelijk) genootschap*** ◆ **2.1** my dear/good ~ *beste kerel;* old ~ *ouwe jongen* **2.2** a good ~ *een prima vent* **3.1** a ~'s got to eat *een mens moet toch eten* **4.3** a sock and its ~ *een sok en de andere/bijbehorende.*
fellow[2] ⟨bn.⟩ **0.1** ***mede-*** ⇒*collega, -genoot* ◆ **1.1** ~ citizen *medeburger;* ~ countryman *landgenoot;* ~ creature *medemens, medeschepsel;* ~ man *medemens;* ~ traveller *medereiziger;* ⟨fig.⟩ *meeloper, sympathisant* ⟨ihb. v.d. communistische partij⟩; ~ worker *medearbeider.*
fellowship [felloosjip] **I** ⟨telb.zn.⟩ **0.1** ***genootschap*** **0.2** ***broederschap*** ⇒*verbond;*
II ⟨telb. en n.-telb.zn.⟩ **0.1** ***lidmaatschap*** ⟨v. wetenschappelijke staf of genootschap⟩ ⇒*ambt, betrekking* ⟨v. wetenschapper⟩ **0.2** ⟨school.⟩ ***beurs*** ⇒*toelage* ⟨v. doctoraalassistent⟩;
III ⟨n.-telb.zn.⟩ **0.1** ***omgang*** ⇒*gezelschap* **0.2** ***vriendschap*** ⇒*kameraadschap(pelijkheid).*
fell runner ⟨BE; sport⟩ **0.1** ***(langeafstands)loper*** ⟨tegen berg op, van berg af of van bergtop tot bergtop⟩.
fell running ⟨BE; sport⟩ **0.1** ***(het) (langeafstands)hardlopen*** ⟨tegen bergen op of van berg tot berg⟩.
felon [fellən] **I** ⟨telb.zn.⟩⟨jur.⟩ **0.1** ***misdadiger;***
II ⟨telb. en n.-telb.zn.⟩⟨med.⟩ **0.1** ***fijt.***
felonious [fəlooniəs] **0.1** ⟨jur.⟩ ***misdadig*** ⇒*crimineel.*
felon|y [fellənie] ⟨mv.: -ies⟩⟨jur.⟩ **0.1** ***(ernstig) misdrijf*** ⇒*zware misdaad.*
felt[1] [felt] ⟨zn.⟩ **0.1** ***vilt.***
felt[2] ⟨bn.⟩ **0.1** ***vilten*** ⇒*vilt-.*
felt[3] ⟨verl. t. en volt. deelw.⟩ →**feel.**
felt-tip (pen), felt-tipped (pen) **0.1** ***viltstift.***
felucca [fəlukkə] **0.1** ***feloek.***
fem. ⟨afk.⟩ **0.1** [feminine].
female[1] [fie:meel] ⟨zn.⟩ **0.1** ***vrouwelijk persoon*** ⇒*vrouw* **0.2** ⟨biol.⟩ ***wijfje*** ⇒*vrouwtje* **0.3** ⟨inf.⟩ ***vrouwspersoon*** ⇒*wijf, vrouwtje.*
female[2] ⟨bn.⟩ **0.1** ***vrouwelijk*** ⇒*-in, -es* ⟨enz.⟩; *wijfjes-* **0.2** ***vrouwen-*** ⇒*meisjes-* **0.3** ⟨tech.⟩ ***hol*** ⇒*binnen-* ◆ **1.1** ~ fern *wijfjesvaren;* a ~ student *een studente* **1.2** ~ impersonator *travestiet* **1.3** ~ plug *contrastekker.*
feminine[1] [femminnin] ⟨zn.⟩⟨taal.⟩ **0.1** ***vrouwelijk(e) vorm/ woord*** ⇒*vrouwelijk.*
feminine[2] ⟨bn.⟩ **0.1** ***vrouwen-*** ⇒*vrouwelijk* ◆ **1.1** ~ logic *vrouwenlogica;* ~ virtues *vrouwelijke deugden.*
femininity [femminninnətie] **0.1** ***vrouwelijkheid.***
feminism [femminnizm] **0.1** ***feminisme.***
feminist [femminnist] **0.1** ⟨bn.⟩ ***feministisch*** **0.2** ⟨zn.⟩ ***feministe.***
femur [fie:mə]⟨mv.: ook femora [femmərə]⟩ **0.1** ***dij(been)*** ⇒*femur.*
fen [fen] **I** ⟨telb.zn.; vaak mv.⟩ **0.1** ***moeras(land);***
II ⟨eig.n.; the Fens⟩ **0.1** ***de Fens*** ⟨drasland(en) in het oosten v. Engeland⟩.
fence[1] [fens] ⟨zn.⟩ **0.1** ***hek*** ⇒*omheining, afscheiding* **0.2** ***heler*** **0.3** ⟨sport⟩ ***hindernis*** ◆ **3.1** ⟨fig.⟩ be/sit on the ~ *geen partij kiezen;* ⟨fig.⟩ mend one's ~s *een ruzie bijleggen* **3.¶** rush one's ~s *overijld handelen.*
fence[2] **I** ⟨onov.ww.⟩ **0.1** ⟨sport⟩ ***schermen*** **0.2** ***heler zijn*** ⇒*helen* ◆ **6.1** ⟨fig.⟩ ~ **with** a question *een vraag pareren/ ontwijken;*
II ⟨ov.ww.⟩ **0.1** ***omheinen*** **0.2** ***heler zijn van*** ⇒*helen* ◆ **5.1** the tree was ~d **around** with barbed wire *er stond (een hek van) prikkeldraad om de boom;* ~ **in** *afrasteren;* ⟨fig.⟩ *inperken.*
fence off **0.1** ***afschermen*** ⇒*afscheiden* **0.2** ***afweren*** ⇒*buitensluiten.*
fencer [fensə] **0.1** ⟨sport⟩ ***schermer.***
fencing [fensing] **0.1** ⟨sport⟩ ***het schermen*** **0.2** ***hekken*** ⇒*omheining, hekwerken.*
fencing foil ⟨sport⟩ **0.1** ***schermdegen.***
fend [fend] ◆ **5.¶** ~ **off** *afweren, ontwijken* ⟨slag, vraag⟩ **6.¶** ~ **for** o.s. *voor zichzelf zorgen.*
fender [fendə] **0.1** ***stootrand*** ⇒*stootkussen;* ⟨AE⟩ *bumper* **0.2** ⟨AE⟩ ***spatbord*** ⟨v. auto⟩ **0.3** ***haardscherm*** **0.4** ***haardrand.***
fenestration [fennistreesjn] **0.1** ⟨bouwk.⟩ ***raamindeling*** ⇒*vensterindeling.*
fennel [fenl] **0.1** ***venkel.***
feral [fiərəl] **0.1** ***wild*** ⟨dier⟩.
ferment[1] [fə:mənt] ⟨zn.⟩ **0.1** ***gist(middel)*** **0.2** ***gisting*** **0.3** ***onrust*** ⇒*agitatie, opwinding* ◆ **6.3** **in** (a state of) ~ *in beroering.*
ferment[2] [fəment] ⟨ww.; zn.: **-ation**⟩ **0.1** ***(ver)gisten*** ⇒*(doen) fermenteren* **0.2** ***in beroering zijn/brengen*** ⇒*onrustig zijn/maken* ⟨volk⟩ ◆ **1.2** ~ trouble *onrust zaaien.*
fern [fə:n] ⟨mv.: ook fern⟩ **0.1** ***varen*** ◆ **3.¶** flowering ~ *koningsvaren.*
ferocious [fəroosjəs] ⟨-ness⟩ **0.1** ***woest*** ⇒*ruw, wild, meedogenloos.*
ferocit|y [fərossətie] ⟨mv.: -ies⟩ **0.1** ***gewelddaad*** ⇒*wreedheid* **0.2** ***woestheid*** ⇒*ruwheid, gewelddadigheid.*
ferret[1] [ferrit] ⟨zn.⟩ **0.1** ⟨dierk.⟩ ***fret.***
ferret[2] **I** ⟨onov.ww.⟩ **0.1** ***met fretten jagen*** ⇒*fretten* **0.2** ***rommelen*** ⇒*snuffelen* ◆ **5.2** ~ **about/around** among s.o.'s papers *in iemands papieren rondsnuffelen;*
II ⟨ov.ww.⟩ **0.1** ***met fretten verjagen*** ◆ **5.1** ~ **out** rats *met fretten ratten vangen* **5.¶** ~ **out** *uitvissen, uitzoeken* ⟨bv. de waarheid⟩; ~ **out** a secret *achter een geheim komen.*
Ferris wheel [ferris wie:l] **0.1** ***reuzenrad.***
ferrite [ferrajt] ⟨tech.⟩ **0.1** ***ferriet.***
ferroconcrete [-kongkrie:t] **0.1** ***gewapend beton.***
ferrous [ferrəs] **0.1** ⟨schei.⟩ ***ijzerhoudend*** **0.2** ⟨schei.⟩ ***ferro-.***
fer(r)ule [ferroe:l] ⟨tech.⟩ **0.1** ***metalen dop*** ⟨om stok enz.⟩ **0.2** ***beslagring.***

ferr|y¹ [ferrie] ⟨zn.; mv.: -ies⟩ **0.1** ***veer(boot)*** ⇒*pont* **0.2** ***veerdienst*** ⇒*veer* ⟨ook met hovercraft of vliegtuig⟩.

ferr|y² ⟨ww.; -ied⟩ **0.1** ***overzetten*** ⇒*overvaren* **0.2** ***vervoeren*** ◆ **1.2** ~ children to and from a party *kinderen naar een feestje brengen en ophalen.*

ferryboat **0.1** ***veerboot.***

ferry|man [ferrieman] ⟨mv.: -men [-mən]⟩ **0.1** ***veerman.***

fertile [fə:tajl] **0.1** ***vruchtbaar*** ⟨ook kernfysica⟩ **0.2** ***rijk (voorzien)*** ⇒*overvloedig, vruchtbaar* ◆ **1.1** ⟨aardr.⟩ Fertile Crescent *Vruchtbare Halve Maan* ⟨gebied in het Midden-Oosten⟩; ~ soil *vruchtbare grond* **1.2** ~ imagination *rijke verbeelding* **6.2** ~ **in / of** *rijk aan.*

fertility [fə:tilləti] **0.1** ***vruchtbaarheid*** **0.2** ***productiviteit*** ⇒*overvloed.*

fertil|ize, -ise [fə:tillajz] ⟨zn.: **-ization**⟩ **0.1** ***bevruchten*** ⇒*insemineren* **0.2** ***vruchtbaar maken*** ⇒*bemesten.*

fertilizer, -iser [fə:tillajzə] **0.1** ***(kunst)mest.***

ferule [ferroe:l] **0.1** ***plak*** ⟨om schoolkinderen mee op de hand te slaan⟩ **0.2** →**ferrule.**

ferv|ent [fə:vnt] ⟨zn.: **-ency**⟩ **0.1** ***vurig*** ⇒*hartstochtelijk, fervent* ◆ **1.1** ~ admirer *vurig bewonderaar;* ~ desire *brandend verlangen.*

fervid [fə:vid] **0.1** ***heftig*** ⇒*gloedvol.*

fervour, ⟨AE sp.⟩ **fervor** [fə:və] **0.1** ***heftigheid*** ⇒*hartstocht, vurigheid.*

fescue [feskjoe] ⟨plantk.⟩ **0.1** ***zwenkgras.***

festal [festl] ⟨schr.⟩ **0.1** ***feestelijk.***

fester [festə] **0.1** ***zweren*** ⇒*etteren* **0.2** ***knagen*** ⇒*irriteren* ⟨opmerking e.d.⟩.

festival [festivl] **0.1** ***(kerkelijke) feestdag*** **0.2** ***feest*** ⇒*feestelijkheid* **0.3** ***muziekfeest*** ⇒*festival* ◆ **1.1** ~ of lights *Chanoeka.*

festive [festiv] **0.1** ***feestelijk*** ⇒*feest-, vreugdevol* ◆ **1.1** ~ board *feestmaal;* the ~ season *de feestdagen.*

festivit|y [festivvəti] ⟨mv.: -ies⟩ **0.1** ***vrolijkheid*** ⇒*feestelijke stemming, feestvreugde* **0.2** ⟨vaak mv.⟩ ***feestelijkheid*** ⇒ *festiviteit.*

festoon¹ [festoe:n] ⟨zn.⟩ **0.1** ***slinger*** ⇒*guirlande.*

festoon² ⟨ww.⟩ **0.1** ***met slingers versieren*** **0.2** ***slingers maken van*** ◆ **6.1** ~ a wall **with** flowers *een muur met bloemslingers versieren* **6.2** ~ flowers **round** the window *bloemen in slingers rond het raam hangen.*

feta [fettə] **0.1** ***feta.***

fetal [fie:tl] **0.1** ***foetaal.***

fetch [fetsj] **I** ⟨onov.ww.⟩ **0.1** ***iets halen*** ⇒*iets (mee)brengen; apporteren* ◆ **3.1** ~ and carry for s.o. *voor iem. slaven en draven.* →**fetch up;**

II ⟨ov.ww.⟩ **0.1** ***halen*** ⇒*brengen, afhalen* **0.2** ***te voorschijn brengen*** ⇒*trekken* ⟨publiek, tranen⟩; ⟨bij uitbr. ook⟩ *slaken* ⟨zucht⟩, *halen* ⟨adem⟩ **0.3** ***opbrengen*** ⟨geld⟩ ◆ **1.3** the painting ~ed £100 *het schilderij ging voor 100 pond weg* **1.¶** ~ s.o. a blow *iem. een klap verkopen* **5.1** ~ sth. **in** *iets binnenhalen.*

fetching [fetsjing] ⟨inf.⟩ **0.1** ***leuk*** ⇒*aantrekkelijk, aardig.*

fetch up **0.1** ⟨inf.⟩ ***terechtkomen*** ⇒*verzeild raken* **0.2** ⟨BE⟩ ***overgeven*** ⇒*braken* ◆ **6.1** at last Fanny fetched up **in** Paris *uiteindelijk kwam Fanny in Parijs terecht.*

fete¹, fête [feet] ⟨zn.⟩ **0.1** ***feest*** ⇒*festijn.*

fete², fête ⟨ww.⟩ **0.1** ***huldigen*** ⇒*fêteren.*

fetid [fettid, fie:-], **foetid** [fie:-] **0.1** ***(kwalijk) riekend.***

fetish, fetich [fettisj, fie:-] **0.1** ***fetisj.***

fetishism [fettisjizm, fie:-] **0.1** ***fetisjisme.***

fetishist [fettisjist, fie:-] ⟨vaak attr.⟩ **0.1** ***fetisjist.***

fetlock [fetlok] **0.1** ***vetlok*** ⟨v. paard⟩.

fetter¹ [fettə] ⟨zn.; vaak mv.⟩ **0.1** ***keten*** ⇒*boei, ketting* **0.2** ***belemmering*** ◆ **6.1** **in** ~s *in de boeien;* ⟨fig.⟩ *vastgekluisterd.*

fetter² ⟨ww.⟩ **0.1** ***boeien*** ⇒*(vast)ketenen, kluisteren, binden* **0.2** ***belemmeren.***

fettle [fetl] ◆ **2.¶** in fine ~ *in uitstekende conditie / in een prima humeur.*

fetus →**foetus.**

feud¹ [fjoe:d] ⟨zn.⟩ **0.1** ***vete*** ⇒*onenigheid, ruzie* ◆ **6.1** be **at** ~ **with** *in onmin leven met.*

feud² ⟨ww.⟩ **0.1** ***in vete liggen*** ⇒*onenigheid hebben, ruziën.*

feudal [fjoe:dl] **0.1** ***feodaal*** ⇒*leen-* **0.2** ⟨inf.⟩ ***onderdanig*** ◆ **1.1** ~ lord *leenheer;* ~ system *leenstelsel;* ~ tenant *leenman.*

feudalism [fjoe:dəlizm] **0.1** ***leenstelsel.***

fever [fie:və] **I** ⟨telb.zn.; meestal enk.⟩ **0.1** ***opwinding*** ⇒*agitatie, spanning* ◆ **6.1** **in** a ~ **of** anticipation *in gespannen afwachting;*

II ⟨telb. en n.-telb.zn.⟩ **0.1** ***koorts*** ⇒*verhoging.* →**scarlet.**

fever blister **0.1** ***koortsblaasje*** ⇒⟨mv.⟩ *koortsuitslag.*

fevered [fie:vəd] **0.1** ***koortsig*** ⇒*gloeiend v. koorts* ⟨bv. wangen⟩ **0.2** ***overspannen*** ⇒*koortsachtig* ⟨opwinding, verbeelding⟩.

fever heat **0.1** ***koortshitte*** **0.2** ***hevige opwinding.***

feverish [fie:vrisj] ⟨-ly⟩ **0.1** ***koortsig*** ⇒*koorts-* **0.2** ***opgewonden*** ⇒*ongedurig* ◆ **1.2** ~ energy *koortsachtige bedrijvigheid.*

fever pitch **0.1** ***hoogtepunt*** ⇒*climax* ◆ **6.1** emotions were **at / rose to** ~ *de gevoelens waren op / bereikten het kookpunt.*

few¹ [fjoe:] ⟨vnw.; -er, vergr. trap inf. ook less [les]⟩ **0.1** ***weinige(n)*** ⇒*weinig, enkele(n)* ◆ **1.1** ⟨schr.⟩ truly great men are ~ *waarlijk grote mensen zijn schaars* **2.1** a faithful ~ *een paar trouwe volgelingen* **2.¶** ⟨inf.⟩ there were a good ~ *er waren er nogal wat* **5.1** holidays are ~ and far between *feestdagen zijn er maar weinig;* no ~er than twenty *niet minder dan twintig, wel twintig* **5.¶** quite a ~ *vrij veel* **6.1** he was **among** the ~ who understood *hij was een v.d. weinigen die het begreep;* a ~ **of** the chocolates *een paar chocolaatjes* **7.1** a ~ *een paar, enkele(n);* a ~ more *nog enkele(n).*

few² ⟨det.; -er, vergr. trap inf. ook less⟩ **0.1** ***weinig*** ⇒*een paar, enkele* ◆ **1.1** the ~est mistakes *de minste fouten;* a man of ~ words *een man v. weinig woorden* **5.¶** quite a ~ books *nogal wat boeken* **7.1** a ~ words *een paar woorden;* every ~ days *om de zoveel dagen;* the last ~ hours *de laatste (paar) uren;* some ~ words *(maar) een paar woorden.*

fey [fee] ⟨-ness⟩ **0.1** ***helderziend*** **0.2** ⟨inf.; soms pej.⟩ ***capricieus*** ⇒*grillig, artistiekerig.*

fez [fez] ⟨mv.: fezzes [-iz]⟩ **0.1** ***fez.***

ff. ⟨afk.⟩ **0.1** [folios] **0.2** [following] ***e.v.***

fiancé, ⟨vr.⟩ **fiancée** [fi·onsee] **0.1** ***verloofde.***

fiasco [fie·æskoo] ⟨mv.: ook -es⟩ **0.1** ***mislukking*** ⇒*fiasco.*

fiat [fajæt, fie:-] **0.1** ***toestemming*** ⇒*machtiging* **0.2** ***besluit*** ⇒*beslissing* **0.3** ***bevel.***

fib¹ [fib] ⟨zn.⟩ ⟨inf.⟩ **0.1** ***leugentje*** ◆ **3.1** tell ~s *jokken.*

fib² ⟨ww.; -bed⟩ ⟨inf.⟩ **0.1** ***jokken.***

fibber [fibbə] ⟨inf.⟩ **0.1** ***jokkebrok*** ◆ **4.1** you ~! *liegbeest!*

fibre, ⟨AE sp.⟩ **fiber** [fajbə] **I** ⟨telb. en n.-telb.zn.⟩ **0.1** ***vezel*** ⇒ ⟨anat. ook⟩ *fibril* **0.2** ***draad;***

II ⟨n.-telb.zn.⟩ **0.1** ***kwaliteit*** ⇒*sterkte, karakter* ◆ **2.1** a man of coarse ~ *een grofbesnaard man;* moral ~ *ruggengraat.*

fibreboard **0.1** ***(hout)vezelplaat.***

fibreglass **0.1** ***fiberglas*** ⇒*glasvezel.*

fibreoptic ⟨tech.⟩ **0.1** ***vezeloptisch.***

fibre optics ⟨tech.⟩ **0.1** ***vezeloptica*** ⇒*vezeloptiek.*

fibroid [fajbrojd] ⟨biol.⟩ **0.1** ***vezelachtig*** ⇒*vezelig.*

fibrous [fajbrəs] **0.1** ***vezelig*** ⇒*draderig, vezelachtig.*

fibula [fibjoelə]⟨mv.: ook fibulae [-lie:]⟩ **0.1** ***kuitbeen*** ⇒*fibula.*

fiche [fie:sj] **0.1** ***(micro)fiche.***

fickle [fikl] ⟨-ness⟩ **0.1** ***onbestendig*** ⇒*wispelturig, grillig.*

fiction [fiksjn] **I** ⟨telb.zn.⟩ **0.1** ***verzinsel*** ⇒*verdichtsel, fictie* ⟨ook jur.⟩, *leugen;*
II ⟨n.-telb.zn.⟩ **0.1** ***fictie*** ⇒⟨bij uitbr. ook⟩ *romans* ◆ **1.1** truth is stranger than ~ *de werkelijkheid is vaak vreemder dan de fantasie;* works of ~ *romans, romanliteratuur.*

fictional [fiksjnəl] **0.1** ***roman-*** **0.2** ***verzonnen*** ⇒*gefingeerd, geromantiseerd* ◆ **1.1** ~ character *romanfiguur.*

fictitious [fiktisjəs] **0.1** ***onecht*** **0.2** ***verzonnen*** ⇒*bedacht* ⟨verhaal⟩, *gefingeerd* ⟨naam, adres⟩ **0.3** ***denkbeeldig*** ⇒*fictief* ⟨gebeurtenis⟩.

fiddle[1] [fidl] ⟨zn.⟩ **0.1** ⟨inf.⟩ ***viool*** ⇒*fiedel* **0.2** ⟨BE; sl.⟩ ***vuile streek*** ⇒*knoeierij, bedrog* ◆ **3.1** saw at the ~ *op de viool krassen* **3.¶** play second ~ (to) *in de schaduw staan (van).* →**fit.**

fiddle[2] **I** ⟨onov.ww.⟩⟨inf.⟩ **0.1** ***vioolspelen*** ⇒*fiedelen* **0.2** ***lummelen*** **0.3** ***friemelen*** ⇒*spelen* ◆ **5.2** ~ **about/around** *rondlummelen* **6.3** ~ **with** *morrelen aan, spelen met;* the lock had been ~d **with** *er was aan het slot geknoeid;*
II ⟨ov.ww.⟩ **0.1** ⟨inf.⟩ ***spelen*** ⟨wijsje op viool⟩ **0.2** ⟨BE; sl.⟩ ***foezelen met*** ⇒*vervalsen, bedrog plegen met* ◆ **1.2** ~ one's taxes *met zijn belastingaangifte knoeien* **5.¶** ~ **away** one's time *zijn tijd verlummelen.*

fiddle-faddle [fidlfædl] ⟨inf.⟩ **0.1** ***lariekoek*** ⇒*flauwekul* ◆ **¶.¶** fiddle-faddle! *larie!, onzin!*

fiddler [fidlə] ⟨inf.⟩ **0.1** ***vioolspeler*** ⇒*fiedelaar* **0.2** ⟨BE⟩ ***knoeier*** ⇒*scharrelaar, oplichter.*

fiddlesticks **0.1** ***lariekoek*** ⇒*kletskoek.*

fiddling [fidling] ⟨inf.⟩ **0.1** ***onbeduidend*** ⇒*nietig, miezerig* ◆ **1.1** ~ little screws *pietepeuterige schroefjes.*

fidelity [fiddellətie] **0.1** ***(natuur)getrouwheid*** ⇒*precisie* **0.2** ⟨+ to⟩ ***trouw (aan/jegens)*** ⇒*loyaliteit.*

fidget[1] [fidzjit] ⟨inf.⟩ **I** ⟨telb.zn.⟩ **0.1** ***zenuwlijer*** ⇒*iem. die niet stil kan zitten* ◆ **6.¶** (all) **in** a ~ *in de zenuwen;*
II ⟨mv.; the⟩ **0.1** ***kriebels*** ⇒*zenuwen* ◆ **3.1** have the ~s *niet stil kunnen zitten, onrustig zijn.*

fidget[2] ⟨inf.⟩ **I** ⟨onov.ww.⟩ **0.1** ***de kriebels hebben*** ⇒*niet stil kunnen zitten* ◆ **3.1** start to ~ *onrustig worden* **5.1** ~ **about** *niet stil kunnen zitten* **6.1** ~ **with** one's pen *zenuwachtig met zijn pen spelen;*
II ⟨ov.ww.⟩ **0.1** ***dwars zitten*** ⇒*zenuwachtig maken* ◆ **4.1** what's ~ing her? *waarom is ze zo zenuwachtig?*

fidgeter [fidzjətə] ⟨inf.⟩ **0.1** ***friemelaar*** ⇒*wriemelaar, wiebelaar.*

fidgety [fidzjətie] **0.1** ***onrustig*** ⇒*druk, zenuwachtig.*

fiduciar|y [fidjoe:sjərie] ⟨mv.: -ies⟩⟨jur.⟩ **0.1** ⟨bn.⟩ ***fiduciair*** ⇒*vertrouwens-* **0.2** ⟨zn.⟩ ***vertrouwensman.***

fie [faj] ⟨vero. of scherts.⟩ **0.1** ***foei!*** ◆ **6.1** ~ **on/upon** you! *je moest je schamen!*

field[1] [fie:ld] **I** ⟨telb.zn.⟩ **0.1** ⟨ben. voor⟩ ***veld*** ⇒*land, weide, akker, vlakte; sportveld, sportterrein; gebied* **0.2** ***slagveld*** ⇒⟨fig.⟩ *(veld)slag* **0.3** ***arbeidsveld*** ⇒*gebied, branche* **0.4** ⟨elek., nat.⟩ ***(kracht)veld*** ⇒*draagwijdte, invloedssfeer, reikwijdte* **0.5** ***ondergrond*** ⇒*fond, veld* ◆ **1.1** ~ of corn *korenveld;* ~ of ice *ijsvlakte* **1.3** ~ of study *onderwerp (van studie)* **1.4** ⟨mil.⟩ ~ of fire *schootsveld;* ~ of vision *gezichtsveld* **2.4** magnetic ~ *magnetisch veld* **2.5** a red star on a yellow ~ *een rode ster op een gele ondergrond* **3.2** hold the ~ (against) *zich staande houden (tegen);* take the ~ *ten strijde trekken;*
II ⟨n.-telb.zn.; the⟩ **0.1** ***praktijk*** ⇒*veld* ◆ **6.1** **in** the ~ *in het veld;*
III ⟨zn.; the; ww. enk. of mv.⟩ ⟨sport⟩ **0.1** ***bezetting*** ⟨v. wedstrijd⟩ ⇒*veld, alle deelnemers;* ⟨ihb.⟩ *jachtpartij, jachtstoet* **0.2** ***concurrentie*** ⇒*veld, andere deelnemers* ⟨buiten de favoriet; ihb. bij paardenrennen⟩ ◆ **2.2** a good ~ *veel mededinging* **3.2** ⟨AE; inf.⟩ play the ~ *fladderen, van de een naar de ander lopen.* →**right.**

field[2] **I** ⟨onov.ww.⟩⟨sport⟩ **0.1** ***veldspeler zijn*** ⇒*fielden* ◆ **5.1** we were ~ing all morning *we stonden de hele ochtend in het veld;*
II ⟨ov.ww.⟩ **0.1** ⟨sport⟩ ***terugspelen*** ⇒*fielden* ⟨bal⟩ **0.2** ⟨sport⟩ ***in 't veld brengen*** ⇒*uitkomen met* ⟨team⟩ ◆ **5.1** well ~ed! *goed gevangen!*

field archery ⟨sport⟩ **0.1** ***(het) veldboogschieten.***

field artillery ⟨mil.⟩ **0.1** ***veldartillerie.***

field day **0.1** ***grote dag*** ◆ **3.1** when the Prime Minister committed adultery, the papers had a ~ *het vreemd gaan van de premier was natuurlijk een buitenkansje voor de kranten.*

field engineer ⟨BE; mil.⟩ **0.1** ***geniesoldaat.***

fielder [fie:ldə] ⟨sport⟩ **0.1** ***veldspeler.***

field event ⟨vaak mv.⟩⟨atletiek⟩ **0.1** ***veldnummer*** ⟨tgov. baannummer⟩.

field games ⟨sport⟩ **0.1** ***veldsporten.***

field glasses **0.1** ***veldkijker*** ⇒*verrekijker* ◆ **1.1** two pairs of ~ *twee verrekijkers.*

field goal ⟨Am. football⟩ **0.1** ***fieldgoal*** ⟨voor drie punten⟩.

field hand ⟨AE⟩ **0.1** ***landarbeider*** ◆ **3.1** work like a ~ *keihard werken.*

field hockey ⟨AE⟩ **0.1** ***hockey.***

field judge ⟨Am. football⟩ **0.1** ***veldscheidsrechter.***

Field Marshal ⟨BE; mil.⟩ **0.1** ***veldmaarschalk.***

field mouse **0.1** ***veldmuis.***

fields|man [fie:ldzmən]⟨mv.: -men [-mən]⟩ ⟨sport⟩ **0.1** ***veldspeler.***

field test **0.1** ⟨zn.⟩ ***praktijktest*** **0.2** ⟨ww.⟩ ***aan de praktijk toetsen*** ⇒*in de praktijk testen.*

fieldwork **0.1** ***veldwerk*** ⇒*veldonderzoek, praktijk.*

fiend [fie:nd] **0.1** ***duivel*** ⇒*demon, kwade geest* **0.2** ***wreedaard*** ⇒*beul* **0.3** ⟨in samenstellingen⟩ ***fanaat*** ⇒*maniak* ◆ **4.2** you ~! *onmens!*

fiendish [fie:ndisj] ⟨-ness⟩ **0.1** ***duivels*** ⇒*demonisch* **0.2** ***wreed*** ⇒*gemeen.*

fiendishly [fie:ndisjlie] ⟨inf.⟩ **0.1** →**fiendish** **0.2** ***vreselijk*** ◆ **2.2** a ~ difficult book *een waanzinnig moeilijk boek.*

fierce [fiəs] ⟨-r; -ness⟩ **0.1** ***woest*** ⇒*wreed, kwaadaardig* **0.2** ***hevig*** ⇒*fel, vinnig* **0.3** ***heftig*** ◆ **1.1** ~ natives *woeste inboorlingen* **1.2** ~ winds *felle winden* **1.3** ~ dislike *intense afkeer.*

fiery [fajjərie] **0.1** ***brandend*** ⇒*vurig* **0.2** ***heet*** ⇒*branderig, gloeiend* **0.3** ***onstuimig*** ⇒*vurig, opvliegend* ◆ **1.1** ~ glow *vuurrode gloed* **1.2** ~ pepper *scherpe peper* **1.3** ~ temperament *fel temperament.*

fiesta [fie·estə] **0.1** ***feest(dag)*** ⇒*festival.*

FIFO [fajfoo] ⟨afk.; comp.⟩ **0.1** [first in, first out].

fifteen [fiftie:n] **0.1** ***vijftien*** ⟨ook voorwerp/groep ter waarde/grootte v. vijftien⟩.

fifteenth [fiftie:nθ] **0.1** ***vijftiende*** ⇒⟨als zn.⟩ *vijftiende deel.*

fifth [fifθ] **0.1** ***vijfde*** ⇒⟨als zn.⟩ *vijfde deel;* ⟨muz.⟩ *kwint* ◆ **1.1** ~ wheel *vijfde wiel/rad aan de wagen* ⟨ook fig.⟩; ⟨AE⟩ a ~ of whiskey *een (fles v.) een vijfde gallon whiskey* **2.1** the ~ most beautiful girl *het op vier na mooiste meisje* **7.1** ⟨AE⟩ the Fifth (Amendment) *het vijfde amendement* ⟨verbiedt afgedwongen getuigenis tegen zichzelf⟩; ⟨AE⟩ take/plead the Fifth *zich op het vijfde amendement beroepen.*

fifthly [fifθlie], **fifth** **0.1** ***ten/als vijfde.***

fiftieth [fiftie·iθ] **0.1** ***vijftigste*** ⇒(als zn.) *vijftigste deel.*

fifty [fiftie] **0.1** ***vijftig*** (ook voorwerp/groep ter grootte/waarde v. vijftig) ◆ **3.1** lend me a ~ *leen mij een briefje van vijftig;* she takes a ~ *ze heeft maat vijftig* **6.1** a man **in** his fifties *een man van in de vijftig;* temperatures **in** the fifties *temperaturen boven de vijftig graden;* **in** the fifties *in de vijftiger jaren.*

fifty-fifty (inf.) **0.1** ***half om half*** ⇒*fifty-fifty* ◆ **1.1** ~ chance *vijftig procent kans* **3.1** go ~ with s.o. *met iem. samsam doen;* it's split ~ *het is in tweeën verdeeld* **8.1** it's ~ that Will won't come *er is vijftig procent kans dat Will niet komt.*

fig [fig] **0.1** ***vijg*** **0.2** ***vijgenboom*** ◆ **3.¶** not care/give a ~ (for) *geen bal/moer geven (om).*

fight[1] [fajt] (zn.) **0.1** ***gevecht*** ⇒*strijd, vechtpartij* **0.2** ***bokswedstrijd*** **0.3** ***ruzie*** ⇒*conflict* **0.4** ***vechtlust*** ⇒*strijdlust* ◆ **1.4** (still) have plenty of ~ in one *zijn vechtlust (nog lang) niet kwijt zijn* **3.1** put up a brave/good/poor ~ *dapper/weinig weerstand bieden* **6.1** a ~ **to** the finish *een gevecht tot het bittere einde.* →**free.**

fight[2] (fought, fought [fo:t]) **I** (onov.ww.) **0.1** ***vechten*** ⇒*strijden* **0.2** ***ruziën*** ◆ **1.1** ~ to a/the finish *tot het bittere eind doorvechten* **2.1** ~ shy of sth. *ergens met een boog omheen lopen* **5.1** ~ **back** *weerstand bieden;* ~ **on** *doorvechten* **6.1** ~ **for** peace *strijden voor vrede;*
II (ov.ww.) **0.1** ***bevechten*** ⇒*bestrijden, strijden tegen* **0.2** ***vechten in*** (duel) ◆ **1.1** ~ disease/the French *vechten tegen ziekte/de Fransen;* ~ one's way out of a difficult situation *zich uit een benarde positie bevrijden* **1.2** ~ a battle *slag leveren* **5.1** ~ one's way **back** to respectability *met moeite zijn aanzien heroveren;* ~ **down** one's anger *zijn boosheid onderdrukken;* ~ **off** sth. *ergens weerstand tegen bieden;* ~ it **out** *het uitvechten.*

fighter [fajtə] **0.1** ***vechter*** ⇒*strijder, vechtersbaas* **0.2** ***bokser*** **0.3** →**fighter plane.**

fighter-bomber (mil.) **0.1** ***gevechts/jachtbommenwerper.***

fighter pilot **0.1** ***piloot v.e. gevechtsvliegtuig.***

fighter plane (mil.) **0.1** ***gevechtsvliegtuig*** ⇒*jager, jachtvliegtuig.*

fighting[1] [fajting] (zn.) **0.1** ***het vechten*** ⇒*het strijden; gevechten.*

fighting[2] (bn.) **0.1** ***vechtend*** ⇒*strijdend* **0.2** ***strijdbaar*** ⇒*gevechtsklaar, uitgerust voor de strijd* **0.3** ***opruiend*** ⇒*agressief* ◆ **1.1** ~ cock *vechthaan, kemphaan* (ook fig.) **1.2** ~ spirit *vechtlust* **1.3** ~ words *opruiende woorden* **1.¶** he has a ~ chance *als hij alles op alles zet lukt het hem misschien.*

fig leaf **0.1** ***vijgenblad*** (ook fig.).

figment [figmənt] **0.1** ***verzinsel*** ⇒*verdichtsel* ◆ **1.1** ~ of the imagination *hersenspinsel.*

fig tree **0.1** ***vijgenboom.***

figurative [figərətiv] **0.1** ***figuurlijk*** ⇒*overdrachtelijk* (uitdrukking) **0.2** ***figuratief*** (schilderkunst) ◆ **1.¶** ~ speech *beeldrijke taal.*

figure[1] [figə] (zn.) **0.1** ***vorm*** ⇒*contour, omtrek; gedaante, gestalte, figuur* **0.2** ***afbeelding*** ⇒(wisk.) *figuur; motief* (v. patroon) **0.3** ***personage*** **0.4** (ben. voor) ***toer*** ⇒(muz.) *motief; dansfiguur; figuur bij schaatsen* **0.5** ***cijfer*** **0.6** (mv.) ***cijferwerk*** ⇒*het cijferen, reken/telwerk* **0.7** ***bedrag*** ⇒*waarde, prijs* ◆ **1.3** ~ of fun *mikpunt v. plagerij* **1.4** ~ of speech *stijlfiguur* **2.1** a fine ~ of a boy *een mooi gebouwde jongen* **2.2** (wisk.) solid ~ *lichaam* (3D-figuur) **2.3** public ~ *(algemeen) bekend persoon* **2.5** double ~s *getal v. twee cijfers* **2.¶** cut a brilliant/poor/sorry ~ *een schitterend/armzalig figuur slaan* **3.1** keep/lose one's ~ *zijn figuur houden/kwijtraken* **6.6** be good **at** ~s *goed kunnen rekenen.*

figure[2] **I** (onov.ww.) **0.1** ***voorkomen*** ⇒*een rol spelen, gezien worden* **0.2** (AE; inf.) ***vanzelf spreken*** ⇒*logisch zijn* **0.3** ***rekenen*** ⇒*cijferen* ◆ **3.¶** he doesn't ~ to live long *hij verwacht niet lang meer te leven* **4.2** that ~s *dat ligt voor de hand* **6.1** ~ **as** *de functie vervullen van;* ~ **in** a book *in een boek voorkomen* **6.3** (vnl. AE; fig.) ~ **(up)on** *rekenen op;*
II (ov.ww.) **0.1** (AE; inf.) ***denken*** ⇒*menen, geloven* ◆ **1.1** Freda ~s Fritz is just fed up with her *Freda denkt dat Fritz haar gewoon zat is* **6.1** I ~d Fred **for** a crook *ik dacht dat Fred een oplichter was.* →**figure out.**

figured [figəd] **0.1** ***versierd*** ⇒*met een patroon* ◆ **1.1** ~ velvet *gedessineerd fluweel.*

figurehead **0.1** (scheep.) ***boegbeeld*** **0.2** ***dummy*** ⇒*hoofd in naam, stroman.*

figure-hugging **0.1** ***nauwsluitend.***

figure of eight, (AE) **figure eight** **0.1** ***acht*** (figuur bij kunstrijden/dansen) **0.2** ***achtknoop.***

figure out **0.1** ***berekenen*** ⇒*becijferen, uitwerken* **0.2** (AE) ***uitpuzzelen*** ⇒*doorkrijgen* ◆ **1.1** ~ costs *de kosten berekenen;* ~ a problem *een probleem oplossen* **1.2** be unable to figure a person out *geen hoogte van iem. kunnen krijgen.*

figure skater (sport) **0.1** ***kunstrijder/ster.***

figure skating **0.1** ***kunstrijden.***

figurine [figjoerie:n] **0.1** ***beeldje*** ⇒*figuurtje.*

filament [filləmənt] **0.1** ***fijne draad*** ⇒*vezel, filament* **0.2** (elek.) ***gloeidraad*** (in lamp).

filbert [filbət] **0.1** ***tamme hazelaar*** **0.2** ***hazelnoot.***

filch [filtsj] **0.1** ***jatten*** ⇒*gappen.*

file[1] [fajl] (zn.) **0.1** ***vijl*** **0.2** ***dossier*** ⇒*register, legger, lias* **0.3** ***(dossier)map*** ⇒*ordner, klapper* **0.4** (comp.) ***bestand*** **0.5** ***rij*** ⇒*file* ◆ **2.5** in single ~ *in ganzenmars* **6.2** keep a ~ **on** sth. *een dossier over iets bijhouden;* have sth. **on** ~ *iets geregistreerd hebben staan;* put a deed **on** ~ *een akte deponeren* **6.5** **in** ~ *allemaal achter elkaar.*

file[2] **I** (onov.ww.) **0.1** ***in een rij lopen*** ⇒*achter elkaar lopen* ◆ **5.1** ~ **away/off** *in een rij weglopen* **6.1** the soldiers ~d **across** the river *de soldaten waadden achter elkaar door de rivier;*
II (ov.ww.) **0.1** ***vijlen*** ⇒*bijvijlen, bijschaven* (ook fig.) **0.2** ***opslaan*** ⇒*in een archief bijzetten, invoegen* (kaarten in bestand), *registreren, liasseren* **0.3** (jur.) ***indienen*** ⇒*deponeren* **0.4** ***inzenden*** ⇒(ihb.) *doorseinen, doorbellen* (kopij voor een krant) ◆ **1.3** ~ an application *een aanvraag indienen* **2.1** ~ sth. smooth *iets gladvijlen* **5.1** ~ **away** *af/wegvijlen;* ~ **down** *afvijlen* **5.2** ~ **away** *opbergen* **6.2** ~ **under** 'vocal music' *opbergen onder 'zang'* **6.3** (met verzwegen object) ~ **for** bankruptcy *faillissement aanvragen.*

file card **0.1** ***systeemkaart*** ⇒*fiche* **0.2** (tech.) ***vijlborstel.***

file clerk (AE) **0.1** ***archiefambtenaar*** ⇒*archiefbediende.*

filial [filliəl] **0.1** ***kinderlijk*** ⇒*kinder-, filiaal* ◆ **1.1** ~ piety *respect voor de ouders.*

filibuster[1] [fillibbustə] (zn.) **0.1** ***vrijbuiter*** ⇒*avonturier* **0.2** (AE) ***obstructie*** ⇒*vertragingstactiek, filibuster* (door het houden van lange redevoeringen in het Congres enz.).

filibuster[2] (ww.) **0.1** ***vrijbuiter zijn*** ⇒*vrijbuiteren* **0.2** ***obstructie voeren*** ⇒*dwarsliggen.*

filicide [fillissajd] **0.1** ***moord op eigen kind*** ⇒*kindermoord.*

filigree [filligrie:] (vaak attr.) **0.1** ***filigrein(werk)*** ⇒*filigraan.*

filing cabinet **0.1** ***archiefkast.***

filing clerk, (AE ook) **file clerk** **0.1** ***archiefambtenaar*** ⇒*archiefbediende.*

filings [fajlingz] **0.1** ***vijlsel.***

Filipino [fillippie:noo] **0.1** (bn.) ***Filippijns*** **0.2** (zn.) ***Filippijn*** ⇒*Filippino.*

fill[1] [fil] (zn.) **0.1** ***vulling*** ⇒*hele portie, volle maat* ◆ **1.1** a ~ of tabacco *een pijpje tabak* **3.1** eat one's ~ *zich rond eten* **3.¶** have had one's ~ of s.o. *iem. grondig zat zijn.*

fill[2] **I** ⟨onov.ww.⟩ **0.1** ***zich vullen*** ⇒*vol worden/raken* ◆ **5.1** the hall ~ed slowly *de zaal liep langzaam vol.* →**fill in, fill out, fill up;**
II ⟨ov.ww.⟩ **0.1** ***(op)vullen*** ⇒*vol maken, plomberen* ⟨kies⟩, *stoppen* ⟨pijp⟩ **0.2** ***vervullen*** ⇒*bezetten, bekleden* **0.3** ***uitvoeren*** **0.4** ***invullen*** ◆ **1.1** ~ a gap *een leemte opvullen* ⟨meestal fig.⟩; laughter ~ed the room *de kamer vulde zich met gelach* **1.2** ~ a part *een rol voor zijn rekening nemen;* ~ a vacancy *een vacature bezetten* **1.3** ~ an order *een bevel uitvoeren;* ~ a prescription *een doktersrecept klaarmaken* **1.¶** ~ time *de tijd doden* **6.1** that ~s me **with** pleasure *dat doet me deugd.* →**fill in, fill out, fill up.**

filler [fillə] **0.1** ***vulling*** ⇒*vulsel, vulstof, plamuur;* ⟨tech.⟩ *vulmateriaal/middel, lasmateriaal* **0.2** ***opvulling*** ⇒*vulsel, stopper* ⟨in krant, tijdschrift, show⟩ **0.3** ***stopwoord.***

fillet[1], ⟨in bet. 0.2 ook⟩ **filet** [fillit] ⟨zn.⟩ **0.1** ***hoofdband*** ⇒ *haarband* **0.2** ***filet*** ⇒*lendestuk, haas* ◆ **1.2** ~ of cod *kabeljauwfilet;* ~ of pork *varkenshaas.*

fillet[2], **filet** ⟨ww.⟩ **0.1** ***fileren*** ⇒*ontbenen, ontgraten.*

fill in I ⟨onov.ww.⟩⟨inf.⟩ **0.1** ***invaller zijn*** ⇒*invallen;*
II ⟨ov.ww.⟩ **0.1** ***opvullen*** ⇒*vullen* **0.2** ***invullen*** ⟨formulier⟩ **0.3** ***passeren*** **0.4** ⟨+ on; inf.⟩ ***op de hoogte brengen (van)*** ⇒*briefen (over)* **0.5** ***dichtgooien*** ⇒*dempen* ◆ **1.1** ~ an outline *een schema invullen* **1.3** ~ time *de tijd doden.*

filling[1] [filling] ⟨zn.⟩ **0.1** ***vulling*** ⇒*vulsel.*

filling[2] ⟨bn.⟩ **0.1** ***machtig*** ⇒*zwaar, voedzaam.*

filling station **0.1** ***benzinestation*** ⇒*tankstation.*

fillip [fillip] **0.1** ***knip*** ⟨met de vingers⟩ **0.2** ***prikkel*** ⇒*stimulans, kick.*

fill out I ⟨onov.ww.⟩ **0.1** ***dikker worden;***
II ⟨ov.ww.⟩ **0.1** ***opvullen*** ⇒*groter/dikker maken;* ⟨fig.⟩ *substantiëler maken* **0.2** ⟨AE⟩ ***invullen*** ⟨formulier⟩ ◆ **1.1** ~ a story *een verhaaltje uitbouwen.*

fill up I ⟨onov.ww.⟩ **0.1** ***zich vullen*** ⇒*vollopen, dichtslibben* **0.2** ***benzine tanken;***
II ⟨ov.ww.⟩ **0.1** ***(op)vullen*** ⇒*vol doen* ⟨tank v. auto⟩; *bijvullen* **0.2** ***dempen*** **0.3** ⟨BE⟩ ***invullen*** ⟨formulier⟩ ◆ **4.1** fill'em up again! *nog een rondje!;* fill her up! *gooi 'm maar vol!*

fill|y [fillie] ⟨mv.: -ies⟩ **0.1** ***merrieveulen*** ⇒*jonge merrie.*

film[1] [film] ⟨zn.⟩ **0.1** ***dunne laag*** ⇒*vlies* **0.2** ***rolfilm*** ⇒*film* **0.3** ***(speel)film*** **0.4** ⟨mv.; the⟩ ***de filmindustrie*** ◆ **1.1** a ~ of dust *een dun laagje stof;* plastic ~ *dun plastic.*

film[2] **I** ⟨onov.ww.⟩ **0.1** ***met een waas/vlies bedekt worden*** **0.2** ***gefilmd/verfilmd kunnen worden*** ⇒*een film opleveren* ◆ **5.1** ~ **over** *wazig worden* **5.2** Gregory ~s badly *Gregory doet 't slecht op de film;*
II ⟨ov.ww.⟩ **0.1** ***met een waas/vlies bedekken*** **0.2** ***filmen*** ⇒*opnemen* ⟨scène⟩ **0.3** ***verfilmen*** ⇒*een film maken van.*

filmable [filməbl] **0.1** ***geschikt voor film*** ⇒*goed te (ver)filmen, fotogeniek.*

film commission ⟨zn.; ww. enk. of mv.⟩ **0.1** ***filmkeuring(scommissie).***

film crew ⟨zn.; ww. ook mv.⟩ **0.1** ***filmploeg.***

filmmaker **0.1** ***filmer*** ⇒*cineast, filmregisseur.*

film première **0.1** ***(film)première.***

film rights **0.1** ***filmrechten.***

film star **0.1** ***filmster.***

film stock **0.1** ***filmvoorraad.***

film strip **0.1** ***filmstrip*** ⇒*filmstrook.*

film test **0.1** ***screentest.***

film|y [filmie] ⟨-iess⟩ **0.1** ***dun*** ⇒*doorzichtig.*

FILO [fajloo] ⟨afk.; comp.⟩ **0.1** [first in, last out].

filofax [fajloofæks] **0.1** ***dikke zakagenda voor yuppies, met ruimte voor rekenmachientje en creditcards.***

filo pastry [fie:loo peestrie] ⟨cul.⟩ **0.1** ***filodeeg*** ⟨flinterdun deeg⟩.

filter[1] [filtə] ⟨zn.⟩ **0.1** ***filter*** ⇒*filtertoestel, filtreertoestel;* ⟨foto.⟩ *kleur/lichtfilter.*

filter[2] **I** ⟨onov.ww.⟩ **0.1** ***filtreren*** ⇒*filteren* **0.2** ***uitlekken*** ⇒ *doorsijpelen, doorschemeren* **0.3** ⟨BE⟩ ***rechts/links afslaan*** ⟨terwijl het doorgaand verkeer voor het rode licht moet wachten⟩ ◆ **5.2** the news ~ed **out** *het nieuws lekte uit;* it had ~ed **through** to everybody *iedereen was het geleidelijk aan te weten gekomen* **6.1** ⟨fig.⟩ the queue ~ed **into/out of** the building *de rij schoof langzaam het gebouw binnen/uit;* light ~s **through** our roof *licht schemert door ons dak;*
II ⟨ov.ww.⟩ **0.1** ***filtreren*** ⇒*zeven, zuiveren* ◆ **5.1** ~ **out** a residue from a liquid *een residu uit een vloeistof filtreren.*

filter tip **0.1** ***sigarettenfilter*** **0.2** ***filtersigaret.***

filter-tipped **0.1** ***met (een) filter*** ◆ **1.1** ~ cigarettes *filtersigaretten.*

filth [filθ] **0.1** ***vuiligheid*** ⇒*vuil(heid), viezigheid* **0.2** ***vuile taal*** ⇒*smerige taal* **0.3** ***smerige lectuur*** ⇒⟨ihb.⟩ *pornografie* ◆ **3.2** talk/shout (a lot of) ~ *vuile taal/vieze praatjes uitslaan.*

filth|y[1] [filθie] ⟨bn.; -iess⟩ **0.1** ***vies*** ⇒*vuil, smerig* **0.2** ***obsceen*** ⇒*schunnig* ◆ **1.1** ~ weather *hondenweer* **1.¶** ~ lucre *vuil gewin, poen.*

filthy[2] ⟨bw.; vaak versterkend⟩⟨inf.; vaak pej.⟩ **0.1** ***vuil*** ⇒ *smerig, ontiegelijk* ◆ **2.1** ~ dirty *ontzettend smerig;* ~ rich *stinkend rijk.*

fin [fin] **0.1** ***vin*** **0.2** ⟨ben. voor⟩ ***vinvormig voorwerp*** ⇒ *zwemvlies; kielvlak, stabilisatievlak.*

finable, fineable [fajnəbl] **0.1** ***beboetbaar*** ⇒*waarop een boete staat.*

final[1] [fajnl] ⟨zn.⟩ **0.1** ⟨vaak mv.⟩ ***finale*** ⇒*eindwedstrijd* **0.2** ⟨vnl. mv.⟩ ***(laatste) eindexamen*** **0.3** ⟨inf.⟩ ***laatste editie*** ⟨v.e. krant⟩ ◆ **3.2** take one's ~s *eindexamen doen* ⟨in het hoger onderwijs⟩.

final[2] ⟨bn.⟩ **0.1** ***definitief*** ⇒*finaal, beslissend* **0.2** ***laatste*** ⇒ *eind-, slot-* ◆ **1.1** ⟨gesch.⟩ ~ solution *Endlösung* **1.2** ⟨hand.⟩ ~ application *laatste aanmaning* ⟨tot betalen⟩.

finalist [fajnəlist] **0.1** ***finalist.***

finality [fajnælətie] **0.1** ***beslistheid*** ⇒*het beslissend/definitief zijn* ◆ **6.1** **with** (an air of) ~ *op een besliste toon.*

finalize, -ise [fajnlajz] **0.1** ***tot een einde brengen*** ⇒*de laatste hand leggen aan, afronden.*

finally [fajnlie] **0.1** →**final** **0.2** ***ten slotte*** ⇒*uiteindelijk* **0.3** ***afdoend*** ⇒*definitief, beslissend* ◆ **3.3** it was ~ decided *er werd definitief besloten.*

finance[1] [fajnæns] **I** ⟨n.-telb.zn.⟩ **0.1** ***financieel beheer*** ⇒ *geldwezen, financiën;*
II ⟨mv.⟩ **0.1** ***financiën*** **0.2** ***geldmiddelen*** ⇒*fondsen* ◆ **1.1** a country's/person's/company's (sound) ~s *de (gezonde) financiële toestand v.e. land/persoon/maatschappij.*

finance[2] [fajnæns, fi-] ⟨ww.⟩ **0.1** ***financieren.***

financial [finænsjl] **0.1** ***financieel*** ⇒*geldelijk, v. geld(zaken)* ◆ **1.1** ~ aid *financiële steun; (studie)toelage, beurs* ⟨voor studie⟩; ~ year *boekjaar.*

financier [finænsiə] **0.1** ***financier.***

finch [fintsj] **0.1** ***vink.***

find[1] [fajnd] ⟨zn.⟩ **0.1** ***(goede) vondst.***

find[2] ⟨found, found [faund]⟩ **I** ⟨onov. en ov.ww.⟩⟨jur.⟩ **0.1** ***oordelen*** ⇒*verklaren, uitspreken* ◆ **1.1** the jury found him not guilty *de gezworenen spraken het onschuldig over hem uit* **6.1** ~ **against** s.o. *iemands vordering afwijzen;* ~ **for** s.o. *iemands vordering toewijzen;*
II ⟨ov.ww.⟩ **0.1** ***vinden*** ⇒*ontdekken, terugvinden* **0.2**

(gaan) zoeken ⇒gaan halen **0.3** ***(be)vinden*** *⇒(be)oordelen (als), ontdekken;* ⟨pass.⟩ *blijken* ◆ **1.1** pumas are found in America *poema's komen voor/vindt men in Amerika* **1.2** where does he ~ the courage? *waar haalt hij de moed vandaan?* **1.3** the thing was found to be a ruse *het bleek een trucje te zijn* **2.1** he was found dead *hij werd dood aangetroffen* **2.3** ~ s.o. attractive *iem. aantrekkelijk vinden* **3.3** ⟨vnl. pass.⟩ be found wanting *niet voldoen* **4.3** he found himself lost *hij ontdekte dat hij verdwaald was* **4.¶** ⟨wk. ww.⟩ ~ o.s. *zich bewust worden van zijn/haar roeping/kracht, zichzelf vinden;* she could not ~ it in herself to leave him *ze kon het niet over haar hart verkrijgen hem te verlaten* **5.1** ~ s.o. **out** *iem. niet thuis aantreffen.* →**find out.**

finder [fajndə] **0.1** ***vinder*** **0.2** ⟨foto.⟩ ***zoeker*** ◆ **1.¶** ⟨sprw.⟩ ~s keepers *wie wat vindt mag het houden.*

finding [fajnding] **0.1** ***vondst*** *⇒bevinding* **0.2** ⟨vnl. mv.; vnl. jur.⟩ ***bevinding*** *⇒uitspraak.*

find out 0.1 ***ontdekken*** *⇒erachter komen* **0.2** ***betrappen*** ◆ **3.¶** be found out *door de mand vallen.*

fine[1] [fajn] ⟨zn.⟩ **0.1** ***(geld)boete.***

fine[2] **I** ⟨bn.⟩ **0.1** ***fijn*** *⇒dun, scherp* **0.2** ⟨ook iron.⟩ ***voortreffelijk*** *⇒fijn, goed, mooi* **0.3** ***delicaat*** *⇒fijn, goed* ◆ **1.1** the ~ print *de kleine lettertjes* ⟨ook pej.⟩ **1.2** ⟨in verhaal⟩ one ~ day *op een goede/mooie dag;* ⟨iron.⟩ a ~ excuse *een mooi excuus;* ⟨iron.⟩ a ~ friend you are! *(een) mooie vriend ben jij!;* ⟨iron.⟩ in a ~ state *in een vreselijke toestand;* ⟨sprw.⟩ ~ feathers make fine birds *kleren maken de man* **1.3** ~ workmanship *goed/technisch geraffineerd vakmanschap* **1.¶** ~ arts *beeldende kunst(en);* one of these ~ days *vandaag of morgen;* a ~ gentleman/lady *een hele meneer/mevrouw;* not to put too ~ a point/an edge on it *zonder er doekjes om te winden;* come to/reach a ~ pass *in een lastig parket raken;* the ~ points of the argument *de subtiele punten v.d. redenering;* ~ silver *zilver v. hoog gehalte* **2.2** ~ and dandy *alles goed en wel, prima* **4.2** that's all very ~ *allemaal goed en wel* **6.2** ~ **with** me *mij goed/best;*
II ⟨bn., pred.⟩⟨inf.⟩ **0.1** ***in orde*** *⇒gezond* ◆ **4.1** I'm ~, thanks *met mij gaat het goed, dank je.*

fine[3] ⟨ww.⟩ **0.1** ***beboeten*** ◆ **5.¶** ~ **down** *verfijnen, (r)affineren; verminderen* **6.1** be ~d £10 **for** smoking *£10 boete krijgen wegens roken.*

fine[4] ⟨bw.⟩⟨inf.⟩ **0.1** ***fijn*** *⇒goed, in orde* **0.2** ***fijn*** *⇒dun* ◆ **3.1** it works ~ *het werkt goed;* it suits me ~ *ik vind het prima* **3.2** cut up onions ~ *uien fijn/klein snipperen* **3.¶** you are cutting it ~ if you want to catch your train *dat wordt erg krap als je die trein wil halen.*

fineable →**finable.**

fineness [fajnnəs] **0.1** ***fijnheid*** *⇒dunheid* **0.2** ***zuiverheid(sgraad)*** ⟨v. metaal⟩.

finery [fajnrie] ⟨vaak licht iron.⟩ **0.1** ***opschik*** *⇒opsmuk, mooie kleren.*

finesse[1] [finnes] ⟨zn.⟩ **0.1** ⟨kaartspel⟩ ***snit*** **0.2** ***finesse*** *⇒handigheid.*

finesse[2] ⟨ww.⟩⟨kaartspel⟩ **0.1** ***snijden (met).***

fine-tooth comb 0.1 ***stofkam*** *⇒luizenkam* ◆ **6.1** ⟨fig.⟩ go over sth. **with** a ~ *iets grondig onderzoeken.*

finger[1] [finggə] ⟨zn.⟩ **0.1** ***vinger*** **0.2** ⟨als maat⟩ ***vinger(breedte)*** *⇒duimbreed;* ⟨ihb. inf.⟩ *vinger(tje)* ⟨sterkedrank⟩ ◆ **1.¶** ⟨inf.⟩ work one's ~s to the bone *zich kapot werken;* ⟨inf.⟩ have a ~ in every pie *overal een vinger in de pap hebben;* be all ~s and thumbs *twee linkerhanden hebben, erg onhandig zijn* **3.¶** burn one's ~s, get one's ~s ⟨BE⟩ burnt/⟨AE⟩ burned *zijn/zich de vingers branden;* ⟨inf.⟩ cross one's ~s, keep one's ~s crossed *duimen;* ⟨BE; inf.⟩ get/pull/take your ~ out! *laat je handen eens wapperen!;* ⟨AE; sl.⟩ give s.o. the ~ *de middelvinger opsteken naar iem.* ⟨met de betekenis dat de ander dood kan vallen⟩; ⟨inf.⟩ have one's ~s in the till *geld stelen uit de kas (v.d. winkel waar men werkt);* ⟨inf.⟩ not be able to put/lay one's ~ on sth. *iets niet kunnen plaatsen/kunnen begrijpen/precies kunnen aangeven;* never/not lay a ~ on *met geen vinger aanraken;* not lift/move/raise/stir a ~ *geen vinger uitsteken;* point the ~ at s.o. *iem. beschuldigen;* ⟨sl.⟩ put the ~ on s.o. *iem. verlinken;* ⟨inf.⟩ let slip through one's ~s *door de vingers laten glippen;* ⟨inf.⟩ twist/wind s.o. round one's (little) ~ *iem. om zijn/haar vinger winden* **¶.1** index/middle/ring/little ~ *wijsvinger/middelvinger/ringvinger/pink.* →**green.**

finger[2] ⟨ww.⟩ **0.1** ***betasten*** *⇒(met de vingers) aanraken, (be)vingeren* **0.2** ⟨vnl. wk. ww.; inf.⟩ ***vingeren*** *⇒met de hand bevredigen* ◆ **1.1** he was ~ing a piece of string *hij zat te spelen/friemelen met een stukje touw* **4.2** ~ o.s. *masturberen.*

finger alphabet 0.1 ***vingeralfabet*** *⇒doofstommenalfabet.*

finger bowl 0.1 ***vingerkom(metje).***

finger hole 0.1 ***vingergat*** *⇒vingergaatje* ⟨v. blaasinstrument, kiesschijf⟩.

fingering [finggring] **0.1** ⟨muz.⟩ ***vingerzetting*** **0.2** ***het betasten*** *⇒het vingeren.*

finger-mark 0.1 ***(vuile) vinger(afdruk).***

fingernail 0.1 ***(vinger)nagel.***

finger plate 0.1 ***deurplaat*** *⇒slotplaat.*

finger post 0.1 ***handwijzer*** *⇒wegwijzer.*

fingerprint 0.1 ⟨zn.⟩ ***vingerafdruk*** **0.2** ⟨ww.⟩ ***de vingerafdrukken nemen v.*** ◆ **3.1** take s.o.'s ~s *iemands vingerafdrukken nemen.*

fingerstall 0.1 ***vingerling*** *⇒sluifje* ⟨beschermende rubber/plastic vinger⟩.

finger tip 0.1 ***vingertop*** ◆ **6.¶** have sth. **at** one's ~s *iets heel goed kennen/kunnen.*

finicky [finnikkie] **0.1** ***overdreven precies/kieskeurig.***

finish[1] [finnisj] ⟨zn.⟩ **0.1** ***beëindiging*** *⇒einde, voltooiing* **0.2** ⟨sport⟩ ***finish*** *⇒einde, eindstreep* **0.3** ***afwerking*** *⇒*⟨ihb.⟩ *glans, lak, vernis* ◆ **6.1** be in **at** the ~ ⟨fig.⟩ *bij het einde aanwezig zijn;* (fight) **to** the ~ *tot het bittere einde (doorvechten).*

finish[2] **I** ⟨onov.ww.⟩ **0.1** ***eindigen*** *⇒tot een einde komen, uit zijn* **0.2** ***finishen*** *⇒de eindstreep bereiken, de finish bereiken* **0.3** ***uiteindelijk terecht/uitkomen*** *⇒belanden* ◆ **1.1** the film ~es at 11 p.m. *de film is om 11 uur afgelopen* **1.2** Tom ~ed second *Tom is tweede geworden* **5.1** ~ **off** with *eindigen met;* we used to ~ **up** with a glass of port *we namen altijd een glas port om de maaltijd af te ronden* **5.3** he will ~ **up** in jail *hij zal nog in de gevangenis belanden* **6.1** she must have ~ed **with** Jamie *ze schijnt het uitgemaakt te hebben met Jamie;* we have ~ed **with** that firm *we hebben geen (zaken)relaties meer met die firma;* I haven't ~ed **with** you yet, my girl *ik ben met jou nog niet klaar, meisje;* he has ~ed **with** your dictionary: you can have it back *hij heeft je woordenboek niet meer nodig: je mag het terug (hebben);*
II ⟨ov.ww.⟩ **0.1** ⟨vaak ~ off⟩ ***beëindigen*** *⇒afmaken, een einde maken aan* **0.2** ⟨vaak ~ off, ~ up⟩ ***opgebruiken*** *⇒opeten, opdrinken* **0.3** ***afwerken*** *⇒voltooien, de laatste hand leggen aan* **0.4** ***appreteren*** *⇒hoogglans geven aan, aflakken* ◆ **1.1** ~ (off) a book *een boek uitlezen* **3.3** ~ (up) cleaning *ophouden met schoonmaken* **4.¶** ⟨inf.⟩ the last lap nearly ~ed me (off) *de laatste ronde was mij bijna teveel.*

finished [finnisjt] **I** ⟨bn., attr.⟩ **0.1** ***(goed) afgewerkt*** *⇒verzorgd, kunstig* ◆ **1.1** the ~ product *het afgewerkte product;*
II ⟨bn., pred.⟩ **0.1** ***klaar*** *⇒af* **0.2** ***geruïneerd*** *⇒uitgeput* ◆

1.1 John's ~ *Jan is klaar/heeft het af;* those days are ~ *die tijden zijn voorbij* **1.2** the boss is finished: he's lost everything *de baas is geruïneerd: hij is alles kwijt* **6.2** he's ~ **as** a politician *als politicus is hij er geweest/uitgerangeerd.*

finishing line ⟨sport⟩ **0.1** ***eindstreep*** ⟨ook fig.⟩ ⇒*finish.*

finishing school 0.1 ***school ter voltooiing v.d. opvoeding.***

finishing touch 0.1 ***laatste hand*** ◆ **3.1** put the ~es to *de laatste hand leggen aan.*

finite [fajnajt] **0.1** ***eindig*** ⟨ook wisk.⟩ ⇒*begrensd, beperkt* **0.2** ⟨taal.⟩ ***finiet*** ⇒*persoons-, vervoegd* ◆ **1.1** ~ series *eindige reeks* **1.2** ~ verb *persoonsvorm v.e. werkwoord.*

fink[1] [fingk] ⟨zn.⟩ **0.1** ⟨AE; sl.⟩ ***stakingsbreker*** **0.2** ⟨AE; sl.⟩ ***(stille) verklikker*** ⇒*verlinker* **0.3** ⟨AE; sl.⟩ ***klier*** ⇒*klootzak, rotzak.*

fink[2] ⟨ww.⟩⟨AE; sl.⟩ **0.1** ***doorslaan*** ◆ **6.1** ~ **on** s.o. *iem. verlinken/verklikken.*

fink out ⟨AE; sl.⟩ **0.1** ***terugkrabbelen*** ⇒*zich terugtrekken* **0.2** ***onbetrouwbaar worden*** **0.3** ***(jammerlijk) mislukken*** ⇒*falen, het niet halen* ◆ **6.1** ~ **on** sth. *zich terugtrekken uit iets, steun weigeren aan iets.*

Finland [finlənd] **0.1** ***Finland.***

Finn [fin] **0.1** ***Fin(se).***

finnan (haddock) [finnən], **finnan haddie** [- hædie] ⟨mv.: ook finnan (haddock)⟩ **0.1** ***(soort) gerookte schelvis*** ⟨uit Schotland⟩.

Finnish [finnisj] **0.1** ⟨bn.⟩ ***Fins*** ⇒*van/uit Finland* **0.2** ⟨zn.⟩ ***Fins*** ⟨taal⟩.

fino [fie:noo] **0.1** ***fino*** ⇒*zeer droge sherry;* ⟨oneig.⟩ *pale dry.*

fiord [fie:o:d,fjo:d] →**fjord.**

fir [fə:] **0.1** ***spar(renboom)*** **0.2** ***sparrenhout*** ⇒*vurenhout.*

fire[1] [fajjə] ⟨zn.⟩ **0.1** ***vuur*** ⟨ook fig.⟩ ⇒*haard(vuur)* **0.2** ***brand*** ⟨ook fig.⟩ **0.3** ***het vuren*** ⇒*vuur, schot* ⟨v. vuurwapen⟩ **0.4** ⟨BE⟩ ***kachel*** ⇒*gaskachel, elektrische kachel* ⟨enz.⟩ ◆ **1.2** destroy by ~ and sword *te vuur en te zwaard verwoesten* **1.3** line of ~ *vuurlijn* **1.¶** preach ~ and brimstone *hel en verdoemenis preken;* go through ~ and water *door het vuur gaan, alle gevaren trotseren* **2.1** be full of ~ *vol vuur/enthousiast zijn* **3.1** blow (up) a ~ *een vuur aanblazen;* catch ~ *vlam vatten;* lay a ~ *een vuur aanleggen;* light/make a ~ *een vuur aansteken,* make up a ~ *een vuur opstoken* **3.2** fight ~ with ~ *vuur met vuur bestrijden;* set on ~, set ~ to *in brand steken* **3.3** cease/open ~ *het vuur staken/openen* **3.4** light the ~ *de haard/kachel aansteken* **3.¶** play with ~ *met vuur spelen* **6.2** **on** ~ *in brand;* ⟨fig.⟩ *in vuur (en vlam)* **6.3** **between** two ~s *tussen twee vuren* ⟨ook fig.⟩; *van twee kanten onder vuur genomen;* be/come **under** ~ *onder vuur genomen worden* ⟨ook fig.⟩ **¶.¶** ~! *brand!*

fire[2] **I** ⟨onov.ww.⟩ **0.1** ***aanslaan*** ⇒*ontsteken* ⟨v.e. motor⟩ ◆ **5.¶** ~ **up** *kwaad worden;*

II ⟨onov. en ov.ww.⟩ **0.1** ***stoken*** ⇒*brandend houden* **0.2** ***bakken*** ⟨aardewerk⟩ **0.3** ***schieten*** ⇒*(af)vuren* ⟨ook fig.⟩ ◆ **1.1** oil-~d furnace *olie/petroleumkachel* **1.3** ~ questions *vragen afvuren* **5.3** ⟨fig.⟩ ~ **away**! *brand maar los!* ⟨met het stellen v. vragen⟩; ~ **off** a speech *een speech afsteken* **6.3** ~ **at/(up)on** sth. *op iets schieten;*

III ⟨ov.ww.⟩ **0.1** ***in brand steken*** ⇒*doen ontvlammen* ⟨ook fig.⟩ **0.2** ⟨inf.⟩ ***de laan uitsturen*** ⇒*ontslaan* ◆ **1.1** ~ the imagination *inspireren* **5.¶** ~ **up** *bezielen, stimuleren* **6.1** it ~d him **with** enthusiasm *het zette hem in vuur en vlam.*

fire alarm 0.1 ***brandalarm*** ⇒*brandmelder.*

firearm 0.1 ***vuurwapen.***

fireball 0.1 ***vuurbol*** ⇒*grote meteoor;* ⟨fig.⟩ *energiek persoon* **0.2** ⟨mil., gesch.⟩ ***brandkogel*** ⇒*vuurkogel.*

fireboat 0.1 ***blusboot.***

fire bomb 0.1 ***brandbom.***

firebox 0.1 ⟨AE⟩ ***brandmelder.***

firebrand 0.1 ***brandhout*** ⟨brandend stuk hout⟩ ⇒⟨fig.⟩ *stokebrand.*

firebreak 0.1 ***brandlaan*** ⇒*brandstrook* ⟨brandvrij(e) muur/tussenschot⟩.

firebrick 0.1 ***brandsteen*** ⇒*chamottesteen* ⟨vuurvaste steen⟩.

fire brigade ⟨zn.; ww. enk. of mv.⟩⟨BE⟩ **0.1** ***brandweer(korps).***

firebug 0.1 ⟨inf.⟩ ***brandstichter*** ⇒*pyromaan.*

fire clay 0.1 ***vuurvaste klei.***

firecracker 0.1 ***voetzoeker*** ⇒*(zeven)klapper.*

firedamp 0.1 ***mijngas.***

fire department ⟨zn.; ww. enk. of mv.⟩⟨AE⟩ **0.1** ***brandweer(korps).***

firedog 0.1 ***haardijzer*** ⇒*vuurijzer.*

fire drill 0.1 ***brandweeroefening.***

fire-eater 0.1 ***vuurvreter*** ⇒*ijzervreter.*

fire engine 0.1 ***brandweerauto.***

fire escape 0.1 ***brandtrap*** ⇒*brandladder, nooduitgang.*

fire exit 0.1 ***nooduitgang*** ⇒*branddeur.*

fire extinguisher 0.1 ***(brand)blusapparaat.***

fire fighter 0.1 ***brandbestrijder*** ⟨vnl. v. bosbrand of in de oorlog⟩.

fire-fighting 0.1 ***brandbestrijdings-*** ⇒*brandblus-.*

firefly 0.1 ***glimworm.***

fireguard 0.1 ***vuurscherm.***

fire-hose 0.1 ***brandslang.***

fire hydrant 0.1 ***brandkraan.***

fire insurance 0.1 ***brandverzekering*** ⇒*brandassurantie.*

fire irons ⟨mv.⟩ **0.1** ***haardstel*** ⇒*kachelgereedschap.*

firelight 0.1 ***vuurgloed.***

firelighter 0.1 ***vuurmaker*** ⇒*aanmaakblokje.*

fire|man [fajjəmən]⟨mv.: -men [-mən]⟩ **0.1** ***brandweerman*** **0.2** ***stoker.***

fireplace 0.1 ***open haard*** **0.2** ***schoorsteen*** ⇒*schouw.*

fire power ⟨mil.⟩ **0.1** ***vuurkracht.***

fireproof 0.1 ⟨bn.⟩ ***vuurvast*** ⇒*brandvrij* **0.2** ⟨ww.⟩ ***vuurvast maken*** ⇒*brandvrij maken.*

fire-raising 0.1 ***brandstichting.***

fire risk 0.1 ***brandrisico*** ⇒*brandgevaarlijk iets.*

fire safety 0.1 ***brandveiligheid.***

fireside 0.1 ⟨zn.⟩ ***(hoekje bij de) haard*** **0.2** ⟨zn.⟩ ***het huiselijk leven*** **0.3** ⟨bn.⟩ ***intiem*** ⇒*knus, gezellig.*

fire station 0.1 ***brandweerkazerne*** ⇒*brandweerpost.*

fire storm 0.1 ***vuurstorm.***

firetrap 0.1 ***brandgevaarlijk gebouw.***

firewatcher ⟨BE⟩ **0.1** ***brandwacht*** ⟨ihb. tijdens bombardementen⟩.

firewater ⟨inf., scherts.⟩ **0.1** ***vuurwater*** ⇒*sterkedrank.*

firewood 0.1 ***brandhout.***

fireworks 0.1 ***vuurwerk*** ⟨ook fig.⟩ ⇒⟨ihb.⟩ *woede-uitbarsting.*

firing line 0.1 ***vuurlinie*** ⇒*vuurlijn* ⟨ook fig.⟩ ◆ **6.1** **in/**⟨AE ook⟩ **on** the ~ *in de vuurlinie.*

firing squad ⟨zn.; ww. enk. of mv.⟩ **0.1** ***vuurpeloton.***

firkin [fə:kin] **0.1** ***vaatje*** ⇒*tonnetje* **0.2** ***firkin*** ⟨inhoudsmaat; ong. negen gallons⟩.

firm[1] [fə:m] ⟨zn.⟩ **0.1** ***firma.***

firm[2] ⟨bn.; -ness⟩ **0.1** ***vast*** ⇒*stevig, hard* **0.2** ⟨hand.⟩ ***stabiel*** ⇒*waardevast* **0.3** ***zeker*** ⇒*vast, stabiel* **0.4** ***standvastig*** ⇒ *resoluut, ferm* ◆ **1.1** be on ~ ground *vaste grond onder de voeten hebben* ⟨ook fig.⟩ **1.2** ~ order *vaste order* ⟨zonder bevestiging uitvoerbaar⟩ **1.3** keep a ~ hand on *een vaste* *greep houden op* **1.4** keep a ~ grip/hold of s.o. *iem. goed/ stevig vasthouden, iem. streng aanpakken;* ~ decision *definitieve beslissing;* take a ~ line *zich (kei)hard opstellen* **3.2** the dollar stayed ~ *de dollar bleef stabiel* **3.4** believe ~ly in sth. *vast in iets geloven* **6.4** be ~ **with** children *streng zijn tegen kinderen.*

firm³ I ⟨onov.ww.⟩ **0.1** ***stevig(er)/vast(er) worden*** *⇒zetten, hecht(er)/hard(er) worden* ◆ **1.1** this paste ~s quickly *deze pasta wordt snel hard* **5.1** ⟨hand.⟩ ~ **up** *vaster worden, stabiliseren* ⟨v. prijzen⟩;
II ⟨ov.ww.⟩ **0.1** ***verstevigen*** *⇒stevig(er)/vast(er) maken, stabiliseren.*

firm⁴ ⟨bw.⟩ **0.1** ***stevig*** *⇒standvastig, volhardend* ◆ **3.1** hold ~ to one's belief *vast van iets overtuigd blijven;* stand ~ *op zijn stuk blijven.*

firmament [fə:məmənt] ⟨the⟩⟨schr.⟩ **0.1** ***firmament*** *⇒uitspansel.*

firmware ⟨comp.⟩ **0.1** ***firmware*** *⇒harde programmatuur.*

first¹ [fə:st] **I** ⟨telb.zn.; niet te scheiden v.h. vnw.⟩ **0.1** ***eerste*** ⟨v.d. maand, v. versnelling enz.⟩ **0.2** ⟨sport⟩ ***eerste plaats*** *⇒overwinning, winnaar* **0.3** ⟨BE; universiteit⟩ ***hoogste cijfer*** ⇒⟨ong.⟩ *summa cum laude* ⟨bij examen⟩ ◆ **3.2** a well-deserved ~ *een welverdiende overwinning;*
II ⟨n.-telb.zn.⟩ **0.1** ***begin*** ◆ **6.1 at** ~ *aanvankelijk, eerst;* **from** the ~ *van in/bij het begin;* it was a disaster **from** ~ to last *het was een compleet fiasco;*
III ⟨mv.⟩⟨hand.⟩ **0.1** ***eersteklasgoederen.***

first² ⟨telw.; als vnw.⟩ **0.1** ***eerste*** ◆ **1.1** the ~ in the row *de voorste in de rij* **3.1** she came out ~ *ze behaalde de eerste plaats.*

first³ ⟨bw.⟩ **0.1** ***eerst*** **0.2** ***liever*** *⇒eerder* ◆ **3.1** when did you ~ meet? *wanneer hebben jullie elkaar voor het eerst ontmoet?;* he told her ~ *hij vertelde het eerst aan haar;* but ~ he told her *maar eerst/vooraf vertelde hij het aan haar* **3.2** she'd die ~ rather than give in *ze zou eerder sterven dan toe te geven* **5.1** ~ and foremost *in de eerste plaats, bovenal;* ~ and last *alles samengenomen, over het algemeen;* ~ off we visited Dover *om te beginnen bezochten wij Dover* **¶.1** ~ of all *in de eerste plaats, om te beginnen.* → **come.**

first⁴ ⟨telw.; als det.⟩ **0.1** ***eerste*** ⇒⟨fig.⟩ *voornaamste, belangrijkste* ◆ **1.1** ~ approximation *eerste benadering;* ~ cause *voornaamste oorzaak, grondoorzaak;* ⟨BE⟩ ~ form *eerste klas* ⟨school⟩; in the ~ place *in de eerste plaats;* he doesn't know the ~ thing about maths *hij kent niet de allerelementairste begrippen van de wiskunde;* I'll take the ~ train *ik neem de eerstvolgende trein.* →**cousin, lady, thing.**

first-aid **0.1** ***eerstehulp-*** *⇒EHBO-* ◆ **1.1** ~ box/kit *EHBO-doos;* ~ station *eerstehulppost.*

first-born **0.1** ⟨bn.⟩ ***eerstgeboren*** **0.2** ⟨zn.⟩ ***eerstgeborene*** *⇒oudste kind.*

first-class **0.1** ***eerste klas*** ◆ **1.1** ⟨BE⟩ a ~ (university) degree *hoogste universitaire graad;* ~ post/mail ⟨ong.⟩ *gewone post* ⟨in Eng.: sneller dan second-class⟩; ⟨USA⟩ *brievenpost* **3.1** travel ~ *eerste klas reizen;* send letters ~ ⟨ong.⟩ *brieven (per gewone post) versturen.*

first-degree **0.1** ***eerstegraads*** ⇒⟨jur. ong.⟩ *zonder verzachtende omstandigheden* ◆ **1.1** ~ burns *eerstegraads brandwonden;* ⟨jur.⟩ ~ murder *moord met voorbedachten rade.*

first fruits **0.1** ***primeurs*** ⇒⟨AZN⟩ *eerstelingen* **0.2** ***eerste resultaten*** ⟨ook fig.⟩ *⇒eerste producten.*

firsthand **0.1** ***uit de eerste hand*** ◆ **3.1** get news ~ *nieuws uit de eerste hand krijgen.*

firstly [fə:stlie], **first** **0.1** ***ten/als eerste.***

first name **0.1** ***voornaam.***

first-nighter ⟨schr.⟩ **0.1** ***premièrebezoeker.***

first-past-the-post ◆ **1.¶** ⟨vnl. BE⟩ a ~ election *verkiezing bij betrekkelijke meerderheid v. stemmen.*

first-rate ⟨inf.⟩ **0.1** ***prima*** *⇒eersterangs.*

first school **0.1** ⟨ong.⟩ ***onderbouw*** ⟨v. Britse basisschool; groep I t/m IV, 5- tot 8/9-jarigen⟩.

first-string **0.1** ⟨sport⟩ ***v./mbt. het basisteam*** *⇒basis-* ⟨speler⟩; ⟨alg.⟩ *vast* ⟨bv. lid v. orkest⟩ **0.2** ⟨sport⟩ ***beste*** **0.3** ⟨inf.⟩ ***eersteklas-, eersterangs*** *⇒eerste keus.*

firth [fə:θ], **frith** [friθ] **0.1** ***zeearm*** *⇒riviermond* ⟨vnl. in Schotland⟩.

firtree **0.1** →**fir.**

fiscal [fiskl] **0.1** ***fiscaal*** *⇒belasting(s)-* ◆ **1.1** ~ year *belastingjaar.*

fish¹ [fisj] ⟨zn.; mv.: ook fish⟩ **0.1** ***vis*** *⇒zeedier* ◆ **1.1** ~ and chips *(gebakken) vis met patat* **1.¶** like a ~ out of water *als een vis op het droge* **2.¶** a cold ~ *een kouwe kikker;* a queer ~ *een rare snuiter* **3.¶** ⟨inf.⟩ drink like a ~ *drinken als een tempelier;* have other ~ to fry *wel wat anders/belangrijkers te doen hebben.* →**pretty.**

fish² **I** ⟨onov.ww.⟩ **0.1** ***vissen*** ⟨ook fig.⟩ *⇒hengelen, raden* ◆ **6.1** ~ **for** salmon *vissen op zalm;* ⟨inf.⟩ ~ **for** compliments/ information *vissen naar complimentjes/informatie;*
II ⟨ov.ww.⟩ **0.1** ***(be)vissen*** ◆ **1.1** ~ a river *een rivier bevissen* **5.1** ~ **out** a piece of paper from a bag *een papiertje uit een tas opdiepen;* ~ **up** an old bike out of the water *een oude fiets uit het water opvissen.*

fishable [fisjəbl] **0.1** ***visrijk.***

fish bone **0.1** ***(vis)graat.***

fish bowl **0.1** ***viskom.***

fish cake **0.1** ***viskoekje*** ⇒⟨ong.⟩ *viskroketje.*

fisher|man [fisjəmən]⟨mv.: -men [-mən]⟩ **0.1** ***visser*** *⇒sportvisser.*

fisher|y [fisjərie] ⟨mv.: -ies⟩ **0.1** ***visserij(-industrie)*** **0.2** ⟨vnl. mv.⟩ ***visgrond*** *⇒visplaats.*

fish farm **0.1** ***viskwekerij.***

fish finger ⟨vnl. BE⟩ **0.1** ***visstick.***

fishhook **0.1** ***vishaak.***

fishing [fisjing] **0.1** ***het vissen*** *⇒hengelsport* **0.2** ***visrecht.***

fishing agreement **0.1** ***visserijakkoord.***

fishing grounds **0.1** ***visgronden.***

fishing line **0.1** ***vislijn*** *⇒schietlijn.*

fishing rod, fishing pole **0.1** ***hengel.***

fishing tackle **0.1** ***vistuig.***

fish knife **0.1** ***vismes.***

fishmonger ⟨vnl. BE⟩ **0.1** ***vishandelaar*** *⇒visboer.*

fishpond, fishpool **0.1** ***visvijver.***

fish slice ⟨BE⟩ **0.1** ***vismes*** ⟨voorsnijmes⟩.

fish stick ⟨vnl. AE⟩ **0.1** ***visstick.***

fish story **0.1** ***ongeloofwaardig/onmogelijk verhaal*** *⇒sterk verhaal, visserslatijn.*

fishwife **0.1** ***visvrouw*** ⇒⟨bel.⟩ *viswijf.*

fish|y [fisjie] ⟨-ier⟩ **0.1** ***visachtig*** **0.2** ⟨sl.⟩ ***verdacht*** ◆ **1.2** a ~ story *een verhaal met een luchtje eraan.*

fissile [fissajl] **0.1** ***splijtbaar*** *⇒splitsbaar* ⟨ook v. atoom⟩.

fission [fisjn] **0.1** ***splijting*** *⇒splitsing, deling;* ⟨biol.⟩ *(cel)deling;* ⟨nat.⟩ *(atoom)splitsing* ◆ **2.1** nuclear ~ *atoomsplitsing.*

fissionable [fisjnəbl] **0.1** ***splijtbaar*** ⟨ook v. atoom⟩.

fissure [fisjə] **0.1** ***spleet*** *⇒kloof.*

fist [fist] **0.1** ***vuist*** ◆ **3.1** shake one's ~ *de vuist ballen; razend zijn.*

fist away ⟨sport, ihb. voetbal⟩ **0.1** ***wegstompen*** ⟨bal of voorzet⟩.

fistful [fistfoel] **0.1** ***handvol*** *⇒groot aantal.*

fit[1] [fit] **I** ⟨telb.zn.⟩ **0.1** ***vlaag*** ⇒*opwelling, inval* **0.2** ⟨med.⟩ ***aanval*** ⇒*stuip, toeval* ⟨ook fig.⟩ ◆ **1.1** a ~ of anger *een vlaag v. woede* **1.2** a ~ of coughing *een hoestaanval/bui* **3.2** give s.o. a ~ *iem. de stuipen op het lijf jagen;* ⟨fig.⟩ have a ~ *erg kwaad worden* **6.1** **by/in** ~s (and starts) *bij vlagen;* **II** ⟨telb. en n.-telb.zn.⟩ **0.1** ***het (goed) passen/zitten*** ⇒ *pasvorm* ◆ **2.1** be a good ~ *goed zitten* ⟨v. kledingstuk⟩; be a tight ~ *(te) strak zitten* ⟨v. kledingstuk⟩; *te/erg nauw zijn, net gaan* ⟨v. doorgang⟩.

fit[2] ⟨fitter⟩ **I** ⟨bn.⟩ **0.1** ***geschikt*** ⇒*gepast, passend* **0.2** ***gezond*** ⇒*fit, in (goede) conditie* ◆ **1.1** a ~ person to do sth. *de geschikte/juiste persoon om iets te doen* **1.2** as ~ as a fiddle *kiplekker, zo gezond als een vis* **3.1** ~ to print *geschikt om (af) te drukken* **6.1** a meal (that is) ~ **for** a king *een koningsmaal;*
II ⟨bn., pred.⟩ **0.1** ***betamelijk*** ⇒*gepast* **0.2** ***waard*** ⇒*bekwaam* ◆ **3.1** think/see ~ to do sth. *het juist/gepast achten (om) iets te doen, goeddunken;* not ~ to be seen *ontoonbaar* **3.2** he is not ~ to hold a candle to you *hij kan niet in je schaduw staan* **3.¶** work till you are ~ to drop (dead) *werken tot je erbij neervalt, je doodwerken* **4.1** it is not ~ (that) *het hoort niet (dat).*

fit[3] (-ted; AE in bet. II 0.1 en 0.2 fit, fit) **I** ⟨onov.ww.⟩ **0.1** ***geschikt/passend zijn*** ⇒*passen, goed/juist zitten* ◆ **1.1** it ~s like a glove *het zit als gegoten.* →**fit in;**
II ⟨ov.ww.⟩ **0.1** ***passen*** ⇒*voegen* **0.2** ***(goed) geschikt/passend maken*** ⇒*aanpassen* **0.3** ⟨+with⟩ ***voorzien (van)*** ⇒*uitrusten (met), inrichten* **0.4** ***aanbrengen*** ⇒*monteren* ◆ **1.2** make the punishment ~ the crime *de strafmaat bepalen naar de misdaad* **3.4** have a new lock ~ted *een nieuw slot laten aanbrengen.* →**fit in, fit out, fit up.**

fitful [fitfl] **0.1** ***ongeregeld*** ⇒*onbestendig* **0.2** ***grillig*** ⇒*nukkig* **0.3** ***rusteloos*** ⟨mbt. slaap⟩.

fit in **I** ⟨onov.ww.⟩ **0.1** ***(goed) aangepast zijn*** ⇒*zich aanpassen aan* **0.2** ***kloppen*** ◆ **6.1** ~ **with** your ideas *in overeenstemming zijn met jouw ideeën;*
II ⟨ov.ww.⟩ **0.1** ***inpassen*** ⇒*plaats/tijd vinden voor* **0.2** ***aanpassen*** ◆ **6.2** fit sth. in **with** sth. *iets ergens bij aanpassen.*

fitment [fitmənt] ⟨vnl. mv.⟩ **0.1** ***toebehoren*** ⇒⟨vnl. BE⟩ *uitrusting, armatuur.*

fitness [fitnəs] **0.1** ***het passend/geschikt zijn*** **0.2** ***fitheid*** ⇒ *goede conditie* ◆ **6.1** ~ **for** a job *bekwaamheid/geschiktheid voor een baan.*

fit out **0.1** ***uitrusten*** ⇒*voorzien, inrichten* ◆ **1.1** ~ a ship (for sth.) *een schip uitrusten (voor iets).*

fitted [fittid] **0.1** ***(volledig) uitgerust*** ⇒*compleet* **0.2** ***vast*** **0.3** ***aangemeten*** ⇒*maat-* ⟨v. kleding⟩ ◆ **1.1** ~ kitchen *volledig uitgeruste keuken* **1.2** ~ carpet *vast/kamerbreed tapijt* **1.3** a ~ coat *een jas naar maat* **1.¶** ~ sheet *hoeslaken* **6.1** ~ **with** *(uitgerust) met, voorzien van.*

fitter [fittə] **0.1** ***coupeur*** ⇒*coupeuse, knipper* **0.2** ***monteur*** ⇒ *installateur.*

fitting [fitting] **I** ⟨telb.zn.⟩ **0.1** ⟨vaak mv.; tech.⟩ ***hulpstuk*** ⇒ *accessoire* **0.2** ⟨mode⟩ ***pasbeurt*** **0.3** ⟨vnl. BE; mode⟩ ***maat;***
II ⟨telb. en n.-telb.zn.⟩ **0.1** ***inrichting*** ⇒*uitrusting* **0.2** ⟨tech.⟩ ***montage*** ⇒*installatie* **0.3** ⟨mv.⟩ ***toebehoren*** ⇒*armatuur.*

fit up **0.1** ***toerusten*** ⇒*aanbrengen, installeren* **0.2** ***inrichten*** **0.3** ⟨inf.⟩ ***onderdak/logies verlenen*** ◆ **6.1** ~ a room **with** new wiring *nieuwe bedrading aanleggen in een kamer* **6.3** fit s.o. up **with** a bed *iem. onderdak verlenen.*

five [fajv] **0.1** ***vijf*** ⟨ook voorwerp/groep ter waarde/grootte v. vijf⟩ ◆ **3.¶** ⟨AE; inf.⟩ give me ~ *geef me de vijf;* ⟨vnl. AE; inf.⟩ take ~ *eventjes pauzeren* **6.1** came **in** ~s *kwamen in groepjes van vijf.*

five-and-dime ⟨AE⟩ **0.1** ***warenhuis*** ⟨met goedkope artikelen⟩.

five-day week **0.1** ***vijfdaagse werkweek.***

fivefold **0.1** ***vijfvoudig.***

five o'clock shadow ⟨inf.⟩ **0.1** ***zware baardgroei*** ⟨zodat je er 's middags ongeschoren uitziet⟩ ⇒*Lubbersbaard.*

five|pence [fajvpəns] ⟨ww. enk.⟩⟨BE⟩ **0.1** ***(stuk v.) vijf pence.***

fiver [fajvə] ⟨BE; inf.⟩ **0.1** ***briefje v. vijf.***

five-star **0.1** ***vijfsterren-*** ⇒*(v.) topklasse.*

Five-Year Plan ⟨ec.⟩ **0.1** ***vijfjarenplan.***

fix[1] [fiks] ⟨zn.⟩ **0.1** ***moeilijke situatie*** ⇒*knel, penarie* **0.2** ⟨inf.⟩ ***doorgestoken kaart*** ⇒*afgesproken werk* **0.3** ⟨scheep., luchtv.⟩ ***kruispeiling*** ⇒*positiebepaling* **0.4** ⟨sl.⟩ ***shot*** ⇒*dosis* ◆ **1.2** the election was a ~ *de verkiezingen waren doorgestoken kaart* **6.1** be **in**/get o.s. **into** a ~ *in de knel zitten/raken.*

fix[2] **I** ⟨onov.ww.⟩ **0.1** ⟨AE; inf.⟩ ***van plan zijn*** ⇒*plannen maken* ◆ **6.1** I'm ~ing **on** getting married *ik ben van plan om te trouwen* **6.¶** ~ **(up)on** (the idea) of sth. *iets vaststellen/besluiten;*
II ⟨ov.ww.⟩ **0.1** ***vastmaken*** ⇒*bevestigen, monteren* **0.2** ***vasthouden*** ⇒*trekken* ⟨aandacht⟩; *fixeren* ⟨blik⟩ **0.3** ***vastleggen*** ⇒*bepalen, afspreken* ⟨prijs, datum, plaats⟩ **0.4** ***regelen*** ⇒*schikken* **0.5** ***opknappen*** ⇒*repareren, in orde brengen* **0.6** ⟨sl.⟩ ***voor zijn rekening nemen*** ⇒*(iem.) betaald zetten* **0.7** ***omkopen*** **0.8** ⟨vnl. AE⟩ ***bereiden*** ⇒*maken* ⟨maaltijd, drankje⟩ **0.9** ⟨schei.⟩ ***een vastere vorm doen aannemen*** ⇒*doen stollen, stremmen* ◆ **1.4** ⟨pej.⟩ the whole thing was ~ed *het was allemaal doorgestoken kaart* **1.6** I'll ~ him! *ik krijg hem wel te pakken!, ik zál hem!* **1.¶** have one's cat ~ed *zijn kater laten castreren, zijn poes laten steriliseren* **5.8** ~ sth. **up** *iets klaarmaken* **6.1** ~ sth. **in** the mind/memory *iets in de geest/in het geheugen prenten;* ~ the blame **on** s.o. *iem. de schuld geven;* ~ sth. **onto** sth. *iets ergens aan vastmaken* **6.2** ~ one's eyes/gaze/attention **(up)on** sth. *de blik/aandacht fixeren/vestigen op iets;* ~ s.o. **with** a cold stare/look *iem. koud/strak aankijken.* →**fix up.**

fixation [fikseesjn] **0.1** ***bevestiging*** ⇒*bepaling, vastlegging* **0.2** ⟨psych.⟩ ***fixatie*** ◆ **6.2** have a ~ **on** s.o. *op iem. gefixeerd zijn.*

fixative [fiksətiv] **0.1** ***stof die fixeert/hecht*** ⇒*fixatief.*

fixed [fikst] **I** ⟨bn.⟩ **0.1** ***vast*** **0.2** ***vastgelegd*** ⇒*afgesproken* **0.3** ***afgesproken*** ⇒*uitgemaakt, oneerlijk* **0.4** ⟨schei.⟩ ***nietvluchtig*** ⇒*vast, stabiel* ◆ **1.1** ~ capital *vast kapitaal;* ~ costs *vaste bedrijfsonkosten;* ~ idea *idee-fixe;* ~ income *vast inkomen* **1.2** ~ odds *vastgelegde kansen* ⟨bij het wedden⟩ **1.3** a ~ race/election *een verkochte wedstrijd/verkiezing;*
II ⟨bn., pred.⟩ **0.1** ***voorzien van*** ⟨vnl. geld⟩ ◆ **5.1** be well ~ *er warmpjes bijzitten* **6.1** how are you ~ **for** beer? *hoe staat het met je voorraad bier?*

fixed-term **0.1** ***voor bepaalde duur*** ◆ **1.1** ~ contract *tijdelijk contract.*

fixer [fiksə] **0.1** ***klusjesman*** ⇒*opknapper* **0.2** ⟨foto.⟩ ***fixeer(zout)*** **0.3** ***tussenpersoon*** ⟨vnl. voor onwettige zaken⟩.

fixings [fiksingz] ⟨AE; inf.⟩ **0.1** ***uitrusting*** ⇒*toebehoren* **0.2** ***garnering*** ⇒*versiering, garnituur* ⟨gerecht⟩.

fixity [fiksətie] **0.1** ***vastheid*** ⇒*vastberadenheid.*

fixture [fikstsjə] **0.1** ⟨ben. voor⟩ ***iets dat/iem. die ergens vast bij hoort*** ⇒*blijver; leiding* ⟨in gebouw⟩, *sanitair* **0.2** ⟨BE⟩ ***wedstrijd*** ⟨op vastgestelde datum⟩ ⇒*vaste datum* ⟨voor wedstrijd⟩.

fix up **0.1** ***regelen*** ⇒*organiseren, voorzien van* **0.2** ***logies/onderdak geven aan*** ◆ **1.1** ~ a meeting *een ontmoeting* *regelen* **4.1** ⟨inf.⟩ fix it/things up (with s.o.) *zorgen dat het voor elkaar komt (door met iem. te praten)* **6.1** ⟨AE; sl.⟩ fix s.o. up (**with** a girl) *een meisje/hoertje regelen voor iem.;* fix s.o. up **with** a job *iem. aan een baan(tje) helpen.*

fizz[1] [fiz] **I** ⟨telb.zn.; geen mv.⟩ **0.1** ***gebruis*** ⇒*gesis, geschuim;* **II** ⟨n.-telb.zn.⟩⟨inf.⟩ **0.1** ***mousserende drank*** ⇒⟨ihb.⟩ *champagne.*

fizz[2] ⟨ww.⟩ **0.1** ***sissen*** ⇒*(op)bruisen, mousseren.*

fizzer [fizzə] **0.1** ⟨inf.⟩ ***rotje dat/voetzoeker die niet afgaat.***

fizzle [fizl] **0.1** ***(zachtjes) sissen*** ⇒*(zachtjes) bruisen/sputteren* ◆ **5.¶** ⟨inf.⟩ ~ **out** *met een sisser aflopen.*

fizz|y [fizzie] ⟨-ier⟩ **0.1** ***bruisend*** ⇒*sissend, mousserend* ◆ **1.1** ⟨BE⟩ ~ lemonade *prik(limonade).*

fjord [fjo:d], **fiord** [fie:o:d] **0.1** ***fjord.***

flab [flæb] **0.1** ***spek*** ⟨bij mens⟩ ⇒*vet.*

flabbergast [flæbəga:st] ⟨inf.⟩ **0.1** ***verstomd doen staan*** ⇒ *verbijsteren, overdonderen* ◆ **6.1** be ~ed **at/by** *verstomd staan van/door.*

flabb|y [flæbie] ⟨-iness⟩ **0.1** ***kwabbig*** ⇒*slap* ⟨v. spieren⟩ **0.2** ***slap*** ⇒*zwak* ⟨v. karakter⟩.

flaccid [flæksid] **0.1** ***slap*** ⇒*zwak, zacht.*

flag[1] [flæg] ⟨zn.⟩ **0.1** ***vlag*** ⇒*vaandel, vlaggetje* ⟨ook aan muzieknoot; v. taxi die vrij is⟩ **0.2** ***lis(achtige)*** ⇒*lisbloem, lisdodde* **0.3** ⟨plantk.⟩ ***vlag*** ⇒*kroonblad* ⟨v. vlinderbloem⟩ ◆ **1.1** ⟨scheep.⟩ ~ of convenience *goedkope vlag* ⟨die financiële voordelen biedt; vnl. v. Panama, Liberia⟩; ~ of truce *witte vlag* **3.1** lower/strike one's ~ *de vlag strijken;* ⟨fig.⟩ *zich gewonnen geven;* put the ~ out *de vlag uitsteken, iets vieren;* show the ~ ⟨fig.⟩ *je gezicht laten zien* **3.¶** ⟨inf.⟩ keep the ~ flying *doorgaan met de strijd, volharden* **6.1 under** the ~ **(of)** *onder de heerschappij/voogdij (van).* →**red, white.**

flag[2] **I** ⟨onov.ww.; -ged⟩ **0.1** ***verslappen*** ⇒*verflauwen* ⟨aandacht⟩;
II ⟨ov.ww.⟩ **0.1** ***met vlaggen versieren/markeren*** **0.2** ***doen stoppen (met zwaaibewegingen)*** ⇒*aanhouden, aanroepen* ◆ **1.2** ~ (down) a taxi *een taxi aanroepen* **5.2** ~ **down** a train *een trein doen stoppen (door te zwaaien).*

flag day ⟨BE⟩ **0.1** ***collectedag*** ⇒*speldjesdag.*

flagellant [flædzjillənt] **0.1** ⟨gesch.⟩ ***geselbroeder*** ⇒*flagellant, geselmonnik.*

flagell|ate [flædzjilleet] ⟨zn.: **-ation**⟩ **0.1** ***flagelleren*** ⇒*geselen, kastijden.*

flag high →**pin-high.**

flagon [flægən] **0.1** ***schenkkan*** ⇒*flacon, (buik)fles* **0.2** ***kan*** ⇒ *fles* ⟨inhoud⟩.

flagpole **0.1** ***vlaggenstok*** ⇒*vlaggenmast.*

flagr|ant [fleegrənt] ⟨zn.: **-ancy**⟩ **0.1** ***flagrant*** ⇒*in het oog springend.*

flagship **0.1** ***vlaggenschip*** ⇒⟨fig. ook⟩ *paradepaardje.*

flagstaff **0.1** ***vlaggenstok*** ⇒*vlaggenmast.*

flagstone **0.1** ***flagstone*** ⇒*tuintegel, stapsteen.*

flag-waver **0.1** ***chauvinist.***

flag-waving ⟨bel.⟩ **0.1** ***vlagvertoon*** ⇒*fanatiek nationalisme.*

flail[1] [fleel] ⟨zn.⟩ **0.1** ***(dors)vlegel.***

flail[2] ⟨ww.⟩ **0.1** ***dorsen*** **0.2** ***wild zwaaien/slaan (met).***

flair [fleə] ⟨vnl. enk.⟩ **0.1** ***flair*** ⇒*feeling, fijne neus, bijzondere handigheid.*

flak [flæk] ⟨mil.⟩ **0.1** ***luchtafweergeschut*** ⇒*luchtdoelartillerie* **0.2** ***granaten voor luchtafweergeschut*** ⇒⟨fig.⟩ *(regen v.) kritiek.*

flake[1] [fleek] ⟨zn.⟩ **0.1** ***vlok*** ⇒*sneeuwvlok, schilfer;* ⟨verf⟩ *bladder* **0.2** ⟨ook gesch.⟩ ***steensplinter*** ⟨gebruikt als werktuig⟩ ⇒*vuistbijl.*

flake[2] ⟨ww.⟩ **0.1** ***(doen) (af)schilferen*** ⇒*(doen) pellen* ◆ **5.1** ~ **away/off** *afschilferen* **5.¶** ⟨inf.⟩ ~ **out** *omvallen van vermoeidheid; gaan slapen; flauwvallen.*

flak jacket **0.1** ***verstevigd jack*** ⟨v. piloot⟩ ⇒⟨ong.⟩ *kogelvrij vest.*

flak|y [fleekie] ⟨-iness⟩ **0.1** ***vlokkig*** **0.2** ***schilferachtig*** **0.3** ⟨AE; inf.⟩ ***geschift*** ⇒*maf.*

flambeau [flæmboo]⟨mv.: ook flambeaux [-oo(z)]⟩ **0.1** ***flambouw*** ⇒*fakkel.*

flamboy|ant [flæmbojjənt] ⟨zn.: **-ance**⟩ **0.1** ***bloemrijk*** **0.2** ***schitterend*** ⇒*flamboyant, vlammend* **0.3** ***opzichtig*** ⇒ *zwierig.*

flame[1] [fleem] ⟨zn.⟩ **0.1** ***vlam*** ⇒*gloed;* ⟨vaak mv.⟩ *vuur, hitte* **0.2** ***geliefde*** ⇒*liefde, passie* ◆ **2.2** ⟨inf.; scherts.⟩ an old ~ *een oude vlam* **3.2** fan the ~(s) *het vuur(tje)/de passie/liefde aanwakkeren* **6.1 in** ~s *in vlammen, in vuur en vlam;* burst **into** ~(s) *in brand vliegen.*

flame[2] ⟨ww.⟩ **0.1** ***vlammen*** ⇒*ontvlammen, opvlammen* ⟨v. passie, liefde⟩ **0.2** ***schitteren*** ⇒*gloeien, blozen* ◆ **5.1** ~ **up** *opvlammen* **5.¶** ~ **out/up** *(razend) opvliegen, opstuiven* ⟨v. personen⟩.

flame-resistant **0.1** ***vuurbestendig.***

flame-thrower **0.1** ***vlammenwerper.***

flaming [fleeming] **0.1** ***heet*** ⇒*brandend* **0.2** ⟨sl.⟩ ***verdomd*** ⇒ *rot* ◆ **1.2** you ~ idiot! *stomme idioot!* **1.¶** a ~ row *een hooglopende ruzie.*

flamingo [fləminggoo] ⟨mv.: ook -es⟩ **0.1** ***flamingo.***

flammable [flæməbl] ⟨AE; BE alleen tech.⟩ **0.1** ***brandbaar*** ⇒ *explosief.*

flan [flæn] **0.1** ⟨ong.⟩ ***kleine vla(ai).***

Flanders [fla:ndəz] **0.1** ***Vlaanderen.***

flange [flændzj] **0.1** ***flens*** ⇒*radkrans, opstaande rand.*

flank[1] [flængk] ⟨zn.⟩ **0.1** ***zijkant*** ⇒*flank* **0.2** ⟨cul.⟩ ***ribstuk*** ◆ **3.1** ⟨mil.⟩ turn the ~ of *een omtrekkende beweging maken rond* **5.1** ⟨rugby⟩ a ~ forward *een halfback, een halfspeler.*

flank[2] **I** ⟨onov.ww.⟩ **0.1** ***belendend zijn*** ⇒*zich ernaast bevinden;*
II ⟨ov.ww.⟩ **0.1** ***flankeren*** **0.2** ***in de flank aanvallen*** ◆ **6.1** ~ed **by/with** trees *met bomen erlangs/omzoomd.*

flannel[1] [flænl] ⟨zn.⟩ **0.1** ***flanel*** **0.2** ⟨BE⟩ ***(flanellen) doek(je)*** ⇒*washandje, waslapje* **0.3** ⟨BE; inf.⟩ ***mooi praatje*** ⇒*vleierij, smoesjes* **0.4** ⟨mv.⟩ ***flanellen kleding*** ⇒*(lange witte) sportpantalon, cricketpantalon* ◆ **1.4** a pair of ~s *een witte flanellen (sport/cricket)pantalon.*

flannel[2] ⟨bn.⟩ **0.1** ***flanellen*** ⇒*van flanel.*

flannel[3] ⟨ww.; -led⟩ ⟨BE⟩ **0.1** ⟨sl.⟩ ***stroop om de mond smeren*** ⇒*vleien* **0.2** ⟨inf.⟩ ***zich ergens doorheen slaan met mooie praatjes.***

flannelet(te) [flænlet] **0.1** ***katoenflanel.***

flap[1] [flæp] ⟨zn.⟩ **0.1** ***geflapper*** ⇒*geklap* **0.2** ***klep*** ⇒*flap, (afhangende) rand; (neerslaand) blad* ⟨v. tafel⟩; *vleugelklep* ⟨v. vliegtuig⟩ **0.3** ***tik*** ⇒*mep* **0.4** ⟨inf.⟩ ***staat v. opwinding*** ⇒ *paniek, consternatie* ◆ **6.4** be (all) **in** a ~ *in paniek/opgewonden zijn;* get **into** a ~ *in paniek/opgewonden raken.*

flap[2] ⟨-ped⟩ **I** ⟨onov.ww.⟩ **0.1** ***flapp(er)en*** ⇒*klepp(er)en, slaan* **0.2** ***vliegen*** **0.3** ⟨inf.⟩ ***in paniek raken*** ◆ **6.2** ~ **off** *wegvliegen;*
II ⟨ov.ww.⟩ **0.1** ***op en neer bewegen*** ⇒*flappe(re)n, slaan met* **0.2** ***klappen*** ⇒*slaan, meppen* ◆ **5.2** ~ **away/off** flies *vliegen (weg)meppen.*

flapjack **0.1** ***(stroperig) pannenkoekje*** ⇒*drie-in-de-pan* **0.2** ⟨BE⟩ ***zoet haverkoekje.***

flare[1] [fleə] **I** ⟨telb.zn.⟩ **0.1** ***flakkerend licht*** ⇒*flikkering* **0.2** ***signaalvlam*** ⇒*helle vlam, vuursignaal;* ⟨mil.⟩ *ernstvuurwerk;*

II ⟨n.-telb.zn.⟩ **0.1** ***het klokken*** ⇒*het welven, het uitwaaieren* ⟨v. rok, broekspijp, glaswerk⟩.
flare² ⟨ww.⟩ **0.1** ***flakkeren*** ⇒*vlammen* **0.2** ***opflakkeren*** ⇒ *opvlammen;* ⟨fig.⟩ *opstuiven* **0.3** ***klokken*** ⇒*uitwaaieren* ⟨v. rok, broek, glas⟩ ◆ **1.¶** with ~d nostrils *met (open)gesperde neusgaten* ⟨bv. v. woede⟩ **5.2** ⟨fig.⟩ ~ **out/up** *opstuiven, uitbarsten (in activiteit);* ~ **up** *opflakkeren* ⟨ook fig.⟩; *woest worden.*
flared [fleəd] **0.1** ***gerend*** ⇒*uitlopend* ⟨v. rok, broek⟩.
flare-path ⟨luchtv.⟩ **0.1** ***verlichte landingsstrip/startstrip.***
flares [fleəz] ⟨inf.⟩ **0.1** ***broek met wijde pijpen*** ◆ **1.1** a pair of ~ *een broek met wijde pijpen.*
flare-up **0.1** ***opflakkering*** ⇒*uitbarsting, hevige ruzie.*
flash¹ [flæsj] ⟨zn.⟩ **0.1** ***(licht)flits*** ⇒*vlam, (op)flikkering* **0.2** ***het flitsen*** ⇒*flits(licht)* **0.3** ***lichtsein*** ⇒*vlagsein* **0.4** ***flits(licht)*** ⇒*flitsapparaat* **0.5** ***kort (nieuws)bericht*** ⇒ *nieuwsflits* **0.6** ***opwelling*** ⇒*vlaag* **0.7** ⟨sl.⟩ ***het potloodventen*** ⟨exhibitionisme⟩ **0.8** ⟨sl.⟩ ***snelle euforie*** ⟨door drugsgebruik⟩ **0.9** ⟨BE; mil.⟩ ***onderscheidingsteken*** ⇒*baton, (schouder)insigne* **0.10** ⟨vnl. AE; inf.⟩ ***zaklantaarn*** **0.11** ⟨tech.⟩ ***giethoofd*** ⇒*giet(rand), braam, naad* ◆ **1.1** ~es of lightning *bliksemschichten;* ~ in the pan *toevalstreffer, eendagsvlieg* **1.6** a ~ of hope *een vleugje hoop;* a ~ of inspiration *een flits van inspiratie;* a ~ of wit *een geestige inval* **6.1** quick **as** a ~ *razend snel;* **in** a ~ *in een flits;* **like** a ~ *(zo snel) als de bliksem.*
flash² ⟨bn.⟩ **0.1** ***plotseling (opkomend)*** ⇒*vlug opkomend/stijgend* **0.2** ⟨inf.⟩ ***opzichtig*** ⇒*poenig* ◆ **1.1** ~ flood/fire *plotselinge overstroming/brand.*
flash³ **I** ⟨onov.ww.⟩ **0.1** ***opvlammen*** ⇒*(plotseling) ontvlammen* ⟨ook fig.⟩ **0.2** ***plotseling opkomen*** **0.3** ***flikkeren*** ⇒ *flitsen, schitteren* **0.4** ***snel voorbijflitsen*** ⇒*(voorbij)schieten, (voorbij)vliegen* **0.5** ***seinen (met lichtflitsen)*** **0.6** ⟨sl.⟩ ***potloodventen*** ⟨aan exhibitionisme doen⟩ ◆ **1.1** a lighthouse ~ed *er flitste een vuurtorenlicht* **5.1** ~ **out/up** (at s.o.) *opvliegen (tegen iem.)* **5.3** his brilliance ~es **out** *zijn talent springt in het oog* **5.4** ~ **past/by** *voorbijvliegen, voorbijflitsen* **6.2** ~ **into** view/sight *plotseling in het gezichtsveld verschijnen;*
II ⟨ov.ww.⟩ **0.1** ***(doen) flitsen*** ⇒*(doen) flikkeren* **0.2** ***(over)seinen*** ⇒*(met lichtsignalen) doorgeven* **0.3** ***plotseling/opvallend laten zien*** ⇒*pronken met* ⟨juwelen⟩ ◆ **1.1** ~ the headlights (of a car) *met de koplampen flitsen/seinen;* ~ a torch in s.o.'s face *met een zaklantaarn in iemands gezicht schijnen* **5.3** ~ money **around** *te koop lopen met zijn geld* **6.1** ~ a look **at** s.o. *een blik op iem. werpen;* ~ a smile **at** s.o. *even naar iem. lachen* **6.3** ~ a bank note **at** s.o. *iem. een bankbiljet onder de neus houden.*
flashback ⟨film., lit.⟩ **0.1** ***flashback*** ⇒*terugblik.*
flash back **0.1** ***een flashback gebruiken/toepassen*** **0.2** ***in een flits terugdenken*** ⇒*teruggaan in de tijd.*
flash bulb ⟨foto.⟩ **0.1** ***flitslamp(je).***
flashcube ⟨foto.⟩ **0.1** ***flitsblokje.***
flasher [flæsjə] **0.1** ***flitser*** ⇒*knipperlicht* **0.2** ⟨sl.⟩ ***potloodventer*** ⟨exhibitionist⟩.
flash-forward ⟨film., lit.⟩ **0.1** ***blik vooruit*** ⇒*het op het verhaal vooruitlopen.*
flash gun ⟨foto.⟩ **0.1** ***flitser*** ⇒*flitsapparaat, elektronenflitser.*
flashlight **0.1** ***flitslicht*** ⇒*lichtflits, signaallicht* **0.2** ⟨vnl. AE⟩ ***zaklantaarn.***
flash point **0.1** ***vlampunt*** ⇒*ontvlammingspunt;* ⟨fig.⟩ *breekpunt, kookpunt* ⟨moment waarop woede e.d. losbarst⟩.
flash|y [flæsjie] ⟨-iness⟩ **0.1** ***opzichtig*** ⇒*poenig, opvallend.*
flask [fla:sk] **0.1** ***fles*** ⇒*flacon;* ⟨schei.⟩ *kolf; mandfles* ⟨wijn⟩ **0.2** ***veldfles*** **0.3** ***thermosfles.***

flat¹ [flæt] ⟨zn.⟩ **0.1** ***vlakte*** ⇒*vlak terrein* **0.2** ***flat*** ⇒*etage, appartement* **0.3** ***platte kant*** ⇒*vlak, hand(palm)* **0.4** ⟨vnl. AE⟩ ***lekke/lege band*** **0.5** ⟨dram.⟩ ***decorvak*** **0.6** ⟨muz.⟩ ***mol(teken)*** ⇒⟨AZN⟩ *b-molteken* **0.7** ⟨mv.⟩ ***flats*** ⇒*lage damesschoenen* ◆ **1.2** ⟨BE⟩ a block of ~s *een flatgebouw.*
flat² ⟨flatter; -ness⟩ **I** ⟨bn.⟩ **0.1** ***vlak*** ⇒*plat* **0.2** ***laag*** ⇒*niet hoog, plat* ⟨ook v. voeten⟩ **0.3** ***zonder prik*** ⇒⟨AZN⟩ *plat* ⟨water⟩, *verschaald* ⟨bier⟩ **0.4** ***effen*** ⇒*gelijkmatig* ⟨kleur, verf⟩ **0.5** ***bot*** ⇒*vierkant, absoluut* ⟨ontkenning, weigering⟩ **0.6** ***leeg*** ⇒*plat* ⟨band⟩ **0.7** ***flauw*** ⇒*gedrukt* ⟨markt⟩ **0.8** ⟨hand.⟩ ***vast*** ⟨loon, tarief⟩ ◆ **1.¶** be in/go into a ~ spin *in de war/opgewonden zijn/raken;*
II ⟨bn., pred.⟩ **0.1** ***saai*** ⇒*oninteressant, mat; smaakloos, flauw* ⟨eten⟩ **0.2** ⟨muz.⟩ ***te laag*** ◆ **3.1** fall ~ *mislukken, geen effect oogsten;*
III ⟨bn., attr. en attr. na het zn.⟩ ⟨inf.⟩ **0.1** ***rond*** ⇒*op de kop af, exact* ◆ **1.1** ten seconds ~ *op de kop af tien seconden;*
IV ⟨bn., attr. na het zn.⟩ ⟨muz.⟩ **0.1** ***mol*** ⇒*mineur.*
flat³ ⟨bw.⟩ **0.1** ***plat*** ⇒*vlak, uitgestrekt* **0.2** ⟨inf.⟩ ***helemaal*** **0.3** ⟨inf.⟩ ***botweg*** ⇒*ronduit* **0.4** ⟨muz.⟩ ***(een halve toon) lager*** ⇒*te laag* **0.5** ⟨hand.⟩ ***zonder rente*** ◆ **3.1** knock s.o. ~ *iem. tegen de grond slaan* **3.2** ~ broke *helemaal platzak* **3.3** tell s.o. sth. ~ *iem. botweg iets zeggen* **5.2** ~ **out** *(op) volle kracht, met alle kracht* ⟨vooruitgaan, werken⟩; *ronduit, botweg* ⟨spreken, zeggen⟩; *uitgeput* ⟨liggen, zijn⟩.
flatbed **0.1** ***dieplader*** ⟨vrachtauto⟩.
flat-bottomed ⟨scheep.⟩ **0.1** ***platboomd*** ⇒*met een platte bodem.*
flatcar ⟨AE⟩ **0.1** ***lage/platte goederenwagon.***
flatfish ⟨mv.: ook flatfish⟩ **0.1** ***platvis.***
flatfoot **0.1** ⟨inf.⟩ ***iem. met platvoeten*** **0.2** ⟨sl.; bel.⟩ ***smeris.***
flat-footed **0.1** ***met platvoeten*** **0.2** ⟨inf.⟩ ***bot*** ⇒*resoluut.*
flat-iron **0.1** ***strijkijzer*** ⇒*strijkbout.*
flatlet [flætlit] ⟨BE⟩ **0.1** ***flatje*** ⇒*kleine flat/etage.*
flatly [flætlie] **0.1** ***uitdrukkingsloos*** ⇒*mat, dof* ⟨zeggen, spreken enz.⟩ **0.2** ***botweg*** ⇒*kortaf, kordaat* ⟨bv. weigeren⟩ **0.3** ***helemaal.***
flat race ⟨paardensport⟩ **0.1** ***vlakkebaanren.***
flat racing ⟨paardensport⟩ **0.1** ***het vlakkebaanrennen.***
flat rate ⟨hand.⟩ **0.1** ***uniform tarief*** ⇒*vast bedrag* ◆ **6.1** **at/for** a ~ *tegen een vast tarief.*
flat-rolled ⟨tech.⟩ **0.1** ***platgewalst.***
flat season ⟨vnl. enk.; the⟩ ⟨paardensport⟩ **0.1** ***vlakkebaanrenseizoen.***
flatten [flætn] **I** ⟨onov.ww.⟩ **0.1** ***plat(ter) worden*** ⇒*vlak worden* **0.2** ***verschalen*** ⟨v. bier⟩ **0.3** ***flauw worden*** ⇒*dof/mat worden* ◆ **5.1** ~ **out** *plat(ter) worden;* ⟨luchtv.⟩ *horizontaal gaan liggen* ⟨v. vliegtuig⟩;
II ⟨ov.ww.⟩ **0.1** ***afplatten*** ⇒*effenen* **0.2** ***flauw(er) maken*** ⇒*dof/mat maken* **0.3** ***vernederen*** ⇒*klein krijgen* ◆ **5.1** ~ **out** *afvlakken, effenen;* ⟨luchtv.⟩ *horizontaal trekken* ⟨vliegtuig⟩.
flatter [flætə] **0.1** ***vleien*** **0.2** ***strelen*** ⟨oren, ogen⟩ **0.3** ***flatteren*** ⇒*mooier/beter afschilderen* ◆ **1.3** the portrait ~s him *het portret flatteert hem/is geflatteerd* **4.1** ~ o.s. *zich vleien, zichzelf te hoog aanslaan.*
flatterer [flæt(ə)rə] **0.1** ***vleier.***
flattering [flæt(ə)ring] **0.1** ***vleiend*** ⇒*flatteus, geflatteerd* **0.2** ***strelend*** ◆ **1.1** a ~ description *een geflatteerde beschrijving.*
flatter|y [flæt(ə)rie] ⟨mv.: -ies⟩ **0.1** ***vleierij*** **0.2** ***gevlei*** ⇒ *vleiende woorden* ◆ **3.1** ~ will get you nowhere *met vleierij kom je nergens;* ⟨pesterig⟩ *slijm, slijm.*
flatulence [flætjoeləns] **0.1** ***flatulentie*** ⇒*winderigheid.*
flatware ⟨AE⟩ **0.1** ***tafelgerei*** ⇒⟨ihb.⟩ *bestek.*

flaunt [flo:nt] **0.1** ***pronken met*** *⇒pralen met, ten toon spreiden* **0.2** ***doen opvallen*** *⇒(zich) ostentatief uitdossen/gedragen* ◆ **4.1** ~ o.s. *paraderen.*

flautist [flo:tist], ⟨AE sp. vnl.⟩ **flutist** [floe:tist] ⟨muz.⟩ **0.1** ***fluitist*** *⇒fluitspeler.*

flavour¹, ⟨AE sp.⟩ **flavor** [fleevə] ⟨zn.⟩ **0.1** ***smaak*** *⇒aroma, geur;* ⟨fig.⟩ *bijsmaak* **0.2** ***smaakstof*** *⇒(kruiden)aroma, geur* **0.3** ***het karakteristieke*** *⇒het eigene, het typische* ◆ **1.1** a ~ of romance *een vleugje romantiek* **1.¶** ~ of the month ⟨ong.⟩ *spraakmaker, spraakmakend onderwerp* **2.1** it has an unpleasant ~ *er zit een onaangename smaak aan;* ⟨fig.⟩ *er zit een luchtje aan.*

flavour², ⟨AE sp.⟩ **flavor** ⟨ww.⟩ **0.1** ⟨+ with⟩ ***op smaak brengen met*** *⇒geur/smaak geven aan, kruiden.*

flavoured, ⟨AE sp.⟩ **flavored** [fleevəd] **0.1** ***gearomatiseerd*** *⇒gekruid* ◆ **5.1** highly ~ *sterk gekruid.*

flavour enhancer **0.1** ***smaakverbeteraar.***

flavouring, ⟨AE sp.⟩ **flavoring** [fleevring] **0.1** ***smaakstof*** *⇒aroma, kruid(erij).*

flavourless, ⟨AE sp.⟩ **flavorless** [fleevələs] **0.1** ***smaakloos*** *⇒geurloos, zonder smaak/geur.*

flaw¹ [flo:] ⟨zn.⟩ **0.1** ***barst(je)*** *⇒breuk(je), scheur(tje)* **0.2** ***gebrek*** *⇒fout, smet* ⟨in juweel, steen, karakter enz.⟩.

flaw² ⟨ww.⟩ **0.1** ***(doen) barsten*** *⇒(doen) breken, scheuren* **0.2** ***ontsieren*** *⇒bederven.*

flawless [flo:ləs] **0.1** ***gaaf*** *⇒vlekkeloos, onberispelijk.*

flax [flæks] **0.1** ***vlas*** ⟨plant, vezel⟩.

flaxen [flæksn] **0.1** ***als/van vlas*** *⇒vlassig* **0.2** ***vlaskleurig*** *⇒lichtblond/geel* ◆ **1.2** ~ hair *vlashaar, vlasblond haar.*

flay [flee] **0.1** ***villen*** *⇒(af)stropen* **0.2** ***afranselen*** *⇒*⟨fig.⟩ *hekelen, gispen.*

flea [flie:] **0.1** ***vlo*** **0.2** ***watervlo*** ◆ **3.¶** go away/off with a ~ in his/her ear *v.e. koude kermis thuiskomen.*

flea-bag ⟨sl.⟩ **0.1** ⟨vnl. AE⟩ ***goedkoop/vuil/goor hotel*** **0.2** ***luizenbos*** *⇒stinkbeest.*

fleabite **0.1** ***vlooienbeet*** *⇒*⟨fig.⟩ *bagatel, kleinigheid.*

fleabitten **0.1** ***onder de vlooien/vlooienbeten (zittend)*** **0.2** ⟨inf.⟩ ***sjofel*** *⇒armoedig.*

flea collar **0.1** ***vlooienband.***

flea market **0.1** ***vlooienmarkt*** *⇒rommelmarkt.*

flea-pit ⟨sl.⟩ **0.1** ***gore/goedkope bioscoop*** *⇒goor/goedkoop theater.*

fleck¹ [flek] ⟨zn.⟩ **0.1** ***vlek(je)*** *⇒plek(je), spikkel(tje)* **0.2** ***deeltje*** ◆ **1.2** a ~ of dust *een stofje.*

fleck² ⟨ww.⟩ **0.1** ***(be)spikkelen*** *⇒vlekken, stippen* ◆ **6.1** the ground was ~ed **with** leaves *de grond lag bezaaid met bladeren.*

fledged [fledzjd] **0.1** ***(vlieg)vlug*** ⟨vogel⟩ *⇒kunnende vliegen.*

fledg(e)ling [fledzjling] **0.1** ***(vliegvlugge) jonge vogel*** *⇒jonge vogel die pas kan vliegen;* ⟨fig.⟩ *beginneling.*

flee [flie:] ⟨fled, fled [fled]⟩ **0.1** ***(ont)vluchten*** *⇒(ont)vlieden.*

fleece¹ [flie:s] ⟨zn.⟩ **0.1** ***(schaaps)vacht*** **0.2** ***vlies*** ⟨afgeschoren, samenhangende wollaag⟩.

fleece² ⟨ww.⟩ **0.1** ***scheren*** ⟨schaap⟩ **0.2** ⟨inf.⟩ ***afzetten*** *⇒het vel over de oren halen* ⟨persoon⟩ ◆ **6.2** ~ s.o. **of** his money *iem. afzetten.*

fleec|y [flie:sie] ⟨-ier⟩ **0.1** ***wollig*** *⇒wolachtig, schapen-* ◆ **1.1** ~ clouds *schapenwolkjes.*

fleet¹ [flie:t] ⟨zn.⟩ **0.1** ***vloot*** *⇒marine, luchtvloot* **0.2** ***schare*** *⇒verzameling, groep* ◆ **1.2** a ~ of cars/taxis *een wagenpark.*

fleet² ⟨bn.⟩ **0.1** ⟨schr.⟩ ***rap*** *⇒gezwind, snel* ◆ **1.1** ~ of foot *snelvoetig.*

Fleet Admiral ⟨AE⟩ **0.1** ***(opper)admiraal.***

fleeting [flie:ting] **0.1** ***vluchtig*** *⇒vergankelijk* **0.2** ***kortstondig*** *⇒vluchtig, vlug* ◆ **1.2** a ~ glance *een vluchtige blik;* a ~ visit *een bliksembezoek.*

Fleet Street **0.1** ***Fleet Street*** ⟨in Londen⟩ **0.2** ***de Londense pers*** **0.3** ***de macht/invloed v.d. pers.***

Fleming [flemming] **0.1** ***Vlaming.***

Flemish [flemmisj] **0.1** ⟨bn.⟩ ***Vlaams*** *⇒(als) v. Vlaanderen/de Vlamingen/het Vlaams* **0.2** ⟨eig.n.⟩ ***Vlaams*** *⇒de Vlaamse taal* ◆ **1.1** ⟨bouwk.⟩ ~ bond *Vlaams verbond* **4.1** the ~ *de Vlamingen.*

flesh [flesj] **0.1** ***vlees*** *⇒*⟨rel.; the⟩ *lichaam, mensheid, vleselijkheid* **0.2** ***vruchtvlees*** ◆ **1.1** ~ and blood *het lichaam, een mens(elijk wezen);* one's own ~ and blood *je eigen vlees en bloed, je naaste verwanten;* the pleasures of the ~ *de vleselijke lusten;* sins of the ~ *onkuisheid* **3.1** put on ~ *aankomen, dik(ker) worden* **6.1 in** the ~ *in levenden lijve.*

fleshings [flesjingz] **0.1** ⟨toneel, ballet⟩ ***vleeskleurig maillot/tricot.***

fleshl|y [flesjlie] ⟨-ier⟩ **0.1** ***vleselijk*** *⇒lijfelijk.*

flesh out **0.1** ***dikker (doen) worden*** **0.2** ***verder uitwerken*** *⇒meer inhoud geven aan.*

fleshpots **0.1** ***vleespotten (als) v. Egypte.***

flesh-wound **0.1** ***vleeswond.***

flesh|y [flesjie] ⟨-ier⟩ **0.1** ***vlezig*** *⇒als/van/uit vlees* **0.2** ***dik*** *⇒vlezig.*

fleur-de-lis, fleur-de-lys [flə:dəlie:] ⟨mv.: fleurs-de-lis, fleurs-de-lys [-lie:(z)]⟩ **0.1** ***(Franse) lelie.***

flew ⟨verl. t.⟩ →**fly.**

flex¹ [fleks] ⟨zn.; mv.: -es⟩ ⟨BE⟩ **0.1** ***(elektrisch) snoer.***

flex² ⟨ww.⟩ **0.1** ***buigen*** *⇒samentrekken.*

flexib|le [fleksəbl] ⟨-ly; zn.: **-ility**⟩ **0.1** ***buigzaam*** ⟨ook fig.⟩ *⇒soepel, flexibel* **0.2** ***meegaand*** *⇒plooibaar* ◆ **1.1** ~ working hours *variabele werktijd.*

flexitime [fleksittajm] ⟨BE⟩ **0.1** ***variabele werktijd(en).***

flexiworker [fleksiwwə:kə] **0.1** ***flexwerker.***

flibbertigibbet [flibbətiedzjibbit] **0.1** ***domme gans.***

flick¹ [flik] **I** ⟨telb.zn.⟩ **0.1** ***tik*** *⇒mep, slag* **0.2** ***ruk*** *⇒schok* **0.3** ⟨inf.⟩ ***film*** ◆ **1.2** a ~ of the wrist *een snelle polsbeweging;* **II** ⟨mv.; the⟩ ⟨inf.⟩ **0.1** ***bios.***

flick² ⟨ww.⟩ **0.1** ***even aanraken*** *⇒aantikken, afschudden; aanknippen* ⟨schakelaar⟩ ◆ **5.1** the horse ~ed the flies **away/off** with its tail *het paard joeg de vliegen weg met zijn staart;* ~ **on** the TV *de tv aanzetten* **6.1** ~ crumbs **from/off** the table *kruimels van de tafel vegen* **6.¶** ~ **through** a newspaper *een krant doorbladeren.*

flicker¹ [flikkə] ⟨zn.⟩ **0.1** ***trilling*** *⇒(op)flikkering, flikkerend licht* **0.2** ***sprankje*** *⇒vleugje, straaltje* ◆ **1.2** a ~ of hope *een sprankje hoop.*

flicker² ⟨ww.⟩ **0.1** ***trillen*** *⇒fladderen, wapperen, flikkeren* **0.2** ***heen en weer bewegen*** *⇒heen en weer schieten* ◆ **1.¶** hope still ~ed within him *hij koesterde nog steeds hoop.*

flick knife ⟨BE⟩ **0.1** ***stiletto*** *⇒springmes.*

flier →**flyer.**

flies [flajz] **0.1** ⟨the⟩ ***toneeltoren*** *⇒kap, rollenzolder.*

flight [flajt] **0.1** ***vlucht*** *⇒het vliegen, baan* ⟨v. projectiel, bal⟩, *het vluchten;* ⟨fig.⟩ *opwelling, uitbarsting* **0.2** ***zwerm*** *⇒vlucht, troep* **0.3** ***trap*** **0.4** ***het snel voorbijgaan*** *⇒het vervliegen* ◆ **1.1** a ~ of imagination *ongebreidelde/tomeloze fantasie* **1.3** a ~ of stairs *een trap* **3.1** put to ~ *op de vlucht jagen;* take (to) ~ *op de vlucht slaan* **6.1 in** ~ *vliegend, tijdens de vlucht;* ~ **of** capital *kapitaalvlucht* **7.1** ⟨BE⟩ she is in the first ~ of *ze hoort bij de beste …, ze zit in de topklasse v.*

flight attendant **0.1** ***steward(ess).***

flight capital **0.1** ***vluchtkapitaal.***

flight control **0.1** ***vluchtleiding.***

flight deck **0.1** ***vliegdek*** **0.2** ***cockpit*** ⟨v. passagiersvliegtuig⟩.
flight engineer **0.1** ***boordwerktuigkundige.***
flightless [flajtləs] **0.1** ***niet kunnende vliegen*** ◆ **1.1** ~ birds *loopvogels.*
flight lieutenant ⟨vaak F- L-⟩ **0.1** ***kapitein-vlieger.***
flight path **0.1** ***vliegroute*** **0.2** ***baan*** ⟨v. satelliet⟩.
flight recorder **0.1** ***vluchtrecorder*** ⇒*zwarte doos.*
flight sergeant **0.1** ***sergeant-majoor-vlieger.***
flight-test **0.1** ***proefvliegen*** ⇒*testvliegen.*
flight|y [flajtie] ⟨-iness⟩ **0.1** ***grillig*** ⇒*wispelturig.*
flims|y[1] [flimzie] ⟨zn.; mv.: -ies⟩ **0.1** ⟨vnl. BE⟩ ***doorslagvel*** ⇒*doorslagpapier* **0.2** ***doorslag*** ⇒*kopie.*
flims|y[2] ⟨bn.; -iness⟩ **0.1** ***broos*** ⇒*kwetsbaar, dun* **0.2** ***onbenullig*** ⇒*onnozel.*
flinch [flintsj] **0.1** ⟨ook fig.⟩ ***terugwijken*** ⇒*terugdeinzen, terugschrikken* ⟨v. angst, pijn⟩ ◆ **6.1** ⟨fig.⟩ not ~ **from** one's duty *zich niet onttrekken aan zijn plicht;* **without** ~ing *zonder een spier te vertrekken.*
fling[1] [fling] ⟨zn.⟩ **0.1** ***worp*** ⇒*gooi* **0.2** ***fling*** ⟨volksdans⟩ **0.3** ***uitspatting*** ⇒⟨ihb.⟩ *korte, hevige affaire* ◆ **1.2** Highland ~ *Schotse dans, Schotse driepas* **3.¶** have one's/a ~ *uitspatten;* have a ~ (at) *een poging wagen, een gooi doen (naar).*
fling[2] ⟨ww.; flung, flung [floeng]⟩ **0.1** ***gooien*** ⇒*(weg)smijten, (af)werpen* **0.2** ***wegstormen*** ⇒*(boos) weglopen/weggaan* ◆ **5.1** ~ one's head **back** *zijn hoofd in de nek werpen;* ~ **down** a challenge *uitdagen;* ~ **off** one's pursuers *zijn achtervolgers afschudden;* ~ **on/off** one's clothes *in/uit zijn kleren schieten;* ~ **up** one's hands/arms in horror *zijn handen/armen van afschuw/afgrijzen omhoog steken/in de lucht gooien* **5.2** ~ **away/off** in rage *woedend weglopen* **6.1** ~ an accusation **at** s.o. *iem. een beschuldiging naar het hoofd slingeren;* ~ the past **in** s.o.'s face/teeth *met iemands verleden komen aandragen;* ~ o.s. **into** sth. *zich ergens op werpen* **6.2** ~ **out** of/from the house *boos weglopen van huis.* →**dirt.**
flint [flint] **0.1** ***vuursteen*** **0.2** ***vuursteentje.***
flintlock **0.1** ***vuursteengeweer.***
flint|y [flintie] ⟨-ily⟩ **0.1** ***vuursteenachtig*** **0.2** ***keihard*** ⇒*spijkerhard;* ⟨fig.⟩ *meedogenloos.*
flip[1] [flip] ⟨zn.⟩ **0.1** ***tik*** ⇒*mep, (vinger)knip* **0.2** ***salto.***
flip[2] ⟨bn.⟩⟨inf.⟩ **0.1** ***glad*** ⇒*ongepast, brutaal.*
flip[3] ⟨-ped⟩ **I** ⟨onov.ww.⟩⟨sl.⟩ **0.1** ***flippen*** ⇒*maf worden* **0.2** ***boos worden*** ⇒*door het lint gaan, flippen* ◆ **8.1** they ~ped when they saw my new house *ze vonden mijn nieuwe huis helemaal te gek.* →**flip over;**
II ⟨ov.ww.⟩ **0.1** ***wegtikken*** ⇒*wegschieten (met de vingers)* **0.2** ***omdraaien*** ◆ **1.1** ~ a coin *kruis of munt gooien.* →**flip over, flip through.**
flip-chart **0.1** ***flip-over*** ⇒*flap-over.*
flip-flop **I** ⟨telb.zn.⟩ **0.1** ***(achterwaartse) salto*** ⇒*buiteling* **0.2** ⟨vnl. mv.⟩ ***(plastic/rubber) slipper*** ⇒*sandaal;*
II ⟨n.-telb.zn.⟩ **0.1** ***geklepper*** ⇒*geklikklak.*
flip over **0.1** ***omdraaien*** ⇒*kantelen* ◆ **1.1** ~ a pancake in the pan *een pannenkoek in de pan omdraaien.*
flippanc|y [flippənsie] ⟨mv.: -ies⟩ **0.1** ***oneerbiedige/onserieuze opmerking*** **0.2** ***oneerbiedigheid*** ⇒*luchthartigheid* ◆ **2.1** it was a mere ~ *het was eruit voor ik het wist.*
flippant [flippənt] **0.1** ***oneerbiedig*** ⇒*spottend.*
flipper [flippə] **0.1** ***vin*** ⇒*zwempoot* ⟨v. zeehond, zeeschildpad enz.⟩ **0.2** ***zwemvlies*** ⟨v. kikvorsman, zwemmer⟩.
flipping [flipping] ⟨BE; sl.⟩ **0.1** ***verdomd*** ⇒*godvergeten.*
flip side **0.1** ***B-kant (v. grammofoonplaat)*** ⇒*flipside.*
flip through **0.1** ***doorbladeren*** ⇒*snel doorlezen.*
flirt[1] [flə:t] ⟨zn.⟩ **0.1** ***flirt.***
flirt[2] ⟨ww.⟩ **0.1** ***flirten*** ⇒*koketteren.* →**flirt with.**
flirtation [flə:teesjn] **0.1** ***flirt*** ⇒*flirtation, het flirten* **0.2** ***kortstondige/vluchtige belangstelling*** **0.3** ***uitdaging*** ⇒*spel, flirt* ◆ **6.2** he had a ~ **with** linguistics *hij heeft zich korte tijd met de taalwetenschap beziggehouden* **6.3** a ~ **with** death *een spel met de dood.*
flirtatious [flə:teesjəs] ⟨-ness⟩ **0.1** ***geneigd tot flirten*** ⇒*flirtend, flirtziek.*
flirt with **0.1** ***flirten met*** ⇒⟨fig.⟩ *spelen met, overwegen* **0.2** ***uitdagen*** ⇒*flirten met* ◆ **1.1** we ~ the idea of *we spelen met de gedachte om* **1.2** ~ danger *een gevaarlijk spel spelen.*
flit[1] [flit] ⟨zn.⟩⟨BE; inf.⟩ **0.1** ***snelle beweging*** **0.2** ***verhuizing*** ◆ **3.2** do a (moonlight) ~ *met de noorderzon vertrekken.*
flit[2] ⟨ww.; -ted⟩ **0.1** ***wegtrekken*** ⇒*vertrekken* **0.2** ⟨Noord-Eng. en Sch. E⟩ ***verhuizen*** **0.3** ***snel heen en weer bewegen*** ⇒*zweven, vliegen* ◆ **6.3** thoughts ~ted **through** his mind *gedachten schoten hem door het hoofd.*
flivver [flivvə] ⟨AE; sl.⟩ **0.1** ***rammelkast*** ⟨auto⟩ **0.2** ***(doods)kist*** ⟨vliegtuig⟩.
float[1] [floot] ⟨zn.⟩ **0.1** ***drijvend voorwerp*** ⇒*vlot, boei, dobber* **0.2** ***drijflichaam*** ⇒*drijver* **0.3** ***kar*** ⇒*(praal)wagen* **0.4** ***geldbedrag*** ⇒*contanten, kleingeld* **0.5** ⟨amb.⟩ ***strijkbord*** ⟨v. stukadoor⟩.
float[2] **I** ⟨onov.ww.⟩ **0.1** ***drijven*** ⇒*dobberen* **0.2** ***vlot komen*** ⟨v. schip⟩ **0.3** ***zweven*** **0.4** ***zwerven*** ⇒*ronddolen* **0.5** ***wapperen*** ⟨v. vlag⟩ ◆ **5.¶** my pen must be ~ing **about/around** here somewhere *mijn pen moet hier ergens rondzwerven* **6.¶** the scene ~ed **before** my eye *het tafereel zweefde me voor de ogen;*
II ⟨ov.ww.⟩ **0.1** ***doen drijven*** **0.2** ***vlot maken*** ⟨schip e.d.⟩ **0.3** ***doen zweven*** **0.4** ***onder water zetten*** ⇒*overstromen* **0.5** ***over water vervoeren*** **0.6** ***in omloop brengen*** ⇒*voorstellen, rondvertellen* **0.7** ⟨hand.⟩ ***uitgeven*** ⟨aandelen e.d.⟩ ⇒*op de markt brengen* **0.8** ⟨hand.⟩ ***oprichten*** ⟨bv. bedrijf, door uitgifte v. aandelen⟩ ◆ **1.3** ⟨ec.⟩ ~ the dollar *de dollar laten zweven* **1.6** ~ an idea *met een idee naar voren komen;* ~ a rumour *praatjes in de wereld brengen.*
floatation →**flotation.**
floater [flootə] **0.1** ***drijvend/zwevend voorwerp/persoon*** **0.2** ***zwerver*** **0.3** ***scharrelaar*** ⇒*iem. die steeds van werk verandert* **0.4** ⟨BE; geldw.⟩ ***solide fonds.***
floating [flooting] **0.1** ***drijvend*** **0.2** ***veranderlijk*** ⇒*variabel, wisselend, tijdelijk* ◆ **1.1** ~ bridge *pontonbrug; kettingpont;* ~ candle *drijfkaars;* ~ dock *drijvend dok* **1.2** ⟨hand.⟩ ~ capital/debt *vlottend(e) kapitaal/schuld;* ⟨geldw.⟩ ~ exchange rate *vlottende wisselkoers;* ~ kidney *wandelende nier;* ⟨geldw.⟩ floating-rate interest *vlottende rentevoet;* ~ rib *zwevende rib;* ~ voter *zwevende kiezer.*
flock[1] [flok] **I** ⟨telb.zn.⟩ **0.1** ***bosje*** ⇒*vlokje, pluisje;*
II ⟨n.-telb.zn.⟩ **0.1** ***wolknipsel*** ⇒*kammeling;*
III ⟨zn.; ww. enk. of mv.⟩ **0.1** ***troep*** ⇒*zwerm, kudde* **0.2** ***kudde*** ⇒*(kerkelijke) gemeente* **0.3** ***menigte*** ⇒*schare* ◆ **1.1** ~s and herds *schapen en rundvee.*
flock[2] **I** ⟨onov.ww.⟩ **0.1** ***bijeenkomen*** ⇒*zich verzamelen, samenstromen* ◆ **1.1** people ~ed to the cities *men trok in grote groepen naar de steden* **5.1** ~ **in** *toestromen;* ~ **together** *bijeenkomen;*
II ⟨ov.ww.⟩ **0.1** ***vullen*** ⟨met kapok/beddenvulsel⟩ ◆ **1.¶** ~ed paper *fluweelpapier.*
floe [floo] **0.1** ***ijsschots*** ⇒*drijfijs.*
flog [flog] ⟨-ged⟩ **0.1** ***slaan*** ⇒*afranselen, ervan langs geven* ◆ **6.1** ~ obedience **into** s.o. *bij iem. de gehoorzaamheid erin ranselen;* ~ rebellion **out of** s.o. *bij iem. de opstandigheid eruit slaan.*
flogging [flogging] **0.1** ***pak ransel*** **0.2** ***het afranselen*** ⇒*het slaan.*

flood[1] [flud] ⟨zn.⟩ **0.1** ***vloed*** **0.2** ***uitstorting*** ⇒*stroom, vloed* **0.3** ⟨vaak mv.⟩ ***overstroming*** **0.4** ⟨F-; the⟩ ***zondvloed*** ◆ **1.2** ~ of anger *woede-uitbarsting;* ~ of light *zee v. licht;* ~ of rain *stortregen;* ~ of reactions *stortvloed v. reacties* **1.4** Noah's Flood *de zondvloed* **6.3** the river is **in** ~ *de rivier is buiten zijn oevers getreden.*

flood[2] **I** ⟨onov.ww.⟩ **0.1** ***(over)stromen*** **0.2** ***buiten zijn oevers treden*** ◆ **5.1** donations ~ed **in** *de bijdragen stroomden binnen;*
II ⟨ov.ww.⟩ **0.1** ***(doen) overstromen*** ⇒*overspoelen; buiten zijn oevers doen treden* ⟨rivier e.d.⟩ **0.2** ***bevloeien*** ⇒*onder water zetten* **0.3** ***verzuipen*** ⟨v. carburateur⟩ ◆ **1.1** large areas have been ~ed *een groot gebied is onder water gelopen* **1.2** ~ a burning house *een brandend huis nat houden* **5.1** they were ~ed **out** *ze werden door het water (uit hun huis) verdreven* **6.1** we were ~ed (out) **with** letters *we werden bedolven onder de brieven.*

floodgate **0.1** ***sluisdeur*** ⟨fig.⟩ ⇒*sluis* ◆ **3.1** open the ~s *de sluizen openzetten.*

flooding [fluddieng] **0.1** ***overstroming.***

floodlight[1] ⟨zn.; vaak mv.⟩ **0.1** ***schijnwerper*** **0.2** ***strijklicht*** ⇒*spotlicht.*

floodlight[2] ⟨ww.⟩ **0.1** ***verlichten met schijnwerpers/spots*** ⇒⟨fig.⟩ *in de schijnwerpers zetten.*

floodmark **0.1** ***hoogwaterlijn/peil.***

floodplain **0.1** ***verdronken land.***

flood tide **0.1** ***vloed*** ⇒*hoogtij.*

floor[1] [flo:] **I** ⟨telb.zn.⟩ **0.1** ***vloer*** ⇒*grond* **0.2** ***verdieping*** ⇒ *etage* **0.3** ***minimum*** ⇒*bodemprijs, minimumloon* **0.4** ***bodem*** ◆ **7.1** first ~ ⟨BE⟩ *eerste verdieping;* ⟨AE⟩ *begane grond, parterre;*
II ⟨n.-telb.zn.; the⟩ **0.1** ***vergaderzaal*** ⟨v.h. parlement⟩ **0.2** ***recht om het woord te voeren*** ◆ **3.2** he was given the ~ *hem werd het woord verleend;* take the ~ *het woord nemen/voeren* **3.¶** cross the ~ *overlopen/zich aansluiten bij de tegenpartij* ⟨v. parlementslid⟩; take the ~ *(gaan) dansen;* wipe/mop the ~ with s.o. *de vloer met iem. aanvegen* **6.1** a motion **from** the ~ *een motie uit de zaal.*

floor[2] ⟨ww.⟩ **0.1** ***van een vloer voorzien*** **0.2** ***bedekken*** ⇒*de bodem vormen van* **0.3** ***vloeren*** ⟨ook fig.⟩ ⇒*knock-out slaan, verslaan* **0.4** ***van de wijs brengen*** ⇒*perplex doen staan* ◆ **1.3** his arguments ~ed me *tegen zijn argumenten kon ik niet op;* I was ~ed by that question *die vraag ging me te hoog.*

floorboard **0.1** ***vloerplank*** **0.2** ***bodemplank.***

floorcloth **0.1** ***dweil*** ⇒*wrijfdoek, poetsdoek* **0.2** ***vloerbedekking*** ⇒*zeil.*

floor exercise ⟨vaak mv.⟩ ⟨gymnastiek⟩ **0.1** ***grondoefening*** ⇒*vrije oefening.*

flooring [flo:ring] **0.1** ***vloermateriaal*** ⇒*vloerwerk.*

floor lamp ⟨AE⟩ **0.1** ***staande lamp*** ⇒*schemerlamp.*

floor leader ⟨AE; pol.⟩ **0.1** ***fractievoorzitter*** ⇒*fractieleider.*

floor manager **0.1** ***floormanager*** ⇒*hoofd v. technische tv-ploeg* **0.2** ***afdelingschef*** ⟨in warenhuis⟩ **0.3** ⟨AE; pol.⟩ ***fractievoorzitter.***

floor plan **0.1** ***grondplan*** ⇒*bouwtekening.*

floor polish **0.1** ***vloerwas*** ⇒*boenwas.*

floor show **0.1** ***floorshow*** ⇒*striptease.*

floorwalker **0.1** ***afdelingschef*** ⟨in warenhuis⟩.

flooz|y, floozie, floosie [floe:zie] ⟨mv.: -ies⟩ ⟨sl.⟩ **0.1** ***hoertje*** ⇒*sletje.*

flop[1] [flop] ⟨zn.⟩ **0.1** ***onhandige beweging*** ⇒*zwaai, gespartel* **0.2** ***smak*** ⇒*plof* **0.3** ⟨inf.⟩ ***flop*** ⇒*mislukking.*

flop[2] ⟨ww.; -ped⟩ **0.1** ***zwaaien*** ⇒*klappen, spartelen* **0.2** ***smakken*** ⇒*ploffen, plonzen* **0.3** ⟨inf.⟩ ***mislukken*** ⇒*floppen, zakken* ⟨bij examen⟩ ◆ **5.1** ~ **about** in the water *rondspartelen in het water;* ⟨fig.⟩ ~ **about/around** in a pair of sandals *rondsloffen op sandalen* **5.2** ~ **down** in a chair *neerploffen in een stoel.*

flop[3] ⟨bw.⟩ **0.1** ***met een smak/plof/bons/plons.***

flophouse **0.1** ***logement*** ⇒*goedkoop hotelletje.*

flopp|y[1] [floppie], **floppy disk** ⟨zn.; mv.: -ies⟩ ⟨comp.⟩ **0.1** ***floppy (disk)*** ⇒*diskette, flop.*

flopp|y[2] ⟨bn.; -iness⟩ **0.1** ***slap(hangend)*** **0.2** ⟨inf.⟩ ***zwak.***

flora [flo:rə] ⟨mv.: ook florae [-rie:]⟩ **0.1** ***flora*** ⇒*plantenencyclopedie* **0.2** ***flora*** ⇒*plantenwereld.*

floral [flo:rəl] **0.1** ***gebloemd*** ⇒*bloemen-, bloemetjes-* **0.2** ***mbt. flora*** ⇒*plant-, planten-* ◆ **1.1** ~ tribute *bloemenhulde.*

Florentine [florrəntajn] **0.1** ***Florentijns.***

floret [florrit] ⟨plantk.⟩ **0.1** ***bloempje*** ⟨v. composiet⟩.

floriculture [florrikkultsjə] **0.1** ***bloemkwekerij*** ⇒*bloementeelt, het bloemkweken.*

florid [florrid] **0.1** ***bloemrijk*** ⇒*(overdreven) sierlijk* **0.2** ***in het oog lopend*** ⇒*opzichtig* **0.3** ***blozend*** ⇒*hoogrood.*

florin [florrin] **0.1** ***florijn*** ⇒*gulden* **0.2** ***florin*** ⟨Engelse munt v. 2 shilling, tot 1971⟩.

florist [florrist] **0.1** ***bloemist*** **0.2** ***bloemkweker*** ◆ **¶.1** ~'s *bloemenwinkel, bloemisterij.*

floss [flos], **floss silk** **0.1** ***vloszijde*** ⇒*floretzijde* **0.2** ***borduurzijde*** ⇒*splitzijde* ◆ **2.1** dental ~ *tandzijde.*

flotation, floatation [flooteesjn] **0.1** ***oprichting*** ⟨v. bedrijf door uitgifte v. aandelen⟩ ⇒*eerste emissie* **0.2** ***het drijven.***

flotilla [flətillə] **0.1** ***flottielje*** ⇒*smaldeel* **0.2** ***vloot*** ⟨v. kleine schepen⟩.

flotsam [flotsəm] **0.1** ***zeedrift*** ⇒*drijfhout, wrakhout* **0.2** ***rommel*** ⇒*rotzooi* ◆ **1.1** ⟨fig.⟩ ~ and jetsam *uitgestotenen.*

flounce[1] [flauns] ⟨zn.⟩ **0.1** ***zwaai*** ⇒*ruk, schok* **0.2** ***(gerimpelde) strook*** ⟨aan kledingstuk/gordijn⟩.

flounce[2] **I** ⟨onov.ww.⟩ **0.1** ***zwaaien*** ⟨v. lichaam⟩ ⇒*schokken, schudden* **0.2** ***driftig/ongeduldig lopen*** ⇒*(weg)benen* ◆ **5.2** he ~d **out** in a temper *hij stormde driftig naar buiten* **6.2** ~ **about** the room *opgewonden door de kamer ijsberen;*
II ⟨ov.ww.⟩ **0.1** ***met een strook/stroken afzetten.***

flounder[1] [flaundə] ⟨zn.⟩ **0.1** ***bot*** ⟨platvis⟩.

flounder[2] ⟨ww.⟩ **0.1** ***ploeteren*** ⇒*kronkelen* **0.2** ***stuntelen*** ⇒ *van zijn stuk gebracht worden* **0.3** ***de draad kwijtraken*** ⇒*hakkelen* ◆ **5.1** a car ~ed **around** in the mud *een auto had zich vastgedraaid in de modder* **5.2** the question left him ~ing **about** for an answer *met horten en stoten probeerde hij een antwoord te vinden.*

flour[1] [flauə] ⟨zn.⟩ **0.1** ***meel*** ⇒*(meel)bloem.*

flour[2] ⟨ww.⟩ **0.1** ***met meel/bloem bestrooien*** **0.2** ⟨AE⟩ ***(ver)malen.***

flourish[1] [flurrisj] ⟨zn.⟩ **0.1** ***krul*** ⇒*krul/sierletter* **0.2** ***bloemrijke uitdrukking*** ⇒*stijlbloempje* **0.3** ***zwierig gebaar*** **0.4** ***fanfare*** ⇒*geschal, preludium* ◆ **1.4** ~ of trumpets *trompetgeschal.*

flourish[2] **I** ⟨onov.ww.⟩ **0.1** ***gedijen*** ⇒*bloeien* **0.2** ***floreren*** ⇒ *succes hebben* **0.3** ***tot (volledige) ontplooiing komen*** ⇒ *een bloeitijd meemaken* ◆ **1.2** the new business ~ed *het ging de nieuwe onderneming voor de wind;* his family were ~ing *het ging goed met zijn gezin;*
II ⟨ov.ww.⟩ **0.1** ***tonen*** ⇒*zwaaien/wuiven met* ◆ **1.1** he ~ed a letter in my face *hij zwaaide een brief onder mijn neus heen en weer.*

flourishing [flurrisjing] **0.1** ***florerend*** ⇒*gedijend, tierend.*

flourmill **0.1** ***graanmolen*** ⇒*korenmolen.*

flour|y [flauərie] ⟨-ier⟩ **0.1** ***melig*** ⇒*bloemig, bedekt met* *meel/bloem* ◆ **1.1** her hands were ~ *haar handen zaten onder de bloem/het meel;* ~ potatoes *bloemige aardappelen.*

flout [flaut], ⟨AE ook⟩ **flaunt 0.1** ***beledigen*** ⇒*bespotten, beschimpen* **0.2** ***afwijzen*** ⇒*in de wind slaan, negeren.*

flow[1] [floo] ⟨zn.⟩ **0.1** ***stroom*** ⇒*stroming, het stromen* **0.2** ***vloed*** ⇒*overvloed* **0.3** ***vloed*** ◆ **1.2** she kept up a cheerful ~ of conversation *ze bleef vrolijk doorbabbelen* **1.3** ebb and ~ *eb en vloed.*

flow[2] ⟨ww.⟩ **0.1** ***vloeien*** ⇒*stromen* **0.2** ***toevloeien*** ⇒*toestromen* **0.3** ***golven*** ⇒*loshangen* ⟨v. haar, kledingstuk⟩ **0.4** ***opkomen*** ⟨v. vloed⟩ ◆ **1.1** traffic ~ed in a steady stream *er was een constante verkeersstroom;* conversation began to ~ *de conversatie begon op gang te komen* **3.4** swim with the ~ing tide *met de stroom meegaan* **6.1** the Rhine ~ed **over** its banks *de Rijn trad buiten zijn oevers.* →**flow from.**

flow chart, flow diagram 0.1 ***stroomschema.***

flower[1] [flauə] **I** ⟨telb.zn.⟩ **0.1** ***bloem*** ⇒*bloesem* ◆ **1.¶** ~s of speech *stijlfiguren;* ~s of sulphur *zwavelbloem;*
II ⟨n.-telb.zn.; the⟩ **0.1** ***bloem*** ⇒*keur* **0.2** ***bloei*** ⇒⟨fig.⟩ *fleur* ◆ **1.1** the ~ of the nation *de bloem der natie* **1.2** he is in the ~ of his age *hij is in de bloei van zijn leven* **6.2** the tulips are **in** ~ *de tulpen staan in bloei.*

flower[2] ⟨ww.⟩ **0.1** ***bloeien*** ⇒*tot bloei (ge)komen (zijn).*

flower arrangement 0.1 ***het bloemschikken*** ⇒*bloemsierkunst.*

flowerbed 0.1 ***bloembed*** ⇒*bloemperk.*

flowered [flauəd] **0.1** ***gebloemd.***

flower garden 0.1 ***bloementuin.***

flower girl 0.1 ***bloemenmeisje*** ⇒*bloemenverkoopster.*

flower head ⟨plantk.⟩ **0.1** ***bloemhoofdje.***

flowerless [flauələs] **0.1** ***bedektbloeiend*** ◆ **1.1** ~ plants *bladplanten.*

flower people ⟨zn.⟩ **0.1** ***bloemenkinderen*** ⇒*hippies.*

flowerpot 0.1 ***bloempot.***

flower power 0.1 ***flowerpower.***

flowery [flauərie] **0.1** ***vol met bloemen*** ⇒*rijk aan bloemen, bloemrijk* **0.2** ***gebloemd*** ⇒*bloem(en)-.*

flow from 0.1 ***voortvloeien uit*** ⇒*voortkomen uit.*

flowing [flooing] **0.1** ***vloeiend*** **0.2** ***loshangend*** ⇒*golvend.*

flown ⟨volt. deelw.⟩ →**fly.**

flu [floe:] ⟨verk.⟩ [influenza] ⟨inf.⟩ **0.1** ***griep.***

flub [flub] ⟨AE⟩ **0.1** ***verknoeien*** ⇒*verprutsen, verknallen.*

fluctuate [fluktsjoe·eet] **0.1** ***fluctueren*** ⇒*schommelen, variëren.*

fluctuation [fluktsjoe·eesjn] **0.1** ***fluctuatie*** ⇒*schommeling, verandering.*

flue [floe:] **I** ⟨telb.zn.⟩ **0.1** ***schoorsteenpijp*** ⇒*rookkanaal;*
II ⟨n.-telb.zn.⟩ **0.1** ***pluis(jes)*** ⇒*dons.*

fluency [floe:ənsie] **0.1** ***vloeiendheid*** ⇒*welbespraaktheid, beheersing* ⟨v.e. taal⟩.

fluent [floe:ənt] **0.1** ***vloeiend*** **0.2** ***welbespraakt*** ⇒*vlot, vloeiend* ◆ **6.1** be ~ **in** English *vloeiend Engels spreken.*

fluff[1] [fluf] **I** ⟨telb.zn.⟩ **0.1** ⟨inf.⟩ ***blunder*** ⇒*vergissing, verspreking;*
II ⟨n.-telb.zn.⟩ **0.1** ***pluis(jes)*** ⇒*dons.*

fluff[2] ⟨ww.⟩ **0.1** ⟨inf.⟩ ***blunderen*** ⇒*zich verspreken, verhaspelen* ⟨op toneel⟩; *een verkeerde zet doen* ⟨bij spel⟩ ◆ **1.1** the player ~ed the catch *de speler liet de bal vallen/miste de bal.*

fluff out, fluff up 0.1 ***opschudden*** ⇒*opkloppen* **0.2** ***opzetten*** ⇒*laten uitstaan* ◆ **1.1** ~ the pillows *de kussens opschudden* **1.2** the birds ~ their feathers *de vogels zetten hun veren op.*

fluff|y [fluffie] ⟨-iness⟩ **0.1** ***donzig*** ⇒*pluizig.*

fluid[1] [floeid] ⟨zn.⟩ **0.1** ***vloeistof*** **0.2** ⟨nat.⟩ ***fluïdum.***

fluid[2] ⟨bn.; zn.: **-ity**⟩ **0.1** ***vloeibaar*** ⇒*niet vast, vloeiend* **0.2** ***instabiel*** ⇒*veranderlijk* ◆ **1.2** our plans are still ~ *onze plannen staan nog niet vast* **1.¶** ~ assets *liquide middelen.*

fluke [floe:k] ⟨mv.: voor 0.1 ook fluke⟩ **0.1** ⟨dierk.⟩ ***bot*** **0.2** ⟨dierk.⟩ ***(lever)bot*** **0.3** ***ankerblad*** **0.4** ***weerhaak*** ⟨van speer enz.⟩ **0.5** ***staartvin*** ⟨v. walvis⟩ **0.6** ⟨mv.⟩ ***walvisstaart*** **0.7** ***bof*** ⇒*meevaller, mazzel* ◆ **6.7** **by** a ~ *door stom geluk.*

fluky, flukey [floe:kie] **0.1** ***geluks-*** ⇒*toevals-, gelukkig* **0.2** ***veranderlijk*** ⇒*wisselvallig.*

flume [floe:m] **0.1** ***goot*** ⇒*(afvoer)kanaal* **0.2** ***(berg)kloof*** ⇒*ravijn.*

flummer|y [flummərie] ⟨mv.: -ies⟩ **0.1** ⟨ong.⟩ ***blanc-manger*** **0.2** ***vleierij*** **0.3** ***bluf*** ⇒*onzin, poppenkasterij.*

flummox [flumməks] ⟨inf.⟩ **0.1** ***in verwarring brengen*** ⇒*perplex doen staan.*

flung [flung] ⟨verl. t. en verl. deelw.⟩ →**fling.**

flunk [flungk] ⟨AE; inf.⟩ **0.1** ***(doen) zakken*** ⇒*(doen) stralen (voor)* ⟨voor examen⟩; *afwijzen* ⟨voor examen⟩.

flunkey, flunk|y [flungkie] ⟨mv.: -ies⟩⟨vaak pej.⟩ **0.1** ***lakei*** **0.2** ***strooplikker*** ⇒*pluimstrijker.*

flunk out ⟨AE; inf.⟩ **0.1** ***weggestuurd worden*** ⟨v. school of universiteit⟩ ⇒*v. school gestuurd worden.*

fluoresc|ent [floeəresnt] ⟨zn.: **-ence**⟩ **0.1** ***fluorescerend*** ⇒*fluorescent* ◆ **1.1** ~ lamp *tl-buis;* ~ screen *fluorescerend scherm.*

fluorid|ate [floeəriddeet] ⟨zn.: **-ation**⟩ **0.1** ***fluorideren*** ⇒*fluoreren.*

fluoride [floeərajd] **0.1** ***fluoride*** ⇒*fluorwaterstofzout.*

fluorine [floeərie:n] ⟨schei.⟩ **0.1** ***fluor*** ⟨element 9⟩.

flurr|y[1] [flurrie] ⟨zn.; mv.: -ies⟩ **0.1** ***vlaag*** ⟨ook fig.⟩ ⇒*windvlaag/stoot, (korte) bui* **0.2** ***opwinding*** ⇒*verwarring, beroering* ◆ **1.1** flurries of snow *sneeuwvlagen/buien;* in a ~ of excitement *in een vlaag v. opwinding* **6.2** be (all) **in** a ~ *opgewonden zijn.*

flurr|y[2] ⟨ww.; -ied⟩ **0.1** ***van de wijs brengen*** ⇒*zenuwachtig maken* ◆ **3.1** don't get flurried *maak je niet druk.*

flush[1] [flusj] ⟨zn.⟩ **0.1** ***vloed*** ⇒*(plotselinge) stroom, vloedgolf* **0.2** ***(water)spoeling*** ⇒*het door/om/schoonspoelen* **0.3** ***(plotselinge) overvloed*** ⟨vnl. v. planten⟩ ⇒*weelderige groei* **0.4** ***opwelling*** ⇒*vlaag* **0.5** ***opwinding*** ⇒*uitgelatenheid, roes* **0.6** ***frisheid*** ⇒*bloei, kracht* **0.7** ***blos*** **0.8** ⟨kaartspel⟩ ***flush*** ⟨serie kaarten v. zelfde kleur⟩ ◆ **3.2** give the teapot a ~ *spoel de theepot even om* **6.¶** ⟨inf.⟩ **in** a ~ *verward, verbijsterd* **7.5** in the first ~ of victory *in de overwinningsroes.* →**royal.**

flush[2] ⟨bn.; vnl. pred.⟩ **0.1** ***goed/rijkelijk voorzien*** ⇒⟨ihb.⟩ *goed bij kas* **0.2** ***gelijk*** ⇒*vlak* ◆ **6.1** ~ **with** money *goed bij kas* **6.2** ~ **with** the wall *gelijk met de muur.*

flush[3] **I** ⟨onov.ww.⟩ **0.1** ***doorspoelen*** ⇒*doortrekken* ⟨v. toilet⟩ **0.2** ***kleuren*** ⇒*blozen* **0.3** ***op/wegvliegen*** ◆ **5.2** ~ **up** *kleuren, blozen* **6.2** ~ **with** shame *rood worden van schaamte;*
II ⟨ov.ww.⟩ **0.1** ***(schoon)spoelen*** ⇒*om/uit/doorspoelen* **0.2** ***onder water zetten*** ⇒*doen onderlopen* **0.3** ***doen kleuren/blozen*** **0.4** ***opwinden*** ⇒*opgetogen maken, aanvuren* **0.5** ***doen op/wegvliegen*** ⇒*op/verjagen* ◆ **1.2** ~ed meadows *weiden die blank staan* **5.1** ~ sth. **away/down** *iets wegspoelen* **6.4** ~ed **with** happiness *dolgelukkig;* ~ed **with** victory *in een overwinningsroes* **6.5** ~ s.o. **out of/from** his hiding place *iem. uit zijn schuilplaats verjagen.*

flush[4] ⟨bw.⟩ **0.1** ***gelijk*** ⇒*vlak* **0.2** ***precies*** ⇒*vol* ◆ **3.1** fit ~ into *gelijk vallen/zijn met, één vlak vormen met* **3.2** the ball hit him ~ on the face *hij kreeg de bal pal in zijn gezicht.*

Flushing [flusjing] ⟨gesch.⟩ **0.1** ***Vlissingen.***

fluster[1] [flustə] ⟨zn.; alleen enk.⟩ **0.1** ***opwinding*** ⇒*verwarring* ◆ **6.1** be **in** a ~ *opgewonden zijn.*

fluster[2] ⟨ww.⟩ **0.1** ***van de wijs brengen*** ⇒*verwarren, zenuwachtig maken.*

flute[1] [floe:t] ⟨zn.⟩ **0.1** ***fluit*** **0.2** ***fluitregister*** ⟨v. orgel⟩ **0.3** ⟨bouwk.⟩ ***cannelure*** ⟨verticale groef in zuil⟩ ◆ **3.1** play the ~ *fluit spelen.*

flute[2] **I** ⟨onov. en ov.ww.⟩ **0.1** ***fluiten*** ⇒*op de fluit spelen* ⟨melodie⟩;
II ⟨ov.ww.⟩ **0.1** ***groeven*** ⇒*van groeven/gleuven voorzien* ◆ **1.1** ⟨bouwk.⟩ ~d pillars *gecanneleerde zuilen.*

fluting [floe:ting] **0.1** ***groeven*** ⇒*gleuven, ribbels.*

flutist →**flautist.**

flutter[1] [fluttə] ⟨zn.⟩ **0.1** ***gefladder*** ⇒*geklapper* **0.2** ***opwinding*** ⇒*drukte* **0.3** ⟨med.⟩ ***het fibrilleren*** ⟨snelle samentrekking v. hartboezem⟩ **0.4** ⟨vnl. BE; inf.⟩ ***gokje*** ⇒*speculatie* **0.5** ***flutter*** ⟨geluidsvervorming bij hoge tonen⟩ ◆ **3.4** have/take a ~ *een gokje wagen* **6.2** be **in** a ~ *opgewonden zijn.*

flutter[2] **I** ⟨onov.ww.⟩ **0.1** ***fladderen*** ⇒*klapwieken* **0.2** ***dwarrelen*** ⟨v. blad⟩ **0.3** ***wapperen*** ⟨v. vlag⟩ **0.4** ***zenuwachtig/opgewonden rondlopen*** ⇒*ijsberen* **0.5** ***snel/onregelmatig slaan*** ⇒*(snel) kloppen* **0.6** ***trillen (van opwinding)*** ⇒*zenuwachtig zijn* ◆ **6.1** the bird ~ed **about** the room *de vogel fladderde in de kamer rond* **6.6** he ~ed **into** the room *opgewonden stormde hij de kamer binnen;*
II ⟨ov.ww.⟩ **0.1** ***fladderen met*** ⇒*klapwieken met* **0.2** ***snel (heen en weer) bewegen*** ⇒*doen klapperen/wapperen* ◆ **1.2** ~ one's eyelids *met de ogen knipperen.*

fluvial [floe:viəl] **0.1** ***fluviatiel*** ⟨ook plantk.⟩ ⇒*rivier-, mbt./v. rivieren* ◆ **1.1** fluvial deposits *fluviatiele afzettingen.*

flux [fluks] **I** ⟨telb. en n.-telb.zn.⟩ **0.1** ***vloed*** ⇒*het vloeien/stromen, stroom* ⟨ook fig.⟩ ◆ **1.1** ~ and reflux *eb en vloed* ⟨ook fig.⟩;
II ⟨n.-telb.zn.⟩ **0.1** ***voortdurende beweging/verandering*** ⇒*veranderlijkheid* **0.2** ⟨nat.⟩ ***flux*** **0.3** ⟨tech.⟩ ***vloeimiddel*** ⇒*smeltmiddel, verdunningsmiddel* ◆ **1.1** everything was in a state of ~ *er waren steeds nieuwe ontwikkelingen.*

fly[1] [flaj] (→s2) **I** ⟨telb.zn.; mv.: flies⟩ **0.1** ***vlieg*** **0.2** ⟨hengelsport⟩ ***(kunst)vlieg*** **0.3** ⟨in samenstellingen⟩ ***gevleugeld/vliegachtig insect*** **0.4** ***klep*** ⟨v. kledingstuk⟩ ⇒⟨ihb.⟩ *gulp* **0.5** ***tentdeur*** ⇒*flap* **0.6** ⟨AE; honkbal⟩ ***hoge bal*** ◆ **1.¶** a ~ in the ointment *een kleinigheid die het geheel bederft;* a ~ on the wall *een spion* **2.4** your ~ is undone! *je gulp staat open!* **3.1** die like flies *in groten getale omkomen;* not harm/hurt a ~ *geen vlieg kwaad doen* **3.¶** ⟨inf.⟩ there are no flies on her *ze is niet op haar achterhoofd gevallen.* → **Spanish;**
II ⟨n.-telb.zn.⟩ **0.1** ***het vliegen*** ⇒*vlucht* ◆ **6.1** I have been **on** the ~ all day long *ik heb de hele dag lopen rennen en vliegen;*
III ⟨mv.⟩ **0.1** ⟨dram.⟩ ***ruimte boven het toneel*** ⟨waar gordijn, decors enz. hangen⟩ ⇒*toneelzolder* **0.2** ⟨inf.⟩ ***gulp.***

fly[2] ⟨bn.⟩ **0.1** ⟨BE; inf.⟩ ***uitgeslapen*** ⇒*uitgekookt, niet van gisteren* **0.2** ⟨AE; inf.⟩ ***te gek*** ⇒*gaaf.*

fly[3] ⟨flew [floe:], flown [floon]⟩ **I** ⟨onov.ww.⟩ **0.1** ***vliegen*** ⟨v. vogel, vliegtuig enz.⟩ **0.2** ***wapperen*** ⟨v. vlag, haar⟩ ⇒*fladderen, vliegen* **0.3** ⟨ben. voor⟩ ***zich snel voortbewegen*** ⇒*vliegen, (voorbij)snellen; vluchten; omvliegen, vervliegen* ⟨v. tijd⟩; *wegvliegen* ⟨v. geld⟩; *verdwijnen, optrekken* ⟨v. mist⟩; *uit elkaar springen, alle kanten op vliegen* ⟨v. glas⟩ ◆ **1.3** bullets were ~ing thick *de kogels vlogen ons om de oren;* ~ to the help of s.o. *iem. te hulp snellen;* make the money ~ *met geld smijten;* time flies (like an arrow) *de tijd vliegt* **3.3** let ~ *(af)schieten/vuren; laten schieten;* ⟨inf.⟩ we're very late, we must ~ *we zijn erg laat, we moeten rennen* **5.1** ~ **away** *wegvliegen;* ⟨fig.⟩ *verdwijnen;* ~ **in/out** *aankomen/vertrekken per vliegtuig;* ~ **past** *(in formatie) over/voorbij vliegen* **5.3** the door flew open *de deur werd plotseling geopend* **5.¶** ~ high *hoog vliegen* ⟨fig.⟩; *ambitieus zijn;* she's ~ing high *het gaat haar voor de wind* **6.1** ~ **at** *aanvallen, zich storten op* ⟨vnl. v. vogel⟩; ⟨fig.⟩ *uitvallen tegen;* ~ **into** *landen op* ⟨luchthaven⟩ **6.3** ~ **into** a rage/passion/temper *in woede ontsteken;* the glass flew **to** bits/**into** pieces *het glas spatte in stukjes uiteen;* the child flew **towards** its father *het kind vloog zijn vader tegemoet;* ~ **upon** s.o. *iem. aanvliegen;*
II ⟨ov.ww.⟩ **0.1** ***vliegen*** ⇒*besturen* **0.2** ***vliegen*** ⇒*per vliegtuig vervoeren* **0.3** ***vliegen (met)*** ⟨luchtvaartmaatschappij⟩ **0.4** ***vliegen over*** **0.5** ***laten vliegen*** ⟨duif⟩ ⇒*oplaten* ⟨vlieger⟩ **0.6** ***voeren*** ⇒*laten wapperen* ⟨vlag⟩ **0.7** ***ontvluchten*** ⇒*vermijden* ◆ **1.5** ~ a kite *vliegeren;* ⟨fig.⟩ *een balletje opgooien* **5.1** ~ a plane **in** *een vliegtuig aan de grond zetten* **6.2** ~ sth. **into** *iets per vliegtuig aanvoeren in.*

flyaway **0.1** ***los(hangend)*** ⟨v. haar, kleren enz.⟩ ⇒*luchtig, zwierig* **0.2** ***frivool*** ⇒*wuft.*

flyblown **0.1** ***door vliegeneieren/vliegen bevuild*** **0.2** ***besmet*** ⇒*bezoedeld.*

fly-by-night ⟨inf.⟩ **0.1** ⟨bn.⟩ ***onbetrouwbaar*** ⇒*louche* **0.2** ⟨zn.⟩ ***onbetrouwbaar iem.*** ⇒⟨ihb.⟩ *debiteur die met de noorderzon vertrekt.*

flycatcher **0.1** ***vliegenvanger*** **0.2** ⟨dierk.⟩ ***vliegenvanger*** ⟨vogel⟩.

flyer, flier [flajjə] **0.1** ***vlieger*** ⟨vogel⟩ **0.2** ⟨inf.⟩ ***hoogvlieger*** ⇒*kei, kraan* **0.3** ***zeer snel iets/iem.*** ⇒⟨ihb. v. vervoermiddel⟩ *snel/exprestrein; renpaard* **0.4** ***vliegenier*** ⇒*piloot* **0.5** ⟨AE⟩ ***vlugschrift*** ⇒*folder, brochure.*

fly-fish **0.1** ***vliegvissen*** ⇒*vissen met een kunstvlieg.*

fly half ⟨rugby⟩ **0.1** ***fly half*** ⟨speler met positie tussen scrumhalf en driekwarten⟩.

flying [flajjing] **0.1** ***vliegend*** **0.2** ***(los)hangend*** ⇒*wapperend* **0.3** ***(zeer) snel*** ⇒*zich snel verplaatsend/ontwikkelend, vliegend* **0.4** ***kortstondig*** ⇒*van korte duur, tijdelijk* ◆ **1.1** ~ doctor *vliegende dokter* ⟨zich per vliegtuig verplaatsend⟩; the Flying Dutchman *de Vliegende Hollander;* ~ fish *vliegende vis;* ~ jump/leap *sprong met aanloop;* ~ saucer *vliegende schotel* **1.3** ~ start *vliegende start* ⟨ook fig.⟩ **1.¶** ⟨bouwk.⟩ ~ buttress *luchtboog;* with ~ colours *met vlag en wimpel.*

flying boat **0.1** ***vliegboot.***

flying machine **0.1** ***vliegmachine.***

flying officer **0.1** ***1e luitenant*** ⟨bij luchtmacht⟩.

flying squad ⟨zn.⟩ **0.1** ***vliegende brigade*** ⇒*mobiele eenheid.*

flyleaf ⟨druk.⟩ **0.1** ***(losse helft v.) schutblad.***

fly-over **0.1** ⟨BE⟩ ***viaduct*** ⟨over snelweg⟩.

flypaper **0.1** ***vliegenpapier.***

flypast ⟨BE⟩ **0.1** ***luchtparade.***

flysheet **0.1** ***(reclame)blaadje*** ⇒*folder, circulaire* **0.2** ***informatieblad*** ⇒*gebruiksaanwijzing* ⟨v. catalogus, boek⟩ **0.3** ***buitententent*** **0.4** ***tentdeur*** ⇒*flap.*

flyspeck **0.1** ***vliegenstrontje*** ⇒⟨fig.⟩ *spatje, stipje.*

fly spray **0.1** ***vliegendood*** ⇒*antivliegenspray.*

fly strip **0.1** ***vliegenvanger.***

fly swatter **0.1** ***vliegenmepper.***

flytipping ⟨BE⟩ **0.1** ***illegale storting*** ⇒*illegale lozing/dumping.*

flytrap **0.1** ***vliegenvanger*** **0.2** ⟨plantk.⟩ ***vleesetende plant.***

flyweight ⟨boksen, worstelen⟩ **0.1** ***vlieggewicht.***

flywheel 0.1 ***vliegwiel.***

fly whisk 0.1 ***vliegenverjager*** ⇒*vliegenmepper/klap.*

F.M. ⟨afk.⟩ **0.1** [frequency modulation] ***FM*** **0.2** [field marshal].

f-number [efnumbə] ⟨foto.⟩ **0.1** ***f-getal*** ⟨aanduiding v. lichtsterkte v. lens⟩.

F.O. ⟨afk.⟩ **0.1** [Foreign Office].

foal¹ [fool] ⟨zn.⟩ **0.1** ***veulen*** ◆ **6.1 in/with** ~ *drachtig.*

foal² ⟨ww.⟩ **0.1** ***(een veulen) werpen.***

foam¹ [foom] ⟨zn.⟩ **0.1** ***schuim*** **0.2** ***schuimrubber*** **0.3** ⟨schr.⟩ ***zilte schuim/nat*** ⇒*baren, zee.*

foam² ⟨ww.⟩ **0.1** ***schuimen*** **0.2** ***schuimbekken*** ◆ **1.2** ~ at the mouth *schuimbekken* ⟨ook fig.⟩.

foam rubber 0.1 ***schuimrubber.***

foamy [foomie] **0.1** ***schuimig*** ⇒*schuim-, schuimend.*

fob [fob] **0.1** ***horlogezakje*** ⟨vnl. in broek⟩ ⇒*vestzakje* **0.2** ***horlogeketting.***

f.o.b. ⟨afk.; hand.⟩ **0.1** [free on board] ***f.o.b.***

fob off ⟨-bed⟩ **0.1** ***wegwuiven*** ⇒*geen aandacht besteden aan* **0.2** ***afschepen*** ⇒*zich afmaken van* **0.3** ⟨+on⟩ ***aansmeren*** ◆ **3.2** we won't be fobbed off this time *deze keer laten we ons niet met een kluitje in het riet sturen.*

fob watch 0.1 ***zakhorloge.***

focal [fookl] **0.1** ***mbt./v.h. brandpunt*** ⇒*brandpunts-, brand-* ◆ **1.1** ~ distance/length *brandpuntsafstand;* ~ plane *brand(punts)vlak.*

focal point 0.1 ***brandpunt*** ⟨ook fig.⟩ ⇒*middelpunt.*

foci [fookaj, -saj] ⟨mv.⟩ →**focus.**

fo'c's'le [fooksl] ⟨verk.⟩ [forecastle] ⟨scheep.⟩ **0.1** ***foksel.***

focus¹ [fookəs] ⟨mv.: ook foci⟩ **I** ⟨telb.zn.⟩ **0.1** ⟨nat., wisk.⟩ ***brandpunt*** ⇒*focus;* ⟨fig.⟩ *middelpunt, centrum* ◆ **1.1** ~ of an earthquake *aardbevingshaard* **2.1** tuberculous ~ *tuberculeuze haard;*
II ⟨n.-telb.zn.⟩ **0.1** ***brandpuntsafstand*** **0.2** ***scherpte*** **0.3** ***scherpstelling*** ◆ **1.2** ⟨foto.⟩ depth of ~ *scherptediepte* **3.1** fixed ~ *vaste brandpuntsafstand* **6.2 in(to)** ~ *scherp;* bring sth. **into** ~ *scherp stellen op iets;* come **into** ~ *in het brandpunt komen* ⟨ook fig.⟩; *duidelijk in beeld komen* ⟨ook fig.⟩; ⟨fig.⟩ *duidelijk gedefinieerd worden;* **out of** ~ *onscherp.*

focus² ⟨ww.; ook -sed⟩ **0.1** ***in een brandpunt (doen) samenkomen*** ⇒*(doen) convergeren* **0.2** ***(zich) concentreren*** **0.3** ***(zich) scherp stellen/instellen*** ⇒*scherp zien, scherp in beeld brengen* ◆ **6.2** ~ **on** *zich concentreren op;* ~ one's attention **on** *zijn aandacht concentreren op.*

fodder [foddə] **0.1** ***(droog) veevoeder*** ⇒*voer* ⟨ook fig.⟩.

foe [foo] ⟨schr.⟩ **0.1** ***vijand*** ⇒*tegenstander.*

foetal, fetal [fie:tl] **0.1** ***foetaal*** ⇒*mbt./v.d. foetus.*

foetus, fetus [fie:təs] **0.1** ***foetus.***

fog¹ [fog] ⟨zn.⟩ **0.1** ***mist*** ⇒*nevel* ⟨ook fig.⟩, *onduidelijkheid, verwarring* **0.2** ⟨foto.⟩ ***sluier*** ◆ **6.1** be **in** a ~ *er niets van snappen.*

fog² ⟨-ged⟩ **I** ⟨onov.ww.⟩ **0.1** ***in mist gehuld worden*** **0.2** ***beslaan*** ◆ **5.2** my glasses ~ged **up** *mijn bril besloeg;*
II ⟨ov.ww.⟩ **0.1** ***in mist/nevels hullen*** ⟨ook fig.⟩ ⇒*onduidelijk maken, vertroebelen* **0.2** ***doen beslaan*** ◆ **5.1** we are completely ~ged *we snappen er helemaal niets van.*

fog bank 0.1 ***mistbank.***

fogbound 0.1 ***door mist opgehouden*** **0.2** ***in mist gehuld.***

fogg|y [fogie] ⟨-iness⟩ **0.1** ***mistig*** ⇒*(zeer) nevelig;* ⟨ook fig.⟩ *onduidelijk, vaag* ◆ **3.1** ⟨inf.⟩ I haven't the foggiest (idea) *(ik heb) geen flauw idee.*

foghorn 0.1 ***misthoorn*** ◆ **1.1** a voice like a ~ *een stem als een brulboei.*

fog lamp, fog light 0.1 ***mistlamp.***

fog patches 0.1 ***mistbanken*** ⇒*flarden mist.*

fog signal ⟨BE; spoorwegen⟩ **0.1** ***mistsignaal*** ⇒*knalsignaal.*

fog|y, fogey [foogie] ⟨mv.: -ies⟩ **0.1** ***ouderwets/bekrompen figuur*** ⇒*ouwe zeur/sok* ◆ **2.1** old ~ *ouderwets/bekrompen figuur.*

foible [fojbl] **0.1** ***zwak*** ⇒*zwakheid, zwak punt* **0.2** ***gril*** ◆ ¶**.1** buying new clothes is her ~ *nieuwe kleren kopen is haar zwak.*

foil¹ [fojl] **I** ⟨telb.zn.⟩ **0.1** ***(contrasterende) achtergrond*** ⇒ *contrast* **0.2** ***floret*** ◆ **3.1** act/serve as a ~ to *als contrast dienen voor;* be a ~ to *beter doen uitkomen;*
II ⟨n.-telb.zn.⟩ **0.1** ***foelie*** ⇒*bladmetaal, folie; zilverpapier* **0.2** ***folie*** ⟨verpakkingsmateriaal v. levensmiddelen⟩.

foil² ⟨ww.⟩ **0.1** ***verijdelen*** ⇒*verhinderen, voorkomen* **0.2** ***afweren*** ⇒*afslaan, verslaan* ◆ **1.1** ~ s.o.'s plans *iemands plannen dwarsbomen.*

foist [fojst] **0.1** ***opdringen*** **0.2** ***aansmeren*** ◆ **5.2** he ~ed **off** the old model on the woman *hij smeerde de vrouw het oude model aan* **6.1** ~ one's company **(up)on** s.o. *iem. zijn gezelschap opdringen;* ~ o.s. **(up)on** s.o. *zich aan iem. opdringen.*

fold¹ [foold] **I** ⟨telb.zn.⟩ **0.1** ***vouw*** ⇒*plooi, kronkel(ing), kreuk* **0.2** ⟨geol.⟩ ***(aard)plooi*** **0.3** ⟨vnl. BE⟩ ***inzinking*** ⟨in terrein⟩ ⇒*dal* **0.4** ***schaapskooi;***
II ⟨n.-telb.zn.⟩ **0.1** ***het vouwen;***
III ⟨zn.; ww. enk. of mv.⟩ **0.1** ***kudde*** ⇒⟨fig.⟩ *kerk, gemeente* **0.2** ***schapen*** ⟨in schaapskooi⟩ ⇒*kooi* ◆ **3.1** return to the ~ *in de schoot der kerk/v. zijn familie terugkeren.*

fold² **I** ⟨onov.ww.⟩ **0.1** ***opvouwbaar zijn*** ⇒*zich (laten) opvouwen* **0.2** ⟨inf.⟩ ***op de fles gaan*** ⇒*over de kop gaan* **0.3** ⟨inf.⟩ ***het begeven*** ⇒*bezwijken* ◆ **5.1** ~ **out** *uitvouwbaar/uitklapbaar zijn.* →**fold up;**
II ⟨ov.ww.⟩ **0.1** ***vouwen*** ⇒*opvouwen* **0.2** ***(om)wikkelen*** ⇒ *(in)pakken* **0.3** ***(om)sluiten*** ⇒*omhelzen* **0.4** ***hullen*** ⟨in mist⟩ **0.5** ***over elkaar leggen/doen*** ⇒*kruisen* ⟨armen⟩; *intrekken* ⟨vleugels⟩ **0.6** ***beëindigen*** ⇒*ophouden met, sluiten* ◆ **1.3** she ~ed her arms about/round me *ze sloeg haar armen om me heen;* ~ s.o. in one's arms *iem. in zijn armen sluiten* **5.1** ~ **away** *opvouwen, opklappen;* ~ **back** *terugslaan, omslaan.* →**fold up.**

foldaway, foldup 0.1 ***vouw-*** ⇒*(op)klap-, opvouwbaar, opklapbaar.*

folder [fooldə] **0.1** ***vouwer*** ⇒*vouwmachine* **0.2** ***folder*** ⇒*(reclame)blaadje* **0.3** ***map(je).***

folding [foolding] **0.1** ***vouw-*** ⇒*opvouwbaar, opklapbaar, klap-* ◆ **1.1** ~ boat *vouwboot;* ~ door *vouwdeur; schuifdeur.*

fold up I ⟨onov.ww.⟩ **0.1** ***bezwijken*** ⇒*het begeven, het opgeven* ⟨ook geestelijk⟩ **0.2** ***failliet gaan*** ⇒*over de kop gaan* **0.3** ⟨inf.⟩ ***dubbelslaan*** ⟨ihb. v.h. lachen⟩ ⇒*in een deuk liggen;*
II ⟨ov.ww.⟩ **0.1** ***opvouwen*** ⇒*opklappen.*

foliage [foolie·idzj] **0.1** ***gebladerte*** ⇒*blad, loof(werk)* ⟨ook bk.⟩.

folio [foolie·oo] **I** ⟨telb.zn.⟩ **0.1** ***folio*** ⟨voor- en achterzijde v. bladzij die samen één nummer hebben⟩ **0.2** ***foliant*** ⟨boek in folioformaat⟩ **0.3** ⟨druk.⟩ ***folioblad*** ⟨eenmaal gevouwen blad⟩;
II ⟨n.-telb.zn.⟩ **0.1** ***folio(formaat).***

folk [fook], ⟨inf. ook⟩ **folks** [fooks] ⟨ww. steeds mv.⟩⟨inf.⟩ **0.1** ***familie*** ⇒*gezin, oude lui* **0.2** ***luitjes*** ⇒*jongens, mensen* **0.3** ***mensen*** ⇒*lieden, lui* ◆ **3.3** some ~ never learn *sommige mensen leren het nooit* ¶**.2** well, ~s, what shall we do? *nou, jongens, wat doen we?* →**queer.**

folk dance 0.1 ***volksdans.***

folk etymology **0.1** ***volksetymologie.***
folklore [fooklo:] **0.1** ***folklore*** **0.2** ***volkskunde.***
folkloric [fooklorrik] **0.1** ***folkloristisch*** ◆ **1.1** ~ costume *klederdracht.*
folk music **0.1** ***folkmuziek*** ⇒*volksmuziek.*
folk singer **0.1** ***folkzanger(es).***
folk song **0.1** ***folksong*** ⇒*volksliedje.*
folksy [fooksie] ⟨inf.⟩ **0.1** ***gewoon*** ⇒*informeel, eenvoudig* **0.2** ***mbt./v. volkskunst.***
folk tale, folk story **0.1** ***volksverhaal*** ⇒*sage, sprookje.*
follow [folloo] **I** ⟨onov. en ov.ww.⟩ **0.1** ⟨ben. voor⟩ ***volgen*** ⇒*er achteraan/erna komen; achternalopen/gaan; aanhouden, gaan langs* ⟨weg, richting, rivier⟩; *achternazitten, achtervolgen; vergezellen; bijwonen; komen na, volgen op; opvolgen; aandacht schenken aan, in de gaten houden; begrijpen; bijhouden* ⟨nieuws⟩; *zich laten leiden door, handelen naar, uitvoeren* ⟨bevel, advies⟩; *nadoen* ⟨voorbeeld⟩; *voortvloeien uit* ◆ **1.1** ~ a football club *supporter v.e. voetbalclub zijn;* ~ the plough/sea *boer/zeeman zijn;* ~ the rules *zich aan de regels houden* **5.1** ~ s.o. **about/(a)round** *iem. overal volgen;* ~ s.o. close *iem. op de voet volgen;* ~ s.o. home *met iem. mee naar huis lopen/gaan;* ~ sth. home *iets helemaal uitwerken;* ~ **on** *verder gaan, volgen* ⟨na onderbreking⟩; ~ **out** *(nauwkeurig) opvolgen/uitvoeren; afmaken, afwerken;* ~ **through** *(nauwkeurig) uitvoeren; afmaken, voltooien;* ⟨sport⟩ *de slag afmaken, uitzwaaien;* ~ **up** *(op korte afstand) volgen, in de buurt blijven van; vervolgen, een vervolg maken op; gebruik maken van; nagaan* **6.1** ~ **(up)on** *volgen op* **8.1** the outcome is as ~s *het resultaat is als volgt;* it ~s that I am in favour of the scheme *ik ben derhalve voor het plan* **¶.1** to ~ *als volgend(e) gang/gerecht;* would you like anything to ~? *wilt u nog iets toe?;*
II ⟨ov.ww.⟩ **0.1** ***uitoefenen*** ⇒*beoefenen, bedrijven* **0.2** ***streven naar*** ⇒*trachten te bereiken* ◆ **1.1** ~ the law *advocaat zijn;* ~ the navy *bij de marine zijn;* ~ the trade of butcher *het slagersvak uitoefenen.*
follower [followə] **0.1** ***aanhanger*** ⇒*volgeling, supporter* **0.2** ***dienaar*** ⇒*bediende, ondergeschikte.*
following[1] [folloo·ing] ⟨zn.⟩ **0.1** ***aanhang*** ⇒*volgelingen.*
following[2] ⟨bn.⟩ **0.1** ***volgend*** **0.2** ***mee*** ⇒*in de rug, gunstig* ⟨wind⟩ ◆ **7.1** the ~ *het volgende, de volgende(n).*
following[3] ⟨vz.⟩ **0.1** ***na*** ⇒*volgende op* ◆ **1.1** ~ the meeting *na de vergadering.*
follow-through **0.1** ⟨sport⟩ ***uitzwaai*** ⟨het afmaken v.d. slag⟩ **0.2** ***voltooiing*** ⇒*afwerking.*
follow-up **0.1** ***vervolg*** ⇒*voortzetting;* ⟨ihb.⟩ *vervolgbrief; tweede bezoek* **0.2** ⟨med.⟩ ***nazorg*** ⇒*follow-up.*
follow-up care ⟨med.⟩ **0.1** ***nazorg*** ⇒*follow-up.*
follow-up milk **0.1** ***opvolgmelk.***
foll|y [follie] ⟨mv.: -ies⟩ **0.1** ***(buitensporig) duur en nutteloos iets*** ⇒⟨ihb.⟩ *extravagant gebouw* **0.2** ***dwaasheid*** ⇒*dwaas/dom/onverstandig gedrag.*
foment [fooment] **0.1** ***met kompressen behandelen*** ⇒*betten* **0.2** ***aanstoken*** ⇒*aanmoedigen, stimuleren.*
fomentation [foomenteesjn] **I** ⟨telb.zn.⟩ **0.1** ***kompres*** ⇒*warme omslag;*
II ⟨telb. en n.-telb.zn.⟩ **0.1** ***behandeling met kompressen*** ⇒*warmtebehandeling* **0.2** ***aanmoediging*** ⇒*stimulering.*
fond [fond] **0.1** ***liefhebbend*** ⇒*teder, innig* **0.2** ***dierbaar*** ⇒*lief* **0.3** ***al te lief*** ⇒*al te toegeeflijk/goed* **0.4** ***al te optimistisch*** ⇒*naïef, onnozel, lichtgelovig* ◆ **1.2** his ~est wish was fulfilled *zijn liefste wens ging in vervulling* **1.4** ~ trust *blind vertrouwen* **3.4** she ~ly imagines that ... *ze is zo naïef te denken dat ...* **6.¶** be ~ **of** *gek zijn op;* ⟨inf.⟩ *er een handje van hebben te.* →**absence.**

fondant [fondənt] **0.1** ***fondant(je)*** ⟨suikergoed⟩.
fondle [fondl] **0.1** ***liefkozen*** ⇒*strelen, aaien.*
fondness [fon(d)nəs] **0.1** ***tederheid*** ⇒*genegenheid, warmte* **0.2** ***voorliefde*** ⇒*hang* **0.3** ***al te groot optimisme*** ⇒*naïviteit, dwaasheid.*
fondu(e) [fondjoe:] **0.1** ***fondue.***
font [font] **0.1** ***(doop)vont*** **0.2** ⟨druk.⟩ ***lettersoort.***
food [foe:d] **I** ⟨telb.zn.⟩ **0.1** ***voedingsmiddel/artikel*** ⇒*levensmiddel, eetwaar* ◆ **3.1** frozen ~s *diepvriesproducten;*
II ⟨n.-telb.zn.⟩ **0.1** ***voedsel*** ⇒*eten, voeding* ⟨ook fig.⟩ ◆ **1.1** ~ for thought/reflection *stof tot nadenken.*
food additive **0.1** ***voedsel/voedingsadditief.***
food chain **0.1** ***voedselketen.***
food poisoning **0.1** ***voedselvergiftiging.***
food processor **0.1** ***keukenmachine.***
food shortage **0.1** ***voedseltekort.***
foodstuff **0.1** ***levensmiddel*** ⇒*voedingsmiddel/artikel.*
food value **0.1** ***voedingswaarde.***
food web ⟨ecologie⟩ **0.1** ***voedselweb.***
fool[1] [foe:l] **I** ⟨telb.zn.⟩ **0.1** ***dwaas*** ⇒*gek, zot(skap), stommeling* **0.2** ⟨gesch.⟩ ***nar*** ⇒*zot* ◆ **1.¶** a ~ for luck *een geluksvogel;* be a ~ for one's pains *stank voor dank krijgen* **2.1** more ~ him *hij had beter kunnen weten* **3.1** make a ~ of o.s. *zich (dwaas) aanstellen;* make a ~ of s.o. *iem. voor de gek houden* **3.2** act/play the ~ *gek doen* **3.¶** be a ~ for *gek zijn op;* ⟨BE⟩ be a ~ to o.s. *zichzelf benadelen* **4.¶** he's nobody's/no ~ *hij is niet van gisteren;* be enough of a ~ to *zo gek zijn om te* **7.1** be ~ enough to *zo dwaas zijn om te* **¶.¶** ⟨sprw.⟩ ~s rush in where angels fear to tread *de meester in zijn wijsheid gist, de leerling in zijn waan beslist;* ⟨ong.⟩ *de ekster wil zingen tegen de nachtegaal;*
II ⟨telb. en n.-telb.zn.⟩ **0.1** ***dessert van stijf geklopte room, ei, suiker en vruchten.***
fool[2] ⟨bn.⟩⟨vnl. AE; inf.⟩ **0.1** ***dwaas*** ⇒*stom.*
fool[3] **I** ⟨onov.ww.⟩ **0.1** ***gek doen*** **0.2** ***lummelen*** ⇒*lanterfanten* ◆ **3.1** stop ~ing, please *hou alsjeblieft op met die grappen(makerij)* **5.2** ~ **about/around** *rondlummelen, aanrommelen* **6.1** ~ (about/around) **with** *spelen met; flirten met;*
II ⟨ov.ww.⟩ **0.1** ***voor de gek houden*** ⇒*ertussen nemen* **0.2** ***(aangenaam) verrassen*** ◆ **6.1** he ~ed her **into** believing he's a guitarist *hij maakte haar wijs dat hij gitarist is.*
fooler|y [foe:lərie] ⟨mv.: -ies⟩ **0.1** ***dwaasheid*** ⇒*zotternij, gekkernij.*
foolhard|y ⟨-iness⟩ **0.1** ***onbezonnen*** ⇒*roekeloos, overmoedig.*
foolish [foe:lisj] ⟨-ness⟩ **0.1** ***dwaas*** ⇒*dom, stom* **0.2** ***verbouwereerd*** ⇒*beteuterd.*
foolproof **0.1** ***volkomen veilig/ongevaarlijk*** **0.2** ***kinderlijk eenvoudig*** ⇒*overduidelijk* **0.3** ***onfeilbaar*** ⇒*waterdicht* **0.4** ***bedrijfszeker*** ⇒*betrouwbaar.*
foolscap, ⟨in bet. I vnl.⟩ **fool's cap** [foe:lskæp] **I** ⟨telb.zn.⟩ **0.1** ***narrenkap*** ⇒*zotskap;*
II ⟨n.-telb.zn.⟩ **0.1** ***kleinfoliopapier*** ⟨ong. 33 × 20 of 40 cm⟩.
fool's errand ⟨geen mv.⟩ **0.1** ***nodeloze/vruchteloze tocht/onderneming*** ◆ **3.1** go on a ~ *voor niks gaan;* send s.o. on a ~ *iem. voor niks laten gaan.*
fool's gold **0.1** ***pyriet*** ⟨erts⟩.
fool's mate ⟨schaakspel⟩ **0.1** ***gekkenmat.***
fool's paradise ⟨geen mv.⟩ **0.1** ⟨ong.⟩ ***luilekkerland*** ⇒*droomwereld* ◆ **3.1** be/live in a ~ *zichzelf voor de gek houden.*
foot[1] [foet] ⟨mv.: feet⟩ **I** ⟨telb.zn.⟩ **0.1** ***voet*** ⟨ook v. berg, bladzij, lamp, kous enz.⟩ **0.2** ***(vers)voet*** **0.3** ***poot*** ⟨v. tafel⟩ **0.4** ***voe-***

teneinde ⟨v. bed⟩ **0.5** ***onderste/achterste/laatste deel*** ⇒*(uit)einde* ◆ **1.¶** have a ~ in both camps *geen partij kiezen;* ⟨fig.⟩ feet of clay *fundamentele zwakte;* have a ~ in the door *de eerste stap gezet hebben;* have one ~ in the grave *met een been in het graf staan;* have/keep one's feet (set) (firmly) to/on the ground *met beide benen op de grond staan* **3.1** put one's feet up *(even) gaan liggen;* I won't set ~ in that house *ik zet geen voet in dat huis;* stand on one's own feet *op eigen benen staan* **3.¶** carry/sweep s.o. off his feet *iem. meeslepen;* dig in one's feet *z'n poot stijf houden;* ⟨inf.⟩ fall/land on one's feet *mazzel hebben;* find one's feet *beginnen te staan/lopen* ⟨v. kind⟩; *op eigen benen kunnen staan;* get to one's feet *opstaan;* jump to one's feet *opspringen;* keep (on) one's feet *overeind/op de been blijven;* put one's ~ down *streng optreden;* ⟨inf.⟩ *plankgas rijden;* ⟨inf.⟩ put one's ~ in it/one's mouth *een flater slaan;* not put a ~ wrong *geen fout maken;* recover one's feet *weer overeind komen/krabbelen;* ⟨inf.⟩ run s.o. off his feet *iem. doodmoe maken;* ⟨inf.⟩ be run/rushed off one's feet *zich uit de naad werken;* ⟨inf.⟩ rush s.o. off his feet *iem. opjagen;* tread under ~ *onderdrukken* **6.1** ⟨fig.⟩ **at** s.o.'s feet *aan iemands voeten;* ~ **by** ~ *voet(je) voor voet(je);* **on** ~ *te voet; op handen;* **on** one's feet *op de been, overeind; er (weer) bovenop, beter; onvoorbereid;* put **on** one's feet *op de been/er bovenop helpen* **7.¶** my ~! *kom nou!* →**best, cold, wet, wrong;**
II ⟨n.-telb.zn.⟩ **0.1** ***tred*** ⇒*gang, (voet)stap* ◆ **2.1** light of ~ *lichtvoetig;* swift of ~ *vlug ter been* **3.¶** change ~ *de pas veranderen.*

foot[2] ⟨zn.; mv.: foot, feet⟩ **0.1** ***voet*** ⟨0,3048 m; →t⟩.

foot[3] **I** ⟨onov. en ov.ww.⟩ ◆ **4.¶** ⟨inf.⟩ ~ it *dansen; de benenwagen nemen, te voet gaan;*
II ⟨ov.ww.⟩ **0.1** ***een voet breien/maken aan*** ⟨kous, meubel⟩ **0.2** ⟨inf.⟩ ***betalen*** ⇒*vereffenen, dokken voor.*

footage [foetidzj] **0.1** ***lengte (in voeten)*** **0.2** ***(stuk) film.***

foot-and-mouth (disease) **0.1** ***mond- en klauwzeer.***

football **I** ⟨telb.zn.⟩ **0.1** ***voetbal*** ⟨bal⟩ **0.2** ***rugbybal*** **0.3** ***speelbal*** ⟨fig.⟩;
II ⟨n.-telb.zn.⟩ **0.1** ⟨vnl. BE⟩ ***voetbal*** ⟨sport⟩ **0.2** ⟨AE⟩ ***Amerikaans football.***

footballer [foetbo:lə] **0.1** ***voetballer.***

football pools ⟨the⟩ **0.1** ***voetbaltoto.***

footbath **0.1** ***voetbad.***

footboard **0.1** ***treeplank*** ⇒*voettrede, opstap* **0.2** ***voet(en)plank*** **0.3** ***(plank v.) voeteind*** ⇒*voeteneinde* ⟨v. bed⟩.

foot brake **0.1** ***voetrem.***

footbridge **0.1** ***voet(gangers)brug.***

footfall **0.1** ***(geluid v.) voetstap.***

foot fault ⟨tennis⟩ **0.1** ***voetfout.***

foothill ⟨vnl. mv.⟩ **0.1** ***uitloper*** ⟨v.e. gebergte⟩.

foothold **0.1** ***steun(punt) voor de voet*** ⇒*plaats om te staan* **0.2** ***vaste voet*** ⇒*steunpunt, zekere positie* ◆ **3.2** get a ~ *vaste voet krijgen.*

footing [foeting] ⟨vnl. enk.⟩ **0.1** ***steun (voor de voet)*** ⇒*steunpunt, houvast;* ⟨fig.⟩ *vaste voet* **0.2** ***basis*** ⇒*grond(slag)* **0.3** ***voet*** ⇒*niveau, sterkte* **0.4** ***voet*** ⇒*verstandhouding, omgang* ◆ **2.4** they are on a friendly ~ *zij staan op vriendschappelijke voet met elkaar;* on the same ~ *op gelijke voet* **3.1** gain/get a ~ *vaste voet krijgen;* lose one's ~ *uit/weggglijden.*

footlights **0.1** ***voetlicht*** ⇒⟨bij uitbr.⟩ *(toneel)carrière.*

footling [foe:tling] ⟨inf.⟩ **0.1** ***dwaas*** ⇒*stom* **0.2** ***onbeduidend*** ⇒*waardeloos.*

footloose **0.1** ***vrij*** ⇒*ongebonden* ◆ **2.1** she is ~ and fancyfree *ze is zo vrij als een vogel in de lucht.*

foot|man [foetmən] ⟨mv.: -men [-mən]⟩ **0.1** ***lakei*** ⇒*livreiknecht* **0.2** ***infanterist.***

footmark **0.1** ***voetafdruk*** ⇒*voetspoor, voetstap.*

footnote **0.1** ⟨zn.⟩ ***voetnoot*** ⇒⟨fig.⟩ *kanttekening* **0.2** ⟨ww.⟩ ***v. voetnoten voorzien.***

footpath **0.1** ***voetpad*** **0.2** ⟨BE⟩ ***trottoir*** ⇒*stoep.*

footpound **0.1** ***voetpond*** ⟨arbeidseenheid⟩.

foot powder **0.1** ***voetpoeder.***

footprint **0.1** ***voetafdruk*** ⇒*voetspoor, voetstap.*

footsie [foetsie] ⟨inf.⟩ **0.1** ***(het) voetjevrijen*** ◆ **3.1** play ~ with s.o. *heimelijk met iem. flirten;* ⟨AE⟩ *stiekem samenwerken.*

footslog [foetslog] ⟨-ged⟩ ⟨inf.⟩ **0.1** ***(voort)sjokken*** ⇒*sjouwen, klossen.*

footslogger [foetslogə] ⟨inf.⟩ **0.1** ***infanterist.***

foot soldier **0.1** ***infanterist.***

footsore ⟨-ness⟩ **0.1** ***met pijnlijke voeten.***

footstep **0.1** ***voetstap*** ⇒*voetafdruk, voetspoor* ⟨ook fig.⟩ **0.2** ***pas*** ⇒*stap* **0.3** ***trede*** ⟨v. trap⟩ ◆ **3.1** follow/tread in s.o.'s ~s *in iemands voetsporen treden.*

footstool **0.1** ***voetbank*** ⇒*voetenbankje.*

footsure **0.1** ***vast ter been*** ⇒*stevig op de benen.*

footwear **0.1** ***voetbekleding*** ⇒*schoeisel, sokken.*

footwork ⟨sport; dans⟩ **0.1** ***voetenwerk.***

foppish [foppisj] ⟨-ness⟩ **0.1** ***fatterig*** ⇒*dandyachtig* ◆ **1.1** a ~ costume *een fatterig pak.*

for[1] [fo:] ⟨zn.; vnl. mv.⟩ **0.1** ***voorstemmer*** ⇒*voorstander* ◆ **7.1** three ~s and one against *drie stemmen voor en één tegen.*

for[2], ⟨om inf. taalgebruik te suggereren soms gespeld⟩ **fer** [fə, ⟨sterk⟩ fo:] ⟨vz.⟩ **0.1** ⟨doel of reden; ook fig.⟩ ***voor*** ⇒*om, met het oog op, omwille van, wegens, bedoeld om, ten behoeve van* **0.2** ***voor*** ⇒*wat betreft, gezien, in verhouding met* **0.3** ⟨tgov. against⟩ ***ten voordele van*** ⇒*ten gunste van, vóór* **0.4** ***in de plaats van*** ⇒*tegenover, in ruil voor* **0.5** ***als (zijnde)*** **0.6** ⟨naamgeving⟩ ***naar*** **0.7** ⟨omvang, tijd, afstand⟩ ***over*** ⇒*gedurende, sinds, ver, met een omvang/grootte* ⟨enz.⟩ **0.8** ⟨leidt een bijzin met onb.w. met to in die een subjunctieve betekenis heeft⟩ ***dat/als ... zou ...*** ⇒*dat ... moet ...* **0.9** ⟨leidt een bijzin van doel in met onb.w. met to⟩ ***opdat*** ◆ **1.1** act ~ the best *handelen om bestwil;* send ~ the boy *stuur iemand om de jongen (te halen);* medicine ~ a fever *medicijnen tegen de koorts;* long ~ home *verlangen naar huis;* write ~ information *schrijven om informatie;* do it ~ Jill *doe het omwille van Jill, doe het voor Jill;* she detested him ~ the liar he was *ze verafschuwde hem omdat hij zo'n leugenaar was;* be hungry ~ love *snakken naar liefde;* set out ~ Paris *vertrekken met bestemming Parijs;* ~ God's sake! *om godswil!* **1.2** ~ all his cheek he'll lose *ondanks al zijn brutaliteit zal hij verliezen;* good ~ John *goed voor John zijn doen;* an ear ~ music *een muzikaal gehoor* **1.4** he spoke ~ Helen *hij sprak in plaats v. Helen* **1.5** she knew him ~ an artist *ze zag dat hij een kunstenaar was;* pass ~ a lady *doorgaan voor een dame;* dolls ~ presents *poppen als geschenk* **1.6** nicknamed 'shiny' ~ his baldness *bijgenaamd 'shiny' om zijn kaalheid* **1.7** he could see ~ miles *hij kon mijlenver in de omtrek zien;* a cheque ~ £50 *een cheque ter waarde van £50* **1.¶** anyone ~ coffee? *wil er iem. koffie?;* now ~ the story *en nu het verhaal* **2.5** left ~ dead *als dood achterlaten* **2.¶** good ~ John! *goed zo, John!* **3.1** thank you ~ coming *bedankt dat je gekomen bent* **3.3** be ~ *instemmen met;* I am ~ leaving *ik stel voor te vertrekken* **3.8** ~ her to go to Germany would mean that ... *als zij naar Duitsland zou gaan, zou dat inhouden dat ...;* ~ her to leave us is impossible *het is onmogelijk dat zij ons zou verlaten* **3.9** he called ~ all to hear *hij riep zodat allen het hoorden;* ~ this to work it is necessary to *wil dit lukken,* *dan is het nodig te* **4.1** now ~ it *en nu erop los;* you're ~ it! *er zwaait wat voor je!;* what ~ *waarom* **4.2** it's not ~ me to *het is niet aan mij om te;* so much ~ that *dat is dat;* ~ one, we have no money *om te beginnen hebben we geen geld;* ~ one thing we cannot, for another we will not *ten eerste kunnen we niet en ten tweede willen we niet;* I ~ one will not do it *ik zal het in elk geval niet doen;* John, ~ one, objects *John bijvoorbeeld heeft bezwaren;* ~ all that *toch;* ⟨om een bijzin in te leiden⟩ ~ all (that) *niettegenstaande (dat), alhoewel;* ~ all I care *voor mijn part;* there's a car ~ you *daar heb je nu nog eens een auto* **4.7** push ~ all you are worth *duw uit alle macht* **5.2** ~ once *voor een keer;* ~ the last time, stop it *dit is de laatste keer (dat ik het vraag), hou ermee op;* the better ~ us *des te beter voor ons* **5.7** it was not ~ long *het duurde niet lang* **6.3** ~ and against *voor en tegen.*

for[3] ⟨vw.⟩⟨schr.⟩ **0.1** ***want*** ⇒*daar, aangezien* ◆ **¶.1** everyone likes her, ~ she is generous *iedereen mag haar graag want ze is vrijgevig.*

forage[1] [forridzj] **I** ⟨telb. en n.-telb.zn.⟩ **0.1** ***foeragering*** ⟨ook mil.⟩ ⇒*het op foerage uitgaan* **0.2** ***plundertocht;***
II ⟨n.-telb.zn.⟩ **0.1** ***veevoer*** ⇒*foerage.*

forage[2] ⟨ww.⟩ **0.1** ***op foerage uitgaan*** ⟨ook mil.⟩ ⇒*naar voedsel zoeken, foerageren* **0.2** ***doorzoeken*** ⇒*op zoektocht gaan* ◆ **5.2** ~ **about** in s.o.'s bag *iemands tas doorsnuffelen.*

forage cap **0.1** ***soldatenmuts.***

foray[1] [forree] ⟨zn.⟩ **0.1** ***(vijandelijke) inval*** ⇒*verovering* **0.2** ***strooptocht*** ⇒*rooftocht* **0.3** ⟨inf.⟩ ***uitstapje*** ◆ **3.2** go on a ~, make a ~ *op strooptocht gaan* **6.3** John's ~ **into** science failed *Johns poging zich op het gebied van de wetenschap te wagen mislukte.*

foray[2] ⟨ww.⟩ **0.1** ***een (vijandelijke) inval doen*** ⇒⟨ihb.⟩ *een strooptocht maken.*

forbear[1], **forebear** ⟨zn.⟩ →**forebear.**

forbear[2] [fo:bɛə]⟨forbore [-bo:], forborne [-bo:n]⟩ **I** ⟨onov.ww.⟩ **0.1** ***zich onthouden*** ⇒*zich inhouden, afzien* **0.2** ***geduld hebben*** ◆ **6.1** he should ~ **from** quarrels *hij moet zich verre houden van ruzies* **6.2** ~ **with** s.o.'s shortcomings *iemands tekortkomingen verdragen;*
II ⟨ov.ww.⟩ **0.1** ***nalaten*** ⇒*zich onthouden van, laten schieten* ◆ **3.1** ~ punishing s.o. *ervan afzien iem. te straffen.*

forbearance [fo:bɛərəns] **0.1** ***onthouding*** ⇒*verzuim, nalatigheid* **0.2** ***verdraagzaamheid*** ⇒*tolerantie, geduld.*

forbearing [fo:bɛəring] **0.1** ***verdraagzaam*** ⇒*geduldig, tolerant.*

forbid [fəbid]⟨forbade [-beed], forbidden [-bidn]⟩ **0.1** ***verbieden*** ⇒*ontzeggen* **0.2** ***voorkomen*** ⇒*verhoeden, buitensluiten* ◆ **1.2** God ~! *God verhoede!*

forbidden [fəbidn] **0.1** ***verboden*** ⇒*niet toegestaan* ◆ **1.1** ~ fruit *verboden vrucht* ⟨appel in Paradijs⟩; *heimelijke wens.*

forbidding [fəbidding] **0.1** ***afstotelijk*** ⇒*afschrikwekkend, onaanlokkelijk.*

force[1] [fo:s] **I** ⟨telb.zn.⟩ **0.1** ***macht*** ⇒*krijgsmacht, leger* **0.2** ***ploeg*** ⇒*groep, personeel* ◆ **7.1** ⟨inf.⟩ the ~ *de politie(macht/korps);*
II ⟨telb. en n.-telb.zn.⟩ **0.1** ***kracht*** ⇒*geweld, macht* ◆ **1.1** by ~ of arms *gewapenderhand;* by ~ of circumstances *door omstandigheden gedwongen;* the ~s of evil *kwade krachten;* the ~ of gravity *de zwaartekracht;* the ~ of his words *de overtuigingskracht v. zijn woorden* **2.1** a powerful ~ in local politics *een invloedrijke persoon in de plaatselijke politiek* **3.1** join ~s (with) *de krachten bundelen (met);* the machine was put in ~ *de machine werd in werking gesteld* **6.1** **by** ~ *met geweld;* **by** ~ **of** *door middel van;* **by / from / out of** ~ **of** habit *uit gewoonte;*
III ⟨n.-telb.zn.⟩ **0.1** ⟨jur.⟩ ***(rechts)geldigheid*** ⇒*het van kracht zijn* **0.2** ***werkelijke betekenis*** ⇒*werkelijk effect, belang* ◆ **1.2** the ~ of this poem is hard to grasp *de precieze betekenis v. dit gedicht is moeilijk te vatten* **3.1** a new law has come into ~ / has been put into ~ *een nieuwe wet werd van kracht* **6.¶** **in** (great) ~ *in groten getale;*
IV ⟨mv.; Forces; the⟩ **0.1** ***strijdkrachten*** ⇒*strijdmacht, krijgsmacht* ◆ **3.1** join the Forces *in militaire dienst gaan.*

force[2] ⟨ww.⟩ **0.1** ***dwingen*** ⇒*(door)drijven, forceren* **0.2** ***forceren*** ⇒*open/doorbreken* **0.3** ***trekken*** ⟨planten⟩ ⇒*forceren* **0.4** ***dwingen uit te komen*** ⟨kaartspeler⟩ **0.5** ***dwingen tot het spelen van*** ⟨kaart⟩ ◆ **1.1** the gambler ~d the bidding *de gokker joeg het bod op;* ~ a smile / one's voice *een glimlach/zijn stem forceren;* ~ one's will on s.o. *iem. zijn wil opleggen* **1.2** the burglar ~d an entry *de inbreker verschafte zich met geweld toegang* **5.1** ~ **along** *meesleuren;* ~ **back** *terugdrijven;* ~ sth. **down** *iets met moeite binnenkrijgen;* ~ a plane **down** *een vliegtuig dwingen tot landen;* ~ it **out** *het met moeite uitbrengen;* Government will ~ the prices **up** *de regering zal de prijzen opdrijven* **6.1** he wants to ~ his ideas **down** our throats *hij wil zijn ideeën met geweld aan ons opdringen;* ~ sth. **from / out of** s.o. *iets v. iem. afdwingen;* ~ sth. **on / upon** s.o. *iem. iets opdringen.*

forced [fo:st] **0.1** ***gedwongen*** ⇒*onvrijwillig, geforceerd* ◆ **1.1** ~ labour *dwangarbeid;* ~ landing *noodlanding;* ~ tomatoes *kastomaten.*

force feed ⟨tech.⟩ **0.1** ***smering onder druk.***

force-feed **0.1** ***dwingen te eten*** ⇒*voedsel opdringen;* ⟨ihb.⟩ *vloeibaar voedsel toedienen.*

forceful [fo:sfl] ⟨-ness⟩ **0.1** ***krachtig*** ⇒*sterk.*

forcemeat **0.1** ***gehakt*** ⇒*vleesvulsel.*

forceps [fo:seps] ⟨mv.: forceps, ook forcepses, forcipes⟩ **0.1** ***forceps*** ⇒*tang, verlostang* ◆ **1.1** two pairs of ~ *twee tangen.*

forceps delivery ⟨med.⟩ **0.1** ***tangverlossing.***

forcib|le [fo:səbl] ⟨-ly⟩ **0.1** ***gewelddadig*** ⇒*gedwongen, krachtig* **0.2** ***indrukwekkend*** ⇒*overtuigend* ◆ **3.1** the girl reminds me forcibly of my sister *het meisje doet me zeer sterk aan mijn zus denken.*

ford[1] [fo:d] ⟨zn.⟩ **0.1** ***doorwaadbare plaats*** ⇒*voord(e).*

ford[2] ⟨ww.⟩ **0.1** ***doorwaden*** ⇒*oversteken* ⟨water⟩.

fore[1] [fo:] ⟨zn.⟩ **0.1** ***het voorste gedeelte*** ◆ **3.1** ⟨fig.⟩ come to the ~ *op de voorgrond treden* **6.1** ⟨fig.⟩ **to** the ~ *beschikbaar, in het oog lopend.*

fore[2] ⟨bw.⟩⟨vnl. scheep.⟩ **0.1** ***vooraan*** ⇒*voor, naar voren* ◆ **3.1** he stepped ~ *hij kwam naar voren* **5.1** ⟨scheep.⟩ ~ and aft *langsscheeps; op/naar de boeg en op/naar de achtersteven.*

fore[3] ⟨tw.⟩⟨golf⟩ **0.1** ***fore*** ⟨uitroep ter waarschuwing dat bal geslagen wordt of eraan komt⟩ ⇒*vrij.*

forearm[1] ⟨zn.⟩ **0.1** ***onderarm*** ⇒*voorarm.*

forearm[2] ⟨ww.; vnl. pass.⟩ **0.1** ***vooraf bewapenen*** ⇒*(op moeilijkheden) voorbereiden.* →**forewarn.**

forebear, forbear [fo:bɛə] ⟨vaak mv.⟩ **0.1** ***voorvader*** ⇒*voorouder.*

forebode [fo:bood] **0.1** ***voorspellen*** ⇒*aankondigen* **0.2** ***een voorgevoel hebben van*** ◆ **1.1** father's face ~d trouble *vaders gezicht beloofde moeilijkheden.*

foreboding [fo:booding] **0.1** ***voorteken*** ⇒*voorspelling* **0.2** ***(akelig) voorgevoel.***

forecast[1] [fo:ka:st] ⟨zn.⟩ **0.1** ***voorspelling*** ⇒*verwachting* ⟨ihb. v. weer⟩.

forecast[2] ⟨ww.; ook forecast, forecast⟩ **0.1** ***voorspellen*** ⇒*verwachten, aankondigen.*

foreclose [fo:klooz] **I** ⟨onov. en ov.ww.⟩⟨jur.⟩ **0.1** ***executeren***

⟨ihb. hypotheek⟩ ◆ **6.1** the bank ~d **on** the mortgage *de bank executeerde de hypotheek;*
II ⟨ov.ww.⟩ **0.1** ⟨jur.⟩ ***uitsluiten*** ⟨v.h. recht alsnog achterstallige hypotheek af te lossen⟩.
foreclosure [fo:kloozjə] **0.1** ⟨jur.⟩ ***executie*** ⟨ihb. v. hypotheek⟩.
forecourt **0.1** ***voorhof*** ⇒*voorplein.*
foredoom [fo:doe:m] **0.1** ***vooraf veroordelen*** ⇒*doemen* ◆ **6.1** the expedition is ~ed **to** failure *de expeditie is tot mislukking gedoemd.*
forefather ⟨vnl. mv.⟩ **0.1** ***voorvader*** ⇒*stamvader.*
forefinger **0.1** ***wijsvinger.***
forefoot **0.1** ***voorpoot.***
forefront **0.1** ***voorste deel*** ⇒*voorste gelid/gelederen, front; voorgevel* ◆ **6.1** **in** the ~ of the fight *aan het (gevechts)-front.*
foregather →**forgather.**
forego, forgo [fo:goo]⟨forewent [-went], foregone [-gon]⟩ **0.1** ***zich onthouden van*** ⇒*afstand doen van, het zonder (iets) doen* ◆ **1.¶** a foregone conclusion *een uitgemaakte zaak.*
foregoing [fo:goo·ing] **0.1** ***voorafgaand*** ⇒*voornoemd, vorig.*
foreground **0.1** ***voorgrond*** ◆ **6.1** ⟨fig.⟩ she always keeps herself **in** the ~ *zij is altijd het middelpunt van de belangstelling.*
forehand **0.1** ⟨tennis⟩ ***forehand*** ⟨ook attr.⟩.
forehead [forrid] **0.1** ***voorhoofd.***
foreign [forrin] **0.1** ***buitenlands*** ⇒*van/met het buitenland* **0.2** ***vreemd*** ⇒*ongewoon, oneigen, van buiten; irrelevant; niet behorende bij/in;* ⟨med.⟩ *lichaamsvreemd* ◆ **1.1** ~ affairs *buitenlandse zaken;* ~ aid *ontwikkelingshulp;* ~ exchange *deviezen; monetaire handel met het buitenland;* Foreign Office *Ministerie v. Buitenlandse Zaken;* ⟨BE⟩ Foreign Minister/Secretary *Minister v. Buitenlandse Zaken* **1.2** ~ substances were found in the blood *er werden vreemde stoffen in het bloed gevonden* **6.2** rudeness is ~ **to** her *grofheid is haar vreemd.*
foreigner [forrinnə] **0.1** ***buitenlander*** ⇒*vreemdeling.*
foreknowledge **0.1** ***voorkennis.***
foreland **0.1** ***landtong*** ⇒*kaap.*
foreleg **0.1** ***voorpoot.***
forelock **0.1** ***voorlok*** ⇒*voorhaar.*
fore|man [fo:mən]⟨mv.: -men [-mən]⟩ **0.1** ***voorzitter v. jury*** **0.2** ***voorman*** ⇒*ploegbaas.*
foremost[1] [fo:moost] ⟨bn.⟩ **0.1** ***voorst(e)*** ⇒*eerst(e), aan het hoofd* **0.2** ***opmerkelijkst*** ⇒*leidend, belangrijkst* ◆ **1.1** head ~ *met het hoofd naar voren/naar beneden.*
foremost[2] ⟨bw.⟩ **0.1** ***voorop*** ⇒*als eerste/voorste.* →**best, first.**
forename ⟨schr.⟩ **0.1** ***voornaam.***
forenoon ⟨schr.⟩ **0.1** ***voormiddag*** ⇒*ochtend.*
forensic [fərensik, -zik] **0.1** ***gerechtelijk*** ⇒*(ge)rechts-, forensisch* ◆ **1.1** ~ medicine *gerechtelijke geneeskunde.*
foreordain **0.1** ***voorbeschikken.***
forepart **0.1** ***voorste deel*** ⇒*eerste deel.*
foreplay **0.1** ***voorspel.***
forerunner **0.1** ***voorteken*** ⇒⟨fig.⟩ *voorbode* **0.2** ***voorloper.***
foresail ⟨scheep.⟩ **0.1** ***fok*** ⇒*fokkenzeil.*
foresee **0.1** ***voorzien*** ⇒*verwachten, vooraf zien.*
foreseeable [fo:sie:əbl] **0.1** ***te verwachten*** ⇒*te voorzien* **0.2** ***afzienbaar*** ⇒*nabij* ◆ **1.2** in the ~ future *in de nabije toekomst.*
foreshadow **0.1** ***aankondigen*** ⇒*voorspellen, de voorbode zijn van.*
foreshore **0.1** ***strand*** **0.2** ***het harde strand*** ⟨tussen eb en vloed⟩.
foreshorten **0.1** ***verkorten*** ⇒*verkleinen* **0.2** ***in perspectief tekenen.***
foresight **0.1** ***vooruitziende blik*** ⇒*het vooruitzien* **0.2** ***toekomstplanning*** ⇒*voorzorg.*
foreskin **0.1** ***voorhuid.***
forest [forrist] **0.1** ***woud*** ⟨ook fig.⟩ ⇒*bos.*
forestall [fo:sto:l] **0.1** ***vóór zijn*** **0.2** ***anticiperen*** ⇒*vooruitlopen op* **0.3** ***(ver)hinderen*** ⇒*dwarsbomen, voorkomen.*
forester [forristə] **0.1** ***boswachter*** ⇒*houtvester.*
forestry [forristrie] **0.1** ***houtvesterij*** ⇒*boswachterij* **0.2** ***bosbouwkunde.***
foreswear →**forswear.**
foretaste **0.1** ***voorproef(je).***
foretell [fo:tel] **0.1** ***voorspellen*** ⇒*voorzeggen* ◆ **1.1** this attack ~s war *deze aanval belooft oorlog.*
forethought **0.1** ***toekomstplanning*** ⇒*voorzorg, vooruitziende blik* ◆ **3.1** have the ~ to save money *er van tevoren aan denken om geld te sparen.*
forever, ⟨BE vnl.⟩ **for ever** [fərevvə] **0.1** ***(voor) eeuwig*** ⇒*voorgoed, (voor) altijd* **0.2** ***onophoudelijk*** ⇒*aldoor* ◆ **8.1** ~ and ever *voor eeuwig (en altijd).*
forewarn **0.1** ***van tevoren waarschuwen*** ◆ **¶.1** ⟨sprw.⟩ ~ed is forearmed *een gewaarschuwd man telt voor twee.*
forewoman **0.1** ***vrouwelijke opzichter*** ⇒*vrouwelijke ploegbaas.*
foreword **0.1** ***voorwoord*** ⇒*woord vooraf.*
forfeit[1] [fo:fit] ⟨zn.⟩ **0.1** ***het verbeurde*** ⇒*boete, straf* ◆ **1.1** ⟨fig.⟩ divorce was the ~ he had to pay *echtscheiding was de prijs die hij moest betalen* **3.1** play (at) ~s *pandverbeuren.*
forfeit[2] ⟨bn.⟩ **0.1** ***verbeurd*** ◆ **6.1** be ~ **to** the crown *verbeurd verklaard worden.*
forfeit[3] ⟨ww.⟩ **0.1** ***verbeuren*** ⇒*verspelen, verbeurd verklaren.*
forfeiture [fo:fitsjə] **0.1** ***verbeurdverklaring*** ⇒*verlies, boete.*
forgather, foregather [fo:gæðə] **0.1** ***bijeenkomen*** ⇒*samenkomen, (zich) verzamelen.*
forgave ⟨verl. t.⟩ →**forgive.**
forge[1] [fo:dzj] ⟨zn.⟩ **0.1** ***smidse*** ⇒*smederij* **0.2** ***smidsvuur.***
forge[2] **I** ⟨onov.ww.⟩ **0.1** ***vervalsing(en) maken*** ⇒*valsheid in geschrifte plegen* **0.2** ***vooruitschieten*** ◆ **5.2** ~ **ahead** *gestaag vorderingen maken* **6.2** he ~d **into** the lead *hij schoot naar de leidende positie;*
II ⟨ov.ww.⟩ **0.1** ***smeden*** ⟨ook fig.⟩ ⇒*bedenken, beramen* **0.2** ***vervalsen.***
forger [fo:dzjə] **0.1** ***vervalser*** ⇒*valsemunter.*
forger|y [fo:dzjərie] ⟨mv.: -ies⟩ **0.1** ***vervalsing*** ⇒*falsificatie, namaak(sel)* **0.2** ***het vervalsen*** ⇒*oplichterij, het plegen v. valsheid in geschrifte.*
forget [fəget]⟨forgot [-got], forgotten [-gotn]/AE/schr. ook forgot⟩ **I** ⟨onov. en ov.ww.⟩ **0.1** ***vergeten*** ⇒*niet denken aan, niet meer weten* ◆ **4.1** ⟨inf.⟩ ~ (about) it *laat maar, denk er maar niet meer aan;* ~ o.s. *zichzelf vergeten/verwaarlozen; zijn zelfbeheersing verliezen* **5.1** not ~ting *en niet te vergeten, en ook;*
II ⟨ov.ww.⟩ **0.1** ***vergeten*** ⇒*nalaten, verwaarlozen* ◆ **3.1** ~ to do sth. *iets nalaten/vergeten te doen.*
forgetful [fəgetfl] ⟨-ness⟩ **0.1** ***vergeetachtig*** ⇒*verstrooid, afwezig* **0.2** ***nalatig*** ⇒*achteloos, onnadenkend.*
forget-me-not ⟨plantk.⟩ **0.1** ***vergeet-mij-nietje.***
forgettable [fəgettəbl] **0.1** ***(maar beter) te vergeten*** ⇒*slecht* ⟨film, boek enz.⟩ ◆ **5.1** eminently ~ *bij uitstek geschikt om vergeten te worden.*
forging [fo:dzjing] **0.1** ***smeedstuk*** **0.2** ***het smeden*** ⇒*smeedwerk.*

forgivab|le [fəgivvəbl] ⟨-ly⟩ **0.1** ***vergeeflijk*** *⇒verschoonbaar.*

forgive [fəgiv]⟨forgave [-geev], forgiven [-givn]⟩ **0.1** ***vergeven*** *⇒vergiffenis schenken* **0.2** ***kwijtschelden*** *⇒schenken* ◆ **1.2** I ~ you the money you owe me *het geld dat je me schuldig bent schenk ik je.*

forgiveness [fəgivnəs] **0.1** ***vergiffenis*** *⇒vergeving, kwijtschelding* **0.2** ***vergevensgezindheid.***

forgiving [fəgivving] **0.1** ***vergevensgezind.***

forgo →**forego.**

fork[1] [fo:k] ⟨zn.⟩ **0.1** ***vork*** *⇒gaffel, hooi/mestvork* ⟨enz.⟩ **0.2** ***tweesprong*** *⇒splitsing, vertakking* **0.3** ***(voor)vork*** ⟨v. fiets⟩ ◆ **2.2** the right ~ of the river *de rechter tak v.d. rivier.*

fork[2] **I** ⟨onov.ww.⟩ **0.1** ***zich vertakken*** *⇒zich splitsen, uiteengaan* **0.2** ***afslaan*** *⇒een richting opgaan* ◆ **5.2** ~ right *rechtsaf slaan;*
II ⟨ov.ww.⟩ **0.1** ***dragen/tillen met een vork*** *⇒opprikken/opsteken met een vork.*

forked [fo:kt] **0.1** ***gevorkt*** *⇒vorkvormig* **0.2** ***vertakt*** *⇒uiteenlopend* ◆ **1.1** ~ lightning *zigzagbliksem;* ~ tongue *gespleten tong.*

forklift, forklift truck **0.1** ***vorkheftruck.***

fork out **0.1** ***(geld) dokken/ophikken.***

forlorn [fəlo:n] ⟨-ness⟩ **0.1** ***verlaten*** *⇒eenzaam, verloren* **0.2** ***hopeloos*** *⇒troosteloos, wanhopig* ◆ **1.¶** ~ hope *hopeloze/wanhopige onderneming; laatste hoop.*

form[1] [fo:m] ⟨zn.⟩ **0.1** ***(verschijnings)vorm*** *⇒gedaante, silhouet* **0.2** ***vorm*** *⇒soort, systeem* **0.3** ***vorm(geving)*** *⇒opzet, presentatiewijze* **0.4** ***formulier*** *⇒voorgedrukt vel* **0.5** ***formaliteit*** *⇒vast gebruik, gewoonte;* ⟨bij uitbr.⟩ *etiquette-(regel)* **0.6** ⟨vnl. sport⟩ ***conditie*** *⇒vorm* **0.7** ***manier*** *⇒wijze, vorm* **0.8** ***(school)klas*** **0.9** ⟨druk.⟩ ***(druk)vorm*** **0.10** ⟨BE; inf.⟩ ***strafblad*** ◆ **1.5** as a matter of ~ *bij wijze v. formaliteit* **2.5** cursing is bad ~ *vloeken is onbehoorlijk;* true to ~ *geheel in stijl, zoals gebruikelijk* **3.4** fill in/out a ~ *een formulier invullen* **6.1** **on** present ~ *als het niet verandert* **6.6** **in** ~ *in vorm/goede conditie;* be **on** ~, be **in** great ~ *goed op dreef zijn* **7.8** ⟨vnl. BE⟩ first ~ *eerste klas.*

form[2] **I** ⟨onov.ww.⟩ **0.1** ***zich vormen*** *⇒verschijnen, zich ontwikkelen* **0.2** ***gevormd worden*** ◆ **5.¶** ~ **up** *zich in rijen opstellen;*
II ⟨ov.ww.⟩ **0.1** ***vormen*** *⇒modelleren, vorm geven* **0.2** ***maken*** *⇒opvatten* ⟨plan⟩, *construeren, samenstellen* ◆ **1.2** ~ a club *een club oprichten;* ~ an example to s.o. *iem. tot voorbeeld dienen/zijn;* ~ an opinion *zich een oordeel vormen;* ~ (a) part of *deel uitmaken v.*

formal [fo:ml] **0.1** ***formeel*** *⇒officieel, volgens de regels* **0.2** ***vormelijk*** *⇒stijf, formalistisch* ◆ **1.1** ~ dress *avondkleding* **1.2** ~ visit *beleefdheidsbezoek* **1.¶** ~ garden *geometrisch aangelegde tuin;* ~ resemblance *uiterlijke gelijkenis.*

formaldehyde [fo:mældihhajd] ⟨schei.⟩ **0.1** ***formaldehyde*** *⇒methanal.*

formalism [fo:məlizm] **0.1** ***formalisme.***

formalist [fo:məlist] **0.1** ***formalist.***

formalit|y [fo:mælətie] ⟨mv.: -ies⟩ **0.1** ***vormelijkheid*** *⇒stijfheid* **0.2** ***formaliteit*** ◆ **2.2** a mere ~ *zuiver een formaliteit.*

formal|ize, -ise [fo:məlajz] ⟨zn.: **-ization**⟩ **0.1** ***formaliseren*** *⇒formeel maken* **0.2** ***stileren*** *⇒de juiste/conventionele vorm geven aan.*

format[1] [fo:mæt] ⟨zn.⟩ **0.1** ***(boek)formaat*** *⇒afmeting, grootte* **0.2** ***manier van samenstellen*** *⇒opzet* **0.3** ⟨comp.⟩ ***(beschrijving v.) opmaak*** *⇒indeling* ⟨v. gegevens⟩ ◆ **2.2** the programme was broadcast in a new ~ *het programma werd in een nieuwe formule uitgezonden.*

format[2] ⟨ww.⟩⟨comp.⟩ **0.1** ***formatteren*** *⇒opmaken, indelen* ⟨gegevens e.d.⟩.

formation [fo:meesjn] **0.1** ***vorming*** **0.2** ***formatie*** ⟨ook geol., mil.⟩ *⇒opstelling, verband* **0.3** ***het gevormde*** *⇒formatie* ◆ **1.1** the ~ of a character *karaktervorming* **3.2** fly in ~ *in formatie vliegen.*

formative [fo:məfiv] **0.1** ***vormend*** *⇒vormings-* ◆ **1.1** the ~ years of his career *de beginjaren v. zijn loopbaan;* the ~ years *de jaren des onderscheids.*

formatting [fo:mæting] ⟨comp.⟩ **0.1** ***het formatteren*** *⇒opmaak.*

forme [fo:m] ⟨druk.⟩ **0.1** ***(druk)vorm.***

former[1] [fo:mə] ⟨zn.⟩ **0.1** ⟨in samenstellingen⟩ ***leerling*** ⟨v.e. bep. klas⟩ ◆ **7.1** ⟨BE⟩ second-~ *tweedeklasser.*

former[2] ⟨vnw.; the⟩ **0.1** ***eerste*** *⇒eerstgenoemde* ⟨v. twee⟩ ◆ **6.1** Henry prefers the ~ of the two books *Henry geeft de voorkeur aan het eerstgenoemde boek.*

former[3] ⟨det.⟩ **0.1** ***vroeger*** *⇒voorafgaand, vorig* ◆ **1.1** in ~ days *in vroeger dagen;* Uncle seems to be his ~ self again *oom schijnt weer de oude te zijn.*

formerly [fo:məlie] **0.1** ***vroeger*** *⇒eertijds, voorheen.*

form feed ⟨comp.⟩ **0.1** ***paginadoorvoer*** *⇒formuliertoevoer.*

formic acid [fo:mik æsid] ⟨schei.⟩ **0.1** ***mierenzuur*** *⇒methaanzuur.*

formidab|le [fo:middəbl, fəmi-] ⟨-ly⟩ **0.1** ***ontzagwekkend*** *⇒schrikbarend, gevreesd* **0.2** ***formidabel*** *⇒geweldig, indrukwekkend.*

formless [fo:mləs] ⟨-ness⟩ **0.1** ***vorm(e)loos*** *⇒ongestructureerd.*

formula [fo:mjoelə]⟨mv.: ook formulae [-lie:]⟩ **0.1** ***formule*** *⇒formulering, formulier;* ⟨fig.⟩ *cliché* **0.2** ***formule*** *⇒samenstelling, recept* **0.3** ***formule*** *⇒middel, regeling* **0.4** ***flesvoeding*** ◆ **6.3** they found an acceptable ~ **for** wage increases *zij hebben een goede regeling getroffen voor loonsverhogingen* **7.¶** ⟨autosport⟩ Formula One *formule een.*

Formula-*1* racer ⟨autosport⟩ **0.1** ***formule-1-coureur.***

formulaic [fo:mjoeleeik] **0.1** ***formulair.***

formulate [fo:mjoeleet] **0.1** ***formuleren*** **0.2** ***opstellen*** *⇒ontwerpen, samenstellen.*

formulation [fo:mjoeleesjn] **0.1** ***formulering*** *⇒het formuleren.*

fornic|ate [fo:nikkeet] ⟨zn.: **-ation**⟩ **0.1** ⟨vnl. jur.⟩ ***overspel plegen*** **0.2** ⟨rel.⟩ ***ontucht plegen.***

forsake [fəseek]⟨forsook [-soek], forsaken [-seekən]⟩ **0.1** ***verzaken (aan)*** *⇒verloochenen* **0.2** ***verlaten*** *⇒in de steek laten, opgeven* ◆ **1.2** a forsaken region *een doodse/verlaten streek.*

forswear [fo:sweə] **0.1** ***afzweren*** *⇒verzaken (aan), verloochenen* **0.2** ***onder ede ontkennen*** ◆ **4.¶** ~ o.s. *een meineed doen/afleggen.*

forsythia [fo:sajθiə] ⟨plantk.⟩ **0.1** ***forsythia.***

fort [fo:t] **0.1** ***fort*** *⇒vesting, sterkte* ◆ **3.¶** hold the ~ *de zaken waarnemen/aan de gang houden.*

forte [fo:tee] **0.1** ***fort*** *⇒sterke zijde, sterk punt* ⟨v. persoon⟩.

forth [fo:θ] ⟨vnl. in verbindingen⟩ **0.1** ***voort*** *⇒te voorschijn* ◆ **3.1** bring ~ *voortbrengen, veroorzaken; baren* **3.¶** hold ~ *uitweiden, oreren* **5.¶** back and ~ *heen en weer;* and so ~ *enzovoort(s)* **¶.¶** from that day ~ *van die dag af.*

forthcoming [fo:θkumming] **0.1** ***aanstaand*** *⇒verwacht, aangekondigd* **0.2** ***tegemoetkomend*** *⇒behulpzaam* **0.3** ⟨vaak met ontkenning⟩ ***beschikbaar*** *⇒ter beschikking* ◆ **5.3** an explanation was not ~ *een verklaring bleef uit.*

forthright [fo:θrajt] ⟨-ness⟩ **0.1** ***rechtuit*** *⇒openhartig, direct.*

forthwith [fo:θwiθ] **0.1** ***onmiddellijk*** ⇒*meteen.*
fortieth [fo:tiəθ] **0.1** ***veertigste*** ⇒⟨als zn.⟩ *veertigste deel.*
fortif|y [fo:tiffaj] ⟨-ied; zn.: **-ication**⟩ **I** ⟨onov.ww.⟩ **0.1** ***fortificaties/vestingwerken bouwen;***
II ⟨ov.ww.⟩ **0.1** ***versterken*** ⇒*verstevigen* **0.2** ***aanmoedigen*** ⇒*oppeppen, sterken* **0.3** ⟨mil.⟩ ***versterken*** ⇒*fortificeren* ◆ **1.¶** fortified food *verrijkt voedsel;* fortified wine *gealcoholiseerde wijn* **4.2** some wine will ~ you *een beetje wijn zal je goed doen.*
fortitude [fo:titjoe:d] **0.1** ***standvastigheid*** ⇒*vastberadenheid.*
fortnight [fo:tnajt] **0.1** ***veertien dagen*** ⇒*twee weken* ◆ **1.1** a ~'s holiday *een vakantie van veertien dagen;* a ~ on Monday *maandag over veertien dagen; maandag veertien dagen geleden;* Tuesday ~ *dinsdag over veertien dagen* **6.1** **in** a ~ *over veertien dagen.*
fortnightly [fo:tnajtlie] **0.1** ⟨bn.⟩ ***veertiendaags*** **0.2** ⟨bw.⟩ ***om de twee weken*** ⇒*eens in de veertien dagen.*
fortress [fo:tris] **0.1** ***vesting*** ⇒*versterkte stad, fort.*
fortuitous [fo:tjoe:ətəs] ⟨-ness⟩ **0.1** ***toevallig*** ⇒*onvoorzien* **0.2** ⟨inf.⟩ ***gelukkig.***
fortunate [fo:tsjnət] **0.1** ***gelukkig*** ⇒*fortuinlijk, gunstig* ◆ **3.1** be ~ enough not to be ill *het geluk hebben niet ziek te zijn.*
fortunately [fo:tsjnətlie] **0.1** →**fortunate** **0.2** ***gelukkig*** ⇒*gelukkigerwijs.*
fortune [fo:tsjn, -tsjoe:n] **0.1** ***fortuin*** ⇒*voorspoed, geluk* **0.2** ***lotgeval*** ⇒*(toekomstige) belevenis* **0.3** ***lotsbeschikking*** ⇒*lot, toekomst* **0.4** ***fortuin*** ⇒*vermogen, rijkdom* ◆ **1.2** the ~s of war *de oorlogslotgevallen* **2.4** she spends a small ~ on clothes *ze geeft een vermogen uit aan kleren* **3.1** seek one's ~ *zijn geluk (elders) zoeken* **3.2** tell ~s *de toekomst voorspellen* **3.4** come into a ~ *een fortuin erven* **¶.1** ⟨sprw.⟩ ~ favours the bold/brave *het geluk helpt de dapperen.*
fortune hunter **0.1** ***gelukzoeker/zoekster*** ⟨vnl. door rijk huwelijk⟩.
fortune-teller **0.1** ***waarzegger/zegster.***
forty [fo:tie] **0.1** ***veertig*** ◆ **3.¶** ⟨scheep.⟩ roaring forties *roaring forties* ⟨ca. 40°-60° zuiderbreedte; stormachtig gebied⟩ **6.1** a man **in** his forties *een man van in de veertig;* **in** the forties *in de jaren veertig;* temperatures **in** the forties *temperaturen boven de veertig (graden).* →**wink.**
forty-five¹ [fo:tiefajv] ⟨zn.⟩⟨inf.⟩ **0.1** ***(pistool v.) kaliber 45*** **0.2** ***45-toerenplaat.***
forty-five² ⟨telw.⟩ **0.1** ***vijfenveertig.***
forum [fo:rəm] **0.1** ***forum*** ⇒*markt, plein* **0.2** ***openbare discussie(gelegenheid)*** ⇒*forum(discussie)* ⟨met groep deskundigen⟩.
forward¹ [fo:wəd] ⟨zn.⟩⟨sport⟩ **0.1** ***voorspeler*** ◆ **2.1** centre ~ *middenvoor.*
forward² ⟨bn.⟩ **0.1** ***voorwaarts*** ⇒*naar voren (gericht)* **0.2** ***vroegrijp*** ⇒*voorlijk, vroeg* **0.3** ***arrogant*** ⇒*brutaal* **0.4** ***voorst*** ⇒*vooraan gelegen* **0.5** ***bereid*** ⇒*klaar* **0.6** ***gevorderd*** ⇒*opgeschoten* **0.7** ***vooruitstrevend*** ⇒*modern, geavanceerd* **0.8** ⟨ec.⟩ ***termijn-*** ⇒*op termijn* ◆ **1.1** ⟨sport, vnl. rugby⟩ a ~ pass *een voorwaartse pass* ⟨tegen de spelregels⟩ **1.2** a ~ girl *een vroegrijp meisje* **1.3** a ~ remark *een brutale opmerking* **1.8** ~ contract *termijncontract;* ~ delivery *termijnlevering;* ~ planning *toekomstplanning;* ~ prices *prijzen op levering, termijnprijzen;* ~ sale *termijn/voorverkoop* **6.5** she is always ~ **with** help *zij staat altijd klaar om te helpen.*
forward³ ⟨ww.⟩ **0.1** ***bevorderen*** ⇒*vooruithelpen, bespoedigen* **0.2** ***doorzenden/sturen*** ⇒*nazenden/sturen* ⟨post⟩ **0.3** ***zenden*** ⇒*(ver)sturen, verzenden.*
forward⁴ [forrəd] ⟨bw.⟩⟨scheep., luchtv.⟩ **0.1** ***vooraan*** ⇒*voorin* ⟨schip, vliegtuig⟩ **0.2** ***naar voren*** ⇒*naar de voorkant* ⟨schip, vliegtuig⟩.
forward⁵, ⟨in bet. 0.1 ook⟩ **forwards** [fo:wədz] ⟨bw.⟩ **0.1** ***voorwaarts*** ⇒*vooruit, naar voren* ⟨in de ruimte; ook fig.⟩ **0.2** ***vooruit*** ⇒*vooraf, op termijn* ⟨in de tijd⟩ ◆ **3.1** come ~ *naar voren komen;* send s.o. ~ *iem. vooruitzenden* **5.1** backward(s) and ~ *vooruit en achteruit; heen en weer* **6.2** **from** today ~ *vanaf heden.* →**carriage.**
forwarding [fo:wəding] ⟨hand.⟩ **0.1** ***expeditie*** ⇒*verzending.*
forwarding address **0.1** ***nazendadres*** ⇒*doorstuuradres* ◆ **3.1** did he leave a ~? *heeft hij een adres achtergelaten?* ⟨voor het opsturen van post enz.⟩.
forwarding agent ⟨hand.⟩ **0.1** ***expediteur.***
forwarding note ⟨AE; hand.⟩ **0.1** ***vrachtbrief.***
forward-looking **0.1** ***vooruitziend*** ⇒*op de toekomst gericht.*
forward pike dive ⟨schoonspringen⟩ **0.1** ***gehoekte sprong voorwaarts.***
forwent, forewent ⟨verl. t.⟩ →**forego.**
Fosbury flop [fozb(ə)rie] ⟨atletiek⟩ **0.1** ***(fosbury)flop.***
foss(e) [fos] **0.1** ***gracht*** ⇒*slotgracht.*
fossil¹ [fosl] ⟨zn.⟩ **0.1** ⟨geol.⟩ ***fossiel*** **0.2** ⟨bel.⟩ ***fossiel*** ⇒*ouderwets persoon* ◆ **2.2** the headmaster is just an old ~ *het schoolhoofd is een ouwe zak.*
fossil² ⟨bn.⟩ **0.1** ***fossiel*** ⇒*versteend; ouderwets* ⟨ook fig.⟩.
fossil|ize, -ise [fossillajz] ⟨zn.: **-ization**⟩ **0.1** ***(doen) verstenen*** **0.2** ***(doen) verstarren*** ⇒*in onbruik (doen) raken.*
foster [fostə] **0.1** ***koesteren*** ⇒*aanmoedigen, cultiveren;* ⟨fig.⟩ *voeden* **0.2** ***opnemen in het gezin*** ⇒*als pleegkind opnemen* ⟨zonder adoptie⟩.
foster brother **0.1** ***pleegbroer.***
foster child **0.1** ***pleegkind.***
foster daughter **0.1** ***pleegdochter.***
foster father **0.1** ***pleegvader.***
foster home **0.1** ***pleeggezin.***
foster mother **0.1** ***pleegmoeder*** ⇒*voedster, min* **0.2** ⟨BE⟩ ***couveuse*** ⇒*kunstmoeder, broedmachine.*
foster parent **0.1** ***pleegouder.***
foster parents plan **0.1** ***Foster Parents Plan.***
fot ⟨afk.⟩ **0.1** [free on truck] **0.2** [free of tax].
fought ⟨verl. t. en volt. deelw.⟩ →**fight.**
foul¹ [faul] ⟨zn.⟩ **0.1** ⟨sport⟩ ***overtreding*** ⇒*fout, ongeoorloofde slag/trap;* ⟨honkbal⟩ *foutbal, uitbal* ◆ **1.¶** through ~ and fair/fair and ~ *door dik en dun.*
foul² ⟨bn.; -ness⟩ **0.1** ***vuil*** ⇒*stinkend, smerig, vies* **0.2** ***vuil*** ⇒*obsceen, vulgair* **0.3** ⟨sport⟩ ***onsportief*** ⇒*gemeen, vals* **0.4** ⟨sl.⟩ ***beroerd*** ⇒*verschrikkelijk, bar slecht* **0.5** ***onklaar*** ⇒*verward* **0.6** ***verstopt*** ⇒*geblokkeerd* ◆ **1.1** ~ weather *vies/vuil weer* **1.2** a ~ murder *een laffe moord;* a ~ temper *een vreselijk/slecht humeur;* ~ language *vuile/obscene taal* **1.3** ⟨vaak fig.⟩ ~ play *vuil/onsportief/vals spel, boze/kwade opzet, misdaad;* does the police suspect ~ play? *meent de politie dat er opzet in het spel is?;* by fair means and ~ *met alle oirbare en onoorbare middelen* **1.4** a ~ performance *een beroerde opvoering* **1.5** a ~ anchor *een onklaar geraakt anker* **1.6** ~ wind *tegenwind;* a ~ exhaust pipe *een verstopte uitlaat* **1.¶** ⟨hand.⟩ ~ bill of lading *niet schoon cognossement* **3.¶** fall ~ (of) *in aanvaring komen (met); in conflict komen (met);* run ~ of *stoten op* ⟨rots⟩.
foul³ **I** ⟨onov.ww.⟩ **0.1** ***vuil worden*** ⇒*rotten, (beginnen te) stinken* **0.2** ⟨sport⟩ ***een overtreding begaan*** ⇒*in de fout gaan, een fout begaan* **0.3** ⟨honkbal⟩ ***uitgevangen worden*** ⟨op een foutslag⟩ **0.4** ***in de war raken*** ⇒*blijven haperen, onklaar raken* **0.5** ***verstopt raken*** ⇒*verstoppen.* →**foul out;**

II ⟨ov.ww.⟩ **0.1** ***bevuilen*** ⇒*bekladden* **0.2** ⟨sport⟩ ***een fout/ overtreding begaan tegenover*** **0.3** ***versperren*** ⇒*blokkeren* ◆ **1.1** ~ s.o.'s reputation *iemands reputatie bekladden.* →**foul up.**

foul line ⟨sport⟩ **0.1** ***grenslijn*** **0.2** ⟨honkbal⟩ ***foutlijn*** **0.3** ⟨basketbal⟩ ***vrije worplijn.***

foul-mouthed 0.1 ***ruw in de mond*** ⇒*vulgair.*

foul out 0.1 ⟨honkbal⟩ ***uitgevangen worden*** ⟨op een foutslag⟩.

foul shot ⟨basketbal⟩ **0.1** ***vrije worp*** ⇒*strafworp.*

foul throw ⟨voetbal⟩ **0.1** ***verkeerde ingooi.***

foul up ⟨inf.⟩ **0.1** ***verknoeien*** ⇒*verpesten, in de war sturen* ◆ **1.1** he will probably foul things up again *hij zal alles wel weer verknoeien.*

foul-up ⟨inf.⟩ **0.1** ***verwarring*** ⇒*onderbreking* **0.2** ***blokkering*** ⇒*mechanisch defect* ◆ **¶.1** I hope there won't be any ~s *ik hoop maar dat er geen kink in de kabel komt.*

found[1] [faund] ⟨ww.; vaak pass.⟩ **0.1** ***grondvesten*** ⇒*de grondvesten leggen van, funderen* ⟨ook fig.⟩ **0.2** ***stichten*** ⇒ *oprichten, tot stand brengen* **0.3** ***de basis zijn van*** ⇒*baseren* **0.4** ***gieten*** ⟨metaal⟩ ◆ **1.2** his business was ~ed in 1703 *zijn zaak werd in 1703 opgericht* **1.4** the bells were ~ed in London *de klokken werden in Londen gegoten* **6.3** his novel is ~ed **(up)on** reality *zijn roman is gebaseerd op de werkelijkheid.*

found[2] ⟨verl. t. en volt. deelw.⟩ →**find.**

foundation [faundeesjn] **0.1** ⟨vaak F-⟩ ***stichting*** ⇒*fonds, oprichting* **0.2** ⟨vaak mv.⟩ ***fundering*** ⟨ook fig.⟩ ⇒*fundament, basis* **0.3** →**foundation cream 0.4** →**foundation garment** ◆ **1.2** the ~s of English grammar *de grondbeginselen v.d. Engelse grammatica;* the story is completely without ~ *het verhaal is totaal ongegrond* **2.1** this school is a very old ~ *deze school is heel lang geleden gesticht.*

foundation course 0.1 ***basiscursus*** ⇒*voorbereidende cursus.*

foundation cream 0.1 ***foundation*** ⇒*basiscrème, fond* ⟨bij make-up⟩.

foundation garment 0.1 ***foundation*** ⇒*lingerie.*

foundation stone 0.1 ***eerste steen*** ⟨vaak met inscriptie⟩.

foundation subjects ⟨BE⟩ **0.1** ***basisvakken*** ⇒*basispakket.*

founder[1] [faundə] ⟨zn.⟩ **0.1** ***stichter*** ⇒*oprichter, grondlegger* **0.2** ***(metaal)gieter.***

founder[2] **I** ⟨onov.ww.⟩ **0.1** ***invallen*** ⇒*instorten, mislukken* **0.2** ***struikelen*** ⟨ook v. paarden⟩ ⇒*vallen* **0.3** ***zinken*** ⇒ *vergaan, schipbreuk lijden* ◆ **6.1** the project ~ed **on** the ill will of the government *het project mislukte door de onwil v.d. regering;*
II ⟨ov.ww.⟩ **0.1** ***kreupel rijden*** ⟨v. paarden⟩ ⇒*doen struikelen, kreupel doen worden.*

founder member 0.1 ***medeoprichter.***

founding father ⟨vnl. mv.⟩ **0.1** ***stichter*** ⟨vnl. mbt. staatslieden v.d. Am. revolutie⟩ ⇒*oprichter* **0.2** ***grondlegger*** ⇒*vader* ⟨fig.⟩.

foundling [faundling] **0.1** ***vondeling.***

foundress [faundris] **0.1** ***stichtster*** ⇒*oprichtster, grondlegster.*

foundr|y [faundrie] ⟨mv.: -ies⟩ **0.1** ***(metaal)gieterij.***

fount [faunt] **0.1** ⟨schr.⟩ ***bron*** ⇒*fontein, schatkamer* ⟨fig.⟩.

fountain [fauntin] **0.1** ***fontein*** **0.2** ***bron*** ⟨ook fig.⟩.

fountainhead 0.1 ***bron*** ⇒*rivierbron* **0.2** ⟨schr.⟩ ***bron*** ⇒ *(diepe) oorsprong* ◆ **1.2** the ~ of his imagination *zijn grote inspiratiebron.*

fountain pen 0.1 ***vulpen.***

four [fo:] **0.1** ***vier*** ⟨ook voorwerp/groep ter waarde/grootte v. vier⟩ ⇒⟨ihb.⟩ *viertal; vierspan; (bemanning v.e.) vierriemsboot;* ⟨vnl. mv.⟩ *(wedstrijd voor) vier(roeiers)* ◆ **6.¶** be/go **on** all ~s *op handen en knieën lopen, kruipen.*

four-dimensional 0.1 ***vierdimensionaal.***

four-footed 0.1 ***viervoetig.***

four-in-hand 0.1 ***vierspan*** ⇒*rijtuig met vier paarden* **0.2** ⟨AE⟩ ***vlinderdas.***

four-leaf clover, four-leaved clover 0.1 ***klavertjevier.***

four-letter word ⟨euf.⟩ **0.1** ***schuttingwoord*** ⇒*drieletterwoord, vulgair woord.*

four-poster, four-poster bed 0.1 ***hemelbed.***

four-pounder 0.1 ***vierponder*** ⇒*vierpondskanon.*

foursome [fo:səm] **0.1** ⟨sport, vnl. golf⟩ ***foursome*** ⟨twee tegen twee, waarbij elk paar met 1 bal speelt⟩ **0.2** ***viertal*** ⇒ *kwartet.*

foursquare 0.1 ***vierkant*** ⇒*vierhoekig, solide* **0.2** ***resoluut*** ⇒*open en eerlijk, vastbesloten.*

four-star, ⟨soms⟩ **four-starred 0.1** ***viersterren-*** ⟨v. hotel e.d.⟩ ⇒*uitstekend, voortreffelijk;* ⟨BE; benzine⟩ *super.*

fourteen [fo:tie:n] **0.1** ***veertien*** ⟨ook voorwerp/groep ter waarde/grootte v. veertien⟩.

fourteenth [fo:tie:nθ] **0.1** ***veertiende*** ⇒⟨als zn.⟩ *veertiende deel.*

fourth [fo:θ] **0.1** ***vierde*** ⇒⟨als zn.⟩ *vierde deel; kwart* ◆ **3.1** we need a ~ to play bridge *we hebben een vierde man nodig om bridge te kunnen spelen* **6.1 in** ~ (gear) *in de vierde (versnelling)* **7.1** ⟨AE⟩ the Fourth (of July) *onafhankelijkheidsdag, de nationale feestdag.*

fourthly [fo:θlie], **fourth 0.1** ***ten/als vierde.***

four-wheel drive 0.1 ***(auto met) vierwielaandrijving.***

fowl [faul] ⟨mv.: ook fowl⟩ **0.1** ***kip*** ⇒*hoen, haan* **0.2** ***gevogelte*** ⟨voor consumptie⟩ ◆ **1.¶** the ~s of the air *de vogelen in de lucht* **3.1** they keep a lot of ~ *ze houden veel pluimvee.*

fowling piece 0.1 ***jachtgeweer*** ⇒*jachtvogelroer.*

fowl pest 0.1 ***hoenderpest.***

fox[1] [foks] ⟨zn.⟩ **0.1** ***vos*** ⟨ook fig.⟩ **0.2** ***vos*** ⇒*vossenpels, vossenbont.*

fox[2] **I** ⟨onov.ww.⟩ **0.1** ***doen alsof*** ⇒*veinzen* ◆ **¶.1** is he asleep?; he's just ~ing *slaapt hij?; hij doet maar alsof;*
II ⟨ov.ww.⟩ **0.1** ⟨inf.⟩ ***beetnemen*** ⇒*bedriegen, te slim/te vlug af zijn* **0.2** ⟨inf.⟩ ***in de war brengen.***

fox earth 0.1 ***vossenhol.***

foxglove 0.1 ***vingerhoedskruid.***

foxhole 0.1 ⟨mil.⟩ ***schuttersputje*** **0.2** ***schuilplaats.***

foxhound 0.1 ***voor de vossenjacht getrainde hond*** ⇒ *jachthond.*

fox-hunt 0.1 ***vossenjacht.***

fox-hunter [fokshuntə] **0.1** ***vossenjager.***

fox-hunting [fokshunting] **0.1** ***vossenjacht*** ◆ **1.1** to go ~ *op vossenjacht gaan.*

fox terrier 0.1 ***foxterriër.***

foxtrot[1] ⟨zn.⟩ **0.1** ***foxtrot*** ⟨snelle salondans⟩.

foxtrot[2] ⟨ww.; -ted⟩ **0.1** ***foxtrotten*** ⇒*de foxtrot dansen.*

fox|y [foksie] ⟨-ily⟩ **0.1** ***vosachtig*** ⇒*(er) sluw (uitziend)* **0.2** ***vosachtig*** ⇒*roodbruin* **0.3** ⟨AE; sl.⟩ ***aantrekkelijk*** ⇒*sexy* ◆ **1.3** ~ lady *lekker stuk, mokkel.*

foyer [fojjee] **0.1** ***foyer*** ⇒*koffiekamer* ⟨in schouwburg e.d.⟩.

Fr. ⟨afk.⟩ **0.1** [Father].

fracas [fræka:] ⟨mv.: fracas [fræka:z], AE fracases [freekəsiz]⟩ **0.1** ***ruzie*** ⇒*vechtpartij, opstootje.*

fraction [fræksjn] **0.1** ***breuk*** ⇒*gebroken getal* **0.2** ***fractie*** ⇒ *(zeer) klein onderdeel, (klein) beetje* ◆ **1.2** a ~ of a second *een fractie v.e. seconde* **2.1** vulgar ~ *(gewone) breuk.*

fractional [fræksjnəl] **0.1** ***te verwaarlozen*** ⇒*miniem, uiterst klein* **0.2** ⟨wisk.⟩ ***gebroken*** ⇒*bestaande uit breuken, door een breuk weer te geven* **0.3** ***gebroken*** ⇒*gedeeltelijk,* *gefragmenteerd* ◆ **1.1** a ~ difference *een miniem/verwaarloosbaar verschil.*

fractious [fræksjəs] ⟨-ness⟩ **0.1** ***onhandelbaar*** ⇒*dwars, lastig* **0.2** ***humeurig*** ⇒*kribbig, prikkelbaar.*

fracture[1] [fræktsjə] ⟨zn.⟩ **0.1** ⟨med.⟩ ***fractuur*** ⇒*(bot)breuk, beenbreuk* **0.2** ***scheur*** ⇒*barst, breuk* ◆ **2.1** compound ~ *gecompliceerde breuk;* simple ~ *eenvoudige fractuur.*

fracture[2] ⟨ww.⟩⟨vnl. schr. of med.⟩ **0.1** ***breken*** ⇒*scheuren.*

frag|ile [frædzjajl] ⟨-ilely; zn.: **-ility**⟩ **0.1** ***fragiel*** ⇒*breekbaar, broos* ◆ **1.1** her health was rather ~ *ze had een kwetsbare/zwakke gezondheid.*

fragment[1] [frægmənt] ⟨zn.⟩ **0.1** ***fragment*** ⇒*deel, (brok)stuk* ◆ **1.1** he overheard ~s of their conversation *hij ving flarden op v. hun gesprek.*

fragment[2] [frægment] ⟨ww.; zn.: **-ation**⟩ **0.1** ***versplinteren*** ⇒*fragmenteren, in stukken (doen) breken* ◆ **1.1** a ~ed account of the event *een fragmentarisch verslag v.h. voorval.*

fragmentar|y [frægməntrie], **fragmental** [frægmentl] ⟨-ily⟩ **0.1** ***fragmentarisch*** ⇒*in stukken, versplinterd.*

fragmentation bomb **0.1** ***fragmentatiebom.***

fragrance [freegrəns] **0.1** ***geur*** ⇒*(zoete) geurigheid, welriekendheid* ◆ **2.1** the cool ~ of the afternoon *de koele geurigheid v.d. namiddag.*

fragrant [freegrənt] **0.1** ***geurig*** ⇒*welriekend, aromatisch* ◆ **1.¶** ~ memories *aangename/zoete herinneringen.*

frail [freel] ⟨-ness⟩ **0.1** ***breekbaar*** ⇒*zwak, tenger, teer* **0.2** ***mager*** ⟨fig.⟩ ◆ **1.2** a ~ excuse *een zwak/mager excuus.*

frailt|y [freeltie] ⟨mv.: -ies; meestal mv.⟩ **0.1** ***zwakte*** ⇒*zwakke plek, fout(je)* **0.2** ***zwakheid*** ⇒*broosheid.*

frame[1] [freem] ⟨zn.⟩ **0.1** ⟨ben. voor⟩ ***(het dragende) geraamte*** ⟨v.e. constructie⟩ ⇒*skelet* ⟨houtbouw⟩; *frame* ⟨v. fiets⟩; *raamwerk, chassis* **0.2** ⟨ben. voor⟩ ***omlijsting*** ⇒*kader, kozijn;* ⟨ook mv.⟩ *montuur* ⟨v. bril⟩; *raam* ⟨v. venster, weeftoestel e.d.⟩ **0.3** ***achtergrond*** ⇒*omgeving, omlijsting* **0.4** ***lichaam*** ⇒*gestel, bouw* **0.5** ⟨vaak fig.⟩ ***(gestructureerd) geheel*** ⇒*structuur, opzet* **0.6** ***(tuinbouw)bak*** **0.7** ⟨film., tv⟩ ***kader*** ⇒*beeld(je), beeldraam* ◆ **1.5** ~(s) of reference *referentiekader* **1.¶** ~ of mind *gemoedsgesteldheid.*

frame[2] ⟨ww.⟩ **0.1** ⟨ben. voor⟩ ***vorm geven aan*** ⇒*ontwerpen, uitdenken; formuleren, uitdrukken; vormen, vervaardigen; verzinnen, zich inbeelden* **0.2** ***inlijsten*** ⇒*omlijsten, als achtergrond dienen voor* **0.3** ***het geraamte in elkaar zetten van*** ⇒*bouwen, construeren* **0.4** ⟨inf.⟩ ***erin luizen*** ⇒*in de val laten lopen, (opzettelijk) vals beschuldigen* ◆ **1.1** the government ~d a plan for fighting inflation *de regering ontwierp een plan voor de inflatiebestrijding* **1.4** the swindlers were ~d *de zwendelaars werden in de val gelokt* **1.¶** the results of the contest were ~d *de uitslag v.d. wedstrijd was doorgestoken kaart.*

frame house **0.1** ***huis met houtskelet*** ⇒*houten huis, huis in vakwerk.*

frame-up ⟨inf.⟩ **0.1** ***complot*** ⇒*gearrangeerde beschuldiging, valstrik.*

framework **0.1** ***geraamte*** ⇒*raam, gestel* **0.2** ***structuur*** ⇒*opbouw, kader.*

France [fra:ns] **0.1** ***Frankrijk.***

franchise[1] [fræntsjajz] ⟨zn.⟩ **0.1** ⟨vnl. the⟩ ***stemrecht*** ⇒*burgerrecht* **0.2** ⟨hand.⟩ ***concessie*** **0.3** ⟨hand.⟩ ***systeemlicentie.***

franchise[2] ⟨ww.⟩ **0.1** ⟨hand.; vooral AE⟩ ***concessie verlenen aan.***

franchisee [fræntsjajzie:] ⟨hand.⟩ **0.1** ***concessionaris.***

Franciscan [frænsiskən] **0.1** ⟨bn.⟩ ***franciscaans*** ⇒*franciscaner* **0.2** ⟨zn.⟩ ***franciscaan*** ⇒*minderbroeder.*

franco [frænkoo] ⟨hand.⟩ **0.1** ***franco*** ⇒*vrij* ◆ **1.1** ~ à bord *franco aan boord;* ~ domicile / dom(icilium) *franco (t)huis;* ~ frontier *franco grens;* ~ quay *franco langs boord;* ~ wagon *franco spoor/wagon.*

Franco-German **0.1** ***Frans-Duits.***

francophile [frængkəfajl] ⟨vaak F-⟩ **0.1** ***francofiel.***

frank[1] [frængk] ⟨bn.; -ness⟩ **0.1** ⟨+ with⟩ ***openhartig (tegen)*** ⇒*oprecht, eerlijk* **0.2** ⟨med.⟩ ***manifest.*** →**frankly.**

frank[2] ⟨ww.⟩ **0.1** ***frankeren*** **0.2** ***stempelen*** ⇒*automatisch frankeren.*

frankfurter [frængkfə:tə] **0.1** ***Frankfurter worstje.***

frankincense [frængkinsens] **0.1** ***wierookhars.***

frankingmachine ⟨BE⟩ **0.1** ***frankeermachine.***

franklin [frængklin] ⟨gesch.⟩ **0.1** ***vrije landeigenaar*** ⟨in Engeland in 14e en 15e eeuw⟩.

frankly [frængklie] **0.1** →**frank** **0.2** ***eerlijk gezegd*** ◆ **¶.2** ~, I don't like it *eerlijk gezegd vind ik het niet leuk.*

frantic [fræntik] ⟨-ally⟩ **0.1** ***dol*** ⇒*buiten zichzelf, uitzinnig, over z'n toeren* **0.2** ⟨inf.⟩ ***verwoed*** ⇒*extreem, paniekerig* ◆ **1.2** ~ efforts *verwoede pogingen* **3.1** the noise drove me ~ *het lawaai maakte me hoorndol* **5.1** ~ **with** pain *gek v.d. pijn.*

frappé [fræpee] **0.1** ***gefrappeerd*** ⇒*ijsgekoeld.*

fraternal [frətə:nl] **0.1** ***broederlijk*** ⟨ook fig.⟩ ⇒*broeder-, vriendelijk* ◆ **1.¶** ~ twins *twee-eiige tweelingen.*

fraternit|y [frətə:nətie] ⟨mv.: -ies⟩ **I** ⟨n.-telb.zn.⟩ **0.1** ***broederlijkheid*** ⇒*broederschap, het broeder zijn;*
II ⟨zn.; ww. enk. of mv.⟩ **0.1** ***broederschap*** ⇒*kloostergemeenschap, kloosterorde v. broeders* **0.2** ***genootschap*** ⇒ *broederschap, vereniging* **0.3** ⟨AE⟩ ***studentencorps*** ⇒*studentenclub/sociëteit* ⟨voor mannen⟩ ◆ **1.2** the medical ~ *de medische stand.*

fraternization, -sation [frætənajzeesjn] **0.1** ***verbroedering.***

fraternize, -ise [frætənajz] **0.1** ***zich verbroederen.***

fratricide [frætrissajd] **0.1** ***broeder/zustermoord*** **0.2** ***broeder/zustermoordenaar.***

fraud [fro:d] **0.1** ***bedrog*** ⇒*fraude, zwendel* **0.2** ***bedrieger*** ⇒ *oplichter, fraudeur* **0.3** ***vervalsing*** ⇒*bedriegerij, oplichterij.*

fraud squad **0.1** ***(afdeling) fraudebestrijding*** ⟨bij politie⟩.

fraudster [fro:dstə] **0.1** ***zwendelaar*** ⇒*oplichter, bedrieger, flessentrekker.*

fraudul|ent [fro:djoelənt] ⟨zn.: **-ence**⟩ **0.1** ***bedrieglijk*** ⇒ *frauduleus, vals.*

fraught [fro:t] **0.1** ***vol*** ⇒*beladen* **0.2** ⟨inf.⟩ ***bezorgd*** ◆ **6.1** the journey was ~ **with** danger *het was een reis vol gevaren.*

fray[1] [free] ⟨zn.; vnl. the⟩ **0.1** ***strijd*** ⇒*gevecht, twist* ◆ **2.1** eager for the ~ *strijdlustig;* ready for the ~ *klaar voor de strijd.*

fray[2] **I** ⟨onov.ww.⟩ **0.1** ***rafelen*** ⇒*uitrafelen, verslijten* ◆ **1.1** ~ed cuffs *gerafelde/doorgesleten manchetten;*
II ⟨ov.ww.⟩ **0.1** ***rafelen*** ⇒*uitrafelen* **0.2** ***verzwakken*** ⇒ *uitputten* ◆ **1.2** ~ed nerves *overbelaste/uitgeputte zenuwen;* a ~ed temper *een geprikkeld humeur.*

frazzle [fræzl] ⟨zelden mv.⟩⟨inf.⟩ ◆ **6.¶** burnt **to** a ~ *helemaal uit/opgebrand, totaal verkoold;* worn **to** a ~ *tot op de draad versleten;* ⟨fig.⟩ *totaal uitgeput.*

freak[1] [frie:k] ⟨zn.⟩ **0.1** ***gril*** ⇒*kuur, nuk* **0.2** ***rariteit*** ⇒*uitzonderlijk/abnormaal verschijnsel* **0.3** ***misvormd dier*** ⇒ *wangedrocht, monster* **0.4** ***zonderling*** ⇒*excentriekeling, hippie* **0.5** ⟨inf.⟩ ***fan(aticus)*** ⇒*freak, fanaat* ◆ **1.3** a ~ of nature *een speling der natuur, een misvormd dier/mens/plant.*

freak[2] ⟨bn.⟩ **0.1** ***abnormaal*** ⇒*uitzonderlijk, ongewoon* ◆ **1.1** ~ weather *vreemd/typisch weer.*

freakish [frie:kisj] ⟨-ness⟩ **0.1** ***vreemd*** ⇒*ongewoon, grillig.*
freak out ⟨inf.⟩ **I** ⟨onov.ww.⟩ **0.1** ***opgewonden raken (onder invloed van drugs)*** ⇒*hallucinaties krijgen, uitfreaken;* **II** ⟨ov.ww.⟩ **0.1** ***onder invloed van drugs brengen*** ⇒*hysterisch maken* ◆ **1.1** the pop star freaked out the audience *de popster bracht het publiek tot hysterie.*
freak-out ⟨inf.⟩ **0.1** ***trip*** ⇒*opwinding* **0.2** ***drugsverslaafde*** ⇒*junkie.*
freckle [frekl] **0.1** ***sproet*** ⇒*zomersproet.*
freckled **0.1** ***sproeterig*** ◆ **1.1** a ~d nose *een neus vol sproeten.*
free[1] [frie:] ⟨bn.; freer⟩ **0.1** ***vrij*** ⇒*onafhankelijk, onbelemmerd* **0.2** ***vrij*** ⇒*gratis, belastingvrij* **0.3** ***vrij*** ⇒*zonder staatsinmenging* **0.4** ***vrij*** ⇒*niet bezet, niet in gebruik; niet vast, los; leeg;* ⟨nat.⟩ *in vrije toestand, ongebonden* **0.5** ***vrijmoedig*** ⇒*vrijpostig* **0.6** ***vrijgevig*** ⇒*gul, royaal* ◆ **1.1** a ~ agent *iem. die vrij/onafhankelijk kan handelen;* Free Church *non-conformistische Kerk;* ~ fall *vrije val* ⟨zonder parachute⟩; ~ fight *algemeen gevecht;* give/allow s.o. a ~ hand *iem. de vrije hand laten;* ⟨BE⟩ ~ house *niet aan een brouwerij gebonden café;* ⟨voetbal⟩ ~ kick *vrije schop/trap;* give ~ rein(s) to *de vrije teugel laten aan;* ~ speech *vrijheid v. meningsuiting;* ~ thought *vrijdenkerij;* ⟨sport, ihb. basketbal⟩ ~ throw *vrije worp;* ~ verse *vrij vers;* ⟨tech.⟩ ~ wheel *freewheel, vrijloop;* ~ will *vrije wil* **1.2** ~ allowance *toegestane hoeveelheid bagage* ⟨in vliegtuig e.d.⟩; carriage ~ *franco;* a ~ pass *een vrij reisbiljet/vrijkaartje;* ~ port *vrije haven, vrijhaven* **1.3** ~ enterprise *(de) vrije onderneming;* ~ trade *(de) vrije handel, (de) vrijhandel* **1.4** is this seat ~? *is deze plaats vrij?* **1.¶** ~ pardon *gratie(verlening)* **2.5** ~ and easy *ongedwongen, zorgeloos* **3.1** you are ~ to do what you like *je mag doen wat je wil;* feel ~ to do sth. *iets met een gerust hart (kunnen) doen;* make s.o. ~ of sth. *iets delen met iem., iem. de beschikking geven over iets;* set ~ *vrijlaten, in vrijheid stellen* **3.5** make ~ with *te vrij/schaamteloos gebruik maken van, (te) vrij omgaan met* **6.1** ~ **from** care *vrij van zorgen, onbekommerd;* ~ **of** charge *gratis, kosteloos;* ~ **of** tax *belastingvrij* **6.2** ⟨AE; inf.⟩ **for** ~ *gratis, voor niets* **6.6** he is ~ **with** his money *hij springt kwistig met zijn geld om.*
free[2] ⟨ww.⟩ **0.1** ***bevrijden*** ⇒*vrijlaten* **0.2** ***verlossen*** ⇒*losmaken, vrijstellen* ◆ **1.2** she couldn't ~ herself of that idea *ze kon zich niet van dat idee losmaken* **6.2** the grant ~d him **from** all financial worries *de toelage verloste hem van al zijn financiële zorgen.*
free[3] ⟨bw.⟩ **0.1** ***vrij*** ⇒*los, ongehinderd* **0.2** ***gratis*** **0.3** ⟨hand.⟩ ***franco*** ◆ **1.3** ~ on board *vrij/franco aan boord;* ~ alongside ship *franco/vrij langs boord;* ~ delivered *franco (t)huis;* ~ on rail/truck *franco spoor/wagon* **3.1** the dogs ran ~ *de honden liepen los.*
freebie, freebee [frie:bie:] ⟨AE; inf.⟩ **0.1** ***weggevertje*** ⇒*krijgertje.*
freebooter [frie:boe:tə] **0.1** ***vrijbuiter*** ⟨vaak fig.⟩ ⇒*kaper, boekanier.*
freeborn **0.1** ***vrijgeboren.***
freed|man [frie:dmən] ⟨mv.: -men [-mən]⟩ ⟨gesch.⟩ **0.1** ***vrijgemaakte (slaaf).***
freedom [frie:dəm] **0.1** ***vrijheid*** ⇒*onafhankelijkheid* **0.2** ***vrijheid*** ⇒*voorrecht(en), privilege(s)* **0.3** ***vrijstelling*** ⇒*ontheffing, vrijwaring* ◆ **1.1** ~ of the press *persvrijheid;* ~ of speech *vrijheid v. meningsuiting* **1.2** he was given the ~ of the city *hij verkreeg de burgerrechten/het ereburgerschap v.d. stad;* I enjoy the ~ of his library *ik heb de (vrije) beschikking over zijn bibliotheek* **3.3** obtain s.o.'s ~ *iemands vrijlating verkrijgen* **6.3** ~ **from** fear *vrij zijn van angst.*
free-fire zone ⟨mil.⟩ **0.1** ***vuurlijn*** ⇒*vuurlinie, bombardementszone.*
free-floating **0.1** ***zwevend*** ⇒*onbestemd, besluiteloos* ◆ **1.1** ~ fear *vage/onverklaarbare angst.*
freefone, freephone [frie:foon] ⟨vaak F-⟩ ⟨BE⟩ **0.1** ***het gratis bellen*** ⟨bv. naar 06-nummer⟩.
free-for-all [frie:fəro:l] ⟨inf.⟩ **0.1** ***algemene ruzie*** ⇒*algemeen gevecht.*
freehand **0.1** ***uit de vrije hand*** ⇒*uit de losse pols* ◆ **3.1** I can't draw ~ *ik kan niet uit de vrije hand tekenen.*
freehanded ⟨-ness⟩ **0.1** ***vrijgevig*** ⇒*royaal, gul.*
free hit ⟨hockey⟩ **0.1** ***vrije slag.***
freehold [frie:hoold] **0.1** ⟨bn.⟩ ***in volledig eigendom*** **0.2** ⟨zn.⟩ ***volledig eigendomsrecht*** ⇒*volledig (onvervreemdbaar) eigendom, vrij bezit.*
freeholder [frie:hooldə] **0.1** ***(vrije/volledige) eigenaar.***
free lance [frie:la:ns], ⟨in bet. 0.2 vnl.⟩ **free-lancer** [-sə] **0.1** ⟨bn.⟩ ***freelance*** ⇒*onafhankelijk, zelfstandig* **0.2** ⟨zn.⟩ ***freelancer*** ⇒*onafhankelijk journalist/auteur/medewerker* ⟨enz.⟩.
free-lance **0.1** ***freelance werken*** ⇒*als freelancer werken/schrijven* ⟨enz.⟩.
free-liver [frie:livvə] **0.1** ***levensgenieter.***
free-living **0.1** ***van het leven genietend*** ⇒*van het goede leven houdend.*
freeload [frie:lood] ⟨sl.⟩ **0.1** ***klaplopen*** ⇒*bietsen.*
freeloader [frie:loodə] ⟨sl.⟩ **0.1** ***klaploper*** ⇒*profiteur, bietser.*
freely [frie:lie] **0.1** ***vrij(elijk)*** ⇒*openlijk, ongehinderd* **0.2** ***overvloedig*** ⇒*rijkelijk* ◆ **3.2** bleed ~ *erg bloeden;* give ~ *gul geven.*
free|man [frie:mən] ⟨mv.: -men [-mən]⟩ **0.1** ***vrij man*** **0.2** ***ereburger.***
freemason ⟨vaak F-⟩ **0.1** ***vrijmetselaar.***
freemasonry **0.1** ⟨vaak F-⟩ ***vrijmetselarij*** **0.2** ***saamhorigheidsbesef*** ⇒*kameraadschap.*
freephone →**freefone.**
free port **0.1** ***vrijhaven*** ⇒*vrije haven.*
freepost ⟨vaak F-⟩ ⟨BE⟩ **0.1** ***antwoordnummer*** ◆ **1.¶** ~ no. 1111 *antwoordnummer 1111.*
free-range **0.1** ***scharrel-*** ◆ **1.1** ~ eggs *scharreleieren.*
free school **0.1** ***vrije school*** ⇒*school op antroposofische grondslag.*
freesheet **0.1** ***huis-aan-huisblad*** ⇒*gratis krantje.*
freesia [frie:ziə] **0.1** ***fresia.***
free skating ⟨sport⟩ **0.1** ***(het) vrijrijden.***
free-spoken **0.1** ***vrijmoedig.***
freestanding **0.1** ***vrijstaand*** ⇒*vrij, losstaand.*
free state **0.1** ***vrijstaat.***
freestone **0.1** ***(soort) zandsteen*** ⇒*kalksteen.*
freestyle **0.1** ⟨zwemsport⟩ ***vrije slag*** ⇒*(borst)crawl* **0.2** ⟨worstelen e.d.⟩ ***vrije stijl.***
freestyle relay ⟨zwemsport⟩ **0.1** ***vrijeslagestafette.***
freethinker **0.1** ***vrijdenker.***
freethinking **0.1** ***vrijdenkerij.***
freeway ⟨AE⟩ **0.1** ***snelweg*** ⇒*autoweg.*
freewheel **0.1** ***freewheelen*** ⟨ook fig.⟩ ⇒*fietsen zonder te trappen, uitrijden.*
freewill **0.1** ***vrijwillig*** ◆ **1.1** a ~ offering *een vrijwillige bijdrage.*
freeze[1] [frie:z] ⟨zn.⟩ **0.1** ***vorst*** ⇒*vorstperiode* **0.2** ⟨vaak als tweede lid v. samenstellingen⟩ ***bevriezing*** ⇒*blokkering, opschorting* ◆ **1.2** a wage ~ *een loonstop* **2.1** the big ~ *de strenge vorst.*
freeze[2] ⟨froze [frooz], frozen [froozn]⟩ **I** ⟨onov.ww.⟩ **0.1** ***vriezen*** ◆ **4.1** it is freezing in here *het is hier om te bevriezen;*

II ⟨onov. en ov.ww.⟩ **0.1** ***bevriezen*** *⇒dood/kapotvriezen, vastvriezen* **0.2** ***bevriezen*** ⟨ook fig.⟩ *⇒verstijven, ijzig behandelen/reageren* **0.3** ⟨vaak +over/up⟩ ***bevriezen*** *⇒ dichtvriezen* **0.4** ***invriezen*** ◆ **1.2** make one's blood ~ *het bloed in de aderen doen stollen;* ~ to death *doodvriezen;* she froze (up) at the remark *ze verstijfde bij het horen v.d. opmerking* **1.4** do strawberries ~ well? *kun je aardbeien makkelijk invriezen?* **4.4** I am freezing/I am frozen *ik zie blauw v.d. kou* **5.2** ~ **out** ⟨inf.⟩ *uitsluiten;* ⟨AE; inf.⟩ be frozen **out** *door de vorst afgelast worden;* the actors froze **up** *de acteurs waren verlamd (v.d. zenuwen)* **6.1** the driver froze **to** the wheel *de bestuurder zat als (vast)gekluisterd aan het stuur;* frozen **with** fear *verstijfd v. angst;*
III ⟨ov.ww.⟩⟨ec.⟩ **0.1** ***bevriezen*** *⇒opschorten* ◆ **1.1** the government froze all contracts *de regering bevroor alle contracten.*

freeze-dr|y ⟨-ied⟩ **0.1** ***vriesdrogen.***

freeze-frame **0.1** ***stilstaand beeld*** *⇒filmfoto* **0.2** ***mogelijkheid om het beeld stil te zetten*** ⟨op video⟩.

freezer [frie:zə] **0.1** ***diepvries*** *⇒diepvriezer* **0.2** ***vriesvak*** ◆ **3.1** ⟨fig.⟩ put sth. in the ~ *iets in de ijskast zetten.*

freezing[1] [frie:zing] ⟨zn.⟩⟨inf.⟩ **0.1** ***vriespunt*** *⇒0° C, 32° F* ◆ **6.1** six degrees **below** ~ *zes graden onder het vriespunt/nul.*

freezing[2] ⟨bn.⟩ **0.1** ***ijzig*** *⇒ijskoud, kil* ⟨ook fig.⟩.

freezing compartment **0.1** ***vriesvak.***

freezing point **0.1** ***vriespunt*** *⇒0° C, 32° F* ◆ **3.1** the temperature has dropped to ~ *de temperatuur is tot het vries/nulpunt gezakt.*

freight[1] [freet], ⟨in bet. 0.1 en 0.2 ook⟩ **freightage** [freetidzj] ⟨zn.⟩ **0.1** ***vracht(goed/goederen)*** **0.2** ***vrachtprijs*** **0.3** ⟨AE⟩ ***goederentrein.***

freight[2] ⟨ww.⟩ **0.1** ***bevrachten*** *⇒(be)laden* **0.2** ***als vracht verzenden.***

freight car ⟨AE⟩ **0.1** ***goederenwagon.***

freight charges **0.1** ***vervoerkosten*** *⇒transportkosten.*

freighter [freetə] **0.1** ***vrachtschip*** **0.2** ***vrachtvliegtuig.***

freightliner **0.1** ***(vracht)containertrein.***

freighttrain ⟨AE⟩ **0.1** ***goederentrein.***

French[1] [frentsj] **I** ⟨eig.n.⟩ **0.1** ***Frans*** *⇒de Franse taal;*
II ⟨mv.; ww. steeds mv.; the⟩ **0.1** ***de Fransen.***

French[2] ⟨bn.⟩ **0.1** ***Frans*** ◆ **1.1** ~ bread/loaf *stokbrood* **1.¶** ⟨BE⟩ ~ bean *sperzie/sla/prinsessenboon;* ~ chalk *kleermakerskrijt;* ⟨AE⟩ ~ doors *openslaande (tuin/balkon)deuren;* ~ dressing *vinaigrette* ⟨met olie en azijn⟩; ⟨AE⟩ ~ fried potatoes, ⟨inf.⟩ ~ fries *patat, friet, patates frites;* ~ kiss *tongzoen;* take ~ leave *er tussenuit knijpen;* ⟨BE; inf.⟩ ~ letter *condoom, kapotje;* ~ windows *openslaande (tuin/balkon/terras)deuren.*

French|man [frentsjmən]⟨mv.: -men [-mən]⟩ **0.1** ***Fransman.***

Frenchwoman **0.1** ***Française*** *⇒Franse.*

frenetic, phrenetic [frinnettik] ⟨-ally⟩ **0.1** ***dol*** *⇒razend, als een bezetene* ◆ **1.1** a ~ attempt *een krampachtige/verwoede poging.*

frenzied [frenzied] **0.1** ***waanzinnig*** *⇒dol, opgewonden* ◆ **1.1** a ~ attack *een heftige aanval;* ~ shouts of joy *wildenthousiaste/uitzinnige vreugdekreten.*

frenzy [frenzie] ⟨geen mv.⟩ **0.1** ***(vlaag van) waanzin*** *⇒razernij, staat van opwinding* ◆ **1.1** a ~ of despair *een vlaag v. wanhoop;* in a ~ of delight *dol/uitzinnig v. vreugde.*

frequenc|y [frie:kwənsie] ⟨mv.: -ies⟩ **0.1** ***frequentie*** *⇒(herhaald/regelmatig) voorkomen* **0.2** ⟨nat.⟩ ***frequentie*** *⇒trillingsgetal, periodetal* **0.3** ⟨radio⟩ ***frequentie*** *⇒golflengte* ◆ **1.1** the ~ of his pulse seems normal *(het ritme/de snelheid v.) zijn pols lijkt normaal.*

frequency band ⟨radio⟩ **0.1** ***frequentieband*** *⇒frequentiegebied.*

frequency modulation ⟨radio⟩ **0.1** ***frequentiemodulatie*** *⇒ FM.*

frequent[1] [frie:kwənt] ⟨bn.⟩ **0.1** ***frequent*** *⇒herhaaldelijk/vaak voorkomend, veelvuldig* ◆ **1.1** a ~ caller *een regelmatig bezoeker.*

frequent[2] [friekwent] ⟨ww.⟩ **0.1** ***frequenteren*** *⇒regelmatig/vaak bezoeken.*

fresco [freskoo] ⟨mv.: ook -es⟩ **0.1** ⟨zn.⟩ ***fresco*** *⇒(de) techniek v.h. fresco, schilderen* **0.2** ⟨ww.⟩ ***met fresco's beschilderen*** ◆ **6.1** **in** ~ *in/al fresco.*

fresh [fresj] ⟨-ness⟩ **0.1** ***vers*** *⇒pas gebakken, vers geplukt* ⟨enz.⟩ **0.2** ***nieuw*** *⇒ander, recent* **0.3** ***zoet*** ⟨v. water⟩ *⇒niet brak* **0.4** ***zuiver*** *⇒helder, levendig* **0.5** ***fris*** *⇒koel, nogal koud* **0.6** ***gezond*** *⇒fit, levenslustig* **0.7** ***onervaren*** *⇒ nieuw, groen* **0.8** ⟨inf.⟩ ***brutaal*** *⇒voortvarend, flirterig* ◆ **1.1** ~ paint! *nat!; pas geverfd!;* a ~ pot of tea *een pot versgezette thee* **1.2** a ~ attempt *een nieuwe/hernieuwde poging;* there's been no ~ news of the elections *er is geen recent nieuws over de verkiezingen* **1.3** some fish can only be found in ~ water *sommige vissoorten vind je alleen in zoet water* **1.4** ~ air *frisse/zuivere lucht;* ~ colours *heldere/frisse kleuren;* ~ memories *levendige herinneringen* **1.5** ⟨meteo.⟩ a ~ breeze *een frisse bries* ⟨windkracht 5⟩ **1.6** as ~ as a daisy *zo fris als een hoentje* **1.¶** break ~ ground *baanbrekend werk verrichten* **6.1** ~ **from** the oven *zo uit de oven, ovenvers* **6.7** he is ~ **to** the job *hij is nieuw/nog groen in het vak* **6.8** the young doctor was ~ **with** the nurses *de jonge dokter kon de verpleegsters niet met rust laten.*

fresh- **0.1** ***pas*** *⇒vers* ◆ **3.1** fresh-caught fish *versgevangen vis.*

freshen [fresjn] ⟨meteo.⟩ **0.1** ***in kracht toenemen*** *⇒aanwakkeren.*

freshen up **I** ⟨onov.ww.⟩ **0.1** ***zich verfrissen*** **0.2** ***opfleuren*** *⇒opleven;*
II ⟨ov.ww.⟩ **0.1** ***opfrissen*** *⇒(doen) opfleuren, verfrissen* **0.2** ⟨wk. ww.⟩ ***zich opfrissen*** *⇒zich verfrissen.*

fresher [fresjə] ⟨inf.⟩ **0.1** ***eerstejaars(student)*** *⇒groene.*

freshet [fresjit] **0.1** ***zoetwaterstroom*** *⇒helder riviertje; stroompje.*

fresh|man [fresjmən]⟨mv.: -men [-mən]⟩ **0.1** ***eerstejaars(student)*** *⇒groene.*

freshwater **0.1** ***zoetwater-*** ◆ **1.1** ~ fish *zoetwatervissen.*

fret[1] [fret] ⟨zn.⟩ **0.1** ***lijstwerk*** *⇒sierwerk* **0.2** ⟨inf.⟩ ***(staat v.) ongerustheid*** *⇒paniek* ◆ **6.2** Mom gets **in** a ~ whenever Dad's late *moeder raakt altijd in alle staten als vader laat thuiskomt.*

fret[2] ⟨-ted⟩ **I** ⟨onov.ww.⟩ **0.1** ***zich ergeren*** *⇒zich opvreten (van ergernis), zich zorgen maken* **0.2** ***invreten*** *⇒knagen* ⟨ook fig.⟩ ◆ **6.1** what's he ~ting **about**? *waar zit hij over te kniezen?;* the child is ~ting **for** its mother *het kind zit om z'n moeder te zeuren* **6.2** the noise ~ted **at** his nerves *het geluid werkte op z'n zenuwen;*
II ⟨ov.ww.⟩ **0.1** ***ergeren*** *⇒ongerust maken, aanvreten* **0.2** ***invreten (op)*** *⇒stukwrijven, openschuren* **0.3** ***versieren met snijwerk*** ◆ **1.1** financial troubles ~ted him *hij werd door financiële problemen geplaagd* **1.2** the acid ~ted the metal *het zuur vrat in op het metaal.*

fretful [fretfl] ⟨-ness⟩ **0.1** ***kribbig*** *⇒geïrriteerd, zeurderig.*

fretsaw [fretso:] **0.1** ***figuurzaag*** *⇒schrobzaag.*

fretwork [fretwə:k] **0.1** ***sierzaagwerk*** *⇒snijwerk, uitgezaagd werk* **0.2** ***netwerk.***

Freudian [frojdiən] **0.1** ***freudiaans*** ◆ **1.1** a ~ slip *een freudiaanse verspreking.*

friab|le [frajjəbl] ⟨zn.: **-ility**⟩ **0.1** ***bros*** ⇒*brokkelig, kruimelig* ◆ **1.1** ~ soil *rulle, pulverige grond.*
friar [frajjə] **0.1** ***monnik*** ⇒*broeder.* →**grey.**
friar|y [frajjərie] ⟨mv.: -ies⟩ **0.1** ***(monniken)klooster.***
fricassee [frikkəsie:, frikkəsie:] ⟨cul.⟩ **0.1** ***fricassee.***
friction [friksjn] **0.1** ***wrijving*** ⟨ook fig.⟩ ⇒*frictie, onenigheid.*
Friday [frajdie, -dee] **0.1** ⟨zn. en bw.⟩ ***vrijdag.*** →**Monday** voor voorbeelden.
fridge [fridzj] ⟨verk.⟩ [refrigerator] ⟨BE; inf.⟩ **0.1** ***koelkast*** ⇒ *ijskast.*
fried[1] [frajd] ⟨bn.⟩ **0.1** ***gebakken*** ◆ **1.1** ~ egg *spiegelei.*
fried[2] ⟨verl. t. en volt. deelw.⟩ →**fry.**
friend [frend] **0.1** ***vriend(in)*** ⇒*kameraad, kennis, collega* **0.2** ***vriend(in)*** ⇒*voorstander/ster, liefhebber/ster* ◆ **1.1** deserted by ~ and foe alike *door vriend en vijand in de steek gelaten;* ~s in high places *goede relaties* **1.¶** the Society of Friends *de quakers;* Friends of the Earth *Vrienden der Aarde* ⟨milieugroepering⟩ **2.1** my learned/honourable ~ *geachte collega* **3.1** after their quarrel they made ~s again *na hun ruzie legden ze het weer bij;* make ~s with s.o. *bevriend raken met* **6.2** he's been a good ~ **to** us *hij is een grote steun voor ons geweest* **¶.1** ⟨sprw.⟩ a ~ in need (is a friend indeed) *in nood leert men zijn vrienden kennen.*
friendless [fren(d)ləs] ⟨-ness⟩ **0.1** ***zonder vrienden.***
friendl|y [fren(d)lie] ⟨bw.: in a friendly manner; -iness⟩ **0.1** ***vriendelijk*** ⇒*welwillend, aardig* **0.2** ***vriendschappelijk*** ⇒*bevriend, gunstig gezind* ◆ **1.2** ~ match *vriendschappelijke wedstrijd;* ~ nations *bevriende naties;* he accepted the advice in a ~ spirit *hij nam de raad goedmoedig op* **6.2** he was never ~ **to** change *hij is nooit erg op verandering gesteld geweest;* John is very ~ **with** his neighbours *Jan gaat erg vriendschappelijk met zijn buren om* **¶.2** they had a row yesterday, but they're ~ again today *ze hadden gisteren ruzie, maar hebben het vandaag weer bijgelegd.*
friendly society ⟨vaak F- S-⟩⟨vnl. BE⟩ **0.1** ***vereniging voor onderlinge bijstand*** ⟨bij ziekte e.d.⟩.
friendship [fren(d)sjip] **0.1** ***vriendschap.***
frier →**fryer.**
Friesian [frie:zjn] →**Frisian.**
frieze [frie:z] ⟨bouwk.⟩ **0.1** ***fries*** **0.2** ***fries*** ⇒*sierlijst* ⟨versierde strook tegen plafond; ook op vaas e.d.⟩.
frigate [frigət] **0.1** ⟨ook gesch.⟩ ***fregat.***
frigging [friging] ⟨sl.⟩ **0.1** ***verdomd*** ⇒*verrekt, klote-* ◆ **1.1** you ~ bastard! *vuile klootzak!*
fright [frajt] **0.1** ***angst*** ⇒*vrees, schrik* **0.2** ⟨inf.⟩ ***iets/iem. om bang van te worden*** ◆ **3.1** get (a) ~ *(opeens) bang worden;* give a ~ *de schrik op 't lijf jagen* **3.2** you look a ~ with that hat on *met die hoed zie je er uit als een vogelverschrikker* **6.1** he took ~ **at** the sight of the officer *de schrik sloeg hem om 't hart toen hij de politieagent zag.*
frighten [frajtn] **0.1** ***bang maken*** ⇒*doen schrikken, afschrikken* ◆ **1.1** ⟨vnl. pass.⟩ ~ s.o. to death *iem. de stuipen op het lijf jagen;* we were ~ed to death *we schrokken ons dood* **5.1** ~ **away/off** *afschrikken, wegjagen* **6.1** be ~ed **at** the thought *bang bij de gedachte worden;* be ~ed **of** snakes *bang voor slangen zijn.*
frightening [frajtning] **0.1** ***angstaanjagend*** ⇒*vreselijk, schrikwekkend.*
frightful [frajtfl] ⟨-ness⟩ **0.1** ***angstaanjagend*** ⇒*vreselijk, afschuwelijk* ◆ **1.1** he's a ~ drinker *hij drinkt afschuwelijk/angstwekkend veel;* a ~ experience *een vreselijke ervaring* **2.1** I am ~ly late *ik ben vreselijk laat.*
frigid [fridzjid] ⟨zn.: **-ity**⟩ **0.1** ***koud*** ⟨ook fig.⟩ ⇒*koel, onvriendelijk* **0.2** ***frigide*** ◆ **1.1** a ~ welcome *een kille begroeting.*
frill [fril] **0.1** ***volant*** ⇒*(sier)strook* **0.2** ⟨dierk.⟩ ***kraag*** ⇒ *krans v. veren/haar* ⟨rond hals⟩ **0.3** ⟨vnl. mv.⟩ ***franje*** ⟨ook fig.⟩ ⇒*fraaiigheden, kouwe drukte* **0.4** ⟨conf.⟩ ***ruche.***
frill|y [frillie] ⟨-iness⟩ **0.1** ***met (veel) roesjes/kantjes/(sier)strookjes*** **0.2** ⟨inf.⟩ ***met (overdadig) veel tierelantijntjes*** ⇒*bloemrijk* ⟨taalgebruik⟩.
fringe[1] [frindzj] ⟨zn.⟩ **0.1** ***franje*** **0.2** ***rand*** ⇒*(buiten)kant, periferie* **0.3** ***randgroepering*** ⇒*randverschijnsel* **0.4** ***pony*** ⇒*ponyhaar* ◆ **1.2** there was a ~ of trees round the pond *de vijver was door bomen omgeven* **1.3** the ~s of society *de zelfkant v.d. maatschappij.* →**lunatic.**
fringe[2] ⟨ww.⟩ **0.1** ***met franjes versieren*** **0.2** ***omzomen*** ◆ **6.2** a pond ~d **with** rosebeds *een vijver door rozenperken omzoomd/omgeven.*
fringe benefit ⟨vnl. mv.⟩ **0.1** ***secundaire arbeidsvoorwaarde*** ⇒*emolumenten, extraatjes.*
fringe theatre **0.1** ***alternatief theater.***
fripper|y [frippərie] ⟨vaak mv.; mv.: -ies⟩ **0.1** ***snuisterij*** ⇒ *prul, franje.*
frisbee, frisby [frizbie] **0.1** ***frisbee.***
Frisian, Friesian [frizziən] **0.1** ⟨bn.⟩ ***Fries*** **0.2** ⟨eig.n.⟩ ***Fries*** ⟨taal⟩ **0.3** ⟨telb. zn.⟩ ***Fries*** **0.4** ⟨telb. zn.; vnl. BE⟩ ***zwartbonte (koe).***
frisk [frisk] **I** ⟨onov.ww.⟩ **0.1** ***dartelen*** ⇒*huppelen, springen;* **II** ⟨ov.ww.⟩ **0.1** ⟨inf.⟩ ***fouilleren.***
frisk|y [friskie] ⟨-iness⟩ **0.1** ***dartel*** ⇒*vrolijk, speels.*
fritter [frittə] **0.1** ***beignet.***
fritter away **0.1** ***verkwisten*** ⇒*verspillen.*
frivolit|y [frivvollətie] ⟨mv.: -ies⟩ **0.1** ***frivoliteit*** ⇒*lichtzinnigheid* **0.2** ***onnozele opmerking/daad.***
frivolous [friv(ə)ləs] ⟨-ness⟩ **0.1** ***onbelangrijk*** ⇒*pietluttig, onnozel* **0.2** ***frivool*** ⇒*lichtzinnig.*
frizz[1] [friz] ⟨zn.⟩⟨inf.⟩ **0.1** ***kroeskop*** ⇒*kroeshaar, krul(len)* ◆ **1.1** a ~ of black hair *een zwarte kroeskop.*
frizz[2] **I** ⟨onov.ww.⟩ **0.1** ***kroezen*** ⇒*kroes worden;* **II** ⟨ov.ww.⟩ **0.1** ***friseren*** ⇒*kroezend maken, doen krullen.*
frizzle [frizl] **I** ⟨onov.ww.⟩ **0.1** ***krullen*** ⇒*kroezen* **0.2** ***sissen*** ⇒*knetteren* ⟨in de pan⟩; **II** ⟨ov.ww.⟩ **0.1** ***friseren*** ⇒*kroezend maken, doen krullen* **0.2** ***laten sissen*** ⇒*laten knetteren* ⟨in de pan⟩, *braden, bakken* ◆ **5.1** ~ **up** *friseren.*
frizz|y [frizzie] ⟨-ier⟩ **0.1** ***gekroesd*** ⇒*sterk gekruld.*
fro [froo] →**to.**
frock [frok] **0.1** ***jurk*** ⇒*japon* **0.2** ***pij*** ⟨ook fig.⟩ ⇒*habijt, toga.*
frock coat **0.1** ***geklede, lange jas*** ⟨19e eeuw⟩.
frog [frog] **0.1** ***kikker*** ⇒*kikvors* **0.2** ⟨bel.⟩ ***fransoos*** ⇒*Fransman* ◆ **3.¶** have a ~ in one's throat *een kikker in de keel hebben.*
frogg|y [frogie] ⟨mv.: -ies⟩ **0.1** ***kikkertje*** **0.2** ⟨bel.⟩ ***fransoos.***
frog|man [frogmən]⟨mv.: -men [-mən]⟩ **0.1** ***kikvorsman.***
frog-march **0.1** ***(met vier man) bij armen en benen pakken en voortslepen*** ⟨met het gezicht naar beneden: een gevangene⟩ **0.2** ***bij de armen pakken en voortduwen.***
frogspawn **0.1** ***kikkerdril*** ⇒*kikkerrit.*
frolic[1] [frollik] ⟨zn.⟩ **0.1** ***pret*** ⇒*lol, gekheid* ◆ **1.1** the little boys were having a ~ *de jongetjes waren aan het stoeien.*
frolic[2] ⟨ww.; -ked⟩ **0.1** ***(rond)dartelen*** ⇒*rondhossen* **0.2** ***pret/plezier maken.***
frolicsome [frolliksəm] **0.1** ***vrolijk*** ⇒*speels, dartel.*
from [frəm, ⟨sterk⟩ from] **0.1** ⟨begin- of vertrekpunt; ook fig., bv. oorzaak of oorsprong⟩ ***van*** ⇒*vanaf, vanuit* **0.2** ⟨afstand of verwijdering; ook fig.⟩ ***(weg) van*** ⇒*van ... vandaan, van ... weg* ◆ **1.1** people ~ America *mensen uit Amerika;* ~ childhood *van kindsbeen af;* two years ~ that day *twee jaren vanaf die dag (gerekend);* ~ one day to the next *van de ene dag op de andere;* ~ 3 to 6 days *3 tot 6 dagen;*

judge ~ the facts *oordelen naar de feiten;* speak ~ the heart *(recht) uit het hart spreken;* I heard ~ Mary *ik heb bericht gekregen van Mary;* recite ~ memory *uit het geheugen opzeggen;* paint ~ nature *schilderen naar de natuur* **2.1** ~ bad to worse *van kwaad tot erger* **2.2** free ~ *vrij van* **4.1** tell her this ~ me *zeg haar dit namens mij* **5.1** ~ far and near *van heinde en verre;* (in) a week ~ now *over een week;* ~ now on, as ~ now *van nu af aan.*

frond [frond] **0.1** ***varenblad.***

front[1] [frunt] ⟨zn.⟩ **0.1** ***voorkant*** ⇒*voorzijde, voorste gedeelte* **0.2** ⟨mil.⟩ ***front*** ⟨ook fig.⟩ ⇒*gevechtslinie* **0.3** ***façade*** ⟨ook fig.⟩ ⇒*schijn; dekmantel, stroman* **0.4** ***(strand)boulevard*** ⇒*promenade langs het strand/de rivier* **0.5** ***lef*** ⇒ *brutaliteit* **0.6** ⟨meteo.⟩ ***front*** **0.7** ***front(je)*** ⇒*halfhemdje* **0.8** ***(vals) haarstuk*** **0.9** ***schouwburg(zaal)*** ◆ **1.1** the ~ of the church *de voorkant v.d. kerk* **2.3** show/put on a bold ~ *zich moedig voordoen* **3.1** come to the ~ *naar voren komen* **3.2** go to the ~ *naar het front gaan* **3.3** he has to maintain a ~ *hij moet de schijn ophouden* **3.5** have the ~ to do sth. *het lef hebben om iets te doen* **6.1** the driver sits **in** (the) ~ *de bestuurder zit voorin;* **in ~ of** *voor, in aanwezigheid van* **6.3** the restaurant serves as a ~ **for** drug-trafficking *het restaurant dient als dekmantel voor handel in drugs* **7.2** on all ~s *op alle fronten, in alle opzichten.*

front[2] ⟨bn.⟩ **0.1** ***voorst*** ⇒*eerst, voor-* **0.2** ***façade-*** ⇒*camouflage-, mantel-* ◆ **1.1** ~ box *frontloge;* ~ garden *voortuin;* ~ runner *koploper;* be in the ~ rank *op de eerste rij zitten, belangrijk zijn;* ⟨BE⟩ ~ bench *voorste bank* ⟨in parlement⟩ **1.2** ~ organisation *mantelorganisatie* **5.¶ up** ~ *eerlijk, rechtdoorzee.*

front[3] ⟨ww.⟩ **0.1** ***uitzien*** **0.2** ***als façade dienen*** ⇒*als stroman dienen;* ⟨vnl. AE⟩ *zijn naam lenen* ◆ **5.1** a house ~ing north *een huis dat (met zijn voorgevel) op het noorden ligt.*

front[4] ⟨bw.⟩ **0.1** ***vooraan*** ⇒*in het voorste gedeelte* ◆ **5.1** ⟨inf.⟩ **out** ~ *vooraan; in de zaal;* ⟨inf.⟩ **up** ~ *helemaal vooraan; op voorhand.*

frontage [fruntidzj] **0.1** ***front*** ⇒*voorkant, voorgevel* **0.2** ***voorterrein*** ⇒*voortuin(tje)* **0.3** ***uitzicht*** ⇒*ligging.*

frontal [fruntl] **0.1** ***frontaal*** ⇒*voor-, front-* ⟨ook meteo.⟩ **0.2** ⟨med.⟩ ***voorhoofds-*** ⇒*frontaal* ◆ **1.1** ~ attack *frontale aanval;* ~ side *voorzijde* **1.2** ~ lobe *voorhoofdskwab/hersenen.*

front crawl ⟨zwemsport⟩ **0.1** ***borstcrawl.***

front door **0.1** ***voordeur.***

frontier [fruntiə] **0.1** ***grens*** ⟨ook fig.⟩ ⇒*grensgebied* **0.2** ⟨the; AE; gesch.⟩ ***beschavingsgrens*** ⇒*kolonisatiegrens; het Westen* ◆ **1.1** the ~s of knowledge *de onontgonnen gebieden der wetenschap.*

frontiers|man [fruntiəzmən]⟨mv.: -men [-mən]⟩ **0.1** ***grensbewoner*** **0.2** ⟨AE; gesch.⟩ ***pionier*** ⇒*kolonist* ⟨in grensgebied⟩.

frontispiece [fruntispie:s] **0.1** ⟨boek.⟩ ***frontispice*** ⇒*titelplaat/prent.*

frontline **0.1** ***frontlijn*** ⇒*frontlinie, vuurlijn* ⟨ook fig.⟩.

front-line state ⟨pol.⟩ **0.1** ***frontlijnstaat*** ⟨vnl. mbt. Zuid-Afrika⟩.

front-loader **0.1** ***voorlader*** ⟨bv. cassetterecorder, wasmachine⟩.

front-loading **0.1** ***aan de voorkant geladen wordend*** ◆ **1.1** ~ washing-machine *voorlader.*

front man [fruntmən]⟨mv.: men [mən]⟩ **0.1** ***leider in naam*** ⇒*stroman; woordvoerder* **0.2** ***leider*** ⟨v.e. popgroep⟩ **0.3** ***radio/tv-presentator.***

front nine ⟨golf⟩ **0.1** ***eerste negen*** ⟨holes v.e. 18-holesbaan⟩.

front page **0.1** ***voorpagina*** ⟨v. krant⟩.

front-page news **0.1** ***voorpaginanieuws*** ⇒*(zeer) belangrijk nieuws.*

front-runner ⟨atletiek⟩ **0.1** ***koploper*** ⇒*tempoloper.*

front-running ⟨atletiek⟩ **0.1** ***(het) op kop lopen.***

front suspension **0.1** ***voorwielophanging.***

front-wheel-drive ⟨ook attr.⟩ **0.1** ***voorwielaandrijving*** ◆ **1.1** a ~ car *een auto met voorwielaandrijving.*

frost[1] [frost] ⟨zn.⟩ **0.1** ***vorst*** ⇒*bevriezing* **0.2** ***rijp*** ⇒*ijsbloemen* **0.3** ***koelheid*** ⇒*afstandelijkheid* ◆ **1.1** there was five degrees of ~ *het vroor vijf graden* **2.1** a late ~ *een late vorstperiode.*

frost[2] **I** ⟨onov.ww.⟩ **0.1** ⟨+ over⟩ ***met rijp bedekt worden;***
II ⟨ov.ww.⟩ **0.1** ***berijpen*** **0.2** ***bevriezen*** ⟨plant enz.⟩ **0.3** ***glaceren*** ⟨cake⟩ **0.4** ***matteren*** ⟨glas, metaal⟩ ◆ **1.4** ~ed glass *matglas;* ~ed lamp *matte (gloei)lamp* **5.1** ~ed **over** *berijpt, met ijsbloemen bedekt.*

frostbite **0.1** ***bevriezing.***

frostbitten **0.1** ***bevroren*** ⟨ook fig.⟩ ⇒*(ijs)koud.*

frostbound **0.1** ***bevroren*** ⟨v. grond; ook fig.⟩ ⇒*ijzig, (ijs)koud.*

frosting [frosting] **0.1** ***mattering*** ⇒*mat oppervlak* **0.2** ⟨cul.⟩ ***suikerglazuur.***

frost|y [frostie] ⟨-ily⟩ **0.1** ***vriezend*** ⇒*(vries)koud;* ⟨fig.⟩ *ijzig, afstandelijk* **0.2** ***bevroren*** **0.3** ***berijpt*** ⇒*wit* ◆ **1.1** ~ looks *ijzige blik;* ~ welcome *koele verwelkoming.*

froth[1] [froθ] ⟨zn.⟩ **0.1** ***schuim*** **0.2** ***oppervlakkigheid*** ⇒*zeepbel* **0.3** ***gebazel.***

froth[2] ⟨ww.⟩ **0.1** ***schuimen*** ⇒*schuimbekken* ◆ **1.1** ~ at the mouth *schuimbekken.*

froth up **0.1** ***doen schuimen.***

froth|y [froθie] ⟨-iness⟩ **0.1** ***schuimig*** ⇒*schuimachtig, luchtig* **0.2** ***frivool*** ⇒*wuft, oppervlakkig.*

frown[1] [fraun] ⟨zn.⟩ **0.1** ***frons*** ⇒*fronsende blik, afkeuring.*

frown[2] ⟨ww.⟩ **0.1** ***de wenkbrauwen/het voorhoofd fronsen*** ⇒*streng kijken, turen* ◆ **6.1** ⟨fig.⟩ ~ **at/(up)on** *afkeuren(d staan tegenover).*

frowning [frauning] **0.1** ***fronsend*** ⇒*dreigend, streng.*

frowzy, frowsy [frauzie] **0.1** ***muf*** ⇒*duf* **0.2** ***vies*** ⇒*vuil.*

froze ⟨verl. t.⟩ →**freeze.**

frozen [froozn] **0.1** ***bevroren*** ⇒*vast/dood/dichtgevroren* **0.2** ***(ijs)koud*** ⟨ook fig.⟩ ⇒*ijzig, hard* **0.3** ***diepvries-*** ⇒*ingevroren* **0.4** ***star*** ⟨v. blik, systeem⟩ ⇒*(ver)stijf(d)* **0.5** ⟨ec.⟩ ***bevroren*** ⇒*geblokkeerd* ◆ **1.1** ~ rain *ijzel* **1.2** ⟨aardr.⟩ the ~ zones *de koude zones/luchtstreken* **1.3** ~ food *diepvriesvoedsel/producten* **1.5** ~ assets *bevroren tegoed;* ~ money *vastliggend geld* **5.1** ~ **over** *dicht/toegevroren.*

F.R.S. ⟨afk.⟩ **0.1** [Fellow of the Royal Society].

fructification [fruktiffikkeesjn] **0.1** ***bevruchting*** **0.2** ***vruchtvorming*** ⇒*het vruchten dragen* ⟨ook fig.⟩.

fructif|y [fruktiffaj] ⟨-ied⟩ **0.1** ***vrucht(en) dragen*** ⟨ook fig.⟩ ⇒ *vruchtbaar worden, bloeien* **0.2** ***bevruchten*** ⟨ook fig.⟩ ⇒ *vruchtbaar maken, doen bloeien.*

frugal [froe:gl] ⟨zn.: **-ity**⟩ **0.1** ⟨+ of⟩ ***zuinig (met)*** ⇒*spaarzaam (met)* **0.2** ***schraal*** ⇒*karig, sober.*

fruit[1] [froe:t] ⟨in bet. I 0.1 mv.: ook fruit⟩ **I** ⟨telb.zn.⟩ **0.1** ***vrucht*** ⇒*stuk fruit* **0.2** ⟨vaak mv.⟩ ***opbrengst*** ⇒*resultaat* **0.3** ⟨vnl. AE; sl.⟩ ***flikker*** ⇒*nicht, homo* ◆ **2.¶** ⟨BE; sl.⟩ old ~ *ouwe jongen;*
II ⟨n.-telb.zn.⟩ **0.1** ***fruit*** ⇒*vruchten.*

fruit[2] ⟨ww.⟩ **0.1** ***vrucht(en) dragen*** ⟨ook fig.⟩.

fruit bat ⟨dierk.⟩ **0.1** ***vliegende hond*** ⇒*kalong.*

fruitcake [froe:tkeek] **0.1** ***vruchtencake.*** →**nutty.**

fruit cocktail ⟨vnl. AE⟩ **0.1** ***vruchtencocktail.***

fruiterer [froe:trə] ⟨vnl. BE⟩ **0.1** ***fruithandelaar*** ⇒*fruitkoopman.*

fruit fly **0.1** ***boorvlieg*** **0.2** ***fruitvlieg*** ⇒⟨ihb.⟩ *bananenvlieg.*

fruitful [froe:tfl] ⟨-ness⟩ **0.1** ***vruchtbaar*** ⟨ook fig.⟩ ⇒*productief, lonend.*

fruition [froe:isjn] **0.1** ***vervulling*** ⇒*verwezenlijking, realisatie* ◆ **3.1** bring/come to ~ *in vervulling doen gaan.*

fruit juice **0.1** ***vruchtensap.***

fruit knife **0.1** ***fruitmesje.***

fruitless [froe:tləs] ⟨-ness⟩ **0.1** ***onvruchtbaar*** **0.2** ***vruchteloos*** ⇒*vergeefs.*

fruit machine ⟨BE⟩ **0.1** ***fruitautomaat*** ⇒*(soort) gokautomaat.*

fruit salad **0.1** ***fruitsalade*** ⇒*vruchtensalade.*

fruit|y [froe:tie] ⟨-ier⟩ **0.1** ***fruitig*** ⇒*fruitachtig, vruchtachtig* **0.2** ⟨inf.⟩ ***pikant*** ⇒*pittig, gewaagd* **0.3** ⟨inf.⟩ ***vol*** ⇒*vet* ⟨v. stem⟩ ◆ **1.3** a ~ laugh *een vette lach.*

frump [frump] ⟨bel.⟩ **0.1** ***slons*** ⇒*t(r)ut(je).*

frumpish [frumpisj], **frumpy** [-pie] **0.1** ***slonzig*** ⇒*t(r)uttig.*

frustrate [frustreet] **0.1** ***frustreren*** ⇒*verijdelen* ◆ **1.1** ~ s.o. in his plans, ~ s.o.'s plans *iemands plannen dwarsbomen.*

frustration [frustreesjn] **0.1** ***frustratie*** ⇒*teleurstelling* **0.2** ***frustratie*** ⇒*verijdeling, dwarsboming.*

fry[1] [fraj] ⟨zn.; mv.: fry; vaak mv.⟩ **0.1** ***jong(e vis)*** ⇒***broed(sel);*** ⟨fig.⟩ *kleintje, jonkie.* →**lesser, small fry.**

fry[2] ⟨ww.; fried⟩ **0.1** ⟨inf.⟩ ***verbranden*** ⟨v. huid in de zon⟩ **0.2** ***braden*** ⇒*bakken, frituren* ◆ **1.2** fried egg *spiegelei* **5.1** ~ **up** *(op)warmen/bakken.*

fryer, frier [frajjə] **0.1** ***braadpan*** **0.2** ***braadstuk*** ⇒*(jonge) braadkip.*

frying pan **0.1** ***braadpan*** ⇒*koekenpan* ◆ **1.¶** from/out of the ~ into the fire *van de wal in de sloot.*

fry-up **0.1** ***het snel even iets (op)bakken voor een maaltijd*** ⟨eieren, worstjes, aardappelen enz.⟩ **0.2** ***snel opgebakken maaltje/gerecht.***

ft. ⟨afk.⟩ **0.1** [foot, feet] ***ft.***

FT-SE ⟨afk.⟩ **0.1** [Financial Times-Stock Exchange].

fuchsia [fjoe:sjə] **0.1** ***fuchsia*** ⟨plant⟩.

fuck[1] [fuk] ⟨zn.⟩⟨vulg.⟩ **0.1** ***neukpartij*** **0.2** ***neuker*** ◆ **2.2** be a good ~ *goed in bed zijn* **3.¶** I don't give a (flying) ~ *het kan me geen zak schelen* **7.¶** what the ~ is going on here? *wat is hier verdomme aan de hand?* **¶.¶** Fuck! *verdomme!, barst!*

fuck[2] ⟨ww.⟩⟨vulg.⟩ **0.1** ***neuken*** ⇒*naaien, wippen* **0.2** ***verdommen*** ⇒*vervloeken* ◆ **4.2** ~ 'em! *ze kunnen de pot op!;* ~ it! *verrek!, krijg de klere!; hou op!;* ~ you (Charley)! *loop naar de verdommenis!;* (go) ~ yourself! *krijg de klere!* → **fuck about/around, fuck off, fuck up.**

fuck about, fuck around ⟨vulg.⟩ **I** ⟨onov.ww.⟩ **0.1** ⟨+ with⟩ ***(aan)rotzooien (met)*** ⇒*(aan)klooien, prutsen;* **II** ⟨ov.ww.⟩ **0.1** ***belazeren*** ⇒*smerig behandelen.*

fuck-all [fukko:l] **0.1** ⟨zn. en bn.⟩ ***geen reet/kloot*** ◆ **1.1** that's ~ use *daar heb je geen kloot aan* **3.1** he knows ~ about it *hij weet er geen reet van af.*

fucker [fukkə] ⟨vulg.⟩ **0.1** ***neuker*** **0.2** ***kloot(zak).***

fucking [fukking] ⟨vulg.⟩ **0.1** ***verdomd*** ⇒*verdraaid, verrek* ◆ **1.1** that's none of your ~ business *dat gaat je geen donder aan;* ~ hell! *barst!, godver!*

fuck off ⟨in bet. 0.1, 0.2 vaak geb. w.⟩⟨vulg.⟩ **0.1** ***opsodemieteren*** ⇒*opdonderen* **0.2** ⟨AE⟩ ***lummelen*** ⇒*(aan)klooien.*

fuck up ⟨vulg.⟩ **0.1** ***verkloten*** ⇒*verpesten.*

fuck-up **0.1** ***iets dat verknoeid/verknald is*** ◆ **2.1** she made a right ~ of it *zij heeft het mooi verknald.*

fuddle [fudl] ⟨geen mv.⟩ **0.1** ***verwarring*** ◆ **3.1** get in a ~ *de kluts kwijtraken.*

fuddled [fudld] **0.1** ***verward*** ⇒*in de war;* ⟨ihb.⟩ *beneveld, dronken.*

fuddy-duddy [fuddieduddie] ⟨inf.⟩ **0.1** ⟨zn.; mv.: -ies⟩ ***ouwe sok*** **0.2** ⟨bn.⟩ ***ouderwets.***

fudge[1] [fudzj] ⟨zn.⟩ **0.1** ***onzin*** ⇒*larie* **0.2** ***zachte karamel.***

fudge[2] ⟨ww.⟩ **0.1** ***knoeien (met)*** ⇒*vervalsen* **0.2** ***er omheen draaien*** ⇒*ontwijken* **0.3** ***in elkaar flansen*** ◆ **5.3** ~ **up** *in elkaar flansen.*

fuel[1] [fjoeəl] ⟨zn.⟩ **0.1** ***brandstof*** ⇒⟨fig.⟩ *voedsel* **0.2** ***splijtstof*** ⟨v. kernreactor⟩ ◆ **1.1** ~ for dissension *stof tot onenigheid* **1.¶** add ~ to the fire/flames *olie op het vuur gieten.*

fuel[2] ⟨BE -led⟩ **I** ⟨onov.ww.⟩ **0.1** ***tanken*** ⇒*bunkeren;* **II** ⟨ov.ww.⟩ **0.1** ***van brandstof voorzien*** ⇒*bijvullen.*

fuel cap **0.1** ***benzinedop.***

fuel cell **0.1** ***brandstofcel.***

fuel gauge **0.1** ***benzinemeter.***

fuel injection **0.1** ***brandstofinspuiting/injectie.***

fuel oil **0.1** ***stookolie*** ⇒*huisbrandolie.*

fuel tank **0.1** ***brandstoftank*** ⇒*benzinetank.*

fug [fug] ⟨geen mv.⟩⟨inf.⟩ **0.1** ***bedomptheid*** ⇒*mufheid* ◆ **7.1** there is a ~ in here *het is hier erg benauwd.*

fugg|y [fugie] ⟨ook -ier⟩⟨inf.⟩ **0.1** ***bedompt*** ⇒*muf.*

fugitive[1] [fjoe:dzjətiv] ⟨zn.⟩ **0.1** ***vluchteling*** ⇒*voortvluchtige* ◆ **1.1** ~ from justice/the law *voortvluchtige.*

fugitive[2] ⟨bn.⟩ **0.1** ***vluchtend*** ⇒*voortvluchtig* **0.2** ***vluchtig*** ⇒ *kortstondig.*

fugue [fjoe:g] **0.1** ⟨muz.⟩ ***fuga.***

fulcrum [foelkrəm, ful-]⟨mv.: ook fulcra [-krə]⟩ **0.1** ***draaipunt*** ⟨v. hefboom⟩ ⇒⟨fig.⟩ *steun(punt).*

fulfil, ⟨AE sp. ook⟩ **fulfill** [foelfil] ⟨-led⟩ **0.1** ***volbrengen*** ⇒*vervullen, uitvoeren, voltooien* ◆ **1.1** ~ a command *een bevel uitvoeren;* ~ a condition *aan een voorwaarde voldoen;* ~ a purpose *aan een doel beantwoorden;* ~ a want *in een behoefte voorzien* **4.1** ~ o.s. *zich waarmaken.*

fulfilment, ⟨AE sp. ook⟩ **fulfillment** [foelfilmənt] **0.1** ***vervulling*** ⇒*uitvoering* **0.2** ***voldoening*** ⇒*bevrediging.*

full[1] [foel] ⟨zn.⟩ **0.1** ***totaal*** ⇒*geheel* ◆ **6.1** **in** ~ *volledig, voluit;* pay **in** ~ *tot de laatste cent betalen;* **to** the ~ *ten volle, geheel.*

full[2] ⟨bn.⟩ **0.1** ***vol*** ⇒*volledig, voltallig* ◆ **1.1** ⟨inf.⟩ ~ of beans *met pit, energiek;* ~ blood *zuivere afkomst, volbloed;* ~ board *volledig pension;* ~ to the brim *boordevol;* come ~ circle *weer terugkomen bij het begin;* ~ dress *avondkledij/toilet;* ~ employment *volledige tewerkstelling;* ⟨poker⟩ ~ hand *full hand/house;* a ~ hour *een vol uur;* ~ house ⟨theater e.d.⟩ *volle zaal;* ⟨poker⟩ *full house;* ~ marks! *en een zoen van de juffrouw;* ~ marks for effort *een tien voor vlijt;* ⟨fig.⟩ give ~ marks for sth. *iets hoog aanslaan, iets erkennen;* ~ moon *vollemaan;* ~ name and address *volledige naam en adres;* ⟨worstelen⟩ ~ nelson *dubbele nelson;* ~ page *hele pagina;* (at) ~ pelt *in allerijl;* ~ professor *gewoon hoogleraar;* ~ size bed *dubbel bed;* ~ skirt *wijde rok;* (at) ~ speed *(in) volle vaart;* ~ stop *punt* ⟨leesteken⟩; come to a ~ stop *(plotseling) tot stilstand komen;* in ~ swing *in volle gang;* (at) ~ tilt *in volle vaart, met volle kracht;* ⟨sport, vnl. voetbal⟩ ~ time score *stand na de officiële speeltijd, eindcuitslag;* ⟨inf.⟩ the ~ treatment *de gepaste behandeling;* in ~ view *open en bloot* **1.¶** you're ~ of shit/crap *je lult;* politicians are ~ of shit/crap *politici zijn klootzakken/hufters* **4.1** ~ of o.s. *vol van zichzelf* **6.1** he was ~ **of** it *hij was er vol van, hij praatte nergens anders meer over.*

full[3] ⟨bw.⟩ **0.1** ***volledig*** ⇒*helemaal, ten volle* **0.2** ***zeer*** ⇒*heel* **0.3** ***vlak*** ⇒*recht* ◆ **2.1** ~ ripe *helemaal rijp* **3.3** hit s.o. ~ on the nose *iem. recht op zijn neus slaan* **5.2** know sth. ~ well *iets zeer goed weten.*

fullback ⟨→s2⟩ **0.1** ***full-back*** ⇒*achterspeler* ⟨vnl. in Am. football⟩.

full-blooded ⟨-ness⟩ **0.1** ***volbloed*** ⇒*raszuiver* **0.2** ***volbloedig*** ⇒*energiek, viriel.*
full-blown **0.1** ***in volle bloei*** **0.2** ***goed ontwikkeld*** ⇒*volledig, volslagen* ◆ **1.2** ~ war *regelrechte oorlog.*
full-bodied **0.1** ***zwaar*** ⇒*stevig;* ⟨v. wijn⟩ *gecorseerd.*
full-court press ⟨basketbal⟩ **0.1** ***full-court press*** ⟨actieve pressverdediging over het gehele veld om in balbezit te komen⟩.
full-dress **0.1** ***full-dress*** ⇒*groot opgezet, gala-* ◆ **1.1** ~ debate *belangrijk debat;* ~ rehearsal *generale repetitie.*
fuller [foelə] **0.1** ***(laken)voller*** ⇒*volder.*
full-face **0.1** ***en face.***
full-grown, ⟨vnl. BE ook⟩ **fully-grown** **0.1** ***volwassen*** ⇒*volgroeid.*
full-length **0.1** ***volledig*** ⟨v. roman e.d.⟩ **0.2** ***avondvullend*** ⟨v. theatervoorstelling⟩ **0.3** ***ten voeten uit*** ⟨v. portret⟩ **0.4** ***tot aan de grond*** ⇒*tot op de enkels* ⟨v. kleding⟩ ◆ **1.¶** ~ mirror *passpiegel.*
fullness [foelnəs] **0.1** ***vol(ledig)heid.***
full-page **0.1** ***over een hele pagina.***
full-ranking **0.1** ***eersterangs*** ⇒*top-.*
full-scale **0.1** ***volledig*** ⇒*totaal, levensgroot.*
full-time **0.1** ***fulltime*** ⇒*met volledige dagtaak.*
full up **0.1** ***helemaal vol*** ⇒*volgeboekt.*
fully [foelie] **0.1** ***volledig*** ⇒*geheel* **0.2** ***minstens*** ⇒*ten minste* ◆ **1.2** ~ an hour *minstens een uur* **2.1** ~ automatic *volautomatisch* **3.1** ~ trained *met een volledige opleiding.*
fully-fashioned **0.1** ***nauwsluitend*** ⇒*getailleerd.*
fully-fledged **0.1** ***geheel bevederd*** ⟨v. vogel⟩ **0.2** ***volwassen*** ⇒*ten volle ontwikkeld* **0.3** ***(ras)echt*** ⇒*volslagen.*
fully-grown →**full-grown.**
fully-paid ⟨geldw.⟩ **0.1** ***volgestort*** ◆ **1.1** ~ share *volgestort aandeel.*
fulmar [foelmə] **0.1** ***noordse stormvogel.***
fulmin|ate [foelminneet, ful-] ⟨zn.: **-ation**⟩ **0.1** ⟨+ against⟩ ***fulmineren (tegen)*** ⇒*heftig uitvaren (tegen), foeteren (op).*
fulsome [foelsəm] **0.1** ***overdreven.***
fumble[1] [fumbl] ⟨zn.⟩ **0.1** ⟨balsport⟩ ***fumble*** ⟨onzuiver gevangen bal⟩.
fumble[2] **I** ⟨onov.ww.⟩ **0.1** ***struikelen*** ⇒*hakkelen, klunzen;*
II ⟨onov. en ov.ww.⟩ **0.1** ***tasten*** ⇒*morrelen (aan), rommelen (in)* **0.2** ⟨balsport⟩ ***fumbelen*** ⟨bal onzuiver vangen⟩ ◆ **5.1** ~ **about** *rondtasten* **6.1** ~ **at/with** *morrelen aan.*
fumbler [fumblə] **0.1** ***knoeier*** ⇒*prutser.*
fume[1] [fjoe:m] ⟨zn.; vaak mv.⟩ **0.1** ***(onwelriekende/giftige) damp*** ⇒*rook.*
fume[2] ⟨ww.⟩ **0.1** ***roken*** ⇒*dampen* **0.2** ***opstijgen*** ⟨v. damp⟩ **0.3** ⟨fig.⟩ ***koken*** ⟨v. woede⟩ ⇒*branden* ◆ **3.3** ~ and fret *koken/zieden v. woede* **6.3** ~ **at** *verbolgen zijn over.*
fumig|ate [fjoe:migeet] ⟨zn.: **-ation**⟩ **0.1** ***fumigeren*** ⇒*uitroken, zuiveren.*
fun[1] [fun] ⟨zn.⟩ **0.1** ***pret*** ⇒*vermaak, plezier* ◆ **1.1** figure of ~ *groteske figuur, schertsfiguur;* ⟨inf.⟩ ~ and games *pretmakerij, iets leuks;* ⟨inf.; euf.⟩ have ~ and games with s.o. *zich vermaken met iem., vrijen met iem.* **2.1** be full of ~ *een echte grapjas zijn;* be good/great ~ *erg amusant zijn* **3.1** have ~ *zich amuseren/vermaken; vrijen;* make ~ of, poke ~ at *voor de gek houden, de draak steken met* **6.1** **for** ~, **for** the ~ of it/the thing *voor de aardigheid;* **for/in** ~ *voor de grap.*
fun[2] ⟨bn.⟩ ⟨vnl. AE⟩ **0.1** ***prettig*** ⇒*amusant, gezellig* ◆ **1.1** ⟨inf.⟩ Fun City *grote stad* ⟨ihb. New York⟩; a ~ person *een aardig iem.*
function[1] [fung(k)sjn] ⟨zn.⟩ **0.1** ⟨ook wisk.⟩ ***functie*** ⇒*taak, werking* **0.2** ***plechtigheid*** ⇒*ceremonie.*
function[2] ⟨ww.⟩ **0.1** ***functioneren*** ⇒*werken* ◆ **6.1** ~ **as** *fungeren als.*
functional [fung(k)sjnəl] **0.1** ***functioneel*** ⟨ook biol., med.⟩ ⇒ *doelmatig, bruikbaar* **0.2** ***ambtelijk*** ⇒*officieel* ◆ **1.1** ~ architecture *zakelijke bouwstijl;* ~ design *functioneel ontwerp;* ~ illiterate *functioneel analfabeet.*
functionalism [fung(k)sjnəlizm] **0.1** ***functionalisme.***
functionalist [fung(k)sjnəlist] **0.1** ***functionalist.***
functionar|y [fung(k)sjənrie] ⟨mv.: -ies⟩ **0.1** ***functionaris*** ⇒ *beambte.*
function key ⟨comp.⟩ **0.1** ***functietoets.***
fund[1] [fund] **I** ⟨telb.zn.⟩ **0.1** ***fonds*** **0.2** ***voorraad*** ⇒*bron, schat* ◆ **1.2** a ~ of knowledge *een schat aan kennis* **3.¶** ⟨BE; ec.⟩ Consolidated Fund *fonds waaruit bep. staatsuitgaven betaald worden* ⟨o.a. voor het leger, administratie en rente op staatsschuld⟩;
II ⟨mv.⟩ **0.1** ***fondsen*** ⇒*geld, kapitaal* **0.2** ⟨ec.⟩ ***bedrijfskapitaal*** ⇒*werkkapitaal* ◆ **2.1** public ~s *staatsfondsen;* short of ~s *slecht bij kas.*
fund[2] ⟨ww.⟩ **0.1** ***funderen*** ⇒*consolideren* ⟨schulden⟩ **0.2** ***financieren*** ⇒*fondsen bezorgen voor* **0.3** ⟨BE⟩ ***in staatspapieren beleggen*** ◆ **1.1** ~ed debt *gefundeerde schuld.*
fundamental[1] [fundəmentl] ⟨zn.; vnl. mv.⟩ **0.1** ***(grond)beginsel*** ⇒*grondslag, fundament.*
fundamental[2] ⟨bn.⟩ **0.1** ***fundamenteel*** ⇒*grond-, basis-* ◆ **1.1** ~ particle *elementair deeltje;* ⟨muz.⟩ ~ tone *grondtoon.*
fundamentalism [fundəmentəlizm] ⟨rel.⟩ **0.1** ***fundamentalisme.***
fundamentally [fundəmentəlie] **0.1** ***fundamenteel*** ⇒*in de grond, eigenlijk.*
fund raiser **0.1** ***fundraiser*** ⇒*fondsenwerver.*
fund-raising **0.1** ***geldinzameling.***
funeral [fjoe:nrəl] **0.1** ***begrafenis(plechtigheid)*** **0.2** ⟨vnl. AE⟩ ***rouwdienst*** **0.3** ⟨vnl. AE⟩ ***begrafenisstoet*** **0.4** ⟨sl.⟩ ***zorg*** ⇒*zaak* ◆ **7.4** that is your (own) ~ *dat is jouw zaak.*
funeral contractor, funeral director **0.1** ***begrafenisondernemer.***
funeral march **0.1** ***dodenmars*** ⇒*treurmars.*
funeral parlour, ⟨AE sp.⟩ **funeral parlor,** ⟨AE ook⟩ **funeral home** **0.1** ***rouwkamer.***
funeral pile, funeral pyre **0.1** ***lijkstapel*** ⇒*brandstapel* ⟨voor lijkverbranding⟩.
funeral procession **0.1** ***lijkstoet*** ⇒*begrafenisstoet.*
funeral service **0.1** ***rouwdienst.***
funerary [fjoe:nrərie] **0.1** ***begrafenis-*** ⇒*sterf-* ◆ **1.1** ~ urn *urn.*
funereal [fjoeniəriəl] **0.1** ***akelig*** ⇒*droevig, triest* ◆ **1.1** a ~ expression *begrafenisgezicht.*
fun-fair ⟨BE⟩ **0.1** ***pretpark*** ⇒*amusementspark* **0.2** ***reizende kermis.***
fungi [funggaj, fundzjaj] ⟨mv.⟩ →**fungus.**
fungicide [fundzjissajd] **0.1** ***fungicide*** ⇒*schimmel/zwammendodend middel.*
fungoid [funggojd] **0.1** ***zwamachtig*** ⇒*paddestoel/schimmelachtig.*
fungous [fungg əs] **0.1** →**fungoid** **0.2** ***door een fungus veroorzaakt*** ◆ **1.2** a ~ disease *een schimmelziekte.*
fungus [funggəs] ⟨mv.: ook fungi⟩ **0.1** ***fungus*** ⇒*paddestoel, schimmel* **0.2** ***schimmel(vorming)*** ⇒*mycose, schimmelziekte* **0.3** ***wildgroei.***
funicular (railway) [fjoenikjoelə] **0.1** ***kabelspoor(weg)*** ⇒ *kabelbaan.*
funk[1] [fungk] **I** ⟨telb.zn.⟩ ⟨vnl. BE; sl.⟩ **0.1** ***schrik*** ⇒*angst* ◆ **6.1** be **in** a (blue) ~ *in de rats zitten;*
II ⟨n.-telb.zn.⟩ **0.1** ***funk*** ⟨muziekstijl⟩.

funk[2] ⟨ww.⟩⟨vnl. BE; sl.⟩ **0.1** ***bang zijn (voor/om)*** ⇒*niet (aan)durven* ◆ **3.1** ~ telling the truth *de waarheid niet durven vertellen.*

funk|y [fungkie] ⟨-ier⟩ **0.1** ⟨vnl. AE; sl.⟩ ***funky*** ⇒*eenvoudig, gevoelsmatig* ⟨v. muziek⟩ **0.2** ⟨vnl. AE; sl.⟩ ***mieters*** ⇒*fijn* ◆ **1.2** a ~ party *een lekker feestje.*

funnel[1] [funl] ⟨zn.⟩ **0.1** ***trechter*** ⇒*rookvang, schoorsteenboezem;* ⟨gieterij⟩ *gietgat* **0.2** ***koker*** ⇒*pijp; schoorsteen(pijp)* ⟨vnl. v. stoomschip⟩.

funnel[2] ⟨ww.; BE -led⟩ **0.1** ***trechtervormig (doen) worden*** **0.2** ***(als) door een trechter (doen) stromen*** ◆ **1.1** ~ one's hands *de handen als een trechter aan de mond zetten* **6.2** ~ **off** *doen afvloeien.*

funnies [funniez] ⟨mv.⟩ **0.1** ***stripverhaal*** ⇒*strips* ⟨in dagblad⟩.

funnily [funnəlie] **0.1** →**funny** **0.2** ***vreemd genoeg*** ◆ ¶.**2** ~ (enough), he didn't come *vreemd genoeg kwam hij niet.*

funn|y [funnie] ⟨-iness⟩ **0.1** ***grappig*** ⇒*leuk* **0.2** ***vreemd*** ⇒*gek* **0.3** ⟨inf.⟩ ***niet in orde*** ⇒*niet pluis* **0.4** ⟨inf.⟩ ***misselijk*** ⇒*onwel* **0.5** ⟨inf.; euf.⟩ ***gek*** ⇒*krankzinnig* **0.6** ⟨inf.⟩ ***slinks*** ⇒*oneerlijk, bedrieglijk* ◆ **3.4** feel ~ *zich onwel voelen* **3.5** go ~ *gek worden* **6.3** there is sth. ~ **about** *er is iets niet pluis met* **6.6** get ~ **with** s.o. *iem. bedotten* ¶.¶ do you mean ~ haha or ~ peculiar? *bedoel je gek als grappig of gek als ongewoon?*

funny bone ⟨inf.⟩ **0.1** ***telefoonbotje*** ⟨in elleboog⟩ **0.2** ***gevoel voor humor.***

funny business ⟨inf.⟩ **0.1** ***bedriegerij*** ⇒*geen zuivere koffie.*

funny farm, funny house ⟨vnl. AE; sl.⟩ **0.1** ***gekkenhuis.***

fun run ⟨sport⟩ **0.1** ***trimloop*** ⇒*recreatieloop.*

fun runner ⟨sport⟩ **0.1** ***trimloper*** ⇒*trimmer, recreatieloper.*

fur[1] [fə:] ⟨zn.⟩ **0.1** ***vacht*** **0.2** ⟨ook attr.⟩ ***bont*** ⇒*pels(werk), bontjas* **0.3** ***aanslag*** ⇒*beslag* ◆ **1.**¶ ⟨schr.⟩ ~, fin and feather *wild, vis en gevogelte* **3.**¶ ⟨inf.⟩ make the ~ fly *een conflict uitlokken.*

fur[2] ⟨bn.⟩ **0.1** ***bonten*** ⇒*bont-, pels-* ◆ **1.1** ~ coat *bontmantel;* ~ felt *haarvilt.*

fur[3] ⟨ww.; -red⟩ **0.1** ⟨vaak +up⟩ ***(doen) aanslaan*** ⇒*(doen) beslaan, (doen) aanzetten* ◆ **1.1** a ~red tongue *een beslagen tong.*

furbish [fə:bisj] **0.1** ***oppoetsen*** ⟨ook fig.⟩ ⇒*opknappen, polijsten.*

furious [fjoeəriəs] ⟨-ness⟩ **0.1** ***woedend*** ⇒*razend* **0.2** ***fel*** ⇒*verwoed, heftig* **0.3** ***onstuimig*** ⇒*wild* ◆ **1.2** a ~ quarrel *een felle twist* **1.3** a ~ temper *een onstuimig temperament* **2.3** fast and ~ *uitbundig* **6.1** ~ **at** sth. *razend om iets;* ~ **with** s.o. *woest op iem.*

furl [fə:l] **0.1** ***(zich laten) oprollen*** ⇒*dicht/opvouwen* ⟨waaier, vleugels⟩.

furlong [fə:long] **0.1** ***furlong*** ⟨201,16 m; →t⟩.

furlough [fə:loo] **0.1** ***verlof(tijd)*** **0.2** ***verlofbrief*** ◆ **6.1** **on** ~ *met verlof.*

furnace [fə:nis] **0.1** ***oven*** ⇒*verwarmingsketel, hoogoven;* ⟨fig. ook⟩ *(te) hete ruimte.*

furnish [fə:nisj] **0.1** ***verschaffen*** ⇒*leveren, voorzien van* **0.2** ***uitrusten*** ⇒*meubileren, inrichten* ◆ **1.2** a ~ed house *een gemeubileerd huis* **6.1** ~ s.o. **with** sth. *iem. van iets voorzien.*

furnishings [fə:nisjingz] ⟨mv.⟩ **0.1** ***woninginrichting*** ⇒*meubilering.*

furniture [fə:nitsjə] **0.1** ***meubilair*** ⇒*meubels* ◆ **1.1** a piece of ~ *een meubelstuk.*

furniture van **0.1** ***verhuiswagen*** ⇒*meubelwagen.*

furore [fjoe:ro:rie], ⟨AE vnl.⟩ **furor** [fjoero:] ⟨geen mv.⟩ **0.1** ***furore*** ⇒*opwinding* **0.2** ***razernij*** ⇒*woede-uitbarsting* ◆ **3.1** create a ~ *furore maken.*

furrier [furriə] **0.1** ***bontwerker*** **0.2** ***bonthandelaar.***

furrow[1] [furroo] ⟨zn.⟩ **0.1** ***voor*** ⇒*gleuf, groef, rimpel* **0.2** ***zog*** ⇒*spoor* ⟨v. schip⟩.

furrow[2] ⟨ww.⟩ **0.1** ***doorploegen*** ⇒*sporen maken in, groeven, rimpelen.*

furr|y [fə:rie] ⟨-ier⟩ **0.1** ***bonten*** ⇒*bont-* **0.2** ***bontachtig*** **0.3** ***met bont bekleed/gevoerd.***

fur seal **0.1** ***pelsrob.***

further[1] [fə:ðə] ⟨bn.; vergr. trap v. far⟩ **0.1** ***verder*** ⇒*nader* ◆ **1.1** on ~ consideration *bij nader inzien;* ⟨BE⟩ ~ education *voortgezet onderwijs voor volwassenen;* till ~ notice *tot nadere kennisgeving;* ~ particulars *nadere gegevens.*

further[2] ⟨ww.⟩ **0.1** ***bevorderen*** ⇒*stimuleren* ◆ **1.1** ~ s.o.'s interests *iemands belangen behartigen.*

further[3] ⟨bw.⟩ **0.1** ***verder*** ⇒*nader, elders* ◆ **3.1** inquire ~ *nadere inlichtingen inwinnen;* look ~ *elders zoeken* **6.1** nothing is ~ **from** my mind *ik pieker er niet over.*

furtherance [fə:ðrəns] **0.1** ***bevordering*** ⇒*ontwikkeling* ◆ **6.1** **for** the ~ **of**, **in** ~ **of** *ter bevordering van.*

furthermore [fə:ðəmo:] **0.1** ***verder*** ⇒*voorts, bovendien.*

furthermost [fə:ðəmoost] **0.1** ***verst (verwijderd)*** ◆ **1.1** the ~ corner *de verste hoek.*

furthest [fə:ðist] ⟨overtr. trap v. far⟩ **0.1** ***verst*** ⇒*laatst, meest* ◆ **6.1** **at** (the) ~ *op zijn verst, hoogstens.*

furtive [fə:tiv] ⟨-ness⟩ **0.1** ***steels*** ⇒*heimelijk* ◆ **1.1** a ~ glance *een steelse blik.*

fur|y [fjoeərie] ⟨mv.: -ies⟩ **0.1** ***woede(aanval)*** ⇒*razernij, toorn* **0.2** ⟨inf.⟩ ***feeks*** ⇒*kenau, helleveeg* **0.3** ⟨vnl. mv.; vaak F-⟩ ***furie*** ⇒*wraakgodin;* ⟨fig.⟩ *gewetenskwelling* ◆ **6.1** **in** a ~ *razend, furieus;* ⟨inf.⟩ **like** ~ *als de bliksem.*

furze [fə:z] **0.1** ***gaspeldoorn*** ⇒*stekelbrem, doornstruik.*

fuse[1], ⟨AE sp. in bet. 0.2 vnl.⟩ **fuze** [fjoe:z] ⟨zn.⟩ **0.1** ***lont*** **0.2** ***(schok)buis*** ⇒*ontsteker* **0.3** ⟨elek.⟩ ***zekering*** ⇒*stop* **0.4** ***kortsluiting*** ⇒*storing* ◆ **3.3** a ~ has blown *er is een zekering gesprongen* **3.**¶ ⟨AE; inf.⟩ blow a ~ *woest worden.*

fuse[2] **I** ⟨onov. en ov.ww.⟩ **0.1** ***(doen) smelten*** ⟨v. zekering enz.⟩ **0.2** ***(doen) ineensmelten*** ⟨v. metalen enz.⟩ ⇒*(doen) fuseren* ⟨v. bedrijven enz.⟩ **0.3** ***(doen) uitvallen*** ⟨v. elektrisch apparaat⟩;
II ⟨ov.ww.⟩ **0.1** ***van zekeringen voorzien.***

fuselage [fjoe:zilla:zj] **0.1** ***vliegtuigromp*** ⇒*fuselage.*

fusilier [fjoe:zəliə] ⟨gesch.⟩ **0.1** ***fuselier*** ⇒*musketier* **0.2** ⟨mv.; vaak F-; BE⟩ ***fuseliers*** ⟨troepen met lichte geweren⟩.

fusillade [fjoe:zilleed] **0.1** ***fusillade*** ⇒*geweervuur, salvo* **0.2** ***stroom*** ⇒*spervuur* ◆ **1.2** a ~ of insults *een lawine v. beledigingen.*

fusion [fjoe:zjn] **0.1** ***fusie(proces)*** ⇒*(samen)smelting, mengeling; coalitie; (metaal)gieting; kernfusie* **0.2** ***gesmolten massa*** ◆ **2.1** nuclear ~ *kernfusie.*

fusion bomb **0.1** ***waterstofbom.***

fuss[1] [fus] ⟨zn.⟩ **0.1** ***(nodeloze) drukte*** ⇒*omhaal, ophef* ◆ **3.1** kick up / make a ~ *heibel maken, luidruchtig protesteren* **4.**¶ what's the ~? *wat is er (aan de hand)?* **6.1** make a ~ **of/over** *overdreven aandacht schenken aan.*

fuss[2] **I** ⟨onov.ww.⟩ **0.1** ⟨+ about⟩ ***zich druk maken (om)*** ⇒*drukte maken, zich opwinden* ◆ **5.1** ~ **about** *zenuwachtig rondlopen* **5.**¶ ⟨AE; gew.⟩ ~ **up** *zich opdirken* **6.1** ~ **over** s.o. *overdreven aandacht schenken aan iem.;*
II ⟨ov.ww.⟩ **0.1** ***zenuwachtig maken*** ⇒*opwinden.*

fusspot ⟨inf.⟩ **0.1** ***druktemaker*** ⇒*bemoeial.*

fuss|y [fussie] ⟨-iness⟩ **0.1** ***(overdreven) druk*** ⇒*zenuwachtig, bemoeiziek* **0.2** ***pietluttig*** ⇒*overdreven precies, moeilijk* **0.3** ***(overdreven) versierd*** ⇒*opgedirkt* ◆ **5.2** ⟨BE; inf.⟩ I'm not ~ *het is mij om het even* **6.2** she's very ~ **about** ... *zij doet altijd erg moeilijk over* ...

fustian [fustiən] **0.1** ⟨zn.⟩ ***fustein*** ⇒*bombazijn* **0.2** ⟨zn.⟩ ***bombast*** ⇒*hoogdravende taal* **0.3** ⟨bn.⟩ ***fustein*** ⇒*bombazijnen* **0.4** ⟨bn.⟩ ***bombastisch.***

fust|y [fustie] ⟨-iness⟩ **0.1** ***duf*** ⇒*muf;* ⟨fig.⟩ *ouderwets, bekrompen.*

futile [fjoe:tajl] **0.1** ***futiel*** ⇒*vergeefs, doelloos* ◆ **1.1** a ~ attempt *een vruchteloze poging.*

futilit|y [fjoe:tillətie] ⟨mv.: -ies⟩ **0.1** ***nutteloosheid*** ⇒*nietigheid, doelloosheid* **0.2** ⟨vaak mv.⟩ ***futiliteit*** ⇒*bagatel, wissewasje.*

future[1] [fjoe:tsjə] ⟨zn.; vaak the⟩ **0.1** ***toekomst*** ◆ **2.1** in the distant ~ *in de verre toekomst* **6.1** **for** the / **in** ~ *voortaan, in 't vervolg.*

future[2] ⟨bn.⟩ **0.1** ***toekomstig*** ⇒*toekomend, aanstaande* **0.2** ***na de dood*** ◆ **1.1** ⟨taal.⟩ ~ perfect *voltooid toekomende tijd;* ⟨taal.⟩ ~ tense *toekomende tijd;* ~ wife *aanstaande* **1.2** ~ life / state *het hiernamaals.*

futurism [fjoe:tsjərizm] **0.1** ***futurisme.***

futurist [fjoe:tsjərist] **0.1** ***futurist.***

futuristic [fjoe:tsjəristik] ⟨-ally⟩ **0.1** ***futuristisch.***

futurit|y [fjoe:tsjoeərətie] ⟨mv.: -ies⟩ **0.1** ⟨vaak mv.⟩ ***toekomstige gebeurtenis*** **0.2** ***toekomst*** **0.3** ***hiernamaals.***

fuzz [fuz] **0.1** ⟨inf.⟩ ***dons*** ⇒*pluis, donzig haar* **0.2** ⟨sl.⟩ ***smeris*** ⟨politieagent⟩ **0.3** ⟨ww. enk. of mv.; the; sl.⟩ ***de smerissen*** ⟨de politie⟩.

fuzz|y [fuzzie] ⟨-iness⟩ **0.1** ***donzig*** ⇒*pluizig* **0.2** ***kroes*** ⇒*krullig* **0.3** ***vaag*** **0.4** ***verward.***

fuzzy-wuzz|y [fuzziewuzzie] ⟨mv.: -ies⟩ ⟨bel.⟩ **0.1** ***kroeskop.***

g

g[1], **G** [dzjie:] ⟨zn.; mv.: g's, G's⟩ **0.1** ***g, G.***

g[2], **G** ⟨afk.⟩ **0.1** [gram(s)] ***g.***

G ⟨afk.; AE; inf.⟩ **0.1** [grand] ◆ **¶.¶** 100G *honderdduizend dollar.*

gab[1] [gæb] ⟨zn.⟩ ⟨inf.⟩ **0.1** ***gesnater*** ⇒*gebabbel, geschetter* ◆ **1.1** have the gift of the ~ *goed v.d. tongriem gesneden zijn.*

gab[2] ⟨ww.; -bed⟩ **0.1** ***snateren*** ⇒*kakelen.*

gabardine, gaberdine [gæbədie:n] **0.1** ***gabardine.***

gabble[1] [gæbl] ⟨zn.⟩ **0.1** ***gekakel*** ⇒*gekwebbel.*

gabble[2] **I** ⟨onov.ww.⟩ **0.1** ***kakelen*** ⇒*snateren, kwebbelen* ◆ **5.1** ~ **away** *erop los kletsen;*
II ⟨onov. en ov.ww.⟩ **0.1** ***(af)raffelen*** ⇒*opdreunen.*

gable [geebl] **0.1** ***gevelspits*** ⇒*geveltop* ◆ **2.1** stepped ~ *trapgevel.*

gabled [geebld] **0.1** ***met gevelspits*** ◆ **1.1** ~ house *huis met puntgevel(s).*

gad [gæd] ◆ **6.¶** **(by)** ~! *wel verduiveld!*

gadabout [gædəbaut] **0.1** ***straatslijp(st)er*** ⇒*zwerver.*

gad about [gæd əbaut], **gad around** **0.1** ***ronddolen*** ⇒*rondzwerven.*

gadfly **0.1** ***paardenvlieg*** ⇒*horzel.*

gadget [gædzjit] **0.1** ***gadget*** ⇒*dingetje, apparaatje, snufje.*

gadgetry [gædzjitrie] **0.1** ***snufjes.***

gadzooks [gædzoe:ks] ⟨vero.⟩ **0.1** ***gossiemijne.***

Gael [geel] **0.1** ***spreker v.h. Gaelisch*** ⟨Schots, Iers of Manx Keltisch⟩.

Gaelic [geelik] **0.1** ⟨bn.⟩ ***Gaelisch*** ⟨Schots, Iers en Manx Keltisch⟩ **0.2** ⟨zn.⟩ ***Gaelisch*** ⟨taal⟩.

gaff[1] [gæf] ⟨zn.⟩ **0.1** ***visspeer*** **0.2** ***hijshaak*** ⟨om vis uit water te lichten⟩ **0.3** ⟨scheep.⟩ ***gaffel*** ◆ **3.¶** ⟨sl.⟩ blow the ~ (on s.o.) *(iem. ver)klikken.*

gaff[2] ⟨ww.⟩ **0.1** ***vangen*** ⟨met visspeer⟩ **0.2** ***binnenhalen*** ⟨vis, met hijshaak⟩.

gaffe [gæf] **0.1** ***blunder*** ⇒*flater.*

gaffer [gæfə] **0.1** ⟨gew.⟩ ***opa*** ⇒*oude man* **0.2** ⟨BE; inf.⟩ ***ouwe*** ⇒*(ploeg)baas* **0.3** ⟨inf.⟩ ***chef-technicus*** ⟨bij tv- of filmopnamen⟩.

gag[1] [gæg] ⟨zn.⟩ **0.1** ***(mond)prop*** ⇒⟨fig.⟩ *muilband* **0.2** ⟨med.⟩ ***prop*** ⇒*knevel, klem* **0.3** ⟨dram.⟩ ***gag*** ⇒*(zorgvuldig voorbereid) komisch effect* **0.4** ⟨inf.⟩ ***gag*** ⇒*grap* ◆ **3.4** pull a ~ *een grap uithalen.*

gag[2] ⟨-ged⟩ **I** ⟨onov.ww.⟩ **0.1** ⟨AE⟩ ***kokhalzen*** ⇒*braken* **0.2** ⟨inf.⟩ ***een grap uithalen*** ⇒*grappen* ◆ **6.1** ~ **on** sth. *zich in iets verslikken;*
II ⟨ov.ww.⟩ **0.1** ***een prop in de mond stoppen*** ⇒⟨fig.⟩ *de mond snoeren* **0.2** ⟨med.⟩ ***van prop/klem voorzien.***

gaga [ga:ga:] ⟨sl.⟩ **0.1** ***gaga*** ⇒*kierewiet* **0.2** ***stapel*** ◆ **3.1** go ~ *kinds worden* **6.2** be ~ **about** *stapel zijn op;* go ~ **over** *vallen voor/op.*

gage [geedzj] →**gauge.**

gaggle [gægl] **0.1** ***vlucht (ganzen)*** **0.2** ***(snaterend) gezelschap*** ◆ **1.2** a ~ of girls *een stel snaterende meisjes.*

gaiet|y, ⟨AE sp. ook⟩ **gayet|y** [geeətie] ⟨mv.: -ies⟩ **0.1** ***vrolijkheid*** ⇒*pret, opgewektheid* **0.2** ⟨mv.⟩ ***festiviteiten*** ⇒*feestelijkheden.*

gaily →**gay**[2].

gain[1] [geen] ⟨zn.⟩ **0.1** ***aanwinst*** **0.2** ***groei*** ⇒*stijging, verhoging* **0.3** ⟨vaak mv.⟩ ***winst*** ⇒*opbrengst* **0.4** ⟨elek.⟩ ***verster-***

king(sfactor) ◆ **2.3** ill-gotten ~s *woekerwinsten, gestolen goed* **6.3** do sth. **for** ~ *iets uit winstbejag doen.*

gain[2] **I** ⟨onov.ww.⟩ **0.1** ***winst maken*** **0.2** ***winnen*** **0.3** ***groeien*** **0.4** ***voorlopen*** ⟨v. uurwerk⟩ ◆ **1.4** my watch ~s (three minutes a day) *mijn horloge loopt (drie minuten per dag) voor* **6.2** ~ **over** *het winnen van;* ~ **(up)on** *terrein winnen op, inhalen* **6.3** ~ **in** power *aan kracht winnen;* **II** ⟨ov.ww.⟩ **0.1** ***winnen*** ⇒*verkrijgen, behalen* **0.2** ***doen verkrijgen*** ⇒*bezorgen* **0.3** ***bereiken*** ◆ **1.1** ~ a livelihood *de kost verdienen;* ~ recognition *erkenning krijgen;* ~ speed *versnellen;* ~ the victory / the day *de overwinning behalen;* ~ weight *aankomen* **1.3** ~ the river *de rivier bereiken* ¶**.2** what ~ed him this reputation? *wat heeft hem deze reputatie bezorgd?*

gainful [geenfl] **0.1** ***winstgevend*** ⇒*lucratief* **0.2** ***bezoldigd*** ⇒*betaald* ◆ **1.2** ~ employment *betaald werk.*

gainsay [geensee] ⟨gainsaid, gainsaid [-sed]⟩ ⟨schr.⟩ **0.1** ***tegenspreken*** ⇒*ontkennen.*

'gainst →**against.**

gait [geet] **0.1** ***gang*** ⇒*pas, loop* ◆ **3.1** walk with an unsteady ~ *(ietwat) wankelend lopen.*

gaiter [geetə] **0.1** ***beenkap*** ⇒*slobkous.*

gaiting strap ⟨paardensport⟩ **0.1** ***loopriem*** ⟨aan sulky⟩.

gal [gæl] **0.1** ⟨AE; inf.⟩ ***griet.***

gal. ⟨afk.⟩ **0.1** [gallon(s)].

gala [ga:lə] **0.1** ***gala*** **0.2** ⟨BE⟩ ***sportfeest.***

galactic [gəlæktik] **0.1** ***galactisch*** ⇒*v. een/de melkweg.*

gala dress **0.1** ***gala(kostuum).***

gala night **0.1** ***gala-avond.***

galax|y [gæləksie] ⟨mv.: -ies⟩ **I** ⟨eig.n.; G-; the⟩ **0.1** ***de melkweg;*** **II** ⟨telb.zn.⟩ **0.1** ***melkweg*** ⇒⟨fig.⟩ *uitgelezen gezelschap* ◆ **6.1** ⟨fig.⟩ a ~ **of** stars *een plejade sterren.*

gale [geel] **0.1** ⟨meteo.⟩ ***storm*** ⇒*harde wind* **0.2** ⟨vnl. mv.⟩ ***uitbarsting*** ⟨v. lachen enz.⟩.

Galilean [gælillie:ən] **0.1** ⟨bn.⟩ ***Galilees*** ⇒*van/uit Galilea* **0.2** ⟨zn.⟩ ***Galileeër.***

Galilee [gælillie:] **0.1** ***Galilea.***

gall[1] [go:l] ⟨zn.⟩ **0.1** ***gal(blaas)*** **0.2** ***gal*** ⟨ook fig.⟩ ⇒*bitterheid, rancune* **0.3** ***gal*** ⇒*galnoot/appel* **0.4** ⟨sl.⟩ ***brutaliteit*** ◆ **3.4** he did not have the ~ to kiss her *hij had niet het lef om haar te kussen* **3.**¶ write in ~ *zijn pen/woorden in gal dopen.*

gall[2] ⟨ww.⟩ **0.1** ***(mateloos) irriteren*** ⇒*razend maken* ◆ ¶**.1** it really ~s me to see that happen *ik word echt razend wanneer ik dat zie gebeuren.*

gallant[1] [gælənt, gəlænt] ⟨zn.⟩⟨schr.⟩ **0.1** ***(mode)fat*** ⇒*dandy* **0.2** ***galant heer*** ⇒*cavalier.*

gallant[2] [gælənt, ⟨in bet. 0.2⟩ gəlænt] ⟨bn.⟩ **0.1** ***dapper*** ⇒ *moedig; indrukwekkend* ⟨v. schip, paard enz.⟩ **0.2** ***galant*** ⇒ *hoffelijk* ◆ **1.1** ~ deed *krijgshaftige daad.*

gallantr|y [gæləntrie] ⟨mv.: -ies⟩ **0.1** ***moedige daad*** ⇒*huzarenstukje* **0.2** ***moed*** ⇒*dapperheid* **0.3** ***galanterie*** ⇒*hoffelijkheid.*

gallbladder **0.1** ***galblaas.***

galleon [gæliən] **0.1** ***galjoen.***

galler|y [gælərie] ⟨mv.: -ies⟩ **0.1** ***galerij*** ⇒*portiek, (zuilen)-gang* **0.2** ***galerij*** ⇒*balkon* **0.3** ***museum(zaal)*** **0.4** ***(kunst)-galerie*** **0.5** ⟨ww. enk. of mv.⟩ ***galerij(publiek)*** ⇒*engelenbak* ◆ **3.5** ⟨fig.⟩ play to the ~ *op het publiek spelen, effect najagen.*

galley [gælie] **0.1** ⟨gesch.⟩ ***galei*** **0.2** ***kombuis*** ⇒*pantry* **0.3** ⟨druk.⟩ ***galei*** **0.4** ⟨druk.⟩ ***strokenproef.***

galley proof ⟨vnl. mv.⟩⟨druk.⟩ **0.1** ***strokenproef*** ⇒*drukproef, galeiproef.*

galley slave **0.1** ***galeislaaf*** ⟨ook fig.⟩ ⇒*werkpaard, sloof.*

Gallic [gælik] **0.1** ***Gallisch*** ⇒⟨vaak scherts.⟩ *Frans.*

gallicism [gælissizm] **0.1** ***gallicisme.***

gallicize [gælissajz] **0.1** ***verfransen.***

gallivant [gælivænt] ⟨inf.⟩ **0.1** ***boemelen*** ⇒*op stap zijn* ◆ **5.1** ~ **about** *(zorgeloos) boemelen.*

gallon [gælən] **0.1** ***gallon*** ⟨inhoudsmaat; →t⟩ **0.2** ⟨vaak mv.; inf.⟩ ***massa*** ⇒*liters.*

gallop[1] [gæləp] ⟨zn.; geen mv.⟩ **0.1** ***galop*** ◆ **2.1** full ~ *volle galop* **6.1** **at** a ~ *in galop, op een galop;* ⟨fig.⟩ *op een holletje.*

gallop[2] ⟨ww.⟩ **0.1** ***galopperen*** ⇒⟨fig.⟩ *zich haasten, vliegen* ◆ **5.1** ~ **off** *zich uit de voeten maken* **6.1** ~ **over/through** sth. *iets afraffelen.*

gallows [gælooz] **0.1** ***galg.***

gallows humour **0.1** ***galgenhumor.***

gallstone **0.1** ***galsteen.***

Gallup poll [gæləp pool] **0.1** ***Gallup-enquête*** ⇒*opinieonderzoek/peiling.*

galore [gəlo:] **0.1** ***in overvloed*** ⇒*genoeg* ◆ **1.1** money ~ *geld zat.*

galosh(e) [gəlosj] ⟨vnl. mv.⟩ **0.1** ***galoche*** ⇒*overschoen.*

galvanic [gælvænik] ⟨-ally⟩ **0.1** ***galvanisch*** ⟨ook fig.⟩ ⇒*opwindend, opzienbarend* ◆ **1.1** ~ battery / cell / pile *galvanisch element;* a ~ performance *een wervelend optreden.*

galvan|ize, -ise [gælvənajz] ⟨zn.: **-ization**⟩ **0.1** ***galvaniseren*** ⟨ook fig.⟩ ⇒*prikkelen, opzwepen* **0.2** ***galvaniseren*** ⇒*verzinken* ◆ **1.2** ~d iron *gegalvaniseerd/verzinkt ijzer* **6.1** ~ s.o. **into** action / activity *iem. tot actie aansporen.*

gambit [gæmbit] **0.1** ⟨schaakspel⟩ ***gambiet*** ⟨soort opening⟩ **0.2** ***(slimme) openingszet*** ⇒*tactische zet.*

gamble[1] [gæmbl] ⟨zn.; vnl. enk.⟩ **0.1** ***gok(je)*** ⟨ook fig.⟩ ⇒*riskante zaak, speculatie* ◆ **3.1** have a ~ (on) *gokken (op), speculeren (op);* take a ~ (on) *een gokje wagen (op)* ¶**.1** it is a ~ *het is een loterij/gok.*

gamble[2] **I** ⟨onov.ww.⟩ **0.1** ***gokken*** ⇒*spelen, dobbelen* **0.2** ***speculeren*** ◆ **6.1** ~ **at** cards *kaarten om geld;* ~ **on** *gokken/rekenen op;* **II** ⟨ov.ww.⟩ **0.1** ***op het spel zetten*** ⇒*inzetten* ◆ **5.1** ~ **away** *vergokken.*

gambler [gæmblə] **0.1** ***gokker.***

gambling [gæmbling] **0.1** ***gokkerij.***

gambling den, gambling joint, gambling house **0.1** ***goktent*** ⇒*speelhol.*

gambol[1] [gæmbl] ⟨zn.; vnl. mv.⟩ **0.1** ***capriool*** ⇒*luchtsprong, bokkensprong.*

gambol[2] ⟨ww.; -led⟩ **0.1** ***dartelen*** ⇒*huppelen* ⟨v. lammeren, kinderen⟩.

game[1] [geem] **I** ⟨telb.zn.⟩ **0.1** ***spel*** ⟨ook fig.⟩ ⇒*wedstrijd, partij* **0.2** ***spel(letje)*** ⇒*tijdverdrijf* **0.3** ⟨tennis⟩ ***game*** **0.4** ⟨kaartspel⟩ ***manche*** **0.5** ***speelwijze*** ⇒*spel* **0.6** ***plan(netje)*** ⇒*spel(letje)* **0.7** ***jachtdier*** ⇒*prooi* ⟨ook fig.⟩ ◆ **1.1** ~ of chance *kans/hazardspel* **2.1** play a good / poor ~ *goed/slecht spelen* **2.6** a deep ~ *een mysterieus spel(letje)* **2.**¶ beat/play s.o. at his own ~ *iem. een koekje v. eigen deeg geven* **3.1** force the ~ *het spel forceren* ⟨om snel te kunnen scoren⟩; have the ~ in one's hands *de wedstrijd controleren;* play a losing ~ *de (wed)strijd verliezen;* play the ~ *eerlijk (spel) spelen, zich aan de regels houden;* play a waiting ~ *een afwachtende houding aannemen;* play a winning ~ *de (wed)strijd winnen, de bovenhand krijgen* **3.6** give the ~ away *het plan(netje) verklappen;* two can play (at) that ~ *dat spelletje kan ik ook spelen* **4.3** (one) ~ all *gelijk(e stand)* **4.6** none of your (little) ~s! *geen kunstjes!* **4.**¶ it's your ~ *jij wint* **5.6** the ~ is **up** *het spel is uit, nu hangen wij/*

jullie **6.1** it's all **in** the ~ *het hoort er (allemaal) bij;* be **off** one's ~ *uit vorm/niet op dreef zijn* **6.6** be up **to** some ~ *iets in zijn schild voeren* **7.¶** what a ~! *wat een komedie!* **8.3** ~ and (set) *game en set;*
II ⟨telb. en n.-telb.zn.⟩ **0.1** ***grap(je)*** ⇒*geintje, pret(je)* **0.2** ***bedrijf*** ⇒*gebeuren, -wezen* ◆ **3.1** have/play ~s/a ~ with s.o. *iem. voor de gek houden;* make ~ of *spotten met;* the ~ was to tell how many *het was de kunst/het ging erom te zeggen hoeveel* **3.2** publishing ~ *uitgeversbedrijf* **7.¶** be on the ~ *in het leven zijn; v. diefstal leven;*
III ⟨n.-telb.zn.⟩ **0.1** ***wild*** ⟨ook cul.⟩ **0.2** ***winnende score*** ◆ **1.2** 21 points is ~ *wie 21 punten heeft, wint.* →**fair;**
IV ⟨mv.⟩ **0.1** ***spelen*** ⟨ook gesch.⟩ ⇒*(atletiek)wedstrijden* **0.2** ***gym(nastiek)*** ⇒*sport* ⟨op school⟩.
game² ⟨bn.⟩ **0.1** ***dapper*** ⇒*kranig, flink* **0.2** ***bereid(willig)*** ⇒ *enthousiast* ◆ **3.1** he is ~ enough to go alone *hij is mans genoeg om alleen te gaan* **3.2** be ~ to do sth. *bereid zijn om iets te doen* **4.2** I am ~ *ik doe mee* **6.2** be ~ **for** sth. *tot iets bereid zijn, ergens zin in hebben.*
game³, ⟨BE; inf. ook⟩ **gammy** [gæmie] ⟨bn.⟩ **0.1** ***lam*** ⇒*kreupel* ⟨v. arm, been⟩.
game⁴ ⟨ww.⟩ **0.1** ***gokken*** ⇒*spelen, dobbelen.*
game bag 0.1 ***weitas*** ⇒*jagerstas.*
game ball ⟨tennis⟩ **0.1** ***gameball*** ⇒*beslissende bal* ⟨voor winst v. game⟩.
gamecock 0.1 ***kemphaan*** ⟨ook fig.⟩ ⇒*vechthaan.*
gamekeeper 0.1 ***jachtopziener/opzichter.***
game licence 0.1 ***jachtakte*** ⇒*jachtbewijs.*
game park 0.1 ***wildpark.***
game point ⟨tennis⟩ **0.1** ***game point*** ⇒*beslissend punt* ⟨voor winst v. game⟩.
games computer ⟨comp.⟩ **0.1** ***spelcomputer.***
game show 0.1 ⟨ong.⟩ ***spelprogramma*** ⟨op tv⟩.
gamesmanship [geemzmənsjip] **0.1** ***onfrisse speltactiek*** ⟨om tegenstander te demoraliseren⟩.
games master ⟨BE⟩ **0.1** ***sportleraar*** ⇒*gymleraar.*
games mistress ⟨BE⟩ **0.1** ***sportlerares*** ⇒*gymlerares.*
gamey →**gamy.**
gaming table 0.1 ***goktafel*** ⇒*speeltafel.*
gamma ray ⟨vnl. mv.⟩ **0.1** ***gammastraal.***
gammon [gæmən] **0.1** ***(gekookte) achterham*** **0.2** ***gerookte ham*** ⟨om te bakken⟩.
gammy →**game³.**
gamp [gæmp] ⟨BE; inf., scherts.⟩ **0.1** ***spuit*** ⇒*(grote slordige) paraplu.*
gamut [gæmət] **0.1** ⟨muz.⟩ ***gamma*** ⇒*toonladder, toonschaal;* ⟨ook fig.⟩ *scala, reeks, register* ◆ **1.1** the whole ~ of human experience *het hele gamma v. menselijke ervaringen* **3.1** run up and down the ~ *het hele gamma doorlopen.*
gam|y, gamey [geemie] ⟨-iness⟩ **0.1** ***wildachtig*** ⇒*naar wild smakend* **0.2** ***adellijk (ruikend/smakend)*** ⟨v. wild⟩ ⇒*onwelriekend* ◆ **1.¶** ~ details *pikante bijzonderheden.*
gander [gændə] **0.1** ***gander*** ⇒*mannetjesgans, ganzerik* **0.2** ⟨inf.⟩ ***blik*** ⇒*kijkje* ◆ **3.2** have/take a ~ *een kijkje nemen* **6.2** have/take a ~ **at** *een blik werpen op.*
gang [gæng] **0.1** ⟨ben. voor⟩ ***groep mensen*** ⇒*(boeven/gangster)bende; troep;* ⟨inf.⟩ *kliek, coterie; ploeg* ⟨arbeiders⟩ **0.2** ⟨ben. voor⟩ ***groep dieren*** ⇒*troep* ⟨wolven, wilde honden⟩.
ganger [gængə] ⟨vnl. BE⟩ **0.1** ***ploegbaas*** **0.2** ⟨inf.⟩ ***chef-technicus*** ⟨bij tv- of filmopnames⟩.
gang-leader 0.1 ***bendeleider.***
gangling [gængling] **0.1** ***slungelig*** ⇒*slungelachtig.*
ganglion [gængliən]⟨mv.: ook ganglia [-gliə]⟩ **0.1** ⟨med.⟩ ***ganglion*** ⇒*peesknoop* **0.2** ***(zenuw)centrum*** ⇒*knooppunt, middelpunt* ⟨v. macht, activiteit⟩.
gangplank ⟨scheep.⟩ **0.1** ***loopplank.***
gang rape 0.1 ***groepsverkrachting.***
gangrene [gænggrie:n] **0.1** ***gangreen*** ⇒*koudvuur* **0.2** ***verrotting*** ⟨fig.⟩ ⇒*corruptie.*
gangrenous [gænggrinnəs] **0.1** ***gangreneus*** ⇒*door gangreen aangetast.*
gangster [gængstə] **0.1** ***gangster*** ⇒*bendelid.*
gang up 0.1 ***een bende/groep vormen*** ⇒*(samen)klieken, zich verenigen* ◆ **6.1** ⟨inf.⟩ ~ **against/on** *samenspannen tegen, aanvallen;* ~ **with** *zich aansluiten bij, samenspannen met.*
gangway [gængwee] **0.1** ***doorgang*** **0.2** ⟨BE⟩ ***(gang)pad*** ⟨in kerk, schouwburg enz.⟩ **0.3** ⟨scheep.⟩ ***loopplank*** ◆ **¶.¶** ~! *uit de weg!*
gannet [gænit] ⟨mv.: ook gannet⟩ **0.1** ⟨dierk.⟩ ***jan-van-gent.***
gantr|y [gæntrie] ⟨mv.: -ies⟩ **0.1** ***rijbrug*** ⟨v. loopkraan⟩ **0.2** ⟨spoorwegen⟩ ***portaal*** **0.3** ***lanceertoren*** ⟨v. raket⟩.
gaol →**jail.**
gaoler →**jailer.**
gap [gæp] **0.1** ⟨ben. voor⟩ ***(tussen)ruimte*** ⇒*opening, gat; kloof, barst; interval; afstand; bergengte, ravijn; stilte; leemte, hiaat; tekort* **0.2** ⟨verk.⟩ [spark gap] ◆ **3.1** bridge/close/fill/stop a ~ *een kloof overbruggen, een hiaat vullen, een tekort aanvullen.*
gape¹ [geep] ⟨zn.⟩ **0.1** ***geeuw*** ⇒*gaap* **0.2** ***opening*** ⇒*scheur, bres* **0.3** ⟨mv.; ww. mv. of enk.⟩ ***gaapziekte*** ⇒*snapziekte, kanariepokken.*
gape² ⟨ww.⟩ **0.1** ***gapen*** ⇒*geeuwen* **0.2** ***geopend/gebarsten zijn*** ⇒*gapen* **0.3** ***staren*** ◆ **1.2** gaping wound *gapende wond* **3.¶** make s.o. ~ *iem. versteld doen staan* **6.3** ~ **at** *aangapen/staren.*
gap-toothed 0.1 ***met uiteenstaande tanden.***
garage¹ [gæra:zj, -idzj] ⟨zn.⟩ **0.1** ***garage*** ⇒*autostalling; garagebedrijf, benzinestation.*
garage² ⟨ww.⟩ **0.1** ***stallen*** **0.2** ***naar de garage brengen.***
garb¹ [ga:b] ⟨zn.⟩ **0.1** ***dracht*** ⇒*kledij* ◆ **2.1** in clerical ~ *in habijt.*
garb² ⟨ww.; vnl. pass.⟩ **0.1** ***kleden*** ◆ **1.1** ~ed in black *in het zwart (gekleed).*
garbage [ga:bidzj] **0.1** ***(keuken)afval*** ⇒*huisvuil* **0.2** ***rommel*** ⇒*rotzooi; onzin, gelul.*
garbage barrel ⟨AE⟩ **0.1** ***vuilnisbak.***
garbage can ⟨AE⟩ **0.1** ***vuilnisbak.***
garbage collector, garbage man ⟨AE⟩ **0.1** ***vuilnisman.***
garbage truck ⟨AE⟩ **0.1** ***vuilniswagen.***
garble [ga:bl] **0.1** ***onvolledige voorstelling geven van*** ⇒ *verkeerd voorstellen, verdraaien* ◆ **1.1** ~d account *verdraaide/misleidende voorstelling.*
garda [ga:də]⟨mv.: gardaí [-die:]⟩ **I** ⟨telb.zn.⟩ **0.1** ***politieman*** ⟨in Ierland⟩;
II ⟨zn.; ww. steeds mv.⟩ **0.1** ***politie*** ⟨in Ierland⟩.
garden¹ [ga:dn] ⟨zn.⟩ **0.1** ***tuin*** ⟨ook fig.⟩ ⇒*groenten/bloementuin, hof; vruchtbare streek* **0.2** ⟨vnl. mv.⟩ ***park*** ⇒*lusthof* **0.3** ⟨vnl. mv., met voorafgaande naam; BE⟩ ***straat*** ⇒ *plein* ◆ **1.1** the ~ of Eden *de hof v. Eden, het Aards Paradijs* **3.1** ⟨inf.⟩ lead up the ~ (path) *om de tuin leiden* **¶.1** ⟨inf.⟩ everything in the ~ is lovely *er is geen vuiltje aan de lucht.*
garden² ⟨ww.⟩ **0.1** ***tuinieren.***
garden city, ⟨BE⟩ **garden suburb 0.1** ***tuinstad.***
gardener [ga:dnə] **0.1** ***tuinman*** ⇒*hovenier, tuinier.*
gardenia [ga:die:niə] **0.1** ***gardenia.***
gardening [ga:dning] **0.1** ***het tuinieren*** ⇒*tuinbouw.*
garden party 0.1 ***tuinfeest*** ⇒*tuinpartij.*
garden pea 0.1 ***doperwt.***
garden warbler ⟨dierk.⟩ **0.1** ***tuinfluiter.***

gargantuan [ga:gæntsjoeən] **0.1** ***gargantuesk*** ⇒*gigantisch.*
gargle[1] [ga:gl] ⟨zn.⟩ **0.1** ***gorgeldrank.***
gargle[2] ⟨ww.⟩ **0.1** ***gorgelen.***
gargoyle [ga:gojl] **0.1** ***gargouille*** ⇒*spuier, waterspuwer.*
garish [geərisj] **0.1** ***fel*** ⇒*schel* **0.2** ***bont*** ⇒*opzichtig.*
garland[1] [ga:lənd] ⟨zn.⟩ **0.1** ***guirlande*** ⇒*slinger* **0.2** ***lauwer(krans)*** ⇒*erepalm.*
garland[2] ⟨ww.⟩ **0.1** ***omkransen*** ⇒*bekransen.*
garlic [ga:lik] **0.1** ***knoflook(bol/plant)*** ◆ **1.1** a clove of ~ *een teentje knoflook.*
garlic mustard ⟨plantk.⟩ **0.1** ***look-zonder-look.***
garment [ga:mənt] **0.1** ***kledingstuk*** ⇒⟨mv.⟩ *kleren.*
garner [ga:nə] ⟨schr.⟩ **0.1** ***opslaan*** ⇒*vergaren* ◆ **5.1** ~ **in / up** *binnenhalen.*
garnet [ga:nit] **0.1** ***granaat*** ⟨mineraal(groep)⟩ **0.2** ***granaat(rood).***
garnish[1] [ga:nisj], **garnishing** [ga:nisjing] ⟨zn.⟩ **0.1** ***garnering*** ⇒*versiering.*
garnish[2] ⟨ww.⟩ **0.1** ***garneren*** ⇒*verfraaien, opkloppen* ⟨verhaal⟩.
garotte[1], **garrotte,** ⟨AE ook⟩ **garrote** [gərot] ⟨zn.⟩ **0.1** ***garotte*** ⇒*wurgpaal.*
garotte[2], **garrotte,** ⟨AE ook⟩ **garrote** ⟨ww.⟩ **0.1** ***wurgen*** ⟨als executie aan wurgpaal⟩ ⇒*garrotteren.*
garret [gærit] **0.1** ***zolderkamertje*** ⇒*mansarde.*
garrison[1] [gærisn] ⟨zn.⟩⟨mil.⟩ **0.1** ***garnizoen(splaats).***
garrison[2] ⟨ww.⟩ **0.1** ***bezetten (met een garnizoen)*** **0.2** ***in garnizoen leggen.***
garrison town **0.1** ***garnizoensstad.***
garrulity [gəroe:lətie], **garrulousness** [gærələsnəs] **0.1** ***kletserigheid*** ⇒*praatzucht, babbelziekte.*
garrulous [gærələs] **0.1** ***kletserig*** ⇒*praatziek.*
garter [ga:tə] **0.1** ***kousenband*** ⇒⟨AE ook⟩ *jarretelle* **0.2** ⟨the G-⟩ ***(Orde van de) Kouseband.***
garter belt ⟨vnl. AE⟩ **0.1** ***jarretellegordel.***
gas[1] [gæs] ⟨zn.; mv.: AE ook -ses⟩ **0.1** ***gas*** ⇒*gifgas, lachgas, mijngas* **0.2** ⟨AE⟩ ***benzine*** **0.3** ⟨inf.⟩ ***gezwam*** ⇒*gelul, geouwehoer* **0.4** ⟨vnl. enk.; vnl. AE; sl.⟩ ***uitschieter*** ⇒*succes(nummer)* ◆ **2.1** natural ~ *aardgas* **3.2** step on the ~ *gas geven, er vaart achter zetten.* →**rare.**
gas[2] ⟨-sed⟩ **I** ⟨onov.ww.⟩ **0.1** ⟨inf.⟩ ***leuteren*** ⇒*ouwehoeren;* **II** ⟨onov. en ov.ww.⟩⟨vnl. AE; inf.⟩ **0.1** ***(vol/bij)tanken*** ◆ **5.1** ~ **up** the car *de wagen voltanken/bijtanken;* **III** ⟨ov.ww.⟩ **0.1** ***(ver)gassen*** ◆ **5.¶** gassed **up** *vergast;* ⟨sl.⟩ *zat, dronken.*
gasbag **0.1** ⟨inf.⟩ ***windbuil*** ⇒*zwamneus, kletsmeier.*
gas bracket **0.1** ***gasarm.***
gas chamber **0.1** ***gaskamer.***
gas cooker **0.1** ***gasfornuis*** ⇒*gasstel.*
gas engine, gas motor **0.1** ***gasmotor*** ⇒*LPG-motor* **0.2** ⟨AE⟩ ***benzinemotor.***
gaseous [gæsiəs] **0.1** ***gasachtig*** ⇒*gasvormig, gas-.*
gasfield **0.1** ***gasveld.***
gas fire **0.1** ***gashaard*** ⇒*gaskachel.*
gas-fired **0.1** ***gasgestookt*** ◆ **1.1** ~ central heating *gasgestookte centrale verwarming, gas-cv.*
gas fitter **0.1** ***gasfitter.***
gas fitting **0.1** ***gaspijp/kraan/meter*** ⟨enz.⟩.
gas guzzler ⟨vnl. AE; inf.⟩ **0.1** ***benzineslokop.***
gas-guzzling ⟨vnl. AE; inf.⟩ **0.1** ***benzine verslindend.***
gash[1] [gæsj] ⟨zn.⟩ **0.1** ***houw*** ⇒*jaap, gapende/diepe wond* **0.2** ***kloof*** ⇒*breuk.*
gash[2] ⟨ww.⟩ **0.1** ***een jaap toedienen*** ⇒*openrijten, een houw geven.*
gasholder **0.1** ***gashouder*** ⇒*gasreservoir.*
gasif|y [gæsiffaj] ⟨-ied; zn.: **-ication**⟩ **0.1** ***vergassen*** ⇒*tot gas (doen) worden.*
gasket [gæskit] **0.1** ***pakking*** ◆ **3.¶** ⟨sl.⟩ blow a ~ *ontploffen, uit zijn vel springen.*
gas lamp **0.1** ***gaslamp*** ⇒*gaslantaarn.*
gaslight **0.1** ***gaslamp*** **0.2** ***gaslicht.***
gas lighter **0.1** ***gasaansteker*** ⇒*gasontsteker* **0.2** ***(gas)aansteker*** ⟨voor sigar(ett)en⟩.
gas main **0.1** ***hoofd(gas)leiding.***
gas|man ⟨mv.: -men⟩ **0.1** ***meteropnemer.***
gas mantle **0.1** ***gasgloeikous.***
gas mark ⟨cul.⟩ **0.1** ***stand*** ⟨v. oven⟩ ◆ **7.1** ~ six *stand zes.*
gas mask **0.1** ***gasmaker.***
gasmeter **0.1** ***gasmeter.***
gasoline, gasolene [gæsəlie:n] **0.1** ***gasoline*** **0.2** ⟨vnl. AE⟩ ***benzine.***
gasometer [gæsommittə] **0.1** ***gashouder*** ⇒*gasreservoir* **0.2** ***gasmeter.***
gas oven **0.1** ***gasoven*** ⇒*gasfornuis* **0.2** ***gaskamer.***
gasp[1] [ga:sp] ⟨zn.⟩ **0.1** ***snik*** ◆ **6.1** **at** one's last ~ *bij de laatste ademtocht/snik;* **with** a ~ *met stokkende adem.*
gasp[2] **I** ⟨onov.ww.⟩ **0.1** ***(naar adem) snakken*** ⇒*naar lucht happen* **0.2** ***hijgen*** ⇒*puffen, snuiven* ◆ **6.1** ~ **at** sth. *paf staan v. iets;* ~ **for** breath *naar adem snakken;* he ~ed **with** rage / surprise *zijn adem stokte v. woede/verbazing;* **II** ⟨ov.ww.⟩ **0.1** ***haperend uitbrengen*** ⇒*hijgend uitbrengen* ◆ **1.1** ~ a denial *er (met moeite) een ontkenning uitbrengen* **5.1** ~ **out** *uitstoten.*
gaspipe **0.1** ***gasbuis*** ⇒*gaspijp.*
gas ring **0.1** ***gaspit*** ⇒*gaskomfoor.*
gas station ⟨vnl. AE⟩ **0.1** ***benzinestation*** ⇒*tankstation.*
gas stove **0.1** ***gasfornuis.***
gass|y [gæsie] ⟨-iness⟩ **0.1** ***gasachtig*** ⇒*gas-, gasvormig, gashoudend* **0.2** ***gezwollen*** ⇒*bombastisch.*
gastank **0.1** ***gashouder*** **0.2** ⟨AE⟩ ***benzinetank.***
gas tap **0.1** ***gaskraan.***
gastric [gæstrik] **0.1** ***maag-*** ⇒*gastrisch* ◆ **1.1** ~ flu *buikgriep;* ~ juices *maagsap(pen).*
gastritis [gæstrajtis] **0.1** ***gastritis*** ⇒*maag(slijmvlies)ontsteking.*
gastroenteritis [gæstroo·entərajtis] **0.1** ***gastro-enteritis*** ⇒ *maag-darmcatarre.*
gastronome [gæstrənoom] **0.1** ***gastronoom*** ⇒*fijnproever.*
gastronomic [gæstrənommik] ⟨-ally⟩ **0.1** ***gastronomisch.***
gastronomy [gæstronnəmie] **0.1** ***gastronomie*** ⇒*fijnproeverij.*
gastropod [gæstrəpod] **0.1** ***gastropode*** ⇒*buikpotig (week)dier.*
gasworks ⟨vnl. met ww. in enk.⟩ **0.1** ***gasfabriek*** ⇒*gasbedrijf.*
gat [gæt] **0.1** ⟨AE; sl.⟩ ***blaffer*** ⇒*pistool, revolver.*
gate[1] [geet] ⟨zn.⟩ **0.1** ⟨ben. voor⟩ ***poort(je)*** ⇒*deur, hek; ingang;* ⟨vaak mv.⟩ *afsluitboom, slagboom;* ⟨vaak mv.⟩ *sluis(deur), schuif; uitgang* ⟨op luchthaven⟩, *perron* **0.2** ⟨sl.⟩ ***schuurdeur*** ⇒*muil* **0.3** ⟨sport⟩ ***publiek*** ⟨aantal betalende toeschouwers⟩ **0.4** ⟨sport⟩ ***entreegelden*** ⇒*recette* ◆ **3.1** ⟨vnl. AE; sl.⟩ give / get the ~ *de bons geven/krijgen* **7.3** a ~ of 2000 *2000 man publiek.* →**pearly.**
gate[2] ⟨ww.⟩ **0.1** ⟨BE⟩ ***school/campusarrest geven*** ⇒*uitgaansverbod opleggen* ⟨aan student⟩.
-gate [geet] **0.1** ***-schandaal*** ◆ **¶.1** agrogate *landbouwschandaal;* Irangate *wapenschandaal mbt. Iran;* Watergate *Watergate(schandaal).*
gateau [gætoo]⟨mv.: ook gateaux [gætooz]⟩ **0.1** ***taart*** ⇒*gebak.*

gatecrash ⟨inf.⟩ **0.1** ***(onuitgenodigd) binnenvallen*** ⟨op een feestje enz.⟩.
gatecrasher ⟨inf.⟩ **0.1** ***onuitgenodigde gast/bezoeker*** ⇒ *indringer.*
gatehouse **0.1** *poortgebouw* ⇒*poorthuis, portierswoning.*
gatekeeper **0.1** *portier* **0.2** *baanwachter* ⇒*overwegwachter.*
gatelegged **0.1** *met inklappoot* ◆ **1.1** ~ table *hangoor(tafel), klaptafel.*
gateleg table **0.1** *hangoor(tafel)* ⇒*klaptafel.*
gate money ⟨sport⟩ **0.1** ***entreegelden*** ⇒*recette.*
gatepost **0.1** *deurpost* ⇒*hekpaal* ◆ **4.¶** ⟨inf.⟩ between you and me and the ~ *onder ons gezegd en gezwegen.*
gateway **0.1** *poort* ⇒*in/uit/doorgang, in/uitrit* ◆ **1.1** the ~ to success *de poort tot succes.*
gather[1] [gæðə] ⟨zn.⟩ **0.1** ***verzameling*** **0.2** ⟨vaak mv.⟩ ***plooi*** ⇒ *frons;* ⟨mv.⟩ *plooisel, smokwerk.*
gather[2] **I** ⟨onov.ww.⟩ **0.1** ***zich verzamelen*** ⇒*samenkomen* **0.2** ***zich op(een)hopen*** ⇒*zich op(een)stapelen* **0.3** ***toenemen*** ⇒*(aan)groeien, stijgen* **0.4** ***rijpen*** ⟨v. zweer⟩ ⇒*etteren* **0.5** ***plooien, rimpelen*** ◆ **1.2** there is a storm ~ing *er komt een bui opzetten* **5.1** ~ **round** *bijeenkomen* ⟨v. familie enz.⟩ **6.1** ~ **round** s.o./sth. *zich rond iem./iets scharen;*
II ⟨ov.ww.⟩ **0.1** ⟨ben. voor⟩ ***verzamelen*** ⇒*samenbrengen, bijeenroepen; op(een)hopen, op(een)stapelen; vergaren, inzamelen; plukken, oogsten; oprapen* **0.2** ***doen toenemen*** ⇒ *vergroten* **0.3** ***plooien*** ⇒*rimpelen* **0.4** ***opmaken*** ⇒*afleiden, concluderen* **0.5** ***opsommen*** ◆ **1.1** ~ (one's) strength *op krachten komen;* ~ wood *hout sprokkelen* **1.2** ~ speed *op snelheid komen* **1.5** ~ the facts *de feiten op een rijtje zetten* **4.4** he's gone to work, I ~ *hij is naar z'n werk, begrijp ik* **5.1** ~ **in** *binnenhalen, oogsten; opstrijken;* ~ **together** *verzamelen, bijeenroepen;* ~ **up** *oprapen, bij elkaar nemen, optrekken* ⟨benen⟩; *opsteken* ⟨haar⟩; *verzamelen* ⟨gedachten⟩; ~ o.s. **up/together** *zich oprichten/vermannen* **6.1** ~ o.s. **for** sth. *zich voor iets gereed maken* **6.4** ~ **from** *afleiden/opmaken uit* **8.4** I ~ that *ik krijg de indruk dat.*
gathering [gæðring] **0.1** ***bijeenkomst*** ⇒*vergadering* **0.2** ***verzameling*** ⇒*op(een)stapeling, op(een)hoping* **0.3** ***plooisel*** ⇒*inneming, frons.*
gauche [goosj] **0.1** ***onhandig*** ⇒*onbeholpen, (p)lomp.*
gaud|y [go:die] ⟨-iness⟩ **0.1** ***opzichtig*** ⇒*schel, bont.*
gauge[1], ⟨in bet. 0.3 vaak, en AE ook⟩ **gage** [geedzj] ⟨zn.⟩ **0.1** ⟨ben. voor⟩ ***(standaard/ijk)maat*** ⇒*vermogen, capaciteit, inhoud; binnenwerkse maat* ⟨v. pijp, buis enz.⟩, *kaliber* ⟨ook v. vuurwapens⟩; *spoorbreedte/wijdte* ⟨ook v. wagen⟩; *diepgang* ⟨v. schip⟩ **0.2** ⟨ben. voor⟩ ***meetinstrument*** ⇒*meter; kaliber; peilglas; maatstok; drukniveaumeter; gradenboog; regenmeter; windmeter* **0.3** ***criterium*** ⇒*maatstaf.*
gauge[2], ⟨vnl. AE ook⟩ **gage** ⟨ww.⟩ **0.1** ***meten*** ⇒*uit/af/opmeten, peilen* **0.2** ***schatten*** ⇒*taxeren, ramen.*
Gaul [go:l] **I** ⟨eig.n.⟩ **0.1** ***Gallië;***
II ⟨telb.zn.⟩ **0.1** ***Galliër.***
gaunt [go:nt] **0.1** ***uitgemergeld*** ⇒*vel over been, schraal* **0.2** ***somber*** ⇒*grimmig, dor* ◆ **1.2** a ~ room *een hol vertrek.*
gauntlet [go:ntlit], ⟨AE sp. ook⟩ **gantlet** [gæntlit] **0.1** ***kaphandschoen*** ⇒*sport/werkhandschoen, lange dameshandschoen* **0.2** ⟨vaak the⟩ ***spitsroeden*** ⇒*spervuur, vuurproef* ◆ **3.1** fling/throw down the ~ *iem. uitdagen;* pick/take up the ~ *de uitdaging aanvaarden* **3.2** run the ~ *spitsroeden (moeten) lopen.*
gauze [go:z] **0.1** ***gaas*** ⇒*verbandgaas, muggengaas.*
gauz|y [go:zie] ⟨-ier⟩ **0.1** ***gaasachtig.***
gave ⟨verl. t.⟩ →**give.**

gavel [gævl] **0.1** ***(voorzitters/afslagers)hamer.***
gavot(te) [gəvot] **0.1** ***gavotte*** ⟨dans⟩.
gawd [go:d] ⟨vnl. in uitroepen⟩⟨inf.⟩ **0.1** ***god*** ◆ **3.1** ~ help us! *god sta me bij!* **¶.1** ~! *god allemachtig!*
gawk[1] [go:k] ⟨zn.⟩⟨inf.⟩ **0.1** ***lummel*** ⇒*slungel.*
gawk[2] ⟨ww.⟩⟨inf.⟩ **0.1** ***gapen*** ◆ **6.1** ~ **at** sth. *naar iets staan gapen.*
gawk|y [go:kie] ⟨-iness⟩⟨inf.⟩ **0.1** ***klungelig*** ⇒*onhandig.*
gawp →**gawk.**
gay[1] [gee] ⟨zn.⟩ **0.1** ***homo(fiel)*** ⇒*nicht, lesbienne.*
gay[2] ⟨bn.; -er; gaily; -ness⟩ **0.1** ***homoseksueel*** ⇒*homofiel* **0.2** ***vrolijk*** ⇒*opgeruimd* **0.3** ***luchtig*** ⇒*nonchalant* **0.4** ***fleurig*** ⇒*bont* **0.5** ⟨euf.⟩ ***los(bandig)*** ◆ **1.1** ~ lib *flikkerfront;* ~ marriage/blessing *homohuwelijk* **1.4** ~ colours *bonte kleuren* **1.5** lead a ~ life *een losbandig leven leiden.*
Gaza Strip [ga:zə strip] **0.1** ***Gazastrook.***
gaze[1] [geez] ⟨zn.⟩ **0.1** ***starende/strakke blik.***
gaze[2] ⟨ww.⟩ **0.1** ***staren*** ⇒*aangapen* ◆ **6.1** ~ **at/on** *aanstaren.*
gazebo [gəzie:boo] ⟨mv.: ook -es⟩ **0.1** ***zomerhuisje*** ⇒*tuinhuisje.*
gazelle [gəzel] **0.1** ***gazel(le)*** ⇒*antilope.*
gazette[1] [gəzet] ⟨zn.⟩ **0.1** ***krant*** ⇒*dagblad* **0.2** ***Staatscourant*** ⇒*Staatsblad.*
gazette[2] ⟨ww.; vnl. pass.⟩⟨vnl. BE⟩ **0.1** ***in de Staatscourant publiceren*** ◆ **3.1** be ~d *in de Staatscourant staan* ⟨als failliet, bevorderd e.d.⟩.
gazetteer [gæzətiə] **0.1** ***geografisch woordenboek*** ⇒*geografische index/gids.*
gazump[1] [gəzump] ⟨zn.⟩⟨BE⟩ **0.1** ***oplichting*** ⇒*oplichterij* ⟨vnl. door prijs v. huis te verhogen na bod aanvaard te hebben⟩.
gazump[2] ⟨ww.; vaak pass.⟩⟨BE; sl.⟩ **0.1** ***oplichten*** ⟨vnl. door prijs v. huis te verhogen na bod aanvaard te hebben⟩.
G.B. ⟨afk.⟩ **0.1** [Great Britain].
GBH ⟨afk.; BE⟩ **0.1** [grievous bodily harm].
G.C.E. ⟨afk.; BE⟩ **0.1** [General Certificate of Education].
GCSE ⟨afk.; BE⟩ **0.1** [General Certificate of Secondary Education] ***eindexamen*** ⟨middelbaar schoolexamen met verschillende niveaus dat vanaf 1988 zowel CSE als GCE 'O' level vervangt⟩.
GCSE-exam ⟨BE⟩ **0.1** ***eindexamen*** ⟨middelbaar schoolexamen met verschillende niveaus dat vanaf 1988 zowel CSE als GCE 'O' level vervangt⟩.
Gdn(s). ⟨afk.⟩ **0.1** [Garden(s)].
G.D.R. ⟨afk.⟩ **0.1** [German Democratie Republic].
gear[1] [giə] ⟨zn.⟩ **0.1** ***toestel*** ⇒*mechanisme, apparaat, inrichting* **0.2** ⟨ben. voor⟩ ***drijfwerk*** ⇒*transmissie, koppeling; versnelling* ⟨v. auto⟩; *gearing, versnelling* ⟨v. fiets⟩; *takel* **0.3** ***uitrusting*** ⇒*gereedschap, kledij, spullen* **0.4** ***tuig*** ⟨v.e. rijdier⟩ ⇒*gareel* ◆ **2.2** bottom ~ *eerste versnelling;* reverse ~ *achteruit;* top ~ *hoogste versnelling* **3.1** landing ~ *landingsgestel* **3.2** change ~ *(over)schakelen;* put in/throw into ~ *in (de) versnelling zetten;* throw out of ~ *debrayeren, ontkoppelen;* ⟨fig.⟩ *in de war sturen* **3.3** hunting ~ *jagersuitrusting* **6.2 in** ~ *in de versnelling.*
gear[2] ⟨ww.⟩ **0.1** ***(over)schakelen*** ⇒*in (een) versnelling zetten* ◆ **5.1** ~ **down** *terugschakelen, vertragen;* ~ **up** *opschakelen, overschakelen; versnellen, vergroten;* ~ (o.s.) **up (for)** *zich aanpassen (aan), zich klaarmaken (voor).* →**gear to.**
gearbox, gearcase **0.1** ***versnellingsbak*** ⟨v. auto⟩.
gearing [giəring] **0.1** ***tandwieloverbrenging*** ⇒*drijfwerk, transmissie* **0.2** ⟨geldw., ec.⟩ ***het lenen v. geld om hogere opbrengsten te verwerven*** **0.3** ⟨geldw., ec.⟩ ***verhouding geleend kapitaal - aandelenkapitaal.***

gearlever, gearstick, ⟨vnl. AE⟩ **gearshift 0.1** ***(versnellings)pook.***
gear to 0.1 ***afstemmen op*** ⇒*in/afstellen op* ◆ **3.1** be geared to *ingesteld zijn op, berekend zijn op.*
gearwheel, gear wheel 0.1 ***tandwiel*** ⇒*tandrad.*
gecko [gekkoo] ⟨mv.: ook -es⟩⟨dierk.⟩ **0.1** ***gekko.***
geddit [gettit] ⟨inf. spellinguitspraak v. get it⟩⟨BE; inf.⟩ **0.1** ***gesnopen*** ⇒*snap je.*
gee[1] [dzjie:], **gee-gee** ⟨zn.⟩ **0.1** ⟨BE⟩ ***paard(je).***
gee[2], **gee whiz(z)** [dzjie:wiz], **jee** [dzjie:] ⟨tw.⟩⟨AE; inf.⟩ **0.1** ***jee(tje)!*** ⇒*gossie(mijne)!, jeminee!* **0.2** ***vort!*** ⇒*hortsik!, ju!, hu!;* ⟨soms⟩ *rechtsaf!* ◆ **5.2** ~ **up**! *vort!, vooruit!*
geek|y [gie:kie] ⟨-ier⟩⟨AE; inf.⟩ **0.1** ***sullig*** ⇒*oenig, onnozel.*
geese [gie:s] ⟨mv.⟩ →**goose.**
gee up 0.1 ***voortdrijven*** ⇒*aanjagen* ⟨vnl. paarden⟩; ⟨fig.⟩ *opjagen, opjutten.*
geezer [gie:zə] ⟨sl.⟩ **0.1** ***(ouwe) vent/kerel/gozer*** ◆ **2.1** old ~ *ouwe sok, ouwe lul.*
Geiger tube ⟨nat.⟩ **0.1** ***geigertelbuis.***
geisha [geesjə], **geisha girl** ⟨mv.: ook geisha⟩ **0.1** ***geisha.***
gel[1], ⟨in niet-technische bet. ook⟩ **jell** [dzjel] ⟨zn.⟩⟨schei.⟩ **0.1** ***gel*** ⟨ook alg.⟩.
gel[2], ⟨behalve in technische bet. ook⟩ **jell** ⟨ww.; -led⟩ **0.1** ***gel(ei)achtig worden*** ⇒*stollen* **0.2** ⟨vnl. BE⟩ ***vorm krijgen*** ⟨v. ideeën e.d.⟩ ⇒*lukken.*
gelatin [dzjellətin], **gelatine** [dzjellətie:n] **0.1** ***gelatine(achtige stof).***
gelatinous [dzjilætinnəs] **0.1** ***gelatineachtig.***
geld [geld] ⟨ook gelt, gelt [gelt]⟩ **0.1** ***snijden*** ⇒*castreren, lubben.*
gelding [gelding] **0.1** ***castraat*** ⇒⟨ihb.⟩ *ruin.*
gelignite [dzjellignajt] **0.1** ***geligniet*** ⇒*(soort) gelatinedynamiet.*
gem [dzjem] **0.1** ***edelsteen*** ⇒*juweel* **0.2** ***kleinood*** ⇒*juweeltje.*
Gemini [dzjemminnaj] ⟨astrol., ster.⟩ **0.1** ***(de) Tweelingen.***
gemstone 0.1 ***(half)edelsteen.***
gen [dzjen] ⟨the⟩⟨BE; inf.⟩ **0.1** ***(juiste en volledige) informatie*** ⇒*nieuws* ◆ **6.1** give me all the ~ **on** their plans *geef me alle details over hun plannen.*
gender [dzjendə] **0.1** ***(grammaticaal) geslacht*** ⇒*genus.*
gender gap 0.1 ***verschil in benadering tussen mannen en vrouwen*** ⟨v. politieke vraagstukken e.d.⟩.
gene [dzjie:n] ⟨biol.⟩ **0.1** ***gen*** ⇒*geen, determinant.*
genealogical [dzjie:niəlodzjikl] **0.1** ***genealogisch*** ◆ **1.1** ~ tree *stamboom.*
genealogist [dzjie:nie·ælədzjist] **0.1** ***genealoog*** ⇒*geslachtkundige.*
genealog|y [dzjie:nie·ælədzjie] ⟨mv.: -ies⟩ **0.1** ***genealogie*** ⇒ *familiekunde.*
gene bank 0.1 ***genenbank.***
genera [dzjennərə] ⟨mv.⟩ →**genus.**
general[1] [dzjenrəl] ⟨zn.⟩ **0.1** ⟨mil.⟩ ***generaal*** ⇒*veldheer* **0.2** ***algemeenheid*** ⇒*'t algemeen* ◆ **1.1** ⟨AE⟩ General of the Army *veldmaarschalk* **6.2 in** ~ *in/over 't algemeen* **7.2** spend too much time on the ~ *te veel tijd besteden aan de algemene aspecten (v.d. zaak).*
general[2] **I** ⟨bn.⟩ **0.1** ***algemeen*** ⇒*algeheel, totaal, gewoon, hoofd-* ◆ **1.1** ~ anaesthetic *algehele verdoving;* ~ assembly *algemene vergadering* ⟨ihb. wetgevende vergadering v. Am. staat⟩; ~ education *algemene opleiding;* ~ election *algemene verkiezingen;* ~ headquarters *centraal hoofdkwartier;* in the ~ interest *in het openbaar/algemeen belang;* General Post Office *hoofdpostkantoor;* the ~ public *het grote publiek;* as a ~ rule *in/over 't algemeen, doorgaans;* in ~ terms *in algemene bewoordingen;* in a ~ way *in algemene zin* **1.¶** ⟨verz.⟩ ~ average *averij-grosse, gemene averij;* ~ cargo *gemengde lading;* ⟨AE⟩ ~ delivery *poste restante;* ~ practitioner *huisarts;* ~ staff *generale staf;*
II ⟨bn., attr. na het zn.⟩ **0.1** ***hoofd-*** ◆ **1.1** postmaster ~ *directeur-generaal der posterijen.*
generalit|y [dzjennərælətie] ⟨mv.: -ies⟩ **0.1** ***algemeenheid*** ⇒ *generaliteit* ◆ **2.1** a rule of great ~ *een regel zonder enige uitzondering.*
generalization, -sation [dzjenrəlajzeesjn] **0.1** ***generalisatie.***
generalize, -ise [dzjenrəlajz] **0.1** ***generaliseren*** ⟨ook fil., wisk.⟩ ⇒*veralgemenen, (zich) vaag uitdrukken* ◆ **6.1** ~ **from** sth. *algemene conclusies trekken uit iets.*
generally [dzjenrəlie] **0.1** ***gewoonlijk*** ⇒*doorgaans, meestal* **0.2** ***algemeen*** **0.3** ***in/over 't algemeen*** ⇒*ruwweg* ◆ **3.2** the plan was ~ approved *het plan werd algemeen goedgekeurd;* ~ known *algemeen bekend* **3.3** ~ speaking *in/over 't algemeen.*
general-purpose 0.1 ***voor algemeen gebruik*** ⇒*universeel.*
generate [dzjennəreet] **0.1** ***genereren*** ⟨ook wisk.⟩ ⇒*doen ontstaan, voortbrengen* ◆ **1.1** ~ electricity *elektriciteit opwekken;* ~ heat *warmte ontwikkelen;* generating station *elektriciteitsbedrijf.*
generating station 0.1 ***krachtcentrale*** ⇒*elektrische centrale.*
generation [dzjennəreesjn] **0.1** ***generatie*** ⇒*(mensen)geslacht, mensenleven* **0.2** ***voortbrenging*** ⇒*generatie, voortplanting, ontwikkeling* ◆ **1.1** ~ of vipers *addergebroed.* →**lost.**
generation gap 0.1 ***generatiekloof.***
generative [dzjenrətiv] **0.1** ⟨biol.⟩ ***generatief*** ⇒*geslachtelijk* **0.2** ***genererend*** ⇒*voortbrengend, productief.*
generator [dzjennəreetə] **0.1** ***generator.***
generic [dzjinnərik] ⟨-ally⟩ **0.1** ***generisch*** ⇒*generiek, geslachts-* **0.2** ***algemeen*** ◆ **1.¶** ~ drugs *merkloze geneesmiddelen* ⟨waarop geen patentrecht meer rust⟩.
generosit|y [dzjennərossətie] ⟨mv.: -ies⟩ **0.1** ⟨vaak mv.⟩ ***weldaad*** ⇒*genereuze daad* **0.2** ***vrijgevigheid*** ⇒*gulheid, royaliteit.*
generous [dzjenrəs] **0.1** ***grootmoedig*** ⇒*genereus, edel(moedig)* **0.2** ***vrijgevig*** ⇒*royaal, gul* **0.3** ***overvloedig*** ⇒*rijk(elijk), copieus* ◆ **1.3** a ~ meal *een rijkelijk maal.*
genesis [dzjennissis] ⟨mv.: geneses [-sie:z]⟩ **I** ⟨eig.n.; G-⟩ **0.1** ***(het (bijbel)boek) Genesis;***
II ⟨telb.zn.⟩ **0.1** ***genese*** ⇒*ontstaan, wording.*
gene therapy ⟨med.⟩ **0.1** ***gentherapie.***
genetic [dzjinnettik] ⟨-ally⟩ **0.1** ***genetisch*** ◆ **1.1** ~ code *genetische code;* ~ engineering *genetische manipulatie;* ~ fingerprint *genenprint;* ⟨biol.⟩ ~ marker *dominant gen/kenmerk;* ~ fingerprinting *DNA-vingerafdruktechniek.*
geneticist [dzjinnettissist] **0.1** ***geneticus.***
genetics [dzjinnettiks] **0.1** ***genetica*** ⇒*erfelijkheidsleer.*
Geneva [dzjinnie:və] **0.1** ***Genève.***
genial [dzjie:niəl] **0.1** ***mild*** ⇒*zacht, aangenaam, warm* ⟨v. weer/klimaat/lucht enz.⟩ **0.2** ***opwekkend*** ⇒*weldoend, levenwekkend* **0.3** ***vriendelijk*** ⇒*sympathiek, joviaal.*
genialit|y [dzjie:nie·ælətie] ⟨mv.: -ies⟩ **0.1** ⟨vnl. mv.⟩ ***betuiging van vriendschap/hartelijkheid*** ⟨enz.⟩ **0.2** ***hartelijkheid*** ⇒*sympathie, vriendelijkheid.*
genie [dzjie:nie], **djinn** [dzjin], **jinn** [dzjin] ⟨mv.: vnl. genii⟩ **0.1** ***djinn*** ⇒*genius, geest* ⟨in Arabische vertellingen⟩.
genii [dzjie:nie·aj] ⟨mv.⟩ →**genie, genius.**
genital [dzjennitl] **0.1** ***genitaal*** ⇒*geslachts-, voortplantings-.*

genitalia [dzjennitteeliə], **genitals** [dzjennitlz] **0.1** ***genitaliën*** *⇒geslachtsorganen.*
genitive [dzjennətiv] ⟨taal.⟩ **0.1** ***genitief*** *⇒tweede naamval.*
genius[1] [dzjie:niəs] ⟨zn.; mv.: ook genii⟩ **0.1** ⟨vnl. enk.⟩ ***karakter*** *⇒geest, het kenmerkende/eigene* **0.2** ⟨mv.: -es⟩ ***genie*** ⟨persoon⟩ **0.3** ⟨vnl. enk.⟩ ***talent*** **0.4** ***genialiteit*** *⇒begaafdheid* ◆ **1.1** the ~ of this century *de geest v. deze eeuw* **1.4** a woman of ~ *een geniale vrouw* **3.4** have ~ *geniaal zijn* **6.2** be a ~ **at** *geniaal zijn in* **6.3** have a ~ **for** *aanleg hebben voor/om.*
genius[2] ⟨zn.; mv.: genii⟩ **0.1** ***geest*** ◆ **2.1** evil ~ *kwade genius;* good ~ *schutsengel.*
Genoa [dzjennooə] **0.1** ***Genua.***
genocide [dzjennəsajd] **0.1** ***genocide*** *⇒volkerenmoord.*
Genoese [dzjennooie:z] ⟨mv.: Genoese⟩ **0.1** ⟨bn.⟩ ***Genuees*** *⇒ v./mbt. Genua* **0.2** ⟨zn.⟩ ***Genuees/Genuese*** *⇒inwoner/inwoonster v. Genua.*
genre [zjonrə] **0.1** ***genre*** *⇒soort, type* **0.2** ***genre*** *⇒genre(schilder)kunst* ◆ **1.2** his paintings are pure ~ *zijn schilderijen zijn pure genrestukjes.*
gent [dzjent] ⟨inf. of scherts.⟩ **0.1** ***gentleman*** *⇒heer* ◆ **7.¶** ⟨BE; inf.⟩ the Gents *het herentoilet.*
genteel [dzjentie:l] **0.1** ⟨vaak iron.⟩ ***chic*** *⇒elegant, gracieus* **0.2** ***geaffecteerd*** *⇒aanstellerig* **0.3** ⟨vero. of iron.⟩ ***deftig*** *⇒voornaam.*
genteelism [dzjentie:lizm] **0.1** ***deftige/geaffecteerde uitdrukking.***
gentian [dzjensjən] **0.1** ⟨plantk.⟩ ***gentiaan.***
gentile [dzjentajl] ⟨ook G-⟩ **0.1** ⟨bn.⟩ ***niet-joods*** *⇒christelijk, ongelovig* **0.2** ⟨zn.⟩ ***niet-jood*** *⇒christen, heiden.*
gentility [dzjentillətie] **0.1** ***deftigheid*** *⇒voornaamheid, welopgevoedheid.*
gentle [dzjentl] ⟨-r; gently; -ness⟩ **0.1** ***voornaam*** *⇒v. goede afkomst/familie* **0.2** ***zacht*** *⇒licht, (ge)matig(d)* **0.3** ***zacht(aardig)*** *⇒teder, vriendelijk* **0.4** ***kalm*** *⇒bedaard, rustig* ◆ **1.1** a person of ~ birth *iem. v. hoge geboorte* **1.2** ~ breeze *lichte koelte, zachte/matige wind;* ~ hint *zachte wenk;* ~ slope *zachte helling* **1.3** the ~ sex *het zwakke geslacht* **1.4** ~ reader *welwillende lezer* **3.2** hold it gently *hou het voorzichtig vast.*
gentlefolk(s) ⟨zn.; ww. steeds mv.⟩ **0.1** ***adel(stand)*** *⇒mensen v. goede familie/hoge geboorte.*
gentle|man [dzjentlmən]⟨mv.: -men [-mən]⟩ **0.1** ***gentleman*** *⇒man* ⟨beleefd taalgebruik⟩ **0.2** ***edelman*** *⇒hoveling* **0.3** ⟨jur. of gesch.⟩ ***onafhankelijk/welgesteld man*** *⇒ambteloos burger, rentenier* ◆ **1.1** Ladies and Gentlemen! *Dames en Heren!;* ~ of fortune *avonturier;* ~ of leisure *ambteloos burger* **1.2** ~ in waiting *kamerheer.*
gentleman-at-arms ⟨mv.: gentlemen-at-arms⟩ **0.1** ***lid der koninklijke lijfwacht.***
gentleman farmer ⟨mv.: gentlemen farmers⟩ **0.1** ***herenboer.***
gentlemanlike [dzjentlmənlajk], **gentlemanly** [dzjentlmənlie] **0.1** ***voornaam*** *⇒als een (echte) heer (betaamt).*
gentleman's agreement, gentlemen's agreement **0.1** ***gentleman's/gentlemen's agreement*** *⇒herenakkoord.*
gentlewoman ⟨vero.⟩ **0.1** ***(adellijke/beschaafde) dame*** **0.2** ***gezelschapsdame*** *⇒hofdame.*
gentrification [dzjentriffikkeesjn] **0.1** ***verbetering*** ⟨v. woonwijk door nieuwe bewoners uit beter milieu⟩ *⇒**versjieking.***
gentrif|y [dzjentriffaj] **0.1** ***verbeteren*** ⟨woonwijk door nieuwe bewoners uit beter milieu⟩ *⇒**versjieken.***
gentry [dzjentrie] ⟨zn.; vnl. the; ww. steeds mv.⟩ **0.1** ***gentry*** *⇒ lage(re) adel, voorname/betere stand* ◆ **2.1** landed ~ *(groot)grondbezitters, lage landadel.*
genuflect [dzjenjoeflekt] **0.1** ***knielen*** *⇒de knie(ën) buigen* ⟨uit eerbied⟩.
genuflection, ⟨vnl. BE⟩ **genuflexion** [dzjenjoefleksjn] **0.1** ***kniebuiging*** *⇒knieval.*
genuine [dzjenjoe·in] ⟨-ness⟩ **0.1** ***echt*** *⇒zuiver, onvervalst* **0.2** ***oprecht*** *⇒ongeveinsd, eerlijk.*
gen up ⟨-ned⟩⟨BE; inf.⟩ **0.1** ***(zich) informeren*** *⇒inlichtingen inwinnen/verstrekken (over)* ◆ **6.1** ~ **about/on** sth. *(zich) grondig (laten) informeren over iets.*
genus [dzjie:nəs] ⟨mv.: genera⟩ **0.1** ***soort*** *⇒genre, klasse* **0.2** ⟨biol.⟩ ***genus*** *⇒geslacht.*
geocentric [-sentrik] ⟨-ally⟩ **0.1** ***geocentrisch.***
geochemistry [-kemmistrie] **0.1** ***geochemie.***
geographer [dzjie·ogrəfə] **0.1** ***geograaf*** *⇒aardrijkskundige.*
geographic|(al) [dzjiəgræfik(l)] ⟨-ally⟩ **0.1** ***geografisch*** *⇒ aardrijkskundig* ◆ **1.1** ~ latitude/longitude *geografische breedte/lengte.*
geography [dzjie·ogrəfie] **0.1** ***geografie*** *⇒aardrijkskunde* ◆ **2.1** political ~ *politieke geografie.*
geological [dzjiəlodzjikl] **0.1** ***geologisch*** *⇒aardkundig.*
geologist [dzjie·olləddzjist] **0.1** ***geoloog*** *⇒aardkundige.*
geology [dzjie·olləddzjie] **0.1** ***geologie.***
geometric|(al) [dzjiəmetrik(l)] ⟨-ally⟩ **0.1** ***geometrisch*** *⇒ meetkundig* ◆ **1.1** geometric mean *meetkundig gemiddelde;* geometric(al) progression/series *meetkundige reeks.*
geometry [dzjie·ommitrie] **0.1** ***geometrie*** *⇒meetkunde.*
geophysical [dzjie:oo·uffizzikl] **0.1** ***geofysisch.***
geophysics [-fizziks] **0.1** ***geofysica.***
geopolitics [-pollittiks] **0.1** ***geopolitiek.***
Geordie [dzjo:die] **0.1** ***inwoner v. Tyneside in noordoost Engeland*** ⟨bij uitbr., v. Noord-Engeland en Schotland⟩.
George [dzjo:dzj] **0.1** ***George*** ◆ **6.¶ by** ~ *alle duivels, drommels.*
georgette [dzjo:dzjet], **georgette crepe** **0.1** ***crêpe georgette*** ⟨stof⟩.
Georgia [dzjo:dzjjə] **0.1** ***Georgië*** **0.2** ***Georgia*** ⟨USA⟩.
Georgian [dzjo:dzjən] **0.1** ⟨bn.⟩ ***Georgisch*** ⟨v. Georgia of Georgië⟩ **0.2** ⟨bn.⟩ ***Georgian*** ⟨mbt. de tijd v. George I tot IV of George V en VI⟩ **0.3** ⟨eig.n.⟩ ***Georgisch*** ⟨taal⟩ **0.4** ⟨telb. zn.⟩ ***inwoner v. Georgia*** ⟨USA⟩ **0.5** ⟨telb. zn.⟩ ***Georgiër*** *⇒ inwoner v. Georgië.*
geranium [dzjirreeniəm] **0.1** ***geranium.***
gerbil, jerbil [dzjə:bil] **0.1** ***woestijnrat.***
geriatric [dzjerrie·ætrik] **0.1** ⟨bn.⟩ ***geriatrisch*** *⇒ouderdoms-;* ⟨bel.⟩ *aftands, oud* **0.2** ⟨zn.⟩ ***geriatrisch patiënt.***
geriatrician [dzjerriətrisjn] **0.1** ***geriater*** ⟨specialist voor bejaarden⟩.
geriatrics [dzjerrie·ætriks] **0.1** ***geriatrie*** *⇒ouderdomszorg.*
germ [dzjə:m] **0.1** ⟨biol.⟩ ***kiem*** *⇒geslachtscel, (broed)knop;* ⟨fig.⟩ *oorsprong, begin* **0.2** ⟨med.⟩ ***ziektekiem*** *⇒bacil.*
German[1] [dzjə:mən] **I** ⟨eig.n.⟩ **0.1** ***Duits;***
II ⟨telb.zn.⟩ **0.1** ***Duitse(r).***
German[2] ⟨bn.⟩ **0.1** ***Duits*** ◆ **1.1** ~ Democratic Republic *Duitse Democratische Republiek;* ~ Federal Republic *Duitse Bondsrepubliek;* ⟨vnl. AE⟩ ~ shepherd *Duitse herder(shond)* **1.¶** ~ clock *koekoeksklok;* ~ measles *rodehond, rubeola;* ~ sausage *braadworst.*
germane [dzjə:meen] **0.1** ***relevant*** *⇒pertinent* ◆ **6.1** ~ **to** *van belang voor, relevant voor.*
Germanic [dzjə:mænik] **0.1** ***Germaans*** **0.2** ***Duits.***
Germany [dzjə:m(ə)nie] **0.1** ***Duitsland.***
germ carrier **0.1** ***bacillendrager*** *⇒kiemdrager.*
germ cell ⟨biol.⟩ **0.1** ***kiemcel*** *⇒geslachtscel.*
germicidal [dzjə:missajdl] **0.1** ***kiemdodend.***

germicide [dzjə:missajd] **0.1** ***kiemdodend middel.***
germinal [dzjə:minl] **0.1** ***mbt. ontkieming*** ⇒*kiem-* **0.2** ***embryonaal*** ⟨ook fig.⟩.
germin|ate [dzjə:minneet] ⟨zn.: **-ation**⟩ ⟨ook fig.⟩ **I** ⟨onov.ww.⟩ **0.1** ***ontkiemen*** ⇒*ontspruiten* ◆ **1.1** the idea ~d with him *het idee kwam bij hem op;*
II ⟨ov.ww.⟩ **0.1** ***doen ontkiemen*** ⇒*doen ontspruiten, ontwikkelen.*
germ warfare 0.1 ***biologische oorlogvoering.***
gerontologist [dzjerrontolləd zjist] **0.1** ***gerontoloog.***
gerontology [dzjerrontolləd zjie] **0.1** ***gerontologie*** ⇒*ouderdomskunde.*
gerrymander[1] [dzjerriemændə] ⟨zn.⟩ **0.1** ***knoeierij*** ⟨vnl. mbt. indeling in kiesdistricten⟩.
gerrymander[2] **I** ⟨onov.ww.⟩ **0.1** ***knoeien (met de indeling in kiesdistricten);***
II ⟨ov.ww.⟩ **0.1** ***op partijdige manier indelen (in kiesdistricten).***
Gestalt psychology [gəsjta:lt] ⟨vaak g-⟩ **0.1** ***gestaltpsychologie.***
gestate [dzjesteet] ⟨ook fig.⟩ **0.1** ***dragen*** ⇒*zwanger zijn (van)* ◆ **1.1** how long has he been gestating that idea? *hoe lang loopt hij nu al rond met dat idee?*
gestation [dzjesteesjn] **0.1** ***dracht(tijd)*** ⇒*zwangerschap(speriode);* ⟨fig.⟩ *incubatie(tijd)* ◆ **6.1 in** ~ *zwanger, drachtig;* ⟨fig.⟩ *in wording.*
gesticul|ate [dzjestikjoeleet] ⟨zn.: **-ation**⟩ **0.1** ***gesticuleren*** ⇒*gebaren.*
gesture[1] [dzjestsjə] ⟨zn.⟩ **0.1** ***gebaar*** ⇒*gesticulatie;* ⟨fig.⟩ *geste, teken* ◆ **1.1** a ~ of friendship *een vriendschappelijk gebaar.*
gesture[2] **I** ⟨onov.ww.⟩ **0.1** ***gesticuleren*** ⇒*gebaren;*
II ⟨ov.ww.⟩ **0.1** ***(met gebaren) te kennen geven.***
get [get] ⟨got, got, vero., beh. in AE of in BE in vaste verbindingen gotten⟩ **I** ⟨onov.ww.⟩ **0.1** ***(ge)raken*** ⇒*(ertoe) komen, gaan, bereiken* **0.2** ***beginnen*** ⇒*aanvangen* ◆ **2.1** ~ clear/quit/rid of sth. *zich v. iets ontdoen;* ~ ready *zich klaarmaken* **3.1** he's ~ting to be an old man *hij is een oude man aan het worden;* ⟨AE⟩ ~ to do sth. *erin slagen/ertoe komen iets te doen;* ~ done with *afmaken;* he never ~s to drive the car *hij krijgt nooit de kans om met de auto te rijden;* ~ lost *verdwalen;* ⟨AE⟩ ~ lost! *loop naar de maan!;* ~ to see s.o. *iem. te zien krijgen* **3.2** ⟨inf.⟩ ~ cracking *aan de slag gaan;* ~ going/moving! *vooruit!, begin (nu eindelijk)!;* ~ going *op dreef komen* ⟨v. persoon⟩; *op gang komen* ⟨v. feestje, project, machine e.d.⟩; ~ to know s.o. *iem. leren kennen;* ~ to like sth. *ergens de smaak v. te pakken krijgen;* ~ talking *een gesprek aanknopen* **3.¶** ⟨inf.⟩ ~ stuffed! *stik!, val dood!;* ⟨inf.⟩ ~ weaving *haast maken; aan de slag gaan* **5.1** ~ **ahead** *vooruitkomen, succes boeken;* ~ **ahead** of *achter zich laten;* ~ **behind/behindhand** *achterop raken;* ~ as far as *komen tot (bij);* ~ home *thuiskomen;* ⟨sport⟩ *(als eerste) finishen;* ~ home to *doordringen tot* ⟨v. opmerking⟩; ⟨inf.; fig.⟩ ~ nowhere/somewhere *niets/iets bereiken;* ⟨sl.⟩ ~ there *er komen, succes boeken; het snappen;* ⟨inf.⟩ ~ **together** *bijeenkomen;* ⟨inf.⟩ ~ back **together** *zich verzoenen* **6.1** ~ **above** o.s. *heel wat v. zichzelf denken;* ~ abreast of *op gelijke hoogte komen met;* ⟨inf.⟩ ~ **after** s.o. *iem. achter de vodden zitten; iem. een standje geven;* ~ **among** *verzeild raken tussen;* ~ **at** *bereiken, te pakken krijgen, komen aan/achter/bij;* ⟨inf.⟩ *bedoelen; bekritiseren; knoeien met; omkopen; ertussen nemen;* stop ~ting **at** me! *laat me met rust!;* ~ **at** the truth *de waarheid achterhalen;* the witness had been got **at** *de getuige was omgekocht;* what are you ~ting **at**? *wat bedoel je daarmee?;* who are you ~ting **at**? *op wie heb je het eigenlijk gemunt?;* ⟨inf.⟩ ~ **behind** sth. *ergens achter komen;* ~ **from** *weg raken v.;* ~ **in** contact/touch **with** *contact opnemen met;* ~ **into** sth. *ergens in (verzeild) raken;* ~ **into** the car *in de auto stappen;* ~ **into** debt *schulden maken;* ~ **into** a habit *een gewoonte aankweken;* the alcohol got **into** his head *de alcohol steeg hem naar het hoofd;* ~ **into** a school *toegelaten worden tot een school;* ~ **into** shape *in conditie komen;* ⟨inf.⟩ ~ **into** one's shoes *zijn schoenen aantrekken;* ~ **into** a temper *driftig worden;* ~ **into** trouble *in moeilijkheden geraken;* ~ **into** the way of things *eraan wennen;* ~ **into** yoga *aan yoga gaan doen;* what's got **into** you? *wat bezielt je?, wat heb je?;* ~ **on(to)** a subject *bij een onderwerp belanden;* ⟨inf.⟩ ~ **on(to)** sth. *lucht krijgen v. iets, iets ontdekken;* ⟨inf.⟩ ~ **onto** s.o. *iem. te pakken krijgen/contacteren;* ~ **onto** the council *tot raadslid gekozen worden;* ~ **on(to)** the plane *op het vliegtuig stappen;* ~ **on(to)** one's bike *op zijn fiets stappen;* ~ **out of** sth. *ergens uitraken, zich ergens uit redden;* ~ **out of** bed *uit bed komen;* ~ **out of** a habit *een gewoonte ontwennen;* ~ **out of** it! *kom nou!, verkoop geen onzin!;* ~ **out of** (s.o.'s) sight *(uit iemands ogen) verdwijnen;* ~ **out of** the way *uit de weg gaan, plaats maken;* ~ **round** the table *rond de tafel gaan zitten, besprekingen voeren;* ~ **to** *bereiken, kunnen beginnen aan, toekomen aan;* where has he got **to**? *waar is hij naar toe?;* ~ **to** bed *naar bed gaan;* ~ **to** the point *ter zake komen;* ~ **to** the top (of the ladder/tree) *de top bereiken;* ~ **to** work on time *op tijd op zijn werk komen;* ~ **to** s.o. *iem. aangrijpen; iem. vervelen, iem. ergeren;* ⟨sl.⟩ ~ **with** it *erbij zijn, alert/aandachtig zijn* **6.2** he got **to** wondering ... *hij begon zich af te vragen ...* →**get about, get across, get along, get (a)round, get away, get back, get by, get down, get in, get off, get on, get out, get over, get round, get through, get up;**
II ⟨ov.ww.⟩ **0.1** ***(ver)krijgen*** ⇒*verwerven* **0.2** ***(zich) aanschaffen*** ⇒*kopen* **0.3** ***bezorgen*** ⇒*verschaffen, voorzien* **0.4** ***doen geraken*** ⇒*doen komen/gaan/bereiken; brengen; krijgen; doen* **0.5** ***maken*** ⇒*doen worden, bereiden, klaarmaken* **0.6** ***nemen*** ⇒*(op/ont)vangen, grijpen; (binnen)halen* **0.7** ***overhalen*** ⇒*ertoe/zover krijgen* **0.8** ⟨inf.⟩ ***hebben*** ⇒*krijgen* **0.9** ⟨inf.⟩ ***raken*** ⇒*treffen* ⟨ook fig.⟩ **0.10** ⟨inf.⟩ ***aantrekken*** ⇒*boeien; pakken, bekoren* **0.11** ⟨inf.⟩ ***vervelen*** ⇒*ergeren* **0.12** ⟨inf.⟩ ***snappen*** ⇒*begrijpen; verstaan* ◆ **1.1** ~ access to *toegang krijgen tot;* ~ a blow on the head *een klap op zijn kop krijgen;* ~ fame *beroemd worden;* ~ the feel of *de slag te pakken krijgen v.;* ~ a glimpse of *vluchtig te zien krijgen;* ~ a grip on *de slag te pakken krijgen v.;* ~ one's hands on *te pakken krijgen;* ~ leave *verlof krijgen;* ~ a letter *een brief ontvangen;* ~ a look at *te zien krijgen;* ~ measles *de mazelen krijgen;* ~ one year in prison *tot één jaar gevangenisstraf veroordeeld worden;* ~ possession of *in zijn bezit krijgen;* ~ what's coming to one *krijgen wat men verdient* **1.2** ~ a hat *zich een hoed aanschaffen* **1.3** ~ s.o. some food/a place *iem. te eten/onderdak geven* **1.5** ~ dinner (ready) *het avondmaal bereiden* **1.6** ~ Peking on the radio *radio Peking ontvangen;* ~ the six o'clock train *de trein v. zes uur nemen* **1.8** in Arabic you ~ a lot of guttural sounds *in het Arabisch heb je veel keelklanken;* as soon as I ~ time *zodra ik tijd heb* **1.9** they got the speaker with a tomato *ze raakten de spreker met een tomaat* **1.10** her behaviour ~s me *haar gedrag intrigeert me* **1.12** he's finally got the message *hij heeft het eindelijk door* **2.1** ~ little by sth. *ergens weinig baat bij vinden* **2.5** let me ~ this clear/straight *laat me dit even duidelijk stellen;* ~ ready *klaarmaken;* ~ the sum right *de juiste uitkomst krijgen* **3.4** ~ sth. going *iets op gang krijgen, iets op*

dreef helpen; ~ s.o. talking *iem. aan de praat krijgen* **3.5** I'll just ~ the dishes done and then ... *ik doe nog even de afwas en dan ...;* ~ one's hair cut *zijn haar laten knippen;* ~ sth. done *iets gedaan krijgen* **3.6** ~ sth. to eat *een hapje eten;* go and ~ your breakfast! *ga maar ontbijten!* **3.7** ~ s.o. to do sth. *iem. ertoe krijgen iets te doen, iem. iets laten doen;* ~ s.o. to talk *iem. aan de praat krijgen;* ~ s.o. to understand sth. *iem. iets aan het verstand brengen* **4.1** ⟨sl.⟩ she'll ~ hers *ze gaat er aan;* ~ it (hot) *zijn verdiende loon krijgen;* the soldier got it in the leg *de soldaat werd aan zijn been gewond;* we ~ nine as the average *onze gemiddelde uitkomst is negen* **4.6** I'll ~ it *ik neem wel op* ⟨telefoon⟩ **4.9** ~ s.o. (where it hurts) *iem. op de gevoelige plek raken;* what has got him? *wat bezielt hem?* **4.11** it really ~s me when *ik erger me dood wanneer* **4.12** ~ it? *gesnapt?;* I don't ~ it *ik snap er niets v.;* I don't ~ you *ik begrijp je niet;* you've got it! *je hebt het geraden!* **5.4** ~ sth. home *iets doen doordringen;* ⟨inf.; fig.⟩ it ~s you nowhere *je bereikt er niets mee;* ~ **together** *bijeenbrengen, inzamelen;* ~ it **together** *het klaarspelen, het goed doen* **5.¶** ~ sth. / s.o. wrong *iets/iem. verkeerd begrijpen/misverstaan* **6.1** ~ **from/out of** *krijgen v.;* ~ sth. **out of** s.o. *iets v. iem. loskrijgen;* ~ sth. **out of** sth. *ergens iets aan hebben;* ~ the best/most/utmost **out of** *het beste maken v.* **6.3** ~ sth. **for** s.o. *iem. iets bezorgen, iets voor iem. halen* **6.4** ~ sth. **into** one's head *zich iets in het hoofd halen;* ~ sth. **into** s.o.'s head *iets aan iem. duidelijk maken;* ~ sth. **into** a room *iets in een kamer binnenkrijgen;* ~ o.s. **into** trouble *in moeilijkheden geraken;* ~ s.o. **into** trouble *iem. in moeilijkheden brengen;* ~ s.o. **out of** sth. *iem. aan iets helpen ontsnappen;* ~ sth. **out of** one's head/mind *iets uit zijn hoofd zetten;* ~ sth. **out of** a room *iets een kamer uitkrijgen;* ~ the two sides **round** the table *de twee partijen met elkaar confronteren;* ~ sth. **through** the door *iets door de deur krijgen;* ~ sth. **under** control *iets onder controle krijgen.* →**get across, get (a)round, get away, get back, get down, get in, get off, get on, get out, get over, get through, get up;**
III ⟨kww.⟩ **0.1** ***(ge)raken*** ⇒*worden* ◆ **2.1** ~ better *beter worden;* ~ excited *zich opwinden;* ~ used to *wennen aan* **5.1** ~ even with s.o. *het iem. betaald zetten;*
IV ⟨hww.⟩ **0.1** ***worden*** ◆ **3.1** ~ killed (in an accident) *omkomen (bij een ongeluk);* ~ married *trouwen;* ~ wounded *gewond raken;* ~ punished *gestraft worden.* →**have got.**

get about →**get (a)round I 0.1, 0.2, 0.3.**

get-acquainted 0.1 ***kennismakings-*** ◆ **1.1** a ~ visit *een bezoek ter kennismaking.*

get across I ⟨onov.ww.⟩ **0.1** ***oversteken*** ⇒*aan de overkant komen* **0.2** ***begrepen worden*** ⇒*aanslaan* ⟨v. idee enz.⟩, *succes hebben* **0.3** ***overkomen*** ⟨v. persoon⟩ ⇒*bereiken, begrepen worden* ◆ **6.3** ~ **to** the audience *zijn gehoor weten te boeien;*
II ⟨ov.ww.⟩ **0.1** ***overbrengen*** ⇒*naar de overkant brengen/halen* **0.2** ⟨inf.⟩ ***doen begrijpen*** ⇒*overbrengen* ◆ **6.2** get one's thoughts across **to** s.o. *zijn gedachten aan iem. duidelijk maken;*
III ⟨ww. + vz.⟩ **0.1** ***oversteken*** ⟨bv. straat⟩ ⇒*aan de overkant komen v.*

get along 0.1 ***vertrekken*** ⇒*voortmaken, weggaan* **0.2** ***opschieten*** ⇒*vorderen* **0.3** ***(zich) redden*** ⇒*het stellen, het maken* **0.4** ⟨+ with⟩ ***(kunnen) opschieten (met)*** ⇒*overweg kunnen (met)* ◆ **1.2** how is your work getting along? *hoe vordert je werk?* **5.3** they'll ~ somehow *ze redden zich wel;* they are getting along very well *ze maken het heel goed* **5.4** they ~ very well *ze kunnen het goed met elkaar vinden* **6.1** ⟨inf.⟩ ~ **with** you! *maak dat je wegkomt!;* ⟨fig.⟩ *onzin!,* *loop heen!* **6.3** we can ~ **without** your help *we kunnen je hulp best missen.*

get (a)round I ⟨onov.ww.⟩ **0.1** ***op de been zijn*** ⇒*rondlopen* ⟨v. persoon; na ziekte⟩ **0.2** ⟨inf.⟩ ***rondtrekken*** ⇒*rondreizen, overal komen* **0.3** ***zich verspreiden*** ⇒*de ronde doen* ⟨v. nieuws⟩ **0.4** ***gelegenheid hebben*** ⇒*toekomen* ◆ **6.3** ~ **to** s.o. *iem. ter ore komen* **6.4** ~ **to** sth. *aan iets kunnen beginnen; ergens de tijd voor vinden;*
II ⟨ww. + vz.⟩ **0.1** ***overwinnen*** ⟨probleem⟩ **0.2** ***ontwijken*** ⇒*vermijden, omzeilen; ontduiken* ⟨regels, (belasting)wet⟩ **0.3** ***ompraten*** ⟨iem.⟩ ⇒*overtuigen.*

get-at-able [getætəbl] **0.1** ***bereikbaar*** ⇒*toegankelijk, binnen het bereik.*

getaway ⟨inf.⟩ **0.1** ***ontsnapping*** ◆ **3.1** make one's ~ *ontsnappen.*

get away I ⟨onov.ww.⟩ **0.1** ***wegkomen*** ⇒*weggaan* **0.2** ***ontsnappen*** ⇒*ontkomen* ◆ **3.1** ⟨fig.⟩ did you manage to ~ this summer? *heb je deze zomer wat vakantie kunnen nemen?* **5.1** I just can't ~ right now *ik kan nu heus niet weg* **6.1** ⟨inf.⟩ ~ (**with** you)! *maak dat je wegkomt!;* ⟨fig.⟩ *onzin!* **6.2** ~ **from** *ontsnappen aan; te veel worden voor;* you can't ~ **from** this *hier kun je niet (meer) onderuit;* ~ **with** *er vandoor gaan met* **6.¶** ~ **from** it all *er eens uit gaan/breken, vakantie nemen;* he'll never ~ **with** it *dat lukt hem nooit;* commit a crime and ~ **with** it *ongestraft een misdaad bedrijven;* ⟨inf.⟩ the things he gets away **with**! *wat hij niet allemaal kan maken/flikken!;*
II ⟨ov.ww.⟩ **0.1** ***weghalen*** ⇒*verwijderen, wegbrengen* **0.2** ***(er) vandaan halen*** ⇒*terugkrijgen* ◆ **1.1** please get those trunks away! *haal alsjeblieft die koffers weg!* **6.2** we'll never get that stuff away **from** them *we krijgen die spullen vast nooit meer v. ze terug.*

get back I ⟨onov.ww.⟩ **0.1** ***terugkomen*** ⇒*teruggaan; thuiskomen; weer aan de macht komen* ⟨v. politieke partij⟩ ◆ **6.1** ~ **into** circulation *weer onder de mensen komen;* ⟨fig.⟩ ~ **on** sth. *op iets terugkomen;* ~ **to** one's books *zijn studies hervatten* **6.¶** ~ **at/on** s.o. *het iem. betaald zetten* **¶.1** ~! *terug!, naar buiten!;*
II ⟨ov.ww.⟩ **0.1** ***terugkrijgen*** ⇒*terugvinden* **0.2** ***terugbrengen*** ⇒*terughalen, naar huis brengen/halen* ◆ **4.¶** ⟨sl.⟩ get (some of) one's own back (on s.o.) *het iem. betaald zetten.*

get by I ⟨onov.ww.⟩ **0.1** ***er voorbij komen/gaan*** **0.2** ⟨inf.⟩ ***zich er doorheen slaan*** ⇒*zich redden, het stellen* **0.3** ***(net) voldoen*** ⇒*er (net) mee door kunnen* ◆ **3.1** may I ~? *mag ik er even langs?* **6.2** ⟨inf.⟩ ~ **(up)on** *zich redden met;* ⟨inf.⟩ ~ **without** sth. *het zonder iets kunnen stellen;*
II ⟨ww. + vz.⟩ **0.1** ***gaan langs*** ⇒*passeren.*

get down I ⟨onov.ww.⟩ **0.1** ***dalen*** ⇒*naar beneden gaan/komen, afstappen, uitstappen; v. tafel gaan* ⟨v. kinderen⟩ ◆ **6.1** ~ **from** one's horse *v. zijn paard afstijgen;* ~ **on** one's knees *op zijn knieën gaan (zitten)* **6.¶** ~ **to** sth. *aan iets kunnen beginnen, aan iets toekomen;* ~ **to** business *ter zake komen;* ~ **to** work *aan het werk gaan;*
II ⟨ov.ww.⟩ **0.1** ***doen dalen*** ⇒*naar beneden brengen, naar binnen krijgen* ⟨voedsel⟩ **0.2** ***neerschrijven*** ⇒*optekenen* **0.3** ⟨inf.⟩ ***deprimeren*** ⇒*ontmoedigen* ◆ **1.1** ~ your drink *drink je glas leeg* **6.2** ~ **on** paper *optekenen;*
III ⟨ww. + vz.⟩ **0.1** ***afdalen*** ⟨bv. ladder⟩.

get in I ⟨onov.ww.⟩ **0.1** ***binnenkomen*** ⇒*toegelaten worden* ⟨mbt. school, universiteit⟩; *verkozen worden* ⟨politicus⟩ **0.2** ***aankomen*** ⟨v. vliegtuig enz.⟩ **0.3** ***instappen*** ⟨in voertuig⟩ ◆ **6.1** ~ **at** the start *v. het begin af meedoen;* ~ **on** sth. *aan iets meedoen;* ⟨inf.⟩ ~ **on** the act *mogen meedoen;* ⟨inf.⟩ ~ **with** *vriendschap sluiten met, aanpappen met;*

II ⟨ov.ww.⟩ **0.1** ***binnenbrengen*** ⇒*binnenhalen* ⟨oogst⟩; *inzamelen* ⟨geld⟩ **0.2** ***toedienen*** ⟨opstopper⟩ **0.3** ***inleveren*** ⟨formulier, suggesties⟩ ⇒*opsturen* ◆ **1.1** get the doctor in *de dokter ontbieden/er bij halen;* I couldn't get a word in (edgeways) *ik kon er geen speld tussen krijgen;*
III ⟨ww. + vz.⟩ **0.1** ***stappen in*** ⟨voertuig⟩ ◆ **1.1** he got in his car *hij stapte in (zijn auto).*

get off I ⟨onov.ww.⟩ **0.1** ***ontsnappen*** ⇒*ontkomen* **0.2** ***afstappen*** ⇒*uitstappen* **0.3** ***klaar zijn (met werk)*** **0.4** ***vertrekken*** ⇒*beginnen* **0.5** ***in slaap vallen*** **0.6** ***vrijkomen*** ⇒ *er goed afkomen* **0.7** ⟨inf.⟩ ***high worden*** **0.8** ⟨inf.⟩ ***(seksueel) klaarkomen*** **0.9** ⟨inf.⟩ ***opgewonden raken*** ◆ **3.¶** ⟨inf.⟩ tell s.o. where he/she gets/can ~, tell s.o. where to ~ *iem. op zijn nummer/plaats zetten* **5.6** ~ cheaply/lightly *er goedkoop/licht v. afkomen* **6.4** get off **on** the right/wrong foot *goed/slecht v. start gaan;* ~ **to** a good start *flink v. start gaan/goed beginnen* **6.6** ~ **with/for** two months (in prison) *er met twee maanden (gevangenis) afkomen* **6.¶** ⟨vnl. BE; inf.⟩ ~ **with** *het aanleggen met, aanpappen met;*
II ⟨ov.ww.⟩ **0.1** ***doen vertrekken*** ⇒*doen beginnen* **0.2** ***in slaap doen vallen*** **0.3** ***doen vrijkomen*** ⇒*er goed doen afkomen, vrijspraak krijgen voor* **0.4** ⟨inf.⟩ ***seksueel doen klaarkomen*** **0.5** ⟨inf.⟩ ***opwinden*** **0.6** ***(op)sturen*** ⟨brief enz.⟩ ⇒*wegsturen* **0.7** ***eraf krijgen*** **0.8** ***uittrekken*** ⟨kleding, schoenen⟩ ⇒*afnemen* **0.9** ***leren*** ⇒*instuderen* ◆ **1.7** I can't get the lid off *ik krijg het deksel er niet af* **3.2** get a baby off to sleep *een baby te slapen leggen* **6.3** he got me off **with** a fine *hij zorgde ervoor dat ik er met een bon af kwam* **6.6** get s.o. off **to** school *iem. naar school sturen* **6.9** get sth. off by heart *iets uit het hoofd leren* **6.¶** ⟨vnl. BE; inf.⟩ get s.o. off **with** *iem. koppelen aan;*
III ⟨ww. + vz.⟩ **0.1** ***afstappen v.*** ⟨fiets; stoep, grasveld enz.⟩ ⇒*afstijgen v.* ⟨paard⟩ **0.2** ***ontheven worden v.*** ⟨verplichting⟩ **0.3** ***klaar zijn met*** ⟨werk⟩ ◆ **1.1** ~ the bus *uit de bus stappen;* ⟨fig.⟩ ~ the ground *v.d. grond raken/komen* **1.3** I got off work late *ik was pas laat met werk klaar.*

get on I ⟨onov.ww.⟩ **0.1** ***vooruitkomen*** ⇒*voortmaken, opschieten* **0.2** ***wel varen*** ⇒*floreren* **0.3** ***zich redden*** ⇒*het stellen* **0.4** ⟨+ with⟩ ***(kunnen) opschieten (met)*** ⇒*overweg kunnen (met)* **0.5** ***oud/laat worden*** **0.6** ***opstappen*** ⟨mbt. paard, fiets⟩ ⇒*opstijgen; instappen* ⟨mbt. bus, vliegtuig⟩ ◆ **1.5** time is getting on *de tijd staat niet stil* **6.1** ~ **to** *overstappen naar* ⟨iets anders, volgend punt⟩; ~ **with** one's work *goed opschieten met zijn werk;* ~ **with** it! *vooruit!* **6.3** ~ **without** sth. *het zonder iets kunnen stellen* **6.¶** he's getting on **for** fifty *hij loopt tegen de vijftig;* it's getting on **for** ten *het is bijna tien uur;* ~ **to** sth. *iets door hebben; iets op het spoor komen;* ~ **to** s.o. *iem. contacteren, in contact treden met iem.; iem. op het spoor komen* ⟨misdadiger⟩; ~ **with** one's work *verder gaan met zijn werk* **¶.5** he's getting on (in years) *hij wordt oud* **¶.¶** ⟨inf.⟩ ~! *onzin!;*
II ⟨ov.ww.⟩ **0.1** ***aantrekken*** ⇒*opzetten* **0.2** ***erop krijgen*** ◆ **1.1** get one's hat and coat on *zijn hoed opzetten en zijn jas aantrekken* **1.2** I can't get the lid on *ik krijg het deksel er niet op* **4.¶** get it on *wild enthousiast worden;*
III ⟨ww. + vz.⟩ **0.1** ***stappen/klimmen op*** ⟨fiets, paard, rots enz.⟩ ⇒*stappen in* ⟨vliegtuig e.d.⟩.

get out I ⟨onov.ww.⟩ **0.1** ***uitlekken*** ⇒*bekend worden* **0.2** ***naar buiten gaan*** ⇒*weggaan, eruit komen* **0.3** ***ontkomen*** ⇒*maken dat je weg komt, ontsnappen* **0.4** ***afstappen*** ⇒ *uitstappen;*
II ⟨ov.ww.⟩ **0.1** ***eruit halen/krijgen*** ⟨splinter, vlekken enz.; ook fig.⟩ **0.2** ***uitbrengen*** ⇒*op de markt brengen, publiceren* **0.3** ***uitbrengen*** ⇒*hakkelen* **0.4** ***oplossen*** ⇒*beantwoorden* ◆ **1.2** ~ a new car *een nieuwe wagen op de markt brengen* **1.3** ~ a few words *een paar woordjes stamelen* **1.4** get the problem out *het probleem opgelost krijgen* **4.1** ⟨fig.⟩ you only ~ what you put in *je krijgt alleen dat terug wat je erin stopt.*

get over I ⟨onov.ww.⟩ **0.1** ***begrepen worden*** ⟨v. grap, komiek⟩ **0.2** ***overkomen*** ◆ **3.2** I don't think we will ~ at Xmas *ik denk niet dat het ons lukt met Kerstmis over te komen;*
II ⟨ov.ww.⟩ **0.1** ***overbrengen*** ⟨bedoeling e.d.⟩ ⇒*duidelijk maken, doen begrijpen* ◆ **¶.¶** get sth. over (with), get sth. over and done with *ergens een eind aan maken; doorzetten, door de zure appel heenbijten;*
III ⟨ww. + vz.⟩ **0.1** ***klimmen/raken over*** ⟨bv. hek⟩ **0.2** ***te boven komen*** ⟨ziekte; ook fig.⟩ ⇒*genezen v.* **0.3** ***overwinnen*** ⟨moeilijkheid⟩ ⇒*overkomen* ◆ **4.2** ~ s.o. *iem. (kunnen) vergeten* **¶.¶** I still can't ~ the fact that ... *ik heb nog steeds moeite met het feit dat ...*

get round →**get (a)round.**

get through I ⟨onov.ww.⟩ **0.1** ***(er) doorkomen*** ⇒*zijn bestemming bereiken; goedgekeurd worden* ⟨v. wetsvoorstel⟩; *aansluiting/verbinding krijgen* ⟨per telefoon enz.⟩; *begrepen worden* ◆ **6.1** ~ **to** *bereiken, doordringen tot; begrepen worden door; contact krijgen met;* ~ **with** *afmaken, afronden;* once I've got through **with** her *wanneer ik eenmaal met haar heb afgerekend;*
II ⟨ov.ww.⟩ **0.1** ***zijn bestemming doen bereiken*** ⇒*laten goedkeuren, erdoor krijgen* ⟨ook ivm. examens⟩ **0.2** ***duidelijk maken*** ⇒*aan zijn verstand brengen;*
III ⟨ww. + vz.⟩ **0.1** ***heen raken door*** ⟨tijd, geld, kleding, werk⟩ **0.2** ***slagen voor*** ⟨examen⟩ **0.3** ***goedgekeurd worden door*** ⟨v. wetsontwerp⟩.

get-together ⟨inf.⟩ **0.1** ***bijeenkomst.***

getup **0.1** ***uitrusting*** ⇒*kostuum* **0.2** ***uitvoering*** ⇒*formaat* **0.3** ***aankleding*** ⇒*decor.*

get up I ⟨onov.ww.⟩ **0.1** ***opstaan*** ⇒*recht (gaan) staan* **0.2** ***opstijgen*** **0.3** ***opsteken*** ⟨v. wind, storm enz.⟩ ◆ **6.2** ~ **to** a level *een niveau bereiken* **6.¶** ~ **against** *het aan de stok krijgen met;* ~ **to** *bereiken; gaan naar, benaderen;* what is he getting up **to** now? *wat voert hij nu weer in zijn schild?;*
II ⟨ov.ww.⟩ **0.1** ***doen opstaan*** ⇒*doen rijzen/stijgen* **0.2** ***organiseren*** ⇒*op touw zetten* ⟨feestje, toneelstuk⟩ **0.3** ***opmaken*** ⇒*op/aankleden, opsmukken* **0.4** ***maken*** ⇒*ontwikkelen, produceren* **0.5** ⟨BE⟩ ***instuderen*** ⇒*bestuderen* ◆ **1.4** ~ speed *versnellen;* ~ a(n)/one's appetite/thirst *honger/dorst krijgen* **4.1** ⟨inf.⟩ he couldn't get it up! *hij kreeg 'm niet overeind!* ⟨erectie⟩ **4.3** get o.s. up *zich opmaken;* get o.s./s.o. up as *zich/iem. verkleden als* **4.¶** get one up on s.o. *iem. de loef afsteken* **6.¶** ~ **to** *doen bereiken.*

get-up-and-go ⟨inf.⟩ **0.1** ***pit*** ⇒*fut, energie.*

gewgaw [gjoe:go:] **0.1** ***snuisterij*** ⇒*(aardig) prulletje, hebbedingetje.*

geyser [gie:zə] **0.1** ***geiser*** ⇒*(warme) springbron* **0.2** ⟨BE⟩ ***(gas)geiser.***

Ghanaian [ga:neeən] **0.1** ⟨bn.⟩ ***Ghanees*** ⇒*uit/v. Ghana* **0.2** ⟨zn.⟩ ***Ghanees*** ⇒*bewoner v. Ghana.*

gharr|y [gærie] ⟨mv.: -ies⟩⟨Ind. E⟩ **0.1** ***aapje*** ⇒*huurkoetsje/rijtuig.*

ghastl|y [ga:stlie] ⟨-iness⟩ **0.1** ***verschrikkelijk*** ⇒*afschuwelijk, afgrijselijk* **0.2** ***(doods)bleek*** ⇒*ziekelijk, akelig* **0.3** ⟨inf.⟩ ***vreselijk*** ⇒*zeer slecht, afschuwelijk* ◆ **1.1** ~ accident *afschuwelijk ongeluk* **1.3** ~ dinner *vreselijk(e) diner/maaltijd.*

gherkin [gə:kin] **0.1** ***augurk.***

ghetto [gettoo] ⟨mv.: AE ook -es⟩ **0.1** ***getto.***

ghetto blaster 0.1 ***gettoblaster.***
ghost[1] [goost] ⟨zn.⟩ 0.1 ***geest*** ⇒*spook(verschijning)* **0.2** ***spook(beeld)*** ⇒*fata morgana* **0.3** ***zweem*** ⇒*spoor, greintje* **0.4** ***dubbelbeeld*** ⇒*beeldschaduw* ⟨op tv⟩ **0.5** →**ghost-writer** ◆ **1.2** the ~ of World War III *het spookbeeld v.d. Derde Wereldoorlog* **1.3** not have the ~ of a chance *geen schijn van kans hebben;* a ~ of a smile *een zweem v.e. glimlach* **3.¶** give up the ~ *de geest geven, sterven.*
ghost[2] ⟨ww.⟩ **0.1** ***als ghostwriter schrijven*** ⇒*spookschrijver zijn (van).*
ghostbuster **0.1** ***spokenjager.***
ghost image **0.1** ***dubbelbeeld*** ⇒*beeldschaduw.*
ghostl|y [goos(t)lie] ⟨-iness⟩ **0.1** ***spookachtig*** ⇒*spook-* ◆ **1.1** ~ hour *spookuur.*
ghost town **0.1** ***spookstad.***
ghostwriter, ⟨inf.⟩ **ghost** **0.1** ***ghostwriter*** ⇒*spookschrijver* ⟨anoniem schrijver in opdracht v.e. ander⟩.
ghoul [goe:l] **0.1** ***lijkenetende geest*** ⟨in islamitische legenden⟩ ⇒⟨fig.⟩ *engerd, monster.*
ghoulish [goe:lisj] ⟨-ly; -ness⟩ **0.1** ***v./mbt. een lijkenetende geest*** ⇒⟨fig.⟩ *demonisch, gruwelijk.*
G.H.Q. ⟨afk.⟩ **0.1** [General Headquarters].
GI[1] [dzjie:·aj] ⟨zn.; mv.: ook GI's⟩⟨AE; inf.⟩ **0.1** ***soldaat*** ⇒ *dienstplichtige.*
GI[2] ⟨bn.⟩⟨AE; inf.⟩ **0.1** ***soldaten-*** ⇒*dienst-, leger-* ◆ **1.1** ~ bride *oorlogsbruid* ⟨buitenlandse vrouw v. Am. soldaat⟩; ~ haircut *borstelkop;* ~ Joe *Jan Soldaat, de gewone soldaat.*
giant [dzjajjənt] **0.1** ***reus*** ⟨legendarische figuur⟩ **0.2** ⟨ook attr.⟩ ***reus*** ⇒*kolos* **0.3** ***grote*** ⇒*reus, uitblinker* ◆ **1.3** Steinbeck is a ~ among novelists *Steinbeck is één v.d. grote romanschrijvers.*
giantess [dzjajjəntis] **0.1** ***reuzin.***
giant killer **0.1** ***reuzendoder*** ⟨persoon, team e.d. die/dat een favoriet verslaat⟩.
giant panda **0.1** ***reuzenpanda.***
gibber [dzjibbə] **0.1** ***brabbelen*** ⇒*bazelen, snateren.*
gibberish [dzjibbərisj] **0.1** ***gebrabbel*** ⇒*kromtaal, gebazel.*
gibbet [dzjibbit] **0.1** ***galg.***
gibbon [gibbən] **0.1** ***gibbon.***
gibbous [gibbəs] **0.1** ***tussen half en vol*** ⟨v. maan⟩.
gibe[1]**, jibe** [dzjajb] ⟨zn.⟩ **0.1** ***spottende opmerking*** ⇒*schimpscheut, spot(ternij).*
gibe[2]**, jibe** ⟨ww.⟩ **0.1** ***(be)spotten*** ⇒*schimpen* ◆ **6.1** ~ **at** *de draak steken met.*
giblet [dzjiblit] ⟨vnl. mv.⟩ **0.1** ***(eetbaar) inwendig orgaan*** ⟨v. gevogelte: hart, lever, maag⟩.
gidd|y [giddie] ⟨-iness⟩ **0.1** ***duizelig*** ⇒*draaierig, misselijk* **0.2** ***duizelingwekkend*** **0.3** ***frivool*** ⇒*wispelturig, lichtzinnig.*
gift [gift] **0.1** ***cadeau*** ⇒*geschenk, gift* **0.2** ***gave*** ⇒*talent, aanleg* **0.3** ***begevingsrecht*** ◆ **1.2** have the ~ of (the) gab *welbespraakt/rad v. tong zijn; praatziek zijn* **1.¶** ~ from the Gods *gelukje, buitenkans* **2.1** free ~ *gratis geschenk* ⟨als reclame⟩ **6.3** that office is not **in** his ~ *hij kan dat ambt niet vergeven.*
gift department **0.1** ***(de) afdeling geschenken.***
gifted [giftid] ⟨-ness⟩ **0.1** ***begaafd*** ⇒*talentvol; intelligent* ⟨vnl. gebruikt in het onderwijs⟩.
gift-horse **0.1** ***gegeven paard*** ⟨fig.⟩ ⇒*geschenk* ◆ **1.1** don't look a ~ in the mouth *je moet een gegeven paard niet in de bek zien.*
gift shop **0.1** ***cadeauwinkel(tje).***
gift tax **0.1** ⟨Belg.⟩ ***overdrachttaks*** ⇒⟨Ned.; ong.⟩ *schenkingsrecht.*
giftwrap **0.1** ***als cadeautje inpakken.***
gift-wrapping [giftræping] **0.1** ***geschenkverpakking.***
gig [gig] **0.1** ***sjees*** ⇒*gig* **0.2** ⟨scheep., zeilsport⟩ ***giek*** ⇒*gig, lichte/snelle sloep* **0.3** ⟨inf.; muz.⟩ ***optreden*** ⇒*concert.*
gigantic [dzjajgæntik] ⟨-ally⟩ **0.1** ***gigantisch*** ⇒*reusachtig (groot).*
giggle[1] [gigl] ⟨zn.; vaak mv.⟩ **0.1** ***gegiechel*** ⇒*giechelende lach, giechelbui* ◆ **3.1** have the ~s *de slappe lach hebben.*
giggle[2] ⟨ww.⟩ **0.1** ***giechelen (van).***
gigolo [zjigəloo, dzji-] **0.1** ***gigolo.***
gild[1] ⟨zn.⟩ →**guild.**
gild[2] [gild]⟨ww.; ook gilt, gilt [gilt]⟩ **0.1** ***vergulden*** ⇒⟨fig.⟩ *versieren, opsmukken* ◆ **1.1** the sunlight ~s the leaves *het zonlicht doet de bladeren blinken.*
gilded [gildid] **0.1** ***verguld*** ⇒⟨fig.⟩ *versierd, sierlijk* **0.2** ***rijk*** ⇒*welvarend* ◆ **1.2** ~ youth *rijkeluisjeugd.*
gilder [gildə] **0.1** ***vergulder.***
gilding [gilding] **0.1** ***verguldsel.***
gill[1] [dzjil] ⟨zn.⟩ **0.1** ***gill*** ⟨inhoudsmaat; →t⟩ **0.2** ⟨BE; gew.⟩ ***kwart pint*** ⟨⅛ liter⟩.
gill[2] [gil] **I** ⟨telb.zn.⟩ **0.1** ***kieuw;***
II ⟨mv.⟩⟨inf.⟩ **0.1** ***halskwab*** ⇒*onderkin.*
gilt[1] [gilt] ⟨zn.⟩ **0.1** ⟨geldw.⟩ ***goudgerande schuldbrief*** ⇒ *staatspapier* ⟨ihb. met garantie v.d. Britse regering⟩ **0.2** ***verguldsel*** ◆ **1.¶** ⟨BE; inf.⟩ take the ~ off the gingerbread *het aantrekkelijke van iets wegnemen, de room eraf scheppen.*
gilt[2] [gilt] ⟨verl. t. en volt. deelw.⟩ →**gild**[2].
gilt-edged **0.1** ***goudgerand*** **0.2** ⟨geldw.⟩ ***solide*** ⇒⟨ihb.⟩ *met rijksgarantie* ◆ **1.2** ~ shares *goudgerande/solide aandelen.*
gimcrack [dzjimkræk] **0.1** ***prul*** ⇒*kermiswaar.*
gimlet [gimlit] **0.1** ***fretboor*** ⇒*spitsboor, houtboor* ◆ **1.1** ⟨fig.⟩ eyes like ~s *(door)borende/doordringende blik.*
gimme [gimmie] ⟨samentr. v. give me; inf.⟩ **0.1** ***geef mij*** ⇒*toe (nou), kom op nou.*
gimmick [gimmik] ⟨inf.⟩ **0.1** ***gimmick*** ⇒*truc(je), vondst.*
gimmicky [gimmikkie] ⟨inf.⟩ **0.1** ***op effect/publiciteit gericht*** ⟨v. producten⟩.
gin [dzjin] **0.1** ***val*** ⇒*net, strik* **0.2** ***egreneermachine*** ⇒*ontkorrelmachine* ⟨voor katoen⟩ **0.3** ***gin*** ⇒*jenever.* →**pink.**
ginger [dzjindzjə] **0.1** ***gember(plant)*** **0.2** ***geestdrift*** ⇒*fut, enthousiasme* **0.3** ⟨vaak attr.⟩ ***rood(achtig bruin/geel)*** ⇒ *rossig;* ⟨voor persoon⟩ *rooie.*
ginger ale, ginger beer **0.1** ***gemberbier.***
gingerbread **0.1** ***gembercake*** ⇒*gemberkoek, peperkoek.*
ginger group ⟨zn.⟩⟨BE⟩ **0.1** ***pressiegroep*** ⟨in pol. partij, parlement⟩ ⇒*actiegroep.*
gingerly [dzjindzjəlie] **0.1** ***(uiterst) voorzichtig*** ⇒*behoedzaam, tastend.*
ginger nut, gingerbread nut ⟨BE⟩ **0.1** ***gemberkoekje.***
gingersnap **0.1** ***gemberkoekje.***
ginger up **0.1** ***stimuleren*** ⇒*opvrolijken, oppeppen; wat meer pit geven.*
gingham [gingəm] **0.1** ***gingang*** ⟨gekleurd katoenen weefsel⟩.
gingivitis [dzjindzjivvajtis] **0.1** ***tandvleesontsteking.***
ginkgo, gingko [gingkoo] ⟨mv.: ook -es⟩ **0.1** ***ginkgo*** ⟨boom met waaiervormige blaren⟩.
gin rummy **0.1** ***gin rummy*** ⟨kaartspel⟩.
ginseng [dzjinseng] **0.1** ***ginseng(plant).***
gips|y, ⟨AE sp. ook⟩ **gyp|sy** [dzjipsie] ⟨mv.: -ies⟩ **0.1** ⟨vaak G-⟩ ***zigeuner(in)*** **0.2** ***zwerver*** ⇒*bohemer.*
gipsy moth **0.1** ***plakker*** ⇒*resvlinder.*
giraffe [dzjirra:f] **0.1** ***giraf(fe).***
gird [gə:d]⟨ook girt, girt [gə:t]⟩ ⟨schr.⟩ **0.1** ***(om)gorden*** ⇒

aangorden **0.2** ***bekleden*** ⇒*uitrusten* ◆ **5.1** ~ **on** the sword (to/(up)on s.o.) *(iem.) het zwaard aangorden;* ~ **up** one's skirt *de rok opschorten* **5.¶** ~ o.s. **up** *zich vermannen, zich gereed maken.*

girder [gə:də] **0.1** ***steunbalk*** ⇒*draagbalk, dwarsbalk.*

girdle[1] [gə:dl] ⟨zn.⟩ **0.1** ***gordel*** ⇒*(buik)riem, korset;* ⟨fig.⟩ *kring, krans* **0.2** ***invatting*** ⇒*zetting* ⟨v. edelsteen⟩ **0.3** ⟨med.⟩ ***gordel*** **0.4** ***(boom)manchet*** ⟨door ontschorsing⟩.

girdle[2] ⟨ww.⟩ **0.1** ***omgorden*** ⇒*insluiten, omringen* ◆ **5.1** town ~d **about/around** with a river *stad door een rivier omringd.*

girl [gə:l] **0.1** ***meisje*** ⇒*dochter;* ⟨inf.⟩ *vrouw(tje)* **0.2** ***dienstmeisje*** **0.3** ***liefje*** ⇒*vriendinnetje* ◆ **3.2** ⟨AE⟩ hired ~ *hulp in de huishouding* ⟨ihb. op een boerderij⟩. →**good, old.**

girl Friday **0.1** ***secretaresse*** ⇒⟨ong.⟩ *meisje voor alle werk.*

girl friend **0.1** ***vriendin(netje)*** ⇒*meisje.*

Girl Guide ⟨vnl. BE⟩ **0.1** ***padvindster.***

girlhood [gə:lhoed] **0.1** ***meisjesjaren*** ⇒*jeugd.*

girlie, girly [gə:lie] ⟨inf.⟩ **0.1** ***met veel naakt*** ⇒*naakt-* ◆ **1.1** ~ magazine *seksblad.*

girlish [gə:lisj] ⟨-ness⟩ **0.1** ***meisjesachtig*** ⇒*meisjes-.*

Girl Scout ⟨AE⟩ **0.1** ***padvindster.***

giro [dzjajjəroo] ⟨BE⟩ **0.1** ***giro(dienst)*** **0.2** ***girocheque*** ◆ **2.1** National Giro *postgiro.*

giro account **0.1** ***girorekening.***

girocheque **0.1** ***girocheque*** ⇒*giro(betaal)kaart.*

girt ⟨verl. t., volt. deelw.⟩ →**gird.**

girth [gə:θ] **0.1** ***buikriem*** ⇒*buikgordel, koppel(riem)* **0.2** ***omtrek*** ⇒*omvang,* ⟨ihb.⟩ *taille* ◆ **2.2** a man with an ample ~ *een man met een flinke buik* **6.2** one metre **in** ~ *met een omtrek van één meter.*

gist [dzjist] ⟨the⟩ **0.1** ***hoofdgedachte*** ⇒*essentie, kern.*

give[1] [giv] ⟨zn.⟩ **0.1** ***het meegeven*** ⇒*elasticiteit, buigzaamheid* ◆ **¶.1** there is no ~ in him *hij is niet erg soepel.*

give[2] ⟨gave [geev], given [givn]⟩ **I** ⟨onov.ww.⟩ **0.1** ***(aalmoezen) geven*** ⇒*schenkingen doen* **0.2** ***meegeven*** ⇒*in(een)zakken, bezwijken, (door)buigen, verslappen, toegeven* ◆ **6.¶** ~ **on(to)** *uitzien op, uitkomen op, toegang geven tot* **¶.¶** ⟨inf.⟩ what ~s? *wat is er gaande?* →**give away, give in, give out, give over, give up;**

II ⟨ov.ww.⟩ **0.1** ***geven*** ⇒*schenken, overhandigen* **0.2** ***geven*** ⇒*verlenen, verschaffen, gunnen* **0.3** ***geven*** ⇒*opofferen, wijden* **0.4** ⟨met zn.⟩ ***doen*** ⟨wat zn. uitdrukt⟩ **0.5** ***geven*** ⇒*aanbieden, ten beste geven* **0.6** ***(op)geven*** ⇒*meedelen, verstrekken* **0.7** ***geven*** ⇒*produceren, voortbrengen* ◆ **1.1** ~ one's estate to *zijn landgoed vermaken aan;* ~ s.o. medicine *iem. geneesmiddelen toedienen;* ~ him my best wishes *doe hem de groeten van mij* **1.2** he gave me his cold *hij heeft me aangestoken met zijn verkoudheid;* ~ me the good old days *geef mij maar de goeie ouwe tijd;* ~ one's heart to s.o. *een warm hart voor iem. hebben, verliefd worden op iem.;* it's ~n me much pain *het heeft me veel pijn gedaan;* ~ pleasure *erg aangenaam zijn;* ~ a prize *een prijs toekennen;* ~ him some rest *gun hem wat rust;* we were ~n three hours' rest *we kregen drie uur rust;* ~ s.o. a room *iem. een kamer toewijzen;* ~ s.o. a title *iem. een titel toekennen;* ~ trouble *last bezorgen;* he's been ~n two years *hij heeft twee jaar (gevangenisstraf) gekregen* **1.3** ~ one's life for one's country *zijn leven geven voor zijn vaderland* **1.4** ~ a beating *een pak slaag geven;* ~ a cry *een kreet slaken;* ~ s.o. a sly look *iem. een sluwe blik toewerpen;* ~ proof of one's courage *zijn moed tonen;* ~ a ring *opbellen;* ~ sentence *een vonnis vellen;* ~ a shrug of the shoulders *zijn schouders ophalen* **1.5** ~ a dinner *een diner aanbieden* **1.6** the teacher gave us three exercises (to do) *de onderwijzer heeft ons drie oefeningen opgegeven (als huiswerk);* ~ the facts *de feiten tonen;* ~ information *informatie verstrekken* **1.7** ~ bad results *slechte resultaten opleveren* **3.2** ~ s.o. to understand/know *iem. te verstaan/kennen geven* **3.¶** ~ or take 5 minutes *5 minuutjes meer of minder* **4.1** ~ o.s. *zich helemaal overgeven* ⟨aan iem.⟩ **4.2** I'll ~ you that *dat geef ik toe* **5.7** ~ **off** *(af)geven, verspreiden, maken* **5.¶** ~ as good as one gets *met gelijke munt betalen;* ~ it s.o. hot (and strong), ~ it s.o. straight *iem. er flink v. langs geven* **6.1** ~ a daughter **in** marriage *een dochter ten huwelijk schenken;* ~ s.o. **into** custody *iem. aan de politie overleveren* **¶.¶** don't ~ me that *(hou op met die) onzin;* that'll ~ her something to cry for *nu heeft ze tenminste iets om over te huilen;* ⟨sl.⟩ ~ s.o. what for *iem. flink op zijn donder geven.* →**give away, give back, give forth, give in, give out, give over, give up.**

give-and-take ⟨ook attr.⟩ **0.1** ***geven en nemen*** ⇒*compromis, vergelijk.*

giveaway ⟨inf.⟩ **0.1** ⟨ook attr.⟩ ***cadeautje*** **0.2** ***onthulling*** ⇒ *(ongewild) verraad* ◆ **2.2** her eyes were a dead ~ *haar ogen verrieden alles.*

give away **I** ⟨onov.ww.⟩ **0.1** ***meegeven*** ⇒*ineenzakken, toegeven;*

II ⟨ov.ww.⟩ **0.1** ***weggeven*** ⇒*cadeau doen* **0.2** ***uitdelen*** ⟨prijzen⟩ **0.3** ***verraden*** ⇒*verklappen* **0.4** ***verkijken*** ⇒*laten voorbijgaan, weggooien* ⟨kans⟩ **0.5** ***ten huwelijk geven.***

giveaway price **0.1** ***weggeefprijs*** ⇒*spotprijs(je).*

give back **0.1** ***teruggeven*** **0.2** ***weerkaatsen*** ⇒*echoën* ◆ **1.1** ~ with interest *met int(e)rest terugbetalen;* ⟨fig.⟩ *dubbel en dik betaald zetten.*

give forth **0.1** ***geven*** ⇒*afgeven, produceren* ◆ **1.1** ~ a ghastly smell *een kwalijke geur verspreiden.*

give in **I** ⟨onov.ww.⟩ **0.1** ⟨+to⟩ ***toegeven (aan)*** ⇒*zich gewonnen geven, zwichten (voor);*

II ⟨ov.ww.⟩ **0.1** ***inleveren*** ⇒*voorleggen, aanbieden.*

given[1] [givn] **I** ⟨bn.⟩ **0.1** ***gegeven*** ⇒*gekregen, verleend* **0.2** ***gegeven*** ⟨ook wisk.⟩ ⇒*(wel) bepaald, vastgesteld* **0.3** ***gedateerd*** ◆ **1.2** under the ~ conditions *in de gegeven omstandigheden;* at a ~ time *op een bepaald ogenblik;* at any ~ time *om het even wanneer, op elk moment* **1.3** ~ May 10th *gedaan op de tiende mei;*

II ⟨bn., pred.⟩ **0.1** ***geneigd*** ⇒*gewoon* ◆ **6.1** ~ **to** drinking *verslaafd aan de drank;* he is ~ **to** boasting *hij pocht graag.*

given[2] ⟨vz.; vw.⟩ **0.1** ⟨vz.⟩ ***gezien*** **0.2** ⟨vw.; vaak met +that⟩ ***aangezien*** ◆ **1.1** ~ your experience *gezien uw ervaring;* ~ the present situation *in het licht v. de huidige situatie* **¶.2** ~ (that) you don't like it *aangezien je het niet leuk vindt.*

given name ⟨AE⟩ **0.1** ***voornaam*** ⇒*doopnaam.*

give out **I** ⟨onov.ww.⟩ **0.1** ***uitgeput raken*** ⇒*bezwijken, verzwakken, op raken;*

II ⟨ov.ww.⟩ **0.1** ***aankondigen*** ⇒*meedelen, publiceren* **0.2** ***afgeven*** ⇒*verspreiden, maken* **0.3** ***verdelen*** ⇒*uitdelen, uitreiken* ◆ **4.1** give o.s. out to be a doctor *zich voor dokter uitgeven.*

give over **I** ⟨onov.ww.⟩⟨BE; inf.⟩ **0.1** ***ophouden*** ⇒*stoppen;*

II ⟨ov.ww.⟩ **0.1** ⟨BE; inf.⟩ ***afzien van*** ⇒*stoppen, opgeven* **0.2** ***overhandigen*** ⇒*toevertrouwen, overleveren* **0.3** ***overgeven*** ⇒*(toe)wijden, gebruiken* ◆ **3.1** ~ interfering *hou je erbuiten* **6.2** ~ **to** the police *overleveren aan de politie* **6.3** give o.s. over **to** gambling *zich overgeven aan het gokken.*

giver [givvə] **0.1** ***gever/geefster*** ⇒*schenker/schenkster.*

give up **I** ⟨onov.ww.⟩ **0.1** ***(het) opgeven*** ⇒*zich gewonnen ge-*

ven ◆ **6.1** ~ **on** *geen hoop meer hebben voor;* I ~ **on** you *je bent hopeloos;*
II ⟨ov.ww.⟩ **0.1** ***opgeven*** ⇒*afstand doen v.; niet langer verwachten; alle hoop opgeven voor* ⟨ook med.⟩; ⟨inf.⟩ *laten zitten* **0.2** ***opgeven*** ⇒*ophouden* **0.3** ***overgeven*** ⇒*overleveren, (toe)wijden* **0.4** ***onthullen*** ⇒*verraden, openbaar maken* ◆ **1.1** the aircraft has been given up *het vliegtuig wordt als verloren beschouwd;* ~ one's seat *zijn zitplaats afstaan* **2.1** ~ for dead / lost *als dood/verloren beschouwen* ⟨ook fig.⟩ **3.1** ~ smoking *stoppen met roken* **4.3** give o.s. up *zich gevangen geven, zich melden.*

gizzard [gizzəd] **0.1** ***spiermaag*** ◆ **3.¶** it sticks in my ~ *het ligt mij zwaar op de maag.*

glacé [glæsee] **0.1** ***geglansd*** ⇒*glanzend* **0.2** ***geglaceerd*** ⇒ *gekonfijt.*

glacial [gleesjl] **0.1** ***ijs-*** ⟨ook fig.⟩ ⇒*ijzig, ijskoud* **0.2** ⟨schei.⟩ ***ijs-*** ⇒*gekristalliseerd* ◆ **1.1** ~ stare *ijzige blik* **1.2** ~ acetic acid *ijsazijnzuur.*

glacier [glæsiə] **0.1** ***gletsjer.***

glad [glæd] ⟨gladder; -ness⟩ **0.1** ***blij*** ⇒*gelukkig, verheugd* ◆ **1.1** be ~ to see the back of s.o. *iem. gaarne zien vertrekken;* ~ tidings *verheugend nieuws* **1.¶** give s.o. the ~ eye *naar iem. lonken* **3.1** I'd be ~ to! *met plezier!;* I'll be ~ to help *ik wil je graag helpen* ⟨ook iron.⟩ **6.1** ~ **about / at / of** *blij om, verheugd om/over.*

gladden [glædn] **0.1** ***blij maken*** ⇒*verblijden* ◆ **1.1** it ~s the heart to see you again *het doet me vreugd je weer te zien.*

glade [gleed] **0.1** ***open plek*** ⟨in het bos⟩.

gladiator [glædie·eetə] **0.1** ***gladiator.***

gladiatorial [glædiəto:riəl] **0.1** ***gladiatoren-.***

gladiolus [glædie·ooləs]⟨mv.: ook gladioli [-laj]⟩ **0.1** ***gladiolus*** ⇒*gladiool;* ⟨ihb.⟩ *zwaardlelie.*

gladly [glædlie] **0.1** →**glad** **0.2** ***graag*** ⇒*met plezier/genoegen.*

glad rags ⟨inf.⟩ **0.1** ***zondagse plunje.***

glam [glæm] ⟨verk.⟩ [glamorous] ⟨BE; inf.⟩ **0.1** ***(zeer) aantrekkelijk*** ⇒*prachtig, glitter-.*

glamor|ize, -ise [glæmərajz] ⟨zn.: **-ization**⟩ **0.1** ***(zeer) aantrekkelijk/aanlokkelijk maken*** ⇒*idealiseren, verheerlijken.*

glamorous, glamourous [glæmrəs] **0.1** ***(zeer) aantrekkelijk*** ⇒*bekoorlijk, betoverend (mooi).*

glamour, ⟨AE sp. ook⟩ **glamor** [glæmə] ⟨ook attr.⟩ **0.1** ***betovering*** ⇒*bekoring, schone schijn* ◆ **1.1** ~ girl *glamour girl* **3.1** cast a ~ over *betoveren, bekoren.*

glam up ⟨BE; inf.⟩ **I** ⟨onov.ww.⟩ **0.1** ***zich opmaken*** ⇒*zich optutten/opdirken;*
II ⟨ov.ww.⟩ **0.1** ***opmaken*** ⇒*optutten, opdirken* ◆ **4.1** glam o.s. up *zich optutten.*

glance[1] [gla:ns] ⟨zn.⟩ **0.1** ***(vluchtige) blik*** ⇒*oogopslag, kijkje* **0.2** ***flits*** ⇒*glinstering, flikkering* **0.3** ***afschamping*** ⇒*afstuiting, schampschot;* ⟨cricket⟩ *schampslag* ◆ **6.1 at** a ~ *met één oogopslag, onmiddellijk.*

glance[2] ⟨ww.⟩ **0.1** ***(vluchtig) kijken*** ⇒*een (vluchtige) blik werpen* **0.2** ***flikkeren*** ⇒*glinsteren* **0.3** ***(af)schampen*** ⇒ *afstuiten* ◆ **5.1** ~ **down / up** *een blik naar beneden/boven werpen;* ~ **round** *(even) rondkijken* **5.3** ~ **aside / off** *afschampen, afstuiten* **6.1** ~ **at** *vluchtig/even bekijken, een blik werpen op;* ~ **over / through** *(even) inkijken/bekijken, doorkijken* **6.3** ~ **off** *afschampen op, afglijden v.* ⟨ook fig.⟩.

glancing [gla:nsing] **0.1** ***afschampend*** ⇒*schamp-.*

gland [glænd] **0.1** ***klier.***

glandes [glændie:z] ⟨mv.⟩ →**glans.**

glandular [glændjoelə] **0.1** ***klierachtig*** ⇒*klier-.*

glans [glænz] ⟨mv.: glandes⟩⟨anat.⟩ **0.1** ***glans*** ⟨eikel v. penis/clitoris⟩.

glare[1] [gleə] **I** ⟨telb.zn.⟩ **0.1** ***woeste/boze/dreigende blik;***
II ⟨telb. en n.-telb.zn.⟩ **0.1** ***hel/verblindend licht*** ⟨ook fig.⟩ ⇒*(felle) glans.*

glare[2] **I** ⟨onov.ww.⟩ **0.1** ***fel schijnen*** ⇒*blinken, schitteren* **0.2** ***boos kijken*** ⇒*woest/dreigend kijken* ◆ **5.1** the sun ~d **down** on our backs *de zon brandde (fel) op onze rug* **6.2** ~ **at / upon** *woedend/dreigend/boos aankijken;*
II ⟨ov.ww.⟩ **0.1** ***door een dreigende blik uitdrukken*** ⟨vnl. woede, haat⟩ ◆ **6.1** they ~d defiance **at** each other *ze keken elkaar tartend aan.*

glaring [gleəring] ⟨-ness⟩ **0.1** ***verblindend*** ⇒*schitterend, fel* **0.2** ***dreigend*** ⇒*woest, boos* **0.3** ***opvallend*** ⇒*flagrant* ◆ **1.1** ~ colours *schreeuwende kleuren* **1.2** ~ eyes *vlammende ogen* **1.3** ~ error *grove fout/vergissing.*

Glasgow [gla:zgoo] **0.1** ***Glasgow.***

glasnost [glæznost] ⟨pol.⟩ **0.1** ***glasnost*** ⟨Russisch voor ruchtbaarheid/openheid⟩.

glass [gla:s] **I** ⟨telb.zn.⟩ **0.1** ***glas*** ⇒*(drink)glas, brillenglas, spiegel* **0.2** ***lens*** **0.3** ***glas*** ⇒*glaasje* ⟨drank⟩;
II ⟨n.-telb.zn.⟩ **0.1** ***glas(werk)*** **0.2** ***glas*** ⇒*(broei)kassen, ruiten* **0.3** ⟨sl.⟩ ***glas*** ⇒*nepjuwelen/edelstenen* ◆ **1.¶** ⟨sprw.⟩ people who live in ~ houses should not throw stones *wie in een glazen huisje zit, moet niet met stenen gooien* **3.1** ground ~ *matglas* ⟨ook foto.⟩; spun ~ *gesponnen glas, glasvezel/wol/draad;*
III ⟨mv.⟩ **0.1** ***bril*** **0.2** ***(verre/toneel)kijker*** ◆ **1.1** two pairs of ~es *twee brillen.*

glassblower **0.1** ***glasblazer.***

glass cutter **0.1** ***glassnijder*** ⟨persoon en werktuig⟩.

glass eye **0.1** ***glazen oog*** **0.2** ⟨med.⟩ ***glasoog*** ⟨bij paarden⟩.

glass fibre **0.1** ***glasvezel*** ⇒*glasdraad.*

glassful [gla:sfoel] **0.1** ***glas*** ⇒*glaasje* ⟨drank⟩.

glasshouse **0.1** ⟨BE⟩ ***(broei)kas*** **0.2** ⟨BE; sl.; the⟩ ***doos*** ⇒*bak* ⟨militaire gevangenis⟩.

glassware **0.1** ***glaswerk.***

glass wool **0.1** ***glaswol.***

glassworks **0.1** ***glasfabriek*** ⇒*glasblazerij.*

glass|y [gla:sie] ⟨-ier⟩ **0.1** ***glasachtig*** ⇒*glazig, (spiegel)glad* **0.2** ***wezenloos*** ⇒*apathisch* ◆ **1.¶** ~ stare *ijzige blik.*

Glaswegian [glæzwie:dzjən] **0.1** ⟨bn.⟩ ***uit/v. Glasgow*** **0.2** ⟨zn.⟩ ***inwoner v. Glasgow.***

glaucoma [glo:koomə] ⟨med.⟩ **0.1** ***glaucoom*** ⇒*groene staar* ⟨oogziekte⟩.

glaucous [glo:kəs] ⟨-ness⟩ **0.1** ***grijsgroen*** **0.2** ***met glans/waas bedekt*** ⟨v. druiven, pruimen⟩.

glaze[1] [gleez] ⟨zn.⟩ **0.1** ***glazuur(laag)*** ⇒*glaceersel.*

glaze[2] **I** ⟨onov.ww.⟩ **0.1** ⟨vaak +over⟩ ***glazig worden*** ⇒*breken* ⟨v. ogen⟩;
II ⟨ov.ww.⟩ **0.1** ***beglazen*** ⇒*in glas zetten* **0.2** ***verglazen*** ⇒ *glazuren, glaceren.*

glazed [gleezd] **0.1** ***glazen*** **0.2** ***verglaasd*** ⇒*geglazuurd, geglaceerd* **0.3** ***glazig*** ⇒*dof, wezenloos* ◆ **1.1** double-glazed windows *dubbele ramen* **1.3** ~ eyes *starre ogen, wezenloze blik.*

glazier [gleeziə] **0.1** ***glazenmaker.***

glazing [gleezing] **0.1** ***glazuur(laag)*** ⇒*glaceersel* **0.2** ***beglazing*** ⇒*ruiten, ramen* ◆ **2.2** double ~ *dubbele ramen.*

G.L.C. ⟨afk.; BE⟩ **0.1** [Greater London Council].

gleam[1] [glie:m] ⟨zn.⟩ **0.1** ***(zwak) schijnsel*** ⇒*glans, schittering, straal(tje)* ⟨ook fig.⟩ ◆ **1.1** not a ~ of hope *geen sprankje hoop.*

gleam[2] ⟨ww.⟩ **0.1** ***(zwak) schijnen*** ⇒*glanzen, schitteren.*

glean [glie:n] **I** ⟨onov.ww.⟩ **0.1** ***aren lezen/verzamelen;***
II ⟨ov.ww.⟩ **0.1** ***verzamelen*** ⇒*oprapen, vergaren* ⟨aren⟩ **0.2** ***moeizaam vergaren*** ⇒*(bijeen) sprokkelen* ⟨informa-

tie⟩ ◆ **1.2** ~ ideas from everywhere *overal ideetjes vandaan halen.*
gleaner [glie:nə] **0.1** ***arenlezer.***
gleanings [glie:ningz] **0.1** ***verzamelde/opgeraapte aren*** **0.2** ***(moeizaam) verzamelde gegevens/informatie*** ◆ **1.2** the ~ of years of research *het moeizame resultaat v. jaren onderzoek.*
glebe [glie:b] **0.1** ***pastorieland.***
glee [glie:] **I** ⟨telb.zn.⟩ **0.1** ***driestemmig/meerstemmig lied;*** **II** ⟨n.-telb.zn.⟩ **0.1** ***vreugde*** ⇒*opgewektheid.*
glee club **0.1** ***zangvereniging.***
gleeful [glie:foel] **0.1** ***vreugdevol*** ⇒*opgewekt, blij.*
glen [glen] **0.1** ***nauwe vallei*** ⟨vnl. in Schotland, Ierland⟩.
glengarry [glengærie] ⟨ook G-⟩ **0.1** ***Hooglandse muts.***
glib [glib] ⟨glibber; -ness⟩ **0.1** ***welbespraakt*** ⇒*vlot, rad v. tong;* ⟨pej.⟩ *glad, handig* **0.2** ***ondoordacht*** ⇒*lichtvaardig* ◆ **1.1** have a ~ tongue *rad v. tong zijn.*
glide[1] [glajd] ⟨zn.⟩ **0.1** ***glijdende beweging.***
glide[2] **I** ⟨onov.ww.⟩ **0.1** ***glijden*** ⇒*sluipen, zweven* **0.2** ⟨luchtv.⟩ ***zweven*** ⇒*planeren* ◆ **5.1** ~ **along** *voortglijden;* ~ **away/off** *wegglijden, ontglippen* **6.1** ~ **across** the room *door de kamer zweven/sluipen;*
II ⟨ov.ww.⟩ **0.1** ***doen glijden*** ⇒*schuiven.*
glider [glajdə] **0.1** ***zweefvliegtuig*** **0.2** ***zweefvlieger.***
gliding [glajding] **0.1** ***het zweefvliegen*** ⇒*zweef(vlieg)sport.*
glimmer[1] [glimmə] ⟨zn.⟩ **0.1** ***zwak licht/schijnsel*** ⇒*glinstering, flikkering* **0.2** ***straaltje*** ⟨fig.⟩ ◆ **1.2** ~ of hope *sprankje/zweempje hoop;* not a ~ of understanding *geen flauw benul.*
glimmer[2] ⟨ww.⟩ **0.1** ***zwak schijnen*** ⇒*glimmen.*
glimpse[1] [glimps] ⟨zn.⟩ **0.1** ***glimp*** ◆ **3.1** catch/get a ~ of *eventjes zien, een glimp opvangen v.*
glimpse[2] **I** ⟨onov.ww.⟩ **0.1** ***vluchtig kijken*** ◆ **6.1** ~ **at** *eventjes bekijken;*
II ⟨ov.ww.⟩ **0.1** ***een glimp opvangen v.***
glint[1] [glint] ⟨zn.⟩ **0.1** ***schittering*** ⇒*gefonkel, glans; sprankje* ⟨ook fig.⟩ ◆ **2.1** have a mean ~ in one's eye *een gemene blik in zijn ogen hebben.*
glint[2] ⟨ww.⟩ **0.1** ***schitteren*** ⇒*fonkelen, glinsteren.*
glisten [glisn] **0.1** ***schitteren*** ⇒*glinsteren, glimmen* ◆ **6.1** ~ **with** *schitteren/fonkelen v.*
glitter[1] [glittə] ⟨zn.⟩ **0.1** ***geschitter*** ⇒*glans, glinstering* **0.2** ***aantrekkelijkheid*** ⇒*charme, betovering* **0.3** ***glitter*** ⟨decoratiemiddel⟩.
glitter[2] ⟨ww.⟩ **0.1** ***schitteren*** ⇒*blinken, glinsteren* ◆ **6.1** ~ **with** *schitteren/blinken v.* **¶.¶** ⟨sprw.⟩ all that ~s is not gold *het is niet al goud wat er blinkt.*
glittering [glitring] **0.1** ***schitterend*** ⇒*glinsterend, blinkend* **0.2** ***prachtig*** ⇒*betoverend.*
glitz[1] [glits] ⟨zn.⟩⟨inf.⟩ **0.1** ***glitter*** ⇒*oppervlakkige praal, pracht, glamour, klatergoud.*
glitz[2] ⟨ww.; vaak + up⟩⟨inf.⟩ **0.1** ***opdirken*** ⇒*optutten.*
glitzy [glitsie] ⟨inf.⟩ **0.1** ***blits*** ⇒*opzichtig, opvallend.*
gloaming [glooming] ⟨the⟩⟨schr.⟩ **0.1** ***(avond)schemering.***
gloat [gloot] **0.1** ***wellustig staren*** ⇒*begerig kijken* **0.2** ***zich verlustigen*** ⇒*zich vergenoegen* ◆ **6.2** ~ **over/(up)on** *zich verkneukelen in.*
gloatingly [glootinglie] **0.1** ***wellustig*** ⇒*begerig, handenwrijvend.*
glob [glob] ⟨inf.⟩ **0.1** ***klont*** ⇒*klodder, kwak.*
global [gloobl] **0.1** ***wereldomvattend*** ⇒*wereld-, mondiaal* **0.2** ***algemeen*** ⇒*allesomvattend, globaal* ◆ **1.¶** ⟨geol.⟩ ~ tectonics *schollen/plaattektoniek.*
globalization, -sation [gloobəlajzeesjən] **0.1** ***globalisering*** ⇒*(het) globaliseren.*
globe [gloob] **0.1** ⟨vaak the⟩ ***globe*** ⇒*aarde, wereldbol* **0.2** ⟨ben. voor⟩ ***glazen vat/houder*** ⇒*lampenkap, (lamp)ballon; viskom/glas.*
globefish **0.1** ***kogelvis.***
globetrotter **0.1** ***globetrotter*** ⇒*wereldreiziger.*
globular [globjoelə] **0.1** ***bolvormig*** ⇒*sferisch* **0.2** ***globuleus.***
globule [globjoe:l] **0.1** ***druppeltje*** ⇒*bolletje.*
gloom [gloe:m] **0.1** ***duisternis*** ⇒*halfduister* **0.2** ***mistroostigheid*** ⇒*zwaarmoedigheid, somberheid* ◆ **3.1** cast a ~ over sth. *een schaduw over iets werpen.*
gloom|y [gloe:mie] ⟨-iness⟩ **0.1** ***duister*** ⇒*(half)donker* **0.2** ***mistroostig*** ⇒*zwaarmoedig, somber* **0.3** ***hopeloos*** ⇒*weinig hoopgevend.*
glorif|y [glo:riffaj] ⟨-ied; zn.: **-ication**⟩ **0.1** ***verheerlijken*** ⇒*vereren* **0.2** ***ophemelen*** ⇒*loven, prijzen* **0.3** ***mooier voorstellen*** ⇒*verfraaien* ◆ **1.2** ⟨scherts.⟩ this isn't a country house but a glorified hut *dit is geen landhuis, maar een veredeld soort hut.*
glorious [glo:riəs] **0.1** ***roem/glorierijk*** ⇒*glorieus, luisterrijk* **0.2** ***prachtig*** ⇒*schitterend, magnifiek* **0.3** ⟨inf.⟩ ***alleraangenaamst*** ⇒*prettig* ◆ **1.3** ~ fun *dolle pret* **1.¶** ⟨iron.⟩ my life is a ~ muddle *mijn leven is één grote modderpoel.*
glor|y [glo:rie] ⟨mv.: -ies⟩ **0.1** ***glorie*** ⇒*eer, roem* **0.2** ***lof*** ⇒*dankzegging* **0.3** ***luister*** ⇒*glorie, pracht* **0.4** ***glorie*** ⇒*trots, gloriedaad* **0.5** ***(hemelse) glorie*** ⇒*gelukzaligheid* ◆ **1.2** ~ to the Father *eer aan de Vader* **1.3** the ~ of a blossoming tree *de pracht v.e. bloesemende boom* **1.4** this rare book is the ~ of our library *dit zeldzame boek is de trots v. onze bibliotheek* **3.1** covered in/crowned with ~ *met roem overladen* **3.5** ⟨inf.⟩ go to ~ *het tijdelijke met het eeuwige verwisselen;* ⟨inf.⟩ send to ~ *naar de andere wereld helpen* **¶.2** ~ (be)! *goddank!; lieve hemel!* →**old.**
glor|y in ⟨-ied⟩ **0.1** ***zich verheugen in*** ⇒*blij zijn met, verheugd zijn om* **0.2** ***trots zijn op*** ⇒*prat gaan op* ◆ **1.2** she gloried in her wit *zij ging prat op haar scherpzinnigheid.*
Glos. ⟨afk.⟩ **0.1** [Gloucestershire].
gloss[1] [glos] **I** ⟨telb.zn.⟩ **0.1** ***glos(se)*** ⇒*verklarende aantekening, toelichting* **0.2** ***lipgloss*** ⇒*lippenglans;*
II ⟨telb. en n.-telb.zn.⟩ **0.1** ***glans*** **0.2** ***glamour*** ⇒*bedrieglijke luister, schone schijn* ◆ **6.2** **under** a ~ of self-complacency *achter een masker van zelfingenomenheid.*
gloss[2] ⟨ww.⟩ **0.1** ***glosseren*** ⇒*van aantekeningen voorzien.* → **gloss over.**
glossar|y [glos(ə)rie] ⟨mv.: -ies⟩ **0.1** ***glossarium.***
gloss over **0.1** ***verbloemen*** ⇒*goedpraten, verdoezelen* ⟨gedrag, fouten⟩.
gloss paint **0.1** ***(hoog)glansverf.***
gloss|y[1] [glossie] ⟨zn.; mv.: -ies⟩ **0.1** ***duur(der)/chic blad*** ⟨op glanzend papier gedrukt⟩.
gloss|y[2] ⟨bn.; -iness⟩ **0.1** ***glanzend*** ⇒*blinkend, glad* ◆ **1.1** ~ paper *glanzend papier;* ~ print *glanzende foto* **1.¶** ~ magazine *duur(der)/chic blad.*
glottal [glotl] **0.1** ***glottis-*** ⇒*mbt. de stemspleet* **0.2** ⟨fonetiek⟩ ***uitgesproken in/met de stemspleet.***
glove [gluv] **0.1** ***handschoen*** ⟨ook sport⟩ ◆ **3.1** fit like a ~ *als gegoten zitten* **3.¶** throw down the ~ *de handschoen toewerpen* **5.¶** the ~s are **off** *het wordt menens.* →**kid.**
glove compartment **0.1** ***handschoen(en)kastje*** ⟨in auto⟩.
glove puppet **0.1** ***handpop.***
glow[1] [gloo] ⟨zn.⟩ **0.1** ***gloed*** ⇒⟨fig.⟩ *bezieling, enthousiasme, hartstocht* **0.2** ***kleurenpracht*** **0.3** ***blos*** ⇒*(schaam)rood* ◆ **1.3** the ~ of health *een gezonde uitstraling, een gezonde blos/(rode) kleur* **6.1** (all) **in** a ~ *gloeiend, opgewonden.*
glow[2] ⟨ww.⟩ **0.1** ***gloeien*** ⇒*glimmen;* ⟨fig.⟩ *bezield zijn, en-*

thousiast zijn **0.2** ***blozen*** **0.3** ***rood/paars aanlopen*** ◆ **6.¶** ~ **with** pride *zo trots als een pauw zijn.*

glower [glauə] **0.1** ⟨+at⟩ ***dreigend kijken (naar)*** ⇒*boos/ kwaad (aan)kijken.*

gloweringly [glauəringlie] **0.1** ***met boze blik.***

glowing [glooing] **0.1** ***gloeiend*** ⇒*stralend* **0.2** ***gloedvol*** ⇒ *levendig, (wild) enthousiast* ◆ **1.1** ~ cheeks *blozende wangen* **1.2** a ~ account *een enthousiast verslag.*

glowworm **0.1** ***glimworm.***

glub [glub] **0.1** ***blub*** ⇒*klok* ◆ **¶.1** ⟨als tw.⟩ ~, ~, ~! *klok, klok, klok!*

glucose [gloe:koos] **0.1** ***glucose*** ⇒*druivensuiker.*

glue[1] [gloe:] ⟨zn.⟩ **0.1** ***lijm.***

glue[2] ⟨ww.; teg. deelw. ook gluing⟩ **0.1** ***lijmen*** ⇒*plakken, vastkleven* **0.2** ***persen (tegen)*** ⇒*dichtbij houden/blijven* ◆ **6.1** ⟨fig.⟩ his eyes were ~d **to** the girl *hij kon zijn ogen niet van het meisje afhouden* **6.2** my son stayed ~d **to** my side *mijn zoon week niet van mijn zijde.*

glue-sniffing **0.1** ***lijm/solutiesnuiven.***

glue|y [gloe:ie] ⟨-ier⟩ **0.1** ***kleverig*** ⇒*plakkerig.*

glum [glum] ⟨-mer; -ness⟩ **0.1** ***mistroostig*** ⇒*sip, terneergeslagen.*

glut[1] [glut] ⟨zn.⟩ **0.1** ***overvloed*** **0.2** ***overschot*** ⇒*overvoering.*

glut[2] ⟨ww.; -ted⟩ **0.1** ***volstoppen*** ⇒*volledig bevredigen* ⟨honger⟩, *vullen* ⟨maag⟩ **0.2** ***(over)verzadigen*** ⇒*overladen, overvoeren* ⟨markt⟩ ◆ **4.1** ~ o.s. with *zich volstoppen met.*

glutamate [gloe:təmeet] ⟨bioch.⟩ **0.1** ***natriumzout (v. glutaminezuur).***

gluten [gloe:tn] **0.1** ***kleefstof*** ⟨uit graan⟩ ⇒*gluten.*

glutinous [gloe:tinnəs] **0.1** ***kleverig*** ⇒*plakkerig.*

glutton [glutn] **0.1** ***slokop*** ⇒*gulzigaard, (veel)vraat* **0.2** ⟨dierk.⟩ ***veelvraat*** ◆ **1.1** he's a real ~ for punishment *hij heeft het graag zwaar;* ~ for work *werkezel.*

gluttonous [glutnəs] **0.1** ***gulzig*** ⇒*vraatzuchtig, schrokkig.*

gluttony [glutnie] **0.1** ***gulzigheid*** ⇒*vraatzucht, schrokkerij.*

glycerol [glis(ə)rol], **glycerin(e)** [-rie:n, -rin] ⟨schei.⟩ **0.1** ***glycerol*** ⇒*glycerine.*

glycogen [glajkədzjen] ⟨bioch.⟩ **0.1** ***glycogeen*** ⇒*spiersuiker, dierlijk zetmeel.*

glycol [glajkol] ⟨schei.⟩ **0.1** ***glycol.***

gm. ⟨afk.⟩ **0.1** [gram] ***g(r).***

G-man ⟨AE; inf.⟩ **0.1** ***FBI-agent.***

G.M.T. ⟨afk.⟩ **0.1** [Greenwich Mean Time] ***G.T.*** ⇒*Greenwichtijd.*

gnarled [na:ld] **0.1** ***knoestig*** ⇒*knokig, ruw, verweerd.*

gnash [næsj] **0.1** ***knarsetanden*** ⇒*tandenknarsen* ◆ **1.1** ~ one's teeth *tandenknarsen.*

gnat [næt] **0.1** ***mug*** ⇒*muskiet* ◆ **3.¶** strain at a ~ / at ~s *muggenziften.*

gnaw [no:] ⟨volt. deelw. ook gnawn [no:n]⟩ **I** ⟨onov.ww.⟩ **0.1** ***knagen*** ⟨ook fig.⟩ ⇒*knabbelen; smart veroorzaken, pijn doen* **0.2** ***invreten*** ⇒*corrosie veroorzaken* ◆ **6.1** ~ (away) **at** *knagen aan, wegknagen;* sorrow ~ed **at** him *leed kwelde hem;*

II ⟨ov.ww.⟩ **0.1** ***knagen aan*** ⟨ook fig.⟩ ⇒*kwellen, beklemmen* **0.2** ***(uit)knagen*** ⇒*afknagen* ◆ **1.2** the mice have ~n a small hole *de muizen hebben een holletje uitgeknaagd* **5.2** ~ **off** *afknagen.*

gnaw away **0.1** ***wegknagen*** ⟨ook fig.⟩ ⇒*(door pijn) verteren* **0.2** ***eroderen.***

gnawing [no:ing] **0.1** ***knagend*** ⇒*kwellend, nijpend* ◆ **1.1** ~ hunger *nijpende honger.*

gnome [noom] **0.1** ***gnoom*** ⇒*aardmannetje, kabouter* **0.2** ***tuinkabouter*** ◆ **1.¶** the ~s of Zurich *de grote Zwitserse bankiers.*

G.N.P. ⟨afk.⟩ **0.1** [gross national product] ***bnp.***

gnu [noe:] ⟨mv.: ook gnu⟩ **0.1** ***gnoe.***

go[1] [goo] ⟨zn.; mv.: -es⟩ ⟨inf.⟩ **0.1** ***poging*** **0.2** ***beurt*** ⇒*keer* **0.3** ***pit*** ⇒*fut, energie* **0.4** ***aanval*** **0.5** ***portie*** ⇒*hoeveelheid* ◆ **1.4** a ~ of fever *een koortsaanval* **1.5** the beer is 50 p a ~ *de pils is 50 pence per glas* **2.3** be full of ~ *veel energie hebben* **3.1** have a ~ at sth. *eens iets proberen;* have a ~ doing sth. *iets proberen te doen* **3.4** have a ~ at *een aanval doen op; uitvallen tegen, v. leer trekken tegen* **3.¶** be all the ~ *in de mode zijn, erg in trek zijn;* make a ~ of it *er een succes v. maken* **5.¶** it 's **all** ~ *het is een drukte v. je welste* **6.2** **at/in** one ~ *in één klap, in één keer* **6.¶** **(up)on** the ~ *in de weer, in volle actie* **7.¶** (it 's) no ~ *het kan niet, het lukt nooit.* →**near.**

go[2] ⟨bn.⟩⟨inf.⟩ **0.1** ***goed functionerend*** ⇒*in orde, klaar* ◆ **1.1** ⟨ruim.⟩ all systems (are) ~ *(we zijn) startklaar.*

go[3] ⟨went, gone⟩ **I** ⟨onov.ww.⟩ **0.1** ***gaan*** ⇒*starten, vertrekken; beginnen, aanvatten, aanvangen* **0.2** ***gaan*** ⇒*voortgaan, lopen, reizen* **0.3** ***gaan (naar)*** ⇒*wijzen (naar/op), voeren (naar)* ⟨ook fig.⟩; *reiken, zich uitstrekken* **0.4** ***gaan*** ⇒*(voortdurend) zijn* ⟨in een bep. toestand⟩ **0.5** ***gaan*** ⇒*lopen, draaien, werken* ⟨v. toestel, systeem, fabriek enz.⟩ **0.6** ***gaan*** ⇒*afgaan* ⟨v. geweer⟩; *aflopen, luiden* ⟨v. klok e.d.⟩ **0.7** ***verstrijken*** ⇒*(voorbij)gaan, verlopen* ⟨v. tijd⟩ **0.8** ***gaan*** ⇒*afleggen* ⟨mbt. afstand⟩ **0.9** ***gaan*** ⇒*luiden* ⟨v. gedicht, verhaal⟩; *klinken* ⟨v. wijsje⟩ **0.10** ***aflopen*** ⇒*gaan, uitvallen* **0.11** ***doorgaan*** ⇒*gebeuren, doorgang vinden* **0.12** ***vooruitgaan*** ⇒*vorderen, opschieten* **0.13** ***gelden*** ⇒*gangbaar zijn* ⟨v. geld⟩; *gezaghebbend zijn, gezag hebben* ⟨v. oordeel, persoon⟩ **0.14** ***wegkomen*** ⇒*er onderuitkomen, er vanaf komen* **0.15** ***(weg)gaan*** ⇒*verkocht worden* ⟨v. koopwaar⟩ **0.16** ***gaan*** ⇒*besteed worden, gespendeerd worden* ⟨v. geld, tijd⟩ **0.17** ***verdwijnen*** ⇒*verloren gaan* ⟨ook fig.⟩ **0.18** ***verdwijnen*** ⇒*wijken, afgeschaft worden, afgevoerd worden* **0.19** ***weggaan*** ⇒*vertrekken, heengaan* ⟨ook fig.⟩; *sterven, doodgaan* **0.20** ***kapot/stuk gaan*** ⟨apparaat, kleding e.d.⟩ ⇒*bezwijken* **0.21** ***gaan*** ⇒*passen, thuishoren* **0.22** ***dienen*** ⇒*helpen, nuttig zijn, bijdragen* **0.23** ***beschikbaar/ voorhanden zijn*** ◆ **1.1** (right) from the word ~ *vanaf het begin* **1.2** ~ by air / car *met het vliegtuig/de auto reizen;* ~ for a walk *een wandeling maken* **1.3** the valley ~es from east to west *de vallei loopt van het oosten naar het westen* **1.4** be a good actor as actors ~ nowadays *een goed acteur zijn vergeleken met de andere acteurs;* ~ in fear of one's life *voor zijn leven vrezen;* as things ~ *in vergelijking, in het algemeen* **1.5** the clock does not ~ *de klok doet het niet* **1.7** ten days to ~ to / before Easter *nog tien dagen (te gaan) en dan is het Pasen* **1.8** five miles to ~ *nog vijf mijl af te leggen* **1.9** the story ~es that *het verhaal doet de ronde dat;* the tune ~es like this *het wijsje klinkt als volgt* **1.11** how did the exam ~? *hoe ging het examen?;* ~ in s.o.'s favour *in iemands voordeel uitvallen* **1.12** how is the work going? *hoe vordert het (met het) werk?* **1.17** my sight is ~ing *mijn ogen worden minder goed* **1.18** my car must ~ *mijn auto moet weg;* the cook must ~ *de kok moet gaan* **1.21** the forks ~ in the top drawer *de vorken horen in de bovenste la;* where do you want this cupboard to ~? *waar wil je deze kast hebben?* **1.23** plus any cash that was ~ing *plus wat voor geld er maar beschikbaar was* **2.3** ~ from bad to worse *v. kwaad tot erger vervallen* **2.14** ~ clear / (scot-)free *vrijuit gaan;* ~ unpunished *ongestraft wegkomen* **2.15** ~ cheap *goedkoop verkocht worden* **2.17** my complaints went unnoticed *mijn klachten werden niet gehoord* **3.1** ~ fetch! *zoek!, apporte!* ⟨tegen hond⟩; ~ to find s.o. *iem. gaan zoeken;* ~ fishing *uit vissen gaan;* get ~ing *aan de slag gaan; op gang komen;* leave ~ of *loslaten, laten gaan;* let ~ *laten gaan, loslaten;* ⟨fig.⟩ *niet meer aan denken* ⟨v. gedachte⟩; look where you are ~ing! *kijk uit je doppen!;* ⟨inf.⟩ don't ~ saying that! *zeg dat nou toch niet!;* ~ shopping *gaan winkelen* **3.4** ~ armed *gewapend zijn* **3.11** what he says ~es *wat hij zegt, gebeurt ook* **3.19** we must be ~ing *we moeten ervandoor;* he paid as he went *hij betaalde direct* **3.22** this ~es to prove I'm right *dit bewijst dat ik gelijk heb;* it only ~es to show *zo zie je maar* **3.¶** ~ (a-)begging *geen aftrek vinden, niet gewild zijn;* if these things are ~ing begging I'll take them *als niemand (anders) ze wil, neem ik ze wel;* ⟨BE; inf.⟩ ~ and do sth. *iets gaan doen; zo maar even iets doen; zo dwaas zijn iets te doen;* ⟨BE; inf.⟩ ~ and get sth. *iets gaan halen;* let o.s. ~ *zich laten gaan, zich ontspannen; zich verwaarlozen* **4.1** who ~es there? *wie daar?* ⟨vraag naar wachtwoord⟩ **4.¶** anything ~es *alles is toegestaan;* he kept ~ing like this *hij deed telkens zo* **5.1** ~ **aside** *opzij gaan, zich even terugtrekken;* ⟨fig.⟩ I wouldn't ~ so **far** as to say that *dat zou ik niet durven zeggen;* ~ near to do / doing sth. *iets bijna doen* **5.2** ~ aboard *aan boord gaan;* ~ abroad *naar het buitenland gaan;* ~ straight *rechtop lopen* **5.3** the difference ~es deep *het verschil is erg groot* **5.4** it will ~ hard with him *het zal erg moeilijk voor hem worden;* how are things ~ing? *hoe gaat het ermee?;* how is work ~ing? *hoe staat het met het werk?* **5.5** ~ slow *een langzaam-aan-actie houden* **5.6** ~ bang *pang zeggen* ⟨bv. v. geweer⟩ **5.10** ~ well *goed aflopen, goed komen* **5.¶** ~ before *voorafgaan* ⟨in de tijd⟩; ~ one better *(één) meer bieden;* ⟨fig.⟩ *het beter doen, overtreffen;* ~ carefully *heel bedachtzaam/behoedzaam te werk gaan;* ~ easy *het rustig(er) aan (gaan) doen;* ⟨inf.⟩ ~ easy on *geen druk uitoefenen op; matig/voorzichtig zijn met;* ~ easy with *aardig/vriendelijk zijn tegen;* ⟨inf.⟩ here ~es! *daar gaat ie (dan)!;* ⟨inf.⟩ here we ~ again *daar gaan we weer, daar heb je het weer;* there it ~es *weg, foetsie; kapot;* there you ~ *alsjeblieft; daar heb je het (al);* ⟨sl.⟩ ~ west *het hoekje omgaan, de pijp uitgaan; naar de verdommenis gaan; verloren raken;* ~ wrong *een fout maken, zich vergissen; fout/mis gaan, de mist in gaan;* ⟨inf.⟩ *stuk gaan, het begeven* ⟨v. apparaat⟩; *het verkeerde pad opgaan* **6.1** ~ **on** *gaan op/met* ⟨vakantie, safari⟩; ~ **on** an errand *een boodschap (gaan) doen;* ~ **on** a journey *op reis gaan;* ~ **on** the pill *aan de pil gaan;* ~ **on** the stage *bij het toneel gaan* **6.2** ~ **along** that way *die weg nemen/volgen* **6.3** ~ **before** *(moeten) verschijnen voor; voorgelegd worden aan* ⟨ter beoordeling⟩ **6.13** that ~es **for** all of us *dat geldt voor ons allemaal* **6.16** ~ **on** *besteed worden/gespendeerd worden aan* **9.1** ready, steady, ~! *klaar voor de start? af!* **¶.15** ~ing!, ~ing!, ~ne! *eenmaal! andermaal! verkocht!* **¶.¶** ⟨AE⟩ to ~ *om mee te nemen* ⟨bv. warme gerechten⟩. → **go about, go across, go after, go against, go ahead, go along, go (a)round, go at, go away, go back, go beyond, go by, go down, go far, go for, go forward, go in, go into, go off, go on, go out, go over, go round, go through, go to, go together, go under, go up, go with, go without;**

II ⟨ov.ww.⟩ **0.1** ***maken*** ⇒*gaan maken* ⟨reis enz.⟩ **0.2** ***afleggen*** ⇒*gaan* **0.3** ***bieden*** ⇒*spelen voor* ⟨vnl. in kaartspel⟩ ◆ **1.2** ~ miles round *mijlen omlopen;* ~ the same way *dezelfde kant opgaan;* ~ the shortest way *de kortste weg nemen* **1.3** ~ two spades *twee schoppen bieden* **4.¶** ~ it alone *iets/het helemaal alleen doen;* ~ it strong *er hard tegenaan gaan; overdrijven, het er dik op leggen;*

III ⟨kww.⟩ **0.1** ***worden*** ⇒*gaan* ◆ **1.1** ⟨pol.⟩ Liverpool went Labour *Liverpool ging over naar/werd Labour* **2.1** ~ absent *afwezig blijven;* ~ bad *slecht worden, bederven;* ~ blind *blind worden;* ~ broke *al zijn geld kwijtraken;* ~ cold *koud worden;* ~ hot and cold *het (afwisselend) warm en koud krijgen;* ~ hungry *honger krijgen;* ~ ill / sick *ziek worden;* the milk went sour *de melk werd zuur* **4.1** ~ing fifteen *bijna vijftien (jaar), naar de vijftien toe.*

go about I ⟨onov.ww.⟩ **0.1** ***rondlopen*** ⇒*rondgaan, her- en derwaarts lopen* **0.2** ***(rond)reizen*** **0.3** ***de ronde doen*** ⇒*rondgaan* ⟨v. gerucht, praatje⟩ **0.4** ⟨scheep.⟩ ***v. koers veranderen*** **0.5** ***omgang hebben*** ⇒*verkering hebben* ◆ **6.5** ~ **with** s.o. *verkering hebben/zich ophouden met iem.;*
II ⟨ww. + vz.⟩ **0.1** ***aanvatten*** ⇒*aanpakken; zich bezighouden met.*

go across I ⟨onov.ww.⟩ **0.1** ***oversteken;***
II ⟨ww. + vz.⟩ **0.1** ***oversteken*** ⇒*overgaan, gaan over* ◆ **1.1** ~ the Channel to France *Het Kanaal oversteken naar Frankrijk.*

goad[1] [good] ⟨zn.⟩ **0.1** ***prikkel*** ⇒*prikstok* ⟨v. veedrijver⟩ **0.2** ***prikkel*** ⇒*stimulans, aansporing.*

goad[2] ⟨ww.⟩ **0.1** ***drijven*** ⇒⟨fig.⟩ *aanzetten, prikkelen, opstoken* ◆ **5.1** she ~ed him **on** to take revenge *ze stookte hem op wraak te nemen;* he was ~ed **on** by his need for / of drugs *hij werd gedreven door zijn behoefte aan drugs* **6.1** he ~ed her **into** killing her husband *hij bracht haar ertoe haar man te doden.*

go after 0.1 ***(achter)nalopen*** ⇒*achtervolgen* **0.2** ***nastreven*** ⇒*najagen, azen op.*

go against 0.1 ***ingaan tegen*** ⇒*zich verzetten tegen* **0.2** ***indruisen tegen*** ⇒*in strijd zijn met, onverenigbaar zijn met* **0.3** ***nadelig aflopen voor*** ⇒*nadelig uitvallen voor.*

go ahead 0.1 ***voorafgaan*** ⇒*voorgaan, vooruitgaan* **0.2** ***beginnen*** ⇒*aanvangen* **0.3** ***verder gaan*** ⇒*voortgaan, vervolgen* ◆ **6.1** Peter went ahead **of** the procession *Peter liep voor de stoet uit* **6.2** we went ahead **with** our task *we begonnen aan onze taak* **6.3** we went ahead **with** our task *we gingen voort met onze taak* **¶.2** ~! *ga je gang!, begin maar!* **¶.¶** he just went ahead and did it *hij ging het gewoon doen.*

go-ahead[1] ⟨zn.⟩⟨inf.⟩ **0.1** ***toestemming*** ◆ **3.1** give the ~ *de toestemming/het startsein/zijn fiat geven.*

go-ahead[2] ⟨bn.⟩⟨inf.⟩ **0.1** ***voortvarend*** ⇒*ondernemend.*

goal [gool] ⟨→s3⟩ **0.1** ***doel*** **0.2** ***(eind)bestemming*** **0.3** ⟨sport⟩ ***doel*** ⇒*goal* **0.4** ⟨sport⟩ ***doelpunt*** ⇒*goal* ◆ **1.1** one's ~ in life *iemands levensdoel* **3.3** keep ~ *het doel verdedigen, keepen* **3.4** kick / make / score a ~ *een doelpunt maken/scoren.*

goal area ⟨sport, ihb. voetbal⟩ **0.1** ***doelgebied.***

goal average ⟨sport, ihb. voetbal⟩ **0.1** ***doelgemiddelde.***

goal difference ⟨voetbal⟩ **0.1** ***doelsaldo.***

goalkeeper, ⟨inf.⟩ **goalie** [goolie] ⟨sport⟩ **0.1** ***keeper*** ⇒*doelman, doelverdediger.*

goal kick 0.1 ⟨voetbal⟩ ***doeltrap*** ⇒*uittrap, doelschop.*

goalless [goolləs] ⟨sport⟩ **0.1** ***doelpuntloos.***

goal line ⟨sport⟩ **0.1** ***doellijn.***

goalmouth ⟨sport⟩ **0.1** ***doelmond.***

go along 0.1 ***voortgaan (met)*** ⇒*doorgaan (met)* **0.2** ***meegaan*** **0.3** ***vorderen*** ⇒*vooruitgaan* **0.4** ***samenwerken*** ◆ **3.1** they went along talking *zij gingen door/voort met praten.*

go along with 0.1 ***meegaan met*** ⟨ook fig.⟩ ⇒*akkoord gaan met, bijvallen* **0.2** ***samenwerken met*** ⇒*terzijde staan* **0.3** ***deel uitmaken van*** ⇒*behoren tot, horen bij* ◆ **4.¶** ⟨inf.⟩ ~ you! *loop heen!*

goal post ⟨sport⟩ **0.1** ***(doel)paal*** ⇒*goalpaal* ◆ **3.1** ⟨BE; inf.; fig.⟩ move the ~s *de spelregels wijzigen.*

goaltender ⟨sport, ihb. ijshockey⟩ **0.1** ***doelman*** ⇒*keeper.*

go (a)round 0.1 ***rondgaan (in)*** *⇒rondlopen; de ronde doen* ⟨v. gerucht e.d.⟩; *zich verspreiden* ⟨v. ziekte⟩ **0.2** ***voldoende zijn (voor)*** **0.3** ***omrijden/lopen*** ◆ **1.1** his words keep going round my head *zijn woorden bleven mij door het hoofd spelen* **1.2** there are enough chairs to ~ (everybody) *er zijn genoeg stoelen voor iedereen* **3.1** you can't ~ complaining all of the time! *je kan toch niet de hele tijd lopen mokken!* **6.1** ~ **with** s.o. *met iem. gaan.*

go-as-you-please 0.1 ***laat maar waaien*** *⇒niet aan regels gebonden* ◆ **1.1** ~ atmosphere *vanavond-is-alles-goed-sfeer* **1.¶** ~ ticket *algemeen abonnement, passe-partout.*

goat [goot] **0.1** ***geit*** ⇒⟨inf.; fig.⟩ *domme gans* **0.2** ⟨inf.; fig.⟩ ***bok*** *⇒ezel, lomperd, stomkop* **0.3** ⟨sl.⟩ ***(oude) bok*** *⇒rokkenjager* **0.4** ⟨verk.⟩ [scapegoat] ⟨AE⟩ ***zondebok*** ◆ **3.¶** act/play the (giddy) ~ *gek doen;* ⟨inf.⟩ get s.o.'s ~ *iem. ergeren/woest maken.*

go at 0.1 ***aanvallen*** *⇒te lijf gaan;* ⟨fig.⟩ *v. leer trekken/te keer gaan tegen* **0.2** ***aanpakken*** *⇒ter hand nemen* ⟨taak⟩ **0.3** ***verkocht worden voor*** *⇒gaan voor* ◆ **4.1** ~ it *(rede)twisten* **5.1** go hard at it *er hard tegenaan gaan.*

goatee [gootie:] **0.1** ***(geiten)sik.***

goatherd 0.1 ***geitenhoeder/ster.***

goatsbeard, goat's-beard ⟨plantk.⟩ **0.1** ***gele morgenster*** ⟨Tragopogon pratensis⟩ **0.2** ***geitenbaard*** ⟨Aruncus silvester/dioicus/vulgaris⟩.

goatskin 0.1 ***geitenvel*** ⟨ook als kledingstuk⟩ **0.2** ***geitenleer.***

go away 0.1 ***heengaan*** *⇒weggaan, vertrekken* **0.2** ***op huwelijksreis gaan*** ⟨v.e. bruid⟩ ◆ **6.1** ~ **with** s.o./sth. *ervandoor gaan met iem./iets* **¶.¶** ~! *scheer je weg!;* ⟨inf.; fig.⟩ *ga weg!*

gob [gob] **0.1** ⟨vulg.⟩ ***kwak*** **0.2** ⟨vulg.⟩ ***rochel*** *⇒fluim* **0.3** ⟨vnl. mv.; AE; inf.⟩ ***bom*** *⇒hele hoop* ⟨geld⟩ **0.4** ⟨inf.⟩ ***smoel*** *⇒mond, bek* ◆ **1.3** ~s of money *een bom duiten* **3.4** shut your ~! *houd je waffel!*

go back 0.1 ***teruggaan*** *⇒terugkeren* **0.2** ***teruggaan*** *⇒zijn oorsprong vinden, dateren* **0.3** ***teruggrijpen*** *⇒terugkeren* **0.4** ***teruggedraaid worden*** *⇒teruggezet worden* ⟨v. klok, horloge⟩ **0.5** ***kwijnen*** *⇒achteruitgaan* ⟨v. planten⟩ ◆ **6.2** this tradition goes back **to** the Middle Ages *deze traditie gaat terug tot/dateert van de Middeleeuwen.*

go back on 0.1 ***terugnemen*** *⇒herroepen, terugkomen op* ⟨woord(en) e.d.⟩ **0.2** ***verloochenen*** *⇒ontrouw worden, verraden.*

gobbet [gobbit] **0.1** ***homp*** ⟨ihb. rauw vlees⟩ *⇒brok, stuk* ⟨ook fig.⟩.

gobble[1] [gobl] ⟨zn.⟩ **0.1** ***geklok*** *⇒gesnater, geschreeuw* ⟨v. kalkoen⟩.

gobble[2] **I** ⟨onov.ww.⟩ **0.1** ***schrokken*** **0.2** ***klokken*** *⇒snateren, schreeuwen* ⟨v. kalkoen⟩ **0.3** ***tieren*** *⇒razen, schreeuwen;*

II ⟨ov.ww.⟩ **0.1** ***opschrokken*** ◆ **5.1** ~ **down/up** *naar binnen schrokken.*

gobbledygook, gobbledegook [gobldiegoe:k] ⟨inf.⟩ **0.1** ***stadhuistaal*** **0.2** ***jargon.***

gobbler [goblə] **0.1** ***kalkoen*** ⟨mannetjesdier⟩.

go-between 0.1 ***tussenpersoon*** *⇒bemiddelaar.*

go beyond 0.1 ***gaan boven*** *⇒overschrijden, overtreffen, te buiten gaan* ◆ **1.1** ~ one's duty *buiten zijn boekje gaan, zijn bevoegdheid overschrijden;* your teasing is going beyond a joke *je geplaag is geen grapje meer.*

goblet [goblit] **0.1** ***bokaal*** *⇒drinkglas, drinkbeker* ⟨op voet⟩.

goblin [goblin] **0.1** ***kobold*** *⇒(boze) kabouter, kwelgeest.*

gobsmacked ⟨BE; inf.⟩ **0.1** ***met de mond vol tanden*** *⇒stomverbaasd.*

go by I ⟨onov.ww.⟩ **0.1** ***voorbijgaan*** ⟨ook fig.⟩ *⇒passeren* **0.2** ***verstrijken*** *⇒verlopen, aflopen;*

II ⟨ww. + vz.⟩ **0.1** ***gaan langs/voorbij*** **0.2** ***lopen op*** ⟨ster, kaart, kompas⟩ **0.3** ***zich baseren op*** *⇒zich laten leiden door* ◆ **1.3** ~ the book *volgens het boekje handelen* **4.3** nothing to ~ *niets om op voort te gaan.*

go-by ⟨BE; inf.⟩ ◆ **3.¶** give s.o. the ~ *iem. negeren/links laten liggen; iem. ontwijken.*

go-cart 0.1 ⟨vnl. AE⟩ ***loopwagentje*** ⟨voor kind⟩ **0.2** ⟨vnl. AE⟩ ***(opvouwbaar) wandelwagentje*** **0.3** ***karretje*** ⟨speelgoed voor kinderen⟩ **0.4** ***skelter*** *⇒(go-)kart.*

G.O.C. (-in-C.) ⟨afk.⟩ **0.1** [General Officer Commanding (-in-Chief)].

god [god] **0.1** ⟨G-⟩ ***God*** **0.2** ***(af)god*** ⇒⟨fig.⟩ *invloedrijk persoon, idool; godje* ◆ **1.1** in God 's name!, for God's sake! *in godsnaam!* **1.2** make a ~ of one's belly *van zijn buik zijn (af)god maken* **1.¶** God Save the Queen/King *God Save the Queen/King* ⟨het Britse volkslied⟩ **2.1** ⟨inf.⟩ God Almighty! *(wel) God allemachtig!* **3.1** God bless you! *God zegene u/je;* ⟨fig.⟩ *gezondheid!* ⟨na niezen⟩; God forbid *God verhoede;* God grant that *God geve dat;* God knows I am telling the truth *God weet dat ik de waarheid spreek;* God (alone) knows where I left my wallet! *God weet/mag weten waar ik mijn portefeuille heb gelaten!;* play God *doen alsof je God bent;* thank God! *goddank!;* God willing *zo God het wil* **7.¶** my God! *mijn God!;* the ~s *de engelenbak, het schellinkje* **9.¶** oh God! *o/och God!, och gut!* **¶.1** ⟨sprw.⟩ God helps those who help themselves *help uzelf, zo helpt u God.* →**tin.**

god-awful ⟨inf.⟩ **0.1** ***(gods)gruwelijk*** *⇒afgrijselijk.*

godchild 0.1 ***petekind.***

goddam(n), goddamned 0.1 ***verdomd*** *⇒vervloekt, verrekt* ◆ **¶.1** ~! *(god)verdomme!*

goddaughter 0.1 ***peetdochter.***

goddess [goddis] **0.1** ***godin.***

godfather ⟨ook fig.⟩ **0.1** ***peetvader*** *⇒peter, peetoom.*

god-fearing 0.1 ***godvrezend*** *⇒godvruchtig, vroom.*

godforsaken 0.1 ***(van) godverlaten*** *⇒desolaat* ⟨v. plaats⟩ **0.2** ***triest*** *⇒ellendig, hopeloos.*

God-given 0.1 ***door God gegeven/gezonden.***

godhead [godhed] **0.1** ***godheid*** *⇒goddelijkheid* ◆ **7.¶** the Godhead *God, het Opperwezen.*

godless [godləs] ⟨-ness⟩ **0.1** ***goddeloos*** *⇒verdorven* **0.2** ***god(de)loos*** *⇒niet (in god) gelovend.*

godlike [godlajk] **0.1** ***goddelijk.***

godl|y [godlie] ⟨-iness⟩ **0.1** ***vroom*** *⇒godvruchtig, godvrezend.*

godmother 0.1 ***meter*** *⇒peettante.*

godown [goodaun] **0.1** ***goedang*** *⇒opslagplaats, pakhuis* ⟨in Oost-Azië, vnl. India⟩ **0.2** ⟨AE; inf.⟩ ***kelderappartement.***

go down I ⟨onov.ww.⟩ **0.1** ***naar beneden gaan/leiden*** **0.2** ***dalen*** ⟨v. prijs, temperatuur⟩ **0.3** ***zinken*** *⇒ondergaan* ⟨schip, persoon⟩ **0.4** ***ondergaan*** ⟨v. zon e.d.⟩ **0.5** ⟨ben. voor⟩ ***afnemen*** *⇒gaan liggen* ⟨v. wind⟩; *uitdoven* ⟨v. vuur⟩; *minderen* ⟨v. hoeveelheid⟩; *slinken, zakken* ⟨v. gezwel⟩ **0.6** ***leeglopen*** ⟨v. (fiets)band⟩ **0.7** ***vervallen*** *⇒verslechteren, verpauperen* **0.8** ***vallen*** ⇒⟨fig.⟩ *verslagen worden* ⟨v.e. stad enz.⟩; *geveld worden (door)* ⟨ziekte⟩ **0.9** ***erin gaan*** *⇒doorgeslikt worden* ⟨v. eten⟩ **0.10** ***in de smaak vallen*** *⇒ingang vinden* **0.11** ***te boek gesteld worden*** *⇒geboekstaafd worden* **0.12** ⟨BE⟩ ***de universiteit verlaten*** ⟨tijdelijk of voorgoed⟩ **0.13** ⟨inf.⟩ ***de nor ingaan*** ◆ **1.10** ⟨inf.⟩ ~ like a bomb *enthousiast ontvangen worden* **6.1** ~ **to** the country *naar het platteland afzakken;* ~ **to** the sea *naar zee gaan* **6.8** ~ **before** the enemy *verslagen worden door de vijand;* ~ **on** one's knees *op de knieën vallen* (ook fig.); ~ **to** *verslagen worden door;* ~ **with** measles *de mazelen krijgen*

6.10 ~ **with** *in de smaak vallen bij, gehoor vinden bij* **6.11** ~ **in** history *de geschiedenis ingaan* **6.¶** ⟨sl.⟩ ~ **on** s.o. *iem. beffen/likken; iem. pijpen;*
II ⟨ww. + vz.⟩ **0.1** *afgaan* ⟨trap e.d.⟩.

godparent **0.1** *peet* ⇒*doopgetuige.*

God's acre ⟨euf.⟩ **0.1** ***godsakker*** ⇒*kerkhof.*

godsend **0.1** ***meevaller*** ⇒*buitenkansje, godsgeschenk.*

God slot ⟨BE; sl.⟩ **0.1** ⟨ong.⟩ ***kerkuitzending*** ⟨op radio of tv⟩.

godson **0.1** ***peetzoon.***

godspeed [godspie:d] ◆ **3.¶** bid / wish s.o. ~ *iem. veel geluk/succes/een goede reis toewensen.*

godwit [godwit] **0.1** ***grutto.***

goer [gooə] **0.1** ***iem. die/iets dat snel gaat*** ⟨bv. auto⟩ **0.2** ***echte liefhebber*** ⟨v. seks⟩.

go far **0.1** ***het ver schoppen*** ⇒*het ver brengen* **0.2** ***toereiken(d zijn)*** ⇒*veruit volstaan, lang meegaan* ◆ **¶.¶** far gone *ver heen.*

go for **0.1** ***gaan om*** ⇒*(gaan) halen, gaan naar* **0.2** ***gelden voor*** ⇒*v. toepassing zijn op* **0.3** ***nastreven*** ⇒*azen op* **0.4** ***(ver)kiezen*** ⇒*aangetrokken worden door, prachtig vinden* **0.5** ***verkocht worden voor*** ⇒*gaan voor* **0.6** ***aanvallen*** ⇒ *te lijf gaan;* ⟨ook fig.; met woorden⟩ *v. leer trekken tegen* ◆ **1.1** ~ a walk *een wandeling maken* **1.5** ~ for a song *voor een prikje v.d. hand gaan* **4.¶** ~ nothing / (very) little *niets/(erg) weinig uithalen.*

go forward **0.1** ***vooruitgaan*** ⟨ook fig.⟩ ⇒*vorderen, vooruitgang boeken* **0.2** ***zijn gang gaan*** ⇒*voortgaan, vervolgen* ◆ **6.2** ~ **with** sth. *voortgaan met iets.*

go-getter ⟨inf.⟩ **0.1** ***doorzetter*** ⇒*streber.*

goggle [gogl] **0.1** ***staren*** ⇒*turen* ◆ **6.1** ~ **at** *aangapen.*

goggle box ⟨BE; sl.⟩ **0.1** ***kijkkas(t)*** ⇒*buis, tv.*

goggle-eyed **0.1** ***met (uit)puil(ende) ogen.***

goggles [goglz] **0.1** ***veiligheidsbril*** ⇒*sneeuwbril, stofbril.*

go-go **0.1** ***energiek*** ⇒*temperamentvol* ◆ **1.¶** ~ girl / dancer *gogogirl/danseres.*

go in **0.1** ***erin gaan*** ⇒*(erin) passen* **0.2** ***naar binnen gaan*** **0.3** ***wegkruipen*** ⇒*schuilgaan* ⟨v. zon, maan enz.⟩ **0.4** ⟨cricket⟩ ***aan slag gaan.***

go in for **0.1** ***(gaan) deelnemen aan*** ⇒*opgaan voor, zich aanmelden voor* ⟨een examen, wedstrijd enz.⟩ **0.2** ***(gaan) doen aan*** ⇒*een gewoonte maken v.* ⟨hobby, sport e.d.⟩.

going[1] [gooing] ⟨zn.⟩ **0.1** ***het gaan*** ⇒*vertrek* **0.2** ***toestand*** ⟨v. renbaan, terrein e.d.⟩ **0.3** ***het vorderen*** ⇒*gang, tempo* ◆ **1.1** comings and ~s *komen en gaan* ⟨ook fig.⟩ **2.3** be heavy ~ *moeilijk/zwaar zijn, een hele klus zijn* **2.¶** while the ~ is good *nu het nog kan.*

going[2] ⟨bn.⟩ **0.1** ***voorhanden*** ⇒*in omloop* **0.2** ***(goed) werkend*** **0.3** ***gangbaar*** ⇒*geldend* ◆ **1.1** we have got the best car ~ *wij hebben de beste auto die er bestaat;* there is a good job ~ *er is een goede betrekking vacant* **1.3** the ~ rate *het gangbare tarief* **5.¶** ~ **on** fifteen *bijna vijftien (jaar), naar de vijftien toe.*

going-away **0.1** ⟨bn.⟩ ***(huwelijks)reis-*** **0.2** ⟨zn.⟩ ***begin v.d. huwelijksreis*** ◆ **1.1** ~ present *huwelijksreiscadeau.*

going-over ⟨mv.: goings-over [gooingz oovə]⟩ ⟨inf.⟩ **0.1** ***onderzoek*** **0.2** ***uitbrander*** ⇒*aframmeling.*

goings-on ⟨ww. soms enk.⟩ ⟨inf.⟩ **0.1** ***voorvallen*** ⇒*gebeurtenissen, dingen* ◆ **1.1** there was all sorts of ~ *er gebeurde van alles.*

go into **0.1** ***binnengaan (in)*** ⇒*ingaan* **0.2** ***gaan in*** ⇒*zich aansluiten bij, deelnemen aan* **0.3** ***komen/(ge)raken in*** ⟨bep. toestand⟩ ⇒*krijgen* **0.4** ***(nader) ingaan op*** ⇒*zich verdiepen in, onderzoeken* ◆ **1.2** ~ business *zakenman worden* **1.3** ~ a coma *in coma raken* **1.4** ~ (the) details *in detail treden.*

goitre, ⟨AE sp.⟩ **goiter** [gojtə] ⟨med.⟩ **0.1** ***krop*** ⇒*kropgezwel.*

go-kart ⟨BE⟩ **0.1** ***skelter.***

go-karting ⟨sport⟩ **0.1** ***(go-)karting.***

gold [goold] **0.1** ***goud*** ⟨ook fig.⟩ **0.2** ***goud(stukken)*** ⇒*rijkdom* **0.3** ***goud(kleur)*** **0.4** ***goud(en medaille)*** ◆ **1.1** a voice of ~ *een gouden stem.* →**glitter, good.**

goldbeater **0.1** ***goudslager*** ⇒*goudpletter.*

goldcrest ⟨dierk.⟩ **0.1** ***goudhaantje.***

gold digger **0.1** ***goudzoeker.***

gold dust **0.1** ***stofgoud*** ⇒*goudpoeder.*

golden [gooldən] **0.1** ***gouden*** ⇒*gulden, goud-* ⟨ook fig.⟩ **0.2** ***gouden*** ⇒*goudkleurig* ◆ **1.1** the Golden Age *de Gouden Eeuw;* ~ age *gouden tijdperk, tijdperk v. bloei;* ~ handshake *gouden handdruk;* the ~ mean *de gulden middenweg;* ⟨wisk.⟩ *de gulden snede;* ~ opportunity *buitenkans;* ~ rule *gulden regel;* ~ wedding (anniversary) *gouden bruiloft* **1.¶** ~ boy *(snel stijgende) ster, succesvol man;* ⟨dierk.⟩ ~ eagle *steenarend;* kill the goose that lays the ~ eggs *de kip met de gouden eieren slachten;* ⟨dierk.⟩ ~ oriole *wielewaal;* ⟨BE⟩ ~ syrup *(blonde) suikerstroop.*

goldenrod ⟨plantk.⟩ **0.1** ***echte guldenroede.***

gold fever **0.1** ***goudkoorts.***

goldfield ⟨vaak mv.⟩ **0.1** ***goudveld.***

goldfinch **0.1** ***putter*** ⇒*distelvink.*

goldfish **0.1** ***goudvis.***

gold leaf **0.1** ***bladgoud.***

gold mine ⟨ook fig.⟩ **0.1** ***goudmijn.***

gold plate **0.1** ***verguld tafelgerei*** **0.2** ***goudpleet.***

gold point ⟨the⟩ **0.1** ⟨geldw.⟩ ***goudpunt*** **0.2** ⟨nat.⟩ ***smeltpunt v. goud*** ⟨1064,43 C°⟩.

gold rush **0.1** ***trek naar de goudvelden.***

goldsmith **0.1** ***goudsmid.***

gold standard **0.1** ***gouden standaard.***

golf [golf] ⟨sport⟩ **0.1** ⟨zn.⟩ ***golf*** **0.2** ⟨ww.⟩ ***golfen*** ⇒*golf spelen.*

golf bag **0.1** ***golftas.***

golf ball **0.1** ***golfbal.***

golf club **0.1** ***golfclub*** ⟨vereniging⟩ **0.2** ***golfclub*** ⇒*golfstok.*

golf course, golf links **0.1** ***golfbaan*** ⇒*golflinks.*

golfer [golfə] **0.1** ***golfspeler.***

golf-trolley ⟨golf⟩ **0.1** ***golfwagentje.***

goliath [gəlajjəθ] ⟨soms G-⟩ **0.1** ***goliath*** ⇒*reus, krachtpatser.*

golliwog(g), gollywog(g) [golliewog], **goll|y** [gollie] ⟨mv.: -ies⟩ **0.1** ***lappen negerpop.***

golly [gollie] ⟨inf.⟩ **0.1** ***gossie(mijne).***

gonad [goonæd] **0.1** ***gonade*** ⇒*geslachtsklier.*

gondola [gondələ] **0.1** ***gondel*** ⟨Venetiaans schuitje⟩ **0.2** ***hangstelling*** ⇒*vliegende steiger* **0.3** ***gondola*** ⇒*open (hang)bak* ⟨voor het etaleren v. artikelen⟩.

gondolier [gondəliə] **0.1** ***gondelier.***

gone[1] [gon] ⟨bn.⟩ **0.1** ***verloren*** ⟨ook fig.⟩ **0.2** ***voorbij*** ⇒*vertrokken* ◆ **1.1** a ~ cause *een verloren/hopeloze zaak;* be a ~ man *een mislukkeling zijn* **1.¶** be three months ~ *in de derde maand zijn* ⟨v. zwangerschap⟩ **5.¶** far ~ *ver heen* **6.¶** be ~ **on** *(smoor)verliefd zijn op.*

gone[2] ⟨vz.⟩ **0.1** ***over*** ◆ **4.1** he is ~ fifty *hij is over de vijftig, hij is de vijftig voorbij;* it's ~ three *het is over drieën.*

goner [gonnə] ⟨sl.⟩ **0.1** ***gedoemde*** ⇒*de klos* ◆ **3.1** you are a ~ *je gaat eraan.*

gong [gong] **0.1** ***gong*** **0.2** ⟨BE; inf.⟩ ***medaille.***

gonna [gənə, ⟨sterk⟩ gonnə] ⟨samentr. v. going to; BE sl., AE ook inf.⟩.

gonorrhoea, ⟨AE sp. ook⟩ **gonorrhea** [gonnərie:ə] **0.1** ***gonorroe*** ⇒*druiper.*

goo [goe:] **0.1** ***kleverig goedje*** **0.2** ***(overdreven) sentimentaliteit.***

good[1] [goed] **I** ⟨n.-telb.zn.⟩ **0.1** ***goed*** ⇒*welzijn, voorspoed* **0.2** ***nut*** ⇒*voordeel* **0.3** ***goed werk*** ⇒*dienst* **0.4** ***goedheid*** ⇒ *verdienste, deugd(zaamheid)* ◆ **1.1** milk does you ~ *melk is goed voor u* **1.4** ~ and evil *goed en kwaad* **2.1** for the common ~ *voor het algemeen welzijn* **3.1** it will do him all the ~ in the world *hij zal er erg v. opknappen/opkikkeren;* he will come to no ~ *het zal slecht met hem aflopen* **3.2** it's no ~ (my) talking to her *het heeft geen zin met haar te praten* **4.2** what is the ~ of it? *wat voor nut heeft het?* **5.2** it's no ~ *het heeft geen zin, het wordt niks* **6.1** **for** his (own) ~ *om zijn eigen bestwil* **6.3** be **after/up to** no ~ *niets goeds in de zin hebben* **6.¶** **for** ~ (and all) *voorgoed, voor eeuwig (en altijd);* ⟨vnl. AE; inf.⟩ be **in** ~ **with** *in een goed blaadje staan bij;* £10 **to** the ~ *tien pond te goed; tien pond over; tien pond extra; tien pond voordeel/winst* **7.2** ⟨vaak iron.⟩ much ~ may it do you! *dat het je wel bekome!, geluk ermee!* →**bad;**
II ⟨mv.⟩ **0.1** ***roerende goederen*** **0.2** ⟨ww. soms enk.⟩ ***(koop)waar*** ⇒*handelsartikelen* **0.3** ***bezittingen*** **0.4** ⟨vaak attr.; vnl. BE⟩ ***goederen*** ⟨voor treinvervoer⟩ ⇒⟨vnl. AE⟩ *vracht* ◆ **1.3** ⟨jur.⟩ ~s and chattels *persoonlijke bezittingen* **3.2** deliver the ~s *de goederen (af)leveren;* ⟨fig.⟩ *volledig aan de verwachtingen voldoen* **6.¶** by ~s *per/met de goederentrein* **7.¶** ⟨sl.⟩ (she thinks he is) the ~s *(ze vindt hem) de ware Jacob.*

good[2] ⟨bn.; better [bettə], best [best]⟩ **0.1** ***goed*** ⇒*kwaliteitsvol; knap, kundig* **0.2** ***goed*** ⇒*prijzenswaardig; correct, juist* **0.3** ***goed*** ⇒*fatsoenlijk, betrouwbaar* **0.4** ***aardig*** ⇒ *lief, goed; gehoorzaam* **0.5** ***goed*** ⇒*aangenaam, voordelig; lekker, smakelijk, gezond* **0.6** ***afdoend*** ⇒*geldig* **0.7** ***aanzienlijk*** ⇒*aardig groot/veel/lang* ⟨enz.⟩ ◆ **1.1** a ~ looker *een knappe man/vrouw; een mooi iets;* ~ looks *knapheid;* ~ sense *gezond verstand;* ~ soil *vruchtbare bodem/grond* **1.2** the ~ cause *de goede zaak;* ~ English *goed/correct Engels;* my watch keeps ~ time *mijn horloge loopt gelijk;* all in ~ time *alles op zijn tijd* **1.3** ~ breeding *welgemanierdheid;* (in) ~ faith *(te) goede(r) trouw* **1.4** ⟨iron.⟩ my ~ friend *mijn waarde (vriend);* ~ humour *opgewektheid;* my ~ man *mijn beste man; mijn lieve man* ⟨verontwaardigd⟩; ~ nature *goedaardigheid;* put in a ~ word for, say a ~ word for *een goed woordje doen voor, aanbevelen* **1.5** beer is not ~ for her/her health *bier is niet goed/gezond voor haar;* ~ buy *koopje, voordeeltje;* through the ~ offices of *door de goede diensten v., met behulp v.;* ~ afternoon *goedemiddag;* ~ evening *goedenavond;* ~ morning *goedemorgen;* ~ night *goedenacht, welterusten;* have a ~ time *zich amuseren;* ~ times *goede/voorspoedige tijden* **1.6** a ~ excuse *een goed/geldig excuus;* this rule holds ~ *deze regel is v. kracht/geldt (nog)* **1.7** give s.o. a ~ beating *iem. een flink pak slaag geven;* stand a ~ chance *een goede kans maken;* a ~ deal/many *heel wat;* a ~ hour/ten miles *ruim een uur/tien mijl;* a ~ while *een hele poos, geruime tijd* **1.¶** ⟨sprw.⟩ a ~ tale is none the worse for being told twice *goed nieuws mag best vaak verteld worden;* ⟨sprw.⟩ there is many a ~ tune played on an old fiddle *iemands leeftijd zegt vaak niets over wat hij nog kan presteren;* ⟨sprw.⟩ all ~ things come to an end *aan alle goede dingen komt een einde;* ⟨sprw.⟩ too much of a ~ thing is good for nothing *te volle maat loopt over;* ⟨sprw.⟩ one ~ turn deserves another *de ene dienst is de andere waard;* be in s.o.'s ~ books *bij iem. in een goed blaadje staan;* there's a ~ boy/girl/fellow *wees nu eens lief, toe nou;* Good Friday *Goede Vrijdag;* ~ God! *goeie genade!, gossiemijne!;* as ~ as gold *erg braaf/lief* ⟨v. kind⟩; have a ~ head on one's shoulders *een goed verstand hebben;* ~ heavens! *goeie/lieve hemel!;* neither fish, flesh, nor ~ red herring *vlees noch vis;* keep ~ hours *op tijd naar bed gaan;* make s.o. appear in a ~ light *iem. in een gunstig daglicht stellen;* ~ luck *(veel) geluk;* stroke of ~ luck *buitenkansje;* have a ~ mind to *veel zin hebben in;* throw ~ money after bad *goed geld naar kwaad geld gooien, het ene gat met het andere stoppen;* in ~ spirits *opgewekt, blij;* it's a ~ thing that *het is maar goed dat;* it's a ~ thing to ... *het is verstandig om ...;* a ~ thing too! *maar goed ook!, het is maar gelukkig ook!;* too much of a ~ thing *teveel v.h. goede;* make ~ time *goed/lekker opschieten;* do s.o. a ~ turn *iem. een dienst bewijzen* **2.¶** ~ old Harry *(die) goeie ouwe Harry* **3.2** make ~ *het er goed afbrengen, het maken, slagen* ⟨vnl. financieel⟩; *goedmaken; vergoeden* ⟨schulden⟩; *nakomen, vervullen* ⟨belofte⟩; *herstellen* ⟨schade⟩ **3.3** make ~ one's escape *slagen in een ontsnapping* **3.4** be ~ enough (to) *wees zo vriendelijk, gelieve;* be so ~ as to *wees zo vriendelijk, gelieve* **3.5** feel ~ *zich lekker voelen; lekker aanvoelen;* it is ~ to be alive *leve het leven, het leven is verrukkelijk;* keep ~ *goed/vers blijven* **5.5** too ~ to be true *te mooi om waar te zijn* **5.¶** **as** ~ as *zo goed als, nagenoeg* **6.1** ~ **for** you, ⟨BE; gew.⟩ ~ **on** you *goed zo, knap (v. je)* **6.2** be ~ **for** a laugh *grappig zijn, een lachje waard zijn* **6.4** it's ~ **of** you to help him *het is aardig v. u om hem te helpen* **6.¶** be ~ **at** *goed/knap zijn in;* be ~ **for** £100,000 *100.000 pond kunnen betalen, goed zijn voor 100.000 pond;* be ~ **for** another couple of years *nog wel een paar jaar meekunnen/meegaan* **7.¶** the ~ *het goede; de goeden.*

good[3] ⟨bw.⟩⟨vnl. AE; inf.⟩ **0.1** ***goed*** ◆ **3.1** she is doing ~ *ze doet het goed, ze gaat lekker;* things are going ~ *het gaat goed* **5.¶** ~ and ... *heel erg ...* →**give, well.**

good book ⟨vaak G- B-; the⟩ **0.1** ***(Heilige) Schrift*** ⇒*bijbel.*

goodbye ⟨AE sp. ook⟩ **goodby** [goedbaj] ⟨zn.⟩ **0.1** ***afscheid*** ⇒ *afscheidsgroet* ◆ **3.1** ⟨inf.; fig.⟩ you can kiss ~ to that *dat kan je wel vergeten* **¶.¶**~ *tot ziens.*

goodbye present **0.1** ***afscheidsgeschenk.***

good-for-nothing **0.1** ⟨bn.⟩ ***waardeloos*** ⇒*ongeschikt, lamlendig* **0.2** ⟨zn.⟩ ***nietsnut*** ⇒*deugniet.*

good-humoured, ⟨AE sp.⟩ **good-humored** ⟨ook better-humo(u)red; -ness⟩ **0.1** ***goedmoedig*** ⇒*aardig, opgewekt.*

goodie →**goody.**

goodish [goedisj] **0.1** ***tamelijk goed*** **0.2** ***behoorlijk*** ⇒*tamelijk groot/lang/ver/veel* ◆ **1.2** a ~ number of people *een behoorlijk aantal mensen.*

good-looking ⟨better-looking⟩ **0.1** ***knap*** ⇒*mooi.*

goodl|y [goedlie] ⟨-ier⟩ **0.1** ***aanzienlijk*** ⇒*stevig, flink* ⟨v. hoeveelheid⟩ ◆ **1.1** a ~ sum of money *een aanzienlijke som (geld)* **3.¶** it made a ~ sight *het was een prachtig gezicht.*

good-natured **0.1** ***opgewekt*** ⇒*goedhartig, aardig.*

goodness [goednəs] **0.1** ***goedheid*** ⇒*het goede* ◆ **1.¶** for ~' sake! *in 's hemelsnaam!* **2.¶** ~ gracious! *lieve hemel!* **3.¶** have the ~ to answer, please *wees zo vriendelijk te antwoorden, a.u.b.;* thank ~! *goddank!* **4.¶** ~ me! *wel, heb je (me) ooit!* **¶.¶** (my) ~! *wel heb je (me) ooit!, goeie genade!*

good-o(h) [goedoo] ⟨BE, Austr. E; inf.⟩ **0.1** ***prima*** ⇒*uitstekend.*

goods train ⟨vnl. BE⟩ **0.1** ***goederentrein.***

good-tempered ⟨better-tempered⟩ **0.1** ***goedgehumeurd*** ⇒ *opgewekt, opgeruimd.*

good-time **0.1** ***op amusement belust*** ⇒*gezelligheids-.*

goodwill, good will **0.1** ***goodwill*** ⇒*welwillendheid* **0.2** ⟨hand.⟩ ***goodwill*** ⟨deel v.d. activa⟩ **0.3** ⟨hand.⟩ ***clientèle*** ⟨commerciële waarde v.e. zaak⟩ ⇒*klanten, zakenrelaties.*

good|y[1], ⟨sl.⟩ **goodie** [goedie] ⟨zn.; mv.: -ies⟩ **0.1** ⟨vnl. mv.⟩

lekkernij ⇒*zoetigheid* **0.2** ⟨vnl. mv.; sl.; iron.⟩ ***verworvenheid v.d. moderne maatschappij*** ⇒*luxe(artikel).*

goody[2]**, goodie, goody gumdrops** ⟨tw.⟩⟨kind.⟩ **0.1** ***jippie!*** ⇒ *leuk!*

goody-good|y ⟨mv.: -ies⟩ **0.1** ***kwezel*** ⇒*schijnheilige.*

gooey [goe:ie] ⟨gooier⟩⟨inf.⟩ **0.1** ***kleverig*** ⇒*slijmerig, mierzoet* **0.2** ***sentimenteel.***

goof[1] [goe:f] ⟨zn.⟩⟨inf.⟩ **0.1** ***sufkop*** ⇒*stommeling* **0.2** ⟨vnl. AE⟩ ***blunder*** ⇒*flater.*

goof[2] ⟨ww.⟩⟨inf.⟩ **0.1** ⟨vnl. AE⟩ ***miskleunen*** ⇒*een flater begaan.*

go off I ⟨onov.ww.⟩ **0.1** ***weggaan*** ⟨ook fig.⟩ ⇒*(v.h. toneel) afgaan* **0.2** ***afgaan*** ⟨v. alarm, geweer⟩ ⇒*ontploffen* ⟨v. bom⟩; *aflopen* ⟨v. wekker⟩; *losbarsten* ⟨ook fig.⟩ **0.3** ***afnemen*** ⟨v. pijn⟩ **0.4** ***slechter worden*** ⇒*achteruit gaan; verwelken* ⟨v. bloemen⟩; *zuur worden, bederven* ⟨v. voedsel⟩ **0.5** ***in slaap vallen*** **0.6** ***flauwvallen*** **0.7** ***verlopen*** ⇒*(af)lopen* ⟨v. gebeurtenissen⟩ **0.8** ***de werking stopzetten*** ⇒*afslaan* ⟨v. centrale verwarming⟩; *uitgaan* ⟨v. licht⟩ ◆ **1.1** ⟨dram.⟩ Othello goes off *Othello af* **6.1** ~ **with** *ertussenuit knijpen/ ervandoor gaan met;*
II ⟨ww. + vz.⟩ **0.1** ***afgaan/afstappen v.*** **0.2** ***geen interesse meer tonen voor*** ⇒*niet meer leuk vinden.*

goof|y [goe:fie] ⟨-iness⟩⟨sl.⟩ **0.1** ***belachelijk*** ⇒*gek, getikt.*

goon [goe:n] ⟨sl.⟩ **0.1** ***sufferd*** ⇒*idioot* **0.2** ⟨vnl. AE⟩ ***belager*** ⇒ *vervolger* ⟨ingehuurd om arbeiders te terroriseren⟩.

go on I ⟨onov.ww.⟩ **0.1** ***voortgaan/duren*** ⟨ook fig.⟩ ⇒*doorgaan (met), aanhouden* **0.2** ***vooruitgaan*** ⟨fig.⟩ ⇒*vorderen* **0.3** ***verstrijken*** ⇒*verlopen, voorbijgaan* **0.4** ***(door)zaniken*** ⇒*(door)zagen* **0.5** ***gebeuren*** ⇒*plaatsvinden* **0.6** ***zich gedragen*** **0.7** ***schelden*** ⇒*uitvaren, tekeergaan* **0.8** ***in werking komen*** ⇒*aanslaan* ⟨v. centrale verwarming⟩; *aangaan* ⟨v. licht⟩ **0.9** ***goed (kunnen) opschieten (met)*** **0.10** ***zich erdoor(heen) slaan*** ⇒*zich weten te redden* ◆ **3.1** he went on to say that *hij zei vervolgens/voegde er nog aan toe dat* **4.5** what's going on? *wat is er aan de hand?;* what goes on? *wat scheelt je?, wat is er?* **4.¶** enough to be going/go on with *genoeg om mee rond te komen* **6.4** ~ **about** *doorzeuren over* **6.7** ~ **at** s.o. *tegen iem. uitvaren* **6.¶** be going on **for** eighty *tegen de tachtig lopen* **¶.¶** ~ (with you)! *ach man!, ga toch fietsen!;*
II ⟨ww. + vz.⟩ **0.1** ***zich baseren op*** ⇒*afgaan op, zich laten leiden door* ◆ **4.1** nothing to ~ *niets om op voort te gaan.*

goose [goe:s] ⟨mv.: geese⟩ **0.1** ***gans*** **0.2** ***gans*** ⇒*ganzenvlees* **0.3** ***gansje*** ⇒*onbenul* ◆ **1.¶** all his geese are swans *hij maakt alles altijd mooier dan het is* **3.¶** ⟨sl.⟩ cook s.o.'s ~ *iem. een spaak in het wiel steken;* he/she cannot say boo to a ~ *hij/zij doet geen vlieg kwaad.* →**sauce.**

gooseberry [goezbrie] **0.1** ***kruisbes(senstruik)*** ◆ **3.¶** ⟨vnl. BE⟩ play ~ *het vijfde rad/wiel aan de wagen zijn.*

goose flesh ⟨fig.⟩ **0.1** ***kippenvel.***

goose pimples ⟨fig.⟩ **0.1** ***kippenvel.***

goose step ⟨vnl. the⟩ **0.1** ***paradegang*** ⇒*paradepas.*

goose-step **0.1** ***in paradepas marcheren.***

go out **0.1** ***uitgaan*** ⇒*van huis gaan, afreizen* **0.2** ***verspreid worden*** ⟨v. nieuws⟩ ⇒*uitgezonden worden* ⟨v. programma⟩ **0.3** ***uitgaan*** ⟨v. vuur, licht⟩ **0.4** ***heengaan*** ⇒*zijn tijd uitgediend hebben* ⟨v. minister, regering e.d.⟩ **0.5** ***uit de mode raken*** **0.6** ***ten einde lopen*** ⇒*aflopen* ⟨v. periode⟩ **0.7** ***teruglopen*** ⇒*eb worden* ⟨v. zee⟩ **0.8** ***uit werken gaan*** ⟨v. vrouw⟩ **0.9** ⟨+ to⟩ ***uitgaan naar*** ⟨v. affectie⟩ **0.10** ⟨euf.⟩ ***heengaan*** ⇒*sterven* **0.11** ***flauwvallen*** ◆ **1.7** the tide is going out *het is laagtij/eb* **6.1** ~ **on** strike *in staking gaan;* ~ **to** Canada *naar Canada vertrekken/emigreren;* ⟨inf.⟩ ~ **with** *uitgaan met, verkering hebben met* **6.¶** go (all) out **for** sth. *zich volledig inzetten voor iets/om iets te bereiken.*

go out of **0.1** ***verlaten*** ⇒*uitgaan* ⟨een ruimte⟩ **0.2** ***verdwijnen uit*** ◆ **1.1** ~ play *'uit' gaan* ⟨v. bal⟩ **1.2** ~ business *op de fles gaan, failliet gaan;* ~ fashion *uit de mode raken;* ~ focus *zijn scherpte verliezen, flou worden* ⟨v. microscoop⟩; ~ service *buiten gebruik/dienst raken;* ~ sight/view *uit het zicht verdwijnen;* ~ use *in onbruik raken, buiten gebruik raken.*

go over I ⟨onov.ww.⟩ **0.1** ⟨+ to⟩ ***overlopen (naar)*** ⇒*overschakelen (op), overgaan (tot)* ⟨andere partij e.d.⟩ **0.2** ⟨+ to⟩ ***gaan (naar)*** ⇒*oversteken (naar)* **0.3** ***aanslaan*** ⇒*overkomen* ◆ **6.1** we now ~ **to** our reporter on the spot *we schakelen nu over naar onze verslaggever ter plaatse;*
II ⟨ww. + vz.⟩ **0.1** ***doornemen*** ⟨tekst⟩ ⇒*doorlezen;* ⟨bij uitbr.⟩ *herhalen* ⟨uitleg⟩; *repeteren* ⟨rol, les⟩ **0.2** ***doorzoeken*** ⟨v. bagage⟩ ⇒*fouilleren; natrekken, checken* ⟨beweringen e.d.⟩ **0.3** ***(grondig) bekijken*** ⟨ruimte⟩ **0.4** ***schoonmaken*** ⇒ *een beurt geven* **0.5** ***overschrijden*** ⇒*te buiten gaan* ⟨budget e.d.⟩.

gopher [goofə] **0.1** ***wangzakrat*** **0.2** ***grondeekhoorn.***

Gordian knot [go:diən not] ◆ **3.¶** cut the ~ *de (gordiaanse) knoop doorhakken.*

gore[1] [go:] ⟨zn.⟩ **0.1** ***geer*** ⟨spits toelopend stuk stof⟩ **0.2** ⟨schr.⟩ ***geronnen bloed*** ⇒*gestold bloed.*

gore[2] ⟨ww.⟩ **0.1** ***doorboren*** ⇒*spietsen* ⟨met slagtand/ hoorns⟩.

gored [go:d] **0.1** ***gerend*** ◆ **1.1** a ~ skirt *een gerende rok.*

gorge [go:dzj] **0.1** ***kloof*** ⇒*bergengte* **0.2** ⟨bouwk.⟩ ***druipgroef*** ⟨onder muurkap⟩ ⇒*waterhol* ◆ **3.¶** make s.o.'s ~ rise at *iem. doen walgen van;* my ~ rises at *het komt m'n strot uit, ik heb er tabak van.*

gorge on, gorge with ⟨ww. + vz.; wk.ww⟩ **0.1** ⟨+ o.s.⟩ ***zich volproppen met.***

gorgeous [go:dzjəs] ⟨-ness⟩ **0.1** ***schitterend*** ⇒*grandioos, prachtig* ⟨ook v. persoon⟩ ◆ **1.1** ~ weather *prachtweer.*

gorgon [go:gən] **I** ⟨eig.n.; G-⟩⟨mythologie⟩ **0.1** ***Gorgo(ne);***
II ⟨telb.zn.⟩ **0.1** ***heks*** ⇒*lelijke vrouw.*

gorilla [gərillə], **gorill** [gəril] **0.1** ***gorilla*** ⇒⟨fig.⟩ *lelijkerd.*

gormandize, -ise [go:məndajz] **0.1** ***zwelgen*** ⇒*lekker uitgebreid eten.*

gormless [go:mləs] ⟨BE; inf.⟩ **0.1** ***stom*** ⇒*dom, onnozel.*

go round **0.1** ⟨+ to⟩ ***langsgaan (bij)*** ⟨iem.⟩ **0.2** ***(rond)draaien.*** →**go (a)round** voor andere betekenissen.

gorse [go:s] **0.1** ***gaspeldoorn.***

gor|y [go:rie] ⟨-ily⟩ **0.1** ***bloederig*** ⇒*bloedig* ◆ **1.1** a ~ film *een geweldfilm.*

gosh [gosj] **0.1** ***jeetje*** ⇒*verdorie.*

goshawk [gosho:k] **0.1** ***havik.***

gosling [gozling] **0.1** ***gansje*** ⇒*jonge gans.*

go-slow ⟨BE⟩ **0.1** ***langzaam-aan-actie.***

gospel [gospl] **0.1** ***evangelie*** ⟨ook fig.⟩ ⇒*waarheid, principe* ◆ **3.1** preach the ~ *het evangelie verkondigen* **6.1** take sth. **for** ~ *iets zonder meer aannemen/geloven.*

gospel song **0.1** ***gospel(song)*** ⟨swingend kerkgezang⟩.

gospel truth ⟨the; ook G-⟩ **0.1** ***waarheid v.h. evangelie*** **0.2** ***onherroepelijke/absolute waarheid.***

gossamer [gossəmə] **0.1** ***herfstdraad*** ⇒*spinrag* **0.2** ***gaas*** ⇒ *fijn en licht weefsel.*

gossip[1] [gossip] ⟨zn.⟩ **0.1** ***roddel*** ⇒*kletspraat* **0.2** ***roddelaar(ster)*** ⇒*kletskous.*

gossip[2] ⟨ww.; -ped⟩ **0.1** ***roddelen.***

gossip column **0.1** ***roddelrubriek.***

gossipy [gossippie] **0.1** ***praatziek*** ⇒*roddelachtig.*

got [got] ⟨verl. t. en volt. deelw.⟩ →**get.**

gotcha [gotsjə] ⟨inf.⟩ **0.1** ***hebbes!*** ⇒*gelukt!*

Goth [goθ] **0.1** ***Goot.***

Gothic[1] [goθik] **I** ⟨eig.n.⟩ **0.1** ***Gotisch*** ⟨taal⟩;
II ⟨n.-telb.zn.⟩ **0.1** ⟨ook g-; druk.⟩ ***gotische letter*** **0.2** ⟨ook g-; druk.⟩ ***schreefloze letter.***

Gothic[2] ⟨bn.; -ally⟩ **0.1** ***Gotisch*** ⇒*mbt. de Goten/Gotische taal* **0.2** ⟨bouwk.⟩ ***gotisch*** ⇒*in spitsboogstijl* **0.3** ⟨ook g-; druk.⟩ ***Duits*** ⇒*bijbel-, gotische* ⟨v. letter⟩ **0.4** ⟨lit.⟩ ***griezel-.***

go through I ⟨onov.ww.⟩ **0.1** ***aangenomen worden*** ⟨v. voorstel, wet e.d.⟩ ⇒*erdoor komen* **0.2** ***doorgaan*** ⟨v. afspraak⟩ ◆ **6.¶** ~ **with** *doorgaan met;*
II ⟨ww. + vz.⟩ **0.1** ***opmaken*** ⇒*uitgeven, ergens doorheen zijn/gaan* **0.2** ***nauwkeurig onderzoeken*** ⇒*doorzoeken* ⟨bagage⟩; *nagaan, checken* ⟨bewering e.d.⟩; *doornemen* ⟨tekst⟩ **0.3** ***doormaken*** ⇒*ondergaan, meemaken* **0.4** ***passeren*** ⇒*gaan door/via* ◆ **1.1** the book went through five editions *er zijn vijf drukken v.h. boek verschenen* **2.4** ~ (the) proper channels *via de geijkte kanalen gaan.*

go to 0.1 ***gaan naar*** ⟨ook fig.⟩ **0.2** ***zich getroosten*** **0.3** ***beginnen*** ⇒*gaan* ◆ **1.1** ~ school *naar school gaan* **1.2** ~ great/considerable expense *er heel wat geld tegenaan gooien;* ~ great trouble *zich veel moeite getroosten* **1.3** ~ work *aan het werk gaan* **4.¶** ~ it *aan de slag gaan;* ~ it! *zet 'm op!*

go together 0.1 ***samengaan*** ⇒*samen voorkomen, gepaard gaan* **0.2** ***bij elkaar passen*** **0.3** ***verkering hebben*** ⇒*met elkaar gaan.*

gotta [gotta] ⟨samentr. v. (have) got to⟩.

gotten [gotn] ⟨volt. deelw.⟩ ⟨AE⟩ →**get.**

gouache [goe·a:sj] **0.1** ***gouache*** ⟨prent⟩ **0.2** ***gouache(verf)*** ⇒*gouachetechniek.*

gouge[1] [gaudzj] ⟨zn.⟩ **0.1** ***guts(beitel)*** ⇒*holle beitel.*

gouge[2] ⟨ww.⟩ **0.1** ***(uit)gutsen*** ⇒*uitsteken* ◆ **5.1** ~ **out** s.o.'s eyes *iem. de ogen uitsteken.*

goulash [goe:læsj] **0.1** ***goulash.***

go under 0.1 ***ondergaan*** ⇒*zinken;* ⟨fig.⟩ *er onder door gaan, bezwijken* **0.2** ***failliet gaan*** ⇒*bankroet gaan* ◆ **6.1** ~ **to** s.o. *het afleggen tegen iem.*

go up I ⟨onov.ww.⟩ **0.1** ***opgaan*** ⇒*naar boven gaan* **0.2** ***stijgen*** ⇒*omhooggaan* ⟨v. prijs, temperatuur e.d.⟩ **0.3** ***ontploffen*** ⇒*in de lucht vliegen* **0.4** ***gebouwd worden*** ⇒*oprijzen, opgetrokken worden* ⟨v. gebouw⟩ **0.5** ⟨BE⟩ ***gaan*** ⇒*reizen, trekken* ⟨naar Londen/het noorden/de universiteit⟩ ◆ **1.1** ~ in the world *in de wereld vooruitkomen* **1.3** ~ in smoke *in rook opgaan;*
II ⟨ww. + vz.⟩ **0.1** ***opklimmen (tegen)*** ⇒*beklimmen* ⟨ladder, boom enz.⟩ **0.2** ***inlopen*** ⟨straat⟩.

gourd [goeəd] **0.1** ***kalebas*** ⇒*pompoen* **0.2** ***kalebasfles.***

gout [gaut] **0.1** ⟨med.⟩ ***jicht.***

gout|y [gautie] ⟨-ier; -ily⟩ **0.1** ***jichtig.***

Gov. ⟨afk.⟩ **0.1** [Government] **0.2** [Governor].

govern [guvn] **I** ⟨onov.ww.⟩ **0.1** ***regeren*** ◆ **1.1** the Queen reigns, but the ministers ~ *de Koningin heerst, maar de ministers regeren;*
II ⟨ov.ww.⟩ **0.1** ***regeren*** ⇒*besturen* **0.2** ***bepalen*** ⇒*beheersen, beïnvloeden* ◆ **1.1** ~ing body *bestuurslichaam, raad van beheer* **1.2** the tides are ~ed by the moon *de getijden worden door de maan bepaald.*

governess [guvvənis] **0.1** ***gouvernante.***

government [guv(n)mənt] ⟨ww. enk. of mv.⟩ **0.1** ***regering(svorm)*** ⇒*(staats)bestuur, kabinet* **0.2** ***het regeren*** ◆ **3.1** the Government has/have accepted the proposal *de regering heeft het voorstel aanvaard.*

governmental [guvnmentl] **0.1** ***regerings-*** ⇒*bestuurs-, overheids-.*

government control 0.1 ***overheidstoezicht.***

government leader 0.1 ***regeringsleider.***

government measure 0.1 ***regeringsmaatregel.***

government representative 0.1 ***regeringsvertegenwoordiger*** ⇒*regeringswoordvoerder.*

government securities 0.1 ***staatsfondsen.***

government spending 0.1 ***overheidsuitgaven.***

governor [guvnə] **0.1** ***gouverneur*** ⇒*landvoogd* **0.2** ***bestuurder*** ⇒*president* ⟨v. bank⟩; *directeur* ⟨v. gevangenis⟩; *commandant* ⟨v. garnizoen⟩ **0.3** ***gouverneur*** ⟨v. Am. staat⟩ **0.4** ⟨inf.; aanspreekvorm⟩ ***ouwe*** ⇒*ouwe heer, baas* **0.5** ⟨tech.⟩ ***regelaar*** ⇒*regulateur, toerenregelaar.*

Governor-General ⟨mv.: ook Governors-General⟩ **0.1** ***gouverneur-generaal.***

governorship [guvnəsjip] **0.1** ***gouverneurschap.***

go with 0.1 ***meegaan met*** ⟨ook fig.⟩ ⇒*het eens zijn met* **0.2** ***samengaan*** ⇒*gepaard gaan met, passen bij* **0.3** ⟨inf.⟩ ***omgaan met*** ⟨jongen/meisje⟩ ◆ **1.1** ~ the crowd/stream/times/tide *met de stroom meegaan.*

go without 0.1 ***het stellen zonder*** ◆ **3.¶** it goes without saying *het spreekt vanzelf.*

gown [gaun] **0.1** ***toga*** ⇒*tabbaard* **0.2** ⟨ben. voor⟩ ***lang kledingstuk*** ⇒*nachthemd; ochtendjas* **0.3** ⟨schr. beh. in AE⟩ ***lange jurk*** ⇒*avondjapon* ◆ **1.1** cap and ~ *toga en baret* ⟨ceremoniekleding op universiteiten⟩.

G.P. ⟨afk.⟩ **0.1** [General Practitioner].

G.P.O. ⟨afk.⟩ **0.1** [General Post Office].

gr. ⟨afk.⟩ **0.1** [gram] *gr* **0.2** [gross].

grab[1] [græb] ⟨zn.⟩ **0.1** ***greep*** ⇒*graai* ◆ **6.1** make a ~ **at/for** sth. *ergens naar grijpen/graaien;* ⟨inf.⟩ **up for** ~s *voor het grijpen/pakken.*

grab[2] ⟨-bed⟩ **I** ⟨onov.ww.⟩ **0.1** ***graaien*** ⇒*grijpen, pakken* ◆ **6.1** ~ **at** your chance *grijp je kans;*
II ⟨ov.ww.⟩ **0.1** ***grijpen*** ⇒*vastpakken* **0.2** ***bemachtigen*** ⇒*in de wacht slepen* ⟨ook fig.⟩ ◆ **1.2** ~ s.o.'s seat *iemands plaats inpikken;* try to ~ the attention *proberen de aandacht op zich te vestigen* **4.¶** ⟨inf.⟩ how does that ~ you? *wat denk je daarvan?*

grace[1] [grees] ⟨zn.⟩ **0.1** ***bevalligheid*** ⇒*gratie, charme* **0.2** ⟨goedheid⟩ ***vriendelijkheid, fatsoen*** **0.3** ***respijt*** ⇒*uitstel, genade* **0.4** ***(dank)gebed*** ⟨voor of na maaltijd⟩ **0.5** ⟨ook G-⟩ ***genade*** ⇒*goedertierenheid, gunst* ⟨vnl. v. God⟩ **0.6** ⟨G-⟩ ***Excellentie*** ⟨aanspreekvorm v. aartsbisschop, hertog⟩ **0.7** ***deugd*** ◆ **1.3** act of ~ *gratie* ⟨door Parlement toegekend⟩; a day's ~ *een dag uitstel* ⟨v. betaling⟩ **1.5** the year of ~ *het jaar onzes Heren* **2.2** with (a) bad ~ *onvriendelijk, met tegenzin;* with (a) good ~ *vriendelijk, welwillend* **2.5** be in s.o.'s good ~s *bij iem. in de gratie staan* **2.7** his smile is his saving ~ *zijn glimlach maakt al het overige goed* **3.2** he had the ~ to say he was sorry *hij was zo beleefd te zeggen dat het hem speet* **3.5** fall from ~ *tot zonde vervallen;* ⟨fig.⟩ *uit de gratie raken, in ongenade vallen* **7.¶** the three Graces *de drie gratiën.*

grace[2] ⟨ww.⟩ **0.1** ***opluisteren*** ⇒*sieren* ⟨ook fig.⟩ **0.2** ***vereren*** ⇒*begunstigen* ◆ **1.1** a character ~d by virtues *een met deugden gesierd karakter* **6.2** the Queen ~d us **with** her presence *de Koningin vereerde ons met haar aanwezigheid.*

graceful [greesfl] **0.1** ***gracieus*** ⇒*bevallig, elegant* **0.2** ***aangenaam*** ⇒*correct, charmant* ◆ **3.2** he expressed himself ~ly *hij drukte zich elegant uit.*

graceless [greesləs] ⟨-ness⟩ **0.1** ***onelegant*** ⇒*lomp* **0.2** ***onbeschaamd*** ⇒*grof.*

gracious [greesjes] ⟨-ness⟩ **0.1** ***minzaam*** ⇒*hoffelijk* **0.2** ***genadig*** ⟨vnl. mbt. God⟩ **0.3** ***goedgunstig*** ⟨vnl. mbt. tot leden v.h. koningshuis⟩ **0.4** ⟨inf.; in uitroepen; ong.⟩ ***allemachtig*** ◆ **1.3** Her Gracious Majesty *Hare goedgunstige Majesteit* **1.¶** ~ living *leven als een prins* **2.3** good ~! *goeie genade!*

gradation [grədeesjn] **0.1** ***(geleidelijke) overgang*** ⇒*verloop, gradatie* **0.2** ***nuance(ring)*** ⇒*stap, trede* ◆ **1.2** many ~s of red *vele tinten rood.*

grade¹ [greed] ⟨zn.⟩ **0.1** ***rang*** ⇒*niveau, kwaliteit* **0.2** ⟨AE⟩ ***klas*** ⟨op lagere school⟩ **0.3** ⟨AE⟩ ***cijfer*** ⟨als beoordeling v. schoolwerk⟩ **0.4** ⟨vnl. AE⟩ ***gradiënt*** ⇒*hellingshoek, verval* ⟨v. rivier⟩ ◆ **1.1** ~ A milk *melk v.d. hoogste kwaliteit* **2.1** prime-~ beef *eersteklas rundvlees* **3.3** make the ~ *slagen, aan de eisen voldoen, carrière maken.*

grade² ⟨ww.⟩ **0.1** ***kwalificeren*** ⇒*rangschikken, sorteren* ⟨naar grootte, kwaliteit e.d.⟩ **0.2** ⟨AE⟩ ***een cijfer geven*** ⇒*beoordelen* ◆ **1.1** ~d eggs *gesorteerde eieren.* →**grade down, grade up.**

grade crossing ⟨AE⟩ **0.1** ***(bewaakte) overweg.***

grade down **0.1** ***verminderen*** ⇒*naar beneden halen, degraderen.*

grader [greedə] **0.1** ⟨steeds met rangtelwoord; AE; school.⟩ ***leerling uit de ... klas*** ⇒*...jaars* **0.2** ⟨AE; school.⟩ ***iem. die cijfers geeft*** ◆ **2.2** he's a strict ~ *hij geeft lage cijfers* **7.1** fourth ~ *leerling uit de vierde klas.*

grade school ⟨AE⟩ **0.1** ***lagere school*** ⇒*basisschool.*

grade up **0.1** ***verbeteren*** **0.2** ***veredelen*** ⟨dieren⟩.

gradient [griddiənt] **0.1** ***helling*** ⇒*stijging, hellingshoek* **0.2** ***verval*** ⟨v. druk, temperatuur e.d.⟩.

gradual [grædzjoeəl] ⟨-ness⟩ **0.1** ***geleidelijk*** ⇒*trapsgewijs* ◆ **1.1** a ~ slope *een flauwe helling.*

gradually [grædzjəlie] **0.1** ***langzamerhand*** ⇒*geleidelijk aan.*

graduate¹ [grædzjoeət] ⟨zn.⟩ **0.1** ***afgestudeerde*** **0.2** ⟨AE⟩ ***gediplomeerde*** ⇒*iem. met diploma.*

graduate² [grædzjoe·eet] **I** ⟨onov.ww.⟩ **0.1** ***een bul/diploma behalen*** ⇒⟨AE ook⟩ *afstuderen, een getuigschrift behalen* ◆ **6.1** he has ~d **in** law **from** Yale *hij heeft aan Yale een titel/bul in de rechten behaald* **8.**¶ ~ as a cook *zich bekwamen als kok;*
II ⟨ov.ww.⟩ **0.1** ***diplomeren*** ⇒⟨AE ook⟩ *getuigschrift uitreiken aan* **0.2** ***kalibreren*** ⇒*v.e. (schaal)verdeling voorzien, verdelen in graden* ◆ **1.2** ~d cylinder *maatglas;* ~d tax *progressieve belasting.*

graduate school ⟨AE⟩ **0.1** ***(hoge)school waar diploma's boven de 'bachelor's degree' behaald kunnen worden.***

graduate student **0.1** ***postdoctoraal student*** ⟨aan 'graduate school'⟩ ⇒*doctorandus.*

graduation [grædzjoe·eesjn] **0.1** ***schaalverdeling*** ⇒*maatstreep* **0.2** ***uitreiking/overhandiging v. diploma*** ⇒*het afstuderen.*

graffiti [grəfie:tie] ⟨mv.; ww. ook enk.⟩ **0.1** ***graffiti*** ⇒*opschriften, muurtekeningen.*

graft¹ [gra:ft] ⟨zn.⟩ **0.1** ***ent*** ⇒*griffel;* ⟨med.⟩ *transplantaat* **0.2** ⟨vnl. AE; inf.⟩ ***(politiek) geknoei*** ⇒*omkoperij* **0.3** ⟨vnl. AE; inf.⟩ ***smeergeld*** ◆ **1.2** ~ and corruption *knoeierij en corruptie.*

graft² **I** ⟨onov.ww.⟩ **0.1** ⟨inf.⟩ ***hard werken;***
II ⟨ov.ww.⟩ **0.1** ***enten*** ⇒*samenbinden, inplanten* **0.2** ***verenigen*** ⇒*aan elkaar voegen* ◆ **5.1** the surgeon ~ed **in** a new artery *de chirurg plantte een nieuwe slagader in.*

grafter [gra:ftə] **0.1** ***enter*** ⇒*iem. die bomen ent* **0.2** ⟨vnl. AE⟩ ***iem.*** ⟨ihb. een politicus⟩ ***die corruptie bedrijft*** **0.3** ⟨inf.⟩ ***harde werker.***

Grail [greel] ⟨the⟩ **0.1** ***graal.***

grain [green] **0.1** ***graankorrel*** **0.2** ***graan*** ⇒*koren* **0.3** ***korrel(tje)*** ⟨zout, zand⟩ ⇒⟨fig.⟩ *greintje, zier* **0.4** ***grein*** ⟨0,0648 g; →t⟩ **0.5** ⟨ben. voor⟩ ***textuur*** ⇒*vleug, draad* ⟨v. weefsel⟩; *draad, vlam, nerf* ⟨in hout⟩; *korrel* ⟨v. film, metaal⟩; *nerf* ⟨v. leer⟩; *structuur* ⟨v. gesteente⟩ ◆ **1.3** take his words with a ~ of salt *neem wat hij zegt met een korreltje zout* **6.5** go **against** the ~ *tegen de draad in gaan* ⟨ook fig.⟩.

gram, gramme [græm] **0.1** ***gram.***

grammar [græmə] **0.1** ***spraakkunst*** ⇒*grammatica* **0.2** ***(correct) taalgebruik*** **0.3** ***grammatica*** ⟨boek⟩.

grammarian [grəmeəriən] **0.1** ***grammaticus*** ⇒*taalkundige.*

grammar school **0.1** ⟨BE⟩ ***atheneum*** ⇒*gymnasium* ⟨met Latijn en Grieks⟩; ⟨in België ong.⟩ *(moderne/klassieke) humaniora* **0.2** ⟨AE⟩ ***voortgezet lagere school*** ⇒⟨ong.⟩ *mavo.*

grammatical [grəmætikl] **0.1** ***grammaticaal*** ⇒*spraakkundig* **0.2** ***grammaticaal*** ⇒*overeenkomstig de taalregels.*

gramme →**gram.**

Gramm|y [græmie] ⟨mv.: ook -ies⟩ ⟨AE⟩ **0.1** ***gouden (grammofoon)plaat*** ⇒⟨ong.⟩ *Edison.*

gramophone [græməfoon] **0.1** ***grammofoon*** ⇒*platenspeler.*

grampus [græmpəs] **0.1** ⟨dierk.⟩ ***gramper*** ⟨soort dolfijn⟩ **0.2** ⟨scherts.⟩ ***puffend en hijgend iemand*** ◆ **3.**¶ wheeze like a ~ *hijgen als een postpaard.*

gran [græn] ⟨vnl. aanspreekvorm⟩ ⟨BE; kind.⟩ **0.1** ***oma.***

granar|y¹ [grænərie] ⟨zn.; mv.: -ies⟩ **0.1** ***graanschuur*** ⟨ook fig.⟩ **0.2** ***graanzolder*** ◆ **1.1** the ~ of Europe *de graanschuur v. Europa.*

granary² ⟨bn.⟩ ⟨vnl. BE⟩ **0.1** ***grof volkoren*** ⟨brood⟩.

grand¹ [grænd] ⟨zn.; in bet. 0.2 en 0.3 mv.: grand⟩ **0.1** ⟨inf.⟩ ***vleugel(piano)*** **0.2** ⟨BE; inf.⟩ ***duizend pond*** ⇒⟨ong.⟩ *mille* **0.3** ⟨AE; inf.⟩ ***duizend dollar*** ⇒⟨ong.⟩ *mille.*

grand² ⟨bn.; -ness⟩ **0.1** ***voornaam*** ⇒*gewichtig, groots* **0.2** ***grootmoedig*** ⇒*groothartig* **0.3** ***prachtig*** ⇒*indrukwekkend* **0.4** ⟨inf.⟩ ***reusachtig*** ⇒*fantastisch* **0.5** ***volledig*** ⇒*totaal* **0.6** ***hoofd-*** ⇒*belangrijkste;* ⟨in titels⟩ *groot-* ◆ **1.1** live in ~ style *op grote voet leven* **1.2** a ~ gesture *een grootmoedig gebaar* **1.4** a ~ party *een fantastisch feestje* **1.5** ~ choir / orchestra *groot koor/orkest* **1.6** ~ duke *groothertog;* ⟨schaakspel⟩ ~ master *grootmeester* **1.**¶ ⟨jur.⟩ ~ larceny *kapitale diefstal;* Grand National *jaarlijkse hindernisren voor paarden te Aintree;* ~ opera *opera zonder gesproken dialoog;* ~ piano *vleugel(piano);* make a ~ slam ⟨kaartspel⟩ *groot slem maken;* ⟨sport⟩ *een grand slam maken* ⟨alle wedstrijden in een reeks winnen⟩ **2.**¶ ~ old man *nestor.*

grandad, granddad [grændæd] **0.1** ***opa*** ⇒*grootvader.*

grandchild [græntsjajld] **0.1** ***kleinkind.***

granddaughter [grændo:tə] **0.1** ***kleindochter.***

grandee [grændie:] **0.1** ***grande*** ⟨(Spaans of Portugees) edelman⟩.

grandeur [grændzjə] **0.1** ***grootsheid*** ⇒*pracht* ◆ **1.1** the ~ of the Alps *de indrukwekkende pracht v.d. Alpen.*

grandfather [græn(d)fa:ðə] **0.1** ***grootvader.***

grandfather clock **0.1** ***staand horloge*** ⇒*staande klok.*

grandiloqu|ent [grændilləkwənt] ⟨zn.: **-ence**⟩ **0.1** ***hoogdravend*** ⇒*bombastisch, gezwollen.*

grandiose [grændie·oos] **0.1** ***grandioos*** ⇒*groots, prachtig* **0.2** ⟨pej.⟩ ***pompeus*** ⇒*hoogdravend.*

grandma [grænma:], **grandmama** [-məma:] **0.1** ***oma*** ⇒*grootmoeder.*

grandmaster ⟨schaakspel, damspel, bridge⟩ **0.1** ***grootmeester.***

grandmother **0.1** ***grootmoeder.***

grandpa [grænpa:], **grandpapa** [-pəpa:] **0.1** ***opa*** ⇒*grootvader.*

grandparent **0.1** ***grootouder.***

grandson [græn(d)sun] **0.1** ***kleinzoon.***

grandstand ⟨zn.⟩ **0.1** ***(hoofd/ere)tribune.***

grange [greendzj] ⟨vaak G-⟩ **0.1** ***landhuis*** ⟨vaak met boerderij⟩.

granite [grænit] **0.1** ***graniet*** ⟨ook fig.⟩ ⇒*on(ver)wrikbaarheid, vastberadenheid.*

grann|y, grannie [grænie] ⟨mv.: -ies⟩ **0.1** ***oma*** ⇒*opoe, grootje.*

granny bashing, granny battering ⟨inf.⟩ **0.1** ***bejaardenmishandeling*** ⇒*geweld tegen ouderen.*

granny flat, granny annexe ⟨inf.⟩ **0.1** ***bejaardenflat*** ⟨voor inwonende bejaarde ouder(s)⟩.

grant[1] [gra:nt] ⟨zn.⟩ **0.1** ***subsidie*** ⇒*toelage, beurs* ◆ **6.1 on** a ~ *met een beurs.*

grant[2] ⟨ww.⟩ **0.1** ***toekennen*** ⇒*inwilligen, verlenen, toestaan* **0.2** ***toegeven*** ⇒*erkennen* ◆ **1.1** ~ a request *een verzoek inwilligen* **3.¶** take sth. for ~ed *iets als (te) vanzelfsprekend beschouwen;* I take the rest for ~ed *de rest geloof ik wel* **¶.2** ~ed; but ... *akkoord; maar ...;* I must ~ you that *dat moet ik je toegeven.*

granular [grænjoelə] **0.1** ***korrelig*** ⇒*gekorreld, korrelachtig.*

granulate [grænjoeleet] **I** ⟨onov. en ov.ww.⟩ **0.1** ***korrelen*** ⇒*granuleren* ◆ **1.1** ~d sugar *kristalsuiker;*
II ⟨ov.ww.⟩⟨tech.⟩ **0.1** ***boucharderen*** ⇒*grotten, stokken.*

granule [grænjoe:l] **0.1** ***korreltje.***

grape [greep] **0.1** ***druif*** ◆ **1.1** a bunch of ~s *een tros druiven.* →**sour.**

grapefruit **0.1** ***grapefruit*** ⇒*pompelmoes.*

grapeshot ⟨gesch.⟩ **0.1** ***kartets*** ⇒*schroot.*

grape sugar **0.1** ***druivensuiker.***

grapevine **0.1** ***wijnstok*** ⇒*wingerd* **0.2** ***gerucht*** ⇒*officieuze informatie* **0.3** ***officieuze/geheime informatieverspreiding*** ⇒*geruchtenmolen* ◆ **6.3** I heard it **on** the ~ *het is me ter ore gekomen.*

graph[1] [gra:f] ⟨zn.⟩ **0.1** ***grafiek*** ⇒*diagram, grafische voorstelling.*

graph[2] ⟨ww.⟩ **0.1** ***grafisch voorstellen*** ◆ **5.1** ~ sth. **out** *iets in grafiek brengen.*

graphic|(al) [græfik(l)] ⟨-ally⟩ **0.1** ***grafisch*** ⇒*mbt. tekenen, schrijven, drukken* ⟨enz.⟩ **0.2** ***treffend*** ⇒*levendig* ◆ **1.1** the ~ arts *de grafische kunsten* **1.2** a ~ description *een levendige beschrijving;* a ~ contrast *een opvallend verschil.*

graphics [græfiks] ⟨mv.; ww. ook enk.⟩ **0.1** ***grafiek*** ⇒*grafische kunst, grafische media* **0.2** ***gebruik v./berekening volgens grafieken*** **0.3** ⟨comp.⟩ ***productie en verwerking v. grafieken.***

graphite [græfajt] **0.1** ***grafiet.***

graphology [grəfollədzjie] **0.1** ***grafologie.***

graph paper **0.1** ***millimeterpapier.***

grapnel [græpnl] ⟨scheep.⟩ **0.1** ***dreg(anker)*** ⇒*werpanker, grijpanker* **0.2** ***enterhaak.***

grapple [græpl] **I** ⟨onov.ww.⟩ **0.1** ⟨+with⟩ ***worstelen (met)*** ⟨ook fig.⟩ ⇒*slaags raken (met)* ◆ **6.1** ~ **with** a problem *met een probleem worstelen;*
II ⟨ov.ww.⟩ **0.1** ⟨bouwk.⟩ ***verankeren.***

grappling iron ⟨scheep.⟩ **0.1** ***dreg(anker)*** ⇒*werpanker* **0.2** ***enterhaak.***

grasp[1] [gra:sp] ⟨zn.⟩ **0.1** ***greep*** ⟨ook fig.⟩ ⇒*macht* **0.2** ***houvast*** **0.3** ***bereik*** **0.4** ***begrip*** ⇒*bevatting, beheersing* ◆ **3.1** ⟨fig.⟩ take a ~ on o.s. *zich vermannen/beheersen* **6.4** that is **beyond** my ~ *dat gaat mijn petje te boven.*

grasp[2] **I** ⟨onov.ww.⟩ **0.1** ***grijpen*** ⇒*graaien;*
II ⟨ov.ww.⟩ **0.1** ***grijpen*** ⇒*vastpakken* **0.2** ***(aan)pakken*** ⇒*waarnemen* **0.3** ***vatten*** ⇒*begrijpen* ◆ **1.2** ~ your chances *neem je kans waar* **3.3** I ~ed half of what he said *de helft van wat hij zei heb ik begrepen.*

grasping [gra:sping] **0.1** ***hebberig*** ⇒*inhalig.*

grass[1] [gra:s] **I** ⟨telb.zn.⟩ **0.1** ***grassoort*** **0.2** ⟨BE; sl.⟩ ***tipgever*** ⇒*verklikker;*
II ⟨n.-telb.zn.⟩ **0.1** ***gras*** **0.2** ***grasland*** ⇒*weiland, grasperk* **0.3** ⟨sl.⟩ ***marihuana*** ⇒*weed* ◆ **3.¶** cut the ~ from under s.o.'s feet *iem. het gras voor de voeten wegmaaien* **6.2** be **at** ~ *in de wei zijn;* keep **off** the ~ *verboden het gras te betreden* **6.¶** put s.o./send s.o./turn s.o. out **to** ~ *iem. de wei insturen; iem. eruit gooien/sturen.*

grass[2] **I** ⟨onov.ww.⟩ **0.1** ⟨BE; sl.⟩ ***klikken*** ⟨bij de politie⟩ ◆ **6.1** ~ **on** s.o. *iem. verraden/aangeven;*
II ⟨ov.ww.⟩ **0.1** ***met gras bedekken/bezaaien*** **0.2** ***met gras voeren*** ⇒*laten grazen* **0.3** ***tegen de grond slaan*** ⇒*te grazen nemen* ◆ **5.1** ~ **over** a field *een stuk land aan gras leggen.*

grasshopper [gra:shoppə] **0.1** ***sprinkhaan.***

grassland **0.1** ***grasland*** ⇒*weide.*

grassroots[1] ⟨zn.; ww. vnl. enk.⟩ **0.1** ***gewone mensen*** ⇒*de basis, de (zwevende) kiezers* **0.2** ***basisfeiten*** ⇒*fundamenten* ◆ **3.2** go back to ~ *van voren af aan beginnen.*

grassroots[2] ⟨bn.⟩ **0.1** ***van gewone mensen*** ⇒*aan/uit de basis* **0.2** ***fundamenteel*** ◆ **1.1** the ~ opinion *de publieke/algemene opinie.*

grass snake **0.1** ***ringslang.***

grass widow **0.1** ***onbestorven weduwe*** ⇒*groene weduwe.*

grass widower **0.1** ***onbestorven weduwnaar.***

grass|y [gra:sie] ⟨-ier⟩ **0.1** ***grazig*** ⇒*grasrijk* **0.2** ***grasachtig.***

grate[1] [greet] ⟨zn.⟩ **0.1** ***rooster*** ⇒*haardrooster* **0.2** ***traliewerk*** **0.3** ***haard.***

grate[2] **I** ⟨onov.ww.⟩ **0.1** ***knarsen*** **0.2** ***irriterend werken*** ◆ **1.1** a ~ing hinge *een knarsend scharnier* **6.2** the noise ~d **on** my nerves *het lawaai werkte op mijn zenuwen;*
II ⟨ov.ww.⟩ **0.1** ***raspen*** **0.2** ***knarsen met*** **0.3** ***van traliewerk voorzien*** ◆ **1.1** ~d cheese *geraspte kaas* **1.2** ~ one's teeth *zijn tanden knarsen.*

grateful [greetfl] **0.1** ***dankbaar*** **0.2** ***aangenaam*** ⇒*weldadig* ◆ **6.1** I am ~ **to** you **for** your help *ik ben u dankbaar voor uw hulp.*

grater [greetə] **0.1** ***rasp.***

gratification [grætiffikkeesjn] **0.1** ***voldoening*** ⇒*bevrediging* ◆ **2.1** his success is a great ~ to me *zijn succes schenkt mij grote voldoening.*

gratif|y [grætiffaj] ⟨-ied⟩ **0.1** ***behagen*** ⇒*genoegen doen* **0.2** ***voldoen*** ⇒*bevredigen* ◆ **1.2** ~ a desire *een begeerte bevredigen.*

gratifying [grætiffajjing] **0.1** ***bevredigend*** ⇒*behaaglijk, prettig* ◆ **1.1** a ~ experience *een prettige ervaring.*

grating[1] [greeting] ⟨zn.⟩ **0.1** ***rooster*** ⇒*traliewerk* **0.2** ***raster*** **0.3** ⟨nat.⟩ ***buigingsrooster.***

grating[2] ⟨bn.⟩ **0.1** ***schurend*** ⇒*raspend* **0.2** ***irriterend*** ⇒*op de zenuwen werkend.*

gratis [grætis, greetis] **0.1** ***gratis*** ⇒*kosteloos.*

gratitude [grætitjoe:d] **0.1** ***dankbaarheid*** ⇒*dank* ◆ **6.1** I owe much ~ **to** you **for** your help *ik ben u veel dank verschuldigd voor uw hulp.*

gratuitous [grətjoe:ətəs] **0.1** ***ongegrond*** ⇒*nodeloos* **0.2** ***gratis*** ⇒*kosteloos* ◆ **2.1** he was ~ly rude *hij was onnodig grof.*

gratuit|y [grətjoe:ətie] ⟨mv.: -ies⟩ **0.1** ***gift*** ⟨in geld⟩ ⇒*fooi, drinkgeld* **0.2** ⟨BE⟩ ***speciale premie*** ⟨bij verlaten v. werk of (leger)dienst⟩ ⇒*gratificatie.*

grave[1] [greev] ⟨zn.⟩ **0.1** ***graf*** ⇒*grafkuil;* ⟨fig.⟩ *dood, ondergang* ◆ **1.1** from the cradle to the ~ *van de wieg tot het graf* **2.1** silent as the ~ *zwijgend/stil als het graf* **3.1** dig one's own ~ *zichzelf te gronde richten;* rise from the ~ *uit de dood opstaan.*

grave[2] ⟨bn.⟩ **0.1** ***belangrijk*** ⇒*gewichtig* **0.2** ***ernstig*** ⇒*zwaar, erg* **0.3** ***ernstig*** ⇒*plechtig* ◆ **1.1** ~ issue *ernstige* *zaak* **1.3** a ~ look on his face *een ernstige uitdrukking op zijn gezicht.*

grave[3] [greev] ⟨ww.; volt. deelw. ook graven⟩ **0.1** ***graveren*** ⇒ *griffen* **0.2** ***beitelen*** ⇒*beeldhouwen.*

gravedigger 0.1 ***doodgraver*** **0.2** ⟨dierk.⟩ ***doodgraver*** ⟨kever⟩.

gravel[1] [grævl] ⟨zn.⟩ **0.1** ***grind*** ⇒*kiezel* **0.2** ***kiezelzand*** ⇒ *grof zand* **0.3** ⟨med.⟩ ***niergruis*** ⇒*graveel(zand).*

gravel[2] ⟨ww.; BE: -led⟩ **0.1** ***begrinten*** **0.2** ***verwarren*** ⇒*verlegen maken* **0.3** ⟨inf.⟩ ***irriteren*** ◆ **1.1** ~led path *grindpad.*

gravelly [grævəlie] **0.1** ***grindachtig*** **0.2** ***grindhoudend*** **0.3** ***met grind bedekt*** **0.4** ***knarsend*** ⟨v. stem⟩.

graven [greevn] **0.1** ***geprent*** ⇒*gegrift* ◆ **1.¶** ~ image *afgodsbeeld* **6.1** ⟨schr.⟩ ~ **in / on** my memory *in mijn geheugen geprent/gegrift.*

graveside 0.1 ***grafrand*** ◆ **6.1 at** the ~ *rond het graf.*

gravestone 0.1 ***grafsteen*** ⇒*grafzerk.*

graveyard 0.1 ***kerkhof*** ⇒*begraafplaats.*

gravimetric|(al) [grævimmetrik(l)] ⟨-ally⟩ **0.1** ***gravimetrisch*** ◆ **1.1** ⟨schei.⟩ ~ analysis *gewichtsanalyse, gravimetrie.*

graving dock 0.1 ***droogdok.***

gravitas [grævitæs] ⟨schr.⟩ **0.1** ***plechtstatigheid*** ⇒*ernst.*

gravitate [grævitteet] **0.1** ***graviteren*** ⇒*vallen, (be)zinken* **0.2** ***aangetrokken worden*** ⇒*neigen, overhellen* ◆ **6.1** a heavy deposit ~d **to** the bottom *een zware neerslag zonk naar de bodem* **6.2** the discussion ~d **towards** a leftist critique *de discussie neigde naar linkse kritiek.*

gravitation [grævitteesjn] **0.1** ***gravitatie*** ⇒*zwaartekracht* **0.2** ***het graviteren*** ⇒*het aangetrokken worden* ◆ **1.1** law of ~ *wet v.d. zwaartekracht.*

gravitational [grævitteesjnəl] **0.1** ***gravitatie-*** ◆ **1.1** ~ field *gravitatieveld.*

gravity [grævətie] **0.1** ***ernst*** ⇒*serieusheid* **0.2** ***zwaarte*** ⇒ *gewicht, dichtheid* **0.3** ***zwaartekracht*** ◆ **1.1** the ~ of his illness *de ernst v. zijn ziekte* **1.2** centre of ~ *zwaartepunt* ⟨ook fig.⟩.

gravure [grəvjoeə] **0.1** ***gravure*** **0.2** ***het graveren*** ⇒*gravure.*

gravy [greevie] **0.1** ***jus*** ⇒*vleessaus* **0.2** ⟨sl.⟩ ***gemakkelijk verdiend geld*** ⇒*voordeeltje.*

gravy boat 0.1 ***juskom*** ⟨met schenktuit(en)⟩.

gravy train ⟨sl.⟩ ◆ **3.¶** get on the ~ *aan een winstgevend zaakje meedoen, gemakkelijk geld verdienen.*

gray →**grey.**

gray-collar 0.1 *v./mbt. technici.*

graze[1] [greez] ⟨zn.⟩ **0.1** ***schampschot*** **0.2** ***schaafwond*** ⇒ *schram.*

graze[2] **I** ⟨onov.ww.⟩ **0.1** ***grazen*** ⇒*weiden* **0.2** ***rakelings gaan*** ⇒*schampen, schuren* **0.3** ⟨mil.⟩ ***bestrijken*** ◆ **1.3** ~ing fire *spervuur* **6.2** the plane ~d **across / against / along** the treetops *het vliegtuig vloog/scheerde rakelings over/langs de boomtoppen;*

II ⟨ov.ww.⟩ **0.1** ***laten grazen*** ⇒*weiden, hoeden* **0.2** ***licht(jes) aanraken*** ⇒*schampen, schuren* ◆ **1.1** ~ the cattle *het vee weiden* **6.2** he ~d his arm **against** the wall *hij schaafde zijn arm tegen de muur.*

grease[1] [grie:s] ⟨zn.⟩ **0.1** ***vet*** ⇒*smeer* **0.2** ***pommade*** ⇒*brillantine* **0.3** ⟨AE; sl.⟩ ***smeergeld.***

grease[2] [grie:s, grie:z] ⟨ww.⟩ **0.1** ***invetten*** ⇒*oliën, smeren* **0.2** ***pommaderen*** **0.3** ⟨AE; sl.⟩ ***smeergeld geven*** ⇒*omkopen.*

grease gun 0.1 ***vetspuit.***

grease paint 0.1 ***schmink*** ⇒*make-up.*

greaseproof 0.1 ***vetvrij*** ◆ **1.1** ~ paper *vetvrij papier.*

greas|y [grie:sie, -zie] ⟨-ily⟩ **0.1** ***vettig*** ⇒*vet* **0.2** ***glibberig*** **0.3** ⟨inf.⟩ ***sluw*** ⇒*geslepen, glibberig* ◆ **1.1** ~ food *vet eten* **1.¶** ⟨sl.⟩ ~ spoon *goedkope (eet)tent.*

great[1] [greet] **I** ⟨telb.zn.⟩ **0.1** ***grote*** ⇒*vooraanstaande figuur* ◆ **1.1** the ~s of industry *de groten v.d. industrie;*

II ⟨zn.; ww. vnl. mv.; the⟩ **0.1** ***groten*** ⇒*vooraanstaande/ prominente figuren* ◆ **1.1** ~ and small *iedereen, uit alle lagen v.d. bevolking;*

III ⟨mv.; Greats⟩ **0.1** ***eindexamen (voor Bachelor of Arts)*** ⟨in Oxford, ihb. in klassieke letteren en wijsbegeerte⟩.

great[2] ⟨-ness⟩ **I** ⟨bn.⟩ **0.1** ***groot*** ⇒*nobel* ⟨personen⟩ **0.2** ⟨inf.⟩ ***geweldig*** ⇒*fantastisch, tof* ◆ **1.1** a ~ man *een groot/nobel man* **1.2** a ~ idea *een geweldig idee* **7.2** I'm the ~est! *ik ben de allergrootste!;*

II ⟨bn., attr.⟩ **0.1** ***groot*** ⇒*belangrijk, vooraanstaand* **0.2** ***verheven*** ⇒*groot* ⟨ideeën⟩ **0.3** ***buitengewoon*** ⇒*groot, zwaar* ⟨gevoelens, toestanden e.d.⟩ **0.4** ***groot*** ⇒*aanzienlijk, hoog* ⟨aantal⟩ **0.5** ***lang*** ⇒*hoog* ⟨(leef)tijd⟩ **0.6** ***groot*** ⇒ *ijverig, enthousiast* **0.7** ⟨vaak vóór bn.; inf.⟩ ***omvangrijk*** ⇒ *dik, reuze-, enorm* ◆ **1.1** Great Britain *Groot-Brittannië;* Greater London *Groot Londen;* a ~ occasion *een belangrijke gelegenheid;* the Great Powers *de grote mogendheden;* the Great Wall of China *de Chinese Muur* **1.2** ~ thoughts *verheven gedachten* **1.3** a ~ crisis *een ernstige crisis;* a ~ loss *een zwaar verlies* **1.4** a ~ deal *heel wat* **1.5** live to a ~ age *een hoge leeftijd bereiken* **1.6** a ~ reader *een verwoed lezer* **1.¶** the ~ beyond *het hiernamaals;* Great Dane *Deense dog;* Great Divide *hoofdwaterscheiding* ⟨ihb. Rocky Mountains⟩; ⟨fig.⟩ *grens tussen leven en dood;* ~ crested grebe *fuut;* ⟨sl.⟩ go ~ guns *veel succes hebben, als een trein lopen;* at ~ length *uitvoerig;* go to ~ lengths *erg ver gaan, erg zijn best doen;* he's a ~ one for forgetting his diary *hij vergeet altijd maar zijn agenda;* no ~ shakes *niets bijzonders, niet iets om over naar huis te schrijven;* be in ~ spirits *opgewekt zijn;* set ~ store by / on *grote waarde hechten aan;* the ~est thing since sliced bread *iets fantastisch;* ~ tit(mouse) *koolmees;* the Great War *de Eerste Wereldoorlog* **2.7** a ~ big tree *een kanjer v.e. boom* **4.4** a ~ many *heel wat, een heleboel;*

III ⟨bn., pred.⟩ **0.1** ***goed*** ⇒*bedreven, handig* **0.2** ***geïnteresseerd*** ⇒*onderlegd* ◆ **6.1** he is ~ **at** golf *hij is een geweldige golfer* **6.2** be ~ **on** *erg veel weten over.*

great[3] ⟨bw.⟩⟨inf.⟩ **0.1** ***uitstekend*** ⇒*heel goed* ◆ **3.1** she sings ~ *zij zingt geweldig.*

great- [greet] ⟨vormt verwantschapswoorden⟩ **0.1** ***over-*** **0.2** ***achter-*** **0.3** ***oud-*** ◆ **¶.1** great-grandfather *overgrootvader;* great-great-grandfather *betovergrootvader* **¶.2** great-grandchild *achterkleinkind* **¶.3** great-aunt *oudtante.*

greatcoat 0.1 ***(zware) (heren)overjas.***

greatly [greetlie] **0.1** →**great** **0.2** ***zeer*** ⇒*erg, buitengewoon* ◆ **3.2** ~ moved *zeer ontroerd.*

grebe [grie:b] **0.1** ***fuut.*** →**great.**

Grecian [grie:sjn] **0.1** ***Grieks*** ⟨in stijl e.d.⟩.

Greece [grie:s] **0.1** ***Griekenland.***

greed [grie:d] **0.1** ***hebzucht*** ⇒*hebberigheid* **0.2** ***gulzigheid*** **0.3** ***gierigheid.***

greed|y [grie:die] ⟨-iness⟩ **0.1** ***gulzig*** **0.2** ***hebzuchtig*** ⇒*begerig* **0.3** ***gretig*** ⇒*geestdriftig* ◆ **1.1** ~ eyes *gulzige blikken* **6.2** ~ **for** money *geldzuchtig.*

Greek[1] [grie:k] **I** ⟨eig.n.⟩ **0.1** ***Grieks*** ⟨taal⟩ ◆ **6.1** ⟨fig.⟩ that is ~ **to** me *dat is Grieks voor me;*

II ⟨telb.zn.⟩ **0.1** ***Griek.***

Greek[2] ⟨bn.⟩ **0.1** ***Grieks*** ◆ **1.1** the ~ Church *de Grieks-orthodoxe Kerk;* ~ cross *Grieks kruis* ⟨met vier gelijke armen⟩.

green[1] [grie:n] **I** ⟨telb.zn.⟩ **0.1** ***grasveld*** ⇒*brink, dorpsplein* **0.2** ⟨golf⟩ ***green*** ⟨putting oppervlak⟩;

II ⟨n.-telb.zn.⟩ **0.1** ***groen*** **0.2** ***groene kleding*** **0.3** ***jeugd*** ⇒*kracht* **0.4** ***loof*** ⇒*groen gewas* ◆ **3.2** dressed in ~ *in het groen gekleed* **6.3 in** the ~ *in de bloei der jaren;*
III ⟨mv.⟩ **0.1** ***(blad)groenten*** **0.2** ⟨G-; the; pol.⟩ ***(de) Groenen*** ⇒*(de) milieupartij* **0.3** ⟨AE⟩ ***groen*** ⇒*groene takken.*

green² ⟨-ness⟩ **I** ⟨bn.⟩ **0.1** ***groen*** **0.2** ***groen*** ⇒*met gras/loof begroeid* **0.3** ***groen*** ⇒*plantaardig* **0.4** ***groen*** ⇒*onrijp;* ⟨fig.⟩ *onervaren, naïef* **0.5** ⟨pol.⟩ ***groen*** ⇒*milieu-* **0.6** ***vers*** ⇒*ongezouten* **0.7** ***bleek*** ⇒*ziekelijk* **0.8** ***jeugdig*** ⇒*levendig* ◆ **1.2** the Green Isle *het Groene eiland* ⟨Ierland⟩ **1.3** ~ pepper *groene paprika;* ~ vegetables *bladgroenten* **1.4** ~ apples *groene/zure appels* **1.5** the ~ party *de Groenen* **1.6** ~ cheese *jonge kaas; meikaas;* ~ herring *groene/ongezouten haring* **1.¶** ~ beans *sperziebonen, prinsessenbonen;* ⟨inf.⟩ Green Beret *commando(soldaat);* ~ card *groene kaart* ⟨internationaal motorrijtuigenverzekeringsdocument⟩; ⟨AE⟩ *permanente verblijfsvergunning;* have ~ fingers / a ~ thumb *groene vingers hebben, talent hebben voor plantenverzorging;* be ~ about the gills *er ziek uitzien, wit om de neus zijn;* give s.o. the ~ light *iem. het groene licht geven;* ~ peas *doperwten;* ~ plover *kieviet;* ~ power *macht v.h. geld* **2.8** live to a ~ old age *oud worden maar jong v. hart blijven;*
II ⟨bn., pred.⟩ **0.1** ***jaloers*** ⇒*afgunstig* ◆ **1.1** ~ with envy *scheel v. afgunst.*

greenback ⟨AE; inf.⟩ **0.1** ***(Am.) bankbiljet.***

greenbelt **0.1** ***groenstrook*** ⇒*groengordel (rond een stad).*

greenery [grie:nərie] **0.1** ***groen*** ⇒*bladeren en groene takken.*

green-eyed **0.1** ***groenogig*** **0.2** ***jaloers*** ⇒*afgunstig.*

greenfinch ⟨dierk.⟩ **0.1** ***groenling.***

greenfly ⟨mv.: vaak greenfly⟩ **0.1** ***bladluis.***

greengage [grie:nggeedz] **0.1** ***reine-claude*** ⟨groene pruim⟩.

greengrocer ⟨vnl. BE⟩ **0.1** ***groenteboer*** ⇒*groenteman.*

greengrocer|y ⟨mv.: -ies⟩ ⟨vnl. BE⟩ **0.1** ***groentewinkel.***

greenhorn **0.1** ***groentje*** ⇒*beginneling* **0.2** ***sul*** ⇒*boerenlul.*

greenhouse **0.1** ***serre*** ⇒*broeikas.*

greenhouse gas ⟨milieu.⟩ **0.1** ***broeikasgas.***

greenish [grie:nisj] **0.1** ***groenachtig*** ◆ **1.1** ~ yellow *groenachtig geel, groengeel.*

Greenland **0.1** ***Groenland.***

greenmail ⟨geldw.⟩ **0.1** ***greenmail*** ⟨het opkopen v.e. groot aantal aandelen v.e. bedrijf schijnbaar met de bedoeling om het over te nemen, maar meestal om het bedreigde bedrijf te dwingen tot wederinkoop tegen een hogere prijs⟩.

greensick ⟨-ness⟩ ⟨med.⟩ **0.1** ***bleekzuchtig*** ⇒*anemisch.*

green time ⟨verkeer⟩ **0.1** ***groene golf.***

Greenwich (Mean) Time [grinnidzj (mie:n) tajm] **0.1** ***Greenwichtijd.***

greenwood **0.1** ***groen woud.***

greet [grie:t] **0.1** ***begroeten*** ⇒*groeten* **0.2** ***onthalen*** ⇒*begroeten* **0.3** ***komen tot*** ⇒*bereiken* ◆ **1.3** a cold air ~ed us *een vlaag koude lucht kwam ons tegemoet* **6.2** he was ~ed **with** enthusiasm *hij werd met enthousiasme begroet.*

greeting [grie:ting] **0.1** ***groet*** ⇒*begroeting, wens* **0.2** ⟨AE⟩ ***aanhef*** ⟨v.e. brief⟩ ◆ **3.1** exchange ~s *elkaar begroeten.*

gregarious [grigeəriəs] ⟨-ness⟩ **0.1** ⟨dierk.⟩ ***in kudde(n)/kolonie(s) levend*** **0.2** ***van gezelschap houdend*** ⇒*graag met anderen zijnd* ◆ **1.1** a ~ animal *een kuddedier.*

Gregorian [grigo:riən] **0.1** ***gregoriaans*** ⟨mbt. Paus Gregorius I of XIII⟩ ◆ **1.1** ~ calendar *Gregoriaanse kalender;* ~ chant *gregoriaans kerkgezang.*

gremlin [gremlin] ⟨vnl. mv.⟩ ⟨inf.⟩ **0.1** ***pechduiveltje*** ⇒*zetduivel* **0.2** ***kwelgeest*** ⇒*lastpak* ◆ **3.1** the ~s have struck again *we worden door (technische) pech achtervolgd.*

grenade [grinneed] **0.1** ***(hand)granaat.***

grenadier [grennədiə] **0.1** ***grenadier.***

Gresham's law [gresjəmz lo:] ⟨ec.⟩ **0.1** ***wet v. Gresham*** ⟨geld met lage intrinsieke waarde verdrijft geld met hoge⟩.

grew ⟨verl. t.⟩ →**grow.**

grey¹, ⟨AE sp.⟩ **gray** [gree] **I** ⟨telb.zn.⟩ **0.1** ***schimmel*** ⟨paard⟩;
II ⟨telb. en n.-telb.zn.⟩ **0.1** ***grijs*** ⇒*grijze kleur* ◆ **6.1** dressed **in** ~ *in het grijs (gekleed);*
III ⟨n.-telb.zn.⟩ **0.1** ***grauw licht*** ⇒*grauwheid.*

grey², ⟨AE sp.⟩ **gray** ⟨bn.; -ness⟩ **0.1** ***grijs(kleurig)*** **0.2** ***grijs*** ⇒*bewolkt, grauw* **0.3** ***grijs(harig)*** ⇒⟨fig.⟩ *ervaren, oud* **0.4** ***somber*** ⇒*treurig, triest* **0.5** ***saai*** ⇒*kleurloos* **0.6** ***grijs*** ⇒*vaag, onduidelijk* **0.7** ***naamloos*** ⇒*anoniem* ⟨personen⟩ **0.8** ***grijs*** ⟨minder illegaal dan zwart⟩ ◆ **1.1** ~ cells *grijze cellen, hersenen* **1.3** the ~ past *het grijze verleden* **1.6** a ~ area *een grijze zone* **1.¶** ~ eminence *grijze eminentie;* Grey Friar *franciscaan;* ~ squirrel *grijze eekhoorn* **3.1** his face turned ~ *zijn gezicht werd (as)grauw* **6.4** ~ **with** age *grijs v.d. ouderdom;* ⟨fig.⟩ *verouderd.* →**little.**

grey³, ⟨AE sp.⟩ **gray** ⟨ww.⟩ **0.1** ***grijs worden/maken*** ⇒*(ver)grijzen.*

greybeard, ⟨AE sp.⟩ **graybeard** **0.1** ***grijsaard.***

grey-haired **0.1** ***grijs*** ⇒*vergrijsd* ◆ **3.1** go ~ over sth. *ergens grijze haren van krijgen.*

greyhound **0.1** ***hazewind(hond)*** **0.2** ⟨AE⟩ ***greyhoundbus*** ⟨grote bus voor langeafstandsreizen⟩.

greyhound racing **0.1** ***het windhondenrennen.***

greyish, ⟨AE sp.⟩ **grayish** [greeisj] **0.1** ***grijsachtig.***

greylag (goose) [greelæg], ⟨AE sp. ook⟩ **graylag (goose)** **0.1** ***grauwe gans.***

grid [grid] **0.1** ***rooster*** ⇒*traliewerk* **0.2** ***raster*** ⇒*coördinatenstelsel/net* ⟨v. landkaart⟩ **0.3** ***netwerk*** ⇒*hoogspanningsnet* **0.4** ***wildrooster*** **0.5** ⟨elek.⟩ ***rooster*** **0.6** ***rek*** ⇒*bagagerek, bagagedrager* ◆ **2.3** ⟨BE⟩ the national ~ *het nationale elektriciteitsnet.*

griddle [gridl] **0.1** ***kookplaat*** ⇒*bakplaat* ⟨v. kachel, fornuis⟩ ◆ **6.1** ⟨fig.⟩ be **on** the ~ *aan de tand gevoeld worden.*

gridiron **0.1** ***rooster*** ⇒*grillrooster.*

grief [grie:f] **I** ⟨telb.zn.⟩ **0.1** ***grote zorg*** ⇒*bron v. leed* ◆ **6.1** he is a ~ **to** his parents *hij is een grote zorg voor zijn ouders;*
II ⟨n.-telb.zn.⟩ **0.1** ***leed*** ⇒*verdriet, smart* ◆ **2.¶** good ~! *lieve hemel!* **3.1** come to ~ *verongelukken* ⟨ook fig.⟩; *mislukken, falen; vallen* **¶.1** ~-stricken *(door leed) getroffen.*

grievance [grie.vns] **0.1** ***grief*** ⇒*klacht* **0.2** ***wrok*** ⇒*bitter gevoel* ◆ **3.2** nurse a ~ against s.o. *wrok tegen iem. koesteren.*

grieve [grie:v] **I** ⟨onov.ww.⟩ **0.1** ***treuren*** ⇒*verdriet hebben* ◆ **6.1** ~ **for** s.o. / **over** s.o.'s death *treuren om iemands dood;*
II ⟨ov.ww.⟩ **0.1** ***bedroeven*** ⇒*verdriet veroorzaken* ◆ **4.1** it ~s me to hear that *het spijt mij dat te horen.*

grievous [grie:vəs] ⟨-ness⟩ **0.1** ***erg*** ⇒*zwaar, ernstig* **0.2** ***pijnlijk*** ⇒*smartelijk* **0.3** ***verschrikkelijk*** ⇒*afschuwelijk* ◆ **1.1** ⟨jur.⟩ ~ bodily harm *zwaar lichamelijk letsel;* a ~ wound *een ernstige wond.*

griffin [griffin], **gryphon** [griffən] **0.1** ***griffioen.***

griffon [griffən] **0.1** ***griffon*** ⇒*smousbaard* ⟨ruige jachthond⟩ **0.2** ***griffioen*** **0.3** ***vale gier.***

grill¹ [gril] ⟨zn.⟩ **0.1** ***grill*** ⇒*rooster* **0.2** ***geroosterd (vlees)gerecht*** **0.3** →**grille** **0.4** ⟨verk.⟩ [grill-room].

grill² **I** ⟨onov. en ov.ww.⟩ **0.1** ***roosteren*** ⇒*grilleren;* ⟨fig.⟩ *bakken* ◆ **1.1** ~ing on the beach *op het strand liggen bakken;*
II ⟨ov.ww.⟩ **0.1** ***verhoren*** ⇒*aan een kruisverhoor onderwerpen* **0.2** ⟨vnl. volt. deelw.⟩ ***van rooster/traliewerk***

voorzien ◆ **1.2** a heavily ~ed window *een zwaar getralied venster.*

grille, grill [gril] **0.1** ***tralie werk*** ⇒*rooster, rasterwerk* **0.2** ***traliehek(je)*** ⇒*kijkraampje* **0.3** ***radiatorscherm*** ⟨v. auto⟩ ⇒*sierscherm, grille.*

grill-room, grill 0.1 ***grillroom*** ⇒*grillrestaurant.*

grim [grim] ⟨-ness⟩ **0.1** ***onverbiddelijk*** ⇒*meedogenloos* **0.2** ***akelig*** ⇒*beroerd* ◆ **1.1** ~ determination *onwrikbare vastberadenheid* **1.2** life is (rather) ~ *het leven is geen lolletje;* ~ prospects *ongunstige vooruitzichten* **1.¶** hang/hold on to sth. like ~ death *zich ergens wanhopig aan vastklampen, hardnekkig doorzetten.*

grimace¹ [grimmees] ⟨zn.⟩ **0.1** ***grimas*** ⇒*gezicht, grijns* ◆ **3.1** make ~s *smoelen trekken.*

grimace² ⟨ww.⟩ **0.1** ***een (lelijk) gezicht trekken*** ⇒*grimassen* ◆ **6.1** ~ **from** disgust/**with** pain *vertrekken van afkeer/van de pijn.*

grime¹ [grajm] ⟨zn.⟩ **0.1** ***vuil*** ⇒*roet* ⟨vnl. als laag op (huid)oppervlakte⟩.

grime² ⟨ww.⟩ **0.1** ***vuilmaken.***

grim|y [grajmie] ⟨-iness⟩ **0.1** ***vuil*** ⇒*groezelig, goor* **0.2** ***goor*** ⇒*onsmakelijk* ⟨persoon, taal⟩ ◆ **1.2** a ~ bloke *een gore vent.*

grin¹ [grin] ⟨zn.⟩ **0.1** ***brede glimlach*** **0.2** ***grijns*** ⇒*grimas* ◆ **3.2** take that (silly) ~ off your face! *sta niet (zo dom) te grijnzen!*

grin² ⟨-ned⟩ **I** ⟨onov.ww.⟩ **0.1** ***grijnzen*** ⇒*grinniken, glimlachen* **0.2** ***een grimas maken*** ⇒*grijnzen* ◆ **1.1** ~ like a Cheshire cat/from ear to ear *breed grijnzen, een brede glimlach tonen* **3.1** ~ and bear it *zich flink houden;*
II ⟨ov.ww.⟩ **0.1** ***door een glimlach te kennen geven/uitdrukken*** ◆ **1.1** he ~ned his approval *hij gaf met een glimlach zijn goedkeuring te kennen.*

grind¹ [grajnd] ⟨zn.⟩ **0.1** ***geknars*** ⇒*schurend/knarsend geluid* **0.2** ⟨geen mv.; inf.⟩ ***inspanning*** ⇒*(vervelend) karwei* **0.3** ⟨AE; inf.⟩ ***blokker*** ⇒*harde werker* ◆ **2.2** the dull daily ~ *de (saaie) dagelijkse sleur* **6.2** be **on** the ~ *ingespannen bezig zijn.*

grind² ⟨ground, ground [graund]⟩ **I** ⟨onov.ww.⟩ **0.1** ***zich laten malen*** ⇒*zich (goed) tot malen lenen* **0.2** ⟨inf.⟩ ***blokken*** ⇒*ploeteren* ◆ **5.2** he is ~ing **away** at his maths *hij zit op zijn wiskunde te blokken;*
II ⟨onov. en ov.ww.⟩ **0.1** ***knarsen*** ⇒*schuren, krassen* ◆ **1.1** ~ one's teeth *tandenknarsen;* ~ to a halt *tot stilstand komen* ⟨ook fig.⟩;
III ⟨ov.ww.⟩ **0.1** ***verbrijzelen*** ⇒*(ver)malen, verpletteren;* ⟨fig.⟩ *onderdrukken* **0.2** ***(uit)trappen*** ⟨ook fig.⟩ **0.3** ***slijpen*** **0.4** ***(doen) draaien*** ⟨(koffie)molen, draaiorgel e.d.⟩ ◆ **1.1** ~ coffee *koffie malen;* ~ing poverty *schrijnende armoede* **1.2** ~ one's cigarette into the rug *zijn sigaret in het tapijt (uit)trappen* **5.1** people ground **down** by taxes/tyranny *mensen verpletterd onder de belastingdruk/onderdrukt door tirannie.*

grinder [grajndə] **0.1** ***molen*** **0.2** ***slijper*** ⇒*slijpmachine* **0.3** ***maalsteen*** ⇒*wrijfsteen* ⟨bovenste molensteen⟩ **0.4** ***kies*** **0.5** ⟨AE; inf.⟩ ***blokker.***

grind out 0.1 ***uitbrengen*** ⇒*voortbrengen, opdreunen* ⟨voortdurend en machinaal⟩ **0.2** ***tussen de tanden grommen*** ◆ **1.1** the juke-box ground out old tunes *de jukebox draaide oude deuntjes af.*

grindstone 0.1 ***slijpsteen*** ◆ **3.¶** get back to the ~ *weer aan het werk gaan.*

gringo [gringgoo] ⟨vaak bel.⟩ **0.1** ***vreemdeling*** ⟨vnl. Amerikaan of Engelsman in Latijns-Amerika⟩.

grip¹ [grip] ⟨zn.⟩ **0.1** ***greep*** ⇒*houvast* **0.2** ***beheersing*** ⇒*macht, meesterschap;* ⟨fig.⟩ *begrip, vat* **0.3** ***greep*** ⇒*handvat* **0.4** ***klem*** ⇒*klamp* **0.5** ⟨AE⟩ ***toneelknecht*** ◆ **2.1** keep a tight ~ on *stevig vasthouden* **2.2** he has a firm ~ on his children *hij heeft zijn kinderen goed in de hand* **3.1** come/get to ~s with s.o. *met iem. beginnen te vechten* **3.2** come to ~s with a problem *een probleem aanpakken;* ⟨inf.⟩ keep/take a ~ on o.s. *zich beheersen, zichzelf in de hand houden.*

grip² ⟨-ped⟩ **I** ⟨onov.ww.⟩ **0.1** ***pakken*** ⟨v. rem e.d.⟩ ⇒*grijpen* ⟨v. anker⟩;
II ⟨ov.ww.⟩ **0.1** ***vastpakken*** ⇒*grijpen, vasthouden;* ⟨fig.⟩ *pakken, boeien* ◆ **1.1** ~ s.o.'s attention *iemands aandacht vasthouden;* a ~ping story *een boeiend verhaal.*

gripe¹ [grajp] **I** ⟨telb.zn.⟩ **0.1** ⟨inf.⟩ ***klacht*** ⇒*bezwaar, kritiek;*
II ⟨mv.⟩ **0.1** ⟨vaak the⟩ ***kolieken*** ⇒*buikkramp(en).*

gripe² **I** ⟨onov.ww.⟩ **0.1** ***knagen*** ⇒*krimpen, aan kramp lijden* **0.2** ⟨inf.⟩ ***klagen*** ⇒*mopperen* ◆ **1.1** a griping stomach *een knagende maag* **6.2** ~ **about** sth./**at** s.o. *over iets/tegen iem. mopperen;*
II ⟨ov.ww.⟩ **0.1** ***kramp/koliek veroorzaken bij*** **0.2** ⟨inf.⟩ ***kwellen*** ⇒*ergeren, benauwen* ◆ **3.1** be ~d *koliek krijgen.*

grip fastening 0.1 ***klittenbandsluiting.***

grippe, grip [grip] ⟨vaak the⟩ **0.1** ***griep*** ⇒*influenza.*

grisly [grizlie] **0.1** ***griezelig*** ⇒*akelig* **0.2** ***weerzinwekkend*** ⇒*verschrikkelijk.*

grist [grist] ◆ **1.¶** it brings ~ to the mill *het zet zoden aan de dijk;* it's all ~ (that comes) to s.o.'s mill *het is allemaal koren op zijn molen.*

gristle [grisl] **0.1** ***kraakbeen*** ⟨vnl. in vlees⟩.

gristl|y [grislie] ⟨-ier⟩ **0.1** ***kraakbeenachtig*** ⇒*v./met kraakbeen.*

grit¹ [grit] ⟨zn.⟩ **0.1** ***gruis*** ⇒*zand* **0.2** ⟨inf.⟩ ***lef*** ⇒*durf* **0.3** ⟨mv.; ww. ook enk.⟩ ***gort*** ⇒*grutten.*

grit² ⟨-ted⟩ **I** ⟨onov. en ov.ww.⟩ **0.1** ***knarsen*** ◆ **1.1** ~ one's teeth *knarsetanden* ⟨ook fig.⟩;
II ⟨ov.ww.⟩ **0.1** ***met zand bestrooien*** ◆ **1.1** ~ the icy roads *de gladde wegen met zand bestrooien.*

gritt|y [grittie] ⟨-ier⟩ **0.1** ***zanderig*** ⇒*korrelig* **0.2** ***kranig*** ⇒*moedig, flink.*

grizzle [grizl] ⟨BE; inf.⟩ **0.1** ***janken*** ⟨v. kind⟩ ⇒*jengelen, dreinen* **0.2** ***zaniken*** ⇒*mopperen.*

grizzled [grizld] **0.1** ***grijs*** ⇒*grauw* **0.2** ***grijsharig.***

grizzl|y [grizlie], **grizzly bear** ⟨mv.: -ies⟩ **0.1** ***grizzly(beer).***

groan¹ [groon] ⟨zn.⟩ **0.1** ***(ge)kreun*** ⇒*gekerm, gesteun* **0.2** ***afkeurend gegrom*** **0.3** ***gekraak*** ⟨v. hout onder zware last⟩.

groan² **I** ⟨onov.ww.⟩ **0.1** ***kreunen*** ⇒*kermen, steunen* **0.2** ***grommen*** ⇒*brommen* **0.3** ***gebukt gaan*** ⟨onder last⟩ ⇒*bijna bezwijken, zuchten* ◆ **3.1** ~ and moan *zuchten en steunen* **6.1** ~ **with** pain *kreunen v.d. pijn* **6.2** ~ **at** s.o. *afkeurend brommen tegen iem.* →**board;**
II ⟨ov.ww.⟩ **0.1** ***al kreunend uiten*** ⇒*steunen* **0.2** ***door (ontstemd) gebrom tot zwijgen brengen*** ◆ **5.1** he ~ed **out** a prayer *hij uitte kreunend nog een gebed.*

groat [groot] **0.1** ***groot*** ⟨oud (zilveren) vierstuiverstuk⟩ **0.2** ⟨mv.; ww. ook enk.⟩ ***grutten*** ⇒*havergort.*

grocer [groosə] **0.1** ***kruidenier.***

grocer|y [groosrie] ⟨mv.: -ies⟩ **0.1** ***kruidenierswinkel*** **0.2** ***kruideniersbedrijf*** ⇒*kruideniersvak* **0.3** ⟨mv.⟩ ***kruidenierswaren*** ⇒*grutterswaren.*

grog [grog] **0.1** ***grog.***

grogg|y [grogie] ⟨-ily⟩ **0.1** ***onvast op de benen*** ⇒*wankel* **0.2** ***suf*** ⇒*versuft, verdoofd* ◆ **1.1** that table is ~ *die tafel staat wankel op zijn poten* **3.2** I feel ~ *ik voel me suf.*

groin [grojn] **0.1** ***lies*** **0.2** ⟨bouwk.⟩ ***rib*** ⟨v. kruisgewelf⟩ ⇒*graatrib* **0.3** ***golfbreker*** ⇒*pier.*

groom¹ [groe:m, groem] ⟨zn.⟩ **0.1** ***stalknecht*** ⇒*palfrenier*

0.2 ***bruidegom*** **0.3** ⟨BE⟩ ***kamerheer*** ⟨bij koninklijke hofhouding⟩.

groom² ⟨ww.⟩ **0.1** ***verzorgen*** ⟨vnl. paarden⟩ ⇒*roskammen* **0.2** ***een keurig uiterlijk geven*** ⇒*opknappen* ⟨persoon⟩ **0.3** ***voorbereiden*** ⟨op politieke loopbaan e.d.⟩.

groove¹ [groe:v] ⟨zn.⟩ **0.1** ***groef*** ⇒*gleuf, sponning* **0.2** ***routine*** ⇒*sleur* **0.3** ⟨sl.⟩ ***iets mieters*** ⇒*iets machtigs* ◆ **1.1** ~ and tongue *messing en groef* **3.2** find one's ~, get into the ~ *zijn draai vinden;* be stuck in the ~ *in een sleur zitten.*

groove² **I** ⟨onov.ww.⟩ **0.1** ⟨sl.⟩ ***zich amuseren*** ⇒*zich lekker voelen;*
II ⟨ov.ww.⟩ **0.1** ***groeven*** ⇒*ploegen* ⟨hout⟩.

groover [groe:və] ⟨sl.⟩ **0.1** ***hip figuur*** ⇒*iem. die het helemaal is.*

groov|y [groe:vie] ⟨-ier⟩⟨vero.; inf.⟩ **0.1** ***hip*** ⇒*te gek, prima.*

grope¹ [groop] ⟨zn.⟩ **0.1** ***tastbeweging*** ⇒*tast.*

grope² **I** ⟨onov.ww.⟩ **0.1** ***tasten*** ⇒*rondtasten;* ⟨fig.⟩ *zoeken* ◆ **6.1** ~ **for** an answer *onzeker naar een antwoord zoeken;*
II ⟨ov.ww.⟩ **0.1** ***al tastend zoeken*** **0.2** ***betasten*** ⟨vnl. met seksuele bedoelingen⟩ ◆ **1.1** ~ one's way *zijn weg op de tast zoeken.*

gropingly [groopinglie] **0.1** ***tastend*** ⇒*op de tast;* ⟨fig.⟩ *weifelend, onzeker.*

gross¹ [groos] ⟨zn.; mv.: vaak gross⟩ **0.1** ***gros*** ⇒*12 dozijn, 144* ◆ **6.1** **by** the ~ *bij dozijnen, bij het gros.*

gross² ⟨bn.; -ness⟩ **0.1** ***grof*** ⇒*dik, lomp* **0.2** ***grof*** ⇒*flagrant, uitgesproken* **0.3** ***bruto*** ⇒*totaal* **0.4** ***vet*** ⇒*weinig verfijnd* ⟨eten⟩ **0.5** ***grof*** ⇒*vulgair, plat* **0.6** ***grof*** ⇒*algemeen, in grote lijnen* **0.7** ⟨AE; inf.⟩ ***walgelijk*** ⇒*afschuwelijk* ◆ **1.2** ~ injustice *uitgesproken onrechtvaardigheid* **1.3** ~ national product *bruto nationaal product* **1.5** ~ language *ruwe taal* **6.6** **in** (the) ~ *in grote trekken.*

gross³ ⟨ww.⟩ **0.1** ***een bruto winst hebben van*** ⇒*in totaal verdienen/opbrengen* ◆ **5.1** ~ **up** *de bruto waarde berekenen van* ⟨een nettobedrag⟩.

grotesque [grootesk] **0.1** ⟨bn.⟩ ***grotesk*** ⇒*zonderling, belachelijk* **0.2** ⟨zn.⟩ ***groteske figuur*** ⇒*komisch misvormde tekening* **0.3** ⟨zn.; kunst⟩ ***groteske.***

grotesqueness [grooteskn əs] **0.1** ***het groteske.***

grotto [grottoo] ⟨mv.: ook grottoes⟩ **0.1** ***grot*** ⟨vnl. kunstmatig, als tuinhuisje e.d.⟩.

grott|y [grottie] ⟨-iess⟩⟨sl.⟩ **0.1** ***rottig*** ⇒*vies, waardeloos* **0.2** ***beroerd*** ⇒*lamlendig* ⟨persoon⟩.

grouch¹ [grautsj] ⟨zn.⟩ **0.1** ⟨vnl. AE⟩ ***mopperpot*** ⇒*brombeer* **0.2** ***reden tot mopperen*** **0.3** ***mopperbui*** ⇒*knorrige bui* ◆ **6.2** he always has a ~ **about** sth. *hij vindt altijd wel iets om over te mopperen.*

grouch² ⟨ww.⟩ **0.1** ***mopperen*** ⇒*mokken.*

grouch|y [grautsjie] ⟨-iess⟩ **0.1** ***mopperig*** ⇒*humeurig.*

ground¹ [graund] **I** ⟨telb.zn.⟩ **0.1** ***terrein*** ⟨vnl. in samenstellingen⟩ **0.2** ***grond*** ⇒*reden, basis* ⟨v. handeling, redenering⟩ **0.3** ***grondlaag*** ⇒*ondergrond* **0.4** ⟨BE⟩ ***vloer*** ◆ **2.2** on religious ~s *uit godsdienstige overwegingen;*
II ⟨telb. en n.-telb.zn.⟩⟨AE; elek.⟩ **0.1** ***aarde*** ⇒*aardleiding;*
III ⟨n.-telb.zn.⟩ **0.1** ⟨vaak the⟩ ***grond*** ⇒*aarde, bodem* ⟨ook fig.⟩ **0.2** ***zeebodem*** ⇒*rivierbodem* **0.3** ***gebied*** ⟨vnl. fig.⟩ ⇒ *grondgebied, afstand* ◆ **1.¶** cut the ~ from under s.o.'s feet *iem. het gras voor de voeten wegmaaien* **3.1** bring sth. to the ~ *iets te gronde richten;* fall to the ~ *falen, in duigen vallen;* go to ~ *zich in een hol verschuilen* ⟨v. dier⟩; *onderduiken* ⟨v. persoon⟩; touch ~ *vaste grond onder de voeten krijgen* **3.2** run to ~ *aan de grond raken* ⟨v. schip⟩ **3.3** break (new/fresh) ~ *nieuw terrein betreden, pionierswerk verrichten;* cover much ~ *een lange afstand afleggen; veel terrein/onderwerpen bestrijken;* gain/make ~ *veld winnen; erop vooruit gaan;* give/lose ~ *terrein verliezen, wijken;* hold/keep/stand one's ~ *standhouden, voet bij stuk houden;* shift one's ~ *van argument/mening veranderen* **3.¶** feel the ~ *poolshoogte nemen* **5.¶** it suits him **down** to the ~ *dat komt hem uitstekend v. pas* **6.1** run o.s. **into** the ~ *zich uitputten;* get **off** the ~ *van de grond/op gang komen.* →**common, familiar, firm, fresh, solid;**
IV ⟨mv.⟩ **0.1** ***gronden*** ⇒*domein, park* ⟨rondom gebouw⟩ **0.2** ***bezinksel*** ⇒*koffiedik* ◆ **1.1** a house standing in its own ~s *een huis, geheel door eigen grond omgeven.*

ground² **I** ⟨onov.ww.⟩ **0.1** ***op de grond terecht komen*** ⇒*de grond raken* **0.2** ⟨scheep.⟩ ***aan de grond lopen*** ⇒*stranden;*
II ⟨ov.ww.⟩ **0.1** ***gronden*** ⇒*baseren, onderbouwen* **0.2** ⟨vnl. pass.⟩ ***onderleggen*** ⇒*voorbereiden, toerusten* **0.3** ***aan de grond houden*** ⟨vliegtuig, vliegenier⟩ **0.4** ***laten stranden*** ⟨schip⟩ **0.5** ⟨AE; elek.⟩ ***aarden*** ⇒*v.e. aardleiding voorzien* ◆ **1.3** the planes have been ~ed by the fog *de vliegtuigen moeten door mist aan de grond blijven* **6.2** be well ~ed **in** Latin *een goede kennis v.h. Latijn hebben.*

ground³ ⟨verl. t. en volt. deelw.⟩ →**grind.**

ground attack **0.1** ***grondaanval.***

ground bait **0.1** ***lokaas*** ⟨voor vis, op bodem⟩.

ground bass ⟨muz.⟩ **0.1** ***basso ostinato.***

groundbreaking **0.1** ***baanbrekend*** ⇒*grensverleggend.*

ground cloth ⟨AE⟩ **0.1** ***grondzeil.***

ground-colour **0.1** ***grondverf*** ⇒*grondlaag.*

ground-combat troops, ground troops **0.1** ***grondstrijdkrachten.***

ground control ⟨ww. enk of mv.⟩⟨luchtv., ruim.⟩ **0.1** ***vluchtleiding.***

ground crew ⟨zn.⟩ **0.1** ***grondpersoneel*** ⟨op luchthaven⟩.

ground floor **0.1** ***benedenverdieping*** ⇒*parterre* ◆ **3.¶** ⟨inf.⟩ get in on the ~ *op de onderste sport v.d. ladder beginnen; ergens van het begin af aan meedoen.*

ground fog **0.1** ***grondmist.***

ground forces **0.1** ***grondstrijdkrachten.***

ground frost **0.1** ***vorst aan/in de grond*** ⇒⟨ong.⟩ *nachtvorst.*

grounding [graunding] **0.1** ***scholing*** ⇒*training, basisvorming.*

groundless [graundləs] ⟨-ness⟩ **0.1** ***ongegrond*** ⇒*zonder (enige) basis.*

ground level **0.1** ***grondniveau*** **0.2** ***(gewone) arbeiders*** ⇒ *basis* ⟨tgov. hoger personeel⟩ ◆ **6.1** **at** ~ *bij de grond.*

groundnut ⟨BE⟩ **0.1** ***aardnoot*** ⇒*apennoot, pinda.*

ground plan **0.1** ***plattegrond*** ⇒*grondplan;* ⟨fig.⟩ *ontwerp, blauwdruk.*

ground pollution **0.1** ***bodemverontreiniging*** ⇒*bodemvervuiling.*

ground rent **0.1** ***grondpacht*** ⇒*erfpacht.*

ground rule ⟨vaak mv.⟩ **0.1** ***grondbeginsel*** ⇒*grondregel.*

groundsel [graun(d)sl] **0.1** ***kruiskruid.***

groundsheet **0.1** ***grondzeil.***

grounds|man [graun(d)zmən]⟨mv.: -men [-mən]⟩ ⟨vnl. BE⟩ **0.1** ***terreinknecht*** **0.2** ***tuinman.***

ground staff ⟨zn.; ww. enk. of mv.⟩⟨BE⟩ **0.1** ***grondpersoneel*** ⟨op luchthaven/basis⟩ **0.2** ***terreinpersoneel*** ⟨op sportveld⟩.

ground swell **0.1** ***vloedgolf*** ⟨v. opinie e.d.⟩ **0.2** ***zware golving*** ⇒*nadeining* ⟨v. zee, na storm of aardbeving⟩.

ground-to-air missile ⟨mil.⟩ **0.1** ***grond-luchtwapen.***

ground-to-ground missile ⟨mil.⟩ **0.1** ***grond-grondwapen.***

ground transportation **0.1** ***trein- en busverbindingen.***

groundwater **0.1** ***grondwater.***

groundwater table, table **0.1** ***grondwaterpeil/spiegel.***
groundwork ⟨the⟩ **0.1** ***grondslag*** *⇒basis, hoofdbestanddeel.*
group¹ [groe:p] **I** ⟨telb.zn.⟩ **0.1** ***groep*** *⇒geheel; verzameling, klasse; familie; afdeling, onderdeel;*
II ⟨zn.; ww. enk. of mv.⟩ **0.1** ***groep*** ⟨mensen⟩ **0.2** ***(pop)-groep*** ◆ **3.1** the ~ are divided *de leden v.d. groep zijn verdeeld.*
group² **I** ⟨onov.ww.⟩ **0.1** ***zich groeperen;***
II ⟨ov.ww.⟩ **0.1** ***groeperen*** *⇒in groepen plaatsen/verdelen* ◆ **4.1** we ~ed ourselves round the guide *we gingen in een groep rond de gids staan.*
group captain, ⟨sl.⟩ **groupie** ⟨BE; mil.⟩ **0.1** ***kolonel*** ⟨v. luchtmacht⟩ *⇒kolonel-vlieger.*
groupie [groe:pie] ⟨sl.⟩ **0.1** ***groupie*** ⟨meisje dat idool op tournee volgt⟩ **0.2** →**group captain.**
grouping [groe:ping] ⟨vaak enk.⟩ **0.1** ***groepering.***
group jump ⟨parachutespringen⟩ **0.1** ***groepsprecisiesprong.***
group practice **0.1** ***groepspraktijk.***
group therapy **0.1** ***groepstherapie.***
grouse¹ [graus] ⟨zn.; mv.: vnl. grouse⟩ **0.1** ***korhoen*** ⇒⟨BE ihb.⟩ *Schotse sneeuwhoen.*
grouse² ⟨zn.⟩⟨inf.⟩ **0.1** ***klacht*** *⇒aanmerking.*
grouse³ ⟨ww.⟩ **0.1** ⟨inf.⟩ ***mopperen*** *⇒kankeren, klagen.*
grout¹ [graut] ⟨zn.⟩ **0.1** ***dunne mortel*** *⇒voegspecie/middel* **0.2** ***(sier)pleister*** *⇒stuc, witkalk.*
grout² ⟨ww.⟩ **0.1** ***voegen*** *⇒vullen met dunne mortel* **0.2** ***stukadoren*** *⇒(be)pleisteren* ◆ **5.1** ~ **in** brickwork *metselwerk voegen.*
grove [groov] **0.1** ***bosje*** *⇒groepje bomen* **0.2** ⟨vnl. gesch.⟩ ***heilig bos.***
grovel [grovl] ⟨BE -led⟩ **0.1** ***kruipen*** ⟨vnl. fig.⟩ *⇒zich vernederen, zich verlagen* ◆ **6.1** ~ **before** s.o. *voor iem. kruipen.*
groveller, ⟨AE sp.⟩ **groveler** [grovlə] **0.1** ***kruiper.***
grovelling, ⟨AE sp.⟩ **groveling** [grovling] **0.1** ***kruipend*** *⇒kruiperig, verachtelijk.*
grow [groo]⟨grew [groe:], grown [groon]⟩ **I** ⟨onov.ww.⟩ **0.1** ***groeien*** *⇒opgroeien, ontstaan* **0.2** ***aangroeien*** *⇒zich ontwikkelen, gedijen* ◆ **2.1** ~ wild *in het wild groeien* **3.2** ~ to become *uitgroeien tot* **5.1** ⟨fig.⟩ ~ **away** from s.o. *v. iem. vervreemden;* ~ **up** *opgroeien, volwassen worden; ontstaan;* ~ **up** into *opgroeien/zich ontwikkelen tot, worden* **5.¶** ~ **up**! *doe niet zo kinderachtig!* **6.1** ⟨fig.⟩ ~ **into** a job *ingewerkt raken;* ~ **out of** *groeien/ontstaan/voortkomen uit; ontgroeien* ⟨slechte gewoonte, vrienden⟩; ~ **out of** one's clothes *uit zijn kleren groeien* **6.2** ~ **into** sth. big *tot iets groots uitgroeien;* classical music starts to ~ **on** me *ik begin v. klassieke muziek te houden;*
II ⟨ov.ww.⟩ **0.1** ***kweken*** *⇒verbouwen, telen* **0.2** ***laten staan/groeien*** ⟨baard⟩ **0.3** ***laten begroeien*** *⇒bedekken* ◆ **1.1** ~ vegetables *groenten kweken* **1.2** ~ a beard *zijn baard laten staan* **5.3** ~n **up/over** with weeds *met onkruid begroeid;*
III ⟨kww.⟩ **0.1** ***worden*** *⇒gaan* ◆ **1.1** she's ~n (into) a woman *ze is een volwassen vrouw geworden* **2.1** ~ cold/dark/old/rich *koud/donker/oud/rijk worden* **3.1** you will ~ to like him *je gaat hem wel aardig vinden.*
grower [grooə] **0.1** ***kweker*** *⇒teler, verbouwer* **0.2** ***groeiende plant*** ◆ **2.2** slow/fast ~ *langzaam/vlug groeiende plant.*
growing [grooing] **0.1** ***groeiend*** **0.2** ***groeizaam*** ◆ **1.2** ~ weather *groeizaam weer.*
growing pains **0.1** ***groeistuipen/pijnen*** **0.2** ***kinderziekten*** ⟨fig.⟩.
growl¹ [graul] ⟨zn.⟩ **0.1** ***gegrom*** *⇒gebrom* **0.2** ***snauw*** *⇒grauw, nors antwoord* **0.3** ***gerommel*** ⟨v. donder⟩.
growl² **I** ⟨onov.ww.⟩ **0.1** ***grommen*** *⇒brommen* **0.2** ***rommelen*** ⟨v. donder⟩;
II ⟨onov. en ov.ww.⟩ **0.1** ***snauwen*** *⇒grauwen* ◆ **5.1** ~ **out** sth. *iets (toe)snauwen.*
growler [graulə] **0.1** ***brompot*** *⇒knorrepot, brombeer.*
grown [groon] **I** ⟨bn.; vnl. als suffix⟩ **0.1** ***gekweekt*** *⇒geteeld* **0.2** ***begroeid*** ◆ **¶.1** home-~ vegetables *zelfgekweekte groenten;*
II ⟨bn., attr.⟩ **0.1** ***volgroeid*** *⇒rijp, volwassen.*
grown-up **0.1** ⟨bn.⟩ ***volwassen*** **0.2** ⟨zn.⟩ ***volwassene.***
growth [grooθ] **I** ⟨telb.zn.⟩ **0.1** ***gewas*** *⇒product* **0.2** ***gezwel*** *⇒uitwas, tumor* **0.3** ***groeisel*** **0.4** ***begroeiing;***
II ⟨telb. en n.-telb.zn.⟩ **0.1** ***groei*** *⇒wasdom, (volle) ontwikkeling* **0.2** ***toename*** *⇒uitbreiding* **0.3** ***kweek*** *⇒productie* ◆ **2.1** reach full ~ *volgroeid zijn* **6.3** tomatoes **of** foreign ~ *tomaten uit het buitenland.*
growth area **0.1** ***groeisector*** *⇒expansieve bedrijfstak.*
growth factor **0.1** ***groeifactor.***
growth hormone **0.1** ***groeihormoon.***
growth rate **0.1** ***groeitempo.***
growth stock **0.1** ***groeifondsen.***
groyne, ⟨AE sp.⟩ **groin** [grojn] **0.1** ***golfbreker*** *⇒pier.*
grub¹ [grub] **I** ⟨telb.zn.⟩ **0.1** ***larve*** *⇒made, rups;*
II ⟨n.-telb.zn.⟩⟨sl.⟩ **0.1** ***eten*** *⇒voer, hap.*
grub² ⟨-bed⟩ **I** ⟨onov.ww.⟩ **0.1** ***wroeten*** *⇒graven, scharrelen* ⟨ook fig.⟩ **0.2** ***zwoegen*** *⇒ploeteren* ◆ **5.1** ~ **about** *rondscharrelen* **5.2** ~ **along** *voortploeteren;*
II ⟨ov.ww.⟩ **0.1** ***rooien*** *⇒wieden* **0.2** ***opgraven*** *⇒opdelven* **0.3** ***opscharrelen*** *⇒uitvissen* ◆ **5.2** ~ **out/up** *uitgraven, opdelven.*
grubb|y [grubbie] ⟨-ier⟩ **0.1** ***vuil*** *⇒vies, smerig.*
Grub Street ⟨zn.⟩⟨BE⟩ ◆ **3.¶** live on ~ *broodschrijver zijn.*
grudge¹ [grudzj] ⟨zn.⟩ **0.1** ***wrok*** *⇒rancune, grief* ◆ **3.1** have/⟨AE⟩ hold a ~/~s against s.o. *een wrok tegen iem. hebben* **3.¶** pay off an old ~ *een oude rekening vereffenen.*
grudge² ⟨ww.⟩ **0.1** ***misgunnen*** *⇒niet gunnen, benijden* **0.2** ***met tegenzin doen/geven/toestaan.***
grudging [grudzjing] **0.1** ***onwillig*** **0.2** ***spaarzaam*** *⇒zuinig.*
grudgingly [grudzjinglie] **0.1** →**grudging** **0.2** ***met tegenzin.***
gruel [groe:əl] **0.1** ***watergruwel*** *⇒(dunne) havergort.*
gruelling, ⟨AE sp.⟩ **grueling** [groe:əling] **0.1** ***afmattend*** *⇒vermoeiend, slopend* ◆ **1.1** ~ test *zeer zware test.*
gruesome [groe:səm] ⟨-ness⟩ **0.1** ***gruwelijk*** *⇒afschuwelijk.*
gruff [gruf] ⟨-ness⟩ **0.1** ***nors*** *⇒bars, bruusk* ◆ **1.1** as ~ as a bear *zo nors als een beer.*
grumble¹ [grumbl] ⟨zn.⟩ **0.1** ***gemopper*** *⇒gebrom* **0.2** ***gerommel*** ⟨donder⟩ ◆ **2.1** full of ~s *in een zeer knorrige bui.*
grumble² **I** ⟨onov.ww.⟩ **0.1** ***rommelen*** ⟨v. donder⟩;
II ⟨onov. en ov.ww.⟩ **0.1** ***morren*** *⇒mopperen, brommen* ◆ **6.1** ~ **at** s.o. **about** sth. *tegen iem. over iets mopperen.*
grumbler [grumblə] **0.1** ***knorrepot*** *⇒mopperaar.*
grumbling [grumbling] ⟨inf.⟩ **0.1** ***pijnlijk*** *⇒ongemakken veroorzakend* ⟨v. blindedarm⟩.
grump|y [grumpie] ⟨-iness⟩ **0.1** ***knorrig*** *⇒humeurig, nukkig.*
grunt¹ [grunt] ⟨zn.⟩ **0.1** ***(ge)knor*** *⇒gebrom, gegrom.*
grunt² ⟨ww.⟩ **0.1** ***knorren*** *⇒brommen, grommen* ◆ **5.1** ~ **out** sth. *iets/wat brommen.*
gryphon →**griffin.**
G-string [dzjie:string] **0.1** ***G-strings*** ⟨soort tangaslip⟩.
guano [gwa:noo] **0.1** ***guano*** ⟨zeevogelmest⟩.
guarantee¹ [gærəntie:], ⟨jur.⟩ **guarant|y** [gærəntie] ⟨zn.; mv.: -ies⟩ **0.1** ***borg*** *⇒garant* **0.2** ***waarborg*** *⇒garantie(bewijs)* ⟨inf., ook fig.⟩; *zekerheid, belofte.*

guarantee², ⟨jur.⟩ **guarant|y** ⟨ww.; -ied⟩ **0.1** ***garanderen*** ⇒*waarborgen, borg staan voor* **0.2** ***vrijwaren*** **0.3** ⟨inf.⟩ ***verzekeren*** ⇒*garanderen, beloven* ◆ **1.1** ~d (annual) income *gewaarborgd (jaar)inkomen* **6.2** ~ **against/from** sth. *vrijwaren/waarborgen tegen.*

guarantor [gærəntoː] ⟨jur.⟩ **0.1** ***borg*** ⇒*garant.*

guard¹ [gaːd] ⟨→s3⟩ **I** ⟨telb.zn.⟩ **0.1** ***bewaker*** ⇒⟨AE⟩ *cipier, gevangenbewaarder;* ⟨Am. football⟩ *verdediger, guard* **0.2** ⟨BE⟩ ***conducteur*** ⟨op trein⟩ **0.3** ⟨vaak G-; BE⟩ ***lid v.e. garderegiment*** ⇒⟨mv.⟩ *garderegiment, gardetroepen* **0.4** ***beveiliging/bescherming(smiddel)*** ⇒*scherm, kap;*
II ⟨n.-telb.zn.⟩ **0.1** ***wacht*** ⇒*bewaking, waakzaamheid* **0.2** ⟨sport⟩ ***verdediging*** ⇒⟨boksen⟩ *dekking* ◆ **3.1** be on/keep/stand ~ *de wacht houden, op wacht staan;* change/relieve ~ *de wacht aflossen;* the changing of the ~ *het aflossen v.d. wacht* **5.2** he kept his ~ **up** *hij hield zijn dekking in stand/hoog;* ⟨fig.⟩ *hij bleef op zijn hoede, hij beheerste zich* **6.1** **off** (one's) ~ *niet op zijn hoede;* catch s.o. **off** (his) ~ *iem. overrompelen;* be **on** (one's) ~ **against** *bedacht zijn op;*
III ⟨zn.; ww. enk. of mv.⟩ **0.1** ***garde*** ⇒*(lijf)wacht, escorte* **0.2** ***erewacht*** ◆ **1.1** ~ of honour *erewacht* **2.1** under armed ~ *onder gewapende escorte/begeleiding.*

guard² **I** ⟨onov.ww.⟩ **0.1** ***(zich) verdedigen*** ⇒*zich dekken* **0.2** ***zich hoeden*** ⇒*zijn voorzorgen nemen* **0.3** ***op wacht staan*** ◆ **6.2** ~ **against** sth. *zich voor iets hoeden;*
II ⟨ov.ww.⟩ **0.1** ***bewaken*** ⇒*behoeden, beveiligen; bewaren* ⟨geheim⟩ **0.2** ***beschermen*** ⇒*beschutten* **0.3** ***bedwingen*** ⇒*in bedwang houden* ⟨gedachten, tong⟩.

guard boat **0.1** ***patrouilleboot.***

guard dog **0.1** ***waakhond.***

guard duty **0.1** ***wachtdienst.***

guarded [gaːdid] **0.1** ***voorzichtig*** ⇒*bedekt* ⟨termen⟩.

guardhouse, guardroom ⟨mil.⟩ **0.1** ***wachthuis*** **0.2** ***arrestantenlokaal.***

guardian [gaːdiən] **0.1** ***bewaker*** ⇒*beschermer, oppasser* **0.2** ***voogd(es)*** ⇒*curator.*

guardian angel **0.1** ***beschermengel*** ⇒*engelbewaarder.*

guardianship [gaːdiənsjip] **0.1** ***voogdij(schap)*** ⇒*bescherming.*

guardrail **0.1** ***leuning*** ⇒*reling* **0.2** ***vangrail*** **0.3** ⟨spoorwegen⟩ ***contrarail.***

guards|man [gaːdzmən] ⟨mv.: -men [-mən]⟩ **0.1** ***gardesoldaat*** ⇒*gardeofficier, lid v.e. garderegiment.*

guard's van ⟨BE; spoorwegen⟩ **0.1** ***conducteurswagen.***

guava [gwaːvə] ⟨plantk.⟩ **0.1** ***guave*** ⟨vrucht en boom⟩.

gubbins [gubbinz] ⟨ww. ook enk.⟩ ⟨BE; inf.⟩ **0.1** ***dinges.***

gubernatorial [goeːbənətoːriəl] ⟨schr.⟩ **0.1** ***gouverneurs-.***

gudgeon [gudzjən] **0.1** ⟨dierk.⟩ ***riviergrondel.***

gue(r)rilla [gərillə] **0.1** ***guerrilla(strijder)*** ⇒*guerrillero.*

guer(r)illero [gerrəljerroo] **0.1** ***guerrilla(strijder).***

guess¹ [ges] ⟨zn.⟩ **0.1** ***gis(sing)*** ⇒*ruwe schatting* ◆ **2.1** ⟨inf.⟩ your ~ is as good as mine *ik weet het net zo min als jij* **3.1** make/have a ~ (at sth.) *(naar iets) raden* **4.1** it's anybody's/anyone's ~ *dat is niet te zeggen* **6.1** **at** a ~ *naar schatting;* **at** a ~ I should say that ... *ik schat dat ...* **7.1** my ~ is *volgens mij.*

guess² ⟨ww.⟩ **0.1** ***raden*** ⇒*schatten, gissen* **0.2** ⟨AE; inf.⟩ ***denken*** ⇒*aannemen* ◆ **3.1** ⟨inf.⟩ keep s.o. ~ing *iem. in het ongewisse laten* **5.1** you've ~ed right *je hebt het (goed) geraden* **6.1** ~ **at** sth. *naar iets raden.*

guesswork **0.1** ***giswerk*** ⇒*het raden.*

guest [gest] **0.1** ***gast*** ⇒*logé* **0.2** ***genodigde*** ⇒*introducé* ◆ **1.1** ~ of honour *eregast* **3.¶** ⟨inf.⟩ be my ~! *ga je gang!*

guestchamber, guest room **0.1** ***logeerkamer.***

guesthouse **0.1** ***pension.***

guest night **0.1** ***avond voor introducés*** ⟨v. club enz.⟩.

guest star **0.1** ***gastster.***

guest worker **0.1** ***gastarbeider.***

guffaw¹ [gəfoː] ⟨zn.⟩ **0.1** ***bulderende/ruwe lach.***

guffaw² ⟨ww.⟩ **0.1** ***bulderen v.h. lachen.***

guidance [gajdns] **0.1** ***leiding*** **0.2** ***raad*** ⇒*advies, hulp, begeleiding* ◆ **2.2** vocational ~ *beroepsvoorlichting.*

guide¹ [gajd] ⟨zn.⟩ **0.1** ***gids*** **0.2** ***leidraad*** **0.3** ⟨G-; BE⟩ ***padvindster*** ⇒*gids* **0.4** ⟨verk.⟩ [guidebook].

guide² ⟨ww.⟩ **0.1** ***leiden*** ⇒*gidsen, de weg wijzen, (be)geleiden* **0.2** ***als leidraad/richtsnoer dienen voor*** **0.3** ***besturen*** ⇒*leiden* ◆ **1.1** ~d missiles *geleide projectielen/wapens;* a ~d tour *een rondleiding* **1.2** he was ~d by his feelings *hij liet zich leiden door zijn gevoelens.*

guidebook **0.1** ***handleiding*** ⇒*inleiding* **0.2** ***(reis)gids.***

guide dog **0.1** ***geleidehond.***

guideline **0.1** ***richtlijn*** ⇒*richtsnoer.*

guide price **0.1** ***vaste richtprijs*** ⟨ihb. voor EG-landbouwproducten⟩.

Guider [gajdə] ⟨BE⟩ **0.1** ***akela*** ⇒*leidster.*

guiderope **0.1** ***keertalie*** ⟨bij het hijsen⟩ **0.2** ***sleeptouw*** ⟨v. luchtballon⟩ **0.3** ***ankertouw*** ⟨v. luchtschip⟩.

guiding [gajding] **0.1** ***leidend*** ◆ **1.1** he needs a ~ hand from time to time *hij moet af en toe op de juiste weg geholpen worden;* ~ light *leidstar/ster;* ~ principle *leidend beginsel.*

guild, gild [gild] **0.1** ***gilde.***

guilder [gildə], **gulden** **0.1** ***gulden.***

guildhall **0.1** ***gildehuis*** **0.2** ***raadhuis*** ⇒*stadhuis.*

guile [gajl] **0.1** ***slinksheid*** ⇒*bedrog, valsheid* ◆ **2.1** he is full of ~ *hij is niet te vertrouwen.*

guileful [gajlfoel] ⟨-ness⟩ **0.1** ***slinks.***

guileless [gajlləs] ⟨-ness⟩ **0.1** ***argeloos*** ⇒*onschuldig, naïef.*

guillemot [gilləmot] **0.1** ***zeekoet.***

guillotine¹ [gillətieːn] ⟨zn.⟩ **0.1** ***guillotine*** ⇒*valbijl* **0.2** ***papiersnijmachine*** **0.3** ⟨BE; pol.⟩ ***tijdslimiet voor de behandeling v.e. wetsontwerp*** ◆ **6.3** the bill is to pass **under** a ~ by 4.30 *om (uiterlijk) half vijf moet er over het wetsontwerp gestemd worden.*

guillotine² ⟨ww.⟩ **0.1** ***guillotineren*** **0.2** ***afkappen*** ⇒*een eind maken aan* **0.3** ⟨BE; pol.⟩ ***een tijd v. stemming bepalen voor*** ⇒*erdoor jagen* ⟨wetsontwerp⟩.

guilt [gilt] **0.1** ***schuld*** ⇒*schuldgevoel.*

guilt complex ⟨psych.⟩ **0.1** ***schuldcomplex.***

guiltless [giltləs] ⟨-ness⟩ **0.1** ***schuldeloos*** ⇒*onschuldig.*

guilt|y [giltie] ⟨-iness⟩ **0.1** ***schuldig*** ⇒*schuldbewust* ◆ **1.1** a ~ conscience *een slecht geweten* **3.1** ⟨jur.⟩ plead ~ *schuld bekennen;* ⟨jur.⟩ plead not ~ *schuld ontkennen* **6.1** ⟨jur.⟩ find ~ **of** a crime *schuldig bevinden aan een misdaad.*

guinea [ginnie] **0.1** ***gienje*** ⟨oude gouden munt ter waarde van 21 shilling⟩.

guinea fowl ⟨mv.: guinea fowl⟩ **0.1** ***parelhoen.***

guinea hen ⟨mv.: guinea hen⟩ **0.1** ***(vrouwtje v.h.) parelhoen.***

guinea pig **0.1** ***cavia*** **0.2** ***proefkonijn.***

guise [gajz] **0.1** ⟨vnl. enk.⟩ ***uiterlijk*** ⇒*gedaante* **0.2** ***mom*** ⇒*voorwendsel* ◆ **6.1** **in** the ~ **of** a clown *uitgedost als clown* **6.2** **in/under** the ~ **of** *onder het mom v.*

guitar [gittaː] **0.1** ***gitaar.***

guitarist [gittaːrist] **0.1** ***gitaarspeler/speelster*** ⇒*gitarist(e).*

Gulag [goeːlæg, -laːg] ⟨ook g-⟩ **0.1** ***goelag.***

gulch [gultsj] ⟨AE⟩ **0.1** ***ravijn*** ⇒*geul.*

gulf [gulf] **0.1** ***golf*** ⇒*(wijde) baai* **0.2** ***afgrond*** ⇒*kloof* ⟨ook fig.⟩.

gulf state ⟨vaak the Gulf States⟩ **0.1** ***golfstaat*** ⟨aan Perzische Golf of Golf v. Mexico⟩.
Gulf stream ⟨the⟩ **0.1** ***Golfstroom.***
gull[1] [gul] ⟨zn.⟩ **0.1** ***meeuw.***
gull[2] ⟨ww.⟩ **0.1** ***beetnemen*** ⇒*bedotten* ◆ **6.1** ~ s.o. **out of** all his money *iem. al het geld uit de zak kloppen.*
gullet [gullit] **0.1** ***keel(gat)*** ⇒*strot* ◆ **3.¶** stick in s.o.'s ~ *onverteerbaar zijn voor iem.*
gullib|le [gulləbl] ⟨-ly; zn.: **-ility**⟩ **0.1** ***makkelijk beet te nemen*** ⇒*lichtgelovig, onnozel.*
gull|y, gulley [gullie] ⟨mv.: -ies⟩⟨→s1⟩ **0.1** ***geul*** ⇒*ravijn, greppel* **0.2** ⟨cricket⟩ ***gull(e)y*** ⟨veldspeler/positie tussen slip en point⟩.
gulp[1] [gulp] ⟨zn.⟩ **0.1** ***teug*** ⇒*slok* **0.2** ***slikbeweging.***
gulp[2] **I** ⟨onov.ww.⟩ **0.1** ***naar adem snakken*** **0.2** ***slikken;***
II ⟨onov. en ov.ww.⟩ **0.1** ***schrokken*** ⇒*slokken, slikken* ◆ **5.1** he ~ed **down** his drink *hij sloeg zijn borrel achterover* **5.¶** ~ **back/down** *inslikken, onderdrukken.*
gum[1] [gum] ⟨zn.⟩ **0.1** ⟨vnl. mv.⟩ ***tandvlees*** **0.2** ***gom(hars)*** **0.3** ⟨AE⟩ ***kauwgum*** **0.4** ***Arabische gom*** ◆ **6.¶** ⟨vnl. Noord-Eng.⟩ by ~ *drommels.*
gum[2] ⟨ww.; -med⟩ **0.1** ***gommen*** ⇒*plakken* ◆ **5.¶** ~ **up** the works *de boel verzieken/in de war sturen.*
gum arabic **0.1** ***Arabische gom.***
gumboil [gumbojl] **0.1** ***abces op het tandvlees.***
gumboot **0.1** ***rubberlaars.***
gumdrop ⟨AE⟩ **0.1** ***gombal.***
gumm|y [gummie] ⟨-iness⟩ **0.1** ***kleverig*** **0.2** ***gommig*** ⇒*gomachtig, vol gom.*
gumption [gum(p)sjn] ⟨inf.⟩ **0.1** ***initiatief*** ⇒*ondernemingslust, vindingrijkheid* **0.2** ***gewiekstheid*** ⇒*pienterheid.*
gum shield ⟨boksen⟩ **0.1** ***gebitsbeschermer.***
gum tree **0.1** ***gomboom*** ◆ **6.¶** **up** a ~ *in de nesten.*
gun[1] [gun] ⟨zn.⟩ **0.1** ***stuk geschut*** ⇒*kanon* **0.2** ***vuurwapen*** ⇒*(jacht)geweer, pistool* **0.3** ***spuitpistool*** ⇒*revolverspuit* **0.4** ***jager*** ⇒*geweer* ⟨itt. drijver⟩ **0.5** →**gunman** ◆ **3.¶** beat/jump the ~ *te vroeg v. start gaan;* ⟨fig.⟩ *op de zaak vooruitlopen;* spike s.o.'s ~s *iem. de wind uit de zeilen nemen;* stick to one's ~s *voet bij stuk houden.* →**great.**
gun[2] ⟨-ned⟩ **I** ⟨onov.ww.⟩ **0.1** ***jagen*** ⇒*op jacht zijn/gaan* ◆ **6.1** ~ **for** *jacht maken op;* ⟨fig.⟩ *het gemunt hebben op;*
II ⟨ov.ww.⟩ **0.1** ⟨vaak +down⟩ ***neerschieten*** ⇒*neerknallen* ◆ **1.¶** he ~ned the engine *hij liet de motor razen.*
gunboat **0.1** ***kanonneerboot.***
gunboat diplomacy **0.1** ***machtsvertoon*** ⟨als instrument v.h. buitenlands beleid⟩.
gun carriage **0.1** ***affuit.***
guncotton **0.1** ***schietkatoen.***
gun dog **0.1** ***jachthond.***
gunfight **0.1** ***vuurgevecht.***
gunfire **0.1** ***schoten*** ⇒*geschutvuur, kanonvuur.*
gunge [gundzj] ⟨BE; inf.⟩ **0.1** ***smurrie*** ⇒*kleeftroep.*
gunged up [gundzjd up] ⟨BE; inf.⟩ **0.1** ***vol met troep.***
gunk [gungk] ⟨sl.⟩ **0.1** ***smurrie*** ⇒*kleeftroep.*
gun licence **0.1** ***wapenvergunning.***
gun|man [gunmən] ⟨mv.: -men [-mən]⟩ **0.1** ***iem. met een vuurwapen*** ⇒*gangster, (beroeps)moordenaar* ◆ **7.1** two gunmen *twee gewapende mannen.*
gunmetal **I** ⟨telb. en n.-telb.zn.⟩ **0.1** ⟨ong.⟩ ***staalgrijs;***
II ⟨n.-telb.zn.⟩ **0.1** ***kanonmetaal*** ⇒*geschutbrons.*
gunner [gunnə] **0.1** ***artillerist*** ⇒*kanonnier* **0.2** ***boordschutter*** **0.3** ⟨AE; scheep.⟩ ***konstabel*** ⟨onderofficier belast met de zorg voor het geschut⟩.
gunpoint ◆ **6.¶** **at** ~ *onder bedreiging v.e. vuurwapen, onder schot.*
gunpowder **0.1** ***buskruit.***
Gunpowder Plot ⟨the⟩⟨gesch.⟩ **0.1** ***het buskruitverraad*** ⟨samenzwering v. Guy Fawkes om het Parlement op te blazen in 1605⟩.
gunroom ⟨BE⟩ **0.1** ***wapenkamer*** **0.2** ⟨scheep.⟩ ***messroom voor adelborsten en officieren v. lagere rang.***
gunrunner **0.1** ***wapensmokkelaar.***
gunrunning **0.1** ***wapensmokkel.***
gunshot **I** ⟨telb.zn.⟩ **0.1** ***schot*** ⇒*geweerschot, pistoolschot* ◆ **1.1** a ~ wound *een kogelwond/schotwond;*
II ⟨n.-telb.zn.⟩ **0.1** ***hagel*** **0.2** ***schootsafstand.***
gunslinger **0.1** ***revolverheld.***
gunsmith **0.1** ***wapensmid.***
gunwale [gunl] ⟨scheep.⟩ **0.1** ***dolboord*** **0.2** ***potdeksel.***
guppie [guppie] **0.1** ⟨samentr. v. gay yuppie⟩ ***homoyuppie*** **0.2** ⟨samentr. v. green yuppie⟩ ***ecoyuppie.***
gupp|y [guppie] ⟨mv.: -ies⟩ **0.1** ***gup(py)*** ⇒*missionarisvisje, miljoen(en)visje.*
gurgle[1] [gə:gl] ⟨zn.⟩ **0.1** ***gekir*** ⟨v. baby⟩ ⇒*geklok, gemurmel.*
gurgle[2] **I** ⟨onov.ww.⟩ **0.1** ***kirren*** ⇒*klokken, murmelen;*
II ⟨ov.ww.⟩ **0.1** ***kirrend/murmelend zeggen.***
guru [goeroe:] **0.1** ***goeroe.***
gush[1] [gusj] **I** ⟨telb.zn.; vnl. enk.⟩ **0.1** ***stroom*** ⟨ook fig.⟩ ⇒*vloed, uitbarsting;*
II ⟨n.-telb.zn.⟩ **0.1** ***uitbundigheid*** ⇒*overdrevenheid* **0.2** ***dweperij*** ⇒*sentimentaliteit.*
gush[2] **I** ⟨onov.ww.⟩ **0.1** ***stromen*** ⇒*gutsen* **0.2** ⟨+ over⟩ ***dwepen (met)*** ⇒*overdreven doen (over/tegen);*
II ⟨ov.ww.⟩ **0.1** ***spuiten*** ⇒*uitstorten, doen stromen.*
gusher [gusjə] **0.1** ***dweper*** ⇒*iem. die overdreven doet* **0.2** ***spuiter*** ⟨oliebron⟩.
gushing [gusjing] **0.1** ***dweperig*** ⇒*overdreven* **0.2** ***spuitend*** ⇒*gutsend.*
gush|y [gusjie] ⟨-iness⟩ **0.1** ***dweperig*** ⇒*overdreven.*
gusset [gussit] **0.1** ***geer*** ⇒*inzetstuk, spie.*
gust [gust] **0.1** ***(wind)vlaag*** ⇒*windstoot* **0.2** ***uitbarsting*** ◆ **1.2** a ~ of laughter/anger *een lachsalvo, een woede-uitbarsting.*
gusto [gustoo] **0.1** ***animo*** ⇒*vuur, geestdrift* **0.2** ***smaak*** ⇒*waardering, genot* ◆ **6.1** **with** (great) ~ *enthousiast.*
gust|y [gustie] ⟨-ier⟩ **0.1** ***vlagerig*** ⇒*met windstoten, stormachtig.*
gut[1] [gut] **I** ⟨telb. en n.-telb.zn.⟩ **0.1** ***darmkanaal*** **0.2** ***darm*** ⇒*catgut* ◆ **3.¶** ⟨sl.⟩ bust a ~ *zich uit de naad werken;*
II ⟨mv.⟩ **0.1** ***ingewanden*** ⇒*geweide, visgrom* **0.2** ⟨inf.⟩ ***lef*** ⇒*durf, moed* ◆ **3.¶** it has no ~s in it *het is leeg gepraat;* ⟨inf.⟩ hate s.o.'s ~s *grondig de pest hebben aan iem.;* ⟨inf.⟩ sweat/work one's ~s out *zich een ongeluk werken.*
gut[2] ⟨bn.⟩ **0.1** ***instinctief*** ⇒*onberedeneerd* ◆ **1.1** a ~ reaction *een (zuiver) gevoelsmatige reactie.*
gut[3] ⟨ww.; -ted⟩ **0.1** ***ontweien*** ⇒*uithalen* **0.2** ***plunderen*** ⇒*leeghalen* **0.3** ⟨vnl. pass.⟩ ***uitbranden*** ⟨v. gebouw⟩ **0.4** ***uitbreken*** ⟨gebouw⟩.
gutless [gutləs] ⟨-ness⟩ **0.1** ***laf*** ⇒*zonder durf.*
gut-rot →**rotgut.**
guts|y [gutsie] ⟨-ier⟩⟨inf.⟩ **0.1** ⟨BE⟩ ***gulzig*** **0.2** ***dapper*** ⇒*flink* **0.3** ***pittig*** ⇒*attractief.*
gutta-percha [guttəpə:tsjə] **0.1** ***guttapercha.***
gutter[1] [guttə] ⟨zn.⟩ **0.1** ***goot*** ⟨ook fig.⟩ ⇒*geul, greppel; dakgoot* ◆ **7.1** taken out/picked up out of the ~ *uit de goot opgeraapt.*
gutter[2] ⟨ww.⟩ **0.1** ***druipen*** ⟨v. kaars⟩.
guttering [guttəring] **0.1** ***gootmateriaal*** **0.2** ***gootwerk.***
gutter press ⟨the⟩ **0.1** ***schandaalpers*** ⇒*roddelpers.*
guttersnipe [guttəsnajp] **0.1** ***straatjongen*** ⇒*schoffie.*

guttural [guttərəl] **0.1** ***gutturaal*** ⇒*keel-.*
guv [guv], **guvnor** [guvnə] ⟨BE; sl.⟩ **0.1** ***baas*** ⟨werkgever⟩ **0.2** ***ouwe heer*** ⟨vader⟩ **0.3** ***meneer.***
guy[1] [gaj] ⟨zn.⟩ **0.1** ⟨inf.⟩ ***kerel*** ⇒*vent, man* **0.2** ⟨vnl. AE; inf.⟩ ***mens*** ⇒⟨mv.⟩ *lui, jongens, mensen* ⟨ook wel onvertaald; slaat op jongens en meisjes⟩ **0.3** ⟨BE⟩ ***Guy Fawkes-pop*** **0.4** ⟨verk.⟩ [guy rope] ◆ **4.2** where are you ~s going? *waar gaan jullie naar toe?*
guy[2] ⟨ww.⟩ **0.1** ***tuien*** ⇒*vastzetten met een stormlijn/borg/topreep* **0.2** ***belachelijk maken*** ⇒*de draak steken met.*
Guy Fawkes Night **0.1** ***Guy Fawkes-avond*** ⟨5 november, viering v.h. buskruitverraad⟩.
guy rope **0.1** ***keertalie*** **0.2** ***stormlijn*** **0.3** ***tui*** ⇒*borg, topreep.*
guzzle [guzl] **0.1** ***zwelgen*** ⇒*(ver)brassen, (op)zuipen.*
guzzler [guzlə] **0.1** ***zwelger/ster*** ⇒*brasser, zuiper/ster.*
gym [dzjim] **0.1** ***gymlokaal*** ⇒*fitnesscentrum, sportschool* **0.2** ***gym*** ⇒*gymnastiek(les).*
gymkhana [dzjimka:nə] **0.1** ***gymkana*** ⇒*sportfeest, behendigheidswedstrijd* ⟨ihb. voor ruiters⟩.
gymnasium [dzjimneeziəm]⟨mv.: ook gymnasia [-ziə]⟩ **0.1** ***gymnastieklokaal.***
gymnast [dzjimnæst] **0.1** ***gymnast*** ⇒*turner/ster.*
gymnastic [dzjimnæstik] ⟨-ally⟩ **0.1** ***gymnastiek-*** ⇒*gymnastisch, oefen-.*
gymnastics [dzjimnæstiks] **0.1** ***gymnastiek*** ⇒*lichamelijke oefening; turnen.*
gym shoe **0.1** ***gymschoen.***
gymslip ⟨BE⟩ **0.1** ***overgooier*** ⟨met ceintuur⟩ ⇒***tuniek*** ⟨deel v.h. schooluniform⟩.
gynaecologist, ⟨AE sp.⟩ **gynecologist** [gajnikkolledzjist] **0.1** ***gynaecoloog*** ⇒*vrouwenarts.*
gynaecolog|y, ⟨AE sp.⟩ **gynecology** [gajnikkolledzjie] ⟨bn.: **-ical**⟩ **0.1** ***gynaecologie.***
gyp[1] [dzjip] **I** ⟨telb.zn.⟩ **0.1** ⟨BE⟩ ***bediende*** ⟨universiteit v. Cambridge⟩ **0.2** ⟨AE⟩ ***oplichter;***
II ⟨telb. en n.-telb.zn.⟩⟨inf.⟩ **0.1** ***bedrog*** ⇒*zwendel, oplichterij;*
III ⟨n.-telb.zn.⟩⟨inf.⟩ **0.1** ***hevige pijn*** ◆ **3.1** give s.o. ~ *iem. op zijn duvel geven;* my back's giving me ~ again *ik heb weer eens last van mijn rug.*
gyp[2] ⟨ww.; -ped⟩ **0.1** ***beduvelen*** ⇒*oplichten.*
gypsum [dzjipsəm] **0.1** ***gips.***
gypsy →**gipsy.**
gyrate [dzjajreet] **0.1** ***(rond)tollen*** ⇒*(rond)draaien, wentelen.*
gyration [dzjajreesjn] **I** ⟨telb.zn.; vaak mv.⟩ **0.1** ***winding*** ⇒*draai, krullijn;*
II ⟨n.-telb.zn.⟩ **0.1** ***(om)wenteling*** ⇒*spiraalbeweging.*
gyratory [dzjajrətrie] **0.1** ***tollend*** ⇒*(rond)draaiend* ◆ **1.¶** ⟨BE⟩ ~ traffic *rondgaand verkeer.*
gyro [dzjajroo] ⟨verk.; inf.⟩ **0.1** [gyroscope] ***gyroscoop.***
gyroscope [dzjajrəskoop] **0.1** ***gyroscoop.***
gyroscopic [dzjajrəskoppik] ⟨-ally⟩ **0.1** ***gyroscopisch*** ◆ **1.1** ~ compass *gyroscopisch kompas, tolkompas.*

h, H [eetsj] ⟨mv.: h's, H's⟩ **0.1** ***h, H.***
h. ⟨afk.⟩ **0.1** ⟨ook H.⟩ [hard(ness)] ***H*** ⟨op potlood⟩ **0.2** ⟨ook H.⟩ [height] ***h*** **0.3** [hour(s)].
ha →**ha(h).**
habdabs [hæbdæbz], **abdabs** [æbdæbz] ⟨the⟩⟨inf.; scherts.⟩ **0.1** ***kriebels*** ⇒*zenuwen* ◆ **3.1** give/get the (screaming) ~ *de zenuwen geven/krijgen.*
habeas corpus [heebiəs ko:pəs] ⟨jur.⟩ **0.1** ***bevel(schrift) tot voorleiding*** ◆ **1.1** writ of ~ *bevel(schrift) tot voorleiding.*
haberdasher [hæbədæsjə] **0.1** ⟨BE⟩ ***fourniturenhandelaar*** ⇒*handelaar in garen en band* **0.2** ⟨AE⟩ ***verkoper v. herenmode(artikelen).***
haberdasher|y [hæbədæsjərie] ⟨mv.: -ies⟩ **I** ⟨telb.zn.⟩ **0.1** ⟨BE⟩ ***fourniturenwinkel/afdeling*** ⇒*zaak in garen en band* **0.2** ⟨AE⟩ ***herenmodezaak/afdeling;***
II ⟨n.-telb.zn.⟩ **0.1** ⟨BE⟩ ***fournituren*** ⇒*garen, band* **0.2** ⟨AE⟩ ***herenmode(artikelen).***
habit [hæbit] **I** ⟨telb.zn.⟩ **0.1** ***habijt*** ⇒*ordekleed* **0.2** ***rijkleding*** ◆ **3.2** riding ~ *rijkleding;*
II ⟨telb. en n.-telb.zn.⟩ **0.1** ***gewoonte*** ⇒*hebbelijkheid, aanwensel* **0.2** ⟨inf.⟩ ***(drugs)verslaving*** ◆ **1.1** creature of ~ *gewoontedier/mens* **3.1** fall/get into the ~ *de gewoonte aannemen;* get s.o. into the ~ of doing sth. *iem. eraan wennen iets te doen;* get out of/⟨inf.⟩ kick the ~ of doing sth. *(de gewoonte) afleren om iets te doen* **6.1 from** (force of) ~ *uit gewoonte;* be **in** the ~ **of** doing sth. *gewoon zijn iets te doen* **6.2** ⟨sl.⟩ **off** the ~ *afgekickt.*
habitab|le [hæbittəbl] ⟨zn.: **-ility**⟩ **0.1** ***bewoonbaar.***
habitat [hæbitæt] **0.1** ***natuurlijke omgeving*** ⟨v. plant/dier⟩ ⇒*habitat, woongebied.*
habitation [hæbitteesjn] **I** ⟨telb.zn.⟩ **0.1** ***woning;***
II ⟨n.-telb.zn.⟩ **0.1** ***bewoning*** ◆ **2.1** fit for ~ *bewoonbaar.*
habit-forming **0.1** ***verslavend.***
habitual [həbitsjoeəl] **I** ⟨bn.⟩ **0.1** ***gewoon(lijk)*** ⇒*gebruikelijk;*
II ⟨bn., attr.⟩ **0.1** ***gewoonte-*** ◆ **1.1** ~ criminal *recidivist.*
habitually [həbitsjoeəlie] **0.1** →**habitual** **0.2** ***doorgaans*** ⇒*gemeenlijk* **0.3** ***uit gewoonte.***
habituate [həbitsjoe·eet] ⟨vaak pass.⟩⟨schr.⟩ **0.1** ***(ge)wennen*** ◆ **4.1** ~ o.s. to *zich wennen aan* **¶.1** habituating drug *verslavend (genees)middel.*
habitué [həbitsjoe·ee] **0.1** ***stamgast*** ⇒*habitué, vaste klant.*
hack[1] [hæk] **I** ⟨telb.zn.⟩ **0.1** ***(pik)houweel*** **0.2** ***huurpaard*** ⇒*knol* **0.3** ***broodschrijver;***
II ⟨telb. en n.-telb.zn.⟩ **0.1** ***houw*** ⇒*snee, jaap; trap(wond)* ◆ **3.1** make a ~ at sth. *iets een houw geven.*
hack[2] **I** ⟨onov.ww.⟩ **0.1** ***kuchen*** **0.2** ***(paard)rijden*** **0.3** ⟨AE⟩ ***een taxi besturen;***
II ⟨onov. en ov.ww.⟩ **0.1** ***hakken*** ⇒*houwen, een jaap geven* **0.2** ***fijnhakken*** ⇒*bewerken* ⟨aarde⟩ **0.3** ***kraken*** ⇒*een computerkraak plegen, hacken* ◆ **5.1** ~ **down** a tree *een boom omhakken;* ~ **off** a branch *een tak afkappen* **6.1** ~ **at** sth. *in iets hakken, op iets in houwen.*
hacker [hækə] **0.1** ***(computer)kraker*** ⇒*hacker* **0.2** ***computermaniak/fanaat.***
hacking cough [hæking kof] **0.1** ***kuchhoest*** ⇒*droge hoest.*
hackles [hæklz] **0.1** ***nekveren*** ⇒*nekharen* ◆ **3.¶** have one's ~ up *met al z'n haren recht overeind staan;* get s.o.'s ~ up,

raise s.o.'s ~ *iem. razend/woest maken* **6.¶ with** one's ~ up *vechtlustig, woedend.*

hackney cab, hackney carriage [hæknie] **0.1** ***taxi*** ⇒*huurrijtuig.*

hackneyed [hæknid] **0.1** ***afgezaagd*** ⇒*banaal* ⟨v. gezegde⟩.

hacksaw 0.1 ***ijzerzaag*** ⇒*metaalzaag.*

had [d, (h)əd, ⟨sterk⟩ hæd] ⟨verl. t. en volt. deelw.⟩ →**have.**

haddock [hædək], ⟨Sch. E⟩ **haddie** [hædie] ⟨mv.: ook haddock⟩ **0.1** ***schelvis.***

Hades [heedie:z] **0.1** ***Hades*** ⟨(god v.d.) onderwereld⟩ **0.2** ⟨h-; euf.⟩ ***hel.***

hadn't [hædnt] ⟨samentr. v. had not⟩.

haematology, ⟨AE sp.⟩ **hematology** [hie:mətolləd͡zjie] **0.1** ***hematologie*** ⟨leer v.h. bloed/v.d. bloedziekten⟩.

haemocyte, ⟨AE sp.⟩ **hemocyte** [hie:moosajt, hem-] **0.1** ***bloedcel.***

haemoglobin, ⟨AE sp.⟩ **hemoglobin** [hie:məgloobin] ⟨bioch.⟩ **0.1** ***hemoglobine*** ⇒*rode bloedkleurstof.*

haemophilia, ⟨AE sp.⟩ **hemophilia** [hie:məfilliə, hemmə-] ⟨med.⟩ **0.1** ***hemofilie*** ⇒*bloederziekte.*

haemophiliac, ⟨AE sp.⟩ **hemophiliac** [hie:məfillie·æk, hemmə-] ⟨med.⟩ **0.1** ***hemofiliepatiënt*** ⇒*bloeder.*

haemorrhage[1], ⟨AE sp.⟩ **hemorrhage** [hemmərid͡zj] ⟨zn.⟩ ⟨med.⟩ **0.1** ***bloeding.***

haemorrhage[2], ⟨AE sp.⟩ **hemorrhage** ⟨ww.⟩ ⟨med.⟩ **0.1** ***bloeden*** ⟨ook fig.⟩ ⇒*leegbloeden* ◆ **6.1** ~ **to** death *doodbloeden.*

haemorrhoids, ⟨AE sp.⟩ **hemorrhoids** [hemmərojdz] ⟨med.⟩ **0.1** ***aambeien.***

haft [ha:ft] **0.1** ***handvat*** ⇒*heft.*

hag [hæg] **0.1** ***helleveeg*** ⇒*(lelijke oude) heks.*

haggard [hægəd] **0.1** ***verwilderd uitziend*** ⇒*wild* ⟨v. blik⟩, *hologig, afgetobd.*

haggis [hægis] ⟨mv.: ook haggis⟩ ⟨BE⟩ **0.1** ***haggis*** ⟨Schots gerecht waarbij ingewanden v. schaap worden gekookt in de maag v.h. dier⟩.

haggle[1] [hægl] ⟨zn.⟩ **0.1** ***gekibbel*** ⇒*gekijf* **0.2** ***gemarchandeer.***

haggle[2] ⟨ww.⟩ **0.1** ***kibbelen*** **0.2** ***knibbelen*** ⇒*pingelen, afdingen* ◆ **6.2** ~ **with** s.o. **about/over** sth. *met iem. over iets marchanderen.*

hagiograph|y [hægie·ogrəfie] ⟨mv.: -ies; bn.: **-ic**⟩ **0.1** ***hagiografie*** ⇒*(beschrijving v.) heiligenleven;* ⟨fig.⟩ *idealiserende biografie.*

hagiolog|y [hægie·olləd͡zjie] ⟨mv.: -ies⟩ **0.1** ***heiligenleven*** **0.2** ***canon*** ⇒*heiligenlijst.*

Hague [heeg] ⟨The⟩ **0.1** ***Den Haag*** ⇒*'s-Gravenhage.*

ha(h) [ha:] ⟨mv.: ha's of hahs⟩ **0.1** ***kuch(je)*** ⇒*ha* ◆ **¶.¶** ~! *a(hum)!; (a)ha!; hoezo?* →**hum.**

ha-ha [ha:ha:], **haw-haw 0.1** ***haha.***

hail[1] [heel] **I** ⟨telb.zn.⟩ **0.1** ***hagelsteen;***
II ⟨telb. en n.-telb.zn.⟩ **0.1** ***hagel*** ⇒⟨fig.⟩ *regen, stortvloed* **0.2** ***(welkomst)groet*** ◆ **1.1** a ~ of bullets *een regen/hagel v. kogels* **6.2** ⟨vnl. v. schepen⟩ **within** ~ *binnen gehoorsafstand* **7.2** ⟨schr.⟩ all ~ to Caesar! *heil en voorspoed aan Caesar!* **¶.2** ~ to you! *saluut!*

hail[2] **I** ⟨onov.ww.⟩ **0.1** ***hagelen*** ⟨ook fig.⟩ ⇒*neerkomen (als hagel)* ◆ **4.1** it is ~ing *het hagelt* **5.1** blows ~ed **down** (up)on the boy's back *het regende slagen op de rug v.d. jongen.* →**hail from;**
II ⟨ov.ww.⟩ **0.1** ***begroeten*** ⇒*verwelkomen* **0.2** ***erkennen*** ⇒ *begroeten als* **0.3** ***aanroepen*** ◆ **1.2** the people ~ed him (as) king *het volk haalde hem als koning in* **1.3** ~ a taxi *een taxi (aan)roepen.*

hail from 0.1 ***komen uit*** ⇒*afkomstig zijn van* ⟨v. schip, personen⟩.

Hail Mary ⟨r.-k.⟩ **0.1** ***weesgegroet.***

hailstone 0.1 ***hagelsteen*** ⇒*hagelkorrel.*

hailstorm 0.1 ***hagelbui.***

hair [heə] **0.1** ***haar*** ⇒*haren, hoofdhaar* ◆ **1.¶** a ~ of the dog (that bit one) *een glaasje tegen de kater/nadorst* **3.1** do one's ~ *zijn haar kammen;* let one's ~ down *het haar los dragen;* ⟨inf.; fig.⟩ *zich laten gaan;* lose one's ~ *kaal worden;* put up one's ~ *het haar opsteken* **3.¶** ⟨inf.⟩ make s.o.'s ~ curl *iem. de haren te berge doen rijzen;* ⟨inf.⟩ get in s.o.'s ~ *iem. in de haren zitten;* hang by a ~ *aan een zijden draadje hangen;* not harm a ~ on s.o.'s head *iem. geen haar krenken;* ⟨inf.⟩ keep your ~ on! *maak je niet dik!;* split ~s *haarkloven;* tear one's ~ (out) *zich de haren uit het hoofd trekken;* ⟨inf.⟩ without turning a ~ *zonder een spier te vertrekken.*

hairbreadth, hair's breadth 0.1 ***haarbreed(te)*** ◆ **6.¶** escape death **by** a ~ *ternauwernood aan de dood ontsnappen.*

hairbrush 0.1 ***haarborstel.***

hair conditioner →**conditioner.**

haircrack ⟨tech.⟩ **0.1** ***haarscheur(tje).***

haircut 0.1 ***het knippen*** ⟨v. haar⟩ **0.2** ***kapsel*** ◆ **3.1** have a ~ *zijn haar laten knippen.*

hairdo ⟨inf.⟩ **0.1** ***kapsel*** ⇒*coiffure.*

hairdresser 0.1 ***kapper*** ⇒⟨AE⟩ *dameskapper.*

hair drier, hair dryer 0.1 ***haardroger.***

hair-dye 0.1 ***haarverf*** ⇒*haarkleurmiddel.*

hair gel 0.1 ***gel.***

hairgrip 0.1 ***(haar)speld(je).***

hair implant I ⟨telb.zn.⟩ **0.1** ***haarimplantaat;***
II ⟨telb. en n.-telb.zn.⟩ **0.1** ***haarimplantatie.***

hairless [heələs] **0.1** ***onbehaard*** ⇒*kaal.*

hairline 0.1 ***haargrens*** **0.2** ***(fijn) streepje*** ⇒⟨druk.⟩ *haarlijn* **0.3** ⟨verk.⟩ [hairline crack].

hairline crack 0.1 ***haarscheur(tje).***

hairnet 0.1 ***haarnet(je).***

hairpiece 0.1 ***haarstuk(je)*** ⇒*toupet.*

hairpin 0.1 ***haarspeld*** **0.2** ⟨verk.⟩ [hairpin bend].

hairpin bend, hairpin curve 0.1 ***haarspeldbocht.***

hair-raiser ⟨inf.⟩ **0.1** ***iets huiveringwekkends*** ⇒*griezelverhaal/film, thriller.*

hair-raising ⟨inf.⟩ **0.1** ***huiveringwekkend*** ⇒*schrikaanjagend.*

hair-restorer 0.1 ***haar(groei)middel.***

hair shirt 0.1 ***haren boetekleed/hemd.***

hair slide ⟨BE⟩ **0.1** ***(haar)speldje.***

hairsplitting 0.1 ***haarkloverij.***

hair spray 0.1 ***haarlak.***

hairspring ⟨tech.⟩ **0.1** ***spiraalveer*** ⟨v. meetinstrument⟩ **0.2** ***balansveer*** ⟨v. uurwerk⟩ ⇒*spiraal.*

hair style 0.1 ***kapsel*** ⇒*coiffure.*

hair stylist 0.1 ***(dames)kapper.***

hair tonic 0.1 ***haarmiddel.***

hair transplant 0.1 ***haartransplantatie.***

hair trigger 0.1 ***zeer gevoelige trekker/haan*** ⟨v. wapen⟩.

hair|y [heərie] ⟨-iness⟩ **0.1** ***harig*** ⇒*behaard* **0.2** ***haarachtig*** **0.3** ⟨sl.⟩ ***hachelijk*** ⇒*riskant* **0.4** ⟨AE; sl.⟩ ***passé*** ⇒*met (een) baard* ⟨mopje, verhaal⟩.

hake [heek] ⟨mv.: ook hake⟩ ⟨dierk.⟩ **0.1** ***heek.***

halberd [hælbəd], **halbert** [-bət] ⟨mil.; gesch.⟩ **0.1** ***hellebaard.***

halberdier [hælbədiə] ⟨mil.; gesch.⟩ **0.1** ***hellebaardier.***

halcyon[1] [hælsiən] ⟨zn.⟩ **0.1** ***ijsvogel.***

halcyon[2] ⟨bn.⟩ ⟨schr.⟩ **0.1** ***kalm*** ⇒*vredig, gelukkig* ◆ **1.1** ~ days *vredige tijden.*

hale [heel] ⟨schr.⟩ **0.1** ***gezond*** ⇒*kras* ⟨vnl. v. oude mensen⟩ ◆ **2.1** ~ and hearty *fris en gezond.*

half¹ [ha:f] ⟨zn.; mv. in bet. 0.1 alleen: halves [ha:vz], in bet. 0.2 ook regelmatig⟩ **0.1** ⟨soms moeilijk te scheiden v.h. vnw.⟩ ***helft*** ⇒*half(je)* **0.2** ⟨vnl. verk.; ben. voor⟩ ***een half/ halve*** ⇒*halve pint* ⟨ong. o,28 l⟩; ⟨sport⟩ *speelhelft* ◆ **3.¶** ⟨inf.⟩ go halves with s.o. in sth. *de kosten v. iets met iem. samsam delen* **4.1** two and a ~ *tweeëneenhalf* **6.1** cut **in** ~ / into halves *halveren* **6.¶** he's too clever **by** ~ *hij is veel te sluw;* do sth. **by** halves *iets maar half doen* **7.1** one / a ~ *de/ een helft* **8.¶** ⟨inf.⟩ that was a game and a ~ *dat was me een wedstrijd.* →**better.**

half² ⟨vnw.; ww. enk. of mv.; soms moeilijk te scheiden v.h. zn.⟩ **0.1** ***de helft*** ◆ **3.1** ~ of it was spoilt, ~ of them were spoilt *de helft was bedorven* **6.1** ~ **of** six is three *de helft v. zes is drie.*

half³ ⟨bw.; vaak als eerste deel v. samenstelling met bn. of deelw.⟩ **0.1** ***half*** ⇒⟨inf.⟩ *bijna* ◆ **2.1** ~ dead *half dood* **3.1** only ~ cooked *maar half gaar;* I ~ wish *ik zou bijna willen* **4.1** ~ as much / many again *anderhalf maal zoveel;* ⟨BE⟩ ~ seven *half acht* **5.1** he didn't do ~ as badly as we'd thought *hij deed het lang zo slecht niet als we gedacht hadden* **5.¶** ⟨vnl. BE; inf.⟩ he didn't ~ get mad *hij werd me daar toch razend;* ⟨vnl. BE; inf.⟩ not ~ bad *lang niet kwaad* ⟨= schitterend; understatement⟩; not ~ strong enough *lang niet sterk genoeg* **6.1** ~ **past / after** one *half twee* **8.1** ~ and ~ *half en/ om half* ⟨ook fig.⟩.

half⁴ ⟨det., predet.⟩ **0.1** ***half*** ⇒*de helft v.* ◆ **1.1** ~ an hour, a ~ hour *een half uur;* ~ the profits *de helft v.d. winst* **7.1** ~ your time *de helft v. je tijd.* →**battle, cock, crown, mind.**

half-ape **0.1** ***halfaap.***

halfback, half ⟨→s3⟩ ⟨sport⟩ **0.1** ***halfback*** ⇒*halfspeler, middenspeler.*

half-baked **0.1** ***halfgaar*** ⇒⟨fig.⟩ *gebrekkig, stumperig.*

half-board ⟨vaak attr.⟩ **0.1** ***half pension.***

half-breed **0.1** ⟨bn.⟩ ***halfbloed*** ⇒*bastaard-* **0.2** ⟨zn.⟩ ***halfbloed.***

half brother **0.1** ***halfbroer.***

half-caste **0.1** ⟨bn.⟩ ***halfbloed*** ⟨soms pej.⟩ **0.2** ⟨zn.⟩ ***halfbloed*** ⇒⟨ihb.⟩ *Indische jongen.*

half-cock ⟨BE; inf.⟩ ◆ **3.¶** go off at ~ *mislukken (door overhaast handelen).*

half-cocked **0.1** ***slecht voorbereid*** ⇒*als een kip zonder kop, slordig.*

half-cut ⟨sl.⟩ **0.1** ***aangeschoten*** ⇒*teut.*

half-hardy **0.1** ***min of meer winterhard*** ⟨mbt. planten⟩.

halfhearted ⟨-ness⟩ **0.1** ***halfhartig*** ⇒*halfslachtig* ◆ **6.1** be ~ **about** (doing) sth. *iets niet met volle overgave/overtuiging doen.*

half-holiday **0.1** ***vrije middag*** ⟨vnl. op scholen⟩.

half-hourly **0.1** ***om het half uur.***

half-length **0.1** ***tot aan de knieën*** ⟨mbt. portret⟩.

half-life ⟨nat.⟩ **0.1** ***halveringstijd.***

half-light **0.1** ***schemering.***

half-marathon ⟨atletiek⟩ **0.1** ***halve marathon.***

half-mast ◆ **6.¶** **at** ~ *halfstok;* ⟨scherts.⟩ *op hoog water* ⟨v. pantalon⟩.

half-measure **0.1** ***halve maatregel*** ◆ **6.1** they don't do things **by** ~s *zij nemen geen halve maatregelen, zij pakken het grondig aan.*

half-moon **0.1** ***halvemaan.***

half-moon spectacles, half-moon specs ⟨mv.⟩ **0.1** ***half leesbrilletje.***

half-nelson ⟨worstelen⟩ **0.1** ***halve nelson(greep).***

halfpence [heepəns] ⟨mv.⟩ →**halfpenny.**

halfpenn|y [heepnie] ⟨mv.: -ies, ook halfpence⟩ **0.1** ***halve penny*** ⇒*Engelse halve stuiver* ◆ **3.¶** not have two halfpennies to rub together *geen spijker hebben om zijn hoed aan op te hangen.*

halfpennyworth, ha'p'orth [heepəθ] ⟨verouderend⟩ **0.1** ***(iets ter) waarde v.e. halve stuiver*** ◆ **6.1** a ~ **of** sweets *voor een halve stuiver snoep.*

half sister **0.1** ***halfzuster.***

half-term ⟨BE⟩ **0.1** ⟨school⟩ ***korte vakantie*** ⟨bv. krokus/ herfstvakantie⟩.

half-timbered ⟨bouwk.⟩ **0.1** ***vakwerk-*** ◆ **1.1** a ~ house *een huis met vakwerkgevel.*

half-time¹ ⟨zn.⟩ **0.1** ⟨sport⟩ ***rust*** **0.2** ***halve werktijd*** ⇒*deeltijdarbeid, halve dagen* ◆ **6.2** be **on** ~ *halve dagen werken; een deeltijdbaan/halve baan hebben.*

half-time² ⟨bn.; bw.⟩ **0.1** ***deeltijd-*** ⇒*voor de halve (werk)tijd.*

half title ⟨boek.⟩ **0.1** ***Franse titel.***

halftone ⟨vaak attr.⟩ **0.1** ⟨bk.⟩ ***halftint.***

half-track ⟨mil.⟩ **0.1** ***halftrack*** ⇒*halfrupsvoertuig.*

half-truth **0.1** ***halve waarheid.***

half-volley ⟨sport⟩ **0.1** ***halfvolley*** ⇒*halve volley.*

halfway¹ [ha:fwee] ⟨bn.⟩ **0.1** ***in het midden*** **0.2** ***half*** ⇒*halfslachtig, gedeeltelijk* ◆ **1.2** ~ measures *halve maatregelen.*

halfway² ⟨bw.⟩ **0.1** ***halverwege*** ⇒*halfweg.*

halfway house **0.1** ***pleisterplaats*** ⇒*huis ten halve* **0.2** ***rehabilitatiecentrum*** ⇒*reclasseringscentrum* **0.3** ⟨scherts.⟩ ***compromis.***

halfway line ⟨sport⟩ **0.1** ***middenlijn.***

half-wit **0.1** ***halve gare.***

half-witted **0.1** ***halfwijs*** ⇒*halfgaar.*

half-yearly **0.1** ***halfjaarlijks*** ⇒*om de zes maanden, per semester.*

halibut [hælibbət] ⟨mv.: ook halibut⟩ **0.1** ***heilbot.***

halitosis [hælittoosis] ⟨med.⟩ **0.1** ***slechte adem.***

hall [ho:l] **0.1** ***zaal*** ⇒*ridderzaal* **0.2** ***openbaar gebouw*** ⇒*paleis* **0.3** ***groot herenhuis*** **0.4** ***vestibule*** ⇒*hal, gang* **0.5** ⟨BE⟩ ***studenten(te)huis*** ⇒*(maaltijd in) eetzaal/refter* ◆ **1.2** the Hall of Justice *het paleis v. justitie* **1.5** ⟨BE⟩ ~ of residence *studentenhuis/flat* **3.5** ⟨BE⟩ dine in ~ *de maaltijd in de eetzaal gebruiken.*

hallelujah →**alleluia.**

hallmark¹ ⟨zn.⟩ **0.1** ***stempel*** ⟨ook fig.⟩ ⇒*gehaltemerk, keur* ⟨op goud of zilver⟩, *waarmerk, kenmerk.*

hallmark² ⟨ww.⟩ **0.1** ***stempelen*** ⇒*waarmerken, van een gehaltemerk voorzien.*

hallo¹ [həloo], **halloo** [-loe:] ⟨zn.⟩ **0.1** ***hallo*** ⇒*hallogeroep.*

hallo², halloo I ⟨onov.ww.⟩ **0.1** ***(hallo) roepen*** ⇒*schreeuwen;*
II ⟨ov.ww.⟩ **0.1** ***aanhitsen*** ⇒*aansporen* ⟨honden op de jacht⟩.

hallo³, halloo ⟨tw.⟩ **0.1** ***hallo!*** ⇒*hé!*

hallow [hæloo] **0.1** ***heiligen*** ⇒*wijden.*

hallowed [hælood] **0.1** ***gewijd*** ⇒*heilig.*

Halloween, Hallowe'en [hælooie:n] ⟨AE, Sch. E⟩ **0.1** ***avond voor Allerheiligen*** ⟨waarop kinderen zich verkleden⟩.

hall porter ⟨BE⟩ **0.1** ***portier.***

hallstand **0.1** ***halmeubel*** ⟨om jassen en hoeden op te hangen en met een la voor handschoenen⟩.

hallucin|ate [həloe:sinneet] ⟨zn.: **-ation**⟩ **0.1** ***hallucineren*** ⇒*hallucinaties hebben.*

hallucinatory [həloe:sinnətrie] **0.1** ***hallucinatorisch*** ⇒*hallucinair.*

hallucinogenic [həloe:sinnədzjennik] **0.1** ***hallucinogeen.***

hallway **0.1** ***portaal*** ⇒*hal, vestibule.*

halo [heeloo] ⟨mv.: ook haloes⟩ **0.1** ***halo*** **0.2** ***stralenkrans*** ⇒*nimbus, aureool;* ⟨fig.⟩ *glans, luister.*
halogen [hælədzjen] ⟨schei.⟩ **0.1** ***halogeen.***
halt[1] [ho:lt] **I** ⟨telb.zn.⟩ **0.1** ⟨inf.⟩ ***(bus)halte*** ⇒*stopplaats;* ⟨BE⟩ *stationnetje;*
II ⟨n.-telb.zn.⟩ **0.1** ***halt*** ⇒*stilstand, rust* ◆ **3.1** bring to a ~ *tot stilstand brengen, stilleggen;* call a ~ to *een halt toeroepen;* come to a ~ *tot stilstand komen;* make a ~ *halt houden.*
halt[2] **I** ⟨onov.ww.⟩ **0.1** ***halt houden*** ⇒*stoppen, pauzeren;*
II ⟨ov.ww.⟩ **0.1** ***halt doen houden*** ⇒*tot stilstand brengen, stoppen.*
halter [ho:ltə] **0.1** ***halster*** **0.2** ***strop.***
halterneck **0.1** ***in halterlijn*** ⟨damesmode⟩.
halting [ho:lting] **0.1** ***weifelend*** ⇒*aarzelend, onzeker* ◆ **1.1** a ~ voice *een stokkende stem.*
halve [ha:v] **0.1** ***halveren*** ⇒*in tweeën delen, tot de helft reduceren.*
halves ⟨mv.⟩ →**half.**
halyard [hæliəd] ⟨scheep.⟩ **0.1** ***(zeil)val*** **0.2** ***vlaggenlijn.***
ham[1] [hæm] ⟨zn.⟩ **0.1** ***ham*** **0.2** ***dij*** ⇒*bil;* ⟨mv.⟩ *achterste* **0.3** ⟨inf.⟩ ***amateur*** ⇒*dilettant* **0.4** ⟨inf.⟩ ***derderangs acteur*** **0.5** ⟨inf.⟩ ***zendamateur.***
ham[2] ⟨ww.; -med⟩ ⟨sl.⟩ **0.1** ***overacteren*** ⇒*overdrijven* ◆ **5.1** ~ **up** *zich aanstellen.*
ham actor **0.1** ***acteur die overacteert*** ⇒*derderangs acteur.*
hamburger [hæmbə:gə] **0.1** ***hamburger.***
hamfisted, hamhanded **0.1** ***onhandig.***
hamlet [hæmlit] **0.1** ***gehucht.***
hammer[1] [hæmə] ⟨zn.⟩ **0.1** ***hamer*** **0.2** ***haan*** ⟨v.e. geweer⟩ ◆ **1.¶** be / go at it ~ and tongs *er uit alle macht tegenaan gaan* **3.1** bring sth. under the ~ *iets veilen;* go / come under the ~ *geveild worden;* ⟨sport⟩ throwing the ~ *kogelslingeren.*
hammer[2] **I** ⟨onov.ww.⟩ **0.1** ***hameren*** **0.2** ⟨inf.⟩ ***zwoegen*** ◆ **6.1** ~ (away) **at** *er op loshameren/losbeuken;* ~ **at** the keys *op de piano rammelen* **6.2** ~ (away) **at** sth. *op iets zwoegen;*
II ⟨ov.ww.⟩ **0.1** ***hameren*** ⇒*smeden* **0.2** ⟨geldw.; tot 1970⟩ ***insolvent verklaren*** ⟨op effectenbeurs⟩ **0.3** ⟨inf.⟩ ***verslaan*** ⇒*inmaken, een zware nederlaag toebrengen* **0.4** ⟨inf.⟩ ***scherp bekritiseren*** ⇒*afkraken* ◆ **1.1** ~ a nail home *een spijker er vast inslaan* **5.¶** ~ **out** a compromise solution *(moeizaam) een compromis uitwerken.*
hammerhead **0.1** ***hamerkop*** **0.2** ***hamerhaai.***
hammering [hæməring] **0.1** ***gehamer*** ⇒*gebonk, gebeuk* **0.2** ***pak slaag*** ⇒*aframmeling, pak rammel* ⟨ook fig.⟩ ◆ **3.2** give s.o. a ~ *iem. in elkaar slaan; iem. ervan langs geven;* take a ~ *in elkaar geslagen worden.*
hammerlock ⟨worstelen⟩ **0.1** ***hamergreep.***
hammer throw, hammer throwing ⟨atletiek⟩ **0.1** ***(het) kogelslingeren.***
hammer thrower ⟨atletiek⟩ **0.1** ***kogelslingeraar.***
hammock [hæmək] **0.1** ***hangmat.***
hamper[1] [hæmpə] ⟨zn.⟩ **0.1** ***(grote) sluitmand*** ⇒*pakmand* ⟨vnl. voor voedingsmiddelen⟩ **0.2** ⟨AE⟩ ***wasmand*** ◆ **1.1** Christmas ~ *kerstpakket;* picnic ~ *picknickmand.*
hamper[2] ⟨ww.⟩ **0.1** ***belemmeren*** ⇒*storen;* ⟨fig.⟩ *hinderen.*
hamster [hæmstə] **0.1** ***hamster.***
hamstring[1] [hæmstring] ⟨zn.⟩ **0.1** ***kniepees*** **0.2** ⟨dierk.⟩ ***hakpees*** ⇒*achillespees.*
hamstring[2] ⟨ww.; ook hamstrung, hamstrung⟩ **0.1** ***de achillespees doorsnijden van/bij*** ⇒*kreupel maken;* ⟨fig.⟩ *verlammen, frustreren.*
hand[1] [hænd] **I** ⟨telb.zn.⟩ **0.1** ***hand*** **0.2** ***voorpoot*** **0.3** ***arbeider*** ⇒*werkman; bemanningslid* **0.4** ***vakman*** ⇒*specialist* **0.5** ***(kaart)speler*** **0.6** ***wijzer*** ⟨v. klok⟩ ⇒*naald* ⟨v. meter⟩ **0.7** ***kaart(en)*** ⟨aan een speler toebedeeld⟩ ⇒*hand* **0.8** ***handbreed(te)*** ⟨ca. 10 cm⟩ **0.9** ***kant*** ⇒*zijde, richting* ◆ **1.1** bind / tie s.o. ~ and foot *iem. aan handen en voeten binden* ⟨ook fig.⟩ **1.7** a ~ of poker *een spelletje poker* **1.¶** a ~ of bananas *een kam bananen;* wait on / serve s.o. ~ and foot *iem. op zijn wenken bedienen;* be ~ in / and glove with s.o. *dikke vrienden zijn met iem.;* they are ~ in glove *ze zijn twee handen op één buik;* put one's ~ in one's pocket *dokken;* have one's ~ in the till *de kas lichter maken;* never do a ~'s turn *nooit een vinger uitsteken* **2.1** with bare ~s *met de blote hand* **2.4** an old ~ *een ouwe rot;* be a poor ~ at sth. *geen slag van iets hebben* **2.7** have a good / bad / poor ~ *goeie/slechte kaarten hebben* **3.1** change ~s *van hand verwisselen;* hold / join ~s *(elkaar) de hand geven;* read a person's ~ *iem. de hand lezen;* shake s.o.'s ~, shake ~s with s.o. *iem. de hand drukken/geven/schudden;* stick / put one's ~s up *de handen omhoogsteken;* ⟨fig.⟩ *zich overgeven;* wring one's ~s *ten einde raad zijn* **3.3** ~s needed *arbeidskrachten gevraagd* **3.7** overplay one's ~ *te veel wagen, te ver gaan;* play into s.o.'s ~s *iem. in de kaart spelen;* show / reveal one's ~ *zijn kaarten op tafel leggen;* underplay one's ~ *niet het achterste van zijn tong laten zien* **3.¶** be / go ~ in ~ *samengaan;* he has bitten the ~ that fed him *hij bevuilde het eigen nest;* not do a ~'s turn, not lift a ~ *geen hand uitsteken;* force s.o.'s ~ *iem. tot handelen dwingen;* grease / oil s.o.'s ~ *iem. omkopen;* keep your ~s off! *hou je handen thuis!;* lay ~s on *de handen opleggen* ⟨bv. bij zegening⟩; lay / put one's ~ on *de hand weten te leggen op;* ⟨inf.⟩ never / not lay a ~ on *nooit een haar krenken;* lift / raise a / one's ~ to / against s.o. *iem. bedreigen;* sit on one's ~s *niets doen;* strengthen one's ~ *zijn positie verbeteren;* take / carry one's life in one's ~s *zijn leven riskeren;* throw in one's ~ *zich gewonnen geven;* throw up one's ~s, throw one's ~s up in the air *het opgeven;* my ~s are tied *ik ben machteloos;* tip one's ~ *zich in de kaart laten kijken;* turn / set / put one's ~ to sth. *iets ondernemen;* ⟨euf.⟩ where can I wash my ~s? *waar is het toilet?;* wash one's ~s of sth. *zijn handen van iets aftrekken* **5.1** ~s **off**! *bemoei je er niet mee!;* ~s **up**! *handen omhoog!* **5.¶** win ~s **down** *op één been winnen* **6.1** **at** ~ *dichtbij;* ⟨fig.⟩ *op handen;* close / near **at** ~ *heel dichtbij;* **by** ~ *met de hand (geschreven); in handen, per bode* ⟨brief⟩; go **from** ~ **to** ~ *van hand tot hand gaan;* **in** ~ *in de hand;* ⟨fig.⟩ *voorhanden; in voorbereiding;* Ajax has a game **in** ~ *Ajax heeft een wedstrijd minder gespeeld;* ~ **in** ~ *hand in hand;* make / earn money ~ **over** fist *geld als water verdienen* **6.9** **at** my left ~ *aan mijn linkerhand;* **on** the one / other ~ *aan de ene/andere kant* **6.¶** **at** the ~s of s.o., **at** s.o.'s ~s *van(wege)/door iem.;* suffer **at** s.o.'s ~s *onder iemands handen lijden;* bring up a kitten **by** ~ *een katje met de fles grootbrengen;* live **from** ~ **to** mouth *van de hand in de tand leven;* have money **in** ~ *geld ter beschikking hebben;* cash **in** ~ *contanten in kas;* the work is well **in** ~ *het werk schiet goed op;* we have plenty of time **in** ~ *we hebben nog tijd genoeg;* the matter **in** ~ *de lopende zaak;* hold o.s. **in** ~ *zich beheersen;* be **on** ~ *beschikbaar zijn;* **out of** ~ *voor de vuist weg; tactloos;* refuse sth. **out of** ~ *iets botweg weigeren;* have s.o. eating **out of** one's ~ *iem. volledig in zijn macht hebben;* **to** ~ *bij de hand, dichtbij;* ready **to** ~ *kant-en-klaar;* come **to** ~ *in het bezit komen;* your letter is **to** ~ *uw brief is aangekomen;* a ~**-to-mouth** existence *een leven van dag tot dag;* ⟨ong.⟩ *te veel om dood te gaan, te weinig om van te leven;* **with** one ~ (tied) behind one's back *zonder enige moeite* **7.3** all ~s on deck! *alle hens aan dek!* **7.5** we need a fourth ~ for bridge *we missen*

een vierde man om te bridgen **7.¶** (at) first/second ~ *uit de eerste/tweede hand;* (sprw.) many ~s make light work *veel handen maken licht werk.* →**full, heavy, iron, open, right, slack, upper;**
II (n.-telb.zn.) **0.1** ***handschrift*** ⇒(schr.) *handtekening* **0.2** ***hulp*** ⇒*steun, bijstand* **0.3** ***controle*** ⇒*beheersing, bedwang* **0.4** ***toestemming*** ⇒*(huwelijks)belofte, (handels)-akkoord* (met handdruk) **0.5** ***invloed*** ⇒*aandeel* **0.6** (inf.) ***applaus*** ⇒*bijval* ◆ **2.6** the actress got a big/good ~ *de actrice kreeg een daverend applaus* **3.1** set/put one's ~ to a document *zijn hand(tekening) onder een document plaatsen;* write a legible ~ *een leesbaar handschrift hebben* **3.2** give/lend s.o. a (helping) ~ *iem. een handje helpen* **3.4** ask for s.o.'s ~ *iem. ten huwelijk vragen;* here's my ~ (up)on it! *mijn hand erop!;* win a woman's ~ *de liefde v.e. vrouw winnen* **3.5** have a ~ in sth. *bij iets betrokken zijn;* take a ~ (in) *een rol spelen (in)* **3.¶** try one's ~ at (doing) sth. *iets proberen;* get one's ~ in at sth. *iets onder de knie krijgen;* have/keep one's ~ in *in oefening blijven, bijhouden* **6.1** given **under** his ~ and seal *door hem eigenhandig geschreven en bezegeld* **6.3** have/take the situation well **in** ~ *de toestand goed in handen hebben/nemen;* take **in** ~ *onder handen nemen;* get **out of** ~ *uit de hand lopen* **6.5** he died **by** his own ~ *hij sloeg de hand aan zichzelf.* →**upper;**
III (mv.) **0.1** ***macht*** ⇒*beschikking, gezag* **0.2** (ww. steeds enk.; sport) ***hands*** ⇒*handsbal* ◆ **2.1** in good ~s *in goede handen* **3.1** change ~s *in andere handen overgaan/van eigenaar veranderen;* put/lay (one's) ~s on sth. *de hand leggen op iets* **6.1** the matter is completely **in** your ~s now *u hebt de zaak nu volledig in eigen hand;* the matter is **in** the ~s of the police *de zaak is in handen v.d. politie;* the children are **off** my ~s *de kinderen zijn de deur uit;* take sth. **off/out of** s.o.'s ~s *iem. iets uit handen nemen;* have sth. **on** one's ~s *verantwoordelijkheid dragen voor iets;* have time **on** one's ~s *tijd zat hebben.*

hand² (ww.) **0.1** ***overhandigen*** ⇒*aanreiken, (aan)geven* **0.2** ***helpen*** ⇒*een handje helpen, (ge)leiden* ◆ **1.1** ~ s.o. a letter, ~ a letter to s.o. *iem. een brief overhandigen* **5.1** ~ **back** *teruggeven;* ~ **round** *ronddelen* **6.2** ~ s.o. **into/out of** a bus *iem. een bus in/uithelpen* **6.¶** (inf.) you have to ~ it **to** her *dat moet je haar nageven.* →**hand down, hand in, hand on, hand out, hand over.**

handbag 0.1 ***handtas(je)*** ⇒*damestas(je).*

handball 0.1 ***handbal.***

handbarrow 0.1 ***draagbaar*** ⇒*handberrie, handkarretje.*

handbell 0.1 ***handbel.***

handbill 0.1 ***strooibiljet*** ⇒*circulaire, affiche.*

hand blender 0.1 ***staafmixer.***

handbook 0.1 ***handboek*** ⇒*beknopte verhandeling* **0.2** ***handleiding*** ⇒*(reis)gids.*

handbrake 0.1 ***handrem.***

h. and c. (afk.) **0.1** [hot and cold (water)].

handcar (AE) **0.1** ***(spoorweg)lorrie.***

handcart 0.1 ***handkar.***

handclap 0.1 ***handgeklap*** ◆ **2.1** slow ~ *traag handgeklap* (uit ongeduld).

handcuff 0.1 ***de handboeien omdoen.***

handcuffs (zelden enk.) **0.1** ***handboeien.***

hand down 0.1 (vaak pass.) ***overleveren*** (traditie enz.) ⇒ *overgaan* (bezit) **0.2** ***aangeven.***

handful [hændfoel] **0.1** ***hand(je)vol*** **0.2** (inf.) ***hand vol*** ⇒ *lastig kind/ding* ◆ **1.2** that child is a ~ *ik heb mijn handen vol aan dat kind* **6.1** a ~ **of** people *een handjevol mensen.*

hand-grenade 0.1 ***handgranaat.***

handicap¹ [hændiekæp] (zn.) **0.1** ***handicap*** ⇒*nadeel* **0.2** (sport) ***handicap*** ⇒*(wedren met) voorgift.*

handicap² (ww.; -ped) **0.1** ***benadelen*** ⇒*belemmeren, hinderen* **0.2** (sport) ***de voorgift bepalen voor*** ◆ **1.2** ~ the horses *de handicap voor de paarden vaststellen.*

handicapped 0.1 ***gehandicapt*** ⇒*invalide* **0.2** (sport) ***op handicap*** ⇒*met een handicap* ◆ **7.1** the ~ *de gehandicapten.*

handicraft [hændiekra:ft] **0.1** ***handvaardigheid*** ⇒*handenarbeid, handwerk.*

hand in 0.1 ***inleveren*** **0.2** ***voorleggen*** ⇒*aanbieden, indienen* ◆ **1.2** ~ one's resignation *zijn ontslag indienen.*

handiwork [hændiewə:k] **0.1** ***(hand)werk*** ◆ **¶.1** whose ~ is this? *wie heeft dit geflikt?*

handjob (vulg.) **0.1** ***het aftrekken*** ⇒*bevrediging met de hand.*

handker|chief [hængkətsjif, -tsjie:f] (mv.: ook -chieves [-tsjie:vz]) **0.1** ***zakdoek.***

handle¹ [hændl] (zn.) **0.1** ***handvat*** ⇒*hendel, steel* **0.2** ***knop*** ⇒*kruk, klink* **0.3** ***gevest*** ⇒*heft, greep* **0.4** ***oor*** ⇒*hengsel* **0.5** (sl.) ***titel*** ◆ **3.5** have a ~ to one's name *een titel (voor zijn naam) hebben* **3.¶** (inf.) fly off the ~ *opvliegen;* get a ~ on sth. *greep krijgen op iets, iets onder de knie krijgen;* don't give your enemies a ~ against you *laat je vijanden geen vat op je krijgen.*

handle² I (onov.ww.) **0.1** ***zich laten hanteren/bedienen*** (auto, boot) ⇒*functioneren* ◆ **5.1** this car ~s beautifully in bends *deze auto ligt prachtig in de bocht;*
II (ov.ww.) **0.1** ***aanraken*** ⇒*betasten, bevoelen* (met de handen) **0.2** ***hanteren*** ⇒*bedienen, manipuleren* **0.3** ***leiden*** ⇒*besturen, beheren, trainen* (bokser), *vertegenwoordigen* **0.4** ***behandelen*** ⇒*omgaan met* **0.5** ***verwerken*** ⇒ *afhandelen* **0.6** ***aanpakken*** ⇒*bespreken* (probleem) **0.7** ***verhandelen*** ⇒*handelen in* ◆ **1.6** can he ~ that situation? *kan hij die situatie aan?*

handlebar (vaak mv.) **0.1** ***stuur*** (v. fiets) **0.2** (scherts.) ***krulsnor.***

handler [hændlə] **0.1** ***africhter*** (v. honden) **0.2** ***trainer*** (v. bokser).

handling [hændling] **0.1** ***aanraking*** ⇒*voeling, betasting* **0.2** ***behandeling*** ⇒*hantering, bewerking; rijgedrag* (v. auto) **0.3** ***beheer*** ⇒*bestuur, leiding* **0.4** ***transport*** ⇒*vervoer* (v. goederen).

handling charges 0.1 ***verpakkings- en verzendings/vervoerkosten.***

handloom 0.1 ***hand(weef)getouw.***

hand-luggage 0.1 ***handbagage.***

handmade 0.1 ***met de hand gemaakt.***

hand-me-down (vaak mv.) (AE) **0.1** ***afdankertje*** ⇒*aflegger(tje).*

hand on 0.1 ***doorgeven*** ⇒*verder geven* **0.2** ***overleveren*** (traditie enz.) ⇒*overdragen* (bevel enz.) ◆ **6.1** hand sth. on **to** s.o. *iets aan iem. doorgeven.*

handout 0.1 ***gift*** ⇒*aalmoes* **0.2** ***(pers)communiqué*** **0.3** ***stencil*** ⇒*folder* **0.4** ***hand-out*** (korte samenvatting, hoofdpunten op een rijtje).

hand out 0.1 ***rond/uitdelen.***

hand over 0.1 ***overhandigen*** (vnl. geld) ⇒*overdragen* ◆ **6.1** ~ s.o./hand s.o. over **to** the police *iem. aan de politie overleveren;* ~ power **to** s.o. *aan iem. de macht overdragen.*

hand-painted 0.1 ***met de hand ge/beschilderd.***

hand-pick 0.1 ***verzamelen/plukken (met de hand)*** **0.2** ***zorgvuldig uitkiezen/selecteren.***

handrail 0.1 ***leuning.***

handset 0.1 ***telefoonhoorn.***

handshake 0.1 ***handdruk.***

hands-off 0.1 ***zonder manuele tussenkomst*** ⇒*machinaal* **0.2** ***zonder interventie/tussenkomst*** ⇒*vrij, tolerant.*

handsome [hæn(t)səm] **0.1** ***mooi*** ⇒*schoon, knap* ⟨man⟩, *elegant, statig* ⟨vrouw⟩, *goed gebouwd* ⟨dieren⟩, *goed van proporties* ⟨huis⟩, *indrukwekkend, loffelijk* ⟨compliment⟩ **0.2** ***royaal*** ⇒*gul* ⟨beloning, prijs⟩, *overvloedig, ruim* ◆ **3.2** do s.o.~, ⟨sl.⟩ do the ~ (thing) *iem. royaal behandelen* **3.¶** come down ~(ly) *flink over de brug komen.*

hands-on 0.1 ***praktisch*** ⇒*praktijk-* ◆ **1.1** ~ training *praktijkgerichte training.*

handspring ⟨sport⟩ **0.1** ***handstand-overslag.***

handstand ⟨sport⟩ **0.1** ***handstand.***

handwork 0.1 ***handwerk*** ⇒*handenarbeid.*

handwriting 0.1 ***(hand)schrift.***

handwritten 0.1 ***met de hand geschreven.***

hand|y [hændie] ⟨-iness⟩ **0.1** ***bij de hand*** ⇒*binnen bereik* **0.2** ***handig*** ⇒*praktisch* ◆ **3.2** come in ~ *van pas komen.*

handy|man ⟨mv.: -men⟩ **0.1** ***klusjesman*** ⇒*manusje-van-alles.*

hang[1] [hæŋ] ⟨zn.⟩ **0.1** ***het vallen*** ⇒*val* ⟨v. stof⟩, *het zitten* ⟨v. kleding⟩ ◆ **3.¶** ⟨inf.⟩ get (into)/have the ~ of sth. *de slag van iets krijgen/hebben;* ⟨inf.⟩ I don't give/care a ~ *ik geef er geen zier om.*

hang[2] ⟨hung, hung [hung], in bet. I 0.2 en II 0.1 en vero. hanged, hanged⟩ **I** ⟨onov.ww.⟩ **0.1** ***hangen*** **0.2** ***hangen*** ⇒ *opgehangen worden* **0.3** ***zweven*** ⇒*blijven hangen* **0.4** ***aanhangen*** ⇒*zich vastklemmen, vast (blijven) zitten* **0.5** ***afhellen*** **0.6** ***afhangen*** ⇒*zitten* ⟨kleding⟩, *(neer)vallen* ⟨stof⟩ **0.7** ***onbeslist/onzeker zijn*** ◆ **1.4** ⟨fig.⟩ time hung heavy on her hands *de tijd viel haar lang* **1.7** ~ in the balance *(nog) onbeslist zijn* **2.1** ~ loose *loshangen; kalm blijven* **5.6** this dress ~s badly *deze jurk valt niet mooi* **5.¶** ~ **behind** *achterblijven;* ⟨AE⟩ ~ **in** (there) *volhouden* **6.¶** don't ~ **about/(a)round** me *hang niet zo om me heen;* ~ **on** s.o.'s lips *aan iemands lippen hangen;* she hung **on(to)** his every word *zij was één en al oor;* ~ **onto** sth. *proberen te (be)houden;* ~ **over** one's head *iem. boven het hoofd hangen* **¶.¶** ⟨inf.⟩ hang! *verdomme!* →**hang (a)round/about, hang back, hang on, hang out, hang together, hang up;** **II** ⟨ov.ww.⟩ **0.1** ***(op)hangen*** ⟨ook als straf⟩ **0.2** ***behangen*** ⇒*tooien, versieren* ⟨kamer⟩ **0.3** ***laten hangen*** **0.4** ***veranderen*** ⇒*aanpassen* ⟨zoom⟩ **0.5** ***tentoonstellen*** ⟨schilderij⟩ ◆ **1.1** ~ wallpaper *behangen;* ~ s.o. for murder *iem. wegens moord ophangen* **1.3** ~ one's head (in shame/guilt) *het hoofd (schuldbewust/vol schaamte) laten hangen* **4.1** he ~ed himself *hij verhing zich* **4.¶** ⟨inf.⟩ I'll be ~ed if ... *ik mag hangen als ...;* ⟨inf.⟩ ~ it (all)! *naar de hel ermee!;* ⟨inf.⟩ well, I'm ~ed! *wel, verdomme!* **6.¶** ~ sth. **on** s.o. *iem. de schuld van iets geven;* ⟨sl.⟩ ~ one **on** s.o. *iem. een opdonder geven.* →**hang out, hang up.**

hangar [hæŋə] **0.1** ***hanga(a)r*** ⇒*vliegtuigloods.*

hang (a)round, ⟨BE⟩ **hang about** ⟨inf.⟩ **0.1** ***rondhangen*** ⇒ *rondlummelen* **0.2** ***wachten*** ⇒*treuzelen.*

hang back 0.1 ***zich afzijdig houden*** ⇒*aarzelen* ◆ **6.1** ~ **from** doing sth. *aarzelen iets te doen;* ~ **in** fear *zich uit vrees afzijdig houden.*

hangdog 0.1 ***beschaamd*** ⇒*schuldbewust* ◆ **1.1** a ~ look *een deemoedige blik.*

hanger [hæŋə] **0.1** ***kleerhanger.***

hanger-on ⟨mv.: hangers-on⟩ ⟨pej.⟩ **0.1** ***(slaafse) volgeling*** ⇒*parasiet, handlanger.*

hang-glide ⟨sport⟩ **0.1** ***deltavliegen*** ⇒*zeilvliegen.*

hangglider ⟨sport⟩ **0.1** ***deltavlieger*** ⟨zowel toestel als gebruiker⟩ ⇒*zeilvlieger, hangglider.*

hanging[1] [hæŋing] **I** ⟨telb.zn.⟩ **0.1** ⟨meestal mv.⟩ ***wandtapijt*** ⇒*wandbekleding;*
II ⟨telb. en n.-telb.zn.⟩ **0.1** ***ophanging*** ⇒*het ophangen.*

hanging[2] ⟨bn.⟩ **0.1** ***hangend*** ⇒*overhangend, hang-* ◆ **1.1** ~ gardens *hangende tuinen;* ~ wardrobe *hangkast* **1.¶** ⟨aardr.⟩ ~ valley *hoog zijdal.*

hang|man [hæŋmən] ⟨mv.: -men [-mən]⟩ **0.1** ***beul.***

hangnail 0.1 ***nij(d)nagel.***

hang on ⟨inf.⟩ **0.1** ***zich (stevig) vasthouden*** ⇒*niet loslaten, blijven (hangen)* **0.2** ***volhouden*** ⇒*het niet opgeven, doorzetten* **0.3** ***even wachten*** ⇒*aan de lijn blijven* ⟨telefoon⟩ ◆ **1.3** ~ (a minute)! *ogenblikje!* **5.1** ~ tight! *hou (je) stevig vast!* **6.1** ~ **to** *zich vasthouden aan.*

hangout ⟨AE; inf.⟩ **0.1** ***verblijf*** ⇒*stamkroeg, ontmoetingsplaats* ⟨ihb. dorpsplein e.d.⟩.

hang out I ⟨onov.ww.⟩ ⟨sl.⟩ **0.1** ***uithangen*** ⇒*zich ophouden* ◆ **4.1** where were you hanging out? *waar heb jij uitgehangen?* **6.¶** ~ **for** sth. *op iets aandringen;*
II ⟨ov.ww.⟩ **0.1** ***uithangen*** ⇒*ophangen* ⟨was⟩, *uitsteken* ⟨vlag⟩ ◆ **1.1** hang the flags out *de vlag uitsteken* **3.¶** ⟨sl.⟩ let it all ~ *zichzelf zijn; doen waar men zin in heeft.*

hangover [hæŋoovə] **0.1** ***kater*** ⇒*houten kop* **0.2** ***overblijfsel*** **0.3** ***ontnuchtering*** ⇒*ontgoocheling.*

hang together 0.1 ***(blijven) samenwerken*** ⇒*één lijn trekken* **0.2** ***samenhangen*** ⇒*een logisch/samenhangend geheel vormen.*

hangup ⟨sl.⟩ **0.1** ***complex*** ⇒*obsessie, frustratie.*

hang up I ⟨onov.ww.⟩ **0.1** ***ophangen*** ⟨telefoon⟩ **0.2** ***vastlopen*** ◆ **6.1** and then she hung up **on** me *en toen gooide ze de hoorn op de haak;*
II ⟨ov.ww.⟩ **0.1** ***ophangen*** **0.2** ***uitstellen*** ⇒*ophouden, doen vastlopen* ◆ **3.2** we got hung up *we werden opgehouden* **6.¶** ⟨sl.⟩ be hung up **on/about** sth. *complexen hebben over iets.*

hank [hæŋk] **0.1** ***streng*** ⟨garen⟩.

hanker [hæŋkə] **0.1** ⟨+ after/for⟩ ***hunkeren (naar).***

hankering [hæŋkəring] **0.1** ⟨+ after/for⟩ ***hunkering (naar)*** ⇒*vurig verlangen (naar).*

hank|y, hankie [hæŋkie] ⟨mv.: -ies⟩ ⟨inf.⟩ **0.1** ***zakdoek.***

hanky-panky [hæŋkiepæŋkie] ⟨inf.⟩ **0.1** ***hocus-pocus*** ⇒ *bedriegerij* **0.2** ***gescharrel*** ⇒*overspel.*

Hansard [hænsa:d] **0.1** ***de Handelingen v.h. Britse Parlement.***

hansom [hænsəm], **hansom cab 0.1** ***hansom*** ⟨tweewielig huurrijtuig⟩.

Hants. [hænts] ⟨afk.⟩ **0.1** [Hampshire].

haphazard [hæphæzəd] **0.1** ***toevallig*** ⇒*op goed geluk (af), lukraak.*

hapless [hæpləs] ⟨schr.⟩ **0.1** ***ongelukkig.***

ha'p'orth [heepəθ] ⟨BE; inf.⟩ **0.1** →**halfpennyworth 0.2** ***ziertje*** ⇒*beetje.*

happen [hæpən] **0.1** ***(toevallig) gebeuren*** **0.2** ***toevallig verschijnen*** ⇒*toevallig komen/gaan/zijn* ◆ **3.¶** if you ~ to see him *mocht u hem zien* **4.1** as it ~s/~ed *toevallig, zoals het nu eenmaal gaat/ging;* it (so) ~ed that we heard it *toevallig hoorden we het* **6.1** should anything ~ **to** him *mocht hem iets overkomen* **6.¶** I ~ed **(up)on** it *ik trof het toevallig aan/stuitte erop.*

happening [hæpəning] **0.1** ⟨vaak mv.⟩ ***gebeurtenis*** **0.2** ⟨AE; inf.⟩ ***happening.***

happily [hæpillie] **0.1** →**happy 0.2** ***gelukkigerwijs.***

happ|y [hæpie] ⟨-iness⟩ **I** ⟨bn.⟩ **0.1** ***gelukkig*** ⇒*blij* **0.2** ***gepast*** ⇒*passend, gelukkig* ⟨taal, gedrag, suggestie⟩ ◆ **1.1** as ~ as the day is long/a king/a lark *dolgelukkig, zo gelukkig als een kind* **1.¶** (strike) the ~ medium *de gulden middenweg (inslaan);*
II ⟨bn., attr.⟩ **0.1** ***voorspoedig*** ⇒*gelukkig* ◆ **1.1** Happy Birthday *proficiat/hartelijk gefeliciteerd met je verjaar-*

dag: Happy New Year *Gelukkig nieuwjaar* **1.¶** ⟨inf.⟩ ~ days! *gezondheid!;* ⟨euf.⟩ ~ event *blijde gebeurtenis, geboorte;* ~ hour *borreluur(tje);* the ~ hunting-ground(s) *de eeuwige jachtvelden;* many ~ returns (of the day)! *nog vele jaren!;* **III** ⟨bn., pred.⟩ **0.1** ***blij*** ⇒*verheugd* ⟨in beleefdheidsformules⟩ ◆ **3.1** I'll be ~ to accept your kind invitation *ik neem uw uitnodiging graag aan.*

happy-go-lucky **0.1** ***zorgeloos*** ⇒*onbezorgd.*

hara-kiri [hærəkirrie] **0.1** ***harakiri.***

harangue[1] [həræng] ⟨zn.⟩ **0.1** ***heftige rede*** ⇒*donderpreek, tirade.*

harangue[2] ⟨ww.⟩ **0.1** ***(heftig) toespreken.***

harass [hærəs] ⟨zn.: **-ment**⟩ **0.1** ***treiteren*** **0.2** ***teisteren*** ⇒ *voortdurend bestoken/lastig vallen.*

harbinger [ha:bindzjə] ⟨schr.⟩ **0.1** ***voorbode*** ⇒*voorloper.*

harbour[1], ⟨AE sp.⟩ **harbor** [ha:bə] ⟨zn.⟩ **0.1** ***haven*** **0.2** ***schuilplaats.***

harbour[2] ⟨ww.⟩ **0.1** ***herbergen*** ⇒*onderdak verlenen* ⟨misdadiger⟩ **0.2** ***koesteren*** ⟨gevoelens, ideeën⟩.

hard[1] [ha:d] **I** ⟨bn.⟩ **0.1** ***hard*** ⇒*vast(staand); krachtig; taai, robuust* **0.2** ***hard*** ⟨gedrag, karakter⟩ ⇒*hardvochtig* **0.3** ***moeilijk*** ⇒*hard, lastig* ◆ **1.1** ⟨tennis⟩ ~ court ⟨BE⟩ *gravelbaan;* ⟨AE⟩ *asfaltbaan, betonbaan;* ~ cover *(boek)band;* ⟨vaak attr.⟩ *gebonden editie;* ~ currency *harde valuta;* ~ drink/liquor *sterkedrank;* ~ drug *harddrug;* take some ~ knocks *harde klappen krijgen, het zwaar te verduren hebben;* a ~ winter *een felle/strenge winter* **1.2** drive a ~ bargain *keihard onderhandelen;* a ~ case *een onverbeterlijk/moeilijk geval;* ⟨AE; inf.⟩ ~ sell *harde/agressieve verkoopmethode;* learn sth. the ~ way *door bittere ervaring leren* **1.3** ~ labour *dwangarbeid;* she gave him a ~ time *hij kreeg het zwaar te verduren van haar;* (fall on) ~ times *moeilijke tijden (beleven)* **1.¶** ~ cash *baar geld, klinkende munt;* ⟨comp.⟩ they preferred ~ copy to soft copy *zij verkozen uitdraai boven beeldschermtekst;* ~ core *harde kern* ⟨v. vereniging e.d.⟩; *harde porno;* ⟨BE⟩ *steenslag, steengruis;* ~ feelings *wrok(gevoelens), rancune;* no ~ feelings? *even goede vrienden?;* ~ luck/⟨BE⟩ lines *pech, tegenslag;* as ~ as nails *ongevoelig, onverzoenlijk;* a ~ nut to crack *een harde noot (om te kraken); een stug persoon;* ⟨BE⟩ ~ shoulder *vluchtstrook* **2.1** ~ and fast rule/line *vaste regel, stalen wet* **3.3** ~ to believe *moeilijk te geloven;* ~ of hearing *slechthorend, hardhorend* **3.¶** play ~ to get *moeilijk doen, zich ongenaakbaar opstellen* **5.¶** ~ **by** *vlakbij* **6.2** be ~ **(up)on** s.o. *onaardig/streng zijn tegen iem.* **6.¶** be ~ **on** sth. *iets vlug verslijten.* →**hard up;**
II ⟨bn., attr.⟩ **0.1** ***hard*** ⇒*ijverig, energiek* ◆ **1.1** a ~ drinker *een stevige/zware drinker;* a ~ worker *een harde werker.*

hard[2] ⟨bw.⟩ **0.1** ***hard*** ⇒*krachtig, inspannend, zwaar* **0.2** ***met moeite*** ⇒*moeizaam* **0.3** ***dicht(bij)*** ◆ **3.1** it comes ~ *het valt zwaar;* be ~ done by *te kort gedaan/benadeeld zijn;* be ~ hit *zwaar getroffen zijn;* ⟨sl.⟩ *financieel aan de grond zitten;* look ~ *aandachtig kijken;* think ~ *diep nadenken* **3.2** be ~ put to (do sth.) *het moeilijk vinden (om iets te doen);* traditions/old habits die ~ *tradities/vaste gewoonten verdwijnen niet gauw;* take sth. ~ *iets zwaar opnemen, zwaar lijden onder iets* **6.1** be ~ **on** s.o.'s heel(s)/trail *iem. op de hielen zitten* **6.¶** be ~ **at** it *hard werken.*

hard-back, ⟨in bet. 0.1 ook⟩ **hard-backed, hard-bound, hard-cover, hard-covered** **0.1** ⟨bn.⟩ ***(in)gebonden*** ⟨boek⟩ **0.2** ⟨zn.⟩ ***(in)gebonden boek.***

hard-bitten **0.1** ***verbeten*** ⇒*verstokt.*

hard-board **0.1** ***(hard)board*** ⇒*houtvezelplaat.*

hard-boiled **0.1** ***hardgekookt*** **0.2** ***hard*** ⇒*ongevoelig.*

hard copy ⟨comp.⟩ **0.1** ***(computer)uitdraai*** ⇒*afdruk.*

hard-core ⟨vaak pej.⟩ **0.1** ***verstokt*** ⇒*aartsconservatief* **0.2** ***hard*** ⟨porno⟩.

hard disk ⟨comp.⟩ **0.1** ***harde schijf*** ⇒*vaste schijf, harddisk.*

hard-earned **0.1** ***zuur verdiend.***

harden [ha:dn] **0.1** ***(ver)harden*** ⇒*hard/ongevoelig worden/maken* **0.2** ***gewennen*** ◆ **1.1** a ~ed criminal *een gewetenloze misdadiger;* this ~ed her in her determination *dit stijfde haar in haar vastberadenheid* **3.2** become ~ed to sth. *aan iets wennen.*

hard-hat **0.1** ***helm*** ⟨ter bescherming⟩ **0.2** ⟨inf.⟩ ***bouwvakker.***

hard-headed **0.1** ***praktisch*** ⇒*nuchter, zakelijk.*

hard-hearted ⟨-ness⟩ **0.1** ***hardvochtig.***

hardihood [ha:diehoed] **0.1** ***stoutmoedigheid*** ⇒*vermetelheid, onversaagdheid.*

hard-line **0.1** ***keihard*** ⇒*onbuigzaam, een politiek v.d. harde lijn voerend, harde actie voerend.*

hard-liner **0.1** ***voorstander v.d. harde lijn.***

hardly [ha:dlie] **0.1** ***nauwelijks*** ⇒*amper* ◆ **3.1** we had ~ arrived when it began to rain *we waren er nog maar net toen het begon te regenen;* I could ~ move *ik kon me haast niet bewegen* **4.1** ~ anything *bijna niets;* ~ anybody *vrijwel niemand* **5.1** ~ ever *bijna/praktisch nooit.*

hardness [ha:dnəs] **0.1** ***hardheid.***

hard-nosed ⟨inf.⟩ **0.1** ***verstokt*** ⇒*onvermurwbaar, verbeten* **0.2** ***praktisch*** ⇒*nuchter.*

hard-on ⟨vulg.; sl.⟩ **0.1** ***stijve*** ◆ **3.1** have/get a ~ *een stijve hebben/krijgen.*

hard-pressed **0.1** ***in moeilijkheden*** ⇒*sterk onder druk* ◆ **6.1** be ~ **for** time *in tijdnood zitten.*

hard rock ⟨muz.⟩ **0.1** ***hardrock*** ⟨soort harde rockmuziek⟩.

hardship [ha:dsjip] **0.1** ***ontbering*** ⇒*tegenspoed.*

hardtop (convertible) **0.1** ***hardtop*** ⟨auto met metalen dak zonder vensterstijlen⟩.

hard up **0.1** ***slecht bij kas*** ◆ **6.¶** be ~ **for** sth. *grote behoefte aan iets hebben.*

hardware **0.1** ***ijzerwaren*** ⇒*(huis)gereedschap* **0.2** ⟨tech.⟩ ***apparatuur*** ⟨ook v. computer⟩ ⇒*hardware, bouwelementen.*

hardware store **0.1** ***ijzerwinkel/handel.***

hard-wearing ⟨BE⟩ **0.1** ***duurzaam*** ⇒*sterk* ⟨schoenen e.d.⟩.

hardwood ⟨vaak attr.⟩ **0.1** ***hardhout.***

hard|y [ha:die] ⟨-iness⟩ **0.1** ***sterk*** ⇒*robuust* **0.2** ***koen*** ⇒*onverschrokken, dapper* **0.3** ***wintervast*** ⇒*winterhard* ⟨planten⟩.

hare[1] [heə] ⟨zn.; mv.: ook hare⟩ **0.1** ***haas*** ◆ **1.¶** ~ and hounds *snipperjacht; spoorzoekertje* **3.¶** hold/run with the ~ and run/hunt with the hounds *de kool en de geit willen sparen.* →**mad.**

hare[2], **hair** ⟨ww.⟩⟨BE; inf.⟩ **0.1** ***hard rennen*** ◆ **5.1** ~ **off** *hard wegrennen.*

harebell **0.1** ***grasklokje.***

hare-brained **0.1** ***onbezonnen*** ⇒*onbesuisd.*

harelip **0.1** ***hazenlip.***

harelipped **0.1** ***met een hazenlip.***

harem [heərəm] **0.1** ***harem.***

haricot [hærikkoo], **haricot bean** **0.1** ***snijboon.***

hark [ha:k] ⟨schr.⟩ **0.1** ***luisteren*** ◆ **6.1** ⟨BE; inf.⟩ ~ **at/to** him! *hoor hem 's!*

hark back ⟨schr.⟩ **0.1** ***terugkeren*** ◆ **6.1** ⟨inf.⟩ ~ **to** the past *het verleden weer ophalen.*

harlequin [ha:likwin] **0.1** ***harlekijn*** ⇒*hansworst.*

harlequinade [ha:likwinneed] **0.1** ***harlekinade*** ⇒*dwaze vertoning.*

harlot [ha:lət] ⟨vero.⟩ **0.1** ***hoer.***

harm[1] [ha:m] ⟨zn.⟩ **0.1** ***kwaad*** ⇒*schade* ◆ **3.1** be/do no ~ *geen kwaad kunnen;* she came to no ~, no ~ came to her *er overkwam/geschiedde haar geen kwaad;* do s.o. no ~ *iem. geen kwaad doen* **6.1** **out of** ~'s way *in veiligheid.*

harm[2] ⟨ww.⟩ **0.1** ***kwaad doen*** ⇒*schade berokkenen, letsel toebrengen* ◆ **1.1** he wouldn't ~ a fly *hij zou nog geen vlieg kwaad doen.*

harmful [ha:mfl] ⟨-ness⟩ **0.1** ***schadelijk*** ⇒*nadelig.*

harmless [ha:mləs] ⟨-ness⟩ **0.1** ***onschadelijk*** ⇒*ongevaarlijk* **0.2** ***onschuldig*** ⇒*argeloos* ◆ **1.2** as ~ as a dove/kitten *zo onschuldig als een pasgeboren kind.*

harmonic [ha:monnik] ⟨muz., nat.⟩ **0.1** ⟨bn.⟩ ***harmonisch*** **0.2** ⟨zn.⟩ ***harmonische (toon)*** ⇒*boventoon.*

harmonica [ha:monnikkə] **0.1** ***(mond)harmonica.***

harmonious [ha:mooniəs] **0.1** ***harmonieus*** **0.2** ***eensgezind.***

harmonium [ha:mooniəm] **0.1** ***harmonium.***

harmon|ize, ⟨BE sp. ook⟩ **-ise** [ha:mənajz] ⟨zn.: **-ization**⟩ **I** ⟨onov.ww.⟩ **0.1** ⟨+ with⟩ ***harmoniëren (met)*** ⇒*overeenstemmen (met), bij elkaar passen;*
II ⟨ov.ww.⟩ **0.1** ***harmoniseren*** ⇒*doen harmoniëren/overeenstemmen.*

harmon|y [ha:mənie] ⟨mv.: -ies⟩ **0.1** ***harmonie*** ⇒*eensgezindheid, overeenstemming* **0.2** ***goede verstandhouding*** ⇒*eendracht* ◆ **6.1** be **in** ~ **with** *in overeenstemming zijn met* **6.2** live **in/out of** ~ *in goede/slechte verstandhouding leven.*

harness[1] [ha:nis] ⟨zn.⟩ **0.1** ***gareel*** ⇒*(paarden)tuig;* ⟨fig.⟩ *werkuitrusting* ◆ **3.¶** die in ~ *in het harnas sterven;* get back into ~ *weer aan het werk gaan.*

harness[2] ⟨ww.⟩ **0.1** ***optuigen*** ⇒*inspannen* ⟨paard⟩; *in het gareel brengen* **0.2** ***aanwenden*** ⇒*gebruiken, benutten* ⟨(natuurlijke) energiebronnen⟩ ◆ **6.1** ~ a horse **to** a cart *een paard voor de wagen spannen.*

harp [ha:p] **0.1** ***harp.***

harpist [ha:pist] **0.1** ***harpspeler.***

harp on [ha:p on] **0.1** ***zaniken*** ⇒*zeuren* ◆ **6.1** ~ **about** sth. *doorzeuren over iets.*

harpoon [ha:poe:n] **0.1** ⟨zn.⟩ ***harpoen*** **0.2** ⟨ww.⟩ ***harpoeneren.***

harpsichord [ha:psikko:d] **0.1** ***klavecimbel.***

harp|y [ha:pie], ⟨in bet. 0.2 ook⟩ **harpy-eagle** ⟨mv.: -ies⟩ **0.1** ***harpij*** ⇒⟨fig.⟩ *feeks, kenau* **0.2** ⟨dierk.⟩ ***harpij.***

harridan [hærid(ə)n] **0.1** ***oude feeks*** ⇒*helleveeg.*

harrier [hæriə] **0.1** ***brak*** ⇒*jachthond* **0.2** ***veldloper*** **0.3** ***kiekendief.***

harrow[1] [hæroo] ⟨zn.⟩ **0.1** ***eg.***

harrow[2] ⟨ww.⟩ **0.1** ***eggen*** ◆ **1.¶** ⟨rel.⟩ ~ing of hell *het plunderen v.d. hel* ⟨door Christus na zijn kruisdood⟩.

harrowing [hæroo·ing] **0.1** ***aangrijpend*** ◆ **1.1** a ~ experience *een schokkende belevenis.*

harr|y [hærie] ⟨-ied⟩ **0.1** ***bestoken*** ⟨vijand⟩ **0.2** ***lastig vallen.***

harsh [ha:sj] ⟨-ness⟩ **0.1** ***ruw*** ⇒*wrang; verblindend* ⟨licht⟩; *krassend* ⟨geluid⟩ **0.2** ***wreed*** ⇒*hardvochtig.*

hart [ha:t] ⟨mv.: ook hart⟩ ⟨vnl. BE⟩ **0.1** ***mannetjeshert.***

harum-scarum [heərəmskeərəm] ⟨inf.⟩ **0.1** ⟨bn., bw.⟩ ***onbesuisd*** ⇒*dwaas* **0.2** ⟨zn.⟩ ***onbesuisd iem.***

harvest[1] [ha:vist] ⟨zn.⟩ **0.1** ***oogst(tijd)*** ◆ **3.¶** reap the ~ of one's work *de vruchten van zijn werk plukken.*

harvest[2] ⟨ww.⟩ **0.1** ***oogsten*** ⇒*vergaren* **0.2** ***verkrijgen*** ⇒*behalen (wat men verdient).*

harvester [ha:vistə] **0.1** ***oogster*** **0.2** ***oogstmachine.***

harvest festival **0.1** ***oogstdienst.***

harvest home ⟨BE⟩ **0.1** ***oogstfeest.***

harvest moon **0.1** ***vollemaan rond 22 september.***

has [z, (h)əz, s, ⟨sterk⟩ hæz] ⟨onvolt. teg. t. 3e pers. enk.⟩ → **have.**

has-been [hæzbin] ⟨mv.: have-beens⟩ ⟨inf.⟩ **0.1** ***iem. die/iets dat heeft afgedaan*** ⇒*achterhaald iets/iem.*

hash[1] [hæsj] ⟨zn.⟩ **0.1** ***hachee*** **0.2** ***mengelmoes*** **0.3** ⟨sl.⟩ ***hasj(iesj)*** ◆ **3.¶** make a ~ of it *de boel verknoeien;* ⟨inf.⟩ settle/fix s.o.'s ~ *zich voorgoed v. iem. afmaken.*

hash[2] ⟨ww.⟩ **0.1** ⟨vaak +up⟩ ***(fijn)hakken*** ◆ **5.¶** ⟨inf.⟩ ~ **out/over** a problem *een probleem bespreken/regelen;* ⟨sl.⟩ ~ **up** *verknoeien.*

hash browns ⟨inf.⟩ **0.1** ⟨ong.⟩ ***opgebakken aardappels*** ⟨met uitjes⟩.

hashish [hæsjisj] **0.1** ***hasjiesj.***

haslet [hæzlit] ⟨cul.⟩ **0.1** ***orgaanvlees*** ⇒*hart, longen, lever* ⟨v. varken⟩.

hasp [hæsp] **0.1** ***grendel*** ⇒*beugel* ⟨v.e. slot⟩; ⟨tech.⟩ *overval.*

hassle[1] [hæsl] ⟨zn.⟩ ⟨inf.⟩ **0.1** ***gedoe*** **0.2** ***ruzie*** ◆ **2.1** a real ~ *een zware opgave, een heel gedoe/probleem.*

hassle[2] ⟨ww.⟩ ⟨inf.⟩ **0.1** ***moeilijk maken*** ⇒*dwars zitten, lastig vallen.*

hassock [hæsək] **0.1** ***knielkussen*** **0.2** ***poef.***

haste [heest] **0.1** ***haast*** ⇒*spoed* **0.2** ***overhaasting*** ⇒*overijling* ◆ **3.1** make ~ *zich haasten;* ⟨sprw.⟩ make ~ slowly *haast u langzaam* **6.1** **in** (great) ~ *inderhaast, met (grote) spoed* **7.1** ⟨sprw.⟩ more ~, less speed *haastige spoed is zelden goed.*

hasten [heesn] **I** ⟨onov.ww.⟩ **0.1** ***zich haasten*** ⇒*snellen;*
II ⟨ov.ww.⟩ **0.1** ***verhaasten*** ⇒*versnellen, bespoedigen.*

hast|y [heestie] ⟨-iness⟩ **0.1** ***haastig*** ⇒*gehaast* **0.2** ***overhaast*** ⇒*overijld* **0.3** ***onbezonnen*** ⇒*onbesuisd.*

hat [hæt] **0.1** ***hoed*** ◆ **1.1** at the drop of a ~ *bij de minste aanleiding;* ~ in hand *deemoedig, kruiperig* **2.¶** ⟨BE; sl.⟩ bad ~ *een kwaaie, een gemenerd* **3.¶** beat/knock into a cocked ~ *gehakt maken v., helemaal inmaken; in duigen doen vallen;* I'll eat my ~ if ... *ik mag doodvallen als ...;* ⟨inf.; scherts.⟩ hang/hold on to your ~! *hou je vast aan de takken van de bomen!;* keep sth. under one's ~ *iets geheim houden;* pass/send/take the ~ (round) *met de pet rondgaan;* ⟨fig.⟩ take off one's ~/take one's ~ off to s.o. *zijn pet(je) afnemen voor iem.;* ⟨sl.⟩ talk through one's ~ *bluffen, nonsens verkopen;* throw/toss one's ~ in(to) the ring *zich in de (verkiezings)strijd werpen* **5.¶** ~s **off** to you! *gefeliciteerd!, gelukgewenst!* **7.¶** my ~! *nou breekt mijn klomp!; nonsens!* → **black, brass, old, tin.**

hatband **0.1** ***hoedenlint.***

hatch[1] [hætsj] ⟨zn.⟩ **0.1** ***onderdeur*** **0.2** ***luik*** ⇒*dienluikje* **0.3** ***sluisdeur*** ⇒*sluispoort* ◆ **6.¶** ⟨sl.⟩ **down** the ~ *proost!* ⟨bij het drinken⟩.

hatch[2] **I** ⟨onov.ww.⟩ **0.1** ⟨vaak +out⟩ ***uit het ei komen*** ⟨v. kuiken⟩ ⇒*openbreken* ⟨v. ei(erschaal)⟩;
II ⟨ov.ww.⟩ **0.1** ⟨vaak +out⟩ ***uitbroeden*** ⇒*broeden* **0.2** ***beramen*** ⟨plan⟩ ◆ **5.2** ~ **up** a plan *een plan smeden.*

hatchback [hætsjbæk] **0.1** ***(opklapbare) vijfde deur*** ⟨auto⟩ **0.2** ***vijfdeursauto.***

hatcher|y [hætsjərie] ⟨mv.: -ies⟩ **0.1** ***broedplaats*** ⇒*kwekerij* ⟨vnl. voor vis⟩.

hatchet [hætsjit] **0.1** ***bijltje*** ⇒*(hand)bijl* **0.2** ***tomahawk*** ⇒*strijdbijl* ◆ **3.¶** ⟨inf.⟩ bury the ~ *de strijdbijl begraven, vrede sluiten.*

hatchet job **0.1** ***eerrovende daad*** ⇒*lasterlijke/boosaardige/vernietigende aanval.*

hatchet man ⟨vnl. AE⟩ **0.1** ***huurmoordenaar*** ⇒*gangster* **0.2** ⟨pej.⟩ ***handlanger*** ⇒*trawant;* ⟨bij uitbr.⟩ *waakhond, ordehandhaver.*

hatching [hætsjing] **0.1** ***arcering.***

hatchling [hætsjling] **0.1** ***pas uitgekomen jong.***
hatchway **0.1** ***luikgat*** ⇒*(luik)opening, ladder/trap in luikgat.*
hate[1] [heet] ⟨zn.⟩ **0.1** ⟨inf.⟩ ***gehate persoon*** ⇒*gehaat iets* **0.2** ***haat.***
hate[2] ⟨ww.⟩ **0.1** ***haten*** ⇒*grondig verafschuwen, een hekel hebben aan* **0.2** ⟨inf.⟩ ***het jammer vinden*** ◆ **3.2** I ~ having to tell you ... *het spijt me u te moeten zeggen ...*
hateful [heetfl] ⟨-ness⟩ **0.1** ***gehaat*** ⇒*verachtelijk, weerzinwekkend* **0.2** ***hatelijk*** ⟨opmerking⟩ **0.3** ***onsympathiek*** ⇒*onaangenaam, onuitstaanbaar.*
hatless [hætləs] **0.1** ***zonder hoed*** ⇒*blootshoofds.*
hat-pin **0.1** ***hoedenspeld*** ⇒*hoedenpen.*
hat rack **0.1** ***(hoeden)kapstok.***
hatred [heetrid] **0.1** ***haat*** ⇒*afschuw.*
hatter [hætə] **0.1** ***hoedenmaker/maakster*** ⇒*hoedenkoopman.* →**mad.**
hat trick ⟨sport⟩ **0.1** ***hattrick.***
hauberk [ho:bə:k] **0.1** ***maliënkolder.***
haught|y [ho:tie] ⟨-iness⟩ **0.1** ***trots*** ⇒*hooghartig, hautain, arrogant.*
haul[1] [ho:l] ⟨zn.⟩ **0.1** ***haal*** ⇒*trek; het halen, het trekken* **0.2** ***vangst*** ⇒*buit* **0.3** ***afstand*** ⇒*traject* **0.4** ***lading*** ⇒*vracht* ◆ **1.3** a four-mile ~ *een traject v. vier mijl* **6.3** **in/over** the long ~ *op lange termijn.*
haul[2] **I** ⟨onov.ww.⟩ **0.1** ***trekken*** ⇒*hijsen, rukken* **0.2** ⟨scheep.⟩ ***van koers veranderen*** ⇒*oploeven;* ⟨fig.⟩ *van gedachte veranderen, zich bedenken* ◆ **5.2** ~ north *koers zetten naar het noorden* **6.1** ~ **to/(up)on** the wind *bij de wind brassen, oploeven;*
II ⟨ov.ww.⟩ **0.1** ***halen*** ⇒*ophalen, inhalen* ⟨met inspanning⟩ **0.2** ***vervoeren*** **0.3** ***slepen*** ⟨voor de rechter⟩ ◆ **5.1** ~ **down** one's flag/colours *de vlag strijken;* ⟨fig.⟩ *zich overgeven;* ~ **in** the net *het net binnenhalen.* →**haul up.**
haulage [ho:lidzj] **0.1** ***het slepen*** ⇒*het trekken* **0.2** ***vervoer*** ⇒*transport* **0.3** ***transportkosten.***
haulier [ho:liə] **0.1** ***vrachtrijder*** ⇒*vervoerder, expediteur.*
ha(u)lm [ho:m] ⟨BE⟩ **0.1** ***halm*** ⇒*stengel* **0.2** ***halmen*** ⇒*stengels* ⟨v. erwten, bonen enz.⟩; *loof* ⟨v. aardappelen⟩.
haul up **0.1** ***ophalen*** ⇒*inhalen, binnen boord halen* **0.2** ***slepen*** ⟨voor de rechter⟩.
haunch [ho:ntsj] **0.1** ⟨vaak mv.⟩ ***lende*** ⇒*heup, bil, dij* **0.2** ⟨cul.⟩ ***lendestuk*** ⇒*bout* ◆ **6.1** **on** one's ~es *op zijn hurken.*
haunt[1] [ho:nt] ⟨zn.⟩ **0.1** ***veelbezochte/gewone (verblijf)plaats*** ⇒*trefpunt;* ⟨pej.⟩ *hol* **0.2** ***hol*** ⇒*schuilplaats* ⟨v. dieren⟩.
haunt[2] ⟨ww.⟩ **0.1** ***vaak aanwezig zijn in*** ⇒*zich altijd ophouden in, regelmatig bezoeken* **0.2** ***rondspoken in*** ⇒*rondwaren in* **0.3** ***achtervolgen*** ⇒*niet loslaten, (steeds) lastig vallen* ◆ **1.1** he ~s that place *daar is hij altijd te vinden* **1.2** ~ed castle *spookkasteel/slot* **1.3** that tune has been ~ing me all afternoon *dat deuntje speelt de hele middag al door mijn kop.*
Havana [həvænə] **0.1** ***havanna(sigaar).***
have[1] [hæv] ⟨zn.⟩ ◆ **1.¶** the ~s and the have-nots *de rijken en de armen, de bezitters en de niet-bezitters.*
have[2], ⟨in bet. II 0.1-0.3, 0.5, 0.6, 0.9, 0.11, 0.13, 0.16, en 0.17 inf. ook⟩ **have got** ⟨had, had⟩ **I** ⟨onov.ww.⟩ ◆ **6.¶** ~ **at** s.o. *iem. aanvallen;*
II ⟨ov.ww.⟩ **0.1** ***hebben*** ⇒*bezitten, beschikken over, houden* ⟨bezit, eigenschap, gelegenheid, plaats en tijd, verwanten en kennissen, iets dat toegezegd is⟩ **0.2** ***hebben*** ⟨als onderdeel⟩ ⇒*bevatten, bestaan uit* **0.3** ***krijgen*** ⇒*ontvangen* **0.4** ***nemen*** ⇒*pakken, gebruiken* ⟨eten, drinken e.d.⟩ **0.5** ***hebben*** ⇒*genieten v., lijden aan* **0.6** ***hebben*** ⇒*laten liggen, leggen, zetten* **0.7** ⟨met nw. dat een activiteit uitdrukt; vaak te vertalen door ww. van dat nw.; inf.⟩ ***hebben*** ⇒*maken, nemen* ⟨enz.⟩ **0.8** ***toelaten*** ⇒*dulden, aanvaarden* **0.9** ⟨met nw. en onb.w. met to⟩ ***hebben te*** **0.10** ⟨met nw. en onb.w. of volt. deelw.⟩ ***laten*** ⇒*doen, opdracht geven te* **0.11** ⟨met nw. en complement v.h. voorwerp⟩ ***zover krijgen dat*** ⇒*aan het ... krijgen, maken dat* **0.12** ⟨met nw. en onb.w. of volt. deelw.⟩ ***het moeten beleven dat*** ⇒*het overkomt/overkwam hem/haar/hun dat* **0.13** ***in huis hebben*** ⇒*te gast hebben;* ⟨bij uitbr.⟩ *uitnodigen, vragen* **0.14** ***krijgen*** ⟨kind⟩ **0.15** ***vrijen/slapen met*** **0.16** ***zorgen voor*** **0.17** ⟨inf.⟩ ***te pakken hebben*** ⟨lett. en fig.⟩ ⇒*het winnen v.* **0.18** ⟨BE; sl.⟩ ***bedriegen*** ⇒*bij de neus nemen* **0.19** ⟨vero.⟩ ***kennen*** ⇒*beheersen* ◆ **1.1** he's got billions *hij heeft miljarden;* you can ~ that old car if you want *je mag die oude kar houden als je wil;* he has an excellent memory *hij beschikt over een voortreffelijk geheugen;* ~ mercy on us *heb medelijden met ons;* I've got no time *ik heb geen tijd;* you ~ my word *je hebt mijn woord, mijn woord erop* **1.2** the book has six chapters *het boek heeft/bestaat uit zes hoofdstukken* **1.3** this book is nowhere to be had *dit boek is nergens te krijgen;* may I ~ this dance from you? *mag ik deze dans v. u?;* he had a splendid funeral *hij kreeg een schitterende begrafenis;* we've had no news *we hebben geen nieuws (ontvangen)* **1.4** ~ breakfast *ontbijten;* ~ a cigarette *een sigaret nemen/roken* **1.5** ~ a headache *hoofdpijn hebben;* ~ a good time *het naar zijn zin hebben* **1.6** we ~ Malta on our left *Malta ligt links v. ons;* let's ~ the rug in the hall *laten we het tapijt in de hal leggen* **1.7** ~ a bath *een bad nemen;* ~ a discussion *discussiëren, een discussie hebben;* ~ a try *(het) proberen;* ~ a walk *een wandeling maken* **1.8** I won't ~ such conduct *ik duld zulk gedrag niet* **1.9** I still ~ quite a bit of work to do *ik heb nog heel wat te doen* **1.10** ~ one's hair cut *zijn haar laten knippen* **1.11** he finally had his audience laughing *eindelijk kreeg hij zijn publiek aan het lachen* **1.13** we can't ~ people here *we kunnen hier geen mensen ontvangen* **1.15** he's never had a woman *hij is nog nooit met een vrouw naar bed geweest* **1.16** can you ~ the children tonight? *kun jij vanavond voor de kinderen zorgen?* **1.18** John's been had *ze hebben John beetgenomen* **1.19** he has little Latin and less Greek *hij kent maar een beetje Latijn en nog minder Grieks* **3.8** I won't ~ you say such things *ik duld niet dat u zoiets zegt* **3.10** he's finally had it done *hij heeft het eindelijk laten doen* **3.12** he's had his friends desert him *hij heeft het moeten meemaken dat zijn vrienden hem in de steek lieten* **3.¶** he had it coming to him *hij kreeg zijn verdiende loon* **4.1** I've got it *ik heb het, ik weet het (weer);* ⟨inf.⟩ he has it in him (to do a thing like that) *hij is ertoe in staat (zoiets te doen);* you ~ sth. there *daar zeg je (me) wat, daar zit wat in* **4.5** you ~ it badly *je hebt het lelijk te pakken* **4.8** I'm not having any *ik pik het niet, ik pieker er niet over* **4.17** you've got me there *jij wint; geen idee, daar vraag je me wat* **4.¶** ~ it (that) *zeggen (dat), beweren (dat);* as the Bible has it *zoals het in de bijbel staat;* rumour has it that ... *het gerucht gaat dat ...;* ~ it (from s.o.) *het (van iem.) vernomen/gehoord hebben, het weten (van iem.);* ⟨inf.⟩ ~ had it *hangen, de klos/pineut zijn; niet meer de oude zijn, dood zijn; het beu zijn, er de brui aan geven;* ~ it in for s.o. *een hekel hebben aan iem., de pik hebben op iem.* **5.1** he wouldn't ~ his wife **back** *hij wou zijn vrouw niet terug (hebben);* do you ~ enough wine **in**? *heb je genoeg wijn in huis?* **5.3** you can ~ it **back** tomorrow *je kunt het morgen terugkrijgen* **5.10** ~ a tooth **out** *een tand laten trekken* **5.13** ~ s.o. **(a)round/in/over** *iem. (eens) uitnodigen;* ~ s.o. **down** *iem. uitnodigen* ⟨ihb. v.

boven, uit het noorden of uit de stad⟩; we are having the painters **in** next week *volgende week zijn de schilders bij ons in huis aan het werk;* ~ s.o. **up** *iem. uitnodigen* ⟨ihb. v. beneden, uit het zuiden of v.h. platteland⟩ **5.19** ⟨niet vero.⟩ ~ sth. **off** *iets uit het hoofd/v. buiten kennen* **5.¶** ⟨BE; inf.⟩ ~ it **away/off** (with s.o.) *neuken (met iem.);* ~ it **in** for s.o. *de pik hebben op iem.;* ~ it/the matter **out** with s.o. *het (probleem) uitpraten/uitvechten met iem.;* ⟨BE⟩ ~ s.o. **up** (for sth.) *iem. voor de rechtbank brengen (wegens iets)* **6.1** ~ sth. **about/on** one *iets bij zich hebben;* what does she ~ **against** me? *wat heeft ze tegen mij?* **6.14** ~ a child **by** *een kind hebben v.* **6.¶** ~ sth. **on** s.o. *belastend materiaal tegen iem. hebben;* you ~ nothing **on** me *je kunt me niks maken;* ~ nothing **on** *niet kunnen tippen aan;* ~ sth. **on/over** *beter zijn dan, een streepje voor hebben op.* →**have (got) on;**
III ⟨hww.⟩ **0.1** ***hebben*** ⇒*zijn* **0.2** ⟨alleen in aanv. w. verl. t.; schr.⟩ ***had(den)/was/waren*** ⇒*indien/als ... zou(den) hebben/zijn* ◆ **3.1** I ~ worked *ik heb gewerkt;* he has died *hij is gestorven* **3.2** had he claimed that, he would have been mistaken *had hij dat beweerd, dan zou hij zich vergist hebben* **5.2** I had better/best forget it *ik moest dat maar vergeten, het zou beter/het beste zijn als ik dat vergat;* I'd just as soon die *ik zou net zo lief doodgaan.* →**have got, have got to, have to.**

have-beens ⟨mv.⟩ →**has-been.**
have got →**have[2].**
have got on →**have on.**
have got to →**have to.**
haven [heevn] **0.1** ***(beschutte/veilige) haven*** ⟨ook fig.⟩ ⇒ *toevluchtsoord.*
have-not ⟨vnl. mv.⟩ **0.1** ***have-not*** ⇒*arme drommel.*
haven't [hævnt] ⟨samentr. v. have not⟩.
have on, ⟨in bet. 0.1 en 0.2 inf. ook⟩ **have got on 0.1** ***aanhebben*** ⇒*dragen* ⟨kleren⟩; *ophebben* ⟨hoed⟩ **0.2** ***gepland hebben*** ⇒*op zijn agenda hebben* **0.3** ⟨inf.⟩ ***voor de gek houden*** ⇒*een loopje nemen met* ◆ **4.2** I've got nothing on tonight *vanavond ben ik vrij.*
haversack [hævəsæk] ⟨vnl. mil.⟩ **0.1** ***broodzak*** ⇒*proviandtas.*
have to, ⟨inf. ook⟩ **have got to 0.1** ***moeten*** ⇒*verplicht/gedwongen zijn om te, (be)hoeven* ◆ **3.1** we ~ go now *we moeten nu weg;* he didn't ~ do that *dat had hij niet hoeven doen.*
havildar [hævilda:] ⟨Ind. E⟩ **0.1** ***Indisch sergeant.***
havoc [hævək] **0.1** ***verwoesting*** ⇒*vernieling, ravage;* ⟨fig.⟩ *verwarring* ◆ **3.1** play ~ among/with, make ~ of, wreak ~ on *totaal verwoesten/vernielen; grondig in de war sturen, een puinhoop maken v.*
haw[1] [ho:] ⟨zn.⟩ **0.1** ⟨plantk.⟩ ***bes v.d. haagdoorn*** **0.2** ⟨dierk.⟩ ***knipvlies*** ⇒⟨ihb.⟩ *ontstoken knipvlies* ⟨derde ooglid bij sommige dieren⟩.
haw[2] ⟨ww.⟩ **0.1** ***hm zeggen*** ⇒*zijn keel schrapen.*
haw[3] ⟨tw.⟩ **0.1** ***hm*** ⇒*ahum, hem.*
Hawaiian [həwajjən] **0.1** ⟨bn.⟩ ***Hawaïaans*** **0.2** ⟨eig.n.⟩ ***Hawaïaans*** ⟨taal⟩ **0.3** ⟨telb. zn.⟩ ***bewoner v. Hawaï.***
hawfinch [ho:fintsj] ⟨dierk.⟩ **0.1** ***appelvink.***
haw-haw[1] ⟨ww.⟩ **0.1** ***luid/bulderend lachen*** ⇒*in hahageroep uitbarsten.*
haw-haw[2] ⟨tw.⟩ **0.1** ***haha.***
hawk[1] [ho:k] ⟨zn.⟩ **0.1** ⟨dierk.⟩ ***havik*** ⟨genus Accipiter⟩ **0.2** ***(kleinere) roofvogel*** ⟨fam. Falconiformes⟩ **0.3** ***havik*** ⟨fig.⟩ ⇒*oorlogszuchtig/agressief persoon* **0.4** ***kalkbord*** ⇒*pleisterplank* ⟨v. stukadoor⟩.
hawk[2] ⟨ww.⟩ **0.1** ***venten (met)*** ⇒*langs de deur verkopen* **0.2** ***verspreiden.***
hawker [ho:kə] **0.1** ***(straat)venter*** ⇒*marskramer* **0.2** ***valkenier.***
hawkeyed 0.1 ***met haviksogen*** ⇒*scherpziend.*
hawk moth ⟨dierk.⟩ **0.1** ***pijlstaart*** ⟨vlinder⟩.
hawser [ho:zə] ⟨scheep.⟩ **0.1** ***kabeltouw*** ⇒*tros.*
hawthorn [ho:θo:n] **0.1** ***haagdoorn*** ⇒*meidoorn.*
hay [hee] **0.1** ***hooi*** ◆ **3.¶** hit the ~ *gaan pitten/slapen;* roll in the ~ *vrijen;* ⟨sprw.⟩ make ~ while the sun shines *men moet het ijzer smeden als het heet is;* ⟨sl.⟩ make ~ *volledig profiteren.*
haycock 0.1 ***hooiopper*** ⇒*stapel hooi.*
hay fever 0.1 ***hooikoorts.***
hay fork 0.1 ***hooivork.***
hayloft 0.1 ***hooizolder.***
haymaker 0.1 ***hooier*** **0.2** ⟨AE; sl.⟩ ***vuistslag.***
haymaking 0.1 ***het hooien.***
haystack, hayrick 0.1 ***hooiberg.***
haywire ⟨inf.⟩ **0.1** ***in de war*** ⇒*door elkaar* ◆ **3.1** my plans went ~ *mijn plannen liepen in het honderd;* he went ~ when he heard this *hij raakte v.d. wijs/kook toen hij dit hoorde.*
hazard[1] [hæzəd] ⟨zn.⟩ **0.1** ***gevaar*** ⇒*risico* **0.2** ***kans*** ⇒*mogelijkheid, toeval* **0.3** ⟨golf⟩ ***(terrein)hindernis*** ◆ **1.2** games of ~ *kansspelen, gokspelen* **6.1** be **at/in** ~ *op het spel staan.*
hazard[2] ⟨ww.⟩ **0.1** ***in de waagschaal stellen*** ⇒*wagen, riskeren* **0.2** ***zich wagen aan*** ⇒*wagen* ◆ **1.2** ~ a guess *een gok wagen.*
hazard light ⟨vnl. mv.⟩ **0.1** ***waarschuwingsknipperlicht(en).***
hazardous [hæzədəs] ⟨-ness⟩ **0.1** ***gevaarlijk*** ⇒*gewaagd, riskant.*
hazard warning light ⟨vnl. mv.⟩ **0.1** ***waarschuwingsknipperlicht(en).***
haze[1] [heez] ⟨zn.⟩ **0.1** ***nevel(sluier)*** ⇒*heiigheid, damp, waas;* ⟨fig.⟩ *vaagheid, verwardheid* ◆ **6.1 in** a ~ *in verwarring/onzekerheid.*
haze[2] I ⟨onov.ww.⟩ **0.1** ⟨+ over⟩ ***nevelig worden;***
II ⟨ov.ww.⟩ **0.1** ⟨+ over⟩ ***nevelig maken*** **0.2** ⟨AE⟩ ***ontgroenen*** **0.3** ***koeioneren.***
hazel [heezl] **0.1** ***hazelaar*** ⇒*hazelnotenstruik* **0.2** ***hazelaarshout*** ⇒*hazelnotenhout* **0.3** ⟨vaak attr.⟩ ***hazelnootbruin*** ⇒*groenbruin.*
hazelnut 0.1 ***hazelnoot.***
haz|y [heezie] ⟨-iness⟩ **0.1** ***nevelig*** ⇒*wazig, dampig;* ⟨fig.⟩ *vaag, onduidelijk* ◆ **1.1** a ~ idea *een vaag idee* **6.1** be ~ **about** sth. *vaag zijn over iets.*
H-bomb 0.1 ***H-bom*** ⟨waterstofbom⟩.
HDTV ⟨afk.⟩ **0.1** [high-definition TV].
he[1] [hie:] ⟨zn.⟩ **0.1** ***hij*** ⇒*man(netje), jongen; mannetjesdier.*
he[2] [(h)ie, ⟨sterk⟩ hie:] ⟨vnw.⟩ **0.1** ***hij*** ⇒⟨in sommige constructies⟩ *die, dat, het* **0.2** ⟨schr.⟩ ***degene*** ⇒*de persoon, hij* **0.3** ⟨verwijst terug naar one; vnl. AE⟩ ***men*** ◆ **4.1** 'Who is he?' 'He's John' *'Wie is dat?' 'Dat/Het is Jan';* ⟨schr.⟩ it is ~ *hij is het* **4.2** it is ~ whom you seek *hij is het/degene die gij zoekt* **4.3** though one works hard ~ still may fail *hoewel men hard werkt, kan men nog mislukken.*
head[1] [hed] ⟨zn.; mv.: in bet. 0.15 head⟩ **0.1** ***hoofd*** ⇒*kop, hoofdlengte* **0.2** ***hoofd*** ⇒*verstand* **0.3** ***kop*** ⇒*afbeelding v.e. hoofd;* ⟨vnl. mv.⟩ *kruis* **0.4** ***persoon*** ⇒*hoofd* **0.5** ⟨ben. voor⟩ ***uiteinde*** ⇒*kop* **0.6** ⟨plantk.⟩ ***hoofdje*** ⇒*korfje, kruin, krop* **0.7** ***schuim(kraag)*** ⇒*kop* ⟨op bier⟩ **0.8** ***top*** ⇒*bovenkant* **0.9** ***(opname/wis)kop*** ⟨v. band/videorecorder⟩ **0.10** ***breekpunt*** ⇒*crisis* **0.11** ***boveneinde*** ⇒*hoofd(einde)* **0.12** ***opschrift*** ⇒*hoofd, kop* **0.13** ***voorkant*** ⇒*kop, spits, hoofd*

⟨ook v. ploeg⟩ **0.14** ***meerdere*** ⇒*leider, hoofd* **0.15** ***stuk (vee)*** ⇒⟨BE⟩ *kudde, aantal dieren* ◆ **1.1** ~ and shoulders above *met kop en schouders erbovenuit;* ⟨fig.⟩ *verreweg de beste* **1.3** ~s or tails? *kruis of munt?* **1.14** ~ of state *staatshoofd* **1.15** 50 ~ of cattle *50 stuks vee* **1.¶** have one's ~ in the clouds *met het hoofd in de wolken lopen;* bang one's ~ against a brick wall *met het hoofd tegen de muur lopen;* ~ over ears/heels *tot over zijn oren;* from ~ to foot *van top tot teen;* bury one's ~ in the sand *de kop in het zand steken;* I could not make ~ or tail of it *ik kon er geen touw aan vastknopen;* keep one's ~ above water *het hoofd boven water houden* **3.1** have sth. hanging over one's ~ *iets boven het hoofd hebben hangen* ⟨vnl. fig.⟩ **3.2** it never entered/came into his ~ *het kwam niet bij hem op;* get/take sth. into one's ~ *zich iets in het hoofd zetten;* the success has gone to/turned his ~ *het succes is hem naar het hoofd gestegen;* put one's ~s together *de koppen bij elkaar steken;* put sth. into s.o.'s ~ *iem. iets suggereren* **3.10** that brought the matter to a ~ *daarmee werd de zaak op de spits gedreven;* come to a ~ *een kritiek punt bereiken* **3.¶** beat/knock s.o.'s ~ off *iem. totaal verslaan;* bite/snap s.o.'s ~ off *iem. afsnauwen;* eat one's ~ off *eten als een wolf;* ⟨sl.⟩ give s.o. ~ *iem. beffen/pijpen;* hold one's ~ high *z'n hoofd niet laten hangen;* keep one's ~ *zijn kalmte bewaren;* keep one's ~ down *zich gedekt houden;* ⟨BE⟩ knock on the ~ *een spaak in het wiel steken;* laugh one's ~ off *zich een ongeluk lachen;* lose one's ~ ⟨fig.⟩ *het hoofd verliezen;* scream/shout one's ~ off *vreselijk tekeergaan;* have one's ~ screwed on straight/right *verstandig zijn, niet gek zijn;* she could do it standing on her ~ *het was voor haar een fluitje v.e. cent;* ⟨inf.⟩ have a swelled/swollen ~ *verwaand zijn* **5.1** ~ first/foremost *voorover* **6.1** taller **by** a ~ *een kop groter* **6.2** that is **above/over** my ~ *dat gaat boven mijn pet;* a ~ **for** mathematics *een wiskundeknobbel;* **off/out of** one's ~ *gek, niet goed bij zijn verstand* **6.¶** be promoted **over** one's ~ *gepasseerd worden* **7.4** £1 a ~ *£1 per persoon.* →**old, right, sore, two.**

head[2] **I** ⟨onov.ww.⟩ **0.1** ***gaan*** ⇒*gericht zijn, koers zetten* ◆ **5.1** we ~ed **back** *wij gingen terug;* the plane ~ed north *het vliegtuig zette koers naar het noorden.* →**head for;**
II ⟨ov.ww.⟩ **0.1** ***aan het hoofd staan van*** ⇒*voorop lopen* **0.2** ***bovenaan plaatsen*** ⇒*bovenaan staan op* **0.3** ***overtreffen*** ⇒*voorbijstreven* **0.4** ⟨voetbal⟩ ***koppen*** **0.5** ***richten*** ⇒*sturen* ◆ **1.1** the general ~ed the revolt *de generaal leidde de opstand;* the procession was ~ed by the mounted police *de stoet werd voorafgegaan door de bereden politie.* → **head off.**

headache **0.1** ***hoofdpijn*** **0.2** ⟨inf.⟩ ***probleem*** ⇒*vervelende kwestie.*

headage payment **0.1** ***subsidiebedrag per stuk vee*** ⟨in EG-verband⟩.

headband **0.1** ***hoofdband.***

head-banger ⟨sl.⟩ **0.1** ***headbanger*** ⟨iem. die (het hoofd) woest beweegt op keiharde muziek⟩ **0.2** ***idioot*** ⇒*malloot.*

headboard **0.1** ***(plank aan het) hoofdeinde*** ⟨v. bed⟩.

head butt **0.1** ***kopstoot.***

headcase ⟨inf.⟩ **0.1** ***halve gare*** ⇒*mafkees.*

headcheese ⟨AE⟩ **0.1** ***hoofdkaas.***

head count **0.1** ***personeelsbezetting.***

headdress **0.1** ***hoofdtooi.***

header [hedda] **0.1** ⟨voetbal⟩ ***kopbal*** **0.2** ***duik(eling)*** ◆ **3.2** take a ~ *een duikeling maken.*

headfirst **0.1** ***met het hoofd vooruit*** ⇒*voorover* **0.2** ***onbesuisd*** ⇒*roekeloos.*

head for **0.1** ***afgaan op*** ⇒*koers zetten naar* ◆ **1.1** he headed straight for the bar *hij stevende direct op de bar af;* you are heading for trouble *als jij zo doorgaat krijg je narigheid.*

headgear ⟨vnl. enk.⟩ **0.1** ***hoofddeksel.***

headguard ⟨boksen⟩ **0.1** ***hoofdbeschermer.***

headhunter **0.1** ***koppensneller*** **0.2** ***headhunter*** ⇒*breinronselaar* ⟨bemiddelaar bij werving hoger personeel/topfunctionarissen e.d.⟩; *sterrenlikker* ⟨iem. die graag gezien wordt in het gezelschap v. vooraanstaande personen⟩.

head-hunting **0.1** ***(het) koppensnellen*** **0.2** ***headhunting*** ⟨werven v. topfunctionarissen vnl. bij andere bedrijven⟩.

heading [hedding] **0.1** ***opschrift*** ⇒*titel, kop.*

headlamp **0.1** ***koplamp.***

headland [hedlənd] **0.1** ***kaap*** ⇒*landtong.*

headless [hedləs] **0.1** ***zonder hoofd*** ⇒*zonder aanvoerder.*

headlight **0.1** ***koplamp.***

headline[1] ⟨zn.⟩ **0.1** ***(kranten)kop*** ⇒*opschrift* ◆ **3.1** make/hit the ~s *volop in het nieuws komen* **7.¶** the ~s *hoofdpunten v.h. nieuws.*

headline[2] ⟨ww.⟩ **0.1** ***met vette koppen aankondigen*** **0.2** ***de hoofdattractie vormen van/in.***

headlock ⟨worstelen⟩ **0.1** ***hoofdgreep.***

headlong **0.1** ***voorover*** ⇒*met het hoofd voorover* **0.2** ***overijld*** ⇒*haastig, hals over kop.*

head|man [hedmən] ⟨mv.: -men [-mən]⟩ **0.1** ***dorpshoofd*** ⇒ *stamhoofd.*

headmaster **0.1** ***schoolhoofd*** ⇒*rector.*

headmistress **0.1** ***schoolhoofd.***

head off **0.1** ***onderscheppen*** ⇒*van richting doen veranderen* **0.2** ***verhoeden*** ⇒*voorkomen.*

head-on **0.1** ***frontaal*** ⇒*van voren.*

headphones **0.1** ***koptelefoon.***

headpiece **0.1** ***hoofddeksel*** ⇒⟨ihb.⟩ *helm* **0.2** ***vignet*** ⇒*titelvignet.*

head-quartered ⟨vnl. AE; inf.⟩ **0.1** ***het hoofdbureau/*** ⟨mil.⟩ ***hoofdkwartier hebbend*** ◆ **6.1** ~ **in** B. *met hoofdzetel in B.*

headquarters ⟨ww. vnl. enk.⟩ **0.1** ***hoofdbureau*** ⇒*hoofdkantoor;* ⟨mil.⟩ *hoofdkwartier.*

head rest **0.1** ***hoofdsteun*** ⟨bv. in auto⟩.

headroom **0.1** ***vrije hoogte*** ⇒*doorrijhoogte.*

headset ⟨vnl. AE⟩ **0.1** ***koptelefoon.***

headship [hedsjip] **0.1** ***aanvoerderschap*** ⇒*functie/ambtsperiode v. hoofd/leider.*

headshrinker **0.1** ***koppensneller*** ⟨die de gekrompen kop bewaart⟩ **0.2** ⟨sl.⟩ ***zielenknijper*** ⇒*psychiater.*

headstand **0.1** ***kopstand*** ⇒*stand op het hoofd* ◆ **3.1** do a ~ *op zijn hoofd (gaan) staan.*

headstart **0.1** ⟨+ on/over⟩ ***voorsprong (op)*** ⟨ook fig.⟩ ⇒*goede uitgangspositie.*

headstone **0.1** ***grafsteen*** **0.2** ***hoeksteen*** ⟨ook fig.⟩.

headstrong **0.1** ***koppig*** ⇒*eigenzinnig.*

headway **0.1** ***voortgang*** ⇒*vaart* ⟨v.e. schip⟩ ◆ **3.1** ⟨fig.⟩ make ~ *vooruitgang boeken.*

head wind **0.1** ***tegenwind.***

headword **0.1** ***(hoofd)ingang*** ⇒*tref/titelwoord, lemma.*

head|y [heddie] ⟨-ier⟩ **0.1** ***onstuimig*** ⇒*wild* **0.2** ***bedwelmend*** ⇒*dronken makend* ⟨wijn⟩ **0.3** ***dronken*** ⇒*in een roes* ◆ **6.3** ~ **with** joy *dronken van vreugde.*

heal [hie:l] **0.1** ⟨vaak +over⟩ ***genezen*** ⇒*(doen) herstellen, dichtgaan* ⟨v. wond⟩; ⟨fig.⟩ *bijleggen, vereffenen* ◆ **6.1** he was ~ed **of** his headaches *hij werd van zijn hoofdpijn genezen.*

healer [hie:lə] **0.1** ***genezer*** ⟨ihb. die alternatieve geneeswijze toepast⟩.

health [helθ] **0.1** ***gezondheid*** ⇒*lichamelijk welzijn, gezondheidstoestand* ◆ **2.1** he is in poor ~ *zijn gezondheid laat te* *wensen over* **3.1** have/be in/enjoy good ~ *een goede gezondheid genieten* **3.¶** drink (to) s.o.'s ~ *op iemands gezondheid drinken* **6.1** ⟨fig.⟩ I am not here **for** my ~ *ik zit hier niet om vliegen te vangen.*

health authority 0.1 ***gezondheidsdienst.***

health care 0.1 ***gezondheidszorg.***

health farm 0.1 ***gezondheidsboerderij.***

health food 0.1 ***gezonde/natuurlijke voeding.***

health food shop, ⟨AE⟩ **health food store 0.1** ***natuurwinkel.***

healthful [helθfoel] **0.1** ***gezond*** ⇒*heilzaam.*

health insurance 0.1 ***ziektekostenverzekering.***

health|y [helθie] ⟨-iness⟩ **0.1** ***gezond*** ⇒*heilzaam* ◆ **1.1** he has a ~ respect for my father *hij heeft een groot ontzag/respect voor mijn vader.*

heap¹ [hie:p] ⟨zn.⟩ **0.1** ***hoop*** ⇒*stapel, berg* **0.2** ⟨inf.⟩ ***boel*** ⇒*massa, hoop* ◆ **1.2** we've got ~s of time *we hebben nog zeeën van tijd;* I've heard that story ~s of times *ik heb dat verhaal al zo vaak gehoord* **2.2** it was ~s better *het was stukken beter.*

heap² ⟨ww.⟩ **0.1** ⟨+up⟩ ***ophopen*** ⇒*(op)stapelen, samenhopen* **0.2** ⟨+on/with⟩ ***vol laden (met)*** ⇒*opladen (met)* **0.3** ***overladen*** ⇒*overstelpen* ◆ **5.1** she ~ed **together** all the toys *zij gooide al het speelgoed op een hoop* **6.3** she ~ed reproaches **(up)on** her mother *zij overstelpte haar moeder met verwijten.*

hear [hiə]⟨heard, heard [hə:d]⟩ **I** ⟨onov. en ov.ww.⟩ **0.1** ***horen*** ◆ **3.1** I've heard say/tell that he has been in prison *ik heb gehoord dat hij in de gevangenis heeft gezeten* **6.1** ~ **from** *bericht krijgen van, horen van;* ~ **of/about** *horen van/over* **¶.¶** ~! ~! *bravo!;*

II ⟨ov.ww.⟩ **0.1** ***luisteren naar*** ⇒⟨jur.⟩ *(ver)horen, behandelen; verhoren* ⟨gebed⟩, *overhoren, gehoor geven aan* **0.2** ***vernemen*** ⇒*kennis nemen van, horen* ◆ **1.1** his case will not be heard until next month *zijn zaak wordt pas volgende maand behandeld;* both parties were heard *beide partijen werden gehoord* **5.1** we will ~ him **out** *wij zullen hem laten uitspreken.*

hearer [hiərə] **0.1** ***(toe)hoorder.***

hearing [hiəring] **I** ⟨telb.zn.⟩ **0.1** ***gehoor*** ⇒*hearing, hoorzitting* **0.2** ⟨jur.⟩ ***behandeling*** ⟨v.e. zaak⟩ **0.3** ⟨AE; jur.⟩ ***verhoor*** ◆ **2.1** a public ~ *een openbare hoorzitting* **3.1** gain/get a ~ with s.o. *een onderhoud hebben met iem.* **7.1** you need a second ~ to like this song *dit liedje moet je een tweede keer horen om het te kunnen waarderen;* he would not even give us a ~ *hij wilde zelfs niet eens naar ons luisteren;*

II ⟨n.-telb.zn.⟩ **0.1** ***gehoor*** **0.2** ***gehoorsafstand*** ◆ **2.1** she is hard of ~ *zij is hardhorend* **6.2** **out of/within** ~ (distance) *buiten/binnen gehoorsafstand.*

hearing aid 0.1 ***(ge)hoorapparaat.***

hearken [ha:kən] ⟨schr.⟩ **0.1** ⟨+to⟩ ***luisteren (naar).***

hearsay 0.1 ***praatjes*** ⇒*geruchten* ◆ **6.1** I know it **from** ~ *ik weet het van horen zeggen.*

hearse [hə:s] **0.1** ***lijkwagen*** ⇒*lijkkoets.*

heart [ha:t] **0.1** ***hart(spier)*** **0.2** ***boezem*** ⇒*borst* **0.3** ***geest*** ⇒*gedachten, herinnering* **0.4** ***hart*** ⇒*binnenste, gemoed* **0.5** ***kern*** ⇒*hart, essentie* **0.6** ***hart*** ⇒*hartvormig voorwerp;* ⟨kaartspel⟩ *harten(kaart)* **0.7** ***moed*** ⇒*durf* ◆ **1.3** a change of ~ *verandering v. gedachten* **1.4** from/to the bottom of my ~ *uit de grond v. mijn hart;* to his ~'s content *naar hartenlust;* win the ~s and the minds of the people *de sympathie v.h. volk veroveren;* his ~ is in the right place *hij heeft het hart op de juiste plaats;* wear one's ~ on one's sleeve *zijn hart op de tong dragen;* ~ and soul *met hart en ziel* **1.7** he had his ~ in his boots *hij had de moed verloren* **1.¶** ⟨sprw.⟩ the way to a man's ~ is through his stomach *de liefde van een man gaat door de maag* **3.4** she had his health at ~ *zijn gezondheid ging haar ter harte;* they have their own interests at ~ *zij hebben hun eigen belangen voor ogen;* he put his ~ (and soul) into his work *hij legde zich met hart en ziel op zijn werk toe;* set one's ~ on sth. *zijn zinnen op iets zetten, iets dolgraag willen;* she took it to ~ *zij trok het zich aan, zij nam het ter harte* **3.7** not have the ~ *de moed niet hebben;* lose ~ *de moed verliezen;* take ~ *moed vatten, zich vermannen* **3.¶** my ~ bleeds *ik ben diepbedroefd;* ⟨iron.⟩ *oh jee, wat heb ik een medelijden;* bless your ~ *je bent een schat;* cross one's ~ (and hope to die) *plechtig beloven;* cry/weep one's ~ out *tranen met tuiten huilen;* eat one's ~ out *wegkwijnen (v. verdriet/verlangen);* not find it in one's ~ *het niet over zijn hart kunnen verkrijgen;* ⟨inf.⟩ have a ~ *wees eens aardig* **6.3** (learn) **by** ~ *uit het hoofd (leren)* **6.4** **at** ~ *in zijn hart, eigenlijk;* **in** one's ~ of ~s *in het diepst v. zijn hart;* **with** all one's ~ *van ganser harte.* →**absence, faint, home.**

heartache 0.1 ***hartzeer*** ⇒*zielensmart.*

heart attack 0.1 ***hartaanval*** ⇒*hartinfarct.*

heartbeat 0.1 ***hartslag*** ⇒*hartklopping* **0.2** ***het kloppen/slaan v.h. hart.***

heart block ⟨med.⟩ **0.1** ***hartblok.***

heartbreak 0.1 ***hartzeer*** ⇒*diepe teleurstelling.*

heartbreaker 0.1 ***hartenbreker/breekster.***

heartbreaking 0.1 ***hartbrekend*** ⇒*hartverscheurend* **0.2** ***frustrerend*** ⟨werk⟩.

heartbroken 0.1 ***met een gebroken hart*** ⇒*diepbedroefd.*

heartburn 0.1 ***(brandend) maagzuur.***

heart condition 0.1 ***hartkwaal*** ⇒*hartziekte/aandoening* ◆ **3.1** have a ~ *hartpatiënt(e) zijn.*

heart disease 0.1 ***hartkwaal*** ⇒*hartaandoening;* ⟨alg.⟩ *hart- en vaatziekte.*

hearten [ha:tn] **0.1** ***bemoedigen*** ⇒*moed geven, opmonteren.*

heart failure 0.1 ***hartverlamming.***

heartfelt 0.1 ***hartgrondig*** ⇒*oprecht.*

hearth [ha:θ] **0.1** ***haard(stede)*** ⇒⟨fig.⟩ *huis, woning* ◆ **1.1** ~ and home *huis en haard.*

hearthrug 0.1 ***haardkleedje.***

heartily [ha:tillie] **0.1** ***van harte*** ⇒*oprecht, vriendelijk* **0.2** ***flink*** ⇒*hartig* **0.3** ***hartgrondig*** ◆ **3.2** eat ~ *stevig eten* **3.3** I ~ dislike that fellow *ik heb een hartgrondige hekel aan die vent.*

heartless [ha:tləs] ⟨-ness⟩ **0.1** ***harteloos*** ⇒*hardvochtig.*

heart murmur ⟨med.⟩ **0.1** ***hartgeruis.***

heart palpitation 0.1 ***hartklopping.***

heart patient 0.1 ***hartpatiënt(e).***

heart rate 0.1 ***hartslag.***

heartrending 0.1 ***hartverscheurend.***

heart's blood 0.1 ***hartenbloed*** ⇒⟨fig.⟩ *leven.*

heartsick 0.1 ***neerslachtig*** ⇒*mismoedig.*

heart-stopper 0.1 ***adembenemend iets*** ⟨bv. film, race⟩ ⇒*bloedstollend iets.*

heart strings 0.1 ***diepste gevoelens*** ⇒⟨iron.⟩ *sentimentele gevoelens* ◆ **3.1** tug at s.o.'s ~ *iem. zeer (ont)roeren.*

heartthrob 0.1 ⟨sl.⟩ ***droomprins.***

heart-to-heart 0.1 ⟨bn.⟩ ***openhartig*** ⇒*vrij(uit)* **0.2** ⟨zn.⟩ ***openhartig gesprek.***

heart valve 0.1 ***hartklep.***

heartwarming 0.1 ***hartverwarmend.***

heart|y¹ [ha:tie] ⟨zn.; mv.: -ies⟩ ⟨scheep.⟩ **0.1** ***matroos*** ◆ **7.1** my hearties! *mannen!*

heart|y[2] ⟨bn.; -iness⟩ **0.1** ***hartelijk*** ⇒*vriendelijk* **0.2** ***gezond*** ⇒*flink, hartig* **0.3** ⟨BE; inf.⟩ ***(al te) joviaal*** ◆ **1.2** a ~ meal *een stevig maal* **2.2** hale and ~ *kerngezond.*

heat[1] [hie:t] ⟨zn.⟩ **0.1** ***warmte*** ⇒*hitte, heetheid* **0.2** ⟨nat.⟩ ***warmte*** ⇒*warmtehoeveelheid* **0.3** ***vuur*** ⇒*drift, heftigheid* **0.4** ⟨sl.⟩ ***druk*** ⇒*dwang, moeilijkheden* **0.5** ***loopsheid*** **0.6** ***voorwedstrijd*** ⇒*serie, voorronde* ◆ **3.4** turn / put the ~ on s.o. *iem. onder druk zetten* **6.3** **in** the ~ **of** the conversation *in het vuur v.h. gesprek* **6.5** ⟨BE⟩ **on** / ⟨AE⟩ **at** ~ *loops, tochtig.* →**dead.**

heat[2] **I** ⟨onov.ww.⟩ **0.1** ***warm worden*** ⇒*warm lopen, heet worden* ◆ **5.1** ~ **up** *heet/warm worden;*
II ⟨ov.ww.⟩ **0.1** ***verhitten*** ⇒*verwarmen* ◆ **5.1** ~ **up** *opwarmen.*

heat barrier **0.1** ***hittebarrière.***

heat capacity ⟨nat.⟩ **0.1** ***warmtecapaciteit.***

heated [hie:tid] **0.1** ***opgewonden*** ◆ **1.1** ~ discussion *verhitte discussie.*

heater [hie:tə] **0.1** ***kachel*** ⇒*verwarming(stoestel).*

heat exchanger ⟨tech.⟩ **0.1** ***warmtewisselaar.***

heath [hie:θ] **0.1** ***heideveld*** ⇒*open veld* **0.2** ***dopheide*** ⇒*erica.*

heathen[1] [hie:ðn] ⟨zn.; mv.: ook heathen⟩ **0.1** ***heiden*** ⇒*ongelovige* **0.2** ***barbaar.***

heathen[2] ⟨bn.⟩ **0.1** ***heidens.***

heathenish [hie:ðənisj] **0.1** ***heidens.***

heather [heðə] **0.1** ***heide(kruid)*** ⇒*struikheide* ⟨Calluna vulgaris⟩; *erica, dopheide* ⟨Erica tetralix⟩.

heather mixture ⟨BE⟩ **0.1** ***heidekleurige stof.***

heating [hie:ting] **0.1** ***verwarming(ssysteem).***

heating oil **0.1** ***(lichte) stookolie.***

heat rash **0.1** ***hittepuistje*** ⇒*hitteblaar* **0.2** ***hitte-uitslag.***

heat shield ⟨tech.⟩ **0.1** ***hitteschild.***

heat spot **0.1** ***hittepuistje.***

heat stroke **0.1** ***zonnesteek.***

heat treatment ⟨tech.⟩ **0.1** ***warmtebehandeling*** ⇒*thermische behandeling.*

heat wave **0.1** ***hittegolf.***

heave[1] [hie:v] ⟨zn.⟩ **0.1** ***hijs*** ⇒*het op en neer gaan* **0.2** ***ruk*** ◆ **1.1** the ~ of the sea *de deining v.d. zee* **2.2** he gave a mighty ~ *hij gaf een enorme ruk.*

heave[2] ⟨vnl. scheep.: hove, hove [hoov]⟩ **I** ⟨onov.ww.⟩ **0.1** ***(op)zwellen*** ⇒*rijzen, omhooggaan* **0.2** ***op en neer gaan*** **0.3** ***trekken*** ⇒*sjorren* ◆ **1.1** his stomach ~d *zijn maag draaide ervan om* **5.1** ⟨inf.⟩ ~ **up** *overgeven, braken* **5.¶** ⟨scheep.⟩ ~ **to** *bijdraaien, bij gaan liggen* **6.3** ~ **at / on** *trekken aan;*
II ⟨ov.ww.⟩ **0.1** ***opheffen*** ⇒*(op)hijsen* **0.2** ***slaken*** ⇒*lozen* **0.3** ⟨inf.⟩ ***gooien*** ⇒*smijten* **0.4** ⟨scheep.⟩ ***hijsen*** ⇒*takelen* ◆ **1.2** she ~d a groan *zij kreunde.*

heave ho [hie:v hoo] ⟨scheep.⟩ **0.1** ***trekken!*** ⇒*hup!, pak aan!* **0.2** ***anker op!***

heaven [hevn] **0.1** ***hemel*** ⇒⟨fig.⟩ *gelukzaligheid* **0.2** ⟨vnl. H-⟩ ***hemel*** ⇒*Voorzienigheid* **0.3** ***hemelgewelf*** ⇒*uitspansel* ◆ **1.1** move ~ and earth *hemel en aarde bewegen* **1.2** in Heaven's name, for Heaven's sake *in hemelsnaam* **2.1** it was sheer ~ *het was zalig* **3.2** Heaven forbid! *de hemel verhoede het!;* Heaven only knows! *dat mag de hemel weten!;* thank ~(s)! *de hemel zij dank!* **3.3** the ~s opened *de hemelsluizen gingen open* **5.¶** Heavens **above**! *goeie hemel!, lieve help!* **7.1** ⟨fig.⟩ be in seventh ~ *in de zevende hemel zijn.*

heavenly [hevnlie] **I** ⟨bn.⟩⟨inf.⟩ **0.1** ***zalig*** ⇒*heerlijk, verrukkelijk;*
II ⟨bn., attr.⟩ **0.1** ***hemels*** ⇒*goddelijk* **0.2** ***hemel-*** ⇒*mbt. het hemelruim* ◆ **1.2** ~ bodies *hemellichamen.*

heaven-sent **0.1** *door de hemel gezonden.*

heavenward [hevnwəd], **heavenwards** [-wədz] **0.1** ***hemelwaarts.***

heav|y[1] [hevvie] ⟨zn.⟩⟨inf.⟩ **0.1** ***zware jongen*** ⇒*misdadiger.*

heav|y[2] [hevvie] ⟨bn.; -iness⟩ **0.1** ***zwaar*** ⟨ook mil., nat.⟩ **0.2** ***zwaar*** ⇒*hevig; aanzienlijk* **0.3** ***moeilijk te verteren*** ⟨ook fig.⟩ **0.4** ***(zwaar) bewolkt*** **0.5** ***log*** ⇒*traag (v. begrip)* **0.6** ***serieus*** ⟨krant, toneelrol⟩ ⇒*zwaar op de hand* **0.7** ***streng*** **0.8** ***zwaar*** ⇒*drukkend* **0.9** ***zwaarmoedig*** ◆ **1.1** a ~ fog *een dichte/zware mist;* ~ industry *zware industrie;* ⟨nat.⟩ ~ water *zwaar water* **1.2** a ~ drinker *een zware drinker;* ~ necking / petting *stevige vrijpartij;* ~ seas *zware zeeën;* a ~ sleeper *een vaste/diepe slaper;* ~ traffic *druk/zwaar verkeer; vrachtverkeer;* a ~ turnout *een grote opkomst* **1.¶** play the ~ father *een (donder)preek houden;* with a ~ hand *met ijzeren hand;* make ~ weather of sth. *moeilijk maken wat makkelijk is* **3.3** I find it ~ going *ik schiet slecht op* **6.1** ~ **with** *zwaar beladen met;* ~ **with** child *hoogzwanger;* ~ **with** the smell of roses *doortrokken v.d. geur v. rozen* **6.¶** ⟨inf.⟩ be ~ **on** *veel gebruiken* ⟨benzine, make-up⟩.

heavy[3] ⟨bw.⟩ **0.1** ***zwaar*** ◆ **3.1** time hung ~ on her hands *de tijd viel haar lang;* lie ~ *zwaar wegen/drukken.*

heavy-duty **0.1** ***berekend op zwaar werk*** ⇒*voor zwaar gebruik.*

heavy-handed ⟨-ness⟩ **0.1** ***onhandig*** ⇒*log, onbeholpen* **0.2** ***tactloos.***

heavy-hearted **0.1** ***zwaarmoedig.***

heavy-laden **0.1** ***zwaar beladen*** **0.2** ***veel zorgen hebbend.***

heavyset **0.1** ***zwaargebouwd*** ⇒*gezet.*

heavyweight **0.1** ***zwaar iem.*** **0.2** ⟨ook attr.⟩ ***zwaargewicht*** ⟨worstelaar / bokser in de zwaargewichtklasse⟩ **0.3** ***kopstuk*** ⇒*zwaargewicht.*

hebdomadal [hebdommədl] **0.1** ***wekelijks.***

Hebraic [hibreeik] **0.1** ***Hebreeuws.***

Hebrew [hie:broe:] **0.1** ⟨bn.⟩ ***Hebreeuws*** ⇒*joods* **0.2** ⟨eig.n.⟩ ***Hebreeuws*** ⟨taal⟩ **0.3** ⟨telb. zn.⟩ ***Hebreeër/Hebreeuwse*** ⇒*jood(se).*

hecatomb [hekkətoe:m] ⟨gesch.⟩ **0.1** ***hecatombe*** ⇒⟨fig.⟩ *slachting, bloedbad.*

heck [hek] **0.1** ⟨sl.; euf. voor hell⟩ ***donder*** ◆ **7.1** what the ~ are you doing here? *wat doe jij hier voor de donder?;* a ~ of a lot *ontzettend veel* **¶.1** ~! *verdorie!, verdraaid!*

heckle [hekl] **0.1** ***de orde verstoren door de spreker steeds te onderbreken*** **0.2** ***steeds onderbreken*** ⟨spreker⟩.

heckler [heklə] **0.1** ***iem. die een spreker met lastige vragen bestookt, en die evt. daardoor de orde wil verstoren.***

hectare [hekta:] **0.1** ***hectare.***

hectic [hektik] ⟨-ally⟩ **0.1** ***koortsachtig*** ⟨ook fig.⟩ ⇒*jachtig, druk.*

hector [hektə] **0.1** ***koeioneren*** ⇒*intimideren.*

he'd [(h)ied] ⟨samentr. v. he would, he had⟩.

hedge[1] [hedzj] ⟨zn.⟩ **0.1** ***heg*** ⇒*haag* **0.2** ***dekking*** ⟨tegen verliezen⟩ ⇒*waarborg* ◆ **6.2** a ~ **against** price fluctuations *een waarborg tegen prijsschommelingen.*

hedge[2] **I** ⟨onov.ww.⟩ **0.1** ***een slag om de arm houden*** ⇒*ergens omheen draaien;*
II ⟨ov.ww.⟩ **0.1** ***omheinen*** ⇒⟨fig.⟩ *omringen, omsluiten* **0.2** ***dekken*** ⟨weddenschappen, speculaties⟩ ◆ **5.1** ~ **off** *afpalen, afbakenen* **6.1** ~ **about / around / in with** *omringen/omgeven met.* →**bet, hedge in.**

hedgehog [hedzj(h)og] **0.1** ***egel.***

hedgehopper ⟨luchtv.⟩ **0.1** ***vliegtuig dat (erg) laag vliegt*** ⟨ihb. een sproeivliegtuig⟩.

hedge in **0.1** ***omheinen*** ⇒⟨fig.⟩ *omringen, belemmeren* ◆ **1.1**

hedged in by rules and regulations *door regels en voorschriften omringd.*

hedgerow 0.1 *haag.*

hedge sparrow, hedge warbler 0.1 *heggenmus.*

hedging [hedzjing] ⟨geldw.⟩ **0.1 *hedging*** ⟨zich indekken door termijntransacties⟩.

hedonism [hie:dnizm] ⟨fil.⟩ **0.1 *hedonisme.***

hedonist [hie:dnist] ⟨bn.: **-ic**⟩ ⟨fil.⟩ **0.1 *hedonist.***

heebie-jeebies [hie:biedzjie:biez] ⟨the⟩ ⟨inf.⟩ **0.1 *zenuwen*** ⇒*kriebels, rillingen* ◆ **3.1** that gives me the ~ *daar krijg ik de kriebels van.*

heed[1] [hie:d] ⟨zn.⟩ **0.1 *aandacht*** ⇒*zorg* ◆ **3.1** give / pay ~ to *aandacht schenken aan;* take ~ of *nota nemen van, letten op.*

heed[2] ⟨ww.⟩ **0.1 *acht slaan op*** ⇒*zorg / aandacht besteden aan.*

heedless [hie:dləs] **0.1 *achteloos*** ⇒*onoplettend* **0.2 *onvoorzichtig*** ⇒*onbehoedzaam* ◆ **6.1** be ~ **of** *niet letten op, in de wind slaan.*

heehaw [hie:ho:] **0.1 *ia*** ⇒*gebalk* ⟨v. ezel⟩ **0.2 *gebrul*** ⟨luide onbeschaamde lach⟩.

heel[1] [hie:l] ⟨zn.⟩ **0.1 *hiel*** ⟨ook v. kous⟩ ⇒*hak* ⟨ook v. schoen⟩ **0.2** ⟨ben. voor⟩ ***uiteinde*** ⇒*onderkant; korst* ⟨v. kaas⟩; *kapje* ⟨v. brood⟩; ⟨plantk.⟩ *hieltje* **0.3** ⟨sl.⟩ ***schoft*** ⇒*schurk* **0.4** ⟨rugby⟩ ***hakje*** ◆ **3.¶** bring to ~ *kleinkrijgen, in het gareel brengen;* dig one's ~s in *het been stijf houden;* drag one's ~s *opzettelijk treuzelen;* kick up one's ~s *een kuitenflikker / luchtsprong maken;* ⟨fig.⟩ *zich amuseren;* he took to his ~s *hij koos het hazenpad;* turn on one's ~ *zich plotseling omdraaien* **5.¶ down** at ~, ⟨AE⟩ **down** at the ~ *met scheve hakken, afgetrapt;* ⟨fig.⟩ *haveloos* **6.¶ at / on / upon** the ~s *op de hielen, vlak achter;* tread **on** the ~s of *op de hielen zitten;* **under** s.o.'s ~ *geknecht door / onder de laars v. iem.* **¶.¶** ~! *achter!* ⟨tegen hond⟩. →**clean.**

heel[2] **I** ⟨onov.ww.⟩ **0.1 *achterlopen*** ⟨v. hond⟩ ◆ **5.¶** ~ **over** *overhellen, slagzij maken;*
II ⟨ov.ww.⟩ **0.1 *hielen*** ⇒*hakken zetten op* **0.2** ⟨rugby⟩ ***een hakje geven.***

heel bone ⟨anat.⟩ **0.1 *hielbeen.***

heft|y [heftie] ⟨-ier⟩ **0.1 *fors*** ⇒*potig* **0.2 *zwaar*** ⇒*lijvig* ◆ **1.¶** a ~ blow *een fikse klap.*

Hegelian [heegie:liən] ⟨fil.⟩ **0.1** ⟨bn.⟩ ***Hegeliaans*** **0.2** ⟨zn.⟩ ***hegeliaan*** ⇒*volgeling v. Hegel.*

hegemony [higemmənie] **0.1 *hegemonie*** ⇒*overwicht.*

hegira, hejira [hedzjirrə, hidzjajrə] ⟨H-; the⟩ **0.1 *hedsjra*** ⇒*hegira* **0.2 *mohammedaanse tijdrekening.***

heifer [heffə] **0.1 *vaars(kalf).***

heigh-ho [heehoo] **0.1 *hè*** ⟨uiting v. vermoeidheid of blijheid⟩.

height [hajt] **0.1 *hoogte*** ⇒*lengte, peil, niveau* **0.2 *hoogtepunt*** ⇒*toppunt* **0.3 *top*** ⇒*piek* **0.4 *terreinverheffing*** ⇒*hoogte* ◆ **1.2** the ~ of summer *hartje zomer* **6.1** it is only 4 feet **in** ~ *het is maar 4 voet hoog* **6.2 at** its ~ *op zijn hoogtepunt.*

heighten [hajtn] **0.1 *hoger (doen) worden*** ⇒*verhogen* **0.2 *(doen) toenemen*** ⇒*verhevigen* ◆ **1.2** her colour ~ed *zij werd rood.*

heinous [heenəs, hie:-] ⟨-ness⟩ **0.1 *gruwelijk.***

heir [eə] **0.1 *erfgenaam*** ⇒⟨mv.⟩ *erven* **0.2 *opvolger*** ◆ **6.2** ~ **to** the throne *troonopvolger.*

heir apparent ⟨mv.: heirs apparent⟩ **0.1 *rechtmatige erfgenaam / (troon)opvolger.***

heiress [eəris] **0.1 *erfgename*** ⟨ihb. v.e. fortuin⟩.

heirloom [eəloe:m] **0.1 *erfstuk*** ⇒*familiestuk.*

heir presumptive ⟨mv.: heirs presumptive⟩ **0.1 *vermoedelijke erfgenaam / (troon)opvolger*** ⟨wiens recht vervalt indien een nauwer erfgenaam geboren wordt⟩.

heist [hajst] ⟨AE; sl.⟩ **0.1** ⟨zn.⟩ ***roof(overval)*** **0.2** ⟨ww.⟩ ***beroven*** ⇒*een roofoverval plegen op.*

hejira →**hegira.**

held [held] ⟨verl. t. en volt. deelw.⟩ →**hold.**

helicopter [hellikkoptə] **0.1 *helikopter.***

heliotrope [helliətroop, hie:-] **0.1** ⟨plantk.⟩ ***heliotroop*** **0.2 *paarse tint.***

heliotropic [hie:liətroppik] ⟨-ally⟩ ⟨biol.⟩ **0.1 *heliotropisch.***

helipad [hellipæd], **heliport** [hellippo:t] **0.1 *heliport*** ⇒*helihaven.*

helium [hie:liəm] **0.1 *helium.***

helix [hie:liks] **0.1 *helix*** ⇒*spiraal;* ⟨biol. ook⟩ *schroef* **0.2** ⟨dierk.⟩ ***huisjesslak.***

hell [hel] **0.1 *hel*** ⟨ook fig.⟩ ◆ **1.1** she drove ~ for leather *zij reed in vliegende vaart* **1.¶** ~'s bells! *verdorie!* **2.1** hot as ~ *verduiveld warm* **3.¶** be ~ (on) *erg onaangenaam / pijnlijk zijn (voor);* beat / knock the ~ out of s.o. *iem. halfdood slaan;* come ~ and / or high water *wat er zich ook voordoet;* get ~ *op zijn donder krijgen;* go to ~ *loop naar de hel / duivel;* like all ~ let loose *alsof de hel was losgebroken;* there will be ~ to pay *dan heb je de poppen aan het dansen;* play (merry) ~ with *in het honderd laten lopen* ⟨plannen⟩; raise ~ *de boel op stelten zetten* **4.¶** what the ~, I'll just do it *ach wat, ik doe het gewoon;* who the ~ said that? *wie zei dat, verdomme?;* where in ~ have you been? *waar heb je in godsnaam gezeten?* **6.¶ for** the ~ of it *voor de gein, zomaar;* **like** ~ (you will) *om de donder niet;* work **like** ~ *als een gek werken;* the / **to** ~ **with** it *barst maar!* **7.¶** one ~ of a dirty trick / a helluva dirty trick *een smerige streek* **¶.¶** ~! *verdorie!, verdomme!*

he'll [(h)iel, ⟨sterk⟩ hie:l] ⟨samentr. v. he will, he shall⟩.

hellbent ⟨inf.⟩ **0.1** ⟨+ on / for⟩ ***vastbesloten (om).***

hellcat, hellhag 0.1 *helleveeg* ⇒*feeks.*

Hellene [hellie:n] **0.1 *Helleen*** ⇒*(oude) Griek.*

Hellenic [hellennik] **0.1 *Helleens*** ⇒*Grieks.*

Hellenist [hellinnist] ⟨gesch.⟩ **0.1 *hellenist*** ⟨ihb. een gehelleniseerde jood⟩.

Hellenistic [hellinnistik] **0.1 *hellenistisch.***

hellhole 0.1 *hellepoel* **0.2** ⟨inf.⟩ ***hel*** ⇒*afschuwelijk oord.*

hellish[1] [hellisj] ⟨bn.⟩ **0.1 *hels.***

hellish[2] ⟨bw.⟩ ⟨inf.⟩ **0.1 *donders*** ⇒*drommels* ◆ **2.1** ~ expensive *vreselijk duur.*

hello [həloo, helloo], **hallo, hullo 0.1 *hallo*** **0.2 *hé*** ⟨kreet v. verbazing⟩ ◆ **9.2** ~ ~ ~! *kijk eens aan!; wat hebben we hier!*

helluva ⟨samentr. v. hell of a⟩ ⟨inf.⟩ →**hell.**

helm [helm] **0.1 *helmstok*** ⇒⟨ook fig.⟩ *stuurrad, roer.*

helmet [helmit] **0.1 *helm.***

helmeted [helmittid] **0.1 *gehelmd*** ⇒*met een helm.*

helms|man [helmzmən] ⟨mv.: -men [-mən]⟩ **0.1 *roerganger*** ⇒*stuurman.*

helot [hellət] **0.1** ⟨gesch.⟩ ***heloot*** ⇒*staatshorige.*

help[1] [help] ⟨zn.⟩ **0.1 *hulp*** ⇒*steun, bijstand* **0.2 *help(st)er*** ⇒*dienstmeisje, werkster* **0.3** ⟨ww. enk. of mv.⟩ ***huishoudelijk personeel*** **0.4 *remedie*** ◆ **3.1** can we be of any ~? *kunnen wij ergens mee helpen?;* fly to the ~ of *te hulp snellen;* it was not of much ~ to him *hij heeft er niet veel aan gehad;* ~ wanted *personeel / hulp gevraagd* **7.4** there is no ~ for it *er is niets aan / tegen te doen.*

help[2] ⟨ww.⟩ **0.1 *helpen*** ⇒*bijstaan, (onder)steunen, baten* **0.2 *opscheppen*** ⇒*bedienen* **0.3 *verhelpen*** ⇒*helpen tegen* **0.4 *voorkomen*** ⇒*verhoeden* **0.5** ⟨met ontkenning⟩ ***nalaten*** ⇒*zich weerhouden van* ◆ **1.1** so ~ me God *zo waarlijk* *helpe mij God* **3.1** ~ s.o. (to) clean/in cleaning *iem. helpen bij het schoonmaken* **3.3** it can't be ~ed *er is niets aan te doen* **3.4** if I can ~ it *als het aan mij ligt* **3.5** we could not ~ but smile *wij moesten wel glimlachen, of we wilden of niet* **4.2** he ~ed himself to the sherry *zonder te vragen schonk hij zich sherry in;* ~ yourself *ga je gang; tast toe* **4.5** I could not ~ myself *ik kon niet anders* **4.¶** he cannot ~ himself, that is the way he is *hij kan er niets aan doen, zo is hij nu eenmaal* **5.1** ~ **along/forward** *vooruithelpen, bevorderen;* ~ s.o. **off/on** with his coat *iem. uit/in zijn jas helpen;* ~ **out** *bijspringen; aanvullen.*

help desk ⟨comp.⟩ **0.1** ***helpdesk.***

helpful [helpfl] ⟨-ness⟩ **0.1** ***nuttig*** **0.2** ***behulpzaam.***

helping [helping] **0.1** ***portie*** ⟨eten⟩ ◆ **3.1** have another ~ *schep nog eens op.*

helpless [helpləs] ⟨-ness⟩ **0.1** ***verstoken van hulp*** **0.2** ***hulpeloos*** **0.3** ***onbeholpen*** ◆ **6.2** ~ **with** laughter *slap v.d. lach.*

helpline **0.1** ***telefonische hulp- en informatiedienst*** ⇒*hulplijn.*

helpmate [helpmeet], **helpmeet** [-mie:t] **0.1** ***levensgezel(lin)*** ⇒*partner.*

helter-skelter[1] [heltəskeltə] ⟨zn.⟩ **0.1** ⟨BE⟩ ***(spiraalvormige, lange) roetsjbaan*** ⇒*achtbaan* **0.2** ***dolle haast*** ⇒*verwarring.*

helter-skelter[2] ⟨bn.⟩ **0.1** ***onbesuisd*** ⇒*woest* **0.2** ***wanordelijk.***

helter-skelter[3] ⟨bw.⟩ **0.1** ***holderdebolder*** ⇒*hals over kop, kriskras.*

helve [helv] **0.1** ***handvat.***

hem[1] [hem] ⟨zn.⟩ **0.1** ***boord*** ⇒*zoom* ◆ **3.1** take the ~ up (of sth.) *(iets) korter maken/inkorten.*

hem[2] ⟨ww.; -med⟩ **0.1** ***(om)zomen*** ◆ **5.1** ~ **about/(a)round** *omringen;* feel ~med **in/up** *zich ingekapseld voelen.*

hem[3] [mhm] ⟨tw.⟩ **0.1** ***ahum*** ⇒*(a)hem, h'm.*

he-man **0.1** ***he-man*** ⇒*mannetjesputter.*

hemisphere [hemmisfiə] **0.1** ***hemisfeer*** ⇒*halve bol;* ⟨aardr.⟩ *halfrond;* ⟨ster.⟩ *halve hemelbol;* ⟨anat.⟩ *helft v.d. grote hersenen.*

hemline **0.1** ***zoom*** ◆ **3.1** lower/raise the ~ *de roklengte langer/korter maken.*

hemlock [hemlok] **0.1** ***dollekervel*** ⟨plant⟩ **0.2** ⟨AE⟩ ***Canadese den*** **0.3** ***dollekervelgif.***

hemo- →**haemo-.**

hemp [hemp] **0.1** ***hennep*** ⇒*cannabis.*

hemp nettle **0.1** ***hennepnetel*** ⇒*raai.*

hempseed **0.1** ***hennepzaad.***

hemstitch **0.1** ***open zoomsteek.***

hen [hen] **0.1** ***hoen*** ⇒*hen, kip* **0.2** ***pop*** ⟨v. vogel⟩. →**fat.**

henbane [henbeen] **0.1** ***bilzekruid*** ⇒*dolkruid.*

hence [hens] **0.1** ***van nu (af)*** **0.2** ***vandaar*** ◆ **1.1** five years ~ *over vijf jaar.*

henceforth **0.1** ***van nu af aan*** ⇒*voortaan.*

hench|man [hentsjmən]⟨mv.: -men [-mən]⟩ **0.1** ***volgeling*** ⇒*aanhanger* **0.2** ***trawant.***

hen harrier **0.1** ***blauwe kiekendief.***

henhouse **0.1** ***kippenhok*** ⇒*hoenderhok.*

henna[1] [hennə] ⟨zn.⟩ **0.1** ***henna*** ⟨plant, verf⟩.

henna[2] ⟨ww.⟩ **0.1** ***met henna verven.***

hennaed [hennəd] **0.1** ***met henna geverfd*** ⇒*hennakleurig, oranjerood.*

hen night ⟨BE; inf.⟩ **0.1** ***vrijgezellenavond*** ⟨voor de bruid⟩.

henparty ⟨inf.; scherts.⟩ **0.1** ***dameskransje.***

henpecked [henpekt] **0.1** ***onder de plak (zittend)*** ◆ **1.1** a ~ husband *een pantoffelheld.*

hepatitis [heppətajtis]⟨mv.: hepatites [-tajtie:z]⟩ **0.1** ***hepatitis*** ⇒*geelzucht.*

heptagon [heptəgən] **0.1** ***zevenhoek.***

heptagonal [heptægənl] **0.1** ***zevenhoekig.***

heptathlete [heptæθlie:t] ⟨atletiek⟩ **0.1** ***zevenkampster.***

heptathlon [heptæθlən] ⟨atletiek⟩ **0.1** ***zevenkamp.***

her[1] [(h)ə, ə:, ⟨sterk⟩ hə:] **I** ⟨pers.vnw.⟩ **0.1** ***haar*** ⇒*aan/voor haar* **0.2** ⟨als nominatief gebruikt; vnl. inf.⟩ ***zij*** ◆ **3.1** he gave ~ a watch *hij gaf haar een horloge;* resent ~ flirting *niet graag hebben dat zij flirt* **4.2** that's ~ *dat is ze* **8.2** ~ and her holidays! *zij met haar vakanties!;*

II ⟨wdk.vnw.⟩ ⟨inf. of gew.⟩ **0.1** ***zich(zelf)*** ⇒*haarzelf* ◆ **3.1** she bought ~ a brooch *ze kocht een broche voor zichzelf.*

her[2] ⟨det.⟩ **0.1** ***haar*** ◆ **1.1** she did ~ best *ze deed haar best;* it's ~ day *het is haar grote dag.*

herald[1] [herrəld] ⟨zn.⟩ **0.1** ⟨gesch.⟩ ***heraut*** ⇒*gezant* **0.2** ***bode*** **0.3** ***voorbode.***

herald[2] ⟨ww.⟩ **0.1** ***aankondigen*** ◆ **5.1** ~ **in** *inluiden.*

heraldic [herældik] ⟨-ally⟩ **0.1** ***heraldisch*** ⇒*wapenkundig.*

heraldry [herrəldrie] **0.1** ***ambt v. heraut v. wapenen/wapenkoning*** **0.2** ***heraldiek*** ⇒*wapenkunde.*

herb [hə:b] **0.1** ***kruid.***

herbaceous [həbeesjəs] **0.1** ***kruidachtig*** ◆ **1.1** ~ border *border v. overblijvende (bloeiende) planten.*

herbage [hə:bidzj] **0.1** ***kruiden*** **0.2** ***gras*** ⇒*groenvoer.*

herbal [hə:bl] **0.1** ***kruiden-.***

herbalist [hə:bəlist] **0.1** ***kruidkundige*** **0.2** ***kruidenhandelaar*** **0.3** ***kruidengenezer.***

herb garden **0.1** ***kruidentuin.***

herbivorous [hə:bivrəs] **0.1** ***herbivoor.***

herb tea **0.1** ***kruidenthee.***

Herculean [hə:kjoelie:ən] ⟨ook h-⟩ **0.1** ***(als) v. Hercules*** ⇒*herculisch.*

Hercules [hə:kjoelie:z] **0.1** ***hercules*** ⇒*sterke man.*

herd[1] [hə:d] ⟨zn.⟩ **0.1** ***kudde*** ⇒*troep, horde;* ⟨pej.⟩ *massa* **0.2** ***hoeder*** ◆ **7.1** the (common/vulgar) ~ *de massa.*

herd[2] **I** ⟨onov.ww.⟩ **0.1** ***samendrommen*** ⇒*bij elkaar hokken* ◆ **6.1** ~ **with** *omgaan met;*

II ⟨ov.ww.⟩ **0.1** ***hoeden*** ◆ **5.1** ~ **together** *samendrijven.*

herd instinct ⟨the⟩ **0.1** ***kuddegeest*** ⇒*kudde-instinct.*

herds|man [hə:dzmən]⟨mv.: -men [-mən]⟩ **0.1** ***veehoeder*** ⇒*herder.*

here[1] [hiə] ⟨zn.⟩ **0.1** ***hier*** ◆ **3.1** get out of ~! *maak dat je wegkomt!* **6.1** where do we go **from** ~? *hoe gaan/moeten we nu verder?;* **near** ~ *hier in de buurt;* **up to** ~ *tot hier.*

here[2] ⟨bw.⟩ **0.1** ***hier*** ⇒*op deze plaats, hierheen* ◆ **3.1** ⟨inf.⟩ ~ we are *daar zijn we dan; (zie)zo;* ⟨inf.⟩ ~ you are *hier, alsjeblieft;* ⟨inf.⟩ ~ we go again *daar gaan we weer, daar heb je het weer;* ~'s to you *op je gezondheid* **5.1** ~ **below** *hier op aarde;* ~ and now *nu meteen;* **over** ~ *hier(heen);* ~ and there *hier en daar;* ~, there and everywhere *overal;* ⟨fig.⟩ it is neither ~ nor there *het raakt kant nog wal* **¶.¶** ~! *hé(, zeg)!; hier!* ⟨tegen hond⟩; *present!* ⟨op appel⟩.

hereabouts, ⟨AE ook⟩ **hereabout** **0.1** ***hier in de buurt*** ⇒*hieromtrent.*

hereafter[1] ⟨zn.⟩ **0.1** ***hiernamaals.***

hereafter[2] ⟨bw.⟩ **0.1** ***hierna*** ⇒*voortaan, verderop.*

hereby **0.1** ***hierbij*** **0.2** ***hierdoor.***

hereditar|y [hirreddítrie] ⟨-ily⟩ **0.1** ***erfelijk*** ⇒*erf-* ◆ **1.1** ~ peer *iem. van adel wiens lidmaatschap v.h. Hogerhuis erfelijk is.*

heredit|y [hirreddətie] ⟨mv.: -ies⟩ **0.1** ***erfelijkheid*** **0.2** ***overerving.***

herein ⟨schr.⟩ **0.1** ***hierin.***

hereinafter ⟨schr.⟩ **0.1** ***hieronder*** ⇒*hierna.*

hereof ⟨schr.; jur.⟩ **0.1** ***hiervan*** *⇒hierover.*

heres|y [herrissie] ⟨mv.: -ies⟩ **0.1** ***ketterij.***

heretic [herrittik] **0.1** ⟨bn.; -ally⟩ ***ketters*** **0.2** ⟨zn.⟩ ***ketter.***

hereto ⟨schr.⟩ **0.1** ***hiertoe*** *⇒dit betreffend.*

heretofore ⟨schr.⟩ **0.1** ***voorheen*** *⇒tot nu (toe), eertijds.*

hereunder ⟨schr.⟩ **0.1** ***hieronder*** *⇒hierbeneden.*

hereupon ⟨schr.⟩ **0.1** ***hierop*** *⇒hierna* **0.2** ***op dit punt.***

herewith ⟨schr.⟩ **0.1** ***hiermee*** **0.2** ***hierbij*** *⇒bij deze(n)* **0.3** ***terstond.***

heritab|le [herrittəbl] ⟨-ly⟩ **0.1** ***erfelijk*** *⇒erf-* **0.2** ***erfgerechtigd.***

heritage [herrittidzj] ⟨vnl. enk.⟩ **0.1** ***erfenis*** *⇒erfgoed* ⟨ook fig.⟩ **0.2** ***erfdeel*** **0.3** ⟨jur.⟩ ***onroerend goed.***

hermaphrodite [hə:mæfrədajt] **0.1** ⟨bn.⟩ ***tweeslachtig*** ⟨ook v. plant⟩ **0.2** ⟨zn.⟩ ***hermafrodiet*** **0.3** ⟨zn.⟩ ***tweeslachtige/biseksuele plant.***

hermetic [hə:mettik] ⟨-ally⟩ **0.1** ***hermetisch*** *⇒luchtdicht* ◆ **1.1** ~ seal *hermetische sluiting.*

hermit [hə:mit] **0.1** ***kluizenaar.***

hermitage [hə:mittidzj] **0.1** ***kluizenaarshut.***

hermit crab **0.1** ***heremietkreeft.***

hernia [hə:niə] ⟨mv.: ook herniae [-ni·ie:]⟩ **0.1** ***hernia*** *⇒* ⟨ihb.⟩ *(lies)breuk.*

hero [hiəroo] ⟨mv.: -es⟩ **0.1** ***held*** **0.2** ***hoofdpersoon*** *⇒hoofdrolspeler.*

heroic [hirrooik] ⟨-ally⟩ **0.1** ***heroïsch*** *⇒heldhaftig* **0.2** ***helden-*** **0.3** ***hoogdravend*** *⇒bombastisch* **0.4** ***groots*** *⇒gedurfd* ◆ **1.2** ~ age *heldentijd* **1.¶** ~ couplet *twee rijmende vijfvoetige jamben.*

heroics [hirrooiks] **0.1** ***bombast*** *⇒melodramatisch gedrag.*

heroin [herroo·in] **0.1** ***heroïne.***

heroine [herroo·in] **0.1** ***heldin*** **0.2** ***vrouwelijke hoofdpersoon*** *⇒hoofdrolspeelster.*

heroism [herroo·izm] **0.1** ***heldendaad*** **0.2** ***heroïsme*** *⇒heldenmoed.*

heron [herrən] **0.1** ***reiger.***

heronr|y [herrənrie] ⟨mv.: -ies⟩ **0.1** ***reigerhut*** **0.2** ***reigerkolonie.***

hero worship **0.1** ***heldenverering.***

herpes [hə:pie:z] **0.1** ***herpes.***

herring [herring] ⟨mv.: ook herring⟩ **0.1** ***haring.*** →**good, red.**

herringbone **0.1** ***visgraatsteek*** **0.2** ***(stof met) visgraat(dessin).***

herring gull **0.1** ***zilvermeeuw.***

hers [hə:z] **0.1** ***van haar*** *⇒de/het hare* **0.2** ***het hare/de hare(n)*** ◆ **1.1** the ring was ~ *de ring was van haar* **1.2** my books and ~ *mijn boeken en die van haar* **4.2** her and ~ *haar en de haren* **6.2** a friend **of** ~ *een vriend van haar.*

herself [(h)əself, hə:-] ⟨3e pers. enk. v.⟩ **0.1** ***zich*** *⇒haarzelf, zichzelf* **0.2** ***zelf*** ◆ **1.2** Mary ~ told me *Mary zelf heeft het me gezegd;* ~ a mother ... *zij is zelf moeder en ...* **3.1** she is not ~ *ze is zichzelf niet* **3.2** Mary did it ~ *Mary deed het zelf/alleen* **6.1** **beside** ~ with joy *uitzinnig van vreugde;* (all) **by** ~ *alleen, op eigen houtje.*

Herts. [ha:ts] ⟨afk.⟩ **0.1** [Hertfordshire].

hertz [hə:ts] ⟨mv.: hertz⟩ **0.1** ***hertz.***

he's [(h)iez, ⟨sterk⟩ hie:z] ⟨samentr. v. he is, he has⟩.

hesitanc|y [hezzittənsie] ⟨mv.: -ies⟩ **0.1** ***aarzeling.***

hesitant [hezzittənt] **0.1** ***aarzelend*** *⇒besluiteloos* ◆ **6.1** be ~ **about** sth. *onzeker zijn over iets.*

hesitate [hezzitteet] **0.1** ***aarzelen*** *⇒weifelen, schromen* ◆ **6.1** ~ **about/over** *aarzelen over;* they ~ **at** nothing *zij schrikken nergens voor terug* **¶.1** ⟨sprw.⟩ he who ~s is lost *wie aarzelt, is verloren.*

hesitating [hezzitteeting] **0.1** ***aarzelend*** *⇒schromend, weifelend.*

hesitation [hezzitteesjn] **0.1** ***aarzeling*** *⇒schroom.*

hessian [hessiən] **0.1** ***jute*** **0.2** ⟨vnl. mv.⟩ ***hoge mannenlaars met kwastjes.***

hetero [het(ə)roo] **0.1** ⟨bn. en zn.⟩ ***hetero(seksueel).***

heterodox [-doks] **0.1** ***heterodox.***

heterodox|y [-doksie] ⟨mv.: -ies⟩ **0.1** ***heterodoxe mening/stelling*** **0.2** ***heterodoxie.***

heterogeneity [het(ə)roodzjinnie:ətie] **0.1** ***heterogeniteit.***

heterogeneous [-dzjie:niəs] **0.1** ***heterogeen*** *⇒ongelijksoortig.*

heterosexual [-seksjoeəl] **0.1** ⟨bn. en zn.⟩ ***heteroseksueel.***

het up [hettup] ⟨inf.⟩ **0.1** ***opgewonden*** *⇒geïrriteerd.*

heuristic [hjoeəristik] ⟨-ally⟩ **0.1** ***heuristisch.***

heuristics [hjoeəristiks] ⟨ww. ook enk.⟩ **0.1** ***heuristiek.***

hew [hjoe:] ⟨volt. deelw. ook hewn [hjoe:n]⟩ **I** ⟨onov. en ov.ww.⟩ **0.1** ***houwen*** *⇒sabelen, (be)kappen* ◆ **1.1** ~ to pieces *aan mootjes hakken* **5.1** ~ **down** *kappen, omhakken* ⟨bomen⟩; *neermaaien* ⟨mensen⟩; ~ **off** *afhakken;*
II ⟨ov.ww.⟩ **0.1** ***uithouwen*** ◆ **5.¶** ~ **out** an important position for o.s. *met veel inspanning een belangrijke plaats veroveren.*

H.E.W. ⟨afk.; AE⟩ **0.1** [Department of Health, Education and Welfare].

hewer [hjoe:ə] **0.1** ***hakker*** *⇒houwer, mijnwerker* ◆ **1.1** ~s of wood and drawers of water ⟨fig.⟩ *zwoegers.*

hex¹ [heks] ⟨zn.⟩ ⟨AE⟩ **0.1** ***beheksing*** *⇒vloek.*

hex² ⟨ww.⟩ ⟨AE⟩ **0.1** ***(be)heksen*** *⇒(be)toveren.*

hexagon [heksəgən] ⟨wisk.⟩ **0.1** ***hexagoon*** *⇒regelmatige zeshoek.*

hexameter [heksæmittə] **0.1** ***hexameter*** ⟨zesvoetig vers⟩.

hey [hee] **0.1** ***hei*** *⇒hé, hoi* ◆ **5.1** ~ presto *hocus pocus pilatus pas; pats-boem.*

heyday [heedee] **0.1** ***hoogtijdagen*** *⇒bloei, beste tijd* ◆ **6.1** **in** the ~ **of** his fame *op het toppunt van zijn roem.*

H.G.V. ⟨afk.; BE⟩ **0.1** [heavy goods vehicle].

hi [haj] **0.1** ⟨BE⟩ ***hé*** **0.2** ⟨AE; inf.⟩ ***hallo*** *⇒hoi.*

hiatus [hajjeetəs] ⟨mv.: ook hiatus⟩ **0.1** ***hiaat*** ⟨ook taal.⟩ *⇒gaping, leemte.*

hibern|ate [hajbəneet] ⟨zn.: **-ation**⟩ **0.1** ***hiberneren*** *⇒een winterslaap houden* ⟨ook fig.⟩.

hibiscus [hibbiskəs, haj-] **0.1** ***hibiscus.***

hiccup¹, hiccough [hikkup, -kəp] ⟨zn.⟩ **0.1** ***hik*** **0.2** ⟨mv.; ww. soms enk.; the⟩ ***de hik.***

hiccup², hiccough ⟨ww.⟩ **0.1** ***hikken*** *⇒de hik hebben.*

hick [hik] ⟨AE; inf.⟩ **0.1** ***provinciaal*** *⇒(boeren)kinkel.*

hickor|y [hikkərie] ⟨mv.: -ies⟩ **0.1** ***bitternoot*** ⟨Am. notenboom⟩ **0.2** ***hickory(hout).***

hidden [hidn] **0.1** ***verborgen*** *⇒geheim* ◆ **1.1** the ~ persuaders *de verborgen verleiders;* ~ reserves *geheime reserves* **3.1** keep sth. ~ *iets geheim houden.*

hide¹ [hajd] ⟨zn.⟩ **0.1** ***(dieren)huid*** *⇒vel* ◆ **1.¶** not find ~ (n)or hair of sth. *geen spoor van iets ontdekken* **3.¶** save one's (own) ~ *zijn eigen hachje redden;* ⟨inf.⟩ tan s.o.'s ~ *iem. een pak rammel geven.*

hide² ⟨in bet. I en II 0.1 hid [hid], hidden [hidn]⟩ **I** ⟨onov.ww.⟩ **0.1** ***zich verbergen*** ◆ **5.1** ~ **away/out/**⟨AE⟩ **up** *zich schuil houden;*
II ⟨ov.ww.⟩ **0.1** ***verbergen*** *⇒verschuilen* **0.2** ⟨inf.⟩ ***aframmelen*** *⇒afrossen* ◆ **1.1** hidden reserves *geheime reserves* **6.1** ~ the truth **from** s.o. *de waarheid voor iem. verbergen;* ~ **from** view *aan het oog onttrekken.*

hide-and-seek, ⟨AE ook⟩ **hide-and-go-seek** **0.1** ***verstoppertje.***

hideaway [hajdəwee] ⟨inf.⟩ **0.1** ***schuilplaats*** **0.2** ⟨AE⟩ ***verborgen plekje*** ⇒*achterafgelegen restaurant/bar.*
hidebound [hajdbaund] **0.1** ***bekrompen.***
hideous [hiddiəs] ⟨-ness⟩ **0.1** ***afschuwelijk*** ⇒*afzichtelijk;* ⟨inf.⟩ *onaangenaam.*
hide-out ⟨inf.⟩ **0.1** ***schuilplaats.***
hiding [hajding] **0.1** ***het verbergen*** **0.2** ***het verborgen zijn*** **0.3** ⟨inf.⟩ ***pak rammel*** ◆ **3.2** be in ~ *zich schuilhouden;* come out of ~ *te voorschijn komen;* go into ~ *zich verbergen* **3.¶** ⟨BE; inf.⟩ be on a ~ to nothing *voor een onmogelijke taak staan, geen schijn van kans maken.*
hiding-place **0.1** ***schuilplaats*** ⇒*geheime bergplaats.*
hierarchical [hajjəra:kikl] **0.1** ***hiërarchisch.***
hierarch|y [hajjəra:kie] ⟨mv.: -ies⟩⟨ook fig.⟩ **0.1** ***hiërarchie*** **0.2** ***priesterregering.***
hieroglyph [hajrəglif] ⟨bn.: **-ic**⟩ **0.1** ***hiëroglief.***
hieroglyphics [hajrəgliffiks] **0.1** ***hiërogliefen*** ⇒*hiëroglifisch schrift.*
hi-fi [hajfaj] ⟨verk.⟩ [high fidelity] **0.1** ***hifi-geluidsinstallatie*** ⇒⟨oneig.⟩ *stereo* **0.2** ⟨vaak attr.⟩ ***hifi*** ⇒*zeer getrouwe weergave.*
higgledy-piggledy [higldiepigldie] **0.1** ***rommelig*** ⇒*wanordelijk.*
high[1] [haj] ⟨zn.⟩ **0.1** ***(hoogte)record*** ⇒*toppunt* **0.2** ⟨meteo.⟩ ***hogedrukgebied*** **0.3** ⟨sl.⟩ ***roes*** ⇒*euforie, het high-zijn* ⟨door drugsgebruik⟩ **0.4** ***hoogste versnelling*** ◆ **3.1** hit a ~ *een hoogtepunt bereiken* **3.4** move into ~ *in de hoogste versnelling zetten* **6.¶** **from on** ~ *uit de hemel.*
high[2] ⟨-er⟩ **I** ⟨bn.⟩ **0.1** ***hoog*** ⇒*hooggeplaatst, verheven* **0.2** ***intens*** ⇒*sterk, groot* **0.3** ***belangrijk*** **0.4** ***vrolijk*** ◆ **1.1** ace is ~ *de aas is hoog;* ~ camp *superkitsch(erig);* ~ circles *hogere kringen;* ~ command *opperbevel;* High Commission *ambassade v.e. Gemenebestlid in een ander Gemenebestland;* High Commissioner *Hoge Commissaris;* ⟨BE⟩ High Court (of Justice) *hooggerechtshof;* ~er court *hoger rechtscollege;* ~ fashion *haute couture;* ~ frequency *hoge frequentie* ⟨ihb. radiofrequentie⟩; High Mass *hoogmis;* a ~ opinion of *een hoge dunk van;* have friends in ~ places *een goede kruiwagen hebben;* ⟨ook meteo.⟩ ~ pressure *hoge druk;* ⟨inf.⟩ *agressiviteit* ⟨v. verkooptechniek e.d.⟩; ~ priest *hogepriester;* ⟨BE⟩ High Sheriff *schout;* ~ society *de hogere kringen;* ~ table *hoger gelegen tafel* ⟨voor eregasten⟩; ~ tide *hoogwater, vloed;* ⟨fig.⟩ *hoogtepunt;* ~ water *hoogwater* **1.2** ~ explosive(s) *brisante springstof;* ~ gear *hoge versnelling;* ~ hopes *hoge verwachtingen;* ~ holiday *joods nieuwjaar; Grote Verzoendag;* a ~ wind *een harde wind* **1.3** ~ voltage *hoogspanning;* ~ treason *hoogverraad* **1.4** in ~ spirits *vrolijk* **1.¶** be/get on one's ~ horse *een hoge toon aanslaan;* ⟨AE; inf.⟩ ~ roller *patser, iem. die met geld smijt, supergokker;* the ~ sea(s) *de volle zee;* play for ~ stakes *het hoog spelen;* ⟨BE⟩ ~ tea *vroeg warm eten, vaak met thee;* ⟨inf.⟩ a ~ old time *een mieterse tijd;* come hell or ~ water *wat er ook gebeurt* **2.¶** ~ and dry *gestrand;* ⟨fig.⟩ *zonder middelen;* ~ and mighty *uit de hoogte* **7.1** the Most High *de Allerhoogste;*
II ⟨bn., attr.⟩ **0.1** ***gevorderd*** ⇒*hoog, op een hoogtepunt* ◆ **1.1** ~ noon *midden op de dag;* ~ season *hoogseizoen;* ~ summer *hoogzomer;* it's ~ time we went *het is de hoogste tijd om te gaan* **1.¶** High Dutch *Nederlands;*
III ⟨bn., pred.⟩⟨inf.⟩ **0.1** ***aangeschoten*** ⇒*zatjes* **0.2** ⟨+ on⟩ ***bedwelmd (door)*** ⇒*high (van)* ◆ **1.2** ~ as a kite *zo stoned als een garnaal* ⟨met dank aan Koot en Bie⟩.
high[3] ⟨bw.⟩ **0.1** ***hoog*** ⇒*zeer* **0.2** ***schel*** ◆ **3.¶** hold one's head ~ *zijn hoofd niet laten hangen;* feelings ran ~ *de emoties liepen hoog op;* ride ~ *succes hebben;* search ~ and low *in alle hoeken zoeken.* →**hog.**

highball ⟨AE⟩ **0.1** ***longdrink*** ⇒*whisky-soda.*
high bar ⟨gymnastiek⟩ **0.1** ***rekstok*** ⇒*hoge rek.*
highboard diving ⟨sport⟩ **0.1** ***(het) torenspringen.***
highborn **0.1** ***van adellijke geboorte.***
highboy ⟨AE⟩ **0.1** ***hoge ladekast (op poten).***
highbrow ⟨inf.⟩ **0.1** ⟨bn.⟩ ***geleerd*** **0.2** ⟨zn.⟩ ***(semi-)intellectueel*** ◆ **3.1** it is too ~ for him *het gaat hem boven zijn pet.*
highchair **0.1** ***hoge kinderstoel.***
High Church **0.1** ***High Church.***
High-Churchman [hajtsjə:tsjmən] **0.1** ***iem. die tot de High Church hoort.***
high-class **0.1** ***eersteklas*** ⇒*prima; eerlijk* **0.2** ***hooggeplaatst*** ⇒*voornaam.*
high-density **0.1** ***met hoge dichtheid*** ⇒*intensief* ◆ **1.1** ~ clouds *zware bewolking;* ~ traffic *intensief verkeer.*
high efficiency boiler **0.1** ***hoogrendementsketel.***
Higher [hajjə] ⟨Schotland; school.⟩ **0.1** ⟨ong.⟩ ***vwo-eindexamen*** **0.2** ⟨ong.⟩ ***vwo-eindexamenvak.***
higher-ups [hajjərups] ⟨inf.⟩ **0.1** ***bazen*** ⇒*hoge omes.*
highfalutin [hajfəloe:tin], **highfaluting** [-loe:ting] ⟨inf.⟩ **0.1** ***hoogdravend.***
high-fidelity **0.1** ***hifi-*** ⇒⟨oneig.⟩ *stereo-.*
high-flown **0.1** ***verheven*** ⇒*pretentieus.*
highflyer, highflier **0.1** ***hoogvlieger*** ⇒*ambitieus iem.*
highflying **0.1** ***hoog (in de lucht)*** **0.2** ***ambitieus*** ⇒*eerzuchtig.*
highgrade **0.1** ***hoogwaardig.***
highhanded ⟨-ness⟩ **0.1** ***eigenmachtig*** ⇒*aanmatigend; autoritair.*
high-hat[1] ⟨zn.⟩⟨vnl. AE; inf.⟩ **0.1** ***snob.***
high-hat[2] ⟨ww.⟩⟨vnl. AE; inf.⟩ **0.1** ***uit de hoogte behandelen.***
high-heeled **0.1** ***met hoge hakken.***
high jinks **0.1** ***dolle pret.***
high jump ⟨the⟩ **0.1** ***het hoogspringen*** ◆ **3.¶** ⟨BE; inf.⟩ he'll be for the ~ *er zwaait wat voor hem; hij zal moeten hangen* ⟨voor moord⟩.
high-key ⟨foto.⟩ **0.1** ***high-key*** ⇒*licht (v. tint).*
high-keyed [hajkie:d] **0.1** ***schril*** ⇒*schel* **0.2** ***opgewonden.***
highland [hajlənd] **0.1** ***hoogland*** ◆ **7.1** the Highlands *de Schotse Hooglanden.*
highlander [hajləndə] **0.1** ***bewoner v.h. hoogland*** **0.2** ⟨H-⟩ ***bewoner v.d. Schotse Hooglanden.***
high-level **0.1** ***op/van hoog niveau.***
high-level language ⟨comp.⟩ **0.1** ***hogere programmeertaal.***
high life **0.1** ***beau monde*** **0.2** ***high life*** ⟨populaire muziek en dans in West-Afrika⟩.
highlight[1] ⟨zn.⟩ **0.1** ⟨tech.⟩ ***lichtste deel*** ⇒⟨fig.⟩ *opvallend kenmerk* **0.2** ***hoogtepunt*** **0.3** ⟨vaak mv.⟩ ***coupe soleil.***
highlight[2] ⟨ww.⟩ **0.1** ***naar voren halen*** ⇒*doen uitkomen.*
highly [hajlie] **0.1** →**high** **0.2** ***zeer*** ⇒*erg, in hoge mate* **0.3** ***met lof*** ◆ **1.1** ~ paid officials *goed betaalde ambtenaren* **3.3** speak ~ of *loven, roemen;* think ~ of *een hoge dunk hebben van.*
highly-strung →**high-strung.**
high-minded ⟨-ness⟩ **0.1** ***hoogstaand*** ⇒*verheven.*
high-necked **0.1** ***hooggesloten*** ⟨japon enz.⟩.
highness [hajnəs] **0.1** ⟨H-⟩ ***hoogheid*** **0.2** ***hoogte*** ⇒*verheveheid.*
high-octane **0.1** ***met hoog octaangehalte.***
high-pitched **0.1** ***hoog*** ⇒*schel* **0.2** ***steil*** ⟨dak⟩ **0.3** ***verheven.***
high-powered **0.1** ***krachtig*** ⇒*met groot vermogen* ⟨motor⟩, *energiek* ◆ **1.1** a ~ manager *een dynamische manager, een topmanager.*
high-pressure **0.1** ***hogedruk-*** ⟨gebied, cilinder⟩ **0.2** ***opdrin-***

gerig ⟨verkoper⟩ ⇒*agressief* ⟨verkooptechniek⟩ **0.3** ***met veel spanning/stress*** ⟨baan⟩.

high-priced 0.1 ***duur*** ⇒*prijzig*.

high-principled 0.1 ***met hoogstaande principes.***

high-quality 0.1 ***van grote kwaliteit.***

high-ranking 0.1 ***hoog/hoger*** ⟨in rang⟩.

high-rise ⟨vnl. AE⟩ **0.1** ***hoog*** ◆ **1.1** ~ flats *torenflats.*

high-risk 0.1 ***met verhoogd risico*** ◆ **1.1** ~ groups *verhoogde risicogroepen.*

highroad ⟨vnl. BE⟩ **0.1** ***hoofdweg*** ⇒*grote weg;* ⟨fig.⟩ *(directe) weg.*

high school ⟨AE⟩ **0.1** ***middelbare school.***

high-sounding 0.1 ***hoogdravend*** ⇒*klinkend* ⟨v. titel enz.⟩.

high-speed 0.1 ***snel*** ⇒*met grote snelheid* ◆ **1.1** ~ rail link *hogesnelheidslijn;* ⟨tech.⟩ ~ steel *sneldraaistaal.*

high-spirited 0.1 ***levendig*** ⇒*vurig* ⟨v. paard enz.⟩ **0.2** ***ondernemend*** ⇒*stoutmoedig.*

high spot 0.1 ***hoogtepunt.***

high-stakes 0.1 ***met grote inzet*** ◆ **1.1** a ~ power play *een machtsstrijd waarbij veel op het spel staat.*

high street ⟨ook H- S-⟩⟨vnl. BE⟩ **0.1** ***hoofdstraat*** ⇒⟨ook attr.⟩ *het grote publiek* ◆ **1.1** High-Street fashion *mode voor het grote publiek.*

high-strung, highly-strung 0.1 ***nerveus*** ⇒*overgevoelig.*

hightail ⟨AE; inf.⟩ **0.1** ***ervandoor gaan*** ◆ **4.1** ~ it (out of somewhere) *'m smeren.*

high-tech, hi-tech [hajtek] **0.1** ***geavanceerd technisch.***

high-technology ⟨ook attr.⟩ **0.1** ***geavanceerde technologie*** ⇒*speerpunttechnologie.*

high-tension ⟨elek.⟩ **0.1** ***hoogspannings-.***

high-toned 0.1 ***stijlvol*** ⇒*waardig;* ⟨AE ook⟩ *hoogdravend.*

high-water mark 0.1 ***hoogwaterpeil*** ⇒*hoogwaterlijn;* ⟨fig.⟩ *hoogtepunt.*

highway 0.1 ***grote weg*** ⇒*verkeersweg;* ⟨BE; fig.⟩ *(directe) weg.*

Highway Code 0.1 ***verkeersreglement.***

highway|man [hajweemən]⟨mv.: -men [-mən]⟩ **0.1** ***struikrover.***

high-yielding 0.1 ***zeer vruchtbaar.***

hijack[1] [hajdzjæk] ⟨zn.⟩ **0.1** ***kaping.***

hijack[2] ⟨ww.⟩ **0.1** ***kapen*** ◆ **6.1** the plane was ~ed **to** Cuba *de kapers dwongen het vliegtuig naar Cuba te vliegen.*

hijacker [hajdzjækə] **0.1** ***kaper.***

hike[1] [hajk] ⟨zn.⟩ **0.1** ***lange wandeling*** ⇒*trektocht* **0.2** ⟨AE⟩ ***verhoging*** ⟨bv. prijzen⟩.

hike[2] **I** ⟨onov.ww.⟩ **0.1** ***lopen*** ⇒*wandelen, trekken* **0.2** ⟨AE⟩ ***omhooggaan*** **0.3** ***opkruipen;***
II ⟨ov.ww.⟩ **0.1** ⟨+ up⟩ ***ophijsen*** ⇒*optrekken* **0.2** ⟨AE⟩ ***verhogen.***

hiker [hajkə] **0.1** ***wandelaar.***

hilarious [hilleəriəs] ⟨-ness⟩ **0.1** ***heel grappig*** ⇒*dolkomisch* **0.2** ***vrolijk*** ⇒*uitgelaten.*

hilarity [hilærətie] **0.1** ***hilariteit*** ⇒*vrolijkheid.*

hill [hil] **0.1** ***heuvel*** **0.2** ***hoop*** ⇒*stapeltje* **0.3** ⟨honkbal⟩ ***werpheuvel*** ◆ **1.¶** it is up ~ and down dale *het gaat heuvelop, heuvelaf* **6.¶** ⟨vnl. AE⟩ **over** the ~ *over zijn hoogtepunt heen* **7.¶** ⟨AE⟩ the ~ *het Congres* ⟨op Capitol Hill⟩. → **old.**

hillbill|y [hilbillie] ⟨mv.: -ies⟩⟨AE; vnl. pej.⟩ **0.1** ***(boeren)kinkel*** ⇒*heikneuter.*

hillock [hillək] **0.1** ***heuveltje*** ⇒*kopje* **0.2** ***bergje*** ⟨aarde⟩.

hillside 0.1 ***helling.***

hilltop 0.1 ***heuveltop.***

hill|y [hillie] ⟨-ier⟩ **0.1** ***heuvelig*** ⇒*heuvelachtig.*

hilt [hilt] **0.1** ***gevest*** ⇒*handvat* ◆ **6.¶** **(up)to** the ~ *volkomen, tot over de oren* ⟨bv. in de schulden⟩.

him [(h)im, ⟨sterk⟩ him] **I** ⟨pers.vnw.⟩ **0.1** ***hem*** ⇒*aan/voor hem* **0.2** ⟨als nominatief gebruikt⟩ ***hij*** ⟨vnl. inf.⟩ ◆ **3.2** ~ being ill ... *daar hij ziek was* ... **4.2** look, it's ~ *kijk daar is hij* **8.2** ~ and his jokes *hij met zijn grapjes;*
II ⟨wdk.vnw.⟩⟨inf. of gew.⟩ **0.1** ***(voor) zich(zelf)*** ◆ **3.1** he built ~ a tower *hij bouwde zich een toren.*

Himalayas [himmələeəz] ⟨the⟩ **0.1** ***Himalaya*** ⇒*Himalayagebergte.*

himself [(h)imself] ⟨3e pers. enk. m.⟩ **0.1** ***zich*** ⇒*zichzelf* **0.2** ***zelf*** ⇒*hemzelf* ◆ **1.2** Jack told me ~ *Jack heeft het me zelf verteld;* ~ a father ... *hij is zelf vader en* ... **3.1** he is not ~ *hij is zichzelf niet* **3.2** Jack did it ~ *Jack deed het zelf/alleen* **4.2** he ~ had done it *hij zelf had het gedaan* **6.1 beside** ~ with joy *uitzinnig van vreugde;* (all) **by** ~ *alleen, op eigen houtje;* he talks **to** ~ *hij praat tegen zichzelf.*

hind[1] [hajnd] ⟨zn.⟩ **0.1** ***hinde.***

hind[2] ⟨bn.⟩ **0.1** ***achterst*** ◆ **1.¶** talk the ~ leg(s) off a donkey *iem. de oren v.h. hoofd kletsen.*

hinder [hində] **0.1** ***belemmeren*** ⇒*hinderen* **0.2** ⟨+ from⟩ ***beletten (te)*** ⇒*verhinderen, tegenhouden.*

Hindi [hindie] **0.1** ***Hindi*** ⟨officiële taal v. India⟩.

hindmost [hajn(d)moost] **0.1** ***achterst.***

hindquarters 0.1 ***achterdeel*** ⇒*achterlijf, achterhand* ⟨v. paard⟩.

hindrance [hindrəns] **0.1** ***belemmering*** ⇒*hindernis* **0.2** ***beletsel.***

hindsight [hajn(d)sajt] **0.1** ***wijsheid achteraf*** ◆ **6.1 with** ~ *achteraf gezien.*

Hindu [hindoe:] **0.1** ⟨bn.⟩ ***Hindoes*** **0.2** ⟨bn.; rel.⟩ ***v.h. hindoeïsme*** **0.3** ⟨zn.⟩ ***Hindoe*** **0.4** ⟨zn.; rel.⟩ ***hindoe.***

Hinduism [hindoe:izm] **0.1** ***hindoeïsme.***

Hindustani [hindoesta:nie, -stænie] **0.1** ***Hindoestani*** ⟨taal⟩.

hinge[1] [hindzj] ⟨zn.⟩ **0.1** ***scharnier*** ⇒⟨fig.⟩ *spil* ◆ **6.1** take **off** its ~s *uit zijn scharnieren lichten.*

hinge[2] **I** ⟨onov.ww.⟩ **0.1** ***scharnieren*** ◆ **6.1** ⟨fig.⟩ ~ **on/upon** *draaien om;*
II ⟨ov.ww.⟩ **0.1** ***v.e. scharnier voorzien.***

hint[1] [hint] ⟨zn.⟩ **0.1** ***wenk*** ⇒*hint, tip* **0.2** ***vleugje*** ⇒*zweem, tikje* ◆ **3.1** drop a ~ *een hint geven;* take a ~ *een wenk ter harte nemen.* → **broad.**

hint[2] **I** ⟨onov.ww.⟩ **0.1** ***aanwijzingen geven*** ◆ **6.1** ~ **at** *zinspelen op;*
II ⟨ov.ww.⟩ **0.1** ***laten doorschemeren.***

hinterland [hintəlænd] **0.1** ***achterland.***

hip[1] [hip] ⟨zn.⟩ **0.1** ***heup.***

hip[2] ⟨bn.; -per⟩⟨sl.⟩ **0.1** ⟨+ to⟩ ***op de hoogte (van)*** **0.2** ***hip*** ⇒ *modern.*

hip[3] ⟨tw.⟩ ◆ **9.¶** ~, ~, hurrah! *hiep, hiep, hoera!*

hip bath 0.1 ***zitbad.***

hip flask 0.1 ***heupfles*** ⇒*zakflacon.*

hip-hop [hiphop] ⟨ook attr.⟩⟨vnl. AE; inf.; muz.⟩ **0.1** ***hiphop*** ⟨jeugdcultuur met als kenmerken o.a. rapmuziek, graffiti en breakdancen⟩.

hippie, hipp|y [hippie] ⟨mv.: -ies⟩ **0.1** ***hippie.***

hippo [hippoo] ⟨inf.⟩ **0.1** ***nijlpaard.***

hip pocket 0.1 ***heupzak*** **0.2** ***achterzak.***

Hippocratic oath [hippəkrætik ooθ] ⟨the⟩ **0.1** ***eed van Hippocrates.***

hippodrome [hippədroom] **0.1** ***hippodroom*** ⇒*renbaan* **0.2** ***theater voor variété.***

hippopotamus [hippəpottəməs]⟨mv.: ook hippopotami [-maj]⟩ **0.1** ***nijlpaard.***

hippy → **hippie.**

hip-shooter 0.1 ***iem. die direct vanaf de heup schiet*** ⇒ ⟨fig.⟩ *iem. die onbesuisd/impulsief te werk gaat.*

hip-shooting 0.1 ***lukraak*** ⇒*roekeloos, impulsief, ondoordacht.*
hipster [hipstə] ⟨sl.⟩ 0.1 ***hippe vogel*** ⇒*hippie.*
hire[1] [hajjə] ⟨zn.⟩ 0.1 ***huur*** ⇒*(dienst)loon;* ⟨fig.⟩ *beloning* 0.2 ***het in dienst nemen*** ◆ 6.1 **for/on** ~ *te huur.*
hire[2] ⟨ww.⟩ 0.1 ⟨vnl. BE⟩ ***huren*** 0.2 ***inhuren*** ⇒*(tijdelijk) in dienst nemen* ◆ 5.1 ~ **out** *verhuren.*
hireling [hajjəling] ⟨ook attr.⟩⟨vnl. pej.⟩ 0.1 ***huurling.***
hire purchase, hire purchase system ⟨vnl. BE⟩ 0.1 ***huurkoop*** ◆ 6.1 **on** ~ *op afbetaling.*
hirsute [hə:s(j)oe:t] 0.1 ***harig*** ⇒*ruig.*
his[1] [(h)iz, ⟨sterk⟩ hiz] ⟨vnw.⟩ 0.1 ***van hem*** ⇒*het/de zijne* 0.2 ***het zijne, de zijne(n)*** ◆ 1.1 these boots are ~ *deze laarzen zijn van hem* 3.2 John's marbles and ~ *de knikkers van John en die van hem* 4.2 he and ~ *hij en de zijnen* 6.2 a hobby **of** ~ *een hobby v. hem.*
his[2] ⟨det.⟩ 0.1 ***zijn*** ◆ 1.1 it was ~ day *het was zijn grote dag.*
Hispanic [hispænik] 0.1 ⟨bn.⟩ ***Iberisch*** 0.2 ⟨bn.⟩ ***Latijns-Amerikaans*** 0.3 ⟨zn.⟩ ***Hispanic*** ⇒*Amerikaan v. Latijns-Amerikaanse afkomst.*
hiss[1] [his] ⟨zn.⟩ 0.1 ***sissend geluid.***
hiss[2] **I** ⟨onov. en ov.ww.⟩ 0.1 ***sissen;***
II ⟨ov.ww.⟩ 0.1 ***uitfluiten*** ◆ 5.1 ~ **off/away/down** *van het podium fluiten.*
hist [ssst, hist] 0.1 ***sst!*** 0.2 ***pst!***
histogram [histəgræm] ⟨stat.⟩ 0.1 ***histogram.***
histology [histolləd zjie] ⟨biol.⟩ 0.1 ***histologie*** ⇒*weefselleer.*
historian [histo:riən] 0.1 ***historicus*** ◆ 2.1 English ~ *historicus die zich met de Engelse geschiedenis bezighoudt.*
historic [historrik] 0.1 ***historisch*** ⇒*beroemd.*
historical [historrikl] 0.1 ***historisch*** ⇒*geschiedkundig.*
histor|y [histrie] ⟨mv.: -ies⟩ 0.1 ***geschiedenis*** 0.2 ***historisch verhaal*** 0.3 ***historiestuk*** 0.4 ***ziektegeschiedenis*** ◆ 2.1 ancient/past ~ *verleden tijd;* medieval ~ *geschiedenis v.d. Middeleeuwen* 3.1 make ~ *geschiedenis maken.*
histrionic [histrie·onnik] ⟨-ally⟩ 0.1 ***toneel-*** 0.2 ***histrionisch*** ⇒*theatraal.*
histrionics [histrie·onniks] ⟨ww. ook enk.⟩ 0.1 ***komedie*** ⇒*aanstellerij* 0.2 ***toneelkunst.***
hit[1] [hit] ⟨zn.⟩ 0.1 ***klap*** ⇒*slag* 0.2 ***treffer*** 0.3 ***hit*** ⇒*succes(nummer)* 0.4 ***steek (onder water)*** 0.5 ***buitenkansje*** ⇒*treffer* 0.6 ***goede zet*** 0.7 ⟨sl.⟩ ***(geplande) moord*** ◆ 3.6 make a ~ (with) *succes hebben (bij)* 6.4 a ~ **at** the opposition *een uithaal naar/aanval op de oppositie.*
hit[2] ⟨hit, hit [hit]⟩ **I** ⟨onov.ww.⟩⟨AE⟩ 0.1 ***aanvallen*** 0.2 ⟨sl.⟩ ***hard aankomen*** ◆ 5.¶ ~ home *doel treffen;*
II ⟨onov. en ov.ww.⟩ 0.1 ***slaan*** ⇒*geven* ⟨een klap⟩ 0.2 ***stoten (op)*** ⇒*botsen (tegen)* ◆ 1.1 ⟨fig.⟩ ~ a man when he is down *iem. een trap nageven;* ~ and run *doorrijden na aanrijding;* ⟨honkbal⟩ *het gaan lopen zodra de werper opgooit* 5.1 ~ **back** (at) *terugslaan;* ⟨fig.⟩ *van repliek dienen* 6.1 ~ **at** *slaan naar.* →**hit out, hit (up)on;**
III ⟨ov.ww.⟩ 0.1 ***treffen*** ⟨ook fig.⟩ ⇒*raken* 0.2 ***bereiken*** ⇒*vinden, aantreffen* 0.3 ⟨honkbal⟩ ***maken*** ⟨een honkslag⟩ ◆ 1.2 ~ (the) town *de stad bereiken* 5.1 be hard hit *zwaar getroffen zijn* 5.¶ ~ **off** *precies weergeven* ⟨persoon⟩; ⟨inf.⟩ ~ it **off** (with) *het (samen) goed kunnen vinden (met).*
hit-and-run 0.1 ***mbt. het doorrijden*** ⟨na een aanrijding⟩.
hitch[1] [hitsj] ⟨zn.⟩ 0.1 ***ruk*** ⇒*zet, duw* 0.2 ***storing*** ⇒*hapering, kink* 0.3 ⟨scheep.⟩ ***knoop*** 0.4 ⟨sl.⟩ ***rit(je)*** ⇒*lift* ◆ 6.2 go off **without** a ~ *vlot verlopen.*
hitch[2] **I** ⟨onov.ww.⟩ 0.1 ***vastgemaakt worden*** 0.2 ***blijven steken*** ⇒*haperen* 0.3 ⟨inf.⟩ ***liften;***
II ⟨ov.ww.⟩ 0.1 ***vastmaken*** ⇒*vasthaken* 0.2 ***liften*** ◆ 1.2 ⟨inf.⟩ ~ a ride *liften* 3.¶ get ~ed *trouwen* 5.¶ ~ **up** *optrekken* 6.1 ~ a horse **to** a cart *een paard voor een wagen spannen.*
hitchhike [hitsjhajk] 0.1 ***liften.***
hitchhiker [hitsjhajkə] 0.1 ***lifter/liftster.***
hither [hiðə] ⟨schr.⟩ 0.1 ***herwaarts*** ◆ 5.1 ~ and thither *her en der.*
hitherto [hiðətoe:] ⟨schr.⟩ 0.1 ***tot nu toe*** ⇒*tot dusver.*
hit list ⟨sl.⟩ 0.1 ⟨ong.⟩ ***zwarte lijst*** ⟨v. personen of zaken die geëlimineerd moeten worden of waartegen geageerd moet worden⟩.
hit man ⟨AE; inf.⟩ 0.1 ***huurmoordenaar*** ⇒*killer.*
hit-or-miss 0.1 ***lukraak*** ⇒*in het wilde weg, op goed geluk.*
hit out 0.1 ***krachtig slaan*** 0.2 ***aanvallen*** ◆ 6.¶ ~ **at** *uithalen naar.*
hit parade 0.1 ***hitparade.***
hit squad 0.1 ***moordcommando.***
hit (up)on 0.1 ***bedenken*** ⇒*komen op* ⟨een idee⟩, *bij toeval ontdekken.*
HIV ⟨afk.⟩ 0.1 [human immunodeficiency virus] ***hiv-virus*** ⟨veroorzaakt aids⟩.
hive [hajv] 0.1 ***bijenkorf*** ⟨ook fig.⟩ 0.2 ***zwerm*** ⇒⟨fig.⟩ *menigte* 0.3 ⟨mv.⟩ ***netelroos*** ◆ 1.¶ what a ~ of industry! *wat een drukte/nijverheid!*
hive off I ⟨onov.ww.⟩⟨BE; inf.⟩ 0.1 ***'m smeren;***
II ⟨ov.ww.⟩⟨BE⟩ 0.1 ***afstoten*** ⟨bedrijfsonderdelen⟩.
H.M. ⟨afk.⟩ 0.1 [Her Majesty] ***H.M.*** 0.2 [His Majesty] ***Z.M.***
H.M.I. ⟨afk.; BE⟩ 0.1 [Her/His Majesty's Inspector (of Schools)].
H.M.S. ⟨afk.; BE⟩ 0.1 [Her/His Majesty's Ship].
H.M.S.O. ⟨afk.; BE⟩ 0.1 [Her/His Majesty's Stationery Office].
HND ⟨afk.⟩ 0.1 [Higher National Diploma] ⟨GB⟩.
ho [hoo] 0.1 ***hé*** ⇒*hallo.*
hoard[1] [ho:d] ⟨zn.⟩ 0.1 ***(geheime) voorraad*** ⇒*schat* 0.2 ***opeenhoping.***
hoard[2] **I** ⟨onov. en ov.ww.⟩ 0.1 ***hamsteren*** ◆ 5.1 ~ **up** *oppotten;*
II ⟨ov.ww.⟩ 0.1 ***koesteren*** ⟨een verlangen enz.⟩.
hoarder [ho:də] 0.1 ***hamsteraar*** ⇒*verzamelaar.*
hoarding [ho:ding] 0.1 ***(tijdelijke) schutting*** 0.2 ⟨BE⟩ ***reclamebord.***
hoarfrost 0.1 ***rijp.***
hoarse [ho:s] ⟨-r; -ness⟩ 0.1 ***hees*** ⇒*schor* 0.2 ***met een hese stem.***
hoar|y [ho:rie] ⟨-iness⟩ 0.1 ***grijs*** 0.2 ***grijs/witharig*** 0.3 ***(al)oud*** ⇒*eerbiedwaardig* ◆ 1.3 a ~ joke *een ouwe bak.*
hoax[1] [hooks] ⟨zn.⟩ 0.1 ***bedrog*** ◆ 1.1 the bomb scare turned out to be a ~ *de bommelding bleek vals (alarm);* the painting was a ~ *het schilderij was een vervalsing* 3.1 play a ~ on s.o. *iem. een poets bakken.*
hoax[2] ⟨ww.⟩ 0.1 ***om de tuin leiden*** ◆ 6.1 ~ s.o. **into** believing that *iem. laten geloven dat ...*
hoaxer [hooksə] 0.1 ***fopper.***
hob [hob] 0.1 ***kookplaat*** ⟨v.e. fornuis⟩ 0.2 ***zijplaat v.d. haard.***
hobble[1] [hobl] ⟨zn.⟩ 0.1 ***strompelende gang*** 0.2 ***kluister*** ⇒*blok* ⟨ihb. voor paarden⟩.
hobble[2] ⟨ww.⟩ 0.1 ***(doen) strompelen*** ⇒⟨fig.⟩ *moeizaam (doen) voortgaan* 0.2 ***kluisteren*** ⇒*aan elkaar binden* ⟨benen⟩.
hobble skirt 0.1 ***strompelrok*** ⟨zeer nauwe rok⟩.
hobb|y [hobbie] ⟨mv.: -ies⟩ 0.1 ***hobby*** ⇒*liefhebberij* 0.2 ***boomvalk.***
hobbyhorse 0.1 ***hobbelpaard*** 0.2 ***stokpaardje*** ⟨ook fig.⟩.
hobgoblin [hobgoblin] 0.1 ***kobold*** 0.2 ***boeman.***
hobnail [hobneel] ⟨ook attr.⟩ 0.1 ***schoenspijker*** ◆ 1.1 ~ boots *spijkerschoenen.*

hobnob [hobnob] ⟨-bed⟩ **0.1** ⟨vaak +with⟩ ***vriendschappelijk omgaan (met).***

hobo [hooboo] ⟨mv.: ook -es⟩⟨AE⟩ **0.1** ***hobo*** ⇒*zwerver.*

Hobson's choice [hobsnz tsjojs] **0.1** ***het geen keus hebben*** ⇒*graag of niet* **0.2** ***het moeten kiezen of delen.***

hock[1] [hok] ⟨zn.⟩ **0.1** ***spronggewricht*** **0.2** ⟨vnl. BE⟩ ***Duitse witte wijn*** ⇒*rijnwijn* ◆ **6.¶** ⟨inf.⟩ **in** ~ *in de lommerd; in de nor.*

hock[2] ⟨ww.⟩ **0.1** ⟨inf.⟩ ***naar de lommerd brengen*** ⇒*verpanden.*

hockey [hokkie] **0.1** ***hockey*** **0.2** ⟨vnl. AE⟩ ***ijshockey.***

hocus-pocus [hookəs pookəs] **0.1** ***hocus-pocus*** ⇒*gegoochel, bedriegerij* ◆ **¶.¶** ~! *hocus-pocus pas!*

hod [hod] **0.1** ***aandraagbak*** ⟨voor bakstenen enz.⟩ ⇒*kalkbak* **0.2** ***kolenbak.***

hodgepodge →**hotchpotch.**

hoe[1] [hoo] ⟨zn.⟩ **0.1** ***schoffel.***

hoe[2] ⟨ww.⟩ **0.1** ***schoffelen.***

hoe-down ⟨AE⟩ **0.1** ***feestje waar vrolijk gedanst wordt.***

hog[1] [hog] ⟨zn.⟩ **0.1** ***varken*** **0.2** ***zwijn*** ⟨ook fig.⟩ ⇒*veelvraat* ◆ **3.¶** ⟨sl.⟩ go the whole ~ *iets grondig doen;* ⟨AE; inf.⟩ live high on/off the ~ *een luxe leven leiden.*

hog[2] ⟨ww.; -ged⟩ **0.1** ⟨inf.⟩ ***inpikken*** ⇒*zich toe-eigenen* ◆ **1.1** ~ the road *de hele weg opeisen.*

hoggish [hogisj] **0.1** ***zwijnachtig*** ⇒*gulzig.*

Hogmanay [hogmənee] ⟨Sch. E⟩ **0.1** ***oudejaarsdag*** **0.2** ***lekkernij die kinderen op oudejaarsdag aan de deur komen vragen.***

hogshead [hogzhed] **0.1** ***okshoofd*** ⇒*vat, ton.*

hog-tie ⟨AE⟩ **0.1** ***de poten samenbinden van*** ⇒⟨fig.⟩ *aan handen en voeten binden.*

hogwash **0.1** ***rommel*** ⇒*rotzooi, larie.*

hogweed **0.1** ***berenklauw.***

hoi polloi [hoj pəloj] ⟨the⟩ **0.1** ***het volk*** ⇒*het gepeupel.*

hoist[1] [hojst] ⟨zn.⟩ **0.1** ***zet*** ⇒*duw, stoot* **0.2** ***hijstoestel*** ⇒*takel;* ⟨vnl. BE⟩ *goederenlift.*

hoist[2] ⟨ww.⟩ **0.1** ***hijsen*** ⇒*takelen* ◆ **1.1** ~ one's flag *zijn vlag in top hijsen.*

hoity-toity [hojtie tojtie] **0.1** ***hooghartig*** ⇒*arrogant.*

hokum [hookəm] **0.1** ***goedkoop effect*** **0.2** ⟨sl.⟩ ***onzin*** ⇒*klets.*

hold[1] [hoold] ⟨zn.⟩ **0.1** ***greep*** ⇒*houvast;* ⟨fig.⟩ *invloed* **0.2** ***(scheeps)ruim*** ◆ **3.1** catch/get/grab/take ~ of *(vast)grijpen, (vast)pakken;* get ~ of *te pakken krijgen;* get a ~ on *vat krijgen op;* have a ~ over s.o. *macht over iem. hebben;* lose ~ of *zijn greep verliezen op;* keep ~ of *vasthouden;* leave/quit ~ of *loslaten;* take ~ *vastgrijpen;* ⟨fig.⟩ *aanslaan* **6.¶** **on** ~ *uitgesteld, vertraagd, in afwachting;* be/put **on** ~ *moeten wachten* ⟨bij telefoongesprek⟩; put a project **on** ~ *een project opschorten* **7.¶** no ~s barred *alle middelen zijn toegestaan.*

hold[2] ⟨held, held [held]⟩ **I** ⟨onov.ww.⟩ **0.1** ***houden*** ⇒*het uithouden, stand houden* **0.2** ***van kracht zijn*** ⇒*gelden, waar zijn* **0.3** ***doorgaan*** ⇒*aanhouden; goed blijven* ⟨v. weer⟩ ◆ **2.2** ~ good/true for *gelden voor* **6.1** ~ **by/to** *zich houden aan.* →**hold aloof, hold back, hold forth, hold off, hold on, hold on to, hold out, hold up, hold with;**

II ⟨ov.ww.⟩ **0.1** ***vasthouden (aan)*** ⇒*beethouden;* ⟨fig.⟩ *boeien* **0.2** ***(kunnen) bevatten*** ⇒*inhouden* **0.3** ***hebben*** **0.4** ***bekleden*** ⟨bv. functie⟩ **0.5** ***doen plaatsvinden*** ⇒*beleggen, houden* **0.6** ***in bedwang houden*** ⇒*weerhouden* **0.7** ⟨inf.⟩ ***ophouden met*** ⇒*stilleggen, stoppen* **0.8** ***menen*** ⇒*beschouwen als* **0.9** ***in hechtenis houden*** ⇒*vasthouden* ◆ **1.1** ~ course *koers houden;* will you ~ the line? *wilt u even aan het toestel blijven?;* ~ one's nose *zijn neus dichtknijpen* **1.2** he cannot ~ his liquor *hij kan niet goed tegen drank* **1.3** ~ a title *een titel dragen/bezitten* **1.5** ~ a conversation *een gesprek voeren* **1.8** ~ s.o. to be a fool, ~ that s.o. is a fool *iem. dom vinden* **2.8** ~ sth. cheap/dear *weinig/veel waarde aan iets hechten* **4.6** there is no ~ing her *zij is niet te stuiten* **4.7** ~ everything! *stop!* **4.¶** ~ it! *houen zo!; stop!;* ~ one's own *het (alleen) aankunnen; zich handhaven, niet achteruitgaan* ⟨v.e. zieke⟩; ~ one's own with *opgewassen zijn tegen* **5.1** ~ **together** *bijeenhouden* **5.6** ~ **in** *in bedwang houden;* ~ **under** *onderdrukken* **6.1** ~ s.o. **to** his promise *iem. aan zijn belofte houden* **6.8** ~ sth. **against** s.o. *iem. iets verwijten.* →**hold aloof, hold back, hold down, hold forth, hold off, hold on, hold out, hold over, hold up.**

holdall **0.1** ***reistas.***

hold aloof ⟨onov. en ov.ww.; wk.ww.⟩ **0.1** ***zich afzijdig houden*** ⇒*op een afstand blijven.*

hold back **I** ⟨onov.ww.⟩ **0.1** ***aarzelen*** ⇒*schromen, iets verzwijgen* ◆ **6.1** ~ **from** *zich weerhouden van;*

II ⟨ov.ww.⟩ **0.1** ***tegenhouden*** ⇒*inhouden, in de weg staan* **0.2** ***achterhouden*** ⇒*voor zich houden.*

hold down **0.1** ***laag houden*** ⟨prijzen⟩ ⇒*aan banden leggen* **0.2** ***in bedwang houden*** ⇒*onderdrukken* **0.3** ***(blijven) houden*** ◆ **1.3** ⟨inf.⟩ hold one's job down *zijn baan houden.*

holder [hooldə] **0.1** ***houder*** ⇒*bezitter, drager* ⟨v.e. titel⟩ **0.2** ***sigarettenpijpje*** **0.3** ***bekleder*** ⟨v.e. ambt⟩.

hold forth **I** ⟨onov.ww.⟩ **0.1** ⟨+on⟩ ***oreren (over)*** ⇒*een betoog houden (over);*

II ⟨ov.ww.⟩ **0.1** ***bieden*** ⟨hoop⟩.

holding [hoolding] **0.1** ***grond in eigendom of pacht*** ⇒*pachtgoed* **0.2** ⟨vaak mv.⟩ ***bezit*** ⟨v. aandelen enz.⟩ ⇒*eigendom* ◆ **2.1** small ~s *kleine boerenbedrijfjes.*

holding company ⟨hand.⟩ **0.1** ***holding company.***

hold off **I** ⟨onov.ww.⟩ **0.1** ***uitblijven*** ⇒*wegblijven* **0.2** ***geen actie ondernemen;***

II ⟨ov.ww.⟩ **0.1** ***uitstellen*** **0.2** ***weerstaan*** ⇒*tegenstand bieden aan.*

hold on **I** ⟨onov.ww.⟩ **0.1** ***volhouden*** **0.2** ***zich vasthouden*** **0.3** ***aanhouden*** **0.4** ⟨inf.⟩ ***wachten*** ⇒*niet ophangen* ⟨telefoon⟩ ◆ **¶.¶** ⟨inf.⟩ ~! *stop!, wacht eens even!;*

II ⟨ov.ww.⟩ **0.1** ***op zijn plaats houden.***

hold on to **0.1** ***vasthouden*** ⇒*niet loslaten* **0.2** ⟨inf.⟩ ***houden.***

hold out **I** ⟨onov.ww.⟩ **0.1** ***standhouden*** ⇒*volhouden, het uithouden* **0.2** ***weigeren toe te geven*** ◆ **6.¶** ~ **for** *blijven eisen;* ~ **on** *weigeren toe te geven aan; iets geheim houden voor;*

II ⟨ov.ww.⟩ **0.1** ***bieden*** ⟨hoop⟩ ⇒*geven* **0.2** ***uitsteken*** ⟨hand⟩.

holdover ⟨AE⟩ **0.1** ***overblijfsel*** ⇒*restant.*

hold over **I** ⟨ov.ww.⟩ **0.1** ***aanhouden*** **0.2** ***verdagen*** ⇒*uitstellen;*

II ⟨ww. + vz.⟩ **0.1** ***dreigen met*** ◆ **1.1** hold s.o.'s past over him *iem. met zijn verleden achtervolgen;* hold sth. over s.o. *iem. dreigen/chanteren met iets.*

holdup **0.1** ***oponthoud*** **0.2** ***roofoverval*** ⇒⟨fig.⟩ *overval.*

hold up **I** ⟨onov.ww.⟩ **0.1** ***standhouden*** ⇒*het uithouden;*

II ⟨ov.ww.⟩ **0.1** ***(onder)steunen*** **0.2** ***omhoog houden*** ⇒*opsteken* ⟨hand⟩ **0.3** ***ophouden*** ⇒*tegenhouden, vertragen* **0.4** ***overvallen*** ◆ **1.2** ~ as an example *tot voorbeeld stellen;* ⟨fig.⟩ ~ one's head *moed houden;* ~ to ridicule/scorn *bespotten.*

hold with ⟨vnl. ontkennend⟩⟨sl.⟩ **0.1** ***goedkeuren*** ⇒*meegaan met.*

hole[1] [hool] ⟨zn.⟩ **0.1** ***gat*** ⟨ook nat.⟩ ⇒*holte, kuil* **0.2** ***gat*** ⇒

opening, bres, gaping; ⟨fig.⟩ *zwak punt* **0.3** ***hol*** ⟨v. dier⟩ ⇒ *leger* **0.4** ***hok*** ⇒*krot;* ⟨AE⟩ *isoleercel* **0.5** ***penibele situatie*** **0.6** ***kuiltje*** ⟨bij balspelen⟩ ⇒*knikkerpotje;* ⟨biljart⟩ *zak* **0.7** ⟨golf⟩ ***hole*** ◆ **1.1** ⟨sl.⟩ I need it like a ~ in the head *ik kan het missen als kiespijn* **3.2** make a ~ in *een gat/bres slaan in;* ⟨fig.⟩ *duchtig aanspreken;* ⟨fig.⟩ pick ~s in *ondergraven* ⟨bv. argument⟩ **6.5** in a ~ *in het nauw, in de knel.* →**square.**

hole² **I** ⟨onov.ww.⟩ →**hole up;**
II ⟨ov.ww.⟩ **0.1** ***een gat/opening maken in*** ⇒*doorboren* **0.2** ***in een gat plaatsen/slaan*** ⟨bv. bal⟩.

hole-and-corner **0.1** ***onderhands.***

hole out ⟨golf⟩ ◆ **6.¶** ~ **in** four *de bal in vier keer in de hole krijgen.*

hole up ⟨AE; sl.⟩ **0.1** ***zich schuilhouden.***

holiday¹ [holliddie, -dee] ⟨zn.⟩ **0.1** ***feestdag*** **0.2** ***vakantiedag*** **0.3** ⟨ook mv.; vnl. BE⟩ ***vakantie*** ⇒⟨vaak attr.⟩ *vrije tijd* ◆ **2.1** public ~ *officiële feestdag* **3.3** take a ~ *vrijaf nemen* **6.3** on ~ / on one's ~s *op/met vakantie.* →**Roman.**

holiday² ⟨ww.⟩ **0.1** ***met/op vakantie zijn.***

holiday-maker **0.1** ***vakantieganger.***

holiday park **0.1** ***vakantiepark.***

holiday pay **0.1** ***vakantiegeld.***

holiness [hoolienəs] **0.1** ***heiligheid.***

holistic [hoolistik] ⟨-ally⟩ ⟨fil.⟩ **0.1** ***holistisch.***

Holland [hollənd] **0.1** ***Holland*** ⇒*Nederland.*

hollanditis [holləndajtis] ⟨pol.⟩ **0.1** ***hollanditis.***

holler¹ [hollə] ⟨zn.⟩ ⟨AE⟩ **0.1** ***schreeuw.***

holler² ⟨ww.⟩ ⟨AE⟩ **0.1** ***schreeuwen*** ⇒*roepen, blèren.*

hollow¹ [holloo] ⟨zn.⟩ **0.1** ***holte*** ⇒*kuil* **0.2** ***leegte.***

hollow² ⟨bn.; -ness⟩ **0.1** ***hol*** **0.2** ***zonder inhoud*** ⇒*leeg, onoprecht* **0.3** ***hol*** ⟨v. klank⟩.

hollow³ ⟨bw.⟩ **0.1** ***volkomen*** ◆ **3.1** beat s.o. ~ *iem. totaal verslaan.*

hollow-cheeked **0.1** ***met ingevallen wangen.***

hollow foot **0.1** ***holvoet.***

hollow out **0.1** ***uithollen*** ⇒*graven, uitsteken.*

holl|y [hollie] ⟨mv.: -ies⟩ **0.1** ***hulst.***

hollyhock [holliehok] **0.1** ***stokroos.***

holly oak, holm oak **0.1** ***steeneik.***

holocaust [holləko:st] **0.1** ***holocaust*** ⇒*vernietiging.*

holograph [hallәgra:f] **0.1** ***holograaf.***

holster [hoolstə] **0.1** ***holster.***

hol|y¹ [hoolie] ⟨zn.; mv.: -ies⟩ ◆ **7.¶** the Holy of Holies *het heilige der heiligen.*

hol|y² ⟨bn.; -iness⟩ **0.1** ***heilig*** ⇒*gewijd; vroom, godsdienstig* ◆ **1.1** the Holy City *de Heilige Stad;* ⟨fig.⟩ *het hemelrijk;* Holy Communion *heilige communie;* ⟨r.-k.⟩ the Holy Father *de Heilige Vader;* the Holy Ghost/Spirit *de Heilige Geest;* the Holy Grail *de heilige graal;* the Holy Land *het Heilige Land;* the Holy Office *het Heilige Officie;* ⟨r.-k.⟩ ~ orders *priesterwijding;* Holy Saturday *paaszaterdag;* the Holy Scripture/Writ *de Heilige Schrift;* ⟨r.-k.⟩ the Holy See *de Heilige Stoel;* the Holy Sepulchre *het heilig graf;* the Holy Trinity *de Heilige Drievuldigheid/Drie-eenheid;* ~ water *wijwater;* ⟨r.-k.⟩ the Holy Week *de Goede Week* **1.¶** ~ cow/mackerel/Moses/smoke! *lieve help!;* a ~ terror *een vreeswekkend iem.; een vreselijk kind* **4.¶** a holier-than-thou attitude *een superieure/schijnheilige houding.*

homage [hommidzj] **0.1** ***hulde*** ◆ **3.1** pay/do ~ to *eer/hulde bewijzen aan.*

Homburg [hombə:g] **0.1** ***slappe vilthoed.***

home¹ [hoom] ⟨zn.⟩ **0.1** ***huis*** ⇒*woning, verblijf;* ⟨AE⟩ *woonhuis* **0.2** ***thuis*** **0.3** ***geboortegrond*** **0.4** ***woongebied*** **0.5** ***bakermat*** ⇒*zetel, haard* **0.6** ***(te)huis*** ⇒*inrichting* **0.7** ⟨sport, spel⟩ ***eindstreep*** ⇒*finish, (thuis)honk* ◆ **3.2** leave ~ *het ouderlijk huis verlaten* **5.3** **back** ~ *bij ons* ⟨enz.⟩ *thuis, in mijn* ⟨enz.⟩ *geboortedorp/stad/streek/land* **6.2** be **at** ~ *thuis zijn; ontvangen;* **at** ~ 9 to 11 *spreekuur van 9 tot 11;* ⟨fig.⟩ **at** ~ **in/on/with** *thuis/goed in;* make yourself **at** ~ *doe alsof je thuis bent;* (away) **from** ~ *van huis;* it's a ~ (away) **from** ~ *het is er zo goed als thuis/een tweede thuis* **6.3** **at** ~ *bij ons* ⟨enz.⟩ *thuis, in mijn* ⟨enz.⟩ *geboortedorp/stad/streek/land* **¶.3** ⟨sprw.⟩ ~ is where the heart is *eigen haard is goud waard; zoals het klokje thuis tikt, tikt het nergens.* →**Englishman.**

home² ⟨bn.⟩ **0.1** ***huis-*** ⇒*thuis-* **0.2** ***huiselijk*** **0.3** ***lokaal*** **0.4** ⟨vaak H-⟩ ***binnenlands*** ⇒*uit eigen land* **0.5** ***raak*** ◆ **1.1** ~ base *(thuis)basis;* ⟨sport, spel⟩ *doel, honk;* ~ brew *zelfgebrouwen bier;* ~ computer *huiscomputer;* ~ cooking *Hollandse pot, eenvoudige kost;* ~ goal *thuisdoelpunt;* ⟨BE⟩ ~ help *gezinshulp;* ~ movie *zelf opgenomen film;* ~ office *hoofdkantoor;* ⟨honkbal⟩ ~ plate *thuisplaat;* ~ port *thuishaven;* ~ remedy *huismiddel(tje)* **1.2** ~ life *het huiselijk leven* **1.3** ⟨BE⟩ the Home Counties *de graafschappen rondom Londen* **1.4** the ~ front *het thuisfront;* Home Guard *(lid v.d.) burgerwacht;* ⟨BE⟩ the Home Office *het Ministerie v. Binnenlandse Zaken;* Home Rule *zelfbestuur;* ⟨BE⟩ the Home Secretary *de Minister v. Binnenlandse Zaken* **1.5** a ~ truth *de harde waarheid* **1.¶** ~ economics *huishoudkunde.*

home³ ⟨ww.⟩ **0.1** ***naar huis gaan/vliegen/teruggaan*** **0.2** ***geleid worden*** ⟨v. vliegtuig door baken enz.⟩ ◆ **6.2** ~ (in) **on** *zich richten op* ⟨v. vliegtuig enz.⟩; *koersen op* ⟨een baken⟩.

home⁴ ⟨bw.⟩ **0.1** ***naar huis*** **0.2** ***(weer) thuis*** **0.3** ***naar het doel*** ⇒*raak* **0.4** ***zo ver mogelijk*** **0.5** ***naar de kust*** ◆ **3.2** arrive/get ~ *thuiskomen* **3.3** at last it's come ~ to me how much I owe my parents *ineens drong het tot mij door hoeveel ik mijn ouders verschuldigd ben;* hit/strike ~ *doel treffen* **3.4** drive a nail ~ *een spijker vast slaan.*

home address **0.1** ***privéadres.***

homebaked **0.1** ***eigengebakken.***

home banking **0.1** ***(het) thuisbankieren.***

home-brewed **0.1** ***zelf gebrouwen.***

homebuilder →**homemaker.**

homecare **0.1** ***thuiszorg.***

home club, home team ⟨sport⟩ **0.1** ***thuisclub.***

homecoming **0.1** ***thuiskomst*** **0.2** ⟨AE; ook school.⟩ ***reünie.***

home delivery **0.1** ***thuisbezorging.***

home game, home match **0.1** ***thuiswedstrijd.***

home ground **0.1** ***eigen bodem*** ⇒⟨fig.⟩ *vertrouwd terrein.*

homegrown **0.1** ***inlands*** ⇒*van eigen bodem.*

homeland **0.1** ***geboorteland*** ⇒*vaderland* **0.2** ⟨Z.Afr. E⟩ ***thuisland.***

homeless [hoomləs] **0.1** ***dakloos.***

homelike [hoomlajk] **0.1** ***huiselijk.***

home loan **0.1** ***bouwlening*** ⇒*hypotheeklening.*

home-loving **0.1** ***huiselijk.***

homel|y [hoomlie] ⟨-iness⟩ **0.1** ***eenvoudig*** **0.2** ***alledaags*** **0.3** ⟨AE⟩ ***lelijk*** ⟨v. personen⟩.

homemade **0.1** ***eigengemaakt.***

homemaker ⟨AE⟩ **0.1** ⟨ong.⟩ ***huismoeder*** ⇒*huisvrouw.*

home match →**home game.**

home nursing, home nursing service **0.1** ***thuisverpleging*** ⇒*thuis(gezondheids)zorg.*

home page ⟨comp.⟩ **0.1** ***homepage.***

Homeric [hoomerrik] ⟨-ally⟩ **0.1** ***homerisch.***

home shopping **0.1** ***(het) thuiswinkelen.***

homesick ◆ **3.¶** be/feel ~ *heimwee hebben.*

homesickness [hoomsiknəs] **0.1** ***heimwee.***

home side ⟨sport⟩ **0.1** ***thuisclub.***
homesitter **0.1** ***homesitter*** ⟨past op huis bij afwezigheid v. bewoner(s)⟩.
homespun **0.1** ⟨bn.⟩ ***zelfgesponnen*** **0.2** ⟨bn.⟩ ***eenvoudig*** **0.3** ⟨zn.⟩ ***homespun*** ⟨stof⟩ **0.4** ⟨zn.⟩ ***iets eenvoudigs.***
homestead [hoomsted] **0.1** ***huis met erf en bijgebouwen*** **0.2** ***hofstede*** ⇒*boerderij* **0.3** ⟨vnl. AE; gesch.⟩ ***stuk land*** ⟨aan kolonist gegeven⟩.
home stretch, ⟨BE ook⟩ **home straight** ⟨the⟩ **0.1** ⟨paardensport⟩ ***laatste rechte eind*** **0.2** ***het slot*** ⇒*de laatste loodjes.*
home team →**home club.**
home tie ⟨sport⟩ **0.1** ***thuiswedstrijd in bekercompetitie.***
hometown **0.1** ***geboorteplaats*** **0.2** ***woonplaats.***
home video **0.1** ***eigen video*** ⇒*eigen video-opname* **0.2** ***videofilm*** ⟨om thuis te bekijken⟩ ⇒*videootje.*
homeward[1] [hoomwəd] ⟨bn.⟩ **0.1** ***(op weg) naar huis*** ⇒*terugkerend.*
homeward[2], **homewards** [hoomwədz] ⟨bw.⟩ **0.1** ***huiswaarts*** ◆ **3.1** homeward bound *op de thuisreis.*
home watch **0.1** ***buurtpreventie/wacht*** ⇒*wijkbescherming.*
homework **0.1** ***huiswerk*** ⇒⟨fig.⟩ *voorbereiding* ◆ **3.1** do one's ~ *zich (grondig) voorbereiden.*
homey →**homy.**
homicidal [hommissajdl] **0.1** ***moorddadig*** ◆ **1.1** ~ tendencies *moordneigingen.*
homicide [hommissajd] **0.1** ***doodslag*** ⇒*moord* **0.2** ***pleger v. doodslag*** ⇒*moordenaar.*
homiletic [hommillettik] ⟨-ally⟩ **0.1** ***homiletisch.***
homiletics [hommillettiks] **0.1** ***homiletiek*** ⇒*predikkunde.*
homil|y [hommillie] ⟨mv.: -ies⟩ **0.1** ***homilie*** ⇒*preek* **0.2** ***zedenpreek.***
homing[1] [hooming] ⟨zn.⟩ **0.1** ***het terugkeren*** ⟨v. dier⟩ **0.2** ⟨luchtv.⟩ ***het aanvliegen op een baken*** **0.3** ***geleiding*** ⟨v. moderne wapens⟩.
homing[2] ⟨bn.⟩ **0.1** ***(naar huis) terugkerend*** **0.2** ***doelzoekend*** ⇒*geleid* ⟨v. projectiel⟩ **0.3** ⟨luchtv.⟩ ***aanvlieg-*** ◆ **1.1** ~ pigeon *postduif* **1.3** ~ beacon *aanvliegbaken.*
hominy [homminnie] **0.1** ***grof maïsmeel*** **0.2** ***pap v. (gemalen en) gepelde maïskorrels.***
hominy grits **0.1** ***(gepelde) maïskorrels.***
homo [hoomoo] **0.1** ⟨inf.⟩ ***homo(fiel).***
homoeopath, ⟨AE sp.⟩ **homeopath** [hoomiəpæθ] ⟨bn.: **-ic**⟩ **0.1** ***homeopaat.***
homoeopathy, ⟨AE sp.⟩ **homeopathy** [hoomie·oppəθie] **0.1** ***homeopathie.***
homogeneity [hoomədzjinnie:ətie] **0.1** ***homogeniteit*** ⇒*gelijksoortigheid.*
homogeneous [hoomədzjie:niəs] ⟨-ness⟩ **0.1** ***homogeen*** ⟨ook wisk.⟩ ⇒*gelijksoortig.*
homogenize, -ise [həmodzjənajz] **0.1** ***homogeniseren.***
homonym [hommənim] **0.1** ***homoniem.***
homophone [homməfoon] **0.1** ***homofoon.***
homosexual [hooməseksjoeəl] ⟨zn.: **-ity**⟩ **0.1** ⟨bn. en zn.⟩ ***homoseksueel.***
hom|y, ⟨vnl. AE sp.⟩ **homey** [hoomie] ⟨-iness⟩ ⟨inf.⟩ **0.1** ***huiselijk*** ⇒*gezellig, knus.*
Hon. ⟨afk.⟩ **0.1** [Honorary] **0.2** [Hono(u)rable].
hone[1] [hoon] ⟨zn.⟩ **0.1** ***slijpsteen*** ⇒*wetsteen.*
hone[2] ⟨ww.⟩ **0.1** ***slijpen*** ⇒*wetten.*
honest [onnist] **0.1** ***eerlijk*** ⇒*oprecht* **0.2** ***braaf*** ⇒*rechtschapen* ◆ **1.1** earn/turn an ~ penny *een eerlijk stuk brood verdienen* **1.¶** make an ~ woman of *trouwen met* ⟨na een affaire⟩.
honestly [onnistlie] **0.1** →**honest** **0.2** ⟨aan het begin v.d. zin⟩ ***eerlijk*** ◆ **¶.2** ~, did you believe him? *eerlijk, geloofde je hem?*
honest-to-goodness ⟨inf.⟩ **0.1** ***echt*** ⇒*onvervalst, zuiver.*
honesty [onnistie] **0.1** ***eerlijkheid*** ⇒*oprechtheid* **0.2** ⟨plantk.⟩ ***judaspenning*** ◆ **¶.1** ⟨sprw.⟩ ~ is the best policy *eerlijk duurt het langst.*
honey [hunnie] **0.1** ***honing*** ⇒⟨fig.⟩ *zoetheid, liefelijkheid* **0.2** ⟨inf.⟩ ***droom*** ⇒*iets geweldigs/fantastisch* **0.3** ⟨vnl. AE; inf.⟩ ***schat*** ⇒*liefje* ⟨vnl. als aanspreekvorm⟩.
honeybee **0.1** ***honingbij.***
honeycomb[1] ⟨zn.⟩ **0.1** ***honingraat*** **0.2** ***honingraatmotief.***
honeycomb[2] ⟨ww.⟩ **0.1** ***doorboren*** ⇒*doorzeven* ◆ **6.1** ~ed **with** *doorzeefd met, doortrokken van.*
honeydew, ⟨in bet. 0.1⟩ **honeydew melon** **0.1** ***suikermeloen*** **0.2** ***honingdauw*** ⟨ook fig.⟩.
honeyed [hunnied] **0.1** ***(honing)zoet*** ⇒⟨fig.⟩ *vleiend.*
honeymoon[1] ⟨zn.⟩ **0.1** ***huwelijksreis*** **0.2** ***wittebroodsdagen/weken*** ⟨ook fig.⟩.
honeymoon[2] ⟨ww.⟩ **0.1** ***op huwelijksreis zijn/gaan.***
honeysuckle **0.1** ***kamperfoelie.***
honk[1] [hongk] ⟨zn.⟩ **0.1** ***schreeuw*** ⟨v. gans⟩ **0.2** ***getoeter*** ⟨v. claxon⟩.
honk[2] ⟨ww.⟩ **0.1** ***schreeuwen*** ⟨v. gans⟩ **0.2** ***(doen) toeteren*** ⇒*(doen) claxonneren* ◆ **1.2** he ~ed the horn *hij toeterde.*
honk|y, honkie [hongkie] ⟨mv.: -ies⟩ ⟨AE; sl.; bel.⟩ **0.1** ***bleekscheet*** ⇒*blanke.*
honky-tonk [hongkietongk] ⟨sl.⟩ **0.1** ***honky-tonk-.***
honor(-) →**honour.**
honorarium [onnəreəriəm] ⟨mv.: ook honoraria [-riə]⟩ **0.1** ***honorarium.***
honorary [onrərie] **0.1** ***honorair*** ⇒*ere-, onbezoldigd* ◆ **1.1** ~ degree *eredoctoraat.*
honorific [onnəriffik] **0.1** ***beleefdheids-*** ⇒*ere-.*
honour[1], ⟨AE sp.⟩ **honor** [onnə] **I** ⟨telb.zn.⟩ **0.1** ***eer(bewijs)*** ⇒*ereblijk* ◆ **1.1** military ~s *militaire eer* **7.1** she's an ~ to her parents *zij strekt haar ouders tot eer;*
II ⟨n.-telb.zn.⟩ **0.1** ***eer*** ⇒*hulde, aanzien, reputatie* ◆ **1.1** code of ~ *erecode;* debt of ~ *ereschuld* **2.1** ⟨inf.⟩ ~ bright *op mijn erewoord* **3.1** do ~ to s.o., do s.o. ~ *iem. eer bewijzen;* it does him ~, it is to his ~ *het strekt hem tot eer;* do s.o. the ~ of visiting him/of a visit *iem. met een bezoek vereren;* have the ~ to/of *de eer hebben om;* put s.o. on his ~ *iem. vertrouwen* **6.1** **in** ~ **of** *ter ere van;* **in** ~ bound, **on** one's ~ *moreel verplicht;* **(up)on** my ~ *op mijn erewoord* **7.¶** Your/His Honour *Edelachtbare* ⟨aanspreekvorm voor rechters⟩; ⟨IE⟩ *mijnheer, heer;*
III ⟨mv.⟩ **0.1** ***honneurs*** ⇒*beleefdheden* **0.2** ⟨onderwijs⟩ ***lof*** ◆ **3.1** do the ~s *de honneurs waarnemen* **3.2** graduate with ~s *cum laude slagen.*
honour[2], ⟨AE sp.⟩ **honor** ⟨ww.⟩ **0.1** ***eren*** ⇒*in ere houden, eer bewijzen* **0.2** ***honoreren*** ⟨wissel e.d.⟩ ◆ **6.1** ~ **with** *vereren met.*
honourab|le, ⟨AE sp.⟩ **honorable** [onrəbl] ⟨-ly⟩ **I** ⟨bn.⟩ **0.1** ***eerzaam*** ⇒*respectabel* **0.2** ***eervol*** ⇒*honorabel* **0.3** ***eerbaar*** ⇒*rechtschapen* ◆ **1.2** ~ mention *eervolle vermelding;*
II ⟨bn., attr.; H-⟩ **0.1** ⟨ong.⟩ ***hooggeboren*** ⇒*edelachtbaar* ◆ **2.¶** Most/Right Honourable *edel(hoog)achtbaar* ⟨in titels⟩.
honours degree ⟨BE; onderwijs⟩ **0.1** ***gespecialiseerde eerste graad.***
honours list ⟨BE⟩ **0.1** ***onderscheidingenlijst*** ⟨v. personen met een koninklijke onderscheiding⟩.
HONS ⟨afk.; BE⟩ **0.1** [Honours].
hooch [hoe:tsj] ⟨AE; sl.⟩ **0.1** ***sterkedrank*** ⇒⟨ihb.⟩ *bocht.*

hood [hoed] **0.1** ***kap*** ⇒*capuchon, huif* ⟨v. jachtvalk⟩ **0.2** ***overkapping*** ⇒*vouwdak* ⟨v. auto⟩, *kap* ⟨v. rijtuig, kinderwagen⟩ **0.3** ***beschermkap*** ⇒*wasemkap* **0.4** ⟨AE⟩ ***motorkap*** **0.5** → **hoodlum.**

hooded [hoedid] **0.1** ***met een kap*** ⇒*bedekt* ◆ **1.1** ~ eyes *halfdichte ogen;* ~ crow *bonte kraai.*

hoodlum [hoe:dləm] **0.1** ***gangster*** ⇒*bendelid* **0.2** ***(jonge) vandaal*** ⇒*nozem.*

hoodoo¹ [hoe:doe:] ⟨zn.⟩⟨vnl. AE⟩ **0.1** ***ongeluk(sbode)*** **0.2** ***voodoo.***

hoodoo² ⟨ww.⟩⟨AE⟩ **0.1** ***onheil brengen (voor).***

hoodwink [hoedwingk] **0.1** ***bedotten.***

hooey [hoe:ie] ⟨sl.⟩ **0.1** ***onzin*** ⇒*nonsens, kletskoek.*

hoof¹ [hoe:f] ⟨zn.; mv.: ook hooves⟩ **0.1** ***hoef*** ⇒⟨scherts.⟩ *voet* ◆ **6.1 on** the ~ *levend* ⟨v. slachtvee⟩.

hoof² ⟨ww.⟩⟨sl.⟩ **0.1** ***lopen*** ◆ **4.1** we ~ed it all the way *wij zijn helemaal komen lopen.*

hook¹ [hoek] ⟨zn.⟩ **0.1** ***(telefoon)haak*** **0.2** ***vishoek*** ⇒*vishaak;* ⟨fig.⟩ *val(strik), klem* **0.3** ***hoek*** ⇒*kaap, landtong* **0.4** ⟨golf, cricket⟩ ***boogbal*** **0.5** ⟨boksen⟩ ***hoekstoot*** ◆ **1.1** ~ and eye *haak en oog* **1.3** the Hook (of Holland) *Hoek v. Holland* **1.¶** ⟨inf.⟩ ~, line and sinker *helemaal, van a tot z* **3.¶** ⟨BE; sl.⟩ sling/take one's ~ *ervandoor gaan* **6.1 off** the ~ *van de haak* ⟨telefoon⟩ **6.¶ by** ~ or by crook *hoe dan ook, op eerlijke of oneerlijke wijze;* ⟨inf.⟩ get/let s.o. **off** the ~ *iem. uit de puree halen.*

hook² **I** ⟨onov.ww.⟩ **0.1** ***vast gehaakt worden/zijn*** ◆ **6.1** this dress ~s **up** at the back *deze jurk gaat van achteren met haakjes dicht;*
II ⟨ov.ww.⟩ **0.1** ***vastgrijpen met een haak*** ⇒*vasthaken, aanhaken* **0.2** ***aan de haak slaan*** ⟨ook fig.⟩ ⇒*strikken, bemachtigen* **0.3** ⟨cricket, golf⟩ ***als rechtshandige de bal hoog en hard naar links slaan*** ⟨in cricket een goede slag, in golf een fout⟩ **0.4** ⟨boksen⟩ ***een hoekstoot geven*** ◆ **5.1** ~ **on** *vasthaken.* →**hook up.**

hookah [hoekə] **0.1** ***oosterse waterpijp.***

hooked [hoekt] **I** ⟨bn.⟩ **0.1** ***haakvormig*** **0.2** ***met een haak/haken*** **0.3** ***gehaakt*** ⟨v. kleedje enz.⟩ ◆ **1.1** a ~ nose *een haak/haviksneus;*
II ⟨bn., pred.⟩ **0.1** ***vast(gehaakt)*** ⇒*verstrikt* **0.2** ⟨+ on; sl.⟩ ***verslaafd (aan)*** ⟨ihb. drugs⟩ ◆ **6.1** her skirt got ~ **on** a nail *ze bleef met haar rok achter een spijker haken* **6.2** ⟨fig.⟩ he's completely ~ **on** that girl *hij is helemaal bezeten van dat meisje.*

hooker [hoekəl] ⟨→s2⟩ **0.1** ⟨AE; sl.⟩ ***hoer*** **0.2** ⟨rugby⟩ ***hooker.***

hook(e)y [hoekie] ⟨AE; inf.⟩ ◆ **3.¶** play ~ *spijbelen.*

hooknosed **0.1** ***met een haak/haviksneus.***

hook up **0.1** ⟨+ with⟩ ***aansluiten (op)*** ⇒*verbinden (met)* **0.2** ***aan/vasthaken.***

hook-up **0.1** ***relaiscircuit/net*** ⇒⟨ihb.⟩ *(radio/televisie)zendercircuit/net* ◆ **2.1** a nationwide ~ *een uitzending over alle zenders.*

hookworm **0.1** ***mijnworm*** ⟨in darm⟩ **0.2** ***mijnwormziekte*** ⇒ *ankylostomiasis.*

hooligan [hoe:ligən] **0.1** ***(jonge) vandaal*** ⇒*herrieschopper.*

hooliganism [hoe:ligənizm] **0.1** ***vandalisme*** ⇒*straatterreur.*

hoop¹ [hoe:p] ⟨zn.⟩ **0.1** ***hoepel*** ⇒*ring* **0.2** ⟨sport⟩ ***hoepel*** ⇒ ⟨croquet⟩ *hoop, ijzeren poortje* ◆ **3.¶** go through the ~(s) *het zwaar te verduren hebben;* put s.o. through the ~(s) *iem. het vuur na aan de schenen leggen.*

hoop² ⟨ww.⟩ **0.1** ***(een) hoepel(s) leggen om*** ⇒*(met hoepels) beslaan.*

hoopla [hoe:pla:, hoe-] **0.1** ***ringwerpspel*** **0.2** ⟨sl.⟩ ***gejuich.***

hooray [hoeree] **0.1** ***hoera.***

hoot¹ [hoe:t] ⟨zn.⟩ **0.1** ***gekras*** ⟨v.e. uil⟩ **0.2** ***getoet*** **0.3** ***(ge)boe*** ⇒*gejouw* **0.4** ⟨inf.⟩ ***giller*** ◆ **3.¶** ⟨inf.⟩ he doesn't give/care a ~/two ~s *het kan hem geen moer/lor/zier schelen.*

hoot² ⟨ww.⟩ **0.1** ***krassen*** ⇒*schreeuwen* **0.2** ***toeteren (met)*** **0.3** ***uitjouwen*** ⇒*wegboeën* **0.4** ⟨inf.⟩ ***schateren*** ⇒*bulderen/gillen v.h. lachen* ◆ **5.3** ~ **down** a speaker *een spreker wegfluiten* **6.3** ~ **at** s.o., ~ s.o. **off** the stage *iem. uitjouwen, iem. wegjouwen.*

hooter [hoe:tə] ⟨vnl. BE⟩ **0.1** ***sirene*** ⇒⟨ihb.⟩ *fabrieksfluit/sirene.*

hoover [hoe:və] ⟨ook H-⟩⟨vnl. BE; inf.⟩ **0.1** ⟨zn.⟩ ***stofzuiger*** **0.2** ⟨ww.⟩ ***stofzuigen.***

hooves [hoe:vz] ⟨mv.⟩ →**hoof.**

hop¹ [hop] ⟨zn.⟩ **0.1** ***hink(el)sprong(etje)*** ⇒*huppelsprong(etje)* **0.2** ⟨inf.⟩ ***dansje*** ⇒*dansfeest* **0.3** ⟨inf.⟩ ***reisje*** **0.4** ⟨vnl. mv.⟩ ***hop(plant/bel)*** ◆ **1.1** ⟨AE⟩ it's just a ~, skip, and (a) jump away *je bent er in een wip* **3.¶** ⟨inf.⟩ catch s.o. on the ~ *iem. verrassen/overrompelen; bij iem. binnenvallen;* ⟨inf.⟩ keep s.o. on the ~ *iem. geen rust gunnen* **6.¶** ⟨inf.⟩ **on** the ~ *druk in de weer.*

hop² ⟨-ped⟩ **I** ⟨onov.ww.⟩ **0.1** ***hinkelen*** ⇒*huppen, wippen* ◆ **5.1** ⟨inf.⟩ ~ **in/out** *in/uitstappen;*
II ⟨ov.ww.⟩ **0.1** ***overheen springen/wippen/huppen*** **0.2** ⟨inf.⟩ ***springen in/op*** ⟨een bus, trein⟩ ◆ **4.¶** ⟨BE; sl.⟩ ~ it! *smeer 'em!, donder op!*

hope¹ [hoop] ⟨zn.⟩ **0.1** ***hoop(volle verwachting)*** ⇒*vertrouwen,* ⟨AZN⟩ *betrouwen* ◆ **3.1** hope against ~ *tegen beter weten in blijven hopen;* lay/set/pin/put one's ~s on *zijn hoop vestigen op;* live in ~(s) *(blijven) hopen;* raise s.o.'s ~(s) *iem. moed inspreken/nieuwe moed geven* **5.1** not a ~! *weinig kans!* **6.1 beyond/past** ~ *hopeloos;* **in** the ~ **of**/to have ~s **of** doing sth. *in de hoop iets te kunnen doen.* →**forlorn, life, white.**

hope² ⟨ww.⟩ **0.1** ⟨+ for⟩ ***hopen (op)*** ◆ **1.1** ~ for the best *er het beste (maar) van hopen.*

hope chest ⟨AE⟩ **0.1** ***uitzet.***

hopeful [hoopfl] **0.1** ⟨bn.⟩ ***hoopvol*** ⇒*hoopgevend, veelbelovend; optimistisch* **0.2** ⟨zn.⟩ ***veelbelovend persoon*** ⇒*belofte* ◆ **6.1** I'm not very ~ **of** success *ik heb niet veel hoop op een geslaagde afloop.*

hopefully [hoopflie] **0.1** →**hopeful** **0.2** ***hopelijk*** ◆ **¶.2** ~, he will come *het is te hopen dat hij komt.*

hopeless [hoopləs] ⟨-ness⟩ **0.1** ***hopeloos*** ⇒*wanhopig, uitzichtloos* ◆ **6.1** ~ **at** *hopeloos slecht in.*

hopped-up [hopt up] ⟨vnl. AE⟩ **0.1** ⟨inf.⟩ ***opgevoerd*** ⟨v. motor⟩ **0.2** ⟨sl.⟩ ***opgepept*** ⟨tengevolge v. drugsgebruik⟩.

hopper [hoppə] **0.1** ⟨vnl. als 2e lid in samenstellingen⟩ ***springend beest/insect*** ⇒⟨ihb.⟩ *vlo, sprinkhaan, kaasmijt* **0.2** ***(graan/steenkool/brandstof)hopper*** ⇒*vul/molentrechter* **0.3** ***hopper(schuit/wagen)*** **0.4** ⟨AE⟩ ***(bureau)mandje*** ◆ **6.4** it's **in** the ~ *er wordt aan gewerkt.*

hoppicker **0.1** ***hopplukker/ster*** **0.2** ***hopplukmachine.***

hopscotch **0.1** ***hinkelspel.***

horde [ho:d] **0.1** ***horde*** ⇒*meute, zwerm.*

horizon [hərajzn] **0.1** ***horizon*** ⟨ook fig.⟩.

horizontal [horrizzontl] **0.1** ***horizontaal*** ⇒*vlak* ◆ **1.1** ~ bar *rekstok.*

hormone [ho:moon] **0.1** ***hormoon.***

horn [ho:n] **I** ⟨telb.zn.⟩ **0.1** ⟨ben. voor⟩ ***hoorn(achtig iets)*** ⇒ *hoorn; gewei; (voel)hoorn;* ⟨AE⟩ *zadelknop* **0.2** ***toeter*** ⇒ *claxon* **0.3** ⟨inf.⟩ ***toeter*** ⇒*trompet* ◆ **1.1** ~ of plenty *hoorn des overvloeds* **1.¶** on the ~s of a dilemma *voor een dilemma* **3.2** blow/sound the ~ *toeteren* **3.¶** blow one's own ~ *zijn eigen loftrompet steken;* draw/pull in one's ~s *terugkrabbelen; de buikriem aanhalen.* →**English;**
II ⟨n.-telb.zn.⟩ **0.1** ***hoorn*** ⟨als stofnaam⟩.

hornbeam 0.1 ***haagbeuk.***
hornbill 0.1 ***(neus)hoornvogel.***
horned [ho:nd] **0.1** ***gehoornd*** ◆ **1.1** ~ cattle *hoornvee;* ~ owl *hoornuil, ransuil.*
hornet [ho:nit] **0.1** ***horzel*** **0.2** ***koekoekswesp.***
hornet's nest 0.1 ***wespennest*** ◆ **3.¶** stir up a ~ *zich in een wespennest steken.*
horn in (sl.) **0.1** ***zich opdringen*** ◆ **6.1** ~ **on** a conversation *zich met een gesprek gaan bemoeien.*
hornless [ho:nləs] **0.1** ***zonder hoorns*** ⇒*ongehoornd.*
hornpipe 0.1 ***horlepijp.***
hornrimmed 0.1 ***met hoornen rand/montuur*** (v. bril).
horn|y [ho:nie] (-ier) **0.1** ***eeltig*** **0.2** (sl.) ***geil.***
horology [horrollədzjie] **0.1** ***tijdmeetkunde*** ⇒*chronometrie* **0.2** ***uurwerkmakerskunst.***
horoscope [horrəskoop] **0.1** ***horoscoop*** ◆ **3.1** cast a ~ *een horoscoop trekken/opmaken.*
horrendous [hərendəs] (inf.) **0.1** ***afgrijselijk*** ⇒*afschuwelijk.*
horrib|le [horrəbl] (-ly) **0.1** ***afschuwelijk*** ⇒*vreselijk, verschrikkelijk.*
horrid [horrid] (-ness) **0.1** ***vreselijk*** ⇒*verschrikkelijk* **0.2** (inf.) ***akelig.***
horrific [hərifik] (-ally) **0.1** ***weerzinwekkend*** ⇒*afschuwelijk.*
horrif|y [horriffaj] (-ied) **0.1** ***met afschuw vervullen*** ⇒ *schokken, ontstellen.*
horror [horrə] **0.1** ***(ver)schrik(king)*** ⇒*gruwel, ontzetting* **0.2** (mv.; the) ***kriebels*** ◆ **2.¶** you little ~! *klein kreng dat je bent!* **6.1** have a ~ **of** cats *gruwen van katten* **¶.1** ~s! *afschuwelijk!, gruwelijk!*
horror film 0.1 ***griezelfilm.***
horror-stricken, horror-struck 0.1 ***van afgrijzen vervuld*** ⇒*ontzet.*
horse [ho:s] **0.1** ***paard*** **0.2** ***(droog)rek*** ⇒*schraag, ezel* **0.3** ***bok*** (gymnastiektoestel) ⇒(soms) *paard* **0.4** (vnl. mv.; inf.) ***paardenkracht*** **0.5** ***horse*** (heroïne) **0.6** (ww. steeds mv.) ***cavalerie*** ◆ **1.¶** a ~ of another/a different colour *een geheel andere kwestie;* (inf.) (straight) from the ~'s mouth *uit de eerste hand* **3.1** eat/work like a ~ *eten/werken als een paard;* lock the stable door/barn door after the ~ has bolted/been stolen *de put dempen als het kalf verdronken is* **3.¶** (inf.) hold your ~s! *rustig aan!, niet te overhaast!;* (sprw.) you can lead a ~ to the water but you cannot make it drink *men kan een paard wel in 't water trekken, maar niet dwingen dat het drinkt.* →**dark, dead, high, white, wild, willing, wooden, wrong.**
horse about, horse around (inf.) **0.1** ***dollen*** ⇒*stoeien, ravotten.*
horse-and-buggy (vnl. AE; inf.) **0.1** ***van vóór de auto*** ⇒*ouderwets.*
horse artillery 0.1 ***rijdende artillerie.***
horseback 0.1 ***paardenrug*** ◆ **6.1** three men **on** ~ *drie mannen te paard.*
horse box (BE) **0.1** ***paardentrailer.***
horse chestnut 0.1 ***paardenkastanje.***
horseflesh 0.1 ***paardenvlees*** ⇒(bij uitbr.) *paarden* ◆ **1.1** a good judge of ~ *een paardenkenner.*
horsefly 0.1 ***daas*** ⇒*paardenvlieg.*
Horse Guards (the) (BE) **0.1** ***Horse Guards*** (cavaleriebrigade v.d. koninklijke lijfwacht).
horsehair 0.1 ***paardenhaar.***
horselaugh 0.1 ***bulderend gelach*** ⇒*(ruw) lachsalvo.*
horse|man [ho:smən] (mv.: -men [-mən]) **0.1** ***ruiter*** ⇒ *paardrijder, cavalerist.*
horsemanship [ho:smənsjip] **0.1** ***ruiterkunst.***
horsemeat 0.1 ***paardenvlees.***
horse opera (pej., scherts.) **0.1** ***western.***
horseplay 0.1 ***stoeipartij*** ⇒*geravot, lolbroekerij.*
horsepower (mv.: horsepower) **0.1** ***paardenkracht.***
horserace 0.1 ***(paarden)koers*** ⇒*paardenwedren.*
horse racing 0.1 ***paardenrennen.***
horseradish 0.1 ***mierik(swortel)*** **0.2** ***mierikswortelsaus.***
horse sense (inf.) **0.1** ***gezond verstand*** ⇒*boerenverstand.*
horseshit (vulg.) **0.1** ***paardenstront*** **0.2** ***gelul*** ⇒*geouwehoer.*
horseshoe [ho:sjsjoe:] **0.1** ***(hoef)ijzer.***
horseshoe crab (AE) **0.1** ***degenkrab.***
horse trading 0.1 ***gesjacher*** ⇒*koehandel* **0.2** ***het handelen in paarden.***
horse vault (gymnastiek) **0.1** ***(het) paardspringen.***
horsewhip (-ped) **0.1** ***met een rijzweep afranselen/er van langs geven.***
horsewoman 0.1 ***amazone*** ⇒*paardrijdster.*
horsey, hors|y [ho:sie] (-iness) **0.1** ***paard(en)-*** ⇒*paardachtig* **0.2** ***paardensport minnend*** ⇒*verzot op paarden* **0.3** ***als een paard*** ⇒*grof (gebouwd).*
hortative [ho:tətiv], **hortatory** [-trie] (schr.) **0.1** ***exhortatief*** ⇒*aansporend.*
horticultural [ho:tikkultsjrəl] **0.1** ***mbt. de tuinbouw/hovenierskunst*** ◆ **1.1** a ~ show *een floralia/bloemententoonstelling.*
horticulture [ho:tikkultsjə] **0.1** ***tuinbouw*** **0.2** ***hovenierskunst.***
horticulturist [ho:tikkultsjrəlist] **0.1** ***tuinder*** **0.2** ***hovenier.***
hose[1] [hooz] **I** (telb. en n.-telb.zn.) **0.1** ***(brand/tuin)slang;*** **II** (n.-telb.zn.) **0.1** (verz.n. voor) ***kousen, panty's, sokken*** ◆ **1.1** two pairs of ~ *twee paar kousen.*
hose[2] (ww.) **0.1** ***(met een slang) bespuiten*** ⇒(ihb.) *schoonspuiten* ◆ **5.1** ~ **down** a car *een auto schoonspuiten.*
hosepipe 0.1 ***(brand/tuin)slang.***
hosier [hooziə] **0.1** ***verkoper v. kousen/sokken en herenondergoed*** ⇒(ong.) *manufacturier.*
hosiery [hooziərie] **0.1** ***(handel in) kousen/sokken en herenondergoed.***
hospice [hospis] **0.1** ***verpleeghuis voor terminale patiënten*** **0.2** (AE) ***wijkverpleger/pleegster*** (ihb. stervensbegeleider/ster) **0.3** ***gastenverblijf*** (ihb. in klooster).
hospitab|le [hospittəbl, həspi-] (-ly) **0.1** ***gastvrij*** ⇒*hartelijk.*
hospital [hospitl] **0.1** ***ziekenhuis*** ◆ **6.1** (BE) **in** ~, (AE) **in** the ~ *in het ziekenhuis.*
hospital chaplain 0.1 ***geestelijk verzorger*** ⇒(r.-k.) *ziekenpastor.*
hospitality [hospitælətie] **0.1** ***gastvrijheid.***
hospitality room, hospitality suite 0.1 ***ontvangstkamer.***
hospital|ize, (BE sp. ook) **-ise** [hospittəlajz] (vnl. pass.; zn.: **-ization**) **0.1** ***(laten) opnemen in een ziekenhuis*** ◆ **6.1** I've been ~d **for** a year now *ik lig nu al een jaar in het ziekenhuis.*
host[1] [hoost] **I** (telb.zn.) **0.1** ***gastheer*** (ook biol.) **0.2** (BE) ***waard*** **0.3** (ook H-; rel.) ***(heilige) hostie*** ◆ **3.1** act as ~ *als gastheer optreden;*
II (zn.) **0.1** ***massa*** ⇒*menigte* **0.2** (rel.) ***heer/heir(schaar)*** ⇒*heerleger* ◆ **1.1** ~s of tourists *horden/massa's toeristen* **1.2** ~(s) of heaven *de hemelse heerscharen* (de engelen).
host[2] (ww.) **0.1** ***ontvangen*** ⇒*optreden als gastheer voor/bij/op* ◆ **1.1** ~ a television programme *een televisieprogramma presenteren.*
hostage [hostidzj] **0.1** ***gijzelaar*** ◆ **3.1** take s.o. ~ *iem. gijzelen.*

hostage taker 0.1 ***gijzelnemer.***
host computer ⟨comp.⟩ **0.1** ***centrale computer*** *⇒gastheer-computer.*
hostel[1] [hostl] ⟨zn.⟩ **0.1** ⟨vnl. BE⟩ ***tehuis*** *⇒studentenhuis, pension* **0.2** ***jeugdherberg.***
hostel[2] ⟨ww.; BE -led⟩ **0.1** ***in jeugdherbergen overnachten.***
hosteller, ⟨AE sp. ook⟩ **hosteler** [hostlə] **0.1** ***trekker*** *⇒iem. die jeugdherbergen afreist.*
hostelry [hostlrie] ⟨vero. of scherts.⟩ **0.1** ***herberg.***
hostess [hoostis] **0.1** ***gastvrouw*** **0.2** ***hostess*** **0.3** ⟨vnl. BE⟩ ***stewardess.***
hostil|e [hostajl] ⟨zn.: **-ity**⟩ **0.1** ***vijandelijk*** **0.2** ***vijandig*** *⇒ onvriendelijk* ◆ **6.2** ~ **to** change *conservatief.*
hostilities [hostillətiez] **0.1** ***vijandelijkheden*** *⇒oorlog(s-handelingen).*
hostler [(h)oslə] **0.1** ***stalknecht*** ⟨v. herberg⟩.
hot[1] [hot] ⟨bn.; hotter⟩ **0.1** ***heet*** *⇒warm, gloeiend; scherp, pikant; vurig, hartstochtelijk; heetgebakerd;* ⟨inf.⟩ *geil, opgewonden;* ⟨inf.; tech.⟩ *radioactief* **0.2** ***vers*** ⟨v. spoor⟩ *⇒recent, heet (v.d. naald)* ⟨v. nieuws⟩ **0.3** ⟨sl.⟩ ***(pas) gestolen/ gejat*** *⇒link* ⟨want nog gezocht door de politie⟩ **0.4** ***hot*** ⟨v. jazz⟩ *⇒opwindend, swingend* **0.5** ⟨elek.⟩ ***onder spanning*** ◆ **1.1** ~ cross bun *(warm) kruisbroodje;* ⟨AE⟩ ~ cereal *(havermout)pap;* ⟨vnl. mv.⟩ ~ flush, ⟨vnl. AE⟩ ~ flash *opvlieger, opvlieging;* ⟨sl.⟩ ~ number *hete meid/bliksem;* with two policemen in ~ pursuit *met twee agenten op zijn hielen/in een wilde achtervolging;* ~ spring/well *heet/warmwaterbron* **1.2** ~ off the press *vers v.d. pers* **1.¶** ⟨inf.⟩ ~ air *blabla, gezwets;* like a cat on ~ bricks/⟨AE⟩ a ~ tin roof *benauwd, niet op zijn gemak;* sell like ~ cakes *als warme broodjes de winkel uitvliegen;* get ~ under the collar *in drift/woede ontsteken;* strike while the iron is ~ *het ijzer smeden als het heet is;* a ~ potato *een heet hangijzer;* drop s.o. like a ~ potato/coal *iem. als een baksteen laten vallen;* ⟨inf.⟩ ~ stuff *bink; prima spul; (harde) porno; poet, buit, gestolen goed;* be ~ on s.o.'s track/trail *iem. na op het spoor zijn/op de hielen zitten;* be in/get into ~ water *in de problemen zitten/raken* **2.1** go ~ and cold *het (beurtelings) warm en koud krijgen* **3.1** ~ and bothered *geërgerd, geprikkeld;* am I getting ~? *word ik warm?* ⟨al radend⟩ **3.¶** make it/the place/things (too) ~ for s.o. *iem. het vuur na aan de schenen leggen* **5.¶** not so ~ *niet zo goed/geweldig* **6.1** ⟨sl.⟩ ~ **for** *geil op* **6.¶** ~ **on** astrology *gek op/bedreven in astrologie.*
hot[2] ⟨bw.⟩ **0.1** ***heet*** ◆ **3.¶** blow ~ and cold *nu eens voor dan weer tegen zijn.*
hotbed 0.1 ***broeikas*** **0.2** ***broeinest.***
hotblooded 0.1 ***warmbloedig*** *⇒vurig, hartstochtelijk* **0.2** ***opvliegend.***
hotchpotch [hotsjpotsj], ⟨AE vnl.⟩ **hodgepodge** [hodzjpodzj] **0.1** ***hutspot*** *⇒ratjetoe;* ⟨fig.⟩ *mengelmoes, allegaartje.*
hot dog 0.1 ***hotdog*** *⇒worstbroodje* ◆ **¶.¶** ⟨AE; inf.⟩ ~! *prima!, wouw!*
hotel [hootell] **0.1** ***hotel.***
hotelier [hootellie·ee] ⟨vnl. BE⟩ **0.1** ***hôtelier*** *⇒hotelhouder.*
hotfoot 0.1 ⟨bw.⟩ ***in grote haast*** *⇒als de gesmeerde bliksem* **0.2** ⟨ww.⟩ ***zich haasten*** *⇒(weg)rennen, stuiven* ◆ **4.2** ~ it *zich haasten, (weg)rennen.*
hothead 0.1 ***heethoofd*** *⇒driftkop.*
hotheaded 0.1 ***heethoofdig*** *⇒onstuimig, opvliegend.*
hothouse 0.1 ***(broei)kas.***
hothouse plant 0.1 ***kasplant(je)*** ⟨vnl. fig.⟩.
hotkey ⟨comp.⟩ **0.1** ***hotkey*** *⇒snelle toets* ⟨om ander programma tegelijkertijd te kunnen gebruiken⟩.
hot line 0.1 ***hotline*** ⟨directe (telefoon)verbinding⟩.
hotly [hotlie] **0.1** →**hot 0.2** ***vurig*** *⇒fel* **0.3** ***verhit*** *⇒heet.*
hot pepper 0.1 ***cayennepeper.***
hot plate 0.1 ***kookplaat(je)*** *⇒warmhoudplaat(je).*
hotpot ⟨BE⟩ **0.1** ***jachtschotel.***
hot rod ⟨AE; sl.⟩ **0.1** ⟨zn.⟩ ***scheurijzer*** *⇒opgevoerde auto* **0.2** ⟨ww.⟩ ***met opgefokte auto rijden.***
hots [hots] ⟨the⟩⟨AE; inf.⟩ ◆ **3.¶** have the ~ for *verkikkerd zijn op; geilen op.*
hot seat ⟨the⟩ **0.1** ⟨sl.⟩ ***elektrische stoel*** **0.2** ⟨inf.⟩ ***moeilijke positie*** ◆ **3.2** be in the ~ *in een lastig parket zitten.*
hot-selling 0.1 ***als warme broodjes verkopend.***
hotshot ⟨sl.⟩ **0.1** ***kei*** *⇒crack, kraan* **0.2** ***een zgn. belangrijk iem.***
hot spot 0.1 ***kritiek(e) gebied/plek*** **0.2** ***netelige situatie.***
hot-tempered 0.1 ***heetgebakerd/hoofdig.***
Hottentot [hotntot] ⟨mv.: ook Hottentot⟩ **0.1** ***Hottentots*** ⟨taal⟩ **0.2** ***Hottentot.***
hot tray 0.1 ***(elektrisch) warmhoudplaat(je)*** *⇒rechaud.*
hot up ⟨-ted⟩⟨vnl. BE; inf.⟩ **I** ⟨onov.ww.⟩ **0.1** ***warm(er)/hevig(er) worden;***
II ⟨ov.ww.⟩ **0.1** ***verhevigen*** *⇒intensiveren.*
hot-water bottle 0.1 ***kruik.***
hound[1] [haund] ⟨zn.⟩ **0.1** ***(jacht)hond*** *⇒brak, windhond* **0.2** ⟨pej.⟩ ***hond(svot)*** **0.3** ⟨in samenstellingen⟩ ***liefhebber*** *⇒jager, fanaat* ◆ **3.1** follow the/ride to ~s *op (vossen)jacht gaan/zijn* **7.1** the ~s *troep jachthonden.*
hound[2] ⟨ww.⟩ **0.1** ***(met jachthond(en)) jagen op*** *⇒*⟨ook fig.⟩ *nazitten, najagen* **0.2** ***opjagen*** *⇒aandrijven, belagen* ◆ **5.2** ⟨inf.⟩ be ~ed **out** by envious colleagues *door jaloerse collega's weggewerkt/weggetreiterd worden.*
hour [auə] **0.1** ***uur*** **0.2** ***moment*** *⇒huidige tijd* **0.3** ⟨mv.⟩ ***(canonieke) uren*** *⇒getijden* ◆ **1.3** book of ~s *getijdenboek* **2.1** a late ~ *(op een) laat (tijdstip)* **3.2** the ~ has come *de tijd is gekomen, het is zover* **6.1 after** ~s *na sluitings/kantoortijd;* **for** ~s *urenlang;* **on** the ~ *op het hele uur;* **out of** ~s *buiten de normale uren/kantooruren* **7.1** at all ~s *de gehele tijd, voortdurend;* till all ~s *tot diep in de nacht;* at the eleventh ~ *ter elfder ure.* →**bad, early, good, late, regular, small.**
hourglass 0.1 ***uurglas*** *⇒zandloper.*
hour hand 0.1 ***uurwijzer*** *⇒kleine wijzer.*
hourly [auəlie] **0.1** ***uurlijks*** *⇒ieder uur (plaatsvindend)* **0.2** ***uur-*** *⇒per uur* ◆ **1.2** ~ pay *uurloon* **3.¶** I expect a telephone call ~ *ik verwacht elk moment een telefoontje.*
house[1] [haus]⟨zn.; mv.: houses [hauziz]⟩ **0.1** ***huis*** *⇒woning, behuizing; (handels)huis* **0.2** ⟨ook H-⟩ ***(gebouw v.) volksvertegenwoordiging*** *⇒kamer* **0.3** ⟨ook H-⟩ ***(vorstelijk/ adellijk) geslacht*** *⇒(konings/vorsten)huis, adellijke familie* **0.4** ***(bioscoop/schouwburg)zaal*** *⇒voorstelling* **0.5** ⟨astrol.⟩ ***huis*** *⇒teken v.d. dierenriem, sterrenbeeld* **0.6** ***(afdeling v.) internaat*** *⇒schoolafdeling* ⟨bij sportevenementen⟩ ◆ **1.1** ~ of cards *kaartenhuis* ⟨ook fig.⟩; ~ of detention *huis v. bewaring;* ~ of God *godshuis, huis des Heren;* eat s.o. out of ~ and home *iem. de oren v.h. hoofd eten* **1.2** the House of Commons *het Lagerhuis;* the House of Lords *het Hogerhuis;* the Houses of Parliament *het parlement; de parlementsgebouwen;* the House of Representatives *het Huis v. Afgevaardigden* **1.¶** like a ~ on fire *krachtig; (vliegens)vlug; prima, uitstekend* **3.1** ⟨BE⟩ move ~ *verhuizen;* ⟨fig.⟩ put/set one's ~ in order *orde op zaken stellen;* set up ~ *op zichzelf/zelfstandig gaan wonen* **3.2** keep/make a House *het quorum bijeenhouden/brengen* **3.4** ⟨fig.⟩ bring the ~ down *staande ovaties oogsten* **3.¶** keep ~ *(het) huishouden (doen)* **6.1 on** the ~ *v.h. huis, (rondje) v.d. zaak.* →**full, glass, lower, open, upper.**

house[2] [hauz] ⟨ww.⟩ **0.1** ***huisvesten*** *⇒onderdak bieden aan* **0.2** ***(op)bergen*** *⇒opslaan.*
house agent ⟨BE⟩ **0.1** ***makelaar (in onroerend goed).***
house arrest **0.1** ***huisarrest.***
houseboat **0.1** ***woonboot.***
housebound **0.1** ***aan huis gebonden*** *⇒thuiszittend.*
houseboy **0.1** ***(huis)knecht.***
housebreaker **0.1** ***inbreker*** ⟨ihb. bij daglicht⟩.
housebroken ⟨AE⟩ **0.1** ***zindelijk.***
housecoat **0.1** ***ochtendjas.***
housecraft ⟨BE⟩ **0.1** ***huishoudkunde.***
housedog **0.1** ***waakhond*** *⇒huishond.*
housefather **0.1** ***(wees)huisvader.***
housefly **0.1** ***(huis/kamer)vlieg.***
houseful [hausfoel] **0.1** ***huis vol.***
household [haushoold] ⟨zn.; ww. enk. of mv.⟩ **0.1** ***(de gezamenlijke) huisbewoners/genoten*** *⇒huisgezin* ◆ **7.1** ⟨BE⟩ the ~ *de (koninklijke) hofhouding.*
household budget **0.1** ***huishoudbudget.***
householder [haushooldə] **0.1** ***gezinshoofd*** *⇒huishouder.*
household word, household name **0.1** ***begrip*** *⇒bekende naam.*
housekeeper **0.1** ***huishoudster.***
housekeeping **0.1** ***huishouding*** *⇒huishouden* **0.2** ⟨verk.⟩ [housekeeping money].
housekeeping money **0.1** ***huishoudgeld.***
houselights **0.1** ***zaalverlichting.***
housemaid **0.1** ***dienstmeisje.***
house|man [hausmən]⟨mv.: -men [-mən]⟩ **0.1** ⟨BE⟩ ***(intern) assistent-arts*** ⟨in ziekenhuis⟩ **0.2** ***(huis)knecht.***
house martin **0.1** ***huiszwaluw.***
housemaster **0.1** ***conrector*** *⇒mentor* ⟨v. (afdeling v.) internaat⟩.
housemistress **0.1** ***vr. huismeester.***
housemother **0.1** ***(wees)moeder.***
house music **0.1** ***house(muziek).***
house organ **0.1** ***personeelsblad.***
house party **0.1** ***house party*** ⟨meerdaags onthaal op een landhuis⟩ *⇒feestweekend* **0.2** ***logés*** ⟨v.e. house party⟩.
house physician **0.1** ***intern/inwonend arts*** ⟨in ziekenhuis⟩ **0.2** ***bedrijfs/hotelarts.***
house-proud ⟨ook pej.⟩ **0.1** ***(overdreven) proper*** *⇒(overdreven) netjes* ⟨in huis⟩.
houseroom **0.1** ***onderdak*** *⇒(berg)ruimte* ◆ **3.1** ⟨fig.⟩ I wouldn't give such a chair ~ *ik zou zo'n stoel niet eens gratis willen hebben.*
house rules **0.1** ***huisregels.***
house sparrow **0.1** ***huismus.***
house surgeon **0.1** ***intern/inwonend chirurg*** ⟨in ziekenhuis⟩.
house-to-house **0.1** ***huis-aan-huis.***
housetops ◆ **3.¶** ⟨fig.⟩ proclaim/shout from the ~ *van de daken verkondigen/schreeuwen.*
house-trailer ⟨AE⟩ **0.1** ***(woon)caravan.***
housetrained ⟨BE⟩ **0.1** ***zindelijk.***
housewarming **0.1** ***inwijdingsfeest*** ⟨v.e. huis⟩.
housewife **0.1** ***huisvrouw.***
housewifery [hauswifrie] **0.1** ***huishouden*** **0.2** ***huishoudkunde.***
house wine **0.1** ***huiswijn.***
housework **0.1** ***huishoudelijk werk.***
housing [hauzing] **0.1** ***huisvesting*** *⇒woonvoorziening, woonruimte* **0.2** ⟨tech.⟩ ***huis*** *⇒omhulsel* ◆ **2.1** live in bad ~ *slecht behuisd/gehuisvest zijn.*
housing association **0.1** ***woningbouwvereniging/corporatie.***
housing benefit ⟨BE⟩ **0.1** ***huursubsidie.***
housing estate, ⟨AE vnl.⟩ **housing development, housing project** **0.1** ***nieuw/woningbouwproject*** **0.2** ***woonwijk.***
housing list **0.1** ***wachtlijst voor woningzoekenden.***
housing market **0.1** ***woningmarkt.***
housing project **0.1** ***met gemeenschapsgeld gefinancierd woningbouwproject.***
housing scheme **0.1** ***woningbouwprogramma*** **0.2** ***nieuwbouwproject*** *⇒woningbouwproject.*
housing shortage **0.1** ***huizentekort*** *⇒woningnood.*
hove [hoov] ⟨verl. t. en volt. deelw.⟩⟨vnl. scheep.⟩ →**heave.**
hovel [hovl] **0.1** ***krot*** *⇒bouwval.*
hover [hovvə] **0.1** ***hangen (boven)*** *⇒(blijven) zweven* ⟨v. vogels enz.⟩ **0.2** ***rondhangen*** *⇒blijven hangen* ◆ **6.2** the child is always ~ing **about/around** its mother *het kind hangt altijd aan zijn moeders rokken* **6.¶** ⟨fig.⟩ ~ **between** life and death *tussen leven en dood zweven.*
hovercraft **0.1** ***hovercraft.***
hoverport **0.1** ***landingsplaats voor hovercraft*** *⇒hoverhaven.*
how[1] [hau] ⟨zn.⟩ **0.1** ***hoe*** ◆ **3.1** her many whys and ~s vexed him *haar vele vragen naar het hoe en waarom ergerden hem.*
how[2] ⟨bw.⟩ **0.1** ⟨wijze, middel enz.⟩ ***hoe*** *⇒op welke wijze* **0.2** ⟨graad, aantal enz.⟩ ***hoe*** *⇒hoeveel, hoever* **0.3** ⟨toestand, hoedanigheid⟩ ***hoe*** *⇒in welke staat* **0.4** ⟨reden, oorzaak⟩ ***hoe*** *⇒waardoor, waarom* ◆ **1.3** ~ are things? *hoe gaat het ermee?* **2.2** ⟨inf.⟩ ~ idiotic can you get/be? *kan het nog gekker?;* ~ kind of you! *wat vriendelijk v. u!* **3.1** she knows ~ to cook *ze kan koken* **3.2** ~ do you like my hat? *wat vind je van mijn hoed?* **3.3** ~ do you do? *aangenaam, hoe maakt u het?* **3.4** ~ come she is late? *hoe komt het dat ze te laat is?* **4.3** ⟨inf.⟩ ~'s that for stupid *wat vind je v. zoiets stoms?;* ~ are you? *hoe gaat/is het?* **5.3** ~ is she (off) for clothes? *heeft ze genoeg kleren?* **6.1** ~ **about** John? *wat doe je (dan) met John?* **6.3** ~ **about** John? *wat voor nieuws is er v. John?, hoe stelt John het?* **6.¶** ~ **about** going home? *zouden we niet naar huis gaan?;* ~ **about** an ice-cream? *wat vind je van een ijsje?* **8.2** ⟨inf.⟩ and ~! *en hoe!, (nou) en of!, en niet zo'n beetje.*
how[3] ⟨vw.⟩ **0.1** ***zoals*** **0.2** ⟨ter vervanging van that; substandaard⟩ ***dat*** ◆ **¶.1** colour it ~ you like *kleur het zoals je wilt* **¶.2** she told him ~ she had bought a car *ze vertelde hem dat ze een auto had gekocht.*
how-do-you-do, how-d'ye-do [haudzjədoe:] ⟨geen mv.⟩ ⟨inf.⟩ ◆ **2.¶** ⟨iron.⟩ a fine/nice/pretty ~ *een fraaie boel.*
howdy [haudie] ⟨AE, gew.; inf.⟩ **0.1** ***hallo*** *⇒hé, hoi.*
however [hauevvə], ⟨in bet. 0.1 ook⟩ **howsoever** **0.1** ⟨bw.⟩ ***hoe ... ook*** *⇒hoe dan ook, op welke wijze ook* **0.2** ⟨bw.⟩ ***echter*** *⇒nochtans, desondanks* **0.3** ⟨bw.; inf.⟩ ***hoe (in 's hemelsnaam/toch)*** **0.4** ⟨vw.⟩ ***hoe ... maar*** *⇒zoals ... maar* ◆ **3.1** ~ you travel, you will be tired *hoe je ook reist, je zult moe zijn* **3.3** ~ did you manage to come? *hoe ben je erin geslaagd te komen?* **¶.2** I wanted to buy it; ~, I decided not to *ik wilde het kopen, toch besloot ik het niet te doen;* this time, ~, he meant what he said *deze keer echter meende hij het* **¶.4** I'll do it ~ you please *ik zal het doen zoals je het wilt;* ~ he tried, it wouldn't go in *hoe hij het ook probeerde, het wilde er niet in.*
howitzer [hauitsə] ⟨mil.⟩ **0.1** ***houwitser.***
howl[1] [haul] ⟨zn.⟩ **0.1** ***gehuil*** *⇒brul, gil* **0.2** ⟨AE; sl.⟩ ***giller*** *⇒dijenkletser* ◆ **1.1** ~s of derision *spot/hoongelach.*
howl[2] **I** ⟨onov.ww.⟩ **0.1** ***huilen*** *⇒jammeren, krijsen* ◆ **1.1** the wind ~ed *de wind gierde/loeide* **6.1** ~ **with** laughter *gieren van het lachen;*

II ⟨ov.ww.⟩ **0.1** ***huilend/jammerend/gierend uiting geven aan*** ◆ **5.1** the speaker was ~ed **down** *de spreker werd weggehoond/overschreeuwd.*
howler [haulə] **0.1** ⟨inf.⟩ ***giller*** ⇒*flater, blunder.*
howling [hauling] **0.1** ⟨sl.⟩ ***gigantisch*** ⇒*enorm* ◆ **1.1** a ~ success *een geweldig succes* **1.¶** ⟨rel. of scherts.⟩ ~ wilderness *barre woestenij.*
howsoever →**however.**
howzat [hauzæt] ⟨cricket⟩ **0.1** ***howzat*** ⟨geschreeuwde vraag van de bowler aan de umpire of de slagman uit is of niet⟩.
hoyden [hojdn] **0.1** ***wildebras*** ⇒*robbedoes* ⟨v. meisje⟩.
hoydenish [hojd(ə)nisj] **0.1** ***onbesuisd*** ⇒*onstuimig* ⟨v. meisje⟩.
h.p. ⟨afk.⟩ **0.1** ⟨ook H.P.⟩ [horsepower] ***HP*** **0.2** ⟨BE⟩ [hire purchase] ◆ **6.2 on** (the) ~ *op huurkoopbasis;* ⟨ong.⟩ *op afbetaling.*
H.Q. ⟨afk.⟩ **0.1** [headquarters].
H.R.H. ⟨afk.⟩ **0.1** [Her/His Royal Highness] ***H.K.H./Z.K.H.***
hr(s). ⟨afk.⟩ **0.1** [hour(s)].
ht wkt ⟨afk.; cricket⟩ **0.1** [hit wicket].
hub [hub] **0.1** ***naaf*** **0.2** ***centrum*** ⇒*middelpunt.*
hubble-bubble [hublbubl] **0.1** ***waterpijp.***
hubbub [hubbub] ⟨geen mv.⟩ **0.1** ***gedruis*** ⇒*rumoer, kabaal* **0.2** ***tumult*** ⇒*opschudding.*
hubb|y [hubbie] ⟨mv.: -ies⟩⟨inf.⟩ **0.1** ***mannie*** ⇒*baasje, manlief.*
hubcap **0.1** ***naaf/wieldop.***
hubris [hjoe:bris] **0.1** ***hybris*** ⇒*overmoed.*
huckaback [hukkəbæk] **0.1** ***badstof.***
huckleberr|y [huklbrie] ⟨mv.: -ies⟩ **0.1** ***huckleberry*** ⇒*gewone/blauwe bosbes.*
huckster [hukstə] ⟨vnl. pej.⟩ **0.1** ***(straat)venter*** ⇒*kramer* **0.2** ⟨AE⟩ ***reclameschrijver*** ⟨voor radio en tv⟩.
huddle[1] [hudl] ⟨zn.⟩ **0.1** ***(dicht opeengepakte) groep/massa*** ⇒*kluwen, menigte* **0.2** ⟨vnl. BE⟩ ***samenraapsel*** ⇒*bos, troep* **0.3** ⟨Am. football⟩ ***tactiekbespreking (in het veld)*** ◆ **3.¶** go into a ~ *de koppen bij elkaar steken, krijgsraad houden.*
huddle[2] I ⟨onov.ww.⟩ **0.1** ***bijeenkruipen*** **0.2** ⟨+up⟩ ***in elkaar kruipen/duiken*** ⇒*ineenduiken/krimpen* **0.3** ⟨Am. football⟩ ***verzamelen (voor een tactiekbespreking)*** ◆ **5.1** ~ **together** *bij elkaar kruipen;*
II ⟨ov.ww.⟩ **0.1** ***bijeenbrengen/voegen*** ⇒*samendringen/hopen.*
hue [hjoe:] **0.1** ***kleur(schakering)*** ⇒*tint* ◆ **1.¶** raise a ~ and cry *tekeergaan, (luid) protesteren.*
huff[1] [huf] ⟨zn.⟩ **0.1** ***boze/slechte bui*** ◆ **3.1** go into a ~ *op zijn teentjes getrapt zijn* **6.1 in** a ~ *nijdig, beledigd.*
huff[2] ⟨ww.⟩ **0.1** ***blazen*** ⇒*puffen.*
huff|y [huffie], **huffish** [huffis] ⟨-iness⟩ **0.1** ***verontwaardigd*** ⇒*geërgerd.*
hug[1] [hug] ⟨zn.⟩ **0.1** ***omhelzing*** ⇒*knuffel.*
hug[2] ⟨ww.; -ged⟩ **0.1** ***omarmen*** ⇒*omhelzen, tegen zich aandrukken* **0.2** ***koesteren*** ⇒*(zich) vasthouden/vastklampen aan* **0.3** ***dicht in de buurt blijven van*** ◆ **1.1** he entered ~ging a big box *hij kwam binnen met een grote doos tegen zijn borst geklemd* **1.3** ~ the shore *dicht bij/onder de kust blijven* **4.¶** ~ o.s. (for/on/over) *met zichzelf ingenomen zijn (vanwege/om).*
huge [hjoe:dzj] ⟨-r; -ness⟩ **0.1** ***reusachtig*** ⇒*kolossaal, enorm* ◆ **3.1** ~ly overrated *zwaar overschat.*
huggermugger [hugəmugə] **0.1** ***rommelig*** ⇒*wanordelijk* **0.2** ***geheim(zinnig)*** ⇒*stiekem.*
Huguenot [hjoe:gənoo] **0.1** ***hugenoot.***
huh [hə, huh] ⟨vnl. AE⟩ **0.1** ***hè*** ⇒*hm.*
hulk [hulk] **0.1** ***(scheeps)casco/romp*** ⇒*hulk* **0.2** ***vleesklomp*** ⇒*kolos.*
hulking [hulking] **0.1** ***log*** ⇒*lomp, kolossaal.*
hull[1] [hul] ⟨zn.⟩ **0.1** ***(scheeps)romp*** **0.2** ***(peulen)schil*** ⇒⟨fig.⟩ *omhulsel.*
hull[2] ⟨ww.⟩ **0.1** ***doppen*** ⇒*pellen.*
hullaba(l)loo [hulləbəloe:] ⟨vnl. enk.⟩ **0.1** ***kabaal*** ⇒*herrie.*
hullo [həloo] **0.1** ***hallo.***
hum[1] [hum] ⟨zn.⟩ **0.1** ***zoem/bromgeluid*** ⇒*(ge)brom, gezoem* ◆ **1.1** ⟨BE⟩ ~s and haws/ha's *ge-eh, geh'm, geaarzel.*
hum[2] ⟨-med⟩ I ⟨onov.ww.⟩ **0.1** ***zoemen*** ⇒*brommen* **0.2** ***bruisen*** ⇒*(op volle toeren) draaien* ◆ **3.2** things are beginning to ~ *er komt schot in* **3.¶** ⟨BE⟩ ~ and haw/ha *hemmen, hummen* **6.2** ~ **with** activity *gonzen v.d. activiteit/bedrijvigheid;*
II ⟨onov. en ov.ww.⟩ **0.1** ***neuriën.***
hum[3] [mmm] ⟨tw.⟩ **0.1** ***eh*** ⇒*h'm, ahum.*
human[1] [hjoe:mən] ⟨zn.⟩ **0.1** ***mens.***
human[2] ⟨bn.; -ly⟩ **0.1** ***menselijk*** ⇒*mensen-* ◆ **1.1** ~ being *mens;* ~ interest *het menselijk/persoonlijk element, de gevoelsinbreng* (in krantenartikelen enz.); the milk of ~ kindness *menselijke goed(aardig)heid;* ~ nature *de menselijke natuur, mensenaard;* the ~ race *de mensheid;* ~ rights *mensenrechten* **5.1** I'm only ~ *ik ben (ook) maar een mens.*
humane [hjoe:meen] **0.1** ***humaan*** ⇒*menselijk* ◆ **1.¶** ~ killer *schiet/slachtmasker* ⟨middel om dier pijnloos te doden⟩; Humane Society *vereniging voor dierenbescherming.*
humanism [hjoe:mənizm] **0.1** ⟨ook H-⟩ ***humanisme.***
humanist [hjoe:mənist] ⟨bn.: **-ic**⟩ **0.1** ⟨ook H-⟩ ***humanist.***
humanitarian [hjoe:mænitteəriən] **0.1** ⟨bn.⟩ ***humanitair*** ⇒ *menslievend* **0.2** ⟨zn.⟩ ***filantroop*** ⇒*mensenvriend.*
humanitarianism [-teəriənizm] **0.1** ***filantropie*** ⇒*menslievendheid.*
humanit|y [hjoe:mænətie] ⟨mv.: -ies⟩ I ⟨n.-telb.zn.⟩ **0.1** ***mensdom*** **0.2** ***mens(elijk)heid*** ⇒*mens-zijn* **0.3** ***menselijkheid*** ⇒*menslievendheid;*
II ⟨mv.; the⟩ **0.1** ***humaniora*** ⇒*geesteswetenschappen.*
humanize, -ise [hjoe:mənajz] **0.1** ***menselijk(er) worden/maken*** ⇒*vermenselijken, humaniseren.*
humankind [hjoe:mənkajnd] ⟨zn.; ww. enk. of mv.⟩⟨schr.⟩ **0.1** ***mensheid.***
humb|le[1] [humbl] ⟨bn.; -ly⟩ **0.1** ***bescheiden*** ⇒*onderdanig* **0.2** ***nederig*** ⇒*eenvoudig* ◆ **1.1** ⟨schr.⟩ your ~ servant *uw dienstwillige/onderdanige dienaar* **1.2** my ~ apologies *mijn nederige excuses;* of ~ birth *van nederige/lage afkomst;* my ~ opinion *mijn bescheiden mening* **1.¶** eat ~ pie *een toontje lager zingen, inbinden.*
humble[2] ⟨ww.⟩ **0.1** ***vernederen*** ⇒*prestigeverlies toebrengen.*
humbug[1] [humbug] I ⟨telb.zn.⟩ **0.1** ***bedrieger*** ⇒*oplichter* **0.2** ***valstrik*** ⇒*list, nep* **0.3** ⟨BE⟩ ***pepermuntballetje*** ⇒*kussentje;*
II ⟨n.-telb.zn.⟩ **0.1** ***onzin*** ⇒*nonsens, larie* **0.2** ***bluf.***
humbug[2] ⟨ww.; -ged⟩ **0.1** ***misleiden*** ⇒*bedriegen.*
humdinger [humdingə] ⟨AE; sl.⟩ **0.1** ***geweldenaar*** ⇒*kraan* **0.2** ***knaller.***
humdrum [humdrum] **0.1** ***saai*** ⇒*vervelend, eentonig.*
humerus [hjoe:m(ə)rəs]⟨mv.: humeri [-mərai]⟩ **0.1** ***opperarmbeen.***
humid [hjoe:mid] **0.1** ***vochtig.***
humidifier [hjoe:middiffajjə] **0.1** ***(lucht)bevochtiger.***
humidif|y [hjoe:middiffaj] ⟨-ied⟩ **0.1** ***bevochtigen.***
humidity [hjoe:middətie] **0.1** ***(lucht)vochtigheid*** ⇒*vochtgehalte.*
humili|ate [hjoe:millie·eet] ⟨zn.: **-ation**⟩ **0.1** ***vernederen*** ⇒ *krenken.*

humility [hjoe:millətie] **0.1** ***nederigheid*** ⇒*bescheidenheid.*
hummingbird [hummingbə:d] **0.1** ***kolibrie.***
hummock [hummək] **0.1** ***heuveltje*** ⇒*bult.*
humorist [hjoe:mərist] **0.1** ***humorist.***
humorous [-rəs] **0.1** ***humoristisch*** ⇒*grappig, komisch.*
humour[1], ⟨AE sp.⟩ **humor** [hjoe:mə] ⟨zn.⟩ **0.1** ***humor*** ⇒*geestigheid* **0.2** ⟨vnl. enk.⟩ ***humeur*** ⇒*stemming* **0.3** ⟨gesch.⟩ ***lichaamsvocht/sap*** ◆ **1.1** sense of ~ *gevoel voor humor* **2.2** in a bad ~ *slechtgeluimd, in een slechte bui.*
humour[2], ⟨AE sp.⟩ **humor** ⟨ww.⟩ **0.1** ***tegemoet komen (aan)*** ⇒*paaien, toegeven* ◆ **1.1** ~ a child *een kind zijn zin geven.*
hump[1] [hump] ⟨zn.⟩ **0.1** ***bult*** ⇒*bochel* **0.2** ⟨BE; sl.; the⟩ ***landerigheid*** ◆ **3.2** it gives me the ~ *ik baal ervan/krijg er de balen van* **6.¶** be **over** the ~ *het ergste achter de rug hebben.*
hump[2] **I** ⟨onov.ww.⟩ **0.1** ***bollen*** ⇒*bol gaan staan, kromtrekken* **0.2** ⟨sl.; vulg.⟩ ***bonken*** ⇒*neuken;*
II ⟨ov.ww.⟩ **0.1** ***welven*** ⇒*bol/krom maken, ronden* **0.2** ⟨sl.; vulg.⟩ ***naaien*** **0.3** ⟨BE; inf.⟩ ***torsen*** ⇒*(mee)zeulen.*
humpback **0.1** ***bochel*** ⇒*bult* **0.2** ***gebochelde*** ⇒*bultenaar.*
humpbacked **0.1** ***gebocheld.***
humph [pf, hm, humf] **0.1** ***h'm*** ⇒*hm, pf.*
humus [hjoe:məs] **0.1** ***humus*** ⇒*teelaarde.*
Hun [hun] **0.1** ***Hun(nen)*** **0.2** ***vandaal*** ⇒*barbaar* **0.3** ⟨inf.; pej.⟩ ***mof.***
hunch[1] [huntsj] ⟨zn.⟩ **0.1** ***voorgevoel*** ⇒*intuïtief/vaag idee* ◆ **3.1** play a/one's ~ *op zijn gevoel/intuïtie afgaan.*
hunch[2] ⟨ww.⟩ **0.1** ***krommen*** ⇒*optrekken* ⟨schouders⟩, *(krom)buigen.*
hunchback **0.1** ***gebochelde*** ⇒*bultenaar.*
hunchbacked **0.1** ***gebocheld.***
hundred [hundrid] **0.1** ***honderd*** ⟨ook voorwerp/groep ter waarde/grootte v. honderd⟩ ⇒⟨fig.⟩ *talloos* ◆ **1.1** there are still a ~ (and one) things to do *er zijn nog talloze/duizend en één dingen die moeten gebeuren* **1.¶** ⟨cul.⟩ ~s and thousands *gebakgarnering, suikerpareltjes/kraaltjes* **3.1** I'll bet a ~ to one that ... *ik wed honderd tegen één dat ...* **6.1** **by** the ~s *met honderd(tall)en;* **in** the ~s *in de honderdtallen* **¶.1** a/one ~ per cent *honderd percent, helemaal;* ⟨fig.; vnl. na ontkenning⟩ *helemaal de oude, weer helemaal opgeknapt.*
hundredth [hundridθ] **0.1** ***honderdste*** ⇒⟨als zn.⟩ *honderdste deel.*
hundredweight ⟨mv.: ook hundredweight⟩ **0.1** ⟨BE⟩ ***hundredweight*** ⇒*Engelse centenaar* ⟨50,8 kg; →t⟩ **0.2** ⟨AE⟩ ***hundredweight*** ⇒*Amerikaanse centenaar* ⟨45,36 kg; →t⟩.
hung ⟨verl. t. en volt. deelw.⟩ →**hang.**
Hungarian [hunggeəriən] **0.1** ⟨bn.⟩ ***Hongaars*** **0.2** ⟨eig.n.⟩ ***Hongaars*** ⟨taal⟩ **0.3** ⟨telb. zn.⟩ ***Hongaar(se).***
Hungary [hunggərie] **0.1** ***Hongarije.***
hunger[1] [hunggə] ⟨zn.; vnl. enk.⟩ **0.1** ***honger*** ⇒*trek;* ⟨fig.⟩ *hunkering, dorst* ◆ **6.1** a ~ **for** sth. *een hevig verlangen naar iets.*
hunger[2] ⟨ww.⟩ **0.1** ***hongeren*** ⇒*honger hebben;* ⟨fig.⟩ *hunkeren, dorsten* ◆ **6.1** ~ **for/after** *hunkeren naar.*
hunger march **0.1** ***protestmars/demonstratie*** ⟨ihb. v. werklozen⟩ ⇒*hongeroptocht.*
hunger marcher **0.1** ***deelnemer aan een protestmars.***
hunger strike **0.1** ***hongerstaking*** ◆ **6.1** be/go **on** (a) ~ *in hongerstaking zijn/gaan.*
hunger striker **0.1** ***hongerstaker.***
hung over ⟨inf.⟩ **0.1** ***met een kater.***
hungr|y [hunggrie] ⟨-ily⟩ **0.1** ***hongerig*** ⇒*uitgehongerd;* ⟨fig.; +for⟩ *dorstend (naar), hunkerend (naar)* **0.2** ***schraal*** ⇒*dor, onvruchtbaar* ⟨v. grond⟩ ◆ **1.¶** ~ work *werk waar je honger van krijgt* **3.1** feel ~ *honger hebben.*
hung up ⟨sl.⟩ ◆ **6.¶** ~ **on** *geobsedeerd door, gefixeerd op; verslingerd aan.*
hunk [hungk] **0.1** ***homp*** ⇒*brok* **0.2** ⟨vnl. AE; sl.⟩ ***(lekker) stuk*** ⇒*spetter.*
hunkers [hungkəz] ⟨inf.⟩ ◆ **6.¶** **on** one's ~ *gehurkt, op de hurken.*
hunky-dory [hungkiedo:rie] ⟨AE; inf.⟩ **0.1** ***prima*** ⇒*kits, tof.*
hunt[1] [hunt] ⟨zn.⟩ **0.1** ⟨vnl. enk.⟩ ***jacht(partij)*** ⇒⟨BE vnl.⟩ *vossenjacht;* ⟨fig.⟩ *speur/zoektocht* **0.2** ***jachtgezelschap*** **0.3** ***jachtgebied*** ◆ **6.1** the ~ is on **for** wild boar *de jacht op wilde zwijnen is open.*
hunt[2] **I** ⟨onov.ww.⟩ **0.1** ***jagen*** ⇒*op (vossen)jacht zijn* **0.2** ***zoeken*** ⇒*speuren* ◆ **3.1** go out ~ing *op jacht/uit jagen gaan* **5.2** ~ high and low for sth. *overal zoeken naar iets* **6.2** ~ **after/for** an address *speuren naar een adres;*
II ⟨ov.ww.⟩ **0.1** ***jagen op*** ⇒*jacht maken op* **0.2** ***afjagen*** ⇒*doorzoeken* **0.3** ***verjagen*** **0.4** ***opjagen*** ◆ **1.1** ⟨AE⟩ ~/⟨BE⟩ shoot buffalo *buffels schieten, op buffels jagen* **1.4** a ~ed look *een (op)gejaagde blik.* →**hunt down, hunt out, hunt up.**
hunt ball **0.1** ***jagersbal.***
hunt down **0.1** ***opsporen*** ⇒*najagen.*
hunter [huntə] **0.1** ***jager*** ⟨ook fig.⟩ **0.2** ***jachthond*** **0.3** ***jachtpaard*** **0.4** ***savonet(horloge).***
hunting [hunting] **0.1** ***jacht*** ⇒⟨BE vnl.⟩ *vossenjacht.*
hunting ground ⟨vnl. fig.⟩ **0.1** ***jachtgebied*** ⇒*jachtterrein.* → **happy.**
hunting pink ⟨ook attr.⟩⟨vnl. BE⟩ **0.1** ***helderrood (jagersjasje).***
hunt out **0.1** ***opdiepen*** ⇒*opsporen.*
huntress [huntris] **0.1** ***jageres.***
hunts|man [huntsmən]⟨mv.: -men [-mən]⟩ **0.1** ***jager*** **0.2** ***jachtmeester.***
hunt up **0.1** ***opzoeken*** ⇒*navorsen, natrekken.*
hurdle[1] [hə:dl] ⟨zn.⟩ **0.1** ***horde*** ⇒*hindernis, obstakel* ⟨ook fig.⟩ **0.2** ⟨vnl. BE⟩ ***schot*** ⇒*horde* **0.3** ⟨vnl. mv.⟩ ***horde(loop/ren).***
hurdle[2] **I** ⟨onov.ww.⟩ **0.1** ***hordelopen;***
II ⟨ov.ww.⟩ **0.1** ***springen over*** ⇒*nemen* ⟨een hindernis⟩.
hurdler [hə:dlə] **0.1** ***hordeloper.***
hurdling [hə:dling] ⟨paardensport⟩ **0.1** ***(het) horderennen.***
hurdy-gurd|y [hə:diegə:die] ⟨mv.: -ies⟩ **0.1** ***(draai)lier*** **0.2** ⟨inf.⟩ ***buikorgel*** ⇒*draaiorgeltje.*
hurl [hə:l] **0.1** ***smijten*** ⇒*slingeren, keilen* ◆ **1.1** ~ reproaches at one another *elkaar verwijten naar het hoofd slingeren* **6.1** the dog ~ed itself **at/upon** the postman *de hond stortte zich op de postbode.*
hurley [hə:lie] ⟨sport⟩ **0.1** ***hurling*** ⇒*hurley* ⟨Iers balspel⟩ **0.2** ***hurleystick.***
hurling [hə:ling] ⟨sport⟩ **0.1** ***hurling*** ⇒*hurley* ⟨Iers balspel⟩.
hurly-burly [hə:liebə:lie] **0.1** ***kabaal*** ⇒*rumoer, herrie.*
hurray, hooray [hoeree], **hurrah** [hoera:] **0.1** ***hoera(atje)*** ⇒*hoezee, hoerageroep* ◆ **¶.¶** hip, hip, ~! *hiep, hiep, hoera!*
hurricane [hurrikkən] **0.1** ***orkaan*** ⇒*cycloon.*
hurricane lamp, hurricane lantern **0.1** ***stormlamp.***
hurried [hurried] **0.1** ***haastig*** ⇒*gehaast, gejaagd.*
hurr|y[1] [hurrie] ⟨zn.; mv.: -ies; vnl. enk.⟩ **0.1** ***haast*** ◆ **6.1** I'm **in** a ~ *ik heb haast;* he's **in** a ~ to get married *hij popelt om te gaan trouwen;* ⟨inf.⟩ find another job **in** a ~ *gauw/gemakkelijk ander werk vinden.*
hurr|y[2] ⟨-ied⟩ **I** ⟨onov.ww.⟩ **0.1** ***zich haasten*** ⇒*haast maken, opschieten* ◆ **5.1** he hurried **along** *hij snelde voort;* ~ **up**! *schiet op! vooruit!;*
II ⟨ov.ww.⟩ **0.1** ***tot haast aanzetten*** ⇒*opjagen, overhaasten* **0.2** ***verhaasten*** ⇒*bespoedigen* **0.3** ***haastig/ijlings***

vervoeren ◆ **1.2** ~ one's pace *zijn pas versnellen* **5.2** ~ **up** a job *haast maken met/vaart zetten achter een klus.*

hurt[1] [hə:t] ⟨zn.⟩ **0.1** ***pijn(lijke zaak)*** **0.2** ***kwetsuur*** ⇒*letsel, wond.*

hurt[2] ⟨hurt, hurt [hə:t]⟩ **I** ⟨onov.ww.⟩ **0.1** ***pijn/zeer doen*** ◆ **1.1** my feet ~ *mijn voeten doen pijn;* this wage-cut ~s *deze loonsverlaging komt hard aan* **3.1** it won't ~ to cut down on spending *het kan geen kwaad om te bezuinigen;*
II ⟨ov.ww.⟩ **0.1** ***bezeren*** ⇒*verwonden, blesseren* **0.2** ***krenken*** ⇒*kwetsen, beledigen* **0.3** ***schade toebrengen/afbreuk doen aan*** ◆ **1.1** I ~ my knee *ik heb mijn knie bezeerd* **3.2** feel ~ *zich gekrenkt voelen.*

hurtful [hə:tfl] ⟨-ness⟩ **0.1** ***schadelijk*** **0.2** ***kwetsend.***

hurtle [hə:tl] **0.1** ***kletteren*** ⇒*razen, suizen.*

husband[1] [huzbənd] ⟨zn.⟩ **0.1** ***man*** ⇒*echtgenoot* ◆ **1.1** ~ and wife *man en vrouw.*

husband[2] ⟨ww.⟩⟨schr.⟩ **0.1** ***zuinig omspringen/omgaan met*** ⇒*sparen.*

husbandry [huzbəndrie] **0.1** ***landbouw en veeteelt*** ⇒*het boerenbedrijf* ◆ **1.1** animal ~ *veehouderij, veeteelt.*

hush[1] [husj] ⟨zn.⟩ **0.1** ***stilte.***

hush[2] **I** ⟨onov.ww.⟩ **0.1** ***verstommen*** ⇒*tot rust/bedaren komen* ◆ **¶.¶** ~! *stil!, sst!;*
II ⟨ov.ww.⟩ **0.1** ***tot zwijgen brengen*** ⇒*doen verstommen* **0.2** ***tot bedaren brengen*** ◆ **1.2** ~ a child to sleep *een kind in slaap sussen* **5.1** ~ **up** *verzwijgen, doodzwijgen.*

hush-hush ⟨inf.⟩ **0.1** ***(diep) geheim.***

hush money **0.1** ***zwijggeld.***

husk[1] [husk] ⟨zn.⟩ **0.1** ***schil(letje)*** ⇒*(maïs)vlies* **0.2** ***(waardeloos) omhulsel*** ⇒*lege dop.*

husk[2] ⟨ww.⟩ **0.1** ***schillen*** ⇒*pellen.*

husk|y[1] [huskie] ⟨zn.; mv.: -ies⟩ **0.1** ***eskimohond.***

husk|y[2] ⟨bn.; -iness⟩ **0.1** ***schor*** ⇒*hees* **0.2** ⟨inf.⟩ ***fors*** ⇒*stoer, potig.*

hussar [hoeza:] **0.1** ***huzaar.***

huss|y [hussie] ⟨mv.: -ies⟩ **0.1** ***brutaaltje*** ⇒*ondeugd, vrijpostige meid* **0.2** ***del*** ⇒*slet* ◆ **2.1** brazen/shameless ~ *brutaal nest.*

hustings [hustingz] ⟨ww. vnl. enk.⟩ **0.1** ***(toespraken tijdens) verkiezingscampagne.***

hustle[1] [husl] ⟨zn.; geen mv.⟩ **0.1** ***gedrang*** ⇒*bedrijvigheid, drukte* ◆ **1.1** ~ and bustle *drukte, bedrijvigheid.*

hustle[2] **I** ⟨onov.ww.⟩ **0.1** ***dringen*** ⇒*duwen* **0.2** ***zich haasten*** ⇒*hard werken, druk in de weer zijn* **0.3** ⟨AE; inf.⟩ ***pezen*** ⇒ *tippelen, als hoer werken;*
II ⟨ov.ww.⟩ **0.1** ***proppen*** ⇒*(op)jagen, duwen* **0.2** ⟨AE; inf.⟩ ***bewerken*** ⟨bv. klanten⟩ **0.3** ⟨AE; inf.⟩ ***bij elkaar scharrelen*** ◆ **1.1** she ~d him out of the house *ze werkte hem het huis uit* **1.2** ~ s.o. for drinks *iem. drankjes aftroggelen* **1.3** ~ a job *een baantje versieren.*

hustler [huslə] **0.1** ***harde werker*** ⇒*aanpakker, doordouwer* **0.2** ⟨AE; inf.⟩ ***ritselaar*** ⇒*sjacheraar* **0.3** ⟨AE; inf.⟩ ***hoer.***

hut [hut] **0.1** ***hut(je)*** ⇒*huisje, keet* **0.2** ⟨mil.⟩ ***barak.***

hutch [hutsj] **0.1** ***(konijnen)hok*** ⇒*kooi.*

hutment [hutmənt] **0.1** ***barakkenkamp/dorp*** ⇒*kampement.*

hyacinth [hajjəsinθ] **0.1** ***hyacint.***

hyaena → **hyena.**

hybrid [hajbrid] **0.1** ⟨bn.⟩ ***hybride-*** **0.2** ⟨zn.⟩ ***kruising*** **0.3** ⟨zn.⟩ ***hybridisch woord.***

hybridiz|e, ⟨BE sp. ook⟩ **-ise** [hajbriddajz] ⟨zn.: **-ation**⟩ **0.1** ***kruisen.***

hydra [hajdrə]⟨mv.: ook hydrae [-drie:]⟩ **I** ⟨eig.n.; vnl. H-⟩ **0.1** ***hydra*** ⟨mythologisch veelkoppig monster⟩;
II ⟨telb.zn.⟩ **0.1** ***hydra*** ⇒*veelvormig probleem.*

hydrangea [hajdreendzjə] **0.1** ***hydrangea*** ⇒*waterstruik;* ⟨oneig.⟩ *hortensia.*

hydrant [hajdrənt] **0.1** ***brandkraan*** ⇒*hydrant.*

hydrate [hajdreet] ⟨schei.⟩ **0.1** ⟨zn.⟩ ***hydraat*** **0.2** ⟨ww.⟩ ***hydrateren.***

hydraulic [hajdrollik] ⟨-ally⟩ **0.1** ***hydraulisch*** ◆ **1.1** ~ engineering *waterbouw(kunde).*

hydraulics [hajdrolliks] **0.1** ***hydraulica.***

hydric [hajdrik] ⟨schei.⟩ **0.1** ***waterstof-.***

hydride [hajdrajd, -drid] ⟨schei.⟩ **0.1** ***hydride*** ⇒*waterstofverbinding.*

hydrocarbon [-ka:bən] ⟨schei.⟩ **0.1** ***koolwaterstof.***

hydrocephalus [-seffələs] ⟨med.⟩ **0.1** ***waterhoofd.***

hydrochloric acid [-klorrik æsid] **0.1** ***zoutzuur.***

hydrochloride [-klo:rajd] **0.1** ***waterstofchloride.***

hydroelectric [-illektrik] ⟨-ally⟩ **0.1** ***hydro-elektrisch.***

hydroelectricity [-illektrissəti] **0.1** ***waterkracht*** ⇒*hydroelektriciteit.*

hydrofoil [-fojl] **0.1** ***(draag)vleugelboot*** **0.2** ***draagvleugel.***

hydrogen [hajdrədzjən] ⟨schei.⟩ **0.1** ***waterstof.***

hydrogenation [hajdrodzjəneesjn] ⟨schei.⟩ **0.1** ***hydrogenatie.***

hydrogen bomb **0.1** ***waterstofbom.***

hydrogen bond ⟨schei.⟩ **0.1** ***waterstofbrug*** ⇒*waterstofbinding.*

hydrogen peroxide ⟨schei.⟩ **0.1** ***waterstofperoxide.***

hydrogen sulphide ⟨schei.⟩ **0.1** ***waterstofsulfide*** ⇒*zwavelwaterstof.*

hydrogeology [hajdrədzjie-olləd zjie] **0.1** ***hydrogeologie*** ⇒ *hydrologie.*

hydrolysis [hajdrollissis] ⟨schei.⟩ **0.1** ***hydrolyse.***

hydromechanics [-mikæniks] **0.1** ***hydromechanica.***

hydropathic [hajdrəpæθik] **0.1** ***hydrotherapeutisch.***

hydrophobia [-foobiə] **0.1** ***watervrees.***

hydroplane [hajdrəpleen] **0.1** ***glijboot*** **0.2** ***duik/hoogteroer*** ⟨v. onderzeeër⟩.

hydroponics [-ponniks] **0.1** ***hydro/watercultuur*** ⟨plantenteelt in water⟩.

hydropower [-pauə] **0.1** ***waterkracht.***

hydrotherap|y [-θerrəpie] ⟨mv.: -ies⟩ **0.1** ***hydrotherapie*** ⇒ *hydropathie, watergeneeskunde.*

hyena, hyaena [hajjie:nə] **0.1** ***hyena*** ⇒⟨fig.⟩ *gier.*

hygiene [hajdzjie:n] **0.1** ***hygiëne*** ⇒*gezondheidsleer/zorg.*

hygienic [hajdzjie:nik] ⟨-ally⟩ **0.1** ***hygiënisch.***

hymen [hajmən] **0.1** ***hymen*** ⇒*maagdenvlies.*

hymn[1] [him] ⟨zn.⟩ **0.1** ***hymne*** ⇒*lofzang, kerkgezang.*

hymn[2] ⟨ww.⟩ **0.1** ***lofprijzen (in een hymne)*** ⇒*bezingen.*

hymnal [himnəl], **hymnbook** **0.1** ***gezangboek.***

hype [hajp] ⟨sl.⟩ **I** ⟨telb.zn.⟩ **0.1** ***kunstje*** ⇒*truc, list* **0.2** ***opgeblazen persoon/zaak*** ⟨door media/reclame⟩;
II ⟨n.-telb.zn.⟩ **0.1** ***opgeklopte/schreeuwerige reclame/aanprijzing.***

hyped-up [hajpt up] ⟨vnl. AE; sl.⟩ **0.1** ***opgepept*** ⇒*high, onder invloed van drugs.*

hyper [hajpə] ⟨inf.⟩ **0.1** ***erg/snel opgewonden.***

hyperbola [hajpə:bələ] ⟨wisk.⟩ **0.1** ***hyperbool.***

hyperbol|e [hajpə:bəlie] ⟨bn.: **-ic**⟩⟨lit.⟩ **0.1** ***hyperbool*** ⇒*overdrijving.*

hypercritical [-krittikl] **0.1** ***hyper/overkritisch*** ⇒*al te kritisch.*

hypermarket [-ma:kit] ⟨BE⟩ **0.1** ***hypermarkt.***

hypersensit|ive [-sensittiv] ⟨zn.: **-ivity**⟩ **0.1** ***hypergevoelig.***

hypertension [-tensjn] **0.1** ***hypertensie*** ⇒*verhoogde/(te) hoge bloeddruk.*

hypertext [hajpətekst] ⟨comp.⟩ **0.1** ***hypertext.***

hyperventilate [hajpəventilleet] ⟨med.⟩ **0.1** ***hyperventileren.***
hyperventilation [hajpəventilleesjn] **0.1** ***hyperventilatie.***
hyphen [hajfn] **0.1** ***verbindingsstreepje*** ⇒*afbrekingsteken.*
hyphen|ate [hajfəneet] ⟨zn.: **-ation**⟩ **0.1** ***afbreken*** ⇒*door een koppelteken verbinden.*
hypnosis [hipnoosis] **0.1** ***hypnose.***
hypnotic [hipnottik] ⟨-ally⟩ **0.1** ***hypnotisch*** ⇒*hypnotiserend* **0.2** ***slaapopwekkend*** ◆ **1.1** ~ suggestion *hypnotische suggestie, suggestieve/hypnotische beïnvloeding.*
hypnotism [hipnətizm] **0.1** ***hypnotisme.***
hypnotist [hipnətist] **0.1** ***hypnotiseur.***
hypnotize, ⟨BE sp. ook⟩ **-ise** [hipnətajz] **0.1** ***hypnotiseren*** ⟨ook fig.⟩ ⇒*biologeren, fascineren.*
hypo [hajpoo] ⟨verk.⟩ [hyposulfite] ⟨foto.⟩ **0.1** ***hypo*** ⇒*fixeerzout.*
hypochondria [hajpəkondriə] **0.1** ***hypochondrie.***
hypochondriac [-kondrie·æk] **0.1** ⟨bn.⟩ ***hypochondrisch*** **0.2** ⟨zn.⟩ ***hypochonder*** ⇒*lijder aan hypochondrie.*
hypocrisy [hippokrəsie] **0.1** ***hypocrisie*** ⇒*schijnheiligheid, huichelarij.*
hypocrite [hippəkrit] **0.1** ***hypocriet*** ⇒*huichelaar.*
hypocritical [hippəkrittikl] **0.1** ***hypocriet*** ⇒*schijnheilig.*
hypodermic[1] [-də:mik] ⟨zn.⟩ **0.1** ***(injectie)naald/spuit*** **0.2** ***injectie*** ⇒*prik, spuit.*
hypodermic[2] ⟨bn.; -ally⟩ **0.1** ***onderhuids*** ◆ **1.1** ~ needle *injectienaald.*
hypostasis [hajpostəsis] ⟨fil., med., rel.⟩ **0.1** ***hypostase.***
hypostatize [hajpostətajz] ⟨fil.⟩ **0.1** ***hypostaseren*** ⟨abstractie tot zelfstandigheid verheffen⟩.
hypotenuse [hajpottənjoe:z] **0.1** ***hypotenusa*** ⇒*schuine zijde* ⟨v.e. rechthoekige driehoek⟩.
hypothesis [hajpoθəsis] ⟨mv.: hypotheses [-sie:z]⟩ **0.1** ***hypothese*** ⇒*veronderstelling.*
hypothesize, ⟨BE sp. ook⟩ **-ise** [hajpoθəsajz] **I** ⟨onov.ww.⟩ **0.1** ***een hypothese opstellen*** ⇒*met hypotheses werken;* **II** ⟨ov.ww.⟩ **0.1** ***(als hypothese) aannemen*** ⇒*veronderstellen.*
hypothetical [hajpəθettikl] **0.1** ***hypothetisch*** ⇒*verondersteld.*
hyssop [hissəp] ⟨plantk.⟩ **0.1** ***hysop.***
hysterectom|y [histərektəmie] ⟨mv.: -ies⟩ ⟨med.⟩ **0.1** ***hysterectomie.***
hysteria [histiəriə] **0.1** ***hysterie.***
hysteric [histerrik] **0.1** ***hystericus/hysterica.***
hysterical [histerrikl] **0.1** ***hysterisch.***
hysterics [histerriks] ⟨ww. vnl. enk.⟩ **0.1** ***hysterische aanval(len)*** ⇒*zenuwtoeval(len)* ◆ **3.1** go into/have ~ *hysterische aanvallen krijgen.*
Hz ⟨afk.⟩ **0.1** [hertz] *Hz.*

i

i, I [aj] ⟨mv.: i's, I's⟩ **0.1** ***i, I*** ◆ **1.¶** dot the ~'s and cross the t's *de puntjes op de i zetten.*
I[1] [aj] ⟨zn.⟩ **0.1** ***zelf*** ⇒*ik, eigen persoon.*
I[2] ⟨vnw.⟩ **0.1** ***ik*** **0.2** ⟨vnl. substandaard⟩ ***mij*** ◆ **4.1** ⟨schr.⟩ it is ~ *ik ben het* **6.2** he talked to Sean and ~ *hij praatte met Sean en mij.*
iambic [ajæmbik] ⟨lit.⟩ **0.1** ⟨bn.⟩ ***jambisch*** **0.2** ⟨zn.⟩ ***jambe*** ⇒*jambische regel.*
IBA ⟨afk.⟩ **0.1** [Independent Broadcasting Authority] ⟨commerciële tv in Groot-Brittannië⟩.
Iberian [ajbiəriən] **0.1** ***Iberisch*** ◆ **1.1** ~ Peninsula *Iberisch schiereiland.*
ibex [ajbeks] **0.1** ***steenbok.***
ibid. [ibbid] ⟨afk.⟩ **0.1** [ibidem] ***ibid.***
ibidem [ibbiddem] **0.1** ***ibidem*** ⇒*aldaar, ter zelfder plaatse.*
ibis [ajbis] ⟨mv.: ook ibis⟩ ⟨dierk.⟩ **0.1** ***ibis.***
ice[1] [ajs] ⟨zn.⟩ **0.1** ***ijs*** **0.2** ***vruchten/waterijs(je)*** ⇒*Italiaans ijs* **0.3** ⟨BE⟩ ***ijs(je)*** ⇒*melk/roomijs(je)* ◆ **3.1** keep sth. on ~ *iets koel/in de koelkast bewaren;* ⟨fig.⟩ *iets achter de hand/in reserve houden;* ⟨fig.⟩ put sth. on ~ *iets in de ijskast zetten, iets uitstellen* **3.¶** break the ~ *het ijs breken;* ⟨inf.⟩ cut no/not much ~ (with s.o.) *geen/weinig indruk maken (op iem.).* →**dry, thin.**
ice[2] **I** ⟨onov.ww.⟩ **0.1** ⟨+ over/up⟩ ***bevriezen*** ⇒*dichtvriezen;* **II** ⟨ov.ww.⟩ **0.1** ***met ijs bedekken*** **0.2** ***invriezen*** ⇒*(met ijs) koelen* **0.3** ⟨cul.⟩ ***glaceren*** ◆ **1.2** ~d drinks *(ijs)gekoelde dranken.*
ice age **0.1** ***ijstijd.***
ice axe **0.1** ***pickel*** ⇒*ijsbijl.*
ice bag ⟨vnl. AE⟩ **0.1** ***ijskompres*** ⇒*koeltas.*
iceberg [ajsbə:g] **0.1** ***ijsberg*** **0.2** ⟨inf.⟩ ***ijsklomp*** ⇒*koel/afstandelijk iem.* ◆ **1.1** ⟨vnl. fig.⟩ the tip of the ~ *het topje v.d. ijsberg.*
iceberg lettuce **0.1** ***(krop) ijsbergsla.***
iceboat **0.1** ***ijsboot*** ⇒*boot op glijders.*
icebound **0.1** ***ingevroren*** ⇒*door ijs ingesloten/geblokkeerd.*
icebox **0.1** ***koelbox*** **0.2** ⟨AE⟩ ***koelkast*** ⇒*ijskast.*
icebreaker **0.1** ***ijsbreker*** ⟨ook schip⟩.
ice bucket **0.1** ***ijsemmer.***
ice cap **0.1** ***ijskap.***
ice-cold **0.1** ***ijskoud.***
ice cream **0.1** ***ijs(je)*** ⇒*roomijs(je).*
ice-cream man **0.1** ***ijscoman*** ⇒*ijsventer.*
ice-cream scoop **0.1** ***ijslepel/schep.***
ice-cream soda **0.1** ***(soda)sorbet.***
ice cube **0.1** ***ijsblokje.***
ice dancing ⟨sport⟩ **0.1** ***(het) ijsdansen.***
ice floe **0.1** ***ijsschots*** ⇒*ijsschol.*
ice hockey **0.1** ***ijshockey.***
icehouse **0.1** ***ijshuisje*** ⇒*ijskelder.*
Iceland [ajslænd] **0.1** ***IJsland.***
Icelander [ajslændə] **0.1** ***IJslander.***
Icelandic [ajslændik] **0.1** ⟨bn.⟩ ***IJslands*** **0.2** ⟨zn.⟩ ***IJslands*** ⟨taal⟩.
ice lolly **0.1** ***ijslolly*** ⇒*waterijsje.*
ice|man ⟨mv.: -men⟩ **0.1** ⟨vnl. AE⟩ ***ijshandelaar.***
ice pack **0.1** ***pakijs(veld)*** **0.2** ⟨vnl. BE⟩ ***ijskompres.***

ice pick **0.1** ***ijspriem.***
ice racing ⟨motorsport⟩ **0.1** ***ijsspeedway.***
ice rink **0.1** ***(overdekte) ijsbaan.***
ice show **0.1** ***ijsrevue.***
ice skate **0.1** ***schaats.***
ice-skate **0.1** ***schaatsen.***
ice skater **0.1** ***schaatser.***
ice station **0.1** ***poolstation.***
ice water **0.1** ***ijswater.***
ichneumon fly [iknjoe:mən flaj] **0.1** ***ichneumon*** ⇒*sluipwesp.*
ICI ⟨afk.⟩ **0.1** [Imperial Chemical Industries].
icicle [ajsikl] **0.1** ***ijskegel*** ⇒*ijspegel.*
icily →**icy.**
icing [ajsing] **0.1** ***suikerglazuur*** ⇒*glaceersel* **0.2** ***ijsafzetting*** ◆ **1.¶** (the) ~ on the cake *tierelantijntje(s).*
icing sugar ⟨BE⟩ **0.1** ***poedersuiker.***
ick|y [ikkie] ⟨-ier⟩ ⟨inf.⟩ **0.1** ***goor*** ⇒*vies, smerig.*
icon, ikon [ajkon] **0.1** ***ico(o)n.***
iconoclast [ajkonnəklæst] ⟨bn.: **-ic**⟩ **0.1** ***iconoclast*** ⇒*beeldenstormer;* ⟨fig.⟩ *iem. die heilige huisjes omverschopt.*
icy [ajsie] ⟨icily; iciness⟩ **0.1** ***ijzig*** ⇒*ijskoud, ijsachtig* **0.2** ***met ijs bedekt*** ⇒*bevroren, glad* ◆ **1.1** ⟨fig.⟩ an ~ look *een ijzige blik* **1.2** an ~ road *een gladde weg.*
I'd [ajd] ⟨samentr. v. I had, I would, I should⟩.
I.D. ⟨afk.⟩ **0.1** [identification].
ID card →**identity card.**
idea [ajdiə] **0.1** ***idee*** ⇒*denkbeeld, begrip, gedachte* ◆ **3.1** you're getting the ~ *je begint het te snappen;* put ~s into s.o.'s head *iem. op (vreemde) gedachten brengen* **6.1** is this your ~ **of** a pleasant evening? *noem jij dit een gezellige avond?* **¶.1** what an ~!, the (very) ~! *wat een idee!, het idee (alleen al)!, hoe kom je erbij!* →**fixed.**
ideal¹ [ajdiəl] ⟨zn.⟩ **0.1** ***ideaal.***
ideal² ⟨bn.⟩ **0.1** ***ideaal*** **0.2** ***ideëel*** ⇒*denkbeeldig* **0.3** ***idealistisch.***
idealism [ajdiəlizm] **0.1** ***idealisme.***
idealist [ajdiəlist] **0.1** ***idealist.***
idealistic [ajdiəlistik] ⟨-ally⟩ **0.1** ***idealistisch.***
ideal|ize, -ise [ajdiəlajz] ⟨zn.: **-ization**⟩ **0.1** ***idealiseren.***
ideally [ajdiəlie] **0.1** →**ideal²** **0.2** ***idealiter*** ⇒*in het gunstigste geval, (het) liefst.*
idem [iddem, ajdem] **0.1** ***idem.***
identical [ajdentikl] **0.1** ***identiek*** ⇒*gelijk(luidend/waardig)* ◆ **1.1** ~ twins *identieke/eeneiige tweeling* **6.1** ~ **with/to** *identiek met/aan.*
identifiable [ajdentiffajjəbl] **0.1** ***identificeerbaar*** ⇒*herkenbaar.*
identification [ajdentiffikkeesjn] **0.1** ***identificatie*** ⇒ ⟨psych.⟩ *vereenzelviging* **0.2** ***identiteitsbewijs*** ⇒*legitimatie.*
identification card **0.1** ***persoonskaart*** ⇒*legitimatiebewijs.*
identification parade ⟨BE⟩ **0.1** ***confrontatie(opstelling)*** ⟨rij personen waaruit een verdachte moet worden aangewezen⟩.
identif|y [ajdentiffaj] ⟨-ied⟩ **I** ⟨onov.ww.⟩ **0.1** ⟨+ with⟩ ***zich identificeren (met)*** ⇒*zich vereenzelvigen (met);*
II ⟨ov.ww.⟩ **0.1** ***identificeren*** ⇒*de identiteit vaststellen v., in verband brengen* **0.2** ***erkennen*** ⇒*vaststellen* ◆ **1.1** I can't ~ your accent *ik kan uw accent niet thuisbrengen* **1.2** ~ the fact that *constateren dat* **6.1** s.o. who is identified **with** a fascist party *iem. die in verband gebracht wordt met een fascistische partij.*
identikit [ajdentikkit] ⟨BE⟩ **0.1** ***compositietekening.***
identit|y [ajdentətie] ⟨mv.: -ies⟩ **0.1** ***identiteit*** ⇒*persoon(lijkheid)* **0.2** ***volmaakte gelijkenis*** ◆ **3.1** mistaken ~ *persoonsverwarring.*
identity card, ID card **0.1** ***legitimatie(bewijs)*** ⇒*identiteits/persoonsbewijs.*
ideogram [iddiəgræm], **ideograph** [-gra:f] **0.1** ***ideogram.***
ideologic|al [ajdiəlodzjikl] ⟨-ally⟩ **0.1** ***ideologisch.***
ideologist [ajdie·olledzjist] **0.1** ***ideoloog.***
ideolog|y [ajdie·olledzjie] ⟨mv.: -ies⟩ **0.1** ***ideologie.***
ides [ajdz] **0.1** ***iden*** ⇒*ides* ⟨in de Romeinse tijdrekening⟩.
idioc|y [iddiəsie] ⟨mv.: -ies⟩ **0.1** ***idiotie*** ⇒*idiootheid, dwaasheid.*
idiom [iddiəm] **0.1** ***idiomatische uitdrukking*** ⇒*vaste, niet-doorzichtige woordverbinding* **0.2** ***idioom*** ⇒*taaleigen(aardigheid)* **0.3** ***streektaal*** ⇒*dialect* **0.4** ***vaktaal*** ⇒*jargon.*
idiomatic [iddiəmætik] ⟨-ally⟩ **0.1** ***idiomatisch*** **0.2** ***taalgebonden.***
idiosyncras|y [iddiəsingkrəsie] ⟨mv.: -ies⟩ **0.1** ***eigenaardigheid*** ⇒*typerend kenmerk* **0.2** ***idiosyncrasie.***
idiosyncratic [iddiəsingkrætik] ⟨-ally⟩ **0.1** ***eigenaardig*** ⇒ *persoonlijk* **0.2** ***idiosyncratisch.***
idiot [iddiət] **0.1** ***idioot.***
idiotic [iddie·ottik] ⟨-ally⟩ **0.1** ***idioot.***
idle¹ [ajdl] ⟨bn.; idler; idly; -ness⟩ **0.1** ***werkloos*** ⇒*inactief* **0.2** ***lui*** ⇒*laks* **0.3** ***doelloos*** ⇒*zinloos, vruchteloos* **0.4** ***ongebruikt*** ⇒*onbenut* ◆ **1.3** ~ gossip *loze kletspraat* **1.4** ~ hours *rustige/vrije uren;* ~ machines *stilstaande machines.*
idle² ⟨ww.⟩ **0.1** ***nietsdoen*** ⇒*luieren* **0.2** ***stationair draaien/lopen*** ⟨v. motor⟩ ◆ **5.1** ~ **about** *luieren, rondhangen.*
idle away **0.1** ***verdoen*** ⇒*verlummelen* ⟨tijd⟩.
idler [ajdlə] **0.1** ***leegloper*** ⇒*lanterfant(er)* **0.2** ***tussenwiel/rad.***
idly →**idle.**
idol [ajdl] **0.1** ***afgod(sbeeld)*** ⇒*idool* **0.2** ***idool*** ⇒*favoriet.*
idolater [ajdollətə], **idolatress** [-tris] **0.1** ***afgodendienaar/dienares*** **0.2** ***dweper/dweepster*** ⇒*aanbidder/aanbidster.*
idolatrous [ajdollətrəs] **0.1** ***idolaat.***
idolatry [ajdollətrie] **0.1** ***idolatrie*** ⇒*verafgoding, blinde verering.*
idol|ize, -ise [ajdlajz] ⟨zn.: **-ization**⟩ **0.1** ***verafgoden*** ⇒*aanbidden, vereren.*
idyl(l) [idl] **0.1** ***idylle*** ⟨ook lit.⟩.
idyllic [iddillik] ⟨-ally⟩ **0.1** ***idyllisch*** ⟨ook lit.⟩.
i.e. ⟨afk.⟩ **0.1** [id est] ***d.w.z.***
if¹ [if] ⟨zn.⟩ **0.1** ***onzekere factor*** ⇒*voorwaarde, mogelijkheid* ◆ **1.¶** ⟨inf.⟩ ~s and buts *maren, bedenkingen.*
if² **I** ⟨ondersch.vw.⟩ **0.1** ***indien*** ⇒*als, zo, op voorwaarde dat* **0.2** ***telkens als*** ⇒*telkens wanneer* **0.3** ***of*** **0.4** ⟨vnl. elliptisch⟩ ***zij het*** ⇒*(al)hoewel, al* ◆ **2.4** a talented ~ arrogant young man *een begaafde, zij het arrogante, jongeman* **4.1** look for insects and, ~ any, destroy them *let op insecten, en als er zijn, vernietig ze;* ~ anything *indien dan al iets, dan ...;* ~ anything this is even worse *dit is zo mogelijk nog slechter* **5.1** ~ not *zo niet, zo neen;* ~ so *zo ja* **5.4** protest, ~ only to pester them *protesteer, al was/is het maar om hen te pesten* **¶.3** I wonder ~ she is happy *ik vraag mij af of ze gelukkig is* **¶.4** ~ we failed we did all we could *we hebben wel gefaald maar we hebben gedaan wat we konden;*
II ⟨vw.; ondersch. en nevensch.⟩ ◆ **5.¶** ~ only *als ... maar, ik wou dat;* ~ only I could whistle *kon ik maar fluiten;*
III ⟨nevensch.vw.; leidt uitroep v. verrassing in⟩ **0.1** ***warempel*** ⇒*zowaar, verhip* ◆ **¶.1** ~ that isn't Mr Smith! *als dat niet Mr. Smith is!*

iffy [iffie] ⟨inf.⟩ **0.1** ***onzeker*** ⇒*dubieus.*

igloo, iglu [igloe:] **0.1** ***iglo*** ⇒*eskimo/sneeuwhut.*

igneous [igniəs] **0.1** ***vuur-*** ⇒*brand-, vurig* **0.2** ⟨geol.⟩ ***door stolling gevormd*** ⇒*stollings-* ◆ **1.2** ~ rocks *stollingsgesteenten.*

ignite [ignajt] **I** ⟨onov.ww.⟩ **0.1** ***ontbranden*** ⇒*vlam vatten;* **II** ⟨ov.ww.⟩ **0.1** ***in brand steken*** ⇒*aansteken* **0.2** ⟨schei.⟩ ***verhitten (tot ontbrandingstemperatuur).***

ignition [ignisjn] **0.1** ***ontsteking(sinrichting)*** ⟨v. auto⟩ **0.2** ***contactknop/handel(tje)*** **0.3** ***ontbranding*** ⇒*ontsteking* **0.4** ⟨schei.⟩ ***verhitting (tot ontbrandingstemperatuur)*** ◆ **3.1** turn the ~, switch the ~ on *het contactsleuteltje omdraaien, starten.*

ignition key **0.1** ***contactsleuteltje.***

ignob|le [ignoobl] ⟨-ly⟩ **0.1** ***laag(hartig)*** ⇒*eerloos, onwaardig.*

ignominious [ignəminniəs] **0.1** ***schandelijk*** ⇒*smadelijk, oneervol.*

ignomin|y [ignəminnie] ⟨mv.: -ies⟩ **0.1** ***schande(lijkheid)*** ⇒ *schanddaad, smaad.*

ignoramus [ignəreeməs] **0.1** ***onbenul*** ⇒*domkop.*

ignorance [ignərəns] **0.1** ***onwetendheid*** ⇒*onkunde, onkundigheid* ◆ **6.1** keep in ~ *in het ongewisse laten;* ~ **of** the law *onwetendheid omtrent het recht.*

ignorant [ignərənt] **0.1** ***onwetend*** ⇒*onkundig* **0.2** ***dom*** ⇒ *onontwikkeld* ◆ **6.1** ~ **of** *onkundig van.*

ignore [igno:] **0.1** ***negeren*** ⇒*veronachtzamen.*

iguana [igwa:nə] **0.1** ***leguaan.***

ikon →**icon.**

ilex [ajleks] **0.1** ***ilex*** ⇒⟨ihb.⟩ *hulst* **0.2** ***steeneik.***

ilk [ilk] ⟨geen mv.⟩⟨inf.⟩ **0.1** ***soort*** ⇒*slag, type* ◆ **1.1** politicians of that ~ can't be trusted *dat soort politici is niet te vertrouwen.*

ill[1] [il] ⟨zn.⟩ **0.1** ⟨vaak mv.⟩ ***tegenslag*** **0.2** ***kwaad*** ⇒*onheil, vloek* ◆ **3.2** speak ~ of *kwaadspreken van.*

ill[2] ⟨worse [wə:s], worst [wə:st]⟩ **I** ⟨bn.⟩ **0.1** ***ziek*** ⇒*beroerd, ongezond* ◆ **3.1** fall/be taken ~ *ziek worden* **6.1** ⟨fig.⟩ ~ **with** anxiety *dodelijk ongerust;*
II ⟨bn., attr.⟩ **0.1** ***slecht*** ⇒*kwalijk* **0.2** ***schadelijk*** ⇒*nadelig, ongunstig* **0.3** ***vijandig*** ⇒*onvriendelijk* ◆ **1.1** ~ fame *slechte naam/reputatie;* ~ health *slechte gezondheid;* ~ humour/temper *chagrijn, slecht humeur* **1.2** ~ effects *nadelige gevolgen;* ~ luck *pech* **1.3** ~ feeling *haatdragendheid, kwaadwilligheid, wrok.*

ill[3] ⟨bw.⟩ **0.1** ***slecht*** ⇒*kwalijk, verkeerd* **0.2** ***nauwelijks*** ⇒ *amper, onvoldoende* ◆ **1.1** ~ at ease *slecht op zijn/haar gemak* **3.2** I can ~ afford the money *ik kan het geld eigenlijk niet missen;* it ~ becomes you to complain *het past je niet te klagen, jij hebt niets te klagen.*

I'll [ajl] ⟨samentr. v. I will, I shall⟩.

ill-advised **0.1** ***onverstandig*** ⇒*onberaden/bezonnen.*

ill-assorted, ill-sorted **0.1** ***slecht (bij elkaar) passend.***

ill-bred **0.1** ***onopgevoed*** ⇒*ongemanierd.*

ill-defined **0.1** ***slecht gedefinieerd*** ⇒*nauwelijks omschreven.*

ill-disposed **0.1** ***kwaadgezind*** ⇒*kwaadwillig* **0.2** ***afkerig*** ⇒ *onwillig* ◆ **6.2** ~ **towards** a plan *gekant tegen een plan.*

illegal [illie:gl] **0.1** ***onwettig*** ⇒*illegaal, onrechtmatig.*

illegalit|y [illigælətie] ⟨mv.: -ies⟩ **0.1** ***onwettigheid*** ⇒*onrechtmatigheid.*

illegib|le [illedzjəbl] ⟨-ly; zn.: **-ility**⟩ **0.1** ***onleesbaar.***

illegitimacy [illidzjittimməsie] **0.1** ***onwettigheid*** ⇒*onrechtmatigheid;* ⟨ihb.⟩ *bastaardij.*

illegitimate [illidzjittimmət] **0.1** ***onrechtmatig*** ⇒*illegaal* **0.2** ***onwettig*** ⟨ihb. v. kind⟩ ⇒*buitenechtelijk* **0.3** ***ongewettigd*** ⇒*ongeldig.*

ill-equipped **0.1** ***slecht toegerust.***

ill-fated **0.1** ***gedoemd te mislukken*** **0.2** ***noodlottig*** ⇒*onheilbrengend.*

ill-favoured **0.1** ***onaantrekkelijk*** ⇒*lelijk.*

ill-gotten **0.1** ***oneerlijk verkregen*** ◆ **1.1** ~ gains *vuil geld, gestolen goed.*

illiberal [illibrəl] ⟨zn.: **-ity**⟩ **0.1** ***onvrijzinnig*** ⇒*onverdraagzaam* **0.2** ***bekrompen*** ⇒*kortzichtig.*

illicit [illissit] **0.1** ***onwettig*** ⇒*illegaal, ongeoorloofd.*

illimitable [illimmittəbl] **0.1** ***grenzeloos*** ⇒*onmetelijk.*

illiteracy [illitrəsie] **0.1** ***analfabetisme*** ⇒*ongeletterdheid.*

illiterate [illitrət] **0.1** ⟨bn.⟩ ***ongeletterd*** ⇒*analfabeet* **0.2** ⟨zn.⟩ ***analfabeet*** ⇒*ongeletterde* ◆ **1.1** an ~ letter *een brief als v.e. analfabeet.*

ill-judged **0.1** ***onverstandig*** ⇒*onberaden, onbezonnen.*

ill-mannered **0.1** ***ongemanierd.***

ill-natured **0.1** ***nors*** ⇒*onvriendelijk.*

illness [ilnəs] **0.1** ***ziekte*** ⇒*kwaal.*

illogical [illodzjikl] **0.1** ***onlogisch*** ⇒*ongerijmd, tegenstrijdig.*

ill-omened **0.1** ***door ongunstige voortekenen begeleid*** ⇒ *noodlottig.*

ill-prepared **0.1** ***slecht voorbereid.***

ill-starred ⟨schr.⟩ **0.1** ***onder een ongelukkig gesternte geboren*** ⇒*door tegenslag geteisterd.*

ill-tempered ⟨schr.⟩ **0.1** ***slecht gehumeurd*** ⇒*humeurig.*

ill-timed **0.1** ***ontijdig*** ⇒*misplaatst, op een ongeschikt ogenblik.*

ill-treat ⟨zn.: **-ment**⟩ **0.1** ***slecht behandelen*** ⇒*mishandelen, misbruiken.*

illuminate [illoe:minneet] **0.1** ⟨ook fig.⟩ ***verlichten*** ⇒*belichten, licht werpen op* **0.2** ***illumineren*** ⇒*met feestverlichting versieren* **0.3** ⟨boek., gesch.⟩ ***illumineren*** ⇒*(met ornamenten) versieren, verluchten* **0.4** ***toelichten.***

illuminating [illoe:minneeting] **0.1** ***verhelderend*** ⇒*instructief, informatief.*

illumination [illoe:minneesjn] **0.1** ⟨boek., gesch.⟩ ***verluchting*** ⇒*illustratie* **0.2** ***verlichting*** ⇒⟨fig.⟩ *geestelijke verlichting* **0.3** ***verheldering*** ⇒*opheldering, verduidelijking* **0.4** ⟨mv.⟩ ***feestverlichting.***

illuminator [illoe:minneetə] **0.1** ⟨boek., gesch.⟩ ***illuminator*** ⇒*(handschrift)verluchter.*

illumine [illoe:min] ⟨schr.; ook fig.⟩ **0.1** ***verlichten.***

ill-use[1] [iljoe:s], **ill-usage** ⟨zn.⟩ **0.1** ***slechte behandeling*** ⇒ *misbruik.*

ill-use[2] [iljoe:z] ⟨ww.⟩ **0.1** ***slecht behandelen*** ⇒*misbruiken.*

illusion [illoe:zjn] **0.1** ***illusie*** ⇒*waandenkbeeld* **0.2** ***(zins)begoocheling*** ⇒*zelfbedrog* ◆ **2.1** optical ~ *gezichtsbedrog* **3.1** cherish the ~ that *de illusie koesteren dat* **6.1** be **under** an ~ *misleid zijn.*

illusionist [illoe:zjənist] **0.1** ***goochelaar*** ⇒*illusionist.*

illusory [illoe:srie], **illusive** [illoe:siv] **0.1** ***illusoir*** ⇒*denkbeeldig, bedrieglijk.*

illustrate [illəstreet] **0.1** ***illustreren*** ⇒*verduidelijken, toelichten.*

illustration [illəstreesjn] **0.1** ***illustratie*** ⇒*toelichting, afbeelding* ◆ **1.1** by way of ~ *bij wijze v. illustratie/voorbeeld.*

illustrative [illəstreetiv] **0.1** ***illustratief*** ⇒*illustratie-.*

illustrator [illəstreetə] **0.1** ***illustrator.***

illustrious [illustriəs] **0.1** ***illuster*** ⇒*vermaard, gerenommeerd.*

I'm [ajm] ⟨samentr. v. I am⟩.

image[1] [immidzj] ⟨zn.⟩ **0.1** ***beeld*** ⇒*afbeelding, voorstelling* **0.2** ***standbeeld*** **0.3** ***evenbeeld*** **0.4** ***imago*** ⇒*reputatie* **0.5** ***(toon)beeld*** ⇒*belichaming* ◆ **1.5** she's the ~ of cleanliness

ze is de properheid zelve **6.3** he's the (very / spitting) ~ **of** his father *hij lijkt (sprekend/als twee druppels water) op zijn vader.*
image[2] (ww.) **0.1** ***afbeelden*** **0.2** ***weerspiegelen*** **0.3** ***symboliseren.***
image-building **0.1** ***imagebuilding*** ⇒*beeld/imagovorming.*
imagery [immidzjrie] **0.1** ***beeldspraak.***
image scanner (tech.) **0.1** ***beeldscanner*** ⇒*beeldaftaster.*
imaginable [imædzjnəbl] **0.1** ***voorstelbaar*** ⇒*denkbaar, mogelijk.*
imaginary [imædzjənrie] **0.1** ***denkbeeldig*** ⇒*imaginair, waan-.*
imagination [imædzjinneesjn] **0.1** ***verbeelding(skracht)*** ⇒ *voorstelling(svermogen), fantasie.*
imaginative [imædzjinnətiv] **0.1** ***fantasierijk*** ⇒*verbeeldingsvol, vindingrijk.*
imagine [imædzjin] **0.1** ***zich verbeelden/voorstellen*** ⇒*zich indenken, fantaseren* **0.2** ***veronderstellen*** ⇒*aannemen* ◆ **¶.1** just ~ that/it! *stel je voor!* **¶.¶** ~! *denk je eens in!*
imam, imaum [imma:m, imæm] **0.1** ***imam.***
imbalance [imbæləns] **0.1** ***onevenwichtigheid*** ⇒*wanverhouding.*
imbecile [imbəsie:l], (in bet. 0.1 ook) **imbecilic** [imbəsillik] **0.1** (bn.) ***imbeciel*** ⇒*zwakzinnig, dwaas* **0.2** (zn.) ***imbeciel*** ⇒*zwakzinnige, stommeling.*
imbecilit|y [imbəsillətie] (mv.: -ies) **0.1** ***imbeciliteit*** ⇒*stommiteit, idioterie.*
imbed →**embed.**
imbibe [imbajb] (schr.) **0.1** ***(op)drinken*** ⇒(fig.) *in zich opnemen, absorberen.*
imbroglio [imbroolie·oo] **0.1** ***imbroglio*** ⇒*wirwar, consternatie.*
imbue [imbjoe:] **0.1** ***(door)drenken*** (ook fig.) ⇒*verzadigen, doordringen* ◆ **6.1** ~d **with** hatred *van haat vervuld.*
I.M.F. (afk.) **0.1** [International Monetary Fund] ***IMF.***
imitate [immitteet] **0.1** ***nadoen*** ⇒*navolgen, imiteren* **0.2** ***lijken op*** ◆ **1.1** you should ~ your brother *neem een voorbeeld aan je broer* **1.2** it's wood, made to ~ marble *het is hout dat eruitziet als marmer.*
imitation [immitteesjn] (ook attr.) **0.1** ***imitatie*** (ook muz.) ⇒ *navolging, namaak* ◆ **1.1** (attr.) ~ leather *kunst/namaakleer.*
imitative [immittətiv] (-ness) **0.1** ***imiterend*** ⇒*nabootsend;* (pej.) *namaak-, nep-.*
imitator [immitteetə] **0.1** ***imitator.***
immaculate [imækjoelət] **0.1** ***vlekkeloos*** ⇒*onbevlekt, zuiver* **0.2** ***onberispelijk*** ◆ **1.1** (r.-k.) Immaculate Conception *Onbevlekte Ontvangenis.*
immanence [immənəns], **immanency** [-sie] **0.1** ***immanentie*** ⇒*immanent karakter.*
immanent [immənənt] (-ly) **0.1** ***immanent*** ⇒*inherent, innerlijk.*
immaterial [immətiəriəl] **0.1** ***onstoffelijk*** ⇒*immaterieel* **0.2** ***onbelangrijk*** ⇒*irrelevant* ◆ **6.2** all that is ~ **to** me *dat is mij allemaal om het even.*
immatur|e [immətsjoeə] (-ely; zn.: **-ity**) **0.1** ***onvolgroeid*** ⇒ *onrijp, onvolwassen.*
immeasurab|le [immezjrəbl] (-ly; zn.: **-ility**) **0.1** ***onmetelijk*** ⇒*immens, oneindig.*
immediacy [immie:diəsie] **0.1** ***nabijheid*** **0.2** ***(in)dringendheid*** ⇒*urgentie, directheid.*
immediate [immie:diət] **0.1** ***direct*** ⇒*onmiddellijk, rechtstreeks* **0.2** ***nabij*** ⇒*dichtstbijzijnd, naast* ◆ **1.1** an ~ reply *een onmiddellijk antwoord* **1.2** my ~ family *mijn naaste familie.*
immediately [immie:diətlie] **0.1** (bw.) ***meteen*** ⇒*onmiddellijk* **0.2** (vw.) ***zodra.***
immemorial [immimmo:riəl] **0.1** ***onheuglijk*** ⇒*eeuwen/ oeroud* ◆ **1.1** from time ~ *sinds mensenheugenis.*
immense [immens] **0.1** ***immens*** ⇒*onmetelijk, oneindig* ◆ **3.1** enjoy o.s. ~ly *zich kostelijk amuseren.*
immensit|y [immensətie] (mv.: -ies) **0.1** ***onmetelijkheid*** ⇒ *oneindigheid* ◆ **1.1** the immensities of space *de oneindige uitgestrektheid v.d. ruimte.*
immerse [immə:s] **0.1** ***(onder)dompelen*** **0.2** ***verdiepen*** ⇒ *absorberen, verzinken* ◆ **6.2** ~d **in** debt *tot over zijn oren in de schuld;* he ~s himself completely **in** his work *hij gaat helemaal op in zijn werk.*
immersion [immə:sjn] **0.1** ***onderdompeling*** ⇒*immersie;* (fig.) *verdieptheid, verzonkenheid* **0.2** ***doop door onderdompeling.***
immersion heater **0.1** ***dompelaar.***
immigrant [immigrənt] **0.1** ***immigrant.***
immigrant worker **0.1** ***gastarbeider.***
immigrate [immigreet] **0.1** ***immigreren.***
immigration [immigreesjn] **0.1** ***immigratie.***
imminence [imminnəns], **imminency** [-sie] **0.1** ***dreiging*** ⇒ *nabijheid, nadering* (ihb. v. gevaar).
imminent [imminnənt] **0.1** ***dreigend*** ⇒*op handen zijnd* ◆ **1.1** a storm is ~ *er dreigt onweer.*
immobil|e [immoobajl] (zn.: **-ity**) **0.1** ***onbeweeglijk*** ⇒*roerloos.*
immobil|ize, -ise [immoobillajz] (zn.: **-ization**) **0.1** ***onbeweeglijk maken*** ⇒*stil/lamleggen, inactiveren* **0.2** ***uit de omloop nemen*** (munten) ◆ **1.1** the troops were ~d *de troepen liepen vast.*
immoderacy [immodrəsie] **0.1** ***on/overmatigheid*** ⇒*buitensporigheid.*
immoderate [immodrət] **0.1** ***on/overmatig*** ⇒*buitensporig.*
immodest [immoddist] **0.1** ***onbescheiden*** ⇒*arrogant* **0.2** ***onfatsoenlijk*** ⇒*onbeschaamd.*
immodest|y [immoddistie] (mv.: -ies) **0.1** ***onbescheidenheid*** ⇒*arrogantie* **0.2** ***onfatsoenlijkheid*** ⇒*onbeschaamdheid.*
immol|ate [imməleet] (zn.: **-ation**) (schr.) **0.1** ***(op)offeren*** ⇒ *slachtofferen.*
immoral [immorrəl] **0.1** ***immoreel*** ⇒*onzedelijk, verdorven.*
immoralit|y [immərælətie] (mv.: -ies) **0.1** (vnl. mv.) ***verdorvenheid*** ⇒*zedeloze gedraging* **0.2** ***immoraliteit*** ⇒*onzedelijkheid.*
immortal [immo:tl] **0.1** ***onsterfelijk.***
immortality [immo:tælətie] **0.1** ***onsterfelijkheid.***
immortalize [immo:təlajz] **0.1** ***vereeuwigen*** ⇒*onsterfelijk maken.*
immovab|le [immoe:vəbl] (-ly) **0.1** ***onbeweeglijk*** ⇒*onverplaatsbaar* **0.2** ***onwrikbaar*** ⇒*onvermurwbaar.*
immune [imjoe:n] **0.1** ***immuun*** ⇒*onvatbaar, bestand* ◆ **1.1** ~ body *antilichaam/stof* **6.1** ~ **against/from/to** *immuun voor;* ~ **from** punishment *vrijgesteld/gevrijwaard v. straf.*
immune system **0.1** ***immuunsysteem*** ⇒*natuurlijk afweersysteem.*
immunity [imjoe:nətie] **0.1** ***immuniteit*** ⇒*onvatbaarheid, onschendbaarheid* ◆ **6.1** ~ **from** taxation *vrijstelling v. belasting.*
immun|ize, -ise [imjoenajz] (zn.: **-ization**) (med.) **0.1** ***immuniseren.***
immunoreaction [imjoenoorie·æksjn] **0.1** ***immunoreactie*** ⇒*immuunreactie, afweerreactie.*
immure [imjoeə] (schr.) **0.1** ***opsluiten*** ⇒*gevangen zetten.*
immutab|le [imjoe:təbl] (-ly; zn.: **-ility**) (schr.) **0.1** ***onveranderbaar*** ⇒*onveranderlijk.*

imp [imp] **0.1** ***duiveltje*** **0.2** ***deugniet*** ⇒*ondeugd.*

impact [impækt] **0.1** ***schok*** ⇒*botsing, inslag* **0.2** ***schokeffect*** ⇒*(krachtige) invloed, impact* ◆ **6.1 on** ~ *bij/op het moment v. een botsing.*

impacted [impækted] **0.1** ***geblokkeerd*** ⇒*ingeklemd* ⟨v. kies⟩.

impair [impeə] ⟨zn.: **-ment**⟩ **0.1** ***schaden*** ⇒*benadelen, verslechteren* ◆ **1.1** ~ one's health *zijn gezondheid schaden.*

impaired [impeəd] **0.1** ***beschadigd*** ⇒*verzwakt* ◆ **5.1** visually ~ *visueel gehandicapt.*

impale [impeel] ⟨zn.: **-ment**⟩ **0.1** ***spietsen*** ⇒*doorboren/steken.*

impalpable [impælpəbl] **0.1** ***ontastbaar*** ⇒⟨fig.⟩ *ongrijpbaar, ondoorgrondelijk.*

impanel, empanel [impænl] ⟨BE -led⟩ **0.1** ***samenstellen*** ⟨jury⟩ **0.2** ***op een lijst bijschrijven*** ⟨vnl. gezworenen⟩.

impart [impa:t] ⟨schr.⟩ **0.1** ***verlenen*** ⇒*verschaffen* **0.2** ***meedelen*** ⇒*onthullen.*

impartial [impa:sjl] **0.1** ***onpartijdig*** ⇒*neutraal, onbevooroordeeld.*

impartiality [impa:sjie·ælətie] **0.1** ***onpartijdigheid.***

impassable [impa:səbl] **0.1** ***onbegaanbaar*** ⇒*onoverschrijdbaar.*

impasse [æmpa:s] ⟨vnl. enk.⟩ **0.1** ***doodlopende straat/steeg*** **0.2** ***impasse*** ⇒*dood spoor.*

impassioned [impæsjnd] **0.1** ***bezield*** ⇒*hartstochtelijk.*

impassiv|e [impæsiv] ⟨zn.: **-ity**⟩ **0.1** ***ongevoelig*** ⇒*gevoelloos, onbewogen;* ⟨soms pej.⟩ *hardvochtig, kil.*

impatience [impeesjns] **0.1** ***ongeduld(igheid)*** ⇒*ergernis* **0.2** ***gretigheid*** ⇒*rusteloos verlangen* **0.3** ***afkeer.***

impatient [impeesjnt] **0.1** ***ongeduldig*** ⇒*geërgerd, onlijdzaam* **0.2** ***begerig*** ⇒*vol (ongeduldig) verlangen* ◆ **3.2** the child is ~ to see his mother *het kind popelt van ongeduld om zijn moeder te zien* **6.2** ~ **for** the weekend *verlangend naar het weekend.*

impeach [impie:tsj] **0.1** ⟨schr.⟩ ***in twijfel trekken*** **0.2** ⟨jur.⟩ ***beschuldigen*** ⇒*in staat v. beschuldiging stellen* ⟨bv. de president van de USA⟩ **0.3** ***een impeachmentprocedure instellen tegen*** ⟨aanklagen wegens politiek misdrijf; in USA⟩ ◆ **1.1** ~ s.o.'s motives *iemands motieven in twijfel trekken.*

impeachment [impie:tsjmənt] **0.1** ***(be)twijfel(ing)*** ⇒*verdachtmaking* **0.2** ⟨jur.⟩ ***beschuldiging*** ⇒*aanklagingsprocedure* **0.3** ***impeachmentprocedure*** ⟨aanklaging wegens politiek misdrijf; in USA⟩.

impeccab|le [impekkəbl] ⟨-ly⟩⟨schr.⟩ **0.1** ***foutloos*** ⇒*feilloos, vlekkeloos* **0.2** ***onberispelijk*** ⇒*smetteloos.*

impecunious [impikjoe:niəs] ⟨-ness⟩⟨schr.⟩ **0.1** ***onbemiddeld*** ⇒*onvermogend.*

impedance [impie:dns] ⟨elek., nat.⟩ **0.1** ***impedantie.***

impede [impie:d] **0.1** ***belemmeren*** ⇒*(ver)hinderen.*

impediment [impeddimmənt] **0.1** ***beletsel*** ⇒*belemmering* **0.2** ***(spraak)gebrek*** ◆ **1.1** ~s to a marriage *huwelijksbeletselen.*

impedimenta [impeddimmentə] **0.1** ***bagage*** ⇒*ballast.*

impel [impel] ⟨-led⟩ **0.1** ***aanzetten*** ⇒*aanmoedigen* **0.2** ***voortdrijven*** ⇒*voortstuwen.*

impend [impend] **0.1** ***dreigen*** ⇒*ophanden zijn* ◆ **6.1** serious dangers ~ **over** us all *ons allen hangen grote gevaren boven het hoofd.*

impending [impending] **0.1** ***dreigend*** ⇒*aanstaand.*

impenetrab|le [impennitrəbl] ⟨zn.: **-ility**⟩ **0.1** ⟨ook nat.⟩ ***ondoordringbaar*** ⇒*ontoegankelijk;* ⟨fig.⟩ *ondoorgrondelijk, onpeilbaar* **0.2** ***ontoegankelijk*** ⇒*onontvankelijk* ◆ **6.2** ~ **to** reason *niet voor rede vatbaar.*

impenitence [impennittəns] **0.1** ***onboetvaardigheid*** ⇒*verstoktheid.*

impenitent [impennittənt] ⟨schr.⟩ **0.1** ***onboetvaardig*** ⇒*verstokt.*

imperative[1] [imperrətiv] ⟨zn.⟩ **0.1** ⟨taal.⟩ ***imperatief*** ⇒*gebiedende wijs* **0.2** ***bevel.***

imperative[2] ⟨bn.⟩ **0.1** ***noodzakelijk*** ⇒*vereist* **0.2** ***verplicht*** ⇒*dwingend* **0.3** ***gebiedend*** ⇒*autoritair.*

imperceptib|le [impəseptəbl] ⟨-ly; zn.: **-ility**⟩ **0.1** ***onwaarneembaar*** ⇒*onzichtbaar.*

imperfect [impə:fikt] **0.1** ***onvolmaakt*** ⇒*onvolkomen, gebrekkig.*

imperfection [impəfeksjn] **0.1** ***onvolkomenheid*** ⇒*gebrek(kigheid), onvolmaaktheid.*

imperial [impiəriəl] **0.1** ***imperiaal*** ⇒*mbt. een keizer(rijk), keizerlijk, rijks-;* ⟨gesch.⟩ *mbt. het Britse rijk;* ⟨bij uitbr.; fig.⟩ *vorstelijk, koninklijk* **0.2** ***Brits*** ⇒*Engels* ⟨v. maten en gewichten⟩.

imperialism [impiəriəlizm] **0.1** ***imperialisme*** ⟨ook gesch., pej.⟩ ⇒*expansiedrang.*

imperialist [impiəriəlist] ⟨bn.: **-ic**⟩ **0.1** ***imperialist*** ⟨ook pej.⟩.

imperil [imperril] ⟨BE -led⟩⟨schr.⟩ **0.1** ***in gevaar brengen*** ⇒ *op het spel zetten.*

imperious [impiəriəs] ⟨-ness⟩⟨schr.⟩ **0.1** ***heerszuchtig*** ⇒ *aanmatigend* **0.2** ***dwingend*** ⇒*onontkoombaar.*

imperishable [imperrisjəbl] **0.1** ***onvergankelijk*** ⇒*onverslijtbaar.*

imperman|ent [impə:mənənt] ⟨zn.: **-ence**⟩ **0.1** ***tijdelijk*** ⇒ *niet-duurzaam, voorbijgaand.*

impermeable [impə:miəbl] **0.1** ***ondoordringbaar*** ⇒⟨ihb.⟩ *waterdicht.*

impersonal [impə:snl] **0.1** ***onpersoonlijk*** ⇒*zakelijk* **0.2** ***niet menselijk/persoonlijk*** ◆ **1.2** ~ forces *natuurkrachten.*

impersonate [impə:səneet] **0.1** ***vertolken*** ⇒*(de rol) spelen (v.), imiteren* **0.2** ***verpersoonlijken*** ⇒*personifiëren* **0.3** ***zich uitgeven voor.***

impersonation [impə:səneesjn] **0.1** ***imitatie*** ⇒*nabootsing* **0.2** ***impersonatie.***

impersonator [impə:səneetə] **0.1** ***imitator*** **0.2** ***oplichter*** ⇒ *iem. die zich voor een ander uitgeeft.*

impertinence [impə:tinnəns], **impertinenc|y** [-sie] ⟨mv.: -ies⟩ **0.1** ***impertinentie*** ⇒*onbeschaamdheid* **0.2** ⟨vnl. jur.⟩ ***impertinentie*** ⇒*irrelevantie.*

impertinent [impə:tinnənt] **0.1** ***impertinent*** ⇒*onbeschaamd, brutaal* **0.2** ⟨vnl. jur.⟩ ***impertinent*** ⇒*irrelevant* ◆ **1.1** an ~ remark *een misplaatste opmerking.*

imperturbab|le [impətə:bəbl] ⟨-ly; zn.: **-ility**⟩⟨schr.⟩ **0.1** ***onverstoorbaar*** ⇒*onwankelbaar.*

impervious [impə:viəs] **0.1** ***ondoordringbaar*** **0.2** ***onontvankelijk*** ⇒*ongevoelig* ◆ **6.2** ~ **to** *onvatbaar/ongevoelig voor.*

impetuosit|y [impetsjoe·ossətie] ⟨mv.: -ies⟩ **0.1** ***onstuimigheid*** ⇒*opwelling.*

impetuous [impetsjoeəs] **0.1** ***onstuimig*** ⇒*impulsief, heetgebakerd.*

impetus [impittəs] **0.1** ***impuls*** ⇒*stimulans* **0.2** ***drijvende kracht*** ⇒*drijf/stuwkracht, drijfveer.*

impiet|y [impajjətie] ⟨mv.: -ies⟩ **0.1** ***goddeloosheid*** ⇒*oneerbiedigheid.*

impingement [impindzjmənt] **0.1** ***botsing*** **0.2** ***invloed*** **0.3** ***inbreuk.***

impinge (up)on [impindzj] ⟨schr.⟩ **0.1** ***treffen*** ⇒*raken, inslaan in* **0.2** ***beroeren*** ⇒*v. invloed zijn op* **0.3** ***inbreuk maken op.***

impious [impiəs] **0.1** ***oneerbiedig*** *⇒goddeloos.*
impish [impisj] ⟨-ness⟩ **0.1** ***ondeugend*** *⇒schelms.*
implacab|le [implækəbl] ⟨-ly⟩ **0.1** ***onverbiddelijk*** *⇒onvermurwbaar.*
implant [impla:nt] **0.1** ***(in)planten*** *⇒(in de grond) steken/zetten* **0.2** ***inprenten*** *⇒inhameren* **0.3** ⟨med.⟩ ***implanteren*** *⇒inplanten.*
implausib|le [implo:zəbl] ⟨-ly; zn.: **-ility**⟩ **0.1** ***onaannemelijk*** *⇒onwaarschijnlijk.*
implement[1] [implimmənt] ⟨zn.⟩ **0.1** ***werktuig*** *⇒gereedschap, instrument.*
implement[2] [implimment] ⟨ww.; zn.: **-ation**⟩ **0.1** ***ten uitvoer brengen/leggen*** *⇒toepassen, verwezenlijken* ◆ **1.1** ~ a promise *een belofte nakomen.*
implicate [implikkeet] **0.1** ***betrekken*** *⇒verwikkelen* **0.2** ***impliceren*** *⇒met zich meebrengen* ◆ **1.1** an implicating statement *een bezwarende verklaring.*
implication [implikkeesjn] **0.1** ***implicatie*** *⇒implicering, (onuitgesproken) suggestie* **0.2** ***verwikkeling*** *⇒betrokkenheid* ◆ **6.1** **by** ~ *bij implicatie.*
implicit [implissit] **0.1** ***impliciet*** *⇒onuitgesproken, stilzwijgend* **0.2** ***onvoorwaardelijk*** ◆ **1.2** ~ faith *onvoorwaardelijk geloof.*
implied [implajd] **0.1** ***geïmpliceerd*** *⇒impliciet, onuitgesproken.*
implode [implood] **0.1** ***(doen) imploderen*** *⇒(doen) ineenklappen/ploffen.*
implore [implo:] **0.1** ***smeken*** *⇒dringend verzoeken.*
imply [implaj] ⟨implied⟩ **0.1** ***impliceren*** *⇒met zich meebrengen* **0.2** ***suggereren*** *⇒duiden/doelen op* ◆ **1.1** his refusal implies that ... *uit zijn weigering blijkt dat ...*
impolite [impəlajt] ⟨-ness⟩ **0.1** ***onbeleefd*** *⇒onhoffelijk.*
impolitic [impollittik] **0.1** ***ontactisch*** *⇒onverstandig.*
imponderable [impondrəbl] **0.1** ⟨bn.⟩ ***onvoorspelbaar*** *⇒moeilijk inschatbaar* **0.2** ⟨zn.; vnl. mv.⟩ ***onzekerheids/gevoelsfactor*** *⇒onvoorspelbaarheid.*
import[1] [impo:t] ⟨zn.⟩ **0.1** ⟨vnl. mv.⟩ ***invoerartikel*** **0.2** ***invoer*** *⇒import* **0.3** ⟨the; schr.⟩ ***portee*** *⇒draagwijdte, betekenis.*
import[2] [impo:t] ⟨ww.⟩ **0.1** ***invoeren*** *⇒importeren* **0.2** ⟨schr.⟩ ***beduiden*** *⇒betekenen, inhouden* ◆ **6.1** ~ cars **from** Japan **into** Europe *auto's uit Japan invoeren in Europa.*
importance [impo:tns] **0.1** ***belang(rijkheid)*** *⇒gewicht(igheid), betekenis* ◆ **3.1** place no ~ on sth. *geen belang aan iets hechten.*
important [impo:tnt] **0.1** ***belangrijk*** *⇒gewichtig, beduidend* ◆ **6.1** ~ **to** *belangrijk voor.*
importation [impo:teesjn] **0.1** ***invoer(artikel)*** *⇒import(goederen).*
importer [impo:tə] **0.1** ***importeur*** *⇒invoerder.*
importunate [impo:tsjoenət] **0.1** ***aandringend*** *⇒hardnekkig.*
importune [impətjoe:n] ⟨schr.⟩ **0.1** ***aandringen bij*** *⇒lastig vallen* ◆ **6.1** ~ s.o. **with** requests *iem. bestoken met verzoeken.*
importunit|y [impətjoe:nətie] ⟨mv.: -ies⟩ **0.1** ***opdringerigheid*** **0.2** ⟨mv.⟩ ***lastige/aanhoudende vragen.***
impose [impooz] **I** ⟨onov.ww.⟩ →**impose (up)on;**
II ⟨ov.ww.⟩ **0.1** ***opleggen*** *⇒heffen, afdwingen* **0.2** ***opdringen*** **0.3** ⟨boek.⟩ ***opmaken*** *⇒*⟨bij uitbr.⟩ *inslaan/sluiten* ◆ **1.1** ~ a task *een taak opleggen* **4.1** the man ~d himself as our leader *de man wierp zich op als/tot onze leider* **6.2** ~ o.s. / one's company **(up)on** *zich/zijn gezelschap opdringen aan.*
impose (up)on **0.1** ***gebruik/misbruik maken v.*** *⇒tot last zijn, een beroep doen op.*
imposing [impoozing] **0.1** ***imponerend*** *⇒indruk/ontzagwekkend.*
imposition [impəzisjn] **0.1** ***heffing*** *⇒belasting* **0.2** ***(opgelegde) last*** *⇒(zware) taak, druk* **0.3** ⟨vnl. BE⟩ ***straf(taak)*** *⇒strafwerk* **0.4** ⟨boek.⟩ ***opmaak*** ◆ **3.2** don't you think it an ~ to stay with them? *lijkt het je niet te veel gevraagd om bij ze te blijven logeren?*
impossibilit|y [impossəbillətie] ⟨mv.: -ies⟩ **0.1** ***onmogelijkheid.***
impossib|le [impossəbl] ⟨-ly; bw. niet met ww. te gebruiken⟩ **0.1** ***onmogelijk*** ◆ **1.1** an ~ situation *een hopeloze situatie* **3.1** that chap is ~ to get along with *die gozer is onmogelijk om mee om te gaan.*
impostor [impostə] **0.1** ***bedrieger*** *⇒oplichter.*
imposture [impostsjə] **0.1** ***oplichterspraktijk*** **0.2** ***bedrog*** *⇒oplichting, identiteitsvervalsing.*
impotence [impətəns] **0.1** ***onvermogen*** *⇒machteloosheid* **0.2** ***impotentie.***
impotent [impətənt] **0.1** ***machteloos*** *⇒onmachtig* **0.2** ***impotent.***
impound [impaund] **0.1** ***beslag leggen op*** *⇒confisqueren, in bewaring nemen.*
impoverish [impovvərisj] ⟨vaak pass.; zn.: **-ment**⟩ **0.1** ***verarmen*** *⇒verpauperen* **0.2** ***uitputten*** *⇒verzwakken.*
impracticab|le [impræktikkəbl] ⟨-ly; zn.: **-ility**⟩ **0.1** ***onuitvoerbaar*** *⇒onrealiseerbaar* **0.2** ***onbegaanbaar*** *⇒onberijdbaar.*
impractical [impræktikl] ⟨vnl. AE⟩ **0.1** ***onpraktisch*** *⇒onhandig* **0.2** →**impracticable.**
imprecation [imprikkeesjn] **0.1** ***vloek*** *⇒vervloeking.*
imprecise [imprissajs] **0.1** ***onnauwkeurig.***
imprecision [imprissizjn] **0.1** ***onnauwkeurigheid.***
impregnab|le [impregnəbl] ⟨-ly; zn.: **-ility**⟩ **0.1** ***onneembaar*** *⇒onaantastbaar;* ⟨fig.⟩ *onweerlegbaar.*
impregn|ate [impregneet] ⟨zn.: **-ation**⟩ **0.1** ***zwanger maken*** **0.2** ***bevruchten*** **0.3** ***(door)drenken*** *⇒verzadigen* ◆ **6.3** ⟨fig.⟩ ~d **with** revolutionary ideas *v. revolutionaire ideeën doortrokken.*
impresario [imprissa:rie·oo] **0.1** ***impresario*** **0.2** ***theateragent.***
impress[1] [impres] ⟨zn.⟩ **0.1** ***afdruk(sel)*** *⇒stempel(afdruk), merk.*
impress[2] [impres] ⟨ww.⟩ **0.1** ***bedrukken*** *⇒af/in/opdrukken* **0.2** ***(een) indruk maken op*** *⇒imponeren* **0.3** ***doordringen v.*** *⇒inprenten* ◆ **1.1** ~ed stamp *opgedrukte (post)zegel* **5.2** your boy-friend ~es us unfavourably *je vriendje maakt geen beste indruk op ons* **6.2** ~ed **at/by/with** *geïmponeerd door/onder de indruk v.*
impression [impresjn] **0.1** ***af/indruk*** **0.2** ***indruk*** *⇒impressie* **0.3** ***impressie*** *⇒karikaturale uitbeelding* **0.4** ⟨boek.⟩ ***druk*** *⇒oplage* ◆ **3.2** make an ~ (on) *indruk maken (op)* **6.2** **under** the ~ that ... *in de veronderstelling dat ...* **7.4** a second ~ of 10,000 copies *een tweede druk/herdruk van 10.000 exemplaren.*
impressionab|le [impresjnəbl] ⟨-ly; zn.: **-ility**⟩ **0.1** ***ontvankelijk*** *⇒beïnvloedbaar.*
impressionism [impresjənizm] ⟨ook I-⟩⟨kunst⟩ **0.1** ***impressionisme.***
impressionist [impresjənist] **0.1** ⟨bn.; ook I-⟩ ***impressionistisch*** ⟨kunst⟩ **0.2** ⟨zn.⟩ ***imitator*** **0.3** ⟨zn.; ook I-⟩ ***impressionist*** ⟨kunst⟩.
impressionistic [impresjənistik] ⟨-ally⟩ **0.1** ***impressionistisch*** *⇒subjectief, gevoelsmatig* **0.2** →**impressionist.**
impressive [impressiv] ⟨-ness⟩ **0.1** ***indruk/ontzagwekkend.***

imprimatur [imprimmeetə] ⟨vnl. enk.⟩ **0.1** ⟨vnl. r.-k.⟩ ***imprimatur*** **0.2** ⟨soms scherts.⟩ ***fiat*** ⇒*toestemming.*

imprint[1] [imprint] ⟨zn.⟩ **0.1** ***af/indruk*** ⇒*spoor, stempel* **0.2** ⟨boek.⟩ ***impressum.***

imprint[2] [imprint] ⟨ww.⟩ **0.1** ***(af/in)drukken*** ⇒*stempelen;* ⟨fig.⟩ *griffen, inprenten.*

imprison [imprizn] **0.1** ***in de gevangenis zetten*** ⇒*gevangennemen.*

imprisonment [impriznmənt] **0.1** ***gevangenneming*** ⇒*gevangenschap.*

improbabilit|y [improbbəbillətie] ⟨mv.: -ies⟩ **0.1** ***onwaarschijnlijkheid.***

improbable [improbbəbl] ⟨-ly⟩ **0.1** ***onwaarschijnlijk*** ⇒*onaannemelijk.*

impromptu[1] [impromptjoe:] ⟨zn.⟩⟨vnl. muz.⟩ **0.1** ***impromptu*** ⇒*improvisatie.*

impromptu[2] ⟨bn.; bw.⟩ **0.1** ⟨bn.⟩ ***onvoorbereid*** ⇒*geïmproviseerd* **0.2** ⟨bw.⟩ ***voor de vuist (weg)*** ⇒*spontaan.*

improper [improppə] **0.1** ***ongepast*** ⇒*misplaatst* **0.2** ***onjuist*** ⇒*ongeschikt* **0.3** ***onfatsoenlijk*** ⇒*oneerbaar* ◆ **1.3** an ~ suggestion *een oneerbaar voorstel* **1.¶** ~ fraction *onechte breuk.*

impropriet|y [imprəpraijjətie] ⟨mv.: -ies⟩ **0.1** ***ongepastheid*** **0.2** ***onjuistheid*** ⇒⟨ihb.⟩ *taalfout* **0.3** ***onfatsoenlijkheid.***

improve [improe:v] **I** ⟨onov.ww.⟩ **0.1** ***vooruitgaan*** ⇒*beter worden* ◆ **1.1** his health is improving *zijn gezondheid gaat vooruit.* →**improve (up)on;**
II ⟨onov. en ov.ww.⟩ **0.1** ***verbeteren*** ⇒*doen stijgen, ontwikkelen* ◆ **1.1** ~ the mind *zijn kennis verrijken.*

improvement [improe:vmənt] **0.1** ***verbetering*** ⇒*vooruitgang* ◆ **6.1** an ~ **in** the weather *een weersverbetering.*

improve (up)on **0.1** ***overtreffen*** **0.2** ***corrigeren*** ⇒*verbeteren* ◆ **1.1** ~ a previous performance *een eerdere prestatie overtreffen* **1.2** ~ a translation *een vertaling corrigeren.*

improvidence [improvvid(ə)ns] **0.1** ***zorgeloosheid.***

improvident [improvvid(ə)nt] **0.1** ***zorgeloos*** ⇒*verkwistend.*

improvisation [imprəvajzeesjn] **0.1** ***improvisatie.***

improvise [imprəvajz] **0.1** ***improviseren*** ⇒*in elkaar flansen.*

imprud|ent [improe:dnt] ⟨zn.: **-ence**⟩ **0.1** ***onvoorzichtig*** ⇒*ondoordacht.*

impud|ent [impjoed(ə)nt] ⟨zn.: **-ence**⟩ **0.1** ***schaamteloos*** ⇒*brutaal, vrijpostig.*

impugn [impjoe:n] ⟨schr.⟩ **0.1** ***betwisten*** ⇒*in twijfel trekken.*

impulse [impuls] **0.1** ***impuls*** ⟨ook med., nat., tech.⟩ ⇒*puls, stroomstoot* **0.2** ***opwelling*** ⇒*inval, impuls(iviteit)* **0.3** ***drijfveer*** ⇒*beweegreden* **0.4** ***stimulans*** ⇒*prikkel* ◆ **6.2** a man **of** ~ *een impulsief man;* act **on** ~ *impulsief handelen/te werk gaan.*

impulse buy, impulse purchase **0.1** ***impulsaankoop.***

impulse buying **0.1** ***impulsaankoop.***

impulsion [impulsjn] **0.1** ***impuls*** ⇒*aandrang* **0.2** ***(voort)stuwing.***

impulsive [impulsiv] ⟨-ness⟩ **0.1** ***impulsief*** **0.2** ***(voort)stuwend*** ⇒*(aan)drijvend.*

impunity [impjoe:nətie] **0.1** ***straffeloosheid*** ◆ **6.1** **with** ~ *straffeloos, ongestraft.*

impure [impjoeə] ⟨ook -r⟩ **0.1** ***onzuiver*** ⇒*verontreinigd* **0.2** ***oneerbaar*** ⇒*onzedig* ◆ **1.1** ~ colour *mengkleur.*

impurit|y [impjoeərətie] ⟨mv.: -ies⟩ **0.1** ***onzuiverheid*** ⇒*verontreiniging.*

imputation [impjoe:teesjn] **0.1** ***toeschrijving*** ⇒*aantijging, beschuldiging, verdachtmaking.*

impute [impjoe:t] **0.1** ***toeschrijven*** ⇒*wijten, aanwrijven.*

in[1] ⟨zn.⟩ →**ins.**

in[2] ⟨bn.⟩ **0.1** ***intern*** ⇒*inwonend, binnen-* **0.2** ⟨inf.⟩ ***populair*** ⇒*modieus, in* **0.3** ***exclusief*** ⇒*afgestemd op een kleine groep/elite* **0.4** ***voor/met ingekomen post*** ◆ **1.4** ~ box/tray *brievenbak met/voor ingekomen post* **¶.3** in-crowd *kliekje, wereldje.*

in[3] [in] ⟨bw.⟩ **0.1** ⟨beweging of richting⟩ ***binnen*** ⇒*naar binnen, erheen, erin, in-* **0.2** ⟨plaats of ligging⟩ ***binnen*** ⇒*in* **0.3** ⟨het referentiepunt is een persoon of groep⟩ ***geaccepteerd*** ⇒*erbij, opgenomen;* ⟨v. dingen ook⟩ *in (de mode)* **0.4** ***in gebruik*** ⇒*in werking* ◆ **3.1** built ~ *ingebouwd;* come ~! *(kom) binnen!;* fit sth. ~ *iets (er)in passen;* I flew ~ today *ik ben vandaag met het vliegtuig aangekomen;* mix the flour ~ *meng de bloem erbij;* the police moved ~ *de politie kwam tussenbeide;* the stairs were put ~ *de trap werd geïnstalleerd;* snowed ~ *ingesneeuwd* **3.2** have friends ~ *vrienden (thuis) ontvangen* **3.4** pears are ~ *het is perentijd* **5.2** ~ **between** *er tussen(in)* **5.¶** from there **on** ~ *van dan af;* know somebody ~ and out *iem. door en door kennen* **6.2** ~ **between** *tussen.* →**all, be in, come in etc.**

in[4] ⟨vz.⟩ **0.1** ⟨plaats of ligging; ook fig.⟩ ***in*** **0.2** ⟨richting; ook fig.⟩ ***in*** ⇒*naar, ter* **0.3** ⟨met abstr. nw. dat handeling of toestand uitdrukt; vnl. idiomatisch te vertalen⟩ ***-ende*** ⇒*in, be-, ver-, ge-* **0.4** ⟨tijd⟩ ***in*** ⇒*binnen* **0.5** ⟨activiteit, beroep⟩ ***wat betreft*** ⇒*in, op het gebied v.* **0.6** ⟨medium⟩ ***in*** **0.7** ⟨verhouding, maat, graad⟩ ***in*** ⇒*op, uit* **0.8** ⟨in de vorm van⟩ ***als*** **0.9** ***in zover dat*** ⇒*in, met betrekking tot, doordat, omdat* ◆ **1.1** ~ the army *in het leger;* wounded ~ the leg *aan het been gewond;* ~ my opinion *naar mijn mening;* play ~ the street *op straat spelen;* be ~ one's twenties *in de twintig zijn* **1.2** ~ aid of *ten voordele van;* ~ payment of *ter betaling v.* **1.3** ~ bloom *in bloei, bloeiende;* he was ~ charge (of) *hij was verantwoordelijk (voor);* ~ honour of *ter ere van;* be ~ love *verliefd zijn;* be ~ luck *geluk hebben;* be ~ pain *pijn lijden;* ~ ruins *vervallen;* ~ search of *op zoek naar* **1.4** ~ a few minutes *over enkele minuten;* I have not been out ~ months *ik ben in geen maanden uit geweest;* ~ the morning *'s ochtends;* early ~ spring *vroeg in het voorjaar;* ~ all those years *gedurende al die jaren* **1.5** deal ~ cereals *handelen in granen;* the latest thing ~ computers *het laatste snufje op het gebied van computers;* something ~ evening dress *iets in de richting van avondkledij;* 2 feet ~ length *twee voet hoog;* he is ~ oil *hij zit in de olie-industrie;* equals ~ strength *gelijken wat kracht betreft;* rich ~ vitamins *rijk aan vitaminen* **1.6** pay ~ cash *contant betalen;* painted ~ red *roodgeverfd;* ~ Russian *in het Russisch* **1.7** ~ general *in/over het algemeen;* not ~ the least *niet in het minst;* ~ the main *in/over het algemeen;* sell ~ ones *per stuk verkopen;* one ~ twenty *één op twintig* **1.8** ~ confidence *in vertrouwen;* you have a fine brother ~ Henry *je hebt aan Henry een fijne broer;* buy ~ instalments *op afbetaling kopen;* £100 ~ taxes *£100 aan belastingen* **3.4** it melts ~ heating *het smelt als het verwarmd wordt* **3.9** he resembles you ~ being short-tempered *hij lijkt op jou in zoverre dat hij opvliegend is* **4.1** there is something ~ his story *er zit iets in zijn verhaal* **4.5** be ~ it *erbij betrokken zijn, meedoen;* he is not ~ it *hij telt niet mee;* there's nothing ~ it *het heeft niets om het lijf* **8.9** difficult ~ that it demands concentration *moeilijk omdat het concentratie vergt.* →**be in.**

inability [innəbillətie] **0.1** ***onvermogen*** ⇒*onmacht.*

inaccessib|le [innəksessəbl] ⟨-ly; zn.: **-ility**⟩ **0.1** ***ontoegankelijk*** ⇒*onbereikbaar, ongenaakbaar.*

inaccurac|y [inækjoerəsie] ⟨mv.: -ies⟩ **0.1** ***onnauwkeurigheid*** ⇒*fout.*

inaccurate [inækjoerət] **0.1** ***onnauwkeurig*** **0.2** ***foutief.***

inaction [inæksjn], **inactivity** [inæktivvətie] **0.1** ***inactiviteit.***
inactive [inæktiv] **0.1** ***inactief*** ⇒*passief, werkeloos* **0.2** ***ongebruikt*** ⇒*buiten dienst/werking* **0.3** ⟨hand.⟩ ***flauw.***
inadequac|y [inædikwəsie] ⟨mv.: -ies⟩ **0.1** ***ontoereikendheid*** ⇒*tekort(koming), gebrek.*
inadequate [inædikwət] **0.1** ***ontoereikend*** ⇒*onvoldoende, ongeschikt* **0.2** ***onaangepast*** ⇒*asociaal* **0.3** ***onbeholpen.***
inadmissib|le [innədmissəbl] ⟨-ly; zn.: **-ility**⟩ **0.1** ***ontoelaatbaar*** ⇒*ongeoorloofd* ◆ **1.1** ~ evidence *ontoelaatbaar bewijs.*
inadvert|ent [innədvə:tnt] ⟨zn.: **-ence**⟩ **0.1** ***onoplettend*** ⇒*onachtzaam, nonchalant* **0.2** ***onopzettelijk*** ◆ **3.2** I dropped it ~ly *ik heb het per ongeluk laten vallen.*
inalienable [inneeliənəbl] **0.1** ***onvervreemdbaar*** ⇒*onoverdraagbaar* ◆ **1.1** ~ rights *onvervreemdbare rechten.*
inane [inneen] **0.1** ***leeg*** ⇒*inhoudloos, zinloos.*
inanimate [inænimmət] ⟨-ness⟩ **0.1** ***levenloos*** ⇒*dood* **0.2** ***bloedeloos*** ⇒*onbezield* ◆ **1.1** ~ nature *de onbezielde natuur* ⟨nl. de mineralen⟩.
inanition [innənisjn] **0.1** ***uitputting*** ⇒*(toestand v.) verhongering/ondervoeding* **0.2** ***lethargie*** ⇒*apathie.*
inanit|y [inænətie] ⟨mv.: -ies⟩ **0.1** ⟨vnl. mv.⟩ ***onnozelheid*** ⇒*futiliteit* **0.2** ***leegheid*** ⇒*betekenis/zinloosheid.*
inapplicab|le [inæplikkəbl, innəplikkəbl] ⟨-ly; zn.: **-ility**⟩ **0.1** ***ontoepasselijk*** ⇒*ontoepasbaar, onbruikbaar.*
inappropriate [innəproopriət] ⟨-ness⟩ **0.1** ***ongepast*** ⇒*onbehoorlijk, misplaatst.*
inapt [inæpt] ⟨-ness⟩ **0.1** ***ontoepasselijk*** ⇒*ongeschikt* **0.2** ***onbekwaam*** ⇒*on(des)kundig, onhandig.*
inaptitude [inæptitjoe:d] **0.1** ***onbekwaamheid*** ⇒*ongeschiktheid, onhandigheid.*
inarticulate [inna:tikjoelət] ⟨-ness⟩ **0.1** ***onduidelijk (uitgesproken)*** ⇒*onverstaanbaar, onsamenhangend* **0.2** ***onduidelijk sprekend*** ⇒*onwelsprekend.*
inartistic [inna:tistik] ⟨-ally⟩ **0.1** ***onkunstzinnig*** ⇒*onartistiek.*
inasmuch as **0.1** ***aangezien*** ⇒*omdat.*
inattention [innətensjn] **0.1** ***onoplettendheid.***
inattentive [innətentiv] ⟨-ness⟩ **0.1** ***onoplettend*** ⇒*achteloos.*
inaudib|le [inno:dəbl] ⟨-ly; zn.: **-ility**⟩ **0.1** ***onhoorbaar.***
inaugural [inno:gjoerəl] **0.1** ⟨bn.⟩ ***inaugureel*** ⇒*openings-, inwijdings-* **0.2** ⟨zn.⟩ ***inaugurele rede*** ⇒*inauguratie* ◆ **1.1** the president's ~ address *de inaugurele rede v.d. president.*
inaugurate [inno:gjoereet] **0.1** ⟨vnl. pass.⟩ ***installeren*** ⇒*inaugureren, (in een ambt/functie) bevestigen* **0.2** ***(feestelijk/plechtig) openen*** **0.3** ***inluiden*** ⇒*aankondigen.*
inauguration [inno:gjoereesjn] **0.1** ***installatie(plechtigheid)*** ⇒*inauguratie, inhuldiging* **0.2** ***openings/inwijdingsplechtigheid*** **0.3** ***introductie*** ⇒*invoering.*
Inauguration Day **0.1** ***inauguratiedag*** ⟨20 januari volgend op presidentsverkiezing⟩.
inauspicious [inno:spisjəs] ⟨-ness⟩ **0.1** ***onheilspellend*** ⇒*ongunstig.*
in-between **0.1** ***tussenfiguur*** ⇒*twijfelgeval, tussenoplossing.*
inboard [inbo:d] **0.1** ⟨bn.⟩ ***binnenboords*** **0.2** ⟨bn.⟩ ***met een binnenboordmotor*** **0.3** ⟨zn.⟩ ***binnenboordmotor.***
inborn [inbo:n] **0.1** ***aan/ingeboren.***
inbound [inbaund] ⟨AE⟩ **0.1** ***binnen/thuiskomend*** ⇒*inkomend, binnenlopend.*
inbred [inbred] **0.1** ***door inteelt voortgebracht*** ⇒*uit inteelt voortgekomen* **0.2** ***ingebakken*** ⇒*aangeboren.*
inbreeding [inbrie:ding] **0.1** ***inteelt*** ⟨ook pej.⟩.
Inc., inc. ⟨afk.; AE⟩ **0.1** [Incorporated] *NV.*
incalculab|le [inkælkjoeləbl] ⟨-ly; zn.: **-ility**⟩ **0.1** ***onberekenbaar*** ⇒*onnoemelijk* **0.2** ***onvoorspelbaar.***
incandescence [ingkændesns] **0.1** ***gloeiing*** ⇒*(hitte/licht)-uitstraling.*
incandescent [ingkændesnt] **0.1** ***gloeiend*** ⇒*rood/witgloeiend, lichtgevend* **0.2** ***fonkelend*** ◆ **1.1** ~ lamp *gloeilamp.*
incantation [ingkænteesjn] **0.1** ***incantatie*** ⇒*bezwering, (tover)spreuk.*
incapab|le [inkeepəbl] ⟨-ly; zn.: **-ility**⟩ **0.1** ***onbekwaam*** ⇒*incapabel, machteloos* ◆ **2.1** drunk and ~ *dronken en onbekwaam* **6.1** be ~ **of** *niet in staat zijn tot, niet kunnen.*
incapacitate [ingkəpæsitteet] **0.1** ***uitschakelen*** ⇒*ongeschikt/onbekwaam maken* ◆ **6.1** his age ~s him **for** work/**from** working *door zijn leeftijd is hij niet in staat te werken.*
incapacity [ingkəpæsətie] ⟨geen mv.⟩ **0.1** ***onvermogen*** ⇒*onmacht* ◆ **6.1** ~ **for** work *arbeidsongeschiktheid.*
incarcer|ate [inka:səreet] ⟨zn.: **-ation**⟩⟨schr.⟩ **0.1** ***kerkeren*** ⇒*gevangenzetten.*
incarnate[1] [inka:nət] ⟨bn.⟩ **0.1** ***vleesgeworden*** ⇒*lijfelijk* ◆ **1.1** the devil ~ *de duivel in eigen persoon.*
incarnate[2] [inka:neet] ⟨ww.⟩ **0.1** ***belichamen*** ⇒*verpersoonlijken* **0.2** ***concretiseren*** ⇒*gestalte/vorm geven (aan)* ◆ **1.1** a man who ~s all the qualities needed for the job *een man die alle voor het werk benodigde eigenschappen in zich verenigt.*
incarnation [ingka:neesjn] **0.1** ***incarnatie*** ⇒*belichaming.*
incautious [inko:sjəs] ⟨-ness⟩ **0.1** ***onvoorzichtig*** ⇒*onbehoedzaam.*
incendiar|y[1] [insendiərie] ⟨zn.; mv.: -ies⟩ **0.1** ***brandbom*** **0.2** ***brandstichter*** **0.3** ***opruier.***
incendiary[2] ⟨bn.⟩ **0.1** ***brandgevaarlijk*** ⇒*(licht) ontvlambaar* **0.2** ***opruiend*** ◆ **1.1** ~ bomb *brandbom.*
incense[1] [insens] ⟨zn.⟩ **0.1** ***wierook(geur)*** **0.2** ***bewieroking*** ⟨ook fig.⟩.
incense[2] [insens] ⟨ww.⟩⟨vnl. pass.⟩ **0.1** ***(ernstig) ontstemmen*** ⇒*kwaad/boos/razend maken* ◆ **6.1** ~d **at/by** *gebelgd/verbolgen over.*
incentive [insentiv] **0.1** ***stimulans*** ⇒*aansporing, motief* **0.2** ***(prestatie)premie/toeslag*** ⇒*aanmoedigingspremie.*
inception [insepsjn] **0.1** ⟨schr.⟩ ***aanvang(smoment)*** ⇒*begin.*
incertitude [insə:titjoe:d] ⟨schr.⟩ **0.1** ***ongewisheid*** ⇒*onzekerheid.*
incessant [insesnt] **0.1** ***onophoudelijk*** ⇒*voortdurend, aanhoudend.*
incest [insest] **0.1** ***incest*** ⇒*bloedschande.*
incestuous [insestsjoeəs] **0.1** ***incestueus*** ⟨ook fig., pej.⟩ ⇒*bloedschendig.*
inch[1] [intsj] ⟨zn.⟩ **0.1** ***(Engelse) duim*** ⟨25.4 mm; →t⟩ ⇒*inch* ◆ **1.¶** give him an ~ and he'll take an ell/a mile *als je hem een vinger geeft neemt hij de hele hand* **3.1** not budge/give/yield an ~ *geen duimbreed wijken* **3.¶** ⟨sprw.⟩ give him an ~ and he'll take a yard/a mile *als men hem een vinger geeft, neemt hij de hele hand* **6.¶** ~ **by** ~ *beetje bij beetje;* **by** ~es *op een haar na; geleidelijk aan;* we came **within** an ~ **of** death *het scheelde maar weinig/een haar of we waren dood geweest* **7.1** every ~ a gentleman *op-en-top een heer.*
inch[2] **I** ⟨onov.ww.⟩ **0.1** ***schuifelen*** ⇒*langzaam/moeizaam voortgaan* ◆ **5.1** ~ **forward** through a crowd *zich moeizaam een weg banen door een menigte;*
II ⟨ov.ww.⟩ **0.1** ***voetje voor voetje afleggen*** **0.2** ***lang-***

zaam/moeizaam verplaatsen ◆ **1.1** ~ one's way through *zich moeizaam een weg banen door.*

inchoate [inkooət] ⟨schr.⟩ **0.1** ***onuitgewerkt*** ⇒*embryonaal, rudimentair.*

inch-perfect ⟨sport⟩ **0.1** ***op de centimeter nauwkeurig*** ⇒ *perfect.*

incidence [insiddəns] ⟨geen mv.⟩ **0.1** ***(mate v.) optreden/ voorkomen*** ⇒*frequentie;* ⟨med.⟩ *incidentie* **0.2** ⟨nat.⟩ ***inval*** ◆ **2.1** a high ~ of disease *een hoog ziektecijfer.*

incident[1] [insiddənt] ⟨zn.⟩ **0.1** ***incident*** ⇒*voorval, gebeurtenis* **0.2** ***episode.***

incident[2] **I** ⟨bn., attr.⟩⟨nat.⟩ **0.1** ***invallend;***
II ⟨bn., attr. na het zn.⟩ **0.1** ***inherent*** ◆ **6.1** ~ **to** *eigen aan, verbonden met.*

incidental[1] [insiddentl] ⟨zn.; vnl. mv.⟩ **0.1** ***bijkomstigheid.***

incidental[2] ⟨bn.⟩ **0.1** ***bijkomend*** ⇒*begeleidend, bijkomstig* ◆ **1.1** ~ expenses *extra/onvoorziene uitgaven;* ~ music *film/ toneelmuziek* **6.1** ~ **to** *samenhangend met, gepaard gaande met.*

incidentally [insiddentlie] **0.1** ***terloops*** **0.2** ***overigens*** ⇒ *trouwens, tussen twee haakjes.*

incident room **0.1** ***meldkamer*** ⟨voor noodgevallen; bij politie⟩.

inciner|ate [insinnəreet] ⟨zn.: **-ation**⟩ **0.1** ***(tot as) verbranden*** ⇒*verassen.*

incinerator [insinnəreetə] **0.1** ***(vuil)verbrandingsapparaat/oven*** ⇒*vuilverbrander.*

incipience [insippiəns], **incipiency** [-sie] **0.1** ***aanvang*** ⇒*begin(stadium).*

incipient [insippiənt] ⟨schr.⟩ **0.1** ***beginnend*** ⇒*begin-, aanvangs-* ◆ **1.1** ~ cancer *kanker in het eerste/een vroeg stadium.*

incise [insajz] **0.1** ***insnijden*** ⇒*inkerven, graveren* ◆ **1.1** ~d leaf *gezaagd/gekarteld blad.*

incision [insizjn] **0.1** ***insnijding*** ⇒*inkerving, snee;* ⟨med.⟩ *incisie.*

incisive [insajsiv] **0.1** ***scherp(zinnig)*** ⇒*schrander, snedig* **0.2** ***doortastend.***

incisor [insajzə] **0.1** ***snijtand.***

incite [insajt] ⟨zn.: **-ment**⟩ **0.1** ***opwekken*** ⇒*aanzetten, aansporen* **0.2** ***bezielen*** ⇒*opstoken, ophitsen.*

incivilit|y [insivvillətie] ⟨mv.: -ies⟩⟨schr.⟩ **0.1** ***onhoffelijkheid*** ⇒*onbeleefdheid.*

inclem|ent [inklemmənt] ⟨zn.: **-ency**⟩⟨schr.⟩ **0.1** ***guur*** ⇒ *schraal, bar.*

inclination [ingklinneesjn] **0.1** ***glooiing*** ⇒*helling(spercentage)* **0.2** ***buiging*** ⇒*nijging* **0.3** ***neiging*** ⇒*voorkeur* **0.4** ***geneigdheid*** ⇒*zin* ◆ **3.3** have an ~ to get fat *aanleg hebben om dik te worden.*

incline[1] [ingklajn] ⟨zn.⟩ **0.1** ***helling*** ⇒*glooiing.*

incline[2] [inklajn] **I** ⟨onov.ww.⟩ **0.1** ***neigen*** ⇒*geneigd zijn, een neiging hebben/vertonen* ◆ **3.1** I ~ to think so *ik neig tot die gedachte* **6.1** I ~ **to/towards** fatness *ik heb aanleg om dik te worden;*
II ⟨onov. en ov.ww.⟩ **0.1** ***(doen) hellen*** ⇒*af/neer/overhellen* ◆ **5.1** ~ **forward** *(zich) vooroverbuigen;*
III ⟨ov.ww.⟩ **0.1** ***(neer)buigen*** ⇒*neigen* **0.2** ***beïnvloeden*** ⇒ *aanleiding geven* ◆ **1.1** ~ one's head *het hoofd neigen* **1.2** your words do not ~ me to change my mind *ik zie in uw woorden geen aanleiding om van gedachten te veranderen* **3.2** I am ~d to think so *ik neig tot die gedachte.*

inclined [inklajnd] **I** ⟨bn.⟩ **0.1** ***hellend*** ◆ **1.1** ~ plane *hellend vlak;*
II ⟨bn., pred.⟩ **0.1** ***geneigd*** ⇒*bereid* ◆ **3.1** if you feel so ~ *als u daar zin in heeft.*

inclose →**enclose.**

inclosure →**enclosure.**

include [inkloe:d] **0.1** ***omvatten*** ⇒*bevatten, insluiten* **0.2** ***(mede) opnemen*** ⇒*bij/toevoegen* ◆ **1.1** the price ~s freight *de prijs is inclusief vracht* **5.1** ⟨inf.; scherts.⟩ ~ **out** *uitsluiten, niet meerekenen.*

included [inkloe:did] **0.1** ***incluis*** ⇒*inbegrepen* ◆ **1.1** postage ~ *inclusief porto(kosten).*

including [inkloe:ding] **0.1** ***inclusief*** ◆ **1.1** 10 days ~ today *10 dagen, vandaag incluis/meegerekend* ¶.**1** up to and ~ *tot en met.*

inclusion [inkloe:zjn] **0.1** ***insluiting*** ⇒*meerekening.*

inclusive [inkloe:siv] **0.1** ***inclusief*** ⇒*insluitend, al/veelomvattend* ◆ **1.1** pages 60 to 100 ~ *pagina 60 tot en met 100.*

incognito [ingkognie:too] **0.1** ***incognito*** ⇒*onder schuilnaam, anoniem.*

incoher|ent [ingkoohiərənt] ⟨zn.: **-ence**⟩ **0.1** ***incoherent*** ⇒ *onsamenhangend.*

incombustible [ingkəmbustəbl] **0.1** ***on(ver)brandbaar.***

income [ingkum, -kəm] **0.1** ***inkomen*** ⇒*inkomsten* ◆ **6.1** live **within** one's ~ *niet teveel uitgeven, rondkomen.* →**fixed.**

incomes policy **0.1** ***loonpolitiek*** ◆ **2.1** statutory ~ *geleide loonpolitiek;* voluntary ~ *politiek gebaseerd op vrijwillige loonafspraken.*

income tax **0.1** ***inkomstenbelasting.***

incoming [inkumming] **0.1** ***inkomend*** ⇒*aan/binnenkomend* **0.2** ***opvolgend*** ⇒*komend, nieuw* ◆ **1.1** ~ tide *opkomend tij* **1.2** the ~ tenants *de nieuwe huurders.*

incommensurable [ingkəmensj(ə)rəbl] ⟨schr.⟩ **0.1** ***(onderling) onvergelijkbaar.***

incommensurate [ingkəmensj(ə)rət] **0.1** ***onevenredig*** ⇒ *niet overeenkomstig;* ⟨ihb.⟩ *ontoereikend.*

incommodious [ingkəmoodiəs] **0.1** ***ongerieflijk*** ⇒*krap* **0.2** ***lastig.***

incommunicable [ingkəmjoe:nikkəbl] **0.1** ***onmededeelbaar*** ⇒*onverwoordbaar.*

incommunicado[1] [ingkəmjoe:nikka:doo] ⟨bn.⟩ **0.1** ***(v.d. buitenwereld) afgeschermd*** ⇒*geïsoleerd* **0.2** ***niet te spreken*** ◆ **4.2** he's ~ *hij mag niet gestoord worden.*

incommunicado[2] ⟨bw.⟩ **0.1** ***(v.d. buitenwereld) afgeschermd*** ⇒*geïsoleerd.*

incommunicative [ingkəmjoe:nikkətiv] **0.1** ***onmededeelzaam*** ⇒*zwijgzaam.*

incomparab|le [inkomprəbl] ⟨-ly; zn.: **-ility**⟩ **0.1** ***onvergelijkelijk*** ⇒*onvergelijkbaar, weergaloos.*

incompatib|le [ingkəmpætəbl] ⟨-ly; zn.: **-ility**⟩ **0.1** ***onverenigbaar*** ⇒*(tegen)strijdig, tegengesteld* ◆ **6.1** ~ **with** *onverenigbaar/strijdig met.*

incompetence [inkompit(ə)ns], **incompetency** [-sie] **0.1** ***incompetentie*** ⇒*onbevoegdheid, onbekwaamheid.*

incompetent [inkompit(ə)nt] **0.1** ***incompetent*** ⇒*onbevoegd, onbekwaam.*

incomplete [ingkəmplie:t] ⟨-ness⟩ **0.1** ***onvolledig*** ⇒*incompleet* **0.2** ***onvolkomen*** ⇒*onvoltooid.*

incomprehensib|le [ingkomprihhensəbl] ⟨zn.: **-ility**⟩ **0.1** ***onbegrijpelijk*** ⇒*ondoorgrondelijk.*

incomprehension [ingkomprihhensjn] **0.1** ***onbegrip.***

inconceivab|le [ingkənsie:vəbl] ⟨-ly; zn.: **-ility**⟩ **0.1** ***onvoorstelbaar*** ⇒*ondenkbaar.*

inconclusive [ingkənkloe:siv] ⟨-ness⟩ **0.1** ***niet doorslaggevend*** ⇒*onovertuigend* **0.2** ***onbeslist.***

incongruit|y [ingkəngroe:ətie] ⟨mv.: -ies⟩ **0.1** ***ongerijmdheid*** ⇒*incongruentie.*

incongruous [inkonggroeəs] ⟨-ness⟩ **0.1** ***ongerijmd*** ⇒*strijdig, incongruent* **0.2** ***detonerend*** **0.3** ***misplaatst*** **0.4** ***ongelijksoortig.***

inconsequence [inkonsikwəns] **0.1** ***inconsequentie*** **0.2** ***onbetekenendheid.***

inconsequent [inkonsikwənt], **inconsequential** [-kwensjl] **0.1** ***inconsequent*** ⇒*onlogisch* **0.2** ***onbetekenend*** ⇒*onbeduidend.*

inconsiderab|le [ingkənsidrəbl] ⟨-ly⟩ **0.1** ***onaanzienlijk*** ⇒*onbetekenend.*

inconsiderate [ingkənsidrət] ⟨-ness⟩ **0.1** ***onattent*** ⇒*onachtzaam, onnadenkend.*

inconsistenc|y [ingkənsistənsie] ⟨mv.: -ies⟩ **0.1** ***inconsistentie*** **0.2** ***onverenigbaarheid.***

inconsistent [ingkənsistənt] **0.1** ***inconsistent*** ⇒*onlogisch* **0.2** ***onverenigbaar*** ⇒*strijdig.*

inconsolab|le [ingkənsooləbl] ⟨-ly⟩ **0.1** ***ontroostbaar.***

inconspicuous [ingkənspikjoeəs] ⟨-ness⟩ **0.1** ***onopvallend.***

inconstanc|y [inkonstənsie] ⟨mv.: -ies⟩⟨schr.⟩ **0.1** ***wisselvalligheid*** ⇒*onbetrouwbaarheid.*

inconstant [inkonstənt] ⟨schr.⟩ **0.1** ***wisselvallig*** ⇒*wispelturig, veranderlijk.*

incontestab|le [ingkəntestəbl] ⟨-ly; zn.: **-ility**⟩ **0.1** ***onbetwistbaar*** ⇒*onweerlegbaar.*

incontinence [inkontinnəns] **0.1** ***incontinentie*** **0.2** ***onbeheerstheid.***

incontinent [inkontinnənt] **0.1** ***incontinent*** ⇒*onzindelijk* **0.2** ***onbeheerst*** ⇒*oningetogen* ◆ **6.¶** ~ **of** sth. *iets niet (meer) de baas/meester.*

incontrovertib|le [ingkontrəvə:təbl] ⟨-ly⟩ **0.1** ***onweerlegbaar*** ⇒*onomstotelijk.*

inconvenience[1] [ingkənvie:niəns] ⟨zn.⟩ **0.1** ***ongemak*** ⇒*ongerief.*

inconvenience[2] ⟨ww.⟩ **0.1** ***ongerief/overlast bezorgen*** ⇒*ongelegen komen.*

inconvenient [ingkənvie:niənt] **0.1** ***storend*** ⇒*ongeriefelijk, ongelegen.*

inconvertib|le [ingkənvə:təbl] ⟨-ly; zn.: **-ility**⟩ **0.1** ***onverwisselbaar*** ⇒⟨geldw.⟩ *inconvertibel.*

incorpor|ate[1] [inko:pəreet] ⟨zn.: **-ation**⟩ **I** ⟨onov.ww.⟩ **0.1** ***zich (tot één geheel) verenigen*** ⇒*fuseren* **0.2** ***een onderneming/naamloze vennootschap oprichten;***
II ⟨ov.ww.⟩ **0.1** ***opnemen*** ⇒*verenigen, incorporeren* **0.2** ***omvatten*** ⇒*bevatten* **0.3** ***inlijven*** ⇒*(als lid) toelaten* **0.4** ***onder/samenbrengen in een naamloze vennootschap*** ◆ **1.2** this theory ~s new ideas *deze theorie omvat nieuwe ideeën.*

incorporate[2] [inko:prət] ⟨bn.⟩ →**incorporated.**

incorporated [inko:pəreetid] **0.1** ***(tot één geheel) verenigd*** ⇒*samengevoegd* **0.2** ***als rechtspersoon/naamloze vennootschap erkend*** ◆ **1.2** Jones ~ ⟨ong.⟩ *Jones NV.*

incorporative [inko:prətiv] **0.1** ***incorporerend*** ⇒*integrerend, inpalmend.*

incorporeal [ingko:po:riəl] **0.1** ***onstoffelijk*** **0.2** ***onlichamelijk.***

incorrect [ingkərekt] ⟨-ness⟩ **0.1** ***incorrect*** ⇒*onjuist, verkeerd; ongepast.*

incorrigib|le [inkorridzjəbl] ⟨-ly; zn.: **-ility**⟩ **0.1** ***onverbeterlijk*** **0.2** ***onuitroeibaar.***

incorruptib|le [ingkəruptəbl] ⟨-ly; zn.: **-ility**⟩ **0.1** ***onbederfelijk*** ⇒*onverwoestbaar, onvergankelijk* **0.2** ***onomkoopbaar*** ⇒*onkreukbaar.*

increase[1] [ingkrie:s] ⟨zn.⟩ **0.1** ***toename*** ⇒*groei, aanwas* **0.2** ***verhoging*** ⇒*stijging* **0.3** ***vermenigvuldiging*** ◆ **6.1** be **on** the ~ *toenemen.*

increase[2] [inkrie:s] **I** ⟨onov.ww.⟩ **0.1** ***toenemen*** ⇒*(aan)groeien, stijgen* **0.2** ***zich vermenigvuldigen;***
II ⟨ov.ww.⟩ **0.1** ***vergroten*** ⇒*verhogen.*

increasingly [inkrie:singlie] **0.1** ***in toenemende mate*** ⇒*meer en meer* ◆ **2.1** ~ worse *hoe langer hoe erger.*

incredib|le [inkreddəbl] ⟨-ly; zn.: **-ility**⟩ **0.1** ***ongelofelijk*** ⇒*ongeloofwaardig;* ⟨inf.⟩ *verbluffend (goed).*

incredulity [ingkridjoe:lətie] **0.1** ***ongelovigheid.***

incredulous [inkredjoeləs] **0.1** ***ongelovig*** ◆ **6.1** be ~ **of** *geen geloof hechten aan.*

increment [ingkrimmənt] **0.1** ***toename*** ⇒*(waarde)vermeerdering* **0.2** ***periodiek*** ⟨v. salaris⟩ ⇒*periodieke verhoging.*

incremental [ingkrimmentl] ⟨-ly⟩ **0.1** ***oplopend*** ⇒*(periodiek) verhoogd* ◆ **1.¶** ⟨ec.⟩ ~ cost *marginale kosten.*

incrimin|ate [inkrimminneet] ⟨zn.: **-ation**⟩ **0.1** ***beschuldigen*** ⇒*aanklagen* **0.2** ***bezwaren*** ⇒*als de schuldige aanwijzen* ◆ **1.2** incriminating statements *bezwarende verklaringen.*

in-crowd **0.1** ***incrowd*** ⇒*kliekje, groepje ingewijden.*

incrust →**encrust.**

incrustation, encrustation [ingkrusteesjn] **0.1** ***aanzetting*** ⇒*korst(vorming); ketelsteenvorming* **0.2** ***incrustatie*** ⇒*invatting* ⟨v. edelstenen enz.⟩ **0.3** ***(muur)bekleding.***

incubate [ingkjoebeet] **I** ⟨onov.ww.⟩ **0.1** ***broeden;***
II ⟨ov.ww.⟩ **0.1** ***uitbroeden*** ⟨ook fig.⟩ **0.2** ***kweken*** ⇒⟨med.⟩ *onder de leden hebben.*

incubation [ingkjoebeesjn] **0.1** ***uitbroeding*** **0.2** ***broedperiode*** **0.3** ⟨med.⟩ ***incubatie(tijd).***

incubator [ingkjoebəittə] **0.1** ***broedmachine*** ⇒*incubator* **0.2** ***couveuse*** **0.3** ***kweekkamer.***

incubus [ingkjoebəs]⟨mv.: ook incubi [-bajl]⟩ **0.1** ***incubus*** **0.2** ***nachtmerrie*** ⇒⟨bij uitbr.⟩ *(drukkende) last.*

inculc|ate [ingkulkeet] ⟨zn.: **-ation**⟩⟨schr.⟩ **0.1** ***inprenten*** ◆ **6.1** ~ sth. **in** s.o./s.o. **with** sth. *iem. ergens van doordringen.*

incumbency [inkumbənsie] **0.1** ***ambtsbekleding/vervulling*** **0.2** ***ambtsperiode*** **0.3** ***predikantsplaats*** **0.4** ***plicht*** ⇒*taak.*

incumbent[1] [inkumbənt] ⟨zn.⟩ **0.1** ***prebendaris*** ⇒*bekleder v.e. kerkelijk ambt* **0.2** ⟨vnl. AE⟩ ***ambtsdrager*** ⇒*functionaris.*

incumbent[2] ⟨bn.⟩ **0.1** ***steunend*** ⇒*rustend* **0.2** ***zittend*** ⇒*in functie zijnd* ◆ **1.2** ⟨vnl. AE⟩ the ~ governor *de zittende gouverneur* **6.¶** ⟨schr.⟩ it's ~ **(up)on** you to ... *het is jouw plicht om ...*

incur [inkə:] ⟨-red⟩ **0.1** ***oplopen*** ⇒*zich op de hals halen* ◆ **1.1** ~ large debts *zich diep in de schulden steken.*

incurability [ingkjoeərəbillətie] **0.1** ***ongeneeslijkheid.***

incurable[1] [inkjoeərəbl] ⟨zn.⟩ **0.1** ***ongeneeslijke zieke.***

incurab|le[2] ⟨bn.; -ly⟩ **0.1** ***ongeneeslijk*** ⟨ook fig.⟩ ◆ **1.1** ~ pessimism *onuitroeibaar pessimisme.*

incurious [inkjoeəriəs] **0.1** ***ongeïnteresseerd.***

incursion [inkə:sjn] **0.1** ***inval*** ⇒*invasie, strooptocht* ◆ **6.1** ⟨fig.⟩ an ~ **upon** s.o.'s privacy *een inbreuk op iemands privacy.*

incurved [inkə:vd] **0.1** ***ingebogen*** ⇒*naar binnen gebogen.*

indebted [indettid] **0.1** ***schuldig*** ⇒*verschuldigd* ◆ **6.1** be ~ **to** the bank *bij de bank in het krijt staan;* be ~ **to** s.o. for ... *iem. dank verschuldigd zijn voor ...*

indebtedness [indettidnəs] **0.1** ***verschuldigdheid*** ⇒*schuldplichtigheid* **0.2** ***schuld(en)*** ⇒*(totale) schuldenlast.*

indecenc|y [indie:snsie] ⟨mv.: -ies⟩ **0.1** ***onfatsoenlijkheid.***

indecent [indie:snt] **0.1** ***onfatsoenlijk*** ⇒*onbehoorlijk, indecent* ◆ **1.1** ~ assault *aanranding;* ~ exposure *openbare schennis der eerbaarheid, (geval v.) exhibitionisme.*

indecision [indissizjn] **0.1** ***besluiteloosheid*** **0.2** ***aarzeling*** ⇒*weifeling.*

indecisive [indissajsiv] ⟨-ness⟩ **0.1** ***niet afdoend*** **0.2** ***beslui-***

teloos ⇒*weifelend* ◆ **1.1** the battle was ~ *de slag was niet beslissend.*

indecorous [indekkərəs] ⟨-ness⟩⟨schr.⟩ **0.1** ***smakeloos*** ⇒*onwelvoeglijk.*

indecorum [indikko:rəm] ⟨geen mv.⟩ **0.1** ***smakeloosheid.***

indeed [indie:d] **0.1** ⟨om iets te bevestigen of ermee in te stemmen⟩ ***inderdaad*** **0.2** ⟨om een opmerking in te leiden die een eerdere versterkt⟩ ***in feite*** ⇒*sterker nog* **0.3** ⟨aan het eind v.d. zin, gebruikt om 'very' te versterken⟩ ***(daad)werkelijk*** **0.4** ⟨om met iets in principe in te stemmen, maar om daarna een relativerende opmerking te plaatsen⟩ ***toegegeven*** ⇒*uiteraard* **0.5** ⟨na een woord, om dat woord te benadrukken⟩ ***echt*** **0.6** ⟨als uitroep, om een woord te benadrukken, waar je het niet mee eens bent⟩ ***belachelijk!*** ⇒*ja ja, laat me niet lachen* ◆ **1.5** that's a surprise ~ *dat is echt een verrassing* **3.6** well paid, ~! We lexicographers can't even afford this dictionary *goed betaald! Laat me niet lachen. Wij lexicografen kunnen dit woordenboek zelfs niet betalen* **5.3** very kind ~ *werkelijk zeer vriendelijk* **¶.1** is it blue? ~ *is het blauw? inderdaad* **¶.2** I don't mind. ~, I would be pleased *ik vind het best. Sterker nog, ik zou het leuk vinden* **¶.4** ~ it is true, but ... *het is uiteraard waar, maar ...*

indefatigab|le [indifætigəbl] ⟨-ly⟩ **0.1** ***onvermoeibaar.***

indefensib|le [indiffensəbl] ⟨-ly⟩ **0.1** ***onverdedigbaar.***

indefinab|le [indiffajnəbl] ⟨-ly⟩ **0.1** ***ondefinieerbaar.***

indefinite [indefnit] ⟨-ness⟩ **0.1** ***onduidelijk*** ⇒*onbestemd, vaag* **0.2** ***onbepaald*** ⟨ook taal.⟩ ⇒*onbegrensd* **0.3** ***onzeker*** ⇒*onbeslist* ◆ **1.2** ⟨taal.⟩ ~ article *onbepaald lidwoord;* ⟨wisk.⟩ ~ integral *onbepaalde integraal;* ⟨taal.⟩ ~ pronoun *onbepaald voornaamwoord* **3.1** postponed ~ly *voor onbepaalde tijd uitgesteld.*

indelib|le [indelləbl] ⟨-ly; zn.: **-ility**⟩ **0.1** ***onuitwisbaar*** **0.2** ***veegvast*** ◆ **1.2** ~ pencil *veeg/watervast potlood.*

indelicac|y [indellikkəsie] ⟨mv.: -ies⟩ **0.1** ***onbehoorlijkheid*** **0.2** ***smakeloosheid*** **0.3** ***tactloosheid.***

indelicate [indellikkət] **0.1** ***onbehoorlijk*** ⇒*onkies* **0.2** ***smakeloos*** ⇒*grof* **0.3** ***tactloos.***

indemnification [indemniffikkeesjn] **0.1** ***schadeloosstelling*** ⇒*(schade)vergoeding* **0.2** ***vrijwaring*** ⇒*waarborging.*

indemnif|y [indemniffaj] ⟨-ied⟩ **0.1** ***vrijwaren*** ⇒*verzekeren* **0.2** ***schadeloosstellen*** ◆ **6.1** ~ s.o. **against/from** *iem. vrijwaren tegen/voor* **6.2** ~ s.o. **for** expenses *iem. gemaakte onkosten vergoeden.*

indemnit|y [indemnətie] ⟨mv.: -ies⟩ **0.1** ***schadeloosstelling*** ⇒⟨ihb.⟩ *herstelbetaling(en)* **0.2** ***garantie*** ⇒*(aansprakelijkheids)verzekering* **0.3** ***vrijstelling*** ⟨v. straf⟩ ⇒*vrijwaring.*

indent¹ [indent] ⟨zn.⟩ **0.1** ***insnijding*** ⇒*inspringing* **0.2** ***deuk*** **0.3** ⟨vnl. BE⟩ ***exportorder*** **0.4** ⟨vnl. BE⟩ ***orderbrief*** **0.5** ⟨vnl. BE⟩ ***rekwisitie*** ⇒*goederenvordering.*

indent² [indent] **I** ⟨onov.ww.⟩ **0.1** ***een schriftelijke bestelling doen*** ◆ **6.1** ~ **(up)on** s.o. **for** sth. *iets (schriftelijk) bij iem. aanvragen;*
II ⟨onov. en ov.ww.⟩⟨druk.⟩ **0.1** ***(laten) inspringen*** ⟨regel⟩;
III ⟨ov.ww.⟩ **0.1** ***kartelen*** ⇒*kerven, inkepen* **0.2** ***schriftelijk/per orderbrief bestellen*** **0.3** ***(in)deuken*** **0.4** ⟨amb.⟩ ***inkepen*** ⇒*vertanden* ◆ **1.1** an ~ed coastline *een ingesneden/grillige kustlijn.*

indentation [indenteesjn] **0.1** ***keep*** ⇒*snee* **0.2** ***inspringing*** **0.3** ***inham*** ⇒*fjord* **0.4** ***karteling*** ⇒*insnijding.*

indenture¹ [indentsjə] ⟨zn.⟩ **0.1** ***akte/document in duplo*** **0.2** ⟨vnl. mv.⟩ ***leercontract*** ⇒*dienstovereenkomst* ◆ **3.1** take up one's ~s *zijn leertijd afsluiten.*

indenture² ⟨ww.⟩ **0.1** ***aannemen op basis v.e. leerovereenkomst*** ⇒*als leerling aannemen.*

independence [indippendəns] **0.1** ***onafhankelijkheid.***

Independence Day **0.1** ***onafhankelijkheidsdag.***

independent¹ [indippendənt] ⟨zn.⟩ **0.1** ***onafhankelijke*** **0.2** ⟨ook I-⟩ ***partijloze.***

independent² ⟨bn.⟩ **0.1** ***onafhankelijk*** ⇒*partijloos* **0.2** ***vrijstaand*** ◆ **1.1** ⟨taal.⟩ ~ clause *hoofdzin;* of ~ means *financieel onafhankelijk;* ⟨BE⟩ ~ school *particuliere school;* an ~ thinker *een zelfstandig/oorspronkelijk denker.*

indescribab|le [indiskrajbəbl] ⟨-ly⟩ **0.1** ***onbeschrijfelijk*** **0.2** ***onomschrijfbaar*** ⇒*niet te beschrijven.*

indestructib|le [indistruktəbl] ⟨-ly; zn.: **-ility**⟩ **0.1** ***onverwoestbaar*** ⇒*onvernietigbaar.*

indeterminab|le [indittə:minnəbl] ⟨-ly⟩ **0.1** ***onbepaalbaar*** ⇒*niet uit te maken* **0.2** ***onoplosbaar.***

indeterminacy [indittə:minnəsie] **0.1** ***onbepaaldheid*** **0.2** ***onbepaalbaarheid*** **0.3** ***onduidelijkheid.***

indeterminate [indittə:minnət] **0.1** ***onbepaald*** ⇒*onbeslist* **0.2** ***onbepaalbaar*** **0.3** ***onduidelijk*** ⇒*vaag* **0.4** ⟨wisk.⟩ ***onbepaald*** ◆ **1.¶** ~ sentence *veroordeling voor onbepaalde tijd.*

index¹ [indeks] ⟨zn.; mv.: ook indices⟩ **0.1** ***wijsvinger*** **0.2** ***wijzer(tje)*** **0.3** ***index*** ⟨ook nat.⟩ ⇒*indexcijfer; verhoudingscijfer* **0.4** ***aanwijzing*** ⇒*vingerwijzing* **0.5** ***(bibliotheek)catalogus*** **0.6** ⟨boek.⟩ ***register*** ⇒*index* ◆ **2.3** ⟨nat.⟩ refractive ~ *brekingsindex.*

index² ⟨ww.⟩ **0.1** ***indexeren*** **0.2** ***duiden/wijzen op*** ⇒*indiceren.*

indexation [indekseesjn] **0.1** ***indexering*** ⟨ook ec.⟩.

index figure **0.1** ***indexcijfer.***

index finger **0.1** ***wijsvinger.***

India ink ⟨AE⟩ **0.1** ***Oost-Indische inkt.***

Indian¹ [indiən] **I** ⟨eig.n.⟩ **0.1** ***Indiaans*** ⟨taal⟩;
II ⟨telb.zn.⟩ **0.1** ***Indiër*** **0.2** ***indiaan*** **0.3** ⟨gesch.⟩ ***Brits-Indiëganger*** ◆ **2.2** American ~ *indiaan;* Red ~ *indiaan.*

Indian² ⟨bn.⟩ **0.1** ***Indiaas*** ⇒⟨gesch.⟩ *Indisch* **0.2** ***indiaans*** ◆ **1.¶** ~ corn *maïs;* in ~ file *in ganzenmars;* ⟨BE⟩ ~ ink *Oost-Indische inkt;* ~ summer *Indian summer* ⟨(warme) nazomer⟩; ⟨fig.⟩ *onbezorgde levensavond/oude dag.*

India paper **0.1** ***dundrukpapier*** **0.2** ***Chinees papier.***

India rubber ⟨ook i-⟩ **0.1** ***gum*** **0.2** ***gummi*** ⇒*rubber.*

indicate [indikkeet] **0.1** ***aangeven*** ⇒*aanduiden* **0.2** ***duiden/wijzen op*** ⇒*een teken/symptoom zijn v./voor* **0.3** ***te kennen geven*** **0.4** ***de noodzaak/wenselijkheid aantonen v.*** ⇒⟨ihb. med.⟩ *indiceren* ◆ **1.1** the cyclist ~d left *de fietser stak zijn linkerhand uit;* ~d horsepower *indicateurpaardenkracht.*

indication [indikkeesjn] **0.1** ***aanwijzing*** ⇒*indicatie* ⟨ihb. med.⟩, *teken* ◆ **6.1** there is little ~ **of** improvement *er is weinig dat op een verbetering duidt.*

indicative [indikkətiv] **0.1** ⟨bn.⟩ ***aanwijzend*** **0.2** ⟨bn.; taal.⟩ ***aantonend*** **0.3** ⟨zn.; taal.⟩ ***indicatief*** ⇒*aantonende wijs* ◆ **6.1** be ~ **of** *kenmerkend zijn van/voor.*

indicator [indikkəittə] **0.1** ***wijzer(tje)*** ⇒*meter* **0.2** ***aanwijzing*** ⇒*indicatie* **0.3** ***richtingaanwijzer*** **0.4** ⟨nat., plantk., schei.⟩ ***indicator*** **0.5** ⟨tech.⟩ ***indicateur*** **0.6** ***informatie/mededelingenbord.***

indices [indissie:z] ⟨mv.⟩ →**index.**

indict [indajt] ⟨zn.: **-ment**⟩ **0.1** ⟨+for⟩ ***aanklagen (wegens).***

indictable [indajtəbl] **0.1** ***(gerechtelijk) vervolgbaar*** ⇒*(als misdrijf) strafbaar.*

indifference [indifrəns] **0.1** ***onverschilligheid*** **0.2** ***middelmatigheid*** **0.3** ***onbeduidendheid.***

indifferent [indifrənt] **0.1** ***onverschillig*** **0.2** ***(middel)matig*** **0.3** ***onpartijdig*** ⇒*neutraal* ◆ **1.2** this essay is ~ *dit essay is pover* **6.1** ~ **to** hardship *ongevoelig voor tegenspoed.*

indigenous [indidzjənəs] **0.1** ***inheems*** **0.2** ***aan/ingeboren*** ◆ **6.1** plants ~ **to** this island *op dit eiland thuishorende planten.*

indig|ent [indidzjənt] ⟨zn.: **-ence**⟩⟨schr.⟩ **0.1** ***behoeftig*** ⇒ *arm(oedig).*

indigestib|le [indidzjestəbl, -daj-] ⟨-ly; zn.: **-ility**⟩ **0.1** ***onverteerbaar*** ⟨ook fig.⟩.

indigestion [indidzjestsjən, -daj-] **0.1** ***indigestie.***

indignant [indignənt] **0.1** ***verontwaardigd.***

indignation [indigneesjn] **0.1** ***verontwaardiging.***

indignit|y [indignətie] ⟨mv.: -ies⟩ **0.1** ***vernedering*** ⇒*belediging, hoon.*

indigo [indigoo] **0.1** ***indigo.***

indirect [indirrekt, -daj-] ⟨-ness⟩ **0.1** ***indirect*** ⇒*niet rechtstreeks* **0.2** ***ontwijkend*** ⇒*niet rechtlijnig, onoprecht* ◆ **1.1** ~ lighting *indirecte verlichting;* ⟨taal.⟩ ~ object *meewerkend voorwerp;* ⟨taal.⟩ ~ question *indirecte vraag;* ⟨vnl. BE; taal.⟩ ~ speech *indirecte rede;* ⟨ec.⟩ ~ taxation *indirecte belasting.*

indiscernib|le [indissə:nəbl] ⟨-ly⟩ **0.1** ***onwaarneembaar*** ⇒ *onzichtbaar.*

indiscipline [indissiplin] **0.1** ***ongedisciplineerdheid.***

indiscreet [indiskrie:t] **0.1** ***indiscreet.***

indiscretion [indiskresjn] **0.1** ***indiscretie*** ◆ **1.1** an ~ of his youth *een misstap uit zijn jeugd.*

indiscriminate [indiskrimminnət] **0.1** ***onkritisch*** ⇒*kritiekloos, onzorgvuldig* **0.2** ***lukraak*** ◆ **1.2** deal out ~ blows *in het wilde weg om zich heen slaan.*

indispensab|le [indispensəbl] ⟨-ly; zn.: **-ility**⟩ **0.1** ***onontbeerlijk*** ⇒*onmisbaar, essentieel* **0.2** ***onontkoombaar.***

indisposed [indispoozd] **0.1** ***onwel*** ⟨en dus niet in staat een bepaald iets te doen⟩.

indisposition [indispəzisjn] **0.1** ***ongesteldheid*** ⇒*onpasselijkheid* **0.2** ⟨geen mv.⟩ ***ongenegenheid*** ⇒*onwil(ligheid).*

indisputab|le [indispjoe:təbl] ⟨-ly⟩ **0.1** ***onbetwistbaar.***

indissolub|le [indissoljoebl] ⟨-ly⟩⟨schr.⟩ **0.1** ***onverbrekelijk*** **0.2** ***onoplosbaar.***

indistinct [indistingkt] ⟨-ness⟩ **0.1** ***onduidelijk*** ⇒*vaag.*

indistinguishab|le [indistinggwisjəbl] ⟨-ly⟩ **0.1** ***ononderscheidbaar*** ⇒*niet te onderscheiden.*

individual[1] [individzjoeəl] ⟨zn.⟩ **0.1** ***individu*** ⟨ook biol.⟩ ⇒ *enkeling, persoon;* ⟨inf.⟩ *figuur, type.*

individual[2] ⟨bn.⟩ **0.1** ***individueel*** ⇒*persoonlijk, eigen* **0.2** ***afzonderlijk*** **0.3** ***karakteristiek*** ⇒*kenmerkend* ◆ **1.1** ~ medley *wisselslag* ⟨individueel nummer⟩ **1.2** give ~ attention to *persoonlijke aandacht besteden aan;* each ~ case *elk geval afzonderlijk* **2.1** they're ~ly different *ze zijn individueel verschillend* ¶**.1** I can't thank you all ~ly *ik kan u niet ieder afzonderlijk bedanken.*

individualism [individzjoeəlizm] **0.1** ***individualisme*** **0.2** ***zelfzuchtigheid.***

individualist [individzjoeəlist] **0.1** ***individualist.***

individualist(ic) [individzjoeəlist(ik)] ⟨-ally⟩ **0.1** ***individualistisch.***

individuality [individzjoe·ælətie] ⟨geen mv.⟩ **0.1** ***individualiteit*** ⇒*zelfstandigheid; persoonlijkheid* ◆ **2.1** she's a girl of marked ~ *ze is een uitgesproken persoonlijkheid.*

individual|ize, -ise [individzjoeəlajz] ⟨zn.: **-ization**⟩ **0.1** ***toesnijden*** ⇒*aanpassen, afstemmen* **0.2** ***individualiseren*** ⇒*onderscheiden; afzonderlijk ingaan op.*

indivisib|le [indivizzəbl] ⟨-ly; zn.: **-ility**⟩ **0.1** ***on(ver)deelbaar*** ⇒⟨ihb. wisk.⟩ *niet restloos deelbaar.*

indoc|ile [indoosajl] ⟨zn.: **-ility**⟩ **0.1** ***hardleers.***

indoctrin|ate [indoktrinneet] ⟨zn.: **-ation**⟩⟨vnl. pej.⟩ **0.1** ***indoctrineren.***

Indo-European **0.1** ⟨bn.⟩ ***Indo-Europees*** **0.2** ⟨eig.n.⟩ ***Indo-Europees*** ⟨taal⟩ **0.3** ⟨telb. zn.⟩ ***Indo-Europeaan.***

indol|ent [indələnt] ⟨zn.: **-ence**⟩ **0.1** ***indolent*** ⟨ook med.⟩ ⇒ *traag.*

indomitab|le [indommittəbl] ⟨-ly⟩ **0.1** ***ontembaar*** ⇒*onbedwingbaar.*

Indonesia [indoonie:ziə] **0.1** ***Indonesië.***

Indonesian [indənie:zjn, -nie:ziən] **0.1** ⟨bn.⟩ ***Indonesisch*** **0.2** ⟨eig.n.⟩ ***Indonesisch*** ⟨taal⟩ **0.3** ⟨telb. zn.⟩ ***Indonesiër.***

indoor [indo:] **0.1** ***binnen-*** ◆ **1.1** ~ aerial *kamerantenne;* ~ sports *zaalsporten.*

indoors [indo:z] **0.1** ***binnen(shuis)*** **0.2** ***naar binnen.***

indrawn **0.1** ***ingetrokken*** ⇒*ingehouden* **0.2** ***teruggetrokken*** ⇒*in zichzelf gekeerd.*

indubitab|le [indjoe:bittəbl] ⟨-ly⟩⟨schr.⟩ **0.1** ***onbetwijfelbaar.***

induce [indjoe:s] **0.1** ***bewegen tot*** ⇒*brengen tot, nopen* **0.2** ***teweegbrengen*** ⇒*veroorzaken, leiden tot;* ⟨ihb. med.⟩ *opwekken* ⟨weeën⟩ **0.3** ***induceren*** ⟨ook elek., nat.⟩ ⇒*afleiden* ◆ **3.1** nothing will ~ me to give in *nooit zal ik toegeven.*

inducement [indjoe:smənt] **0.1** ***aansporing*** ⇒*stimulans, prikkel* **0.2** ***opwekking*** ⇒*teweegbrenging, veroorzaking.*

induct [indukt] **0.1** ***installeren*** ⇒*inhuldigen, bevestigen* **0.2** ***introduceren*** ⇒*als lid opnemen/toelaten* **0.3** ⟨elek., nat.⟩ ***induceren*** ⇒*(door inductie) opwekken.*

inductance [induktəns] ⟨elek., nat.⟩ **0.1** ***inductantie.***

induction [induksjn] **0.1** ***installatie*** ⇒*inhuldiging, bevestiging* **0.2** ***opwekking*** ⟨v. weeën⟩ **0.3** ***opgewekte geboorte*** **0.4** ⟨logica, elek., nat.⟩ ***inductie*** **0.5** ***introductie(cursus).***

induction coil ⟨elek., nat.⟩ **0.1** ***inductieklos*** ⇒*inductor.*

inductive [induktiv] **0.1** ***aanleiding gevend*** ⇒*veroorzakend* **0.2** ⟨logica, elek., nat.⟩ ***inductief.***

indue → **endue.**

indulge [induldzj] **I** ⟨onov.ww.⟩ **0.1** ***zich laten gaan*** ⇒*zich te goed doen;* ⟨ihb.; inf.⟩ *zich te buiten gaan aan drank/eten* ◆ **6.1** ~ **in** *zich (de luxe) permitteren (v.);*
II ⟨ov.ww.⟩ **0.1** ***toegeven/tegemoet komen aan*** **0.2** ***(zich) uitleven (in).***

indulgence [induldzjəns] **0.1** ***mateloosheid*** **0.2** ***bevrediging*** **0.3** ***toegeving*** ⇒*inwilliging* **0.4** ***toegeeflijkheid*** **0.5** ***verzet(je)*** ⇒*genoegen* **0.6** ***(bron v.) vermaak*** ⇒*luxe* **0.7** ⟨r.-k.⟩ ***aflaat*** ◆ **6.1** ~ **in** strong drink *overmatig drankgebruik.*

indulgent [induldzjənt] **0.1** ***toegeeflijk*** ⇒*inschikkelijk.*

industrial [industriəl] **0.1** ***industrieel*** **0.2** ***geïndustrialiseerd*** **0.3** ⟨vnl. BE⟩ ***de industriearbeid(ers) betreffende*** ◆ **1.1** ~ alcohol *fabrieksalcohol;* ~ estate *fabrieks/industrieterrein;* the Industrial Revolution *de industriële revolutie* **1.2** the ~ nations *de industrielanden* **1.3** ~ accident *arbeidsongeval;* ~ action *acties (in de bedrijven);* ~ dispute *arbeidsconflict/geschil;* ~ relations *arbeidsverhoudingen;* ~ union *industriebond;* ⟨ihb.⟩ *vakvereniging* ⟨tgov. categorale bond⟩.

industrialising country ⟨euf.⟩ **0.1** ***industrialiserend land.***

industrialism [industriəlizm] **0.1** ***industrialisme.***

industrialist [industriəlist] **0.1** ***industrieel*** ⇒*fabriekseigenaar* **0.2** ***voorstander v. industrialisatie.***

industrial|ize, -ise [industriəlajz] ⟨zn.: **-ization**⟩ **0.1** ***industrialiseren.***

industrious [industriəs] ⟨-ness⟩ **0.1** ***nijver*** ⇒*vlijtig, arbeidzaam.*

industr|y [indəstrie] ⟨mv.: -ies⟩ **0.1** ***industrie*** **0.2** ***bedrijfsleven*** **0.3** ***vlijt*** ⇒*(werk)ijver.*

inebriate[1] [innie:briət, -brie·eet] ⟨zn.⟩⟨schr.⟩ **0.1** ***dronkaard*** ⇒*alcoholverslaafde.*

inebriate[2] ⟨bn.⟩⟨schr.⟩ **0.1** ***dronken*** *⇒aan alcohol verslaafd.*

inebri|ate[3] [innie:brie·eet] ⟨ww.; zn.: **-ation**⟩⟨schr.⟩ **0.1** ***bedwelmen*** *⇒verdoven, dronken maken* ⟨ook fig.⟩.

inebriety [innibrajjətie] **0.1** ***dronkenschap*** **0.2** ***drankzucht.***

inedib|le [inneddəbl] ⟨-ly; zn.: **-ility**⟩ **0.1** ***oneetbaar.***

ineducab|le [innedjoekəbl] ⟨-ly; zn.: **-ility**⟩ **0.1** ***moeilijk opvoedbaar.***

ineffab|le [inneffəbl] ⟨-ly; zn.: **-ility**⟩ **0.1** ***onuitsprekelijk*** **0.2** ***verboden (uit te spreken).***

ineffaceab|le [inniffeesəbl] ⟨-ly⟩ **0.1** ***onuitwisbaar.***

ineffective [inniffektiv] ⟨-ness⟩ **0.1** ***ineffectief*** **0.2** ***inefficiënt*** *⇒ondoelmatig, onbekwaam.*

ineffectual [inniffektsjoeəl] **0.1** ***vruchteloos*** *⇒vergeefs* **0.2** ***ongeschikt*** *⇒incapabel.*

inefficilent [inniffisjnt] ⟨zn.: **-ency**⟩ **0.1** ***inefficiënt*** *⇒ondoelmatig, onpraktisch.*

inelastic [innilæstik] **0.1** ***onelastisch*** *⇒inflexibel, star.*

inelegance [innelligəns] **0.1** ***onbevalligheid*** *⇒gebrek aan elegantie.*

inelegant [innelligənt] **0.1** ***onelegant*** *⇒stijf.*

ineligib|le [innellidzjəbl] ⟨-ly; zn.: **-ility**⟩ **0.1** ***onverkiesbaar*** *⇒ongeschikt* **0.2** ***onbegeerlijk*** *⇒onverkieslijk* ◆ **3.1** ~ to vote *niet stemgerechtigd.*

ineluctab|le [innilluktəbl] ⟨-ly⟩⟨schr.⟩ **0.1** ***onontkoombaar*** *⇒onvermijdelijk.*

inept [innept] **0.1** ***absurd*** *⇒dwaas* **0.2** ***onbeholpen*** *⇒onbekwaam.*

ineptitude [inneptitjoe:d] **0.1** ***absurditeit*** *⇒dwaasheid.*

inequalit|y [innikwollətie] ⟨mv.: -ies⟩ **0.1** ***ongelijkheid*** ⟨ook wisk.⟩ *⇒verschil* **0.2** ⟨vnl. mv.⟩ ***oneffenheid*** **0.3** ***veranderlijkheid.***

inequitab|le [innekwittəbl] ⟨-ly⟩ **0.1** ***onrechtvaardig.***

inequit|y [innekwətie] ⟨mv.: -ies⟩ **0.1** ***onrechtvaardigheid.***

ineradicab|le [innirædikkəbl] ⟨-ly⟩ **0.1** ***onuitroeibaar*** *⇒onuitwisbaar.*

inert [innə:t] ⟨-ness⟩ **0.1** ***inert*** ⟨ook nat., schei.⟩ *⇒traag, mat* ◆ **1.1** ~ gas *inert/edel gas;* ~ matter *inerte massa.*

inertia [innə:sjə] **0.1** ***inertie*** ⟨ook nat.⟩ *⇒traagheid.*

inertia-reel seat belt **0.1** ***oprolbare veiligheidsriem/gordel.***

inescapab|le [inniskeepəbl] ⟨-ly⟩ **0.1** ***onontkoombaar*** *⇒onvermijdelijk, onafwendbaar.*

inessential [innissensjl] **0.1** ⟨bn.⟩ ***bijkomstig*** **0.2** ⟨zn.; vnl. mv.⟩ ***bijkomstigheid.***

inestimab|le [innestimməbl] ⟨-ly⟩ **0.1** ***onschatbaar.***

inevitab|le [innevvittəbl] ⟨-ly; zn.: **-ility**⟩ **0.1** ***onvermijdelijk*** *⇒onontkoombaar, onafwendbaar* **0.2** ⟨inf.⟩ ***onafscheidelijk*** ◆ **1.2** there he is, wearing his ~ sunglasses *daar heb je hem, met zijn eeuwige/onafscheidelijke zonnebril.*

inexact [innigzækt] ⟨-ness⟩ **0.1** ***onnauwkeurig.***

inexactitude [innigzæktitjoe:d] **0.1** ***onnauwkeurigheid*** *⇒slordigheid.*

inexcusab|le [innikskjoe:zəbl] ⟨-ly⟩ **0.1** ***onvergeeflijk.***

inexhaustib|le [innigzo:stəbl] ⟨-ly⟩ **0.1** ***onuitputtelijk*** **0.2** ***onvermoeibaar.***

inexorab|le [inneksrəbl] ⟨-ly; zn.: **-ility**⟩ **0.1** ***onverbiddelijk.***

inexpedi|ent [innikspie:diənt] ⟨zn.: **-ency**⟩ **0.1** ***ondoelmatig*** *⇒ongeschikt, onraadzaam.*

inexpensive [innikspensiv] **0.1** ***voordelig*** *⇒goedkoop.*

inexperience [innikspiəriəns] **0.1** ***onervarenheid.***

inexperienced [innikspiəriənst] **0.1** ***onervaren.***

inexpert [innekspə:t] **0.1** ***ondeskundig*** *⇒onbedreven.*

inexpiab|le [innekspiəbl] ⟨-ly⟩ **0.1** ***onvergeeflijk*** *⇒niet goed te maken* **0.2** ***onverzoenlijk.***

inexplicab|le [innikspllikkəbl, innekspli-] ⟨-ly; zn.: **-ility**⟩ **0.1** ***onverklaarbaar.***

inexplicit [innikspllissit] **0.1** ***niet uitdrukkelijk (vermeld).***

inexpressib|le [innikspressəbl] ⟨-ly⟩ **0.1** ***niet uit te drukken.***

inextinguishab|le [innikstinggwisjəbl] ⟨-ly⟩ **0.1** ***on(uit)blusbaar.***

inextricab|le [innekstrikkəbl, innikstr-] ⟨-ly⟩ **0.1** ***onontkoombaar*** **0.2** ***onontwarbaar*** **0.3** ***onlosmakelijk.***

infallib|le [infæləbl] ⟨-ly; zn.: **-ility**⟩ **0.1** ***onfeilbaar*** **0.2** ***feilloos*** ◆ ¶.2 ⟨inf.⟩ infallibly, she makes the wrong choice *ze doet steevast de verkeerde keus.*

infamous [infəməs] **0.1** ***berucht*** **0.2** ***schandelijk*** *⇒eerloos* ⟨ook jur.⟩.

infam|y [infəmie] ⟨mv.: -ies⟩ **0.1** ***beruchtheid*** **0.2** ***infamie*** *⇒schanddaad, eerloosheid* ⟨ook jur.⟩.

infanc|y [infənsie] ⟨mv.: -ies⟩ **0.1** ***kindsheid*** *⇒eerste jeugd* ⟨onder 7 jaar⟩ **0.2** ***beginstadium*** ◆ **6.2** **in** its ~ *in de kinderschoenen.*

infant [infənt] **0.1** ⟨zn.⟩ ***jong kind*** ⟨onder 7 jaar⟩ **0.2** ⟨bn.⟩ ***kinder-*** **0.3** ⟨bn.⟩ ***opkomend*** *⇒in de kinderschoenen* ◆ **1.2** ~ prodigy *wonderkind.*

infanticide [infæntissajd] **0.1** ***kindermoordenaar*** **0.2** ***kindermoord.***

infantile [infəntajl] **0.1** ⟨vaak pej.⟩ ***infantiel*** *⇒kinderachtig, onvolwassen* **0.2** ***kinder-*** ◆ **1.2** ~ paralysis *kinderverlamming.*

infantilism [infæntillizm] **0.1** ***infantilisme.***

infant mortality **0.1** ***zuigelingensterfte.***

infantry [infəntrie] ⟨zn.⟩ **0.1** ***infanterie*** *⇒voetvolk.*

infantry|man [infəntriemən] ⟨mv.: -men [-mən]⟩ **0.1** ***infanterist.***

infant school ⟨BE⟩ **0.1** ***kleuterschool.***

infatuated [infætsjoe·eetid] **0.1** ***gek*** *⇒dol, (smoor)verliefd* ◆ **6.1** be ~ **by/with** s.o./sth. *gek/dol zijn op iem./iets.*

infatuation [infætsjoe·eesjn] **0.1** ***liefde*** **0.2** ***bevlieging*** *⇒verliefdheid.*

infeasible [infie:zəbl] **0.1** ***onuitvoerbaar*** *⇒ondoenlijk.*

infect [infekt] **0.1** ***besmetten*** ⟨ook fig.⟩ *⇒infecteren* **0.2** ***vervuilen*** *⇒bederven.*

infection [infeksjn] **0.1** ***infectie*** ⟨ook fig.⟩ *⇒infectieziekte* **0.2** ***infectiestof*** **0.3** ***(negatieve) beïnvloeding*** *⇒(slecht) voorbeeld.*

infectious [infeksjəs] ⟨-ness⟩ **0.1** ***besmettelijk*** **0.2** ***aanstekelijk.***

infelicitous [infillissittəs] **0.1** ***ongelukkig (gekozen)*** *⇒onfortuinlijk.*

infelicit|y [infillissətie] ⟨mv.: -ies⟩ **0.1** ***ongeluk*** **0.2** ***ongelukkige keuze/uitdrukking/gedachte.***

infer [infə:] ⟨-red⟩ **0.1** ⟨+from⟩ ***concluderen (uit)*** *⇒afleiden, opmaken* **0.2** ***impliceren*** *⇒inhouden.*

inference [infrəns] **0.1** ***gevolgtrekking*** *⇒(logische) conclusie.*

inferential [infərensjl] **0.1** ***afleidbaar*** **0.2** ***afgeleid*** *⇒opgemaakt* ◆ **1.1** ~ statistics *verklarende/mathematische/inductieve statistiek.*

inferior [infiəriə] **0.1** ⟨bn.⟩ ***lager*** *⇒minder, ondergeschikt* **0.2** ⟨bn.⟩ ***inferieur*** *⇒minderwaardig* **0.3** ⟨bn.; plantk.⟩ ***onderstandig*** **0.4** ⟨zn.⟩ ***ondergeschikte*** ◆ **1.2** ~ goods *goederen v. mindere kwaliteit* **6.2** be ~ **to** *onderdoen voor.*

inferiority [infiərie·orrətie] **0.1** ***minderwaardigheid*** ◆ **2.1** technical ~ *technische achterstand.*

inferiority complex ⟨psych.⟩ **0.1** ***minderwaardigheidscomplex.***

infernal [infə:nl] **0.1** ***hels*** *⇒duivels* **0.2** ⟨inf.⟩ ***afschuwelijk*** *⇒vervloekt.*

inferno [infə:noo] **0.1** ***hel*** ⇒*inferno.*
infert|ile [infə:tajl] ⟨zn.: **-ility**⟩ **0.1** ***onvruchtbaar.***
infest [infest] ⟨zn.: **-ation**⟩ **0.1** ***teisteren*** ⇒*onveilig maken* ◆ **6.1** be ~ed **with** *vergeven zijn van.*
infidel [infidl] **0.1** ⟨bn.⟩ ***ongelovig*** **0.2** ⟨zn.⟩ ***ongelovige.***
infidelit|y [infiddellətie] ⟨mv.: -ies⟩ **0.1** ***ongelovigheid*** ⇒*ongeloof* **0.2** ***trouweloosheid*** ⇒*ontrouw* **0.3** ***onnauwkeurigheid.***
infield [infie:ld] **0.1** ***land rondom de boerderij*** **0.2** ***bebouwbaar stuk land*** ⇒*bouwland* **0.3** ⟨ww. enk. of mv.; honkbal⟩ ***binnenveld(ers).***
infielder [infie:ldə] ⟨honkbal⟩ **0.1** ***binnenvelder.***
infighting [infajting] **0.1** ***bedekte onderlinge strijd*** ⇒*verborgen machtsstrijd.*
infiltr|ate [infiltreet] ⟨zn.: **-ation**⟩ **I** ⟨onov.ww.⟩ **0.1** ⟨+ into⟩ ***infiltreren (in)*** ⇒*tersluiks binnendringen;*
II ⟨ov.ww.⟩ **0.1** ***doordringen*** ⇒*infiltreren in.*
infiltrator [infiltreetə] **0.1** ***infiltrant*** ⇒*indringer.*
infinite[1] [infinnit] ⟨zn.⟩ **0.1** ***oneindigheid*** ◆ **7.1** the ~ *het heelal;* the Infinite *God.*
infinite[2] ⟨bn.⟩ **0.1** ***oneindig*** ⟨ook wisk.⟩ ⇒*onbegrensd* **0.2** ***buitengemeen groot/veel.***
infinitesimal [infinnittessiml] **0.1** ***oneindig klein*** ◆ **1.¶** ~ calculus *infinitesimaalrekening.*
infinitive [infinnətiv] ⟨taal.⟩ **0.1** ***infinitief.***
infinitude [infinnitjoe:d] ⟨schr.⟩ **0.1** ***oneindige hoeveelheid*** **0.2** ***oneindigheid*** ⇒*onbegrensdheid.*
infinit|y [infinnətie] ⟨mv.: -ies⟩ **0.1** ***oneindigheid*** ⟨ook wisk.⟩ ⇒*grenzeloosheid* **0.2** ***oneindige hoeveelheid*** ◆ **3.1** it takes an ~ *het duurt een eeuwigheid.*
infirm [infə:m] **0.1** ***zwak*** ◆ **1.1** ~ of purpose *besluiteloos.*
infirmar|y [infə:mərie] ⟨mv.: -ies⟩ **0.1** ***ziekenhuis*** ⇒*ziekenafdeling/zaal.*
infirmit|y [infə:mətie] ⟨mv.: -ies⟩ **0.1** ***zwakheid*** **0.2** ***gebrek*** ⇒*kwaal.*
inflame [infleem] **I** ⟨onov. en ov.ww.⟩ **0.1** ⟨med.⟩ ***inflammeren*** ⇒*ontsteken, ontstoken raken* ◆ **1.1** an ~d eye *een ontstoken oog;*
II ⟨ov.ww.⟩ **0.1** ***opwinden*** ⇒*kwaad maken* ◆ **6.1** ~d **with** rage *in woede ontstoken.*
inflammable [inflæməbl] **0.1** ⟨bn.⟩ ***ontvlambaar*** ⇒*zeer brandbaar;* ⟨fig.⟩ *opvliegend* **0.2** ⟨zn.⟩ ***licht ontvlambare stof.***
inflammation [infləmeesjn] **0.1** ***ontsteking*** ⇒*ontbranding;* ⟨fig.⟩ *opwinding;* ⟨med.⟩ *inflammatie.*
inflammator|y [inflæmətrie] ⟨-ily⟩ **0.1** ***opwindend*** ⇒*opruiend.*
inflatable [infleetəbl] **0.1** ***opblaasbaar.***
inflate [infleet] **I** ⟨onov.ww.⟩ **0.1** ***opgeblazen worden;***
II ⟨ov.ww.⟩ **0.1** ***opblazen*** ⇒*doen zwellen;* ⟨fig.⟩ *verwaand maken* **0.2** ⟨ec.⟩ ***inflateren*** ⇒*kunstmatig opdrijven* ⟨bv. prijzen⟩.
inflated [infleetid] **0.1** ***opgeblazen*** ⇒⟨fig.⟩ *trots, verwaand; bombastisch* ⟨v. taal⟩ **0.2** ⟨ec.⟩ ***geïnflateerd*** ⇒*abnormaal gestegen.*
inflation [infleesjn] **0.1** ***het opblazen*** **0.2** ⟨ec.⟩ ***inflatie*** **0.3** ***opgeblazenheid*** ⟨ook fig.⟩ ⇒*gezwollenheid* ◆ **3.2** galloping ~ *wilde inflatie.*
inflationary [infleesjənrie] ⟨ec.⟩ **0.1** ***inflatoir*** ◆ **1.1** ~ spiral *inflatiespiraal.*
inflation rate **0.1** ***inflatiecijfer/percentage.***
inflect [inflekt] **0.1** ***(om)buigen*** **0.2** ***moduleren*** ⇒*van toonaard veranderen* **0.3** ⟨taal.⟩ ***verbuigen, vervoegen.***
inflection, ⟨BE sp. vnl.⟩ **inflexion** [infleksjn] **0.1** ***(in)buiging*** ⇒*kromming* **0.2** ***inflexie*** ⇒*stembuiging* **0.3** ⟨wisk.⟩ ***buigpunt.***
inflexib|le [infleksəbl] ⟨-ly; zn.: **-ility**⟩ **0.1** ***onbuigbaar*** ⟨ook fig.⟩ ⇒*onbuigzaam.*
inflict [inflikt] **0.1** ***opleggen*** ⇒*opdringen* **0.2** ***toedienen*** ⇒ *toebrengen* **0.3** ***teisteren*** ◆ **6.1** ~ a penalty **(up)on** s.o. *iem. een straf opleggen* **6.2** ~ a blow **(up)on** s.o. *iem. een klap geven.*
infliction [infliksjn] **0.1** ***(straf)oplegging*** **0.2** ***straf*** ⇒⟨fig.⟩ *kwelling, last.*
in-flight ◆ **1.¶** ~ movie *tijdens de vlucht vertoonde film.*
inflorescence [inflo:resns, -flə-] **0.1** ***bloei*** ⟨ook fig.⟩ ⇒*bloesem* **0.2** ⟨plantk.⟩ ***bloeiwijze*** ⇒*inflorescentie* **0.3** ***bloemstelsel.***
inflow [infloo] **0.1** ***toevloed*** ⇒*in/toestroming.*
influence[1] [infloeəns] ⟨zn.⟩ **0.1** ***invloed*** ⇒*inwerking, macht* **0.2** ***protectie*** ⇒⟨inf.⟩ *kruiwagen* **0.3** ⟨nat.⟩ ***influentie*** ◆ **3.1** use one's ~ *zijn invloed aanwenden* **6.1** ~ **on/upon** *(onbewuste) invloed op;* have ~ **over/with** s.o. *overwicht over iem. hebben* **6.¶** ⟨inf.⟩ **under** the ~ *onder invloed.*
influence[2] ⟨ww.⟩ **0.1** ***beïnvloeden*** ⇒*invloed hebben/(uit)oefenen op.*
influential [infloe-ensjl] **0.1** ***invloedrijk.***
influenza [infloe·enzə] **0.1** ***influenza*** ⇒*griep.*
influx [influks] **0.1** ***toevloed*** ⇒*instroming* **0.2** ***riviermond(ing).***
info [infoo] ⟨verk.⟩ [information] ⟨inf.⟩ **0.1** ***info*** ⇒*informatie.*
inform [info:m] **I** ⟨onov.ww.⟩ **0.1** ***een klacht indienen*** ◆ **6.1** ~ **against/(up)on** s.o. *iem. aanklagen/aanbrengen;*
II ⟨ov.ww.⟩ **0.1** ***informeren*** ⇒*op de hoogte stellen* **0.2** ***berichten*** ⇒*meedelen* **0.3** ***bezielen*** ⇒*inspireren* ◆ **6.1** ~ s.o. **about/of** *iem. inlichten over.*
informal [info:ml] **0.1** ***informeel*** ⇒*niet officieel* **0.2** ***onvormelijk*** **0.3** ***ongedwongen*** ◆ **1.3** ~ speech *spreektaal.*
informalit|y [info:mælətie] ⟨mv.: -ies⟩ **0.1** ***informaliteit*** ⇒ *ongedwongenheid.*
informant [info:mənt] **0.1** ***informant*** ⇒*zegsman.*
informatics [infəmætiks] **0.1** ***informatica.***
information [infəmeesjn] **0.1** ***informatie*** ⇒*inlichting(en), voorlichting* **0.2** ***kennis*** ◆ **1.1** bits/pieces of ~ on sth. *informatie/inlichtingen over iets* **3.1** obtain ~ *informatie inwinnen.*
information bureau **0.1** ***inlichtingendienst*** ⇒*informatie, VVV.*
information highway **0.1** ***informatiesnelweg.***
information retrieval ⟨comp.⟩ **0.1** ***het terugvinden/ophalen v. informatie (uit een database)*** ⇒*informatieontsluiting.*
information science **0.1** ***informatica.***
information storage ⟨comp.⟩ **0.1** ***(machineleesbare) informatieopslag.***
information technology **0.1** ***informatietechniek.***
informative [info:mətiv] **0.1** ***informatief*** ⇒*leerzaam.*
informed [info:md] **0.1** ***ingelicht*** **0.2** ***ontwikkeld*** ◆ **5.1** ill-~ *slecht op de hoogte;* well-~ *goed ingelicht.*
informer [info:mə] **0.1** ***informant*** ⇒*zegsman* **0.2** ⟨jur.⟩ ***aanklager*** ⇒*aanbrenger* **0.3** ***geheim agent*** ⇒*politiespion.*
infotainment [infooteenmənt] **0.1** ***infotainment.***
infra [infrə] **0.1** ***beneden*** ⟨ook in boek⟩ ⇒*hieronder.*
infraction [infræksjn] **0.1** ***schending*** ⇒*(in)breuk.*
infra dig [infrə dig] ⟨verk.⟩ [infra dignitatem] ⟨inf.⟩ **0.1** ***beneden iemands waardigheid.***
infrared [infrəred] **0.1** ***infrarood.***
infrastructure [infrəstruktsjə] **0.1** ***infrastructuur.***
infrequ|ent [infrie:kwənt] ⟨zn.: **-ency**⟩ **0.1** ***zeldzaam.***
infrequently [infrie:kwəntlie] **0.1** →**infrequent** **0.2** ***zelden.***
infringe [infrindzj] ⟨zn.: **-ment**⟩ **I** ⟨onov.ww.⟩ **0.1** ⟨+ (up)on⟩ ***inbreuk maken (op);***

II ⟨ov.ww.⟩ 0.1 *schenden* ⇒*overtreden* ⟨overeenkomst e.d.⟩.

infuriate [infjoeərie·eet] 0.1 ***razend maken.***

infuse [infjoe:z] 0.1 ***(in)gieten*** ⇒*ingeven* 0.2 ***bezielen*** ⇒*inprenten, storten* ⟨genade⟩ 0.3 ***(laten) trekken*** ⟨(v.) thee⟩ ◆ 6.2 ~ courage **into** s.o. / ~ s.o. **with** courage *iem. moed inblazen.*

infusion [infjoe:zjn] 0.1 ***infusie*** ⇒*aftreksel* 0.2 ***toevoeging*** ⇒*inbreng* 0.3 ***bezieling*** ⇒*inprenting* 0.4 ⟨med.⟩ ***infuus.***

ingenious [indzjie:niəs] 0.1 ***ingenieus*** ⇒*vernuftig.*

ingenuit|y [indzjinjoe:ətie] ⟨mv.: -ies⟩ 0.1 ***vindingrijkheid*** ⇒ *vernuft* 0.2 ⟨vaak mv.⟩ ***ingenieuze uitvinding.***

ingenuous [indzjenjoeəs] ⟨-ness⟩ 0.1 ***argeloos*** ⇒*naïef, onschuldig, ongekunsteld* 0.2 ***eerlijk*** ⇒*openhartig.*

ingest [indzjest] 0.1 ***opnemen*** ⇒*tot zich nemen* ⟨voedsel⟩; ⟨fig.⟩ *verwerken.*

ingestion [indzjestsjn] 0.1 ***opname*** ⟨v. voedsel⟩.

inglenook 0.1 ***hoekje/zitplaats bij de (open) haard.***

inglorious [inglo:riəs] 0.1 ***eerloos*** ⇒*schandelijk* 0.2 ***obscuur.***

ingoing [ingoo·ing] 0.1 ***binnengaand*** ⇒*opkomend* ⟨getijde bv.⟩ 0.2 ***indringend*** ◆ 1.1 the ~ owners of the villa *de nieuwe eigenaars v.d. villa.*

ingot [inggət] 0.1 ***baar*** ⇒*(goud)staaf, ingot* 0.2 ***coquille*** ⇒ *gietvorm.*

ingraft →**engraft.**

ingrained [ingreend] 0.1 ***ingeworteld*** 0.2 ***verstokt*** ⇒*doortrapt.*

ingratiate [ingreesjie·eet] 0.1 ***bemind maken*** ◆ 6.1 ~ o.s. **with** s.o. *bij iem. in de gunst trachten te komen.*

ingratiating [ingreesjie·eeting] 0.1 ***innemend*** ⇒*vleiend.*

ingratitude [ingrætitjoe:d] 0.1 ***ondankbaarheid.***

ingredient [ingrie:diənt] 0.1 ***ingrediënt.***

ingress [ingres] ⟨schr.⟩ 0.1 ***ingang*** ⇒*toegang* 0.2 ***toegangsrecht.***

ingrowing [ingroo·ing] 0.1 ***ingroeiend*** ⟨ihb. v. nagels⟩.

ingrown [ingroon] 0.1 ***ingegroeid*** ⟨ihb. v. nagels⟩ ◆ 1.1 ⟨fig.⟩ ~ habit *vaste/ingewortelde gewoonte.*

inhabit [inhæbit] 0.1 ***bewonen*** ⇒*wonen in.*

inhabitable [inhæbittəbl] 0.1 ***bewoonbaar.***

inhabitant [inhæbittənt] 0.1 ***bewoner*** ⇒*inwoner.*

inhal|e [inheel] ⟨zn.: **-ation**⟩ 0.1 ***inademen*** ⇒*inhaleren.*

inhaler [inheelə] 0.1 ***inhaleertoestel*** 0.2 ***respirator*** ⇒ *ademhalingstoestel.*

inharmonious [inha:mooniəs] ⟨-ness⟩ 0.1 ***onharmonisch*** ⇒ *onwelluidend* 0.2 ***niet overeenstemmend.***

inhere [inhiə] 0.1 ⟨+ in⟩ ***inherent zijn (aan)*** ⇒*eigen zijn (aan), berusten (bij).*

inherent [inhiərənt] 0.1 ***inherent*** ⇒*intrinsiek, eigen.*

inherit [inherrit] 0.1 ***erven*** ⇒*erfgenaam zijn, meekrijgen* ⟨eigenschappen e.d.⟩.

inheritance [inherrittəns] 0.1 ***erfenis*** ⇒*nalatenschap* 0.2 ***(over)erving.***

inheritance tax 0.1 ***successierecht.***

inheritor [inherrittə] 0.1 ***erfgenaam.***

inhibit [inhibbit] 0.1 ***verbieden*** ⇒*ontzeggen* 0.2 ***hinderen*** ⇒*onderdrukken* ◆ 6.2 ~ s.o. **from** doing sth. *iem. beletten/ervan weerhouden iets te doen.*

inhibited [inhibbittid] 0.1 ***geremd*** ⇒*belemmerd, onvrij.*

inhibition [inhibbisjn] 0.1 ***remming*** ⇒*geremdheid, verbod.*

inhospitab|le [inhospittəbl, inho-] ⟨-ly⟩ 0.1 ***ongastvrij.***

in-house 0.1 ***binnenshuis*** ⇒*binnen het bedrijf, intern;* ⟨attr. ook⟩ *huis-, bedrijfs-* ◆ 1.1 ~ research *intern uitgevoerd/niet-uitbesteed onderzoek.*

inhuman [inhjoe:mən] 0.1 ***onmenselijk*** ⇒*wreed.*

inhumane [inhjoe:meen] 0.1 ***inhumaan*** ⇒*onmenslievend.*

inhumanit|y [inhjoe:mænətie] ⟨mv.: -ies⟩ 0.1 ***wreedheid*** ⇒ *onmenslievendheid.*

inhum|e [inhjoe:m] ⟨zn.: **-ation**⟩ 0.1 ***begraven*** ⇒*ter aarde bestellen.*

inimical [innimmikl] ⟨schr.⟩ 0.1 ***vijandig*** 0.2 ⟨+ to⟩ ***schadelijk (voor).***

inimitab|le [innimmittəbl] ⟨-ly⟩ 0.1 ***onnavolgbaar*** ⇒*weergaloos.*

iniquitous [innikwittəs] ⟨schr.⟩ 0.1 ***(hoogst) onrechtvaardig*** ⇒*ongerechtig.*

iniquit|y [innikwətie] ⟨mv.: -ies⟩ 0.1 ***onrechtvaardigheid*** ⇒ *ongerechtigheid, zonde.*

initial[1] [innisjl] ⟨zn.; vaak mv.⟩ 0.1 ***initiaal*** ⇒*begin/hoofdletter, voorletter;* ⟨mv. ook⟩ *paraaf.*

initial[2] ⟨bn.⟩ 0.1 ***begin-*** ⇒*eerste, initiaal* ◆ 1.1 ~ capital *grond/oprichtingskapitaal;* ~ expenses *de aanloopkosten;* ~ stage *begin/aanvangsstadium.*

initial[3] ⟨ww.; BE -led⟩ 0.1 ***paraferen*** ⇒*voorzien van zijn paraaf.*

initialize, -ise [innisjəlajz] ⟨comp.⟩ 0.1 ***initialiseren.***

initially [innisjlie] 0.1 ***aanvankelijk*** ⇒*eerst, in het begin.*

initiate[1] [innisjiət] ⟨zn.⟩ 0.1 ***ingewijde*** 0.2 ***beginner.***

initi|ate[2] [innisjie·eet] ⟨ww.; zn.: **-ation**⟩ 0.1 ***beginnen*** ⇒*in werking stellen, het initiatief nemen tot* 0.2 ⟨vaak pass.; +into⟩ ***inwijden (in).***

initiative [innisjətiv] 0.1 ***initiatief*** ◆ 3.1 lack ~ *gebrek aan initiatief hebben;* take the ~ *het initiatief nemen* 6.1 **on** one's own ~ *op eigen initiatief.*

inject [indzjekt] 0.1 ***injecteren*** 0.2 ***inbrengen*** ⇒*introduceren* ◆ 6.1 ~ s.o. **with** sth. *iem. iets inspuiten* 6.2 ~ a little life **into** a community *een gemeenschap wat leven inblazen.*

injection [indzjeksjn] 0.1 ***injectie*** ⟨ook fig.⟩ ⇒*inbrenging; stimulans.*

injection moulding ⟨tech.⟩ 0.1 ***spuitgietproces.***

injector [indzjektə] 0.1 ***inspuiter*** 0.2 ⟨tech.⟩ ***injector*** ⇒*inspuiter.*

injudicious [indzjoedisjəs] ⟨-ness⟩⟨schr.⟩ 0.1 ***onverstandig*** ⇒*onoordeelkundig.*

injunction [indzjungksjn] 0.1 ***(uitdrukkelijk) bevel*** ⇒*gebod, dwangbevel;* ⟨jur.⟩ *injunctie, gerechtelijk bevel* ◆ 3.1 lay an ~ on s.o. *iem. formeel gebieden/verbieden.*

injure [indzjə] 0.1 ***(ver)wonden*** ⇒*kwetsen, blesseren* 0.2 ***kwaad doen*** ⇒*benadelen, beledigen* ◆ 1.1 twelve people were ~d *er vielen twaalf gewonden* 1.2 ~ s.o.'s honour *iemands goede naam aantasten.*

injurious [indzjoeəriəs] 0.1 ***nadelig*** ⇒*schadelijk* 0.2 ***beledigend*** ⇒*krenkend.*

injur|y [indzjərie] ⟨mv.: -ies⟩ 0.1 ***verwonding*** ⇒*letsel, blessure* 0.2 ***mishandeling*** 0.3 ***schade*** ⇒*onrecht* ◆ 3.1 do s.o. an ~ *iem. letsel toebrengen;* suffer minor injuries *lichte verwondingen oplopen.*

injury time ⟨sport⟩ 0.1 ***blessuretijd.***

injustice [indzjustis] 0.1 ***onrechtvaardigheid*** ◆ 3.1 do s.o. an ~ *iem. onrecht doen.*

ink[1] [ingk] ⟨zn.⟩ 0.1 ***inkt*** ⟨ook v. inktvis⟩ ⇒*drukinkt;* ⟨druk.⟩ *verf.*

ink[2] ⟨ww.⟩ 0.1 ***inkten*** ⇒*met drukinkt bedekken* 0.2 ***met inkt overtrekken*** ◆ 5.2 ~ **in** a drawing *een tekening met inkt invullen;* ~ sth. **out** *iets met inkt onzichtbaar maken.*

inkbottle, inkpot 0.1 ***inktpot.***

inkjet printer ⟨comp.⟩ 0.1 ***inkjetprinter.***

inkling [ingkling] 0.1 ***flauw vermoeden*** ⇒*vaag idee/benul* ◆ 3.1 he hasn't an ~ of what goes on *hij heeft geen notie van wat er gebeurt.*

inkpad 0.1 ***stempelkussen.***
inkstand 0.1 ***inktstel.***
inkwell 0.1 ***inktpot.***
ink|y [ingkie] ⟨-ily⟩ **0.1** ***met inkt besmeurd/bedekt*** **0.2** ***inktachtig.***
INLA ⟨afk.⟩ **0.1** [Irish National Liberation Army].
inlaid [inleed] **0.1** ***ingelegd.***
inland [inlænd, inlənd] **0.1** ⟨bn.⟩ ***binnenlands*** **0.2** ⟨bw.⟩ ***landinwaarts*** ◆ **1.1** ~ navigation *binnen(scheep)vaart;* ~ town *stad in het binnenland.*
Inland Revenue ⟨BE⟩ **0.1** ***staatsbelastinginkomsten*** **0.2** ⟨the; ww. ook mv.⟩ ***belastingdienst.***
in-law [inlo:] ⟨vaak mv.⟩⟨inf.⟩ **0.1** ***aangetrouwd familielid*** ⇒⟨mv. ook⟩ *schoonouders, schoonfamilie.*
inlay[1] [inlee] ⟨zn.⟩ **0.1** ***inlegsel*** ⇒*inlegwerk, mozaïek* **0.2** ⟨tandheelkunde⟩ ***vulling*** ⇒*inlay.*
inlay[2] [inlee] ⟨ww.⟩ **0.1** ***inleggen*** **0.2** ***met illustraties doorschieten*** ⟨boek⟩ ◆ **6.1** gold inlaid **into** wood *hout met goud ingelegd.*
inlet [inlet] **0.1** ***inham*** ⇒*kreek* **0.2** ***inlaat*** ⟨voor vloeistoffen⟩ ⇒*toegang.*
inmate [inmeet] **0.1** ***(mede)bewoner*** ⇒*kamer/huisgenoot; patiënt; gevangene.*
inmost [inmoost], **innermost** [innəmoost] **0.1** ***binnenst*** **0.2** ***diepst*** ⇒*geheimst.*
inn [in] **0.1** ***herberg*** **0.2** ***taveerne*** ⇒*kroeg* ◆ **1.¶** ⟨BE⟩ Inns of Chancery *Inns of Chancery* ⟨juristengebouwen⟩; ⟨BE⟩ Inns of Court *Inns of Court* ⟨een viertal juridische orden v. advocaten⟩.
innards [innədz] ⟨inf.⟩ **0.1** ***ingewanden.***
innate [inneet] **0.1** ***aangeboren*** ⇒*ingeboren* **0.2** ***rationeel*** ◆ **2.1** ~ly kind *vriendelijk van nature.*
inner [innə] **0.1** ***binnenst*** ⇒*innerlijk* **0.2** ***verborgen*** ⇒*intiem* ◆ **1.1** ~ city *binnenstad;* ⟨ihb.⟩ *verpauperde stadskern;* the ~ man/woman *de geestelijke mens;* ⟨scherts.⟩ *de inwendige mens;* ~ tube *binnenband* **1.2** the ~ circle *kring v. vertrouwelingen;* ~ life *gemoedsleven;* the ~ meaning *de diepere betekenis* **1.¶** Inner Temple *(gebouw v.) een v.d. Inns of Court.*
inner-city ⟨vaak attr.⟩ **0.1** ***binnenstad.***
innermost →**inmost.**
inning [inning] **0.1** ⟨honkbal⟩ ***slagbeurt*** ⇒*inning(s)* **0.2** ⟨vaak mv.⟩ ***teruggewonnen land.***
innings [inningz] ⟨mv.: innings; mv.: inf. ook -es⟩⟨cricket⟩ **0.1** ***slagbeurt*** ⇒*innings* ◆ **2.1** ⟨fig.⟩ have a good ~ *een lang en gelukkig leven leiden.*
innkeeper 0.1 ***waard.***
innocence [innəsns] **0.1** ***onschuld.***
innocent[1] [innəsnt] ⟨zn.⟩ **0.1** ***onschuldige*** ⇒⟨ihb.⟩ *onschuldig kind;* ⟨Innocents⟩ *onnozele kinderen.*
innocent[2] ⟨bn.; -ly⟩ **0.1** ***onschuldig*** ⇒*schuldeloos* **0.2** ***onschadelijk*** ◆ **1.1** as ~ as a new-born babe *zo onschuldig als een pasgeboren kind* **6.1** ~ **of** the charge *onschuldig aan de telastlegging.*
innocuous [innokjoeəs] **0.1** ***onschadelijk*** **0.2** ***ongeïnspireerd.***
innov|ate [innəveet] ⟨zn.: **-ation**⟩ **0.1** ***vernieuwen.***
innovative [innəveetiv] **0.1** ***vernieuwend.***
innovativeness [innəveetivnis] **0.1** ***vernieuwingsgezindheid/drang.***
innovator [innəveetə] **0.1** ***vernieuwer.***
innuendo [injoe·endoo] ⟨mv.: ook -es⟩ **0.1** ***(bedekte) toespeling.***
innumerab|le [injoe:mərəbl] ⟨-ly⟩ **0.1** ***ontelbaar*** ⇒*talloos.*
inoculate [innokjoeleet] **0.1** ***inenten*** ⟨met vaccin⟩ **0.2** ***indoctrineren*** ◆ **6.1** ~ s.o. **with** bacteria *iem. met bacteriën besmetten.*
inoculation [innokjoeleesjn] **0.1** ***inenting*** ⟨met vaccin⟩.
inoffensive [innəfensiv] ⟨-ness⟩ **0.1** ***onschuldig*** ⇒*onschadelijk, geen ergernis wekkend.*
inoperab|le [innoprəbl] ⟨-ly⟩ **0.1** ⟨med.⟩ ***inoperabel*** **0.2** ***onuitvoerbaar*** ⇒*onbruikbaar.*
inoperative [innoprətiv] **0.1** ***niet in werking*** ⇒*niet van kracht.*
inopportune [innoppətjoe:n] ⟨-ness⟩ **0.1** ***ongelegen (komend)*** ⇒*inopportuun.*
inordinate [inno:dnət] ⟨schr.⟩ **0.1** ***buitensporig*** ⇒*onmatig* **0.2** ***ongeregeld.***
inorganic [inno:gænik] ⟨-ally⟩ **0.1** ***anorganisch*** **0.2** ***niet natuurlijk gegroeid*** ⇒*kunstmatig* **0.3** ***zonder structuur*** ◆ **1.1** ~ chemistry *anorganische scheikunde;* ~ fertilizer *(minerale) kunstmest.*
in-patient 0.1 ***(intern verpleegd) patiënt.***
input[1] [inpoet] ⟨zn.⟩ **0.1** ***toevoer*** ⇒*invoer, inbreng* **0.2** ⟨elek.⟩ ***invoer*** ⇒*toegevoegd vermogen, input* **0.3** ⟨comp.⟩ ***invoer*** ⇒*input* **0.4** ***ingang.***
input[2] ⟨ww.⟩⟨comp.⟩ **0.1** ⟨+in⟩ ***invoeren (in).***
inquest [ingkwest] **0.1** ***gerechtelijk onderzoek*** ⇒*lijkschouwing* **0.2** ***jury voor lijkschouwing.***
inquietude [inkwaijətjoe:d] **0.1** ***onrust(igheid)*** ⇒*ongerustheid.*
inquire, enquire [inkwaijə] **I** ⟨onov.ww.⟩ **0.1** ⟨+into⟩ ***een onderzoek instellen (naar);***
II ⟨onov. en ov.ww.⟩ **0.1** ***(na)vragen*** ⇒*onderzoeken* ◆ **6.1** ~ **after/for** s.o. *naar iemands gezondheid informeren;* ~ **concerning/about/upon** sth. *informeren naar iets;* ~ **for** sth./s.o. *om iets/naar iem. vragen;* ~ **of** s.o. *bij iem. informeren.*
inquirer, enquirer [inkwaijərə] **0.1** ***vragensteller*** **0.2** ***onderzoeker.***
inquiring, enquiring [inkwaijəring] **0.1** ***onderzoekend*** ⇒ *leergierig* ⟨geest e.d.⟩; *vorsend, vragend* ⟨bv. blik⟩.
inquir|y, enquir|y [inkwaijərie] ⟨mv.: -ies⟩ **0.1** ⟨+into⟩ ***onderzoek (naar)*** ⇒*(na)vraag; enquête; informatie* ◆ **3.1** make inquiries *inlichtingen inwinnen* **6.1 on** ~ *bij navraag.*
inquisition [ingkwizzisjn] **0.1** ***(gerechtelijk) onderzoek*** ⇒ *ondervraging* ◆ **7.1** ⟨r.-k., gesch.⟩ the Inquisition *de inquisitie.*
inquisitive [inkwizzətiv] ⟨-ness⟩ **0.1** ***nieuwsgierig*** ⇒*benieuwd.*
inquisitor [inkwizzittə] **0.1** ***(gerechtelijk) onderzoeker/ondervrager*** **0.2** ⟨vaak I-; gesch.⟩ ***inquisiteur.***
inquisitorial [inkwizzittorriəl] ⟨-ly⟩ **0.1** ***inquisitoriaal*** ⇒*inquisitie-* **0.2** ***hinderlijk nieuwsgierig.***
inquorate [inkwooreet] ⟨schr.⟩ **0.1** ***geen quorum hebbend.***
inroad [inrood] ⟨vaak mv.⟩ **0.1** ***vijandelijke invasie*** **0.2** ***inbreuk*** ⇒*aantasting, aanslag* ◆ **6.2** the holidays make ~s **(up)on/into** my budget *de vakantie vormt een aanslag op mijn portemonnee.*
inrush [inrusj] **0.1** ***toevloed.***
ins [inz] ◆ **¶.¶** the ~ and outs *de fijne kneepjes (v.h. vak), de finesses.*
insalubrious [insəloe:briəs] ⟨schr.⟩ **0.1** ***ongezond*** ⇒*schadelijk.*
insane [inseen] **0.1** ***krankzinnig*** ⟨ook fig.⟩ ⇒*gek, onzinnig* ◆ **1.1** ~ asylum *psychiatrische inrichting;* an ~ idea *een waanzinnig idee.*
insanitary [insænitrie] **0.1** ***ongezond*** **0.2** ***smerig*** ⇒*besmet.*
insanit|y [insænətie] ⟨mv.: -ies⟩ **0.1** ***krankzinnigheid*** ⟨ook

jur.) ⇒*waanzin, onzinnigheid* **0.2** (jur.) ***ontoerekeningsvatbaarheid.***
insatiab|le [inseesjəbl] (-ly; zn.: **-ility**) **0.1** ***onbevredigbaar*** ⇒*onverzadigbaar.*
insatiate [inseesjiət] (schr.) **0.1** ***onverzadigbaar*** ⇒*onstilbaar* **0.2** ***onbevredigd*** ⇒*onverzadigd.*
inscribe [inskrajb] **0.1** (+in(to), on) ***(in)schrijven (in)*** ⇒*(in)graveren;* (fig.) *(in)prenten* **0.2** ***opdragen*** ⇒*van een opdracht/inscriptie voorzien* (boek enz.).
inscription [inskripsjn] **0.1** ***inscriptie*** ⇒*opschrift* **0.2** ***opdracht*** (in boek enz.).
inscrutab|le [inskroe:təbl] (-ly; zn.: **-ility**) **0.1** ***ondoorgrondelijk*** ⇒*raadselachtig.*
insect [insekt] **0.1** ***insect*** **0.2** (oneig.) ***(nietig) beestje*** (bv. spin, worm) ⇒(fig.) *onderkruiper.*
insecticide [insektissajd] **0.1** ***insecticide*** ⇒*insectenvergif).*
insectivorous [insektivvərəs] **0.1** ***insectivoor*** ⇒*insectenetend.*
insecure [insikjoeə] **0.1** ***onveilig*** ⇒*instabiel, wankel* **0.2** ***onzeker*** ⇒*bang.*
insecurity [insikjoeərətie] **0.1** ***onveiligheid*** ⇒*gevaar(lijkheid)* **0.2** ***onzekerheid.***
inseminate [insemminneet] **0.1** ***bevruchten*** ⇒*insemineren* ◆ **6.¶** ~ an idea **in** s.o.'s mind *iem. een idee ingeven.*
insemination [insemminneesjn] **0.1** ***bevruchting*** ⇒*inseminatie* ◆ **2.1** artificial ~ *kunstmatige inseminatie.*
insensate [insenseet] **0.1** ***gevoelloos*** (ook fig.) ⇒*levenloos* **0.2** ***onzinnig*** ⇒*redeloos.*
insensibility [insensəbillətie] (schr.) **0.1** ***gevoelloosheid*** ⇒ *ongevoeligheid, onverschilligheid* **0.2** ***bewusteloosheid.***
insensib|le [insensəbl] (-ly) **0.1** ***onwaarneembaar*** ⇒*onmerkbaar* **0.2** ***gevoelloos*** ⇒*bewusteloos* **0.3** ***ongevoelig*** ⇒ *onbewust* ◆ **6.3** be ~ **of** the danger *zich niet v.h. gevaar bewust zijn.*
insensitiv|e [insensətiv] (zn.: **-ity**) **0.1** ***ongevoelig*** ⇒*gevoelloos, tactloos* ◆ **6.1** ~ **to** the feelings of others *onverschillig voor de gevoelens v. anderen.*
inseparab|le [inseprəbl] (-ly; zn.: **-ility**) **0.1** ***on(af)scheidbaar*** ⇒*onafscheidelijk.*
insert[1] [insə:t] (zn.) **0.1** ***tussenvoegsel*** ⇒*bijlage, inzetstuk.*
insert[2] [insə:t] (ww.) **0.1** ***inzetten*** ⇒*tussenvoegen* ◆ **1.1** ~ a coin *een muntstuk inwerpen.*
insertion [insə:sjn] **0.1** (med.) ***insertie*** ⇒*inplanting* **0.2** ***tussenvoeging*** ⇒*plaatsing* (in krant) **0.3** ***in/tussenzetsel*** ⇒ *inzetstuk.*
in-service **0.1** ***tijdens de baan/het werk (plaatsvindend)*** ⇒*in de tijd v.d. baas.*
in-service training **0.1** ***(beroepsgebonden) bijscholing.***
inset[1] [inset] (zn.) **0.1** ***bijvoegsel*** ⇒*(losse) bijlage, inlegvel(len)* **0.2** ***inzetsel*** ⇒*tussenzetsel* **0.3** (foto., tv) ***inzet.***
inset[2] (ww.) **0.1** ***invoegen*** ⇒*tussenvoegen, inleggen* **0.2** ***tussenzetten*** ⇒*inzetten.*
inshore **0.1** ***dicht bij de kust*** ⇒*naar/onder de kust* ◆ **1.1** ~ fishing *kustvisserij.*
inside[1] [insajd] (zn.) **0.1** (vnl. enk.) ***binnenkant*** ⇒*binnenste, huizenkant* (v. trottoir) **0.2** (vaak mv.; inf.) ***ingewanden*** ⇒ *inwendige delen.*
inside[2] (bn.) **0.1** ***binnen-*** ⇒*binnenste* **0.2** ***v. ingewijden*** ⇒ *uit de eerste hand* ◆ **1.1** the ~ track *de binnenbaan;* (AE) *voordelige positie, voordeel* **1.2** ~ information *inlichtingen v. ingewijden* **1.¶** (inf.) ~ job *inbraak/diefstal door bekenden.*
inside[3] (bw.) **0.1** (plaats en richting; ook fig.) ***(naar) binnen*** ⇒*aan de binnenkant, binnen in/langs/door* **0.2** (sl.) ***in/naar de bak/gevangenis*** ◆ **1.2** Mike's been ~ for a year *Mike heeft een jaar gezeten* **3.1** everyone went ~ *iedereen ging naar binnen* **5.1** turn sth. ~ **out** *iets binnenstebuiten keren* **6.¶** (inf.) ~ **of** a week *binnen een week.*
inside[4] (vz.) **0.1** (plaats) ***(binnen)in*** **0.2** (tijd) ***binnen*** ⇒*(in) minder dan* ◆ **1.1** ~ the box *in de doos* **1.2** ~ an hour *binnen een uur.*
insider [insajdə] **0.1** ***insider*** ⇒*ingewijde.*
insider trading, insider dealing (geldw.) **0.1** ***aandelen/effectenhandel met voorkennis.***
insidious [insiddiəs] **0.1** ***verraderlijk*** ⇒*geniepig, bedrieglijk* ◆ **1.1** an ~ disease *een sluipende ziekte.*
insight [insajt] **0.1** (+into) ***inzicht (in)*** ⇒*begrip (van).*
insignia [insigniə] **0.1** ***insignes*** ⇒*onderscheidingstekenen.*
insignific|ant [insigniffikkənt] (zn.: **-ance**) **0.1** ***onbeduidend*** ⇒*onbelangrijk, gering* ◆ **1.1** ~ talk *prietpraat.*
insinc|ere [insinsiə] (-erely; zn.: **-erity**) **0.1** ***onoprecht*** ⇒*hypocriet.*
insinuate [insinjoe·eet] **0.1** ***insinueren*** ⇒*toespelingen maken, indirect suggereren* ◆ **4.1** what are you insinuating? *wat wil je daarmee zeggen?* **6.¶** he was trying to ~ himself **into** the minister's favour *hij probeerde bij de minister in het gevlij/de gunst te komen.*
insinuation [insinjoe·eesjn] **0.1** ***insinuatie*** ⇒*bedekte toespeling, zijdelingse hint.*
insipid [insippid] (-ness; zn.: **-ity**) **0.1** ***smakeloos*** ⇒*flauw* **0.2** ***zouteloos*** ⇒*banaal, nietszeggend.*
insist [insist] **0.1** (+(up)on) ***(erop) aandringen*** ⇒*volhouden, erop staan* ◆ **6.1** I ~ **(up)on** an apology *ik eis een verontschuldiging;* ~ **on** one's innocence *in zijn onschuld volharden.*
insistence [insistəns] **0.1** ***aandrang*** ⇒*eis* **0.2** ***volharding*** ⇒ *vasthoudendheid.*
insistent [insistənt] **0.1** ***vasthoudend*** ⇒*dringend, hardnekkig.*
in situ [insitjoe:] **0.1** ***in situ*** ⇒*ter plaatse.*
insofar as **0.1** ***voor zover.***
insole [insool] **0.1** ***binnenzool*** ⇒*inlegzool.*
insol|ent [insələnt] (zn.: **-ence**) **0.1** ***onbeschaamd*** ⇒ *schaamteloos, brutaal.*
insolub|le [insoljoebl] (-ly; zn.: **-ility**) **0.1** ***onoplosbaar.***
insolvency [insolvənsie] **0.1** ***insolventie*** ⇒*onvermogen (om te betalen).*
insolvent [insolvənt] **0.1** ***insolvent*** ⇒*onvermogend (om geldelijke verplichting na te komen)* **0.2** (scherts.) ***platzak*** ⇒ *bankroet.*
insomnia [insomniə] **0.1** ***slapeloosheid.***
insomniac [insomnie·æk] **0.1** (bn.) ***slapeloosheids-*** ⇒*lijdend aan slapeloosheid* **0.2** (zn.) ***lijder aan slapeloosheid.***
insomuch as **0.1** ***zodanig dat*** ⇒*aangezien, daar.*
insouci|ant [insoe:siənt] (zn.: **-ance**) **0.1** ***zorgeloos*** ⇒*onbekommerd.*
inspect [inspekt] **0.1** ***inspecteren*** ⇒*onderzoeken, keuren.*
inspection [inspeksjn] **0.1** ***inspectie*** ⇒*onderzoek, controle* ◆ **6.1** **on** ~ *ter inzage; bij nader onderzoek.*
inspection copy **0.1** ***exemplaar ter inzage.***
inspector [inspektə] **0.1** ***inspecteur*** (BE ook v. politie) ⇒*opzichter, controleur* ◆ **1.1** (BE) ~ of taxes *inspecteur der belastingen.*
inspectorate [inspektərət] **0.1** ***inspectie*** ⇒*ambt(sgebied) v. inspecteur* **0.2** ***inspecteurschap*** ⇒*ambt(stermijn) v. inspecteur.*
inspectorship [inspektəsjip] **0.1** ***inspecteurschap*** ⇒ *ambt(stermijn) v. inspecteur.*
inspiration [inspirreesjn] **0.1** ***inspiratie*** (ook theol.) ⇒*bezieling* **0.2** (inf.) ***inval*** ⇒*ingeving.*

inspire [inspajjə] **0.1** ***inspireren*** *⇒bezielen* **0.2** ***opwekken*** *⇒doen ontstaan* ◆ **1.2** he ~s hate in me *hij vervult me met haat.*

inspired [inspajjəd] **0.1** ***geïnspireerd*** *⇒geniaal.*

inst. ⟨afk.⟩ **0.1** [instant] ***inst.*** ◆ **1.1** the 11th ~ *de 11e dezer.*

instabilit|y [instəbillətie] **0.1** ***onvastheid*** *⇒in/onstabiliteit* **0.2** ***labiliteit.***

install, ⟨AE sp. ook⟩ **instal** [insto:l] ⟨2e variant; -led⟩ **0.1** ***installeren*** *⇒plechtig bevestigen* ⟨in ambt/waardigheid⟩ **0.2** ***installeren*** *⇒aanbrengen, plaatsen* **0.3** ⟨wk. ww.⟩ ***(zich) installeren*** *⇒(zich) nestelen* ◆ **1.2** ~ central heating *centrale verwarming aanleggen.*

installation [instəleesjn] **0.1** ***toestel*** *⇒installatie, apparaat* **0.2** ***installatie*** *⇒plechtige bevestiging* ⟨in ambt/waardigheid⟩ **0.3** ***installering*** *⇒vestiging* **0.4** ***aanleg*** *⇒installering, montage.*

installment plan ⟨AE⟩ **0.1** ***afbetalingssyteem*** *⇒*⟨ihb.⟩ *huurkoop(systeem).*

instalment, ⟨AE sp. ook⟩ **installment** [insto:lmənt] **0.1** ***(afbetalings)termijn*** **0.2** ***aflevering*** ⟨v. verhaal, tv-programma enz.⟩.

instance[1] [instəns] ⟨zn.⟩ **0.1** ***geval*** *⇒voorbeeld* ◆ **6.1 for** ~ *bijvoorbeeld* **6.¶ at** the ~ **of** our lawyer *op verzoek v. onze jurist* **7.¶** in the first ~ *in eerste instantie; in de eerste plaats.*

instance[2] ⟨ww.⟩ **0.1** ***een voorbeeld geven van*** *⇒aanhalen, aantonen.*

instant[1] [instənt] ⟨zn.⟩ **0.1** ***moment*** *⇒ogenblik(je)* ◆ **7.1** the ~ (that) I saw her *zodra ik haar zag;* go this ~! *ga onmiddellijk!*

instant[2] ⟨bn.⟩ **0.1** ***onmiddellijk*** *⇒ogenblikkelijk* **0.2** ***kant-en-klaar*** *⇒instant* ◆ **1.1** ⟨tv⟩ an ~ replay *een herhaling* ⟨v. televisiebeelden v. sportwedstrijd⟩ **1.2** ~ coffee *oplos/instantkoffie* **1.¶** the 12th ~ *de twaalfde dezer.*

instantaneous [instənteeniəs] ⟨-ness⟩ **0.1** ***onmiddellijk*** *⇒ ogenblikkelijk.*

instant lottery **0.1** ***krasloterij.***

instantly [instəntlie] **0.1** ***onmiddellijk*** *⇒terstond, dadelijk.*

instead [insted] **0.1** ***in plaats daarvan*** ◆ **6.1** ~ **of** *in plaats v.*

instep [instep] **0.1** ***wreef*** ⟨v. voet⟩ **0.2** ***instap*** ⟨v. schoen⟩.

instigate [instigeet] **0.1** ***aansporen*** *⇒aanstichten, teweegbrengen* **0.2** ***aanzetten*** *⇒uitlokken, ophitsen* ◆ **3.2** ~ s.o. to steal *iem. aanzetten tot diefstal.*

instigation [instigeesjn] **0.1** ***aandrang*** *⇒instigatie* ◆ **6.1 at** Peter's ~ *op aandrang/instigatie v. Peter.*

instigator [instigeetə] **0.1** ***aanstichter.***

instil, ⟨AE sp. ook⟩ **instill** [instil] ⟨1e variant; -led⟩ **0.1** ***geleidelijk doen doordringen*** *⇒bijbrengen, langzaam aan inprenten.*

instinct [instingkt] **0.1** ***instinct*** *⇒intuïtie.*

instinctive [instingktiv] **0.1** ***instinctief*** *⇒intuïtief.*

institute[1] [institjoe:t] ⟨zn.⟩ **0.1** ***instituut*** *⇒instelling.*

institute[2] ⟨ww.⟩ **0.1** ***stichten*** *⇒invoeren; op gang brengen, in/opstellen* ◆ **6.¶** ~ proceedings **against** s.o. *een rechtszaak tegen iem. aanspannen.*

institution [institjoe:sjn] **0.1** ***instelling*** *⇒stichting, invoering* **0.2** ***gevestigde gewoonte*** *⇒(sociale) institutie, regel* **0.3** ***instituut*** *⇒instelling, genootschap* **0.4** ***inrichting*** *⇒ gesticht* ◆ **3.2** ⟨inf.; scherts.⟩ the old porter had become an ~ *de oude portier was deel v.h. meubilair geworden.*

instruct [instrukt] **0.1** ***onderwijzen*** *⇒onderrichten, instrueren* **0.2** ***opdragen*** *⇒bevelen* **0.3** ⟨jur.⟩ ***inlichtingen geven aan*** ⟨advocaat⟩.

instruction [instruksjn] **0.1** ***onderricht*** *⇒instructie* **0.2** ⟨vaak mv.⟩ ***instructie*** *⇒voorschrift, order, opdracht* ◆ **6.1** be **under** ~ *in opleiding zijn* **6.2** ~s **for** use *handleiding.*

instructional [instruksjnəl] **0.1** ***educatief.***

instructive [instruktiv] **0.1** ***instructief*** *⇒leerzaam.*

instructor [instruktə] **0.1** ***instructeur*** *⇒leraar, leermeester* **0.2** ⟨AE⟩ ***(toegevoegd) docent*** ⟨aan universiteit/college⟩.

instructress [instruktris] **0.1** ***instructrice.***

instrument [instrəmənt] **0.1** ***instrument*** *⇒gereedschap, werktuig* ⟨ook fig.⟩ **0.2** ***(muziek)instrument*** **0.3** ***document*** *⇒akte, oorkonde* ◆ **1.1** ~ of fate *speelbal v.h. lot.*

instrumental[1] [instrəmentl] ⟨zn.⟩ **0.1** ***instrumentaal nummer(tje).***

instrumental[2] ⟨bn.⟩ **0.1** ⟨+in⟩ ***behulpzaam (bij)*** *⇒hulpvaardig* **0.2** ⟨muz.⟩ ***instrumentaal*** ◆ **6.1** be ~ **in** *een cruciale/belangrijke rol spelen bij.*

instrumentalist [instrəmentlist] **0.1** ***bespeler v.e. (muziek)-instrument*** *⇒instrument(al)ist.*

instrumentality [instrəmentælətie] **0.1** ***bemiddeling*** *⇒tussenkomst* ◆ **6.1 by/through** the ~ of *door (be)middel(ing) van.*

instrumentation [instrəmenteesjn] **0.1** ⟨muz.⟩ ***instrumentatie.***

instrument panel **0.1** ***instrumentenbord/paneel.***

insubordin|ate [insəbo:dənət] ⟨zn.: **-ation**⟩ **0.1** ***ongehoorzaam*** *⇒opstandig.*

insubstantial [insəbstænsjl] **0.1** ***onecht*** *⇒denkbeeldig, onwezenlijk* **0.2** ***krachteloos*** *⇒onbevredigend, zwak* ◆ **1.2** an ~ charge *een ongefundeerde aanklacht.*

insufferab|le [insufrəbl] ⟨-ly⟩ **0.1** ***on(ver)draaglijk*** *⇒onuitstaanbaar.*

insufficienc|y [insəfisjnsie] ⟨mv.: -ies⟩ **0.1** ***ontoereikendheid*** *⇒gebrek;* ⟨med.⟩ *insufficiëntie.*

insufficient [insəfisjnt] **0.1** ***ontoereikend*** *⇒onvoldoende, te weinig.*

insular [insjoelə] ⟨zn.: **-ity**⟩ **0.1** ***eiland-*** *⇒insulair, geïsoleerd* **0.2** ***bekrompen*** *⇒kortzichtig.*

insulate [insjoeleet] **0.1** ⟨+from⟩ ***isoleren (van)*** *⇒afschermen (van), beschermen (tegen)* **0.2** ***isoleren*** ⟨warmte, geluid⟩.

insulation [insjoeleesjn] **0.1** ***isolatie*** *⇒afzondering* **0.2** ***isolatiemateriaal.***

insulator [insjoeleetə] **0.1** ***isolatie(middel)*** *⇒isolatiestof* **0.2** ⟨elek.⟩ ***isolator.***

insulin [insjoelin] ⟨med.⟩ **0.1** ***insuline.***

insult[1] [insult] ⟨zn.⟩ **0.1** ***belediging*** ◆ **1.1** add ~ to injury *de zaak nog erger maken.*

insult[2] [insult] ⟨ww.⟩ **0.1** ***beledigen.***

insuperab|le [insoe:prəbl] ⟨-ly⟩ **0.1** ***onoverkomelijk*** *⇒onoverwinnelijk.*

insupportab|le [insəpo:təbl] ⟨-ly⟩ **0.1** ***on(ver)draaglijk*** *⇒ onuitstaanbaar.*

insurance [insjoeərəns] **0.1** ***verzekering*** *⇒assurantie, verzekeringspolis* **0.2** ***verzekeringspremie*** **0.3** ***verzekerd bedrag*** **0.4** ***verzekeringswezen*** **0.5** ⟨AE⟩ ***zekerheid*** *⇒bescherming.*

insurance agent **0.1** ***verzekeringsagent.***

insurance company **0.1** ***verzekeringsmaatschappij*** *⇒assurantie(maatschappij).*

insurance policy **0.1** ***assurantiepolis*** *⇒verzekeringspolis.*

insure [insjoeə] **0.1** ***(laten) verzekeren*** **0.2** ⟨AE⟩ ***garanderen*** *⇒veilig stellen* ◆ **6.1** ~ **against** accidents *tegen ongevallen verzekeren.*

insured [insjoeəd] **0.1** ***verzekerde*** **0.2** ⟨ww. enk. of mv.⟩ ***verzekerden.***

insurer [insjoeərə] **0.1** ***verzekeraar*** *⇒assuradeur.*

insurgent [insə:dzjənt] **0.1** ⟨bn.⟩ ***oproerig*** ⇒*rebels* **0.2** ⟨zn.⟩ ***oproerling*** ⇒*opstandeling.*

insurmountab|le [insəmoontəbl] ⟨-ly⟩ **0.1** ***onoverkomelijk*** ⇒*onoverwinnelijk.*

insurrection [insəreksjn] **0.1** ***oproer*** ⇒*opstand.*

insurrectionist [insəreksjənist] **0.1** ***oproerling*** ⇒*opstandeling.*

inswinger [inswingə] ⟨cricket, voetbal⟩ **0.1** ***inswinger*** ⟨naar been v. batsman/naar doel toe draaiende bal⟩.

intact [intækt] ⟨-ness⟩ **0.1** ***intact*** ⇒*ongeschonden, gaaf.*

intake [inteek] **0.1** ***inlaat/toevoer(opening)*** ⇒*ingelaten/toegevoerde/opgenomen hoeveelheid, voeding* **0.2** ***opneming*** ⇒*opname, toegelaten aantal* ◆ **1.2** an ~ of breath *een inademing.*

intangib|le [intændzjəbl] ⟨-ly; zn.: **-ility**⟩ **0.1** ***ontastbaar*** ⇒ *immaterieel* **0.2** ***ongrijpbaar*** ⇒*ondefinieerbaar, moeilijk te begrijpen/bevatten* ◆ **1.1** ~ assets *immateriële/onstoffelijke goederen.*

integer [intidzjə] ⟨wisk.⟩ **0.1** ***geheel getal.***

integral [intigrəl] **0.1** ***wezenlijk*** **0.2** ***geheel*** ⇒*volledig, integraal.*

integrate [intigreet] **I** ⟨onov.ww.⟩ **0.1** ***geïntegreerd worden*** ⇒*integreren, deel gaan uitmaken (v.);*
II ⟨ov.ww.⟩ **0.1** ***integreren*** ⇒*tot een geheel samenvoegen/aanvullen* **0.2** ***als gelijkwaardig opnemen*** ⟨bv. minderheden⟩ ⇒*integreren;* ⟨vnl. AE⟩ *de rassenscheiding opheffen in.*

integration [intigreesjn] **0.1** ***integratie*** ⟨ook ec., psych.⟩ ⇒ *het integreren* **0.2** ***opheffing v. (rassen)ongelijkheid*** ⇒ *(rassen)integratie.*

integrity [integrətie] **0.1** ***integriteit*** ⇒*rechtschapenheid* **0.2** ***ongeschonden toestand*** ⇒*eenheid* ◆ **6.2** the old houses still stand **in** their ~ *de oude huizen staan er nog onaangetast.*

intellect [intillekt] **0.1** ***intellect*** ⇒*verstand(elijk vermogen).*

intellectual [intəlektsjoeəl] **0.1** ⟨bn.⟩ ***intellectueel*** ⇒*verstandelijk, rationeel* **0.2** ⟨zn.⟩ ***intellectueel*** ⇒*geestelijk ontwikkelde.*

intelligence [intellidzjns] **0.1** ***intelligentie*** ⇒*verstand(elijk vermogen)* **0.2** ***informatie*** ⇒*nieuws, inlichtingen* **0.3** ***(geheime) informatie/inlichtingen*** ⇒*inlichtingendienst.*

intelligence officer **0.1** ***beambte v.d. inlichtingendienst*** ⇒ *geheim agent.*

intelligence quotient **0.1** ***intelligentiequotiënt*** ⇒*IQ.*

intelligence service **0.1** ***inlichtingendienst*** ⇒*geheime dienst, veiligheidsdienst.*

intelligence test **0.1** ***intelligentietest.***

intelligent [intellidzjnt] **0.1** ***intelligent*** ⇒*slim.*

intelligentsia [intellidzjentsiə] ⟨zn.; ww. enk. of mv.; (the)⟩ **0.1** ***(de) intelligentsia*** ⇒*(de) intellectuelen.*

intelligib|le [intellidzjəbl] ⟨-ly; zn.: **-ility**⟩ **0.1** ***begrijpelijk*** ⇒ *verstaanbaar.*

intemper|ate [intemprət] ⟨zn.: **-ance**⟩ **0.1** ***onmatig*** ⇒*buitensporig, heftig; drankzuchtig* **0.2** ***guur*** ⟨v. klimaat, wind⟩ ⇒*extreem.*

intend [intend] **0.1** ***van plan zijn*** ⇒*bedoelen, in de zin hebben* **0.2** ⟨vaak pass.⟩ ***(voor)bestemmen*** ⇒*bedoelen* ◆ **3.1** we ~ them to repair it *we willen dat zij het repareren* **6.2** their son was ~ed **for** the Church *hun zoon was voorbestemd om priester te worden.*

intended [intendid] **0.1** ***toekomstig*** ⇒*aanstaand* ◆ **7.1** my ~ *mijn aanstaande.*

intense [intens] ⟨ook -r⟩ **0.1** ***intens*** ⇒*sterk, zeer hevig* ◆ **1.1** an ~ boy *een zeer gevoelige jongen.*

intensifier [intensiffajjə] **0.1** ***versterker*** ⟨ook foto.⟩.

intensif|y [intensiffaj] ⟨-ied; zn.: **-ication**⟩ **I** ⟨onov.ww.⟩ **0.1** ***intens(er) worden*** ⇒*versterken, toenemen;*
II ⟨ov.ww.⟩ **0.1** ***verhevigen*** ⇒*versterken, intensiveren.*

intensity [intensətie] **0.1** ***intensiteit*** ⇒*sterkte, (mate van) hevigheid/kracht* **0.2** ⟨nat.⟩ ***intensiteit.***

intensive [intensiv] **0.1** ***intensief*** ⇒*heftig, (in)gespannen* ◆ **1.1** ~ care *intensieve verpleging, intensive care.*

intent[1] [intent] ⟨zn.⟩ **0.1** ***bedoeling*** ⇒*intentie, voornemen* ◆ **1.¶** to all ~s and purposes *feitelijk, in (praktisch) alle opzichten* **6.1** **with** ~ to kill *met de opzet te doden.*

intent[2] ⟨bn.; -ness⟩ **0.1** ***(in)gespannen*** ⇒*aandachtig* **0.2** ***vastbesloten*** ⇒*vastberaden* ◆ **6.2** be ~ **on/upon** revenge *zinnen/uit zijn op wraak.*

intention [intensjn] **0.1** ***bedoeling*** ⇒*oogmerk, voornemen* **0.2** ⟨mv.; inf.⟩ ***bedoelingen*** ⇒*(huwelijks)plannen* **0.3** ⟨fil.⟩ ***intentie.***

intentional [intensjnəl] **0.1** ***opzettelijk*** ⇒*expres.*

inter [intə:] ⟨-red⟩⟨schr.⟩ **0.1** ***ter aarde bestellen*** ⇒*begraven.*

interact [intərækt] **0.1** ***op elkaar inwerken*** ⇒*met elkaar reageren.*

interaction [intəræksjn] **0.1** ***wisselwerking*** ⇒*interactie.*

interactive [intəræktiv] **0.1** ***interactief*** ⟨ook comp.⟩ ⇒*op elkaar inwerkend/reagerend.*

inter-bank **0.1** ***interbancair*** ◆ **1.1** ~ rate of interest *interbancaire rentevoet.*

interbreed [-brie:d] **0.1** ***(onderling) kruisen/gekruist worden*** ⇒*bastaarden/hybriden kweken/produceren.*

intercede [intəsie:d] **0.1** ***ten gunste spreken*** ⇒*een goed woordje doen* **0.2** ***bemiddelen*** ⇒*tussenbeide komen.*

intercept [-sept] **0.1** ***onderscheppen*** ⇒*afsnijden.*

interception [-sepsjn] **0.1** ***interceptie*** ⇒*onderschepping, afsnijding.*

interceptor, intercepter [-septə] **0.1** ***interceptor*** ⇒*onderschepper; onderscheppingsjager* ⟨vliegtuig⟩.

intercession [-sesjn] **0.1** ***tussenkomst*** ⇒*bemiddeling, voorspraak* **0.2** ***voorbede.***

interchange[1] [-tsjeendzj] ⟨zn.⟩ **0.1** ***uitwisseling*** ⇒*ruil(ing), verwisseling* **0.2** ***knooppunt*** ⟨v. snelwegen⟩ ⇒*verkeersplein* **0.3** ***overstapstation/halte.***

interchange[2] [-tsjeendzj] ⟨ww.⟩ **0.1** ***uitwisselen*** ⇒*ruilen* **0.2** ***(onderling) verwisselen*** ⇒*afwisselen.*

interchangeab|le [-tsjeendzjəbl] ⟨-ly; zn.: **-ility**⟩ **0.1** ***uitwisselbaar*** ⇒*ruilbaar* **0.2** ***(onderling) verwisselbaar.***

intercollegiate [-kəlie:dzjət] **0.1** ***tussen 'colleges'*** ◆ **1.1** ~ games *collegewedstrijden.*

intercom [-kom] ⟨the⟩ **0.1** ***intercom.***

intercommunic|ate [-kəmjoe:nikkeet] ⟨zn.: **-ation**⟩ **0.1** ***onderling contact hebben/(onder)houden*** ⇒*met elkaar communiceren* **0.2** ***met elkaar verbonden zijn*** ⟨v. kamers enz.⟩ ⇒*met elkaar in verbinding staan.*

intercommunication system **0.1** ***intercomsysteem.***

intercommunion [-kəmjoe:niən] **0.1** ***intercommunie*** ⇒*interkerkelijke communie, onderlinge betrekkingen.*

intercontinental [-kontinnentl] **0.1** ***intercontinentaal*** ◆ **2.1** ~ ballistic missile *intercontinentale raket, langeafstandraket.*

intercourse [-ko:s] **0.1** ***omgang*** ⇒*sociaal verkeer, betrekking(en)* **0.2** ***(geslachts)gemeenschap*** ◆ **2.1** commercial ~ *handelsbetrekkingen* **2.2** sexual ~ *geslachtsgemeenschap.*

interdenominational [-dinnomminneesjnəl] **0.1** ***interkerkelijk.***

interdepartmental [-die:pa:tmentl] **0.1** ***interdepartementaal.***

interdepend|ent [-dippendənt] ⟨zn.: **-ence**⟩ **0.1** ***onderling afhankelijk*** ⇒*afhankelijk v. elkaar.*

interdict[1] [-dikt] ⟨zn.⟩ **0.1** ***interdict*** ⇒*(rechterlijk) verbod* **0.2** ⟨r.-k.⟩ ***interdict*** ⇒*schorsing.*

interdict[2] [-dikt] ⟨ww.⟩ **0.1** ***verbieden*** ⇒*een verbod uitvaardigen over* **0.2** ***uitsluiten van*** ⇒*ontzeggen* **0.3** ⟨r.-k.⟩ ***een interdict uitspreken over*** ⇒*schorsen.*

interest[1] [intrist] ⟨zn.⟩ **0.1** ***interesse*** ⇒*(voorwerp v.) belangstelling* **0.2** ⟨vaak mv.⟩ ***(eigen)belang*** ⇒*interesse, voordeel* **0.3** ***belang*** ⇒*recht* ⟨op winst uit een onderneming⟩ **0.4** ***rente*** ⟨ook fig.⟩ ⇒*interest* **0.5** ⟨vaak mv.⟩ ***(groep v.) belanghebbenden*** ⇒*belangengroepen* ◆ **1.2** a matter of great ~ *een zaak v. groot gewicht/belang* **1.4** ⟨geldw.⟩ the rate of ~ / the ~ rate *de rentevoet* **3.1** show an ~ in *belangstelling tonen voor;* take much / a great ~ in *zich sterk interesseren voor* **6.2** it's **in** the ~ **of** the community *het is in het belang v.d. gemeenschap* **6.4** lend money **at** 7% ~ *geld lenen tegen 7% rente;* I'll return his insults **with** ~ *ik zal hem zijn beledigingen dubbel en dwars betaald zetten.*

interest[2] ⟨ww.⟩ **0.1** ***interesseren*** ⇒*belangstelling inboezemen/wekken* ◆ **6.1** ~ s.o. **in** sth. *iem. voor iets interesseren;* can I ~ you **in** a drink? *kan ik je overhalen om iets te drinken?*

interested [intristid] **0.1** ***belangstellend*** ⇒*geïnteresseerd, vol interesse* **0.2** ***belanghebbend*** ⇒*betrokken* ◆ **1.2** the ~ party *de betrokken/belanghebbende partij.*

interest-free **0.1** ***renteloos*** ◆ **1.1** an ~ loan *een renteloze lening.*

interest group ⟨zn.; ww. enk. of mv.⟩ **0.1** ***belangengroep.***

interesting [intristing] **0.1** ***interessant*** ⇒*belangwekkend.*

interest rate **0.1** ***rentevoet.***

interface [intəfees] **0.1** ***raakvlak*** ⟨ook fig.⟩ ⇒*grensvlak, scheidingsvlak* **0.2** ⟨comp.⟩ ***interface*** ⟨verbinding tussen (verschillende computer)systemen⟩.

interface card ⟨comp.⟩ **0.1** ***insteekkaart.***

interfere [intəfiə] **0.1** ***hinderen*** ⇒*in de weg staan, belemmeren* **0.2** ⟨nat.⟩ ***interfereren*** ◆ **1.1** an interfering bitch *een bemoeiziek wijf* **6.1** ~ **in** *zich mengen in* ¶**.1** don't ~ *hou je erbuiten.* →**interfere with.**

interference [intəfiərəns] **0.1** ***(ver)storing*** ⇒*belemmering* **0.2** ***inmenging*** ⇒*tussenkomst, bemoeienis* **0.3** ⟨nat.⟩ ***interferentie.***

interfere with **0.1** ***aankomen*** ⇒*betasten, knoeien met* **0.2** ***zich bemoeien met*** **0.3** ⟨euf.⟩ ***aanranden*** ⇒*zich vergrijpen aan* ◆ **1.1** don't ~ that bike *blijf met je handen van die fiets af.*

interim[1] [intərim] ⟨zn.⟩ **0.1** ***interim*** ⇒*tussentijd* ◆ **6.1** **in** the ~ *intussen, ondertussen.*

interim[2] ⟨bn.⟩ **0.1** ***tijdelijk*** ⇒*voorlopig, tussentijds* ◆ **1.1** an ~ report *een tussentijds rapport.*

interim agreement **0.1** ***interimakkoord.***

interior[1] [intiəriə] ⟨zn.⟩ **0.1** ***binnenste*** ⇒*inwendige, binnenkant* **0.2** ***interieur*** ⟨v. huis; ook afbeelding⟩ **0.3** ***innerlijk*** ⇒*ziel* **0.4** ***binnenland(en)*** ◆ **1.4** ⟨AE⟩ Department of the Interior *Ministerie v. Binnenlandse Zaken.*

interior[2] ⟨bn.⟩ **0.1** ***inwendig*** ⇒*binnenst, binnen-* **0.2** ***binnenshuis*** ⇒*interieur-* **0.3** ***innerlijk*** **0.4** ***binnenlands.***

interior decorator **0.1** ***binnenhuisarchitect(e).***

interject [-dzjekt] **0.1** ***(zich) ertussen werpen*** ⇒*tussenbeide komen, opmerken.*

interjection [-dzjeksjn] **0.1** ***tussenwerpsel*** ⇒*interjectie* **0.2** ***uitroep*** ⇒*kreet.*

interlace [-lees] **I** ⟨onov.ww.⟩ **0.1** ***zich dooreenvlechten*** ⇒*elkaar doorkruisen;*
II ⟨ov.ww.⟩ **0.1** ***dooreenvlechten*** ⇒*met elkaar verweven, ineenstrengelen* **0.2** ⟨vaak fig.⟩ ***doorweven*** ⇒*doorspekken* ⟨verhaal e.d.⟩.

interleaf [-lie:f], **interleave** [-lie:v] **0.1** ***doorschieten*** ◆ **6.1** a book interleaved **with** white pages *een met wit doorschoten boek.*

interline [-lajn], **interlineate** [-linnie·eet] **0.1** ⟨druk.⟩ ***tussen de regels schrijven/invoegen*** ⇒*interlineair aanbrengen* **0.2** ⟨druk.⟩ ***wit tussenvoegen in*** ⇒*interlinie aanbrengen in* **0.3** ***voorzien v.e. tussenvoering*** ⟨kledingstuk⟩ ◆ **6.1** the article was ~d **with** corrections *het artikel stond vol correcties.*

interlinear [-linniə] **0.1** ***interlineair*** ⇒*tussen de regels (geschreven).*

interlink [-lingk] **0.1** ***onderling verbinden*** ⇒*(zich) aan elkaar vastmaken.*

interlock[1] [-lok] ⟨zn.⟩ **0.1** ***interlock*** ⟨type breigoed⟩.

interlock[2] [-lok] **I** ⟨onov.ww.⟩ **0.1** ***in elkaar grijpen*** ⇒*nauw met elkaar verbonden zijn* ◆ **1.1** these problems ~ *deze problemen hangen nauw met elkaar samen;*
II ⟨ov.ww.⟩ **0.1** ⟨vaak pass.⟩ ***met elkaar verbinden*** ⇒*aaneenkoppelen.*

interlocutor [-lokjoetə] **0.1** ***gesprekspartner*** ⇒*gespreksgenoot.*

interloper [-loopə] **0.1** ***indringer.***

interlude [-loe:d] **0.1** ***onderbreking*** ⇒*pauze* **0.2** ***tussenstuk*** ⇒*tussenspel;* ⟨muz.⟩ *interludium;* ⟨muz.⟩ *intermezzo.*

intermarriage [-mæridzj] **0.1** ***gemengd huwelijk*** ⟨het trouwen v. leden v. verschillende groepen, families e.d.⟩ **0.2** ***endogamie*** ⟨het onderling trouwen v. leden v.e. bepaalde groep⟩.

intermarr|y [-mærie] ⟨-ied⟩ **0.1** ***een gemengd huwelijk aangaan*** **0.2** ***onderling trouwen*** ⇒*binnen de eigen familie/groep trouwen.*

intermediar|y [-mie:diərie] ⟨mv.: -ies⟩ **0.1** ⟨bn.⟩ ***bemiddelend*** ⇒*optredend als tussen/contactpersoon* **0.2** ⟨zn.⟩ ***tussenpersoon*** ⇒*bemiddelaar, contactpersoon.*

intermediate [-mie:dieət] **0.1** ***tussenliggend*** ⇒*tussengelegen, tussentijds* ◆ **1.1** ⟨ec.⟩ ~ goods *onafgewerkte goederen, productiegoederen* ⟨machines en grondstoffen⟩ **2.1** ~-range ballistic missile *middellangeafstandsraket.*

interment [intə:mənt] **0.1** ***teraardebestelling*** ⇒*begrafenis.*

intermezzo [intəmetsoo] ⟨mv.: ook intermezzi [-sie:]⟩ **0.1** ***intermezzo.***

interminable [intə:minnəbl] **0.1** ***oneindig (lang)*** ⇒*eindeloos.*

intermingle [intəminggl] **0.1** ***(zich) (ver)mengen*** ⇒*(vrijelijk) met elkaar omgaan.*

intermission [-misjn] **0.1** ***onderbreking*** ⟨ook bij toneelstuk enz.⟩ ⇒*pauze, rust(poos)* ◆ **6.1** **without** ~ *ononderbroken.*

intermittent [-mitnt] ⟨-ly⟩ **0.1** ***met tussenpozen (verschijnend/werkend)*** ⇒*onderbroken, met onderbrekingen.*

intermix [-miks] **0.1** ***(zich) vermengen*** ⇒*dooreenmengen.*

intern[1], **interne** [intə:n] ⟨zn.⟩ ⟨AE⟩ **0.1** ***intern*** ⇒*inwonend (co)assistent* **0.2** ***hospitant(e)*** ⇒*stagiair(e).*

intern[2] [intə:n] ⟨ww.⟩ **0.1** ***interneren*** ⇒*gevangen zetten, vastzetten* ⟨ihb. in oorlog⟩.

internal [intə:nl] **0.1** ***inwendig*** ⇒*innerlijk, binnen-* **0.2** ***binnenlands*** ⇒*inwendig* ◆ **1.2** ⟨ec.⟩ ~ market *binnenmarkt* **1.¶** ~ evidence *inwendig bewijs.*

internal|ize, -ise [intə:nəlajz] ⟨zn.: **-ization**⟩ **0.1** ***zich eigen maken.***

international[1] [-næsjnəl] ⟨zn.⟩ **0.1** ***interland(wedstrijd)*** **0.2** ***international*** ⇒*interlandspeler* **0.3** ⟨I-⟩ ***Internationale.***

international[2] ⟨bn.⟩ **0.1** ***internationaal*** ◆ **1.1** ~ subscriber dialling *automatisch internationaal telefoneren.*

internationalism [-næsjnəlizm] **0.1** ***internationalisme.***
internationalist [-næsjnəlist] **0.1** ***aanhanger v.h. internationalisme*** **0.2** ***aanhanger v.d. Internationale*** ⟨vakverbond⟩.
international|ize, -ise [-næsjnəlajz] ⟨zn.: **-ization**⟩ **0.1** ***internationaliseren*** ⇒*internationaal maken* **0.2** ***onder internationaal toezicht plaatsen.***
interne →**intern**[1].
internecine [-nie:sajn] **0.1** ***elkaar verwoestend*** **0.2** ***bloederig*** ⇒*moorddadig.*
internee [intə:nie:] **0.1** ***geïnterneerde.***
internist [ientə:nist] ⟨med.⟩ **0.1** ***internist.***
internment [intə:nmənt] **0.1** ***internering.***
internment camp **0.1** ***interneringskamp.***
interpell|ate [intə:pəleet] ⟨zn.: **-ation**⟩ **0.1** ***interpelleren*** ⇒ *onderbreken.*
interpersonal [-pə:snəl] **0.1** ***intermenselijk.***
interplanetary [-plænətrie] **0.1** ***interplanetair.***
interplay [-plee] **0.1** ***interactie*** ⇒*wisselwerking.*
Interpol [-pol] ⟨zn.; ww. enk. of mv.⟩ **0.1** ***Interpol.***
interpol|ate [intə:pəleet] ⟨zn.: **-ation**⟩ **0.1** ***interpoleren*** ⇒*inlassen, tussenvoegen* ⟨ook falsificaties in tekst⟩.
interpose [intəpooz] **I** ⟨onov.ww.⟩ **0.1** ***tussenbeide komen*** ⇒ *bemiddelen;*
II ⟨ov.ww.⟩ **0.1** ***tussenplaatsen*** ⇒*invoegen* **0.2** ***interrumperen*** ⇒*onderbreken* **0.3** ***naar voren brengen*** ⇒*aanvoeren.*
interpret [intə:prit] **I** ⟨onov.ww.⟩ **0.1** ***als tolk optreden*** ⇒ *tolken;*
II ⟨ov.ww.⟩ **0.1** ***interpreteren*** ⇒*uitleggen, opvatten* **0.2** ***vertolken*** ⇒*interpreteren* **0.3** ***(mondeling) vertalen*** ⇒ *om/overzetten.*
interpretation [intə:prəteesjn] **0.1** ***interpretatie*** ⇒*uitleg* **0.2** ***het tolken*** **0.3** ***vertolking*** ⇒*interpretatie.*
interpretative [intə:prittətiv], **interpretive** [intə:prittiv] **0.1** ***interpretatief*** ⇒*verklarend* **0.2** ***interpretatie-*** ⇒*mbt. een verklaring* ◆ **1.2** ~ differences *verschillen in interpretatie.*
interpreter [intə:prittə] **0.1** ***tolk*** **0.2** ***iem. die interpreteert*** ⇒*uitlegger* **0.3** ⟨comp.⟩ ***interpreter*** ⇒*vertolker.*
interracial [-reesjl] **0.1** ***tussen (verschillende) rassen*** ⇒ *voor verschillende rassen.*
interregnum [-regnəm]⟨mv.: ook interregna [-nə]⟩ **0.1** ***interregnum*** ⇒*tussenregering.*
interrelate [-rilleet] **I** ⟨onov.ww.⟩ **0.1** ***met elkaar in verband staan*** ⇒*met elkaar verbonden zijn;*
II ⟨ov.ww.⟩ **0.1** ***met elkaar in verband brengen.***
interrelation [-rilleesjn] **0.1** ***onderling verband*** ⇒*interrelatie.*
interrog|ate [interrəgeet] ⟨zn.: **-ation**⟩ **0.1** ***ondervragen*** ⇒ *verhoren.*
interrogative[1] [intərogətiv] ⟨zn.⟩⟨taal.⟩ **0.1** ***vragend (voornaam)woord*** ⇒*interrogatief* **0.2** ⟨the⟩ ***vragende vorm*** ⇒ *interrogatief* ◆ **6.2** put a sentence **into** the ~ *een zin vragend maken.*
interrogative[2] ⟨bn.⟩ **0.1** ***vragend*** ⇒*vraag-* ⟨ook taal.⟩.
interrogator [interrəgeetə] **0.1** ***ondervrager*** ⇒*verhoorder.*
interrogatory [intərogətrie] **0.1** ***vragend*** ⇒*vraag-* ⟨ook taal.⟩.
interrupt [intərupt] **I** ⟨onov.ww.⟩ **0.1** ***storen*** ⇒*onderbreken, in de rede vallen;*
II ⟨ov.ww.⟩ **0.1** ***onderbreken*** ⇒*afbreken, belemmeren* **0.2** ***interrumperen*** ⇒*in de rede vallen, storen.*
interruption [intərupsjn] **0.1** ***onderbreking*** ⇒*afbreking* **0.2** ***belemmering*** **0.3** ***interruptie*** ⇒*het storen.*
intersect [-sekt] **I** ⟨onov.ww.⟩ **0.1** ***elkaar kruisen*** ⇒*elkaar (door)snijden;*
II ⟨ov.ww.⟩ **0.1** ***(door)snijden*** ⇒*kruisen.*
intersection [-seksjn] **0.1** ***(weg)kruising*** ⇒*kruispunt, snijpunt* **0.2** ***doorsnijding*** ⇒*kruising, intersectie.*
intersperse [-spə:s] **0.1** ***verspreid zetten/leggen*** ⇒*(hier en daar) strooien* **0.2** ***afwisselen*** ⇒*variëren, van tijd tot tijd onderbreken* ◆ **6.1** a speech ~d **with** Latin words *een met Latijn doorspekte toespraak.*
interstate[1] [-steet], **interstate highway** ⟨zn.⟩ **0.1** ***autoweg (die staten onderling verbindt)*** ⇒*(auto)snelweg.*
interstate[2] ⟨bn.⟩⟨vnl. AE⟩ **0.1** ***tussen (de) staten.***
interstellar [-stellə] **0.1** ***interstellair.***
interstice [intə:stis] ⟨vaak mv.⟩ **0.1** ***nauwe tussenruimte*** ⇒ *spleet, reet.*
intertidal [-tajdl] **0.1** ***bij eb droogvallend.***
intertribal [-trajbl] **0.1** ***tussen (de) stammen (onderling)*** ⇒ *stammen-.*
intertwine [-twajn] **I** ⟨onov.ww.⟩ **0.1** ***zich in elkaar strengelen*** ⇒*dooreengevlochten raken/zijn, (met elkaar) verweven zijn;*
II ⟨ov.ww.⟩ **0.1** ***ineenstrengelen*** ⇒*dooreenvlechten.*
interurban [intərə:bən] **0.1** ***tussen (de) steden*** ⇒*interlokaal.*
interval [intəvl] **0.1** ***tussenruimte*** ⇒*interval, tussentijd* **0.2** ⟨BE; dram.⟩ ***pauze*** ⇒*rust* **0.3** ⟨muz.⟩ ***interval*** ⇒*toonsafstand* **0.4** ⟨wisk.⟩ ***interval*** ◆ **6.1** trams go **at** 15-minute ~s *er rijdt iedere 15 minuten een tram;* **at** ~s of one metre *om de meter.*
interval training ⟨sport⟩ **0.1** ***intervaltraining.***
intervene [-vie:n] **0.1** ***tussenbeide komen*** ⇒*zich erin mengen, ertussen komen* **0.2** ***ertussen liggen*** ◆ **1.2** in the intervening months *in de tussenliggende maanden* **4.1** if nothing ~s *als er niets tussenkomt.*
intervention [-vensjn] **0.1** ***tussenkomst*** ⇒*inmenging, ingreep* ⟨ook med.⟩.
interventionist [intəvensjənist] ⟨vnl. pol., ec.⟩ **0.1** ⟨bn.⟩ ***interventionistisch*** ⇒*geneigd tot ingrijpen, bemoeizuchtig;* ⟨oneig.⟩ *imperialistisch* **0.2** ⟨zn.⟩ ***interventionist.***
interview[1] [-vjoe:] ⟨zn.⟩ **0.1** ***(persoonlijk) onderhoud*** ⇒*sollicitatiegesprek* **0.2** ***interview*** ⇒*vraaggesprek.*
interview[2] ⟨ww.⟩ **0.1** ***interviewen*** ⇒*een vraaggesprek houden met, een sollicitatiegesprek voeren met.*
interviewee [-vjoe:ie:] **0.1** ***ondervraagde*** ⇒*geïnterviewde.*
interviewer [-vjoe:ə] **0.1** ***interviewer*** ⇒*vragensteller; ondervrager.*
interweave [-wie:v] ⟨ook interwove, interwoven⟩ **I** ⟨onov.ww.⟩ **0.1** ***zich in elkaar strengelen*** ⇒*zich dooreenweven, dooreengevlochten zijn;*
II ⟨ov.ww.⟩ **0.1** ***ineenvlechten*** ⇒*dooreenweven.*
intestate [intesteet] **0.1** ***intestaat*** ⇒*zonder testament* ◆ **3.1** he died ~ *hij overleed zonder een testament na te laten.*
intestinal [intestinl] **0.1** ***ingewands-*** ⇒*darm-, mbt. het darmkanaal/de ingewanden.*
intestine [intestin] ⟨vaak mv. met enk. bet.⟩ **0.1** ***darm(kanaal)*** ⇒*(buik)ingewanden* ◆ **2.1** large ~ *dikke darm;* small ~ *dunne darm.*
intimac|y [intimməsie] ⟨mv.: -ies⟩ **0.1** ***intimiteit*** ⇒*vertrouwelijkheid, intieme mededeling* **0.2** ***innige verbondenheid*** ⇒*vertrouwdheid* **0.3** ***intimiteit*** ⇒*intieme omgang/handeling(en);* ⟨ihb.⟩ *geslachtsverkeer* ◆ **1.2** they were on terms of ~ *er bestond een sterke vriendschapsband tussen hen.*
intimate[1] [intimmət] ⟨zn.⟩ **0.1** ***vertrouweling(e)*** ⇒*boezemvriend(in).*
intimate[2] ⟨bn.⟩ **0.1** ***intiem*** ⟨ook seksueel⟩ ⇒*innig (verbonden), vertrouwd* **0.2** ***vertrouwelijk*** ⇒*privé, strikt persoon-*

lijk **0.3** ***grondig*** ⇒*gedetailleerd* ◆ **1.2** ~ secrets *hartsgeheimen;* they are on ~ terms *zij zijn goede vrienden* **1.3** an ~ knowledge of Latin *een gedegen kennis v.h. Latijn.*

intimate³ [intimmeet] ⟨ww.⟩ **0.1** ***suggereren*** ⇒*een hint geven, laten doorschemeren.*

intimation [intimmeesjn] **0.1** ***aanduiding*** ⇒*suggestie, hint.*

intimidate [intimmiddeet] **0.1** ***intimideren*** ⇒*bang maken* ◆ **6.1** ~ s.o. **into** not doing sth. *door intimidatie zorgen dat iem. iets niet doet.*

intimidation [intimmiddeesjn] **0.1** ***intimidatie*** ⇒*bangmakerij, bedreiging.*

into [intə, intoe, ⟨sterk⟩ intoe:] **0.1** ⟨beweging ten einde toe; ook fig.⟩ ***in*** ⇒*binnen-* **0.2** ⟨verandering v. omstandigheid⟩ ***tot*** ⇒*in* **0.3** ⟨duur of afstand⟩ ***tot ... in*** ◆ **1.1** marry ~ a wealthy family *trouwen met iemand van rijke afkomst;* run ~ an old friend *een oude vriend tegen het lijf lopen;* he drove ~ the kerb *hij reed tegen de stoeprand aan;* look ~ the matter *de zaak bestuderen;* ⟨inf.⟩ he's ~ Zen these days *tegenwoordig interesseert hij zich voor zen* **1.2** all the money went ~ food *al het geld werd aan eten besteed;* translate ~ Japanese *in het Japans vertalen;* put lots of work ~ a plan *veel werk steken in een plan* **1.3** far ~ the night *tot diep in de nacht* **3.¶** divide 4 ~ 8 *deel acht door vier;* 4 ~ 8 gives 2 *acht gedeeld door vier is twee;* talk somebody ~ leaving *iem. ompraten om te gaan.*

intolerab|le [intollerrəbl] ⟨-ly⟩ **0.1** ***on(ver)draaglijk*** ⇒*onuitstaanbaar.*

intoler|ant [intollərənt] ⟨zn.: **-ance**⟩ **0.1** ⟨+of⟩ ***onverdraagzaam (tegenover)*** ⇒*intolerant.*

intonation [intəneesjn] **0.1** ***intonatie*** ⇒*stembuiging.*

intone [intoon] **0.1** ***opdreunen*** ⟨gebed, gedicht enz.⟩ ⇒*monotoon voordragen.*

in toto [intootoo] **0.1** ***in totum*** ⇒*in z'n geheel.*

intoxicant [intoksikkənt] **0.1** ⟨bn.⟩ ***bedwelmend*** ⇒⟨ihb.⟩ *alcoholisch* **0.2** ⟨zn.⟩ ***bedwelmend middel*** ⇒⟨ihb.⟩ *alcoholische drank, sterkedrank.*

intoxic|ate [intoksikkeet] ⟨zn.: **-ation**⟩ **0.1** ***dronken maken*** ⇒*bedwelmen, benevelen* **0.2** ***in extase brengen*** ⇒*in vervoering brengen.*

intractab|le [intræktəbl] ⟨-ly; zn.: **-ility**⟩ **0.1** ***onhandelbaar*** ⇒*eigenzinnig, hardnekkig* ⟨probleem⟩.

intramural [intrəmjoeərəl] **0.1** ***intramuraal*** ⇒*binnen de muren* **0.2** ***alleen toegankelijk voor eigen leerlingen*** ◆ **1.2** ~ games *schoolwedstrijden.*

intransig|ent [intrænsidzjənt, -zi-] ⟨zn.: **-ence**⟩ **0.1** ***onbuigzaam*** ⇒*onverzoenlijk, onverzettelijk.*

intransitive [intrænsittiv] ⟨taal.⟩ **0.1** ⟨bn.⟩ ***intransitief*** ⇒*onovergankelijk* **0.2** ⟨zn.⟩ ***intransitief werkwoord*** ⇒*onovergankelijk werkwoord.*

intrauterine [intrəjoe:tərajn] **0.1** ***in de baarmoeder*** ⇒*intra-uterien* ◆ **1.1** ~ device *spiraaltje.*

intravenous [-vie:nəs] **0.1** ***intraveneus*** ⇒*in de ader(en).*

intrench →**entrench.**

intrepid [intreppid] ⟨zn.: **-ity**⟩ **0.1** ***onversaagd*** ⇒*onverschrokken, dapper.*

intricac|y [intrikkəsie] ⟨mv.: -ies; vaak mv.⟩ **0.1** ***ingewikkeldheid*** ⇒*gecompliceerdheid* ◆ **1.1** the intricacies of politics *de fijne kneepjes v.d. politiek.*

intricate [intrikkət] **0.1** ***ingewikkeld*** ⇒*complex, moeilijk.*

intrigue¹ [intrie:g, intrie:g] ⟨zn.⟩ **0.1** ***intrige*** ⇒*gekonkel, samenzwering* **0.2** ***intrige*** ⇒*verwikkeling, plot* ⟨v. toneelstuk enz.⟩.

intrigue² [intrie:g] **I** ⟨onov.ww.⟩ **0.1** ***intrigeren*** ⇒*konkelen, samenzweren;*
II ⟨ov.ww.⟩ **0.1** ***intrigeren*** ⇒*nieuwsgierig maken, boeien.*

intrinsic [intrinsik] ⟨-ally⟩ **0.1** ***intrinsiek*** ⇒*innerlijk, wezenlijk* ◆ **1.1** the ~ value of coins *de intrinsieke waarde van munten* ⟨waarde volgens gehalte aan edel metaal⟩.

intro [introo] ⟨inf.⟩ **0.1** ***introductie*** **0.2** ⟨muz.⟩ ***intro(otje)*** ⇒*inleiding.*

introduce [intrədjoe:s] **0.1** ***introduceren*** ⇒*voorstellen, inleiden* **0.2** ***invoeren*** ⇒*introduceren, naar voren brengen* **0.3** ***indienen*** ⟨wetsontwerp⟩ ◆ **1.2** ~ a new subject *een nieuw onderwerp aansnijden* **6.1** ~ **to** *voorstellen aan* ⟨iem.⟩; *kennis laten maken met* ⟨iets⟩ **6.2** this product will be ~d **into** Europe *dit product zal in Europa op de markt gebracht worden* **6.¶** ~ a tube **into** the stomach *een slang in de maag inbrengen.*

introduction [intrəduksjn] **0.1** ***inleiding*** ⇒*introductie* ⟨ook v. muziekstuk⟩, *voorwoord* **0.2** ***introductie*** ⇒*voorstelling, inleiding* **0.3** ***presentatie*** ⇒*invoering, het in circulatie brengen* ◆ **6.1** an ~ **to** the Chinese language *een inleiding tot de Chinese taal.*

introductor|y [intrəduktrie] ⟨-ily⟩ **0.1** ***inleidend*** ◆ **1.1** ~ offer *introductieaanbieding;* ~ remarks *inleidende opmerkingen.*

introit [introjt] ⟨the; ook I-⟩⟨r.-k.⟩ **0.1** ***introïtus.***

introspection [-speksjn] **0.1** ***introspectie*** ⇒*zelfonderzoek.*

introspective [-spektiv] **0.1** ***introspectief.***

introversion [-və:sjn] **0.1** ***introversie.***

introvert¹ [-və:t] ⟨zn.⟩ **0.1** ***introvert*** ⇒*in zichzelf gekeerd persoon.*

introvert² [-və:t] ⟨ww.⟩ **0.1** ***naar binnen richten*** ⇒*in zichzelf keren* **0.2** ⟨vnl. dierk.⟩ ***instulpen*** ⟨orgaan⟩ ⇒*naar binnen keren.*

introverted [-və:tid], **introvert** **0.1** ***introvert*** ⇒*in zichzelf gekeerd.*

intrude [introe:d] **I** ⟨onov.ww.⟩ **0.1** ***(zich) binnendringen*** ⇒*zich opdringen* **0.2** ***zich opdringen*** ⇒*ongelegen komen, storen* ◆ **6.1** intruding **into** conversations *zich ongevraagd in gesprekken mengen* **6.2** let's not ~ **on/upon** his time any longer *laten wij niet langer onnodig beslag leggen op zijn tijd;*
II ⟨ov.ww.⟩ **0.1** ***binnendringen*** ⇒*indringen, opdringen* **0.2** ***opdringen*** ⇒*lastig vallen, storen.*

intruder [introe:də] **0.1** ***indringer*** ⇒*insluiper.*

intrusion [introe:zjn] **0.1** ***binnendringing*** ⇒*indringing, inbreuk* ◆ **6.1** an ~ **(up)on** my privacy *een inbreuk op mijn privacy.*

intrusive [introe:siv] **0.1** ***opdringerig*** ⇒*binnendringend.*

intrust →**entrust.**

intuitable [intjoe:ittəbl] **0.1** ***intuïtief.***

intuition [intjoe·isjn] **0.1** ***intuïtie*** ⇒*ingeving* ◆ **3.1** she had an ~ that things were wrong *ze had een plotselinge ingeving dat de zaak fout zat.*

intuitive [intjoe:ittiv] ⟨-ness⟩ **0.1** ***intuïtief*** ⇒*(als) bij ingeving.*

inundate [innəndeet] **0.1** ***onder water zetten*** ⇒*inunderen* ⟨ook fig.⟩, *overstelpen.*

inundation [innəndeesjn] **0.1** ***overstroming*** ⇒*inundatie* **0.2** ***stroom*** ⇒*stort(vloed).*

inure [injoeə] **0.1** ***gewennen*** ⇒*harden.*

invade [inveed] **0.1** ***binnenvallen*** ⇒*een inval doen in, binnendringen* **0.2** ***in groten getale neerstrijken in*** ⇒*overstromen* **0.3** ***inbreuk maken op*** ⇒*schenden* ⟨privacy⟩.

invader [inveedə] **0.1** ***indringer*** ⇒*aanvaller.*

invalid¹ [invəlid] ⟨zn.⟩ **0.1** ***invalide.***

invalid² [invælid] ⟨bn.⟩ **0.1** ***ongerechtvaardigd*** ⇒*ongegrond, zwak* **0.2** ***ongeldig*** ⇒*onwettig, nietig* ◆ **1.2** the marriage was declared ~ *het huwelijk werd nietig verklaard;* this will is ~ *dit testament is ongeldig.*

invalid[3] [invəlid] **I** ⟨bn.⟩ **0.1** ***invalide*** ⇒*gebrekkig;*
II ⟨bn., attr.⟩ **0.1** ***invaliden-*** ⇒*zieken-* ◆ **1.1** ~ chair *rolstoel.*

invalid[4] [invəlid,-lie:d] ⟨ww.⟩ **0.1** ***invalide verklaren*** ⇒*lichamelijk afkeuren, ongeschikt verklaren* ⟨voor dienst⟩ ◆ **6.1** they were ~ed **out of** the army *zij werden lichamelijk afgekeurd en uit de dienst ontslagen.*

invalid|ate [invæliddeet] ⟨zn.: **-ation**⟩ **0.1** ***ongeldig maken/verklaren*** ⇒*nietig/krachteloos maken* ◆ **1.1** his arguments were ~d *zijn argumenten werden ontzenuwd.*

invalidity [invəliddətie] **0.1** ***ongeldigheid*** ⇒*nietigheid* **0.2** ***invaliditeit*** ⇒*(lichamelijke) zwakte, arbeidsongeschiktheid.*

invaluable [invæljoeəbl] **0.1** ***onschatbaar*** **0.2** ***van onschatbare waarde.***

invariab|le [inveəriəbl] ⟨zn.: **-ility**⟩ **0.1** ***onveranderlijk*** ⇒ *constant, vast.*

invariably [inveəriəblie] **0.1** ***onveranderlijk*** ⇒*steeds.*

invasion [inveezjn] **0.1** ***invasie*** ⟨ook fig.⟩ ⇒*inval, het binnenvallen* **0.2** ***inbreuk*** ⇒*schending* ◆ **6.1** the ~ **of** Italy *de invasie in Italië.*

invective [invektiv] **0.1** ***smaadrede*** ⇒*scheldwoord(en), getier.*

inveigh [invee] **0.1** ***krachtig protesteren*** ⇒*uitvaren, tieren.*

inveigle [inveegl,-vie:gl] **0.1** ***verleiden*** ⇒*overhalen* ◆ **6.1** ~ s.o. **into** stealing *iem. ertoe brengen om te stelen.*

invent [invent] **0.1** ***uitvinden*** ⇒*uitdenken* **0.2** ***bedenken*** ⇒ *verzinnen.*

invention [invensjn] **I** ⟨telb. en n.-telb.zn.⟩ **0.1** ***uitvinding*** ⇒ *vinding* **0.2** ***verdichting*** ⇒*bedenksel, verzinsel;*
II ⟨n.-telb.zn.⟩ **0.1** ***inventiviteit*** ⇒*vindingrijkheid.*

inventive [inventiv] ⟨-ness⟩ **0.1** ***inventief*** ⇒*vindingrijk, creatief.*

inventor [inventə] **0.1** ***uitvinder*** **0.2** ***verzinner.***

inventor|y[1] [invəntri] ⟨zn.; mv.: -ies⟩ **0.1** ***inventaris(lijst)*** ⇒ *inventarisatie, boedelbeschrijving* **0.2** ***overzicht*** ⇒*lijst.*

inventor|y[2] ⟨ww.; -ied⟩ **0.1** ***inventariseren*** ⇒*de inventaris opmaken van.*

inverse [invə:s] **0.1** ⟨bn.⟩ ***omgekeerd*** ⇒*tegenovergesteld, invert* **0.2** ⟨zn.⟩ ***omgekeerde*** ⇒*tegenovergestelde, tegendeel* ◆ **1.1** these things are in ~ proportion/relation to each other *deze dingen zijn omgekeerd evenredig aan elkaar;* ~ ratio *omgekeerd evenredigheid.*

inversion [invə:sjn] **0.1** ***inversie.***

invert [invə:t] **0.1** ***omkeren*** ⟨ook muz.; interval⟩ ⇒*inverteren* ◆ **1.1** ⟨BE⟩ ~ed commas *aanhalingstekens.*

invertebrate [invə:tibrət,-breet] **0.1** ⟨bn.⟩ ***ongewerveld*** **0.2** ⟨bn.⟩ ***zonder ruggengraat*** ⇒*zwak* **0.3** ⟨zn.⟩ ***ongewerveld dier*** **0.4** ⟨zn.⟩ ***slappeling.***

invertible [invə:təbl] **0.1** ***omkeerbaar.***

invest [invest] **I** ⟨onov.ww.⟩ **0.1** ***geld beleggen*** ⇒*(geld) investeren;*
II ⟨ov.ww.⟩ **0.1** ***investeren*** ⇒*beleggen* **0.2** ***bekleden*** ⟨ook met macht e.d.⟩ **0.3** ***installeren*** ⟨in ambt⟩ ⇒*bevestigen* ◆ **6.1** they ~ed all their spare time **in** the car *ze staken al hun vrije tijd in de auto* **6.2** he was ~ed **with** a knighthood *hij werd geridderd.*

investigate [investigeet] **I** ⟨onov.ww.⟩ **0.1** ***een onderzoek instellen;***
II ⟨ov.ww.⟩ **0.1** ***onderzoeken*** ⇒*nasporen.*

investigation [investigeesjn] **0.1** ***onderzoek.***

investigative [investigətiv] **0.1** ***onderzoeks-*** ⇒*onderzoekend* ◆ **1.1** ~ journalism *onderzoeks/dieptejournalistiek.*

investigator [investigeetə] **0.1** ***onderzoeker*** **0.2** ***detective*** ⇒ *opsporingsambtenaar.*

investiture [investitsjə] **0.1** ***installatie*** ⇒*inhuldiging.*

investment [inves(t)mənt] **0.1** ***investering*** ⇒*(geld)belegging* **0.2** ***bekleding*** ⟨met ambtsgezag⟩ ⇒*investituur.*

investment allowance **0.1** ***investeringsaftrek.***

investor [investə] **0.1** ***investeerder*** ⇒*(geld)belegger.*

inveterate [invettərət] **0.1** ***ingeworteld*** ⇒*diep verankerd, hardnekkig* **0.2** ***verstokt*** ⇒*aarts-, onverbeterlijk* ◆ **1.2** ~ liars *onverbeterlijke leugenaars.*

invidious [inviddiəs] ⟨-ness⟩ **0.1** ***aanstootgevend*** ⇒*ergerlijk* **0.2** ***hatelijk*** ⇒*beledigend.*

invigil|ate [invidzjilleet] ⟨zn.: **-ation**⟩ **0.1** ⟨BE⟩ ***surveilleren*** ⟨bij examen⟩.

invigilator [invidzjilleetə] **0.1** ⟨BE⟩ ***surveillant*** ⟨bij examen⟩.

invigorate [invigəreet] **0.1** ***(ver)sterken*** ⇒*kracht geven.*

invincib|le [invinsəbl] ⟨-ly; zn.: **-ility**⟩ **0.1** ***onoverwinnelijk*** ⇒ *niet te verslaan, onomstotelijk* ◆ **1.¶** ~ faith *onwankelbare trouw.*

inviolab|le [invajjələbl] ⟨zn.: **-ility**⟩ **0.1** ***onschendbaar*** ⇒*inviolabel.*

inviolate [invajjələt] **0.1** ***ongeschonden*** ⇒*intact.*

invisib|le[1] [invizzəbəl] ⟨zn.⟩⟨ec.⟩ **0.1** ⟨vaak mv.⟩ ***onderdeel van onzichtbare uitvoer/invoer.***

invisib|le[2] ⟨bn.; -ly; zn.: **-ility**⟩ **0.1** ***onzichtbaar*** ⟨ook fig.⟩ ⇒ *verborgen* ◆ **1.1** ~ exports/imports *onzichtbare uitvoer/invoer.*

invitation [invitteesjn] **0.1** ***uitnodiging*** ⇒*invitatie* **0.2** ***uitnodiging*** ⇒*uitdaging* ◆ **6.1** an ~ **to** a party *een uitnodiging voor een feest* **6.2** that's an ~ **to** trouble *daarmee vraag je om moeilijkheden.*

invitation meet ⟨atletiek⟩ **0.1** ***invitatiewedstrijd.***

invitation race ⟨sport⟩ **0.1** ***invitatiewedstrijd.***

invite[1] [invajt] ⟨zn.⟩⟨inf.⟩ **0.1** ***uitnodiging.***

invite[2] [invajt] ⟨ww.⟩ **0.1** ***uitnodigen*** ⇒*inviteren* **0.2** ***uitnodigen*** ⇒*verzoeken* **0.3** ***vragen om*** ⇒*uitlokken* **0.4** ***aanlokken*** ⇒*aantrekken* ◆ **1.1** ~ s.o. for a drink *iem. uitnodigen voor een borrel* **3.4** the fruit was displayed invitingly *het fruit was aantrekkelijk uitgestald* **5.1** ~ s.o. **over/round** *iem. vragen langs te komen* **6.1** ~ s.o. **to/for** dinner *iem. te eten uitnodigen.*

in vitro fertilization [invie:troo fə:tillajzeesjn] **0.1** ***in vitro fertilisatie*** ⇒*reageerbuisbevruchting.*

invocation [invəkeesjn] **0.1** ***aanroeping*** ⇒*invocatie, gebed.*

invoice[1] [invojs] ⟨zn.⟩ **0.1** ***factuur*** ◆ **6.1** an ~ **of** *een factuur over.*

invoice[2] ⟨ww.⟩ **0.1** ***factureren*** ⇒*een factuur sturen naar.*

invoke [invook] **0.1** ***aanroepen*** ⇒*inroepen* **0.2** ***zich beroepen op*** ⇒*een beroep doen op* **0.3** ***afsmeken*** ⇒*bidden om* **0.4** ***oproepen*** ⟨geesten⟩ ⇒*bezweren* ◆ **6.3** ~ mercy **(up)on** *smeken om genade voor.*

involuntar|y [invollәntrie] ⟨-iness⟩ **0.1** ***onwillekeurig*** ⟨ook med.⟩ ⇒*onopzettelijk, onbewust* **0.2** ***onvrijwillig*** ⇒*gedwongen* ◆ **1.1** an ~ movement *een reflexbeweging.*

involuted [invəloe:tid] **0.1** ***ingewikkeld*** ⇒*gecompliceerd.*

involve [involv] **0.1** ***betrekken*** ⇒*verwikkelen* **0.2** ***(met zich) meebrengen*** ⇒*betekenen* **0.3** ***ingewikkeld maken*** **0.4** ⟨wisk.⟩ ***tot een bep. macht verheffen*** ◆ **1.1** whose interests are ~d? *om wiens belangen gaat het?;* the persons ~d *de betrokkenen* **1.2** there need not be any risk ~d *er hoeft geen risico aan verbonden te zijn;* large sums of money are ~d *er zijn grote bedragen mee gemoeid;* my new job ~s frequent travel *voor mijn nieuwe baan moet ik veel reizen* **1.3** ~d sentences *moeilijk geconstrueerde zinnen* **6.1** don't get ~d **in** this sordid affair *raak niet betrokken bij dit smerige zaakje;* be ~d **with** *een verhouding hebben met.*

involvement [invo̲lvmənt] **0.1** ***betrokkenheid*** ⇒*verwikkeling* **0.2** ***ingewikkeldheid.***

invulnerab|le [invu̲lnrəbl] ⟨-ly; zn.: **-ility**⟩ **0.1** ***onkwetsbaar*** ⟨ook fig.⟩ ⇒*onaantastbaar* ◆ **1.1** he is in an ~ position *hij zit op een plaats waar niets hem deren kan.*

inward[1] [i̲nwəd] ⟨bn.⟩ **0.1** ***innerlijk*** ⇒*inwendig* **0.2** ***binnenwaarts*** ⇒*naar binnen gericht.*

inward[2], **inwards** ⟨bw.⟩ **0.1** ***binnenwaarts*** ⇒*naar binnen* **0.2** ***innerlijk*** ⇒*in de geest.*

inwardly [i̲nwədlie] **0.1** ***innerlijk*** ⇒*inwendig* **0.2** ***in zichzelf.***

inwardness [i̲nwədnəs] **0.1** ***innerlijk (wezen)*** ⇒*essentie* **0.2** ***innerlijke betekenis*** ⇒*geestelijke waarde.*

I/O ⟨afk.; comp.⟩ **0.1** [input/output].

iodine, iodin [a̲jjədie:n] **0.1** ***jodium*** **0.2** ***jodiumtinctuur.***

iodize [a̲jjədajz] **0.1** ***joderen*** ⇒*jodium toevoegen aan.*

ion [a̲jjən] ⟨nat., schei.⟩ **0.1** ***ion.***

ionic ⟨nat.⟩ **0.1** ***mbt. ionen*** ⇒*ionen-* ◆ **1.1** ~ propulsion *ionenvoortstuwing.*

Ionic [ajjo̲nnik] **0.1** ***Ionisch*** ◆ **1.1** ~ order *Ionische bouwstijl.*

ion|ize, -ise [a̲jjənajz] ⟨zn.: **-ization**⟩ **0.1** ***ioniseren.***

ionospher|e [ajjo̲nnəsfiə] ⟨the; bn.: **-ic**⟩ **0.1** ***ionosfeer.***

iota [ajjo̲o̲tə] **0.1** ***jota*** ⟨Griekse i⟩ ⇒⟨fig.⟩ *greintje, ziertje* ◆ **7.1** not an/one ~ *geen jota.*

IOU ⟨mv.: ook IOU's⟩⟨oorspr. afk.⟩ **0.1** [I owe you] ***schuldbekentenis.***

ippon [i̲ppon] ⟨vechtsport, ihb. judo⟩ **0.1** ***ippon*** ⟨beslissende score om wedstrijd te winnen; 10 punten⟩.

I.Q. ⟨afk.⟩ **0.1** [Intelligence Quotient] ***IQ.***

I.R.A. [a̲jja:re̲e̲] ⟨afk.⟩ **0.1** [Irish Republican Army] ***IRA.***

Iran [irra̲:n, iræ̲n] **0.1** ***Iran.***

Iranian [irre̲e̲niən, irra̲:-] **0.1** ⟨bn.⟩ ***Iraans*** **0.2** ⟨eig.n.⟩ ***Iraans*** ⟨taal⟩ **0.3** ⟨telb. zn.⟩ ***Iraniër.***

Iraq, Irak [irra̲:k, iræ̲k] **0.1** ***Irak.***

Iraqi, Iraki [irra̲:kie, iræ̲kie] ⟨mv.: ook Iraqi, Iraki⟩ **0.1** ⟨bn.⟩ ***Iraaks*** **0.2** ⟨zn.⟩ ***Irakees.***

irascib|le [iræ̲səbl] ⟨-ly; zn.: **-ility**⟩ **0.1** ***prikkelbaar*** ⇒*opvliegend, lichtgeraakt.*

irate [ajre̲e̲t] ⟨-ness⟩ **0.1** ***toornig*** ⇒*ziedend, woedend.*

IRC ⟨afk.⟩ **0.1** [International Reply Coupon].

ire [a̲jjə] ⟨schr.⟩ **0.1** ***toorn*** ⇒*gramschap, woede.*

Ireland [a̲jjələnd] **0.1** ***Ierland.***

iridescence [i̲rridde̲sns] **0.1** ***het iriserend zijn*** **0.2** ***kleurenspel*** ⇒*vertoon v.d. kleuren v.d. regenboog.*

iridescent [i̲rriddesnt] **0.1** ***iriserend*** ⇒*regenboogkleurig.*

iridologist [irriddo̲llədzjist] **0.1** ***iriscopist(e).***

iridology [irriddo̲lləzjie] **0.1** ***iriscopie.***

iris [a̲jjəris] **0.1** ***iris*** ⇒*regenboogvlies* ⟨v. oog⟩ **0.2** ***lis*** ⇒*iris.*

Irish[1] [a̲jjərisj] **I** ⟨eig.n.⟩ **0.1** ***Iers*** ⇒*de Ierse taal, (Iers-)Gaelisch;*
II ⟨mv.; ww. altijd mv.; the⟩ **0.1** ***de Ieren.***

Irish[2] ⟨bn.⟩ **0.1** ***Iers*** ⇒*van/uit Ierland* ◆ **1.1** ~ coffee *Irish coffee* ⟨koffie met whisky en slagroom⟩; ⟨gesch.⟩ ~ Free State *Ierse Vrijstaat;* the ~ Sea *de Ierse Zee;* ~ stew *Ierse stoofschotel/hutspot* **1.¶** ~ bull *gebazel, onzin.*

Irish|man [a̲jjərisjmən] ⟨mv.: -men [-mən]⟩ **0.1** ***Ier.***

I̲rishwoman **0.1** ***Ierse.***

irk [ə:k] **0.1** ***ergeren*** ⇒*hinderen* ◆ **4.1** it ~s me to do this job *deze klus staat me tegen.*

irksome [ə̲:ksəm] **0.1** ***ergerlijk*** ⇒*hinderlijk.*

iron[1] [a̲jjən] **I** ⟨telb. zn.⟩ **0.1** ⟨ben. voor⟩ ***ijzer*** ⇒*strijkijzer, friseerijzer, brandijzer* ⟨enz.⟩ **0.2** ***iron*** ⟨metalen golfclub⟩ **0.3** ⟨vaak mv.⟩ ***steunbeugel*** ⟨voor been⟩ ⇒*boei, stijgbeugel* **0.4** ***harpoen*** ⇒*enterhaak* ◆ **1.¶** have many ~s in the fire *veel ijzers in het vuur hebben;* have too many ~s in the fire *te veel hooi op z'n vork genomen hebben* **6.3** the thief was put in ~s *de dief werd in de boeien geslagen;*
II ⟨n.-telb.zn.⟩ **0.1** ***ijzer*** ◆ **1.1** rule with a rod of ~ *met ijzeren vuist regeren* **2.1** as hard as ~ *zo hard als staal* **3.1** cast ~ *gietijzer;* wrought ~ *smeedijzer.* →**hot.**

iron[2] ⟨bn.⟩ **0.1** ***ijzeren*** ⇒*ijzer-, ijzerachtig* **0.2** ***ijzersterk*** ⇒ *ijzeren; onverzettelijk, bikkelhard* ◆ **1.1** Iron Cross *IJzeren Kruis* ⟨Dui. mil. onderscheiding⟩; ~ lung *ijzeren long* **1.2** ~ constitution *ijzeren gestel;* ⟨inf.⟩ rule with an ~ hand/rod *met ijzeren vuist regeren;* the Iron Lady *de ijzeren dame* ⟨Margaret Thatcher⟩ **1.¶** the Iron Curtain *het IJzeren Gordijn;* ⟨schei.⟩ ~ pyrites *pyriet, (ijzer)kies.*

iron[3] ⟨ww.⟩ **0.1** ***strijken*** ◆ **1.1** damp clothes sometimes ~ better *vochtige kleren strijken soms makkelijker* **5.1** the wrinkles in this shirt will have to be ~ed **out** *de kreukels in dit overhemd moeten eruit gestreken worden;* ⟨fig.⟩ ~ **out** problems *problemen gladstrijken/uit de wereld helpen.*

I̲ron Age ⟨the⟩ **0.1** ***ijzertijd(perk).***

i̲roncla̲d **0.1** ***gepantserd*** **0.2** ***hard*** ⇒*streng* ◆ **1.2** an ~ rule *een waterdichte regel, een wet v. Meden en Perzen.*

i̲ron-gre̲y ⟨vaak attr.⟩ **0.1** ***ijzerkleur*** ⇒*ijzergrauw.*

ironic|(al) [ajro̲nnik(l)] ⟨-ally⟩ **0.1** ***ironisch*** ⇒*spottend* ◆ **¶.1** ironically, he was arrested by his best friend *ironisch genoeg werd hij door zijn beste vriend gearresteerd.*

ironing [a̲jjəning] **0.1** ***het strijken*** **0.2** ***strijkgoed*** ⇒*strijkwerk* ◆ **3.1** do the ~ *strijken.*

i̲roning board **0.1** ***strijkplank.***

i̲ronmonger ⟨BE⟩ **0.1** ***ijzerhandelaar.***

i̲ronmonger|y ⟨mv.: -ies⟩⟨BE⟩ **I** ⟨telb.zn.⟩ **0.1** ***ijzerhandel;***
II ⟨n.-telb.zn.⟩ **0.1** ***ijzerwaren.***

i̲ron ore **0.1** ***ijzererts.***

i̲ron ration ⟨vaak mv.⟩ **0.1** ***noodrantsoen*** ⇒*ijzeren voorraad.*

i̲ronware **0.1** ***ijzerwaren.***

i̲ronwork **0.1** ***ijzerwerk*** **0.2** ⟨mv.; ww. soms enk.⟩ ***ijzerfabriek*** ⇒*ijzergieterij.*

iron|y [a̲jrənie] ⟨mv.: -ies⟩ **0.1** ***ironische opmerking/gebeurtenis*** ⟨enz.⟩ ⇒*tegenstrijdigheid* **0.2** ***ironie*** ⇒*spot* ◆ **1.1** life's ironies *de tegenstrijdigheden v.h. leven.*

irradiate [irre̲e̲die·eet] **0.1** ***schijnen op*** ⇒*ver/belichten* **0.2** ***bestralen*** ⟨ook met röntgenstralen e.d.⟩ **0.3** ***doen stralen*** ⇒*doen schitteren* ◆ **6.1** their faces were ~d **with** happiness *hun gezicht straalde v. geluk.*

irrational[1] [iræ̲sjnəl] ⟨zn.⟩⟨wisk.⟩ **0.1** ***irrationeel/onmeetbaar getal.***

irrational[2] ⟨bn.; zn.: **-ity**⟩ **0.1** ***irrationeel*** ⇒*onlogisch, onredelijk* **0.2** ***redeloos*** ⟨v. dier⟩ ◆ **1.1** ~ behaviour *onberekenbaar gedrag.*

irreconcilab|le [irrekkənsa̲jləbl] ⟨-ly; zn.: **-ility**⟩ **0.1** ***onverzoenlijk*** **0.2** ***onverenigbaar*** ⇒*onoverbrugbaar.*

irrecoverab|le [i̲rrikku̲vrəbl] ⟨-ly⟩ **0.1** ***onherstelbaar*** ⇒ *hopeloos* **0.2** ***onherroepelijk*** **0.3** ***oninbaar*** ⇒*oninvorderbaar* ◆ **1.1** the firm suffered ~ losses *de firma leed onherstelbare verliezen.*

irredeemab|le [irriddi̲e̲:məbl] ⟨-ly⟩ **0.1** ***onafkoopbaar*** ⇒*onaflosbaar, niet inwisselbaar* ⟨v. papiergeld⟩ **0.2** ***onherstelbaar*** ⇒*hopeloos* **0.3** ***onverbeterlijk*** ⇒*verstokt.*

irreducib|le [i̲rridjo̲e̲:səbl] ⟨zn.: **-ility**⟩ **0.1** ***onherleidbaar*** ⇒ *niet vereenvoudigbaar, irreductibel* **0.2** ***onveranderbaar*** ⇒*onherstelbaar* ◆ **1.1** an ~ minimum *een absoluut minimum.*

irrefutab|le [i̲rrifjo̲e̲:təbl] ⟨-ly; zn.: **-ility**⟩ **0.1** ***onweerlegbaar*** ⇒*onbetwistbaar.*

irregular[1] [irre̲gjoelə] ⟨zn.; vaak mv.⟩ **0.1** ***lid v. ongeregelde troepen*** ⇒*partizaan, guerrillastrijder.*

irregular² ⟨bn.; zn.: **-ity**⟩ **0.1** ***onregelmatig*** ⇒*abnormaal, afwijkend* **0.2** ***ongelijk(matig)*** ⇒*grillig, onregelmatig* **0.3** ***ongeregeld*** ⇒*ongeordend* **0.4** ⟨plantk.⟩ ***onregelmatig*** ⇒ *asymmetrisch* ◆ **1.1** in spite of his ~ passport *hoewel zijn paspoort niet in orde was;* the proceedings in this case are rather ~ *de gang van zaken in dit geval is nogal ongebruikelijk* **1.¶** ~ verbs *onregelmatige werkwoorden* **3.3** she studies very ~ly *ze studeert zeer onregelmatig.*

irrelevance [irrelləvəns], **irrelevanc|y** [-sie] ⟨mv.: -ies⟩ **0.1** ***ontoepasselijkheid*** ⇒*irrelevantie, irrelevante opmerking/vraag.*

irrelevant [irreləvənt] **0.1** ***irrelevant*** ⇒*niet ter zake (doend)* ◆ **1.1** age is ~ for this job *voor deze baan is de leeftijd niet belangrijk* **6.1** his remarks are ~ **to** the matter *zijn opmerkingen doen niet ter zake.*

irreligious [irrillidzjəs] **0.1** ***ongodsdienstig*** ⇒*ongelovig.*

irremediab|le [irrimmie:diəbl] ⟨-ly⟩ **0.1** ***onherstelbaar.***

irreparable [irreprəbl] **0.1** ***onherstelbaar*** ⇒*niet (meer) te verhelpen/terug te draaien, irreparabel.*

irreplaceable [irripleesəbl] **0.1** ***onvervangbaar.***

irrepressible [irripressəbl] **0.1** ***onbedwingbaar*** ⇒*ontembaar, onstuitbaar* ◆ **1.1** ~ laughter *onbedaarlijk gelach.*

irreproachab|le [irriprootsjəbl] ⟨-ly; zn.: **-ility**⟩ **0.1** ***onberispelijk*** ◆ **1.1** ~ conduct *gedrag waar niets op aan te merken valt.*

irresistib|le [irrizzistəbl] ⟨-ly; zn.: **-ility**⟩ **0.1** ***onweerstaanbaar*** ⇒*onbedwingbaar, onweerlegbaar.*

irresolute [irrezzəloe:t] **0.1** ***besluiteloos*** ⇒*weifelend, aarzelend.*

irresolution [irrezzəloe:sjn] **0.1** ***besluiteloosheid*** ⇒*aarzeling.*

irrespective [irrispektiv] **0.1** ***toch*** ⇒*sowieso* ◆ **6.1** ~ **of** *ongeacht;* ~ **of** whether it was necessary or not *of het nu noodzakelijk was of niet* **¶.1** I'll come ~ *ik kom sowieso.*

irresponsib|le [irrisponsəbl] ⟨-ly; zn.: **-ility**⟩ **0.1** ***onverantwoord(elijk)*** **0.2** ***ontoerekenbaar*** ⇒*niet aansprakelijk* ◆ **1.1** fast driving is ~ in this weather *met dit weer is hard rijden niet verantwoord.*

irretrievab|le [irritrie:vəbl] ⟨-ly⟩ **0.1** ***onherstelbaar*** ⇒*niet meer ongedaan te maken, reddeloos (verloren).*

irrever|ent [irrevrənt] ⟨zn.: **-ence**⟩ **0.1** ***oneerbiedig*** ⇒*zonder respect.*

irreversib|le [irrivvə:səbl] ⟨-ly; zn.: **-ility**⟩ **0.1** ***onomkeerbaar*** ⇒*onherroepelijk, onveranderlijk.*

irrevocab|le [irrevvəkəbl] ⟨-ly; zn.: **-ility**⟩ **0.1** ***onherroepelijk*** ⇒*onomkeerbaar* ◆ **1.1** an ~ decision *een onherroepelijk besluit.*

irrigable [irrigəbl] **0.1** ***irrigeerbaar*** ⇒*bevloeibaar.*

irrigate [irrigeet] **0.1** ***irrigeren*** ⇒*bevloeien, begieten;* ⟨fig.⟩ *verfrissen, vruchtbaar maken.*

irrigation [irrigeesjn] **0.1** ***irrigatie*** ⇒*bevloeiing, besproeiing.*

irrigator [irrigeetə] **0.1** ***irrigator*** ⟨ook med.⟩ ⇒*sproeitoestel.*

irritab|le [irrittəbl] ⟨-ly; zn.: **-ility**⟩ **0.1** ***lichtgeraakt*** ⇒*prikkelbaar, opvliegend.*

irritant [irrittənt] **0.1** ***irriterend/prikkelend middel.***

irritate [irritteet] **0.1** ***irriteren*** ⇒*ergeren, boos maken* **0.2** ***irriteren*** ⇒*prikkelen* ⟨huid e.d.⟩ **0.3** ⟨biol.⟩ ***prikkelen*** ⇒ *stimuleren* ⟨zenuw, spier⟩ ◆ **6.1** be ~d **at/by/with** *geërgerd zijn/worden door.*

irritation [irritteesjn] **0.1** ***irritatie*** ⇒*ergernis, geprikkeldheid* **0.2** ***irritatie*** ⇒*branderigheid, branderige plek* **0.3** ⟨biol.⟩ ***prikkeling*** ⇒*stimulatie* ⟨v. spier⟩.

IRS ⟨afk.; AE⟩ **0.1** [Internal Revenue Service] ***fiscus*** ⇒*(de) belastingen.*

is [(i)z, s, ⟨sterk⟩ iz] ⟨3e persoon enk. teg. t.⟩ →**be.**

is- →**iso-.**

Is. ⟨afk.⟩ **0.1** [Island(s), Isle(s)].

Isaiah [ajzaijə] ⟨rel.⟩ **0.1** ***Jesaja*** ⇒*Isaias.*

I.S.B.N. ⟨afk.⟩ **0.1** [International Standard Book Number].

ISD ⟨afk.⟩ **0.1** [International Subscriber Dial(l)ing].

Islam [izla:m] **0.1** ***islam*** ⟨religie⟩ **0.2** ***islam*** ⇒*islamitische wereld, de mohammedanen.*

Islamic [izlæmik], **Islamitic** [izləmittik] **0.1** ***islamitisch*** ⇒ *mohammedaans.*

island [ajlənd] **0.1** ***eiland*** ⟨ook fig.⟩ **0.2** ***vluchtheuvel.***

islander [ajləndə] **0.1** ***eilander*** ⇒*eilandbewoner.*

isle [ajl] ⟨in specifieke combinaties⟩ **0.1** ***eiland*** ◆ **1.1** the Isle of Wight *het eiland Wight.*

islet [ajlit] **0.1** ***eilandje.***

ism [izm] ⟨vaak pej.⟩ **0.1** ***isme*** ⇒*leer.*

isobar [ajsooba:] **0.1** ***isobaar.***

isolate [ajsəleet] **0.1** ***isoleren*** ⇒*afzonderen, afsluiten* **0.2** ⟨schei.⟩ ***isoleren.***

isolated [ajsəleetid] **0.1** ***afgelegen*** ⇒*afgezonderd, geïsoleerd.*

isolation [ajsəleesjn] **0.1** ***isolatie*** ⇒*afzondering, isolement* ◆ **6.1 in** ~ *in afzondering, op zichzelf.*

isolationism [ajsəleesjənizm] ⟨pol.⟩ **0.1** ***isolationisme.***

isolationist [ajsəleesjənist] ⟨pol.⟩ **0.1** ⟨bn.⟩ ***isolationistisch*** **0.2** ⟨zn.⟩ ***isolationist.***

isolation ward **0.1** ***quarantaineafdeling*** ⇒*isolatiezaal.*

isomer [ajsəmə] ⟨bn.: **-ic**⟩ ⟨schei.⟩ **0.1** ***isomeer.***

isomerism [ajsommərizm] ⟨schei.⟩ **0.1** ***isomerie.***

isometric [ajsoometrik] **0.1** ***isometrisch.***

isomorph [ajsoomo:f] ⟨bn.: **-ic**⟩ **0.1** ***gelijkvormig iets*** ⇒*isomorf(e) substantie/organisme/groep.*

isosceles [ajsossillie:z] ⟨wisk.⟩ **0.1** ***gelijkbenig*** ◆ **1.1** ~ triangle *gelijkbenige driehoek.*

isotherm [ajsooθə:m] **0.1** ***isotherm.***

isotop|e [ajsətoop] ⟨bn.: **-ic**⟩ ⟨nat., schei.⟩ **0.1** ***isotoop.***

Israel [izreeəl] **0.1** ***Israël.***

Israeli [izreelie] ⟨mv.: ook Israeli⟩ **0.1** ⟨bn.⟩ ***Israëlisch*** **0.2** ⟨zn.⟩ ***Israëli*** ⇒*bewoner van Israël.*

Israelite [izrəlajt] **0.1** ⟨bn.⟩ ***Israëlitisch*** **0.2** ⟨zn.⟩ ***Israëliet*** ⇒ *nakomeling v. Israël.*

issuance [isjoeəns] ⟨ec.⟩ **0.1** ***uitgifte.***

issue¹ [isjoe:] **I** ⟨telb.zn.⟩ **0.1** ***uitgave*** ⇒*aflevering, nummer* ⟨v. tijdschrift⟩, *oplage, uitgifte, emissie* **0.2** ***uitgang*** ⇒*uitmonding, uitstroming* **0.3** ***golf*** ⇒*stroom* ◆ **6.2** does this lake have an ~ **to** the sea? *staat dit meer in verbinding met de zee?* **6.¶** die **without** ~ *kinderloos sterven;*

II ⟨telb. en n.-telb.zn.⟩ **0.1** ***kwestie*** ⇒*(belangrijk) punt, probleem* ◆ **3.1** force the ~ *een beslissing forceren;* join/take ~ with s.o. about/on sth. *het met iem. oneens zijn over iets;* make an ~ of sth. *ergens een punt van maken* **3.¶** beg the ~ ⟨inf.⟩ *de zaak ontwijken/negeren* **6.1** the point/matter **at** ~ *het punt dat aan de orde is;* they are **at** ~ on this point *op dit punt zijn ze het niet met elkaar eens;*

III ⟨n.-telb.zn.⟩ **0.1** ***publicatie*** ⇒*uitgave, emissie* **0.2** ***uitstroming*** ⇒*afvloeiing, lozing* ◆ **1.1** bank of ~ *circulatiebank;* the day of ~ *de dag van publicatie.*

issue² **I** ⟨onov.ww.⟩ **0.1** ***uitkomen*** ⇒*verschijnen* **0.2** ***voortkomen*** ⇒*voortvloeien* **0.3** ***afstammen*** ⇒*geboren worden* **0.4** ***zich uitstorten*** ⟨v. bloed bv.⟩ ◆ **5.1** ~ **forth/out** *te voorschijn komen* **6.1** a cloud of white smoke ~d **from** the chimney *er kwam een witte rookwolk uit de schoorsteen* **6.2** money issuing **from** stocks *(geld)opbrengst uit aandelen;*

II ⟨ov.ww.⟩ **0.1** ***uitbrengen*** ⇒*publiceren, in circulatie/om-*

loop brengen, uitvaardigen **0.2** ***uitlenen*** ⟨boeken⟩ **0.3** ***verstrekken*** ⇒*verschaffen* **0.4** ***uitstorten*** ⇒*uitspuwen* ◆ **1.1** the government ~d a decree *de regering vaardigde een decreet uit;* they ~d a new series of stamps *ze gaven een nieuwe serie postzegels uit* **1.4** a volcano issuing dangerous gases *een vulkaan die gevaarlijke gassen uitspuwt* **6.3** ~ sth. **to** s.o., ~ s.o. **with** sth. *iets aan iem. verstrekken.*

issuing house, issue house ⟨BE; geldw.⟩ **0.1** ***emissiebank*** ⟨v. aandelen, leningen⟩.

isthmus [isməs]⟨mv.: ook isthmi [-majl]⟩ **0.1** ***istmus*** ⟨ook biol.⟩ ⇒*nauwe/smalle verbinding, landengte.*

it[1] ⟨zn.⟩ **0.1** ***(Italiaanse) vermout.***

it[2] [it] ⟨vnw.⟩ **0.1** ***het*** **0.2** ⟨als onpersoonlijk onderwerp⟩ ***het*** **0.3** ⟨als voorlopig onderwerp⟩ ***het*** **0.4** ⟨als 'leeg' voorwerp; vaak idiomatisch; bij onov. ww. vnl. emfatisch⟩ **0.5** ⟨ben. voor⟩ ***het*** ⟨in de context bekende referent⟩ ⇒*hét, het neusje v.d. zalm; het probleem;* ⟨bij kinderspelen⟩ *tikkertje* ⟨enz.⟩ ◆ **1.1** ⟨schr. of substandaard⟩ his heart ~ was sick with love *zijn hart dat verging v. liefde* **1.5** this dress is really ~ *deze jurk is het einde* **3.1** I dreamt ~ *ik heb het gedroomd;* study hard and ~ will help you *studeer hard en het zal je helpen* **3.2** ~'s getting on *het wordt laat;* if ~ hadn't been for him I would have drowned *als hij er niet was geweest was ik verdronken;* ~ says in this book that ... *er staat in dit boek dat ...* **3.3** ~ is reported that many were shot *volgens de berichten werden er velen neergeschoten;* ~ was the Russians who started the cold war *het waren de Russen die de koude oorlog begonnen* **3.4** damn ~ *verdomme nog aan toe;* cut ~ out *hou ermee op;* I've got ~ *ik heb een idee;* I've really had ~ today *ik heb het vandaag zwaar gehad;* she let him have ~ *ze gaf hem ervan langs;* stop ~ *hou op* **4.2** ~ is me *ik ben het;* who is ~? *wie is het/daar?* **4.5** that's ~, I've finished *dat was het dan, klaar is Kees;* that's ~ *dat is 't hem nu juist;* yes, that's ~ *ja, zo is het;* this is ~ *nu komt het erop aan; ja, inderdaad* **6.4** he's in **for** ~ *hij zal ervan lusten;* get away **from** ~ all *er eens helemaal uit zijn;* they made a day **of** ~ *ze gingen een dagje uit.*

IT ⟨afk.⟩ **0.1** [information technology].

Italian [itæliən] **0.1** ⟨bn.⟩ ***Italiaans*** **0.2** ⟨telb. zn.⟩ ***Italiaan/ Italiaanse*** **0.3** ⟨eig.n.⟩ ***Italiaans*** ⟨taal⟩.

italic[1] [itælik] ⟨zn.; vnl. mv.⟩ **0.1** ***cursief*** ⇒*cursieve drukletter* **0.2** ***schuinschrift*** ⇒*lopend schrift* ◆ **4.1** my ~s *ik cursiveer* **6.1** printed **in** ~s *cursief gedrukt, gecursiveerd.*

italic[2] ⟨bn.⟩ **0.1** ***cursief*** ⇒*schuin* **0.2** ⟨vnl. I-⟩ ***Italisch*** ⟨uit het antieke Italië⟩ ◆ **1.1** ~ hand(writing) *schuinschrift* ⟨tgov. Gotisch schrift⟩; ~ type *cursief, cursieve drukletter.*

italicize, -ise [itælissajz] **0.1** ***cursiveren*** ⇒*cursief drukken.*

Italy [ittəlie] **0.1** ***Italië.***

itch[1] [itsj] ⟨zn.; vnl. enk.⟩ **0.1** ***jeuk*** ⇒*kriebel* **0.2** ***verlangen*** ⇒ *hang* ◆ **3.1** I've got an ~ *ik heb jeuk* **6.2** she has an ~ **for** money *ze is gek op geld;* he has an ~ **to** go abroad *hij wil dolgraag naar het buitenland.*

itch[2] ⟨ww.⟩ **0.1** ***jeuken*** ⇒*kriebelen* **0.2** ***jeuk hebben*** **0.3** ***graag willen*** ◆ **1.1** the wound keeps ~ing *de wond blijft maar jeuken* **3.3** she was ~ing to tell her *ze zat te popelen om het haar te vertellen* **4.2** I'm ~ing all over *ik heb overal jeuk.*

itch|y [itsjie] ⟨-iness⟩ **0.1** ***jeukend*** ⇒*jeukerig* **0.2** ***rusteloos*** ⇒ *ongeduldig, ongedurig* ◆ **1.2** he's got ~ feet *hij is een echte zwerver;* have an ~ palm *tuk zijn op geld.*

it'd [ittəd] ⟨samentr. v. it would, it had⟩.

item [ajtəm] **0.1** ***item*** ⇒*punt, nummer* **0.2** ***onderdeel*** ⇒*bestanddeel* **0.3** ***artikel*** ⇒*(nieuws)bericht* ◆ **2.1** the last ~ on the account *de laatste post op de rekening.*

itemize [ajtəmajz] **0.1** ***specificeren*** ◆ **1.1** ~d bill *gespecificeerde rekening.*

itinerant [ajtinnərənt] **0.1** ***rondreizend*** ⇒*(rond)trekkend* ◆ **1.1** ~ preacher *rondtrekkend prediker.*

itinerar|y [ajtinnərərie] ⟨mv.: -ies⟩ **0.1** ***reis/routebeschrijving*** **0.2** ***reisroute.***

it'll [itl] ⟨samentr. v. it will⟩.

its [its] ⟨3e pers. enk. onz.⟩ **0.1** ***zijn/haar*** ⇒*ervan* ◆ **1.1** this coat has had ~ day *deze mantel heeft zijn tijd gehad;* the government has lost ~ majority *de regering is haar meerderheid kwijt;* ~ strength frightens me *de kracht ervan maakt mij bang.*

it's [its] ⟨samentr. v. it is, it has⟩.

itself [itself] **0.1** ***zich*** ⇒*zichzelf* **0.2** ***zelf*** ◆ **1.2** the watch ~ was not in the box *het horloge zelf zat niet in de doos* **3.1** the animal hurt ~ *het dier bezeerde zich;* the cat came to and was soon ~ again *de kat kwam weer bij en was snel weer de oude* **6.1** **by** ~ *alleen, op eigen kracht;* **in** ~ *op zichzelf.*

itsy-bitsy [itsiebitsie], **itty-bitty** [ittiebittie] ⟨inf.; kind.⟩ **0.1** ***ietepieterig*** ⇒*petieterig, pietepeuterig.*

I.T.V. ⟨afk.; BE⟩ **0.1** [Independent Television].

I.U.(C).D. ⟨afk.⟩ **0.1** [intrauterine (contraceptive) device].

I've [ajv] ⟨samentr. v. I have⟩.

ivied [ajvied] **0.1** ***met klimop begroeid.***

ivor|y [ajvrie] ⟨mv.: -ies⟩ **I** ⟨telb.zn.⟩ **0.1** ***ivoren/benen voorwerp*** ⇒*ivoor; slagtand;* ⟨inf.⟩ *biljartbal, schedel;* ⟨vnl. mv.⟩ *tand; (piano)toets, piano; dobbelstenen* ◆ **3.1** ⟨scherts.⟩ tickle the ivories *pingelen* ⟨op piano, accordeon enz.⟩;
II ⟨n.-telb.zn.⟩ **0.1** ***ivoor*** **0.2** ***ivoorkleur.***

Ivory Coast ⟨the⟩ **0.1** ***Ivoorkust.***

ivory tower **0.1** ***ivoren toren.***

ivy [ajvie] ⟨mv.: ivies⟩ **0.1** ***klimop.***

Ivy League ⟨AE⟩ **0.1** ***Ivy League*** ⟨groep befaamde universiteiten in noordoost USA⟩ **0.2** ***Ivy-League(sport)competitie.***

j

j, J [dzjee] ⟨mv.: j's, J's⟩ **0.1** ***j, J.***
jab[1] [dzjæb] ⟨zn.⟩ **0.1** ***por*** ⇒*steek* **0.2** ⟨boksen⟩ ***(linkse) directe*** **0.3** ⟨BE; inf.⟩ ***prik*** ⇒*injectie.*
jab[2] ⟨ww.; -bed⟩ **0.1** ***porren*** ⇒*stoten, stompen* ◆ **6.1** keep ~bing **at** him with your left *blijf op hem inslaan met je linkse;* don't ~ your finger **at** me! *wijs zo niet naar mij!;* he ~bed his elbow **into** my side *hij gaf me een por in de ribben.*
jabber[1] [dzjæbə] ⟨zn.⟩ **0.1** ***gebrabbel*** ⇒*gekwebbel.*
jabber[2] ⟨ww.⟩ **0.1** ***brabbelen*** ⇒*kwebbelen* ◆ **5.1** ~ **away** *er op los kwebbelen* **5.¶** ~ **out** a prayer *een gebed afraffelen.*
jack [dzjæk] **I** ⟨eig.n.; J-⟩ **0.1** ***Jack*** ⟨vorm v. John⟩ ◆ **1.¶** ~ Frost *Koning Winter;* ~ and Jill *Jan en Jansje, Piet en Marie* ⟨ong. jongen en meisje, man en vrouw⟩; before you can/could say ~ Robinson *vliegensvlug;* ⟨BE; sl.⟩ on one's Jack (Jones) *in z'n eentje* **¶.¶** ⟨sprw.⟩ Jack of all trades and master of none *twaalf ambachten, dertien ongelukken;*
II ⟨telb.zn.⟩ **0.1** ⟨ben. voor⟩ ***manspersoon*** ⇒*kerel, vent; (los) werkman, klusjesman* **0.2** ⟨ben. voor⟩ ***toestel*** ⇒*hefboom, vijzel, krik; stut, stellage, (zaag)bok* **0.3** ⟨ben. voor⟩ ***dier*** ⇒*mannetje* **0.4** ⟨kaartspel⟩ ***boer*** **0.5** ⟨verk.⟩ [jackass, jackdaw, jackrabbit].
jackal [dzjæko:l] **0.1** ***jakhals.***
jackass [dzjækæs] **0.1** ***ezel*** ⟨ook fig.⟩.
jackboot **0.1** ***kaplaars*** **0.2** ***totalitarisme*** ⇒*militaristisch regime.*
jackdaw **0.1** ***kauw*** ⇒*torenkraai.*
jacket [dzjækit] **0.1** ***jas(je)*** ⇒*colbert(je)* **0.2** ***omhulsel*** ⇒*bekleding, mantel; huls* **0.3** ***stofomslag*** ⟨v. boek⟩ **0.4** ***(platen)hoes*** **0.5** ***schil*** ⟨v. aardappel⟩ ◆ **1.2** water ~ *watermantel.*
jacket potato ⟨BE⟩ **0.1** ***aardappel-in-de-schil.***
jack-high ⟨bowls⟩ **0.1** ***op gelijke hoogte met de jack (liggend)*** ⟨v. bowl⟩.
jack in ⟨sl.⟩ **0.1** ***opgeven*** ⇒*eraan geven.*
jack-in-the-box ⟨mv.: ook jacks-in-the-box⟩ **0.1** ***duveltje in een doosje.***
jackknife[1] ⟨zn.⟩ **0.1** ***(groot) knipmes.***
jackknife[2] ⟨ww.⟩ **0.1** ***dubbelklappen*** ⇒*scharen* ⟨v. vrachtwagen met oplegger⟩.
jack-of-all-trades ⟨mv.: jacks-of-all-trades⟩ **0.1** ***manusje-van-alles.***
jack off ⟨vulg.⟩ **0.1** ***zich aftrekken.***
jack-o'-lantern **0.1** ***dwaallicht*** **0.2** ⟨AE⟩ ***(uitgeholde) pompoen*** ⟨gemaakt ter gelegenheid v. Halloween⟩.
jackpot **0.1** ***pot*** ⟨bij poker, gokautomaat enz.⟩ ⇒*jackpot* ◆ **3.1** hit the ~ *(de pot) winnen* ⟨bij poker enz.⟩; ⟨fig.⟩ *een klapper maken, het helemaal maken.*
jackrabbit **0.1** ***(grote) prairiehaas.***
Jack-the-lad **0.1** ***haantje-de-voorste*** ⇒*opschepper.*
jack up **0.1** ***opkrikken*** ⇒⟨fig. ook⟩ *opvijzelen, opdrijven* ⟨prijzen e.d.⟩ **0.2** ⟨sl.⟩ ***opgeven*** ⇒*eraan geven.*
Jacobean [dzjækəbie:ən] **0.1** ***uit de tijd v. Jacobus II.***
Jacobite [dzjækəbajt] ⟨gesch.⟩ **0.1** ***jakobiet*** ⟨aanhanger v. Jacobus II⟩.
Jacuzzi [dzjəkoe:zie] **0.1** ***jacuzzi*** ⇒*wervel/whirlpoolbad, massagebad;* ⟨oneig.⟩ *bubbelbad.*
jade [dzjeed] **I** ⟨telb.zn.⟩ **0.1** ***knol*** ⟨oud paard⟩ **0.2** ⟨pej.⟩ ***wijf;***
II ⟨n.-telb.zn.⟩ **0.1** ***jade*** **0.2** ⟨vaak attr.⟩ ***bleekgroen.***
jaded [dzjeedid] **0.1** ***afgemat*** ⇒*uitgeput* **0.2** ***afgestompt.***
jag [dzjæg] **0.1** ***uitsteeksel*** ⇒*punt, tand* **0.2** ***schulp*** ⟨soort zoomversiering⟩ **0.3** ***split*** ⟨in kledingstuk⟩.
jagged [dzjægid] **0.1** ***getand*** ⇒*gekarteld, puntig* ◆ **1.1** ~ edge *scherpe rand;* ~ wound *rijtwond.*
jaguar [dzjægjoeə] **0.1** ***jaguar.***
jail[1], ⟨BE sp. vnl.⟩ **gaol** [dzjeel] ⟨zn.⟩ **0.1** ***gevangenis*** ⇒*gevang* **0.2** ***huis v. bewaring*** ◆ **3.1** sentenced to ~ for ten days *tot tien dagen gevangenis veroordeeld.*
jail[2] ⟨ww.⟩ **0.1** ***gevangen zetten.***
jailbird ⟨inf.⟩ **0.1** ***bajesklant.***
jailbreak **0.1** ***ontsnapping uit de gevangenis*** ⇒*uitbraak.*
jailer [dzjeelə] **0.1** ***cipier*** ⇒*gevangenbewaarder.*
jalop|y, jalopp|y [dzjəloppie] ⟨mv.: -ies⟩ ⟨inf.⟩ **0.1** ***rammelkast*** ⇒*ouwe brik* **0.2** ***rammelkist*** ⇒*vliegende doodkist.*
jam[1] [dzjæm] **I** ⟨telb.zn.⟩ **0.1** ***opstopping*** ⇒*gedrang; blokkering, stremming* **0.2** ⟨inf.⟩ ***knel*** ⇒*knoei, moeilijkheden* **0.3** ⟨verk.⟩ [jam session] ◆ **6.2** be **in**/get **into** a ~ *in de nesten/knoei zitten/raken;*
II ⟨n.-telb.zn.⟩ **0.1** ***jam*** **0.2** ⟨BE⟩ ***(zoete) koek*** ⇒*makkie* ◆ **1.2** this job isn't all ~ *dit karwei is geen lachertje.*
jam[2] ⟨-med⟩ **I** ⟨onov.ww.⟩ **0.1** ***vast (blijven) zitten*** ⇒*klemmen, blokkeren, vast raken* **0.2** ***dringen*** **0.3** ⟨muz.⟩ ***jammen*** ◆ **1.1** the lid ~med *het deksel raakte klem;* the machine ~med *de machine liep vast* **6.2** they ~med **into** the already overcrowded room *ze drongen de al overvolle kamer binnen;*
II ⟨ov.ww.⟩ **0.1** ***vast zetten*** ⇒*klemmen, knellen; zeevast zetten* **0.2** ***(met kracht) drijven*** ⇒*dringen, duwen* **0.3** ***(vol)proppen*** **0.4** ***blokkeren*** ⇒*verstoppen, versperren* **0.5** ⟨radio⟩ ***storen*** ◆ **1.4** the crowds ~med the streets *de massa versperde de straten;* the typewriter keys ~ *de schrijfmachinetoetsen blokkeren* **5.2** ~ the brakes **on** *op de rem gaan staan* **6.2** he ~med his spurs **into** the horse's flanks *hij gaf het paard de sporen* **6.3** he ~med all his clothes **into** a tiny case *hij propte al zijn kleren in een piepklein koffertje.*
Jamaica [dzjəmeekə] **0.1** ***Jamaica.***
Jamaican [dzjəmeekən] **0.1** ⟨bn.⟩ ***Jamaicaans*** **0.2** ⟨zn.⟩ ***Jamaicaan(se).***
jamb [dzjæm] **0.1** ***stijl*** ⟨v. deur, venster⟩.
jamboree [dzjæmbərie:] **0.1** ***(uitbundige) fuif*** ⇒*pretmakerij* **0.2** ***(soort) bonte avond*** ⇒*variétéavond* **0.3** ***jamboree*** ⇒ *padvindersreünie, (feestelijke) reünie* ⟨v. politieke groepen, sportgroepen enz.⟩.
jam-full [dzjæmfoel], **jam-packed** [dzjæmpækt] ⟨inf.⟩ **0.1** ***propvol*** ⇒*barstens/tjok/nokvol.*
jam jar, jam pot **0.1** ***jampot(je).***
jam|my [dzjæmie] ⟨-mier⟩ **0.1** ***vol jam*** ⇒*met jam, jam-* **0.2** ⟨BE; inf.⟩ ***mazzel-*** ⇒*geluks-* ◆ **1.1** ~ fingermarks *vieze vingers* ⟨van de jam⟩; *jamvingers* **1.2** ~ bastard/cow *mazzelpik; geluksvogel;* ~ luck *ontzettende mazzel; puur geluk.*
jam session ⟨muz.⟩ **0.1** ***jam session.***
jangle[1] [dzjængl] ⟨zn.⟩ **0.1** ***metaalklank*** ⇒*gerinkel* **0.2** ***wanklank.***
jangle[2] **I** ⟨onov.ww.⟩ **0.1** ***kletteren*** ⇒*rinkelen, rammelen* **0.2** ***vals/schril klinken*** ⇒*wanklank geven* ◆ **6.2** the music ~d **on** my ears *de muziek schetterde in mijn oren;*
II ⟨ov.ww.⟩ **0.1** ***doen kletteren*** ⇒*doen rinkelen/rammelen* **0.2** ***vals/schril doen klinken*** **0.3** ***irriteren*** ⇒*van streek maken* ◆ **1.3** it ~d his nerves *het vrat aan zijn zenuwen.*
janitor [dzjænittə] **0.1** ***portier*** ⇒*deurwachter* **0.2** ⟨vnl. AE⟩ ***conciërge*** ⇒*huisbewaarder.*
January [dzjænjoeərie] **0.1** ***januari.***

Jap [dzjæp] ⟨inf.; vaak pej.⟩ **0.1** ***jap*** ⇒*Japannees.*
japan[1] [dzjəpæn] **I** ⟨eig.n.; J-⟩ **0.1** ***Japan;***
II ⟨n.-telb.zn.⟩ **0.1** ***japanlak*** ⇒*Japanse lak.*
japan[2] ⟨ww.; -ned⟩ **0.1** ***(ver)lakken*** ⇒*aflakken* ⟨met japanlak⟩.
Japanese [dzjæpənie:z] **0.1** ⟨bn.⟩ ***Japans*** **0.2** ⟨eig.n.⟩ ***Japans*** ⟨taal⟩ **0.3** ⟨telb. zn.⟩ ***Japanner*** ⇒*Japanse* ◆ **1.1** ~ (flowering) cherry *Japanse kers.*
jape [dzjeep] ⟨vero.⟩ **0.1** ***scherts*** ⇒*grap.*
japonica [dzjəponnikkə] ⟨plantk.⟩ **0.1** ***camelia*** **0.2** ***Japanse kwee.***
jar[1] [dzja:] ⟨zn.⟩ **0.1** ***(zenuw)schok*** ⇒*onaangename verrassing, ontnuchtering* **0.2** ***pot*** ⇒*(stop)fles, kruik;* ⟨BE; inf.⟩ *glas* ⟨bier e.d.⟩ ◆ **3.1** suffer a nasty ~ *flink ontnuchterd worden* **6.2** sell jam **by** the ~ *jam per pot verkopen.*
jar[2] ⟨-red⟩ **I** ⟨onov.ww.⟩ **0.1** ***knarsen*** ⇒*vals klinken* **0.2** ***schokken*** ⇒*dreunen* **0.3** ***botsen*** ⇒*in strijd zijn* ◆ **1.1** ⟨ook fig.⟩ ~ring note *valse noot, dissonant* **1.3** ~ring opinions *botsende meningen* **2.2** the bolt had ~red loose *de bout was losgetrild* **6.1** his voice ~s **on** my ears *zijn stem doet pijn aan mijn oren;*
II ⟨ov.ww.⟩ **0.1** ***schokken*** ⇒*schudden, doen trillen;* ⟨fig.⟩ *onaangenaam verrassen* ◆ **1.1** ~ring news *schokkend nieuws.*
jargon [dzja:gən] **0.1** ***jargon*** ⇒*vaktaal;* ⟨pej.⟩ *koeterwaals, taaltje.*
jasmin(e) [dzjæzmin] **0.1** ***jasmijn*** ◆ **2.1** common/white ~ *echte jasmijn.*
jasper [dzjæspə] ⟨geol.⟩ **0.1** ***jaspis.***
jaundice[1] [dzjo:ndis] ⟨zn.⟩ **0.1** ***geelzucht*** **0.2** ***afgunst.***
jaundice[2] ⟨ww.⟩ **0.1** ***afgunstig maken*** ⇒*verbitteren* ◆ **1.1** envy had ~d her judgement *afgunst had haar oordeel negatief beïnvloed;* take a ~d view of the matter *een scheve kijk op de zaak hebben.*
jaunt[1] [dzjo:nt] ⟨zn.⟩ **0.1** ***uitstapje*** ⇒*tochtje, snoepreisje.*
jaunt[2] ⟨ww.⟩ **0.1** ***een uitstapje maken*** ◆ **5.1** ~ **about/around** in *een reisje maken door.*
jaunt|y [dzjo:ntie] ⟨-iness⟩ **0.1** ***zwierig*** ⇒*elegant, vlot* **0.2** ***monter*** ⇒*vrolijk; zelfverzekerd* ◆ **1.1** a ~ hat *een zwierige hoed* **1.2** a ~ step *een kwieke tred.*
javelin [dzjævlin] **I** ⟨telb.zn.⟩ **0.1** ***speer*** ⇒*werpspies;*
II ⟨n.-telb.zn.; the⟩ ⟨atletiek⟩ **0.1** ***speerwerpen.***
javelin throw ⟨atletiek⟩ **0.1** ***speerworp.***
jaw[1] [dzjo:] **I** ⟨telb.zn.⟩ **0.1** ***kaak*** **0.2** ⟨inf.⟩ ***(zeden)preek*** **0.3** ⟨inf.⟩ ***babbel*** ◆ **2.1** lower/upper ~ *onder/bovenkaak* **3.3** have a ~ *een boom opzetten;*
II ⟨n.-telb.zn.⟩ ⟨inf.⟩ **0.1** ***praat*** ⇒*geklets, gezwam, geroddel* **0.2** ***tegenspraak*** ⇒*brutale praat* ◆ **3.2** don't give me any ~! *hou je gedeisd!;*
III ⟨mv.⟩ **0.1** ***bek*** ⇒*muil* ⟨v. dier⟩ **0.2** ***klemplaat/blok*** ⟨v. werktuig⟩ ⇒*bek, klauw, wangstuk* **0.3** ***greep*** ⇒*klauwen* ◆ **1.3** the ~s of death *de klauwen v.d. dood.*
jaw[2] ⟨ww.⟩ ⟨sl.⟩ **0.1** ***kletsen*** ⇒*zwammen, roddelen* **0.2** ***preken*** ◆ **6.2** ~ **at** s.o. *iem. de les lezen.*
jawbone **0.1** ***kaakbeen.***
jawbreaker, jawcracker ⟨inf.⟩ **0.1** ***tongbreker*** ⟨moeilijk uit te spreken woord⟩.
jay [dzjee] **0.1** ***Vlaamse gaai.***
jaywalk **0.1** ***roekeloos oversteken/op straat lopen*** ⇒*door rood licht lopen, oversteken buiten het zebrapad.*
jaywalker **0.1** ***roekeloze voetganger.***
jazz [dzjæz] **0.1** ***jazz*** **0.2** ⟨sl.⟩ ***gesnoef*** ⇒*grootspraak* **0.3** ⟨sl.⟩ ***onzin*** ⇒*larie* ◆ **7.¶** and all that ~ *en nog meer v. die dingen.*
jazz band **0.1** ***jazzband*** ⇒*jazzorkest(je).*
jazz|man [dzjæzmən] ⟨mv.: -men [-men]⟩ **0.1** ***jazzmuzikant*** ⇒*jazzspeler.*
jazz up ⟨inf.⟩ **0.1** ***opvrolijken*** ⇒*opfleuren, verfraaien* **0.2** ***aanporren*** ⇒*oppeppen* ◆ **4.1** they jazzed it up *ze brachten wat leven in de brouwerij.*
jazz|y [dzjæzie] ⟨-ily⟩ **0.1** ***swingend*** ⇒*jazz-achtig* **0.2** ⟨inf.⟩ ***druk*** ⇒*opzichtig, kakelbont.*
J.C. ⟨afk.⟩ **0.1** [Jesus Christ].
jealous [dzjelləs] **0.1** ***jaloers*** ⇒*afgunstig* **0.2** ***(overdreven) waakzaam*** ⇒*nauwlettend* ◆ **3.2** guard ~ly *angstvallig bewaken* **6.1** ~ **of** *jaloers op* **6.2** ~ **of/for** *attent op, waakzaam op.*
jealousy [dzjelləsie] **0.1** ***jaloersheid*** ⇒*afgunst, jaloezie* **0.2** ***(overdreven) waakzaamheid*** ⇒*nauwlettendheid, bezorgdheid* ◆ **6.2** ~ **for** *bezorgdheid over.*
jeans [dzjie:nz] **0.1** ***spijkerbroek*** ⇒*jeans* ◆ **1.1** three pairs of ~ *drie spijkerbroeken.*
jeep [dzjie:p] **0.1** ***jeep.***
jeer[1] [dzjiə] ⟨zn.; vaak mv.⟩ **0.1** ***schimpscheut*** ⇒*beschimping, hatelijke opmerking;* ⟨in mv.⟩ *gejouw, hoon.*
jeer[2] **I** ⟨onov.ww.⟩ **0.1** ***jouwen*** ⇒*smalende/hatelijke opmerking maken* ◆ **6.1** ~ **at** s.o. *iem. uitlachen/uitjouwen;*
II ⟨ov.ww.⟩ **0.1** ***uitjouwen.***
jeez [dzjie:z] ⟨AE⟩ **0.1** ***jezus*** ⇒*(s)jonge, jee(tje).*
Jehovah [dzjihhoovə] **0.1** ***Jehova*** ⇒*Jahweh* ◆ **1.1** ~'s Witness *Jehova's getuige.*
jejune [dzjidzjoe:n] **0.1** ***schraal*** ⇒*kaal, dor* **0.2** ***saai*** ⇒*flauw* **0.3** ***kinderachtig*** ⇒*onbenullig.*
jell, ⟨BE sp. ook⟩ **gel** [dzjell] **0.1** ***(doen) opstijven*** ⇒*geleiachtig (doen) worden* **0.2** ⟨inf.⟩ ***vorm krijgen/geven*** ⇒*kristalliseren* ◆ **1.2** my ideas are beginning to ~ *mijn ideeën beginnen vorm te krijgen.*
jellied [dzjellied] **0.1** ***gegelatineerd*** ⇒*in gelei.*
jello, Jell-O [dzjelloo] ⟨AE⟩ **0.1** ***gelatinedessert/pudding.***
jell|y[1] [dzjellie] ⟨zn.; mv.: -ies⟩ **0.1** ***gelei*** ⇒*gelatine(pudding), jam* **0.2** ⟨sl.⟩ ***gelatinedynamiet*** ◆ **3.1** beat s.o. to ~ *iem. tot moes slaan* **3.¶** ⟨inf.⟩ shake like a ~ *beven als een rietje.*
jell|y[2] ⟨ww.; -ied⟩ **0.1** ***doen stollen*** **0.2** ***op gelei zetten*** ⇒*gelatineren* ◆ **1.2** ~ eels *paling op gelei zetten.*
jelly baby **0.1** ***(soort) snoepje*** ⇒*(gom)beertje* ⟨popje van gekleurde gelatine⟩.
jelly bean **0.1** ***(soort) snoepje*** ⟨boonvormig, met geleiachtige kern⟩.
jellyfish [dzjelliefisj] **0.1** ***kwal.***
jemm|y [dzjemmie] ⟨mv.: -ies⟩ **0.1** ***koevoet*** ⇒*breekijzer.*
jeopardize, ⟨BE sp. ook⟩ **-ise** [dzjeppədajz] **0.1** ***in gevaar brengen*** ⇒*riskeren, op het spel zetten* ◆ **1.1** ~ one's life *zijn leven wagen.*
jeopardy [dzjeppədie] **0.1** ***gevaar*** ◆ **6.1** put one's future **in** ~ *zijn toekomst op het spel zetten.*
jerboa [dzjə:booə] **0.1** ***(woestijn)springmuis.***
jeremiad [dzjerrimmajjəd] **0.1** ***jeremiade*** ⇒*jammerklacht.*
jerk[1] [dzjə:k] ⟨zn.⟩ **0.1** ***ruk*** ⇒*schok, trek* **0.2** ***zenuwtrekking*** ⇒*tic* **0.3** ⟨sl.⟩ ***lul*** ⇒*zak* ◆ **2.1** ⟨inf.; scherts.⟩ physical ~s *gymnastiek* **3.1** stop with a ~ *met een ruk stoppen.*
jerk[2] **I** ⟨onov.ww.⟩ **0.1** ***schokken*** ⇒*beven* **0.2** ⟨gewichtheffen⟩ ***stoten*** ◆ **5.1** the train ~ed **along** *de trein schokte voort* **6.1** ~ **to** a halt *met een ruk stoppen.* →**jerk off;**
II ⟨ov.ww.⟩ **0.1** ***rukken aan*** ⇒*stoten, trekken aan* **0.2** ***wegslingeren*** ◆ **6.1** he ~ed the fish **out of** the water *hij sloeg de vis met een ruk uit het water.*
jerkin [dzjə:kin] **0.1** ***(wam)buis.***
jerk off ⟨AE; sl.⟩ **0.1** ***zich aftrekken*** ⇒*zich afrukken* ⟨masturberen⟩.
jerk|y [dzjə:kie] ⟨-iness⟩ **0.1** ***schokkerig*** ⇒*spastisch, hor-*

tend **0.2** ⟨AE; sl.⟩ ***lullig*** ⇒*idioot* ◆ **3.1** move along jerkily *zich met horten en stoten voortbewegen.*

jeroboam [dzjerrəbooəm] **0.1** ***jerobeam*** ⟨wijnfles met inhoud v. 4 'gewone' flessen⟩.

Jerome [dzjəroom] **0.1** ***Hiëronymus.***

Jerr|y [dzjerrie] ⟨mv.: -ies, ook Jerry⟩⟨vnl. BE; sl.; mil.⟩ **0.1** ***mof*** ◆ **7.1** the ~ *de moffen.*

jerry-build [dzjerriebild] **0.1** ***aan revolutiebouw doen*** ◆ **1.1** jerrybuilt houses *revolutiebouw.*

jerry-builder [dzjerriebildə] **0.1** ***revolutiebouwer.***

jerrycan [dzjerriekæn] **0.1** ***jerrycan.***

jersey [dzjə:zie] **I** ⟨eig.n.; J-⟩ **0.1** ***Jersey;***
II ⟨telb. en n.-telb.zn.⟩ **0.1** ⟨J-⟩ ***jersey*** ⟨rundersoort⟩ **0.2** ***jersey*** ⇒*(sport)trui* **0.3** ***jersey*** ⟨tricotweefsel⟩.

jessamin(e) →**jasmin(e).**

jest[1] [dzjest] ⟨zn.⟩ **0.1** ***grap*** ⇒*mop* **0.2** ***scherts*** ⇒*gekheid* ◆ **6.2** **in** ~ *voor de grap.*

jest[2] ⟨ww.⟩ **0.1** ***grappen maken*** ⇒*schertsen* ◆ **6.1** ~ **with** s.o. *iem. niet ernstig nemen.*

jester [dzjestə] **0.1** ⟨gesch.⟩ ***nar.***

Jesuit [dzjezjoe·it] **0.1** ***jezuïet*** ⇒⟨pej.⟩ *intrigant, huichelaar.*

Jesuitic|(al) [dzjezjoe·ittik(l)] ⟨-ally⟩ **0.1** ***jezuïtisch*** ⇒⟨pej.⟩ *dubbelhartig, doortrapt.*

Jesus [dzjie:zəs] **0.1** ***Jezus*** ◆ **¶.¶** ~ (Christ)! *jezus!, god almachtig!*

Jesus freak ⟨inf.; vaak iron.⟩ **0.1** ***Jezusfreak.***

jet[1] [dzjet] **I** ⟨telb.zn.⟩ **0.1** ***straal*** ⟨v. water enz.⟩ **0.2** ***(gas)vlam*** ⇒*pit* **0.3** ⟨inf.⟩ ***jet*** ⇒*straalvliegtuig; straalmotor;*
II ⟨n.-telb.zn.⟩ **0.1** ***git.***

jet[2] ⟨-ted⟩ **I** ⟨onov.ww.⟩ **0.1** ***vooruitschieten*** **0.2** ⟨inf.⟩ ***per jet reizen*** ◆ **5.1** ~ **out** *vooruitspringen;*
II ⟨onov. en ov.ww.⟩ **0.1** ***spuiten*** ⇒*uitspuiten, uitwerpen* ◆ **1.1** ~ (out) flames *vlammen werpen* **5.1** ~ **out** *eruit spuiten.*

jet-age ⟨geen mv.⟩ **0.1** ***straaltijdperk.***

jet black **0.1** ***gitzwart.***

jet engine **0.1** ***straalmotor.***

jet fighter **0.1** ***straaljager.***

jetfoil ⟨vnl. BE⟩ **0.1** ***draagvleugelboot.***

jet lag **0.1** ***jetlag*** ⟨effect op het lichaam v. tijdsverschil bij lange vliegtuigreizen⟩.

jet plane **0.1** ***straalvliegtuig.***

jet-propelled **0.1** ***met straalaandrijving*** **0.2** ⟨inf.⟩ ***pijlsnel.***

jet propulsion **0.1** ***straalaandrijving.***

jetsam [dzjetsəm] **0.1** ***strandgoed*** ⇒*strandvond.*

jet set **0.1** ***jetset*** ⇒*elite.*

jet-setter **0.1** ***jetsetter.***

jet-ski **0.1** ***jetski***® ⟨waterscooter⟩.

jet stream ⟨meteo.⟩ **0.1** ***straalwind*** ⇒*straalstroom.*

jettison [dzjettisn] **0.1** ⟨scheep.⟩ ***werpen*** ⟨scheepslading⟩ ⇒ ⟨fig.⟩ *overboord gooien, prijsgeven.*

jett|y [dzjettie] ⟨mv.: -ies⟩ **0.1** ***pier*** ⇒*havendam/hoofd, golfbreker.*

Jew [dzjoe:] **0.1** ***jood.***

jewel [dzjoe:əl] **0.1** ***juweel*** ⟨ook fig.⟩ ⇒*edelsteen, sieraad* **0.2** ***steen*** ⟨in uurwerk⟩.

jewel box, jewellery box, ⟨AE sp.⟩ **jewelery box** **0.1** ***juwelenkistje.***

jewelled, ⟨AE sp.⟩ **jeweled** **0.1** ***met juwelen versierd*** ⇒*met edelstenen bezet* ◆ **1.1** ~ ring *juwelen ring.*

jeweller, ⟨AE sp. vnl.⟩ **jeweler** [dzjoe:ələ] **0.1** ***juwelier*** **0.2** ***edelsmid.***

jewellery, ⟨AE sp. enkel⟩ **jewelry** [dzjoe:əlrie, dzjoe:lərie] **0.1** ***juwelen*** ⇒*sieraden.*

jewellery box →**jewel box.**

Jewess [dzjoe:is] **0.1** ***jodin.***

Jewish [dzjoe:isj] **0.1** ***joods*** ◆ **1.1** ~ calendar *joodse tijdrekening.*

Jewry [dzjoeərie] **0.1** ***jodendom*** ⇒*de joden.*

Jezebel [dzjezzəbl, -bel] ⟨soms j-⟩ **0.1** ***Jezabel*** ⇒*hoer, slet.*

jib[1] [dzjib] ⟨zn.⟩ **0.1** ⟨scheep.⟩ ***kluiver*** **0.2** ***laadboom*** ⇒ *(kraan/zwaai)arm, kraanbalk* ◆ **3.1** flying ~ *buitenkluiver.* →**cut.**

jib[2] ⟨ww.; -bed⟩ **0.1** ***weigeren (verder te gaan)*** ⟨v. paard⟩ **0.2** ***terugkrabbelen*** ◆ **6.2** ~ **at** *terugdeinzen voor, zich afkerig tonen van.*

jibboom [dzjibboe:m] ⟨scheep.⟩ **0.1** ***kluifhout.***

jibe →**gibe.**

jiffy [dzjiffie], **jiff** [dzjif] ⟨geen mv.⟩ **0.1** ⟨inf.⟩ ***momentje*** **0.2** ⟨verk.⟩ [jiffybag] ◆ **3.1** I won't be a ~ *ik kom zo* **6.1** **in** a ~ *in een mum van tijd, in een wip.*

jiffybag [dzjiffiebæg] **0.1** ***luchtkussenenveloppe.***

jig[1] [dzjig] ⟨zn.⟩ **0.1** ***sprongetje*** **0.2** ***jig*** ⇒*gigue, horlepijp.*

jig[2] ⟨ww.; -ged⟩ **0.1** ***de horlepijp dansen/spelen*** **0.2** ***op en neer (doen) wippen*** ⇒*(doen) huppelen, (doen) hossen.*

jigger [dzjigə] **0.1** ⟨inf.⟩ ***ding(etje)*** **0.2** ***maatglaasje*** ⟨voor ongeveer 42,5 g sterkedrank⟩.

jiggered [dzjigəd] ⟨inf.⟩ **0.1** ***verbaasd*** **0.2** ***moe*** ◆ **¶.1** I'll be ~! *wel verdraaid, wel heb ik ooit!*

jiggery-pokery [dzjigəriepookərie] ⟨vnl. BE; inf.⟩ **0.1** ***gekonkelfoes*** ⇒*kuiperij, knoeierij.*

jiggle[1] [dzjigl] ⟨zn.⟩ **0.1** ***schommeling*** ⇒*wiegende beweging.*

jiggle[2] **I** ⟨onov.ww.⟩ **0.1** ***schommelen*** ⇒*wiegen;*
II ⟨ov.ww.⟩ **0.1** ***doen schommelen*** ⇒*(zacht) rukken aan, wrikken.*

jigsaw [dzjigso:] **0.1** ***(machinale) figuurzaag*** **0.2** ⟨verk.⟩ [jigsaw puzzle].

jigsaw puzzle **0.1** ***(leg)puzzel.***

jilt [dzjilt] **0.1** ***afwijzen*** ⇒*de bons geven* ⟨minna(a)r(es)⟩.

Jim Crow ⟨ook attr.⟩⟨AE⟩ **0.1** ***discriminatie*** ⟨v. negers⟩ ⇒*segregatiepolitiek.*

jim-jams [dzjimdzjæmz] ⟨the⟩⟨sl.⟩ **0.1** ***zenuwen*** ⇒*kriebels.*

jimmy →**jemmy.**

jingle[1] [dzjinggl] ⟨zn.⟩ **0.1** ***geklingel*** ⇒*gerinkel, getinkel* **0.2** ⟨pej.⟩ ***rijmelarij*** ⇒*rijmpje* **0.3** ***jingle*** ⟨op de radio⟩.

jingle[2] ⟨ww.⟩ **0.1** ***(doen/laten) klingelen*** ⇒*(doen) rinkelen/tingelen.*

jingo [dzjinggoo] ⟨mv.: -es⟩ **0.1** ***jingo*** ⟨oorlogszuchtig patriot⟩ ◆ **6.¶** **by** (the living) ~! *verdomme!*

jingoism [dzjinggoo·izm] **0.1** ***jingoïsme.***

jinks [dzjingks] **0.1** ***pretmakerij*** ◆ **2.1** high ~ *dolle pret.*

jinx[1] [dzjingks] ⟨zn.⟩⟨inf.⟩ **0.1** ***onheilsbrenger*** **0.2** ***doem*** ⇒ *vloek* ◆ **3.2** put a ~ on s.o. *iem. beheksen* **6.2** there seems to be a ~ **on** *er schijnt geen zegen te rusten op.*

jinx[2] ⟨ww.⟩⟨inf.⟩ **0.1** ***betoveren*** ⇒*beheksen* ◆ **3.1** be ~ed *pech hebben, een ongeluksvogel zijn.*

jitney [dzjitnie] ⟨AE; sl.⟩ **0.1** ***pendelbusje*** ⟨goedkoop busje/taxi met vaste route⟩.

jitterbug [dzjittəbug] **0.1** ***jitterbug*** ⟨dans⟩ **0.2** ***zenuwpees*** ⇒ *zenuwpil.*

jitters [dzjittəz] ⟨the⟩⟨inf.⟩ **0.1** ***kriebels*** ⇒*zenuwen* ◆ **3.1** give s.o. the ~ *iem. nerveus maken.*

jittery [dzjittərie] ⟨inf.⟩ **0.1** ***zenuwachtig*** ⇒*nerveus.*

jiujitsu →**jujitsu.**

jive[1] [dzjajv] ⟨zn.⟩ **0.1** ***jive*** ⟨dans; muziek⟩ **0.2** ⟨AE; sl.⟩ ***slap gelul*** ⇒*flauwekul.*

jive[2] **I** ⟨onov.ww.⟩ **0.1** ***jiven*** ⇒*de jive dansen* **0.2** ⟨+with; sl.⟩ ***kloppen (met);***
II ⟨ov.ww.⟩⟨AE; sl.⟩ **0.1** ***voor de gek houden.***

jnr., Jnr. ⟨afk.; BE⟩ **0.1** [junior].

joanna [dzjooænə] ⟨BE; sl.⟩ **0.1** ***piano.***

job[1] [dzjob] ⟨zn.⟩ **0.1** ***karwei*** ⇒*klus, (stuk) werk;* ⟨comp. ook⟩ *job* **0.2** ***baan(tje)*** ⇒*vak, job, taak* **0.3** ***zaak(je)*** ⇒*handel-(tje), zwendel(tje)* **0.4** ⟨inf.⟩ ***geval*** ⇒*ding* **0.5** ⟨inf.⟩ ***toestand*** **0.6** ⟨sl.⟩ ***kraak*** ◆ **1.1** ⟨BE; inf.⟩ a ~ of work *een goed stuk werk* **1.2** ~s for the boys *vriendjespolitiek* **2.4** that new car of yours is a beautiful ~ *die nieuwe wagen van je is een prachtslee* **2.5** give up sth. as a bad ~ *iets als een hopeloos geval beschouwen;* make the best of a bad ~ *ergens nog het beste v. maken;* he's gone, and a good ~ too *hij is weg, en maar goed ook* **3.1** have a ~ to get sth. done *aan iets de handen vol hebben;* make a (good) ~ of sth. *iets goed/grondig afwerken* **3.6** pull a ~ *een kraak zetten* **3.¶** that should do the ~ *zo/daarmee moet het lukken* **5.¶** it was just the ~ *het kwam precies van pas* **6.1** **on** the ~ *aan/op het werk, bezig* **6.2** **out of** a ~ *zonder werk, werkloos.* →**odd.**

job[2] ⟨-bed⟩ **I** ⟨onov.ww.⟩ **0.1** ***klussen*** ⇒*karweitjes doen* ◆ **1.1** ~bing gardener *klusjesman voor de tuin;*
II ⟨onov. en ov.ww.⟩ **0.1** ***makelen*** ⇒*(ver)handelen* ⟨vnl. effecten⟩ **0.2** ***manoeuvreren*** ⇒*ambtsmisbruik plegen, vriendjespolitiek bedrijven* ◆ **6.2** ~ s.o. **into** a position *een baan versieren voor iem.*

Job [dzjoob] ⟨rel.⟩ **0.1** ***(het boek) Job*** ◆ **1.1** that would try the patience of ~ *daar is een engelengeduld voor nodig.*

job analysis, job study **0.1** ***functieanalyse*** ⇒*arbeidsanalyse.*

jobber [dzjobbə] **0.1** ***(effecten)makelaar*** **0.2** ***tariefwerker*** ⇒*klusjesman.*

jobbery [dzjobbərie] **0.1** ***ambtsmisbruik*** ⇒*(ambtelijke) corruptie.*

jobbing [dzjobbing] ⟨BE⟩ **0.1** ***klusjes-*** ◆ **1.1** a ~ gardener *een klusjesman voor de tuin.*

job centre, job bank **0.1** ***arbeidsbureau.***

job creation **0.1** ***werkvoorziening*** ⇒*het scheppen v. arbeidsplaatsen.*

job description **0.1** ***taakomschrijving*** ⇒*functiebeschrijving.*

job evaluation **0.1** ***functiebeoordeling*** ⇒*functiewaardering.*

job hunting ⟨ook attr.⟩⟨inf.⟩ **0.1** ***het zoeken naar werk.***

jobless [dzjobləs] **0.1** ***zonder werk*** ⇒*werkloos.*

job losses ⟨mv.⟩ **0.1** ***verlies v. arbeidsplaatsen.***

job market **0.1** ***banenmarkt*** ⇒*arbeidsmarkt.*

job opportunity **0.1** ***werkgelegenheid*** ◆ **1.1** the need for job opportunities *de behoefte aan arbeidsplaatsen.*

job satisfaction **0.1** ***arbeidsvreugde.***

job security **0.1** ***arbeidszekerheid*** ⇒*gegarandeerd(e) werk(gelegenheid).*

job-seeker **0.1** ***werkzoekende.***

job sharing **0.1** ***(het werken met/invoeren v.) duo/deeltijdbanen.***

job splitting **0.1** ***(het) delen v.e. baan*** ⟨tussen twee werknemers⟩ ⇒*(het invoeren v.) duobanen.*

jock [dzjok] **0.1** ⟨AE; inf.; ook pej.⟩ ***atleet, atlete*** **0.2** ⟨BE; inf.⟩ ***Schot.***

jockey[1] [dzjokkie] ⟨zn.⟩ **0.1** ***jockey.***

jockey[2] ⟨ww.⟩ **0.1** ***manoeuvreren*** ◆ **6.1** ~ **for** position *met de ellebogen werken.*

jockey shorts **0.1** ***classic met korte pijp*** ⟨herenslip⟩.

jockstrap ⟨inf.⟩ **0.1** ***suspensoir*** ⟨v. sportlui⟩.

jocose [dzjəkoos] ⟨schr.⟩ **0.1** ***grappig*** ⇒*schertsend.*

jocular [dzjokjoelə] ⟨zn.: **-ity**⟩ **0.1** ***schertsend*** ⇒*grappig* ◆ **1.1** a ~ man *een snaakse vent.*

jocund [dzjokkənd] ⟨zn.: **-ity**⟩⟨schr.⟩ **0.1** ***vrolijk*** ⇒*opgeruimd, blijmoedig.*

jodhpurs [dzjodpəz] **0.1** ***rijbroek*** ◆ **1.1** a pair of ~ *een rijbroek.*

Joe [dzjoo] **0.1** ***Joe*** ⇒*Jos, Jef* ◆ **1.¶** ~ Public, ⟨BE; inf.⟩ ~ Bloggs *Jan Modaal/Publiek/met de pet.*

joey [dzjooie] **0.1** ⟨Austr. E⟩ ***jonge kangoeroe*** ⇒*jong (dier), (jong) kind.*

jog[1] [dzjog] ⟨zn.⟩ **0.1** ***duw(tje)*** ⇒*schok, stootje* **0.2** ***sukkeldraf(je)*** **0.3** ***een stukje joggen*** ◆ **3.3** go for a quick ~ *even gaan joggen.*

jog[2] **I** ⟨onov.ww.; -ged⟩ **0.1** ***joggen*** ⇒*trimmen* **0.2** ***op een sukkeldraf(je) lopen*** ⇒*sukkelen* ◆ **5.2** ~ **along/on** *voortsukkelen;*
II ⟨onov. en ov.ww.⟩ **0.1** ***hotsen*** ⇒*op en neer (doen) gaan, schudden;*
III ⟨ov.ww.⟩ **0.1** ***(aan)stoten*** ⇒*een duw(tje) geven, (aan)porren* ◆ **1.¶** ~ s.o.'s memory *iemands geheugen opfrissen.*

jogger [dzjogə] **0.1** ***jogger.***

jogging [dzjogging] ⟨sport⟩ **0.1** ***(het) joggen*** ⇒*(het) trimmen.*

joggle[1] [dzjogl] ⟨zn.⟩ **0.1** ***schokje*** ⇒*duwtje.*

joggle[2] ⟨ww.⟩ **0.1** ***hotsen*** ⇒*heen en weer/op en neer (doen) gaan, schudden.*

jogtrot **0.1** ***sukkeldraf(je)*** ⇒*lichte draf.*

john [dzjon] **I** ⟨eig.n.; J-⟩ **0.1** ***Jan*** ⇒*Johannes* ◆ **1.¶** ~ Barleycorn *Jan Gerstekorrel* ⟨personificatie v.d. whisky⟩; ~ Bull *de Engelsman, de Engelsen;*
II ⟨telb.zn.⟩ **0.1** ⟨the; AE; inf.⟩ ***wc*** **0.2** ⟨vaak J-; AE; sl.⟩ ***klant*** ⟨v.e. hoer⟩ ⇒*hoerenloper.*

johnn|y, johnnie [dzjonnie] ⟨mv.: -ies⟩⟨BE⟩ **0.1** ***kerel*** ⇒*man, vent.*

join[1] [dzjojn] ⟨zn.⟩ **0.1** ***verbinding(sstuk)*** ⇒*voeg, las, naad.*

join[2] **I** ⟨onov.ww.⟩ **0.1** ***samenkomen*** ⇒*zich verenigen, verenigd worden; elkaar ontmoeten, uitkomen op* **0.2** ***zich aansluiten*** ⇒*meedoen, deelnemen* ◆ **5.1** ~ **up** (with) *samensmelten/fuseren (met)* **5.2** can I ~ **in**? *mag ik meedoen?;* ~ **up** *dienst nemen (bij het leger), lid worden, zich aansluiten (bij);*
II ⟨ov.ww.⟩ **0.1** ***verenigen*** ⇒*samenbrengen, verbinden, vastmaken, samenlopen met; aaneenschrijven* ⟨letters⟩ **0.2** ***zich aansluiten bij*** ⇒*meedoen met, deelnemen aan* ◆ **1.1** ~ the main road *op de hoofdweg uitkomen* **1.2** ~ the army *dienst nemen (bij het leger);* ~ ship *aanmonsteren, aan boord gaan* **4.2** will you ~ us? *doe/eet/ga je mee?, kom je bij ons zitten?;* I'll ~ you in a few minutes *ik kom zo bij je* **5.1** ~ **together/up** (with) *samenvoegen, doen samensmelten/fuseren (met)* **6.1** ~ a man **to/with** a woman **in** marriage *een man met een vrouw in de echt verbinden.*

joiner [dzjojnə] **0.1** ***schrijnwerker*** ⇒*meubelmaker* **0.2** ⟨inf.⟩ ***meedoener*** ◆ **1.2** John's no ~ *John sluit zich niet zo gauw bij een club aan.*

joinery [dzjojnərie] **0.1** ***schrijnwerk*** ⇒*fijn timmerwerk.*

joining fee **0.1** ***entree(geld)*** ⟨bij toetreding in vereniging⟩.

joint[1] [dzjojnt] ⟨zn.⟩ **0.1** ***verbinding(sstuk)*** ⇒*voeg, las, naad* **0.2** ***gewricht*** ⇒*geleding, scharnier* **0.3** ⟨plantk.⟩ ***(stengel)knoop*** **0.4** ⟨vnl. BE⟩ ***braadstuk*** ⇒*gebraad, (groot) stuk vlees* **0.5** ⟨sl.⟩ ***tent*** ⇒*kroeg* **0.6** ⟨sl.⟩ ***joint*** ⇒*stickie* ◆ **6.2** **out of** ~ ⟨ook fig.⟩ *ontwricht; uit het lid, uit de voegen;* ⟨fig.⟩ *slecht geluimd.*

joint[2] ⟨bn.⟩ **0.1** ***gezamenlijk*** ⇒*gemeenschappelijk* ◆ **1.1** ~ account *gezamenlijke rekening;* ~ management *medezeggenschap, gemeenschappelijk beheer;* ~ owners *mede-eigenaars;* ~ responsibility *gedeelde verantwoordelijkheid;* ⟨geldw.⟩ ~ sharer *deelhebber;* ~ stock *maatschappelijk kapitaal;* ~ undertaking/venture *joint venture, samenwerking(sverband), gemeenschappelijke onderneming.*

joint[3] ⟨ww.⟩ **0.1** ***verbinden*** ⇒*verenigen, lassen* **0.2** ***in stukken snijden*** ⇒*ontleden, opsnijden* ⟨geslacht dier⟩ ◆ **1.1** a ~ed fishing rod *een uitneembare hengel;* a ~ed doll *een ledenpop.*
joint-stock company **0.1** ***maatschappij op aandelen.***
joist [dzjojst] **0.1** ***(dwars)balk*** ⇒*bint, (horizontale) steunbalk.*
joke[1] [dzjook] ⟨zn.⟩ **0.1** ***grap(je)*** ⇒*mop* **0.2** ***mikpunt*** ⟨v. spot, geestigheid⟩ ⇒*spot* **0.3** ***aanfluiting*** ◆ **2.1** practical ~ *poets* **3.1** I don't see / get the ~ *ik vind het helemaal niet grappig;* he can't take a ~ *hij kan niet tegen een grapje;* crack / tell ~s *moppen tappen* **3.2** standing ~ *eeuwig mikpunt* **6.1** be / go **beyond** a ~ *te ver gaan, niet leuk zijn;* make / play a ~ **on** s.o. *iem. een poets bakken;* the ~ is **on** s.o. *deze grap gaat ten koste van iem.* **7.1** ⟨inf.⟩ no ~ *geen grapje / gekheid.*
joke[2] ⟨ww.⟩ **0.1** ***grappen maken*** ⇒*schertsen* ◆ **3.1** you must be joking! *dat meen je niet!* **5.1** joking apart *in alle ernst.*
joker [dzjookə] **0.1** ***grapjas*** **0.2** ⟨kaartspel⟩ ***joker*** ⇒⟨fig.⟩ *(laatste) troef* **0.3** ⟨sl.⟩ ***kerel*** ⇒*(pruts / rot)vent.*
jollification [dzjolliffikkeesjn] ⟨vaak mv. met enk. bet.⟩ **0.1** ***pret(makerij)*** ⇒*jool, joligheid.*
jollity [dzjollətie] **0.1** ***uitgelatenheid*** ⇒*joligheid.*
joll|y[1] [dzjollie] ⟨bn.; -ily⟩ **0.1** ***plezierig*** ⇒*prettig* **0.2** ⟨ook iron.⟩ ***vrolijk*** ⇒*jolig* **0.3** ⟨inf.; euf.⟩ ***aangeschoten*** ⇒*dronken* ◆ **1.1** a ~ holiday *een prettige vakantie* **1.2** a ~ man *een lollige vent* **1.¶** ⟨BE; inf.⟩ it's a ~ shame *het is een grote schande;* Jolly Roger *piratenvlag.*
joll|y[2] ⟨ww.; -ied⟩ ⟨inf.⟩ **0.1** ***vleien*** ⇒*bepraten* **0.2** ***opvrolijken*** ⇒*opmonteren* ◆ **5.1** ~ **along / up** *zoet houden, bepraten* **6.1** ~ s.o. **into** sth. *iem. tot iets overhalen.*
jolly[3] ⟨bw.⟩ ⟨BE; inf.⟩ **0.1** ***heel*** ⇒*zeer, flink, aardig* ◆ **2.1** a ~ good fellow *een beste / patente kerel;* have ~ good luck *boffen;* ~ miserable *erg beroerd* **5.1** you ~ well will! *en nou en of je het doet!*
jolly boat **0.1** ***jol*** ⇒*bijboot.*
jolt[1] [dzjoolt] ⟨zn.⟩ **0.1** ***schok*** ⇒*ruk, stoot;* ⟨fig. ook⟩ *verrassing, ontnuchtering.*
jolt[2] **I** ⟨onov.ww.⟩ **0.1** ⟨+ along⟩ ***(voort)schokken*** ⇒*horten, botsen, stoten;*
II ⟨ov.ww.⟩ **0.1** ***schokken*** ⇒⟨fig.⟩ *verwarren* ◆ **5.1** ⟨ook fig.⟩ ~ s.o. awake *iem. wakker schudden* **6.1** ~ s.o. **out of** a false belief *iem. plots tot een beter inzicht brengen.*
jolt|y [dzjooltie] ⟨-ier⟩ **0.1** ***schokkend*** ⇒*schuddend, hortend* ◆ **1.1** a ~ old car *een rammelkast.*
Jonah [dzjoonə] **I** ⟨eig.n.⟩ **0.1** ***Jonas;***
II ⟨telb.zn.⟩ **0.1** ***ongeluksvogel.***
Jones [dzjoonz] ◆ **3.¶** keep up with the ~es *z'n stand ophouden, niet willen onderdoen voor de buren.*
jonquil [dzjongkwil] **0.1** ***jonquille*** ⇒*gele tijloos / narcis.*
Jordan [dzjo:dn] **0.1** ⟨the⟩ ***Jordaan*** ⟨rivier⟩ **0.2** ***Jordanië.***
josh [dzjosj] ⟨AE; inf.⟩ **0.1** ***plagen*** ⇒*voor de gek houden.*
joss stick **0.1** ***(Chinees) wierookstokje.***
jostle[1] [dzjosl] ⟨zn.⟩ **0.1** ***gedrang*** ⇒*drukte, gewoel.*
jostle[2] ⟨ww.⟩ **0.1** ***(ver)dringen*** ⇒*(weg)duwen, (weg)stoten.*
jot[1] [dzjot] ⟨zn.⟩ **0.1** ***jota*** ⟨alleen fig.⟩ ◆ **1.1** there is not a ~ of truth in it *er is geen woord van waar* **3.1** I don't care a ~ *het kan me geen zier schelen.*
jot[2] ⟨ww.; -ted⟩ **0.1** ⟨+ down⟩ ***(vlug) noteren*** ⇒*neerpennen, opkrabbelen.*
jotter [dzjottə] **0.1** ***blocnote*** ⇒*notitieboekje.*
jotting [dzjotting] ⟨vnl. mv.⟩ **0.1** ***losse aantekening(en)*** ⇒*notitie(s).*
joule [dzjoe:l] **0.1** ***joule*** ⟨eenheid v. arbeid⟩.
journal [dzjə:nl] **0.1** ***dagboek*** ⇒*journaal, kasboek* **0.2** ***dagblad*** ⇒*krant* **0.3** ***tijdschrift.***
journalese [dzjə:nəlie:z] ⟨vaak pej.⟩ **0.1** ***journalistieke stijl*** ⇒*krantentaal, sensatiestijl.*
journalism [dzjə:nəlizm] **0.1** ***journalistiek.***
journalist [dzjə:nəlist] ⟨bn.: **-ic**⟩ **0.1** ***journalist(e).***
journey[1] [dzjə:nie] ⟨zn.⟩ **0.1** ***(dag)reis*** ⇒*tocht* ⟨vnl. over land⟩ ◆ **1.1** ⟨schr.⟩ one's ~'s end *het einde v. zijn reis /* ⟨fig.⟩ *leven* **2.1** (have a) pleasant ~! *goede reis!*
journey[2] ⟨ww.⟩ **0.1** ***reizen*** ⇒*trekken.*
journey|man [dzjə:nimmən] ⟨mv.: -men [-mən]⟩ **0.1** ***handlanger*** ⇒*knecht.*
joust[1] [dzjaust] ⟨zn.⟩ **0.1** ***steekspel*** ⇒⟨fig.⟩ *discussie* **0.2** ⟨mv.⟩ ***toernooi.***
joust[2] ⟨ww.⟩ **0.1** ***aan een steekspel deelnemen*** ⇒*een steekspel houden* ⟨ook fig.⟩ ◆ **6.1** ~ **with** s.o. *met iem. in het krijt treden.*
Jove [dzjoov] **0.1** ***Jupiter*** ◆ **6.¶** ⟨BE; vero.⟩ **by** ~! *grote goden!*
jovial [dzjooviəl] ⟨zn.: **-ity**⟩ **0.1** ***joviaal*** ⇒*vrolijk* ◆ **1.1** in a ~ mood *goed gezind.*
jowl [dzjaul] ⟨vaak mv. met enk. bet.⟩ **0.1** ***kaak(sbeen)*** ⇒*wang* **0.2** ***halskwab*** ⇒*kossem.* →**cheek.**
joy [dzjoj] **I** ⟨telb.zn.⟩ **0.1** ***bron v. vreugde*** ◆ **6.1** she's a great ~ **to** her parents *ze is de vreugde v. haar ouders;*
II ⟨n.-telb.zn.⟩ **0.1** ***vreugde*** ⇒*genot, blijdschap* **0.2** ⟨BE; inf.⟩ ***succes*** ◆ **3.1** be filled with ~ *overlopen v. vreugde;* wish s.o. ~ *iem. geluk toewensen* **6.1** **for / with** ~ *van vreugde* **7.2** no ~ *geen succes.*
joyful [dzjojfl], ⟨schr. ook⟩ **joyous** [dzjojjəs] ⟨-ness⟩ **0.1** ***blij*** ⇒*opgewekt* **0.2** ***verblijdend*** ⇒*heuglijk, heerlijk.*
joyless [dzjojləs] ⟨-ness⟩ **0.1** ***vreugdeloos*** ⇒*treurig, triest.*
joyride ⟨inf.⟩ **0.1** ***joyride*** ⇒*sluikrit.*
joy stick **0.1** ***knuppel*** ⇒*stuurstang* ⟨v. vliegtuig⟩ **0.2** ***bedieningsknuppeltje*** ⟨v. videospelen, computer enz.⟩.
JP ⟨afk.⟩ **0.1** [Justice of the Peace].
Jr. ⟨afk.⟩ **0.1** [Junior] ***jr.***
jubilant [dzjoe:billənt] **0.1** ***uitbundig*** ⇒*triomfantelijk, vreugde-* **0.2** ***jubelend*** ⇒*juichend* ◆ **1.1** ~ shout *vreugdekreet* **6.1** ~ **at** *in de wolken over.*
jubilation [dzjoe:billeesjn] **0.1** ***vervoering*** ⇒*uitbundigheid* **0.2** ***gejubel*** ⇒*feestgejuich.*
jubilee [dzjoe:billie:, -lie:] **0.1** ***jubileum.*** →**diamond jubilee, silver.**
Judaic [dzjoe:deeik] **0.1** ***joods.***
Judaism [dzjoe:dee·izm] **0.1** ***judaïsme.***
Judas [dzjoe:dəs] **0.1** ***judas*** ⇒*verrader.*
judder [dzjuddə] ⟨vnl. BE⟩ **0.1** ***(heftig) vibreren*** ⇒*trillen, schudden.*
judge[1] [dzjudzj] ⟨zn.; vaak J-⟩ **0.1** ***rechter*** **0.2** ***scheidsrechter*** ⇒*arbiter, jurylid, beoordelaar* ⟨bij prijsvraag e.d.⟩ **0.3** ***kenner*** ⇒*expert* ◆ **1.3** good ~ of character *mensenkenner* **7.3** he is no ~ (of that) *hij is geen expert (ter zake).* →**sober.**
judge[2] **I** ⟨onov.ww.⟩ **0.1** ***rechtspreken*** ⇒*vonnis vellen* **0.2** ***arbitreren*** ⇒*als scheidsrechter optreden;* ⟨bij wedstrijd⟩ *punten toekennen* **0.3** ***oordelen*** ⇒*een oordeel vellen* ◆ **6.3** judging **by / from** his manner *naar zijn houding te oordelen;*
II ⟨ov.ww.⟩ **0.1** ***rechtspreken over*** ⇒*berechten* **0.2** ***arbitreren bij*** **0.3** ***beoordelen*** ⇒*achten, schatten* ◆ **1.1** ~ a case *rechtspreken in een zaak* **6.3** ~ s.o. **by** his actions *iem. naar zijn daden beoordelen.*
judg(e)ment [dzjudzjmənt] **0.1** ***oordeel*** ⇒*uitspraak, vonnis, schatting* **0.2** ***boete*** **0.3** ⟨vaak iron.⟩ ***straf (v. God)*** ⇒*godsgericht* **0.4** ***inzicht*** ⇒*oordeelskracht* ◆ **3.1** pass ~ on s.o. / sth. *een oordeel vellen over iem. / iets;* pronounce (a) ~ *een uitspraak doen;* reverse a ~ *een vonnis (in hoger beroep)*

vernietigen; sit in ~ on *rechter spelen over* **3.4** use one's ~ *zijn (gezond) verstand gebruiken* **6.1 in** my ~ *naar mijn mening* **6.4 against** one's better ~ *tegen beter weten in;* a person **of** (good/weak) ~ *een persoon met (veel/weinig) doorzicht.* →**last.**

Judg(e)ment Day 0.1 *Laatste Oordeel.*

judg(e)ment seat 0.1 *rechterstoel* ◆ **7.¶** the ~ *het hemelse gerecht.*

Judge's Rules ⟨jur.⟩ **0.1** *procedurereglement* ⟨bij ondervraging v. verdachte⟩.

judicature [dzjoe:dikkətsjə] **0.1** *rechterlijke macht* **0.2** *jurisdictie* ⇒*rechtspleging, rechtspraak.*

judicial [dzjoe:disjl] **0.1** *gerechtelijk* ⇒*rechterlijk, rechter(s)-* ◆ **1.1** bring/take ~ proceedings against s.o. *een proces tegen iem. aanspannen.*

judiciar|y [dzjoe:disjərie] ⟨mv.: -ies; the⟩ **0.1** *rechtswezen* **0.2** *rechterlijke macht* **0.3** ⟨ww. enk. of mv.⟩ *rechterlijke stand.*

judicious [dzjoe:disjəs] ⟨-ness⟩ **0.1** *oordeelkundig* ⇒*verstandig, voorzichtig.*

judo [dzjoe:doo] **0.1** *judo.*

judoka [dzjoe:dooka:] ⟨vechtsport⟩ **0.1** *judoka* ⇒*judoër.*

jug[1] [dzjug] ⟨zn.⟩ **0.1** *kan(netje)* **0.2** ⟨AE⟩ *kruik* **0.3** ⟨the; sl.⟩ *bak* ⇒*bajes.*

jug[2] ⟨ww.; -ged⟩ **0.1** *stoven* ⟨haas, konijn⟩ **0.2** ⟨inf.⟩ *in de bak draaien* ◆ **1.1** ~ged hare *gestoofde haas, hazenpeper.*

juggernaut [dzjugəno:t] **0.1** *moloch* **0.2** ⟨BE; inf.⟩ *grote vrachtwagen* ⇒*bakbeest.*

juggle [dzjugl] **0.1** ⟨+ with⟩ *jongleren (met)* **0.2** *goochelen* ⇒ *toveren* **0.3** ⟨+ with⟩ *knoeien (met)* ⇒*frauderen.*

juggler [dzjuglə] **0.1** *jongleur* **0.2** *goochelaar* **0.3** *zwendelaar* ⇒*fraudeur.*

Jugoslav →**Yugoslav.**

jugular [dzjugjoelə], **jugular vein 0.1** *halsader* ◆ **3.1** go for the ~ *naar de keel vliegen.*

juice[1] [dzjoe:s] **I** ⟨telb. en n.-telb.zn.⟩ **0.1** *sap* ⇒*levenssap* **0.2** *pit* ⇒*fut, elan* ◆ **2.2** full of ~ *energiek* **3.¶** let s.o. stew in their own ~ *iem. in zijn eigen vet gaar laten koken;*
II ⟨n.-telb.zn.⟩⟨sl.⟩ **0.1** *brandstof* ⇒*elektriciteit* ⟨e.d.⟩.

juice[2] ⟨ww.⟩ **0.1** *(uit)persen* **0.2** *sap toevoegen aan* ◆ **5.2** ⟨AE; inf.; fig.⟩ ~ **up** *kruiden, oppeppen.*

juic|y [dzjoe:sie] ⟨-iness⟩ **0.1** *sappig* **0.2** *nat* ⇒*vochtig* **0.3** ⟨inf.⟩ *vet* ⇒*voordelig, winstgevend* **0.4** ⟨inf.⟩ *pittig* ⇒*pikant, spannend.*

jujitsu, jiujitsu [dzjoe:dzjitsoe:] **0.1** *jioe-jitsoe.*

jujube [dzjoe:dzjoe:b] **0.1** *jujube.*

jukebox [dzjoe:kboks] **0.1** *jukebox.*

julep [dzjoe:lip] ⟨verk.; BE⟩ **0.1** [mint julep].

Julian [dzjoe:liən] **0.1** *Juliaans* ◆ **1.1** ~ calendar *Juliaanse kalender/tijdrekening.*

July [dzjoelaj] **0.1** *juli.*

jumble[1] [dzjumbl] ⟨zn.⟩ **0.1** *warboel* ⇒*janboel, troep* **0.2** *mengelmoes* ⇒*allegaartje* **0.3** ⟨BE⟩ *liefdadigheidsbazaar.*

jumble[2] ⟨ww.⟩ **0.1** *dooreengooien* ⇒*dooreenhaspelen, samenflansen* ◆ **1.1** his thoughts were all ~d (up) *zijn gedachten waren totaal verward* **5.1** all his things were ~d **up/together** in the cupboard *al zijn spullen lagen dooreengegooid in de kast.*

jumble sale ⟨BE⟩ **0.1** *liefdadigheidsbazaar* ⇒*rommelmarkt.*

jumbo[1] [dzjumboo] ⟨zn.⟩ **0.1** *kolos* ⇒*reus* **0.2** ⟨verk.⟩ [jumbo jet].

jumbo[2], **jumbo-sized** ⟨bn.⟩ **0.1** *kolossaal* ⇒*jumbo-, reuze-.*

jumbo jet 0.1 *jumbo(jet)* ⇒*jumbo(straal)vliegtuig.*

jumbuck [dzjumbuk] ⟨Austr. E⟩ **0.1** *schaap.*

jump[1] [dzjump] ⟨zn.⟩ **0.1** *sprong* ⇒⟨fig.⟩ *(plotselinge/snelle) stijging; schok, ruk;* ⟨wielrennen⟩ *demarrage* **0.2** ⟨sport⟩ *hindernis* ◆ **3.¶** ⟨sl.⟩ get/have a/the ~ on s.o. *iem. vóór zijn, iem. te vlug af zijn* **5.1** ⟨fig.⟩ be/stay one ~ ahead *één stap vóór zijn/blijven* **6.1 by** ~s *sprongsgewijze.* →**high jump, long jump.**

jump[2] **I** ⟨onov.ww.⟩ **0.1** *springen* ⇒⟨wielrennen⟩ *wegspringen, demarreren* **0.2** *(omhoog)springen* ⇒*omhoogschieten* **0.3** *opspringen* ⇒*opschrikken, een schok krijgen* **0.4** *zich haasten* ⇒*overhaast komen (tot)* **0.5** *verspringen* ⇒ *met schokken voortbewegen* ◆ **1.2** prices ~ed sharply *de prijzen gingen steil de hoogte in* **5.1** ~ **in** *naar binnen springen, vlug instappen;* ⟨fig.⟩ *tussenbeide komen* **6.1** he ~ed **at** him *hij sprong op hem toe;* ⟨fig.⟩ he ~ed **at** the offer *hij greep het aanbod met beide handen aan;* ~ **on** s.o. *iem. te lijf gaan;* ⟨fig.⟩ *uitvaren tegen iem.* **6.3** he ~ed **at** the noise *hij schrok op van het lawaai;* ~ **for** joy *opspringen/dansen v. vreugde;* ~ **to** one's feet *opspringen* **6.4** ~ **to** conclusions *overhaaste conclusies trekken;* ⟨inf.⟩ ~ **to** it *zich haasten (om iets te doen).* →**jump off;**
II ⟨ov.ww.⟩ **0.1** *springen over* **0.2** *overslaan* **0.3** *weglopen van* ◆ **1.1** the train ~ed the rails *de trein liep uit de rails;* ~ rope *touwtje springen* **1.2** ~ a chapter *een hoofdstuk overslaan.*

jumped-up [dzjum(p)tup] **0.1** *parvenu(achtig)* ⇒*net gearriveerd* **0.2** *geforceerd.*

jumper [dzjumpə] **0.1** *springer* **0.2** ⟨BE⟩ *pullover* ⇒*(dames)trui, jumper* **0.3** ⟨AE⟩ *overgooier* **0.4** *speel/slaappakje* ⟨voor baby of kind⟩.

jumper cable ⟨meestal mv.⟩⟨AE⟩ **0.1** *startkabel.*

jumping event ⟨atletiek⟩ **0.1** *springnummer.*

jumping jack 0.1 *hansworst* ⇒*trekpop* ⟨speelgoed⟩.

jumping-off place, jumping-off point 0.1 *beginpunt* ⇒*uitgangspunt.*

jump jockey ⟨BE⟩ **0.1** *steeplechasejockey.*

jump lead ⟨meestal mv.⟩ **0.1** *startkabel.*

jump off ⟨paardensport⟩ **0.1** *een barrage rijden.*

jump-off ⟨paardensport⟩ **0.1** *barrage.*

jump suit 0.1 *parachutistenpak* **0.2** *jumpsuit* ⇒*overall, salopette.*

jump|y [dzjumpie] ⟨-iness⟩ **0.1** *geagiteerd* ⇒*gespannen* **0.2** *lichtgeraakt* ⇒*prikkelbaar.*

junction [dzjungksjn] **0.1** *verbinding(spunt)* ⇒*vereniging(spunt/plaats)* **0.2** ⟨elek.⟩ *pn-overgang* ⇒*lagentransistor.*

juncture [dzjungktsjə] **0.1** ⟨vnl. schr.⟩ *tijdsgewricht* ⇒*toestand* ◆ **6.1 at** this ~ *onder de huidige omstandigheden.*

June [dzjoe:n] **0.1** *juni.*

jungle [dzjunggl] **0.1** *jungle* ⇒*oerwoud* **0.2** *warboel* ⇒*warwinkel, chaos* ◆ **1.2** a ~ of tax laws *een doolhof v. belastingwetten.*

jungle juice ⟨sl.⟩ **0.1** *zelfgestookte alcohol.*

junior[1] [dzjoe:niə] **I** ⟨eig.n.; J-⟩⟨AE⟩ **0.1** *junior;*
II ⟨telb.zn.⟩ **0.1** *jongere* ⇒*kleinere* **0.2** *mindere* ⇒*ondergeschikte* **0.3** ⟨BE⟩ *schoolkind* ⟨ong. 7-11 jaar⟩ **0.4** ⟨AE⟩ *derdejaars* ⟨bij een cursusduur v. 4 jaar⟩ ◆ **7.1** he's my ~ by two years/two years my ~ *hij is twee jaar jonger dan ik.*

junior[2] ⟨bn.⟩ **0.1** *jonger* ⇒*klein(er); junior* ⟨achter namen⟩ **0.2** *lager/laagst geplaatst* ⇒*ondergeschikt, jonger* ◆ **1.2** ~ clerk *jongste bediende.*

junior college ⟨AE⟩ **0.1** ⟨ong.⟩ *universiteit* ⟨met alleen de eerste twee jaren v.d. universitaire opleiding⟩.

junior high (school) ⟨AE⟩ **0.1** *middenschool* ⇒*brugschool.*

junior minister 0.1 ***onderminister.***
juniper [dzjoe:nippə] **0.1** ***jeneverbes(struik).***
junk [dzjungk] **0.1** ⟨inf.⟩ ***(oude) rommel*** ⇒*rotzooi, schroot* **0.2** ***jonk*** **0.3** ⟨sl.⟩ ***horse*** ⇒*junk* ⟨heroïne⟩.
junk bond ⟨AE; inf.; geldw.⟩ **0.1** ***junkbond*** ⟨obligatie v. onbekende of verdachte debiteur⟩.
junket [dzjungkit] **0.1** ***(toetje v.) (vruchten)kwark*** **0.2** ***(zaken)reis(je)*** ⇒*snoepreisje.*
junketing [dzjungkitting] ⟨vaak mv. met enk. bet.⟩ **0.1** ***(feestelijk) onthaal*** ⇒*festijn.*
junk food ⟨vnl. AE; inf.⟩ **0.1** ***junkfood*** ⇒*ongezonde kost.*
junk|ie, junk|y [dzjungkie] ⟨mv.: -ies⟩⟨inf.⟩ **0.1** ***junkie*** ⇒*(drugs)verslaafde.*
junk mail ⟨AE⟩ **0.1** ***huis-aan-huispost*** ⇒*reclamedrukwerk.*
junta [dzjuntə, hoentə] **0.1** ***junta.***
Jupiter [dzjoe:pittə] **0.1** ***Jupiter*** ⟨Romeinse god⟩ **0.2** ⟨ster.⟩ ***Jupiter*** ⟨planeet⟩.
juridical [dzjoeəriddikl] **0.1** ***gerechtelijk*** ⇒*juridisch.*
jurisdiction [dzjoeərisdiksjn] **0.1** ***rechtspraak*** **0.2** ***(rechts)bevoegdheid*** ⇒*jurisdictie, competentie* **0.3** ***rechtsgebied*** ⇒*ressort, district* ◆ **3.2** come/fall within/outside the ~ of *onder/buiten de jurisdictie vallen van* **6.2** have ~ **of/over** *bevoegd zijn over.*
jurisprudence [dzjoeərisproe:dns] **0.1** ***rechtswetenschap*** **0.2** ***jurisprudentie*** ⇒*toegepast recht.*
jurist [dzjoeərist] **0.1** ***jurist*** ⇒*rechtskundige.*
juror [dzjoeərə] **0.1** ***jurylid.***
jur|y [dzjoeərie] ⟨zn.; ww. enk. of mv.; mv.: -ies⟩⟨vnl. jur.⟩ **0.1** ***jury.*** →**petty.**
jury box 0.1 ***jurytribune*** ⇒*(de) jurybank(en).*
jury|man [dzjoeəriemən]⟨mv.: -men [-mən]⟩ **0.1** ***jurylid.***
jurywoman 0.1 ***vrouwelijk jurylid.***
just[1] [dzjust] ⟨bn.; -ness⟩ **0.1** ***billijk*** ⇒*rechtvaardig, fair* **0.2** ***(wel)verdiend*** **0.3** ***gegrond*** ⇒*gerechtvaardigd* **0.4** ***juist*** ⇒*correct* ◆ **1.2** get/receive one's ~ deserts *zijn verdiende loon krijgen.*
just[2] ⟨bw.⟩ **0.1** ***precies*** ⇒*juist, net* **0.2** ***amper*** ⇒*ternauwernood, (maar) net* **0.3** ***net*** ⇒*zoëven, daarnet* **0.4** ⟨inf.⟩ ***gewoon*** ⇒*(alleen) maar, (nu) eens, nu eenmaal* **0.5** ⟨inf.⟩ ***gewoonweg*** ⇒*in één woord, (toch) even* ◆ **1.2** ~ a little *een tikkeltje (maar);* ~ a minute, please *(een) ogenblikje a.u.b.* **1.4** ~ in case *voor alle zekerheid;* that's ~ one of those things *dat gaat nu eenmaal zo* **3.3** they've (only) ~ arrived *ze zijn er (nog maar) net* **3.4** it ~ doesn't make sense *het slaat gewoon nergens op;* ~ listen to that cheering *moet je ze eens horen juichen;* ~ wait and see *wacht maar, dan zul je eens zien* **4.1** that is ~ it *dáár gaat het nu precies om* **5.1** ~ **about** *zowat, wel zo'n beetje, zo ongeveer;* ~ now *net op dit moment; daarnet* **5.¶** ~ the same *toch, niettemin* **6.1** ~ **like** him *net iets voor hem* **6.4** ~ **like** that *zo maar.*
justice [dzjustis] **I** ⟨telb.zn.; vaak J-⟩ **0.1** ***rechter*** ◆ **1.1** Justice of the Peace *kantonrechter, politierechter;* ⟨AZN⟩ *vrederechter;*
II ⟨n.-telb.zn.⟩ **0.1** ⟨soms J-⟩ ***gerechtigheid*** ⇒*rechtmatigheid, recht(vaardigheid), Justitia* **0.2** ***gerecht*** ⇒*rechtspleging, justitie* ◆ **1.2** Court of Justice *rechtbank;* ⟨AE⟩ Department of Justice *Ministerie v. Justitie* **3.1** do ~ (to) *recht doen/laten wedervaren;* do ~ to o.s., do o.s. ~ *zich (weer) waarmaken, aan de verwachtingen voldoen;* to do him ~ *ere wie ere toekomt;* they did ~ to the meal *ze deden de maaltijd eer aan* **3.2** bring s.o. to ~ *iem. voor het gerecht brengen* **6.1 in** ~ **to** *om billijk te zijn tegenover.* →**poetic(al), rough.**
justifiab|le [dzjustiffajjəbl, -fajjəbl] ⟨-ly⟩ **0.1** ***gerechtvaardigd*** ⇒*verantwoord, rechtmatig* **0.2** ***te rechtvaardigen*** ⇒*verdedigbaar* ◆ **1.2** ~ homicide *doodslag* ⟨o.a. uit wettige zelfverdediging⟩.
justification [dzjustiffikkeesjn] **0.1** ***rechtvaardiging*** ⇒*verantwoording, (gegronde/geldige) reden* ◆ **6.1** there are few ~s **for** a war *er zijn weinig redenen die een oorlog rechtvaardigen;* **in** ~ **of** *ter rechtvaardiging van.*
justif|y [dzjustiffaj] ⟨-ied⟩ **0.1** ***rechtvaardigen*** ⇒*bevestigen* **0.2** ***de gegrondheid bewijzen van*** ⇒*staven* **0.3** ***verdedigen*** ⇒*verantwoorden* **0.4** ⟨vooral in lijdende vorm⟩ ***in het gelijk stellen*** ⇒*rechtvaardigen, staven* ◆ **6.1** we were clearly justified **in** sacking him *we hebben hem terecht ontslagen* **6.2** ~ o.s. **to** s.o. *zich tegenover iem. rechtvaardigen* **6.4** am I justified in thinking that ... *heb ik gelijk als ik denk dat ...* →**end.**
jut [dzjut] ⟨-ted⟩ **0.1** ⟨vaak +out⟩ ***uitsteken*** ⇒*(voor)uitspringen.*
jute [dzjoe:t] ⟨ook attr.⟩ **0.1** ***jute.***
juvenile[1] [dzjoe:vənajl] ⟨zn.⟩ **0.1** ***jongere*** ⇒*jeugdig/jong persoon* **0.2** ***jeune premier.***
juvenile[2] ⟨bn.⟩ **0.1** ***jeugdig*** ⇒*jong, kinder-, kinderlijk* **0.2** ***onvolwassen*** ⟨ook v. dieren⟩ ⇒*kinderachtig* ◆ **1.1** ~ court *kinderrechter;* ~ delinquency *jeugdcriminaliteit;* ~ delinquents *jeugddelinquenten.*
juxtapose [dzjukstəpooz] **0.1** ***naast elkaar plaatsen.***
juxtaposition [dzjukstəpəzisjn] **0.1** ***juxtapositie*** ⇒*nevenschikking.*

k, K [kee] ⟨mv.: k's, K's⟩ **0.1** *k, K.*
K ⟨afk.⟩ **0.1** [kilobyte] *K* ⟨1024⟩ ⇒⟨oneig.⟩ *1000; duizend.*
Kaffir, Kafir [kæfə] ⟨mv.: ook kaf(f)ir⟩ ⟨Z. Afr. E; bel.⟩ **0.1** ***nikker*** *⇒zwarte, neger.*
kaftan →**caftan.**
kagoul(e), kagool →**cagoule.**
kale [keel] **0.1** ***(boeren)kool.***
kaleidoscop|e [kəlajdəskoop] ⟨bn.: **-ic**⟩ **0.1** ***caleidoscoop*** ⟨ook fig.⟩.
kamikaze [kæmia:zie] **0.1** ⟨zn.⟩ ***kamikazepiloot/vliegtuig*** **0.2** ⟨bn.⟩ ***kamikaze-*** *⇒zelfmoord-.*
kangaroo [kænggəroe:] ⟨mv.: ook kangaroo⟩ **0.1** ***kangoeroe*** **0.2** ⟨BE; pol.⟩ ***selectieve behandeling v. amendementen.***
kangaroo court **0.1** ***onwettige rechtbank*** *⇒volksgericht, tribunaal* ⟨bv. v. arbeiders, gevangenen⟩.
kaolin(e) [keeəlin] **0.1** ***porseleinaarde*** *⇒kaolien, Chinese klei.*
kapok [keepok] **0.1** ***kapok.***
kaput(t) [kəpoet] ⟨sl.⟩ **0.1** ***naar z'n grootje*** *⇒naar z'n mallemoer, stuk.*
karabiner [kærəbie:nə] ⟨bergsport⟩ **0.1** ***karabijner*** ⟨ring met veer om klimhaken aan vast te maken⟩.
karaoke [kærie·ookie] ⟨ook attr.⟩ **0.1** ***karaoke*** ⟨meezingen met muziekopname⟩ ◆ **1.1** a ~ bar *een karaokebar.*
karat [kærət] →**carat.**
karate [kəra:tie] ⟨sport⟩ **0.1** ***karate.***
karma [ka:mə] ⟨boeddhisme, hindoeïsme⟩ **0.1** ***karma*** *⇒(nood)lot.*
karting [ka:ting] ⟨verk.⟩ [go-karting] ⟨sport⟩ **0.1** ***karting*** *⇒go-karting.*
katydid [keetiedid] **0.1** ***sabelsprinkhaan.***
kayak [kajæk] **0.1** ***kajak*** ⟨v. eskimo's⟩ *⇒kano.*
Kazakh [ka:za:k] **0.1** ⟨bn.⟩ ***Kazaks*** **0.2** ⟨eig.n.⟩ ***Kazaks*** ⟨taal⟩ **0.3** ⟨telb.zn.⟩ ***Kazak.***
Kazakhstan [ka:za:kstæn, -sta:n] **0.1** ***Kazakstan.***
kazoo [kəzoe:] **0.1** ***kazoo*** ⇒⟨ong.⟩ *mirliton* ⟨speelgoedblaasinstrumentje⟩.
KB ⟨afk.⟩ **0.1** [kilobyte(s)] ***kB.***
kc ⟨afk.⟩ **0.1** [kilocycle] ***kHz.***
K.C. ⟨afk.⟩ **0.1** [King's Counsel].
kebab [kibæb] ⟨vaak mv.⟩ **0.1** ***kebab*** *⇒spies.*
kedgeree [kedzjərie:, -rie:] ⟨cul.⟩ **0.1** ***kedgeree*** ⟨rijstgerecht met vis⟩.
keel [kie:l] **0.1** ⟨scheep.⟩ ***kiel*** **0.2** ⟨plantk.⟩ ***kiel*** *⇒schuitje* ⟨v. bloembladeren⟩. →**even.**
keelhaul **0.1** ***kielhalen*** *⇒kielen* **0.2** ***op z'n nummer zetten*** *⇒op z'n donder/kop geven.*
keel over **0.1** ***omvallen*** *⇒omrollen, omslaan* ◆ **6.1** they keeled over **with** laughter *ze rolden om v.h. lachen.*
keen [kie:n] ⟨-ness⟩ **0.1** ***scherp*** ⟨ook fig.⟩ *⇒bijtend, fel, hevig* ⟨v. wind, vorst e.d.; ook v. strijd, concurrentie⟩ **0.2** ***scherp*** *⇒helder* ⟨v. zintuigen, verstand e.d.⟩ **0.3** ***vurig*** *⇒enthousiast, ijverig, intens* **0.4** ⟨BE⟩ ***spotgoedkoop*** *⇒scherp geprijsd* **0.5** ⟨inf.⟩ ***prima*** *⇒uitstekend, fantastisch* ◆ **1.1** this knife has a ~ edge *dit is een scherp mes;* his ~ sarcasm *zijn bijtend sarcasme;* there was a ~ wind blowing *er woei een ijskoude/felle wind* **1.2** she has a ~ intelligence *ze is heel kien;* ~ sight *scherp gezichtsvermogen* **1.3** a ~ golfer *een hartstochtelijk golfer;* a ~ interest in *een levendige belangstelling voor* **3.3** Sylvia is always ~ to win *Sylvia wil altijd winnen;* Jeremy wants to move but his wife is not ~ *Jeremy wil verhuizen maar z'n vrouw heeft er geen zin in* **6.3** ~ **on** *gespitst op, gebrand op;* he is ~ **on** winning *hij wil dolgraag winnen.*
keep[1] [kie:p] **I** ⟨telb.zn.⟩ **0.1** ***donjon*** *⇒(hoofd)toren, burchttoren* **0.2** ***bolwerk*** *⇒bastion* ◆ **6.¶** ⟨inf.⟩ **for** ~s *voor altijd, voorgoed;* play **for** ~ *menens/voor het 'echte' spelen;*
II ⟨n.-telb.zn.⟩ **0.1** ***(levens)onderhoud*** *⇒kost, voedsel* ◆ **3.1** earn your ~ *de kost verdienen; je eten waard zijn/verdienen.*
keep[2] ⟨kept, kept⟩ **I** ⟨onov.ww.⟩ **0.1** ***blijven*** *⇒doorgaan met* **0.2** ***goed blijven*** *⇒vers blijven* ⟨v. voedsel⟩ **0.3** ⟨BE; inf.⟩ ***wonen*** ⟨vnl. universiteit v. Cambridge⟩ ◆ **1.2** ⟨fig.⟩ your news will have to ~ a bit *dat nieuwtje v. jou moet maar even wachten* **2.1** ~ cool! *houd je kalm!;* ~ left *links houden;* will you please ~ still! *blijf nou toch eens stil zitten!* **3.1** ~ going *door (blijven) gaan;* ~ talking! *blijf praten!* **4.1** how is John ~ing? *hoe gaat het met John?* **5.1** ~ **abreast** of ⟨lett.⟩ *bijhouden;* ⟨fig.⟩ *op de hoogte blijven v.;* ~ **ahead** of *(een stapje) voor blijven;* ~ **away** (from) *uit de buurt blijven (van), wegblijven (van);* ~ **back** *op een afstand blijven;* ~ **down** *verstopt/verborgen blijven, beneden/onder blijven;* ~ **down**, you fool! *bukken/kop omlaag, idioot!;* ~ indoors *in huis blijven;* if the rain ~s **off** *als het droog blijft;* ~ **off/out**! *verboden toegang!;* ~ together *bij elkaar blijven;* ~ **under** *onder (de oppervlakte) blijven* **6.1** ~ **from** smoking *niet roken;* ~ **off** *uit de buurt blijven v.; vermijden;* ~ **off** alcohol for a while *de drank een tijdje laten staan;* ~ **off** the grass *verboden op het gras te lopen;* ~ **out of** *zich niet bemoeien met; niet betreden; zich niet blootstellen aan.* → **keep at, keep in, keep in with, keep on, keep to, keep up;**
II ⟨ov.ww.⟩ **0.1** ***houden*** *⇒zich houden aan, bewaren* **0.2** ***houden*** *⇒onderhouden, eropna houden; (in dienst) hebben* **0.3** ***(in bezit) hebben/houden*** *⇒bewaren;* ⟨bij uitbr. ook⟩ *in voorraad hebben, verkopen* **0.4** ***hoeden*** *⇒beschermen, bewaren* **0.5** ***houden*** ⟨in bep. toestand⟩ ⇒⟨bij uitbr. ook⟩ *ophouden, vasthouden, tegenhouden* **0.6** ***bijhouden*** ⟨(dag)boek e.d.⟩ *⇒houden* **0.7** ***houden*** *⇒aanhouden, blijven in/op* ◆ **1.1** come and ~ me company *kom me gezelschap houden;* ~ a promise *een belofte nakomen;* ~ the Sabbath *de sabbat in acht nemen;* ~ a secret *een geheim bewaren* **1.2** ~ chickens *kippen houden;* ~ a hotel *een hotel hebben;* ~ a mistress *een maîtresse hebben;* ~ one's wife *z'n vrouw onderhouden* **1.3** ~ the change *laat maar zitten;* this shop doesn't ~ pencils *deze winkel verkoopt geen potloden;* will you ~ this record for me? *wil je deze plaat voor me bewaren?* **1.4** may God ~ you *God behoede/beware u* **1.5** ~ within bounds *binnen de perken houden;* illness kept him in bed for a week *vanwege ziekte moest hij een week in bed blijven* **1.6** Mary used to ~ (the) accounts *Mary hield de boeken bij* **1.7** ~ one's bed *het bed houden;* ~ the middle of the road *op het midden v.d. weg blijven rijden;* ~ your seat! *blijf (toch) zitten!* **2.5** ~ it clean *houd het netjes;* the sick child had to be kept warm *het zieke kind moest warm gehouden worden* **3.5** ~ sth. going *iets aan de gang houden;* ~ s.o. waiting *iem. laten wachten* **4.3** ⟨inf.⟩ you can ~ it *je mag het houden, ik hoef het niet* **4.5** what kept you (so long)? *wat heeft je zo (lang) opgehouden?* **5.5** the police tried to ~ the fans **away** *de politie probeerde de fans uit de buurt te houden;* ~ **back** *tegenhouden, op een afstand houden; achterhouden, geheimhouden;* we will ~ **back** 10% of the cost till July as agreed *zoals overeengekomen betalen*

we de laatste 10% pas in juli; ~ **down** *binnenhouden* ⟨voedsel⟩; *omlaaghouden, laag houden; onder de duim houden* ⟨insecten(plaag), mensen⟩; *onderdrukken, inhouden* ⟨woede⟩; ~ one's weight **down** *z'n gewicht binnen de perken houden;* ⟨fig.⟩ you can't ~ a good man **down** *wat er in zit komt er uit;* the army kept the people **down** *het leger onderdrukte het volk;* ~ your head **down**! *bukken!;* ~ your voices **down**! *niet zo hard (praten)!;* ~ s.o. **indoors** *iem. binnenhouden;* ~ **off** *op een afstand houden;* ~ s.o. **out** *iem. buitensluiten;* ~ **together** *bij elkaar houden;* ~ **under** *onderdrukken; onder de duim houden;* they kept him **under** with morphine *ze hielden hem bewusteloos met morfine* **5.6** ~ s.o. **abreast** of *iem. op de hoogte houden v.* **6.5** ~ that kid away **from** those wheels! *hou dat jong bij die wielen vandaan!;* he tried to ~ the bad news **from** his father *hij probeerde het slechte nieuws voor z'n vader verborgen te houden;* ~ the girls **from** scratching each other *zorg dat de meisjes elkaar niet krabben;* ~ s.o. **in** sth. *zorgen dat iem. geen gebrek heeft aan iets;* he wanted to ~ his wife **in** luxury *hij wilde zijn vrouw in luxe laten leven;* he couldn't ~ his eyes **off** the girl *hij kon z'n ogen niet v.h. meisje afhouden;* ~ your hands **off** me! *blijf met je fikken van me af!;* ~ them **out of** harm's way *zorg dat ze geen gevaar lopen;* he tried to ~ the story **out of** the papers *hij probeerde het verhaal uit de pers te houden;* he kept it **to** himself *hij hield het voor zich.* →**keep in, keep on, keep up.**

keep at 0.1 ***door blijven gaan met*** **0.2** ***(blijven) lastig vallen*** ⇒*(blijven) zeuren* ◆ **1.2** they kept at their mother to tell them a story *ze bleven hun moeder om een verhaaltje zeuren* **4.1** ~ it! *ga zo door!*

keeper [kie:pə] **0.1** ***bewaarder*** ⇒*oppasser, bewaker, opzichter, suppoost* **0.2** ⟨sport⟩ ***keeper*** ⇒*doelverdediger;* ⟨cricket⟩ *wicketkeeper* ◆ **1.1** ~ of the archives *archivaris.* → **finder.**

keep in I ⟨onov.ww.⟩ **0.1** ***binnen blijven*** **0.2** ***blijven branden*** ⇒*niet uitgaan* ⟨v. vuur⟩. →**keep in with;**
II ⟨ov.ww.⟩ **0.1** ***na laten blijven*** ⇒*school laten blijven* **0.2** ***inhouden*** ⇒*onderdrukken* **0.3** ***aan laten*** ⇒*laten branden, niet uit laten gaan* ⟨vuur⟩ ◆ **1.2** he tried to keep his anger in *hij probeerde zijn woede niet te laten blijken.*

keeping [kie:ping] **0.1** ***bewaring*** ⇒*hoede* **0.2** ***overeenstemming*** ⇒*harmonie* ◆ **2.1** in safe ~ *in veilige bewaring* **6.2** **in** ~ **with** *in overeenstemming met;* **out of** ~ **with** *niet in overeenstemming met.*

keep in with 0.1 ***(proberen) op goede voet (te) blijven met.***

keep on I ⟨onov.ww.⟩ **0.1** ***volhouden*** ⇒*doorgaan* **0.2** ***doorgaan*** ⇒*doorrijden, doorlopen, verder gaan* **0.3** ***blijven praten/zeuren*** ⇒*doorkletsen; (blijven) lastig vallen* ◆ **3.1** he keeps on telling me these awful jokes *hij blijft me maar v. die afschuwelijke grappen vertellen* **6.3** don't ~ **at** me to take you to the zoo *blijf me niet aan m'n kop zeuren over de dierentuin;*
II ⟨ov.ww.⟩ **0.1** ***aanhouden*** ⇒*ophouden, blijven dragen* ⟨kleding, hoed⟩ **0.2** ***aanhouden*** ⇒*(in dienst) houden* **0.3** ***aanlaten*** ⟨licht⟩ ◆ **1.2** ~ most of the servants *de meeste bedienden in dienst houden* **6.2** I don't think I'll keep Alice on **at** that school *ik denk niet dat ik Alice op die school houd.*

keepsake [kie:pseek] **0.1** ***aandenken*** ⇒*souvenir* ◆ **6.1** **for** a ~ *als aandenken.*

keep to 0.1 ***blijven bij*** ⇒*(zich) beperken tot, (zich) houden (aan)* **0.2** ***houden*** ⇒*rijden* **0.3** ***houden*** ⇒*blijven in* ◆ **1.1** ~ the point *bij het onderwerp blijven;* you must ~ the schedule *je moet je aan het schema houden;* Janice always keeps to her word *Janice houdt zich altijd aan haar woord* **1.2** ~ the left *links houden/rijden* **1.3** ~ one's bed *het bed houden* **4.1** she always keeps (herself) to herself *ze is erg op zichzelf.*

keep up I ⟨onov.ww.⟩ **0.1** ***overeind blijven*** ⇒*blijven staan* **0.2** ***hoog blijven*** ⟨v. prijs, standaard; ook fig.⟩ **0.3** ***(in dezelfde/goede staat) blijven*** ⇒*aanhouden* **0.4** ***opblijven*** **0.5** ***bijblijven*** ⇒*bijhouden* ◆ **1.3** I do hope that the weather keeps up *ik hoop wel dat het weer mooi blijft* **1.4** Joyce always keeps up late *Joyce gaat altijd laat naar bed* **6.5** I can't ~ **with** you *ik kan je niet bijhouden;* ~ **with** friends abroad *contact houden met vrienden in het buitenland;* ~ **with** one's neighbours *niet bij de buren achterblijven;* ~ **with** the times *bij de tijd blijven;*
II ⟨ov.ww.⟩ **0.1** ***omhooghouden*** ⇒*ophouden* **0.2** ***boven houden*** **0.3** ***hoog houden*** **0.4** ***onderhouden*** ⇒*bijhouden* **0.5** ***doorgaan met*** ⇒*handhaven, volhouden* **0.6** ***uit bed houden*** ⇒*wakker houden* ◆ **1.1** he kept his trousers up with braces *hij hield zijn broek op met bretels* **1.3** ~ the costs *de kosten hoog houden;* keep morale up *het moreel hoog houden* **1.4** this house is too expensive to ~ *dit huis is te duur in onderhoud* **1.5** ~ the conversation *de conversatie gaande houden;* ~ the old customs *de oude gebruiken handhaven;* ~ the good work! *ga zo door!* **4.2** they kept themselves up with a lifebelt *ze hielden zich met een reddingsgordel boven water* **4.5** keep it up! *ga zo door!*

keg [keg] **0.1** ***vaatje*** ⟨BE minder dan 10 gallon, AE minder dan 30 gallon⟩.

kelp [kelp] **0.1** ***kelp*** ⟨zeewier⟩.

ken[1] [ken] ⟨zn.⟩ **0.1** ***kennis*** ⇒*bevattingsvermogen, begrip* ◆ **6.1** that is **beyond/outside** my ~ *dat gaat boven mijn pet.*

ken[2] ⟨ww.; -ned; ook kent, kent⟩ ⟨vnl. Sch. E⟩ **0.1** ***weten*** **0.2** ***kennen*** **0.3** ***herkennen.***

kennel[1] [kenl] ⟨zn.⟩ **0.1** ***hondenhok*** **0.2** ***troep honden*** ⇒ *meute, kennel* **0.3** ⟨AE⟩ ***kennel*** ⇒*hondenhuis; hondenfokkerij.*

kennel[2] ⟨ww.; BE -led⟩ **0.1** ***in een hok stoppen/opsluiten*** **0.2** ***in een kennel onderbrengen.***

kennels [kenlz] ⟨mv.: kennels⟩ ⟨BE⟩ **0.1** ***kennel*** ⇒*hondenhuis; hondenfokkerij.*

kent [kent] ⟨verl. t. en volt. deelw.⟩ →**ken.**

Kenyan [kenniən, kie:-] **0.1** ⟨bn.⟩ ***Keniaas*** ⇒*v./uit/mbt. Kenia* **0.2** ⟨zn.⟩ ***Keniaan.***

kept [kept] ⟨verl. t. en volt. deelw.⟩ →**keep.**

kerb, ⟨AE sp.⟩ **curb** [kə:b] **0.1** ***stoeprand*** ⇒*trottoirband.*

kerb crawler, ⟨AE sp.⟩ **curb crawler** ⟨inf.⟩ **0.1** ***hoerenrijder*** ⟨automobilist die rondrijdt om straathoertje op te pikken⟩.

kerb crawling, ⟨AE sp.⟩ **curb crawling 0.1** ***hoerenrijden*** ⟨het rondrijden v. automobilisten om straathoertjes op te pikken⟩.

kerb drill 0.1 ***oversteekregels.***

kerb market ⟨geldw.⟩ **0.1** ***nabeurs*** **0.2** ***parallelle/niet-officiële effectenmarkt.***

kerbstone 0.1 ***stoeprand*** ⇒*trottoirband.*

kerb trading ⟨geldw.⟩ **0.1** ***handel op de nabeurs.***

kerchief [kə:tsjif] **0.1** ***hoofddoek*** ⇒*halsdoek, schouderdoek* **0.2** ⟨schr.⟩ ***zakdoek.***

kerfuffle [kəfufl] ⟨inf.⟩ **0.1** ***consternatie*** ⇒*opschudding.*

kernel [kə:nl] **0.1** ***pit*** ⇒*kern, korrel* **0.2** ***kern*** ⇒*essentie.*

kerosene, kerosine [kerrəsie:n] ⟨vnl. AE⟩ **0.1** ***(lampen)petroleum*** ⇒*lampolie, paraffineolie.*

kerosine lamp 0.1 ***petroleumlamp*** ⇒*olielamp.*

kestrel [kestrəl] **0.1** ***torenvalk.***

ketch [ketsj] ⟨scheep.⟩ **0.1** ***kits*** ⟨kleine tweemaster⟩.

ketchup [ketsjəp] **0.1** ***ketchup.***

kettle [ketl] **0.1** ***ketel*** ◆ **3.1** put the ~ on *theewater opzetten.* →**pretty.**

kettledrum **0.1** ***keteltrom(mel)*** *⇒pauk.*

key[1] [kie:] ⟨zn.⟩ **0.1** ***sleutel*** ⟨v. slot; om iets vast te draaien⟩ ⇒ ⟨fig.⟩ *toegang; (strategische) sleutel; oplossing, verklaring;* ⟨schaakspel⟩ *sleutelzet; opwindknop* ⟨v. horloge⟩ **0.2** ⟨foto., muz.⟩ ***toon*** ⟨ook fig.⟩ ⇒⟨muz.⟩ *toonaard/soort, tonaliteit; stijl* **0.3** ***helikoptertje*** *⇒gevleugeld zaadje/nootje* ⟨v. olm, esdoorn enz.⟩ **0.4** ***toets*** ⟨v. piano, schrijfmachine e.d.⟩ ⇒ *klep* ⟨v. blaasinstrument⟩; *seinsleutel* **0.5** ***rif*** *⇒eilandje* ◆ **1.1** Gibraltar is the ~ to the Mediterranean *Gibraltar is de sleutel tot de Middellandse Zee* **3.¶** he turned the ~ on the prisoner *hij sloot de deur (af) achter de gevangene* **6.1** ~ **to** the mystery *sleutel v.h. raadsel* **6.2** **in** the ~ **of** C major *in C groot;* **in** ~ *zuiver;* **out of** ~, **off** ~ *vals* **6.¶** be **in / out of** ~ with *passen/niet passen bij.* →**minor.**

key[2] ⟨bn.⟩ **0.1** ***sleutel-*** *⇒hoofd-, bepalend, voornaamste* ◆ **1.1** ~ factor *belangrijkste/determinerende factor;* ~ figure *sleutelfiguur;* ~ industry *sleutelindustrie;* ~ issue *hoofdthema;* ~ job / position *sleutelpositie;* ~ man *sleutelpersoon, centrale figuur, spil;* ~ official *topambtenaar;* ~ question *hamvraag;* ~ role *sleutelrol, belangrijkste rol;* ~ witness *hoofdgetuige, voornaamste getuige.*

key[3] ⟨ww.⟩ **0.1** ⟨vaak pass.⟩ ***stemmen*** ⟨instrumenten⟩ **0.2** ⟨vaak pass.⟩ ***afstemmen*** *⇒coördineren, aanpassen* **0.3** ⟨+ in; comp.⟩ ***invoeren*** ⟨via toetsenbord⟩ ⇒*intikken* ◆ **6.2** the factories are ~ed **to** the needs of the port *de fabrieken zijn gericht op de behoeften v.d. haven;* his speech was ~ed **to** the political situation *zijn rede was afgestemd op de politieke situatie.* →**key up.**

keyboard **0.1** ***toetsenbord*** *⇒klavier* **0.2** ⟨vaak mv.⟩ ***klavier/toetsinstrument.***

key card **0.1** ***sleutelkaart.***

keyhole **0.1** ***sleutelgat.***

key money ⟨BE⟩ **0.1** ***sleutelgeld.***

Keynesian [keenziən] ⟨ec.⟩ **0.1** ***keynesiaans*** ◆ **1.1** ~ economy *keynesiaanse economie.*

keynote[1] ⟨zn.⟩ **0.1** ⟨muz.⟩ ***grondtoon*** *⇒hoofdtoon* **0.2** ***hoofdgedachte*** *⇒grondgedachte.*

keynote[2] ⟨ww.⟩⟨inf.⟩ **0.1** ***centraal stellen.***

keynote address, keynote speech **0.1** ***thematoespraak*** ⇒ *programmaverklaring.*

keypad **0.1** ***(druk)toetsenpaneel(tje)*** ⟨v. afstandsbediening, rekenmachientje e.d.⟩.

keyphone **0.1** ***druktoetstelefoon.***

key punch ⟨AE⟩ **0.1** ***ponsmachine.***

keypuncher ⟨AE⟩ **0.1** ***ponstypist(e).***

key ring **0.1** ***sleutelring*** *⇒sleutelhanger.*

key signature ⟨muz.⟩ **0.1** ***voortekening*** ⟨v. toonsoort⟩.

keystone **0.1** ***sluitsteen*** ⟨v. boog⟩ **0.2** ***hoeksteen*** *⇒fundament.*

key up **0.1** ⟨vaak pass.⟩ ***opwinden*** *⇒gespannen maken* ◆ **3.1** the boy looked keyed up *de jongen zag er gespannen uit.*

key word **0.1** ***sleutelwoord*** *⇒sleutel.*

kg. ⟨afk.⟩ **0.1** [kilogram(s)] ***kg.***

khaki [ka:kie] **0.1** ⟨vaak attr.⟩ ***kaki(kleur/stof)*** **0.2** ⟨mv.⟩ ***kaki uniform.***

khalif →**caliph.**

Khmer Rouge [-roe:zj] ⟨the⟩ **0.1** ***(de) Rode Khmer.***

kibbutz [kibboets] ⟨mv.: ook kibbutzim [kibboetsie:m]⟩ **0.1** ***kibboets.***

kibosh [kajbosj] ⟨inf.⟩ **0.1** ***een einde maken aan.***

kick[1] [kik] **I** ⟨telb.zn.⟩ **0.1** ***schop*** *⇒trap* **0.2** ***terugslag*** ⟨v. geweer⟩ **0.3** ⟨inf.⟩ ***kick*** *⇒stimulans, impuls* ◆ **1.¶** a ~ in the pants *een schop onder zijn/haar kont* ⟨fig.⟩; a ~ in the pants / teeth *een slag in het gezicht* ⟨fig.⟩ **3.3** do sth. for ~s *iets voor de lol/sensatie doen;*

II ⟨n.-telb.zn.⟩ **0.1** ***kracht*** *⇒fut, energie* ◆ **1.1** there's a lot of ~ in that engine *d'r zit een hoop power in die motor;* this martini has a lot of ~ in it *deze martini is heel koppig.*

kick[2] **I** ⟨onov.ww.⟩ **0.1** ***schoppen*** *⇒trappen* **0.2** ***terugslag hebben*** ⟨v. geweer⟩ **0.3** ⟨inf.⟩ ***er tegenaan schoppen*** ⇒ *protesteren* ◆ **5.1** ⟨voetbal⟩ ~ **off** *aftrappen* **5.¶** ⟨AE; sl.⟩ ~ **off** *sterven* **6.3** ~ **against / at** *protesteren/rebelleren tegen.* →**kick about, kick around, kick in;**

II ⟨ov.ww.⟩ **0.1** ***schoppen*** *⇒trappen, wegtrappen* **0.2** ⟨voetbal⟩ ***scoren*** *⇒maken* **0.3** ⟨inf.⟩ ***stoppen/kappen met*** ⟨verslaving e.d.⟩ ◆ **1.¶** ~ a person when he is down *iem. nog verder de grond intrappen* **4.1** ⟨inf.; fig.⟩ ~ o.s. *zich voor zijn kop slaan* **5.1** ~ **back** *terugschoppen;* ~ **downstairs** *de trap af schoppen;* ⟨fig.⟩ *degraderen;* ~ **out** *eruit schoppen/trappen, verstoten, ontslaan;* ⟨fig.⟩ ~ **upstairs** *wegpromoveren.* →**kick about, kick around, kick in.**

kick about **I** ⟨onov.ww.⟩ **0.1** ***rondslingeren;***

II ⟨ov.ww.⟩ **0.1** ***sollen met*** *⇒grof behandelen;*

III ⟨ww. + vz.⟩ **0.1** ***rondreizen in*** *⇒rondzwerven in* **0.2** ***rondslingeren in.***

kick-and-rush football ⟨voetbal⟩ **0.1** ***kick-and-rushvoetbal*** *⇒opportunistisch voetbal.*

kick around **I** ⟨onov.ww.⟩ **0.1** ***rondslingeren*** **0.2** ***in leven zijn*** *⇒bestaan, rondhollen;*

II ⟨ov.ww.⟩ **0.1** ***sollen met*** *⇒grof behandelen* **0.2** ***commanderen*** *⇒bazen* **0.3** ***stoeien met*** *⇒praten over* ◆ **1.3** kick the idea around *met het idee stoeien;*

III ⟨ww. + vz.⟩ **0.1** ***rondreizen in*** *⇒rondzwerven in* **0.2** ***rondslingeren in.***

kickback **0.1** ***smeergeld.***

kickboxer ⟨vechtsport⟩ **0.1** ***kickbokser.***

kickboxing ⟨vechtsport⟩ **0.1** ***(het) kickboksen.***

kicker [kikkə] **0.1** ***schopper*** ⟨vnl. paard⟩.

kick in **I** ⟨onov.ww.⟩ **0.1** ***in werking treden*** *⇒beginnen (te werken); (plotseling) beginnen mee te spelen* ⟨bv. v. angst⟩;

II ⟨ov.ww.⟩ **0.1** ***intrappen*** ◆ **1.1** 'I'll kick your teeth in' he shouted *'ik schop je tanden uit je bek/mond' schreeuwde hij.*

kickoff **0.1** ⟨voetbal⟩ ***aftrap*** **0.2** ⟨inf.⟩ ***begin.***

kick-start, kickstart **0.1** ***snel op gang brengen*** *⇒een impuls geven aan* **0.2** ***aantrappen*** *⇒starten* ⟨motor⟩.

kickstart(er) **0.1** ***trapstarter*** ◆ **1.1** my moped has a ~ *mijn brommer moet je aantrappen.*

kid[1] [kid] ⟨zn.⟩ **0.1** ***jong geitje*** *⇒bokje* **0.2** ***kind*** *⇒joch, jong;* ⟨AE; inf.⟩ *jong mens* **0.3** ***geitenleer*** ◆ **1.2** ⟨AE; inf.⟩ college ~s *(universiteits)studenten;* that's ~(s') stuff *dat is doodeenvoudig/kinderspel.*

kid[2] ⟨bn.⟩ **0.1** ⟨vnl. AE; inf.⟩ ***jonger*** **0.2** ***v. geitenleer*** *⇒geitenleren, glacé* ◆ **1.1** ~ brother / sister *jonger broertje/zusje* **1.2** ⟨fig.⟩ handle / treat (s.o.) with ~ gloves *(iem.) met fluwelen handschoentjes aanpakken.*

kid[3] ⟨ww.; -ded⟩ **0.1** ***plagen*** *⇒in de maling nemen, voor de gek houden* ◆ **1.1** you're ~ding (me) *dat meen je niet* **7.1** no ~ding? *meen je dat?;* no ~ding! *echt waar!*

kiddie, kidd|y [kiddie] ⟨mv.: -ies⟩ **0.1** ***jong*** *⇒joch, knul.*

kiddo [kiddoo] ⟨sl.⟩ **0.1** ***joch(ie)*** ⟨ook als aanspreekvorm voor volwassene⟩.

kidnap [kidnæp] ⟨-ped⟩ **0.1** ***ontvoeren*** *⇒kidnappen.*

kidnapper [kidnæpə] **0.1** ***ontvoerder*** *⇒kidnapper.*

kidney [kidnie] **0.1** ***nier*** **0.2** ⟨schr.⟩ ***natuur*** ◆ **1.2** I couldn't live with a man of that ~ *met zo'n man zou ik niet kunnen leven.*

kidney bean **0.1** ***(donkerrode) boon*** ⟨ihb. de grote, niervormige variëteit⟩.

kidney machine **0.1** ***kunstnier.***

kidney-shaped 0.1 ***niervormig.***
kidney stone 0.1 ***niersteen.***
kidology [kiddolləd zjie] ⟨BE; inf.⟩ 0.1 ***spot(ternij).***
kike [kajk] ⟨AE; bel.⟩ 0.1 ***smous*** ⇒*jood.*
kill¹ [kil] ⟨zn.⟩ 0.1 ***buit*** ⇒*vangst, (gedode) prooi* ◆ **6.¶** be in **at** the ~ *erbij zijn als de vos gedood wordt;* ⟨fig.⟩ *er (op het cruciale moment) bij zijn.*
kill² ⟨ww.⟩ 0.1 ⟨ook fig.⟩ ***doden*** ⇒*moorden, ombrengen* **0.2** ***neutraliseren*** ⇒*tenietdoen* **0.3** ***uitschakelen*** ⇒*afzetten* ⟨motor⟩ **0.4** ***vetoën*** ⇒*wegstemmen* **0.5** ⟨voetbal⟩ ***doodmaken/leggen*** ⇒*stoppen* ◆ **1.1** ⟨fig.⟩ ~ a bottle of wine *een fles wijn soldaat maken/leegdrinken;* ⟨fig.⟩ my feet are ~ing me *ik verga van de pijn in mijn voeten;* ⟨fig.⟩ ~ with kindness *doodknuffelen, met (overdreven) vriendelijkheid overstelpen* **1.4** ~ a bill *een wetsontwerp wegstemmen* **3.¶** dressed to ~ *schitterend uitgedost zijn, er piekfijn uitzien* **4.1** ⟨fig.⟩ ~ o.s. *zich uit de naad werken;* ⟨inf.; fig.⟩ ~ o.s. laughing/with laughter *zich een ongeluk/bult lachen* **5.1** ~ **off** *afmaken, uit de weg ruimen, uitroeien* **¶.1** be ~ed *om het leven komen.*
killer [killə] 0.1 ***moordenaar*** **0.2** ***slachter.*** →**humane.**
killer disease 0.1 ***dodelijke ziekte.***
killer instinct 0.1 ***killersinstinct*** ⇒*meedogenloze inslag* **0.2** ***jachtinstinct*** ⇒*jagersinstinct, instinct om te doden* ◆ **1.1** a careerist with a ~ *een niets ontziende streber; een carrièremaker die over lijken gaat.*
killer whale 0.1 ***orka*** ⇒*zwaardwalvis.*
killing¹ [killing] ⟨zn.⟩ 0.1 ***moord*** ⇒*doodslag* **0.2** ***groot (financieel) succes*** ◆ **3.2** make a ~ *zijn slag slaan, groot succes hebben.*
killing² ⟨bn.⟩ 0.1 ***dodelijk*** ⇒*fataal* **0.2** ***slopend*** ⇒*uitputtend, moordend.*
killjoy 0.1 ***spelbreker.***
kiln [kiln] 0.1 ***oven*** ⇒*pottenbakkersoven, kalkoven* **0.2** ***kiln*** ⟨oven om houtskool te bereiden⟩.
kilo [kie:loo] ⟨inf.⟩ 0.1 ***kilo(gram)*** **0.2** ***kilometer.***
kilobyte [killəbajt] ⟨comp.⟩ 0.1 ***kilobyte*** ⟨1024 (=2^{10}) bytes⟩.
kilocycle [killəsajkl] 0.1 ***kilocycle*** ⟨1000 hertz⟩.
kilogramme, ⟨AE sp.⟩ **kilogram** [-græm] 0.1 ***kilogram.***
kilolitre, ⟨AE sp.⟩ **kiloliter** [-lie:tə] 0.1 ***kiloliter.***
kilometre, ⟨AE sp.⟩ **kilometer** [killommittə] 0.1 ***kilometer.***
kilowatt [-wot] 0.1 ***kilowatt.***
kilt [kilt] 0.1 ***kilt.***
kimono [kimmoonoo] 0.1 ***kimono.***
kin [kin] 0.1 ***familie*** ⇒*verwanten* ◆ **1.1** kith and ~ *vrienden en verwanten* **6.1** next **of** ~ *naaste verwanten/familie.*
kind¹ [kajnd] **I** ⟨telb.zn.⟩ 0.1 ***soort*** ⇒*type, aard* **0.2** ***wijze*** ⇒*manier v. doen* ◆ **3.1** be (of) s.o.'s ~ *iemands type zijn* **4.1** sth. of the ~ *zoiets, iets dergelijks;* nothing of the ~ *niets v. dien aard, geen sprake van;* three of a ~ *drie gelijke(n)/dezelfde(n);* those girls are all of a ~ *die meisjes zijn allemaal eender* **6.1** a ~ **of** *een soort;* all ~s **of** *allerlei* **7.1** I haven't got that ~ of money *zulke bedragen heb ik niet;*
II ⟨n.-telb.zn.⟩ 0.1 ***wezen*** ⇒*karakter, soort* ◆ **6.¶** pay **in** ~ *in natura betalen;* ⟨fig.⟩ *met gelijke munt terugbetalen.*
kind² ⟨bn.⟩ 0.1 ***vriendelijk*** ⇒*aardig* ◆ **1.1** with ~ regards *met vriendelijke groeten* **3.1** would you be ~ enough to/so ~ as to open the window *zoudt u zo vriendelijk willen zijn het raam open te doen* **6.1** be ~ **to** animals *goed/lief zijn voor dieren.*
kinda [kajndə], **kind of** ⟨vnl. AE; inf.⟩ 0.1 ***wel*** ⇒*best, nogal* ◆ **2.1** he's ~ cute *hij is wel leuk/is best een schatje;* I was ~ scared *ik was een beetje bang.*
kindergarten [kindəga:tn] 0.1 ***kleuterschool.***
kindhearted ⟨-ness⟩ 0.1 ***goedaardig*** ⇒*vriendelijk, aardig.*
kindle [kindl] **I** ⟨onov.ww.⟩ 0.1 ***ontbranden*** ⇒*(op)vlammen, vlam vatten* **0.2** ⟨+with⟩ ***stralen (van)*** ⇒*gloeien, fonkelen;*
II ⟨ov.ww.⟩ 0.1 ***ontsteken*** ⇒*aansteken, doen (op)vlammen, doen (ont)branden* **0.2** ***opwekken*** ⇒*doen stralen, gloeien* ◆ **1.2** I don't know what ~d their hatred of him *ik weet niet waardoor ze hem zijn gaan haten.*
kindling [kindling] 0.1 ***aanmaakhout.***
kindl|y¹ [kajndlie] ⟨bn.; bw.: in a kindly fashion; -iness⟩ 0.1 ***vriendelijk*** ⇒*(goed)aardig.*
kindly² ⟨bw.⟩ 0.1 →**kind²** **0.2** ***alstublieft*** ◆ **3.1** he did not take ~ to rules *regels verdroeg hij slecht;* thank you ~ *hartelijk bedankt* **3.2** ~ acknowledge *bevestigen a.u.b.*
kindness [kajndnəs] 0.1 ***vriendelijke daad*** ⇒*iets aardigs, gunst* **0.2** ***vriendelijkheid*** ◆ **3.1** please have the ~ / ⟨BE ook⟩ do me the ~ to reply at once *wees zo vriendelijk direct te antwoorden* **6.2** **out of** ~ *uit goedheid.*
kindred¹ [kindrid] ⟨mv.: kindred⟩ **I** ⟨n.-telb.zn.⟩ 0.1 ***verwantschap*** ◆ **3.1** claim ~ with s.o. *zeggen dat je familie v. iem. bent;*
II ⟨mv.⟩ 0.1 ***verwanten*** ⇒*familie(leden).*
kindred² ⟨bn.⟩ 0.1 ***verwant*** ◆ **1.1** a ~ spirit *een verwante geest.*
kinetic [kinnettik, kaj-] ⟨-ally⟩ 0.1 ***kinetisch*** ⇒*v.(d.) beweging, bewegings-* ◆ **1.1** ⟨nat.⟩ ~ energy *kinetische energie.*
kinetics [kinnettiks, kaj-] 0.1 ***kinetica*** ⇒*dynamica, bewegingsleer.*
kinfolk(s) →**kinsfolk.**
king [king] **I** ⟨telb.zn.⟩ 0.1 ⟨vaak K-⟩ ***koning*** ⇒⟨fig.⟩ *magnaat, baron* ⟨in industrie⟩ **0.2** ⟨schaakspel, kaartspel⟩ ***koning*** ⇒*heer* ◆ **1.2** the ~ of hearts *hartenheer.* →**pearly;**
II ⟨mv.⟩ 0.1 ⟨K-⟩ ***(Boeken der) Koningen.***
kingcup 0.1 ***boterbloem*** **0.2** ⟨BE⟩ ***dotterbloem.***
kingdom [kingdəm] 0.1 ***koninkrijk*** ⇒*rijk, domein.*
kingdom come ⟨inf.⟩ 0.1 ***het hiernamaals*** ◆ **3.1** blow to ~ *naar de andere wereld helpen.*
kingfisher 0.1 ***ijsvogel.***
kingly [kinglie] 0.1 ***koninklijk*** ◆ **1.1** he didn't behave in a ~ fashion *hij gedroeg zich niet zoals het een koning betaamt.*
kingmaker 0.1 ***iem. die een ander aan de macht brengt*** ⟨machtige figuur achter de schermen⟩.
king pin 0.1 ⟨tech.⟩ ***fuseepen*** ⟨auto⟩ **0.2** ⟨bowling⟩ ***koning*** **0.3** ***spil*** ⟨fig.⟩ ⇒*leidende figuur.*
King's Bench (Division), Queen's Bench (Division) ⟨BE⟩ 0.1 ***King's/Queen's Bench (Division)*** ⟨afdeling v.h. Engelse hooggerechtshof⟩.
King's Counsel, Queen's Counsel ⟨BE⟩ 0.1 ***King's/Queen's Counsel*** ⟨ererang v. advocaten⟩.
King's English, Queen's English ⟨BE⟩ 0.1 ***standaard Engels*** ⇒*BBC-Engels.*
king's evidence, queen's evidence ⟨BE⟩ 0.1 ***getuigenis tegen medeplichtigen*** ◆ **3.1** turn ~ *tegen medeplichtige(n) getuigen* ⟨om strafvermindering te krijgen⟩.
king's evil 0.1 ***koningszeer*** ⇒*kropzweren.*
kingship [kingsjip] 0.1 ***koningschap.***
kingsize(d) 0.1 ***kingsize*** ⇒*extra lang/groot.*
king's ransom 0.1 ***fortuin*** ⇒*schatten geld* ◆ **2.1** it's worth a ~ *het is schatten geld waard.*
kink [kingk] 0.1 ***kink*** ⇒*draai, kronkel, (valse) slag* ⟨in kabel, touw e.d.⟩, *knik* ⟨in draad e.d.⟩, *krul* ⟨in haar⟩ **0.2** ***kronkel*** ⇒*eigenaardigheid.*
kinky [kingkie] 0.1 ***kroezig*** ⇒*kroes-* **0.2** ⟨inf.⟩ ***pervers*** **0.3** ⟨sl.⟩ ***sexy*** ⇒*opwindend* ⟨v. kleren⟩.
kinsfolk [kinzfook], **kinfolk(s)** [kinfook(s)] ⟨ww. enkel mv.⟩ 0.1 ***familie(leden)*** ⇒*verwanten.*
kinship [kinsjip] 0.1 ***verwantschap*** ⇒⟨ook fig.⟩ *affiniteit, overeenkomst.*

kins|man [kinzmən]⟨mv.: -men [-mən]⟩ **0.1** ***(bloed)verwant.***
kinswoman **0.1** ***(bloed)verwante.***
kiosk [kie:osk] **0.1** ***kiosk*** ⇒*stalletje* **0.2** ⟨vnl. AE⟩ ***reclamezuil*** **0.3** ⟨BE⟩ ***telefooncel.***
kip[1] [kip] ⟨zn.⟩⟨BE; inf.⟩ **0.1** ***slaapplaats*** ⇒*logement, bed* **0.2** ***dutje*** ⇒*slaap(je).*
kip[2] ⟨ww.; -ped⟩⟨BE; inf.⟩ **0.1** ⟨ook +down⟩ ***(gaan) pitten*** ⇒ *(gaan) maffen/slapen.*
kipper [kippə] **0.1** ***gerookte (zoute) haring*** ⇒*kipper.*
Kirghiz [kə:giz] ⟨mv.: Kirghiz⟩ **0.1** ⟨bn.⟩ ***Kirgizisch*** **0.2** ⟨eig.n.⟩ ***Kirgizisch*** ⟨taal⟩ **0.3** ⟨telb.zn.⟩ ***Kirgies.***
Kirghizstan [kə:gizsta:n, -stæn] **0.1** ***Kirgizië*** ⇒*Kirgizië.*
kirk [kə:k] ⟨Sch. E⟩ **0.1** ***kerk*** **0.2** ⟨K-; the⟩ ***Schotse (nationale) Kerk.***
kiss[1] [kis] ⟨zn.⟩ **0.1** ***kus(je)*** ⇒*zoen(tje)* **0.2** ⟨biljart⟩ ***klos*** ⇒ *klots, bots* ◆ **1.1** ⟨rel.⟩ ~ of peace *vredeskus* **1.¶** ~ of death *judaskus, doodsteek;* ⟨vnl. BE⟩ ~ of life *mond-op-mondbeademing;* ⟨bij uitbr.⟩ *reddingsactie/operatie* **3.1** blow a ~ *een kushandje geven, een kus toewerpen.* →**French.**
kiss[2] ⟨ww.⟩ **0.1** ***kussen*** ⇒*elkaar kussen, (elkaar) zoenen* **0.2** ***(even/licht) raken*** ⇒⟨biljart⟩ *klotsen (tegen), een klos maken* ◆ **1.1** ⟨fig.⟩ you can ~ goodbye to that *dat kan je wel uit je hoofd zetten* **3.1** ~ and be friends *het afzoenen, het weer goed maken* **5.1** ~ **away** *wegkussen.*
kissable [kissəbl] **0.1** ***om te zoenen.***
kissagram [kissəgræm] **0.1** ***kuskaart.***
kiss-and-tell ⟨inf.⟩ **0.1** ***(intieme/pikante details) onthullend*** ⟨v. memoires e.d.⟩ ⇒*roddel-, uit de school klappend* ◆ **1.1** a ~ story *een roddelverhaal;* he's not a ~ type *hij kletst niet, hij klapt niet uit de school.*
kisser [kissə] **0.1** ***kusser*** **0.2** ⟨sl.⟩ ***snoet*** ⇒*waffel.*
kissing disease ⟨the⟩ **0.1** ***knuffelziekte*** ⇒*ziekte v. Pfeiffer.*
kit[1] [kit] **I** ⟨telb.zn.⟩ **0.1** ***(gereedschaps)kist*** ⇒*doos, (plunje)zak* **0.2** ***bouwdoos/pakket;***
II ⟨telb. en n.-telb.zn.⟩ **0.1** ***uitrusting*** ⇒*uitmonstering* ◆ **2.¶** ⟨inf.⟩ the whole ~ (and caboodle) *de hele rataplan/santenkraam.*
kit[2] ⟨ww.; -ted⟩ **0.1** ⟨+ out/up⟩ ***uitrusten*** ⇒*uitmonsteren.*
kit bag ⟨vnl. BE⟩ **0.1** ***plunjezak.***
kitchen [kitsjin] **0.1** ***keuken.***
kitchenette [kitsjinnet] **0.1** ***keukentje*** ⇒*kitchenette.*
kitchen garden **0.1** ***moestuin*** ⇒*groentetuin.*
kitchen maid **0.1** ***keukenmeid*** ⇒*keukenmeisje.*
kitchen sink **0.1** ***aanrecht*** ⇒*gootsteen* ◆ **4.¶** ⟨scherts.⟩ she arrived with everything but the ~ *ze had haar hele hebben en houden meegebracht.*
kitchen sink drama ⟨BE⟩ **0.1** ***zeer realistisch toneel(stuk)*** ⇒⟨ihb.⟩ *(geëngageerd) volkstoneel.*
kitchen table **0.1** ***keukentafel.***
kitchen timer **0.1** ***kookwekker(tje).***
kitchen unit **0.1** ***keukenblok.***
kitchenware **0.1** ***keukengerei*** ⇒*keukengereedschap.*
kite [kajt] **0.1** ***vlieger*** **0.2** ⟨dierk.⟩ ***wouw*** ◆ **3.1** fly a ~ *vliegeren, een vlieger oplaten;* ⟨fig.⟩ *een balletje opgooien* **3.¶** ⟨AE; inf.⟩ go fly a ~ *maak dat je weg komt.* →**high.**
Kitemark [kajtma:k] ⟨BE⟩ **0.1** ⟨ong.⟩ ***KEMA-keur*** ⟨stempel v. goedkeuring v.d. British Standards Institution⟩.
kith [kiθ] →**kin.**
kitsch [kitsj] **0.1** ***kitsch.***
kitsch|y [kitsjie] ⟨-ier⟩ **0.1** ***kitscherig.***
kitten [kitn] **0.1** ***katje*** ⇒*poesje* ◆ **3.¶** have ~s ⟨inf.⟩ *de zenuwen hebben, op tilt slaan.*
kittenish [kitnisj] **0.1** ***als een katje*** ⇒*speels* **0.2** ***koket*** ⇒ *flirterig.*
kittiwake [kittieweek] **0.1** ***drieteenmeeuw.***
kitt|y [kittie] ⟨mv.: -ies⟩ **0.1** ***katje*** ⇒*poesje* **0.2** ***pot*** ⇒*inzet* ⟨bij kaartspel⟩ **0.3** ⟨inf.⟩ ***pot*** ⇒*kas.*
kiwi [kie:wie:], ⟨in bet. 0.1 ook⟩ **kiwi fruit** **0.1** ***kiwi(vrucht)*** **0.2** ⟨K-; inf.⟩ ***Nieuw-Zeelander.***
klaxon [klæksən] **0.1** ***claxon.***
kleenex [klie:neks] ⟨ook K-⟩⟨merknaam⟩ **0.1** ***tissue*** ⇒*papieren zakdoek, kleenex.*
kleptomania [kleptəmeeniə] **0.1** ***kleptomanie.***
kleptomaniac [kleptəmeenie·æk] **0.1** ***kleptomaan.***
km ⟨afk.⟩ **0.1** [kilometre(s)] ***km.***
knack [næk] ⟨vnl. enk.⟩ **0.1** ***vaardigheid*** ⇒*handigheid, slag* **0.2** ***truc*** ⇒*handigheidje* ◆ **3.1** get the ~ of sth. *de slag te pakken krijgen v. iets* **6.2** there's a ~ **in** it *je moet de truc even doorhebben.*
knacker [nækə] ⟨BE⟩ **0.1** ***paardenvilder*** ⇒*koudslachter* **0.2** ***sloper.***
knackered [nækəd] ⟨BE; sl.⟩ **0.1** ***bekaf*** ⇒*doodop.*
knacker's yard **0.1** ***sloperij*** ⇒*autokerkhof.*
knapsack **0.1** ***knapzak*** ⇒*plunjezak.*
knave [neev] **0.1** ⟨kaartspel⟩ ***boer*** **0.2** ⟨vero.⟩ ***schurk.***
knaver|y [neevərie] ⟨mv.: -ies⟩ **0.1** ***schurkerij*** ⇒*schurkenstreek.*
knavish [neevisj] ⟨-ness⟩ **0.1** ***schurkachtig*** ⇒*gemeen.*
knead [nie:d] **0.1** ***(dooreen)kneden*** **0.2** ***kneden*** ⇒*masseren* ⟨bv. spier⟩.
knee[1] [nie:] ⟨zn.⟩ **0.1** ***knie*** **0.2** ***kniestuk*** ◆ **1.1** learn sth. at one's mother's ~ *iets met de paplepel ingegeven krijgen* **3.1** be on one's ~s *op de knieën liggen;* ⟨fig.⟩ bring s.o. to his ~s *iem. op de knieën krijgen/klein krijgen;* his trousers were gone at the ~s *de knieën v. zijn broek waren doorgesleten* **3.¶** his ~s were knocking together *hij stond te trillen op zijn benen.*
knee[2] ⟨ww.⟩ **0.1** ***een knietje geven*** ⇒*met de knie stoten.*
knee breeches **0.1** ***kniebroek*** ◆ **1.1** a pair of ~ *een kniebroek.*
kneecap **0.1** ⟨zn.⟩ ***knieschijf*** **0.2** ⟨zn.⟩ ***kniebeschermer*** **0.3** ⟨ww.⟩ ***door de knieschijven schieten.***
knee-deep[1] ⟨bn.⟩ **0.1** ***kniehoog*** ⇒*tot de knie(ën) reikend* **0.2** ***diep*** ⟨fig.⟩ ⇒*midden* ◆ **6.2** be ~ **in** debt *tot over de oren in de schulden zitten.*
knee-deep[2] ⟨bw.⟩ **0.1** ***tot de knieën.***
knee-high **0.1** ***kniehoog*** ⇒*tot de knieën reikend* ◆ **1.¶** ⟨AE; sl.⟩ ~ to a grasshopper *een turf/twee turven hoog.*
knee joint **0.1** ***kniegewricht.***
kneel [nie:l]⟨knelt [nelt]/AE ook kneeled [nie:ld], knelt/AE ook kneeled⟩ **0.1** ⟨vaak +down⟩ ***knielen*** ⇒*geknield zitten* ◆ **6.1** ~ **in** prayer *in gebed neerknielen.*
knee-length **0.1** ***tot de knieën reikend.***
knee sock **0.1** ***kniekous.***
knees-up ⟨BE; inf.⟩ **0.1** ***knalfuif.***
knell [nel] **0.1** ***doodsklok*** ⟨ook fig.⟩.
knew [njoe:] ⟨verl. t.⟩ →**know.**
knickerbockers [nikkəbokkəz] **0.1** ***knickerbocker*** ⇒*wijde kniebroek* ◆ **1.1** a pair of ~ *een knickerbocker.*
knickers[1] [nikkəz] ⟨zn.⟩ **0.1** ⟨vnl. BE; inf.⟩ ***slipje*** ⇒*onderbroek* ⟨v. vrouw⟩ **0.2** ⟨vnl. AE⟩ ***knickerbocker*** ◆ **3.¶** ⟨BE⟩ don't get your ~ in a twist *doe niet zo opgewonden/geïrriteerd.*
knickers[2] ⟨tw.⟩⟨BE; sl.⟩ **0.1** ***verdikkeme*** ⇒*verdorie.*
knickknack, nicknack [niknæk] **0.1** ***prul(letje)*** ⇒*snuisterij.*
knife[1] [najf] ⟨zn.; mv.: knives⟩ **0.1** ***mes*** ◆ **3.¶** ⟨inf.⟩ that one could cut with a ~ *om te snijden;* turn/twist the ~ *nog een trap nageven* **6.¶** go **under** the ~ *onder het mes gaan* ⟨v. patiënt⟩.
knife[2] ⟨ww.⟩ **0.1** ***(door)steken*** ⇒*aan het mes rijgen.*

knife-edge **0.1** *snede* ⟨v. mes⟩ **0.2** *mes* ⟨v. balans⟩ ◆ **6.¶ on** a ~ **about** *in grote spanning over;* be balanced **on** a ~ *heel onzeker zijn* ⟨v. uitkomst⟩.

knife-sharpener **0.1** *messenslijper.*

knight[1] [najt] ⟨zn.⟩ **0.1** *ridder* **0.2** *knight* ⇒*ridder* ⟨Eng. titel⟩ **0.3** ⟨schaakspel⟩ *paard* ◆ **1.2** Knight of the Garter *ridder in de orde v.d. Kouseband* **1.¶** ⟨inf.⟩ a ~ in shining armour *een redder in de nood, een sprookjesprins.*

knight[2] ⟨ww.⟩ **0.1** *tot ridder slaan* ⇒*ridderen.*

knight-errant [najterrənt] ⟨mv.: knights-errant⟩ **0.1** *dolende ridder.*

knighthood [najthoed] **I** ⟨telb. en n.-telb.zn.⟩ **0.1** *ridderorde* ◆ **3.1** confer a ~ on s.o. *iem. ridderen;*
II ⟨n.-telb.zn.⟩ **0.1** ⟨the⟩ *ridderschap* ⇒*de (gezamenlijke) ridders* **0.2** *ridderschap* ⇒*ridderlijkheid.*

knightl|y [najtlie] ⟨ook -ier⟩ **0.1** *ridderlijk* ⇒*als een ridder.*

knit [nit] ⟨-ted; ook knit⟩ **I** ⟨onov.ww.⟩ **0.1** *één worden* ⇒*vergroeien;*
II ⟨onov. en ov.ww.⟩ **0.1** *breien* **0.2** *fronsen* ⇒*samentrekken* ◆ **3.1** ~ one, purl one *één recht, één averecht(s) (breien).* →**knit up;**
III ⟨ov.ww.⟩ **0.1** *verweven* ◆ **5.1** (their interests are) closely ~ *(hun belangen zijn) nauw verweven* **¶.1** well-~ *compact, hecht.*

knitter [nittə] **0.1** *brei(st)er.*

knitting [nitting] **0.1** *het breien* **0.2** *breiwerk* ◆ **3.¶** mind/stick to/tend to one's ~ *zich bij zijn leest houden.*

knitting machine **0.1** *breimachine.*

knitting needle, knitting pin **0.1** *breinaald* ⇒*breipen.*

knit up **I** ⟨onov.ww.⟩ **0.1** *(zich laten) breien* ◆ **1.1** this wool knits up easily *deze wol breit gemakkelijk;*
II ⟨ov.ww.⟩ **0.1** *afbreien.*

knitwear **0.1** *gebreide kleding.*

knives [najvz] ⟨mv.⟩ →**knife.**

knob [nob] **0.1** *knop* ⇒⟨bij uitbr.⟩ *hendel, handvat; schakelaar* **0.2** *knobbel* ⇒*bult* **0.3** *brok(je)* ⇒*klontje.*

knobbl|y [noblie] ⟨-ier⟩ ⟨vnl. BE⟩ **0.1** *knobbelig.*

knobb|y [nobbie] ⟨-ier⟩ ⟨vnl. AE⟩ **0.1** *knobbelig.*

knock[1] [nok] ⟨zn.⟩ **0.1** *slag* ⇒*klap;* ⟨ihb.⟩ *klop, tik* **0.2** ⟨sl.⟩ *oplazer* ⇒*(kritische/beledigende/financiële) optater, klap* **0.3** ⟨tech.⟩ *het kloppen* ⟨v. auto⟩ ⇒*het pingelen* ◆ **3.2** take a lot of ~s *heel wat te verduren krijgen.*

knock[2] **I** ⟨onov.ww.⟩ **0.1** *kloppen* ⇒*pingelen* ⟨v. auto⟩ ◆ **6.¶** ~ **against** sth. *tegen iets (op) botsen;* ~ **into** s.o. *iem. tegen het lijf lopen;*
II ⟨onov. en ov.ww.⟩ **0.1** *kloppen* ⇒*tikken* ◆ **6.1** ~ **at/on** a door *op een deur kloppen/tikken.* →**knock about, knock around, knock forward, knock off, knock on, knock together, knock up;**
III ⟨ov.ww.⟩ **0.1** *(hard) slaan* ⇒*meppen, stoten (tegen)* **0.2** ⟨sl.⟩ *(af)kraken* **0.3** ⟨BE; sl.⟩ *met stomheid slaan* ⇒*versteld doen staan* ◆ **1.1** ~ a hole/nail in *een gat/spijker slaan in* **1.2** don't ~ sth. (till you've tried it) *geef er niet op af (voordat je het geprobeerd hebt)* **5.¶** the news ~ed him sideways *hij was met stomheid geslagen door het nieuws* **6.1** be ~ed **off** one's horse *v. zijn paard geworpen worden* **7.¶** the news ~ed him for six *hij was met stomheid geslagen door het nieuws.* →**knock back, knock down, knock off, knock out, knock over, knock together.**

knockabout **0.1** *gooi-en-smijt-* ⟨vnl. mbt. films⟩ **0.2** *rouwdouw* ⇒*raus-* ◆ **1.2** ~ clothes *rauskleren.*

knock about, knock around ⟨inf.⟩ **I** ⟨onov.ww.⟩ **0.1** *rondhangen* ⇒*lanterfanten* **0.2** *(rond)slingeren* **0.3** *rondzwerven* ⇒*rondscharrelen;* ⟨ihb.⟩ *v.d. hand in de tand leven* ◆ **6.3** ~ **with** *optrekken met;* ⟨BE; inf.⟩ *scharrelen/rotzooien met;*
II ⟨ov.ww.⟩ **0.1** *een pak slaag geven* ⇒*toetakelen* **0.2** *bekijken* ⇒*bespreken.*

knock back ⟨inf.⟩ **0.1** *achteroverslaan* ⇒*in zijn keel gieten* ⟨drank⟩ **0.2** *een rib uit het lijf zijn v.* ⇒*kosten* **0.3** *versteld doen staan.*

knockdown[1] ⟨zn.⟩ ⟨boksen⟩ **0.1** *knock-down* ⟨het (tijdelijk) neergaan⟩.

knockdown[2] ⟨bn.⟩ **0.1** *verpletterend* ⇒*vernietigend* **0.2** *afbraak-* ⇒*spotgoedkoop* ◆ **1.1** ~ blow *genadeklap* **1.2** ~ price *afbraakprijs; bodemprijs* **¶.1** ⟨AE; sl.⟩ ~-drag-out-fight *bikkelhard gevecht.*

knock down **0.1** *neerhalen* ⇒*tegen de grond slaan;* ⟨fig.⟩ *vloeren* **0.2** *slopen* ⇒*tegen de grond gooien* **0.3** *aanrijden* ⇒*omver/overrijden* **0.4** *naar beneden krijgen* ⇒*afdingen/pingelen* **0.5** *(sterk) afprijzen* **0.6** ⟨vnl. pass.⟩ *verkopen* ⟨op veiling⟩ ◆ **1.4** knock s.o. down a pound *een pond bij iem. afdingen* **1.5** knocked down price *afbraakprijs; bodemprijs* **6.6** the chair was knocked down **at** three pounds *de stoel ging weg voor drie pond.*

knocker [nokkə] **0.1** *klopper* ⇒*iem. die klopt* **0.2** ⟨verk.⟩ [doorknocker] *(deur)klopper* **0.3** ⟨mv.⟩ *tieten.*

knock forward →**knock on.**

knock-kneed [noknie:d] **0.1** *met x-benen.*

knock off **I** ⟨onov. en ov.ww.⟩ **0.1** *(af)nokken (met)* ⇒*kappen, stoppen* ⟨(met) werk⟩ ◆ **4.1** ⟨sl.⟩ knock it off(, will you)! *laat dat!, schei uit!;*
II ⟨ov.ww.⟩ **0.1** *goedkoper geven* ⇒*korting geven* **0.2** ⟨inf.⟩ *in elkaar draaien/flansen* **0.3** ⟨inf.⟩ *afmaken* ⇒ *nog doen* **0.4** ⟨inf.⟩ *uitschakelen* ⇒*verslaan, oprollen* **0.5** ⟨sl.⟩ *mollen* ⇒*afmaken* **0.6** ⟨sl.⟩ *jatten* ⇒⟨bij uitbr.⟩ *beroven* **0.7** ⟨BE; sl.⟩ *een beurt geven* ⇒*naaien.*

knock on, knock forward ⟨rugby⟩ **0.1** *(de bal) vooruit laten stuiten* ⟨bij een vangbal; overtreding⟩.

knock-on **0.1** ⟨rugby⟩ *vooruitstuitende (vang)bal* ⟨overtreding⟩.

knockout **0.1** ⟨boksen⟩ *knock-out* **0.2** ⟨sport⟩ *eliminatietoernooi/ronde* ⇒⟨ong.⟩ *voorronde* **0.3** ⟨inf.⟩ *onweerstaanbaar/oogverblindend/verpletterend iem./iets* ⇒ *spetter, juweel* ◆ **3.3** you look a ~ *je ziet eruit om te stelen.*

knock out **0.1** *vloeren* ⇒*knock-out slaan* **0.2** ⟨inf.⟩ *met stomheid slaan* ⇒*verbijsteren* **0.3** ⟨ergens⟩ *uit slaan* **0.4** *verdoven* ⇒*bedwelmen* ⟨v. medicijn⟩ **0.5** ⟨ihb. sport⟩ *uitschakelen* ⇒*elimineren* **0.6** ⟨inf.⟩ *in elkaar flansen* **0.7** ⟨AE⟩ *afbeulen* ⇒*slopen, uitputten* ◆ **4.¶** ⟨AE; sl.⟩ that really knocked me out *ik ben er helemaal kapot van.*

knock over **0.1** *omgooien* ⇒*neervellen; aan/over/omverrijden* **0.2** *versteld doen staan* **0.3** ⟨AE; sl.⟩ *overvallen* ⇒ *beroven.*

knock together **I** ⟨onov. en ov.ww.⟩ **0.1** *tegen elkaar slaan;*
II ⟨ov.ww.⟩ **0.1** *in elkaar flansen/tremmen* ⇒*(slordig/haastig) in elkaar zetten.*

knock up **I** ⟨onov.ww.⟩ ⟨tennis⟩ **0.1** *inslaan;*
II ⟨ov.ww.⟩ **0.1** *omhoogslaan* **0.2** *in elkaar flansen/draaien/timmeren* **0.3** ⟨BE; inf.⟩ *wakker kloppen* ⇒*wekken* **0.4** ⟨BE; inf.⟩ *afbeulen* ⇒*slopen* **0.5** ⟨BE; inf.⟩ *bij elkaar verdienen/sprokkelen* ⟨geld⟩ **0.6** ⟨AE; sl.⟩ *zwanger maken.*

knock-up ⟨tennis⟩ **0.1** *warming-up* ⇒*het inslaan.*

knoll [nool] **0.1** *heuveltje* ⇒*terp.*

knot[1] [not] ⟨zn.⟩ **0.1** *knoop* ⇒⟨bij uitbr.⟩ *strik* ⟨als versiering⟩ **0.2** *knoop* ⟨fig.⟩ ⇒*moeilijkheid* **0.3** *kwast* ⇒*(k)noest* **0.4** *knobbel* ⇒*dikte, verdikking;* ⟨plantk.⟩ *knoop* **0.5** *kluitje mensen* **0.6** *band* ⇒*verbinding;* ⟨ihb.⟩ *huwelijksband* **0.7** ⟨luchtv., scheep.⟩ *knoop* ⇒*zeemijl per uur;* ⟨inf.⟩ *zeemijl* ◆ **3.¶** get tied (up) into ~s (over) *v.d. kook/de kluts kwijt ra-*

ken (v./over); ⟨inf.⟩ tie the ~ *in het huwelijksbootje stappen.* →**Gordian knot.**

knot² ⟨-ted⟩ **I** ⟨onov.ww.⟩ **0.1** ***(zich laten) knopen*** ⇒⟨bij uitbr.⟩ *in de knoop raken;*
II ⟨ov.ww.⟩ **0.1** ***(vast)knopen*** ⇒*(vast)binden, een knoop leggen in* **0.2** ***dichtknopen/binden.***

knothole 0.1 ***kwastgat*** ⟨in plank⟩.

knott|y [nottie] ⟨-ier⟩ **0.1** ***vol knopen*** ⇒*in de knoop (geraakt)* **0.2** ***kwastig*** ⇒*knoestig* ⟨v. hout⟩ **0.3** ***ingewikkeld*** ⇒*lastig.*

knout [naut] **0.1** ***knoet.***

know¹ [noo] ⟨zn.⟩ ◆ **6.¶ in** the ~ *ingewijd; (goed) op de hoogte.*

know² ⟨knew [njoe:], known [noon]⟩ **I** ⟨onov. en ov.ww.⟩ **0.1** ***weten*** ⇒*kennis hebben (van), beseffen* ◆ **3.1** if you ~ what I mean *als je begrijpt wat ik bedoel* **3.¶** not ~ what hit one *volkomen de kluts kwijt/v.d. kaart zijn;* not ~ where/which way to turn *niet weten waar je blijven moet, je geen raad weten* **4.1** for all I ~ he may be in China *misschien zit hij in China, weet ik veel/wie weet;* ⟨inf.⟩ you ~ *weet je (wel); je weet wel;* ~ what's what *zijn weetje weten; niet op zijn achterhoofd gevallen zijn;* ~ who's who *alles van iedereen weten* **4.¶** ⟨inf.⟩ don't I ~ it *moet je mij vertellen;* ⟨inf.⟩ don't you ~ *hè, toch, niet waar;* you ~ what/something? *zal ik je eens wat vertellen?;* ⟨inf.⟩ (well) what do you ~ (about that)? *wat zeg je (me) daarvan?, nou ja!, asjemenou!* **5.¶** ~ better than to do sth. *(wel) zo verstandig zijn iets te laten* **6.1** not that I ~ **of** *niet dat ik weet;* I ~ **of** her, but I don't ~ her *ik heb van haar gehoord, maar ik ken haar niet;*
II ⟨ov.ww.⟩ **0.1** ***kennen*** ⇒*bekend/vertrouwd zijn met* **0.2** ***kennen*** ⇒*ondergaan, ervaren* **0.3** ***herkennen*** ⇒*(kunnen) thuisbrengen/identificeren* ◆ **1.1** ~ one's way *de weg weten* **1.2** ~ no/not ~ fear *geen angst kennen* **1.3** I knew Jane by her walk *ik herkende Jane aan haar manier v. lopen* **5.¶** ~ **backwards** (and forwards) *kennen als zijn broekzak; kunnen dromen.*

know-all, ⟨inf.⟩ **know-it-all 0.1** ***wijsneus*** ⇒*betweter.*

know-how 0.1 ***handigheid*** ⇒*praktische vaardigheid* ⟨tgov. theoretische kennis⟩; ⟨ihb.⟩ *knowhow, technische kennis.*

knowing¹ [nooing] ⟨zn.⟩ ◆ **4.¶** there's no ~ *het valt niet te voorspellen.*

knowing² ⟨bn.⟩ **0.1** ***veelbetekenend*** **0.2** ***(wel/doel)bewust*** ◆ **1.1** ~ glance/look *blik v. verstandhouding* **3.2** ~ly hurt s.o. *iem. bewust pijn doen.*

knowledge [nollidzj] **0.1** ***kennis*** ⇒*wetenschap* **0.2** ***kennis*** ⇒*informatie* **0.3** ***kennis*** ⇒*geleerdheid* ◆ **1.3** man of ~ *geleerde, gestudeerd man* **2.1** to the best of one's ~ (and belief) *naar (zijn) beste weten* **2.2** be common ~ *algemeen bekend zijn* **3.2** it came to my ~ *ik heb vernomen, het is mij ter ore gekomen* **6.1** have no ~ **of** *geen weet hebben van;* **to** my ~ *zover ik weet;* **without** s.o.'s ~ *buiten iemands (mede)weten.*

knowledgeab|le [nollidzjəbl] ⟨-ly⟩ **0.1** ***goed geïnformeerd*** ⇒*goed op de hoogte* ◆ **6.1** be ~ **about** *verstand hebben van.*

knowledge engineer ⟨comp.⟩ **0.1** ***kennisingenieur*** ⇒*knowledge-engineer* ⟨werkt aan expertsystemen⟩.

knowledge engineering ⟨comp.⟩ **0.1** ***kennisengineering*** ⟨bij expertsystemen⟩.

known [noon] **0.1** ***bekend*** ⇒*algemeen beschouwd, erkend* **0.2** ***bekend (onder de naam)*** **0.3** ⟨wisk.⟩ ***gegeven*** ⇒*bekend* ◆ **3.¶** make it ~ that *verklaren/laten weten dat* **4.¶** make o.s. ~ to *zich voorstellen aan* **6.1** ~ **to** everyone as *bij iedereen bekend staand als.*

knuckle [nukl] **0.1** ***knokkel*** ⇒*(hand)gewrichtsknobbel* ◆ **3.¶** rap on/over the ~s *op de vingers tikken* **6.¶ near** the ~ *tegen het onbetamelijke aan* ⟨v. mop⟩.

knuckle down 0.1 ⟨+to⟩ ***zich serieus wijden (aan)*** ⟨karwei⟩ ⇒*aanpakken, aanvatten.*

knuckleduster 0.1 ⟨vaak mv.; vnl. BE⟩ ***boksbeugel.***

knuckle under 0.1 ⟨+to⟩ ***buigen (voor)*** ⇒*zwichten (voor).*

KO, k.o. ⟨afk.; inf.⟩ **0.1** ⟨zn.⟩ [knockout] ***k.o.*** **0.2** ⟨ww.⟩ [knockout] ***knock-out slaan.***

koala [kooa:lə], **koala bear 0.1** ***koala*** ⇒*buidelbeer(tje).*

kohl [kool] **0.1** ***koolzwart*** ⟨oogcosmetica⟩.

koka [kooka:] ⟨vechtsport, ihb. judo⟩ **0.1** ***koka*** ⟨score v.e. bijna-yuko; 3 punten⟩.

kookaburra [koekəburrə] ⟨Austr. E⟩ **0.1** ***kookaburra*** ⟨lachvogel⟩.

kook|y [koe:kie] ⟨-ier⟩ ⟨AE; sl.⟩ **0.1** ***verknipt*** ⇒*geschift.*

kope(c)k →**copeck.**

Koran [ko:ra:n] ⟨the⟩ **0.1** ***koran.***

Korean [kərian] **0.1** ⟨bn.⟩ ***Koreaans*** **0.2** ⟨eig.n.⟩ ***Koreaans*** ⟨taal⟩ **0.3** ⟨telb. zn.⟩ ***Koreaan.***

kosher [koosjə] **0.1** ***koosjer*** **0.2** ⟨inf.⟩ ***koosjer*** ⇒*jofel, in orde* ◆ **3.1** keep ~ *koosjer koken/eten.*

kowtow¹ [kautau], **kotow** [kootau] ⟨zn.⟩ **0.1** ***Chinese voetval*** ⟨waarbij het hoofd de grond beroert⟩.

kowtow², kotow ⟨ww.⟩ **0.1** ***een Chinese voetval maken*** **0.2** ⟨+to⟩ ***door het stof gaan (voor)*** ⇒*zich vernederen.*

k.p.h. ⟨afk.⟩ **0.1** [kilometres per hour] ***km/u*** ⇒*km/h.*

kraal, craal [kra:l] **0.1** ***kraal*** ⇒*Kafferdorp.*

kraut [kraut] ⟨ook K-⟩ ⟨sl.; bel.⟩ **0.1** ***(rot)mof.***

krypton [kripton] **0.1** ***krypton.***

kudos [kjoe:dos] ⟨inf.⟩ **0.1** ***roem*** ⇒*eer* **0.2** ***toejuiching(en)*** ⇒*schouderklop(jes).*

Kurd [kə:d] **0.1** ***Koerd.***

Kurdish [kə:disj] **0.1** ⟨bn.⟩ ***Koerdisch*** **0.2** ⟨zn.⟩ ***Koerdisch*** ⟨taal⟩.

kV ⟨afk.; nat.⟩ **0.1** [kilovolt(s)] ***kV.***

kW, kw ⟨afk.; nat.⟩ **0.1** [kilowatt(s)] ***kW.***

kWh ⟨afk.; nat.⟩ **0.1** [kilowatt-hour] ***kWh.***

l

l, L [el] ⟨mv.: l's, L's⟩ **0.1** ***l, L.***
l.[1] ⟨afk.⟩ **0.1** [left] **0.2** [litre(s)].
l.[2], **L.** ⟨afk.⟩ **0.1** [lake].
L. ⟨afk.⟩ **0.1** [large] **0.2** ⟨BE⟩ [learner driver].
L.A. ⟨afk.⟩ **0.1** [Los Angeles].
laager [la:gə] **0.1** ***lager*** ⇒*(leger)kamp* ⟨ihb. omringd door wagens⟩.
lab [læb] ⟨verk.⟩ [laboratory] ⟨inf.⟩ **0.1** ***lab*** ⇒*laboratorium* **0.2** ***practicum.***
Lab. ⟨afk.⟩ **0.1** [Labour (Party)].
label[1] [leebl] ⟨zn.⟩ **0.1** ***etiket*** ⇒*label* **0.2** ***label*** ⟨v. grammofoonplaat⟩ ⇒⟨bij uitbr.⟩ *platenmaatschappij* **0.3** ⟨vaak pej.⟩ ***etiket*** ⇒*epitheton, kwalificatie.*
label[2] ⟨ww.; -led⟩ **0.1** ***etiketteren*** ⇒*labelen; merken* **0.2** ⟨vaak pej.⟩ ***een etiket opplakken*** ⇒*bestempelen als.*
labia [leebiə] ⟨mv.⟩ →**labium.**
labial [leebiəl] **0.1** ⟨anat., dierk.⟩ ***lip-*** ⇒*lipachtig, gelipt.*
labil|e [leebajl] ⟨zn.: **-ity**⟩ **0.1** ⟨nat., schei.⟩ ***labiel*** ⇒*onstabiel.*
labium [leebiəm] ⟨mv.: labia⟩ **0.1** ⟨anat.⟩ ***schaamlip*** ⇒*labium.*
labor →**labour.**
laborator|y [ləborrətrie] ⟨mv.: -ies⟩ **0.1** ***laboratorium*** ⇒ *proefruimte.*
laborious [ləbo:riəs] ⟨-ness⟩ **0.1** ***afmattend*** ⇒*bewerkelijk* **0.2** ***moeizaam*** ⇒*omslachtig* ⟨stijl e.d.⟩.
labor union ⟨AE⟩ **0.1** ***vakbond*** ⇒*vakvereniging.*
labour[1], ⟨AE sp.⟩ **labor** [leebə] **I** ⟨eig.n.; L-⟩ **0.1** ***Labour(partij)*** ⟨in Engeland⟩;
II ⟨telb.zn.⟩ **0.1** ***werk(stuk)*** ⇒*taak, opdracht* ◆ **1.1** ~ of love *(met/uit) liefde (verricht) werk;*
III ⟨n.-telb.zn.⟩ **0.1** ***arbeid*** ⇒*werk* ⟨ihb. in loondienst⟩ **0.2** ***(krachts)inspanning*** ⇒*moeite* **0.3** ***arbeid(ersklasse)*** ⇒ *arbeidskrachten* **0.4** ***(barens)weeën*** **0.5** ***bevalling*** ◆ **6.5** be **in** ~ *bevallen.* →**hard.**
labour[2], ⟨AE sp.⟩ **labor** **I** ⟨onov.ww.⟩ **0.1** ***arbeiden*** ⇒*werken* **0.2** ***zich inspannen*** ⇒*ploeteren* **0.3** ***moeizaam vooruitkomen*** ⇒*zich voortslepen* **0.4** ***stampen en rollen*** ⟨v. schip⟩ ⇒*werken* ◆ **6.2** ~ **at/over** sth. *op iets zweten/zwoegen;* ~ **for** a cause *zich voor een zaak inzetten.* →**labour under;**
II ⟨ov.ww.⟩ **0.1** ***uitputtend behandelen.***
labour camp **0.1** ***werkkamp.***
Labour Day **0.1** ***Dag v.d. Arbeid.***
laboured, ⟨AE sp.⟩ **labored** [leebəd] **0.1** ***doorwrocht*** ⇒*uitgewerkt* **0.2** ***moeizaam*** ⇒*gekunsteld.*
labourer, ⟨AE sp.⟩ **laborer** [leeb(ə)rə] **0.1** ***(hand)arbeider*** ⇒ ⟨ihb.⟩ *ongeschoolde arbeider* ◆ **2.1** agricultural ~ *landarbeider.*
labour exchange ⟨ook L- E-⟩ ⟨BE⟩ **0.1** ***arbeidsbureau.***
labour force **0.1** ***beroepsbevolking*** ⇒*werkende bevolking.*
labourite, ⟨AE sp.⟩ **laborite** [leebərajt] ⟨ook L-⟩ **0.1** ***aanhanger/lid v.d. Labourpartij.***
labour market **0.1** ***arbeidsmarkt*** ⇒*arbeidsaanbod.*
Labour Party **0.1** ***Labourpartij*** ⟨in Engeland⟩ **0.2** ⟨ook p-⟩ ***arbeiderspartij.***
laboursaving **0.1** ***arbeidsbesparend.***
labour turnover ⟨ec.⟩ **0.1** ***personeelsverloop.***
labour under **0.1** ***te kampen hebben met*** ⇒*last/te lijden hebben van* ◆ **1.1** ~ the delusion/illusion that *in de waan verkeren dat.*
laburnum [ləbə:nəm] ⟨plantk.⟩ **0.1** ***laburnum*** ⇒⟨ihb.⟩ *goudenregen.*
labyrinth [læbərinθ] **0.1** ***doolhof*** ⇒*labyrint* ⟨ook fig.⟩.
labyrinthine [læbərinθajn] **0.1** ***labyrintisch*** ⇒*als een doolhof* ⟨ook fig.⟩.
lace[1] [lees] ⟨zn.⟩ **0.1** ***veter*** ⇒*koord,* ⟨AZN⟩ *rijgkoord* **0.2** ⟨ook attr.⟩ ***kant(werk)*** **0.3** ***galon*** ⇒*tres.*
lace[2] **I** ⟨onov.ww.⟩ **0.1** ⟨vaak +up⟩ ***sluiten dmv. veter*** ⇒ *dichtgeregen worden* ◆ **6.¶** ~ **into** *aanvallen, te lijf gaan* ⟨ook fig.⟩;
II ⟨ov.ww.⟩ **0.1** ⟨vaak +up⟩ ***rijgen*** ⇒*dicht/vastmaken met veter* **0.2** ***(door)vlechten*** ⇒*(door)weven* **0.3** ***een scheutje sterkedrank toevoegen aan*** ◆ **6.3** ~ tea **with** rum *een scheutje rum in de thee doen.*
lace curtain **0.1** ***vitrage.***
lacerate [læsəreet] **0.1** ***(open)rijten*** ⇒*(ver)scheuren* **0.2** ***(ernstig) kwetsen*** ⇒*kwellen.*
laceration [læsəreesjn] **0.1** ***scheur*** ⇒⟨ihb.⟩ *rijtwond* **0.2** ***(ver)scheuring*** **0.3** ***kwelling.***
lachrymal, lacrimal [lækriml] **0.1** ***traan-*** ◆ **1.1** ~ gland *traanklier.*
lachrymose [lækrimmoos] **0.1** ***huilerig*** ⇒*larmoyant* **0.2** ***droevig*** ⇒*smartelijk.*
lack[1] [læk] ⟨zn.⟩ **0.1** ***gebrek*** ⇒*tekort* **0.2** ***behoefte*** ◆ **6.1** die **for/through** ~ **of** food *sterven door voedselgebrek* **7.1** no ~ of *volop, in overvloed.*
lack[2] **I** ⟨onov.ww.⟩ **0.1** ***ontbreken*** ⇒*niet voorhanden zijn* **0.2** ***ontoereikend zijn*** ⇒*tekortschieten* ◆ **6.¶** ~ **for** nothing *aan niets gebrek hebben;*
II ⟨ov.ww.⟩ **0.1** ***ontberen*** ⇒*missen* **0.2** ***gebrek hebben aan*** ⇒*te kort komen* ◆ **1.1** ~ courage *moed ontberen.*
lackadaisical [lækədeezikl] **0.1** ***lusteloos*** ⇒*futloos.*
lackey [lækie] **0.1** ***lakei*** ⇒*livreiknecht* **0.2** ***bediende*** **0.3** ***kruiper*** ⇒*pluimstrijker, marionet.*
lacking [læking] **0.1** ***niet voorhanden*** ⇒*afwezig, ontbrekend* **0.2** ⟨BE; inf.⟩ ***onvolwaardig*** ⇒*achterlijk* ◆ **6.1** be ~ **in** *gebrek hebben aan; van node hebben.*
lacklustre **0.1** ***dof*** ⇒*glansloos, mat* ⟨ihb. v. ogen⟩.
laconic [ləkonnik] ⟨-ally⟩ **0.1** ***bondig*** ⇒*kort en krachtig, laconiek.*
lacquer[1] [lækə] ⟨zn.⟩ **0.1** ***lak*** ⟨schellak opgelost in alcohol⟩ **0.2** ***chinalak*** ⇒*japanlak, lakboomhars* **0.3** ***(blanke) lak*** ⇒ *vernis* **0.4** ***(haar)lak.***
lacquer[2] ⟨ww.⟩ **0.1** ***lakken*** ⇒*vernissen, met lak bedekken.*
lacrosse [ləkros] ⟨sport⟩ **0.1** ***lacrosse.***
lactate [lækteet] **0.1** ***melk afscheiden.***
lactation [lækteesjn] **0.1** ***het zogen*** ⇒*melkvoeding* **0.2** ***lactatie(periode)*** ⇒*zoogperiode.*
lactic [læktik] ⟨schei.⟩ **0.1** ***melk-*** ◆ **1.1** ~ acid *melkzuur.*
lactoprotein [læktoo prootie:n] **0.1** ***melkeiwit.***
lactose [læktoos] **0.1** ***lactose*** ⇒*melksuiker.*
lacuna [ləkjoe:nə] ⟨mv.: ook lacunae [-nie:]⟩ **0.1** ***lacune*** ⇒ *leemte, hiaat.*
lac|y [leesie] ⟨-iness⟩ **0.1** ***kanten*** ⇒*v. kant* **0.2** ***kantachtig*** ⇒ *als kant.*
lad [læd] **0.1** ***jongen*** ⇒*knul, jongeman* **0.2** ⟨vnl. gew.; inf.⟩ ***kerel*** ⇒*vent* ◆ **3.¶** ⟨inf.⟩ be one of the ~s *erbij horen.*
ladder[1] [lædə] ⟨zn.⟩ **0.1** ***ladder*** ⟨ook fig.⟩ ⇒*trap(leer), touwladder* **0.2** ⟨BE⟩ ***ladder*** ⟨in kous⟩ **0.3** ⟨sport⟩ ***ladder*** ⇒ *ranglijst* ◆ **1.1** rungs of a ~ *sporten v.e. ladder.*
ladder[2] ⟨ww.⟩ ⟨BE⟩ **0.1** ***(doen) ladderen*** ⟨kous⟩.
laddie, laddy [lædie] **0.1** ***joch*** ⇒*knul.*
lade [leed] ⟨volt. deelw. ook laden [leedn]⟩ **I** ⟨onov.ww.⟩ **0.1** ***laden*** ⇒*vracht innemen/aan boord nemen;*

II ⟨ov.ww.⟩ **0.1** ***(be)laden*** *⇒bevrachten, verschepen.*
laden [leedn] **0.1** ***(zwaar) beladen/belast*** *⇒afgeladen* ⟨fig.⟩; *gebukt (gaand) onder* ◆ **6.1** ~ **with** anxieties *onder zorgen gebukt.*
la-di-da →**lah-di-dah.**
Ladies(') [leediez], ⟨AE⟩ **Ladies(') room** ⟨geen mv.⟩ **0.1** ***dames(toilet).***
ladies' fingers ⟨plantk.⟩ **0.1** ***wondklaver.***
ladies' man, lady's man 0.1 ***charmeur*** *⇒vrouwenliefhebber.*
lading [leeding] **0.1** ***lading*** *⇒vracht* **0.2** ***lading*** *⇒het laden, bevrachting.*
lading port 0.1 ***laadhaven.***
ladle[1] [leedl] ⟨zn.⟩ **0.1** ***soeplepel.***
ladle[2] ⟨ww.⟩ **0.1** ***opscheppen*** *⇒oplepelen, ronddelen* **0.2** ⟨+ out⟩ ***kwistig ronddelen*** *⇒rondstrooien, smijten met.*
lad|y [leedie] ⟨mv.: -ies⟩ **0.1** ***dame*** *⇒(beschaafde) vrouw* **0.2** ⟨ben. voor⟩ ***vrouw die leiding geeft/verantwoordelijkheid draagt*** *⇒vrouw des huizes* **0.3** ⟨L-; BE⟩ ***lady*** *⇒adellijke dame* **0.4** ⟨attr.⟩ ***vrouw(elijk(e))*** ◆ **1.1** ladies and gentlemen *dames en heren* **1.4** ~ doctor *vrouwelijke arts* **7.1** the first ~ of jazz *de beste jazzzangeres;* ⟨AE⟩ First Lady *presidentsvrouw.* →**old, young.**
ladybird, ⟨AE⟩ **ladybug 0.1** ***lieveheersbeestje.***
Lady Chapel ⟨ook l- c-⟩⟨rel.⟩ **0.1** ***Mariakapel.***
Lady Day ⟨r.-k.⟩ **0.1** ***Maria-Boodschap*** ⟨25 maart⟩.
lady-in-waiting ⟨mv.: ladies-in-waiting⟩⟨BE⟩ **0.1** ***hofdame.***
lady-killer 0.1 ***vrouwenjager*** *⇒(ras)versierder.*
ladylike [leedielajk] **0.1** ***ladylike*** *⇒zoals een dame betaamt/past, beschaafd* **0.2** ***gracieus*** *⇒elegant.*
ladyship [leediesjip] ⟨vaak L-⟩ **0.1** ***(waardigheid v.) lady*** ⟨eerbiedige (aanspreek)vorm⟩ ◆ **7.1** her/your ~ *mevrouw de barones/gravin enz.*
lady's-maid 0.1 ***kamenier(ster).***
lady's man →**ladies' man.**
lag[1] [læg] ⟨zn.⟩ **0.1** ***tijdsverloop*** *⇒vertraging, achterstand* **0.2** ⟨sl.⟩ ***bajesklant.***
lag[2] ⟨-ged⟩ **I** ⟨onov.ww.⟩ **0.1** ⟨+ behind⟩ ***achterblijven*** *⇒achteraan komen, geen gelijke tred houden;*
II ⟨ov.ww.⟩ **0.1** ⟨tech.⟩ ***bekleden*** *⇒betimmeren, isoleren* ⟨leidingen e.d.⟩.
lager [la:gə], ⟨in bet. 0.1 ook⟩ **lager beer 0.1** ***(blond) bier*** *⇒* ⟨oneig.⟩ *pils* **0.2** ***fles/glas (blond) bier.***
laggard [lægəd] **0.1** ***treuzelaar*** *⇒laatkomer, slome duikelaar.*
lagging [læging] **0.1** ⟨tech.⟩ ***bekleding(smateriaal)*** *⇒isolatie(materiaal), het bekleden/isoleren.*
lagoon [ləgu:n] **0.1** ***lagune.***
la(h)-di-da(h) [la:dieda:] **0.1** ***geaffecteerd*** *⇒bekakt, verwaand.*
laid [leed] ⟨verl. t., volt. deelw.⟩ →**lay.**
laidback ⟨inf.⟩ **0.1** ***relaxt*** *⇒relaxed, ontspannen.*
lain [leen] ⟨volt. deelw.⟩ →**lie.**
lair [leə] **0.1** ***hol*** *⇒leger* ⟨v. wild dier⟩ **0.2** ***hol*** ⟨fig.⟩ *⇒schuilplaats.*
laird [leəd] ⟨Sch. E⟩ **0.1** ***landheer*** *⇒grondbezitter.*
laissez faire [lessee feə] **0.1** ***laisser faire*** *⇒afwezigheid v. overheidsbemoeienis* ⟨ihb. in ec. zin⟩.
laity [leeətie] ⟨zn.; the; ww. altijd mv.⟩ **0.1** ***leken(dom)*** *⇒de leken/niet-geestelijken* **0.2** ***leken(publiek)*** *⇒de leken/niet-deskundigen.*
lake [leek] **0.1** ***meer*** *⇒vijver* **0.2** ***verflak*** *⇒karmijn* ◆ **7.¶** the Lakes *het Lake District.*
lake dwelling 0.1 ***paalwoning.***
Lake Lucerne 0.1 ***Vierwoudstrekenmeer.***
lam [læm] ⟨-med⟩ **I** ⟨onov.ww.⟩ **0.1** ***meppen*** *⇒rammen* ◆ **6.1** ~ **into** s.o. *iem. een pak slaag geven;* ⟨fig.⟩ *iem. te lijf gaan;*
II ⟨ov.ww.⟩ **0.1** ***afrossen*** *⇒een pak slaag geven.*
lama [la:mə] **0.1** ***lama*** *⇒boeddhistische priester* **0.2** ***lama*** ⟨dier⟩.
lamb[1] [læm] ⟨zn.⟩ **0.1** ***lam(metje)*** **0.2** ***lam(svlees)*** **0.3** ***lammetje*** *⇒lief/onschuldig kind, schatje* ◆ **6.1** like a ~ (to the slaughter) *als een lam (naar de slachtbank), gedwee.*
lamb[2] ⟨ww.⟩ **0.1** ***lammeren*** *⇒lammeren werpen* ◆ **1.1** ~ing season *lammertijd.*
lambada [læmba:də] **0.1** ***lambada*** ⟨Braziliaanse dans(muziek)⟩.
lambaste [læmbeest], **lambast** [-bæst] ⟨inf.⟩ **0.1** ***afrossen*** *⇒ een aframmeling geven* **0.2** ***uitkafferen*** *⇒afkraken.*
lambkin [læmkin] **0.1** ***(pasgeboren) lammetje*** **0.2** ***kindje*** *⇒ liefje.*
lamblike [læmlajk] **0.1** ***zachtaardig*** *⇒onschuldig, meegaand.*
lambskin 0.1 ***lamsvacht*** *⇒lamsvel, lamsbont* **0.2** ***lamsleer.***
lamb's wool 0.1 ***lamswol.***
lame[1] [leem] ⟨bn.; -r; -ness⟩ **0.1** ***mank*** *⇒kreupel* **0.2** ***onbevredigend*** *⇒nietszeggend* **0.3** ***kreupel*** *⇒hortend* ⟨v. metrum⟩ ◆ **1.2** ~ excuse *zwak excuus* **1.¶** ~ duck *slappeling; zielige/behoeftige figuur; noodlijdend bedrijf;* ⟨AE⟩ *demissionair functionaris* **6.1** ~ **in** one leg *kreupel aan een been.*
lame[2] ⟨ww.⟩ **0.1** ***mank/kreupel/invalide maken*** *⇒verlammen* ⟨ook fig.⟩.
lamé [la:mee] **0.1** ***lamé.***
lame-duck ⟨inf.⟩ **0.1** ***noodlijdend*** *⇒ten dode opgeschreven, failliet.*
lament[1] [ləment] ⟨zn.⟩ **0.1** ***weeklacht*** *⇒jammerklacht* **0.2** ***klaagzang*** *⇒klaaglied.*
lament[2] **I** ⟨onov.ww.⟩ **0.1** ⟨+ over⟩ ***(wee)klagen (over)*** *⇒jammeren (over), kermen (over)* **0.2** ***treuren*** ◆ **6.2** ~ **for** a brother *treuren om een broer;*
II ⟨ov.ww.⟩ **0.1** ***(diep) betreuren*** *⇒treuren/rouwen om, bewenen* ◆ **7.1** the late ~ed *de betreurde dode.*
lamentab|le [læməntəbl,ləmentəbl] ⟨-ly⟩ **0.1** ***betreurenswaardig*** *⇒beklagenswaard(ig)* **0.2** ***erbarmelijk (slecht)*** *⇒jammerlijk, bedroevend (slecht).*
lamentation [læmənteesjn] **0.1** ***smart*** *⇒leed, verdriet* **0.2** ***geweeklaag*** *⇒jammerklacht.*
laminate[1] [læminneet,læminnət] ⟨zn.⟩ **0.1** ***laminaat*** *⇒gelaagd/plaatvormig product.*
laminate[2] [læminneet] ⟨ww.⟩ **0.1** ***in dunne lagen/platen splijten*** **0.2** ***lamineren*** *⇒tot dunne platen pletten/walsen* ⟨metaal⟩; *bedekken met (metalen) platen, beplaten; laagsgewijs vervaardigen* ◆ **1.2** ~d wood *tri/multiplex.*
lamp [læmp] **0.1** ***(olie/gas/gloei)lamp*** **0.2** ⟨vaak als 2e lid v. samenstellingen⟩ ***lamp*** *⇒verwarmingstoestel* ◆ **2.2** infrared ~ *infrarode lamp.*
lampblack 0.1 ***lampzwart.***
lamp holder ⟨elek.⟩ **0.1** ***(lamp)fitting*** *⇒lamphouder.*
lamplighter 0.1 ⟨gesch.⟩ ***lantaarnopsteker*** *⇒lantaarnaansteker.*
lampoon [læmpoe:n] **0.1** ⟨zn.⟩ ***satire*** *⇒schimp/schotschrift* **0.2** ⟨ww.⟩ ***hekelen*** *⇒een satire/schotschrift schrijven op/tegen.*
lamppost 0.1 ***lantaarnpaal.***
lamprey [læmprie] ⟨dierk.⟩ **0.1** ***lamprei*** *⇒prik, negenoog.*
lampshade 0.1 ***lampenkap.***
Lancastrian [længkæstriən] ⟨gesch.⟩ **0.1** ⟨bn.⟩ ***mbt. het Huis v. Lancaster*** **0.2** ⟨zn.⟩ ***aanhanger v.h. Huis v. Lancaster*** *⇒roderoosaanhanger.*
lance[1] [la:ns] ⟨zn.⟩ **0.1** ***lans*** *⇒spies, speer* **0.2** ***visspeer.***

lance[2] ⟨ww.⟩ **0.1** ⟨med.⟩ ***incideren*** ⇒*opensnijden (met lancet).*
lance corporal ⟨mil.⟩ **0.1** ***vice-korporaal.***
lancer [la:nsə] **0.1** ⟨gesch.⟩ ***lansier*** ⇒*lansruiter* **0.2** ⟨mv.; ww. altijd enk.⟩ ***(quadrille des) lanciers*** ⟨dans⟩.
lancet [la:nsit], ⟨in bet. 0.2 ook⟩ **lancet arch,** ⟨in bet. 0.3 ook⟩ **lancet window** **0.1** ***lancet*** ⟨chirurgisch mesje⟩ **0.2** ⟨bouwk.⟩ ***lancetboog*** **0.3** ⟨bouwk.⟩ ***lancetvenster.***
Lancs. [længks] ⟨afk.⟩ **0.1** [Lancashire].
land[1] [lænd] ⟨zn.⟩ **0.1** ***(vaste)land*** **0.2** ⟨als 2e lid v. samenstellingen⟩ ***-land*** ⇒*-grond, -gebied* **0.3** ***land(streek)*** ⇒*staat, gebied* **0.4** ***(bouw)land*** ⇒*aarde, grond* **0.5** ***grondgebied*** ⇒*lap grond, weiland* **0.6** ⟨the⟩ ***platteland*** **0.7** ⟨mv.⟩ ***land(erijen)*** ⇒*grondbezit* ◆ **1.2** desert ~ *woestijn(gebied)* **1.4** the fat of the ~ *het goede der aarde* **1.¶** in the ~ of the living *in het land der levenden* **2.3** native ~ *vaderland* **3.7** own houses and ~s *huizen en grond bezitten* **3.¶** see how the ~ lies *bekijken hoe de zaken ervoor staan; poolshoogte nemen;* make ~ *land in zicht krijgen;* the promised ~ *het beloofde land.*
land[2] **I** ⟨onov.ww.⟩ **0.1** ***landen*** ⇒*aan land/wal gaan* **0.2** ***landen*** ⟨v. vliegtuig⟩ **0.3** ***(be)landen*** ⇒*neerkomen, terechtkomen* ◆ **5.¶** ⟨inf.⟩ I ~ed **up** in Rome *uiteindelijk belandde ik in Rome* **6.3** ⟨inf.⟩ ~ **in** a mess *in de knoei raken;* ⟨inf.⟩ ~ (up) **in** prison *de gevangenis indraaien;*
II ⟨ov.ww.⟩ **0.1** ***aan land/wal brengen/zetten*** **0.2** ***doen landen*** ⇒*aan de grond zetten* ⟨vliegtuig⟩ **0.3** ***doen belanden*** ⇒*brengen* **0.4** ***vangen*** ⇒*binnenhalen/brengen* ⟨vis⟩ **0.5** ⟨inf.⟩ ***in de wacht slepen*** ⇒*bemachtigen* **0.6** ⟨inf.⟩ ***verkopen*** ⇒*toebrengen* ⟨klap⟩ ◆ **6.3** ⟨inf.⟩ ~ s.o. **in** a mess *iem. in de knoei brengen* **6.6** I ~ed him one **in** the eye *ik gaf hem een knal op zijn oog.*
land agent ⟨vnl. BE⟩ **0.1** ***rentmeester.***
land arm|y ⟨mv.: -ies⟩ ⟨BE⟩ **0.1** ***landarbeidstersleger.***
landau [lændo:] **0.1** ***landauer.***
land-based **0.1** ***continentaal*** ⇒*op het vasteland* **0.2** ⟨ook mil.⟩ ***op (het) land geplaatst, te land gestationeerd*** ⇒*vanaf het land opererend.*
land breeze, land wind **0.1** ***landwind*** ⇒*aflandige wind.*
landed [lændid] **0.1** ***land-*** ⇒*grond-, uit land bestaand* **0.2** ***land-*** ⇒*grond-, land bezittend* ◆ **1.1** ~ property *grondbezit* **1.2** ~ gentry/nobility *landadel;* (the) ~ interest(s) *de (groot)grondbezitters, de landeigenaars.*
landfall **0.1** ***(eerste) nadering v. land*** ⇒*het in zicht komen v. land.*
land forces ⟨mil.⟩ **0.1** ***landstrijdkrachten*** ⇒*landmacht.*
landholding **0.1** ***landbezit*** ⇒*grondbezit(ting).*
landing [lænding] **0.1** ***landingsplaats*** ⇒*steiger, aanlegplaats* **0.2** ***landing*** ⇒*het landen* ⟨v. vliegtuig⟩; *het aan wal gaan/zetten, aankomst* ⟨v. schip⟩ **0.3** ***overloop*** ⇒*(trap)portaal.*
landing area **0.1** ⟨luchtv.⟩ ***landingsgebied*** **0.2** ⟨atletiek⟩ ***springbak*** ⇒*zandbak* ⟨bij verspringen⟩ **0.3** ⟨atletiek⟩ ***landingsmat*** ⇒*landingsbed* ⟨bij hoogspringen⟩.
landing craft ⟨mil.⟩ **0.1** ***landingsvaartuig*** ⇒*landingsschip.*
landing field, landing strip ⟨luchtv.⟩ **0.1** ***landingsbaan*** ⇒*landingsstrook.*
landing gear ⟨luchtv.⟩ **0.1** ***landingsgestel*** ⇒*onderstel.*
landing mat ⟨gymnastiek⟩ **0.1** ***(kleine) landingsmat*** ⇒*kleine mat.*
landing net **0.1** ***schepnet.***
landing party ⟨mil.⟩ **0.1** ***landingsdivisie*** ⇒*landingsdetachement.*
landing stage **0.1** ***(aanleg)steiger*** ⇒*aanleg/losplaats.*
landlad|y ⟨mv.: -ies⟩ **0.1** ***hospita*** ⇒*pensionhoudster, waardin* **0.2** ***huisbazin*** ⇒*vrouw v.d. huisbaas.*
land law ⟨vaak mv.⟩ ⟨jur.⟩ **0.1** ***(grond)eigendomsrecht.***
landlocked **0.1** ***(vrijwel) geheel door land omgeven*** ⇒*nergens aan zee grenzend.*
landlord **0.1** ***landheer*** ⇒*pachtheer* **0.2** ***huisbaas*** ⇒*pensionhouder, waard.*
landlubber [lændlubbə] ⟨inf.⟩ **0.1** ***landrot*** ⇒*landrat.*
landmark **0.1** ***grenspaal*** **0.2** ***oriëntatiepunt*** ⟨ook fig.⟩ ⇒*markering, baken* **0.3** ***mijlpaal*** ⇒*keerpunt.*
land mine ⟨mil.⟩ **0.1** ***landmijn.***
landowner **0.1** ***landeigenaar*** ⇒*grondbezitter.*
land reclamation **0.1** ***(land)terugwinning.***
land reform **0.1** ***landhervorming.***
land rover ⟨ook L-⟩ **0.1** ***landrover*** ⇒*terreinvoertuig/wagen.*
landscape[1] [læn(d)skeep] ⟨zn.⟩ **0.1** ***landschap*** ⇒*panorama, vista* ⟨ook fig.⟩ **0.2** ***landschap(sfoto/schilderij)*** **0.3** ***landschap(schilder)kunst.***
landscape[2] **I** ⟨onov.ww.⟩ **0.1** ***het landschap verzorgen*** ⇒*landschapsarchitectuur beoefenen;*
II ⟨ov.ww.⟩ **0.1** ***landschappelijk verzorgen*** **0.2** ***verfraaien dmv. landschapsarchitectuur.***
landscape gardening **0.1** ***tuinarchitectuur*** ⇒*landschapsarchitectuur.*
landslide[1] [læn(d)slajd], ⟨BE ook⟩ **landslip** [læn(d)slip] ⟨zn.⟩ **0.1** ***aardverschuiving*** ⟨ook fig.⟩ ◆ **6.1** win **by** a ~ *een verpletterende overwinning behalen.*
landslide[2] ⟨bn.⟩ **0.1** ***verpletterend*** ◆ **1.1** ~ victory *verpletterende overwinning.*
landward[1] [lændwəd] ⟨bn.⟩ **0.1** ***landwaarts*** **0.2** ***aan de landzijde*** ⇒*land-.*
landward[2], ⟨vnl. BE ook⟩ **landwards** [lændwədz] ⟨bw.⟩ **0.1** ***landwaarts*** ⇒*naar het land toe* **0.2** ***landinwaarts.***
lane [leen] **0.1** ***(land)weggetje*** ⟨in straatnamen L-⟩ ⇒*laantje, paadje* **0.2** ⟨scheep.⟩ ***(voorgeschreven) vaarweg*** ⇒*vaargeul* **0.3** ***luchtcorridor*** ⇒*luchtweg, (aan)vliegroute* **0.4** ⟨verkeer⟩ ***rijstrook*** **0.5** ⟨sport, ihb. atletiek, roeien, zwemmen⟩ ***baan.***
lane markings ⟨zwemsport⟩ **0.1** ***geleidelijnen*** ⟨op bodem zwembad⟩ ⇒*strepen.*
language [længgwidzj] **0.1** ***taal*** **0.2** ***taal*** ⇒*communicatiesysteem/middel;* ⟨comp.⟩ *(programmeer)taal, computertaal; gebarentaal* **0.3** ***taal/woordgebruik*** ⇒*stijl* **0.4** ⟨vaak the⟩ ***(groeps)taal*** ⇒*vaktaal, jargon* **0.5** ***taal(beheersing)*** ⇒*spraak(vermogen)* ◆ **2.1** foreign ~s *vreemde talen* **3.2** ⟨fig.⟩ speak the same ~ *dezelfde taal spreken, op dezelfde golflengte zitten* **3.3** mind one's ~ *op zijn woorden letten.* →**bad, strong.**
language acquisition ⟨taal.⟩ **0.1** ***taalverwerving.***
language laboratory **0.1** ***talenpracticum.***
languid [længgwid] **0.1** ***willoos*** ⇒*lusteloos, (s)loom, slap.*
languish [længgwisj] **0.1** ***(ver/weg)kwijnen*** ⇒*verslappen, verzwakken* **0.2** ⟨+for⟩ ***smachten (naar)*** ⇒*(vurig) verlangen (naar).*
languishing [længgwisjing] **0.1** ***(weg)kwijnend*** ⇒*verkommerend* **0.2** ***smachtend*** ⇒*sentimenteel* **0.3** ***langzaam*** ⇒*slepend* **0.4** ***loom*** ⇒*lusteloos* ◆ **1.2** ~ look *smachtende blik* **1.3** ~ illness *slepende ziekte.*
languor [længgə] **0.1** ***apathie*** ⇒*lusteloosheid, matheid* **0.2** ***lome stilte*** ⇒*zwoelheid, drukkendheid* **0.3** ⟨vaak mv.⟩ ***smachtend verlangen*** ⇒*zwoelheid, liefdesverlangen.*
languorous [længgərəs] **0.1** ***smachtend*** ⇒*zwoel* **0.2** ***apathisch*** ⇒*lusteloos, mat* **0.3** ***drukkend*** ⇒*zwoel, loom.*
lank [længk] ⟨-ness⟩ **0.1** ***schraal*** ⇒*(brood)mager, dun* **0.2** ***krachteloos*** ⇒*slap, sluik* ⟨v. haar⟩ **0.3** ***lang en buigzaam*** ⟨bv. v. gras⟩ ⇒*sprietig.*

lank|y [længkie] ⟨-iness⟩ **0.1** ***slungel(acht)ig.***

lanolin [lænəlin] **0.1** ***wolvet*** ⇒*lanoline.*

lantern [læntən] **0.1** ***lantaarn*** ⟨ook v. vuurtoren⟩ **0.2** ⟨bouwk.⟩ ***lantaarn*** ⇒*lichtkap.* →**magic.**

lantern-jawed **0.1** ***met ingevallen kaken.***

lantern slide **0.1** ***lantaarnplaatje*** ⇒*dia voor toverlantaarn.*

lanyard [lænjəd] **0.1** ***koord*** ⟨om de nek, voor mes, fluit e.d.⟩ **0.2** ⟨scheep.⟩ ***seizing*** ⇒*los lijntje;* ⟨ihb.⟩ *talreep.*

Laos [lauz] **0.1** ***Laos.***

Laotian [la·oesjn] **0.1** ⟨bn.⟩ ***Laotisch*** ⇒*mbt. Laos, Laotiaans* **0.2** ⟨zn.⟩ ***Laotiaan*** ⇒*bewoner v. Laos.*

lap[1] [læp] ⟨zn.⟩ **0.1** ***schoot*** ⟨ook v. kledingstuk⟩ **0.2** ***overlap(ping)*** ⇒*overlappend deel, overslag* **0.3** ⟨sport⟩ ***(baan)ronde*** **0.4** ***etappe*** ⟨ihb. v. reis⟩ **0.5** ***lik*** ⇒*geslurp, (ge)slobber* **0.6** ***gekabbel*** ⇒*geklots* ◆ **1.¶** in the ~ of the gods *in de schoot der goden/toekomst;* live in the ~ of luxury *in weelde baden* **2.4** last ~ *laatste ruk.*

lap[2] ⟨-ped⟩ **I** ⟨onov.ww.⟩ **0.1** ⟨+ against⟩ ***kabbelen (tegen)*** ⇒*klotsen (tegen)* **0.2** ⟨sport⟩ ***een ronde afleggen*** ◆ **5.2** ~ **in** under 30 seconds *een rondje draaien v. minder dan 30 seconden;*
II ⟨onov. en ov.ww.⟩ **0.1** ***likken*** ⇒*oplikken* ◆ **5.1** ~ **up** *oplikken, opslorpen;* ⟨inf., ook fig.⟩ *verslinden, indrinken;*
III ⟨ov.ww.⟩ **0.1** ***omslaan*** ⇒*omgeven, omwikkelen* **0.2** ⟨sport⟩ ***lappen*** ⇒*een (of meer) ronde(n) voorsprong nemen op.*

lap dog **0.1** ***schoothond(je).***

lapel [ləpel] **0.1** ***revers*** ⇒*lapel.*

lapidar|y[1] [læpidrie] ⟨zn.; mv.: -ies⟩ **0.1** ***edelsteenslijper/bewerker.***

lapidary[2] ⟨bn.⟩ **0.1** ***lapidair*** ⇒*in steen gehouwen/gebeiteld* **0.2** ***lapidair*** ⇒*bondig, kernachtig.*

lapis lazuli [læpis læzjoelie] **0.1** ***lapis lazuli*** ⇒*lazuur(steen)* **0.2** ***lazuur(blauw)*** ⇒*hemelsblauw.*

Lapp [læp], ⟨in bet. 0.1 en 0.2 ook⟩ **Lappish** [læpisj], ⟨in bet. 0.3 ook⟩ **Laplander** [læplændə] **0.1** ⟨bn.⟩ ***Lap(land)s*** ⇒*mbt. de Lappen; in het Laps* **0.2** ⟨eig.n.⟩ ***Laps*** ⟨taal⟩ **0.3** ⟨telb. zn.⟩ ***Lap(lander)*** ⇒*Laplandse.*

lap portable **0.1** ***schootcomputer*** ⇒*draagbare computer.*

lapse[1] [læps] ⟨zn.⟩ **0.1** ***kleine vergissing*** ⇒*abuis, fout(je)* **0.2** ***misstap*** ⇒*(af)dwaling, vergrijp* **0.3** ***(tijds)verloop*** ⇒*verstrijken v. tijd* **0.4** ***periode*** ⇒*tijd(je), poos(je)* ⟨ihb. in het verleden⟩ **0.5** ⟨jur.⟩ ***tenietgang*** ⇒*(het) verval(len)* ⟨ihb. v. niet-benut (voor)recht⟩.

lapse[2] ⟨ww.⟩ **0.1** ***aflaten*** ⇒*verslappen, versagen* **0.2** ***(gaandeweg) verdwijnen*** ⇒*achteruitgaan, afnemen* **0.3** ***vervallen*** ⇒*terugvallen, afglijden* **0.4** ***verstrijken*** ⇒*verlopen* **0.5** ⟨jur.⟩ ***vervallen*** ⟨ihb. aan iem. anders⟩ ⇒*tenietgaan, verlopen* ◆ **1.2** my anger had soon ~d *mijn boosheid was weldra weggeëbd* **6.1** ~ **from** duty *zijn plicht verzaken* **6.3** ~ **into** silence *in stilzwijgen verzinken.*

lapsed [læpst] **0.1** ***afvallig*** ⇒*ontrouw* **0.2** ⟨jur.⟩ ***verlopen*** ⇒*vervallen.*

lapse rate ⟨meteo.⟩ **0.1** ***temperatuurgradiënt.***

laptop (computer) **0.1** ***schootcomputer*** ⇒*(makkelijk) draagbare computer.*

lapwing **0.1** ***kieviet.***

larcen|y [la:snie] ⟨mv.: -ies⟩ ⟨vnl. jur.⟩ **0.1** ***diefstal*** ⇒*ontvreemding.* →**petty.**

larch [la:tsj], ⟨in bet. 0.2 ook⟩ **larchwood** ⟨plantk.⟩ **0.1** ***lariks*** **0.2** ***lariks(hout).***

lard[1] [la:d] ⟨zn.⟩ **0.1** ***varkensvet*** ⇒*(varkens)reuzel.*

lard[2] ⟨ww.⟩ **0.1** ***bedekken/besmeren met varkensvet/reuzel*** **0.2** ⟨cul.⟩ ***larderen*** ⟨ook fig.⟩ ⇒*doorspekken, doorrijgen/bedekken met spek* ◆ **6.2** ~ed **with** oaths *doorspekt met vloeken.*

larder [la:də] **0.1** ***provisiekamer*** ⇒*provisiekast.*

large[1] [la:dzj] ⟨zn.⟩ ⟨+ at⟩ ◆ **6.¶** the murderer is still **at** ~ *de moordenaar is nog steeds op vrije voeten;* the people **at** ~ *het gros v.d. mensen;* talk / write **at** ~ about *uitvoerig ingaan op;* scatter accusations **at** ~ *in het wilde weg beschuldigingen rondstrooien.*

large[2] ⟨bn.; -r; -ness⟩ **0.1** ***groot*** ⇒*omvangrijk, ruim* **0.2** ***veelomvattend*** ⇒*ver(re)gaand, verstrekkend* **0.3** ***onbevangen*** ⇒*gedurfd* **0.4** ***edelmoedig*** ⇒*vrijgevig* ◆ **1.¶** very ~ crude carrier *mammoettanker;* ~ intestine *dikke darm;* as ~ as life *in levenden lijve, hoogstpersoonlijk; onmiskenbaar;* ~r than life *overdreven, buiten proporties.*

large[3] ⟨bw.⟩ **0.1** ***groot.*** →**by.**

largely [la:dzjlie] **0.1** ***grotendeels*** ⇒*hoofdzakelijk, voornamelijk.*

large-minded ⟨-ness⟩ **0.1** ***ruimdenkend*** ⇒*liberaal.*

large-scale **0.1** ***groot(schalig)*** ⇒*op grote schaal, groots opgezet* ◆ **1.1** ~ map *kaart met grote schaal.*

lark [la:k] **0.1** ***grap*** ⇒*(onschuldig) geintje* **0.2** ***leeuwerik*** ⇒ ⟨ihb.⟩ *veldleeuwerik* ◆ **6.1** **for** a ~ *voor de gein/lol.*

lark about, lark around **0.1** ***geintjes/streken uithalen*** ⇒*dollen, keet trappen.*

larkspur ⟨plantk.⟩ **0.1** ***ridderspoor.***

larrup [lærəp] ⟨inf.⟩ **0.1** ***een mep/knal geven.***

larva [la:və] ⟨mv.: larvae [-vie:]⟩ **0.1** ***larve*** ⇒*larf.*

larval [la:vl] **0.1** ***larve-*** ⇒*larveachtig.*

laryngeal [lərindzjl, lærindzjie:əl] **0.1** ⟨anat.⟩ ***laryngaal*** ⇒*mbt. het strottenhoofd.*

laryngitis [lærindzjajtis] ⟨med.⟩ **0.1** ***laryngitis*** ⇒*strottenhoofdontsteking.*

larynx [læringks] **0.1** ***strottenhoofd*** ⇒*larynx.*

lascivious [ləsivviəs] ⟨-ness⟩ **0.1** ***wellustig*** ⇒*geil.*

laser [leezə] ⟨tech.⟩ **0.1** ***laser*** ◆ **1.1** ~ beams *laserstralen.*

laser disc **0.1** ***laser disk.***

laser gun **0.1** ***laserpistool.***

laser printer ⟨comp.⟩ **0.1** ***laserprinter*** ⟨drukt af dmv. laserstralen⟩.

lash[1] [læsj] ⟨zn.⟩ **0.1** ***zweepkoord/riem*** ⇒*zweepeinde* **0.2** ***zweepslag*** **0.3** ***gebeuk*** ⇒*het beuken/striemen/kletteren* **0.4** ⟨ben. voor⟩ ***plotselinge beweging*** ⇒*slag, schok* **0.5** ***wimper*** **0.6** ⟨the⟩ ***geseling*** ⟨ook fig.⟩ ◆ **1.3** the ~ of rain *het striemen v.d. regen.*

lash[2] **I** ⟨onov. en ov.ww.⟩ **0.1** ***een plotselinge beweging maken (met)*** ⇒*slaan, zwiepen* ⟨bv. v. staart⟩ **0.2** ***met kracht slaan (tegen)*** ⇒*geselen, teisteren; striemen* ⟨v. regen⟩; *beuken* ⟨v. golven⟩. →**lash out;**
II ⟨ov.ww.⟩ **0.1** ***geselen*** ⟨ook fig.⟩ ⇒*met de zweep geven* **0.2** ***opzwepen*** ⇒*ophitsen* **0.3** ***vastsnoeren*** ⇒*(stevig) vastbinden;* ⟨scheep.⟩ *sjorren* ◆ **1.2** ~ (o.s. / s.o.) into a fury *(zich/iem.) opzwepen tot woede/woedend maken.*

lashing [læsjing] **0.1** ***koord*** ⇒*touw;* ⟨scheep.⟩ *sjorring* **0.2** ***pak slaag*** ⇒*pak rammel* **0.3** ⟨mv.; vnl. BE; inf.⟩ ***lading*** ⇒*vracht* ◆ **6.3** ~s **of** drink *sloten drank.*

lash out **I** ⟨onov.ww.⟩ **0.1** ⟨+ at, against⟩ ***(plotseling/heftig) slaan/schoppen/trappen (naar)*** ⇒*uithalen (naar), een uitval doen (naar)* **0.2** ⟨+ at, against⟩ ***uitvallen (tegen)*** ⇒*v. leer trekken (tegen), fulmineren (tegen)* **0.3** ⟨inf.⟩ ***met geld smijten*** ◆ **6.3** ~ **on** a new hobby *een vermogen spenderen aan een nieuwe hobby;*
II ⟨ov.ww.⟩ ⟨inf.⟩ **0.1** ***smijten met*** ⇒*strooien met* ⟨ihb. geld⟩.

lass [læs], **lassie** [læsie] **0.1** ***meisje*** ⇒*vriendinnetje, liefje* **0.2** ⟨vnl. Sch. E⟩ ***meisje.***

lassitude [læsitjoe:d] **0.1** ***vermoeidheid*** *⇒uitputting* **0.2** ***onverschilligheid.***

lasso [læsoe:,læsoo] ⟨mv.: ook -es⟩ **0.1** ⟨zn.⟩ ***lasso*** *⇒werpkoord* **0.2** ⟨ww.⟩ ***met een lasso vangen.***

last[1] [la:st] ⟨zn.⟩ **0.1** ***(schoenmakers)leest*** **0.2** ***last*** ◆ **3.¶** stick to one's ~ *zich bij zijn leest houden* **6.2** ~ **of** herrings / malt / wool *last haring/mout/wol.*

last[2] **I** ⟨onov.ww.⟩ **0.1** ***duren*** *⇒aanhouden* **0.2** ***meegaan*** *⇒intact blijven, houdbaar zijn* ◆ **1.2** his irritation won't ~ *zijn ergernis gaat wel over* **5.¶** ~ **out** *niet op raken; het volhouden;*
II ⟨onov. en ov.ww.⟩ **0.1** ***toereikend zijn (voor)*** *⇒voldoende zijn (voor).*

last[3] ⟨telw.; the; als vnw.⟩ **0.1** ***de/het laatste*** ⟨v.e. reeks⟩ *⇒laatstgenoemde* **0.2** ***het einde*** *⇒*⟨schr.⟩ *de dood* ◆ **3.1** breathe one's ~ *zijn laatste adem uitblazen;* he said his ~ on the subject *hij sprak zijn laatste woord over dat onderwerp* **3.2** that was the ~ I saw of him *sindsdien heb ik niets meer van hem gehoord;* we have seen the ~ of him *die zien we niet meer terug* **6.1** in my ~ *in mijn vorige brief;* fight **to / till** the ~ *vechten tot het uiterste* **6.¶** **at** (long) ~ *(uit)eindelijk, ten slotte.*

last[4] ⟨bw.⟩ **0.1** ***als laatste*** *⇒*⟨in samenstellingen⟩ *laatst-* **0.2** ***(voor) het laatst*** *⇒(voor) de laatste keer* **0.3** *→***lastly** ◆ **3.1** come in ~ *als laatste binnenkomen;* last-mentioned *laatstgenoemde* **3.2** when did you see her ~ / ~ see her? *wanneer heb je haar voor het laatst gezien/gesproken?* **5.1** ~ but not least *(als) laatste/laatstgenoemde, maar (daarom) niet minder belangrijk, last but not least.*

last[5] ⟨telw.⟩ **0.1** ***laatste*** ⟨ook fig.⟩ *⇒vorige, verleden* **0.2** ***uiterste*** *⇒uiteindelijke* ◆ **1.1** ⟨rel.⟩ the ~ judgement *het laatste oordeel;* his ~ book *zijn laatste/vorige boek;* on his ~ legs *met zijn laatste krachten;* at the ~ minute / moment *op het laatste moment/ogenblik;* ~ night *gister(en)avond, vannacht;* he's the ~ person I'd invite *hij is de laatste die ik zou uitnodigen;* ~ Tuesday *vorige week dinsdag;* ⟨sprw.⟩ the ~ straw breaks the camel's back *de laatste druppel doet de emmer overlopen* **1.2** my ~ aim *mijn uiteindelijke doel* **1.¶** ⟨mil.⟩ ~ post *Last Post;* that's the ~ straw *dat doet de deur dicht;* ⟨rel.⟩ the Last Supper *het Laatste Avondmaal;* the ~ word in cars *het nieuwste/laatste snufje op het gebied v. auto's* **4.1** the ~ but one *de voorlaatste* **7.1** the ~ few days *de laatste/afgelopen paar dagen;* the second ~ page *de voorlaatste bladzijde* **7.¶** ⟨inf.⟩ down to every ~ detail *tot in de kleinste details;* ⟨inf.⟩ she ate every ~ scrap of food *ze at alles tot en met de laatste kruimel op.*

last-ditch **0.1** ***vertwijfeld*** *⇒wanhopig* ◆ **1.1** ~ attempt *laatste wanhopige poging.*

lasting [la:sting] **0.1** ***blijvend*** *⇒aanhoudend, duurzaam* ◆ **1.1** ~ sorrow *blijvend verdriet.*

lastly [la:stlie] **0.1** ***ten slotte*** *⇒in de laatste plaats, tot slot.*

last-minute **0.1** ***allerlaatst*** *⇒uiterst* ◆ **1.1** a ~ attempt *een uiterste poging;* a ~ decision *een beslissing op het (aller)laatste moment genomen;* ~ preparations *de allerlaatste voorbereidingen.*

latch[1] [lætsj] ⟨zn.⟩ **0.1** ***klink*** ⟨v. deur/hek⟩ **0.2** ***veerslot*** ◆ **6.1** **off** the ~ *op een kier;* **on** the ~ *op de klink* ⟨niet op slot⟩.

latch[2] **I** ⟨onov.ww.⟩ *→***latch on to / onto;**
II ⟨onov. en ov.ww.⟩ **0.1** ***met een klink/veerslot sluiten*** ◆ **1.1** ~ a door *een deur op de klink doen* **5.¶** ~ **on** *het snappen.*

latchkey **0.1** ***huissleutel.***

latchkey child **0.1** ***sleutelkind*** *⇒kind v. werkende ouders.*

latch on to, latch onto ⟨inf.⟩ **0.1** ***snappen*** *⇒(kunnen) volgen* **0.2** ***hangen aan*** *⇒zich vastklampen aan* **0.3** ***niet loslaten*** *⇒vasthouden.*

late[1] [leet] ⟨bn.; -r; ook latter [lætə], ook last [la:st]; -ness⟩ **0.1** ***te laat*** *⇒verlaat, vertraagd* **0.2** ***laat*** *⇒gevorderd* **0.3** ***recent*** *⇒v.d. laatste tijd, nieuw* **0.4** ***voormalig*** *⇒vorig* **0.5** ***(onlangs) overleden*** *⇒wijlen* ◆ **1.1** five minutes ~ *vijf minuten te laat* **1.2** in the ~ afternoon *laat in de middag;* at a ~ hour *laat (op de dag), diep in de nacht;* keep ~ hours *het (altijd) laat maken;* in the ~ thirties *aan het eind v.d. jaren dertig* **1.3** the ~ developments *de recente/jongste ontwikkelingen;* her ~st novel *haar nieuwste/laatst verschenen boek* **1.4** the ~ foreign minister *de oud-minister v. buitenlandse zaken* ⟨al of niet overleden⟩ **1.5** his ~ wife *zijn (onlangs) overleden vrouw* **6.2** **at** the ~st *uiterlijk, op zijn laatst* **7.3** the ~st about the war *het laatste nieuws over de oorlog.*

late[2] ⟨bw.; -r, ook last⟩ **0.1** ***te laat*** *⇒verlaat, vertraagd* **0.2** ***laat*** *⇒op een laat tijdstip, gevorderd* ◆ **1.2** ~ in (one's) life *op gevorderde leeftijd* **2.1** better ~ than never *beter laat dan nooit* **5.2** ~r **on** *later; naderhand; verderop* **6.¶** **of** ~ *onlangs, kort geleden* **8.2** as ~ as the twentieth century *nog tot in de twintigste eeuw.*

late-breaking **0.1** ***v.h. laatste moment*** ◆ **1.1** ~ news *de laatste berichten.*

latecomer **0.1** ***laatkomer.***

lateen sail [lətie:n seel] ⟨scheep.⟩ **0.1** ***latijnzeil.***

lately [leetlie] **0.1** ***onlangs*** *⇒kort geleden, recentelijk* ◆ **¶.1** have you been there ~? *ben jij er/daar de laatste tijd nog geweest?*

latency [leetnsie] **0.1** ***latentie.***

latency period ⟨med.⟩ **0.1** ***incubatietijd.***

late-night **0.1** ***laat(st)*** *⇒nacht-* ◆ **1.1** ~ shopping *koopavond;* ~ film *nachtfilm;* ~ show *nachtvoorstelling, late/laatste voorstelling.*

latent [leetnt] **0.1** ***latent*** *⇒verborgen, sluimerend* ◆ **1.1** ⟨med.⟩ ~ period *incubatietijd.*

lateral[1] [lætrəl] ⟨zn.⟩ **0.1** ***zijstuk*** *⇒uitsteeksel;* ⟨ihb.⟩ *zijtak/stengel.*

lateral[2] ⟨bn.⟩ **0.1** ***zij-*** *⇒aan/vanaf/naar de zijkant* ◆ **1.1** ~ branch *zijtak* ⟨v. familie⟩.

latex [leeteks] **0.1** ***(rubber)latex*** *⇒melksap v. rubberboom.*

lath [la:θ] ⟨mv.: laths [la:ðz, la:θs]⟩ **0.1** ***tengel(lat)*** *⇒latwerk* **0.2** ***lat*** *⇒*⟨ihb.⟩ *jaloezielat.*

lathe [leeð] **0.1** ⟨tech.⟩ ***draaibank.***

lather[1] [la:ðə] ⟨zn.⟩ **0.1** ***(zeep)schuim*** *⇒*⟨ihb.⟩ *scheerschuim* **0.2** ***schuimig zweet*** ⟨ihb. v. paard⟩ ◆ **6.¶** ⟨inf.⟩ **in** a ~ *opgejaagd, jachtig.*

lather[2] **I** ⟨onov.ww.⟩ **0.1** ***schuimen*** ⟨v. zeep⟩ **0.2** ***schuimig zweten*** ⟨v. paard⟩;
II ⟨ov.ww.⟩ **0.1** ***inzepen*** *⇒met zeep/schuim bedekken* ⟨ihb. voor het scheren⟩ **0.2** ⟨inf.⟩ ***een pak slaag geven*** *⇒afrossen.*

Latin[1] [lætin] **I** ⟨eig.n.⟩ **0.1** ***Latijn*** ⟨taal⟩;
II ⟨telb.zn.⟩ **0.1** ***Romaan*** *⇒(een) Romaans(e taal) sprekende.*

Latin[2] ⟨bn.⟩ **0.1** ***Latijns*** *⇒mbt./(als) in het Latijn* **0.2** ***Latijns*** *⇒Romaans, een Latijnse/Romaanse taal sprekend* **0.3** ⟨rel.⟩ ***Latijns*** ◆ **1.2** ~ America *Latijns-Amerika* **1.3** ~ Church *Latijnse/rooms-katholieke kerk.*

Latin-American **0.1** ***Latijns-Amerikaans*** *⇒Midden/Zuid-Amerikaans.*

Latin|ize, ⟨BE sp. ook⟩ **-ise** [lætinnajz] ⟨ook l-; zn.: **-ization**⟩ **I** ⟨onov.ww.⟩ **0.1** ***latinismen gebruiken;***
II ⟨ov.ww.⟩ **0.1** ***verlatijnsen*** *⇒(ver)latiniseren, een Latijnse vorm geven* **0.2** ***in het Latijn vertalen.***

latish [leetisj] **0.1** ***aan de late kant*** *⇒tamelijk laat.*

latitude [lætitjoe:d] **0.1** ⟨vnl. mv.⟩ ***hemelstreek*** *⇒lucht-*

streek, zone **0.2** ⟨aardr.⟩ ***(geografische) breedte*** ⇒*poolshoogte* **0.3** ***speelruimte*** ⇒*(geestelijke) vrijheid* **0.4** ⟨foto.⟩ ***belichtingsspeelruimte*** ◆ **1.2** the ~ of the island is 40 degrees north *het eiland ligt op 40 graden noorderbreedte* **6.3** much ~ **in** religious belief *grote vrijheid op geloofsgebied.*

latitudinal [lætitjoe:dnəl] ⟨aardr.⟩ **0.1** ***breedte*** ⇒*mbt. de (geografische) breedte.*

latitudinarian [lætitjoe:dinneəriən] **0.1** ⟨bn.⟩ ***vrijzinnig*** ⇒ *(religieus) tolerant/verdraagzaam* **0.2** ⟨zn.⟩ ***vrijzinnige*** ⇒ *(religieus) verdraagzaam mens.*

latrine [lətrie:n] **0.1** ***latrine*** ⇒*(kamp/kazerne) wc* ⟨vnl. buitenshuis⟩.

latter¹ [lætə] ⟨vnw.; the⟩⟨schr.⟩ **0.1** ***de/het laatstgenoemde*** ⟨v. twee; inf. ook v. meer⟩ ⇒*de/het tweede* ◆ **4.1** Brahms and Bruckner; the ~ from the South *Brahms en Bruckner; de laatstgenoemde/de tweede uit het zuiden.*

latter² ⟨det.⟩⟨schr.⟩ **0.1** ***laatstgenoemd*** ⟨v. twee; inf. ook v. meer⟩ ⇒*tweede* **0.2** ***laatst*** ◆ **1.1** the ~ part of the year *het tweede halfjaar* **1.2** in his ~ years *in zijn laatste/latere jaren.*

latter-day **0.1** ***hedendaags*** ⇒*recent, modern* ◆ **1.¶** Latter-day Saint(s) *mormo(o)n(en), heilige(n) der laatste dagen.*

latterly [lætəlie] **0.1** ***recentelijk*** ⇒*sinds kort, de laatste tijd.*

lattice [lætis], ⟨in bet. 0.1 ook⟩ **latticework** **0.1** ***raster(werk)*** ⇒*vak/raam/traliewerk, rooster;* ⟨ook⟩ ***(klim)plantenrek*** **0.2** ⟨nat.⟩ ***(kristal)rooster*** ⇒*(atoom/molecule)rooster* **0.3** ⟨verk.⟩ [lattice window].

lattice frame, lattice girder ⟨tech.⟩ **0.1** ***vakwerkligger.***

lattice window **0.1** ***glas-in-loodraam.***

Latvia [lætviə] **0.1** ***Letland.***

Latvian [lætviən] **0.1** ⟨bn.⟩ ***Lets*** ⇒*Letlands* **0.2** ⟨eig.n.⟩ ***Lets*** ⟨taal⟩ **0.3** ⟨telb. zn.⟩ ***Let*** ⇒*Letlander, bewoner v. Letland.*

laud [lo:d] ⟨rel.⟩ **0.1** ***loven*** ⇒*prijzen.*

laudab|le [lo:dəbl] ⟨-ly; zn.: **-ility**⟩ **0.1** ***loffelijk*** ⇒*lof/prijzenswaardig.*

laudatory [lo:dətrie] **0.1** ***lovend*** ⇒*prijzend, lof-.*

laugh¹ [la:f] ⟨zn.⟩ **0.1** ***lach*** ⇒*gelach* **0.2** ***lach*** ⇒*manier v. lachen, lachje* **0.3** ⟨inf.⟩ ***geintje*** ⇒*lolletje, lachertje* ◆ **3.¶** have the last ~ *het laatst lachen;* get/have the ~ of/on s.o. *iem. op zijn nummer zetten* **6.3** **for** ~s *voor de gein/lol.*

laugh² **I** ⟨onov.ww.⟩ **0.1** ***lachen*** **0.2** ***in de lach schieten*** ⇒ *moeten/beginnen te lachen* ◆ **3.¶** ⟨inf.⟩ be ~ing *op rozen zitten* **4.1** ~ to o.s. *inwendig lachen.* →**laugh at;**
II ⟨ov.ww.⟩ **0.1** ***lachend uiten/zeggen*** **0.2** ***belachelijk maken*** ⇒*uitlachen, weglachen* ◆ **5.2** ~ **down** *de mond snoeren door lachen;* ~ **off** *met een lach/grapje afdoen* **5.¶** ~ o.s. sick *zich ziek/dood/een ongeluk lachen* **¶.¶** ⟨sprw.⟩ ~ and the world laughs with you; cry and you cry alone *vrolijke mensen hebben altijd veel vrienden om zich heen; treurige mensen worden gemeden.* →**laugh away.**

laughab|le [la:fəbl] ⟨-ly⟩ **0.1** ***komisch*** ⇒*grappig, leuk* **0.2** ***lachwekkend*** ⇒*belachelijk.*

laugh at **0.1** ***uitlachen*** ⇒*belachelijk maken, bespotten* **0.2** ***lachen om*** ⇒*lak/maling hebben aan.*

laugh away **0.1** ***weglachen*** ⇒*met een lach afdoen* ◆ **1.1** ~ one's tears *zijn tranen weglachen.*

laughing¹ [la:fing] ⟨zn.⟩ **0.1** ***gelach*** ⇒*het lachen.*

laughing² ⟨bn.⟩ **0.1** ***lachend*** ⇒*vrolijk, opgewekt* **0.2** ***om te lachen*** ◆ **1.2** no ~ matter *een serieuze zaak, geen gekheid* **1.¶** ⟨dierk.⟩ ~ jackass *kookaburra* ⟨lachvogel⟩.

laughing gas **0.1** ***lachgas*** ⟨narcosemiddel⟩.

laughingstock **0.1** ***mikpunt/doelwit (v. spot e.d.)*** ⟨ook v. zaken⟩.

laughter [la:ftə] **0.1** ***gelach*** ⇒*het lachen* **0.2** ***plezier*** ⇒*pret, lol* ◆ **2.2** silent ~ *binnenpret.*

launch¹ [lo:ntsj] ⟨zn.⟩ **0.1** ***motorbarkas*** ⇒*motorsloep* **0.2** ***rondvaartboot*** ⇒*plezierboot* **0.3** ***tewaterlating*** ⇒*het tewater-laten* **0.4** ***lancering.***

launch² **I** ⟨onov.ww.⟩ **0.1** ⟨vaak +out⟩ ***(energiek) iets (nieuws) beginnen/aanvatten*** ⇒*uitpakken/weiden, losbarsten* ◆ **5.1** ~ **out** into business for o.s. *voor zichzelf beginnen* **6.1** ~ **into** *zich storten/zich werpen op;*
II ⟨ov.ww.⟩ **0.1** ***lanceren*** ⇒*afvuren, (weg)werpen/slingeren/smijten* **0.2** ***lanceren*** ⇒*uitbrengen, de wereld insturen* **0.3** ***te water laten*** **0.4** ***op gang brengen*** ⇒*(doen) beginnen, op touw zetten* ◆ **1.2** ⟨fig.⟩ ~ a blow *een klap uitdelen;* ⟨fig.⟩ ~ a threat at s.o. *een bedreiging uiten tegen iem.*

launcher [lo:ntsjə] **0.1** ⟨mil.⟩ ***lanceerinrichting*** ⇒*afvuurinrichting* ⟨voor geleide projectielen⟩.

launching pad **0.1** ⟨vnl. ruim.⟩ ***lanceerplatform*** ⟨v. raket⟩ ⇒ ⟨fig.⟩ *springplank.*

launch(ing) site ⟨ruim.⟩ **0.1** ***lanceerbasis.***

launder [lo:ndə] **I** ⟨onov.ww.⟩ **0.1** ***wasbaar (en strijkbaar) zijn*** ⇒*te wassen (en strijken) zijn;*
II ⟨onov. en ov.ww.⟩ **0.1** ***wassen (en strijken)*** **0.2** ⟨sl.⟩ ***witmaken*** ⟨zwart geld⟩.

launderette [lo:nd(ə)ret], ⟨AE⟩ **laundromat** [lo:ndrəmæt] **0.1** ***wasserette.***

laundress [lo:ndris] **0.1** ***wasvrouw.***

laundr|y [lo:ndrie] ⟨mv.: -ies⟩ **0.1** ***wasserij*** ⇒*wasinrichting* **0.2** ⟨the⟩ ***was*** ⇒*wasgoed.*

laundry basket ⟨BE⟩ **0.1** ***wasmand.***

laundry list **0.1** ***waslijst*** ⟨ook fig.⟩.

laureate [lo:riət] **0.1** ***laureate*** ⇒*hof-* ⟨in Engeland⟩ ◆ **1.1** poet ~ *poetus laureatus, hofdichter.*

laurel [lorrəl] **0.1** ***laurier*** **0.2** ⟨vaak mv.⟩ ***lauwerkrans/kroon*** ⇒*lauwer, erepalm* **0.3** ⟨mv.⟩ ***lauweren*** ⇒*roem, eer* ◆ **3.3** rest on one's ~s *op zijn lauweren rusten.*

lav [læv] ⟨verk.⟩ [lavatory] ⟨inf.⟩ **0.1** ***plee.***

lava [la:və] **0.1** ***lava.***

lavator|y [lævətrie] ⟨mv.: -ies⟩ **0.1** ***toilet*** ⇒*wc, openbaar toilet* **0.2** ***toiletpot*** **0.3** ***wasvertrek*** ⇒*toiletruimte.*

lave [leev] ⟨schr.⟩ **0.1** ***baden*** ⇒*een bad geven* **0.2** ***voorbij kabbelen*** ⇒*zachtjes stromen langs, kabbelen tegen.*

lavender [lævində] **0.1** ⟨plantk.⟩ ***lavendel*** **0.2** ***lavendel*** ⇒ *gedroogde lavendelbloemen* **0.3** ⟨vaak attr.⟩ ***lavendelblauw.***

laver bread ⟨cul.⟩ **0.1** ***gebakken roodwier*** ⟨als koek bij het ontbijt, vnl. in Wales⟩.

lavish¹ [lævisj] ⟨bn., -ness⟩ **0.1** ***kwistig*** ⇒*gul, verkwistend* **0.2** ***overvloedig*** ⇒*buitensporig, overdadig* ◆ **1.1** ~ spender *verkwister* **1.2** ~ praise *overdadige/kwistige lof.*

lavish² ⟨ww.⟩ **0.1** ***kwistig/met gulle hand geven/schenken*** ◆ **6.1** ~ sth. **on** s.o. *iem. overladen/overstelpen met iets.*

law [lo:] **0.1** ***wet*** ⇒*recht(sregel)* **0.2** ⟨vnl. the⟩ ***wet(geving)*** ⇒ *rechtsstelsel* **0.3** ***rechten(studie)*** ⇒*rechtsgeleerdheid* **0.4** ⟨the⟩ ***advocatuur*** ⇒*juridische stand* **0.5** ⟨vaak the⟩ ***recht(sgang)*** ⇒*justitie, gerecht* **0.6** ***(gedrags)code*** ⇒ *(spel)regel, norm;* ⟨ihb.⟩ *beroeps/sport/kunstcode* **0.7** ***wet*** ⇒*wetmatigheid, natuurwet* **0.8** ⟨ww. enk. of mv.; the; inf.⟩ ***politie*** ⇒*sterke arm* ◆ **1.1** ⟨jur.⟩ ~ of nations *volkenrecht;* ~ and order *orde en gezag, recht en orde* **1.2** in the name of the ~ *in naam der wet* **1.6** ~ of honour *erecode* **1.7** ⟨nat.⟩ ~s of motion *bewegingswetten;* ~ of averages *wetten v.d. kansrekening/waarschijnlijkheidsrekening;* by the ~ of averages *naar alle waarschijnlijkheid;* ⟨ec.⟩ ~ of diminishing returns *wet v.d. afnemende meeropbrengst* **1.¶** ~ of Moses *Mozaïsche wet, tien geboden;* take the ~ into one's own hands *het recht in eigen hand nemen;* ~ of the jungle *recht v.d. sterkste* **3.3** ⟨vnl. BE⟩ read ~ *rechten studeren*

3.5 go to ~ *naar de rechter stappen, een proces aanspannen* 3.¶ lay down the ~ *de wet voorschrijven; snauwen, blaffen* 4.1 be a ~ unto o.s. *zijn eigen wetten stellen, eigenmachtig optreden.* →**long, right, unwritten.**

law-abiding 0.1 ***gezagsgetrouw*** ⇒*gehoorzaam aan de wet.*

lawbreaker 0.1 ***delinquent*** ⇒*(wets)overtreder.*

law centre ⟨BE⟩ 0.1 ***wetswinkel.***

lawcourt 0.1 ***rechtscollege*** ⇒*rechtbank, gerechtshof.*

law-enforcement ⟨vaak attr.⟩⟨vnl. AE⟩ 0.1 ***ordehandhaving*** ◆ 1.1 ~ official/officer *ordehandhaver.*

lawful [lo:fl] ⟨-ness⟩ 0.1 ***wettig*** ⇒*legaal, rechtsgeldig* 0.2 ***rechtmatig*** ⇒*geoorloofd, legitiem* ◆ 1.1 ~ heir *wettige erfgenaam.*

lawless [lo:ləs] ⟨-ness⟩ 0.1 ***wetteloos*** 0.2 ***onstuimig*** ⇒*losbandig, wild* 0.3 ***ongebreideld.***

lawn [lo:n] 0.1 ***gazon*** ⇒*grasveld/perk* 0.2 ***batist*** ⇒*linnen.*

lawn mower 0.1 ***grasmaaier*** ⇒*gras(maai)machine.*

lawn tennis 0.1 ***tennis*** ⟨ihb. op buitenbaan⟩.

Law School ⟨AE⟩ 0.1 ***(de) Faculteit der Rechtsgeleerdheid.***

law student 0.1 ***student(e) (in de) rechten.***

lawsuit 0.1 ***proces*** ⇒*(rechts)geding, (rechts)zaak.*

lawyer [lo:jə] 0.1 ***advocaat*** ⇒*(juridisch) raadsman/adviseur* 0.2 ***jurist*** ⇒*rechtsgeleerde.*

lax [læks] 0.1 ***laks*** ⇒*nalatig, nonchalant* 0.2 ***laks*** ⇒*lui, initiatiefloos* 0.3 ***slap*** ⟨ook fig.⟩ ⇒*los, niet streng* ◆ 1.3 ~ muscles *slappe spieren* 6.1 ~ **about** keeping appointments *laks in het nakomen v. afspraken.*

laxative [læksətiv] ⟨med.⟩ 0.1 ⟨bn.⟩ ***laxerend*** 0.2 ⟨zn.⟩ ***laxeermiddel.***

laxit|y [læksətie], **laxness** [-nəs] ⟨mv.: -ies⟩ 0.1 ***slordigheid*** ⇒*nonchalante fout* 0.2 ***laksheid*** ⇒*nalatigheid, luiheid* 0.3 ***slapheid*** ⇒*losheid.*

lay[1] [lee] ⟨zn.⟩ 0.1 ***ligging*** ⇒*positie* 0.2 ⟨schr.⟩ ***lied*** ⇒*ballade* 0.3 ⟨sl.⟩ ***vrouw als seksueel object*** 0.4 ⟨sl.⟩ ***wip*** ⇒*nummertje* ◆ 1.1 ⟨AE⟩ the ~ of the land *de natuurlijke ligging v.h. gebied/stuk grond;* ⟨fig. ook⟩ *de stand v. zaken.* →**easy.**

lay[2] ⟨bn.⟩ 0.1 ⟨rel.⟩ ***leken-*** ⇒*niet-priesterlijk, wereldlijk* 0.2 ***leken-*** ⇒*amateur-, ondeskundig* ◆ 1.1 ~ brother *lekenbroeder;* ~ preacher *lekenpriester;* ~ sister *lekenzuster* 1.2 ~ opinion *lekenmening.*

lay[3] ⟨laid, laid [leed]⟩ **I** ⟨onov.ww.⟩ 0.1 ***wedden*** 0.2 ⟨volkst. voor lie⟩ ***leggen*** ◆ 5.¶ ⟨sl.⟩ ~ low *zich gedeisd houden* 6.¶ ⟨inf.⟩ ~ **into** *ervan langs geven* ⟨ook fig.⟩. →**lay about, lay off, lay over, lay to;**

II ⟨onov. en ov.ww.⟩ 0.1 ***leggen*** ⟨eieren⟩;

III ⟨ov.ww.⟩ 0.1 ***leggen*** ⇒*neerleggen/vleien* 0.2 ⟨ben. voor⟩ ***installeren*** ⇒*leggen; plaatsen; zetten; dekken* ⟨tafel⟩ 0.3 ⟨ben. voor⟩ ***in een bep. toestand brengen*** ⇒*leggen; zetten; brengen* 0.4 ***verdrijven*** ⇒*doen bedaren/verdwijnen* 0.5 ***beleggen*** ⇒*bekleden, be/overdekken (met)* 0.6 ***riskeren*** ⇒*op het spel zetten;* ⟨ihb.⟩ *(ver)wedden* 0.7 ***naar voren brengen*** ⇒*uiten, in/uitbrengen* 0.8 ⟨+ (up)on⟩ ***opleggen*** ⟨belasting, boete⟩ ⇒*belasten met* ⟨verantwoordelijkheid e.d.⟩ 0.9 ⟨sl.⟩ ***naaien*** ⇒*een beurt geven* ◆ 1.1 ~ carpet *vloerbedekking leggen* 1.2 the scene of the story is laid in ... *het verhaal speelt zich af in ...;* ~ a snare/trap *een strik/val zetten* 1.3 ~ in ashes *in de as leggen* 1.4 ~ s.o.'s doubts *iemands twijfel(s) wegnemen/sussen* 1.6 ~ a wager *een weddenschap aangaan/afsluiten* 5.3 ~ bare *blootleggen;* ⟨fig.⟩ *aan het licht brengen;* ~ flat *tegen de grond slaan;* ~ low *tegen de grond werken; (vernietigend) verslaan;* ⟨fig.⟩ *vellen* ⟨bv. v. ziekte⟩; ~ waste *verwoesten* 5.¶ ~ **in** *inslaan; opslaan* 6.8 ~ a penalty **(up)on** s.o. *iem. een boete/straf opleggen.* →**lay aside/by, lay down, lay off, lay on, lay open, lay out, lay up.**

lay[4] ⟨verl. t.⟩ →**lie.**

layabout ⟨BE; inf.⟩ 0.1 ***leegloper*** ⇒*nietsnut, werkschuwe.*

lay about 0.1 ***wild (om zich heen) slaan*** ⇒*te lijf gaan, ervan langs geven* ⟨ook fig.⟩.

lay aside, lay by 0.1 ***opzij leggen*** ⇒*sparen, wegleggen, bewaren* 0.2 ***laten varen*** ⇒*opgeven* ⟨plan, hoop⟩.

lay-by 0.1 ⟨BE⟩ ***parkeerplaats*** ⇒*parkeerhaven* ⟨langs autoweg⟩.

lay day ⟨hand.⟩ 0.1 ***los/laaddag*** 0.2 ***(gratis/vrije) ligdag.***

lay down 0.1 ***neerleggen*** 0.2 ***vastleggen*** ⇒*voorschrijven, bepalen* 0.3 ***opslaan*** ⇒*laten rijpen* ⟨wijn⟩ 0.4 ***beginnen te bouwen/aan te leggen*** ⇒⟨scheep.⟩ *op stapel zetten* 0.5 ***opgeven*** ⇒*laten varen; neerleggen* ⟨ambt⟩ ◆ 1.1 ~ one's tools *staken* 1.2 ~ a procedure *een procedure uitstippelen* 1.5 ~ hopes *de hoop laten varen* 4.1 lay o.s. down *gaan liggen.*

layer[1] [leeə] ⟨zn.⟩ 0.1 ***laag*** 0.2 ***legger*** ⟨ihb. kip⟩ ⇒*leghen* 0.3 ⟨vaak als 2e lid v. samenstellingen⟩ ***legger*** ⇒*iem. die (materiaal) legt* 0.4 ⟨plantk.⟩ ***aflegger*** ⇒*afgelegde loot* ◆ 1.1 ~ of sand *laag zand* 1.3 bricklayer *metselaar.*

layer[2] **I** ⟨onov.ww.⟩ 0.1 ⟨plantk.⟩ ***wortel schieten na aflegging;***

II ⟨ov.ww.⟩ 0.1 ⟨plantk.⟩ ***afleggen*** ⇒*kweken door aflegging* 0.2 ***in lagen splitsen*** ⇒*gelaagd maken, in lagen aanbrengen.*

layer cake ⟨cul.⟩ 0.1 ***lagentaart*** ⇒*gelaagd gebak.*

layette [leeet] 0.1 ***babyuitzet.***

lay figure 0.1 ***ledenpop*** ⇒*mannequin* 0.2 ***marionet*** ⟨fig.⟩ ⇒ *ledenpop.*

lay|man [leemən], **layperson** ⟨mv.: -men [-mən]⟩ 0.1 ⟨rel.⟩ ***leek*** ⇒*niet-geestelijke* 0.2 ***leek*** ⇒*amateur, niet-deskundige.*

layoff 0.1 ***(tijdelijk) ontslag*** ⇒*non-actief, afvloeiing* 0.2 ***(periode v.) tijdelijke werkloosheid.***

lay off I ⟨onov.ww.⟩ 0.1 ⟨inf.⟩ ***stoppen*** ⇒*ophouden, opgeven* ◆ ¶.1 ~, will you? *laat dat, ja?;* I'll ~ for a few days *ik blijf een paar dagen thuis;*

II ⟨ov.ww.⟩ 0.1 ***(tijdelijk) ontslaan*** ⇒*op non-actief stellen, laten afvloeien;*

III ⟨ww. + vz.⟩⟨inf.⟩ 0.1 ***afblijven van*** ⇒*loslaten, met rust laten* ◆ 4.1 ~ me *houd je handen thuis.*

lay on 0.1 ***zorgen voor*** ⇒*regelen, organiseren* ◆ 1.1 ~ a car *een auto regelen;* ~ electricity *elektriciteit aanleggen* 4.¶ lay it on (thick) *(sterk/flink) overdrijven, het er dik opleggen; slijmen, flikflooien.*

lay open 0.1 ***openhalen*** ⟨huid⟩ 0.2 ***blootleggen*** ⇒*aan het licht brengen* ◆ 4.¶ lay o.s. open to *zich blootgeven, zich blootstellen aan* ⟨kritiek e.d.⟩.

layout 0.1 ***indeling*** ⇒*ontwerp, bouwplan* 0.2 ⟨druk.⟩ ***opmaak*** ⇒*lay-out.*

lay out 0.1 ***spenderen*** ⇒*uitgeven, investeren* 0.2 ⟨inf.⟩ ***neerslaan*** ⇒*buiten westen/tegen de vlakte slaan;* ⟨ihb. sport⟩ *uitschakelen, neerleggen* 0.3 ***rangschikken*** ⇒*indelen, vormgeven;* ⟨ihb. druk.⟩ *opmaken, de lay-out/opmaak verzorgen van* 0.4 ***uitspreiden*** ⇒*etaleren;* ⟨ihb.⟩ *klaarleggen* ⟨kleding⟩ 0.5 ***afleggen*** ⇒*opbaren* ⟨lijk⟩.

lay over ⟨AE⟩ 0.1 ***zijn reis onderbreken.***

lay to 0.1 ⟨scheep.⟩ ***bijleggen*** ⇒*bij de wind gaan liggen.*

lay up 0.1 ***opslaan*** ⇒*een voorraad aanleggen v., inslaan* 0.2 ⟨scheep.⟩ ***opleggen*** ⇒*uit de vaart nemen* 0.3 ***uit de roulatie halen*** ⇒*het bed doen houden* ◆ 6.3 he was laid up **with** the flu *hij moest in bed blijven met de griep.*

laze[1] [leez] ⟨zn.⟩⟨inf.⟩ 0.1 ***korte (rust)pauze.***

laze[2] ⟨inf.⟩ **I** ⟨onov.ww.⟩ 0.1 ***luieren*** ⇒*niksen* ◆ 5.1 ~ **about/ around** *aanklooien, rondklooien/lummelen;*

II ⟨ov.ww.⟩ ◆ **5.¶** ~ **away** the whole day *de hele dag verlummelen.*

laz|y [leezie] ⟨-iness⟩ **0.1** ***lui*** **0.2** ***traag*** **0.3** ***loom*** *⇒drukkend* ◆ **1.2** ~ river *traag stromende rivier* **1.3** ~ day *lome/drukkende dag.*

lazybones **0.1** ***luiwammes.***

lb. ⟨afk.⟩ **0.1** [libra] ***lb.*** *⇒Engels pond* ⟨gewicht; →t⟩.

l.b.w. ⟨afk.; cricket⟩ **0.1** [leg before wicket].

LCD ⟨afk.⟩ **0.1** [liquid crystal display] ***LCD(-scherm).***

Ld. ⟨afk.⟩ **0.1** [Lord].

L-driver ⟨verk.⟩ [learner-driver] ⟨BE⟩ **0.1** ***leerling-automobilist.***

lea [lie:] **0.1** ⟨schr.⟩ ***veld*** *⇒weide.*

L.E.A. ⟨afk.⟩ **0.1** [Local Education Authority].

leach [lie:tsj] **I** ⟨onov.ww.⟩ **0.1** ***uitgeloogd worden*** *⇒uitgefilterd worden* **0.2** ***uitloogbaar zijn*** *⇒uit te filteren zijn;*
II ⟨ov.ww.⟩ **0.1** ***(uit)logen*** *⇒uitfilteren, uittrekken met water* ◆ **5.1** ~ salt **away / out** *zout uitlogen.*

lead¹ [led] ⟨zn.⟩ **0.1** ***lood*** **0.2** ⟨scheep.⟩ ***(diep)lood*** *⇒peillood, paslood* **0.3** ***(potlood)stift*** *⇒grafiet* **0.4** ⟨mv.; BE⟩ ***daklood*** *⇒bladlood voor daken* **0.5** ⟨mv.⟩ ***lood*** *⇒v. glas in lood* ◆ **3.¶** ⟨inf.⟩ swing the ~ *zich drukken, lijntrekken.* →**red, white.**

lead² [lie:d] ⟨zn.⟩ **0.1** ***leiding*** *⇒het leiden* **0.2** ***aanknopingspunt*** *⇒aanwijzing, suggestie* **0.3** ⟨the; ihb. sport⟩ ***leiding*** *⇒koppositie, eerste plaats* **0.4** ***voorsprong*** **0.5** ⟨kaartspel⟩ ***uitkomst*** *⇒het uitkomen/starten; uitkomstkaart/kleur* **0.6** ⟨film., dram.⟩ ***hoofdrol*** *⇒*⟨bij uitbr.⟩ *hoofdrolspeler* **0.7** ⟨ook attr.; journalistiek⟩ ***hoofdartikel*** *⇒openingsartikel* **0.8** ⟨elek.⟩ ***voedingsdraad/leiding/lijn*** **0.9** ⟨vnl. BE⟩ ***(honden)lijn/riem*** ◆ **3.1** take the ~ *de leiding nemen; het initiatief nemen* **3.2** give s.o. a ~ *iem. op weg helpen/een hint geven* **4.5** whose ~ is it? *wie moet er uitkomen?*

lead³ [lie:d]⟨led, led [led]⟩ **I** ⟨onov.ww.⟩ **0.1** ⟨dansk.⟩ ***leiden*** ◆ **5.¶** ~ **up** to *(uiteindelijk) resulteren in; een inleiding/voorbereiding zijn tot;* ~ **with** *beginnen met;* ⟨ihb. journalistiek⟩ *openen met;*
II ⟨onov. en ov.ww.⟩ **0.1** ***voorgaan*** *⇒de weg wijzen, (bege)leiden* **0.2** ***aan de leiding gaan*** *⇒aanvoeren, op kop/voor(op) liggen;* ⟨sport⟩ *voorstaan, een voorsprong hebben op;* ⟨fig.⟩ *de toon aangeven* **0.3** ***voeren*** *⇒leiden* ⟨v. weg/route⟩; ⟨fig.⟩ *resulteren in* **0.4** ***leiden*** *⇒aanvoeren, het bevel hebben/voeren (over)* ◆ **1.2** ~ the fashion *de toon aangeven op modegebied;* Liverpool ~s with sixty points *Liverpool staat bovenaan met zestig punten* **5.¶** ~ **off** (with) *beginnen/openen/van start gaan (met)* **6.3** ~ **to** disaster *tot rampspoed leiden;*
III ⟨ov.ww.⟩ **0.1** ***(weg)leiden*** *⇒(mee)voeren* ⟨bij de hand/aan een touw e.d.⟩ **0.2** ***brengen/bewegen tot*** *⇒overhalen, aanzetten tot* **0.3** ***leiden*** ⟨bestaan/leven⟩ ◆ **1.3** ~ a life of luxury *een weelderig leven leiden* **3.2** ~ s.o. to think that *iem. in de waan brengen dat* **5.¶** ~ (s.o.) astray *(iem.) op een dwaalspoor/het verkeerde pad brengen;* ⟨vnl. pass.⟩ ~ **away** *meeslepen; blind(elings) doen volgen;* ~ (s.o.) **on** *(iem.) overhalen/verleiden (tot); iem. iets wijsmaken.*

leaden [ledn] **0.1** ***loden*** *⇒v. lood* **0.2** ***loodgrijs*** *⇒loodkleurig* **0.3** ***zwaar*** *⇒deprimerend, beklemmend.*

leader [lie:də], ⟨in bet. 0.3 ook⟩ **loss leader** **0.1** ***leider*** *⇒aanvoerder, gids* **0.2** ⟨ben. voor⟩ ***eerste/voorste*** *⇒*⟨pol.⟩ *partijleider, voorman;* ⟨BE; muz.⟩ *concertmeester, eerste violist;* ⟨AE; muz.⟩ *dirigent* **0.3** ⟨verk.⟩ [loss leader] **0.4** ⟨vnl. BE; journalistiek⟩ ***hoofdcommentaar*** **0.5** ⟨ec.⟩ ***hoofdindicator*** **0.6** ⟨mv.; druklijn⟩ ***blokpunten*** **0.7** ⟨foto.⟩ ***aanloopstrook*** ⟨v. film⟩ **0.8** ⟨anat.⟩ ***pees.***

leadership [lie:dəsjip] ⟨zn.⟩ **0.1** ***leiderschap*** *⇒leiderspositie* **0.2** ***gezag*** *⇒autoriteit* **0.3** ***leiderscapaciteiten/kwaliteiten*** **0.4** ⟨ww. enk. of mv.⟩ ***leiding*** *⇒bewind* ◆ **3.4** the ~ are / is divided *de leiding is het (onderling) oneens.*

lead-free [ledfrie:] **0.1** ***loodvrij.***

lead-in [lie:din] **0.1** ⟨tech.⟩ ***antenneaansluiting*** **0.2** ***inleiding*** *⇒introductie.*

leading¹ [ledding] ⟨zn.⟩ **0.1** ***loodrand/strook*** ⟨om glas⟩.

leading² [lie:ding] ⟨bn.⟩ **0.1** ***voornaam(st)*** *⇒hoofd-, toonaangevend* **0.2** ***leidend*** *⇒(be)sturend, (be)heersend* **0.3** ***eerste*** *⇒voorste* ◆ **1.1** ~ actor / actress *hoofdrolspeler/speelster;* ~ part / role *hoofdrol* **1.3** ⟨jur.⟩ ~ counsel *hoofdverdediger* ⟨in Groot-Brittannië⟩ **1.¶** ~ article *lokkertje, reclameartikel* ⟨in winkels⟩; ⟨BE; journalistiek⟩ *(hoofd)commentaar, redactioneel commentaar/artikel;* ⟨jur.⟩ ~ case *proefproces; precedent;* ~ light *invloedrijk persoon, autoriteit;* ~ question *suggestieve vraag.*

leading edge [lie:ding edzj] **0.1** ***(technologische) voorsprong.***

leading reins [lie:ding reenz] **0.1** ***leiband.***

lead poisoning [led pojzning] **0.1** ***loodvergiftiging.***

lead shot [led sjot] ⟨zn.⟩ **0.1** ***hagel*** ⟨munitie⟩ *⇒schroot.*

lead singer [lie:d singə] **0.1** ***leadzanger.***

lead time [lie:d tajm] ⟨hand.⟩ **0.1** ***lever(ings)tijd.***

leaf¹ [lie:f] ⟨zn.; mv.: leaves⟩ **0.1** ***blad*** ⟨v. boom/plant⟩ *⇒(bloem)blad* **0.2** ***blad(zijde)*** ⟨v. boek⟩ **0.3** ⟨ben. voor⟩ ***uitklapbare/scharnierende klep*** *⇒insteek/uitschuifblad* ⟨v. tafel⟩ **0.4** ⟨vnl. als 2e lid v. samenstellingen⟩ ***folie*** *⇒blad-* ⟨v. metaal⟩ ◆ **1.4** gold ~ *bladgoud* **1.¶** take a ~ out of s.o.'s book *iem. navolgen, in iemands voetspoor treden* **6.1** be **in** ~ *blad dragen/hebben;* come **into** ~ *blad krijgen.* → **new.**

leaf², ⟨in bet. 0.1 ook⟩ **leave** [lie:v] ⟨ww.⟩ **0.1** ⟨+out⟩ ***blad(eren) krijgen*** *⇒in het blad komen* **0.2** ***bladeren*** ◆ **6.2** ~ **through** *(snel) doorbladeren.*

leafage [lie:fidzj] **0.1** ***gebladerte*** *⇒loof.*

leaf bud **0.1** ***bladknop.***

leafed [lie:ft], **leaved** [lie:vd] **0.1** ***gebladerd*** *⇒met bladeren* **0.2** ⟨vnl. als 2e lid v. samenstellingen⟩ ***-bladig*** ◆ **¶.2** wide-~ *breedbladig.*

leaflet [lie:flit] **0.1** ⟨plantk.⟩ ***blaadje*** ⟨v. samengesteld blad⟩ **0.2** ***foldertje*** ⟨meestal één bladzijde⟩.

leaf mould **0.1** ***bladaarde*** *⇒humus.*

leaf spring ⟨tech.⟩ **0.1** ***bladveer.***

leafy [lie:fie] **0.1** ***gebladerd*** *⇒met bladeren; lommerrijk* **0.2** ***blad-*** *⇒uit blad bestaand* **0.3** ***bladachtig*** ◆ **1.2** ~ vegetables *bladgroenten.*

league¹ [lie:g] ⟨zn.⟩ **0.1** ⟨vaak L-⟩ ***(ver)bond*** *⇒liga* **0.2** ⟨ook attr.; sport⟩ ***bond*** *⇒*⟨bij uitbr.⟩ *competitie, divisie* **0.3** ⟨inf.⟩ ***klasse*** *⇒niveau* ◆ **1.1** League of Nations *Volkenbond* **6.¶** ⟨vaak pej.⟩ **in** ~ **with** *in samenwerking met, samenspannend met* **7.3** she's not in my ~ *ik kan niet aan haar tippen.*

league² ⟨ww.⟩ **0.1** ***(zich) verbinden/verenigen*** ⟨in/tot een alliantie e.d.⟩ *⇒een verbond/liga/alliantie sluiten/aangaan* ◆ **5.1** ~ **together** *zich aaneensluiten/alliëren.*

league game ⟨voetbal⟩ **0.1** ***competitiewedstrijd*** ⟨ihb. in Eng.⟩.

league table ⟨sport⟩ **0.1** ***competitieranglijst/stand.***

leak¹ [lie:k] ⟨zn.⟩ **0.1** ***lek(kage)*** *⇒lek(king), ongewenste ontsnapping* **0.2** ***lekverlies*** *⇒*⟨ihb.⟩ *lekstroom, ontsnappend licht* **0.3** ***lek*** *⇒lekplaats* **0.4** ***uitlekking*** *⇒ruchtbaarheid* ⟨v. vertrouwelijke/geheime gegevens⟩ ◆ **3.1** spring a ~ *lek raken/stoten;* ⟨inf.⟩ take a ~ *pissen.*

leak² **I** ⟨onov.ww.⟩ **0.1** ***(weg/naar binnen) lekken*** *⇒door een lek stromen* **0.2** ***uitlekken*** **0.3** ⟨sl.⟩ ***pissen*** ◆ **5.1** ⟨fig.⟩ ~ **out** *uitlekken, (onbedoeld) bekend worden;*

II ⟨onov. en ov.ww.⟩ **0.1** ***lekken*** ⇒*lek zijn, (lekkend) doorlaten* ◆ **1.1** the cork ~s water *de kurk laat water door;*
III ⟨ov.ww.⟩ **0.1** ***laten uitlekken*** ⇒*onthullen* ◆ **1.1** ~ information (out) to the papers *gegevens aan de kranten doorspelen.*

leakage [lie:kidzj] **0.1** ***lekkage*** ⇒*lek(king), het lekken;* ⟨bij uitbr.⟩ *correctie ivm. lekkage* **0.2** ***uitlekking*** ⇒*het uitlekken/(onbedoeld) bekend worden.*

leak|y [lie:kie] ⟨-iness⟩ **0.1** ***lek(kend).***

lean[1] [lie:n] ⟨zn.; geen mv.⟩ **0.1** ***schuinte*** ⇒*schuine/scheve stand, (over)helling* **0.2** ⟨cul.⟩ ***mager (deel v.) vlees*** ◆ **1.1** have a ~ of ten degrees *tien graden uit het lood staan.*

lean[2] ⟨bn.; -ness⟩ **0.1** ***mager*** ⇒*schraal, weinig vet bevattend* ⟨ook cul.⟩ **0.2** ***karig*** ⇒*arm(zalig), weinig opleverend* **0.3** ⟨tech.⟩ ***arm*** ⇒*v. gering gehalte* ◆ **1.2** ~ crop/harvest *schrale oogst;* ~ years *magere jaren* **1.3** ⟨mijnw.⟩ ~ ore *arm erts.*

lean[3] ⟨vnl. BE ook leant, leant [lent]⟩ **I** ⟨onov.ww.⟩ **0.1** ***leunen*** ⇒*steunen, steun zoeken* **0.2** ***steunen*** ⇒*staan (tegen)* **0.3** ***zich buigen*** **0.4** ***hellen*** ⇒*scheef staan* ◆ **1.4** the Leaning Tower of Pisa *de scheve toren v. Pisa* **5.3** ~ **down** *zich bukken;* ~ **over** to s.o. *zich naar iem. overbuigen* **5.¶** ⟨fig.⟩ ~ **over backwards** *zich in (de gekste) bochten wringen, alle mogelijke moeite doen* **6.1** ~ **against** s.o.'s shoulder *tegen iemands schouder leunen* **6.¶** ⟨inf.⟩ ~ **on** *onder druk zetten;* ~ **to/**⟨BE⟩ **towards/**⟨AE⟩ **toward** *neigen tot; prefereren;* ~ **(up)on** *steunen op; afhankelijk zijn v.;*
II ⟨ov.ww.⟩ **0.1** ***laten steunen*** ⇒*zetten (tegen)* **0.2** ***buigen*** ⇒*doen hellen* ◆ **5.2** ~ one's head **back** *zijn hoofd achteroverbuigen.*

lean-burn engine **0.1** ***zuinige motor*** ⇒*armmengselmotor.*

leaning [lie:ning] **0.1** ***neiging.***

lean-to ⟨ook attr.⟩ **0.1** ⟨ong.⟩ ***afdak*** ◆ **1.1** ~ shed *aangebouwde loods.*

leap[1] [lie:p] ⟨zn.⟩ **0.1** ***sprong*** ⇒*gesprongen afstand; plotselinge toename/verandering; (door een sprong te passeren) hindernis/obstakel* ◆ **1.¶** by ~s and bounds *hals over kop;* ⟨fig.⟩ a ~ in the dark *een sprong in het duister.*

leap[2] ⟨ook leapt, leapt [lept]⟩ **I** ⟨onov.ww.⟩ **0.1** ***(op/vooruit) springen*** **0.2** ***plotseling/(als) met een sprong geschieden*** ◆ **5.¶** ~ **out** (at s.o.) *eruit springen (voor iem.), opvallen (bij iem.);* her heart ~ed **up** *haar hart maakte een sprongetje* **6.1** ~ **for** joy *dansen v. vreugde* **6.2** ~ **into** fame *plotseling beroemd worden* **6.¶** ~ **at** *met beide handen aangrijpen* ⟨kans e.d.⟩. →**look;**
II ⟨ov.ww.⟩ **0.1** ***met een sprong overbruggen*** ⇒*springen over.*

leapfrog[1] ⟨zn.⟩ **0.1** ***haasje-over*** ⇒*bokspringen.*

leapfrog[2] ⟨-ged⟩ **I** ⟨onov.ww.⟩ **0.1** ***sprongsgewijs vorderen/vooruitkomen;***
II ⟨onov. en ov.ww.⟩ **0.1** ***haasje-over spelen*** ⇒*bokspringen.*

leap year **0.1** ***schrikkeljaar.***

learn [lə:n]⟨ook learnt, learnt [lə:nt]⟩ **I** ⟨onov.ww.⟩ **0.1** ***leren*** ⇒*studeren* **0.2** ***horen*** ⇒*vernemen, te weten komen* ◆ **1.1** ~ to be a dancer *een dans/balletopleiding volgen* **3.1** she'll ~ *ze leert het wel;* ⟨sprw.⟩ ~ to walk before you run *vlieg niet eer je vleugels hebt* **5.1** ~ **how** to play the piano *piano leren spelen* **6.1** ~ **from** experience *door ervaring wijzer worden* **6.2** ~ **about/of** sth. from the papers *iets uit/via de krant te weten komen.* →**live;**
II ⟨ov.ww.⟩ **0.1** ***leren*** ⇒*zich eigen maken, bestuderen* **0.2** ***vernemen*** ⇒*horen van, ontdekken* **0.3** ⟨scherts. of volkst.⟩ ***leren*** ◆ **4.1** you should ~ it by this Monday *(komende) maandag moet je het kennen* **4.3** that'll ~ you *dat zal je leren* **5.1** ~ **off** (by heart/rote) *uit het hoofd leren;* ~ **off** a part *een rol instuderen* **6.1** ~ sth. **from** study *zich iets door studie eigen maken;* ~ sth. **from** a teacher *iets van een docent leren* **6.2** I ~t it **from** the papers *ik heb het uit de krant.*

learned [lə:nid] **0.1** ***onderlegd*** ⇒*ontwikkeld, geleerd* **0.2** ***belezen*** ⇒*erudiet* **0.3** ***wetenschappelijk*** ⇒*academisch* ⟨ihb. mbt. alfawetenschappen⟩ **0.4** ⟨als beleefdheidsvorm onder juristen; BE; ong.⟩ ***geachte*** ◆ **1.3** ~ periodical *wetenschappelijk tijdschrift;* ~ professions *theologie, rechten en medicijnen* **1.4** my ~ brother/friend *mijn hooggeachte confrater.*

learner [lə:nə], ⟨in bet. 0.3 ook⟩ **learner-driver** **0.1** ***leerling*** **0.2** ***beginner*** ⇒*beginneling* **0.3** ⟨BE⟩ ***leerling-automobilist.***

learning [lə:ning] **0.1** ***studie*** ⇒*onderwijs, het leren* **0.2** ***(wetenschappelijke) kennis*** ⇒*geleerdheid, wijsheid* ⟨ihb. mbt. de alfawetenschappen⟩.

learning disability **0.1** ***leerstoornis.***

lease[1] [lie:s] ⟨zn.⟩ **0.1** ***pacht*** ⇒*pachtcontract/overeenkomst* **0.2** ***(ver)huur*** ⇒*(ver)huurcontract/overeenkomst* **0.3** ***pacht(termijn)*** ⇒*pachtduur* **0.4** ***huurtermijn*** ⇒*verhuur* **0.5** ***pachtbezit/grond/perceel*** **0.6** ***huurobject*** ◆ **3.¶** take sth. on ~, take a ~ on sth. *iets huren, iets pachten;* put sth. out to ~ *iets verhuren, iets verpachten* **6.¶** **by/on** ~ *in huur, in pacht.* →**new.**

lease[2] ⟨ww.⟩ **0.1** ***pachten*** **0.2** ***verpachten*** **0.3** ***huren*** ⇒*leasen* **0.4** ***verhuren*** ⇒*leasen* ◆ **5.3** ⟨hand.⟩ ~ **back** *verkopen en huren* **6.2** ~ land (out) **to** s.o. *land aan iem. verpachten.*

leasehold[1] ⟨zn.⟩ **0.1** ***pacht*** ⇒*het pachten* **0.2** ***huur*** ⇒*het huren* **0.3** ***pachtbezit/grond*** **0.4** ***gehuurd bezit.***

leasehold[2] ⟨bn.⟩ **0.1** ***pacht-*** ⇒*gepacht, in pacht* **0.2** ***huur-*** ⇒*gehuurd, in huur.*

leaseholder **0.1** ***pachter*** **0.2** ***huurder.***

leash [lie:sj] **0.1** ***(honden)lijn*** ⇒*riem* ◆ **3.¶** hold in ~ *in bedwang houden;* strain at the ~ *trappelen v. ongeduld.*

least[1] [lie:st] ⟨bn.; overtr. trap v. little⟩ **0.1** ***kleinste*** ⇒*geringste, minste* ◆ **1.1** I haven't the ~ idea *ik heb er geen flauw idee van;* the line of ~ resistance *de weg v.d. minste weerstand.*

least[2] ⟨vnw.; the; overtr. trap v. little⟩ **0.1** ***minste*** ◆ **3.1** to say the ~ (of it) *om het zachtjes uit te drukken* **6.1** **at** (the) ~ seven *ten minste/minstens zeven;* you might **at** ~ answer me *je zou me ten minste kunnen antwoorden;* it didn't bother me **in** the ~ *het stoorde mij helemaal niet/niet in het minst.* →**say.**

least[3] ⟨bw.⟩ **0.1** ***minst*** ◆ **2.1** the ~ popular leader *de minst populaire leider* **7.1** it doesn't bother me the ~ *het stoort me niet in het minst.*

least[4] ⟨det.; overtr. trap v. little⟩ **0.1** ***minst(e)*** ◆ **1.1** she has ~ work of us all *zij heeft het minste werk v. ons allemaal.*

leather[1] [leðə] ⟨zn.⟩ **0.1** ***leer.*** →**patent.**

leather[2] ⟨bn.⟩ **0.1** ***leren*** ⇒*v. leer* ◆ **1.1** ~ upholstery *leren bekleding.*

leather[3] ⟨ww.⟩ **0.1** ⟨inf.⟩ ***met de riem geven*** ⇒*een pak ransel/slaag geven.*

leatherette [leðəret] ⟨ook L-⟩ **0.1** ***kunstleer*** ⇒*imitatieleer.*

leathery [leð(ə)rie] **0.1** ***leerachtig*** ⇒*op leer lijkend;* ⟨ihb.⟩ *gelooid, verweerd* **0.2** ***leerachtig*** ⇒*taai* ⟨mbt. vlees e.d.⟩.

leave[1] [lie:v] ⟨zn.⟩ **0.1** ***toestemming*** ⇒*permissie, verlof* **0.2** ***verlof*** ⇒*vrij* ⟨ihb. mbt. overheid/leger⟩; ⟨vnl. enk.⟩ *vakantie* ◆ **1.1** ~ of absence *verlof, vakantie;* ~ of absence without pay *onbetaald verlof* **1.¶** he must have taken ~ of his senses *hij moet krankzinnig zijn geworden* **3.1** take ~ to *(het) wagen/de vrijheid nemen te* **3.¶** take (one's) ~ (of s.o.) *(iem.) gedag/vaarwel zeggen; weggaan (bij/van iem.)* **6.1 by/with** your ~ *met uw permissie;* ⟨inf.⟩ without a '**by** your ~' or a '**with** your ~' *zo maar, ongevraagd* **6.2 on** ~ *met verlof.* →**French.**

leave² ⟨left, left [left]⟩ **I** ⟨onov. en ov.ww.⟩ **0.1** ***weggaan (bij/van)*** ⇒*verlaten, vertrekken (bij/van);* ⟨bij uitbr.⟩ *afraken van* ◆ **1.1** ~ a firm *bij een bedrijf weggaan;* it's time for you to ~ / time you left *het wordt tijd dat je weggaat;* ~ one's wife *bij zijn vrouw weggaan* **6.1** ~ **for** work *naar zijn werk vertrekken.* →**leave off;**

II ⟨ov.ww.⟩ **0.1** ***laten liggen/staan*** ⇒*achterlaten, vergeten* **0.2** ***laten staan*** ⇒*onaangeroerd laten* **0.3** ***overlaten*** ⇒*doen overblijven* **0.4** ***afgeven*** ⇒*achterlaten* **0.5** ***toevertrouwen*** ⇒*in bewaring geven* **0.6** ***nalaten*** ⇒*achterlaten* **0.7** ***laten liggen*** ⇒*(aan een bepaalde zijde) passeren* ◆ **1.1** ~ one's umbrella *zijn paraplu vergeten* **1.2** ~ one's food *zijn eten laten staan* **1.4** ~ a note for s.o. *een boodschap voor iem. achterlaten* **1.6** ~ two children *twee kinderen achterlaten;* ~ (s.o.) a fortune *(iem.) een vermogen nalaten* **1.7** ~ the village on your right *laat het dorp rechts (van u) liggen* **2.2** ~ (sth.) undone *(iets) ongedaan laten;* ~ (sth.) unsaid *over iets zwijgen* **3.3** ~ much / a lot / sth. / nothing to be desired *veel/een hoop/iets/niets te wensen over laten* **3.¶** ~ (s.o. / sth.) be *(iem.) met rust laten, (iets) laten rusten;* ~ s.o. / sth. standing *beter zijn dan iem./iets, iem./iets in de schaduw stellen* **4.¶** ~ it at that *het er (maar) bij laten* **5.1** ~ **about/around** *laten (rond)slingeren* **5.6** be well left *goed verzorgd achterblijven* **5.¶** ~ **aside** *buiten beschouwing laten;* ~ **in** *op zijn plaats laten;* I'll ~ it entirely **up** to you *ik laat het helemaal aan jou over* **6.1** ~ **for** *vaarwel zeggen voor, in de steek laten voor* **6.2** be left **with** *(blijven) zitten met, opgescheept worden met* **6.¶** ~ (people) **to** themselves *zich niet bemoeien met (mensen);* ~ s.o. **to** it *iem. aan zijn lot overlaten* **¶.3** four from six ~s two *zes min vier is twee* **¶.¶** left until called for ⟨ong.⟩ *poste restante.* →**leave behind, leave on, leave out, leave over, luggage.**

leave behind **0.1** ***thuis laten*** ⇒*vertrekken zonder;* ⟨ihb.⟩ *vergeten (mee te nemen)* **0.2** ***(alleen) achterlaten*** ⇒*in de steek laten* **0.3** ***achter zich laten*** ⇒*passeren* ◆ **1.2** John was left behind *John werd (alleen) achtergelaten.*

leaved →**leafed.**

leaven¹ [levn], ⟨vnl. in bet. I ook⟩ **leavening** [levning] **I** ⟨telb. en n.-telb.zn.⟩ **0.1** ***zuurdeeg*** ⇒*zuurdesem* ⟨ook fig.⟩ **0.2** ***toevoeging*** ⇒*zweem, gehalte;*

II ⟨n.-telb.zn.⟩ **0.1** ***rijsmiddel*** ⇒*gist/bakpoeder.*

leaven² ⟨ww.⟩ **0.1** ***gist/zuurdeeg toevoegen aan*** ⇒*zuren* **0.2** ***doen gisten*** ⇒*gisting veroorzaken in* **0.3** ***doordringen*** ⇒*(gaandeweg) beïnvloeden;* ⟨ihb.⟩ *een heilzame werking hebben op.*

leave off **I** ⟨onov.ww.⟩ **0.1** ***ophouden*** ⇒*stoppen;*

II ⟨ov.ww.⟩ **0.1** ***uit laten*** ⟨kleding⟩ ⇒*niet meer dragen* **0.2** ***staken*** ⇒*stoppen met.*

leave on **0.1** ***laten liggen/zitten (op)*** **0.2** ***aan laten (staan)*** ⇒*laten branden.*

leave out **0.1** ***buiten laten (liggen/staan)*** **0.2** ***weglaten*** ⇒*overslaan, niet opnemen* **0.3** ***buitensluiten*** ◆ **3.3** feel left out *zich buitengesloten voelen.*

leave over **0.1** ***(als rest) overlaten*** ⇒*laten staan* **0.2** ***(op de agenda) laten staan*** ⇒*uitstellen.*

leaves [lie:vz] ⟨mv.⟩ →**leaf.**

leave-taking **0.1** ***afscheid*** ⇒*het afscheid nemen.*

leavings [lie:vingz] **0.1** ***overschot*** ⇒*overblijfsel(en);* ⟨ihb.⟩ *etensresten.*

Lebanese [lebbənie:z] ⟨mv.: Lebanese⟩ **0.1** ⟨bn.⟩ ***Libanees*** **0.2** ⟨zn.⟩ ***Libanees*** ⇒*inwoner v. Libanon.*

Lebanon [lebbənən] **0.1** ***Libanon.***

lech¹ [letsj] ⟨zn.; vnl. enk.⟩ ⟨sl.⟩ **0.1** ***geilheid*** ⇒*hitsigheid* **0.2** ***geile uitspatting*** ⇒*geile gedachte/daad.*

lech² ⟨ww.⟩ ⟨sl.⟩ **0.1** ***geilen*** ⇒*geil zijn.*

lecher [letsjə] **0.1** ***geile bok*** ⇒*geilaard.*

lecherous [letsjərəs] ⟨-ness⟩ **0.1** ***wellustig*** ⇒*liederlijk* **0.2** ***geil*** ⇒*hitsig.*

lecher|y [letsjərie] ⟨mv.: -ies⟩ **0.1** ***geile uitspatting*** ⇒*ontucht* **0.2** ***wellust*** ⇒*liederlijkheid* **0.3** ***wellustigheid*** ⇒*geilheid.*

lectern [lektən] **0.1** ***lessenaar*** ⇒*katheder.*

lector [lekto:] **0.1** ⟨rel., ihb. r.-k.⟩ ***lector*** **0.2** ⟨rel.⟩ ***voorlezer.***

lecture¹ [leksjə] ⟨zn.⟩ **0.1** ***lezing*** ⇒*verhandeling, voordracht* **0.2** ***(hoor)college*** ⇒*(openbare) les* **0.3** ***preek*** ⇒*berisping, vermaning* ◆ **3.1** give / read a ~ *een lezing geven/houden* **3.3** read s.o. a ~ *iem. de les lezen.*

lecture² **I** ⟨onov. en ov.ww.⟩ **0.1** ***spreken (voor)*** ⇒*lezing(en) geven (voor)* **0.2** ***college geven (aan)*** ⇒*onderrichten* ◆ **6.¶** ⟨inf.⟩ ~ **at** *de wind v. voren geven; betuttelen;*

II ⟨ov.ww.⟩ **0.1** ***de les lezen*** ⇒*een reprimande geven.*

lecturer [lektsjərə] **0.1** ***spreker*** ⇒*houder v. lezing* **0.2** ***docent*** ⟨in het hoger onderwijs⟩.

lectureship [lektsjəsjip] **0.1** ***docentschap*** ⟨in het hoger onderwijs⟩.

led [led] ⟨verl. t. en volt. deelw.⟩ →**lead.**

LED ⟨afk.⟩ **0.1** [light-emitting diode] ***LED.***

ledge [ledzj] **0.1** ***richel*** ⇒*(uitstekende) rand* **0.2** ***rif*** ⇒*richel* ⟨in zee⟩.

ledger [ledzjə] **0.1** ***grafplaat*** ⇒*platte grafsteen* **0.2** ***(dwars)balk*** ⟨v. steiger⟩ ⇒*legger* **0.3** ⟨boekhouden⟩ ***grootboek*** ⇒⟨AE ook⟩ *register.*

ledger line, leger line **0.1** ⟨muz.⟩ ***hulplijn.***

lee [lie:], ⟨in bet. I 0.2 ook⟩ **lee side** **I** ⟨telb.zn.; vaak the⟩ **0.1** ***luwte*** ⇒*beschutting; beschutte plek* **0.2** ⟨scheep.⟩ ***lij(zijde)*** ◆ **6.1 under** the ~ **of** *in de luwte v.* **6.2 under** the ~ *onder de/aan lij;*

II ⟨mv.⟩ **0.1** ***droesem*** ⇒*bezinksel* **0.2** ***afval*** ⇒*troep* ◆ **3.1** drink / drain to the ~s *tot de bodem leegdrinken* ⟨ook fig.⟩.

leech [lie:tsj] **0.1** ***bloedzuiger*** ⇒⟨fig.⟩ *uitzuiger, parasiet* **0.2** ⟨vero. of scherts.⟩ ***dokter*** ⇒*pil* ◆ **3.¶** cling / stick like a ~ (to) *niet weg te branden/slaan zijn (bij).*

leek [lie:k] **0.1** ***prei.***

leer¹ [liə] ⟨zn.⟩ **0.1** ***wellustige blik*** **0.2** ***wrede grijns*** ⇒*vuile blik.*

leer² ⟨ww.⟩ **0.1** ***loeren*** ⇒*schuinse blikken werpen, grijnzen* **0.2** ***verlekkerd kijken*** ⇒*wellustige blikken werpen* ◆ **6.2** ~ **at** the neighbour's wife *geile blikken werpen naar de buurvrouw.*

lee shore ⟨scheep.⟩ **0.1** ***lagerwal*** ⇒*kust aan lijzijde.*

lee tide ⟨scheep.⟩ **0.1** ***door de wind versterkte vloed.***

leeward¹ [lie:wəd, loe:əd] ⟨zn.⟩ ⟨scheep.⟩ **0.1** ***lijzijde*** ⇒*beschutte zijde, kant waarheen de wind waait* ◆ **6.1 on** the ~ **of** *ter lijzijde v.*

leeward² ⟨bn.; bw.⟩ ⟨scheep.⟩ **0.1** ⟨bn.⟩ ***lij-*** ⇒*aan lij, benedenwinds* **0.2** ⟨bn. en bw.⟩ ***lijwaarts*** ⇒*naar lij.*

leeway **0.1** ⟨BE⟩ ***verlies v. voordeel/voorsprong*** ⇒⟨ihb.⟩ *oponthoud* **0.2** ***(extra) speelruimte*** ⇒*speling;* ⟨AE⟩ *veiligheidsmarge* **0.3** ⟨scheep.⟩ ***wraak*** ⇒*drift* ◆ **3.¶** make up ~ *zich uit de narigheid werken; verloren tijd goedmaken.*

left¹ [left] **I** ⟨telb.zn.⟩ **0.1** ***linkerhand*** ⇒⟨bij uitbr.; boksen⟩ *linkse* **0.2** ⟨dram.⟩ ***linkerzijde v. toneel*** ⟨v. daaruit gezien⟩ **0.3** ***linkse draai;***

II ⟨n.-telb.zn.⟩ **0.1** ⟨the⟩ ***linkerkant/zijde*** ⇒*links, linkerhand* ◆ **3.1** keep to the ~ *links (aan)houden;* turn to the ~ *links afslaan* **6.1 on** your ~ *aan uw linkerhand;*

III ⟨n.-telb.zn.; ww. enk. of mv.; vaak L-; the⟩ **0.1** ⟨pol.⟩ ***links*** ⇒*de progressieven* **0.2** ***linkervleugel*** ⇒*vooruitstrevend deel v.e. groepering* ◆ **3.1** move to the ~ *naar links opschuiven.*

left² ⟨bn.⟩ **0.1** ***linker*** ⇒*links* **0.2** ⟨ook L-; pol.⟩ ***links*** ⇒*progressief* ◆ **1.1** ~ eye *linkeroog;* ⟨honkbal⟩ ~ field *linksveld;* ~ turn *linkse draai;* ⟨ihb.⟩ *kwartslag naar links* **1.¶** have two ~ feet *onhandig zijn* **3.2** vote ~ *links stemmen* **6.1 at / on / to** one's ~ hand *aan zijn linkerhand.*

left³ ⟨verl. t. en volt. deelw.⟩ →**leave.**

left⁴ ⟨bw.⟩ **0.1** ***links*** ⇒*aan de linkerzijde* **0.2** ***naar links*** ⇒ *linksaf, linksom* ◆ **3.2** turn ~ *links afslaan.* →**right.**

left-back ⟨sport⟩ **0.1** ***linksachter.***

left-hand **0.1** ***links*** ⇒*linker* **0.2** ***links*** ⇒*bedoeld voor linkshandigen* ◆ **1.1** ~ bend *bocht naar links;* ~ blow *linkse;* ~ drive *linkse besturing* ⟨v. auto⟩; ~ side of a street *linkerkant v.e. straat.*

left-handed ⟨-ness⟩ **0.1** ***links(handig)*** **0.2** ***links*** ⇒*onhandig* **0.3** ***dubbelzinnig*** ⇒*dubieus* **0.4** ***links*** ⇒*bedoeld voor gebruik met de linkerhand* **0.5** ***links(draaiend)*** ⇒*tegen de wijzers v.d. klok in* ◆ **1.3** ~ compliment *dubieus compliment* **1.4** ~ scissors *schaar voor linkshandigen* **1.5** ~ screw *schroef met linkse draad* **¶.1** be ~ *links(handig) zijn.*

left-hander **0.1** ***linkshandige*** ⟨ihb. sport⟩ **0.2** ***linkse.***

leftist [leftist] ⟨ook L-⟩⟨pol.⟩ **0.1** ⟨bn.⟩ ***links*** ⇒*progressief* **0.2** ⟨zn.⟩ ***progressief*** ⇒*radicaal.*

left luggage office ⟨BE⟩ **0.1** ***bagagedepot.***

leftovers [leftoovəz] **0.1** ***(etens)restjes*** ⇒*kliekje(s)* **0.2** ***kliekjesmaaltijd.***

leftward [leftwəd] **0.1** ***links*** ⇒*linker* **0.2** ***links*** ⇒*naar links.*

leftwards [leftwədz], ⟨AE⟩ **leftward** **0.1** ***links*** ⇒*aan de linkerkant/zijde* **0.2** ***linksaf*** ⇒*naar links, linksom.*

left wing **I** ⟨telb.zn.⟩⟨sport⟩ **0.1** ***linksbuiten;***
II ⟨n.-telb.zn.; the⟩⟨mil., sport⟩ **0.1** ***linkervleugel;***
III ⟨zn.; ww. enk. of mv.; the; ook L- W-⟩⟨pol.⟩ **0.1** ***linkervleugel*** ⇒*vooruitstrevend deel* **0.2** ***links*** ⇒*de progressieven.*

left-winger **0.1** ⟨pol.⟩ ***lid v.d. linkervleugel*** **0.2** ⟨sport⟩ ***linksbuiten.***

left|y [leftie] ⟨mv.: -ies⟩⟨inf.⟩ **0.1** ⟨pol.⟩ ***lid v.d. linkervleugel.***

leg¹ [leg], ⟨in bet. 0.6 ook⟩ **leg side** ⟨→s1⟩ **I** ⟨telb.zn.⟩ **0.1** ***been*** ⟨v. mens⟩ ⇒⟨ihb.⟩ *onderbeen;* ⟨bij uitbr.⟩ *kunstbeen* **0.2** ***poot*** ⟨v. dier⟩ ⇒⟨ihb.⟩ *achterpoot* **0.3** ***beengedeelte v. kledingstuk*** ⇒*been* ⟨v. kous⟩; *(broeks)pijp* **0.4** ***poot*** ⟨v. meubel e.d.⟩ **0.5** ⟨ben. voor⟩ ***gedeelte (v. groter geheel)*** ⇒*etappe* ⟨v. reis, wedstrijd e.d.⟩; *estafetteonderdeel; manche* ⟨v. wedstrijd⟩ **0.6** ⟨cricket⟩ ***helft v.h. veld*** ⟨aan de linkerkant v.e. rechtshandige batsman (en omgekeerd)⟩ ◆ **2.1** wooden ~ *houten been* **3.¶** feel/find one's ~s *leren staan; leren lopen;* get s.o. back on his ~s *iem. er weer bovenop helpen;* give s.o. a ~ up *iem. een voetje geven;* ⟨fig.⟩ *iem. een handje helpen;* keep one's ~s *zich staande houden;* pull s.o.'s ~ *iem. voor de gek houden;* run s.o. off his ~s *iem. geen seconde met rust laten; iem. uitputten;* shake a ~ *opschieten;* not have a ~ to stand on *geen poot hebben om op te staan;* stand on one's own ~s *op eigen benen staan;* stretch one's ~s *de benen strekken* ⟨door een wandeling⟩; take to one's ~s *zich uit de voeten maken;* walk one's ~s off *zich het vuur uit de sloffen lopen;* walk s.o. off his ~s *iem. laten lopen tot hij erbij neervalt* **5.¶** be all ~s *uit zijn krachten gegroeid zijn* **6.¶ off** one's ~s *zijn gemak ervan nemend;* be (up) **on** one's ~s *op de been zijn.* →**best, hind, last;**
II ⟨telb. en n.-telb.zn.⟩⟨cul.⟩ **0.1** ***poot*** ⟨ihb. v. gevogelte⟩ **0.2** ***bout*** ⟨ihb. v. kalf/lam/schaap⟩ **0.3** ***schenkel*** ◆ **1.2** ~ of mutton *schapenbout* **1.3** ~ of veal *kalfsschenkel;*
III ⟨n.-telb.zn.⟩⟨cricket⟩ **0.1** ***veldhelft aan linkerzijde v. rechtshandige batsman (en omgekeerd)*** ◆ **1.¶** ~ before wicket *uit wegens obstructie v. wicket* ⟨met ander lichaamsdeel dan hand⟩.

leg² ⟨ww.; -ged⟩ ◆ **4.¶** ~ it *de benen nemen, ervandoor gaan; te voet gaan.*

legac|y [legəsie] ⟨mv.: -ies⟩ **0.1** ***erfenis*** ⇒⟨ihb.⟩ *legaat* **0.2** ***erfenis*** ⟨ook fig.⟩ ⇒*nalatenschap.*

legal [lie:gl] **0.1** ***wettig*** ⇒*legaal, rechtsgeldig* **0.2** ***wettelijk*** ⇒*krachtens/volgens de wet* **0.3** ***juridisch*** ⇒*gerechtelijk, rechtskundig* ◆ **1.1** ~ age *(wettelijke) meerderjarigheid;* ~ person *rechtspersoon;* ~ tender *wettig betaalmiddel* **1.2** ~ offence *strafbaar feit;* ~ status (of a company) *rechtspersoonlijkheid* **1.3** take ~ action/proceedings against s.o. *gerechtelijke stappen tegen iem. ondernemen;* ~ aid/advice *juridisch advies;* ~ adviser/representative *(juridisch) raadsman;* ⟨BE⟩ (free) ~ aid *kosteloze rechtsbijstand;* ⟨AE; sl.⟩ ~ eagle *listige advocaat;* ⟨jur.⟩ ~ fiction *wettelijke fictie;* ⟨bij uitbr.⟩ *aanname ter wille v. betoog;* the ~ profession *de juridische stand;* ~ term *wets/rechtsterm.*

legality [ligæləties] **0.1** ***wettigheid*** ⇒*rechtsgeldigheid, rechtmatigheid, legaliteit.*

legal|ize, -ise [lie:gəlajz] ⟨zn.: **-ization**⟩ **0.1** ***legaliseren*** ⇒ *wettig maken, wettigen, sanctioneren.*

legate [legət] **0.1** ***legaat*** ⇒*pauselijk gezant* **0.2** ***legatielid.***

legatee [legətie:] **0.1** ***legataris*** ⇒*ontvanger v. legaat.*

legation [ligeesjn] **0.1** ***legatie*** ⇒*gezantschap, afvaardiging als gezant* **0.2** ***legatiegebouw*** ⇒*gezantswoning.*

leg bye ⟨cricket⟩ **0.1** ***extra run*** ⟨run gemaakt op een bal die de batsmans lichaam geraakt heeft⟩.

legend [ledzjənd] **0.1** ***(volks)overlevering*** ⇒*legende(n)* **0.2** ***legende*** ⇒*legendarisch figuur* **0.3** ***legende*** ⇒*randschrift, opschrift* ⟨op munt/medaille⟩ **0.4** ***onderschrift*** ⇒*opschrift* **0.5** ***legenda*** ⇒*verklaring der tekens* ⟨bv. v. landkaart⟩ **0.6** ⟨druk.⟩ ***legende*** ⇒*onderschrift* ◆ **6.1** a character famous **in** ~ *een beroemde figuur uit de legenden.*

legendary [ledzjəndrie] **0.1** ***legendarisch*** ⟨ook fig.⟩.

leger →**ledger.**

legerdemain [ledzjədəmeen] **0.1** ***vingervlugheid*** **0.2** ***gegoochel met woorden.***

legging [leging] ⟨vnl. mv.⟩ **0.1** ***beenkap*** ⇒*beenbeschermer;* ⟨ihb.⟩ *scheenbeschermer.*

legg|y [legie] ⟨-iness⟩ **0.1** ***langbenig*** ⇒*slungelig; met (mooie) lange benen* ⟨v. vrouw⟩.

leghorn [legho:n] ⟨L-⟩ **0.1** ***Livorno.***

legib|le [ledzjəbl] ⟨-ly; zn.: **-ility**⟩ **0.1** ***leesbaar.***

legion¹ [lie:dzjən] ⟨zn.⟩ **0.1** ***legioen*** ⟨ook gesch.⟩ **0.2** ***legioen*** ⇒*menigte, massa* ◆ **1.1** Legion of Honour *Legioen v. Eer.*

legion² ⟨bn.⟩ **0.1** ***zeer veel*** ◆ **1.1** their numbers/they are ~ *zij zijn met velen.*

legionar|y [lie:dzjənrie] ⟨mv.: -ies⟩ **0.1** ⟨zn.⟩ ***legionair*** ⇒*legioensoldaat* **0.2** ⟨bn.⟩ ***legioens-.***

legionnaire [lie:dzjəneə] **0.1** ***legionair*** ⇒*legioensoldaat* ⟨ihb. v. vreemdelingenlegioen⟩ **0.2** ***lid v. American/(Royal) British Legion.***

Legionnaire's disease **0.1** ***veteranenziekte*** ⟨soort longontsteking⟩.

legislate [ledzjisleet] **I** ⟨onov.ww.⟩ **0.1** ⟨+ against/for⟩ ***wetten maken/uitvaardigen (tegen/ten behoeve v.)*** ◆ **6.¶** ⟨schr.⟩ ~ **against** *een belemmering vormen voor;* ⟨schr.⟩ ~ **for** *rekening houden met;*
II ⟨ov.ww.⟩ **0.1** ***bij wet/wettelijk regelen.***

legislation [ledzjisleesjn] **0.1** ***wetgeving.***

legislative [ledzjisslətiv] **0.1** ***wetgevend*** ⇒*bevoegd tot wetgeving* **0.2** ***wets-*** ⇒*mbt. wetgeving.*

legislator [lẹdzjisleetə] **0.1** ***wetgever*** *⇒lid v.e. wetgevend lichaam.*
legislature [lẹdzjisleetsjə, -lətsjə] **0.1** ***wetgevende macht*** *⇒wetgevend lichaam.*
legit [lidzjịt] ⟨verk.⟩ [legitimate] **0.1** ***wettig*** *⇒legaal, okay.*
legitimacy [lidzjịttimməsie] **0.1** ***wettigheid*** *⇒legitimiteit* **0.2** ***wettigheid*** *⇒rechtmatigheid* **0.3** ***geldigheid*** *⇒gegrondheid* **0.4** ***logica*** *⇒redelijkheid* **0.5** ***authenticiteit*** *⇒echtheid.*
legitimate [lidzjịttimmət] **0.1** ***wettig*** *⇒mbt./uit een wettig huwelijk* **0.2** ***wettig*** *⇒rechtmatig, legitiem* **0.3** ***geldig*** *⇒gegrond, gewettigd* **0.4** ***beredeneerd*** *⇒logisch, redelijk* **0.5** ***authentiek*** *⇒echt, origineel* ◆ **1.1** of ~ birth *geboren uit een wettig huwelijk;* ~ child *wettig kind* **1.3** ~ purpose *gerechtvaardigd doel* **1.¶** ~ comedy *blijspel, komedie* ⟨tgov. klucht⟩.
legitimatize, -ise [lidzjịttimmətajz], **legitimize, -ise** [lidzjịttimmajz] **0.1** ***wettigen*** *⇒wettig/geldig maken/verklaren* **0.2** ***wettigen*** *⇒erkennen* ⟨kind⟩.
legless [lẹgləs] **0.1** ***zonder benen/poten.***
lẹg-pull **0.1** ***plagerij*** *⇒beetnemerij.*
lẹgroom **0.1** ***beenruimte.***
leg side →**leg**[1] **I 0.6.**
lẹg speed ⟨atletiek⟩ **0.1** ***beensnelheid.***
legume [lẹgjoe:m, ligjoe:m] **0.1** ***peul(vrucht)*** ⟨ihb. als groente of veevoer⟩ **0.2** ***groente*** ⟨vnl. op menu's⟩ **0.3** ⟨plantk.⟩ ***peuldrager.***
leguminous [ligjoe:minnəs] **0.1** ***peuldragend*** *⇒peul-* **0.2** ***peulachtig.***
lẹg up **0.1** ***steuntje*** *⇒duwtje, zetje* ⟨in de goede richting⟩.
lẹg warmer **0.1** ***beenwarmer.***
lei [lee] **0.1** ***(Hawaïaanse) bloem(en)slinger*** *⇒lei.*
Leics. ⟨afk.⟩ **0.1** [Leicestershire].
leisure[1] [lẹzjə] ⟨zn.⟩ **0.1** ***(vrije) tijd*** *⇒gelegenheid* ◆ **3.1** wait s.o.'s ~ *wachten tot iets iem. uitkomt* **6.1** **at** ~ *vrij, zonder verplichtingen; ontspannen;* **at** one's ~ *in zijn vrije tijd; als men tijd heeft, als het schikt.*
leisure[2] ⟨bn.⟩ **0.1** ***vrij*** **0.2** ***vrijetijds-*** ⟨vnl. v. kleding⟩ ◆ **1.1** ~ hours/time *vrije uren/tijd* **1.2** ~ activities *vrijetijdsbesteding.*
leisured [lẹzjəd] **0.1** ***onbezet*** *⇒vrij* **0.2** ***ongehaast*** *⇒ontspannen, op zijn gemak* ◆ **1.¶** the ~ classes *de bevoorrechte standen.*
leisurel|y [lẹzjəlie] ⟨-iness⟩ **0.1** ***ongehaast*** *⇒ontspannen, op zijn gemak.*
lẹisure wear **0.1** ***vrijetijdskleding.***
leitmotif, leitmotiv [lạjtmootie:f] **0.1** ***leidmotief*** *⇒leidende gedachte.*
lemme [lẹmmie] ⟨samentr. v. let me; inf.⟩ **0.1** ***laat me.***
lemming [lẹmming] **0.1** ***lemming.***
lemon [lẹmmən] **0.1** ***citroen*** **0.2** ⟨BE; sl.⟩ ***idioot*** **0.3** ⟨inf.⟩ ***miskoop.***
lemonade [lẹmməneed] **0.1** ⟨BE⟩ ***(koolzuurhoudende) (citroen)limonade.***
lẹmon chẹese, lẹmon cụrd **0.1** ***citroenpasta.***
lẹmon juice **0.1** ***citroensap.***
lẹmon sọda ⟨AE⟩ **0.1** ***(koolzuurhoudende) (citroen)limonade.***
lẹmon sọle ⟨dierk.⟩ **0.1** ***tongschar*** **0.2** ***Franse tong*** **0.3** ***scharretong.***
lẹmon squạsh ⟨BE⟩ **0.1** ***citroensiroop*** **0.2** ***citroenlimonade*** ⟨v. citroensiroop en water⟩.
lẹmon squeezer **0.1** ***citroenknijper*** *⇒citroenpers.*
lẹmon yẹllow ⟨vaak attr.⟩ **0.1** ***citroengeel.***
lemur [lie:mə] ⟨dierk.⟩ **0.1** ***maki.***

lend [lend] ⟨lent, lent [lent]⟩ **0.1** ***(uit)lenen*** **0.2** ***verlenen*** *⇒schenken, geven* ◆ **1.1** ~ s.o. a book *iem. een boek lenen* **1.2** ~ colour/dignity to *kleur/waardigheid verlenen aan;* ~ support to *steun verlenen aan* **4.¶** ~ itself to *zich (goed) lenen tot; vatbaar zijn voor.*
lender [lẹndə] **0.1** ***geldschieter.***
lẹnding library **0.1** ***uitleenbibliotheek*** *⇒leesbibliotheek.*
length [leng(k)θ] **I** ⟨telb.zn.⟩ **0.1** ***eind(je)*** *⇒stuk(je)* **0.2** ***lengte*** *⇒omvang* **0.3** ***(lichaams)lengte*** *⇒grootte, gestalte* ◆ **1.1** ~ of cloth *lap stof;* ~ of iron *staaf ijzer* **1.2** ~ of a book *omvang/dikte v.e. boek* **3.¶** ⟨vnl. BE⟩ measure one's ~ *tegen de grond gaan;*
II ⟨telb. en n.-telb.zn.⟩ **0.1** ***lengte*** *⇒lang(st)e zijde, lengteafmeting* ⟨bv. tgov. breedte/hoogte⟩ **0.2** ***lengte*** *⇒duur* ◆ **1.1** the ~ of a rectangle *de lengte/lange zijde v. een rechthoek* **1.2** for the ~ of our stay *voor de duur v. ons verblijf* **1.¶** the ~ and breadth of a country *het gehele land* **2.¶** go to considerable/great ~s *erg z'n best doen, zich veel moeite getroosten* **6.1** three centimetres **in** ~ *drie centimeter lang* **6.¶** **at** ~ *langdurig; ten slotte; uitvoerig; diepgaand* **7.¶** go (to) all ~s/any ~(s) *er alles voor over hebben;* at some ~ *uitvoerig.* →**great;**
III ⟨n.-telb.zn.⟩ **0.1** ⟨the⟩ ***gehele/volle lengte*** ◆ **1.1** they strolled the ~ of the boulevard *ze wandelden de hele boulevard af.*
lengthen [lẹng(k)θən] **I** ⟨onov.ww.⟩ **0.1** ***lengen*** *⇒langer worden;*
II ⟨ov.ww.⟩ **0.1** ***verlengen*** *⇒langer maken* ◆ **1.1** ~ a dress *een jurk langer maken.*
lengthwise [lẹng(k)θwajz] **0.1** ***overlangs*** *⇒in de lengte(richting)* **0.2** ***overlangs*** *⇒over de (gehele) lengte.*
length|y [lẹng(k)θie] ⟨-iness⟩ **0.1** ***langdurig*** *⇒ellenlang* **0.2** ***langdradig.***
leni|ent [lie:niənt] ⟨zn.: **-ence, -ency**⟩ **0.1** ***inschikkelijk*** *⇒tolerant, toegevend* **0.2** ***mild*** *⇒schappelijk, genadig* ◆ **1.1** ~ rules *soepele regels* **1.2** ~ verdict *mild vonnis.*
lenitive [lẹnnətiv] ⟨med.⟩ **0.1** ***verzachtend middel.***
lenity [lẹnnətie] ⟨schr.⟩ **0.1** ***barmhartigheid*** *⇒mildheid.*
lens [lenz] **0.1** ***lens*** ⟨ook nat., anat.⟩.
lent ⟨verl. t. en volt. deelw.⟩ →**lend.**
Lent [lent] ⟨r.-k.⟩ **0.1** ***(grote) vasten(tijd).***
Lenten [lẹntən] **0.1** ***vasten-*** **0.2** ***schraal*** *⇒karig, sober* ◆ **1.2** ~ fare *karige maaltijd* ⟨zonder vlees⟩.
lentil [lẹntl] **0.1** ***linze.***
Lẹnt term ⟨BE⟩ **0.1** ⟨ong.⟩ ***tweede trimester*** ⟨universitaire collegeperiode⟩.
Leo [lie:oo] ⟨astrol., ster.⟩ **0.1** ***(de) Leeuw.***
leonine [lie:ənajn] **0.1** ***leeuwachtig*** *⇒leeuw(en)-.*
leopard [lẹppəd] **0.1** ***luipaard*** *⇒panter* **0.2** ***jachtluipaard*** ◆ **¶.¶** ⟨sprw.⟩ the ~ cannot change his spots ⟨ong.⟩ *een vos verliest wel zijn haren maar niet zijn streken.*
leopardess [lẹppədis] **0.1** ***wijfjesluipaard.***
leotard [lie:əta:d] **0.1** ***tricot*** *⇒ballet/gympakje.*
leper [lẹppə] **0.1** ***lepralijder*** *⇒melaatse* **0.2** ***melaatse*** *⇒iem. die wordt gemeden als de pest.*
leprechaun [lẹprəko:n] **0.1** ***kabouter*** *⇒dwerg.*
leprosy [lẹprəsie] **0.1** ***lepra*** *⇒melaatsheid.*
leprous [lẹprəs] **0.1** ***melaats.***
lesbian [lẹzbiən] **0.1** ⟨bn.⟩ ***lesbisch*** **0.2** ⟨zn.⟩ ***lesbienne.***
lesbianism [lẹzbiənizm] **0.1** ***lesbische liefde.***
lese majesty, lèse majesté [lie:z mædzjistie] **0.1** ***majesteitsschennis.***
lesion [lie:zjn] **0.1** ***(ver)wond(ing)*** *⇒letsel* **0.2** ⟨med.⟩ ***laesie.***
less[1] [les] ⟨bn.; fungeert als vergr. trap v. little/small⟩ **0.1** ***kleiner*** ◆ **7.1** no ~ a person than *niemand minder dan.*

less[2] ⟨vnw.; vergr. trap v. little, inf. ook v. few⟩ **0.1** ***minder*** ◆ **1.1** ⟨scherts.⟩ in ~ than no time *in minder dan geen tijd* **5.1** far/much ~ than usual *veel minder dan normaal* **6.1** ⟨inf.⟩ ~ **of** your cheek! *wat minder brutaal jij!*

less[3] ⟨bw.; vergr. trap v. little⟩ **0.1** ***minder*** ◆ **2.1** ~ beautiful *minder mooi* **3.1** he couldn't care ~ *het kon hem niet schelen* **4.¶** none the ~ *niettemin* **5.1** more or ~ *min of meer;* speak ~ quickly *niet zo vlug spreken* **7.1** this doesn't make things any the ~ difficult *dit maakt er de zaken niet makkelijker op.*

less[4] ⟨vz.⟩ **0.1** ***zonder*** ⇒*verminderd met, op ... na* ◆ **1.1** a year ~ one month *een jaar min één maand;* the whole family ~ one son *de hele familie op één zoon na.*

less[5] ⟨det.; vergr. trap v. little, inf. ook v. few⟩ **0.1** ***minder*** ◆ **1.1** ~ meat *minder vlees.*

lessee [lessie:] **0.1** ***huurder*** ⇒*pachter.*

lessen [lesn] **0.1** ***(ver)minderen*** ⇒*(doen) afnemen/teruglopen.*

lesser[1] [lessə] ⟨bn.⟩ **0.1** ***minder*** ⇒*kleiner, onbelangrijker;* ⟨ihb. v. twee zaken⟩ *minst(e), kleinst(e), onbelangrijkst(e)* ◆ **1.1** (choose) the ~ (of two) evil(s) *het minste (v. twee) kwa(a)d(en) (kiezen)* **1.¶** Lesser Bear *Kleine Beer;* the ~ fry *de mindere goden, het gewone volk.*

lesser[2] ⟨bw.; vnl. in comb. met volt. deelw.⟩ **0.1** ***niet zo*** ⇒*minder* ◆ **3.1** lesser-known *minder bekend.*

lesson [lesn] **0.1** ***les*** ⇒*leerstof* **0.2** ***les*** ⇒*lesuur* **0.3** ***les*** ⇒ *leerzame ervaring* **0.4** ⟨rel.⟩ ***schriftlezing*** ⇒*bijbellezing* ◆ **3.¶** learn one's ~ *zijn les(je) leren;* teach s.o. a ~ *iem. een lesje leren* **6.1** give ~s **in** drawing *tekenles geven;* take ~s **in** drawing *op tekenles zitten* **6.3** let this be a ~ **to** you *laat dit een les voor je zijn.*

lessor [lesso:] **0.1** ***verhuurder*** ⇒*huisbaas/eigenaar; verpachter.*

lest [lest] ⟨schr.⟩ **0.1** ***(voor het geval/uit vrees) dat*** ⇒*opdat niet* ◆ **¶.1** she was afraid ~ he leave her *ze vreesde dat hij haar zou verlaten;* ~ it be forgot *opdat het niet vergeten worde.*

let[1] [let] **I** ⟨telb.zn.⟩ **0.1** ⟨sport, ihb. tennis⟩ ***let(bal)*** ⇒*overgespeeld(e) bal/punt* **0.2** ⟨BE⟩ ***huur*** ⇒*het huren* ⟨v. woning⟩ **0.3** ⟨BE⟩ ***verhuur*** ⇒*het verhuren* ⟨v. woning⟩ **0.4** ⟨BE⟩ ***huurwoning*** **0.5** ⟨BE; inf.⟩ ***huurder;***
II ⟨n.-telb.zn.⟩ **0.1** ***beletsel*** ⇒*belemmering* ◆ **1.1** ⟨jur.⟩ without ~ or hindrance *vrijelijk, zonder (enig) beletsel.*

let[2] ⟨let, let⟩ **I** ⟨onov.ww.⟩ **0.1** ***verhuurd worden*** **0.2** ***uitbesteed worden*** ◆ **5.¶** ⟨inf.⟩ ~ **on** (about/that) *verklappen, doorvertellen (dat);* ⟨inf.⟩ ~ **on** (that) *net doen (alsof).* →**let off, let out, let up;**
II ⟨ov.ww.⟩ **0.1** ***laten*** ⇒*toestaan* **0.2** ⟨vnl. geb. w.⟩ ***laten*** **0.3** ***laten ontsnappen*** ⇒*bevrijden, loslaten* **0.4** ⟨geb. w.; wisk.⟩ ***stellen*** ⇒*geven* **0.5** ⟨vnl. BE⟩ ***verhuren*** ⇒*in huur geven* **0.6** ***aanbesteden*** ◆ **1.1** she wants to, but her mother won't ~ her *ze wil wel, maar ze mag niet van haar moeder;* ~ s.o. go *iem. laten gaan* **1.2** ~ there be light *er zij licht;* ~ there be no mistake about my opinion *laat er over mijn mening geen misverstand bestaan* **1.3** ~ blood *aderlaten* **1.4** ~ x be y/z *stel x is y/z, gegeven x is y/z* **3.1** ~ me have that *geef (maar/eens) hier;* ~ sth. be known *iets laten weten* **3.2** ~ me hear/know *hou me op de hoogte;* ~ me see *eens kijken* **3.¶** ~ s.o. be *iem. met rust laten;* ~ sth. be *iets laten rusten;* ~ drop/fall *(zich) laten (ont)vallen;* ~ fly (at) *uithalen (naar);* ~ s.o. get on with it *iem. zijn gang laten gaan;* ~ go (of) *loslaten; uit zijn hoofd zetten; ophouden (over);* ~ o.s. go *zich laten gaan;* ⟨inf.⟩ ~ it go at that *het ergens bij laten; ergens over ophouden; iets wel geloven;* ⟨sl.⟩ ~ it all hang out *alle remmingen opzij zetten; de hele waarheid zeggen;* ~ s.o. have it *iem. de volle laag/ervan langs geven;* ~ pass *laten lopen, onweersproken laten;* ~ sth. ride *iets op zijn beloop laten;* ~ slip *laten uitlekken; missen, voorbij laten gaan* ⟨kans⟩; ~ s.o. stew *iem. in zijn eigen sop laten gaarkoken* **4.1** please, ~ me buy this round *laat mij nu toch dit rondje aanbieden* **4.2** ~'s face it *laten we wel wezen;* ~'s not/⟨BE ook⟩ don't ~'s do it *laten we het niet doen* **5.¶** ~ **through** *laten passeren, doorlaten* **6.¶** ~ **into** *binnenlaten in, toelaten tot; in vertrouwen nemen over, vertellen.* →**let down, let in, let off, let out.**

letdown **0.1** ***afknapper*** ⇒*teleurstelling.*

let down **0.1** ***neerlaten*** ⇒*laten zakken, laten vallen* **0.2** ***uitleggen*** ⇒*langer maken* ⟨kleding⟩ **0.3** ⟨inf.⟩ ***teleurstellen*** ⇒ *in de steek laten* **0.4** ***leeg laten lopen*** ⟨band⟩ ◆ **1.1** ~ one's hair *zijn haar los doen;* ~ the sails *de zeilen strijken* **4.3** don't let me down *laat me niet in de steek.*

lethal [lie:θl] **0.1** ***dodelijk*** ⇒*fataal* **0.2** ***doods-*** ⇒*v./mbt. de dood* ◆ **1.1** ~ dose *fatale dosis;* ~ weapon *moordwapen.*

lethargic [liθa:dzjik] ⟨-ally⟩ **0.1** ***lethargisch*** ⇒*slaperig, (s)loom.*

lethargy [leθədzjie] **0.1** ***lethargie*** ⇒*(ziekelijke) slaapzucht* **0.2** ***lethargie*** ⇒*(s)loomheid.*

let in **0.1** ***binnenlaten*** ⇒*toelaten* **0.2** ***inzetten*** **0.3** ***innemen*** ⇒*nauwer maken* ⟨kleding⟩ **0.4** ***erin laten lopen*** ⇒*bedriegen* ◆ **1.1** ~ a possibility *een mogelijkheid openlaten* **4.1** let o.s. in *zich toegang verschaffen* **6.¶** ~ **for** *opschepen met; laten opdraaien voor;* let o.s. in **for** *zich op de hals halen;* ~ **on** *in vertrouwen nemen over; inlichten over; laten meedoen met.*

let off **I** ⟨onov.ww.⟩ ⟨vulg.⟩ **0.1** ***een scheet laten;***
II ⟨ov.ww.⟩ **0.1** ***afzetten*** ⇒*laten uitstappen* **0.2** ***afvuren*** ⇒ *afsteken, af laten gaan* **0.3** ***excuseren*** ⇒*vrijuit laten gaan, vrijstellen van* **0.4** ***laten ontsnappen*** ⇒*weg laten lopen* **0.5** ⟨BE⟩ ***(in gedeelten/partieel) verhuren*** ⇒*onderverhuren* ◆ **1.1** the driver will let you off there *de chauffeur zal je daar afzetten* **1.2** ~ fireworks *vuurwerk afsteken;* ~ a gun *een pistool afvuren* **1.3** the judge let him off *de rechter liet hem vrijuit gaan* **1.4** ~ air *ontluchten* **6.3** be ~ **with** *er afkomen met.*

let out **I** ⟨onov.ww.⟩ **0.1** ***uithalen*** ⇒*v. leer trekken* **0.2** ⟨AE⟩ ***dichtgaan*** ⇒*sluiten, uitgaan* ⟨v. school e.d.⟩ ◆ **6.1** ~ **at** s.o. *naar iem. uithalen; tegen iem. uitvaren;*
II ⟨ov.ww.⟩ **0.1** ***uitnemen*** ⇒*wijder maken* ⟨kleding⟩ **0.2** ***laten uitlekken*** ⇒*verklappen, openbaar maken, bekendmaken* **0.3** ***laten ontsnappen*** ⇒*vrijlaten, laten gaan* **0.4** ***slaken*** ⇒*geven* ⟨gil⟩ **0.5** ⟨AE⟩ ***de laan uitsturen*** ⇒*ontslaan, (v. school) sturen* **0.6** ⟨inf.⟩ ***uit de knoei halen*** ⇒*er genadig af laten komen* **0.7** ⟨vnl. BE⟩ ***verhuren*** ◆ **1.3** let the air out of a balloon *een ballon laten leeglopen.*

let's [lets] ⟨samentr. v. let us⟩.

letter[1] [lettə] **I** ⟨telb.zn.⟩ **0.1** ***letter*** ⇒⟨druk. ook⟩ *lettertype, lettersoort* **0.2** ***brief*** **0.3** ⟨vaak mv.⟩ ***schrijven*** ⇒*stuk vanwege een officiële instantie* **0.4** ⟨AE⟩ ***schoolembleem*** ⟨als beloning voor sportieve prestaties⟩ ◆ **1.2** ⟨hand.⟩ ~ of advice *adviesbrief;* ~ of attorney *volmacht;* ~ of credence *geloofsbrief;* ~ of credit *kredietbrief;* ~ to the editor *ingezonden brief;* ~ of intent *intentieverklaring;* ⟨hand.⟩ *bereidheidsverklaring;* ~ of introduction *aanbevelingsbrief* **2.1** small ~ *kleine letter* **3.2** covering ~ *begeleidend schrijven* **6.2** **by** ~ *per brief, schriftelijk.* →**French;**
II ⟨n.-telb.zn.; vnl. the⟩ **0.1** ***letter*** ⇒*letterlijke inhoud/interpretatie* ⟨tgov. geest⟩ ◆ **1.1** in ~ and spirit *naar letter en geest* **6.1** **to** the ~ *naar de letter; tot in detail/de kleinste bijzonderheden;*
III ⟨mv.⟩ **0.1** ***letteren*** ⇒*literatuur.*

letter[2] ⟨ww.⟩ **0.1** ***v. omslag/rugtitel voorzien*** ⟨boek⟩ **0.2** ***beletteren*** ⇒*voorzien v. belettering.*

letter bomb **0.1** ***bombrief*** ⇒*briefbom.*

letterbox ⟨vnl. BE⟩ **0.1** ***brievenbus.***

lettered [lettəd] **0.1** ***in staat tot lezen en schrijven*** **0.2** ***geletterd*** ⇒*belezen;* ⟨bij uitbr.⟩ *erudiet.*

letterhead, letter heading **I** ⟨telb.zn.⟩ **0.1** ***briefhoofd;***
II ⟨n.-telb.zn.⟩ **0.1** ***postpapier met briefhoofd.***

lettering [letring] **0.1** ***belettering*** ⇒*letters.*

letter-perfect **0.1** ⟨AE⟩ ***vlekkeloos*** ⇒*foutloos.*

letterpress ⟨boek.⟩ **I** ⟨telb.zn.⟩ **0.1** ***tekst*** ⇒*letterzetsel* ⟨itt. illustraties⟩;
II ⟨n.-telb.zn.⟩ **0.1** ***boekdruk*** ⇒*hoogdruk.*

letter-quality ⟨comp.⟩ **0.1** ***letterkwaliteit*** ⇒*briefkwaliteit.*

letter stock ⟨zn.⟩⟨geldw.⟩ **0.1** ⟨ong.⟩ ***onderhandse aandelen.***

letting [letting] ⟨vnl. BE⟩ **0.1** ***huurhuis.***

Lettish [lettisj] **0.1** ⟨bn.⟩ ***Lets*** ⇒*v./mbt. de Letten* **0.2** ⟨zn.⟩ ***Lets*** ⟨taal⟩.

lettuce [lettis] **0.1** ***sla*** ⇒*salade.*

letup **0.1** ***vermindering*** ⇒*afname* **0.2** ***(werk)onderbreking*** ⇒*rustpauze, ontspanning.*

let up **0.1** ***minder worden*** ⇒*afnemen, gaan liggen* **0.2** ⟨inf.⟩ ***het kalm aan doen*** ⇒*gas terugnemen* **0.3** ***pauzeren*** ⇒ *ophouden (met werken)* ◆ **1.1** I hope the wind's going to ~ a little *ik hoop dat de wind wat gaat liggen* **6.1** **without** letting up *onverminderd* **6.3** **without** letting up *zonder onderbreking* **6.¶** ⟨inf.⟩ ~ **on** *milder/minder streng behandelen.*

leucocyte, leukocyte [loe:kəsajt] **0.1** ***leukocyt*** ⇒*wit bloedlichaampje.*

leukaemia, ⟨AE sp. ook⟩ **leukemia** [loe:kie:miə] ⟨med.⟩ **0.1** ***leukemie*** ⇒*bloedkanker.*

Levant [livænt] **0.1** ***Levant.***

levee[1] [levvie] ⟨zn.⟩ **0.1** ***oeverwal*** **0.2** ***rivierdijk.***

levee[2] [levvie, levvee] ⟨zn.⟩ **0.1** ⟨ong.⟩ ***audiëntie*** ⇒*officiële ontvangst; morgenontvangst* ⟨ook gesch.⟩.

level[1] [levl] **I** ⟨telb.zn.⟩ **0.1** ⟨ook als 2e lid v. samenstellingen⟩ ***peil*** ⇒*niveau, hoogte;* ⟨bij uitbr.⟩ *natuurlijke/juiste peil/plaats* **0.2** ***vlak*** ⇒*(vlak) oppervlak;* ⟨bij uitbr.⟩ *vlakte, vlak land* **0.3** ***horizontaal*** ⇒*waterpas(se) lijn/vlak* **0.4** ⟨vnl. AE⟩ ***waterpas*** **0.5** ⟨tech.⟩ ***waterpas(instrument)*** ⇒*landmeterswaterpas* **0.6** ⟨tech.⟩ ***hoogteverschilmeter*** ◆ **1.1** ~ of achievement/production *prestatie/productiepeil;* on a ~ of equality *op voet v. gelijkheid* **3.1** find one's ~ *zijn plaats vinden* **6.1** **on** a ~ **with** *op gelijke hoogte met;* ⟨fig.⟩ *op gelijke voet met* **6.¶** ⟨inf.⟩ **on** the ~ *rechtdoorzee; bonafide; goudeerlijk.* →**A level, O level;**
II ⟨n.-telb.zn.; vaak als 2e lid v. samenstellingen⟩ **0.1** ***niveau*** ◆ **2.1** at ministerial ~ *op ministerieel niveau.*

level[2] ⟨bn.⟩ **0.1** ***waterpas*** ⇒*horizontaal* **0.2** ***vlak*** ⇒*egaal, (zonder on)effen(heden);* ⟨bij uitbr.⟩ *precies tot de rand* **0.3** ***(op) gelijk(e hoogte)*** ⇒*even hoog/ver* **0.4** ***gelijkmatig*** ⇒ *evenwichtig, regelmatig* **0.5** ***beraden*** ⇒*bedaard, kalm* **0.6** ***gelijkwaardig*** ⇒*op gelijke voet* **0.7** ***strak*** ⟨v. blik⟩ ⇒*doordringend* ◆ **1.2** ~ teaspoon *afgestreken theelepel* **1.3** ⟨BE⟩ ~ crossing *gelijkvloerse kruising, overweg* **1.4** in a ~ voice *zonder stemverheffing* **1.5** keep a ~ head *zijn verstand erbij houden* **1.7** give s.o. a ~ look *iem. strak aankijken* **1.¶** ⟨inf.⟩ (do) one's ~ best *zijn uiterste best (doen)* **3.3** draw ~ with *op gelijke hoogte komen met.*

level[3] ⟨-led⟩ **I** ⟨onov.ww.⟩ **0.1** ***gelijkheid brengen*** **0.2** ***een niveau bereiken*** ◆ **6.¶** ~ **with** s.o. **on** sth. *(eerlijk) voor iets uitkomen tegen iem.;*
II ⟨onov. en ov.ww.⟩ **0.1** ***(horizontaal) richten*** ⇒*aanleggen;* ⟨bij uitbr.⟩ *afvuren, uitbrengen* ⟨kritiek e.d.⟩ ◆ **5.¶** ~ **off** *gelijk/vlak maken/worden;* ~ **off/out** *(zich) (op een bepaald niveau) stabiliseren; zijn (maatschappelijke) plafond bereiken;* ~ **out** *gelijk/vlak maken/worden; onderscheid/verschillen wegnemen (bij/tussen)* **6.1** ~ a charge **against/at** s.o. *een beschuldiging tegen iem. uitbrengen;* ~ (a weapon) **at** s.o. *(een wapen) op iem. richten;*
III ⟨ov.ww.⟩ **0.1** ***egaliseren*** ⇒*effenen* **0.2** ***nivelleren*** ⇒*op gelijk niveau brengen;* ⟨ihb.⟩ *opheffen* ⟨onderscheid⟩ **0.3** ***slopen*** ⇒*met de grond gelijk maken* **0.4** ***vloeren*** ⇒*tegen de grond slaan* ◆ **6.2** ~ **down** *tot hetzelfde niveau omlaag brengen;* ~ **up** *tot hetzelfde niveau omhoog brengen.*

level[4] ⟨bw.⟩ **0.1** ***vlak*** ⇒*horizontaal, waterpas.*

levelheaded **0.1** ***beraden*** ⇒*nuchter, afgewogen.*

levelling rod, levelling staff ⟨tech.⟩ **0.1** ***landmeetstok*** ⇒*nivelleerlat.*

lever[1] [lie:və] ⟨zn.⟩ **0.1** ***hefboom*** ⇒*koevoet, breekijzer* **0.2** ***werktuig*** ⟨alleen fig.⟩ ⇒*pressiemiddel, instrument* **0.3** ⟨ook als 2e lid v. samenstellingen⟩ ***hendel*** ⇒*handgreep/vat* **0.4** ⟨nat.⟩ ***hefboom.***

lever[2] ⟨ww.⟩ **0.1** ***opheffen/verplaatsen dmv. hefboom*** ⇒*tillen/(los)wrikken* ◆ **6.1** ~ sth. **into/out of** position *iets op/van zijn plaats wrikken;* ⟨fig.⟩ ~ s.o. **out of** his job *iem. wippen, wegmanoeuvreren.*

leverage [lie:vridzj] **0.1** ***hefboomwerking*** ⇒*hefboomkracht* **0.2** ***hefboomtoepassing*** ⇒*hefboomsysteem* **0.3** ***macht*** ⇒ *invloed, pressie* **0.4** ⟨AE; geldw.⟩ ***hefboomeffect*** ⇒⟨ong.⟩ *verhouding tussen eigen en vreemd vermogen* **0.5** ⟨AE; geldw.⟩ ***kredietspeculatie.***

leveret [levrit] **0.1** ***jonge haas*** ⇒*haasje.*

leviathan [livvajjəθən] **0.1** ⟨rel.⟩ ***leviathan*** ⇒*zeemonster* **0.2** ***kolos*** ⇒*gevaarte, reus;* ⟨ihb.⟩ *mammoet(schip), zeekasteel; walvis.*

levis, levi's [lie:vajz] ⟨ook L-⟩⟨merknaam⟩ **0.1** ***levi's*** ⇒*spijkerbroek.*

levit|ate [levvitteet] ⟨zn.: **-ation**⟩ **0.1** ***levitatie (doen) ondergaan*** ⇒*(doen) opstijgen/zweven* ⟨ihb. spiritisme⟩.

levit|y [levvətie] ⟨mv.: -ies⟩ **0.1** ***lichtzinnigheid*** ⇒*lichtvaardigheid, oneerbiedigheid.*

lev|y[1] [levvie] ⟨zn.; mv.: -ies⟩ **0.1** ***heffing*** ⇒*vordering;* ⟨ihb.⟩ *belastingheffing* **0.2** ***beslaglegging*** ⇒*inning;* ⟨bij uitbr.⟩ *gevorderde som* **0.3** ***(aan)werving*** ⇒*rekrutering* **0.4** ***lichting (rekruten)*** ◆ **3.1** make a ~ on *een heffing instellen op* **6.2** ~ **(up)on** property *beslaglegging op eigendom.*

lev|y[2] ⟨ww.; -ied⟩ **0.1** ***heffen*** ⇒*opleggen* **0.2** ***(in/op)vorderen*** ⇒*innen* **0.3** ***(aan)werven*** ⇒*rekruteren* ◆ **1.1** ~ a fine *een boete opleggen;* ~ toll *tol heffen* **6.1** ~ a tax **on** gambling *een belasting heffen op de kansspelen.*

lewd [loe:d] ⟨-ness⟩ **0.1** ***wellustig*** **0.2** ***obsceen*** ⇒*schunnig.*

lexicographer [leksikkogrəfə] **0.1** ***lexicograaf.***

lexicograph|y [leksikkogrəfie] ⟨bn.: **-ical**⟩ **0.1** ***lexicografie*** ⇒ *het samenstellen v. woordenboeken.*

lexicologist [leksikkolledzjist] ⟨taal.⟩ **0.1** ***lexicoloog*** ⇒*kenner/beoefenaar v.d. lexicologie.*

lexicology [leksikkolledzjie] ⟨taal.⟩ **0.1** ***lexicologie*** ⟨studie v. lexicon⟩.

lexicon [leksikkən] **0.1** ***woordenboek*** ⇒⟨ihb.⟩ *oudetalenwoordenboek* **0.2** ***lexicon*** ⇒*woordenschat.*

ley [lie:] **0.1** ***tijdelijk grasland*** ⇒*wisselbouwakker.*

liabilit|y [lajjəbillətie] ⟨mv.: -ies⟩⟨ook →liable⟩ **0.1** ***(wettelijke ver)plicht(ing)*** **0.2** ⟨+ for⟩ ***(wettelijke) aansprakelijkheid (voor)*** **0.3** ***onderhevigheid*** **0.4** ***vatbaarheid*** **0.5** ***waarschijnlijkheid*** ⇒*neiging* **0.6** ⟨mv.; hand.⟩ ***passiva*** ⇒ *lasten, schulden* **0.7** ⟨inf.⟩ ***blok aan het been*** ⇒*sta-in-de-weg* ◆ **3.1** ~ to pay taxes *belastingplichtigheid.*

liability insurance ⟨verz.⟩ **0.1** ***WA-verzekering*** ⇒*aansprakelijkheidsverzekering.*

liable [lajjəbl] **0.1** ***(wettelijk) verplicht*** **0.2** ⟨+for⟩ ***aansprakelijk (voor)*** ⇒*(wettelijk) verantwoordelijk (voor)* **0.3** ***onderhevig*** ⇒*onderworpen* **0.4** ***vatbaar*** ⇒*vaak lijdend* **0.5** ***de neiging hebbend*** ⇒*de kans/het risico lopend* ⟨vnl. met iets negatiefs⟩ ◆ **3.5** trouble is ~ to occur *er zal wel narigheid van komen* **6.1** ~ **for** tax *belastingplichtig* **6.3** ~ **to** a fine *te beboeten;* make o.s. ~ **to** *zich blootstellen aan;* ~ **to** penalty *strafbaar* **6.4** ~ **to** colds *gauw/vaak verkouden.*

liaise [lie·eez] **0.1** ⟨vnl. mil.⟩ ***contact leggen/onderhouden.***

liaison [lie·eezn] **0.1** ***liaison*** ⟨ook mil.⟩ ⇒*verbinding;* ⟨bij uitbr.⟩ *samenwerkingsverband* **0.2** ***liaison*** ⇒*buitenechtelijke verhouding* **0.3** ⟨cul.⟩ ***liaison*** ⇒*eierdooierbinding.*

liaison officer **0.1** ⟨mil.⟩ ***verbindingsofficier*** **0.2** ***contactpersoon.***

liana [lie:annə, lie·ænə] **0.1** ***liaan.***

liar [lajjə] **0.1** ***leugenaar.***

lib [lib] ⟨vnl. in samenstellingen; ook L-⟩ ⟨verk.⟩ [liberation] ⟨inf.⟩ **0.1** ⟨ong.⟩ ***emancipatie/bevrijding(sbeweging).***

Lib. ⟨afk.⟩ **0.1** [Liberal (Party)].

libation [lajbeesjn] **0.1** ***plengoffer*** **0.2** ⟨inf.⟩ ***drinkgelag.***

libber [libbə], ⟨inf.⟩ **libbie** ⟨vnl. in samenstellingen⟩ ⟨verk.⟩ [liberator] ⟨inf.⟩ **0.1** ***voorvecht(st)er v. emancipatie.***

libel[1] [lajbl] ⟨zn.⟩ **0.1** ***smaadschrift*** ⇒*schotschrift* **0.2** ***smaad*** ⇒*laster* **0.3** ⟨inf.⟩ ***belastering*** ⇒*smadelijke (valse) aantijging* ◆ **3.1** sue for ~ *vervolgen wegens smaad* **6.3** ~ **on** s.o. *belediging voor iem.* →**criminal.**

libel[2] ⟨ww.; BE -led⟩ **0.1** ***belasteren*** ⇒*valselijk beschuldigen* **0.2** ***een smaadschrift publiceren tegen.***

libellous, ⟨AE sp.⟩ **libelous** [lajbləs] **0.1** ***lasterlijk*** ⇒*smadelijk* **0.2** ***(be)lasterend*** ⇒*kwaadsprekend.*

liberal[1] [librəl] ⟨zn.⟩ **0.1** ***liberaal*** ⟨ook pol.⟩ ⇒*ruimdenkend/vooruitstrevend iem.;* ⟨AE⟩ *linkse rakker.*

liberal[2] ⟨bn.⟩ **0.1** ***ruimdenkend*** ⇒*onbekrompen, onbevooroordeeld, liberaal* **0.2** ***royaal*** ⇒*vrijgevig* **0.3** ***overvloedig*** ⇒*welvoorzien* **0.4** ***vrij*** ⇒*soepel* **0.5** ***breed*** ⇒*veelzijdig, ondogmatisch* **0.6** ⟨L-; pol.⟩ ***liberaal*** ⇒*gematigd progressief;* ⟨AE⟩ *links* **0.7** ⟨AE⟩ ***alfa-*** ◆ **1.4** ~ translation *vrije vertaling* **1.5** ~ education *brede ontwikkeling* **1.7** ~ arts *alfawetenschappen* **1.¶** ~ arts *vrije kunsten.*

liberalism [librəlizm] ⟨pol.⟩ **0.1** ***liberalisme.***

liberalist [librəlist] ⟨bn.: **-ic**⟩ ⟨pol.⟩ **0.1** ***liberaal.***

liberalit|y [libbərælətie], ⟨in bet. 0.2 en 0.3 ook⟩ **liberalness** [librəlnəs] ⟨mv.: -ies⟩ **0.1** ***gulle gave*** **0.2** ***vrijgevigheid*** **0.3** ***onbekrompenheid*** ⇒*ruimdenkendheid.*

liberal|ize, -ise [librəlajz] ⟨zn.: **-ization**⟩ **I** ⟨onov.ww.⟩ **0.1** ***libera(a)l(er) worden;***
II ⟨ov.ww.⟩ **0.1** ***liberaliseren*** ⇒*versoepelen* **0.2** ***bevrijden v. vooroordelen.***

liberate [libbəreet] **0.1** ***bevrijden*** **0.2** ⟨schei.⟩ ***vrijmaken*** ⇒*laten ontsnappen.*

liberated [libbəreetid] **0.1** ***bevrijd*** ⇒*geëmancipeerd* ⟨maatschappelijk, seksueel⟩.

liberation [libbəreesjn] **0.1** ***bevrijding*** ⇒*verlossing; vrijlating.*

liberation theologist **0.1** ***bevrijdingstheoloog.***

liberation theology **0.1** ***bevrijdingstheologie.***

liberator [libbəreetə] **0.1** ***bevrijder.***

libero [libbəroo] ⟨voetbal⟩ **0.1** ***libero*** ⇒*vrije verdediger.*

libertarian [libbəteəriən] **0.1** ⟨bn.⟩ ***vrijheidsgezind*** **0.2** ⟨zn.⟩ ***vrijheidsgezinde.***

libertine [libbətie:n] **0.1** ***losbol*** ⇒*libertijn, losbandig iem.*

libert|y [libbətie] ⟨mv.: -ies⟩ **I** ⟨telb.zn.⟩ **0.1** ***vrijheid*** ⇒*vrijmoedigheid, vrijpostigheid* ◆ **3.1** allow o.s./take the ~ to say/of saying *zich de vrijheid veroorloven/zo vrij zijn (om) te zeggen;* take liberties with s.o. *zich vrijheden veroorloven tegen iem.;*
II ⟨n.-telb.zn.⟩ **0.1** ***vrijheid*** ⇒*onafhankelijkheid* ◆ **1.1** ~ of conscience *gewetensvrijheid* **6.¶** **at** ~ *(in) vrij(heid), op vrije voeten; vrij, onbezet; ongebruikt, werkloos;* you're **at** ~ **to** *het staat je vrij (om) te;*
III ⟨mv.⟩ **0.1** ***vrijheden*** ⇒*voorrechten.*

libidinous [libbidnəs] ⟨-ness⟩ **0.1** ***wellustig*** ⇒*wulps.*

libido [libbie:doo] ⟨psych.⟩ **0.1** ***levensdrift*** **0.2** ***libido*** ⇒*geslachtsdrift.*

Libra [lie:brə] ⟨astrol., ster.⟩ **0.1** ***(de) Weegschaal.***

librarian [lajbreəriən] **0.1** ***bibliothecaris/esse.***

librarianship [lajbreəriənsjip] **0.1** ***bibliothecarisambt.***

librar|y [lajb(rə)rie] ⟨mv.: -ies⟩ **0.1** ***bibliotheek*** ⇒*(openbare) leeszaal;* ⟨bij uitbr.⟩ *uitleenverzameling* ⟨v. films, platen e.d.⟩ **0.2** ***bibliotheek*** ⇒*boekenverzameling.*

library book **0.1** ***bibliotheekboek.***

library pictures ⟨tv⟩ **0.1** ***archiefbeelden.***

librettist [librettist] **0.1** ***librettist*** ⇒*librettoschrijver.*

Libya [libbiə] **0.1** ***Libië.***

Libyan [libbiən] **0.1** ⟨bn.⟩ ***Libisch*** **0.2** ⟨zn.⟩ ***Libiër.***

lice [lajs] ⟨mv.⟩ →**louse**[1]**.**

licence, ⟨AE sp. vnl.⟩ **license** [lajsns] **I** ⟨telb.zn.⟩ **0.1** ***vergunning*** ⇒*licentie, verlof* ◆ **3.1** ~ to drive a car *rijbewijs;*
II ⟨n.-telb.zn.⟩ **0.1** ***verlof*** ⇒*permissie, in/toestemming* **0.2** ***vrijheid*** **0.3** ***willekeur*** ⇒*misbruik v. vrijheid* **0.4** ***losbandigheid*** ⇒*ongebondenheid* **0.5** ***(artistieke) vrijheid*** ◆ **3.1** marry by (special) ~ *voor de burgerlijke stand trouwen.*

license **0.1** ***(een) vergunning verlenen (aan)*** ⇒⟨ihb. BE⟩ *een drankvergunning verlenen (aan); (officieel) toestemming geven voor* ◆ **1.1** ~d to sell tobacco *met tabaksvergunning.*

licensee [lajsnsie:] **0.1** ***vergunninghouder*** ⇒*licentiehouder* ⟨ihb. v.e. drank/tabaksvergunning⟩.

license plate ⟨AE⟩ **0.1** ***nummerbord.***

licensing laws ⟨the⟩ ⟨BE⟩ **0.1** ***drankwet.***

licentiate [lajsensjiət] **0.1** ***licentiaatsdiploma*** **0.2** ***bezitter v. licentiaatsdiploma*** ⇒*licentiaat;* ⟨ong.⟩ *doctorandus* ◆ **1.2** ~ in Dental Surgery *tandarts.*

licentious [lajsensjəs] ⟨-ness⟩ **0.1** ***wellustig*** ⇒*wulps, losbandig.*

lichee →**lychee.**

lichen [lajkən, litsjn] **0.1** ***korstmos.***

lich gate, lych gate [litsj geet] **0.1** ***(overdekt) kerkhofportaal.***

lick[1] [lik] **I** ⟨telb.zn.⟩ **0.1** ***lik*** **0.2** ***lik*** ⇒*veeg;* ⟨bij uitbr.⟩ *ietsje, klein beetje* **0.3** ***liksteen*** ⟨voor vee⟩ ◆ **1.2** a ~ of paint *een kwastje (verf)* **7.¶** last ~s *laatste kans; laatste beurt;*
II ⟨telb. en n.-telb.zn.; alleen enk.⟩ ⟨inf.⟩ **0.1** ***(vliegende) vaart*** ◆ **2.1** (at) full ~, at a great ~ *met een noodgang.*

lick[2] **I** ⟨onov. en ov.ww.⟩ **0.1** ***lekken*** ⇒*(licht) spelen (langs)* ⟨v. golven/vlammen⟩ ◆ **1.1** the flames ~ed (at) the walls *de vlammen lekten (aan) de muren;*
II ⟨ov.ww.⟩ **0.1** ***likken*** **0.2** ⟨inf.⟩ ***een pak slaag geven*** ⟨ook fig.⟩ ⇒*ervan langs geven; overwinnen* ◆ **1.2** ~ a problem *een probleem klaren* **5.1** ~ (sth.) **off/out/up** *(iets) af/uit/oplikken* **6.2** ~ bad habits **out of** s.o. *slechte gewoontes er bij iem. uit rammen.*

licking [likking] ⟨ook fig.⟩ **0.1** ***pak rammel*** ◆ **3.1** the team got a ~ *het team werd ingemaakt.*

licorice →**liquorice.**

lid [lid] **0.1** ***deksel*** ⇒*klep* **0.2** ***(oog)lid*** **0.3** ⟨biol.⟩ ***klep*** ◆ **3.¶** blow/lift/take the ~ off *onthullingen doen;* ⟨sl.⟩ flip one's ~ *zijn zelfbeheersing verliezen;* ⟨inf.⟩ put the ~ on *een halt toeroepen, paal en perk stellen aan;* ⟨BE; inf.⟩ that puts the ~ on *dat doet de deur dicht.*

lidless [lidləs] **0.1** ***zonder deksel*** ⇒*open* **0.2** ***zonder oogleden.***

lido [lie:doo] ⟨BE⟩ **0.1** ***lido*** ⇒*(bad)strand* **0.2** ***(openlucht)-zwembad*** ⇒*zwemvijver/water.*

lie¹ [laj] ⟨zn.⟩ **0.1** ***leugen*** **0.2** ⟨vnl. enk.⟩ ***ligging*** ⇒*situering, positie* **0.3** ***leger*** ⇒*(vaste) lig/schuilplaats* ⟨v. dier⟩ ◆ **1.2** ⟨BE⟩ the ~ of the land *de natuurlijke ligging v.h. gebied/stuk grond;* ⟨fig.⟩ *de stand van zaken* **3.1** she lived a ~ *haar leven was één grote leugen;* tell a ~ *liegen* **3.¶** give s.o. the ~ (in his throat/one's teeth) *iem. van een leugen beschuldigen;* give the ~ to *weerleggen.* →**white.**

lie² **I** ⟨onov.ww.; lied, lying⟩ **0.1** ***liegen*** ⇒*jokken* ◆ **6.1** you ~d **to** me *je loog tegen mij;*
II ⟨ov.ww.⟩ **0.1** ***door liegen in een bepaalde positie brengen*** ◆ **6.1** ~ o.s. **into** trouble *zich door leugens in de nesten werken;* ~ o.s. **out of** sth. *zich ergens uit liegen.*

lie³ ⟨ww.; lay [lee], lain [leen], lying⟩ **0.1** ***(plat/uitgestrekt/vlak) liggen*** ⇒*rusten* **0.2** ***(begraven) liggen*** ⇒*rusten* **0.3** ***gaan liggen*** ⇒*zich neerleggen* **0.4** ***zich bevinden*** ⟨op een plaats/in een toestand⟩ ⇒*liggen, gelegen/gesitueerd zijn* **0.5** ⟨jur.⟩ ***ontvankelijk zijn*** ◆ **1.4** ~ in ambush *in een hinderlaag liggen;* ~ at the mercy of *overgeleverd zijn aan;* ~ in ruins/in the dust *in puin liggen* **1.5** action will ~ *er zal tot vervolging worden overgegaan* **2.1** ~ ill *ziek in/te bed liggen* **2.4** ~ dormant *sluimeren;* ~ fallow *braak liggen;* ~ heavy *zwaar op de maag liggen;(zwaar) op het geweten drukken, dwars zitten* **5.1** ~ asleep *liggen te slapen;* ⟨vnl. BE; sl.⟩ ~ doggo *zich schuil/koest/gedeisd houden* **5.2** here ~s ... *hier ligt/rust ...* **5.3** ~ **back** *achteroverleunen* **6.4** ~ **at** anchor/its moorings *voor anker liggen, vastliggen;* my sympathy ~s **with** ... *mijn medeleven/sympathie gaat uit naar ...* **6.¶** ⟨fig.⟩ I don't know what ~s in store **for** me *ik weet niet wat me te wachten staat.* →**lie about, lie ahead, lie down, lie in, lie off, lie over, lie to, lie up, lie with.**

lie about **0.1** ***luieren*** ⇒*niksen* **0.2** ***(slordig) in het rond liggen*** ⇒*rondslingeren* ⟨v. voorwerpen⟩.

lie ahead **0.1** ***in het verschiet liggen*** ⇒*te wachten staan* ◆ **6.1** we know not what lies ahead **of** us *we weten niet wat de toekomst voor ons in petto heeft.*

lie detector **0.1** ***leugendetector.***

lie down **0.1** ***(gaan) liggen/rusten*** ◆ **3.1** ⟨fig.⟩ we won't take this lying down *we laten dit niet over onze kant gaan* **6.1** ⟨inf.⟩ ~ **on** the job *het rustig aan doen* **6.¶** ~ **under** *over zijn kant laten gaan.*

lie-down **0.1** ⟨inf.⟩ ***dutje*** ⇒*(middag)slaapje* **0.2** ***menselijke blokkade*** ⇒*ligblokkade.*

liege [lie:dzj] ⟨gesch.⟩ **0.1** ***leenheer*** **0.2** ⟨vnl. mv.⟩ ***leenman*** ⇒*vazal.*

Liège [li·eezj] **0.1** ***Luik.***

liege|man ⟨mv.: -men⟩⟨gesch.⟩ **0.1** ***leenman*** ⇒*vazal; trouw volgeling.*

lie in **0.1** ⟨BE; inf.⟩ ***uitslapen*** ⇒*lang in bed blijven liggen.*

lie-in **0.1** ⟨BE; inf.⟩ ***uurtje/ochtendje uitslapen*** ⇒*het uitslapen* **0.2** →**lie-down 0.2.**

lie off ⟨scheep.⟩ **0.1** ***op korte afstand van de kust/een ander schip blijven.***

lie over **0.1** ***overstaan*** ⇒*blijven liggen, uitgesteld worden* ◆ **3.1** let sth. ~ *iets uitstellen.*

lie to ⟨scheep.⟩ **0.1** ***bijleggen*** **0.2** ***bijgedraaid liggen.***

lieu [loe:] ◆ **6.¶** **in** ~ **of** *in plaats van.*

lie up **0.1** ***zich schuilhouden*** ⇒*onderduiken* **0.2** ***het bed houden*** ⇒*platliggen* **0.3** ⟨scheep.⟩ ***dokken*** ⇒*opgelegd worden/zijn.*

lieutenanc|y [leftennənsie] ⟨mv.: -ies⟩ **0.1** ***luitenantschap*** ⇒*rang v. luitenant.*

lieutenant [leftennənt] **0.1** ***luitenant*** ⇒*plaatsvervanger* **0.2** ⟨mil.⟩ ***luitenant*** **0.3** ⟨Am. politie; ong.⟩ ***inspecteur.***

lieutenant colonel ⟨mil.⟩ **0.1** ***luitenant-kolonel.***

lieutenant commander ⟨mil., scheep.⟩ **0.1** ***luitenant-ter-zee 2e klasse (OC).***

lieutenant governor **0.1** ***luitenant-gouverneur-generaal*** **0.2** ***vice-gouverneur*** ⟨in USA⟩.

lieutenant junior grade ⟨mv.: lieutenants junior grade⟩⟨AE; mil.; scheepv.⟩ **0.1** ***luitenant-ter-zee 3e klasse.***

lie with **0.1** ***zijn aan*** ⇒*de verantwoordelijkheid zijn van, afhangen van* ◆ **1.1** the choice lies with her *de keuze is aan haar.*

life [lajf] ⟨mv.: lives⟩ **I** ⟨telb.zn.⟩ **0.1** ***levend wezen*** ⇒*leven* ◆ **3.1** several lives were lost *verscheidene mensen kwamen om het leven;*
II ⟨telb. en n.-telb.zn.⟩ **0.1** ⟨ben. voor⟩ ***leven*** ⇒*bestaan; levendigheid; bedrijvigheid; levensduur/tijd; levensbeschrijving/verhaal* ◆ **1.1** get the fright of one's ~ *zich doodschrikken;* a matter of ~ and death *een zaak van leven of dood* **1.¶** take one's ~ in one's (own) hands *zijn leven in de waagschaal stellen;* escape with ~ and limb *het er levend afbrengen;* the ~ (and soul) of the party *de gangmaker v.h. feest* **2.1** make ~ easy *niet moeilijk doen;* everyday ~ *het leven van alledag* **3.1** ⟨inf.⟩ you (can) bet your ~ *nou en of!, wat dacht je!;* bring to ~ *(weer) bijbrengen;* ⟨fig.⟩ *tot leven brengen/wekken;* come to ~ *bijkomen; tot leven komen;* ⟨fig.⟩ *geïnteresseerd raken;* ⟨schr.⟩ lay down one's ~ *zijn leven opofferen;* save s.o.'s ~ *iemands leven redden;* start ~ *geboren worden;* take one's (own) ~ *zelfmoord plegen;* take s.o.'s ~ *iem. om het leven brengen* **3.¶** breathe ~ into a party *een feest opvrolijken/verlevendigen;* start ~ *zijn carrière beginnen* **6.1** **for** ~ *voor het leven, levenslang;* **for** the ~ of me I couldn't remember it *al sla je me dood, ik weet het echt niet meer;* run **for** one's ~ *rennen voor je leven;* painted **from** ~ *naar het leven geschilderd* **6.¶** ⟨inf.⟩ not **on** your ~ *nooit van zijn leven* **7.1** the other ~ *het leven hiernamaals;* this is the ~! *dit is/noem ik nog eens leven!;* this ~ *dit (aardse) leven* **7.¶** his records/stamps are his ~ *zijn platen/postzegels zijn zijn lust en zijn leven* **¶.1** ⟨sprw.⟩ while there is ~ there is hope *zolang er leven is, is er hoop.* →**dear, future, large, new, simple, true;**
III ⟨n.-telb.zn.⟩⟨verk.⟩ [life imprisonment] ⟨inf.⟩ **0.1** ***levenslang(e gevangenisstraf).***

life annuity **0.1** ***lijfrente.***

life assurance, life insurance **0.1** ***levensverzekering.***

life belt **0.1** ***redding(s)gordel.***

lifeblood **0.1** ***levensbloed*** ⇒*hartenbloed* ⟨ook fig.⟩.

lifeboat **0.1** ***redding(s)boot.***

life buoy **0.1** ***redding(s)boei.***

life cycle ⟨biol.⟩ **0.1** ***levenscyclus.***

life expectancy **0.1** ***levensverwachting.***

life form **0.1** ***levensvorm.***

lifeguard **0.1** ***bad/strandmeester*** **0.2** ***lijfwacht.***

life history **0.1** ***levensgeschiedenis/verhaal.***

life imprisonment **0.1** ***levenslang(e gevangenisstraf).***

life insurance →**life assurance.**

life jacket **0.1** ***redding(s)/zwemvest.***

lifeless [lajfləs] ⟨-ness⟩ **0.1** ***levenloos*** ⇒*dood;* ⟨fig.⟩ *lusteloos.*

lifelike [lajflajk] **0.1** ***levensecht.***

life line **0.1** ***redding(s)lijn*** **0.2** ***seinlijn*** ⟨v. duiker⟩ **0.3** ***vanglijn*** **0.4** ***vitale verbindingslijn*** ⇒*navelstreng* ⟨fig.⟩.

lifelong **0.1** ***levenslang*** ⇒*voor het leven.*

life membership **0.1** ***lidmaatschap voor het leven.***

life peer **0.1** ***Hogerhuislid/'peer' voor het leven*** ⟨wiens titel en lidmaatschap niet erfelijk zijn⟩.

life preserver 0.1 ⟨vnl. AE⟩ ***redding(s)boei/gordel/vest.***
lifer [lajfə] ⟨sl.⟩ **0.1** ***veroordeling tot levenslang* 0.2** ***levenslang gestrafte*** ⇒*tot levenslang veroordeelde.*
life raft 0.1 ***redding(s)boot/sloep/vlot.***
lifesaver 0.1 ***(mensen)redder*** ⇒⟨fig.⟩ *redder in de nood.*
life-saving ⟨zwemsport⟩ **0.1** ***(het) reddend zwemmen.***
life sentence 0.1 ***(veroordeling tot) levenslang.***
life-size(d) 0.1 ***op ware grootte*** ⇒*levensgroot.*
life span 0.1 ***(potentiële) levensduur.***
life story 0.1 ***levensverhaal*** ⇒*biografie.*
lifestyle 0.1 ***levensstijl*** ⇒*(persoonlijke) manier/stijl v. leven.*
life-support system ⟨ruim.⟩ **0.1** ***levensinstandhoudingssysteem*** ⇒*systeem ter (kunstmatige) instandhouding der levensfuncties.*
lifetime 0.1 ***levensduur/tijd*** ⇒⟨ihb.⟩ *mensenleven* ◆ **1.1** the chance of a ~ *een unieke kans.*
lifework 0.1 ***levenswerk.***
LIFFE ⟨afk.⟩ **0.1** [London International Financial Futures Exchange].
LIFO [lajfoo] ⟨afk.; comp.⟩ **0.1** [last in, first out].
lift[1] [lift] **I** ⟨telb.zn.⟩ **0.1** ⟨vnl. BE⟩ ***(goederen/personen)lift* 0.2** ***lift*** ⇒*gratis (auto)rit* **0.3** ***(ver)heffing*** ⇒*hijs(ing), optrekking* **0.4** ***(terrein)verhoging*** ⇒*verhevenheid* **0.5** ⟨vnl. enk.⟩ ***duwtje/steuntje in de rug*** ⇒*zetje* **0.6** ⟨geen mv.; inf.⟩ ***opkikker*** ⇒*oppepper* **0.7** ***luchtbrug*** ◆ **2.3** the proud ~ of her chin *haar fier opgeheven kin;*
II ⟨telb. en n.-telb.zn.⟩ ⟨luchtv.⟩ **0.1** ***lift*** ⇒*opwaartse druk, draagkracht.*
lift[2] **I** ⟨onov.ww.⟩ **0.1** ***(op)stijgen*** ⇒*opgaan/komen, omhooggaan/komen* **0.2** ***optrekken*** ⟨v. mist enz.⟩ **0.3** ***bollen*** ⇒ *bol/krom gaan staan* ⟨v. vloer⟩ ◆ **1.1** this window won't ~ *dit raam gaat/wil niet omhoog/open* **5.1** ⟨luchtv., ruim.⟩ ~ **off** *opstijgen, starten;*
II ⟨ov.ww.⟩ **0.1** ***(omhoog/op)tillen*** ⇒*omhoog/optrekken, (op)hijsen* **0.2** ***opheffen*** ⇒*afschaffen* **0.3** ***verheffen*** ⇒*op een hoger plan brengen* **0.4** ***rooien*** ⇒*uit de grond halen* **0.5** ***verheffen*** ⇒*luider doen klinken* ◆ **1.1** ~ one's eyes *zijn ogen opslaan;* not ~ a hand/finger *geen hand/vinger/poot uitsteken* **1.2** ~ a blockade *een blokkade opheffen;* ~ a tent *een tent afbreken* **1.3** this news will ~ his spirits *dit nieuws zal hem opbeuren* **1.5** ~ up one's voice *zijn stem verheffen* **6.1** ~ **down** *aftillen, neerlaten.*
liftboy, liftman ⟨vnl. BE⟩ **0.1** ***liftbediende/jongen.***
lift-off ⟨ruim.⟩ **0.1** ***lancering.***
ligament [ligəmənt] **0.1** ⟨anat.⟩ ***ligament*** ⇒*bindweefselband, gewrichtsband.*
ligature [ligətsjə] **0.1** ***ligatuur(draad)*** ⇒*afbinding(sdraad)* **0.2** ***band*** ⇒*verbond* **0.3** ⟨druk.⟩ ***ligatuur*** ⇒*koppelletter.*
light[1] [lajt] **I** ⟨telb.zn.⟩ **0.1** ***vuurtje*** ⇒*vlammetje* **0.2** ***ruit(je)* 0.3** ***licht/vuurtoren*** ◆ **3.1** can you give me a ~, please? *heeft u misschien een vuurtje voor me?* **3.2** leaded ~ *glas-in-loodruitje* **3.¶** set (a) ~ to sth. *iets in de fik steken;*
II ⟨telb. en n.-telb.zn.⟩ **0.1** ***licht*** ⇒*verlichting; openbaarheid* ◆ **1.1** ⟨bk.⟩ ~ and shade *licht en schaduw* **1.¶** see the ~ at the end of the tunnel *licht in de duisternis zien;* ~ of one's eyes/life *iemands oogappel/hartendief;* without ~ and shade *eentonig, kleurloos* **2.1** in a good ~ *bij goed licht/zicht* **3.1** bring/come to ~ *aan het licht brengen/komen;* reversing ~ *achteruitrijlamp;* see the ~ *het licht zien, tot inzicht komen;* shed/throw ~ (up)on *licht werpen op, klaarheid brengen in* **3.¶** ⟨inf.⟩ leading ~s *prominenten;* a shining ~ *een lichtend voorbeeld* **5.1** ~s **out** *bedtijd* ⟨op internaat⟩ **5.¶** go **out** like a ~ *onmiddellijk ingeslapen zijn* **6.¶ in** (the) ~ **of** this statement *in het licht van/gezien deze verklaring.* →**bad, good, green, new, red;**
III ⟨mv.⟩ **0.1** ***voetlicht* 0.2** ***(geest)vermogens*** ⇒*inzichten, opvattingen* **0.3** ***verhelderende feiten* 0.4** ***(dierlijke) longen*** ⇒*lichten, long* ⟨als (huisdieren)voedsel⟩ ◆ **6.2 according to** one's ~s *naar iemands beste vermogen; naar eigen inzicht/maatstaf.*
light[2] ⟨bn.⟩ **0.1** ***licht*** ⇒*verlicht, helder* **0.2** ***licht*** ⟨lett. en fig.⟩ ⇒*niet zwaar* **0.3** ***lichtbepakt*** ◆ **1.2** ~ ale *light ale;* ⟨ong.⟩ *pils;* ⟨mil.⟩ ~ brigade *lichte brigade;* ~ clothing *lichte kledij;* ~ food *licht (verteerbaar) voedsel;* ~ in the head *licht in het hoofd;* ~ of heart *licht/luchthartig;* ⟨sport⟩ ~ heavyweight *halfzwaargewicht;* ~ industry *lichte industrie;* ⟨mil.⟩ ~ infantry *lichte infanterie;* ~ opera *operette;* ~ reading *lichte lectuur;* ~ traffic *geringe verkeersdrukte;* make ~ work of *zijn hand niet omdraaien voor* **1.¶** ~ ship *onbevracht schip* **3.2** make ~ of *niet zwaar tillen aan.*
light[3] ⟨ook lit, lit [lit]⟩ **I** ⟨onov.ww.⟩ **0.1** ***ontbranden*** ⇒*vlam vatten* **0.2** ***aan gaan*** ⇒*gaan branden/gloeien* ⟨v. lamp enz.⟩ **0.3** ***opklaren*** ⇒*oplichten* ⟨ook v. gezicht, ogen⟩ ◆ **5.¶** ⟨sl.⟩ ~ **out** *'m smeren, de benen nemen.* →**light on/upon, light up;**
II ⟨ov.ww.⟩ **0.1** ***aansteken* 0.2** ***verlichten*** ⇒*beschijnen* **0.3** ***doen ophelderen*** ⇒*verlevendigen* **0.4** ***bijlichten*** ◆ **1.1** ~ a cigarette/fire/lamp *een sigaret/vuur/lamp aansteken* **1.3** a smile lit her face *een glimlach deed haar gezicht opleven* **6.2** ~ed/lit **by** electricity *elektrisch verlicht.* →**light up.**
light[4] ⟨bw.⟩ **0.1** ***licht*** ◆ **3.1** sleep ~ *licht slapen;* travel ~ *weinig bagage bij zich hebben.*
light-armed 0.1 ***lichtgewapend.***
light box 0.1 ***lichtbak.***
light bulb 0.1 ***(gloei)lamp.***
light-coloured 0.1 ***licht(gekleurd/kleurig).***
lighten [lajtn] **I** ⟨onov.ww.⟩ **0.1** ***lichter worden*** ⇒*afnemen in gewicht* **0.2** ***opleven*** ⇒*opfleuren* **0.3** ***ophelderen/klaren* 0.4** ***klaren*** ⇒*dagen* **0.5** ***bliksemen*** ⇒*(weer)lichten;*
II ⟨ov.ww.⟩ **0.1** ***verlichten*** ⇒*ontlasten;* ⟨fig.⟩ *opbeuren* **0.2** ***verlichten*** ⇒*verhelderen.*
lighter [lajtə] **0.1** ***aansteker* 0.2** ⟨scheep.⟩ ***lichter.***
light-fingered 0.1 ***snelvingerig*** ⇒*vingervlug* **0.2** ***met lange vingers.***
light-footed 0.1 ***licht/snelvoetig*** ⇒*met (veder)lichte tred.*
lightheaded ⟨-ness⟩ **0.1** ***ijl/licht/warhoofdig.***
lighthearted 0.1 ***licht/luchthartig.***
lighthouse 0.1 ***licht/vuurtoren.***
lighthouse keeper 0.1 ***vuurtorenwachter.***
lighting [lajting] **0.1** ***ontsteking* 0.2** ***verlichting.***
lighting-up time [lajtingup tajm] **0.1** ***tijdstip waarop straatverlichting en verlichting v. (motor)voertuigen aan moeten*** ⇒*een half uur na zonsondergang.*
lightly [lajtlie] **0.1** ***licht(jes)*** ⇒*een ietsje* **0.2** ***licht(jes)*** ⇒*gemakkelijk* **0.3** ***luchtig*** ⇒*lichtvaardig.*
light meter ⟨foto.⟩ **0.1** ***lichtmeter*** ⇒⟨ihb.⟩ *belichtingsmeter.*
light-minded ⟨-ness⟩ **0.1** ***lichtzinnig.***
lightness [lajtnəs] **0.1** ***lichtheid*** ⟨ook fig.⟩ ⇒*geringe zwaarte* **0.2** ***lichtheid*** ⇒*helderheid.*
lightning [lajtning] **0.1** ***bliksem(flits/schicht)*** ⇒*weerlicht* ◆ **3.1** forked ~ *vertakte bliksem(straal)* **6.1 like** (greased) ~ *als de (gesmeerde) bliksem* **¶.¶** ⟨sprw.⟩ ~ never strikes twice (in the same place) ⟨ong.⟩ *de duivel danst niet altijd voor één mans deur.*
lightning conductor 0.1 ***bliksemafleider.***
lightning speed 0.1 ***bliksemsnelheid*** ◆ **6.1** with ~ *bliksemsnel.*
lightning strike 0.1 ***onaangekondigde/plotselinge staking*** ⇒*verrassingsstaking.*

light on, light upon **0.1** *bij toeval ontmoeten/vinden* ⇒*aantreffen.*
light pen ⟨comp.⟩ **0.1** *lichtpen.*
lightship **0.1** *lichtschip.*
light signal **0.1** *lichtsignaal.*
light up **I** ⟨onov.ww.⟩ **0.1** ***(ver)licht(ing) aansteken*** ⇒*de lamp(en) aandoen* **0.2** ⟨inf.⟩ ***(een sigaar/sigaret/pijp) opsteken*** **0.3** ***ophelderen/klaren*** ◆ **6.3** his eyes lit up **with** greed *zijn ogen begonnen te schitteren van hebzucht;*
II ⟨ov.ww.⟩ **0.1** ***aansteken*** ⇒*ontsteken* **0.2** ***verlichten.***
lightweight ⟨ook attr.⟩⟨vnl. sport⟩ **0.1** ***lichtgewicht*** ⟨ook fig.⟩.
light-year **0.1** ***lichtjaar.***
ligneous [ligniəs] **0.1** ***houtachtig*** **0.2** ***houten*** ⇒*van hout.*
lignite [lignajt] **0.1** ***bruinkool*** ⇒*ligniet.*
likable, likeable [lajkəbl] **0.1** ***innemend*** ⇒*aardig, sympathiek.*
like[1] [lajk] **I** ⟨telb.zn.⟩ **0.1** ***soortgenoot*** ⇒*(soort)gelijke* ◆ **6.1** ⟨inf.⟩ the ~s **of** us *mensen als wij, ons soort (mensen)* **7.¶** and the ~ *en dergelijke;* I've never seen/heard the ~ *zo iets heb ik nog nooit meegemaakt/gehoord;*
II ⟨mv.⟩ **0.1** ***voorkeuren*** ◆ **1.1** ~s and dislikes *sympathieën en antipathieën.*
like[2] ⟨bn.⟩ **0.1** ***soortgelijk*** ⇒*(soort)verwant* ◆ **1.1** they are as ~ as two peas (in a pod) *ze lijken op elkaar als twee druppels water;* ~ quantities *gelijksoortige grootheden.*
like[3] **I** ⟨onov.ww.⟩ **0.1** ***willen*** ⇒*wensen* ◆ **4.1** just as you ~ *net zoals je wilt;* if you ~ *zo u wilt, als je wilt;*
II ⟨ov.ww.⟩ **0.1** ***houden van*** ⇒*(prettig) vinden, (graag) willen* ◆ **1.1** I'd ~ a beer *mag ik een pilsje?;* I ~ fish *ik hou van vis;* would you ~ a cup of tea? *wilt u een kopje thee?* **3.1** I don't ~ asking him *ik vraag het hem niet graag;* I'd ~ to do that *dat zou ik best willen;* he ~s fishing *hij vist graag* **4.1** ⟨iron.⟩ I ~ that! *mooi is dat!;* how do you ~ my new car? *wat vind je van mijn nieuwe auto?;* how do you ~ your egg? *hoe wilt u uw ei?;* how do you ~ that! *wat zeg je me daarvan!*
like[4] ⟨bw.⟩⟨inf.⟩ **0.1** ⟨vnl. aan het eind v.d. zin, als stopwoord⟩ ***weet je*** ⇒*wel* **0.2** ⟨vnl. aan het eind v.d. zin, om een onuitgesproken implicatie v.d. opmerking daarvoor te corrigeren of af te zwakken, in het laatste geval vaak gevolgd door but⟩ ***hoor*** ⇒*wel* **0.3** ⟨in vragen, aan het eind v.d. zin⟩ ***dan*** **0.4** ⟨om aan te geven dat men moeite heeft om iets precies te omschrijven, of om het geschikte woord te vinden⟩ ***nou*** ⇒*zoiets als* ◆ **¶.1** he thinks he's clever ~ *hij vindt zichzelf best wel slim;* and then this guy came up to the counter ~, and, ~, hit the salesgirl right in the face *en toen kwam een kerel op de toonbank af, weet je, en, nou, sloeg de verkoopster recht in haar gezicht* **¶.2** Liverpool were good yesterday. Not that I, ~, saw the game, ~ *Liverpool heeft gisteren goed gespeeld. Niet dat ik nou de match gezien heb, hoor;* I wouldn't mind, ~, it's just that/but I prefer not to *ik zou het best wel leuk vinden hoor, alleen/maar ik doe het liever niet* **¶.3** 'did you see John at the party?' 'no, was he there, ~?' *'heb je John op het feest gezien?' 'nee, was hij er dan?'* **¶.4** it was ... ~ ... strange, you know *het was ... nou ... raar, weet je;* he had ... ~ ... a hat on *hij had zoiets als een hoed op.*
like[5] ⟨vz.⟩ **0.1** ***als*** ⇒*zoals, gelijk aan* **0.2** ***(zoals) bijvoorbeeld*** ◆ **1.1** cry ~ a baby *huilen als een kind;* it is ~ John to forget it *typisch voor John om het te vergeten;* it looks ~ rain *er is regen op komst;* it looks ~ a good walk *het belooft een flinke wandeling te worden* **1.2** take a science ~ chemistry *neem nou scheikunde;* her hobbies, ~ reading and writing *haar hobby's, zoals lezen en schrijven* **4.1** it's not ~ her *het is haar stijl niet;* I never saw anything ~ it *ik heb nog nooit zoiets meegemaakt;* ~ that *zo, op die wijze;* just ~ that *zo maar (even);* he is ~ that *zo is hij nu eenmaal;* what is he ~? *wat voor iemand is hij?;* what's it ~ outside? *wat voor weer is het?* **4.¶** it hurts ~ anything *het doet erg veel pijn;* that's more ~ it *dat begint er op te lijken;* there's nothing ~ a holiday *er gaat niets boven een vakantie;* something ~ five days *om en nabij vijf dagen;* this is something ~ a car *dit is nog eens een auto;* be ~ that with *op goede voet staan met* **5.1** more ~ ten pounds than nine *eerder tien pond dan negen.*
like[6] ⟨vw.⟩ **0.1** ⟨vaak elliptisch⟩ ***(zo)als*** ⇒*op dezelfde wijze als* **0.2** ⟨AE⟩ ***alsof*** ◆ **2.1** they ran ~ crazy *ze liepen zo hard zij konden* **5.1** he left early ~ usual *hij vertrok vroeg zoals gewoonlijk* **¶.1** I want a dress ~ Mary has *ik wil zo'n jurk als Mary heeft;* it was ~ in the old days *het was zoals vroeger* **¶.2** it looks ~ he will win *het ziet ernaar uit dat hij zal winnen.*
likeable →**likable.**
likelihood [lajkliehoed] **0.1** ***waarschijnlijkheid*** ◆ **6.1** **in** all ~ *naar alle waarschijnlijkheid.*
likel|y[1] [lajklie] ⟨bn.; -ier⟩ **0.1** ***waarschijnlijk*** ⇒*aannemelijk;* ⟨bij uitbr.⟩ *kansrijk* ◆ **1.1** he is the most ~ candidate for the job *hij komt het meest in aanmerking voor de baan;* ⟨iron.⟩ a ~ story! *dat geloof ik graag!* **3.1** he is ~ to become suspicious *hij wordt allicht achterdochtig.*
likely[2] ⟨bw.⟩ **0.1** ***waarschijnlijk*** ⇒*denkelijk* ◆ **5.1** not ~! *kun je net denken!;* as ~ as not *eerder wel dan niet.*
like-minded **0.1** ***gelijkgestemd.***
liken [lajkən] **0.1** ***vergelijken*** ◆ **6.1** ~ sth. **to** sth. else *iets vergelijken met iets anders.*
likeness [lajknəs] **0.1** ***gelijkenis*** ⇒*overeenkomst* ◆ **2.1** it's a good ~ *het lijkt er goed op* ⟨bv. v. foto⟩.
likewise [lajkwajz] **0.1** ***evenzo*** ⇒*insgelijks* **0.2** ***evenzeer.***
liking [lajking] ⟨geen mv.⟩ **0.1** ***voorkeur*** ⇒*voorliefde* ◆ **6.1** have a ~ **for** *houden van, gek zijn op* **6.¶** is everything **to** your ~? *is alles naar uw zin?*
lilac [lajlək] **0.1** ***sering*** ⇒⟨ihb.⟩ *gewone sering* **0.2** ***seringenbloesem*** **0.3** ⟨vaak attr.⟩ ***lila.***
lilliputian [lillipjoe:sjn] **0.1** ⟨bn.⟩ ***lilliputachtig*** **0.2** ⟨zn.⟩ ***lilliputter.***
lilo [lajloo] ⟨BE; oorspr. handelsmerk⟩ **0.1** ***luchtbed.***
lilt[1] [lilt] ⟨zn.⟩ **0.1** ***deuntje*** ⇒*wijsje* **0.2** ⟨geen mv.⟩ ***zangerig accent/stemgeluid*** **0.3** ⟨geen mv.⟩ ***verende tred.***
lilt[2] ⟨ww.⟩ **0.1** ***kwinkeleren*** ⇒*kwelen, zangerig spreken* ◆ **1.1** a ~ing voice *een zangerige stem.*
lil|y [lillie] ⟨mv.: -ies⟩ **0.1** ***lelie*** ⇒⟨ihb.⟩ *witte lelie* **0.2** ***lelie*** ⇒*iets/iem. v. grote zuiverheid* ◆ **1.1** ~ of the valley *lelietje-van-dalen.*
lily-livered **0.1** ***laf(hartig)*** ⇒*schuchter.*
lily-white **0.1** ***lelieblank/wit*** ⟨ook fig.⟩ ⇒*rein, onschuldig.*
lima [lajmə], **lima bean** **0.1** ***limaboon.***
limb [lim] **0.1** ***lid(maat)*** ⟨mv.: ledematen⟩ ⇒*arm, been* **0.2** ***(dikke/grote) tak*** **0.3** ***uitloper*** ⟨v. gebergte⟩ ◆ **3.1** tear ~ from ~ *uiteentrekken* **6.¶** ⟨inf.⟩ **out on** a ~ *op zichzelf aangewezen.*
limber[1] [limbə] ⟨bn.⟩ **0.1** ***lenig*** ⇒*soepel.*
limber[2] ⟨ww.⟩ **0.1** ***(de spieren) losmaken*** ⇒*(zich) warmlopen* ◆ **5.1** ~ **up** *de spieren losmaken.*
limbless [limləs] **0.1** ***zonder ledematen.***
limbo [limboo] **I** ⟨telb.zn.⟩ **0.1** ⟨vaak L-; rel.⟩ ***voorportaal (der hel)*** ⇒*limbus* **0.2** ***limbo*** ⟨dans⟩;
II ⟨n.-telb.zn.⟩ **0.1** ***vergetelheid*** **0.2** ***opsluiting*** ⇒*ingeslotenheid* **0.3** ***onzekerheid*** ⇒*twijfel* ◆ **6.3** be **in** ~ *in onzekerheid verkeren.*

lime[1] [lajm] **I** ⟨telb.zn.⟩ **0.1** ***limoen*** **0.2** ***linde;***
II ⟨n.-telb.zn.⟩ **0.1** ***gebrande/ongebluste kalk*** ⇒*calciumoxide* **0.2** ***vogellijm*** ⟨kleefstof⟩ ◆ **3.1** slaked ~ *gebluste kalk.*

lime[2] ⟨ww.⟩ **0.1** ***kalken*** ⇒*met kalk bemesten* ⟨bouwland⟩ **0.2** ***met vogellijm besmeren*** ⟨takken⟩ **0.3** ***met vogellijm vangen*** ⟨vogels⟩.

limeade [lajmeed] **0.1** ***citroenlimonade*** ⇒*citronnade.*

lime juice **0.1** ***limoensap.***

limekiln **0.1** ***kalkoven.***

limelight **0.1** ***kalklicht*** ◆ **6.1** ⟨fig.⟩ **in** the ~ *in de schijnwerpers/publiciteit.*

limerick [limmərik] **0.1** ***limerick.***

limestone **0.1** ***kalksteen.***

lime tree **0.1** ***lindeboom.***

limey [lajmie], **lime-juicer** [lajmdzjoe:sə] ⟨AE; sl.⟩ **0.1** ***Brit*** ⇒ *Engelsman.*

limit[1] [limmit] ⟨zn.⟩ **0.1** ***limiet*** ⟨ook wisk.⟩ ⇒*(uiterste) grens* ◆ **3.1** ⟨AE⟩ go the ~ *tot het uiterste gaan* **6.1** ⟨AE; vnl. mil.⟩ **off** ~s **(to)** *verboden terrein (voor);* **within** ~s *binnen bepaalde/redelijke grenzen* **7.1** ⟨inf.⟩ you're the ~ *je bent onmogelijk.*

limit[2] ⟨ww.⟩ **0.1** ***begrenzen*** ⇒*beperken* ◆ **1.1** ~ing factors *beperkende factoren* **6.1** ~ **to** *beperken tot.*

limitation [limmitteesjn] **0.1** ***beperking*** ⇒*begrenzing;* ⟨jur.⟩ *verjaringstermijn* ◆ **1.1** statute of ~s *verjaringswet* **3.1** he has/knows his ~s *hij heeft/kent zijn beperkingen.*

limited [limmittid] **0.1** ***beperkt*** ⇒*gelimiteerd* ◆ **1.1** ⟨druk.⟩ ~ edition *beperkte oplage;* ⟨ec.⟩ ~ liability *beperkte aansprakelijkheid* **1.¶** ⟨ec.⟩ Jones Limited *Jones NV, de NV Jones;* ⟨BE; ec.⟩ ~ (liability) company *naamloze vennootschap;* ⟨ec.⟩ ~ partnership *commanditaire vennootschap.*

limitless [limmitləs] ⟨-ness⟩ **0.1** ***onbegrensd.***

limousine [limməzie:n] **0.1** ***limousine.***

limp[1] [limp] ⟨zn.; geen mv.⟩ **0.1** ***kreupele/slepende gang*** ⇒ *mankheid* ◆ **3.1** he walks with a ~ *hij trekt met zijn been.*

limp[2] ⟨bn.; -ness⟩ **0.1** ***(ver)slap(t)*** **0.2** ⟨sl.⟩ ***lam*** ⇒*bezopen* ◆ **1.¶** ⟨sl.⟩ ~ wrist *mietje, homo.*

limp[3] ⟨ww.⟩ **0.1** ***mank lopen*** ⇒*slecht ter been zijn* **0.2** ***haperen*** ⇒*horten.*

limpet [limpit] **0.1** ***zeeslak*** ⇒*nap(jes)slak* **0.2** ***klever*** ◆ **3.¶** hold on/hang on/cling like a ~ (to) *zich vastgrijpen/vastklampen (aan).*

limpet mine ⟨mil.⟩ **0.1** ***kleefmijn.***

limpid [limpid] ⟨zn.: **-ity**⟩ ⟨schr.⟩ **0.1** ***(glas/kristal)helder.***

limp-wristed [limpristid] ⟨inf.⟩ **0.1** ***halfzacht*** ⇒*slap, verwijfd* ⟨v. man⟩ **0.2** ***slap*** ⇒*halfzacht* ⟨bv. v. beleid⟩.

lim|y [lajmie] ⟨-ier⟩ **0.1** ***kalkachtig*** ⇒*kalkhoudend* **0.2** ***citroenachtig*** ⇒*zurig.*

linchpin [lintsjpin] **0.1** ***splitpen*** **0.2** ***spil*** ⟨fig.⟩ ⇒*hoeksteen.*

Lincs. [lingks] ⟨afk.⟩ **0.1** [Lincolnshire].

linden [lindən] **0.1** ***linde.***

line[1] [lajn] **I** ⟨telb.zn.⟩ **0.1** ***lijn*** ⇒*snoer, koord* **0.2** ***smalle streep*** ⇒*lijn* **0.3** ***rij (naast/achter elkaar)*** ⇒⟨mil.⟩ *linie, stelling* **0.4** ⟨inf.⟩ ***kort briefje*** ⇒*krabbeltje* **0.5** ***(beleids/gedrags)lijn*** **0.6** ***koers*** ⇒*route, weg* ⟨ook fig.⟩ **0.7** ***lijndienst*** ⇒⟨bij uitbr.⟩ *maatschappij die lijndienst onderhoudt* **0.8** ***familielijn*** ⇒*tak* **0.9** ***spoorweglijn*** ⇒*spoor* **0.10** ***lijn*** ⟨2,12 mm; →t⟩ **0.11** ***terrein*** ⟨fig.⟩ ⇒*vlak, branche* **0.12** ***assortiment*** ⇒*soort artikel* ◆ **1.2** ~ of fire *vuurlijn/linie;* ~ of sight/vision *gezichtslijn* **1.3** ⟨mil., scheep.⟩ ~ of battle *gevechtsformatie* **1.5** in the ~ of duty *plichtshalve;* ~ of thought *ziens/denkwijze, denktrant* **1.6** ~ of least resistance *weg van de minste weerstand* **1.11** banking is his ~ *hij zit in het bankwezen* **2.1** the ~ is bad *de verbinding is slecht* ⟨telefoon⟩ **3.1** hold the ~, please *blijft u even aan de lijn?* **3.2** we must draw the ~ somewhere *we moeten ergens een grens trekken* **3.3** bring into ~ *tot de orde roepen;* come/fall into ~ *op één lijn gaan zitten, zich schikken;* read between the ~s *tussen de regels door lezen;* stand in ~ *in de rij gaan staan* **3.4** drop s.o. a ~ *iem. een briefje schrijven/sturen* **3.¶** get a ~ on *inlichtingen inwinnen over;* keep s.o. in ~ *iem. in de hand houden;* lay/put it on the ~ *betalen; open kaart spelen;* shoot a ~ *een verhaal ophangen, opscheppen;* sign on the dotted ~ *(een contract) ondertekenen;* ⟨inf.⟩ *niet tegenstribbelen; in het huwelijksbootje stappen;* toe the ~ *in het gareel blijven* **5.3** ⟨mil., scheep.⟩ ~ **abreast** *frontlinie;* ⟨mil., scheep.⟩ ~ **ahead/astern** *kiellinie* **6.2** **in** ~ **with** *in het verlengde van;* ⟨fig.⟩ *in overeenstemming met* **6.3** all **along** the ~ *over de (ge)hele linie* ⟨ook fig.⟩; *van begin tot eind* **6.¶** **off** ~ *niet aan het werk, niet functionerend;* **on** ~ *aan het werk, functionerend;* bring a power station **on** ~ *een krachtcentrale operationeel maken;* **out of** ~ *uit de pas, over de schreef.* → **firm, main, strong;**
II ⟨n.-telb.zn.⟩ **0.1** ***(hoeveelheid/stuk) lijn*** **0.2** ***lint*** ⇒*lont, band;*
III ⟨mv.⟩ **0.1** ⟨dram.⟩ ***tekst*** ⇒*rol* **0.2** ⟨BE⟩ ***(straf)regels*** ⇒ *strafwerk* **0.3** ***gedicht*** ⇒*vers* **0.4** ⟨BE⟩ ***trouwakte*** **0.5** ***methode*** ⇒*aanpak* ◆ **6.3** ~s **on** the death/marriage of *bij de dood/het huwelijk van* ⟨boven gelegenheidsgedicht⟩ **6.5** do sth. **along/on** the wrong ~s *iets verkeerd aanpakken.*

line[2] **I** ⟨onov.ww.⟩ →**line up;**
II ⟨ov.ww.⟩ **0.1** ***liniëren*** ⇒*(be)lijnen* **0.2** ***rimpelen*** ⇒*groeven* **0.3** ***flankeren*** **0.4** ***voeren*** ⇒*(van binnen) bekleden* ◆ **1.1** ~d paper *gelinieerd papier* **1.¶** ~ one's nest/pocket(s)/purse *zijn zakken vullen, zijn beurs spekken* **6.3** a road ~d **with** trees *een weg met (rijen) bomen erlangs* **6.4** ~d **with** fur *met bont gevoerd.* →**line up.**

lineage [linnie-idzj] **0.1** ***geslacht*** ⇒*nageslacht* **0.2** ***afkomst*** ⇒*komaf, origine.*

lineal [linniəl] **0.1** ***in rechte lijn (afstammend)*** ⇒*rechtstreeks;* ⟨ihb.⟩ *van vader op zoon* **0.2** →**linear.**

lineament [linniəmənt] ⟨vnl. mv.⟩ ⟨schr.⟩ **0.1** ***(gelaats)trek*** **0.2** ***kenmerk/teken.***

linear [linniə] **0.1** ***lineair*** ⇒*recht(lijnig)* **0.2** ***lineair*** ⇒*lengte betreffend* **0.3** ⟨nat., wisk.⟩ ***lineair*** **0.4** ⟨bk.⟩ ***lineair*** ⇒ *strak* ◆ **1.2** ~ measure *lengtemaat* **1.3** ~ equation *lineaire vergelijking* **1.4** ~ perspective *lijnperspectief* **1.¶** ⟨tech.⟩ ~ (induction) motor *lineaire (inductie)motor.*

line drawing **0.1** ***lijntekening*** ⇒*pen/potloodtekening.*

line feed ⟨comp.⟩ **0.1** ***regelopschuiving.***

line|man [lajnmən] ⟨mv.: -men [-mən]⟩ **0.1** ***lijnwachter*** ⇒ *onderhoudsmonteur voor telefoon/telegraaflijnen* **0.2** ⟨Am. football⟩ ***speler in (scrimmage)lijn.***

line manager **0.1** ***productiechef.***

linen [linnin] **0.1** ⟨ook attr.⟩ ***linnen*** ⇒*lijnwaad* **0.2** ***vlasdraad*** **0.3** ***linnengoed.*** →**dirty.**

line-out ⟨rugby⟩ **0.1** ***line-out*** ⟨opstelling v. spelers bij inworp⟩.

line printer ⟨comp.⟩ **0.1** ***regeldrukker.***

liner [lajnə] **0.1** ***lijnboot/schip*** **0.2** ***lijntoestel.***

lines|man [lajnzmən] ⟨mv.: -men [-mən]⟩ **0.1** ⟨sport⟩ ***grens/lijnrechter*** **0.2** ***lijnwerker.***

lineswoman ⟨tennis⟩ **0.1** ***(vrouwelijke) lijnrechter.***

line umpire ⟨BE; tennis⟩ **0.1** ***lijnrechter.***

line up **I** ⟨onov.ww.⟩ **0.1** ***in de/een rij gaan staan*** ◆ **6.1** ⟨inf.; fig.⟩ ~ **alongside/with** *zich opstellen naast;* ⟨inf.; fig.⟩ ~ **behind** *pal staan achter, steunen;*
II ⟨ov.ww.⟩ **0.1** ***opstellen in (een) rij(en)*** **0.2** ***op een rij***

zetten *⇒samenbrengen* ◆ **6.1** line prisoners up **against** the wall *gevangenen tegen de muur zetten.*

line-up ⟨vnl. enk.⟩ **0.1** ***opstelling*** ⟨ook sport⟩ **0.2** ***programma*** **0.3** ***opeenvolging*** *⇒lijst* ◆ **1.1** there are 11 competitors in the ~ today *er komen vandaag 11 deelnemers aan de start.*

ling [ling] **0.1** ⟨dierk.⟩ ***leng*** ⟨consumptievis⟩ **0.2** ⟨plantk.⟩ ***heide.***

linger [linggə] **0.1** ***treuzelen*** *⇒dralen* **0.2** ***op sterven liggen*** *⇒kwijnen* **0.3** ***(zwakjes) voortleven*** **0.4** ***voortduren*** *⇒doorzeuren* ◆ **5.3** the memory ~s **on** *de herinnering leeft voort* **6.1** ~ **over** details *lang stilstaan bij details.*

lingerer [linggərə] **0.1** ***treuzel(aar).***

lingerie [lonzjərie:, læn-] **0.1** ***lingerie*** *⇒damesondergoed.*

lingering [linggəring] **0.1** ***blijvend*** *⇒aanhoudend* **0.2** ***slepend*** ⟨v. ziekte⟩ *⇒kwijnend.*

lingo [linggoo] ⟨mv.: -es⟩⟨inf.; pej., scherts.⟩ **0.1** ***taal(tje)*** *⇒(vak)jargon.*

lingual [linggwəl] **0.1** ***mbt. de tong*** *⇒tongachtig/vormig, tong-, linguaal* **0.2** ***talig*** *⇒taalkundig.*

linguist [linggwist] **0.1** ***talenkenner*** *⇒polyglot, talenwonder* **0.2** ***taalkundige*** *⇒linguïst* ◆ **2.1** he's a good ~ *hij spreekt zijn talen.*

linguistic [linggwistik] ⟨-ally⟩ **0.1** ***taalkundig*** *⇒linguïstisch.*

linguistics [linggwistiks] **0.1** ***taalkunde*** *⇒linguïstiek* ◆ **3.1** applied ~ *toegepaste taalkunde.*

liniment [linnimmənt] **0.1** ***(massage)olie*** *⇒smeersel.*

lining [lajning] **0.1** ***voering(stof)*** *⇒(binnen)bekleding.* →**cloud.**

link[1] [lingk] **I** ⟨telb.zn.⟩ **0.1** ***schakel*** ⟨ook fig.⟩ *⇒verbinding, verband* **0.2** ***link*** ⟨0,201 m;→t⟩ **0.3** ⟨vnl. mv.⟩ ***manchetknoop*** **0.4** ⟨BE⟩ ***presentator*** ◆ **3.1** missing ~ *ontbrekende schakel;*
II ⟨mv.⟩ **0.1** ⟨ww. ook enk.; sport⟩ ***(golf)links*** *⇒golfbaan.*

link[2] **I** ⟨onov.ww.⟩ **0.1** ***een verbinding vormen*** *⇒zich verbinden, samenkomen* ◆ **5.1** ~ **up** *zich aaneensluiten;*
II ⟨ov.ww.⟩ **0.1** ***verbinden*** *⇒aaneenschakelen, koppelen* ◆ **1.1** ~ hands *de handen ineenslaan* **6.1** ~ s.o. **with** *iem. koppelen aan; iem. in verband brengen met.*

linkage [lingkidzj] **0.1** ***aaneenschakeling*** *⇒koppeling.*

link|man [lingkmæn] ⟨mv.: -men⟩ **0.1** ⟨BE⟩ ***presentator*** **0.2** ⟨BE; sport⟩ ***middenvelder*** **0.3** ⟨BE⟩ ***bemiddelaar*** *⇒tussenpersoon.*

linkup **0.1** ***verbinding*** *⇒koppeling.*

linnet [linnit] ⟨dierk.⟩ **0.1** ***kneu*** ⟨vogeltje⟩.

lino [lajnoo] ⟨verk.⟩ [linoleum] ⟨inf.⟩ **0.1** ***linoleum.***

linocut [lajnookut] ⟨bk.⟩ **0.1** ***linosnede*** *⇒linoleumsnede.*

linoleum [linnooliəm] **0.1** ***linoleum.***

linotype [lajnootajp] ⟨ook L-⟩⟨boek.; handelsmerk⟩ **0.1** ***linotype*** *⇒regelzetmachine.*

linseed [linsie:d] **0.1** ***lijnzaad.***

linseed oil **0.1** ***lijn(zaad)olie.***

lint [lint] **0.1** ***(Engels) pluksel*** ⟨als verbandmiddel⟩.

lintel [lintl] ⟨bouwk.⟩ **0.1** ***latei(balk).***

lion [lajjən] **0.1** ***leeuw*** ⟨fig. voor persoon⟩ **0.2** ***coryfee*** *⇒idool* ◆ **1.1** ⟨fig.⟩ beard the ~ in his den *zich in het hol v.d. leeuw wagen;* ⟨fig.⟩ the ~'s mouth *het hol v.d. leeuw* **1.¶** the ~'s share *het leeuwendeel.*

lioness [lajjənis] **0.1** ***leeuwin.***

lionhearted **0.1** ***moedig (als een leeuw)*** *⇒heldhaftig.*

lion|ize [lajjənajz] ⟨zn.: **-ization**⟩ **0.1** ***op een voetstuk plaatsen*** *⇒verafgoden.*

lion's share ⟨steeds enk.; the⟩ **0.1** ***(het) leeuwen(aan)deel.***

lip [lip] **I** ⟨telb.zn.⟩ **0.1** ***lip*** **0.2** ***rand*** ◆ **2.1** lower ~ *onderlip;* upper ~ *bovenlip* **3.1** bite one's ~ *zich op de lippen bijten;* ⟨fig.⟩ hang on s.o.'s ~s *aan iemands lippen hangen;* my ~s are sealed *ik mag niks zeggen* **3.¶** not open one's ~s *geen mond opendoen.* →**stiff;**
II ⟨n.-telb.zn.⟩⟨sl.⟩ **0.1** ***praatjes*** *⇒grote mond/bek* ◆ **¶.1** we don't want none of your ~ *hou jij je praatjes maar voor je.*

lip gloss **0.1** ***lippenglans*** *⇒lip gloss.*

lipo [lippoo], ⟨vóór klinker⟩ **lip-** [lip] **0.1** ***lipo-*** *⇒vet-* ◆ **¶.1** lipoprotein *lipoproteïne.*

liposuction [lippoosuksjn] ⟨med.⟩ **0.1** ***liposuctie.***

lip-read **0.1** ***liplezen.***

lip reading ⟨gerund v. lip-read⟩ **0.1** ***het liplezen.***

lip service **0.1** ***lippendienst*** ◆ **3.1** give/pay ~ to *lippendienst bewijzen aan.*

lipstick **0.1** ***lippenstift.***

liquefaction [likwifæksjn] **0.1** ***vloeibaarmaking/wording*** *⇒smelting* **0.2** ***vloeibaarheid.***

liquef|y [likwiffaj] ⟨-ied⟩ **0.1** ***smelten*** *⇒vloeibaar worden/maken* **0.2** ***verdichten*** ⟨(v.) gas⟩ *⇒vloeibaar maken/worden.*

liquescent [likwesnt] **0.1** ***vervloeiend*** *⇒smeltend* **0.2** ***smeltgevoelig*** *⇒snel smeltend.*

liqueur [likjoeə] **0.1** ***likeur(tje).***

liquid[1] [likwid] ⟨zn.⟩ **0.1** ***vloeistof*** *⇒vocht.*

liquid[2] ⟨bn.⟩ **0.1** ***vloeibaar*** **0.2** ***(kristal)helder*** *⇒glanzend* **0.3** ***(zoet)vloeiend*** *⇒welluidend* **0.4** ⟨ec.⟩ ***liquide*** *⇒vlottend* **0.5** ***veranderlijk*** *⇒onvast* ◆ **1.1** ~ air *vloeibare lucht;* ~ food *vloeibaar voedsel;* ~ measure *inhoudsmaat* ⟨voor vloeistoffen⟩ **1.2** ~ eyes *glanzende ogen* **1.3** ~ sounds *melodieuze/glasheldere klanken* **1.4** ~ assets *liquide middelen* **1.5** ~ opinions *wankele meningen.*

liquidate [likwiddeet] **I** ⟨onov.ww.⟩ **0.1** ***liquideren*** *⇒sluiten* ⟨v. onderneming⟩;
II ⟨ov.ww.⟩ **0.1** ***liquideren*** *⇒vereffenen* ⟨schuld⟩ **0.2** ***liquideren*** *⇒opheffen* ⟨onderneming⟩ **0.3** ***elimineren*** *⇒uit de weg ruimen.*

liquidation [likwiddeesjn] **0.1** ***liquidatie*** **0.2** ***eliminatie*** ◆ **3.1** ⟨ec.⟩ go into ~ *liquideren, failliet gaan.*

liquidator [likwiddeetə] **0.1** ***liquidateur*** *⇒curator.*

liquidit|y [likwiddətie] ⟨mv.: -ies⟩ **0.1** ⟨ec.⟩ ***liquiditeit*** **0.2** ***vloeibaarheid.***

liquidize [likwiddajz] **0.1** ***vloeibaar maken*** **0.2** ***fijnhakken*** *⇒uitpersen* ⟨groente, fruit⟩.

liquidizer [likwiddajzə] ⟨vnl. BE⟩ **0.1** ***mengbeker*** *⇒sapcentrifuge.*

liquor [likkə] **I** ⟨telb. en n.-telb.zn.⟩ **0.1** ***alcoholische drank*** *⇒alcohol;* ⟨ihb. AE⟩ *sterkedrank* ◆ **6.1** **in** ~ *onder invloed.* →**spirituous, worse;**
II ⟨n.-telb.zn.⟩ **0.1** ***(kook)vocht*** *⇒(groente)nat, jus.*

liquorice, ⟨AE sp.⟩ **licorice** [lik(ə)risj, -ris] **0.1** ***zoethout(wortel)*** **0.2** ⟨bij uitbr.⟩ ***drop.***

liquorice allsorts **0.1** ***Engelse drop.***

liquor store ⟨vnl. AE⟩ **0.1** ***slijterij*** *⇒drankwinkel.*

lisle (thread) [lajl] **0.1** ***fil d'écosse*** ⟨garen⟩.

lisp[1] [lisp] ⟨zn.; geen mv.⟩ **0.1** ***slissende uitspraak*** *⇒geslis* ◆ **3.1** he speaks with a ~ *hij slist.*

lisp[2] ⟨ww.⟩ **0.1** ***brabbelen*** *⇒krompraten* ⟨v. kind⟩ **0.2** ***lispelen*** *⇒slissen.*

lissom(e) [lissəm] **0.1** ***soepel*** *⇒lenig.*

list[1] [list] **I** ⟨telb.zn.⟩ **0.1** ***lijst*** *⇒tabel* **0.2** ⟨geen mv.; vnl. scheep.⟩ ***slagzij*** ◆ **2.1** ⟨mil.⟩ active ~ *lijst v. officieren in actieve dienst;*
II ⟨mv.⟩ **0.1** ***strijdperk*** *⇒ring* **0.2** ***omheining*** ◆ **3.1** enter the ~s (against) *in het krijt treden (tegen).*

list[2] **I** ⟨onov.ww.⟩ **0.1** ⟨vnl. scheep.⟩ ***slagzij maken;***

II ⟨ov.ww.⟩ **0.1** ***een lijst maken van*** *⇒rangschikken in een lijst* **0.2** ***op een lijst zetten*** ◆ **1.2** ⟨BE⟩ ~ed buildings *op de monumentenlijst geplaatste gebouwen;* ~ed securities *(ter beurze) genoteerde effecten.*
listen[1] [lisn] ⟨zn.; geen mv.⟩ ⟨inf.⟩ ◆ **3.¶** have a good ~ to this *ga er eens even goed naar luisteren.*
listen[2] ⟨ww.⟩ **0.1** ***luisteren*** ◆ **5.1** ~ **in** (to) *(mee)luisteren (naar); afluisteren* **6.1** ~ **for** strange sounds *luisteren of men vreemde geluiden hoort;* ~ **to** *luisteren naar.*
listener [lisnə] **0.1** ***luisteraar.***
listening comprehension **0.1** ***luistervaardigheid.***
listless [listləs] ⟨-ness⟩ **0.1** ***lusteloos*** *⇒futloos.*
list price **0.1** ***catalogusprijs.***
lit[1] [lit] ⟨bn.⟩ **0.1** ***aan(gestoken)*** *⇒brandend* **0.2** ***verlicht*** *⇒ beschenen* **0.3** ⟨sl.⟩ ***zat*** *⇒teut* ◆ **5.3** ~ **up** *zat, teut.*
lit[2] ⟨verl. t. en volt. deelw.⟩ →**light.**
litan|y [littənie] ⟨mv.: -ies⟩ **0.1** ***litanie*** ⟨ook fig.⟩.
lite [lajt] ⟨inf.⟩ **0.1** ***licht (verteerbaar)*** *⇒luchtig.*
liter →**litre.**
literacy [litrəsie] **0.1** ***alfabetisme*** *⇒het kunnen lezen en schrijven.*
literal[1] [litrəl] ⟨zn.⟩ **0.1** ***drukfout*** *⇒zetfout.*
literal[2] ⟨bn.; -ness⟩ **0.1** ***letterlijk*** *⇒letter-* **0.2** ***prozaïsch*** *⇒ fantasieloos* ◆ **1.¶** a ~ error *een druk/tikfout.*
literally [litrəlie] **0.1** ⟨inf.; ter intensivering⟩ ***letterlijk*** *⇒werkelijk, in werkelijkheid* **0.2** ***letterlijk*** *⇒in de letterlijke zin v.h. woord* ◆ **3.1** he ~ does not know how to behave *hij weet echt niet hoe hij zich moet gedragen* **3.2** follow the instructions ~ *de instructies strikt volgen;* take sth. ~ *iets letterlijk opvatten.*
literary [litrərie] **0.1** ***literair*** *⇒letterkundig* **0.2** ***geletterd*** **0.3** ***schrijftalig*** *⇒literair* ◆ **1.1** ~ history *literaire geschiedenis* **1.2** ~ man *geletterd man, letterkundige* **1.3** ~ language *schrijftaal* **1.¶** ~ man *schrijver.*
literate[1] [litrət] ⟨zn.⟩ **0.1** ***iem. die kan lezen en schrijven*** **0.2** ***geletterde*** *⇒academicus.*
literate[2] ⟨bn.; -ness⟩ **0.1** ***geletterd*** *⇒kunnende lezen en schrijven* **0.2** ***geletterd*** *⇒belezen.*
literati [littəra:tie:] ⟨mv.; ww. steeds mv.⟩ **0.1** ***literaire intelligentsia.***
literature [litrətsjə] **0.1** ***literatuur*** *⇒letterkunde* **0.2** ⟨inf.⟩ ***informatie/voorlichtingsmateriaal*** ◆ **6.1** the ~ **of/on** a subject *de literatuur over een onderwerp.*
literature search **0.1** ***literatuuronderzoek.***
lithe [lajð] **0.1** ***soepel*** *⇒buigzaam, lenig.*
lithium [liθiəm] ⟨schei.⟩ **0.1** ***lithium.***
litho [liθoo] ⟨verk.⟩ [lithograph] **0.1** ***litho*** *⇒steendruk.*
lithograph[1] [liθəgra:f] ⟨zn.⟩ **0.1** ***litho(grafie)*** *⇒steendruk(prent).*
lithograph[2] ⟨ww.⟩ **0.1** ***lithograferen*** *⇒in steendruk uitvoeren.*
lithographic [liθəgræfik] ⟨-ally⟩ **0.1** ***lithografisch.***
lithography [liθogrəfie] **0.1** ***lithografie*** *⇒steendruk(kunst).*
Lithuania [liθjjoe·eeniə] **0.1** ***Litouwen.***
Lithuanian [liθjjoe·eeniən] **0.1** ⟨bn.⟩ ***Litouws*** **0.2** ⟨eig.n.⟩ ***Litouws*** ⟨taal⟩ **0.3** ⟨telb. zn.⟩ ***Litouwer.***
litigant [littigənt] **0.1** ***procederende (partij).***
litigate [littigeet] **0.1** ***procederen (over)*** *⇒litigeren, voor de rechter uitvechten.*
litigation [littigeesjn] **0.1** ***proces(voering)*** *⇒rechtszaak.*
litigious [littidzjəs] ⟨-ness⟩ **0.1** ⟨vnl. pej.⟩ ***procesziek*** *⇒snel tot procederen geneigd* **0.2** ***litigieus*** *⇒aan de rechter voorlegbaar.*
litmus [litməs] **0.1** ***lakmoes.***
litmus paper **0.1** ***lakmoespapier(tje).***
litre [lie:tə], ⟨AE sp.⟩ **liter** [lie:tər] **0.1** ***liter.***
litter[1] [littə] ⟨zn.⟩ **0.1** ***rommel*** *⇒rotzooi, troep* **0.2** ***(lig/stal)stro*** *⇒afdekstro* ⟨voor planten⟩ **0.3** ***stal/stromest*** **0.4** ***nest (jongen)*** *⇒worp* **0.5** ***draagkoets/stoel/zetel*** **0.6** ***draagbaar*** *⇒brancard* ◆ **3.4** have a ~ of kittens *jongen, jongen krijgen* **6.¶** my desk is **in** a ~ *het is een rotzooi op mijn bureau.*
litter[2] I ⟨onov. en ov.ww.⟩ **0.1** ***werpen*** *⇒jongen;*
II ⟨ov.ww.⟩ **0.1** ***een rommel maken v.*** **0.2** ***rondstrooien*** **0.3** ***v. stro voorzien*** *⇒strooien, afdekken* ◆ **5.2** ~ **about/around** *rond laten slingeren* **5.3** ~ **down** a horse/stable *een paard/stal strooien.*
litterbag ⟨AE⟩ **0.1** ***vuilniszak(je).***
litterbin, litterbasket **0.1** ***afvalbak*** *⇒prullenmand.*
litterlout, ⟨AE⟩ **litterbug** **0.1** ***smeerpoets*** *⇒sloddervos.*
little[1] [litl] ⟨bn.; -ness⟩ **0.1** ⟨vaak te vertalen door een verkleinvorm⟩ ***klein*** *⇒-je, -tje, -pje* **0.2** ***klein(geestig/zielig)*** *⇒kleintjes* ◆ **1.1** a ~ bit *een (klein) beetje;* ~ finger *pink;* a ~ girl *een klein meisje;* Little Red Riding Hood *Roodkapje;* his ~ sister *zijn kleine(re)/jongere zusje;* ⟨inf.⟩ the ~ woman *vrouwlief, moeders* **1.2** ~ minds *kleingeestigen;* ⟨sprw.⟩ ~ things please little minds *kleine mensen, kleine wensen* **1.¶** a ~ bird told me *ik heb er een muisje v. horen spreken;* Little League *kleine (honkbal)divisie* ⟨voor acht- tot twaalfjarigen in de USA⟩; the ~ people *de elven/kabouters* **4.1** her ~ ones *haar kinderen/*⟨v. dier⟩ *jongen;* its ~ ones *haar jongen.*
little[2] ⟨vnw.⟩ **0.1** ***weinig*** *⇒beetje* ◆ **3.1** he got ~ out of it *het bracht hem maar weinig op;* make ~ of sth. *ergens weinig v. begrijpen; iets als onbelangrijk afdoen, ergens weinig belang aan hechten;* think ~ of s.o. *geen hoge dunk van iem. hebben* **4.1** ~ or nothing *weinig of niets* **5.1** there's very ~ left *er is maar heel weinig over* **6.1** ~ **by** ~ *beetje bij beetje;* ⟨sprw.⟩ ~ **by** little, and bit by bit *voetje voor voetje en beetje bij beetje; langzaam aan, dan breekt het lijntje niet* **7.1** I gave him what ~ I owned *ik heb hem het weinige dat ik bezat gegeven;* ⟨sprw.⟩ every ~ helps *alle beetjes helpen.*
little[3] ⟨bw.⟩ **0.1** ***weinig*** *⇒amper* **0.2** ***volstrekt/in het geheel niet*** ◆ **3.1** ~ known facts *weinig bekende feiten* **3.2** ~ did he know that ... *hij had er geen flauw benul van dat ...* **5.1** ~ more than an hour *iets meer dan een uur.*
little[4] ⟨det.⟩ **0.1** ***weinig*** *⇒gering* ◆ **1.1** ~ damage *weinig schade* **5.1** there's very ~ milk left *er is maar een klein beetje melk over* **7.1** a ~ effort *een beetje/wat moeite.*
liturg|y [littədzjie] ⟨mv.: -ies; bn.: **-ical**⟩ **0.1** ***liturgie.***
livable, liveable [livvəbl] **0.1** ***bewoonbaar*** **0.2** ***leefbaar*** ◆ **6.¶** his behaviour is not ~ **with** *zijn gedrag is niet te harden.*
live[1] [lajv] I ⟨bn.⟩ **0.1** ***live*** *⇒direct, rechtstreeks* **0.2** ***levendig*** *⇒actief* **0.3** ***onder spanning/stroom staand*** ◆ **1.1** ~ broadcast *directe uitzending* **1.2** a ~ topic *een actueel onderwerp* **1.3** ~ wire *onder spanning/stroom staande draad;* ⟨fig.⟩ *energieke figuur* **1.¶** ~ ammunition/cartridges *scherpe munitie/patronen;*
II ⟨bn., attr.⟩ **0.1** ***levend*** *⇒in leven (zijnd)* ◆ **1.1** ~ bait *levend aas;* ~ birth *levendgeborene* **1.¶** ⟨inf.⟩ a real ~ horse! *een heus/levensgroot paard!*
live[2] [liv] I ⟨onov.ww.⟩ **0.1** ***leven*** *⇒bestaan* **0.2** ***wonen*** **0.3** ***voortleven*** ◆ **1.1** ~ in (a grand/great) style *op grote voet leven* **1.3** this patient won't ~ *deze patiënt haalt het niet* **3.1** ⟨sprw.⟩ you ~ and learn *het leven is een leerschool;* ~ and let ~ *leven en laten leven* **5.1** long ~ the Queen! *(lang) leve de koningin!;* ~ **together** *samenleven/wonen* **5.2** ~ **in** *inwonen, intern zijn* **6.1** ~ **above/beyond** one's means *bo-*

ven zijn stand leven; ~ **by** *leven v., in zijn onderhoud voorzien door; leven naar, zich houden aan;* ~ **for** *leven voor; toeleven naar;* ~ **off** *leven v.* ⟨ook pej.⟩; ~ **off** the land *zijn eigen groente verbouwen;* ~ **out of** cans/tins *leven van blikjesvoedsel;* she ~s **with** a foreigner *ze leeft/woont samen met een buitenlander;* ~ **with** a situation *(hebben leren) leven met/zich neerleggen bij een situatie* **6.2** ~ **on** one's own *op zichzelf/alleen wonen* **¶.1** you haven't ~d yet! *je hebt nog helemaal niet gelééfd/van het leven genoten!;* you'll ~ to be ninety *jij haalt de negentig nog.* →**live up to;**
II ⟨ov.ww.⟩ **0.1** ***leven*** **0.2** ***beleven*** ⇒*door/meemaken* ◆ **1.1** ~ a double life *een dubbelleven leiden* **5.1** he won't ~ **out** the year *hij haalt het eind v.h. jaar niet* **5.2** ~ **over** again *opnieuw beleven* **5.¶** ⟨inf.⟩ ~ it **up** *het ervan nemen, de bloemetjes buiten zetten.* →**live down.**

liveable →**livable.**

live down 0.1 ***zich rehabiliteren voor*** ◆ **1.1** ~ a poor performance *zich revancheren voor een matig optreden.*

live-in 0.1 ⟨bn.⟩ ***samenwonend*** **0.2** ⟨zn.⟩ ***vriend(in) met wie men samenwoont.***

livelihood [lajvliehoed] ⟨vnl. enk.⟩ **0.1** ***levensonderhoud*** ◆ **3.1** earn/gain one's ~ *de kost verdienen.*

livel|y [lajvlie] ⟨-iness⟩ **0.1** ***levendig*** ◆ **1.1** ~ colours *sprekende kleuren;* ~ description *levendige beschrijving* **1.¶** a ~ boat *een wendbare boot.*

liven [lajvn] ⟨inf.⟩ **0.1** ***verlevendigen*** ⇒*opfleuren* ◆ **5.1** ~ **up** *opfleuren, opvrolijken.*

liver [livvə] **I** ⟨telb.zn.⟩ **0.1** ***iem. die op een bep. manier leeft*** **0.2** ⟨AE⟩ ***be/inwoner*** ◆ **2.1** cheap ~ *iem. die goedkoop leeft;*
II ⟨telb. en n.-telb.zn.⟩ **0.1** ***lever.***

liveried [livried] **0.1** ***in livrei.***

liverish [livrisj], **livery** [-rie] ⟨inf.⟩ **0.1** ***misselijk*** ⇒*onpasselijk* **0.2** ***galachtig*** ⇒⟨fig.⟩ *chagrijnig* ◆ **¶.1** I'm a bit ~ *ik heb een beetje te veel gegeten.*

Liverpudlian [livvəpudliən] ⟨scherts.⟩ **0.1** ⟨bn.⟩ ***Liverpools*** ⇒ *v./uit Liverpool* **0.2** ⟨zn.⟩ ***inwoner v. Liverpool.***

liver sausage 0.1 ***leverworst.***

livery[1] [livrie] ⟨zn.⟩ **0.1** ***livrei*** ⇒*uniform;* ⟨bij uitbr.⟩ *kledij* ◆ **1.1** trees in the ~ of summer *bomen in hun zomertooi.*

livery[2] ⟨bn.⟩ →**liverish.**

livery company ⟨BE⟩ **0.1** ***livreigilde.***

liveryman [livriemən] **0.1** ***stalhouder*** **0.2** ⟨BE⟩ ***lid v. livreigilde.***

livery stable ⟨vaak mv. met enk. bet.⟩ **0.1** ***stalhouderij.***

lives [lajvz] ⟨mv.⟩ →**life.**

livestock [lajvstok] ⟨zn.⟩ **0.1** ***vee*** ⇒*levende have.*

live up to 0.1 ***naleven*** ⇒*waarmaken* ◆ **1.1** ~ one's reputation *zijn naam eer aan doen.*

livid [livvid] **0.1** ⟨inf.⟩ ***hels*** ⇒*des duivels* **0.2** ***lijkbleek*** ⇒*asgrauw* **0.3** ***lood/blauwgrijs*** ◆ **6.1** ~ **at** *razend op.*

living[1] [livving] **I** ⟨telb.zn.⟩ **0.1** ***inkomen*** ⇒*kostwinning* **0.2** ⟨BE; rel.⟩ ***prebende*** ⇒*predikantsplaats* ◆ **3.1** earn/gain/get/make a ~ (as/out of/by) *de kost verdienen (als)* **¶.1** it's a ~ *werk is werk;*
II ⟨n.-telb.zn.⟩ **0.1** ***leven*** ⇒*levensonderhoud/stijl.*

living[2] ⟨bn.⟩ **0.1** ***levend*** ⇒*bestaand* **0.2** ***levendig*** ◆ **1.1** ~ fossil *levend fossiel* ⟨ook fig.⟩ **1.¶** ⟨inf.⟩ knock the ~ daylights out of s.o. *iem. een ongenadig pak op zijn donder geven;* ⟨inf.⟩ scare the ~ daylights out of s.o. *iem. de stuipen op het lijf jagen;* he's the ~ image of his father *hij is het evenbeeld v. zijn vader* **6.1** **(with)in** ~ memory *bij mensenheugenis.* → **land.**

living conditions 0.1 ***woon/levensomstandigheden.***

living room 0.1 ***woonkamer*** ⇒*(huis)kamer.*

living space 0.1 ***leefruimte*** **0.2** ***woonoppervlak.***

living standard 0.1 ***levensstandaard*** ◆ **3.1** improve/raise the ~ *de levensstandaard verbeteren.*

living wage 0.1 ***voldoende loon.***

living will 0.1 ***euthanasieverklaring.***

lizard [lizzəd] **0.1** ***hagedis*** **0.2** ***hagedissenleer.***

'll [(ə)l] ⟨verk.⟩ [shall, will].

llama [la:mə] **0.1** ***lama(stof/wol).***

lo [loo] ◆ **3.¶** ⟨scherts.⟩ ~ and behold! *kijk eens aan!, nee maar!*

loach [lootsj] **0.1** ***modderkruiper*** ⟨vis⟩.

load[1] [lood] ⟨zn.⟩ **0.1** ***lading*** ⇒*last* ⟨ook fig.⟩ **0.2** ***belasting*** ⇒ *massa* **0.3** ***(elektrisch) vermogen*** ⇒*kracht* **0.4** ***lading*** ⟨v. vuurwapen⟩ **0.5** ⟨vaak mv.; inf.⟩ ***hoop*** ⇒*massa's* ◆ **1.¶** come down like a ~ of bricks (on s.o.) *met een geweldige smak neerkomen (op iem.); plotseling te keer gaan (tegen iem.)* **3.1** ⟨fig.⟩ that takes a ~ off my mind *dat is een pak van mijn hart* **6.5** that's a ~ **of** bull *dat is een hoop gelul;* they have ~s **of** money *ze zwemmen in het geld.*

load[2] **I** ⟨onov.ww.⟩ **0.1** ***laden*** ⇒*geladen worden* ◆ **5.1** the lorries were ~ing **up** at the factory *de vrachtwagens stonden te laden bij de fabriek;*
II ⟨ov.ww.⟩ **0.1** ***laden*** ⟨ook comp.⟩ ⇒*bevrachten* **0.2** ***laden*** ⟨vuurwapens, camera⟩ **0.3** ***met lood verzwaren*** ◆ **1.3** ~ the dice *de dobbelstenen verzwaren;* the dice seem to be ~ed against me *het lijkt erop dat ik tegengewerkt word* **6.1** ⟨fig.⟩ they ~ed her **with** compliments *ze werd met complimenten overladen;* the table was ~ed **with** presents *de tafel stond vol met cadeaus.*

loaded [loodid] **I** ⟨bn.⟩ **0.1** ***geladen*** ⟨ook fig.⟩ ⇒*emotioneel geladen* **0.2** ***vervalst*** ⟨o.m. v. dobbelstenen⟩ **0.3** ⟨inf.⟩ ***stomdronken*** **0.4** ⟨AE; inf.⟩ ***stoned*** **0.5** ***venijnig*** ⇒*geniepig* ◆ **1.5** a ~ question *een strikvraag;*
II ⟨bn., pred.⟩⟨inf.⟩ **0.1** ***schatrijk*** ◆ **1.1** be ~ with dough *barsten v.h. geld.*

loadstar →**lodestar.**

loadstone, lodestone 0.1 ***(natuur)magneet*** **0.2** ⟨fig.⟩ ***magneet.***

loaf [loof] ⟨mv.: loaves⟩ **0.1** ***brood*** **0.2** ***brood(suiker)*** **0.3** ⟨inf.⟩ ***kop*** ⇒*hersens* **0.4** ⟨BE⟩ ***krop*** ⟨bv. kool, sla⟩ ◆ **1.1** a ~ of brown bread *een bruin brood* **3.3** use your ~ for once *denk nu eens een keer na.*

loaf about, loaf around 0.1 ***rondhangen*** ⇒*lummelen.*

loafer [loofə] **0.1** ***leegloper*** ⇒*lanterfanter* **0.2** ⟨AE⟩ ***lage schoen*** ⇒*loafer.*

loafsugar 0.1 ***broodsuiker*** ⇒*melis.*

loam [loom] **0.1** ***leem*** **0.2** ***klei*** ⟨voor bakstenen⟩.

loam|y [loomie] ⟨-ier⟩ **0.1** ***leemachtig*** ⇒*kleiachtig.*

loan[1] [loon] ⟨zn.⟩ **0.1** ***lening*** ⇒*leningsbedrag* **0.2** ***leen*** ⇒*tijdelijk gebruik* **0.3** ***het lenen*** ◆ **6.2** ⟨op boek⟩ not **for** ~ *niet uitleenbaar;* have sth. **on** ~ **from** s.o. *iets van iem. te leen hebben.*

loan[2] ⟨ww.⟩ **0.1** ***lenen*** ⇒*uitlenen* ◆ **6.1** ~ money **to** a friend *geld aan een vriend lenen.*

loan collection 0.1 ***collectie in bruikleen.***

loan office 0.1 ***bank v. lening.***

loan shark ⟨inf.⟩ **0.1** ***woekeraar*** ⇒*uitzuiger.*

loan stock ⟨BE⟩ **0.1** ***obligatiekapitaal*** ⇒*geleend kapitaal* ⟨waarvoor activa niet als waarborg dienen⟩.

loan word 0.1 ***leenwoord.***

loath, loth [looθ] **0.1** ***ongenegen*** ⇒*afkerig* ◆ **3.1** he was ~ to leave the house *hij had er een hekel aan om het huis uit te gaan* **5.1** ⟨schr.⟩ nothing ~ *zeer genegen, graag.*

loathe [looð] **0.1** ***verafschuwen.***

loathing [looðing] **0.1** ***afkeer.***
loathsome [looðsəm] ⟨-ness⟩ **0.1** ***walgelijk*** ⇒*weerzinwekkend* ◆ **1.1** a ~ smell *een misselijk makende stank.*
loaves [loovz] ⟨mv.⟩ →**loaf.**
lob[1] [lob] ⟨zn.⟩ **0.1** ⟨tennis⟩ ***lob*** ⇒*hoge boogbal* **0.2** ***zachte worp.***
lob[2] ⟨ww.; -bed⟩ **0.1** ⟨tennis⟩ ***lobben*** **0.2** ⟨inf.⟩ ***gooien*** ⇒*smijten.*
lobb|y[1] [lobbie] ⟨zn.; mv.: -ies⟩ **0.1** ***hal*** ⇒*portaal* **0.2** ***foyer*** **0.3** ***wandelgang*** ⇒*lobby* **0.4** ⟨ww. enk. of mv.⟩ ***lobby*** ⇒*pressiegroep.*
lobb|y[2] ⟨-ied⟩ **I** ⟨onov.ww.⟩ **0.1** ***lobbyen*** ⇒*druk uitoefenen op de politieke besluitvorming;*
II ⟨ov.ww.⟩ **0.1** ***in de wandelgangen bewerken*** ⇒*onder druk zetten* ⟨parlementsleden⟩ **0.2** ***dmv. een lobby doen aannemen*** ⟨wet⟩ ◆ **6.2** the bill was lobbied **through** parliament *een lobby zorgde ervoor dat de wet door het parlement werd aangenomen.*
lobbyist [lobbie·ist] **0.1** ***lobbyist*** ⇒*lid v. pressiegroep.*
lobe [loob] **0.1** ***(oor)lel*** **0.2** ***kwab*** ⇒*lob* ⟨v. hersenen, longen⟩ **0.3** ⟨plantk.⟩ ***lob.***
lobster [lobstə] ⟨in bet. 0.1 mv.: ook lobster⟩ **0.1** ***zeekreeft*** **0.2** ***zeekreeft(vlees).*** →**spiny.**
lobster pot **0.1** ***kreeftenfuik.***
local[1] [lookl] ⟨zn.⟩ **0.1** ⟨vaak mv.⟩ ***plaatselijke bewoner*** ⇒*inboorling* **0.2** ***stoptrein*** ⇒*boemeltje* **0.3** ⟨BE; inf.⟩ ***stamcafé*** ⇒*stamkroeg* **0.4** →**locale.**
local[2] ⟨bn.⟩ **0.1** ***plaatselijk*** ⇒*lokaal, buurt-, streek-* **0.2** ***plaatselijk*** ⇒*niet algemeen, beperkt* ◆ **1.1** ⟨BE⟩ ~ authority *plaatselijke overheid;* ~ call *lokaal gesprek;* ~ colour *couleur locale;* ~ derby *streekderby;* ⟨BE⟩ ~ government *plaatselijk bestuur* **1.2** ~ anaesthetic *plaatselijk verdovingsmiddel.*
locale [looka:l], **local** ⟨schr.⟩ **0.1** ***plaats v. handeling.***
localism [lookəlizm] **0.1** ***plaatselijke eigenaardigheid*** ⇒*plaatselijke uitdrukking/uitspraak* **0.2** ***provincialisme*** ⇒*bekrompenheid.*
localit|y [lookælətie] ⟨mv.: -ies⟩ **0.1** ***plaats*** ⇒*district, buurt.*
local|ize, -ise [lookəlajz] ⟨zn.: **-ization**⟩ **I** ⟨onov.ww.⟩ **0.1** ***lokaal/plaatselijk worden;***
II ⟨ov.ww.⟩ **0.1** ***lokaliseren*** ⇒*tot een bep. plaats beperken, een plaats toekennen* ◆ **1.1** they hoped to ~ the outbreak of polio *ze hoopten de uitbarsting v. polio tot een klein gebied te beperken.*
local time **0.1** ***plaatselijke tijd.***
locate [lookeet] **I** ⟨onov.ww.⟩⟨AE⟩ **0.1** ***zich vestigen*** ⇒*gaan wonen, een zaak opzetten* ◆ **6.1** friends of mine have ~d **in** Idaho *vrienden van me zijn in Idaho gaan wonen;*
II ⟨ov.ww.⟩ **0.1** ***de positie bepalen v.*** ⇒*opsporen* **0.2** ⟨vaak pass.⟩ ***vestigen*** ⇒*plaatsen, stationeren* **0.3** ***afbakenen*** ⇒*grenzen bepalen v.* ◆ **1.1** I can't ~ that village anywhere *ik kan dat dorp nergens vinden* **1.2** the estate was ~d on the bank of a river *het landgoed was gelegen aan de oever v.e. rivier.*
location [lookeesjn] **I** ⟨telb.zn.⟩ **0.1** ***plaats*** ⇒*ligging, positie* **0.2** ***terrein*** ⇒*afgebakend land* **0.3** ***lokatie*** ⟨voor filmopnamen⟩ ◆ **6.3 on** ~ *op lokatie;*
II ⟨n.-telb.zn.⟩ **0.1** ***plaatsbepaling*** ⇒*lokatie* **0.2** ***afbakening*** ⇒*grensbepaling.*
loch [loch, lok] ⟨Sch. E⟩ **0.1** ***meer*** **0.2** ***smalle (ingesloten) zeearm.***
loci [loosaj] ⟨mv.⟩ →**locus.**
lock[1] [lok] ⟨zn.⟩(→s2) **0.1** ***(haar)lok*** **0.2** ***slot*** ⟨ook v. vuurwapens⟩ ⇒*sluiting* **0.3** ***vergrendeling*** **0.4** ***(schut)sluis*** **0.5** ***houdgreep*** **0.6** ***verkeersopstopping*** **0.7** ⟨rugby⟩ ***voorwaartse in de tweede/derde rij v.d. scrum*** ◆ **1.1** her golden ~s *haar gouden lokken/haar* **1.2** under ~ and key *achter slot en grendel;* ⟨fig.⟩ *in de gevangenis* **1.¶** ~, stock, and barrel *in zijn geheel, alles inbegrepen.*
lock[2] **I** ⟨onov.ww.⟩ **0.1** ***sluiten*** ⇒*gesloten/vergrendeld (kunnen) worden* **0.2** ***vastlopen*** ⇒*geblokkeerd raken* **0.3** ***in elkaar verstrengeld raken*** ⇒*in elkaar grijpen* ◆ **1.1** the doors wouldn't ~ *de deuren wilden niet sluiten.* →**lock on, lock up;**
II ⟨ov.ww.⟩ **0.1** ***(af)sluiten*** ⇒*op slot doen* **0.2** ***wegsluiten*** ⇒*opsluiten* ⟨ook fig.⟩ **0.3** ***vasthouden*** ⇒*(om)klemmen* **0.4** ***vastzetten*** ⇒*blokkeren* ◆ **5.1** the child had ~ed himself **in/out** *het kind had zichzelf ingesloten/buitengesloten;* ~ **out** workmen *arbeiders de toegang ontzeggen* ⟨tot fabriek, werkterrein⟩ **5.2** don't forget to ~ **away** your valuables *vergeet niet je kostbaarheden op te bergen.* →**lock up, stable.**
locker [lokkə] **0.1** ***kast(je)*** ⇒*kluis* ⟨bv. voor kleding, bagage⟩.
locker room **0.1** ***kleedkamer*** ⟨met kasten⟩.
locket [lokkit] **0.1** ***medaillon.***
lock gate **0.1** ***sluisdeur.***
lockjaw ⟨med.⟩ **0.1** ***tetanus*** ⇒*klem,* ⟨ihb.⟩ *kaakkramp.*
lockkeeper **0.1** ***sluiswachter.***
locknut **0.1** ***borgmoer*** ⇒*contramoer.*
lock on **0.1** ***doel zoeken en automatisch volgen*** ⇒*blijven volgen* ⟨v.e. raket, radar⟩ ◆ **6.1** missiles can ~ **to** their targets *raketten kunnen hun doelen automatisch volgen.*
lockout **0.1** ***uitsluiting*** ⟨v. werknemers bij dreigende staking/bezetting⟩.
locksmith **0.1** ***slotenmaker.***
lock stitch **0.1** ***stiksteek.***
lockup **I** ⟨telb.zn.⟩ **0.1** ⟨inf.⟩ ***arrestantenhok*** ⇒*cachot, nor, bajes* **0.2** ⟨ook attr.; BE⟩ ***afsluitbare ruimte*** ⇒*kiosk, dagwinkel; garage/opbergbox;*
II ⟨n.-telb.zn.⟩ **0.1** ***sluiting*** ⇒*afsluiting, sluitingstijd.*
lock up **I** ⟨onov.ww.⟩ **0.1** ***afsluiten*** ⇒*alles op slot doen;*
II ⟨ov.ww.⟩ **0.1** ***op slot doen*** ⇒*afsluiten* **0.2** ***opbergen*** ⇒*wegsluiten* **0.3** ***vastleggen*** ⇒*beleggen* **0.4** ***opsluiten*** ⇒*wegstoppen* ⟨in gevang, gekkenhuis⟩ ◆ **1.1** could you ~ the office when you leave? *sluit je het kantoor af wanneer je weg gaat?* **1.2** ~ one's gold and silver *zijn goud en zilver veilig opbergen* **6.3** his money is locked up **in** land *zijn geld is vastgelegd in land.*
loco [lookoo] ⟨inf.⟩ **0.1** ***gek*** ⇒*getikt.*
locomotion [lookəmoosjn] **0.1** ***(voort)beweging(svermogen)*** ⇒*locomotie.*
locomotive[1] [lookəmootiv] ⟨zn.⟩ **0.1** ***locomotief.***
locomotive[2] ⟨bn.⟩ **0.1** ***zich voort kunnende bewegen*** ⇒*zich (voort)bewegend* **0.2** ***voortbewegings-*** ⇒*mbt./van het verkeer/het reizen* ◆ **1.1** ~ engine *locomotief* **1.2** ~ power *voortbewegingsvermogen.*
locum tenens [lookəm tie:nenz], ⟨inf.⟩ **locum** **0.1** ***plaatsvervanger*** ⇒*invaller.*
locus [lookəs] ⟨mv.: loci⟩ **0.1** ***plaats*** ⇒*punt* **0.2** ⟨wisk.⟩ ***meetkundige plaats.***
locust [lookəst] **0.1** ***sprinkhaan*** **0.2** ⟨AE⟩ ***cicade*** **0.3** ***johannesbrood(boom).***
locust bean **0.1** ***johannesbrood.***
locust tree ⟨plantk.⟩ **0.1** ***johannesbroodboom*** ⇒*gewone acacia.*
locution [lookjoe:sjn] **0.1** ***spreekwijze*** ⇒*uitdrukking, plaatselijk gezegde/idioom.*
lode [lood] **0.1** ***metaalader.***
lodestar, loadstar **0.1** ***leidster*** ⟨ook fig.⟩ ⇒*poolster.*
lodestone →**loadstone.**

lodge[1] [lodzj] ⟨zn.⟩ **0.1** ***(schuil)hut*** **0.2** ***personeelswoning*** ⇒*portierswoning* **0.3** ***portiersloge*** **0.4** ***jachthuis*** ⇒*buitenhuis* **0.5** ***afdeling*** ⇒⟨ihb.⟩ *(vrijmetselaars)loge* **0.6** ***hol*** ⟨v. dier⟩ ⇒⟨ihb.⟩ *beverwoning.*
lodge[2] **I** ⟨onov.ww.⟩ **0.1** ***verblijven*** ⇒*(tijdelijk) wonen, logeren* **0.2** ***vast komen te zitten*** ⇒*blijven steken/zitten* ◆ **6.1** ~ **at** a friend's/**with** a friend *bij een vriend wonen* **6.2** the bullet ~d **in** the ceiling *de kogel bleef in het plafond steken;*
II ⟨ov.ww.⟩ **0.1** ***onderdak geven*** ⇒*logeren, (tijdelijk) huisvesten* **0.2** ***bevatten*** **0.3** ***plaatsen*** ⇒*(vast)zetten, leggen* **0.4** ***deponeren*** ⇒*in bewaring geven* **0.5** ***indienen*** ⇒*voorleggen* ◆ **1.1** the refugees were ~d in guesthouses *de vluchtelingen werden in pensions ondergebracht* **1.4** ~ money in a safe *geld in een kluis deponeren* **1.5** ~ a complaint *een aanklacht indienen.*
lodgement, lodgment [lodzjmənt] **I** ⟨telb.zn.⟩ **0.1** ***ophoping*** **0.2** ***onderkomen*** ⇒*huisvesting, accommodatie;*
II ⟨telb. en n.-telb.zn.⟩ **0.1** ***deposito;***
III ⟨n.-telb.zn.⟩ **0.1** ***indiening*** ⇒*het voorleggen* ⟨v. klacht enz.⟩.
lodger [lodzjə] **0.1** ***kamerbewoner*** ⇒*(kamer)huurder.*
lodging [lodzjing] **0.1** ⟨geen mv.⟩ ***onderdak*** ⇒*huisvesting, logies* **0.2** ⟨mv.⟩ ***(gehuurde) kamer(s)*** ◆ **3.1** we must find (a) ~ *we moeten (een) onderdak vinden.*
lodging house **0.1** ***logement*** ⇒*huis waar men kamers verhuurt.*
loess [loois] **0.1** ***löss.***
loft[1] [loft] ⟨zn.⟩ **0.1** ***zolder(kamer)*** ⇒*vliering, hooizolder* **0.2** ***tribune*** ⟨in kerk⟩ ⇒*galerij* **0.3** ⟨AE⟩ ***(atelier(ruimte) op) bovenverdieping*** ⟨v. fabriek/warenhuis⟩.
loft[2] ⟨ww.⟩⟨vnl. sport⟩ **0.1** ***hoog slaan/schieten*** ⇒*een hoge boogbal slaan/schieten.*
loft|y [loftie] ⟨-iness⟩ **0.1** ***torenhoog*** **0.2** ***verheven*** ⇒*edel* **0.3** ***hooghartig*** ⇒*arrogant* ◆ **1.2** ~ ideals *hooggestemde idealen* **3.3** behave loftily to s.o. *(erg) uit de hoogte doen tegen iem.*
log[1] [log] ⟨zn.⟩ **0.1** ***blok(hout)*** ⇒*boomstronk/stam* **0.2** ***logboek*** ⇒*scheepsjournaal* ◆ **3.¶** sleep like a ~ *slapen als een os/blok.*
log[2] ⟨ww.; -ged⟩ **0.1** ***in het logboek opschrijven*** **0.2** ***afleggen*** ⟨afstand⟩ ◆ **1.2** the ship ~s ten knots *het schip vaart tien knopen* **5.¶** ⟨comp.⟩ ~ **in** *inloggen;* ⟨comp.⟩ ~ **out** *uitloggen;* the truck driver had ~ged **up** 700 miles *de vrachtrijder had er 700 mijl op zitten* **6.¶** ⟨comp.⟩ ~ **into** a computer system *inloggen.*
loganberr|y [loogənbrie] ⟨mv.: -ies⟩ **0.1** ***loganbes*** ⟨kruising tussen braam en framboos⟩.
logarithm [logəriðm] ⟨bn.: **-ic**⟩ **0.1** ***logaritme.***
logbook **0.1** ***logboek*** ⇒*scheepsjournaal, journaal v.e. vliegtuig; werkverslag; dagboek, reisjournaal* **0.2** ⟨BE⟩ ***registratiebewijs*** ⟨v. auto⟩.
log cabin **0.1** ***blokhut.***
logger [logə] ⟨AE⟩ **0.1** ***houthakker.***
loggerhead ◆ **6.¶** they are always **at** ~s **with** each other *ze liggen altijd met elkaar overhoop.*
loggia [lodzjiə, loo-]⟨mv.: ook loggie [-dzjie·ee]⟩ **0.1** ***loggia.***
logic [lodzjik] **0.1** ***logica*** ⇒*redeneerkunde* **0.2** ***logica*** ⇒*dwangmatigheid* ◆ **1.2** the ~ of events *de logica der gebeurtenissen.*
logical [lodzjikl] ⟨-ness⟩ **0.1** ***logisch*** ⇒*mbt. de logica* **0.2** ***logisch*** ⇒*steekhoudend, vanzelfsprekend (volgend uit)* **0.3** ***logisch (denkend)*** ◆ **1.3** he is a man with a ~ mind *hij is een logisch denkend mens.*
logically [lodzjiklie] **0.1** →**logical** **0.2** ***logischerwijze.***
logician [lədzjisjn] **0.1** ***beoefenaar v.d. logica.***
logistic [lədzjistik] ⟨-ally⟩ **0.1** ***logistisch.***
logistics [lədzjistiks] ⟨ww. vnl. enk.⟩ **0.1** ⟨mil.⟩ ***logistiek.***
logjam **0.1** ***opstopping*** ⟨v. houtvlotten op een rivier⟩ **0.2** ⟨AE⟩ ***impasse*** ⇒*uitzichtloze situatie.*
logo [loogoo] **0.1** ***logotype*** ⇒*woordmerk* **0.2** ***logo*** ⇒*beeldmerk, firma-embleem.*
LOGO [loogoo] ⟨comp.⟩ **0.1** ***Logo*** ⟨programmeertaal⟩.
logrolling **0.1** ⟨AE; vnl. pol.⟩ ***wederzijdse hulp/gunsten*** ⇒*het aanbevelen* ⟨v. vrienden⟩.
loin [lojn] **0.1** ***lende*** **0.2** ⟨cul.⟩ ***lendestuk*** ⇒*entrecote* **0.3** ⟨cul.⟩ ***lendevlees*** **0.4** ⟨mv.⟩ ***lendenen*** ⇒⟨rel.⟩ *voortplantingsorganen; afstamming in mannelijke lijn* ◆ **3.¶** gird (up) one's ~s (to) *zich opmaken (tot).*
loincloth **0.1** ***lendedoek.***
loiter [lojtə] **I** ⟨onov.ww.⟩ **0.1** ***talmen*** ⇒*treuzelen* ◆ **5.1** ~ **about/around** *rondhangen* **6.1** ~ **with** intent *zich verdacht ophouden;*
II ⟨ov.ww.⟩ **0.1** ***verdoen*** ⇒*verlummelen* ◆ **5.1** ~ **away** one's time *zijn tijd verdoen.*
loiterer [lojtərə] **0.1** ***treuzelaar*** ⇒*slenteraar.*
loll [lol] **0.1** ***(rond)hangen*** ⇒*lummelen, leunen* ◆ **5.1** ~ **about/around** *staan te niksen* **5.¶** the dog's tongue was ~ing **out** *de hond liet zijn tong uit zijn bek hangen.*
lollipop [lolliepop] **0.1** ***(ijs)lolly.***
lollipop man, lollipop lady ⟨BE; inf.⟩ **0.1** ***klaar-over.***
lollop [lollәp] ⟨inf.⟩ **0.1** ***luieren*** ⇒*lummelen* **0.2** ***slungelen*** ⇒*zwalken.*
lollo rosso [lolloo rossoo] ⟨cul.⟩ **0.1** ***lollo rosso.***
loll|y [lollie] ⟨mv.: -ies⟩ **0.1** ⟨inf.⟩ ***lolly*** **0.2** ⟨BE; sl.⟩ ***poen.***
London [lundən] **0.1** ***Londen*** ◆ **2.1** Greater ~ *groot Londen.*
Londoner [lundənə] **0.1** ***Londenaar*** ⇒*inwoner/inwoonster v. Londen.*
lone [loon] **0.1** ***alleen*** ⇒*verlaten, eenzaam* ◆ **1.1** be/play a ~ hand ⟨fig.⟩ *met niemand rekening houden;* a ~ mother *een alleenstaande moeder;* ~ wolf *iem. die zijn eigen weg gaat.*
lonel|y [loonlie] ⟨-iness⟩ **0.1** ***eenzaam*** ⇒*verlaten, alleen* ◆ **1.1** ~ hearts (club) *kennismakingsclub, alleenstaandenclub.*
loner [loonə] **0.1** ***solitair*** ⇒*eenzame, eenling.*
lonesome [loonsəm] ⟨-ness⟩ **0.1** ***eenzaam*** ⇒*alleen* ◆ **6.1** **by/on** his ~ *in zijn (dooie) eentje.*
long[1] [long] ⟨zn.⟩ **0.1** ⟨ec.⟩ ***haussier*** ⇒*hausse speculant* **0.2** ***lange tijd*** ◆ **1.¶** tell the ~ and the short of it *de grote lijnen uiteenzetten* **3.2** it won't take ~ *het zal niet lang duren* **6.2** **before** ~ *binnenkort, spoedig;* he won't stay **for** ~ *hij zal niet (voor) lang blijven.*
long[2] ⟨bn.; longer [longgə], longest [longgist]⟩ ⟨→s1⟩ **0.1** ***lang*** ⇒*langgerekt, langdurig, ver;* ⟨ec.⟩ *langlopend* **0.2** ***groot*** ⇒*meer dan, lang* **0.3** ***onwaarschijnlijk*** **0.4** ⟨geldw.⟩ ***à la hausse (speculerend)*** ◆ **1.1** ~ bonds *langlopende obligaties;* ~ finger *middelvinger;* a ~ haul *een hele ruk* ⟨bv. lange reis⟩; *een lange tijd/termijn;* over the ~ haul *op lange termijn;* take a ~ look at sth. *iets lang/aandachtig bekijken/onderzoeken;* of ~ standing *al lang bestaand, van ouds gekend;* to cut a ~ story short *om kort te gaan, samengevat;* in the ~ term *op den duur, op de lange duur;* ⟨BE⟩ ~ vac(ation) *zomervakantie;* ⟨com.⟩ ~ wave(s) *lange golf* **1.2** ~ dozen *groot dozijn, dertien;* cotton is in ~ supply *er is een ruime voorraad katoen;* ~ ton *Eng. ton* ⟨1016 kg; →t⟩ **1.3** ~ bet/odds ⟨ong.⟩ *tien tegen een;* he stands a ~ chance *hij maakt weinig kans* **1.4** take a ~ position in gold *à la hausse speculeren in goud;* ~ sale *verkoop à la hausse* **1.¶** the ~ arm of the law *de lange/machtige arm der wet;* ⟨BE⟩ not by a ~ chalk *op geen stukken na, bijlange niet;* ~ division *staartdeling;* ~ drink *longdrink;* make/pull a ~ face *ongelukkig*

kijken; ⟨ong.⟩ *een lang gezicht trekken;* ~ johns *lange onderbroek;* ⟨cricket⟩ ~ leg *long leg;* in the ~ run *uiteindelijk;* ~ shot *kansloos deelnemer; gok, waagstuk;* ⟨AE⟩ by a ~ shot *veruit, met gemak;* not by a ~ shot *op geen stukken na, bijlange niet;* ~ suit *fort, sterk punt;* ~ in the tooth *lang in de mond, aftands;* take a ~ view / take ~ views *dingen op de lange termijn bekijken;* have come a ~ way *van ver gekomen zijn, erg veranderd zijn;* go a ~ way (towards) *voordelig (in het gebruik) zijn, veel helpen, het ver schoppen;* £1 doesn't go a ~ way these days *met een pond kom je tegenwoordig niet ver meer* **5.¶** ⟨cricket⟩ ~ **off** *long off* ⟨veldspeler(spositie) bij de boundary⟩; ⟨cricket⟩ ~ on *long on* ⟨veldspeler(spositie) bij de boundary⟩.

long[3] ⟨ww.⟩ **0.1** ⟨vaak +for⟩ ***hevig verlangen (naar)*** ⇒*snakken, hunkeren.*

long[4] ⟨bw.⟩ **0.1** ***lang*** ⇒*lange tijd* ◆ **1.1** not be ~ for this life / world *niet lang meer te leven hebben;* all night ~ *de hele nacht* **2.1** the promotion was ~ due *de promotie liet lang op zich wachten* **3.1** don't be ~ *maak het kort* **5.1** **as / so ~ as** *zo lang, mits;* **no / not** any ~er *niet langer / meer;* ⟨inf.⟩ **so** ~! *tot dan!, tot ziens!* **6.1** he's ~ **about** his work *hij doet lang over zijn werk;* be ~ **in** doing sth. *lang over iets doen.*

longawaited **0.1** ***langverwacht.***

long ball ⟨voetbal⟩ **0.1** ***dieptepass*** ⇒*lange bal.*

longboat **0.1** ***barkas*** ⇒*(grote) sloep.*

longbow **0.1** ***(grote) handboog*** ◆ **3.¶** ⟨vero.⟩ draw the ~ *sterke verhalen vertellen.*

long course ⟨zwemsport⟩ **0.1** ***(officieel) wedstrijdbad*** ⇒*50 m-bad, olympisch bad/bassin.*

long-distance **0.1** ***ver*** ⇒*langeafstands-* ◆ **1.1** ⟨AE⟩ ~ call *internationaal/interlokaal telefoongesprek.*

long-distance race ⟨atletiek⟩ **0.1** ***langeafstandswedstrijd.***

long-distance runner ⟨atletiek⟩ **0.1** ***langeafstandsloper.***

long-distance running ⟨atletiek⟩ **0.1** ***(het) langeafstandslopen.***

long-drawn, long-drawn-out **0.1** ***langgerekt*** ⇒*langdradig.*

longevity [londzjevvətie] **0.1** ***lang leven*** ⇒*lange levens/gebruiksduur.*

longhaired ⟨vnl. bel.⟩ **0.1** ***langharig*** ⇒*halfzacht* **0.2** ***artistiek.***

longhand **0.1** ***(gewoon) handschrift.***

longheaded ⟨-ness⟩ **0.1** ***slim*** ⇒*sluw.*

longhorn **0.1** ***langhoorn*** ⟨rund⟩.

longing[1] [longing] ⟨zn.⟩ **0.1** ***verlangen*** ⇒*hunkering.*

longing[2] ⟨bn.⟩ **0.1** ***vol verlangen*** ⇒*smachtend.*

longish [longisj] **0.1** ***vrij lang.***

longitude [londzjitjoe:d] **0.1** ⟨aardr.⟩ ***(geografische) lengte*** ⇒*longitude.*

longitudinal [londzjitjoe:dnəl] **0.1** ⟨aardr.⟩ ***lengte-*** **0.2** ***in de lengte*** ⇒*longitudinaal* ◆ **1.2** ~ stripes *overlangse strepen.*

long jump ⟨the⟩ ⟨atletiek⟩ **0.1** ***(het) verspringen.***

long-lasting **0.1** ***langdurig.***

long-life **0.1** ***met een lange levensduur*** **0.2** ***langer houdbaar*** ⟨v. melk e.d.⟩ ◆ **1.¶** ~ batteries *batterijen met een lange levensduur.*

long-lived **0.1** ***lang levend*** **0.2** ***van lange duur*** ⇒*hardnekkig* ◆ **1.1** they are a ~ family *in die familie wordt iedereen oud* **1.2** ~ rumours *hardnekkige praatjes.*

long measure **0.1** ***lengtemaat.***

long player **0.1** ***langspeelplaat.***

long-playing **0.1** ***langspeel-*** ◆ **1.1** ~ record *langspeelplaat.*

long-range **0.1** ***over lange afstand*** ⇒*langeafstands-, verdragend* ⟨v. vliegtuig, raket enz.⟩ **0.2** ***op (lange) termijn*** ⇒ *termijn-.*

longship **0.1** ***vikingschip.***

longshore|man [longsjo:mən] ⟨mv.: -men [-mən]⟩ ⟨AE⟩ **0.1** ***havenarbeider.***

long-sighted ⟨-ness⟩ **0.1** ***verziend*** **0.2** ***vooruitziend.***

long-standing **0.1** ***oud*** ⇒*al lang bestaand.*

long-suffering **0.1** ***lankmoedig.***

long-term **0.1** ***langlopend*** ⇒*op lange termijn* ◆ **1.1** ~ interest rate *langetermijnrente;* ~ investments *investeringen op lange termijn.*

longways [longweez], **longwise** [longwajz] **0.1** ***in de lengte(richting).***

longwearing **0.1** ***slijtvast.***

long-winded ⟨-ness⟩ **0.1** ***langademig*** ⇒*langdradig.*

loo [loe:] **0.1** ⟨BE; inf.⟩ ***wc*** ⇒*plee.*

look[1] [loek] **I** ⟨telb.zn.⟩ **0.1** ***blik*** ⇒*kijkje* **0.2** ***(gelaats)uitdrukking*** ⇒*blik* **0.3** ⟨vaak mv.⟩ ***uiterlijk*** ⇒*(knap) voorkomen, aanzien* **0.4** ***mode*** **0.5** ***uitzicht*** ◆ **2.4** the new ~ for the summer *de nieuwe zomermode* **3.1** let's have a ~ *laten we even een kijkje nemen* **3.3** I don't like the ~(s) of him *zijn gezicht staat me niet aan* **6.2** the ~ **on** her face *haar gelaatsuitdrukking* **6.3** **by** the ~(s) **of** it / things *zo te zien;*
II ⟨mv.⟩ **0.1** ***uiterlijk*** ⇒*schoonheid* ◆ **3.1** lose one's ~s *minder mooi worden.*

look[2] **I** ⟨onov.ww.⟩ **0.1** ***kijken*** ⇒*(proberen te) zien, aandachtig/zoekend kijken* **0.2** ***uitkijken*** ⇒*uitzien, liggen* **0.3** ***wijzen*** ⟨in bep. richting⟩ ⇒*(bep. kant) uitgaan* **0.4** ***verwachten*** ⇒*hopen* ◆ **3.4** I ~ to hear from her soon *ik verwacht spoedig (wat) van haar te horen* **4.1** they ~ed but saw nothing *zij keken maar zagen niets* **4.¶** ~ you! *kijk!* **5.1** ~ **about / around** *om zich heen kijken, rondkijken;* ⟨fig.⟩ ~ **about** for a job *naar een baan zoeken;* ~ **ahead** *vooruitzien* ⟨ook fig.⟩; ~ **on** *toekijken* **5.¶** ~ **down** (up)on *neerkijken op;* ~ **forward** to *tegemoet zien, verlangen naar;* ~ here! *kijk eens (even hier)!, luister eens!;* ~ **in** *aanlopen, aanwippen;* ⟨inf.⟩ *tv kijken;* ~ **in** on s.o. *bij iem. langskomen/aanlopen* **6.1** ~ **about** one *om zich heen kijken; op zijn hoede zijn;* ~ **at** *kijken naar, in ogenschouw nemen; beschouwen, onderzoeken;* to ~ **at** him ... *naar zijn uiterlijk te oordelen ...;* not ~ **at** *niet in overweging nemen, niets willen weten van;* ~ **beyond** *verder kijken dan;* ~ **down** the road *de weg af kijken* **6.2** ~ **onto / towards** *uitzien/uitkijken op;* ~ **to** the south *op het zuiden liggen* **6.¶** ~ **after** *passen op, zich bekommeren om; toezien op;* ~ **after** o.s., ~ **after** one's own interests *voor zichzelf zorgen;* ~ **for** *zoeken (naar);* ~ **for** trouble *om moeilijkheden vragen;* ~ **into** *even bezoeken; onderzoeken;* ~ **(up)on** s.o. as *iem. beschouwen als/houden voor* **8.1** ⟨sprw.⟩ ~ before you leap *bezint eer gij begint.* →**look back, look out, look round, look through, look to, look up;**
II ⟨ov.ww.⟩ **0.1** ***zijn blik richten op*** ⇒*kijken (naar), zien* **0.2** ***(door een blik) te kennen geven*** ⇒*uitdrukken* **0.3** ***eruitzien als*** **0.4** ***zorgen*** ◆ **1.1** ~ s.o. in the eyes *iem. in de ogen kijken* **1.2** her eyes ~ed distrust *haar ogen drukten wantrouwen uit* **1.3** ~ one's age *aan iem. zijn leeftijd afzien* **4.3** he isn't ~ing himself today *hij is niet geheel zichzelf vandaag* **5.1** ~ s.o. **down** *iem. de ogen doen neerslaan* **8.1** ~ what you've done *kijk nou (eens) wat je gedaan hebt;* ~ who's here! *kijk eens wie daar aankomt/wie hebben we hier!* **8.4** ~ that ... *ervoor zorgen dat ...* →**look out, look over, look through, look up;**
III ⟨kww.⟩ **0.1** ***lijken (te zijn)*** ⇒*uitzien, de indruk wekken te zijn* ◆ **2.1** ⟨AE⟩ ~ good / bad *goed/slecht lijken te gaan, er goed/slecht uitzien;* ~ interesting / promising *er interessant/veelbelovend uitzien;* ~ ill / well *er slecht/goed uitzien* **6.1** ~ **like** *eruitzien als, lijken op;* this ~s to me **like**

an exit *volgens mij is dit een uitgang;* it~s **like** snow *er is sneeuw op komst* **8.1** he~s as if he has a hangover *hij ziet eruit alsof hij een kater heeft.*

look-alike ⟨vnl. AE⟩ **0.1** ***evenbeeld*** ⇒*dubbelganger.*

look back 0.1 ***achterom kijken*** ⇒⟨ook fig.⟩ *een terugblik werpen op* ◆ **5.¶** since then he hasn't/has never looked back *vanaf dat moment ging het hem steeds beter/voor de wind* **¶.1** looking back ...*achteraf*...

looker [loekə] **0.1** ⟨inf.⟩ ***knappe verschijning*** ⇒*schoonheid* ◆ **2.1** she is a real (good)~ *ze is een echte schoonheid.*

looker-on, onlooker [onloekə] ⟨mv.: lookers-on⟩ **0.1** ***toeschouwer*** ⇒*kijker.*

look-in ⟨inf.⟩ **0.1** ***kans op succes*** ◆ **3.1** the competition being so strong, I won't get a~ *gezien de sterke concurrentie, zal ik er wel niet aan te pas komen.*

looking glass 0.1 ***spiegel.***

look out I ⟨onov.ww.⟩ **0.1** ***naar buiten kijken*** **0.2** ***uitkijken*** **0.3** ***uitzien*** ⇒*uitzicht bieden op* **0.4** ***oppassen*** ⇒*voorzichtig zijn* ◆ **6.1** ~ **of** the window *uit het raam kijken* **6.2** ~ **for** a new car *uitkijken naar een nieuwe auto* **6.3** the room looks out **on** the garden *de kamer ziet uit op de tuin* **¶.4** ~! *(wees) voorzichtig!, pas op!;*
II ⟨ov.ww.⟩⟨vnl. BE⟩ **0.1** ***opzoeken*** ⇒*opduikelen* ◆ **1.1** ~ old photographs *oude foto's opzoeken.*

look-out 0.1 ***het uitkijken*** **0.2** ***uitkijkpost*** **0.3** ***uitzicht*** ◆ **3.1** keep a~ *een oogje in het zeil houden* **6.1** be **on** the~ **for** *op zoek zijn naar.*

look over 0.1 ***doornemen*** ⟨brieven bv.⟩ ⇒*doorkijken.*

look-over 0.1 ***snelle, controlerende blik*** ⇒*oppervlakkige inspectie.*

look round I ⟨onov.ww.⟩ **0.1** ***rondkijken*** ⇒*om zich heen zien* **0.2** ***omkijken*** ◆ **6.2** ~ **for** s.o. *omkijken naar iem.;*
II ⟨ww. + vz.⟩ **0.1** ***kijken achter/in*** **0.2** ***bekijken*** ⇒*bezoeken* ◆ **1.2** ~ the town *een kijkje in de stad nemen.*

look through I ⟨ov.ww.⟩ **0.1** ***goed bekijken*** ⇒*(grondig/een voor een/helemaal) doornemen* ⟨documenten bv.⟩;
II ⟨ww. + vz.⟩ **0.1** ***kijken door*** ⇒*doorheen kijken;* ⟨fig.⟩ *doorzien* **0.2** ***niet (willen) zien*** ⇒*negeren* **0.3** ***doorkijken*** ⇒*doorbladeren* ◆ **1.1** ~ a telescope *door een telescoop kijken* **5.2** look right/straight through s.o. *straal langs iem. heen kijken.*

look to 0.1 ***zorgen voor*** ⇒*bekommeren over* **0.2** ***denken om*** **0.3** ***vertrouwen op*** ⇒*rekenen op* ◆ **1.1** ~ the wounds *de wonden verzorgen* **1.2** ~ your manners *denk aan je manieren, gedraag je* **6.3** don't~ her **for** help/to help you *verwacht van haar geen hulp* **8.1** ~ it that ... *zorg ervoor, dat* ...

look up I ⟨onov.ww.⟩ **0.1** ***opkijken*** ⇒*de ogen opslaan* **0.2** ***beter worden*** ⟨v. handel bv.⟩ ⇒*vooruitgaan* ◆ **1.2** prices are looking up *de prijzen stijgen* **6.¶** ~ **to** *opkijken naar/tegen, bewonderen;*
II ⟨ov.ww.⟩ **0.1** ***opzoeken*** ⇒*naslaan* **0.2** ***raadplegen*** **0.3** ⟨inf.⟩ ***(kort) bezoeken*** ⇒*opzoeken* ◆ **5.¶** look s.o. up and **down** *iem. van het hoofd tot de voeten opnemen.*

loom[1] [loe:m] ⟨zn.⟩ **0.1** ***weefgetouw.***

loom[2] ⟨ww.⟩ **0.1** ***opdoemen*** ⟨ook fig.⟩ ⇒*dreigend verschijnen, zich flauw aftekenen* ◆ **5.1** ~ **ahead** *dreigend naderen;* ~ large *onevenredig belangrijk lijken, nadrukkelijk aanwezig zijn.*

loon [loe:n] **0.1** ⟨dierk.⟩ ***(zee)duiker*** ⇒⟨ihb.⟩ *fuut.*

loon|y [loe:nie] ⟨mv.: -ies⟩⟨inf.⟩ **0.1** ⟨bn.⟩ ***geschift*** ⇒*gek, getikt* **0.2** ⟨zn.⟩ ***gek*** ⇒*dwaas.*

loony bin ⟨inf.⟩ **0.1** ***gekkenhuis.***

loop[1] [loe:p] ⟨zn.⟩ **0.1** ***lus*** ⇒*strop, bocht* **0.2** ***beugel*** ⇒*handvat* **0.3** ***ringlijn*** ⟨v. tram, trein e.d.⟩ **0.4** ⟨luchtv.⟩ ***lusvlucht*** ⇒*looping* **0.5** ⟨med.⟩ ***spiraaltje*** **0.6** ⟨elek.⟩ ***lus*** ⇒*circuit, stroomkring.*

loop[2] **I** ⟨onov.ww.⟩ **0.1** ***een lus vormen*** **0.2** ⟨luchtv.⟩ ***een looping uitvoeren;***
II ⟨ov.ww.⟩ **0.1** ***een lus/lussen maken in*** ⇒*met een lus vast/dichtmaken* **0.2** ***door een lus halen/steken.***

loophole 0.1 ***kijkgat*** ⇒*schietgat* **0.2** ***uitvlucht*** ⇒*uitweg* ◆ **1.2** ~s in the law *mazen in de wet(geving).*

loop-line 0.1 ***ringlijn.***

loop|y [loe:pie] ⟨-iness⟩ **0.1** ⟨inf.⟩ ***geschift*** ⇒*niet (goed) snik.*

loose[1] [loe:s] ⟨zn.⟩ **0.1** ***(vrije) uiting*** ⇒*de vrije loop* **0.2** ***(staat v.) vrijheid*** ⇒*losbandigheid* ◆ **3.1** give (a) ~ to *de vrije loop laten aan* **6.2** **on** the~ *vrij;* ⟨inf.⟩ *aan de zwier.*

loose[2] ⟨bn.; -r; -ness⟩ **0.1** ***los*** ⇒*slap, open* **0.2** ***vrij*** ⇒*bevrijd, ongehinderd* **0.3** ***wijd*** ⇒*ruim, soepel* **0.4** ***onnauwkeurig*** ⇒*inexact* **0.5** ***ongedisciplineerd*** ⇒*lichtzinnig* ◆ **1.1** ~ ends *losse eindjes;* ⟨fig.⟩ *onvolkomenheden, onafgewerkte zaken* **1.4** ~ talk *gezwam in de ruimte* **1.5** have a~ tongue *loslippig zijn;* a~ woman *een lichtzinnige vrouw* **1.¶** be at a ~ end, ⟨AE⟩ be at~ ends *niets om handen hebben;* have a screw~ *ze zien vliegen* **3.2** break/get~ *uitbreken, ontsnappen;* cut~ *(met moeite) weggaan, zich losmaken; los/op gang komen;* let~ *vrij laten, de vrije hand laten; ontketenen* **3.¶** ⟨AE; inf.⟩ hang/stay~ *kalm blijven, relaxen.*

loose[3] ⟨ww.⟩ **0.1** ***losmaken*** ⇒*bevrijden;* ⟨scheep.⟩ *losgooien* **0.2** ***afschieten*** ⇒*lanceren* ◆ **5.2** ~ **off** a volley *een salvo afvuren.*

loose[4] ⟨bw.⟩ **0.1** ***losjes.***

loose-box ⟨BE⟩ **0.1** ***paardenbox.***

loose-leaf 0.1 ***losbladig.***

loosely [loe:slie] **0.1** →**loose** **0.2** ***losjes*** ⇒*vaag, in het wilde weg.*

loosen [loe:sn] **I** ⟨onov.ww.⟩ **0.1** ***losgaan*** ⇒*ontspannen, verslappen* ◆ **5.1** ⟨sport⟩ ~ **up** *een warming-up doen, de spieren losmaken;*
II ⟨ov.ww.⟩ **0.1** ***los(ser) maken*** ⇒*laten verslappen/vieren* **0.2** ⟨med.⟩ ***purgeren*** ◆ **1.1** drink~s the tongue *drank maakt spraakzaam* **5.1** ~ **up** *doen ontspannen.*

loot[1] [loe:t] ⟨zn.⟩ **0.1** ***(oorlogs)buit*** ⇒*gestolen goed, prooi* **0.2** ⟨AE; inf.⟩ ***poet*** ⇒*poen, geld.*

loot[2] ⟨ww.⟩ **0.1** ***plunderen*** ⇒*roven; brandschatten.*

looter [loe:tə] **0.1** ***plunderaar.***

lop [lop] ⟨-ped⟩ **0.1** ***afsnoeien*** ⇒*afkappen;* ⟨fig.⟩ *elimineren, opheffen* ◆ **5.1** ~ **away** branches *takken afhakken;* ~ **off** a leg *een been afhakken.*

lope[1] [loop] ⟨zn.⟩ **0.1** ***lange, soepele stap.***

lope[2] ⟨ww.⟩ **0.1** ***zich met lange, soepele stappen voortbewegen.***

lop-eared 0.1 ***met hangende oren*** ◆ **1.1** ~ rabbit *hangoor(konijn).*

loppings [loppingz] **0.1** ***snoeihout.***

lopsided ⟨-ness⟩ **0.1** ***scheef*** ⇒*overhellend* **0.2** ***ongebalanceerd*** ⇒*eenzijdig.*

loquacious [lookweesjəs] ⟨-ness⟩ **0.1** ***praatziek.***

loquacity [lookwæsətie] **0.1** ***babbelzucht.***

lord[1] [lo:d] **I** ⟨eig.n.; L-; ook the⟩ **0.1** ***(de) Heer*** ⇒*God* ◆ **1.1** the Lord's Prayer *het Onze Vader;* the Lord's Supper *het heilig/Laatste Avondmaal* **2.1** ⟨inf.⟩ good Lord! *lieve help!, goeie hemel!* **3.1** (the) Lord only knows *dat mag God weten, God weet;*
II ⟨telb.zn.⟩ **0.1** ***heer*** ⇒*vorst, koning* **0.2** ⟨ook L-⟩ ***lord*** ⇒*edelachtbare, excellentie* ◆ **1.¶** ⟨schr.; scherts.⟩ ~ and master *heer en meester* ⟨echtgenoot⟩; ⟨jur.⟩ Lord of Appeal (in Ordinary) *Hogerhuislid* **3.2** live like a~ *als een vorst leven* **4.2** My Lord *edelachtbare, heer.* →**drunk;**

III ⟨mv.; the Lords⟩ **0.1** ***het Hogerhuis*** ⇒*de leden v.h. Hogerhuis.* →**spiritual.**

lord² ⟨ww.⟩ **0.1** ***de baas spelen*** ◆ **6.1** ~ it **over** s.o. *over iem. de baas spelen.*

Lord Chancellor, Lord High Chancellor ⟨mv.: Lords Chancellor⟩⟨BE⟩ **0.1** ***voorzitter v.h. Hogerhuis.***

Lord Chief Justice ⟨BE; jur.⟩ **0.1** ⟨ong.⟩ ***opperrechter.***

Lord Justice, Lord Justice of Appeal ⟨Lords Justices (of Appeal)⟩⟨BE; jur.⟩ **0.1** ***rechter aan het Hof v. Appel.***

lordl|y [lo:dlie] ⟨bw.: in a lordly manner; -iness⟩ **0.1** ***als (van) een lord*** ⇒*voornaam* **0.2** ***hooghartig*** ⇒*arrogant.*

Lord Mayor **0.1** ***burgemeester*** ⟨v. grote stad in Groot-Brittannië⟩.

lordship [lo:dsjip] **0.1** ⟨vaak L-⟩ ***Lord*** ⟨aanspreektitel v. lord en rechter⟩ ⇒⟨ong.⟩ *edele heer, edelachtbare* ◆ **4.1** ⟨ook iron.⟩ his ~ *Lord, mijnheer.*

lore [lo:] **0.1** ***traditionele kennis*** ⇒*overlevering.*

lorgnette [lo:njet] ⟨ook mv.⟩ **0.1** ***face-à-main*** **0.2** ***toneelkijker*** ⟨met handvat⟩.

lorr|y [lorrie] ⟨mv.: -ies⟩⟨BE⟩ **0.1** ***vrachtauto.***

lose [loe:z]⟨lost, lost [lost]⟩ **I** ⟨onov.ww.⟩ **0.1** ***verliezen*** ⇒*verlies lijden, er op achteruit gaan* ◆ **3.1** you can't ~ *daar heb je niets bij te verliezen* **5.1** ~ **out** *het afleggen;* ~ **out** on sth. *er (geld) bij inschieten* **6.1** ~ **on** the horses *(geld) verliezen bij de paardenrennen;*
II ⟨onov. en ov.ww.⟩ **0.1** ***achterlopen*** ⟨v. horloge e.d.⟩;
III ⟨ov.ww.⟩ **0.1** ***verliezen*** ⇒*kwijtraken, niet (meer) hebben, verspelen* **0.2** ***doen verliezen*** ⇒*kosten* **0.3** ***missen*** ⇒ *niet winnen* ◆ **1.1** ~ colour *bleek worden;* ⟨inf.⟩ ~ one's cool *z'n kalmte verliezen;* ~ count *de tel kwijtraken;* ~ one's mind *krankzinnig worden;* ~ sight of *uit het oog verliezen;* ~ one's temper *boos worden;* ~ no time in (doing sth.) *geen tijd verspillen met (iets);* ~ one's way *de weg kwijtraken* **1.2** it lost him his job *het kostte hem zijn baan* **1.3** ~ the post *te laat zijn voor de buslichting* **6.1** ~ o.s. **in** *geheel opgaan in;* ~ **to** s.o. *tegen iem. verliezen.*

loser [loe:zə] **0.1** ***verliezer*** ◆ **2.1** born ~ *geboren verliezer.*

losing [loe:zing] **0.1** ***verliezend*** ⇒*verlieslijdend* **0.2** ***(bij voorbaat) verloren*** ⇒*kansloos* ◆ **1.1** ~ business *verlieslijdend bedrijf* **1.2** ~ battle/game *bij voorbaat verloren slag/spel.* →**game.**

loss [los] **I** ⟨telb.zn.⟩ **0.1** ***verlies*** **0.2** ***nadeel*** ⇒*schade* **0.3** ***achteruitgang*** ⇒*teruggang* ◆ **6.1** sell **at** a ~ *met verlies v.d. hand doen* **6.¶** be **at** a ~ (what to do) *niet weten wat men doen moet;* be **at** a ~ for words *met de mond vol tanden staan.* →**dead;**
II ⟨mv.⟩⟨euf.⟩ **0.1** ***doden*** ⇒*slachtoffers.*

loss leader **0.1** ***lok/stunt/reclameartikel*** ⇒*lokkertje.*

loss-making **0.1** ***verlieslijdend*** ⇒*verliesgevend.*

lost [lost] **I** ⟨bn.⟩ **0.1** ***verloren*** ⇒*weg, kwijt* **0.2** ***verdwaald*** ⇒ *de weg kwijt* **0.3** ***gemist*** **0.4** ***omgekomen*** ⇒*verongelukt, gedoemd* **0.5** ***verbaasd*** ⇒*van zijn/haar stuk gebracht* ◆ **1.1** ~ and found bureau *bureau voor gevonden voorwerpen;* ~ property (department/office) *(afdeling/bureau) gevonden voorwerpen* **1.3** ~ chance *gemiste kans* **1.4** ~ soul *gedoemde ziel* **1.¶** ~ generation *lost generation, verloren generatie* ⟨ihb. na de Eerste Wereldoorlog⟩ **3.1** get ~ *verloren raken* **3.2** get ~ *de weg kwijt raken* **3.¶** get ~! *donder op!;*
II ⟨bn., pred.⟩ **0.1** ***in gedachten verzonken*** ⇒*afwezig, er niet bij* **0.2** ***verspild*** ◆ **6.1** ~ **in** thought *in gedachten verzonken* **6.2** sarcasm is ~ **(up)on** him *sarcasme raakt hem niet;* that is ~ **(up)on** her *dat is aan haar verspild.*

lot [lot] **I** ⟨telb.zn.⟩ **0.1** ***portie*** ⇒*aandeel* **0.2** ***kavel*** ⇒*perceel, partij, (veiling)nummer* **0.3** ***lot*** ⇒*loterijbriefje* **0.4** ***(nood)lot*** ⇒*levenslot* **0.5** ⟨vnl. AE⟩ ***stuk grond*** ⇒*terrein* ◆ **2.5** parking ~ *parkeerterrein* **3.3** cast/draw ~s *loten* **3.4** cast/throw in one's ~ with *mee gaan doen met.* →**bad;**
II ⟨zn.; ww. enk. of mv.⟩ **0.1** ***groep*** ⇒*aantal dingen/mensen, een hoop, een heleboel* ◆ **1.1** ~s and ~s *ontzettend veel, hopen;* a ~ of books/~s of books *een heleboel boeken* **3.1** that's the ~ *dat is alles* **7.1** things have changed a ~ *er is nogal wat veranderd.*

loth →**loath.**

lotion [loosjn] **0.1** ***lotion*** ⇒*haarwater, gezichtswater.*

lotter|y [lotrie] ⟨mv.: -ies⟩ **0.1** ***loterij*** ⇒⟨fig.⟩ *onzekere zaak, gok.*

lotto [lottoo] **0.1** ***lotto*** ⇒*bingo.*

lotus, lotos [lootəs] **0.1** ***lotus(bloem).***

louche [loe:sj] **0.1** ***louche*** ⇒*onguur, verdacht, onbetrouwbaar.*

loud¹ [laud] ⟨bn.; -ness⟩ **0.1** ***luid(ruchtig)*** ⇒*hard* **0.2** ***opzichtig*** ⇒*schreeuwend* ⟨v. kleur⟩.

loud² ⟨bw.⟩ **0.1** ***luid(ruchtig)*** ⇒*hard, schreeuwerig* ◆ **5.1** ~ and clear *erg duidelijk, overduidelijk;* **out** ~ *hardop.*

loud-hailer **0.1** ***megafoon.***

loudmouth **0.1** ***luidruchtig persoon.***

loudmouthed **0.1** ***luidruchtig.***

loud-speaker **0.1** ***luidspreker*** ⇒*box.*

lough [lok, loch] ⟨IE⟩ **0.1** ***meer*** **0.2** ***zeearm.***

lounge¹ [laundzj] ⟨zn.⟩ **0.1** ***lounge*** ⇒*hal, foyer* **0.2** ***zitkamer*** ⇒*conversatiezaal* **0.3** ***slentergang*** ⇒*kalme wandeling.*

lounge² **I** ⟨onov.ww.⟩ **0.1** ***luieren*** ⇒*(rond)hangen* **0.2** ***slenteren*** ⇒*kuieren* ◆ **5.1** ~ **about/around** *rondhangen;*
II ⟨ov.ww.⟩ **0.1** ***verlummelen*** ◆ **5.1** ~ **away** the time *de tijd verdoen.*

lounge bar ⟨BE⟩ **0.1** ***(nette) bar.***

lounge chair **0.1** ***fauteuil*** ⇒*leunstoel, armstoel.*

lounger [laundzjə] **0.1** ***lanterfanter.***

lounge suit ⟨vnl. BE⟩ **0.1** ***wandelkostuum.***

lour, ⟨AE sp. vnl.⟩ **lower** [lauə] **0.1** ***dreigen*** ⇒*er dreigend uitzien* ⟨lucht, weer⟩ **0.2** ***nors/dreigend kijken*** ◆ **6.2** ~ **at/(up)on** s.o. *iem. nors aankijken.*

louring, ⟨AE sp. ook⟩ **lowering** [lauəring] **0.1** ***somber*** ⇒*dreigend.*

louse¹ [laus]⟨zn.; mv.: lice [lajs]⟩ **0.1** ***luis.***

louse² ⟨zn.; mv. regelmatig⟩⟨inf.⟩ **0.1** ***rat*** ⇒*rotzak.*

louse up **0.1** ⟨AE; sl.⟩ ***grondig bederven*** ⇒*verpesten.*

lous|y [lauzie] ⟨-iness⟩ **0.1** ***vol luizen*** **0.2** ⟨inf.⟩ ***waardeloos*** ⇒ *vuil, beroerd* **0.3** ⟨inf.⟩ ***armzalig*** ⟨v. hoeveelheid, aantal e.d.⟩ ◆ **3.2** feel ~ *zich ellendig/rot voelen.*

lout [laut] **0.1** ***(boeren)pummel.***

loutish [lautisj] ⟨-ness⟩ **0.1** ***hufterig*** ⇒*onbeschoft, lomp.*

louvre, louver [loe:və] **0.1** ***lat*** ⟨in zonneblind/jaloezieën⟩ **0.2** ⟨mv.⟩ ***jaloezieën*** ⇒*zonneblind.*

lovable, loveable [luvvəbl] **0.1** ***lief*** ⇒*beminnelijk* **0.2** ***sympathiek*** ⇒*aantrekkelijk.*

love¹ [luv] **I** ⟨telb.zn.⟩ **0.1** ***liefje*** **0.2** ⟨inf.⟩ ***snoes*** ⇒*geliefd persoon* ⟨ook man⟩ ◆ **2.1** an old ~ of mine *een oude vlam van me;*
II ⟨telb. en n.-telb.zn.⟩ **0.1** ***liefde*** ⇒*verliefdheid* **0.2** ***plezier*** ⇒*genoegen* ◆ **1.2** music is a great ~ of his *muziek is een v. zijn grote liefdes* **1.¶** not for ~ or money *niet voor geld of goeie woorden* **3.¶** there is no ~ lost between them *ze kunnen elkaar niet zien of luchten;* make ~ to *het hof maken; vrijen met* **6.1** be/fall **in** ~ **with** s.o. *verliefd zijn/worden op iem.* **6.2** play **for** ~ *voor je plezier spelen* **¶.1** ⟨sprw.⟩ ~ will find a way *liefde zoekt list;*
III ⟨n.-telb.zn.⟩ **0.1** ***groeten*** **0.2** ⟨tennis⟩ ***love*** ⇒*nul* ◆ **3.1** mother sends her ~ *moeder laat je groeten* **4.2** ~ all *nul-nul.*

love² **I** ⟨onov.ww.⟩ **0.1** ***liefde voelen*** *⇒verliefd zijn;*
II ⟨ov.ww.⟩ **0.1** ***houden van*** *⇒liefhebben, graag mogen* **0.2** ***dol zijn op*** *⇒heerlijk vinden* ◆ **3.2** he ~s swimming/to go swimming *hij is dol op zwemmen* **4.1** ⟨sprw.⟩ ~ me, love my dog *als je echt van mij houdt, accepteer je ook mijn fouten* **5.1** ~ dearly *innig houden van.*

love affair **0.1** ***liefdesverhouding.***

lovebird ⟨vnl. mv.⟩ **0.1** ⟨dierk.⟩ ***onafscheidelijke*** **0.2** ⟨inf.⟩ ***verliefde.***

lovebite **0.1** ***zuigzoen*** *⇒zuigplek, rode vlek* ⟨als gevolg v.e. zuigzoen⟩.

loveless [luvləs] ⟨-ness⟩ **0.1** ***liefdeloos*** **0.2** ***ongeliefd.***

love letter **0.1** ***liefdesbrief.***

lovelorn [luvlo:n] **0.1** ***door de geliefde verlaten*** *⇒vol liefdesverdriet.*

lovel|y¹ [luvlie] ⟨zn.; mv.: -ies⟩ ⟨inf.⟩ **0.1** ***schoonheid*** *⇒mooie meid.*

lovel|y² ⟨bn.; bw.: in a lovely way; -iness⟩ **0.1** ***mooi*** *⇒lieftallig, aantrekkelijk* **0.2** ⟨inf.⟩ ***leuk*** *⇒prettig, fijn, lekker* ◆ **1.¶** everything in the garden is ~ *er is geen vuiltje aan de lucht.*

lovemaking **0.1** ***vrijerij*** *⇒geslachtsgemeenschap.*

love match **0.1** ***huwelijk uit liefde.***

love potion **0.1** ***minnedrank.***

lover [luvvə] **I** ⟨telb.zn.⟩ **0.1** ***(be)minnaar*** **0.2** ***liefhebber/ster*** *⇒enthousiast;*
II ⟨mv.⟩ **0.1** ***verliefd paar*** **0.2** ***minnaars*** *⇒stel.*

lover-boy ⟨AE; sl.⟩ **0.1** ***knappe kerel*** *⇒adonis* **0.2** ***rokkenjager*** *⇒Don Juan.*

lovesick [luvsik] **0.1** ***smachtend v. liefde*** *⇒smoorverliefd.*

love song **0.1** ***liefdeslied.***

love story **0.1** ***liefdesgeschiedenis.***

lovey [luvvie], **lovey-dovey** [-duvvie] ⟨inf.⟩ **0.1** ***liefje*** *⇒ schatje.*

lovey-dovey ⟨inf.⟩ **0.1** ***(overdreven) lief*** *⇒suikerzoet.*

loving [luvving] ⟨-ness⟩ **0.1** ***liefhebbend*** *⇒liefdevol, teder* ◆ **4.1** ⟨als slot v.e. brief⟩ Yours ~ly *veel liefs.*

loving-kindness ⟨schr.⟩ **0.1** ***barmhartigheid*** *⇒goedertierenheid.*

low¹ [loo] ⟨zn.⟩ **0.1** ***laag terrein*** *⇒laagte* **0.2** ***dieptepunt*** *⇒ laag punt* **0.3** ***geloei*** *⇒gebulk* **0.4** ⟨meteo.⟩ ***lagedrukgebied*** ◆ **2.2** we bought at an all-time ~ *we kochten voor de laagste prijs die ooit betaald was.*

low² ⟨-ness⟩ **I** ⟨bn.⟩ **0.1** ***laag*** *⇒niet hoog, niet intensief* **0.2** ***diep*** *⇒diep-uitgesneden* **0.3** ***laaggeboren*** *⇒van eenvoudige afkomst* **0.4** ***laag(hartig)*** **0.5** ***plat*** *⇒ordinair* **0.6** ***schraal*** ⟨bv. dieet⟩ *⇒mager* **0.7** ***eenvoudig*** *⇒ongecompliceerd* **0.8** ***zacht*** *⇒stil, niet luid; laag* ⟨toon⟩ **0.9** ***bijna uitgeput*** **0.10** ***ongelukkig*** *⇒depressief* ◆ **1.1** the Low Countries *de Lage Landen;* ⟨wisk.⟩ ~est common denominator *kleinste gemene deler;* ~ gear *lage versnelling;* ~ grade *lage kwaliteit, laag gehalte/percentage* ⟨vaak attr.⟩; ⟨wisk.⟩ ~est common multiple *kleinste gemene veelvoud;* ~ point *minimum, dieptepunt;* ⟨meteo.⟩ ~ pressure *lage druk* ⟨vaak attr.⟩; ⟨fig.⟩ *laag pitje, rust, gemak;* ~ tide *laagwater, eb;* ~ water *laag water, laagtij* ⟨in een rivier⟩ **1.4** ~ trick *rotstreek* **1.5** ~ expression *ordinaire uitdrukking* **1.8** speak in a ~ voice *zacht praten* **1.10** ~ spirits *neerslachtigheid* **1.¶** Low Church ⟨ong.⟩ *strenge/calvinistische stroming* ⟨binnen de anglicaanse Kerk⟩; ~ comedy *klucht;* keep a ~ profile *zich gedeisd/op de achtergrond houden* **6.1** **at** ~est *op z'n laagst;*
II ⟨bn., pred.⟩ **0.1** ***ter aarde*** *⇒op de grond* **0.2** ***verborgen*** *⇒onopvallend* **0.3** ***zwak*** *⇒slap, futloos* ◆ **3.1** lay ~ *neerslaan/schieten, vloeren;* ⟨fig.⟩ *te gronde richten;* lie ~ *zich diep bukken; (dood) ter aarde liggen* **3.2** ⟨inf.⟩ lie ~ *zich gedeisd/schuil houden* **3.¶** bring ~ *aan lager wal brengen; uitputten; ziek maken.*

low³ ⟨ww.⟩ **0.1** ***loeien*** *⇒bulken.*

low⁴ ⟨bw.⟩ **0.1** ***laag*** *⇒diep* **0.2** ***zacht*** *⇒stil* **0.3** ***diep*** ⟨v. geluid⟩ *⇒laag* **0.4** ***bijna uitgeput*** *⇒bijna op* ◆ **3.1** aim ~ *laag mikken;* play ~ *laag/voor kleine bedragen spelen* **3.4** be/get/run ~ *op raken, bijna op zijn.*

lowborn **0.1** ***van lage komaf.***

lowbred **0.1** ***vulgair*** *⇒onopgevoed.*

lowbrow ⟨inf.; pej.⟩ **0.1** ⟨bn.⟩ ***niet intellectueel*** **0.2** ⟨zn.⟩ ***niet-intellectueel.***

low-class **0.1** ***van lage afkomst.***

low-cost **0.1** ***goedkoop.***

lowcut **0.1** ***laag uitgesneden.***

lowdown ⟨the⟩ ⟨sl.⟩ **0.1** ***fijne v.d. zaak*** *⇒feiten, inzicht* ◆ **6.1** have the ~ **on** *het fijne weten over.*

low-down ⟨inf.⟩ **0.1** ***laag*** *⇒gemeen, abject.*

lower¹ [looə] ⟨bn.; vergr. trap v. low⟩ **0.1** →**low** **0.2** ***lager (gelegen)*** *⇒onder-; van lage(r) orde* **0.3** ⟨aardr.⟩ ***neder-*** *⇒beneden-* ◆ **1.2** ~ classes *lagere stand(en);* ~ deck *benedendek;* ~ jaw *onderkaak* **1.3** the Lower Rhine *de Neder-Rijn* **1.¶** Lower Chamber/House *Lagerhuis* ⟨Britse Tweede Kamer⟩; ⟨druk.⟩ ~ case *onderkast, kleine letter(s).*

lower² **I** ⟨onov.ww.⟩ **0.1** ***afnemen*** *⇒minder worden, dalen, zakken* **0.2** →**lour;**
II ⟨ov.ww.⟩ **0.1** ***lager maken*** *⇒doen zakken* **0.2** ***neerlaten*** *⇒laten zakken* **0.3** ***vernederen*** *⇒fnuiken* **0.4** ***verminderen*** *⇒doen afnemen* ◆ **1.2** ~ one's eyes *de ogen neerslaan* **1.4** ~ one's voice *zachter praten* **4.3** ~ o.s. *zich verlagen.*

lower away ⟨scheep.⟩ **0.1** ***een boot neerlaten*** **0.2** ***het zeil strijken.***

lower-case ⟨druk.⟩ **0.1** ***onderkast*** *⇒klein; in/met kleine letters.*

lowermost [looəmoost] **0.1** ***(aller)laagst.***

low-fat **0.1** ***met laag vetgehalte*** *⇒mager; halva-, halfvol* ◆ **1.1** ~ margarine *halvarine;* ~ milk *magere melk.*

low-income **0.1** ***met een laag inkomen.***

low-key, low-keyed **0.1** ***rustig*** *⇒ingehouden.*

lowland¹ [looland] **I** ⟨n.-telb.zn.⟩ **0.1** ***laagland;***
II ⟨mv.⟩ **0.1** ***laagland*** **0.2** ⟨Lowlands; the⟩ ***de Schotse Laaglanden.***

lowland² ⟨bn.⟩ **0.1** ***mbt./van (het) laagland*** **0.2** ⟨L-⟩ ***mbt./van de Schotse Laaglanden.***

lowlander [loolǝndǝ] **0.1** ***bewoner v.h. laagland*** **0.2** ⟨L-⟩ ***Schotse Laaglander.***

low-level language ⟨comp.⟩ **0.1** ***lagere programmeertaal.***

lowl|y [loolie] ⟨-iness⟩ **0.1** ***bescheiden*** *⇒laag* ⟨in rang⟩ **0.2** ***eenvoudig*** *⇒nederig.*

low-lying **0.1** ***laag(gelegen).***

low-minded ⟨-ness⟩ **0.1** ***laag(hartig).***

low-necked **0.1** ***gedecolleteerd.***

low-paying **0.1** ***slecht betaald.***

low-pitched **0.1** ***laag(klinkend)*** *⇒diep, donker* **0.2** ***laag*** *⇒ niet steil/hoog* ◆ **1.1** a ~ voice *een donkere stem* **1.2** a ~ roof *een laag dak.*

low-rise **0.1** ⟨bn.⟩ ***laagbouw-*** **0.2** ⟨zn.⟩ ***laagbouw.***

low season ⟨the⟩ **0.1** ***laagseizoen.***

low speed bump **0.1** ***verkeersdrempel.***

low-spirited **0.1** ***terneergeslagen.***

low-tar **0.1** ***met laag teergehalte.***

low-tech [lootek] **0.1** ***technisch laagwaardig*** *⇒(technisch) niet geavanceerd, eenvoudig, met de hand gemaakt.*

low-technology ⟨ook attr.⟩ **0.1** ***laagwaardige technologie*** *⇒niet-geavanceerde/eenvoudige technologie, handwerk.*

loyal [lojjəl] **0.1** ***trouw*** *⇒loyaal.*
loyalist [lojjəlist] **0.1** ***(regerings)getrouwe*** *⇒loyalist.*
loyalt|y [lojjəltie] ⟨mv.: -ies⟩ **0.1** ***loyaliteit*** *⇒trouw* **0.2** ⟨mv.⟩ ***banden*** *⇒binding.*
loyalty card **0.1** ***klantenpas.***
lozenge [lozzindzj] **0.1** ***ruit*** *⇒ruitvormig iets* **0.2** ***(hoest)tablet.***
L.P. ⟨afk.⟩ **0.1** [long-playing record] ***lp*** *⇒elpee.*
L.P.G. ⟨afk.⟩ **0.1** [liquefied petroleum gas] ***LPG.***
L-plate [elpleet] ⟨BE⟩ **0.1** ***L-plaat*** ⟨op lesauto⟩.
lpm ⟨afk.; comp.⟩ **0.1** [lines per minute].
L.S.D. ⟨afk.⟩ **0.1** [lysergic acid diethylamide] ***LSD.***
Lt ⟨afk.⟩ **0.1** [Lieutenant].
Ltd ⟨afk.⟩ **0.1** [limited].
lubber [lubbə] **0.1** ***lomperd*** **0.2** ***onbevaren matroos*** *⇒ landrot.*
lubberly [lubbəlie] **0.1** ***lomp*** *⇒bot.*
lubricant [loe:brikkənt] **0.1** ⟨bn.⟩ ***smeer-*** **0.2** ⟨zn.⟩ ***smeermiddel*** **0.3** ⟨zn.⟩ ***glijmiddel*** *⇒glijpasta.*
lubric|ate [loe:brikkeet] ⟨zn.: **-ation**⟩ **0.1** ***(door)smeren*** *⇒ oliën* ◆ **1.1** ~d sheath *condoom met glijmiddel.*
lubricating grease **0.1** ***consistentvet.***
lubricative [loe:brikkeetiv] **0.1** ***gladmakend*** *⇒smeer-.*
lubricator [loe:brikkeetə] **0.1** ***smeerapparaat*** **0.2** ***smeermiddel.***
lubricious [loe:brisjəs] **0.1** ***glad*** ⟨ook fig.⟩.
lucern(e) [loe:sə:n] ⟨BE; plantk.⟩ **0.1** ***luzerne*** *⇒alfalfa.*
Lucerne [loe:sə:n] **0.1** ***Luzern.***
lucid [loe:sid] ⟨zn.: **-ity**⟩ **0.1** ***helder*** *⇒duidelijk* ⟨ook fig.⟩ **0.2** ***lucide*** *⇒bij zijn verstand* ◆ **1.2** ⟨psych.⟩ a ~ interval *een helder ogenblik.*
luck [luk] **0.1** ***geluk*** *⇒toeval, succes* ◆ **1.¶** have the ~ of the devil *al het geluk v.d. wereld hebben* **2.1** bad/hard ~ *pech;* good ~ *succes;* worse ~ *pech gehad, jammer* **3.1** have all the ~ *altijd boffen;* push one's ~ *te veel risico's nemen;* try one's ~ *zijn geluk beproeven* **5.1** your ~ is **in** *dit is je geluksdag/kans* **6.1** let's do it once more **for** ~ *laten we het nog een keer doen, misschien brengt dat geluk;* be **in** ~ / **in** ~'s way *geluk hebben;* be **out of** ~, be down **on** one's ~ *pech hebben;* **with** ~ *als alles goed gaat* **7.1** you never know your ~ *misschien heb je geluk;* just my ~! *dat moet typisch mij weer overkomen;* no such ~ *helaas niet* **8.1** as ~ would have it *(on)gelukkig, toevallig.*
luckily [lukkillie] **0.1** →**lucky** **0.2** ***gelukkig*** ◆ **¶.2** ~, John did it for me *gelukkig heeft John het voor me gedaan.*
luckless [lukləs] **0.1** ***onfortuinlijk.***
luck out ⟨AE⟩ **0.1** ***boffen*** *⇒het treffen.*
luck|y [lukkie] ⟨-iness⟩ **0.1** ***gelukkig*** *⇒fortuinlijk, toevallig juist* **0.2** ***gelukbrengend*** *⇒geluks-* ◆ **1.1** ~ devil/you *bofkont;* ~ shot *geluksschot/treffer;* a ~ thing no one got caught *gelukkig werd er niemand gepakt* **1.2** ~ charm *talisman;* ⟨BE⟩ ~ dip *grabbelton;* ⟨fig.⟩ *loterij;* ~ star *geluksster* **3.¶** strike ~ *boffen;* you should be so ~ *dan zou je wel boffen.* →**unlucky.**
lucrative [loe:krətiv] **0.1** ***winstgevend*** *⇒lucratief.*
lucre [loe:kə] ⟨pej., scherts.⟩ **0.1** ***gewin*** ◆ **2.1** filthy ~ *vuil gewin.*
Luddite [luddajt] **0.1** ⟨gesch.⟩ ***Luddite*** ⟨Eng. textielarbeiders die zich begin 19e eeuw tegen mechanisering verzetten⟩ **0.2** ***tegenstander v. (technische) vooruitgang.***
ludicrous [loe:dikrəs] ⟨-ness⟩ **0.1** ***belachelijk*** *⇒bespottelijk.*
ludo [loe:doo] ⟨BE⟩ **0.1** ⟨ong.⟩ ***mens-erger-je-niet.***
luff[1] [luf] ⟨zn.⟩⟨scheep.⟩ **0.1** ***loef(zijde).***
luff[2] ⟨scheep.⟩ **I** ⟨onov.ww.⟩ **0.1** ⟨+ up⟩ ***(op)loeven;***
II ⟨ov.ww.⟩ **0.1** ***tegen de wind in brengen*** **0.2** ***de loef afsteken.***
lug[1] [lug] ⟨zn.⟩ **0.1** ⟨inf.⟩ ***ruk*** *⇒trek* **0.2** ***(oor)klep*** ⟨aan muts⟩ **0.3** ***uitsteeksel*** *⇒handvat, oor* **0.4** ⟨scheep.⟩ ***loggerzeil.***
lug[2] ⟨ww.; -ged⟩ **0.1** ***(voort)trekken*** *⇒(voort)zeulen* ◆ **5.1** ~ sth. **along** *iets meesleuren.*
luge [loe:zj] ⟨sport⟩ **0.1** ***rodel*** *⇒slee.*
luger [loe:zjə] ⟨sport⟩ **0.1** ***rodelaar.***
luge tobogganing ⟨sport⟩ **0.1** ***(het) rodelen*** ⟨met rug op slee⟩.
luggage [lugidzj] **0.1** ***bagage*** ◆ **3.1** left ~ *afgegeven bagage, bagage in depot.*
luggage-carrier **0.1** ***bagagedrager.***
luggage rack **0.1** ***bagagerek*** *⇒bagagenet.*
luggage van ⟨BE⟩ **0.1** ***bagagewagen.***
lugger [lugə] ⟨scheep.⟩ **0.1** ***logger.***
lugsail [lugseel, lugsl] ⟨scheep.⟩ **0.1** ***loggerzeil.***
lugubrious [loe:goe:briəs] ⟨-ness⟩ **0.1** ***luguber*** *⇒naargeestig, treurig.*
lukewarm [loe:kwo:m] **0.1** ***lauw*** **0.2** ***niet erg enthousiast.***
lull[1] [lul] ⟨zn.⟩ **0.1** ***korte rust/stilte*** ◆ **1.1** a ~ in the storm *een korte windstilte tijdens de storm.*
lull[2] **I** ⟨onov.ww.⟩ **0.1** ***luwen*** *⇒afnemen, gaan liggen;*
II ⟨ov.ww.⟩ **0.1** ***sussen*** *⇒kalmeren* **0.2** ***in slaap brengen*** ◆ **1.1** ~ to sleep *in slaap sussen.*
lullab|y [lulləbaj] ⟨mv.: -ies⟩ **0.1** ***slaapliedje*** *⇒wiegelied.*
lumbago [lumbeegoo] ⟨med.⟩ **0.1** ***spit*** *⇒lumbago.*
lumbar [lumbə] ⟨med.⟩ **0.1** ***lumbaal*** *⇒v.d. lendenen, lende-* ◆ **1.1** ~ puncture *lumbaalpunctie.*
lumber[1] [lumbə] ⟨zn.⟩ **0.1** ⟨vnl. BE⟩ ***rommel*** *⇒afgedankt meubilair* **0.2** ⟨vnl. AE⟩ ***half bewerkt hout*** *⇒timmerhout, planken.*
lumber[2] **I** ⟨onov.ww.⟩ **0.1** ***sjokken*** *⇒zich log voortbewegen, denderen* **0.2** ⟨AE⟩ ***hout zagen/hakken*** ◆ **5.1** ~ **along** *voortsjokken;*
II ⟨ov.ww.⟩ **0.1** ⟨BE; inf.⟩ ***opzadelen*** ⟨met iets vervelends/moeilijks⟩ ◆ **5.1** ~ **up** with *opzadelen met.*
lumberjack **0.1** ⟨vnl. AE⟩ ***bosbouwer*** *⇒houthakker.*
lumber|man [lumbəmən]⟨mv.: -men [-mən]⟩ ⟨AE⟩ **0.1** ***bosbouwer*** *⇒houthakker.*
lumber mill **0.1** ***zaagmolen*** *⇒houtzagerij.*
lumber room ⟨vnl. BE⟩ **0.1** ***rommelkamer.***
lumberyard **0.1** ***houthandel.***
luminar|y [loe:minrie] ⟨mv.: -ies⟩ **0.1** ***lichtgevend hemellichaam*** *⇒*⟨schr.; fig.⟩ *ster, uitblinker.*
luminosity [loe:minnossətie] **0.1** ***helderheid*** *⇒glans* **0.2** ***het lichten.***
luminous [loe:minnəs] **0.1** ***lichtgevend*** *⇒*⟨fig.⟩ *helder, duidelijk* ◆ **1.1** ~ paint *lichtgevende verf.*
lump[1] [lump] ⟨zn.⟩ **0.1** ***klont*** *⇒klomp, brok* **0.2** ***bult*** *⇒knobbel* **0.3** ***massa*** *⇒hoop, boel* **0.4** ⟨inf.⟩ ***lomperd*** ◆ **1.1** ⟨vnl. fig.⟩ with a ~ in my throat *met een brok in mijn keel* **6.2** a ~ **in** the breast *een gezwel in de borst* **6.3** **in** the ~ *en masse.*
lump[2] **I** ⟨onov.ww.⟩ **0.1** ***klonteren*** ◆ **5.1** ~ **together** *samenklonteren;*
II ⟨ov.ww.⟩ **0.1** ***tot een geheel samenvoegen*** *⇒bij elkaar gooien* **0.2** ⟨inf.⟩ ***slikken*** ◆ **3.2** you'll have to like it or ~ it *je hebt het maar te slikken* **5.1** ~ **together** *onder één noemer brengen.*
lumpectom|y [lumpektəmie] ⟨mv.: -ies⟩ **0.1** ***verwijdering v. (borst)kankergezwel.***
lumpish [lumpisj] **0.1** ***log*** *⇒lomp;* ⟨fig.⟩ *dom, suf.*
lump sugar **0.1** ***klontjessuiker.***
lump sum **0.1** ***bedrag ineens*** *⇒ronde som.*
lumpy [lumpie] **0.1** ***vol klontjes*** *⇒klonterig.*
lunac|y [loe:nəsie] ⟨mv.: -ies⟩ **0.1** ⟨vaak mv.⟩ ***doldrieste daad*** **0.2** ***waanzin*** **0.3** ***doldriestheid.***

lunar [loe:nə] **0.1** ***van/mbt. de maan*** ⇒*maan-* **0.2** ***halvemaanvormig*** ◆ **1.1** ~ eclipse *maansverduistering;* ~ month *maanmaand* ⟨29½ dag⟩.
lunate [loe:neet] **0.1** ***sikkelvormig*** ⇒*halvemaanvormig.*
lunatic[1] [loe:nətik] ⟨zn.⟩ **0.1** ⟨pej.⟩ ***krankzinnige*** ⇒*gek, gestoorde* **0.2** ***gek*** ⟨fig.⟩ ⇒*idioot.*
lunatic[2] ⟨bn.⟩ **0.1** ***krankzinnig*** ⇒*gestoord* ◆ **1.¶** the ~ fringe *het extremistische/excentrieke deel* ⟨v.e. groepering⟩.
lunatic asylum ⟨pej.⟩ **0.1** ***gekkenhuis*** ⇒*(krankzinnigen)gesticht.*
lunch[1] [luntsj] ⟨zn.⟩ **0.1** ***lunch.***
lunch[2] **I** ⟨onov.ww.⟩ **0.1** ***lunchen*** ◆ **5.1** ~ **in** *thuis lunchen;* ~ **out** *buitenshuis lunchen;*
II ⟨ov.ww.⟩ **0.1** ***de lunch verzorgen voor*** ⇒*te lunchen hebben.*
lunch break **0.1** ***lunchpauze*** ⇒*middagpauze.*
luncheon [luntsjn] **0.1** ⟨schr.⟩ ***lunch*** **0.2** ⟨AE⟩ ***lichte maaltijd.***
luncheon meat **0.1** ⟨ong.⟩ ***lunchworst (uit blik).***
luncheon voucher **0.1** ***maaltijdbon.***
lunch hour, lunch time **0.1** ***lunchtijd.***
lung [lung] **0.1** ***long*** ◆ **2.1** have good ~s *over goede longen beschikken.*
lung cancer **0.1** ***longkanker.***
lunge[1] [lundzj] ⟨zn.⟩ **0.1** ***stoot*** ⇒*uitval.*
lunge[2] **I** ⟨onov.ww.⟩ **0.1** ⟨+ at⟩ ***uitvallen (naar)*** ⇒*een uitval doen;*
II ⟨ov.ww.⟩ **0.1** ***stoten.***
lungfish ⟨mv.: ook lungfish⟩ ⟨dierk.⟩ **0.1** ***longvis.***
lung-power **0.1** ***geluidssterkte v.d. stem.***
lupin(e) [loe:pin] ⟨plantk.⟩ **0.1** ***lupine.***
lurch[1] [lə:tsj] ⟨zn.⟩ **0.1** ***ruk*** ⇒*plotselinge slingerbeweging* ◆ **3.1** give a ~ *een slinger maken* **3.¶** ⟨inf.⟩ leave s.o. in the ~ *iem. in de steek laten.*
lurch[2] ⟨ww.⟩ **0.1** ***slingeren*** ⇒*strompelen* **0.2** ⟨scheep.⟩ ***stampen*** ⇒*rollen.*
lure[1] [l(j)oeə] ⟨zn.⟩ **0.1** ***lokmiddel*** ⇒*lokaas* **0.2** ⟨the⟩ ***aantrekking*** ⇒*verleiding, aantrekkelijkheid.*
lure[2] ⟨ww.⟩ **0.1** ***(ver)lokken*** ⇒*meetronen* ◆ **5.1** ~ **away** (from) *weglokken (van)* **6.1** ~ **into** *verlokken tot.*
lurg|y [lə:gie] ⟨mv.: -ies⟩ ⟨BE; scherts.⟩ **0.1** ***kwaal(tje).***
lurid [l(j)oerid] ⟨-ness⟩ **0.1** ***schril*** ⇒*zeer fel (gekleurd), vlammend* **0.2** ***luguber*** ⇒*choquerend* ◆ **1.1** the ~ sky *de opvlammende lucht* **1.2** the ~ details *de lugubere bijzonderheden.*
lurk [lə:k] **0.1** ***op de loer liggen*** ⇒*zich schuilhouden* **0.2** ***latent (aanwezig) zijn*** ⇒*verborgen/verstopt zijn* ◆ **1.2** his ~ing interest *zijn sluimerende belangstelling;* ~ing unemployment *latente/verborgen werkloosheid.*
luscious [lusjəs] ⟨-ness⟩ **0.1** ***heerlijk*** ⇒*buitengewoon lekker* **0.2** ***weelderig*** ⇒*verleidelijk, beeldschoon* **0.3** ***overdreven*** ⟨v. stijl⟩ ◆ **1.1** a ~ dish *een verrukkelijk gerecht* **1.2** a ~ girl *een verrukkelijk meisje.*
lush[1] [lusj] ⟨zn.⟩ ⟨AE; sl.⟩ **0.1** ***zuiplap.***
lush[2], **lush|y** [lusjie] ⟨bn.; -ier⟩ **0.1** ***welig*** ⇒*overdadig groeiend* ⟨bv. v. gras⟩ **0.2** ⟨inf.⟩ ***weelderig*** ⇒*luxueus* ◆ **1.2** the ~ furnishing of her apartment *de luxueuze inrichting v. haar appartement.*
lust [lust] **I** ⟨telb.zn.⟩ **0.1** ***sterk verlangen*** ⇒*lust, aandrift* ◆ **1.1** the ~s of the flesh *de vleselijke lusten* **6.1** a ~ **for** power *een verlangen naar macht;*
II ⟨n.-telb.zn.⟩ **0.1** ***wellust(igheid)*** ⇒*(zinnelijke) lust* ◆ **1.1** his eyes, full of ~ *zijn ogen, vol wellust.*
lust after, lust for **0.1** ***hevig verlangen naar*** ⇒*begeren, belust zijn op.*
lustful [lustfl] ⟨-ness⟩ **0.1** ***wellustig*** ⇒*vol (seksueel) verlangen.*
lustre, ⟨AE sp.⟩ **luster** [lustə] ⟨ook fig.⟩ **0.1** ***glans*** ⇒*schittering, luister, roem* ◆ **3.1** add ~ to, throw ~ on *glans geven aan.*
lustrous [lustrəs] **0.1** ***glanzend*** ⇒*schitterend, luisterrijk* ◆ **1.1** ~ eyes *stralende ogen;* ~ hair *glanzend haar.*
lust|y [lustie] ⟨-iness⟩ **0.1** ***krachtig*** ⇒*flink, gezond* ⟨ook v. drank⟩, *robuust* **0.2** ***wellustig*** ◆ **1.1** he's a ~ worker *hij is een stevige werker.*
lutanist, lutenist [loe:tnist] **0.1** ***luitspeler.***
lute [loe:t] **0.1** ***luit.***
Lutheran [loe:θrən] **0.1** ⟨bn.⟩ ***luthers*** **0.2** ⟨zn.⟩ ***lutheraan*** ⇒*aanhanger v.d. lutherse leer.*
Lutheranism [loe:θrənizm] **0.1** ***lutheranisme*** ⇒*lutherse leer.*
luv [luv] ⟨BE; inf.; vaak scherts.⟩ **0.1** ***schatje.***
Luxembourg, Luxemburg [luksəmbə:g] **0.1** ***Luxemburg.***
Luxembourger, Luxemburger [luksəmbə:gə] **0.1** ***Luxemburger, Luxemburgse.***
luxuriance [lugzjoeəriəns] **0.1** ***overvloed*** ⇒*weelderigheid.*
luxuriant [lugzjoeəriənt, ləgzjoeə-] **0.1** ***weelderig*** ⇒*overdadig* **0.2** ***vruchtbaar*** ⟨ook fig.⟩ ◆ **1.1** ~ flora *weelderige flora;* ~ language *bloemrijke taal* **1.2** ~ imagination *rijke verbeelding.*
luxuriate [lugzjoeərie·eet, ləgzjoeə-] **0.1** ***welig tieren*** ◆ **6.¶** ~ **in** *ten volle genieten v.*
luxurious [lugzjoeəriəs, ləgzoeə-] **0.1** ***luxueus*** ⇒*weelderig, uitgelezen; duur* ⟨bv. v. gewoontes⟩ **0.2** ***genotzuchtig*** ⇒*wellustig* ◆ **1.1** ~ dinner *luxe diner;* ~ flat *luxueuze flat.*
luxur|y [luksj(ə)rie] ⟨mv.: -ies; vaak attr.⟩ **0.1** ***weelde*** ⇒*luxe, overvloed* **0.2** ***luxe(artikel)*** **0.3** ***weelderigheid*** ◆ **1.1** a life of ~ *een luxueus leven.*
lycée [lie:see] **0.1** ***lyceum.***
lychee, lichee [lajtsjie:] **0.1** ***lychee.***
lye [laj] **0.1** ***loog.***
lying [lajjin] **0.1** ***leugenachtig.***
lying-in ⟨mv.: ook lyings-in⟩ **0.1** ***bevalling*** **0.2** ***kraambed.***
lymph [limf] **0.1** ***lymfe*** ⇒*weefselvocht.*
lymphatic [limfætik] **0.1** ***lymfatisch*** ⟨ook v. temperament⟩.
lymph gland, lymph node **0.1** ***lymfklier*** ⇒*lymfknoop.*
lymphoblast [limfoobla:st] ⟨biol.⟩ **0.1** ***lymfoblast*** ⇒*lymf(e)cel.*
lymphoma [limfoomə] ⟨mv.: lymphomata [-mətə]⟩ ⟨med.⟩ **0.1** ***lymfkliergezwel*** ⇒*lymfoom.*
lynch [lintsj] **0.1** ***lynchen.***
lynch law **0.1** ***lynchwet*** ⇒*lynchgerecht.*
lynx [lingks] **0.1** ***lynx.***
lynx-eyed **0.1** ***met lynxogen*** ⇒*scherpziend.*
lyre [lajjə] **0.1** ***lier.***
lyrebird **0.1** ***liervogel.***
lyric[1] [lirrik] ⟨zn.⟩ **0.1** ***lyrisch gedicht*** **0.2** ⟨mv.⟩ ***tekst*** ⟨v. populair lied⟩ **0.3** ⟨mv.⟩ ***lyriek.***
lyric[2] ⟨bn.⟩ **0.1** ***zang-*** **0.2** ***lyrisch*** ⟨v. gedicht, dichter⟩ **0.3** ***uitbundig*** ◆ **1.1** ~ drama *muziekdrama.*
lyrical [lirrikl] **0.1** ***lyrisch*** ⟨v. gedicht, dichter; ook fig.⟩ ⇒*uitbundig* **0.2** ***zang-*** ◆ **3.1** become/wax ~ about/over sth. *lyrisch worden over iets.*
lyricism [lirrissizm] **0.1** ***lyriek*** **0.2** ***lyrisme*** **0.3** ***lyrische ontboezeming.***
lyricist [lirrissist] **0.1** ***lyricus*** ⇒*lyrisch dichter* **0.2** ***tekstschrijver*** ⟨v. liedjes⟩.
lysol [lajsol] **0.1** ***lysol.***

m

m, M [em] ⟨mv.: m's, M's⟩ **0.1** ***m, M.***
m. ⟨afk.⟩ **0.1** [married] ***geh.*** **0.2** [masculine] ***m.*** **0.3** [metre(s)] ***m*** **0.4** [mile(s)] **0.5** [million(s)] **0.6** [minute(s)] ***min.***
'm ⟨samentr. v. am⟩ →**be.**
M. ⟨afk.; BE⟩ **0.1** [Motorway].
ma [ma:] ⟨inf.⟩ **0.1** ***ma.***
MA ⟨afk.⟩ **0.1** [Massachusetts] ⟨postcode⟩.
M.A. ⟨afk.⟩ **0.1** [Master of Arts].
ma'am [mæm, ma:m, məm] ⟨verk.⟩ [madam] **0.1** ***mevrouw.***
mac [mæk] ⟨inf.⟩ **0.1** ⟨verk. v. mackintosh; vnl. BE⟩ ***regenjas*** **0.2** ⟨M-⟩ ***Schot*** **0.3** ⟨M-; AE⟩ ***vriend*** ⟨aanspreekvorm voor onbekende man⟩ ◆ **¶.3** hey Mac, watch out! *kijk uit, vriend!*
macabre [məka:b(rə)] **0.1** ***macaber.***
macadam [məkædəm] **0.1** ***macadam.***
macadamize, -ise [məkædəmajz] **0.1** ***macadamiseren.***
macaroni cheese **0.1** ***ovenschotel v. macaroni met kaas.***
macaroon [mækəroe:n] **0.1** ***bitterkoekje*** ⇒*amandelkoekje.*
macaw [məko:] **0.1** ***ara.***
mace [mees] **0.1** ⟨gesch.⟩ ***goedendag*** ⇒*strijdknots;* ⟨bij uitbr.⟩ *knuppel* **0.2** ***scepter*** ⇒*staf* ⟨ihb. v. spreker in Brits Lagerhuis⟩ **0.3** ***stafdrager*** **0.4** ***foelie.***
macebearer **0.1** ***stafdrager*** **0.2** ***ordebewaarder*** ⟨in Brits parlement⟩.
Macedonia [mæsiddoeniə] **0.1** ***Macedonië.***
Macedonian [mæsiddoeniən] **0.1** ⟨bn.⟩ ***Macedonisch*** **0.2** ⟨eig.n.⟩ ***Macedonisch*** ⟨taal⟩ **0.3** ⟨telb. zn.⟩ ***Macedoniër.***
macer|ate [mæsəreet] ⟨zn.: **-ation**⟩ **0.1** ***weken*** ⇒*week/zacht worden/maken* **0.2** ***uitteren*** ⇒*vermageren.*
Mach [mæk] ⟨luchtv.⟩ **0.1** ***mach.***
machete [məsjettie] **0.1** ***machete*** ⇒*kapmes.*
Machiavel(l)ian [mækiəvelliən] ⟨ook m-⟩ **0.1** ***machiavellistisch*** ⟨ook fig.⟩.
machination [mækinneesjn] **0.1** ***machinatie*** ⇒*kuiperij* **0.2** ⟨vnl. mv.⟩ ***intrige.***
machine¹ [məsjie:n] ⟨zn.⟩ **0.1** ***machine*** ⟨ook fig.⟩ ⇒*werktuig, apparaat* **0.2** ***aandrijfmechanisme*** **0.3** ***apparaat*** ⇒*(partij)organisatie, bestuursapparaat* ◆ **2.3** political ~ *partijapparaat.*
machine² ⟨ww.⟩ **0.1** ***machinaal bewerken*** ⇒*machinaal drukken* **0.2** ***standaardiseren.***
machine gun **0.1** ⟨zn.⟩ ***machinegeweer*** **0.2** ⟨ww.⟩ ***mitrailleren*** ⇒*met een machinegeweer beschieten.*
machine language ⟨comp.⟩ **0.1** ***machinetaal.***
machine-made **0.1** ***machinaal (gemaakt/vervaardigd).***
machinery [məsjie:nərie] **0.1** ***machinerie*** ⟨ook fig.⟩ ⇒*machinepark; systeem, apparaat* **0.2** ***(machine)onderdelen.***
machine shop **0.1** ***machinewerkplaats.***
machine tool **0.1** ***werktuigmachine.***
machinist [məsjie:nist] **0.1** ***machinevakman*** ⇒*monteur, werktuigkundige; machineman; machinenaai(st)er; machineconstructeur; machinebankwerker* **0.2** ***vakman voor werktuigmachines.***
Mach number ⟨ook m-⟩ ⟨luchtv.⟩ **0.1** ***(getal v.) mach.***
mackerel [mækrəl] ⟨mv.: ook mackerel⟩ **0.1** ***makreel.***
mackintosh [mækintosj] ⟨BE⟩ **0.1** ***mackintosh*** ⇒*regenjas.*
macramé [məkra:mie] **0.1** ***macramé.***
macro [mækroo], **macro instruction** ⟨comp.⟩ **0.1** ***macro(-opdracht).***
macrobiotic [mækroobajjottik] **0.1** ***macrobiotisch.***
macrocosm [-kozm] **0.1** ***macrokosmos.***
macroeconomic [-ekkənommik, -ie:-] ⟨-ally⟩ **0.1** ***macro-economisch.***
mad [mæd] ⟨madder⟩ **I** ⟨bn.⟩ **0.1** ***gek*** ⇒*krankzinnig, waanzinnig* **0.2** ***dwaas*** ⇒*mal, onzinnig* **0.3** ***dol*** ⇒*onstuimig* **0.4** ***wild*** ⇒*razend, hevig* ⟨bv. v. wind⟩ **0.5** ***hondsdol*** ◆ **1.2** ~ project *onbezonnen onderneming* **1.3** ~ party *uitgelaten feestje;* they're having a ~ time *het gaat er vrolijk aan toe* **1.4** make a ~ run for ... *als een gek rennen naar ...* **1.¶** ~ as a hatter / a March hare *stapelgek* **3.1** go ~ *gek worden;* drive / send s.o. ~ *iem. gek/dol maken;* stark raving ~ *stapelgek* ⟨ook fig.⟩ **6.1** (run) like ~ *(rennen) als een gek/bezetene;*
II ⟨bn., pred.⟩ **0.1** ⟨+ about, after, for, on⟩ ***verzot (op)*** ⇒*wild (enthousiast) (over)* **0.2** ⟨+ at / about sth.; at / with s.o.; inf.⟩ ***boos (op)*** ⇒*woedend (op, om)* **0.3** ***dol*** ⇒*razend* ◆ **3.2** get ~ *kwaad worden* **3.¶** hopping ~ *pisnijdig* **6.3** ~ **with** joy *gek v. vreugde;* ~ **with** pain *buiten zichzelf v. pijn.*
madam [mædəm] ⟨mv.: in bet. 0.1 ook mesdames⟩ **0.1** ⟨vnl. M-⟩ ***mevrouw*** ⇒*juffrouw* ⟨ook als aanspreektitel⟩ **0.2** ⟨euf.⟩ ***bordeelhoudster*** **0.3** ⟨vaak the; inf.⟩ ***vrouw des huizes.***
madcap **0.1** ***dol*** ⇒*roekeloos* ◆ **1.1** ~ ideas *dwaze ideeën.*
mad cow disease **0.1** ***gekkekoeienziekte.***
madden [mædn] **0.1** ***gek worden/maken*** **0.2** ***woedend worden/maken*** ⇒*irriteren.*
maddening [mædning] **0.1** ***gek makend*** **0.2** ***erg vervelend*** ◆ **1.1** ~ pain *waanzinnige pijn* **1.2** ~ waste of time *ergerlijk tijdverlies.*
madder [mædə] **0.1** ***meekrap*** **0.2** ***meekrapwortel*** **0.3** ***meekraprood.***
made ⟨verl. t. en volt. deelw.⟩ →**make.**
Madeira [mədiərə] **0.1** ***Madeira*** **0.2** ***madera*** ⟨wijn⟩.
Madeira cake ⟨BE⟩ **0.1** ***cake.***
made-to-measure **0.1** ***maat-*** ⇒*op maat gemaakt* ⟨v. kleding⟩.
madhouse **0.1** ***krankzinnigengesticht*** ⇒*gekkenhuis* ⟨ook fig.⟩.
madly [mædlie] **0.1** →**mad** **0.2** ***furieus*** ⇒*als een bezetene* **0.3** ***dom*** ⇒*dwaas, onbezonnen* **0.4** ***heel (erg)*** ◆ **1.4** ~ in love *waanzinnig verliefd.*
mad|man [mædmən] ⟨mv.: -men [-mən]⟩ **0.1** ***gek*** ⇒*dolleman* ◆ **3.1** run like a ~ *lopen als een bezetene.*
madness [mædnəs] **0.1** ***krankzinnigheid*** ⇒*waanzin(nigheid)* **0.2** ***dwaasheid*** **0.3** ***woede*** ⇒*razernij* **0.4** ***enthousiasme*** **0.5** ***hondsdolheid.***
Madonna [mədonnə] **I** ⟨eig.n.; vaak the⟩ **0.1** ***madonna*** ⇒*de Heilige Maagd;*
II ⟨telb.zn.⟩ **0.1** ***madonnabeeld(je).***
Madonna lily **0.1** ***madonnalelie.***
madras [mədræs, mədra:s] **0.1** ***madras.***
madrigal [mædrigl] **0.1** ***madrigaal.***
Maecenas [majsie:nəs] **0.1** ***mecenas.***
maelstrom [meelstrəm] **0.1** ***(enorme) draaikolk*** **0.2** ***maalstroom*** ⟨ook fig.⟩ ◆ **1.2** the ~ of city life *het turbulente stadsleven.*
maenad [mie:næd] **0.1** ***maenade*** ⟨ook fig.⟩.
maestro [majstroo] ⟨vaak muz.⟩ **0.1** ***maestro.***
Mae West [mee west] ⟨sl.⟩ **0.1** ***(opblaasbaar) reddingsvest/zwemvest.***
Mafia [mæfiə] ⟨zn.; ww. enk. of mv.⟩ **0.1** ***maffia.***
mag [mæg] **0.1** ⟨verk.⟩ [magazine] ⟨inf.⟩ ***tijdschrift.***
magazine [mægəzie:n] **0.1** ***magazine*** ⇒*tijdschrift; radio-/tv-magazine* ⟨rubriek⟩ **0.2** ***munitiekamer*** ⇒*munitiedepot* **0.3** ***magazijn*** ⟨v. geweer⟩.

magenta [mədzjentə] **0.1** ***fuchsine*** **0.2** ***magenta*** ⟨kleur⟩.
maggot [mægət] **0.1** ***made.***
maggoty [mægətie] **0.1** ***vol maden*** ⇒*wormstekig.*
Magi [meedzjaj] ⟨mv.⟩ →**magus.**
magic[1] [mædzjik] ⟨zn.⟩ **0.1** ***magie*** ⟨ook fig.⟩ ⇒*toverkunst; betovering* ◆ **6.1** as if **by** ~, **like** ~ *als bij toverslag.* →**black, white.**
magic[2] ⟨bn.; -ally⟩ **0.1** ***magisch*** ⇒*tover-* **0.2** ***betoverend*** ◆ **1.¶** ~ carpet *vliegend tapijt;* ~ eye *afstemoog* ⟨v. radio⟩; *foto-elektrische cel;* ~ lantern *toverlantaarn;* ~ square *magisch vierkant, magisch kwadraat* **¶.¶** ~! *fantastisch!, geweldig!*
magical [mædzjikl] **0.1** ***betoverend*** ⇒*wonderbaarlijk* **0.2** ***magisch.***
magician [mədzjisjn] **0.1** ***tovenaar*** ⇒*magiër* **0.2** ***goochelaar*** ⟨ook fig.⟩ ⇒*kunstenaar.*
magisterial [mædzjistiəriəl] **I** ⟨bn.⟩ **0.1** ***gezaghebbend*** ⟨ook fig.⟩ **0.2** ***autoritair*** **0.3** ***meesterachtig*** ⇒*magistraal;* **II** ⟨bn., attr.⟩ **0.1** ***magistraat(s)-.***
magistracy [mædzjistrəsie] **0.1** ***magistratuur*** ⇒*magistraatsambt* **0.2** ***ambt v. politierechter*** **0.3** ⟨the; ww. enk. of mv.⟩ ***de magistraten*** ⇒*magistratuur.*
magistrate [mædzjistreet, -strət] **0.1** ***magistraat*** ⇒*(rechterlijk) ambtenaar* **0.2** ***politierechter*** ⇒⟨BE⟩ *vrederechter.*
magistrates' court [mædzjistrəts ko:t] **0.1** ***politierechtbank.***
magma [mægmə] ⟨geol.⟩ **0.1** ***magma.***
magnanimity [mægnənimmətie] **0.1** ***grootmoedigheid*** ⇒*edelmoedigheid.*
magnanimous [mægnænimməs] **0.1** ***grootmoedig*** ⇒*edelmoedig.*
magnate [mægneet, -nət] **0.1** ***magnaat.***
magnesia [mægnie:sjə] **0.1** ***magnesiumoxide.***
magnesium [mægnie:ziəm] **0.1** ***magnesium.***
magnet [mægnit] **0.1** ***magneet*** ⟨ook fig.⟩.
magnetic [mægnettik] ⟨-ally⟩ **0.1** ***magnetisch*** **0.2** ***magnetiseerbaar*** **0.3** ***onweerstaanbaar*** ◆ **1.1** ~ compass *kompas;* ~ moment *magnetisch moment;* ~ needle *magneetnaald;* ~ north *magnetische noordpool;* ~ pole *magnetische pool;* ~ tape *magneetband* ⟨voor bandrecorder e.d.⟩.
magnetics [mægnettiks] **0.1** ***magnetisme.***
magnetism [mægnittizm] **0.1** ***magnetische kracht*** **0.2** ***magnetisme*** **0.3** ***aantrekkingskracht.***
magnetize, -ise [mægnittajz] **0.1** ***magnetiseren*** **0.2** ***fascineren*** ⇒*boeien.*
magneto [mægnie:too] **0.1** ***magneetontsteker*** ⇒*magneetontsteking, magneto.*
magnet school **0.1** ⟨ong.⟩ ***kwaliteitsschool*** ⇒*eliteschool* ⟨met nadruk op bep. vakken⟩.
magnificat [mægniffikæt] ⟨M-; the⟩ ⟨rel.⟩ **0.1** ***lofzang v. Maria*** ⇒*magnificat.*
magnification [mægniffikkeesjn] **0.1** ***vergroting*** ◆ **1.1** ~ of a photograph *vergroting v.e. foto* **6.1** these binoculars have a ~ **of** twenty *deze verrekijker vergroot twintig keer.*
magnificence [mægniffisns] **0.1** ***pracht*** ⇒*weelde* **0.2** ***grootsheid.***
magnificent [mægniffisnt] **0.1** ***prachtig*** ⇒*luisterrijk; groots* **0.2** ***weelderig*** **0.3** ⟨inf.⟩ ***prima.***
magnifier [mægniffajjə] **0.1** ***vergrootglas*** **0.2** ***vergroter.***
magnif|y [mægniffaj] ⟨-ied⟩ **I** ⟨onov. en ov.ww.⟩ **0.1** ***vergroten*** ⟨v. lens enz.⟩ ⇒*uitvergroten* **0.2** ***versterken*** ⟨geluid⟩; **II** ⟨ov.ww.⟩ **0.1** ***overdrijven*** ⇒*opblazen.*
magnifying glass **0.1** ***vergrootglas*** ⇒*loep.*
magniloqu|ent [mægnilləkwənt] ⟨zn.: **-ence**⟩ **0.1** ***hoogdravend*** ⇒*gezwollen* **0.2** ***grootsprakig.***
magnitude [mægnitjoe:d] **0.1** ***belang(rijkheid)*** ⇒*gewicht* **0.2** ***omvang*** ⇒*grootte* **0.3** ***rang*** **0.4** ⟨ster.⟩ ***helderheid*** ◆ **1.3** a man of his ~ *een man v. zijn kaliber* **6.1** **of** the first ~ *v.h. grootste gewicht.*
magnolia [mægnooliə] **0.1** ***magnolia.***
magnum [mægnəm] **0.1** ***anderhalve liter fles*** **0.2** ***magnum.***
magnum opus [- oopəs] **0.1** ***meesterwerk*** ⇒*levenswerk.*
magpie [mægpaj] **0.1** ***ekster*** **0.2** ***verzamelaar*** ⇒*hamsteraar.*
mag tape ⟨comp.⟩ **0.1** ***magneetband.***
magus [meegəs] ⟨mv.: magi⟩ **0.1** ***magiër*** ⇒⟨ihb.⟩ *wijze* ⟨uit het Oosten⟩ **0.2** ***tovenaar*** ◆ **7.1** the Magi *de drie koningen, de Wijzen uit het Oosten.*
Magyar [mægja:] **0.1** ⟨bn.⟩ ***Magyaars*** ⇒*Hongaars* **0.2** ⟨zn.⟩ ***Magyaar*** ⇒*Hongaar.*
maharaja(h) [ma:(h)əra:dzjə] **0.1** ***maharadja.***
maharanee [ma:(h)əra:nie:] **0.1** ***vrouw v.e. maharadja*** **0.2** ***weduwe v.e. maharadja*** **0.3** ***vr. maharadja.***
mahatma [məhætmə] ⟨ook M-⟩ **0.1** ***wijze*** **0.2** ***mahatma*** ⟨boeddhistische heilige⟩.
mahjong(g) [ma:dzjong] **0.1** ***mahjong(spel).***
mahogan|y [məhogənie] ⟨mv.: -ies⟩ **0.1** ***mahonie*** **0.2** ***mahonieboom.***
maid [meed], ⟨in bet. 0.1 ook⟩ **maidservant** **0.1** ***hulp*** ⇒*dienstmeisje* **0.2** ⟨schr.⟩ ***meisje*** ⇒*juffrouw* **0.3** ⟨schr.⟩ ***maagd*** ◆ **1.¶** ~ of honour *(ongehuwde) hofdame;* ⟨BE⟩ *amandeltaartje;* ⟨AE⟩ *eerste bruidsmeisje* **7.¶** the Maid (of Orleans) *de Maagd v. Orleans* ⟨Jeanne d'Arc⟩. →**old.**
maiden[1] [meedn], ⟨in bet. 0.4 ook⟩ **maiden over** ⟨zn.⟩ **0.1** ⟨schr.⟩ ***meisje*** ⇒*juffrouw* **0.2** ⟨schr.⟩ ***maagd*** **0.3** ⟨sport⟩ ***maiden*** ⟨paard dat nog geen ren gewonnen heeft⟩ **0.4** ⟨cricket⟩ ***maiden over*** ⟨over zonder gescoorde runs⟩.
maiden[2] ⟨bn.⟩ **0.1** ***maagdelijk*** ⇒*v.e. meisje* **0.2** ***ongetrouwd*** ⇒*ongehuwd* ⟨v. vrouw⟩ **0.3** ***eerste*** ⟨v. reis, vlucht bv.⟩ **0.4** ***ongerept*** **0.5** ***onbeproefd*** **0.6** ***nog nooit gedekt*** ⟨v. paard enz.⟩ **0.7** ***zonder overwinning*** ⟨v. paard⟩ ⇒⟨bij uitbr.⟩ *voor maidens* ⟨race⟩ ◆ **1.1** ~ name *meisjesnaam* **1.3** ~ speech *maidenspeech* ⟨vnl. in parlement⟩ **1.4** ~ woods *ongerepte bossen.*
maidenhair, maidenhair fern **0.1** ***venushaar.***
maidenhead [meednhed] **0.1** ***maagdenvlies*** **0.2** ***maagdelijkheid*** ⟨ook fig.⟩ ⇒*frisheid.*
maidenhood [meednhoed] **0.1** ***maagdelijkheid*** **0.2** ***meisjesjaren.***
maidenly [meednlie] **0.1** ***maagdelijk*** ⇒*meisjesachtig* **0.2** ***zacht*** ⇒*teder* **0.3** ***zedig.***
maiden over →**maiden**[1].
mail[1] [meel] ⟨zn.⟩ **0.1** ⟨ook mv.; the⟩ ***post*** ⇒*brieven* **0.2** ***maliënkolder.***
mail[2] ⟨ww.⟩ **0.1** ***posten*** ⇒*per post versturen* **0.2** ***(be)pantseren.***
mailbag **0.1** ***postzak*** **0.2** ***postbodentas.***
mailboat **0.1** ***mailboot*** ⇒*postboot.*
mail bomb **0.1** ***bombrief.***
mailbox ⟨AE⟩ **0.1** ***brievenbus.***
mail car ⟨AE⟩ **0.1** ***postwagen*** ⟨v. trein⟩.
mail coach **0.1** ***postwagen*** ⟨v. trein⟩ **0.2** ⟨gesch.⟩ ***postkoets.***
mail drop ⟨AE⟩ **0.1** ***brievenbus*** ⇒*postzak, stortkoker* ⟨op postkantoor⟩ **0.2** ***(post)gleuf.***
mailing address **0.1** ***postadres.***
mailing card ⟨AE⟩ **0.1** ***briefkaart.***
mailing list **0.1** ***adressenlijst*** ⇒*verzendlijst.*
mailman ⟨mv.: -men⟩ ⟨AE⟩ **0.1** ***postbode.***
mail order **0.1** ***postorder.***

mail train **0.1** ***posttrein.***
maim [meem] **0.1** ***verminken*** ⟨ook fig.⟩ ⇒*kreupel maken.*
main[1] [meen] ⟨zn.⟩ **0.1** ***hoofdleiding*** ⟨v. gas, elektriciteit, water⟩ ⇒*hoofdbuis, hoofdkabel* **0.2** ***hoofdafvoer*** ⇒*riool* **0.3** ⟨mv.; ook attr.⟩ ***(elektriciteits)net*** ⇒*elektriciteit, lichtnet;* ⟨ook⟩ *gasnet, waterleiding* **0.4** ⟨schr.⟩ ***(open) zee*** ◆ **3.3** connected to the ~s *(op het elektriciteitsnet) aangesloten* **6.¶ in** the ~ *voor het grootste gedeelte; in het algemeen.*
main[2] ⟨bn.⟩ **0.1** ***hoofd-*** ⇒*belangrijkste, voornaamste* **0.2** ***uiterst*** ⇒*vol(ledig)* **0.3** ***open*** ⟨v. zee bv.⟩ ⇒*uitgestrekt* **0.4** ⟨scheep.⟩ ***groot-*** ◆ **1.1** ~ body of the army *hoofdmacht v.h. leger;* ⟨taal.⟩ ~ clause *hoofdzin;* ~ course *hoofdgerecht;* ~ line *hoofdlijn* ⟨v. spoorwegen⟩; ⟨AE⟩ *hoofdstraat;* ~ street *hoofdstraat* **1.2** by ~ force *met alle macht* **1.4** ~ brace *grote bras;* ~ deck *hoofddek, opperdek* **1.¶** have an eye to the ~ chance *op eigenbelang uit zijn.*
mainbrace ◆ **3.¶** ⟨inf.; scherts.⟩ splice the ~ *een drankje/borrel nemen.*
mainframe ⟨comp.⟩ **0.1** ***mainframe*** ⇒*hoofdcomputer, grote computer.*
mainland [meenlənd] ⟨the⟩ **0.1** ***vasteland*** **0.2** ***hoofdeiland.***
mainline **0.1** ***belangrijkste*** **0.2** ***aan de hoofdlijn gelegen*** ⟨station⟩.
mainmast [meenma:st, -məst] ⟨scheep.⟩ **0.1** ***grote mast.***
mainsail [meenseel, meensl] ⟨scheep.⟩ **0.1** ***grootzeil.***
mainspring **0.1** ***veer*** ⟨v. uurwerk⟩ **0.2** ***drijfveer*** ⇒*drijfkracht, hoofdmotief.*
mainstay **0.1** ***steunpilaar*** ⇒*pijler* **0.2** ⟨scheep.⟩ ***grootstag.***
mainstream **0.1** ***heersende stroming*** **0.2** ***hoofdstroom*** ⟨v. rivier⟩ **0.3** ⟨vaak attr.⟩ ***mainstream*** ⟨jazz⟩.
mainstreet ⟨AE; pol.⟩ **0.1** ***huis aan huis campagne voeren.***
maintain [meenteen] **0.1** ***handhaven*** ⇒*behouden, in stand houden* **0.2** ***onderhouden*** ⟨huis, gezin bv.⟩ ⇒*zorgen voor; een onderhoudsbeurt geven* **0.3** ***beweren*** ⇒*stellen* **0.4** ***verdedigen*** ⇒*opkomen voor* ⟨rechten bv.⟩ **0.5** ***steunen*** ⟨zaak, partij⟩ ◆ **1.1** he ~ed his calm attitude *hij bleef rustig;* ~ a correspondence *een correspondentie aanhouden;* ~ life *in leven blijven;* ~ order *de orde bewaren;* ~ war *oorlog (blijven) voeren* **1.2** this sum will ~ us *dit bedrag zal onze levensbehoeften dekken* **1.3** our daughter ~s her innocence *onze dochter zegt dat ze onschuldig is* **1.4** ~ an opinion *een mening verdedigen.*
maintainable [meenteenəbl] **0.1** ***te handhaven*** **0.2** ***verdedigbaar*** ⇒*houdbaar.*
maintenance [meentənəns] **0.1** ***handhaving*** ⟨v. wet bv.⟩ **0.2** ***onderhoud*** ⟨v. huis, machine⟩ **0.3** ***levensonderhoud*** ⇒*levensbehoeften* **0.4** ***toelage*** ⟨aan vrouw, kind⟩ ⇒⟨ihb.⟩ *alimentatie* **0.5** ***verdediging*** ⟨v. mening⟩ ◆ **1.1** ~ of old customs *het in ere houden v. oude gewoontes.*
maintenance man **0.1** ***onderhoudsman*** ⇒*onderhoudsmonteur.*
maintenance order ⟨jur.⟩ **0.1** ***bevel tot betaling v. alimentatie aan ex-vrouw.***
maintop ⟨scheep.⟩ **0.1** ***grootmars.***
maison(n)ette [meezənet] **0.1** ***huisje*** ⇒*flatje* **0.2** ***maisonnette.***
maize [meez] ⟨vnl. BE⟩ **0.1** ***maïs.***
Maj. ⟨afk.⟩ **0.1** [major] ***maj.***
majestic [mədzjestik] ⟨-ally⟩ **0.1** ***majestueus*** ⇒*verheven, gedragen.*
majest|y [mædzjistie] ⟨mv.: -ies⟩ **I** ⟨eig.n.; M-⟩ **0.1** ***Majesteit*** ⇒*Koninklijke Hoogheid* ◆ **1.¶** ⟨BE⟩ on Her/His Majesty's service *dienst* ⟨op enveloppe⟩;
II ⟨n.-telb.zn.⟩ **0.1** ***majesteit.***
major[1] [meedzjə] ⟨zn.⟩ **0.1** ***meerderjarige*** **0.2** ⟨mil.⟩ ***majoor*** **0.3** ⟨AE⟩ ***hoofdvak*** ⟨v. studie⟩ **0.4** ⟨AE⟩ ***hoofdvakstudent*** **0.5** ⟨mv.⟩ ***de American League en de National League*** ⇒ ⟨ong.⟩ *hoogste klassen* ⟨v. beroepshonkballers⟩.
major[2] **I** ⟨bn.⟩ **0.1** ***groot/groter*** ⇒*voornaamste* **0.2** ***ernstig*** ⇒*zwaar* **0.3** ***meerderjarig*** ⇒*volwassen* **0.4** ⟨logica⟩ ***met major-term*** **0.5** ⟨muz.⟩ ***in majeur*** ◆ **1.1** the ten ~ authors *de tien grootste/belangrijkste schrijvers;* ⟨AE; sport⟩ ~ league *hoogste klasse* ⟨ook fig.⟩; the ~ part of *de meerderheid v.;* ~ road *hoofdweg, voorrangsweg* **1.2** ~ operation *zware/ernstige operatie* **1.4** ~ premise/premiss *hoofdpremisse* **1.5** C ~ *C grote terts;* ~ third *grote terts;*
II ⟨bn., attr. na het zn.⟩ **0.1** ***senior*** ⇒*de oudere* ◆ **1.1** Rowland ~ *Rowland senior* **1.¶** Friars Major *dominicanen.*
major-domo [meedzjədoomoo] **0.1** ***hofmeester*** **0.2** ***majordomus*** ⇒*eerste bediende, butler.*
majorette [meedzjəret] **0.1** ***majorette.***
major general **0.1** ***generaal-majoor.***
major in ⟨AE⟩ **0.1** ***als hoofdvak(ken) hebben*** ⇒*(als hoofdvak) studeren.*
majorit|y [mədzjorrətie] ⟨vnl. enk.; mv.: -ies⟩ **0.1** ***meerderheid*** **0.2** ⟨jur.⟩ ***meerderjarigheid*** **0.3** ⟨ww. enk. of mv.⟩ ***meeste*** ◆ **1.1** the ~ of people *de meeste mensen* **3.2** attain/reach one's ~ *meerderjarig worden* **6.3 in** the ~ *in de meerderheid.*
majority verdict ⟨jur.⟩ **0.1** ***uitspraak met meerderheid v. stemmen*** ⟨v. jury⟩.
make[1] [meek] **I** ⟨telb.zn.⟩ **0.1** ***merk*** **0.2** ***natuur*** ⇒*karakter, soort* ◆ **1.1** a famous ~ of dress *een jurk v.e. beroemd merk* **1.2** a man of your ~ *een man v. jouw slag;*
II ⟨n.-telb.zn.⟩ **0.1** ***fabricage*** ⇒*vervaardiging* **0.2** ***maaksel*** ⇒*fabrikaat, makelij* **0.3** ⟨elek.⟩ ***sluiting*** ⟨v. stroomcircuit⟩ ◆ **2.2** of bad ~ *van slechte makelij, van slecht fabrikaat* **6.¶** ⟨sl.⟩ **on** the ~ *op (eigen) voordeel uit, op winst uit; op de versiertoer* ⟨v. man/vrouw⟩; that young man is really **on** the ~ *die jongeman is een echte streber.*
make[2] ⟨made, made [meed]⟩ **I** ⟨onov.ww.⟩ **0.1** ***doen*** ⇒*zich gedragen, handelen* **0.2** ***gaan*** ⇒*zich begeven* **0.3** ***op het punt staan*** **0.4** ⟨kaartspel⟩ ***de slag maken/winnen*** ⇒ *houden* ◆ **1.4** my ace made *mijn aas hield* **3.3** they made to depart *zij stonden op het punt te vertrekken* **3.¶** ~ believe *spelen, doen alsof;* you'll have to ~ do with this old pair of trousers *je zult het met deze oude broek moeten doen* **5.¶** ~ **away/off** *'m smeren, ervandoor gaan;* ~ **away** with o.s. *zich v. kant maken;* ~ **away** with *doden; meenemen, jatten;* ~ **off** with *weg/meenemen, jatten* **6.1** ⟨inf.⟩ ~ **like** a lion *een leeuw imiteren/spelen/nadoen* **6.2** ~ **after** s.o. *achter iem. aan gaan;* we were making **toward(s)** the woods *wij gingen naar de bossen* **6.¶** ~ **at** s.o. *op iem. afstormen;* ⟨AE; inf.⟩ ~ **with** *komen met, brengen; doen, uitvoeren;* ~ **with** the drinks, I'm parched *kom op met de drank(jes), ik heb een vreselijke dorst;* ~ **with** the show *kom op met de show, voer de show op* **8.1** ~ as if/though *doen alsof; op het punt staan.* →**make for, make out, make up;**
II ⟨ov.ww.⟩ **0.1** ***maken*** ⇒*bouwen, fabriceren; scheppen; voortbrengen, veroorzaken; bereiden; (op)maken, opstellen* ⟨wet, testament⟩ **0.2** ***in een bep. toestand/positie brengen*** ⇒*maken, vormen; maken tot, benoemen tot/als* **0.3** ***(ver)krijgen*** ⇒*(be)halen, binnenhalen* ⟨winst⟩, *hebben* ⟨succes⟩; *lijden* ⟨verlies⟩; *verdienen; scoren, maken* ⟨punt enz.⟩ **0.4** ***laten*** ⇒*ertoe brengen, doen, maken dat, dwingen* **0.5** ***voorstellen als*** ⇒*doen lijken op, afschilderen (als)* **0.6** ***schatten (op)*** ⇒*komen op* **0.7** ***worden*** ⇒*maken, zijn* **0.8** ***(geschikt) zijn (voor)*** ⇒*(op)leveren, worden* **0.9** ***afleggen*** ⇒*overbruggen, doen* **0.10** ***bereiken*** ⇒*komen tot, halen*

⟨snelheid⟩, *gaan; halen, pakken* ⟨trein⟩; *zien, in zicht krijgen* ⟨land⟩; *bereiken* ⟨rang⟩, *worden; komen in, halen* ⟨ploeg⟩ **0.11** ***doen*** ⟨met handeling als object⟩ ⇒*verrichten, uitvoeren* ⟨onderzoek⟩; *geven* ⟨belofte⟩; *nemen* ⟨proef⟩; *houden* ⟨redevoering⟩ **0.12** ***opmaken*** ⟨bed⟩ **0.13** ***versieren*** ⇒⟨ihb.⟩ *naar bed gaan met* **0.14** ⟨inf.⟩ ***tot een succes maken*** ⇒*het hem doen, de finishing touch geven* **0.15** ⟨elek.⟩ ***inschakelen*** ⇒*sluiten* ⟨stroomcircuit⟩ ◆ **1.1** ~ coffee/tea *koffie/thee zetten;* ~ dinner *het warme eten klaarmaken;* ~ a house *een huis bouwen;* God made man *God schiep de mens;* ~ room *plaats maken* **1.2** John made her his wife *John trouwde haar;* the letter made mother happy *de brief maakte moeder blij;* the workers made him their spokesman *de arbeiders maakten hem tot hun woordvoerder* **1.3** ~ a lot of money *veel geld verdienen;* ~ a profit of two guilders *een winst v. twee gulden maken;* ⟨kaartspel⟩ ~ a trick *een slag maken/binnenhalen* **1.4** you think you can ~ this old car ride again *je denkt deze oude wagen weer aan de praat te kunnen krijgen;* the police made Randy sign the confession *de politie dwong Randy de bekentenis te tekenen;* the story made her laugh *het verhaal maakte haar aan het lachen;* Tom was made to tell his adventures once more *Tom moest zijn avonturen nog eens vertellen* **1.5** this book ~s the Second Worldwar end in 1943 *dit boek laat de Tweede Wereldoorlog eindigen in 1943;* the director made Macbeth a villain *de regisseur maakte v. Macbeth een schurk* **1.6** what do you ~ the time? *hoe laat heeft u het?* **1.7** a hundred pence ~ a pound *honderd pence is een pond* **1.8** this boy will never ~ a musician *deze jongen zal nooit een musicus worden;* that novel ~s pleasant reading *die roman laat zich lekker lezen;* she will ~ you the perfect secretary *zij zal de volmaakte secretaresse voor je zijn* **1.9** ~ a few more miles *nog een paar mijl afleggen* **1.10** ~ an appointment *op tijd zijn voor een afspraak;* after that he made major *daarna werd hij majoor;* this car ~s a hundred and thirty km/h *deze auto haalt honderddertig km/u;* ~ the front pages *de voorpagina's halen;* ~ port *de haven binnenlopen;* I wonder how that player could ~ this team *ik vraag me af hoe die speler in dit team kon komen/raken* **1.11** ~ a decision *een beslissing nemen, beslissen;* ~ an effort *een poging doen, pogen;* ~ a phone call *opbellen;* ~ war against/on/with *oorlog voeren tegen/met* **1.14** the dark colours ~ the picture *de donkere kleuren maken het schilderij af* **2.2** ~ the news public *het nieuws openbaar maken* **3.4** she made the food go round *ze zorgde ervoor dat er genoeg eten was voor iedereen* **3.¶** this fool can ~ or break/mar the project *deze gek kan het project maken of breken;* this new film will ~ him or break him *met deze nieuwe film is het erop of eronder voor hem;* ~ sth. do *zich met iets behelpen;* you'll have to ~ this bike do *je zult het met deze fiets moeten doen* **4.4** he made himself heard by speaking loud and clear *hij maakte zichzelf verstaanbaar door hard en duidelijk te spreken;* you can't ~ me *je kunt me niet dwingen* **4.6** I ~ it seven thirty *ik heb het half acht* **4.7** three and four ~ seven *drie en vier is zeven;* that ~s three who want whisky *dat zijn er drie die whisky willen* **4.10** ~ it *op tijd zijn, het halen;* ⟨fig.⟩ *succes hebben, slagen;* have it made *geslaagd zijn, op rozen zitten* **4.14** ~ sth. of o.s. *succes hebben* ⟨in het leven⟩ **4.¶** ⟨sl.⟩ ~ it *het doen, een nummertje maken, naaien;* let's ~ it next week/Wednesday *laten we (voor) volgende week/woensdag afspreken;* ~ little of *onbelangrijk vinden; weinig hebben aan, weinig profijt trekken v.; weinig begrijpen v.;* he made little of this wonderful opportunity *hij deed weinig met deze prachtkans;* ~ the most of *er het beste v. maken; zoveel mogelijk profiteren v.;* ~ much of *belangrijk vinden; veel hebben aan; veel begrijpen van; veel werk maken van* ⟨bv. meisje⟩; they never made much of reading at home *thuis vonden ze lezen nooit belangrijk;* ~ nothing of *gemakkelijk doen (over), geen probleem maken v.; niets begrijpen v.;* ⟨inf.⟩ want to ~ sth. of it? *zocht je soms mot?, knokken?;* ⟨inf.⟩ that ~s two of us *dat geldt ook voor mij, hier idem dito* **5.1** ~ **over** a dress *een jurk vermaken/verstellen* **5.2** ~ **over** sth. (into) *iets ombouwen (tot), iets veranderen (in)* **5.¶** ~ **over** (to) *vermaken (aan), overmaken (aan), toewijzen (aan)* ⟨geld e.d.⟩ **6.1** ~ a chair **from** paper *een stoel v. papier maken;* ⟨fig.⟩ show them what you are made **of** *toon wat je waard bent;* a bridge made **of** stone *een brug v. steen, een stenen brug;* they made a cupboard **out of** oak *zij maakten een kast v. eikenhout* **6.2** ~ a stone **into** an axe *v. een steen een bijl maken;* you've made such a happy man **out of** me *je hebt v. mij zo'n gelukkig mens gemaakt* **6.3** he made a lot **on** this deal *hij verdiende een hoop aan deze transactie* **6.8** the man is made **for** this job *de man is geknipt voor deze baan* **6.¶** what do you ~ **of** that story? *wat denk jij v. dat verhaal?;* they couldn't ~ anything **of** my notes *ze begrepen niets van mijn aantekeningen* **¶.1** that boy's as fast/bad as they make 'em *die jongen is zo snel/slecht als maar kan.* →**make out, make up.**

make-and-break ⟨elek.⟩ **0.1** ***onderbreker*** ◆ **1.1** ~ contact *omschakelcontact.*

make-believe[1] ⟨zn.⟩ **0.1** ***schijn*** ⇒*fantasie, het doen alsof* ◆ **1.1** this fight is just ~ *dit gevecht is maar spel/voor de schijn;* a world of ~ *een fantasiewereld.*

make-believe[2] ⟨bn.⟩ **0.1** ***schijn-*** ⇒*fantasie-.*

make for 0.1 ***gaan naar*** ⇒*zich begeven naar* **0.2** ***afstormen op*** **0.3** ***bevorderen*** ⇒*leiden tot, bijdragen tot, zorgen voor* ◆ **1.1** we made for the nearest pub *we gingen naar de dichtstbijzijnde kroeg* **1.2** two policemen made for the sailor *twee agenten stormden op de matroos af* **1.3** drinking two pints of beer a day makes for good health *twee glazen bier per dag bevordert een goede gezondheid;* this new chair makes for more comfortable sitting *deze nieuwe stoel maakt het zitten comfortabeler.*

make out I ⟨onov.ww.⟩⟨inf.⟩ **0.1** ***klaarspelen*** ⇒*het maken, zich redden* **0.2** ***een relatie hebben*** ⇒⟨ihb.⟩ *verkering hebben* **0.3** ***vrijen*** ◆ **1.1** the European industry is not making out as bad as everybody says *met de Europese industrie gaat het niet zo slecht als iedereen zegt* **6.2** how are you making out **with** Leila? *hoe gaat het tussen jou en Leila?;*

II ⟨ov.ww.⟩ **0.1** ***uitschrijven*** ⇒*opmaken, invullen* **0.2** ***beweren*** ⇒*verkondigen* **0.3** ***onderscheiden*** ⇒*zien* **0.4** ***ontcijferen*** ⟨bv. handschrift⟩ **0.5** ***begrijpen*** ⇒*snappen, hoogte krijgen v.* **0.6** ***voorstellen (als)*** ⇒*uitmaken voor* ◆ **1.1** ~ a cheque to/in favour of *een cheque uitschrijven op naam v./ten gunste v.* **1.5** I can't make Mary out *ik kan geen hoogte v. Mary krijgen;* I can't ~ this message *ik snap dit bericht niet* **1.6** they made John out to be a hypocrite *zij maakten John uit voor hypocriet* **4.2** she makes herself out to be very rich *zij beweert dat ze erg rijk is* **8.2** he made out that … *hij beweerde dat …* **8.5** we couldn't ~ if/whether they wanted to move or not *we konden er niet achter komen/wisten niet of ze nu wilden verhuizen of niet* **¶.¶** how do you make that out? *hoe kom je daar bij?*

maker [meekə] **0.1** ⟨vaak in samenstellingen⟩ ***maker*** ⇒*fabrikant* ◆ **3.¶** meet one's ~ *sterven, dood gaan* **7.¶** the/our Maker *de/onze Schepper.*

make-shift 0.1 ⟨bn.⟩ ***voorlopig*** ⇒*tijdelijk, nood-* **0.2** ⟨zn.⟩ ***tijdelijke vervanging*** ⇒*noodoplossing.*

make up I ⟨onov.ww.⟩ **0.1** ***zich opmaken*** ⇒*zich schminken* **0.2** ***zich verzoenen*** ⇒*weer goed maken* ◆ **6.¶** ~ **for** *weer goed maken, vergoeden;* this will ~ **into** two pairs of trousers *hier kan men twee broeken uit maken;* ~ **to** s.o. *bij iem. in de gunst zien te komen;* ~ **to** s.o. for sth. *iem. iets vergoeden; iets goedmaken met/bij iem.;* how can we ever ~ **to** them for this? *hoe kunnen we hen dit ooit doen vergeten?;* **II** ⟨ov.ww.⟩ **0.1** ***opmaken*** ⇒*schminken* **0.2** ***bijleggen*** ⇒*goedmaken* ⟨ruzie⟩ **0.3** ***volledig/voltallig maken*** ⇒*aanvullen* **0.4** ***vergoeden*** ⇒*goedmaken; teruggeven, terugbetalen* **0.5** ***verzinnen*** ⇒*uit zijn duim zuigen* **0.6** ***opmaken*** ⟨pagina e.d.⟩ **0.7** ***vormen*** ⇒*samenstellen* **0.8** ***maken*** ⇒*opstellen, klaarmaken* ⟨medicijn⟩, *bereiden; maken tot (pakje); (kleren) maken (v.), naaien* **0.9** ***opmaken*** ⟨bed⟩ **0.10** ***aanleggen*** ⟨vuur, kachel⟩ ⇒*hout/kolen/olie gooien op/in* ◆ **1.1** a heavily made up woman *een zwaar opgemaakte vrouw* **1.3** father made up the difference of three pound *vader legde de ontbrekende drie pond bij* **1.4** ~ lost ground *de schade inhalen;* ~ a loss *een verlies goedmaken;* ~ the money you owe him *geef hem het geld terug dat je hem schuldig bent* **1.5** ~ an excuse *een excuus verzinnen* **1.7** forty men and thirty-seven women made up the whole tribe *veertig mannen en zevenendertig vrouwen vormden de hele stam* **1.8** ~ today's orders *de bestellingen v. vandaag klaarmaken;* mother made us up a sandwich lunch *moeder maakte voor ons een lunchpakket klaar;* ~ a shirt *een overhemd maken/naaien* **4.2** make it up (with s.o.) *het weer goed maken (met iem.)* **4.3** ~ a four at a game of scrabble *de vierde man zijn in een spelletje scrabble®* **6.3** **to** ~ *aanvullen tot* ⟨bep. bedrag⟩ **6.7** the group was made up **of** four musicians *de groep bestond uit vier muzikanten* **6.8** he made his old books up **into** two small parcels *hij maakte v. zijn oude boeken twee kleine pakjes.*

make-up [meekup] ⟨vnl. enk.⟩ **0.1** ***make-up*** ⇒⟨ihb.⟩ *schmink, grimeersel* **0.2** ***aard*** ⇒*karakter, natuur* **0.3** ***samenstelling*** ⇒*opbouw* **0.4** ***grime*** ⟨v. toneelspeler⟩ **0.5** ⟨druk.⟩ ***opmaak*** ⟨v. zetsel⟩ ⇒⟨ook⟩ *het opmaken.*

make-up girl **0.1** ***grimeuse.***

make-up man **0.1** ***grimeur.***

making [meeking] **0.1** ***vervaardiging*** **0.2** ***product*** ⇒*maaksel* **0.3** ⟨mv.⟩ ***verdiensten*** **0.4** ⟨mv.⟩ ***ingrediënten*** ⟨ook fig.⟩ ⇒*(juiste) kwaliteiten* ◆ **1.4** have the ~s of a film director *het in zich hebben om een filmregisseur te worden* **3.¶** study will be the ~ of him *studie zal hem verder/hoger op brengen* **6.¶** **in** the ~ *in de maak, in voorbereiding; in spe.*

maladapt [mælədæpt] **0.1** ***slecht/verkeerd aanpassen/aanwenden.***

maladjusted [mælədzjustid] **0.1** ***slecht geregeld*** ⟨vnl. tech.⟩ **0.2** ⟨psych.⟩ ***onaangepast*** **0.3** ⟨ec.⟩ ***onevenwichtig.***

maladjustment [mælədzjus(t)mənt] **0.1** ***slechte regeling*** ⟨vnl. tech.⟩ **0.2** ⟨psych.⟩ ***onaangepastheid*** **0.3** ⟨ec.⟩ ***onevenwichtig.***

maladministration [mælədminnistreesjn] **0.1** ***wanbestuur*** ⇒*wanbeheer.*

maladroit [mælədrojt] ⟨-ness⟩⟨schr.⟩ **0.1** ***onhandig*** ⟨ook fig.⟩ ⇒*tactloos.*

malad|y [mælədie] ⟨mv.: -ies⟩⟨schr.⟩ **0.1** ***kwaal*** ⇒*ziekte* ◆ **2.1** a social ~ *een sociale plaag.*

malaise [məleez] **0.1** ***malaise*** **0.2** ***onbehaaglijkheid*** ⇒*wee gevoel.*

malapropism [mæləproppizm] **0.1** ***(grappige) verspreking.***

malapropos [mælæprəpoo] ⟨schr.⟩ **0.1** ⟨bn.⟩ ***inopportuun*** ⇒*ongelegen* **0.2** ⟨bw.⟩ ***mal-à-propos*** ⇒*te onpas.*

malaria [məleəriə] ⟨med.⟩ **0.1** ***malaria.***

malarial [məleəriəl] **0.1** ***malaria-.***

Malay [məlee], **Malayan** [məleeən] **0.1** ⟨bn.⟩ ***Maleis*** **0.2** ⟨eig.n.⟩ ***Maleis*** ⟨taal⟩ **0.3** ⟨telb. zn.⟩ ***Maleier.***

Malaysia [məleeziə] **0.1** ***Maleisië.***

Malaysian [məleeziən] **0.1** ⟨bn.⟩ ***Maleis*** **0.2** ⟨zn.⟩ ***Maleier*** ⇒*Maleisiër* ⟨inwoner v. Maleisië⟩.

malcontent[1] [mælkəntent] ⟨zn.⟩ **0.1** ***misnoegde*** ⇒*ontevredene.*

malcontent[2], **malcontented** [mælkəntentid] ⟨bn.⟩ **0.1** ***misnoegd*** ⇒*ontevreden.*

male[1] [meel] ⟨zn.⟩ **0.1** ***mannelijk persoon*** **0.2** ***mannetje*** ⟨dier⟩.

male[2] **I** ⟨bn.⟩ **0.1** ***mannelijk*** ⟨ook fig.⟩ ⇒*viriel* ◆ **1.1** ~ chauvinism *(mannelijk) seksisme;* ⟨sl.⟩ ~ chauvinist pig *vuile seksist;* ~ choir *mannenkoor;*
II ⟨bn., attr.⟩⟨biol., tech.⟩ **0.1** ***mannetjes-*** ◆ **1.1** ~ monkey *mannetjesaap* **1.¶** ~ screw *vaarschroef.*

male bonding **0.1** ***kameraadschap*** ⇒*camaraderie.*

malediction [mæliddiksjn] ⟨vnl. schr.⟩ **0.1** ***vervloeking*** ⇒*verwensing.*

malefactor [mælifæktə] ⟨vnl. schr.⟩ **0.1** ***boosdoener.***

maleficent [məleffisnt] ⟨schr.⟩ **0.1** ***misdadig*** ⇒*boosaardig* **0.2** ⟨+ to⟩ ***schadelijk (voor).***

malevol|ent [məlevvələnt] ⟨zn.: **-ence**⟩ **0.1** ***kwaadwillig.***

malfeasance [mælfie:zns] ⟨jur.⟩ **0.1** ***misdrijf*** ⇒⟨ihb.⟩ *ambtsmisdrijf.*

malformation [mælfo:meesjn] **0.1** ***misvorming.***

malformed [mælfo:md] **0.1** ***misvormd.***

malfunction[1] [mælfungksjn] ⟨zn.⟩⟨tech.⟩ **0.1** ***storing*** ⇒*defect.*

malfunction[2] ⟨ww.⟩⟨tech.⟩ **0.1** ***defect zijn*** ⇒*slecht/niet werken.*

malice [mælis] **0.1** ***kwaadwilligheid*** ⇒*boosaardigheid* **0.2** ***plaagzucht*** **0.3** ⟨jur.⟩ ***boos opzet*** ◆ **3.1** bear ~ towards/to/against s.o. *(een) wrok tegen iem. koesteren.* →**aforethought.**

malicious [məlisjəs] **0.1** ***kwaadwillig*** ⇒*boosaardig* **0.2** ***plaagziek*** **0.3** ⟨jur.⟩ ***opzettelijk.***

malign[1] [məlajn] ⟨bn.⟩ **0.1** ***schadelijk*** ⇒*verderfelijk* **0.2** ***kwaadwillig*** ⇒*boosaardig, vijandig* **0.3** ***kwaadaardig*** ⇒*maligne* ⟨v. ziekte⟩.

malign[2] ⟨ww.⟩ **0.1** ***kwaad spreken van*** ⇒*belasteren.*

malignancy [məlignənsie] **0.1** ***schadelijkheid*** **0.2** ***kwaadwilligheid*** ⇒*vijandelijkheid* **0.3** ***kwaadaardigheid*** ⟨v. ziekte⟩ **0.4** ***maligne/kwaadaardige tumor.***

malignant [məlignənt] **0.1** ***schadelijk*** ⇒*verderfelijk* **0.2** ***kwaadwillig*** ⇒*boosaardig* **0.3** ***kwaadaardig*** ⇒*maligne* ⟨v. ziekte⟩.

malignity [məlignətie] **0.1** ***schadelijkheid*** ⇒*verderfelijkheid* **0.2** ***kwaadwilligheid*** ⇒*vijandigheid, haat* **0.3** ***kwaadaardigheid*** ⟨v. ziekte⟩.

malinger [məlinggə] **0.1** ***simuleren*** ⇒*malingeren, zich ziek houden.*

malingerer [məlinggərə] **0.1** ***lijntrekker*** ⇒*simulant.*

mall [mo:l, mæl] **0.1** ***wandelgalerij*** ⇒*promenade* **0.2** ***winkelpromenade*** ⇒*groot winkelcentrum* **0.3** ⟨AE⟩ ***middenberm.***

mallard [mæləd] ⟨mv.: ook mallard⟩ **0.1** ***wilde eend.***

malleab|le [mæliəbl] ⟨-ly; zn.: **-ility**⟩ **0.1** ***pletbaar*** ⟨vnl. mbt. metaal⟩ ⇒⟨fig.⟩ *kneedbaar.*

mallet [mælit] **0.1** ***houten hamer*** **0.2** ***croquethamer*** **0.3** ***polohamer.***

mallow [mæloo] ⟨plantk.⟩ **0.1** ***kaasjeskruid.***

malnutrition [mælnjoetrisjn] **0.1** ***slechte voeding*** ⇒⟨ihb.⟩ *ondervoeding.*

malodorous [mæloodrəs] **0.1** ***onwelriekend.***

malpractice [mælpræktis] **0.1** ***kwade praktijk*** **0.2** ⟨jur.⟩ ***misdrijf*** **0.3** ⟨jur.⟩ ***ambtsovertreding*** **0.4** ⟨jur.⟩ ***medische fout*** ⇒*verkeerde behandeling, nalatigheid.*

malt¹ [mo:lt] ⟨zn.⟩ **0.1** ***mout*** ⇒*malt.*

malt² **I** ⟨onov.ww.⟩ **0.1** ***mout worden;***
II ⟨ov.ww.⟩ **0.1** ***mouten*** ⇒*mout maken van; mout toevoegen aan* ◆ **1.1** ~ed milk *melk met moutextract.*

Malta [mo:ltə] **0.1** ***Malta.***

Maltese [mo:ltie:z] ⟨mv.: Maltese⟩ **0.1** ⟨bn.⟩ ***Maltees*** **0.2** ⟨bn.⟩ ***Maltezisch*** **0.3** ⟨eig.n.⟩ ***Maltees*** ⟨taal⟩ **0.4** ⟨telb. zn.⟩ ***Maltees*** ⟨inwoner v. Malta⟩ ⇒*Maltezer* ◆ **1.1** ~ Cross *Maltezer kruis.*

maltreat [mæltrie:t] ⟨zn.: **-ment**⟩ **0.1** ***mishandelen.***

mam [mæm] ⟨verk.⟩ [mammy] ⟨inf.⟩ **0.1** ***mam(s).***

mamba [mæmbə] ⟨dierk.⟩ **0.1** ***mamba.***

mambo [mæmboo] **0.1** ***mambo.***

mamma →**mummy.**

mammal [mæml] **0.1** ***zoogdier.***

mammalian [mæmeeliən] **0.1** ***zoogdier-.***

mammary [mæməriе] **0.1** ***mbt. de borst*** ◆ **1.1** ~ gland *borstklier.*

Mammon [mæmən] **I** ⟨eig.n.⟩ **0.1** ***mammon;***
II ⟨n.-telb.zn.; ook m-⟩ **0.1** ***geld*** ⇒*rijkdom* ⟨als bron v. kwaad⟩.

mammoth [mæməθ] **0.1** ⟨zn.⟩ ***mammoet*** **0.2** ⟨bn.⟩ ***mammoet-.***

mamm|y [mæmie] ⟨mv.: -ies⟩ **0.1** ***mammie*** **0.2** ⟨AE; vaak pej.⟩ ***zwarte kindermeid.***

man¹ [mæn] ⟨zn.; mv.: men [men]⟩ **0.1** ***man*** ⇒*de man; echtgenoot;* ⟨inf.⟩ *minnaar, partner* **0.2** ***mens*** ⇒⟨ook M-⟩ *het mensdom* **0.3** ***ondergeschikte*** ⇒⟨mil.⟩ *soldaat;* ⟨mv.⟩ *manschappen* **0.4** ***(echte) man*** **0.5** ***stuk*** ⟨v. schaakspel e.d.⟩ ◆ **1.1** ~ of fashion *mondain iem.;* ~ of figure / mark *man v. formaat;* ~ of God *priester/dominee;* ~ of honour *man v. eer;* ~ of letters *schrijver; geleerde;* ~ of means / substance / property *bemiddeld/vermogend man;* ~ of men *voortreffelijk mens;* Man of Sorrows *Man v. Smarten* ⟨Jezus⟩; the ~ in / on the street *de gewone/doorsnee man;* ~ about town *man v.d. wereld, playboy;* ~ and wife *man en vrouw;* ~ of his word *een man v. zijn woord;* ~ of the world *iem. met mensenkennis/ervaring* **1.2** a ~ and a brother *een medemens;* the rights of Man *de mensenrechten* **1.3** officers and men *officiers en soldaten/manschappen* **1.¶** every ~ jack *iedereen zonder uitzondering* **2.1** my (good) ~! *m'n beste kerel!;* the very ~ *de persoon die men nodig heeft, net wie men zocht* **2.2** to the last ~ *tot op de laatste man* **3.1** drowning ~ *drenkeling* **3.4** make a ~ of *volwassen/een man maken van;* make men out of *mannen maken van;* play the / try to be a ~ *zich stoer houden* **3.¶** made ~ *geslaagd man* **4.2** every ~ for himself *ieder voor zich* **4.¶** be enough of a ~ to *wel zo flink zijn om te* **5.4** be ~ enough to *mans genoeg zijn om* **6.1** it is not **in** a ~ *dat kan een mens niet;* (as) ~ **to** ~ / **(as)** one ~ **to** another *van man tot man* **6.2** ~ **for** ~ *stuk voor stuk* **6.¶** (all) **to** a ~ *eensgezind* **7.2** as a / one ~ *als één man;* so many men, so many minds *zoveel hoofden, zoveel zinnen;* ⟨pol.⟩ one ~, one vote *one man, one vote; enkelvoudig stemrecht* **7.3** I'm your ~ *op mij mag/kan je rekenen* **7.4** half a ~ *slappeling* **¶.2** ⟨sprw.⟩ ~ proposes, God disposes *de mens wikt, God beschikt.* →**bread, dead, grand, heart, meat, odd, old, price, young.**

man² ⟨ww.; -ned⟩ **0.1** ***bemannen*** ⇒*bezetten* **0.2** ***vermannen*** ◆ **1.1** ~ned crossing *bewaakte overweg;* ~ a post *een post bezetten* **4.2** ~ o.s. *zich vermannen.*

man³ ⟨tw.⟩ ⟨AE; inf.⟩ **0.1** ***sjonge!***

manacle¹ [mænəkl] ⟨zn.; vnl. mv.⟩ **0.1** ***handboei*** **0.2** ***belemmering.***

manacle² ⟨ww.⟩ **0.1** ***de kluisters aanleggen*** ⇒*in de boeien slaan, vastleggen.*

man advantage ⟨sport, ihb. ijshockey⟩ **0.1** ***manvoordeel*** ⇒ *numerieke meerderheid, man meer op het ijs.*

manage [mænidzj] **I** ⟨onov.ww.⟩ **0.1** ***rondkomen*** ⇒*zich behelpen* **0.2** ***slagen*** ⇒*het klaarspelen* **0.3** ***als beheerder fungeren/optreden*** ◆ **4.2** I'll ~ *het lukt me wel;*
II ⟨ov.ww.⟩ **0.1** ⟨met ww.⟩ ***slagen in*** ⇒*weten te, kunnen* **0.2** ***leiden*** ⇒*besturen, beheren* ⟨zaak⟩, *reguleren* ⟨munt⟩, *hoeden* ⟨vee⟩ **0.3** ***beheersen*** ⇒*weten aan te pakken, manipuleren* **0.4** ***hanteren*** **0.5** ***aankunnen*** ⇒*aandurven, in staat zijn tot* **0.6** ***kunnen gebruiken*** ◆ **1.5** I cannot ~ another mouthful *ik krijg er geen hap meer in;* she ~d a smile *ze wist een glimlach op te brengen* **1.6** I could ~ a day off *een vrije dag zou me niet slecht uitkomen* **3.1** the ~d to escape *hij wist te/kon ontsnappen.*

manageab|le [mænidzjəbl] ⟨-ly; zn.: **-ility**⟩ **0.1** ***handelbaar*** ⇒*gemakkelijk bestuurbaar, beheersbaar, manipuleerbaar.*

management [mænidzjmənt] **I** ⟨n.-telb.zn.⟩ **0.1** ***beheer*** ⇒ *management, bestuur* **0.2** ***overleg*** ⇒*beleid* **0.3** ***list*** ⇒*manipulatie* **0.4** ⟨med.⟩ ***behandeling*** ◆ **1.2** more luck than (good) ~ *meer geluk dan wijsheid;*
II ⟨zn.; ww. enk. of mv.⟩ **0.1** ***bestuur*** ⇒*management, administratie* **0.2** ***werkgevers*** ⇒*patronaat.*

management consultant **0.1** ***organisatiedeskundige.***

management team **0.1** ***beleidsteam.***

manager [mænidzjə] **0.1** ***bestuurder*** ⇒*chef, directeur* ⟨v. onderneming⟩, *manager* ⟨v. sportploeg⟩, *impresario* ⟨v. zanger⟩ **0.2** ***manager*** ⇒*bedrijfsleider* **0.3** ⟨BE⟩ ***parlementslid met speciale opdracht*** ◆ **2.2** she is a good ~ *ze weet met geld om te gaan.*

manageress [mænidzjəres] **0.1** ***bestuurster*** **0.2** ***beheerster.***

managerial [mænidzjiəriəl] **0.1** ***bestuurs-*** ⇒*directeurs-, leidinggevend.*

managing [mænidzjing] ◆ **1.¶** ~ director *directeur;* ~ editor *directeur-hoofdredacteur.*

man-at-arms ⟨mv.: men-at-arms⟩ ⟨gesch.⟩ **0.1** ***krijgsman.***

manatee [mænətie:] ⟨dierk.⟩ **0.1** ***lamantijn.***

Mancunian [mængkjoe:niən] **0.1** ⟨bn.⟩ ***Manchesters*** ⇒*van/mbt. Manchester* **0.2** ⟨zn.⟩ ***inwoner v. Manchester.***

mandarin [mændərin] **0.1** ⟨M-⟩ ***Mandarijns*** ⟨taal⟩ ⇒*Chinees* **0.2** ⟨gesch.⟩ ***mandarijn*** ⟨ook fig.; pej.⟩ ⇒*bureaucraat* **0.3** ***mandarijntje.***

mandarin duck **0.1** ***mandarijneend.***

mandarin orange **0.1** ***mandarijntje.***

mandate¹ [mændeet] ⟨zn.⟩ **0.1** ***mandaat.***

mandate² ⟨ww.⟩ **0.1** ***onder mandaat stellen*** ◆ **1.1** ~d territory *mandaatgebied.*

mandatory [mændətrie] **0.1** ***bevel-*** **0.2** ***verplicht*** **0.3** ***belast met een mandaat*** ⟨v.d. Volkenbond⟩ ◆ **1.1** ~ sign *gebodsbord* **1.2** ~ contribution *verplichte bijdrage.*

man-day **0.1** ***mandag.***

mandible [mændəbl] **0.1** ***kaak*** **0.2** ***onderkaak*** **0.3** ***deel v.e. vogelsnavel*** **0.4** ***kauwwerktuig*** ⟨v. insect⟩.

mandolin(e) [mændəlin] **0.1** ***mandoline.***

mandrake [mændreek] **0.1** ***mandragora*** ⟨tovermiddel⟩ **0.2** ⟨plantk.⟩ ***alruin.***

mandrill [mændril] ⟨dierk.⟩ **0.1** ***mandril.***

mane [meen] **0.1** ***manen.***

man-eater **0.1** ***menseneter*** **0.2** ***mensenhaai*** **0.3** ⟨scherts.; pej.⟩ ***vrouw met veel minnaars.***

man-eating **0.1** ***mensenetend*** ⇒*kannibalistisch.*

manege, manège [mæneezj] **0.1** ***manege*** ⇒*(paard)rijschool* **0.2** ***rijkunst.***

maneuver →**manoeuvre.**
maneuverable →**manoeuvrable.**
man Friday ⟨mv.: men Friday(s)⟩ **0.1** ***handlanger*** **0.2** ***rechterhand.***
manful [mænfl] **0.1** ***manhaftig*** ⇒*dapper.*
manganate [mænggəneet] ⟨schei.⟩ **0.1** ***manganaat.***
manganese [mænggənie:z] **0.1** ***mangaan.***
mange [meendzj] **0.1** ***schurft*** ⇒*scabiës.*
mangel-wurzel [mænggl wə:zl], **mangold-wurzel** **0.1** ***mangelwortel*** ⇒*voederbiet.*
manger [meendzjə] **0.1** ***trog*** ⇒*krib.*
mange-tout [mãnzjtoe:], **mangetout pea** **0.1** ***peul(tje).***
mangle[1] [mænggl] ⟨zn.⟩ **0.1** ***mangel*** **0.2** ⟨vnl. BE⟩ ***wringer.***
mangle[2] ⟨ww.⟩ **0.1** ***mangelen*** ⇒*door de mangel/wringer draaien* **0.2** ***verscheuren*** ⇒*verminken, havenen;* ⟨fig.⟩ *verknoeien* ◆ **1.2** ~d bodies *verminkte lichamen;* ~ words *woorden verhaspelen.*
mango [mænggoo] ⟨mv.: ook -es⟩ **0.1** ***mango.***
mangosteen [mænggəstie:n] **0.1** ***manggis.***
mangrove [mænggroov] **0.1** ***mangrove.***
mang|y [meendzjie] ⟨-ily⟩ **0.1** ***schurftig*** **0.2** ***sjofel.***
manhandle [mænhændl, -hændl] **0.1** ***ruw behandelen*** ⇒ *toetakelen, afranselen* **0.2** ***door mankracht verplaatsen.***
manhole **0.1** ***mangat.***
manhood [mænhoed] **0.1** ***mannelijkheid*** ⇒*manhaftigheid* **0.2** ***volwassenheid*** **0.3** ⟨ww. enk. of mv.⟩ ***mannelijke bevolking*** ◆ **1.2** age of ~ *manbare/huwbare leeftijd.*
man-hour **0.1** ***manuur.***
mania [meeniə] **0.1** ***manie*** ⇒*waanzin* **0.2** ***zucht*** **0.3** ⟨+for⟩ ***rage (om/voor)*** ◆ **1.2** he has football ~ *hij is voetbalgek.*
maniac [meenie·æk] **0.1** ***maniak*** ⇒*waanzinnige.*
maniacal [mənajjəkl] **0.1** ***maniakaal*** ⇒⟨fig.⟩ *dol enthousiast.*
manic [mænik] **0.1** ⟨med.⟩ ***manisch*** **0.2** ***erg opgewonden*** ⇒ *bezeten.*
manic-depressive **0.1** ***manisch-depressief.***
manicure [mænikjoeə] **0.1** ⟨zn.⟩ ***manicure*** **0.2** ⟨ww.⟩ ***manicuren.***
manicurist [mænikjoeərist] **0.1** ***manicure*** ⟨persoon⟩.
manifest[1] [mæniffest] ⟨zn.⟩ **0.1** ⟨vnl. scheep.⟩ ***manifest*** ⇒ *cargolijst, ladingsbrief* **0.2** ⟨verkeer⟩ ***passagierslijst.***
manifest[2] ⟨bn.⟩ **0.1** ***zichtbaar*** ⇒*kenbaar, manifest* **0.2** ***duidelijk*** ⇒*klaarblijkelijk.*
manifest[3] **I** ⟨onov.ww.⟩ **0.1** ***verschijnen*** ⟨v. geest⟩ ⇒*zich manifesteren;*
II ⟨ov.ww.⟩ **0.1** ***zichtbaar maken*** ⇒*kenbaar/duidelijk maken;* ⟨rel.⟩ *openbaren* **0.2** ***vertonen*** ⇒*aan de dag leggen, bewijzen* ◆ **1.2** ~ one's interest *blijk geven v. belangstelling;* ~ one's opinion *zijn mening te kennen geven.*
manifestation [mæniffesteesjn] **0.1** ***manifestatie*** **0.2** ***verkondiging*** ⇒*openbaring* **0.3** ***uiting*** ⇒*blijk.*
manifesto [mæniffestoo] ⟨mv.: ook manifestoes⟩ **0.1** ***manifest.***
manifold[1] [mæniffoold] ⟨zn.⟩ **0.1** ⟨tech.⟩ ***spruitstuk*** ⇒*verdeelstuk/leiding/werk* **0.2** ⟨tech.⟩ ***verzamelleiding*** ⟨v. uitlaat e.d.⟩ ⇒*collector.*
manifold[2] ⟨bn.⟩ **0.1** ***veelvuldig*** ⇒*verscheiden* **0.2** ***geleed*** ⇒ *uit verscheidene delen bestaand.*
manikin →**man(n)ikin.**
Manilla, ⟨AE sp. ook⟩ **Manila** [mənillə] ⟨ook m-⟩ **0.1** ***manillasigaar*** **0.2** ***manilla(hennep)*** **0.3** ***manillapapier.***
manil(l)a hemp **0.1** ***manilla(hennep).***
manil(l)a paper **0.1** ***manillapapier.***
manipulate [mənipjoeleet] **0.1** ***hanteren*** ⟨toestel⟩ **0.2** ***manipuleren*** ⟨ook med.⟩ **0.3** ***knoeien met*** ⟨tekst, cijfers⟩.
manipulation [mənipjoeleesjn] **0.1** ***manipulatie*** **0.2** ***hantering.***
mankind [mænkajnd] **0.1** ***het mensdom*** ⇒*de mensheid.*
manky [mængkie] ⟨BE; inf.⟩ **0.1** ***slonzig*** ⇒*slordig, onverzorgd.*
manlike [mænlajk] **0.1** ***mannelijk*** ⟨gedrag e.d.⟩ **0.2** ***manachtig.***
manl|y [mænlie] ⟨-iness⟩ **0.1** ***mannelijk*** ⇒*manhaftig* **0.2** ***manachtig.***
man-made **0.1** ***door de mens gemaakt*** ⇒*kunstmatig* ◆ **1.1** ~ fibre *kunstvezel.*
manna [mænə] **0.1** ***manna*** ⇒⟨fig.⟩ *hemelse gave.*
manned [mænd] **0.1** ***bemand.***
mannequin [mænikkin] **0.1** ***mannequin*** **0.2** ***etalagepop*** ⇒ *ledenpop.*
manner [mænə] **0.1** ***manier*** ⇒*wijze* **0.2** ***houding*** ⇒*gedrag* **0.3** ***stijl*** ⇒*trant* **0.4** ***soort*** ⇒*slag* **0.5** ⟨mv.⟩ ***manieren*** ⇒ *goed gedrag* **0.6** ⟨mv.⟩ ***zeden*** ⇒*mores, levenswijze, sociale gewoonten* ◆ **1.4** by no/not by any ~ of means *in geen geval* **1.6** ~s and customs *zeden en gewoonten* **2.5** bad ~s *slechte manieren;* it's bad ~s *dat is onbeleefd* **3.5** teach s.o. ~s *iem. mores leren* **3.¶** mend one's ~s *zich/zijn leven beteren* **4.4** what ~ of man is he? *wat voor een man is hij?* **6.1** **in** a ~ *in zekere zin;* **in** a ~ **of** speaking *bij wijze van spreken* **6.4** all ~ **of** *allerlei;* no ~ **of** *geen enkele (soort van).* →**born.**
mannered [mænəd] **0.1** ***gemaniëreerd*** ⇒*gekunsteld.*
mannerism [mænərizm] **0.1** ***maniërisme*** **0.2** ***gemaniëreerdheid*** ⇒*gekunsteldheid.*
mannerly [mænəlie] **0.1** ***beleefd*** ⇒*goedgemanierd.*
man(n)ikin [mænikkin] **0.1** ***dwerg*** ⇒*mannetje* **0.2** ***ledenpop*** ⟨als model⟩ **0.3** ***mannequin*** **0.4** ⟨med.⟩ ***fantoom.***
mannish [mænisj] ⟨-ness⟩⟨pej.⟩ **0.1** ***manachtig*** ⇒*mannelijk* ⟨v. vrouwen⟩.
manoeuvrab|le, ⟨AE sp.⟩ **maneuverab|le** [mənoe:vrəbl] ⟨zn.: **-ility**⟩ **0.1** ***manoeuvreerbaar*** ⇒*gemakkelijk te besturen.*
manoeuvre[1], ⟨AE sp.⟩ **maneuver** [mənoe:və] ⟨zn.⟩ **0.1** ***manoeuvre*** ⟨mil., scheep. vaak mv.⟩ ◆ **6.1** troops **on** ~s *troepen op manoeuvre.*
manoeuvre[2], ⟨AE sp.⟩ **maneuver** ⟨ww.⟩ **0.1** ***manoeuvreren*** ⟨ook scheep.⟩ ⇒⟨mil.⟩ *op manoeuvre zijn;* ⟨fig.⟩ *slinks handelen* ◆ **6.1** ~ s.o. **into** a good job *een goed baantje voor iem. versieren.*
man-of-war [mænəwo:] ⟨mv.: men-of-war⟩⟨vero.⟩ **0.1** ***oorlogsschip.***
manometer [mənommittə] **0.1** ***manometer.***
manometric [mænəmetrik] ⟨-ally⟩ **0.1** ***manometrisch*** ◆ **1.1** ~ pressure *manometerdruk.*
manor [mænə] **0.1** ***manor*** ⇒*groot (heren)huis met omliggende gronden* **0.2** ⟨BE; sl.⟩ ***politiedistrict*** ◆ **1.¶** lord of the ~ *ambachtsheer.*
manor house **0.1** ***manor*** ⇒*herenhuis.*
manorial [məno:riəl] **0.1** ***heerlijk*** ⇒*ambachtsheerlijk.*
manpower [mænpauə] ⟨mv.: manpower⟩ **0.1** ***mankracht*** **0.2** ***arbeidskrachten*** **0.3** ***beschikbare strijdkrachten*** ◆ **6.1** move **by** ~ *met mankracht verplaatsen.*
manqué [mongkee] **0.1** ***mislukt*** ⇒*miskend.*
mansard [mænsa:d], **mansard roof** **0.1** ***mansardedak.***
manse [mæns] ⟨vnl. Sch. E⟩ **0.1** ***pastorie.***
manservant [mænsə:vənt]⟨mv.: menservants [mensə:vənts]⟩ **0.1** ***knecht.***
mansion [mænsjn] **0.1** ***herenhuis*** **0.2** ⟨mv.; M-; BE⟩ ***(flat)gebouw*** ◆ **1.2** Holborn Mansions *Holbornhuis, Holbornflat.*
man-size, man-sized [mænsajzd] **0.1** ***flink*** ⇒*kolossaal.*

manslaughter [mænslo:tə] **0.1** ***doodslag*** *⇒manslag.*
mantelpiece **0.1** ***schoorsteenmantel.***
mantelshelf **0.1** ***schoorsteenblad.***
mantilla [mæntillə] **0.1** ***mantilla.***
mantis [mæntis] **0.1** ***bidsprinkhaan*** ⟨genus Mantis⟩ ◆ **3.1** praying ~ *bidsprinkhaan* ⟨Mantis religiosa⟩.
mantle[1] [mæntl] ⟨zn.⟩ **0.1** ***mantel*** ⟨ook dierk., geol.⟩ ⇒⟨fig.⟩ *dekmantel, dek* **0.2** ***(gloei)kousje*** ⟨v. gaslamp⟩.
mantle[2] ⟨ww.⟩ **0.1** ⟨schr.⟩ ***dekken*** *⇒bedekken, hullen in* **0.2** ***verhullen.***
man-to-man, man-on-man **0.1** ***v. man tot man*** *⇒openhartig, op de man af* ◆ **1.1** ⟨sport⟩ ~ defence / marking *mandekking.*
mantrap **0.1** ***val*** *⇒voetangel, klem* ⟨vnl. tegen stropers⟩.
manual[1] [mænjoeəl] ⟨zn.⟩ **0.1** ***handboek*** *⇒handleiding* **0.2** ⟨muz.⟩ ***manuaal.***
manual[2] ⟨bn.⟩ **0.1** ***hand-*** ◆ **1.1** ~ control *handbediening;* ~ labour *handenarbeid;* ~ worker *handarbeider.*
manufacture[1] [mænjoefæktsjə] ⟨zn.⟩ **0.1** ⟨vnl. mv.⟩ ***fabrikaat*** *⇒product, goederen* **0.2** ***vervaardiging*** *⇒fabricage, productie(proces), makelij* **0.3** ***fabriekswezen*** ◆ **6.2** **of** home ~ *in huisarbeid/in eigen land vervaardigd.*
manufacture[2] ⟨ww.⟩ **0.1** ***vervaardigen*** *⇒verwerken* **0.2** ***produceren*** *⇒voortbrengen* **0.3** ***verzinnen*** ◆ **1.1** ~d gas *lichtgas;* ⟨ec.⟩ manufacturing industry *verwerkende industrie.*
manufacturer [mænjoefæktsjərə] **0.1** ***fabrikant.***
manumit [mænjoemit] ⟨-ted⟩ ⟨gesch., jur.⟩ **0.1** ***vrijlaten*** ⟨slaaf⟩.
manure[1] [mənjoeə] ⟨zn.⟩ **0.1** ***mest.***
manure[2] ⟨ww.⟩ **0.1** ***bemesten*** *⇒gieren.*
manuscript [mænjoeskript] **0.1** ***manuscript*** *⇒handschrift.*
Manx [mængks] ⟨mv.: Manx⟩ **0.1** ⟨bn.⟩ ***Manx-*** **0.2** ⟨eig.n.⟩ ***taal v.h. eiland Man*** **0.3** ⟨telb. zn.⟩ ***Manxman*** ◆ **1.1** ~ cat *manxkat.*
many[1] [mennie] ⟨vnw.; vergr. trap more [mo:], overtr. trap most [moost]⟩ **0.1** ***vele(n)*** *⇒menigeen* ◆ **1.1** ~'s the tale he told them *talrijk zijn de verhalen die hij aan hen verteld heeft;* ~'s the time *dikwijls* **2.1** a good / great ~ *vele(n), menigeen* **5.1** and as ~ again / more *en nog eens zoveel;* have had one too ~ *een glaasje te veel op hebben* **5.¶** I was (one) too ~ for him *ik was hem de baas* **6.1** ~ **of** the pages were torn *veel bladzijden waren gescheurd* **7.1** the ~ *het (gewone) volk* **8.1** as ~ as that *zoveel;* as ~ as thirty *wel dertig.*
many[2] ⟨vergr. trap more, overtr. trap most⟩ **I** ⟨onb.det.⟩ **0.1** ***veel*** *⇒een groot aantal* ◆ **1.1** a great ~ houses *een groot aantal huizen;* a good ~ raisins *een flinke hoeveelheid rozijnen* **5.1** ten mistakes in as ~ lines *tien fouten in tien regels;* as ~ ... as *zoveel ... als;*
II ⟨predet.; alleen met het onb. lidw.⟩ **0.1** ***menig(e)*** ◆ **7.1** ~ a one *menigeen;* ~ a time *menigmaal;* he travelled for ~ a year *hij reisde vele jaren.*
many-hued [menniehjoe:d] **0.1** ***rijk geschakeerd*** *⇒kleurrijk.*
manysided **0.1** ***veelzijdig*** ⟨ook fig.⟩ *⇒complex.*
Maoist [mauist] **0.1** ***maoïst.***
Maori [maurie] **0.1** ⟨bn., zn.⟩ ***Maori*** ⟨ook taal⟩.
map[1] [mæp] ⟨zn.⟩ **0.1** ***kaart*** **0.2** ***plan*** *⇒grafische voorstelling* ◆ **3.1** wipe off the ~ *van de kaart vegen* **6.1** ⟨inf.⟩ that village is **off** the ~ *dat dorp is aan het andere eind v.d. wereld* **6.¶** ⟨inf.⟩ be **on** the ~ again *weer aan de orde zijn;* put **on** the ~ *de aandacht vestigen op.*
map[2] ⟨ww.; -ped⟩ **0.1** ***in kaart brengen*** **0.2** ⟨wisk.⟩ ***afbeelden*** *⇒uitzetten* ◆ **5.1** ~ **out** *in kaart brengen;* ⟨fig.⟩ *plannen, indelen;* I've got my whole future ~ped **out** for me *mijn hele toekomst is al uitgestippeld.*
maple [meepl] **0.1** ***esdoorn.***
maple leaf **0.1** ***esdoornblad*** ⟨embleem v. Canada⟩.
maple sugar **0.1** ***ahornsuiker.***
maple syrup **0.1** ***ahornstroop.***
mapping [mæping] **0.1** ⟨tech., wisk.⟩ ***afbeelding.***
mar [ma:] ⟨-red⟩ **0.1** ***bederven*** *⇒ontsieren, verstoren* ◆ **3.1** make / mend or ~ a plan *een plan doen slagen of mislukken.*
marabou(t) [mærəboe:] **0.1** ***maraboe.***
maraschino [mærəskie:noo, -sjie:-] **0.1** ***bigarreau*** **0.2** ***marasquin.***
marathon [mærəθən] **0.1** ⟨zn.; ook M-⟩ ***marathon(loop)*** **0.2** ⟨bn.⟩ ***marathon*** *⇒ellenlang* ◆ **1.2** a ~ meeting *een marathonvergadering.*
maraud [məro:d] **0.1** ***plunderen*** *⇒roven.*
marble[1] [ma:bl] ⟨zn.⟩ **0.1** ***marmer*** **0.2** ⟨vaak mv.⟩ ***marmeren beeld*** **0.3** ***knikker*** ◆ **3.¶** ⟨BE; sl.⟩ he's lost his ~s *er zit bij hem een steekje los.*
marble[2] ⟨bn.⟩ **0.1** ***marmeren*** **0.2** ***gemarmerd*** ◆ **1.1** ⟨fig.⟩ a ~ brow *een marmeren voorhoofd.*
marble[3] ⟨ww.⟩ **0.1** ***marmeren*** ◆ **1.1** ~d cake *marmercake;* ~d paper *gemarmerd papier.*
marbles [ma:blz] ◆ **3.¶** play ~ *knikkeren.*
marc [ma:k] **0.1** ***marc*** ⟨brandewijn uit droesem⟩.
marcasite [ma:kəsajt] **0.1** ***marcasiet*** *⇒speerkies* ⟨mineraal⟩.
march[1] [ma:tsj] ⟨zn.⟩ **0.1** ***mars*** **0.2** ***opmars*** **0.3** ***loop*** *⇒vooruitgang;* ⟨fig.⟩ *ontwikkeling* **0.4** ⟨vaak mv.; gesch.⟩ ***mark*** *⇒grens(gewest/gebied)* ◆ **1.3** the ~ of science *de evolutie v.d. wetenschap* **3.¶** steal a ~ on s.o. *iem. te vlug af zijn* **6.2** **on** the ~ *in opmars* **7.4** the Marches *grensgebied (tussen Engeland en Schotland of Wales).*
march[2] **I** ⟨onov.ww.⟩ **0.1** ***marcheren*** *⇒opmarcheren, aanrukken* ◆ **5.1** quick ~! *voorwaarts mars!;* ~ **on** *in gelid opmarcheren* **6.1** ~ **for** peace *voor de vrede betogen;* ~ **on** a town *naar een stad oprukken;* ~ **past** the officers *voor de officieren defileren;*
II ⟨ov.ww.⟩ **0.1** ***doen marcheren*** **0.2** ***leiden*** *⇒voeren* ⟨te voet⟩ ◆ **5.2** be ~ed **away / off** *weggeleid worden.*
March [ma:tsj] **0.1** ***maart.***
marcher [ma:tsjə] **0.1** ***marcheerder*** *⇒betoger.*
March hare **0.1** ***maartse haas*** ⟨personage uit Alice in Wonderland⟩. →**mad.**
marching order ⟨mil.⟩ **0.1** ⟨vnl. mv.⟩ ***marsorder*** **0.2** ⟨BE⟩ ***ontslag*** ⟨vnl. uit militaire dienst⟩ *⇒het afzwaaien;* ⟨fig., scherts.⟩ *afwijzing* ⟨v. aanbidder⟩.
marchioness [ma:sjənes] **0.1** ***markiezin.***
march-past ⟨mil.⟩ **0.1** ***defilé*** *⇒parade.*
Mardi gras [ma:die gra:] **0.1** ***Vastenavond.***
mare [meə] **0.1** ***merrie.***
mare's nest **0.1** ***iets onmogelijks*** *⇒illusie* ◆ **3.1** find a ~ *blij zijn met een dode mus.*
margarine, ⟨AE ook⟩ **margarin** [ma:dzjərie:n, ma:gə-] **0.1** ***margarine.***
marge [ma:dzj] ⟨verk.⟩ [margarine] ⟨BE; inf.⟩ **0.1** ***margarine.***
margin [ma:dzjin] **0.1** ***marge*** ⇒⟨beurs⟩ *surplus* **0.2** ***rand*** ⇒⟨plantk.⟩ *bladrand* **0.3** ***kantlijn*** **0.4** ***grens*** **0.5** ⟨ec.⟩ ***prolongatie*** ◆ **1.1** ~ of error *foutenmarge;* ~ of profit *winstmarge;* ~ of safety *veiligheidsmarge* **2.1** by a narrow ~ *nog net* **3.1** leave a ~ *speelruimte laten* **6.4** go **near** the ~ *tot het uiterste gaan* **6.5** buy **on** ~ *op prolongatie kopen.*
marginal [ma:dzjinl] **0.1** ***marginaal*** *⇒in de marge/kantlijn geschreven* **0.2** ***marginaal*** *⇒miniem, onbeduidend, bijkomstig* ◆ **1.1** ~ notes *kanttekeningen* **1.2** of ~ importance *van ondergeschikt belang;* ~ land *marginaal bouwland;*

⟨BE; pol.⟩ ~ seat *onzekere zetel* **1.¶** ⟨ec.⟩ ~ cost *marginale kosten;* ⟨ec.⟩ ~ revenue *marginale inkomsten.*
marguerite [ma:gərie:t] **0.1** ***margriet.***
Maria [mərie:ə, mərajjə] **0.1** ***Maria.*** →**black.**
mariculture [mærriekultsjə] **0.1** ***zeeteelt*** ⇒*zeecultuur* ⟨het kweken v. zeegewas en zeedieren⟩.
marigold [mærigoold] **0.1** ***goudsbloem*** **0.2** ***afrikaantje.*** → **African.**
marijuana, marihuana [mæriwwa:nə, -hwa:nə] **0.1** ***marihuana.***
marina [mərie:nə] **0.1** ***jachthaven.***
marinade[1] [mærinneed] ⟨zn.⟩ **0.1** ***marinade.***
marinade[2]**, marinate** [mærinneet] ⟨ww.⟩ **0.1** ***marineren.***
marine[1] [mərie:n] ⟨zn.⟩ **0.1** ***marine*** ⇒*vloot* **0.2** ***marinier*** ◆ **2.2** ⟨BE⟩ Royal Marines *Koninklijke Mariniers* **3.¶** tell that to the (horse) ~s! *maak dat de kat wijs!*
marine[2] ⟨bn.⟩ **0.1** ***zee-*** ◆ **1.1** ~ biology *mariene biologie;* ~ plants *zeegewassen;* ~ route *zee(vaart)route.*
Marine Corps ⟨the⟩ ⟨AE⟩ **0.1** ***korps landingsstoottroepen*** ⟨in Am. marine⟩ ⇒⟨ong.⟩ *korps mariniers.*
mariner [mærinnə] **0.1** ***zeeman*** ⇒*matroos.*
marionette [mæriənet] **0.1** ***marionet.***
marital [mæritl] **0.1** ***echtelijk*** ⇒*huwelijks-* ◆ **1.1** ~ bonds *huwelijksbanden;* ~ rape *verkrachting binnen het huwelijk;* ~ status *burgerlijke staat.*
maritime [mærittajm] **0.1** ***maritiem*** ◆ **1.1** ~ law *zeerecht;* ~ powers *zeemachten;* ~ regions *kustgebieden.*
marjoram [ma:dzjərəm] **0.1** ***marjolein.***
mark[1] [ma:k] ⟨zn.⟩ **0.1** ***teken*** ⇒*kenteken; leesteken; kruisje (ipv. handtekening); opschrift;* ⟨fig.⟩ *blijk* **0.2** ***teken*** ⇒ *spoor, vlek;* ⟨fig.⟩ *indruk* **0.3** ***(rapport)cijfer*** ⇒*punt* **0.4** ***peil*** ⇒*niveau, standaard* **0.5** ⟨vaak M-; vnl. met telwoord⟩ ***model*** ⇒*type, rangnummer* **0.6** ***start(streep)*** ⇒*meet* **0.7** ***doel*** ⇒*doelwit* **0.8** ***belang*** **0.9** ***aandacht*** ◆ **1.1** as a ~ of my esteem *als blijk v. mijn achting* **3.2** bear the ~s of *de sporen dragen van;* leave one's ~ on *zijn stempel drukken op;* make one's ~ *zich onderscheiden* **3.7** ⟨fig.⟩ hit the ~ *in de roos schieten;* ⟨fig.⟩ miss / overshoot the ~ *het doel missen, te ver gaan; de plank misslaan* **3.¶** keep s.o. up to the ~ *zorgen dat iem. zijn uiterste best doet;* overstep the ~ *over de schreef gaan;* ⟨AE⟩ toe the ~ *precies doen wat opgedragen wordt* **4.5** ⟨scherts.⟩ ~ one *verouderd model* **6.4** **above / below** the ~ *boven/beneden peil;* I don't feel quite **up to** the ~ *ik voel me niet helemaal fit/in orde* **6.6** not quick **off** the ~ *niet vlug (v. begrip);* **on** your ~s, get set, go! *op uw plaatsen! klaar? af!* **6.7** **beside / off** the ~ *ernaast* **7.8** of no ~ *van geen belang.* →**full, soft, wide.**
mark[2] **I** ⟨onov.ww.⟩ **0.1** ***vlekken (maken/krijgen)*** **0.2** ***cijfers geven;***
II ⟨ov.ww.⟩ **0.1** ***merken*** ⇒*tekenen, onderscheiden; aanduiden* **0.2** ***beoordelen*** ⇒*nazien, cijfers geven voor* ⟨schoolwerk⟩ **0.3** ***prijzen*** ⇒*met prijskaartje* **0.4** ***letten op*** ⟨woorden bv.⟩ **0.5** ***te kennen geven*** ⇒*vertonen* **0.6** ***bestemmen*** ⇒*opzij zetten* **0.7** ⟨vaak pass.⟩ ***vlekken*** ⇒*tekenen* ⟨dier⟩ **0.8** ⟨sport⟩ ***dekken*** ◆ **1.1** his birth ~s the beginning of a new era *zijn geboorte luidt het begin v.e. nieuw tijdperk in;* ~ the occasion *de gelegenheid luister bijzetten;* ~ time *de pas markeren;* ⟨fig.⟩ *niet opschieten* **5.4** ~ how it is done *let op hoe het gedaan wordt* **6.1** ~ed **for** life *voor het leven getekend* **6.7** a face ~ed **with** smallpox *een pokdalig gezicht.* →**mark down, mark in, mark off, mark out, mark up.**
markdown **0.1** ***prijsverlaging.***
mark down **0.1** ***noteren*** ⇒*opschrijven* **0.2** ***eruit pikken*** ⇒ *bestemmen, kiezen* **0.3** ***afprijzen*** **0.4** ***een lager cijfer geven*** ◆ **6.1** mark s.o. down **as** *iem. aanzien voor.*
marked [ma:kt] **0.1** ***duidelijk*** **0.2** ***gemarkeerd*** ⇒*gemerkt* ⟨geld bv.⟩ **0.3** ***bestemd*** ⇒*uitgekozen* ◆ **1.1** a ~ preference *een uitgesproken voorkeur* **1.¶** a ~ man *iem. die wordt beloerd* ⟨m.n. door overvaller / moordenaar⟩; *ten dode opgeschreven man.*
marker [ma:kə] **0.1** ***teller*** **0.2** ***teken*** ⇒*merk, kenteken; mijlpaal, kilometerpaal; baken; boekenlegger; scorebord;* ⟨AE⟩ *score;* ⟨AE⟩ *gedenkplaat* **0.3** ***markeerstift*** **0.4** ⟨voetbal⟩ ***bewaker*** **0.5** ⟨AE; sl.⟩ ***promesse.***
marker pen **0.1** ***marker*** ⇒*markeerstift.*
market[1] [ma:kit] ⟨zn.⟩ **0.1** ***markt*** ⇒*handel; afzetgebied* **0.2** ***marktprijs*** **0.3** ***markt*** ⇒*beurs* **0.4** ⟨+for⟩ ***vraag (naar)*** ◆ **3.1** flood the ~ with *de markt overspoelen met* **3.3** play the ~ *speculeren;* rig the ~ *de markt manipuleren; frauduleus speculeren* **6.1** be **in** the ~ **for** sth. *iets willen kopen;* put **on** the ~ *op de markt brengen;* price o.s. **out of** the ~ *zich uit de markt prijzen.* →**sensitive.**
market[2] **I** ⟨onov.ww.⟩ **0.1** ***inkopen doen*** ⇒*winkelen* **0.2** ***aan markthandel doen*** ◆ **3.1** ⟨vnl. AE⟩ go ~ing *boodschappen gaan doen;*
II ⟨ov.ww.⟩ **0.1** ***op de markt brengen*** **0.2** ***verhandelen.***
marketab|le [ma:kittəbl] ⟨-ly⟩ **0.1** ***verkoopbaar*** **0.2** ***markt-*** ◆ **1.2** ~ value *marktwaarde.*
market day **0.1** ***marktdag.***
market economy **0.1** ***vrijemarkteconomie.***
market garden ⟨BE⟩ **0.1** ***groentekwekerij*** ⇒*tuinderij.*
market gardener ⟨BE⟩ **0.1** ***groentekweker*** ⇒*tuinder.*
market gardening ⟨BE⟩ **0.1** ***groenteteelt*** ⇒*tuinderij.*
market hall **0.1** ***markthal*** ⇒*overdekte markt.*
marketing [ma:kəting] **0.1** ***markthandel*** **0.2** ***marketing*** ⇒ *marktonderzoek* **0.3** ⟨vnl. AE⟩ ***het boodschappen doen*** ⇒ *inkopen.*
marketplace **0.1** ***marktplein*** **0.2** ⟨the⟩ ***markt*** ⇒⟨fig.⟩ *handel.*
market price **0.1** ***marktprijs.***
market research **0.1** ***marktonderzoek*** ⇒*marktanalyse.*
market stake, market share **0.1** ***marktaandeel.***
market town **0.1** ***marktstad.***
market value **0.1** ***marktwaarde*** ⇒*dagwaarde.*
mark in **0.1** ***invullen*** ⇒*aan/bijtekenen, toevoegen.*
marking [ma:king] **0.1** ***tekening*** ⟨v. dier e.d.⟩ **0.2** ***(ken)teken.***
marking ink **0.1** ***merkinkt.***
mark off **0.1** ***afmerken*** ⇒*afbakenen, aangeven.*
mark out **0.1** ***afbakenen*** ⇒*markeren* **0.2** ***uitkiezen*** ⇒*bestemmen* ◆ **6.2** marked out as a candidate for promotion *uitgekozen als promotiekandidaat.*
marks|man [ma:ksmən] ⟨mv.: -men [-mən]⟩ **0.1** ***scherpschutter.***
marksmanship [ma:ksmənsjip] **0.1** ***scherpschutterskunst.***
markup **0.1** ***winstmarge*** **0.2** ***prijsstijging.***
mark up **0.1** ***in prijs verhogen.***
marl [ma:l] **0.1** ***mergel.***
marmalade [ma:məleed] **0.1** ***marmelade.***
marmoreal [ma:mo:riəl] ⟨schr.⟩ **0.1** ***marmerachtig*** ⇒*marmeren.*
marmot [ma:mət] **0.1** ***marmot.***
marocain [mærəkeen] **0.1** ***zijden crêpe.***
maroon[1] [məroe:n] ⟨zn.⟩ **0.1** ***weggelopen negerslaaf*** **0.2** ***vuurpijl*** ⇒*lichtsein* **0.3** ***kastanjebruin.***
maroon[2] ⟨ww.⟩ **0.1** ***achterlaten*** ⇒⟨fig.⟩ *aan zijn lot overlaten* **0.2** ***isoleren*** ⇒*afsnijden* ◆ **1.2** ~ed by the floods *door de overstromingen ingesloten.*
marquee [ma:kie:] **0.1** ***feesttent.***
marquet(e)ry [ma:kitrie] **0.1** ***marqueterie*** ⇒*inlegwerk.*

marquis, ⟨BE ook⟩ **marquess** [ma:kwis] ⟨mv.: ook marquis⟩ **0.1** ***markies.***
marram [mærəm], **marram grass** **0.1** ***helm(gras).***
marriage [mæridzj] **0.1** ***huwelijk*** ⇒*echt(verbintenis);* ⟨fig.⟩ *vereniging, verbinding* ◆ **1.1** the bonds / ties of ~ *de huwelijksbanden;* ~ of convenience *verstandshuwelijk;* ~ of minds *eenheid v. gedachten* **6.1** cousin **by** ~ *aangetrouwde neef;* give / take / ask **in** ~ *ten huwelijk geven/nemen/vragen;* her ~ **to** *haar huwelijk met.*
marriageab|le [mæridzjəbl] ⟨zn.: **-ility**⟩ **0.1** ***huwbaar.***
marriage (guidance) counsellor **0.1** ***huwelijksconsulent (e).***
marriage licence **0.1** ***(ambtelijke) huwelijkstoestemming.***
marriage lines ⟨ww. vnl. enk.⟩ ⟨BE; inf.⟩ **0.1** ***boterbriefje.***
marriage settlement **0.1** ***huwelijksvoorwaarden.***
marriage vows **0.1** ***trouwbeloften.***
married [mæried] **0.1** ***gehuwd*** **0.2** ***huwelijks-*** ◆ **1.1** a ~ couple *een echtpaar/getrouwd stel.*
marron [mærən] **0.1** ⟨plantk.⟩ ***tamme kastanjeboom*** **0.2** ***kastanje.***
marrow [mæroo] **I** ⟨telb.zn.⟩ **0.1** ***(eetbare) pompoen*** ◆ **2.1** ⟨BE⟩ vegetable ~ *eetbare pompoen;*
II ⟨n.-telb.zn.⟩ **0.1** ***merg*** ⟨ook fig.⟩ **0.2** ***kern*** ⇒*pit* ◆ **6.1** to the ~ *door merg en been.*
marrowbone **0.1** ***mergpijp*** ⇒*mergbeen.*
marrowfat, marrowfat pea **0.1** ***kapucijner.***
marr|y [mærie] ⟨-ied⟩ **0.1** ***trouwen (met)*** ⇒*in het huwelijk treden (met)* ◆ **1.1** not a ~ing man *geen man om te trouwen* ⟨niet trouwlustig⟩; ⟨fig.⟩ ~ money / wealth *een rijk huwelijk sluiten* **3.1** be / get married *trouwen* **5.¶** ~ **off** one's daughters *zijn dochters aan de man brengen/uithuwelijken* **6.1** ~ **above / beneath** oneself *boven/beneden zijn stand trouwen;* he was married **with** two daughters *hij was getrouwd en had twee dochters* **6.¶** be married **to** sth. *ergens aan verknocht zijn.*
Mars [ma:s] **0.1** ***Mars*** ⟨Romeinse oorlogsgod⟩ **0.2** ⟨ster.⟩ ***Mars*** ⟨planeet⟩.
marsh [ma:sj] **0.1** ***moeras.***
marshal[1] [ma:sjl] ⟨zn.⟩ **0.1** ***(veld)maarschalk*** **0.2** ***hofmaarschalk*** ⇒*(opper)ceremoniemeester* **0.3** ***hoofd v. ordedienst*** **0.4** ⟨AE⟩ ***hoofd v. politie*** ⇒⟨ong.⟩ *sheriff* **0.5** ⟨AE⟩ ***brandweercommandant*** **0.6** ⟨sport⟩ ***wedstrijdcommissaris.***
marshal[2] ⟨BE -led⟩ **I** ⟨onov. en ov.ww.⟩ **0.1** ***(zich) opstellen/ rangschikken;***
II ⟨ov.ww.⟩ **0.1** ***leiden*** ⇒*(be)geleiden.*
marshalling yard [ma:sjling ja:d] **0.1** ***rangeerterrein.***
marsh fever **0.1** ***moeraskoorts.***
marsh gas **0.1** ***moerasgas.***
marsh harrier **0.1** ***bruine kiekendief.***
marshmallow [ma:sjmæloo] **0.1** ***marshmallow.***
marsh mallow ⟨plantk.⟩ **0.1** ***heemst*** ⇒*witte malve.*
marsh marigold **0.1** ***dotter(bloem).***
marsh|y [ma:sjie] ⟨-ier⟩ **0.1** ***moerassig.***
marsupial [ma:sjoe:piəl] **0.1** ⟨bn.⟩ ***buideldragend*** **0.2** ⟨zn.⟩ ***buideldier.***
mart [ma:t] **0.1** ***handelscentrum.***
marten [ma:tin] ⟨mv.: ook marten⟩ **0.1** ***marter(bont).***
martial [ma:sjl] **0.1** ***krijgs-*** **0.2** ***krijgshaftig*** ⇒*martiaal* ◆ **1.1** ~ arts *(oosterse) vechtkunsten/vechtsporten* ⟨karate, judo e.d.⟩; ~ law *krijgswet.*
Martian [ma:sjn] **0.1** ⟨bn.⟩ ***Martiaans*** ⇒*Mars-* **0.2** ⟨zn.⟩ ***Marsbewoner.***
martinet [ma:tinnet] **0.1** ⟨fig.⟩ ***tiran.***
martini [ma:tie:nie] **0.1** ***martinicocktail.***
Martinmas [ma:tinməs] **0.1** ***Sint-Maarten*** ⟨11 november⟩.
martyr[1] [ma:tə] ⟨zn.⟩ **0.1** ***martelaar*** ⟨ook fig.⟩ ◆ **3.1** die a ~ *de marteldood sterven;* make a ~ of o.s. *zich als martelaar opwerpen.*
martyr[2] ⟨ww.⟩ **0.1** ***de marteldood doen sterven*** **0.2** ***martelen*** ⟨ook fig.⟩ ⇒*kwellen.*
martyrdom [ma:tədəm] **0.1** ***martelaarschap*** **0.2** ***marteldood*** **0.3** ***marteling*** ⇒*lijdensweg.*
marvel[1] [ma:vl] ⟨zn.⟩ **0.1** ***wonder*** ⇒*wonderlijke gebeurtenis* ◆ **1.1** ~s of nature *natuurwonderen* **1.¶** ~ of Peru *wonderbloem* **3.1** do / work ~s *wonderen verrichten.*
marvel[2] ⟨ww.; BE -led⟩ ⟨schr.⟩ **0.1** ⟨+ at⟩ ***zich verwonderen (over)*** ⇒*zich verbazen (over).*
marvellous, ⟨AE sp.⟩ **marvelous** [ma:vləs] **0.1** ***wonderbaar*** **0.2** ***prachtig*** ⇒*fantastisch* ◆ **1.2** ~ weather *prachtweer.*
Marxism [ma:ksizm] **0.1** ***marxisme.***
Marxism-Leninism **0.1** ***marxisme-leninisme.***
Marxist [ma:ksist] **0.1** ⟨bn.⟩ ***marxistisch*** **0.2** ⟨zn.⟩ ***marxist.***
Marxist-Leninist **0.1** ⟨bn.⟩ ***marxistisch-leninistisch*** **0.2** ⟨zn.⟩ ***marxist-leninist.***
marzipan [ma:zipæn] **0.1** ***marsepein(tje).***
masc. ⟨afk.⟩ **0.1** [masculine].
mascara [mæska:rə] **0.1** ***mascara.***
mascot [mæskət] **0.1** ***mascotte.***
masculine[1] [mæskjəlin] ⟨zn.⟩ **0.1** ***masculinum.***
masculin|e[2] ⟨bn.; zn.: **-ity**⟩ **0.1** ***mannelijk*** **0.2** ***manachtig.***
maser [meezə] **0.1** ***maser*** ⟨verwekt en versterkt microgolven⟩.
mash[1] [mæsj] ⟨zn.⟩ **0.1** ***(warm) mengvoer*** **0.2** ⟨brouwerij⟩ ***beslag*** **0.3** ⟨BE; sl.⟩ ***puree.***
mash[2] ⟨ww.⟩ **0.1** ***fijnstampen*** ⇒*fijnmaken* **0.2** ***mengen*** ⇒*hutselen;* ⟨brouwerij⟩ *beslaan* ◆ **1.1** ~ed potatoes *(aardappel)puree.*
masher [mæsjə] **0.1** ***stamper*** ⟨voor puree e.d.⟩.
mash tub ⟨brouwerij⟩ **0.1** ***beslagvat.***
mask[1] [ma:sk] ⟨zn.⟩ **0.1** ***masker*** ⟨ook fig.⟩ ⇒*mom* **0.2** ⟨foto.⟩ ***masker.***
mask[2] **I** ⟨onov.ww.⟩ **0.1** ***zich vermommen*** ⇒*een masker opzetten;* ⟨fig.⟩ *zijn (ware) gelaat verbergen;*
II ⟨ov.ww.⟩ **0.1** ***maskeren*** ⇒*vermommen* **0.2** ***verbergen*** ⇒*verhullen* ◆ **5.¶** ~ **out** part of a negative *een deel v.e. negatief afschermen/afdekken.*
masked [ma:skt] **0.1** ***gemaskerd*** **0.2** ⟨dierk.⟩ ***met maskerachtige tekening*** ◆ **1.1** ~ ball *gemaskerd bal.*
masking tape [ma:sking teep] **0.1** ***afplakband.***
masochism [mæsəkizm] **0.1** ***masochisme.***
masochist [mæsəkist] ⟨bn.: **-ic**⟩ **0.1** ***masochist.***
mason [meesn] **0.1** ***metselaar*** **0.2** ⟨M-⟩ ***vrijmetselaar.***
Mason-Dixon line [meesn diksn lajn] ⟨the⟩ ⟨gesch.⟩ **0.1** ***grens tussen Maryland en Pennsylvania*** ⟨tussen het noorden en het zuiden v.d. USA⟩.
Masonic [məsonnik] **0.1** ⟨bn.⟩ ***vrijmetselaars-*** **0.2** ⟨zn.⟩ ***vergadering v. vrijmetselaars.***
masonry [meesnrie] **0.1** ***metselwerk*** **0.2** ⟨M-⟩ ***vrijmetselarij.***
masque [ma:sk] **0.1** ***maskerspel*** ⟨toneelvorm⟩.
masquerade[1] [mæskəreed] ⟨zn.⟩ **0.1** ***maskerade*** **0.2** ***vermomming*** ⇒⟨fig.⟩ *vals vertoon.*
masquerade[2] ⟨ww.⟩ **0.1** ⟨+ as⟩ ***zich vermommen (als)*** ⇒*zich voordoen (als).*
masquerader [mæskəreedə] **0.1** ***vermomde*** ⇒*gemaskerde.*
mass[1] [mæs] ⟨zn.⟩ **0.1** ***massa*** ⇒*hoop, menigte* **0.2** ⟨elek., nat.⟩ ***massa*** **0.3** ⟨r.-k.⟩ ***mis*** ◆ **1.1** centre of ~ *zwaartepunt* **2.3** High / Low ~ *hoogmis/stille mis* **3.3** say ~ *de mis lezen*

6.1 in the ~ *in massa/totaal;* a ~ **of** *één en al* **7.1** the ~es *de massa.*

mass[2] (ww.) **0.1** ***(zich) verzamelen*** *⇒(zich) groeperen* ◆ **1.1** clouds ~ed at the horizon *wolken stapelden zich op aan de einder;* ~ troops *troepen concentreren.*

massacre[1] [mæsəkə] (zn.) **0.1** ***bloedbad*** **0.2** (inf.; fig.) ***afslachting*** *⇒verschrikkelijke nederlaag* (ihb. in sport).

massacre[2] (ww.) **0.1** ***massacreren*** *⇒uitmoorden* **0.2** (inf.) ***in de pan hakken.***

massage[1] [mæsa:zj] (zn.) **0.1** ***massage.***

massage[2] (ww.) **0.1** ***masseren*** **0.2** ***manipuleren*** *⇒knoeien met* (gegevens e.d.).

massage parlor (AE) **0.1** ***massage-instituut*** (vaak euf. voor bordeel/seksclub).

masseur [mæsə:] **0.1** ***masseur.***

masseuse [mæsə:z] **0.1** ***masseuse.***

massif [mæsie:f] **0.1** ***massief*** *⇒berggroep.*

massive [mæsiv] (-ness) **0.1** ***massief*** *⇒zwaar* **0.2** ***groots*** *⇒ indrukwekkend* **0.3** ***massaal*** **0.4** ***aanzienlijk*** *⇒enorm.*

mass media (ww. ook enk.) **0.1** ***massamedia.***

mass meeting 0.1 ***massabijeenkomst.***

mass-murderer 0.1 ***massamoordenaar.***

mass number (nat., schei.) **0.1** ***massagetal.***

mass-produce 0.1 ***in massa produceren.***

mass psychology 0.1 ***massapsychologie.***

mass tourism 0.1 ***massatoerisme.***

mast [ma:st] **0.1** ***mast*** *⇒*(ihb.) *scheepsmast, vlaggenmast.*

master[1] [ma:stə] (zn.) **0.1** ***meester*** *⇒heer, baas;* (vnl. BE) *schoolmeester* **0.2** ***origineel*** *⇒matrijs; master(tape)* ◆ **1.1** the French ~ *de leraar Frans;* ~ of the house *heer des huizes* **1.¶** Master of Arts (ong.) *doctorandus in de letteren/menswetenschappen/sociale wetenschappen;* Master of Ceremonies *ceremoniemeester;* Master of Science (ong.) *doctorandus in de (exacte) wetenschappen* **6.1** make o.s. ~ **of** sth. *iets machtig worden.* →**grand, old.**

master[2] (bn.) **0.1** ***hoofd-*** *⇒voornaamste.*

master[3] (ww.) **0.1** ***overmeesteren*** *⇒de baas/machtig worden* (ook fig.); *te boven komen.*

master-at-arms (marine) **0.1** ***provoost-geweldiger.***

master bedroom 0.1 ***grootste/grote slaapkamer*** (in een huis).

master card 0.1 ***hoogste kaart/troef*** *⇒*(fig.) *(hoge) troef.*

master class (muz.) **0.1** ***masterclass*** (korte muziekcursus op hoog niveau door beroemd musicus).

master copy 0.1 ***origineel.***

masterful [ma:stəfl] **0.1** ***meesterachtig*** *⇒bazig* **0.2** ***meesterlijk.***

master key 0.1 ***loper*** *⇒passe-partout.*

masterl|y [ma:stəlie] (-iness) **0.1** ***meesterlijk.***

master mariner 0.1 ***gezagvoerder*** (aan boord).

mastermind[1] (zn.) **0.1** ***meesterbrein.***

mastermind[2] (ww.) **0.1** ***uitdenken*** ◆ **1.1** he ~ed the project *hij was het brein achter het project.*

masterpiece, masterwork 0.1 ***meesterstuk/werk.***

mastership [ma:stəsjip] **0.1** ***meesterschap*** *⇒heerschappij.*

masterstroke 0.1 ***meesterlijke zet.***

mastery [ma:strie] **0.1** ***meesterschap*** **0.2** ***beheersing*** *⇒ kennis* ◆ **6.1** the ~ **over** *de overhand op* **6.2** ~ **of** the language *taalbeheersing.*

masthead 0.1 ***masttop*** **0.2** ***impressum*** (in krant).

mastic [mæstik] **0.1** ***mastiek*** **0.2** ***mastiek(boom).***

mastic|ate [mæstikkeet] (zn.: **-ation**) **0.1** ***kauwen.***

mastic tree 0.1 ***mastiek(boom).***

mastiff [mæstif] **0.1** ***mastiff.***

mastodon [mæstədon] (dierk.) **0.1** ***mastodont.***

masturb|ate [mæstəbeet] (zn.: **-ation**) **0.1** ***masturberen.***

mat[1] [mæt] (zn.) **0.1** ***mat(je)*** (ook fig.; sport) *⇒deurmat* **0.2** ***tafelmatje*** *⇒onderzettertje* **0.3** ***klit*** ◆ **1.3** a ~ of hair *een wirwar van haren* **6.¶** (sl.) **on** the ~ *in de penarie/puree; uitgefoeterd.*

mat[2] (bn.) **0.1** ***mat*** *⇒dof.*

mat[3] (-ted) **I** (onov.ww.) **0.1** ***klitten*** *⇒in de war raken;* **II** (ov.ww.) **0.1** ***verwarren*** *⇒doen samenklitten* ◆ **1.1** ~ted hair *verward/geklit haar.*

matador [mætədo:] **0.1** ***matador.***

match[1] [mætsj] (zn.) **0.1** ***gelijke*** *⇒partuur* **0.2** ***wedstrijd*** *⇒ match* **0.3** ***huwelijk*** **0.4** ***partij*** *⇒(potentiële) huwelijkspartner* **0.5** ***paar*** *⇒koppel, stel (bij elkaar passende zaken)* **0.6** ***lucifer*** ◆ **3.1** find/meet one's ~ *zijns gelijke vinden* **3.3** make a (happy) ~ (of it) *een (gelukkig) huwelijk sluiten* **3.6** place/put/set a ~ to sth. *iets in brand steken* **6.1** be a ~ **for** *opgewassen zijn tegen, niet onderdoen voor;* be more than a ~ **for** s.o. *iem. de baas zijn.*

match[2] **I** (onov.ww.) **0.1** ***(bij elkaar) passen*** ◆ **1.1** ~ing clothes/colours *bij elkaar passende kleren/kleuren;* **II** (ov.ww.) **0.1** ***evenaren*** *⇒opgewassen zijn tegen, niet onderdoen voor* **0.2** ***vergelijken*** *⇒tegenover elkaar stellen* **0.3** ***passen bij*** **0.4** ***doen passen*** *⇒aanpassen, schakeren* (kleur) ◆ **1.1** ~ing fund *subsidie evenredig met publieke bijdrage* **1.4** ~ jobs and applicants *het juiste werk voor de juiste kandidaten uitzoeken* **3.1** can you ~ that? *kan je dat net zo goed doen?* **5.1** they are well ~ed *zij zijn aan elkaar gewaagd* **5.3** they are well ~ed *ze passen goed bij elkaar* **6.2** ~ o.s. **against** s.o. *zich met iem. meten* **6.4** ~ **to** *in overeenstemming brengen met.*

matchbook (AE) **0.1** ***lucifersboekje.***

matchbox 0.1 ***lucifersdoosje.***

matchet →**machete.**

matchless [mætsjləs] **0.1** ***weergaloos*** *⇒niet te evenaren.*

matchlock 0.1 ***lontroer.***

matchmaker 0.1 ***koppelaar(ster).***

matchmaking 0.1 ***het koppelen*** *⇒het tot stand brengen v. huwelijken.*

match point (sport) **0.1** ***matchpoint.***

matchstick 0.1 ***lucifershoutje.***

matchwood 0.1 ***lucifershout*** **0.2** ***splinters.***

mate[1] [meet] **I** (telb.zn.) **0.1** ***maat*** (ook BE; inf. als aanspreekvorm) *⇒kameraad* **0.2** ***(huwelijks)partner*** *⇒gezel(lin); mannetje, wijfje* (vnl. v. vogels) **0.3** ***helper*** (v. ambachtsman) *⇒gezel* **0.4** ***stuurman;*** **II** (telb. en n.-telb.zn.) (schaakspel) **0.1** ***mat.***

mate[2] **I** (onov.ww.) **0.1** ***paren*** *⇒huwen; zich voortplanten* **0.2** (tech.) ***aan(een)/bij/in elkaar passen;*** **II** (ov.ww.) **0.1** ***koppelen*** *⇒doen paren* **0.2** ***schaken*** *⇒ mat zetten.*

maté [ma:tee] **0.1** ***maté*** (boom; thee).

material[1] [mətiəriəl] (zn.) **0.1** ***materiaal*** *⇒grondstof;* (fig.) *gegevens; stof; gerief, benodigdheden* **0.2** ***soort*** ◆ **2.2** made of the right ~ *uit het goede hout gesneden.* →**raw.**

material[2] (bn.) **0.1** ***materieel*** *⇒stoffelijk; lichamelijk* **0.2** ***belangrijk*** *⇒wezenlijk* ◆ **1.1** ~ damage *materiële schade;* ~ needs *lichamelijke/materiële behoeften* (voeding, warmte e.d.); ~ theory of heat *materiële warmtetheorie* **1.2** (jur.) ~ evidence/facts *concreet bewijs/concrete feiten;* ~ witness *doorslaggevend(e) getuige(nis).*

materialism [mətiəriəlizm] **0.1** ***materialisme.***

materialist(ic) [mətiəriəlist(ik)] (-ically) **0.1** ***materialistisch.***

materialist [mətiəriəlist] **0.1** ***materialist.***

material|ize, -ise [mətiəriəlajz] (zn.: **-ization**) **I** (onov.ww.)

0.1 ***werkelijkheid worden*** **0.2** ***zich materialiseren*** *⇒te voorschijn komen* ⟨v. geest⟩ ◆ **1.1** his dreams never ~d *zijn dromen werden nooit werkelijkheid;*
II ⟨ov.ww.⟩ **0.1** ***verwezenlijken*** *⇒realiseren, uitvoeren* **0.2** ***verstoffelijken*** *⇒materialiseren.*

maternal [mətə:nl] **0.1** ***moeder-*** ◆ **1.1** ~ love *moederliefde* **1.¶** ~ uncle *oom v. moederszijde;* ~ care *zwangerschapszorg.*

maternity [mətə:nətie] **0.1** ***moederschap.***

maternity benefit **0.1** ***uitkering tijdens zwangerschapsverlof.***

maternity blues ⟨zn.⟩⟨inf.⟩ **0.1** ***kraamvrouwentranen*** ⟨emotionele inzinking kort na de bevalling⟩.

maternity dress **0.1** ***positiejurk.***

maternity home, maternity hospital **0.1** ***kraamkliniek.***

maternity leave **0.1** ***zwangerschapsverlof.***

maternity ward **0.1** ***kraamafdeling.***

matey [meetie] ⟨vnl. BE; inf.⟩ **0.1** ***vriendschappelijk*** ◆ **6.1** be ~ **with** s.o. *beste maatjes met iem. zijn.*

mathematical [mæθimætikl] **0.1** ***wiskundig*** **0.2** ***precies*** *⇒exact* ◆ **1.1** ~ logic *symbolische logica.*

mathematician [mæθimmətisjn] **0.1** ***wiskundige.***

mathematics [mæθimætiks] **0.1** ***wiskunde.***

maths [mæθs], ⟨AE⟩ **math** [mæθ] ⟨verk.⟩ [mathematics] ⟨inf.⟩ **0.1** ***wiskunde.***

Matilda [mətildə] ⟨Austr. E⟩ **0.1** ***bundel*** ⟨v. kolonist⟩ ◆ **3.¶** walk / waltz ~ *met zijn zak/bundel rondzwerven/reizen.*

matinée [mætinnee] **0.1** ***matinee.***

mating season **0.1** ***paartijd*** *⇒bronst.*

Matins, ⟨BE⟩ **Mattins** [mætinz] ⟨zn.⟩ **0.1** ***metten*** **0.2** ⟨anglicaanse Kerk⟩ ***morgendienst.***

matriarch [meetrie·a:k] **0.1** ***vrouwelijk gezins/stamhoofd*** **0.2** ***vrouw met gezag/invloed*** ⟨vaak scherts.⟩.

matriarchal [meetrie·a:kl] **0.1** ***matriarchaal.***

matriarch|y [meetrie·a:kie] ⟨mv.: -ies⟩ **0.1** ***matriarchaat.***

matric [mətrik] ⟨verk.⟩ [matriculation] ⟨inf.⟩.

matrices [meetrissie:zj] ⟨mv.⟩ →**matrix.**

matricide [mætrissajd] **0.1** ***moedermoord(enaar).***

matricul|ate [mətrikjoeleet] ⟨zn.: **-ation**⟩ **I** ⟨onov.ww.⟩ **0.1** ***zich (laten) inschrijven als student*** *⇒toegang verkrijgen* ⟨tot universiteit e.d.⟩;
II ⟨ov.ww.⟩ **0.1** ***als student inschrijven/toelaten.***

matriculation [mətrikjoeleesjn], **matric** **0.1** ***inschrijving*** *⇒toegang tot universiteit* ⟨enz.⟩.

matrimonial [mætrimmooniəl] **0.1** ***huwelijks-*** ◆ **1.1** ~ agency *huwelijksbureau.*

matrimony [mætrimmənie] **0.1** ***huwelijk*** *⇒echt(elijke staat).*

matrix [meetriks] ⟨mv.: ook matrices⟩ **0.1** ***matrijs*** *⇒gietvorm, lettermatrijs* **0.2** ⟨comp., wisk.⟩ ***matrix.***

matrix printer ⟨comp.⟩ **0.1** ***matrixprinter.***

matron [meetrən] **0.1** ***matrone*** **0.2** ⟨BE⟩ ***directrice*** *⇒hoofdverpleegster* ◆ **1.¶** ~ of honour *getrouwd(e) bruidsjuffer/meisje.*

matronly [meetrənlie] **0.1** ***matroneachtig*** **0.2** ⟨pej.⟩ ***aan de dikke kant.***

matt, ⟨AE sp. ook⟩ **matte** [mæt] **0.1** ***mat.***

matter[1] [mætə] **I** ⟨telb.zn.⟩ **0.1** ***aangelegenheid*** **0.2** ***kwestie*** ◆ **1.2** ~ of conscience *gewetenszaak;* bring ~s to a head *tot het punt komen waar een beslissing noodzakelijk is;* it's a ~ of opinion *daar kan over gediscussieerd worden;* a (mere) ~ of time *(slechts) een kwestie v. tijd* **1.¶** as a ~ of course *vanzelfsprekend;* as a ~ of fact *eigenlijk* **3.2** no laughing ~ *niets om te lachen;* take ~s / the ~ into one's own hands *de zaak zelf in handen nemen* **6.1** this ~ is **between** you and me *dit blijft tussen ons* **6.2** **for** that ~ / the ~ **of** that *wat dat betreft;* **in** the ~ **of** *inzake;* it is a ~ **of** ... *het gaat om ...;*
II ⟨n.-telb.zn.⟩ **0.1** ***materie*** *⇒stof* **0.2** ***stof*** *⇒materiaal, inhoud* **0.3** ***stof*** ⟨in / v. lichaam⟩ ⇒⟨ihb.⟩ *etter, pus* **0.4** ***belang*** ◆ **7.4** no ~ *(het) maakt niet uit; laat maar;* no ~ how / when / where *om het even hoe/wanneer/waar* **7.¶** what is the ~? / the ~ with him? *wat is er (aan de hand)?/wat scheelt hem?*

matter[2] ⟨ww.⟩ **0.1** ***van belang zijn*** *⇒betekenen* **0.2** ⟨med.⟩ ***etteren*** ◆ **4.1** it doesn't ~ *het geeft niet/doet er niet toe/maakt niet uit;* it doesn't ~ to me *het kan me niet schelen;* what does it ~? *wat zou het/dat?*

matter-of-course **0.1** ***vanzelfsprekend*** *⇒gewoon.*

matter-of-fact **0.1** ***zakelijk*** *⇒nuchter.*

matting [mæting] **0.1** ***matwerk*** *⇒matten* ⟨als vloerbedekking e.d.⟩.

Mattins ⟨zn.⟩ →**Matins.**

mattock [mætək] **0.1** ***houweel.***

mattress [mætris] **0.1** ***matras.***

maturate [mætsjoereet] **0.1** ***(doen) rijpen.***

maturation [mætsjoereesjn] **0.1** ***rijping*** **0.2** ***rijpwording*** ⟨ook fig.⟩ *⇒ontwikkeling* **0.3** ⟨biol.⟩ ***ontstaan v. gameet.***

mature[1] [mətsjoeə] ⟨bn.⟩ **0.1** ***rijp*** *⇒volgroeid* **0.2** ***volwassen*** **0.3** ***weloverwogen*** **0.4** ***belegen*** ⟨kaas, wijn⟩ **0.5** ***vervallen*** ⟨wissel⟩ ◆ **3.2** behave ~ly *zich gedragen als een volwassene.*

mature[2] **I** ⟨onov.ww.⟩ **0.1** ***rijpen*** *⇒tot rijpheid komen* **0.2** ***volgroeien*** *⇒zich volledig ontwikkelen* **0.3** ***volwassen worden*** **0.4** ***vervallen*** ⟨v. wissel e.d.⟩ ◆ **1.1** ~d cheese *belegen kaas;* ~d gin *oude jenever;*
II ⟨ov.ww.⟩ **0.1** ***laten rijpen.***

maturit|y [mətsjoeərətie] ⟨mv.: -ies⟩ **0.1** ***rijpheid*** **0.2** ***volgroeidheid*** **0.3** ***volwassenheid*** **0.4** ***het vervallen*** *⇒vervaltijd* ⟨v. wissel e.d.⟩.

maudlin [mo:dlin] **0.1** ***overdreven sentimenteel*** *⇒huilerig* ⟨ihb. door dronkenschap⟩.

maul[1], **mawl** [mo:l] ⟨zn.⟩ **0.1** ⟨rugby⟩ ***maul*** ⟨losse scrum om speler in balbezit⟩.

maul[2] ⟨ww.⟩ **0.1** ***verscheuren*** *⇒aan flarden scheuren* ⟨ook fig.⟩ **0.2** ***ruw behandelen.***

maulstick [mo:lstik], **mahlstick** [ma:l-] **0.1** ***schildersstok(je).***

maunder [mo:ndə] **0.1** ***slenteren*** *⇒rondhangen* **0.2** ***brabbelen*** *⇒bazelen.*

Maundy Thursday **0.1** ***Witte Donderdag.***

mausoleum [mo:səliəm] **0.1** ***mausoleum.***

mauve [moov] ⟨vaak attr.⟩ **0.1** ***mauve.***

maverick [mævrik] ⟨AE⟩ **0.1** ***ongemerkt kalf/veulen*** **0.2** ***non-conformist*** *⇒individualist.*

maw [mo:] **0.1** ***pens*** *⇒maag* ⟨v. dier⟩ **0.2** ***krop*** ⟨v. vogel⟩ **0.3** ***muil*** *⇒bek* ⟨vnl. fig.⟩ ◆ **3.3** the war swept many lives into its ~ *de oorlog verslond vele levens.*

mawkish [mo:kisj] ⟨-ness⟩ **0.1** ***walgelijk*** *⇒flauw* ⟨v. smaak⟩ **0.2** ***overdreven sentimenteel.***

maxi [mæksie] ⟨inf.⟩ **0.1** ***maxi.***

maxim [mæksim] **0.1** ***spreuk*** *⇒grondregel.*

maximal [mæksiml] **0.1** ***maximaal.***

maximally [mæksimməlie] **0.1** ***hoogstens*** *⇒maximaal.*

maxim|ize, -ise [mæksimmajz] ⟨zn.: **-ization**⟩ **0.1** ***maximaliseren*** *⇒tot het uiterste vergroten* ◆ **1.1** ~ one's experience *zo veel mogelijk munt slaan uit zijn ervaring.*

maximum[1] [mæksimməm]⟨zn.; mv.: ook maxima [-mə]⟩ **0.1** ***maximum*** ◆ **6.1** **at** its ~ *op het hoogste punt/niveau.*

maximum[2] ⟨bn.⟩ **0.1** ***maximaal*** *⇒hoogste* ◆ **1.1** ~ price *maximumprijs;* ~ speed *topsnelheid.*

may ⟨might [majt]⟩ **0.1** ⟨toelating⟩ ***mogen*** **0.2** ⟨mogelijkheid⟩ ***kunnen*** **0.3** ⟨in wensen e.d.⟩ ***mogen*** **0.4** ⟨afhankelijk v. uitdr. v. hoop, wens, vrees enz.; vnl. onvertaald⟩ ***moge(n)*** ◆ **3.1** ~ I ask why you think so? *mag ik vragen waarom je dat denkt?;* you ~ not leave yet *je mag nog niet vertrekken* **3.2** they ~ arrive later *ze komen misschien later;* be that as it ~ *hoe het ook zij;* she ~ be right *misschien heeft ze wel gelijk;* come what ~ *wat er ook gebeure;* ~ I help you? *kan ik u helpen?* **3.3** long ~ he reign! *moge hij lang heersen!* **3.4** I hope he ~ recover, but I fear he ~ not *ik hoop dat hij beter wordt, maar ik vrees v. niet* **5.1** you ~ not do it *je mag het niet doen.*

May [mee] **0.1** ***mei*** ⇒⟨fig.⟩ *bloei.* →**clout.**

maybe [meebie] **0.1** ***misschien*** ⇒*wellicht* ◆ **5.1** as soon as ~ *zo vlug mogelijk.*

maybeetle, maybug ⟨ook M-⟩ **0.1** ***meikever.***

mayday ⟨ook M-⟩ **0.1** ***mayday*** ⇒*noodsignaal.*

May Day **0.1** ***1 mei*** ⇒*dag v.d. arbeid.*

mayfly ⟨ook M-⟩ **0.1** ***eendagsvlieg.***

mayhem [meehem] **0.1** ⟨inf.⟩ ***rotzooi*** ◆ **3.1** cause/create ~ *herrie schoppen.*

mayonnaise [meeəneez] **0.1** ***mayonaise.***

mayor [meə] **0.1** ***burgemeester.***

mayoral [meərəl] **0.1** ***burgemeesters-.***

mayoralt|y [meərəltie] ⟨mv.: -ies⟩ **0.1** ***burgemeestersambt.***

mayoress [meəris] **0.1** ***vrouwelijke burgemeester*** **0.2** ***vrouw v.d. burgemeester.***

maypole ⟨ook M-⟩ **0.1** ***meiboom.***

May Queen **0.1** ***meikoningin.***

maze [meez] **0.1** ***doolhof*** ⟨ook fig.⟩ **0.2** ***verbijstering*** ◆ **6.2** be **in** a ~ *in de war/onthutst zijn.*

McCarthyism [məka:θie·izm] **0.1** ***mccarthyisme*** ⇒*(heksen)jacht op communisten; oneerlijke opsporings- en onderzoeksmethoden* ⟨naar iemands politieke instelling⟩.

M.D. ⟨afk.⟩ **0.1** [Doctor of Medicine] ***M.D.***

me [mie, ⟨sterk⟩ mie:] **0.1** ***mij*** ⇒*voor/aan mij* **0.2** ⟨in nominatieffuncties; vnl. inf.⟩ ***ik*** ⇒*mij* ◆ **2.2** poor ~ *arme ik* **3.1** he hated ~ being late *hij had er een hekel aan als ik te laat kwam* **3.2** ~ and Jack often visit Mary *Jack en ik gaan vaak bij Mary op bezoek* **4.2** it is ~ *ik ben het;* if you were ~ *als jij in mijn plaats was* **6.1** he liked her better **than** ~ *hij vond haar aardiger dan mij* **8.2** ~ and my big mouth *ik met mijn grote mond* **9.2** dear ~! *ach!*

ME ⟨afk.⟩ **0.1** [myalgic encephalomyelitis] ***ME.***

mead [mie:d] **0.1** ***mede*** ⇒*honingwijn.*

meadow [meddoo] **0.1** ***wei(de)*** ⇒*grasland.*

meadowsweet ⟨plantk.⟩ **0.1** ***spirea*** **0.2** ***moerasspirea.***

meagre [mie:gə] ⟨-ness⟩ **0.1** ***mager*** ⇒*dun* ⟨mbt. persoon⟩ **0.2** ***schraal*** ⟨maaltijd, productie e.d.⟩.

meal [mie:l] **0.1** ***maal(tijd)*** **0.2** ***meel*** **0.3** ⟨AE⟩ ***maïsmeel.***

meal break **0.1** ***schafttijd*** ⇒*etenspauze.*

meals-on-wheels ⟨BE⟩ **I** ⟨n.-telb.zn.⟩ **0.1** ***warmemaaltijdendienst*** ⇒*Tafeltje-dekje;*
II ⟨mv.⟩ **0.1** ***warme maaltijden*** ⟨thuisbezorgd; vnl. voor ouderen⟩.

mealtime ⟨vaak mv.⟩ **0.1** ***etenstijd*** ⇒*schafttijd.*

mealy [mie:lie] **0.1** ***melig*** **0.2** ***bleek*** ⟨gelaatskleur⟩.

mealy-mouthed **0.1** ***zoetsappig*** ⇒*zalvend; niet oprecht.*

mean[1] [mie:n] **I** ⟨telb.zn.⟩ **0.1** ***middelmaat*** ⇒⟨fig.⟩ *middenweg* **0.2** ***gemiddelde (waarde);***
II ⟨mv.⟩ **0.1** ⟨vaak behandeld als enk.⟩ ***middel*** **0.2** ***middelen (van bestaan)*** ◆ **1.1** ~s of grace *sacramenten* **1.2** man of ~s *bemiddeld man* **6.1 by** ~s **of** *door middel/bemiddeling van;* **by** all (manner of) ~s *in elk geval; op alle mogelijke manieren;* **by** no ~s, not by any (manner of) ~s *in geen geval;* a ~s **to** an end *een middel om een doel te bereiken* **6.2** live **beyond** one's ~s *boven zijn stand leven.* →**fair.**

mean[2] ⟨-ness⟩ **I** ⟨bn.⟩ **0.1** ***gemeen*** ⇒*laag* **0.2** ***gemeen*** ⇒*ongemanierd* **0.3** ***zelfzuchtig*** ⇒*gierig* **0.4** ***armzalig*** ⇒*armoedig* **0.5** ⟨vnl. AE⟩ ***kwaadaardig*** ⇒*vals* ◆ **1.1** ~ motives *laag-bij-de-grondse motieven* **1.2** ~ tricks *ordinaire trucs* **1.3** be ~ over money *krenterig met geld zijn* **1.4** a ~ building *een vervallen gebouw;*
II ⟨bn., attr.⟩ **0.1** ***gemiddeld*** ⇒*doorsnee-* **0.2** ***gebrekkig*** ⇒*beperkt* **0.3** ***laag*** ⇒*gering* ⟨afkomst⟩ **0.4** ⟨inf.⟩ ***geweldig*** ⇒*fantastisch* ◆ **1.1** ~ life *gemiddelde levensduur;* ~ price *middenprijs* **7.2** no ~ cook *een buitengewone kok.*

mean[3] ⟨meant, meant [ment]⟩ **I** ⟨onov.ww.⟩ **0.1** ***het bedoelen*** ◆ **5.1** ~ ill/well (to/towards/by s.o.) *het slecht/goed menen (met iem.);*
II ⟨ov.ww.⟩ **0.1** ***betekenen*** ⇒*willen zeggen* **0.2** ***bedoelen*** **0.3** ***de bedoeling hebben*** ⇒*voorhebben* **0.4** ***menen*** **0.5** ***bestemmen*** ⇒*voorbestemmen* **0.6** ***betekenen*** ⇒*beduiden, neerkomen op* ◆ **1.3** ~ business *vastberaden zijn;* he ~s you no harm/no harm to you *hij wil je geen kwaad doen* **1.6** those clouds ~ rain *die wolken voorspellen regen* **3.3** I ~ to leave tomorrow *ik ben van plan morgen te vertrekken* **4.1** it ~s nothing to me *het zegt me niets; ik begrijp er niets van* **4.4** get out, and I ~ it! *eruit, en ik meen het!* **6.2** what do you ~ **by** that? *wat bedoel je daarmee?; wat heeft dat te betekenen?*

meander [mie·ændə] **0.1** ***zich (in bochten) slingeren*** ⇒*kronkelen* ⟨v. rivier⟩ **0.2** ***(rond)dolen*** ⟨ook fig.⟩.

meanderings [mie·ændəringz] **0.1** ***slinger/kronkelpad*** ⇒*gekronkel.*

mean deviation ⟨stat.⟩ **0.1** ***gemiddelde afwijking.***

meaning[1] [mie:ning] ⟨zn.⟩ **0.1** ***betekenis*** ⇒*zin, inhoud* **0.2** ***bedoeling*** ⇒*strekking* ◆ **3.2** I could not grasp his ~ *ik begreep niet wat hij bedoelde* **6.1 with** (much) ~ *veelbetekenend;* **with** little ~ *weinigzeggend* ¶**.1** ⟨vnl. afkeurend⟩ what's the ~ of this? *wat heeft dit te betekenen?*

meaning[2] ⟨bn.⟩ **0.1** ***veelbetekenend*** ⇒*veelzeggend.*

meaningful [mie:ningfl] ⟨-ness⟩ **0.1** ***v. (grote) betekenis*** ⇒*gewichtig* **0.2** ***zinvol.***

meaningless [mie:ninglǝs] ⟨-ness⟩ **0.1** ***zonder betekenis*** ⇒*nietszeggend* **0.2** ***zinloos.***

means test **0.1** ***inkomensonderzoek.***

means-tested **0.1** ***afhankelijk v.h. inkomen*** ⇒*inkomensafhankelijk* ⟨mbt. beurs, uitkering⟩.

meant ⟨verl. t. en volt. deelw.⟩ →**mean.**

meantime **0.1** ***tussentijd*** ◆ **6.1 in** the ~ *ondertussen.*

meanwhile, ⟨inf.⟩ **meantime** **0.1** ***ondertussen.***

meaow →**miaow.**

measles [mie:zlz] ⟨ww. vnl. enk.⟩ **0.1** ***mazelen*** **0.2** ***rodehond.*** →**bastard, German.**

measl|y [mie:zlie] ⟨-iness⟩ **0.1** ***met mazelen*** **0.2** ⟨inf.⟩ ***armzalig*** ◆ **1.2** ~ tip *hondenfooi.*

measurab|le [mezjrəbl] ⟨-ly⟩ **0.1** ***meetbaar*** **0.2** ***v. betekenis*** ⇒*belangrijk* ◆ **1.1** within a ~ distance of *dicht in de buurt van.*

measure[1] [mezjə] **I** ⟨telb.zn.⟩ **0.1** ***maat(beker)*** **0.2** ***maatstok/lat/lint*** **0.3** ***maatstaf*** **0.4** ⟨muz.⟩ ***maat(streep)*** **0.5** ***maatregel*** ⇒*stap* **0.6** ⟨wisk.⟩ ***maat*** ◆ **1.1** a ~ of wheat *een maat tarwe* **2.5** take strong ~s *geen halve maatregelen nemen* **7.5** half ~s *halve maatregelen;*
II ⟨telb. en n.-telb.zn.⟩ **0.1** ***maat*** ⟨ook muz.⟩ ⇒*maateenheid; mate; gematigdheid; (afgemeten/juiste) hoeveelheid; metrum, versmaat* **0.2** ***ritme*** ⇒*melodie* ◆ **1.1** ~ of time *tijdmaat* **1.¶** ~ for ~ *leer om leer* **2.1** in (a) great/large ~ *in hoge/ruime mate* **3.1** ⟨fig.⟩ get the ~ of s.o. *zich een oordeel*

over iem. vormen; ⟨BE⟩ made to ~ *op maat gemaakt;* take s.o.'s ~ *iem. de maat nemen;* ⟨fig.⟩ *zich een oordeel over iem. vormen* **6.1 beyond** ~ *buitenmate; onmetelijk.* →**linear, liquid, short.**

measure[2] **I** ⟨onov.ww.⟩ →**measure up;**
II ⟨onov. en ov.ww.⟩ **0.1** ***meten*** ⇒*af/op/toe/uitmeten, de maat nemen* ◆ **1.1** the room ~s three metres by four *de kamer meet/is drie bij vier (meter)* **4.1** ~ o.s. with *zich meten met* **5.1** ~ **off/out** *afmeten* ⟨stof enz.⟩; ~ **out** *toemeten;*
III ⟨ov.ww.⟩ **0.1** ***beoordelen*** ⇒*taxeren* **0.2** ***opnemen*** ⇒ *met de ogen afmeten* **0.3** ***letten op*** ⇒*overdenken, (over)wegen* **0.4** ⟨schr.⟩ ***afleggen*** ⟨afstand⟩ ⇒*doortrekken* ◆ **1.3** ~ one's words *zijn woorden wegen.*

measured [mezjəd] **0.1** ***weloverwogen*** ⇒*zorgvuldig, bedachtzaam* ⟨v. taalgebruik⟩ **0.2** ***gelijkmatig*** ⇒*ritmisch, metrisch* **0.3** ***berekend.***

measureless [mezjələs] **0.1** ***onmetelijk.***

measurement [mezjəmənt] **0.1** ⟨vnl. mv.⟩ ***afmeting*** ⇒*maat* **0.2** ***maatstelsel*** **0.3** ***meting.***

measurement goods ⟨hand.⟩ **0.1** ***maatvracht.***

measure up **0.1** ***voldoen*** ◆ **6.1** ~ **to** *voldoen aan; berekend zijn op/voor; opgewassen zijn tegen.*

measuring tape **0.1** ***meetlint*** ⇒*centimeter.*

meat [mie:t] **0.1** ***vlees*** **0.2** ⟨AE⟩ ***eetbaar gedeelte*** ⟨v. vrucht/schaaldier/ei/noot⟩ ⇒*(vrucht)vlees* **0.3** ***essentie*** **0.4** ⟨inf.⟩ ***fort*** ⇒*sterke zijde* ◆ **1.¶** this is ~ and drink to me *dit is mijn lust en mijn leven;* ⟨sprw.⟩ one man's ~ is another man's poison *de een traag, de ander graag* **2.1** white ~ *wit vlees* ⟨gevogelte bv.⟩ **2.3** there is no real ~ in the story *het verhaal heeft weinig om het lijf.*

meatball **0.1** ***vleesbal*** ⇒*gehaktbal* **0.2** ⟨sl.⟩ ***uilskuiken.***

meat-packing industry **0.1** ***vleesverwerkende industrie.***

meat pie **0.1** ***vleespastei(tje).***

meat|y [mie:tie] ⟨-iness⟩ **0.1** ***vlezig*** ⇒*lijvig* **0.2** ***vleesachtig*** **0.3** ***stevig*** ◆ **1.3** a ~ discussion *een pittige discussie.*

mebbies [mebbie:z] ⟨Noordoost-Eng.⟩ **0.1** ***misschien.***

Mecca [mekkə] **0.1** ***Mekka*** ⇒⟨fig.⟩ *mekka, paradijs.*

mechanic [mikænik] **0.1** ***mecanicien*** ⇒*technicus, monteur.*

mechanical [mikænikl] **0.1** ***mechanisch*** ⇒*machinaal;* ⟨fig.⟩ *ongeïnspireerd* **0.2** ***ambachtelijk*** ⇒*handwerk-* **0.3** ***werktuig(bouw)kundig*** ◆ **1.1** ~ drawing *het technisch tekenen* ⟨met passer en liniaal⟩; ~ transport *gemechaniseerd vervoer* **1.2** ~ art *ambacht* **1.3** ~ advantage *mechanisch rendement;* ⟨nat.⟩ ~ equivalent (of heat) *mechanisch warmte-equivalent;* ~ engineer *werktuig(bouw)kundig ingenieur;* ~ engineering *werktuig(bouw)kunde.*

mechanics [mikæniks] **0.1** ⟨ww. vnl. enk.⟩ ***mechanica*** ⇒ *werktuigkunde* **0.2** ***mechanisme*** **0.3** ***techniek.***

mechanism [mekkənizm] **0.1** ***mechanisme*** ⇒*mechaniek* **0.2** ***werking*** ⇒*werkwijze* **0.3** ***techniek.***

mechanistic [mekkənistik] ⟨-ally⟩ **0.1** ⟨fil.⟩ ***mechanistisch*** **0.2** ***mechanisch.***

mechan|ize, -ise [mekkənajz] ⟨zn.: **-ization**⟩ **0.1** ***mechaniseren.***

medal [medl] **0.1** ***medaille.***

medallion [midæliən] **0.1** ***gedenkpenning*** ⇒*(grote) medaille* **0.2** ***medaillon*** **0.3** ⟨bouwk.⟩ ***medaillon*** ⇒*ovaal, cirkel.*

medallist, ⟨AE sp. ook⟩ **medalist** [medlist] **0.1** ***medaillewinnaar.***

meddle in [medl in] **0.1** ***zich bemoeien met*** ⇒*zich inlaten met* ◆ **1.1** don't ~ my affairs *bemoei je met je eigen zaken.*

meddler [medlə] **0.1** ***bemoeial.***

meddlesome [medlsəm], **meddling** [medling] **0.1** ***bemoeiziek.***

meddle with **0.1** ***zich bemoeien met*** ⇒*zich inlaten met* **0.2** ***rondsnuffelen in.***

media [mie:diə] **0.1** ***media.***

mediaeval →**medieval.**

media event **0.1** ***mediagebeurtenis*** ⇒⟨pej. ook⟩ *(door media) opgeklopte gebeurtenis.*

medial [mie:diəl] **0.1** ***in het midden gelegen*** ⇒*middelst.*

median[1] [mie:diən] ⟨zn.⟩ **0.1** ***zwaartelijn*** ⇒*mediaan.*

median[2] ⟨bn.⟩ **0.1** ***middel-*** ⇒*midden-, middelst* ◆ **1.1** ⟨wisk.⟩ ~ point *zwaartepunt.*

medi|ate [mie:die·eet] ⟨zn.: **-ation**⟩ **I** ⟨onov. en ov.ww.⟩ **0.1** ***bemiddelen*** ⇒*bijleggen* ◆ **6.1** ~ **between** *bemiddelen tussen;*
II ⟨ov.ww.⟩ **0.1** ***overbrengen.***

mediator [mie:die·eetə] **0.1** ***bemiddelaar*** ⇒*tussenpersoon.*

medic [meddik] ⟨inf.⟩ **0.1** ***medisch student*** **0.2** ***dokter.***

medical[1] [meddikl] ⟨zn.⟩⟨inf.⟩ **0.1** ***(medisch) onderzoek*** ⇒ *keuring.*

medical[2] ⟨bn.⟩ **0.1** ***medisch*** **0.2** ***geneeskundig*** ⟨tgov. heelkundig⟩ ◆ **1.1** ~ care *gezondheidszorg;* ~ certificate *doktersverklaring;* ~ examination *medisch onderzoek;* ~ examiner *keuringsarts;* ⟨AE⟩ *lijkschouwer.*

medicament [middikkəmənt, meddi-] **0.1** ***medicament*** ⇒ *medicijn.*

Medicare [meddikkeə] ⟨ook m-⟩ **0.1** ***ziektekostenverzekering*** ⟨in USA voor bejaarden⟩.

medicate [meddikkeet] **0.1** ***medisch verzorgen*** **0.2** ⟨vnl. pass.⟩ ***met een geneeskrachtige stof behandelen*** ◆ **1.2** ~d bath *geneeskrachtig bad;* ~d coffee *gezondheidskoffie.*

medication [meddikkeesjn] **0.1** ***medicament*** ⇒*medicijn(en)* **0.2** ***medicatie.***

medicinal [middisnəl] **0.1** ***geneeskrachtig*** **0.2** ***geneeskundig*** ⇒*medisch.*

medicine [medsn] **0.1** ***geneesmiddel*** **0.2** ***tovermiddel*** **0.3** ***geneeskunde*** ⟨tgov. heelkunde⟩ ⇒*medicijnen* ◆ **3.1** she takes too much ~ *ze slikt te veel medicijnen* **3.3** socialized ~ *openbare gezondheidszorg* **3.¶** get some/a little of one's own ~ *een koekje v. eigen deeg krijgen.*

medicine ball **0.1** ***(zware) oefenbal.***

medicine chest **0.1** ***medicijnkastje*** ⇒*huisapotheek.*

medicine man **0.1** ***medicijnman.***

medico [meddikkoo] ⟨inf.⟩ **0.1** ***medisch student*** **0.2** ***dokter.***

medieval [meddie·ie:vl, meddie:vl], **mediaeval** **0.1** ***middeleeuws*** ⟨inf., ook fig.⟩ ⇒*achterlijk.*

mediocre [mie:die·ookə] **0.1** ***middelmatig.***

mediocrit|y [mie:die·okrətie] ⟨mv.: -ies⟩ **0.1** ***middelmatigheid*** **0.2** ***middelmatig mens*** ⇒*onbeduidend/alledaags figuur.*

meditate [medditteet] **I** ⟨onov.ww.⟩ **0.1** ***diep nadenken*** ⇒*in gedachten verzonken zijn* **0.2** ***mediteren*** ◆ **6.1** ~ **(up)on** *overpeinzen;*
II ⟨ov.ww.⟩ **0.1** ***overpeinzen*** ⇒*overdenken* **0.2** ***v. plan/zins zijn*** ⇒*beramen* ◆ **1.2** ~ revenge *zinnen op wraak.*

meditation [medditteesjn] **0.1** ***overpeinzing*** ⇒*bespiegeling* **0.2** ***meditatie*** ◆ **2.1** deep in ~ *in gepeins verzonken.*

meditative [meddittətiv] **0.1** ***nadenkend*** ⇒*beschouwend.*

Mediterranean [meddittəreeniən] **0.1** ***mediterraan*** ⇒*mbt./v.d. Middellandse Zee/het Middellandse-Zeegebied* ◆ **1.1** ~ climate *mediterraan klimaat* **7.1** the ~ (Sea) *de Middellandse Zee.*

medium[1] [mie:diəm] ⟨zn.⟩⟨spiritisme⟩ **0.1** ***medium.***

medium[2] ⟨zn.; mv.: ook media⟩ **0.1** ***middenweg*** ⇒*compromis* **0.2** ***gemiddelde*** ⇒*midden* **0.3** ***medium*** ⇒*middel* **0.4** ⟨nat.⟩ ***medium*** ⇒*middenstof* **0.5** ***tussenpersoon*** **0.6** ***(natuurlijke) omgeving*** ⇒*milieu, element* **0.7** ***uitingsvorm*** ⇒ *kunstvorm, expressiemiddel* ◆ **1.3** ~ of circulation/exchange *betalings/ruilmiddel* **6.3** **through** the ~ of *door middel v.* →**happy, media.**

medium[3] ⟨bn.⟩ **0.1** ***gemiddeld*** ⇒*doorsnee-* ◆ **1.1** ~ income *modaal inkomen;* a car in the ~ range *een auto uit de middenklasse;* in the ~ term *op middellange termijn;* ⟨radio⟩ ~ wave *middengolf.*
medium-dated ⟨BE; geldw.⟩ **0.1** ***middellang.***
medium-dry **0.1** ***medium dry*** ⟨v. sherry of wijn⟩.
medium-range ◆ **1.¶** ~ missiles *middellange afstandsraketten.*
medium-size **0.1** ***middenklasse-.***
medium-sized **0.1** ***middelgroot.***
medium-term **0.1** ***op middellange termijn.***
medlar [medlə] **0.1** ***mispel.***
medley [medlie] **0.1** ***mengelmoes(je)*** ⇒*bonte verzameling* **0.2** ⟨muz.⟩ ***potpourri*** ⇒*medley.*
medley relay ⟨zwemsport⟩ **0.1** ***wisselslagestafette.***
meed [mie:d] ⟨schr.⟩ **0.1** ***beloning*** **0.2** ***aandeel.***
meek [mie:k] ⟨-ness⟩ **0.1** ***gedwee*** **0.2** ***deemoedig*** ⇒*bescheiden* **0.3** ***zachtmoedig*** ◆ **1.1** as ~ as a lamb *zo mak als een lammetje* **2.2** he's ~ and mild *hij is een lieve goeierd;* ⟨pej.⟩ *hij laat over zich lopen.*
meerschaum [miəsjəm] **0.1** ***meerschuim(en pijp).***
meet[1] [mie:t] ⟨zn.⟩ **0.1** ⟨vnl. BE⟩ ***samenkomst*** ⇒*trefpunt* ⟨voor de jacht⟩ **0.2** ⟨vnl. BE⟩ ***jachtgezelschap*** **0.3** ⟨vnl. AE; atletiek⟩ ***ontmoeting*** ⇒*wedstrijd.*
meet[2] ⟨met, met [met]⟩ **I** ⟨onov.ww.⟩ **0.1** ***elkaar ontmoeten*** ⇒*elkaar treffen/tegenkomen* **0.2** ***samenkomen*** ⇒*bijeenkomen* **0.3** ***kennismaken*** **0.4** ***sluiten*** ⇒*dicht gaan* ⟨v. kledingstuk⟩ ◆ **5.1** ⟨inf.⟩ ~ **up** *elkaar (toevallig) treffen* **6.1** ⟨inf.⟩ ~ up **with** *tegen het lijf lopen.* →**meet with;**
II ⟨ov.ww.⟩ **0.1** ***ontmoeten*** ⇒*treffen, tegenkomen* **0.2** ***(aan)raken*** **0.3** ***kennismaken met*** **0.4** ***afhalen*** **0.5** ***behandelen*** ⇒*tegemoet treden, het hoofd bieden* **0.6** ***tegemoet komen (aan)*** ⇒*voldoen (aan), vervullen* ⟨hoop, behoefte⟩ **0.7** ***beantwoorden*** ⇒*(onvriendelijk) bejegenen* **0.8** ***ondervinden*** ⇒*ondergaan, dragen* ◆ **1.4** I'll ~ your train *ik kom je van de trein afhalen* **1.5** ~ criticism *kritiek weerleggen* **1.6** ~ the bill *de rekening voldoen;* ~ the expenses *de kosten dekken* **1.8** ~ one's death *de dood vinden* **3.1** run to ~ s.o. *iem. tegemoet rennen* **3.3** pleased to ~ you *aangenaam* **5.1** ⟨fig.⟩ ~ s.o. halfway *iem. tegemoet komen; het verschil (samen) delen.*
meeting [mie:ting] **0.1** ***ontmoeting*** ⟨ook sport⟩ ⇒*treffen, wedstrijd* **0.2** ***bijeenkomst*** ⇒*vergadering, bespreking* **0.3** ***kerkdienst*** ⇒*godsdienstoefening* **0.4** ***samenkomst*** ⇒*samenvloeiing* ⟨v. rivieren⟩ ◆ **1.2** ⟨ec.⟩ ~ of creditors *crediteurenvergadering, verificatievergadering* **1.¶** ~ of minds *overeenstemming.*
meetinghouse **0.1** ***bedehuis*** ⇒*kerk.*
meetingplace **0.1** ***ontmoetingsplaats.***
meeting point **0.1** ***trefpunt*** ⇒*ontmoetingspunt/plaats.*
meeting room **0.1** ***vergaderzaal.***
meet with **0.1** ***ondervinden*** ⇒*ondergaan* **0.2** ***tegen het lijf lopen*** **0.3** ⟨AE⟩ ***een ontmoeting hebben met*** ◆ **1.1** ~ approval *instemming vinden;* ~ difficulties *moeilijkheden ondervinden.*
megabyte [megəbajt] ⟨comp.⟩ **0.1** ***megabyte*** ⟨1 miljoen bytes⟩.
megadeath [-deθ] ⟨zn.⟩ **0.1** ***een miljoen doden*** ⟨bij kernoorlog⟩.
megadose [-doos] **0.1** ***zeer grote dosis*** ⟨v. medicijn, vitamines enz.⟩.
megahertz [-hə:ts], **megacycle** [-sajkl] ⟨telecommunicatie⟩ **0.1** ***megahertz.***
megalith [-liθ] ⟨bn.: **-ic**⟩ **0.1** ***megaliet*** ⇒*reuzensteen.*
megalomania [megəloomeeniə] **0.1** ***megalomanie.***
megalomaniac [megəloomeenie·æk] **0.1** ***megalomaan.***
megaphone [megəfoon] **0.1** ***megafoon.***
megastar [megəsta:] **0.1** ***supersuperster*** ⟨bv. popartiest⟩ ⇒*megaster.*
megastore [megəsto:] **0.1** ***megashop.***
megaton(ne) [-tun] **0.1** ***megaton.***
megawatt [-wot] **0.1** ***megawatt.***
me-generation ⟨the⟩ **0.1** ***ik-generatie*** ⇒⟨pej.⟩ *ikke-ikkegeneratie.*
melancholic [mellənkollik] **0.1** ⟨bn.⟩ ***melancholisch*** ⇒*zwaarmoedig* **0.2** ⟨zn.⟩ ***melancholicus.***
melancholy[1] [mellənkəlie] ⟨zn.⟩ **0.1** ***melancholie*** ⇒*zwaarmoedigheid.*
melancholy[2] ⟨bn.⟩ **0.1** ***melancholisch*** ⇒*zwaarmoedig* **0.2** ***droevig*** ⇒*triest* ⟨v. voorval bv.⟩.
mêlée, ⟨AE sp. vnl.⟩ **melee** [mellee] **0.1** ***mêlee*** ⇒*(strijd)gewoel.*
mellifluous [millifloeəs] **0.1** ***honingzoet*** ⇒*zoetvloeiend* ⟨v. woorden, stem⟩.
mellow[1] [melloo] ⟨bn.; -ness⟩ **0.1** ***rijp*** ⇒*sappig* ⟨v. fruit⟩ **0.2** ***zacht*** ⇒*warm, vol* ⟨v. geluid, kleur, smaak⟩ **0.3** ***gerijpt*** ⇒*zacht(moedig), mild* **0.4** ***joviaal*** ⇒*hartelijk* ◆ **1.3** people of ~ age *mensen v. rijpere leeftijd.*
mellow[2] ⟨ww.⟩ **0.1** ***rijpen*** ⟨zie ook mellow[1]⟩ **0.2** ***aardiger/minder streng (doen) worden.***
melodic [millоddik] ⟨-ally⟩ **0.1** ***melodisch*** **0.2** ***melodieus.***
melodious [milloodiəs] ⟨-ness⟩ **0.1** ***melodieus*** ⇒*welluidend.*
melodrama [mellədra:mə] **0.1** ***melodrama*** ⟨ook fig.⟩ ⇒*draak.*
melodramatic [mellədrəmætik] ⟨-ally⟩ **0.1** ***melodramatisch.***
melod|y [mellədie] ⟨mv.: -ies⟩ **0.1** ***melodie.***
melon [mellən] **0.1** ***meloen.***
melt [melt] **0.1** ***smelten*** ⟨ook fig.⟩ ⇒*(zich) oplossen* ◆ **1.1** the fog is ~ing (away) *de mist trekt op;* the fuse has ~ed *de stop is doorgeslagen;* ~ in the mouth *smelten op de tong* **5.1** ~ **down** *omsmelten* **6.1** his heart ~ed **at** her tears *haar tranen deden zijn hart smelten;* ~ **with** pity *smelten van medelijden.*
melt away **0.1** ***wegsmelten*** ⇒*verdwijnen, zich oplossen* ⟨v. mist bv.⟩.
meltdown **0.1** ***het afsmelten*** ⟨bij kernreactor⟩.
melting [melting] **0.1** ***smeltend*** ⇒⟨fig.⟩ *sentimenteel.*
meltingpoint **0.1** ***smeltpunt.***
meltingpot **0.1** ***smeltkroes*** ⟨ook fig.⟩ ◆ **6.1** **in** the ~ *onstabiel.*
member [membə] **0.1** ***lid*** ⇒*lidmaat; (onder)deel, element; zinsdeel; lichaamsdeel* ◆ **1.1** ~ of Parliament *parlementslid;* ~ state *lidstaat.*
membership [membəsjip] **I** ⟨n.-telb.zn.⟩ **0.1** ***lidmaatschap*** ⟨ook wisk.⟩;
II ⟨zn.⟩ **0.1** ***ledental*** ⇒*de leden.*
membership fee **0.1** ***contributie.***
membrane [membreen] **0.1** ***membraan.***
membranous [membrənəs] **0.1** ***vliezig.***
memento [mimmentoo] ⟨mv.: ook -es⟩ **0.1** ***memento.***
memo [memmoo] ⟨verk.⟩ [memorandum] **0.1** ***memo.***
memoir [memwa:] **0.1** ***gedenkschrift*** ⇒*biografie* **0.2** ***verhandeling*** **0.3** ⟨zelden enk.⟩ ***memoires*** ⇒*autobiografie.*
memo pad **0.1** ***memoblok*** ⇒*notitieblok.*
memorab|le [memrəbl] ⟨-ly⟩ **0.1** ***gedenkwaardig.***
memorandum [memmərændəm] ⟨mv.: ook memoranda [-də]⟩ **0.1** ***memorandum*** ⇒*aantekening; informele nota* ◆ **1.1** ~ of association *akte van oprichting.*
memorial[1] [mimmo:riəl] ⟨zn.⟩ **0.1** ***gedenkteken*** ⇒*monu-*

ment, aandenken **0.2** ***herdenking(splechtigheid)*** **0.3** ***memorandum*** ⇒*informele (diplomatieke) nota* **0.4** ***verzoekschrift*** ◆ **6.1** a ~ **to** the dead *een gedenkteken voor de overledenen.*

memorial[2] ⟨bn.⟩ **0.1** ***gedenk-*** **0.2** ***geheugen-*** ◆ **1.1** ~ service *herdenkingsdienst.*

Memorial Day **0.1** ***Memorial Day*** ⟨gedenkdag in de USA voor de slachtoffers van alle oorlogen, meestal 30 mei⟩.

memorize, -ise [memmərajz] **0.1** ***uit het hoofd leren*** **0.2** ***onthouden.***

memor|y [memrie] ⟨mv.: -ies⟩ **0.1** ***geheugen*** ⟨ook comp.⟩ ⇒ *herinnering* **0.2** ***herinnering*** ⇒*aandenken* ◆ **2.1** to the best of my ~ *voor zover ik mij herinner* **3.1** commit sth. to ~ *iets uit het hoofd leren;* within living ~ *bij mensenheugenis* **3.2** praise s.o.'s ~ *iemands nagedachtenis eren* **6.1 from** ~ *van buiten* **6.2 in** ~ **of, to** the ~ **of** *ter (na)gedachtenis aan.*

memory chip ⟨comp.⟩ **0.1** ***geheugenchip.***

memory lane ◆ **5.¶ down** ~ *terug in iemands herinnering/ het verleden.*

memsahib [memsa:(i)b] ⟨Ind. E⟩ **0.1** ***(Europese gehuwde) dame*** ⇒⟨als beleefde aanspreektitel⟩ *mevrouw.*

men [men] ⟨mv.⟩ →**man**[1].

menace[1] [mennis] ⟨zn.⟩ **0.1** ***(be)dreiging*** **0.2** ***lastpost*** ⇒*gevaar* ◆ **3.1** filled with ~ *vol dreiging* **6.1** a ~ **to** peace *een bedreiging v.d. vrede.*

menace[2] ⟨ww.⟩ **0.1** ***(be)dreigen.***

ménage [meena:zj, mə-] **0.1** ***huishouden.***

menagerie [minædzjərie] **0.1** ***menagerie.***

mend[1] [mend] ⟨zn.⟩ **0.1** ***herstelling*** ⇒*reparatie, lap* ◆ **6.¶** he's **on** the ~ *hij is aan de beterende hand.*

mend[2] **I** ⟨onov.ww.⟩ **0.1** ***er weer bovenop komen*** ⇒*herstellen* **0.2** ***zich (ver)beteren;***
II ⟨ov.ww.⟩ **0.1** ***herstellen*** ⇒*repareren* **0.2** ***goedmaken*** **0.3** ***verbeteren*** ◆ **1.1** ~ stockings *kousen stoppen;* ~ your manner *gedraag je.*

mendacious [mendeesjəs] ⟨schr.⟩ **0.1** ***leugenachtig.***

mendacit|y [mendæsətie] ⟨mv.: -ies⟩⟨schr.⟩ **0.1** ***leugen*** ⇒*onwaarheid* **0.2** ***leugenachtigheid.***

mendicant [mendikkənt] **0.1** ⟨bn.⟩ ***bedel-*** **0.2** ⟨zn.⟩ ***mendicant*** ⇒*bedelmonnik* **0.3** ***bedelaar.***

mending [mending] **0.1** ***herstelling*** ⇒*reparatie* **0.2** ***verstelwerk.***

menfolk [menfook], ⟨AE ook⟩ **menfolks** [-fooks] ⟨inf.⟩ **0.1** ***mansvolk.***

menial [mie:niəl] ⟨vaak pej.⟩ **0.1** ⟨bn.⟩ ***huishoudelijk*** **0.2** ⟨bn.⟩ ***ondergeschikt*** ⇒*oninteressant* **0.3** ⟨zn.⟩ ***dienstbode*** ⇒*knecht, meid* ◆ **1.1** ~ servant *dienstbode* **1.2** a ~ occupation *een min baantje* **1.¶** speak in ~ tones *op slaafse toon spreken.*

meningitis [mennindzjajtis] **0.1** ***hersenvliesontsteking.***

meniscus [minniskəs]⟨mv.: ook menisci [minniskajl]⟩ **0.1** ***meniscus.***

menopause [mennəpo:z] **0.1** ***menopauze.***

Mensa [mensə] **0.1** ***Mensa*** ⟨vereniging voor mensen met een hoog IQ⟩.

menses [mensie:z] ⟨the⟩⟨schr.⟩ **0.1** ***menses*** ⇒*menstruatie.*

men's room ⟨AE⟩ **0.1** ***herentoilet.***

menstrual [menstroeəl] **0.1** ***menstruaal*** **0.2** ***maandelijks*** ◆ **1.1** ~ cycle *menstruatiecyclus;* ~ period *menstruatie.*

menstru|ate [menstroe·eet] ⟨zn.: **-ation**⟩ **0.1** ***menstrueren*** ⇒*ongesteld zijn.*

menswear, men's wear [menzweə] **0.1** ***herenkleding.***

mental [mentl] **I** ⟨bn.⟩ **0.1** ***geestelijk*** ⇒*mentaal, psychisch* ◆ **1.1** ~ age *intelligentieleeftijd;* ~ breakdown *geestelijke inzinking;* ~ deficiency *zwakzinnigheid;* ~ illness *zenuwzieke* **2.1** ~ly defective/deficient/handicapped *geestelijk gehandicapt* **3.1** ~ly retarded *achterlijk;*
II ⟨bn., attr.⟩ **0.1** ***hoofd-*** ⇒*met het hoofd/de geest* **0.2** ***psychiatrisch*** ◆ **1.1** ~ arithmetic *hoofdrekenen;* ~ gymnastics *hersengymnastiek;* make a ~ note of sth. *iets in zijn oren knopen;*
III ⟨bn., pred.⟩⟨inf.⟩ **0.1** ***geestelijk gehandicapt*** ⇒*zenuwziek, zwakzinnig.*

mental home **0.1** ***tehuis voor geestelijk gehandicapten*** ⇒ *psychiatrische inrichting.*

mental hospital **0.1** ***kliniek voor geesteszieken.***

mentalit|y [mentælətie] ⟨mv.: -ies⟩ **0.1** ***mentaliteit*** **0.2** ***geestvermogen(s)*** ⇒*geestelijke capaciteiten.*

mental patient **0.1** ***geesteszieke*** ⇒*zenuwpatiënt.*

menthol [menθol] **0.1** ***menthol.***

mentholated [menθəleetid] **0.1** ***met menthol.***

mention[1] [mensjn] ⟨zn.⟩ **0.1** ***vermelding*** ⇒*opgave* ◆ **2.1** honourable ~ *eervolle vermelding* **3.1** make ~ of *vermelden.*

mention[2] ⟨ww.⟩ **0.1** ***vermelden*** ⇒*gewag maken van* ◆ **1.1** did I hear my name ~ed? *hoorde ik mijn naam noemen?* **3.¶** don't ~ it *geen dank* **5.1** not to ~ *om (nog maar) niet te spreken van.*

mentor [mento:] **0.1** ***mentor.***

menu [menjoe:] **0.1** ***menu*** ⟨ook comp.⟩ ⇒*(menu)kaart; maaltijd* ◆ **3.1** ⟨cul.⟩ set ~, fixed price ~ *keuzemenu.*

menu bar ⟨comp.⟩ **0.1** ***menubalk.***

menu-driven ⟨comp.⟩ **0.1** ***menugestuurd.***

MEP ⟨afk.⟩ **0.1** [Member of the European Parliament].

mercantile [mə:kəntajl] **0.1** ***handels-*** ⇒*koopmans-* ◆ **1.1** ~ law *handelsrecht.*

mercenar|y [mə:snrie] ⟨mv.: -ies⟩ **0.1** ⟨bn.⟩ ***geldbelust*** **0.2** ⟨bn.⟩ ***gehuurd*** **0.3** ⟨zn.⟩ ***huurling*** ◆ **1.2** ~ troops *huurtroepen.*

merchandise[1], **-ize** [mə:tsjəndajz, -dajs] ⟨zn.⟩ **0.1** ***koopwaar*** ⇒*handelswaar.*

merchandise[2], **-ize** ⟨ww.⟩ **0.1** ***handel drijven (in)*** **0.2** ***op de markt komen met*** ⇒*aan de man brengen.*

merchandiser, ⟨AE sp.⟩ **-dizer** [mə:tsjəndajzə] **0.1** ***merchandiser*** ⇒*verkoopadviseur, marktbewerker, klantenbezoeker, productstrateeg.*

merchandising, ⟨AE sp.⟩ **-dizing** [mə:tsjəndajzing] **0.1** ***merchandising*** ⇒*marktbewerking, productstrategie, marktonderzoek.*

merchant[1] [mə:tsjənt] ⟨zn.⟩ **0.1** ***groothandelaar*** ⇒*koopman* **0.2** ⟨sl.; in samenstellingen⟩ ***maniak*** ◆ **1.1** ⟨pej.⟩ ~s of death *wapenfabrikanten.*

merchant[2] **I** ⟨bn., attr.⟩ **0.1** ***koopvaardij-*** **0.2** ***handels-*** ⇒ *koopmans-* ◆ **1.1** ~ service/⟨BE⟩ navy/⟨AE⟩ marine *koopvaardijvloot;* ~ shipping *koopvaardij;*
II ⟨bn., attr. na het zn.⟩ **0.1** ***handels-*** ◆ **1.1** law ~ *handelsrecht.*

merchant bank **0.1** ***merchantbank*** ⇒*handelsbank, financieringsbank* ⟨vnl. voor internationale handel⟩.

merchant|man [mə:tsjəntmən]⟨mv.: -men [mən]⟩ **0.1** ***koopvaardijschip.***

merciful [mə:siefl] ⟨-ness⟩ **0.1** ***genadig*** ⇒*barmhartig* **0.2** ***gelukkig*** ◆ **1.1** a ~ punishment *een milde straf* **1.2** a ~ outcome *een gelukkige afloop.*

merciless [mə:sieləs] ⟨-ness⟩ **0.1** ***genadeloos*** ◆ **1.1** a ~ ruler *een meedogenloos heerser.*

mercurial [mə:koeəriəl] **0.1** ***kwikhoudend*** **0.2** ***kwiek*** ⇒*beweeglijk, veranderlijk.*

mercury [mə:kjoerie] **0.1** ***kwik(zilver)*** ⟨element 80⟩ ◆ **3.1** ⟨vaak fig.⟩ the ~ has dropped *het kwik is gedaald.*

merc|y [mə:sie] ⟨mv.: -ies⟩ **I** ⟨telb.zn.⟩ **0.1** ***daad van barmhartigheid*** ⇒*weldaad* **0.2** ***zegen*** ◆ **2.1** thankful for small mercies *gauw tevreden;* ⟨ong.⟩ *een kinderhand is gauw gevuld* **4.2** it's a ~ that *(wat) een geluk dat;*
II ⟨n.-telb.zn.⟩ **0.1** ***genade*** ⇒*barmhartigheid* **0.2** ⟨soms mv.⟩ ***mededogen*** ⇒*vergevensgezindheid* ◆ **1.2** throw o.s. on a person's ~ *een beroep doen op iemands goedheid* **3.1** they showed no ~ to their enemies *zij kenden voor hun vijanden geen genade* **3.2** ⟨vaak iron.⟩ left to the (tender) ~ / mercies of *overgeleverd aan de goedheid van* **6.¶ at** the ~ of *in de macht van;* ~ **(up)on** us! *goeie genade!*

mercy killing ⟨euf.⟩ **0.1** ***euthanasie*** ⇒*de zachte dood.*

mere [miə] **0.1** ⟨superlatief merest enkel na the⟩ ***louter*** ⇒ *puur* ◆ **1.1** by the ~st chance *door stom toeval;* a ~ child *(nog) maar een kind;* ~ imagination *zuiver inbeelding;* ~ nonsense *pure onzin;* at the ~ thought of it *alleen al de gedachte eraan* **7.1** a ~ 10 pounds *niet meer dan/op de kop af 10 pond.*

merely [miəlie] **0.1** ***slechts*** ⇒*enkel, alleen.*

merengue [mərenggee] **0.1** ***merengue*** ⟨Latijns-Am. dans⟩.

meretricious [merritrisjəs] ⟨-ness⟩ **0.1** ***schoonschijnend*** ⇒ *bedrieglijk* ◆ **1.1** ~ praise *valse lof;* a ~ style *een gezwollen stijl.*

merge [mə:dzj] **I** ⟨onov.ww.⟩ **0.1** ⟨+with⟩ ***opgaan (in)*** ⇒*samensmelten (met), fuseren (met)* **0.2** ***(geleidelijk) overgaan (in elkaar)*** ◆ **1.2** the place where the rivers ~ *de plaats waar de rivieren samenvloeien;*
II ⟨ov.ww.⟩ **0.1** ***doen opgaan in*** ⇒*doen samensmelten met* ◆ **6.1** the farm was ~d **in** the earl's estate *de boerderij werd ingelijfd bij het landgoed v.d. graaf.*

mergee [mə:dzjie:] ⟨ec.⟩ **0.1** ***fusiepartner.***

merger [mə:dzjə] **0.1** ***samensmelting*** ⇒*versmelting* **0.2** ⟨ec.⟩ ***fusie.***

meridian [məriddiən] **0.1** ***meridiaan*** ⇒*middaglijn* **0.2** ⟨the; ster.⟩ ***zenit*** ⇒⟨fig.⟩ *hoogtepunt* **0.3** ***geestelijk peil*** ◆ **1.3** calculated for the ~ of the masses *afgestemd op het geestelijk niveau v.d. massa.* →**prime.**

meridional [məriddiənl] **0.1** ***meridionaal*** ⇒*zuidelijk.*

meringue [məræng] **0.1** ***schuim(gebakje)*** ⇒*schuimpje, meringue.*

merit[1] [merrit] ⟨zn.⟩ **0.1** ***verdienste*** ⇒*waarde* **0.2** ⟨vnl. mv.; vaak jur.⟩ ***intrinsieke waarde*** ⇒*merites* ◆ **1.1** the ~s and demerits of sth. *de voors en tegens v. iets;* a man of ~ *een man v. verdienste* **3.1** reward each according to his ~s *elk naar eigen verdienste belonen* **6.1** judge sth. **on** its (own) ~s *iets op zijn eigen waarde beoordelen.*

merit[2] ⟨ww.⟩⟨vnl. schr.⟩ **0.1** ***verdienen*** ⇒*waard zijn.*

meritocrac|y [merrittokrəsie] ⟨mv.: -ies⟩ **0.1** ***meritocratie*** ⟨prestatiemaatschappij⟩.

meritorious [merritto:riəs] **0.1** ***verdienstelijk.***

merlin [mə:lin] ⟨dierk.⟩ **0.1** ***smelleken.***

mermaid [mə:meed] **0.1** ***(zee)meermin.***

mer|man ⟨mv.: -men⟩ **0.1** ***meerman.***

merriment [merriemənt] **0.1** ***vrolijkheid*** **0.2** ***pret*** ⇒*plezier, hilariteit.*

merr|y [merrie] ⟨-iness⟩ **0.1** ***vrolijk*** ⇒*opgewekt* **0.2** ***plezierig*** ⇒*grappig* **0.3** ⟨inf.⟩ ***aangeschoten*** ◆ **1.1** Merry Christmas *Vrolijk kerstfeest;* Merrie England *het goeie, ouwe Engeland;* lead a ~ life *een vrolijk leventje leiden* **1.2** a ~ joke *een leuke grap* **1.¶** lead s.o. a ~ dance *iem. het leven zuur maken; iem. voor de gek houden* **3.¶** make ~ *pret maken;* make ~ over *zich vrolijk maken over.*

merry-go-round **0.1** ***draaimolen*** ⇒*carrousel;* ⟨fig.⟩ *maalstroom, roes.*

merrymaker **0.1** ***pretmaker.***

merrymaking **0.1** ***pret(makerij)*** ⇒*feestvreugde* **0.2** ***feestelijkheid.***

mescalin(e) [meskəlie:n, -lin] **0.1** ***mescaline.***

mesh[1] [mesj] ⟨zn.⟩ **0.1** ***maas*** ⇒*steek;* ⟨fig. ook⟩ *strik* **0.2** ***net(werk)*** ◆ **1.1** entangled in the ~es of politics *verstrikt in het netwerk v.d. politiek* **1.2** a ~ of lies *een netwerk v. leugens* **6.¶ out of** ~ *uitgeschakeld* ⟨vnl. v. tandwielen⟩.

mesh[2] **I** ⟨onov.ww.⟩ **0.1** ⟨+with⟩ ***ineengrijpen*** ⇒*ingeschakeld zijn;* ⟨fig.⟩ *harmoniëren (met)* **0.2** ***verstrikt geraken;***
II ⟨ov.ww.⟩ **0.1** ***in een net vangen*** ⟨ook fig.⟩ ⇒*verstrikken* **0.2** ***inschakelen*** ⇒*in elkaar doen grijpen.*

mesmeric [mezmerrik] ⟨-ally⟩ **0.1** ***mesmerisch*** ⇒*hypnotisch.*

mesmerize, -ise [mezmərajz] **0.1** ⟨vnl. volt. deelw.⟩ ***magnetiseren*** ⇒*(als) verlammen* ◆ **6.1** ~d **at** his appearance *gebiologeerd door zijn verschijning.*

mesoderm [messoodə:m] ⟨biol.⟩ **0.1** ***mesoderm.***

mess[1] [mes] ⟨zn.⟩⟨zelden mv.⟩ **0.1** ***puinhoop*** ⇒*troep, (war)boel, knoeiboel* **0.2** ***vuile boel*** **0.3** ***moeilijkheid*** **0.4** ⟨inf.⟩ ***schooier*** **0.5** ⟨ook mv.⟩ ***mess*** ⇒*kantine* **0.6** ⟨vnl. mil.⟩ ***rats*** ⇒*soldatenkost* ◆ **1.1** his life was a ~ *zijn leven was een mislukking* **3.1** clear up the ~ *de rotzooi opruimen;* make a ~ of *in de war schoppen* **6.1** the house was **in** a pretty ~ *het huis was een puinhoop* **6.3** get o.s. **into** a ~ *zichzelf in moeilijkheden brengen* **¶.4** you're a ~ *je ziet er vreselijk uit.*

mess[2] **I** ⟨onov.ww.⟩ **0.1** ***knoeien*** ⇒*morsen* **0.2** ⟨vnl. mil.⟩ ***(samen) eten*** **0.3** ***zich bemoeien met iets*** ⇒*tussenkomen* ◆ **5.2** ~ **together** *aan dezelfde tafel eten* ⟨vnl. officieren⟩ **6.3** ~ **in** other people's business *z'n neus in andermans zaken steken* **7.¶** ⟨BE; inf.⟩ no ~ing *echt waar.* →**mess with;**
II ⟨ov.ww.⟩ →**mess about / around, mess up.**

mess about, mess around ⟨inf.⟩ **I** ⟨onov.ww.⟩ **0.1** ***leuteren*** ⇒*prutsen, (lui) rondhangen* **0.2** ***flauwekul verkopen*** **0.3** ***knoeien*** ⇒*rotzooien* **0.4** ***vreemd gaan*** ◆ **6.1** don't ~ **with** people like him *laat je met mensen zoals hij niet in* **¶.1** he spent the weekend messing about *hij lummelde wat rond tijdens het weekend;*
II ⟨ov.ww.⟩ **0.1** ***rotzooien met*** **0.2** ***belazeren*** ◆ **¶.1** stop messing my daughter about *handen af van mijn dochter.*

message[1] [messidzj] ⟨zn.⟩ **0.1** ***boodschap*** **0.2** ***bericht*** ◆ **1.1** the ~ of a book *de kerngedachte v.e. boek* **3.1** ⟨inf.⟩ (I) got the ~ *begrepen;* run ~s *boodschappen overbrengen* **6.1** send s.o. **on** a ~ *iem. om een boodschap sturen.*

message[2] ⟨ww.⟩ **0.1** ***overbrengen*** ⟨vnl. dmv. signalen⟩ ⇒ *(over)seinen.*

messenger [mesndzjə] **0.1** ***boodschapper*** ⇒*bode, koerier; gezant.*

messenger boy **0.1** ***boodschappenjongen*** ⇒⟨fig.⟩ *loopjongen.*

mess hall ⟨mil.⟩ **0.1** ***eetzaal*** ⇒*kantine.*

Messiah [missajjə] ⟨soms m-⟩⟨vnl. rel.⟩ **0.1** ***Messias*** ⇒*Heiland.*

messianic [messie·ænik] ⟨-ally⟩ **0.1** ***Messiaans.***

messmate **0.1** ⟨scheep.⟩ ***baksmaat*** ⇒*baksgast.*

mess-orderly ⟨mil.⟩ **0.1** ***messbediende.***

Messrs. [messəz] **0.1** ***HH.*** ⇒*(de) Heren* **0.2** ***Fa.*** ⇒*Firma* ◆ **1.2** ~ Smith & Jones *de firma Smith & Jones.*

mess up ⟨inf.⟩ **0.1** ***in de war sturen*** ⇒*verknoeien* **0.2** ***smerig/vuil maken*** **0.3** ***ruw aanpakken*** ⇒*toetakelen* **0.4** ⟨vnl. pass.⟩ ***in moeilijkheden brengen*** ◆ **1.1** mess things up *ergens een potje v. maken* **6.¶** be messed up **in** sth. *ergens bij betrokken zijn.*

mess-up ⟨inf.⟩ **0.1** ***warboel*** ⇒*misverstand* ◆ **3.1** they made a complete ~ of it *ze hebben de boel grondig verknoeid.*

mess with ⟨meestal geb. w. negatief⟩⟨inf.⟩ **0.1** ***lastig vallen*** ⇒*hinderen* ◆ **5.¶** not ~ dangerous people *uit de buurt blijven van gevaarlijke mensen;* don't ~ heroin *blijf van heroïne af* **¶.1** don't ~ me *laat me met rust.*

mess|y [messie] ⟨-iness⟩ **0.1** ***vuil*** ⇒*vies* **0.2** ***slordig*** ⇒*verward.*

met [met] ⟨verl. t. en volt. deelw.⟩ →**meet.**

Met [met] →**Met Office.**

metabolic [mettəbollik] ⟨-ally⟩ **0.1** ***metabolisch.***

metabolism [mitæbəlizm] **0.1** ***metabolisme*** ⇒*stofwisseling.*

metabolize, -ise [mitæbəlajz] **0.1** ***metaboliseren.***

metal[1] [metl] ⟨zn.⟩ **0.1** ***metaal*** **0.2** ⟨BE; wwb.⟩ ***steenslag*** ⟨voor weg⟩ ⇒*ballast* ⟨voor spoorwegbedding⟩ **0.3** ⟨mv.; the; BE⟩ ***rails*** ⇒*(trein)sporen* **0.4** ⟨geldw.⟩ ***metaal*** ⇒*goud of zilver, muntgeld* ◆ **3.3** the train jumped the ~s *de trein ontspoorde* **3.¶** the enemy had twice the ~ we had *de vijand had twee keer zoveel artillerie als wij.*

metal[2] ⟨bn.⟩ **0.1** ***metalen.***

metal[3] ⟨ww.; BE -led⟩ **0.1** ***met metaal bekleden*** **0.2** ⟨BE; wwb.⟩ ***(met steenslag) verharden.***

metal fatigue **0.1** ***metaalmoeheid.***

metallic [mitælik] ⟨-ally⟩ **0.1** ***metalen*** **0.2** ***metaalhoudend*** ◆ **1.1** ~ currency *munten;* ~ lustre *metaalglans.*

metallurgical [metlə:dzjikl] **0.1** ***metallurgisch*** ◆ **1.1** ~ industries *metaalverwerkende industrie.*

metallurgist [mitælədzjist] **0.1** ***metallurg*** ⇒*metaalkundige.*

metallurgy [mitælədzjie] **0.1** ***metallurgie*** ⇒*metaalkunde.*

metalwork **0.1** ***metaalwerk*** **0.2** ***metaalbewerking.***

metalworker **0.1** ***metaalbewerker/arbeider.***

metamorphose [mettəmo:fooz] **0.1** ⟨+ (in)to⟩ ***metamorfoseren (in)*** ⇒*(doen) veranderen (in).*

metamorphosis [-mo:fəsis]⟨mv.: metamorphoses [-sie:z]⟩ **0.1** ***metamorfose*** ⇒*gedaanteverwisseling.*

metaphor [mettəfə, -fo:] **0.1** ***metafoor*** ⇒*beeld(spraak).*

metaphorical [mettəforrikl] **0.1** ***metaforisch.***

metaphysical [-fizzikl] **0.1** ***metafysisch*** ⇒*bovennatuurlijk* **0.2** ⟨vaak pej.⟩ ***abstract*** ⇒*oversubtiel.*

metaphysics [-fizziks] **0.1** ***metafysica.***

metastasis [mitæstəsis]⟨mv.: metastases [-ie:z]⟩ **0.1** ***metastase*** ⇒*uitzaaiing.*

metempsychosis [mettəmsajkoosis] **0.1** ***metempsychose*** ⇒ *zielsverhuizing.*

meteor [mie:tiə] **0.1** ***meteoor.***

meteoric [mie:tie·orrik] ⟨-ally⟩ **0.1** ***meteoor-*** **0.2** ***meteorisch*** ⇒*atmosferisch* ◆ **1.1** ~ stone *meteoorsteen* **1.¶** ⟨fig.⟩ a ~ rise to power *een bliksemsnelle opgang naar de macht.*

meteorite [mie:tiərajt] **0.1** ***meteoriet.***

meteoroid [mie:tiərojd] **0.1** ***meteoroïde.***

meteorologist [mie:tiərollədzjist] **0.1** ***meteoroloog*** ⇒*weerkundige.*

meteorolog|y [mie:tiərollədzjie] ⟨bn.: **-ical**⟩ **0.1** ***meteorologie.***

meteosat [mie:tie·oosæt] **0.1** ***meteosat*** ⇒*weersatelliet.*

mete out [mie:t aut] ⟨schr.⟩ **0.1** ***toemeten*** ⇒*toedienen* ◆ **1.1** ~ rewards and punishments *beloningen en straffen uitdelen.*

meter [mie:tə] **0.1** ***meter*** ⇒*meettoestel* **0.2** →**metre.**

meter zone **0.1** ***zone met parkeermeters.***

methadone [meθədoon], **methadon** [meθədon] **0.1** ***methadon.***

methane [mie:θeen] **0.1** ***methaan(gas)*** ⇒*moerasgas.*

methinks [miθingks]⟨onpersoonlijke wijs; methought [miθo:t]⟩ ⟨vero.; scherts.⟩ **0.1** ***me dunkt.***

method [meθəd] **0.1** ***methode*** ⇒*procedure* ◆ **1.1** ~s of payment *wijzen van betaling;* a man of ~ *een man van orde en regelmaat.*

methodical [miθodikl] **0.1** ***methodisch*** ⇒*zorgvuldig.*

Methodism [meθədizm] **0.1** ***(het) methodisme.***

methodist [meθədist] **0.1** ⟨bn.⟩ ***methodistisch*** **0.2** ⟨zn.; meestal M-⟩ ***methodist.***

methodolog|y [meθədollədzjie] ⟨bn.: **-ical**⟩ **0.1** ***methodologie.***

methought [miθo:t] ⟨verl. t.⟩ →**methinks.**

meths [meθs] ⟨verk.⟩ [methylated spirits] ⟨BE; inf.⟩ **0.1** ***brandspiritus.***

methuselah [miθjjoe:zillə] ⟨meestal M-⟩ **0.1** ***Methusalem*** **0.2** ***stokoude man*** ◆ **2.1** as old as ~ *zo oud als Methusalem.*

methyl [meθil] **0.1** ***methyl.***

methyl alcohol **0.1** ***methylalcohol.***

meticulous [mittikjoeləs] ⟨-ness⟩ **0.1** ***uiterst nauwgezet*** ⇒ *pietepeuterig.*

métier [mettie·ee] **0.1** ***metier*** ⇒*beroep, vak* **0.2** ***specialiteit*** ⇒*sterke zijde.*

Met Office ⟨the⟩⟨verk.⟩ [Meteorological office] ⟨inf.⟩ **0.1** ***Meteorologisch Instituut*** ⇒⟨Belg.⟩ *KMI,* ⟨Ned.⟩ *KNMI.*

metre, ⟨AE sp.⟩ **meter** [mie:tə] **0.1** ***meter*** **0.2** ***metrum*** ◆ **3.1** ~ run *strekkende meter.*

metric [metrik] **0.1** ***metriek*** ◆ **1.1** ~ system *metriek stelsel* **3.1** ⟨inf.⟩ go ~ *overschakelen op het metrieke stelsel.*

metrical [metrikl] **0.1** ***metrisch*** ⇒*ritmisch.*

metric|ize, -ise [metrissajz] ⟨zn.: **-ation**⟩ **0.1** ***overschakelen op/aanpassen aan het metrieke stelsel.***

metronome [metrənoom] ⟨muz.⟩ **0.1** ***metronoom.***

metropolis [mitroppəlis] **0.1** ***metropool*** ◆ **7.1** ⟨vaak M-⟩ the ~ *de metropool;* ⟨BE⟩ *Londen;* ⟨AE⟩ *New York.*

metropolitan[1] [metrəpollittən] ⟨zn.⟩ **0.1** ⟨rel.⟩ ***metropoliet*** ⇒ *aartsbisschop* **0.2** ***bewoner v.e. metropool.***

metropolitan[2] ⟨bn.⟩ **0.1** ***metropolitaans*** ⇒*aartsbisschoppelijk* **0.2** ***hoofdstedelijk*** ◆ **1.1** the Metropolitan (and District) Line *de Londense metro* ⟨officiële naam⟩.

mettle [metl] **0.1** ***moed*** ⇒*kracht* **0.2** ***temperament*** ⇒*aard* ◆ **1.1** a man of ~ *een man met pit* **3.1** show/prove one's ~ *zijn karakter tonen.*

mettlesome [metlsəm] **0.1** ***kranig*** ⇒*dapper.*

mew[1] [mjoe:] **I** ⟨telb.zn.⟩ **0.1** ***(zee)meeuw;***
II ⟨telb. en n.-telb.zn.⟩ **0.1** ***miauw*** ⇒*gem(i)auw;*
III ⟨mv.; ww. meestal enk.⟩⟨vnl. BE⟩ **0.1** ***stall(ing)en*** ⟨vroeger voor paarden, nu voor auto's⟩ ⇒*straatje met tot woonhuizen omgebouwde stall(ing)en.*

mew[2] ⟨ww.⟩ **0.1** ***miauwen*** **0.2** ***krijsen*** ⟨meeuwen⟩.

Mexican [meksikkən] **0.1** ⟨bn.⟩ ***Mexicaans*** **0.2** ⟨zn.⟩ ***Mexicaan(se).***

Mexico [meksikkoo] **0.1** ***Mexico.***

Mexico wave, Mexican wave ⟨sport⟩ **0.1** ***wave*** ⟨golfbeweging door supporters op de tribune⟩.

mezzanine [mezzənie:n, metsə-] **0.1** ***tussenverdieping.***

mezzotint [metsootint] ⟨bk.⟩ **0.1** ***mezzotint*** ⇒*zwartekunst-(prent).*

mg ⟨afk.⟩ **0.1** [milligram(s)].

miaow[1], **meow** [mie·au] ⟨zn.⟩ **0.1** ***miauw*** ⇒⟨ook fig.⟩ *kattengejank.*

miaow[2], **meow** ⟨ww.⟩ **0.1** ***miauwen.***

miasma [mie·æzmə]⟨mv.: ook miasmata [-mətə]⟩ **0.1** ***miasma*** ⇒*(schadelijke) uitwaseming* **0.2** ⟨ook fig.⟩ ***verpeste(nde) atmosfeer.***

miasmal [mie·æzml] **0.1** ***miasmatisch*** ⇒*ziekteverwekkend.*

mica [majkə] **0.1** ***mica.***

Micah [majkə] ⟨rel.⟩ **0.1** ***(boek) Micha.***

mice [majs] ⟨mv.⟩ →**mouse.**

Michaelmas [miklməs] **0.1** ***Sint-Michiel*** ⟨29 september⟩.

Michaelmas daisy **0.1** ***herfstaster.***

Michaelmas term ⟨BE⟩ **0.1** ***herfsttrimester.***

mick, Mick [mik] ⟨sl.; vaak bel.⟩ **0.1** ***Ier*** **0.2** ***(rooms-)katholiek*** ⇒*paap.*

mickey [mikkie] ◆ **3.¶** take the ~ out of s.o. *iem. voor de gek houden.*

micro [majkroo] ⟨inf.⟩ **0.1** ***micro(computer)*** **0.2** ***microprocessor.***

microbe [majkroob] **0.1** ***microbe.***

microbiologist [-bajjollədzjist] **0.1** ***microbioloog.***

microbiolog|y [-bajjollədzjie] ⟨bn.: **-ical**⟩ **0.1** ***microbiologie.***

microchip [-tsjip] ⟨comp.⟩ **0.1** ***microchip.***

microcomputer [-kəmpjoe:tə] **0.1** ***micro(computer).***

microcosm [majkrəkozm] **0.1** ***microkosmos.***

microeconomics [-ekkənommiks, -ie:kə-] **0.1** ***micro-economie.***

microelectronics [majkroo·illektronniks] **0.1** ***micro-elektronica.***

micro-element [majkrooellimmənt] **0.1** ***micro-element*** ⇒*spoorelement.*

microfiche [majkrəfie:sj] ⟨mv.: ook -fiche⟩ **0.1** ***microfiche.***

microfiche reader **0.1** ***microficheleesapparaat.***

microfilm[1] [-film] ⟨zn.⟩ **0.1** ***microfilm.***

microfilm[2] ⟨ww.⟩ **0.1** ***microfilmen*** ⇒*op microfilm vastleggen.*

microlight [majkroolajt] **0.1** ***superlicht vliegtuigje*** ⟨gewicht ong. 150 kg⟩.

micromesh [-mesj] **0.1** ***zeer fijn maaswerk.***

micrometer [majkrommittə] **0.1** ***micrometer.***

micron [majkron]⟨mv.: ook micra [majkrə]⟩ **0.1** ***micron*** ⇒*micrometer.*

micro-organism [-o:gənizm] **0.1** ***micro-organisme.***

microphone [majkrəfoon] **0.1** ***microfoon.***

microprocessor [-proosessə] **0.1** ***microprocessor*** ⟨centrale verwerkingseenheid v. computer⟩.

microscope [majkrəskoop] **0.1** ***microscoop*** ◆ **3.1** put/examine under the ~ *onder de loep nemen* ⟨ook fig.⟩.

microscopic [-skoppik] ⟨-ally⟩ **0.1** ***microscopisch (klein).***

microsecond [majkrəsekkənd] **0.1** ***microseconde.***

microwave[1] [-weev] ⟨zn.⟩ **0.1** ***microgolf.***

microwave[2] **I** ⟨onov.ww.⟩ **0.1** ***geschikt zijn voor de magnetron;***
II ⟨ov.ww.⟩ **0.1** ***in de magnetron zetten/verhitten*** ⇒*koken in de magnetron.*

microwave oven **0.1** ***magnetronoven.***

mid [mid] ⟨schr.⟩ **0.1** ***te midden van.***

mid(-) [mid] ⟨ook als voorvoegsel⟩ **0.1** ⟨soms superlatief -most⟩ ***midden*** ⇒*het midden van* ◆ **1.1** in ~ air *in de lucht;* from ~(-)June to ~(-)August *van half juni tot half augustus;* in ~(-)ocean *in volle zee;* in ~(-)term *halverwege het trimester.*

mid-Atlantic **0.1** ***Midden-Atlantisch*** ◆ **1.1** ⟨geol.⟩ ~ ridge *Midden-Atlantische rug.*

midday [middee] **0.1** ***middag.***

midden [midn] **0.1** ***mesthoop*** ⇒*afvalhoop.*

middle[1] [midl] ⟨zn.⟩ **0.1** ***midden*** ⇒*middelpunt/lijn/vlak* **0.2** ***middel*** ⇒*taille* **0.3** ⟨logica⟩ ***middenterm*** **0.4** ⟨BE⟩ ***cursiefje*** ⇒*literair essayistisch krantenartikel* ◆ **1.1** in the ~ of the night *in het holst v.d. nacht* **1.¶** keep to the ~ of the road *de (gulden) middenweg nemen* **5.1** in the ~ of nowhere *in een of ander (godvergeten) gat* **6.1** **in** the ~ (of) *middenin;* be caught **in** the ~ *tussen twee vuren zitten.*

middle[2] ⟨bn.⟩ **0.1** ***middelst*** ⇒*midden, tussen-* ◆ **1.1** ~ age *middelbare leeftijd;* Middle Ages *Middeleeuwen;* ~ aisle *middenschip;* ~ bracket *middenklasse;* ⟨attr. ook⟩ *modaal;* ~ class *bourgeoisie;* ⟨attr. ook⟩ *kleinburgerlijk;* ~ finger *middelvinger;* ~ life *middelbare leeftijd;* ⟨logica⟩ ~ term *middenterm;* ⟨scheep.⟩ ~ watch *hondenwacht* **1.¶** ~ distance ⟨atletiek⟩ *middenafstand;* Middle East *Midden-Oosten;* Middle English *Middel-Engels;* ~ ground ⟨bk., foto.⟩ *middenplan; gematigde houding.*

middle-aged **0.1** ***van/op middelbare leeftijd.***

middle-age(d) spread ⟨scherts.⟩ **0.1** ***buikje*** ⇒*veertigersvet.*

middlebrow ⟨inf.⟩ **0.1** ⟨bn. en zn.⟩ ***semi-intellectueel.***

middle-class **0.1** ***kleinburgerlijk*** ⇒*bourgeois.*

middle course **0.1** ***middenweg*** ⇒*compromis* ◆ **3.1** follow/take a/the ~ *de gulden middenweg nemen.*

middle-distance race ⟨atletiek⟩ **0.1** ***middenafstandwedstrijd.***

middle-distance runner ⟨atletiek⟩ **0.1** ***middenafstandloper.***

middle-distance running ⟨atletiek⟩ **0.1** ***(het) middenafstandlopen.***

middle-income **0.1** ***met een modaal inkomen.***

middle|man ⟨mv.: -men⟩ **0.1** ***tussenpersoon*** ⇒*bemiddelaar, makelaar* **0.2** ***aangever*** ⟨in komische act⟩.

middlename **0.1** ***tweede voornaam*** **0.2** ***tweede natuur*** ◆ **1.2** sobriety is his ~ *hij is de soberheid in persoon;* bad luck is our ~ *we zijn voor het ongeluk geboren.*

middle-of-the-road **0.1** ***gematigd.***

middle school **0.1** ***middenschool.***

middle-sized **0.1** ***middelgroot.***

middle-tar **0.1** ***met gemiddeld teergehalte.***

middle-tier **0.1** ***middel-*** ⇒*v.h. middenkader* ◆ **1.1** the ~ bureaucracy *(de ambtenaren/bureaucraten van) het middenkader.*

middleweight ⟨ook attr.⟩⟨sport⟩ **0.1** ***middengewicht.***

middling[1] [midling] ⟨bn.⟩ **0.1** ***middelmatig*** ⇒*tamelijk (goed), redelijk;* ⟨inf.⟩ *tamelijk gezond.*

middling[2] ⟨bw.⟩⟨inf.⟩ **0.1** ***tamelijk.***

midfield [midfie:ld] ⟨ook attr.⟩⟨voetbal⟩ **0.1** ***middenveld.***

midge [midzj] **0.1** ***mug.***

midget [midzjit] **0.1** ⟨bn.⟩ ***lilliputachtig*** ⇒*mini-* **0.2** ⟨zn.⟩ ***dwerg*** ⇒*lilliputter* ◆ **1.1** ~ golf *midgetgolf.*

midi [middie] **0.1** ***midi-.***

midland [midlənd] **0.1** ***binnenland*** ⇒*centraal gewest.*

Midlands [midləndz] ⟨the; ook attr.⟩ **0.1** ***Midden-Engeland*** ◆ **1.1** a ~ town *een stad in Midden-Engeland.*

midlife ⟨vaak attr.⟩ **0.1** ***middelbare leeftijd*** ◆ **1.1** a ~ crisis *een crisis op middelbare leeftijd.*

midmost **0.1** ***middelste*** ⇒*binnenste.*

midnight **0.1** ***middernacht.***

midnight oil ⟨the⟩ **0.1** ***werk v.d. late uurtjes*** ◆ **3.1** burn the ~ *werken tot diep in de nacht.*

midnight sun ⟨the⟩ **0.1** ***middernachtzon.***

mid-off ⟨→s1⟩⟨cricket⟩ **0.1** ***mid-off*** ⟨speler/positie op het speelveld links achter de bowler⟩.

mid-on ⟨→s1⟩⟨cricket⟩ **0.1** ***mid-on*** ⟨speler/positie op het speelveld rechts achter de bowler⟩.

midpoint **0.1** ***middelpunt.***

midrib ⟨plantk.⟩ **0.1** ***hoofdnerf*** ⇒*middelnerf.*

midriff [midrif] **0.1** ***middenrif*** **0.2** ***maagstreek.***

midship|man [midsjipmən]⟨mv.: -men [-mən]⟩ **0.1** ***adelborst*** ⇒*marinecadet.*

midships [midsjips] **0.1** ***midscheeps.***

midst[1] [midst] ⟨zn.; enkel na vz.⟩⟨schr.⟩ **0.1** ***midden*** ◆ **6.1** **in** the ~ of the fight *in het heetst van de strijd;* the enemy is **in** our ~ *de vijand is in ons midden.*

midst[2] ⟨vz.⟩⟨schr.⟩ **0.1** ***temidden van.***

midsummer **0.1** ***midzomer*** ⇒*hartje zomer.*

midsummer madness **0.1** ***toppunt v. krankzinnigheid.***
Midsummer('s) Day **0.1** ***midzomerdag.***
midterm **0.1** ***midden v.e. academisch trimester of politieke ambtstermijn.***
midtown ⟨vaak attr.⟩ **0.1** ***binnenstad.***
midway[1] ⟨bn.⟩ **0.1** ***in het midden*** ⇒*centraal* **0.2** ***gematigd.***
midway[2] ⟨bw.⟩ **0.1** ***halverwege*** ◆ **6.1** stand ~ **between** *het midden houden tussen.*
midweek **0.1** ***het midden v.d. week.***
Midwest ⟨the⟩ **0.1** ***Midwesten*** ⟨v.d. USA⟩.
Midwestern **0.1** ***v./mbt. het Midwesten.***
midwicket ⟨→s1⟩⟨cricket⟩ **0.1** ***midwicket*** ⟨speler/positie op het speelveld schuin rechts voor de bowler⟩.
midwife ⟨mv.: midwives⟩ **0.1** ***vroedvrouw.***
midwifery [midwifrie] **0.1** ***verloskunde.***
midwinter **0.1** ***midwinter*** ⇒*midden in de winter.*
mien [mie:n] ⟨schr.⟩ **0.1** ***voorkomen*** ⇒*houding, gelaatsuitdrukking.*
miffed [mifd] **0.1** ***op de tenen getrapt.***
might[1] [majt] ⟨zn.⟩ **0.1** ***macht*** ⇒*kracht* ◆ **1.1** by/with ~ and main *met man en macht.*
might[2] ⟨ww.; verl. t. v. may; ontkennende verk. mightn't [majntnt]⟩ **0.1** ⟨toelating⟩ ***mocht(en)*** ⇒*zou(den) mogen* **0.2** ⟨mogelijkheid⟩ ***kon(den)*** ⇒*zou(den) (misschien) kunnen* **0.3** ⟨vnl. na uitdrukkingen van hoop, vrees, wens enz.; vnl. onvertaald⟩ ***mocht(en)*** ⇒*moge(n)* ◆ **3.1** ~ I ask you a question? *zou ik u een vraag mogen stellen?* **3.2** he told her he ~ arrive later *hij zei dat hij misschien later kwam;* it ~ be a good idea to ... *het zou misschien goed zijn te ...;* I ~ have known *ik had het kunnen weten;* ⟨als verwijt⟩ you ~ have warned us *je had ons toch kunnen waarschuwen* **3.3** let's hope he ~ get better *laten we hopen dat hij beter wordt.*
might-have-been **0.1** ***gemiste kans*** ◆ **2.1** oh, for the glorious ~s *het had zo mooi kunnen zijn.*
mightily [majtillie] **0.1** →**mighty**[1] **0.2** ⟨inf.⟩ ***zeer*** ⇒*erg, allemachtig.*
might|y[1] [majtie] ⟨bn.; -iness⟩ **0.1** ***machtig*** ⇒*krachtig* **0.2** ***indrukwekkend*** ⇒*kolossaal* **0.3** ⟨inf.⟩ ***geweldig.*** →**high.**
mighty[2] ⟨bw.⟩⟨inf.⟩ **0.1** ***zeer*** ⇒*erg, allemachtig* ◆ **2.1** that is ~ easy *dat is een peul(en)schil.*
mignonette [minjənet] ⟨plantk.⟩ **0.1** ***reseda*** ⇒⟨ihb.⟩ *tuinreseda.*
migraine [mie:green] **0.1** ***migraine(aanval).***
migrant [majgrənt] **0.1** ⟨bn.⟩ ***migrerend*** ⇒*trek-* **0.2** ⟨zn.⟩ ***migrant*** ⇒*seizoenarbeider; trekvogel* ◆ **1.1** ~ seasonal workers *rondtrekkende seizoenarbeiders.*
migr|ate [majgreet] ⟨zn.: **-ation**⟩ **0.1** ***migreren*** ⇒*trekken, verhuizen.*
migratory [majgrətrie] **0.1** ***migrerend*** ⇒*zwervend, nomadisch* ◆ **1.1** ~ bird *trekvogel;* ~ kidney *wandelende nier.*
mike [majk] ⟨verk.⟩ [microphone] ⟨inf.⟩ **0.1** ***microfoon.***
milad|y [milleedie] ⟨mv.: -ies⟩ **0.1** ***mylady*** **0.2** ***elegante/modieuze vrouw.***
milage →**mileage.**
mild[1] [majld] ⟨zn.⟩⟨BE; inf.⟩ **0.1** ***licht bier.***
mild[2] ⟨bn.⟩ **0.1** ***mild*** ⇒*zacht(aardig), welwillend* **0.2** ***zwak*** ⇒*licht, flauw* ◆ **1.1** ~ attempt *schuchtere poging* **1.2** ~ steel *zacht staal* **2.1** only ~ly interested *slechts matig geïnteresseerd* **2.2** ~ flavoured tabacco *tabak met een zacht aroma* **3.1** to put it ~ly *om het zachtjes uit te drukken.*
mildew[1] [mildjoe:] ⟨zn.⟩ **0.1** ***schimmel(vorming)*** **0.2** ***meeldauw(schimmel).***
mildew[2] ⟨ww.⟩ **0.1** ***(doen) schimmelen.***
mildewy [mildjoe:ie] **0.1** ***schimmelig*** ⇒*muf.*
mile [majl] **0.1** ***mijl*** ⟨1609,34 m; →t⟩ ⇒⟨fig.⟩ *grote afstand* **0.2** ***hardloopwedstrijd v.e. mijl*** ◆ **2.1** she's feeling ~s better *ze voelt zich stukken beter* **3.1** ⟨sl.⟩ stick out a ~ *in het oog springen* **3.2** he ran the ~ in four minutes *hij liep de mijl in vier minuten* **3.¶** run a ~ from s.o. *met een boog om iem. heenlopen* **5.1** he is/his thoughts are ~s **away** *hij is met zijn gedachten mijlen hier vandaan;* ⟨inf.⟩ ~s from nowhere *overal ver vandaan;* recognize s.o. a ~ **off** *iem. v. mijlenver herkennen;* be ~s **out** *er stukken naast zitten* **6.1** there's no one **within** ~s of him *hij steekt met kop en schouders boven de rest uit.*
mil(e)age [majlidzj] **0.1** ***totaal aantal afgelegde mijlen*** ⇒ ⟨vnl. AE; inf.; fig.⟩ *profijt* **0.2** ***aantal mijlen per gallon*** **0.3** ⟨verk.⟩ [mileage allowance] ◆ **2.1** he's got a lot of political ~ out of his proposal *met dat voorstel heeft hij heel wat politiek voordeel gehaald* **3.1** this plan still has a lot of ~ *dit plan gaat nog een hele tijd mee.*
mileage allowance **0.1** ***onkostenvergoeding per mijl*** ⇒ ⟨ong.⟩ *kilometervergoeding.*
mil(e)ometer [majlommittə] **0.1** ***mijlenteller*** ⇒⟨ong.⟩ *kilometerteller.*
milepost ⟨ook fig.⟩ **0.1** ***mijlpaal.***
milestone ⟨ook fig.⟩ **0.1** ***mijlpaal.***
milieu [mie:ljə:]⟨mv.: ook milieux [-(z)]⟩ **0.1** ***milieu.***
militancy [millittənsie] **0.1** ***strijd(lust)*** ⇒*strijdbaarheid.*
militant [millittənt] **0.1** ⟨bn. en zn.⟩ ***militant.***
militarism [millittərizm] **0.1** ***militarisme.***
militarist [millittərist] **0.1** ***militarist.***
militaristic [millittəristik] ⟨-ally⟩ **0.1** ***militaristisch.***
militar|ize, -ise [millittərajz] ⟨zn.: **-ization**⟩ **0.1** ***militariseren*** ⇒*drillen* **0.2** ***van militair materieel voorzien*** ◆ **1.2** ~ a frontier *een grens als militair gebied inrichten.*
militar|y[1] [millitrie] ⟨zn.; mv.: -ies; the⟩ **0.1** ***leger*** ⇒*soldaten, strijdkrachten* ◆ **1.1** the militaries of the NATO countries *de legers v.d. NAVO-landen* **3.1** the ~ are getting restless *het leger wordt ongedurig.*
military[2] ⟨bn.⟩ **0.1** ***militair*** ⇒*krijgs-* ◆ **1.1** ~ engineer *genieofficier;* ~ fever *(buik)tyfus;* ~ government *militair bewind;* ~ heel *platte hak* ⟨v.e. damesschoen⟩; ~ honours *militaire onderscheidingen;* ~ intelligence *inlichtingendienst v.h. leger;* ~ law *krijgsrecht;* ~ port *oorlogshaven;* ~ service *(leger)dienst;* ~ tribunal *krijgsraad* **3.1** intervene militarily *gewapenderhand tussenbeide komen.*
military-industrial **0.1** ***militair-industrieel*** ◆ **1.1** the ~ complex *het militair-industrieel complex.*
militate [millitteet] ⟨steeds met onpersoonlijk onderwerp⟩ **0.1** ***pleiten*** ◆ **6.1** ~ **against** *pleiten tegen;* ~ **for/in favour of** *pleiten voor/ten gunste van.*
militia [millisjə] ⟨zn.⟩ **0.1** ***militie(leger)*** ⇒*burgerleger.*
militia|man [millisjəmən]⟨mv.: -men [-mən]⟩ **0.1** ***burgerwacht.***
milk[1] [milk] ⟨zn.⟩ **0.1** ***melk*** ⇒⟨plantk.⟩ *melk(sap)* ◆ **1.¶** that serial is ~ for babes *dat vervolgverhaal is kinderkost;* ~ and honey *melk en honing* ⟨overvloed⟩ **3.1** ⟨BE⟩ attested ~ *kiemvrije melk;* condensed/evaporated ~ *gecondenseerde/geëvaporeerde melk;* skim(med) ~ *magere, afgeroomde melk* **3.¶** (it's no use) cry(ing) over spilt ~ *gedane zaken nemen geen keer;* spill the ~ *alles in de war sturen* **6.1** a cow **in** ~ *een melkgevende koe.* →**human.**
milk[2] **I** ⟨onov.ww.⟩ **0.1** ***melk geven/afscheiden;***
II ⟨onov. en ov.ww.⟩ **0.1** ***melken;***
III ⟨ov.ww.⟩ **0.1** ***(ont)trekken*** ⇒*sap/gif aftappen van* ⟨boom, slang e.d.⟩ **0.2** ***exploiteren*** ⇒*uitbuiten* **0.3** ***ontlokken*** ⟨informatie⟩ ⇒*(uit)melken.*
milk bar **0.1** ***melksalon.***
milk chocolate **0.1** ***melkchocola(de).***

milk churn 0.1 ***karn*** 0.2 ⟨BE⟩ ***melkbus.***
milker [milkə] 0.1 ***melk(st)er*** 0.2 ***melkmachine*** 0.3 ***melkkoe*** ◆ 2.3 that cow is a good ~ *die koe geeft veel melk.*
milk-float ⟨BE⟩ 0.1 ***melkwagentje.***
milking machine 0.1 ***melkmachine.***
milk loaf 0.1 ***melkbrood.***
milkmaid 0.1 ***melkmeid*** ⇒*melkster.*
milk|man [milkmən]⟨mv.: -men [-mən]⟩ 0.1 ***melkboer.***
milk powder 0.1 ***melkpoeder.***
milk product 0.1 ***melkproduct.***
milkpudding 0.1 ***pudding (op basis v. melk).***
milk round 0.1 ***melkronde.***
milk run ⟨sl.⟩ 0.1 ***routineklus*** ⇒*makkie.*
milk shake 0.1 ***milkshake.***
milksop 0.1 ***bangerik*** ⇒*huilebalk.*
milk thistle ⟨plantk.⟩ 0.1 ***Mariadistel*** 0.2 ***melkdistel.***
milk tooth 0.1 ***melktand.***
milk vetch ⟨plantk.⟩ 0.1 ***hokjespeul.***
milk-weed 0.1 ***melkplant.***
milkwort 0.1 ***vleugeltjesbloem.***
milk|y [milkie] ⟨-iness⟩ 0.1 ***melkachtig*** ⇒*troebel* 0.2 ***melkrijk*** ⇒*melkhoudend* 0.3 ***zacht*** ⇒*slap* ◆ 1.¶ the Milky Way *de melkweg.*
mill[1] [mil] ⟨zn.⟩ 0.1 ***molen*** ⇒*malerij; maalmachine; pers* 0.2 ***fabriek*** ◆ 6.¶ go **through** the ~ *een zware tijd doormaken;* put s.o. **through** the ~ *iem. flink onder handen nemen;* have been **through** the ~ *het klappen v.d. zweep kennen.*
mill[2] ⟨ww.⟩ 0.1 ***malen*** 0.2 ***(metaal) pletten*** ⇒*walsen.*
mill about, mill around 0.1 ***(ordeloos) rondlopen*** ⇒*krioelen, wemelen.*
millboard 0.1 ***(zwaar) bordkarton.***
milldam 0.1 ***molenstuw.***
millennium [millenniəm] ⟨mv.: ook millennia⟩ 0.1 ***millennium*** ⇒*periode van duizend jaar* 0.2 ⟨the⟩ ***millennium*** ⇒ *duizendjarig vrederijk;* ⟨fig.⟩ *gouden tijdperk.*
milleped →**millipede.**
miller [millə] 0.1 ***molenaar.***
millet [millit] 0.1 ***gierst.***
mill hand 0.1 ***fabrieksarbeider*** 0.2 ***molenaarsknecht.***
millibar [millibba:] 0.1 ***millibar.***
milligram(me) [-græm] 0.1 ***milligram.***
millilitre, ⟨AE sp.⟩ **milliliter** [-lie:tə] 0.1 ***milliliter.***
millimetre, ⟨AE sp.⟩ **millimeter** [-mie:tə] 0.1 ***millimeter.***
milliner [millinnə] 0.1 ***modiste*** ⇒*hoedenmaakster/maker.*
milliner|y [millinrie] ⟨mv.: -ies⟩ 0.1 ***hoedenhandel*** ⇒*modezaak* 0.2 ***modistenvak*** 0.3 ***modeartikelen*** ⟨ihb. dameshoeden⟩.
million [milliən] ⟨mv.: ook million⟩ 0.1 ***miljoen*** ⇒⟨fig.⟩ *talloos* ◆ 1.1 ⟨AE⟩ thanks a ~ *reuze bedankt* 3.1 make a ~ *een miljoen verdienen* 3.¶ ⟨inf.⟩ feel like a ~ (dollars) *zich kiplekker voelen* 6.1 one / a man **in** a ~ *één/een man uit duizenden;* a / one chance **in** a ~ *een kans van één op duizend.*
millionaire [milliəneə] 0.1 ***miljonair.***
millionth [milliənθ] 0.1 ***miljoenste*** ⇒⟨als zn.⟩ *miljoenste deel.*
millipede, millepede [millippi:d], **milliped, milleped** [-ped] 0.1 ***duizendpoot.***
millpond 0.1 ***molenkolk*** ◆ 6.1 the sea was (calm) like a ~ *de zee was zo glad als een spiegel.*
millrace 0.1 ***molenvliet.***
Mills and Boon ⟨vaak attr.⟩ 0.1 ***boeketreeks(romannetje)*** ⇒ *doktersroman(netje)* ◆ 1.1 a ~ hero *een boeketreeksheld; droomprins.*
millstone 0.1 ***molensteen*** ⟨ook fig.⟩ ◆ 1.1 that's like a ~ round my neck *dat is me als een molensteen op het hart.*
mill town 0.1 ***fabrieksstadje.***
mill wheel 0.1 ***molenrad*** ⇒*waterrad.*
millwright 0.1 ***molenmaker.***
milometer →**mileometer.**
milord [millo:d] ⟨soms M-⟩ 0.1 ***mylord.***
milt [milt] 0.1 ***milt*** 0.2 ***hom*** ⟨bij vis⟩.
mime[1] [majm] ⟨zn.⟩ 0.1 ***mime*** ⇒*(panto)mimespeler; mimekunst* 0.2 ***nabootsing.***
mime[2] I ⟨onov.ww.⟩ 0.1 ***mimen*** ⇒*optreden in mimespel;*
II ⟨ov.ww.⟩ 0.1 ***mimisch uitdrukken/uitbeelden*** ⇒⟨bij uitbr.⟩ *playbacken.*
mimeograph[1] [mimmiəgra:f] ⟨zn.⟩ 0.1 ***mimeograaf*** ⇒*stencilmachine, kopieermachine* 0.2 ***stencil*** ⇒*kopie.*
mimeograph[2] ⟨ww.⟩ 0.1 ***stencilen*** ⇒*kopiëren.*
mimetic [mimmettik] ⟨-ally⟩ 0.1 ***mimetisch*** ⇒*nabootsend* 0.2 ***nagebootst.***
mimic[1] [mimmik] ⟨zn.⟩ 0.1 ***mime*** ⇒*mimespeler* 0.2 ***nabootser*** ⇒*na-aper* ⟨ook dieren⟩.
mimic[2] ⟨bn.; -ally⟩ 0.1 ***mimisch*** 0.2 ***nabootsend*** ⇒*na-apend* 0.3 ***nagebootst*** ⇒*schijn-* 0.4 ***camouflerend*** ◆ 1.1 ~ art *mimiek* 1.2 ~ thrush *spotlijster.*
mimic[3] ⟨ww.⟩ 0.1 ***nabootsen*** ⇒*na-apen* 0.2 ***simuleren*** ◆ 1.1 cheap wood treated to ~ oak *eikengefinisht goedkoop hout.*
mimicr|y [mimmikrie] ⟨mv.: -ies⟩ 0.1 ***nabootsing*** 0.2 ***mimiek.***
mimosa [mimmoozə] 0.1 ***mimosa.***
min., Min. ⟨afk.⟩ 0.1 [minimum] 0.2 [Ministry] 0.3 [minute(s)].
minaret [minnəret] 0.1 ***minaret.***
minatory [minnətrie] 0.1 ***dreigend.***
mince[1] [mins] ⟨zn.⟩ 0.1 ⟨vooral BE⟩ ***gehakt (vlees)*** 0.2 ⟨AE⟩ ***gehakt voedsel*** 0.3 ⟨verk.⟩ [mincemeat] ⟨AE⟩.
mince[2] I ⟨onov.ww.⟩ 0.1 ***aanstellerig spreken*** ⇒*met een pruimenmondje spreken* 0.2 ***trippelen;***
II ⟨ov.ww.⟩ 0.1 ***fijnhakken*** 0.2 ***geaffecteerd uitspreken*** 0.3 ⟨vaak met ontkenning⟩ ***vergoelijken*** ◆ 1.1 ~d meat *gehakt (vlees);* ~d pie *pasteitje* ⟨met mincemeat⟩ 1.2 he ~d his French *hij sprak geaffecteerd Frans;* she didn't ~ her words *zij nam geen blad voor de mond* 1.3 not ~ matters / the matter *er geen doekjes om winden.*
mince(d) pie 0.1 ***zoet pastei(tje)*** ⟨gevuld met mincemeat⟩.
mincemeat 0.1 ***pasteivulling*** ◆ 3.¶ make ~ of *in de pan hakken; geen stukje heel laten van* ⟨een argument⟩.
mincer [minsə] 0.1 ***gehaktmolen.***
mincing machine 0.1 ***gehaktmolen.***
mind[1] [majnd] I ⟨telb.zn.⟩ 0.1 ***mening*** ⇒*opinie* 0.2 ***bedoeling*** ⇒*intentie* 0.3 ***geest*** ⟨persoon⟩ ◆ 2.2 nothing is further from my ~! *ik denk er niet aan!;* have half a ~ to *min of meer geneigd zijn om;* ⟨iron.⟩ *veel zin hebben om* 2.3 the best ~s in the country *de knapste koppen v.h. land* 3.1 have a ~ of one's own *er zijn eigen ideeën op na houden;* speak one's ~ *zijn mening zeggen* 3.2 change one's ~ *zich bedenken;* make up one's ~ *tot een besluit komen* 6.1 **in** my ~ *naar mijn mening;* be **in / of** the same / one / a ~ (on / about) *dezelfde mening toegedaan zijn (over);* be **in** two ~s (about) *het met zichzelf oneens zijn (omtrent);* she is still **of** the same ~ *zij is nog altijd dezelfde mening toegedaan;* **to** my ~ *volgens mij;*
II ⟨telb. en n.-telb.zn.⟩ 0.1 ***geest*** ⇒*gemoed* 0.2 ***verstand*** 0.3 ***wil*** ⇒*lust, zin(nen)* 0.4 ***aandacht*** ⇒*gedachte(n)* 0.5 ***gevoel*** 0.6 ***denkwijze*** ⇒*tijdgeest* 0.7 ***herinnering*** ⇒*mensenheugenis* ◆ 2.2 be clear in one's ~ about sth. *iets ten volle beseffen* 3.1 put / set s.o.'s ~ at ease / rest *iem. geruststellen* 3.2 drive s.o. out of his ~ *iem. gek maken;* lose one's

~*gek worden* **3.3** set one's~on sth. *zijn zinnen op iets zetten* **3.4** bear in~*in gedachten houden;* cross/enter one's~*bij iem. opkomen;* get/put out of one's~*uit zijn hoofd zetten;* give/put/set/turn one's~to *zijn aandacht richten op;* read s.o.'s~*iemands gedachten lezen;* set one's~to sth. *zich ergens op concentreren;* it'll take my~off things *het zal mij wat afleiden* **3.7** bring/call sth. to~*zich iets herinneren; doen denken/herinneren aan;* cast one's~back (to) *terugblikken (op);* come/spring to~, come into one's~*te binnen schieten;* keep in~*niet vergeten;* it slipped my~*het is mij ontschoten* **3.¶** ⟨inf.⟩ he blew his~*hij raakte in extase;* ⟨inf.⟩ it blew my~*het verbijsterde me, ik stond er paf van* **6.1** have sth. **on** one's~*iets op zijn hart hebben;* what's **on** your~? *waarover loop je te piekeren?* **6.3** have sth. **in**~*iets v. plan zijn* **6.4** his~is **on** women *hij is met zijn gedachten bij de vrouwtjes* **6.7** whom do you have **in**~? *aan wie denk je?* →**open, right.**

mind[2] [majnd] **I** ⟨onov.ww.⟩ **0.1** ***opletten*** ⇒*oppassen* ◆ **4.1** ⟨inf.⟩~(you), I would prefer not to *maar ik zou het liever niet doen;* ⟨inf.⟩ stay away from the fireplace,~*maar bij de open haard wegblijven hoor.* →**mind out;**
II ⟨onov. en ov.ww.⟩ **0.1** ***bezwaren hebben (tegen)*** ⇒*erop tegen zijn, zich storen aan* **0.2** ***gehoorzamen*** ◆ **1.1** he doesn't~the cold weather *het koude weer deert hem niet* **3.1** would you~ringing? *zou je 's willen opbellen?;* would you~? *zou je 't erg vinden?;* if you don't~*als je er geen bezwaren tegen hebt* **4.1** I don't~him *hij hindert me niet;*
III ⟨ov.ww.⟩ **0.1** ***denken aan*** ⇒*bedenken, letten op* **0.2** ***zorgen voor*** ⇒*oppassen, bedienen* ◆ **1.1**~the/your step *kijk uit voor het opstapje;*~one's own business *zich met zijn eigen zaken bemoeien* **4.1** don't~me *let maar niet op mij* ⟨ook iron.⟩ **5.1** never~*maak je geen zorgen; het geeft niet;* never (you)~*het gaat je niet aan;* never~the expense *de kosten spelen geen rol;* never~what your father said *ongeacht wat je vader zei* **8.1** ⟨bij vertrek⟩~how you go *wees voorzichtig* **¶.2** he couldn't walk, never~run *hij kon niet lopen, laat staan rennen* **¶.¶**~you go to the dentist *denk erom dat je nog naar de tandarts moet.*

mind-bending ⟨inf.⟩ **0.1** ***hallucinogeen*** ⇒*verdwazend* **0.2** ***hoofdbrekend.***

mind-blowing ⟨inf.⟩ **0.1** ***fantastisch*** ⇒*duizelingwekkend.*

mind-boggling ⟨inf.⟩ **0.1** ***verbijsterend.***

minded [majndid] **0.1** ***geneigd*** ◆ **5.1** he could do it if he were so~*hij zou het kunnen doen als hij er (maar) zin in had.*

minder [majdə] **0.1** ***kinderoppas*** **0.2** ⟨BE; sl.⟩ ***bodyguard*** **0.3** ⟨sl.⟩ ***pr-man*** ⇒*public-relationsman* ⟨v. politicus⟩.

mind-expanding ⟨inf.⟩ **0.1** ***bewustzijnsverruimend.***

mindful [majndfl] ⟨-ness⟩ **I** ⟨bn.⟩ **0.1** ***bedachtzaam*** **0.2** ***opmerkzaam;***
II ⟨bn., pred.⟩ ⟨schr.⟩ **0.1** ***indachtig*** ⇒*denkend aan* ◆ **6.1**~**of** one's duties *zijn plichten indachtig.*

mindless [majndləs] ⟨-ness⟩ **I** ⟨bn.⟩ **0.1** ⟨schr.⟩ ***geesteloos*** **0.2** ***dwaas*** ⇒*dom* **0.3** ***onbedachtzaam*** ⇒*onvoorzichtig;*
II ⟨bn., pred.⟩ **0.1** ***niet lettend op*** ◆ **6.1**~**of** danger *zonder oog voor gevaar.*

mind-numbing **0.1** ***geestdodend*** ⇒*slaapverwekkend.*

mind out **0.1** ⟨+for⟩ ***oppassen (voor).***

mindreader **0.1** ***gedachtelezer.***

mindreading **0.1** ***gedachtelezen*** ⇒*telepathie.*

mind's eye **0.1** ***geestesoog*** ⇒*verbeelding* **0.2** ***herinnering.***

mine[1] [majn] ⟨zn.⟩ **0.1** ***mijn*** ⇒⟨fig.⟩ *goudmijn* **0.2** ***ondermijning*** ◆ **6.1** a~**of** information *een rijke bron v. informatie.*

mine[2] **I** ⟨onov.ww.⟩ **0.1** ***in een mijn werken*** ⇒*een mijn aanleggen* **0.2** ***mijnen leggen*** ◆ **6.1**~**for** gold *naar goud zoeken;*
II ⟨ov.ww.⟩ **0.1** ***uitgraven*** ⇒*ontginnen* **0.2** ⟨mil. of fig.⟩ ***ondermijnen*** ⇒*opblazen, kelderen* ◆ **1.2** the cruiser was~d and sank *de kruiser liep op een mijn en zonk* **5.1** that area will be~d **out** soon *de mijnen in dat gebied zullen spoedig uitgeput zijn.*

mine[3] ⟨vnw.⟩ **0.1** ⟨predikatief gebruikt⟩ ***van mij*** **0.2** ***de mijne(n)*** ⇒*het mijne* ◆ **1.1** that box is~*die doos is van mij* **6.2** a friend **of**~*een vriend van mij.*

mine detector **0.1** ***mijnendetector.***

mine disposal **0.1** ***het opruimen van mijnen.***

minefield **0.1** ***mijnenveld*** ⟨ook fig.⟩.

mine hunter **0.1** ***mijnenjager.***

minelayer **0.1** ***mijnenlegger*** ⟨schip of vliegtuig⟩.

miner [majnə] **0.1** ***mijnwerker*** **0.2** ***mijnengraafmachine.***

mineral [minnərəl] **0.1** ⟨bn.⟩ ***delfstoffen-*** **0.2** ⟨zn.⟩ ***mineraal*** **0.3** ⟨zn.; vnl. mv.; BE⟩ ***mineraalwater*** ⇒*spuitwater* ◆ **1.1**~ores *mineraalertsen.*

mineral kingdom ⟨the⟩ **0.1** ***delfstoffenrijk.***

mineralogist [minnəræladzjist] **0.1** ***mineraloog.***

mineralogy [minnəræladzjie] **0.1** ***mineralogie.***

mineral oil **0.1** ⟨BE⟩ ***aardolie*** ⇒*(ruwe) petroleum* **0.2** ⟨AE⟩ ***paraffineolie.***

mineral water **0.1** ***mineraalwater.***

minesweeper **0.1** ***mijnenveger.***

mingle [minggl] **I** ⟨onov.ww.⟩ **0.1** ***zich (ver)mengen*** **0.2** ***zich mengen onder*** ◆ **3.2** they didn't feel like mingling *ze hadden geen zin om met de anderen te gaan praten* ⟨op een feest⟩ **6.1** tears~d **with** the blood from his forehead *tranen vermengden zich met het bloed van zijn voorhoofd;*
II ⟨ov.ww.⟩ **0.1** ***(ver)mengen*** ⇒*versnijden* ◆ **6.1** I'll~the daffodils **with** the tulips *ik zal de narcissen mengen met de tulpen.*

ming|y [mindzjie] ⟨-ier⟩ ⟨inf.⟩ **0.1** ***krenterig.***

mini [minnie] ⟨inf.⟩ **0.1** ⟨bn.⟩ ***mini-*** **0.2** ⟨zn.⟩ ***mini*** ⟨verk. minicar, miniskirt enz.⟩ ◆ **1.1** a~Marilyn Monroe *een Marilyn Monroe in het klein.*

miniature [minnətsjə] ⟨ook attr.⟩ **0.1** ***miniatuur.***

miniaturist [minnətsjərist] **0.1** ***miniaturist(e)*** ⇒*miniatuurschilder(es).*

minibar **0.1** ***minibar*** ⟨kleine koelkast in hotelkamer⟩.

mini|bus ⟨mv.: AE ook -busses⟩ **0.1** ***minibus.***

minicab **0.1** ***minitaxi.***

minicalculator **0.1** ***(klein) zakrekenmachientje.***

minicar **0.1** ***miniauto.***

minicomputer **0.1** ***mini(computer).***

minim [minnim] ⟨BE; muz.⟩ **0.1** ***halve noot.***

minimal [minniml] **0.1** ***minimaal*** ◆ **1.1**~art *minimal art.*

minimize, -ise [minnimmajz] **0.1** ***minimaliseren*** ⇒*vergoelijken.*

minimum [minnimməm] ⟨mv.: ook minima [-mə]⟩ **0.1** ***minimum*** ◆ **3.1** keep sth. to a/the~*iets tot het minimum beperkt houden.*

minimum lending rate ⟨geldw.⟩ **0.1** ***bankdisconto*** ⇒*officieel disconto* ⟨v. centrale bank⟩.

minimum wage **0.1** ***minimumloon.***

mining [majning] **0.1** ***mijnbouw*** **0.2** ***het leggen van mijnen.***

mining disaster **0.1** ***mijnramp.***

mining engineer **0.1** ***mijnbouwkundig ingenieur.***

mining industry **0.1** ***mijnindustrie.***

mining town **0.1** ***mijnstad(je).***

minion [minniən] **0.1** ⟨vaak pej. of scherts.⟩ ***gunsteling*** ⇒*slaafs volgeling, hielenlikker* ◆ **1.1**~of fortune *geluksvogel;*~of the law *gerechtsdienaar;* ⟨in mv.⟩ *de arm der wet.*

mini-series **0.1** ***miniserie.***

miniskirt 0.1 *minirok(je).*
minister [minnistə] 0.1 ⟨vaak M-⟩ ***minister*** 0.2 ***geestelijke*** ⇒*predikant* 0.3 ⟨vaak M-⟩ ***gezant*** ◆ 1.1 Minister of the Crown *minister (v.h. Britse kabinet);* Minister of State *onderminister* ⟨in Brits departement⟩.
ministerial [minnistiəriəl] 0.1 ***ministerieel*** 0.2 ***geestelijk*** ◆ 1.1 ~ crisis *regeringscrisis.*
minister to 0.1 ⟨schr.⟩ ***bijstaan*** ⇒*verzorgen.*
ministration [minnistreesjn] ⟨vaak mv.⟩ 0.1 ***(geestelijke) bijstand*** ⇒*hulp.*
ministr|y [minnistrie] ⟨mv.: -ies⟩ I ⟨telb.zn.⟩ 0.1 ⟨vaak M-⟩ ***ministerie*** 0.2 ***dienst*** ⇒*verzorging;*
II ⟨n.-telb.zn.; the⟩ 0.1 ***geestelijk ambt*** ◆ 3.1 enter the ~ *geestelijke/predikant worden;*
III ⟨zn.; the; ww. enk. of mv.⟩ 0.1 ***geestelijkheid*** ⇒*clerus* 0.2 ***kabinet*** ⟨alle ministers⟩.
mink [mingk] ⟨mv.: ook mink⟩ 0.1 ***nertsbont*** 0.2 ***nertsmantel.***
mink coat 0.1 ***nertsmantel.***
minnow [minnoo] ⟨mv.: ook minnow⟩ 0.1 ***witvis.***
minor¹ [majnə] ⟨zn.⟩ 0.1 ***minderjarige*** 0.2 ⟨logica⟩ ***minor*** ⇒ *minderterm* 0.3 ***bijvak*** ⟨aan Am. universiteit⟩ ◆ 6.¶ ⟨AE⟩ his team got sent down **to** the ~s *zijn club degradeerde.*
minor² I ⟨bn.⟩ 0.1 ***minder*** ⇒*kleiner, vrij klein* 0.2 ***minder belangrijk*** ⇒*lager, ondergeschikt* 0.3 ***minderjarig*** ◆ 1.1 ⟨meetkunde⟩ ~ axis *kleine as;* ~ planet *asteroïde* 1.2 ⟨schaakspel⟩ ~ pieces *lichte stukken* ⟨lopers, paarden⟩; ~ poet *minder belangrijke dichter;* ~ road *secundaire weg;*
II ⟨bn., attr. en attr. na het zn.⟩⟨muz.⟩ 0.1 ***mineur*** ◆ 1.1 A ~ *a klein(e terts);* in a ~ key *in mineur* ⟨ook fig.⟩.
minorit|y [majnorrətie] ⟨mv.: -ies⟩ 0.1 ***minderheid*** 0.2 ***minderjarigheid*** ◆ 4.1 ⟨iron.⟩ a ~ of one *helemaal alleen.*
minority government 0.1 ***minderheidsregering.***
minority group 0.1 ***minderheid.***
minority programme ⟨radio, tv⟩ 0.1 ***minderheidsprogramma.***
minority report 0.1 ***minderheidsrapport.***
minster [minstə] 0.1 ***munster*** ⇒*kloosterkerk.*
minstrel [minstrəl] 0.1 ***minstreel*** 0.2 ***'negerzanger'*** ⟨showman, (vaak) in negertravestie⟩.
minstrels|y [minstrəlsie] ⟨mv.: -ies⟩ 0.1 ***verzameling balladen*** 0.2 ***minstreelkunst*** 0.3 ⟨ww. enk. of mv.⟩ ***minstreelgroep.***
mint¹ [mint] ⟨zn.⟩ 0.1 ***munt*** ⟨gebouw⟩ ⇒⟨inf.⟩ *bom duiten;* ⟨fig.⟩ *bron* 0.2 ***pepermuntje*** 0.3 ⟨plantk.⟩ ***munt.***
mint² ⟨ww.⟩ 0.1 ***munten*** ⇒*tot geld slaan;* ⟨fig.⟩ *smeden* ◆ 1.1 ~ a new expression *een nieuwe uitdrukking creëren.*
mint condition 0.1 ***perfecte staat/toestand*** ◆ 6.1 **in** ~ *puntgaaf.*
mint sauce 0.1 ***muntsaus.***
minuet [minjoe·et] 0.1 ***menuet.***
minus¹ [majnəs] ⟨zn.⟩ 0.1 ***minteken*** 0.2 ***minus*** ⇒*tekort;* ⟨fig.⟩ *nadeel.*
minus² I ⟨bn., attr.⟩ 0.1 ***negatief*** ⟨vnl. wisk., nat.⟩ 0.2 ***complementair*** ⟨v. kleuren⟩ ◆ 1.1 the ~ wire *de min(draad);*
II ⟨bn., attr. na het zn.⟩⟨school.⟩ 0.1 ***-min*** ⇒*iets minder goed dan* ◆ 1.1 a B-~ *een B-min.*
minus³ ⟨vz.⟩ 0.1 ⟨vnl. wisk.⟩ ***min(us)*** ⇒⟨meteo.⟩ *min, onder nul* 0.2 ***minder/lager dan*** 0.3 ⟨scherts.⟩ ***zonder*** ◆ 1.1 wages ~ taxes *loon na aftrekking v. belastingen* 1.2 ~ two cm in diameter *minder dan twee cm doorsnede* 1.3 a teapot ~ a spout *een theepot zonder tuit* 4.1 ~ six (degrees centigrade) *zes graden onder nul.*
minuscule [minnəskjoe:l] 0.1 ***minuscuul*** 0.2 ⟨druk.⟩ ***in kleine letter*** ⇒*onderkast.*
minus sign 0.1 ***minteken.***
minute¹ [minnit] ⟨zn.⟩ 0.1 ***minuut*** ⇒*ogenblik* 0.2 ***aantekening*** ⇒*notitie* 0.3 ***nota*** ⇒*memorandum* 0.4 ⟨mv.; the⟩ ***notulen*** ◆ 3.1 ⟨inf.⟩ wait a ~ *wacht eens even;* I won't be a ~ *ik ben zo klaar* 5.1 ⟨inf.⟩ **just** a ~! *moment!* 6.1 **in** a ~ *zo dadelijk* 7.1 the ~ (that) I saw him *zodra ik hem zag.*
minute² [majnjoe:t] ⟨bn.; -ness⟩ 0.1 ***miniem*** ⇒*onbeduidend* 0.2 ***minutieus*** ⇒*gedetailleerd* ◆ 3.1 cut the bread up ~ly *het brood in kleine stukjes snijden.*
minute³ [minnit] ⟨ww.⟩ 0.1 ***notuleren*** 0.2 ***noteren.***
minute book 0.1 ***notulenboek.***
minute hand 0.1 ***grote wijzer.***
minute|man ⟨mv.: -men⟩ 0.1 ***type Am. intercontinentale raket.***
minutia [majnjoe:sjiə]⟨mv.: minutiae [-sji·ie:]⟩ 0.1 ***bijzonderheid*** ⇒*detail.*
minx [mingks] 0.1 ***brutale meid.***
miracle [mirrəkl] 0.1 ***mirakel*** ⇒*wonder* 0.2 ***mirakelspel.***
miracle play 0.1 ***mirakelspel.***
miracle worker 0.1 ***wonderdoener.***
miraculous [mirækjoeləs] 0.1 ***miraculeus*** ⇒*wonderbaarlijk.*
mirage [mirra:zj] 0.1 ***luchtspiegeling*** ⇒*fata morgana* 0.2 ***begoocheling*** ⇒*droombeeld, hersenschim.*
mire¹ [majjə] ⟨zn.⟩ 0.1 ***moeras(grond)*** 0.2 ***slijk*** ◆ 6.¶ be/find o.s./stick **in** the ~ *in de knoei zitten.*
mire² ⟨ww.⟩ 0.1 ***in de modder zakken*** ⇒⟨fig.⟩ *in moeilijkheden komen* 0.2 ⟨fig.⟩ ***in moeilijkheden brengen*** 0.3 ***besmeuren*** ⇒*bezoedelen.*
mirror¹ [mirrə] ⟨zn.⟩ 0.1 ***spiegel*** ⇒⟨fig.⟩ *weerspiegeling* 0.2 ***toonbeeld*** ⇒*model* ◆ 6.1 a ~ **of** public opinion *een weergave v.d. publieke opinie.*
mirror² ⟨ww.⟩ 0.1 ***(weer/af)spiegelen*** ⇒*weerkaatsen.*
mirror image 0.1 ***spiegelbeeld*** ⇒⟨fig.⟩ *getrouwe weergave.*
mirth [mə:θ] ⟨vnl. schr.⟩ 0.1 ***vrolijkheid*** 0.2 ***gelach.***
mirthful [mə:θfl] ⟨vnl. schr.⟩ 0.1 ***vrolijk*** ⇒*opgewekt.*
mirthless [mə:θləs] 0.1 ***vreugdeloos*** ⇒*somber.*
miry [majjərie] ⟨vnl. schr.⟩ 0.1 ***modderig*** ⇒*onder het slijk* 0.2 ***walgelijk.***
misadventure ⟨schr.⟩ 0.1 ***tegenspoed*** ⇒*ongeluk* ◆ 1.1 ⟨jur.⟩ death by ~ *dood door ongeluk.*
misadvise ⟨meestal pass.⟩ 0.1 ***verkeerd adviseren.***
misalliance 0.1 ***ongelukkige verbintenis*** ⇒⟨vnl.⟩ *mesalliance.*
misanthrope [misnθroop, mizn-], **misanthropist** [misænθrəpist] 0.1 ***misantroop*** ⇒*mensenhater.*
misanthropic [misnθroppik, mizn-] ⟨-ally⟩ 0.1 ***misantropisch.***
misanthropy [misænθrəpie, -zæn-] 0.1 ***misantropie.***
misappl|y ⟨-ied; zn.: **-ication**⟩ 0.1 ***verkeerd toepassen/gebruiken*** 0.2 ***verduisteren*** ⟨geld⟩.
misapprehend ⟨schr.⟩ 0.1 ***misverstaan*** ⇒*verkeerd begrijpen.*
misapprehension 0.1 ***misverstand*** ⇒*misvatting* ◆ 6.1 **under** the ~ that ... *in de waan dat ...*
misappropri|ate ⟨zn.: **-ation**⟩⟨jur.⟩ 0.1 ***een onwettige bestemming geven*** ⇒⟨ihb.⟩ *verduisteren.*
misbegotten [misbigotn] I ⟨bn.⟩⟨schr.⟩ 0.1 ***onecht*** ⇒*bastaard-, onwettig;*
II ⟨bn., attr.⟩⟨pej. of scherts.⟩ 0.1 ***verachtelijk*** ⇒*berucht* 0.2 ***waardeloos*** ⇒*onzalig* ⟨idee bv.⟩.
misbehave 0.1 ***zich misdragen*** ⇒*zich slecht gedragen* ◆ 1.1 a ~d child *een ongehoorzaam kind.*
misbehaviour 0.1 ***wangedrag.***
miscalcul|ate ⟨zn.: **-ation**⟩ I ⟨onov.ww.⟩ 0.1 ***zich misrekenen;***

II ⟨ov.ww.⟩ **0.1** ***verkeerd schatten*** ⇒*onjuist berekenen* ◆ **1.1** I had ~d the distance *ik had de afstand fout geschat.*

miscarriage [miskæridzj] **0.1** ***mislukking*** ⟨v.e. plan⟩ **0.2** ***miskraam*** **0.3** ***het verloren gaan*** ⟨v. verzendingen⟩ ◆ **1.1** ~ of justice *rechterlijke dwaling.*

miscarr|y [miskærie] ⟨-ied⟩ **0.1** ***mislukken*** ⇒*falen* **0.2** ***een miskraam hebben*** **0.3** ***verloren gaan*** ⟨v. verzendingen⟩.

miscast **0.1** ***verkeerd optellen/berekenen*** **0.2** ⟨vnl. pass.; dram., film.⟩ ***een ongeschikte rol geven aan*** **0.3** ⟨vnl. pass.; dram., film.⟩ ***een slechte rolbezetting kiezen voor.***

miscegenation [missidzjinneesjn] **0.1** ***rassenvermenging.***

miscellanea [missəleeniə] **0.1** ***miscellanea*** **0.2** ***gemengde collectie.***

miscellaneous [missəleeniəs] ⟨-ness⟩ **0.1** ***gemengd*** ⇒*gevarieerd* **0.2** ***veelzijdig*** ◆ **1.1** ~ essays *essays over uiteenlopende onderwerpen.*

miscellan|y [missellənie] ⟨mv.: -ies⟩ **0.1** ***mengeling*** **0.2** ⟨vaak mv.; lit.⟩ ***mengelwerk.***

mischance **0.1** ***ongeluk*** ⇒*tegenslag* ◆ **6.1** **by** ~, **through** a ~ *bij/per ongeluk.*

mischief [mistsjif] **0.1** ***kattenkwaad*** **0.2** ***ondeugendheid*** **0.3** ***onheil*** ⇒*schade* **0.4** ⟨inf.⟩ ***plaaggeest*** ◆ **2.1** her eyes were full of ~ *haar ogen straalden ondeugd uit* **3.1** get into ~ *kattenkwaad uithalen;* keep out of ~! *haal geen streken uit!* **3.3** the ~ had been done *het kwaad was al geschied;* make ~ between *tweedracht zaaien tussen* **7.3** the ~ of the whole affair is ... *het ellendige v.d. hele zaak is ...*

mischievous [mistsjivvəs] ⟨-ness⟩ **0.1** ***schadelijk*** ⇒*nadelig* **0.2** ***schalks*** ⇒*speels* ◆ **1.1** spread ~ rumours *kwalijke geruchten verspreiden.*

misconceive **0.1** ***verkeerd begrijpen.***

misconception **0.1** ***verkeerde opvatting*** ⇒*misvatting.*

misconduct[1] ⟨zn.⟩ **0.1** ***wangedrag*** ⇒*onfatsoenlijkheid* **0.2** ⟨jur.⟩ ***ambtsmisdrijf*** ⇒*ambtsovertreding.*

misconduct[2] **I** ⟨onov.ww.⟩ **0.1** ***zich misdragen;***
II ⟨ov.ww.⟩ **0.1** ***slecht beheren.***

misconstruction **0.1** ***verkeerde interpretatie*** ⇒*misverstand* ◆ **2.1** that law is open to ~ *die wet kan makkelijk verkeerd geïnterpreteerd worden.*

misconstrue **0.1** ***verkeerd interpreteren/begrijpen.***

miscount[1] ⟨zn.⟩ **0.1** ***verkeerde telling*** ⟨vnl. v. stemmen⟩.

miscount[2] **I** ⟨onov.ww.⟩ **0.1** ***zich vertellen*** ⇒*zich verrekenen;*
II ⟨ov.ww.⟩ **0.1** ***verkeerd tellen/berekenen.***

miscreant [miskriənt] **0.1** ***ploert.***

miscue ⟨biljart⟩ **0.1** ***misstoten.***

misdate **0.1** ***verkeerd dateren.***

misdeal[1] ⟨zn.; vnl. enk.⟩⟨kaartspel⟩ **0.1** ***het vergeven*** ⇒*het fout delen.*

misdeal[2] ⟨ww.⟩⟨kaartspel⟩ **0.1** ***vergeven*** ⇒*fout delen.*

misdeed ⟨vnl. schr.⟩ **0.1** ***wandaad*** ⇒*misdaad.*

misdemeanour ⟨jur.⟩ **0.1** ***misdrijf.***

misdirect **0.1** ***verkeerd leiden*** ⇒*de verkeerde weg wijzen* ◆ **1.1** the boxer ~ed his blows *de bokser richtte zijn slagen verkeerd.*

misdoing ⟨vnl. mv.⟩⟨schr.⟩ **0.1** ***misdaad*** ⇒*slechte daad.*

miser [majzə] **0.1** ***vrek.***

miserab|le [mizrəbl] ⟨-ly⟩ **0.1** ***beroerd*** ⇒*ellendig* **0.2** ***karig*** ⇒*armzalig* **0.3** ***waardeloos*** ◆ **1.2** live on a ~ pension *van een schamel pensioentje rondkomen.*

miserl|y [majzəlie] ⟨-iness⟩ **0.1** ***vrekkig*** ⇒*schraperig.*

miser|y [miz(ə)rie] ⟨mv.: -ies⟩ **0.1** ***ellende*** ⇒*nood* **0.2** ⟨vnl. mv.⟩ ***tegenslag*** ⇒*beproeving* **0.3** ⟨inf.⟩ ***pijn*** ⇒*ziekte* ◆ **6.1** put an animal **out of** its ~ *een dier uit zijn lijden helpen.*

misfeed **0.1** ***papierstoring*** ⟨bij fotokopieerapparaat⟩.

misfire **0.1** ***ketsen*** ⇒*niet afgaan* **0.2** ***weigeren*** ⇒*niet aanslaan* ⟨v. verbrandingsmotor⟩ **0.3** ⟨fig.⟩ ***niet aanslaan*** ⇒*zijn uitwerking missen.*

misfit [misfit] **0.1** ***onaangepast iemand*** **0.2** ***niet-passend kledingstuk.***

misfortune [misfo:tsjən] **0.1** ***ongeluk*** ⇒*tegenspoed* ◆ **1.1** companions in ~ *lotgenoten in rampspoed.*

misgiving ⟨vnl. mv.⟩ **0.1** ***onzekerheid*** ⇒*bang vermoeden* ◆ **3.1** they had serious ~s about recommending him *ze twijfelden er ernstig aan of ze hem konden aanbevelen.*

misgovern ⟨zn.: **-ment**⟩ **0.1** ***slecht besturen.***

misguide [misgajd] ⟨vnl. pass.⟩ **0.1** ***verkeerd leiden*** ⇒⟨fig.⟩ *op een dwaalspoor brengen.*

misguided [misgajdid] **0.1** ***misleid*** ⇒*verdwaasd, verblind* **0.2** ***ondoordacht.***

mishandle **0.1** ***verkeerd behandelen*** ⇒*slecht regelen/afhandelen.*

mishap [mishæp] **0.1** ***ongeluk(je)*** ⇒*tegenvaller(tje)* ◆ **6.1** a journey **without** ~ *een reis zonder incidenten.*

mishear **0.1** ***verkeerd horen.***

mishit[1] ⟨zn.⟩⟨sport⟩ **0.1** ***misslag.***

mishit[2] ⟨ww.⟩⟨sport⟩ **0.1** ***misslaan*** ⟨bal⟩.

mishmash [misjmæsj] ⟨geen mv.⟩⟨inf.⟩ **0.1** ***mengelmoes*** ⇒*allegaartje.*

misinform **0.1** ***verkeerd inlichten.***

misinterpret [missintə:prit] **0.1** ***verkeerd interpreteren.***

misinterpretation [missintə:pritteesjn] **0.1** ***verkeerde interpretatie*** ◆ **2.1** open to ~ *voor verkeerde uitleg vatbaar.*

misjudg|e [misdzjudzj] ⟨zn.: **-(e)ment**⟩ **0.1** ***verkeerd (be)oordelen*** ⇒*zich vergissen (in)* ◆ **1.1** ~ the distance *de afstand verkeerd schatten* **4.1** ~ s.o. *zich in iem. vergissen.*

mislay [mislee]⟨mislaid, mislaid [misleed]⟩ **0.1** ***zoekmaken*** ⇒⟨euf.⟩ *verliezen* ◆ **1.1** I've mislaid my glasses *ik kan mijn bril niet vinden* **5.1** ⟨euf.⟩ temporarily mislaid *zoek.*

mislead [mislie:d]⟨misled, misled [misled]⟩ **0.1** ***misleiden*** ⇒*bedriegen; op 't verkeerde spoor brengen.*

misleading [mislie:ding] **0.1** ***misleidend*** ⇒*bedrieglijk.*

mismanage [mismænidzj] **0.1** ***verkeerd beheren*** ⇒*verkeerd aanpakken.*

mismanagement [mismænidzjmənt] **0.1** ***wanbeheer*** ⇒*wanbestuur/beleid.*

mismatch[1] [mismætsj] ⟨zn.⟩ **0.1** ***verkeerde combinatie*** ⇒⟨ihb.⟩ *verkeerd/ongeschikt huwelijk.*

mismatch[2] [mismætsj] ⟨ww.⟩ **0.1** ***slecht combineren*** ⇒⟨ihb.⟩ *een verkeerd/ongeschikt huwelijk doen aangaan* ◆ **1.1** ~ed colours *vloekende kleuren.*

misname [misneem] **0.1** ***een verkeerde naam geven.***

misnomer [misnoomə] **0.1** ***verkeerde naam/benaming.***

misogynist [missodzjinnist] **0.1** ***vrouwenhater.***

misogyny [missodzjinnie] **0.1** ***vrouwenhaat.***

misplace [misplees] ⟨zn.: **-ment**⟩ **0.1** ***misplaatsen*** ⟨ook fig.⟩ ◆ **1.1** a ~d remark *een misplaatste opmerking;* ~ the stress *de klemtoon verkeerd leggen.*

misprint[1] [misprint] ⟨zn.⟩ **0.1** ***drukfout*** ⇒*zetfout.*

misprint[2] ⟨ww.⟩ **0.1** ***verkeerd drukken*** ◆ **1.1** ~ a word *een drukfout maken.*

mispronounce [misprənauns] **0.1** ***verkeerd uitspreken.***

mispronunciation [misprənunsie·eesjn] **0.1** ***verkeerde uitspraak.***

misquot|e [miskwoot] ⟨zn.: **-ation**⟩ **0.1** ***onjuist aanhalen/weergeven*** ⇒*incorrect citeren.*

misread [misrie:d]⟨misread, misread [misred]⟩ **0.1** ***verkeerd lezen*** ⇒*verkeerd interpreteren* ◆ **1.1** ~ s.o.'s feelings *zich in iemands gevoelens vergissen.*

misreport [misrippo:t] **0.1** ***verkeerd uitslag uitbrengen van*** ⇒*verkeerd weergeven.*

misrepresent [misreprizzent] ⟨zn.: **-ation**⟩ **0.1** ***verkeerd voorstellen*** ⇒*in een verkeerd daglicht stellen* **0.2** ***slecht vertegenwoordigen.***

misrule[1] [misroe:l] ⟨zn.⟩ **0.1** ***wanbestuur*** ⇒*verkeerd beleid* **0.2** ***wanorde*** ⇒*anarchie.*

misrule[2] ⟨ww.⟩ **0.1** ***slecht besturen.***

miss[1] [mis] ⟨zn.⟩ **0.1** ***misser*** ⇒*misslag* ◆ **2.¶** he's no great ~ *we kunnen het wel zonder hem* **3.1** give sth. a ~ *iets laten voorbijgaan.*

miss[2] **I** ⟨onov.ww.⟩ **0.1** ***missen*** **0.2** ***haperen*** ⇒*weigeren* **0.3** ⟨enkel in -ing vorm⟩ ***ontbreken*** **0.4** ***mislopen*** ⇒*falen* ◆ **1.1** his shots all ~ed *hij schoot er telkens naast* **1.2** my pen never ~es *mijn pen laat me nooit in de steek* **1.3** the book is ~ing *het boek ontbreekt.* →**miss out;**
II ⟨ov.ww.⟩ **0.1** ***missen*** ⇒*niet raken* **0.2** ***mislopen*** ⇒*te laat komen voor* **0.3** ***ontsnappen aan*** **0.4** ***niet opmerken*** **0.5** ***vermissen*** ⇒*afwezigheid opmerken* ◆ **1.2** ~ s.o. *een afspraak mislopen* **1.3** he narrowly ~ed the accident *hij ontsnapte ternauwernood aan het ongeluk* **1.4** ~ a joke *een mop niet snappen* **5.5** they'll never ~ it *ze zullen nooit merken dat het verdwenen is.* →**miss out.**

Miss [mis] **0.1** ⟨mv. ook Miss⟩ ***Mejuffrouw*** ⇒*Juffrouw* ⟨gevolgd door naam⟩ **0.2** ***Miss*** ⟨verkozen schoonheid⟩ **0.3** ⟨ook m-⟩ ***jongedame*** ◆ **1.1** ⟨schr.⟩ the ~es Brown, ⟨inf.⟩ the ~ Browns *de (jonge)dames Brown.*

missal [misl] **0.1** ***missaal*** ⇒*misboek.*

misshapen [missjeepən] **0.1** ***misvormd.***

missile [missajl] **0.1** ***projectiel*** **0.2** ***raket.***

missile base **0.1** ***raketbasis.***

missing [missing] **0.1** ***ontbrekend*** **0.2** ***vermist*** **0.3** ***verloren*** ⇒*weg* ◆ **1.1** the ~ link *de ontbrekende schakel* **2.2** killed, wounded or ~ *gesneuveld, gewond of vermist.*

mission [misjn] **0.1** ***afvaardiging*** ⇒*legatie* **0.2** ***roeping*** ⇒ *zending* **0.3** ***opdracht*** ◆ **1.2** her ~ in life *haar levenstaak* **2.1** ⟨AE⟩ foreign ~ *gezantschap* **3.3** ~ accomplished *taak volbracht.*

missionar|y [misjənrie] ⟨mv.: -ies⟩ **0.1** ⟨bn.⟩ ***zendings-*** **0.2** ⟨bn.⟩ ***zendelings-*** **0.3** ⟨zn.⟩ ***missionaris*** ⇒*zendeling* ◆ **1.1** ~ box *collectebus/kist voor de zending.*

mission commander **0.1** ***gezagvoerder*** ⟨ihb. op ruimteschip⟩.

mission control ⟨ruim.⟩ **0.1** ***controlecentrum.***

missive [missiv] **0.1** ***missive*** ⇒*officieel schrijven.*

miss out **I** ⟨onov.ww.⟩ **0.1** ***over het hoofd gezien worden*** ◆ **5.1** she always misses out *ze vist altijd achter het net* **6.¶** ~ **on** the fun *de pret mislopen;*
II ⟨ov.ww.⟩ **0.1** ***vergeten*** **0.2** ***overslaan.***

misspell [misspel] ⟨BE ook misspelt, misspelt [misspelt]⟩ **0.1** ***verkeerd spellen.***

misspend [misspend] ⟨misspent, misspent [misspent]⟩ **0.1** ***verspillen*** ⇒*onverstandig uitgeven;* ⟨fig.⟩ *vergooien.*

misstate [missteet] ⟨zn.: **-ment**⟩ **0.1** ***verkeerd uitdrukken/voorstellen.***

missus, missis [missiz] **0.1** ⟨the; volkst., scherts.⟩ ***moeder de vrouw.***

mist[1] [mist] ⟨zn.⟩ **0.1** ***mist*** ⟨ook fig.⟩ ⇒*nevel* **0.2** ***waas*** ◆ **1.1** lost in the ~ of antiquity *verloren in de nevelen der oudheid* **1.2** a ~ of tears *een floers v. tranen* **6.2** see things **through** a ~ *alles in een waas zien.*

mist[2] **I** ⟨onov.ww.⟩ **0.1** ***misten*** **0.2** ⟨+over/up⟩ ***beslaan*** **0.3** ***beneveld worden*** **0.4** ***wazig worden*** ⟨v. ogen bv.⟩;
II ⟨ov.ww.⟩ **0.1** ***met nevel bedekken*** ⇒*beslaan* ◆ **1.1** the wet air ~ed (up) the windows *door de vochtige lucht besloegen de ramen.*

mistake[1] [misteek] ⟨zn.⟩ **0.1** ***fout*** **0.2** ***dwaling*** ◆ **4.1** my ~ *ik vergis me* **6.1** **by** ~ *per ongeluk* **7.1** ⟨inf.⟩ and no ~, there's no ~ about it *daar kun je van op aan; en dat is zeker.*

mistake[2] ⟨ww.; mistook, mistaken⟩ **0.1** ***verkeerd begrijpen*** **0.2** ***verkeerd beoordelen*** ⇒*onderschatten* **0.3** ***verkeerd kiezen*** **0.4** ***niet herkennen*** **0.5** ⟨+for⟩ ***verwarren (met)*** ◆ **1.1** ~ s.o.'s meanings *iemands bedoelingen verkeerd begrijpen* **7.4** there's no mistaking him with his orange hat *je kunt hem eenvoudig niet mislopen met zijn oranje hoed.*

mistaken [misteekən] **0.1** ***verkeerd (begrepen)*** ⇒*mis* ◆ **1.1** ~ ideas about foreigners *vooroordelen over vreemdelingen;* ~ identity *persoonsverwisseling* **6.1** be ~ **about** *zich vergissen omtrent.*

mister [mistə] **0.1** ⟨meestal afgekort Mr⟩ ***Mijnheer*** ⇒*De Heer* ⟨gevolgd door naam⟩ **0.2** ⟨zonder familienaam; volkst. of kind.⟩ ***meneer*** **0.3** ⟨inf.⟩ ***echtgenoot*** ⇒*man* ◆ **1.1** Mr Average *de gewone man;* Mr Chairman *mijnheer de voorzitter* **2.¶** ⟨scherts.⟩ Mr Right *de ware Jakob* **¶.2** what's the time, ~? *hoe laat is het, meneer?*

mistime [mistajm] **I** ⟨onov. en ov.ww.⟩ ⟨sport⟩ **0.1** ***verkeerd timen;***
II ⟨ov.ww.⟩ **0.1** ***op het verkeerde ogenblik doen/zeggen*** ⇒*verkeerd timen* ◆ **1.1** the general ~d his attack *de generaal viel op het verkeerde tijdstip aan.*

mistle thrush [misl] ⟨dierk.⟩ **0.1** ***grote lijster.***

mistletoe [misltoo] **0.1** ***maretak.***

mistral [mistrəl] ⟨ook M-⟩ **0.1** ***mistral.***

mistransl|ate [mistrænzleet, -træns-] ⟨zn.: **-ation**⟩ **0.1** ***verkeerd vertalen.***

mistress [mistris] **0.1** ***meesteres*** ⇒*bazin* ⟨bv. v. hond, winkel⟩ **0.2** ⟨BE⟩ ***lerares*** **0.3** ***maîtresse*** ◆ **1.2** the English ~ *de lerares Engels* **2.1** she is her own ~ *zij is haar eigen baas* **¶.1** ⟨vero.⟩ ~ of the house *vrouw des huizes.*

mistrial [mistrajjəl] ⟨jur.⟩ **0.1** ***nietig geding*** ⟨wegens procedurefout⟩ **0.2** ⟨AE⟩ ***geding zonder conclusie*** ◆ **3.2** ask for a ~ *verzoeken de zaak te seponeren.*

mistrust[1] [mistrust] ⟨zn.⟩ **0.1** ***wantrouwen.***

mistrust[2] ⟨ww.⟩ **0.1** ***wantrouwig zijn (over)*** ⇒*wantrouwen.*

mistrustful [mistrustfl] **0.1** ***wantrouwig*** ◆ **6.1** be ~ **of** *wantrouwen.*

mist|y [mistie] ⟨-iness⟩ **0.1** ***mistig*** **0.2** ***nevelig*** ⇒⟨fig.⟩ *vaag* ◆ **1.2** eyes ~ with tears *betraande ogen.*

misunderstand [missundəstænd] ⟨misunderstood, misunderstood⟩ **0.1** ***niet begrijpen*** **0.2** ***verkeerd begrijpen*** ◆ **1.1** a misunderstood poet *een onbegrepen dichter.*

misunderstanding [missundəstænding] **0.1** ***misverstand*** **0.2** ***geschil*** **0.3** ***onbegrip.***

misuse[1] [misjoe:s] ⟨zn.⟩ **0.1** ***misbruik*** **0.2** ***verkeerd gebruik*** ◆ **1.1** ~ of funds *verduistering v. gelden.*

misuse[2] [misjoe:z] ⟨ww.⟩ **0.1** ***misbruiken*** **0.2** ***verkeerd gebruiken.***

M.I.T. ⟨afk.⟩ **0.1** [Massachusetts Institute of Technology].

mite [majt] **0.1** ⟨dierk.⟩ ***mijt*** **0.2** ***koperstukje*** **0.3** ⟨vero.; inf. of schr.⟩ ***ietsjes*** ◆ **3.2** ⟨fig.⟩ contribute one's ~ *een duit in het zakje doen* **7.3** only a ~ less expensive *maar een tikkeltje minder duur.*

miter →**mitre.**

mitig|ate [mittigeet] ⟨zn.: **-ation**⟩ **0.1** ***lenigen*** ⇒*verlichten* **0.2** ***matigen*** ⇒*tot bedaren brengen* ◆ **1.2** ⟨jur.⟩ mitigating circumstances *verzachtende omstandigheden.*

mitosis [majtoosis] ⟨mv.: mitoses [-sie:z]⟩ ⟨biol.⟩ **0.1** ***mitose*** ⇒ *kerndeling.*

mitre [majtə] **0.1** ***mijter*** **0.2** ⟨tech.⟩ ***verstek.***

mitre box ⟨tech.⟩ **0.1** ***verstekbak.***

mitt [mit] **0.1** ***want*** **0.2** ⟨honkbal⟩ ***(vang)handschoen*** **0.3** ⟨meestal mv.; sl.⟩ ***hand*** ◆ **3.3** get your ~s off it! *blijf er met je poten af!*

mitten [mitn] **0.1** ***want*** ⇒*vuisthandschoen* **0.2** ⟨meestal mv.; sl.⟩ ***bokshandschoen*** **0.3** ***mitaine*** ◆ **3.¶** ⟨sl.⟩ handle without ~s *zonder handschoenen aanpakken.*

mix¹ [miks] ⟨zn.⟩ **0.1** ***mengeling*** ⇒*mix* **0.2** ***mengsel.***

mix² **I** ⟨onov.ww.⟩ **0.1** ***zich (laten) (ver)mengen*** **0.2** ***kunnen opschieten*** ⇒*elkaar verdragen* **0.3** ⟨BE; inf.⟩ ***tweedracht zaaien*** ◆ **5.2** they don't ~ well *ze kunnen niet met elkaar opschieten* **6.2** ~ **with** *omgaan met.* →**mix in;**
II ⟨ov.ww.⟩ **0.1** ***(ver)mengen*** ⇒*dooreenmengen* **0.2** ***bereiden*** ⇒*mixen* **0.3** ⟨tech.⟩ ***mixen*** ⟨geluid⟩ ◆ **1.1** ⟨fig.⟩ ~ business with pleasure *het nuttige met het aangename verenigen;* ~ one's drinks *door elkaar drinken* **1.2** he was ~ing a salad *hij was een slaatje aan het klaarmaken* **4.¶** ⟨inf.⟩ ~ it (up) *elkaar in de haren zitten, knokken.* →**mix in, mix up.**

mixed [mikst] **0.1** ***gemengd*** ⇒*vermengd* ◆ **1.1** ~ bag *allegaartje;* technology is a ~ blessing *de technologie heeft voor- en nadelen;* don't tell this joke in ~ company *vertel deze mop maar niet waar dames bij zijn;* ⟨tennis⟩ ~ doubles *gemengd dubbel;* ~ metaphor *meestal lachwekkende vermenging van twee beelden in één.*

mixed up **I** ⟨bn.⟩ **0.1** ***in de war*** ⇒*versuft;*
II ⟨bn., pred.⟩ **0.1** ***betrokken*** ⇒*verwikkeld.*

mixer [miksə] **0.1** ***mengtoestel*** ⇒*(keuken)mixer* ◆ **2.¶** a bad ~ *een eenzelvig mens;* a good ~ *een gezellig/onderhoudend mens.*

mix in **I** ⟨onov.ww.⟩⟨inf.⟩ **0.1** ***op de vuist gaan;***
II ⟨ov.ww.⟩ **0.1** ***goed (ver)mengen.***

mixing bowl **0.1** ***mengkom*** ⇒*beslagkom.*

mixture [mikstsjə] **0.1** ***mengsel*** ⇒*mengeling, vermenging* ◆ **5.¶** ⟨inf.⟩ the ~ as before *procedure/behandeling als bekend.*

mix up **0.1** ***verwarren*** **0.2** ***in de war brengen*** **0.3** ***overhoop/door elkaar gooien.***

mix-up ⟨inf.⟩ **0.1** ***verwarring*** ⇒*warboel.*

mizzle [mizl] ⟨inf.⟩ **0.1** ***motregenen.***

M.Litt. ⟨afk.⟩ **0.1** [Master of Literature].

MLR ⟨afk.⟩ **0.1** [minimum lending rate].

mm ⟨afk.⟩ **0.1** [millimetre(s)] ***mm.***

MMR jab ⟨med.⟩ **0.1** ***bmr-prik.***

mnemonic¹ [nimmonnik] ⟨zn.⟩ **0.1** ***ezelsbruggetje*** ⇒*geheugensteuntje* **0.2** ⟨mv.; ww. vaak enk.⟩ ***mnemoniek.***

mnemonic² ⟨bn.; -ally⟩ **0.1** ***mnemotechnisch*** ◆ **1.1** ~ device *geheugensteuntje.*

mo [moo] ⟨afk.; inf.⟩ **0.1** [moment] ***ogenblik*** ◆ **2.1** I won't be half a ~ *ik ben zo terug.*

moan¹ [moon] ⟨zn.⟩ **0.1** ***(ge)kreun*** ⇒*gekerm* **0.2** ***geklaag*** ⇒*gejammer;* ⟨vaak pej.⟩ *gejeremieer.*

moan² **I** ⟨onov.ww.⟩ **0.1** ***kermen*** ⇒*kreunen* **0.2** ***(wee)klagen*** ⇒*jammeren* ◆ **6.2** what's he ~ing **about** now? *waarover zit ie nu weer te zeuren?;*
II ⟨ov.ww.⟩ **0.1** ***betreuren*** **0.2** ***klagend uiten.***

moaner [moonə] **0.1** ***klager.***

moat [moot] **0.1** ***(wal)gracht.***

mob¹ [mob] ⟨zn.⟩ **0.1** ⟨the⟩ ***gepeupel*** **0.2** ***menigte*** **0.3** ***bende*** **0.4** ⟨sl.⟩ ***kliek*** ◆ **7.3** the Mob *de maffia.*

mob² ⟨-bed⟩ **I** ⟨onov.ww.⟩ **0.1** ***samenscholen;***
II ⟨ov.ww.⟩ **0.1** ***in bende aanvallen*** ⇒*lastig vallen* **0.2** ***omstuwen*** ⇒*drommen rondom.*

mob|ile [moobajl] ⟨zn.: **-ility**⟩ **0.1** ⟨bn.⟩ ***beweeglijk*** ⇒*mobiel, los; levendig, expressief* ⟨v. gezicht⟩ **0.2** ⟨bn.⟩ ***veranderlijk*** ⇒*kwiek, onstandvastig* ⟨v. persoon, geest⟩ **0.3** ⟨bn.⟩ ***rondtrekkend*** ⟨v. wagen, winkel⟩ **0.4** ⟨bn.; fig.⟩ ***flexibel*** **0.5** ⟨zn.⟩ ***mobile*** ⇒*mobiel* **0.6** ⟨zn.⟩ ***draadloze telefoon*** ◆ **1.1** John is not ~ to-day *John heeft vandaag geen vervoer* **1.3** a ~ home *een stacaravan* **1.¶** ~ phone *draadloze telefoon.*

mobil|ize, -ise [moobillajz] ⟨zn.: **-ization**⟩ **I** ⟨onov. en ov.ww.⟩ ⟨mil. of fig.⟩ **0.1** ***mobiliseren*** ◆ **1.1** he ~d all his forces *hij verzamelde al zijn krachten;*
II ⟨ov.ww.⟩⟨ec.⟩ **0.1** ***te gelde maken*** ⇒*losmaken.*

mobster [mobstə] **0.1** ***bendelid*** ⇒*gangster.*

moccasin [mokkəsin] **0.1** ***mocassin.***

mocha [mookə] **0.1** ***(mokka)koffie.***

mock¹ [mok] ⟨bn.⟩ **0.1** ***onecht*** ⇒*nagemaakt* ◆ **1.1** ~ battle/combat/fight *spiegelgevecht;* ~ trial *schijnproces.*

mock² **I** ⟨onov.ww.⟩ **0.1** ***spotten*** ⇒*zich vrolijk maken;*
II ⟨ov.ww.⟩ **0.1** ***bespotten*** **0.2** ***(minachtend) trotseren*** ⇒*tarten* **0.3** ***bedriegen.***

mocker|y [mokkərie] ⟨mv.: -ies⟩ **0.1** ***bespotting*** ⇒*hoon* **0.2** ***namaaksel*** **0.3** ***aanfluiting*** ⇒*schijnvertoning* ◆ **3.1** make a ~ of *de spot drijven met.*

mock-heroic **0.1** ***komisch/burlesk-heroïsch.***

mockingly [mokkinglie] **0.1** ***spottend.***

mod¹ [mod] ⟨zn.⟩⟨ook M-⟩ **0.1** ***modieus persoon.***

mod² ⟨bn.⟩ **0.1** ***modern*** **0.2** ***modieus*** ⇒*chic* ◆ **1.1** ⟨soms enk.; BE⟩ ~ cons *modern comfort.*

MOD, MoD ⟨afk.⟩ **0.1** [Ministry of Defence] ⟨GB⟩.

modal [moodl] ⟨-ly⟩ **0.1** ***modaal*** ◆ **1.1** ~ auxiliary *modaal hulpwerkwoord.*

mode [mood] **0.1** ***wijze*** ⇒*manier, methode* **0.2** ***gebruik*** ⇒*procedure* ◆ **1.1** ~ of speaking *spreekwijze.*

model¹ [modl] ⟨zn.⟩ **0.1** ***model*** ⇒*maquette;* ⟨BE; fig.⟩ *evenbeeld* **0.2** ***type*** ⟨v. auto bv.⟩ **0.3** ***exclusief model*** ⟨kledingstuk⟩ **0.4** ***toonbeeld*** ⇒*voorbeeld* ◆ **3.1** stand ~ *poseren.*

model² ⟨bn.⟩ **0.1** ***model-*** **0.2** ***perfect*** ◆ **1.2** a ~ husband *een modelechtgenoot.*

model³ ⟨BE -led⟩ **I** ⟨onov.ww.⟩ **0.1** ***mannequin/model zijn;***
II ⟨ov.ww.⟩ **0.1** ***modelleren*** ⇒*boetseren* **0.2** ***vervaardigen/vormen naar een voorbeeld*** **0.3** ***een model maken van*** **0.4** ***(als mannequin) showen*** ◆ **6.2** ~ sth. **after/(up)on** sth. *iets maken/ontwerpen naar het voorbeeld v. iets;* ⟨fig.⟩ he ~led himself **(up)on** his teacher *hij nam een voorbeeld aan zijn leraar.*

modem [moodem] ⟨verk.⟩ [modulator-demodulator] ⟨comp.⟩ **0.1** ***modem*** ⟨verbindt afstandsterminal of computer met andere computer via telefoonlijn⟩.

moderate¹ [modrət] ⟨zn.; bn.⟩ **0.1** ⟨bn.⟩ ***gematigd*** ⇒*matig* **0.2** ⟨zn.⟩ ***gematigde*** ◆ **1.1** a ~ climate *een gematigd klimaat;* ~ prices *redelijke/lage prijzen.*

moderat|e² [moddəreet] ⟨zn.: **-ion**⟩ **I** ⟨onov.ww.⟩ **0.1** ***zich matigen*** **0.2** ***afnemen*** ⇒*verminderen* ◆ **¶.1** ⟨sprw.⟩ moderation in all things *alles met mate;*
II ⟨ov.ww.⟩ **0.1** ***matigen*** ⇒*verzachten.*

moderator [moddəreetə] **0.1** ***moderator*** ⟨ook nat.⟩ ⇒*bemiddelaar.*

modern [modn] **0.1** ⟨bn.⟩ ***modern*** **0.2** ⟨bn.⟩ ***nieuwerwets*** **0.3** ⟨zn.⟩ ***iem. uit de nieuwe tijd*** ◆ **1.1** ~ history *nieuwe geschiedenis;* ~ languages *levende talen.*

modern-day **0.1** ***hedendaags*** ⇒*modern.*

modernism [modnizm] **0.1** ***modernisme.***

modernist [modnist] **0.1** ***modernist.***

modernistic [modnistik] ⟨-ally⟩ **0.1** ***modernistisch.***

modernit|y [moddə:nətie] ⟨mv.: -ies⟩ **0.1** ***moderniteit*** ⇒*iets moderns.*

modern|ize, -ise [modnajz] ⟨zn.: **-ization**⟩ **0.1** ***moderniseren*** ⇒*(zich) vernieuwen.*

modest [moddist] **0.1** ***bescheiden*** **0.2** ***niet groot/opzichtig*** **0.3** ***redelijk*** ◆ **1.1** a ~ violet *een bescheiden persoon.*

modesty [moddistie] **0.1** ***bescheidenheid*** **0.2** ***redelijkheid*** ◆ **3.1** feigned ~ *valse bescheidenheid* **7.1** in all ~ *zonder grootspraak.*

modicum [moddikkəm]⟨mv.: ook modica [-kə]⟩ **0.1** ***een beetje*** ◆ **1.1** not a ~ of logic *geen greintje logica.*
modifiable [moddiffajjəbl] **0.1** ***wijzigbaar*** ⇒*vatbaar voor aanpassing.*
modification [moddiffikkeesjn] **0.1** ***wijziging*** **0.2** ***verzachting.***
modificatory [moddiffikkeetrie] **0.1** ***wijzigend.***
modifier [moddiffajjə] **0.1** ***wijzigende factor*** **0.2** ⟨taal.⟩ ***bepaling.***
modif|y [moddiffaj] ⟨-ied⟩ **0.1** ***wijzigen*** **0.2** ***verzachten*** ⇒*afzwakken.*
modish [moodisj] ⟨-ly⟩⟨vaak pej.⟩ **0.1** ***modieus.***
modular [modjoelə] **0.1** ***modulair.***
modul|ate [modjoeleet] ⟨zn.: **-ation**⟩ **I** ⟨onov. en ov.ww.⟩ **0.1** ⟨ook tech.⟩ ***moduleren*** ⇒*met gepaste stembuiging voordragen/zingen;*
II ⟨ov.ww.⟩ **0.1** ***regelen*** ⇒*afstemmen, reguleren.*
module [modjoe:l] **0.1** ***modulus*** ⇒*maat(staf);* ⟨bouwk.⟩ *bouwelement* **0.2** ***module*** ⟨ook ruim.⟩ ◆ **2.2** lunar ~ *maanlander.*
mogul [moogl] **0.1** ***mogol*** ⟨invloedrijk iem.⟩ ◆ **1.1** the ~s of Hollywood *de grote bazen v.d. filmindustrie.*
M.O.H. ⟨afk.⟩ **0.1** [Medical Officer of Health].
mohair [mooheə] **0.1** ***mohair*** **0.2** ***pluche.***
Mohammedan →**Muhammadan.**
mohican [moohikkən] **0.1** ***hanenkam*** ⟨(punk)kapsel⟩ **0.2** ***iem. met een hanenkam.***
moist [mojst] ⟨-ness⟩ **0.1** ***vochtig*** ⇒*klam* **0.2** ***regenachtig*** ◆ **6.1** ~ **with** dew *vochtig van (de) dauw.*
moisten [mojsn] **I** ⟨onov.ww.⟩ **0.1** ***vochtig worden;***
II ⟨ov.ww.⟩ **0.1** ***bevochtigen.***
moisture [mojstsjə] **0.1** ***vocht(igheid)*** ◆ **2.1** ~ resistant *vochtbestendig.*
moisturize, -ise [mojstsjərajz] **0.1** ***bevochtigen*** ◆ **1.1** moisturizing cream *vochtinbrengende crème.*
molar [moolə] **0.1** ⟨bn.⟩ ***mbt. de maaltand(en)*** **0.2** ⟨zn.⟩ ***(ware) kies.***
molasses [məlæsiz] **0.1** ***melasse*** **0.2** ⟨AE⟩ ***stroop.***
mold(-) →**mould(-).**
Moldavia [moldeeviə] **0.1** ***Moldavië.***
Moldavian [moldeeviən] **0.1** ⟨bn.⟩ ***Moldavisch*** **0.2** ⟨zn.⟩ ***Moldaviër.***
mole [mool] **0.1** ***mol*** **0.2** ***(kleine) moedervlek*** ⇒*vlekje* **0.3** ***pier*** ⇒*golfbreker, strekdam* **0.4** ⟨inf.⟩ ***spion*** ⇒*mol.*
molecular [məlekjoelə] **0.1** ***moleculair*** ◆ **1.1** ~ weight *moleculegewicht.*
molecule [mollikjoe:l] **0.1** ***molecule.***
molehill **0.1** ***molshoop.***
moleskin **0.1** ***mollenvel*** **0.2** ***moleskin*** ⇒*Engels leer.*
molest [məlest] **0.1** ***lastig vallen*** ⇒*molesteren.*
molestation [moolesteesjn] **0.1** ***hinder*** ⇒*overlast.*
mollif|y [molliffaj] ⟨-ied; zn.: **-ication**⟩ **0.1** ***bedaren*** ⇒*sussen* **0.2** ***vertederen*** ⇒*vermurwen* **0.3** ***matigen*** ⇒*verzachten* ◆ **3.2** be mollified by s.o.'s flatteries *zich laten vermurwen door iemands vleierij.*
mollusc [molləsk] **0.1** ***weekdier*** ⇒*mollusk.*
mollycoddle[1] [molliekodl] ⟨zn.⟩⟨bel.⟩ **0.1** ***slapjanus.***
mollycoddle[2] ⟨ww.⟩⟨pej.⟩ **0.1** ***in de watten leggen.***
Moloch [moolok] ⟨fig. ook m-⟩ **0.1** ***Moloch*** ⇒⟨fig.⟩ *moloch.*
molt →**moult.**
molten [mooltən] **0.1** ***gesmolten.***
mom →**mum.**
moment [moomənt] **0.1** ***(geschikt) ogenblik*** ⇒*moment* **0.2** ***tijdstip*** **0.3** ***belang*** ⇒*gewicht* ◆ **1.1** ~ of truth *uur der waarheid* ⟨ook fig.⟩ **3.1** have one's ~s *zijn goede momenten hebben* **5.1** a ~ ago *(zo)juist* **6.1** **for** the ~ *voorlopig;* **in** a ~ *ogenblikkelijk* **6.2** **at** the ~ *op het ogenblik;* **at** ~s *zo nu en dan;* ⟨BE; schr.⟩ **at** this ~ in time *momenteel;* **to** the ~ *op de minuut af* **6.3** **of** (great) ~ *v. (groot) belang* **7.1** just a/one ~, please *een ogenblikje alstublieft.*
momentar|y [mooməntrie] ⟨-ily⟩ **0.1** ***kortstondig*** ⇒*vluchtig* **0.2** ***voortdurend*** ⇒*elk ogenblik* ◆ **1.2** they live in ~ fear of earthquakes *ze leven in voortdurende angst voor een aardbeving.*
momentous [moomentəs] **0.1** ***gewichtig*** ⇒*ernstig* ◆ **1.1** ~ decisions *zwaarwegende beslissingen.*
momentum [moomentəm] ⟨mv.: ook momenta⟩ **0.1** ⟨nat.⟩ ***impuls*** ⇒*hoeveelheid v. beweging* **0.2** ***vaart*** ⟨ook fig.⟩ ⇒ *(stuw)kracht* ◆ **3.2** gain/gather ~ *aan stootkracht winnen.*
momma [mommə], **momm|y** [mommie] ⟨mv.: -ies⟩⟨AE; kind.⟩ **0.1** ***mammie.***
Monacan [monnəkən, məna:kən] **0.1** ⟨bn.⟩ ***Monegaskisch*** ⇒ *uit/van/mbt. Monaco* **0.2** ⟨telb. zn⟩ ***Monegask(ische)*** ⇒ *inwoner/inwoonster v. Monaco.*
Monaco [monnəkoo, məna:koo] **0.1** ***Monaco.***
monarch [monnək] **0.1** ***monarch*** ◆ **2.1** absolute ~ *absoluut vorst.*
monarchic(al) [məna:kik(l)] **0.1** ***monarchaal*** ⇒*vorstelijk.*
monarchism [monnəkizm] **0.1** ***alleenheerschappij*** ⇒*monarchie.*
monarchist [monnəkist] **0.1** ***monarchist.***
monarch|y [monnəkie] ⟨mv.: -ies⟩ **0.1** ***monarchie*** ◆ **2.1** limited/constitutional ~ *constitutionele monarchie.*
monaster|y [monnəstrie] ⟨mv.: -ies⟩ **0.1** ***(mannen)klooster.***
monastic [mənæstik] ⟨-ally⟩ **0.1** ***klooster-*** ⇒*monnik(en)-* ◆ **1.1** ~ vows *kloostergeloften.*
monasticism [mənæstissizm] **0.1** ***kloosterwezen*** ⇒*monnikenleven.*
Monday [mundie, -dee] **0.1** ⟨zn. en bw.⟩ ***maandag*** ◆ **3.1** the baker came/is coming (on) ~ *de bakker kwam/komt maandag;* the baker comes on ~/on a ~ *de bakker komt maandags/op een maandag;* he works (on) ~s *hij werkt maandags.*
Monday Club ⟨BE⟩ **0.1** ***Monday Club*** ⟨in 1961 gestichte club v. (zeer) rechtse conservatieven⟩.
Monégasque [monnəgæsk] **0.1** ⟨bn.⟩ ***Monegaskisch*** ⇒*uit/van/mbt. Monaco* **0.2** ⟨telb. zn.⟩ ***Monegask(ische)*** ⇒*inwoner/inwoonster v. Monaco.*
monetarism [munnitrizm] ⟨ec.⟩ **0.1** ***monetarisme.***
monetarist [munnitrist] **0.1** ⟨bn.⟩ ***monetaristisch*** **0.2** ⟨zn.⟩ ***monetarist.***
monetary [munnitrie] **0.1** ***monetair*** ◆ **1.1** ~ reform *muntherverming.*
money [munnie] **0.1** ***geld*** **0.2** ***welstand*** ⇒*rijkdom, weelde* ◆ **1.1** ⟨BE; inf.⟩ ~ for jam/for old rope *iets voor niets, gauw/gemakkelijk verdiend geld;* one's ~'s worth *waar voor je geld* **1.¶** ~ burns a hole in his pocket *hij heeft een gat in z'n hand;* put one's ~ where one's mouth is *de daad bij het woord voegen* **3.1** ⟨inf.⟩ made of ~ *stinkend rijk;* put ~ on *wedden/inzetten op;* raise ~ on sth. *iets te gelde maken* **3.2** he made his ~ producing films *hij is rijk geworden als filmproducent;* marry ~ *rijk trouwen;* ⟨sprw.⟩ ~ talks *met geld gooi je deuren open* **6.1** there is ~ **in** it *er valt geld aan te verdienen* **6.¶** **for** my ~ *wat mij betreft.*
moneybag **0.1** ***geldbuidel*** ⇒*geldzak* **0.2** ⟨mv.; ww. enk.⟩ ***rijke stinkerd.***
money-box **0.1** ***geldbus*** ⇒*spaarpot, collectebus.*
money changer **0.1** ***(geld)wisselaar*** **0.2** ***geldsorteerbakje.***
moneyed [munnied] ⟨schr.⟩ **0.1** ***welgesteld*** **0.2** ***geldelijk*** ◆

1.2 ~ assistance *geldelijke bijstand;* ~ interest *de gegoede klasse.*

moneygrubber 0.1 ***geldwolf.***

moneygrubbing 0.1 (bn.) ***schraperig*** *⇒inhalig* **0.2** (zn.) ***schraperigheid*** *⇒hebzucht.*

moneylender 0.1 ***financier*** *⇒geldschieter* **0.2** (pej.) ***woekeraar.***

moneyless [munnieləs] **0.1** ***geldeloos*** *⇒berooid.*

money-maker 0.1 ***moneymaker*** **0.2** ***winstgevende zaak*** *⇒ goudmijn(tje).*

moneymaking 0.1 (bn.) ***winstgevend*** **0.2** (zn.) ***geldmakerij.***

money market 0.1 ***geldmarkt.***

money market interest rate 0.1 ***geldmarktrente.***

money order (geldw.) **0.1** ***postwissel*** **0.2** ***betalingsmandaat.***

money spinner (BE; inf.) **0.1** ***winstgevende zaak.***

money supply 0.1 ***geldvoorraad.***

money-washing 0.1 ***(het) witten*** (v. zwart geld) *⇒(het) witmaken, (het) witwassen.*

monger [mungɡə] (vnl. als 2e lid in samenstellingen) **0.1** ***handelaar*** **0.2** ***verspreider*** *⇒zaaier.*

mongol [mongɡl] **0.1** (bn.; M-) ***Mongools*** **0.2** (bn.) ***mongoloïde*** *⇒lijdend aan mongolisme* **0.3** (zn.; M-) ***Mongool(se)*** **0.4** (zn.) ***mongool(tje).***

mongolism [monggəlizm] **0.1** ***mongolisme.***

mongoose [monggoe:s] (dierk.) **0.1** ***mangoeste.***

mongrel[1] [munggrəl] (zn.) **0.1** (ook scherts., bel.) ***bastaard(hond)*** **0.2** ***mengvorm*** *⇒kruising(sproduct).*

mongrel[2] (bn.) **0.1** ***bastaard-*** *⇒onzuiver, halfslachtig* ◆ **1.1** ~ dog *bastaardhond.*

monitor[1] [monnittə] (zn.) **0.1** ***mentor*** *⇒monitor; leraarshulpje* **0.2** ***controleapparaat*** *⇒monitor* **0.3** ***mee/afluisteraar*** (bij radio en telefonie) *⇒interceptor, rapporteur.*

monitor[2] (ww.) **0.1** ***controleren*** *⇒meekijken/meeluisteren met, afluisteren; toezicht houden op.*

monk [mungk] **0.1** ***(klooster)monnik.***

monkey [mungkie] **0.1** ***aap*** **0.2** (inf.) ***deugniet*** ◆ **1.¶** (sl.) have a ~ on one's back *aan verdovende middelen verslaafd zijn; wrokgevoelens hebben* **3.1** (inf.) make a ~ (out) of s.o. *iem. voor aap/voor schut zetten.*

monkey about, monkey around (inf.) **0.1** ***de aap uithangen*** ◆ **6.1** ~ **with** *klooien met.*

monkey business (inf.) **0.1** ***apenstreken*** *⇒kattenkwaad.*

monkey nut (BE) **0.1** ***apennoot(je).***

monkey puzzle 0.1 ***apenboom.***

monkey wrench 0.1 ***Engelse sleutel*** *⇒schroefsleutel.*

monkish [mungkisj] (vaak pej.) **0.1** ***monnikachtig.***

mono[1] [monnoo] (zn.) **0.1** ***monogrammofoonplaat*** **0.2** ***monogeluidsproductie*** **0.3** (verk.) [mononucleosis].

mono[2] (bn.)(verk.) [monophonic] **0.1** ***mono*** ◆ **1.1** a ~ radio broadcast *een uitzending in mono.*

monochrome [-kroom] **0.1** (bn.) ***monochroom*** *⇒zwart-wit* **0.2** (zn.) ***monochromie*** **0.3** (zn.; BE) ***zwart-witfilm.***

monocle [monnəkl] **0.1** ***monocle.***

monogamous [mənogəməs] **0.1** ***monogaam.***

monogamy [mənogəmie] **0.1** ***monogamie.***

monoglot [monnəglot] **0.1** ***eentalig.***

monogram [monnəgræm] **0.1** ***monogram*** *⇒naamteken.*

monograph [-gra:f] **0.1** ***monografie.***

monolith [-liθ] **0.1** ***monoliet.***

monolithic [-liθik] **0.1** ***monolithisch*** ◆ **1.1** the ~ buildings of a great city *de steen/betonkolossen v.e. grote stad.*

monologue [monnəlog] **0.1** ***monoloog*** *⇒alleenspraak.*

monomania [monnəmeeniə] **0.1** ***monomanie.***

monomaniac [-meenie·æk] (-ally) **0.1** ***monomaan.***

mononucleosis [-njoe:klie·oosis] (vnl. AE) **0.1** ***klierkoorts*** *⇒ ziekte van Pfeiffer.*

monophonic [-fonnik] **0.1** (schr.) ***mono*** **0.2** (muz.) ***homofoon.***

monophthong [monnəfθong] (taal.) **0.1** ***monoftong.***

monoplane [monnəpleen] **0.1** ***eendekker.***

monopolist [mənoppəlist] **0.1** ***monopolist*** *⇒monopoliehouder.*

monopolistic [mənoppəlistik] (-ally) **0.1** ***monopolistisch.***

monopol|ize, -ise [mənoppəlajz] (zn.: **-ization**) **0.1** ***monopoliseren.***

monopol|y [mənoppəlie] (mv.: -ies) **0.1** ***monopolie*** *⇒alleenrecht.*

monorail [monnəreel] **0.1** ***monorail(baan).***

monosyllabic [monnəsilæbik] (-ally) **0.1** ***eenlettergrepig*** *⇒ monosyllabisch;* (fig.) *kortaf* ◆ **1.1** a ~ man *een man van weinig woorden.*

monosyllable [-silləbl] **0.1** ***monosyllabe*** *⇒eenlettergrepig woord* ◆ **6.1** speak **in** ~s *kortaf/bits spreken.*

monotheism [-θie:izm] **0.1** ***monotheïsme.***

monotheist [-θie:ist] **0.1** ***monotheïst.***

monotone [-toon] (geen mv.) **0.1** ***monotone manier van spreken/zingen*** **0.2** ***monotonie*** *⇒eentonigheid* ◆ **6.1** speak **in** a ~ *monotoon spreken.*

monotonous [mənotnəs] **0.1** ***monotoon*** *⇒eentonig, slaapverwekkend.*

monotony [mənotnie] **0.1** ***monotonie*** *⇒eentonigheid.*

monotype [monnətajp] (vaak M-)(graf.) **0.1** ***monotype(machine).***

monoxide [mənoksajd] (schei.) **0.1** ***monoxide.***

monsoon [monsoe:n] **0.1** ***moesson(wind)*** *⇒passaatwind* **0.2** (the) ***(natte/kwade) moesson*** *⇒regenseizoen* **0.3** (inf.) ***plensbui*** *⇒stortbui.*

monster [monstə] **0.1** ***monster*** *⇒gedrocht* **0.2** ***onmens*** *⇒ beest* **0.3** (vaak attr.) ***bakbeest*** *⇒kanjer* ◆ **1.3** ~ potatoes *enorme aardappelen.*

monstrance [monstrəns] (rel.) **0.1** ***monstrans.***

monstrosit|y [monstrossətie] (mv.: -ies) **0.1** ***monstruositeit*** *⇒wanproduct.*

monstrous [monstrəs] **0.1** ***monsterlijk*** **0.2** ***enorm.***

montage [monta:zj] **0.1** ***montage*** *⇒collage.*

Montenegrin [montinnie:grin] **0.1** (bn.) ***Montenegrijns*** **0.2** (zn.) ***Montenegrijn.***

Montenegro [montinnie:groo] **0.1** ***Montenegro.***

montezuma's revenge [montəzoe:məz rivven(d)zj] (scherts.) **0.1** ***(de) racekak*** *⇒diarree.*

month [munθ] **0.1** ***maand*** ◆ **1.¶** I won't do it in a ~ of Sundays *ik doe het in geen honderd jaar.*

monthl|y[1] [munθlie] (zn.; mv.: -ies) **0.1** ***maandblad.***

monthly[2] (bn.; bw.) **0.1** ***maandelijks.***

monument [monjoemənt] **0.1** ***monument*** *⇒gedenkteken* **0.2** ***monumentaal geschrift*** *⇒monument;* (soms iron.) *schoolvoorbeeld* ◆ **6.2** (iron.) a ~ **to** foolishness *een monument van dwaasheid.* →**ancient.**

monumental [monjoementl] **0.1** ***monumentaal*** **0.2** ***kolossaal*** ◆ **1.1** ~ pillar *gedenkzuil/naald* **1.2** ~ achievement *kolossale prestatie;* ~ ignorance *monumentale domheid.*

moo[1] [moe:] (zn.) **0.1** ***boe(geluid)*** (v.e. koe).

moo[2] (ww.) **0.1** ***loeien.***

mooch [moe:tsj] (sl.) **0.1** ***jatten*** *⇒gappen* **0.2** (vnl. AE) ***bietsen*** *⇒schooien.*

mooch about, mooch around (inf.) **0.1** ***rondlummelen*** *⇒ lanterfanten.*

moocow [moe:kau] (BE; kind.) **0.1** ***koetje-boe.***

mood [moe:d] **0.1** ***stemming*** ⇒*bui* **0.2** ⟨taal.⟩ ***wijs*** **0.3** ⟨logica⟩ ***modus*** ◆ **1.1** a man of ~s *een humeurig man* **2.2** imperative ~ *gebiedende wijs* **6.1** **in** no ~ for/to *niet in de stemming voor/om.*

mood|y [moe:die] ⟨-iness⟩ **0.1** ***humeurig*** ⇒*wispelturig* **0.2** ***slechtgehumeurd.***

moon [moe:n] **0.1** ***maan*** ⇒*satelliet (v. andere planeten)* **0.2** ⟨the⟩ ***iets onbereikbaars*** ◆ **3.¶** cry/reach for the ~ *de maan met de handen willen grijpen;* promise s.o. the ~ *iem. gouden bergen beloven;* ⟨BE; sl.⟩ shoot the ~ *met stille trom vertrekken* **6.¶** be **over** the ~ *in de wolken/de zevende hemel zijn.* →**blue.**

moon about, moon around **0.1** ***rondhangen.***

moon away **0.1** ***verlummelen*** ⟨tijd⟩ ⇒*verbeuzelen.*

moonbeam **0.1** ***manestraal.***

moonbuggy **0.1** ***maanwagentje*** ⟨bij landing op de maan⟩.

moonless [moe:nləs] **0.1** ***maanloos.***

moonlight¹ ⟨zn.⟩ **0.1** ***maanlicht.***

moonlight² ⟨ww.⟩⟨inf.⟩ **0.1** ***een bijbaantje hebben*** ⇒*bijverdienen, klussen* **0.2** ***zwartwerken.***

moonlighter **0.1** ***iem. die twee banen/een bijbaantje heeft*** ⇒⟨ong.⟩ *klusser, schnabbelaar.*

moonlight flit ⟨BE; inf.⟩ **0.1** ***vertrek met de noorderzon.***

moonlit [moe:nlit] **0.1** ***maanbeschenen*** ⇒*met maanlicht overgoten.*

moon over **0.1** ***dagdromen over*** ⇒*mijmeren.*

moonscape [moe:nskeep] **0.1** ***maanlandschap.***

moonshine **0.1** ***maneschijn*** **0.2** ⟨inf.⟩ ***geklets*** ⇒*gezwam, dromerij* **0.3** ⟨vooral AE; sl.⟩ ***illegaal gestookte/ingevoerde sterkedrank.***

moonstone ⟨geol.⟩ **0.1** ***maansteen.***

moonstruck, moonstricken **0.1** ***maanziek*** **0.2** ⟨inf.⟩ ***warhoofdig*** ⇒*geschift.*

moon|y [moe:nie] ⟨-ier⟩ **0.1** ***maanachtig*** ⇒*maanbeschenen* **0.2** ⟨inf.⟩ ***dromerig*** ⇒*suffig.*

moor¹ [moeə] ⟨zn.; vaak mv. met enk. bet.⟩ **0.1** ⟨vnl. BE⟩ ***hei(de)*** ⇒*woeste grond* **0.2** ⟨AE⟩ ***veenmoeras.***

moor² ⟨ww.⟩ **0.1** ***(aan/af/vast)meren*** ⇒*vastleggen.*

Moor [moeə] **0.1** ***Moor.***

moorage [moeəridzj] **0.1** ***ankerplaats*** ⇒*ligplaats* **0.2** ***ankergeld*** ⇒*meergeld.*

moorhen **0.1** ***waterhoen.***

mooring [moeəring] **0.1** ***meertros*** ⇒*landvast* **0.2** ⟨ook mv. met enk. bet.⟩ ***ligplaats*** ⇒*ankerplaats* ◆ **3.¶** lose one's ~s *zijn houvast verliezen.*

mooring buoy **0.1** ***meerboei.***

Moorish [moeərisj] **0.1** ***Moors*** ⇒*Saraceens* ◆ **1.1** ~ arch *hoefijzerboog.*

moorland [moeələnd] ⟨ook in mv. met enk. bet.⟩⟨BE⟩ **0.1** ***heide(landschap).***

moose [moe:s] ⟨mv.: moose⟩ **0.1** ***eland*** ⟨Noord-Am.⟩.

moot¹ [moe:t] ⟨bn.⟩ **0.1** ***onbeslist*** ⇒*onuitgemaakt, betwistbaar* ◆ **1.1** a ~ point/question *een onopgeloste kwestie/onuitgemaakte zaak.*

moot² ⟨ww.⟩ **0.1** ***aansnijden*** ⇒*aan de orde stellen* **0.2** ***debatteren*** ⇒*discussiëren* ◆ **1.1** the question has been ~ed again *de kwestie is weer aan de orde geweest.*

mop¹ [mop] ⟨zn.⟩ **0.1** ***zwabber*** ⇒*stokdweil* **0.2** ***afwaskwast*** ⇒*(borden)kwast* **0.3** ⟨inf.⟩ ***haarbos*** ⇒*ragebol.*

mop² ⟨ww.; -ped⟩ **0.1** ***(aan/schoon) dweilen*** ⇒*zwabberen* **0.2** ***droogwrijven*** ⇒*(af)vegen* **0.3** ***betten*** ⇒*opnemen* ◆ **1.2** ~ one's brow *zich het zweet van het voorhoofd wissen.* →**mop up.**

mope¹ [moop] **I** ⟨telb.zn.⟩ **0.1** ***kniesoor*** ⇒*tobber, brompot* **0.2** ⟨inf.⟩ ***kniesbui*** ◆ **3.2** have a ~ *klagerig zeuren, kankeren;* **II** ⟨mv.; the⟩ **0.1** ***neerslachtigheid*** ⇒*bedruktheid.*

mope² ⟨ww.⟩ **0.1** ***kniezen*** ⇒*chagrijnen* ◆ **5.1** ~ **about/(a)round** *lusteloos rondhangen, neerslachtig rondsloffen.*

moped [mooped] ⟨vnl. BE⟩ **0.1** ***bromfiets*** ⇒*brommertje.*

moped rider **0.1** ***bromfietser.***

mop up **0.1** ***opdweilen*** ⇒*opnemen* **0.2** ***opslokken*** ⇒*verslinden* **0.3** ⟨inf.⟩ ***afhandelen*** ⇒*afwikkelen* **0.4** ⟨mil.⟩ ***zuiveren*** ⇒*verzetshaarden opruimen* ◆ **1.4** mopping-up operations *zuiveringsacties.*

mop-up ⟨inf.⟩ **0.1** ⟨fig.⟩ ***grote schoonmaak*** ⇒*opruiming.*

MOR ⟨afk.⟩ **0.1** [middle-of-the-road] ⟨vnl. mbt. muziek⟩.

moral¹ [morrəl] ⟨zn.⟩ **0.1** ***moraal*** ⇒*(zeden)les* **0.2** ***stelregel*** ⇒*principe* **0.3** ⟨mv.⟩ ***zeden*** ⇒*zedelijke beginselen* ◆ **2.3** he's a man of loose ~s *op seksueel gebied neemt hij het niet zo nauw* **3.1** you may draw your own ~ (from it) *trek er je eigen les(je) maar uit.*

moral² ⟨bn.⟩ **0.1** ***moreel*** ⇒*zedelijk, ethisch* **0.2** ***deugdzaam*** ⇒*zedig, kuis* ◆ **1.1** it's a ~ certainty/~ly certain *het is zo goed als zeker;* ~ law *moreel recht;* ~ philosophy *moraalfilosofie; ethiek* **1.¶** ~ majority *fundamentalistische pressiegroep in de USA;* ⟨pej.⟩ *rechtse fatsoensrakkers.*

morale [məra:l] **0.1** ***moreel*** ⇒*mentale veerkracht* ◆ **1.1** the ~ of the troops was excellent *het moreel van de soldaten was uitstekend.*

moralist [morrəlist] ⟨bn.: **-ic**⟩ **0.1** ***moralist*** ⇒*zedenmeester.*

moralit|y [mərælətie] ⟨mv.: -ies⟩ **0.1** ***moraliteit*** ⇒*zedenleer, moraal* ◆ **2.1** commercial ~ *ethiek v.h. zakendoen;* Christian ~ *de christelijke moraal.*

morality (play) **0.1** ***moraliteit*** ⇒*zinnespel.*

moralize, -ise [morrəlajz] **0.1** ***moraliseren*** ⇒*zedenpreken.*

morass [məræs] **0.1** ***moeras*** ⇒⟨fig.⟩ *poel;* ⟨fig.⟩ *uitzichtloze situatie* ◆ **1.1** ~ of vice *poel van ontucht.*

moratorium [morrəto:riəm]⟨mv.: ook moratoria [-riə]⟩ **0.1** ***moratorium*** ⇒*algemeen uitstel van betaling* **0.2** ***(tijdelijk) verbod of uitstel*** ⇒*opschorting.*

Moravia [məreeviə] **0.1** ***Moravië.***

Moravian [məreeviən] **0.1** ⟨bn.⟩ ***Moravisch*** **0.2** ⟨zn.⟩ ***Moraviër.***

morbid [mo:bid] ⟨-ness⟩ **0.1** ***morbide*** ⇒*ziekelijk* **0.2** ***zwartgallig*** ⇒*somber* **0.3** ⟨med.⟩ ***ziek*** ⇒*aangetast, ziekte-* ◆ **1.1** a ~ imagination *een ziekelijke fantasie.*

morbidity [mo:biddətie] ⟨geen mv.⟩ **0.1** ***morbiditeit*** ⇒*ziekelijkheid* **0.2** ***ziektecijfer*** ◆ **3.1** their passion for privacy verges on ~ *hun hang naar privacy is op het ziekelijke af.*

mordant [mo:dnt] **0.1** ***bijtend*** ⇒*bits(ig), scherp.*

more¹ [mo:] ⟨vnw.; vergr. trap v. much en many⟩ **0.1** ***meer*** ◆ **1.1** ~'s the pity *des te erger* **4.1** $50, ~ or less *ongeveer vijftig dollar* **4.¶** and what's ~ *en daarbij komt nog dat* **6.¶** we are going to see ~ **of** him *we gaan hem nog vaker zien* **7.1** a few ~ *nog een paar;* there is no ~ *er is er geen meer;* there was much ~ *er was nog veel meer;* there were many ~ *er waren er nog veel meer;* there are no ~ *er zijn er geen meer;* there is some ~ *er is nog wat;* there are some ~ *er zijn er nog enkele(n)* **¶.1** he said he would, and ~ than that, he did it *hij zei dat hij het zou doen, en wat meer zegt, hij deed het ook.*

more² ⟨bw.; vergr. trap v. much⟩ **0.1** ***meer*** ⇒*veeleer, eerder* **0.2** ⟨duidt vergr. trap aan⟩ ***-er*** ⇒*meer* **0.3** ***bovendien*** ◆ **2.2** ~ difficult *moeilijker* **5.1** ~ or less *min of meer, zo ongeveer;* ⟨schr. of iron.⟩ he'll be ~ than a little angry *hij zal nog niet zo'n beetje kwaad zijn;* once ~ *nog eens/een keer* **5.2** ~ easily *makkelijker* **5.¶** he is no ~ *hij is er niet meer, hij is overleden;* ⟨schr.⟩ I can't afford it, and no ~ can you *ik kan het mij niet permitteren en jij evenmin* **8.1** ~ and ~ *meer en meer;* that's ~ like it *dat lijkt er al beter op;* ⟨inf.⟩ ~ than happy *overgelukkig.*

more[3] ⟨det.; vergr. trap v. much en many⟩ **0.1** ***meer*** ◆ **1.1** ~ milk *meer melk* **7.1** no ~ bread *geen brood meer;* one ~ try *nog een poging;* the ~ people there are the happier he feels *hoe meer mensen er zijn, hoe gelukkiger hij zich voelt.*

moreover [mo:roovə] **0.1** ***bovendien*** ⇒*daarenboven, daarnaast.*

mores [mo:reez] ⟨schr.⟩ **0.1** ***zeden*** ⇒*mores.*

morganatic [mo:gənætik] ⟨-ally⟩ **0.1** ***morganatisch*** ◆ **1.1** ~ marriage *huwelijk met de linkerhand.*

morgue [mo:g] **0.1** ***lijkenhuis*** ⇒*morgue* **0.2** ⟨inf.⟩ ***gribus*** ⇒ *naargeestige bedoening* **0.3** ⟨inf.⟩ ***archief*** ⟨v. krant of tijdschrift⟩.

moribund [morribbund] **0.1** ***stervend*** ⇒*ten dode opgeschreven.*

Mormon [mo:mən] **0.1** ⟨bn.⟩ ***mormoons*** **0.2** ⟨zn.⟩ ***mormoon.***

Mormonism [mo:mənizm] **0.1** ***mormonisme.***

morn [mo:n] ⟨schr.⟩ **0.1** ***ochtend.***

mornay (sauce) [mo:nee] ⟨ook M-⟩⟨cul.⟩ **0.1** ***mornaysaus*** ⟨bechamelsaus met geraspte kaas⟩.

morning [mo:ning] ⟨ook attr.⟩ **0.1** ***ochtend*** ⇒*morgen;* ⟨fig.⟩ *begin* ◆ **1.1** ~ news *ochtendnieuws* **2.1** good ~ *goedemorgen* **3.1** ⟨AE⟩ he works ~s *hij werkt 's morgens* **6.1** **in** the ~ *'s morgens; morgenochtend;* at two o'clock **in** the ~ *'s nachts om twee uur;* can't it wait **until** ~? *kan het niet tot morgenochtend wachten?* ¶**.1** ~! *morgen!*

morning-after pill **0.1** ***morning-afterpil.***

morning coat **0.1** ***jacquet.***

morning dress **0.1** ***jacquet(kostuum)*** **0.2** ***colbertkostuum.***

morning paper **0.1** ***ochtendblad.***

Morning Prayer **0.1** ***ochtenddienst in de anglicaanse Kerk*** ⇒*morgengebed.*

morning sickness **0.1** ***zwangerschapsmisselijkheid.***

morning star **0.1** ***Morgenster.***

Moroccan [mərokkən] **0.1** ⟨bn.⟩ ***Marokkaans*** **0.2** ⟨telb. zn.⟩ ***Marokkaan(se).***

Morocco [mərokkoo] **0.1** ***Marokko.***

morocco (leather) **0.1** ***marokijn(leer).***

moron [mo:ron] ⟨bn.: **-ic**⟩ **0.1** ***zwakzinnige*** ⇒*debiel* **0.2** ⟨bel.⟩ ***imbeciel*** ⇒*zakkenwasser.*

morose [məroos] ⟨-ness⟩ **0.1** ***nors*** ⇒*chagrijnig* **0.2** ***somber.***

morosity [mərossətie] **0.1** ***knorrigheid*** ⇒*chagrijn.*

morpheme [mo:fie:m] ⟨taal.⟩ **0.1** ***morfeem*** ⟨kleinste betekenisdragende eenheid⟩.

morphine [mo:fie:n], **morphia** [mo:fiə] **0.1** ***morfine.***

morpholog|y [mo:folladzjie] ⟨bn.: **-ical**⟩ **0.1** ***morfologie*** ⇒ *vormleer.*

morris (dance) [morris (da:ns)] **0.1** ***morisque*** ⇒*moriskendans* ⟨oude, gekostumeerde Engelse volksdans⟩.

morrow [morroo] **0.1** ⟨the; schr.⟩ ***volgende dag*** ⇒*dag van morgen* ◆ **6.1** **on** the ~ of their triumph *dadelijk na hun overwinning.*

Morse (code) [mo:s (kood)] **0.1** ***morse(alfabet).***

morsel [mo:sl] **0.1** ***hap*** ⇒*mondvol, stuk(je)* ◆ **6.1** he hasn't got a ~ **of** sense *hij heeft geen greintje verstand.*

mortal[1] [mo:tl] ⟨zn.⟩ **0.1** ***sterveling*** ⇒⟨scherts.⟩ *schepsel.*

mortal[2] **I** ⟨bn.⟩ **0.1** ***sterfelijk*** ⇒*vergankelijk* **0.2** ***dodelijk*** ⇒ *moordend, fataal* ⟨ook fig.⟩ ◆ **1.1** the ~ remains *het stoffelijk overschot* **1.2** a ~ combat *een dodelijk gevecht;*
II ⟨bn., attr.⟩ **0.1** ***doods-*** ⇒*dodelijk, zeer hevig/groot, enorm* ⟨vaak als overdrijving⟩ **0.2** ***dodelijk vervelend*** ⇒ *vreselijk langdurig* **0.3** ⟨inf.⟩ ***(op aarde) voorstelbaar*** ◆ **1.1** ~ enemy *aartsvijand;* ~ fear *doodsangst(en);* it's a ~ shame *het is een grof schandaal;* a ~ sin *een doodzonde* **1.2** wait a ~ time *een eeuwigheid wachten* **1.3** she did every ~ thing to please him *ze wrong zich in de gekste bochten om het hem naar de zin te maken.*

mortality [mo:tælətie] ⟨geen mv.⟩ **0.1** ***sterftecijfer*** ⇒*mortaliteit* **0.2** ***sterfelijkheid.***

mortality rate **0.1** ***sterftecijfer*** ⟨aantal sterfgevallen per jaar per 1000 inwoners⟩.

mortality table **0.1** ***sterftetabel.***

mortally [mo:təlie] **0.1** ***dodelijk*** **0.2** ***doods-*** ⇒*enorm* ◆ **2.2** ~ afraid *doodsbang* **3.2** ~ offended *diep gegriefd.*

mortar[1] [mo:tə] ⟨zn.⟩ **0.1** ***vijzel*** **0.2** ***mortier*** **0.3** ***mortel*** ⇒ *(metsel)specie.*

mortar[2] ⟨ww.⟩ **0.1** ***(vast)metselen.***

mortgage[1] [mo:gidzj] ⟨zn.⟩ **0.1** ***hypotheek(bedrag)*** ◆ **3.1** take out a ~ *een hypotheek nemen.*

mortgage[2] ⟨ww.⟩ **0.1** ***(ver)hypothekeren*** ⇒⟨ook fig.⟩ *verpanden* ◆ **1.1** ~ the future *een wissel op de toekomst trekken* **6.1** ~ one's house **to** *zijn huis verhypothekeren bij.*

mortgagee [mo:gədzjie:] **0.1** ***hypotheeknemer*** **0.2** ***hypotheekhouder.***

mortgagor [mo:gidzjəo:] **0.1** ***hypotheekgever*** ⇒*hypothecaire schuldenaar.*

mortician [mo:tisjn] ⟨AE⟩ **0.1** ***begrafenisondernemer.***

mortification [mo:tiffikkeesjn] **0.1** ***ascese*** ⇒*zelfkastijding* **0.2** ***(diepe) gekrenktheid*** ⇒*gekwetstheid* **0.3** ***gangreen*** ⇒*koudvuur* ◆ **1.1** ~ of the flesh *het doden v.h. vlees* **6.2** **to** his ~ *tot zijn schande.*

mortif|y [mo:tiffaj] ⟨-ied⟩ **I** ⟨onov.ww.⟩ **0.1** ***zich versterven*** ⇒ *ascetisch leven* **0.2** ***(door gangreen) afsterven*** ⇒*mortificeren;*
II ⟨ov.ww.⟩ **0.1** ***tuchtigen*** ⇒*kastijden* **0.2** ***krenken*** ⇒ *kwetsen* ◆ **1.1** ~ the flesh *het vlees doden.*

mortise[1], **mortice** [mo:tis] ⟨zn.⟩ **0.1** ***tapgat*** ⇒*spiegat.*

mortise[2], **mortice** ⟨ww.⟩ **0.1** ***inlaten*** ⇒*verbinden met pen-en-gatverbinding* **0.2** ***een tapgat maken in.***

mortise lock **0.1** ***insteekslot.***

mortuar|y [mo:tsjoeərie] ⟨mv.: -ies⟩ **0.1** ***lijkenhuis*** ⇒*mortuarium.*

mosaic [moozeeik] **0.1** ***mozaïek*** **0.2** ***mozaïekkunst.***

Mosaic [moozeeik] **0.1** ***Mozaïsch.***

Moscow [moskoo] **0.1** ***Moskou.***

Moselle [moozel] ⟨the⟩ **0.1** ***Moezel.***

mosey [moozie] ⟨AE; inf.⟩ **0.1** ***(voort)slenteren*** ⇒*kuieren* ◆ **5.1** ~ **along/about** *rondlummelen.*

Moslem →**Muslim.**

mosque [mosk] **0.1** ***moskee.***

mosquito [məskie:too] ⟨mv.: -es⟩ **0.1** ***mug*** ⇒*muskiet.*

mosquito net **0.1** ***klamboe*** ⇒*muggengordijn, muskietennet.*

moss [mos] **0.1** ***mos.***

moss-grown **0.1** ***bemost.***

moss|y [mossie] ⟨-ier⟩ **0.1** ***bemost*** **0.2** ***mossig*** ⟨ook fig.⟩ ⇒ *mos-* ◆ **2.2** ~ green *mosgroen.*

most[1] [moost] ⟨vnw.; overtr. trap v. much en many⟩ **0.1** ***meeste(n)*** ⇒*grootste gedeelte v.* ◆ **6.1** twelve **at** (the) ~ / **at** the very ~ *hoogstens twaalf* ¶**.1** this is the ~ I can do *meer kan ik niet doen;* his work is better than ~ *hij werkt beter dan de meeste mensen.* →**make.**

most[2] ⟨bw.; in bet. 0.1 en 0.2 overtr. trap v. much⟩ **0.1** ***meest*** ⇒*hoogst, zeer* **0.2** ⟨duidt overtr. trap aan⟩ ***-st(e)*** ⇒*meest* **0.3** ⟨AE; inf.⟩ ***bijna*** ⇒*haast* ◆ **2.1** ~ enjoyable *zeer/hoogst vermakelijk* **2.2** the ~ difficult problem *het moeilijkste probleem* **2.3** ~ unbelievable *bijna ongelofelijk* **3.2** ~ favoured nation *meest begunstigde natie* **5.1** ~ probably he won't come *hoogstwaarschijnlijk komt hij niet* **7.3** ~ every evening *bijna elke avond* ¶**.1** ~ of all I like books *bovenal/voor alles houd ik v. boeken.*

most[3] ⟨det.; overtr. trap v. much and many⟩ **0.1** ***meeste*** ◆ **1.1** I have made ~ errors *ik heb de meeste vergissingen begaan;* for the ~ part *grotendeels.*

most-favoured-nation clause ⟨hand.⟩ **0.1** ***meestbegunstigingsclausule.***
mostly [moostlie] **0.1** ***grotendeels*** ⇒*voornamelijk, meestal* ◆ **1.1** the audience, ~ blacks *de toehoorders, voornamelijk zwarten* **2.1** they are ~ reliable *ze zijn in het algemeen betrouwbaar.*
M.O.T. ⟨afk.; BE; inf.⟩ **0.1** [Ministry of Transport] →**M.O.T.-test.**
mote [moot] **0.1** ***stofje*** ⇒*stofdeeltje* ◆ **1.¶** a ~ in s.o.'s eye *een splinter in iemands oog.*
motel [mootel] **0.1** ***motel.***
motet [mootet] ⟨muz.⟩ **0.1** ***motet.***
moth [moθ] **0.1** ***mot*** **0.2** ***nachtvlinder*** ◆ **6.1** this sweater has got the ~ **in** it *de mot zit in deze trui.*
mothball **0.1** ***mottenbal*** ◆ **6.1** ⟨fig.⟩ **in** ~s *in de mottenballen.*
moth-eaten **0.1** ***mottig*** ⇒*aangevreten door de mot* **0.2** ⟨pej.⟩ ***versleten*** ⇒*aftands* ◆ **1.2** a ~ phrase *een afgezaagde uitdrukking.*
mother¹ [muðə] ⟨zn.⟩ **0.1** ***moeder*** ⟨ook fig.⟩ ⇒*bron, oorsprong* **0.2** ***moeder(-overste)*** **0.3** ⟨ook M-⟩ ***moeder(tje)*** ⇒ *oudere vrouw uit het volk* ◆ **1.1** the ~ of revolt *de bron voor opstandigheid* **2.1** adoptive ~ *adoptiefmoeder;* expectant/ pregnant ~ *aanstaande moeder* **2.2** ~ superior *moederoverste* **2.¶** artificial ~ *broedmachine, kunstmoeder* **3.¶** be ~ *thee schenken.*
mother² ⟨ww.⟩ **0.1** ***baren*** ⟨vaak fig.⟩ **0.2** ***(be)moederen*** ⇒*betuttelen.*
motherboard ⟨comp.⟩ **0.1** ***moederbord.***
mother countr|y ⟨mv.: -ies⟩ **0.1** ***vaderland*** ⇒*geboorteland* **0.2** ***moederland*** ⇒*land v. herkomst.*
motherfucker, mother ⟨AE; vulg.⟩ **0.1** ***klootzak*** ⇒*lul.*
motherhood [muðəhoed] **0.1** ***moederschap.***
Mothering Sunday ⟨BE⟩ **0.1** ***moederdag.***
mother-in-law ⟨mv.: mothers-in-law⟩ **0.1** ***schoonmoeder.***
motherlike [muðəlajk] **0.1** ***moederlijk*** ⇒*als een moeder.*
motherliness [muðəlienəs] **0.1** ***moederliefde*** ⇒*moederlijkheid.*
motherly [muðəlie] **0.1** ***moederlijk.***
Mother Nature **0.1** ***moeder natuur.***
mother-of-pearl **0.1** ***paarlemoer.***
Mother's Day **0.1** ⟨BE⟩ →**Mothering Sunday** **0.2** ⟨AE⟩ ***moederdag.***
mother ship ⟨vnl. BE⟩ **0.1** ***moederschip.***
mother's milk **0.1** ***moedermelk*** ◆ **3.1** drink/suck/take in with one's ~ *met de paplepel ingegeven krijgen.*
mother's son **0.1** ***man*** ◆ **7.1** every ~ *iedereen, niemand uitgezonderd.*
mother-to-be **0.1** ***aanstaande moeder.***
mother tongue **0.1** ***moedertaal.***
mothproof **0.1** ⟨bn.⟩ ***motecht*** **0.2** ⟨ww.⟩ ***motecht maken.***
motif [mootie:f] **0.1** ***(leid)motief*** ⇒*(grond)thema.*
motion¹ [moosjn] **I** ⟨telb.zn.⟩ **0.1** ***beweging*** ⇒*gebaar, wenk* **0.2** ***motie*** **0.3** ⟨jur.⟩ ***verzoek om een rechterlijke uitspraak*** **0.4** ***mechaniek*** ⇒*bewegend mechanisme* **0.5** ***impuls*** ⇒*opwelling* ◆ **3.¶** go through the ~s *plichtmatig/ voor de vorm verrichten; net doen alsof.* →**perpetual;**
II ⟨n.-telb.zn.⟩ **0.1** ***beweging(swijze)*** ⇒*gang, loop* ◆ **2.1** the film was shown in slow ~ *de film werd vertraagd afgedraaid* **3.1** put/set sth. in ~ *iets in beweging zetten.*
motion² ⟨ww.⟩ **0.1** ***wenken*** ⇒*door een gebaar te kennen geven* ◆ **1.1** the policeman ~ed the crowd to keep moving *de agent gebaarde de mensen door te lopen.*
motionless [moosjnləs] ⟨-ness⟩ **0.1** ***onbeweeglijk*** ⇒*doodstil.*
motion picture **0.1** ***(speel)film.***
motivate [mootivveet] **0.1** ***motiveren.***
motivation [mootivveesjn] **0.1** ***motivering*** **0.2** ***motivatie*** ⇒ *gemotiveerdheid.*
motive¹ [mootiv] ⟨zn.⟩ **0.1** ***motief*** ⇒*beweegreden* **0.2** →**motif** ◆ **6.1** **without** ~ *ongegrond, zonder reden(en).*
motive² ⟨bn.⟩ **0.1** ***beweging veroorzakend*** ◆ **1.1** ~ power *beweegkracht.*
motiveless [mootivləs] **0.1** ***ongemotiveerd.***
motley [motlie] **0.1** ⟨pej.⟩ ***samengeraapt*** **0.2** ***bont*** ⇒*geschakeerd, (veel)kleurig* ◆ **1.1** ~ crew *zootje ongeregeld* **1.2** a ~ collection *een bonte verzameling.*
motocross [mootookros] **0.1** ***motorcross.***
motor¹ [mootə] ⟨zn.⟩ **0.1** ***motor*** **0.2** ⟨BE⟩ →**motorcar.**
motor² ⟨bn.⟩ **0.1** ***motor-*** **0.2** ***motorisch*** ◆ **1.1** ~ industry *auto-industrie* **1.2** ~ nerve *motorische zenuw.*
motor³ ⟨ww.⟩ **0.1** ⟨verouderend⟩ ***per auto reizen*** ⇒*rijden.*
motorbike **0.1** ⟨BE⟩ ***motor(fiets)*** **0.2** ⟨AE⟩ ***bromfiets*** ⇒*brommer* ◆ **6.1** **by** ~ *met/op de motor.*
motorboat **0.1** ***motorboot*** ⇒*raceboot, speedboot.*
motorbus **0.1** ***(auto)bus.***
motorcade [mootəkeed] ⟨vnl. AE⟩ **0.1** ***autocolonne*** ⇒*stoet/ optocht v. auto's.*
motorcar **0.1** ***auto(mobiel).***
motorcycle **0.1** ***motor(fiets).***
motorcycle race ⟨sport⟩ **0.1** ***motorrace.***
motorcycle racing ⟨sport⟩ **0.1** ***motorrensport.***
motorcyclist **0.1** ***motorrijder.***
motor home **0.1** ***kampeerauto*** ⇒*camper.*
motoring [mootəring] **0.1** ***(het) autorijden.***
motorist [mootərist] **0.1** ***automobilist.***
motor|ize, -ise [mootərajz] ⟨zn.: **-ization**⟩ **0.1** ***motoriseren.***
motor|man [mootəmən]⟨mv.: -men [-mən]⟩ **0.1** ***wagenbestuurder*** **0.2** ***chauffeur.***
motor-paced race ⟨wielrennen⟩ **0.1** ***stayerswedstrijd.***
motor-paced racer ⟨wielrennen⟩ **0.1** ***stayer.***
motor race ⟨sport⟩ **0.1** ***autorace.***
motor racing ⟨sport⟩ **0.1** ***autorensport.***
motor scooter **0.1** ***scooter.***
motortruck ⟨AE⟩ **0.1** ***vrachtwagen.***
motor vehicle **0.1** ***motorvoertuig.***
motorway ⟨BE⟩ **0.1** ***autosnelweg.***
M.O.T.-test ⟨BE; inf.⟩ **0.1** ***verplichte jaarlijkse keuring*** ⟨voor auto's ouder dan 3 jaar⟩.
mottled [motld] **0.1** ***gevlekt*** ⇒*gespikkeld* ◆ **1.1** ~ linoleum *gemarmerd linoleum.*
motto [mottoo] ⟨mv.: ook -es⟩ **0.1** ***devies*** ⇒*lijfspreuk.*
mould¹, ⟨AE sp.⟩ **mold** [moold] **I** ⟨telb.zn.⟩ **0.1** ***vorm*** ⇒*mal, matrijs;* ⟨bouwk.⟩ *vorm;* ⟨cul.⟩ *pudding(vorm);* ⟨fig.⟩ *aard, karakter* **0.2** →**moulding** ◆ **3.1** cast in the heroic ~ *heldhaftig (v. karakter);* cast in one/the same ~ *uit hetzelfde hout gesneden;*
II ⟨telb. en n.-telb.zn.⟩ **0.1** ***schimmel*** ◆ **3.1** contract ~ *beschimmelen;*
III ⟨n.-telb.zn.⟩ **0.1** ***teelaarde*** ⇒*bladaarde.*
mould², ⟨AE sp.⟩ **mold** ⟨ww.⟩ **0.1** ***vormen*** ⇒*kneden, modelleren* ◆ **1.1** ⟨fig.⟩ ~ a person's character *iemands karakter vormen* **6.1** ~ a head **from/in/out of** clay *een kop uit/van klei boetseren;* ~ed **on** *naar het voorbeeld van.*
moulder, ⟨AE sp.⟩ **molder** [mooldə] **0.1** ***(tot stof) vergaan*** ⇒ *vermolmen, verrotten* ⟨ook fig.⟩.
moulding, ⟨AE sp.⟩ **molding** [moolding] **0.1** ***afgietsel*** ⇒*afdruk* **0.2** ⟨bouwk.⟩ ***lijstwerk*** ⇒*profiel.*
mould|y, ⟨AE sp.⟩ **moldy** [mooldie] ⟨-iness⟩ **0.1** ***beschimmeld*** ⇒*schimmelig* **0.2** ***muf*** **0.3** ***afgezaagd*** ⇒*oudbakken* ◆ **1.2** a ~ smell *een muffe lucht.*

moult[1], ⟨AE sp.⟩ **molt** [moolt] ⟨zn.⟩ **0.1** ***rui*** ◆ **6.1 in** ~ *in/aan de rui.*

moult[2], ⟨AE sp.⟩ **molt** ⟨ww.⟩ **0.1** ***ruien*** *⇒verharen, vervellen* ◆ **1.1** ⟨fig.⟩ ~ one's old notions *afstand doen van zijn oude opvattingen.*

mound [maund] **0.1** ***aardhoop*** *⇒(graf)heuvel;* ⟨fig.⟩ *berg, hoop* **0.2** ***wal*** *⇒dam, dijk* **0.3** ⟨honkbal⟩ ***(werp)heuvel.***

mount[1] [maunt] ⟨zn.⟩ **0.1** ⟨vaak M-⟩ ***berg*** *⇒heuvel* **0.2** ***rijdier*** **0.3** ⟨ben. voor⟩ ***iets waarop men iets plaatst om het tentoon te stellen*** *⇒standaard* ⟨in etalage⟩, *voet* ⟨v. bokaal⟩; *zetting, montering* ⟨v. juwelen⟩; *opplak/opzetkarton* ⟨v. foto, plaatje⟩ ◆ **1.1** Mount Everest *de Mount Everest.*

mount[2] **I** ⟨onov.ww.⟩ **0.1** ***(op)stijgen*** *⇒(op)klimmen* **0.2** ***een paard bestijgen*** ◆ **5.1** the expenses kept ~ing **up** *de uitgaven liepen steeds hoger op;*
II ⟨ov.ww.⟩ **0.1** ***bestijgen*** *⇒beklimmen, opgaan* **0.2** ***bespringen*** *⇒dekken* **0.3** ***te paard zetten*** *⇒laten rijden* **0.4** ⟨ben. voor⟩ ***iets op iets plaatsen*** *⇒voeren* ⟨stukken geschut⟩; *opstellen* ⟨geweren enz.⟩; *opplakken, opzetten* ⟨foto's⟩ **0.5** ***organiseren*** *⇒in stelling brengen* ◆ **1.1** he ~ed the stairs *hij liep de trap op* **1.3** ~ed police *bereden politie* **1.5** ~ an attack *een aanval inzetten.*

mountain [mauntin] **0.1** ***berg*** *⇒heuvel, hoop* ◆ **1.¶** make a ~ out of a molehill *van een mug een olifant maken* **2.1** ~(s) high waves *huizenhoge golven* **3.¶** move ~s *bergen verzetten.*

mountain ash **0.1** ***lijsterbes.***

mountain bicycle, mountain bike **0.1** ***terreinfiets*** *⇒klimfiets.*

mountain chain **0.1** ***bergketen.***

mountain classification ⟨wielrennen⟩ **0.1** ***bergklassement.***

mountain dew ⟨inf.⟩ **0.1** ***Schotse whisky*** ⟨vooral illegaal gedistilleerd⟩.

mountaineer[1] [mauntinniə] ⟨zn.⟩ **0.1** ***bergbeklimmer/ster*** **0.2** ***bergbewoner/woonster.***

mountaineer[2] ⟨ww.⟩ **0.1** ***bergbeklimmen.***

mountaineering [mauntinniəring] **0.1** ***bergsport*** *⇒alpinisme.*

mountain lion **0.1** ***poema.***

mountainous [mauntinnəs] **0.1** ***bergachtig*** *⇒berg-* **0.2** ***gigantisch*** *⇒reusachtig.*

mountain range **0.1** ***bergkam*** *⇒bergketen.*

mountain sickness **0.1** ***bergziekte*** *⇒hoogteziekte.*

mountainside **0.1** ***berghelling.***

mountaintop **0.1** ***bergtop.***

mountebank [mauntibængk] **0.1** ***kwakzalver*** **0.2** ***charlatan.***

Mountie [mauntie] ⟨inf.⟩ **0.1** ***lid v.d. 'Royal Canadian Mounted Police'.***

mourn [mo:n] **I** ⟨onov.ww.⟩ **0.1** ⟨+ for, over⟩ ***rouwen (om)*** *⇒in de rouw zijn, treuren* **0.2** ***rouw dragen;***
II ⟨ov.ww.⟩ **0.1** ***betreuren*** *⇒bedroefd zijn over, bewenen.*

mourner [mo:nə] **0.1** ***rouwdrager/draagster*** *⇒treurende* **0.2** ***rouwklager/klaagster.***

mournful [mo:nfl] ⟨-ness⟩ **0.1** ***bedroefd*** *⇒triest.*

mourning [mo:ning] **0.1** ***rouw*** *⇒rouwdracht* **0.2** ***rouwtijd*** *⇒treurtijd* ◆ **6.1** go **into** ~ *de rouw aannemen.*

mouse[1] [maus] ⟨zn.; mv.: mice⟩ **0.1** ***muis*** ⟨ook comp.⟩ **0.2** ⟨inf.⟩ ***bangerik.*** →**cat.**

mouse[2] [mauz] ⟨ww.⟩ **0.1** ***muizen*** *⇒muizen vangen* **0.2** ***snuffelen*** *⇒(rond)neuzen, speuren* ◆ **5.1** ~ **about** *rondsnuffelen* **6.1** ~ **round** libraries *bibliotheken doorsnuffelen.*

mouse mat ⟨comp.⟩ **0.1** ***muismatje.***

mouser [mauzə] **0.1** ***muizenvanger.***

mousetrap [maustræp] **0.1** ***muizenval*** *⇒val.*

mousse[1] [moe:s] ⟨zn.⟩⟨cosmetica, cul.⟩ **0.1** ***mousse.***

mousse[2] ⟨ww.⟩ **0.1** ***mousse/schuimversteviger aanbrengen*** ⟨op het haar⟩ *⇒verstevigen met een mousse.*

moustache, ⟨AE sp. ook⟩ **mustache** [məsta:sj] ⟨ook mv. met enk. bet.⟩ **0.1** ***snor.***

mous|y [mausie] ⟨-iness⟩ **0.1** ***muisachtig*** **0.2** ***muiskleurig*** *⇒muisgrijs* **0.3** ***timide*** *⇒verlegen.*

mouth[1] [mauθ]⟨mv.: mouths [mauðz]⟩ **I** ⟨telb.zn.⟩ **0.1** ***mond*** *⇒muil, bek* **0.2** ⟨ben. voor⟩ ***opening*** *⇒ingang, toegang; (uit)monding* ⟨v. rivier⟩; *mond* ⟨v. haven enz.⟩ ◆ **2.1** a big ~ *een grote bek;* have a foul ~ *vuilbekken* **3.1** another ~ to feed *alweer een mond (om) te voeden;* shut your ~! *hou je mond/bek!;* keep one's ~ shut *niets verklappen;* it makes my ~ water *het is om van te watertanden* **3.¶** shoot one's ~ off *zijn mond voorbijpraten* **5.¶** ⟨inf.⟩ **down** in the ~ *terneergeslagen, bedrukt, ontmoedigd* **6.1** it sounds odd **in** his ~ *uit zijn mond klinkt het gek;* **out of** s.o.'s own ~ *met iemands eigen woorden;* ~-**to**-~ *mond op mond.* →**wrong;**
II ⟨n.-telb.zn.⟩ **0.1** ***uitdrukking*** ◆ **3.1** give ~ to *uitdrukking geven aan.*

mouth[2] [mauð] ⟨ww.⟩ **0.1** ***declameren*** *⇒geaffecteerd (uit)spreken/zeggen* **0.2** ***(voor zich uit) mompelen.***

mouthful [mauθfoel] **0.1** ***mond(je)vol*** *⇒hapje, brokje* **0.2** ⟨inf., scherts.⟩ ***hele mond vol*** *⇒een lang woord* ◆ **3.2** a large ~ to swallow *moeilijk te slikken/geloven.*

mouth organ **0.1** ***mondorgel(tje)*** *⇒mondharmonica.*

mouthpiece [mauθpie:s] **0.1** ***mondstuk*** **0.2** ⟨inf.⟩ ***spreekbuis*** *⇒woordvoerder, vertolker* ◆ **3.1** speak through the ~ *in de hoorn spreken.*

mouth-to-mouth **0.1** ***mond-op-mond-*** ◆ **1.1** ~ resuscitation *mond-op-mondbeademing, mondbeademing.*

mouthwash [mauθwosj] **0.1** ***mondspoeling.***

move[1] [moe:v] ⟨zn.⟩ **0.1** ***beweging*** **0.2** ***verhuizing*** *⇒trek* **0.3** ***zet*** *⇒beurt, slag* **0.4** ***stap*** *⇒maatregel, manoeuvre* ◆ **3.1** nobody dared to make a ~ *niemand durfde een vin te verroeren;* ⟨inf.⟩ get a ~ on *in beweging komen, aanpakken; opschieten;* get s.o. / sth. on the ~ *iem./iets in beweging brengen* **3.3** make a ~ *een zet doen* **3.4** make a ~ *opstaan* ⟨v. tafel⟩; *opstappen, het initiatief nemen; maatregelen treffen, in actie komen;* make ~s to stop the war *stappen ondernemen om de oorlog te staken* **6.1** large forces were **on** the ~ *grote strijdkrachten waren op de been* **6.2** be **on** the ~ *op trek zijn* ⟨v. vogels⟩; *op reis zijn, aan het zwerven zijn.*

move[2] **I** ⟨onov.ww.⟩ **0.1** ***(zich) bewegen*** *⇒zich verplaatsen, v. positie/houding veranderen* **0.2** ***vorderen*** *⇒vooruitkomen, opschieten* **0.3** ⟨bordspel⟩ ***een zet doen*** *⇒zetten, aan zet zijn* **0.4** ***stappen ondernemen*** *⇒maatregelen treffen* **0.5** ***verkeren*** *⇒zich bewegen* **0.6** ***verhuizen*** *⇒(weg)trekken, zich verzetten* **0.7** ***een voorstel/verzoek doen*** ◆ **1.1** that door wouldn't ~ *er was in die deur geen beweging te krijgen;* it's time to be moving *het is tijd om te vertrekken* **1.2** that car is really moving *die auto rijdt echt hard;* the plot ~s slowly *de plot ontwikkelt zich langzaam* **1.4** ~ to halt inflation *iets ondernemen om de inflatie een halt toe te roepen* **3.2** suddenly things began to ~ *plotseling kwam er leven in de brouwerij;* keep moving! *blijf doorgaan!, doorlopen!* **5.1** ~ **along** *doorlopen, opschieten;* he ~d **away** from her *hij ging een stapje opzij;* ~ **off!** *verdwijn!, hoepel op!;* ~ **over** *inschikken, opschuiven* **5.2** the army ~s **off** *het leger marcheert af* **5.6** they ~d **away** *ze trokken weg/verhuisden* **6.1** ~ **down** a road *een weg afgaan;* ~ **towards** better understanding *tot een beter begrip komen* **6.5** he ~s

in the highest circles *hij beweegt zich in de hoogste kringen* **6.6** they ~d **into** a flat *ze betrokken een flat* **6.7** ~ **for** adjournment *verdaging voorstellen.* →**move about/around, move down, move in, move on, move out, move up;**
II ⟨ov.ww.⟩ **0.1** ***bewegen*** ⇒*(ver)roeren, in beweging/beroering brengen* **0.2** ***verplaatsen*** ⇒*de houding/positie veranderen v.;* ⟨bordspel⟩ *zetten, verschuiven* **0.3** ***verhuizen*** ⇒*vervoeren, overbrengen* **0.4** ***opwekken*** ⇒*(ont)roeren, raken, aangrijpen* **0.5** ***drijven*** ⇒*aanzetten, aansporen* **0.6** ***voorstellen*** ⇒*verzoeken om* ◆ **1.3** we are being ~d by Johnson *we hebben (de firma) Johnson als verhuizer* **1.4** a moving sight *een vertederend tafereeltje* **1.5** the moving spirit *de drijvende kracht* **3.5** be ~d to *zich geroepen voelen (om) te* **5.1** the police ~d them **along** *de politie dwong hen door te lopen/rijden* **6.4** it ~d him **to** laughter *het werkte op zijn lachspieren;* he is ~d **to** tears *hij is tot tranen toe geroerd* **6.6** ~ s.o. **into** the chair *voorstellen iem. tot voorzitter te benoemen.* →**move about/around, move down, move in, move on, move out, move up.**

mov(e)able[1] [moe:vəbl] ⟨zn.⟩ **0.1** ***roerend goed*** ⇒*meubelstuk* **0.2** ⟨mv.⟩ ***roerende goederen.***

mov(e)ab|le[2] ⟨bn.; -ly⟩ **0.1** ***beweegbaar*** ⇒*beweeglijk, los* **0.2** ***verplaatsbaar*** ⇒*verstelbaar* **0.3** ***veranderlijk*** ⇒⟨r.-k.⟩ *roerend* ⟨v. feestdagen⟩ **0.4** ⟨jur.⟩ ***roerend*** ◆ **1.1** ~ scene *coulisse* **1.4** ~ property *roerend(e) goed(eren)* **1.¶** ~ kidney *wandelende nier.*

move about, move around I ⟨onov.ww.⟩ **0.1** ***rondreizen*** ⇒ *heel wat afreizen, vaak onderweg zijn* **0.2** ***zich (voortdurend) bewegen*** ⇒*rondlopen/drentelen* **0.3** ***dikwijls verhuizen;***
II ⟨ov.ww.⟩ **0.1** ***vaak laten verhuizen*** ⇒*vaak verplanten* **0.2** ***dikwijls verschikken*** ⇒*vaak verplaatsen, rondsjouwen.*

move down I ⟨onov.ww.⟩ **0.1** ***in een lagere klas komen*** ⇒*in rang teruggezet worden;*
II ⟨ov.ww.⟩ **0.1** ***naar een lagere klas/in rang terugzetten*** ⇒*overplaatsen, degraderen.*

move in I ⟨onov.ww.⟩ **0.1** ***intrekken*** ⇒*gaan wonen, betrekken* ⟨huis, flat enz.⟩ **0.2** ***binnenvallen*** ⇒*optrekken, aanvallen; tussenbeide komen* **0.3** ***inzoomen*** ⇒*een close-up nemen* ◆ **6.1** ~ **with** s.o. *bij iem. intrekken* **6.2** the police moved in **on** the crowd *de politie reed op de menigte in;*
II ⟨ov.ww.⟩ **0.1** ***(op/in een woning) zetten*** ⇒*verhuizen* **0.2** ***inzetten*** ⇒*inschakelen* ⟨politie, manschappen⟩.

movement [moe:vmənt] **0.1** ***beweging*** ⇒*voortgang, ontwikkeling; impuls; trend, tendens;* ⟨med.⟩ *stoelgang, ontlasting* **0.2** ⟨ww. enk. of mv.⟩ ***beweging*** ⇒*organisatie* **0.3** ***gangwerk*** ⇒*mechaniek* **0.4** ⟨muz.⟩ ***beweging*** ⇒*deel* ⟨v. symfonie enz.⟩ ◆ **2.1** an upward ~ in the price of oil *een stijging v.d. olieprijzen* **2.2** the feminist ~ *de vrouwenbeweging* **6.1** ~ **towards** the left *tendens naar links.*

move on I ⟨onov.ww.⟩ **0.1** ***verder gaan*** ⇒*opschieten, doorgaan* **0.2** ***vooruitkomen*** ⇒*zich opwerken, promotie maken* **0.3** ***(naar een betere woning) verhuizen;***
II ⟨ov.ww.⟩ **0.1** ***iem. gebieden door te lopen/rijden/gaan.***

move out I ⟨onov.ww.⟩ **0.1** ***verhuizen*** ⇒*vertrekken;*
II ⟨ov.ww.⟩ **0.1** ***uit zijn/haar woning zetten*** ⇒*op straat zetten.*

mover [moe:və] **0.1** ***verhuizer*** **0.2** ***indiener v.e. voorstel.***

move up I ⟨onov.ww.⟩ **0.1** ***in een hogere klas komen*** ⇒*in rang opklimmen* **0.2** ***vooruitkomen*** ⇒*het ver brengen, zich opwerken* **0.3** ***stijgen*** ⇒*toenemen* **0.4** ***oprukken;***
II ⟨ov.ww.⟩ **0.1** ***bevorderen*** ⟨sport, school enz.⟩ ⇒*promoveren.*

movie [moe:vie] ⟨meestal mv.; the⟩ **0.1** ***film*** **0.2** ***bioscoop*** **0.3** ***filmindustrie*** ◆ **3.1** go to the ~s *naar de film gaan.*

moviegoer [moe:viegooə] **0.1** ***bioscoopbezoeker*** ⇒⟨bij uitbr.⟩ *cinefiel.*

moviemaker **0.1** ***filmer*** ⇒*cineast.*

movie star ⟨AE⟩ **0.1** ***filmster.***

moving [moe:ving] **0.1** ***ontroerend*** ⇒*aandoenlijk* **0.2** ***bewegend*** ⇒*bewegings-* ◆ **1.2** ⟨AE⟩ ~ picture *film;* ~ staircase/stairway *roltrap.*

moving van **0.1** ***verhuiswagen.***

mow[1] [mau] ⟨zn.⟩ **0.1** ***hooischelf*** ⇒*hooiberg* **0.2** ***berg graan*** **0.3** ***hooizolder*** ⇒*graanzolder.*

mow[2] [moo] ⟨ww.; volt. deelw. ook mown [moon]⟩ **0.1** ***maaien*** ◆ **5.1** ~ **down** soldiers *soldaten neermaaien.*

mower [mooə] **0.1** ***maaier*** **0.2** ***maaimachine*** ⇒*grasmaaier.*

M.P. ⟨afk.⟩ **0.1** [Member of Parliament, military police(man)] ***MP.***

m.p.g. ⟨afk.⟩ **0.1** [miles per gallon].

m.p.h. ⟨afk.⟩ **0.1** [miles per hour].

Mr [mistə] ⟨mv.: Messrs [messəz]⟩ ⟨afk.⟩ **0.1** [mister] ***Dhr.*** → **mister.**

Mrs [missiz] ⟨mv.: Mmes [meeda:m]⟩ ⟨afk.⟩ **0.1** [mistress] ***Mevr.*** ◆ **1.¶** what will ~ Grundy say? *wat zullen de mensen wel niet zeggen?*

Ms [miz] ⟨mv.: Mses, Mss [mizziz]⟩ ⟨zgn. afk.⟩ **0.1** ***Mw.*** ⟨ipv. Miss of Mrs⟩.

MS ⟨mv.: MSS.⟩ ⟨afk.⟩ **0.1** [manuscript] ***MS*** ⇒*ms.*

MSC ⟨afk.⟩ **0.1** [Manpower Services Commission].

Mt ⟨afk.⟩ **0.1** [Mount].

mu [mjoe:] **0.1** ***mu*** ⇒*M,* μ **0.2** ***micro(n)*** ⟨symbool voor een miljoenste deel⟩.

much[1] [mutsj] ⟨vnw.; more [mo:], most [moost]⟩ **0.1** ***veel*** ◆ **4.¶** there isn't ~ in it *het maakt niet veel uit* **5.1** as ~ again *nog eens zoveel;* how ~ is it? *hoeveel is/kost het?;* the chapel is not ~ to look at *de kapel ziet er onooglijk uit;* it's not up to ~ *het stelt niet veel voor* **5.¶** he said as ~ *dat zei hij met zoveel woorden; hij zei iets wat daarop neerkwam;* I thought as ~ *dat dacht ik al;* it was as ~ as I could do to ... *ik had er mijn handen vol mee om ...;* he's not ~ of a sportsman *hij is geen sportman, als sportman stelt hij niet veel voor;* so ~ for his high falutin' words *daarmee weten we wat we aan zijn mooie woorden hebben;* well, so ~ for that *dat was dan dat;* it is too ~ for me *het is meer dan ik (ver)dragen kan* **6.1** her contribution didn't amount **to** ~ *haar bijdrage was v. weinig betekenis.* →**bit, make.**

much[2] ⟨bw.; more, most⟩ **0.1** ⟨graad⟩ ***veel*** ⇒*zeer, erg* **0.2** ⟨duur en frequentie⟩ ***veel*** ⇒*vaak, dikwijls, lang* **0.3** ***ongeveer*** ⇒*bijna* ◆ **2.1** she was ~ the oldest *zij was verreweg de oudste* **2.3** they were ~ the same size *ze waren ongeveer even groot* **3.1** he was ~ pleased with it *hij was er erg mee ingenomen* **3.2** she didn't stay ~ *ze bleef niet lang* **5.1** as ~ as $2 million *wel/(maar) liefst 2 miljoen dollar;* he didn't so ~ want to meet John as (to meet) John's sister *hij wilde niet zozeer John ontmoeten als (wel) Johns zuster* **5.¶** so ~ for all my trouble *daar heb ik nu al die moeite voor gedaan* **8.1** ~ as he would have liked to go *hoe graag hij ook was gegaan* **¶.1** ~ to my surprise *tot mijn grote verrassing.* →**never.**

much[3] ⟨det.; more, most⟩ **0.1** ***veel*** ◆ **1.1** he uses as ~ paint as you do *hij gebruikt evenveel verf als jij;* not ~ use *niet erg bruikbaar* **5.¶** so ~ rubbish *allemaal/niets dan nonsens.*

muchness [mutsjnəs] **0.1** ***hoeveelheid*** ⇒*grootte* ◆ **4.1** much of a ~ *lood om oud ijzer.*

muck[1] [muk] ⟨zn.⟩ **0.1** ⟨inf.⟩ ***troep*** ⇒*rommel, rotzooi* **0.2**

(natte) mest ⇒*drek* **0.3** ⟨inf.⟩ ***slijk*** ⇒*slik, viezigheid* ⟨ook fig.⟩ ◆ **3.1** he had made a ~ of his room *hij had zijn hele kamer overhoop gehaald;* make a ~ of a job *niets terecht brengen van een klus.*

muck[2] ⟨ww.⟩ **0.1** ***bemesten*** ◆ **5.¶** ~ **out** *uitmesten;* ⟨inf.⟩ ~ **up** *bevuilen, verknoeien, in de war gooien.*

muck about, muck around I ⟨onov.ww.⟩⟨vnl. BE; inf.⟩ **0.1** ***niksen*** ⇒*lummelen* **0.2** ***vervelen*** ⇒*klieren* ◆ **3.2** stop mucking about! *hou op met klieren!* **6.2** ~ **with** *knoeien met;*
II ⟨ov.ww.⟩ **0.1** ***pesten*** **0.2** ***knoeien met.***

muck in ⟨inf.⟩ **0.1** ***meehelpen.***

muckrake 0.1 ***roddel verspreiden over beroemdheden*** ⇒ *mensen bekladden, vuilspuiten.*

muckraker 0.1 ***schandaaltjesjager.***

muckraking 0.1 ***vuilspuiterij.***

muck|y [mukkie] ⟨-ier⟩⟨inf.⟩ **0.1** ***vies*** ⇒*vuil, smerig* **0.2** ***slecht*** ⇒*stormachtig* ⟨van weer⟩.

mucous [mjoe:kəs] **0.1** ***slijm afscheidend*** ⇒*slijmig, slijm-* ◆ **1.1** ~ membrane *slijmvlies.*

mucus [mjoe:kəs] **0.1** ***slijm.***

mud [mud] **0.1** ***modder*** ⇒*slijk;* ⟨fig.⟩ *roddel, laster* **0.2** ***opgedroogde modder*** ⇒*leem* ◆ **1.1** drag s.o.'s name through the ~ *iem. door het slijk halen* **3.1** fling/sling/throw ~ at s.o. *iem. door de modder sleuren.*

mud bath 0.1 ***modderbad.***

muddle[1] [mudl] ⟨zn.⟩ **0.1** ***verwarring*** ⇒*warboel* ◆ **3.1** make a ~ of *verknoeien, in de war sturen* **6.1** **in** a ~ *in de war.*

muddle[2] I ⟨onov.ww.⟩ **0.1** ***wat aanknoeien*** ⇒*wat aanmodderen* ◆ **5.1** ~ **along/on** *voortmodderen;* ~ **through** *met vallen en opstaan het einde halen;*
II ⟨ov.ww.⟩ **0.1** ⟨vaak +up⟩ ***door elkaar gooien*** ⇒*verwarren* **0.2** ***in de war brengen*** ◆ **1.2** a bit ~d *een beetje in de war.*

muddleheaded ⟨-ness⟩ **0.1** ***warrig*** ⇒*warhoofdig, dom.*

mudd|y[1] [muddie] ⟨bn.; -iness⟩ **0.1** ***modderig*** **0.2** ***troebel*** ⇒ *ondoorzichtig* **0.3** ***vaal*** ⇒*dof* **0.4** ***warhoofdig*** ⇒*verward* ◆ **1.2** ~ weather *bewolkt* **1.4** a ~ style *een verwarde stijl.*

mudd|y[2] ⟨ww.; -ied⟩ **0.1** ***bemodderen*** ⇒*vuil maken.*

mud flap 0.1 ***spatlap.***

mud flat ⟨vaak mv.⟩ **0.1** ***wad*** ⇒*slik.*

mudguard 0.1 ***spatbord.***

mudpack 0.1 ***kleimasker.***

mud pie 0.1 ***zandtaartje.***

mudstone ⟨geol.⟩ **0.1** ***kleisteen.***

muesli [mjoe:zlie] **0.1** ***müsli.***

muff[1] [muf] ⟨zn.⟩ **0.1** ***mof*** **0.2** ***misser*** ⟨oorspr. bij balspel⟩ ⇒ *fiasco, knoeiwerk* ◆ **3.2** make a ~ of it *de zaak verknoeien.*

muff[2] ⟨ww.⟩ **0.1** ⟨sport⟩ ***missen*** **0.2** ***verknoeien*** ◆ **1.1** ~ an easy catch *een makkelijke bal missen* **4.2** I know I'll ~ it *ik weet zeker dat ik het verknal.*

muffin [muffin] **0.1** ⟨BE⟩ ***muffin*** ⇒*theegebakje* ⟨plat, rond cakeje⟩ **0.2** ⟨AE⟩ ***cakeje.***

muffle [mufl] **0.1** ***warm inpakken*** ⇒*warm toedekken* **0.2** ***dempen*** ⟨geluid⟩ **0.3** ***omwikkelen*** ⇒*isoleren* ⟨personen⟩, *een doek voor de mond doen* ◆ **1.2** ~d curse *gedempte vloek* **1.3** ~d drum *omfloerste trom* **5.1** ~ **up** *goed/warm inpakken.*

muffler [muflə] **0.1** ***das*** ⇒*sjaal* **0.2** ***geluiddemper*** ⇒⟨AE⟩ *knalpot* **0.3** ***want*** ⇒*(halve) handschoen.*

mufti [muftie] **0.1** ***burgerpak*** ◆ **6.1** **in** ~ *in burger.*

mug[1] [mug] ⟨zn.⟩ **0.1** ***mok*** ⇒*beker* **0.2** ⟨inf.⟩ ***kop*** ⇒*smoel* **0.3** ⟨BE; inf.⟩ ***sufferd*** ⇒*sul* **0.4** ⟨inf.⟩ ***politiefoto*** ◆ **1.1** ~ of tea *kop thee.*

mug[2] ⟨ww.; -ged⟩ **0.1** ***aanvallen en beroven*** **0.2** ⟨BE⟩ ***erin stampen*** ⇒*uit je hoofd leren* **0.3** ***fotograferen*** ⟨voor politiedossier⟩. →**mug up.**

mugful [mugfoel] ⟨mv.: ook mugsful⟩ **0.1** ***beker*** ⇒*inhoud v.e. beker.*

mugger [mugə] **0.1** ***straatrover.***

muggins [muginz] ⟨mv.: ook muggins⟩⟨inf.⟩ **0.1** ***sul*** ⇒*sufferd.*

mugg|y [mugie] ⟨-iness⟩ **0.1** ***benauwd*** ⇒*drukkend.*

mug's game ⟨BE; inf.⟩ **0.1** ***zinloze bezigheid*** ⇒*gekkenwerk.*

mug shot ⟨inf.⟩ **0.1** ***portretfoto*** ⟨voor politiedossier⟩.

mug up 0.1 ⟨BE⟩ ***uit je hoofd leren*** ⇒*erin pompen, erin stampen.*

mugwump [mugwump] ⟨AE; inf.; pej.⟩ **0.1** ***hoge piet*** **0.2** ***ongebonden politicus.***

Muhammadan [moehæmədn], **Mohammedan** [moohæmidn] **0.1** ⟨bn.⟩ ***mohammedaans*** **0.2** ⟨zn.⟩ ***mohammedaan*** ⇒*moslim.*

mulatto [mjoe:lætoo] ⟨mv.: AE ook -es⟩ **0.1** ***mulat*** ⇒*kleurling.*

mulberr|y [mulbrie] ⟨mv.: -ies⟩ **0.1** ***moerbeiboom.***

mulch [multsj] **0.1** ⟨zn.⟩ ***mulch*** ⇒*muls* **0.2** ⟨ww.⟩ ***met mulch bedekken.***

mulct [mulkt] **0.1** ***beboeten*** **0.2** ***aftroggelen*** ⇒*afzetten; bezwendelen* ◆ **6.1** John was ~ed **(in)** £30 *John kreeg een boete van £30* **6.2** Charles was ~ed **of** £40 *Charles werd £40 lichter gemaakt.*

mule [mjoe:l] **0.1** ***muildier*** ⇒*muilezel* **0.2** ***stijfkop*** ⇒*dwarskop* **0.3** ⟨tech.⟩ ***fijnspinmachine*** ◆ **2.1** obstinate/stubborn as a ~ *koppig als een ezel.*

muleteer [mjoe:littiə] **0.1** ***muilezeldrijver.***

mulish [mjoe:lisj] ⟨-ness⟩ **0.1** ***koppig*** ⇒*halsstarrig.*

mull[1] [mul] ⟨zn.⟩⟨BE; inf.⟩ **0.1** ***rommel*** ⇒*rotzooi, geknoei* ◆ **6.1** make a ~ **of** sth. *iets verknoeien.*

mull[2] ⟨ww.⟩ **0.1** ***verwarmen en kruiden*** ◆ **1.1** ~ed wine *bisschopswijn* **5.¶** ~ sth. **over** *iets (grondig) overwegen/overpeinzen.*

mullet [mullit] ⟨dierk.⟩ **0.1** ***harder*** **0.2** ***zeebarbeel.***

mulligatawn|y [mulligəto:nie] ⟨mv.: -ies⟩ **0.1** ***kerriesoep.***

mullion [mulliən] ⟨bouwk.⟩ **0.1** ***verticale raamstijl.***

multicellular [multisseljoelə] **0.1** ***meercellig.***

multicultural [-kultsjrəl] **0.1** ***multicultureel.***

multidimensional [-dajmensjnəl] **0.1** ***gecompliceerd*** ⇒*met veel kanten/aspecten* ⟨bv. probleem⟩.

multidisciplinary [-dissiplinnərie] **0.1** ***multidisciplinair.***

multi-event [-ie.vent] ⟨sport⟩ **0.1** ***meerkamp.***

multifamily [-fæm(i)lie] **0.1** ***voor meerdere gezinnen*** ◆ **1.1** ~ house *meergezinswoning.*

multifarious [multiffeəriəs] ⟨-ness⟩ **0.1** ***veelsoortig*** ⇒*uiteenlopend.*

multiform [-fo:m] **0.1** ***veelvormig.***

multilateral [-lætrəl] **0.1** ***veelzijdig*** **0.2** ⟨pol.⟩ ***multilateraal.***

multilingual [-linggwəl] **0.1** ***meertalig*** **0.2** ***polyglot*** ⇒*veeltalig.*

multimedia [-mie:diə] **0.1** ***mbt. een totaalprogramma/show*** **0.2** ***mbt. het gebruik v. verschillende media.***

multimillionaire [-miljəneə] **0.1** ***multimiljonair.***

multinational [-næsjnəl] **0.1** ⟨bn.⟩ ***multinationaal*** **0.2** ⟨zn.⟩ ***multinational.***

multiphase [-feez] ⟨elek.⟩ **0.1** ***veelfasig.***

multiple[1] [multipl] ⟨zn.⟩ **0.1** ⟨wisk.⟩ ***veelvoud*** **0.2** ⟨verk.⟩ [multiple shop/store] ◆ **2.1** least/lowest common ~ *kleinste gemene veelvoud.*

multiple[2] ⟨bn.⟩ **0.1** ***veelvoudig*** **0.2** ***divers*** ⇒*veelsoortig* **0.3** ⟨plantk.⟩ ***samengesteld*** ◆ **1.1** ~ choice *multiple choice;*

⟨vaak attr.⟩ *meerkeuze-;* ~ collision *kettingbotsing;* ⟨BE⟩ ~ shop / store *grootwinkelbedrijf;* ~ star *dubbelster* **1.2** ⟨med.⟩ ~ sclerosis *multiple sclerose* **1.3** ~ fruit *samengestelde vrucht* **1.¶** ⟨hand.⟩ ~ standard *conversietabel waarmee schuld (v. importeur) aan variabele wisselkoers gekoppeld wordt.*

multiplex[1] [multipleks] ⟨zn.⟩ **0.1** ***megabioscoop*** *⇒multiplex, bioscoopcomplex.*

multiplex[2] ⟨bn.⟩ **0.1** ***veelvoudig*** ◆ **1.1** ~ eye *samengesteld oog* ⟨v. insect⟩.

multiplicand [multiplikænd] ⟨wisk.⟩ **0.1** ***vermenigvuldigtal.***

multiplication [multiplikkeesjn] **0.1** ⟨wisk.⟩ ***vermenigvuldiging*** *⇒vermenigvuldigsom* **0.2** ***vermeerdering*** *⇒aanwas.*

multiplication sign ⟨wisk.⟩ **0.1** ***maalteken.***

multiplication table ⟨wisk.⟩ **0.1** ***tafel v. vermenigvuldiging.***

multiplicit|y [multiplissətie] ⟨mv.: -ies⟩ **0.1** ***veelheid*** *⇒massa* **0.2** ***veelsoortigheid*** *⇒veelvormigheid* ◆ **6.2** a ~ **of** ideas *een grote verscheidenheid aan ideeën.*

multiplier [multiplajjə] **0.1** ***vermenigvuldiger*** ⟨ook wisk.⟩ **0.2** ⟨ec.⟩ ***multiplier.***

multipl|y[1] [multiplaj] ⟨-ied⟩ **I** ⟨onov.ww.⟩ **0.1** ***zich vermeerderen*** *⇒aangroeien* **0.2** ***zich vermenigvuldigen*** **0.3** ***een vermenigvuldiging uitvoeren*** ◆ **1.1** Henry saw his chances ~ *Henry zag zijn kansen sterk stijgen;*
II ⟨ov.ww.⟩ **0.1** ***vermenigvuldigen*** **0.2** ***vergroten*** *⇒vermeerderen* ◆ **1.2** ~ one's chances *zijn kansen doen stijgen* **6.1** ~ three **by** four *drie met vier vermenigvuldigen.*

multiply[2] [multiplie] ⟨bw.⟩ **0.1** →**multiple** **0.2** ***veelvoudig*** *⇒ op vele manieren* ◆ **2.2** ~ useful *op vele manieren te gebruiken.*

multiprocessing [-proosessing] ⟨comp.⟩ **0.1** ***multiprocessing*** ⟨verwerking v. programma's door meer processoren tegelijk⟩.

multiprogramming [-proogræming] ⟨comp.⟩ **0.1** ***multiprogrammering*** ⟨uitvoeren v. meer programma's tegelijk door één processor⟩.

multipurpose [-pə:pəs] **0.1** ***veelzijdig*** *⇒voor meerdere doeleinden geschikt.*

multiracial [-reesja] **0.1** ***multiraciaal.***

multistage [-steedzj] ⟨ruim.⟩ **0.1** ***meertraps-*** ⟨v. raket⟩.

multistorey [-sto:rie] **0.1** ***met meerdere verdiepingen*** ◆ **1.1** ~ block *torenflat.*

multistorey (carpark) **0.1** ***parkeergarage*** ⟨bovengronds⟩.

multitrip ticket **0.1** ⟨ong.⟩ ***strippenkaart*** ⇒⟨Belg.⟩ *zonekaart.*

multitude [multitjoe:d] **0.1** ***massa*** **0.2** ***menigte*** ◆ **6.1** a ~ **of** ideas *een grote hoeveelheid ideeën.*

multitudinous [multitjoe:dinnəs] **0.1** ***talrijk*** **0.2** ***veelsoortig.***

mum[1] [mum], **mom** [mom] ⟨zn.⟩ **0.1** ***mamma*** *⇒mam(s), mammie.*

mum[2] ⟨bn.⟩ **0.1** ***stil*** ◆ **3.1** keep ~ *zijn mondje dicht houden.*

mum[3] ⟨tw.⟩ **0.1** ***mondje dicht!*** *⇒sst!, niets zeggen!* ◆ **1.1** ~'s the word! *mondje dicht!*

mumble [mumbl] **0.1** ***mompelen*** *⇒prevelen, binnensmonds praten* **0.2** ***knauwen op*** *⇒mummelen op.*

mumbo jumbo [mumboo dzjumboo] **0.1** ***gebrabbel*** *⇒abracadabra* **0.2** ***poppenkast*** *⇒komedie.*

mummer [mummə] **0.1** ***pantomimespeler.***

mummer|y [mummərie] ⟨mv.: -ies⟩ **0.1** ***hol ritueel*** *⇒poppenkast* **0.2** ***pantomime*** **0.3** ***mime.***

mummif|y [mummiffaj] ⟨-ied; zn.: **-ication**⟩ **0.1** ***mummificeren*** *⇒balsemen* **0.2** ***doen uitdrogen*** ◆ **1.2** mummified fruit *verdroogd fruit.*

mumming [mumming] ⟨gesch.; vnl. BE⟩ ◆ **3.¶** go ~ *gemaskerd langs de huizen gaan* ⟨met Kerstmis⟩.

mumm|y [mummie], ⟨AE in bet. 0.2⟩ **momm|y** [mommie], **momma** [mommə], **mama** [ma:mə, məma:] ⟨mv.: -ies⟩ **0.1** ***mummie*** **0.2** ⟨BE; inf.⟩ ***mammie*** *⇒moesje, mam(s).*

mumps [mumps] ⟨the⟩ **0.1** ⟨med.⟩ ***de bof.***

munch [muntsj] **0.1** ***kauwen (op)*** *⇒knabbelen (op)* ◆ **1.1** ~ (away at) an apple *aan een appel knagen.*

mundane [mundeen] **0.1** ***gewoon*** *⇒afgezaagd, alledaags* **0.2** ***aards*** *⇒v. deze wereld* ◆ **1.1** ~ matters *routinezaken.*

Munich [mjoe:nik] **0.1** ***München.***

municipal [mjoe:nissipl] **0.1** ***gemeentelijk*** *⇒gemeente-, stedelijk* **0.2** ***lands-*** *⇒staats-, nationaal* ◆ **1.1** ~ corporation *stadsbestuur* **1.2** ~ law *staatsrecht.*

municipalit|y [mjoe:nissipælətie] ⟨mv.: -ies⟩ **0.1** ***gemeente*** **0.2** ⟨ww. enk. of mv.⟩ ***gemeentebestuur.***

munific|ent [mjoe:niffisnt] ⟨zn.: **-ence**⟩⟨schr.⟩ **0.1** ***vrijgevig*** *⇒gul, royaal.*

munition [mjoe:nisjn] ⟨meestal mv.⟩ **0.1** ⟨ook attr.⟩ ***(am)-munitie*** **0.2** ⟨mv.⟩ ***wapens*** **0.3** ⟨mv.⟩ ***bommen*** *⇒granaten.*

mural [mjoeərəl] **0.1** ⟨zn.⟩ ***muurschildering*** *⇒fresco* **0.2** ⟨bn.⟩ ***muur-*** *⇒wand-* ◆ **1.2** ~ painting *muurschildering.*

murder[1] [mə:də] ⟨zn.⟩ **0.1** ***moord*** **0.2** ⟨inf.⟩ ***heksentoer*** *⇒ hels karwei* **0.3** ⟨inf.⟩ ***beroerde toestand*** ◆ **1.3** this drought is ~ for the garden *deze droogte is funest voor de tuin* **3.1** attempted ~ *poging tot moord;* ⟨inf.⟩ get away with ~ *alles kunnen maken.* →**blue.**

murder[2] ⟨ww.⟩ **0.1** ***vermoorden*** *⇒ombrengen* **0.2** ⟨inf.⟩ ***verknoeien*** *⇒ruïneren* **0.3** ⟨sl.⟩ ***volledig inmaken.***

murderer [mə:drə] **0.1** ***moordenaar.***

murderess [mə:dris] **0.1** ***moordenares.***

murderous [mə:drəs] ⟨-ness⟩ **0.1** ***moordzuchtig*** **0.2** ***moordend*** *⇒moorddadig.*

murk [mə:k] **0.1** ***duisternis.***

murk|y [mə:kie] ⟨-ily⟩ **0.1** ***duister*** *⇒donker, somber* **0.2** ***vunzig*** *⇒kwalijk* **0.3** ***dicht*** *⇒dik* ◆ **1.2** ~ affairs *weinig verheffende zaken.*

murmur[1] [mə:mə] ⟨zn.⟩ **0.1** ***gemurmel*** *⇒geruis* ⟨v. beekje⟩ **0.2** ***gemopper*** **0.3** ***gemompel.***

murmur[2] ⟨ww.⟩ **0.1** ***mompelen*** *⇒prevelen* **0.2** ***ruisen*** *⇒suizen* **0.3** ***mopperen*** ◆ **6.3** ~ **against / at** *mopperen op, klagen over.*

murmuring [mə:məring] **0.1** ***gemompel*** *⇒geprevel* **0.2** ***geruis*** *⇒gesuis* **0.3** ***gemopper.***

Murphy's Law **0.1** ***de wet v. Murphy*** *⇒de wet v.h. behoud v. pech* ⟨als er iets fout kán gaan, gaat dat ook fout; zie ook Sod's Law⟩.

muscatel [muskətel], **muscadel** [-del] **0.1** ***muskadel(druif)*** **0.2** ***muskadel*** *⇒muskaatwijn.*

muscle [musl] **0.1** ***spier*** **0.2** ***(spier)kracht*** *⇒macht* ◆ **3.1** flex one's ~s *de spieren losmaken;* not move a ~ *geen spier vertrekken* **7.2** put some ~ into your attitude! *toon eens wat meer ruggengraat!*

muscle-bound **0.1** ***(overdreven) gespierd.***

muscle in ⟨AE; inf.⟩ **0.1** ***zich indringen*** ◆ **6.1** ~ **on** *zich indringen in.*

muscle|man ⟨mv.: -men⟩ **0.1** ***bodybuilder.***

Muscovite [muskəvajt] **0.1** ***Moskoviet*** *⇒inwoner v. Moskou.*

muscular [muskjoelə] **0.1** ***spier-*** **0.2** ***gespierd*** *⇒krachtig* ◆ **1.1** ~ dystrophy *spierdystrofie.*

muse[1] [mjoe:z] ⟨zn.⟩ **0.1** ***muze*** ⇒⟨fig. ook⟩ *inspiratie* ◆ **7.1** The Muses *de (negen) muzen, kunsten en wetenschappen.*

muse[2] **I** ⟨onov.ww.⟩ **0.1** ⟨+ about, over, on⟩ ***peinzen (over)*** *⇒ mijmeren;*

II ⟨ov.ww.⟩ **0.1** ***overdenken*** ⇒*nadenken over* ◆ **1.1** ~ a course of action *een gedragslijn overwegen.*

museum [mjoe:ziəm] **0.1** ***museum.***

museum piece **0.1** ⟨ook scherts.⟩ ***museumstuk.***

mush [musj] **0.1** ***moes*** ⇒*brij* **0.2** ⟨AE⟩ ***maïsmeelpap*** **0.3** ⟨inf.⟩ ***sentimenteel geklets*** ⇒*geouwehoer* **0.4** ⟨com.⟩ ***geruis*** ◆ **4.¶** hey you, ~! *hé makker, jij daar!*

mushroom[1] [musjroe:m, -roem] ⟨zn.⟩ **0.1** ***champignon*** **0.2** ***(eetbare) paddestoel*** **0.3** ***atoomwolk*** ⇒*paddestoelwolk* **0.4** ⟨alleen enk.⟩ ***explosieve groei.***

mushroom[2] ⟨ww.⟩ **0.1** ***zich snel ontwikkelen*** ⇒*als paddestoelen uit de grond schieten* **0.2** ***een paddestoelvorm aannemen*** ⇒*paddestoelvormig uitwaaieren* ⟨v. rook⟩ ◆ **1.1** group training is ~ing everywhere *groepstraining is opeens overal erg populair.*

mushrooming [musjroe:ming, -roeming] **0.1** ***snelle groei*** ⇒ *explosieve toename.*

mushy [musjie] **0.1** ***papperig*** ⇒*zacht* **0.2** ⟨inf.⟩ ***halfzacht*** ⇒ *sentimenteel* ◆ **1.1** ~ peas *papperige erwten.*

music [mjoe:zik] **0.1** ***muziek*** **0.2** ***bladmuziek*** ⇒*partituur* ◆ **1.1** ~ of the spheres *harmonie der sferen* **3.¶** face the ~ *de consequenties aanvaarden;* ⟨pej.⟩ piped ~ *ingeblikte muziek* ⟨in restaurant enz.⟩ **6.1** it was ~ **to** my ears *het klonk me als muziek in de oren.*

musical[1] [mjoe:zikl] ⟨zn.⟩ **0.1** ***musical.***

musical[2] **I** ⟨bn.⟩ **0.1** ***muzikaal*** **0.2** ***welluidend*** ⇒*klankvol* ◆ **1.2** ~ glasses *glasharmonica;* ~ saw *zingende zaag;*

II ⟨bn., attr.⟩ **0.1** ***muziek-*** **0.2** ***muzikaal*** ⇒*op muziek gezet* ◆ **1.1** ~ sound *klank* ⟨itt. geluid⟩ **1.2** ⟨BE⟩ ~ box *muziekdoos;* ~ chairs *stoelendans.*

music box ⟨AE⟩ **0.1** ***muziekdoos.***

music-hall ⟨BE⟩ **0.1** ***variété(theater)*** **0.2** ***concertzaal.***

musician [mjoe:zisjn] **0.1** ***musicus*** ⇒*musicienne* **0.2** ***componist.***

musicianship [mjoe:zisjnsjip] **0.1** ***muzikaal vakmanschap.***

music scene **0.1** ***muziekwereld*** ⇒*muziekgebeuren.*

music stand **0.1** ***muziekstandaard.***

music-stool **0.1** ***pianokruk.***

musingly [mjoe:zinglie] **0.1** ***peinzend.***

musk [musk], ⟨in bet. 0.2 ook⟩ **musk deer** **0.1** ***muskus*** **0.2** ***muskusdier*** **0.3** ***muskusplant.***

musket [muskit] **0.1** ***musket.***

musketeer [muskittiə] **0.1** ***musketier.***

musketry [muskitrie] **0.1** ***schietoefeningen*** ⇒*schietkunst* **0.2** ***musketten.***

musk melon **0.1** ***meloen.***

muskrat **0.1** ***muskusrat.***

musk rose **0.1** ***muskusroos.***

musk|y [muskie] ⟨-iness⟩ **0.1** ***muskusachtig.***

Muslim [muzlim, moez-], **Moslem** [mozlim] **0.1** ⟨bn.⟩ ***mohammedaans*** **0.2** ⟨zn.⟩ ***mohammedaan*** ⇒*moslim.*

muslin [muzlin] **0.1** ***mousseline*** **0.2** ***neteldoek.***

musquash [muskwosj] **0.1** ***(bont v.d.) muskusrat.***

muss[1] [mus] ⟨zn.⟩⟨AE; inf.⟩ **0.1** ***wanorde*** ◆ **6.¶** **without** ~ or fuss *zonder rommel en drukte.*

muss[2] ⟨ww.⟩⟨AE; inf.⟩ **0.1** ***in de war maken*** ⇒*verknoeien* ⟨haar, kleding⟩ ◆ **5.1** ~ **up** one's suit *zijn pak ruïneren.*

mussel [musl] **0.1** ***mossel.***

mussy [mussie] ⟨AE; inf.⟩ **0.1** ***rommelig*** ⇒*in de war.*

must[1] [must] ⟨zn.⟩ **0.1** ⟨alleen enk.; inf.⟩ ***noodzaak*** ⇒*vereiste, must* **0.2** ***mufheid*** ◆ **1.1** the Louvre is a ~ *je moet beslist naar het Louvre toe.*

must[2] [məs(t), ⟨sterk⟩ must] ⟨ww.⟩ **0.1** ⟨gebod, verplichting en noodzakelijkheid⟩ ***moeten*** ⇒⟨in indirecte rede ook⟩ *moest(en);* ⟨voorwaarde⟩ *zou(den) zeker* **0.2** ⟨verbod; steeds met ontkenning⟩ ***mogen*** **0.3** ⟨onderstelling⟩ ***moeten*** ⇒⟨AE ook, met ontkenning⟩ *kunnen* ◆ **3.1** you ~ come and see us *je moet ons beslist eens komen opzoeken;* why ~ my plans always fail? *waarom zijn mijn plannen altijd tot mislukken gedoemd?;* if you ~ have your way, then do *als je per se je eigen gang wil gaan, doe dat dan;* ⟨elliptisch⟩ laugh if you ~ *lach maar als je het niet kunt laten;* he said you ~ listen to me *hij zei dat je naar mij moest luisteren* **3.2** you ~ not go near the water *je mag niet dichtbij het water komen* **3.3** you ~ be out of your mind to say such things *je moet wel gek zijn om zulke dingen te zeggen;* ⟨vnl. AE⟩ you ~n't be very enthusiastic about him *je kunt niet heel enthousiast zijn over hem;* she ~ have known beforehand *ze moet het al van tevoren geweten hebben.*

mustache →**moustache.**

mustang [mustæng] **0.1** ***mustang.***

mustard [mustəd] **0.1** ***mosterd.***

mustard gas **0.1** ***mosterdgas.***

mustard plaster **0.1** ***mosterdpleister.***

muster[1] [mustə] ⟨zn.⟩⟨vnl. mil., scheep.⟩ **0.1** ***appel*** ⇒*inspectie* **0.2** ***verzameling*** **0.3** ⟨hand.⟩ ***monster*** ◆ **3.1** pass ~ *ermee door kunnen.*

muster[2] **I** ⟨onov.ww.⟩ **0.1** ***zich verzamelen*** ⇒*bijeenkomen* ⟨voor inspectie⟩ ◆ **5.1** ~ **in** *in dienst nemen;* ~ **out** *afzwaaien;*

II ⟨ov.ww.⟩ **0.1** ***verzamelen*** ⇒*bijeenroepen* ⟨manschappen voor inspectie⟩ **0.2** ***bijeenrapen*** ⇒*verzamelen* ⟨moed, krachten⟩ ◆ **5.1** ⟨AE⟩ ~ **in** *in dienst nemen;* ⟨AE⟩ ~**out** *ontslaan* **5.2** ~ **up** one's courage *al zijn moed bijeenrapen.*

must|y [mustie] ⟨-iness⟩ **0.1** ***muf*** **0.2** ***schimmelig*** **0.3** ***verouderd*** ◆ **1.1** ~ air *bedompte lucht* **1.3** ~ jokes *oudbakken grapjes.*

mutab|le [mjoe:təbl] ⟨zn.: **-ility**⟩ **0.1** ***veranderlijk*** ⇒*wisselvallig* **0.2** ***wispelturig*** ⇒*ongedurig.*

mutant [mjoe:tnt] ⟨biol.⟩ **0.1** ***mutant.***

mutation [mjoe:teesjn] **0.1** ***verandering*** ⇒*wijziging* **0.2** ⟨biol.⟩ ***mutatie.***

mute[1] [mjoe:t] ⟨zn.⟩ **0.1** ***(doof)stomme*** **0.2** ***doodbidder.***

mute[2] ⟨bn.; -r; -ness⟩ **0.1** ***stom*** **0.2** ***zwijgend*** ⇒*stil, sprakeloos* ◆ **1.2** ~ adoration *stille aanbidding* **1.¶** ~ swan *knobbelzwaan.*

mute[3] ⟨ww.⟩ **0.1** ***dempen*** ⟨vnl. muziekinstrument⟩ ◆ **1.1** ~d trombone *trombone con sordino.*

mute button **0.1** ***ruggespraaktoets/knop*** ⟨op telefoon⟩.

mutil|ate [mjoe:tilleet] ⟨zn.: **-ation**⟩ **0.1** ***verminken*** ⇒*toetakelen* ⟨ook fig.⟩.

mutineer [mjoe:tinniə] **0.1** ***muiter.***

mutinous [mjoe:tinnəs] **0.1** ***muitend*** ⇒*opstandig.*

mutin|y[1] [mjoe:tinnie] ⟨zn.⟩ **0.1** ***muiterij*** ⇒*opstand.*

mutin|y[2] ⟨ww.; -ied⟩ **0.1** ***muiten*** ◆ **6.1** ~ **against** *in opstand komen tegen.*

mutt [mut] **0.1** ⟨sl.⟩ ***halve gare*** ⇒*idioot.*

mutter[1] [muttə] ⟨zn.; meestal enk.⟩ **0.1** ***gemompel*** ⇒*geprevel* **0.2** ***gemopper.***

mutter[2] ⟨ww.⟩ **0.1** ***mompelen*** ⇒*prevelen* **0.2** ***mopperen*** ◆ **1.1** he ~ed an oath *hij vloekte zachtjes* **6.2** ~ **against/at** *mopperen over.*

mutton [mutn] **0.1** ***schapenvlees*** ⇒⟨scherts. ook⟩ *schaap* ◆ **3.¶** ~ dressed as lamb *een te jeugdig geklede vrouw.* → **dead.**

muttonchop **I** ⟨telb.zn.⟩ **0.1** ***schaapskotelet;***

II ⟨mv.⟩ **0.1** ***bakkebaarden.***

muttonchop whiskers **0.1** ***bakkebaarden.***

muttonhead ⟨inf.⟩ **0.1** ***stomkop.***

mutual [mjoe:tsjoeəl] ⟨zn.: **-ity**⟩ **0.1** ***wederzijds*** ⇒*wederke-*

rig **0.2** ⟨inf.⟩ ***gemeenschappelijk*** ⇒*onderling* ◆ **1.1** ~ consent *wederzijds goedvinden* **1.2** ⟨AE⟩ ~ fund *beleggingsmaatschappij;* ~ interests *gemeenschappelijke belangen.*
muzak [mjoe:zæk] ⟨vaak pej.⟩ **0.1** ***achtergrondmuziek.***
muzzle[1] [muzl] ⟨zn.⟩ **0.1** ***snuit*** ⇒*muil* ⟨v. dier⟩ **0.2** ***mond*** ⇒*tromp* ⟨v. geweer⟩ **0.3** ***muilkorf.***
muzzle[2] ⟨ww.⟩ **0.1** ***muilkorven*** ⟨ook fig.⟩ ⇒*de mond snoeren.*
muzzleloader **0.1** ***voorlader.***
muzz|y [muzzie] ⟨-iness⟩ **0.1** ***duf*** ⇒*saai, dof* **0.2** ***wazig*** ⇒*vaag* **0.3** ***beneveld*** ⇒*verward.*
my[1] [maj, ⟨inf.⟩ mie] ⟨det.⟩ **0.1** ***mijn*** ◆ **1.1** ~ dear boy *beste jongen;* that was ~ day *het was mijn grote dag;* ~ family and friends *mijn familie en vrienden* **3.1** he disapproved of ~ going out *hij vond het niet goed dat ik uitging.*
my[2] [maj] ⟨tw.⟩ **0.1** ***o jee*** **0.2** ***wel*** ◆ ¶**.1** ~ (oh ~), what have you done now! *o jee, wat heb je nu weer gedaan!* ¶**.2** ~, ~ *wel, wel.*
Myanmar [majænma:] **0.1** ***Myanmar*** ⟨officiële naam van Birma⟩.
mycology [majkolladzjie] **0.1** ***mycologie*** ⟨kennis der zwammen⟩.
myna(h), mina [majnə] **0.1** ***Aziatische spreeuw*** ⇒⟨vnl.⟩ *beo.*
myopia [majjoopiə] **0.1** ***bijziendheid*** **0.2** ***kortzichtigheid.***
myopic [majjoppik] ⟨-ally⟩ **0.1** ***bijziend*** ⇒*kippig* **0.2** ***kortzichtig.***
myriad[1] [mirriəd] ⟨zn.⟩ **0.1** ⟨schr.⟩ ***horde*** ⇒*groot aantal* ◆ **6.1** ~s **of** people *drommen mensen.*
myriad[2] ⟨bn.⟩⟨schr.⟩ **0.1** ***ontelbaar*** ⇒*onmetelijk, talloos.*
myrrh [mə:] **0.1** ***mirre.***
myrtle [mə:tl] ⟨plantk.⟩ **0.1** ***mirt(e).***
myself [majself, ⟨inf.⟩ mi-] ⟨1e pers. enk.⟩ **0.1** ***mij*** ⇒*me, mezelf* **0.2** ***zelf*** ◆ **3.1** I am not ~ today *ik voel me niet al te best vandaag;* I bought ~ a dress *ik kocht een jurk voor mezelf* **3.2** I'll go ~ *ik zal zelf gaan;* ⟨inf.⟩ Jack and ~ would be delighted to go *Jack en ik zouden graag gaan* **4.2** I ~ told her so *ik zelf heb het haar gezegd* **6.1** I'm thinking **of** ~ *ik denk aan mezelf.*
mysterious [mistiəriəs] ⟨-ness⟩ **0.1** ***geheimzinnig*** ⇒*mysterieus.*
myster|y [mistrie] ⟨mv.: -ies⟩ **0.1** ***geheim*** ⇒*mysterie, raadsel* **0.2** ***geheimzinnigheid*** ◆ **7.2** there's a lot of ~ about his descent *zijn afkomst is in nevelen gehuld.*
mystery play **0.1** ***mysteriespel.***
mystic[1] [mistik] ⟨zn.⟩ **0.1** ***mysticus.***
mystic[2] ⟨bn.⟩ **0.1** ***mystiek*** ⇒*allegorisch, mystisch* **0.2** ***occult*** ⇒*esoterisch* **0.3** ***raadselachtig*** ⇒*mysterieus.*
mystical [mistikl] **0.1** ***mystiek*** ⇒*symbolisch* **0.2** ***occult*** ⇒*esoterisch.*
mysticism [mistissizm] **0.1** ***mystiek*** **0.2** ***mysticisme.***
mystif|y [mistiffaj] ⟨-ied; zn.: **-ication**⟩ **0.1** ***verbijsteren*** ⇒*verwarren, voor een raadsel stellen* ◆ **1.1** her behaviour mystified me *ik begreep niets v. haar gedrag.*
mystique [mistie:k] ⟨meestal enk.⟩ **0.1** ***aura*** ⇒*bijzondere aantrekkingskracht* **0.2** ***geheime techniek/vaardigheid.***
myth [miθ] **0.1** ***mythe*** ⇒*mythologie* **0.2** ***fabel*** ⇒*allegorie* **0.3** ***verzinsel*** ⇒*fictie.*
mythical [miθikl] **0.1** ***mythisch*** **0.2** ***fictief*** ⇒*imaginair, verzonnen.*
mythological [miθəlodzjikl] **0.1** ***mythologisch*** **0.2** ***mythisch.***
mytholog|y [miθoladzjie] ⟨mv.: -ies⟩ **0.1** ***mythologie.***

n

n, N [en] ⟨mv.: n's, N's⟩ **0.1** ***n, N.***
N. ⟨afk.⟩ **0.1** [North] ***N.***
n / a ⟨afk.⟩ **0.1** [not applicable] ***n.v.t.*** ⇒*niet van toepassing.*
N.A.A.F.I. [næfie] ⟨afk.; BE⟩ **0.1** [Navy, Army, and Air Force Institutes] ***kantinedienst*** ⟨v.d. strijdkrachten⟩ **0.2** [Navy, Army, and Air Force Institutes] ***legerkantine.***
nab [næb] ⟨-bed⟩⟨inf.⟩ **0.1** ***snappen*** ⇒*(op)pakken, inrekenen* **0.2** ***pikken*** ⇒*te pakken krijgen; gappen, jatten* ◆ **1.2** mind if I ~ a cuppa before we go? *is het goed als ik nog snel even een kop thee drink voor we gaan?*
nacelle [næsel] **0.1** ***motorgondel.***
nacho [nætsjoo] ⟨vnl. mv.⟩⟨cul.⟩ **0.1** ***nacho*** ⟨Mexicaanse snack / chip⟩.
nacho chips **0.1** ***nacho's*** ⇒*nachochips.*
nadir [neediə] **0.1** ***nadir*** ⇒*voetpunt* **0.2** ***dieptepunt.***
naff [næf] ⟨BE; sl.⟩ **0.1** ***noppes*** ⇒*niks waard, waardeloos.*
naff off ⟨BE; sl.⟩ **0.1** ***donder op*** ⇒*rot/sodemieter op.*
NAFTA [nætə] ⟨afk.⟩ **0.1** [North American Free Trade Agreement] **0.2** [New Zealand and Australia Free Trade Agreement].
nag[1] [næg] ⟨zn.⟩ **0.1** ***klein paard(je)*** ⇒*pony* **0.2** ⟨inf.⟩ ***knol*** ⇒*slecht/oud renpaard* **0.3** ⟨inf.⟩ ***zeur*** ⇒*zeurkous.*
nag[2] ⟨ww.; -ged⟩ **0.1** ***zeuren*** ⇒*zaniken, vitten* **0.2** ***sarren*** ⇒*treiteren* ◆ **1.1** a ~ging headache *een zeurende hoofdpijn* **6.1** ~ **at** s.o. *iem. aan het hoofd zeuren.*
nagger [nægə] **0.1** ***zeur*** ⇒*zeurkous* **0.2** ***treiteraar.***
Nagorno-Karabakh [nəgo:nookərubba:k] **0.1** ***Nagorno-Karabach.***
naiad [najæd] ⟨mv.: ook naiades [-ədie:z]⟩ **0.1** ***najade*** ⇒*waternimf.*
nail[1] [neel] ⟨zn.⟩ **0.1** ***nagel*** **0.2** ***spijker*** ◆ **1.**¶ be a ~ in / drive a ~ into s.o.'s coffin *een nagel aan iemands doodkist zijn* **3.2** hit the (right) ~ on the head *de spijker op de kop slaan* **6.**¶ pay **on** the ~ *contant betalen.* →**hard, tough.**
nail[2] ⟨ww.⟩ **0.1** ***(vast)spijkeren*** **0.2** ***vastnagelen*** ⇒*vastleggen/zetten* **0.3** ***zich verzekeren van*** ⇒*te pakken krijgen* **0.4** ***betrappen*** ⇒*snappen* ◆ **1.2** he was ~ed to his seat *hij zat als vastgenageld op zijn stoel* **1.3** he ~ed me as soon as I came in *hij schoot me direct aan toen ik binnenkwam;* he ~ed the source of the rumours *hij wist te achterhalen wie de geruchten had verspreid* **1.**¶ ~ to the counter / the barn-door *aan de kaak stellen* **5.1** he ~ed the boards **together** *hij timmerde de planken aan elkaar.* →**nail down, nail up.**
nail-biter ⟨inf.⟩ **0.1** ***razend spannend film/boek*** ⟨enz.⟩.
nail-biting[1] ⟨zn.⟩ **0.1** ⟨fig.⟩ ***nervositeit*** ⇒*zenuwachtigheid.*
nail-biting[2] ⟨bn.⟩⟨inf.⟩ **0.1** ***zenuwslopend*** ⇒*ontzettend spannend.*
nail bomb **0.1** ***spijkerbom*** ⟨spijkers om staven dynamiet gebonden⟩.
nail brush **0.1** ***nagelborstel.***
nail down **0.1** ***vastspijkeren*** ⇒*vasttimmeren* **0.2** ***(nauwkeurig) vaststellen*** ⇒*bepalen* **0.3** ***vastleggen*** ⇒*houden aan* ◆ **1.2** John had nailed him down *John had hem precies door* **6.3** it's difficult to nail him down **on** any subject *hij zegt niet gauw wat hij ergens van denkt;* we nailed him down **to** his promise *we hielden hem aan zijn belofte.*
nail file **0.1** ***nagelvijl.***

nail polish ⟨AE⟩ **0.1** ***nagellak.***
nail punch, nail set **0.1** ***drevel*** ⇒*doorslag.*
nail scissors **0.1** ***nagelschaar(tje).***
nail set →**nail punch.**
nail up **0.1** ***dichtspijkeren*** ⇒*dichttimmeren* **0.2** ***(op)hangen.***
nail varnish ⟨BE⟩ **0.1** ***nagellak.***
naïve, naive [najjie:v] **0.1** ***naïef*** **0.2** ***onnozel*** ⇒*dom.*
naïvet|y, naivet|y [najjie:vətie], **naïveté, naiveté** [najjie:vtee] ⟨mv.: -ies⟩ **0.1** ***naïviteit*** ⇒*onschuld* **0.2** ***onnozelheid.***
naked [neekid] ⟨-ness⟩ **0.1** ***naakt*** ⇒*bloot* **0.2** ***onbedekt*** ⇒ *kaal* ◆ **1.¶** the ~ eye *het blote oog;* ~ light *open licht;* ~ sword *ontbloot zwaard;* ~ truth *naakte waarheid.*
Nam [næm] ⟨the⟩⟨sl.; sold.⟩ **0.1** ***Vietnam.***
namby [næmbie] ⟨afk.; AE; inf.⟩ **0.1** [not in anyone's backyard] ***niet in de achtertuin*** ⟨bv. doelend op kerncentrales⟩.
name¹ [neem] ⟨zn.⟩ **0.1** ***naam*** ⇒*benaming* **0.2** ***reputatie*** ⇒ *naam, faam* ◆ **1.¶** ⟨inf.⟩ the ~ of the game is ... *waar het om gaat is ...;* drag s.o.'s ~ through the mire *iemands naam door het slijk halen;* ⟨inf.⟩ his ~ is mud *hij heeft een reputatie v. likmevestje* **3.1** enter / put down one's ~ for *zich opgeven / laten inschrijven voor;* could you leave your ~, please? *zou u uw naam willen opgeven?;* take s.o.'s ~ in vain *iemands naam ijdel gebruiken* **3.2** make / win a ~ for o.s., win o.s. a ~ *naam maken* **3.¶** call s.o. ~s *iem. uitschelden / beschimpen;* a ~ to conjure with *een naam die wonderen verricht, een invloedrijke naam;* lend one's ~ to *zijn naam lenen aan* **4.1** what's-his / her / its-name? *hoe heet hij / zij / het ook al weer?, dinges;* what's in a ~? *wat zegt een naam?* **6.1** he knows all his students **by** ~ *hij kent al zijn studenten bij naam;* I know him **by** ~ *ik ken hem van naam;* a man **by / of** the ~ of Jones *iem. die Jones heet, een zekere Jones;* take one's ~ **off** the books *zich laten uitschrijven (als lid);* keep one's ~ **on** the books *ingeschreven blijven staan;* he hasn't a penny **to** his ~ *hij heeft geen cent;* I can't put a ~ **to** him *ik kan hem niet precies thuisbrengen;* I can't put a ~ **to** it *ik weet niet precies hoe ik het moet zeggen* **6.2** he has a ~ **for** avarice *hij staat als gierig bekend* **6.¶** **in** the ~ of *in (de) naam van, omwille van* **7.1** first ~ *voornaam;* ⟨vnl. BE⟩ second ~ *familienaam, achternaam.* →**big.**
name² ⟨ww.⟩ **0.1** ***noemen*** ⇒*benoemen, een naam geven* **0.2** ***dopen*** ⟨schip⟩ **0.3** ***(op)noemen*** **0.4** ***benoemen*** ⇒*aanstellen* **0.5** ***vaststellen*** **0.6** ⟨vnl. pass.⟩ ***de naam vrijgeven van*** ◆ **1.1** ⟨hand.⟩ bill of lading to a ~d person *cognossement op naam* **1.3** ~ your price *noem maar een prijs* **1.5** ~ the day *de trouwdag / huwelijksdatum vaststellen* **4.¶** ⟨inf.⟩ you ~ it *noem maar op;* ⟨inf.⟩ you ~ it, he's got it *je kunt het zo gek niet bedenken of hij heeft het* **6.1** she was ~d **after** her mother, ⟨AE ook⟩ she was ~d **for** her mother *ze was naar haar moeder genoemd* **8.6** the victim has been ~d as John Smith *de naam v.h. slachtoffer is vrijgegeven; het is J.S.*
name day **0.1** ***naamdag.***
namedrop **0.1** ***opscheppen*** ⇒*indruk maken, met namen strooien* ⟨van bekende persoonlijkheden⟩.
namedropper **0.1** ***opschepper*** ⇒*snob.*
namedropping **0.1** ***opschepperij*** ⇒*snobisme.*
nameless [neemləs] **0.1** ***naamloos*** ⇒*anoniem, onbekend* **0.2** ***gruwelijk*** ⇒*afschuwelijk* **0.3** ***vaag*** ⇒*onduidelijk* ◆ **4.1** a person who shall be ~ *iem. wiens naam ik niet zal noemen.*
namely [neemlie] **0.1** ***namelijk.***
nameplate **0.1** ***naambord(je)*** ⇒*naamplaat(je).*
namesake [neemseek] **0.1** ***naamgenoot*** ◆ **1.1** she is her mother's ~ *ze heet naar haar moeder.*
name tag **0.1** ***badge.***
nan [næn], **nan(n)a** [nænə] ⟨kindertaal⟩ **0.1** ***oma.***
nanc|y¹ [nænsie] ⟨zn.; mv.: -ies⟩⟨bel.⟩ **0.1** ***mietje*** ⇒*nicht, flikker.*
nancy² ⟨bn.⟩⟨bel.⟩ **0.1** ***verwijfd*** ⇒*nichterig.*
nankeen [nænkie:n] **0.1** ***nanking.***
nann|y¹ [nænie] ⟨zn.; mv.: -ies⟩ **0.1** ***kinderjuffrouw.***
nan|ny² ⟨ww.; -nied⟩ **0.1** ***betuttelen*** ⇒*bemoederen.*
nanny goat **0.1** ***geit.***
nap¹ [næp] ⟨zn.⟩ **0.1** ***dutje*** ⇒*tukje* **0.2** ***vleug*** ⟨v. weefsel⟩.
nap² ⟨-ped⟩ **I** ⟨onov.ww.⟩ **0.1** ***dutten*** ⇒*doezelen, dommelen* ◆ **3.1** catch s.o. ~ping *iem. betrappen;*
II ⟨ov.ww.⟩ **0.1** ***omhoogborstelen*** ⟨de vleug v. textiel⟩ ⇒ *ruw / ruig maken.*
napa [næpə] **0.1** ***nappa(leer).***
napalm [neepa:m] **0.1** ***napalm.***
nape [neep] **0.1** ***(achterkant v.d.) nek*** ◆ **1.1** ~ of the neck *nek.*
naphtha [næfθə, næpθə] **0.1** ***nafta.***
naphthalene [næfθəlie:n, næp-] **0.1** ***naftaleen.***
napkin [næpkin] **0.1** ***servet*** **0.2** ***doekje*** **0.3** ⟨BE⟩ ***luier.***
napkin ring **0.1** ***servetring.***
napp|y [næpie] ⟨mv.: -ies⟩⟨BE; inf.; vaak mv.⟩ **0.1** ***luier.***
narcissism [na:sissizm] **0.1** ***narcisme.***
narcissist [na:sissist] ⟨bn.: **-ic**⟩ **0.1** ***narcist.***
narcissus [na:sissəs]⟨mv.: ook narcissi [-saj]⟩ **0.1** ***(witte) narcis.***
narco- [na:koo] **0.1** ***narco-*** ⇒*drugs-* ◆ **¶.1** narcomania *narcomanie; verslaving aan verdovende middelen;* narcoterrorism *drugsterrorisme.*
narcotic [na:kottik] **0.1** ⟨bn.⟩ ***narcotisch*** ⇒*verdovend, slaapverwekkend* **0.2** ⟨zn.⟩ ***narcoticum*** ⇒*verdovend middel* **0.3** ⟨zn.⟩ ***slaapmiddel*** ⟨ook fig.⟩ ◆ **1.1** ~ addiction *verslaving aan verdovende middelen.*
nares [neərie:z] ⟨anat.⟩ **0.1** ***neusgaten.***
nark¹ [na:k] ⟨zn.⟩⟨BE; sl.⟩ **0.1** ***verklikker*** ⇒*tipgever.*
nark² ⟨BE⟩ **I** ⟨onov.ww.⟩ **0.1** ⟨inf.⟩ ***zeuren*** ◆ **3.1** stop ~ing! *hou op met dat gezeur!;*
II ⟨ov.ww.⟩ **0.1** ⟨inf.⟩ ***kwaad maken*** ⇒*irriteren* ◆ **6.1** she felt ~ed **at / by** his words *zijn woorden ergerden haar.*
nark|y [na:kie] ⟨-ier⟩⟨BE; inf.⟩ **0.1** ***geërgerd*** ⇒*geïrriteerd, pissig* ◆ **1.1** he got a bit ~ *hij kreeg een beetje de pest in.*
narr|ate [nəreet] ⟨zn.: **-ation**⟩ **0.1** ***vertellen*** ⇒*verhalen, beschrijven.*
narrative [nærətiv] **0.1** ⟨zn.⟩ ***verhaal*** ⇒*vertelling, beschrijving* **0.2** ⟨bn.⟩ ***verhalend*** ⇒*verhaal-, narratief* ◆ **1.1** ~ power *vertelkunst.*
narrator [nəreetə] **0.1** ***verteller.***
narrow¹ [næroo] ⟨zn.; vaak mv.⟩ **0.1** ***engte*** ⇒*zee-engte, bergengte.*
narrow² ⟨bn.; -ness⟩ **0.1** ***smal*** ⇒*nauw, eng* **0.2** ***beperkt*** ⇒*gering, krap* **0.3** ***bekrompen*** ⇒*kleingeestig* **0.4** ***nauwgezet*** ⇒*precies* ◆ **1.1** by a ~ margin *nog net, op het nippertje* **1.2** a ~ majority *een kleine meerderheid* **1.4** a ~ examination *een zorgvuldig onderzoek* **1.¶** ~ circumstances *behoeftige omstandigheden;* it was a ~ escape / ⟨inf.⟩ a ~ shave / squeak / sqeeze *het was op het nippertje, op het kantje af; het had maar een haar gescheeld;* ~ gauge *smalspoor;* walk a very ~ line *spitsroeden lopen;* in the ~est sense *strikt genomen;* the ~ way *het smalle pad (der deugd).*
narrow³ ⟨ww.⟩ **0.1** ***versmallen*** ⇒*vernauwen* **0.2** ***verkleinen*** ⇒*verminderen* ◆ **1.1** she ~ed her eyes in the sunlight *ze kneep haar ogen dicht tegen het zonlicht.*

narrow boat **0.1** ***aak.***
narrowcast[1] ⟨zn.⟩ **0.1** ***uitzending/programma voor beperkt publiek/op lokaal/regionaal kabelnet.***
narrowcast[2] ⟨ww.⟩ **0.1** ***voor beperkt publiek/op lokaal/regionaal kabelnet uitzenden.***
narrow down **0.1** ***beperken*** ⇒*terugbrengen* ◆ **6.1** it narrowed down **to** this *het kwam (ten slotte) hierop neer.*
narrow-gauge railway **0.1** ***smalspoor.***
narrowly [næroolie] **0.1** →**narrow** **0.2** ***net*** ⇒*juist, ternauwernood* **0.3** ***zorgvuldig*** ⇒*nauwgezet* ◆ **3.2** the sailor ~ escaped drowning *de zeeman ontkwam maar net aan de verdrinkingsdood.*
narrow-minded ⟨-ness⟩ **0.1** ***bekrompen*** ⇒*kleingeestig.*
narwhal [na:wəl] **0.1** ***narwal.***
N.A.S.A. [næsə] ⟨afk.; AE⟩ **0.1** [National Aeronautics and Space Administration].
nasal[1] [neezl] ⟨zn.⟩ **0.1** ***neusklank*** ⇒*nasaal.*
nasal[2] ⟨bn.; zn.: **-ity**⟩ **0.1** ***neus-*** **0.2** ***nasaal*** ◆ **1.1** ~ spray *neusspray.*
nasal|ize, -ise [neezəlajz] ⟨zn.: **-ization**⟩ **0.1** ***nasal(is)eren.***
nascent [næsnt] **0.1** ***ontluikend*** ⇒*beginnend.*
nasturtium [nəstə:sjm] ⟨plantk.⟩ **0.1** ***Oost-Indische kers*** **0.2** ***waterkers.***
nast|y [na:stie] ⟨-iness⟩ **0.1** ***smerig*** ⇒*vuil, vies* **0.2** ***schunnig*** ⇒*schuin, obsceen* **0.3** ***onaangenaam*** ⇒*onprettig* **0.4** ***lastig*** ⇒*hinderlijk, vervelend* **0.5** ***gemeen*** ⇒*vals, hatelijk* **0.6** ***ernstig*** ⇒*hevig, ingrijpend* **0.7** ***guur*** ◆ **1.2** he has a ~ mind *hij denkt altijd aan viezigheid* **1.3** the bill was a ~ shock *de rekening zorgde voor een onaangename verrassing* **1.5** ⟨inf.⟩ a ~ bit/piece of work *een stuk ongeluk, een ellendeling;* a ~ look *een boze/dreigende blik* **1.6** a ~ accident *een ernstig ongeluk;* a ~ blow *een flinke/harde klap; een tegenvaller;* a ~ cold *een zware verkoudheid* **1.7** ~ weather! *wat een vies weertje!* **3.5** he turned ~ when I refused to leave *hij werd giftig/onbeschoft toen ik niet wilde weggaan* **6.5** was he ~ **to** you? *deed hij onaardig tegen je?*
natal [neetl] **0.1** ***geboorte-*** ⇒*nataal* ◆ **1.1** his ~ day *zijn verjaardag.*
nation [neesjn] **0.1** ***natie*** ⇒*volk* **0.2** ***land*** ⇒*staat.*
national[1] [næsjnəl] ⟨zn.⟩ **0.1** ***landgenoot*** **0.2** ***staatsburger*** ⇒*onderdaan* **0.3** ⟨N-; BE⟩ ***Grand National*** ⟨jaarlijkse hindernisrace voor paarden te Aintree⟩. →**grand.**
national[2] ⟨bn.⟩ **0.1** ***nationaal*** ⇒*rijks-, staats-, volks-* **0.2** ***landelijk*** ⇒*nationaal* ◆ **1.1** ~ anthem *volkslied;* National Assembly *nationale vergadering;* ⟨AE⟩ ~ bank *handelsbank; nationale bank;* ~ debt *staatsschuld;* National Front *Nationale Front* ⟨Britse fascistoïde, politieke organisatie⟩; ~ government *nationaal kabinet;* ⟨vnl. N- G-; AE⟩ ~ guard *nationale garde;* ⟨BE⟩ (on the) National Health Service *(op kosten v.d.) Nationale Gezondheidszorg;* ⟨ong.⟩ *(v.h./op kosten v.h.) ziekenfonds;* ⟨BE⟩ National Insurance *sociale verzekering;* ~ monument *historisch monument;* ~ park *nationaal park;* ~ security *staatsveiligheid;* ⟨vaak N- S-; BE⟩ ~ service *militaire dienst;* ⟨BE⟩ National Trust ⟨ong.⟩ *monumentenzorg* **1.2** ⟨BE⟩ ~ grid *landelijk hoogspanningsnet;* ~ holiday *nationale feestdag/vrije dag.*
nationalism [næsjnəlizm] **0.1** ***nationalisme.***
nationalist|(ic) [næsjnəlist(ik)] ⟨-ically⟩ **0.1** ***nationalistisch.***
nationalist [næsjnəlist] **0.1** ***nationalist.***
nationalit|y [næsjənælətie] ⟨mv.: -ies⟩ **0.1** ***nationaliteit.***
national|ize, -ise [næsjnəlajz] ⟨zn.: **-ization**⟩ **0.1** ***nationaliseren*** ⇒*naasten* **0.2** ***naturaliseren*** **0.3** ***tot een natie maken.***
nation state **0.1** ***nationale staat.***
nationwide **0.1** ***landelijk*** ⇒*door het hele land.*
native[1] [neetiv] ⟨zn.⟩ **0.1** ***inwoner*** ⇒*bewoner* **0.2** ⟨vaak mv.; vaak pej.⟩ ***inboorling*** ⇒*inlander* **0.3** ***inheemse dier/plantensoort*** ◆ **1.1** are you a ~ here? *komt u hier vandaan?* **6.1** a ~ **of** Dublin *een geboren Dubliner.*
native[2] **I** ⟨bn.⟩ **0.1** ***autochtoon*** ⇒*inheems, binnenlands* **0.2** ***aangeboren*** ⇒*ingeboren* ◆ **3.1** go ~ *zich aanpassen aan de plaatselijke bevolking/gebruiken* **6.1** an animal ~ **to** Europe *een inheemse Europese diersoort* **6.2** a talent ~ **to** his countrymen *een gave waarover al zijn landgenoten v. nature beschikken;*
II ⟨bn., attr.⟩ **0.1** ***geboorte-*** **0.2** ⟨vaak pej.⟩ ***inlands*** ⇒*inheems, autochtoon* **0.3** ***natuurlijk*** ⇒*ongekunsteld* ◆ **1.1** Native American *indiaan;* his ~ Canada *zijn geboorteland Canada;* ~ language *moedertaal;* a ~ speaker of English *iem. met Engels als moedertaal.*
nativit|y [nətivvətie] ⟨mv.: -ies⟩ **0.1** ⟨vnl. enk.; the; N-⟩ ***geboorte(feest) v. Christus*** ⇒*Kerstmis* **0.2** ***geboorte.***
nativity play ⟨vaak N- P-⟩ **0.1** ***kerstspel.***
NATO, Nato [neetoo] ⟨afk.⟩ **0.1** [North Atlantic Treaty Organization] ***NAVO*** ⇒*NATO.*
natter[1] [nætə] ⟨zn.; geen mv.⟩ ⟨BE; inf.⟩ **0.1** ***babbeltje*** ⇒*kletspraatje* ◆ **3.1** have a bit of a ~ *wat babbelen.*
natter[2] ⟨ww.⟩ ⟨BE; inf.⟩ **0.1** ***kletsen*** ⇒*beuzelen, babbelen.*
natt|y [nætie] ⟨-ily⟩ ⟨inf.⟩ **0.1** ***sjiek*** ⇒*netjes, keurig* **0.2** ***handig*** ⇒*vaardig, bedreven* ◆ **1.1** John's a very ~ dresser *John ziet er altijd uit om door een ringetje te halen.*
natural[1] [nætsjrəl] ⟨zn.⟩ **0.1** ⟨vnl. enk.; inf.⟩ ***natuurtalent*** ⇒*favoriet, meest geschikte persoon;* ⟨fig.⟩ *kanspaard* **0.2** ⟨muz.⟩ ***stamtoon*** **0.3** ***idioot*** ⇒*debiel, zwakzinnige* ◆ **6.1** John's a ~ **for** the job *John is geknipt voor die baan.*
natural[2] **I** ⟨bn.⟩ **0.1** ***natuurlijk*** ⇒*natuur-* **0.2** ***aangeboren*** ⇒*ingeschapen* **0.3** ***normaal*** ⇒*gewoon, begrijpelijk* **0.4** ***ongedwongen*** ⇒*ongekunsteld* ◆ **1.1** ~ childbirth *natuurlijke geboorte;* ~ death *natuurlijke dood;* ~ forces/phenomena *natuurverschijnselen;* ~ gas *aardgas;* ~ history *natuurlijke historie, biologie;* ~ law *natuurwet;* ~ philosophy *natuurkunde;* ~ resources *natuurlijke hulpbronnen/rijkdommen;* ~ science *natuurwetenschap* **1.¶** ~ numbers *natuurlijke getallen* **6.¶** learning languages comes ~ **to** him *talen leren gaat hem heel gemakkelijk af;*
II ⟨bn., attr.⟩ **0.1** ***geboren*** ⇒*van nature* **0.2** ***natuurlijk*** ⇒*onecht, buitenechtelijk* **0.3** ***echt*** ⇒*natuurlijk* ⟨v. familiebetrekkingen⟩ ◆ **1.1** he's a ~ linguist *hij heeft een talenknobbel* **1.3** John never knew his ~ parents *John heeft zijn echte ouders nooit gekend.*
naturalism [nætsjrəlizm] **0.1** ***naturalisme.***
naturalist [nætsjrəlist] ⟨bn.: **-ic**⟩ **0.1** ***naturalist*** **0.2** ***natuurkenner.***
natural|ize, -ise [nætsjrəlajz] ⟨zn.: **-ization**⟩ **0.1** ***naturaliseren*** **0.2** ***doen inburgeren*** ⇒*overnemen* **0.3** ***inheems maken*** ⇒*uitzetten* ⟨planten, dieren⟩ ◆ **1.3** rabbits have become ~d in Australia *konijnen zijn in Australië een inheemse diersoort geworden* **6.2** many English words have been ~d **in/into** Dutch *veel Engelse woorden zijn in het Nederlands ingeburgerd geraakt.*
naturally [nætsjrəlie] **0.1** →**natural** **0.2** ***natuurlijk*** ⇒*vanzelfsprekend, uiteraard* **0.3** ***van nature*** ◆ **3.¶** it comes ~ / ⟨inf.⟩ natural to her *het gaat haar gemakkelijk af.*
nature [neetsjə] **I** ⟨telb.zn.⟩ **0.1** ***wezen*** ⇒*natuur, karakter* **0.2** ***soort*** ⇒*aard* ◆ **1.2** I don't care for things of this ~ *dit soort dingen interesseert me niet* **4.2** sth. of that ~ *iets v. dien aard* **6.1** he is stubborn **by** ~ *hij is koppig v. aard;* **by/from/in** the (very) ~ of the case/of things *uit de aard der zaak* **6.2** her request was **in/of** the ~ of a command *haar verzoek had meer weg van een bevel.* →**good, human, second;**

II ⟨n.-telb.zn.⟩ **0.1** ⟨vaak N-⟩ ***de natuur*** ⟨ook als personificatie⟩ **0.2** ***lichaamsfunctie*** ⇒*natuurlijke functie* ◆ **3.1** ⟨fig.⟩ let ~ take its course *de zaken op hun beloop laten* **3.2** ease/relieve ~ *zijn behoefte doen; wateren* **6.1 against/ contrary to** ~ *wonderbaarlijk; onnatuurlijk, tegennatuurlijk;* paint **from** ~ *schilderen naar de natuur.*

Nature Conservancy Council 0.1 ***natuur/milieubescherming(sraad).***

nature conservation, ⟨BE ook⟩ **nature conservancy 0.1** ***natuurbehoud*** ⇒*natuurbescherming.*

nature cure 0.1 ***natuurgeneeswijze.***

nature-friendly 0.1 ***milieuvriendelijk.***

nature lover 0.1 ***natuurvriend*** ⇒*natuurliefhebber.*

nature reserve 0.1 ***natuurreservaat.***

nature study 0.1 ***natuurstudie.***

nature trail 0.1 ***natuurpad.***

nature worship 0.1 ***animisme*** ⇒*natuurgodsdienst.*

naturism [neetsjərizm] **0.1** ***naturisme*** ⇒*nudisme.*

naturist [neetsjərist] **0.1** ***naturist*** ⇒*nudist.*

naturopath [neetsjrəpæθ] **0.1** ***natuurgenezer*** ⇒*naturopaat.*

naturopath|y [neetsjəroppəθie] ⟨bn.: **-ic**⟩ **0.1** ***natuurgeneeswijze(n)*** ⇒*natuurgeneeskunde.*

naught¹, nought [no:t] ⟨vnw.⟩ **0.1** ***nul*** ⇒*niets;* ⟨fig.⟩ *onbelangrijk, waardeloos* ◆ **3.1** bring to ~ *doen mislukken, verijdelen;* come to ~ *op niets uitlopen;* care ~ for sth. *ergens geen belangstelling voor hebben;* we could do ~ but stare, amazed *we konden alleen maar verbaasd staren* **6.1** he is ~ **to** me *hij betekent niets voor mij.*

naught², nought ⟨telw.⟩ **0.1** ***nul*** ◆ **1.¶** ⟨BE⟩ ~s and crosses *boter, kaas en eieren* ⟨kinderspelletje⟩.

naught|y [no:tie] ⟨-iness⟩ **0.1** ***ondeugend*** ⇒*stout* **0.2** ***slecht*** ⇒*onfatsoenlijk.*

nausea [no:ziə, -siə] **0.1** ***misselijkheid*** **0.2** ***zeeziekte*** **0.3** ***walging*** ⇒*afkeer.*

nauseate [no:zie·eet, -sie-] **0.1** ***misselijk maken*** ⟨ook fig.⟩ ◆ **1.1** a nauseating taste *een walgelijke smaak* **6.1** he was ~d **at** the sight of it *het vervulde hem met afschuw.*

nauseous [no:ziəs, -siəs] ⟨-ness⟩ **0.1** ***misselijk makend*** ⟨ook fig.⟩ ⇒*walgelijk.*

nautical [no:tikl] **0.1** ***nautisch*** ⇒*zee(vaart)-* ◆ **1.1** ~ almanac *scheepsalmanak;* ~ mile *(Engelse) zeemijl* ⟨1853,18 m⟩; *internationale zeemijl* ⟨1852 m⟩.

nautilus [no:tilləs]⟨mv.: ook nautili [-lajl]⟩ ⟨dierk.⟩ **0.1** ***nautilus.***

naval [neevl] **0.1** ***zee-*** ⇒*scheeps-* **0.2** ***marine-*** ⇒*vloot-* ◆ **1.1** ~ architect *scheepsbouwkundig ingenieur* **1.2** ~ battle *zeeslag;* ~ cadet *adelborst (tweede klasse);* ~ officer *marineofficier;* ~ power *zeemacht, zeemogendheid.*

nave [neev] **0.1** ***schip*** ⟨v. kerk⟩ **0.2** ***naaf*** ⟨v. wiel⟩.

navel [neevl] **0.1** ***navel*** **0.2** ***middelpunt*** ⇒*centrum* **0.3** ***navel(sinaasappel).***

navel orange 0.1 ***navelsinaasappel.***

navel string 0.1 ***navelstreng.***

navigab|le [nævigəbl] ⟨zn.: **-ility**⟩ **0.1** ***bevaarbaar*** **0.2** ***zeewaardig*** **0.3** ***bestuurbaar.***

navigate [nævigeet] **I** ⟨onov.ww.⟩ **0.1** ***navigeren*** ⇒*een schip/vliegtuig besturen* **0.2** ***varen*** **0.3** ***de route aangeven*** ⇒*de weg wijzen* ⟨in auto⟩;

II ⟨ov.ww.⟩ **0.1** ***bevaren*** **0.2** ***oversteken*** ⇒*vliegen over* **0.3** ***besturen*** **0.4** ***loodsen*** ⟨fig.⟩ ⇒*(ge)leiden.*

navigation [nævigeesjn] **0.1** ***navigatie*** ⇒*het navigeren, stuurmanskunst* **0.2** ***navigatie*** ⇒*scheep/zeevaart* **0.3** ***luchtvaart*** ◆ **2.2** inland ~ *binnen(scheep)vaart, binnenschipperij.*

navigator [nævigeetə] **0.1** ⟨luchtv.⟩ ***navigator*** **0.2** ⟨scheep.⟩ ***navigatieofficier.***

navv|y [nævie] ⟨mv.: -ies⟩⟨BE⟩ **0.1** ***grondwerker*** **0.2** ***graafmachine.***

nav|y [neevie] **I** ⟨telb.zn.; mv.: -ies⟩ **0.1** ***oorlogsvloot*** ⇒*zeemacht;*

II ⟨telb.zn.; ww. enk. of mv.; vaak N-⟩ **0.1** ***marine*** ◆ **3.1** join the ~ *bij de marine gaan;*

III ⟨n.-telb.zn.⟩⟨verk.⟩ [navy blue] **0.1** ***marineblauw.***

navy blue ⟨ook attr.⟩ **0.1** ***marineblauw.***

nay¹ [nee] ⟨zn.⟩ **0.1** ***nee(n)*** **0.2** ***tegenstemmer*** ⇒*stem tegen* **0.3** ***weigering*** ◆ **3.2** the ~s have it *de motie/het (wets)voorstel is verworpen* ⟨in parlement⟩.

nay² ⟨bw.⟩ **0.1** ⟨schr.⟩ ***ja (zelfs)*** ◆ **¶.1** aren't we all different, ~, unique? *zijn we niet allemaal anders, ja uniek?*

Nazism [na:tsizm] **0.1** ***nazisme.***

N.B., NB ⟨afk.⟩ **0.1** [nota bene] ***NB.***

NBA ⟨afk.⟩ **0.1** [National Basketball Association] ⟨in USA⟩.

N.B.C. ⟨afk.; AE⟩ **0.1** [National Broadcasting Company].

NCCL ⟨afk.⟩ **0.1** [National Council for Civil Liberties].

N.C.O. ⟨afk.⟩ **0.1** [noncommissioned officer].

N.E. ⟨afk.⟩ **0.1** [northeast].

Neanderthal [nie·ændəta:l] **0.1** ***Neanderthaler*** ⟨ook inf., scherts.⟩ ⇒*barbaar, ongelikte beer.*

Neanderthal man 0.1 ***Neanderthaler.***

neap [nie:p], **neap tide 0.1** ***doodtij.***

Neapolitan [niəpollitn] **0.1** ⟨bn.⟩ ***Napolitaans*** ⇒*v./mbt. Napels* **0.2** ⟨zn.⟩ ***Napolitaan(se)*** ◆ **1.¶** ~ ice cream *blok(je) ijs met lagen v. verschillende kleuren en smaken.*

near¹ [niə] ⟨-ness⟩ **I** ⟨bn.⟩ **0.1** ***dichtbij(gelegen)*** ⇒*nabij(gelegen)* **0.2** ***kort*** ⟨weg⟩ **0.3** ***nauw verwant*** **0.4** ***intiem*** ⇒ *persoonlijk* ⟨vriend⟩ **0.5** ***krenterig*** ⇒*gierig* **0.6** ***nauwkeurig*** ⇒*woordelijk* ⟨vertaling⟩ ◆ **1.1** Near East *Nabije Oosten;* the ~ side of the river *deze kant v.d. rivier* **1.3** my ~est relation *mijn naaste bloedverwant* **1.¶** he had a ~ escape, ⟨inf.⟩ it was a ~ thing/go *het was maar op het nippertje;* ~ likeness/resemblance *sprekende/sterke gelijkenis;* it was a ~ miss *het was bijna raak* ⟨ook fig.⟩ **7.3** our ~est and dearest *zij die ons het meest dierbaar zijn;*

II ⟨bn., attr.⟩ **0.1** ***bijdehands*** ⇒*linker* ◆ **1.1** ~ front wheel *linker voorwiel.*

near² ⟨ww.⟩ **0.1** ***naderen.***

near³ ⟨bw.⟩ **0.1** ***dichtbij*** ⇒*nabij* ◆ **3.1** draw ~ *naderen, dichterbij komen;* they were ~ famished *ze waren bijna v.d. honger gestorven* **5.1** she came **as** ~ as could be to being drowned *het scheelde maar een haartje of ze was verdronken;* **as** ~ as makes no difference *zo goed als;* from far and ~ *v. heinde en ver;* ⟨inf.⟩ nowhere/not anywhere ~ as clever *lang niet zo slim* **6.1** she was ~ **to** tears *het huilen stond haar nader dan het lachen.* →**hand.**

near⁴ ⟨vz.⟩ **0.1** ⟨duidt nabijheid aan; ook fig.⟩ ***dichtbij*** ⇒*nabij, naast* ◆ **1.1** she returned ~ Christmas *ze kwam rond Kerstmis thuis;* she was ~ death *ze was bijna/op sterven na dood;* he lived ~ his sister *hij woonde niet ver van zijn zuster* **3.1** go/come ~ to doing sth. *iets bijna doen, op het punt staan iets te doen.*

near- [niə] **0.1** ***bijna*** ⇒*nagenoeg* **0.2** ***nauw*** ◆ **2.1** near-perfect *vrijwel perfect* **2.2** near-related *nauw verwant.*

near-accident 0.1 ***bijna gebeurd ongeluk.***

nearby¹ ⟨bn.⟩ **0.1** ***dichtbij(gelegen)*** ⇒*naburig.*

nearby² ⟨bw.; vz.⟩ **0.1** ***dichtbij.***

near-death experience 0.1 ***bijnadoodervaring.***

nearly [niəlie] **0.1** ***bijna*** ⇒*(wel)haast, vrijwel* **0.2** ***nauw*** ⇒ *na, van nabij* ◆ **1.1** is his book ~ finished? *is zijn boek nu al eens/haast af?* **3.2** ~ related *nauw verwant* **5.¶** not ~ *lang niet, op geen stukken na.*

nearside ⟨vnl. BE⟩ **0.1** ***bijdehands*** ⇒*linker* ◆ **1.1** the ~ wheel *het linker wiel.*
nearsighted ⟨-ly; -ness⟩ **0.1** ***bijziend.***
neat [nie:t] ⟨-ness⟩ **0.1** ***net(jes)*** ⇒*keurig* **0.2** ***proper*** ⇒*zindelijk* **0.3** ***puur*** ⇒*zonder ijs/water* ⟨v. drank⟩ **0.4** ***handig*** ⇒ *vaardig, slim* **0.5** ***sierlijk*** ⇒*smaakvol* **0.6** ⟨AE⟩ ***schoon*** ⇒ *netto* **0.7** ⟨AE; sl.⟩ ***gaaf*** ⇒*prima* **0.8** ***bondig*** ⇒*kernachtig* ◆ **1.¶** as ~ as a (new) pin *om door een ringetje te halen.*
neaten [nie:tən] **0.1** ***net(jes) maken*** ⇒*opruimen.*
neath, 'neath [nie:θ] ⟨schr.⟩ →**beneath.**
nebuchadnezzar [nebjoekədnezzə] **I** ⟨eig.n.; N-⟩ **0.1** ***Nebukadnezar;***
II ⟨telb.zn.⟩ **0.1** ***Nebukadnezar*** ⟨wijnfles met inhoud v. 20 'gewone' flessen⟩.
nebula [nebjoelə]⟨mv.: ook nebulae [-lie]⟩ **0.1** ⟨ster.⟩ ***nevel*** ⇒ *diffuse nevel.*
nebular [nebjoelə] **0.1** ***mbt. een nevel/nevels*** ⇒*nevelachtig, nevel-.*
nebulous [nebjoeləs] ⟨-ness⟩ **0.1** ***nevelig*** ⟨ook fig.⟩ ⇒*troebel, vaag* **0.2** ***nevel/wolk/waasvormig.***
NEC ⟨afk.⟩ **0.1** [National Executive Committee].
necessarily [nessisserrillie] **0.1** ***noodzakelijk(erwijs)*** ⇒*onvermijdelijk, per definitie.*
necessar|y¹ [nessisrie] ⟨mv.: -ies⟩ **I** ⟨telb.zn.; vnl. mv.⟩ **0.1** ***behoefte*** ⇒*vereiste, noodzaak* ◆ **7.1** the ~ *het benodigde;* ⟨ihb.⟩ *geld;*
II ⟨mv.⟩ **0.1** ***benodigdheden*** ⇒*vereisten* **0.2** ***(levens)behoeften.***
necessary² ⟨bn.⟩ **0.1** ***noodzakelijk*** ⇒*nodig, vereist* **0.2** ***onontbeerlijk*** ⇒*essentieel* **0.3** ***onontkoombaar*** ⇒*onvermijdelijk, onafwendbaar* ◆ **1.3** ~ evil *noodzakelijk kwaad.*
necessitate [nissessitteet] **0.1** ***noodzaken*** ⇒*nopen tot* **0.2** ***vereisen*** ⇒*dwingen tot.*
necessitous [nissessittəs] ⟨schr.⟩ **0.1** ***behoeftig*** ⇒*misdeeld* **0.2** ***urgent*** ⇒*dringend.*
necessit|y [nissessətie] ⟨mv.: -ies⟩ **0.1** ***noodzaak*** ⇒*dwang* **0.2** ***noodzakelijkheid*** ⇒*noodwendigheid* **0.3** ***behoefte*** ⇒ *vereiste* **0.4** ***nood(druft)*** ⇒*armoede* ◆ **1.1** in case of ~ *in geval v. nood* **3.¶** bow to ~ *zich schikken in het onvermijdelijke* **6.¶** **by/of** ~ *noodzakelijkerwijs, onvermijdelijk* **¶.4** ⟨sprw.⟩ ~ is the mother of invention *nood zoekt list.*
neck¹ [nek] ⟨zn.⟩ **0.1** ***hals*** ⇒*nek* **0.2** ***hals(lijn)*** ⇒*kraag* **0.3** ⟨ben. voor⟩ ***hals(vormig voorwerp)*** ⇒⟨bv.⟩ *flessenhals* **0.4** ***(zee/land/berg)engte*** ◆ **1.4** a ~ of land *een landengte* **1.¶** ~ and crop *geheel en al;* ⟨vnl. AE⟩ ~ of the woods *buurt, omgeving* **3.¶** break one's ~ *zijn hals/nek breken;* ⟨inf.⟩ *zich uit de naad werken;* ⟨inf.⟩ breathe down s.o.'s ~ *iem. op de hielen zitten; iem. op de vingers kijken;* ⟨sl.⟩ get it in the ~ *het voor zijn kiezen krijgen;* risk one's ~ *zijn leven wagen;* ⟨inf.⟩ save one's ~ *zijn hachje (zien te) redden;* ⟨inf.⟩ stick one's ~ out *zijn hachje wagen, zich kwetsbaar opstellen* **6.1** ⟨sport⟩ **by** a ~ *met een halslengte (verschil)* **6.¶** ⟨inf.⟩ **up to** one's ~ in (debt) *tot zijn nek in (de schuld)* **¶.1** ⟨sport⟩ ~ and ~ *nek aan nek.* →**dead.**
neck² **I** ⟨onov. en ov.ww.⟩⟨inf.⟩ **0.1** ***vrijen (met)*** ⇒*kussen;*
II ⟨ov.ww.⟩ **0.1** ***nekken*** ⇒*de nek omdraaien.*
neckband **0.1** ***(hals)boord(je)*** ⇒*kraag.*
neckerchief [nekkətsjif] **0.1** ***halsdoek(je)*** ⇒*sjaaltje.*
necklace¹ [neklis] ⟨zn.⟩ **0.1** ***halsband/snoer*** ⇒*(hals)ketting.*
necklace² ⟨ww.⟩ **0.1** ***vermoorden dmv. 'halsband'*** ⟨brandende autoband om hals⟩.
necklet [neklit] **0.1** ***halsbandje*** ⇒*(hals)kettinkje.*
neckline **0.1** ***kraag/halslijn.***
necktie ⟨vnl. AE⟩ **0.1** ***stropdas.***
neckwear **0.1** ***boorden en dassen.***
necromancer [nekrəmænsə] **0.1** ***dodenbezweerder*** **0.2** ***tovenaar.***
necromancy [nekrəmænsie] **0.1** ***necromantie*** ⇒*dodenbezwering* **0.2** ***magie*** ⇒*tovenarij.*
necrophilia [nekroofillia], **necrophilism** [nekroffillizm] **0.1** ***necrofilie.***
necrophiliac [nekroofillie·æk, -rə-] **0.1** ⟨bn. en zn.⟩ ***necrofiel.***
necropolis [nekroppəlis] **0.1** ***necropolis*** ⇒*dodenstad.*
nectar [nektə] **0.1** ***nectar*** ⇒*godendrank.*
nectarine [nektərie:n] **0.1** ***nectarine(perzik).***
née, ⟨AE sp. ook⟩ **nee** [nee] **0.1** ***geboren*** ◆ **1.1** Mrs Albert Corde(,) ~ Raresh *Mevr. Corde, geboren Raresh.*
need¹ [nie:d] **I** ⟨telb. en n.-telb.zn.⟩ **0.1** ***behoefte*** ⇒*nood* ◆ **3.1** as/if/when the ~ arises *als de behoefte zich voordoet* **6.1** a ~ **for** love *een behoefte aan liefde;* have ~ **of** *behoefte/gebrek hebben aan;* people in ~ **of** help *hulpbehoevenden;*
II ⟨n.-telb.zn.⟩ **0.1** ***noodzaak*** **0.2** ***behoeftigheid*** ⇒*armoede* ◆ **1.2** ⟨inf.⟩ a friend in ~ *een echte/ware vriend* **6.1** there's no ~ **for** you to leave yet *je hoeft nog niet weg (te gaan)* **¶.¶** if ~ be *desnoods, als het moet.*
need² **I** ⟨onov.ww.⟩ **0.1** ***noodlijdend zijn;***
II ⟨ov.ww.⟩ **0.1** ***nodig hebben*** ⇒*behoefte hebben aan, vereisen* ◆ **1.1** they ~ more room to play *ze hebben meer speelruimte nodig* **3.1** this ~s doing/to be done urgently *dit moet dringend gedaan worden* **4.1** ⟨pass.⟩ he worked as hard as (it was) ~ed *hij werkte zo hard als nodig was;*
III ⟨hww.; 3e pers. enk. need⟩ **0.1** ***hoeven*** ⇒*moeten;* ⟨met ontkenning⟩ *had (niet) hoeven* ◆ **3.1** all he ~ do is ... *al wat hij moet doen is ...;* he ~ not panic *hij hoeft niet in paniek te raken;* we ~ not have worried *we hadden ons geen zorgen hoeven te maken.*
needful [nie:dfl] **0.1** ***noodzakelijk*** ⇒*benodigd.*
needle¹ [nie:dl] ⟨zn.⟩ **0.1** ***naald*** ⇒*breinaald; haaknaald; borduurnaald; magneetnaald; injectienaald; grammofoonnaald; dennennaald* **0.2** ***sterke rivaliteit*** ◆ **1.1** look for a ~ in a haystack *een speld in een hooiberg zoeken* **1.2** ~ match *wedstrijd op het scherp v.d. snede* **3.¶** ⟨inf.⟩ get the ~ *pissig worden;* ⟨inf.⟩ give s.o. the ~ *iem. stangen.* →**magnetic, sharp.**
needle² ⟨ww.⟩ **0.1** ***naaien*** ⇒*een naald halen door, (door)prikken* **0.2** ⟨inf.⟩ ***stangen*** ⇒*zieken, pesten.*
needlecraft **0.1** ***naaikunst.***
needle printer ⟨comp.⟩ **0.1** ***matrix/naaldprinter.***
needless [nie:dləs] **0.1** ***nodeloos*** ⇒*onnodig* ◆ **3.1** ~ to say ... *het hoeft geen betoog ..., overbodig te zeggen ...*
needlewoman **0.1** ***naaister.***
needlework **0.1** ***naaiwerk*** **0.2** ***naaldwerk*** ⇒*handwerk(en).*
needn't [nie:dnt] ⟨samentr. v. need not⟩.
needs [nie:dz] **0.1** ***noodzakelijkerwijs*** ◆ **3.1** he ~ must *hij kan niet anders;* at a moment like this, he must ~ go *uitgerekend op een moment als dit moet hij zo nodig weg.*
needs test **0.1** ***onderzoek naar (primaire) behoeften.***
need|y [nie:die] ⟨-iness⟩ **0.1** ***behoeftig*** ⇒*arm, noodlijdend* ◆ **7.1** the poor and ~ *de armen en hulpbehoevenden.*
ne'er [neə] ⟨verk.⟩ [never] ⟨schr.⟩ **0.1** ***nimmer.***
nefarious [niffeəriəs] ⟨-ness⟩⟨schr.⟩ **0.1** ***misdadig*** ⇒*schandelijk.*
negate [nigeet] **0.1** ***tenietdoen*** **0.2** ***loochenen*** ⇒*ontkennen, uitsluiten.*
negation [nigeesjn] **0.1** ***ontkenning*** ⇒*loochening, negatie.*
negative¹ [negətiv] ⟨zn.⟩ **0.1** ***afwijzing*** ⇒*verwerping* **0.2** ***ontkenning*** ⇒*loochening* **0.3** ***weigering*** **0.4** ⟨foto.⟩ ***negatief*** **0.5** ⟨wisk.⟩ ***negatief getal*** ⇒*negatieve grootheid* ◆ **6.2** the answer is **in** the ~ *het antwoord luidt nee/is ont-*

kennend **6.¶** put that sentence **in(to)** the ~ *zet die zin in de ontkennende vorm.*

negative[2] ⟨bn.⟩ **0.1** ***negatief*** **0.2** ***ontkennend*** ⇒*afwijzend* **0.3** ⟨med.⟩ ***resusnegatief*** ◆ **1.1** the ~ pole *de negatieve pool;* ⟨scherts.⟩ ~ quantity *negatieve hoeveelheid, niets;* the ~ sign *het minteken* **1.2** ~ criticism *afbrekende kritiek;* ~ evidence *negatief bewijsmateriaal.*

negative[3] ⟨ww.⟩ **0.1** ***verbieden*** ⇒*afwijzen, verwerpen* **0.2** ***ontkennen*** ⇒*loochenen* **0.3** ***logenstraffen.***

negative[4] ⟨tw.⟩ **0.1** ***nee.***

neglect[1] [niglekt] ⟨zn.⟩ **0.1** ***verwaarlozing*** **0.2** ***onachtzaamheid*** **0.3** ***verzuim*** ◆ **1.3** ~ of duty *plichtsverzuim.*

neglect[2] ⟨ww.⟩ **0.1** ***veronachtzamen*** ⇒*verwaarlozen* **0.2** ***verzuimen*** ⇒*nalaten* ◆ **1.1** ~ a warning *een waarschuwing in de wind slaan.*

neglectful [niglektfl] **0.1** ***achteloos*** ⇒*slordig, nalatig* ◆ **6.1** he's ~ **of** his duties *hij verzuimt zijn plichten.*

negligee, negligé(e) [neglizjee] **0.1** ***negligé.***

negligence [neglidzjəns] **0.1** ***achteloosheid*** ⇒*onachtzaamheid, slordigheid* **0.2** ⟨jur.⟩ ***nalatigheid*** ⇒*plichtsverzaking.* →**contributory.**

negligent [neglidzjənt] **0.1** ***onachtzaam*** ⇒*achteloos, slordig* **0.2** ***moeiteloos*** ⇒*achteloos, ongedwongen.*

negligib|le [neglidzjəbl] ⟨-ly⟩ **0.1** ***verwaarloosbaar*** ⇒*niet noemenswaardig.*

negotiable [nigoosjəbl] **0.1** ***bespreekbaar*** ⇒*voor onderhandeling vatbaar* **0.2** ***verhandelbaar*** ⇒*inwisselbaar* **0.3** ⟨inf.⟩ ***begaan/berijd/bevaarbaar*** ⇒*neembaar, doenlijk* ◆ **1.1** salary ~ *salaris nader overeen te komen* **1.2** ~ instruments *wissels.*

negotiate [nigoosjie·eet] **I** ⟨onov.ww.⟩ **0.1** ***onderhandelen;*** **II** ⟨ov.ww.⟩ **0.1** ***(na onderhandeling) sluiten*** ⇒*afsluiten* **0.2** ⟨inf.⟩ ***nemen*** ⇒*passeren, door/overheen komen;* ⟨bij uitbr.⟩ *tot een goed einde brengen* **0.3** ***inwisselen*** ⇒*verzilveren* ◆ **1.2** ~ a sharp bend *een scherpe bocht nemen.*

negotiating table **0.1** ***onderhandelingstafel.***

negotiation [nigoosjie·eesjn] **0.1** ⟨vaak mv.⟩ ***onderhandeling*** ⇒*bespreking* **0.2** ***(af)sluiting*** ◆ **3.1** enter into/open/start ~s with *in onderhandeling gaan met.*

negotiator [nigoosjie·eetə] **0.1** ***onderhandelaar.***

Negress [nie:gris] ⟨vooral in USA bel.⟩ **0.1** ***negerin.***

Negro [nie:groo] ⟨mv.: -es; ook attr.⟩ ⟨vooral in USA bel.⟩ **0.1** ***neger.***

Negroid [nie:grojd] **0.1** ⟨bn. en zn.⟩ ***negroïde.***

negus [nie:gəs] **0.1** ***negus*** ⟨warme gekruide wijn⟩.

neigh[1] [nee] ⟨zn.⟩ **0.1** ***(ge)hinnik.***

neigh[2] ⟨ww.⟩ **0.1** ***hinniken.***

neighbour[1], ⟨AE sp.⟩ **neighbor** [neebə] ⟨zn.⟩ **0.1** ***buurman/vrouw*** ⇒⟨bij uitbr.⟩ *naburig/belendend ding* **0.2** ***medemens*** ⇒*naaste* ◆ **1.1** my ~ at dinner *mijn tafelgenoot* **1.2** duty to one's ~ *(ver)plicht(ing) tov. zijn naaste.*

neighbour[2], ⟨AE sp.⟩ **neighbor** **I** ⟨onov.ww.⟩ **0.1** ***belenden*** ⇒ *bij elkaar liggen, aan elkaar grenzen* ◆ **6.1** ~ **on** *grenzen aan;*
II ⟨ov.ww.⟩ **0.1** ***grenzen aan.***

neighbourhood, ⟨AE sp.⟩ **neighborhood** [neebəhoed] **0.1** ***buurt*** ⇒*wijk* **0.2** ***nabijheid*** ⇒*omgeving* ◆ **6.¶** I paid a sum **in** the ~ of 150 dollars *ik heb om en nabij de 150 dollar betaald.*

neighbourhood group **0.1** ***buurtvereniging.***

neighbourhood watch ⟨zn.; ww. enk. of mv.⟩ **0.1** ***buurtwacht*** ⇒*wijkbescherming.*

neighbouring, ⟨AE sp.⟩ **neighboring** [neebring] **0.1** ***belendend*** ⇒*aangrenzend.*

neighbourl|y, ⟨AE sp.⟩ **neighborl|y** [neebəlie] ⟨-iness⟩ **0.1** ***zoals een goede buur betaamt*** ⇒*behulpzaam, vriendelijk.*

neither[1] [najðə] ⟨vnw.⟩ **0.1** ***geen van beide(n)*** ◆ **6.1** ~ **of** us wanted him to come *we wilden geen van beiden dat hij kwam.*

neither[2] ⟨bw.⟩ **0.1** ⟨tgov. also⟩ ***evenmin*** ⇒*ook niet* ◆ **3.1** she cannot play and ~ can I *zij kan niet spelen en ik ook niet.*

neither[3] ⟨det.⟩ **0.1** ***geen van beide*** ◆ **1.1** ~ candidate *geen van beide kandidaten.*

neither[4] ⟨vw.; met nor⟩ **0.1** ***noch*** ◆ **1.1** ~ Jack nor Jill (⟨inf.⟩ nor Jonathan) *noch Jack, noch Jill (noch Jonathan)* **3.1** she could ~ laugh nor cry *ze kon (noch) lachen noch huilen.*

nelly [nellie] ◆ **4.¶** ⟨BE; sl.⟩ not on your ~ *schrijf het maar op je buik, in geen honderd jaar.*

nelson [nelsn] ⟨worstelen⟩ **0.1** ***nelson*** ⇒*okselnekgreep* ◆ **2.1** half/full ~ *halve/dubbele nelson.*

nem. con. [nem kon] ⟨afk.⟩ **0.1** [nemine contradicente] ***unaniem*** ⇒*eenstemmig.*

nemesis [nemmissis] ⟨mv.: ook nemeses [-sie:z]⟩ **0.1** ***wreker*** ⇒*wraakgodin* **0.2** ***sterke tegenstander*** ⇒*meerdere* **0.3** ***wrekende gerechtigheid.***

neoclassical [nie:ooklæsikl] **0.1** ***neoklassiek.***

neocolonialism [-kəlooniəlizm] **0.1** ***neokolonialisme.***

neolithic [nie:əliθik] ⟨ook N-⟩ **0.1** ***neolithisch.***

neologism [nie·olləd zjizm] **0.1** ***neologisme*** ⇒*nieuwvorming, nieuw woord.*

neon [nie:on] **0.1** ***neon.***

neonatal [nie:ooneetl] ⟨med.⟩ **0.1** ***neonataal*** ⟨mbt. pasgeborenen⟩.

neonate [nie:ooneet] **0.1** ***nieuw/pasgeborene.***

neon light, neon lamp **0.1** ***neonlamp*** ⇒*tl-buis/lamp* **0.2** ***neonlicht*** ⇒*neonverlichting.*

neon sign **0.1** ***licht/neonreclame.***

neophyte [niəfajt] **0.1** ***beginner*** ⇒*nieuweling, beginneling* **0.2** ***nieuwbekeerde.***

neoplasm [nie:ooplæzm] ⟨med.⟩ **0.1** ***neoplasma*** ⇒*nieuwgroei, gezwel.*

Nepal [nippo:l] **0.1** ***Nepal.***

Nepalese [neppəlie:z], **Nepali** [nippo:lie] ⟨mv.: Nepalese⟩ **0.1** ⟨bn.⟩ ***Nepalees*** **0.2** ⟨eig.n.⟩ ***Nepalees*** ⟨taal⟩ **0.3** ⟨telb. zn.⟩ ***Nepalees/Nepalese*** ⇒*inwoner/inwoonster v. Nepal.*

nephew [nevjoe:, nef-] **0.1** ***neef.***

nephritis [nifrajtis] ⟨med.⟩ **0.1** ***nefritis*** ⇒*nierontsteking/ziekte.*

nephrology [nifrolləd zjie] ⟨med.⟩ **0.1** ***nefrologie*** ⟨wetenschap v.d. nierziekten⟩.

nepotism [neppətizm] **0.1** ***nepotisme.***

Neptune [neptjoe:n] **0.1** ***Neptunus.***

nerd, nurd [nə:d] ⟨vnl. AE; inf.⟩ **0.1** ***lul*** ⇒*sul, klungel.*

Nereid [niərie·id] ⟨ook n-⟩ **0.1** ***nereïde*** ⇒*zeenimf.*

nerve[1] [nə:v] **I** ⟨telb.zn.⟩ **0.1** ***zenuw*** **0.2** ⟨geen mv.⟩ ***lef*** ⇒*brutaliteit* **0.3** ⟨plantk.⟩ ***(blad)nerf*** ◆ **3.1** ⟨fig.⟩ hit/touch a ~ *een zenuw/gevoelige plek raken* **3.2** you've got a ~! *jij durft, zeg!;* he had the ~ to tell me he's been married before *hij presteerde het me te zeggen dat hij al eens eerder getrouwd is geweest;*
II ⟨n.-telb.zn.⟩ **0.1** ***moed*** ⇒*durf* ◆ **3.1** get up the ~ to do sth. *de moed opbrengen om iets te doen;* lose one's ~ *de moed verliezen; besluiteloos worden;*
III ⟨mv.⟩ **0.1** ***zenuwen*** ⇒*nervositeit* **0.2** ***zenuwen*** ⇒*zelfbeheersing* ◆ **1.2** ~s of steel *stalen zenuwen* **3.1** get on s.o.'s ~s *op iemands zenuwen werken.*

nerve[2] ⟨ww.⟩ **0.1** ***sterken*** ⇒*stalen* ◆ **6.1** ~ o.s. **for** *zich oppeppen voor/moed inspreken om.*

nerve cell **0.1** ***zenuwcel.***

nerve centre ⟨fig.⟩ **0.1** ***zenuwcentrum.***

nerveless [nə:vləs] ⟨-ness⟩ **0.1** ***krachteloos*** ⇒*zwak* **0.2** ***koelbloedig*** ⇒*onverstoorbaar* **0.3** ***ongenerfd.***

nerve-(w)racking 0.1 *zenuwslopend.*
nervous [nɔ:vəs] ⟨-ness⟩ **0.1** ***zenuwachtig*** ⇒*gejaagd* **0.2** ***nerveus*** ⇒*zenuw-* **0.3** ***angstig*** ⇒*bang(ig)* **0.4** ***energiek*** ⇒ *robuust* ◆ **1.2** ~ breakdown *zenuwinstorting/inzinking;* ~ disorders *zenuwstoringen;* (central) ~ system *(centraal) zenuwstelsel* **6.3** ~ **of** *bang voor/om te.*
nerv|y [nɔ:vie] ⟨-ier⟩ **0.1** ⟨vnl. BE; inf.⟩ ***zenuwachtig*** ⇒*schrikkerig* **0.2** ⟨vnl. AE; inf.⟩ ***koel(bloedig)*** ⇒*onverschillig* **0.3** ***zenuwslopend*** **0.4** ⟨inf.⟩ ***brutaal*** ⇒*vrijpostig.*
nest[1] [nest] ⟨zn.⟩ **0.1** ⟨ook mil.⟩ ***nest*** ⟨ook fig.⟩ **0.2** ***broeinest*** ⇒*haard* ◆ **1.1** a ~ of robbers *een roversnest* **3.¶** feather one's ~ *zijn zakken vullen;* foul one's own ~ *het eigen nest bevuilen.*
nest[2] **I** ⟨onov.ww.⟩ **0.1** ***(zich) nestelen*** **0.2** ***nesten uithalen;*** **II** ⟨onov. en ov.ww.⟩ **0.1** ***nesten*** ⇒*in elkaar passen.*
nest egg **0.1** ***nestei*** **0.2** ***appeltje voor de dorst.***
nestle [nesl] **I** ⟨onov.ww.⟩ **0.1** ***zich nestelen*** ⇒*lekker (gaan) zitten/liggen* **0.2** ***(half) verscholen liggen*** **0.3** ***schurken*** ⇒*(dicht) aankruipen, zich* ⟨(tegen iem.)⟩; *aan drukken* ◆ **6.3** ~ **up against/to** s.o. *dicht tegen iem. aankruipen;* **II** ⟨ov.ww.⟩ **0.1** ***vlijen*** **0.2** ***tegen zich aan drukken*** ⇒*in zijn armen nemen.*
nestling [nes(t)ling] **0.1** ***nestvogel.***
Nestor [nesto:, nestə] ⟨soms n-⟩ **0.1** ***nestor*** ⇒*wijze oude raadgever.*
net[1] [net] ⟨zn.⟩ **0.1** ***net*** **0.2** ⟨fig.⟩ ***net*** ⇒*web, strik* **0.3** ***netmateriaal*** ⇒*mousseline, tule* **0.4** ***nettobedrag*** **0.5** ⟨mv.; cricket⟩ ***kooi*** ◆ **3.¶** ⟨comp.⟩ surf the Net *internetten, op het Net surfen.*
net[2], ⟨BE sp. ook⟩ **nett** ⟨bn.⟩ **0.1** ***netto*** ⇒*schoon, zuiver* ◆ **1.1** ~ profit *nettowinst;* the ~ result *per saldo;* ⟨ec.⟩ ~ worth *netto waarde* ⟨activa minus passiva⟩.
net[3], ⟨in bet. 0.5 en 0.6 BE sp. ook⟩ **nett** ⟨ww.; netted⟩ **0.1** ***(in een net) vangen*** ⇒⟨ook fig.⟩ *(ver)strikken* **0.2** ***(met een net) af/bedekken*** **0.3** ***netten/fuiken zetten in*** ⇒*bevissen* **0.4** ⟨sport⟩ ***in het net slaan*** **0.5** ***(als winst) opleveren*** ⇒*(netto) opbrengen* **0.6** ***winnen*** ⇒*opstrijken, (netto) verdienen.*
netball ⟨sport⟩ **0.1** ***netbal*** ⟨soort dameskorfbal⟩.
net-cord judge ⟨tennis⟩ **0.1** ***netrechter.***
nether [neðə] ⟨vero. of scherts.⟩ **0.1** ***onder-*** ⇒*neder-, beneden-* ◆ **1.1** ~ regions/world *schimmenrijk, onderwereld.*
Netherlands [neðələndz] ⟨the⟩ **0.1** ***Nederland.***
Netherlands Antilles [æntillie:z] ⟨the⟩ **0.1** ***Nederlandse Antillen.***
nethermost [neðəmoost] ⟨schr.⟩ **0.1** ***onderste*** ⇒*laagste, diepste.*
netminder ⟨ijshockey⟩ **0.1** ***doelman*** ⇒*keeper.*
nett →**net.**
netting [netting] **0.1** ***net(werk).***
nettle[1] [netl] ⟨zn.⟩ **0.1** ***(brand)netel*** **0.2** ***kwelling*** ◆ **3.¶** grasp the ~ *de koe bij de hoorns vatten.* →**dead.**
nettle[2] ⟨ww.⟩ **0.1** ***prikken*** ⇒*branden* **0.2** ***irriteren*** ⇒*ergeren.*
nettle rash ⟨med.⟩ **0.1** ***netelroos.***
nettlesome [netlsəm] **0.1** ***irriteerbaar*** **0.2** ***irriterend*** ⇒*ergerlijk.*
network **0.1** ***net(werk)*** **0.2** ***radio- en televisiemaatschappij*** ⇒*omroep* **0.3** ⟨comp.⟩ ***netwerk*** ⟨interconnectie v. computersystemen⟩.
networking [netwɔ:king] **0.1** ⟨comp.⟩ ***(het) werken met/in een netwerk(systeem)*** **0.2** ⟨AE⟩ ***netwerken*** ⟨het gebruik maken v. relaties voor uitbouw v. carrière⟩.
neural [njoeərəl] **0.1** ***neuraal*** ⇒*zenuw-.*
neuralgia [njoeræeldzjə] **0.1** ***neuralgie*** ⇒*zenuwpijn.*
neuralgic [njoerældzjik] **0.1** ***neuralgisch.***
neurasthenia [njoeərəsθie:niə] **0.1** ***neurasthenie*** ⇒*zenuwzwakte.*
neurasthenic [njoeərəsθennik] **0.1** ⟨bn.⟩ ***neurasthenisch*** ⇒ *zenuwzwak* **0.2** ⟨zn.⟩ ***neurasthenicus*** ⇒*zenuwlijder/patiënt.*
neuritis [njoerajtis] **0.1** ***neuritis*** ⇒*zenuwontsteking.*
neurologist [njoerolləldzjist] **0.1** ***neuroloog.***
neurology [njoerolləldzjie] **0.1** ***neurologie.***
neurosis [njoeroosis]⟨mv.: neuroses [-sie:z]⟩ **0.1** ***neurose.***
neurosurgery [njoeəroosɔ:dzjərie] **0.1** ***neurochirurgie.***
neurotic [njoerottik] **0.1** ⟨bn.⟩ ***neurotisch*** **0.2** ⟨zn.⟩ ***neuroticus*** ⇒*neuroot.*
neuter[1] [njoe:tə] ⟨zn.⟩ **0.1** ⟨biol.⟩ ***geslachtloos/gecastreerd dier*** **0.2** ***geslachtloze plant*** **0.3** ***onpartijdige.***
neuter[2] ⟨bn.⟩ **0.1** ***onpartijdig*** ⇒*neutraal* ◆ **3.1** stand ~ *zich neutraal opstellen.*
neuter[3] ⟨ww.⟩ **0.1** ⟨BE; euf.⟩ ***helpen*** ⇒*castreren, steriliseren* ⟨dier⟩.
neutral[1] [njoe:trəl] ⟨zn.⟩ **0.1** ***neutrale*** ⇒*onpartijdige* **0.2** ⟨tech.⟩ ***vrijloop*** ◆ **6.2** **in** ~ *in z'n vrij* ⟨versnelling⟩.
neutral[2] ⟨bn.⟩ **0.1** ***neutraal*** ⟨ook schei.⟩ ⇒*onpartijdig* **0.2** ***onzijdig*** ⇒*geslachtloos* ◆ **1.¶** in ~ gear *in z'n vrij.*
neutrality [njoe:træləltie] **0.1** ***neutraliteit.***
neutral|ize, -ise [njoe:trəlajz] ⟨zn.: **-ization**⟩ **0.1** ***neutraliseren.***
neutron [njoe:tron] **0.1** ***neutron.***
neutron bomb **0.1** ***neutronenbom.***
never [nevvə] **0.1** ***nooit*** ⇒*nimmer* ◆ **3.1** ~-ending *altijddurend;* ~-to-be-forgotten *onvergetelijk;* I ~ remember her saying that *ik kan me niet herinneren dat ze dat ooit gezegd heeft* **3.¶** this'll ~ do *dit is niks, dit is niet goed genoeg* **5.1** ~ ever *nooit ofte nimmer* **5.¶** he ~ so/as much as looked! *hij keek niet eens!* **7.¶** ~ a *geen (enkel)* **¶.¶** well, I ~ (did)! *(wel) heb je (nu) ooit!;* Never Never Land *eldorado, luilekkerland.*
nevermore [nevvəmo:] **0.1** ***nooit weer*** ⇒*nimmermeer.*
never-never, never-never system ⟨the⟩⟨BE; inf.⟩ **0.1** ***huurkoop(systeem)*** ◆ **6.1** **on** the ~ *op afbetaling.*
nevertheless [nevvəðəles] **0.1** ***niettemin*** ⇒*desondanks, toch.*
new [njoe:] ⟨-ness⟩ **0.1** ***nieuw*** ⇒*ongebruikt, recent* ◆ **1.1** ~ bread *vers brood;* a ~ look *een nieuw aanzien;* ~ math(s) *nieuwe/moderne wiskunde;* ~ moon *(eerste fase v.d.) wassende maan, nieuwemaan;* ~ town *new town, nieuwbouwstad;* the New World *de Nieuwe Wereld, Noord- en Zuid-Amerika;* ~ year *jaarwisseling; nieuw jaar;* ⟨vnl. BE⟩ *begin(tijd) v.e. (nieuw) jaar;* ⟨AE⟩ New Year's *nieuwjaarsdag* **1.¶** ~ broom *frisse wind;* put a ~ face on *een nieuw gezicht geven;* turn over a ~ leaf *met een schone lei beginnen;* cast a ~ light on *een nieuw licht werpen op* **2.1** as good as ~ *zo goed als nieuw* **2.¶** break ~ ground ⟨lett.⟩ *op een nieuw terrein beginnen;* ⟨fig.⟩ *nieuwe wegen banen;* get/give (s.o./sth.) a ~ lease of/⟨AE⟩ on life *de levensduur verlengen (v. persoon/voorwerp), (iem.) een hart onder de riem steken* **4.¶** what's ~? *is er nog nieuws?* **6.¶** that's ~ **to** me *dat is nieuw voor me;* I'm ~ **to** the job *ik werk hier nog maar pas.*
New Age **0.1** ***new age.***
newborn **0.1** ***pasgeboren*** **0.2** ***herboren.***
newcomer [njoe:kummə] **0.1** ***nieuwkomer*** ⇒*beginner.*
newel [njoe:əl] **0.1** ***trap/wentelspil*** **0.2** ***trapstijl*** ⇒*hoofdbaluster.*
newfangled ⟨-ness⟩⟨pej.⟩ **0.1** ***nieuwlichterig*** ⇒*nieuwerwets.*

Newfoundland (dog) [njoe:fəndlənd] **0.1** ***newfoundlander*** ⟨hond⟩.
newly [njoe:lie] **0.1** ***op nieuwe wijze*** ⇒*anders* **0.2** ***onlangs*** ⇒*pas, recentelijk* **0.3** ***opnieuw*** ⇒*wederom* ◆ **3.2** ~ wed *pas getrouwd.*
newly-wed ⟨vnl. mv.⟩ **0.1** ***jonggehuwde*** ⇒*pas getrouwde.*
news [njoe:z] **0.1** ***nieuws*** **0.2** ⟨the⟩ ***nieuws(berichten)*** ⇒ *journaal(uitzending)* ◆ **3.1** ⟨inf.⟩ break the ~ to s.o. *(als eerste) iem. het (slechte) nieuws vertellen* **6.1** be **in** the ~ *in het nieuws zijn;* that is ~ **to** me *dat is nieuw voor mij.* → **bad.**
news agency **0.1** ***nieuws/persagentschap.***
news agent ⟨BE⟩ **0.1** ***kranten/tijdschriftenverkoper.***
newsboy **0.1** ***krantenjongen.***
newscast **0.1** ***nieuwsuitzending*** ⇒*journaal.*
newscaster [njoe:zka:stə] **0.1** ***nieuwslezer.***
news dealer ⟨AE⟩ **0.1** ***kranten/tijdschriftenverkoper.***
newsflash **0.1** ***nieuwsflits*** ⇒*kort nieuwsbericht.*
news headlines **0.1** ***hoofdpunten v.h. nieuws.***
newsletter **0.1** ***nieuwsbrief*** ⇒*mededelingenblad, club/verenigingsblad.*
newsmonger **0.1** ***roddelaar(ster)*** ⇒*nieuwtjesjager.*
newspaper [njoe:speepə] **0.1** ***krant*** ⇒*dag/nieuwsblad.*
newspaper article **0.1** ***krantenartikel.***
newspaper report **0.1** ***krantenbericht.***
newspaper story **0.1** ***krantenverhaal.***
newspaper tycoon **0.1** ***krantenmagnaat.***
newsprint **0.1** ***krantenpapier.***
newsreader ⟨BE⟩ **0.1** ***nieuwslezer.***
newsreel **0.1** ***(bioscoop)journaal.***
news release **0.1** ***perscommuniqué*** ⇒*persbericht.*
news reporter **0.1** ***verslaggever.***
newsroom **0.1** ***redactie(kamer).***
newssheet **0.1** ***nieuwsblad/bulletin.***
newsstand **0.1** ***kiosk.***
newsvendor **0.1** ***krantenverkoper.***
newsworthy **0.1** ***met voldoende nieuwswaarde*** ⇒*actueel.*
news|y [njoe:zie] ⟨-iness⟩⟨inf.⟩ **0.1** ***met nieuwtjes (gevuld)*** ⇒ *roddel-.*
newt [njoe:t] **0.1** ***watersalamander.***
New Year's Day **0.1** ***nieuwjaarsdag.***
New Year's Eve **0.1** ***oudejaar(savond/sdag).***
New Zealand [njoe: zie:lənd] **0.1** ***Nieuw-Zeeland.***
next[1] [nekst] ⟨bn.⟩ **0.1** ***volgend*** ⟨v. plaats⟩ ⇒*na, naast, dichtstbijzijnd* **0.2** ***volgend*** ⟨v. tijd⟩ ⇒***aanstaand*** ◆ **1.1** she lives ~ door *ze woont hiernaast;* the girl ~ door *het meisje v. hiernaast;* be ~ door to *zich bevinden naast;* ⟨fig.⟩ *grenzen aan, neerkomen op;* the ~ turn past the traffic lights *de eerste afslag na de stoplichten* **1.2** the ~ day *de volgende dag, de dag daarop;* ~ Monday *volgende week maandag;* the ~ few weeks *de komende weken* **1.¶** as concerned as the ~ man *even bezorgd als ieder ander;* the ~ thing I knew I was lying in the gutter *vóór ik goed en wel wist wat er gebeurde lag ik in de goot* **2.1** the ~ best *het beste op één na, de tweede keus* **¶.1** the ~ but one *de volgende op één na.*
next[2] ⟨vnw., telw.⟩ **0.1** ***(eerst)volgende*** ◆ **1.¶** ~ of kin *(naaste) bloedverwant(en), nabestaande(n)* **9.1** ~, please *volgende graag* **¶.¶** ~! *volgende!*
next[3] ⟨bw.⟩ **0.1** ⟨plaats; ook fig.⟩ ***daarnaast*** **0.2** ⟨tijd; ook fig.⟩ ***daarna*** ⇒*daaropvolgend, de volgende keer* ◆ **2.2** the ~ best thing *op één na het beste* **3.2** ~ we had tea *daarna dronken we thee* **4.1** what ~? *wat (krijgen we) nu?;* ⟨pej.⟩ *kan het nog gekker?* **6.1** ~ **to** Jill *naast/vergeleken bij Jill;* he placed his chair ~ **to** mine *hij zette zijn stoel naast de mijne* **6.¶** ~ **to** impossible *bijna onmogelijk;* for ~ **to** nothing *bijna voor niks.*
next-door **0.1** ***naburig*** ⇒*aangrenzend* ◆ **1.1** we are ~ neighbours *we wonen naast elkaar.*
nexus [neksəs] ⟨mv.: ook nexus⟩ **0.1** ***nexus*** ⇒*(ver)band, samenhang* **0.2** ***reeks*** ⇒*groep, keten.*
NGA ⟨afk.⟩ **0.1** [National Graphical Association].
NGO ⟨afk.⟩ **0.1** [non-governmental organization].
N.H.S. ⟨afk.⟩ **0.1** [National Health Service].
niacin [najjəsin] **0.1** ***niacine*** ⇒*nicotinezuur.*
nib [nib] **0.1** ***pen*** ⇒*kroontjespen.*
nibble[1] [nibl] ⟨zn.⟩ **0.1** ***hapje*** ⇒*mondjevol* **0.2** ***gegadigde*** ⇒ *geïnteresseerde, kandidaat.*
nibble[2] **I** ⟨onov.ww.⟩ **0.1** ***knabbelen*** ⇒*knagen, peuzelen* **0.2** ***interesse tonen*** ⇒*geïnteresseerd zijn* ◆ **5.1** ~ **away / off** *weg/afknabbelen, weg/afknagen;*
II ⟨ov.ww.⟩ **0.1** ***beknabbelen*** ⇒*knabbelen/knagen aan.*
nibs [nibz] ⟨geen mv.⟩⟨BE; sl.⟩ ◆ **7.¶** we're waiting here in the rain, while His ~ takes a taxi *wij staan hier te wachten in de regen, terwijl meneer een taxi neemt.*
nice [najs] ⟨-r; -ness⟩ **0.1** ***aardig*** ⇒*vriendelijk* **0.2** ***mooi*** ⇒ *goed, fraai* **0.3** ***leuk*** ⇒*prettig* **0.4** ***genuanceerd*** ⇒*verfijnd* **0.5** ⟨soms pej.⟩ ***fijn*** ⇒*keurig* **0.6** ***kies(keurig)*** ⇒*precies* ◆ **1.1** ⟨iron.⟩ you're a ~ friend! *mooie vriend ben jij!* **1.2** ~ work! *goed zo!* **1.3** a ~ day *een mooie dag* **1.4** a ~ observer *een oplettend/subtiel observator* **1.5** a ~ accent *een bekakt accent* **1.¶** ⟨sl.⟩ a ~ bit (of stuff) *een lekker stuk* **3.3** ~ to meet you *aangenaam;* ~ to have met you *het was me aangenaam* **4.2** ⟨inf.⟩ ~ one *mooi, hoor; dat was een mooie* **5.1** not very ~ *niet zo aardig, vervelend* **8.¶** ~ and warm / fast *lekker warm/hard* **¶.3** have a ~ day *nog een prettige dag, tot ziens.*
nice-looking **0.1** ***mooi*** ⇒*goed uitziend.*
nicely [najslie] **0.1** ***aardig*** **0.2** ***goed*** **0.3** ***fraai*** ◆ **3.¶** this'll do ~ *dit is mooi zat zo.*
nicet|y [najsətie] ⟨mv.: -ies⟩ **I** ⟨telb.zn.; vaak mv.⟩ **0.1** ***detail*** ⇒ *subtiliteit, nuance* **0.2** ***aantrekkelijke kant*** ⇒*geneugte* **0.3** ***finesse*** ◆ **6.¶** to a ~ *precies, tot in de finesses;*
II ⟨n.-telb.zn.⟩ **0.1** ***nauwkeurigheid*** ⇒*precisie* **0.2** ***subtiliteit.***
niche [nitsj, nie:sj] **0.1** ***nis*** **0.2** ***stek*** ⇒*plek(je), hoekje* **0.3** ***niche*** ⇒*(natuurlijk) leefmilieu* ◆ **3.2** he's found his ~ *hij heeft zijn draai gevonden.*
nicht [nicht] ⟨Sch. E⟩ **0.1** ***nacht*** ⇒*avond.*
nick[1] [nik] **I** ⟨telb.zn.⟩ **0.1** ***kerf*** ⟨ook boek.⟩ ⇒*keep* **0.2** ***snee(tje)*** ⇒*kras* **0.3** ⟨BE; sl.⟩ ***bajes*** ⇒*nor* **0.4** ⟨BE; sl.⟩ ***politiebureau*** ◆ **1.¶** in the ~ of time *op het nippertje;*
II ⟨n.-telb.zn.⟩⟨BE; sl.⟩ **0.1** ***gesteldheid*** ⇒*staat, vorm* ◆ **6.1** **in** bad / poor ~ *er slecht/belazerd aan toe;* **in** good ~ *in prima conditie.*
nick[2] ⟨ww.⟩ **0.1** ***inkepen/kerven*** ⇒*kartelen, krassen* **0.2** ⟨vnl. BE; inf.⟩ ***jatten*** ⇒*gappen* **0.3** ⟨BE; sl.⟩ ***in de kraag grijpen*** ⇒*arresteren* **0.4** ⟨vnl. AE; inf.⟩ ***tillen*** ⇒*afzetten.*
nickel[1] [nikl] **I** ⟨telb.zn.⟩ **0.1** ***vijfcentstuk*** ⟨in Canada en USA⟩ ⇒*stuiver;*
II ⟨n.-telb.zn.⟩ **0.1** ***nikkel.***
nickel[2] ⟨ww.; BE -led⟩ **0.1** ***vernikkelen.***
nickel-and-dime ⟨AE; inf.⟩ **0.1** ***goedkoop*** ⇒*flut-.*
nicker [nikkə] ⟨mv.: nicker⟩⟨BE; sl.⟩ **0.1** ***pond*** ⟨£⟩.
nicknack →**knickknack.**
nickname[1] [nikneem] ⟨zn.⟩ **0.1** ***bijnaam*** **0.2** ***roepnaam.***
nickname[2] ⟨ww.⟩ **0.1** ***een bijnaam geven (aan)*** ◆ **¶.1** ~d *bijgenaamd.*
nicotine [nikkətie:n, -tie:n] **0.1** ***nicotine.***
nicotine addiction **0.1** ***rookverslaving.***
nicotine patch **0.1** ***nicotinepleister/patch.***
niece [nie:s] **0.1** ***nicht.***

niff [nif] ⟨geen mv.⟩⟨BE; inf.⟩ **0.1** *lucht* ⇒*stank.*
niffy [niffie] ⟨BE; inf.⟩ **0.1** *stinkend.*
nifty [niftie] ⟨sl.⟩ **0.1** *jofel* ⇒*tof* **0.2** *handig* **0.3** *sjiek* ⇒*snel, hip.*
Nigerian [najdzjiəriən] **0.1** ⟨bn.⟩ *Nigeriaans* **0.2** ⟨zn.⟩ *Nigeriaan* ⇒*bewoner v. Nigeria.*
niggard [nigəd] ⟨pej.⟩ **0.1** *vrek.*
niggardl|y [nigədlie] ⟨-iness⟩⟨pej.⟩ **0.1** *vrekkig* **0.2** *karig* ⇒ *schamel.*
nigger [nigə] **0.1** ⟨bel.⟩ *nikker* ⇒*neger* **0.2** *gediscrimineerde* ⇒*kansarme, onderdrukte* ◆ **1.¶** ⟨sl.⟩ a ~ in the woodpile/⟨AE⟩ fence *een adder onder het gras* **3.¶** work like a ~ *werken als een paard.*
niggle [nigl] **I** ⟨onov.ww.⟩ **0.1** *beuzelen* ⇒*tutten* **0.2** *muggenziften* ⇒*vitten* **0.3** *doorzeuren* ◆ **6.3** ~ **at** s.o.'s mind *iem. niet met rust laten;*
II ⟨ov.ww.⟩ **0.1** *knagen aan* ⇒*irriteren* **0.2** *vitten/kankeren op.*
niggling [nigling] **0.1** *kinderachtig* ⇒*pietluttig* **0.2** *knagend* ⇒*hardnekkig* **0.3** *pietepeuterig* ⇒*bekrompen.*
nigh [naj] →**near.**
night [najt] **0.1** *nacht* ⇒*avond* ◆ **1.1** ~ and day *dag en nacht* **3.1** spend the ~ with *overnachten bij, naar bed gaan met;* stay the ~ *blijven logeren/slapen;* work ~s *'s nachts werken, nachtdienst hebben* **3.¶** make a ~ of it *nachtbraken, doorhalen* **6.1** ~ **after** ~ *avond aan avond;* **at/by** ~ *'s nachts, 's avonds* **7.1** all ~ (long) *heel de avond/nacht (door);* first ~ *première(avond);* last ~ *gisteravond, vannacht* **¶.¶** ⟨inf.; scherts.⟩ ~! *(wel)terusten!*
night-blindness **0.1** *nachtblindheid.*
nightcap **0.1** *nachtmuts* ⇒*slaapmuts(je)* ⟨ook drankje⟩.
nightclothes **0.1** *nachtgoed/kleding.*
nightclub[1] ⟨zn.⟩ **0.1** *nachtclub.*
nightclub[2] ⟨ww.⟩⟨BE⟩ ◆ **3.¶** go ~bing *de nachtclubs aflopen/afgaan.*
night depository ⟨AE⟩ **0.1** *nachtkluis.*
nightdress, nightgown, ⟨inf.⟩ **nightie** [najtie] **0.1** *nachthemd/(ja)pon.*
nightfall **0.1** *vallen v.d. avond.*
nightgown →**nightdress.**
nighthawk **0.1** ⟨inf.⟩ *nachtbraker/mens* **0.2** ⟨dierk.⟩ *Amerikaanse nachtzwaluw.*
nightie →**nightdress.**
nightingale [najtinggeel] **0.1** *nachtegaal.*
nightjar **0.1** *nachtzwaluw.*
nightlife **0.1** *nachtleven.*
nightlight **0.1** *nachtkaars/lamp(je).*
nightlong **0.1** *nachtelijk* ⇒*een nacht lang, nacht-.*
nightly [najtlie] **0.1** *nachtelijk* ⇒*elke nacht/avond, 's nachts/avonds, avond-/nacht-.*
nightmare **0.1** *nachtmerrie.*
night owl **0.1** *nachtbraker/mens.*
night porter **0.1** *nachtportier.*
nights [najts] ⟨vnl. AE⟩ **0.1** *'s nachts* ⇒*elke nacht.*
night safe **0.1** *nachtkluis.*
night school **0.1** *avondschool.*
nightshade ⟨plantk.⟩ **0.1** *nachtschade.* →**black, deadly.**
night shift **0.1** *nachtdienst* **0.2** *nachtploeg.*
nightshirt **0.1** *nachthemd.*
nightstick ⟨AE⟩ **0.1** *(politie)knuppel.*
nighttime **0.1** *nacht(elijk uur).*
night watchman **0.1** *nachtwaker.*
nightwear **0.1** *nachtkleding/kledij* ⇒*nachtgoed.*
nihil|ism [najjillizm] ⟨bn.: **-istic**⟩⟨fil., gesch., pol.⟩ **0.1** *nihilisme.*
nihilist [najjillist] ⟨fil., gesch., pol.⟩ **0.1** *nihilist.*
nil [nil] **0.1** *nihil* ⇒*niets, nul* ◆ **¶.1** ⟨BE; sport⟩ three-~ *drie-nul.*
nimble [nimbl] ⟨nimbly; -ness⟩ **0.1** *behendig* ⇒*vlug, lichtvoetig* **0.2** *alert* ⇒*gevat, spits.*
nimbus [nimbəs] ⟨mv.: ook nimbi [-baj]⟩ **0.1** *nimbus* ⇒*stralenkrans, aureool* **0.2** ⟨meteo.⟩ *nimbus* ⇒*regenwolk.*
nimby [nimbie] ⟨afk.; AE; inf.⟩ **0.1** [not in my back yard] *niet in mijn achtertuin* ⟨bv. doelend op kerncentrales⟩.
nincompoop [ningkəmpoe:p] **0.1** *oelewapper* ⇒*druiloor.*
nine [najn] **0.1** *negen* ⟨ook voorwerp/groep ter waarde/grootte v. negen⟩ ◆ **4.1** from ~ to five *van negen tot vijf, tijdens kantooruren* **6.¶** he was dressed (up) **to** the ~s *hij was piekfijn gekleed.*
nine days' wonder **0.1** *eendagsvlieg.*
ninepin **0.1** *kegel.*
ninepins **0.1** *kegelen* ⇒*kegelspel.*
nineteen [najntie:n] **0.1** *negentien* ⟨ook voorwerp/groep ter waarde/grootte v. negentien⟩.
nineteenth [najntie:nθ] **0.1** *negentiende* ⇒⟨als zn.⟩ *negentiende deel.*
ninetieth [najntie·iθ] **0.1** *negentigste* ⇒⟨als zn.⟩ *negentigste deel.*
ninety [najntie] **0.1** *negentig* ⟨ook voorwerp/groep ter waarde/grootte v. negentig⟩ ◆ **6.1** he was **in** his nineties *hij was in de negentig.*
ninja [nindzja:] ⟨vechtsport⟩ **0.1** *ninja* ⇒*schaduwkrijger.*
ninn|y [ninnie] ⟨mv.: -ies⟩ **0.1** *imbeciel* ⇒*sukkel.*
ninth [najnθ] **0.1** *negende* ⇒⟨als zn.⟩ *negende deel.*
ninthly [najnθa·ie], **ninth** **0.1** *ten/als negende.*
nip[1] [nip] ⟨zn.; vnl. enk.⟩ **0.1** *kneep* ⇒*het knijpen, beet* **0.2** *(bijtende) kou* **0.3** ⟨AE⟩ *pikante smaak* **0.4** *klein stukje* **0.5** ⟨inf.⟩ *slokje* ⇒*borrel* ◆ **1.2** there was a ~ in the air *het was nogal fris(jes)* **1.¶** ~ and tuck *nek aan nek.*
nip[2] ⟨-ped⟩ **I** ⟨onov.ww.⟩ **0.1** ⟨+ out; BE; inf.⟩ *eventjes (weg)gaan* ⇒*vliegen, rennen* ◆ **5.1** ~ **in** *binnenwippen; naar links/rechts schieten* ⟨in verkeer⟩;
II ⟨ov.ww.⟩ **0.1** *knijpen* ⇒*beknellen, bijten* ⟨ook v. dier⟩ **0.2** *in de groei stuiten* **0.3** ⟨+ off⟩ *afknippen/knijpen* ⇒*afhalen, dieven* ⟨zijscheuten⟩ ◆ **1.2** ~ in the bud *in de kiem smoren* **5.1** ~ **in** *innemen* ⟨kleding⟩ **6.1** ~ **at** *happen naar.*
Nip [nip] ⟨sl.; pej.⟩ **0.1** ⟨bn.⟩ *Japans* **0.2** ⟨zn.⟩ *jap.*
nipper [nippə] **0.1** ⟨BE; sl.⟩ *peuter* **0.2** ⟨mv.⟩ *tang* ⇒*nijptang, buigtang.*
nipping [nipping] **0.1** *bijtend* ⇒*scherp, sarcastisch.*
nipple [nipl] **0.1** *tepel* **0.2** ⟨vnl. AE⟩ *speen* ⟨v. zuigfles⟩ **0.3** ⟨tech.⟩ *(smeer)nippel.*
nipp|y [nippie] ⟨-iness⟩ **0.1** ⟨BE; inf.⟩ *vlug* ⇒*snel, rap* **0.2** *fris(jes)* ⇒*koud.*
nirvana [niəva:nə, nə:-] **0.1** ⟨vnl. N-⟩ *nirwana* **0.2** ⟨ook N-⟩ *gelukzaligheid* ⇒*hemel.*
Nissen hut [nisn hut] **0.1** *nissenhut* ⟨tunnelvormige barak v. gegolfd plaatstaal⟩.
nit [nit] **0.1** *neet* ⇒*luizenei* **0.2** ⟨inf.⟩ *stommeling* ⇒*idioot, onbenul.*
nitpick [nitpik] ⟨inf.⟩ **0.1** *muggenziften* ⇒*vitten.*
nitpicking [nitpikking] ⟨inf.⟩ **0.1** ⟨bn.⟩ *muggenzifterig* **0.2** ⟨zn.⟩ *muggenzifterij* ⇒*haarkloverij.*
nitrate [najtreet, -trət] ⟨schei.⟩ **0.1** *nitraat* **0.2** *nitraatmeststof.*
nitre, ⟨AE sp.⟩ **niter** [najtə] ⟨schei.⟩ **0.1** *salpeter* ⇒*kaliumnitraat.*
nitric [najtrik] ⟨schei.⟩ **0.1** *salpeter-* ◆ **1.1** ~ acid *salpeterzuur, sterk water;* ~ oxide *stikstof(mon)oxide.*
nitrite [najtrajt] ⟨schei.⟩ **0.1** *nitriet.*

nitrogen [najtrədzjən] ⟨schei.⟩ **0.1** ***stikstof.***
nitroglycerin(e) [najtrooglissərin, -rie:n] ⟨schei.⟩ **0.1** ***nitroglycerine.***
nitrous [najtrəs] ⟨schei.⟩ **0.1** ***salpeterachtig*** ◆ **1.1** ~ acid *salpeterigzuur;* ~ oxide *lachgas.*
nitty-gritty [nittiegrittie] ⟨the⟩ **0.1** ***kern*** ⇒*essentie* ◆ **3.1** let's get down to the ~ *laten we nu de harde feiten eens bekijken.*
nitwit [nitwit] ⟨inf.⟩ **0.1** ***onbenul*** ⇒*idioot, stommeling.*
nix[1] [niks] ⟨zn.⟩⟨sl.⟩ **0.1** ***niks*** ⇒*niets, noppes.*
nix[2] ⟨ww.⟩⟨AE; sl.⟩ **0.1** ***een streep halen door*** ⇒*niet toestaan, nee zeggen tegen.*
nix[3] ⟨bw.⟩⟨AE; sl.⟩ **0.1** ***nee.***
NLQ ⟨afk.⟩ **0.1** [Near Letter Quality].
no[1] [noo] ⟨zn.; mv.: noes⟩ **0.1** ***neen*** ⇒*weigering* **0.2** ***negatieve stem*** ⇒*tegenstemmer* ◆ **3.2** the ~es had it *de meerderheid was tegen;* I won't take ~ for an answer *ik sta erop, je kunt niet weigeren.*
no[2] ⟨bw.⟩ **0.1** ***nee(n)*** **0.2** ***niet*** ⇒*geenszins, in geen enkel opzicht* ◆ **2.2** her cooking is ~ better than yours *zij kookt niet beter dan jij;* he told her in ~ uncertain terms *hij zei het haar in duidelijke bewoordingen* **8.2** tell me whether or ~ you are coming *zeg me of je komt of niet* **9.1** oh ~! *'t is niet waar!* ¶**.1** did you tell her? ~ I didn't *heb je het haar gezegd? neen;* ~! *neen toch!;* ⟨inf.⟩ ~ can do, I'm afraid *kan ik helaas niet* ¶**.2** the mayor himself, ~ less *niemand minder dan de burgemeester zelf.*
no[3] ⟨det.⟩ **0.1** ***geen*** ⇒*geen enkele, helemaal geen* **0.2** ***haast geen*** ⇒*bijna geen, heel weinig, een minimum van* ◆ **1.1** on ~ account *onder geen beding;* there's ~ milk *er is geen melk in huis;* I'm ~ philosopher *ik ben geen filosoof* **1.2** it's ~ distance *het is vlakbij;* in ~ time *in een (mini)mum van tijd* **3.1** there was ~ talking sense with her *er viel niet met haar te praten.* →**no-one.**
no., No. ⟨afk.⟩ **0.1** [number] ***nr.*** ⟨nummer⟩.
n.o. ⟨afk.; cricket⟩ **0.1** [not out].
no-account ⟨AE; gew.; inf.⟩ **0.1** ⟨bn.⟩ ***waardeloos*** **0.2** ⟨zn.⟩ ***vent van niets*** ⇒*nietsnut.*
Noah's ark [nooəz a:k] **0.1** ⟨rel.⟩ ***Ark v. Noach.***
nob [nob] ⟨sl.⟩ **0.1** ***kop*** ⇒*hoofd* **0.2** ***hoge ome/piet.***
no-ball ⟨cricket⟩ **0.1** ***no ball*** ⇒*tegen de regels gebowlde bal.*
nobble [nobl] ⟨BE; sl.⟩ **0.1** ⟨sport⟩ ***uitschakelen*** ⟨paard, hond; ihb. door doping⟩ **0.2** ***omkopen*** ⇒*bedotten, bepraten* ⟨persoon⟩ **0.3** ***gappen*** ⇒*(weg)kapen, jatten* ⟨geld, prijs⟩.
nobility [noobilləti e] **0.1** ⟨the⟩ ***adel*** ⇒*adelstand* **0.2** ***adellijkheid*** ⇒*adeldom* **0.3** ***edelmoedigheid*** ⇒*nobelheid, verhevenheid* ◆ **3.1** marry into the ~ *met iem. van adel trouwen.*
noble[1] [noobl] ⟨zn.⟩ **0.1** ***edele*** ⇒*edelman/vrouw.*
noble[2] ⟨bn.; -r; -ness⟩ **0.1** ***adellijk*** ⇒*van adel* **0.2** ***edel*** ⇒*edelmoedig, nobel* **0.3** ***prachtig*** ⇒*groots, statig* **0.4** ⟨schei.⟩ ***edel*** ⟨metaal, gas⟩ ◆ **1.**¶ the ~ art/science *de bokssport.*
noble|man [nooblmən]⟨mv.: -men [-mən]⟩ **0.1** ***edelman*** ⇒*lid v.d. adel.*
noble-minded ⟨-ness⟩ **0.1** ***grootmoedig*** ⇒*edelmoedig.*
noblewoman **0.1** ***edelvrouw*** ⇒*dame van adel.*
nobly [nooblie] **0.1** ***op grootmoedige/onzelfzuchtige wijze*** **0.2** ***adellijk*** ⇒*met een adellijke titel* ◆ **3.2** ~ born *van adel.*
nobod|y[1] [noobədie] ⟨zn.; mv.: -ies⟩ **0.1** ***onbelangrijk persoon*** ⇒*nul.*
nobody[2] ⟨vnw.⟩ **0.1** ***niemand.***
no-claim bonus, no-claims bonus **0.1** ***no-claimkorting.***
nocturnal [noktə:nl] **0.1** ***nachtelijk*** ⇒*nacht-* ⟨ook biol.⟩.
nod[1] [nod] ⟨zn.⟩ **0.1** ***knik(je)*** ⇒*wenk(je)* **0.2** ***het knikken*** ⇒*het wenken* ◆ **3.1** give (s.o.) a ~ *(iem. toe)knikken* **3.**¶ ⟨inf.⟩ get the ~ *uitverkoren worden, toestemming krijgen* **6.1** ⟨inf.⟩ **on** the ~ *op de pof, op krediet; zonder discussie/formele stemming* ¶**.**¶ ⟨sprw.⟩ a ~ is as good as a wink (to a blind horse) *een goed verstaander heeft maar een half woord nodig.*
nod[2] ⟨-ded⟩ **I** ⟨onov.ww.⟩ **0.1** ***knikken*** ⟨als groet, bevel⟩ ⇒*ja knikken* ⟨als goedkeuring⟩ **0.2** ⟨+off⟩ ***knikkebollen*** ⇒*indutten, in slaap vallen* **0.3** ***suffen*** ⇒*niet opletten, een fout maken* **0.4** ***overhangen*** ⇒*overhellen* ⟨gebouw⟩, *het kopje laten hangen* ⟨bloem, plant⟩ ◆ **1.1** have a ~ding acquaintance with s.o./sth. *iem./iets oppervlakkig kennen;*
II ⟨ov.ww.⟩ **0.1** ***knikken met*** ⟨hoofd⟩ **0.2** ***door knikken/wenken te kennen geven*** ⟨goedkeuring, groet, toestemming⟩ ◆ **1.2** ~ approval *goedkeurend knikken* **5.2** ~ s.o. **out** *iem. beduiden/wenken weg te gaan.*
node [nood] **0.1** ***knoest*** ⇒*knobbel* **0.2** ⟨plantk., nat.⟩ ***knoop.***
nodule [nodjoe:l] **0.1** ***knoestje*** ⇒*knobbeltje* **0.2** ⟨plantk.⟩ ***gezwel (als) van knolvoet*** ⟨op wortels⟩ **0.3** ⟨anat.⟩ ***knobbeltje*** ⇒*klein gezwel.*
Noel [nooel] **0.1** ⟨schr.⟩ ***Kerstmis*** ⟨vnl. in kerstliederen⟩.
no-fly zone **0.1** ***verboden gebied*** ⟨voor vliegtuigen⟩.
no-frill(s) **0.1** ***zonder franje*** ⇒*eenvoudig.*
nog [nog] **0.1** ⟨verk.⟩ [eggnog] ***(soort) advocaat*** ⇒*alcoholisch drankje met eieren.*
noggin [noggin] **0.1** ***noggin*** ⟨inhoudsmaat; UK 0,142 l; USA 0,118 l⟩ ⇒*klein beetje, slokje, glaasje* **0.2** ⟨sl.⟩ ***kop*** ⇒*hersenpan.*
no-go area **0.1** ***spergebied*** ⇒*verboden wijk/gebied* ⟨bv. in Noord-Ierland; in oorlogstijd⟩.
no-good ⟨inf.⟩ **0.1** ⟨bn.⟩ ***waardeloos*** **0.2** ⟨zn.⟩ ***nietsnut.***
no-hitter ⟨AE; honkbal⟩ **0.1** ***no-hitter*** ⟨wedstrijd waarbij een team niet het eerste honk kan bereiken⟩.
nohow ⟨inf.⟩ **0.1** ⟨scherts.⟩ ***op geen enkele manier*** ⇒*helemaal niet, van geen kant* ◆ **3.1** we couldn't find it ~ *we konden het helemaal nergens vinden.*
noise [nojz] **0.1** ***geluid*** ⇒*gerucht* **0.2** ***lawaai*** ⇒*leven, rumoer* **0.3** ⟨tech.⟩ ***(ge)ruis*** ⇒*storing* ◆ **2.1** make (sympathetic) ~s *zich (gunstig) uitlaten, (positief) reageren* **3.**¶ ⟨inf.⟩ make a/some ~ about sth. *luidruchtig klagen over iets* **5.1** ⟨dram.⟩ ~s **off** *geluiden van achter de coulissen.* → **big.**
noise abatement **0.1** ***bestrijding v. geluidshinder.***
noise about, noise abroad, noise around ⟨vaak pass.⟩ **0.1** ***ruchtbaarheid geven aan*** ⇒*bekend/openbaar maken, aankondigen* ◆ ¶**.1** it is being noised abroad that *het gerucht loopt/gaat dat.*
noiseless [nojzləs] ⟨-ness⟩ **0.1** ***geruisloos*** ⇒*geluidloos, stil.*
nois|y [nojzie] ⟨-iness⟩ **0.1** ***lawaaierig*** ⇒*luidruchtig, gehorig.*
nomad [noomæd] **0.1** ***nomade*** **0.2** ***zwerver*** ⟨ook fig.⟩.
nomadic [noomædik] ⟨-ally⟩ **0.1** ***nomadisch*** ⇒*als (van) een nomade, nomaden-* **0.2** ***(rond)zwervend.***
no man's land ⟨vnl. enk.⟩ **0.1** ***niemandsland*** ⇒*no man's land* ⟨ook fig.; mil.⟩; *onontgonnen terrein* ⟨bv. wetenschappelijk⟩.
nomenclature [noomenklətsjə] **0.1** ***naamregister*** ⇒*namenlijst* **0.2** ***nomenclatuur*** ⇒*naamgeving, terminologie.*
nominal [nomminl] **0.1** ***in naam (alléén)*** ⇒*theoretisch, niet echt* **0.2** ***zo goed als geen*** ⇒*niet noemenswaardig, symbolisch* ⟨bv. bedrag⟩ **0.3** ⟨ec.⟩ ***nominaal*** ◆ **1.1** ~ partner *vennoot in naam (alléén)* **1.2** at (a) ~ price *voor een spotprijs* **1.3** ⟨geldw., hand.⟩ ~ price *indicatieprijs, geïndiceerde koers; nominale waarde, pariwaarde;* ~ value *nominale*

waarde **1.¶** ⟨ec.⟩ ~ capital *maatschappelijk/vennootschappelijk kapitaal.*

nominate [nomminneet] **0.1** ⟨+ as/for⟩ ***kandidaat stellen (als/voor)*** ⇒*(als kandidaat) voordragen* **0.2** ***benoemen*** **0.3** ***noemen*** ⇒*vinden, achten* ◆ **8.2** ~ s.o. to be/as *iem. benoemen tot.*

nomination [nomminneesjn] **0.1** ***kandidaatstelling*** ⇒*voordracht, nominatie* **0.2** ***benoeming*** ◆ **6.1** place s.o.'s name **in** ~ *iem. op voordracht plaatsen, iem. voordragen.*

nominative [nom(i)nətiv] ⟨taal.⟩ **0.1** ⟨bn.⟩ ***nominatief*** **0.2** ⟨zn.⟩ ***nominatief*** ⇒*eerste naamval* ◆ **1.1** ~ case *nominatief, eerste naamval.*

nominee [nomminnie:] **0.1** ***voorgedragene*** ⇒*kandidaat* **0.2** ***benoemde*** **0.3** ⟨geldw.⟩ ***gevolmachtigde*** ⟨die onder geheimhouding v. opdrachtgever beurstransacties verricht⟩.

nonage [noonidzj] ⟨vnl. jur.⟩ **0.1** ***minderjarigheid.***

nonagenarian [noonədzjinneəriən] ⟨ook attr.⟩ **0.1** ***negentiger*** ⇒*negentigjarige* ⟨tussen 90 en 99 jaar oud⟩.

nonaggression [nonnəgresjn] ⟨vaak attr.⟩ **0.1** ***non-agressie*** ⇒*(belofte v.) het niet aanvallen* ◆ **1.1** ~ pact/agreement *niet-aanvalsverdrag.*

non-alcoholic [nonælkəhollik] **0.1** ***alcoholvrij*** ⇒*niet-alcoholisch.*

nonaligned [nonnəlajnd] ⟨pol.⟩ **0.1** ***niet-gebonden*** ⇒*neutraal* ⟨land, politiek⟩.

nonalignment [-əlajnmənt] ⟨pol.⟩ **0.1** ***het neutraal/niet gebonden zijn*** ⇒*niet-gebondenheid.*

nonavailability [-əveeləbillətie] **0.1** ***het niet beschikbaar zijn.***

nonce [nons] ◆ **6.¶ for** the ~ *voor het ogenblik, voorlopig.*

nonce word **0.1** ***gelegenheidswoord*** ⇒*ad hoc gevormd woord.*

nonchal|ant [nonsjələnt] ⟨zn.: **-ance**⟩ **0.1** ***nonchalant*** ⇒*onverschillig, nalatig.*

noncombatant [-kombətənt] ⟨ook attr.⟩ **0.1** ***non-combattant*** ⇒*niet-strijder.*

noncommissioned [-kəmisjnd] ⟨mil.⟩ **0.1** ***zonder officiersaanstelling*** ◆ **1.1** ~ officer *onderofficier.*

noncommittal [-kəmitl] **0.1** ***neutraal*** ⇒*terughoudend, vrijblijvend* ⟨antwoord⟩.

noncompliance [-kəmplajjəns] **0.1** ***het niet inschikkelijk zijn*** ⇒*weigering, het zich niet houden aan.*

nonconformist [-kənfo:mist] ⟨vaak attr.⟩ **0.1** ***non-conformist*** **0.2** ⟨N-; rel.⟩ ***niet-anglicaans protestant.***

nonconformity [-kənfo:mətie], **nonconformism** [-fo:mizm] **0.1** ***non-conformisme*** ⇒*het zich niet schikken/regelen/voegen.*

noncontributory [-kəntribjoetrie] **0.1** ***zonder premiebetaling*** ⟨bv. pensioenregeling⟩.

noncooperation [-koo·oppəreesjn] **0.1** ***het niet samenwerken*** ⇒*weigering v. medewerking* **0.2** ⟨pol.⟩ ***non-coöperatie.***

nondenominational [-dinnomminneesjnəl] ⟨rel.⟩ **0.1** ***niet gebonden aan een kerkgenootschap*** ⇒*onkerkelijk.*

nondescript [-diskript] **0.1** ***non-descript*** ⇒*niet/moeilijk te beschrijven* **0.2** ***nietszeggend*** ⇒*onbeduidend.*

non-durables [-djoeərəblz] **0.1** ***verbruiksgoederen*** ⇒*consumptiegoederen.*

none[1] [nun] ⟨vnw.⟩ **0.1** ***geen (enkele)*** ⇒*niemand, niets* ◆ **1.1** scholars we are ~ *geleerden zijn wij niet;* ~ but the best is good enough *alleen het beste is goed genoeg* **3.1** I'll have ~ of your tricks *ik moet niets hebben van jouw streken;* there is ~ left *er is niets meer over;* I want ~ of him *ik wil met hem niets te maken hebben* **4.1** ~ other than the President *niemand anders dan de president* **6.1** ~ **of** the students *niemand v.d. studenten;* a leaking roof is better **than** ~ *een lekkend dak is beter dan helemaal geen dak.*

none[2] ⟨bw.⟩ **0.1** ***helemaal niet*** ⇒*niet erg, niet veel* ◆ **2.1** she was ~ the wiser *ze was er niets wijzer op/van geworden* **3.1** she's ~ too bright *ze is niet al te slim;* they were ~ too rich *ze waren helemaal niet rijk.* →**nonetheless.**

nonentit|y [nonnentətie] ⟨mv.: -ies⟩ **0.1** ***onbetekenend(e) persoon/zaak*** ⇒*onbenul, nietszeggend persoon.*

nonetheless [nunðəles] **0.1** ***niettemin*** ⇒*echter, toch.*

nonevent [-ivvent] ⟨inf.⟩ **0.1** ***afknapper.***

nonexistent [-igzistənt] **0.1** ***niet-bestaand.***

nonflammable [-flæməbl], **noninflammable** [-in-] **0.1** ***onbrandbaar.***

noninterference [-intəfiərəns], **nonintervention** [-vensjn] **0.1** ***non-interventie*** ⟨ook pol.⟩ ⇒*het niet tussenbeide komen.*

noniron [-ajjən] **0.1** ***no-iron*** ⇒*strijkvrij, zelfstrijkend.*

nonmember [-membə] **0.1** ***niet-lid.***

nonobservance [nonnəbzə:vəns] **0.1** ***het niet in acht nemen*** ⇒*het verwaarlozen, schending.*

no-nonsense **0.1** ***zakelijk*** ⇒*praktisch, nuchter* **0.2** ***zonder franjes*** ⟨bv. jurk⟩.

nonpareil [nonpərel] **0.1** ⟨ook attr.⟩ ***weergaloze persoon/zaak*** ⇒*ongeëvenaard/uniek iets/iem., toonbeeld v. volmaaktheid.*

nonparty [-pa:tie] ⟨pol.⟩ **0.1** ***niet aan een partij gebonden.***

nonpayment [-peemənt] **0.1** ***wanbetaling*** ⇒*het niet betalen.*

nonperson [-pə:sn] **0.1** ***niemand*** ⇒*iem. wiens bestaan genegeerd wordt/die doodgezwegen wordt, onpersoon.*

nonplus [-plus] ⟨-sed⟩ **0.1** ***in verlegenheid brengen*** ⇒*van zijn stuk brengen, onthutsen.*

nonprofit(making) [-proffit] **0.1** ***zonder winstbejag*** **0.2** ***geen winst makend*** ◆ **1.1** non-profit organisation *nonprofit organisatie.*

nonproliferation [-prəliffəreesjn] **0.1** ⟨vaak attr.⟩ ***non-proliferatie*** ⟨v. kernwapens⟩ **0.2** ***niet-vermeerdering*** ⇒*niet-verspreiding.*

nonresident [-rezziddənt] ⟨ook attr.⟩ **0.1** ***persoon die niet verblijft*** ⟨in bep. land, hotel, plaats⟩ ⇒*buitenlander, nietingezetene, bezoeker* ⟨v.e. hotel⟩ ◆ **1.1** ~ student *uitwonende student.*

nonresistance [-rizzistəns] **0.1** ***passieve gehoorzaamheid*** **0.2** ***geweldloosheid.***

nonreturnable [-ritta:nəbl] **0.1** ⟨ong.⟩ ***zonder statiegeld.***

nonsense [nonsns] **0.1** ⟨ook attr.⟩ ***onzin*** ⇒*nonsens, flauwekul* **0.2** ***nonsensversjes/poëzie*** ◆ **3.1** make ~ of, ⟨BE ook⟩ make a ~ of *tenietdoen, het effect/resultaat bederven van;* stand no ~ *geen gekheid/flauwekul dulden* **7.1** what ~, ⟨BE ook⟩ what a ~ *(wat een) flauwekul.*

nonsensical [nonsensikl] **0.1** ***onzinnig*** ⇒*absurd.*

nonskid [-skid] **0.1** ***niet slippend*** ⇒*antislip* ⟨v. autoband⟩.

nonsmoker [-smookə] **0.1** ***niet-roker*** **0.2** ⟨BE⟩ ***coupé(gedeelte) voor niet-rokers.***

non-smoking **0.1** ***niet-rokend*** ⇒*bestemd voor niet-rokers* ◆ **1.1** ~ area *zone voor niet-rokers, niet-roken(zone).*

nonstandard [-stændəd] **0.1** ***niet-standaard*** ⇒*niet-gangbaar.*

nonstarter [-sta:tə] ⟨vnl. enk.⟩⟨BE; inf.⟩ **0.1** ⟨paardensport⟩ ***(ingeschreven) niet-gestart paard*** **0.2** ⟨fig.⟩ ***kansloze persoon/zaak*** ⇒*waardeloos iets/iem.*

nonstick [-stik] **0.1** ***tefal-*** ⇒*antiaanbak-, met een antiaanbaklaag.*

nonstop [-stop] **0.1** ***non-stop*** ⇒*zonder te stoppen, doorgaand* ⟨trein⟩, *zonder tussenlandingen* ⟨vlucht⟩, *direct* ⟨verbinding⟩, *doorlopend* ⟨voorstelling⟩.

nontariff [-tærif] **0.1** ***tolvrij*** ◆ **1.1** ~ barriers *tolvrije grenzen.*
non-U [-joe:] ⟨verk.⟩ [non-Upper Class] ⟨vnl. BE; inf.; scherts.⟩ **0.1** ***niet gebruikelijk bij de hogere standen*** ⟨bv. uitdrukking, gedrag⟩.
nonunion [-joe:niən] **0.1** ***niet aangesloten bij een vakbond*** **0.2** ***niet in verband met een vakvereniging*** ⇒*geen vakbonds-.*
nonverbal [-və:bl] **0.1** ***niet-verbaal*** ⟨communicatie⟩.
nonviol|ent [-vaijələnt] ⟨zn.: **-ence**⟩ **0.1** ***geweldloos*** ⟨demonstratie e.d.⟩.
non-voting ⟨geldw.⟩ **0.1** ***zonder stemrecht*** ◆ **1.1** ~ shares *aandelen zonder stemrecht.*
nonwhite [-wajt] **0.1** ⟨bn.⟩ ***niet-blank*** **0.2** ⟨zn.⟩ ***niet-blanke.***
noodle [noe:dl] **0.1** ⟨vnl. mv.⟩ ***(soort eier)vermicelli*** ⇒*(soort) mi; noedels.*
nook [noek] **0.1** ⟨schr. of scherts.⟩ ***(rustig) hoek(je)*** ⇒*veilig(e) plek(je)* ◆ **4.1** ⟨inf.⟩ search every ~ and cranny *in elk hoekje en gaatje zoeken, overal zoeken.*
nooky, nookie [noe:kie] **0.1** ***partijtje vrijen*** ⇒*potje neuken.*
noon [noe:n] ⟨ook attr.⟩ **0.1** ***middag(uur)*** ⇒*twaalf uur 's middags.*
noonday ⟨ook attr.⟩ **0.1** ***middag*** ◆ **1.1** the ~ sun *de middagzon.*
no-one [noowun] **0.1** ***niemand*** ◆ **3.1** there was ~ at home *er was niemand thuis.*
noose [noe:s] **0.1** ***lus*** ⇒*strik, strop.*
NOP ⟨afk.⟩ **0.1** [National Opinion Poll].
nope [noop] ⟨vnl. AE; inf.⟩ **0.1** ***nee*** ⇒*nee hoor.*
no place ⟨vnl. AE; inf.⟩ **0.1** ***nergens.***
nor[1] [no:] ⟨bw.⟩⟨BE⟩ **0.1** ***evenmin*** ⇒*ook niet* ◆ **¶.1** you don't like melon? ~ do I *je houdt niet van meloen? ik ook niet.*
nor[2] ⟨vw.; in negatieve constructies⟩ **0.1** ⟨vaak na neither⟩ ***noch*** ⇒*en ook niet, en evenmin* ◆ **1.1** I don't like you, ~ your brother, ~ your friends *ik mag jou niet, noch je broer, noch je vrienden;* neither Jill ~ Sheila *noch Jill noch Sheila* **3.1** she neither spoke ~ smiled *ze sprak noch lachte.*
Nordic [no:dik] **0.1** ***noords*** ⇒*Noord-Europees, Scandinavisch* **0.2** ⟨ook n-; skisport⟩ ***noords*** ⟨langlauf, skispringen⟩.
Nordic combined ⟨sport⟩ **0.1** ***noordse combinatie*** ⟨schanssprong- en langlaufwedstrijd⟩.
Norfolk jacket [no:fək dzjækit] **0.1** ***jasje*** ⟨los herenjasje met ceintuur en dubbele plooien voor, achter en opzij⟩.
norm [no:m] **0.1** ***norm*** ⇒*standaard, richtsnoer.*
normal[1] [no:ml] ⟨zn.⟩ **0.1** ***het normale*** ⇒*gemiddelde, normale/gewone toestand* **0.2** ⟨wisk.⟩ ***normaal*** ⇒*loodlijn* ◆ **6.1 above/below** ~ *boven/onder normaal.*
normal[2] ⟨bn.⟩ **0.1** ***normaal*** ⟨ook psych.⟩ ⇒*gewoon, standaard* **0.2** ⟨wisk.⟩ ***loodrecht*** ⇒*volgens de normaal/loodlijn* **0.3** ⟨schei.⟩ ***normaal-*** ⟨oplossing⟩.
normality [no:mælətie], ⟨vnl. AE ook⟩ **normalcy** [no:mlsie] **0.1** ***normaliteit*** ⟨ook schei.⟩ ⇒*het normaal/gewoon zijn, normale/gewone toestand.*
normal|ize, -ise [no:məlajz] ⟨zn.: **-ization**⟩ **0.1** ***normaal worden/maken*** ⇒*herstellen, normaliseren* ⟨ook boek.⟩.
Norman [no:mən] **0.1** ***Normandisch*** ◆ **1.1** ~ architecture/style *Normandische (rondboog)stijl, romaanse bouwkunst/stijl* ⟨in GB⟩; the ~ Conquest *de verovering (v. Engeland) door de Normandiërs* ⟨1066⟩.
normative [no:mətiv] **0.1** ***normatief*** ⇒*bindend.*
Norse|man [no:smən] ⟨mv.: -men [-mən]⟩ ⟨gesch.⟩ **0.1** ***Noorman.***
north[1] [no:θ] ⟨zn.; vaak N-⟩ **0.1** ⟨soms the⟩ ***het noorden*** ⟨windrichting⟩ ⇒*noord* **0.2** ⟨the⟩ ***het Noorden*** ⟨v. land⟩ ◆ **3.1** face (the) ~ *op het noorden liggen/uitkijken* **5.1** where is (the) ~? *waar is het noorden?* **6.1** (**to** the) ~ **of** *ten noorden van.*
north[2] ⟨bn.; vaak N-⟩ **0.1** ***noord(-)*** ⇒*noordelijk, noordwaarts* ◆ **1.1** North Atlantic Treaty Organization *Noord-Atlantische Verdragsorganisatie;* the North Pole *de noordpool;* the North Sea *de Noordzee.*
north[3] ⟨bw.⟩ **0.1** ***noordwaarts*** ⇒*van/naar/in het noorden* ◆ **3.1** face ~ *op het noorden liggen;* travel ~ *naar het noorden reizen* **5.1** ⟨inf.⟩ live **up** ~ *in het noorden v.h. land wonen;* travel **up** ~ *naar het noorden reizen.*
North-American ⟨ook attr.⟩ **0.1** ***Noord-Amerikaan(s)*** ⇒ *Amerikaan(s), Canadees.*
Northants. [no:foo·æns] ⟨afk.⟩ **0.1** [Northamptonshire].
northbound **0.1** ***die/dat naar het noorden gaat/reist*** ⟨verkeer, weg⟩.
northeast **0.1** ⟨zn.; the⟩ ***noordoosten*** **0.2** ⟨bn.⟩ ***noordoostelijk*** **0.3** ⟨bw.⟩ ***in/naar/uit het noordoosten*** ⇒*ten noordoosten.*
northeaster [no:θie:stə] ⟨vnl. enk.⟩ **0.1** ***noordoostenwind.***
northeasterly **0.1** ***naar/uit het noordoosten*** ⇒*noordoostelijk.*
northeastern ⟨vaak N-⟩ **0.1** ***uit/v.h. noordoosten*** ⇒*noordoostelijk.*
northeastward **0.1** ***noordoostelijk*** ⇒*in noordoostelijke richting.*
northeastwards, ⟨AE ook⟩ **northeastward** **0.1** ***naar het noordoosten.***
northerl|y [no:ðəlie] **0.1** ⟨zn.; mv.: -ies⟩ ***noorderwind/storm*** **0.2** ⟨bn.⟩ ***noordelijk*** **0.3** ⟨bw.⟩ ***uit/naar het noorden.***
northern [no:ðən] ⟨vaak N-⟩ **0.1** ***noordelijk*** ⇒*noorden-, noord(-)* ◆ **1.1** the ~ lights *het noorderlicht.*
northerner [no:ðənə] ⟨vaak N-⟩ **0.1** ***noorderling*** ⟨bewoner v.h. noorden v.e. land⟩.
northernmost [no:ðənmoost] **0.1** ***noordelijkst*** ⇒*meest noordelijk.*
North-South dialogue ⟨pol.⟩ **0.1** ***Noord-Zuiddialoog.***
northward [no:θwəd] **0.1** ***noord(waarts)*** ⇒*noordelijk.*
northwards [no:θwədz], ⟨AE ook⟩ **northward** **0.1** ***noordwaarts*** ⇒*naar het noorden.*
northwest **0.1** ⟨zn.; the; ook N-⟩ ***noordwesten*** **0.2** ⟨bn.⟩ ***noordwestelijk*** **0.3** ⟨bw.⟩ ***in/naar/uit het noordwesten*** ⇒*ten noordwesten.*
northwester [no:θwestə] **0.1** ***noordwestenwind.***
northwesterly **0.1** ***noordwestelijk*** ⇒*uit/naar/in het noordwesten.*
northwestern **0.1** ***noordwest(elijk).***
northwestward **0.1** ***noordwest(elijk).***
northwestwards, ⟨AE ook⟩ **northwestward** **0.1** ***noordwestelijk*** ⇒*noordwestwaarts.*
Norway [no:wee] **0.1** ***Noorwegen.***
Norwegian [no:wie:dzjən] **0.1** ⟨bn.⟩ ***Noors*** **0.2** ⟨eig.n.⟩ ***Noors*** ⟨taal⟩ **0.3** ⟨telb. zn.⟩ ***Noor.***
nos, Nos ⟨afk.⟩ **0.1** [numbers].
nose[1] [nooz] ⟨zn.⟩ **0.1** ***neus*** ⇒*reukorgaan;* ⟨fig.⟩ *reukzin, speurzin* **0.2** ***punt*** ⇒*neus* ⟨v. vliegtuig, auto, schoen⟩ ◆ **3.¶** bloody s.o.'s ~ *iem. beledigen;* cut off one's ~ to spite one's face *(in een woedebui) zijn eigen glazen/ruiten ingooien;* follow one's ~ *rechtuit gaan, zijn instinct volgen;* ⟨inf.⟩ get up s.o.'s ~ *iem. op de zenuwen werken;* have a ~ for sth. *ergens een fijne neus voor hebben;* have/hold/keep one's ~ to the grindstone *zwoegen, voortdurend hard werken;* keep one's ~ out of s.o.'s affairs *zich met zijn eigen zaken bemoeien;* ⟨inf.⟩ lead s.o. by the ~ *met iem. kunnen doen wat men wil;* look down one's ~ at s.o. *de neus voor iem.*

ophalen, neerkijken op iem.; ⟨inf.⟩ pay through the ~ (for) *zich laten afzetten (voor);* poke / stick one's ~ into s.o.'s affairs *zijn neus in andermans zaken steken;* ⟨vnl. BE; inf.⟩ put s.o.'s ~ out of joint *iem. voor het hoofd stoten; iem. jaloers maken;* ⟨vnl. BE; inf.⟩ rub s.o.'s ~ in it / the dirt *iem. iets onder de neus wrijven;* turn up one's ~ at sth. / s.o. *zijn neus ophalen voor iets / iem.* **6.1** ⟨inf.⟩ (right) **under** s.o.'s (very) ~ *vlak voor zijn neus / ogen* **6.¶** (win) **by** a ~ *een neuslengte vóór zijn.*

nose[2] **I** ⟨onov.ww.⟩ **0.1** ***zich (voorzichtig) een weg banen*** ⟨v. schip, auto⟩. →**nose about / around, nose out;**
II ⟨ov.ww.⟩ **0.1** ***zich banen*** ⟨een weg⟩ ⇒*voortduwen, zich voortbewegen* **0.2** ***met de neus / snoet openduwen*** ◆ **1.1** she ~d the car through the traffic *ze manoeuvreerde de auto door het verkeer* **1.2** the cat ~d the door open *de kat duwde de deur open met haar snoet* **6.¶** ~ **into** sth. *zijn neus steken in iets, zich bemoeien met andermans zaken.* →**nose about / around, nose out.**

nose about, ⟨AE ook⟩ **nose around** **0.1** ***rondneuzen (in)*** ⇒ *rondsnuffelen (in).*

nosebag ⟨vnl. BE⟩ **0.1** ***voederzak*** ⟨v. paard⟩.

nosebleed **0.1** ***bloedneus.***

nose dive **0.1** ⟨luchtv.⟩ ***duikvlucht*** **0.2** ⟨inf.⟩ ***plotselinge (prijs)daling.***

nose-dive **0.1** ⟨luchtv.⟩ ***een duikvlucht maken*** **0.2** ***plotseling dalen / duiken / vallen.***

noseflute **0.1** ***neusfluit.***

nosegay **0.1** ***ruiker(tje)*** ⇒*boeketje, corsage.*

nose job ⟨inf.⟩ **0.1** ***neusoperatie / correctie*** ⟨ihb. plastisch⟩.

nose out **I** ⟨onov.ww.⟩ **0.1** ***zich (voorzichtig) een weg banen*** ⟨v. schip, auto⟩;
II ⟨ov.ww.⟩⟨inf.⟩ **0.1** ***ontdekken*** ⇒*erachter komen* **0.2** ⟨AE⟩ ***op het nippertje winnen*** ⇒*met een neuslengte winnen.*

nose spray **0.1** ***neusspray.***

nosey →**nosy.**

nosh[1] [nosj] ⟨zn.⟩⟨vnl. BE; sl.⟩ **0.1** ***eten*** ◆ **2.1** the ~ is good *de bik is goed.*

nosh[2] ⟨ww.⟩⟨vnl. BE; sl.⟩ **0.1** ***bikken*** ⇒*eten.*

nosh-up ⟨sl.⟩ **0.1** ***uitgebreide / goede maaltijd.***

nosiness [noozienəs] **0.1** ***bemoeizucht*** ⇒*nieuwsgierigheid.*

nostalgia [nostældzjə] **0.1** ***nostalgie*** ⇒*verlangen (naar het verleden).*

nostalgic [nostældzjik] ⟨-ally⟩ **0.1** ***nostalgisch*** ⇒*vol verlangen (naar het verleden).*

nostril [nostril] **0.1** ***neusgat*** **0.2** ***neusvleugel.***

nostrum [nostrəm] **0.1** ***(geheim) middel*** ⇒*universeel geneesmiddel, wondermiddel;* ⟨fig.⟩ *alleenzaligmakend middel* ⟨mbt. maatschappelijke / politieke problemen⟩.

nos|y, nos|ey [noozie] ⟨-ily⟩ **0.1** ⟨inf.; bel.⟩ ***bemoeiziek*** ⇒ *nieuwsgierig* ◆ **1.1** ⟨BE; inf.; bel.⟩ Nosey Parker *bemoeial, nieuwsgierig Aagje.*

not [not] **0.1** ***niet*** ⇒*geen, helemaal niet* ◆ **1.1** ~ a thing *helemaal niets* **3.1** I do ~ / don't hope that ... *ik hoop niet dat ...;* I hope ~ *ik hoop van niet;* ⟨inf.⟩ ~ to say *misschien zelfs, om niet te zeggen* **5.1** ~ at all *geen dank;* ~ least *vooral;* as likely as ~ *waarschijnlijk;* ~ only ... but (also) *niet alleen ..., maar (ook)* **8.1** ~ a bus but a tram *geen bus maar een tram;* if ~ *indien niet, anders;* ~ that I want to know *niet (om)dat ik het wil weten.*

notabilit|y [nootəbillətie] ⟨mv.: -ies⟩ **0.1** ***opmerkelijkheid*** ⇒ *merkwaardigheid* **0.2** ⟨vaak mv.⟩ ***notabele*** ⇒*vooraanstaand / belangrijk persoon.*

notable[1] [nootəbl] ⟨zn.⟩ **0.1** ***voornaam persoon*** ⇒*notabele, belangrijk / vooraanstaand persoon.*

notable[2] ⟨bn.⟩ **0.1** ***opmerkelijk*** ⇒*merkwaardig, opvallend.*

notably [nootəblie] **0.1** →**notable** **0.2** ***in het bijzonder*** ⇒ *met name* ◆ **1.2** others, ~ the Americans, didn't want to talk about it *anderen, met name de Amerikanen, wilden er niet over praten.*

notarize, -ise [nootərajz] **0.1** ***notarieel bekrachtigen*** ⇒ *rechtsgeldig maken.*

notar|y [nootərie] ⟨mv.: -ies⟩ **0.1** ***notaris*** ◆ **2.1** ~ public *notaris.*

notate [nooteet] **0.1** ***noteren*** ⟨ook muz.⟩ ⇒*beschrijven.*

notation [nooteesjn] **0.1** ⟨vnl. enk.⟩ ***notatie*** ⟨muziek, schaakspel e.d.⟩ ⇒*schrijfwijze* **0.2** ⟨AE⟩ ***aantekening*** ⇒*noot* ◆ **2.1** chemical ~ *chemisch(e) tekenschrift / symbolen.*

notch[1] [notsj] ⟨zn.⟩ **0.1** ***keep*** ⟨ook fig., op kerfstok⟩ ⇒*kerf, inkeping* **0.2** ⟨inf.⟩ ***graad*** ⇒*klasse* **0.3** ⟨AE⟩ ***bergpas*** ⇒ *bergengte* ◆ **6.2** an excellent play, ~es **above** his other writings *een uitstekend stuk, met kop en schouders uitstekend boven zijn andere werk.*

notch[2] ⟨ww.⟩ **0.1** ***(in)kepen*** ⇒*(in)kerven, insnijden* **0.2** ⟨inf.; vaak +up⟩ ***(be)halen*** ⟨overwinning, punten⟩ ⇒*binnenhalen* ◆ **1.2** his films ~ed him a place in 'Cinema a Critical Dictionary' *zijn films leverden hem een plaats op in 'Cinema a Critical Dictionary'.*

note[1] [noot] ⟨zn.⟩ **0.1** ⟨vaak mv.⟩ ***aantekening*** ⇒*notitie* **0.2** ***briefje*** ⇒*berichtje,* ⟨ihb.⟩ *(diplomatieke) nota, memorandum* **0.3** ***(voet)noot*** ⇒*annotatie* **0.4** ***biljet*** ⇒*briefje* **0.5** ⟨muz.⟩ ***toon*** ⇒*noot* **0.6** ***(onder)toon*** ⇒*klank* **0.7** ***aanzien*** ⇒*belang, gewicht* **0.8** ***aandacht*** ⇒*acht, nota* ◆ **1.4** fifty pounds in ~s and a pound in coins *vijftig pond aan papiergeld en een pond in munten* **1.6** ~ of carelessness *een zekere achteloosheid, iets v. achteloosheid;* sound / strike a ~ of warning *een waarschuwend geluid laten horen* **2.1** you must make a mental ~ to see the dentist tomorrow *je moet niet vergeten morgen naar de tandarts te gaan* **2.8** worthy of ~ *opmerkenswaardig* **3.1** make ~s *aantekeningen maken;* make a ~ of your expenses *houd bij wat voor onkosten je maakt* **3.6** change one's ~ *een toontje lager (gaan) zingen* **3.8** take ~ of *notitie nemen van, acht slaan op* **3.¶** ⟨fig.⟩ compare ~s *ervaringen / ideeën / indrukken uitwisselen* **6.7** **of** ~ *v. belang, met een reputatie, algemeen bekend.* → **right.**

note[2] ⟨ww.⟩ **0.1** ***nota nemen van*** ⇒*aandacht schenken aan, letten op* **0.2** ***(op)merken*** ⇒*bespeuren, waarnemen* **0.3** ***aandacht vestigen op*** ⇒*opmerken, melding maken van* **0.4** ⟨+down⟩ ***opschrijven*** ⇒*noteren* ◆ **8.1** please ~ that you still have to pay the bill *neemt u er nota v. dat u de rekening nog moet voldoen* **8.2** you may have ~d that I'm a married man now *het zal je wel opgevallen zijn dat ik nu getrouwd ben* **8.3** the report didn't ~ that she'd died *het rapport vermeldde niet dat zij was overleden.*

notebook **0.1** ***notitieboekje*** **0.2** ⟨comp.⟩ ***notebook*** ⇒*schootcomputer.*

notebook computer **0.1** ***notebook*** ⇒*schootcomputer.*

noted [nootid] **0.1** ⟨+for⟩ ***beroemd (om / wegens)*** ⇒*bekend.*

notepaper **0.1** ***postpapier.***

noteworthy **0.1** ***vermeldenswaardig*** ⇒*opmerkelijk.*

nothing[1] [nuθing] ⟨zn.⟩ **0.1** ⟨vnl. enk.⟩ ***nul*** ⇒*waardeloos iem.* **0.2** ***kleinigheid*** ⇒*nietigheid, niets, niemendalletje* ◆ **2.¶** whisper soft / sweet ~s *zoete / lieve woordjes fluisteren.*

nothing[2] ⟨vnw.⟩ **0.1** ***niets*** ◆ **2.¶** in ~ flat *in een mum v. tijd* **3.¶** ⟨inf.⟩ have ~ on ... *niets zijn vergeleken bij ...* **4.1** it's ~ *'t stelt niets voor, 't maakt niets uit* **4.¶** it's ~ *geen dank, graag gedaan* **6.1** there's ~ **of** gentleness in him *hij heeft niets zachtzinnigs* **6.¶** they don't call her 'podge' **for** ~ *ze noemen haar niet voor niets 'dikke';* there was ~ **for** it but to call a doctor *er zat niets anders op dan een dokter op te* *bellen;* **for** ~ *tevergeefs; gratis, voor niets;* there's ~ **in / to** it *er klopt niets van; er is niets aan, 't is een makkie;* ⟨sport⟩ there's ~ **in** it *zij zijn/lopen* ⟨enz.⟩ *gelijk;* it's ~ **to** me *het doet me niets* **8.1** she did ~ (else) but/than grumble *ze zat alleen maar te mopperen* **8.¶** ~ if not sly *uitermate/heel erg sluw.* →**do.**

nothing³ ⟨bw.⟩ **0.1** ***helemaal niet*** ⇒*lang niet* ◆ **5.1** does it cost a hundred pounds? no, ~ **like / near** *kost het honderd pond? nee, op geen stukken na;* my painting is ~ **like / near** as / so good as yours *mijn schilderij is bij lange na niet zo goed als het jouwe.*

nothingness [nuθingnəs] **0.1** ***(het) niets*** ⇒*het niet zijn* **0.2** ***onbelangrijkheid*** ⇒*zinloosheid, leegte.*

notice¹ [nootis] ⟨zn.⟩ **0.1** ***(voorafgaande) kennisgeving*** ⇒ *aankondiging, waarschuwing;* ⟨ihb.⟩ *opzegging* ⟨v. huur/ arbeidscontract⟩ **0.2** ***aandacht*** ⇒*belangstelling, attentie* **0.3** ***mededeling*** ⇒*bericht* **0.4** ⟨vaak mv.⟩ ***bespreking*** ⇒ *recensie* ◆ **1.3** the ~ says 'no smoking' *er staat dat je niet mag roken;* ~ of marriage *huwelijksaankondiging* **2.4** his book got good ~s *zijn boek kreeg goede recensies/kritieken* **3.1** give one's ~ *zijn ontslag indienen;* give the maid (a month's) ~, give (a month's) ~ to the maid *de dienstbode (met een maand) opzeggen;* we received three month's ~ *de huur is ons met drie maanden opgezegd* **3.2** I'd like to bring this book to your ~ *ik zou dit boek onder uw aandacht willen brengen;* when the CD became a success the other record companies suddenly sat up and took ~ *toen de cd een succes werd, schrokken de andere platenmaatschappijen wakker;* take (no) ~ of *(geen) acht slaan op* **6.1** **at** a moment's / a minute's ~ *direct, zonder bericht vooraf;* can you be here **at** two hours' ~? *kun je hier binnen twee uur zijn?* →**further, short.**

notice² ⟨ww.⟩ **0.1** ***(op)merken*** ⇒*zien, waarnemen* ⟨met zintuigen / verstand⟩ **0.2** ***vermelden*** ⇒*een opmerking maken over* ◆ **1.1** ~ the differences *let op de verschillen;* she didn't ~ her friend in the crowd *zij zag haar vriendin niet in de menigte.*

noticeab|le [nootissəbl] ⟨-ly⟩ **0.1** ***merkbaar*** ⇒*zichtbaar, waarneembaar* **0.2** ***opmerkelijk*** ⇒*opvallend, duidelijk.*

notice board ⟨BE⟩ **0.1** ***mededelingenbord*** ⇒*prik/aanplakbord.*

notifiable [nootiffajjəbl] ⟨vnl. BE⟩ **0.1** ***met aangifteplicht*** ⟨ihb. v. bep. ziekten⟩.

notification [nootiffikkeesjn] **0.1** ***aangifte*** **0.2** ***informatie*** ⇒ *mededeling* ◆ **1.2** ⟨hand.⟩ date of ~ *datum v. advies.*

notif|y [nootiffaj] ⟨-ied⟩ **0.1** ***informeren*** ⇒*bekendmaken, op de hoogte stellen* ◆ **1.1** ⟨hand.⟩ ~ the beneficiary *aan de begunstigde adviseren;* ~ a birth / a theft *aangifte doen v.e. geboorte/v. diefstal.*

notion [noosjn] **0.1** ***begrip*** ⇒*concept* **0.2** ***idee*** ⇒*mening, veronderstelling* **0.3** ***gril*** ⇒*wild idee* **0.4** ⟨mv.; AE⟩ ***kleine artikelen*** ⇒⟨ihb.⟩ *fournituren* ◆ **3.2** she had no ~ of what I was talking about *ze had geen benul waar ik het over had;* I had a vague ~ that they were making fun of me *ik had vaag het idee dat ze me voor de gek hielden* **8.2** the ~ that the earth is flat *het denkbeeld dat de aarde plat is.*

notional [noosjnəl] **0.1** ***hypothetisch*** ⇒*theoretisch, abstract* **0.2** ***denkbeeldig*** ⇒*onwerkelijk.*

notoriety [nootərajjətie] **0.1** ***notoriteit*** ⇒*beruchtheid.*

notorious [nooto:riəs] ⟨-ness⟩ **0.1** ***algemeen (ongunstig) bekend*** ⇒*berucht, notoir.*

no-trump, no-trumps ⟨mv.: no-trump, no-trumps⟩ ⟨bridge⟩ **0.1** ***sans atout*** ⇒*spel zonder troef.*

Notts. [nots] ⟨afk.⟩ **0.1** [Nottinghamshire].

notwithstanding¹ [notwiðstænding, -wiθ-] ⟨bw.⟩ ⟨schr.⟩ **0.1** ***desondanks*** ⇒*ondanks dat, toch.*

notwithstanding² ⟨vz.; soms achtergeplaatst⟩ ⟨schr.⟩ **0.1** ***ondanks*** ⇒*niettegenstaande* ◆ **1.1** his thesis was rejected, its importance ~ *zijn dissertatie werd geweigerd ondanks het belang ervan.*

notwithstanding³ ⟨vw.⟩ **0.1** ***hoewel*** ⇒*niettegenstaande (het feit)* ◆ **¶.1** recognisable, ~ he had been away so long *herkenbaar, hoewel hij zo lang was weggeweest.*

nougat [noe:ga:] **0.1** ***noga.***

nought →**naught.**

noun [naun] ⟨taal.⟩ **0.1** ***zelfstandig naamwoord*** ⇒*substantief.*

nourish [nurrisj] **0.1** ***voeden*** ⟨ook fig.⟩ **0.2** ***koesteren*** ◆ **1.1** ~ing food *voedzaam eten* **1.2** ~ the hope to *de hoop koesteren om te.*

nourishment [nurrisjmənt] **0.1** ***voeding*** ⟨ook fig.⟩ ⇒*het voeden/gevoed worden* **0.2** ***voedsel*** ⇒*eten.*

nous [naus] **0.1** ⟨BE; inf.⟩ ***hersens*** ⇒*verstand.*

novation [nooveesjn] ⟨geldw.⟩ **0.1** ***novatie*** ⇒*schuldvernieuwing.*

novel¹ [novl] ⟨zn.⟩ **0.1** ***roman.***

novel² ⟨bn.⟩ **0.1** ***nieuw*** ⇒*onbekend, ongekend* ◆ **1.1** ~ ideas *verrassende ideeën.*

novelette [novvəlet] **0.1** ***novelle*** **0.2** ⟨BE⟩ ***romannetje*** ⇒*keukenmeidenroman.*

novelettish [novvəlettisj] **0.1** ***sentimenteel*** ⇒*zoetelijk-romantisch.*

novelist [nov(ə)list] **0.1** ***romanschrijver*** ⇒*schrijver.*

novella [noovellə] ⟨mv.: ook novelle [-lie:]⟩ **0.1** ***korte roman*** ⇒*novelle, verhaal.*

novelt|y [novltie] ⟨mv.: -ies⟩ **0.1** ⟨vaak mv.⟩ ***nieuwigheidje*** ⇒ *(modieus) nieuwtje* **0.2** ***nieuwigheid*** ⇒*nieuws, iets onbekends* ◆ **3.2** the ~ soon wore off *het nieuwe/vreemde was er al gauw af* **6.2** that was no ~ **to** me *dat was niets nieuws voor mij.*

November [noovembə] **0.1** ***november.***

novice [novvis] **0.1** ⟨rel.⟩ ***novice*** **0.2** ***beginneling*** ⇒*nieuweling.*

novocain [noovəkeen] ⟨med.⟩ **0.1** ***novocaïne*** ⇒*procaïne hydrochloride* ⟨narcoticum⟩.

now¹ [nau] ⟨zn.⟩ **0.1** ***nu*** ⇒*dit moment* ◆ **5.1** every ~ and again, every ~ and then *zo nu en dan, af en toe* **6.1** **before** ~ *vroeger, tot nu toe;* **by** ~ *ondertussen, inmiddels;* **for** ~ *voorlopig;* as **from** ~, **from** ~ **on** *v. nu af aan;* **until** ~, **up till** ~, **up to** ~ *tot nu toe.*

now² ⟨bw.⟩ **0.1** ***nu*** ⇒*tegenwoordig; onder deze omstandigheden* ◆ **1.1** they'll be here any minute ~ *ze kunnen elk ogenblik aankomen;* it's two years ago ~ that I went away *het is nu (al weer) twee jaar geleden dat ik wegging* **3.1** with prices ~ rising, ~ falling *met prijzen die nu eens stijgen, dan weer dalen;* ~ what do you mean? *maar wat bedoel je nu eigenlijk?;* ~ why didn't you tell me? *waarom heb je me dat dan niet gezegd?* **5.1** ~ and again / then *zo nu en dan, v. tijd tot tijd;* just ~ *zoëven, daarnet; nu, op dit ogenblik;* right ~ I'm working for B. *tegenwoordig werk ik voor B.;* ~ then, where do you think you're going? *zo, en waar dacht jij heen te gaan?;* there ~ *eindelijk!* **6.1** that's settled, ~ **for** the next question *dat is geregeld, en nu de volgende vraag.*

now³ ⟨vw.⟩ **0.1** ***nu (dat)*** ⇒*gezien (dat)* ◆ **¶.1** ~ you are here I will show you *nu je hier (toch) bent zal ik het je laten zien.*

nowadays [nauədeez] **0.1** ***tegenwoordig*** ⇒*vandaag de dag.*

nowhere [nooweə], ⟨AE, gew. ook⟩ **nowheres** [nooweəz] **0.1** ***nergens*** ⟨ook fig.⟩ ⇒*nergens heen* ◆ **3.1** it got him ~ *het leverde hem niets op;* she is ~ when it comes to running *als het op rennen aankomt, is zij nergens* **5.1** she is ~ near as bright as him *ze is lang niet zo intelligent als hij* **6.1** she lived miles away **from** ~ *ze leefde mijlen van de bewoonde wereld vandaan;* he started **from** ~ but became famous *hij kwam uit het niets maar werd beroemd.*

nowt [naut] ⟨Noord-Eng. en Sch. E⟩ **0.1** ***niets*** ⇒*niks.*

noxious [noksjəs] ⟨-ness⟩⟨ook fig.⟩ **0.1** ***schadelijk*** ⇒*ongezond, verderfelijk* ◆ **1.1** ~ influence *verderfelijke invloed.*

nozzle [nozl] **0.1** ***tuit*** ⇒*pijp* **0.2** ⟨tech.⟩ ***(straal)pijp*** ⇒*mondstuk, straalbuis.*

N.S.F. ⟨afk.; geldw.⟩ **0.1** [not sufficient funds].

N.S.P.C.C. ⟨afk.; BE⟩ **0.1** [National Society for the Prevention of Cruelty to Children].

N.T. ⟨afk.⟩ **0.1** [New Testament] *NT.*

nth [enθ] **0.1** ⟨wisk.⟩ ***nde*** ◆ **1.1** ~ power *nde macht* **1.¶** boring to the ~ degree *uiterst vervelend;* for the ~ time *voor de zoveelste keer.*

nuance¹ [njoe:a:ns] ⟨zn.⟩ **0.1** ***nuance*** ⇒*(kleur)schakering.*

nuance² ⟨ww.⟩ **0.1** ***nuanceren.***

nub [nub] **0.1** ***brok(je)*** ⇒*klompje, stomp(je)* **0.2** ⟨vnl. enk.; inf.⟩ ***kern(punt)*** ⇒*essentie* ◆ **6.2** the ~ **of** the matter *de kern v.d. zaak.*

nubil|e [njoe:bajl] ⟨zn.: **-ity**⟩ **0.1** ***huwbaar*** ⟨v. vrouw⟩ ⇒*aantrekkelijk.*

nuclear [njoe:kliə] **0.1** ***mbt. de kern(en)*** ⇒*kern-* **0.2** ⟨nat.⟩ ***nucleair*** ⇒*kern-, atoom-* ◆ **1.1** ⟨sociologie⟩ ~ family *nucleair gezin* **1.2** ~ armament *kernbewapening;* ~ disarmament *nucleaire ontwapening;* ~ energy *kern/atoomenergie;* ~ fission *kern/atoomsplitsing, kern/atoomsplijting;* ~ physics *kernfysica;* ~ (power) plant/station *kerncentrale;* ~ reactor *kern/atoomreactor;* ~ war *kern/atoomoorlog;* ~ waste *kernafval.*

nuclear-free **0.1** ***atoomvrij.***

nucleic acid [njoe:klie:ik æsid] ⟨bioch.⟩ **0.1** ***nucleïnezuur.***

nucleon [njoe:klie·on] ⟨nat.⟩ **0.1** ***kerndeeltje*** ⇒*nucleon.*

nucleus [njoe:kliəs] ⟨mv.: nuclei⟩ **0.1** ***kern*** ⟨ook fig.⟩ ⇒*hart, middelpunt* **0.2** ⟨nat., ster.⟩ ***kern*** ⇒*nucleus* **0.3** ⟨biol.⟩ ***(cel)kern*** ⇒*nucleus, kiem.*

nude¹ [njoe:d] ⟨zn.⟩ **0.1** ***naakt iem.*** **0.2** ⟨kunst⟩ ***naakt (model)*** ⇒*naaktfiguur* **0.3** ⟨the⟩ ***naaktheid*** ◆ **6.1** **in** the ~ *naakt, in zijn nakie.*

nude² ⟨bn.; -r⟩ **0.1** ***naakt*** ◆ **1.1** ~ beach *naaktstrand.*

nudge¹ [nudzj] ⟨zn.⟩ **0.1** ***stoot(je)*** ⇒*por, duwtje.*

nudge² ⟨ww.⟩ **0.1** ***(zachtjes) aanstoten*** ⟨met de elleboog⟩ **0.2** ***zachtjes duwen*** ⇒*schuiven* ◆ **1.2** he ~d his wife out of the way *hij duwde zijn vrouw zachtjes opzij.*

nudie [njoe:die] ⟨sl.⟩ **0.1** ***met veel bloot*** ◆ **1.1** ~ magazine *seksblad.*

nudism [njoe:dizm] **0.1** ***nudisme*** ⇒*naturisme.*

nudist [njoe:dist] **0.1** ***nudist*** ⇒*naturist.*

nudist camp, nudist colony **0.1** ***nudistenkamp.***

nudity [njoe:dətie] **0.1** ***naaktheid*** ◆ **1.1** a lot of ~ *veel naakt.*

nugatory [njoe:gətrie] ⟨schr.⟩ **0.1** ***waardeloos*** ⇒*onbeduidend.*

nugget [nugit] **0.1** ***(goud)klompje*** **0.2** ***juweel(tje)*** ⟨alleen fig.⟩ ◆ **1.2** ~ of information *informatie die goud waard is.*

nuisance [njoe:sns] ⟨vnl. enk.⟩ **I** ⟨telb.zn.⟩ **0.1** ***lastig iem./iets*** ⇒*lastpost* ◆ **3.1** make a ~ of o.s. *vervelend/lastig zijn;*
II ⟨telb. en n.-telb.zn.⟩ **0.1** ***(over)last*** ⇒*hinder* ◆ **4.1** what a ~ *wat vervelend.*

nuisance value ⟨geen mv.⟩ **0.1** ***waarde als tegenwicht/iets hinderlijks.***

nuke¹ [njoe:k] ⟨zn.⟩⟨vnl. AE; inf.⟩ **0.1** ⟨verk.⟩ [nuclear bomb] ***atoombom*** **0.2** ⟨verk.⟩ [nuclear weapon] ***kernwapen.***

nuke² ⟨ww.⟩ **0.1** ***met kernwapens aanvallen*** ⇒*kernwapens gebruiken tegen.*

null [nul] **0.1** ⟨jur.⟩ ***niet-bindend*** ⇒*nietig* **0.2** ⟨wisk.⟩ ***leeg*** ⟨v. verzameling⟩ **0.3** ⟨wisk.⟩ ***mbt. nul*** ◆ **2.1** ⟨vnl. jur.⟩ ~ and void *v. nul en gener waarde.*

nullif|y [nulliffaj] ⟨-ied; zn.: **-ication**⟩ **0.1** ***nietig verklaren*** ⇒*ongeldig verklaren* **0.2** ***opheffen*** ⇒*tenietdoen.*

nullit|y [nullətie] ⟨mv.: -ies⟩ **I** ⟨telb.zn.⟩ **0.1** ***oppervlakkig iets/iem.*** ⇒*nul* **0.2** ***ongeldig(e) document/wet;***
II ⟨n.-telb.zn.⟩ **0.1** ⟨jur.⟩ ***nietigheid*** ⟨ihb. v. huwelijk⟩ ⇒*ongeldigheid* **0.2** ***zinloosheid*** ◆ **1.1** decree of ~ *echtscheiding.*

numb¹ [num] ⟨bn.; -ness⟩ **0.1** ⟨+ with⟩ ***verstijfd (van)*** ⇒*verdoofd, verkleumd.*

numb² ⟨ww.⟩ **0.1** ***verlammen*** ⟨ook fig.⟩ ⇒*doen verstijven/verstarren* **0.2** ***verdoven*** ◆ **1.2** medicines ~ed the pain *medicijnen verzachtten de pijn.*

number¹ [numbə] **I** ⟨telb.zn.⟩ **0.1** ***getal*** **0.2** ***aantal*** **0.3** ***nummer*** **0.4** ***gezelschap*** ⇒*groep* ◆ **1.2** a ~ of problems *een aantal problemen* **3.¶** his ~ has come up/is up *het is met hem gedaan;* ⟨inf.⟩ have/get s.o.'s ~ *iem. doorhebben* **4.¶** ~ one *de eerste, (nummer) een;* ⟨sl.⟩ *best;* ⟨kind.; euf.⟩ *plasje, kleine boodschap;* always think of ~ one *altijd alleen maar aan zichzelf denken;* my ~ one problem *mijn grootste probleem;* ⟨BE⟩ Number Ten (Downing Street) *de ambtswoning v.d. premier* **6.2** **in** ~ *in aantal, in getal;* ~s **of** cats *een heleboel katten;* **to** the ~ **of** (twenty) *ten getale van (twintig), (twintig) in getal* **6.3** published **in** ~s *in afleveringen verschenen* **7.2** any ~ of *ontelbaar veel.* →**back, natural, opposite, wrong;**
II ⟨n.-telb.zn.⟩ **0.1** ⟨taal.⟩ ***getal;***
III ⟨mv.; in bet. 0.3 ww. ook enk.⟩ **0.1** ***aantallen*** ⇒*hoeveelheid,* ⟨ihb.⟩ *grote aantallen* **0.2** ***getallen*** ⇒*het rekenen* **0.3** ⟨AE; the⟩ ***(getallen)loterij*** ◆ **2.2** be good/bad at ~s *goed/slecht zijn in rekenen* **3.1** win by (force/weight of) ~s *winnen door getalsterkte.*

number² **I** ⟨onov. en ov.ww.⟩ **0.1** ***tellen*** **0.2** ***vormen*** ⟨aantal⟩ ⇒*bedragen* **0.3** ***tellen*** ⇒*behoren tot* ◆ **1.¶** his days are ~ed *zijn dagen zijn geteld* **4.2** we ~ed eleven *we waren met ons elven* **6.3** I ~ him **among** my best friends *hij behoort tot mijn beste vrienden;*
II ⟨ov.ww.⟩ **0.1** ***nummeren*** ⇒*nummers geven* **0.2** ***tellen*** ⇒*bezitten* ◆ **1.2** the collection ~s 700 pieces *de verzameling telt 700 stuks.*

number cruncher ⟨comp.⟩ **0.1** ***getallenkraker.***

number crunching ⟨comp.⟩ **0.1** ***(het) getallenkraken*** ⟨verwerking v. grote hoeveelheid numerieke data⟩.

numberless [numbələs] **0.1** ***ontelbaar*** ⇒*talloos* **0.2** ***zonder nummer.***

number plate ⟨BE⟩ **0.1** ***nummerplaat*** ⇒*nummerbord* ⟨v. auto⟩.

Numbers [numbəz] ⟨rel.⟩ **0.1** ***Numeri.***

numbly [numlie] **0.1** →**numb** **0.2** ***gevoelloos.***

num(b)skull [numskul] ⟨inf.⟩ **0.1** ***sufferd*** ⇒*stomkop.*

numeracy [njoe:mrəsie] ⟨BE⟩ **0.1** ***wiskundige onderlegdheid.***

numeral¹ [njoe:mrəl] ⟨zn.⟩ **0.1** ***cijfer*** **0.2** ***telwoord.*** →**Arabic, Roman.**

numeral² ⟨bn.⟩ **0.1** ***getal(s)-*** ⇒*v. getallen.*

numerate [njoe:mərət] ⟨BE⟩ **0.1** ***met een wiskundige basiskennis.***

numerator [njoe:məreetə] ⟨ook wisk.⟩ **0.1** ***teller.***

numerical [njoe:merrikl] **0.1** ***getallen-*** ⇒*rekenkundig* **0.2** ***numeriek*** ⇒*in aantal* **0.3** ***numeriek*** ⇒*getals-* ◆ **1.2** ⟨vnl. mil.⟩ ~ superiority *(overmacht door) getalsterkte* **1.3** ⟨ook wisk.⟩ ~ value *numerieke waarde, getalswaarde.*

numerology [njoe:mərolləd zjie] **0.1** ***leer der getalsymboliek.***

numerous [njoe:mrəs] ⟨-ness⟩ **0.1** ***talrijk*** ⇒*groot* **0.2** ***talrijke*** ⇒*vele* ◆ **1.1** a ~ family *een grote familie* **1.2** ~ children *veel kinderen.*
numinous [njoe:minnəs] ⟨-ness⟩ **0.1** ***goddelijk.***
numismatic [njoe:mizmætik] ⟨-ally⟩ **0.1** ***numismatisch*** ⇒ *mbt. munt- en penningkunde.*
numismatics [njoe:mizmætiks] **0.1** ***numismatiek.***
numismatist [njoe:mizmətist] **0.1** ***numismaticus.***
nun [nun] **0.1** ***non*** ⇒*(klooster)zuster.*
nuncio [nunsie·oo] ⟨r.-k.⟩ **0.1** ***nuntius*** ⇒*pauselijk gezant.*
nunner|y [nunnərie] ⟨mv.: -ies⟩ **0.1** ***nonnenklooster.***
nuptial [nupsjl] **0.1** ***huwelijks-.***
nuptials [nupsjlz] ⟨schr.⟩ **0.1** ***huwelijk*** ⇒*bruiloft.*
nurd →**nerd.**
nurse[1] [nə:s] ⟨zn.⟩ **0.1** ***verpleegster/pleger*** ⇒*verpleegkundige* **0.2** ***kindermeisje*** **0.3** ***voedster*** ◆ **2.1** male ~ *verpleger, ziekenbroeder* **3.1** registered ~ *verpleegkundige met staatsdiploma* ¶**.1** ~! *zuster!*
nurse[2] **I** ⟨onov.ww.⟩ **0.1** ***in de verpleging zijn*** **0.2** ***min zijn*** **0.3** ***kindermeisje zijn*** **0.4** ***zuigen*** ⇒*aan de borst zijn* ◆ **6.4** be nursing at one's mother's breast *de borst krijgen;* **II** ⟨ov.ww.⟩ **0.1** ***verplegen*** **0.2** ***verzorgen*** **0.3** ***zogen*** ⇒ *borstvoeding geven* **0.4** ***behandelen*** ⇒*genezen* **0.5** ***bevorderen*** ⇒*koesteren* ◆ **1.3** nursing mother *zogende moeder* **1.5** ~ a grievance/grudge against s.o. *een grief/wrok tegen iem. koesteren;* ~ plants *planten met zorg omgeven/koesteren* **6.4** ~ s.o. **back** to health *door verpleging iem. weer gezond krijgen.*
nurs(e)ling [nə:sling] **0.1** ***zuigeling*** ⇒⟨ihb.⟩ *zoogkind.*
nursemaid **0.1** ***kindermeisje*** **0.2** ***verzorger/ster.***
nurser|y [nə:srie] ⟨mv.: -ies⟩ **0.1** ***kinderkamer*** **0.2** ***crèche*** ⇒ *kinderdagverblijf* **0.3** ***(boom/planten)kwekerij.***
nursery|man [nə:sriemən]⟨mv.: -men [-mən]⟩ **0.1** ***(boom/planten)kweker.***
nursery nurse ⟨BE⟩ **0.1** ***kinderverzorgster.***
nursery rhyme **0.1** ***kinderversje.***
nursery school **0.1** ***peuterklas*** ⟨voor kinderen beneden de vijf jaar⟩.
nursery slopes ⟨skiën⟩ **0.1** ***oefenhelling.***
nursing [nə:sing] **0.1** ***verpleging*** ⇒*verzorging* **0.2** ***verpleegkunde.***
nursing home **0.1** ***verpleeghuis*** **0.2** ⟨BE⟩ ***particulier ziekenhuis.***
nurture[1] [nə:tsjə] ⟨zn.⟩⟨schr.⟩ **0.1** ***opvoeding*** ⇒*vorming.*
nurture[2] ⟨ww.⟩⟨schr.⟩ **0.1** ***voeden*** **0.2** ***koesteren*** ⇒*verzorgen* **0.3** ***opvoeden.***
nut[1] [nut] ⟨zn.⟩ **0.1** ***noot*** **0.2** ***moer*** **0.3** ⟨sl.⟩ ***halve gare*** **0.4** ⟨sl.⟩ ***fanaat*** ⇒*gek* **0.5** ⟨vnl. mv.; AE; sl.⟩ ***bal*** ⟨testikel⟩ ◆ **1.**¶ ⟨inf.⟩ ~s and bolts *grondbeginselen, hoofdzaken* **3.**¶ ⟨BE; inf.⟩ do one's ~ *razend/woedend zijn* **6.**¶ ⟨vnl. BE; inf.⟩ she can't sing **for** ~s *ze kan totaal niet zingen;* **off** one's ~ *niet goed bij zijn hoofd* ¶**.**¶ ⟨sl.⟩ ~s! *onzin!, gelul!;* ~s (to you)! *krijg het heen-en-weer/de klere!* →**hard.**
nut[2] ⟨ww.; -ted⟩ **0.1** ***noten plukken/zoeken.***
nut-brown **0.1** ***hazelnootbruin*** ⇒*roodbruin.*
nutcase ⟨sl.⟩ **0.1** ***halve gare.***
nutcracker **0.1** ***notenkraker*** ◆ **7.1** a pair of ~s, a ~ *een notenkraker.*
nuthouse ⟨sl.⟩ **0.1** ***gekkenhuis.***
nutmeg [nutmeg] **0.1** ***muskaatnoot*** **0.2** ***nootmuskaat.***
nutria [njoe:triə] **0.1** ***nutria*** ⇒*beverbont.*
nutrient [njoe:triənt] **0.1** ⟨bn.⟩ ***voedend*** ⇒*voedings-* **0.2** ⟨zn.⟩ ***nutriënt*** ⇒*voedings/bouwstof.*
nutriment [njoe:trimmənt] **0.1** ***voeding*** ⇒*voedingsmiddel.*
nutrition [njoe:trisjn] **0.1** ***voeding*** **0.2** ***voedingsleer.***
nutritional [njoe:trisjnəl] **0.1** ***voedings-.***
nutritious [njoe:trisjəs] **0.1** ***voedzaam*** ⇒*voedingswaarde hebbend.*
nutritive [njoe:trətiv] **0.1** ***voedings-*** **0.2** ***voedzaam*** ◆ **1.1** ~ value *voedingswaarde.*
nuts [nuts] ⟨inf.⟩ **0.1** ***gek*** ⇒*(van lotje) getikt* ◆ **3.1** go ~ *gek worden* **6.1** be ~ **about/on/over** *dol/gek zijn op.*
nutshell **0.1** ***notendop*** ⟨ook fig.⟩.
nutt|y [nuttie] ⟨-iness⟩ **0.1** ***met (veel) noten*** ⇒*vol noten* **0.2** ***naar noten smakend*** **0.3** ⟨inf.⟩ ***gek*** ⇒*getikt* ◆ **1.3** as ~ as a fruitcake *stapelgek.*
nuzzle [nuzl] **0.1** ***(be)snuffelen*** **0.2** ***(zich) nestelen*** ⇒*(zich) vlijen* ◆ **6.1** ~ (up) **against** *besnuffelen.*
N.W. ⟨afk.⟩ **0.1** [northwest] *N.W.*
nylon [najlon] **I** ⟨n.-telb.zn.⟩ **0.1** ***nylon;*** **II** ⟨mv.⟩ **0.1** ***nylons*** ⇒*nylonkousen.*
nymph [nimf] **0.1** ***nimf*** **0.2** ⟨schr.⟩ ***nimf*** ⇒*jonge schoonheid* **0.3** ⟨dierk.⟩ ***nimf*** ⟨v. insect⟩ **0.4** ⟨dierk.⟩ ***pop*** ⟨v. insect⟩.
nymphet [nimfet, nimfit] **0.1** ***nimfje*** **0.2** ⟨inf.⟩ ***vroegrijp meisje.***
nympho [nimfoo] ⟨verk.⟩ [nymphomaniac] ⟨inf.⟩ **0.1** ***nymfomane.***
nymphomania [nimfəmeeniə] **0.1** ***nymfomanie.***
nymphomaniac [nimfəmeenie·æk] **0.1** ⟨bn.⟩ ***nymfomaan*** **0.2** ⟨zn.⟩ ***nymfomane.***

o, O [oo] ⟨mv.: ook o's, O's⟩ **0.1** *o, O.*

o' [ə] **0.1** ⟨verk.⟩ [of] ***van*** ◆ **1.1** five ~clock *vijf uur.*

O [oo] ⟨schr.⟩ **0.1** ***o*** ◆ **¶.1** O God! *o God!*

oaf [oof] ⟨mv.: ook oaves⟩ **0.1** ***klungel*** **0.2** ***lummel*** ⇒*lomperd.*

oafish [oofisj] ⟨-ness⟩ **0.1** ***klungelig*** **0.2** ***lomp*** ⇒*pummelig.*

oak [ook] **I** ⟨telb.zn.⟩ **0.1** ***eik;***
II ⟨n.-telb.zn.⟩ **0.1** ⟨ook attr.⟩ ***eiken*** ⇒*eikenhout.*

oak apple **0.1** ***galappel*** ⇒*galnoot.*

oaken [ookən] ⟨schr.⟩ **0.1** ***eiken*** ⇒*eikenhouten.*

oak leaf lettuce **0.1** ***eikenbladsla.***

oak tree **0.1** ***eikenboom*** ⇒*eik.*

O.A.P. ⟨afk.; BE⟩ **0.1** [old age pension(er)] *AOW('er).*

oar [o:] **0.1** ***roeispaan*** ⇒*(roei)riem* ◆ **3.¶** put/shove/stick one's ~ in *zich ermee bemoeien, zijn neus erin steken.*

oarlock ⟨AE; scheep.⟩ **0.1** ***dol.***

oars|man [o:zmən] ⟨mv.: -men [-mən]⟩ **0.1** ***roeier.***

oarsmanship [o:zmənsjip] **0.1** ***roeikunst.***

oarswoman **0.1** ***roeister.***

oasis [ooeesis] ⟨mv.: oases [-sie:z]⟩ **0.1** ***oase*** ⟨ook fig.⟩.

oast-house **0.1** ***eest(huis)*** ⇒⟨AZN⟩ *ast* ⟨vnl. voor hop⟩.

oat [oot] **I** ⟨telb.zn.⟩ ⟨plantk.⟩ **0.1** ***haver*** ⟨genus Avena; ihb. plant: Avena sativa⟩ ◆ **2.1** wild ~ *oot;*
II ⟨mv.⟩ **0.1** ***haver*** ⇒*haverkorrels* ◆ **3.1** rolled ~s *havervlokken* **3.¶** feel one's ~s *bruisen v. energie;* ⟨AE ook⟩ *zelfgenoegzaam doen* **6.¶** ⟨inf.⟩ **off** one's ~s *zonder eetlust.* → **wild.**

oatcake **0.1** ***haverkoek.***

oath [ooθ] ⟨mv.: oaths [ooðz]⟩ **0.1** ***eed*** **0.2** ***vloek*** ⇒*godslastering* ◆ **3.1** administer an ~ to s.o. *iem. een eed afnemen;* make/take/swear an ~ *een eed afleggen* **6.1** **under** ~ *onder ede.*

oatmeal **0.1** ***havermeel/vlokken*** **0.2** ***havermout(pap).***

oaves [oovz] ⟨mv.⟩ →**oaf.**

obduracy [obdjoerəsie] ⟨schr.⟩ **0.1** ***onverbeterlijkheid*** ⇒*verstoktheid* **0.2** ***onverzettelijkheid.***

obdurate [obdjoerət] ⟨schr.⟩ **0.1** ***onverbeterlijk*** ⇒*koppig* **0.2** ***onverzettelijk*** ⇒*onvermurwbaar.*

O.B.E. ⟨afk.; BE⟩ **0.1** [Officer (of the Order) of the British Empire].

obedience [əbie:diəns] **0.1** ***gehoorzaamheid*** **0.2** ⟨rel.⟩ ***obediëntie*** ⇒*gehoorzaamheid* ⟨in klooster⟩.

obedient [əbie:diənt] **0.1** ***gehoorzaam*** **0.2** ***onderworpen.***

obeisance [oobeesns] **I** ⟨telb. en n.-telb.zn.⟩ **0.1** ***buiging*** ⇒*revérence;*
II ⟨n.-telb.zn.⟩ **0.1** ***eerbied*** ◆ **3.1** do/make/pay ~ to *zijn respect betuigen aan.*

obelisk [obbəlisk] **0.1** ***obelisk*** ⇒*naald* **0.2** ***dolkteken*** ⇒*kruisje* ⟨+, als referentieteken⟩.

obese [oobie:s] ⟨schr.⟩ **0.1** ***zwaarlijvig*** ⇒*corpulent.*

obesity [oobie:sətie] **0.1** ***zwaarlijvigheid*** ⇒*corpulentie.*

obey [əbee] **0.1** ***gehoorzamen (aan)*** ⇒*opvolgen* **0.2** ***gehoorzamen (aan)*** ⇒*toegeven aan* **0.3** ***gehoorzamen (aan)*** ⇒*onderworpen zijn aan* ◆ **1.1** ~ an order *een bevel opvolgen* **1.3** a falling apple ~s a natural law *een vallende appel is aan een natuurwet onderworpen.*

obfusc|ate [obfəskeet] ⟨zn.: **-ation**⟩ ⟨schr.⟩ **0.1** ***verduisteren*** ⇒⟨fig.⟩ *vertroebelen* **0.2** ***verwarren.***

obituar|y [əbitsjoeərie] ⟨mv.: -ies⟩ **0.1** ⟨zn.⟩ ***necrologie*** ⇒*overlijdensbericht* ⟨met korte biografie⟩ **0.2** ⟨bn.⟩ ***overlijdens-*** ◆ **1.2** ~ notice *overlijdensbericht.*

object[1] [obdzjikt] ⟨zn.⟩ **0.1** ***voorwerp*** ⇒*object* **0.2** ***doel*** ⇒*oogmerk* **0.3** ⟨taal.⟩ ***voorwerp*** ◆ **2.3** direct ~ (of a verb) *lijdend voorwerp;* indirect ~ (of a verb) *meewerkend voorwerp* **7.¶** money is no ~ *geld speelt geen rol.*

object[2] [əbdzjekt] ⟨ww.⟩ **0.1** ***bezwaar hebben/maken*** ◆ **6.1** he ~ed **to** being called Irish *hij wou niet voor een Ier doorgaan.*

object glass, object lens ⟨foto.⟩ **0.1** ***objectief*** ⇒*lens.*

objection [əbdzjeksjn] **0.1** ***bezwaar*** ⇒*tegenwerping* **0.2** ***afkeuring*** ◆ **3.1** raise ~s *bezwaren maken/opperen.*

objectionab|le [əbdzjeksjnəbl] ⟨-ly⟩ **0.1** ***bedenkelijk*** ⇒*aan bezwaar onderhevig* **0.2** ***ongewenst*** ⇒*onaangenaam* **0.3** ***aanstootgevend*** ◆ **1.2** an ~ smell *een onaangename reuk.*

objective[1] [əbdzjektiv] ⟨zn.⟩ **0.1** ***doel(stelling)*** ⇒*oogmerk;* ⟨mil.⟩ *doel(wit), operatiedoel* **0.2** ⟨foto., nat.⟩ ***objectief*** ⇒*lens.*

objective[2] ⟨bn.⟩ **0.1** ***objectief*** ⇒*onpartijdig.*

objectivity [obdzjektivvətie] **0.1** ***objectiviteit*** ⇒*onpartijdigheid.*

object lesson **0.1** ***aanschouwelijke les*** **0.2** ***praktisch voorbeeld*** ⇒*toonbeeld.*

oblate [obleet] ⟨wisk.⟩ **0.1** ***afgeplat (aan de polen)*** ◆ **1.1** ~ sphere *afgeplatte bol.*

oblation [əbleesjn] ⟨schr.⟩ **0.1** ***offer(ing)*** ⇒⟨r.-k. ook⟩ *offerande.*

obligate [obligeet] ⟨schr.⟩ **0.1** ***verplichten*** ⟨wettelijk, moreel⟩ ◆ **3.1** feel ~d to do sth. *zich verplicht voelen iets te doen.*

obligation [obligeesjn] **I** ⟨telb.zn.⟩ **0.1** ***plicht*** ⇒*(zware) taak* **0.2** ⟨geldw.⟩ ***obligatie;***
II ⟨telb. en n.-telb.zn.⟩ **0.1** ***verplichting*** ⇒*verbintenis* ◆ **3.1** lay/place/put s.o. under an ~ *iem. aan zich verplichten.*

obligatory [əbligətrie] **0.1** ***verplicht*** ⇒*(ver)bindend.*

oblige [əblajdzj] **I** ⟨onov.ww.⟩ **0.1** ***het genoegen doen*** ⇒*ten beste geven* ◆ **6.1** ~ **with** a song *een lied ten beste geven;*
II ⟨ov.ww.⟩ **0.1** ***aan zich verplichten*** **0.2** ⟨vnl. pass.⟩ ***verplichten*** ⇒*(ver)binden* ⟨door eed, belofte, contract⟩ ◆ **3.2** I feel ~d to say that ... *ik voel me verplicht te zeggen dat ...* **5.1** (I'm) much ~d (to you) *dank u zeer* **6.1** could you ~ me **by** opening the door? *wilt u zo vriendelijk zijn de deur voor mij te openen?*

obliging [əblajdzjing] **0.1** ***attent*** ⇒*voorkomend, behulpzaam.*

oblique[1] [əblie:k] ⟨zn.⟩ **0.1** ***schuin(e) streep(je)/lijn.***

oblique[2] ⟨bn.⟩ **0.1** ***schuin*** ⇒*scheef, hellend* **0.2** ***indirect*** ⇒*ontwijkend* ◆ **1.1** ~ stroke *schuin(e) streep(je).*

obliter|ate [əblittəreet] ⟨zn.: **-ation**⟩ **0.1** ***uitwissen*** **0.2** ***doen verdwijnen*** ⇒*verwijderen* ◆ **4.1** ⟨fig.⟩ ~ o.s. *zichzelf wegcijferen.*

oblivion [əblivviən] **0.1** ***vergetelheid*** ◆ **3.1** fall/sink into ~ *in vergetelheid raken.*

oblivious [əblivviəs] ⟨-ness⟩ **0.1** ***onbewust*** ⇒*zich niet bewust* ◆ **6.1** ~ **of** *niet lettend op, vergetend;* ~ **of/to** *zich niet bewust v.*

oblong [oblong] **0.1** ⟨bn.⟩ ***rechthoekig*** **0.2** ⟨zn.⟩ ***rechthoek*** ⇒*langwerpige figuur.*

obloquy [obləkwie] ⟨schr.⟩ **0.1** ***(be)laster(ing)*** ⇒*smaad* **0.2** ***schande*** ⇒*diskrediet.*

obnoxious [əbnoksjəs] ⟨-ness⟩ ⟨schr.⟩ **0.1** ***aanstootgevend*** **0.2** ***(uiterst) onaangenaam*** ◆ **1.2** an ~ child *een oervervelend kind.*

oboe [ooboo] **0.1** ***hobo.***

oboist [ooboo·ist] **0.1** ***hoboïst.***

obscene [əbsie:n] **0.1** ***obsceen*** ⇒*onzedelijk.*

obscenit|y [əbsennətie] ⟨mv.: -ies⟩ **0.1** ***obsceniteit*** ⇒*onzedelijkheid; vies woord;* ⟨mv.⟩ *vuile taal, vuiligheden.*

obscurantism [obskjoerænti zm] **0.1** ***obscurantisme.***

obscurantist [obskjoeræntist] **0.1** ***obscurantist*** ⇒*duisterling.*

obscure[1] [əbskjoeə] ⟨bn.⟩ **0.1** ***obscuur*** ⇒*cryptisch, onduidelijk* **0.2** ***obscuur*** ⇒*onbekend* **0.3** ***verborgen*** ⇒*onopgemerkt.*

obscure[2] ⟨ww.⟩ **0.1** ***verduisteren*** ⇒*verdoezelen* **0.2** ***overschaduwen*** **0.3** ***verbergen.***

obscurit|y [əbskjoeərətie] ⟨mv.: -ies⟩ **0.1** ***duisterheid*** ⇒*duister(nis)* **0.2** ***onbekendheid*** **0.3** ***onduidelijkheid*** ⇒*onbegrijpelijkheid* ◆ **6.2** live **in** ~ *een obscuur leven leiden.*

obsequies [obsikwiez] **0.1** ***uitvaart*** ⇒*begrafenisplechtigheid.*

obsequious [əbsie:kwiəs] **0.1** ***kruiperig*** ⇒*onderdanig.*

observab|le [əbzə:vəbl] ⟨-ly⟩ **0.1** ***waarneembaar*** ⇒*merkbaar.*

observance [əbzə:vns] **I** ⟨telb.zn.⟩ **0.1** ⟨vaak mv.⟩ ***(godsdienstige) plechtigheid*** ⇒*ceremonie* **0.2** ***voorschrift*** ⇒*regel;* ⟨rel.⟩ *gebruik;*
II ⟨n.-telb.zn.⟩ **0.1** ***inachtneming*** ⇒*naleving* **0.2** ***observantie*** ⟨v. religieuze voorschriften⟩.

observant [əbzə:vnt] **0.1** ***opmerkzaam*** ⇒*oplettend* **0.2** ***in acht nemend*** ⇒*eerbiedigend, nalevend* ⟨wet, plicht e.d.⟩.

observation [obzəveesjn] **I** ⟨telb.zn.⟩ **0.1** ***opmerking*** ⇒*commentaar;*
II ⟨telb. en n.-telb.zn.⟩ **0.1** ***waarneming*** ⇒*observatie* **0.2** ⟨scheep.⟩ ***het schieten*** ⟨v. zon/ster⟩ ⇒*hoogtebepaling* ◆ **3.1** keep s.o. under ~ *iem. in de gaten (blijven) houden; iem. in observatie houden* **3.2** ⟨scheep.⟩ take an ~ *een ster/de zon schieten;*
III ⟨n.-telb.zn.⟩ **0.1** ***waarnemingsvermogen*** **0.2** ***observantie*** ⟨v. religieuze voorschriften⟩;
IV ⟨mv.⟩ **0.1** ***(wetenschappelijk) rapport.***

observation car ⟨vnl. AE⟩ **0.1** ***uitzichtrijtuig*** ⇒*panoramarijtuig* ⟨in trein⟩.

observation post ⟨mil.⟩ **0.1** ***observatiepost.***

observator|y [əbzə:vətrie] ⟨mv.: -ies⟩ **0.1** ***observatorium*** ⇒*sterrenwacht.*

observe [əbzə:v] **0.1** ***opmerken*** ⇒*zeggen* **0.2** ***naleven*** ⇒*in acht nemen* **0.3** ***waarnemen*** ⇒*observeren* **0.4** ***(be)merken*** ⇒*gewaar worden* ◆ **1.2** ~ a command *een bevel opvolgen* **3.4** he was ~d to break in/~d breaking in *hij werd gezien terwijl hij aan het inbreken was.*

observer [əbzə:və] **0.1** ***iem. die iets naleeft*** **0.2** ***iem. die een opmerking maakt*** **0.3** ***iem. die gadeslaat*** ⇒*toeschouwer* **0.4** ***waarnemer/neemster*** ⟨ook luchtv.⟩ ⇒*observeerder, observator.*

observing [əbzə:ving] **0.1** ***opmerkzaam*** ⇒*oplettend.*

obsess [əbses] **0.1** ***obsederen*** ◆ **6.1** ~ed **by/with** *geobsedeerd/bezeten door.*

obsession [əbsesjn] **0.1** ***obsessie*** ⇒*dwanggedachte* **0.2** ***bezetenheid*** ⇒*het bezeten-zijn* ◆ **6.1** have an ~ **about** sth. *bezeten zijn door iets.*

obsessional [əbsesjnəl] **0.1** ***tot een obsessie geworden*** ⇒*iem. achtervolgend* **0.2** ***geobsedeerd*** ⇒*bezeten.*

obsessive [əbsessiv] **0.1** ***obsederend*** ⇒*iem. achtervolgend* **0.2** ***bezeten.***

obsidian [əbsiddiən] ⟨geol.⟩ **0.1** ***obsidiaan.***

obsolesc|ent [obsəlesnt] ⟨zn.: **-ence**⟩ **0.1** ***verouderend*** ⇒*in onbruik rakend* **0.2** ⟨biol.⟩ ***geleidelijk verdwijnend*** ⇒*rudimentair.*

obsolete [obsəlie:t] **0.1** ***verouderd*** ⇒*in onbruik (geraakt), achterhaald* **0.2** ⟨biol.⟩ ***rudimentair.***

obstacle [obstəkl] **0.1** ***obstakel*** ⇒*belemmering* ◆ **6.1** form an ~ **to** sth. *een beletsel vormen voor iets.*

obstacle race **0.1** ***hindernisren.***

obstetric|(al) [əbstetrik(l)] ⟨-ally⟩ **0.1** ***obstetrisch*** ⇒*verloskundig* ◆ **1.1** ~ ward *verloskundige afdeling, kraamafdeling.*

obstetrician [obstitrisjn] **0.1** ***obstetricus/ca*** ⇒*verloskundige.*

obstetrics [əbstetriks] ⟨ww. ook enk.⟩ **0.1** ***obstetrie*** ⇒*verloskunde.*

obstinacy [obstinnəsie] **0.1** ***halsstarrigheid*** ⇒*stijfkoppigheid* **0.2** ***hardnekkigheid*** ⟨ook v. ziekte⟩.

obstinate [obstinnət] **0.1** ***halsstarrig*** ⇒*obstinaat* **0.2** ***hardnekkig.***

obstreperous [əbstreprəs] ⟨-ness⟩ **0.1** ***luidruchtig*** ⇒*rumoerig.*

obstruct [əbstrukt] **0.1** ***versperren*** ⇒*blokkeren* **0.2** ***belemmeren*** ⇒*hinderen* **0.3** ⟨sport, ihb. voetbal⟩ ***obstructie plegen tegen.***

obstruction [əbstruksjn] **0.1** ***belemmering*** ⇒*hindernis* **0.2** ***versperring*** ⇒*obstakel* **0.3** ***obstructie*** ⟨ook sport, med.⟩ ⇒ ⟨med. ook⟩ *verstopping* ◆ **1.1** ~ of justice *belemmering v.d. rechtsgang* **3.3** adopt a policy of ~, practice ~ *obstructie voeren.*

obstructionism [əbstruksjənizm] **0.1** ***obstructionisme*** ⇒*obstructiepolitiek.*

obstructionist [əbstruksjənist] **0.1** ***obstructionist*** ⇒*dwarsdrijver.*

obstructive [əbstruktiv] ⟨-ness⟩ **0.1** ***obstructief*** **0.2** ***belemmerend*** ⇒*hinderend* ◆ **6.2** that is ~ **to** trade *dat vormt een belemmering voor de handel.*

obtain [əbteen] **0.1** ***(ver)krijgen*** ⇒*behalen.*

obtainable [əbteenəbl] **0.1** ***verkrijgbaar*** ⇒*te verwerven, te behalen.*

obtrude [əbtroe:d] **I** ⟨onov.ww.⟩ **0.1** ***opdringerig zijn/worden*** ⇒*zich opdringen;*
II ⟨ov.ww.⟩ **0.1** ⟨+ (up)on⟩ ***opdringen (aan)*** ⇒*ongevraagd naar voren brengen* **0.2** ⟨schr.⟩ ***(voor)uitsteken.***

obtrusive [əbtroe:siv] ⟨-ness⟩ **0.1** ***opdringerig*** ⇒*zich opdringend* **0.2** ***opvallend*** ⇒*opzichtig* **0.3** ⟨schr.⟩ ***(voor)uitstekend*** ◆ **1.1** ~ behaviour *opdringerig gedrag.*

obtuse [əbtjoe:s] ⟨-ness⟩ **0.1** ***stomp*** ⟨ook wisk.⟩ **0.2** ***traag v. begrip*** ⇒*stompzinnig* ◆ **1.1** an ~ angle *een stompe hoek.*

obverse [obvə:s] ⟨the⟩ **0.1** ***obvers*** ⟨bovenzijde v.e. penning⟩ **0.2** ⟨schr.⟩ ***front*** ⇒*voorkant, bovenkant* **0.3** ***het omgekeerde*** ⟨v. stelling⟩ ⇒*het tegengestelde, de keerzijde.*

obviate [obvie·eet] **0.1** ***ondervangen*** ⇒*uit de weg ruimen, voorkomen* ◆ **1.1** ~ the necessity/need of sth. *iets overbodig maken.*

obvious [obviəs] ⟨-ness⟩ **I** ⟨bn.⟩ **0.1** ***duidelijk*** ⇒*zonneklaar* **0.2** ***voor de hand liggend*** ⇒*doorzichtig* ◆ **1.1** an ~ lie *een aperte leugen;*
II ⟨bn., attr.⟩ **0.1** ***aangewezen*** ⇒*juist* ◆ **1.1** the ~ man for the job *de aangewezen man voor het karweitje.*

obviously [obviəslie] **0.1** →**obvious** **0.2** ***duidelijk*** ⇒*kennelijk, klaarblijkelijk.*

occasion[1] [əkeezjn] **I** ⟨telb.zn.⟩ **0.1** ***gebeurtenis*** ⇒*voorval* **0.2** ***evenement*** ⇒*gelegenheid, feest* ◆ **3.2** we'll make an ~ of it *we zullen het vieren;*
II ⟨telb. en n.-telb.zn.⟩ **0.1** ***gelegenheid*** **0.2** ***aanleiding*** ◆ **2.1** he seemed to be equal to the ~ *hij leek tegen de situatie opgewassen te zijn;* on rare ~s *heel af en toe* **3.1** have few ~s to speak Russian *weinig gelegenheid hebben om*

Russisch te spreken **3.2** give ~ to *aanleiding geven tot* **6.1** **on** the ~ **of** your birthday *ter gelegenheid v. je verjaardag;* **on** this ~ *bij deze gelegenheid;*
III ⟨n.-telb.zn.⟩ **0.1** ***reden*** *⇒grond, behoefte* ◆ **3.1** you have no ~ to leave *jij hebt geen reden om weg te gaan.*

occasion² ⟨ww.⟩ **0.1** ***veroorzaken*** *⇒aanleiding geven tot.*

occasional [əkeezjnəl] **I** ⟨bn.⟩ **0.1** ***incidenteel*** *⇒nu en dan voorkomend, toevallig* ◆ **1.1** ~ showers *verspreide buien;* then there is the ~ tramp *en dan komt er af en toe een zwerver* **1.¶** an ~ table *een bijzettafel;*
II ⟨bn., attr.⟩ **0.1** ***gelegenheids-*** ◆ **1.1** ~ verse *gelegenheidspoëzie;* an ~ waiter *een ober voor de gelegenheid.*

occasionally [əkeezjnəlie] **0.1** →**occasional 0.2** ***nu en dan*** *⇒af en toe.*

Occident [oksiddənt] ⟨the⟩⟨schr.⟩ **0.1** ***Occident*** *⇒avondland.*

Occidental [oksiddentl] ⟨ook o-⟩⟨schr.⟩ **0.1** ***occidentaal*** *⇒westers.*

occult [okkult, əkult] **0.1** ***occult*** *⇒geheim, verborgen* **0.2** ***mysterieus*** *⇒raadselachtig* ◆ **7.1** the ~ *het occulte.*

occupancy [okjoepənsie] **0.1** ***bewoning*** *⇒pachting, huur, verblijf.*

occupant [okjoepənt] **0.1** ***bezitter/ster*** ⇒⟨ihb.⟩ *landbezitter/ster* **0.2** ***bewoner/woonster*** **0.3** ***inzittende*** ⟨v. auto⟩ **0.4** ***bekleder/kleedster*** ⟨v. ambt⟩.

occupation [okjoepeesjn] **I** ⟨telb.zn.⟩ **0.1** ***beroep*** **0.2** ***bezigheid*** *⇒activiteit* ◆ **2.2** ⟨ec.⟩ commercial ~s *handelsactiviteiten;*
II ⟨n.-telb.zn.⟩ **0.1** ***bezetting*** *⇒occupatie* **0.2** ***bewoning*** *⇒het bewonen* **0.3** ***bezit*** ◆ **1.1** army of ~ *bezettingsleger.*

occupational [okjoepeesjnəl] **0.1** ***mbt. een beroep*** *⇒beroeps-* ◆ **1.1** ~ hazard *beroepsrisico* **1.¶** ~ therapist *ergotherapeut.*

occupier [okjoepajjə] ⟨BE⟩ **0.1** ***bewoner*** *⇒huurder, eigenaar* **0.2** ***bezetter*** *⇒lid v.h. bezettingsleger.*

occup|y [okjoepaj] ⟨-ied⟩ **0.1** ***bezetten*** *⇒bezet houden, bezit nemen v.* **0.2** ***in beslag nemen*** **0.3** ***bezighouden*** **0.4** ***bekleden*** ⟨ambt⟩ **0.5** ***bewonen*** *⇒betrekken* ◆ **1.1** ~ a building *een gebouw bezetten* **1.2** it will ~ a lot of his time *het zal veel v. zijn tijd in beslag nemen;* ~ space *ruimte innemen* **1.3** it occupies my mind *het houdt me bezig* **4.3** ~ o.s. with *zich bezighouden met* **6.3** he was too occupied **with** his own thoughts *hij was te zeer bezig met zijn eigen gedachten.*

occur [əkə:] ⟨-red⟩ **0.1** ***voorkomen*** *⇒aangetroffen worden* **0.2** ***opkomen*** *⇒invallen* **0.3** ***gebeuren*** *⇒zich voordoen* ◆ **6.2** it simply did not ~ **to** him *het kwam eenvoudigweg niet bij hem op.*

occurrence [əkurrəns] **0.1** ***voorval*** *⇒gebeurtenis* **0.2** ***het voorkomen*** *⇒aangetroffen hoeveelheid.*

ocean [oosjn] **0.1** ⟨vaak O-⟩ ***oceaan*** **0.2** ⟨vaak mv.⟩ ***overstelpend grote massa*** ◆ **1.2** ~s of money *een zee v. geld;* ~s of time *zeeën v. tijd* **2.1** Pacific Ocean *Stille Zuidzee.*

oceangoing **0.1** ***zee-*** *⇒oceaan-* ◆ **1.1** ~ vessel *zeeschip.*

oceanic [oosjie·ænik] **0.1** ***oceanisch*** *⇒de oceaan betreffend, oceaan-* **0.2** ***immens*** *⇒onmetelijk.*

oceanographer [oosjənogrəfə] **0.1** ***oceanograaf.***

oceanography [oosjənogrəfie] **0.1** ***oceanografie.***

ocelot [ossillot] ⟨dierk.⟩ **0.1** ***ocelot.***

oche [okki] ⟨darts⟩ **0.1** ***teenlijn*** *⇒werplijn.*

ochre, ⟨AE sp.⟩ **ocher** [ookə] **0.1** ***oker*** **0.2** ⟨vaak attr.⟩ ***oker-(kleur).***

o'clock [əklok] **0.1** ***uur*** ◆ **7.1** ten ~ *tien uur.* →**one.**

octagon [oktəgən] ⟨bn.: **-al**⟩ **0.1** ***achthoek.***

octahedron [oktəhie:drən]⟨mv.: ook octahedra [-drə]⟩ **0.1** ***achtvlak*** *⇒octaëder.*

octane [okteen] **0.1** ***octaan.***

octave [oktiv] ⟨muz.; lit.⟩ **0.1** ***octaaf.***

octavo [okteevoo] ⟨druk.⟩ **0.1** ***octavo*** ⟨boek/papierformaat⟩.

octet(te) [oktet] **0.1** ⟨muz.⟩ ***octet*** **0.2** ⟨lit.⟩ ***octaaf.***

October [oktoobə] **0.1** ***oktober.***

octogenarian [oktoodzjinneəriən] **0.1** ***tachtiger*** *⇒tachtigjarige.*

octopus [oktəpəs] **0.1** ***octopus*** ⟨inktvis⟩.

ocular [okjoelə] **0.1** ***oculair*** *⇒oog-.*

oculist [okjoelist] **0.1** ***oogarts.***

O.D., OD [oodie:] ⟨sl.⟩ **0.1** ⟨zn.⟩ ***overdosis (drugs)*** **0.2** ⟨ww.⟩ ***ziek worden v./sterven aan een overdosis*** ◆ **6.1** she O.D.ed **on** heroin *zij heeft een overdosis heroïne genomen.*

odd [od] **I** ⟨bn.⟩ **0.1** ***oneven*** **0.2** ***vreemd*** *⇒zonderling, ongewoon* ◆ **1.2** ⟨inf.⟩ an ~ fish *een vreemde vogel;* an ~ habit *een gekke gewoonte;*
II ⟨bn., attr.⟩ **0.1** ***overblijvend*** *⇒overschietend* **0.2** ***toevallig*** *⇒onverwacht* **0.3** ***los*** *⇒niet behorend tot een reeks* ◆ **1.1** the ~ man at the table *de man die aan tafel overschiet* ⟨nadat de anderen in paren gegroepeerd zijn⟩; you can keep the ~ change *je mag het wisselgeld houden* **1.2** ~ hand *los werkman;* earn some ~ money *iets extra verdienen;* he drops in at ~ times *hij komt zo nu en dan eens langs* **1.3** an ~ glove *een losse handschoen;* an ~ issue *een losse aflevering;* ~ job *klusje* **1.¶** ~ man out ⟨inf.⟩ *vreemde eend;* what's the ~ man out in the following list? *welke hoort in het volgende rijtje niet thuis?;* ~ trick ⟨whist⟩ *winnende slag;*
III ⟨bn., attr. na het zn.; ook na telwoorden⟩ **0.1** ***iets meer dan*** ◆ **1.1** sixty pounds ~ *iets meer dan zestig pond* **4.1** three hundred ~ *driehonderd en nog wat;* 60-odd persons *ruim 60 personen.*

oddball ⟨vnl. AE; inf.⟩ **0.1** ***rare snuiter*** *⇒rare.*

oddit|y [oddətie] ⟨mv.: -ies⟩ **0.1** ***eigenaardigheid*** *⇒vreemde eigenschap* **0.2** ***vreemde snuiter*** **0.3** ***iets vreemds*** *⇒vreemd(e) object/gebeurtenis* **0.4** ***vreemdheid*** *⇒excentriciteit, curiositeit.*

odd-jobber, odd-job|man ⟨mv.: -men⟩ **0.1** ***manusje-van-alles*** *⇒klusjesman.*

oddment [odmənt] **0.1** ***overschot*** *⇒overblijfsel, restant* **0.2** ⟨mv.⟩ ***prullen.***

odds [odz] **0.1** ***ongelijkheid*** *⇒verschil* **0.2** ***onenigheid*** *⇒onmin* **0.3** ***(grote) kans*** *⇒waarschijnlijkheid* **0.4** ***verhouding tussen de inzetten bij weddenschap*** **0.5** ⟨golf⟩ ***voorgift*** ⟨v. één slag⟩ ◆ **1.¶** ~ and ends *prullen;* ⟨BE; sl.⟩ ~ and sods *rommel* **2.3** the ~ are even *er is evenveel kans voor als tegen;* face fearful ~ *tgov. een geweldige overmacht staan* **3.1** that makes no ~ *dat maakt niets uit;* what's the ~? *wat doet dat ertoe?* **3.4** take ~ of one to ten *een inzet accepteren van één tegen tien* **3.5** give/receive ~ *voorgift geven/krijgen* **3.¶** give/lay ~ (on) *wedden (op);* I'll lay ~ (on it) that he won't win *ik durf te wedden dat hij niet wint;* play the ~ *op de notering v.d. winnaar gokken* **6.2** be **at** ~ with *in onenigheid leven met* **6.3** the ~ are **against/on** his winning the election *naar alle waarschijnlijkheid zal hij de verkiezingen verliezen/winnen* **6.¶** **against** all (the) ~ *tegen alle verwachtingen in;* **over** the ~ *meer dan verwacht* **8.3** the ~ are that she will do it *de kans is groot dat ze het doet.* →**long, short.**

odds-on **0.1** ***hoogstwaarschijnlijk*** *⇒zo goed als zeker* ◆ **1.1** an ~ favourite *een uitgesproken favoriet.*

ode [ood] **0.1** ***ode.***

odious [oodiəs] **0.1** ***hatelijk*** *⇒weerzinwekkend.*

odium [oodiəm] ⟨schr.⟩ **0.1** ***odium*** **0.2** ***blaam*** ◆ **3.1** his crime exposed him to ~ *zijn misdaad maakte hem bij iedereen gehaat.*

odoriferous [oodəriffərəs] ⟨schr.⟩ **0.1** ***geurig*** *⇒(wel)riekend.*
odorous [ood(ə)rəs] ⟨schr.⟩ **0.1** ***geurig*** *⇒welriekend.*
odour, ⟨AE sp.⟩ **odor** [oodə] **0.1** ***geur*** *⇒stank, lucht(je);* ⟨fig.⟩ *zweem* **0.2** ***faam*** *⇒reputatie, naam* ◆ **1.1** an ~ of sanctity *een geur v. heiligheid* **2.2** be in good / bad / ill ~ with *goed/ slecht aangeschreven staan bij.*
odour control **0.1** ***stankbestrijding.***
odourless [oodələs] **0.1** ***geurloos*** *⇒reukloos.*
odour nuisance **0.1** ***stankoverlast.***
odyssey [oddəsie] **I** ⟨eig.n.; the; O-⟩ **0.1** ***Odyssee*** ⟨heldendicht⟩;
II ⟨telb.zn.⟩ **0.1** ***odyssee*** ⟨lange, avontuurlijke reis⟩.
oecumenical →**ecumenical.**
o'er →**over.**
oesophagus, esophagus [ie:soffəgəs]⟨mv.: ook (o)esophagi [-gajl⟩ ⟨med.⟩ **0.1** ***slokdarm.***
oestrogen, estrogen [ie:strədzjən] **0.1** ***(o)estrogeen (hormoon).***
of [ə(v), ⟨sterk⟩ ov] **0.1** ⟨afstand in plaats of tijd; ook fig.⟩ ***van*** *⇒van ... vandaan* **0.2** ⟨herkomst, reden⟩ ***(afkomstig) van*** *⇒uit, (veroorzaakt/gemaakt) door* **0.3** ⟨samenstelling, inhoud, hoeveelheid⟩ ***bestaande uit*** *⇒van* **0.4** ***betreffende*** *⇒over, van, met betrekking tot* **0.5** ⟨identificerend kenmerk, zoals hoedanigheid, plaats, tijd, ouderdom enz.⟩ ***van*** *⇒te, bij, met* **0.6** ⟨bezit; ook fig.⟩ ***van*** *⇒behorend tot* **0.7** ⟨voorwerpsgenitief⟩ ***van*** *⇒tot, naar, voor* **0.8** ⟨partitieve genitief⟩ ***van*** *⇒onder, der* **0.9** ⟨relatie individu-klasse; onvertaald⟩ **0.10** ⟨identiteit⟩ ***van*** **0.11** ⟨tijd⟩ ***op*** *⇒des* **0.12** ⟨tijd; AE⟩ ***voor*** ◆ **1.1** south ~ the city *ten zuiden v.d. stad;* rob s.o. ~ his happiness *iem. v. zijn geluk beroven;* upwards ~ an hour *meer dan een uur;* go wide ~ the mark *ver naast het doel schieten;* within a month ~ their wedding *minder dan een maand voor/na hun huwelijk* **1.2** ~ my own choice *zelf gekozen;* produce ~ France *Frans product;* that's too much to ask ~ Jane *dat is te veel v. Jane gevraagd;* ~ necessity *uit noodzaak;* die ~ shame *doodgaan v. schaamte;* it tastes ~ sugar *het smaakt naar suiker* **1.3** a plate ~ beans *een bord bonen;* a distance ~ 50 km *een afstand v. 50 km;* a gown ~ silk *een zijden gewaad* **1.4** five years ~ age *vijf jaar oud;* the truth ~ the story *de waarheid over dit verhaal;* quick ~ understanding *snel v. begrip* **1.5** men ~ courage *mannen met moed;* a girl ~ infinite good humour *een meisje dat altijd goedgehumeurd is;* a child ~ six *een kind v. zes jaar;* the battle ~ Waterloo *de slag bij Waterloo* **1.6** a book ~ May's *een boek v. May, een v. Mays boeken* **1.7** fear ~ the dark *angst voor het donker;* love ~ nature *liefde voor de natuur;* in pursuit ~ success *op zoek naar succes* **1.8** a pound ~ flour *een pond bloem;* none ~ his friends *geen v. zijn vrienden;* ~ all the impudence! *wat een brutaliteit!;* twenty years ~ marriage *twintig jaar huwelijk;* you ~ all people! *uitgerekend/juist jij!* **1.9** the name ~ Jones *de naam Jones;* the Isle ~ Man *het eiland Man;* the month ~ May *de maand mei* **1.10** an angel ~ a husband *een engel v.e. man* **1.11** they like to go out ~ an evening *ze gaan graag eens een avondje uit* **1.12** a quarter ~ the hour *een kwartier vóór het uur* **3.2** a dress ~ her own making *een zelfgemaakte jurk* **3.5** be ~ importance / value *v. belang/waarde zijn, belang/waarde hebben* **4.1** it fell within four inches ~ her *het viel geen tien centimeter van haar vandaan* **4.2** ~ itself *vanzelf, uit zichzelf;* that's sweet ~ you *dat is lief van je* **4.3** they had a hard time ~ it *ze hebben het hard te verduren gehad* **4.6** look at that sweater ~ hers! *kijk eens naar die trui van d'r!* **4.8** five ~ us *vijf mensen v./uit onze groep.*
off[1] [of] ⟨→s1⟩ **I** ⟨bn.⟩ **0.1** ***vrij*** *⇒onbezet* **0.2** ***minder (goed)*** *⇒ slecht(er), teleurstellend* ◆ **1.1** my husband is ~ today *mijn man heeft vandaag vrij* **1.2** her singing was ~ tonight *ze zong niet zo best vanavond;*
II ⟨bn., attr.⟩ **0.1** ***verder (gelegen)*** *⇒ver(ste)* **0.2** ⟨vnl. BE⟩ ***rechter(-)*** ⟨v. kant v.e. paard, voertuig⟩ *⇒vandehands, rechts* **0.3** ***rustig*** *⇒stil* **0.4** ***(hoogst) onwaarschijnlijk*** **0.5** ⟨sl.⟩ ***gek*** *⇒excentriek, niet goed snik* **0.6** ⟨cricket⟩ ***off-*** *⇒mbt. de offside* ◆ **1.3** during the ~ season *buiten het (hoog)seizoen* **1.4** ~ chance *kleine/geringe kans;* ⟨inf.⟩ go somewhere on the ~ chance *op goed geluk ergens naar toe gaan* **1.6** ~ break *off-break;*
III ⟨bn., pred.⟩ **0.1** ***bedorven*** ⟨v. voedsel⟩ *⇒zuur* **0.2** ***(v.h. menu) afgevoerd*** *⇒niet (meer) verkrijgbaar* **0.3** ***oneerlijk*** *⇒stiekem* **0.4** ***v.d. baan*** *⇒afgelast, uitgesteld* **0.5** ***weg*** *⇒ vertrokken, gestart* **0.6** ***uit(geschakeld)*** *⇒buiten werking, niet aan* **0.7** ***uit*** *⇒af* ⟨v. kleding⟩ **0.8** ***mis*** *⇒naast* ◆ **1.1** the milk is ~ *de melk is zuur;* this sausage is ~ *dit worstje is bedorven* **1.2** the banana cream pie is ~ *ze serveren geen bananenroomtaart meer* **1.3** a bit ~ *niet in de haak, niet zoals het hoort* **1.4** the meeting is ~ *de bijeenkomst gaat niet door* **1.5** be / get ~ to a good / bad start *goed/slecht beginnen* **1.6** the water is ~ *het water is afgesloten/niet aangesloten* **1.8** his guess was slightly ~ *hij zat er enigszins naast* **6.5** (be) ~ **with** you *maak dat je wegkomt.*
off[2] ⟨bw.; vaak pred.⟩ **0.1** ⟨verwijdering of afstand in ruimte of tijd⟩ ***verwijderd*** *⇒weg, (er)af, ver, hiervandaan;* ⟨dram.⟩ *achter de coulissen* **0.2** ⟨einde, voltooiing of onderbreking⟩ ***af*** *⇒uit, helemaal, ten einde* **0.3** ⟨vaak overdrachtelijk⟩ ***ondergeschikt*** *⇒minder belangrijk, minderwaardig* ◆ **1.1** three miles ~ *drie mijl daarvandaan* **1.2** a day ~ *een dagje vrij* **1.3** 5% ~ *met 5% korting* **3.1** chase the dog ~ *de hond wegjagen;* ⟨dram.⟩ actors go ~ *de acteurs verlaten het toneel;* run a few pounds ~ *er een paar pondjes afrennen;* send ~ a letter *een brief versturen* **3.2** kill ~ *uitroeien;* turn ~ the radio *zet de radio af* **5.1** far ~ in the mountains *ver weg in de bergen* **5.¶** ~ and on *af en toe, nu en dan;* be well / badly ~ *rijk/arm zijn* **6.1** ~ **with** his head *maak hem een kopje kleiner;* ~ **with** it *weg ermee;* ~ **with** you *maak dat je wegkomt.* →**be off, get off etc.**
off[3] ⟨vz.⟩ **0.1** ⟨plaats of richting mbt. een beweging; ook fig.⟩ ***van*** *⇒van af, vandaan, verwijderd van* **0.2** ⟨bron⟩ ***op*** *⇒ van, met, uit* **0.3** ⟨einde of onderbreking v. bezigheid of toestand⟩ ***van de baan*** *⇒van ... af, afgestapt van* **0.4** ⟨ligging mbt. een plaats; ook fig.⟩ ***van ... af*** *⇒naast, opzij van, uit* **0.5** ⟨afwijking v.e. norm⟩ ***onder*** *⇒beneden, achter zijn, minder dan* ◆ **1.1** he got ~ the bus *hij stapte uit de bus;* she fell ~ the chair *zij viel van de stoel* **1.2** he swam too far ~ shore *hij zwom te ver de zee in;* it bounced ~ the wall *het ketste van de muur terug;* I bought it ~ a gypsy *ik heb het v.e. zigeuner gekocht;* I got this information ~ John *ik heb deze informatie van John gekregen;* live ~ the land *van het land leven* **1.3** ~ duty *vrij (van dienst), buiten dienst* **1.4** two inches ~ centre *twee duim van het middelpunt af;* it was ~ the mark *het miste zijn doel* ⟨ook fig.⟩; a house ~ the road *een huis opzij van de weg;* an alley ~ the square *een steegje dat op het plein uitkomt* **1.5** three percent ~ the price *drie procent onder de prijs* **3.3** I've gone ~ fish *ik lust geen vis meer* **4.1** take your hands ~ me *hou je handen thuis* **4.5** a year or two ~ sixty *een jaar of wat onder de zestig.*
offal [ofl] **0.1** ***afval*** *⇒overschot, vuil(nis); slachtafval;* ⟨fig.⟩ *uitschot, uitvaagsel.*
offbeat **0.1** ⟨inf.⟩ ***ongebruikelijk*** *⇒onconventioneel.*
off-Broadway ⟨AE; dram.⟩ **0.1** ***off Broadway*** *⇒experimenteel, niet-commercieel.*

off-camera 0.1 ***buiten bereik v.d. camera.***
off-colour 0.1 ***zonder de juiste/vereiste tint*** ⇒*getint* ⟨v. diamant⟩ **0.2** ***ongepast*** ⇒*onfatsoenlijk* **0.3** ⟨vnl. BE⟩ ***onwel*** ⇒*niet lekker* ◆ **1.2** an ~ joke *een schuine grap* **3.3** you're looking ~ *je ziet er een beetje pips uit.*
off-day ⟨inf.⟩ **0.1** ***ongeluksdag*** ◆ **3.1** this is one of my ~s *ik heb vandaag mijn dag weer niet.*
off-drive ⟨cricket⟩ **0.1** ***slag in de off.***
offence, ⟨AE sp. ook⟩ **offense** [əfens] **0.1** ***overtreding*** ⇒*misdrijf, delict, misdaad* **0.2** ***belediging*** ⇒*aanstoot, ergernis* **0.3** ***aanval*** ⟨ook sport⟩ ◆ **1.3** the best defence is ~ *de aanval is de beste verdediging* **3.1** commit an ~ *een overtreding begaan;* make an act an ~ *een daad strafbaar stellen* **3.3** cause/give ~ to s.o. *iem. beledigen;* take ~ at *aanstoot nemen aan;* he is quick to take ~ *hij is lichtgeraakt* **7.3** no ~ (meant) *het was niet kwaad bedoeld.*
offend [əfend] **I** ⟨onov.ww.⟩ **0.1** ***kwaad doen*** ⇒*misdoen, zondigen* ◆ **6.1** the verdict ~s **against** all principles of justice *het vonnis is een aanfluiting v. alle rechtsprincipes;*
II ⟨ov.ww.⟩ **0.1** ***beledigen*** ⟨ook fig.⟩ ⇒*grieven, boos maken* ◆ **1.1** glaring colours that ~ the eye *schreeuwende kleuren die pijn doen aan de ogen* **6.1** his sense of justice was ~ed **at/by** the rashness of the verdict *het overhaaste oordeel krenkte zijn rechtsgevoel.*
offender [əfendə] **0.1** ***overtreder*** ⇒*zondaar* ◆ **2.1** an old ~ *een recidivist* **7.1** first ~ *first offender* ⟨iem. met een voordien blanco strafblad⟩.
offensive[1] [əfensiv] ⟨zn.⟩ **0.1** ***aanval*** ⇒*offensief;* ⟨fig.⟩ *campagne, beweging* ◆ **3.1** take/go into the ~ *aanvallen, in het offensief gaan* **6.1** act/be **on** the ~ *in de aanval zijn.*
offensive[2] ⟨bn.; -ness⟩ **0.1** ***offensief*** ⇒*aanvallend* **0.2** ***beledigend*** ⇒*aanstootgevend* **0.3** ***walgelijk*** ◆ **1.1** an ~ war *een aanvalsoorlog;* ~ weapon *aanvalswapen* **1.2** ~ language *beledigingen* **1.3** cheese with an ~ smell *kaas met een misselijke geur.*
offensive zone ⟨ijshockey⟩ **0.1** ***aanvalszone/vak.***
offer[1] [offə] ⟨zn.⟩ **0.1** ***aanbod*** ⇒*aanbieding, offerte, bod, voorstel* ◆ **1.1** an ~ of marriage *een huwelijksaanzoek;* ⟨geldw.⟩ ~ for sale *emissie/uitgifteaanbod* ⟨v. aandelen⟩ **6.1** be **on** ~ *in de aanbieding zijn, te koop zijn;* ⟨BE⟩ this house is **under** ~ *op dit huis is een bod gedaan.*
offer[2] **I** ⟨onov. en ov.ww.; wk.ww.⟩ **0.1** ***voorkomen*** ⇒*gebeuren, optreden* ◆ **1.1** act when the right moment ~s itself *het ijzer smeden terwijl het heet is;* as occasion ~s *wanneer de gelegenheid zich voordoet;*
II ⟨ov.ww.⟩ **0.1** ***(aan)bieden*** ⇒*geven, schenken;* ⟨rel.⟩ *(op)offeren* **0.2** ***te koop aanbieden*** ⇒*tonen* ◆ **1.1** ~ one's hand *zijn hand uitsteken;* ~ one's opinions *zijn mening ten beste geven;* ~ a prize *een prijs uitloven;* he ~ed £100 for my old car *hij bood honderd pond voor mijn oude auto* **3.1** he ~ed to drive me home *hij bood aan me naar huis te brengen.*
offering [ofring] **0.1** ***offer(gave)*** **0.2** ***aanbieding*** ⇒*aanbod* ◆ **2.2** foreign ~s on the market *buitenlandse koopwaar op de markt.*
offer price ⟨geldw.⟩ **0.1** ***vraagprijs*** ⟨vnl. voor effecten⟩.
offertor|y [offətrie] ⟨mv.: -ies⟩ ⟨rel.⟩ **0.1** ⟨vaak O-⟩ ***offerande-(gebed/zang)*** **0.2** ***offergave*** ⇒*offergeld* **0.3** ***collecte.***
offertory-box **0.1** ***offerbus*** ⇒*collectebus.*
offhand(ed) ⟨offhandedness⟩ **I** ⟨bn.⟩ **0.1** ***nonchalant*** ⇒*achteloos, ruw;*
II ⟨bn., attr.⟩ **0.1** ***onvoorbereid*** ⇒*geïmproviseerd* ◆ **1.1** avoid making ~ remarks *maak geen ondoordachte opmerkingen.*
office [offis] **I** ⟨telb.zn.⟩ **0.1** ⟨vaak mv.⟩ ***dienst*** ⇒*hulp, zorg* **0.2** ***kantoor*** ⇒*bureau* ◆ **1.2** our Brighton ~ *ons filiaal in Brighton* **1.¶** Office for the Dead *lijkdienst, dodenmis* **2.1** good ~s *goede diensten* **2.¶** perform the last ~s *de laatste eer bewijzen;* the Foreign ~ *het ministerie v. Buitenlandse Zaken* **3.¶** say (divine) ~ *getijden bidden, brevieren;*
II ⟨telb. en n.-telb.zn.⟩ **0.1** ***ambt*** ⇒*openbare betrekking, functie* ◆ **3.1** accept/enter (upon)/take ~ *een ambt aanvaarden;* hold ~ *een ambt bekleden;* seek ~ *solliciteren naar een ambt* **6.¶** be **in** ~ *aan het bewind zijn.*
office automation **0.1** ***kantoorautomatisering.***
office-block **0.1** ***kantoorgebouw.***
office boy, office clerk **0.1** ***loopjongen*** ⇒*kantoorjongen.*
office hours **0.1** ***kantooruren*** **0.2** ***spreekuren.***
officer [offissə] **0.1** ***ambtenaar*** ⇒*functionaris* **0.2** ***iem. die een belangrijke functie bekleedt*** ⇒*directeur; voorzitter* ⟨enz.⟩ **0.3** ***politieagent*** **0.4** ***officier*** ⟨mil., koopvaardij, ridderorde⟩ ◆ **1.1** Officer of Health *ambtenaar v.d. gezondheidsdienst;* Officer of the Household *officier/beambte in de koninklijke hofhouding* **1.4** ~ of the day *officier v.d. dag* **2.1** medical ~ *ambtenaar v.d. gezondheidsdienst* **2.2** clerical/executive ~ *(hoge) regeringsfunctionaris* **2.4** medical ~ *officier v. gezondheid* **3.4** commissioned ~ *hoge officier;* non-commissioned ~ *onderofficier.*
office worker **0.1** ***bediende*** ⇒*beambte.*
official[1] [əfisjl] ⟨zn.⟩ **0.1** ***beambte*** ⇒*functionaris, (staats)-ambtenaar;* ⟨sport⟩ *official, wedstrijdcommissaris.*
official[2] ⟨bn.⟩ **0.1** ***officieel*** ⇒*ambtelijk, ambts-* **0.2** ***vormelijk*** ⇒*officieel, ambtelijk* **0.3** ⟨med.⟩ ***officinaal*** ⟨bereid volgens recept v.d. farmacopee⟩ ◆ **1.1** ~ duties *ambtsbezigheden;* ~ receiver *curator* ⟨bij faillissement⟩.
officialdom [əfisjldəm] ⟨vaak pej.⟩ **0.1** ***ambtenarij*** ⇒*bureaucratie.*
officialese [əfisjəlie:z] ⟨pej.⟩ **0.1** ***stadhuistaal*** ⇒*ambtenarenlatijn.*
officiate [əfisjie·eet] **0.1** ⟨r.-k.⟩ ***officiëren*** ⇒*celebreren, de mis opdragen* **0.2** ***officieel optreden/handelen*** **0.3** ⟨sport⟩ ***arbitreren*** ◆ **1.2** ~ as chairman *(officieel) als voorzitter dienst doen* **6.1** ~ **at** a marriage ceremony *een huwelijksmis celebreren.*
officious [əfisjəs] ⟨-ness⟩ **0.1** ***bemoeiziek*** ⇒*opdringerig* **0.2** ***overgedienstig.***
offing [offing] ◆ **6.¶** **in** the ~ *in het verschiet, op handen.*
offish [offisj] ⟨inf.⟩ **0.1** ***koel*** ⇒*afstandelijk.*
off-key **0.1** ***vals*** ⇒*uit de toon* ⟨ook fig.⟩.
off-licence ⟨BE⟩ **0.1** ***slijtvergunning*** **0.2** ***slijterij*** ⇒*drankzaak* ⟨waar drank niet ter plekke mag worden geconsumeerd⟩.
off-line ⟨comp.⟩ **0.1** ***off line*** ⇒*niet-gekoppeld* ⟨niet direct kunnende communiceren met de centrale computer⟩.
off-load **0.1** ***afladen*** ⇒*lossen* ⟨voertuig, vnl. vliegtuig⟩ **0.2** ⟨BE⟩ ***dumpen.***
off-off-Broadway ⟨AE; dram.⟩ **0.1** ***off-off-Broadway*** ⇒ *avant-garde, sterk experimenteel.*
off-peak **0.1** ***buiten het hoogseizoen/de spits/piek(uren)*** ⟨v. gebruik, verkeer⟩ ⇒*goedkoop; rustig* ◆ **1.1** in the ~ hours *tijdens de daluren;* ~ tariff *goedkoop tarief* ⟨v. stroom⟩.
offprint **0.1** ***overdruk.***
off-putting ⟨BE⟩ **0.1** ***ontmoedigend*** ⇒*onthutsend* **0.2** ⟨inf.⟩ ***walgelijk*** ⇒*afstotelijk.*
off-season **0.1** ***stille/slappe tijd*** ⇒*komkommertijd.*
offset[1] [ofset] ⟨zn.⟩ **0.1** ***scheut*** ⇒*spruit, loot; uitloper* ⟨v. gebergte/plant⟩ **0.2** ***tegenwicht*** ⇒*compensatie* **0.3** ⟨bouwk.⟩ ***versnijding*** **0.4** ***offset(druk).***
offset[2] [ofset] ⟨-ted⟩ **I** ⟨onov.ww.⟩ **0.1** ***(uit)schieten*** ⟨v. planten⟩;
II ⟨onov. en ov.ww.⟩ **0.1** ***in offset drukken;***

III ⟨ov.ww.⟩ **0.1** ***compenseren*** ⇒*tegenwicht vormen, opwegen tegen, neutraliseren, tenietdoen* **0.2** ***buigen*** ⟨pijp, staaf⟩ ◆ **6.1** ~ **against** *zetten tegenover.*

offshoot **0.1** ***uitloper*** ⟨ook fig.⟩ ⇒*scheut, zijtak.*

offshore[1] ⟨bn.⟩ **0.1** ***in zee*** ⇒*voor/uit de kust, buitengaats* **0.2** ***aflandig*** ◆ **1.1** ~ fishing *zeevisserij* **1.2** ~ wind *aflandige wind* **1.¶** ~ purchases *aankopen in het buitenland.*

offshore[2] ⟨bw.⟩ **0.1** ***voor de kust*** ⇒*offshore* **0.2** ***v.d. kust af*** ⇒*zeewaarts* ⟨v. wind⟩.

offshore racing ⟨zeilsport⟩ **0.1** ***(het) zeezeilen*** ⇒*(het) wedstrijdzeilen op zee.*

offside[1] **I** ⟨telb.zn.⟩⟨vnl. BE⟩ **0.1** ***rechterkant*** ⟨v. auto, paard, weg enz.⟩ **0.2** ***verste kant;***
II ⟨telb. en n.-telb.zn.⟩⟨sport⟩ **0.1** ***buitenspel(positie).***

offside[2] ⟨bn.; bw.⟩⟨sport⟩ **0.1** ⟨bn.⟩ ***buitenspel-*** **0.2** ⟨bw.⟩ ***buitenspel*** ⇒*offside* ◆ **1.1** the ~ rule *de buitenspelregel.*

offside trap ⟨voetbal⟩ **0.1** ***buitenspelval.***

offspring ⟨mv.: offspring⟩ **0.1** ***kroost*** ⇒*afstammeling(en), nakomeling(en).*

offstage **0.1** ***achter (de coulissen/schermen)*** **0.2** ***onzichtbaar.***

off-street **0.1** ***op een parkeerstrook*** ⇒*naast de weg, in een zijstraat* ◆ **1.1** there are ~ parking facilities *er is parkeerruimte in de buurt.*

off-the-peg, off-the-rack **0.1** ***confectie-*** ⟨v. kleding⟩.

off-the-record **0.1** ***onofficieel*** ⇒*binnenskamers.*

off-the-wall ⟨AE; inf.⟩ **0.1** ***geschift.***

off-white ⟨vaak attr.⟩ **0.1** ***gebroken wit.***

oft [oft] ⟨vero.⟩ **0.1** ***menigmaal*** ◆ **¶.1** an oft-told story *een vaak verteld verhaal.*

often [ofn, oftən] **0.1** ***dikwijls*** ⇒*vaak* ◆ **5.1** as ~ as *zo vaak als, elke keer/telkens wanneer;* as ~ as not *de helft v.d. keren, vaak;* more ~ than not *meer wel dan niet;* once too ~ *één keer te veel* **5.¶** every so ~ *nu en dan* **¶.1** an often-repeated warning *een vaak herhaalde waarschuwing.*

ogee [oodzjie:] ⟨bouwk.⟩ **0.1** ***ojief*** ⇒*vloeilijst, talon.*

ogle [oogl] **I** ⟨onov.ww.⟩ **0.1** ⟨+at⟩ ***lonken (naar);***
II ⟨ov.ww.⟩ **0.1** ***toelonken*** ⇒*lonken naar.*

ogre [oogə] **0.1** ***mensenetende reus*** ⇒⟨bij uitbr.⟩ *boeman, wildeman.*

ogress [oogris] **0.1** ***reusachtige menseneetster*** ⇒*mensenetende reuzin;* ⟨bij uitbr.⟩ *angstaanjagende/bloeddorstige vrouw.*

oh, O, o [oo] **0.1** ***o!*** ⇒*och! ach!* ◆ **1.1** ⟨sl.⟩ ~ fudge *verdikkie* **1.¶** ~ boy! *sjonge!, jeetje!* **5.1** ~ no! *dat niet!, o nee!;* ~ yes! *o ja!, ja zeker!;* ~ yes? *zo?, o ja?* **9.1** oh-oh! *o, wat jammer!;* ~ well *och, och kom.*

ohm [oom] **0.1** ***ohm.***

O.H.M.S. ⟨afk.⟩ **0.1** [On His/Her Majesty's Service].

oik [ojk] ⟨BE; sl.⟩ **0.1** ***onbenul*** ⇒*pummel, boerenkinkel.*

oil[1] [ojl] **I** ⟨telb.zn.⟩ **0.1** ⟨vnl. mv.⟩ ***olieverf*** **0.2** ⟨vnl. mv.⟩ ***olieverfschilderij*** **0.3** ⟨vnl. mv.; inf.⟩ ***oliepak*** ⇒*oliejas, oliejekker* ◆ **6.1** paint in ~s *in/met olieverf schilderen;*
II ⟨telb. en n.-telb.zn.⟩ **0.1** ***(aard)olie*** ⇒⟨AZN⟩ *petroleum* **0.2** ⟨ben. voor⟩ ***aardoliederivaat*** ⇒*petroleum; kerosine; stookolie, dieselbrandstof; smeerolie* ◆ **1.1** ~ of vitriol *zwavelzuur, vitriool* **1.¶** ~ and vinegar/water *water en vuur* **2.1** mineral ~ *minerale olie* **2.¶** essential/volatile ~ *vluchtige olie;* fatty/fixed ~ *vette/niet-vluchtige olie* **3.¶** pour ~ on the flames *olie op het vuur gooien, de gemoederen ophitsen;* pour ~ on the waters/on troubled waters *olie op de golven gooien, de gemoederen bedaren;* strike ~ *olie aanboren;* ⟨fig.⟩ *plotseling rijk worden;*
III ⟨mv.⟩ **0.1** ***olies*** ⇒*oliewaarden, petroleumaandelen.*

oil[2] ⟨ww.⟩ **0.1** ***smeren*** ⇒*(be)oliën, insmeren, invetten* **0.2** ***vleien*** ⇒*spreken met fluwelen tong* ◆ **1.1** ~ed silk *oliezijde.*

oil-bearing **0.1** ***oliehoudend.***

oil burner **0.1** ⟨ben. voor⟩ ***olieverbruikende machine*** ⇒*olie(stook)ketel.*

oil bust **0.1** ***oliecrisis.***

oil cake **0.1** ***lijnkoek(en)*** ⇒*oliekoek(en).*

oilcan **0.1** ***oliebusje*** ⇒*oliespuit.*

oil-change **0.1** ***olieverversing*** ◆ **3.1** do an ~ *de olie verversen.*

oilcloth **0.1** ***wasdoek.***

oil colour ⟨vnl. mv.⟩ **0.1** ***olieverf.***

oiled [ojld] **0.1** →**oil** **0.2** ⟨inf.⟩ ***bezopen*** ⇒*in de olie.*

oiler [ojlə] **0.1** ***oliebusje*** ⇒*smeerbus* **0.2** ***olietanker*** ⇒*petroleumtanker* **0.3** ⟨AE⟩ ***oliebron*** ⇒*petroleumbron* **0.4** ***olieman*** ⇒*machinesmeerder.*

oil field **0.1** ***olieveld.***

oil-fired **0.1** ***met olie gestookt*** ◆ **1.1** ~ central heating *centrale verwarming op stookolie.*

oil heater **0.1** ***petroleumkachel*** ⇒*oliekachel.*

oil|man ⟨mv.: -men⟩ **0.1** ***olieman*** ⇒*oliehandelaar.*

oil paint **0.1** ***olieverf.***

oil painting **0.1** ***olieverfschilderij*** **0.2** ***het schilderen met olieverf*** ◆ **7.¶** ⟨inf.; scherts.⟩ he's no ~ *hij is geen adonis.*

oil palm, oil-tree **0.1** ***oliepalm.***

oil pan **0.1** ***oliecarter.***

oil platform **0.1** ***olieboorplatform.***

oil-powered **0.1** ***met olie gestookt*** ◆ **1.1** ~ central heating *oliestook.*

oil-producing **0.1** ***olieproducerend.***

oil-rich **0.1** ***olierijk.***

oil rig **0.1** ***booreiland.***

oilskin **0.1** ***oliejas*** ⇒*oliejekker* **0.2** ⟨mv.⟩ ***oliepak*** **0.3** ***geolied doek*** ⇒*wasdoek.*

oil slick **0.1** ***olievlek*** ⟨op water⟩.

oilstone **0.1** ***oliesteen.***

oilstove **0.1** ***oliekachel*** ⇒*petroleumkachel* **0.2** ***oliestel.***

oil tanker **0.1** ***olietanker.***

oil well, oil spring **0.1** ***(aard)oliebron*** ⇒*olieput.*

oily [ojlie] **0.1** ***olieachtig*** ⇒*geolied, vettig* **0.2** ⟨pej.⟩ ***kruiperig*** ⇒*vleiend, zalvend* ◆ **1.2** an ~ tongue *een gladde tong.*

ointment [ojntmənt] **0.1** ***zalf*** ⇒*smeersel.*

Oireachtas [errəkθəs, errəxtəs] **0.1** ***(het) Ierse Parlement.***

OK[1], **okay** [ookee] ⟨zn.⟩⟨inf.⟩ **0.1** ***goedkeuring*** ⇒*akkoord, fiat.*

OK[2], **okay** ⟨bn.; bw.⟩⟨inf.⟩ **0.1** ***okay*** ⇒*o.k., in orde; voldoende; akkoord, afgesproken* ◆ **3.1** it looks ~ now *nu ziet het er goed uit.*

OK[3], **okay** ⟨ww.⟩⟨inf.⟩ **0.1** ***zijn fiat geven aan*** ⇒*goedkeuren, akkoord gaan met.*

okey-doke(y), okie-dokie [ookiedookie] ⟨sl.⟩ **0.1** ***okido*** ⇒*okay, akkoord, afgesproken.*

old[1] [oold] ⟨zn.⟩ **0.1** ***vroeger tijden*** ⇒*het verleden* ◆ **6.1** **of** ~ there were dwarves *lang geleden bestonden er dwergen;* heroes **of** ~ *helden uit het verleden.*

old[2] ⟨-er; ook elder, eldest⟩ **I** ⟨bn.⟩ **0.1** ***oud*** ⇒*bejaard, antiek* **0.2** ***versleten*** ⇒*gebruikt, vervallen, afgedankt* **0.3** ***oud*** ⇒*v.d. leeftijd v.* **0.4** ***ervaren*** ⇒*bekwaam, gerijpt* **0.5** ***verouderd*** ⇒*ouderwets, in onbruik geraakt* ◆ **1.1** ~ age *ouderdom, hoge leeftijd;* (not) make ~ bones *(niet) oud worden;* ⟨vnl. BE; inf.⟩ ~ boy/girl *vadertje, moedertje, oudje;* ~ gold *donker goud, bruingoud(en kleur);* ~ maid *oude vrijster;* as ~ as the hills *zo oud als de weg naar Rome;* an ~ name *een gevestigde naam;* the ~est profession *het oudste beroep;* an ~ retainer *een oude trouwe dienaar;* ⟨sprw.⟩ you cannot

teach an ~ dog new tricks *oude beren dansen leren is zwepen verknoeien; oude honden leert men moeilijk pootje geven* **1.2** ~ clothes *oude/versleten kleren; afdankertjes* **1.3** a 17-year-~ girl *een zeventienjarig meisje* **1.4** an ~ campaigner *een veteraan;* an ~ hand at poaching *een doorgewinterde stroper;* an ~ offender *een recidivist;* ~ stager *oude rot, veteraan;* ⟨sprw.⟩ you cannot put ~ heads on young shoulders *grijze haren groeien op geen zotte bollen* **1.5** ⟨inf.⟩ ~ buffer/fog(e)y *ouwe sok;* the ~ guard/school *mensen v.d. oude stempel, traditionalisten* **1.¶** an ~ bird *een slimme vogel;* he worked like ~ boots *hij werkte berehard/steenhard;* a chip off the ~ block *helemaal zijn/haar vader/moeder;* Old Glory *nationale vlag v.d. USA;* ~ maid *oud wijf;* ~ moon *laatste kwartier v.d. maan;* money for ~ rope *iets voor niets, gauw/gemakkelijk verdiend geld;* ~ salt/sweat *zeerot;* come/play the ~ soldier (over s.o.) *de baas spelen (over iem.)* ⟨op basis v. grotere ervaring/vaardigheid⟩; ⟨inf.⟩ ~ woman *lastige/vitterige vrouw* **2.1** young and ~ *jong en oud, iedereen* **6.4** be ~ **in** knavery *een doortrapte schurk zijn* **7.1** the ~ *de bejaarden, de ouderen.* → **grand;**
II ⟨bn., attr.⟩ **0.1** *oud* ⇒*lang bekend* **0.2** *voormalig* ⇒*vroeger, gewezen, ex-, oud-* ◆ **1.1** ⟨vnl. BE; inf.⟩ ~ boy/girl *ouwe/beste jongen, beste meid;* ⟨inf.⟩ hello ~ chap *hallo ouwe jongen;* ⟨inf.⟩ good ~ John *die beste Jan;* ⟨inf.; scherts.⟩ you ~ rascal *jij ouwe schurk;* the (same) ~ story *hetzelfde liedje;* ~ stuff *oud nieuws, oude koek* **1.2** the good ~ days/times *de goede oude tijd;* ~ Etonian *oud-leerling v. Eton;* ⟨fig.⟩ pay off ~ scores *een oude rekening vereffenen* **1.¶** ⟨BE; sl.⟩ ~ bean/cock/egg/fruit/stick/thing *ouwe/beste (jongen/meid);* ~ boy/girl *oud-leerling(e) (v. Engelse school);* ~ country *land in de Oude Wereld;* ⟨the⟩ *moederland, geboorteland;* ⟨inf.⟩ Old Harry/Nick *de duivel;* ⟨inf.⟩ ~ hat *ouwe koek;* ⟨inf.⟩ the/my ~ lady *mijn ouwetje; moeder (de vrouw);* the ~ man ⟨inf.⟩ *de ouwe* ⟨ook scheepskapitein⟩; *de baas* ⟨ook echtgenoot⟩; *mijn ouweheer/ouwe;* ~ master *(schilderij v.) oude meester;* ⟨inf.⟩ in any ~ place *waar je maar kan denken;* ⟨BE; vulg.⟩ ~ sod *ouwe gabber;* the ~ sod *het vaderland;* ⟨inf.⟩ any ~ thing will do *alles is goed/bruikbaar;* ⟨inf.⟩ any ~ time *om het even wanneer;* the Old World *de Oude Wereld, de oostelijke hemisfeer;* ⟨AE⟩ *(continentaal) Europa, de Oude Wereld* **7.¶** ⟨inf.⟩ any ~ how *om het even hoe, hoe ook.* →**high.**

old-age pension **0.1** *(ouderdoms)pensioen* ⇒*AOW.*

old-age pensioner **0.1** *gepensioneerde* ⇒*AOW'er.*

old boy network ⟨vnl. the⟩⟨BE⟩ **0.1** *vriendjespolitiek* ⟨v. vroegere schoolgenoten, vnl. v. public schools⟩.

old-clothes-man **0.1** *voddenboer.*

olden [ooldən] ⟨schr.⟩ ◆ **1.¶** in ~ days/times *weleer, voorheen.*

old-established **0.1** *gevestigd* ⇒*vanouds bestaand.*

old-fashioned **0.1** *ouderwets* ⇒*verouderd, conservatief* ◆ **1.¶** ~ look *terechtwijzende/afkeurende blik.*

oldie [ooldie] ⟨inf.⟩ **0.1** *oude grap/grammofoonplaat.*

oldish [ooldisj] **0.1** *ouwelijk* ⇒*nogal oud.*

old-line ⟨AE⟩ **0.1** *conservatief* ⇒*reactionair.*

old-maidish **0.1** *ouwevrijsters-* ⇒*vitterig.*

old-school tie **I** ⟨telb.zn.⟩ **0.1** *schooldas* ⟨v. oud-leerlingen v. een school⟩;
II ⟨n.-telb.zn.⟩ **0.1** *vriendjespolitiek* ⟨v. oud-leerlingen v. Engelse scholen⟩ **0.2** *kliekgeest* ⇒*clanmentaliteit.*

oldster [ool(d)stə] ⟨inf.⟩ **0.1** *oudje* ⇒*ouder lid, oudgediende.*

old-time [ooltajm] **0.1** *oud* ⇒*v. vroeger, ouderwets.*

old-timer ⟨vnl. AE⟩ **0.1** *oudgediende* ⇒*oude rot, veteraan* **0.2** *oude bewoner* **0.3** *iets ouds/ouderwets* ⇒⟨ihb.⟩ *oude auto.*

old wives' tale **0.1** *oudewijvenverhaal* ⇒*oudewijvenpraat, bijgeloof* **0.2** *overgeleverd verhaal* ⇒*oud geloof.*

old-womanish **0.1** *ouwewijven-* ⇒*vitterig.*

old-world **0.1** *ouderwets* ⇒*verouderd, v. vroeger* **0.2** ⟨vaak O-W-⟩ *v.d. Oude Wereld.*

oleaginous [oolie·ædzjinnəs] **0.1** *olieachtig* ⇒*vettig.*

oleander [oolie·ændə] **0.1** *oleander.*

oleomargarin(e) [oolie·ooma:dzjərie:n] **0.1** ⟨AE⟩ *margarine* ⟨bereid uit plantaardige oliën⟩.

O level ⟨afk.; BE⟩ **0.1** [ordinary level] *(examenvak op) eindexamenniveau* ⟨ong. havo⟩.

olfactory [olfækt(ə)rie] ⟨med.⟩ **0.1** *olfactorisch* ⇒*reuk-, v.d. reukzin* ◆ **1.1** ~ nerves *reukzenuwen.*

oligarchic|(al) [olliga:kik(l)] ⟨-ally⟩ **0.1** *oligarchisch.*

oligarch|y [olliga:kie] ⟨mv.: -ies⟩ **0.1** *oligarchie.*

olive[1] [olliv] ⟨zn.⟩ **0.1** *olijf(boom)* **0.2** *olijfhout* **0.3** *olijfgroen* ⇒*geelgroen* **0.4** *olijfbruin* ⇒*geelbruin* ⟨huidskleur⟩.

olive[2] ⟨bn.⟩ **0.1** *olijfkleurig* ⇒*geelachtig groen/bruin.*

olive branch **0.1** *olijftak* ⇒*olijftwijg* ◆ **3.¶** hold out an/the ~ *een vredesduif loslaten, de hand reiken.*

olive green ⟨vaak attr.⟩ **0.1** *olijfgroen.*

olive oil **0.1** *olijfolie.*

olive tree **0.1** *olijfboom.*

Olympiad [əlimpie·æd] ⟨ook o-⟩ **0.1** *olympiade.*

Olympian [əlimpiən] **0.1** ⟨bn.⟩ *olympisch* ⟨ook fig.⟩ ⇒*goddelijk, verheven* **0.2** ⟨bn.⟩ *olympisch* ⇒*van/voor de Olympische Spelen* **0.3** ⟨zn.⟩ *olympiër* ⟨ook fig.⟩ ◆ **1.1** ~ calm *olympische kalmte.*

Olympic [əlimpik] **0.1** *Olympisch* ◆ **1.1** the ~ Games *de Olympische Spelen.*

Olympics [əlimpiks] ⟨(the)⟩ **0.1** *Olympische Spelen.*

O.M. ⟨afk.; BE⟩ **0.1** [(Member of the) Order of Merit].

ombuds|man [omboedzmən]⟨mv.: -men [-mən]; ook O-⟩ **0.1** *ombudsman.*

omega [oomigə] **0.1** *omega* ⇒⟨fig.⟩ *slot, besluit.*

omelet(te) [omlit] **0.1** *omelet.*

omen [oomən] **0.1** *omen* ⇒*voorteken.*

ominous [omminnəs] **0.1** *veelbetekenend* ⇒*veelzeggend* **0.2** *onheilspellend* ⇒*dreigend.*

omission [əmisjn] **I** ⟨telb.zn.⟩ **0.1** *weglating* ⇒*omissie; verzuim, veronachtzaming;*
II ⟨n.-telb.zn.⟩ **0.1** *het weglaten* ⇒*het overslaan, het verwaarlozen* ◆ **1.1** sins of ~ and commission *zonden door verzuim en doorwerken.*

omit [əmit] ⟨-ted⟩ **0.1** *weglaten* ⇒*uitlaten, overslaan* **0.2** *verzuimen* ⇒*nalaten, verwaarlozen* ◆ **6.1** ~ all insinuations **from** a speech *alle insinuaties in een toespraak achterwege laten.*

omnibus[1] [omnibbəs] ⟨zn.⟩ **0.1** ⟨vero.⟩ *(auto)bus* **0.2** ⟨boek.⟩ *omnibus(uitgave).*

omnibus[2] ⟨bn.⟩ **0.1** *omnibus-* ⇒*verzamel-* ◆ **1.1** ~ bill *verzamelwetsontwerp;* ~ book/edition/volume *omnibus(uitgave).*

omnidirectional [omniedirreksjnəl] **0.1** *alzijdig gericht* ⟨v. zender/ontvanger⟩.

omnipot|ent [omnippətənt] ⟨zn.: **-ence**⟩ **0.1** *almachtig* ⇒ *omnipotent* ◆ **7.1** the Omnipotent *de Almachtige, God.*

omnipres|ent [-preznt] ⟨zn.: **-ence**⟩ **0.1** *alomtegenwoordig* ⇒*overal/in alles aanwezig.*

omnisci|ent [omnisjnt] ⟨zn.: **-ence**⟩ **0.1** *alwetend.*

omnivore [omnivvo:] ⟨dierk.⟩ **0.1** *omnivoor* ⇒*alleseter.*

omnivorous [omnivvərəs] ⟨dierk.; ook fig.⟩ **0.1** *allesetend* ◆ **1.1** an ~ reader *een allesverslindende lezer.*

on[1] [on] ⟨zn.; the⟩ **0.1** *on side* ⟨deel v. cricketveld links v.e. rechtshandige slagman⟩.

on² **I** ⟨bn., attr.⟩⟨cricket⟩ **0.1** ***on-*** ⇒*aan de on side v.d. wicket;* **II** ⟨bn., pred.⟩ **0.1** ***aan(gesloten)*** ⇒*ingeschakeld, open* ⟨apparaat, kraan e.d.⟩ **0.2** ***aan de gang*** ⇒*gaande, te doen* **0.3** ***op*** ⟨toneel⟩ **0.4** ***aan de beurt*** ⇒*dienstdoend* **0.5** ⟨beurs⟩ ***stijgend*** ◆ **1.1** the telly is always ~ there *daar staat de tv altijd aan* **1.2** the match is ~ *de wedstrijd is aan de gang* **1.5** oil ~ to $16 *olie stijgt tot $16* **3.3** you're ~ in five minutes *je moet over vijf minuten op* **3.¶** I'm ~! *okay, ik doe mee;* your plan is not ~ *je plan(netje) gaat niet door;* the wedding is ~ *het huwelijk gaat door;* you're ~ *daar houd ik je aan!* **4.2** what's ~ tonight? *wat is er vanavond te doen?, welke film draait er vanavond?, wat is er op tv vanavond?*

on³ ⟨bw.; vaak pred.⟩ **0.1** ***in werking*** ⇒*aan, in functie* **0.2** ⟨v. kledingstukken⟩ ***aan*** ⇒*gekleed in, bekleed met* **0.3** ⟨vordering in tijd of ruimte⟩ ***verder*** ⇒*later, voort, door* **0.4** ⟨plaats- of richtingaanduidend; ook fig.⟩ ***op*** ⇒*tegen, aan, toe* ◆ **1.3** five years ~ *vijf jaar na dato/later* **1.4** end ~ *met de achterkant naar voren (gericht);* they collided head ~ *ze botsten frontaal* **3.1** the music came ~ *de muziek begon;* what's going ~? *wat is er aan de hand?;* have you anything ~ tonight? *heb je plannen voor vanavond?;* leave the light ~ *het licht aan laten;* put a record ~ *zet een plaat op;* turn the lights ~ *steek het licht aan* **3.2** she's got a funny hat ~ *ze heeft een rare hoed op;* put ~ your new dress *trek je nieuwe jurk aan* **3.3** come ~! *schiet op!;* get a move ~! *maak voort!;* go ~! *ga maar door, toe!;* all clocks go ~ an hour tomorrow *morgennacht gaan alle klokken een uur vooruit;* the circus is moving ~ *het circus trekt verder;* pass the news ~ *zeg het voort;* send ~ *doorsturen, nazenden;* speak ~ *door blijven praten;* they travelled ~ *ze reisden verder;* walk ~ *doorlopen* **3.4** she looked ~ *ze keek toe* **5.3** later ~ *later;* and so ~ *enzovoort;* well ~ into the night *diep in de nacht;* well ~ in years *op gevorderde leeftijd* **5.¶** ~ and off *af en toe, (zo) nu en dan* **8.3** (talk) ~ and ~ *alsmaar door/zonder onderbreking (praten)* **¶.3** ~! *vooruit!;* from that moment ~ *vanaf dat ogenblik.* →**be on, have on etc.**

on⁴, ⟨meer schr. en in sommige uitdr.⟩ **upon** ⟨vz.⟩ **0.1** ⟨plaats of richting; ook fig.⟩ ***op*** ⇒*in, aan, bovenop* **0.2** ⟨nabijheid of verband; ook fig.⟩ ***bij*** ⇒*nabij, aan, verbonden aan* **0.3** ⟨tijd⟩ ***op*** ⇒*bij* **0.4** ⟨toestand⟩ ***in*** ⇒*met* **0.5** ***over*** ⇒*met betrekking tot, aangaande, betreffende* **0.6** ***ten koste v.*** ⇒*op kosten v., in het nadeel v.* ◆ **1.1** ~ good authority *uit betrouwbare bron;* the sun revolves ~ its axis *de zon draait om haar as;* live ~ bread and water *leven van water en brood;* ride ~ a bus *met de bus gaan;* stand ~ the chair *op de stoel staan;* stay ~ course *koers houden;* a stain ~ her dress *een vlek op haar jurk;* they marched ~ the enemy *ze marcheerden op de vijand af;* fate smiled ~ Jill *het lot was Jill gunstig gezind;* she hurt herself ~ the ledge *zij bezeerde zich aan de rand;* pay off a sum ~ the loan *een som op de lening afbetalen;* travel ~ a plane *met het vliegtuig reizen;* war ~ poverty *oorlog tegen de armoede;* announced ~ the radio *op de radio aangekondigd;* ~ the right road *op de juiste weg;* a shop ~ the main street *een winkel in de hoofdstraat;* encounter trial upon trial *de ene beproeving na de andere doorstaan;* get ~ the train *instappen;* hang ~ the wall *aan de muur hangen* **1.2** ~ one condition *op een voorwaarde;* lean ~ a friend *steunen op een vriend;* ~ your right *aan de rechterkant;* a house ~ the river *een huis bij de rivier* **1.3** ~ his departure *bij zijn vertrek;* arrive ~ the hour *op het hele uur aankomen;* pay ~ receipt of the goods *betaal bij ontvangst van de goederen;* ~ the stroke of midnight *klokslag middernacht;* come ~ Tuesday *kom dinsdag* **1.4** the patient is ~ antibiotics *de patiënt krijgt antibiotica;* be ~ duty *dienst hebben;* be ~ fire *in brand staan;* ~ holiday *met vakantie;* ~ sick leave *met ziekteverlof;* beer ~ tap *bier uit het vat;* ~ trial *op proef* **1.5** take pity ~ the poor *medelijden hebben met de armen;* have a monopoly ~ shoes *een monopolie hebben van schoenen;* agree ~ a solution *tot een akkoord komen over een oplossing* **1.6** the strain told ~ John *John was getekend door de spanning;* the joke was ~ Mary *de grap was ten koste van Mary;* his work has nothing ~ Mary's *zijn werk haalt het niet bij dat van Mary;* she has a year ~ her opponents in age *ze is een jaar ouder dan haar tegenkandidaten* **3.3** ~ opening the door *bij het openen v.d. deur;* ~ reading the letter she fainted *(net) toen ze de brief gelezen had, viel ze flauw* **4.1** I had no money ~ me *ik had geen geld op zak* **4.2** winter is upon us *de winter staat voor de deur* **4.6** the glass fell and broke ~ me *tot mijn ergernis viel het glas en brak;* this round is ~ me *dit rondje is voor mij* **5.2** just ~ sixty people *amper zestig mensen.* →**be on.**

onanism [oonənizm] **0.1** ***onanie*** ⇒*zelfbevrediging.*

onboard **0.1** ***aan boord*** ⇒*boord-* ◆ **1.1** ~ computer *boordcomputer.*

once¹ [wuns] ⟨zn.⟩ **0.1** ***één keer/maal*** ◆ **7.1** he only said it the ~ *hij zei het maar één keer;* that/this ~ *die/deze ene keer.*

once² ⟨bn.⟩ **0.1** ***vroeger*** ⇒*gewezen* ◆ **1.1** Arthur, the ~ and future king *Arthur, koning voor eens en altijd;* the ~ trade centre of the nation *het voormalige handelscentrum v.h. land.*

once³ ⟨bw.⟩ **0.1** ***eenmaal*** ⇒*eens, één keer* **0.2** ***vroeger*** ⇒ *(ooit) eens* ◆ **2.2** the ~ popular artist *de eens zo populaire kunstenaar* **5.1** ~ again/more *opnieuw, nog eens;* ~ too often *een keer teveel;* ~ or twice *zo nu en dan, van tijd tot tijd* **6.1** (all) **at** ~ *tegelijk(ertijd), samen;* (just) **for** (this) ~ *(net) (voor) deze/die ene keer;* ~ and **for** all *voorgoed, definitief; voor de laatste keer;* ~ **in** a while *een enkele keer, zelden* **6.2** ~ **upon** a time there was ... *er was eens ...* **6.¶** **at** ~ *onmiddellijk, meteen;* all **at** ~ *plots(eling), ineens, opeens.*

once⁴ ⟨vw.⟩ **0.1** ***eens (dat)*** ⇒*als eenmaal, zodra* ◆ **¶.1** ~ she had noticed she distrusted them in everything *toen zij het gemerkt had wantrouwde zij hen in alles;* ~ you are ready, we'll leave *zodra je klaar bent, zullen we gaan.*

once-over ⟨inf.⟩ **0.1** ***kijkje*** ⇒*vluchtig overzicht, globale inspectie* ◆ **3.1** give s.o. the ~ *iem. globaal opnemen, iem. vluchtig bekijken.*

oncoming [ongkumming] **0.1** ***naderend*** ⇒*aanstaand* **0.2** ***tegemoetkomend*** ⟨ook fig.⟩ ◆ **1.1** the ~ shift *de opkomende ploeg* ⟨bij werk in ploegen⟩ **1.2** ~ traffic *tegenliggers.*

on-drive ⟨cricket⟩ **0.1** ***slag in de on.***

one¹ [wun] ⟨zn.⟩ **0.1** ***één*** ⇒⟨ben. voor⟩ *iets ter grootte/waarde v. één* ◆ **1.1** the figure ~ *het cijfer één;* by ~s and twos *alleen of in groepjes v. twee;* ⟨fig.⟩ *heel geleidelijk* **6.1** these come only **in** ~s *deze worden alleen in verpakkingen v. één/per stuk verkocht* **7.1** ⟨inf.⟩ I've got four ~s *ik heb vier biljetten v. één* **¶.¶** ⟨sl.⟩ ~ and only *lief(je).*

one², ⟨in bet. I 0.1 en I 0.2 inf. ook⟩ **'un** [ən] **I** ⟨onb.vnw.⟩ **0.1** ⟨als vervanging voor eerder genoemd woord; meestal onvertaald⟩ ***(er) een*** ⇒⟨ben. voor⟩ *(er) eentje* ⟨grap, verhaal, drankje, snuiter enz.⟩ **0.2** ⟨schr.⟩ ***men*** ◆ **2.1** the best ~s *de beste(n);* like ~ dead *als een dode;* ⟨schr.⟩ many a ~ *vele(n);* ⟨inf.⟩ you are a (nice/fine) ~ *jij bent me d'r eentje* **3.1** give him ~ *geef hem er een van; geef hem een optater;* let's have (a quick) ~ *laten we er (gauw) eentje gaan drinken* **3.2** ⟨BE⟩ ~ must never pride oneself on one's achievements, ⟨AE⟩ ~ must never pride himself on his achievements *men mag nooit prat gaan op zijn prestaties* **4.1** the ~ that I like best

degene die ik het leukst vind **5.1** I'll go him ~ better *ik zal hem een slag voor zijn/overtroeven;* never a ~ *geen enkele;* he was ~ **up** on me *hij was me net de baas* **6.1** the ~ **about** the generous Scot *die mop over de vrijgevige Schot;* he's a ~ **for** music *hij is een muziekliefhebber;* this ~'s **on** me *ik trakteer!* **7.1** this ~ *deze hier;*
II ⟨telw.; als vnw.⟩ **0.1** ***één*** ◆ **3.1** become ~ *één worden, samenvallen/smelten* **4.1** ~ after another *een voor een, de een na de andere;* ~ or two *één of twee, een paar* **4.¶** ~ and all *iedereen, jan en alleman;* I was ~ too many for him *ik was hem te sterk/te slim af* **5.¶** ⟨inf.⟩ like ~ o'clock *als een gek, energiek* **6.1** he and I are **at** ~ (with one another) *hij en ik zijn het (roerend) eens (met elkaar);* ~ **by** ~ *een voor een, de een na de ander;* ~ **of** the members *een v.d. leden;* ~ **to** ~ *één op/tegen één;* ~ **to** ~ match *één op één/puntsgewijze overeenkomst* **6.¶** I, **for** ~, will refuse *ik zal in ieder geval weigeren;* (all) **in** ~ *(allemaal) tegelijkertijd/gecombineerd;* ⟨inf.⟩ done it **in** ~! *in één keer!, de eerste keer goed!* **8.1** as ~ *als één man.* →**one another.**

one[3] **I** ⟨onb.det.⟩ **0.1** ***een zeker(e)*** ⇒*één of ander(e), ene* ◆ **1.1** ~ day he left *op een goeie dag vertrok hij;* we'll meet again ~ day *we zullen elkaar ooit weer ontmoeten;* ~ Mr. Smith called for you *een zekere Mr. Smith heeft jou gebeld;*
II ⟨telw.; als det.⟩ **0.1** ***één*** ⇒*enig;* ⟨fig.⟩ *de/hetzelfde;* ⟨als versterker; AE; inf.⟩ *enig, hartstikke* ◆ **1.1** this is ~ good book *dit is een hartstikke goed boek;* from ~ chore to another *v.h. ene klusje naar het andere;* they are all ~ colour *ze hebben allemaal dezelfde kleur;* ~ day out of six *één op de zes dagen, om de zes dagen;* they cried out with ~ voice *ze riepen als uit één mond* **1.¶** for ~ thing *ten eerste; (al was het) alleen maar omdat;* neither ~ thing nor the other *vlees noch vis, halfslachtig* **2.1** my ~ and only friend *mijn enige echte vriend;* the ~ and only truth *de alleenzaligmakende waarheid;* ~ and the same thing *één en dezelfde zaak, precies hetzelfde.*

one another **0.1** ***elkaar*** ⇒*elkander, mekaar* ◆ **3.1** they loved ~ *ze hielden v. elkaar.*

one-armed **0.1** ***eenarmig*** ◆ **1.1** ⟨inf.⟩ ~ bandit *eenarmige bandiet* ⟨gokautomaat⟩.

one-eyed **0.1** ***eenogig.***

one-horse **0.1** ***met één paard*** ⟨rijtuig e.d.⟩ **0.2** ⟨inf.⟩ ***derderangs*** ⇒*slecht (toegerust), pover* ◆ **1.2** ~ town *gat.*

one-legged **0.1** ***eenbenig*** ⇒*met een been.*

oneliner **0.1** ***(heel) korte grap/mop.***

one-man **0.1** ***eenmans-*** ⇒*eenpersoons* ◆ **1.1** ~ band *eenmansformatie, straatmuzikant;* ~ show *solovoorstelling.*

one-night stand ⟨inf.⟩ **0.1** ***eenmalig optreden/concert*** **0.2** ***eendagsvlieg*** ⟨fig.⟩ ⇒*korte affaire, liefje/liefde voor een nacht.*

one-off[1] ⟨zn.⟩⟨BE⟩ **0.1** ***eenmalig iets.***

one-off[2] ⟨bn.⟩ **0.1** ***exclusief*** ⟨v. kleding, bediening⟩ ⇒*uniek* **0.2** ⟨BE⟩ ***eenmalig.***

one-on-one **0.1** ⟨sport⟩ ***één tegen één*** **0.2** ⟨vnl. AE⟩ ***individueel*** ⟨bv. mbt. onderwijs⟩.

one-parent family **0.1** ***eenoudergezin.***

one-piece **0.1** ***uit één stuk*** ⇒*eendelig* ◆ **1.1** ~ bathing suit *badpak* ⟨tgov. bikini⟩.

onerous [onnərəs] ⟨-ness⟩ **0.1** ***lastig*** ⇒*drukkend, moeilijk* ◆ **1.¶** ~ property *bezwaard eigendom.*

oneself [wunself] **0.1** ***zich(zelf)*** **0.2** ***zelf*** ◆ **3.1** be ~ *zichzelf zijn;* come to ~ *tot zichzelf komen; zichzelf worden* **3.2** one should do it ~ *men zou het zelf moeten doen* **6.1** **by** ~ *in z'n eentje, alleen;* someone taller **than** ~ *iem. die groter is dan men zelf is;* pleased **with** ~ *met zichzelf ingenomen.*

one-sided ⟨-ness⟩ **0.1** ***eenzijdig*** **0.2** ***bevooroordeeld*** ⇒*partijdig.*

one-time **0.1** ***voormalig*** ⇒*vroeger, oud-.*

one-to-one **0.1** ***een op een*** ⇒*punt voor punt* **0.2** ⟨wisk.⟩ ***isomorf*** ◆ **1.1** ~ correspondence *overeenkomst op elk punt.*

one-track **0.1** ***beperkt*** ⟨fig.⟩ ⇒*eenzijdig* ◆ **1.1** ~ mind *eenzijdige geest;* have a ~ mind *bij alles aan één ding denken.*

one-upmanship ⟨inf.⟩ **0.1** ⟨ong.⟩ ***slagvaardigheid*** ⇒*kunst de ander steeds een slag voor te zijn.*

one-way **0.1** ***in één richting*** ⇒*eenrichtings-* ◆ **1.1** ~ street *straat met eenrichtingsverkeer;* ~ traffic *eenrichtingsverkeer;* ~ ticket (to) *enkele reis (naar), enkeltje (naar).*

ongoing **0.1** ***voortdurend*** ⇒*aanhoudend; doorgaand* ◆ **1.1** ~ research *lopend onderzoek.*

onion [unjən] **0.1** ***ui*** **0.2** ⟨sl.⟩ ***knikker*** ⇒*bol* ◆ **3.¶** ⟨sl.⟩ know one's ~s *zijn vak verstaan, van wanten weten* **6.2** be **off** one's ~ *niet goed snik zijn.*

on-licence ⟨BE⟩ **0.1** ***tapvergunning.***

on-line **0.1** ***on line*** ⇒*gekoppeld* ⟨met directe communicatiemogelijkheid met de centrale computer⟩.

onlooker **0.1** ***toeschouwer*** ⇒*(toe)kijker.*

only[1] [oonlie] ⟨bn.⟩ **0.1** ***enig*** **0.2** ***best*** ⇒*(meest) geschikt, juist* ◆ **1.1** an ~ child *een enig kind;* we were the ~ people wearing hats *we waren de enigen met een hoed (op);* the ~ thing now is to call the police *het enige wat je nu nog kunt doen, is er de politie bijhalen* **1.2** I think boxing is the ~ sport *voor mij is de bokssport helemaal het einde* **1.¶** you're not the ~ pebble on the beach *je bent niet alleen op de wereld; er zijn ook nog anderen te krijgen* **7.1** his one and ~ friend *zijn enige echte vriend;* my one and ~ hope *de enige hoop die me nog rest.*

only[2] ⟨bw.⟩ **0.1** ***slechts*** ⇒*alleen (maar), maar, enkel* **0.2** ⟨bij tijdsbepalingen⟩ ***pas*** ⇒*(maar) eerst, nog* ◆ **3.1** ~ think! *stel je voor!* **5.1** I've ~ just enough money *ik heb maar net genoeg geld;* she was ~ too glad *ze was maar al te blij* **5.2** the train has ~ just left *de trein is nog maar net weg;* she told me ~ last week that ... *ze vertelde het me vorige week nog dat ...;* he arrived ~ yesterday *hij arriveerde gisteren pas* **7.1** ~ five minutes more *nog vijf minuten, niet meer* **8.1** if and ~ if *als en alleen als;* if ~ *als ... maar, ik wou dat ...;* if ~ you had come earlier! *was je maar wat vroeger gekomen!;* if ~ to/because *al was het alleen maar om;* we walked for two hours, ~ to find out that ... *we liepen twee uur, maar enkel om te ontdekken dat ...*

only[3] ⟨vw.⟩ **0.1** ***alleen*** ⇒*maar* ◆ **¶.1** I like it, ~ I cannot afford it *ik vind het mooi, maar ik kan het niet betalen;* I could have gone, ~ my mother was ill *ik had kunnen gaan als mijn moeder niet ziek was geweest;* I would have phoned, ~ I didn't know your number *ik zou gebeld hebben maar ik had je nummer niet.*

o.n.o. ⟨afk.; BE; schr.⟩ **0.1** [or near(est) offer].

onomatopoeia [onnəmætəpiə] **0.1** ***onomatopee.***

onomatopoeic [-pie:ik] **0.1** ***onomatopoëtisch.***

onrush [onrusj] ⟨vnl. enk.⟩ **0.1** ***toeloop*** ⇒*toestroming, stormloop* ◆ **1.1** the ~ of industrialisation *de sterk toenemende industrialisering.*

onset [onset] ⟨the⟩ **0.1** ***aanval*** ⇒*(plotselinge) bestorming* **0.2** ***begin*** ⇒*aanvang, aanzet* ◆ **1.2** the ~ of scarlet fever *de eerste symptomen v. roodvonk* **2.2** at the first ~ *bij het (eerste) begin.*

onshore[1] ⟨bn.⟩ **0.1** ***aanlandig*** ⇒*zee-* **0.2** ***kust-*** ⇒*aan/langs/op de kust gelegen, binnenlands* ◆ **1.1** ~ breeze *zeebries;* an ~ gale was blowing *er stond een aanlandige stormwind* **1.2** ~ fishing *kustvisserij.*

onshore[2] ⟨bw.⟩ **0.1** ***land(in)waarts*** ⇒*naar het land/de kust toe, langs de kust* **0.2** ***aan land*** ⇒*aan (de)/op de wal* ◆ **3.1** the wind shifted ~ *de wind draaide landwaarts/naar het land toe.*

onside ⟨sport⟩ **0.1** ***niet buitenspel/offside.***
on-site **0.1** ***plaatselijk*** ⇒*ter plekke* ◆ **1.1** perform an ~ inspection *een onderzoek ter plaatse uitvoeren.*
onslaught [onslo:t] **0.1** ***(hevige) aanval*** ⇒*(scherpe) uitval, aanslag* ◆ **1.1** an ~ of fever *een zware koortsaanval* **2.1** her husband's verbal ~s *de scheldkanonnades v. haar man* **6.1** an ~ **on** *een woeste aanval op.*
on-the-job-training **0.1** ***opleiding in de praktijk.***
on to, onto [ontə, ontoe, ⟨sterk⟩ ontoe:] **0.1** ⟨richting⟩ ***op*** **0.2** ***op het spoor v.*** **0.3** ⟨plaats; gew.⟩ ***op*** ⇒*aan* ◆ **1.1** it fell ~ the floor *het viel op de grond;* he leapt ~ the roof *hij sprong op het dak* **1.2** the police are ~ the murderer *de politie is de moordenaar op het spoor.*
ontolog|y [ontolledzjie] ⟨bn.: **-ical**⟩ **0.1** ***ontologie*** ⇒*zijnsleer.*
onus [oonəs] ⟨the⟩ **0.1** ***last*** ⇒*plicht* **0.2** ***blaam*** ⇒*schuld* ◆ **1.1** the ~ of proof rests with the plaintiff *de bewijslast rust op/ligt bij de eiser* **3.2** put/shift the ~ onto *de blaam werpen op.*
onward[1] [onwəd] ⟨bn.⟩ **0.1** ***voorwaarts*** ⇒*voortgaand* ◆ **1.1** the ~ course of events *het verdere verloop v.d. gebeurtenissen;* the ~ march of technology *de technologische vooruitgang.*
onward[2], ⟨vnl. BE ook⟩ **onwards** [onwədz] ⟨bw.⟩ **0.1** ***voorwaarts*** ⇒*vooruit, voort* ◆ **1.1** from the 16th century ~ *sedert/vanaf de 16e eeuw* **3.1** move ~ *voortgaan, verder gaan.*
onyx [onniks] ⟨vnl. enk.⟩ **0.1** ***onyx(soort/steen)*** ⟨soort kwartsgesteente⟩.
oodles [oe:dlz] ⟨sl.⟩ **0.1** ***hopen*** ⇒*massa's* ◆ **1.1** have ~ of money *bulken van de centen.*
oof [oe:f] **0.1** ***oef*** ⇒*oeh, bah, pf.*
oompah [oe:mpa:] **0.1** ***(hoempa)gedreun*** ⇒*(h)oempageluid, (eentonig) gehoempapa* ⟨v. fanfarekorps enz.⟩.
oomph [oem(p)f] ⟨ook attr.⟩ ⟨sl.⟩ **0.1** ***geestdrift*** ⇒*pit, animo, vitaliteit.*
oops [oeps] ⟨inf.⟩ **0.1** ***oei*** ⇒*jee(tje), nee maar, pardon.*
oops-a-daisy ⟨inf.⟩ **0.1** ***hup(sakee)*** ⇒*hoepla(la), hop.*
ooze[1] [oe:z] ⟨zn.⟩ **0.1** ***modder*** ⇒*slijk, drab.*
ooze[2] **I** ⟨onov.ww.⟩ **0.1** ***(binnen/door/in)sijpelen*** ⇒*doordringen, druipen, druppelen* **0.2** ***(uit)zweten*** ⇒*vocht afscheiden, lekken;* ⟨ihb.⟩ *bloed opgeven* ◆ **5.¶** his courage ~d **away** *de moed zonk hem in de schoenen;* ~ **out** *uitlekken* ⟨v. geheim⟩; ⟨sl.⟩ *wegsluipen* **6.1** ~ **out of/from** *sijpelen/lekken uit* **6.¶** ~ **with** *druipen/doortrokken zijn v.;* his letter ~d **with** hatred *zijn brief zat vol hatelijke toespelingen;*
II ⟨ov.ww.⟩ **0.1** ***afscheiden*** ⇒*uitwasemen;* ⟨fig.⟩ *druipen/blaken van, doortrokken zijn van, uitstralen* ◆ **1.1** her voice ~d sarcasm *er klonk sarcasme in haar stem;* they ~ self-importance *de verwaandheid druipt van hen af.*
op [op] ⟨verk.⟩ [operation] ⟨BE; inf.; med., mil.⟩ **0.1** ***operatie.***
op. ⟨afk.⟩ **0.1** [opus] ***op.***
opacity [oopæsətie] **0.1** ***onduidelijkheid*** ⇒*ondoorgrondelijkheid, duisterheid* **0.2** ***ondoorschijnendheid*** ⇒*opaciteit, (graad v.) ondoorzichtigheid, matheid; dekvermogen* ⟨v. verf, kleur⟩ **0.3** ***stompzinnigheid*** ⇒*traagheid v. begrip.*
opal [oopl] **0.1** ***opaal(steen)*** **0.2** ***opaalglas*** ⇒*melkglas.*
opalescence [oopəlesns] **0.1** ***opalescentie*** ⇒*opaalglans.*
opalescent [oopəlesnt], **opaline** [oopəlajn] **0.1** ***opaalachtig*** ⇒*opalen, opaal-* **0.2** ***opaliserend*** ⇒*schitterend, iriserend (als opaal).*
opaque [oopeek] ⟨-ness⟩ **0.1** ***opaak*** ⇒*ondoorschijnend, ondoorzichtig;* ⟨ihb.⟩ *dekkend* ⟨v. verf, kleur⟩ **0.2** ***mat*** ⟨ook fig.⟩ ⇒*glansloos, eentonig* **0.3** ***onduidelijk*** ⇒*onbegrijpelijk, ondoorgrondelijk* **0.4** ***stompzinnig*** ⇒*dom, traag v. begrip* ◆ **1.1** ~ colour *dekverf* **6.1** be ~ **to** X-rays *geen röntgenstralen doorlaten.*
op art ⟨afk.; bk.⟩ **0.1** [optical art] ***op-art.***
op. cit. ⟨afk.⟩ **0.1** [opere citato] ***op. cit.***
OPEC [oopek] ⟨afk.⟩ **0.1** [Organization of Petroleum Exporting Countries] ***OPEC.***
open[1] [oopən] ⟨zn.; the⟩ **0.1** ***(de) open ruimte*** ⇒*open lucht/veld/zee;* ⟨fig.⟩ *openbaarheid* ◆ **3.1** be in the ~ *(algemeen) bekend zijn;* bring into the ~ *aan het licht brengen, bekend/openbaar maken;* come (out) into the ~ *open kaart spelen* ⟨v. iem.⟩; *aan het licht komen, ruchtbaarheid krijgen* ⟨v. iets⟩ **6.1** **in** the ~ *buiten(shuis), in de open lucht; in het open/vrije veld, op het land; in volle zee.*
open[2] ⟨bn.⟩ **0.1** ***open*** ⇒*geopend; met openingen; onbedekt, niet (af/in)gesloten, vrij* **0.2** ***open(staand)*** ⇒*beschikbaar, onbeschut; vacant; onbeslist, onbepaald* **0.3** ***openbaar*** ⇒*(algemeen) bekend, duidelijk, openlijk* **0.4** ***open(hartig)*** ⇒*oprecht, mededeelzaam* **0.5** ***open(baar)*** ⇒*vrij toegankelijk* ◆ **1.1** ~ access/shelf *openkastsysteem* ⟨in bibliotheek⟩; ~ book *open(geslagen) boek;* ⟨fig.⟩ keep an eye ~ (for) *in de gaten houden;* keep one's eyes ~ *goed opletten, uitkijken;* ⟨fig.⟩ with one's eyes ~ *bij zijn/haar volle verstand, weloverwogen;* ⟨fig.⟩ you bought that old car with your eyes ~ *je wist wat je deed toen je die oude auto kocht;* ~ harbour *ijsvrije haven;* ~ passage *vrije doorgang;* ~ prison *open gevangenis;* ~ sandwich *canapé, belegde boterham* **1.2** ⟨BE; geldw.⟩ ~ cheque *ongekruiste cheque;* ~ question *open vraag;* ~ return ticket *retourkaartje geldig voor onbepaalde duur;* ⟨jur.⟩ ~ verdict *juryuitspraak mbt. een overlijden waarbij geen melding wordt gemaakt van de juiste doodsoorzaak* **1.3** ~ contempt *onverholen minachting;* ~ hostilities *openlijke vijandigheden;* ~ letter *open brief;* ~ secret *publiek geheim* **1.5** ~ championship *open kampioenschap;* ⟨jur.⟩ ~ court *terechtzitting met open deuren;* ~ day *open dag/huis;* ~ examination *openbaar examen;* ~ scholarship *beurs verkrijgbaar voor iedereen* ⟨zonder toelatingsvoorwaarden⟩; ~ shop *werkplaats waar zowel leden als niet-leden v.e. vakvereniging mogen werken* **1.¶** with ~ arms *met open armen;* force an ~ door ⟨ong.⟩ *een open deur intrappen;* with ~ hands/an ~ hand *gul, royaal;* keep ~ house *erg gastvrij zijn;* ~ marriage *vrij/open huwelijk;* have/keep an ~ mind on *openstaan voor;* with ~ mouth *sprakeloos van verbazing;* lay o.s. ~ to ridicule *zich belachelijk maken* **3.2** it is ~ to you to *het staat je vrij te;* there are four courses ~ to us *we kunnen vier dingen doen/wegen inslaan;* lay ~ *openleggen* ⟨bv. hand⟩; ⟨fig.⟩ *blootleggen, uiteenzetten;* lay o.s. (wide) ~ to *zich (helemaal) blootstellen aan;* leave/keep one's options ~ *zich nergens op vastleggen;* ⟨ong.⟩ *zich op de vlakte houden;* throw ~ *opengooien, openstellen* ⟨bv. voor publiek⟩ **3.4** admit ~ly *eerlijk uitkomen voor* **3.¶** be ~ to an offer *bereid zijn een aanbod in overweging te nemen* **6.1** **in** the ~ air *buiten(shuis), in de open lucht;* ~ **to** *toegankelijk voor* **6.4** be ~ **with** *open kaart spelen met.*
open[3] **I** ⟨onov.ww.⟩ **0.1** ***opengaan*** ⇒*(zich) openen, geopend worden* **0.2** ***zichtbaar worden*** ⇒⟨fig.⟩ *zich openbaren* **0.3** ***openen*** ⇒*beginnen, van wal steken* ⟨v. spreker⟩ **0.4** ***opendoen*** ⇒*de deur openen; (een boek) openslaan* ◆ **1.1** the barber's shop does not ~ on Mondays *de kapper(szaak) is 's maandags niet open* **6.1** ~ **into/onto** the garden *uitkomen in/op de tuin* **6.3** ⟨muz.⟩ ~ **for** *in het voorprogramma staan/spelen bij* **6.4** I ~ed **at** page 58 *ik deed/sloeg het boek open op bladzijde 58.* →**open out, open up;**
II ⟨ov.ww.⟩ **0.1** ***openen*** ⇒*opendoen, openmaken;* ⟨inf.⟩ *opereren* **0.2** ***openen*** ⇒*voor geopend verklaren, starten*

0.3 ***openleggen*** ⇒*toelichten, openlijk meedelen* **0.4** ***openstellen*** ⇒*ontvankelijk/vatbaar maken, verruimen* ◆ **1.1** ~ a can *een blik opendraaien;* ~ a credit *een krediet openen;* ⟨mil.⟩ ~ ranks *de gelederen openen;* ~ a new road through the jungle *een nieuwe weg aanleggen door de rimboe* **1.2** ~ the ball *het bal openen;* ⟨fig.⟩ *de bal aan het rollen brengen;* ~ the bidding *het eerste bod doen* ⟨op veiling, bij kaartspel⟩ **1.3** ~ one's heart/mind to s.o. *bij iem. zijn hart uitstorten* **1.4** ~ one's heart to *zijn gemoed openstellen voor* **6.2** ~ fire **at/on** *het vuur openen op.* →**open out, open up.**

open-air **0.1** ***openlucht-*** ⇒*buiten-, in de open lucht* ◆ **1.1** ~ meeting *openluchtbijeenkomst.*

open-and-shut **0.1** ***(dood)eenvoudig*** ◆ **1.1** an ~ case *een uitgemaakte zaak.*

open-border trade **0.1** ***vrijhandel.***

opencast **0.1** ***bovengronds*** ⇒*in dagbouw* ◆ **1.1** ~ coalmine *open steenkolengroeve;* ~ mining *dagbouw.*

open-date ⟨vaak attr.⟩ **0.1** ***versheidsdatum*** ⇒*uiterste gebruiksdatum/verkoopdatum.*

open-door **0.1** ***opendeur-*** ⇒*open* ◆ **1.1** ~ policy *opendeurpolitiek, vrijhandelstelsel.*

open-end ⟨geldw.⟩ **0.1** ***zonder vast kapitaal*** ◆ **1.1** ~ investment company *beleggingsfonds* ⟨zonder gefixeerd aantal participatiebewijzen⟩.

open-ended, ⟨AE ook⟩ **open-end** **0.1** ***open*** ⇒*met een open einde* ◆ **1.1** ~ discussion *vrije/open discussie.*

opener [oopənə] **0.1** ***iem. die/iets dat opent*** ⇒*(blik/fles)-opener; openingsnummer; openingsronde, eerste manche/partij/spel/ronde* ⟨enz.⟩ ◆ **2.1** a standard ~ *een klassiek begin.*

open-eyed **0.1** ***aandachtig*** ⇒*met de ogen wijd open* **0.2** ***verbaasd*** ⇒*met grote ogen (v. verbazing).*

openhanded ⟨-ness⟩ **0.1** ***gul(hartig)*** ⇒*vrijgevig.*

open-heart **0.1** ***openhart-*** ◆ **1.1** ~ surgery *openhartchirurgie.*

open-hearted ⟨-ness⟩ **0.1** ***openhartig*** ⇒*eerlijk* **0.2** ***hartelijk*** ⇒*open.*

open-hearth **0.1** ***SM-*** ⇒*mbt. de Siemens-Martinmethode v. staalbereiding* ◆ **1.1** ~ furnace *SM-oven, siemens-martinoven.*

opening[1] [oopəning] **I** ⟨telb.zn.⟩ **0.1** ***opening*** ⇒*begin(fase), inleiding;* ⟨schaakspel, damspel⟩ *opening(szet), beginspel* **0.2** ***opening*** ⇒*kans, (gunstige) gelegenheid* **0.3** ***vacature*** ◆ **6.2** new ~s **for** trade *nieuwe afzetgebieden/afzetmogelijkheden;*

II ⟨telb. en n.-telb.zn.⟩ **0.1** ***opening*** ⇒*het openen/openstellen/opengaan/geopend worden; bres, gat, uitweg* ◆ **1.1** hours of ~ are Tuesdays 1 to 5 *openingsuren dinsdag van 1 tot 5.*

opening[2] ⟨bn.⟩ **0.1** ***openings-*** ⇒*inleidend* ◆ **1.1** a few ~ remarks *enkele opmerkingen vooraf.*

opening night **0.1** ***première.***

opening price ⟨geldw.⟩ **0.1** ***openingskoers.***

opening time **0.1** ***openingstijd*** ⇒⟨ihb.⟩ *tijdstip waarop de pubs opengaan.*

openly [oopənlie] **0.1** ***open(hartig)*** ◆ **3.1** you can speak ~ *u kunt vrijuit spreken.*

open-minded ⟨-ness⟩ **0.1** ***onbevooroordeeld*** ⇒*ruimdenkend.*

open-mouthed **0.1** ***met de mond wijd open(gesperd)*** ⇒ ⟨ook fig.⟩ *sprakeloos* ⟨v. verbazing⟩.

open out **I** ⟨onov.ww.⟩ **0.1** ***verbreden*** ⇒*breder worden, zich uitbreiden/uitstrekken* **0.2** ***opengaan*** ⇒*(naar buiten) openslaan;* ⟨fig.⟩ *zijn hart luchten* ◆ **1.2** both sides ~ *beide zijden gaan naar buiten open/kunnen worden opengeslagen* **6.1** ~ **into** *uitmonden in* ⟨v. rivier⟩;

II ⟨ov.ww.⟩ **0.1** ***openvouwen*** ⇒*openleggen.*

open-pit (mine) **0.1** ***dagbouwmijn*** ⇒*open groeve.*

open-plan ⟨bouwk.⟩ **0.1** ***met weinig tussenmuren*** ◆ **1.1** an ~ office *een kantoortuin.*

open season ⟨the⟩ **0.1** ***open seizoen*** ⇒⟨ihb.⟩ *jachtseizoen, hengelseizoen.*

open up **I** ⟨onov.ww.⟩ **0.1** ***opengaan*** ⇒*zich openen, zich ontplooien;* ⟨fig.⟩ *loskomen, vrijuit (gaan) spreken* **0.2** ⟨vnl. geb.w.⟩ ***(de deur) opendoen*** ◆ **1.1** in the second half the game opened up *in de tweede helft werd er aantrekkelijker gespeeld;*

II ⟨ov.ww.⟩ **0.1** ***openen*** ⇒*openmaken, toegankelijk/vrij maken;* ⟨ihb.⟩ *opensnijden* **0.2** ***zichtbaar maken*** ⟨ook fig.⟩ ⇒*blootleggen, onthullen* **0.3** ***openen*** ⇒*beginnen* ◆ **1.1** ~ new oil fields *nieuwe olievelden in exploitatie brengen* **1.3** ~ negotiations *onderhandelingen beginnen.*

openwork **0.1** ***open(gewerkte) constructie*** ◆ **2.1** wrought-iron ~ *open smeedwerk.*

opera[1] [oprə] ⟨zn.⟩ **0.1** ***opera*** ⇒*operagebouw, operagezelschap, operamuziek.*

opera[2] [oppərə] ⟨mv.⟩ →**opus.**

operab|le [oprəbl] ⟨-ly⟩ **0.1** ***operationeel*** ⇒*bruikbaar* **0.2** ***uitvoerbaar*** ⇒*realiseerbaar.*

opera glasses **0.1** ***toneelkijker.***

opera house **0.1** ***opera(gebouw).***

operate [oppəreet] **I** ⟨onov.ww.⟩ **0.1** ***in werking/werkzaam zijn*** ⇒*functioneren, lopen* ⟨ook v. trein⟩; *draaien* ⟨v. motor⟩, *te werk gaan* **0.2** ***(de juiste) uitwerking hebben*** ⇒ *werken, (het gewenste) resultaat geven, van kracht zijn* ⟨v. tarief, verdrag, wet⟩ **0.3** ***te werk gaan*** ⇒*opereren;* ⟨med. ook⟩ *een operatie doen, ingrijpen;* ⟨mil. ook⟩ *militaire acties ondernemen/bewegingen uitvoeren;* ⟨hand. ook⟩ *beursoperaties verrichten, speculeren* ◆ **1.1** our business is also operating abroad *ons bedrijf is ook werkzaam in het buitenland* **1.2** the new cutbacks will not ~ till next month *de nieuwe bezuinigingsmaatregelen gaan pas volgende maand in* **6.1** the tractor ~s **on** diesel oil *de tractor rijdt op dieselolie* **6.3** ~ **on** s.o. **for** appendicitis *iem. opereren aan de blindedarm;*

II ⟨ov.ww.⟩ **0.1** ***bewerken*** **0.2** ***bedienen*** ⟨machine, toestel⟩ ⇒*besturen* ⟨ook auto, schip⟩ **0.3** ***beheren*** **0.4** ⟨vnl. AE; med.⟩ ***opereren*** ◆ **1.3** ~ a coalmine *een steenkoolmijn exploiteren* **6.2** be ~d **by** *werken op, (aan)gedreven worden door* ⟨stoom, elektriciteit⟩.

operating [oppəreeting] **0.1** ***werkzaam*** ⇒*(goed) functionerend/lopend* **0.2** ***werk(ings)-*** ⇒*bedrijfs-, mbt. de werking* ⟨v. machine, bedrijf⟩ ◆ **1.2** ~ efficiency *bedrijfsefficiëntie* ⟨v. motor⟩; ~ expenses *bedrijfskosten.*

operating system ⟨comp.⟩ **0.1** ***besturingssysteem.***

operating table **0.1** ***operatietafel.***

operating theatre **0.1** ***operatiezaal.***

operation [oppəreesjn] **I** ⟨telb.zn.⟩ **0.1** ***operatie*** ⇒*handeling, onderneming; campagne;* ⟨med. ook⟩ *chirurgische ingreep;* ⟨mil. ook⟩ *militaire actie;* ⟨hand. ook⟩ *beursoperatie, (beurs/handels)transactie* **0.2** ***onderneming*** ⇒*bedrijf, zaak* ◆ **3.1** begin ~s *de werkzaamheden aanvangen* **6.1** perform an ~ **on** s.o. **for** appendicitis *iem. opereren aan de blindedarm;*

II ⟨n.-telb.zn.⟩ **0.1** ***werking*** **0.2** ***bediening*** **0.3** ***beheer*** ◆ **2.1** ready for ~ *bedrijfsklaar, operationeel* **3.1** be in ~ *in werking/van kracht zijn;* bring/put sth. into ~ *iets in werking brengen/zetten;* come into ~ *in werking treden, ingaan* ⟨v. wet⟩.

operational [oppəreesjnəl] **0.1** ***operationeel*** ⇒*gebruiksklaar, bedrijfsklaar;* ⟨ihb.⟩ *gevechtsklaar* **0.2** ***opera-***

tioneel ⇒*operatie-, bedrijfs-, werkings-* ◆ **1.1** an ~ airplane *een startklaar vliegtuig* **1.2** ~ costs *bedrijfskosten;* ⟨vnl. BE⟩ ~ research *toegepaste bedrijfsresearch.*

operations research ⟨vnl. AE; ec.⟩ **0.1** ***operationele research*** ⇒*toegepaste bedrijfsresearch.*

operations room ⟨mil.⟩ **0.1** ***controlekamer*** ⟨bij manoeuvres⟩ ⇒*commandopost, hoofdkwartier.*

operative[1] [oprətiv] ⟨zn.⟩ **0.1** ⟨vaak euf.⟩ ***(geschoold) (fabrieks)arbeider*** **0.2** ⟨AE⟩ ***(privé)detective.***

operative[2] ⟨bn.⟩ **0.1** ***doeltreffend*** ⇒*functioneel* **0.2** ***werkzaam*** ⇒*in werking, van kracht* **0.3** ***praktisch*** ⟨itt. theoretisch⟩ ⇒*praktijkgericht* **0.4** ***meest relevant*** ⇒*voornaamste* ◆ **1.1** an ~ dose *een gepaste dosis* **1.2** the ~ force *de drijvende kracht* **1.3** ~ skills *praktische bekwaamheden* **3.2** become ~ *in werking treden, ingaan* ⟨v. wet⟩.

operator [oppəreetə] **0.1** ⟨ben. voor⟩ ***iem. die machine/toestel/schakelbord bedient*** ⇒*operateur; telefonist(e); telegrafist(e); bestuurder* **0.2** ***ondernemer*** ⇒⟨ihb.⟩ *(beurs)speculant* **0.3** ⟨inf.; vaak pej.⟩ ***linkmichel.***

operetta [oppərettə] **0.1** ***operette.***

ophthalmia [ofθælmiə] **0.1** ***oftalmie*** ⇒*oogontsteking.*

ophthalmic [opfθælmik] ⟨med.⟩ **0.1** ***oogheelkundig*** ◆ **1.1** ⟨BE⟩ ~ optician *optometrist, (gediplomeerd) opticien.*

ophthalmologist [ofθælmolləd͡zjist] **0.1** ***oftalmoloog*** ⇒*oogheelkundige, oogarts.*

ophthalmology [-molləd͡zjie] **0.1** ***oftalmologie*** ⇒*oogheelkunde.*

ophthalmoscope [ofθælməskoop] **0.1** ***oftalmoscoop*** ⇒*oogspiegel.*

opiate [oopiət] **0.1** ***opiaat*** ⇒*slaapmiddel, pijnstiller.*

opine [oopajn] ⟨schr.⟩ **0.1** ***menen*** ⇒*van mening/oordeel zijn.*

opinion [əpinjən] **0.1** ***mening*** ⇒*oordeel, opinie, opvatting* **0.2** ***(hoge) dunk*** ⇒*waardering, (gunstig) denkbeeld* **0.3** ***advies*** ⇒*oordeel, mening* ⟨v. deskundige⟩ ◆ **1.1** a matter of ~ *een kwestie v. opvatting;* in the ~ of most people *volgens (de opinie/het oordeel v.) de meeste mensen* **1.3** a legal ~ *een rechtskundig advies* **2.2** have a high ~ of *een hoge dunk hebben van* **3.1** ~ has changed *de publieke opinie is omgeslagen* **6.1** **in** my ~ *naar mijn mening/gevoel;* be **of** (the) ~ that *v. oordeel/mening zijn dat;* give one's ~ **on** *zijn mening geven over* **7.3** have a second ~ *bijkomend advies inwinnen.*

opinionated [əpinjəneetid], **opinionative** [əpinjəneetiv] **0.1** ***koppig*** ⇒*eigenwijs.*

opinion poll **0.1** ***opinieonderzoek*** ⇒*opiniepeiling.*

opium [oopiəm] **0.1** ***opium.***

opium den **0.1** ***opiumkit*** ⇒*opiumhol.*

opium poppy ⟨plantk.⟩ **0.1** ***maankop*** ⇒*slaapbol.*

opossum [əpossəm] ⟨mv.: ook opossum⟩⟨dierk.⟩ **0.1** ***opossum*** ⟨buidelrat⟩.

opponent [əpoonənt] ⟨ook attr.⟩ **0.1** ***opponent*** ⇒*tegenstander, tegenspeler.*

opportune [oppətjoe:n] **0.1** ***opportuun*** ⇒*geschikt, gunstig (gekozen)* ◆ **1.1** the most ~ moment *het meest geschikte ogenblik;* that remark is not ~ now *die opmerking komt nu niet van pas.*

opportunism [oppətjoe:nizm] **0.1** ***opportunisme.***

opportunist [oppətjoe:nist] **0.1** ⟨bn.; ook -ic⟩ ***opportunistisch*** **0.2** ⟨zn.⟩ ***opportunist.***

opportunit|y [oppətjoe:nətie] ⟨mv.: -ies⟩ **0.1** ***(gunstige/geschikte) gelegenheid*** ⇒*kans* ◆ **3.1** I found no ~ to see him *ik zag geen kans hem onder vier ogen te spreken;* leap at an ~ *een gelegenheid met beide handen aangrijpen;* take/seize the ~ to *van de gelegenheid gebruik maken om* **6.1** she had ample ~ **for** doing that *ze had ruimschoots de gelegenheid (om) dat te doen.*

opportunity cost ⟨ec.⟩ **0.1** ***alternatieve kost(en).***

oppose [əpooz] **0.1** ***tegen(over)stellen*** ⇒*contrasteren, tegenover elkaar stellen* **0.2** ***zich verzetten tegen*** ⇒*bestrijden* ◆ **1.2** ~ unilateral disarmament *tegen eenzijdige ontwapening zijn* **6.1** ~ sth. **against/to** *iets contrasteren met.*

opposed [əpoozd] **0.1** ***tegen(over)gesteld*** ⇒*tegenoverstaand* **0.2** ***tegen*** ⇒*afkerig, vijandig* ◆ **6.1** be ~ **to** *tegen(over)gesteld zijn aan* **6.2** be ~ **to** *(gekant) zijn tegen, afkeuren* **6.¶** as ~ **to** *in tegenstelling met/tot.*

opposing [əpoozing] ⟨-ly⟩ **0.1** ***tegenoverstaand*** ⇒*tegenoverliggend* **0.2** ***tegenwerkend*** ⇒*tegen-;* ⟨sport⟩ *vijandig* ◆ **1.2** the ~ team *de tegenpartij.*

opposite[1] [oppəzit] ⟨zn.⟩ **0.1** ***tegen(over)gestelde*** ⇒*tegendeel* ◆ **3.1** be ~s *elkaars tegenpolen zijn;* she meant quite the ~ *ze bedoelde juist het tegendeel.*

opposite[2] ⟨-ness⟩ **I** ⟨bn.⟩ **0.1** ***tegen(over)gesteld*** ⇒*tegenoverliggend; tegenover elkaar gelegen, tegen-* ◆ **1.1** a ship coming from the ~ direction *een tegenliggend schip;* ~ number *ambtgenoot, collega;* the ~ sex *het andere geslacht* **6.1** be ~ **from/to** *tegen(over)gesteld zijn aan;*
II ⟨bn., attr. na het zn.⟩ **0.1** ***tegenover*** ⇒*aan de overkant* ◆ **1.1** the houses ~ *de huizen hier tegenover.*

opposite[3] ⟨bw.⟩ **0.1** ***tegenover (elkaar)*** ⇒*aan de overkant/andere kant* ◆ **3.1** she lives ~ *ze woont hiertegenover* **6.1** ~ **to** *tegenover.*

opposite[4] ⟨vz.⟩ **0.1** ***tegenover*** ◆ **1.1** she sat ~ a fat boy *ze zat tegenover een dikke jongen;* ⟨dram.⟩ she played ~ Yul Brynner *Yul Brynner was haar tegenspeler.*

opposition [oppəzisjn] **I** ⟨telb. en n.-telb.zn.⟩ **0.1** ***oppositie*** ⇒*het tegen(over)stellen/opponeren* **0.2** ***oppositie*** ⇒*verzet, tegenkanting* ◆ **3.2** meet with strong ~ *op hevig verzet stuiten* **6.1** ⟨astrol., ster.⟩ **in** ~ *in oppositie/tegen(over)stand (met de zon)* ⟨itt. in conjunctie⟩; **in** ~ to *tegen(over), verschillend van, in strijd met;*
II ⟨zn.; ww. vnl. enk.; vaak O-; the⟩ **0.1** ***oppositie(groep/partij)*** ◆ **1.1** the Leader of the Opposition *de oppositieleider;* The/Her Majesty's Opposition *de oppositie* ⟨in Engeland⟩.

oppress [əpres] **0.1** ***onderdrukken*** **0.2** ***benauwen*** ⇒*neerslachtig maken* ◆ **6.2** ~ed **by** anxiety *doodsbenauwd.*

oppression [əpresjn] **0.1** ***oppressie*** ⇒*benauwing, neerslachtigheid* **0.2** ***oppressie*** ⇒*onderdrukking(smaatregel), verdrukking.*

oppressive [əpressiv] ⟨-ness⟩ **0.1** ***onderdrukkend*** ⇒*tiranniek* **0.2** ***benauwend*** ⇒*deprimerend* ◆ **1.1** an ~ measure *een onderdrukkingsmaatregel* **2.2** ~ly hot *drukkend/ondraaglijk heet.*

oppressor [əpressə] **0.1** ***onderdrukker*** ⇒*tiran.*

opprobrious [əproobriəs] ⟨-ness⟩⟨schr.⟩ **0.1** ***honend*** ⇒*geringschattend* **0.2** ***schandelijk*** ⟨gedrag⟩ ⇒*verachtelijk* ◆ **1.1** ~ words *scheldwoorden.*

opprobrium [əproobriəm] ⟨schr.⟩ **0.1** ***(publiek) schandaal*** ⇒*schanddaad* **0.2** ***schande(lijkheid)*** **0.3** ***smaad*** ⇒*minachting* ◆ **1.3** term of ~ *minachtende term.*

opt [opt] **0.1** ⟨+ for⟩ ***opteren (voor)*** ⇒*kiezen, besluiten* ◆ **1.1** ~ in favour of *de voorkeur geven aan, kiezen voor.* →**opt out.**

optic [optik] **0.1** ***gezichts-*** ⇒*oog-, optisch* ◆ **1.1** ~ angle *gezichtshoek;* ~ nerve *oogzenuw.*

optical [optikl] **0.1** ***optisch*** ⇒*gezichts-, mbt. het gezicht/zien* **0.2** ***optisch*** ⇒*gezichtkundig* ◆ **1.1** ~ illusion *optisch bedrog, gezichtsbedrog* **1.2** ⟨schei.⟩ ~ly active *optisch actief* **1.¶** ~ fibre *glasvezel.*

optician [optisjn] **0.1** *opticien.*
optics [optiks] **0.1** *optica.*
optim|ism [optimmizm] ⟨bn.: **-istic**⟩ **0.1** *optimisme.*
optimist [optimmist] **0.1** *optimist.*
optimum[1] [optimməm]⟨zn.; mv.: ook optima [-mə]⟩ **0.1** *optimum.*
optimum[2]**, optimal** [optiml] ⟨bn.; optimally⟩ **0.1** *optimaal* ⇒ *best, gunstigst.*
option [opsjn] **0.1** ⟨geldw., hand.⟩ *optie* ⇒*(recht v.) keuze/voorkeur;* ⟨ihb.⟩ *premie(affaire)* **0.2** *keus/keuze* ⇒*alternatief, keuzemogelijkheid* ◆ **1.1** buyer of an ~ *optant, premiegever;* dealer in ~s *premiemakelaar;* term of an ~ *optietermijn, premieperiode* **3.1** naked ~ *ongedekte optie* **3.2** keep/leave one's ~s open *(nog) geen definitieve keuze doen;* ⟨ong.⟩ *zich op de vlakte houden* **6.1** have an ~ **on** *in optie hebben, de voorkeur hebben van* **7.2** have no ~ but to go *geen andere keus hebben dan te gaan.*
optional [opsjnəl] **0.1** *keuze-* ⇒*facultatief, vrij* ◆ **1.1** ~ subject *keuzevak* **3.1** render sth. ~ *iets facultatief stellen* **6.1** ⟨geldw.⟩ ~ **with** the buyer *naar kopers keus.*
option business ⟨geldw., hand.⟩ **0.1** *premiezaken* ⇒*premieaffaires.*
options exchange ⟨geldw., hand.⟩ **0.1** *optiebeurs.*
opt out 0.1 *niet meer (willen) meedoen* ⇒*zich terugtrekken* ◆ **6.1** ~ **of** *niet meer (willen) meedoen aan, laten varen* ⟨idee, plan⟩; *afschuiven* ⟨verantwoordelijkheid⟩; *opzeggen* ⟨contract⟩.
opul|ent [opjoelənt] ⟨zn.: **-ence**⟩ **0.1** *overvloedig* ⇒*(schat)rijk, weelderig* ◆ **1.1** ~ vegetation *welige plantengroei.*
opus [oopəs] ⟨mv.: ook opera; vnl. enk.⟩ **0.1** ⟨vaak iron., hoogdravend⟩ *opus* ⇒*werk(stuk), kunstwerk.*
or [o:] **0.1** ⟨leidt aantal alternatieven in⟩ *of* ⇒*en, ofwel, anders gezegd, of misschien/nog/ook* **0.2** ⟨leidt een gevolgaanduidende zin in die volgt op een gebod⟩ *of (anders)* ◆ **1.1** would you like tea ~ coffee *wil je thee of koffie;* she wrote a book, ~ a treatise *ze schreef een boek of, beter gezegd, een verhandeling* **¶.2** tell me ~ I'll kill you! *vertel het mij of ik vermoord je!*
oracle [orrəkl] **0.1** *orakel* ⟨tempel/heiligdom waar orakelen worden gegeven⟩ **0.2** *orakelachtige uitspraak* ⇒*profetie; raadselachtig/dubbelzinnig antwoord* **0.3** *orakel* ⇒*profeet* ◆ **3.3** consult the ~ *het orakel raadplegen.*
oracular [ərækjoelə] **0.1** *orakelachtig* ⇒*orakel-, geheimzinnig* ◆ **1.1** ~ utterances *orakeltaal.*
oral[1] [o:rəl] ⟨zn.; vnl. mv.⟩ **0.1** *mondeling (examen).*
oral[2] ⟨bn.⟩ **0.1** *mondeling* ⇒*oraal, gesproken* **0.2** *oraal* ⇒ *door de mond, mond-* ◆ **1.1** ~ agreement *mondelinge overeenkomst;* ~ history *geschiedschrijving gebaseerd op orale overlevering, oral history;* ~ tradition *mondelinge overlevering* **1.2** ~ administration *orale toediening* ⟨v. geneesmiddel⟩.
orange[1] [orrindzj] ⟨zn.⟩ **0.1** *sinaasappel* **0.2** *oranje(boom)* ⇒*sinaasappelboom* **0.3** *oranje(kleur)* ⇒*roodgeel.*
orange[2] ⟨bn.⟩ **0.1** *oranje(kleurig)* ⇒*roodgeel* **0.2** ⟨O-; vnl. gesch.⟩ *orangistisch* ⇒*mbt. de orangisten* ⟨protestantse Engelsgezinde partij in Noord-Ierland, opgericht in 1795⟩, *extreem protestants.*
orange juice 0.1 *jus d'orange* ⇒*sinaasappelsap.*
Orange|man [orrindzjmən]⟨mv.: -men [-mən]⟩ ⟨vnl. gesch.⟩ **0.1** *orangist* ⇒*aanhanger v.h. orangisme* ⟨protestantse Engelsgezinde partij in Noord-Ierland⟩; ⟨alg.⟩ *protestantse Ier* ⟨ihb. uit Ulster⟩.
orange marmalade 0.1 *sinaasappelmarmelade* ⇒*oranjemarmelade.*
orange peel 0.1 *sinaasappelschil* ⇒*oranjeschil.*
orang-utan(g), orangoutan(g) [o:rængoe:tæn, -tæng] **0.1** *orang-oetan(g).*
orate [o:reet] **0.1** *oreren* ⇒*rede(voering)/toespraak houden.*
oration [o:reesjn] **0.1** *oratie* ⇒*(hoogdravende) rede(voering)* ◆ **2.1** a funeral ~ *een lijkrede/grafrede.*
orator [orrətə] **0.1** *(begaafd) redenaar.*
oratorical [orrətorrikl] **0.1** *oratorisch* ⇒*retorisch;* ⟨soms pej.⟩ *hoogdravend* ◆ **1.1** ~ contest *voordrachtswedstrijd.*
orator|y [orrətrie] ⟨mv.: -ies⟩ **0.1** *oratorium* ⇒*(bid/huis)kapel, bidvertrek* **0.2** *retorica* ⇒*redenaarskunst* **0.3** ⟨soms pej.⟩ *retoriek* ⇒*bombast.*
orb [o:b] **0.1** *bolvormig iets* ⇒*globe, hemellichaam; (hemel)sfeer, hemelgewelf;* ⟨vnl. mv.; schr. en sl.⟩ *oog(appel/bol)* **0.2** *bereik* ⟨fig.⟩ ⇒*(invloeds)sfeer.*
orbit[1] [o:bit] ⟨zn.⟩ **0.1** *kring* ⟨alleen fig.⟩ ⇒*(invloeds/interesse)sfeer* **0.2** *baan* ⟨v. planeet, satelliet, elektron enz.⟩ ⇒*omloop, kring(beweging/loop)* ◆ **6.2** put **into** ~ round the earth *in een baan rond de aarde brengen.*
orbit[2] ⟨ww.; -ted⟩ **0.1** *een (cirkel)baan beschrijven/doorlopen (rond)* **0.2** *in een baan brengen/schieten* ◆ **1.1** the moon ~s the earth *de maan draait om de aarde.*
orbital [o:bitl] **0.1** ⟨ruim., nat.⟩ *orbitaal* ⇒*omloop-* **0.2** *ring-* ⟨v. (auto/spoor)baan⟩ ◆ **1.1** ~ velocity *omloopsnelheid.*
orchard [o:tsjəd] **0.1** *boomgaard* ⇒*fruitkwekerij.*
orchestra [o:kistrə] ⟨zn.; ww. enk. of mv.⟩ **0.1** *orkest.*
orchestral [o:kestrəl] **0.1** *orkestraal* ⟨ook fig.⟩ ⇒*orkest-* ◆ **1.1** ~ performance *orkestuitvoering.*
orchestra pit 0.1 *orkest(bak/ruimte).*
orchestra stalls 0.1 *orkest(plaatsen)* ⇒*stalles(plaatsen); voorste parketplaatsen.*
orchestr|ate [o:kistreet] ⟨zn.: **-ation**⟩ **0.1** *orkestreren* ⇒ *voor orkest arrangeren;* ⟨fig.⟩ *(harmonieus/ordelijk) samenbrengen/combineren; organiseren.*
orchid [o:kid] **0.1** *orchidee(ënbloem).*
ordain [o:deen] ⟨zn.: **-ment**⟩ **0.1** ⟨rel.⟩ *(tot geestelijke/priester) wijden* **0.2** *(ver)ordineren* ⇒*(voor)beschikken* ⟨v. God, noodlot⟩ **0.3** *verordenen* ⇒*bepalen* ⟨v. wet, gezagsorgaan⟩ ◆ **1.1** ⟨r.-k.⟩ be ~ed priest *tot priester worden gewijd* **3.2** fate has ~ed us to die *het noodlot heeft beschikt dat wij moeten sterven.*
ordeal [o:die:l] **0.1** *beproeving* ⇒*bezoeking;* ⟨fig.⟩ *vuurproef, pijnlijke ervaring* **0.2** ⟨gesch.⟩ *godsoordeel* ◆ **1.1** the ~ of the climb *de afmattende/moeilijke beklimming* **1.2** ~ by fire *vuurproef* **3.1** pass through terrible ~s *harde beproevingen doormaken/doorstaan.*
order[1] [o:də] **I** ⟨telb.zn.⟩ **0.1** *orde* ⟨ook biol., nat., wisk.⟩ ⇒ *stand, rang, (sociale) klasse/laag;* ⟨schr.⟩ *soort, aard* **0.2** *(klooster/ridder)orde* **0.3** *orde(teken)* ⇒⟨ihb.⟩ *ridderorde* **0.4** ⟨bouwk.⟩ *(bouw)stijl* ⟨vnl. mbt. de zuil⟩ ◆ **1.1** ~ of magnitude *orde (v. grootte)* **1.2** the Order of the Garter *de Orde v.d. Kouseband* ⟨hoogste ridderorde in Engeland⟩ **2.1** clerical ~ *geestelijke stand/clerus;* poetry of a high ~ *eersteklas poëzie* **3.¶** ⟨BE⟩ an ~ to view *een bezichtigingsbriefje* ⟨v. makelaar gekregen, tot bezichtiging v. huis⟩; take (holy) ~s *(tot) priester (gewijd) worden* **6.1** ⟨BE⟩ **in/of/**⟨AE⟩ **on** the ~ **of** *in de orde (v. grootte) van, ongeveer, om en (na)bij* **6.¶** ⟨AE⟩ **on** the ~ **of** *zoals, in de stijl van* **7.4** the five (classical) ~s *de vijf (klassieke) orden;*
II ⟨telb. en n.-telb.zn.⟩ **0.1** ⟨vaak mv.⟩ *bevel* ⇒*order, opdracht, instructie* **0.2** ⟨geldw.⟩ *(betalings)opdracht* ⇒*order(briefje)* **0.3** *bestelling* ⇒*order, levering(sopdracht)* ◆ **1.3** two ~s of French fries *twee porties friet/patat* **1.¶** ⟨inf.⟩ ~s are ~s *(een) bevel is (een) bevel* **2.1** executive ~ *uitvoeringsbesluit* **2.2** postal ~ *postwissel;* ⟨beurs⟩

standing ~ *legorder* **3.1** make / issue an ~ *een bevel uitvaardigen;* obey ~s *een bevel/bevelen gehoorzamen/opvolgen;* take one's ~s from *zijn bevelen krijgen van/uit* **3.2** ~ to pay *betalingsmandaat;* ~ to transfer *(giro-)overschrijving* **3.3** made to ~ *op/volgens bestelling gemaakt;* ⟨fig.⟩ *perfect;* place an ~ for sth. *iets bestellen;* take ~s *bestellingen opnemen* ⟨v. winkelier, ober enz.⟩ **6.1 by** ~ **of** *op bevel/in opdracht van;* **on** doctor's ~s *op doktersvoorschrift;* be **under** ~s to *bevel (gekregen) hebben te;* **under** the ~s **of** *onder bevel/aanvoering van* **6.2** ~ **for** payment *assignatie, betalingsopdracht;* issue an ~ **for** the payment of *opdracht/order geven tot uitbetaling van;* cheque **to** ~ *cheque aan order;* payable **to** the ~ of *betaalbaar aan de order van* **6.3** be **on** ~ *in bestelling/besteld zijn.* →**tall;**
III ⟨n.-telb.zn.⟩ **0.1** ***(rang/volg)orde*** ⇒*op(een)volging* **0.2** ***ordelijke schikking/inrichting/toestand*** ⇒*orde(lijkheid), ordening; geregeldheid, netheid;* ⟨mil.⟩ *opstelling; stelsel, (maatschappij)structuur* **0.3** ***(dag)orde*** ⇒*agenda, reglement* ⟨v. vergadering, bijeenkomst enz.⟩ **0.4** ***orde*** ⇒ *tucht, gehoorzaamheid* **0.5** ***bedoeling*** ⇒*doel, intentie* ◆ **1.2** in ~ of battle *in slagorde;* the ~ of things *de orde der dingen* **1.3** Order! (Order!) *Tot de orde!;* be the ~ of the day *aan de orde v.d. dag zijn* ⟨ook fig.⟩; rise to a point of ~ *een procedurekwestie stellen* **2.2** in good ~ *piekfijn/netjes in orde* **2.4** disturb public ~ *de openbare orde verstoren* **3.2** leave one's affairs in ~ *orde op zaken stellen;* put/set sth. in ~ *orde scheppen in iets* **3.3** call s.o. to ~ *iem. tot de orde roepen;* call (a meeting) to ~ *een vergadering voor geopend verklaren* **3.4** keep ~ *de orde bewaren/handhaven* **6.1 in** alphabetical ~ *alfabetisch gerangschikt;* **in** ~ **of** importance *volgens/in (volg)orde v. belangrijkheid;* **out of** ~ *niet in/op volgorde* **6.2 out of** ~ *defect, buiten gebruik/werking* **6.3** ⟨schr.⟩ **in** ~ *in orde, in overeenstemming met de regels, geoorloofd;* be **out of** ~ *buiten de orde/het reglement v. orde gaan* ⟨v. spreker⟩; *(nog) niet aan de orde zijn* ⟨v. voorstel, zaak enz.⟩ **6.5** ⟨schr.⟩ **in** ~ that *opdat, om, teneinde;* **in** ~ to *om, teneinde.* →**bad, short, standing.**

order[2] **I** ⟨onov.ww.⟩ **0.1** ***bevelen*** ⇒*het bevel hebben/voeren* **0.2** ***bestellen*** ⇒*een order plaatsen;*
II ⟨ov.ww.⟩ **0.1** ***ordenen*** ⇒*in orde brengen, (rang)schikken* **0.2** ***(een) bevel/order/opdracht geven*** ⇒*het bevel geven (tot); verordenen, gelasten; verzoeken om; voorschrijven* ⟨v. dokter⟩ **0.3** ***bestellen*** ⇒*een order plaatsen voor* ◆ **1.1** ~ one's affairs better *zijn zaken beter regelen* **1.2** ~ new elections *nieuwe verkiezingen uitschrijven;* ~ s.o. a month's rest *iem. een maand rust voorschrijven* **3.2** he ~ed the troops to open fire *hij gaf de troepen bevel het vuur te openen* **4.3** ~ o.s. a sandwich *(voor zichzelf) een broodje bestellen* **5.¶** ~ s.o. **about/around** *iem. (steeds) commanderen/voortdurend de wet voorschrijven;* ~ home *naar huis/het vaderland (terug)sturen;* ~ s.o. **off** *van/uit het veld sturen* ⟨v. scheidsrechter⟩; ~ **round** *laten komen/halen;* ~ **up** *(naar) boven laten komen;* ⟨mil.⟩ *oproepen, naar het front sturen.* →**order out.**

order book **0.1** ***orderboek*** ⇒*bestel(lingen)boek.*

order cheque **0.1** ***ordercheque*** ⇒*cheque aan order.*

ordered [o:dəd] **0.1** ***geordend*** ⇒*ordelijk.*

order form **0.1** ***bestelformulier.***

orderl|y[1] [o:dəlie] ⟨zn.; mv.: -ies⟩ **0.1** ⟨mil.⟩ ***ordonnans*** **0.2** ***(zieken)oppasser*** ⇒*ziekenbroeder, zaalhulp* ⟨in ziekenhuis⟩; ⟨mil.⟩ *hospitaalsoldaat.*

orderl|y[2] ⟨bn.; -iness⟩ **0.1** ***ordelijk*** ⇒*geordend, geregeld; in/op orde, netjes (opgeruimd); gedisciplineerd, methodisch; vreedzaam (verlopend)* **0.2** ⟨mil.⟩ ***bevel(en)-*** ⇒*bevelvoerend, v. dienst* ◆ **2.2** ⟨BE⟩ ~ officer *officier v.d. dag; ordonnans.*

order out **0.1** ***wegsturen*** ⇒*de deur wijzen* **0.2** ***laten uitrukken*** ⟨oproerpolitie, soldaten enz.⟩.

order paper **0.1** ***agenda*** ⇒*dagorde* ⟨v. (parlements)zitting enz.⟩.

ordinal [o:dinl] **0.1** ⟨bn.⟩ ***ordinaal*** ⇒*rang-* **0.2** ⟨zn.⟩ ***rangtelwoord*** ⇒*ranggetal* ◆ **1.1** ~ numbers *rangtelwoorden.*

ordinance [o:dinnəns] **0.1** ***verordening*** ⇒*bepaling, voorschrift* **0.2** ***ritueel*** ⇒*religieuze plechtigheid* ◆ **1.1** ~ of the city council *(gemeente)raadsbesluit.*

ordinarily [o:dnərillie] **0.1** →**ordinary**[2] **0.2** ***(zoals) gewoonlijk*** ⇒*doorgaans, in de regel.*

ordinary[1] [o:dnrie] ⟨zn.⟩ **0.1** ***het gewone*** **0.2** ⟨vaak mv.; BE; geldw.⟩ ***(gewoon) aandeel*** ⟨itt. preferent/uitgesteld aandeel⟩ ◆ **6.1** ⟨in titels⟩ **in** ~ *gewoon, vast (benoemd/in dienst), lijf-, hof-;* physician **in** ~ **to** Her Majesty *lijfarts v. Hare Majesteit;* **out of** the ~ *ongewoon, bijzonder* **7.1** the ~ *de gewone gang v. zaken.* →**lord.**

ordinar|y[2] ⟨bn.; -iness⟩ **0.1** ***gewoon*** ⇒*gebruikelijk, normaal, vertrouwd* **0.2** ⟨pej.⟩ ***ordinair*** ⇒*gemeen, doordeweeks, middelmatig* ◆ **1.1** ⟨BE⟩ ~ level *standaarddiploma/eindexamen (v.d. middelbare school);* ~ seaman *(rang v.) lichtmatroos, gemeen matroos* **1.2** the ~ run of things *de doorsnee/middelmaat.*

ordinate [o:dinnət] ⟨wisk.⟩ **0.1** ***ordinaat*** ⇒⟨meestal⟩ *tweede coördinaat* ⟨afstand v.e. punt tot de x-as⟩.

ordination [o:dinneesjn] **0.1** ***verordinering*** **0.2** ⟨rel.⟩ ***ordinatie*** ⇒*wijding.*

ordnance [o:dnəns] **0.1** ***(zwaar) geschut*** **0.2** ***militaire voorraden en materieel.***

ordnance survey map ⟨BE⟩ **0.1** ***topografische kaart*** ⇒*stafkaart.*

ordure [o:djoeə] ⟨schr.⟩ **0.1** ***vuil(igheid)*** ⇒*obsceniteit* **0.2** ***uitwerpselen*** ⇒*drek.*

ore [o:] **0.1** ***erts.***

organ [o:gən] **0.1** ***orgel*** **0.2** ***orgaan*** ⇒⟨euf.⟩ *penis* **0.3** ***orgaan*** ⇒*instrument, instelling* **0.4** ***orgaan*** ⇒*spreekbuis* ◆ **1.2** ~s of speech *spraakorganen* **1.4** the ~s of public opinion *de media.*

organdie, organd|y [o:gəndie] ⟨mv.: -ies⟩ **0.1** ***organdie*** ⇒ *(soort) mousseline.*

organ grinder **0.1** ***orgeldraaier.***

organic [o:gænik] ⟨-ally⟩ **0.1** ***organisch*** ⇒*wezenlijk, essentieel* **0.2** ***(organisch-)biologisch*** ⇒*natuurlijk* ◆ **1.1** ~ chemistry *organische scheikunde* **1.2** ~ food *natuurvoeding;* ~ waste ⟨ong.⟩ *gft-afval.*

organism [o:gənizm] **0.1** ***organisme.***

organist [o:gənist] **0.1** ***organist*** ⇒*orgelspeler.*

organization, -sation [o:gənajzeesjn] **0.1** ***organisatie*** ⇒ *structuur, vereniging* ◆ **1.1** ⟨ec.⟩ ~ and method(s) *organisatieleer, arbeidsanalyse/studie* ⟨v. administratie⟩.

organizational, -sational [o:gənajzeesjnəl] **0.1** ***organisatorisch*** ⇒*organisatie-.*

organize, -ise [o:gənajz] **I** ⟨onov.ww.⟩ **0.1** ***zich organiseren*** ⇒*zich verenigen;*
II ⟨ov.ww.⟩ **0.1** ***organiseren*** ⇒*regelen, tot stand brengen, oprichten* **0.2** ***lid worden v.*** ⟨vakbond⟩ ⇒*zich verenigen in.*

organized, -ised [o:gənajzd] **0.1** ***georganiseerd*** ⇒*aangesloten* ⟨v. vakbondsleden⟩ **0.2** ***organisch*** ⇒*gestructureerd.*

organizer, -iser [o:gənajzə] **0.1** ***organisator*** **0.2** ***systematische agenda.***

orgasm [o:gæzm] **0.1** ***orgasme.***

orgasmic [o:gæzmik] **0.1** ***orgastisch.***

orgiastic [o:dzjie·æstik] ⟨-ally⟩ **0.1** ***orgiastisch*** ⇒*als (bij) een orgie.*

org|y [o:dzjie] ⟨mv.: -ies⟩ **0.1** ***orgie*** ⇒*bacchanaal, uitspatting;* ⟨fig.⟩ *overdaad* ◆ **1.1** an ~ of spending *teugelloze verkwisting.*

oriel (window) [o:riəl] **0.1** ***erker*** ⇒*erkervenster.*

orient[1] [o:riənt] ⟨zn.; bn.⟩ **0.1** ⟨bn.; schr.⟩ ***oriëntaal*** ⇒*oosters, oostelijk* **0.2** ⟨zn.; O-; the⟩ ***Oriënt*** ⇒*Oosten, morgenland.*

orient[2] [o:ri·ent], ⟨vnl. BE ook⟩ **orientate** [o:riənteet] ⟨ww.⟩ **0.1** ***richten*** **0.2** ***oriënteren*** ⇒*situeren* ◆ **4.2** ~ o.s. *zich oriënteren.*

oriental [o:rie·entl] **0.1** ⟨bn.; vaak O-⟩ ***oosters*** ⇒*oostelijk, oriëntaal* **0.2** ⟨zn.; O-⟩ ***oosterling*** ⇒*Aziaat* ◆ **1.1** ~ rug/ carpet *oosters tapijt.*

orientate →**orient**[2].

orientation [o:riənteesjn] **0.1** ***oriëntatie*** ⇒*oriëntering, plaatsbepaling* **0.2** ***oriënteringsvermogen.***

-oriented [o:ri·entid] ⟨vormt bijv. nw.⟩ **0.1** ***gericht/georiënteerd op*** ◆ ¶**.1** outdoor-oriented *op het buitenleven gericht.*

orienteering [o:riəntiəring] ⟨sport⟩ **0.1** ***oriëntatielopen.***

orifice [orriffis] ⟨schr.⟩ **0.1** ***opening*** ⇒*gat, mond.*

origin [orridzjin] ⟨vaak mv. met enk. bet.⟩ **0.1** ***oorsprong*** ⇒*origine, ontstaan; bron; afkomst, herkomst; oorzaak* ◆ **1.1** country of ~ *land v. herkomst;* the ~ of a fight *de oorzaak v.e. ruzie;* the ~ of a river *de bron(nen) v.e. rivier* **2.1** a word of Greek ~ *een woord v. Griekse oorsprong.*

original[1] [əridzjnəl] ⟨zn.⟩ **0.1** ⟨vaak the⟩ ***(het) origineel*** ⇒*oorspronkelijk(e) stuk/versie/taal* ◆ **3.1** read Dante in the ~ *Dante in het Italiaans lezen.*

original[2] ⟨bn.⟩ **0.1** ***origineel*** ⇒*oorspronkelijk, vroegst; authentiek; inventief, creatief; verrassend* ◆ **1.1** ~ capital *stamkapitaal;* ~ sin *erfzonde.*

originality [əridzjənæləti e] **0.1** ***originaliteit*** ⇒*oorspronkelijkheid, echtheid.*

originate [əridzjəneet] **0.1** ***ontstaan*** ⇒*beginnen, voortkomen* ◆ **6.1** ~ **from/in** sth. *voortkomen uit/zijn oorsprong vinden in iets;* ~ **from/with** s.o. *in 't leven geroepen worden door iem., opkomen bij iem.*

originator [əridzjəneetə] **0.1** ***voortbrenger*** ⇒*schepper, grondlegger.*

oriole [o:rie·ool], **golden oriole** **0.1** ***wielewaal.***

ormolu [o:məloe:] ⟨vaak attr.⟩ **0.1** ***ormoulu*** ⇒*klatergoud.*

ornament[1] [o:nəmənt] ⟨zn.⟩ **0.1** ***ornament*** ⇒*sieraad* **0.2** ***versiering*** ⇒*decoratie* **0.3** ⟨vnl. mv.; rel.⟩ ***accessoire voor eredienst*** ◆ **2.2** a ceiling rich in ~ *een rijkversierd plafond.*

ornament[2] ⟨ww.; zn.: **-ation**⟩ **0.1** ***(ver)sieren*** ⇒*ornamenteren.*

ornamental [o:nəmentl] ⟨ook pej.⟩ **0.1** ***sier-*** ⇒*ornamenteel, (louter) decoratief* ◆ **1.1** ~ art *versieringskunst;* ~ painter *decoratieschilder.*

ornate [o:neet] ⟨-ness⟩ **0.1** ***sierlijk*** ⇒*overladen, barok.*

orner|y [o:nərie] ⟨-iness⟩ ⟨vnl. AE; inf.⟩ **0.1** ***chagrijnig*** ⇒*vervelend, koppig* **0.2** ***gemeen*** ⟨streek⟩.

ornithologist [o:niθolədzjist] **0.1** ***ornitholoog*** ⇒*vogelkenner.*

ornitholog|y [o:niθolədzjie] ⟨bn.: **-ical**⟩ **0.1** ***ornithologie*** ⇒*vogelkunde.*

orotund [orrootund] **0.1** ***vol*** ⟨v. klank⟩ ⇒*imposant, waardig* **0.2** ***bombastisch*** ⇒*gezwollen.*

orphan[1] [o:fn] ⟨zn.⟩ **0.1** ***wees*** ⇒*ouderloos kind;* ⟨fig.⟩ *verstoteling.*

orphan[2] ⟨ww.⟩ **0.1** ***tot wees maken*** ⇒*v. zijn/haar ouders beroven.*

orphanage [o:finnidzj] **0.1** ***weeshuis.***

orrer|y [orrərie] ⟨mv.: -ies⟩ **0.1** ***planetarium.***

orrisroot [orrisroe:t] **0.1** ***iriswortel*** ⇒*viooltjeswortel.*

orthodontic [o:θədontik] **0.1** ***orthodontisch.***

orthodontics [o:θədontiks] ⟨ww. ook enk.⟩ **0.1** ***orthodontie.***

orthodox [o:θədoks] ⟨-ness⟩ **0.1** ***orthodox*** ⇒*rechtgelovig;* ⟨vnl. O-⟩ *oosters-orthodox* **0.2** ***conservatief*** ⇒*conventioneel, ouderwets, gewoon* ◆ **1.1** the Orthodox Church *de orthodoxe/Grieks-katholieke Kerk.*

orthodox|y [-doksie] ⟨mv.: -ies⟩ **0.1** ***orthodox(e) praktijk/gewoonte/idee*** **0.2** ***orthodoxie*** ⇒*rechtzinnigheid.*

orthograph|y [o:θogrəfie] ⟨bn.: **-ic(al)**⟩ **0.1** ***orthografie*** ⇒*spelkunst, spellingleer.*

orthopaedic, ⟨AE sp. vnl.⟩ **orthopedic** [o:θəpie:dik] ⟨-ally⟩ **0.1** ***orthopedisch*** ◆ **1.1** ~ surgeon *orthopedisch chirurg.*

orthopaedics, ⟨AE sp. vnl.⟩ **orthopedics** [-pie:diks] ⟨ww. ook enk.⟩ **0.1** ***orthopedie.***

orthopaedist, ⟨AE sp. vnl.⟩ **orthopedist** [-pie:dist] **0.1** ***orthopedist*** ⇒*orthopeed.*

ortolan [o:tələn] ⟨dierk.⟩ **0.1** ***ortolaan*** ⟨soort gors⟩.

oryx [orriks] ⟨mv.: ook oryx⟩ **0.1** ***spiesbok*** ⇒*beisa.*

oscillate [ossilleet] **0.1** ⟨vnl. tech.⟩ ***oscilleren*** ⇒*trillen, (heen en weer) slingeren* **0.2** ***weifelen*** ◆ **1.1** oscillating current *wisselstroom* **6.2** she kept oscillating **between** the two *ze kon er niet toe komen een v.d. twee te nemen.*

oscillation [ossilleesjn] **0.1** ***oscillatie*** ⇒*schommeling, trilling* **0.2** ***besluiteloosheid.***

oscillator [ossilleetə] ⟨tech.⟩ **0.1** ***oscillator*** ⇒*trillingsgenerator.*

oscillograph [əsilləgra:f] **0.1** ***oscillograaf.***

oscilloscope [əsilləskoop] **0.1** ***oscilloscoop.***

osier [oozio] **0.1** ⟨plantk.⟩ ***katwilg*** ⇒*bindwilg* **0.2** ***(bind)rijs.***

osmos|is [ozmoosis] ⟨mv.: -es [-ie:z]⟩ **0.1** ***osmose.***

osmotic [ozmottik] ⟨-ally⟩ **0.1** ***osmotisch.***

osprey [osprie, -pree] **0.1** ***visarend.***

osseous [ossiəs] **0.1** ***beenachtig*** ⇒*benig, been-.*

ossif|y [ossiffaj] ⟨-ied; zn.: **-ication**⟩ **0.1** ***(doen) verbenen*** ⇒*in been (doen) veranderen, (doen) verstenen;* ⟨fig.⟩ *verharden, afstompen.*

Ostend [ostend] **0.1** ***Oostende.***

ostensib|le [ostensəbl] ⟨-ly⟩ **0.1** ***ogenschijnlijk*** ⇒*schijnbaar.*

ostentation [ostənteesjn] **0.1** ***vertoon*** ⇒*praal(zucht).*

ostentatious [ostənteesjəs] **0.1** ***opzichtig*** ⇒*praalziek, pretentieus.*

osteoarthritis [ostie·oo·a:θrajtis] ⟨med.⟩ **0.1** ***osteoartritis.***

osteopath [ostiəpæθ] **0.1** ***osteopaat*** ⇒*orthopedist.*

osteopathy [ostie·oppəθie] ⟨med.⟩ **0.1** ***osteopathie*** ⇒*beenderziekte* **0.2** ***osteopathie*** ⇒*orthopedie.*

osteoporosis [osti·oopo:roosis] **0.1** ***osteoporose*** ⇒*botontkalking.*

ostler [oslə] **0.1** ***stalknecht*** ⟨in herberg⟩.

ostracism [ostrəsizm] **0.1** ***ostracisme*** ⇒⟨fig.⟩ *verbanning.*

ostracize, -ise [ostrəsajz] **0.1** ***verbannen*** ⇒⟨fig.⟩ *uitstoten.*

ostrich [ostritsj] ⟨mv.: ook ostrich⟩ **0.1** ***struisvogel*** ⟨ook fig.⟩ ◆ **1.1** have the digestion of an ~ *een struisvogelmaag hebben.*

ostrich policy **0.1** ***struisvogelpolitiek.***

other[1] [uðə] ⟨bn.⟩ **0.1** ***anders*** ⇒*verschillend* ◆ **4.1** none ~ than John *niemand anders/minder dan John* **6.1** I don't want you to be ~ **than** what you are *ik wil niet dat je anders zou zijn dan je bent.*

other[2] ⟨vnw.⟩ **0.1** ***(nog/weer) andere(n)*** ⇒*overige(n), nieuwe* ◆ **1.1** some time or ~ *ooit eens* **3.1** one left and the ~s stayed *één vertrok en de anderen bleven* **4.1** someone or ~ *iemand* **6.1** one **after** the ~ *na elkaar;* **among** ~s *onder andere;* tell one **from** the ~ *ze uit elkaar houden;* one or ~ **of** them *één van hen.* →**A.N. Other, each other, other than.**

other³ ⟨det.⟩ **0.1** ***ander(e)*** ⇒*nog een, verschillend(e)* ◆ **1.1** every ~ day *om de andere dag;* on the ~ hand *daarentegen* **1.¶** the ~ day/night/week *een paar dagen/avonden/weken geleden* **4.1** keep the ~ one *houd de andere maar.*

other than **0.1** ***behalve*** ⇒*buiten* ◆ **1.1** there was no one else ~ his sister *er was niemand behalve zijn zuster* **¶.1** you can't get there ~ by walking *je kunt daar alleen maar lopend komen.*

otherwise¹ [uðəwajz] ⟨bn.⟩ **0.1** ***anders*** ⇒*verschillend, tegengesteld* ◆ **8.1** mothers, married and/or ~ *moeders, al dan niet gehuwd.*

otherwise² ⟨bw.⟩ **0.1** ***anders*** ⇒*op een andere manier, in andere opzichten, overigens* **0.2** ⟨aan het begin v.d. zin⟩ ***anders*** ◆ **2.1** an ~ excellent move *een overigens mooie zet* **3.1** be ~ engaged *andere dingen te doen hebben* **5.1** he could say it no ~ *hij kon het niet anders zeggen* **8.1** by train or ~ *per trein of hoe dan ook* **¶.2** go now; ~ it'll be too late *ga nu, anders wordt het te laat.*

otherworldl|y [uðəwə:ldlie] ⟨-iness⟩ **0.1** ***bovenaards*** ⇒*bovennatuurlijk;* ⟨pej.⟩ *onrealistisch, irreëel.*

otiose [oosjie-oos, ootie-] ⟨-ness⟩⟨schr.⟩ **0.1** ***overbodig*** ⇒*onbetekenend.*

OTT ⟨afk.⟩ **0.1** [over the top] ***erg overdreven*** ⇒⟨dram.⟩ *overacterend.*

otter [ottə] ⟨mv.: ook otter⟩ **0.1** ***(vis)otter.***

ottoman [ottəmən] **0.1** ***ottomane*** ⟨soort sofa⟩ **0.2** ⟨O-⟩ ***Turk*** ⇒*Osmaan, Ottoman.*

oubliette [oe:blie·et] **0.1** ***oubliëtte*** ⇒*onderaardse kerker.*

ouch [autsj] **0.1** ***ai*** ⇒*au, oh, oe* ⟨uitroep v. pijn, ergernis e.d.⟩.

ought →**aught.**

ought to [o:tə, o:toe] **0.1** ⟨gebod, verbod, verplichting⟩ ***moeten*** ⇒*zou moeten* **0.2** ⟨onderstelling⟩ ***moeten*** ⇒*zullen, zou moeten* ◆ **3.1** you ~ have been at the party, it was such fun *je had op het feestje moeten zijn, het was er zo gezellig;* you ~ be grateful *je zou dankbaar moeten zijn;* one ~ help one's neighbour *men moet zijn naaste helpen;* you ~ try this one *probeer deze eens* **3.2** she ~ be on her way home *ze zou nu op weg naar huis moeten zijn;* this ~ do the trick *dit zou het probleem moeten oplossen.*

ouija [wie:dzjə], **ouija board** ⟨vaak O-⟩ **0.1** ***ouija*** ⟨letterplankje gebruikt bij spiritisme⟩.

ounce [auns] **0.1** ***(Engels/Amerikaans) ons*** ⇒*ounce* ⟨→t⟩; ⟨fig.⟩ *klein beetje, greintje* ◆ **1.1** an ~ of common sense *een greintje gezond verstand.*

our [auə] **0.1** ***ons*** ⇒*onze, van ons* ◆ **1.1** ~ children *onze kinderen;* he's ~ man *hij is de man die we moeten hebben* **2.1** we did ~ best *we deden ons best.*

ours [auəz] **0.1** ⟨predikatief gebruikt⟩ ***van ons*** ⇒*de/het onze* **0.2** ***de onze(n)/het onze*** ◆ **1.1** the decision is ~ *de beslissing ligt bij ons* **3.2** your books have words and ~ have pictures *in jullie boeken staan woorden en in die van ons plaatjes* **6.2** a friend **of** ~ *een vriend van ons.*

ourselves [auəselvz], **ourself** **0.1** ***ons*** ⇒*onszelf* **0.2** ***zelf*** ⇒*wij zelf, ons zelf* ◆ **3.1** we bought ~ a new car *we kochten een nieuwe auto;* we busied ~ with organizing the party *we hielden ons bezig met het organiseren van het feestje* **3.2** we went ~ *we gingen zelf* **4.1** we are ~ again *we zijn weer de oude* **6.1** we came **to** ~ *we kwamen weer tot onszelf.*

oust [aust] **0.1** ***ver/uitdrijven*** ⇒*ont/afzetten* **0.2** ***verdringen*** ⇒*vervangen* ◆ **6.1** ~ s.o. **from/of** *iem. ontheffen van/uit.*

out¹ [aut] ⟨zn.⟩⟨vnl. AE⟩ **0.1** ***uitweg*** ⟨ook fig.⟩ **0.2** ***uitvlucht*** ⇒*excuus.*

out² ⟨bn.⟩ **0.1** ***niet-in*** ⇒*niet-populair/modieus, uit* **0.2** ***uit*** ⟨v. apparatuur⟩ **0.3** ***voor uitgaande post*** ◆ **1.3** ~ box/tray *brievenbak voor/met uitgaande post.*

out³ ⟨bw.; vaak pred.⟩ **0.1** ⟨plaats, richting; ook fig.; ook sport⟩ ***uit*** ⇒*buiten, weg* **0.2** ***buiten bewustzijn*** ⇒*buiten gevecht;* ⟨inf.⟩ *in slaap;* ⟨sl.⟩ *dronken* **0.3** ***niet (meer) in werking*** ⇒*uit* **0.4** ***uit*** ⇒*openbaar, te voorschijn* **0.5** ***uit*** ⇒*volledig, af, leeg* **0.6** ⟨inf.⟩ ***uit de mode*** ⇒*passé* **0.7** ***ernaast*** ⟨bij schattingen⟩ ◆ **1.1** an evening ~ *een avondje uit;* journey ~ *heenreis* **1.3** day ~ *vrije dag* **3.1** he is ~ playing in the garden *hij speelt buiten in de tuin;* the ball was ~ *de bal was buiten (de lijnen);* smoking is ~! *er wordt niet gerookt!* **3.4** the sun is ~ *de zon schijnt* **3.6** mini-skirts are ~ this season *mini-jurkjes zijn uit de mode dit seizoen* **5.1** inside ~ *binnenste buiten;* ~ there *daarginds, ginder ver* **5.¶** ~ and **about** *(weer) op de been, in de weer;* ~ and away *veruit* **6.4** ~ **with** it! *vertel op!, zeg het maar!* **6.¶** she is ~ **for** trouble *ze zoekt moeilijkheden* **¶.1** ~! *d'r uit!;* ~ it goes!/with it! *vertel op!/voor de dag ermee!;* ~ in Canada *daarginds in Canada;* you're ~! *jij doet/telt niet (meer) mee.* →**all, be out, come out etc., way-out.**

out⁴ ⟨vz.; richtingaanduidend⟩ **0.1** ***uit*** ⇒*naar buiten* ◆ **1.1** chuck it ~ the window *gooi het door het venster;* I looked ~ the window *ik keek uit het venster* **6.1** **from** ~ the window *vanuit het raam.*

outage [autidzj] ⟨AE⟩ **0.1** ***defect*** ⇒*black-out.*

out-and-out **0.1** ***volledig*** ⇒*door en door* ◆ **1.1** an ~ supporter of the programme *een verdediger v.h. programma door dik en dun.*

outback [autbæk] ⟨vnl. Austr. E⟩ **0.1** ⟨bn.⟩ ***van/in het binnenland*** ⇒*afgelegen* **0.2** ⟨zn.; the⟩ ***binnenland*** ◆ **1.1** ~ life *het leven in de rimboe.*

outbalance **0.1** ***zwaarder wegen dan*** ⇒*belangrijker zijn dan.*

outbid **0.1** ***meer bieden dan*** ⇒*overtroeven.*

outboard **0.1** ***buitenboord(s)*** ◆ **1.1** ~ motor *buitenboordmotor.*

outbound **0.1** ***vertrekkend*** ⇒*op de uitreis* ◆ **1.1** ~ traffic *uitgaand verkeer.*

outbrave **0.1** ***tarten*** ⇒*trotseren.*

outbreak [autbreek] **0.1** ***uitbarsting*** ⇒*het uitbreken* **0.2** ***opstand*** ⇒*oproer, opstootje.*

outbuilding **0.1** ***bijgebouw*** ⇒*paviljoen.*

outburst [autbə:st] **0.1** ***uitbarsting*** ⇒*uitval* ◆ **1.1** ~ of anger *woede-uitbarsting.*

outcast [autka:st] **0.1** ⟨bn.⟩ ***uitgestoten*** ⇒*verworpen* **0.2** ⟨zn.⟩ ***verschoppeling*** ⇒*outcast, verworpene.*

outcaste [autka:st] **0.1** ⟨bn.⟩ ***kasteloos*** ⇒*paria-* **0.2** ⟨zn.⟩ ***paria*** ⇒*kasteloze.*

outclass **0.1** ***overtreffen*** ⇒*overklassen.*

out-clearing [autkliəring] ⟨BE; geldw.⟩ **0.1** ***het verzenden v. cheques/wissels (naar het clearinginstituut)*** **0.2** ***(naar het clearinginstituut) te verzenden cheques/wissels.***

outcome [autkum] ⟨vnl. enk.⟩ **0.1** ***resultaat*** ⇒*gevolg, uitslag* ◆ **1.1** the ~ of the elections *de uitslag v.d. verkiezingen.*

outcrop [autkrop] **0.1** ⟨geol.⟩ ***dagzomende aardlaag/ader*** **0.2** ***uitbarsting.***

outcr|y [autkraj] ⟨mv.: -ies⟩ **0.1** ***schreeuw*** ⇒*kreet* **0.2** ***(publiek) protest*** ⇒*tegenwerping* ◆ **6.2** public ~ **against/over** *publiek protest tegen.*

outdated, out-of-date **0.1** ***achterhaald*** ⇒*ouderwets.*

outdistance **0.1** ***achter zich laten*** ⇒*overtreffen.*

outdo **0.1** ***overtreffen*** **0.2** ***overwinnen*** ⇒*de loef afsteken.*

outdoor [autdo:], **out-of-door, out (-of-) doors** [autəvdo:z] **0.1** ***openlucht-*** ⇒*buiten(shuis)-* **0.2** ***buiten de/een instelling*** ⇒*(t)huiszittend* ⟨armen, bejaarden enz.⟩ ◆ **1.1** ~ advertising *buitenreclame* **1.2** ⟨vnl. BE; gesch.⟩ ~ relief *steun voor (t)huiszittende armen.*

outdoors[1] [autdo:z], **out-of-doors** ⟨zn.; the⟩ **0.1** ***openlucht*** ⇒*buiten* ◆ **1.1** a man of the ~ *een buitenmens.*

outdoors[2], **out-of-doors** ⟨bw.⟩ **0.1** ***buiten(shuis)*** ⇒*in (de) openlucht.*

outer [autə] **0.1** ***buitenste*** ⇒*aan de buitenzijde, buiten-, over-* **0.2** ***uiterlijk*** ⇒*uitwendig* ◆ **1.1** ⟨AE⟩ ~ city *voorstad;* ~ ear *uitwendig oor;* ~ garments/wear *bovenkleding;* ~ space *de ruimte;* the ~ world *de buitenwereld* **1.2** ~ man/woman *het uiterlijk, het voorkomen.*

outermost [autəmoost], **outmost** [autmoost] **0.1** ***buitenste*** ⇒*uiterste.*

outface **0.1** ***(de blik) trotseren (van)*** ⇒*van zijn stuk brengen.*

outfall [autfo:l] **0.1** ***(uit)lozing*** ⇒*afvloeiing, afvoerkanaal.*

outfield ⟨the⟩ ⟨cricket, honkbal⟩ **0.1** ***buitenveld*** **0.2** ⟨ww. enk. of mv.⟩ ***buitenvelders.***

outfielder ⟨cricket, honkbal⟩ **0.1** ***buitenvelder.***

outfit[1] [autfit] **I** ⟨telb.zn.⟩ **0.1** ***uitrusting*** ⇒*toerusting* ◆ **2.1** ⟨inf.⟩ the whole ~ *de hele handel;*
II ⟨zn.; ww. enk. of mv.⟩ ⟨inf.⟩ **0.1** ***groep*** ⇒*(reis)gezelschap, team, ploeg;* ⟨mil.⟩ *compagnie.*

outfit[2] ⟨-ted⟩ **I** ⟨onov.ww.⟩ **0.1** ***zich uitrusten;***
II ⟨ov.ww.⟩ **0.1** ***uitrusten*** ⇒*voorzien, verschaffen* ◆ **6.1** ~ **with** *voorzien van.*

outfitter [autfittə] **0.1** ***uitrustingsleverancier*** ⇒*sportwinkel/magazijn* **0.2** ***(heren)modehandelaar*** ⇒*herenmodezaak.*

outflank **0.1** ⟨mil.⟩ ***overvleugelen*** ⇒*omtrekken* **0.2** ***verschalken.***

outflow **0.1** ***uitloop*** ⇒*afvoer* **0.2** ***uitstroming*** ⇒*uit/afvloeiing* ◆ **1.2** an ~ of abusive language *een vloed v. scheldwoorden.*

outfox **0.1** ***verschalken*** ⇒*te slim af zijn.*

outgeneral ⟨BE -led⟩ **0.1** ***overtreffen als strateeg*** **0.2** ***te slim af zijn.***

outgo [autgoo] ⟨mv.: -es⟩ ⟨vnl. AE⟩ **0.1** ***uitgave*** ⇒*verbruik.*

outgoing [autgoo·ing] ⟨-ness⟩ **0.1** ***extravert*** ⇒*hartelijk, vlot* **0.2** ***vertrekkend*** ⇒*uitgaand, heengaand* **0.3** ***uittredend*** ⇒*ontslag nemend* ◆ **1.2** ~ goods *uitgaande goederen;* ~ tide *aflopend/gaand tij.*

outgoings [autgoo·ingz] **0.1** ***uitgaven*** ⇒*verbruik, onkosten.*

outgrow **0.1** ***ontgroeien (aan)*** ⇒*afleren, te boven komen* **0.2** ***boven het hoofd groeien*** ⇒*groter worden dan* ◆ **1.1** ~ one's strength *uit zijn krachten groeien* **1.2** ~ one's brothers *zijn broers boven het hoofd groeien.*

outgrowth [autgrooθ] **0.1** ***product*** ⇒*uitvloeisel* **0.2** ***uitwas*** ⇒*uitloper.*

outhouse [authaus] **0.1** ***bijgebouw*** ⇒*aanbouw* **0.2** ⟨vnl. AE⟩ ***buiten wc.***

outing [auting] **0.1** ***uitstap(je)*** ⇒*uitje, excursie* **0.2** ***wandeling*** ⇒*ommetje.*

outlandish [autlændisj] ⟨-ness⟩ **0.1** ***vreemd*** ⇒*bizar, excentriek.*

outlast **0.1** ***langer duren/meegaan dan*** ⇒*overleven.*

outlaw[1] [autlo:] ⟨zn.⟩ **0.1** ***vogelvrijverklaarde*** ⇒*bandiet, outlaw.*

outlaw[2] ⟨ww.⟩ **0.1** ***verbieden*** ⇒*buiten de wet stellen, vogelvrij verklaren.*

outlay[1] [autlee] ⟨zn.; vnl. enk.⟩ **0.1** ***uitgave(n)*** ⇒*onkosten.*

out|lay[2] ⟨ww.; -laid⟩ **0.1** ***uitgeven*** ⇒*besteden.*

outlet [autlet] **0.1** ***uitlaat(klep)*** ⇒*afvoerkanaal;* ⟨fig.⟩ *uitingsmogelijkheid* **0.2** ***afzetgebied*** ⇒*markt* **0.3** ***vestiging*** ⇒*verkooppunt* **0.4** ⟨vnl. AE; elek.⟩ ***(wand)contactdoos*** ⇒*stopcontact.*

outline[1] [autlajn] ⟨zn.⟩ **0.1** ***omtrek(lijn)*** ⇒*contour* **0.2** ***schets*** ⇒*samenvatting, overzicht; ontwerp* **0.3** ⟨mv.; the⟩ ***(hoofd)trekken*** ⇒*hoofdpunten* ◆ **2.2** in broad ~ *in grote trekken.*

outline[2] ⟨ww.⟩ **0.1** ***schetsen*** ⇒*samenvatten* **0.2** ***omlijnen*** ⇒*de contouren tekenen van* **0.3** ***uitzetten*** ⇒*afbakenen* ◆ **6.2** ~d **against** *zich aftekenend tegen.*

outlive **0.1** ***overleven*** ⇒*doorstaan* ◆ **1.1** ~ the pain *de pijn te boven komen.*

outlook [autloek] **0.1** ***uitkijk(post)*** **0.2** ***uitzicht*** ⇒*gezicht* **0.3** ***vooruitzicht*** ⇒*verwachting* **0.4** ***kijk*** ⇒*oordeel* ◆ **6.1** be **on** the ~ **for** *uitzien/kijken naar* **6.4** a narrow ~ **on** life *een bekrompen levensopvatting.*

outlying [autlajjing] **0.1** ***buiten-*** ⇒*afgelegen;* ⟨fig.⟩ *bijkomstig.*

outmanoeuvre, ⟨AE sp.⟩ **outmaneuver** **0.1** ***handiger manoeuvreren dan*** **0.2** ***verschalken*** ⇒*te slim af zijn.*

outmarch **0.1** ***beter/sneller/langer marcheren dan*** ⇒*achter zich laten.*

outmatch ⟨vnl. pass.⟩ **0.1** ***overtreffen.***

outmoded [autmoodid] **0.1** ***uit de mode*** **0.2** ***verouderd.***

outmost →**outermost.**

outnumber **0.1** ***in aantal overtreffen*** ⇒*talrijker zijn dan* ◆ **1.1** be ~ed *in de minderheid zijn.*

out of **0.1** ⟨plaats en richting; ook fig.⟩ ***buiten*** ⇒*uit (... weg)* **0.2** ⟨duidt herkomst, oorzaak aan⟩ ***uit*** ⇒*vanuit, komende uit* **0.3** ***zonder*** ⇒*-loos* ◆ **1.1** he took it ~ the bag *hij haalde het uit de zak;* turned ~ doors *de straat opgejaagd;* taken ~ his environment *uit zijn milieu gehaald;* ~ focus *onscherp;* ~ range *buiten bereik* **1.2** translated ~ Greek *vertaald uit het Grieks;* act ~ pity *uit medelijden handelen* **1.3** ~ breath *buiten adem;* he was cheated ~ his money *z'n geld werd hem ontfutseld* **2.1** ~ the ordinary *ongewoon* **4.1** feel ~ it *zich buitengesloten voelen;* one ~ four *een op vier.*

out-of-court ◆ **1.¶** an ~ settlement *een overeenkomst zonder tussenkomst v.h. gerecht.*

out-of-date →**outdated.**

out-of-door →**outdoor.**

out-of-doors →**outdoors.**

out-of-pocket ◆ **1.¶** ~ expenses *contante uitgaven.*

out-of-the-way **0.1** ***afgelegen*** **0.2** ***onbekend*** ⇒*buitenissig.*

outpatient **0.1** ***niet in ziekenhuis verpleegd patiënt*** ⇒*poliklinische patiënt.*

outpatient(s') clinic **0.1** ***polikliniek.***

outperform **0.1** ***overtreffen*** ⇒*beter doen/presteren dan.*

outplay **0.1** ***beter spelen dan.***

outpoint **0.1** ***hoger scoren dan*** **0.2** ⟨vnl. boksen⟩ ***op punten verslaan*** **0.3** ***overtreffen.***

outport **0.1** ***secundaire haven*** ⟨in Engeland elke havenstad behalve Londen⟩ **0.2** ***uitvoerhaven.***

outpost [autpoost] **0.1** ***voorpost*** **0.2** ***buitenpost.***

outpouring [autpo:ring] **0.1** ***uit/afvloeiing*** ⇒*stroom* **0.2** ⟨vnl. mv.⟩ ***ontboezeming.***

output [autpoet] **0.1** ***opbrengst*** ⇒*productie, prestatie; nuttig effect; vermogen;* ⟨elek.⟩ *uitgangsvermogen/spanning;* ⟨comp.⟩ *uitvoer, output.*

outrage[1] [autreedzj] ⟨zn.⟩ **0.1** ***geweld(daad)*** ⇒*wandaad, misdaad/drijf; aanslag; belediging, smaad; schandaal* **0.2** ⟨vnl. AE⟩ ***verontwaardiging.***

outrage[2] ⟨ww.⟩ **0.1** ***geweld aandoen*** ⇒*zich vergrijpen aan; schenden, overtreden; een aanslag plegen op; beledigen, krenken* **0.2** ⟨vnl. AE⟩ ***verontwaardigd maken.***

outrageous [autreedzjəs] **0.1** ***buitensporig*** ⇒*onmatig* **0.2** ***gewelddadig*** **0.3** ***schandelijk*** ⇒*schaamteloos, grof; ongehoord, afschuwelijk.*

outrange **0.1** ***verder dragen dan*** ⟨v. vuurwapens⟩ **0.2** ***verder reiken dan.***

outrank 0.1 ***hoger zijn in rang dan*** ⇒*belangrijker zijn dan.*
outré [oe:tree] **0.1** ***buitenissig*** ⇒*onbehoorlijk.*
outride **0.1** ***sneller/beter rijden dan*** ⇒*achter zich laten.*
outrider **0.1** ***voorrijder*** ⇒*escorte.*
outrigged **0.1** ***met uitlegger*** ⇒*met drijver.*
outrigger ⟨scheep.⟩ **0.1** ***vlerk*** ⇒*drijver, uitlegger* **0.2** ***vlerkprauw*** **0.3** ***roeidol op klamp*** ⇒*outrigger* **0.4** ***boot met outriggers*** ⟨zie 0.3⟩.
outright¹ [autrajt] ⟨bn.⟩ **0.1** ***totaal*** ⇒*volledig, grondig* **0.2** ***volstrekt*** **0.3** ***onverdeeld*** ⇒*onvoorwaardelijk* **0.4** ***direct*** ◆ **1.2** ~ nonsense *volslagen onzin.*
outright² ⟨bw.⟩ **0.1** ***helemaal*** ⇒*voor eens en altijd* **0.2** ***ineens*** **0.3** ***openlijk*** ◆ **3.2** kill ~ *ter plaatse afmaken.*
outrival **0.1** ***overtreffen*** ⇒*het winnen van.*
outrun **0.1** ***harder/verder/beter lopen dan*** ⇒*inhalen* **0.2** ***ontlopen*** ⇒*ontvluchten, ontsnappen aan* **0.3** ***passeren*** ⇒ *het verder brengen dan* **0.4** ***te buiten gaan*** ⇒*de grenzen overschrijden van* ◆ **1.4** let one's ambition ~ one's ability *te hoog mikken/grijpen.*
outsell **0.1** ***meer verkopen dan*** **0.2** ***meer verkocht worden dan.***
outset [autset] ⟨the⟩ **0.1** ***begin*** ⇒*aanvang* ◆ **6.1** **at** the (very) ~ *(al dadelijk) bij/in het begin;* **from** the (very) ~ *van meet af aan.*
outshine **0.1** ***in glans/luister overtreffen*** ⇒⟨fig.⟩ *overschaduwen.*
outside¹ [autsajd] ⟨zn.; the⟩ **0.1** ***buiten(kant)*** ⇒*buitenste, uiterlijk* **0.2** ***buitenwereld*** **0.3** ***uiterste*** ⇒*grens* ◆ **6.1** **from** the ~ *van buiten;* **on** the ~ *van buiten* **6.3** **at** the (very) ~ *uiterlijk, op zijn laatst.*
outside² ⟨bn.⟩ **0.1** ***buiten-*** ⇒*van buiten(af), buitenstaand* **0.2** ***gering*** ⇒*klein* **0.3** ***uiterst*** ◆ **1.1** ~ broadcast *uitzending/reportage v. buiten de studio;* ~ opinion *opinie v. buitenstaanders;* the ~ world *de buitenwereld* **1.2** an ~ chance *een miniem kansje* **1.3** ~ price *uiterste prijs.*
outside³ ⟨bw.⟩ **0.1** ***buiten*** ⇒*buitenshuis* ◆ **3.1** I don't get ~ often enough *ik kom niet vaak genoeg in de frisse lucht;* I went ~ to the garden *ik ging naar buiten, de tuin in.*
outside (of) **0.1** ⟨plaats- en richtingaanduiding⟩ ***buiten*** ⇒ *aan de buitenkant van* **0.2** ***behalve*** ⇒*uitgezonderd, buiten* ◆ **1.1** ~ all our hopes *boven al onze verwachtingen;* talk ~ the subject *om het onderwerp heen praten* **1.2** ~ John and me *behalve Jan en ik.*
outsider [autsajdə] **0.1** ***buitenstaander*** **0.2** ***zonderling*** **0.3** ⟨sport⟩ ***outsider*** ⟨vnl. paard⟩.
outsize, outsized **0.1** ***extra groot.***
outskirts [autskə:ts] **0.1** ***buitenwijken*** ⇒*randgebied, periferie* ◆ **6.1** **on** the ~ of town *aan de rand v.d. stad.*
outsmart ⟨inf.⟩ **0.1** ***verschalken*** ⇒*te slim af zijn* ◆ **4.1** ~ o.s. *in zijn eigen strikken gevangen worden.*
outsource [autso:s] **0.1** ***uitbesteden.***
outspoken ⟨-ness⟩ **0.1** ***open(hartig)*** ⇒*ronduit* **0.2** ***onmiskenbaar*** ⟨v. ziekte⟩.
outspread **0.1** ***uitgespreid*** ⇒*uitgestrekt.*
outstanding [autstænding] **0.1** ***opmerkelijk*** ⇒*bijzonder, markant; voortreffelijk, eminent* **0.2** ***onafgedaan*** ⇒*onbeslist; onbetaald* **0.3** ***uitstaand*** ⇒*uitstekend* ◆ **1.1** of ~ importance *van bijzonder belang* **1.2** ~ debts *uitstaande schulden;* ~ work *werk dat nog afgehandeld moet worden.*
outstation **0.1** ***buitenpost*** ⇒*afgelegen standplaats.*
outstay **0.1** ***langer blijven dan*** ◆ **1.1** ~ one's welcome *langer blijven dan men welkom is.*
outstretch **0.1** ***uitstrekken*** ⇒*uitspreiden.*
outstrip **0.1** ***achter zich laten*** ⇒*inhalen* **0.2** ***overtreffen.***
outtalk **0.1** ***overbluffen*** ⇒*omverpraten.*
outvote **0.1** ***overstemmen*** ⇒*wegstemmen.*
outward¹ [autwəd] ⟨bn.⟩ **0.1** ***buitenwaarts*** ⇒*naar buiten (gekeerd), uitgaand* **0.2** ***uitwendig*** ⇒*lichamelijk* ◆ **1.1** ~ passage/journey *heenreis* **1.2** to all ~ appearances *ogenschijnlijk;* ~ form *voorkomen;* ~ things *de buitenwereld.*
outward², outwards [autwədz] ⟨bw.⟩ **0.1** ***naar buiten*** ⇒*buitenwaarts* **0.2** ***klaarblijkelijk*** ◆ **2.1** ~ bound *uitgaand, op de uitreis.*
outwardly [autwədlie] **0.1** ***klaarblijkelijk*** ⇒*ogenschijnlijk.*
outwear **0.1** ***langer meegaan dan*** **0.2** ***overleven*** ⇒*ontgroeien* **0.3** ***verslijten*** ⇒*afdragen.*
outweigh **0.1** ***zwaarder wegen dan*** **0.2** ***belangrijker zijn dan*** **0.3** ***goedmaken*** ◆ **1.3** ~ the disadvantages *de nadelen compenseren.*
outwit ⟨-ted⟩ **0.1** ***te slim af zijn*** ⇒*beetnemen.*
outwork **0.1** ***thuiswerk*** **0.2** ***buitenwerk.***
outworker **0.1** ***thuiswerker/ster.***
outworn **0.1** ***versleten*** ⇒*uitgeput* **0.2** ***verouderd*** ⇒*afgezaagd.*
ova [oovə] ⟨mv.⟩ →**ovum.**
oval¹ [oovl] ⟨zn.⟩ **0.1** ***ovaal*** **0.2** ***(ren)baan*** ◆ **7.¶** ⟨BE⟩ the Oval *de Oval* ⟨cricketterrein in Londen⟩.
oval² ⟨bn.⟩ **0.1** ***ovaal(vormig)*** ⇒*eivormig* ◆ **1.1** the Oval Office/Room *het ovale kantoor;* ⟨fig.⟩ *het presidentschap v. Amerika.*
ovar|y [oovərie] ⟨mv.: -ies⟩ **0.1** ***eierstok*** ⇒⟨plantk.⟩ *vruchtbeginsel.*
ovation [ooveesjn] **0.1** ***ovatie*** ⇒*hulde(betoon).*
oven [uvn] **0.1** ***(bak)oven*** ⇒*fornuis* **0.2** ***heteluchtkamer*** ⇒ *droogkamer* ◆ **3.1** drying ~ *droogoven* **6.1** **like** an ~ *snikheet.* →**Dutch.**
oven glove **0.1** ***ovenwant.***
ovenware **0.1** ***vuurvaste schotels/potten.***
over¹ [oovə] ⟨zn.⟩ **0.1** ***overschot*** ⇒*surplus* **0.2** ⟨cricket⟩ ***over*** ⟨één speelbeurt van zes worpen⟩.
over², ⟨schr. ook⟩ o'er ⟨bw.⟩ **0.1** ⟨richting; ook fig.⟩ ***over-*** ⇒ *naar de overkant, omver* **0.2** ⟨plaats⟩ ***daarover*** ⇒*aan de overkant, voorbij* **0.3** ⟨graad⟩ ***boven*** ⇒*meer, te* **0.4** ⟨plaats⟩ ***boven*** ⇒*bedekt* **0.5** ***ten einde*** ⇒*af, over* **0.6** ***ten einde*** ⇒ *helemaal, volledig* **0.7** ***opnieuw*** ◆ **1.2** ~ in France *(daarginds) in Frankrijk* **1.3** we're five minutes ~ *we zijn vijf minuten over tijd* **1.7** do it a few times ~ *doe het een paar keer achter elkaar* **2.3** he's ~ particular *'t is een Pietje precies* **3.1** ask him ~ for the evening *nodig hem voor een avondje uit;* he called her ~ *hij riep haar bij zich;* throw the ball ~ *gooi de bal naar de overkant* **3.2** she lives four houses ~ *ze woont vier huizen verderop* **3.3** some apples were left ~ *er bleven enkele appelen over* **3.4** she painted the stains ~ *ze verfde over de vlekken heen* **3.5** I wanted to get it ~ with *ik wilde het van de baan hebben;* the show is ~ *het spektakel is afgelopen;* it's ~ and done (with) *het is uit* **3.6** they talked the matter ~ *de zaak werd grondig besproken;* she thought it ~ *ze dacht er goed over na* **3.7** I've done it twice ~ already *ik heb het al twee keer opnieuw gedaan* **4.3** a hundred and ~ *meer dan honderd* **5.2** ~ here *hier (te lande);* ~ there *daarginds* **5.4** he's mud all ~ *hij zit onder de modder* **5.7** ~ again *opnieuw;* ~ and ~ again *telkens/altijd weer* **5.¶** that's him all ~ *dat is typisch voor hem* **6.2** ~ **against** *tegenover* **6.¶** five for John (as) ~ **against** seven for Pete *vijf voor John tegenover zeven voor Pete* **¶.2** ~ at your place *bij jou thuis;* ~ (to you) ⟨fig.⟩ *jouw beurt.* →**be over, come over etc.**
over³ ⟨vz.⟩ **0.1** ⟨plaats; ook fig.⟩ ***over*** ⇒*op, boven ... uit* **0.2** ⟨afstand⟩ ***tot boven*** **0.3** ⟨lengte, oppervlakte enz.⟩ ***doorheen*** ⇒*door, over* **0.4** ⟨richting⟩ ***naar de overkant van*** ⇒

over **0.5** ⟨plaats⟩ ***aan de overkant van*** ⇒*aan de andere kant van* **0.6** ***betreffende*** ⇒*met betrekking tot, over, om* **0.7** ⟨wisk.⟩ ***gedeeld door*** ◆ **1.1** put a cover ~ the child *leg een deken over het kind;* chat ~ a cup of tea *keuvelen bij een kopje thee;* buy nothing ~ fifty francs *koop niets boven de vijftig frank;* she hit him ~ the head *ze sloeg hem op het hoofd;* they lived ~ the post office *ze woonden boven het postkantoor;* he has it ~ Sam *hij wint het v. Sam;* we gained nothing ~ last year *we hebben geen vooruitgang geboekt ten opzichte van vorig jaar* **1.2** I'm ~ my neck in trouble *ik zit tot over mijn oren in de problemen* **1.3** spots all ~ my arm *vlekken over mijn hele arm;* speak ~ the phone *door de telefoon spreken;* ~ the past five weeks *gedurende de afgelopen vijf weken* **1.4** he climbed ~ the wall *hij klom over de muur* **1.6** pause ~ the details *bij de details blijven stilstaan;* all this fuss ~ a trifle *zo'n drukte om een kleinigheid* **4.7** eight ~ four equals two *acht gedeeld door vier is twee* **5.3** all ~ England *in/over heel Engeland* **6.1** ~ and **above** these problems there are others *behalve/buiten/naast deze problemen zijn er nog andere.* →**be over.**

overabundance **0.1** ***(overdreven) overvloed*** ⇒*weelde.*

overabundant **0.1** ***al te overvloedig*** ⇒*overdadig.*

overachieve **0.1** ***beter presteren (dan verwacht).***

overact **0.1** ***overdrijven*** ⇒*overacteren.*

overactive **0.1** ***hyperactief.***

overage [oovəreedzj] **0.1** ***te oud.***

overall[1] [oovəro:l] ⟨zn.⟩ **0.1** ⟨BE⟩ ***overal*** ⇒*(mors/werk)kiel, jasschort* **0.2** ⟨mv.⟩ ***overal.***

overall[2] ⟨bn.⟩ **0.1** ***totaal*** ⇒*geheel, alles omvattend* **0.2** ***globaal*** ⇒*algemeen* ◆ **1.1** ~ efficiency *totaal rendement;* ~ length *volle lengte* **1.2** ~ sales *globale verkoop.*

overall[3] [oovəro:l] ⟨bw.⟩ **0.1** ***in totaal*** ⇒*van kop tot teen* **0.2** ***globaal*** **0.3** ***overal*** ◆ **3.1** measure three feet ~ *een totale lengte hebben v. drie voet.*

overanxious **0.1** ***overbezorgd.***

overarch **0.1** ***overwelven/koepelen.***

overawe **0.1** ***imponeren*** ⇒*ontzag inboezemen, intimideren.*

overbalance **I** ⟨onov.ww.⟩ **0.1** ***het evenwicht verliezen*** ⇒*kapseizen/omslaan;*
II ⟨ov.ww.⟩ **0.1** ***uit het evenwicht brengen.***

overbear **0.1** ***doen zwichten*** ⇒*overwinnen, tot toegeven dwingen* ◆ **1.1** ~ an argument *een argument omverwerpen.*

overbearing **0.1** ***dominerend*** ⇒*bazig, aanmatigend* ◆ **1.1** ~ manner *arrogante houding.*

overbid[1] ⟨zn.⟩ **0.1** ***hoger bod*** **0.2** ***te hoog bod.***

overbid[2] ⟨ww.⟩⟨ook kaartspel⟩ **0.1** ***overbieden*** ⇒*meer bieden (dan).*

overblown **0.1** ***overgewaaid*** ⇒*uitgeraasd* ⟨v. storm enz.⟩ **0.2** ***gezwollen*** ⇒*hoogdravend* **0.3** ***(bijna) uitgebloeid.***

overboard **0.1** ***overboord*** ◆ **3.1** fall/be lost ~ *overboord vallen/slaan;* ⟨inf.⟩ go ~ (for/about) *wild enthousiast worden/zijn (over);* throw ~ *overboord gooien* ⟨ook fig.⟩.

overbold **0.1** ***vrijpostig*** ⇒*overmoedig.*

overburden[1] ⟨zn.⟩ **0.1** ***overbelasting*** ⇒*overlast.*

overburden[2] ⟨ww.⟩⟨ook fig.⟩ **0.1** ***overbelasten*** ⇒*overladen.*

overbusy **0.1** ***te druk (bezig)*** ⇒*te druk bezet.*

overcall[1] ⟨zn.⟩ **0.1** ***hoger bod.***

overcall[2] ⟨ww.⟩⟨ook bridge⟩ **0.1** ***overbieden*** ⇒*hoger annonceren (dan)* **0.2** ⟨vnl. BE⟩ ***te veel bieden.***

overcapital|ize, -ise ⟨zn.: **-ization**⟩ **0.1** ***overkapitaliseren.***

overcareful ⟨-ly⟩ **0.1** ***overzorgvuldig*** ⇒*al te voorzichtig.*

overcast[1] ⟨zn.⟩ **0.1** ***bewolking.***

overcast[2] ⟨bn.⟩ **0.1** ***betrokken*** **0.2** ***donker.***

overcautious **0.1** ***te voorzichtig.***

overcharge[1] ⟨zn.⟩ **0.1** ***overbelasting*** ⇒*overlading* **0.2** ***overvraging*** ⇒*surplus.*

overcharge[2] **I** ⟨onov.ww.⟩ **0.1** ***overvragen*** ⇒*te veel vragen;*
II ⟨ov.ww.⟩ **0.1** ***overbelasten*** ⇒*te zwaar/sterk laden* **0.2** ***chargeren*** ⇒*overdrijven* **0.3** ***overvragen*** ⇒*te veel in rekening brengen (voor)* ◆ **1.3** ~ a person *iem. te veel laten betalen* **6.2** ~ed **with** emotion *te emotioneel geladen.*

overcloud **0.1** ***bewolken*** ⇒*betrekken* **0.2** ***verdonkeren*** ⇒*verduisteren.*

overcoat **0.1** ***overjas*** **0.2** ***deklaag*** ⟨verf enz.⟩.

overcome[1] ⟨bn.⟩ **0.1** ***overwonnen*** ⇒*overmand* ◆ **6.1** ~ **by** the heat *door de warmte bevangen;* ~ **by/with** grief *door leed overmand.*

overcome[2] ⟨ww.⟩ **0.1** ***overwinnen*** ⇒*zegevieren (over), te boven komen* ◆ **1.1** ~ a habit *een gewoonte afleren;* ~ a temptation *een verleiding weerstaan.*

overcompens|ate ⟨zn.: **-ation**⟩ **0.1** ***overcompenseren.***

overconfid|ent ⟨zn.: **-ence**⟩ **0.1** ***overmoedig.***

overcredulity **0.1** ***lichtgelovigheid.***

overcredulous **0.1** ***(al te) lichtgelovig.***

overcrop **0.1** ***door roofbouw uitputten.***

overcrowded **0.1** ***overvol*** ⇒*stampvol* **0.2** ***overbevolkt.***

overdelicate **0.1** ***overgevoelig.***

overdevelop **0.1** ***overontwikkelen*** ⟨ook foto.⟩ ⇒*te sterk ontwikkelen.*

overdo **0.1** ***overdrijven*** ⇒*te veel gebruiken* **0.2** ***uitputten*** **0.3** ***te gaar koken*** ⇒*overbakken* ◆ **1.1** ~ things/it *te hard werken, overdrijven* **1.3** ~ne meat *overgaar vlees.*

overdose **0.1** ⟨zn.⟩ ***overdosis*** **0.2** ⟨ww.⟩ ***een overdosis toedienen/nemen van*** ⇒*overdoseren.*

overdraft **0.1** ***bankschuld*** ⇒*voorschot in lopende rekening.*

overdraw **0.1** ***overdisponeren*** ◆ **1.1** ~ one's account *meer geld opnemen dan op zijn (bank)rekening staat.*

overdress **0.1** ***(zich) te netjes/opzichtig kleden.***

overdrive **0.1** ***oververснelling*** ⇒*overdrive.*

overdue **0.1** ***te laat*** ⇒*over (zijn) tijd, achterstallig* ◆ **5.1** the book is long ~ *het boek had al lang moeten verschijnen.*

overeat **0.1** ***zich overeten*** ⇒*te veel eten.*

overestimate **0.1** ***overschatten.***

overexpose **0.1** ***te lang blootstellen*** ⇒⟨foto.⟩ *overbelichten.*

overextended **0.1** ***te grote (financiële) risico's nemend/dragend*** ⇒*overtrokken* ◆ **1.1** an ~ account *een overtrokken rekening;* an ~ speculator *een roekeloos speculant.*

overflow[1], ⟨in bet. 0.2 ook⟩ **overflow pipe** ⟨zn.⟩ **0.1** ***overstroming*** **0.2** ***overloop(pijp)*** **0.3** ***overschot*** ⇒*overvloed* **0.4** ⟨comp.⟩ ***overloop.***

overflow[2] ⟨ww.⟩⟨ook fig.⟩ **0.1** ***overstromen*** ⇒*(doen) overlopen* ◆ **2.1** full to ~ing *boordevol.*

overfly **0.1** ***vliegen over.***

overgrow **0.1** ***overgroeien*** ⇒*overwoekeren* **0.2** ***te groot worden voor*** ⇒*ontgroeien.*

overgrown **0.1** ⟨+ with⟩ ***overgroeid (door)*** ⇒*begroeid (met), overwoekerd (door)* **0.2** ***verwilderd*** **0.3** ***uit zijn krachten gegroeid*** ⇒*opgeschoten.*

overgrowth ⟨geen mv.⟩ **0.1** ***te welige/snelle groei*** ⇒*wildgroei* **0.2** ***overgroeiing*** ⇒*overwoekering* **0.3** ***overvloed.***

overhand[1] ⟨zn.⟩ **0.1** ***overhandse steek/zoom.***

overhand[2], **overhanded** ⟨bn.⟩ **0.1** ***overhands*** ◆ **1.**¶ ~ knot *overhandse knoop.*

overhang[1] ⟨zn.⟩ **0.1** ***overhang(end gedeelte)*** ⇒*uitsteeksel* **0.2** ⟨luchtv.⟩ ***overhang.***

overhang[2] **I** ⟨onov. en ov.ww.⟩ **0.1** ***overhangen*** ⇒*uitsteken;*
II ⟨ov.ww.⟩ **0.1** ***boven het hoofd hangen*** ⇒*voor de deur staan, dreigen.*

overhaul[1] ⟨zn.⟩ **0.1** ***revisie*** ⇒*controlebeurt.*

overhaul[2] ⟨ww.⟩ **0.1** ***grondig nazien*** ⇒*reviseren;* ⟨bij uitbr.⟩ *repareren* **0.2** ⟨vnl. scheep.⟩ ***inhalen*** ⇒*voorbijsteken/varen.*

overhead[1] ⟨zn.⟩ **0.1** ***zoldering*** ⇒*plafond* ⟨in schip⟩ **0.2** ⟨tennis⟩ ***overhead*** ⇒*smash* **0.3** ⟨AE; BE mv.⟩ ***overheadkosten*** ⇒*algemene onkosten.*

overhead[2] ⟨bn.⟩ **0.1** ***hoog (aangebracht)*** ⇒*in de lucht* **0.2** ***algemeen*** ⇒*vast* ◆ **1.1** ~ bridge *luchtbrug;* ⟨mil.⟩ ~ cover *horizontale dekking;* ⟨mil.⟩ ~ fire *vuur over eigen troepen;* ~ railway *luchtspoorweg* **1.2** ~ charges / expenses *overheadkosten, vaste bedrijfsuitgaven.*

overhead[3] ⟨bw.⟩ **0.1** ***boven het hoofd*** ⇒*(hoog) in de lucht.*

overhear **0.1** ***toevallig horen/opvangen*** **0.2** ***afluisteren.***

overheat ⟨ook fig.⟩ **I** ⟨onov.ww.⟩ **0.1** ***oververhit worden;***
II ⟨ov.ww.⟩ **0.1** ***te heet maken/stoken.***

overindulge **0.1** ***al te veel toegeven*** ⇒*te inschikkelijk zijn.*

overjoyed **0.1** ⟨+ at⟩ ***in de wolken (over)*** ⇒*verrukt (om).*

overkill **0.1** ***overkill.***

overladen **0.1** ***overladen*** ⇒*overbelast.*

overland[1] ⟨bn.⟩ **0.1** ***over land (gaand)*** ◆ **1.1** ~ hauler *langeafstandvervoerder;* ~ mail *post over land.*

overland[2] ⟨bw.⟩ **0.1** ***te land*** ⇒*over land.*

overlap[1] ⟨zn.⟩ **0.1** ***overlap(ping).***

overlap[2] **I** ⟨onov.ww.⟩ **0.1** ***elkaar overlappen*** ⇒*gedeeltelijk samenvallen;*
II ⟨ov.ww.⟩ **0.1** ***overlappen*** ⇒*gedeeltelijk bedekken.*

overlay[1] ⟨zn.⟩ **0.1** ***bekleding*** ⇒*bedekking; (bedden)overtrek* **0.2** ***deklaagje*** ⇒*fineerplaat.*

overlay[2] ⟨ww.⟩ **0.1** ***bedekken*** ⇒*bekleden, overtrekken* **0.2** ***fineren*** **0.3** ***overplakken.***

overleaf **0.1** ***aan ommezijde*** ⇒*op de keerzijde.*

overleap **0.1** ***springen over*** ⇒*overspringen* **0.2** ***verder reiken dan*** **0.3** ***overslaan*** ◆ **4.2** ~ o.s. *te ver springen/gaan.*

overload[1] ⟨zn.; vnl. enk.⟩ **0.1** ***overbelasting.***

overload[2] ⟨ww.⟩ **0.1** ***te zwaar (be)laden*** ⇒*overbelasten.*

overlong **0.1** ***te lang.***

overlook **0.1** ***overzien*** ⇒*uitkijken op, uitzicht bieden op* **0.2** ***over het hoofd zien*** ⇒*voorbijzien* **0.3** ***door de vingers zien*** ⇒*negeren.*

overlord **0.1** ***opperheer.***

overly [oovəlie] ⟨vnl. AE, Sch. E⟩ **0.1** ***(al) te*** ⇒*overdreven* ◆ **2.1** ~ protective *overdreven beschermend.*

overman **0.1** ***overbemannen.***

overmantel **0.1** ***schoorsteenstuk.***

overmaster **0.1** ***overmeesteren.***

overmuch **0.1** ***te zeer/veel*** ⇒*overdreven* ◆ **3.1** ⟨scherts.⟩ he doesn't like to work ~ *hij maakt zich niet graag moe.*

overnight[1] ⟨bn.⟩ **0.1** ***van de vorige avond*** **0.2** ***nachtelijk*** **0.3** ***plotseling*** ⟨bv. succes⟩ ◆ **1.2** ~ journey *nachtelijke reis.*

overnight[2] ⟨bw.⟩ **0.1** ***de avond/nacht tevoren*** **0.2** ***tijdens de nacht*** **0.3** ***in één nacht*** ⇒*zomaar ineens* ◆ **3.2** stay ~ *overnachten;* travel ~ *'s nachts reizen* **3.3** become famous ~ *v.d. ene dag op de andere beroemd worden.*

overpass **0.1** ***viaduct.***

overpay **0.1** ***te veel (loon) betalen.***

overplay **0.1** ***overdreven acteren*** ⇒*overdrijven, chargeren.*

overpopulated **0.1** ***overbevolkt.***

overpopulation **0.1** ***overbevolking.***

overpower **0.1** ***bedwingen*** ⇒*beteugelen, onderwerpen* **0.2** ***overweldigen*** ⇒*overmannen* **0.3** ***bevangen*** **0.4** ***van te veel (drijf)kracht voorzien.***

overpowering **0.1** ***overweldigend*** **0.2** ***onweerstaanbaar.***

overprice **0.1** ***teveel vragen voor*** ⇒*te duur maken.*

overprint **0.1** ***te veel drukken van*** ⇒*overexemplaren drukken* **0.2** ***overdrukken*** ⇒*v.e. opdruk voorzien.*

overprotect **0.1** ***overbeschermen*** ⇒*te angstvallig beschermen.*

overprotective **0.1** ***overbezorgd*** ⇒*al te bezorgd.*

overrate **0.1** ***overschatten*** ⇒*overwaarderen.*

overreach **I** ⟨onov.ww.⟩ **0.1** ***te ver reiken;***
II ⟨ov.ww.⟩ **0.1** ***verder reiken dan*** ⇒*voorbijschieten/streven* ◆ **4.1** ~ o.s. *te veel wagen, zich vergaloppperen, te veel hooi op zijn vork nemen.*

over-reaction **0.1** ***te sterke reactie.***

override **0.1** ***met voeten treden*** ⇒*terzijde schuiven, voorbijgaan aan* **0.2** ***onder de voet lopen*** ⟨land⟩ **0.3** ***onder de duim houden*** ⇒*overheersen* **0.4** ***overrijden*** ⇒*omverrijden* **0.5** ***afrijden*** ⇒*afmatten* ⟨paard⟩ ◆ **1.1** ~ one's commission *zijn boekje te buiten gaan;* ~ a law *een wet terzijde schuiven.*

overriding **0.1** ***doorslaggevend*** ⇒*allergrootst* ◆ **1.1** of ~ importance *van doorslaggevend belang.*

overrule **0.1** ***verwerpen*** ⇒*afwijzen, terzijde schuiven* ⟨bezwaar bv.⟩ **0.2** ***herroepen*** ⇒*intrekken, nietig verklaren* **0.3** ***overheersen*** ⇒*domineren, doen zwichten (voor)* ◆ **1.2** ~ a decision *een beslissing herroepen* **3.3** be ~ed *overstemd worden.*

overrun[1] ⟨zn.; vnl. enk.⟩ **0.1** ***overschrijding.***

overrun[2] **I** ⟨onov.ww.⟩ **0.1** ***overstromen*** **0.2** ⟨fig.⟩ ***uitlopen;***
II ⟨ov.ww.⟩ **0.1** ***overstromen*** ⟨ook fig.⟩ **0.2** ***onder de voet lopen*** ⇒*veroveren* **0.3** ***overschrijden*** ⟨tijdslimiet⟩ **0.4** ***overgroeien.***

overseas[1] ⟨bn.⟩ **0.1** ***overzees*** ⇒*buitenlands* ◆ **1.1** ⟨hand.⟩ ~ agent *agent, importeur.*

overseas[2] ⟨bw.⟩ **0.1** ***overzee*** ⇒*in (de) overzeese gebieden.*

oversee **0.1** ***toezicht houden (op).***

overseer **0.1** ***opzichter*** ⇒*voorman* ◆ **3.1** working ~ *ploegbaas.*

oversell **0.1** ***te veel verkopen*** ⇒*meer verkopen dan men kan leveren* **0.2** ***overdreven (aan)prijzen.***

oversexed **0.1** ***oversekst*** ◆ **1.1** ~ person *seksmaniak.*

overshadow **0.1** ***overschaduwen*** ⇒⟨fig.⟩ *domineren.*

overshoe **0.1** ***overschoen.***

overshoot **I** ⟨onov.ww.⟩ **0.1** ***te ver gaan/schieten*** ⟨ook fig.⟩ **0.2** ***doorschieten*** ⟨v. vliegtuig bij landing⟩;
II ⟨ov.ww.⟩ **0.1** ***voorbijschieten*** ⇒*verder gaan/schieten dan* **0.2** ***overspoelen*** ◆ **1.1** ~ the runway *doorschieten op de landingsbaan.*

oversight **0.1** ***onoplettendheid*** ⇒*vergissing* **0.2** ***supervisie.***

oversimplif|y ⟨zn.: **-ication**⟩ **0.1** ***oversimplificeren.***

oversize(d) **0.1** ***bovenmaats*** ⇒*te groot.*

overskirt **0.1** ***overrok.***

oversleep ⟨onov. en ov.ww.; wk.ww.⟩ **0.1** ***(zich) verslapen*** ⇒ *te lang slapen.*

overspend **I** ⟨onov. en ov.ww.; wk.ww.⟩ **0.1** ***te veel uitgeven*** ⇒*op te grote voet leven;*
II ⟨ov.ww.⟩ **0.1** ***meer uitgeven dan.***

overspill **0.1** ***overloop*** ⇒*gemorst/overtollig water* ⟨enz.⟩ **0.2** ***surplus*** **0.3** ⟨vnl. BE⟩ ***overloop*** ⇒*migratie* ⟨v. bevolkingsoverschot⟩.

overspill town ⟨BE⟩ **0.1** ***overloopgemeente.***

overstaff **0.1** ***overbezetten*** ⇒*van te veel personeel voorzien, overbemannen.*

overstate ⟨zn.: **-ment**⟩ **0.1** ***overdrijven*** ⇒*te sterk stellen.*

overstay **0.1** ***langer blijven dan*** ◆ **1.1** ~ one's welcome *langer blijven dan de gastvrouw/heer lief is.*

overstep **0.1** ***overschrijden.***

overstock **I** ⟨onov.ww.⟩ **0.1** ***een te grote voorraad aanhouden;***

II ⟨ov.ww.⟩ **0.1** ***v.e. te grote voorraad voorzien*** ⇒*overladen* **0.2** ***een te grote voorraad aanhouden/opslaan van*** ◆ **6.1** ~ **with** *overvoeren met/van.*

overstrain 0.1 ***te zeer (in)spannen*** ⇒*te veel vergen van.*

overstrung 0.1 ***overspannen*** ⇒*nerveus* **0.2** ***kruissnarig*** ⟨v. piano⟩.

overstuffed 0.1 ***overvuld*** ⇒*overvol* **0.2** ***corpulent*** **0.3** ***goed gestoffeerd*** ⟨v. meubelen⟩.

oversubscribe ⟨vnl. volt. deelw.⟩ **0.1** ***overtekenen*** ⟨lening enz.⟩ ◆ **1.1** the opera season is ~d *er zijn te veel aanvragen voor het operaseizoen.*

overt [oovə:t] ⟨schr.⟩ **0.1** ***open(lijk)*** ⇒*onverholen.*

overtake 0.1 ***inhalen*** **0.2** ***overvallen*** ⇒*verrassen* ◆ **1.2** ~n by surprise *uit het lood geslagen.*

overtax 0.1 ***te zwaar belasten*** **0.2** ***overbelasten*** ⇒*op de proef stellen.*

over-the-counter 0.1 ⟨hand.⟩ ***incourant*** ⟨fonds bv.⟩ **0.2** ***zonder (dokters)recept verkrijgbaar*** ◆ **1.1** ~ market *markt v. incourante fondsen;* ~ securities *incourante fondsen.*

overthrow[1] ⟨zn.⟩ **0.1** ⟨vnl. the; vnl. enk.⟩ ***val*** ⇒*omverwerping, nederlaag* **0.2** ⟨honkbal, cricket⟩ ***foute aangooi die te ver gaat.***

overthrow[2] ⟨ww.⟩ **0.1** ***om(ver)werpen*** ⇒*omgooien* **0.2** ***omverwerpen*** ⇒*ten val brengen.*

overtime[1] ⟨zn.⟩ **0.1** ***(loon voor) overuren*** ⇒*overwerk(geld)* **0.2** ⟨AE; sport⟩ ***(extra) verlenging*** ◆ **6.1** be **on** ~ *overwerken* **6.2** go **into** ~ *verlengd worden.*

overtime[2] ⟨bw.⟩ **0.1** ***over-*** ◆ **3.1** work ~ *overuren maken.*

overtone 0.1 ⟨muz.⟩ ***boventoon*** **0.2** ⟨vnl. mv.; fig.⟩ ***ondertoon*** ⇒*implicatie.*

overtop 0.1 ***hoger zijn/worden dan*** ⇒*zich verheffen boven* **0.2** ***overtreffen.***

overtrick ⟨kaartspel⟩ **0.1** ***overslag.***

overtrump ⟨kaartspel⟩ **0.1** ***overtroeven*** ⟨ook fig.⟩.

overture [oovətsjoeə] ⟨muz.; fig. vaak mv.⟩ **0.1** ***ouverture*** ⇒ *inleiding; voorstel, avance* ◆ **3.1** make ~s (to) *toenadering zoeken (tot).*

overturn I ⟨onov.ww.⟩ **0.1** ***omslaan*** ⇒*verslagen worden;*
II ⟨ov.ww.⟩ **0.1** ***doen omslaan*** ⇒*ten val brengen.*

overvalue 0.1 ***overwaarderen*** ⇒*overschatten.*

overview 0.1 ***overzicht*** ⇒*samenvatting.*

overweening [oovəwie:ning] ⟨schr.⟩ **0.1** ***aanmatigend*** **0.2** ***buitensporig.***

overweight[1] ⟨zn.⟩ **0.1** ***over(ge)wicht*** ⇒*te zware last* ⟨ook fig.⟩ ◆ **3.1** suffer from ~ *last hebben van zwaarlijvigheid.*

overweight[2] ⟨bn.⟩ **0.1** ***te zwaar*** ⇒*corpulent* ◆ **6.1** ~ **by** two pounds *twee pond te zwaar.*

overweight[3] ⟨ww.⟩ **0.1** ***overladen*** **0.2** ***te zeer benadrukken.***

overwhelm [oovəwelm] **0.1** ***bedelven*** ⇒*verpletteren* ◆ **6.1** ~ed **by** the enemy *door de vijand onder de voet gelopen;* ~ed **with** grief *door leed overmand.*

overwhelming [oovəwelming] **0.1** ***overweldigend*** ⇒*verpletterend* ◆ **1.1** ~ majority *ruime meerderheid.*

overwork[1] ⟨zn.⟩ **0.1** ***te veel/zwaar werk*** ⇒*overwerk.*

overwork[2] **I** ⟨onov.ww.⟩ **0.1** ***te hard werken;***
II ⟨ov.ww.⟩ **0.1** ***te hard laten werken*** ⇒*uitputten* **0.2** ***te vaak gebruiken*** ⇒*tot cliché maken* ◆ **1.1** ~ a horse *een paard afjakkeren.*

overwrought [oovəro:t] **0.1** ***overspannen*** **0.2** ***overdadig.***

Ovid [ovvid] **0.1** ***Ovidius.***

oviparous [oovippərəs] **0.1** ***ovipaar*** ⇒*eierleggend.*

ovoid [oovojd] **0.1** ⟨bn.⟩ ***eivormig*** **0.2** ⟨zn.⟩ ***eivormig lichaam/oppervlak.***

ovular [ovjoelə] **0.1** ***eier-.***

ovul|ate [ovjoeleet] ⟨zn.: **-ation**⟩ **0.1** ***ovuleren.***

ovule [ovjoe:l] ⟨dierk.⟩ **0.1** ***(onbevrucht) eitje.***

ovum [oovəm] ⟨mv.: ova⟩ **0.1** ***ovum*** ⇒*ei(tje), eicel.*

ow [au] **0.1** ***ai*** ⇒*au.*

owe [oo] **I** ⟨onov.ww.⟩ **0.1** ***schuld(en) hebben*** ◆ **6.1** ~ **for** everything one has *voor alles wat men heeft nog (ten dele) moeten betalen;*
II ⟨ov.ww.⟩ **0.1** ***schuldig zijn*** ⇒*verplicht/verschuldigd zijn* **0.2** ⟨+ to⟩ ***te danken hebben (aan)*** ⇒*toeschrijven (aan)* ◆ **6.1** ~ s.o. **for** sth. *iem. verplicht zijn wegens iets;* ~ it **to** o.s. to do sth. *aan zichzelf verplicht zijn iets te doen;* ~ sth. **to** s.o. *iem. iets schuldig zijn.*

owing [ooing] **0.1** ***verschuldigd*** ⇒*schuldig, onbetaald* **0.2** ⟨+ to⟩ ***te danken (aan)*** ⇒*te wijten (aan)* ◆ **3.1** pay what/all that is ~ *betalen wat er (nog) staat* **6.1** how much is ~ **to** you? *hoeveel komt u nog toe?*

owing to 0.1 ***wegens*** ⇒*tengevolge van.*

owl [aul] **0.1** ***uil*** ⟨ook fig.⟩.

owlet [aulit] **0.1** ***jonge/kleine uil*** ⇒*uiltje.*

owlish [aulisj] **0.1** ***uilachtig*** ⇒*uilig* ⟨ook fig.⟩.

own[1] [oon] ⟨bn.; vnw.⟩ **0.1** ***eigen*** ⇒*van ... zelf, eigen bezit/familie* ◆ **1.1** pull o.s. up by one's ~ bootlaces/bootstraps *zichzelf opwerken;* mind one's ~ business *zich met zijn eigen zaken bemoeien;* they ate of their ~ cooking *zij aten uit hun eigen keuken;* leave s.o. to his/her ~ devices/resources *iem. aan zijn lot overlaten;* an ~ goal *een doelpunt in eigen doel;* put/set one's ~ house in order *orde op zaken stellen;* take the law into one's ~ hands *het recht in eigen handen nemen, voor eigen rechter spelen;* take matters into one's ~ hands *de zaak zelf onder handen nemen;* let s.o. stew in his ~ juice *iem. in zijn eigen vet/sop gaar laten koken;* be one's ~ man/master *zijn eigen heer en meester/onafhankelijk zijn;* the truth for its ~ sake *de waarheid op zich(zelf);* ⟨inf.⟩ do one's ~ thing *zijn (eigen) zin doen;* my time is my ~ *ik heb de tijd aan mezelf;* for one's ~ use *voor eigen gebruik* **1.¶** beat s.o. at his ~ game *iem. met zijn eigen wapens verslaan;* ⟨inf.⟩ in one's ~ right *op zichzelf (staande);* in his ~ (good) time *wanneer het hem zo uitkomt/uitkwam* **3.1** not have a moment/minute/second to call one's ~ *geen moment voor zichzelf hebben;* he finally came into his ~ *eindelijk kreeg hij wat hem toekwam* **3.¶** ⟨inf.⟩ have/get (some of) one's ~ back on s.o. *het iem. betaald zetten;* hold one's ~ *standhouden; niet achteruitgaan* ⟨mbt. gezondheid⟩; hold one's ~ with/against *opgewassen zijn tegen; kunnen wedijveren met* **5.1** it has a value all its ~ *het heeft een heel bijzondere waarde* **6.1** may I have it **for** my ~? *mag ik het echt hebben?/houden?;* he has a computer **of** his ~ *hij heeft zijn eigen computer;* for reasons **of** his ~ *om persoonlijke redenen;* have a way **of** his ~ *zo zijn eigen manier van doen hebben* **6.¶ on** one's ~ *in zijn eentje; op zichzelf; op eigen houtje* **7.1** my ~ self *ikzelf, ik persoonlijk.* →**come into.**

own[2] **I** ⟨onov.ww.⟩ **0.1** ***bekennen*** ⇒*toegeven* ◆ **5.1** ⟨inf.⟩ ~ **up** (to) *opbiechten* **6.1** he ~ed **to** having said that *hij gaf toe dat hij dat gezegd had;*
II ⟨ov.ww.⟩ **0.1** ***bezitten*** ⇒*eigenaar zijn v.*

owner [oonə] **0.1** ***eigenaar*** **0.2** ***scheepseigenaar*** ⇒*reder* ◆ **1.1** at ~'s risk *op risico v.d. eigenaar.*

owner-driver ⟨vnl. BE⟩ **0.1** ***bestuurder v. eigen voertuig.***

owner-occupied ⟨vnl. BE⟩ **0.1** ***door de eigenaar bewoond.***

owner-occupier ⟨vnl. BE⟩ **0.1** ***bewoner v. eigen woning*** ⇒ *eigenaar-bewoner.*

ownership [oonəsjip] **0.1** ***eigenaarschap*** ⇒*bezit* **0.2** ***eigendom(srecht)*** ◆ **1.2** land of uncertain ~ *grond met onbekende eigenaar.*

ox [oks] ⟨mv.: oxen⟩ **0.1** ***os*** **0.2** ***rund*** ◆ **2.2** ⟨inf.; fig.⟩ dumb ~ *grote stommeling.*
oxalic [oksælik] ⟨schei.⟩ **0.1** ***oksaal-.***
oxbow lake ⟨aardr.⟩ **0.1** ***hoefijzermeer.***
Oxbridge [oksbridzj] ⟨BE⟩ **0.1** ***Oxbridge*** ⇒*Oxford en Cambridge.*
oxcart **0.1** ***ossenkar.***
oxen [oksn] ⟨mv.⟩ →**ox.**
oxeye **0.1** ***ossenoog*** ⇒*koeienoog* ⟨ook fig.⟩ **0.2** ***gele ganzenbloem*** **0.3** ***koeienoog*** ⟨plant⟩.
ox-eyed **0.1** ***met koeienogen.***
oxeye daisy **0.1** ***margriet.***
Oxford bags ⟨BE⟩ **0.1** ***wijde broek.***
Oxford Movement ⟨the⟩ **0.1** ***Oxfordbeweging*** ⇒*(het) traktarianisme.*
Oxford shoe **0.1** ***lage rijgschoen.***
oxide, oxyde [oksajd] **0.1** ***oxide.***
oxid|ize, -ise [oksiddajz] ⟨zn.: **-ization**⟩ **0.1** ***oxideren.***
oxlip **0.1** ***primula*** ⇒*slanke sleutelbloem.*
Oxon[1] [okson] ⟨zn.⟩⟨verk.⟩ [Oxonia] **0.1** ***(het graafschap) Oxford.***
Oxon[2] ⟨bn.⟩⟨verk.⟩ [Oxoniensis] **0.1** ***van (de universiteit/ het bisdom) Oxford*** ⟨in titels⟩.
Oxonian [oksoonian] **0.1** ⟨bn.⟩ ***van Oxford*** **0.2** ⟨zn.⟩ ***Oxfordiaan*** **0.3** ⟨zn.⟩ ***Oxforder.***
oxtail **0.1** ***ossenstaart.***
oxtail soup **0.1** ***ossenstaartsoep.***
oxyacetylene [oksiəsettillie:n] **0.1** ***met acetyleen en zuurstof*** ◆ **1.1** ~ blowpipe/torch *lasbrander;* ~ burner *snijbrander* **3.1** ~ welding *(het) lassen met zuurstof en acetyleen.*
oxygen [oksidzjən] **0.1** ***zuurstof.***
oxygenate [oksidzjəneet] **0.1** ***oxideren*** ⇒*met zuurstof mengen/verbinden* **0.2** ***van zuurstof voorzien*** ⟨bloed⟩.
oxygen mask **0.1** ***zuurstofmasker.***
oxygen tent **0.1** ***zuurstoftent.***
oyez, oyes [oojez, oojes] ⟨gesch., jur.⟩ **0.1** ***hoort!***
oyster [ojstə] **0.1** ***oester*** ⟨ook fig.⟩ **0.2** ⟨fig.⟩ ***lekkernij*** ⇒*delicatesse* ◆ **2.1** mum as an ~ *gesloten als een oester.*
oyster bank **0.1** ***oesterbank.***
oyster bed **0.1** ***oesterbed.***
oystercatcher, oysterbird **0.1** ***scholekster.***
oyster farm **0.1** ***oesterkwekerij.***
oz, oz. ⟨afk.⟩ **0.1** [ounce(s)].
Oz [oz] ⟨Austr. E; sl.⟩ **0.1** ***Australië.***
ozone [oozoon] **0.1** ***ozon*** **0.2** ⟨inf.⟩ ***frisse/zuivere lucht*** **0.3** ⟨inf.⟩ ***opbeurende invloed.***
ozone depletion **0.1** ***ozonafbraak*** ⇒*ozonvermindering.*
ozone hole **0.1** ***gat in ozonlaag.***
ozone layer **0.1** ***ozonlaag.***
ozone shield **0.1** ***ozonlaag.***
Ozzie [ozzie:] ⟨Austr. E; sl.⟩ **0.1** ***Australiër.***

p, P [pie:] ⟨mv.: p's, P's⟩ **0.1** ***p, P*** ◆ **3.¶** mind one's p's and q's *op zijn woorden/tellen passen.*
p. ⟨afk.⟩ **0.1** [page] ***p.*** **0.2** [(decimal) penny/pence].
pa [pa:] ⟨inf.⟩ **0.1** ***pa.***
p.a. ⟨afk.⟩ **0.1** [per annum].
P.A. ⟨afk.⟩ **0.1** [personal assistant] **0.2** [Press Association] **0.3** [public address (system)].
pace[1] [pees] ⟨zn.⟩ **0.1** ***pas*** ⇒*stap, schrede* **0.2** ***gang*** ⟨v. paard⟩ ⇒*telgang* **0.3** ***tempo*** ⇒*gang, tred* ◆ **3.2** put a horse through its ~s *een paard laten voordraven* **3.3** force the ~ *het tempo opdrijven;* keep ~ (with) *gelijke tred houden (met);* set the ~ (for s.o.) *het tempo aangeven (voor iem.);* ⟨fig.⟩ *de toon aangeven;* stand/stay the ~ *het tempo aanhouden/volhouden* **3.¶** put s.o. through his ~s *iem. uittesten/laten tonen wat hij kan;* show (off) one's ~s *laten zien wat men kan* **6.3** **at** a slow ~ *langzaam;* **at** a good ~ *met een flinke vaart.*
pace[2] **I** ⟨onov.ww.⟩ **0.1** ***stappen*** ⇒*kuieren* **0.2** ***in de telgang gaan/lopen*** ⟨v. paard⟩ ◆ **5.1** ~ **up** and **down** *ijsberen;*
II ⟨ov.ww.⟩ **0.1** ***op en neer stappen in*** **0.2** ⟨vaak +off/out⟩ ***afstappen*** ⇒*afpassen, met stappen afmeten* **0.3** ***het tempo aangeven voor*** ⇒*gang maken* **0.4** ***in de telgang doen gaan/lopen*** ⟨paard⟩ ◆ **1.1** ~ a room *heen en weer lopen in een kamer.*
pace[3] [peesie] ⟨vz.⟩⟨schr.⟩ **0.1** ***met alle respect voor*** ◆ **1.1** ~ Prof. M. I disagree *met alle respect voor prof. M., ik ben het niet met hem eens.*
pace bowler, pace man ⟨cricket⟩ **0.1** ***snelle bowler.***
pacemaker, ⟨in bet. 0.1 vnl. AE ook⟩ **pacesetter** **0.1** ⟨sport⟩ ***haas*** **0.2** ⟨med.⟩ ***pacemaker.***
pacer [peesə] **0.1** ***wadloper*** ⟨type trein⟩.
pachyderm [pækiddə:m] **0.1** ***pachyderm*** ⇒*dikhuid(ige)* ⟨ook fig.⟩.
pacific [pəsiffik] ⟨-ally⟩ **0.1** ***vreedzaam*** ⇒*vredelievend* ◆ **1.¶** the Pacific Ocean *de Grote Oceaan.*
Pacific [pəsiffik] ⟨the⟩ **0.1** ***(de) Grote/Stille Oceaan*** ⇒*(de) Stille Zuidzee.*
pacifier [pæsiffajjə] **0.1** ⟨vnl. AE⟩ ***fopspeen*** ⇒⟨ook⟩ *bijtring* **0.2** ⟨schr.⟩ ***pacificator*** ⇒*vredestichter.*
pacifism [pæsiffizm] **0.1** ***pacifisme.***
pacifist [pæsiffist] **0.1** ***pacifist.***
pacif|y [pæsiffaj] ⟨-ied⟩ **0.1** ***pacificeren*** ⇒*kalmeren, de rust/vrede herstellen in.*
pack[1] [pæk] **I** ⟨telb. en n.-telb.zn.⟩ **0.1** ***pak*** ⇒*(rug)zak; last; bepakking; verpakking; pakket* **0.2** ***pak*** ⇒*hoop; pak vis/vlees/fruit; (verpakte) vangst/oogst* ⟨v.e. seizoen⟩; ⟨BE⟩ *pak/spel kaarten;* ⟨AE⟩ *pakje* ⟨sigaretten⟩ **0.3** ***(veld v.) pakijs*** **0.4** ⟨med.⟩ ***kompres*** ◆ **1.2** ~ of lies *pak leugens;* ~ of nonsense *hoop onzin;* this season's ~ of salmon *de zalmvangst v. dit seizoen;*
II ⟨zn.; ww. enk. of mv.⟩ **0.1** ***troep*** ⇒*bende; horde, meute* ⟨jachthonden bv.⟩; *vloot* ⟨v. onderzeeërs, gevechtsvliegtuigen⟩; ⟨sport⟩ *peloton;* ⟨rugby⟩ *pack* ⟨de voorwaartsen v.e. team⟩ ◆ **3.1** ⟨fig.⟩ hunt in the same ~ *hetzelfde doel nastreven.*
pack[2] **I** ⟨onov.ww.⟩ **0.1** ***(in)pakken*** ⇒*zijn koffer pakken* **0.2** ***inpakken*** ⇒*zich laten inpakken* **0.3** ***samenklitten*** ⇒*samenklonteren, zich verenigen* ◆ **5.¶** ~ **up** *ermee uitscheiden* **6.3** ~ **into** *zich verdringen/persen in;*

II ⟨ov.ww.⟩ **0.1** ***(in)pakken*** *⇒verpakken; inmaken* ⟨fruit enz.⟩ **0.2** ***samenpakken*** *⇒samenpersen* **0.3** ***wegsturen*** *⇒ doen opkrassen* **0.4** ***bepakken*** *⇒volproppen* **0.5** ***inwikkelen*** **0.6** ⟨med.⟩ ***van een kompres voorzien*** **0.7** ***manipuleren*** *⇒partijdig samenstellen* ⟨jury⟩ **0.8** ⟨vnl. AE; inf.⟩ ***op zak hebben*** ⟨pistool bv.⟩ *⇒bij de hand hebben* **0.9** ⟨+ on; scheep.⟩ ***bijzetten*** ⟨zeilen⟩ ◆ **1.1** ⟨fig.⟩ ~ one's bags *zijn biezen pakken;* ~ed lunch *lunchpakket* **1.4** ~ a valve *een kraan dichten* **5.2** ~ **in** crowds *volle zalen trekken* **5.3** ~ s.o. **off** *iem. (ver) wegsturen* **5.4** ⟨inf.⟩ ~ed **out** *propvol* **5.¶** ⟨inf.⟩ ~ it **in / up** *ermee ophouden* **6.2** the theatre was ~ed **with** people *het theater was afgeladen.*

package¹ [pækidzj] ⟨zn.⟩ **0.1** ***pakket*** *⇒pak(je), bundel;* ⟨comp.⟩ *programmapakket, standaardprogramma* **0.2** ***verpakking*** **0.3** →**package deal.**

package² ⟨ww.⟩ **0.1** ***verpakken*** *⇒inpakken* **0.2** ***groeperen*** *⇒ordenen.*

package deal **0.1** ***speciale aanbieding*** **0.2** ***package deal*** *⇒ koppelverkoop.*

package holiday, package tour **0.1** ***geheel verzorgde vakantie*** *⇒georganiseerde reis.*

package offer **0.1** ***speciale aanbieding.***

package tour **0.1** ***pakketreis.***

pack animal **0.1** ***pakdier*** *⇒lastdier.*

packed [pækt] **0.1** →**pack** **0.2** ***opeengepakt*** **0.3** ***volgepropt*** *⇒overvol* ◆ **1.2** ~ (in / together) like sardines *als haringen opeengepakt.*

packer [pækə] **0.1** ***(in)pakker*** *⇒emballeur, verpakker* ⟨vnl. v. voedingswaren⟩ **0.2** ***groothandelaar.***

packet [pækit] **0.1** ***pak(je)*** *⇒stapeltje* **0.2** ⟨inf.⟩ ***pak/bom geld*** **0.3** ***pakketboot*** ◆ **1.1** a ~ of cigarettes *een pakje sigaretten;* ~ soup *soep uit een pakje;* ⟨fig.⟩ a ~ of trouble *een hoop last.*

packet boat **0.1** ***pakketboot*** *⇒pakketvaartuig.*

packhorse **0.1** ***pakpaard*** *⇒lastpaard.*

pack ice **0.1** ***pakijs.***

packing [pæking] **0.1** ***verpakking*** **0.2** ***pakking*** *⇒dichtingsmiddel.*

packing case, packing box **0.1** ***pakkist*** **0.2** ***pakkingbus.***

packinghouse, packing plant **0.1** ***verpakkingsbedrijf*** ⟨voor levensmiddelen⟩ **0.2** ***conservenfabriek.***

packing list ⟨hand.⟩ **0.1** ***paklijst.***

packing material **0.1** ***verpakkingsmateriaal*** *⇒emballage.*

packing needle **0.1** ***paknaald.***

packing sheet ⟨hand.⟩ **0.1** ***paklijst.***

packsack ⟨AE⟩ **0.1** ***rugzak.***

packsaddle **0.1** ***pakzadel.***

packthread **0.1** ***pakgaren.***

pact [pækt] **0.1** ***pact*** *⇒verdrag.*

pad¹ [pæd] ⟨zn.⟩ **0.1** ***kussen(tje)*** *⇒vulkussen, opvulsel; stootkussen; onderlegger; stempelkussen;* ⟨sport⟩ *beenbeschermer* **0.2** ***blok papier*** *⇒blocnote* **0.3** ***(landings/lanceer)-platform*** **0.4** ***zoolkussen(tje)*** ⟨v. dier⟩ **0.5** ⟨inf.⟩ ***bed*** *⇒verblijf, huis* **0.6** ⟨AE⟩ ***drijfblad*** ⟨v. waterplant⟩.

pad² ⟨-ded⟩ **I** ⟨onov.ww.⟩ **0.1** ***draven*** *⇒trippelen* **0.2** ***lopen*** *⇒ stappen, te voet gaan;*

II ⟨ov.ww.⟩ **0.1** ⟨ook +out⟩ ***(op)vullen*** **0.2** ⟨ook +out⟩ ***overladen*** *⇒rekken* ⟨zin, tekst enz.⟩ **0.3** ***aflopen*** ◆ **1.1** ~ded cell *gecapitonneerde isoleercel;* ~ded envelope *luchtkussenenveloppe* **1.2** ~ a bill *een te hoge rekening maken.*

padding [pæding] **0.1** ***opvulling*** *⇒(op)vulsel* **0.2** ***bladvulling/vulsel.***

paddle¹ [pædl] ⟨zn.⟩ **0.1** ***peddel*** *⇒roeispaan; schoep, bord* ⟨v. scheprad⟩; ⟨ook⟩ *scheprad* **0.2** ***peddelvormig instrument*** *⇒grote lepel; spatel* **0.3** ⟨dierk.⟩ ***vin*** ⟨bv. v. zeehond⟩ *⇒ zwempoot/voet* **0.4** ***peddeltochtje*** ◆ **2.1** double ~ *peddel met twee bladen* **3.4** go for a ~ *gaan peddelen.*

paddle² **I** ⟨onov.ww.⟩ **0.1** ***pootje baden*** *⇒plassen (met water), waden* **0.2** ***waggelen*** *⇒met onvaste pasjes lopen* ⟨v. kind⟩;

II ⟨onov. en ov.ww.⟩ **0.1** ***(voort)peddelen;***

III ⟨ov.ww.⟩ ⟨vnl. AE; inf.⟩ **0.1** ***voor de billen geven*** ⟨met plat voorwerp⟩.

paddle boat, paddle steamer **0.1** ***rader(stoom)boot.***

paddle box ⟨scheep.⟩ **0.1** ***raderkast.***

paddle wheel **0.1** ***scheprad.***

paddling pool **0.1** ***pierenbad*** *⇒kinder(zwem)bad.*

paddock [pædək] **0.1** ***paddock*** *⇒omheinde weide* ⟨bij stal of renbaan⟩.

padd|y [pædie] ⟨mv.: -ies⟩ **0.1** ⟨P-; inf.⟩ ***Ier*** **0.2** ⟨BE; inf.⟩ ***woedeaanval*** **0.3** ***padieveld*** **0.4** ***padie*** ⟨rijst⟩.

paddy field **0.1** ***padieveld*** *⇒rijstveld.*

paddy wagon ⟨AE; inf.⟩ **0.1** ***boevenwagen.***

padlock [pædlok] **0.1** ⟨zn.⟩ ***hangslot*** **0.2** ⟨ww.⟩ ***met een hangslot vastmaken.***

padre [pa:drie] ⟨vaak P-⟩ **0.1** ***padre*** ⟨priester⟩ **0.2** ⟨inf.⟩ ***aal-(moezenier).***

paean, pean [pie:ən] **0.1** ***paean*** *⇒overwinnings/triomflied, lofzang.*

paedia- →**pedia-.**

pagan [peegən] **0.1** ⟨bn.⟩ ***heidens*** **0.2** ⟨zn.⟩ ***heiden.***

pagandom [peegəndəm], **paganism** [-izm] **0.1** ***heidendom*** *⇒afgodendienst.*

page¹ [peedzj] ⟨zn.⟩ **0.1** ***pagina*** *⇒bladzijde* **0.2** ***page*** *⇒ (schild)knaap.* →**yellow.**

page² ⟨ww.⟩ **0.1** ***pagineren*** **0.2** ***in pagina's opmaken*** **0.3** ***doorbladeren*** **0.4** ***oproepen*** *⇒de naam laten omroepen van* **0.5** ***oppiepen.***

pageant [pædzjənt] **0.1** ***(praal)vertoning*** *⇒spektakelstuk, tableau* **0.2** ***historisch schouwspel*** **0.3** ***praal.***

pageantr|y [pædzjəntrie] ⟨mv.: -ies⟩ **0.1** ***praal(vertoning).***

page boy **0.1** ***page*** **0.2** ***pagekop(je).***

page break ⟨comp.⟩ **0.1** ***vaste paginaovergang*** *⇒harde paginascheiding.*

pager [peedzjə] **0.1** ***pieper*** ⟨oproepapparaatje⟩ *⇒semafoon.*

pagination [pædzjinneesjn] **0.1** ***paginering*** *⇒bladzijdenummering.*

paging [peedzjing] ⟨comp.⟩ **0.1** ***paginering.***

pagoda [pəgoodə] **0.1** ***pagode.***

paid¹ [peed] ⟨bn.⟩ **0.1** ***betaald*** *⇒voldaan* **0.2** ***betaald*** *⇒gesalarieerd* **0.3** ***betaald*** *⇒gehuurd* ◆ **1.2** carriage ~ *franco, portvrij* **3.¶** ⟨BE⟩ put ~ to *afrekenen met, een eind maken aan.*

paid² ⟨verl. t.⟩ →**pay.**

paid-up **0.1** ***betaald*** *⇒voldaan* ◆ **1.1** ~ member *lid dat zijn contributie heeft betaald.*

pail [peel] **0.1** ***emmer(vol).***

pailful [peelfoel] **0.1** ***emmervol.***

pain¹ [peen] **I** ⟨telb. en n.-telb.zn.⟩ **0.1** ***pijn*** *⇒leed, lijden* **0.2** ⟨inf.⟩ ***lastpost*** **0.3** ⟨sl.⟩ ***ergernis*** ◆ **2.2** he's a real ~ (in the neck / ass) *hij is werkelijk onuitstaanbaar* **6.1** be **in** ~ *pijn hebben;* put s.o. **out of** his ~ *iem. uit zijn lijden verlossen;* cry **with** ~ *huilen v. pijn* **6.¶** **on / under / upon** ~ **of** *op straffe van;*

II ⟨mv.⟩ **0.1** ***(barens)weeën*** *⇒pijnen* **0.2** ***moeite*** *⇒last* **0.3** ***(be)straf(fing)*** ◆ **1.3** ~s and penalties *straf en boete* **3.2** go to / take great ~s *zich veel moeite geven/getroosten* **6.2** be **at** ~s (to do sth.) *zich tot het uiterste inspannen (om iets te doen).*

pain² ⟨ww.⟩ **0.1** ***pijn doen*** *⇒leed doen.*

pain barrier ⟨vnl. sport⟩ **0.1** ***pijngrens.***
pained [peend] **0.1** ***gepijnigd*** ⇒*pijnlijk, bedroefd.*
painful [peenfl] ⟨-ness⟩ **0.1** ***pijnlijk*** ⇒*zeer* **0.2** ***moeilijk*** ⇒ *moeizaam* **0.3** ⟨inf.⟩ ***verschrikkelijk (slecht).***
painkiller 0.1 ***pijnstiller.***
painless [peenləs] ⟨-ness⟩ **0.1** ***pijnloos*** **0.2** ⟨inf.⟩ ***moeiteloos.***
painstaking [peenzteekin] **0.1** ***nauwgezet*** ⇒*ijverig* ◆ **3.1** avoid s.o.~ly *iem. angstvallig vermijden.*
paint[1] [peent] **I** ⟨telb. en n.-telb.zn.⟩ **0.1** ***kleurstof*** ⇒*verf* ◆ **2.1** ⟨inf.⟩ as fresh as ~ *zo goed als nieuw;* wet ~! *pas geverfd!;* facial ~ *maquillage;*
II ⟨mv.⟩ **0.1** ***verfdoos*** ⇒*schilderdoos* ◆ **1.1** box of ~s *verfdoos.*
paint[2] **I** ⟨onov.ww.⟩ **0.1** ***(zich laten) verven*** ◆ **1.1** this surface ~s badly *dit oppervlak is moeilijk te verven;*
II ⟨onov. en ov.ww.⟩ **0.1** ***verven*** ⇒*(be)schilderen* **0.2** ***(af)schilderen*** ⇒*portretteren* **0.3** ⟨vaak pej.⟩ ***(zich) verven*** ⇒ *(zich) opmaken;*
III ⟨ov.ww.⟩ **0.1** ***afschilderen*** ⇒*beschrijven* ◆ **1.1** ~ a picture of *een beeld schetsen van.*
paint box 0.1 ***verfdoos*** ⇒*kleurdoos.*
paintbrush 0.1 ***verfkwast*** **0.2** ***penseel.***
painter [peentə] **0.1** ***(kunst)schilder*** ⇒*huisschilder* **0.2** ⟨scheep.⟩ ***vanglijn*** ⇒*meertouw.*
painting [peenting] **0.1** ***schilderij*** ⇒*schildering* **0.2** ***schilderkunst*** **0.3** ***schildersambacht*** ⇒*schilderwerk.*
paintwork 0.1 ***lak*** ⇒*verfwerk, verflaag* ⟨v. auto enz.⟩.
pair[1] [peə] ⟨zn.; mv.: ook pair⟩ **0.1** ***paar*** ⇒*twee(tal)* **0.2** ***andere*** ⟨v.e. paar⟩ **0.3** ***tweespan*** ◆ **1.1** a ~ of gloves *een paar handschoenen;* I have only one ~ of hands! *ik heb maar twee handen!* **1.2** where is the ~ to this sock? *waar is de tweede sok?* **1.¶** ~ of scissors *schaar;* ~ of spectacles *bril;* ~ of trousers *broek* **4.1** the ~ of them *allebei;* there's a ~ of you *jullie zijn een mooi stelletje* **6.1 in** ~s *twee aan twee.* → **clean.**
pair[2] ⟨ww.⟩ **0.1** ***paren*** ⇒*een paar (doen) vormen, (zich) verenigen; koppelen, huwen; paarsgewijze rangschikken* ◆ **5.1** ~ **off** *in paren plaatsen/heengaan; koppelen;* ~ **up** *paren (doen) vormen* ⟨bij werk, sport enz.⟩.
pair skating ⟨schaatssport⟩ **0.1** ***(het) paarrijden.***
paisley [peezlie] ⟨soms P-⟩ **0.1** ***paisley*** ⟨wollen stof met gedraaide kleurige motieven⟩.
pajamas →**pyjamas.**
pak-choi cabbage [pa:ktsjoj] ⟨cul.; plantk.⟩ **0.1** ***paksoi.***
Pakistan [pækista:n] **0.1** ***Pakistan.***
Pakistani [pækista:nie] ⟨mv.: ook Pakistani⟩ **0.1** ⟨bn.⟩ ***Pakistaans*** **0.2** ⟨zn.⟩ ***Pakistaner*** ⇒*Pakistani, Pakistaan.*
pal [pæl] ⟨inf.⟩ **0.1** ***makker.***
palace [pælis] **0.1** ***paleis*** **0.2** ⟨the⟩ ***het hof.***
palace revolution 0.1 ***paleisrevolutie.***
paladin [pælədin] **0.1** ***paladijn*** ⇒*voorvechter.*
palaeograph|y, ⟨AE sp.⟩ **paleograph|y** [pæli·ogrəfie] ⟨bn.: **-ic**⟩ **0.1** ***paleografie.***
Palaeolithic, ⟨AE sp.⟩ **Paleolithic** [pæliəliθik] **0.1** ***Paleolithicum.***
palaeontology, ⟨AE sp.⟩ **paleontology** [pæli·ontollədzjie] **0.1** ***paleontologie.***
Palaeozoic[1], ⟨AE sp.⟩ **Paleozoic** [pæliəzooik] ⟨zn.; the⟩ ⟨geol.⟩ **0.1** ***Paleozoïcum*** ⟨hoofdtijdperk⟩.
Palaeozoic[2], ⟨AE sp.⟩ **Paleozoic** ⟨bn.⟩ ⟨geol.⟩ **0.1** ***paleozoïsch.***
palais [pælee], **palais de danse** [-də da:ns] ⟨mv.: palais⟩ **0.1** ***danszaal*** ⇒*balzaal.*
palatab|le [pælətəbl] ⟨-ly⟩ **0.1** ***smakelijk*** ⇒*eetbaar* **0.2** ***aangenaam*** ⇒*aanvaardbaar* ◆ **1.2** ~ solution *bevredigende oplossing.*
palatal [pælətl] **0.1** ⟨bn.⟩ ***gehemelte-*** **0.2** ⟨zn.⟩ ***gehemelte-(been).***
palate [pælət] **0.1** ***gehemelte*** ⇒*verhemelte;* ⟨fig.⟩ *smaak, tong* ◆ **3.1** pleasing to the ~ *de tong strelend.*
palatial [pəleesjl] **0.1** ***paleisachtig*** ⇒*schitterend, paleis-.*
palatinate [pəlætinnət] **0.1** ***palatinaat*** ⇒*paltsgraafschap.*
palaver [pəla:və] **0.1** ***gepalaver*** ⇒*gewauwel* **0.2** ***vleierij.***
pale[1] [peel] ⟨zn.⟩ **0.1** ***(schutting)paal*** ⇒*staak* **0.2** ***(omheind) gebied*** ⇒*omsloten ruimte, grenzen* ⟨ook fig.⟩ ◆ **6.2 beyond** the ~ *buiten de perken, ongeoorloofd.*
pale[2] ⟨bn.; -r; -ness⟩ **0.1** ***(ziekelijk) bleek*** ⇒*licht-, flets* **0.2** ***zwak*** ⇒*minderwaardig* ◆ **1.1** ~ ale *pale ale* ⟨licht Engels bier⟩; ~ blue *lichtblauw* **3.1** look ~ *er pips uitzien;* turn ~ *verbleken.*
pale[3] ⟨ww.⟩ **0.1** ***(doen) bleek worden*** ⇒*(doen) verbleken* ⟨ook fig.⟩ ◆ **6.1** ~ **at** the thought *verbleken bij de gedachte.*
paleface 0.1 ***bleekgezicht*** ⇒*blanke.*
paleo- →**palaeo-.**
Palestinian [pælistinniən] **0.1** ⟨bn.⟩ ***Palestijns*** **0.2** ⟨zn.⟩ ***Palestijn.***
palette [pælit] **0.1** ***(schilders)palet*** **0.2** ***palet*** ⇒*kleurmenging.*
palette knife, pallet knife 0.1 ***paletmes*** ⇒*spatel.*
palimpsest [pælimpsest] **0.1** ***palimpsest.***
palindrome [pælindroom] **0.1** ***palindroom*** ⇒*omkeerwoord/ zin/vers* ⟨bv. parterretrap⟩.
paling [peeling] **I** ⟨telb. en n.-telb.zn.⟩ **0.1** ***(schutting)paal*** ⇒ *staak* **0.2** ***schutting*** ⇒*palissade, omheining* **0.3** ***(om)paling;***
II ⟨mv.⟩ **0.1** ***schutting*** ⇒*omheining.*
palisade[1] [pælisseed] ⟨zn.⟩ **0.1** ***palissade*** ⇒*(paal)heining, staketsel* **0.2** ⟨vnl. mv.; AE⟩ ***(steile) kliffen.***
palisade[2] ⟨ww.⟩ **0.1** ***palissaderen*** ⇒*afsluiten/versterken.*
palish [peelisj] **0.1** ***bleekjes*** ⇒*witjes.*
pall[1] [po:l] ⟨zn.⟩ **0.1** ***lijkkleed*** **0.2** ⟨AE⟩ ***doodkist*** **0.3** ⟨rel.⟩ ***pallium*** ⇒*schouderband* ⟨v. paus, aartsbisschop⟩ **0.4** ***mantel*** ⟨alleen fig.⟩ ⇒*sluier* ◆ **1.4** ~ of smoke *rooksluier.*
pall[2] ⟨ww.⟩ **0.1** ***vervelend/smakeloos worden*** ⇒*zijn aantrekkelijkheid verliezen* ◆ **6.1** his stories began to ~ **(up)on** them *zijn verhaaltjes begonnen hen te vervelen.*
Palladian [pəleediən] **0.1** ⟨bouwk.⟩ ***Palladiaans.***
pallbearer 0.1 ***slippendrager*** ⟨niet fig.⟩ ⇒*(baar)drager.*
pallet [pælit] **0.1** ***strozak*** ⇒*stromatras* **0.2** ***palet*** ⇒*spatel, strijkmes* ⟨v. pottenbakker⟩ **0.3** ***pallet*** ⇒*laadbord, stapelbord.*
palliasse, paillasse [pælie·æs] **0.1** ***strozak*** ⇒*stromatras.*
palli|ate [pælie·eet] ⟨zn.: **-ation**⟩ ⟨schr.⟩ **0.1** ***verzachten*** ⟨vnl. pijn⟩ **0.2** ***vergoelijken*** ⇒*goedpraten.*
palliative [pæliətiv] **0.1** ⟨bn.⟩ ***verzachtend*** ⇒*pijnstillend* **0.2** ⟨bn.⟩ ***vergoelijkend*** **0.3** ⟨zn.⟩ ***pijnstiller.***
pallid [pælid] ⟨-ness⟩ **0.1** ***(ziekelijk) bleek*** ⇒*flets* **0.2** ***mat*** ⇒ *flauw.*
pallor [pælə] ⟨geen mv.⟩ **0.1** ***(ziekelijke) bleekheid*** ⇒*bleke gelaatskleur.*
pall|y [pælie] ⟨-ier⟩ ⟨inf.⟩ **0.1** ***vriendschappelijk*** ⇒*vertrouwelijk* ◆ **6.1** be ~ **with** *beste maatjes zijn met.*
palm[1] [pa:m] ⟨zn.⟩ **0.1** ***palm(boom)*** **0.2** ***palm(blad/tak)*** ⇒ ⟨bij uitbr.⟩ *overwinning, verdienste* **0.3** ***(hand)palm*** ⟨ook v. handschoen⟩ ◆ **1.¶** have/hold s.o. in the ~ of one's hand *iem. geheel in zijn macht hebben* **3.¶** cross s.o.'s ~ (with silver) *iem. omkopen;* grease/oil s.o.'s ~ *iem. omkopen;* have an itching ~ *inhalig zijn, op geld uit zijn, alles doen voor geld.* →**itchy.**
palm[2] ⟨ww.⟩ **0.1** ***(in de hand) verbergen*** ⇒*wegtoveren, wegpikken.* →**palm off.**

palmer [pa:mə] **0.1** ⟨gesch.⟩ *pelgrim* ⇒*bedevaartganger.*
palmist [pa:mist] **0.1** *handlijnkundige* ⇒*handlezer.*
palmistry [pa:mistrie] **0.1** *handlijnkunde* ⇒*handleeskunst.*
palm off ⟨inf.⟩ **0.1** *aansmeren* ⇒*aanpraten* **0.2** *afschepen* ⇒*zoet houden* ◆ **6.1** palm sth. off **on** s.o. *iem. iets aansmeren* **6.2** ~ s.o. **with** some story *iem. zoet houden met een verhaaltje.*
palm oil 0.1 *palmolie.*
Palm Sunday 0.1 *palmzondag.*
palm tree 0.1 *palm(boom).*
palm wine 0.1 *palmwijn.*
palm|y [pa:mie] ⟨-ier⟩ **0.1** *palmachtig* ⇒*vol palmbomen* **0.2** *voorspoedig* ⇒*bloeiend* ◆ **1.2** ~ days ⟨fig.⟩ *bloeitijd.*
palomino [pæləmie:noo] **0.1** *palomino* ⟨goud/roomkleurig paard⟩.
palpab|le [pælpəbl] ⟨-ly⟩ **0.1** *tastbaar* ⇒*voelbaar;* ⟨fig.⟩ *duidelijk, manifest.*
palp|ate [pælpeet] ⟨zn.: **-ation**⟩ ⟨vnl. med.⟩ **0.1** *bekloppen* ⇒ *betasten.*
palpitate [pælpitteet] **0.1** *(hevig/snel) kloppen* ⇒*bonzen* ⟨v. hart⟩ **0.2** *trillen* ⇒*beven* ◆ **6.2** ~ **with** fear *beven van angst.*
palpitation [pælpitteesjn] ⟨med.⟩ **0.1** *hartklopping* ⇒*palpitatie* **0.2** *klopping* ⇒*het bonzen* ⟨v. hart⟩.
pals(e)y-wals(e)y [pælziewælzie] ⟨inf.⟩ **0.1** *familiair* ⇒*intiem.*
palsied [po:lzied] ⟨med.⟩ **0.1** *geparalyseerd* ⇒*verlamd, lam.*
pals|y [po:lzie] ⟨mv.: -ies⟩ ⟨med.⟩ **0.1** *paralyse* ⇒*verlamming;* ⟨ihb.⟩ *ziekte v. Parkinson* ◆ **2.1** cerebral ~ *hersenverlamming.*
paltry [po:ltrie] **0.1** *waardeloos* ⇒*onbetekenend* **0.2** *verachtelijk* ⇒*walgelijk* ◆ **1.1** two ~ dollars *twee armzalige dollars* **1.2** ~ trick *goedkoop trucje.*
pal up ⟨-led⟩ ⟨inf.⟩ **0.1** *vriendjes worden* ◆ **6.1** ~ **with** s.o. *goede maatjes worden met iem.*
pampa [pæmpə] ⟨vnl. mv.⟩ **0.1** *pampa.*
pampas grass [pæmpəs gra:s] **0.1** *pampa(s)gras.*
pamper [pæmpə] **0.1** *(al te veel) toegeven aan* ⇒*verwennen.*
pamphlet [pæmflit] **0.1** *pamflet* ⇒*folder, boekje;* ⟨ihb.⟩ *vlugschrift.*
pamphleteer [pæmflittiə] **0.1** *pamfletschrijver* ⇒*pamflettist.*
pan[1] [pæn] ⟨zn.⟩ **0.1** *pan* ⇒*braad/koekenpan* **0.2** ⟨ben. voor⟩ *panvormig inhoudsvat* ⇒*vat, ketel; schaal* ⟨v. weegschaal⟩; *toiletpot.*
pan[2] [pæn] ⟨-ned⟩ **I** ⟨onov.ww.⟩ **0.1** *(goud)erts wassen* **0.2** ⟨film.⟩ *pannen* ⇒*laten meedraaien* ⟨camera⟩. →**pan out;**
II ⟨ov.ww.⟩ **0.1** *wassen in goudzeef* **0.2** ⟨inf.⟩ *scherp bekritiseren* ⇒*afkammen, kraken* **0.3** ⟨film.⟩ *pannen, doen meedraaien* ⟨de camera⟩.
panacea [pænəsie:ə] ⟨vaak pej.⟩ **0.1** *panacee* ⇒*wondermiddel.*
panache [pənæsj, pəna:sj] **0.1** *panache* ⇒*zwier, (veel) vertoon.*
panama (hat) [pænəma:] **0.1** *panama(hoed).*
Panamanian [pænəmeeniən] **0.1** ⟨bn.⟩ *Panamees* ⇒*mbt./van Panama* **0.2** ⟨zn.⟩ *Panamees, Panamese.*
pancake[1] [pængkeek] ⟨zn.⟩ **0.1** *pannenkoek* ⇒⟨oneig.⟩ *flensje* **0.2** *pancake* ⇒*make-upbasis* ◆ **2.1** as flat as a ~ *zo plat als een dubbeltje.*
pancake[2] ⟨ww.⟩ **0.1** ⟨luchtv.⟩ *doorzakken* ⇒*door de wielen zakken.*
Pancake Day, Pancake Tuesday ⟨inf.⟩ **0.1** *Vastenavond.*
pancake landing ⟨luchtv.⟩ **0.1** *brokken/noodlanding* ⟨waarbij vliegtuig vernield/beschadigd wordt⟩.
pancake roll ⟨BE⟩ **0.1** *loempia.*
panchromatic [pænkrəmætik] ⟨foto.⟩ **0.1** *panchromatisch.*
pancreas [pængkriəs] **0.1** *pancreas* ⇒*alvleesklier.*
panda [pændə] **0.1** *panda.*
Panda car ⟨BE; inf.⟩ **0.1** *(politie)patrouillewagen.*
Panda crossing ⟨BE⟩ **0.1** *zebra(pad)* ⇒*oversteekplaats* ⟨met drukknopbediening⟩.
pandemic [pændemmik] **0.1** ⟨bn.⟩ *pandemisch* ⇒*algemeen verbreid* ⟨v. ziekte⟩ **0.2** ⟨zn.⟩ *pandemie* ⇒*algemene volksziekte.*
pandemonium [pændimmooniəm] **0.1** *hel* ⇒*hels spektakel, pandemonium* **0.2** *volstrekte verwarring* ⇒*chaos, tumult.*
pander[1] [pændə] ⟨zn.⟩ **0.1** *koppelaar* ⇒*pooier, souteneur.*
pander[2] ⟨verouderend⟩ **I** ⟨onov. en ov.ww.⟩ **0.1** *pooi(er)en (voor)* ◆ **6.¶** ~ **to** *toegeven aan, inspelen op, exploiteren, uitbuiten;*
II ⟨ov.ww.⟩ **0.1** *koppelen* ⇒*verlokken, uitbuiten.*
pandit →**pundit.**
p. and p. ⟨afk.⟩ **0.1** [postage and packing].
pane [peen] **0.1** *(venster)ruit* ⇒*glasruit.*
panegyric [pænidzjirrik] ⟨schr.⟩ **0.1** *panegyriek* ⇒*lofrede* **0.2** *lof(spraak)* ◆ **6.1** ~ **(up)on** s.o. *lofrede op iem.*
panel[1] [pænl] **I** ⟨telb.zn.⟩ **0.1** *paneel* ⇒*vlak, (muur)vak, (wand)plaat* **0.2** *(gekleurd) inzetstuk* ⟨v. kleed⟩ **0.3** *schakelbord* ⇒*controlebord/paneel* **0.4** ⟨schilderkunst⟩ *paneel* **0.5** ⟨ben. voor⟩ *naamlijst;*
II ⟨zn.; ww. enk. of mv.⟩ **0.1** ⟨ook attr.⟩ *panel* ⇒*comité* **0.2** *jury* ◆ **3.2** serve on the ~ *jurylid zijn.*
panel[2] ⟨ww.; BE -led⟩ **0.1** *met panelen bekleden* ⇒*lambriseren* **0.2** *op de lijst v. juryleden plaatsen* ⇒*samenstellen, selecteren* ⟨jury⟩.
panel beater 0.1 *uitdeuker* ⇒*carrosseriehersteller, plaatwerker.*
panel discussion 0.1 *forum(gesprek).*
panelling, ⟨AE sp.⟩ **paneling** [pænling] **0.1** *lambrisering* ⇒ *paneelwerk.*
panellist, ⟨AE sp.⟩ **panelist** [pænlist] **0.1** *panellid.*
pang [pæng] **0.1** ⟨ook fig.⟩ *plotselinge pijn* ⇒*steek, scheut* ◆ **1.1** ~s of remorse *hevige gewetenswroeging.*
panhandle [pænhændl] ⟨AE; inf.⟩ **0.1** *bedelen* ⇒*schooie(re)n.*
panhandler [pænhændlə] ⟨AE; inf.⟩ **0.1** *bedelaar* ⇒*schooier.*
panic[1] [pænik] ⟨zn.⟩ **0.1** ⟨ook attr.⟩ *paniek* **0.2** ⟨geldw.⟩ *beurspaniek* ⇒*plotselinge koersdaling* ◆ **3.1** spread a ~ *paniek zaaien* **6.1** to be **at** ~ stations **(over** sth.) *(iets) overijld moeten doen;* get **into** a ~ **(about)** *in paniek raken (over).*
panic[2] ⟨ww.; panicked⟩ **0.1** *in paniek raken/brengen* ⇒ *angstig worden/maken.*
panic button 0.1 *noodknop* ⇒*noodsignaal* ◆ **3.1** ⟨inf.⟩ push the ~ *ondoordacht/blindelings handelen.*
panicky [pænikkie] ⟨inf.⟩ **0.1** *paniekerig* ⇒*angstig.*
panic-monger 0.1 *paniekzaaier.*
panic-stricken, panic-struck 0.1 *angstig* ⇒*in paniek.*
pannier [pæniə] **0.1** *(draag)mand* ⇒*(draag)korf* **0.2** *fietstas.*
panoplied [pænəplied] ⟨ook fig.⟩ **0.1** *volledig toegerust* ⇒*in feesttooi.*
panopl|y [pænəplie] ⟨mv.: -ies⟩ **0.1** *(volledige) wapenrusting* ⇒*panoplie;* ⟨fig.⟩ *beschutting* **0.2** *(volledige) uitrusting* **0.3** *feestgewaad* ⇒*tooi, dos.*
panoptic [pænoptik] **0.1** *panoptisch* ⇒*alziend.*
panoram|a [pænəra:mə] ⟨bn.: **-ic**⟩ **0.1** *panorama* ⇒*vergezicht, overzicht* ⟨ook gebouw⟩ ◆ **1.1** ~ of American history *overzicht v.d. Am. geschiedenis.*

pan out 0.1 *goud opleveren* 0.2 ⟨fig.⟩ *(goed) uitvallen* ⇒*succes hebben, slagen* ◆ 1.2 how will the economy ~? *wat zal er van de economie worden?* 5.2 ~ **well** *een groot succes worden.*
panpipes [pænpajps] ⟨ww. soms enk.⟩ 0.1 *pan(s)fluit.*
pans|y [pænzie] ⟨mv.: -ies⟩ 0.1 *(driekleurig) viooltje* 0.2 → **pansy (boy).**
pansy (boy) ⟨pej.⟩ 0.1 *nicht* ⇒*flikker.*
pant[1] [pænt] ⟨zn.⟩ 0.1 *hijgende beweging* ⇒*snak.*
pant[2] [pænt] I ⟨onov.ww.⟩ 0.1 *hijgen* ⇒⟨fig.⟩ *snakken, hunkeren* 0.2 *snuiven* ⇒*blazen, puffen* ⟨v. stoomtrein⟩ 0.3 *hevig/snel kloppen* ⟨v. hart⟩ ◆ 6.1 ~ing **for/after** breath *naar adem snakkend;*
II ⟨ov.ww.⟩ 0.1 *hijgend uitbrengen* ⇒*uitstoten* ◆ 5.1 ~ **out** a few words *enkele woorden uitbrengen.*
pantaloon [pæntəloe:n] I ⟨telb.zn.⟩⟨dram.⟩ 0.1 *hansworst;*
II ⟨mv.; enk. ook attr.⟩ 0.1 *kniebroek* 0.2 ⟨scherts.⟩ *(lange) broek* ⇒*pantalon.*
pantheism [pænθie·izm] 0.1 *pantheïsme.*
pantheist [pænθie·ist] ⟨bn.: **-ic**⟩ 0.1 *pantheïst.*
pantheon [pænθiən] 0.1 *pantheon* ⇒*eretempel* 0.2 *godendom.*
panther [pænθə] 0.1 *panter* ⇒*luipaard* 0.2 ⟨AE⟩ *poema.*
panties [pæntie:z] ⟨ook attr.⟩ 0.1 *slipje* ⇒*(dames)broekje* 0.2 *kinderbroekje* ◆ 1.1 a pair of ~ *een (dames)slipje.*
pantile [pæntajl] 0.1 *(S-vormige) dakpan.*
panto [pæntoo] ⟨verk.⟩ [pantomime].
pantograph [pæntəgra:f] 0.1 *pantograaf.*
pantomime [pæntəmajm] 0.1 ⟨dram.⟩ *(panto)mime* ⇒⟨bij uitbr.⟩ *gebarenspel* 0.2 ⟨BE⟩ *(humoristische) kindermusical* ⇒*sprookjesvoorstelling* ⟨vnl. rond Kerstmis opgevoerd⟩.
pantr|y [pæntrie] ⟨mv.: -ies⟩ 0.1 *provisiekast* ⇒*voorraadkamer.*
pants [pænts] ⟨ww. soms enk.; enk. ook attr.⟩⟨inf.⟩ 0.1 ⟨vnl. AE⟩ *(lange) broek* 0.2 *(dames)onderbroek* ⇒*kinderbroek(je), panty's* 0.3 ⟨vnl. BE⟩ *(heren)onderbroek* ◆ 3.1 ⟨fig.⟩ wear the ~ *de broek aanhebben;* wet one's ~ *het in zijn broek doen* ⟨ook fig.⟩; *doodsbenauwd zijn* 3.¶ scare s.o.'s ~ off *iem. de stuipen op het lijf jagen* ¶.¶ ⟨sl.⟩ with one's ~ down *onverhoeds, met de broek op de enkels.*
pantyhose, pantihose [pæntiehooz] ⟨zn.; ww. steeds mv.⟩ ⟨vnl. AE, Austr. E⟩ 0.1 *panty* ◆ 1.1 two pairs of ~ *twee panty's.*
panty shield 0.1 *inlegkruisje.*
pap [pæp] 0.1 *pap* ⇒*brij, moes* 0.2 ⟨AE⟩ *leesvoer.*
papa [pəpa:] ⟨kind.⟩ 0.1 *papa* ⇒*vader.*
papac|y [peepəsie] ⟨mv.: -ies⟩ 0.1 *pausdom* ⇒*regering/regeringstijd* ⟨v.e. paus⟩ 0.2 *pausschap* ⇒*pauselijk(e) waardigheid/gezag.*
papal [peepl] 0.1 *pauselijk* ⇒*v.d. paus* 0.2 *rooms-katholiek* ◆ 1.1 ~ bull *pauselijke bul.*
papaw, pawpaw [po:po:] ⟨plantk.⟩ 0.1 *papaja* ⇒*meloenboom* 0.2 *papaja(vrucht).*
papaya [pəpajjə] ⟨plantk.⟩ 0.1 *papaja* ⇒*meloenboom* 0.2 *papaja(vrucht).*
paper[1] [peepə] I ⟨telb.zn.⟩ 0.1 *blad/vel papier* ⇒*papiertje* 0.2 ⟨inf.⟩ *dagblad* ⇒*krant(je)* 0.3 *(schriftelijke) test* 0.4 *paper* ⇒*verhandeling, voordracht* 0.5 *document* ◆ 3.3 set a ~ *een test opgeven* 3.4 read/deliver a ~ *een lezing houden;*
II ⟨telb. en n.-telb.zn.⟩ 0.1 *behang(selpapier);*
III ⟨n.-telb.zn.⟩ 0.1 *papier* 0.2 *(waarde)papier* ⇒*papiergeld, bankbiljetten* ◆ 3.1 ⟨schr.⟩ commit to ~ *op papier zetten* 6.1 ⟨fig.⟩ **on** ~ *op papier, in theorie.* →**worth;**
IV ⟨mv.⟩ 0.1 *papieren* ⇒*identiteits/legitimatiepapieren.*
paper[2] ⟨ww.⟩ 0.1 *in papier wikkelen/pakken* 0.2 *behangen* ⇒*met papier beplakken* ◆ 5.2 ~ **over** *(met papier) overplakken/bedekken;* ⟨fig.⟩ *verdoezelen;* ~ **up** *(met papier) beplakken.*
paperback ⟨ook attr.⟩ 0.1 *paperback* ⇒*pocket(boek).*
paper boy 0.1 *krantenjongen.*
paper chase 0.1 *snipperjacht.*
paperclip 0.1 *paperclip* ⇒*papierklem.*
paper feed ⟨comp.⟩ 0.1 *papierdoorvoer.*
paperhanger 0.1 *behanger.*
paperknife 0.1 *papiermes* ⇒*briefopener.*
paper mill 0.1 *papierfabriek* ⇒*papiermolen.*
paper money, paper currency 0.1 *papiergeld* ⇒*bankbiljetten, cheques.*
paper round ⟨BE⟩ 0.1 *krantenwijk(je)* ◆ 3.1 do a ~ *een krantenwijk lopen.*
paper shredder 0.1 *papierversnipperaar.*
paper tape ⟨comp.⟩ 0.1 *ponsband.*
paper-thin 0.1 *flinterdun* ⇒*vliesdun.*
paper tiger 0.1 *papieren tijger* ⇒*schijnmacht.*
paperweight 0.1 *presse-papier.*
paperwork 0.1 *papierwerk* ⇒*administratief werk.*
papery [peep(ə)rie] 0.1 *papierachtig.*
papier-mâché [pæpie·ee mæsjee, -peepə-] ⟨vaak attr.⟩ 0.1 *papier-maché.*
papist [peepist] ⟨bn.: **-ic**⟩ 0.1 *papist* ⇒*pausgezinde.*
papoose [pəpoe:s] 0.1 *papoose* ⟨Indiaans woord voor baby⟩ ⇒⟨bij uitbr.⟩ *rugzak* ⟨waarin de baby wordt gedragen⟩.
papp|y [pæpie] ⟨mv.: -ies⟩⟨vnl. AE; inf.⟩ 0.1 *pappie.*
paprika [pæprikkə] 0.1 *paprika.*
Pap test [pæp test], **Pap smear** ⟨med.⟩ 0.1 *Pap test* ⟨uitstrijkje vnl. voor opsporing v. kanker⟩.
Papuan [pæpjoeən] 0.1 ⟨bn.⟩ *Papoe(aas)* 0.2 ⟨eig.n.⟩ *Papoe(a)* ⟨taal⟩ 0.3 ⟨telb. zn.⟩ *Papoea.*
papyrus [pəpajrəs]⟨mv.: ook papyri [-raj]⟩ 0.1 *papyrus(plant)* ⇒*papierplant, papierriet* 0.2 *papyrus* ⟨papier⟩ 0.3 *papyrus(tekst/rol).*
par[1] [pa:] ⟨zn.⟩ 0.1 ⟨geen mv.⟩ *gelijkheid* ⇒*gelijkwaardigheid* 0.2 ⟨ook attr.; geldw.⟩ *pari* ⇒*pariteit, nominale waarde* 0.3 *gemiddelde/normale toestand* 0.4 ⟨golf⟩ *par* ⟨maximum aantal slagen dat een goede speler onder normale omstandigheden nodig heeft om bal in hole te krijgen⟩ ◆ 1.2 ~ of exchange *wisselpari;* the ~ value of these bonds is £100 *de nominale waarde v. deze aandelen is honderd pond* 1.¶ ~ for the course *de gebruikelijke procedure, wat je kunt verwachten* 6.1 be **on/to** a ~ **(with)** *gelijk zijn (aan), op één lijn staan (met);* put **(up)on** a ~ *gelijkstellen, op één lijn stellen* 6.2 **above** ~ *boven pari, boven de nominale waarde, met winst;* **at** ~ *op pari;* **below** ~ *onder pari* 6.3 ⟨inf.⟩ be **up to** ~ *zich goed voelen, voldoende zijn.*
par[2] ⟨ww.; -red⟩ 0.1 ⟨golf⟩ *par spelen* ⟨zie par[1] 0.4⟩.
par. ⟨afk.⟩ 0.1 [paragraph] *par.* ⇒*al.*
parable [pærəbl] 0.1 *parabel* ⇒*gelijkenis.*
parabola [pəræbələ] ⟨wisk.⟩ 0.1 *parabool.*
parabolic [pærəbollik] ⟨-ally⟩ 0.1 *parabolisch* ⇒*in/dmv. gelijkenissen* 0.2 *parabolisch* ⇒*paraboolvormig, parabool-.*
parachute[1] [pærəsjoe:t] ⟨zn.; ook attr.⟩ 0.1 *parachute* ⇒*valscherm.*
parachute[2] I ⟨onov.ww.⟩ 0.1 *aan/met een parachute neerkomen;*
II ⟨ov.ww.⟩ 0.1 *parachuteren* ⇒*aan een parachute neerlaten.*
parachute troops 0.1 *para(chute)troepen.*
parachuting [pærəsjoe:ting] ⟨sport⟩ 0.1 *(het) parachutespringen* ⇒*(het) valschermspringen.*

parachutist [pærəsjoe:tist] **0.1** ***parachutist*** *⇒valschermspringer.*

parade[1] [pəreed] ⟨zn.⟩ **0.1** ***parade*** *⇒(uiterlijk) vertoon, show* **0.2** ***paradeplaats*** **0.3** ***stoet*** *⇒optocht;* ⟨BE⟩ *modeshow* **0.4** ⟨vnl. mil.⟩ ***parade*** *⇒defilé* **0.5** ***promenade*** ◆ **1.3** ~ of fashions *opeenvolging v. trends* **3.1** make a ~ of *paraderen/pronken met* **6.4** be **on** ~ *paraderen;* ⟨fig.⟩ *pronken.*

parade[2] **I** ⟨onov.ww.⟩ **0.1** ***paraderen*** *⇒een optocht houden, defileren* **0.2** ***paraderen*** *⇒pronken, pralen* **0.3** ⟨mil.⟩ ***aantreden*** *⇒parade houden* ◆ **1.2** old ideas parading as new ones *verouderde ideeën opgepoetst tot nieuwe;*
II ⟨ov.ww.⟩ **0.1** ***paraderen door*** *⇒een optocht houden door* **0.2** ***paraderen met*** *⇒te koop lopen met* **0.3** ***(opzichtig) heen en weer lopen in/op*** *⇒rondparaderen in/op.*

parade ground **0.1** ***paradeplaats*** *⇒exercitieplein.*

paradigm [pærədajm] **0.1** ***paradigma*** *⇒voorbeeld, model.*

paradigmatic [pærədigmætik] ⟨-ally⟩ **0.1** ***paradigmatisch*** *⇒model-.*

paradise [pærədajs] **0.1** ***paradijs*** ◆ **1.1** a ~ for children *een paradijs voor kinderen.*

paradisiac(al) [pærədissajjək(l)] **0.1** ***paradijsachtig*** *⇒paradijselijk, paradijs-.*

paradox [pærədoks] **0.1** ***paradox*** *⇒(schijnbare) tegenstrijdigheid.*

paradoxical [pærədoksikl] **0.1** ***paradoxaal*** *⇒tegenstrijdig.*

paraffin [pærəfin] **0.1** ***(harde) paraffine*** **0.2** ⟨BE⟩ ***kerosine*** *⇒paraffineolie.*

paraffin oil ⟨BE⟩ **0.1** ***kerosine*** *⇒paraffineolie.*

paraffin wax **0.1** ***(harde) paraffine.***

paraglider [pærəglajdə] ⟨sport⟩ **0.1** ***zweefparachutist.***

paragliding [pærəglajding] ⟨sport⟩ **0.1** ***zweefparachutisme.***

paragon [pærəgən] **0.1** ***toonbeeld*** *⇒voorbeeld, model* ◆ **1.1** ~ of virtue *toonbeeld v. deugd.*

paragraph[1] [pærəgra:f] ⟨zn.⟩ **0.1** ***paragraaf*** *⇒alinea;* ⟨jur.⟩ *lid* **0.2** ***krantenbericht(je).***

paragraph[2] ⟨ww.⟩ **0.1** ***paragraferen*** *⇒in paragrafen verdelen.*

Paraguay [pærəgwaj] **0.1** ***Paraguay.***

Paraguayan [pærəgwajjən] **0.1** ⟨bn.⟩ ***Paraguayaans*** *⇒Paraguees* **0.2** ⟨zn.⟩ ***Paraguayaan(se)*** *⇒Paraguees/guese.*

parakeet [pærəkie:t], **par(r)oquet** [-ket] **0.1** ***parkiet.***

parallel[1] [pærəlel] ⟨zn.⟩ **0.1** ***parallel*** *⇒evenwijdige lijn;* ⟨fig.⟩ *gelijkenis, overeenkomst* **0.2** ⟨elek.⟩ ***parallel(schakeling)*** **0.3** ⟨aardr.⟩ ***parallel*** *⇒breedtecirkel* ◆ **1.3** ~ of latitude *breedtecirkel* **3.1** draw a ~ (between) *een vergelijking maken (tussen)* **6.1** **without** (a) ~ *zonder weerga* **6.2** **in** ~ *parallel geschakeld.*

parallel[2] ⟨bn.⟩ **0.1** ***parallel*** *⇒evenwijdig;* ⟨fig.⟩ *overeenkomend, vergelijkbaar* ◆ **1.1** ⟨gymnastiek⟩ ~ bars *brug met gelijke leggers;* ~ parking *fileparkeren;* ~ passage *parallelplaats* ⟨in tekst⟩ **6.1** ~ **to/with** *parallel/evenwijdig met; vergelijkbaar met.*

parallel[3] ⟨ww.; BE -led⟩ **0.1** ***vergelijken*** **0.2** ***evenaren*** *⇒overeenstemmen/corresponderen met* ◆ **6.1** ~ sth. **with** *iets op één lijn stellen met.*

parallelism [pærəlellizm] **0.1** ***parallellisme*** *⇒evenwijdigheid;* ⟨fig.⟩ *overeenkomst.*

parallelogram [pærəlelləgræm] ⟨wisk.⟩ **0.1** ***parallellogram.***

Paralympics [pærəlimpiks] ⟨the⟩ **0.1** ***olympiade/Olympische Spelen voor (lichamelijk) gehandicapten.***

paralyse, ⟨vnl. AE sp.⟩ **-yze** [pærəlajz] **0.1** ***verlammen*** ⟨ook fig.⟩ *⇒lamleggen* ◆ **1.1** ~d by the news *als aan de grond genageld door het nieuws.*

paralysis [pərælissis] ⟨mv.: paralyses [-sie:z]⟩ **0.1** ***verlamming*** *⇒paralys(i)e;* ⟨fig.⟩ *machteloosheid, onmacht.*

paralytic[1] [pærəlittik] ⟨zn.⟩ **0.1** ⟨ook fig.⟩ ***lamme*** *⇒verlamde* **0.2** ⟨BE; sl.⟩ ***dronkenlap.***

paralytic[2] ⟨bn.; -ally⟩ **0.1** ***verlamd*** *⇒lam;* ⟨fig.⟩ *machteloos* **0.2** ***verlammend*** ⟨ook fig.⟩ **0.3** ⟨BE; sl.⟩ ***bezopen*** ◆ **1.2** ~ seizure / stroke *beroerte.*

paramedic [-meddik] **0.1** ***paramedicus.***

parameter [pəræmittə] **0.1** ***parameter*** *⇒kenmerkende grootheid;* ⟨bij uitbr.⟩ *factor* **0.2** ⟨inf.⟩ ***limiet*** *⇒beperking* ◆ **6.2** **within** the ~s of the budget *binnen het budget.*

paramilitary [pærəmillitrie] **0.1** ***paramilitair.***

paramount [pærəmaunt] **0.1** ***opperst*** *⇒opper-, hoogst, voornaamst* ◆ **1.1** of ~ importance *van het grootste belang.*

paramour [pærəmoeə, -mo:] ⟨vero.⟩ **0.1** ***minnaar/minnares*** *⇒maîtresse.*

paranoia [pærənojjə] ⟨med.⟩ **0.1** ***paranoia*** *⇒vervolgingswaanzin; (abnormale) achterdochtigheid.*

paranoid [pærənojd] **0.1** ⟨bn.⟩ ***paranoïde*** **0.2** ⟨zn.⟩ ***paranoïcus*** *⇒paranoialijder.*

paranormal [pærəno:ml] **0.1** ***paranormaal.***

parapet [pærəpit, -pet] **0.1** ***balustrade*** *⇒(brug)leuning, muurtje.*

paraphernalia [pærəfəneeliə] ⟨ww. ook enk.⟩ **0.1** ***uitrusting*** *⇒toebehoren, accessoires* ◆ **2.1** photographic ~ *fotospullen.*

paraphrase[1] [pærəfreez] ⟨zn.⟩ **0.1** ***parafrase*** *⇒omschrijving.*

paraphrase[2] ⟨ww.⟩ **0.1** ***parafraseren*** *⇒omschrijven, vrij weergeven.*

paraplegia [pærəplie:dzjə] ⟨med.⟩ **0.1** ***paraplegie.***

paraplegic [-plie:dzjik] ⟨med.⟩ **0.1** ⟨bn.⟩ ***paraplegisch*** *⇒verlamd in de onderste ledematen* **0.2** ⟨zn.⟩ ***paraplegielijder.***

parapsychology [-sajkollədzjie] **0.1** ***parapsychologie.***

paras [pærəz] ⟨verk.⟩ [paratroops] ⟨inf.⟩ **0.1** ***para's*** *⇒paratroepen.*

parasite [pærəsajt] **0.1** ***parasiet*** *⇒woekerdier/plant/kruid;* ⟨fig.⟩ *klaploper, profiteur* ◆ **6.1** be a ~ **on** *parasiteren op.*

parasitic|(al) [-sittik(l)] ⟨-ally⟩ **0.1** ***parasitisch*** *⇒parasitair, woekerend;* ⟨fig.⟩ *profiterend* ◆ **1.1** ~ disease *parasitaire ziekte.*

parasol [pærəsol] **0.1** ***parasol*** *⇒zonnescherm.*

parathyroid [-θajrojd] ⟨anat.⟩ **0.1** ***bijschildklier.***

paratrooper [pærətroe:pə] **0.1** ***para(troeper)*** *⇒parachutist.*

paratroops [-troe:ps] **0.1** ***para(chute)troepen*** *⇒parachutisten.*

paratyphoid [-tajfojd] ⟨med.⟩ **0.1** ***paratyfus.***

parboil [pa:bojl] ⟨cul.⟩ **0.1** ***blancheren*** *⇒even aan de kook brengen.*

parcel [pa:sl] **I** ⟨telb.zn.⟩ **0.1** ***pak(je)*** *⇒pakket, bundel* **0.2** ***perceel*** *⇒lap/stuk grond* ◆ **1.2** ~ of land *perceel;*
II ⟨mv.⟩ **0.1** ***bestelgoed(eren)*** *⇒stukgoed(eren).*

parcel bomb **0.1** ***bompakket.***

parcel (out) ⟨BE -led⟩ **0.1** ***verdelen*** *⇒uitdelen.*

parcel post **0.1** ***pakketpost.***

parcel up ⟨BE -led⟩ **0.1** ***inpakken.***

parch [pa:tsj] **0.1** ***verdorren*** *⇒uitdrogen* ◆ **1.1** ~ed with thirst *uitgedroogd (v.d. dorst).*

parchment [pa:tsjmənt] **0.1** ***perkament(papier).***

pardon[1] [pa:dn] ⟨zn.⟩ **0.1** ⟨jur.⟩ ***kwijtschelding (v. straf)*** *⇒gratie(verlening), amnestie* **0.2** ***vergiffenis*** *⇒pardon* ◆ **2.1** free ~ *gratie(verlening);* general ~ *amnestie* **3.¶** (I) beg (your) ~ *neemt u mij niet kwalijk* ⟨ook iron.⟩ **¶.¶** ~ *pardon, wat zei u?*

pardon² ⟨ww.⟩ **0.1** ***vergeven*** ⇒*genade/vergiffenis schenken, een straf kwijtschelden* **0.2** ***verontschuldigen*** ⇒*excuseren* ◆ **6.2** ~ me **for** coming too late *neemt u mij niet kwalijk dat ik te laat kom.*

pardonab|le [pa:dnəbl] ⟨-ly⟩ **0.1** ***vergeeflijk.***

pardoner [pa:dnə] ⟨rel.⟩ **0.1** ***aflaatverkoper.***

pare [peə] **0.1** ***(af)knippen*** ⇒*schillen* **0.2** ***afsnijden*** ⇒*wegsnijden* **0.3** ***reduceren*** ⇒*besnoeien* ◆ **5.3** ~ **away/down** the expenses *de uitgaven beperken.*

parent [peərənt] **0.1** ***ouder*** ⇒*vader, moeder* **0.2** ***voorouder*** **0.3** ⟨vaak attr.; biol.⟩ ***moederdier*** ⇒*moederplant;* ⟨fig.⟩ *moederinstelling* **0.4** ***oorsprong*** ⇒*oorzaak, bron* ◆ **1.4** the ~ of evil *de bron van alle kwaad.*

parentage [peərəntidzj] **0.1** ***ouderschap*** **0.2** ***afkomst*** ⇒*geboorte, familie* ◆ **2.1** child of unknown ~ *kind v. onbekende ouders.*

parental [pərentl] **0.1** ***ouderlijk*** ⇒*ouder-* ◆ **1.1** ~ authority *ouderlijk gezag.*

parent company **0.1** ***moedermaatschappij.***

parenthesis [pərenθissis] ⟨mv.: parentheses [pərenθissie:z]⟩ **0.1** ***parenthese*** ⇒*uitweiding, tussenzin* **0.2** ⟨vaak mv.⟩ ***ronde haak/haken*** ⟨ook wisk.⟩ ⇒*haakje(s)* **0.3** ***pauze*** ⇒*intermezzo* ◆ **6.2 in** ~ / parentheses *tussen (twee) haakjes* ⟨ook fig.⟩.

parenthetic|(al) [pærənθettik(l)] ⟨-ally⟩ **0.1** ***parenthetisch*** ⇒*tussen haakjes* ◆ **1.1** ~ remark *verklarende opmerking.*

parenthood [peərənthoed] **0.1** ***ouderschap.***

parents' evening **0.1** ***ouderavond.***

parent-teacher association **0.1** ***oudercommissie*** ⟨v. school⟩.

parer [peərə] **0.1** ***schilmesje.***

pariah [pərajjə] **0.1** ***paria*** ⟨lid v. de laagste klasse in Indië⟩ **0.2** ***verstoteling*** ⇒*verschoppeling.*

paring [peəring] ⟨vaak mv.⟩ **0.1** ***schil*** ⇒*afknipsel.*

pari passu [pæriepæsoe:] **0.1** ***gelijklopend*** ⇒*in hetzelfde tempo.*

Paris [pæris] **0.1** ***Parijs.***

parish [pærisj] **I** ⟨telb.zn.⟩ **0.1** ***parochie*** ⇒*kerkdorp, kerkelijke gemeente* **0.2** ⟨BE⟩ ***gemeente*** ⇒*dorp, district* **0.3** ⟨inf.⟩ ***werkterrein;***
II ⟨zn.; ww. enk. of mv.⟩ **0.1** ***parochie(gemeenschap)*** ⇒*gemeente.*

parish clerk **0.1** ***koster.***

parish council ⟨zn.⟩⟨BE⟩ **0.1** ***gemeenteraad.***

parishioner [pərisjənə] **0.1** ***parochiaan*** ⇒*gemeentelid.*

parish priest **0.1** ***parochiepriester*** ⇒*pastoor.*

parish-pump **0.1** ***bekrompen*** ⇒*kleinsteeds* ◆ **1.1** ~ politics *pietluttige politiek.*

Parisian [pərizziən] **0.1** ⟨bn.⟩ ***Parijs*** ⇒*mbt./v. Parijs* **0.2** ⟨zn.⟩ ***Parijzenaar, Parisienne.***

parity [pærətie] **0.1** ***gelijkheid*** ⇒*gelijkwaardigheid* **0.2** ***overeenkomst*** ⇒*analogie, gelijkenis* **0.3** ⟨geldw.⟩ ***pari(teit)*** ⇒*omrekeningskoers, wisselkoers* ◆ **1.3** ~ of exchange *wisselkoers* **3.2** by ~ of reasoning *analoog redenerend.*

park¹ [pa:k] ⟨zn.⟩ **0.1** ***(natuur)park*** ⇒*domein, natuurreservaat* **0.2** ***parkeerplaats*** **0.3** ⟨mil.⟩ ***(artillerie)park*** **0.4** ⟨vaak the; BE; inf.; voetbal⟩ ***voetbalveld*** **0.5** ⟨AE⟩ ***stadion*** ⇒⟨ihb.⟩ *honkbalstadion* ◆ **2.1** national ~ *nationaal park, natuurreservaat.*

park² **I** ⟨onov. en ov.ww.⟩ **0.1** ***parkeren;***
II ⟨ov.ww.⟩ **0.1** ⟨inf.⟩ ***(tijdelijk) plaatsen*** ⇒*deponeren, (achter)laten* ◆ **4.1** ⟨inf.⟩ ~ o.s. *gaan zitten.*

parka [pa:kə] **0.1** ***parka*** ⇒*anorak.*

parking [pa:king] **0.1** ***(het) parkeren*** ⇒*parkeergelegenheid* ◆ ¶**.1** no ~ *verboden te parkeren.*

parking disc **0.1** ***parkeerschijf.***

parking fee **0.1** ***parkeergeld.***

parking lot ⟨AE⟩ **0.1** ***parkeerterrein.***

parking meter **0.1** ***parkeermeter.***

parking place **0.1** ***parkeerplaats.***

Parkinson's disease [pa:kinsnz dizzie:z] ⟨med.⟩ **0.1** ***ziekte v. Parkinson.***

park keeper ⟨BE⟩ **0.1** ***parkwachter.***

parkland **0.1** ***open grasland*** ⟨met bomen bezaaid⟩ **0.2** ***parkgrond.***

parkway ⟨AE⟩ **0.1** ***snelweg*** ⟨door fraai landschap⟩.

parky [pa:kie] ⟨BE; sl.⟩ **0.1** ***kil*** ⇒*koel.*

parlance [pa:ləns] **0.1** ***zegswijze*** ⇒*uitdrukkingsvorm, taal* ◆ **2.1** in legal ~ *in rechtstaal.*

parley¹ [pa:lie] ⟨zn.⟩ **0.1** ***debat*** ⇒*discussie, vergadering;* ⟨ihb.⟩ *(wapenstilstands)onderhandeling.*

parley² ⟨ww.⟩ **0.1** ***onderhandelen*** ⇒*(vredes/wapenstilstands)onderhandelingen voeren.*

parliament [pa:ləmənt] **I** ⟨eig.n.; P-⟩ **0.1** ***het (Britse) parlement*** ◆ **1.1** act of Parliament *(parlementaire) wet;*
II ⟨telb.zn.; ook P-⟩ **0.1** ***parlement*** ⇒*volksvertegenwoordiging.*

parliamentarian [pa:ləmenteəriən] **0.1** ***parlementslid.***

parliamentary [pa:ləmentrie] **0.1** ***parlementair*** ⇒*parlements-;* ⟨ook P-⟩ *door het (Brits) parlement goedgekeurd* ◆ **1.1** ~ party *kamerfractie;* Parliamentary (Private/Under-) Secretary *parlementair ministersassistent* ⟨in Groot-Brittannië⟩; ~ state *parlementaire/democratische staat.*

parlour, ⟨AE sp.⟩ **parlor** [pa:lə] **0.1** ***salon*** ⇒⟨bij uitbr.⟩ *woonkamer, zitkamer.*

parlour car ⟨AE⟩ **0.1** ***salonwagen.***

parlour game **0.1** ***gezelschapsspel*** ⇒⟨ihb.⟩ *woordspel.*

parlourmaid ⟨BE⟩ **0.1** ***dienstmeisje.***

parlous [pa:ləs] **0.1** ***gevaarlijk*** ⇒*hachelijk.*

parochial [pərookiəl] **0.1** ***parochiaal*** ⇒*parochie-, gemeentelijk, dorps-* **0.2** ⟨AE⟩ ***confessioneel*** **0.3** ***bekrompen*** ⇒*provinciaal* ◆ **1.2** ~ school *confessionele school;* ⟨r.-k.⟩ *parochieschool* **1.3** ~ mind *bekrompen geest.*

parod|y¹ [pærədie] ⟨zn.; mv.: -ies⟩ **0.1** ***parodie*** ⇒*karikatuur* **0.2** ***parodie*** ⇒*parodiëring, nabootsing* ◆ **1.1** this trial is a ~ of justice *dit proces is een karikatuur v. rechtvaardigheid* **6.2** ~ **on/of** a poem *parodie op een gedicht.*

parod|y² ⟨ww.; -ied⟩ **0.1** ***parodiëren*** ⇒*navolgen.*

parole¹ [pərool] ⟨zn.⟩ **0.1** ***erewoord*** ⇒*parool, woord* **0.2** ⟨jur.⟩ ***voorwaardelijke vrijlating*** ⇒*paroolltijd* ◆ **1.1** ~ of honour *erewoord* **6.2 on** ~ *voorwaardelijk vrijgelaten.*

parole² ⟨ww.⟩⟨jur.⟩ **0.1** ***voorwaardelijk vrijlaten*** ⇒*op parool vrijlaten.*

paroxysm [pærəksizm] **0.1** ***(gevoels)uitbarsting*** ⇒*uitval, aanval* ◆ **1.1** ~ of anger *woedeaanval;* ~ of laughter *hevige lachbui.*

parquet [pa:kee, pa:kie] ⟨ook attr.⟩ **0.1** ***parket(vloer)*** ⇒*parketwerk.*

parricidal [pærissajdl] **0.1** ***mbt. vadermoord*** **0.2** ***schuldig aan vadermoord.***

parricide [pærissajd] **I** ⟨telb.zn.⟩ **0.1** ***vadermoordenaar/moedermoordenaar;***
II ⟨n.-telb.zn.⟩ **0.1** ***vadermoord/moedermoord.***

parrot¹ [pærət] ⟨zn.⟩ **0.1** ***papegaai*** ⟨ook fig.⟩ ⇒*naprater.*

parrot² ⟨ww.⟩ **0.1** ***papegaaien*** ⇒*napraten* ◆ **1.1** ~ the teacher's explanation *als een papegaai de uitleg v.d. leraar opzeggen.*

parrot-cry **0.1** ***slogan*** ⇒*leus, (holle) frase.*

parrot fashion ⟨inf.⟩ **0.1** ***onnadenkend*** ⇒*machinaal, uit het hoofd* ◆ **3.1** pray ~ *gebeden afratelen.*

parrot fever, parrot disease ⟨med.⟩ **0.1** ***papegaaienziekte.***
parrotfish 0.1 ***papegaaivis.***
parr|y[1] [pærie] ⟨zn.; mv.: -ies⟩ **0.1** ***afweermanoeuvre*** ⇒⟨ihb. schermen⟩ *parade* **0.2** ***ontwijking*** ⇒*ontwijkend antwoord.*
parr|y[2] ⟨-ied⟩ **I** ⟨onov.ww.⟩ **0.1** ***een aanval afwenden/afkeren*** ⟨ook fig.⟩;
II ⟨ov.ww.⟩ **0.1** ***afwenden*** ⇒*(af)weren* **0.2** ***ontwijken*** ⇒ *(ver)mijden* ◆ **1.1** ~ a blow *een stoot afwenden* **1.2** ~ a question *zich van een vraag afmaken.*
parse [pa:z] ⟨taal.⟩ **I** ⟨onov.ww.⟩ **0.1** ***(zich laten) ontleden*** ⇒ *(zich laten) analyseren* ◆ **1.1** the sentence did not ~ easily *de zin was niet makkelijk te ontleden;*
II ⟨ov.ww.⟩ **0.1** ***taalkundig ontleden*** ⟨woord, zin⟩.
parser [pa:zə] ⟨comp.⟩ **0.1** ***parser*** ⇒*automatische ontleder.*
parsimonious [pa:simmooniəs] ⟨-ness⟩ **0.1** ***spaarzaam*** ⇒ *krenterig, vrekkig.*
parsimony [pa:simmənie] ⟨schr.⟩ **0.1** ***spaarzaamheid*** ⇒ *krenterigheid, vrekkigheid.*
parsley [pa:slie] **0.1** ***peterselie.***
parsnip [pa:snip] ⟨plantk.⟩ **0.1** ***pastinaak(wortel).***
parson [pa:sn] **0.1** ***predikant*** ⟨in anglicaanse Kerk⟩ ⇒⟨inf.⟩ *dominee, pastoor.*
parsonage [pa:snidzj] **0.1** ***pastorie.***
parson's nose [pa:snz nooz] ⟨inf.⟩ **0.1** ***stuit*** ⟨v. gebraden gevogelte⟩.
part[1] [pa:t] **I** ⟨telb.zn.⟩ **0.1** ***(onder)deel*** ⇒*aflevering;* ⟨wisk.⟩ *deel, verzameling* **0.2** ⟨dram.⟩ ***rol*** **0.3** ⟨AE⟩ ***scheiding*** ⟨in het haar⟩ ◆ **1.1** two ~s of flour *twee delen bloem* **3.2** look the ~ *er naar uitzien;* ⟨fig.⟩ play a ~ *een rol spelen, veinzen;* ⟨fig.⟩ play a ~ in *een rol spelen bij/in.* →**private;**
II ⟨telb. en n.-telb.zn.⟩ **0.1** ⟨ook attr.⟩ ***deel*** ⇒*gedeelte, stuk* **0.2** ***aandeel*** ⇒*part, functie* **0.3** ***houding*** ⇒*gedragslijn* ◆ **1.1** it is ~ of the game *het hoort er bij* **1.¶** ~ and parcel of *een essentieel onderdeel van* **2.1** the better/best/greater/most ~ *de meerderheid, het overgrote deel;* the dreadful ~ of it *het verschrikkelijke ervan* **3.2** do one's ~ *zijn plicht vervullen;* have a ~ in *iets te maken hebben met* **3.¶** take ~ in *deelnemen aan, betrokken zijn bij* **6.1** ~ **by** ~ *stuk voor stuk* **6.¶** **for** my ~ *wat mij betreft;* **in** ~(s) *gedeeltelijk, ten dele;* **on** the ~ **of** *van de kant van* **7.¶** for the most ~ *meestal, in de meeste gevallen; vooral;*
III ⟨n.-telb.zn.⟩ **0.1** ***zijde*** ⇒*kant* ◆ **3.1** take the ~ of, take ~ with *de zijde kiezen van;*
IV ⟨mv.⟩ **0.1** ***streek*** ⇒*gebied, gewest* **0.2** ***bekwaamheid*** ⇒ *talent(en)* ◆ **1.2** a man of good/many ~s *een erg bekwaam/begaafd man.*
part[2] **I** ⟨onov.ww.⟩ **0.1** ***van/uit elkaar gaan*** ⇒*scheiden* **0.2** ⟨euf.⟩ ***heengaan*** ⇒*sterven* ◆ **1.1** the clouds ~ *de wolken breken open;* ~ (as) friends *als vrienden uit elkaar gaan.* → **part from, part with;**
II ⟨ov.ww.⟩ **0.1** ***scheiden*** ⇒*(ver)delen, breken* **0.2** ***scheiden*** ⇒*afzonderen* **0.3** ***een scheiding kammen/leggen in*** ⟨haar⟩ ◆ **1.2** till death do us ~ *tot de dood ons scheidt* **6.2** he wouldn't be ~ed **from** his money *hij wilde niet betalen.*
part[3] ⟨bw.⟩ **0.1** ***deels*** ⇒*gedeeltelijk, voor een deel.*
partake [pa:teek] ⟨partook [pa:toek], partaken [pa:teekn]⟩ **0.1** ⟨+of⟩ ***deelnemen (aan)*** ⇒*participeren (in), deel hebben (aan)* ◆ **6.1** ~ **in** the festivities *aan de festiviteiten deelnemen.*
parterre [pa:teə] **0.1** ***bloemperk(en).***
part from 0.1 ***verlaten*** ⇒*achterlaten, scheiden van* **0.2** ***afstand doen van.***
parthenogenesis [pa:θinnoodzjennissis] ⟨biol.⟩ **0.1** ***parthenogenese.***
Parthian [pa:θiən] ◆ **1.¶** ~ shot/shaft *laatste schot, venijnige opmerking.*
partial [pa:sjie·əl] **I** ⟨bn.⟩ **0.1** ***partijdig*** ⇒*gunstig gezind, bevooroordeeld* **0.2** ***gedeeltelijk*** ⇒*deel-, partieel* ◆ **1.2** ⟨wisk.⟩ ~ differentiation *partiële differentiatie;* ~ eclipse *gedeeltelijke verduistering;*
II ⟨bn., pred.⟩ **0.1** ⟨+to⟩ ***verzot (op)*** ⇒*gesteld (op).*
partialit|y [pa:sjie·ælətie] ⟨mv.: -ies⟩ **0.1** ***partijdigheid*** ⇒*bevoorrechting* **0.2** ***voorkeur (voor)*** ⇒*voorliefde (voor), zwak (voor).*
partially [pa:sjəlie] **0.1** ***gedeeltelijk.***
participant [pa:tissippənt], **participator** [-peetə] **0.1** ***deelnemer*** ⇒*participant.*
participate [pa:tissippeet] **0.1** ⟨+in⟩ ***deelnemen (aan)*** ⇒ *participeren (in); betrokken zijn (bij).*
participation [pa:tissippeesjn] **0.1** ***participatie*** ⇒*deelname; medezeggenschap* ⟨ook in bedrijf⟩ **0.2** ⟨ec.⟩ ***winstdeling*** **0.3** ***aandeel.***
participle [pa:tsipl] ⟨taal.⟩ **0.1** ***deelwoord*** ⇒*participium* ◆ **2.1** past ~ *voltooid/verleden deelwoord;* present ~ *onvoltooid/tegenwoordig deelwoord.*
particle [pa:tikl] **0.1** ***deeltje*** ⇒*partikel;* ⟨fig.⟩ *beetje, greintje* **0.2** ⟨vero.⟩ ***clausule*** ◆ **2.1** ⟨nat.⟩ elementary ~ *elementair deeltje.*
parti-coloured, party-coloured 0.1 ***bont*** ⇒*veelkleurig.*
particular[1] [pətikjoelə] ⟨zn.⟩ **0.1** ***bijzonderheid*** ⇒*detail* **0.2** ⟨mv.⟩ ***feiten*** ⇒*(volledig) verslag* **0.3** ⟨mv.⟩ ***personalia*** ◆ **2.1** correct in every ~ *juist op elk punt* **3.1** go into ~s *in detail treden* **6.1** **in** ~ *in het bijzonder, voornamelijk.*
particular[2] **I** ⟨bn.⟩ **0.1** ***bijzonder*** ⇒*afzonderlijk, individueel* **0.2** ⟨+about/over⟩ ***nauwgezet (in)*** ⇒*kieskeurig (in/op)* **0.3** ***omstandig*** ⇒*uitvoerig, gedetailleerd* ◆ **1.1** this ~ case *dit specifieke geval;* ⟨rel.⟩ ~ election *uitverkiezing;* my ~ opinion *mijn persoonlijke mening* **1.3** full and ~ account *omstandig verslag* **5.2** he's **over** ~ *'t is een Pietje precies;* he's not **over** ~ *hij neemt het zo nauw niet;*
II ⟨bn., attr.⟩ **0.1** ***bijzonder*** ⇒*uitzonderlijk, merkwaardig* **0.2** ***intiem*** ⇒*persoonlijk* ◆ **1.1** of ~ importance *v. uitzonderlijk belang;* for no ~ reason *zomaar* **1.2** ~ friend *intieme vriend.*
particularit|y [pətikjoelærətie] ⟨mv.: -ies⟩ **0.1** ***bijzonderheid*** ⇒*detail* **0.2** ***omstandigheid*** ⇒*uitvoerigheid* **0.3** ***kieskeurigheid.***
particular|ize, -ise [pətikjoelərajz] ⟨zn.: **-ization**⟩ **I** ⟨onov.ww.⟩ **0.1** ***details geven*** ⇒*in bijzonderheden treden;*
II ⟨ov.ww.⟩ **0.1** ***specificeren*** ⇒*nauwkeurig aangeven.*
particularly [pətikj(oel)əlie] **0.1** →**particular**[2] **0.2** ***(in het) bijzonder*** ⇒*vooral, voornamelijk* ◆ **2.2** not ~ smart *niet bepaald slim.*
parting [pa:ting] ⟨ook attr.⟩ **0.1** ***scheiding*** ⟨BE ook: in haar⟩ **0.2** ***scheidingslijn*** **0.3** ***vertrek*** ⇒*afscheid;* ⟨euf.⟩ *dood* ◆ **1.1** at the ~ of the ways *op de tweesprong (der wegen)* ⟨ook fig.⟩.
parting shot 0.1 ***laatste woord*** ⇒*hatelijke toespeling/blik.*
partisan, partizan [pa:tizæn] **0.1** ***partijganger*** ⇒*aanhanger* **0.2** ⟨ook attr.⟩ ***partizaan.***
partisanship [pa:tizænsjip] **0.1** ***partijgeest.***
partition[1] [pa:tisjn] ⟨zn.⟩ **0.1** ***(ver)deling*** ⇒*scheiding* **0.2** ***deel*** ⇒*ruimte, sectie* **0.3** ***scheid(ing)smuur*** ⇒*tussenmuur.*
partition[2] ⟨ww.⟩ **0.1** ***(ver)delen*** ⇒*indelen* ◆ **5.1** ~ **off** *afscheiden* ⟨dmv. scheidsmuur⟩.
partly [pa:tlie] **0.1** ***gedeeltelijk*** ◆ **¶.1** ~ …, ~ … ⟨ook⟩ *enerzijds …, anderzijds …*
partner[1] [pa:tnə] ⟨zn.⟩ **0.1** ***partner*** ⇒*deelgenoot;* ⟨hand.⟩

vennoot **0.2** ***(huwelijks)partner*** ◆ **1.¶** ~ in crime *medeplichtige* **2.1** active ~ *actieve vennoot;* silent/sleeping ~ *stille vennoot* **6.1** be ~s **with** *de partner zijn van;* ⟨ihb.⟩ *spelen met.*

partner² ⟨ww.⟩ **0.1** ⟨vaak +up⟩ ***partner zijn (van)*** **0.2** ⟨vaak +up⟩ ***als partner geven*** ⇒*koppelen aan* ◆ **5.1** ~ **up** with s.o. *met iem. een koppel/team vormen.*

partnership [pa:tnəsjip] **0.1** ***partnerschap*** ⇒*deelgenootschap* **0.2** ***vennootschap*** ⇒*associatie(contract)* ◆ **3.1** enter into ~ with *zich associëren met.* →**limited.**

partook [pa:toek] ⟨verl. t.⟩ →**partake.**

part owner **0.1** ***mede-eigenaar.***

partridge [pa:tridzj] **0.1** ***patrijs.***

part-song **0.1** ***meerstemmig lied.***

part-time **0.1** ***in deeltijd*** ◆ **1.1** ~ parent *deeltijdouder;* ⟨sport⟩ ~ pro *semi-prof* **3.1** work ~ *een deeltijdbaan hebben.*

part-timer **0.1** ***deeltijdarbeider*** ⇒*parttimewerker.*

parturition [pa:tjoerisjn] **0.1** ***baring.***

part with **0.1** ***afstand doen van*** ⇒*opgeven, laten varen* **0.2** ***verlaten.***

part|y [pa:tie] ⟨mv.: -ies⟩ **I** ⟨telb. en n.-telb.zn.⟩ **0.1** ***feestje*** **0.2** ***partij*** ⇒*participant, medeplichtige* **0.3** ⟨inf.⟩ ***persoon*** ⇒*figuur* **0.4** ⟨jur.⟩ ***(procesvoerende) partij*** ⇒*litigant* **0.5** ***partij(geest)*** ⇒*partijdigheid* ◆ **2.3** old ~ *ouwe rakker* **3.2** ~ concerned *belanghebbende* **6.2** be a ~ **to** *deelnemen aan;* ⟨pej.⟩ *medeplichtig zijn aan;* become a ~ **to** *toetreden tot* **6.5** be **above** ~ *boven de partijen staan* **7.4** third ~ *derde* ⟨ook jur.⟩;
II ⟨zn.; ww. enk. of mv.⟩ **0.1** ***(politieke) partij*** **0.2** ***gezelschap*** ⇒*groep.*

party chairman ⟨pol.⟩ **0.1** ***partijvoorzitter.***

partycoloured →**parti-coloured.**

party congress ⟨pol.⟩ **0.1** ***partijcongres.***

party leader **0.1** ***partijleider.***

party leadership ⟨zn.⟩ **0.1** ***partijleiding.***

party line **0.1** ***partijlijn*** ⇒*partijprogramma* **0.2** ***gemeenschappelijke (telefoon)lijn*** ◆ **3.1** follow the ~ *handelen volgens het partijbeleid.*

party machine **0.1** ***partijmachine*** ⇒*partijorganisatie/apparaat.*

party man **0.1** ***partijganger.***

party piece ⟨vaak scherts.⟩ **0.1** ***vast/favoriet nummer*** ⟨bij feestjes e.d.⟩ ⇒*stokpaardje.*

party politics ⟨ww. ook enk.⟩ **0.1** ***partijpolitiek.***

party spirit **0.1** ***partijgeest*** **0.2** ***feeststemming.***

par value **0.1** ***pari(teit)*** ⇒*nominale waarde* **0.2** ***wisselkoers.***

parvenu [pa:vənjoe:] **0.1** ***parvenu.***

PASCAL [pæskl] ⟨comp.⟩ **0.1** ***Pascal*** ⟨computertaal⟩.

paschal [pæskl] ⟨ook P-⟩ **0.1** ***paas-*** ◆ **1.1** Paschal Lamb *Lam Gods.*

pasha, pacha [pæsjə, pa:sjə] **0.1** ***pasja*** ⟨Turks officier⟩.

pass¹ [pa:s] ⟨zn.⟩ **0.1** ***passage*** ⇒*(berg)pas; doorgang, vaargeul* **0.2** ***geslaagd examen*** ⇒⟨BE⟩ *voldoende* **0.3** ***(kritische) toestand*** **0.4** ***pas*** ⇒*toegangsbewijs* **0.5** ***scheervlucht*** ⟨v. vliegtuig⟩ **0.6** ***beweging*** ⟨v. goochelaar⟩ ⇒*strijkbeweging* ⟨v. hypnotiseur⟩ **0.7** ⟨voetbal⟩ ***pass*** **0.8** ⟨honkbal⟩ ***vrije loop*** **0.9** ⟨tennis⟩ ***passeerslag*** **0.10** ⟨kaartspel⟩ ***pas*** ◆ **3.3** bring to ~ *tot stand brengen;* ⟨inf.⟩ things came to/reached a (pretty/fine/sad) ~ *het is een mooie boel geworden;* it/things had come to such a ~ that *het was zo ver gekomen dat* **3.¶** hold the ~ *de (goede) zaak verdedigen;* ⟨inf.⟩ make a ~ at a girl *een meisje trachten te versieren.*

pass² **I** ⟨onov.ww.⟩ **0.1** ***(verder) gaan*** ⇒*(door)lopen, voortgaan* **0.2** ***voorbijgaan*** ⇒*passeren; voorbijkomen; overgaan, eindigen* **0.3** ***passeren*** ⇒*er door(heen) (ge)raken/komen* **0.4** ***circuleren*** ⇒*gangbaar zijn* ⟨v. munten bv.⟩; *algemeen bekend staan (als)* **0.5** ***vertrekken*** ⇒*sterven* **0.6** ***aanvaard/aangenomen worden*** ⇒*slagen* ⟨voor examen(onderdeel)⟩; *door de beugel kunnen* ⟨grove taal bv.⟩ **0.7** ⟨schr.⟩ ***gebeuren*** ⇒*plaatsvinden* **0.8** ***uitspraak doen*** ⇒*geveld worden* **0.9** ⟨kaartspel⟩ ***passen*** **0.10** ***overgemaakt/overgedragen worden*** **0.11** ⟨sport⟩ ***passeren*** ⇒*een pass geven;* ⟨tennis⟩ *een passeerslag geven/maken* ◆ **1.2** time ~es quickly *de tijd vliegt voorbij;* ~ on the left *links inhalen* **1.3** the bus couldn't ~ *de bus kwam er niet door* **1.4** ~ by/under the name of *bekend staan als* **1.6** the bill ~ed *het wetsvoorstel werd aangenomen* **1.8** judgment ~ed for the plaintiff *de uitspraak was in het voordeel v.d. eiser* **1.10** the estate ~ed to the son *het landgoed werd aan de zoon vermaakt* **2.2** ~ unnoticed *niet opgemerkt worden* **3.3** no ~ing (permitted) *geen doorgang;* please, let me ~ *mag ik er even langs* **3.7** bring to ~ *tot stand brengen;* come to ~ *gebeuren* **4.2** everything must ~ *aan alles moet een einde komen* **5.1** ~ **along** *doorlopen* **5.3** we are only ~ing **through** *we zijn enkel op doorreis* **6.1** ~ **from** a solid **to** an oily state *van een vaste in een olieachtige stof overgaan;* ~ **to** other matters *overgaan naar/tot andere zaken* **6.4** ~ **as/for** *doorgaan voor, dienen als* **6.8** ⟨jur.⟩ ~ **on/upon** a constitutional question *een uitspraak doen/vonnis vellen over een grondwettelijke kwestie.* →**pass away, pass between, pass by, pass in(to), pass off, pass on, pass out, pass over, pass through;**
II ⟨ov.ww.⟩ **0.1** ***passeren*** ⇒*voorbijlopen, voorbijtrekken* **0.2** ***oversteken*** ⇒*gaan/lopen door, komen over* **0.3** ***(door)geven*** ⇒*overhandigen;* ⟨ihb.⟩ *uitgeven* ⟨geld⟩ **0.4** ***goedkeuren*** ⇒*aanvaarden, bevestigen* **0.5** ***slagen in/voor*** **0.6** ***komen door*** ⇒*aanvaard/bekrachtigd worden door* **0.7** ***overschrijden*** ⇒*te boven gaan, overtreffen* ⟨verwachtingen bv.⟩ **0.8** ***laten glijden*** ⇒*(doorheen) laten gaan* **0.9** ⟨sport⟩ ***passeren*** ⇒*toespelen, doorspelen* **0.10** ***uiten*** ⇒*leveren* ⟨kritiek⟩ **0.11** ***vermaken*** ⇒*overdragen* **0.12** ***doorbrengen*** ⟨tijd bv.⟩ ⇒*spenderen* **0.13** ***afscheiden*** ⇒*ontlasten* **0.14** ***passeren*** ⇒*niet uitkeren* ⟨dividend⟩ ◆ **1.1** ~ a car *een auto inhalen* **1.2** ⟨fig.⟩ no secret ~ed her lips *er kwam geen geheim over haar lippen* **1.3** ~ a cheque *een cheque uitschrijven;* ~ the salt *het zout doorgeven* **1.4** ~ the patient *de patiënt (medisch) goedkeuren* **1.5** ~ an exam *voor een examen slagen* **1.6** the bill ~ed the senate *het wetsvoorstel werd door de senaat bekrachtigd* **1.7** this ~es my comprehension *dit gaat mijn petje te boven* **1.8** ~ one's hand across/over one's forehead *met zijn hand over zijn voorhoofd strijken* **1.10** ~ judgement (up)on *een oordeel vellen over;* ~ an opinion *een oordeel/idee geven* **1.13** ~ blood *bloed afscheiden* **5.3** ~ the word **(a)round** *vertel het verder;* ~ **in** *inleveren.* →**pass away, pass by, pass down, pass off, pass on, pass out, pass over, pass up.**

passable [pa:səbl] **0.1** ***passabel*** ⇒*begaanbaar, doorwaadbaar* **0.2** ***redelijk*** ⇒*tamelijk, vrij goed.*

passage [pæsidzj] **0.1** ***(het) voorbijgaan*** ⇒*doortocht, verloop* **0.2** ***(recht op) doortocht*** ⇒*vrije doorgang/ingang* **0.3** ***aanneming*** ⇒*verordening* ⟨v.e. wet⟩ **0.4** ***passage*** ⇒*kanaal, doorgang; (zee)reis, overtocht* **0.5** ***gang*** ⇒*corridor* **0.6** ***passage*** ⇒*plaats* ⟨bv. in boek⟩ ◆ **2.4** home ~ *thuisreis* **3.1** give s.o. ~ *iem. doorgang verlenen* **3.4** force a ~ through the crowd *zich een doorgang banen door de menigte;* work one's ~ *voor zijn overtocht aan boord werken.* →**purple, rough.**

passageway **0.1** ***gang*** ⇒*corridor.*

pass away I ⟨onov.ww.⟩ **0.1** ***sterven*** ⇒*heengaan* **0.2** ***voorbijgaan*** ⇒*eindigen* ◆ **1.2** the storm passed away *het onweer luwde;*
II ⟨ov.ww.⟩ **0.1** ***verdrijven*** ⟨tijd⟩ ⇒*spenderen.*
pass between 0.1 ***lopen/gaan door*** **0.2** ***gebeuren tussen*** ⇒*uitgewisseld worden tussen* ⟨v. woorden⟩.
passbook 0.1 ***bankboekje*** ⇒*spaarboekje* **0.2** ***(toegangs)-pas*** ⟨in Zuid-Afrika⟩.
pass by I ⟨onov.ww.⟩ **0.1** ***voorbijgaan*** ⇒*voorbijvliegen* ⟨tijd⟩;
II ⟨ov.ww.⟩ **0.1** ***over het hoofd zien*** ⇒*veronachtzamen, geen aandacht schenken aan* ◆ **1.1** his friends pass him by *zijn vrienden mijden hem;* life passes her by *het leven gaat aan haar voorbij.*
pass degree ⟨BE⟩ **0.1** ***(universitaire) graad zonder lof*** ⇒ *voldoende.*
pass down 0.1 ***overleveren*** ⇒*doorgeven* ◆ **1.1** ~ a skill *een vak doorgeven.*
passenger [pæsindzjə] **0.1** ***passagier*** ⇒*reiziger* **0.2** ⟨inf.⟩ ***profiteur*** ⟨in groep⟩ ⇒*klaploper.*
passenger-mile 0.1 ***passagiersmijl*** ⟨als eenheid v. verkeer⟩.
passenger train 0.1 ***passagierstrein.***
passer-by ⟨mv.: passers-by⟩ **0.1** ***(toevallige) voorbijganger*** ⇒*passant.*
passim [pæsim] **0.1** ***passim*** ⇒*op verschillende plaatsen.*
passing[1] [pa:sing] ⟨zn.⟩ **0.1** ***het voorbijgaan*** ⇒*het verdwijnen* **0.2** ⟨euf.⟩ ***het heengaan*** ⇒*dood* ◆ **1.1** the ~ of the old year *de jaarwisseling* **6.1 in** ~ *terloops.*
passing[2] ⟨bn.⟩ **0.1** ***voorbijgaand*** ⇒*voorbijtrekkend* **0.2** ***vluchtig*** ⇒*kortstondig; oppervlakkig, terloops.*
passing[3] ⟨bw.⟩ **0.1** ***uitzonderlijk*** ⇒*zeer.*
passing bell 0.1 ***doodsklok.***
passing-out ceremony ⟨BE; vnl. mil.⟩ **0.1** ***promotieplechtigheid.***
passing shot ⟨tennis⟩ **0.1** ***passeerslag.***
pass into, ⟨in bet. 0.2 ook⟩ **pass in 0.1** ***overgaan in*** **0.2** ***toegelaten worden tot*** **0.3** ***veranderen in*** ⇒*worden* **0.4** ***raken in*** ⇒*vallen in* ⟨slaap, trance e.d.⟩ ◆ **1.1** oxygen passes into the blood *zuurstof wordt door het bloed opgenomen* **1.3** ~ a proverb *spreekwoordelijk worden.*
passion [pæsjn] **0.1** ***passie*** ⇒*(hartstochtelijke) liefde; zwak; enthousiasme* **0.2** ***(hevige) gevoelsuitbarsting*** ⇒⟨ihb.⟩ *woedeaanval* **0.3** ⟨P-; the; rel.⟩ ***passie(verhaal)*** ◆ **3.2** break into a ~ of tears *in tranen uitbarsten;* fly into a ~ *in woede uitbarsten.*
passionate [pæsjnət] **0.1** ***gepassioneerd*** ⇒*hartstochtelijk, vurig* **0.2** ***begerig*** **0.3** ***opvliegend*** ◆ **1.1** ~ plea *geestdriftig pleidooi.*
passion flower 0.1 ***passiebloem.***
passion fruit 0.1 ***passievrucht.***
passionless [pæsjnləs] **0.1** ***zonder hartstocht.***
passion play ⟨ook P-⟩ ⟨rel.⟩ **0.1** ***passiespel.***
Passion Sunday ⟨rel.⟩ **0.1** ***passiezondag.***
Passiontide ⟨the⟩ ⟨rel.⟩ **0.1** ***passietijd.***
Passion Week ⟨the⟩ ⟨rel.⟩ **0.1** ***passieweek*** ⇒*lijdensweek* **0.2** ***week tussen passie- en palmzondag.***
passive[1] [pæsiv] ⟨zn.⟩ ⟨taal.⟩ **0.1** ***passief*** ⇒*passieve/lijdende vorm.*
passive[2] ⟨bn.⟩ **0.1** ***passief*** ⟨ook tech.⟩ **0.2** ⟨ec.⟩ ***renteloos*** **0.3** ⟨taal.⟩ ***passief*** ⇒*lijdend* ◆ **1.1** ~ resistance *lijdelijk verzet;* ~ smoker *meeroker, passieve roker* **1.¶** ~ balance of trade *passieve/ongunstige handelsbalans;* ~ obedience *onvoorwaardelijke gehoorzaamheid.*
passivity [pæsivvətie] **0.1** ***passiviteit.***
passkey 0.1 ***privésleutel*** ⇒*huissleutel* **0.2** ***loper.***
pass off I ⟨onov.ww.⟩ **0.1** ***(geleidelijk) voorbijgaan*** ⇒*weggaan, verlopen* ◆ **6.¶** ~ **as** *doorgaan voor;*
II ⟨ov.ww.⟩ **0.1** ***negeren*** **0.2** ***uitgeven*** **0.3** ***aansmeren*** ◆ **6.2** pass s.o. off **as / for** *iem. laten doorgaan voor* **6.3** ~ sth. **on** s.o. *iem. iets aansmeren.*
pass on I ⟨onov.ww.⟩ **0.1** ***verder lopen*** ⇒*doorlopen* **0.2** ⟨euf.⟩ ***sterven*** ⇒*heengaan* ◆ **6.1** ~ **to** *overgaan tot;*
II ⟨ov.ww.⟩ **0.1** ***doorgeven*** ⇒*(verder)geven* ◆ **1.1** ~ the decreased costs to the public *de verlaagde prijzen ten goede laten komen aan de bevolking* **4.1** pass it on *zegt het voort.*
pass out I ⟨onov.ww.⟩ **0.1** ⟨inf.⟩ ***flauw vallen*** ⇒*van zijn stokje gaan* **0.2** ⟨euf.⟩ ***sterven*** ⇒*heengaan* **0.3** ⟨BE⟩ ***promoveren*** ⟨op / aan mil. academie⟩ ⇒*zijn diploma behalen;*
II ⟨ov.ww.⟩ **0.1** ***verdelen*** ⇒*uitdelen, verspreiden.*
pass over, ⟨in bet. II 0.1 ook⟩ **pass up I** ⟨onov.ww.⟩ ⟨euf.⟩ **0.1** ***sterven*** ⇒*heengaan;*
II ⟨ov.ww.⟩ **0.1** ***laten voorbijgaan*** ⇒*overslaan* **0.2** ***voorbijgaan aan*** ⇒*over het hoofd zien, vermijden* **0.3** ***overhandigen*** ⇒*aanreiken* ◆ **1.1** ~ an opportunity *een kans laten schieten* **4.2** pass it over in silence *er zwijgend aan voorbijgaan.*
Passover [pa:soovə] ⟨rel.⟩ **0.1** ***Pascha*** ⟨joods paasfeest⟩.
passport [pa:spo:t] **0.1** ***paspoort*** **0.2** ***vrijgeleide*** **0.3** ***zeebrief*** **0.4** ***toegang*** ◆ **6.4** ⟨fig.⟩ the ~ **to** happiness *de sleutel tot het geluk.*
pass through 0.1 ***ervaren*** ⇒*doormaken* **0.2** ***passeren*** ⇒ *trekken door, reizen door* ◆ **1.1** ~ police training *de politieopleiding doorlopen* **1.2** ~ the crowd *zich een weg banen door de menigte.*
pass up 0.1 ***laten voorbijgaan*** ⇒*laten schieten* **0.2** ***(naar boven) aanreiken.***
password 0.1 ***wachtwoord.***
past[1] [pa:st] ⟨zn.⟩ **0.1** ***verleden (tijd)*** ⟨ook taal.⟩ ◆ **1.1** ⟨euf.⟩ a woman with a ~ *een vrouw met een verleden.*
past[2] **I** ⟨bn.⟩ **0.1** ***voorbij(gegaan)*** ⇒*over, gepasseerd* ◆ **1.¶** ~ history *voltooid verleden tijd;*
II ⟨bn., attr.⟩ **0.1** ***vroeger*** ⇒*gewezen* **0.2** ⟨taal.⟩ ***verleden*** ◆ **1.2** ~ participle *verleden/voltooid deelwoord;* ~ tense *verleden tijd;*
III ⟨bn., attr. en attr. na het zn.⟩ **0.1** ***voorbij(gegaan)*** ⇒*geleden* **0.2** ***voorbij*** ⇒*vorig, laatst* ◆ **1.1** in times ~ *in vroegere tijden* **1.2** for some time ~ *sinds enige tijd;* an hour ~ *sedert een uur* **4.2** your letter of the fifteenth ~ *uw brief v.d. vijftiende jl.*
past[3] ⟨bw.⟩ **0.1** ***voorbij*** ⇒*langs* ◆ **3.1** a man rushed ~ *een man kwam voorbijgestormd.*
past[4] ⟨vz.⟩ **0.1** ***voorbij*** ⇒*verder dan, later dan* ◆ **1.1** ~ help *niet meer te helpen;* ~ all hope *hopeloos;* he cycled ~ our house *hij fietste voorbij/langs ons huis;* just ~ sixty *net over de zestig* **3.1** it's ~ our understanding *het gaat ons begrip te boven* **4.1** ⟨inf.⟩ he's ~ it *hij is er te oud voor;* half ~ three *half vier.*
paste[1] [peest] ⟨zn.⟩ **0.1** ***deeg*** ⟨voor gebak⟩ **0.2** ***pastei*** ⇒*paté, puree* **0.3** ***stijfsel(pap)*** ⇒*plaksel* **0.4** ***pasta*** ⇒*brij(achtige massa)* **0.5** ***similidiamant*** ⇒*imitatiediamant.*
paste[2] ⟨ww.⟩ **0.1** ***kleven*** ⇒*plakken, volplakken* **0.2** ***uitsmeren*** **0.3** ***pasta maken van.*** →**paste up.**
pasteboard[1] [pees(t)bo:d] ⟨zn.⟩ **0.1** ***karton.***
pasteboard[2] ⟨bn.⟩ **0.1** ***kartonnen*** **0.2** ***zwak*** ⇒*slap* **0.3** ***voorgewend.***
pastel [pæstl] **0.1** ***pastel*** **0.2** ⟨ook attr.⟩ ***pastelkleur.***
pastel colour 0.1 ***pastelkleur*** ⇒*delicate/lichte kleur.*
paste up 0.1 ***aanplakken*** **0.2** ***dichtplakken.***
paste-up 0.1 ***collage.***
pasteur|ize, -ise [pæstsjərajz] ⟨zn.: **-ization**⟩ **0.1** ***pasteuriseren.***

pastiche [pæstie:sj] **0.1** ***mengelmoes*** ⇒⟨vnl. muz.⟩ *potpourri* **0.2** ***pastiche.***

pastille [pæstie:l] **0.1** ***pastille*** ⟨ook med.⟩.

pastime [pa:stajm] **0.1** ***tijdverdrijf.***

pasting [peesting] **0.1** ***pak slaag*** ⇒*zware nederlaag.*

pastor [pa:stə] **0.1** ***predikant*** ⇒*dominee, pastoor* **0.2** ***zielenherder.***

pastoral[1] [pa:strəl] ⟨zn.⟩ **0.1** ***pastorale*** **0.2** ***landelijk tafereel/schilderij*** **0.3** ⟨r.-k.⟩ ***herderlijke/bisschoppelijke brief.***

pastoral[2] ⟨bn.⟩ **0.1** ***herders-*** **0.2** ***gras-*** **0.3** ***pastoraal*** ⇒*idyllisch* **0.4** ⟨rel.⟩ ***pastoraal*** ⇒*herderlijk* ◆ **1.1** ~ people *herdersvolk* **1.3** ~ poetry *herderspoëzie* **1.4** ~ care *zielzorg, geestelijke (gezondheids)zorg;* ~ letter *herderlijke/bisschoppelijke brief;* ~ staff *bisschopsstaf.*

pastorate [pa:strət] **0.1** ***pastoraat*** **0.2** ***predikanten*** ⇒*geestelijkheid* **0.3** ⟨AE⟩ ***pastorie.***

pastr|y [peestrie] ⟨mv.: -ies⟩ **0.1** ***(korst)deeg*** **0.2** ***gebak(jes)*** ⇒*taart* **0.3** ***gebakje.***

pastrycook **0.1** ***pasteibakker*** ⇒*banketbakker.*

pasturage [pa:stsjəridzj] **0.1** ***weiderecht*** ⇒*het laten grazen* ⟨vee⟩ **0.2** ***(weide)gras*** **0.3** ***grasland.***

pasture[1] [pa:stsjə] ⟨zn.⟩ **0.1** ***weiland*** ⇒*grasland* **0.2** ***(weide)gras*** ⟨als voedsel⟩ ◆ **2.1** common ~ *gemeenschappelijk (gebruik v.) weiland* **3.¶** ⟨inf.; fig.⟩ put out to ~ *op stal zetten.*

pasture[2] ⟨ww.⟩ **0.1** ***(laten) grazen*** ⇒*weiden.*

past|y[1] [pæstie] ⟨zn.; mv.: -ies⟩ **0.1** ***(vlees)pastei.***

past|y[2] ⟨bn.; -ily⟩ **0.1** ***pasta-achtig*** ⇒*deegachtig* **0.2** ***bleek(jes)*** ⇒*mat.*

pat[1] [pæt] ⟨zn.⟩ **0.1** ***klopje*** **0.2** ***stukje*** ⇒*klontje* ⟨vnl. boter⟩ **0.3** ***geklop*** ⇒*getik* **0.4** ⟨P-⟩ ***Ier*** ⟨bijnaam⟩ ◆ **1.¶** ~ on the back *(goedkeurend) (schouder)klopje;* ⟨fig.⟩ *aanmoedigend woordje;* give o.s. a ~ on the back *zichzelf feliciteren.*

pat[2] ⟨bn.⟩ **0.1** ***passend*** **0.2** ***ingestudeerd*** ⇒*(al te) gemakkelijk* **0.3** ***paraat*** ◆ **1.1** a ~ solution *een pasklare oplossing.*

pat[3] ⟨-ted⟩ **I** ⟨onov.ww.⟩ **0.1** ***tikken;***
II ⟨ov.ww.⟩ **0.1** ***tikken op*** ⇒*(zachtjes) kloppen op, aaien* **0.2** ***(zacht) platslaan*** ◆ **5.2** ~ **down** *platstrijken; platkloppen.*

pat[4] ⟨bw.⟩ **0.1** ***geschikt*** ⇒*gepast* **0.2** ***paraat*** ⇒*gereed* **0.3** ***perfect (aangeleerd)*** ⇒*exact (juist)* ◆ **3.1** come ~ *op het juiste moment komen* **3.2** have one's answer ~ *zijn antwoord klaar hebben* **3.3** have/know sth. (off) ~ *iets uit het hoofd/op zijn duimpje kennen.*

patch[1] [pætsj] ⟨zn.⟩ **0.1** ⟨ben. voor⟩ ***lap(je)*** ⇒*stuk (stof); ooglap; (hecht)pleister* **0.2** ***schoonheidspleister(tje)*** **0.3** ***vlek*** **0.4** ***lapje grond*** ⇒*veldje* **0.5** ⟨BE; inf.⟩ ***district*** ⇒*gebied, werkterrein* **0.6** ***stuk(je)*** ⇒*flard* **0.7** ⟨comp.⟩ ***provisorische programmacorrectie*** ◆ **1.6** ~es of fog *mistbanken, flarden mist* **6.6** **in** ~es *op sommige plaatsen/momenten* **6.¶** ⟨inf.⟩ not a ~ **on** *helemaal niet te vergelijken met.* →**purple.**

patch[2] ⟨ww.⟩ **0.1** ***(een) lap(pen) naaien op/in*** **0.2** ***(op)lappen*** ⇒*verstellen; samenflansen* **0.3** ***als vlekken verschijnen op*** **0.4** ⟨elek.⟩ ***onderling verbinden*** ⟨elektrische circuits⟩ **0.5** ***corrigeren*** ⟨computerprogramma⟩. →**patch up.**

patchboard, patch panel ⟨elek.⟩ **0.1** ***schakelbord.***

patch cord ⟨elek.⟩ **0.1** ***verbindingskabel.***

patch pocket **0.1** ***opgenaaide zak.***

patch test ⟨med.⟩ **0.1** ***allergietest.***

patch up **0.1** ***(op)lappen*** ⇒*verstellen* **0.2** ***(haastig) bijleggen*** ⟨ruzie e.d.⟩ **0.3** ***samenflansen*** ⇒*aan elkaar lappen* ◆ **1.1** ~ a soldier *een soldaat oplappen.*

patchwork **0.1** ***patchwork*** ⇒*lapjeswerk* **0.2** ***lapwerk*** ⇒*knoeiwerk, mengelmoes* ◆ **1.1** ⟨fig.⟩ a ~ of fields *een bonte schakering velden.*

patchwork quilt **0.1** ***lappendeken.***

patch|y [pætsjie] ⟨-iness⟩ **0.1** ***gelapt*** **0.2** ***gevlekt*** **0.3** ***in flarden voorkomend*** ⟨mist⟩ **0.4** ***onregelmatig*** ◆ **1.4** ~ knowledge *fragmentarische kennis;* ~ work *ongelijk werk.*

pate [peet] ⟨inf.⟩ **0.1** ***kop*** ⇒*knikker;* ⟨scherts.⟩ *hersens* ◆ **2.1** bald ~ *kale knikker.*

pâté [pætee] **0.1** ***paté*** ⇒*wildpastei.*

patella [pətellə] **0.1** ***knieschijf.***

patent[1] [peetnt] ⟨zn.⟩ **0.1** ***patent*** ⇒*octrooi* **0.2** ***gepatenteerde uitvinding*** ◆ **3.1** take out a ~ for *een patent nemen op.*

patent[2] [peetnt] **I** ⟨bn.⟩ **0.1** ***open(baar)*** **0.2** ***duidelijk;***
II ⟨bn., attr.⟩ **0.1** ***patent-*** **0.2** ⟨inf.⟩ ***slim*** ⇒*vindingrijk* ◆ **1.1** ~ law *octrooiwet; octrooirecht;* ~ medicine *patentgeneesmiddel(en); wondermiddel* **1.¶** ~ leather *lakleer;* ~ leathers *lakschoenen.*

patent[3] [peetnt] ⟨ww.⟩ **0.1** ***een patent verkrijgen voor*** **0.2** ***patenteren.***

patentee [peetntie:] **0.1** ***patenthouder.***

patent office ⟨ook P- O-⟩ **0.1** ***patentbureau*** ⇒*octrooibureau.*

pater [peetə] ⟨BE; sl.⟩ **0.1** ***ouwe heer.***

paterfamilias [peetəfəmillie·æs]⟨mv.: patresfamilias [pa:trees-, peetrie:s-]⟩ ⟨scherts.⟩ **0.1** ***gezinshoofd*** ⇒*pater familias.*

paternal [pətə:nl] **0.1** ***vaderlijk*** ⟨ook fig.⟩ **0.2** ***langs vaderszijde*** ◆ **1.1** ~ government *bemoeizieke regering* **1.2** ~ grandmother *grootmoeder v. vaders kant.*

paternalism [pətə:nəlizm] ⟨vaak pej.⟩ **0.1** ***paternalisme.***

paternalist|(ic) [pətə:nəlist(ik)] ⟨-ically⟩⟨vaak pej.⟩ **0.1** ***paternalistisch.***

paternity [pətə:nətie] **0.1** ***vaderschap*** **0.2** ***auteurschap*** ⇒ *bron.*

paternity leave **0.1** ***vaderschapsverlof*** ⇒*ouderschapsverlof* ⟨voor de vader⟩.

paternity suit ⟨jur.⟩ **0.1** ***vaderschapsactie.***

paternoster [pætənostə] **0.1** ⟨ook P-⟩ ***onzevader*** ⇒*paternoster* **0.2** ***paternosterkraal*** **0.3** ***paternosterlift*** ◆ **3.1** say ten ~s *tien onzevaders bidden.*

path [pa:θ]⟨mv.: paths [pa:ðz]⟩ **0.1** ***pad*** ⇒*weg, paadje* **0.2** ***baan*** ⟨bv. v. kogel, komeet⟩ ⇒*route;* ⟨fig. ook⟩ *weg, pad* ◆ **1.2** ~ to success *weg naar het succes* **3.1** beat/clear a ~ *zich een weg banen* ⟨ook fig.⟩ **3.¶** beat a ~ to s.o.'s door *in groten getale op iem. afkomen.* →**straight.**

pathetic [pəθettik] ⟨-ally⟩ **0.1** ***pathetisch*** **0.2** ***zielig*** ⇒*erbarmelijk, jammerlijk* **0.3** ***waardeloos*** ⇒*oninteressant* ◆ **1.1** ~ sight *treurig gezicht* **1.2** ~ attempts *bedroevende pogingen* **1.¶** the ~ fallacy *het toekennen v. menselijke gevoelens aan de natuur.*

pathfinder **0.1** ***verkenner*** ⇒*padvinder;* ⟨fig.⟩ *pionier, baanbreker* **0.2** ⟨mil.⟩ ***verkenningsvliegtuig*** ⇒*verkenner.*

pathless [pa:θləs] **0.1** ***ongebaand*** ⇒*onbegaanbaar.*

pathogen [pæθədzjən], **pathogene** [-dzjie:n] **0.1** ***ziekteverwekker*** ⇒*pathogene stof, ziektekiem.*

pathological [pæθəlodzjikl] **0.1** ***pathologisch*** ⇒*ziekelijk* ⟨ook fig.⟩ ◆ **1.1** ~ fear *onnatuurlijke angst;* ~ processes *ziekteverschijnselen.*

pathologist [pəθollədzjist] **0.1** ***patholoog.***

pathology [pəθollədzjie] **0.1** ***pathologie.***

pathos [peeθos] **0.1** ***pathos*** ⇒*aandoenlijkheid* ⟨in lit.⟩ **0.2** ***medelijden.***

pathway **0.1** ***pad.***

patience [peesjns] **0.1** ***geduld*** **0.2** ⟨BE⟩ ***patience*** ⟨kaartspel⟩ ◆ **1.1** ~ of Job *jobsgeduld* **3.1** have no ~ with *niet kunnen* *verdragen;* lose one's ~ *zijn geduld verliezen* ¶.1 ⟨sprw.⟩ ~ is a virtue *geduld is een schone zaak.*

patient¹ [peesjnt] ⟨zn.⟩ **0.1** ***patiënt.*** →**private.**

patient² ⟨bn.⟩ **0.1** ***geduldig*** ⇒*verdraagzaam.*

patina [pætinnə] **0.1** ***patina.***

patio [pætie·oo] **0.1** ***patio*** ⇒*terras.*

patisserie [pətie:sərie] **0.1** ***patisserie*** ⇒*banketbakkerij.*

patois [pætwa:]⟨mv.: patois [-z]⟩ **0.1** ***patois*** ⇒*dialect.*

patrial [peetriəl] ⟨ook attr.⟩⟨BE⟩ **0.1** ***niet-Brit met Brits staatsburgerschap*** ⟨door in Groot-Brittannië geboren ouders⟩.

patriarch [peetrie·a:k] ⟨bn.: **-al**⟩ **0.1** ***patriarch*** ⇒⟨fig.⟩ *grondlegger* ◆ **7.1** the three ~s *de drie aartsvaders* ⟨Abraham, Izaäk, Jacob⟩.

patriarchate [peetrie·a:kət] **0.1** ***patriarchaat.***

patriarch|y [peetrie·a:kie] ⟨mv.: -ies⟩ **0.1** ***patriarchaat.***

patrician [pətrisjn] **0.1** ⟨bn.⟩ ***patricisch*** **0.2** ⟨zn.⟩ ***patriciër.***

patricide [pætrissajd] **0.1** ***vadermoordenaar*** **0.2** ***vadermoord.***

patrimonial [pætrimmooniəl] **0.1** ***patrimonlaal*** ⇒*geërfd.*

patrimon|y [pætrimmənie] ⟨mv.: -ies⟩ **0.1** ***patrimonium*** ⇒ *erfdeel.*

patriot [pætriət] **0.1** ***patriot.***

patriotic [pætrie·ottik] ⟨-ally⟩ **0.1** ***patriottisch.***

patriotism [pætriətizm] **0.1** ***patriottisme*** ⇒*vaderlandsliefde.*

patrol¹ [pətrool] ⟨zn.⟩ **0.1** ⟨ww. enk. of mv.⟩ ***(verkennings)-patrouille*** ⇒*(verkennings)eenheid* **0.2** ***patrouille*** ⇒*(inspectie)ronde* ◆ **1.1** A.A. ~ *wegenwacht.*

patrol² ⟨-led⟩ **I** ⟨onov.ww.⟩ **0.1** ***patrouilleren*** ⇒*de ronde doen;*

II ⟨ov.ww.⟩ **0.1** ***afpatrouilleren*** ⇒*de ronde doen van.*

patrol boat **0.1** ***patrouilleboot/vaartuig.***

patrol car **0.1** ***politiewagen.***

patrolman [pətroolmən] **0.1** ⟨BE⟩ ***wegenwachter*** **0.2** ⟨AE⟩ ***politieagent.***

patrol wagon ⟨AE⟩ **0.1** ***arrestantenwagen.***

patrolwoman ⟨AE⟩ **0.1** ***politieagente.***

patron [peetrən] **0.1** ***patroon*** **0.2** ***(vaste) klant*** **0.3** ***patroonheilige*** ◆ **1.1** ~ of the arts *mecenas.*

patronage [pætrənidzj] **0.1** ***steun*** ⇒*bescherming* **0.2** ⟨BE⟩ ***patronaatsrecht*** ⇒*collatierecht* **0.3** ***benoemingsrecht*** **0.4** ***klandizie*** ⇒*clientèle* ◆ **1.1** foundation with/under the ~ of *stichting onder de bescherming van.*

patroness [peetrənis] **0.1** ***patrones*** ⇒*beschermheilige.*

patronize, -ise [pætrənajz] **0.1** ***patron(is)eren*** ⇒*beschermen* **0.2** ***klant zijn van*** ⇒*vaak bezoeken* **0.3** ***uit de hoogte behandelen*** ◆ **1.2** well ~d store *goed beklante winkel.*

patronizing, -ising [pætrənajzing] **0.1** ***neerbuigend*** ⇒*minzaam, bevoogdend.*

patron saint **0.1** ***patroon(heilige).***

patronymic [pætrənimmik] **0.1** ⟨bn.⟩ ***patronymisch*** **0.2** ⟨zn.⟩ ***patronymicum*** ⇒*vadersnaam, familie/geslachtsnaam* ◆ **1.1** ~ name *patronymicum.*

patten [pætn] **0.1** ***klomp*** ⇒*steltschoen.*

patter¹ [pætə] ⟨zn.⟩ **0.1** ***jargon*** ⇒*taaltje* **0.2** ***geratel*** ⇒*gebabbel* **0.3** ***geklets*** ⇒*gekakel* **0.4** ***gekletter*** ⇒*getrippel* ⟨v. voeten⟩ ◆ **1.1** thieves' ~ *Bargoens;* salesman's ~ *verkoperstaaltje.*

patter² ⟨ww.⟩ **0.1** ***ratelen*** **0.2** ***kletsen*** **0.3** ***kletteren*** **0.4** ***trippelen.***

pattern¹ [pætn] ⟨zn.⟩ **0.1** ⟨ook attr.⟩ ***model*** ⇒*prototype* **0.2** ***patroon*** ⇒*dessin; (giet)model, mal; plan, schema; borduurpatroon* **0.3** ***staal*** ⇒*monster* ◆ **1.1** a ~ of virtue *een toonbeeld v. deugd* **1.2** a ~ for a coat *een patroon voor een jas;* the ~ of the illness *het ontwikkelingspatroon v.d. ziekte* **2.2** geometric ~s *geometrische figuren* **3.2** cut to one ~ *op dezelfde leest geschoeid.*

pattern² **I** ⟨onov.ww.⟩ **0.1** ***een patroon vormen;***

II ⟨ov.ww.⟩ **0.1** ***vormen*** ⇒*maken, modelleren* **0.2** ⟨+with⟩ ***versieren (met)*** ⇒*schakeren* ◆ **5.1** ~ **out** *aanleggen volgens een bepaald patroon/model* **6.1** ~ **after/(up)on** *modelleren/vormen naar;* ~ o.s. **on** s.o. *iem. tot voorbeeld nemen.*

pattern bombing **0.1** ***bombardement v.e. hele streek*** ⇒ *bomtapijt.*

pattern book **0.1** ***stalenboek.***

pattern recognition ⟨comp.⟩ **0.1** ***patroonherkenning.***

patt|y [pætie] ⟨mv.: -ies⟩ **0.1** ***pasteitje.***

paucity [po:sətie] ⟨geen mv.⟩ **0.1** ***geringheid*** ⇒*schaarste.*

paunch [po:ntsj] **0.1** ***buik(je)*** ⇒*maag;* ⟨pej.⟩ *pens* **0.2** ⟨dierk.⟩ ***pens.***

paunch|y [po:ntsjie] ⟨-iness⟩ **0.1** ***dik(buikig).***

pauper [po:pə] **0.1** ***pauper*** ⇒*arme.*

pauperism [po:pərizm] **0.1** ***pauperisme*** ⇒*armoede.*

pauper|ize, -ise [po:pərajz] ⟨zn.: **-ization**⟩ **0.1** ***(ver)pauperiseren*** ⇒*verarmen.*

pause¹ [po:z] ⟨zn.⟩ **0.1** ***pauze*** ⇒*onderbreking, rust(punt);* ⟨ihb.⟩ *weifeling* **0.2** ***gedachtestreep*** ◆ **3.1** make a ~ *rust/pauze houden;* ~ to take a breath *adempauze* **3.**¶ give s.o. ~ *iem. doen aarzelen.*

pause² ⟨ww.⟩ **0.1** ***pauzeren*** ⇒*pauze/rust houden* **0.2** ***talmen*** ⇒*dralen, blijven hangen* **0.3** ***aarzelen*** ⇒*nadenken over* ◆ **6.2** ~ **(up)on** *aanhouden* ⟨muzieknoot⟩; *stilstaan bij.*

pave [peev] **0.1** ***bestraten*** ⟨ook fig.⟩ ⇒*plaveien* ◆ **1.1** ~ with flowers *met bloemen bedekken.*

paved [peevd] **0.1** ***bestraat*** ⇒*geplaveid* **0.2** ***vol (van)*** ⇒*vergemakkelijkt (door)* ◆ **6.2** ~ **with** good intentions *vol goede voornemens.*

pavement [peevmənt] **0.1** ***bestrating*** ⇒*wegdek, plaveisel* **0.2** ⟨BE⟩ ***trottoir*** ⇒*voetpad, stoep* **0.3** ⟨AE⟩ ***rijweg*** ⇒ *straat.*

pavement artist **0.1** ***trottoirschilder*** ⇒*trottoirartiest.*

pavement cafe **0.1** ***terrasje.***

pavilion [pəvilliən] **0.1** ***paviljoen*** ⇒⟨BE⟩ *cricketpaviljoen, clubhuis.*

paving [peeving] **0.1** ***bestrating*** ⇒*wegdek, plaveisel* **0.2** ***straatsteen.*** →**crazy.**

paving stone **0.1** ***straatsteen*** ⇒*tegel.*

Pavlovian [pævloovian] **0.1** ***pavlov-*** ⇒*automatisch* ◆ **1.1** ~ reaction/response *pavlovreactie.*

paw¹ [po:] ⟨zn.⟩ **0.1** ***poot*** ⟨ook als schrift⟩ ⇒*klauw* **0.2** ⟨inf.⟩ ***hand.***

paw² **I** ⟨onov.ww.⟩ **0.1** ***krabben*** **0.2** ***onhandig/ruw rondtasten*** ◆ **6.1** ~ **at** *krabben op; betasten;*

II ⟨ov.ww.⟩ **0.1** ***ruw aanpakken*** ⇒*betasten* **0.2** ***bekrabben*** ◆ **5.1** ~ **about/around** *lastig vallen.*

pawk|y [po:kie] ⟨-iness⟩⟨BE, Sch. E⟩ **0.1** ***droog*** ⟨v. humor⟩ **0.2** ***scherp(zinnig).***

pawl [po:l] **0.1** ***pal*** ⟨ook scheep.⟩ ⇒*klink, anker* ⟨in horloge⟩.

pawn¹ [po:n] ⟨zn.⟩ **0.1** ***(onder)pand*** **0.2** ⟨schaakspel⟩ ***pion*** ⇒ ⟨fig.⟩ *marionet* ◆ **6.1** **at/in** ~ *verpand.*

pawn² ⟨ww.⟩ **0.1** ***verpanden*** ⇒*in pand geven, belenen;* ⟨fig.⟩ *op het spel zetten* ⟨leven⟩ ◆ **1.1** ~ one's word/honour *plechtig beloven op zijn woord van eer.*

pawnbroker **0.1** ***lommerdhouder*** ⇒*pandjesbaas.*

pawnshop **0.1** ***pandjeshuis*** ⇒*lommerd, bank v. lening.*

pawn ticket **0.1** ***pandbewijs*** ⇒*lommerdbriefje.*

pawpaw →**papaw.**

pax[1] [pæks] ⟨zn.⟩ **0.1** ***vrede(s)kus*** ⇒*pax.*

pax[2] ⟨tw.⟩⟨BE; sl.⟩ **0.1** ***stop*** ⇒*vrede.*

pay[1] [pee] ⟨zn.; ook attr.⟩ **0.1** ***betaling*** **0.2** ***loon*** ⇒*salaris* ◆ **2.2** on full ~ *met behoud v. salaris* **6.¶** **in** the ~ **of** *in dienst van.*

pay[2] ⟨paid, paid [peed]⟩ **I** ⟨onov.ww.⟩ **0.1** ***betalen*** ⇒⟨fig.⟩ *boeten* **0.2** ***renderen*** ⇒*lonend zijn* ◆ **2.2** it ~s to be honest *eerlijk duurt het langst* **3.1** make s.o. ~ *iem. laten boeten* **4.2** it doesn't ~ *het is de moeite niet* **5.1** ~ **down** *contant betalen.* →**pay for, pay off, pay out, pay up;**
II ⟨ov.ww.⟩ **0.1** ***betalen*** ⇒*afbetalen, vergoeden* **0.2** ***belonen*** ⟨fig.⟩ ⇒*vergoeden, schadeloosstellen; betaald zetten* **0.3** ***schenken*** ⇒*verlenen* **0.4** ***renderen voor*** ⇒*lonend zijn (voor)* ◆ **1.1** ~ cash *contant betalen;* ~ a dividend *een dividend uitkeren* **1.2** ~ s.o. for his loyalty *iem. voor zijn trouw belonen* **1.3** ~ attention *opletten, aandacht schenken* **1.4** the investment ~s five percent *de investering levert een winst v. vijf procent op* **3.¶** ~ as you earn *loonbelasting; voorheffing op loon* ⟨voor belasting⟩ **4.4** it didn't ~ him at all *het bracht hem niets op* **5.1** ~ **down** *als voorschot betalen;* ~ **over** *(uit)betalen.* →**pay back, pay off, pay out, pay up.**

payabl|e [peeəbl] ⟨-ly⟩ **0.1** ***betaalbaar*** ⇒*verschuldigd* ◆ **3.1** make ~ *betaalbaar stellen* ⟨wissel⟩ **6.1** ~ **to** *ten gunste van.*

payback, ⟨in bet. 0.2 ook⟩ **payback time, payback period** **0.1** ***opbrengst*** ⇒*resultaat, rendement* **0.2** ***terugverdientijd.***

pay back **0.1** ***terugbetalen*** ⇒*vergoeden;* ⟨fig.⟩ *betaald zetten* ◆ **1.1** she paid him back his infidelities *ze zette hem zijn avontuurtjes betaald.*

pay-bed **0.1** ***ziekenhuisbed*** ⟨waarvoor betaald moet worden door particulier verzekerde⟩.

paybox ⟨BE⟩ **0.1** ***kas(sa)*** ⇒*(plaatskaarten)loket.*

paycheck ⟨AE⟩ **0.1** ***looncheque*** ⇒⟨bij uitbr.⟩ *salaris.*

payday **0.1** ***betaaldag*** **0.2** ⟨geldw.⟩ ***rescontre(dag).***

pay dirt ⟨AE⟩ **0.1** ***rijke/productieve (ertshoudende) grond*** ⇒⟨bij uitbr.⟩ *(waardevolle) vondst.*

P.A.Y.E., PAYE ⟨afk.⟩ **0.1** [pay as you earn].

payee [pee·ie:] **0.1** ***begunstigde*** ⇒*ontvanger* ⟨v. wissel e.d.⟩.

pay envelope ⟨AE⟩ **0.1** ***loonzakje.***

payer [peeə] **0.1** ***betaler/betaalster.***

pay for **0.1** ***betalen (voor)*** ⇒*de kosten betalen van;* ⟨fig.⟩ *boeten/opdraaien voor* ◆ **1.1** the house is all paid for *het huis is helemaal afbetaald.*

pay freeze **0.1** ***loonstop.***

paying [peeing] **0.1** ***lonend*** ⇒*rendabel.*

paying guest **0.1** ***kostganger*** ⇒*betalende logé.*

paying-in slip **0.1** ***stortingsbewijs/reçu.***

payload **0.1** ***betalende vracht*** ⟨in schip, vliegtuig⟩ **0.2** ***nuttige last*** ⇒*springlading* ⟨in bom/raket⟩ **0.3** ***netto lading/laadvermogen.***

paymaster **0.1** ***betaalmeester.***

Paymaster General ⟨mv.: ook Paymasters General⟩ **0.1** ⟨BE⟩ ***minister v. financiën.***

payment [peemənt] **0.1** ***(uit)betaling*** ⇒*honorering, loon* **0.2** ***(af)betaling*** **0.3** ***vergoeding*** ⇒*beloning, (verdiende) loon* **0.4** ***betaalde som*** ⇒*bedrag, storting* ◆ **1.3** in ~ for services rendered *als beloning voor bewezen diensten* **3.4** make monthly ~s on the car *de auto maandelijks afbetalen* **3.¶** deferred ~, ~ on deferred terms *betaling in termijnen;* ⟨ihb.⟩ *afbetaling.*

payment-in-kind ⟨mv.: payments-in-kind⟩ **0.1** ***(af)betaling in natura.***

pay off **I** ⟨onov.ww.⟩ **0.1** ***renderen*** ⇒*(de moeite) lonen;*
II ⟨ov.ww.⟩ **0.1** ***betalen en ontslaan*** ⇒*afmonsteren* **0.2** ***(af)betalen*** ⇒*vereffenen, aflossen* **0.3** ***steekpenningen geven*** ⇒*afkopen* **0.4** ***terugbetalen*** ⇒*met gelijke munt betalen.*

pay-off ⟨ook attr.⟩⟨inf.⟩ **0.1** ***uitbetaling*** ⟨v. loon⟩ ⇒*betaaldag* **0.2** ⟨fig.⟩ ***afrekening*** ⇒*vergelding* **0.3** ***resultaat*** ⇒*inkomsten, winst* **0.4** ***steekpenningen*** ⇒*omkoopsom* **0.5** ***afvloeiingspremie*** ⇒*gouden handdruk* **0.6** ***climax*** ⇒*ontknoping.*

pay-office **0.1** ***betaalkantoor.***

payola [peeoolə] ⟨geen mv.⟩⟨vnl. AE⟩ **0.1** ***omkoperij*** **0.2** ***steekpenning(en).***

pay out **I** ⟨onov. en ov.ww.⟩ **0.1** ***uitbetalen*** **0.2** ⟨+on⟩ ***(geld) uitgeven/weggeven (voor);***
II ⟨ov.ww.⟩ **0.1** ⟨BE⟩ ***terugbetalen*** ⇒*met gelijke munt betalen* **0.2** ⟨scheep.⟩ ***vieren*** ⟨touw, kabel⟩.

pay packet ⟨BE⟩ **0.1** ***loonzakje.***

pay phone, pay telephone **0.1** ***munttelefoontoestel.***

pay rise **0.1** ***loonsverhoging.***

payroll **0.1** ***loonlijst*** ⇒*betaalstaat* **0.2** ***loonkosten.***

payroll tax **0.1** ***personeelsbelasting.***

pay slip **0.1** ***loonstrookje.***

pay station ⟨AE⟩ **0.1** ***(publieke) telefooncel.***

pay television **0.1** ***abonnee/betaaltelevisie*** **0.2** ***munttelevisietoestel.***

pay train **0.1** ***trein waarin je je kaartje bij de conducteur moet kopen.***

pay up **0.1** ***betalen*** ⇒*(helemaal) afbetalen;* ⟨ihb.⟩ *volstorten* ⟨aandelen⟩ ◆ **1.1** ⟨geldw.⟩ paid-up capital *gestort kapitaal.*

PC ⟨afk.⟩ **0.1** [politically correct].

P.C. ⟨afk.⟩ **0.1** [Personal Computer] **0.2** [police constable] **0.3** [Privy Council(lor)].

PCB ⟨afk.⟩ **0.1** [polychlorinated biphenyl] ***PCB*** ⇒*polychloorbifenyl* **0.2** [Printed Circuit Board].

pd. ⟨afk.⟩ **0.1** [paid].

P.E. ⟨afk.⟩ **0.1** [physical education].

pea [pie:] **0.1** ***erwt*** ◆ **2.1** green ~s *erwtjes* **6.¶** as **like** as two ~s (in a pod) *(op elkaar lijkend) als twee druppels water.* →**split.**

peace [pie:s] **0.1** ***vrede*** ⇒*periode van vrede* **0.2** ⟨vnl. P-⟩ ***vredesverdrag*** **0.3** ⟨vnl. the⟩ ***openbare orde*** **0.4** ***rust*** ⇒*kalmte, tevredenheid* **0.5** ***harmonie*** ◆ **1.3** the ~ of the realm *de binnenlandse orde* **1.4** ~ of mind *gemoedsrust;* in ~ and quiet *in rust en vrede* **3.1** make ~ with *vrede sluiten met* **3.3** break/keep the ~ *de openbare orde verstoren/handhaven* **3.4** hold/keep one's ~ *zich koest houden* **3.5** keep one's ~ with *op goede voet blijven met;* make one's ~ with *zich verzoenen met* **6.4** **in** ~ *in alle rust* **6.5** **at** ~ **with** *in harmonie met* **6.¶** be **at** ~ *de eeuwige rust genieten.*

peaceab|le [pie:səbl] ⟨-ly⟩ **0.1** ***vredelievend*** **0.2** ***vredig.***

peace conference **0.1** ***vredesconferentie.***

Peace Corps ⟨zn.; ww. enk. of mv.⟩ **0.1** ***Peace Corps*** ⇒*Vredeskorps.*

peace demonstration **0.1** ***vredesbetoging.***

peaceful [pie:sfl] ⟨-ness⟩ **0.1** ***vredig*** **0.2** ***vreedzaam*** ⇒*vredesgezind* ◆ **1.2** ~ uses of nuclear energy *vreedzaam gebruik van atoomenergie.*

peacekeeping force **0.1** ***vredesstrijdkrachten*** ⇒*vredesmacht.*

peacemaker **0.1** ***vredestichter*** **0.2** ⟨AE; scherts.⟩ ***revolver.***

peace negotiations →**peace talks.**

peace offering **0.1** ***zoenoffer*** **0.2** ⟨rel.⟩ ***dankoffer.***

peace pipe **0.1** ***vredespijp*** ◆ **3.1** smoke the ~ *de vredespijp roken;* ⟨fig.⟩ *zich verzoenen.*

peace plan **0.1** ***vredesplan.***

peace talks **0.1** ***vredesonderhandelingen.***

peacetime **0.1** ***vredestijd.***

peach[1] [pie:tsj] ⟨zn.⟩ **0.1** ***perzik*** ⟨ook kleur⟩ **0.2** ***perzikboom*** **0.3** ⟨inf.⟩ ***prachtexemplaar*** ⇒*prachtmeid* ◆ **1.3** a ~ of a dress *een snoezig jurkje;* a ~ of a housewife *een prima huisvrouw* **1.¶** all ~es and cream *met een perzikhuidje.*

peach[2] ⟨ww.⟩⟨sl.⟩ **0.1** ***klikken*** ⇒*een klikspaan zijn* ◆ **6.1** ~ **against/on** an accomplice *een medeplichtige verraden.*

peachick [pie:tsjik] **0.1** ***jonge pauw.***

Peach Melba [pie:tsj melbə] ⟨cul.⟩ **0.1** ***pêche melba.***

peacock [pie:kok] **0.1** ***(mannetjes)pauw*** ⟨ook fig.⟩ ⇒*pronker, dikdoener* ◆ **2.1** as proud as a ~ *zo trots als een pauw.*

peacock blue **0.1** ***pauwblauw.***

peacock butterfly **0.1** ***(dag)pauwoog.***

peafowl **0.1** ***pauw.***

pea green ⟨ook attr.⟩ **0.1** ***erwtengroen*** ⇒*geelgroen.*

peahen [pie:hen] **0.1** ***pauwin.***

pea jacket **0.1** ***(pij)jekker*** ⇒*jopper.*

peak[1] [pie:k] ⟨zn.⟩ **0.1** ***piek*** ⇒*spits, punt;* ⟨fig.⟩ *hoogtepunt, toppunt* **0.2** ***(berg)piek*** ⇒*(hoge) berg, top* **0.3** ***klep*** ⟨v. pet⟩ ◆ **1.1** the ~ of a roof *de nok/punt v.e. dak* **2.1** waves with high ~s *golven met hoge koppen.*

peak[2] ⟨ww.⟩ **0.1** ***een piek/hoogtepunt bereiken*** ⇒⟨sport⟩ *pieken* ◆ **3.¶** ~ and pine *wegteren.*

peaked [pie:kt] **0.1** ***ziekelijk*** ⇒*mager* **0.2** ***punt-*** ⇒*spits* ◆ **1.¶** a ~ cap *een (klep)pet.*

peak hour **0.1** ***spitsuur*** ⇒*piekuur.*

peak load ⟨elek.⟩ **0.1** ***piekbelasting.***

peak month **0.1** ***topmaand.***

peak performance **0.1** ***topprestatie*** ⟨v. machines/atleten⟩.

peak|y [pie:kie] ⟨-ier⟩ **0.1** ***ziekelijk*** **0.2** ***puntig.***

peal[1] [pie:l] ⟨zn.⟩ **0.1** ***klokkengelui*** **0.2** ***klokkenspel*** ⇒*carillon* **0.3** ***luide klank*** ◆ **1.3** ~s of laughter *lachsalvo's;* a ~ of thunder *een donderslag.*

peal[2] ⟨ww.⟩ **0.1** ***luiden*** **0.2** ***galmen*** ⇒*(doen) klinken, luid verkondigen* ◆ **5.2** ~ **out** *weergalmen.*

peanut [pie:nut] **0.1** ***pinda*** ⇒⟨ook⟩ *pindaplant* **0.2** ⟨mv.; AE; inf.⟩ ***onbeduidend iets*** ⇒*kleinigheid, een schijntje.*

peanut butter **0.1** ***pindakaas.***

peanut oil **0.1** ***aardnotenolie.***

peapod **0.1** ***erwtendop.***

pear [peə] **0.1** ***peer*** **0.2** ***perenboom.*** →**prickly.**

pear drop **0.1** ***peervormig juweel*** **0.2** ***peerdrop(s).***

pearl[1] [pə:l] ⟨zn.⟩ **0.1** ***parel*** ⟨ook fig.⟩ **0.2** ***paarlemoer*** **0.3** ***parelgrijs*** ◆ **1.¶** cast ~s before swine *paarlen voor de zwijnen werpen.*

pearl[2] ⟨ww.⟩ **0.1** ***parelen*** **0.2** ***parelduiken*** ◆ **6.1** tears are ~ing **down** his face *de tranen biggelen over zijn wangen.*

pearl barley **0.1** ***parelgerst.***

pearl diver, pearl fisher **0.1** ***parelduiker.***

pearl fishery **0.1** ***parelvisserij.***

pearl oyster **0.1** ***pareloester.***

pearl|y [pə:lie] ⟨-iness⟩ **0.1** ***parelachtig*** **0.2** ***bepareld*** **0.3** ***met paarlemoer bedekt*** ◆ **1.1** ~ teeth *parelwitte tanden* **1.¶** the Pearly Gates *de paarlen poorten;* ⟨BE⟩ ~ king/queen ⟨ong.⟩ *marktventerskoning/koningin.*

peasant [peznt] **0.1** ***(kleine) boer*** **0.2** ***plattelander*** **0.3** ***lomperik*** ⇒*(boeren)kinkel.*

peasantry [pezntrie] ⟨zn.; ww. enk. of mv.; vnl. the⟩ **0.1** ***plattelandsbevolking*** **0.2** ***boerenstand.***

peas(e) pudding **0.1** ***erwtenbrij/puree.***

peashooter **0.1** ***(erwten)blaaspijp.***

pea-soup(er) ⟨inf.⟩ **0.1** ***erwtensoep*** ⇒*dikke mist.*

peat [pie:t] **0.1** ***turf*** ⇒*(laag)veen.*

peat bog **0.1** ***veengrond*** ⇒*turfland.*

peat|y [pie:tie] ⟨-ier⟩ **0.1** ***turfachtig*** ⇒*veenachtig.*

pebble [pebl] **0.1** ***kiezelsteen*** ⇒*grind* **0.2** ***bergkristal*** **0.3** ***lens van bergkristal*** ◆ **1.1** a path with ~s *een kiezelpad.* →**only.**

pebble dash **0.1** ***grindpleister*** ⇒*grindsteen.*

pebbly [peblie] **0.1** ***bekiezeld*** ⇒*met grind bedekt.*

pecan [pikæn] **0.1** ***pecannoot.***

peccadillo [pekkədilloo] ⟨mv.: ook -es⟩ **0.1** ***pekelzonde*** ⇒*kleine zonde.*

peccar|y [pekkərie] ⟨mv.: -ies⟩⟨dierk.⟩ **0.1** ***pekari.***

peck[1] [pek] ⟨zn.⟩ **0.1** ***pik*** **0.2** ⟨inf.⟩ ***vluchtige zoen*** **0.3** ***peck*** ⟨voor vloeistoffen 9,092 l; voor droge waren 8,809 l; →t⟩.

peck[2] **I** ⟨onov.ww.⟩ **0.1** ⟨+ at⟩ ***pikken (in, naar)*** ◆ **6.1** ~ **at** ⟨fig.⟩ *vitten op; met lange tanden eten van;*
II ⟨ov.ww.⟩ **0.1** ***steken*** ⇒*prikken, pikken* **0.2** ***oppikken*** ⇒*wegpikken* **0.3** ⟨inf.⟩ ***vluchtig zoenen*** ◆ **5.1** ~ **out** a drawing on a rock *een tekening in een steen hakken.*

pecker [pekkə] **0.1** ⟨AE; vulg.⟩ ***lul*** ◆ **3.¶** ⟨BE; inf.⟩ keep your ~ up *kop op!*

pecking order **0.1** ***pikorde*** **0.2** ⟨scherts.⟩ ***hiërarchie*** ◆ **1.2** be at the bottom of the ~ *niets in te brengen hebben.*

peckish [pekkisj] **0.1** ⟨inf.⟩ ***hongerig*** **0.2** ⟨AE⟩ ***vitterig.***

pecs [peks] ⟨verk.⟩ [pectorals] ⟨inf.⟩ **0.1** ***borstspieren.***

pectin [pektin] ⟨schei.⟩ **0.1** ***pectine.***

pectoral [pekt(ə)rəl] **0.1** ***borst-*** ⇒*pectoraal* ◆ **1.1** ~ cross *borstkruis;* ~ fin *borstvin.*

peculiar [pikjoe:liə] **0.1** ***vreemd*** ⇒*eigenaardig* **0.2** ***bijzonder*** **0.3** ***excentriek*** ⇒*raar* **0.4** ⟨+ to⟩ ***eigen (aan)*** ⇒*typisch (voor)* ◆ **1.2** of ~ interest *v. bijzonder belang* **2.2** ~ly difficult *erg moeilijk* **3.1** I feel rather ~ *ik voel me niet zo lekker* **6.4** a habit ~ **to** him *een gewoonte hem eigen.*

peculiarit|y [pikjoe:lie·ærətie] ⟨mv.: -ies⟩ **0.1** ***eigenaardigheid*** ⇒*bijzonderheid, merkwaardigheid* **0.2** ***eigenheid*** ⇒*(typisch) kenmerk.*

pecuniar|y [pikjoe:niərie] ⟨-ily⟩⟨schr.⟩ **0.1** ***pecuniair*** ⇒*financieel* **0.2** ⟨jur.⟩ ***met (geld)boete*** ◆ **1.1** ~ loss *geldverlies.*

pedagogic(al) [peddə godzjik(l)] **0.1** ***opvoedkundig*** ⇒*pedagogisch* **0.2** ***schoolmeesterachtig.***

pedagogue [peddəgog] **0.1** ***pedagoog.***

pedagogy [peddəgodzjie] **0.1** ***pedagogiek.***

pedal[1] [pedl] ⟨zn.⟩ **0.1** ***pedaal*** ⇒*trapper.*

pedal[2] [pedl] ⟨BE -led⟩ **I** ⟨onov.ww.⟩ **0.1** ***peddelen*** ⇒*fietsen;*
II ⟨onov. en ov.ww.⟩ **0.1** ***trappen*** ⇒*treden.*

pedal bin **0.1** ***pedaalemmer.***

pedal boat **0.1** ***waterfiets.***

pedal(l)o [peddəloo] **0.1** ***waterfiets*** ⇒*pedalo.*

pedant [pednt] **0.1** ***pedant iem.*** ⇒*muggenzifter, betweter* **0.2** ***boek(en)geleerde*** **0.3** ***geleerddoener.***

pedantic [pidæntik] ⟨-ally⟩ **0.1** ***pedant.***

pedantr|y [pedntrie] ⟨mv.: -ies⟩ **0.1** ***pedanterie*** **0.2** ***geleerddoenerij.***

peddle [pedl] **I** ⟨onov.ww.⟩ **0.1** ***leuren*** ⇒*venten;*
II ⟨ov.ww.⟩ **0.1** ***(uit)venten*** ⇒*aan de man brengen* **0.2** ***verspreiden*** ⇒*rondstrooien, verkondigen* ◆ **1.1** ~ dope/drugs *drugs verkopen* **1.2** ~ gossip *roddel(praatjes) verkopen.*

peddling [pedling] **0.1** ***onbeduidend.***

pederast [peddəræst, pie:-] **0.1** ***pederast.***

pederasty [peddəræstie, pie:-] **0.1** ***pederastie.***

pedestal [peddistl] **0.1** ***voetstuk*** ⟨ook fig.⟩ ⇒*sokkel* **0.2** ***steunstuk*** ⇒*basis* ⟨ook fig.⟩ ◆ **3.1** ⟨fig.⟩ knock s.o. off his ~ *iem. van zijn voetstuk stoten;* ⟨fig.⟩ put/set s.o. on a ~ *iem. op een voetstuk plaatsen.*

pedestrian[1] [piddestriən] ⟨zn.⟩ **0.1** ***voetganger.***

pedestrian[2] ⟨bn.⟩ **0.1** ***voetgangers-*** ⇒*wandel-* **0.2** ***(dood)-gewoon*** ⇒*prozaïsch* ◆ **1.1** ~ crossing *voetgangersoversteekplaats;* ~ journey *voetreis/tocht;* ~ precinct *autovrij/verkeersvrij gebied.*

pedestrianize, -ise [piddestriənajz] **0.1** ***verkeersvrij maken*** ⇒*tot voetgangersgebied maken.*

pediatrician, paediatrician [pie:diətrisjn] **0.1** ***pediater*** ⇒*kinderarts.*

pediatrics, paediatrics [pie:die·ætriks] **0.1** ***pediatrie*** ⇒*kindergeneeskunde.*

pedicab [peddikæb] **0.1** ***riksjafiets*** ⇒*fietstaxi.*

pedicure [peddikjoeə] **0.1** ***pedicure.***

pedigree[1] [peddigrie:] ⟨zn.⟩ **0.1** ***stamboom*** **0.2** ***pedigree*** ⇒*stamboek* ⟨v. dieren⟩ **0.3** ***afstamming*** ⇒*goede komaf* ◆ **1.1** ⟨fig.⟩ the ~ of a word *de oorsprong/geschiedenis v.e. woord* **2.1** a family with long ~s *een zeer oude familie.*

pedigree[2] ⟨bn.⟩ **0.1** ***ras-*** ◆ **1.1** ~ cattle *stamboekvee.*

pedigreed [peddigried] **0.1** ***ras-.***

pediment [peddimmənt] ⟨bouwk.⟩ **0.1** ***fronton*** ⇒*geveldriehoek/veld.*

pedlar, ⟨AE sp. ook⟩ **peddler** [pedlə] **0.1** ***venter*** ⇒*straathandelaar* **0.2** ***drugsdealer*** **0.3** ***verspreider*** ⟨v. praatjes⟩.

pedometer [piddommittə] **0.1** ***stappenteller.***

pee[1] [pie:] ⟨zn.⟩⟨inf.⟩ **0.1** ***plas*** ⇒*urine* ◆ **3.1** go for/have/take a ~ *een plasje gaan doen.*

pee[2] ⟨ww.⟩⟨inf.⟩ **0.1** ***plassen*** ◆ **5.¶** ⟨sl.⟩ be ~d **off** *de pest in hebben.*

peek[1] [pie:k] ⟨zn.⟩ **0.1** ***(vluchtige/steelse) blik*** ⇒*kijkje* ◆ **6.1** have a ~ **at** *een (vlugge) blik werpen op.*

peek[2] ⟨ww.⟩ **0.1** ***gluren*** **0.2** ⟨+at⟩ ***vluchtig kijken (naar)*** ⇒*een kijkje nemen (naar).*

peekaboo [pie:kəboe:], ⟨BE vnl.⟩ **peep-bo** [pie:pboo] **0.1** ***kiekeboe(spelletje).***

peel[1] [pie:l] ⟨zn.⟩ **0.1** ***schil.***

peel[2] **I** ⟨onov.ww.⟩ **0.1** ⟨ook +off⟩ ***afpellen*** ⇒*afbladderen* ⟨v. verf⟩; *vervellen* **0.2** ⟨+ off; inf.⟩ ***zich uitkleden*** ◆ **1.1** my nose ~ed *mijn neus vervelde* **6.1** ~ **off** *afschilferen van;*
II ⟨ov.ww.⟩ **0.1** ***schillen*** ⇒*pellen, ontschorsen* ◆ **5.1** ~ **off** *los trekken/maken; uittrekken* ⟨kleren⟩ **6.1** ~ the skin **off** a banana *de schil van een banaan afhalen.*

peeler [pie:lə] **0.1** ***schiller*** ⇒*schilmes(je), schilwerktuig.*

peeling [pie:ling] ⟨vnl. mv.⟩ **0.1** ***(aardappel)schil.***

peep[1] [pie:p] ⟨zn.⟩ **0.1** ***piep*** ⇒*tjilp(geluid)* **0.2** ⟨inf.; kind.⟩ ***toeter*** ⇒*claxon* **0.3** ***kik*** ⇒*woord, nieuws* **0.4** ***(vluchtige/steelse) blik*** ⇒*kijkje* ◆ **1.¶** at the ~ of dawn *bij het krieken v.d. dag* **3.4** get a (quick) ~ of *(nog net) een glimp opvangen van;* take a ~ at *vluchtig bekijken.*

peep[2] **I** ⟨onov.ww.⟩ **0.1** ⟨+ at⟩ ***gluren (naar)*** ⇒*loeren (naar), (be)spieden* **0.2** ⟨+ at⟩ ***vluchtig kijken (naar)*** ⇒*een kijkje nemen (bij)* **0.3** ***te voorschijn komen*** **0.4** ***piepen*** ⇒*tjirpen* ◆ **1.¶** ~ing Tom *voyeur; loerder, gluurder* **5.3** ~ **out** *opduiken* **6.3** the flowers are ~ing **through** the soil *de bloemen steken hun kopjes boven de grond;*
II ⟨ov.ww.⟩ **0.1** ***doen piepen*** **0.2** ***doen uitsteken.***

peep-bo →**peekaboo.**

peeper [pie:pə] **0.1** ***dier dat piept*** ⇒*piepkuiken* **0.2** ***voyeur*** ⇒⟨ook⟩ *gluurder* **0.3** ⟨mv.; inf.⟩ ***kijkers*** ⟨ogen⟩.

peephole **0.1** ***kijkgaatje.***

peepshow **0.1** ***kijkkast*** **0.2** ***peepshow*** ⟨seksattractie⟩.

peep-toe, peep-toed **0.1** ***met open neus*** ⟨v. schoen⟩.

peer[1] [piə] ⟨zn.⟩ **0.1** ***edelman*** **0.2** ***peer*** ⟨lid v.d. hoge adel⟩ **0.3** ***gelijke*** ⇒*collega* ◆ **1.¶** ~ of the realm *edelman die lid is v. het Hogerhuis.* →**hereditary.**

peer[2] ⟨ww.⟩ **0.1** ***turen*** ⇒*staren, spieden.*

peerage [piəridzj] **I** ⟨telb.zn.⟩ **0.1** ***adelboek;***
II ⟨n.-telb.zn.⟩ **0.1** ***peerdom*** ⇒*adel(dom)* **0.2** ***peerschap*** ⇒*adelstand* ◆ **3.2** raise s.o. to the ~ *iem. in de adelstand verheffen.*

peeress [piəris] **0.1** ***(vrouwelijke) peer*** ⇒*edelvrouw* **0.2** ***vrouw v.e. peer.***

peer group **0.1** ***(groep v.) gelijken*** ⇒*collega's* ◆ **2.1** my son seems so much younger than his ~ *mijn zoon lijkt zoveel jonger dan zijn leeftijdgenoten.*

peerless [piələs] **0.1** ***weergaloos*** ⇒*ongeëvenaard.*

peeve [pie:v] ⟨inf.⟩ **0.1** ***ergeren*** ⇒*irriteren* ◆ **3.1** get ~d quickly *lichtgeraakt zijn.*

peevish [pie:visj] ⟨-ness⟩ **0.1** ***chagrijnig*** ⇒*slechtgehumeurd, knorrig* **0.2** ***weerbarstig*** ⇒*dwars.*

peg[1] [peg] ⟨zn.⟩ **0.1** ***pin*** ⇒*pen, plug* **0.2** ***schroef*** ⟨v.e. snaarinstrument⟩ **0.3** ***(tent)haring*** **0.4** ***paal*** ⇒*grenspaal* **0.5** ***kapstok*** ⟨ook fig.⟩ ⇒*haak, voorwendsel* **0.6** ⟨BE⟩ ***wasknijper*** ◆ **3.5** the meeting was used as a ~ to hang their complaints on *de vergadering werd gebruikt als voorwendsel om te kunnen klagen* **3.¶** take s.o. down a ~ (or two) *iem. een toontje lager doen zingen* **6.5** buy clothes **off** the ~ *confectiekleding kopen.* →**square.**

peg[2] ⟨-ged⟩ **I** ⟨onov.ww.⟩ →**peg away, peg out;**
II ⟨ov.ww.⟩ **0.1** ***vastpennen*** ⇒*vastpinnen/pluggen* **0.2** ⟨BE⟩ ***(met wasknijpers) ophangen*** **0.3** ***doorpriemen*** **0.4** ⟨ec.⟩ ***stabiliseren*** ⇒*bevriezen* ◆ **5.1** ~ **down** a flap *een zeil vastpennen;* ~ s.o. **down** *iem. beperkingen opleggen;* ⟨inf.⟩ *iem. vastpinnen/leggen;* he's hard to ~ **down** *je krijgt moeilijk vat op hem.* →**peg out.**

peg away **0.1** ⟨+ at⟩ ***doorwerken/zwoegen (aan).***

peg leg ⟨inf.⟩ **0.1** ***houten been*** **0.2** ***mank(e)poot.***

peg out **I** ⟨onov.ww.⟩⟨inf.⟩ **0.1** ***zijn laatste adem uitblazen*** ⇒*het hoekje omgaan* ◆ **3.1** to feel pegged out *nog nauwelijks op zijn benen kunnen staan;*
II ⟨ov.ww.⟩ **0.1** ***afpalen*** ⇒*afbakenen* ◆ **1.1** ~ a claim *(een stuk land) afbakenen.*

peignoir [peenwa:] **0.1** ***peignoir.***

pejorative [pidzjorrətiv] **0.1** ⟨bn.⟩ ***pejoratief*** ⇒*ongunstig* **0.2** ⟨zn.⟩ ***woord met ongunstige betekenis.***

Pekingese [pie:kingie:z], **Pekinese** [pie:kənie:z] ⟨mv.: ook Pekin(g)ese⟩ **I** ⟨eig.n.⟩ **0.1** ***Pekinees*** ⟨dialect v. Peking⟩;
II ⟨telb.zn.⟩ **0.1** ⟨ook p-⟩ ***pekinees*** ⟨hond⟩ **0.2** ***Pekinees*** ⟨inwoner v. Peking⟩.

pelican [pellikkən] **0.1** ***pelikaan*** **0.2** →**pelican crossing.**

pelican crossing ⟨vnl. BE⟩ **0.1** ***oversteekplaats*** ⟨met te bedienen verkeerslichten⟩.

pellet [pellit] **0.1** ***balletje*** ⇒*bolletje, prop(je)* **0.2** ***kogeltje*** ⇒*hagelkorrel;* ⟨mv.⟩ *hagel* **0.3** ***(stenen) kogel*** ⇒*kanonbal* **0.4** ⟨vnl. BE⟩ ***tablet*** ⇒*pil(letje).*

pellucid [pilloe:sid] **0.1** ***doorzichtig*** ⇒*helder* ⟨ook fig.⟩.

pelmet [pelmit] **0.1** ***lambrekijn*** ⇒*gordijnkap.*

pelt[1] [pelt] ⟨zn.⟩ **0.1** ***vacht*** ⇒*huid, vel.* →**full.**

pelt[2] **I** ⟨onov.ww.⟩ **0.1** ***(neer)kletteren*** ⇒*(neer)kletsen/plenzen* **0.2** ***hollen*** ⇒*snellen* **0.3** ***kloppen*** ⇒*hameren* **0.4** ***vuren*** ⇒*gooien, schieten* ◆ **1.1** ~ing rain *kletterende regen* **6.1** ⟨vnl. BE⟩ it's ~ing (down) **with** rain *het regent dat het giet* **6.2** ~ **down** a hill *een heuvel afrennen;*
II ⟨ov.ww.⟩ **0.1** ***bekogelen*** ⇒*beschieten, bestoken* ⟨ook fig.⟩ **0.2** ***raken*** ◆ **6.1** the journalists ~ed the president **with** questions *de journalisten onderwierpen de president aan een vragenvuur.*

pelvic [pelvik] **0.1** ***bekken-*** ◆ **1.1** ~ fin *buikvin;* ~ girdle *bekkengordel.*

pelvis [pelvis]⟨mv.: ook pelves [-vie:z]⟩ **0.1** ***bekken*** ⇒*pelvis.*

pen[1] [pen] ⟨zn.⟩ **0.1** ***pen*** ⇒*balpen, vulpen* **0.2** ⟨vnl. enk.; schr.⟩ ***pen*** ⇒*auteur(schap)* **0.3** ***hok*** ⇒*kooi, cel* **0.4** ***(baby)box*** ⇒

loophek **0.5** ***bunker voor onderzeeërs*** ⇒*duikbootdok* ◆ **3.1** put/set ~ to paper *de pen op het papier zetten;* ⟨schr.⟩ take up one's ~ *de pen ter hand nemen* **3.2** live by one's ~ *van zijn pen leven* **3.¶** push a ~ *pennenlikker zijn* **¶.¶** ⟨sprw.⟩ the ~ is mightier than the sword *de pen is machtiger dan het zwaard.*

pen[2] ⟨ww.; -ned⟩ **0.1** ***op papier zetten*** ⇒*(neer)pennen* **0.2** ***opsluiten*** ⟨ook fig.⟩ ⇒*afzonderen* ◆ **5.2** ~ **in** *opsluiten, beperken;* ~ **up** *opsluiten.*

penal [pie:nl] **0.1** ***straf-*** **0.2** ***strafbaar*** **0.3** ***zwaar*** ⇒*(heel) ernstig* ◆ **1.1** ~ code *strafwetboek;* ~ laws *strafrecht* **1.2** ~ offence *strafbaar feit* **1.3** ~ taxes *zware/hoge belastingen* **1.¶** ~ servitude *dwangarbeid.*

penal colony, penal settlement **0.1** ***strafkolonie.***

penal|ize, -ise [pie:n(ə)lajz] ⟨zn.: **-ization**⟩ **0.1** ***straffen*** ⇒ *een straf opleggen/geven* **0.2** ***een handicap/achterstand geven*** ⇒*benadelen, achterstellen* **0.3** ⟨sport⟩ ***een strafschop toekennen*** **0.4** ***strafbaar stellen/maken*** ⇒ *verbieden.*

penalt|y [penltie] ⟨mv.: -ies⟩ **0.1** ⟨vnl. enk.; jur.⟩ ***(geld/gevangenis)straf*** ⇒*(geld)boete* **0.2** ***(nadelig) gevolg*** ⇒*nadeel, schade* **0.3** ⟨sport⟩ ***handicap*** ⇒*achterstand, strafpunt* **0.4** ⟨voetbal⟩ ***strafschop*** ◆ **3.2** pay the ~ of *de gevolgen dragen van* **6.1** **on/under** ~ **of** *op straffe van.*

penalty area ⟨voetbal⟩ **0.1** ***strafschopgebied.***

penalty box ⟨ijshockey⟩ **0.1** ***strafbank*** ⇒*strafhok(je).*

penalty clause ⟨jur.⟩ **0.1** ***(paragraaf/passage met) strafbepaling.***

penalty kick ⟨voetbal⟩ **0.1** ***strafschop.***

penalty spot **0.1** ***strafschopstip.***

penance [pennəns] **0.1** ***penitentie*** ⟨ook fig.⟩ ⇒*boete(doening), straf* ◆ **3.1** do ~ for *boeten voor, boete doen voor.*

pen-and-ink **0.1** ***pen-*** ◆ **1.1** ~ drawing/sketch *pentekening.*

pence [pens] ⟨mv.⟩ →**penny.**

penchant [pentsjənt,pa:nsjã] ⟨vnl. enk.⟩ **0.1** ***hang*** ⇒*neiging, voorliefde.*

pencil[1] [pensl] ⟨zn.; vaak attr.⟩ **0.1** ***potlood*** ⇒*vulpotlood, stift;* ⟨bij uitbr.⟩ *schrijfgerei, (bal)pen* **0.2** ⟨med., cosmetiek⟩ ***(maquilleer)stift*** **0.3** ⟨nat., wisk.⟩ ***bundel.***

pencil[2] ⟨ww.; BE -led⟩ **0.1** ***(met potlood) kleuren*** ⇒*met potlood merken* **0.2** ***schetsen*** ⇒*tekenen* ⟨ook fig.⟩ **0.3** ***in potlood (op/uit)schrijven*** ◆ **1.1** ~led eyebrows *zwartgemaakte wenkbrauwen.*

pencil sharpener **0.1** ***puntenslijper.***

pencil skirt ⟨BE⟩ **0.1** ***kokerrok.***

pendant, pendent [pendənt] **0.1** ***hanger(tje)*** ⇒*oorhanger* **0.2** ***luster*** ⇒*hangende luchter* **0.3** ***pendant*** ⇒*tegenhanger/stuk.*

pendent [pendənt] **0.1** ***(neer)hangend*** ⇒*neerbengelend* **0.2** ***overhangend*** ⇒*uitstekend* **0.3** ⟨schr.⟩ ***hangend*** ⇒*onbeslist.*

pending[1] [pending] ⟨bn.⟩ **0.1** ***hangend*** ⇒*onbeslist, in behandeling* **0.2** ***ophanden (zijnd)*** ⇒*aanstaand, dreigend* ◆ **1.1** patent ~ *octrooi aangevraagd* **1.2** a climax is ~ *er is een climax ophanden.*

pending[2] ⟨vz.⟩ **0.1** ***in afwachting van*** ⟨bv. aankomst⟩.

pendulous [pendjoeləs] **0.1** ***(neer)hangend*** **0.2** ***schommelend*** ⇒*twijfelend* ◆ **1.1** ~ cheeks/jowls *hang/kwabwangen.*

pendulum [pendjoeləm] **0.1** ***slinger*** ⇒⟨bij uitbr. ook⟩ *slingerbeweging; pendelbeweging, kentering* ◆ **1.1** a clock with a ~ *een slingeruurwerk;* the ~ of public opinion *het omslaan v.d. publieke opinie.*

penetrab|le [pennitrəbl] ⟨-ly; zn.: **-ility**⟩ **0.1** ***doordringbaar*** **0.2** ***ontvankelijk.***

penetrate [pennitreet] **I** ⟨onov.ww.⟩ **0.1** ***doordringen*** ⇒*penetreren; begrepen/gesnapt worden* **0.2** ***binnendringen*** ⇒*indringen* ◆ **1.1** the hint didn't ~ *de wenk kwam niet over;*

II ⟨ov.ww.⟩ **0.1** ***doordringen*** ⇒*(door)dringen (tot) in, dringen door; (ver)vullen* **0.2** ***doorgronden*** ⇒*door/uitvorsen, vatten, penetreren* **0.3** ***doorzien*** ⇒*achterhalen* **0.4** ***dringen door(heen)*** ⇒*zien door(heen)* ◆ **1.1** the cold ~d the bones *de kou drong tot op het bot door* **1.3** ~ s.o.'s disguise *iemands vermomming doorzien* **1.4** our eyes couldn't ~ the darkness *onze ogen konden niet door de duisternis heendringen.*

penetrating [pennitreeting] **0.1** ***doordringend*** ⇒*scherp(zinnig); snijdend* ⟨v. wind⟩; *scherp, luid* ⟨v. geluid⟩ **0.2** ***diepgaand*** ⇒*grondig* ◆ **2.¶** ~ oil *kruipolie.*

penetration [pennitreesjn] **0.1** ***penetratie*** ⇒*inbrenging; het in/door/binnendringen* **0.2** ***doordringingsvermogen*** **0.3** ***indringingsvermogen*** ⟨v. projectiel⟩ **0.4** ***scherpzinnigheid*** ⇒*in/doorzicht.*

penetrative [pennitrətiv] **0.1** ***doordringend*** ⇒*met doordringingsvermogen; scherp(zinnig), intelligent.*

pen-friend, ⟨AE⟩ **pen pal** **0.1** ***(buitenlandse) correspondentievriend(in).***

penguin [penggwin] **0.1** ***pinguïn.***

penicillin [pennissillin] **0.1** ***penicilline.***

peninsula [pinninsjoelə] **0.1** ***schiereiland.***

peninsular [pinninsjoelə] **0.1** ***als/van/mbt. een schiereiland.***

penis [pie:nis] **0.1** ***penis.***

penis envy **0.1** ***penisnijd.***

penitence [pennittəns] **0.1** ***boete(doening)*** ⇒*penitentie* **0.2** ***berouw.***

penitent[1] [pennittənt] ⟨zn.⟩ **0.1** ***boetvaardige*** **0.2** ***boeteling*** **0.3** ***biechteling(e).***

penitent[2] ⟨bn.⟩ **0.1** ***berouwvol*** ⇒*boetvaardig* ◆ **3.¶** be ~ *boete doen.*

penitential [pennittensjl] **0.1** ***berouwvol*** ⇒*boetvaardig* **0.2** ***boet(e)-*** ◆ **1.2** ~ psalms *boetpsalmen.*

penitentiar|y[1] [pennittensjərie] ⟨zn.; mv.: -ies⟩ **0.1** ***penitentiaire inrichting*** ⇒⟨ihb. AE⟩ *federale gevangenis.*

penitentiary[2] ⟨bn.⟩ **0.1** ***penitentiair*** ⇒*straf-, boet(e)-* **0.2** ***heropvoedings-*** ⇒*verbeterings-.*

penknife **0.1** ***zak(knip)mes.***

penmanship [penmənsjip] **0.1** ***kalligrafie*** ⇒*schoonschrijfkunst.*

pen name **0.1** ***schrijversnaam*** ⇒*pseudoniem.*

pennant [pennənt] **0.1** ***wimpel.***

penniless [pennieləs] **0.1** ***zonder geld*** ⇒*blut, platzak* **0.2** ***arm*** ⇒*behoeftig.*

penn'orth ⟨samentr. v. pennyworth⟩.

penny [pennie] ⟨mv.: pence [pens], pennies⟩ **0.1** ***penny*** ⇒ *stuiver, cent, duit* ◆ **1.¶** not have/be without a ~ to one's name *geen rooie duit bezitten;* a ~ for your thoughts *wat gaat er in je om?* **2.¶** ⟨sprw.⟩ ~ wise, pound foolish *sommige mensen zijn zuinig als het om kleine bedragen gaat, terwijl ze grote bedragen over de balk gooien* **3.¶** ⟨sprw.⟩ take care of the pence and the pounds will take care of themselves *wie een penning niet acht, krijgt over een gulden geen macht;* ⟨BE; inf.⟩ the ~ has dropped *ik* ⟨enz.⟩ *heb het door, ik snap 'm;* ⟨inf.; euf.⟩ spend a ~ *een kleine boodschap doen* ⟨naar de wc⟩ **4.¶** ⟨BE; inf.⟩ two/ten a ~ *twaalf/dertien in een dozijn* **5.¶** ⟨sprw.⟩ **in** for a ~, in for a pound *wie aan boord is, moet meevaren; wie A zegt, moet ook B zeggen.* → **honest, pretty.**

penny-farthing ⟨BE; gesch.⟩ **0.1** ***vélocipède*** ⇒*fiets met groot en klein wiel.*

penny pincher ⟨inf.⟩ **0.1** *vrek.*
penny-pinching 0.1 *vrekkig.*
pennyweight 0.1 *pennyweight* ⟨1,555 g; →t⟩.
penny whistle 0.1 *(speelgoed)fluitje.*
penny-wise 0.1 *op de kleintjes lettend* ◆ **2.¶** ~ and pound-foolish *zuinig met muntjes maar kwistig met briefjes.*
pennywort [penniewə:t] **0.1** *navelkruid.*
pennyworth, penn'orth [penniewəθ, pennəθ] ⟨mv.: ook pennyworth, penn'orth⟩ **0.1** *(de waarde v.e.) penny* **0.2** *beetje* ⇒*ietsje* ◆ **6.1** a ~ **of** sweets *(voor) een penny snoepjes* **6.2** he hasn't got a ~ **of** sense *hij heeft geen greintje verstand.*
penology [pie:nolləd͡zjie] **0.1** *penologie* ⇒*strafwetenschap.*
pen pal →**pen-friend.**
pen-pusher ⟨bel.⟩ **0.1** *pennenlikker* ⇒*klerk.*
pension[1] [pa:nsjõ] ⟨zn.⟩ **0.1** *pension* ⇒*kosthuis; kostgeld* ◆ **6.1** en ~ *in (een) pension; tegen kostgeld.*
pension[2] [pensjn] ⟨zn.⟩ **0.1** *pensioen* ◆ **3.1** draw one's ~ *zijn pensioen krijgen;* retire on a ~ *met pensioen gaan.*
pension[3] [pensjn] ⟨ww.⟩ **0.1** *een pensioen toekennen/uitkeren* **0.2** *pensioneren* ⇒*op pensioen stellen.* →**pension off.**
pensionable [pensjnəbl] **0.1** *pensioengerechtigd.*
pension book 0.1 *boekje met reçu's voor opname v. pensioen op het postkantoor* ⟨in GB⟩.
pensioner [pensjənə] **0.1** *gepensioneerde* ⇒*pensioentrekkende.*
pension off 0.1 *pensioneren* ⇒*met pensioen sturen* **0.2** *afdanken* ⇒*afschaffen.*
pension scheme 0.1 *pensioenregeling.*
pensive [pensiv] ⟨-ness⟩ **0.1** *peinzend* ⇒*(diep) in gedachten* **0.2** *droefgeestig* ⇒*zwaarmoedig.*
pentagon [pentəgon] **I** ⟨eig.n.; P-; the⟩ **0.1** *Pentagon* ⟨ministerie v. defensie v.d. USA⟩;
II ⟨telb.zn.⟩ **0.1** *vijfhoek.*
pentagonal [pentægənl] **0.1** *vijfhoekig.*
pentagram [pentəgræm] **0.1** *pentagram* ⇒*vijfpuntige ster, druïdenvoet.*
pentameter [pentæmittə] **0.1** *pentameter* ⇒*vijfvoetig vers.*
pentangle [pentænggl] **0.1** *pentagram.*
Pentateuch [pentətjoe:k] ⟨the⟩ **0.1** *Pentateuch* ⟨eerste vijf boeken v.h. Oude Testament⟩.
pentathlete [pentæθlie:t] ⟨sport⟩ **0.1** *vijfkamper.*
pentathlon [pentæθlən] **0.1** *vijfkamp.*
Pentecost [pentikkost] **0.1** ⟨vnl. AE⟩ *pinksterzondag* ⇒*Pinksteren* **0.2** ⟨jud.⟩ *pinksterfeest* ⇒*Wekenfeest.*
penthouse [pentaus] **0.1** *penthouse* ⇒*dakwoning, dakappartement.*
pent-up 0.1 *op/ingesloten* ⇒*vastzittend* **0.2** *opgekropt* ⇒*onderdrukt* ◆ **1.2** ~ emotions *opgekropte gevoelens.*
penultimate [pinnultimmət] **0.1** *voorlaatst* ⇒*op één na laatst.*
penumbra [pinnumbrə] ⟨mv.: ook penumbrae [-brie:]⟩ **0.1** *halfschaduw* ⇒*schemerdonker.*
penurious [pinjoeriəs] ⟨schr.⟩ **0.1** *zeer behoeftig* ⇒*straatarm* **0.2** *hebzuchtig* ⇒*gierig* **0.3** *armoedig* ⇒*armzalig.*
penury [penjoerie] ⟨schr.⟩ **0.1** *grote behoeftigheid* ⇒*armoede; (nijpend) gebrek, (geld)nood.*
peon|y, paeon|y [pie:ənie] ⟨mv.: -ies⟩ **0.1** *pioen.*
people[1] [pie:pl] **I** ⟨telb.zn.⟩ **0.1** *volk* ⇒*gemeenschap, ras, stam* **0.2** *staat* ⇒*natie* **0.3** *volkje* ⇒*wezentjes* ◆ **2.3** the little ~ *het kaboutervolkje;*
II ⟨zn.; ww. steeds mv.⟩ **0.1** *mensen* ⇒*personen, volk, lui* **0.2** *de mensen* ⇒*ze, men* **0.3** ⟨the; vaak P-⟩ *(gewone) volk* ⇒*massa, plebs* **0.4** ⟨inf.⟩ *huisgenoten* ⇒*ouwelui, (naaste) familie* ◆ **3.2** what will ~ say? *wat zullen de mensen/ze wel zeggen?;* ~ say ... *men zegt* ... **3.¶** go to the ~ *een referendum houden, naar de kiezers gaan.* →**beautiful.**
people[2] ⟨ww.⟩ **0.1** *bevolken* ⟨ook fig.⟩ ⇒*voorzien van (inwoners), vullen, bezetten; bewonen* ◆ **1.1** a sky ~d with stars *een met sterren bezaaide hemel;* a thickly ~d town *een dichtbevolkte stad.*
people's front ⟨pol.⟩ **0.1** *volksfront.*
people's republic 0.1 *volksrepubliek.*
pep [pep] ⟨inf.⟩ **0.1** *fut* ⇒*vuur, energie.*
pepper[1] [peppə] ⟨zn.⟩ **0.1** *peper* ⟨poeder, plant, vrucht⟩ **0.2** *paprika* ⟨plant, vrucht⟩.
pepper[2] ⟨ww.⟩ **0.1** *peperen* **0.2** *bezaaien* ⇒*bespikkelen* **0.3** *bekogelen* ⇒*bestoken* ⟨ook fig.⟩ **0.4** *flink kruiden* ⟨fig.⟩ ◆ **6.2** ~ed **with** *bezaaid met* **6.4** ~ a speech **with** witty remarks *een toespraak doorspekken met grappige opmerkingen.*
pepper-and-salt 0.1 *peper-en-zout(kleurig).*
pepperbox, pepper pot 0.1 *pepervaatje* ⇒*peperbus.*
peppercorn, ⟨in bet. 0.2 ook⟩ **peppercorn rent 0.1** *peperkorrel* ⇒*peperbol* **0.2** *onbeduidende huursom.*
pepper mill 0.1 *pepermolen.*
peppermint 0.1 *pepermunt(je)* **0.2** ⟨plantk.⟩ *pepermunt.*
peppery [pepparie] **0.1** *peperig* ⇒*gepeperd, pikant* **0.2** *heethoofdig* ⇒*driftig.*
pep pill ⟨inf.⟩ **0.1** *peppil.*
pepsin [pepsin] **0.1** *pepsine.*
pep talk 0.1 *opwekkend praatje* ⇒*peptalk, aanmoedigingen.*
peptic [peptik] **0.1** *peptisch* ⇒*maag-* ◆ **1.1** ~ ulcer *maagzweer.*
pep up ⟨-ped⟩⟨inf.⟩ **0.1** *oppeppen* ⇒*opkikkeren, doen opleven; pikanter maken* ⟨gerecht⟩.
per [pə, ⟨sterk⟩ pə:] **0.1** *via* ⇒*per, door* **0.2** *per* ⇒*voor, elk(e)* ◆ **1.1** transport ~ ship *vervoer per schip* **1.2** 60 km ~ hour *zestig km per uur;* she was paid ~ number of items sold *ze werd betaald naar het aantal verkochte stuks* **8.¶** as ~ usual *zoals gewoonlijk.*
perambul|ate [pəræmbjoeleet] ⟨zn.: **-ation**⟩ **0.1** *rondwandelen* ⇒*kuieren, slenteren.*
perambulator [pəræmbjoeleetə] ⟨vnl. BE; schr.⟩ **0.1** *kinderwagen.*
perceivab|le [pəsie:vəbl] ⟨-ly⟩ **0.1** *waarneembaar* **0.2** *begrijpelijk* ⇒*bevattelijk.*
perceive [pəsie:v] **0.1** *waarnemen* ⇒*bespeuren, (be)merken* **0.2** *bemerken* ⇒*beseffen.*
per cent[1]**, percent** [pəsent] ⟨zn.; mv.: ook per cent, percent⟩ **0.1** *procent* ⇒*percent* **0.2** *percentage* ⇒*deel* ◆ **2.2** a large ~ of his income *een groot gedeelte v. zijn inkomen* **7.1** sixty ~ of the students have passed the examination *zestig procent v.d. studenten is voor het examen geslaagd.*
per cent[2] ⟨bw.⟩ **0.1** *procent* ◆ **7.1** I'm one hunderd ~ in agreement with you *ik ben het volledig met je eens.*
percentage [pəsentid͡zj] ⟨vnl. enk.; vaak attr.⟩ **0.1** *percentage* **0.2** *procent* ⇒*commissie(loon)* **0.3** ⟨inf.⟩ *winst* ⇒*voordeel* ◆ **3.¶** play the ~s *geen risico's nemen* **7.3** there is no ~ in this job *van dit werk valt geen profijt te trekken.*
percentile [pəsentajl] ⟨stat.⟩ **0.1** *percentiel.*
perceptib|le [pəseptəbl] ⟨-ly; zn.: **-ility**⟩ **0.1** *waarneembaar* ⇒*(be)merkbaar* **0.2** *begrijpelijk* ⇒*duidelijk* ◆ **3.1** he worsened perceptibly *hij ging zienderogen achteruit.*
perception [pəsepsjn] **0.1** *waarneming* ⇒*gewaarwording, observatie* **0.2** *voorstelling* ⇒*beeld* **0.3** ⟨vnl. enk.⟩ *(in)zicht* ⇒*besef, visie* ◆ **6.3** a clear ~ **of** *een duidelijk inzicht in.*

perceptive [pəseptiv] ⟨-ness⟩ **0.1** ***opmerkzaam*** ⇒*oplettend* **0.2** ***scherp(zinnig)*** ⇒*verstandig* **0.3** ***sensitief*** ⇒*(fijn)gevoelig* **0.4** ***perceptief*** ⇒*perceptie-, onderscheidings-.*

perch[1] [pə:tsj] ⟨zn.⟩ **0.1** ***stok(je)*** ⇒*stang, staaf* ⟨voor vogel⟩ **0.2** ***hoge plaats*** ⟨ook fig.⟩ ⇒*toppositie* **0.3** ⟨vnl. BE⟩ ***roe(de)*** ⟨5,029 m; →t⟩ ◆ **3.2** have a ~ in a firm *een toppositie in een bedrijf bezetten* **3.¶** ⟨inf.⟩ come off your ~ *doe niet zo eigenwijs;* knock s.o. off his ~ *iem. op zijn nummer zetten.*

perch[2] ⟨zn.; mv.: vnl. perch⟩⟨dierk., cul.⟩ **0.1** ***baars.***

perch[3] **I** ⟨onov.ww.⟩ **0.1** ***neerstrijken*** ⇒*neerkomen* ⟨v. vogels⟩; *plaatsnemen, zich neerzetten;*
II ⟨ov.ww.; vnl. als volt. deelw.⟩ **0.1** ***(neer)zetten*** ⇒*(neer)plaatsen, (neer)leggen* ⟨ihb. op iets hoogs⟩ ◆ **6.1** the boy was ~ed on the wall *de jongen zat (hoog) bovenop de muur.*

percipi|ent [pəsippiənt] ⟨zn.: **-ence**⟩ **0.1** ***opmerkzaam*** ⇒*aandachtig, scherp(zinnig).*

percol|ate [pə:kəleet] ⟨zn.: **-ation**⟩ **I** ⟨onov.ww.⟩ **0.1** ***sijpelen*** ⟨ook fig.⟩ ⇒*(door)dringen, vloeien* **0.2** ***filteren*** ⇒*door een filter lopen* ◆ **1.2** wait until the coffee has ~d *wacht tot de koffie doorgelopen is;*
II ⟨ov.ww.⟩ **0.1** ***doorsijpelen*** **0.2** ***filteren*** ⇒*met een percolator zetten* ⟨ihb. koffie⟩ ◆ **1.1** water ~d the sand *het zand werd met water doorsijpeld.*

percolator [pə:kəleetə] **0.1** ***percolator*** ⟨voor koffie⟩.

percussion [pəkusjn], ⟨in bet. 0.2 ook⟩ **percussion section** **0.1** ⟨ook med.⟩ ***percussie*** ⇒*botsing, schok* **0.2** ***slagwerk*** ⇒*slaginstrumenten.*

percussion cap **0.1** ***percussiedopje*** ⇒*slaghoedje.*

percussion instrument **0.1** ***slaginstrument.***

percussionist [pəkusjənist] **0.1** ***slagwerker*** ⇒*drummer.*

perdition [pədisjn] **0.1** ***verdoemenis*** **0.2** ***hel.***

peregrination [perrigrinneesjn] ⟨vaak mv.⟩⟨schr. of scherts.⟩ **0.1** ***het rondtrekken*** ⇒*zwerftocht, rondzwerving.*

peregrine (falcon) [perrigrin] **0.1** ***slechtvalk.***

peremptor|y [pəremp(p)trie] ⟨-ily⟩⟨schr.⟩ **0.1** ***gebiedend*** ⇒*bevelend, geen tegenspraak duldend* **0.2** ***dwingend*** ⇒*dringend* **0.3** ***afdoend*** ⇒*absoluut* **0.4** ***hooghartig*** ⇒*hautain* **0.5** ⟨jur.⟩ ***definitief*** ⇒*beslissend* ◆ **1.1** ~ obedience *onvoorwaardelijke gehoorzaamheid* **1.5** ~ decree *eindvonnis.*

perennial[1] [pərenniəl] ⟨zn.⟩⟨plantk.⟩ **0.1** ***overblijvende plant.***

perennial[2] ⟨bn.⟩ **0.1** ***het hele jaar durend/bestaand*** **0.2** ***vele jaren durend*** ⇒*langdurig* **0.3** ***eeuwig*** ⇒*blijvend* **0.4** ⟨plantk.⟩ ***overblijvend.***

perestroika [perristrojkə] ⟨pol.⟩ **0.1** ***perestrojka.***

perfect[1] [pə:fikt] **I** ⟨bn.⟩ **0.1** ***perfect*** ⇒*volmaakt; uitstekend, voortreffelijk; volledig, (ge)heel; onberispelijk, foutloos* **0.2** ***zuiver*** ⇒*puur* **0.3** ⟨taal.⟩ ***voltooid*** ◆ **1.1** the ~ crime *de volmaakte misdaad;* have a ~ set of teeth *een volledig gaaf gebit hebben* **1.2** ~ blue *zuiver blauw* **1.3** ~ participle *voltooid deelwoord;* ~ tense *(werkwoord in de) voltooide tijd* **1.¶** have a ~ right (to do sth.) *het volste recht hebben (om iets te doen)* **2.1** ~ly capable of *alleszins in staat om* **6.1** ~ **for** *uitermate geschikt voor;* ~ **in** *heel bekwaam/bedreven in;*
II ⟨bn., attr.⟩ **0.1** ***volslagen*** ⇒*volledig, totaal* ◆ **1.1** a ~ fool *een volslagen idioot;* ~ nonsense *je reinste onzin;* a ~ stranger *een volslagen onbekende* **2.1** ~ly ugly *afschuwelijk lelijk.*

perfect[2] [pəfekt] ⟨ww.⟩ **0.1** ***perfectioneren*** ⇒*vervolmaken* **0.2** ***voltooien*** ⇒*beëindigen* **0.3** ***verbeteren*** ◆ **1.3** ~ one's English *zijn Engels verbeteren* **6.1** ~ o.s. **in** sth. *zich bekwamen in iets.*

perfectib|le [pəfektəbl] ⟨zn.: **-ility**⟩ **0.1** ***(ver)volmaakbaar*** ⇒*te perfectioneren.*

perfection [pəfeksjn] **I** ⟨telb.zn.⟩ **0.1** ***hoogtepunt*** ⇒*toonbeeld* ◆ **1.1** the ~ of beauty *het toppunt v. schoonheid;*
II ⟨telb. en n.-telb.zn.⟩ **0.1** ***perfectie*** ⇒*volmaaktheid; voortreffelijkheid, uitmuntendheid* **0.2** ***perfectionering*** ⇒*(ver)volmaking* **0.3** ***voltooiing*** ◆ **6.1** the dish was cooked **to** ~ *het gerecht was voortreffelijk klaargemaakt.*

perfectionism [pəfeksjənizm] **0.1** ***perfectionisme.***

perfectionist [pəfeksjənist] **0.1** ***perfectionist.***

perfidious [pəfiddiəs] ⟨-ness⟩⟨schr.⟩ **0.1** ***perfide*** ⇒*trouweloos, verraderlijk.*

perfid|y [pə:fiddie] ⟨mv.: -ies⟩⟨schr.⟩ **0.1** ***trouweloosheid*** ⇒*valsheid, bedrog.*

perforate [pə:fəreet] **I** ⟨onov.ww.⟩ **0.1** ***doorbreken*** ⟨v. zweer⟩;
II ⟨ov.ww.⟩ **0.1** ***perforeren*** ⇒*doorprikken* **0.2** ***doordringen*** ⇒*penetreren* ◆ **1.1** a ~d box *een doos met gaatjes;* ~d sheets of paper *geperforeerde bladen papier;* stamps with ~d edges *postzegels met tandjes.*

perforation [pə:fəreesjn] **I** ⟨telb.zn.⟩ **0.1** ***perforatie(lijn)*** ⇒*doorboring* ◆ **1.1** the ~s between two stamps *de perforatielijn tussen twee postzegels;*
II ⟨n.-telb.zn.⟩ **0.1** ***perforatie*** ⇒*het perforeren/doorboren.*

perform [pəfo:m] **I** ⟨onov.ww.⟩ **0.1** ***optreden*** ⇒*een uitvoering/voorstelling geven, spelen* **0.2** ***presteren*** ⇒*werken, functioneren* ⟨ihb. v. machines⟩ **0.3** ⟨inf.⟩ ***presteren*** ⇒⟨ihb.⟩ *het goed doen* **0.4** ***doen*** ⇒*handelen* ◆ **1.2** the car ~s well *de auto loopt goed* **6.1** ~ **at** the piano *een pianoconcert geven;*
II ⟨ov.ww.⟩ **0.1** ***uitvoeren*** ⇒*volbrengen, ten uitvoer brengen* **0.2** ***vervullen*** ⇒*nakomen* ⟨een belofte⟩, *uitvoeren* **0.3** ⟨dram.⟩ ***uit/opvoeren*** ⇒*(ver)tonen, presenteren* ◆ **1.1** ~ miracles *wonderen doen;* this herb ~s miracles in curing a cold *dit kruid doet wonderen bij een verkoudheid.*

performance [pəfo:məns] **I** ⟨telb.zn.⟩ **0.1** ***voorstelling*** ⇒*op/uitvoering, tentoonstelling* **0.2** ***prestatie*** ⇒*succes* **0.3** ***(test)uitslag*** ⇒*(test)resultaat* **0.4** ⟨inf.⟩ ***karwei*** ⇒*klus, werk* **0.5** ⟨inf.⟩ ***scène*** ⇒*komedie, aanstellerij* ◆ **2.1** theatrical ~ *toneelopvoering* **3.5** make a ~ *een scène maken* **6.1** his ~ **of** Romeo *zijn uitbeelding/vertolking v. Romeo;*
II ⟨n.-telb.zn.⟩ **0.1** ***uitvoering*** ⇒*volbrenging, vervulling* **0.2** ***prestaties*** ⇒*werking* ◆ **1.2** a car's ~ *de prestaties v.e. auto.*

performance art **0.1** ***performance kunst.***

performer [pəfo:mə] **0.1** ***uitvoerder/ster*** **0.2** ***artiest.***

performing [pəfo:ming] **0.1** ***gedresseerd*** ⇒*afgericht* **0.2** ***uitvoerend*** ⇒*dramatisch* ◆ **1.2** ~ arts *uitvoerende kunsten.*

performing rights **0.1** ***auteursrechten*** ⟨op op/uitvoering⟩.

perfume[1] [pə:fjoe:m] ⟨zn.⟩ **0.1** ***parfum*** ⇒*reukstof; (aangename) geur/reuk.*

perfume[2] [pəfjoe:m] ⟨ww.⟩ **0.1** ***parfumeren.***

perfumer [pəfjoe:mə], **perfumier** [pəfjoe:miə] **0.1** ***parfumeur.***

perfunctor|y [pəfungktrie] ⟨-iness⟩ **0.1** ***plichtmatig (handelend)*** ⇒*plichtshalve gedaan, obligaat* **0.2** ***nonchalant*** ⇒*oppervlakkig* ◆ **1.1** a ~ visit *een routinebezoek* **1.2** a ~ person *iem. die zich er steeds met de Franse slag v. afmaakt.*

pergola [pə:gələ] **0.1** ***pergola.***

perhaps [pəhæps] **0.1** ***misschien*** ⇒*mogelijk(erwijs), wellicht.*

peril [perril] **0.1** ***(groot/levens)gevaar*** ⇒*risico* ◆ **6.1** you do it **at** your ~ *je doet het op eigen verantwoordelijkheid;* be **in** ~ **of** one's life *in levensgevaar verkeren.*

perilous [perrilləs] ⟨-ness⟩ **0.1** ***(levens)gevaarlijk*** ⇒*riskant* ◆ **2.1** a ~ condition *een hachelijke toestand.*

perimeter [pərimmittə] ⟨vaak attr.⟩ **0.1** ***omtrek*** ⇒*perimeter.*

perimeter fence **0.1** ***grensschutting.***

period[1] [piəriəd] ⟨zn.⟩ **0.1** ***periode*** ⟨ook geol., nat., schei., wisk.⟩ ⇒*tijdperk, fase* **0.2** ***lestijd*** ⇒*les(uur)* **0.3** ⟨vaak mv.⟩ ***(menstruatie)periode*** ⇒*ongesteldheid* **0.4** ⟨vnl. AE⟩ ***punt*** ⟨interpunctieteken⟩ **0.5** ⟨med.⟩ ***duur*** ⟨v.e. ziekte⟩ ⇒*stadium* ◆ **1.1** habits of the ~ *gewoonten uit die/onze tijd* **1.2** there are six ~s in the schoolday *er zijn zes lestijden in een schooldag* **2.1** ⟨meteo.⟩ bright ~s *opklaringen* **2.3** menstrual ~ *menstruatieperiode* **3.3** miss a/one's ~ *(haar menstruatie) een keertje overslaan* **7.1** the first ~ of a game *de eerste speeltijd* **¶.4** I won't do it, ~! *ik doe het niet, punt uit/en daarmee uit!*

period[2] ⟨bn.⟩ **0.1** ***historisch*** ⇒*stijl-* ◆ **1.1** ~ costumes *historische klederdrachten;* ~ furniture *stijlmeubelen;* ~ piece *stijlmeubel;* ⟨inf., scherts.⟩ *ouderwets geval* ⟨ook v. personen⟩.

period appointment **0.1** ***tijdelijke benoeming/aanstelling.***

periodic|(al) [piərie·oddik(l)] ⟨-ally⟩ **0.1** ***periodiek*** ⇒*regelmatig terugkerend; zich herhalend; cyclisch, kring-* **0.2** ⟨nat., schei., wisk.⟩ ***periodiek*** ◆ **1.1** ~ attacks of epilepsy *(periodiek) terugkerende aanvallen v. epilepsie* **1.2** periodic table/system *periodiek systeem.*

periodical [piərie·oddikl] **0.1** ⟨bn.⟩ →**periodic(al)** **0.2** ⟨bn.⟩ ***periodiek*** ⇒*regelmatig verschijnend* **0.3** ⟨zn.⟩ ***periodiek*** ⇒*tijdschrift.*

peripatetic [perrippətettik] ⟨-ally⟩ **0.1** ***rondreizend*** ⇒*rondzwervend/trekkend* ◆ **1.1** ⟨vnl. BE⟩ ~ teachers *rondreizende leerkrachten.*

peripheral [pərifrəl] **0.1** ***ondergeschikt*** ⇒*marginaal* **0.2** ***perifeer*** ⇒*rand-* ⟨ook fig.⟩ **0.3** ⟨comp.⟩ ***perifeer*** ⇒*mbt. randapparatuur* ◆ **1.2** ~ shops *winkels aan de rand v.d. stad* **1.3** ~ equipment *randapparatuur.*

periphery [pərifrie] ⟨vnl. enk.⟩ **0.1** ***periferie*** ⇒*(cirkel)omtrek; buitenkant, rand* ⟨ook fig.⟩ ◆ **1.1** the ~ of a political party *de randfiguren v.e. politieke partij.*

periphrasis [pərifrəsis] ⟨mv.: periphrases [pərifrəsie:z]⟩ **0.1** ***perifrase*** ⇒*omschrijving; omhaal.*

periphrastic [perrifræstik] ⟨-ally⟩ **0.1** ***perifrastisch*** ⇒*omschrijvend.*

periscope [perriskoop] **0.1** ***periscoop.***

perish [perrisj] **I** ⟨onov.ww.⟩ **0.1** ***omkomen*** ⟨ook fig.⟩ ⇒*om het leven komen, sterven* **0.2** ***vergaan*** ⇒*verteren, wegteren* ◆ **6.1** ~ **with** cold *vergaan van de kou;*
II ⟨ov.ww.⟩ **0.1** ⟨vaak pass.⟩ ***vernietigen*** ⇒*vernielen* **0.2** ***verslijten*** ◆ **6.1** they were ~ed **with** hunger *zij vergingen van de honger.*

perishable[1] [perrisjəbl] ⟨zn.; vnl. mv.⟩ **0.1** ***beperkt houdbaar (voedsel)product*** ⇒⟨mv.⟩ *snel bedervende goederen/ (voedsel)producten.*

perishab|le[2] ⟨bn.; -ly⟩ **0.1** ***vergankelijk*** ⇒*kortstondig* **0.2** ***(licht) bederfelijk*** ⇒*beperkt houdbaar.*

perisher [perrisjə] **0.1** ⟨inf.⟩ ***stouterik*** ⇒*stouterd(je), deugniet(je).*

perishing [perrisjing] ⟨inf.⟩ **I** ⟨bn., attr.⟩ **0.1** ***beestachtig*** ⇒ *moordend* **0.2** ***vervloekt*** ⇒*ellendig* ◆ **1.1** ~ cold *beestachtige kou* **1.2** a ~ shame *een vervloekte schande;*
II ⟨bn., pred.⟩ **0.1** ***beestachtig koud*** ◆ **5.1** it's really ~ today! *'t is werkelijk niet te harden v.d. kou vandaag!*

peristalsis [perristælsis] **0.1** ***peristaltiek*** ⇒*peristaltische bewegingen.*

peritoneum [perrittənie:əm] ⟨anat.⟩ **0.1** ***peritoneum*** ⇒*buikvlies.*

peritonitis [perrittənajtis] ⟨med.⟩ **0.1** ***peritonitis*** ⇒*buikvliesontsteking.*

periwig [perriwwig] ⟨vnl. gesch.⟩ **0.1** ***pruik.***

periwinkle [perriwwingkl] **0.1** ***maagdenpalm*** **0.2** ⟨dierk.⟩ ***alikruik.***

perjure [pə:dzjə] ⟨ov.ww.; wk.ww.⟩ **0.1** ***meineed plegen*** ◆ **4.1** the witness ~d himself *de getuige pleegde meineed.*

perjurer [pə:dzjərə] **0.1** ***meinedige.***

perjur|y [pə:dzjərie] ⟨mv.: -ies⟩ **0.1** ***meineed*** **0.2** ***meinedige getuigenis.***

perk [pə:k] ⟨vnl. mv.⟩⟨verk.⟩ [perquisite] ⟨BE; inf.⟩ **0.1** ***extra verdienste*** ⇒⟨mv.⟩ *extraatjes* **0.2** ***(extra) voordeel*** ⇒ *meegenomen extraatje.*

perk up **I** ⟨onov.ww.⟩ **0.1** ***op/herleven*** ⇒*opfleuren, opkikkeren;*
II ⟨ov.ww.⟩ **0.1** ***opkikkeren*** ⇒*opmonteren, opvrolijken* **0.2** ***(met een ruk) oprichten*** ⇒*overeind brengen/zetten* ◆ **5.2** perked up ears *rechtopstaande oren.*

perk|y [pə:kie], **perk** ⟨-iness⟩ **0.1** ***levendig*** ⇒*opgewekt, geestdriftig* **0.2** ***verwaand*** ⇒*hoogmoedig.*

perm[1] [pə:m] ⟨zn.⟩⟨vnl. BE; inf.⟩ **0.1** ⟨verk.⟩ [permanent (wave)] ***permanent*** ⇒*blijvende haargolf* **0.2** ⟨verk.⟩ [permutation] ***combinatie*** ⇒*selectie* ⟨bij voetbaltoto⟩.

perm[2] ⟨ww.⟩⟨inf.⟩ **0.1** ***permanenten*** ⇒*een permanent geven* **0.2** ⟨verk.⟩ [permute] ***een combinatie kiezen*** ⟨ihb. in voetbaltoto⟩ ◆ **6.2** ~ 2 teams **from** 3 *uit 3 ploegen een combinatie van 2 kiezen.*

permafrost [pə:məfrost] **0.1** ***permafrost.***

permanenc|y [pə:mənənsie], ⟨in bet. 0.2 ook⟩ **permanence** [pə:mənəns] ⟨mv.: -ies⟩ **0.1** ***permanent iem./iets*** ⇒*blijvend/vast element/figuur* **0.2** ***permanentie*** ⇒*bestendigheid, duurzaamheid* ◆ **3.1** is your new address a ~ or merely temporary? *is je nieuwe adres permanent of slechts tijdelijk?*

permanent[1] [pə:mənənt] ⟨zn.⟩ **0.1** ***permanent*** ⇒*blijvende haargolf.*

permanent[2] ⟨bn.⟩ **0.1** ***permanent*** ⇒*blijvend, duurzaam* ◆ **1.1** ~ address *vast adres;* ~ position *vaste betrekking;* ~ wave *permanent* **1.¶** ⟨BE⟩ ~ way *spoorbaan* ⟨ballast, dwarsliggers en spoorstaven⟩.

permanently [pə:mənəntlie] **0.1** →**permanent** **0.2** ***voorgoed*** ⇒*voor altijd, definitief.*

permanganate [pəmængganeet] ⟨schei.⟩ **0.1** ***permanganaat.***

permeab|le [pə:miəbl] ⟨-ly; zn.: **-ility**⟩ **0.1** ***doordringbaar*** ⇒ *poreus, doorlatend.*

perme|ate [pə:mie·eet] ⟨zn.: **-ation**⟩ **0.1** ***(door)dringen*** ⇒ *(door)trekken, zich (ver)spreiden (over)* ◆ **1.1** a revolt ~d the country *een opstand verspreidde zich over het land.*

permissib|le [pəmissəbl] ⟨-ly⟩ **0.1** ***toelaatbaar*** ⇒*toegestaan, ge/veroorloofd.*

permission [pəmisjn] **0.1** ***toestemming*** ⇒*permissie, vergunning, goedkeuring* ◆ **2.1** written ~ *schriftelijke vergunning* **6.1** **with** your ~ *met uw permissie/verlof.*

permissive [pəmissiv] ⟨-ness⟩ **0.1** ***(al te) toegeeflijk*** ⇒*verdraagzaam, tolerant* ⟨ihb. op moreel/seksueel gebied⟩ ◆ **1.1** the ~ society *de tolerante maatschappij* **1.¶** ~ legislation *vrijblijvende wetten.*

permit[1] [pə:mit] ⟨zn.⟩ **0.1** ***verlofbrief*** ⇒*pasje; permissiebriefje, geleidebiljet* ⟨v. goederen⟩ **0.2** ***(schriftelijke) vergunning*** ⇒*toestemming, machtiging.*

permit[2] [pəmit] ⟨ww.; -ted⟩ **0.1** ***toestaan*** ⇒*toelaten, veroorloven* ◆ **1.1** ~ s.o. access to *iem. toegang verlenen tot;* weather ~ting *als het weer het toelaat* **6.1** circumstances do not ~ **of** any delay *de omstandigheden laten geen uitstel toe.*

permutation lock 0.1 ***combinatieslot*** ⇒*ring/letterslot.*
permut|e [pəmjoe:t] ⟨zn.: **-ation**⟩ 0.1 ***herschikken*** ⇒*verwisselen, wijzigen.*
pernicious [pənisjəs] ⟨-ness⟩ 0.1 ***schadelijk*** ⇒*kwaadaardig* 0.2 ***dodelijk*** ⇒*fataal.*
peroration [perrəreesjn] 0.1 ***peroratie*** ⇒*slotrede; hoogdravende redevoering.*
peroxide [pəroksajd] 0.1 ***peroxide*** 0.2 ⟨verk.⟩ [hydrogen peroxide] ⟨inf.⟩ ***superoxide*** ⇒*waterstof(su)peroxide* ⟨ihb. als bleekmiddel⟩.
peroxide blonde ⟨bel.⟩ 0.1 ***geblondeerde (vrouw).***
perpendicular[1] [pə:pəndikjoelə] ⟨zn.⟩ 0.1 ***loodlijn*** ⇒*verticaal, loodrechte lijn/stand* ◆ 6.1 be **out of** (the) ~ *niet in het lood staan.*
perpendicular[2] ⟨bn.⟩ 0.1 ***loodrecht*** ⇒*heel steil* 0.2 ⟨vaak P-; bouwk.⟩ ***perpendiculair*** ⟨laat-Engelse gotiek, 14e en 15e eeuw⟩ ◆ 6.1 ~ **to** *loodrecht op.*
perpetr|ate [pə:pitreet] ⟨zn.: **-ation**⟩ 0.1 ⟨schr. of scherts.⟩ ***plegen*** ⇒*bedrijven, begaan; zich bezondigen aan* ◆ 1.1 ~ a crime *een misdaad plegen;* who ~d this awful poem? *wie heeft dit afschuwelijk gedicht geproduceerd?*
perpetrator [pə:pitreetə] ⟨schr. of scherts.⟩ 0.1 ***dader.***
perpetual [pəpetsjoeəl] 0.1 ***eeuwig(durend)*** ⇒*blijvend, permanent; langdurig; onafgebroken* ◆ 1.1 ~ president *voorzitter voor het leven* 1.¶ ~ motion *perpetuum mobile* 3.1 he nags her ~ly *hij pest haar zonder ophouden.*
perpetu|ate [pəpetsjoe·eet] ⟨zn.: **-ation**⟩ 0.1 ***vereeuwigen*** ⇒*onsterfelijk maken* 0.2 ***handhaven*** ⇒*aanhouden.*
perpetuity [pə:pitjoe:ətie] 0.1 ***eeuwigheid*** ◆ 6.1 **in** ~ *voor altijd, definitief.*
perplex [pəpleks] 0.1 ***verwarren*** ⇒*onthutsen, van zijn stuk/van streek brengen* 0.2 ***ingewikkeld(er) maken*** ⇒*bemoeilijken, compliceren* ◆ 1.2 a ~ing task *een hoofdbrekend karwei* 6.1 ~ **with** *overrompelen met.*
perplexed [pəplekst] 0.1 ***perplex*** ⇒*onthutst, verbijsterd* 0.2 ***ingewikkeld*** ⇒*gecompliceerd* ◆ 3.1 be ~ *perplex staan.*
perplexit|y [pəpleksətie] ⟨mv.: -ies⟩ 0.1 ***onthutsing*** ⇒*verbijstering* 0.2 ***complexiteit.***
perquisite [pə:kwizzit] ⟨vaak mv.⟩ 0.1 ***faciliteit*** ⇒*(extra/meegenomen) voordeel* 0.2 ***extra verdienste*** ⟨vaak mv.⟩.
perr|y [perrie] ⟨mv.: -ies⟩ 0.1 ***perencider.***
persecu|te [pə:sikjoe:t] 0.1 ***vervolgen*** ⇒*achtervolgen, nazetten;* ⟨fig.⟩ *kwellen, vervelen* ◆ 6.1 ~ s.o. **with** questions *iem. voortdurend lastig vallen met vragen.*
persecution [pə:sikjoe:sjn] 0.1 ***vervolging*** ⇒⟨fig.⟩ *kwelling.*
persecutor [pə:sikjoe:tə] 0.1 ***vervolger*** ⇒⟨fig.⟩ *kweller.*
persecutory [pə:sikjoe:tərie] 0.1 ***vervolgend.***
persever|e [pə:sivviə] ⟨zn.: **-ance**⟩ 0.1 ***volharden*** ⇒*doorzetten, volhouden* ◆ 6.1 ~ **at/in/with** *volharden in/bij;* ~ **in** doing sth. *volharden in iets, iets doorzetten.*
persevering [pə:sivviəring] 0.1 ***hardnekkig*** ⇒*volhardend steeds terugkerend.*
Persia [pə:sjə, pə:zjə] 0.1 ***Perzië*** ⇒*Iran.*
Persian [pə:sjn, pə:zjn] 0.1 ⟨bn.⟩ ***Perzisch*** 0.2 ⟨eig.n.⟩ ***Perzisch*** ⟨taal⟩ 0.3 ⟨telb. zn.⟩ ***Pers*** ⇒*Iraniër* ◆ 1.1 ~ carpet/rug *Perzisch tapijt;* ~ cat *Perzische kat, pers* 1.¶ ~ blinds *zonneblinden.*
persiflage [pə:sifla:zj] 0.1 ***(zachte) spot*** ⇒*persiflage.*
persimmon [pəsimmən] 0.1 ***dadelpruim.***
persist [pəsist] 0.1 ***volharden*** ⇒*(hardnekkig) doorzetten, (koppig) volhouden* 0.2 ***(blijven) duren*** ⇒*voortduren, standhouden* ◆ 1.2 the rain will ~ all over the country *de regen zal over heel het land aanhouden* 6.1 ~ **in/with** *(koppig) volharden in/bij, (hardnekkig) doorgaan met.*
persist|ent [pəsistənt] ⟨zn.: **-ence**⟩ 0.1 ***vasthoudend*** ⇒*volhardend* 0.2 ***voortdurend*** ⇒*blijvend, aanhoudend* 0.3 ***hardnekkig*** ⇒*koppig, halsstarrig* ◆ 1.2 ~ rain *aanhoudende regen* 1.3 a ~ thief *een onverbeterlijke dief.*
person [pə:sn] I ⟨telb.zn.⟩ 0.1 ***persoon*** ⇒*individu, mens* 0.2 ***lichaam*** ⇒*uiterlijk, voorkomen* 0.3 ***persoonlijkheid*** ⇒ *karakter, persoon* ◆ 3.1 you are the ~ I am looking for *jij bent degene die ik zoek;* ⟨euf.⟩ displaced ~ *ontheemde* 4.1 ⟨pej.⟩ some ~ or other has torn up my diary *een of ander individu heeft mijn dagboek verscheurd* 6.2 **in** the ~ **of** *in de persoon/gedaante/figuur van;* nothing was found **on/about** his ~ *er werd niets op hem gevonden;*
II ⟨n.-telb.zn.⟩ 0.1 ***fysieke persoon*** ◆ 1.1 offence against the ~ *mishandeling* 6.1 **in** ~ *in eigen persoon.*
persona[1] [pəsoonə] ⟨zn.⟩⟨psych.⟩ 0.1 ***persona*** ⇒*imago.*
persona[2] ⟨zn.; mv.: personae [-nie:]; vnl. mv.⟩ 0.1 ***personage*** ⇒*rol, karakter.*
personab|le [pə:snəbl] ⟨-ly⟩ 0.1 ***knap*** ⇒*voorkomend.*
personage [pə:snidzj] 0.1 ***personage*** ⇒*belangrijk persoon* 0.2 ***persoon*** 0.3 ***personage*** ⇒*rol, karakter.*
personal [pə:snəl] I ⟨bn.⟩ 0.1 ***persoonlijk*** ⇒*individueel, particulier* 0.2 ⟨vaak pej.⟩ ***persoonlijk*** ⇒*vertrouwelijk, beledigend* ◆ 1.1 ~ affairs *persoonlijke aangelegenheden;* ~ belongings *persoonlijke bezittingen;* ~ computer *p.c.;* ~ organizer *dikke zakagenda voor yuppies, met ruimte voor rekenmachientje en creditcards;* ~ tax *personele belasting;* ~ touch *persoonlijk cachet* 1.2 ~ remarks *persoonlijke/beledigende opmerkingen;*
II ⟨bn., attr.⟩ 0.1 ***persoonlijk*** ⇒*uit eigen naam, zelf* 0.2 ***fysiek*** ⇒*lichamelijk, uiterlijk* 0.3 ⟨jur.⟩ ***roerend*** ◆ 1.1 a ~ visit by the Queen *een bezoek v.d. koningin zelf* 1.2 ~ hygiene *lichaamshygiëne* 1.3 ~ estate/property *roerend(e) goed(eren).*
personal column 0.1 ***de rubriek 'persoonlijk'*** ⟨in blad⟩ ⇒ *familieberichten.*
personalit|y [pə:sənæləti̇e] ⟨mv.: -ies⟩ 0.1 ***persoonlijkheid*** ⇒*karakter;* ⟨ihb.⟩ *sterk karakter* 0.2 ***persoonlijkheid*** ⇒ *bekende figuur, beroemdheid* ◆ 1.1 respect for a child's ~ *respect voor de individualiteit v.e. kind* 1.¶ the house has a lot of ~ *het huis heeft veel sfeer* 2.1 Walter has a weak ~ *Walter is zwak v. karakter.*
personality cult 0.1 ***persoonlijkheidscultus.***
personal|ize, -ise [pə:snəlajz] ⟨zn.: **-ization**⟩ 0.1 ***personifiëren*** ⇒*verpersoonlijken* 0.2 ***merken*** ⇒*labelen* ◆ 1.2 ~d luggage *gelabelde bagage;* ~d stationery *postpapier op naam.*
personally [pə:snəlie] 0.1 ***persoonlijk*** ⇒*in (eigen) persoon, zelf* 0.2 ***als persoon*** 0.3 ***voor mijn part*** ⇒*wat mij betreft* 0.4 ***van persoon tot persoon*** ◆ 3.4 speak ~ to s.o. about sth. *iets onder vier ogen met iem. bespreken* 3.¶ take sth. ~ *iets als een persoonlijke belediging opvatten.*
personif|y [pəsonniffaj] ⟨-ied; zn.: **-ication**⟩ 0.1 ***personifiëren*** ⇒*verpersoonlijken* 0.2 ***belichamen*** ⇒*symboliseren* ◆ 1.2 John is vanity personified, John is the personification of vanity *John is de ijdelheid in persoon.*
personnel [pə:sənel] I ⟨n.-telb.zn.⟩ 0.1 ***personeelsafdeling*** ⇒*(dienst) personeelszaken;*
II ⟨zn.; ww. enk. of mv.⟩ 0.1 ***personeel*** ⇒*staf, werknemers* 0.2 ⟨mil.⟩ ***personele hulpmiddelen*** ⇒*troepen, manschappen.*
personnel carrier ⟨mil.⟩ 0.1 ***(gepantserde) troepentransportwagen.***
personnel manager 0.1 ***personeelschef.***
person-to-person ⟨vnl. telefoon⟩ 0.1 ***van persoon tot persoon*** ⇒*persoonlijk* ◆ 1.1 ~ call *persoonlijk gesprek.*
perspective [pəspektiv] I ⟨telb.zn.⟩ 0.1 ***perspectief*** ⟨ook fig.⟩

⇒*verhouding, dimensie* **0.2** ***vergezicht*** ⇒*uitzicht, perspectief* **0.3** ***overzicht*** **0.4** ***gezichtspunt*** ⟨ook fig.⟩ ⇒*standpunt* **0.5** ***toekomstperspectief*** ⇒*vooruitzicht* ◆ **3.1** experience altered all ~s *de ervaring wijzigde alle verhoudingen* **3.4** a distorted ~ of the matter *een vervormde kijk op de zaak* **6.4** see/look at sth. **in** its/the right ~ *een juiste kijk op iets hebben;* see/look at sth. **in** its/the wrong ~ *iets vanuit een verkeerde hoek benaderen;*
II ⟨n.-telb.zn.⟩ **0.1** ***perspectief*** ⇒*perspectivisch tekenen, dieptezicht* ⟨ook fig.⟩ **0.2** ⟨wisk.⟩ ***perspectief*** ◆ **3.1** try to get some ~ on your problems *tracht je moeilijkheden in hun juiste verhoudingen te zien* **6.1** the picture is not **in** ~ *er zit geen perspectief in de tekening;* ⟨fig.⟩ see/look at sth. **in** ~ *iets relativeren;* **out of** ~ *niet in perspectief.*

perspex [pə:speks] ⟨vaak P-⟩ **0.1** ***plexiglas.***

perspicacious [pə:spikkeesjəs] ⟨schr.⟩ **0.1** ***scherpzinnig*** ⇒*schrander.*

perspicacity [pə:spikæsətie] ⟨schr.⟩ **0.1** ***scherpzinnigheid*** ⇒*doorzicht, spitsheid.*

perspicuity [pə:spikjoe:ətie] ⟨schr.⟩ **0.1** ***helderheid*** ⇒*klaarheid, begrijpelijkheid.*

perspicuous [pəspikjoeəs] ⟨schr.⟩ **0.1** ***doorzichtig*** ⇒*helder, duidelijk.*

perspiration [pə:spəreesjn] **0.1** ***transpiratie*** **0.2** ***zweet.***

perspire [pəspajjə] **0.1** ***transpireren*** ⇒*zweten.*

persuadable [pəsweedəbl] **0.1** ***overtuigend*** **0.2** ***overreedbaar*** ⇒*(licht/gemakkelijk) te overtuigen.*

persuade [pəsweed] **0.1** ***overreden*** ⇒*overhalen* **0.2** ***overtuigen*** ⇒*bepraten* ◆ **3.2** ~ s.o. to do sth. *iem. tot iets overhalen* **6.1** ~ s.o. **into** doing sth. *iem. iets aanpraten;* ~ s.o. **out of** doing sth. *iem. iets uit het hoofd praten* **6.2** ~ o.s. **of** sth. *zich met eigen ogen v. iets overtuigen; zichzelf iets wijsmaken.*

persuasion [pəsweezjn] **I** ⟨telb.zn.⟩ **0.1** ***overtuiging*** ⇒*mening, geloof* **0.2** ⟨vnl. enk.; vaak scherts.⟩ ***slag*** ⇒*soort, genre* ◆ **2.1** people of different ~s *mensen met verschillende (geloofs)overtuiging* **2.2** an author of the modern ~ *een auteur v.h. moderne slag;*
II ⟨telb. en n.-telb.zn.⟩ **0.1** ***overtuiging(skracht)*** ⇒*overreding(skracht).*

persuasive [pəsweesiv] ⟨-ness⟩ **0.1** ***overtuigend*** ⇒*overredend, afdoend.*

pert [pə:t] ⟨-ness⟩ **0.1** ***vrijpostig*** ⇒*brutaal* **0.2** ***zwierig*** ⇒*elegant* **0.3** ⟨vnl. AE⟩ ***monter*** ⇒*levendig.*

pertain to ⟨schr.⟩ **0.1** ***behoren tot*** ⇒*deel uitmaken v.* **0.2** ***eigen zijn aan*** ⇒*passend/geschikt zijn voor* **0.3** ***betrekking hebben op*** ⇒*verband houden met.*

pertinacious [pə:tinneesjəs] ⟨schr.⟩ **0.1** ***halsstarrig*** ⇒*hardnekkig, vasthoudend.*

pertinacity [pə:tinæsətie] ⟨schr.⟩ **0.1** ***halsstarrigheid.***

pertin|ent [pə:tinnənt] ⟨zn.: **-ence**⟩⟨schr.⟩ **0.1** ***relevant*** ⇒*ter zake dienend* ◆ **6.1** ~ **to** *betrekking hebbend op.*

perturb [pətə:b] **0.1** ⟨schr.⟩ ***in de war brengen*** ⟨ook fig.⟩ ⇒*van streek brengen.*

perturbation [pə:təbeesjn] **0.1** ⟨schr.⟩ ***verwarring*** ⇒*storing, opschudding* **0.2** ⟨tech.⟩ ***(ver)storing*** ⇒*stoornis, afwijking* ⟨in baan v. hemellichaam, elektron e.d.⟩.

Peru [pəroe:] **0.1** ***Peru.***

perusal [pəroe:zl] **0.1** ***(nauwkeurige/grondige) lezing*** ⇒*analyse, uitpluizing* ◆ **2.1** the article demands careful ~ *het artikel dient aandachtig gelezen te worden* **6.1** **for** ~ *ter inzage.*

peruse [pəroe:z] **0.1** ***doorlezen*** ⇒*nalezen, (grondig) doornemen* **0.2** ***bestuderen*** ⇒*analyseren.*

Peruvian [pəroe:vieən] **0.1** ⟨bn.⟩ ***Peruaans*** **0.2** ⟨zn.⟩ ***Peruaan*** ⇒*Peruviaan.*

pervade [pəveed] **0.1** ***doordringen*** ⟨ook fig.⟩ ⇒*zich verspreiden in, vervullen* ◆ **1.1** his spirit ~s the entire book *zijn geest is in het hele boek aanwezig;* the smell of roses ~d the air *de lucht was doordrongen v. rozengeur.*

pervasive [pəveesiv] ⟨-ness⟩ **0.1** ***doordringend*** ⟨ook fig.⟩ ⇒*diepgaand* **0.2** ***algemeen verspreid*** ⇒*alomtegenwoordig.*

perverse [pəvə:s] ⟨-ness⟩ **0.1** ***pervers*** ⇒*verkeerd, verdorven; tegennatuurlijk* **0.2** ***eigenzinnig*** ⇒*koppig, dwars.*

perversion [pəvə:sjn] **0.1** ***perversiteit*** ⇒*perversie* ⟨ihb. seksueel⟩ **0.2** ***pervertering*** ⇒*verdraaiing, vervorming* ◆ **6.2** a ~ **of** the law *een valse uitlegging v.d. wet;* a ~ **of** the truth *een verwrongen voorstelling v.d. waarheid.*

perversit|y [pəvə:sətie] ⟨mv.: -ies⟩ **0.1** ***perversiteit.***

pervert¹ [pə:və:t] ⟨zn.⟩ **0.1** ***pervers persoon*** ⟨ihb. seksueel⟩.

pervert² [pəvə:t] ⟨ww.⟩ **0.1** ***verkeerd aanwenden*** ⇒*misbruiken* **0.2** ***verdraaien*** ⇒*vervormen* **0.3** ***perverteren*** ⇒*corrumperen, bederven* ◆ **1.1** ~ the course of justice *verhinderen dat het recht zijn loop heeft* **1.2** his ideas had been ~ed *zijn opvattingen waren verkeerd voorgesteld.*

perverted [pəvə:tid] **0.1** ***verdraaid*** ⇒*vervormd* **0.2** ***geperverteerd*** ⇒*pervers, gecorrumpeerd* **0.3** ***ontaard*** ⇒*gedegenereerd.*

pesk|y [peskie] ⟨-ier⟩⟨AE; inf.⟩ **0.1** ***verduiveld*** ⇒*hinderlijk, irriterend.*

pessar|y [pessərie] ⟨mv.: -ies⟩ **0.1** ***pessarium*** ⟨voorbehoedmiddel⟩.

pessim|ism [pessimmizm] ⟨bn.: **-istic**⟩ **0.1** ***pessimisme*** ⇒*zwartkijkerij.*

pessimist [pessimmist] **0.1** ***pessimist*** ⇒*zwartkijker.*

pest [pest] **0.1** ***pest*** ⇒*lastpost* **0.2** ***schadelijk dier/schadelijke plant*** ⇒⟨mv.⟩ *ongedierte* **0.3** ***pest*** ⇒*plaag.*

pest control **0.1** ***bestrijding v. plagen*** ⇒*ongediertebestrijding.*

pester [pestə] **0.1** ***kwellen*** ⇒*lastig vallen, pesten* ◆ **3.1** ~ s.o. to do sth. *iem. door te blijven zeuren dwingen tot het doen v. iets* **6.1** ~ s.o. **for** sth. *bij iem. om iets zeuren;* ⟨fig.⟩ ~ the life **out of** s.o. *iem. het leven zuur/onmogelijk maken.*

pesticide [pestissajd] **0.1** ***pesticide*** ⇒*verdelgings/bestrijdingsmiddel.*

pestiferous [pestiffərəs] **0.1** ***schadelijk*** **0.2** ***verderfelijk*** **0.3** ⟨inf.⟩ ***vervelend*** ⇒*irriterend.*

pestilence [pestilləns] **0.1** ***pest(ilentie)*** ⇒*(pest)epidemie.*

pestilent [pestillənt] **0.1** ⟨inf.⟩ ***(dood)vervelend*** ⇒*irriterend.*

pestle¹ [pesl,pestl] ⟨zn.⟩ **0.1** ***stamper.***

pestle² ⟨ww.⟩ **0.1** ***stampen*** ⇒*fijnstampen.*

pesto [pestoo] ⟨cul.⟩ **0.1** ***pesto.***

pet¹ [pet] ⟨zn.⟩ **0.1** ***huisdier*** ⇒*troeteldier* **0.2** ***lieveling*** ⇒*favoriet* ◆ **1.2** the teacher's ~ *het lievelingetje v.d. leraar.*

pet² ⟨bn.⟩ **0.1** ***tam*** ⇒*huis-* **0.2** ***bestemd voor huisdieren*** **0.3** ***favoriet*** ⇒*lievelings-, troetel-* ◆ **1.1** ~ snake *huisslang* **1.2** ~ food *voedsel voor huisdieren, honden- en kattenvoer* **1.3** politicians are my ~ aversion/hate *aan politici heb ik een hartgrondige hekel;* ~ name *koosnaam;* ~ topic *stokpaardje.*

pet³ ⟨-ted⟩ **I** ⟨onov.ww.⟩ **0.1** ***vrijen*** ◆ **2.1** heavy ~ting *stevige vrijpartij;*
II ⟨ov.ww.⟩ **0.1** ***(ver)troetelen*** ⇒*verwennen* **0.2** ***strelen*** ⇒*aaien, liefkozen, vrijen met.*

petal [petl] ⟨plantk.⟩ **0.1** ***bloemblad*** ⇒*kroonblad.*

petard [pitta:d] **0.1** ***petard*** ⇒*springbus* ◆ **3.¶** be hoist with one's own ~ *in de kuil vallen die je voor een ander gegraven hebt.*

Pete [pie:t] ◆ **¶.¶** ⟨inf.⟩ for ~'s sake *in 's hemelsnaam.*

Peter [pie:tə] **0.1** ⟨rel.⟩ ***(brief v.) Petrus*** ◆ **3.¶** rob ~ to pay Paul *het ene gat met het andere vullen.* →**blue.**

peter out [pie:tf] **0.1** ***afnemen*** ⇒*slinken* **0.2** ***uitgeput raken*** ⇒*op raken, uitgaan, doven* ◆ **5.1** our food supply is petering out *onze voedselvoorraad slinkt.*

petiole [pettie·ool] **0.1** ***bladstengel.***

petite [pətie:t] **0.1** ***tenger*** ⇒*fijn, sierlijk* ⟨v. vrouw⟩.

petition[1] [pittisjn] ⟨zn.⟩ **0.1** ***verzoek*** ⇒*smeekbede* **0.2** ***petitie*** ⇒*smeekschrift, verzoek(schrift)* **0.3** ⟨jur.⟩ ***verzoek(schrift)*** ⇒*aanvraag* ◆ **1.2** ~ to the Crown *adres aan de Koning* **1.3** ~ in bankruptcy *faillissementsaanvraag;* file a ~ for divorce *een aanvraag tot echtscheiding indienen.*

petition[2] **I** ⟨onov.ww.⟩ **0.1** ***petitioneren*** ⇒*een petitie indienen, smeken;*
II ⟨ov.ww.⟩ **0.1** ***petitioneren*** ⇒*bij petitie verzoeken, een petitie richten tot.*

petitioner [pittisjənə] **0.1** ***petitionaris*** ⇒*verzoeker* **0.2** ⟨BE; jur.⟩ ***eiser*** ⟨in een echtscheidingsgeding⟩.

petit point [pettie pojnt] **0.1** ***petit point*** ⟨halve kruissteek⟩ **0.2** ***borduurwerk in petit point.***

petrel [petrəl] ⟨dierk.⟩ **0.1** ***stormvogel*** ◆ **2.1** stormy ~ *stormvogeltje.*

petrifaction [petrifæksjn] **I** ⟨telb.zn.⟩ **0.1** ***verstening*** ⇒*versteend lichaam;*
II ⟨n.-telb.zn.⟩ **0.1** ***verstening*** ⇒*petrificatie* **0.2** ***verstijving*** ⇒*verbijstering, verlamming.*

petrif|y [petriffaj] ⟨-ied⟩ **I** ⟨onov.ww.⟩ **0.1** ***verstenen*** ⇒*tot steen worden, fossiliseren* ⟨ook fig.⟩;
II ⟨ov.ww.⟩ **0.1** ***(doen) verstenen*** ⇒*tot steen maken* **0.2** ***doen verstijven*** ⇒*verbijsteren, verlammen* ◆ **6.2** be petrified **by/with** terror *verstijfd/ontzet zijn v. schrik.*

petrochemical [petrookemmikl] **0.1** ⟨bn.⟩ ***petrochemisch*** **0.2** ⟨zn.⟩ ***petrochemische stof*** ⇒⟨mv.⟩ *petrochemicaliën.*

petrochemistry [petrookemmistrie] **0.1** ***petrochemie.***

petrol [petrəl] ⟨BE⟩ **0.1** ***benzine*** ◆ **3.1** fill the car up with ~ *de wagen vol tanken.*

petrolatum [petrəleetəm] ⟨AE⟩ **0.1** ***petrolatum*** ⇒*vaseline* ⟨gezuiverd⟩, *smeervet.*

petrol bomb **0.1** ***benzinebom.***

petroleum [pitrooliəm] **0.1** ***aardolie.***

petroleum jelly ⟨BE⟩ **0.1** ***petrolatum*** ⇒*vaseline* ⟨gezuiverd⟩, *smeervet.*

petrol gauge **0.1** ***benzinemeter.***

petrologist [pitrolladzjist] **0.1** ***petroloog*** ⇒*beoefenaar der petrologie.*

petrology [pitrolladzjie] **0.1** ***petrologie*** ⇒*wetenschap der gesteenten.*

petrol pump **0.1** ***benzinepomp.***

petrol station ⟨BE⟩ **0.1** ***benzine/tankstation.***

pet shop **0.1** ***dierenwinkel.***

petticoat[1] [pettiekoot] ⟨zn.⟩ **0.1** ***petticoat*** ⇒*onderrok.*

petticoat[2] ⟨bn.; vaak bel.⟩ **0.1** ***vrouwelijk*** ⇒*door/van vrouwen* ◆ **1.1** ~ government *vrouwenregering.*

pettifogging [-foging] **0.1** ***chicanerend*** **0.2** ***muggenzifterig*** ⇒*vitterig, kleingeestig* **0.3** ***beuzelachtig*** ⇒*nietig, onbeduidend.*

pettish [pettisj] ⟨-ness⟩ **0.1** ***humeurig*** ⇒*nukkig, kribbig.*

pett|y [pettie] ⟨-iness⟩ **I** ⟨bn.⟩ **0.1** ***onbetekenend*** ⇒*onbelangrijk, onbeduidend* **0.2** ***kleingeestig*** ⇒*bekrompen* **0.3** ***klein*** ⇒*tweederangs, ondergeschikt* ◆ **1.1** ~ details *onbelangrijke details* **1.2** ~ outlook *bekrompen kijk* **1.3** the ~ bourgeoisie *de lagere middenstand;* ~ cash *kleine kas;* ⟨scheep.⟩ ~ officer *onderofficier;* ~ shopkeepers *kleine winkeliers;*
II ⟨bn., attr.⟩⟨jur.⟩ **0.1** ***klein*** ⇒*gering* ⟨vnl. tgov. grand⟩ ◆ **1.1** ~ jury *jury* ⟨bestaande uit twaalf leden⟩; ~ larceny *gewone diefstal, kruimeldiefstal;* ~ sessions *politierechtbank* ⟨in Belg.⟩; *kantongerecht* ⟨in Ned.⟩.

petul|ant [petsjoelənt] ⟨zn.: **-ance**⟩ **0.1** ***prikkelbaar*** ⇒*humeurig, nukkig, kregelig.*

petunia [pitjoe:niə] ⟨plantk.⟩ **0.1** ***petunia.***

pew [pjoe:] **0.1** ***kerkbank*** **0.2** ⟨inf.⟩ ***stoel*** ⇒*zitplaats* ◆ **3.2** ⟨BE⟩ find/take a ~ *ga zitten.*

pewit, peewit [pie:wit] **0.1** ***kieviet.***

pewter[1] [pjoe:tə] ⟨zn.⟩ **0.1** ***tin*** ⇒*tinnegoed, tinwerk* **0.2** ⟨BE; inf.⟩ ***(ere)beker.***

pewter[2] ⟨bn.⟩ **0.1** ***tinnen*** ◆ **1.1** ~ mugs *tinnen kroezen.*

pewter ware **0.1** ***tinnegoed*** ⇒*tinnen vaatwerk.*

phalanx [fælængks]⟨mv.: ook phalanges [fəlændzjie:z]⟩ **0.1** ***falanx*** ⟨ook fig.⟩ ⇒*slagorde, schare* **0.2** ⟨anat.⟩ ***falanx*** ⇒*vinger/teenkootje.*

phallic [fælik] **0.1** ***fallisch*** ⇒*van/mbt. de fallus* ◆ **1.1** ~ symbol *fallussymbool.*

phallus [fæləs]⟨mv.: ook phalli [fælaj]⟩ **0.1** ***fallus*** ⇒*penis.*

phantasm [fæntæzm] **0.1** ***fantoom*** ⇒*hersenschim, illusie.*

phantasmagoria [fæntæzməgo:riə, fæntæz-] **0.1** ***fantasmagorie*** ⟨ook fig.⟩ ⇒*geestverschijning.*

phantasmagoric|(al) [fæntæzməgo:rik(l)] ⟨-ally⟩ **0.1** ***fantasmagorisch.***

phantasmal [fæntæzml], **phantasmic** [-mik] **0.1** ***fantastisch*** ⇒*denkbeeldig, illusoir.*

phantasy →**fantasy.**

phantom[1] [fæntəm] ⟨zn.⟩ **0.1** ***spook*** ⟨ook fig.⟩ ⇒*geest(verschijning), fantoom* **0.2** ***fantoom*** ⇒*(droom)beeld; hallucinatie* ◆ **6.1** the ~ **of** war and violence *het schrikbeeld v. oorlog en geweld* **6.¶** he is only a ~ **of** a king *hij is slechts in naam/schijn (een) koning.*

phantom[2] ⟨bn.⟩ **0.1** ***spook-*** ⇒*spookachtig, schimmig* **0.2** ***schijn-*** ⇒*denkbeeldig* ◆ **1.1** ~ ship *spookschip* **1.2** ~ government *schijnregering;* ⟨med.⟩ ~ (limb) pain *denkbeeldige pijn;* ⟨med.⟩ ~ pregnancy *schijnzwangerschap.*

pharaoh [feəroo] ⟨ook P-⟩ **0.1** ***farao.***

pharisaic(al) [færisseeik(l)] **0.1** ⟨vnl. P-⟩ ***farizees*** ⇒*farizeïsch* **0.2** ***farizees*** ⇒*schijnheilig.*

pharisaism [færissee·izm], ⟨AE ook⟩ **phariseeism** [færissie·izm] **0.1** ⟨P-⟩ ***farizeïsme*** **0.2** ***schijnheiligheid*** ⇒*huichelarij.*

pharisee [færissie:] **0.1** ⟨P-⟩ ***een v.d. Farizeeën*** **0.2** ***farizeeër*** ⇒*schijnheilige.*

pharmaceutical [fa:məsjoe:tikl] **0.1** ***farmaceutisch*** ◆ **1.1** ~ chemist *apotheker.*

pharmaceutics [fa:məsjoe:tiks] **0.1** ***farmacie.***

pharmacist [-sist] **0.1** ***farmaceut*** ⇒*apotheker.*

pharmacologist [-kolladzjist] **0.1** ***farmacoloog.***

pharmacolog|y [-kolladzjie] ⟨bn.: **-ical**⟩ **0.1** ***farmacologie.***

pharmacopoeia [-kəpie:ə] **0.1** ***farmacopee*** ⇒*artsenijboek, apothekersboek* **0.2** ***voorraad geneesmiddelen*** **0.3** ***lijst van toegelaten geneesmiddelen.***

pharmac|y [fa:məsie] ⟨mv.: -ies⟩ **0.1** ***apotheek*** **0.2** ***farmacie*** ⇒*artsenijmengkunde.*

pharyngal [fəringgl], **pharyngeal** [færindzjie:əl] **0.1** ***faryngaal*** ⇒*v./mbt. de keelholte.*

pharyngitis [færindzjajtis] ⟨med.⟩ **0.1** ***keelholteontsteking.***

pharynx [færingks]⟨mv.: ook pharynges [fərindzjie:z]⟩ **0.1** ***farynx*** ⇒*keelholte.*

phase[1] [feez] ⟨zn.⟩ **0.1** ***fase*** ⇒*stadium, tijdperk* **0.2** ⟨ster.⟩ ***fase*** ⇒*schijngestalte* **0.3** ***aspect*** ⇒*facet* **0.4** ⟨nat., schei.⟩ ***fase*** ◆ **2.1** a new ~ in the relations *een nieuwe fase in de betrekkingen;* the most productive ~ in the author's life *de meest productieve periode in het leven v.d. auteur* **6.1** he's just going **through** a ~ *het is maar een bevlieging* **6.4** **in** ~ *in fase, gelijkfasig; corresponderend;* **out of** ~ *niet in fase, ongelijkfasig.*

phase[2] ⟨ww.⟩ **0.1** *faseren* ⇒*in periodes doen verlopen* ◆ **1.1** the ~d introduction of *het geleidelijk invoeren v.* **5.1** a well-phased programme *een goed gedoseerd programma.*
phase in 0.1 ***geleidelijk introduceren/invoeren.***
phase out 0.1 ***geleidelijk elimineren/uit de productie nemen*** ⇒*geleidelijk opheffen/stopzetten.*
Ph. D. ⟨afk.⟩ **0.1** [Doctor of Philosophy].
pheasant [feznt] ⟨mv.: ook pheasant⟩ **0.1** ***fazant*** **0.2** ***(vlees v.e.) fazant.***
phenobarbitone [fie:noobaːbittoon], ⟨AE⟩ **phenobarbital** [-bitl] **0.1** ***fenobarbital.***
phenol [fie:nol] **0.1** ***fenol*** ⇒*carbolzuur.*
phenomenal [finnomminl] **0.1** ***fenomenaal*** ⇒*(zintuiglijk) waarneembaar* **0.2** ***fenomenaal*** ⇒*uitzonderlijk, schitterend* ◆ **1.1** the ~ sciences *de wetenschappen der waarneembare verschijnselen;* the ~ world *de waarneembare wereld* **1.2** ~ strength *ongelofelijke kracht.*
phenomenolog|y [-nolləd zjie] ⟨bn.: **-ical**⟩ **0.1** ***fenomenologie*** ⇒*leer der verschijnselen.*
phenomenon [finnomminnən] ⟨mv.: phenomena [-minnə]⟩ **0.1** ***fenomeen*** ⇒*(natuur)verschijnsel* **0.2** ***fenomeen*** ⇒ *wonder, bijzonderheid* ◆ **6.2** she is a ~ **at** arithmetic *zij is een rekenwonder.*
phenotype [fie:nootajp] ⟨biol.⟩ **0.1** ***fenotype.***
phew [pfff], **whew** [hjoe:] **0.1** ***oef*** ⇒*hè, poe* ⟨drukt opluchting, vermoeidheid of verbazing uit⟩.
phial [fajjəl], **vial** [vajjəl] **0.1** ***(medicijn)flesje.***
philander [filændə] **0.1** ***achter de vrouwen/meisjes aanzitten*** ⇒*op de versiertoer zijn.*
philanderer [filændrə] **0.1** ***Don Juan*** ⇒*versierder.*
philanthropic|(al) [fillənθroppik(l)] ⟨-ally⟩ **0.1** ***filantropisch*** ⇒*menslievend, liefdadig.*
philanthropist [filænθrəpist] **0.1** ***filantroop*** ⇒*mensenvriend.*
philanthropy [filænθrəpie] **0.1** ***filantropie*** ⇒*menslievendheid, liefdadigheid.*
philatelic [fillətellik] ⟨-ally⟩ **0.1** ***filatelistisch.***
philatelist [filætlist] **0.1** ***filatelist*** ⇒*postzegelverzamelaar.*
philately [filætlie] **0.1** ***filatelie*** ⇒*het verzamelen van postzegels.*
philharmonic[1] [fillɘmonnik, fil(h)aː] ⟨zn.; vnl. P-⟩ **0.1** ***filharmonisch orkest*** **0.2** ***filharmonisch concert.***
philharmonic[2] ⟨bn.⟩ **0.1** ⟨P-⟩ ***filharmonisch*** ◆ **1.1** ~ orchestra *filharmonisch orkest.*
Philipplans [fillippiənz] ⟨ww. enk.⟩⟨rel.⟩ **0.1** ***(brief aan de) Filippenzen.***
philippic [fillippik] **0.1** ***filippica*** ⇒*strafrede.*
Philippines [filləpie:nz] ⟨the; ww. ook mv.⟩ **0.1** ***Filippijnen.***
Philistine [fillistajn] **0.1** ⟨bn.⟩ ***Filistijns*** **0.2** ⟨bn.; vaak p-⟩ ***acultureel*** **0.3** ⟨zn.⟩ ***Filistijn*** **0.4** ⟨zn.; p-⟩ ***cultuurbarbaar*** ⇒*filister.*
Philistinism [fillistinnizm] ⟨ook p-⟩ **0.1** ***filisterij*** ⇒*bekrompenheid, ploertigheid.*
Phillips screw [fillips skroe:] **0.1** ***kruiskopschroef.***
Phillips screwdriver 0.1 ***kruiskopschroevendraaier.***
philologist [fillolləd zjist] **0.1** ***filoloog.***
philolog|y [fillolləd zjie] ⟨bn.: **-ical**⟩ **0.1** ***filologie.***
philosopher [fillossəfə] **0.1** ***filosoof*** ⟨ook fig.⟩ ⇒*wijsgeer.*
philosopher's stone, philosophers' stone 0.1 ***steen der wijzen*** ⟨ook fig.⟩.
philosophical [filləsoffikl] **0.1** ***filosofisch*** ⇒*wijsgerig* **0.2** ***filosofisch*** ⇒*kalm, wijs.*
philosophize, -ise [fillossəfajz] **0.1** ***filosoferen.***
philosoph|y [fillossəfie] ⟨mv.: -ies⟩ **0.1** ***filosofie*** ⇒*wijsgerig stelsel* **0.2** ***filosofie*** ⇒*levensbeschouwing, opvatting* **0.3** *filosofie* ⇒*(wetenschap der) wijsbegeerte; kalmte* ◆ **2.3** natural ~ *natuurfilosofie.*
philtre [filtə] **0.1** ***filtrum*** ⇒*(minne/tover)drank.*
phlegm [flem] **0.1** ***slijm*** ⇒*fluim, mucus* **0.2** ***flegma*** ⇒*onverstoorbaarheid* **0.3** ***onverschilligheid*** ⇒*apathie.*
phlegmatic [flegmætik] ⟨-ally⟩ **0.1** ***flegmatiek*** ⇒*flegmatisch, onverstoorbaar.*
phlox [floks] ⟨mv.: ook phlox⟩⟨plantk.⟩ **0.1** ***flox.***
phobia [foobiə] **0.1** ***fobie*** ⇒*(ziekelijke) vrees.*
phobic [foobik] **0.1** ⟨bn.⟩ ***fobisch*** **0.2** ⟨zn.⟩ ***persoon met een fobie.***
Phoenician [fennie:sjn] **0.1** ⟨bn.⟩ ***Fenicisch*** **0.2** ⟨eig.n.⟩ ***Fenicisch*** ⟨taal⟩ **0.3** ⟨telb. zn.⟩ ***Feniciër.***
phoenix, ⟨AE sp. ook⟩ **phenix** [fie:niks] **0.1** ***feniks.***
phone[1] [foon] ⟨zn.⟩⟨inf.⟩ **0.1** ***telefoon.***
phone[2] ⟨ww.⟩⟨inf.⟩ **0.1** ***telefoneren*** ⇒*opbellen* ◆ **5.1** ~ **back** *terugbellen;* ~ **up** *opbellen.*
phone-booth 0.1 ***telefooncel.***
phone call 0.1 ***telefoontje.***
phonecard 0.1 ***tele(foon)kaart*** **0.2** ***kaarttelefoon*** ⇒*telemaat* ⟨werkt alleen op tele(foon)kaarten⟩.
phone in ⟨BE⟩ **0.1** ***deelnemen aan een radio/televisieprogramma via de telefoon*** ◆ **1.1** listeners can ~ their questions *luisteraars kunnen via de telefoon hun vragen stellen.*
phone-in ⟨BE⟩ **0.1** ***opbelprogramma*** ⇒*radio/tv-programma met deelname v. luisteraars/kijkers* ⟨via telefoon⟩.
phonetics [fənettiks] ⟨taal.⟩ **0.1** ***fonetiek.***
phoney[1], **phon|y** [foonie] ⟨zn.; mv.: -ies⟩⟨sl.⟩ **0.1** ***valsaard*** ⇒ *bedrieger* **0.2** ***namaak(sel)*** ⇒*nep, bedrog.*
phon|ey[2], **phon|y** ⟨bn.; -iness⟩⟨sl.⟩ **0.1** ***vals*** ⇒*onecht, nep.*
phonic [fonnik] ⟨-ally⟩ **0.1** ***(spraak)klank-*** ⇒*fonisch.*
phonograph [foonəgraːf] ⟨vnl. AE⟩ **0.1** ***grammofoon.***
phonolog|y [fənolləd zjie] ⟨bn.: **-ical**⟩⟨taal.⟩ **0.1** ***fonologie.***
phony →**phoney.**
phooey [foe:ie] **0.1** ***poe*** ⟨als uitdrukking v. afkeer/ongeloof⟩.
phosphate [fosfeet] **0.1** ⟨schei.⟩ ***fosfaat*** **0.2** ⟨vaak mv.⟩ ***(fosfaten bevattende) kunstmeststof.***
phosphor [fosfə] **0.1** ***fosfor.***
phosphoresc|ent [fosfəresnt] ⟨zn.: **-ence**⟩ **0.1** ***fosforescerend.***
phosphoric [fosforrik] ⟨schei.⟩ **0.1** ***fosfor-*** ⇒*fosforisch, fosforhoudend* ⟨vijfwaardig⟩ ◆ **1.1** ~ acid *(ortho)fosforzuur.*
phosphorous [fosfrəs] ⟨schei.⟩ **0.1** ***fosfor-*** ⇒*fosforisch, fosforhoudend* ◆ **1.1** ~ acid *fosforigzuur.*
phosphorus [fosfrəs] ⟨schei.⟩ **0.1** ***fosfor.***
photo [footoo] ⟨verk.⟩ [photograph] ⟨inf.⟩ **0.1** ***foto.***
photocell [footoosel] **0.1** ***fotocel*** ⇒*foto-elektrische cel, elektronisch oog.*
photocomposition [-kompəzisjn] **0.1** ***fototypografie*** ⇒*het fotografisch zetten.*
photocopier [-koppiə] **0.1** ***fotokopieerapparaat.***
photocop|y[1] [-koppie] ⟨zn.; mv.: -ies⟩ **0.1** ***fotokopie.***
photocop|y[2] ⟨ww.; -ied⟩ **0.1** ***fotokopiëren*** ⇒*een fotokopie maken v.*
photoelectric [-illektrik] **0.1** ***foto-elektrisch*** ◆ **1.1** ~ cell *foto-elektrische cel, fotocel.*
photo finish 0.1 ***fotofinish.***
Photofit [footoofit] ⟨ook p-; ook attr.⟩ **0.1** ***robotfoto*** ⇒*compositiefoto.*
photogenic [footoodzjennik] ⟨-ally⟩ **0.1** ***fotogeniek.***
photograph[1] [footəgraːf] ⟨zn.⟩ **0.1** ***foto*** ◆ **3.1** have one's ~ taken *zich laten fotograferen;* take a ~ *een foto maken.*
photograph[2] **I** ⟨onov.ww.⟩ **0.1** ***zich laten fotograferen*** ◆ **5.1** she ~s well/badly *ze laat zich goed/slecht fotograferen;*

II ⟨onov. en ov.ww.⟩ **0.1** ***fotograferen*** ⇒*foto's maken; een foto nemen v.*

photographer [fətogrəfə] **0.1** ***fotograaf/grafe.***

photographic [footəgræfik] ⟨-ally⟩ **0.1** ***fotografisch*** ⇒*foto-grafie-* ◆ **1.1** ~ goods *fotografiebenodigdheden;* a ~ memory *een fotografisch geheugen.*

photography [fətogrəfie] **0.1** ***fotografie.***

photogravure [footəgrəvjoeə] **0.1** ***fotogravure.***

photometer [footommittə] **0.1** ***fotometer*** ⇒*lichtmeter.*

photomicrography [footoomajkrogrəfie] **0.1** ***microfotografie.***

photomontage **0.1** ***fotomontage.***

photon [footon] ⟨nat.⟩ **0.1** ***foton.***

photosensitive [footoosensftiv] **0.1** ***lichtgevoelig.***

photosensit|ize, -ise [-sensittajz] ⟨zn.: **-ization**⟩ **0.1** ***lichtgevoelig maken.***

photosetting [footoosetting] ⟨druk.⟩ **0.1** ***fototypografie*** ⇒ *het fotografisch zetten.*

photostat[1] [footəstæt] ⟨zn.; ook P-⟩ **0.1** ***fotokopie*** **0.2** ***fotokopieerapparaat.***

photostat[2] ⟨ww.; -ted⟩ **0.1** ***fotokopiëren.***

photosynthesis [footoo sinθissis] ⟨biol.⟩ **0.1** ***fotosynthese.***

photosynthetic [-sinθettik] ⟨-ally⟩⟨biol.⟩ **0.1** ***fotosynthetisch.***

phototrop|ism [foototrəpizm] ⟨zn.: **-ic**⟩⟨biol.⟩ **0.1** ***fototropie.***

phrase[1] [freez] ⟨zn.⟩ **0.1** ***fraseologie*** ⇒*uitdrukkingswijze, bewoordingen* **0.2** ***frase*** ⇒*gezegde, (idiomatische) uitdrukking* **0.3** ⟨taal.⟩ ***constituent*** ⇒*woordgroep, zinsdeel* **0.4** ⟨muz.⟩ ***frase*** ◆ **1.1** a turn of ~ *een uitdrukking* **3.¶** turn a ~ *een rake uitspraak doen;* coin a ~ *een uitdrukking bedenken;* ⟨iron.⟩ to coin a ~ *om het maar eens origineel uit te drukken* **6.1** **in** Shakespeare's ~ *in de bewoordingen v. Shakespeare.*

phrase[2] ⟨ww.⟩ **0.1** ***uitdrukken*** ⇒*formuleren, onder woorden brengen* **0.2** ⟨vnl. muz.⟩ ***fraseren*** ⇒*in frasen verdelen* ◆ **1.1** ~ one's thoughts *zijn gedachten formuleren* **5.1** a politely-~d apology *een beleefd geformuleerde verontschuldiging.*

phrase book **0.1** ***taalgids*** ⟨met idiomatische uitdrukkingen⟩.

phraseolog|y [freezie-olledzjie] ⟨mv.: -ies⟩ **0.1** ***fraseologie*** ⇒ *idioom, woordkeus* ◆ **2.1** scientific ~ *wetenschappelijk jargon.*

phrasing [freezing] **0.1** ***bewoording*** ⇒*uitdrukkingswijze* **0.2** ⟨vnl. muz.⟩ ***frasering.***

phrenetic →**frenetic.**

phrenologist [frinnolledzjist] **0.1** ***frenoloog*** ⇒*schedelkundige.*

phrenology [frinnolledzjie] **0.1** ***frenologie*** ⇒*schedelleer.*

phut [fut] ⟨inf.⟩ **0.1** ***pfft*** ◆ **3.1** go ~ *in elkaar zakken, kapot/op de fles gaan.*

pH value [pie: eetsj] **0.1** ***pH-waarde.***

phylloxera [filloksiərə] ⟨dierk.⟩ **0.1** ***fylloxera*** ⇒*druifluis.*

phylum [fajləm]⟨mv.: phyla [fajlə]⟩ ⟨biol.⟩ **0.1** ***fylum*** ⇒*stam, divisie.*

physic [fizzik] ⟨vero., beh. scherts.⟩ **0.1** ***medicijn*** ⇒*geneesmiddel* ◆ **1.1** take a good dose of ~ *flink wat pillen slikken.*

physical[1] [fizzikl] ⟨zn.⟩ **0.1** ***medische keuring.***

physical[2] **I** ⟨bn.⟩ **0.1** ***fysiek*** ⇒*natuurlijk, lichamelijk, natuur-* **0.2** ***materieel*** ◆ **1.1** ~ education, ⟨ook⟩ PE, ~ training, ⟨ook⟩ PT *lichamelijke oefening, gymnastiek;* ~ exercise *lichaamsbeweging;* ~ forces *natuurlijke krachten;* ⟨scherts.⟩ ~ jerks *gym, lichamelijke oefening(en);* ⟨vnl. AE⟩ ~ therapy *fysiotherapie;*

II ⟨bn., attr.⟩ **0.1** ***natuurkundig*** ⇒*fysisch* ◆ **1.1** ~ anthropology *fysische antropologie;* ~ chemistry *fysico-chemie, fysische chemie;* ~ science *natuurkunde, natuurwetenschap* **1.¶** a ~ impossibility *absolute/technische onmogelijkheid.*

physicalist [fizzikkəlist] ⟨ook attr.⟩ **0.1** ***aanhanger v.h. fysicalisme.***

physician [fizzisjn] **0.1** ***arts*** ⇒*geneesheer* ⟨vaak itt. chirurg⟩, *internist.*

physicist [fizzissist] **0.1** ***fysicus*** ⇒*natuurkundige.*

physics [fizziks] ⟨ww. vnl. enk.⟩ **0.1** ***fysica*** ⇒*natuurkunde.*

physio [fizzie-oo] ⟨inf.⟩ **I** ⟨telb.zn.⟩ **0.1** ***fysiotherapeut(e);***

II ⟨n.-telb.zn.⟩ **0.1** ***fysio(therapie).***

physiognom|y [fizzie-onnəmie] ⟨mv.: -ies⟩ **I** ⟨telb.zn.⟩ **0.1** ***fysionomie*** ⇒*gelaat(suitdrukking)* **0.2** ***kenmerk*** ⇒*kenteken;*

II ⟨n.-telb.zn.⟩ **0.1** ***fysiognomiek*** ⇒*gelaatkunde* **0.2** ***natuurlijke kenmerken*** ⟨v.e. land, gebied enz.⟩.

physiologist [fizzie-olledzjist] **0.1** ***fysioloog.***

physiolog|y [fizzi-olledzjie] ⟨bn.: **-ical**⟩ **0.1** ***fysiologie*** **0.2** ***levensfuncties.***

physiotherapist [fizzie-ooθerrəpist] **0.1** ***fysiotherapeut(e).***

physiotherapy [fizzie-ooθerrəpie] **0.1** ***fysiotherapie.***

physique [fizzie:k] **0.1** ***fysiek*** ⇒*lichaamsbouw.*

phytochemistry [fajtookemmistrie] ⟨biol.⟩ **0.1** ***fytochemie.***

pi [paj] ⟨ook wisk.⟩ **0.1** ***pi.***

pianist [piənist] **0.1** ***pianist(e).***

piano[1] [pie-ænoo] ⟨zn.⟩ **0.1** ***piano.*** →**grand, upright.**

piano[2] [pie-a:noo] ⟨bn.; bw.⟩⟨muz.⟩ **0.1** ***zacht*** ⇒*piano.*

pianola [piənoolə] **0.1** ***pianola.***

piano player **0.1** ***pianist(e)*** **0.2** ***pianola.***

piano stool **0.1** ***pianokruk*** **0.2** ***muziekstandaard voor piano.***

piano tuner **0.1** ***pianostemmer.***

piazza [pie-ætsə] **0.1** ***piazza*** ⇒*(markt)plein* **0.2** ***(zuilen)galerij*** ⇒*zuilengang.*

pic [pik] ⟨mv.: ook pix⟩⟨verk.⟩ [picture] ⟨inf.⟩ **0.1** ***foto*** ⇒ *plaatje, illustratie* **0.2** ***film.***

picaresque [pikkəresk] **0.1** ***picaresk*** ⇒*schelmen-* ◆ **1.1** a ~ novel *een schelmenroman.*

piccolo [pikkəloo] **0.1** ***piccolo(fluit).***

pick[1] [pik] **I** ⟨telb.zn.⟩ **0.1** ***pikhouweel;***

II ⟨n.-telb.zn.⟩ **0.1** ***keus*** **0.2** ⟨the⟩ ***beste*** ⇒*puikje* ◆ **1.2** the ~ of the bunch *het neusje v.d. zalm* **3.1** take your ~ *zoek maar uit.*

pick[2] **I** ⟨onov. en ov.ww.⟩ **0.1** ***(zorgvuldig) kiezen*** ⇒*selecteren, uitzoeken* **0.2** ***plukken*** ⇒*oogsten* **0.3** ***pikken*** ⟨v. vogels⟩ **0.4** ***met kleine hapjes eten*** ⇒*peuzelen/knabbelen (aan)* ◆ **1.1** ⟨sport⟩ ~ sides *teams kiezen;* ~ one's steps/way *voorzichtig een weg zoeken;* ⟨fig.⟩ *behoedzaam te werk gaan;* ~ the winner *op het winnende paard wedden;* ~ one's words *zijn woorden wikken en wegen* **3.1** ~ and choose *kieskeurig zijn* **5.¶** ~ **over** *uitziften, de beste halen uit; doorzeuren* **6.4** ~ **at** a meal *zitten te kieskauwen* **6.¶** ~ **at** *plukken/peuteren aan; vitten/hakken op;* ~ **on** *vitten/afgeven op.* →**pick up;**

II ⟨ov.ww.⟩ **0.1** ***hakken (in)*** ⇒*bikken, prikken, opensteken* ⟨slot⟩ **0.2** ***peuteren in*** ⟨tanden bv.⟩ ⇒*wroeten in, pulken in* ⟨neus⟩ **0.3** ***afkluiven*** ⇒*kluiven op, ontdoen v.* ⟨vlees⟩ **0.4** ***uit elkaar halen*** ⇒*pluizen* ◆ **1.1** ~ a hole in *een gat maken in* **5.4** ~ **apart** *uit elkaar halen;* ⟨fig.⟩ the play was ~ed **apart** by the critics *de critici lieten geen spaan heel v.h. stuk* **5.¶** ~ **off** *één voor één neerschieten.* →**pick out, pick up.**

pickaback →**piggyback.**

pickaxe, ⟨AE sp.⟩ **pickax** **0.1** ***pikhouweel.***

picker [pikkə] **0.1** ***plukker*** ⟨v. fruit enz.⟩.

picket[1] [pikkit], ⟨in bet. 0.4 ook⟩ **piquet** ⟨zn.⟩ **0.1** ***piket*** ⇒ *paal, staak* **0.2** ***post(er)*** ⟨bij staking⟩ **0.3** ⟨verk.⟩ [picket line] ⟨inf.⟩ **0.4** ⟨ww. enk. of mv.; mil.⟩ ***piket*** ◆ **2.2** flying ~ *vliegende poster, mobiele stakingsposten.*

picket[2] ⟨ww.⟩ **0.1** ***posten*** ⇒*postend bewaken* ◆ **1.1** ~ a factory / people *een bedrijf/mensen posten.*

picket fence 0.1 ***staketsel.***

picket line 0.1 ***groep posters*** ⟨bij stakingen⟩.

pickings [pikkingz] **0.1** ***restjes*** ⇒*kliekjes, overschot* **0.2** ***emolumenten*** ⇒*(bijkomende) voordeeltjes* ◆ **2.2** there are easy ~ to be made *daar ligt het voor het rapen.*

pickle[1] [pikl] **I** ⟨telb.zn.⟩ **0.1** ***ingelegde ui*** ⇒*Amsterdamse ui* **0.2** ⟨AE⟩ ***augurk;***
II ⟨telb. en n.-telb.zn.⟩ **0.1** ***pekel*** ⟨ook fig.⟩ ⇒*moeilijk parket, knoei* ◆ **2.1** be in a sorry / nice ~ *zich in een moeilijk parket bevinden;*
III ⟨n.-telb.zn.⟩ **0.1** ***zuur*** ⇒*azijn* ◆ **1.1** vegetables in ~ *groenten in het zuur;*
IV ⟨mv.⟩ **0.1** ***tafelzuur*** ⇒*zoetzuur.*

pickle[2] ⟨ww.⟩ **0.1** ***pekelen*** **0.2** ***inleggen*** ⇒*inmaken.*

pickled [pikld] **I** ⟨bn.⟩ **0.1** ***ingelegd (in het zuur/de pekel);***
II ⟨bn., pred.⟩⟨inf.⟩ **0.1** ***in de olie*** ⇒*lazarus.*

picklock 0.1 ***insluiper*** ⇒*inbreker* **0.2** ***slothaak*** ⇒*loper.*

pick-me-up ⟨inf.⟩ **0.1** ***opkikkertje.***

pick out 0.1 ***(uit)kiezen*** ⇒*eruit halen, uitpikken* **0.2** ***onderscheiden*** ⇒*zien, ontdekken* **0.3** ***op het gehoor spelen*** **0.4** ***doen uitkomen*** ⇒*afsteken, accentueren.*

pickpocket 0.1 ***zakkenroller.***

pickup I ⟨telb.zn.⟩ **0.1** ⟨ook ec.⟩ ***herstel*** ⇒*opleving* **0.2** ⟨inf.⟩ ***(taxi)passagier*** ⇒*lifter; scharreltje* **0.3** ***pick-up*** **0.4** ⟨verk.⟩ [pickup truck] ◆ **1.1** a ~ of five seats in the Senate *een vooruitgang v. vijf zetels in de Senaat;*
II ⟨telb. en n.-telb.zn.⟩ **0.1** ***acceleratievermogen.***

pick up I ⟨onov.ww.⟩ **0.1** ***beter worden*** ⇒*opknappen, er bovenop komen;* ⟨ec.⟩ *opleven, aantrekken* **0.2** ***accelereren*** ⇒ *vaart krijgen, aanwakkeren* ⟨v. wind⟩ ◆ **1.1** the weather is picking up *het weer wordt weer beter* **6.¶** ~ **with** *aanpappen met, leren kennen;*
II ⟨onov. en ov.ww.⟩ **0.1** ***opruimen*** **0.2** ***weer beginnen*** ⇒ *hervatten* ◆ **1.2** ~ the threads *de draad weer opvatten* **6.1** ~ (the room) **after** the children *de rommel v.d. kinderen (in de kamer) opruimen;*
III ⟨ov.ww.⟩ **0.1** ***oppakken*** ⇒*opnemen/rapen;* ⟨sl.⟩ *in hechtenis nemen* **0.2** ***opdoen*** ⇒*oplopen, oppikken* **0.3** ***opvangen*** ⟨radio / lichtsignalen⟩ ⇒*krijgen, ontvangen* **0.4** ***ophalen*** ⇒*een lift geven, meenemen* **0.5** ***(terug)vinden*** ⇒*terugkrijgen* **0.6** ***(bereid zijn te) betalen*** ⟨rekening⟩ **0.7** ***terechtwijzen*** ◆ **1.1** ~ your feet *til je voeten op;* ~ a stitch *een steek ophalen* ⟨bij het breien⟩ **1.2** I must have picked up a germ *ik moet een virus opgelopen hebben;* ~ a language *zich een taal eigen maken;* ~ speed *vaart vermeerderen* **1.5** ~ the trail *het spoor terugvinden* **3.1** pick s.o. up for questioning *iem. oppakken om te verhoren* **3.¶** ~ and leave *zijn spullen pakken en vertrekken* **4.1** pick o.s. up *overeind krabbelen* **4.2** he picked her up in a bar *hij heeft haar in een bar opgepikt;* where did you pick that up? *waar heb je dat geleerd?* **4.4** I'll pick you up at seven *ik kom je om zeven uur ophalen* **6.7** he picked me up **on** my pronunciation *hij wees me terecht omdat ik dingen verkeerd uitsprak.*

pickup point 0.1 ***(afgesproken) plaats*** ⟨waar je iets ophaalt/iem. oppikt⟩ ⇒*afhaalplaats, opstapplaats.*

pickup truck 0.1 ***pick-up*** ⇒*open bestelauto.*

pick|y [pikkie] ⟨-iness⟩⟨AE; inf.⟩ **0.1** ***kieskeurig*** ⇒*pietluttig.*

picnic[1] [piknik] ⟨zn.⟩ **0.1** ***picknick*** ◆ **5.¶** it is no ~ *het valt niet mee, het is geen pretje.*

picnic[2] ⟨ww.; -ked⟩ **0.1** ***picknicken.***

picnic hamper 0.1 ***picknickmand.***

picnicker [piknikkə] **0.1** ***picknicker.***

pictorial[1] [piktoːriəl] ⟨zn.⟩ **0.1** ***geïllustreerd tijdschrift*** **0.2** ***postzegel met afbeelding(en).***

pictorial[2] ⟨bn.⟩ **0.1** ***schilder-*** ⇒*beeld-* **0.2** ***geïllustreerd.***

picture[1] [piktsjə] **I** ⟨telb.zn.⟩ **0.1** ⟨ben. voor⟩ ***afbeelding*** ⇒ *schilderij, plaat, prent, schets, foto* **0.2** ***plaatje*** ⇒*iets beeldschoons* **0.3** ***toonbeeld*** ⇒*belichaming* **0.4** ***evenbeeld*** **0.5** ***(speel)film*** **0.6** ***beeld*** ⟨op tv⟩ ◆ **1.2** her hat is a ~ *zij heeft een beeld v.e. hoedje* **1.3** he looks / is the (very) ~ of health *hij blaakt v. gezondheid* **2.2** (as) pretty as a ~ *beeldschoon* **3.¶** come into the ~ *een rol gaan spelen;* fit into the ~ *bij het geheel passen;* ⟨inf.⟩ get the ~ *het snappen* **6.¶** put s.o. **in** the ~ *iem. op de hoogte brengen;* (be) **in** the ~ *op de hoogte (zijn);* ⟨inf.⟩ be **out of** the ~ *niet meetellen, er niet bij horen; niet op de hoogte zijn.* →**clinical;**
II ⟨mv.; the⟩⟨vnl. BE⟩ **0.1** ***bios.***

picture[2] ⟨ww.⟩ **0.1** ***afbeelden*** ⇒*schilderen* **0.2** ***beschrijven*** **0.3** ***zich voorstellen*** ⇒*zich inbeelden* ◆ **6.1** ~ **to** o.s. *zich voorstellen.*

picture book 0.1 ***prentenboek.***

picture card 0.1 ***prentkaart*** **0.2** ***pop*** ⟨kaartspel⟩.

picture disc 0.1 ***picture disc*** ⟨met afbeelding op het vinyl⟩.

picture gallery 0.1 ***schilderijenkabinet*** ⇒*galerie/zaal voor schilderijen* **0.2** ⟨sl.⟩ ***fotoverzameling*** ⟨v. bekende / gezochte misdadigers⟩.

picturegoer [piktsjəgooə] ⟨BE⟩ **0.1** ***(regelmatige) bioscoopbezoeker.***

picture postcard 0.1 ***(prent)briefkaart*** ⇒*ansicht(kaart).*

picturesque [piktsjəresk] ⟨-ness⟩ **0.1** ***schilderachtig*** ⇒*pittoresk.*

picture tube 0.1 ***beeldbuis.***

piddle[1] [pidl] ⟨zn.⟩⟨inf.⟩ **0.1** ***plasje.***

piddle[2] ⟨ww.⟩ **0.1** ⟨inf.⟩ ***een plasje doen*** ◆ **5.¶** stop piddling **around** *schiet toch eens op;* ~ **away** one's time *zijn tijd verspillen.*

piddling [pidling] ⟨inf.; pej.⟩ **0.1** ***belachelijk (klein)*** ⇒*onbenullig, te verwaarlozen.*

pidgin [pidzjin] **0.1** ***pidgin*** ⇒*mengtaal* ⟨vnl. op basis v.h. Engels⟩.

Pidgin English ⟨ook p-⟩ **0.1** ***pidginengels.***

pie [paj] **0.1** ***pastel*** **0.2** ***taart*** ◆ **1.¶** ⟨inf.⟩ that's all ~ in the sky *dat zijn allemaal luchtkastelen.* →**easy, humble.**

piebald [pajbo:ld] **0.1** ⟨bn.⟩ ***gevlekt*** ⟨vnl. zwart en wit⟩ ⇒*bont* ⟨ook fig.⟩ **0.2** ⟨zn.⟩ ***gevlekt/bont dier*** ⇒⟨ihb.⟩ *bont paard.*

piece[1] [pie:s] ⟨zn.⟩ **0.1** ⟨ben. voor⟩ ***stuk*** ⇒*portie, brok; onderdeel, deel* ⟨ook tech.⟩; *stukje (land), lapje, eindje; schaakstuk; damschijf; munt/geldstuk; artikel; muziek/toneelstuk;* ⟨mil.⟩ *kanon, geweer* **0.2** ***staaltje*** ⇒*voorbeeld* **0.3** ⟨vulg.⟩ ***stuk*** ⇒*stoot, spetter* ◆ **1.1** ~ of bread and butter *boterham;* five cents a ~ *vijf cent per stuk;* ~ of furniture *meubel(stuk);* ~ of information *inlichting, mededeling;* ~ of (good) luck *buitenkansje;* ~ of music *muziekstuk;* ~ of news *nieuwtje;* ~ of string *eindje touw, touwtje;* that's a fine ~ of work *dat ziet er prachtig/prima uit* **1.2** ~ of cheek *staaltje v. brutaliteit* **1.¶** ⟨BE; inf.⟩ it was a ~ of cake *het was een peulenschilletje;* ⟨BE⟩ (nasty) ~ of work / goods *(gemene) vent/griet* **3.1** break to / fall in ~s *in stukken/uit elkaar vallen;* ⟨inf.⟩ come / go (all) to ~s *(helemaal) kapot gaan* ⟨ook fig.⟩; *instorten, in/uit elkaar vallen, bezwijken;* come to ~s *uit elkaar genomen kunnen worden;* ⟨inf.⟩ pick / pull / take / tear to ~s *uit elkaar halen;* ⟨fig.⟩ *scherp kritise-*

ren; say/speak/state one's ~ ⟨fig.⟩ *zijn zegje doen;* take sth. to ~s *iets uit elkaar nemen* **3.¶** ⟨inf.⟩ give s.o. a ~ of one's mind *iem. flink de waarheid zeggen;* ⟨inf.⟩ pick up the ~s *de stukken/brokken lijmen;* ⟨inf.⟩ (all) shot to ~s *(helemaal) kapot; ontzenuwd* ⟨argumenten⟩; *de bodem ingeslagen* ⟨verwachtingen⟩ **6.1** ~ **by** ~ *stuk voor stuk;* be paid **by** the ~ *stukloon krijgen;* **in** one ~ *in één stuk;* ⟨fig.⟩ *ongedeerd, onbeschadigd;* **in** ~s *in/aan stukken;* ⟨fig.⟩ be (all) **of** a ~ **with** *(helemaal) van dezelfde aard/hetzelfde slag zijn als; uit hetzelfde hout gesneden zijn als;* **of** a ~ *in/uit één stuk.* →**set.**

piece² ⟨ww.⟩ **0.1** ***samenvoegen*** ⇒*in elkaar zetten* ◆ **5.1** ~ **together** *aaneenhechten, aaneenvoegen, in elkaar zetten; reconstrueren* ⟨verhaal⟩ **6.1** ~ **on to** *vasthechten aan, verbinden met.*

-piece [pie:s] **0.1** ***-delig*** ◆ **¶.1** fifteen-piece tea-set *vijftiendelig theeservies;* six-piece band *orkestje v. zes man.*

piece goods 0.1 ***(geweven) stukgoederen*** ⇒*ellengoed, manufacturen.*

piecemeal [pie:smie:l] **0.1** ***stuksgewijs*** ⇒*geleidelijk, bij stukjes en beetjes.*

piecework 0.1 ***stukwerk.***

pieceworker 0.1 ***stukwerker/ster.***

pie chart 0.1 ***cirkeldiagram.***

piecrust 0.1 ***pasteikorst.***

pied [pajd] **0.1** ***bont*** ⇒*gevlekt* ◆ **1.¶** the Pied Piper (of Hamelin) *de rattenvanger v. Hameln.*

pie-eyed ⟨sl.⟩ **0.1** ***lazarus*** ⇒*stomdronken.*

pier [piə] **0.1** ***pier*** ⇒*havenhoofd/dam* **0.2** ***pijler*** ⇒*brugpijler* **0.3** ⟨bouwk.⟩ ***penant*** ⇒*(muur)dam.*

pierce [piəs] **0.1** ***doordringen*** ⇒*binnendringen in, doorboren* **0.2** ***opensteken*** ⟨vat⟩ **0.3** ***zich een weg banen door*** ◆ **1.2** ~d ears *gaatjes in de oren.*

piercing [piəsing] **0.1** ***doordringend*** ⇒*onderzoekend* ⟨ook v. blik⟩ **0.2** ***scherp*** ⇒*snijdend* ⟨wind, kou⟩; *stekend* ⟨pijn⟩; *snerpend* ⟨geluid⟩.

pierrot [piəroo] ⟨ook P-⟩ **0.1** ***pierrot.***

pietism [pajjətizm] **0.1** ***piëtisme*** **0.2** ***vroomheid*** **0.3** ***kwezelarij.***

pietist [pajjətist] **0.1** ***piëtist*** **0.2** ***kwezel.***

piet|y [pajjətie] ⟨mv.: -ies⟩ **0.1** ***vroomheid*** ⇒*piëteit; trouw* ⟨aan ouders, familie⟩ ◆ **2.1** filial ~ *kinderlijke liefde/respect.*

piezoelectric [-illektrik] ⟨-ally⟩⟨nat.⟩ **0.1** ***piëzo-elektrisch.***

piffle [pifl] ⟨inf.⟩ **0.1** ***nonsens*** ⇒*kletskoek, onzin.*

piffling [pifling] ⟨inf.⟩ **0.1** ***belachelijk (klein)*** ⇒*onbeduidend, waardeloos; onbenullig, triviaal.*

pig¹ [pig] **I** ⟨telb.zn.⟩ **0.1** ***varken*** ⇒*(wild) zwijn;* ⟨fig.; inf.⟩ *gulzigaard, slokop; vuilik; knorrepot; stijfkop; zeiker(d); hufter, lomperd* **0.2** ⟨AE⟩ ***big*** **0.3** ⟨sl.; bel.⟩ ***smeris*** ◆ **1.¶** be ~(gy) in the middle *tussen twee vuren zitten* **3.¶** bleed like a (stuck) ~ *bloeden als een rund;* bring one's ~s to the wrong market *op het verkeerde paard wedden;* buy a ~ in a poke *een kat in de zak kopen;* and ~s might fly! *ja, je kan me nog meer vertellen!;* ⟨inf.⟩ live like ~s in clover *leven als een vorst;* make a ~ of o.s. *overdadig eten (en drinken)* **¶.¶** it was a real ~ *het was een vreselijk lastig karwei;*
II ⟨n.-telb.zn.⟩ **0.1** ***varkensvlees.***

pig² ⟨ww.; -ged⟩ ◆ **4.¶** ⟨vnl. BE⟩ ~ it *in slechte woonomstandigheden leven;* ~ o.s. *zich volvreten* **5.¶** ⟨AE⟩ ~ **out** *zich volvreten.*

pigeon [pidzjin] **0.1** ***duif*** **0.2** ***kleiduif*** ◆ **7.¶** it's not my ~ *het zijn mijn zaken niet.*

pigeon-breasted, pigeon-chested 0.1 ***met een kippenborst.***

pigeon fancier 0.1 ***duivenmelker.***

pigeon-hole¹ ⟨zn.⟩ **0.1** ***loket*** ⇒*hokje, (post)vakje* ◆ **1.1** set of ~s *loketkast.*

pigeon-hole² ⟨ww.⟩ **0.1** ***in een vakje leggen*** ⟨document⟩ ⇒ *opbergen* **0.2** ***in de ijskast stoppen*** ⇒*opzij leggen, op de lange baan schuiven* **0.3** ⟨pej.⟩ ***in een hokje stoppen*** ⇒*een label geven.*

pigeon loft 0.1 ***duivenplat.***

pigeon race ⟨sport⟩ **0.1** ***duivenwedstrijd.***

pigeon racing ⟨sport⟩ **0.1** ***(het) wedstrijdvliegen met duiven*** ⇒*duivensport.*

pigeon-toed 0.1 ***met naar binnen gekeerde tenen.***

pigger|y [pigərie] ⟨mv.: -ies⟩ **0.1** ***varkensfokkerij*** **0.2** ***varkensstal*** ⇒*varkenskot* **0.3** ***zwijnerij.***

piggish [pigisj] ⟨-ness⟩ **0.1** ***varkensachtig*** ⇒*varkens-* **0.2** ***vuil*** ⇒*smerig* **0.3** ***gulzig*** **0.4** ***onbeschoft*** ⇒*ongemanierd.*

pigg|y¹ [pigie] ⟨zn.; mv.: -ies⟩⟨inf.⟩ **0.1** ***big*** ⇒*varkentje* ⟨vnl. kindertaal⟩ ◆ **1.¶** be ~ in the middle *tussen twee vuren zitten.*

pigg|y² ⟨bn.; -ier⟩ **0.1** ***varkensachtig*** ⇒*varkens-* **0.2** ***gulzig.***

piggyback¹ [pigiebæk], **pickaback** [pikkəbæk] ⟨zn.⟩ **0.1** ***ritje op de rug/schouders*** ◆ **3.1** will you give me a ~? *mag ik even op je rug?*

piggyback², pickaback ⟨bn.; bw.⟩ **0.1** ***op de rug/schouders*** ◆ **1.1** he used to give me ~ rides *vroeger mocht ik op zijn rug zitten/rijden.*

piggy bank 0.1 ***spaarvarken(tje).***

pigheaded ⟨-ness⟩ **0.1** ***koppig*** ⇒*eigenwijs.*

pig iron 0.1 ***ruw ijzer*** ⇒*piekijzer.*

piglet [piglit] **0.1** ***big(getje)*** ⇒*varkentje.*

pigment [pigmənt] **0.1** ***pigment.***

pigmentation [pigmənteesjn] **0.1** ***pigmentatie*** **0.2** ***kleuring.***

pignut 0.1 ***aardnoot.***

pig's ear [pigz iə] ◆ **3.¶** make a ~ of sth. *ergens een potje van maken.*

pigskin 0.1 ***varkenshuid/leer.***

pig-sticking 0.1 ***wildezwijnenjacht*** ⟨te paard met speren⟩.

pigsty, ⟨AE⟩ **pigpen 0.1** ***varkensstal*** ⟨ook fig.⟩ ⇒***varkenskot.***

pigswill [pigswil], **pigwash 0.1** ***varkensdraf*** ⇒*spoeling* **0.2** ⟨inf.⟩ ***slootwater*** ⇒*zwijnenkost, varkensvoer.*

pigtail 0.1 ***(haar)vlecht*** ⇒*staartje.*

pike¹ [pajk] ⟨zn.⟩ **0.1** ***piek*** ⇒*spies* **0.2** ***tolboom*** **0.3** ***tol(weg).***

pike² ⟨zn.; mv.: pike⟩ **0.1** ***snoek.***

pilaf(f) [pilæf], **pilaw** [pillau, pie:lau] **0.1** ***pilau*** ⇒*pilav* ⟨scherpe rijstschotel⟩.

pilaster [pilæstə] **0.1** ***pilaster.***

pilchard [piltsjəd] **0.1** ***sardien.***

pile¹ [pajl] **I** ⟨telb.zn.⟩ **0.1** ***(hei)paal*** ⇒*staak, pijler* **0.2** ***stapel*** ⇒*hoop* **0.3** ⟨vaak enk.; inf.⟩ ***hoop/berg geld*** ⇒*fortuin* **0.4** ***hoog/groot gebouw(encomplex)*** ⇒*blok gebouwen* **0.5** ⟨vnl. mv.⟩ ***aambei*** **0.6** ⟨elek.⟩ ***zuil (v. Volta)*** ⇒*batterij, element* **0.7** ***(kern)reactor*** ◆ **1.2** ~s of books *stapels boeken* **1.¶** ⟨inf.⟩ like a ~ of bricks *dat het een aard heeft, duchtig* **2.7** atomic ~ *kernreactor* **3.3** he has made his ~ *hij is binnen;*
II ⟨n.-telb.zn.⟩ **0.1** ***dons*** ⇒*wol, vacht* **0.2** ***pool*** ⟨op fluweel, tapijt⟩ ⇒*pluis, nop.*

pile² **I** ⟨onov.ww.⟩ **0.1** ***zich ophopen/opstapelen*** ⇒*samentroepen/stromen* ◆ **5.1** ~ **in** *binnenstromen/drommen;* ~ **up** *zich opstapelen* **5.¶** ~ **up** *op elkaar inrijden* ⟨v. auto's⟩ **6.1** they ~d **into** the car *ze persten zich in de auto;*
II ⟨ov.ww.⟩ **0.1** ***stapelen*** ⇒*opstapelen, beladen, vullen* ◆ **5.1** ~ the luggage **in** *de bagage opladen;* ~ the pressure **on** *de druk verhogen;* ~ wood **on(to)** the fire *hout op het vuur*

gooien; ~ **on / up** sth. *iets opstapelen* **5.¶** ⟨inf.⟩ ~ it **on** (thick) *overdrijven;* ~ **up** a car *een auto in de vernieling rijden.*

pile driver 0.1 ***heimachine*** **0.2** ⟨inf.⟩ ***opstopper*** *⇒opduvel, (harde) knal/slag/stoot* ⟨vnl. in boksen⟩; *(harde) trap/schop.*

pile dwelling 0.1 ***paalwoning.***

pile-up 0.1 ***opeenstapeling*** *⇒op(een)hoping* **0.2** ***kettingbotsing.***

pilfer [pilfə] **0.1** ***stelen*** *⇒pikken.*

pilferage [pilfridzj] **0.1** ***kruimeldiefstal.***

pilferer [pilfrə] **0.1** ***kruimeldief.***

pilgrim [pilgrim] **0.1** ***pelgrim.***

pilgrimage [pilgrimmidzj] **0.1** ***bedevaart*** *⇒pelgrimstocht.*

Pilgrim Fathers ⟨the⟩ **0.1** ***Pilgrim Fathers*** ⟨die in 1620 de kolonie Plymouth stichtten in Massachusetts⟩.

pill [pil] **I** ⟨telb.zn.⟩ **0.1** ***pil*** ⟨ook fig.⟩ *⇒bittere pil* **0.2** ⟨inf.; vnl. scherts.⟩ ***bal*** **0.3** ⟨inf.⟩ ***klootzak*** ◆ **2.1** a bitter ~ (to swallow) *een bittere pil (om te slikken)* **3.1** sweeten / sugar-(coat) the ~ *de pil vergulden;*
II ⟨n.-telb.zn.; vaak P-; the⟩ **0.1** ***(anticonceptie)pil*** ◆ **3.1** go on the ~ *de pil gaan gebruiken* **6.1** (be) **on** the ~ *aan de pil (zijn).*

pillage¹ [pillidzj] ⟨zn.⟩ **0.1** ***plundering*** *⇒roof* **0.2** ***buit.***

pillage² ⟨ww.⟩ **0.1** ***plunderen*** *⇒(be)roven.*

pillager [pillidzjə] **0.1** ***plunderaar.***

pillar [pillə] **0.1** ***(steun)pilaar*** *⇒zuil* ⟨ook fig.⟩ **0.2** ***zuil*** *⇒kolom* ⟨rook, water, lucht⟩ **0.3** ⟨mijnw.⟩ ***(steun)pijler*** ◆ **1.1** ~s of the state *steunpilaren v.d. staat* **1.2** ~ of smoke *rookzuil* **1.¶** (driven) from ~ to post *v.h. kastje naar de muur (gestuurd).*

pillar-box ⟨BE⟩ **0.1** ***brievenbus*** ⟨van de PTT⟩.

pillbox 0.1 ***pillendoosje*** **0.2** ***klein rond (dames)hoedje*** **0.3** ⟨mil.⟩ ***bunker.***

pillion [pilliən] **0.1** ***duozitting*** *⇒buddyseat* ◆ **3.1** ride ~ *achterop zitten, duopassagier zijn.*

pillock [pillək] ⟨BE; inf.⟩ **0.1** ***dwaas*** *⇒idioot, klootzak.*

pillor|y¹ [pillərie] ⟨zn.; mv.: -ies⟩ ⟨gesch.⟩ **0.1** ***blok*** *⇒schandpaal* ◆ **6.1** **in** the ~ *aan de schandpaal.*

pillor|y² ⟨ww.; -ied⟩ **0.1** ***aan de kaak stellen*** *⇒hekelen* **0.2** ⟨gesch.⟩ ***in het blok slaan.***

pillow¹ [pilloo] ⟨zn.⟩ **0.1** ***(hoofd)kussen.***

pillow² ⟨ww.⟩ **0.1** ***(als) op een kussen laten rusten*** **0.2** ***als een kussen liggen onder*** *⇒als kussen dienen voor.*

pillowcase, pillow slip 0.1 ***kussensloop.***

pillow talk 0.1 ***intiem gesprek tussen minnaars in bed.***

pilot¹ [pajlət] ⟨zn.⟩ **0.1** ***loods*** **0.2** ***piloot*** *⇒vlieger* **0.3** ***gids*** *⇒leider* **0.4** ***experimenteel radio/tv-programma*** *⇒proefprogramma/uitzending; voorproefje.*

pilot² ⟨ww.⟩ **0.1** ***loodsen*** *⇒(be)sturen, vliegen, (ge)leiden* ⟨ook fig.⟩ **0.2** ***als loods bevaren*** ◆ **6.1** ~ a bill **through** Parliament *een wetsontwerp door het parlement loodsen.*

pilot fish ⟨dierk.⟩ **0.1** ***loodsmannetje*** ⟨vis⟩.

pilothouse ⟨scheep.⟩ **0.1** ***stuurhuis.***

pilot lamp 0.1 ***controlelamp(je).***

pilot light 0.1 ***waakvlam(metje).***

pilot model 0.1 ***proefmodel*** *⇒prototype.*

pilot officer ⟨BE⟩ **0.1** ***tweede luitenant-vlieger*** ⟨in de RAF⟩.

pilot plant 0.1 ***proeffabriek.***

pilot project 0.1 ***proefproject.***

pilot scheme 0.1 ***proefontwerp.***

pilot study 0.1 ***proefonderzoek*** *⇒vooronderzoek.*

pimento [pimmentoo] ⟨mv.: ook pimento⟩ **0.1** ***piment(boom)*** **0.2** ***Spaanse peper.***

pimp¹ [pimp] ⟨zn.⟩ **0.1** ***souteneur*** *⇒pooier.*

pimp² ⟨ww.⟩ **0.1** ***pooi(er)en*** *⇒souteneur zijn.*

pimpernel [pimpənel] ⟨plantk.⟩ **0.1** ***guichelheil.***

pimple [pimpl] **0.1** ***puist(je)*** *⇒pukkel.*

pimpl|y [pimplie] ⟨-ier⟩ **0.1** ***puist(er)ig.***

pin¹ [pin] **I** ⟨telb.zn.⟩ **0.1** ***speld*** *⇒sierspeld, broche* **0.2** ***pin*** *⇒pen, stift;* ⟨tech.⟩ *splitpen, bout, spie, nagel* **0.3** ***kegel*** ⟨bowling⟩ **0.4** ***vlaggenstok*** ⟨in een hole bij golf⟩ ◆ **1.¶** I have ~s and needles in my arm / my arm is all ~s and needles *mijn arm slaapt* **3.¶** I don't care / give a ~ / two ~s *ik geef er geen zier om* **7.4** for two ~s I'd do it *wat let me of ik doe het.* →**bright, clean, neat;**
II ⟨mv.⟩⟨inf.⟩ **0.1** ***stelten*** *⇒benen* ◆ **2.1** she's quick on her ~s *ze is goed ter been.*

pin² ⟨ww.; -ned⟩ **0.1** ***spelden*** *⇒vastspelden, vastmaken* ⟨met speld, pin enz.⟩ **0.2** ***doorboren*** *⇒doorsteken* **0.3** ***vasthouden*** *⇒knellen, drukken* **0.4** ⟨AE; inf.⟩ ***verloven*** ⟨door het geven v.h. college-insigne⟩ ◆ **5.1** ~ documents **together** *documenten samenhechten;* ~ **up** a notice *een briefje ophangen;* ~ **up** butterflies *vlinders opzetten* **5.3** ~ s.o. **down** *iem. neerdrukken/op de grond houden;* ⟨fig.⟩ he was ~ned **down to** a point *hij werd op één punt in het nauw gedreven* **5.¶** ⟨vnl. BE; inf.⟩ ~ **back** your ears! *luister nu eens goed!;* it's difficult to ~ **down** in words *het is moeilijk onder woorden te brengen;* ~ s.o. **down on** sth. *iem. dwingen zijn bedoeling ivm. iets kenbaar te maken* **6.1** ~ a flower **on / to** a dress *een bloem op een japon spelden* **6.3** ~ s.o. **against** the wall *iem. tegen de muur drukken;* she got ~ned **under** the car *ze lag onder de auto bekneld* **6.¶** ~ sth. **on / to** s.o. *iem. iets in de schoenen schuiven.*

PIN [pin] ⟨afk.⟩ **0.1** [personal identification number] ***persoonlijk identificatienummer.***

pinafore [pinnəfo:], ⟨inf.⟩ **pinn|y** [pinnie] ⟨mv.: -ies⟩ **0.1** ***(kinder)schort.***

pinafore dress 0.1 ***overgooier.***

pinball 0.1 ***flipper(spel).***

pinball arcade 0.1 ***gokautomatenhal.***

pinball machine 0.1 ***flipper(kast).***

pinboard 0.1 ***prikbord.***

pince-nez [pæns nee,pins -] ⟨mv.: pince-nez⟩ **0.1** ***pince-nez.***

pincer movement ⟨mil.⟩ **0.1** ***tangbeweging.***

pincers [pinsəs] ⟨ww. vnl. mv.⟩ **0.1** ***(nijp)tang*** **0.2** ***schaar*** ⟨v. kreeft⟩ ◆ **1.1** a pair of ~ *een nijptang.*

pinch¹ [pintsj] ⟨zn.⟩ **0.1** ***kneep*** **0.2** ⟨the⟩ ***klem*** *⇒nood(situatie)* **0.3** ***snuifje*** *⇒klein beetje* ◆ **1.2** the ~ of poverty / hunger *de nijpende armoede/honger* **1.3** take sth. with a ~ of salt *iets met een korreltje zout nemen* **3.1** give s.o. a ~ *iem. knijpen* **3.2** if it comes to the ~ *als de nood aan de man komt;* feel the ~ *de nood voelen* **6.¶** **at** a ~ *desnoods, in geval van nood.*

pinch² **I** ⟨onov.ww.⟩ **0.1** ***krenterig zijn*** *⇒gierig zijn* ◆ **3.1** ~ and save / scrape *kromliggen;*
II ⟨onov. en ov.ww.⟩ **0.1** ***knellen*** *⇒pijn doen* ◆ **1.1** these shoes ~ my toes *mijn tenen doen pijn in deze schoenen;*
III ⟨ov.ww.⟩ **0.1** ***knijpen*** *⇒dichtknijpen, knellen, klemmen* **0.2** ***verkleumen*** *⇒verschrompelen* **0.3** ***karig toemeten*** *⇒karig zijn met* **0.4** ⟨inf.⟩ ***jatten*** *⇒achterover drukken* **0.5** ⟨inf.⟩ ***inrekenen*** *⇒in de kraag grijpen* ◆ **1.1** ⟨fig.⟩ a ~ed face *een mager gezicht* **1.3** ~ pennies *elke cent driemaal omdraaien* **6.1** ⟨fig.⟩ ~ed **with** anxiety *door zorgen gekweld* **6.2** ~ed **with** cold *verkleumd van de kou* **6.3** be ~ed **for** money *er krap bij zitten.*

pinchbeck¹ [pintsjbek] ⟨zn.⟩ **0.1** ***pinsbek*** *⇒klatergoud, (goedkope) namaak.*

pinchbeck² ⟨bn.⟩ **0.1** ***klatergouden*** *⇒onecht, namaak.*

pinch hitter ⟨AE; honkbal⟩ **0.1** ***pinch hitter*** ⟨vervangende slagman in kritieke fase⟩ *⇒*⟨fig.⟩ *invaller.*

pinch-penny 0.1 *vrek.*

pin-cushion 0.1 *speldenkussen.*

pine[1] [pajn] ⟨zn.⟩ **0.1** *pijn(boom)* **0.2** *vurenhout ⇒grenenhout, dennenhout.*

pine[2] ⟨ww.⟩ **0.1** *kwijnen ⇒verkwijnen; treuren* **0.2** ⟨+after⟩ *smachten (naar) ⇒verlangen, hunkeren* ◆ **3.2** ~ to do sth. *ernaar hunkeren iets te doen* **5.1** ~ **away (from** sth.) *wegkwijnen (van iets).*

pineal [pinniəl,paj-] **0.1** *pijnappelvormig.*

pineapple 0.1 *ananas.*

pinecone 0.1 *dennenappel ⇒pijnappel.*

pine-needle 0.1 *dennennaald.*

pine-tree 0.1 *pijnboom ⇒grove den.*

pinewood 0.1 *dennenbos* **0.2** *vurenhout ⇒dennenhout.*

pinfall →fall[1] **0.7.**

ping[1] [ping] ⟨zn.⟩ **0.1** *ping ⇒kort tinkelend geluid.*

ping[2] ⟨ww.⟩ **0.1** *'ping' doen* ⟨een kort tinkelend geluid maken⟩.

ping-pong ⟨inf.⟩ **0.1** *pingpong ⇒tafeltennis.*

pin-head 0.1 *speldenkop* **0.2** *kleinigheid* **0.3** ⟨inf.⟩ *uilskuiken ⇒sufferd.*

pin-high ⟨golf⟩ **0.1** *liggend ter hoogte v.d. hole/vlag* ⟨v. bal⟩.

pinholder 0.1 *bloemenprikker.*

pin-hole 0.1 *speldenprik ⇒speldengaatje.*

pinion[1] [pinniən] ⟨zn.⟩ **0.1** *vleugelpunt* **0.2** ⟨tech.⟩ *rondsel ⇒ klein(ste) tandwiel.*

pinion[2] ⟨ww.⟩ **0.1** *kortwieken* **0.2** *binden ⇒vastbinden* ⟨armen⟩; *boeien* ⟨handen⟩.

pink[1] [pingk] **I** ⟨telb.zn.⟩ **0.1** *anjelier ⇒anjer* **0.2** ⟨BE⟩ *rode jagersjas ⇒vossenjager* **0.3** ⟨sl.; pol.⟩ *(gematigd) radicaal;*
II ⟨n.-telb.zn.⟩ **0.1** *roze(rood)* **0.2** *puikje ⇒toppunt, toonbeeld* **0.3** ⟨BE⟩ *jagersrood* ◆ **6.2** ⟨inf.⟩ **in** the ~ (of condition/health) *in blakende vorm/gezondheid.*

pink[2] ⟨bn.⟩ **0.1** *roze* **0.2** ⟨sl.⟩ *gematigd links* ◆ **1.1** ~ elephants *witte muizen, roze olifanten* ⟨dronkenmanshallucinaties⟩; ~ gin *(glaasje) gin met angostura* **3.¶** ⟨sl.⟩ strike me ~! *hoe bestaat het!;* ⟨inf.⟩ tickled ~ (with sth.) *bijzonder ingenomen/in zijn sas (met iets).*

pink[3] **I** ⟨onov.ww.⟩ **0.1** *pingelen* ⟨v. motor⟩ **0.2** *roze worden;*
II ⟨ov.ww.⟩ **0.1** *versieren* ⟨vnl. leer, door perforaties⟩ ⇒ *met een kartelschaar knippen* ◆ **6.1** ~ **out** *uittanden, uitschulpen.*

pinkeye ⟨med.⟩ **0.1** *bindvliesontsteking ⇒conjunctivitis.*

pinkie, pink|y [pingkie] ⟨mv.: -ies⟩⟨Sch. E; AE⟩ **0.1** *pink* ⟨kleinste vinger⟩.

pinking shears, pinking scissors 0.1 *kartelschaar.*

pinkish [pingkisj] **0.1** *rozeachtig ⇒licht roze.*

pinko [pingkoo] ⟨mv.: ook pinkoes⟩⟨inf.⟩ **0.1** *(gematigd) radicaal ⇒rozerode.*

pinky →pinkie.

pin-money 0.1 *speldengeld.*

pinnace [pinnis] ⟨scheep.⟩ **0.1** *pinas ⇒sloep.*

pinnacle [pinnəkl] **0.1** *pinakel ⇒siertorentje* **0.2** *(berg)top ⇒spits, piek;* ⟨fig.⟩ *toppunt.*

pinnate [pinneet] **0.1** ⟨plantk.⟩ *geveerd ⇒veervormig vertakt, vinnervig.*

pinny →pinafore.

pin-point[1] ⟨zn.⟩ **0.1** *speldenpunt* **0.2** *stipje ⇒kleinigheid, puntje.*

pin-point[2] ⟨ww.⟩ **0.1** *uiterst precies lokaliseren ⇒uiterst nauwkeurig aanduiden/aanwijzen.*

pin-prick ⟨ook fig.⟩ **0.1** *speldenprik ⇒hatelijke opmerking.*

pin printer ⟨comp.⟩ **0.1** *pinprinter.*

pin-stripe 0.1 *smal streepje* ⟨als patroon op stof enz.⟩ ⇒ *krijtstreep(je).*

pin-stripe(d) 0.1 *met dunne streepjes* ⟨op stof, pak enz.⟩ ⇒ *krijtstreep.*

pint [pajnt] **0.1** *pint* ⟨voor vloeistof, UK 0,568 l, USA 0,473 l; voor droge waren 0,550 l; →t⟩ **0.2** ⟨inf.⟩ *pint(je) ⇒grote pils.*

pinta [pajntə] ⟨BE; inf.⟩ **0.1** *pint* ⟨melk⟩.

pin-table ⟨BE⟩ **0.1** *flipperkast.*

pint-size(d) ⟨inf.⟩ **0.1** *nietig ⇒klein, minuscuul.*

pin-up ⟨inf.⟩ **0.1** *pin-up ⇒*⟨AZN⟩ *prikkelpop.*

Pinyin [pinjin] **0.1** *pinyin* ⟨gebruik v. Romeinse letters voor Chinese karakters⟩.

pioneer[1] [pajjənie] ⟨zn.⟩ **0.1** *pionier ⇒voortrekker.*

pioneer[2] ⟨ww.⟩ **0.1** *pionieren ⇒pionierswerk verrichten (voor), de weg bereiden (voor).*

pious [pajjəs] ⟨-ness⟩ **0.1** *vroom ⇒godvruchtig, devoot* **0.2** *hypocriet ⇒braaf* **0.3** *vroom ⇒onvervulbaar, ijdel* ◆ **1.3** ~ hope/wish *ijdele hoop/vrome wens.*

pip[1] [pip] **I** ⟨telb.zn.⟩ **0.1** *oog ⇒oogje* ⟨op dobbelsteen e.d.⟩ **0.2** *pit* ⟨v. fruit⟩ **0.3** *b(l)iep ⇒tikje, toontje* ⟨tijdsein, radiosignaal⟩ **0.4** ⟨BE⟩ *ster* ⟨op uniform⟩;
II ⟨n.-telb.zn.; the⟩ **0.1** *pip* ⟨hoender- en vogelziekte⟩ **0.2** ⟨BE; sl.⟩ *aanval v. neerslachtigheid ⇒humeurigheid* ◆ **3.2** she gives me the ~ *ze werkt op mijn zenuwen.*

pip[2] ⟨ww.; -ped⟩⟨BE; sl.⟩ **0.1** *laten zakken ⇒*⟨AZN⟩ *buizen* ⟨bij examen⟩ **0.2** *neerknallen ⇒raken, treffen* **0.3** ⟨BE; sl.⟩ *verslaan.*

pipe[1] [pajp] **I** ⟨telb.zn.⟩ **0.1** *pijp ⇒buis, leiding(buis); orgelpijp, tabakspijp, pijpje tabak; kraterpijp* **0.2** *fluit(je) ⇒ bootsmansfluitje; fluitsignaal* **0.3** *vat* ⟨wijn⟩ ◆ **1.1** ~ of peace *vredespijp* **3.¶** ⟨inf.⟩ put that in your ~ and smoke it *die kun je in je zak steken;*
II ⟨mv.⟩ **0.1** *doedelzak(ken).*

pipe[2] **I** ⟨onov. en ov.ww.⟩ **0.1** *pijpen ⇒fluiten, op de doedelzak spelen* **0.2** *piepen ⇒kwelen, zingen* ◆ **5.¶** ⟨inf.⟩ ~ **down** *zijn mond houden;* ⟨inf.⟩ ~ **up** *beginnen te zingen/spreken;*
II ⟨ov.ww.⟩ **0.1** *door buizen leiden/aanvoeren* **0.2** *versieren* ⟨bv. gebak, met reepjes suikerglazuur⟩ ⇒*zomen* ⟨bv. kledingstuk, met biezen⟩ **0.3** *door kabelverbinding overbrengen* ⟨muziek, radioprogramma⟩ ◆ **5.1** ~ **away** *door buizen afvoeren.*

pipe clay 0.1 *pijpaarde.*

pipe cleaner 0.1 *pijpenrager.*

pipe dream 0.1 *droombeeld ⇒luchtkasteel.*

pipefitter 0.1 *loodgieter.*

pipeline 0.1 *pijpleiding ⇒*⟨ihb.⟩ *oliepijpleiding* **0.2** ⟨fig.⟩ *toevoerkanaal ⇒informatiebron* ◆ **6.¶ in** the ~ *onderweg.*

piper [pajpə] **0.1** *fluitspeler ⇒doedelzakspeler* ⟨vnl. rondtrekkend⟩ **0.2** *fitter* ◆ **3.¶** pay the ~ *het gelag betalen.*

pipe rack 0.1 *pijpenrek.*

pipette, pipet [pippet] **0.1** *pipet.*

piping[1] [pajping] ⟨zn.⟩ **0.1** *pijpleiding ⇒buizennet* **0.2** *het fluitspelen ⇒fluitspel* **0.3** *bies(versiering)* **0.4** ⟨(the)⟩ *vogelgefluit* ◆ **3.2** dance to s.o.'s ~ *naar iemands pijpen dansen.*

piping[2] ⟨bn.⟩ **0.1** *schril* ⟨stem⟩.

piping[3] ⟨bw.⟩ ◆ **2.¶** ~ hot *kokend heet* ⟨v. voedsel bv.⟩.

pipit [pippit] ⟨dierk.⟩ **0.1** *pieper.*

pippin [pippin] **0.1** *pippeling* ⟨appel⟩.

pip-squeak ⟨sl.⟩ **0.1** *kleine opdonder.*

piquancy [pie:kənsie] **0.1** *pikanterie ⇒het pikante.*

piquant [pie:kənt] **0.1** *pikant ⇒prikkelend.*

pique[1] [pie:k] ⟨zn.⟩ **0.1** *gepikeerdheid ⇒wrevel* ◆ **1.1** in a fit of ~ *in een nijdige bui.*

pique[2] ⟨ww.⟩ **0.1** ***kwetsen*** ⟨trots⟩ ⇒*irriteren, pikeren* ◆ **6.¶** ~ o.s. **(up)on** sth. *op iets prat gaan.*

piquet, picquet [pikket] **0.1** ***piket*** ⟨kaartspel⟩.

pirac|y [pajjərəsie] ⟨mv.: -ies⟩ **0.1** ***zeeroverij*** ⇒*piraterij* ⟨ook fig.⟩.

pirate[1] [pajjərət] ⟨zn.⟩ **0.1** ***piraat*** ⟨ook fig.⟩ ⇒*zeerover* **0.2** ***zeeroversschip*** ⇒*piratenschip.*

pirate[2] **I** ⟨onov.ww.⟩ **0.1** ***aan zeeroverij doen*** ⇒*zeeroof plegen;*

II ⟨ov.ww.⟩ **0.1** ***plunderen*** **0.2** ***plagiëren*** ⇒*nadrukken* ◆ **1.2** ~d edition *roofdruk.*

pirate copy **0.1** ***illegale kopie*** ⟨bv. v. computer/videoband⟩.

piratical [pajrætikl] **0.1** ***piraten-*** ⇒*roof-* ⟨druk bv.⟩ **0.2** ***wederrechtelijk (nagedrukt).***

pirouette[1] [pirroe·et] ⟨zn.⟩ **0.1** ***pirouette.***

pirouette[2] ⟨ww.⟩ **0.1** ***pirouette draaien.***

piscatorial [piskəto:riəl], **piscatory** [piskətrie] **0.1** ***vissers-*** ⇒*visserij-.*

Pisces [pajsie:z] ⟨astrol., ster.⟩ **0.1** ***(de) Vissen.***

piss[1] [pis] ⟨zn.⟩⟨vulg.⟩ **0.1** ***pis*** ◆ **3.¶** take a ~ *een plasje doen;* take the ~ out of s.o. *iem. voor de gek houden.*

piss[2] ⟨ww.⟩⟨vulg.⟩ **0.1** ***(be)pissen*** ◆ **5.¶** ⟨BE⟩ ~ **about/around** *rotzooien;* ⟨BE⟩ it's ~ing **(down)** *het regent pijpenstelen;* ⟨BE⟩ ~ **off** *opdonderen;* it ~es me **off** *ik ben het beu/zat, ik ben woest.*

piss-artist ⟨BE; sl.⟩ **0.1** ***praatjesmaker*** ⇒*oplichter* **0.2** ***zuipschuit.***

pissed [pist] ⟨vulg.⟩ **0.1** ⟨BE⟩ ***bezopen*** ⇒*teut* **0.2** ⟨AE⟩ ***kwaad*** ◆ **1.1** ~ up to the eyebrows/~ out of one's mind *straalbezopen* **5.2** be ~ **off** at s.o. *woest zijn op iem.*

piss-up ⟨vnl. BE; vulg.⟩ **0.1** ***zuippartij.***

pistachio [pista:sjie·oo] **0.1** ***pistache*** **0.2** ***pistacheboom*** **0.3** ***pistachegroen*** ⇒*pistachesmaak.*

pistil [pistl] ⟨plantk.⟩ **0.1** ***stamper.***

pistol [pistl] **0.1** ***pistool*** ◆ **3.1** hold a ~ to s.o.'s head *iem. een pistool tegen de slaap houden.*

pistol shooting ⟨sport⟩ **0.1** ***(het) pistoolschieten.***

piston [pistən] ⟨tech.⟩ **0.1** ***zuiger*** ⇒*piston.*

piston ring **0.1** ***zuigerveer.***

piston rod **0.1** ***zuigerstang.***

pit[1] [pit] **I** ⟨telb.zn.⟩ **0.1** ***kuil*** ⇒*put, (kolen)mijn(schacht);* ⟨fig.⟩ *onraad* **0.2** ***dierenkuil*** ⟨in dierentuin⟩ **0.3** ***kuiltje*** ⇒*(pok)putje* **0.4** ***werkkuil*** ⇒⟨vaak mv.; the⟩ *pits* ⟨op autocircuit⟩ **0.5** ***orkestbak*** ⇒⟨BE⟩ *parterre* ⟨theater⟩ **0.6** ⟨AE⟩ ***hoek*** ⟨op de beurs⟩ **0.7** ⟨the; rel.⟩ ***hel*** ⇒*afgrond* **0.8** ⟨BE, scherts.⟩ ***nest*** ⟨bed⟩ **0.9** ⟨AE⟩ ***pit*** ⇒*steen* ⟨v. vrucht⟩;

II ⟨mv.; the⟩⟨inf.⟩ **0.1** ***(een) ramp*** ⇒*het ergste, de meest verschrikkelijke (persoon/plaats)* ⟨enz.⟩.

pit[2] ⟨-ted⟩ **I** ⟨onov.ww.⟩ **0.1** ***kuiltjes/putjes krijgen;***

II ⟨ov.ww.⟩ **0.1** ***als tegenstander opstellen*** ⇒*uitspelen* **0.2** ***kuiltjes/putjes maken in*** ⇒*met kuiltjes bedekken* **0.3** ***pitten*** ⟨vruchten⟩ ◆ **6.1** ~ one's strength **against** s.o. *zijn krachten met iem. meten.*

pitapat[1] [pittəpæt], **pitpat** ⟨zn.⟩ **0.1** ***gerikketik*** ⇒*geklop.*

pitapat[2], **pitpat** ⟨ww.; -ted⟩ **0.1** ***snel kloppen*** ⇒*trippelen.*

pitapat[3] ⟨bw.⟩ **0.1** ***rikketik*** ⇒*klopklop* ◆ **3.1** his heart went ~ *zijn hartje sloeg van rikketik;* the horse went ~ *trippel, trappel ging het paard.*

pitch[1] [pitsj], ⟨in bet. 0.4 ook⟩ **pitch shot** ⟨zn.⟩ **0.1** ***worp*** **0.2** ***hoogte*** ⇒*intensiteit, top(punt);* ⟨muz.⟩ *toon(hoogte)* **0.3** ⟨BE; sport⟩ ***(sport)terrein*** ⇒*veld, grasmat;* ⟨cricket⟩ *pitch* **0.4** ⟨golf⟩ ***pitch*** ⟨bal die door tegeneffect slechts weinig verder rolt⟩ **0.5** ⟨inf.⟩ ***(slim) verkoopverhaal*** **0.6** ⟨BE⟩ ***standplaats*** ⇒*stalletje; stek* **0.7** ⟨bouwk.⟩ ***schuinte*** ⇒ *(dak)helling* **0.8** ***pek*** **0.9** ***het stampen*** ⟨v. schip⟩ ◆ **3.1** ⟨fig.⟩ make a/one's ~ for sth. *een gooi naar iets doen.*

pitch[2] **I** ⟨onov.ww.⟩ **0.1** ⟨+ down⟩ ***(voorover)vallen*** ⇒*neervallen* **0.2** ***stampen*** ⟨v. schip⟩ **0.3** ***neerkomen*** ⇒⟨cricket⟩ *stuiten* ⟨v. gebowlde bal⟩ **0.4** ***afhellen*** ⇒*aflopen* ⟨v. dak⟩ **0.5** ***strompelen*** ⇒*slingeren* **0.6** ***kwartier maken*** ◆ **5.¶** ~ **in** with an offer to help *aanbieden om mee te helpen;* ⟨inf.⟩ ~ **in(to)** *aan het werk gaan;*

II ⟨ov.ww.⟩ **0.1** ***opslaan*** ⟨tent, kamp⟩ **0.2** ***doen afhellen/aflopen*** ⟨dak⟩ **0.3** ***(op een handige manier) aanpraten*** ⇒ *aansmeren* **0.4** ⟨muz.⟩ ***op toon stemmen*** ⇒*(toon) aangeven* **0.5** ***werpen*** ⇒*(op)gooien* ⟨cricket⟩ **0.6** ⟨golf⟩ ***met een pitch hoog slaan*** ⟨bal⟩ ◆ **1.2** ~ed roof *schuin dak.*

pitch-and-toss **0.1** ⟨ong.⟩ ***kruis of munt.***

pitch-black **0.1** ***pikzwart.***

pitchblende [pitsjblend] **0.1** ***pekblende*** ⇒*uraniet.*

pitch-dark ⟨-ness⟩ **0.1** ***pikdonker.***

pitcher [pitsjə] **0.1** ***grote (aarden) kruik*** ⇒⟨AE⟩ *kan* **0.2** ⟨honkbal⟩ ***pitcher*** ⇒*werper.*

pitcher's mound ⟨honkbal⟩ **0.1** ***werpheuvel.***

pitcher's plate ⟨honkbal, softbal⟩ **0.1** ***werpplaat.***

pitchfork **0.1** ***hooivork.***

pitch-pine ⟨plantk.⟩ **0.1** ***pitchpine.***

pitch shot ⟨golf⟩ **0.1** ***pitch*** ⟨korte slag naar de green⟩.

piteous [pittiəs] ⟨-ness⟩ **0.1** ***beklagenswaardig*** ⇒*meelijwekkend, zielig.*

pitfall **0.1** ***valkuil*** ⇒⟨fig.⟩ *valstrik.*

pith [piθ] **0.1** ***merg*** ⇒*het wit en de velletjes* ⟨v. citrusvruchten⟩ **0.2** ***geestkracht*** ◆ **1.¶** the ~ (and marrow) of the matter *de kern v.d. zaak.*

pithead **0.1** ***mijningang.***

pith hat, pith helmet **0.1** ***tropenhelm.***

pith|y [piθie] ⟨-iness⟩ **0.1** ***mergachtig*** **0.2** ***pittig*** ⇒*krachtig.*

pitiab|le [pittiəbl] ⟨-ly⟩ **0.1** ***beklagenswaardig*** ⇒*zielig* **0.2** ***verachtelijk*** ⇒*armzalig.*

pitiful [pittifl] ⟨-ness⟩ **0.1** ***beklagenswaardig*** ⇒*zielig* **0.2** ***verachtelijk*** ⇒*armzalig.*

pitiless [pittilləs] ⟨-ness⟩ **0.1** ***meedogenloos.***

pit|man [pitmən] ⟨mv.: -men [-mən]⟩ **0.1** ***kolenmijnwerker.***

piton [pie:ton] ⟨bergsport⟩ **0.1** ***rotshaak*** ⇒*piton.*

pitpat →**pitapat.**

pit pony ⟨BE⟩ **0.1** ***mijnpony.***

pit-prop **0.1** ***mijnhout*** ⇒*mijnstut.*

pittance [pitns] **0.1** ***hongerloon*** ◆ **2.1** a mere ~ *een bedroevend klein beetje.*

pitter-patter →**pitapat.**

pit|y[1] [pittie] ⟨zn.; mv.: -ies⟩ **0.1** ***medelijden*** **0.2** ***betreurenswaardig/jammerlijk feit*** ◆ **2.2** it is a great ~ *het is erg jammer* **3.1** have/take ~ on s.o. *medelijden hebben met iem.* **7.2** what a ~! *wat jammer!;* ⟨inf.⟩ more's the ~ *jammer genoeg.*

pit|y[2] ⟨ww.; -ied⟩ **0.1** ***medelijden hebben met*** ◆ **4.1** she is much to be pitied *zij is zeer te beklagen.*

pitying [pittie·ing] **0.1** ***vol medelijden*** ⇒*medelijdend.*

pivot[1] [pivvət] ⟨zn.⟩ **0.1** ***spil*** ⟨ook mil., sport⟩ ⇒*draaipunt, draaipen;* ⟨fig.⟩ *centrale figuur.*

pivot[2] ⟨ww.⟩ **0.1** ***om een spil/steunpunt draaien*** ⇒⟨fig.⟩ *draaien* ◆ **6.1** ~ **(up)on** sth. *om iets draaien.*

pivotal [pivvətl] **0.1** ***als spil dienend*** ⇒*spil-* **0.2** ***centraal*** ◆ **1.2** ~ question *cruciale vraag.*

pix [piks] ⟨sl.⟩ **0.1** ***foto's*** **0.2** ***film*** ⇒*de filmindustrie.*

pixie, pix|y [piksie] ⟨mv.: -ies⟩ **0.1** ***fee*** ⇒*elf.*

pixi(l)lated [piksilleetid] ⟨vnl. AE; inf.; scherts.⟩ **0.1** ***confuus*** ⇒*in de war, geschift* **0.2** ***aangeschoten*** ⇒*dronken.*

pizza [pie:tsə] **0.1** ***pizza.***

pizza parlor **0.1** ***pizzeria.***

pizzazz [pizæz] ⟨inf.⟩ **0.1** ***pit*** ⇒*fut, lef.*

pl. ⟨afk.⟩ **0.1** [place] **0.2** [plural].

placard¹ [plæka:d] ⟨zn.⟩ **0.1** ***plakkaat*** ⇒*aanplakbiljet;* ⟨ihb.⟩ *protestbord* ⟨v. demonstrant⟩.

placard² ⟨ww.⟩ **0.1** ***beplakken*** ⇒*v. posters/protestborden voorzien* **0.2** ***door posters aanprijzen/bekendmaken.***

placate [pləkeet] **0.1** ***tot bedaren brengen*** ⇒*gunstig stemmen.*

placatory [plækətrie, pləkee-] **0.1** ***verzoenend*** ⇒*verzoenings-.*

place¹ [plees] **I** ⟨telb.zn.⟩ **0.1** ***(woon)plaats*** ⇒⟨inf.⟩ *woning; plein* ⟨in straatnamen P-⟩ **0.2** ***gelegenheid*** ⟨café e.d.⟩ **0.3** ***passage*** ⟨in boek⟩ **0.4** ***stand*** ⇒*rang, positie* **0.5** ***ereplaats*** ⇒*plaats bij de eerste drie* ⟨bij wedren⟩ **0.6** ***(staats)betrekking*** ⇒*ambt* **0.7** ***taak*** ⇒*functie* ◆ **1.1** ~ in the country *landgoed; huis op het platteland* **1.2** ~ of worship *kerk, kapel* **3.1** come round to my ~ some time *kom eens (bij mij) langs* **3.3** I can't find/have lost my ~ *ik weet niet waar ik gebleven ben* ⟨in boek⟩ **3.4** know one's ~ *zijn plaats kennen/weten* **7.1** ⟨sprw.⟩ there's no ~ like home *zoals het klokje thuis tikt, tikt het nergens;*
II ⟨telb. en n.-telb.zn.⟩ **0.1** ***plaats*** ⇒*ruimte* ◆ **3.1** change ~s with s.o. *met iem. van plaats verwisselen;* fall into ~ *duidelijk zijn;* ⟨inf.⟩ go ~s *op reis gaan;* ⟨fig.⟩ *het ver brengen;* lay/set a ~ for s.o. *voor iem. dekken;* ⟨fig.⟩ put/keep s.o. in his (proper) ~ *iem. op zijn plaats zetten/houden;* ⟨fig.⟩ take ~ *plaatsvinden;* ⟨fig.⟩ take s.o.'s ~ *iemands plaats innemen;* take your ~s *neem uw plaatsen in* **6.1** **in** ~s *hier en daar;* ⟨fig.⟩ **out of** ~ *misplaatst; niet passend/geschikt;* ⟨inf.⟩ all **over** the ~ *overal (rondslingerend)* **7.1** ⟨fig.⟩ in the first ~ *in de eerste plaats.*

place² **I** ⟨onov.ww.⟩ **0.1** ***zich plaatsen*** ⇒*bij de eerste drie eindigen;*
II ⟨ov.ww.⟩ **0.1** ***plaatsen*** ⇒*zetten* **0.2** ***aanstellen*** ⇒*een betrekking geven* **0.3** ***beleggen*** ⇒*investeren* ⟨geld⟩; *verkopen* ⟨goederen⟩ **0.4** ***thuisbrengen*** ⇒*identificeren* **0.5** ***een ereplaats toekennen*** ⟨bij wedren⟩ ◆ **1.1** ⟨fig.⟩ ~ a bet *een weddenschap aangaan;* ⟨fig.⟩ ~ importance on sth. *belang hechten aan iets;* ~ an order for goods *goederen bestellen;* ~ a telephone-call *een telefoongesprek aanvragen* **5.1** ⟨fig.⟩ she's differently ~d *met haar is het anders gesteld.*

place-bet **0.1** ***weddenschap bij paardenrennen dat een paard*** ⟨BE⟩ ***bij de eerste drie/*** ⟨AE⟩ ***bij de eerste twee zal eindigen.***

placebo [pləsie:boo] ⟨mv.: ook -es⟩ **0.1** ***placebo*** ⇒*schijnpil.*

place card **0.1** ***tafelkaartje.***

place kick ⟨Am. football, rugby⟩ **0.1** ***plaatstrap*** ⇒*place kick* ⟨vrije trap tegen stilliggende bal⟩.

place-mat **0.1** ***placemat*** ⇒*onderleggertje.*

placement [pleesmənt] **0.1** ***plaatsing.***

placenta [pləsentə] ⟨mv.: ook placentae [pləsentie:]⟩ **0.1** ***placenta.***

place-setting **0.1** ***couvert.***

placid [plæsid] ⟨zn.: **-ity**⟩ **0.1** ***vreedzaam*** ⇒*kalm.*

placket [plækit], **placket hole** **0.1** ***split*** ⟨in japon⟩.

placoid [plækojd] ⟨dierk.⟩ **0.1** ***plaatvormig*** ⟨v. schubben⟩.

plagiarism [pleedzjərizm] **0.1** ***plagiaat.***

plagiarist [pleedzjərist], **plagiarizer** [pleedzjərajzə] **0.1** ***plagiaris*** ⇒*plagiator.*

plagiarize, -ise [pleedzjərajz] **0.1** ***plagiëren*** ⇒*plagiaat plegen.*

plague¹ [pleeg] ⟨zn.⟩ **0.1** ***plaag*** ⇒*teistering* **0.2** ***lastpost*** **0.3** ***pest*** ◆ **3.3** ⟨fig.⟩ avoid s.o./sth. like the ~ *iem./iets schuwen als de pest* **7.3** the ~ *de builenpest.*

plague² ⟨ww.⟩ **0.1** ***teisteren*** ⇒*treffen* **0.2** ⟨inf.; +with⟩ ***lastig vallen (met)*** ⇒*pesten.*

plaice [plees] ⟨mv.: ook plaice⟩ **0.1** ***schol*** **0.2** ⟨AE⟩ ***platvis*** ⇒ ⟨ihb.⟩ *lange schar.*

plaid¹ [plæd] ⟨zn.⟩ **0.1** ***plaid.***

plaid² ⟨bn.⟩ **0.1** ***plaid-*** ⇒*met Schots patroon.*

plain¹ [pleen] ⟨zn.; vaak mv. met enk. bet.⟩ **0.1** ***vlakte*** ⇒*prairie* **0.2** ⟨breien⟩ ***rechte steek.***

plain² **I** ⟨bn.; -ness⟩ **0.1** ***duidelijk*** **0.2** ***simpel*** ⇒*onvermengd, puur* ⟨water, whisky e.d.⟩; *weinig attractief* ⟨vrouw, meisje⟩; *ongelijnd* ⟨papier⟩ **0.3** ***ronduit*** ⇒*oprecht* **0.4** ***vlak*** ⇒*effen* **0.5** ***recht*** ⟨breisteek⟩ ◆ **1.1** in ~ English/language/speech/terms/words *in duidelijke taal* **1.2** ~ chocolate *pure chocola;* in ~ clothes *in burger(kleren);* ~ flour *bloem* ⟨zonder bakpoeder⟩ **1.5** ⟨breien⟩ ~ stitch *rechte steek* **1.¶** ⟨rel.⟩ ~ service *gelezen dienst/mis, stille mis* **3.2** ~ cooking *burgerkost* **3.3** be ~ with s.o. *iem. onomwonden de waarheid zeggen;* ~ dealing *eerlijk(heid)* **3.¶** it was ~ sailing all the way *het liep allemaal v.e. leien dakje;*
II ⟨bn., attr.⟩ **0.1** ***volslagen*** ⇒*totaal* ⟨onzin⟩ ◆ **1.1** it's ~ foolishness *het is je reinste dwaasheid.*

plain³ ⟨bw.⟩⟨inf.⟩ **0.1** ***duidelijk*** **0.2** ***ronduit*** **0.3** ***volslagen*** ⇒ *gewoonweg.*

plainclothes **0.1** ***in burger(kleren).***

plainclothes|man [pleenklooðzmən] ⟨mv.: -men [-mən]⟩ **0.1** ***politieman in burger*** ⇒*rechercheur.*

plainly [pleenlie] **0.1** →**plain** **0.2** ***ronduit*** **0.3** ***zonder meer*** ◆ **2.3** it is ~ clear *het is zonder meer duidelijk* **3.2** speak ~ *ronduit spreken.*

plains|man [pleenzmən] ⟨mv.: -men [-mən]⟩ **0.1** ***prairiebewoner.***

plainsong [pleensong] **0.1** ***gregoriaans eenstemmig kerkgezang.***

plainspoken **0.1** ***openhartig.***

plaint [pleent] **0.1** ⟨schr.⟩ ***weeklacht*** **0.2** ⟨vnl. jur.⟩ ***aanklacht*** ⇒*beschuldiging.*

plaintiff [pleentif] ⟨jur.⟩ **0.1** ***aanklager*** ⇒*eiser.*

plaintive [pleentiv] ⟨-ness⟩ **0.1** ***klagend*** **0.2** ***treurig*** ⇒*triest.*

plait¹ [plæt] ⟨zn.⟩ **0.1** ***vlecht.***

plait² ⟨ww.⟩ **0.1** ***vlechten.***

plan¹ [plæn] ⟨zn.⟩ **0.1** ***plan*** **0.2** ***plattegrond*** **0.3** ***ontwerp*** ⇒ *opzet* **0.4** ⟨vaak mv.; tech.⟩ ***schema*** ⇒*ontwerp* ◆ **1.3** ~ of action/campaign/battle *plan de campagne* **3.1** what are your ~s for tonight? *wat ga je vanavond doen?*

plan² ⟨-ned⟩ **I** ⟨onov.ww.⟩ **0.1** ***plannen maken*** ◆ **6.1** he hadn't ~ned **for/on** so many guests *hij had zoveel gasten niet voorzien;* ⟨inf.⟩ ~ **on** doing sth. *er op rekenen iets te (kunnen) doen;*
II ⟨ov.ww.⟩ **0.1** ***in kaart brengen*** ⇒*schetsen, ontwerpen* **0.2** ***plannen*** ⇒*van plan zijn* ◆ **5.2** ~ everything **ahead** *alles van tevoren regelen;* he had it all ~ned **out** *hij had alles tot in de details geregeld.*

planar [pleenə] ⟨wisk.⟩ **0.1** ***vlak*** **0.2** ***van/mbt. een vlak*** ⇒ *vlak-.*

plane¹ [pleen], ⟨in bet. 0.1 ook⟩ **plane tree** ⟨zn.⟩ **0.1** ***plataan*** **0.2** ***schaaf*** **0.3** ***vlak*** ⇒*draagvlak, vleugel* ⟨v. vliegtuig⟩ **0.4** ***niveau*** ⇒*plan* ⟨alleen fig.⟩ **0.5** ⟨inf.⟩ ***vliegtuig.***

plane² ⟨bn.⟩ **0.1** ***vlak*** ⇒*plat* ◆ **1.1** ~ geometry *vlakke meetkunde.*

plane³ **I** ⟨onov.ww.⟩ **0.1** ***glijden*** ⇒*zweven* ⟨v. vliegtuig⟩;
II ⟨onov. en ov.ww.⟩ **0.1** ***schaven*** ⇒*effen/glad maken* ◆ **5.1** ~ **away/down/off** *afschaven.*

plane crash **0.1** ***vliegtuigongeluk.***

plane load **0.1** ***vliegtuiglading.***

planer [pleenə] ⟨tech.⟩ **0.1** ***klophout.***

planet [plænit] **0.1** ***planeet*** ◆ **2.1** major ~s *grote planeten.*

planetarium [plænitteəriəm] ⟨mv.: ook planetaria [-riə]⟩ **0.1** ***planetarium.***

planetary [plænitrie] **0.1** ***planetair*** ⇒*planeet-*.
plangent [plændzjənt] ⟨-ly⟩⟨schr.⟩ **0.1** ***klagend*** ⇒*klaaglijk*.
plank¹ [plængk] ⟨zn.⟩ **0.1** ***(zware) plank*** ◆ **3.¶** make s.o. walk the ~ *iem. de voeten spoelen* ⟨eertijds bij piraten⟩. → **thick.**
plank² ⟨ww.⟩ **0.1** ***met planken beleggen*** ◆ **5.¶** ⟨inf.⟩ ~ **down** *neersmakken*.
planking [plængking] **0.1** ***planken vloer*** ⇒*planken*.
plankton [plængktən] **0.1** ***plankton***.
planner [plænə] **0.1** ***ontwerper*** **0.2** ⟨stadsontwikkeling⟩ ***planoloog***.
planning [plæning] **0.1** ***planning*** ⇒*ordening*.
planning department **0.1** ***afdeling planologie*** ⇒*planologische afdeling*.
planning permission ⟨vnl. BE⟩ **0.1** ***bouwvergunning***.
plant¹ [pla:nt] ⟨zn.⟩ **0.1** ***plant*** ⇒*gewas* **0.2** ***(elektriciteits) voorziening*** **0.3** ***fabriek*** ⇒*bedrijf;* ⟨elek.⟩ *centrale* **0.4** ***machinerie*** ⇒*uitrusting, installatie* **0.5** ⟨inf.⟩ ***stille (diender)*** ⇒*infiltrant* **0.6** ***ondergeschoven bewijsstuk*** **0.7** ⟨sl.⟩ ***doorgestoken kaart*** ⇒*vals bewijsmateriaal*.
plant² ⟨ww.⟩ **0.1** ***planten*** ⇒*poten* ⟨ook vis⟩; *aanplanten* **0.2** ***(met kracht) neerzetten*** ⟨voeten⟩ ⇒*plaatsen* ⟨bom⟩; *posteren* ⟨spion⟩; *stationeren* **0.3** ***zaaien*** ⟨alleen fig.⟩ **0.4** ⟨sl.⟩ ***onderschuiven*** ⇒*verbergen* ⟨gestolen goederen⟩; *laten opdraaien voor* ◆ **1.2** with one's feet ~ed (firmly) on the ground *met beide voeten (stevig) op de grond* **1.4** ~ false evidence *vals bewijsmateriaal onderschuiven*.
plantain [plæntin] **0.1** ***weegbree***.
plantation [plænteesjn, pla:n-] **0.1** ***beplanting*** ⇒*aanplant* **0.2** ***plantage***.
planter [pla:ntə] **0.1** ***planter*** ⇒*plantagebezitter* **0.2** ***plantmachine*** ⇒*zaaimachine* **0.3** ⟨AE⟩ ***bloembak/pot***.
plaque [pla:k] **0.1** ***plaque*** ⇒*plaat; gedenkplaat* **0.2** ***vlek*** ⟨op huid⟩ **0.3** ***tandaanslag*** ⇒*plaque*.
plash¹ [plæsj] ⟨zn.⟩⟨vnl. schr.⟩ **0.1** ***geplas*** ⇒*geplons*.
plash² ⟨ww.⟩⟨vnl. schr.⟩ **0.1** ***plonzen*** ⇒*klateren*.
plasma [plæzmə], **plasm** [plæzm] **0.1** ***plasma***.
plaster¹ [pla:stə] ⟨zn.⟩ **0.1** ⟨BE⟩ ***(hecht)pleister*** **0.2** ***pleister-(kalk)*** **0.3** ***gips*** ◆ **1.3** ~ of Paris *(gebrande) gips*.
plaster² ⟨ww.⟩ **0.1** ***pleisteren*** ⇒*bepleisteren, bedekken* **0.2** ⟨fig.⟩ ***overladen*** ⇒*beladen* **0.3** ⟨inf.; sport⟩ ***verpletteren*** ⇒*inmaken* ◆ **1.1** ~ make-up on one's face *zich zwaar schminken* **5.1** ~ **over/up** *dichtpleisteren*.
plasterboard **0.1** ***gipsplaat***.
plaster cast **0.1** ***gipsafgietsel*** ⇒*gipsmodel* **0.2** ***gipsverband***.
plastered [pla:stəd] ⟨sl.; scherts.⟩ **0.1** ***lazarus***.
plasterer [pla:strə] **0.1** ***stukadoor***.
plastering [pla:string] **I** ⟨telb.zn.⟩ **0.1** ⟨inf.; sport⟩ ***verpletterende nederlaag;***
II ⟨n.-telb.zn.⟩ **0.1** ***bepleistering***.
plastic¹ [plæstik] ⟨zn.⟩ **0.1** ***plastic*** ⇒*kunststof*.
plastic² ⟨-ally⟩ **I** ⟨bn.⟩ **0.1** ***plastisch*** ⇒*kneedbaar* **0.2** ***plastic*** ⇒*synthetisch* **0.3** ⟨pej.⟩ ***kunstmatig*** ◆ **1.1** ~ explosive, ⟨vnl. AE⟩ ~ bomb *kneedbom, plasticbom* **1.¶** ~ money *plastic geld* ⟨via betaalpas, creditcard⟩;
II ⟨bn., attr.⟩ **0.1** ***plastisch*** ⇒*beeldend* ◆ **1.1** ~ surgery *plastische chirurgie*.
plasticity [plæstissətie] **0.1** ***plasticiteit*** ⇒*kneedbaarheid*.
plastron [plæstrən] **0.1** ***plastron*** ⇒*borstlap* ⟨v. schermer⟩; *borststuk, front*.
plate¹ [pleet] ⟨zn.⟩ **0.1** ***plaat(je)*** ⇒*naambordje, etsplaat; nummerbord/plaat;* ⟨geol.⟩ *plaat* ⟨groot stuk continentale/ oceanische aardkorst⟩; ⟨foto.⟩ *plaat* **0.2** ***renbeker*** ⇒*prijs, wedstrijd om gouden of zilveren beker* **0.3** ***bord*** ⇒*bordvol* ⟨eten⟩ **0.4** ***collecteschaal*** **0.5** ***gebitplaat*** ⇒*tandprothese* **0.6** ⟨honkbal⟩ ***(thuis)plaat*** **0.7** ⟨BE⟩ ***zilveren/gouden bestek*** ⇒*verzilverd/verguld bestek, pleet* **0.8** ⟨mv.⟩ ***nummerborden*** ⟨v. auto⟩ ◆ **3.3** clean/empty one's ~ *z'n bord leeg eten* **3.¶** ⟨inf.⟩ give s.o. sth. on a ~ *iem. iets in de schoot werpen;* ⟨inf.⟩ have enough/a lot/too much on one's ~ *genoeg/(te) veel om handen hebben*.
plate² ⟨ww.⟩ **0.1** ***pantseren*** ⟨schip⟩ **0.2** ***plateren*** ⇒*vergulden, verzilveren* ◆ **1.2** ~d ware *pleetwerk*.
plateau [plætoo] ⟨mv.: ook plateaux⟩ **0.1** ***plateau*** ⇒*tafelland;* ⟨fig. ook⟩ *stilstand* ⟨in groei⟩.
plateful [pleetfoel] **0.1** ***bordvol***.
plate glass **0.1** ***spiegelglas***.
platelayer ⟨BE; tech.⟩ **0.1** ***lijnwerker***.
plate-rack ⟨BE⟩ **0.1** ***(af)druiprek*** ⇒*bordenrek*.
platform [plætfo:m] **0.1** ***platform*** **0.2** ***podium*** **0.3** ⟨vnl. BE; the⟩ ***balkon*** ⟨v. bus, tram⟩ **0.4** ⟨BE⟩ ***perron*** **0.5** ***partijprogram(ma)*** ⇒*politiek programma*.
platform diving ⟨schoonspringen⟩ **0.1** ***(het) torenspringen***.
platform ticket **0.1** ***perronkaartje***.
plating [pleeting] **0.1** ***laagje zilver/goud*** ⇒*verguldsel* **0.2** ***pantsering***.
platinum [plætinnəm] **0.1** ***platina***.
platinum blonde ⟨inf.⟩ **0.1** ***blondine***.
platinum record **0.1** ***platinaplaat***.
platitude [plætitjoe:d] **0.1** ***platitude*** ⇒*gemeenplaats*.
platonic [plətonnik] ⟨-ally⟩ **0.1** ***platonisch***.
platoon [plətoe:n] **0.1** ***peloton***.
platter [plætə] ⟨AE⟩ **0.1** ⟨ook vero. in BE⟩ ***plat bord*** ⇒*platte schotel* **0.2** ⟨inf.⟩ ***(grammofoon)plaat*** ◆ **6.¶** **on** a ~ *op een gouden schotel*.
platypus [plætippəs] **0.1** ***vogelbekdier*** ◆ **2.1** duck-billed ~ *vogelbekdier*.
plaudit [plo:dit] ⟨vnl. mv.⟩ **0.1** ***toejuiching*** ⇒*applaus*.
plausibilit|y [plo:zəbillətie] ⟨mv.: -ies⟩ **0.1** ***plausibiliteit*** ⇒*aannemelijkheid* **0.2** ***plausibel argument/excuus***.
plausib|le [plo:zəbl] ⟨-ly⟩ **0.1** ***plausibel*** ⇒*aannemelijk* **0.2** ***bedrieglijk overtuigend***.
play¹ [plee] ⟨zn.⟩ **0.1** ***toneelstuk*** **0.2** ***beurt*** ⇒*zet;* ⟨AE; vnl. sport⟩ *manoeuvre* **0.3** ***spel*** **0.4** ***actie*** ⇒*activiteit, beweging* **0.5** ⟨tech.⟩ ***speling*** ◆ **1.1** the ~s of Shakespeare *de stukken v. Shakespeare* **1.3** ~ (up)on words *woordspeling* **2.4** in full ~ *in volle gang* **3.2** ⟨AE; sl.⟩ make a ~ for sth. *iets proberen te krijgen;* ⟨AE; vnl. sport⟩ set ~ *ingestudeerd(e) spel(patroon)/manoeuvre* **3.3** allow/give full/free ~ to sth. *iets vrij spel laten* **3.4** bring/call into ~ *erbij betrekken;* come into ~ *mee gaan spelen* **3.¶** make great ~ about/of *erg de nadruk leggen op, sterk benadrukken* **6.3** ⟨verkeersbord⟩ children **at** ~ *spelende kinderen* **7.3** there's too much ~ in the rope *het touw heeft te veel speling*. →**fair, foul.**
play² **I** ⟨onov.ww.⟩ **0.1** ***spelen*** **0.2** ***werken*** ⇒*spuiten* ⟨fontein⟩ **0.3** ***zich vermaken*** **0.4** ***aan zet zijn*** ⟨schaak⟩ **0.5** ***glinsteren*** ⇒*flikkeren* ⟨licht⟩ **0.6** ***zich laten spelen*** ⟨toneelstuk⟩ **0.7** ⟨tech.⟩ ***zich vrij bewegen*** ⇒*speelruimte hebben* ◆ **1.1** a smile ~ed on her lips *een glimlach speelde om haar lippen* **2.1** ~ dead *doen alsof men dood is* **5.1** ~ **on** *doorspelen* **5.¶** ~ **about/around** *stoeien;* ⟨sl.⟩ *aanklooien;* ~ **down** to s.o. *zich aan iem. aanpassen* **6.1** ~ **at** soldiers/ hide-and-seek *soldaatje/verstoppertje spelen;* ⟨fig.⟩ ~ **at** sth. *iets niet ernstig nemen, iets doen voor de pret;* ~ **by** ear *op het gehoor spelen;* ⟨fig.⟩ *op zijn gevoel afgaan* **6.¶** ~ **about/around with** s.o. *iem. voor de gek houden;* ⟨pej.⟩ *zich afgeven met iem.;* ⟨inf.⟩ what on earth are you ~ing **at**? *wat heeft dit allemaal te betekenen?;* ~ **(up)on** s.o.'s feelings *op iemands gevoelens werken*. →**play off, play up;**

II ⟨ov.ww.⟩ **0.1** ***spelen*** ⇒*bespelen; opvoeren* ⟨toneelstuk⟩; *afdraaien* ⟨grammofoonplaat⟩ **0.2** ***richten*** ⇒*spuiten* ⟨water⟩ **0.3** ***uitvoeren*** ⇒*uithalen* ⟨grap⟩ **0.4** ***verwedden*** ⇒*inzetten* **0.5** ⟨sport⟩ ***opstellen*** ⟨speler⟩ ◆ **1.1** ⟨sport⟩ ~ the ball, not the man *op de bal spelen, niet op de man;* ⟨fig.⟩ ~ God *voor God spelen* **1.3** ~ s.o. a (mean / dirty) trick *iem. een (lelijke) poets bakken* **1.4** ⟨inf.⟩ ~ the horses *op paarden wedden;* he ~ed his last dollar *hij zette zijn laatste dollar in* **1.¶** ~ the market *speculeren* **5.1** ~ **back** a tape *een band afspelen / weergeven* **5.¶** ~ s.o. **along** *iem. aan het lijntje houden;* ~ sth. **down** *iets bagatelliseren.* →**play off, play out, play up.**

playable [pleeəbl] **0.1** ***speelbaar*** ⇒*bespeelbaar* **0.2** ⟨cricket⟩ ***te maken*** ⟨v. bal in cricket⟩.

play-act **0.1** ***doen alsof*** ⇒*toneelspelen.*

playback **0.1** ***opname op tape*** **0.2** ***weergavetoets.***

playbill **0.1** ***affiche*** ⟨voor theatervoorstelling⟩.

playboy **0.1** ***playboy.***

player [pleeə] **0.1** ***speler.***

player-coach ⟨sport⟩ **0.1** ***trainer-speler.***

player piano **0.1** ***pianola.***

playfellow **0.1** ***speelkameraad.***

playful [pleefl] ⟨-ness⟩ **0.1** ***speels*** ⇒*vrolijk.*

playgoer [pleegooə] **0.1** ***schouwburgbezoeker.***

playground **0.1** ***speelplaats*** ⇒⟨fig.⟩ *geliefkoosd recreatiegebied.*

playgroup ⟨zn.; ww. enk. of mv.⟩ **0.1** ***peuterklasje*** ⟨niet officieel georganiseerd⟩.

playhouse **0.1** ***schouwburg*** **0.2** ***poppenhuis.***

playing card **0.1** ***speelkaart.***

playing field **0.1** ***sportveld*** **0.2** ***speelweide.***

playmaker ⟨sport⟩ **0.1** ***spelmaker*** ⇒*spelverdeler.*

playmate **0.1** ***speelkameraad*** **0.2** ***pin-up.***

play off I ⟨onov.ww.⟩⟨sport⟩ **0.1** ***de beslissingsmatch spelen;***
II ⟨ov.ww.⟩ **0.1** ***uitspelen*** ◆ **1.1** he played his parents off (against each other) *hij speelde zijn ouders tegen elkaar uit.*

play-off ⟨sport⟩ **0.1** ***beslissingsmatch.***

play out **0.1** ***beëindigen*** ⟨spel; ook fig.⟩ **0.2** ***helemaal uitspelen*** **0.3** ***met muziek uitgeleide doen*** **0.4** ***uitbeelden*** ◆ **1.1** ⟨sport⟩ ~ time *op safe spelen, geen risico's nemen* **¶.¶** played out *afgedaan; uitgeput.*

playpen **0.1** ***box*** ⟨voor kleine kinderen⟩.

playroom **0.1** ***speelkamer.***

playsuit **0.1** ***speelpakje.***

plaything **0.1** ***stuk speelgoed*** ⇒⟨fig.⟩ *speelbal.*

playtime **0.1** ***speelkwartier.***

play up I ⟨onov.ww.⟩ ◆ **6.¶** ~ **to** s.o. *iem. vleien / naar de mond praten;*
II ⟨onov. en ov.ww.⟩ **0.1** ***last bezorgen*** ◆ **1.1** my leg is playing up again *ik heb weer last van mijn been* **6.1** ⟨inf.⟩ this played up **with** our plans *dit stuurde onze plannen in de war;*
III ⟨ov.ww.⟩ **0.1** ***benadrukken.***

playwright **0.1** ***toneelschrijver.***

plaza [pla:zə] **0.1** ***(markt)plein.***

PLC, plc ⟨afk.; BE⟩ **0.1** [Public Limited Company] ***NV.***

plea [plie:] **0.1** ***verontschuldiging*** **0.2** ***smeekbede*** ⇒*appel* **0.3** ⟨jur.⟩ ***verweer*** ⇒*pleidooi* ◆ **3.3** ⟨sl.⟩ make / cop a ~ *schuld bekennen* ⟨om strafvermindering te krijgen⟩ **6.1** **on / under / with** the ~ of *onder voorwendsel van.*

plea bargaining ⟨vnl. AE; jur.⟩ **0.1** ***het bepleiten v. strafvermindering in ruil voor schuldbekentenis.***

pleach [plie:tsj] ⟨vnl. BE⟩ **0.1** ***(ineen)vlechten*** ⟨ihb. tot haag⟩.

plead [plie:d]⟨gew. AE of Sch. E ook pled, pled [pled]⟩ I ⟨onov.ww.⟩ **0.1** ***pleiten*** ⇒*zich verdedigen* **0.2** ***smeken*** ⇒*dringend verzoeken* ◆ **2.1** ~ guilty / not guilty *schuld bekennen / ontkennen* **6.2** ~ **with** s.o. **for** sth. / to do sth. *iem. dringend verzoeken iets te doen;*
II ⟨ov.ww.⟩ **0.1** ***bepleiten*** **0.2** ***aanvoeren*** ⟨als verdediging / verontschuldiging⟩ ⇒*zich beroepen op* ◆ **1.2** ~ ignorance *onwetendheid voorwenden.*

pleading [plie:ding] **0.1** ***pleidooi*** ⇒*betoog* **0.2** ***het pleiten*** **0.3** ⟨mv.; jur.⟩ ***schriftelijke uiteenzettingen v.d. zaak v. beide partijen*** ⟨ingediend vóór de zitting⟩.

pleasant [pleznt] **0.1** ***aangenaam*** **0.2** ***aardig*** ⇒*sympathiek* **0.3** ***mooi*** ⟨weer⟩ ◆ **1.1** ~ room *prettige / gezellige kamer.*

pleasantr|y [plezntrie] ⟨mv.: -ies⟩ **0.1** ***grap(je)*** ⇒*aardigheid(je).*

please[1] [plie:z] ⟨ww.⟩ **0.1** ***behagen*** ⇒*tevredenstellen* **0.2** ***believen*** ⇒*wensen* ◆ **1.1** ⟨schr.⟩ (may it) ~ your Majesty *met Uwer Majesteits verlof* **2.1** she's hard to ~ *het is haar moeilijk naar de zin te maken* **3.2** do as you ~! *doe zoals je wilt!* **4.2** ~ yourself! *ga je gang!* **8.2** ⟨schr.⟩ if you ~ *als u mij toestaat;* ⟨iron.⟩ *waarachtig.*

please[2] ⟨tw.⟩ **0.1** ⟨excuus⟩ ***alstublieft*** **0.2** ⟨verzoek⟩ ***alstublieft*** ⇒*wees zo goed* **0.3** ***graag (dank u)*** ◆ **3.1** may I come in, ~? *mag ik alstublieft binnenkomen?* **3.2** do come in, ~! *komt u toch binnen, alstublieft!* **5.3** 'A beer?' 'Yes, ~' *'Een biertje?' 'Ja, graag'.*

pleased [plie:zd] **0.1** ***tevreden*** ⇒*blij* ◆ **1.1** he was ~ as Punch *hij was de koning te rijk.*

pleasing [plie:zing] **0.1** ***aangenaam*** ⇒*innemend* **0.2** ***bevredigend.***

pleasurab|le [plezjrəbl] ⟨-ly⟩⟨schr.⟩ **0.1** ***genoeglijk*** ⇒*aangenaam.*

pleasure [plezjə] **0.1** ***genoegen*** ⇒*plezier* **0.2** ⟨schr.⟩ ***believen*** ⇒*welgevallen, goeddunken* ◆ **3.1** take (a) ~ in sth. *plezier hebben in iets;* ⟨vnl. schr.⟩ take great / no ~ in sth. *groot / geen behagen scheppen in iets* **3.2** consult s.o.'s ~ *met iemands wensen rekening houden* **4.1** the ~ is ours *het is ons een genoegen* **6.1** **with** ~ *met genoegen, graag.*

pleasure-ground **0.1** ***lusthof*** ⇒*park.*

pleasure-loving **0.1** ***genotziek.***

pleasure principle ⟨psych.⟩ **0.1** ***lustprincipe.***

pleasure-trip **0.1** ***pleziertochtje.***

pleat[1] [plie:t] ⟨zn.⟩ **0.1** ***platte plooi*** ⇒*vouw.*

pleat[2] ⟨ww.⟩ **0.1** ***plooien*** ⇒*plisseren* ◆ **1.1** ~ed skirt *plooirok.*

pleb [pleb] ⟨BE; inf.; pej.⟩ **0.1** ***plebejer*** ⇒*proleet.*

plebby [plebbie] ⟨BE; pej.⟩ **0.1** ***plebejisch*** ⇒*onbeschaafd.*

plebeian [plibbie:ən] ⟨pej.⟩ **0.1** ⟨bn.⟩ ***plebejisch*** ⇒*proleterig, onbeschaafd* **0.2** ⟨zn.⟩ ***plebejer*** ⇒*proleet.*

plebiscite [plebbissit] ⟨pol.⟩ **0.1** ***plebisciet*** ⇒*volksbesluit.*

plectrum [plektrəm]⟨mv.: ook plectra [-trə]⟩ ⟨muz.⟩ **0.1** ***plectrum.***

pled [pled] ⟨verl. t. en volt. deelw.⟩ →**plead.**

pledge[1] [pledzj] ⟨zn.⟩ **0.1** ***pand*** ⇒*onderpand;* ⟨fig.⟩ *liefdepand* **0.2** ***plechtige belofte*** ⇒*gelofte* ◆ **3.1** hold sth. in ~ *iets in pand houden* **3.2** ⟨inf.; scherts.⟩ take / sign the ~ *geheelonthouder worden.*

pledge[2] ⟨ww.⟩ **0.1** ***verpanden*** ⇒*belenen* **0.2** ***een toast uitbrengen op*** ⇒*toasten op* **0.3** ***plechtig beloven*** ⇒*(ver)binden* ◆ **1.3** ~ allegiance to *trouw zweren aan* **4.3** ~ o.s. *zich (op erewoord) verbinden.*

plenar|y [plie:nərie, plennərie] ⟨-ily⟩ **0.1** ***volkomen*** ⇒*volledig* **0.2** ***plenair*** ⇒*voltallig* ◆ **1.1** with ~ powers *met volmacht(en)* **1.2** ~ assembly / session *plenaire vergadering / zitting.*

plenipotentiar|y [plennippətensjərie] ⟨mv.: -ies⟩⟨pol.⟩ **0.1** ⟨bn.⟩ ***gevolmachtigd*** **0.2** ⟨zn.⟩ ***gevolmachtigde.***
plenitude [plennitjoe:d] **0.1** ***overvloed.***
plenteous [plentiəs] ⟨-ness⟩⟨schr.⟩ **0.1** ***overvloedig*** ⇒*rijkelijk.*
plentiful [plentifl] **0.1** ***overvloedig*** ◆ **1.1** they're as ~ as blackberries *ze liggen voor het grijpen.*
plenty¹ [plentie] ⟨zn.⟩ **0.1** ***overvloed*** ◆ **3.¶** he has ~ going for him *alles loopt hem mee.*
plenty² ⟨bn.⟩⟨inf.⟩ **0.1** ***overvloedig*** ⇒*genoeg.*
plenty³ ⟨bw.⟩⟨inf.⟩ **0.1** ***ruimschoots*** **0.2** ⟨AE⟩ ***zeer*** ◆ **2.1** ~ big enough *meer dan groot genoeg* **2.2** it is ~ cold *het is bitter koud.*
pleonasm [plie:ənæzm] **0.1** ***pleonasme.***
pleonastic [pliənæstik] ⟨-ally⟩ **0.1** ***pleonastisch.***
plethora [pleθərə] ⟨schr.⟩ **0.1** ***overvloed*** ⇒*overmaat.*
pleurisy [ploeərissie] **0.1** ***pleuritis*** ⇒*borstvliesontsteking.*
pliab|le [plajjəbl] ⟨-ly; zn.: **-ility**⟩ **0.1** ***buigzaam*** ⇒*plooibaar;* ⟨fig.⟩ *gedwee.*
pliancy [plajjənsie] **0.1** ***buigzaamheid*** ⟨ook fig.⟩.
pliant [plajjənt] **0.1** ***buigzaam*** ⇒*soepel;* ⟨fig.⟩ *gedwee.*
pliers [plajjəz] **0.1** ***buigtang*** ⇒*combinatietang* ◆ **1.1** a pair of ~ *een buigtang.*
plight¹ [plajt] ⟨zn.⟩ **0.1** ***(benarde) toestand*** ◆ **2.1** a sorry/hopeless ~ *een benarde/hopeloze toestand.*
plight² ⟨ww.⟩⟨vero.⟩ **0.1** ***plechtig beloven*** ◆ **1.1** ~ one's troth/faith to s.o. *iem. trouw zweren/zijn woord geven* ⟨met huwelijksbelofte⟩.
plimsol(l), plimsole [plimsl, -sool] ⟨BE⟩ **0.1** ***gymschoen*** ⇒*gympie.*
Plimsoll, Plimsoll line/mark ⟨scheep.⟩ **0.1** ***plimsollmerk*** ⇒*lastlijn.*
plinth [plinθ] ⟨bouwk.⟩ **0.1** ***plint*** ⇒*voetstuk, sokkel.*
PLO ⟨afk.⟩ **0.1** [Palestine Liberation Organization] ***PLO.***
plod [plod] ⟨-ded⟩ **I** ⟨onov.ww.⟩ **0.1** ***ploeteren*** ⇒*zwoegen* ◆ **5.1** ~ **away/along** at one's work all night *de hele nacht door zwoegen;*
II ⟨ov.ww.⟩ **0.1** ***afsjokken*** ◆ **1.1** ~ one's way *zich voortslepen.*
plodder [ploddə] **0.1** ***ploeteraar.***
plodding [plodding] **0.1** ***moeizaam*** ⇒*onverdroten.*
plonk¹ [plongk] **I** ⟨telb.zn.⟩ →**plunk¹;**
II ⟨n.-telb.zn.⟩⟨BE, Austr. E; inf.⟩ **0.1** ***goedkope wijn.***
plonk² →**plunk².**
plop¹ [plop] ⟨zn.⟩⟨inf.⟩ **0.1** ***plons*** ⇒*floep, plof* ⟨in water⟩.
plop² ⟨ww.; -ped⟩ **0.1** ***met een plons (doen) neervallen*** ⇒*(laten) plonzen/ploffen* ◆ **6.1** she ~ped **into** the chair *ze liet zich in de stoel neervallen.*
plop³ ⟨bw.⟩⟨inf.⟩ **0.1** ***met een plons/plof.***
plot¹ [plot] ⟨zn.⟩ **0.1** ***stuk(je)/lap(je) grond*** ⇒*perceel* **0.2** ***intrige*** ⇒*plot* ⟨v. toneelstuk, roman⟩; *complot* **0.3** ⟨AE⟩ ***plattegrond*** ⇒*kaart, diagram.*
plot² ⟨-ted⟩ **I** ⟨onov.ww.⟩ **0.1** ***samenzweren*** ⇒*intrigeren, plannen/een complot smeden;*
II ⟨ov.ww.⟩ **0.1** ***in kaart brengen*** ⇒*intekenen, uitzetten* ⟨grafiek, diagram⟩ **0.2** ⟨ook +out⟩ ***in percelen indelen*** ⟨land⟩ **0.3** ⟨ook +out⟩ ***verzinnen*** ⇒*de plot bedenken van* ⟨toneelstuk, roman⟩ **0.4** ***beramen*** ⇒*smeden* ⟨complot⟩.
plotter [plottə] **0.1** ***ontwerper*** **0.2** ***samenzweerder.***
plough¹, ⟨AE sp.⟩ **plow** [plau] ⟨zn.⟩ **0.1** ***ploeg*** **0.2** ***omgeploegd land*** ◆ **6.1** ⟨fig.⟩ **under** the ~ *gebruikt voor graanteelt* ⟨bouwland⟩.
plough², ⟨AE sp.⟩ **plow I** ⟨onov.ww.⟩ **0.1** ***ploegen*** ⇒⟨fig.⟩ *ploeteren, zwoegen* **0.2** ***beploegbaar zijn*** ⟨land⟩ ◆ **6.1** ~ **through** the snow *zich door de sneeuw heen worstelen;*
II ⟨ov.ww.⟩ **0.1** ***ploegen*** ⇒*beploegen, omploegen* ◆ **1.1** ⟨fig.⟩ ~ one's way through sth. *zich (moeizaam) een weg banen door iets* **5.¶** ~ **back** profits into equipment *winsten in apparatuur (her)investeren.*
plough|man [plaumən] ⟨mv.: -men [-mən]⟩ **0.1** ***ploeger.***
ploughman's lunch, ⟨inf.⟩ **ploughman's** ⟨BE⟩ **0.1** ***boerenlunch*** ⟨brood- en kaasmaaltijd met bier⟩.
ploughshare ⟨landb.⟩ **0.1** ***ploegschaar.***
plover [pluvvə] ⟨mv.: ook plover⟩⟨dierk.⟩ **0.1** ***pluvier.***
plow →**plough.**
ploy [ploj] ⟨inf.⟩ **0.1** ***truc(je)*** ⇒*list.*
pluck¹ [pluk] ⟨zn.⟩ **0.1** ***moed*** ⇒*durf, lef* **0.2** ***het plukken*** ⟨v. kip e.d.⟩ **0.3** ***getokkel*** **0.4** ⟨the⟩ ***hart, lever en longen v. geslacht dier.***
pluck² I ⟨onov.ww.⟩ **0.1** ⟨+ at⟩ ***rukken (aan)*** ⇒*trekken (aan)* **0.2** ***tokkelen;***
II ⟨ov.ww.⟩ **0.1** ***plukken*** ⟨kip e.d.; ook bloemen⟩ ⇒*trekken* **0.2** ***betokkelen*** ◆ **5.1** ~ **away/out/off/up** *wegtrekken/uittrekken/oppikken.*
pluck|y [plukkie] ⟨-iness⟩ **0.1** ***dapper*** ⇒*moedig, kranig.*
plug¹ [plug] ⟨zn.⟩ **0.1** ***stop*** ⇒*prop, pen* **0.2** ***stekker*** ⇒*plug* **0.3** ***pruim*** ⇒*pluk tabak* **0.4** ⟨inf.⟩ ***aanbeveling*** ⇒*reclame, spot, gunstige publiciteit* ⟨op radio, tv⟩ **0.5** ⟨med.⟩ ***steen*** ⇒*knobbel* ◆ **3.¶** ⟨inf.⟩ pull the ~ on sth. *iets cancelen/niet laten doorgaan, een eind maken aan iets.*
plug² ⟨ww.; -ged⟩ **0.1** ⟨ook +up⟩ ***(op)vullen*** ⇒*dichtstoppen, plomberen* **0.2** ⟨sl.⟩ ***neerknallen*** ⇒*neer/beschieten* **0.3** ⟨inf.⟩ ***pluggen*** ⇒*reclame maken voor, populair maken* ⟨op radio, tv⟩, *voortdurend draaien* ⟨grammofoonplaten⟩ ◆ **5.¶** ~ **in** *aansluiten, de stekker insteken.*
plug away 0.1 ⟨+ at⟩ ***doorzwoegen/ploeteren (aan).***
plugboard 0.1 ***schakelbord.***
plughole ⟨BE⟩ **0.1** ***afvoer*** ⇒*gootsteengat.*
plum [plum] **0.1** ***pruim*** **0.2** ***pruimenboom*** ⇒*pruim* **0.3** ***donkerrood/paars*** **0.4** ⟨inf.⟩ ***iets heel goeds/begerenswaardigs*** ⇒*het neusje van de zalm* ◆ **1.4** this job is a ~ *het is een moordbaan.*
plumage [ploe:midzj] **0.1** ***veren(kleed)*** ⟨v. vogel⟩.
plumb¹ [plum] ⟨zn.⟩ **0.1** ⟨amb.⟩ ***(loodje v.) schietlood*** ⇒*paslood* ◆ **6.1** **off/out** of ~ *niet loodrecht, niet in het lood.*
plumb² ⟨bn.⟩ **0.1** ***loodrecht*** **0.2** ⟨vnl. AE; inf.⟩ ***uiterst*** ⇒*compleet, absoluut* ◆ **1.1** ~ nonsense *je reinste onzin.*
plumb³ ⟨ww.⟩ **0.1** ***loden*** ⇒*peilen met dieplood, meten met schietlood* **0.2** ***in het lood zetten*** ⇒*verticaal zetten, loodrecht maken* **0.3** ***(trachten te) doorgronden*** ⇒*peilen.*
plumb⁴ ⟨bw.⟩ **0.1** ***loodrecht*** ⇒*precies in het lood/verticaal* **0.2** ⟨vnl. AE; inf.⟩ ***volkomen*** ⇒*compleet, helemaal* ◆ **1.1** ~ in the middle *precies in het midden* **2.2** ~ crazy *volslagen gek.*
plumb bob 0.1 ***loodje*** ⇒*gewicht v. diep/schietlood.*
plumber [plummə] **0.1** ***loodgieter*** ⇒*gas- en waterfitter.*
plumber's helper [plumməz helpə] ⟨AE; inf.⟩ **0.1** ***(afvoer/gootsteen)ontstopper*** ⇒*plopper.*
plumbing [plumming] **0.1** ***loodgieterswerk*** ⇒*(het aanleggen v.e.) systeem v. afvoerbuizen.*
plumb line 0.1 ***loodlijn*** ⇒*(lijn v.) diep/schietlood.*
plum book ⟨AE; inf.⟩ **0.1** ***banenboek*** ⟨officiële publicatie waarin staatsbetrekkingen staan die de President bij benoeming kan vergeven⟩.
plumb rule ⟨amb.⟩ **0.1** ***schietlood*** ⇒*(plankje met) loodlijn.*
plumcake ⟨vnl. BE⟩ **0.1** ***rozijnencake*** ⇒*krentencake.*
plume¹ [ploe:m] ⟨zn.⟩ **0.1** ⟨vaak mv.⟩ ***pluim*** ⇒*(sier)veer, vederbos* **0.2** ***pluim*** ⇒*sliert, wolkje* **0.3** ⟨plantk.⟩ ***pluim*** ◆ **1.2** a ~ of smoke *een rookpluim* **3.¶** dress in borrowed ~s *met andermans veren pronken.*

plume² ⟨ww.⟩ **0.1** ***schoonmaken*** ⇒*gladstrijken* ⟨v. (veren v.) vogel⟩ ◆ **6.¶** ~ o.s. **on/upon** *trots zijn op.*
plummet¹ [plummit] ⟨zn.⟩ **0.1** ***(loodje v.) loodlijn*** ⇒*(gewicht v.) diep/schietlood.*
plummet² ⟨ww.⟩ **0.1** ⟨vaak +down⟩ ***pijlsnel vallen/zakken*** ⇒*scherp dalen, in/neerstorten* ◆ **1.1** prices ~ed *de prijzen kelderden.*
plumm|y [plummie] ⟨-ier⟩ **0.1** ⟨inf.⟩ ***(zeer) goed*** ⇒*begerenswaardig, fantastisch* **0.2** ⟨inf.⟩ ***vol*** ⟨vnl. v. stem⟩ ⇒⟨ihb.⟩ *te vol, geaffecteerd* ◆ **1.1** a ~ job *een vet baantje, een moordbaantje.*
plump¹ [plump] ⟨zn.⟩ **0.1** ***(plotselinge) val*** ⇒*smak* **0.2** ***(harde) plof*** ⇒*klap, slag.*
plump² ⟨bn.; -ness⟩ **0.1** ***stevig*** ⟨vaak euf.⟩ ⇒*rond, mollig* ◆ **1.¶** a ~ answer *een bot/kort antwoord.*
plump down I ⟨onov.ww.⟩ **0.1** ***neerploffen*** ⇒*neervallen/zakken;*
II ⟨ov.ww.⟩ **0.1** ***(plotseling) neergooien*** ⇒*neerploffen/kwakken, laten vallen.*
plump for ⟨BE⟩ **0.1** ***(overtuigd) kiezen voor*** ⇒*stemmen op.*
plunder¹ [plundə] ⟨zn.⟩ **0.1** ***plundering*** ⇒*roof, beroving* **0.2** ***buit*** ⇒*geplunderde/gestolen goederen.*
plunder² ⟨ww.⟩ **0.1** ***(be)stelen*** ⇒*(be)roven, plunderen.*
plunderer [plundərə] **0.1** ***plunderaar*** ⇒*(be)rover.*
plunge¹ [plundzj] ⟨zn.⟩ **0.1** ***duik*** ⇒*sprong* ◆ **3.¶** take the ~ *de knoop doorhakken, de sprong wagen.*
plunge² I ⟨onov.ww.⟩ **0.1** ***zich werpen*** ⇒*duiken, zich storten* **0.2** ***(plotseling) neergaan*** ⇒*dalen, steil aflopen* **0.3** ⟨+ into⟩ ***onstuimig binnenkomen*** ⇒*binnenvallen* **0.4** ***stampen*** ⟨v. schip⟩ ◆ **1.2** a plunging neckline *een diep-uitgesneden hals;* house prices have ~d *de prijzen v.d. huizen zijn gekelderd* **5.1** the water was cold but he ~d **in** *het water was koud maar hij dook erin;*
II ⟨ov.ww.⟩ **0.1** ***werpen*** ⇒*(onder)dompelen, storten* ◆ **1.1** be ~d in thought *in gedachten verzonken zijn* **6.1** he was ~d **into** grief *hij werd door verdriet overmand.*
plunger [plundzjə] **0.1** ***(gootsteen/afvoer)ontstopper*** **0.2** ***plunjer*** ⇒*zuiger v. (pers)pomp, dompelaar* **0.3** ⟨inf.⟩ ***roekeloze gokker*** ⇒*speculant.*
plunk¹ [plungk], **plonk** [plongk] ⟨zn.⟩ **0.1** ⟨inf.⟩ ***plof*** ⇒*(harde) klap, bonk* **0.2** ⟨sl.⟩ ***goedkope wijn.***
plunk², plonk ⟨ww.⟩⟨inf.⟩ **0.1** ***tokkelen*** ⇒*tokkelend (doen) klinken, tingelen (op)* **0.2** ***neerploffen*** ⇒*luidruchtig (laten) vallen* ◆ **5.2** ~ **down** *neersmijten/neergooien.*
plunk³, plonk ⟨bw.⟩ **0.1** ***met een plof/klap*** **0.2** ***precies*** ⇒*juist* ◆ **1.2** ~ in the middle *precies in het midden.*
plural [ploeərəl] ⟨taal.⟩ **0.1** ⟨bn.⟩ ***meervoudig*** ⇒*meervouds-* **0.2** ⟨zn.⟩ ***meervoud(svorm)*** ⇒*pluralis(vorm).*
pluralism [ploeərəlizm] **0.1** ⟨pol., fil.⟩ ***pluralisme*** ⇒*veelheidsleer* **0.2** ⟨vaak pej.⟩ ***het bekleden v. meer dan één ambt tegelijkertijd.***
pluralist¹ [ploeərəlist] ⟨zn.⟩ **0.1** ⟨fil., pol.⟩ ***pluralist*** ⇒*aanhanger v.h. pluralisme* **0.2** ***iem. met meer dan één ambt.***
pluralist², pluralistic [ploeərəlistik] ⟨bn.⟩ **0.1** ⟨fil., pol.⟩ ***pluralistisch*** **0.2** ***meer dan één ambt bekledend.***
pluralit|y [ploeræləti] ⟨mv.: -ies⟩ **0.1** ***meervoudigheid*** **0.2** ⟨vnl. AE⟩ ***grootste aantal stemmen*** ⟨maar geen absolute meerderheid⟩ **0.3** ***het bekleden v. meer dan één ambt tegelijkertijd.***
plus¹ [plus] ⟨zn.; mv.: AE ook -ses⟩ **0.1** ***plus*** ⇒*plusteken* **0.2** ⟨inf.⟩ ***plus(punt)*** ⇒*voordeel.*
plus² ⟨bn.⟩ **0.1** ***extra*** ⇒*bijkomend, gunstig* **0.2** ⟨wisk.⟩ ***plus*** ⇒*groter dan nul* **0.3** ⟨elek.⟩ ***plus*** ⇒*positief* **0.4** ***ten minste*** ⇒*minimaal, meer/ouder dan* ◆ **1.1** a ~ benefit *een extra/bijkomend voordeel* **1.4** she's got beauty ~ *ze is meer dan knap* **4.4** you have to be twelve ~ for this *hier moet je minimaal twaalf jaar/twaalf of ouder voor zijn.*
plus³ [plus] ⟨vz.⟩ **0.1** ***plus*** ⇒*(vermeerderd) met, en; boven nul* ◆ **1.1** he paid back the loan ~ interest *hij betaalde de lening terug met de rente* **4.1** ~ six (degrees centigrade) *zes graden boven nul.*
plus fours **0.1** ***plusfour*** ⇒*knickerbockers.*
plush [plusj] **0.1** ⟨bn.⟩ ***pluchen*** ⇒*van pluche* **0.2** ⟨bn.; inf.⟩ ***sjiek*** ⇒*luxueus* **0.3** ⟨zn.⟩ ***pluche.***
plush|y [plusjie] ⟨-ier⟩ **0.1** ⟨inf.⟩ ***sjiek*** ⇒*luxueus.*
plus sign **0.1** ***plus(teken)*** ⇒*het symbool +.*
Pluto [ploe:too] **0.1** ***Pluto*** ⟨Griekse god⟩ **0.2** ⟨ster.⟩ ***Pluto*** ⟨planeet⟩.
plutocrac|y [ploe:tokrəsie] ⟨mv.: -ies⟩ **0.1** ***plutocratie*** ⇒*heerschappij v.d. rijken.*
plutocratic|(al) [ploe:təkrætik(l)] ⟨-ally⟩ **0.1** ***plutocratisch.***
plutonium [ploe:tooniəm] ⟨schei.⟩ **0.1** ***plutonium.***
pluvius insurance [ploe:vieəs -] ⟨verz.⟩ **0.1** ***stormschadeverzekering.***
ply¹ [plaj] ⟨zn.; mv.: plies⟩ **0.1** ⟨vaak in samenstellingen⟩ ***laag*** ⟨v. hout of dubbele stof⟩ ⇒*vel* ⟨v. dun hout⟩ **0.2** ***streng/draad*** ⟨v. touw, wol⟩ ◆ **4.1** three-ply wood *triplex* **4.2** what ~ is this wool? *hoeveel draads wol is dit?*
ply² ⟨plied⟩ **I** ⟨onov.ww.⟩ **0.1** ⟨+ between⟩ ***een bep. route regelmatig afleggen*** ⟨v. bus, schip e.d.⟩ ⇒*pendelen (tussen), geregeld heen en weer rijden/varen (tussen)* ◆ **1.¶** ~ for hire *passagiers opzoeken* ⟨v. taxi⟩;
II ⟨ov.ww.⟩ **0.1** ⟨schr.⟩ ***ijverig/regelmatig beoefenen*** ⇒*zich toeleggen op, (hard) werken aan* **0.2** ***geregeld bevaren*** ⇒*pendelen over* ◆ **1.1** he has plied this trade for 20 years *hij beoefent dit vak al 20 jaar* **1.2** the boat plies the Thames *de boot vaart (altijd) op de Theems.* →**ply with.**
ply with **0.1** ***(voortdurend) volstoppen/te vol stoppen met*** ⟨voedsel, drank⟩ ⇒*(doorlopend) voorzien van* ◆ **1.¶** they plied the M.P. with questions *ze bestookten het kamerlid met vragen.*
plywood **0.1** ***gelaagd hout*** ⇒*triplex, multiplex.*
p.m., P.M. ⟨afk.⟩ **0.1** [post meridiem] ***p.m.*** ⇒*'s middags.*
P.M. ⟨afk.⟩ **0.1** [Prime Minister].
pneumatic [njoe:mætik] ⟨-ally⟩ **0.1** ***pneumatisch*** ⇒*gevuld met/aangedreven door (pers)lucht, lucht(druk)-* ◆ **1.1** ~ drill *lucht(druk)boor;* ~ tyre *luchtband.*
pneumonia [njoe:mooniə] ⟨med.⟩ **0.1** ***longontsteking.***
po [poo] ⟨BE; inf.⟩ **0.1** ***po.***
poach [pootsj] **I** ⟨onov.ww.⟩ **0.1** ***stropen*** ⇒*illegaal vissen/jagen* ◆ **1.1** ~ on s.o.'s preserve(s) *zich op andermans gebied begeven;* ⟨fig.⟩ *aan iemands bezit/zaken/werk komen;*
II ⟨ov.ww.⟩ **0.1** ***pocheren*** ⟨ei, vis⟩ **0.2** ***stropen*** ⟨wild, vis⟩ **0.3** ⟨sport⟩ ***afpakken*** ⟨bal⟩.
poacher [pootsjə] **0.1** ***stroper*** **0.2** ***indringer*** **0.3** ***pocheerpan.***
P.O. Box ⟨afk.; inf.⟩ **0.1** [Post Office Box] ***postbus.***
pochard [pootsjəd] ⟨mv.: ook pochard⟩ ⟨dierk.⟩ **0.1** ***tafeleend.***
pock [pok] **0.1** ***pok*** ⇒*pokzweer* **0.2** ***pokput*** ⇒*litteken.*
pocked →**pockmarked.**
pocket¹ [pokkit] ⟨zn.⟩ **0.1** ***zak*** ⟨in kleding; ook bij Engels biljart⟩ **0.2** ⟨ben. voor⟩ ***(opberg)vak*** ⇒*voorvakje, map* **0.3** ⟨vnl. enk.⟩ ***financiële middelen*** ⇒*portemonnee, inkomen* **0.4** ***erts/olieader*** **0.5** ⟨ben. voor⟩ ***klein(e) afgesloten groep/gebied*** ⇒⟨mil.⟩ *haard* **0.6** ⟨vaak attr.⟩ ***zakformaat*** ◆ **3.3** my ~ cannot take this *mijn financiële situatie laat dit niet toe* **3.¶** have s.o. in one's ~ *iem. volledig in zijn macht hebben;* have sth. in one's ~ *ergens (bijna) in ge-*

slaagd zijn; line one's ~s *zijn zakken vullen, (op een oneerlijke manier) rijk worden* **6.¶** I was twenty dollars **out of** ~ *ik ben twintig dollar kwijtgeraakt.*

pocket² ⟨ww.⟩ **0.1** ***in zijn zak steken*** ⇒⟨ihb.⟩ *in eigen zak steken* **0.2** ***opstrijken*** ⇒*(op oneerlijke wijze) ontvangen* ⟨geld⟩ **0.3** ⟨zakkenbiljart⟩ ***potten*** ⇒*in de zak stoten* **0.4** ⟨pol.⟩ ***dwarsbomen*** ⟨wetsontwerp⟩ ⇒*tegenhouden* ◆ **1.1** he ~ed his change *hij stopte zijn wisselgeld in zijn zak* **1.¶** he had to ~ that insult *hij moest die belediging slikken.*

pocket battleship 0.1 ***klein slagschip.***

pocketbook 0.1 *zakboekje* ⇒*notitieboekje* **0.2** ***portefeuille* 0.3** ⟨AE⟩ ***pocket(boek)*** ⇒⟨ihb.⟩ *paperback* **0.4** ⟨AE⟩ ***(dames)handtas*** ⇒⟨ihb.⟩ *enveloptas.*

pocket borough ⟨BE; gesch.⟩ **0.1** ***klein kiesdistrict*** ⟨beheerst door één persoon/familie⟩.

pocket calculator 0.1 *zakrekenmachientje.*

pocket camera 0.1 *pocketcamera.*

pocketful [pokkitfoel]⟨mv.: AE ook pocketsful [-kits-]⟩ **0.1** ***zak vol*** ⟨ook fig.⟩ ⇒*heel veel.*

pocket handkerchief 0.1 *zakdoek* **0.2** ⟨vaak attr.⟩ ***klein vierkantje*** ⇒*heel klein stukje* ◆ **1.2** a ~ garden/lawn *een piepklein tuintje/grasveldje.*

pocketknife 0.1 *zakmes.*

pocket money ⟨vnl. BE⟩ **0.1** ***zakgeld*** ⟨v. kinderen⟩.

pockmark [pokma:k] **0.1** ***pokput* 0.2** ***put*** ⇒*gat, holte.*

pockmarked, pocked [pokt] **0.1** ***pokdalig* 0.2** ***vol gaten*** ⇒*met kuilen/holen.*

pod¹ [pod] ⟨zn.⟩ **0.1** ***peul(enschil)*** ⇒*(peul)dop, huls* **0.2** ⟨luchtv.⟩ ***gondel*** ⇒*houder, magazijn* ⟨ruimte voor brandstof onder vliegtuigvleugel⟩ **0.3** ⟨dierk.⟩ ***school*** ⇒*grote groep* ⟨v. zeehonden, walvissen⟩. →**like.**

pod² ⟨-ded⟩ **I** ⟨onov.ww.⟩ **0.1** ⟨+ up⟩ ***peulen vormen*** ⇒*peulen voortbrengen;*
II ⟨ov.ww.⟩ **0.1** ***doppen*** ⇒*peulen.*

podg|y [podzjie], **pudgy** [pudzjie] ⟨-iness⟩⟨inf.⟩ **0.1** ***rond*** ⇒*klein en dik, propperig.*

podiatry [pədajjətrie] ⟨AE⟩ **0.1** ***chiropodie*** ⇒*voetgeneeskunde.*

podium [poodiəm]⟨mv.: ook podia [poodiə]⟩ **0.1** ***podium*** ⇒*(voor)toneel.*

poem [pooim] **0.1** ***gedicht*** ⇒*vers.*

poet [pooit] **0.1** ***dichter.***

poetaster [pooitæstə] ⟨pej.⟩ **0.1** ***rijmelaar*** ⇒*poëtaster.*

poetess [pooittes] **0.1** ***dichteres.***

poetic|(al) [pooettik(l)] ⟨-ally⟩ **0.1** ***dichterlijk*** ⇒*poëtisch* **0.2** ***(poëtisch) mooi*** ⇒*tot de verbeelding sprekend* ◆ **1.1** poetic licence *dichterlijke vrijheid* **1.¶** poetic justice *perfecte rechtvaardigheid, ideale gerechtigheid.*

poetry [pooitrie] **0.1** ***poëzie*** ⇒*dichtkunst/werk* **0.2** ***dichterlijke bekoring*** ⇒*poëtische schoonheid.*

po-faced [poofeest] ⟨BE; inf.; pej.⟩ **0.1** ***met een zuur/chagrijnig gezicht.***

pogo [poogoo] **0.1** ***pogoën*** ⇒*de pogo dansen* ⟨punkdans⟩.

pogo stick [poogoo] **0.1** ***springstok*** ⟨met veer; speelgoed⟩.

pogrom [pogrəm] **0.1** ***pogrom*** ⇒*(joden)vervolging.*

poignanc|y [pojn(j)ənsie] ⟨mv.: -ies⟩ **0.1** ***scherpheid*** ⇒*doordringendheid* **0.2** ***ontroering*** ⇒*gevoeligheid.*

poignant [pojn(j)ənt] **0.1** ***scherp*** ⟨v. smaak, gevoelens⟩ ⇒*doordringend, schrijnend, penetrant* **0.2** ***aangrijpend*** ⇒*ontroerend, gevoelig, navrant* ◆ **1.1** his ~ sorrow *zijn diepgevoeld leed.*

poinsettia [pojnsettiə] ⟨plantk.⟩ **0.1** ***poinsettia*** ⇒*kerstster.*

point¹ [pojnt] ⟨zn.⟩⟨→s1⟩ **0.1** ***punt*** ⇒*stip, plek;* ⟨rekenkunde⟩ *decimaalteken, komma* **0.2** ***(waarderings)punt*** ⇒*cijfer* **0.3** ***(puntig) uiteinde*** ⇒*(land)punt; tak* ⟨gewei⟩; *uitsteeksel* **0.4** ***punt*** ⇒*kwestie* **0.5** ***karakteristiek*** ⇒*eigenschap* **0.6** ***zin*** ⇒*bedoeling, effect* **0.7** ***(kompas)streek* 0.8** ***punt*** ⟨precieze plaats/tijd/toestand enz.⟩ ⇒⟨bij uitbr.⟩ *kern, essentie* **0.9** ⟨cricket⟩ ***(positie v.) veldspeler tgov. batsman aan de offside* 0.10** ⟨mv.; BE; spoorwegen⟩ ***wissel* 0.11** ⟨vnl. BE⟩ ***contactpunt*** ⇒*stopcontact* ◆ **1.3** the ballet dancer was on her ~s *de balletdanseres danste op haar spitsen* **1.4** ~ of honour *erezaak;* ~ of order *punt v. orde, opmerking mbt. de gang van zaken* **1.8** ~ of departure *punt/tijdstip v. vertrek;* the ~ of the joke *de clou v.d. grap;* ~ of view *gezichtspunt, standpunt* **1.¶** in ~ of fact *in feite/werkelijkheid; bovendien, zelfs* **2.4** the main ~ *de hoofdzaak* **2.5** that's his strong ~ *dat is zijn sterke kant* **2.7** the cardinal ~s *de (vier) hoofdrichtingen (op een kompas)* **3.2** win/be beaten/lose on ~s *op punten winnen/verliezen;* score a ~/~s off/over s.o. *het van iem. winnen* ⟨in woordenstrijd⟩; *iem. v. repliek dienen* **3.3** to sail round the ~ *om de kaap varen* **3.4** labour a ~ *in details treden;* pursue the ~ *er verder op ingaan* **3.6** get/see the ~ of sth. *iets snappen* **3.8** when it came to the ~ *toen puntje bij paaltje kwam;* come/get to the ~ *ter zake komen;* you have a ~ there *daar heb je gelijk in;* I always make a ~ of being in time *ik zorg er altijd voor op tijd te zijn;* I take your ~, ~ taken *ik begrijp wat je bedoelt* **3.¶** come to/make a ~ ⟨v. jachthond⟩ *aangeven, (muurvast) staan* ⟨bij schuilplaats v. opgejaagd wild⟩; stretch a ~ *ergens over uitweiden; overdrijven* **6.3** **at** the ~ of a gun/at gun ~ *onder bedreiging v.e. geweer* **6.4** **at** all ~s *in alle opzichten* **6.8** **at** the ~ of death *op het randje v.d. dood;* that's **beside** the ~ *dat heeft er niets mee te maken;* **off/away from** the ~ *niet ter zake, niet relevant;* **on** the ~ of *op het punt van;* that's (not) **to** the ~ *dat is (ir)relevant;* **up to** a (certain) ~ *tot op zekere hoogte.* →**fine.**

point² **I** ⟨onov.ww.⟩ **0.1** ⟨+ at, towards⟩ ***gericht zijn (op)*** ⇒*aandachtig/geconcentreerd zijn (op)* **0.2** ⟨+ at, to⟩ ***wijzen (naar)*** ⇒*het bewijs zijn (van), bewijzen* **0.3** ***(blijven) staan*** ⟨v. jachthond, bij schuilplaats v. opgejaagd wild⟩ ◆ **6.2** ~ **to** sth. *ergens naar wijzen, iets suggereren, iets bewijzen;*
II ⟨ov.ww.⟩ **0.1** ***in een punt maken*** ⇒*scherp/spits maken* **0.2** ⟨+ at, towards⟩ ***richten (op)*** ⇒*(aan)wijzen, mikken (op)* **0.3** ***voegen*** ⟨metselwerk⟩ **0.4** ***aangeven*** ⟨v. jachthond/kompas⟩ ◆ **1.1** ~ a pencil *een potlood slijpen* **1.2** ⟨fig.⟩ ~ a finger (of scorn) at s.o. *iem. in het openbaar beschuldigen/aanvallen* **5.2** ~ **out** a mistake *een fout aanwijzen/onder de aandacht brengen* **5.¶** this ~s **up** the difference between them *dit benadrukt het verschil tussen hen.* →**point out.**

pointblank 0.1 ***van vlakbij*** ⇒*korte afstands-, regelrecht* **0.2** ***rechtstreeks*** ⇒*(te) direct, bot* ◆ **1.2** a ~ accusation *een regelrechte beschuldiging;* a ~ refusal *een botte weigering* **3.1** fire ~ at s.o. *van dichtbij op iem. schieten.*

point duty ⟨BE⟩ **0.1** ***verkeersregeling*** ⟨vnl. op kruispunt⟩ ◆ **1.1** a policeman on ~ *verkeersagent.*

pointed [pojntid] **0.1** ***puntig*** ⇒*puntvormig* **0.2** ***scherp*** ⇒*venijnig, bits* **0.3** ***nadrukkelijk*** ⇒*duidelijk, opvallend* ◆ **1.2** a ~ answer *een bits/ad rem antwoord;* she has a ~ wit *zij is zeer ad rem.*

pointer [pojntə] **0.1** ***wijzer*** ⟨v. weegschaal e.d.⟩ **0.2** ***aanwijsstok* 0.3** ***aanwijzing*** ⇒*suggestie, advies* **0.4** ⟨jacht⟩ ***pointer*** ⇒*staande hond.*

pointillism [pwæntillizm, pojntillizm] ⟨bk.⟩ **0.1** ***pointillisme.***

pointless [pojntləs] ⟨-ness⟩ **0.1** ***zinloos*** ⇒*onnodig, onbelangrijk* **0.2** ***puntloos*** ⇒*zonder (gescoorde) punten* ◆ **1.2** a ~ draw *een o-o gelijk spel.*

point-of-sale terminal 0.1 ***betaalautomaat*** ⟨bv. bij benzinestation, in supermarkt⟩.

point out 0.1 *wijzen naar* 0.2 *naar voren brengen* ⇒*in het midden/te berde brengen* ◆ 1.2 ~ s.o.'s responsibilities *iem. zijn plichten voorhouden* 6.1 ~ sth. **to** s.o. *iem. op iets attenderen.*

points classification ⟨wielrennen⟩ 0.1 ***puntenklassement.***

points|man [pojntsmən]⟨mv.: -men [-mən]⟩ ⟨BE⟩ 0.1 ***wisselwachter.***

point-to-point ⟨ook attr.⟩⟨BE; paardensport⟩ 0.1 ***steeplechase.***

poise[1] [pojz] ⟨zn.⟩ 0.1 ***evenwicht*** ⇒⟨fig.⟩ *zelfverzekerdheid, zelfvertrouwen* 0.2 ***houding*** ⟨bv. v. hoofd⟩ ⇒*voorkomen.*

poise[2] ⟨ww.⟩ 0.1 ***(in evenwicht) houden*** ⇒*(doen) balanceren.*

poised [pojzd] 0.1 ***evenwichtig*** ⇒*stabiel, verstandig* 0.2 ***zwevend*** ⇒⟨fig.⟩ *in onzekerheid, balancerend* 0.3 ***stil (in de lucht hangend)*** 0.4 ***klaar*** ⇒*gereed* ◆ 3.4 he sat ~ on the edge of the chair *hij zat op het puntje v. zijn stoel* 6.2 he was ~ **between** life and death *hij zweefde tussen leven en dood* 6.4 be ~ **for** victory *op het punt staan om te winnen.*

poison[1] [pojzn] ⟨zn.⟩ 0.1 ***vergif*** ⇒*gif;* ⟨fig.⟩ *schadelijke invloed* 0.2 ⟨schei.⟩ ***inhibitor*** ⇒*negatieve katalysator* ◆ 4.1 ⟨inf.; scherts.⟩ what's your ~? *wat mag het zijn?* ⟨alcoholisch drankje⟩.

poison[2] ⟨ww.⟩ 0.1 ***vergiftigen*** 0.2 ***bederven*** ⟨sfeer, mentaliteit⟩ ⇒*verzieken* 0.3 ***vervuilen*** ⟨bv. water⟩ ⇒*verontreinigen* 0.4 ⟨BE⟩ ***ontsteken*** 0.5 ⟨schei.⟩ ***vergiftigen*** ◆ 1.1 ~ed food *vergiftigd voedsel* 1.2 their good relationship was ~ed by jealousy *hun goede verhouding werd door jaloezie verstoord/verziekt* 1.4 a ~ed leg *een ontstoken been.*

poison gas 0.1 ***gifgas.***

poison ivy ⟨plantk.⟩ 0.1 ***gifsumak.***

poisonous [pojznəs] 0.1 ***giftig*** 0.2 ***verderfelijk*** ⇒*negatief* 0.3 ***akelig*** ⇒*gemeen* ◆ 1.3 a ~ glance *een vernietigende blik;* ~ green *gifgroen.*

poison-pen letter 0.1 ***(anonieme) lasterbrief.***

poke[1] [pook] ⟨zn.⟩ 0.1 ***por*** ⇒*prik, duw* 0.2 ***vuistslag.***

poke[2] **I** ⟨onov.ww.⟩ 0.1 ⟨meestal +out/through⟩ ***te voorschijn komen*** ⇒*uitsteken* 0.2 ⟨+ about/AE vnl. around⟩ ***(rond)hannesen*** ⇒*(rond)lummelen* 0.3 ⟨+ about/AE vnl. around⟩ ***zoeken*** ⇒*snuffelen, (rond)neuzen;* ⟨ihb.⟩ *zich bemoeien met iets;*
II ⟨onov. en ov.ww.⟩ 0.1 ***porren*** ⇒*prikken, stoten* ◆ 1.1 ~ s.o. in the ribs *iem. in zijn zij porren;* ~ a hole in sth. *ergens een gat in maken;* ~ one's nose into sth. *zijn neus ergens insteken;*
III ⟨ov.ww.⟩ 0.1 ***(op)poken*** ⇒*(op)porren* ⟨vuur⟩ 0.2 ***een vuistslag geven*** ⇒*stompen.*

poker [pookə] 0.1 ***kachelpook*** ⇒*pook* 0.2 ***poker*** ⟨kaartspel⟩.

poker face 0.1 ***pokergezicht*** ⇒*onbewogen gezicht, pokerface.*

pokeweed 0.1 ***karmozijnbes.***

pok|y [pookie] ⟨-iness⟩⟨inf.⟩ 0.1 ***benauwd*** ⇒*klein, petieterig.*

polack [poolæk] ⟨soms P-⟩⟨AE; bel.⟩ 0.1 ***Pool*** ⇒*polak.*

Poland [poolənd] 0.1 ***Polen.***

polar [poolə] 0.1 ⟨aardr.⟩ ***polair*** ⇒*pool-, van de poolstreken* 0.2 ⟨nat.⟩ ***polair*** ⇒*pool-* 0.3 ***tegenovergesteld*** ◆ 1.1 ~ bear *ijsbeer;* ~ star *Poolster* 1.3 they are ~ opposites at that point *wat dat betreft staan ze lijnrecht tegenover elkaar/zijn ze elkaars tegenpolen.*

polarit|y [pəlærətie] ⟨mv.: -ies⟩ 0.1 ⟨nat.⟩ ***polariteit*** ⇒⟨fig.⟩ *tegengesteldheid.*

polar|ize, -ise [poolərajz] ⟨zn.: **-ization**⟩ **I** ⟨onov.ww.⟩ 0.1 ***in tweeën splitsen*** ⇒*gepolariseerd worden, uiteenvallen* ◆ 6.1 political life has ~d **into** Right and Left *de politiek is uiteengevallen in rechts en links;*
II ⟨ov.ww.⟩ 0.1 ⟨nat., schei.⟩ ***polariseren*** ⟨ook fig.⟩ ⇒*doen uiteenvallen, in tweeën splijten* 0.2 ***sturen*** ⇒*richten* ◆ 6.2 society is ~d **towards** material prosperity *de maatschappij is gericht op materiële welvaart.*

polder [poldə] 0.1 ***polder.***

pole [pool] 0.1 ⟨P-⟩ ***Pool*** ⇒*iem. v. Poolse afkomst* 0.2 ***pool*** ⇒⟨fig.⟩ *tegenpool* 0.3 ⟨ben. voor⟩ ***paal*** ⇒*mast, stok; vaarboom* 0.4 ⟨ong.⟩ ***rod*** ⇒*roede* ⟨lengtemaat 5,029 m; oppervlaktemaat 25,29 m²; →t⟩ ◆ 3.¶ drive s.o. up the ~ *iem. razend maken* 5.¶ be ~s **apart/asunder** *onverzoenlijk/onverenigbaar zijn.*

poleaxe[1] ⟨zn.⟩ 0.1 ***strijdbijl*** 0.2 ***slachtbijl.***

poleaxe[2] ⟨ww.⟩ 0.1 ***slachten*** 0.2 ***neerslaan/doden met bijl*** ⇒⟨fig.⟩ *bewusteloos slaan.*

polecat ⟨dierk.⟩ 0.1 ***bunzing*** ⟨in Europa⟩ 0.2 ***stinkdier*** ⇒*skunk* ⟨in Amerika⟩.

polemic [pəlemmik] 0.1 ***polemiek*** ⇒*woord/pennenstrijd, twist* 0.2 ***het polemiseren*** 0.3 ⟨mv.; ww. enk. of mv.⟩ ***het polemiseren*** ⇒⟨ook rel.⟩ *polemiek.*

polemic|(al) [pəlemmik(l)] ⟨-ally⟩ 0.1 ***polemisch*** ⇒*twist-, twistziek.*

polemologist [poolimmollədzjist] 0.1 ***polemoloog.***

pole position 0.1 ⟨autosport⟩ ***eerste/beste startpositie*** ⇒*pole-position* ⟨v.d. startopstelling⟩; ⟨bij uitbr.⟩ *voordelige positie* ◆ 6.1 start **in** ~ *vanuit de eerste positie starten.*

pole star 0.1 ***Poolster.***

pole vault 0.1 ⟨zn.⟩ ***polsstoksprong*** ⇒*het polsstok(hoog)springen* 0.2 ⟨ww.⟩ ***polsstok(hoog)springen.***

pole-vaulter 0.1 ***polsstok(hoog)springer.***

police[1] [pəlie:s] ⟨zn.; ww. steeds mv.⟩ 0.1 ***politie*** ⇒*politiekorps, politieapparaat* ◆ 7.1 two hundred ~ were on duty *er waren tweehonderd politieagenten ingezet.*

police[2] ⟨ww.⟩ 0.1 ***onder politiebewaking stellen*** 0.2 ***controleren*** ⇒*toezicht uitoefenen op/over.*

police constable ⟨BE; schr.⟩ 0.1 ***politieagent.***

police court 0.1 ***politierechter.***

police force 0.1 ***politie.***

police inspector 0.1 ***inspecteur v. politie.***

police|man [pəlie:smən], **police officer** ⟨mv.: -men [-mən]⟩ 0.1 ***politieagent(e)*** ◆ 3.¶ sleeping policeman *verkeersdrempel.*

police state 0.1 ***politiestaat.***

police station 0.1 ***politiebureau.***

police woman 0.1 ***politieagente.***

polic|y [pollissie] ⟨mv.: -ies⟩ 0.1 ***beleid*** ⇒*gedragslijn, politiek* 0.2 ***polis*** ⇒*verzekeringspolis* 0.3 ***tactiek*** ⇒*verstand(igheid)* ◆ 2.3 lying is bad ~ *het is onverstandig om te liegen.*

policymaker 0.1 ***beleidsvormer*** ⇒*beleidsman.*

policy shift 0.1 ***beleidsombuiging.***

polio [poolie·oo] ⟨verk.⟩ [poliomyelitis] ⟨med.⟩ 0.1 ***polio*** ⇒*kinderverlamming.*

polish[1] [pollisj] ⟨zn.⟩ 0.1 ***poetsmiddel*** 0.2 ***poetsbeurt*** ⇒*het polijsten, het oppoetsen* 0.3 ***glans*** ⇒*glimmend oppervlak* 0.4 ***beschaving*** ⇒*verfijning* ◆ 1.2 her manners are in need of ~ *haar manieren moeten worden bijgeschaafd.*

polish[2] **I** ⟨onov.ww.⟩ 0.1 ***gaan glanzen*** ⇒*glanzend worden;*
II ⟨ov.ww.⟩ 0.1 ⟨ook +up⟩ ***(op)poetsen*** ⇒*polijsten* ⟨ook fig.⟩; *bijschaven* ◆ 1.1 a ~ed performance *een perfecte voorstelling.* →**polish off.**

polish off ⟨inf.⟩ 0.1 ***wegwerken*** ⇒*afraffelen* 0.2 ⟨sl.⟩ ***vermoorden*** ⇒*naar de andere wereld helpen.*

polite [pəlajt] ⟨ook -r; -ness⟩ 0.1 ***beleefd*** ⇒*goed gemanierd*

0.2 ***verfijnd*** ⇒*elegant* ◆ **1.2** ~ literature *bellettrie* **1.¶** ~ conversation *sociaal gebabbel.*

politic [pollittik] **0.1** ***diplomatiek*** ⇒*verstandig, tactisch* **0.2** ***politiek*** ⇒*staats-* ◆ **1.2** the body ~ *de staat, het staatslichaam.*

political [pəlittikl] **0.1** ***politiek*** ⇒*staatkundig* **0.2** ***overheids-*** ⇒*rijks-, staats-* ⟨niet mil.⟩ **0.3** ***politiek geëngageerd*** ◆ **1.1** ~ asylum *politiek asiel;* ~ prisoner *politieke gevangene;* ~ science *politicologie.*

political|ize, -ise [pəlittikkəlajz] ⟨zn.: **-ization**⟩ **0.1** ***verpolitieken*** ⇒*politiseren.*

politician [pollittisjn] **0.1** ***(partij)politicus*** **0.2** ***politiek actief mens.***

politic|ize, -ise [pəlittissajz] ⟨zn.: **-ization**⟩ **0.1** ***aan politiek doen*** **0.2** ***politiseren*** ⇒*tot een politieke zaak maken.*

politicking [pollittikking] **0.1** ***het spelen v.e. politiek spelletje*** ⟨vaak pej.⟩ ⇒*het politiek actief zijn.*

politico [pəlittikkoo] ⟨mv.: ook -es⟩ **0.1** ⟨vaak pej.⟩ ***politicus.***

politics [pollittiks] ⟨ww. vnl. enk.⟩ **0.1** ***politieke wetenschappen*** ⇒*politicologie* **0.2** ***politiek*** **0.3** ***politieke overtuiging*** ◆ **4.3** what are his ~? *wat voor politieke ideeën houdt hij er op na?* →**practical.**

polit|y [pollətie] ⟨mv.: -ies⟩ **0.1** ***bestuursvorm*** ⇒*organisatie* **0.2** ***staat*** ⇒*staatsbestuur, staatsbestel* **0.3** ⟨ww. enk. of mv.⟩ ***(leden v.) gemeenschap*** ⇒*maatschappij.*

polka dot [polkə-] **0.1** ***stip*** ⇒*nop.*

poll[1] [pool] ⟨zn.⟩ **0.1** ***stemming*** ⇒*het stemmen* **0.2** ***aantal (uitgebrachte) stemmen*** ⇒*opkomst* **0.3** ***opiniepeiling*** **0.4** ***kiesregister*** ⇒*verkiezingslijst* **0.5** ⟨mv.⟩ ***stembureau*** ◆ **3.1** go to the ~s *stemmen.*

poll[2] **I** ⟨onov.ww.⟩ **0.1** ***zijn stem uitbrengen;***
II ⟨ov.ww.⟩ **0.1** ***knotten*** ⇒*toppen* ⟨bomen⟩ **0.2** ⟨vnl. als volt. deelw.⟩ ***de hoorns afsnijden*** ⟨vee⟩ **0.3** ***krijgen*** ⇒*behalen* ⟨(voorkeur)stemmen⟩ **0.4** ***ondervragen*** ⇒*een opiniepeiling houden* ◆ **1.3** he ~d thirty percent of the votes *hij kreeg dertig procent v.d. stemmen.*

pollard[1] [pollad] ⟨zn.⟩ **0.1** ***geknotte boom*** **0.2** ⟨veeteelt⟩ ***hoornloos dier.***

pollard[2] ⟨ww.⟩ **0.1** ***knotten*** ⟨boom⟩.

pollen [pollən] **0.1** ***stuifmeel.***

pollen count **0.1** ***stuifmeelgehalte*** ⟨in de lucht, ivm. hooikoortslijders⟩.

pollin|ate [pollinneet] ⟨zn.: **-ation**⟩⟨plantk.⟩ **0.1** ***bestuiven*** ⇒*bevruchten.*

polling booth ⟨vnl. BE⟩ **0.1** ***stemhokje.***

polling day **0.1** ***stemdag*** ⇒*verkiezingsdag.*

polling station ⟨vnl. BE⟩ **0.1** ***stemlokaal.***

pollster [poolstə] **0.1** ***enquêteur/trice.***

poll tax **0.1** ***personele belasting.***

pollutant [pəloe:tnt] **0.1** ***vervuiler*** ⇒*schadelijke stof;* ⟨ihb.⟩ *milieuverontreinigende stof.*

pollute [pəloe:t] **0.1** ***vervuilen*** ⇒*verontreinigen* **0.2** ***verderven*** ⟨fig.⟩ ⇒*verpesten* ⟨sfeer⟩ **0.3** ***schenden*** ⇒*ontheiligen.*

pollution [pəloe:sjn] **0.1** ***vervuiling*** ⇒*(milieu)verontreiniging* **0.2** ***bederf*** ⇒*verderf.*

polo [pooloo] ⟨sport⟩ **0.1** ***polo.***

polo neck ⟨BE⟩ **0.1** ***col*** ⇒*rolkraag.*

polo-neck sweater ⟨BE⟩ **0.1** ***coltrui.***

polon|y [pəloonie] ⟨mv.: -ies⟩⟨BE⟩ **0.1** ***Bolognese worst.***

polo stick ⟨polo⟩ **0.1** ***polostick.***

poltergeist [poltəgajst] **0.1** ***klopgeest.***

poly [pollie] ⟨mv.: polys⟩⟨verk.⟩ [polytechnic] ⟨BE; inf.⟩ **0.1** ⟨ong.⟩ ***school voor hoger beroepsonderwijs.***

polyandrous [-ændrəs] **0.1** ⟨antr.⟩ ***polyandrisch*** ⇒*met meerdere mannen* **0.2** ⟨plantk.⟩ ***polyandrisch*** ⇒*met veel meeldraden.*

polyandry [-ændrie] **0.1** ⟨antr.⟩ ***polyandrie*** ⇒*veelmannerij* **0.2** ⟨plantk.⟩ ***polyandrie*** ⇒*het voorkomen v. veel meeldraden.*

polyethylene [-eθəlie:n] ⟨AE; schei.⟩ **0.1** ***polyethyleen*** ⇒*polytheen.*

polygamist [pəligəmist] **0.1** ***polygame man/vrouw*** ⇒*man/vrouw met meerdere echtgenotes/echtgenoten.*

polygamous [pəligəməs] **0.1** ⟨antr.⟩ ***polygaam*** ⇒*met meerdere echtgenoten.*

polygamy [pəligəmie] ⟨antr., biol.⟩ **0.1** ***polygamie.***

polyglot [pollieglot] **0.1** ⟨bn.⟩ ***polyglottisch*** ⇒*veeltalig; meertalig* **0.2** ⟨zn.⟩ ***polyglot*** ⇒*iem. die veel talen beheerst* **0.3** ⟨vaak P-⟩ ***polyglotte*** ⇒*meertalig boek;* ⟨ihb.⟩ *meertalige bijbeluitgave.*

polygon [polliegən] ⟨meetkunde⟩ **0.1** ***veelhoek*** ⇒*polygoon.*

polymath [-mæθ] **0.1** ***polyhistor*** ⇒*veelzijdig iem., veelweter.*

polymer [pollimmə] ⟨schei.⟩ **0.1** ***polymeer.***

polymerism [pəlimmərizm] ⟨schei.⟩ **0.1** ***polymerie.***

polymorphous [-mo:fəs], **polymorphic** [-mo:fik] ⟨biol., geol.⟩ **0.1** ***polymorf*** ⇒*veelvormig, in verschillende modificaties/gedaantes optredend.*

polyp [pollip] ⟨dierk., med.⟩ **0.1** ***poliep.***

polyphonic [-fonnik] ⟨-ally⟩⟨muz.⟩ **0.1** ***polyfoon.***

polyphony [pəliffənie] ⟨muz.⟩ **0.1** ***polyfonie*** ⇒*contrapunt.*

polypous [pollippəs] ⟨dierk., med.⟩ **0.1** ***poliepachtig.***

polypus [pollippəs] ⟨mv.: ook polypi [-paaj]⟩ ⟨med.⟩ **0.1** ***poliep.***

polystyrene [-stajrie:n] ⟨schei.⟩ **0.1** ***polystyreen*** ⇒*plastic.*

polystyrene cement **0.1** ***polystyreenlijm*** ⇒*plasticlijm.*

polysyllabic [-silæbik] ⟨-ally⟩⟨taal.⟩ **0.1** ***polysyllabisch*** ⇒*veellettergrepig.*

polytechnic [pollieteknik] **0.1** ⟨ong.⟩ ***school voor hoger beroepsonderwijs.***

polytheism [-θie:izm] ⟨rel.⟩ **0.1** ***polytheïsme*** ⇒*veelgodendom.*

polythene [pollieθie:n] ⟨ook attr.⟩⟨vnl. BE; schei.⟩ **0.1** ***polyethyleen*** ◆ **1.1** ~ bag *plastic tasje.*

pom [pom] ⟨verk.⟩ [pommy].

pomade [pəma:d, pəmeed] **0.1** ⟨zn.⟩ ***pommade*** ⇒*haarcrème* **0.2** ⟨ww.⟩ ***pommaderen*** ⇒*haarcrème gebruiken.*

pomander [poomændə, pə-] **0.1** ***reukbal*** ⇒*geurzakje* ⟨in kast, tussen kleren⟩.

pomegranate [pommigrænit] ⟨plantk.⟩ **0.1** ***granaatappel(boom).***

Pomeranian [pommərееniən], **Pomeranian dog** **0.1** ***Eng. dwergkees.***

pommel[1] [puml] ⟨zn.⟩ **0.1** ***degenknop*** ⇒*knop aan zwaard* **0.2** ***voorste zadelboog.***

pommel[2] ⟨ww.; -led⟩ **0.1** ***stompen*** ⇒*met de vuisten bewerken.*

pommel horse ⟨gymnastiek⟩ **0.1** ***voltigeerpaard*** ⇒*paard met beugels.*

pomm|y [pommie], **pom** [pom] ⟨mv.: -ies⟩⟨Austr. E; sl.; pej.⟩ **0.1** ***pommie*** ⇒*Brit(se).*

pomp [pomp] **0.1** ***prachtvertoon*** ⇒*praal* ◆ **1.1** ~ and circumstance *pracht en praal.*

pomposit|y [pomposətie] ⟨mv.: -ies⟩ **0.1** ***gewichtigdoenerij*** ⇒*hoogdravendheid, bombast.*

pompous [pompəs] **0.1** ***gewichtig*** ⇒*hoogdravend, gezwollen.*

ponce[1] [pons] ⟨zn.⟩⟨BE⟩ **0.1** ***pooier*** ⇒*souteneur* **0.2** ⟨sl.; pej.⟩ ***verwijfd type.***

ponce[2] ⟨ww.⟩⟨BE⟩ **0.1** ⟨+ about/around⟩ ***zich verwijfd/aanstellerig gedragen*** ⇒*onhandig rondlummelen.*

ponc|y [ponsie] ⟨-ier⟩⟨BE; sl.⟩ **0.1** ***protserig*** ⇒*verwijfd, aanstellerig.*

pond [pond] **0.1** ***vijver*** **0.2** ⟨the; BE; scherts.⟩ ***de zee*** ⟨vnl. de Atlantische oceaan⟩ ⇒⟨ong.⟩ *de grote plas.*

ponder [pondə] **I** ⟨onov.ww.⟩ **0.1** ⟨+ on / over⟩ ***nadenken (over)*** ⇒*piekeren (over);*
II ⟨ov.ww.⟩ **0.1** ***overdenken*** ⇒*overwegen.*

ponderous [pondrəs] ⟨-ness⟩ **0.1** ***zwaar*** ⇒*massief, log* **0.2** ***zwaar op de hand*** ⇒*moeizaam, langdradig.*

pone [poon] **0.1** ***maïsbrood*** ⟨v. Noord-Am. indianen⟩.

pong¹ [pong] ⟨zn.⟩⟨BE; sl.⟩ **0.1** ***stank.***

pong² ⟨ww.⟩⟨BE; sl.⟩ **0.1** ***stinken.***

pontiff [pontif] **0.1** ⟨r.-k.⟩ ***paus*** **0.2** ⟨gesch., jud.⟩ ***opperpriester*** ⇒*hogepriester.*

pontifical **0.1** ⟨r.-k.⟩ ***pauselijk*** ⇒*pontificaal* **0.2** ⟨fig.; pej.⟩ ***autoritair*** ⇒*plechtig, pompeus.*

pontificals [pontiffiklz] **0.1** ***bisschoppelijk/pauselijk staatsiegewaad.***

pontificate¹ [pontiffikkət] ⟨zn.⟩⟨gesch., r.-k.⟩ **0.1** ***pontificaat*** ⇒*het paus-zijn, (duur v.e.) pauselijke regering.*

pontificate² [pontiffikkeet] ⟨ww.⟩ **0.1** ***pontificeren*** ⇒*een pontificale mis opdragen* **0.2** ⟨pej.⟩ ***belerend (toe)spreken*** ⇒*de expert uithangen, autoritair optreden.*

pontoon [pontoe:n] **0.1** ***ponton*** ⇒*brugschip* **0.2** ***schuit met platte bodem*** ⇒*praam* **0.3** ***drijver*** ⟨v. watervliegtuig⟩ **0.4** ⟨BE; kaartspel⟩ ***eenentwintigen.***

pontoon bridge **0.1** ***pontonbrug*** ⇒*schipbrug.*

pon|y [poonie] ⟨mv.: -ies⟩ **0.1** ***pony*** ⇒*ponypaardje;* ⟨vaak mv.; inf.⟩ *renpaard* **0.2** ⟨AE; inf.⟩ ***klein model*** **0.3** ⟨BE; sl.⟩ ***£25*** ⇒⟨ong.⟩ *meier.*

pony express ⟨gesch.⟩ **0.1** ***ponyexpres*** ⇒*postdienst met pony's.*

ponytail **0.1** ***paardenstaart.***

ponytrekking ⟨BE⟩ **0.1** ***trektochten maken op pony's*** ⟨als vakantieactiviteit⟩.

poo [poe:] ⟨kind.⟩ **0.1** ⟨zn.⟩ ***poep*** **0.2** ⟨ww.⟩ ***poepen.***

poodle [poe:dl] **0.1** ***poedel(hond).***

poof [poe:f, poef], **poofter** [poe:ftə, poef-], **poove** [poe:v], **pouf** [poe:f, poef] ⟨BE; sl.; bel.⟩ **0.1** ***nicht*** ⇒*flikker, poot* **0.2** ***slappeling*** ⇒*zijig ventje.*

poofter bashing ⟨inf.⟩ **0.1** ***(het) potenrammen.***

pooh [poe:] **0.1** ***poe*** ⇒*pf, het zou wat* **0.2** ***pf*** ⇒*jasses, bah.*

pooh-pooh ⟨inf.⟩ **0.1** ***minachtend afwijzen.***

pool¹ [poe:l] ⟨zn.⟩ **0.1** ***poel*** ⇒*plas* **0.2** ***(zwem)bassin*** ⇒*zwembad* **0.3** ***diep gedeelte v.e. rivier*** **0.4** ***pot*** ⟨bij gokspelen⟩ ⇒*(gezamenlijke) inzet, pool* **0.5** ***gemeenschappelijke voorziening*** ⇒*pool* ⟨v. auto's, schepen enz.⟩ **0.6** ***pool*** ⇒*trust* **0.7** ***poule(spel)*** ⟨Am. vorm v. biljarten⟩ **0.8** ⟨mv.; the⟩ ***voetbalpool*** ⇒*(voetbal)toto* ◆ **3.5** typing ~ *(gemeenschappelijke) typekamer.*

pool² ⟨ww.⟩ **0.1** ***samenvoegen*** ⇒*bij elkaar leggen, verenigen* ⟨geld, ideeën, middelen⟩.

pool hall **0.1** ***biljartlokaal.***

poolroom **0.1** ***biljartgelegenheid*** ⇒*biljartlokaal, goklokaal.*

pool table **0.1** ***biljarttafel.***

poop [poe:p] **0.1** ***achterschip*** ⇒*achtersteven, achterdek.*

poop deck **0.1** ***campagne*** ⇒*achterdek.*

pooped [poe:pt] **0.1** ***uitgeput*** ⇒*vermoeid* ◆ **5.1** ~ **out** *uitgeteld, uitgeput.*

poop scoop, pooper scooper **0.1** ***hondenpoepschopje/schep.***

poor [poeə] **0.1** ***arm*** ⇒*behoeftig* **0.2** ***slecht*** ⇒*schraal, pover* **0.3** ***armzalig*** ⇒*bedroevend* **0.4** ***zielig*** ⇒*ongelukkig* **0.5** ***onbeduidend*** ⇒*bescheiden* ◆ **1.1** ⟨vaak bel.⟩ ~ white *blanke behorend tot de laagste sociale klasse* ⟨vnl. in het zuiden v.d. USA⟩ **1.2** he is still in ~ health *hij tobt nog steeds met zijn gezondheid;* in ~ spirits *neerslachtig;* take a ~ view of *zich weinig voorstellen van;* ~ weather *slecht weer* **1.3** cut a ~ figure *een armzalig figuur slaan* **1.4** ~ fellow! *arme ziel!* **1.5** in my ~ opinion *naar mijn bescheiden mening* **1.¶** ~ relation ⟨fig.⟩ *stiefkind* **7.1** the ~ *de armen.*

poor box **0.1** ***armenbus.***

poorhouse ⟨gesch.⟩ **0.1** ***arm(en)huis.***

poor law ⟨gesch.⟩ **0.1** ***armenwet.***

poorly¹ [poeəlie] ⟨bn.⟩⟨vnl. BE⟩ **0.1** ***niet lekker*** ⇒*ziek* ◆ **5.¶** ~ **off** *in slechte doen; slecht voorzien.*

poorly² ⟨bw.⟩ **0.1** ***arm*** ⇒*gebrekkig, armoedig* **0.2** ***slecht*** ⇒*pover, onvoldoende* ◆ **3.2** think ~ of *geen hoge dunk hebben van.*

poorness [poeənəs] **0.1** ***gebrekkigheid*** ⇒*schraalheid* ◆ **1.1** the ~ of the quality of the goods *de povere kwaliteit v.d. goederen.*

poor-spirited ⟨-ly⟩ **0.1** ***laf(hartig)*** ⇒*bang(elijk).*

pop¹ [pop] ⟨zn.⟩ **0.1** ***knal*** ⇒*plof* **0.2** ⟨vaak attr.; inf.⟩ ***pop(muziek)*** **0.3** ⟨inf.⟩ ***pap*** ⇒*pa, papa* **0.4** ⟨inf.⟩ ***prik(limonade)*** ⇒*frisdrank* **0.5** ⟨BE; sl.⟩ ***verpanding*** ⇒*belening* ◆ **1.2** top of the ~s *(tophit) nummer één* **6.5** **in** ~ *in de lommerd, bij ome Jan.*

pop² ⟨-ped⟩ **I** ⟨onov.ww.⟩ **0.1** ***knallen*** ⇒*klappen, ploffen* **0.2** ⟨inf.⟩ ***snel/plotseling/onverwacht bewegen*** ⇒*snel/onverwacht komen/gaan* ◆ **5.2** ~ **off** *opstappen* ⟨ook inf., in betekenis van sterven⟩; ~ **open** *uitpuilen* ⟨v. ogen⟩; ~ **out** *te voorschijn/er uit schieten; uitpuilen;* ~ **up** *opduiken, (weer) boven water komen; omhoog komen* ⟨ihb. v. illustraties e.d., in boeken en wenskaarten⟩; ~ **across / along / around / down / in / over / round** *langs/aan/binnenwippen/gaan;*
II ⟨onov. en ov.ww.⟩⟨inf.⟩ **0.1** ***(neer)schieten*** ⇒*(af)vuren* ◆ **5.1** ~ **off** *afschieten; afgeschoten worden* **6.1** ~ **at** *schieten op;*
III ⟨ov.ww.⟩ **0.1** ***laten knallen*** ⇒*laten klappen* **0.2** ⟨inf.⟩ ***snel/plotseling/onverwacht zetten/leggen/brengen*** ⇒*steken* **0.3** ⟨inf.⟩ ***plotseling/zonder omhaal stellen*** ⇒*afvuren* ⟨vragen⟩ **0.4** ⟨inf.⟩ ***slikken/spuiten*** ⟨drugs, pillen⟩ ◆ **1.2** I'll just ~ this letter into the post *ik gooi deze brief even op de bus.*

popadom [poppədəm] **0.1** ***papadam*** ⟨Indiaas toastje⟩.

popcorn **0.1** ***popcorn*** ⇒*gepofte maïs.*

pope [poop] **0.1** ***paus.***

popery [poopərie] ⟨bel.⟩ **0.1** ***paperij*** ⇒*papendom.*

popeyed **0.1** ***met uitpuilende ogen*** ⇒*met grote ogen, verbaasd.*

popgun **0.1** ***proppenschieter*** ⇒*speelgoedpistooltje.*

popinjay [poppindzjee] ⟨bel.⟩ **0.1** ***verwaand heerschap*** ⇒*fat(je).*

popish [poopisj] ⟨-ness⟩⟨bel.⟩ **0.1** ***paaps.***

poplar [poplə] ⟨plantk.⟩ **0.1** ***populier*** ⇒*peppel* **0.2** ***populierenhout.***

poplin [poplin] **0.1** ***popeline*** ⟨stof⟩.

poppa [poppə], **pop** ⟨AE; inf.⟩ **0.1** ***pa*** ⇒*ouwe.*

popper [poppə] **0.1** ⟨BE; inf.⟩ ***drukknoop(je).***

poppet [poppit] **0.1** ⟨BE; inf.⟩ ***popje*** ⇒*schatje.*

popp|y [poppie] ⟨mv.: -ies⟩⟨plantk.⟩ **0.1** ***papaver*** ⇒*klaproos.*

poppycock ⟨inf.⟩ **0.1** ***klets(praat)*** ⇒*larie.*

Poppy Day **0.1** ***klaproosdag*** ⇒*wapenstilstandsdag* ⟨herdenkingsdag v.h. einde v.d. Eerste Wereldoorlog⟩.

pops|y [popsie] ⟨mv.: -ies⟩⟨inf.⟩ **0.1** ***liefje*** ⇒*schatje.*

populace [popjoeləs] ⟨zn.; the⟩⟨schr.⟩ **0.1** ***(gewone) volk*** ⇒*massa.*

popular [popjoelə] **0.1** ***geliefd*** *⇒populair, gezien* **0.2** ***algemeen*** *⇒veel verbreid* **0.3** ***volks-*** *⇒van/voor/door het volk* **0.4** ***gewoon*** *⇒alledaags, eenvoudig* ◆ **1.3** ⟨pol.⟩ ~ front *volksfront* **1.4** a ~ lecture *een populair-wetenschappelijke lezing* **1.¶** ~ prices *lage prijzen* **6.1** ~ **with** *geliefd/in trek bij.*

popularity [popjoelærətie] **0.1** ***populariteit*** *⇒geliefdheid.*

popular|ize, -ise [popjoelərajz] ⟨zn.: **-ization**⟩ **0.1** ***populariseren*** *⇒begrijpelijk maken* **0.2** ***populair maken*** *⇒geliefd maken, (algemeen) bekendmaken.*

popularly [popjoeləlie] **0.1** **→popular** **0.2** ***algemeen*** *⇒gewoon(lijk)* ◆ **3.2** ~ known as *in de wandeling bekend als.*

populate [popjoeleet] **0.1** ***bevolken*** *⇒bewonen, koloniseren* ◆ **5.1** densely/heavily/thickly ~d *dichtbevolkt.*

population [popjoeleesjn] ⟨zn.⟩ **0.1** ***bevolking*** *⇒inwoners, bewoners* **0.2** ***bevolkingsdichtheid.***

populism [popjoelizm] **0.1** ***populisme*** ⟨(opportunistische) volksbeweging, oorspr. in USA⟩.

populous [popjoeləs] ⟨-ness⟩ **0.1** ***dichtbevolkt.***

pop-up book **0.1** ***flapuitboek*** ⟨boek met opgevouwen illustraties die omhoogkomen bij openslaan⟩.

pop-up toaster **0.1** ***automatische broodrooster.***

porcelain [po:slin] ⟨vaak attr.⟩ **0.1** ***porselein.***

porch [po:tsj] **0.1** ***portaal*** *⇒portiek* **0.2** ⟨AE⟩ ***veranda.***

porcine [po:sajn] **0.1** ***varkensachtig*** *⇒varkens-.*

porcupine [po:kjoepajn] **0.1** ⟨vnl. BE; dierk.⟩ ***stekelvarken*** **0.2** ⟨vnl. AE; dierk.⟩ ***boomstekelvarken.***

pore [po:] **0.1** ***porie.***

pore over **0.1** ***zich verdiepen in*** *⇒aandachtig bestuderen.*

pork [po:k] **0.1** ***varkensvlees.***

pork-butcher **0.1** ***varkensslager.***

porker [po:kə] **0.1** ***mestvarken.***

pork pie **0.1** ***varkensvleespastei.***

porkpie hat **0.1** ***platte hoed met smalle rand.***

pork|y [po:kie] ⟨-ier⟩⟨inf.⟩ **0.1** ***vet*** ⟨vnl. v. persoon⟩ *⇒vlezig.*

porn [po:n] ⟨vaak attr.⟩⟨verk.⟩ [pornography] ⟨inf.⟩ **0.1** ***porno.***

pornographer [po:nogrəfə] **0.1** ***pornograaf*** *⇒schrijver v. porno(grafie).*

pornograph|y [po:nogrəfie] ⟨bn.: **-ic**⟩ **0.1** ***porno(grafie).***

porn shop **0.1** ***sexshop*** *⇒seksboetiek.*

porosity [po:rossətie] ⟨tech.⟩ **0.1** ***poreusheid.***

porous [po:rəs] ⟨-ness⟩ **0.1** ***poreus*** *⇒waterdoorlatend.*

porous-tar macadam **0.1** ***fluisterasfalt.***

porphyry [po:firrie] **0.1** ***porfier*** *⇒purpersteen* ⟨granietsoort⟩.

porpoise [po:pəs] ⟨mv.: ook porpoise⟩⟨dierk.⟩ **0.1** ***bruinvis*** **0.2** ***dolfijn.***

porridge [porridzj] **0.1** ***(havermout) pap*** **0.2** ⟨BE; sl.⟩ ***bajes*** ◆ **3.2** do ~ *in de bak zitten.*

porringer [porrindzjə] **0.1** ***(pap/soep)kommetje*** *⇒(pap/soep)bordje* ⟨vnl. voor kinderen⟩.

port[1] [po:t] ⟨zn.⟩ **0.1** ***haven*** *⇒havenstad;* ⟨fig.⟩ *veilige haven, toevluchtsoord* **0.2** ⟨scheep.⟩ ***laadpoort*** **0.3** ***bakboord*** **0.4** ***port(wijn)*** **0.5** ⟨verk.⟩ [porthole] ◆ **1.1** ~ of call *aanloophaven; plaats die men aandoet op reis;* ~ of entry *invoerhaven* **1.¶** any ~ in a storm *nood breekt wet(ten).* **→free.**

port[2] ⟨ww.⟩ ◆ **1.¶** ~ arms! *presenteer het geweer!*

portab|le [po:təbl] ⟨-ly; zn.: **-ility**⟩ **0.1** ***draagbaar*** **0.2** ***overdraagbaar*** *⇒transfereerbaar* ◆ **1.1** ~ gramophone *koffergrammofoon* **1.2** ~ pension *meeneempensioen.*

portage [po:tidzj] **0.1** ***transport*** *⇒vervoer* **0.2** ***transportkosten*** *⇒vervoerkosten, draagloon* **0.3** ***draagpad/plaats.***

portal [po:tl] **0.1** ***(ingangs)poort*** *⇒portaal, ingang* ⟨ook fig.⟩.

portcullis [po:tkullis] **0.1** ***valhek.***

portend [po:tend] ⟨schr.⟩ **0.1** ***voorspellen*** *⇒beduiden, een (voor)teken zijn van* ⟨vnl. onheil⟩.

portent [po:tent] **0.1** ***voorteken*** *⇒voorbode, omen* ◆ **1.¶** a matter of great ~ *een gewichtige zaak.*

portentous [po:tentəs] **0.1** ***onheilspellend*** *⇒dreigend, veelbetekenend* **0.2** ***ontzagwekkend*** *⇒verbazingwekkend* **0.3** ⟨bel.⟩ ***gewichtig (doend).***

porter [po:tə] **0.1** ***kruier*** *⇒sjouwer, drager* **0.2** ⟨vnl. BE⟩ ***portier*** **0.3** ⟨vnl. AE⟩ ***(slaapwagon)bediende*** **0.4** ***porter*** ⟨zwaar, donkerbruin bier⟩.

porterage [po:t(ə)ridzj] **0.1** ***kruierswerk*** **0.2** ***kruiersloon*** ⇒ *draagloon.*

porterhouse steak **0.1** ***soort T-bonesteak.***

porter's lodge **0.1** ***portiershokje/loge.***

portfolio [po:tfoolie·oo] **0.1** ***portefeuille*** ⟨v. tekeningen, effecten e.d.⟩ ◆ **1.1** minister without ~ *minister zonder portefeuille.*

porthole ⟨scheep.⟩ **0.1** ***patrijspoort.***

portico [po:tikkoo] ⟨mv.: ook -es⟩ **0.1** ***portiek*** *⇒zuilengang.*

portion [po:sjn] **0.1** ***gedeelte*** *⇒(aan)deel, portie* **0.2** ⟨geen mv.; schr.⟩ ***deel*** *⇒lot.*

portion out **0.1** ***verdelen*** *⇒uitdelen.*

Portland stone **0.1** ***portlandsteen.***

portl|y [po:tlie] ⟨-iness⟩⟨vaak scherts.⟩ **0.1** ***gezet*** *⇒stevig, welgedaan* ⟨vnl. v. oudere mensen⟩.

portmanteau [po:tmæntoo] ⟨mv.: ook portmanteaux⟩ **0.1** ***valies*** *⇒(kostuum)koffer.*

portmanteau word **0.1** ***vlechtwoord*** *⇒mengwoord* ⟨bv. Oxbridge uit Oxford en Cambridge⟩.

portrait [po:trit] **0.1** ***portret*** *⇒foto, schildering* ⟨ook in woorden⟩.

portraitist [po:trittist] **0.1** ***portrettist*** *⇒portretschilder/fotograaf.*

portraiture [po:tritsjə] **0.1** ***portretkunst*** **0.2** ***portretwerk.***

portray [po:tree] **0.1** ***portretteren*** *⇒(af)schilderen, beschrijven.*

portrayal [po:treeəl] **0.1** ***portrettering*** *⇒afbeelding, beschrijving.*

Portugal [po:tsjoeg(ə)l] **0.1** ***Portugal.***

Portuguese [po:tsjoegie:z] ⟨mv.: Portuguese⟩ **0.1** ⟨bn.⟩ ***Portugees*** **0.2** ⟨eig.n.⟩ ***Portugees*** ⟨taal⟩ **0.3** ⟨telb. zn.⟩ ***Portugees.***

port-wine stain, port-wine mark **0.1** ***wijnvlek*** ⟨op huid⟩.

pose[1] [pooz] ⟨zn.⟩ **0.1** ***houding*** *⇒pose, vertoon.*

pose[2] **I** ⟨onov.ww.⟩ **0.1** ***poseren*** *⇒doen alsof, een pose/een houding aannemen* ◆ **6.1** ~ **as** *zich voordoen als, zich uitgeven voor;*

II ⟨ov.ww.⟩ **0.1** ***stellen*** *⇒voorleggen* **0.2** ***vormen*** ◆ **1.1** ~ a question *een vraag stellen* **1.2** ~ a threat/problem *een bedreiging/probleem vormen.*

poser [poozə] ⟨inf.⟩ **0.1** ***moeilijke vraag*** *⇒lastig vraagstuk* **0.2** ***model*** ⟨v. schilder, fotograaf⟩ **0.3** ***poseur*** *⇒aansteller.*

poseur [poozə:] ⟨pej.⟩ **0.1** ***poseur*** *⇒aansteller.*

posh[1] [posj] ⟨bn.⟩⟨inf.⟩ **0.1** ***chic*** *⇒(piek)fijn, modieus* ◆ **1.1** the ~ part of town *het dure deel v.d. stad.*

posh[2] ⟨bw.⟩⟨vnl. BE; inf.⟩ **0.1** ***bekakt*** *⇒kakkineus* ◆ **3.1** talk ~ *bekakt/met een (hete) aardappel in de mond spreken.*

posit [pozzit] ⟨schr.⟩ **0.1** ***poneren*** *⇒veronderstellen.*

position[1] [pəzisjn] ⟨zn.⟩ **0.1** ***positie*** *⇒plaats(ing), ligging, situatie* **0.2** ***positie*** *⇒juiste/goede plaats* **0.3** ***standpunt*** ⇒ *houding, mening* **0.4** ***rang*** *⇒(maatschappelijke) positie, stand* **0.5** ***betrekking*** *⇒baan* ◆ **3.2** jockey/manoeuvre for ~ *een gunstige (uitgangs)positie proberen te verkrijgen* **3.3** define one's ~ *zijn standpunt bepalen* **6.1** be **in** a ~ to do sth. *in staat/bij machte zijn iets te doen* **6.2 in(to)/out of** ~ *op/van z'n plaats, in/uit positie.*

position[2] ⟨ww.⟩ **0.1** ***plaatsen*** ⇒*op een goede/de juiste plaats zetten.*

positional [pəzisjnəl] **0.1** ***positioneel*** ◆ **1.1** good ~ play *sterk positiespel* ⟨bv. v. schaker⟩.

positive[1] [pozzətiv] ⟨zn.⟩ **0.1** ***positief*** ⟨v. foto⟩ **0.2** ⟨wisk.⟩ ***positieve hoeveelheid*** ⇒*positief getal* **0.3** ⟨schr.⟩ ***realiteit*** ⇒ *werkelijk iets.*

positive[2] ⟨bn.⟩ **0.1** ***positief*** **0.2** ***stellig*** ⇒*duidelijk, na/uitdrukkelijk* **0.3** ***overtuigd*** ⇒*absoluut zeker* **0.4** ⟨inf.⟩ ***echt*** ⇒*volslagen, compleet* **0.5** ***zelfbewust*** ⇒*(te) zelfverzekerd* **0.6** ***wezenlijk*** ⇒*(duidelijk) waarneembaar* **0.7** ⟨fil.⟩ ***positief*** ◆ **1.2** ~ assertion *besliste uitspraak* **1.4** a ~ nuisance *een ware plaag* **1.6** a ~ change for the better *een wezenlijke verbetering* **1.¶** ~ discrimination *positieve discriminatie, voorkeursbehandeling;* ⟨nat.⟩ ~ pole *positieve pool; anode;* ⟨wisk.⟩ ~ sign *plusteken;* I'm afraid the test is ~ *helaas is de test positief* **2.4** ~ly true *absoluut/volkomen waar* **3.¶** ~ly charged *positief geladen* **8.3** I'm ~ that she was there *ik ben er absoluut zeker van dat ze er was* **¶.3** 'Are you sure?' 'Positive' *'Weet je het zeker?' 'Absoluut'.*

positiveness [pozzətivnəs] **0.1** ***(zelf)vertrouwen*** ⇒*(zelf)verzekerdheid, zekerheid.*

positivism [pozzətivvizm] ⟨fil.⟩ **0.1** ***positivisme.***

positron [pozzətron] ⟨nat.⟩ **0.1** ***positron*** ⇒*positief elektron.*

poss [pos] ⟨verk.⟩ [possible] ⟨inf.⟩ **0.1** ***mogelijk*** ◆ **5.1** as soon as ~ *zo snel mogelijk.*

posse [possie] **0.1** ⟨inf.⟩ ***troep*** ⇒*(politie)macht, groep* ⟨vnl. met gemeenschappelijk doel⟩ ◆ **6.¶** ⟨jur.⟩ **in** ~ *potentieel, mogelijk.*

possess [pəzes] **0.1** ***bezitten*** ⇒*(in bezit) hebben, beschikken (over)* **0.2** ***beheersen*** ⇒*meester zijn/zich meester maken v.* ◆ **1.2** fear ~ed her *ze was door schrik bevangen;* ~ a language *een taal beheersen* **3.2** what could have ~ed him? *wat kan hem toch bezield hebben?*

possessed [pəzest] **0.1** ***bezeten*** ⇒*geobsedeerd, waanzinnig* **0.2** ⟨schr.⟩ ***bezittend*** ◆ **4.1** like one ~ *als een bezetene* **6.1** ~ **with** rage *buiten zichzelf v. woede* **6.2** be ~ **of** *bezitten, in eigendom hebben.*

possession [pəzesjn] **0.1** ***bezit*** ⇒*eigendom;* ⟨vaak mv.⟩ *bezitting* **0.2** ⟨sport⟩ ***(bal)bezit*** **0.3** ***bezetenheid*** ◆ **2.1** colonial ~s *koloniale bezittingen, koloniën* **3.1** ⟨schr.⟩ enter into ~ of *in bezit nemen;* take ~ of *in bezit nemen, betrekken* **6.1** (be) **in** ~ **of** *in (het) bezit (zijn) van;* **in** s.o.'s ~ / **in** the ~ of s.o. *in iemands bezit.* →**vacant.**

possessive[1] [pəzessiv] ⟨zn.⟩⟨taal.⟩ **0.1** ***possessief*** ⇒*bezittelijk voornaamwoord.*

possessive[2] ⟨bn.; -ness⟩ **0.1** ***bezitterig*** ⇒*hebberig* **0.2** ***dominerend*** ⇒*alle aandacht opeisend* ◆ **1.1** ~ instinct *bezitsinstinct* **1.¶** ~ pronoun *bezittelijk voornaamwoord.*

possessor [pəzessə] **0.1** ***eigenaar*** ⇒*bezitter.*

possibilit|y [possəbilllətie] ⟨mv.: -ies⟩ **0.1** ***mogelijkheid*** ⇒ *kans, vooruitzicht* ◆ **7.1** is John a ~ as the next chairman? *zou John de nieuwe voorzitter kunnen worden?;* not by any ~ *met geen mogelijkheid;* there is no ~ of his coming *het is uitgesloten dat hij komt.*

possible[1] [possəbl] ⟨zn.⟩ **0.1** ⟨the⟩ ***het/de mogelijke*** **0.2** ***mogelijke kandidaat/keus.***

possible[2] ⟨bn.⟩ **0.1** ***mogelijk*** ⇒*denkbaar, eventueel* **0.2** ***acceptabel*** ⇒*aanvaardbaar, redelijk* ◆ **1.2** a ~ answer *een antwoord dat er mee door kan* **4.1** do everything ~ *al het mogelijke doen* **8.1** if ~ *zo mogelijk.*

possibly [possəblie] **0.1** →**possible**[2] **0.2** ***misschien*** ⇒*mogelijk(erwijs), wellicht* ◆ **3.1** I cannot ~ come *ik kan onmogelijk komen* **¶.2** 'Are you coming too?' 'Possibly' *'Ga jij ook mee?' 'Misschien'.*

possum [possəm] ⟨verk.⟩ [opossum] ⟨AE; inf.⟩ **0.1** ***opossum*** ⇒ *buidelrat* ◆ **3.¶** play ~ *doen alsof je slaapt/niet oplet/ziek bent enz.*

post[1] [poost] ⟨zn.⟩ **0.1** ***paal*** ⇒*stijl, post* **0.2** ⟨paardensport⟩ ***start/finishpaal*** ⇒*vertrekpunt, eindpunt* **0.3** ⟨verk.⟩ [goalpost] ***(doel)paal*** **0.4** ***post(bestelling)*** ⇒*postkantoor, brievenbus* **0.5** ***post*** ⇒*(stand)plaats, (leger)kamp* **0.6** ***betrekking*** ⇒*baan, ambt* **0.7** ⟨BE; mil.⟩ ***taptoe*** ⟨ochtend/avondsignaal⟩ **0.8** ⟨gesch.⟩ ***post(station)*** **0.9** ⟨gesch.⟩ ***post(rijder)*** ⇒*postiljon, koerier* **0.10** ⟨gesch.⟩ ***post(wagen)*** ◆ **1.4** by return of ~ *per kerende post, per omgaande* **6.4** **by** ~ *per post;* it's **in** the ~ *het is onderweg* **6.5** be **at** one's ~ *op zijn post zijn.* →**deaf, general, pillar.**

post[2] **I** ⟨onov.ww.⟩ **0.1** ⟨gesch.⟩ ***met postpaarden reizen*** ⇒ *snellen;*
II ⟨ov.ww.⟩ **0.1** ⟨ook +up⟩ ***aanplakken*** ⇒*beplakken* **0.2** ***bekendmaken*** ⇒*aankondigen, openbaar maken* **0.3** ***posteren*** ⇒*plaatsen, uitzetten* **0.4** ⟨vnl. BE⟩ ***(over)plaatsen*** ⇒ *stationeren, aanstellen tot* **0.5** ⟨BE; ook +off⟩ ***posten*** ⇒*op de post doen, (ver)sturen* **0.6** ***op de hoogte brengen*** ⇒*inlichten* ◆ **1.4** he was ~ed captain *hij werd aangesteld tot kapitein* **3.2** ~ed (as) missing *als vermist opgegeven* **3.6** keep s.o. ~ed *iem. op de hoogte houden* **5.1** ~ a wall **over** *een muur vol plakken.*

postage [poostidzj] **0.1** ***(brief)port*** ⇒*posttarief.*

postage stamp **0.1** ***postzegel*** **0.2** ⟨inf.; ben. voor⟩ ***iets kleins*** ⇒*klein plekje, vierkante millimeter.*

postal [poostl] **0.1** ***post-*** ⇒*mbt. de post, per post* ◆ **1.1** ~ charges *posttarieven;* ⟨BE⟩ ~ order *postwissel;* ~ vote *per brief uitgebrachte stem.*

postbag ⟨vnl. BE⟩ **0.1** ***postzak*** **0.2** ***posttas (v. postbode).***

postbox ⟨vnl. BE⟩ **0.1** ***brievenbus*** ⟨van de PTT⟩.

postcard **0.1** ***briefkaart*** **0.2** ***prentbriefkaart*** ⇒*ansichtkaart.*

post chaise ⟨gesch.⟩ **0.1** ***postkoets.***

postcode ⟨BE⟩ **0.1** ***postcode.***

postdate [poos(t)deet] **0.1** ***postdateren*** ⇒*een latere datum geven.*

post-editing **0.1** ***nabewerking.***

poster [poostə] **0.1** ***affiche*** ⇒*aanplakbiljet* **0.2** ***poster.***

poster colour, poster paint **0.1** ***plakkaatverf*** ⇒*gouache.*

posterior[1] [postiəriə] ⟨zn.; vaak mv. met enk. bet.⟩⟨scherts.⟩ **0.1** ***achterwerk*** ⇒*achterste.*

posterior[2] ⟨bn.⟩ **0.1** ***later*** ⇒*volgend* ◆ **6.1** ~ **to** *komend na, volgend op, later dan.*

posterity [posterrətie] **0.1** ***nageslacht.***

postern [poostən] ⟨ook attr.⟩ **0.1** ***achterdeur(tje)*** ⇒*zij-ingang.*

post-free ⟨BE⟩ **0.1** ***portvrij*** ⇒*franco.*

postgraduate [poos(t)grædjoeət] **0.1** ⟨bn.⟩ ***postuniversitair*** ⇒*na de universitaire opleiding komend, postdoctoraal* **0.2** ⟨zn.⟩ ***afgestudeerde*** ⟨die verder studeert aan de universiteit⟩.

posthaste [poost heest] **0.1** ***zo snel mogelijk*** ⇒*met grote spoed.*

post horn **0.1** ***posthoorn.***

posthumous [postjoeməs] **0.1** ***postuum*** ⇒*(komend/verschijnend) na de dood* ◆ **1.1** a ~ child *een kind geboren na de dood v.d. vader.*

postilion, postillion [pəstilliən] **0.1** ***voorrijder*** ⟨die het linker paard v.e. rijtuig zonder koetsier berijdt⟩.

posting [poosting] ⟨vnl. mil.⟩ **0.1** ***stationering*** ⇒*(over)plaatsing.*

post-it note 0.1 ***(geel) plakkertje*** *⇒zelfplakkertje.*
post|man [poos(t)mən]⟨mv.: -men [-mən]⟩ **0.1** ***brievenbesteller*** *⇒postbode.*
postmark 0.1 ⟨zn.⟩ ***poststempel*** *⇒postmerk* **0.2** ⟨ww.⟩ ***(af)stempelen.***
postmaster 0.1 ***postdirecteur*** ◆ **2.1** Postmaster General *Minister v. Posterijen.*
post meridiem [poos(t)məriddiəm] ⟨schr.; meestal afgekort als p.m.⟩ **0.1** ***'s (na)middags.***
postmistress 0.1 ***directrice v.e. postkantoor.***
post-mortem [poos(t)mo:təm], **postmortem examination 0.1** ***autopsie*** *⇒lijkschouwing* **0.2** ⟨inf.⟩ ***nabespreking*** ⟨vnl. om na te gaan wat fout ging⟩.
post office 0.1 ***postkantoor*** **0.2** ⟨the⟩ ***post*** *⇒posterijen, PTT.*
postpaid 0.1 ***franco*** *⇒port betaald.*
postpone [poospoon, pə-] ⟨zn.: **-ment**⟩ **0.1** ⟨+until/to⟩ ***uitstellen (tot)*** *⇒opschorten (tot).*
postprandial [poos(t)prændiəl] ⟨schr.; vnl. scherts.⟩ **0.1** ***na het eten*** *⇒na de maaltijd* ◆ **1.1** ~ nap *dutje na het eten.*
postscript [poos(t)skript] **0.1** ***postscriptum*** **0.2** ***addendum*** *⇒nawoord.*
postulant [postjoelənt] **0.1** ***postulant*** *⇒kandidaat, sollicitant* **0.2** ⟨rel.⟩ ***postulant(e)*** *⇒proponent* ⟨kandidaat voor een religieuze orde⟩.
postulate¹ [postjoelət] ⟨zn.⟩ **0.1** ***postulaat*** *⇒vooronderstelling, hypothese* **0.2** ⟨wisk.⟩ ***postulaat*** *⇒hypothese, axioma, stelling.*
postulate² [postjoeleet] ⟨ww.⟩ **0.1** ***(zonder bewijs) als waar aannemen*** *⇒postuleren, vooronderstellen.*
postural [postsjərəl] **0.1** ***v./mbt. de houding*** *⇒houding-.*
posture¹ [postsjə] ⟨zn.⟩ **0.1** ***(lichaams)houding*** *⇒postuur, pose* **0.2** ***houding*** *⇒standpunt.*
posture² ⟨ww.⟩⟨vaak pej.⟩ **0.1** ***poseren*** *⇒een gemaakte houding aannemen* **0.2** ⟨+as⟩ ***zich uitgeven (voor).***
postwar [poostwo:] **0.1** ***naoorlogs*** *⇒(van) na de oorlog.*
pos|y [poozie] ⟨mv.: -ies⟩ **0.1** ***boeket(je)*** *⇒ruiker(tje).*
pot¹ [pot] ⟨zn.⟩ **0.1** ⟨ben. voor⟩ ***pot*** ⟨voorwerp of inhoud⟩ ⇒ *kookpot; jampot, theepot* ⟨enz.⟩; *bloempot; (nacht)po; potvormig voorwerp (v. aardewerk)* **0.2** ⟨vnl. AE⟩ ***(gemeenschappelijke) pot*** *⇒gezamenlijk (gespaard) bedrag* **0.3** ⟨vnl. AE; inf.⟩ ***hoge piet*** *⇒belangrijk persoon* **0.4** ⟨vaak mv.; inf.⟩ ***hoop*** ⟨geld⟩ *⇒bom* ⟨duiten⟩ **0.5** ⟨inf.⟩ ***prijsbeker*** ⇒ *prijsschaal* **0.6** ⟨sl.⟩ ***cannabis*** *⇒hasj(iesj), marihuana* **0.7** ***aardewerk*** **0.8** ⟨verk.⟩ [pot shot] **0.9** ⟨verk.⟩ [potbelly] ◆ **1.1** ~s and pans *potten en pannen* **2.3** a big ~ *een hoge piet* **3.¶** keep the ~ boiling *de kost verdienen, het zaakje draaiende houden;* ⟨inf.⟩ go (all) to ~ *verkommeren, in de vernieling zijn.*
pot² ⟨-ted⟩ **I** ⟨onov.ww.⟩ **0.1** ***schieten*** ◆ **5.1** ~ **away** *in 't wilde weg schieten* **6.1** ~ **at** *(zonder mikken) schieten op;* **II** ⟨ov.ww.⟩ **0.1** ⟨+up⟩ ***potten*** *⇒in een bloempot/potten planten* **0.2** ⟨BE; biljart⟩ ***in de zak stoten*** ⟨biljartbal⟩ **0.3** ***neerschieten*** ⟨om op te eten⟩ *⇒voor de pot schieten* **0.4** ⟨inf.⟩ ***op het potje zetten/doen zitten*** ⟨kind⟩.
potable [pootəbl] ⟨schr. of scherts.⟩ **0.1** ***drinkbaar*** *⇒geschikt om te drinken.*
potash [potæsj] ⟨schei.⟩ **0.1** ***potas*** *⇒kaliumcarbonaat.*
potassium [pətæsiəm] ⟨schei.⟩ **0.1** ***kalium.***
potation [pooteesjn] ⟨schr. of scherts.⟩ **0.1** ***(geestrijke) drank*** **0.2** ⟨vnl. mv.⟩ ***drinkgelag*** *⇒braspartij, het overdadig drinken* ◆ **2.1** his favourite ~ *zijn lievelingsdrank(je).*
potato [pəteetoo] ⟨mv.: -es⟩ **0.1** ***aardappel(plant)*** ◆ **3.1** mashed ~(es) *aardappelpuree.* →**hot, sweet.**
potato beetle, potato bug 0.1 ***coloradokever.***
potato crisp, ⟨AE, Austr. E vnl.⟩ **potato chip** ⟨vnl. mv.⟩ **0.1** ***chip(s).***
potbellied ⟨vaak pej., scherts.⟩ **0.1** ***met een dikke buik*** ⇒ *dikbuikig, pot-* ⟨ook fig.⟩ ◆ **1.1** a ~ stove *een potkachel.*
potbell|y ⟨mv.: -ies⟩⟨vaak pej., scherts.⟩ **0.1** ***dikke buik*** ⇒ *buikje, dikzak.*
potboiler ⟨pej.⟩ **0.1** ***kunstwerk enkel voor het geld gemaakt*** *⇒zuiver commercieel werk, broodschrijverij.*
pot-bound 0.1 ***waarvan de wortels de pot overwoekeren*** ⟨v. plant⟩ ⇒⟨fig.⟩ *beklemd, belemmerd.*
poteen, potheen [pottie:n, -tsjie:n] ⟨IE⟩ **0.1** ***(clandestien gestookte) whisky.***
potenc|y [pootnsie] ⟨mv.: -ies⟩ **0.1** ***potentie(el)*** *⇒(seksueel) vermogen, kracht* ◆ **2.1** sexual ~ *potentie.*
potent [pootnt] **0.1** ***krachtig*** *⇒sterk, effectief* **0.2** ***(seksueel) potent*** **0.3** ⟨schr.⟩ ***overtuigend*** *⇒doorslaggevend* **0.4** ⟨schr.⟩ ***machtig*** *⇒invloedrijk* ◆ **1.1** ~ vaccins *krachtige/snel werkende vaccins.*
potentate [pootnteet] **0.1** ***potentaat*** *⇒absoluut heerser/vorst;* ⟨fig.⟩ *iem. die zich zeer laat gelden.*
potential¹ [pətensjl] ⟨zn.⟩ **0.1** ***mogelijkheid*** *⇒potentieel, (beschikbaar) vermogen* **0.2** ⟨elek., nat.⟩ ***potentiaal*** ◆ **2.1** he hasn't realized his full ~ yet *hij heeft de grens v. zijn kunnen nog niet bereikt.*
potential² ⟨bn.⟩ **0.1** ***potentieel*** *⇒mogelijk, in potentie/aanleg aanwezig* ◆ **1.1** ~ buyers *eventuele kopers;* ⟨nat.⟩ ~ energy *potentiële energie, arbeidsvermogen van plaats.*
potentialit|y [pətensjie·æləttie] ⟨mv.: -ies⟩ **0.1** ***potentialiteit*** *⇒latente kracht, potentieel vermogen* ◆ **2.1** a country with great potentialities *een land met grote ontwikkelingsmogelijkheden.*
pothead 0.1 ⟨sl.⟩ ***potroker*** *⇒marihuanaroker.*
potherb 0.1 ***tuinkruid.***
pot-hole 0.1 ***gat*** *⇒put, kuil* ⟨in wegdek⟩ **0.2** ***grot.***
potholer 0.1 ***speleoloog.***
potholing 0.1 ***speleologie*** *⇒holenonderzoek.*
pothook 0.1 ***ketelhaak*** **0.2** ***hanenpoot*** ⟨bij schrijven⟩.
pothouse 0.1 ***kroeg*** *⇒biertent.*
pothunter 0.1 ***broodjager*** *⇒onsportief jager, buitjager* **0.2** ***schervenjager*** *⇒amateurarcheoloog.*
potion [poosjn] **0.1** ***drankje*** ⟨medicijn/toverdrankje/gif⟩.
potluck ⟨inf.⟩ ◆ **3.¶** take ~ *eten wat de pot schaft.*
potpourri [poopoerie] **0.1** ***welriekend mengsel*** ⟨v. gedroogde bloemblaadjes en kruiden⟩ **0.2** ***potpourri*** ⟨ook fig.⟩ ⇒ *medley, mengelmoes.*
pot roast 0.1 ***gebraden/gestoofd rundvlees.***
pot-roast 0.1 ***smoren*** *⇒stoven, braden.*
potsherd [potsjə:d] **0.1** ***potscherf.***
pot shot ⟨inf.⟩ **0.1** ***schot op goed geluk af*** *⇒schot in het wilde weg;* ⟨fig.⟩ *schot in het duister.*
potted [pottid] **0.1** ***pot-*** *⇒gepot, in een pot gekweekt/geplant* **0.2** ***ingemaakt*** *⇒in een pot/kruik bewaard* **0.3** ⟨vnl. BE; soms pej.⟩ ***(erg) kort/simpel samengevat*** ◆ **1.1** ~ plant *kamerplant, potplant* **1.2** ~ meat *paté.*
potter¹ [pottə] ⟨zn.⟩ **0.1** ***pottenbakker*** **0.2** ⟨BE; inf.⟩ ***het kuieren*** *⇒het slenteren.*
potter², ⟨AE⟩ **putter** [puttə] ⟨ww.⟩⟨inf.⟩ **0.1** ⟨+about/⟨AE⟩ around⟩ ***rondscharrelen/slenteren*** *⇒aanrommelen, prutsen* **0.2** ⟨+away⟩ ***je tijd verdoen*** *⇒rondlummelen, lanterfanten.*
potter's wheel 0.1 ***pottenbakkersschijf*** *⇒pottenbakkerswiel.*
potter|y [pottərie] ⟨mv.: -ies⟩ **0.1** ***pottenbakkerij*** **0.2** ***aardewerk*** *⇒keramiek* **0.3** ***het pottenbakken*** **0.4** ⟨mv.; P-; the⟩ ***de pottenbakkersstreek*** ⟨in Staffordshire⟩.

potting compost [potting -] **0.1** ***potaarde.***
potting-shed [pottingsjed] **0.1** ***tuinschuurtje.***
pott|y¹ [pottie] ⟨zn.; mv.: -ies⟩⟨inf.⟩ **0.1** ***(kinder)po*** *⇒potje.*
pott|y² ⟨bn.; -iness⟩ **0.1** ⟨BE; inf.⟩ ***knetter*** *⇒niet goed snik, dwaas* **0.2** ⟨BE; inf.; pej.⟩ ***onbenullig*** *⇒pietluttig* ◆ **1.2** ~ little details *futiliteiten, pietluttigheden* **6.1** ~ **about** *helemaal wég v.*
potty-trained 0.1 ***zindelijk*** ⟨v. kind⟩.
pouch [pautsj] **0.1** ⟨ben. voor⟩ ***zak(je)*** *⇒patroontas, tabakszakje* **0.2** ⟨ben. voor⟩ ***(zakvormige) huidplooi*** *⇒buidel, wangzak* ◆ **1.2** she had ~es under her eyes *zij had wallen onder haar ogen.*
pouf, ⟨in bet. 0.1 ook⟩ **pouffe** [poe:f] **0.1** ***poef*** *⇒zitkussen* **0.2** ⟨BE; sl.; pej.⟩ ***flikker*** *⇒homo.*
poulterer [pooltrə] ⟨vnl. BE⟩ **0.1** ***poelier.***
poultice [pooltis] **0.1** ***kompres.***
poultry [pooltrie] **0.1** ***(vlees v.) gevogelte*** **0.2** ⟨ww. steeds mv.⟩ ***gevogelte*** *⇒pluimvee.*
pounce¹ [pauns] ⟨zn.⟩ **0.1** ***het stoten*** ⟨v. roofvogel⟩ *⇒het zich plotseling (neer)storten;* ⟨fig.⟩ *plotselinge aanval/uitval* ◆ **3.1** make a ~ at/on *zich laten vallen/storten op.*
pounce² ⟨ww.⟩ **0.1** ***zich naar beneden storten*** *⇒(op)springen* ⟨om iets te grijpen⟩ **0.2** ***plotseling/onverwacht aanvallen*** *⇒*⟨fig.⟩ *kritiek uitbrengen* ◆ **6.2** he ~d **at** the first opportunity *hij greep de eerste gelegenheid aan.*
pounce (up)on 0.1 ***(weg)graaien*** *⇒inpikken, begerig grijpen/aannemen* **0.2** ***plotseling aanvallen*** *⇒zich werpen/storten op* ⟨ook fig.⟩.
pound¹ [paund] ⟨zn.; mv.: in bet. 0.1 en 0.2 ook pound⟩ **0.1** ***pond*** ⟨gewichtseenheid; →t⟩ **0.2** ***pond*** ⟨munteenheid⟩ **0.3** ***depot*** ⟨voor dieren, in beslag genomen goederen, weggesleepte auto's⟩ *⇒asiel, omheinde ruimte* ◆ **1.¶** have one's ~ of flesh *het volle pond krijgen* **6.1** flour is sold **by** the ~ *bloem wordt per pond verkocht.*
pound² I ⟨onov.ww.⟩ **0.1** ***hard (toe)slaan*** *⇒flinke klappen uitdelen* **0.2** ***stampen*** *⇒stampend (weg)lopen* **0.3** ***(herhaaldelijk) zwaar bombarderen*** *⇒een spervuur aanleggen* **0.4** ***bonzen*** ⟨v. hart⟩ ◆ **1.2** the herd ~ed down the hill *de kudde stormde de heuvel af;*
II ⟨ov.ww.⟩ **0.1** ***(fijn)stampen*** *⇒verpulveren, fijnmaken* **0.2** ***beuken op*** *⇒bonzen op, stompen op;* ⟨fig.⟩ *inhameren.* **→pound away.**
poundage [paundidzj] **0.1** ***pondgeld*** *⇒commissieloon, bedrag* ⟨per pond (sterling)⟩ **0.2** ***tarief*** *⇒bedrag, belasting* ⟨per pond gewicht⟩.
pound away 0.1 ***erop los beuken*** *⇒er tegenaan gaan* **0.2** ***erop los schieten*** ◆ **6.1** she pounded away **at** her task *zij zette er de beuk in.*
pounder [paundə] **0.1** ***stamper*** **0.2** ***vijzel*** *⇒mortier.*
pounding [paunding] **0.1** ***(ge)dreun*** *⇒(ge)bons, gestamp* **0.2** ⟨inf.⟩ ***afstraffing*** *⇒pak slaag.*
pound note 0.1 ***bankbiljet v. één pond.***
pound sterling ⟨schr.; ec.⟩ **0.1** ***pond sterling.***
pour [po:r] **I** ⟨onov.ww.⟩ **0.1** ***stromen*** *⇒(rijkelijk) vloeien* ⟨ook fig.⟩ **0.2** ***stortregenen*** *⇒gieten* **0.3** ⟨inf.⟩ ***(thee/koffie) inschenken*** ◆ **1.2** it's ~ing (down) with rain *het regent dat het giet* **5.1** the money kept ~ing **in** *het geld bleef binnenstromen* **6.1** letters ~ed **into** our office *ons bureau werd met brieven overstelpt;*
II ⟨ov.ww.⟩ **0.1** ***(uit)gieten*** *⇒doen (neer)stromen, (rijkelijk) uitstorten* ◆ **5.¶** ~ it **on** *het er dik op leggen, vleien* **6.1** they've been ~ing money **into** that business for years *ze pompen al jaren geld in die zaak;* ~ scorn **on** *honen, minachtend spreken over.*
pour out 0.1 ***inschenken*** *⇒uitgieten* **0.2** ***de vrije loop laten*** *⇒uitstorten* ◆ **1.1** ~ one's heart to s.o. *zijn hart bij iem. uitstorten.*
pout¹ [paut] ⟨zn.⟩ **0.1** ***het tuiten*** ⟨v.d. lippen⟩ *⇒pruilmondje.*
pout² ⟨ww.⟩ **0.1** ***(de lippen) tuiten*** *⇒pruilen (over), een pruillip opzetten.*
poverty [povvətie] **0.1** ***armoe(de)*** *⇒behoeftigheid* **0.2** ⟨vnl. schr.; pej.⟩ ***gebrek*** *⇒schamelheid, schraalheid* **0.3** ⟨rel.⟩ ***(gelofte v.) armoede*** *⇒het verzaken v. persoonlijk eigendom* ◆ **1.2** his ~ of vocabulary *zijn beperkte/armzalige woordenschat.*
poverty-stricken 0.1 ***straatarm.***
P.O.W. ⟨afk.⟩ **0.1** [prisoner of war].
powder¹ [paudə] ⟨zn.⟩ **0.1** ***poeder*** *⇒(kool)stof* **0.2** ***(cosmetisch) poeder*** *⇒talkpoeder, gezichtspoeder* **0.3** ***poeder*** ⟨medicijn in poedervorm⟩ **0.4** ***(bus)kruit.*** **→dry.**
powder² ⟨ww.⟩ **0.1** ***zich poederen*** *⇒poederen* ⟨v. gezicht⟩, *(be)poederen* **0.2** ***poeder(vormig) worden/maken*** *⇒verpulveren, verkruimelen.*
powdered [paudəd] **0.1** ***gepoederd*** *⇒met poeder bedekt* **0.2** ***in poedervorm (gemaakt/gedroogd)*** ◆ **1.2** ~ milk *melkpoeder;* ~ sugar *poedersuiker.*
powder horn, powder flask ⟨gesch.⟩ **0.1** ***kruithoorn*** *⇒kruitbusje.*
powder keg 0.1 ***kruitvat*** ⟨ook fig.⟩ *⇒tijdbom, explosieve situatie.*
powder magazine 0.1 ***kruitkamer*** *⇒explosievenmagazijn.*
powder puff 0.1 ***poederdonsje*** *⇒poederkwastje* **0.2** ⟨sl.⟩ ***slappeling.***
powder room ⟨euf.⟩ **0.1** ***damestoilet*** ⟨in openbare gelegenheid⟩.
powdery [paudərie] **0.1** ***poederachtig*** *⇒kruimelig, brokkelig* **0.2** ***(als) met poeder bedekt*** *⇒gepoederd.*
power¹ [pauə] ⟨zn.⟩ **0.1** ***gave*** *⇒talent, aanleg* **0.2** ***macht*** *⇒vermogen, mogelijkheid* **0.3** ***kracht*** *⇒sterkte* **0.4** ***invloed*** *⇒macht, controle* **0.5** ***(vol)macht*** *⇒recht, bevoegdheid* **0.6** ***invloedrijk iem./iets*** *⇒mogendheid, autoriteit* **0.7** ⟨vnl. mv.⟩ ***(boze) macht(en)*** *⇒(hemelse) kracht(en)* **0.8** ***(drijf)kracht*** *⇒(elektrische) energie, stroom* **0.9** ⟨nat.⟩ ***vermogen*** **0.10** ⟨wisk.⟩ ***macht*** **0.11** ⟨inf.⟩ ***(grote hoe)veel(heid)*** *⇒groot aantal, hoop* **0.12** ⟨attr.⟩ ***motor-*** *⇒(met) -bekrachtiging* ◆ **1.1** a cameleon has the ~ of changing its colour *een kameleon kan zijn kleur veranderen* **1.5** ⟨jur.⟩ ~ of attorney *volmacht* **1.7** the ~s of darkness *de duistere machten* **1.11** it did me a ~ of good *het heeft me ontzettend goed gedaan* **1.¶** a ~ behind the throne *een man achter de schermen;* ⟨inf.⟩ more ~ to your elbow *veel geluk, succes* **2.6** the Great Powers *de grootmachten, de grote mogendheden* **2.8** electric ~ *elektrische stroom* **6.4** the party **in** ~ *de regerende partij;* come **in/into** ~ *aan het bewind/de macht komen* **6.8** **under** one's own ~ *op eigen kracht* **6.10** **to** the ~ (of) *tot de ... macht.*
power² ⟨ww.⟩ **0.1** ***aandrijven*** *⇒van energie voorzien, voeden.*
powerboat 0.1 ***motorboot.***
powerboat race ⟨sport⟩ **0.1** ***speedbootrace*** *⇒motorbootrace.*
powerboat racing ⟨sport⟩ **0.1** ***(het) speedbootracen*** *⇒(het) motorbootracen.*
power brakes 0.1 ***rembekrachtiging.***
power cut 0.1 ***stroomonderbreking*** *⇒stroomuitval.*
power dive 0.1 ⟨zn.⟩ ***duikvlucht met motorvermogen*** ⟨v. vliegtuig⟩ *⇒motorduikvlucht* **0.2** ⟨ww.⟩ ***een motorduikvlucht (doen) uitvoeren.***
power drill 0.1 ***pneumatische drilboor*** **0.2** ***(grote) drilmachine*** *⇒driltafel.*

power-driven **0.1** ***machinaal aangedreven.***
-powered [pauəd] **0.1** ***met ... vermogen/capaciteit*** ⟨v. motor; ook fig.⟩ ◆ **¶.1** oil-powered central heating *met olie gestookte centrale verwarming;* a high-powered car *een auto met een krachtige motor.*
powerful [pauəfl] **0.1** ***krachtig*** ⇒*machtig, invloedrijk* **0.2** ***effectief*** ⇒*met een sterke (uit)werking* ◆ **1.2** a ~ speech *een krachtige/indrukwekkende toespraak.*
power game **0.1** ***machtsspel(letje).***
powerhouse **0.1** ***elektrische centrale*** ⇒*krachtcentrale* **0.2** ***stuwende kracht*** ⟨ook v. persoon⟩ ⇒*dynamisch mens, krachtige persoonlijkheid.*
powerless [pauələs] ⟨-ness⟩ **0.1** ***machteloos*** ⇒*krachteloos, zwak.*
power lifting ⟨gewichtheffen⟩ **0.1** ***(het) powerliften.***
power line **0.1** ***elektrische leiding.***
power plant **0.1** ***krachtbron*** ⇒*motor* **0.2** ⟨AE⟩ ***elektrische centrale.***
power play **0.1** ⟨sport, vnl. ijshockey⟩ ***powerplay*** ⟨pressie om te scoren⟩.
power point ⟨vnl. BE⟩ **0.1** ***stopcontact.***
power politics ⟨vnl. pej.⟩ **0.1** ***machtspolitiek.***
power-sharing **0.1** ***het delen v.d. macht*** ⇒*machtsdeling.*
power station **0.1** ***elektrische centrale*** ⇒*krachtcentrale.*
power steering **0.1** ***stuurbekrachtiging.***
power switch **0.1** ***(hoofd)stroomschakelaar.***
power tower **0.1** ***zonnetoren*** ⇒*zonne-energiecentrale.*
powwow [pauwau] **0.1** ***indianenbijeenkomst*** **0.2** ⟨inf., scherts.⟩ ***lange conferentie*** ⇒*rumoerige bespreking, overleg.*
pox [poks] ⟨mv.: vnl. pox⟩ **0.1** ⟨inf.; the⟩ ***syfilis*** **0.2** ⟨plantk.⟩ ***vlekkenziekte*** ⇒*stip* ◆ **6.¶** a ~ **on** you! *val dood!*
poxy [poksie] ⟨inf.⟩ **0.1** ***klere-*** ⇒*pokke-, rot* ◆ **1.1** ~ horse *klerenol.*
p. & p. ⟨afk.⟩ **0.1** [postage and packing].
pp. ⟨afk.⟩ **0.1** [pianissimo] ***pp*** **0.2** [pages] ***pp.***
p.p. ⟨afk.⟩ **0.1** [per procurationem] ***p.p.*** ⇒*bij volmacht.*
PPS ⟨afk.; BE⟩ **0.1** [Parliamentary Private Secretary].
P.P.S. ⟨afk.⟩ **0.1** [post postscriptum] ***PPS.***
PR ⟨afk.⟩ **0.1** [public relations] **0.2** [proportional representation].
practicab|le [præktikkəbl] ⟨-ly; zn.: **-ility**⟩ **0.1** ***uitvoerbaar*** ⇒*doenlijk, haalbaar* **0.2** ***bruikbaar*** ⇒*begaanbaar* ⟨v. weg⟩.
practical[1] [præktikl] ⟨zn.⟩ **0.1** ⟨inf.⟩ ***practicum*** ⇒*praktijkles/examen.*
practical[2] ⟨bn.⟩ **0.1** ***praktisch*** ⇒*(daad)werkelijk, in de praktijk* **0.2** ***praktisch*** ⇒*bruikbaar, handig* **0.3** ***haalbaar*** ⇒*uitvoerbaar* **0.4** ***in de praktijk opgeleid*** **0.5** ⟨soms pej.⟩ ***daadgericht*** ⇒*praktisch aangelegd, fantasieloos* **0.6** ***zinnig*** ⇒*verstandig, praktisch* ◆ **1.1** ~ geometry *toegepaste meetkunde* **1.3** ⟨vnl. BE⟩ ~ politics *pragmatische aanpak* **1.4** a ~ nurse *een ongediplomeerd verpleegster* **1.5** poetry does not appeal to ~ minds *poëzie spreekt nuchtere zielen niet aan* **1.¶** a ~ joke *practical joke, poets* ⟨om iem. belachelijk te maken⟩; for all ~ purposes *feitelijk, alles welbeschouwd.*
practicalit|y [præktikæləlie] ⟨mv.: -ies⟩ **0.1** ***praktische zaak*** ⇒*praktisch aspect* **0.2** ***uitvoerbaarheid*** ⇒*bruikbaarheid.*
practically [præktiklie] **0.1** →**practical** **0.2** ***bijna*** ⇒*praktisch, zo goed als* **0.3** ***in de praktijk*** ⇒*praktisch gesproken, uit praktisch opzicht.*
practical-minded **0.1** ***(met een) praktisch(e geest).***
practice, ⟨AE sp. ook⟩ **practise** [præktis] **0.1** ***praktijk*** ⇒*toepassing, aanwending* **0.2** ***oefening*** ⇒*training, ervaring* **0.3** ⟨vnl. enk.⟩ ***gewoonte*** ⇒*gebruik, normale gang v. zaken* **0.4** ⟨vnl. mv.; pej.⟩ ***praktijk*** ⇒*(slechte/verderfelijke) gewoonte* **0.5** ***uit/beoefening*** ⇒*het praktiseren, praktijk* ⟨v. advocaat, arts e.d.⟩ ◆ **2.2** it's common ~ *het behoort tot de normale gang v. zaken* **3.1** put sth. in(to) ~ *iets ten uitvoer/in praktijk brengen* **3.2** you need more ~ *je hebt meer oefening nodig* **3.3** make a ~ of sth. *ergens een gewoonte van maken* **6.1** **in** ~, it doesn't work *in de praktijk werkt het niet* **6.2** be **out of** ~ *het verleerd hebben, uit vorm zijn* **¶.2** ⟨sprw.⟩ ~ makes perfect *oefening baart kunst.* →**private, sharp.**
practice throw ⟨sport, ihb. atletiek⟩ **0.1** ***oefenworp.***
practise, ⟨AE sp. ook⟩ **practice** [præktis] **I** ⟨onov.ww.⟩ **0.1** ***(zich) oefenen*** ◆ **6.¶** they ~d **(up)on** his credulity *ze maakten misbruik v. zijn goedgelovigheid;*
II ⟨onov. en ov.ww.⟩ **0.1** ***praktiseren*** ⇒*uitoefenen, beoefenen* ◆ **1.1** does he still ~ his religion? *praktiseert hij nog altijd?* **6.1** he ~s **as** a lawyer *hij werkt als advocaat;*
III ⟨ov.ww.⟩ **0.1** ***in de praktijk toepassen*** ⇒*uitvoeren* **0.2** ***oefenen*** ⇒*instuderen, repeteren* **0.3** ***uitoefenen*** ⇒*(be)oefenen, betrachten* ◆ **1.3** ~ black magic *zwarte magie bedrijven;* ~ economy *zuinigheid aan de dag leggen, zuinig zijn.*
practised, ⟨AE sp. ook⟩ **practiced** [præktist] **0.1** ***ervaren*** ⇒*bedreven, geoefend* **0.2** ***door oefening verworven*** ⇒*geperfectioneerd* **0.3** ⟨pej.⟩ ***ingestudeerd*** ⇒*onnatuurlijk* ◆ **1.3** a ~ smile *een geforceerde glimlach.*
practitioner [præktisjənə] **0.1** ***beoefenaar*** ⇒*practicus, beroeps(kracht)* **0.2** ⟨soms pej.⟩ ***vakman*** ◆ **2.1** medical ~s *de artsen.* →**general.**
praesidium, ⟨AE sp.⟩ **presidium** [prissiddiəm, -zi-] ⟨mv.: ook pr(a)esidia [-diə]⟩ **0.1** ***presidium.***
pragmatic [prægmætik] ⟨-ally⟩ **0.1** ***pragmatisch*** ⇒*zakelijk, praktisch.*
pragmatism [prægmətizm] **0.1** ***pragmatisme*** ⟨ook fil.⟩ ⇒*zakelijke aanpak, zakelijkheid.*
pragmatist [prægmətist] **0.1** ***pragmaticus.***
Prague [pra:g] **0.1** ***Praag.***
prairie [preərie] ⟨vaak mv.⟩ **0.1** ***prairie*** ⇒*grasvlakte.*
prairie chicken **0.1** ***(echte) prairiehoen.***
prairie dog ⟨dierk.⟩ **0.1** ***prairiehond.***
prairie wolf **0.1** ***prairiewolf*** ⇒*coyote.*
praise[1] [preez] ⟨zn.⟩ **0.1** ***lof(spraak)*** ⇒*het prijzen, aanbeveling* **0.2** ⟨schr.⟩ ***glorie*** ⇒*eer, lof* **0.3** ⟨mv.⟩ ***loftuitingen*** ◆ **2.1** that film won high ~ *die film kreeg veel lof toegezwaaid* **3.3** ⟨vaak pej.⟩ sing one's own ~s *zichzelf ophemelen* **3.¶** ~ be (to God)! *God zij geloofd/dank!* **6.2** a book **in** ~ **of** rural life *een boek dat het landelijke leven ophemelt.*
praise[2] ⟨ww.⟩ **0.1** ***prijzen*** ⇒*loven, vereren.*
praiseworth|y [preezwə:ðie] ⟨-iness⟩ **0.1** ***lovenswaardig*** ⇒*loffelijk, prijzenswaardig.*
praline [pra:lie:n] **0.1** ***praline.***
pram [præm] ⟨verk.⟩ [perambulator] ⟨BE⟩ **0.1** ***kinderwagen.***
prance[1] [pra:ns] ⟨zn.; geen mv.⟩ **0.1** ***het steigeren*** ⟨v. paard⟩ **0.2** ***(vrolijk) sprongetje*** ⇒*dansje.*
prance[2] ⟨ww.⟩ **0.1** ***steigeren*** **0.2** ***(vrolijk) springen*** ⇒*huppelen, dansen* ◆ **5.2** ~ **about/around** *rondspringen/lopen.*
prank [prængk] **0.1** ***(schelmen)streek*** ⇒*grap* ◆ **3.1** play a ~ on s.o. *een (gemene) streek met iem. uithalen.*
prankster [prængkstə] ⟨inf.⟩ **0.1** ***schelm*** ⇒*grappenmaker.*
prat [præt] **0.1** ⟨BE; sl.; bel.⟩ ***idioot*** ⇒*zak, lul.*
prate [preet] **0.1** ⟨+ about⟩ ***wauwelen (over)*** ⇒*(vervelend) kletsen (over), zwammen (over).*
prattle[1] [prætl] ⟨zn.⟩⟨inf.⟩ **0.1** ***kinderpraat*** ⇒*gebabbel.*
prattle[2] ⟨ww.⟩⟨inf.⟩ **0.1** ***babbelen*** ⇒*kleppen, keuvelen.*

prattler [prætlə] ⟨inf.⟩ 0.1 ***babbelkous*** ⇒*kletsmajoor.*
prawn[1] [pro:n] ⟨zn.⟩⟨vnl. BE⟩ 0.1 ***(steur)garnaal.***
prawn[2] ⟨ww.⟩ 0.1 ***garnalen vangen*** ◆ 3.1 go ~ing *garnalen vangen.*
praxis [præksis]⟨mv.: praxes [-sie:z]⟩ ⟨schr.⟩ 0.1 ***praktijk*** ⇒ *gebruik, gewoonte.*
pray[1] [pree] I ⟨onov.ww.⟩⟨inf.⟩ 0.1 ***hopen*** ⇒*wensen* ◆ 6.1 we're ~ing **for** a peaceful day *we hopen op een rustige dag;*
II ⟨onov. en ov.ww.⟩ 0.1 ***bidden*** ⇒*(God) aanroepen* ◆ 6.1 we ~ed (to God) **for** help *we baden (tot God) om hulp* 6.¶ he's past ~ing **for** *hij is niet meer te redden.*
pray[2] ⟨tw.⟩⟨schr.⟩ 0.1 ***alstublieft*** ⇒*mag ik (u) vragen* ◆ ¶.1 ~ be quiet *wees alsjeblieft rustig.*
prayer[1] [preə] ⟨zn.⟩ 0.1 ***gebed*** ⇒*het bidden* 0.2 ***(smeek)bede*** ⇒*verzoek* 0.3 ⟨vaak P-⟩ ***gebedsdienst*** ⇒*gebed* ◆ 3.1 say one's ~s *zijn gebeden opzeggen* 6.2 a ~ **for** a safe return *een smeekbede om een veilige terugkeer.*
prayer[2] [preeə] ⟨zn.⟩ 0.1 ***bidder*** ⇒*iem. die bidt.*
prayer book 0.1 ***gebedenboek*** ⇒*kerkboek.*
prayer mat 0.1 ***bidkleedje*** ⟨v. mohammedanen⟩.
preach [prie:tsj] I ⟨onov. en ov.ww.⟩ 0.1 ***preken*** ⇒*prediken;* ⟨fig.⟩ *een zedenpreek houden, moraliserend bespreken* ◆ 6.1 he has been ~ing **at** me again *hij heeft weer eens tegen me zitten preken;*
II ⟨ov.ww.⟩ 0.1 ***aandringen op*** ⇒*propageren, bepleiten.*
preacher [prie:tsjə] 0.1 ***prediker*** ⇒*predikant* 0.2 ⟨P-; r.-k.⟩ ***pater dominicaan.***
preachif|y [prie:tsjiffaj] ⟨-ied⟩ 0.1 ***langdradig preken.***
preamble [prie·æmbl] 0.1 ***inleiding*** ⇒*voorwoord.*
prearrange [prie:əreendzj] ⟨zn.: **-ment**⟩ 0.1 ***vooraf regelen*** ⇒*vooraf overeenkomen* ◆ 1.1 at a ~d place *op een (tevoren) afgesproken plaats.*
prebend [prebbənd] ⟨r.-k.⟩ 0.1 ***prebende*** ⟨rente uit kerkelijke goederen⟩.
prebendar|y [prebbəndrie] ⟨mv.: -ies⟩⟨r.-k.⟩ 0.1 ***prebendaris*** ⟨kanunnik die prebende ontvangt⟩ ⇒*domheer.*
precarious [prikkeəriəs] ⟨-ness⟩ 0.1 ***onzeker*** ⇒*onbestendig* 0.2 ***onveilig*** ⇒*gevaarlijk, precair* 0.3 ***twijfelachtig*** ⇒*dubieus, niet op feiten gebaseerd* ◆ 1.1 he made a ~ living *hij had een ongewis inkomen* 1.2 ~ health *zwakke gezondheid.*
precast [prie:ka:st] 0.1 ***voorgestort*** ⟨v. beton⟩ ⇒*vooraf gestort.*
precaution [prikko:sjn] 0.1 ***voorzorgsmaatregel*** ⇒*voorzorg* ◆ 3.1 take ~s *voorzorgsmaatregelen treffen.*
precautionary [prikko:sjənrie] 0.1 ***uit voorzorg gedaan*** ⇒ *voorzorgs-.*
precede [prissie:d] 0.1 ***voorgaan*** ⇒*vooraf (laten) gaan, de voorrang hebben* ◆ 1.1 these questions ~ all others *deze vragen zijn belangrijker dan alle andere;* the years preceding his marriage *de jaren voor zijn huwelijk* 6.1 he ~d his speech **with** a poem *hij leidde zijn toespraak in met een gedicht.*
precedence [pressiddəns], **precedency** [-sie] 0.1 ***voorrang*** ⇒*prioriteit, het voorgaan* ◆ 6.1 the king has/takes ~ **over** all others *de koning komt vóór/is belangrijker dan alle anderen;* give ~ **to** *laten voorgaan, voorrang verlenen aan.*
precedent [pressiddənt] 0.1 ***precedent*** 0.2 ***traditie*** ⇒*gewoonte, gebruik* ◆ 3.1 create/establish/set a ~ *een precedent scheppen* 3.2 the princess broke with ~ *de prinses verbrak de traditie* 6.1 **without** ~ *zonder precedent, ongekend.*
preceding [prissie:ding] 0.1 ***voorafgaand*** ◆ 1.1 the ~ pages *de voorafgaande bladzijden.*
precentor [prissentə] 0.1 ***voorzanger*** ⇒*cantor* 0.2 ***koorleider*** ⟨in anglicaanse Kerk⟩.
precept [prie:sept] 0.1 ***voorschrift*** ⇒*principe, grondregel* 0.2 ***lering*** ⇒*het voorschrijven.*
precinct [prie:singkt] 0.1 ⟨vaak mv.⟩ ***omsloten ruimte*** ⟨om kerk, universiteit⟩ ⇒*(grond)gebied, terrein* 0.2 ⟨vaak mv.⟩ ***grens*** ⇒*muur* 0.3 ***stadsgebied*** ⟨met bep. bestemming⟩ 0.4 ⟨mv.; the⟩ ***omgeving*** ⇒*buurt* 0.5 ⟨AE⟩ ***district*** ⇒*politie/kiesdistrict* ◆ 3.3 shopping ~ *winkelcentrum* 6.1 **within** the ~s of the cathedral *op het terrein v.d. kathedraal* 7.4 the ~s of Bond Street *de omgeving v. Bond Street.*
preciosit|y [presjie·ossətie] ⟨mv.: -ies⟩ 0.1 ***gemaaktheid*** ⟨v. stijl⟩ ⇒*gekunstelde verfijning, geaffecteerdheid.*
precious[1] [presjəs] ⟨zn.⟩⟨inf.⟩ 0.1 ***dierbaar iem./iets*** ⇒ *schat, lieverd.*
precious[2] ⟨bn.; -ness⟩ 0.1 ***kostbaar*** ⇒*waardevol* 0.2 ***dierbaar*** ⇒*geliefd, bemind* 0.3 ***gekunsteld*** ⇒*geaffecteerd, gemaakt* 0.4 ⟨inf.; iron.⟩ ***kostbaar*** ⇒*waardeloos* ◆ 1.1 ~ metals *edele metalen;* ~ stones *edelstenen* 1.4 you can keep your ~ photographs *hou die kostbare foto's van je maar* 6.2 her family is very ~ **to** her *haar familie is haar zeer dierbaar.*
precious[3] ⟨bw.⟩⟨inf.⟩ 0.1 ***verdomd*** ⇒*bar* ◆ 7.1 there were ~ few drinks *er was verdomd weinig te drinken;* he had ~ little money *hij had nauwelijks een rooie cent.*
precipice [pressippis] 0.1 ***steile rotswand*** ⇒*afgrond* ◆ 3.1 stand on the edge of a ~ *aan de rand v.d. afgrond staan* ⟨ook fig.⟩; *in groot gevaar verkeren.*
precipitate[1] [prissippittət] ⟨zn.⟩ 0.1 ⟨schei.⟩ ***precipitaat*** ⇒ *bezinksel, neerslag.*
precipitate[2], **precipitant** ⟨bn.⟩ 0.1 ***overhaast*** ⇒*onbezonnen, plotseling.*
precipitate[3] [prissippitteet] I ⟨onov.ww.⟩ 0.1 ⟨schei.⟩ ***neerslaan*** ⇒*bezinken* 0.2 ⟨meteo.⟩ ***condenseren en neervallen*** ⟨als sneeuw en regen⟩;
II ⟨ov.ww.⟩ 0.1 ***(neer)storten*** ⟨ook fig.⟩ ⇒*(neer)werpen* 0.2 ***versnellen*** ⇒*bespoedigen* ◆ 6.1 her death ~d him **into** a state of total indifference *haar dood stortte hem in een toestand v. totale onverschilligheid.*
precipitation [prissippitteesjn] 0.1 ***val (voorover)*** 0.2 ***het overhaasten*** ⇒*onbezonnenheid, impulsief gedrag* 0.3 ⟨schei.⟩ ***precipitaat*** ⇒*bezinksel* 0.4 ⟨meteo.⟩ ***neerslag*** ◆ 2.4 the annual ~ *de jaarlijkse hoeveelheid neerslag.*
precipitous [prissippittəs] ⟨-ness⟩ 0.1 ***(vreselijk) steil*** 0.2 ***als een afgrond*** ⇒*duizelingwekkend hoog* ◆ 1.1 a ~ fall in prices *een enorme prijsdaling.*
précis[1] [preesie:]⟨zn.; mv.: précis [-ie:z]⟩ 0.1 ***samenvatting*** ⇒*resumé, uittreksel* 0.2 ***het maken v.e. samenvatting.***
précis[2] ⟨ww.⟩ 0.1 ***een samenvatting geven*** ⇒*een uittreksel maken.*
precise [prissajs] ⟨-ness⟩ 0.1 ***nauwkeurig*** ⇒*precies, nauwlettend* ◆ 1.1 ~ manners *correcte manieren;* at the ~ moment that *juist op het moment dat.*
precisely [prissajslie] 0.1 →**precise** 0.2 ***inderdaad*** ⇒*juist, precies* ◆ 3.1 we'll arrive at 10.30 ~ *we komen precies om half elf aan.*
precision[1] [prissizjn] ⟨zn.⟩ 0.1 ***nauwkeurigheid*** ⇒*juistheid, precisie.*
precision[2] ⟨bn.⟩ 0.1 ***precisie-*** ⇒*nauwkeurig verricht/gemaakt* ◆ 1.1 ~ bombing *nauwkeurig gericht bombardement;* ~ instruments *precisieapparatuur/meters.*
precision-made 0.1 ***met grote precisie vervaardigd*** ⇒*precisie-.*
preclude [prikloe:d] 0.1 ***uitsluiten*** ⇒*voorkomen;* ⟨+ from⟩

verhinderen, beletten ◆ **1.1** I want to ~ all doubts *ik wil alle twijfels uitsluiten.*

preclusion [prikloe:zjn] **0.1** ***voorkoming*** ⇒*verhindering, uitsluiting.*

precocious [prikkoosjəs] ⟨-ness⟩ **0.1** ***vroeg(rijp)*** ⇒*voorlijk, vroeg wijs.*

precocity [prikkossətie] **0.1** ***vroegrijpheid.***

precognition [prie:kognisjn] **0.1** ***voorkennis*** ⇒*voorwetenschap, het van tevoren weten.*

preconceived [prie:kənsie:vd] **0.1** ***vooraf gevormd*** ⇒*zich vooraf voorgesteld* ◆ **1.1** a ~ opinion *een vooroordeel, een vooropgezette mening.*

preconception [prie:kənsepsjn] **0.1** ***vooroordeel*** ⇒*vooropgezette mening.*

precondition [prie:kəndisjn] **0.1** ***eerste vereiste*** ⇒*allereerste voorwaarde.*

precook [prie:koek] **0.1** ***van tevoren bereiden*** ⇒*vooraf (enige tijd) koken* ◆ **1.1** ~ed potatoes *voorgekookte aardappelen.*

precursor [prikkə:sə] **0.1** ***voorloper*** ⇒*voorganger.*

predator [preddətə] **0.1** ***roofdier.***

predatory [preddətrie] **0.1** ***plunderend*** ⇒*rovend* **0.2** ***v. roof levend*** ⇒*roofzuchtig, roof-* ◆ **1.1** a ~ hotelkeeper *een uitbuiter v.e. hoteleigenaar* **1.2** ~ bird *roofvogel* **1.¶** a real ~ female *een echte mannenverslindster.*

predecessor [prie:dissessə] **0.1** ***voorloper*** ⇒*voorganger* **0.2** ***voorvader.***

predestinate [prie:destinneet] ⟨vaak pass.⟩ **0.1** ***voorbestemmen*** ⇒*vooraf bepalen.*

predestination [priddestinneesjn] **0.1** ⟨rel.⟩ ***voorbeschikking*** ⇒*voorbestemming, predestinatie.*

predestine [prie:destin] ⟨vaak pass.⟩ **0.1** ***van tevoren bestemmen*** ⇒*vooraf bepalen* ◆ **3.1** he was ~d to become a great actor *hij was voorbestemd een groot acteur te worden;* these changes were ~d to take place *deze veranderingen moesten wel plaats vinden.*

predetermin|e [prie:dittə:min] ⟨zn.: **-ation**⟩ **0.1** ***vooraf bepalen*** ⇒*vooraf vastleggen, voorbeschikken* **0.2** ***aanzetten tot*** ⇒*ertoe brengen, beïnvloeden* ◆ **1.1** the colour of s.o.'s eyes is ~d by that of his parents *de kleur v. iemands ogen wordt bepaald door die v. zijn ouders.*

predicament [priddikkəmənt] **0.1** ***hachelijke situatie*** ⇒*kritieke/gevaarlijke toestand, dilemma.*

predicate[1] [preddikkət] ⟨zn.⟩⟨taal.⟩ **0.1** ***gezegde.***

predicate[2] [preddikkeet] ⟨ww.⟩ **0.1** ***beweren*** ⇒*zeggen, toekennen* **0.2** ⟨+ on; vaak pass.; vnl. AE⟩ ***baseren (op)*** ⇒*gronden (op), steunen (op)* ◆ **6.1** ~ reason **of** man *de mens rede toekennen.*

predict [priddikt] **0.1** ***voorspellen*** ⇒*voorzeggen, als verwachting opgeven.*

predictab|le [priddiktəbl] ⟨-ly; zn.: **-ility**⟩ **0.1** ***voorspelbaar*** ⇒*zonder verrassing, saai.*

predictably [priddiktəblie] **0.1** ***zoals/wat te verwachten valt*** ◆ **¶.1** ~, he arrived first *zoals te verwachten was, kwam hij als eerste aan.*

prediction [priddiksjn] **0.1** ***voorspelling*** ⇒*voorzegging, het voorspellen.*

predictive [priddiktiv] ⟨-ly⟩ **0.1** ***voorspellend.***

predigest [prie:dajdzjest, -didzjest] **0.1** ***gemakkelijk verteerbaar maken*** ⇒⟨fig.⟩ *toegankelijk maken* ⟨boek e.d.⟩, *vereenvoudigen.*

predilection [prie:dilleksjn] **0.1** ***voorliefde*** ⇒*voorkeur.*

predispose [prie:dispoos] ⟨schr.⟩ **0.1** ***doen neigen*** ⇒*geschikt maken, vatbaar maken* ◆ **3.1** she has nothing that ~s me to like her *zij heeft niets dat mij ertoe brengt haar aardig te vinden.*

predisposition [prie:dispəzisjn] **0.1** ***neiging*** ⇒*vatbaarheid, aanleg.*

predominance [priddomminnəns] **0.1** ***overheersing*** ⇒*overhand, overwicht* ◆ **1.1** there is a ~ of fig trees in this orchard *deze boomgaard bestaat voor het grootste deel uit vijgenbomen.*

predominant [priddomminnənt] **0.1** ***overheersend*** ⇒*belangrijkst, invloedrijkst* ◆ **1.1** white is the ~ colour in hospitals *wit is de meest toegepaste kleur in ziekenhuizen.*

predominantly [priddomminnəntlie] **0.1** ***hoofdzakelijk*** ⇒*overwegend, grotendeels.*

predominate [priddomminneet] **0.1** ***heersen*** ⇒*regeren* **0.2** ***overheersen*** ⇒*de overhand hebben, beheersen* ◆ **1.2** in her dreams the wish to become an actress ~s *de wens om actrice te worden beheerst haar dromen.*

pre-editing **0.1** ***voorbewerking.***

pre-emin|ent [prie:·emminnənt] ⟨zn.: **-ence**⟩ **0.1** ***uitstekend*** ⇒*uitblinkend, superieur* ◆ **6.1** in generosity he was ~ **above** all others *in vrijgevigheid stak hij uit boven alle anderen.*

pre-eminently [prie:·emminnəntlie] **0.1** ***bij uitstek*** ⇒*vooral, voornamelijk.*

pre-empt [prie:·em(p)t] **0.1** ***verkrijgen door voorkoop*** **0.2** ***beslag leggen op*** ⇒*zich toe-eigenen, de plaats innemen v.* **0.3** ***overbodig maken*** ⇒*ontkrachten* ◆ **1.3** their plans had been ~ed by a government decision *hun plannen waren overbodig geworden door een regeringsbesluit.*

pre-emption [prie:·em(p)sjn] **0.1** ***voorkoop*** **0.2** ***recht v. voorkoop*** ⟨vnl. v. land⟩ **0.3** ***toe-eigening vooraf*** ⇒*inbezitneming/verwerving vooraf.*

pre-emptive [prie:·em(p)tiv] **0.1** ***v./mbt. (het recht v.) voorkoop*** **0.2** ***preventief*** ⇒*voorkomend* ◆ **1.1** the ~ right to buy a piece of land *optie op een stuk land* **1.2** ~ air strikes *preventieve luchtaanvallen.*

preen [prie:n] **0.1** ***gladstrijken*** ⟨veren⟩ **0.2** ***(zich) opknappen*** ⇒*(zich) mooi maken, (zich) uitdossen* ◆ **4.¶** the team ~ed itself on/upon having won the match *de ploeg ging er prat op de wedstrijd te hebben gewonnen.*

pre-exist [prie:igzist] **0.1** ***vroeger bestaan*** ⇒*eerder bestaan* ⟨ihb. v.d. ziel⟩.

pre-existence [prie:igzistəns] **0.1** ***het vooraf bestaan*** ⇒*voorbestaan* ⟨v.d. ziel⟩.

pre-existent [prie:igzistənt] **0.1** ***vroeger bestaand*** ⇒*bestaand in een vorig leven.*

prefab [prie:fæb] ⟨verk.⟩ [prefabricated building/house] **0.1** ***geprefabriceerd gebouw/huis.***

prefabric|ate [prie:fæbrikkeet] ⟨zn.: **-ation**⟩ **0.1** ***prefabriceren*** ⇒*in onderdelen gereedmaken, volgens systeembouw maken* ◆ **1.1** ~d parts *pasklare onderdelen.*

preface[1] [preffəs] ⟨zn.⟩ **0.1** ***voorwoord*** ⇒*inleiding.*

preface[2] ⟨ww.⟩ **0.1** ***van een voorwoord voorzien*** ⇒*inleiden* **0.2** ***leiden tot*** ⇒*voorafgaan aan, het begin zijn van.*

prefatory [preffətrie] **0.1** ***inleidend*** ⇒*voorafgaand.*

prefect [prie:fekt] **0.1** ***hoofd v.e. departement*** ⇒*prefect, hoofd v. politie* **0.2** ⟨Eng. school.⟩ ***oudere leerling als ordehandhaver*** ◆ **1.1** ~ of police *politieprefect* ⟨hoofd v. politie te Parijs⟩.

prefectural [priffektsj(ə)rəl] **0.1** ***v.d. prefectuur.***

prefectur|e [prie:fektsjə] **0.1** ***ambt v. prefect*** ⇒*prefectuur.*

prefer [priffə:] ⟨-red⟩ **0.1** ⟨+ to⟩ ***verkiezen (boven)*** ⇒*de voorkeur geven (aan), prefereren* **0.2** ***promoveren*** ⇒*bevorderen* **0.3** ***indienen*** ⇒*voorleggen* ◆ **1.3** ~ a charge against s.o. *een aanklacht indienen tegen iem.* **3.1** ~ to leave rather than to wait *zij willen liever weggaan dan nog wachten.*

preferab|le [prefrəbl] ⟨-ly⟩ **0.1** ***verkieslijk*** ⇒*te prefereren* ◆ **6.1** everything is ~ **to** *alles is beter dan.*

preference [prefrəns] **0.1** ***voorkeur*** *⇒voorliefde* **0.2** ⟨hand.⟩ ***prioriteitsrecht*** *⇒recht v. voorrang* **0.3** ***bevoorrechting*** *⇒begunstiging* ◆ **4.1** which is your ~? *wat heb je het liefst?* **6.1** **in** ~ **to** *liever/eerder dan* **6.3** give one child ~ **over** the others *het ene kind voortrekken boven de anderen.*

preference stock ⟨BE⟩ **0.1** ***preferente aandelen.***

preferential [preffərensjl] **0.1** ***de voorkeur gevend/hebbend*** **0.2** ⟨hand.⟩ ***bevoorrecht*** ◆ **1.1** receive ~ treatment *een voorkeursbehandeling krijgen* **1.2** ~ duties *preferentiële rechten;* ~ tariff *voorkeurtarief.*

preferment [priffə:mənt] **0.1** ***bevordering*** *⇒promotie* **0.2** ⟨hand.⟩ ***prioriteitsrecht.***

prefigure [prie:figə] **0.1** ***voorafschaduwen*** *⇒de voorloper zijn v.* **0.2** ***(zich) vooraf voorstellen*** *⇒vooraf overwegen.*

prefix[1] [prie:fiks] ⟨zn.⟩ **0.1** ⟨taal.⟩ ***voorvoegsel*** **0.2** ***titel*** ⟨voor een naam⟩.

prefix[2] ⟨ww.⟩ **0.1** ***plaatsen voor*** *⇒voegen voor* **0.2** ***v.e. voorvoegsel voorzien.***

pregnanc|y [pregnənsie] ⟨mv.: -ies⟩ **0.1** ***zwangerschap*** **0.2** ***belang*** *⇒betekenis.*

pregnancy test **0.1** ***zwangerschapstest.***

pregnant [pregnənt] **0.1** ***zwanger*** *⇒drachtig* ⟨v. dieren⟩ **0.2** ***vindingrijk*** *⇒vol ideeën* **0.3** ***vruchtbaar*** *⇒vol* **0.4** ***veelbetekenend*** ◆ **6.1** she was ~ **by** another man *ze was zwanger van een ander(e man).*

preheat [prie:hie:t] **0.1** ***voorverwarmen.***

prehensile [prihhensajl] ⟨biol.⟩ **0.1** ***geschikt om mee te grijpen*** ◆ **1.1** ~ tails *grijpstaarten.*

prehistoric [prie:historrik] ⟨-ally⟩ **0.1** ***prehistorisch*** ⇒ ⟨scherts., fig.⟩ *hopeloos ouderwets.*

prehistor|y [prie:histrie] ⟨mv.: -ies; vnl. enk.⟩ **0.1** ***prehistorie*** **0.2** ***voorgeschiedenis.***

prejudge [prie:dzjudzj] ⟨zn.: **-ment**⟩ **0.1** ***veroordelen*** ⟨zonder proces of verhoor⟩ *⇒vooraf be/veroordelen.*

prejudice[1] [predzjədis] ⟨zn.⟩ **0.1** ***vooroordeel*** *⇒vooringenomenheid* **0.2** ***nadeel*** **0.3** ⟨jur.⟩ ***afstand v. recht*** *⇒prejudicie* ◆ **6.1** **without** ~ *onbevooroordeeld.*

prejudice[2] ⟨ww.⟩ **0.1** ***schaden*** *⇒benadelen* **0.2** ***innemen*** ⇒ *voorinnemen* ◆ **1.1** ~ a good cause *afbreuk doen aan een goede zaak.*

prejudicial [predzjədisjl] **I** ⟨bn.⟩ **0.1** ***leidend tot vooroordeel;***
II ⟨bn., pred.⟩ **0.1** ⟨+ to⟩ ***nadelig (voor)*** *⇒schadelijk (voor).*

prelac|y [prelləsie] ⟨mv.: -ies⟩ ⟨r.-k.⟩ **0.1** ***prelaatschap*** **0.2** ⟨ww. enk. of mv.⟩ ***de prelaten.***

prelate [prellət] ⟨r.-k.⟩ **0.1** ***kerkvorst*** *⇒prelaat.*

prelim [prie:lim, prillim] **I** ⟨telb.zn.⟩ ⟨verk.⟩ [preliminary examination] ⟨inf.⟩ **0.1** ***voorexamen*** *⇒tentamen;*
II ⟨mv.⟩ **0.1** ⟨verk.⟩ [preliminaries] ⟨boek.⟩ ***voorwerk.***

preliminar|y[1] [prillimmənrie] ⟨zn.; mv.: -ies⟩ **0.1** ⟨vnl. mv.⟩ ***voorbereiding*** *⇒inleiding* **0.2** ⟨vnl. mv.⟩ ***voorlopige beschikkingen*** **0.3** ⟨sport⟩ ***voorronde*** **0.4** ⟨mv.; boek.⟩ ***voorwerk.***

preliminar|y[2] ⟨bn.; -ily⟩ **0.1** ***inleidend*** *⇒voorafgaand, voorbereidend* ◆ **1.1** ~ examination *voorexamen;* ~ examinations *propedeuse.*

preliterate [prie:litrət] **0.1** ***zonder (kennis van) het schrift.***

prelude[1] [preljoe:d] ⟨zn.⟩ **0.1** ***voorspel*** *⇒inleiding* **0.2** ⟨muz.⟩ ***prelude*** *⇒ouverture* ⟨v. opera⟩.

prelude[2] ⟨ww.⟩ **0.1** ***als inleiding/voorspel dienen (van)*** ⇒ *aankondigen, inluiden.*

premarital [prie:mæritl] **0.1** ***voorechtelijk.***

premature [premmətsjə, -tsjoeə] **0.1** ***te vroeg*** *⇒voortijdig, prematuur* **0.2** ***voorbarig*** *⇒overhaast* ◆ **1.1** a ~ baby *een te vroeg geboren baby;* his ~ death *zijn vroegtijdige dood.*

premedication [prie:meddikkeesjn], ⟨inf.⟩ **premed** [prie:med] ⟨med.⟩ **0.1** ***preanesthesie.***

premeditate [prie:medditteet] **0.1** ***beramen*** *⇒voorbereiden.*

premeditated [prie:medditteetid] **0.1** ***opzettelijk*** *⇒beraamd* ◆ **1.1** ~ murder *moord met voorbedachten rade.*

premeditation [primmedditteesjn] **0.1** ***beraming*** *⇒opzet* **0.2** ⟨jur.⟩ ***voorbedachte raad.***

premenstrual [prie:menstroeəl] **0.1** ***vóór de menstruatie.***

premier[1] [premmiə] ⟨zn.⟩ **0.1** ***eerste minister*** *⇒minister-president, premier.*

premier[2] ⟨bn.⟩ **0.1** ***eerste*** *⇒voornaamste.*

première [premmie·eə] **0.1** ⟨zn.⟩ ***première*** **0.2** ⟨ww.⟩ ***in première (laten) gaan.***

premiership [premmiəsjip] **0.1** ***ambt v. eerste minister*** ⇒ *premierschap.*

premise[1], ⟨in bet. I vnl.⟩ **premiss** [premmis] **I** ⟨telb.zn.⟩ **0.1** ***vooronderstelling*** **0.2** ⟨fil.⟩ ***premisse;***
II ⟨mv.⟩ **0.1** ***huis (en erf)*** *⇒zaak* ◆ **3.1** licensed ~s *café* **6.1** the shopkeeper lives **on** the ~s *de winkelier woont in het pand.*

premise[2] [primmajz, premmis] ⟨ww.⟩ **0.1** ***vooropstellen.***

premium [prie:miəm] **0.1** ***beloning*** *⇒prijs* **0.2** ***(verzekerings)premie*** **0.3** ***toeslag*** *⇒extra, bonus, meerprijs* **0.4** ***leergeld*** **0.5** ⟨ec.⟩ ***agio*** *⇒opgeld* **0.6** ⟨ec.⟩ ***waarde boven pari*** ⇒⟨fig.⟩ *hoge waarde* ◆ **3.1** put a ~ on *bevorderen* **6.6** **at** a ~ *boven pari;* during the holidays hotel rooms are **at** a ~ *in de vakantie zijn hotelkamers zeer in trek;* he sold his products **at** a ~ *hij verkocht zijn producten met winst;* put s.o.'s work **at** a ~ *iemands werk hoog aanslaan.*

Premium (Savings) Bond **0.1** ***(renteloze) premieobligatie.***

premonition [prie:mənisjn, pre-] **0.1** ***voorgevoel.***

prenatal [prie:neetl] **0.1** ***prenataal.***

preoccupation [prie·okjoepeesjn] **0.1** ***vooringenomenheid*** *⇒vooroordeel* **0.2** ***hoofdbezigheid*** *⇒(voornaamste) zorg* **0.3** ***gepreoccupeerdheid*** *⇒het volledig in beslag genomen zijn.*

preoccupied [prie·okjoepajd] **0.1** ***in gedachten verzonken*** *⇒volledig in beslag genomen.*

preoccup|y [prie·okjoepaj] ⟨-ied⟩ **0.1** ***geheel in beslag nemen*** *⇒bezighouden* ⟨gedachten, geest⟩ ◆ **6.1** he was preoccupied **by/with** *hij was voortdurend bezig met.*

preordain [prie:o:deen] ⟨zn.: **-ment**⟩ **0.1** ***vooraf bepalen*** ⇒ *voorbeschikken.*

preordination [prie:o:dinneesjn] **0.1** ***voorbeschikking*** ⇒ ⟨ihb. rel.⟩ *predestinatie.*

prep[1] [prep] ⟨zn.⟩ ⟨BE⟩ **0.1** ***huiswerk*** *⇒voorbereiding(stijd).*

prep[2] ⟨bn.⟩ ⟨inf.⟩ **0.1** ***voorbereidend*** ◆ **1.1** a ~ course *een voorbereidingscursus;* ~ school *voorbereidingsschool.*

prepack(age) [prie:pæk(idzj)] **0.1** ***verpakken*** ◆ **1.1** ~ed goods *(voor)verpakte goederen.*

preparation [preppəreesjn] **0.1** ⟨vnl. mv.⟩ ***voorbereiding*** ⇒ *schikkingen* **0.2** ***preparaat*** **0.3** ⟨BE⟩ ***(toe)bereiding*** *⇒het klaarmaken* **0.4** ***voorbereiding(stijd)*** *⇒huiswerk; studie* ◆ **6.1** make ~s **for** *voorbereidingen treffen voor.*

preparative [pripærətiv] **0.1** ⟨bn.⟩ ***voorbereidend*** **0.2** ⟨zn.⟩ ***voorbereiding.***

preparator|y [pripærətrie] ⟨-ily⟩ **0.1** ***voorbereidend*** *⇒inleidend* ◆ **1.1** ~ school *voorbereidingsschool* ⟨voor public school in Engeland; voor college/universiteit in USA⟩ **6.1** ~ **to** *in voorbereiding op.*

prepare [prippeə] **I** ⟨onov.ww.⟩ **0.1** ***voorbereidingen treffen;***
II ⟨ov.ww.⟩ **0.1** ***voorbereiden*** *⇒gereedmaken; prepareren, be/instuderen; trainen* **0.2** ***klaarmaken*** *⇒(toe)bereiden*

0.3 ***vervaardigen*** ⇒*samenstellen* **0.4** ***uitrusten*** ◆ **6.1** ~ **for** the worst *wees op het ergste voorbereid.*

prepared [prippeəd] ⟨-ness⟩ **0.1** ***voorbereid*** ⇒*gereed* **0.2** ***bereid*** ⇒*willig* ◆ **3.2** be ~ to do sth. *bereid zijn iets te doen.*

prepay [prie:pee] ⟨prepaid, prepaid [prie:peed]; zn.: **-ment**⟩ **0.1** ***vooruitbetalen.***

preponderance [prippondrəns] **0.1** ***overwicht*** ⇒*overmacht, overhand.*

preponderant [prippondrənt] **0.1** ***overwegend*** **0.2** ***overheersend*** ⇒*belangrijkst.*

preponderate [prippondəreet] ⟨schr.⟩ **0.1** ***zwaarder wegen*** ⇒*de overhand hebben, de doorslag geven* ◆ **6.1** this argument ~s **over** *dit argument is belangrijker dan.*

preposition [preppəzisjn] ⟨taal.⟩ **0.1** ***voorzetsel*** ⇒*prepositie.*

prepossess [prie:pəzes] ⟨schr.⟩ **0.1** ***ingeven*** ⇒*inspireren* **0.2** ***in beslag nemen*** ⇒*bezighouden* **0.3** ***bevooroordeeld maken*** ⇒*gunstig stemmen* ◆ **1.3** he ~ed the jury in his favour *hij nam de jury voor zich in.*

prepossession [prie:pəzesjn] **0.1** ***(positief) vooroordeel*** ⇒*vooringenomenheid* **0.2** ***het in beslag genomen zijn*** ⟨door gedachten, gevoelens⟩.

preposterous [prippostrəs] **0.1** ***ongerijmd*** ⇒*onredelijk; absurd.*

prepuce [prie:pjoe:s] ⟨anat.⟩ **0.1** ***voorhuid.***

Pre-Raphaelite [prie:ræfəlajt] **0.1** ⟨bn.⟩ ***prerafaëlitisch*** **0.2** ⟨zn.⟩ ***prerafaëliet.***

prerecord [prie:rikko:d] **0.1** ***van tevoren opnemen*** ⟨op band, plaat enz.⟩.

prerequisite[1] [prie:rekwizzit] ⟨zn.⟩ **0.1** ***eerste vereiste*** ◆ **6.1** a ~ **of/for/to** *een noodzakelijke voorwaarde voor.*

prerequisite[2] ⟨bn.⟩ **0.1** ⟨+for/to⟩ ***in de eerste plaats vereist (voor)*** ⇒*noodzakelijk (voor).*

prerogative[1] [prirrogətiv] ⟨zn.⟩ **0.1** ***voorrecht*** ◆ **2.1** the Royal Prerogative *het Koninklijk Prerogatief* ⟨in Eng. het (theoretische) recht v.d. vorst om onafhankelijk v.h. parlement op te treden⟩.

prerogative[2] ⟨bn.⟩ **0.1** ***bevoorrecht.***

presage[1] [pressidzj] ⟨zn.⟩⟨schr.⟩ **0.1** ***voorteken*** ⇒*omen* **0.2** ***(bang) voorgevoel.***

presage[2] [pressidzj, prisseedzj] ⟨ww.⟩⟨schr.⟩ **0.1** ***voorspellen*** ⇒*aankondigen; de voorbode zijn van.*

presbyter [prezbittə] **0.1** ***presbyter*** **0.2** ***priester.***

Presbyterian [prezbittiəriən] **0.1** ⟨bn.; ook p-⟩ ***presbyteriaans*** **0.2** ⟨zn.⟩ ***presbyteriaan.***

Presbyterianism [prezbittiəriənizm] ⟨ook p-⟩ **0.1** ***presbyterianisme.***

presbyter|y [prezbitrie] ⟨mv.: -ies⟩ **0.1** ***presbyterium*** ⇒*priesterkoor* **0.2** ***(gebied bestuurd door) raad v. ouderlingen*** ⟨presbyteriaanse Kerk⟩ **0.3** ⟨r.-k.⟩ ***pastorie.***

preschool [prie:skoe:l] **0.1** ***van/voor een kleuter/peuter.***

prescience [pressiəns] **0.1** ***voorkennis*** **0.2** ***vooruitziendheid.***

prescient [pressiənt] **0.1** ***vooruitwetend*** **0.2** ***vooruitziend.***

prescribe [priskrajb] **I** ⟨onov.ww.⟩ **0.1** ***voorschriften geven*** ⇒*richtlijnen/bevelen geven* **0.2** ⟨med.; +for⟩ ***een advies geven (over)*** ⇒*een remedie voorschrijven (tegen);*
II ⟨ov.ww.⟩ **0.1** ***voorschrijven*** ⇒*opleggen, bevelen.*

prescript [prie:skript] **0.1** ***voorschrift*** ⇒*bevel; wet, regel.*

prescription [priskripsjn] **0.1** ⟨med.⟩ ***voorschrift*** ⟨ook fig.⟩ **0.2** ***recept*** ⇒*geneesmiddel.*

prescription charge ⟨vaak mv.⟩ **0.1** ***eigen bijdrage (per geneesmiddel).***

prescriptive [priskriptiv] **0.1** ***voorschrijvend*** ⇒*dicterend.*

preselector switch **0.1** ***voorkeuzeschakelaar/knop*** ⟨v. radio, tv⟩.

presence [prezns] **0.1** ***aanwezigheid*** ⇒*tegenwoordigheid* **0.2** ***nabijheid*** ⇒*omgeving* **0.3** ***presentie*** ⇒*(indrukwekkende) verschijning* **0.4** ***geest*** ⇒*bovennatuurlijk iem./iets* **0.5** ***persoonlijkheid*** ◆ **1.1** ~ of mind *tegenwoordigheid v. geest* **3.1** make one's ~ felt *duidelijk laten merken dat men er is* **6.2** **in** the ~ **of** *in tegenwoordigheid van.*

present[1] [preznt] ⟨zn.⟩ **0.1** ***geschenk*** ⇒*cadeau, gift* **0.2** ***het heden*** ◆ **3.1** make s.o. a ~ of sth. *iem. iets cadeau doen* **3.2** live in the ~ ⟨fig.⟩ *de dag plukken* **6.2** **at** ~ *op dit ogenblik; tegenwoordig;* **for** the ~ *voorlopig.*

present[2] [prizzent] ⟨zn.⟩ ◆ **6.¶** bring **to** the ~ *in de aanslag brengen.*

present[3] [preznt] **I** ⟨bn., attr.⟩ **0.1** ***onderhavig*** ⇒*in kwestie* **0.2** ***huidig*** ⇒*tegenwoordig* **0.3** ⟨taal.⟩ ***tegenwoordig*** ◆ **1.1** the ~ author *schrijver dezes;* in the ~ case *in dit/onderhavig geval* **1.2** our ~ king *onze huidige koning* **1.3** ~ participle *onvoltooid/tegenwoordig deelwoord;* ~ perfect *voltooid tegenwoordige tijd;* ~ tense *tegenwoordige tijd;*
II ⟨bn., pred.⟩ **0.1** ***tegenwoordig*** ⇒*aanwezig* ◆ **1.1** ~ company excepted *met uitzondering van de aanwezigen* **6.1** ~ **at** *aanwezig bij/op.*

present[4] [prizzent] ⟨ww.⟩ **0.1** ***voorstellen*** ⇒*introduceren; voordragen* **0.2** ***opvoeren*** ⇒*vertonen* **0.3** ***(ver)tonen*** ⇒*ten toon spreiden, blijk geven v.* **0.4** ***aanbieden*** ⇒*schenken, uitreiken* **0.5** ⟨mil.⟩ ***presenteren*** ◆ **1.2** ~ a play *een toneelstuk opvoeren;* ~ a show *een show presenteren* **1.3** ~ no difficulties *geen problemen bieden/opleveren* **1.4** ~ an idea *een idee voorleggen* **1.5** ~ arms! *presenteer geweer!* **1.¶** ~ a complaint to *een klacht indienen bij* **4.¶** ~ o.s. for an examination *voor een examen opgaan;* a new chance ~s itself *er doet zich een nieuwe kans voor* **6.1** be ~ed **at** Court *aan het Hof geïntroduceerd worden* **6.4** ~ s.o. **with** a price *iem. een prijs uitreiken;* your remarks ~ me **with** a problem *je opmerkingen stellen me voor een probleem.*

presentab|le [prizzentəbl] ⟨-ly⟩ **0.1** ***presentabel*** ⇒*toonbaar, fatsoenlijk.*

presentation [prezn̩teesjn] **0.1** ***voorstelling*** **0.2** ***introductie*** ⇒*presentatie* **0.3** ***schenking*** ⇒*gift, geschenk* ◆ **3.3** make a ~ of *aanbieden* **6.3** **on** ~ **of** the bill of exchange *bij aanbieding v.d. wissel.*

presentation copy **0.1** ***presentexemplaar.***

present-day **0.1** ***huidig*** ⇒*modern, gangbaar.*

presenter [prizzentə] **0.1** ***presentator.***

presentiment [prizzentimmənt] **0.1** ***(angstig) voorgevoel.***

presently [prezntlie] **0.1** ***dadelijk*** ⇒*binnenkort* **0.2** ⟨AE, Sch. E⟩ ***nu*** ⇒*op dit ogenblik.*

preservable [prizzə:vəbl] **0.1** ***bewaarbaar*** ⇒*conserveerbaar.*

preservation [prezzəveesjn] **0.1** ***behoud*** ⇒*bewaring* **0.2** ***staat.***

preservationist [prezzəveesjənist] **0.1** ***milieubeschermer*** ⇒*natuurbeschermer.*

preservative [prizzə:vətiv] **0.1** ⟨bn.⟩ ***conserverend*** **0.2** ⟨zn.⟩ ***bewaarmiddel*** ⇒*conserveringsmiddel* **0.3** ⟨zn.⟩ ***voorbehoedmiddel.***

preserve[1] [prizzə:v] ⟨zn.⟩ **0.1** ⟨ook mv.⟩ ***jam*** ⇒*confituur* **0.2** ***(natuur)reservaat*** ⇒*wildpark* ◆ **3.¶** poach on another's ~ *in iemands vaarwater zitten.*

preserve[2] ⟨ww.⟩ **0.1** ***beschermen*** ⇒*behoeden* **0.2** ***bewaren*** ⇒*levend houden* ⟨voor nageslacht⟩ **0.3** ***behouden*** ⇒*in stand houden* **0.4** ***verduurzamen*** ⇒*conserveren, inmaken* **0.5** ***houden*** ⇒*reserveren* ⟨wildpark⟩ **0.6** ***in leven houden***

⇒*redden* ◆ **1.1** God ~ us! *God beware ons!* **1.4** ~d fruits *gekonfijt fruit* **5.3** well ~d *goed geconserveerd.*

preserver [prizzə:və] **0.1** ***beschermer*** ⇒*behoeder* **0.2** ***bewaarmiddel*** ⇒*conserveringsmiddel.*

preset [prie:set] ⟨-ted⟩ **0.1** ***vooraf instellen*** ⇒*afstellen.*

preshrunk [prie:sjrungk] **0.1** ***voorgekrompen*** ⟨v. stoffen⟩.

preside [prizzajd] **0.1** ***als voorzitter optreden*** **0.2** ⟨+ over⟩ ***de leiding hebben (van)*** ◆ **6.1** ~ **at / over** a meeting *een vergadering voorzitten.*

presidenc|y [prezzid(ə)nsie] ⟨mv.: -ies⟩ **0.1** ***presidentschap*** ⇒*presidentstermijn.*

president [prezzid(ə)nt] **0.1** ⟨soms P-⟩ ***voorzitter / zitster*** ⇒ *president* **0.2** ⟨soms P-⟩ ***president*** **0.3** ***hoofd v. Brits college / Am. universiteit*** **0.4** ⟨AE⟩ ***manager*** ⇒*directeur.*

presidential [prezziddensjl] **0.1** ***presidentieel*** ◆ **1.1** ~ year *jaar met presidentsverkiezingen* ⟨in USA⟩.

presidium [prissiddiəm, -zi-]⟨mv.: ook presidia [diə-]⟩ **0.1** ***presidium.***

press[1] [pres] ⟨zn.⟩ **0.1** ***pers*** ⇒*het drukken;* ⟨ww. enk. of mv.⟩ *journalisten* **0.2** ***drukpers*** **0.3** ***drukkerij*** **0.4** ⟨vnl. P-⟩ ***uitgeverij*** **0.5** ***pers(toestel)*** **0.6** ***strijk*** ⇒*het persen* **0.7** ***druk*** **0.8** ***menigte*** ⇒*gedrang* **0.9** ***muurkast*** ◆ **1.1** freedom / liberty of the ~ *persvrijheid* **1.7** carry a ~ of sail / canvas *alle zeilen bijzetten* **2.1** get a good ~ *een goede pers krijgen* **3.2** go to the ~ *ter perse gaan* **6.2** **at / in** (the) ~ *ter perse;* **off** the ~ *van de pers.* →**yellow.**

press[2] **I** ⟨onov.ww.⟩ **0.1** ***druk uitoefenen*** ⇒*knellen* **0.2** ***persen*** ⇒*strijken* **0.3** ***dringen*** ⇒*haast hebben* **0.4** ***zich verdringen*** ◆ **1.3** time ~es *de tijd dringt* **5.1** ~ **ahead** with *onverbiddelijk doorgaan met;* ~ **down** (up)on s.o. *op iem. drukken;*

II ⟨ov.ww.⟩ **0.1** ***drukken*** ⇒*duwen, klemmen* **0.2** ***samendrukken*** ⇒*platdrukken* **0.3** ***bestoken*** ⟨ook fig.⟩ ⇒*op de hielen zitten* **0.4** ***(neer)drukken*** ⇒*deprimeren* **0.5** ***benadrukken*** **0.6** ***pressen*** ⇒*druk uitoefenen op, aanzetten* **0.7** ***persen*** ⇒*strijken* ◆ **1.1** ~ the button *op de knop drukken;* ⟨inf.; fig.⟩ *de kogel door de kerk jagen* **1.2** ~ed food *ingeblikt voedsel;* ~ a metaphor *een metafoor letterlijk opvatten* **1.5** ~ a question *aandringen op een antwoord* **5.3** ~ s.o. hard *iemand het vuur na aan de schenen leggen* **5.¶** ~ home one's point of view *zijn zienswijze doordrijven / zetten* **6.6** ~ **for** an answer *aandringen op een antwoord;* be ~ed **for** money / time *in geld- / tijdnood zitten;* ~ sth. **upon** s.o. *iem. iets opdringen.*

press agency **0.1** ***publiciteitsbureau*** **0.2** ***persagentschap.***

press agent **0.1** ***publiciteitsagent.***

press baron ⟨inf.⟩ **0.1** ***krantenmagnaat.***

press box **0.1** ***perstribune.***

press button **0.1** ***drukknop.***

press campaign **0.1** ***perscampagne.***

press conference **0.1** ***persconferentie.***

press cutting, press clipping **0.1** ***krantenknipsel.***

press gallery **0.1** ***perstribune*** ⟨in Britse parlement⟩.

pressie, prezzie [prezzie] ⟨BE, Austr. E; inf.⟩ **0.1** ***cadeau(tje)*** ⇒*geschenk.*

pressing[1] [pressing] ⟨zn.⟩⟨tech.⟩ **0.1** ***persing*** ⟨v. grammofoonplaten⟩.

pressing[2] ⟨bn.⟩ **0.1** ***dringend*** ⇒*urgent* **0.2** ***(aan)dringend*** ⇒ *opdringerig.*

press lord **0.1** ***krantenmagnaat.***

press|man [presmən]⟨mv.: -men [-mən]⟩ **0.1** ⟨BE; inf.⟩ ***persjongen*** ⇒*journalist* **0.2** ***drukker.***

pressmark **0.1** ***signatuur*** ⟨in bibliotheek⟩ ⇒*plaatsingsnummer.*

press release **0.1** ***perscommuniqué*** ⇒*persbericht.*

press-stud ⟨BE⟩ **0.1** ***drukknoop(je).***

press-up ⟨vnl. BE; gymnastiek⟩ **0.1** ***opdrukoefening*** ◆ **3.1** do ten ~s *zich tien keer opdrukken.*

pressure[1] [presjə] ⟨zn.⟩ **0.1** ***druk*** ⇒*gewicht* **0.2** ***moeilijkheid*** ⇒*nood* **0.3** ***stress*** ⇒*spanning* **0.4** ***dwang*** ⇒*pressie* ◆ **1.1** the ~ of taxation *de belastingdruk* **1.3** work under ~ *werken onder druk* **3.4** bring ~ (to bear) on s.o., put ~ on s.o., put s.o. under ~ *iem. onder druk zetten* **6.4** a promise made **under** ~ *een afgedwongen belofte.*

pressure[2] ⟨ww.⟩⟨vnl. AE⟩ **0.1** ***onder druk zetten.***

pressure cooker **0.1** ***snelkookpan.***

pressure gauge **0.1** ***manometer*** ⇒*drukmeter.*

pressure group **0.1** ***pressiegroep*** ⇒*lobby.*

pressur|ize, -ise [presjərajz] ⟨zn.: **-ization**⟩ **0.1** ***onder druk zetten*** ⟨ook fig.⟩ **0.2** ***de (lucht)druk regelen in / van*** ◆ **1.2** ⟨luchtv.⟩ ~d cabin *drukcabine.*

Prestel [prestel] **0.1** ***Prestel*** ⟨viewdatadienst v. British Telecom⟩.

prestidigitation [prestiddidzjitteesjn] ⟨schr.; scherts.⟩ **0.1** ***goochelarij*** ⇒*gegoochel.*

prestidigitator [prestiddidzjitteetə] ⟨schr.; scherts.⟩ **0.1** ***goochelaar.***

prestige [prestie:zj] **0.1** ***prestige*** ⇒*aanzien.*

prestige development **0.1** ***prestigeobject*** ⇒*prestigeproject.*

prestigious [prestidzjəs] **0.1** ***prestigieus*** ⇒*gerenommeerd.*

presto [prestoo] **0.1** ***presto*** ⇒*onmiddellijk* ◆ **9.1** hey ~! *hocus pocus pas!*

prestressed [prie:strest] ⟨bouwk.⟩ **0.1** ***voorgespannen*** ⇒ *span-* ⟨v. beton⟩.

presumab|le [prizjoe:məbl] ⟨-ly⟩ **0.1** ***aannemelijk*** ⇒*vermoedelijk.*

presume [prizjoe:m] **I** ⟨onov.ww.⟩ **0.1** ***zich vrijpostig gedragen*** ⇒*zich vrijheden veroorloven.* →**presume (up)on;**

II ⟨ov.ww.⟩ **0.1** ***zich veroorloven*** ⇒*de vrijheid nemen, wagen* **0.2** ***veronderstellen*** ⇒*vermoeden, aannemen* ◆ **1.2** ~ s.o. innocent until he is proved guilty *een beschuldigde als onschuldig beschouwen zolang zijn schuld niet bewezen is.*

presume (up)on ⟨schr.⟩ **0.1** ***misbruik maken v.*** **0.2** ***rekenen op*** ⇒*vertrouwen op* ◆ **1.1** ~ s.o.'s kindness *misbruik maken v. iemands vriendelijkheid.*

presumption [prizzum(p)sjn] **0.1** ***(redelijke) veronderstelling*** **0.2** ***grond / reden om te veronderstellen*** **0.3** ***arrogantie*** ⇒*verwaandheid.*

presumptive [prizzum(p)tiv] **0.1** ***aannemelijk*** ⇒*vermoedelijk* ◆ **1.1** ⟨jur.⟩ ~ evidence *bewijs gebaseerd op redelijke veronderstelling.*

presumptuous [prizzum(p)tsjoeəs] **0.1** ***aanmatigend*** ⇒*arrogant.*

presuppose [prie:səpooz] **0.1** ***vooronderstellen*** **0.2** ***impliceren.***

presupposition [prie:suppəzisjn] **0.1** ***vooronderstelling*** ⇒ *voorwaarde, vereiste.*

pretence, ⟨AE sp.⟩ **pretense** [prittens] **0.1** ***aanspraak*** ⇒*pretentie* **0.2** ***voorwendsel*** ⇒*excuus* **0.3** ***valse indruk*** ⇒ *schijn* **0.4** ***uiterlijk vertoon*** ⇒*aanstellerij* **0.5** ***huichelarij*** ◆ **2.2** ⟨jur.⟩ by / under false ~ *onder valse voorwendsels* **2.4** devoid of all ~ *zonder pretentie* **6.1** ~ **to** *aanspraak op* **6.2** **on** the slightest ~ *bij de geringste aanleiding* **6.3** she made a ~ **of** laughing *ze deed alsof ze lachte.*

pretend [prittend] **I** ⟨onov. en ov.ww.⟩ **0.1** ***doen alsof*** ⇒*komedie spelen* ◆ **6.1** ~ **at** indifference *zich onverschillig voordoen.* →**pretend to;**

II ⟨ov.ww.⟩ **0.1** ***pretenderen*** ⇒*voorgeven, (ten onrechte) beweren* **0.2** ***voorwenden*** ⇒*veinzen* **0.3** ***wagen*** ⇒*durven.*

pretended [prittendid] **0.1** ***geveinsd*** *⇒schijn-*.
pretender [prittendə] **0.1** ***(troon)pretendent*** **0.2** ***huichelaar*** *⇒schijnheilige*.
pretend to 0.1 ***(ten onrechte) aanspraak maken op***.
pretension [prittensjn] **0.1** ⟨vaak mv.⟩ ***aanspraak*** **0.2** ⟨vaak mv.⟩ ***voorwendsel*** *⇒excuus* **0.3** ***pretentie*** *⇒aanmatiging* **0.4** ***opzichtigheid*** ◆ **3.1** I make no ~(s) to completeness *ik maak geen aanspraak op volledigheid*.
pretentious [prittensjəs] ⟨-ness⟩ **0.1** ***pretentieus*** *⇒aanmatigend* **0.2** ***opzichtig***.
pretext [prie:tekst] **0.1** ***voorwendsel*** *⇒excuus* ◆ **6.1 (up)on / under** the ~ of *onder voorwendsel v.*
prettif|y [prittiffaj] ⟨-ied⟩ **0.1** ***mooi maken*** *⇒opsmukken, versieren*.
prett|y¹ [prittie] ⟨-iness⟩ **I** ⟨bn.⟩ **0.1** ***aardig*** ⟨ook iron.⟩ *⇒ mooi, aantrekkelijk* **0.2** ***goed*** *⇒fijn* **0.3** ***fatterig*** *⇒verwijfd* ◆ **1.1** a ~ mess *een mooie boel;* come to / reach a ~ pass *in een moeilijke situatie terechtkomen* **1.¶** lead s.o. a ~ dance *iem. het leven zuur maken;* a ~ kettle of fish *een mooie boel;* **II** ⟨bn., attr.⟩⟨inf.⟩ **0.1** ***groot*** *⇒aanzienlijk, veel* ◆ **1.1** it cost him a ~ penny *het heeft hem een lieve duit gekost*.
pretty² [prittie] ⟨bw.⟩ **0.1** ***nogal*** *⇒vrij* **0.2** ***erg*** *⇒zeer* **0.3** ⟨AE⟩ ***aardig*** *⇒behoorlijk* ◆ **5.1** that is ~ much the same thing *dat is praktisch hetzelfde;* ~ nearly *zo goed als;* I have ~ well finished my essay *ik heb mijn opstel nagenoeg af*.
pretty-pretty 0.1 ***gemaakt mooi*** *⇒popperig*.
pretzel [pretsl] **0.1** ***zoute krakeling***.
prevail [privveel] **0.1** ***de overhand krijgen / hebben*** *⇒zegevieren* **0.2** ***wijd verspreid zijn*** *⇒heersen, gelden* ◆ **6.1** knowledge will ~ **against / over** superstition *kennis zal bijgeloof overwinnen*.
prevailing [privveeling] **0.1** ***gangbaar*** *⇒heersend*.
preval|ent [prevvələnt] ⟨zn.: **-ence**⟩ **0.1** ***heersend*** *⇒gangbaar, wijd verspreid* **0.2** ***(over)heersend*** ◆ **3.1** become more and more ~ *hand over hand toenemen*.
prevaricate [priværikkeet] ⟨schr.⟩ **0.1** ***(er omheen) draaien*** *⇒uitvluchten zoeken;* ⟨euf.⟩ *liegen*.
prevarication [priværikkeesjn] **0.1** ***draaierij*** *⇒uitvlucht, gemanoeuvreer*.
prevaricator [priværikkeetə] **0.1** ***draaier***.
prevent [privvent] **I** ⟨onov.ww.⟩ **0.1** ***in de weg staan / komen*** ◆ **4.1** if nothing prevents *als er niets tussenkomt;* **II** ⟨ov.ww.⟩ **0.1** ***voorkomen*** *⇒verhinderen* ◆ **6.1** you can't ~ him **from** having his own ideas *je kunt hem niet beletten er zijn eigen ideeën op na te houden*.
preventable [privventəbl] **0.1** ***afwendbaar***.
prevention [privvensjn] **0.1** ***preventie*** ◆ **¶.1** ⟨sprw.⟩ ~ is better than cure *voorkomen is beter dan genezen*.
preventive¹ [privventiv] ⟨zn.⟩ **0.1** ***obstakel*** *⇒hindernis* **0.2** ⟨med.⟩ ***voorbehoedmiddel***.
preventive², preventative ⟨bn.⟩ **0.1** ***preventief*** *⇒voorkomend* ◆ **1.1** ~ detention *voorlopige / preventieve hechtenis;* ~ medicine *preventieve geneeskunde*.
previable [prie:vajjəbl] **0.1** ***niet-levensvatbaar***.
preview¹ [prie:vjoe:] ⟨zn.⟩ **0.1** ***voorvertoning*** **0.2** ⟨AE⟩ ***trailer***.
preview² ⟨ww.⟩ **0.1** ***in voorvertoning zien*** **0.2** ***voorvertonen***.
previous [prie:viəs] **0.1** ***voorafgaand*** *⇒vorig, vroeger* ◆ **1.1** ~ conviction *eerdere veroordeling*.
previous to 0.1 ***vóór***.
prevision [prie:vizjn] **0.1** ***voorkennis*** **0.2** ***voorspelling***.
prewar [prie:wo:] **0.1** ***vooroorlogs***.
prewash [prie:wosj] **0.1** ***voorwas***.
prey¹ [pree] ⟨zn.⟩ **0.1** ***prooi*** ⟨ook fig.⟩ *⇒slachtoffer* ◆ **1.1** beast / bird of ~ *roofdier / vogel* **3.1** become / fall (a) ~ to *ten prooi vallen aan*.
prey² ⟨ww.⟩ ◆ **6.¶** ~ **(up)on** *uitzuigen; aantasten; jagen op;* it ~s **on** his mind *hij wordt erdoor gekweld*.
prezzie →**pressie**.
price¹ [prajs] ⟨zn.⟩ **0.1** ***prijs*** ⟨ook fig.⟩ *⇒som* **0.2** ***notering*** **0.3** ***waarde*** ◆ **1.1** ⟨geldw.⟩ ~ of issue *koers v. uitgifte* **3.1** quote a ~ *een prijs noemen;* set a ~ on *een prijs vaststellen voor* **3.3** put a ~ on *de waarde bepalen van* **6.1 above / beyond / without** ~ *onbetaalbaar;* **at** a low ~ *voor weinig geld;* **at** any ~ *tot elke prijs;* **of** a ~ *ongeveer even duur* **¶.¶** ⟨sprw.⟩ every man has his ~ *iedereen is te koop*.
price² ⟨ww.⟩ **0.1** ***prijzen*** *⇒de prijs vaststellen van* **0.2** ***de prijs nagaan / vragen van*** **0.3** ***schatten*** ◆ **1.1** ~ed catalogue *prijzencatalogus* **6.1** ~ o.s. **out of** the market *zich uit de markt prijzen*.
price bracket, price range 0.1 ***prijsklasse*** *⇒prijsniveau*.
price cut 0.1 ***prijsvermindering***.
price-fixing ⟨ec.⟩ **0.1** ***prijszetting*** **0.2** ***prijsafspraak***.
price increase, price hike 0.1 ***prijsstijging***.
price index 0.1 ***prijsindex***.
priceless [prajsləs] **0.1** ***onbetaalbaar*** *⇒onschatbaar;* ⟨inf.; fig.⟩ *kostelijk*.
price-list 0.1 ***prijslijst***.
price-ring ⟨ec.⟩ **0.1** ***prijskartel***.
price rise 0.1 ***prijsverhoging***.
price tag 0.1 ***prijskaartje*** ⟨ook fig.⟩.
pricey, pric|y [prajsie] ⟨-iness⟩⟨vnl. BE; inf.⟩ **0.1** ***prijzig*** *⇒ duur*.
prick¹ [prik] ⟨zn.⟩ **0.1** ***prik*** **0.2** ⟨sl.⟩ ***lul*** **0.3** ⟨bel.⟩ ***schoft*** ◆ **1.1** ⟨fig.⟩ ~s of conscience *wroeging* **3.¶** ⟨schr.⟩ kick against the ~s *met het hoofd tegen de muur lopen*.
prick² I ⟨onov.ww.⟩ **0.1** ***prikken*** *⇒steken;* **II** ⟨ov.ww.⟩ **0.1** ***prikken*** *⇒(door)steken; prikkelen* ⟨ook fig.⟩ **0.2** ***aanstippen*** *⇒merken* ⟨naam op lijst⟩ **0.3** ***(uit)stippelen*** ◆ **1.1** ⟨fig.⟩ my conscience ~s me *mijn geweten knaagt* **5.1** ~ **on** *aanvuren* **5.3** ~ a pattern **out / off** *een patroon uitprikken*.
pricker [prikkə] **0.1** ***puntig werktuig***.
prickle¹ [prikl] ⟨zn.⟩ **0.1** ***stekel*** *⇒doorn, prikkel*.
prickle² ⟨ww.⟩ **0.1** ***prikkelen*** *⇒steken; kriebelen*.
prickl|y [priklie] ⟨-iness⟩ **0.1** ***stekelig*** *⇒doornig* **0.2** ***prikkend*** *⇒stekelig* **0.3** ***prikkelbaar*** *⇒kregel* ◆ **1.¶** ~ pear *schijfcactus*.
pricy →**pricey**.
pride [prajd] **0.1** ***trots*** *⇒verwaandheid, hoogmoed* **0.2** ***eergevoel*** **0.3** ⟨the⟩ ***bloei(tijd)*** **0.4** ***troep*** ⟨leeuwen⟩ ◆ **1.1** you are my ~ and (my) joy *je bent mijn oogappel;* have / take ~ of place *nummer één zijn* **2.2** false ~ *misplaatste trots; ijdelheid* **3.1** take (a) ~ in *fier / trots zijn op* **3.¶** swallow one's ~ *zijn trots inslikken*.
pride (up)on 0.1 ***prat gaan op*** *⇒trots zijn op*.
priest [prie:st] **0.1** ***priester*** *⇒pastoor* ◆ **2.1** high ~ *hogepriester*.
priestess [prie:stis] **0.1** ***priesteres***.
priesthood [prie:sthoed] **I** ⟨n.-telb.zn.⟩ **0.1** ***priesterschap;*** **II** ⟨zn.; the⟩ **0.1** ***geestelijkheid***.
priestl|y [prie:stlie] ⟨-iness⟩ **0.1** ***priesterlijk***.
prig [prig] ⟨pej.⟩ **0.1** ***verwaande kwast***.
priggish [prigisj] ⟨-ness⟩ **0.1** ***pedant*** *⇒verwaand*.
prim¹ [prim] ⟨bn.; -ness⟩ **0.1** ***keurig*** **0.2** ⟨pej.⟩ ***preuts*** ◆ **2.1** ~ and proper *keurig netjes*.
prim² ⟨ww.; -med⟩ **0.1** ***stijf samentrekken*** *⇒tuiten* ⟨de lippen⟩.
primacy [prajməsie] **0.1** ***voorrang*** *⇒vooraanstaande plaats*.

prima donna [prie:mə donnə] **0.1** ***prima donna*** ⇒⟨fig.⟩ *bazig iem.*

prim(a)eval [prajmie:vl] **0.1** ***oorspronkelijk*** ⇒*oer-* **0.2** ***oeroud*** ◆ **1.1** ~ forest *ongerept woud.*

prima facie 0.1 ***op het eerste gezicht*** ⇒*prima facie, a prima vista* ◆ **3.1** have ~ a good case *op het eerste gezicht sterke bewijzen/argumenten hebben.*

prima-facie [prajmə feesjie:] **0.1** ⟨jur.⟩ ***voorlopig*** ⇒*voldoende aanwijzingen biedend voor een rechtsingang* **0.2** ***globaal*** ⇒*gebaseerd op een eerste indruk, oppervlakkig* ◆ **1.1** a good ~ case *een zaak met een sterke bewijslast;* ~ evidence *voorlopig bewijsmateriaal* **1.2** see a ~ reason for sth. *ergens wel een globale reden voor zien.*

primal [prajml] ⟨schr.⟩ **0.1** ***oer-*** ⇒*oorspronkelijk* **0.2** ***voornaamst.***

primarily [prajmrəlie] **0.1** ***hoofdzakelijk*** ⇒*voornamelijk.*

primar|y[1] [prajmrie] ⟨zn.; mv.: -ies⟩ **0.1** ***hoofdzaak*** **0.2** ⟨vnl. AE; pol.⟩ ***voorverkiezing*** **0.3** ⟨elek.⟩ ***primaire stroom.***

primary[2] **I** ⟨bn.⟩ **0.1** ***voornaamste*** ◆ **1.1** the ~ cause *de hoofdoorzaak;* of ~ importance *van het allergrootste belang;*

II ⟨bn., attr.⟩ **0.1** ***primair*** ⇒*eerst* **0.2** ***elementair*** ⇒*grond-* ◆ **1.2** ⟨med.⟩ ~ care *eerstelijnsgezondheidszorg;* ~ colour *primaire kleur;* ~ education / school *basisonderwijs/school* **1.¶** ⟨tech.⟩ ~ battery / cell *primair element;* ⟨elek.⟩ ~ coil *primaire winding.*

primary health worker ⟨schr.⟩ **0.1** ***eerstelijnshulpverlener*** ⟨in derde wereld⟩.

primate [prajmeet] ⟨vaak mv.⟩⟨dierk.⟩ **0.1** ***primaat.***

Primate [prajmət] ⟨ook p-⟩⟨rel.⟩ **0.1** ***aartsbisschop*** ⇒*kerkvorst.*

primatology [prajmətollədzjie] ⟨dierk.⟩ **0.1** ***primatologie.***

prime[1] [prajm] ⟨zn.⟩ **0.1** ⟨the⟩ ***hoogste volmaaktheid*** ⇒ *bloei; hoogtepunt; puikje* **0.2** ⟨the⟩ ***oorspronkelijke toestand*** ⇒*begin(tijd); vroegste deel* **0.3** ⟨wisk.⟩ ***priemgetal*** ◆ **1.1** in the ~ of life *in de kracht van zijn leven* **1.2** the ~ of the year *het voorjaar* **6.1** she's well **past** her ~ *ze is niet jong meer.*

prime[2] ⟨bn.⟩ **0.1** ***eerst*** ⇒*voornaamst* **0.2** ***uitstekend*** ⇒*prima* **0.3** ***oorspronkelijk*** ⇒*fundamenteel* ◆ **1.1** a matter of ~ importance *een zaak v.h. hoogste belang;* the ~ meridian *de nulmeridiaan;* ~ motive *hoofdmotief* **1.2** ~ cuts of beef *eerste kwaliteit rundvlees;* ⟨geldw.⟩ ~ rate *laagste rentevoet waartegen bij een bank geld geleend kan worden;* ⟨radio, tv⟩ ~ time *prime time* **1.¶** ~ number *priemgetal.*

prime[3] ⟨ww.⟩ **0.1** ***klaarmaken*** ⇒*prepareren* **0.2** ***laden*** ⟨vuurwapen⟩ **0.3** ⟨tech.⟩ ***op gang brengen*** ⟨door ingieten v. water of olie⟩ ⇒*voeden* ⟨pomp⟩, *injecteren* ⟨motor⟩ **0.4** ⟨vaak scherts.⟩ ***volstoppen*** ⟨persoon⟩ ⇒*dronken voeren* **0.5** ***inpompen*** ⟨kennis⟩ ⇒*inlichten, instrueren* **0.6** ***grondverven*** ⇒*van een grondlaag voorzien* ◆ **6.5** ~ a computer **with** data *gegevens in een computer invoeren.*

primer[1] [prajmə] **I** ⟨telb.zn.⟩ **0.1** ***slaghoedje;***

II ⟨telb. en n.-telb.zn.⟩ **0.1** ***grondverf.***

primer[2] [prajmə, primmə] ⟨zn.⟩ **0.1** ***eerste leesboek*** ⇒*abc* **0.2** ***beknopte handleiding*** ⇒*inleiding.*

primeval →**primaeval.**

priming [prajming] **0.1** ***grondverf*** **0.2** ***kruit.***

priming coat 0.1 ***grondlaag.***

primitive[1] [primmətiv] ⟨zn.⟩ **0.1** ***primitief*** ⟨ook bk.⟩ ⇒*naïeve schilder* **0.2** ***primitief werk.***

primitive[2] ⟨bn.; -ness⟩ **0.1** ***primitief*** **0.2** ⟨pej.⟩ ***niet comfortabel*** ⇒*ouderwets.*

primogeniture [prajmoodzjennitsjə] **0.1** ***status v. eerstgeborene*** **0.2** ***eerstgeboorterecht*** ◆ **1.1** right of ~ *eerstgeboorterecht.*

primordial [prajmo:diəl] **0.1** ***oorspronkelijk*** ⇒*oer-* **0.2** ***fundamenteel.***

primp [primp] **0.1** ***(zich) mooi maken*** ◆ **3.1** ~ and preen *zich poesmooi maken.*

primrose [primrooz] **0.1** ***sleutelbloem*** **0.2** ***lichtgeel.***

primrose path ⟨the⟩ **0.1** ***het pad v. plezier.***

primula [primjoelə] **0.1** ***primula*** ⇒*sleutelbloem.*

primus [prajməs], **primus stove 0.1** ***primus*** ⟨merknaam⟩.

prince [prins] ⟨vaak P-⟩ **0.1** ***prins*** **0.2** ***vorst*** ⟨ook fig.⟩ ⇒*heerser* ◆ **1.1** Prince of Wales *Britse kroonprins* **2.1** ~ royal *kroonprins.*

prince consort ⟨mv.: princes consort⟩ **0.1** ⟨the⟩ ***prins-gemaal.***

princedom [prinsdəm] **0.1** ***prinsdom*** ⇒*vorstendom* **0.2** ***prinselijke waardigheid.***

princely [prinslie] **0.1** ***prinselijk*** **0.2** ***prinsheerlijk*** ⇒*vorstelijk.*

princess [prinses] ⟨P-⟩ **0.1** ⟨vaak attr.⟩ ***prinses.***

princess royal ⟨mv.: princesses royal⟩ **0.1** ***kroonprinses*** **0.2** ⟨the⟩ ***titel v.d. oudste dochter v.d. Britse koning(in).***

principal[1] [prinsipl] ⟨zn.⟩ **0.1** ***directeur/directrice*** **0.2** ***hoofd(persoon)*** ⇒⟨vaak mv.⟩ *hoofdrolspelers;* ⟨muz.⟩ *hoofduitvoerenden* **0.3** ⟨P-⟩ ***schoolhoofd*** **0.4** ⟨geldw.⟩ ***kapitaal*** ⇒*hoofdsom, geleende som* **0.5** ⟨bouwk.⟩ ***hoofdbalk*** ⇒*kapspant* **0.6** ⟨gesch.⟩ ***duellist*** ⇒*principaal* **0.7** ⟨orgel⟩ ***principaalbas.***

principal[2] ⟨bn.⟩ **0.1** ***voornaamste*** ◆ **1.1** ⟨geldw.⟩ ~ money / sum *hoofdsom* ⟨v.e. lening⟩.

principalit|y [prinsipæləti e] ⟨mv.: -ies⟩ **I** ⟨eig.n.; P-; the⟩ **0.1** ***Wales;***

II ⟨telb.zn.⟩ **0.1** ***prinsdom/vorstendom.***

principally [prinsiplie] **0.1** ***voornamelijk*** ⇒*hoofdzakelijk.*

principle [prinsipl] **0.1** ***(grond)beginsel*** ⇒*uitgangspunt* **0.2** ***bestanddeel*** ⇒*element* **0.3** ***principe*** ⇒*(morele) stelregel, beginsel* ◆ **1.1** Archimedes' ~ *de wet v. Archimedes;* the ~ of relativity *de relativiteitstheorie* **2.3** a man of high ~ *een man met hoogstaande principes* **3.¶** live up / stick to one's ~s *aan zijn principes vasthouden* **6.1** **in** ~ *in principe* **6.3** **on** ~ *principieel* **7.2** water is the first ~ of all things *water is het basisbestanddeel v. alle dingen.*

principled [prinsipld] **0.1** ***principieel.***

prink [pringk] **0.1** ***(zich) mooi maken*** ⇒*(zich) optutten* ◆ **5.1** ~ **up** *zich chic kleden.*

print[1] [print] **I** ⟨telb.zn.⟩ **0.1** ***afdruk*** ⇒⟨fig.⟩ *spoor* **0.2** ⟨bk.⟩ ***prent*** **0.3** ***(foto)afdruk*** **0.4** ***stempel*** **0.5** ***gedrukt exemplaar*** ⇒*krant, blad* **0.6** ⟨vnl. mv.; sl.⟩ ***vingerafdruk*** ◆ **1.1** a ~ of a tyre *een bandenspoor;*

II ⟨telb. en n.-telb.zn.⟩ **0.1** ***(bedrukt) katoentje*** ⇒*patroon;*

III ⟨n.-telb.zn.⟩⟨druk.⟩ **0.1** ***druk*** **0.2** ***uitgave*** ⇒*oplage* ◆ **3.¶** rush into ~ *een (voorbarig) ingezonden stuk schrijven* **6.1** **in** ~ *gedrukt; verkrijgbaar;* **out of** ~ *uitverkocht.* → **small.**

print[2] **I** ⟨onov. en ov.ww.⟩ **0.1** ***(af)drukken*** **0.2** ***publiceren*** **0.3** ***in/met blokletters (op)schrijven*** **0.4** ***(be)stempelen*** **0.5** ⟨sl.⟩ ***vingerafdrukken nemen*** ◆ **1.1** ~ed papers *drukwerk* **5.1** ~ **out** *een print-out/uitdraai maken (van);*

II ⟨ov.ww.⟩ **0.1** ⟨+ off⟩ ***een afdruk maken van*** ⇒*afdrukken* ⟨ook foto.⟩ **0.2** ***bedrukken*** ⟨stof, aardewerk enz.⟩ **0.3** ***inprenten*** ⇒*(in het geheugen) griffen* ◆ **1.2** ⟨elek.⟩ ~ed circuit *gedrukte bedrading.*

printable [printəbl] **0.1** ***geschikt om gedrukt te worden.***

printed matter 0.1 ***drukwerk.***

printer [printə] **0.1** ***(boek)drukker*** **0.2** ⟨comp.⟩ ***printer.***

printer's error 0.1 ***drukfout*** ⇒*zetfout.*

printing [printing] **0.1** ***oplage*** ⇒*druk* **0.2** ***(boek)drukkunst***

0.3 ***blokletters*** ◆ **7.1** the first ~ of a book *de eerste druk v.e. boek.*

printing ink, printer's ink 0.1 ***drukinkt.***

printing office 0.1 ***drukkerij.***

printing press 0.1 ***drukpers.***

printing works ⟨zn.; ww. enk. of mv.⟩ **0.1** ***drukkerij.***

print journalism 0.1 ***(de) schrijvende pers.***

print-out ⟨comp.⟩ **0.1** ***uitdraai.***

print-shop 0.1 ***(kleine) drukkerij.***

print wheel 0.1 ***margrietwiel(tje)*** ⟨op schrijfmachine, printer⟩.

prior¹ [prajjə] ⟨zn.; vaak P-⟩⟨rel.⟩ **0.1** ***prior.***

prior² ⟨bn.⟩ **0.1** ***vroeger*** ⇒*voorafgaand* **0.2** ***prioritair*** ⇒ *preferent.*

prioritize, -tise [prajjorrətajz] **I** ⟨onov.ww.⟩ **0.1** ***prioriteiten stellen;***
II ⟨ov.ww.⟩ **0.1** ***prioriteren*** ⇒*prioriteit geven aan.*

priorit|y [prajjorrətie] ⟨mv.: -ies⟩ **0.1** ***prioriteit*** ⇒*voorrang* ◆ **3.1** get one's priorities right *de juiste prioriteiten stellen;* give ~ to the employment policy *de voorrang geven aan het werkgelegenheidsbeleid.*

prior to 0.1 ***vóór*** ⇒*voorafgaande aan.*

prior|y [prajjərie] ⟨mv.: -ies; vaak P-⟩⟨rel.⟩ **0.1** ***priorij.***

prise¹ [prajz] ⟨zn.⟩⟨vnl. BE⟩ **0.1** ***hefkracht*** ⇒*greep.*

prise² ⟨ww.⟩⟨vnl. BE⟩ **0.1** ***lichten*** ⇒*openbreken.*

prism [prizm] **0.1** ***prisma.***

prismatic [prizmætik] **0.1** ***prismatisch*** ◆ **1.1** ~ binoculars *prismakijker.*

prison [prizn] **0.1** ***gevangenis*** **0.2** ***gevangenisstraf*** ◆ **1.1** ~ without bars *open gevangenis/inrichting.*

prison camp 0.1 ***interneringskamp.***

prisoner [priznə] **0.1** ***gevangene*** ⇒*gedetineerde* ◆ **1.1** ~ of conscience *gewetensgevangene;* ~ of war *krijgsgevangene.*

priss|y [prissie] ⟨-iness⟩ **0.1** ***nuffig*** ⇒*preuts, stijf.*

pristine [pristie:n] ⟨schr.⟩ **0.1** ***oorspronkelijk*** ⇒*voormalig* **0.2** ***ongerept.***

privacy [privvəsie] **0.1** ***privacy*** **0.2** ***geheimhouding*** ⇒*stilte, beslotenheid* **0.3** ***afzondering.***

private¹ [prajvət] ⟨zn.; vnl. P-⟩ **0.1** ***soldaat*** ⇒*militair.*

private² ⟨-ness⟩ **I** ⟨bn.⟩ **0.1** ***besloten*** ⇒*afgezonderd* **0.2** ***vertrouwelijk*** ⇒*geheim* ◆ **1.1** ~ celebration *viering in familiekring;* ~ hotel *familiehotel;* she's a very ~ kind of person *ze is erg op zichzelf* **1.2** ~ conversation *gesprek onder vier ogen* **1.¶** ⟨euf.⟩ ~ parts *geslachtsdelen* **3.2** keep ~ *binnenskamers houden* **6.2** in ~ *in het geheim;*
II ⟨bn., attr.⟩ **0.1** ***particulier*** ⇒*niet openbaar/publiek* **0.2** ***persoonlijk*** ⇒*eigen* **0.3** ***ambteloos*** ⇒*niet officieel* ◆ **1.1** ~ enterprise *particuliere onderneming;* ⟨fig.⟩ *ondernemingslust;* ~ life *privéleven;* ~ property *privé/particulier eigendom;* ~ school *particuliere school* **1.2** ⟨geldw.⟩ ~ account *privérekening;* ~ detective *privédetective* **1.¶** ~ eye *privédetective;* ~ means *inkomsten anders dan uit loon;* ~ member *gewoon lid v.h. Lagerhuis* ⟨zonder regeringsfunctie⟩; ⟨med.⟩ ~ patient *particulier patiënt;* ⟨med.⟩ ~ practice *particuliere praktijk;* ~ soldier *gewoon soldaat;* ~ view *persoonlijke mening.*

privation [prajveesjn] **0.1** ***ontbering*** ⇒*gebrek.*

privatiz|e, -is|e [prajvətajz] ⟨zn.: **-ation**⟩ **0.1** ***privatiseren.***

privet [privvit] **0.1** ***liguster.***

privilege¹ [priv(i)lidzj] ⟨zn.⟩ **0.1** ***voorrecht*** ⇒*privilege* **0.2** ⟨AE; geldw.⟩ ***optie*** **0.3** ⟨BE; pol.⟩ ***onschendbaarheid*** ⇒*immuniteit* **0.4** ***bevoorrechting*** ◆ **1.3** breach of ~ *inbreuk op de parlementaire gedragsregels* **3.1** I have the ~ of welcoming you here *het is mij een voorrecht u hier te verwelkomen* **¶.1** it's a ~ *zeer vereerd.*

privilege² ⟨ww.⟩ **0.1** ***bevoorrechten*** ⇒*een privilege verlenen* **0.2** ***machtigen*** ⇒*toestaan* **0.3** ***vrijstellen*** ◆ **¶.1** we are now ~d to give the floor to our guest *wij hebben nu de eer onze gast het woord te geven.*

priv|y¹ [privvie] ⟨zn.; mv.: -ies⟩ **0.1** ***betrokkene*** ⇒*belanghebbende (partij).*

privy² I ⟨bn., attr.⟩⟨vero., beh. in officiële benamingen⟩ **0.1** ***verborgen*** ◆ **1.¶** Privy Council *Geheime Raad* ⟨adviesraad v.d. Britse koning(in)⟩; ⟨BE⟩ Privy Seal *geheimzegel;*
II ⟨bn., pred.⟩⟨schr.⟩ **0.1** ***ingewijd*** ⇒*ingelicht* ◆ **6.1** be ~ **to** *op de hoogte zijn van.*

prize¹ [prajz] ⟨zn.⟩ **0.1** ⟨vaak attr.⟩ ***prijs*** ⇒*beloning* **0.2** ⟨gesch.⟩ ***prijs(schip)*** ⇒*(oorlogs)buit* **0.3** ***meevaller*** ⇒*buitenkansje* ◆ **1.1** the ~s of life *dat wat het leven de moeite waard maakt* **3.2** make ~ of *buitmaken.*

prize² ⟨ww.⟩ **0.1** ***waarderen*** ⇒*op prijs stellen* **0.2** ***naar waarde schatten*** **0.3** ***lichten*** ⟨met een werktuig⟩ ◆ **5.3** ~ **off** the lid *wip het deksel eraf;* ~ a crate **open** *een krat openbreken.* →**prize out.**

prize blunder ⟨scherts.⟩ **0.1** ***flater v.je welste.***

prize day 0.1 ***prijsuitreikingsdag.***

prize fight ⟨gesch.⟩ **0.1** ***vuistgevecht*** ⇒*bokswedstrijd* ⟨voor geld⟩.

prize fighter ⟨gesch.⟩ **0.1** ***vuistvechter*** ⇒*(beroeps)bokser.*

prize money 0.1 ⟨gesch.⟩ ***prijsgeld*** **0.2** ***prijzengeld.***

prize out 0.1 ***los/uitpeuteren*** ⇒*uithalen;* ⟨fig.⟩ *afhandig maken* ◆ **6.1** prize the secret out **of** him *hem het geheim ontfutselen.*

prizewinner 0.1 ***prijswinnaar.***

prize-winning 0.1 ***bekroond.***

PR man 0.1 ***pr-man*** ⇒*public relations man, perschef.*

pro¹ [proo] ⟨zn.⟩⟨inf.⟩ **0.1** ⟨verk.⟩ [professional] ⟨sport⟩ ***prof*** ⇒ *beroeps* **0.2** ⟨verk.⟩ [prostitute] ⟨BE⟩ ***hoer*** **0.3** ⟨vnl. mv.⟩ ***argument/stem/persoon vóór iets*** ◆ **1.3** the ~s and con(tra)s *de voor- en nadelen.*

pro² ⟨bn.⟩ **0.1** ***pro*** ⇒*voor* **0.2** ⟨sl.⟩ ***beroeps-.***

pro³ ⟨bw.⟩ **0.1** ***(er)vóór*** ⇒*pro* ◆ **3.1** he argued ~ *hij pleitte ervóór* **5.1** ~ and con *vóór en tegen.*

pro⁴ ⟨vz.⟩ **0.1** ***vóór*** ⇒*ter verdediging van.*

pro-abortion 0.1 ***pro-abortus(-).***

pro-abortionist 0.1 ***voorstander v. vrije(re) abortus(wetgeving).***

probabilit|y [probbəbillətie] ⟨mv.: -ies⟩ **0.1** ***waarschijnlijkheid*** ⇒*kans* **0.2** ⟨wisk.⟩ ***waarschijnlijkheidsrekening*** ◆ **1.1** ⟨wisk.⟩ theory/calculation of ~ *kansberekening* **2.1** there's little ~ that *het is niet erg waarschijnlijk dat* **6.1** **in** all ~ *hoogstwaarschijnlijk.*

probable¹ [probbəbl] ⟨zn.⟩ **0.1** ***vermoedelijke keuze*** ⇒⟨vnl. sport⟩ *kandidaat; gedoodverfde winnaar.*

probable² ⟨bn.⟩ **0.1** ***waarschijnlijk*** ⇒*aannemelijk* ◆ **1.1** the ~ result *het te verwachten resultaat;* ⟨vnl. sport⟩ the ~ winner *de gedoodverfde winnaar.*

probably [probbəblie] **0.1** →**probable** **0.2** ***ongetwijfeld*** ⇒ *vast wel* ◆ **1.2** ~ the greatest army *misschien wel het grootste leger.*

probate [proobeet] ⟨jur.⟩ **0.1** ***geverifieerd afschrift v.e. testament*** **0.2** ***gerechtelijke verificatie v.e. testament.***

probation [prəbeesjn] **0.1** ***proef(tijd)*** ⇒⟨ook jur.⟩ *onderzoek(speriode);* ⟨rel.⟩ *noviciaat* ◆ **6.1** **on** ~ *op proef; voorwaardelijk in vrijheid gesteld.*

probationary [prəbeesjnərie] **0.1** ***proef-*** ⇒*mbt. een proef(tijd)* **0.2** ***op proef.***

probationer [prəbeesjnə] **0.1** ***voorlopig aangestelde*** ⇒*op proef aangenomen employé* **0.2** ***leerling-verpleegster*** **0.3** ⟨rel.⟩ ***novice.***

probation officer ⟨jur.⟩ **0.1** ***reclasseringsambtenaar.***
probe[1] [proob] ⟨zn.⟩ **0.1** ***sonde*** ⇒*peilstift* **0.2** ***sondeerballon*** ⇒*ruimtesonde* **0.3** ***(diepgaand) onderzoek.***
probe[2] ⟨ww.⟩ **0.1** ***sonderen*** ⇒*(met een sonde) onderzoeken* **0.2** ***(goed) onderzoeken*** ⇒*diep graven (in)* ◆ **1.2** a probing interrogation *een indringende ondervraging* **6.2** ~ **into** *graven naar.*
probity [proobətie] ⟨schr.⟩ **0.1** ***rechtschapenheid*** ⇒*eerlijkheid.*
problem [probləm] **0.1** ***probleem*** ⇒*vraagstuk, kwestie* **0.2** ***opgave*** ⇒*vraag.*
problematic|(al) [probləmætik(l)] ⟨-ally⟩ **0.1** ***problematisch*** **0.2** ***twijfelachtig.***
problem child **0.1** ***probleemkind*** ⟨met opvoedingsmoeilijkheden⟩.
proboscis [prəbossis]⟨mv.: ook proboscides [-siddie:z]⟩ **0.1** ***slurf*** ⇒*(lange) snuit;* ⟨bij insecten⟩ *zuigorgaan.*
procedural [prəsie:dzjrəl] **0.1** ***procedureel.***
procedure [prəsie:dzjə] **0.1** ***procedure*** ⇒*methode, werkwijze* **0.2** ⟨jur.⟩ ***rechtspleging*** ⇒*procesvoering* ◆ **2.2** legal ~ *gerechtelijke procedure.*
proceed [prəsie:d] **0.1** ***beginnen*** ⇒*van start gaan* **0.2** ***verder gaan*** ⇒*doorgaan* **0.3** ***te werk gaan*** ⇒*handelen* **0.4** ***plaatsvinden*** ⇒*aan de gang zijn* **0.5** ***zich bewegen*** ⇒ *gaan, rijden* **0.6** ***ontstaan*** ◆ **1.2** work is steadily ~ing *het werk vordert gestaag* **5.3** how shall we ~ *welke procedure zullen we volgen?* **6.2** ~ **with/in** *vervolgen/voortgaan met* **6.6** ⟨schr.⟩ ~ **from** *voortkomen/voortvloeien uit.*
proceed against ⟨jur.⟩ **0.1** ***gerechtelijk vervolgen*** ⇒*procederen tegen.*
proceeding [prəsie:ding] **0.1** ***handeling*** ⇒*maatregel* **0.2** ***optreden*** ⇒*handelwijze* **0.3** ⟨mv.⟩ ***gebeurtenissen*** ⇒ *voorvallen* **0.4** ⟨mv.; P-⟩ ***notulen*** ⇒*handelingen* ⟨v. genootschap enz.⟩, *verslag* **0.5** ⟨mv.; jur.⟩ ***gerechtelijke actie*** ◆ **2.5** take/start legal ~s *gerechtelijke stappen ondernemen.*
proceeds [proosie:dz] **0.1** ***opbrengst.***
proceed to **0.1** ***overgaan tot/op*** ⇒*verder gaan met* ◆ **1.1** ~ business *tot zaken komen.*
process[1] [prooses] ⟨zn.⟩ **0.1** ***proces*** ⇒*ontwikkeling* **0.2** ***procédé*** ⇒*methode* **0.3** ***(serie) verrichting(en)*** ⇒*handelwijze, werkwijze* **0.4** ***(voort)gang*** ⇒*(ver)loop* ◆ **6.1** **in** ~ **of** construction *in aanbouw* **6.4** **in** ~ *aan de gang;* **in** the ~ *en passant;* enjoy yourself and win a prize **in** the ~ *vermaak u en win een prijs op de koop toe;* **in** (the) ~ **of** *doende/bezig met.*
process[2] [prəses] ⟨ww.⟩ **0.1** ***(als) in processie gaan*** ⇒*een optocht houden.*
process[3] [prooses] ⟨ww.⟩ **0.1** ***bewerken*** ⇒*verwerken* **0.2** ⟨foto.⟩ ***ontwikkelen (en afdrukken).***
process control **0.1** ***procesbewaking/beheersing.***
procession [prəsesjn] **0.1** ***stoet*** ⇒*optocht, processie* **0.2** ***opeenvolging*** **0.3** ***voortgang*** ⇒*verloop* ◆ **6.1** walk **in** ~ *in optocht lopen.*
processional [prəsesjnəl] ⟨rel.⟩ **0.1** ⟨bn.⟩ ***processie-*** **0.2** ⟨zn.⟩ ***processiehymne*** **0.3** ⟨zn.⟩ ***processieboek.***
processor [proosessə] **0.1** ⟨comp.⟩ ***processor*** ⇒⟨ihb.⟩ *verwerkingseenheid.*
proclaim [prəkleem] **0.1** ***afkondigen*** ⇒*verklaren* **0.2** ***prijzen*** ⇒*loven* **0.3** ***kenmerken*** ◆ **1.1** ~ peace *de vrede afkondigen* **1.3** his behaviour ~ed him a liar *uit zijn gedrag bleek duidelijk dat hij loog.*
proclamation [prokləmeesjn] **0.1** ***proclamatie*** ⇒*afkondiging.*
proclivit|y [prəklivvətie] ⟨mv.: -ies⟩⟨schr.⟩ **0.1** ⟨+ to(wards)⟩ ***neiging (tot)*** ⇒*drang (tot).*
proconsul [prookonsl] **0.1** ***vice-consul*** **0.2** ⟨schr.⟩ ***gouverneur v.e. kolonie*** **0.3** ⟨gesch.⟩ ***proconsul*** ⟨oude Rome⟩.
proconsular [prookonsjoelə] **0.1** ***vice-consulair*** **0.2** ⟨schr.⟩ ***van/door een gouverneur.***
proconsulate [prookonsjoelət] **0.1** ***vice-consulaat.***
procrastinate [prəkræstinneet] ⟨schr.⟩ **0.1** ***talmen*** ⇒*dralen.*
procrastination [prəkræstinneesjn] ⟨schr.⟩ **0.1** ***uitstel*** ⇒ *aarzeling.*
procre|ate [prookrie·eet] ⟨zn.: **-ation**⟩ **0.1** ***nageslacht voortbrengen*** ⇒*zich voortplanten* **0.2** ***procreëren*** ⇒ *scheppen, voortbrengen.*
proctor [proktə] **0.1** ⟨P-; BE⟩ ***proctor*** ⟨ordefunctionaris aan de universiteiten v. Oxford en Cambridge⟩ **0.2** ⟨vaak P-; BE; jur.⟩ ***procureur*** **0.3** ⟨BE; rel.⟩ ***procurator*** ⟨vertegenwoordiger v.d. geestelijkheid bij anglicaanse synode⟩.
procurable [prəkjoeərəbl] **0.1** ***verkrijgbaar*** ⇒*beschikbaar.*
procuration [prokjoereesjn] ⟨hand.⟩ **0.1** ***provisie*** ⇒*makelaarsloon.*
procurator [prokjoereetə] **0.1** ⟨hand.⟩ ***procuratiehouder*** **0.2** ⟨gesch.⟩ ***procurator*** ⇒*keizerlijk administrateur* ⟨oude Rome⟩ ◆ **2.¶** ⟨jur.⟩ ~ fiscal *officier v. justitie v.e. district* ⟨in Schotland⟩.
procure [prəkjoeə] ⟨zn.: **-ment**⟩ **I** ⟨onov.ww.⟩ **0.1** ***pooieren;*** **II** ⟨ov.ww.⟩ **0.1** ***verkrijgen*** ⇒*verwerven.*
procurer [prəkjoeərə] **0.1** ***souteneur.***
procuress [prəkjoeəris] **0.1** ***koppelaarster*** ⇒*bordeelhoudster.*
prod[1] [prod] ⟨zn.⟩ **0.1** ***por*** ⇒*steek* **0.2** ***zet*** ⟨ook fig.⟩ ⇒*duwtje.*
prod[2] ⟨ww.; -ded⟩ **0.1** ***porren*** ⇒*prikken, duwen* **0.2** ***aansporen*** ⇒*opporren, opjutten* ◆ **3.2** I don't want to be ~ded like that *ik wil niet zo opgejaagd worden* **6.1** ~ **at/in** *steken/prikken naar/in.*
prodigal[1] [proddigl] ⟨zn.⟩ **0.1** ***verkwister*** ◆ **3.1** the ~ has returned *de verloren zoon is teruggekeerd.*
prodigal[2] ⟨bn.; zn.: **-ity**⟩ **0.1** ***kwistig*** ⇒*spilziek* **0.2** ***vrijgevig*** **0.3** ***overvloedig*** ◆ **1.1** the ~ son *de verloren zoon.*
prodigious [prədidzjəs] **0.1** ***wonderbaarlijk.***
prodig|y [proddidzjie] ⟨mv.: -ies⟩ **0.1** ***wonder*** ⇒*bovennatuurlijk verschijnsel* **0.2** ***wonderkind.***
produce[1] [prodjoe:s] ⟨zn.⟩ **0.1** ***opbrengst*** ⇒*productie* ◆ **2.1** agricultural ~ *landbouwproducten.*
produce[2] [prədjoe:s] **I** ⟨onov. en ov.ww.⟩ **0.1** ***produceren*** ⇒ *op/voortbrengen* **0.2** ***produceren*** ⇒*vervaardigen;* **II** ⟨ov.ww.⟩ **0.1** ***tonen*** ⇒*produceren* **0.2** ***uitbrengen*** ⇒*het licht doen zien* **0.3** ***veroorzaken*** ⇒*teweegbrengen* ◆ **1.1** ~ evidence/reasons *bewijzen/redenen aanvoeren* **1.2** ~ a play *een toneelstuk op de planken brengen.*
producer [prədjoe:sə] **0.1** ⟨ec.⟩ ***producent*** ⇒*fabrikant* **0.2** ⟨dram.; film.; tv⟩ ***producer*** ⇒*productieleider* **0.3** ⟨BE; dram.; radio⟩ ***regisseur*** **0.4** ⟨radio, tv⟩ ***samensteller.***
producer('s) goods, production goods ⟨ec.⟩ **0.1** ***productiegoederen*** ⟨machines en grondstoffen⟩.
product [proddukt] **0.1** ***product*** ⇒*voortbrengsel* **0.2** ***resultaat*** ⇒*gevolg* **0.3** ⟨wisk.⟩ ***product*** ◆ **2.1** agricultural ~s *landbouwproducten.*
production [prəduksjn] **0.1** ***product*** ⇒*schepping* **0.2** ⟨dram.; film.⟩ ***productie, het produceren*** **0.3** ***productie*** ⇒ *opbrengst* **0.4** ***productie*** ⇒*vervaardiging* **0.5** ***het tonen*** ◆ **6.5** **on** ~ of your tickets *op vertoon van uw kaartje.*
production line ⟨ind.⟩ **0.1** ***straat*** ⇒⟨oneig.⟩ *lopende band.*
productive [prəduktiv] ⟨-ness⟩ **0.1** ***voortbrengend*** ⇒*producerend* **0.2** ⟨ook ec.⟩ ***productief*** ⇒*vruchtbaar* ◆ **1.2** a ~ writer *een productief/vruchtbaar schrijver.*
productivity [proddəktivvətie] **0.1** ***productiviteit*** **0.2** ***rendement.***

product liability 0.1 ***productaansprakelijkheid.***
product line 0.1 ***assortiment*** ⇒*collectie, soort artikel.*
proem [proo̲əm] ⟨schr.⟩ 0.1 ***voorwoord*** ⇒*inleiding.*
prof [prof] ⟨verk.⟩ [professor] ⟨inf.⟩ 0.1 ***prof*** ⇒*professor.*
profanation [proffəneesjn] 0.1 ***profanatie*** ⇒*heiligschennis, blasfemie.*
profane¹ [prəfeen] ⟨bn.⟩ 0.1 ***profaan*** ⇒*niet kerkelijk, wereldls* 0.2 ***heidens*** 0.3 ***ontheiligend*** ⇒*blasfemisch* ◆ 1.1 ~ art *wereldlijke kunst.*
profane² ⟨ww.⟩ 0.1 ***ontheiligen*** ⇒*profaneren.*
profanit|y [prəfænətie] ⟨mv.: -ies⟩ 0.1 ***godslastering*** ⇒*(ge)vloek* 0.2 ***godslasterlijkheid*** ⇒*blasfemie.*
profess [prəfes] 0.1 ***beweren*** ⇒*voorwenden* 0.2 ***verklaren*** ⇒*betuigen* 0.3 ***belijden*** ⇒*aanhangen* 0.4 ⟨schr.⟩ ***zijn beroep maken van*** ⇒*(als beroep) be/uitoefenen* 0.5 ⟨schr.⟩ ***doceren*** ⇒*hoogleraar zijn in* ◆ 1.2 he ~ed his ignorance on the subject *hij verklaarde dat hij niets van het onderwerp afwist.*
professed [prəfest] 0.1 ***voorgewend*** ⇒*zogenaamd* 0.2 ***openlijk*** ⇒*verklaard, naar eigen zeggen* 0.3 ⟨rel.⟩ ***belijdend*** ⇒*praktiserend.*
professedly [prəfessidlie] 0.1 ***naar eigen zeggen*** 0.2 ***zogenaamd*** 0.3 ***openlijk.***
profession [prəfesjn] 0.1 ***verklaring*** ⇒*uiting* 0.2 ***beroep*** ⇒*vak;* ⟨ww. ook mv.⟩ *alle beoefenaren v.h. vak* 0.3 ⟨rel.⟩ ***belijdenis*** ◆ 6.2 he is a doctor **by** ~ *hij is dokter van zijn vak.* →**old.**
professional¹ [prəfesjnəl] ⟨zn.⟩ 0.1 ***beroeps*** ⇒*deskundige* 0.2 ⟨sport⟩ ***professional*** ⇒*prof* ◆ 3.2 turn ~ *beroeps worden* 5.1 she's quite a ~ *ze is heel bekwaam.*
professional² I ⟨bn.⟩ 0.1 ***professioneel*** ⇒*beroeps-;* ⟨sport⟩ *prof-* 0.2 ***vakkundig*** ⇒*bekwaam* ◆ 1.1 ~ jealousy *broodnijd;*
II ⟨bn., attr.⟩ 0.1 ***met een hogere opleiding*** 0.2 ***onverbeterlijk*** 0.3 ⟨sport; euf.⟩ ***professioneel*** ⇒*opzettelijk* ⟨v. overtreding⟩ ◆ 1.1 she is a ~ woman *ze heeft gestudeerd* 1.2 he's a ~ tease *hij doet nooit iets anders dan voeren* 1.3 ~ foul *professionele overtreding.*
professionalism [prəfesjnəlizm] 0.1 ***beroepsmatigheid*** 0.2 ***bekwaamheid*** 0.3 ⟨sport; euf.⟩ ***het professioneel zijn.***
professor [prəfessə] 0.1 ***professor*** ⇒*hoogleraar* 0.2 ⟨AE⟩ ***wetenschappelijk medewerker met leeropdracht*** 0.3 ⟨rel.⟩ ***belijder*** ⇒*vurig aanhanger* 0.4 ⟨sl.⟩ ***boekenwurm*** ⇒*studiehoofd* ◆ 6.1 ~ **of** chemistry *hoogleraar in de scheikunde.*
professorial [proffəso:riəl] 0.1 ***(als) v.e. professor*** ⇒*professoraal.*
professorship [prəfessəsjip] 0.1 ***hoogleraarschap*** ⇒*professoraat.*
proffer¹ [proffə] ⟨zn.⟩ ⟨schr.⟩ 0.1 ***aanbod.***
proffer² ⟨ww.⟩ ⟨schr.⟩ 0.1 ***aanbieden*** ⇒*aanreiken.*
profici|ent [prəfisjnt] ⟨zn.: **-ency**⟩ 0.1 ***vakkundig*** ⇒*bekwaam.*
profile¹ [proofajl] ⟨zn.⟩ 0.1 ***profiel*** ⇒*zijaanzicht* 0.2 ***silhouet*** ⇒*doorsnede* 0.3 ***profiel*** ⇒*karakterschets.* →**low.**
profile² ⟨ww.⟩ 0.1 ***en profil weergeven*** 0.2 ⟨vaak pass.⟩ ***aftekenen*** ⇒*in silhouet weergeven; een dwarsdoorsnede geven v.* 0.3 ***een karakterschets geven v.*** ◆ 6.2 the mountains were ~d **against** the sky *de bergen tekenden zich af tegen de hemel.*
profit¹ [proffit] ⟨zn.⟩ 0.1 ***winst*** ⇒*opbrengst* 0.2 ***rente*** 0.3 ***nut*** ⇒*voordeel, profijt* ◆ 1.1 share of ~s *winstaandeel* 6.1 sell **at** a ~ *met winst verkopen* 6.3 I read the book much **to** my ~ *ik heb veel aan het boek gehad.*
profit² I ⟨onov.ww.⟩ 0.1 ***bevorderlijk zijn*** ⇒*nuttig zijn* 0.2 ⟨+ by/from⟩ ***profiteren (van)*** ⇒*profijt trekken;*
II ⟨ov.ww.⟩ ⟨schr.⟩ 0.1 ***van nut zijn*** ⇒*helpen* ◆ 4.1 it won't ~ you to do such a thing *het zal je niets opleveren als je dat doet.*
profitab|le [proffittəbl] ⟨-ly⟩ 0.1 ***nuttig*** ⇒*voordelig* 0.2 ***winstgevend.***
profiteer [proffittiə] 0.1 ⟨zn.⟩ ***woekeraar*** 0.2 ⟨ww.⟩ ***woekerwinst maken.***
profitless [proffitləs] 0.1 ***nutteloos*** ⇒*zonder resultaat.*
profit margin 0.1 ***winstmarge.***
profit sharing 0.1 ***winstdeling.***
profit-sharing note ⟨ec.⟩ 0.1 ***action de jouissance*** ⇒*winstbewijs.*
profligacy [profligəsie] 0.1 ***losbandigheid*** 0.2 ***roekeloosheid*** ⇒*spilzucht.*
profligate [profligət] 0.1 ⟨bn.⟩ ***losbandig*** ⇒*lichtzinnig* 0.2 ⟨bn.⟩ ***verkwistend*** 0.3 ⟨zn.⟩ ***losbol*** 0.4 ⟨zn.⟩ ***verkwister.***
pro forma¹ [proofo:mə] ⟨zn.⟩ ⟨hand.⟩ 0.1 ***conto finto*** ⇒*pro forma factuur, gefingeerde rekening.*
pro forma² ⟨bn.; bw.⟩ 0.1 ***pro forma*** ⇒*voor de vorm* ◆ 1.1 ⟨hand.⟩ ~ invoice *conto finto, pro forma factuur.*
profound [prəfaund] 0.1 ***wijs*** ⇒*wijsgerig, diepzinnig* 0.2 ***diepgaand*** ⇒*moeilijk te doorgronden* 0.3 ***diep*** ⇒*grondig* 0.4 ⟨med.⟩ ***verborgen*** ⇒*sluipend* ◆ 1.1 a ~ thinker *een groot denker* 1.3 ~ ignorance *grove onwetendheid.*
profundit|y [prəfundətie] ⟨mv.: -ies⟩ I ⟨telb. en n.-telb.zn.⟩ 0.1 ***diepzinnigheid*** ⇒*wijsgerigheid* 0.2 ⟨schr.⟩ ***diepte*** ⇒*onpeilbaarheid;*
II ⟨n.-telb.zn.⟩ 0.1 ***hevigheid*** ⇒*intensiteit* 0.2 ***ondoorgrondelijkheid.***
profuse [prəfjoe:s] ⟨-ness⟩ 0.1 ***gul*** ⇒*kwistig* 0.2 ***overvloedig*** ⇒*overdadig* ◆ 3.2 bleed ~ly *hevig bloeden* 6.1 be ~ **in** one's apologies *zich uitputten in verontschuldigingen.*
profusion [prəfjoe:zjn] ⟨vnl. enk.⟩ 0.1 ***overvloed*** ⇒*massa* 0.2 ***kwistigheid*** ⇒*vrijgevigheid.*
progenitor [proodzjennittə] 0.1 ***voorvader*** ⇒*voorzaat* 0.2 ***voorloper*** ⇒*voorganger.*
progen|y [prodzjənie] ⟨zn.; ww. enk. of mv.⟩ 0.1 ***nageslacht*** ⇒*kinderen* 0.2 ***volgelingen.***
prognosis [prognoosis] ⟨mv.: prognoses [-sie:z]⟩ ⟨ec., med.⟩ 0.1 ***prognose*** ⇒*voorspelling.*
prognostic [prognostik] ⟨schr.⟩ 0.1 ⟨bn.⟩ ***voorspellend*** ⇒*waarschuwend* 0.2 ⟨zn.⟩ ***voorteken*** ⇒*waarschuwing* 0.3 ⟨zn.⟩ ***voorspelling*** ⇒*profetie.*
prognostic|ate [prognostikkeet] ⟨zn.: **-ation**⟩ ⟨schr.⟩ 0.1 ***voorspellen*** 0.2 ***duiden op*** ⇒*een voorteken zijn van.*
pro-government [prooguv(n)mənt] 0.1 ***regeringsgezind.***
programmable [proogræməbəl] 0.1 ***programmeerbaar.***
programme¹, ⟨BE sp. bet. 0.3; AE sp. alleen⟩ **program** [proogræm] ⟨zn.⟩ 0.1 ***programma*** 0.2 ***programma(blad/boekje)*** ⇒*overzicht* 0.3 ⟨comp.⟩ ***programma.***
programme², ⟨BE sp. bet. 0.2; AE sp. alleen⟩ **program** ⟨ww.; programmed⟩ 0.1 ***programmeren*** ⇒*een schema opstellen voor* 0.2 ⟨comp.⟩ ***programmeren*** ◆ 1.1 ~d learning *geprogrammeerd onderwijs.*
programme note ⟨vaak mv.⟩ 0.1 ***schets*** ⇒*beschrijving* ⟨in programmaboekje⟩.
programmer [proogræmə] ⟨comp.⟩ 0.1 ***programmeur.***
programming language ⟨comp.⟩ 0.1 ***programmeertaal.***
progress¹ [proogres] ⟨zn.⟩ 0.1 ***voortgang*** ⇒*vooruitgang;* ⟨fig.⟩ *vordering* ◆ 3.1 the patiënt is making ~ *de patiënt gaat vooruit* 6.1 **in** ~ *gaande, bezig, in wording, aan de gang; in uitvoering.*
progress² [prəgres] ⟨ww.⟩ 0.1 ***vorderen*** ⇒*vooruitgaan/komen;* ⟨fig. ook⟩ *zich ontwikkelen.*
progression [prəgresjn] 0.1 ***opeenvolging*** ⇒*aaneenscha-*

keling **0.2** ***voortbeweging*** **0.3** ***voortgang*** *⇒vooruitgang* ◆ **1.2** modes of ~ *wijzen van voortbeweging.*

progressive[1] [prəgressiv] ⟨zn.⟩ **0.1** ***vooruitstrevend persoon.***

progressive[2] ⟨bn.; -ness⟩ **0.1** ***toenemend*** *⇒voortschrijdend, voorwaarts; progressief* ⟨belasting⟩ **0.2** ***progressief*** *⇒in beweging, groeiend* **0.3** ⟨vnl. pol. en school.⟩ ***progressief*** *⇒vooruitstrevend* **0.4** ⟨taal.⟩ ***progressief*** *⇒duratief* ◆ **3.1** improve ~ly *geleidelijk beter worden.*

prohibit [prəhibbit] **0.1** ***verbieden*** **0.2** ***verhinderen*** *⇒beletten* ◆ **3.1** smoking ~ed *verboden te roken.*

prohibition [prooibbisjn] **I** ⟨eig.n.; P-⟩ **0.1** ***(periode v.d.) drooglegging*** ⟨tijd waarin het drankverbod gold in de USA, 1920-1933⟩;
II ⟨telb. en n.-telb.zn.⟩ **0.1** ***verbod*** *⇒verbodsbepaling;* ⟨ihb.⟩ *drankverbod.*

prohibitionist [prooibbisjənist] **0.1** ⟨P-⟩ ***prohibitionist*** *⇒lid van de Prohibition Party* ⟨in de USA⟩ **0.2** ***prohibitionist*** *⇒voorstander v.h. drankverbod.*

prohibitive [prəhibbittiv] **0.1** ***verbiedend*** *⇒verbods-* **0.2** ⟨hand.⟩ ***prohibitief*** *⇒belemmerend, remmend* ◆ **1.2** ~ duty *prohibitief invoerrecht;* ~ prices *onbetaalbaar hoge prijzen;* ~ tax *prohibitief tarief.*

prohibitory [prəhibbitrie] **0.1** ***verbiedend*** *⇒verbods-* **0.2** ***prohibitief*** *⇒belemmerend* ◆ **1.1** ~ rules *verbodsbepalingen.*

project[1] [prodzjekt] ⟨zn.⟩ **0.1** ***plan*** *⇒ontwerp* **0.2** ***project*** *⇒onderneming* **0.3** ***project*** *⇒onderzoek.*

project[2] [prədzjekt] **I** ⟨onov.ww.⟩ **0.1** ***vooruitspringen*** *⇒uitsteken* ◆ **1.1** ~ing shoulder blades *uitstekende schouderbladen;*
II ⟨ov.ww.⟩ **0.1** ***ontwerpen*** *⇒uitstippelen* **0.2** ***werpen*** *⇒afschieten* **0.3** ***werpen*** *⇒projecteren* **0.4** ***afbeelden*** *⇒tonen* **0.5** ***zich voorstellen*** *⇒een beeld vormen van* **0.6** ***ramen*** *⇒schatten* **0.7** ⟨psych., wisk.⟩ ***projecteren*** ◆ **1.3** ~ slides *dia's projecteren;* ~ one's voice *zijn stem richten.*

projectile[1] [prədzjektajl] ⟨zn.⟩ **0.1** ***projectiel*** **0.2** ***geleid/automatisch projectiel*** *⇒raket.*

projectile[2] ⟨bn.⟩ **0.1** ***voortdrijvend*** **0.2** ***afschietbaar*** *⇒werpbaar.*

projection [prədzjeksjn] **I** ⟨telb.zn.⟩ **0.1** ***uitstekend deel*** *⇒uitsprong* **0.2** ***projectie*** *⇒beeld* **0.3** ***raming*** *⇒plan;*
II ⟨telb. en n.-telb.zn.⟩ **0.1** ⟨wisk.⟩ ***projectie*** **0.2** ⟨psych.⟩ ***projectie*** *⇒het toeschrijven v. eigen gevoelens aan anderen* ◆ **1.1** ~ of a point *geprojecteerd punt;*
III ⟨n.-telb.zn.⟩ **0.1** ***het afvuren*** *⇒het wegwerpen* **0.2** ***het projecteren*** *⇒filmprojectie* **0.3** ***het uitsteken*** **0.4** ***het plannen maken.***

projectionist [prədzjeksjənist] **0.1** ***operateur*** *⇒filmoperateur.*

projection room, projection booth **0.1** *cabine* ⟨in bioscoop⟩.

projective [prədzjektiv] **0.1** ***uitstekend*** *⇒uitspringend* **0.2** ⟨psych.⟩ ***projectief*** *⇒v.d. projectie.*

projector [prədzjektə] **0.1** ***projector*** *⇒film/diaprojector.*

prolapse [proolæps] ⟨med.⟩ **0.1** ***prolaps*** *⇒verzakking.*

prole [prool] ⟨vnl. BE; inf.⟩ **0.1** ***proletariër.***

prolegomenon [prooligomminnən] ⟨mv.: prolegomena [-minnə]; vaak mv.⟩ **0.1** ***inleiding*** *⇒voorwoord, prolegomena.*

proletarian [proolitteəriən] **0.1** ⟨bn.⟩ ***proletarisch*** **0.2** ***proletariër.***

proletariat [proolitteəriət] ⟨zn.; ww. enk. of mv.⟩ **0.1** ***proletariaat*** *⇒arbeidersklasse* ◆ **1.1** dictatorship of the ~ *dictatuur v.h. proletariaat.*

pro-life **0.1** ***anti-abortus-.***

pro-lifer [proolajfə] **0.1** ***voorstander v.h. recht op leven*** ⟨v.h. ongeboren kind⟩ *⇒tegenstander v. vrije abortus(wetgeving).*

prolifer|ate [prəliffəreet] ⟨zn.: **-ation**⟩ **0.1** ***snel in aantal toenemen*** *⇒zich verspreiden.*

prolific [prəliffik] ⟨-ally⟩ **0.1** ***vruchtbaar*** *⇒*⟨fig.⟩ *met overvloedige resultaten, rijk* ◆ **1.1** a ~ writer *een productief schrijver.*

prolix [prooliks] ⟨zn.: **-ity**⟩ **0.1** ***langdradig*** *⇒breedsprakig.*

prologue [proolog], ⟨AE sp. ook⟩ **prolog** **0.1** ***proloog*** ⟨ook dram.⟩ *⇒voorwoord, inleiding* **0.2** ***voorspel*** *⇒inleidende gebeurtenis(sen).*

prolong [prəlong] ⟨zn.: **-ation**⟩ **0.1** ***verlengen*** *⇒langer maken* **0.2** ***verlengen*** *⇒aanhouden* ◆ **1.2** a ~ed illness *langdurige ziekte.*

prom [prom] **0.1** ⟨verk.⟩ [promenade concert] ⟨BE; inf.⟩ ***prom*** *⇒promenadeconcert* **0.2** ⟨verk.⟩ [promenade] ⟨BE; inf.⟩ ***promenade*** *⇒boulevard* **0.3** ⟨verk.⟩ [promenade] ⟨AE⟩ ***school/universiteitsbal*** *⇒dansfeest.*

PROM [prom] ⟨afk.; comp.⟩ **0.1** [Programmable Read-Only Memory] ***PROM.***

promenade[1] [prommənaːd] ⟨zn.⟩ **0.1** ***wandeling*** *⇒het flaneren* **0.2** ***ritje*** *⇒uitstapje* **0.3** ***promenade*** *⇒boulevard* **0.4** ⟨AE⟩ ***school/universiteitsbal*** *⇒dansfeest.*

promenade[2] ⟨ww.⟩ **0.1** ***wandelen (langs)*** *⇒flaneren* **0.2** ***wandelen/flaneren met*** *⇒*⟨ihb.⟩ *lopen te pronken met.*

promenade concert ⟨BE⟩ **0.1** ***promenadeconcert.***

promenade deck ⟨scheep.⟩ **0.1** ***promenadedek.***

Promethean [prəmieːθiən] **0.1** ⟨bn.⟩ ***prometheïsch*** *⇒oorspronkelijk, scheppend* **0.2** ⟨zn.⟩ ***prometheïsch persoon*** *⇒*⟨ihb.⟩ *scheppende geest.*

prominence [promminnəns] **0.1** ***verhoging*** *⇒uitsteeksel* **0.2** ***het uitsteken*** **0.3** ***opvallendheid*** **0.4** ***bekendheid*** *⇒belang* ◆ **3.4** bring sth. into ~ *iets bekendheid geven.*

prominent [promminnənt] **0.1** ***uitstekend*** *⇒uitspringend* **0.2** ***opvallend*** **0.3** ***vooraanstaand*** *⇒prominent* **0.4** ***bekend*** *⇒beroemd* ◆ **1.1** ~ teeth *vooruitstekende tanden* **1.3** a ~ scholar *een eminent geleerde.*

promiscuity [prommiskjoeːətie] **0.1** ***promiscuïteit*** *⇒vrij seksueel verkeer* **0.2** ***willekeurige vermenging.***

promiscuous [prəmiskjoeəs] **0.1** ***promiscue*** *⇒met willekeurige seksuele relaties* **0.2** ***willekeurig*** **0.3** ***ongeordend.***

promise[1] [prommis] ⟨zn.⟩ **0.1** ***belofte*** *⇒toezegging* ◆ **1.1** an actor of great ~ *een veelbelovend acteur* **3.1** break one's ~ *zich niet aan zijn belofte houden;* hold a ~ *een belofte inhouden;* keep one's ~ *zijn belofte nakomen;* make a ~ *een belofte doen.*

promise[2] **I** ⟨onov.ww.⟩ **0.1** ***een belofte doen*** *⇒(iets) beloven* **0.2** ***verwachtingen wekken*** *⇒veelbelovend zijn* ◆ **5.2** ~ well *veelbelovend zijn;*
II ⟨ov.ww.⟩ **0.1** ***beloven*** *⇒toezeggen;* ⟨inf.⟩ *verzekeren* **0.2** ***beloven*** *⇒doen verwachten* ◆ **1.1** the ~d land *het Beloofde Land* **1.2** it ~d to be a severe winter *het beloofde een strenge winter te worden.*

promising [prommissing] **0.1** ***veelbelovend.***

promissory [prommisrie] **0.1** ***(veel)belovend*** *⇒een belofte inhoudend* **0.2** ⟨jur.⟩ ***promissoir*** ◆ **1.2** ~ oath *eed v. belofte.*

promissory note ⟨geldw.⟩ **0.1** ***promesse.***

promo [proomoo] ⟨mv.: promos⟩ ⟨verk.⟩ [promotion] ⟨inf.⟩ **0.1** ***promotiefilm/video.***

promontor|y [prommәntrie] ⟨mv.: -ies⟩ **0.1** ***kaap*** *⇒klip, voorgebergte.*

promote [prəmoot] **0.1** ⟨vnl. BE⟩ ***bevorderen*** *⇒in rang ver-*

hogen **0.2** ***bevorderen*** ⇒*stimuleren* **0.3** ***steunen*** ⟨bv. wetsontwerp⟩ ⇒*propageren* **0.4** ***ondernemen*** ⇒*in gang zetten* **0.5** ***promoten*** ⇒*reclame maken voor* **0.6** ⟨schaakspel⟩ ***laten promoveren*** ⟨pion⟩ ◆ **1.1** he has been ~d captain *hij is tot kapitein bevorderd.*

promoter [prəmootə] **0.1** ***begunstiger*** ⇒*bevorderaar* **0.2** ***organisator*** ⇒⟨ihb.⟩ *financier v.e. manifestatie* **0.3** ***promotor*** ⟨aan universiteit⟩.

promotion [prəmoosjn] **0.1** ***bevordering*** ⇒*promotie; begunstiging* **0.2** ***onderwerp v. reclamecampagne*** ⇒*aanbieding, reclame.*

prompt[1] [prom(p)t] ⟨zn.⟩ **0.1** ***geheugensteuntje*** ⇒*het voorzeggen;* ⟨ihb.⟩ *hulp v.d. souffleur* **0.2** ⟨hand.⟩ ***betalingsherinnering*** **0.3** ⟨comp.⟩ ***prompt*** ⇒*oproepteken* **0.4** ⟨hand.⟩ ***prompt*** ⇒*betalingstermijn.*

prompt[2] ⟨bn.⟩ **0.1** ***prompt*** ⇒*onmiddellijk; vlug, alert* ◆ **1.1** ~ payment *prompte betaling.*

prompt[3] ⟨ww.⟩ **0.1** ***bewegen*** ⇒*drijven* **0.2** ***opwekken*** ⇒*oproepen* **0.3** ***herinneren*** ⇒*voorzeggen;* ⟨ihb.⟩ *souffleren* ◆ **4.1** what ~ed you to do that? *hoe kom je erbij dat te doen?*

prompt[4] ⟨bw.⟩ **0.1** ***precies*** ⇒*stipt* ◆ **4.1** at twelve o' clock ~ *om twaalf uur precies.*

promptbook, prompt copy ⟨dram.⟩ **0.1** ***souffleurstekst.***

prompt box **0.1** ***souffleurshokje.***

prompter [prom(p)tə] **0.1** ***souffleur.***

promptness [prom(p)tnəs], **promptitude** [-titjoe:d] **0.1** ***promptheid.***

prompt note **0.1** ***betalingsherinnering.***

promulg|ate [promlgeet] ⟨zn.: **-ation**⟩ **0.1** ***afkondigen*** ⇒*bekendmaken, verspreiden* ◆ **1.1** ~ a law *een wet afkondigen.*

prone [proon] ⟨-ness⟩ **I** ⟨bn.⟩ **0.1** ***voorover*** ⇒*voorovergebogen* **0.2** ***vooroverliggend*** ⇒*uitgestrekt;*
II ⟨bn., pred.⟩ **0.1** ***geneigd*** ⇒*vatbaar* ◆ **6.1** he is ~ **to** tactlessness *hij is geneigd tot tactloosheid.*

prong[1] [prong] ⟨zn.⟩ **0.1** ***punt*** ⇒*piek, vorktand* **0.2** ***tak*** ⇒*vertakking.*

prong[2] ⟨ww.⟩ **0.1** ***met een puntig voorwerp omwoelen*** ⇒*met een puntig voorwerp opscheppen.*

pronoun [proonaun] ⟨taal.⟩ **0.1** ***voornaamwoord*** ⇒*pronomen.*

pronounce [prənauns] **I** ⟨onov.ww.⟩ **0.1** ***spreken*** ⇒*articuleren* **0.2** ***oordelen*** ⇒*zijn mening verkondigen* ◆ **6.2** ~ **(up)on** *uitspraken doen over, commentaar leveren op;*
II ⟨ov.ww.⟩ **0.1** ***uitspreken*** ⇒*uiten* **0.2** ***verklaren*** ⇒*verkondigen* ◆ **1.2** ⟨jur.⟩ ~ judgement / verdict *uitspraak doen.*

pronounceable [prənaunsəbl] **0.1** ***uitspreekbaar*** ⇒*uit te spreken.*

pronounced [prənaunst] **0.1** ***uitgesproken*** ⇒*geuit* **0.2** ***uitgesproken*** ⇒*onmiskenbaar.*

pronouncement [prənaunsmənt] **0.1** ***verklaring*** ⇒*verkondiging.*

pronto [prontoo] ⟨inf.⟩ **0.1** ***meteen*** ⇒*onmiddellijk.*

pronunciation [prənunsie·eesjn] **0.1** ***uitspraak.***

proof[1] [proe:f] **I** ⟨telb.zn.⟩ **0.1** ***toets*** ⇒*proefneming* **0.2** ⟨wisk.⟩ ***bewijs*** ◆ **1.1** ⟨sprw.⟩ the ~ of the pudding is in the eating *in de praktijk zal blijken of het goed is* **3.1** bring / put to the ~ *op de proef stellen;*
II ⟨telb. en n.-telb.zn.⟩ **0.1** ***bewijs*** ⇒*blijk* **0.2** ⟨vaak mv.; boek.⟩ ***drukproef*** **0.3** ⟨graf.⟩ ***proefplaat*** **0.4** ⟨foto.⟩ ***proefafdruk*** ◆ **3.2** read ~ *proefdruk corrigeren* **6.1 in** ~ **of** his claim *om zijn stelling te bewijzen;*
III ⟨n.-telb.zn.⟩ **0.1** ⟨jur.⟩ ***bewijsmateriaal*** **0.2** ⟨hand.⟩ ***vereist alcoholgehalte*** ⇒*proef.*

proof[2] **I** ⟨bn.⟩ **0.1** ***met het standaard alcoholgehalte;***
II ⟨bn., pred.⟩ **0.1** ***bestand*** ⟨ook fig.⟩ ⇒*opgewassen* ◆ **6.1** ~ **against** water *waterdicht, waterbestendig.*

proof[3] **I** ⟨onov.ww.⟩⟨AE⟩ **0.1** ***proeflezen*** ⇒*drukproeven corrigeren;*
II ⟨ov.ww.⟩ **0.1** ***bestand maken*** ⇒*ondoordringbaar maken;* ⟨ihb.⟩ *waterdicht maken.*

-proof [proe:f] **0.1** ***-bestendig*** ⇒*-vast, -dicht* ◆ **¶.1** bulletproof *kogelvrij;* childproof *onverwoestbaar* ⟨v. speelgoed⟩.

proofread **0.1** ***proeflezen*** ⇒*(drukproeven) corrigeren.*

proofreader ⟨boek.⟩ **0.1** ***corrector.***

proof spirit **0.1** ***drank met standaardpercentage alcohol.***

prop[1] [prop] ⟨zn.⟩⟨→s2⟩ **0.1** ***stut*** ⇒*pijler* **0.2** ***steun*** ⟨fig.⟩ ⇒*steunpilaar* **0.3** ⟨rugby⟩ ***prop*** **0.4** ⟨vaak mv.; inf.; dram.⟩ ***rekwisiet*** ◆ **1.2** ~ and stay *steun en toeverlaat.*

prop[2] ⟨ww.; -ped⟩ **0.1** ***ondersteunen*** ⟨ook fig.⟩ ⇒*stutten.* → **prop up.**

propaganda [proppəgændə] ⟨ook attr.⟩ **0.1** ***propaganda*** ⇒*propagandamateriaal/campagne.*

propagandist [proppəgændist] **0.1** ***propagandist*** ⇒*iem. die propaganda maakt.*

propagandize [proppəgændajz] **0.1** ***propaganda maken (voor)*** ⇒*propageren, verspreiden.*

propag|ate [proppəgeet] ⟨zn.: **-ation**⟩ **I** ⟨onov.ww.⟩⟨nat.⟩ **0.1** ***zich voortplanten*** ⟨v. golven⟩;
II ⟨onov. en ov.ww.⟩⟨biol.⟩ **0.1** ***(zich) voortplanten;***
III ⟨ov.ww.⟩ **0.1** ***verspreiden*** ⇒*bekendmaken* **0.2** ***voortzetten*** ⇒*doorgeven* ⟨aan volgende generatie⟩ **0.3** ⟨nat.⟩ ***geleiden*** ⟨golven, trillingen⟩ **0.4** ⟨dierk.⟩ ***fokken*** ⇒*telen.*

propagator [proppəgeetə] **0.1** ***verbreider*** ⇒*verspreider* **0.2** ***kweker.***

propane [proopeen] ⟨schei.⟩ **0.1** ***propaan.***

propel [prəpel] ⟨-led⟩ **0.1** ***voortbewegen*** ⇒*aandrijven* **0.2** ***aanzetten*** ⇒*stimuleren* ◆ **1.¶** ~ling pencil *vulpotlood.*

propellant, propellent [prəpellənt] **0.1** ⟨bn.⟩ ***voortdrijvend*** ⟨ook fig.⟩ ⇒*stuwend* **0.2** ⟨zn.⟩ ***drijfgas*** **0.3** ⟨zn.; ruim.⟩ ***stuwstof.***

propeller [prəpellə] **0.1** ***propeller.***

propeller shaft **0.1** ⟨scheep.⟩ ***schroefas.***

propensit|y [prəpensətie] ⟨mv.: -ies⟩ **0.1** ***neiging*** ⇒*geneigdheid* ◆ **6.1** Adrian has the ~ **to** drink too much *Adriaan heeft de neiging te veel te drinken.*

proper [proppə] **I** ⟨bn.⟩ **0.1** ***gepast*** ⇒*fatsoenlijk;*
II ⟨bn., attr.⟩ **0.1** ***juist*** ⇒*passend* **0.2** ***juist*** ⇒*precies* **0.3** ⟨ook wisk.⟩ ***echt*** ⇒*werkelijk* **0.4** ⟨inf.⟩ ***geweldig*** ⇒*eersteklas* ◆ **1.1** the ~ treatment *de juiste behandeling* **1.2** the ~ time *de juiste tijd* **1.4** a ~ spanking *een geweldig pak slaag* **1.¶** ⟨taal.⟩ ~ noun / name *eigennaam;*
III ⟨bn., pred.⟩ **0.1** ***behorend*** ⟨tot⟩ ⇒*eigen* ⟨aan⟩ ◆ **6.1** ~ **to** *behorend tot, eigen aan;*
IV ⟨bn., attr. na het zn.⟩ **0.1** ***eigenlijk*** ⇒*strikt* ◆ **1.1** London ~ *het eigenlijke Londen.*

properly [proppəlie] **0.1** →**proper** **0.2** ***goed*** ⇒*zoals het moet* **0.3** ***eigenlijk*** ⇒*strikt genomen* **0.4** ***correct*** ⇒*fatsoenlijk* **0.5** ⟨inf.⟩ ***volkomen*** ⇒*volslagen.*

propertied [proppətied] **0.1** ***bezittend*** ⇒⟨ihb.⟩ *met grondbezit* ◆ **1.1** ~ classes *landeigenaren.*

propert|y [proppətie] ⟨mv.: -ies⟩ **I** ⟨telb.zn.⟩ **0.1** ***eigenschap*** ⇒*kenmerk* **0.2** ***perceel*** ⇒*onroerend goed* **0.3** ⟨dram.⟩ ***rekwisiet;***
II ⟨n.-telb.zn.⟩ **0.1** ***bezit*** ⇒*eigendom* **0.2** ***bezit*** ⇒*vermogen;* ⟨ihb.⟩ *onroerend goed* ◆ **1.2** a man of ~ *een vermogend man* **3.1** lost ~ *gevonden voorwerpen.* →**common, personal, real.**

property tax ⟨geldw.⟩ **0.1** ***grond/vermogensbelasting.***

prophec|y [proffəsie] ⟨mv.: -ies⟩ **0.1** ***voorspelling*** **0.2** ***profe-***

tie ⇒goddelijk geïnspireerde verkondiging; voorspellende gave.
prophes|y [proffəsaj] ⟨-ied⟩ **I** ⟨onov.ww.⟩ **0.1** ***voorspellingen doen*** **0.2** ***profeteren*** *⇒als een profeet spreken;*
II ⟨ov.ww.⟩ **0.1** ***voorspellen*** *⇒voorzeggen* **0.2** ***aankondigen*** *⇒voorafgaan.*
prophet [proffit] **0.1** ***profeet*** ⟨ook fig.⟩ **0.2** ***voorspeller*** ◆ **1.1** ~ of doom *onheilsprofeet.*
prophetess [proffittis] **0.1** ***profetes.***
prophetic|(al) [prəfettik(l)] ⟨-ally⟩ **0.1** ***profetisch*** *⇒v.e. profeet* **0.2** ***profetisch*** *⇒voorspellend.*
prophylactic [proffilæktik] ⟨med.⟩ **0.1** ***profylacticum*** *⇒preventief middel;* ⟨ihb.⟩ *condoom.*
prophylaxis [proffilæksis] ⟨mv.: prophylaxes⟩ ⟨med.⟩ **0.1** ***profylaxe*** *⇒preventieve behandeling.*
propinquity [prəpingkwətie] ⟨schr.⟩ **0.1** ***bloedverwantschap*** **0.2** ***nabijheid*** **0.3** ***verwantschap*** *⇒overeenkomst.*
propiti|ate [prəpisjie·eet] ⟨zn.: **-ation**⟩ **0.1** ***gunstig stemmen*** *⇒verzoenen.*
propitiator|y [prəpisjiətrie] ⟨-ily⟩ **0.1** ***verzoenend*** *⇒gunstig stemmend.*
propitious [prəpisjəs] **0.1** ***gunstig*** *⇒goed* **0.2** ***goedgunstig*** *⇒genadig.*
propjet [propdzjet] ⟨inf.; tech.⟩ **0.1** ***schroefturbine*** **0.2** ***schroefturbinevliegtuig.***
proponent [prəpoonənt] **0.1** ***voorstander*** *⇒verdediger.*
proportion[1] [prəpo:sjn] **I** ⟨telb.zn.⟩ **0.1** ***deel*** *⇒gedeelte, aandeel* ◆ **1.1** a ~ of my salary *een deel v. mijn salaris;*
II ⟨telb. en n.-telb.zn.⟩ **0.1** ***verhouding*** *⇒relatie* **0.2** ***proportie*** *⇒evenredigheid* ◆ **3.1** bear no ~ to *in geen verhouding staan tot* **6.1 in** ~ **to** *evenredig met, al naar gelang, in verhouding tot* **6.2 in** ~ *in de juiste verhoudingen;* **out of** all ~ *buiten alle verhoudingen.*
proportion[2] ⟨ww.⟩ **0.1** ***aanpassen*** *⇒in de juiste verhouding brengen* **0.2** ***proportioneren*** ◆ **5.2** well ~ed *goed geproportioneerd.*
proportional[1] [prəpo:sjnəl] ⟨zn.⟩ ⟨wisk.⟩ **0.1** ***term v.e. evenredigheid.***
proportional[2] ⟨bn.⟩ **0.1** ***verhoudingsgewijs*** *⇒proportioneel, evenredig* ◆ **1.1** ⟨pol.⟩ ~ representation *proportionele/evenredige vertegenwoordiging.*
proportionate [prəpo:sjnət] **0.1** ***verhoudingsgewijs*** *⇒proportioneel, evenredig.*
proposal [prəpoozl] **0.1** ***voorstel*** **0.2** ***huwelijksaanzoek*** **0.3** ***heildronk*** *⇒toast.*
propose [prəpooz] **I** ⟨onov.ww.⟩ **0.1** ***een voorstel doen*** **0.2** ***een huwelijksaanzoek doen.*** →**man;**
II ⟨ov.ww.⟩ **0.1** ***voorstellen*** *⇒voorleggen* **0.2** ***v. plan zijn*** *⇒zich voornemen* **0.3** ***ter benoeming voordragen*** **0.4** ***een dronk uitbrengen op*** ◆ **1.1** ~ a motion *een motie indienen* **1.4** ~ a toast *een dronk uitbrengen.*
proposition[1] [proppəzisjn] ⟨zn.⟩ **0.1** ***bewering*** **0.2** ***voorstel*** *⇒plan* **0.3** ***probleem*** *⇒kwestie; moeilijk geval* **0.4** ⟨inf.⟩ ***oneerbaar voorstel*** **0.5** ⟨logica⟩ ***propositie*** ◆ **2.3** he's a tough ~ *hij is moeilijk te hanteren.*
proposition[2] ⟨ww.⟩ ⟨inf.⟩ **0.1** ***oneerbare voorstellen doen aan.***
propound [prəpaund] **0.1** ***voorleggen*** *⇒voorstellen* ◆ **1.1** ~ a riddle *een raadsel opgeven.*
proprietar|y [prəprajjətrie] ⟨-ily⟩ **0.1** ***eigendoms-*** *⇒v.d. eigenaar, in eigendom, particulier* **0.2** ***bezittend*** *⇒met bezittingen* **0.3** ***als een eigenaar*** *⇒bezittend* ◆ **1.1** ~ name/term *gedeponeerd handelsmerk* **1.3** a ~ air *een bezittersair.*
proprietor [prəprajjətə] **0.1** ***eigenaar.***
proprietress [prəprajjətris] **0.1** ***eigenares.***
propriet|y [prəprajjətie] ⟨mv.: -ies⟩ **I** ⟨n.-telb.zn.⟩ **0.1** ***juistheid*** *⇒geschiktheid* **0.2** ***correctheid*** *⇒fatsoen, gepastheid* ◆ **3.2** behave with ~ *zich correct gedragen;*
II ⟨mv.⟩ **0.1** ***fatsoensnormen*** *⇒decorum.*
propulsion [prəpulsjn] **0.1** ***drijfkracht*** ⟨ook fig.⟩ *⇒stimulans* **0.2** ⟨tech.⟩ ***voortdrijving*** *⇒voortstuwing.*
propulsive [prəpulsiv] **0.1** ***voortdrijvend*** ⟨ook fig.⟩ *⇒stuwend, stimulerend.*
prop up **0.1** ***neerzetten*** *⇒ondersteunen* **0.2** ⟨fig.⟩ ***overeind houden*** *⇒ondersteunen* ◆ **1.1** he propped up the child on the pillows *hij zette het kind rechtop in de kussens.*
propylene [proopillie:n] ⟨schei.⟩ **0.1** ***propeen.***
prorogation [prooragəgeesjn] **0.1** ***verdaging.***
prorogue [proorooq] **I** ⟨onov.ww.⟩ **0.1** ***verdaagd worden;***
II ⟨ov.ww.⟩ **0.1** ***verdagen.***
prosaic [proozeeik] ⟨-ally⟩ **0.1** ***prozaïsch*** *⇒zakelijk* **0.2** ***prozaïsch*** *⇒alledaags, onpoëtisch.*
proscenium [prəsie:niəm] ⟨mv.: ook proscenia [-niə]⟩ **0.1** ***proscenium*** *⇒voortoneel.*
proscribe [prooskrajb] **0.1** ***verbieden*** *⇒als gevaarlijk verwerpen* **0.2** ***verbannen*** ⟨ook fig.⟩ *⇒verstoten* **0.3** ***vogelvrij verklaren.***
proscription [prooskripsjn] **0.1** ***verwerping*** *⇒verbod* **0.2** ***verbanning*** **0.3** ***vogelvrijverklaring.***
prose [prooz] **0.1** ***proza*** **0.2** ***alledaagsheid*** *⇒nuchterheid* **0.3** ***vervelende, dorre stijl.***
prosecute [prossikjoe:t] **I** ⟨onov.ww.⟩ ⟨jur.⟩ **0.1** ***procederen*** *⇒een vervolging instellen* **0.2** ***als aanklager optreden;***
II ⟨ov.ww.⟩ **0.1** ***voortzetten*** *⇒volhouden* **0.2** ⟨jur.⟩ ***(gerechtelijk) vervolgen*** *⇒procederen tegen* ◆ **1.2** trespassers will be ~d ⟨ong.⟩ *verboden voor onbevoegden.*
prosecution [prossikjoe:sjn] **0.1** ***gerechtelijke vervolging*** *⇒proces* **0.2** ⟨ww. enk. of mv.; jur.⟩ ***eiser*** *⇒eisende partij.*
prosecutor [prossikjoe:tə] ⟨jur.⟩ **0.1** ***eiser*** *⇒eisende partij* **0.2** ⟨AE⟩ ***openbare aanklager*** ◆ **2.2** public ~ *openbare aanklager.*
proselyte [prossillajt] **0.1** ***bekeerling*** **0.2** ⟨rel.⟩ ***proseliet.***
proselytize, -ise [prossillittajz] **0.1** ***bekeerling maken (van)*** *⇒bekeren.*
prosody [prossədie] ⟨lit.⟩ **0.1** ***prosodie.***
prospect[1] [prospekt] **I** ⟨telb.zn.⟩ **0.1** ***vergezicht*** *⇒panorama* **0.2** ***idee*** *⇒denkbeeld* **0.3** ***mogelijke gegadigde*** *⇒mogelijke kandidaat/klant* **0.4** ⟨bouwk.⟩ ***ligging*** *⇒uitzicht;*
II ⟨n.-telb.zn.⟩ **0.1** ***hoop*** *⇒verwachting, kans, vooruitzicht* ◆ **6.1** have **in** ~ *kans hebben op, te verwachten hebben.*
prospect[2] [prəspekt] ⟨ww.⟩ **0.1** ***prospecteren*** *⇒naar bodemschatten zoeken* **0.2** ***op zoek zijn.***
prospective [prəspektiv] **0.1** ***voor de toekomst*** *⇒nog niet in werking* **0.2** ***toekomstig*** ◆ **1.2** a ~ buyer *een gegadigde.*
prospector [prəspektə] **0.1** ***prospector*** *⇒goudzoeker.*
prospectus [prəspektəs] **0.1** ***prospectus.***
prosper [prospə] **0.1** ***bloeien*** *⇒slagen, succes hebben* ◆ **1.1** a ~ing business *een bloeiende zaak.*
prosperity [prosperrətie] **0.1** ***voorspoed*** *⇒succes.*
prosperous [prosprəs] ⟨-ness⟩ **0.1** ***bloeiend*** *⇒voorspoedig* **0.2** ***geslaagd*** *⇒welvarend* **0.3** ***gunstig*** *⇒gelukkig.*
prostate (gland) [prosteet] **0.1** ***prostaat*** *⇒voorstanderklier.*
prosthesis [prosθie:sis] ⟨med.⟩ **0.1** ***prothese.***
prostitute[1] [prostitjoe:t] ⟨zn.⟩ **0.1** ***prostitué, prostituee*** ◆ **2.1** male ~ *schandknaap.*
prostitute[2] ⟨ww.⟩ **0.1** ***prostitueren*** *⇒tot prostitué/prostituee maken* **0.2** ***vergooien*** *⇒verlagen, misbruiken* ◆ **1.2** ~ one's honour *zich verlagen* **4.1** ~ o.s. *zich prostitueren.*

prostitution [prostitjoe:sjn] **0.1** ***prostitutie*** **0.2** ***misbruik.***
prostrate[1] [prostreet] ⟨bn.⟩ **0.1** ***ter aarde geworpen*** *⇒geknield* **0.2** ***liggend*** *⇒uitgestrekt* **0.3** ***verslagen*** *⇒gebroken* ◆ **1.3** ~ with grief *gebroken v. verdriet.*
prostrate[2] [prostreet] ⟨ww.⟩ **0.1** ***neerwerpen*** *⇒neerslaan* **0.2** ***machteloos maken*** *⇒verslaan* **0.3** ⟨wk. ww.⟩ ***zich ter aarde werpen*** *⇒in het stof knielen* ◆ **1.2** a prostrating disease *een slopende kwaal.*
prostration [prostreesjn] **0.1** ***prosternatie*** *⇒teraardewerping* **0.2** ***uitputting*** *⇒machteloosheid.*
pros|y [proozie] ⟨-iness⟩ **0.1** ***saai*** *⇒vervelend* ◆ **1.1** a ~ talker *een slaapverwekkende prater.*
protagonist [prootægənist] **0.1** ***voorvechter*** *⇒strijder* **0.2** ***voorstander*** *⇒verdediger* **0.3** ⟨lit., dram.⟩ ***protagonist*** *⇒hoofdfiguur.*
protean [prootiən, prootie:ən] **0.1** ***veranderlijk*** *⇒proteïsch, veelvormig.*
protect [prətekt] **0.1** ***beschermen*** *⇒*⟨ec.⟩ *beschermende invoerrechten heffen* **0.2** ⟨tech.⟩ ***beveiligen*** *⇒beveiligingen aanbrengen* **0.3** ⟨BE; geldw.⟩ ***honoreren*** *⇒betalen.*
protection [prəteksjn] **I** ⟨telb.zn.⟩ **0.1** ***beschermer*** *⇒bescherming* **0.2** ***vrijgeleide;***
II ⟨n.-telb.zn.⟩ **0.1** ***bescherming*** *⇒beschutting* **0.2** ⟨ec.⟩ ***protectie*** *⇒protectionisme* **0.3** ⟨verz.⟩ ***dekking.***
protection factor **0.1** ***beschermingsfactor*** ⟨tegen de zon⟩.
protectionism [prəteksjənizm] ⟨ec.⟩ **0.1** ***protectionisme*** *⇒stelsel v. beschermende rechten.*
protectionist [prəteksjənist] ⟨ec.⟩ **0.1** ***protectionist*** *⇒voorstander v. protectionisme.*
protection money **0.1** ***protectiegeld*** ⟨afgeperst door gangsters⟩.
protection racket **0.1** ***protectieorganisatie*** *⇒afpersersbende.*
protective [prətektiv] ⟨-ness⟩ **0.1** ***beschermend*** *⇒beschermings-* ◆ **1.1** ~ clothing *beschermende kleding;* ~ colouring *schutkleur;* take s.o. into ~ custody *iem. in hechtenis nemen/gevangen zetten (zogezegd) om hem te beschermen/voor zijn eigen veiligheid;* ~ sheath *condoom;* ⟨ec.⟩ ~ tariff *beschermend invoerrecht.*
protector [prətektə] **0.1** ***beschermer*** *⇒beschermheer* **0.2** ***beschermer*** *⇒beschermend middel* **0.3** ⟨BE; gesch.⟩ ***regent.***
protectorate [prətektrət] **0.1** ***protectoraat*** *⇒land dat onder protectoraat staat* **0.2** ***regentschap*** *⇒protectoraat.*
protein [prootie:n] ⟨bioch.⟩ **0.1** ***proteïne*** *⇒eiwit.*
Proterozoic[1] [prootəroozooik] ⟨zn.; the⟩ ⟨geol.⟩ **0.1** ***Proterozoïcum*** ⟨hoofdtijdperk met eerste levensvormen⟩.
Proterozoic[2] ⟨bn.⟩ ⟨geol.⟩ **0.1** ***v./mbt. het Proterozoïcum.***
protest[1] [prootest] ⟨zn.⟩ **0.1** ***protest*** *⇒bezwaar* ◆ **3.1** enter/lodge/make a ~ against sth. *ergens protest tegen aantekenen* **6.1** the child screamed **in** ~ *het kind protesteerde luidkeels.*
protest[2] [prətest] **I** ⟨onov.ww.⟩ **0.1** ***protesteren*** *⇒bezwaar maken;*
II ⟨ov.ww.⟩ **0.1** ***bezweren*** *⇒betuigen* **0.2** ⟨AE⟩ ***protesteren tegen*** ◆ **1.1** ~ one's innocence *zijn onschuld betuigen* **1.2** they are ~ing nuclear weapons *ze protesteren tegen kernwapens.*
Protestant [prottistənt] **0.1** ⟨bn.⟩ ***protestant(s)*** **0.2** ⟨zn.⟩ ***protestant.***
Protestantism [prottistəntizm] ⟨rel.⟩ **0.1** ***protestantisme.***
protestation [prottisteesjn] **0.1** ***plechtige verklaring*** *⇒bezwering, betuiging* **0.2** ***protest.***
protester [prətestə] **0.1** ***protesteerder.***
protest march **0.1** ***protestmars/optocht.***
protest meeting **0.1** ***protestmeeting/vergadering.***
protocol [prootəkol] **0.1** ***protocol*** *⇒etiquette* **0.2** ***protocol*** *⇒officieel verslag, akte;* ⟨pol.⟩ *verslag v. internationale onderhandelingen.*
proton [prooton] ⟨nat.⟩ **0.1** ***proton.***
protoplasm [-plæzm] ⟨biol.⟩ **0.1** ***protoplasma.***
prototype [-tajp] **0.1** ***prototype*** *⇒oervorm, oorspronkelijk model.*
protract [prətrækt] ⟨zn.: **-ion**⟩ **0.1** ***voortzetten*** *⇒verlengen, rekken.*
protracted [prətræktid] **0.1** ***langdurig*** *⇒aanhoudend.*
protractor [prətræktə] **0.1** ***transporteur*** *⇒gradenboog, hoekmeter.*
protrude [prətroe:d] **I** ⟨onov.ww.⟩ **0.1** ***uitpuilen*** *⇒uitsteken* ◆ **1.1** protruding eyes *uitpuilende ogen;*
II ⟨ov.ww.⟩ **0.1** ***te voorschijn brengen*** *⇒uitsteken.*
protrusion [prətroe:zjn] **0.1** ***uitsteeksel*** **0.2** ***het uitsteken*** *⇒het uitpuilen.*
protuberance [prətjoe:brəns] **0.1** ***uitsteeksel*** *⇒gezwel, uitwas* **0.2** ***het uitsteken*** *⇒het uitpuilen.*
protuberant [prətjoe:brənt] **0.1** ***gezwollen*** *⇒uitpuilend.*
proud[1] [praud] ⟨bn.⟩ **0.1** ***trots*** *⇒fier, zelfverzekerd* **0.2** ***trots*** *⇒hoogmoedig, arrogant* **0.3** ***trots*** *⇒vereerd* **0.4** ***imposant*** ⟨v. ding⟩ ◆ **1.2** as ~ as a peacock *zo trots als een pauw* **3.3** I'm ~ to know her *ik ben er trots op dat ik haar ken* **6.3** father will be ~ **of** you *vader zal trots op je zijn.*
proud[2] ⟨bw.⟩ ⟨vnl. BE; inf.⟩ **0.1** ***imposant*** *⇒groots.*
provab|le [proe:vəbl] ⟨-ly⟩ **0.1** ***bewijsbaar*** *⇒aantoonbaar.*
prove [proe:v] ⟨proved, proved [proe:vd] / vnl. AE, Sch. E, lit. ook proven [proe:vn]⟩ **I** ⟨onov.ww.⟩ **0.1** ***blijken*** **0.2** ⟨cul.⟩ ***rijzen*** ◆ **2.1** our calculations ~d useless *onze berekeningen bleken nutteloos te zijn;*
II ⟨ov.ww.⟩ **0.1** ***bewijzen*** ⟨ook wisk.⟩ *⇒(aan)tonen* **0.2** ***toetsen*** *⇒op de proef stellen* **0.3** ***verifiëren*** ◆ **1.1** of proven authenticity *waarvan de echtheid is bewezen* **1.2** ~ s.o.'s reliability *iemands betrouwbaarheid toetsen* **4.1** ~ o.s. *zich bewijzen, laten zien wat je waard bent.*
provenance [provvənəns] **0.1** ***origine*** *⇒herkomst.*
provender [provvində] **0.1** ***veevoeder*** *⇒droogvoer.*
proverb [provvə:b] **0.1** ***gezegde*** *⇒spreekwoord, spreuk.*
proverbial [prəvə:biəl] **0.1** ⟨ook fig.⟩ ***spreekwoordelijk*** *⇒berucht, beroemd* ◆ **1.1** they gave me the ~ stone for bread *ze gaven me de spreekwoordelijke stenen voor brood.*
Proverbs [provvə:bz] ⟨ww. enk.⟩ ⟨rel.⟩ **0.1** ***Spreuken (v. Salomo).***
provide [prəvajd] **I** ⟨onov.ww.⟩ **0.1** ***voorzieningen treffen*** **0.2** ***in het onderhoud voorzien*** *⇒verzorgen* **0.3** ***een voorwaarde stellen*** *⇒bepalen* ◆ **6.1** ~ **against** flooding *maatregelen nemen tegen overstromingen;* we had not ~d **for** our family getting any bigger *we hadden er geen rekening mee gehouden dat ons gezin nog groter zou worden* **6.2** ~ **for** children *kinderen onderhouden* **6.3** the new law ~s **for** slum clearance *de nieuwe wet bepaalt dat de krottenwijken worden afgebroken;*
II ⟨ov.ww.⟩ **0.1** ***bepalen*** *⇒eisen, vaststellen* **0.2** ***voorzien*** *⇒uitrusten; verschaffen* ◆ **4.2** we had to ~ ourselves *we moesten voor onszelf zorgen* **6.2** they ~d us **with** blankets and food *we werden v. dekens en voedsel voorzien* **8.1** ~ that ... *bepalen dat ...*
provided [prəvajdid], **provided that** ⟨schr.⟩ **0.1** ***op voorwaarde dat*** *⇒(alleen) indien, mits* ◆ **¶.1** ~ (that) one accepts this axiom, the theory stands *als men dit axioma aanneemt klopt de theorie.*
providence [provviddəns] **I** ⟨eig.n.; P-⟩ ⟨rel.⟩ **0.1** ***de Voorzienigheid*** *⇒God;*

II ⟨n.-telb.zn.⟩ **0.1** ***voorzorg*** *⇒zorg voor de toekomst;* ⟨ihb.⟩ *spaarzaamheid.*
provident [provviddənt] **0.1** ***vooruitziend*** *⇒met oog voor de toekomst* **0.2** ***zuinig*** *⇒spaarzaam.*
providential [provviddensjl] **0.1** ***wonderbaarlijk*** *⇒door puur geluk.*
provider [prəvajdə] **0.1** ***leverancier*** *⇒verschaffer* **0.2** ***kostwinner.***
providing [prəvajding], **providing that 0.1** ***op voorwaarde dat*** *⇒(alleen) indien, mits* ◆ ¶**.1** ~ (that) it is done properly *mits het goed gebeurt.*
province [provvins] **I** ⟨telb. en n.-telb.zn.⟩ **0.1** ***provincie*** *⇒ gewest* **0.2** ⟨rel.⟩ ***aartsbisdom*** **0.3** ***vakgebied*** *⇒terrein* ◆ **6.3 outside** one's ~ *buiten/niet op zijn vakgebied;*
II ⟨mv.; the⟩ **0.1** ***platteland*** *⇒provincie.*
provincial[1] [prəvinsjl] ⟨zn.⟩ **0.1** ***provinciaal*** *⇒iem. uit de provincie* **0.2** ⟨pej.⟩ ***provinciaal(tje)*** *⇒bekrompen mens* **0.3** ⟨rel.⟩ ***provinciaal*** *⇒hoofd v.e. kloosterprovincie.*
provincial[2] ⟨bn.⟩ **0.1** ***provinciaal*** *⇒v./uit de provincie* **0.2** ***provinciaal*** *⇒bekrompen.*
provincialism [prəvinsjəlizm] **I** ⟨telb.zn.⟩ **0.1** ***provincialisme*** *⇒provinciale uitdrukking/manier v. doen;*
II ⟨n.-telb.zn.⟩ **0.1** ***provincialisme*** *⇒gehechtheid aan de eigen provincie.*
proving ground [proe:ving graund] **0.1** ***testterrein*** *⇒voor auto's, wapens e.d.* **0.2** ***proefterrein*** ⟨fig.⟩ *⇒gelegenheid om iets uit te proberen.*
provision[1] [prəvizjn] **I** ⟨telb.zn.⟩ **0.1** ***bepaling*** *⇒voorwaarde* **0.2** ***voorraad*** *⇒hoeveelheid, rantsoen;*
II ⟨n.-telb.zn.⟩ **0.1** ***levering*** *⇒verschaffing, toevoer; voorziening* **0.2** ***voorzorg*** *⇒voorbereiding, maatregelen* ◆ **1.2** ⟨BE; ec., geldw.⟩ ~ for bad debts *reserve voor oninbare vorderingen* **6.2** make ~ **against** *(voorzorgs)maatregelen nemen tegen;* make ~ **for** the future *voor zijn toekomst zorgen;*
III ⟨mv.⟩ **0.1** ***levensmiddelen*** *⇒provisie, proviand.*
provision[2] ⟨ww.⟩ **0.1** ***bevoorraden*** *⇒provianderen.*
provisional[1] [prəvizjnəl] ⟨zn.; ook P-⟩ **0.1** ***provisional*** *⇒extremist;* ⟨ihb.⟩ *lid v.d. provisionele vleugel v.d. IRA.*
provisional[2] ⟨bn.⟩ **0.1** ***tijdelijk*** *⇒voorlopig.*
proviso [prəvajzoo] ⟨mv.: ook -es⟩ ⟨vnl. jur.⟩ **0.1** ***voorwaarde*** *⇒beperkende bepaling.*
provisory [prəvajzərie] **0.1** ***voorwaardelijk*** *⇒met een beperkende bepaling* **0.2** ***tijdelijk*** *⇒voorlopig, hulp-.*
Provo [proovoo] **0.1** ⟨verk.⟩ [Provisional] ⟨inf.⟩.
provocation [provvəkeesjn] **0.1** ***provocatie*** *⇒uitdaging* ◆ **6.1 at/on** the slightest ~ *bij de minste of geringste aanleiding;* he did it **under** ~ *hij is ertoe gedreven.*
provocative [prəvokkətiv] **0.1** ***tartend*** *⇒uitdagend, provocerend;* ⟨ihb.⟩ *prikkelend* ◆ **1.1** ~ clothes *uitdagende kleding.*
provoke [prəvook] **0.1** ***tergen*** *⇒prikkelen* **0.2** ***uitdagen*** *⇒ provoceren, ophitsen* **0.3** ***veroorzaken*** *⇒uitlokken* ◆ **6.1** his behaviour ~d me **into** beating him *hij maakte me zo razend, dat ik hem een pak slaag gaf.*
provoking [prəvooking] **0.1** ***irritant*** *⇒tergend, vervelend.*
provost [provvəst] **0.1** ⟨vaak P-; BE⟩ ***hoofd v.e. college*** ⟨universiteit v. Oxford en Cambridge⟩ **0.2** ⟨AE⟩ ***hoge universiteitsfunctionaris*** **0.3** ⟨vaak P-; Sch. E⟩ ***burgemeester*** **0.4** ⟨rel.⟩ ***proost*** *⇒hoofd v. kapittel v. kanunniken* **0.5** ⟨protestantse Kerk⟩ ***proost*** *⇒hoofd v.d. grootste kerk in een gebied.*
provost marshal ⟨mil.⟩ **0.1** ⟨landmacht⟩ ***commandant*** *⇒ hoofd der militaire politie.*
prow [prau] **0.1** ⟨scheep.⟩ ***voorsteven.***
prowess [prauis] ⟨schr.⟩ **0.1** ***dapperheid*** **0.2** ***bekwaamheid.***
prowl[1] [praul] ⟨zn.⟩ **0.1** ***jacht*** *⇒roof(tocht), het rondsluipen* ◆ **6.1** since his wife left him he's **on** the ~ again *sinds zijn vrouw bij hem weg is, is hij weer op zoek.*
prowl[2] **I** ⟨onov.ww.⟩ **0.1** ***jagen*** *⇒op roof uit zijn* **0.2** ***lopen loeren*** *⇒rondsluipen/snuffelen* ◆ **5.2** s.o. is ~ing **about/around** on the staircase *er sluipt iem. rond in het trappenhuis;*
II ⟨ov.ww.⟩ **0.1** ***rondhangen/rondneuzen in*** *⇒onveilig maken.*
prowl car ⟨AE⟩ **0.1** ***surveillancewagen*** ⟨v.d. politie⟩.
prowler [praulə] **0.1** ***loerder*** *⇒snuffelaar, sluiper* **0.2** ***dief.***
proximal [proksiml] **0.1** ***proximaal*** *⇒dichtstbijzijnd.*
proximate [proksimmət] **0.1** ***dichtbij*** *⇒aangrenzend, nabij* **0.2** ***dichtstbijzijnd*** *⇒direct voorafgaand, eerstvolgend* ◆ **1.2** the ~ cause *de directe oorzaak.*
proximity [proksimmətie] **0.1** ***nabijheid*** ◆ **1.1** ~ of blood *bloedverwantschap* **6.1 in** the ~ *in de nabijheid, in de nabije toekomst.*
prox|y [proksie] ⟨mv.: -ies⟩ **0.1** ***gevolmachtigde*** *⇒afgevaardigde* **0.2** ***(bewijs v.) volmacht*** *⇒volmachtbrief* ◆ **3.1** stand ~ for s.o. *als iemands gemachtigde optreden* **6.2** marry **by** ~ *bij volmacht trouwen.*
prude [proe:d] **0.1** ***preuts mens.***
prudence [proe:dns] **0.1** ***voorzichtigheid*** *⇒omzichtigheid* **0.2** ***beleid*** *⇒wijsheid, inzicht, tact* ◆ **3.1** fling/throw ~ to the winds *alle voorzichtigheid overboord gooien.*
prudent [proe:dnt] **0.1** ***voorzichtig*** *⇒omzichtig* **0.2** ***met inzicht*** *⇒verstandig.*
prudential [proe:densjl] **0.1** ***uit voorzichtigheid*** *⇒verstandig, beleids-.*
pruder|y [proe:dərie] ⟨mv.: -ies⟩ **0.1** ***preutse gedraging/opmerking*** *⇒preuts gedoe* **0.2** ***preutsheid.***
prudish [proe:disj] ⟨-ness⟩ **0.1** ***preuts*** *⇒stijf, tuttig.*
prune[1] [proe:n] ⟨zn.⟩ **0.1** ***pruimedant*** *⇒gedroogde pruim* **0.2** ⟨inf.⟩ ***zeur*** *⇒zuurpruim.*
prune[2] ⟨ww.⟩ **0.1** ***(be)snoeien*** ⟨ook fig.⟩ *⇒korten, reduceren* ◆ **1.1** ~ a tree *een boom snoeien;* the reader's letters are severely ~d *de ingezonden brieven worden sterk ingekort* **6.1** ~ **down** *inkorten, inkrimpen.*
pruners [proe:nəz] **0.1** ***snoeischaar*** ◆ **1.1** a pair of ~ *een snoeischaar.*
pruri|ent [proeəriənt] ⟨zn.: **-ence, -ency**⟩ **0.1** ***wellustig*** **0.2** ***obsceen*** *⇒pornografisch.*
Prussia [prusjə] **0.1** ***Pruisen.***
Prussian [prusjn] **0.1** ⟨bn.⟩ ***Pruisisch*** *⇒v. Pruisen* **0.2** ⟨zn.⟩ ***Pruis*** *⇒inwoner v. Pruisen* ◆ **1.1** ~ blue *pruisisch-blauw.*
prussic [prussik] ⟨schei.⟩ **0.1** ***pruisisch-blauw-*** *⇒cyaanwaterstof-* ◆ **1.1** ~ acid *blauwzuur.*
pry [praj] ⟨pried⟩ **I** ⟨onov.ww.⟩ **0.1** ***gluren*** **0.2** ***nieuwsgierig zijn*** ◆ **6.1** ~ **about** *rondneuzen* **6.2** I wish you wouldn't ~ **into** my affairs *ik wou dat je je niet met mijn zaken bemoeide;*
II ⟨ov.ww.⟩ ⟨AE⟩ **0.1** ***(open)wrikken*** **0.2** ***los krijgen*** ⟨fig.⟩ *⇒ te voorschijn wurmen* ◆ **5.1** ~ open a chest *een kist openbreken* **6.1** ~ information **out of** s.o. *inlichtingen uit iem. loskrijgen/wurmen.*
P.S., p.s. ⟨afk.⟩ **0.1** [post script] ***PS*** **0.2** ⟨AE⟩ [public school].
psalm [sa:m] ⟨rel.⟩ **0.1** ***psalm*** *⇒hymne, kerkgezang* ◆ **1.1** ⟨rel.⟩ Book of Psalms *Boek der Psalmen.*
psalmist [sa:mist] ⟨rel.⟩ **0.1** ***psalmist*** *⇒psalmdichter.*
psalmody [sælmədie] ⟨rel.⟩ **0.1** ***psalmodie*** *⇒het zingen v. psalmen.*
psalter [so:ltə] ⟨ook P-⟩ ⟨rel.⟩ **0.1** ***psalter*** *⇒psalmboek.*

psephologist [seffolladzjist] ⟨pol.⟩ **0.1** ***psefoloog*** *⇒iem. die het kiezersgedrag bestudeert.*

psephology [seffolladzjie] ⟨pol.⟩ **0.1** ***psefologie*** *⇒bestudering v.h. kiezersgedrag.*

pseud [sjoe:d], **pseudo** [sjoe:doo] ⟨BE; inf.⟩ **0.1** ***snoever*** *⇒ pretentieuze kwast.*

pseudo- [sjoe:doo], **pseud-** [sjoe:d] **0.1** ***pseudo-*** *⇒schijn-, waan-, vals-.*

pseudonym [sjoe:dnim] ⟨lit.⟩ **0.1** ***pseudoniem*** *⇒schuilnaam.*

psittacosis [sittəkoosis] ⟨dierk., med.⟩ **0.1** ***psittacosis*** *⇒papegaaienziekte.*

psoriasis [sərajjəsis]⟨mv.: psoriases [-sie:z]⟩ ⟨med.⟩ **0.1** ***psoriasis*** *⇒schubziekte.*

ps(s)t [pssst] **0.1** ***pst!*** *⇒hé!*

psyche [sajkie] **0.1** ***psyche*** *⇒ziel* **0.2** ⟨psych.⟩ ***psyche.***

psychedelic [sajkiddellik] ⟨-ally⟩ **0.1** ⟨bn.⟩ ***psychedelisch*** *⇒ bewustzijnsverruimend; lijkend op de effecten v. psychedelische drugs* **0.2** ⟨zn.⟩ ***psychedelicum*** *⇒bewustzijnsverruimend middel* **0.3** ⟨zn.⟩ ***gebruiker v. psychedelische drugs.***

psyched up **0.1** ***geheel voorbereid*** *⇒opgepept.*

psyche out →**psych out.**

psychiatric [sajkie·ætrik] ⟨-ally⟩ **0.1** ***psychiatrisch.***

psychiatrist [sajkajjətrist, si-] **0.1** ***psychiater.***

psychiatry [sajkajjətrie, si-] **0.1** ***psychiatrie*** *⇒wetenschap der geesteszieken.*

psychic[1] [sajkik] ⟨zn.⟩ **0.1** ***paranormaal begaafd mens*** **0.2** ***spiritistisch medium.***

psychic[2], **psychic|al** [sajkikl] ⟨bn.; -ally⟩ **0.1** ***psychisch*** *⇒ geestelijk* **0.2** ***psychisch*** *⇒paranormaal, bovennatuurlijk* **0.3** ***paranormaal begaafd*** *⇒*⟨ihb.⟩ *mediamiek.*

psycho [sajkoo] ⟨inf.⟩ **0.1** ***psychoot*** *⇒psychopaat, gek.*

psychoanalyse, -yze [sajkooænəlajz] **0.1** ***psychoanalytisch behandelen.***

psychoanalysis [-ənælissis] **0.1** ***psychoanalyse*** *⇒psychoanalytische behandeling* **0.2** ***psychoanalyse*** *⇒leer der psychoanalyse.*

psychoanalyst [-ænəlist] **0.1** ***psychoanalyticus.***

psychoanalytic|(al) [-ænəlittik(l)] ⟨-ally⟩ **0.1** ***psychoanalytisch.***

psychobabble **0.1** ***psychologisch/psychotherapeutisch jargon.***

psychokinesis [-kinnie:sis, -kaj-] **0.1** ***psychokinese*** ⟨het op paranormale wijze in beweging brengen van voorwerpen⟩.

psychological [sajkəlodzjikl] **0.1** ***psychologisch*** ◆ **1.1** the ~ moment *het psychologische moment, het juiste ogenblik;* ~ warfare *psychologische oorlogvoering.*

psychologist [sajkolladzjist] **0.1** ***psycholoog.***

psycholog|y [sajkolladzjie] ⟨mv.: -ies⟩ **0.1** ***karakter*** *⇒aard, psyche* **0.2** ***(wetenschap der) psychologie*** **0.3** ⟨inf.⟩ ***mensenkennis.***

psychopath [sajkəpæθ] **0.1** ***psychopaat*** *⇒geestelijk gestoorde.*

psychosis [sajkoosis]⟨mv.: psychoses [-sie:z]⟩ ⟨psych.⟩ **0.1** ***psychose.***

psychosomatic [sajkoosəmætik] ⟨-ally⟩⟨med.⟩ **0.1** ***psychosomatisch.***

psychotherapist [-θerrəpist] **0.1** ***psychotherapeut(e).***

psychotherapy [-θerrəpie] **0.1** ***psychotherapie.***

psychotic [sajkottik] ⟨-ally⟩ **0.1** ***psychotisch.***

psych out, psyche out ⟨AE; inf.⟩ **I** ⟨onov.ww.⟩ **0.1** ***in de war raken*** *⇒flippen;*
II ⟨ov.ww.⟩ **0.1** ***uitdenken*** *⇒analyseren, hoogte krijgen van* **0.2** ***doorkrijgen*** *⇒begrijpen* **0.3** ***intimideren*** ⟨de tegenstander⟩ ◆ **1.2** I couldn't psych him out *ik kon er niet achter komen wat voor iem. hij was.*

ptarmigan [ta:migən] **0.1** ***alpensneeuwhoen.***

pterodactyl [terədæktil] **0.1** ***pterodactylus*** ⟨prehistorisch reptiel⟩.

P.T.O., pto ⟨afk.⟩ **0.1** [please turn over] ***z.o.z.***

ptomaine [toomeen] **0.1** ***ptomaïne*** *⇒*⟨o.m.⟩ *lijkengif.*

PTSD ⟨afk.⟩ **0.1** [post-traumatic stress disorder].

pub [pub] ⟨verk.⟩ [public house] ⟨BE⟩ **0.1** ***café*** *⇒bar, pub, kroeg.*

pub-crawl ⟨BE; inf.⟩ **0.1** ⟨zn.⟩ ***kroegentocht*** **0.2** ⟨ww.⟩ ***een kroegentocht maken.***

puberty [pjoe:bətie] **0.1** ***puberteit.***

pubes [pjoe:bie:z]⟨mv.: pubes [-bie:z]⟩ ⟨anat.⟩ **0.1** ***schaamstreek*** **0.2** ***schaamhaar.***

pubic [pjoe:bik] ⟨med.⟩ **0.1** ***v./mbt. de schaamstreek*** *⇒ schaam-.*

pubis [pjoe:bis]⟨mv.: pubes [-bie:z]⟩ ⟨anat.⟩ **0.1** ***schaambeen.***

public[1] [publik] ⟨zn.; ww. enk. of mv.⟩ **0.1** ***publiek*** *⇒mensen* **0.2** ***publiek*** *⇒geïnteresseerden* ◆ **6.1 in** ~ *in het openbaar* **7.1** the ~ *de mensen, de toeschouwers/toehoorders.*

public[2] ⟨-ness⟩ **I** ⟨bn.⟩ **0.1** ***openbaar*** *⇒publiek, voor iedereen toegankelijk* **0.2** ***openbaar*** *⇒publiek, algemeen bekend* ◆ **1.1** ~ bar *zaaltje in Brits café met goedkoop bier* ⟨vnl. door mannen bezocht⟩; ⟨BE⟩ ~ company *open NV;* ⟨BE; ec.⟩ ~ limited company *publieke/openbare naamloze vennootschap, NV;* ⟨BE⟩ ~ convenience *openbaar toilet;* in the ~ domain *in openbaar bezit;* ~ footpath *voetpad, wandelpad;* ~ house ⟨BE⟩ *café, bar, pub;* ~ speaking *spreken in het openbaar;* ~ transport *openbaar vervoer;* ~ utility *nutsbedrijven* **1.2** ~ address system *geluidsinstallatie;* ~ figure *bekende figuur;* ~ relations *(bevordering v.d.) goede verstandhouding met het publiek, public relations* **3.1** ⟨ec.⟩ go ~ *een open NV worden* **3.2** make ~ *openbaar maken, bekendmaken;*
II ⟨bn., attr.⟩ **0.1** ***algemeen*** *⇒gemeenschaps-, nationaal, maatschappelijk* **0.2** ***overheids-*** *⇒regerings-, publiek-, staats-* ◆ **1.1** ~ enemy *volksvijand;* ~ health *volksgezondheid;* ~ holiday *nationale feestdag;* ~ interest *het algemeen belang;* ⟨jur.⟩ ~ law *publiek recht;* ~ opinion *publieke opinie;* ⟨BE⟩ ~ school *particuliere kostschool;* ⟨Sch. E, AE⟩ *gesubsidieerde lagere school;* ~ service (corporation) *nutsbedrijf;* ~ spirit *burgerzin, sociale instelling* ⟨v. iem.⟩; ~ works *openbare werken* **1.2** ~ assistance *sociale steun, uitkering;* ~ enterprise *staats/overheidsonderneming;* ~ ownership *staatseigendom;* ⟨jur.⟩ ~ prosecutor *openbare aanklager;* ~ purse *(de/'s lands) schatkist;* ~ sector *openbare sector;* ~ servant *rijksambtenaar;* ~ service *rijksdienst.*

publican [publikkən] **0.1** ⟨BE⟩ ***caféhouder.***

publication [publikkeesjn] **0.1** ⟨boek.⟩ ***uitgave*** *⇒publicatie, boek, artikel* **0.2** ***publicatie*** *⇒bekendmaking.*

publicise, -ize [publissajz] **0.1** ***bekendmaken*** *⇒adverteren.*

publicist [publissist] **0.1** ***dagbladjournalist*** *⇒politiek commentator* **0.2** ***publiciteitsagent.***

publicity [publissətie] **0.1** ***publiciteit*** *⇒bekendheid, openbaarheid* **0.2** ***publiciteit*** *⇒reclame* ◆ **3.2** the case has never been given much ~ *er is nooit veel ruchtbaarheid aan het geval gegeven.*

publicity agent ⟨dram., film, muz.⟩ **0.1** ***publiciteitsagent.***

publicly [publiklie] **0.1** →**public** **0.2** ***openlijk*** *⇒in het openbaar* **0.3** ***nationaal*** *⇒voor/door de gemeenschap.*

public relations officer **0.1** ***public-relationsfunctionaris*** *⇒perschef; voorlichtingsambtenaar.*

public service job 0.1 ***overheidsbaan.***
public-spirited ⟨-ness⟩ **0.1** ***maatschappelijk/sociaal ingesteld.***
publish [publisj] **I** ⟨onov.ww.⟩⟨boek.⟩ **0.1** ***publiceren*** ⇒*schrijven;*
II ⟨onov. en ov.ww.⟩⟨boek.⟩ **0.1** ***uitgeven*** ⇒*publiceren* ◆ **1.1** The Times hasn't (been) ~ed for over a year *de Times is langer dan een jaar niet uitgekomen;*
III ⟨ov.ww.⟩ **0.1** ***bekendmaken*** ⇒*aankondigen, afkondigen.*
publisher [publisjə] ⟨boek.⟩ **0.1** ***uitgever(ij).***
publishing [publisjing] ⟨boek.⟩ **0.1** ***het uitgeversbedrijf.***
publishing house ⟨boek.⟩ **0.1** ***uitgeversbedrijf*** ⇒*uitgeverij.*
puce [pjoe:s] ⟨vnl. attr.⟩ **0.1** ***puce*** ⇒*paarsbruin.*
puck [puk] ⟨in bet. 0.1 en 0.2 ook P-⟩ **0.1** ***boosaardige elf*** **0.2** ***ondeugend kind*** **0.3** ⟨ijshockey⟩ ***puck.***
pucker[1] [pukkə] ⟨zn.⟩ **0.1** ***vouw*** ⇒*plooi, rimpel.*
pucker[2] **I** ⟨onov.ww.⟩ **0.1** ***rimpelig worden*** ⇒*samentrekken* ◆ **1.1** the seam ~s at the back *de naad trekt aan de achterkant;*
II ⟨ov.ww.⟩ **0.1** ***samentrekken*** ⇒*rimpelen, fronsen* ◆ **5.1** she used to ~ **up** her eyes *ze kneep altijd haar ogen dicht.*
puckish [pukkisj] **0.1** ***plagerig*** ⇒*ondeugend.*
pudding [poeding] **0.1** ***pudding*** ⟨ook fig.⟩ **0.2** ***dessert*** ⇒*toetje* **0.3** ***pastei*** **0.4** ***worst.*** →**black, proof.**
pudding club ⟨sl.⟩ ◆ **6.¶** be **in** the ~ *met een dikke buik lopen, zwanger zijn.*
pudding-face **0.1** ***dikke kop.***
pudding-head **0.1** ***domkop.***
puddle[1] [pudl] ⟨zn.⟩ **0.1** ***plas*** ⇒*(modder)poel.*
puddle[2] ⟨ww.⟩ **0.1** ***troebel/modderig maken*** **0.2** ⟨ind.⟩ ***puddelen*** ⇒*ruw ijzer bewerken in puddeloven.*
pudendum [pjoe:dendəm]⟨mv.: pudenda [-də]⟩ ⟨anat.⟩ **0.1** ***pudenda*** ⇒*uitwendige geslachtsorganen* ⟨ihb. v.d. vrouw⟩.
pudg|y [pudzjie], **podg|y** [podzjie] ⟨-iness⟩ **0.1** ***kort en dik*** ⇒*mollig.*
puerile [pjoeərajl] **0.1** ***kinder-*** ⇒*kinderlijk* **0.2** ***kinderachtig*** ⇒*infantiel.*
puerilit|y [pjoeərilletie] ⟨mv.: -ies⟩ **0.1** ***kinderlijke gedraging*** **0.2** ***kinderachtigheid*** ⇒*onvolwassenheid.*
puerperal [pjoe:ə:prəl] ⟨med.⟩ **0.1** ***puerperaal*** ⇒*kraamvrouwen-* ◆ **1.1** ~ fever *kraamvrouwenkoorts.*
Puerto Rican [pweətoo rie:kən] **0.1** ⟨bn.⟩ ***Porto Ricaans*** **0.2** ⟨zn.⟩ ***Porto Ricaan(se).***
Puerto Rico [pweətoo rie:koo] **0.1** ***Porto Rico.***
puff[1] [puf] ⟨zn.⟩ **0.1** ***ademstoot*** ⇒*puf* **0.2** ***windstoot*** **0.3** ***rook/dampwolk*** **0.4** ***trek*** ⇒*haal, puf* ⟨aan sigaret e.d.⟩ **0.5** ***puf*** ⇒*puffend geluid* **0.6** ***bolling*** ⇒*ronding, wolkige massa* **0.7** ***(poeder)dons*** ◆ **1.6** sleeves with ~s *pofmouwen* **3.1** ⟨inf.⟩ have no ~ left *buiten adem zijn.*
puff[2] **I** ⟨onov.ww.⟩ **0.1** ***puffen*** ⇒*hijgen, blazen* **0.2** ***roken*** ⇒*trekken, dampen* **0.3** ***puffen*** ⇒*in wolkjes uitgestoten worden* **0.4** ⟨vaak +out⟩ ***opzwellen*** ⇒*zich opblazen* ◆ **3.1** ~ and blow, ~ and pant *puffen en hijgen* **6.2** ~ (away) **at/on** a cigarette *een sigaret roken;*
II ⟨ov.ww.⟩ **0.1** ***uitblazen*** ⇒*uitstoten, uitbrengen* **0.2** ***(weg)blazen*** **0.3** ***roken*** ⇒*trekken* ⟨aan sigaret e.d.⟩ **0.4** ⟨vaak +out⟩ ***opblazen*** ⇒*doen opzwellen* ◆ **1.1** ~ smoke into s.o.'s eyes *iem. rook in de ogen blazen* **5.2** ~ **out** a candle *een kaars uitblazen* **5.4** ~ed **up** with pride *verwaand, opgeblazen* **¶.4** ~ed-out hair *dik/volumineus opgemaakt haar.*
puff-adder ⟨dierk.⟩ **0.1** ***pofadder.***
puff-ball ⟨plantk.⟩ **0.1** ***stuifzwam.***
puffin [puffin] ⟨dierk.⟩ **0.1** ***papegaaiduiker.***
puff pastry ⟨cul.⟩ **0.1** ***bladerdeeg.***
puff|y [puffie] ⟨-iness⟩ **0.1** ***opgezet*** ⇒*gezwollen, opgeblazen.*
pug[1] [pug] ⟨zn.⟩ **0.1** ***mopshond*** **0.2** ***klei(mengsel).***
pug[2] ⟨ww.; -ged⟩ **0.1** ***mengen*** ⟨klei⟩.
pugilism [pjoe:dzjillizm] ⟨schr.; sport⟩ **0.1** ***pugilistiek*** ⇒*het vuistvechten, bokssport.*
pugilist [pjoe:dzjillist] ⟨schr.; sport⟩ **0.1** ***bokser*** ⇒*vuistvechter.*
pug mill ⟨ind.⟩ **0.1** ***kleimolen*** ⇒*cement/betonmolen.*
pugnacious [pugneesjəs] ⟨-ness⟩ **0.1** ***strijdlustig.***
pugnacity [pugnæsətie] **0.1** ***strijdlustigheid.***
pug nose **0.1** ***mopsneus*** ⇒*stompe neus.*
puissance [pjoe:isns, pwie:sa:ns] ⟨paardensport⟩ **0.1** ***puissance*** ⟨wedstrijd met steeds minder maar steeds hogere hindernissen⟩.
puke[1] [pjoe:k] ⟨zn.⟩⟨inf.⟩ **0.1** ***braaksel.***
puke[2] ⟨ww.⟩⟨inf.⟩ **0.1** ***overgeven*** ⇒*(uit)braken* ◆ **3.1** it makes me ~ *ik word er kotsmisselijk van.*
pukka(h), pucka [pukkə] ⟨Ind. E⟩ **0.1** ***echt*** ⇒*authentiek* **0.2** ***prima*** ⇒*uitstekend.*
pulchritude [pulkritjoe:d] ⟨schr.⟩ **0.1** ***schoonheid*** ⟨vnl. v. vrouw⟩.
pulchritudinous [pulkritjoe:dinnəs] ⟨schr.⟩ **0.1** ***prachtig*** ⟨vnl. v. vrouw⟩ ⇒*beeldschoon.*
pull[1] [poel] **I** ⟨telb.zn.⟩ **0.1** ***ruk*** ⇒*trek, stoot;* ⟨fig.⟩ *klim, inspanning, moeite* **0.2** ***trekkracht*** **0.3** ***teug*** ⇒*slok* ⟨drank⟩, *trek* ⟨v. sigaar⟩ **0.4** ***(trek)knop*** ⇒*trekker, handvat* **0.5** ⟨cricket⟩ ***krachtige slag in de on*** ◆ **2.1** it's a hard ~ *het is een heel karwei;* a long ~ across the hills *een hele klim over de heuvels;*
II ⟨telb. en n.-telb.zn.⟩⟨inf.⟩ **0.1** ***(oneerlijk) voordeel*** **0.2** ***invloed*** ⇒*macht* ◆ **6.1** have a great deal of ~ **with** s.o. *een wit voetje bij iem. hebben* **6.2** have a ~ **on** s.o. *invloed/macht over iem. hebben;*
III ⟨n.-telb.zn.⟩ **0.1** ***het trekken*** ⇒*het rukken* **0.2** ***aantrekking(skracht)*** ⟨vaak fig.⟩ ◆ **1.2** the ~ of an actress *de aantrekkingskracht v.e. actrice.*
pull[2] **I** ⟨onov.ww.⟩ **0.1** ***trekken*** ⇒*getrokken worden, plukken, rukken* **0.2** ***zich moeizaam voortbewegen*** **0.3** ***gaan*** ⟨v. voertuig, roeiboot⟩ ⇒*gedreven/getrokken worden, roeien, rijden* **0.4** ***bewegen*** **0.5** ⟨cricket⟩ ***krachtig in de on slaan*** ◆ **1.1** ~ for beer *bier tappen* **1.4** the handle doesn't ~ easily *de hendel beweegt niet gemakkelijk* **5.1** this table ~s **apart** easily *deze tafel gaat gemakkelijk uit elkaar* **5.3** the bus ~ed **away** *de bus reed weg/trok op* **6.1** ~ **at/on** a pipe *aan een pijp trekken* **6.2** ~ away **from** *achter zich laten* **6.3** the car ~ed **ahead of** us *de auto ging voor ons rijden;* the car ~ed **alongside** ours *de auto kwam naast de onze rijden, de auto stopte naast de onze;* ~ **for** the shore *naar de kust varen;* the train ~ed **into** Bristol *de trein liep Bristol binnen.* →**pull back, pull in, pull off, pull out, pull over, pull round, pull through, pull together, pull up;**
II ⟨ov.ww.⟩ **0.1** ***trekken (aan)*** ⇒*(uit)rukken, naar zich toetrekken; uit de grond trekken; tappen; zich verzekeren van, (eruit) halen* **0.2** ⟨inf.⟩ ***bewerkstelligen*** ⇒*slagen in* **0.3** ***inhouden*** ⇒*langzamer doen gaan, intomen* ⟨paard; ook fig.⟩ **0.4** ***doen voortgaan*** ⇒*voortbewegen* **0.5** ⟨cricket, honkbal; ben. voor⟩ ***(de bal) slaan*** **0.6** ***verrekken*** ⟨spier⟩ **0.7** ⟨vnl. AE; sl.⟩ ***(be)roven*** ◆ **1.1** ~ beer *bier tappen (uit een vat);* ~ a chair up to the table *een stoel bijschuiven (aan tafel);* ~ customers *klandizie trekken;* he ~ed a gun on her *hij richtte een geweer op haar;* ~ a tooth *een kies trekken;* ~ sth. to pieces *iets aan stukken scheuren;* ⟨fig.⟩ *iets zwaar bekritiseren;* ~ s.o.'s sleeve, ⟨fig.⟩ ~ s.o. by the sleeve *iem.*

aan zijn mouw trekken; ~ votes *stemmen trekken/winnen* **1.2** what's this man trying to ~? *wat probeert deze man me te leveren?* **1.3** ~ a horse *een paard intomen* **4.¶** ~ the other one *maak dat een ander wijs* **5.1** ⟨fig.⟩ stop ~ing me **about/around** *behandel me niet zo ruw;* ⟨fig.⟩ he ~ed my essay **apart** *hij liet geen spaan heel v. mijn opstel;* he ~ed **on** his shirt *hij trok zijn overhemd aan;* the current ~ed him **under** *de stroming sleurde hem mee.* →**pull back, pull down, pull in, pull off, pull out, pull over, pull round, pull through, pull together, pull up.**

pullback ⟨AE; vnl. enk.⟩ **0.1** ***terugtrekking (v. troepen).***

pull back I ⟨onov.ww.⟩ **0.1** ***(zich) terugtrekken*** ⇒⟨fig.⟩ *terugkrabbelen;*
II ⟨ov.ww.⟩ **0.1** ***(doen) terugtrekken*** ◆ **1.1** the commander pulled some tanks back *de commandant liet enkele tanks terugtrekken.*

pull date 0.1 ***uiterste verkoopdatum.***

pull down 0.1 ***naar beneden trekken*** **0.2** ***doen achteruitgaan*** ⇒*doen zakken* **0.3** ***verzwakken*** ⇒*(doen) aftakelen* **0.4** ***afbreken*** ⇒*slopen* ⟨gebouwen⟩ **0.5** ⟨AE; inf.⟩ ***binnenhalen*** ⟨geld⟩ ◆ **1.2** prices were pulled down *de prijzen werden omlaag gebracht* **1.3** this news pulled him/his spirits down *dit nieuws ontmoedigde hem.*

pullet [poelit] **0.1** ***jonge (leg)kip.***

pulley [poelie] **0.1** ***katrol*** **0.2** ***riemschijf.***

pulley block 0.1 ***katrolblok.***

pullin 0.1 ***rustplaats (voor automobilisten)*** ⇒⟨BE⟩ *vrachtrijderscafé.*

pull in I ⟨onov.ww.⟩ **0.1** ***aankomen*** ⇒*binnenlopen, binnenvaren* **0.2** ***naar de kant gaan (en stoppen)*** ⟨v. voertuig⟩;
II ⟨ov.ww.⟩ **0.1** ⟨inf.⟩ ***binnenhalen*** ⟨geld⟩ ⇒*opstrijken* **0.2** ***aantrekken*** ⇒*lokken* **0.3** ***inhouden*** ⇒*intomen* **0.4** ⟨inf.⟩ ***in zijn kraag grijpen*** ⟨bv. dief⟩ ⇒*inrekenen* ◆ **1.2** this singer always pulls in many people *deze zanger trekt altijd veel mensen* **1.3** ~ your stomach *houd je buik in* **5.¶** pull o.s. **in** *zijn buik inhouden.*

Pullman [poelmən], ⟨in bet. 0.1 en 0.2 ook⟩ **Pullman car,** ⟨in bet. 0.3 ook⟩ **Pullman coach 0.1** ***pullman*** ⇒*luxueus spoorrijtuig* **0.2** ***couchette*** ⇒*slaapwagen* **0.3** ***comfortabele reisbus.***

pull off I ⟨onov.ww.⟩ **0.1** ***naar de kant gaan (en stoppen)*** **0.2** ***aftrekken;***
II ⟨ov.ww.⟩ **0.1** ***uittrekken*** ⇒*uitdoen* **0.2** ⟨inf.⟩ ***bereiken*** ⇒*slagen in* ◆ **1.2** ~ a deal *in een transactie slagen* **4.2** we've pulled it off! *het is ons gelukt!*

pull-on 0.1 ***nauwsluitend*** ⟨v. kledingstukken⟩.

pullout 0.1 ***uitneembare pagina/kaart*** **0.2** ⟨mil.⟩ ***terugtrekking.***

pull out I ⟨onov.ww.⟩ **0.1** ***(zich) terugtrekken*** ⇒⟨fig.⟩ *terugkrabbelen* **0.2** ***eruit gaan*** ⇒*verwijderd worden* **0.3** ***vertrekken*** ⇒*wegrijden, optrekken* **0.4** ***gaan inhalen*** ⇒*uithalen* ◆ **1.1** the troops pulled out *de troepen trokken zich terug* **1.2** this map pulls out easily *deze kaart is gemakkelijk uitneembaar* **1.4** the driver who pulled out had not seen the oncoming lorry *de bestuurder die zijn baan verliet had de naderende vrachtauto niet gezien* **6.1** ~ **of** politics *uit de politiek gaan* **6.3** ~ **of** London *uit Londen vertrekken;*
II ⟨ov.ww.⟩ **0.1** ***terugtrekken*** **0.2** ***verwijderen*** ⇒*uitdoen, uittrekken* ◆ **1.1** the diplomat was pulled out *de diplomaat werd teruggeroepen* **1.2** ~ a tooth *een kies trekken.*

pullover 0.1 ***pullover.***

pull over I ⟨onov.ww.⟩ **0.1** ***opzij gaan*** ⇒*uit de weg gaan* **0.2** ⟨AE⟩ ***(naar de kant rijden en) stoppen;***
II ⟨ov.ww.⟩ **0.1** ***naar de kant rijden*** **0.2** ***stoppen*** ⟨voertuig⟩.

pull round I ⟨onov.ww.⟩ **0.1** ***bij bewustzijn komen*** **0.2** ***zich herstellen;***
II ⟨ov.ww.⟩ **0.1** ***(rond)draaien*** ⇒*omtrekken* **0.2** ***bij bewustzijn brengen*** **0.3** ***genezen*** ◆ **1.3** the doctor pulled round the patient *de dokter sleepte de patiënt erdoor.*

pull tab 0.1 ***lipje*** ⟨v. blikje bier/cola e.d.⟩.

pull through I ⟨onov.ww.⟩ **0.1** ***erdoor getrokken worden*** ⇒*erdoor komen* ◆ **1.1** the patient pulls through *de patiënt komt er doorheen;*
II ⟨ov.ww.⟩ **0.1** ***erdoor trekken*** ⇒*doen genezen, laten slagen* ◆ **1.1** the doctor tried to pull him through *de dokter trachtte hem erdoor te slepen.*

pull together I ⟨onov.ww.⟩ **0.1** ***samentrekken*** **0.2** ***samenwerken;***
II ⟨ov.ww.⟩ **0.1** ***(doen) samentrekken*** **0.2** ***verenigen*** ⇒*eenheid brengen (in), doen samenwerken* **0.3** ***reorganiseren*** ⇒*opknappen* ◆ **4.¶** pull yourself together *beheers je, verman je.*

pullul|ate [puljoeleet] ⟨zn.: **-ation**⟩ **0.1** ***ontstaan*** ⇒⟨fig.⟩ *zich ontwikkelen* ⟨v. ideologie⟩, *zich snel verbreiden* **0.2** ⟨+ with⟩ ***wemelen van*** ⇒*krioelen.*

pull up I ⟨onov.ww.⟩ **0.1** ***naar voren gaan*** ⇒*vorderingen maken, bijhalen* **0.2** ***stoppen*** ◆ **1.2** the car pulled up *de auto stopte* **6.1** his horse pulled up **with/to** mine *zijn paard haalde het mijne bij/in;*
II ⟨ov.ww.⟩ **0.1** ***uittrekken*** **0.2** ***omhoog halen*** ⇒*doen verbeteren* **0.3** ***(doen) stoppen*** **0.4** ***tot de orde roepen*** ⇒*op zijn plaats zetten* ◆ **1.2** this test pulled me up a little *deze test trok mijn cijfer enigszins op/omhoog* **1.3** ~ your car at the side *zet je auto aan de kant.*

pull-up 0.1 ⟨BE⟩ ***rustplaats*** ⇒*wegrestaurant* **0.2** ***optrekoefening*** ⟨aan gymnastiekbalk⟩.

pulmonary [pulmənrie] **0.1** ***long-*** ⇒*van/mbt./in de long(en)* ◆ **1.1** ~ disease *longziekte.*

pulp[1] [pulp] ⟨zn.⟩ **0.1** ***moes*** ⇒*pap* **0.2** ***vruchtvlees*** **0.3** ***pulp*** ⇒*houtpap* **0.4** ***rommel*** **0.5** ***sensatieblad/boek/verhaal*** ◆ **3.1** his arm was crushed to a ~ *zijn arm werd helemaal verbrijzeld* **3.¶** beat s.o. to a ~ *iem. tot moes slaan;* reduce s.o. to (a) ~ *iem. helemaal murw maken.*

pulp[2] ⟨ww.⟩ **0.1** ***tot moes maken*** ⇒*(doen) verpulveren, murw maken* **0.2** ***het vruchtvlees verwijderen van.***

pulpit [poelpit] **0.1** ***preekstoel*** ⇒*kansel.*

pulp literature 0.1 ***waardeloze lectuur*** ⇒*leesvoer.*

pulp magazine 0.1 ***sensatieblad.***

pulp|y [pulpie], **pulpous** [pulpəs] ⟨-ier⟩ **0.1** ***moesachtig*** ⇒*pappig, week.*

pulsar [pulsa:] **0.1** ***pulsar*** ⟨neutronenster⟩.

pulsate [pulseet] **0.1** ***kloppen*** ⇒*ritmisch bewegen, trillen* **0.2** ***opwindend zijn*** ◆ **1.2** a pulsating moment *een enerverend moment.*

pulsation [pulseesjn] **0.1** ***klopping*** ⇒*(ge)bons, trilling;* ⟨ihb.⟩ *hartslag.*

pulse[1] [puls] **I** ⟨telb.zn.⟩ **0.1** ⟨vnl. enk.⟩ ***hartslag*** ⇒*pols(slag)* **0.2** ⟨ben. voor⟩ ***(afzonderlijke) slag*** ⇒*stoot, trilling* **0.3** ***ritme*** ⟨bv. in muz.⟩ **0.4** ⟨vaak mv.⟩ ***peul(vrucht)*** ◆ **2.1** an irregular ~ *een onregelmatige pols* **3.1** feel/take s.o.'s ~ *iemands hartslag opnemen;* ⟨fig.⟩ *iem. polsen;*
II ⟨n.-telb.zn.; ww. soms mv.⟩ **0.1** ***peulen*** ⇒*peulvruchten.*

pulse[2] ⟨ww.⟩ **0.1** ***pulseren*** ⟨ook elek.⟩ ⇒*kloppen, trillen.*

pulver|ize [pulvərajz] ⟨zn.: **-ization**⟩ **I** ⟨onov.ww.⟩ **0.1** ***verpulveren*** ⇒*verpulverd worden;*
II ⟨ov.ww.⟩ **0.1** ***pulveriseren*** ⇒*verpulveren;* ⟨fig.⟩ *vernietigen, niets heel laten van.*

puma [pjoe:mə] **0.1** ***poema.***

pumice [pummis], **pumice stone 0.1** ***puimsteen.***

pummel, ⟨vnl. AE ook⟩ **pommel** [puml] ⟨BE -led⟩ **0.1** ***afranselen*** ⇒*met de vuisten bewerken.*

pump¹ [pump] ⟨zn.⟩ **0.1** ***pomp*** **0.2** ***dansschoen*** ⇒⟨vnl. AE⟩ *galaschoen.*

pump² **I** ⟨onov.ww.⟩ **0.1** ***pompen*** ⇒*pompend bewegen* **0.2** ***bonzen*** ⟨v. hart⟩;
II ⟨ov.ww.⟩ **0.1** ***pompen*** **0.2** ***(krachtig) schudden*** ⟨hand⟩ **0.3** ⟨inf.⟩ ***met moeite gedaan krijgen*** ⇒*(erin) pompen, (eruit) stampen* ◆ **1.1** the poison was ~ out of his stomach *het vergif werd uit zijn maag gepompt* **1.3** ~ a witness *een getuige uithoren* **1.¶** ~ s.o. full of lead *iem. vol lood schieten* **5.1** ~ **up** tyres *banden oppompen* **6.1** ~ money **into** an industry *geld investeren/pompen in een industrie* **6.3** he ~ed the story **out of** me *hij ontfutselde me het verhaal.*

pumpkin [pum(p)kin] **0.1** ***pompoen*** ⟨plant; vrucht⟩.

pump room **0.1** ***kuurzaal*** ⇒*drinkzaal* ⟨bij geneeskrachtige bron⟩.

pun¹ [pun] ⟨zn.⟩ **0.1** ***woordspeling.***

pun² ⟨ww.; -ned⟩ **0.1** ***woordspelingen maken/gebruiken*** ◆ **6.1** he likes to ~ **(up)on** obscene words *hij maakt graag woordspelingen met schuine woorden.*

punch¹ [puntsj] **I** ⟨eig.n.; P-⟩ **0.1** ***Punch*** ⇒*Janklaassen* ◆ **1.1** Punch and Judy *Janklaassen en Katrijn;*
II ⟨telb.zn.⟩ **0.1** ***werktuig om gaten te slaan*** ⇒*pons(machine/tang); perforator; kniptang* **0.2** ***(vuist)slag*** ◆ **3.¶** beat s.o. to the ~ *iem. de eerste klap geven;* ⟨fig.⟩ *iem. vóór zijn;* ⟨vnl. fig.⟩ pack quite a ~ *rake klappen uitdelen;* ⟨boksen⟩ pull one's ~es *zich inhouden* ⟨ook fig.⟩;
III ⟨n.-telb.zn.⟩ **0.1** ⟨inf.⟩ ***slagvaardigheid*** ⇒*kracht, pit* **0.2** ***punch*** ⇒*bowl(drank)* ◆ **1.1** his speech lacks ~ *er zit geen pit in zijn toespraak.*

punch² **I** ⟨onov.ww.⟩ **0.1** ***ponsen*** **0.2** ***slaan*** **0.3** ⟨AE⟩ ***klokken*** ⇒*een prikklok gebruiken* ◆ **5.2** ⟨inf.⟩ ~ **up** *op de vuist gaan* **5.3** ~ **in/out** *klokken bij binnenkomst/vertrek;*
II ⟨ov.ww.⟩ **0.1** ***slaan*** ⇒*een klap/vuistslag geven* **0.2** ***gaten maken in*** ⇒*perforeren, knippen* ⟨kaartje⟩, *ponsen* ◆ **1.2** ~ed card *ponskaart* **5.1** he ~ed **down/in** the nails *hij dreef/sloeg de spijkers erin;* she ~ed **up** £1 on the cash register *ze sloeg 1 pond aan op de kassa.*

punchbag, ⟨AE⟩ **punching bag** ⟨boksen⟩ **0.1** ***stootzak*** ⇒ *zandzak, stootkussen.*

punchball, ⟨vnl. BE⟩ **punching ball** **0.1** ***boksbal.***

punch bowl **0.1** ***punchkom.***

punch card **0.1** ***ponskaart.***

punch-drunk **0.1** ***versuft*** ⇒⟨fig.⟩ *verward.*

punch line ⟨vnl. enk.⟩ **0.1** ***climax*** ⟨v.e. verhaal/mop⟩ ⇒*clou, rake slotzin.*

punch tape **0.1** ***ponsband.***

punch-up ⟨vnl. BE; inf.⟩ **0.1** ***knokpartij.***

punch|y [puntsjie] ⟨-iness⟩ **0.1** ⟨inf.⟩ ***versuft*** ⇒*bedwelmd;* ⟨med.⟩ *punch-drunk.*

punctilious [pung(k)tilliəs] ⟨-ness⟩ **0.1** ***zeer precies*** ⇒ *plichtsgetrouw, nauwgezet.*

punctual [pung(k)tsjoeəl] ⟨zn.: **-ity**⟩ **0.1** ***punctueel*** ⇒*stipt, nauwgezet.*

punctuate [pung(k)tsjoe·eet] **I** ⟨onov. en ov.ww.⟩ **0.1** ***interpuncteren*** ⇒*leestekens aanbrengen;*
II ⟨ov.ww.⟩ **0.1** ***onderbreken*** **0.2** ***benadrukken*** ◆ **6.1** a speech ~d **by/with** jokes *een toespraak doorspekt met grappen.*

punctuation [pung(k)tsjoe·eesjn] **0.1** ***interpunctie(tekens).***

punctuation mark **0.1** ***leesteken.***

puncture¹ [pung(k)tsjə] ⟨zn.⟩ **0.1** ***gaatje*** ⟨bv. in band⟩ ⇒*lek(ke band).* →**slow.**

puncture² **I** ⟨onov.ww.⟩ **0.1** ***lek raken;***
II ⟨ov.ww.⟩ **0.1** ***lek maken*** ⇒*doorboren;* ⟨fig.⟩ *vernietigen* ◆ **1.1** a ~d lung *een (in)geklapte long.*

pundit [pundit] **0.1** ***pandit*** ⟨geleerde hindoe⟩ **0.2** ***expert.***

pung|ent [pundzjənt] ⟨zn.: **-ency**⟩ **0.1** ***scherp*** ⇒*venijnig* **0.2** ***prikkelend*** ⇒*pikant, scherp* ◆ **1.1** ~ remarks *stekelige opmerkingen* **1.2** a ~ smell *een doordringende geur.*

Punic [pjoe:nik] **0.1** ***Punisch*** ⇒*Carthaags* ◆ **1.1** the ~ Wars *de Punische oorlogen.*

punish [punnisj] **0.1** ***(be)straffen*** **0.2** ⟨inf.⟩ ***een afstraffing geven*** ⇒*toetakelen* **0.3** ***zijn voordeel doen met*** ⟨zwakte v. ander⟩ ⇒*afstraffen* ◆ **1.2** the boxer really ~ed his opponent *de bokser takelde zijn tegenstander toe.*

punishable [punnisjəbl] **0.1** ***strafbaar*** ◆ **6.1** in wartime treason is ~ **by** death *in oorlogstijd staat op verraad de doodstraf.*

punishing¹ [punnisjing] ⟨zn.⟩ **0.1** ***afstraffing*** ⟨bv. in sport⟩ **0.2** ***(flinke) schade*** ◆ **3.2** his car has taken a ~ *zijn auto heeft heel wat schade opgelopen.*

punishing² ⟨bn.⟩ **0.1** ***slopend*** ⇒*erg zwaar* ◆ **1.1** a ~ climb *een dodelijk vermoeiende beklimming.*

punishment [punnisjmənt] **0.1** ***straf*** ⇒*bestraffing* **0.2** ⟨inf.⟩ ***ruwe behandeling*** ⇒*afstraffing* ◆ **2.1** corporal ~ *lijfstraf.*

punitive [pjoe:nətiv] **0.1** ***straf-*** **0.2** ***zeer streng/hoog*** ⟨bv. v. belasting⟩ ◆ **1.2** ~ damages *hoge schadevergoeding* ⟨als straf⟩.

punitive expedition **0.1** ***strafexpeditie.***

punk¹ [pungk] ⟨zn.⟩ **0.1** ***punk(er)*** **0.2** ⟨inf.⟩ ***(jonge) boef*** ⇒*nozem, relschopper.*

punk² ⟨bn.⟩ **0.1** ⟨AE; sl.⟩ ***waardeloos*** **0.2** ***punk-*** ⇒*van/mbt. (een) punk(s).*

punk rock **0.1** ***punkmuziek.***

punnet [punnit] ⟨BE⟩ **0.1** ***(spanen) mand(je)*** ⟨voor fruit/groente⟩ ⇒*(plastic) doosje.*

punster [punstə] **0.1** ***(onverbeterlijke) maker v. woordspelingen.***

punt¹ [punt] ⟨zn.⟩ **0.1** ***punter*** ⇒*platte rivierschuit* **0.2** ⟨rugby, Am. football⟩ ***trap tegen bal*** ⟨tussen loslaten en grondraken in⟩.

punt² **I** ⟨onov.ww.⟩ **0.1** ***bomen*** ⇒*varen in een punter* **0.2** ***gokken*** ⟨bv. bij paardenrennen⟩ **0.3** ⟨rugby, Am. football⟩ ***de bal een trap geven*** ⟨tussen loslaten en grond aanraken⟩;
II ⟨ov.ww.⟩ **0.1** ⟨rugby, Am. football; oneig.⟩ ***wegschoppen*** ⟨de bal, tussen loslaten en grond aanraken⟩ **0.2** ***voortbomen*** ⟨punter⟩ **0.3** ***(in punter) vervoeren.***

punter [puntə] **0.1** ***punterman*** ⇒*schipper (met vaarboom)* **0.2** ***gokker*** **0.3** ⟨vaak mv.; the; inf.⟩ ***(het) publiek*** ⇒*klant* **0.4** ⟨inf.⟩ ***klant*** ⟨v. prostituee⟩.

pun|y [pjoe:nie] ⟨-iness⟩ **0.1** ***nietig*** ⇒*miezerig, onbetekenend* ◆ **1.1** a ~ result *een mager resultaat.*

pup¹ [pup] ⟨zn.⟩ **0.1** ***pup(py)*** ⇒*jong hondje* **0.2** ***jong*** ⟨bv. v. otter, zeehond⟩ ◆ **6.¶** **in** ~ *drachtig.*

pup² ⟨ww.; -ped⟩ **0.1** ***jongen*** ⟨v. hond⟩.

pupa [pjoe:pə] ⟨mv.: ook pupae [pjoe:pie:]⟩ **0.1** ***pop*** ⟨v. insect⟩.

pupal [pjoe:pl] **0.1** ***pop-*** ⟨v. insect⟩ ◆ **1.1** the ~ stage *het popstadium.*

pup|ate [pjoe:peet] ⟨zn.: **-ation**⟩ **0.1** ***zich verpoppen.***

pupil [pjoe:pl] **0.1** ***leerling*** **0.2** ***pupil*** ⟨v. oog⟩.

puppet [puppit] **0.1** ***marionet*** ⟨ook fig.⟩ ⇒*(houten) pop.*

puppeteer [puppittiə] **0.1** ***poppenkastspeler*** ⇒*poppenspeler.*

puppet government **0.1** ***marionettenregering.***

puppet show, puppet play **0.1** ***poppenspel*** ⇒*marionettenspel.*

puppet state **0.1** ***vazalstaat*** *⇒afhankelijke staat, schijnbaar zelfstandige staat.*
pupp|y [puppie] ⟨mv.: -ies⟩ **0.1** ***puppy*** *⇒jong hondje* **0.2** ⟨inf.⟩ ***snotneus.***
puppy fat ⟨inf.⟩ **0.1** ***babyvet.***
puppy love **0.1** ***kalverliefde.***
purchasable [pə:tsjissəbl] **0.1** ***koopbaar*** *⇒te koop, op de markt.*
purchase¹ [pə:tsjis] ⟨zn.⟩ **0.1** ***(aan)koop*** *⇒*⟨vnl. mv.⟩ *inkoop, aanwinst; aanschaf;* ⟨jur.⟩ *persoonlijke verwerving* **0.2** ***aangrijpingspunt*** *⇒*⟨fig.⟩ *vat, greep* ◆ **1.¶** ⟨fig.⟩ his life is not worth a day's/an hour's ~ *ik geef geen cent voor zijn leven* **3.1** make ~s *inkopen doen* **6.2** get a/some ~ **on** a rock *houvast vinden aan een rots.*
purchase² ⟨ww.⟩ **0.1** ⟨vnl. schr.⟩ ***verwerven*** *⇒zich aanschaffen, kopen* **0.2** ***(met moeite) bereiken/verkrijgen*** ◆ **1.1** he has ~d a house *hij heeft een huis gekocht* **1.2** freedom that was dearly ~d *duur betaalde vrijheid.*
purchase money **0.1** ***koopsom*** *⇒(koop)prijs* ⟨v. goederen⟩.
purchase price **0.1** ***(in)koopprijs*** *⇒(aan)koopsom.*
purchaser [pə:tsjissə] **0.1** ***(in)koper*** *⇒aankoper.*
purchasing power **0.1** ***koopkracht.***
purdah [pə:da:] ⟨vnl. Ind. E⟩ **0.1** ***(afscheidings)gordijn*** ⟨ter isolatie v. hindoe/moslim vrouwen⟩ **0.2** ***afzonderingssysteem*** ⟨ihb. v. Indiase vrouwen⟩ *⇒purdah.*
pure [pjoeə] ⟨-r; -ness⟩ **0.1** ***puur*** *⇒zuiver, onvervalst* **0.2** ***volkomen*** *⇒zuiver, puur* ◆ **1.1** a ~ Arab horse *een rasechte arabier;* ~ in body and mind *zuiver/rein v. lichaam en geest* **1.2** ~ nonsense *complete onzin;* ~ chance *zuiver toeval* **2.1** ⟨vnl. na zn.; inf.⟩ ~ and simple *niets dan, eenvoudigweg;* laziness ~ and simple *niets dan luiheid.*
pureblooded **0.1** ***rasecht*** ⟨v. mens/dier⟩ *⇒volbloed-.*
purebred **0.1** ***rasecht*** ⟨v. dieren⟩ *⇒volbloed-.*
purée¹, puree [pjoeəree] ⟨zn.⟩ **0.1** ***moes*** *⇒puree.*
purée², puree ⟨ww.⟩ **0.1** ***tot puree maken/koken.***
purely [pjoeəlie] **0.1** **→pure** **0.2** ***uitsluitend*** *⇒volledig, zonder meer* ◆ **2.2** a ~ personal matter *een zuiver persoonlijke aangelegenheid* **5.2** ~ (and simply) out of love *geheel en al uit liefde.*
purgation [pə:geesjn] **0.1** ⟨rel.⟩ ***reiniging*** *⇒bevrijding (v.h. kwade), verlossing (v.d. zonde)* **0.2** ***zuivering*** **0.3** ***purgatie*** ⟨v. darmen⟩.
purgative [pə:gətiv] **0.1** ⟨bn.⟩ ***zuiverend*** *⇒*⟨ihb.⟩ *laxerend* **0.2** ⟨zn.⟩ ***laxeermiddel.***
purgatorial [pə:gəto:riəl] **0.1** ***reinigend*** *⇒louterend, boetend* **0.2** ⟨rel.⟩ ***v./mbt. het vagevuur.***
purgator|y [pə:gətrie] ⟨mv.: -ies⟩ **0.1** ⟨rel.⟩ ***vagevuur*** **0.2** ***(tijdelijke) kwelling*** *⇒vagevuur.*
purge¹ [pə:dzj] ⟨zn.⟩ **0.1** ***zuivering*** **0.2** ***laxeermiddel*** ◆ **1.1** ~s within the communist party *zuiveringsacties binnen de communistische partij.*
purge² ⟨ww.⟩ **0.1** ***zuiveren*** ⟨ook pol.⟩ *⇒louteren, verlossen* **0.2** ***verwijderen*** *⇒uitwissen* **0.3** ⟨jur.⟩ ***uitboeten*** *⇒boete doen voor* **0.4** ***purgeren*** ◆ **1.1** ~ metal *metaal louteren/zuiveren* **1.3** ~ your crimes in prison *voor je misdaden boeten in de gevangenis* **5.2** ~ **away/off/out** one's sins *zijn zonden uitwissen* **6.1** ~ s.o. **from/of** guilt *iem. van schuld vrijspreken.*
purification [pjoeəriffikkeesjn] **0.1** ***zuivering*** *⇒verlossing* ⟨v.d. zonde⟩, *bevrijding* ⟨v.h. kwade⟩.
purif|y [pjoeəriffaj] ⟨-ied⟩ **I** ⟨onov.ww.⟩ **0.1** ***zuiver worden;*** **II** ⟨ov.ww.⟩ **0.1** ***zuiveren*** *⇒louteren.*
purism [pjoeərizm] **0.1** ***purisme*** *⇒(taal)zuivering.*
purist [pjoeərist] **0.1** ***purist*** *⇒(taal)zuiveraar.*
puritan [pjoeəritn] **0.1** ⟨bn.; ook -ical⟩ ***puriteins*** *⇒moraliserend, streng v. zeden* **0.2** ⟨bn.; vaak P-⟩ ***puriteins*** *⇒v./mbt. puritanisme* **0.3** ⟨zn.⟩ ***puritein*** *⇒streng godsdienstig persoon* **0.4** ⟨zn.; vaak P-⟩ ***puritein*** *⇒aanhanger v. Eng. protestants puritanisme.*
puritanism [pjoeərittənizm] **0.1** ***puritanisme*** *⇒morele strengheid* **0.2** ⟨vaak P-⟩ ***puritanisme*** *⇒opvattingen v.d. puriteinse sekte.*
purity [pjoeərətie] **0.1** ***zuiverheid*** *⇒puurheid, onschuld.*
purl¹, pearl [pə:l] ⟨zn.⟩ **0.1** ⟨breien⟩ ***averecht(se steek)*** ◆ **3.1** first three ~, then three plain *eerst drie averecht, dan drie recht.*
purl², pearl ⟨ww.⟩ **0.1** ***averechts breien.***
purler [pə:lə] ⟨BE; inf.⟩ **0.1** ***smak*** *⇒harde val* **0.2** ***optater*** *⇒harde klap* ◆ **3.1** come/take a ~ *een flinke smak maken.*
purlieu [pə:ljoe:] ⟨vaak mv.⟩ **0.1** ***naburig/aangrenzend gebied*** *⇒buurt, omgeving.*
purloin [pə:lojn] ⟨schr.⟩ **0.1** ***stelen*** *⇒ontvreemden.*
purple¹ [pə:pl] ⟨zn.⟩ **0.1** ***purper*** *⇒donkerrood, paarsrood* **0.2** ⟨rel.⟩ ***kardinaalsambt*** ◆ **3.2** he was raised to the ~ *hij werd met het purper omhangen, hij werd kardinaal* **3.¶** he was born in/to the ~ *hij was v. koninklijke bloede;* ⟨fig.⟩ *hij was v.e. zeer voornaam geslacht.*
purple² ⟨bn.; -r⟩ **0.1** ***purper*** *⇒donkerrood, paarsrood* **0.2** ***vorstelijk*** **0.3** ***(te) sierlijk*** *⇒bombastisch* ◆ **1.1** he became ~ with rage *hij liep rood/paars aan v. woede* **1.3** a ~ passage/patch *een briljant gedeelte* ⟨in saaie verhandeling⟩ **1.¶** ⟨BE; inf.⟩ ~ heart *(hartvormige) amfetaminetablet;* ⟨AE⟩ Purple Heart *Purple Heart* ⟨eremedaille voor gewonde soldaten⟩.
purplish [pə:plisj] **0.1** ***purperachtig.***
purport¹ [pə:po:t] ⟨zn.⟩⟨schr.⟩ **0.1** ***strekking*** *⇒bedoeling, teneur.*
purport² [pəpo:t] ⟨ww.⟩ **0.1** ***beweren*** *⇒(bewust) voorgeven* **0.2** ***(ogenschijnlijk) bedoelen*** *⇒tot strekking hebben* ◆ **1.2** what did the letter ~? *wat was de strekking v.d. brief?* **3.1** he ~s to be a poet *hij beweert dichter te zijn.*
purpose¹ [pə:pəs] **I** ⟨telb.zn.⟩ **0.1** ***doel*** *⇒bedoeling, reden, plan, voornemen* **0.2** ***zin*** *⇒(beoogd) effect, resultaat, nut* ◆ **3.1** does this serve your ~? *beantwoordt dit aan je verwachtingen?* **3.2** these talks have certainly answered/fulfilled/served their ~(s) *deze besprekingen zijn zeker zinvol geweest* **5.1** accidentally on ~ *per ongeluk expres* **6.1** he came **for/with** the ~ of seeing us, he came **on** ~ to see us *hij kwam met het doel om ons te bezoeken;* he did it **on** ~ *hij deed het met opzet* **6.2** all your help will be **to** no ~ *al je hulp zal tevergeefs zijn;* these money cuts will come **to** little ~ *deze bezuinigingen zullen weinig effect hebben;* **II** ⟨n.-telb.zn.⟩ **0.1** ⟨the⟩ ***de zaak waarom het gaat*** **0.2** ***vastberadenheid*** *⇒resoluutheid* ◆ **2.2** she's a girl full of ~ *ze is een meisje dat weet wat ze wil* **6.1** his remark is (not) **to** the ~ *zijn opmerking is (niet) ter zake.*
purpose² ⟨ww.⟩⟨schr.⟩ **0.1** ***van plan zijn*** ◆ **3.1** he ~s to spend his holidays with us *het ligt in zijn bedoeling zijn vakantie bij ons door te brengen.*
purpose-built, purpose-made ⟨vnl. BE⟩ **0.1** ***speciaal gebouwd/vervaardigd.***
purposeful [pə:pəsfoel] **0.1** ***vastberaden*** *⇒resoluut* **0.2** ***met een doel/bedoeling*** *⇒opzettelijk* ◆ **1.2** a ~ attempt to entice her away *een bewuste poging om haar weg te lokken;* a ~ remark *een betekenisvolle opmerking.*
purposeless [pə:pəsləs] ⟨-ness⟩ **0.1** ***doelloos*** **0.2** ***zinloos*** ◆ **1.1** a ~ remark *een nietszeggende opmerking.*
purposely [pə:pəslie] **0.1** ***opzettelijk*** *⇒doelbewust.*
purposive [pə:pəsiv] **0.1** ***met een doel/bedoeling*** **0.2** ***doelbewust*** ◆ **1.1** a ~ question *een doelgerichte vraag* **1.2** ~ behaviour *resoluut gedrag.*

purr[1] [pə:] ⟨zn.⟩ **0.1** ***spinnend geluid*** ⇒*gespin* ⟨v. kat⟩ **0.2** ***zoemend geluid*** ⇒*gesnor* ⟨v. machine⟩ **0.3** ***tevreden geknor*** ⟨v. persoon⟩.

purr[2] **I** ⟨onov.ww.⟩ **0.1** ***spinnen*** ⟨v. kat⟩ **0.2** ***snorren*** ⇒*tevreden brommen* ⟨v. persoon⟩ **0.3** ***gonzen*** ⇒*zoemen* ⟨v. machine⟩;
II ⟨ov.ww.⟩ **0.1** ***poeslief zeggen/vragen*** ◆ **1.1** she didn't ask her question, she ~ed it! *ze stelde haar vraag niet gewoon, ze vroeg het poeslief!*

purse[1] [pə:s] ⟨zn.⟩ **0.1** ***portemonnee*** **0.2** ⟨AE⟩ ***damestas(je)*** **0.3** ***financiële middelen*** ⇒*geld* **0.4** ***geld(bedrag)*** ◆ **1.1** keep a tight hand on the ~ *niet graag in de buidel tasten* **6.3** a holiday to Colombia is **beyond/within** my ~ *ik kan me (g)een vakantie naar Colombia veroorloven.*

purse[2] ⟨ww.⟩ **0.1** ***samentrekken*** ⇒*rimpelen, tuiten* ◆ **1.1** indignantly, she ~d her lips *ze tuitte verontwaardigd de lippen.*

purser [pə:sə] **0.1** ***purser*** ⟨op passagiersschip⟩.

purse snatcher ⟨AE⟩ **0.1** ***tasjesdief.***

purse strings **0.1** ***beurs/buidelkoordjes*** ⇒⟨fig.⟩ *financiële macht* ◆ **3.1** hold the ~ *de financiën beheren;* loosen the ~ *de uitgaven vergroten;* tighten the ~ *bezuinigen, de buikriem aanhalen.*

pursuance [pəsjoe:əns] ⟨schr.⟩ **0.1** ***uitvoering*** ⇒*voortzetting* **0.2** ***najaging*** ◆ **6.1** **in** (the) ~ **of** his duty *tijdens het vervullen v. zijn plicht* **6.2** **in** ~ **of** luck/money *op zoek naar geluk/geld.*

pursuant [pəsjoe:ənt] **0.1** ***achtervolgend*** ⇒*(ver)volgend, uitvoerend* ◆ **6.¶** ~ **to** your instructions *conform/overeenkomstig uw instructies.*

pursue [pəsjoe:] **0.1** ***jacht maken op*** ⇒*achtervolgen* **0.2** ***volgen*** ⇒*achternalopen* ⟨ook fig.⟩, *lastig vallen* **0.3** ***nastreven*** **0.4** ***doorgaan met*** ⇒*vervolgen* **0.5** ***beoefenen*** ⇒ *zich bezighouden met* ◆ **1.1** the police ~d the robber *de politie maakte jacht op de rover* **1.2** disease ~d her for years *ze werd jarenlang door ziekte geplaagd;* this memory ~d him *deze herinnering liet hem niet los* **1.3** John ~s success, Sheila ~s pleasure *John jaagt het succes na, Sheila het plezier* **1.4** ~ a new course *een nieuwe weg inslaan;* it is wiser not to ~ the matter *het is verstandiger de zaak te laten rusten* **1.5** the hobbies we ~ *de liefhebberijen waarmee wij ons bezighouden.*

pursuer [pəsjoe:ə] **0.1** ***(achter)volger*** ⇒*doorzetter.*

pursuit [pəs(j)oe:t] **0.1** ***achtervolging*** ⇒*jacht* ⟨ook fig.⟩ **0.2** ***bezigheid*** ⇒*hobby, beoefening* ◆ **1.1** ~ of money *geldbejag* **6.1** **in** ~ **of** happiness *op zoek naar het geluk;* the police were **in** ~ **of** the criminals *de politie was op jacht naar de misdadigers.* →**hot.**

pursuit plane **0.1** ***jachtvliegtuig*** ⇒*jager.*

purulence [pjoeərələns] **0.1** ***purulentie*** ⇒*het etterig-zijn* **0.2** ***pus*** ⇒*etter.*

purulent [pjoeərələnt] **0.1** ***etterig*** ◆ **1.1** a ~ wound *een etterende wond.*

purvey [pə:vee] **0.1** ***bevoorraden met*** ⇒*leveren* ⟨voedsel⟩ ◆ **6.1** the baker ~s bread **to** his customers *de bakker voorziet zijn klanten v. brood.*

purveyance [pə:veeəns] **0.1** ⟨schr.⟩ ***leverantie*** ◆ **6.1** the ~ **of** food **to** the army *de voedselbevoorrading v.h. leger.*

purveyor [pə:veeə] ⟨vnl. schr.⟩ **0.1** ***leverancier*** ◆ **1.1** the ~ of wine to the queen *de hofleverancier v. wijn;* ⟨fig.⟩ a ~ of lies *een verspreider v. leugens.*

purview [pə:vjoe:] ⟨schr.⟩ **0.1** ***kader*** ⇒*bedoeling* ◆ **6.1** **within/outside** the ~ of this meeting *in/buiten het kader v. deze vergadering.*

pus [pus] **0.1** ***pus*** ⇒*etter.*

push[1] [poesj] **I** ⟨telb.zn.⟩ **0.1** ***duw*** ⇒*stoot, zet, ruk* **0.2** ***grootscheepse aanval*** ⟨v. leger⟩ ⇒*offensief;* ⟨fig.⟩ *energieke poging* ◆ **1.1** give that door a ~ *geef die deur even een zetje* **3.¶** ⟨inf.⟩ get the ~ *eruit vliegen;* ⟨inf.⟩ give s.o. the ~ *iem. ontslaan/eruit gooien; iem. de bons geven* **6.¶** ⟨vnl. BE; inf.⟩ **at** a ~ *als het echt nodig is, in geval v. nood;*
II ⟨n.-telb.zn.⟩ **0.1** ⟨inf.⟩ ***energie*** ⇒*doorzettingsvermogen, fut* **0.2** ***druk*** ⇒*nood, crisis* **0.3** ***hulp*** ⇒*duwtje in de rug* ◆ **1.1** to get a job like that you need a lot of ~ *om zo'n baan te krijgen moet je heel wat aankunnen* **3.2** if/when it comes/came to the ~ *als het erop aankomt/aankwam.*

push[2] **I** ⟨onov.ww.⟩ **0.1** ***duwen*** ⇒*stoten, schuiven, dringen* **0.2** ***vorderingen maken*** ⇒*vooruitgaan, doorgaan, verder gaan* **0.3** ***zich (uitermate) inspannen*** ⇒*doorzettingsvermogen/ondernemingslust hebben* **0.4** ***aan de weg timmeren*** **0.5** ⟨inf.⟩ ***pushen*** ⇒*dealen* ◆ **3.1** ~ and shove *duwen en dringen* **5.1** ~ **down** *persen* ⟨v. vrouw tijdens bevalling⟩ **5.2** ~ **ahead/along/forward/on** *(rustig) doorgaan/verder gaan;* ⟨inf.⟩ we must ~ **along** now *we moeten er nu vandoor* **5.3** he had to ~ hard to reach success *hij moest er erg hard aan trekken om succes te bereiken* **6.1** ⟨fig.⟩ ~ hard **for** more money *krachtig aandringen op meer geld* **6.2** ~ **by/past** s.o. *iem. voorbijdringen;* ~ ahead/along/forward/on **with** *vooruitgang boeken/opschieten met.* → **push in, push off, push through;**
II ⟨ov.ww.⟩ **0.1** ***(weg)duwen*** ⇒*een zet/stoot geven, voortduwen;* ⟨fig.⟩ *beïnvloeden, dwingen* **0.2** ***stimuleren*** ⇒*bevorderen, promoten, voorthelpen, pushen* **0.3** ***druk uitoefenen op*** ⇒*lastig vallen, aandringen bij* **0.4** ***naderen*** ⟨bep. leeftijd⟩ **0.5** ⟨inf.⟩ ***pushen*** ⟨drugs⟩ ◆ **1.1** ~ the button *op de knop/bel drukken;* ~ the car *de auto aanduwen;* ~ a door open *een deur openduwen;* he ~es the matter too far *hij drijft de zaak te ver door;* don't ~ your sister to take that decision *zet je zus niet aan tot dat besluit;* ~ one's way through a crowd *zich een weg banen door een menigte* **1.2** he ~ed his son (on) to go into politics *hij stimuleerde zijn zoon om in de politiek te gaan* **1.3** don't ~ your luck (too far)! *stel je geluk niet te veel op de proef!* **3.3** he is ~ed (for time/money) *hij heeft bijna geen tijd/geld, hij zit krap (in zijn tijd/geld)* **3.4** be ~ing forty *de veertig naderen* **4.1** I ~ed myself to do it *ik dwong mezelf het te doen* **4.2** ~ o.s. *zichzelf promoten, zichzelf weten te verkopen* **5.1** ⟨inf.; fig.⟩ ~ s.o. **about/around** *iem. ruw/slecht behandelen; iem. commanderen, iem. met minachting behandelen;* they ~ed our work **aside** *ze schoven ons werk terzijde;* ⟨fig.⟩ *ze gaven ons werk geen kans;* ~ **back** one's hair *zijn haar naar achteren strijken;* ~ **back** the enemy *de vijand terugdringen;* he was ~ed **down** *hij werd ondergeduwd;* ~ o.s. **forward** *zich op de voorgrond dringen;* ~ s.o. **forward** as a candidate *iem. als kandidaat naar voren schuiven;* ~ **over** a lady *een dame omverlopen;* ~ **over** a table *een tafel omgooien;* that ~ed prices **up** *dat joeg de prijzen omhoog* **5.¶** ~ home *uitvoeren, toedienen, krachtig ondernemen/uiteenzetten;* the attack was ~ed home with considerable force *de aanval werd met veel kracht uitgevoerd* **6.1** ~ s.o. **into** action *iem. tot actie dwingen;* the disaster ~ed all other news **off** the front pages *de ramp verdrong al het andere nieuws van de voorpagina's;* ~ one's work **onto** s.o. else *zijn werk op iem. anders afschuiven/aan iem. anders opdringen;* she ~ed him **to** the verge of suicide *ze dreef hem bijna tot zelfmoord* **6.3** he ~ed me **for** money *hij probeerde geld van mij los te krijgen.* →**push off, push out, push through.**

push-bike ⟨BE⟩ **0.1** ***fiets*** ◆ **6.1** go **by** ~ *met de fiets gaan.*

push button **0.1** ***drukknop*** ⇒*druktoets.*

push-button **0.1** ***drukknop-*** ◆ **1.1** a machine with a ~ starter *een machine die aangezet wordt dmv. een drukknop;* ~ telephone *druktoetstelefoon* **1.¶** ~ warfare *automatische oorlogvoering, oorlogvoering op afstand.*

pushcart **0.1** ***handkar.***

pushchair ⟨BE⟩ **0.1** ***(opvouwbare) wandelwagen.***

pusher [poesjə] **0.1** ***(te) ambitieus iem.*** ⇒*streber* **0.2** ⟨sl.⟩ ***(illegale) drugsverkoper*** ⇒*(drugs)dealer.*

push in ⟨inf.⟩ **0.1** ***een gesprek ruw onderbreken*** ⇒*ertussen komen, iem. in de rede vallen* **0.2** ***voordringen.***

pushing [poesjing] **0.1** ***opdringerig*** **0.2** ***energiek*** ⇒*ondernemend* ◆ **6.1** he is too ~ **with** strangers *hij is te opdringerig tgov. vreemden.*

push off I ⟨onov.ww.⟩ **0.1** ⟨inf.⟩ ***ervandoor gaan*** ⇒*weggaan, ophoepelen* **0.2** ***uitvaren*** ⇒*v. wal steken* ◆ **4.1** now ~, will you *hoepel nu alsjeblieft eens op;*
II ⟨ov.ww.⟩ **0.1** ***afduwen*** ⟨boot⟩.

push out **0.1** ***ontslaan*** ⇒*eruit gooien/werken* **0.2** ***uitduwen*** ⇒*uitschuiven, wegduwen* **0.3** ***doen groeien*** ⇒*schieten* ⟨wortel⟩ **0.4** ***produceren*** ⟨brieven, tekst e.d.⟩.

push-over ⟨vnl. enk.⟩⟨inf.⟩ **0.1** ***fluitje v.e. cent*** ⇒*makkie* **0.2** ***gemakkelijk slachtoffer*** ◆ **1.1** the exam was a ~ *het examen stelde niets voor* **1.2** he is a ~ for any girl *hij laat zich door ieder meisje inpalmen.*

push start ⟨autosport⟩ **0.1** ***duwstart.***

push-start **0.1** ***aanduwen*** ⟨auto⟩.

push through I ⟨onov.ww.⟩ **0.1** ***opkomen*** ⟨v. plant⟩ **0.2** ***(door)drukken*** ⇒*doorzetten;*
II ⟨ov.ww.⟩ **0.1** ***doordrukken*** ⇒*er doorheen slepen/halen* ◆ **1.1** we'll push this matter through *we zullen deze zaak erdoor krijgen;* John's teacher pushed him through *Johns leraar sleepte hem erdoor* ⟨bv. bij examen⟩.

pushup ⟨AE; sport⟩ **0.1** ***opdrukoefening*** ◆ **3.1** do twenty ~s *zich twintig keer opdrukken.*

push|y [poesjie] ⟨-iness⟩ **0.1** ***opdringerig.***

pusillanim|ous [pjoe:silænimməs] ⟨zn.: **-ity**⟩⟨schr.⟩ **0.1** ***laf*** ⇒*bang.*

puss [poes] ⟨inf.⟩ **0.1** ***poes*** ⟨vnl. als roepnaam⟩ **0.2** ***poesje*** ⇒*liefje, schatje* ◆ **1.1** Puss in boots *de Gelaarsde Kat.*

puss|y [poesie] ⟨mv.: -ies⟩ **0.1** ⟨inf.; kind.⟩ ***poes(je)*** ⇒*kat(je)* **0.2** ⟨sl.⟩ ***poesje*** ⇒*kutje.*

pussycat ⟨inf.⟩ **0.1** ***poesje*** ⇒*katje* **0.2** ***schatje*** ⇒*liefje.*

pussyfoot [poesiffoet] ⟨inf.⟩ **0.1** ***zeer voorzichtig te werk gaan*** ⇒*een slag om de arm houden, geen mening uiten.*

pussy willow ⟨plantk.⟩ **0.1** ⟨ong.⟩ ***(kat)wilg.***

pustule [pustjoe:l] **0.1** ⟨med.⟩ ***puist(je)*** ⇒*etterblaasje.*

put[1] [poet] ⟨zn.⟩ **0.1** ⟨sport⟩ ***stoot*** ⇒*worp* ⟨v. kogel⟩ **0.2** ⟨geldw.⟩ ***put*** ⇒*premieaffaire met optie v. levering* ⟨v. aandelen⟩ **0.3** →**putt.**

put[2] ⟨bn.⟩⟨inf.⟩ ◆ **3.¶** stay ~ *blijven waar je bent, op zijn plaats blijven.*

put[3] ⟨put, put⟩ **I** ⟨onov.ww.⟩ **0.1** ⟨scheep.⟩ ***varen*** ⇒*stevenen, koers zetten* **0.2** →**putt** ◆ **3.¶** his sickness ~ paid to his plans *zijn ziekte maakte een eind aan zijn plannen* **6.1** the ship ~ **into** the port *het schip voer/stevende de haven binnen* **6.¶** ⟨vnl. BE⟩ ~ **(up)on** s.o. *iem. last/ongemak bezorgen.* →**put about, put back, put down, put in, put out, put over, put to, put up;**
II ⟨ov.ww.⟩ **0.1** ***zetten*** ⇒*plaatsen, leggen, steken, stellen* ⟨ook fig.⟩; *brengen* ⟨in een toestand⟩ **0.2** ***onderwerpen*** ⟨aan⟩ ⇒*dwingen, drijven* **0.3** ***(op)leggen*** ⇒*heffen* ⟨belastingen⟩ **0.4** ***(in)zetten*** ⇒*verwedden* **0.5** ***werpen*** ⇒*stoten, jagen* **0.6** ***voorleggen*** ⇒*ter sprake brengen* **0.7** ***uitdrukken*** ⇒*zeggen, stellen* **0.8** ***vertalen*** ⇒*overbrengen, omzetten* **0.9** ⟨geldw.⟩ ***leveren*** ⇒*aanzeggen* ⟨aandelen⟩ **0.10** → **putt** ◆ **1.1** ~ much effort in(to) sth. *veel moeite aan iets besteden;* ~ an end to (one's life) *een eind maken (aan zijn leven);* ~ a/one's finger to one's lips *de vinger voor de lippen/mond leggen* ⟨als aanmaning tot zwijgen⟩; ⟨inf.⟩ he couldn't ~ one foot before/in front of the other *hij kon geen voet verzetten;* ~ one's hand on sth. *de hand leggen op iets;* ~ an idea/thought into s.o.'s head *iem. op een idee brengen;* ~ a knife between s.o.'s ribs *iem. een mes tussen de ribben steken;* ~ a match to sth. *iets aansteken/in brand steken;* ~ money in(to) sth. *geld steken in iets;* ~ pen to paper *pen op papier zetten;* ~ pressure (up)on *pressie uitoefenen op;* ~ a price on sth. *een prijskaartje hangen aan;* ~ one's signature to sth. *zijn handtekening plaatsen onder iets;* ~ s.o. on the train *iem. op de trein zetten;* ~ a stop to sth. *een eind maken aan iets;* ~ one's trust in *zijn vertrouwen stellen in;* the death of his son ~ years on him *de dood v. zijn zoon heeft hem ouder gemaakt* **1.3** ~ taxes on *belastingen leggen op* **1.4** ~ money on *geld zetten/wedden op;* ⟨fig.⟩ *zeker zijn van* **1.5** ~ a bullet through s.o.'s head *iem. een kogel door het hoofd jagen;* ⟨atletiek⟩ ~ the shot *kogelstoten* **1.6** ~ the situation to s.o. *iem. de situatie uitleggen* **1.7** ~ a question to s.o. *iem. een vraag stellen* **3.9** you may ~ and call *u hebt een dubbele optie* ⟨om aandelen te leveren of op te vragen⟩ **4.1** ~ o.s. into sth. *zich geheel/zijn beste krachten aan iets geven* **4.7** how shall I ~ it? *hoe zal ik het zeggen* **4.¶** ⟨inf.⟩ ~ it there! *geef me de vijf!* ⟨ten teken v. akkoord⟩ **5.7** to ~ it bluntly *om het (maar) ronduit/cru te zeggen* **5.¶** be hard ~ (to it) to do sth. *iets nauwelijks aankunnen, het erg moeilijk hebben om iets te doen;* ~ **under** *verdoven, onder narcose brengen* **6.1** ~ safety **above** cost *veiligheid boven kosten stellen;* ~ s.o. **across** the river *iem. overzetten;* ~ sth. **before** sth. else *iets prefereren/stellen boven iets anders;* ~ **behind** bars *achter de tralies zetten;* ~ sth. **behind** o.s. *zich over iets heen zetten, met iets breken;* ~ **in** order *in orde brengen;* ~ **in** an awkward position *in een moeilijk parket brengen;* ~ sth. **in(to)** s.o.'s hands *iem. iets in handen geven* ⟨vnl. fig.⟩; ~ **in(to)** touch with *in contact brengen met;* ~ **into** circulation *in omloop brengen;* ~ **into** effect *ten uitvoer brengen;* ~ **into** power *aan de macht brengen;* ~ s.o. **off** his food *iem. de eetlust benemen;* ~ s.o. **off** his game *iem. v. zijn spel afleiden;* ~ s.o. **off** learning *iem. de zin om te leren ontnemen;* ~ s.o. **off** smoking *iem. v.h. roken afbrengen;* ~ s.o. **on** antibiotics *iem. antibiotica voorschrijven;* ~ s.o. **on** his guard *iem. waarschuwen;* ~ **on** the right track *op het goede spoor brengen;* ⟨mil.⟩ ~ **out of** action *buiten gevecht stellen;* ~ **out of** business *failliet doen gaan, ruïneren;* ~ s.o. **out of** temper *iem. uit zijn humeur brengen;* ~ a Bill **through** Parliament *een wetsvoorstel door het parlement krijgen;* ~ one's children **through** university *zijn kinderen universitaire studies laten voltooien;* ~ the children **to** bed *de kinderen naar bed brengen;* ~ **to** death *ter dood brengen;* ~ a poem **to** music *een gedicht op muziek zetten;* ~ the children **to** school *de kinderen op school doen;* ~ one's son **to** a trade *voor zijn zoon een beroep vinden;* ~ o.s./s.o. **to** work *zich/iem. aan het werk zetten;* ~ **to** good use *goed gebruik maken van;* ~ £100 **towards** the cost *£100 in de kosten bijdragen* **6.2** ~ s.o. **through** a severe test *iem. aan een zware test onderwerpen;* ⟨inf.⟩ ~ s.o. **through** it *iem. een zware test afnemen/zwaar op de proef stellen;* ~ **to** flight/rout *op de vlucht drijven;* ~ s.o. **to** (great) inconvenience *iem. (veel) ongerief bezorgen;* put s.o. **to** trouble *iem. last/ongemak bezorgen* **6.3** ~ £1,000,000 **on** the taxes *de belastingen met £1.000.000 verhogen* **6.6** ~ a proposal **before/to** a meeting *een vergadering een voorstel voorleggen;* ~ s.o.

onto s.o. *iem. aan iem. voorstellen/bij iem. introduceren* **6.8** ~ a text **into** another language *een tekst in een andere taal vertalen* **6.¶** ~ it/one/sth. **across** s.o. *het iem. flikken, iem. beetnemen;* ⟨inf.⟩ not ~ it **past** s.o. to do sth. *iem. ertoe in staat achten iets te doen;* I ~ it **to** him that he was wrong *ik hield het hem voor dat hij het verkeerd had;* ~ o.s. **to** it to do sth. *zich ertoe zetten iets te doen.* →**put about, put across, put ahead, put aside/away/by, put away, put back/behind, put by, put down, put forth, put forward, put in, put off, put on, put out, put over, put through, put to, put together, put up.**

put about I ⟨onov.ww.⟩⟨scheep.⟩ **0.1** ***laveren*** *⇒v. richting veranderen;*
II ⟨ov.ww.⟩ **0.1** ***v. richting doen veranderen*** ⟨schip⟩ **0.2** ***verspreiden*** ⟨gerucht, leugens⟩ ◆ **1.1** the captain put his ship about *de kapitein wendde de steven* **4.¶** ⟨BE; sl.⟩ put it/o.s. about *koketteren* ⟨vnl. v. vrouwen⟩.

put across 0.1 ***overbrengen*** ⟨ook fig.⟩ *⇒aanvaardbaar maken, aan de man brengen* ◆ **3.1** know how to put one's ideas across *zijn ideeën weten over te brengen.*

put ahead →**put forward.**

put-and-call, put-and-call option ⟨mv.: puts-and-calls⟩ ⟨geldw.⟩ **0.1** ***stellage*** *⇒dubbele optie* ⟨voor koop of verkoop v. aandelen⟩.

put aside, ⟨in bet. 0.1 ook⟩ **put away, put by** ⟨vaak pass.⟩ **0.1** ***opzij zetten*** *⇒wegzetten, opzij leggen* ⟨ook mbt. geld⟩; *sparen* **0.2** ***terzijde schuiven*** ⟨fig.⟩ *⇒vergeten, negeren* ◆ **1.1** I'll put this carpet aside for you *ik reserveer dit tapijt voor u* **1.2** ~ one's pride *zijn trots opzij zetten.*

putative [pjoe:tətiv] **0.1** ***vermeend*** *⇒vermoedelijk.*

put away 0.1 ***wegleggen*** *⇒opbergen, wegbergen* **0.2** →**put aside 0.3** ⟨inf.⟩ ***wegwerken*** ⟨voedsel, drank⟩ *⇒achteroverslaan* **0.4** ⟨inf.; euf.⟩ ***opsluiten*** ⟨in gevangenis, gesticht⟩ **0.5** →**put down 0.6** ⟨schr.⟩ ***opgeven*** ⟨hoop, ambitie⟩ ◆ **1.6** ~ that foolish plan! *laat dat dwaze plan varen!*

put back, ⟨in bet. II 0.2 ook⟩ **put behind I** ⟨onov.ww.⟩ **0.1** ***terugvaren*** ◆ **6.1** ~ **to** port *naar de haven terugvaren;*
II ⟨ov.ww.⟩ **0.1** ***terugzetten*** *⇒terugdraaien* **0.2** ***vertragen*** *⇒tegenhouden* **0.3** ***uitstellen*** ◆ **1.1** put the clock back *de klok terugzetten* ⟨ook fig.⟩ **1.2** production has been ~ by a strike *de productie is door een staking vertraagd.*

put by →**put aside.**

put down, ⟨in bet. II 0.5 ook⟩ **put away I** ⟨onov.ww.⟩ **0.1** ***landen*** ⟨v. vliegtuig⟩;
II ⟨ov.ww.⟩ **0.1** ***neerzetten*** *⇒neerleggen* **0.2** ***onderdrukken*** ⟨opstand, misdaad e.d.⟩ **0.3** ***opschrijven*** *⇒noteren* **0.4** ***opslaan*** ⟨ihb. voedsel⟩ **0.5** ***een spuitje geven*** ⟨ziek dier⟩ *⇒uit zijn lijden helpen* **0.6** ***afzetten*** *⇒uit laten stappen* ⟨passagiers⟩ **0.7** ***afschaffen*** **0.8** ***aanbetalen*** **0.9** ⟨sl.⟩ ***kleineren*** *⇒vernederen;* ⟨fig.⟩ *op zijn plaats zetten* ◆ **1.4** ~ wine *wijn opslaan* ⟨in kelder⟩ **1.7** ~ s.o.'s pride *iemands trots fnuiken* **6.3** ~ a holiday **as** a business trip *een vakantie opvoeren als zakenreis;* ⟨fig.⟩ put s.o. down **as/for** *iem. houden voor/beschouwen als;* put a boy down **for** Eton *een jongen laten inschrijven voor Eton;* put s.o. down **for** £2 *iem. noteren voor £2* ⟨bij collecte⟩; ⟨fig.⟩ put sth. down **to** ignorance *iets toeschrijven aan onwetendheid;* put it down **to** my account *zet het maar op mijn rekening.*

put-down 0.1 ***schampere opmerking*** *⇒vernedering.*

put forth ⟨schr.⟩ **0.1** ***aanwenden*** *⇒ten toon spreiden* **0.2** ***voortbrengen*** ⟨v. plant⟩ **0.3** ***verkondigen*** ⟨theorie⟩ ◆ **1.1** ~ strength *kracht ten toon spreiden* **1.2** the plants are putting forth their leaves *de planten beginnen uit te lopen.*

put forward, ⟨in bet. 0.4 ook⟩ **put ahead 0.1** ***naar voren brengen*** ⟨ook fig.⟩ **0.2** ***voordragen*** ⟨voor functie⟩ **0.3** ***vooruitzetten*** ⟨klok⟩ **0.4** ***vervroegen*** *⇒eerder doen plaatsvinden.*

put in I ⟨onov.ww.⟩ **0.1** ***een verzoek indienen*** *⇒solliciteren* **0.2** ⟨inf.⟩ ***binnenwippen*** **0.3** ⟨scheep.⟩ ***binnenlopen*** ◆ **3.2** he ~ to make a call *hij kwam eventjes binnen om te telefoneren* **6.1** ⟨inf.⟩ ~ **for** *zich kandidaat stellen voor;* ~ **for** leave *verlof (aan)vragen* **6.3** ~ **at** a port *een haven binnenlopen/aandoen;*
II ⟨ov.ww.⟩ **0.1** ***(erin) plaatsen/zetten/brengen*** *⇒inlassen, invoegen* **0.2** ***opwerpen*** **0.3** ***installeren*** *⇒aanstellen, inzetten;* ⟨pol.⟩ *aan de macht brengen* **0.4** ***besteden*** ⟨tijd, werk, geld⟩ ⇒⟨inf.⟩ *doorbrengen* ⟨tijd⟩ **0.5** ⟨jur.⟩ ***indienen*** *⇒klacht, document* ◆ **1.1** ~ an/one's appearance *zich (eens) laten zien/vertonen;* ~ a comma here! *las hier een komma in!;* ~ the horses *de paarden inspannen* **1.2** ~ a remark *een opmerking plaatsen;* ⟨inf.⟩ ~ a (good) word for s.o. *een goed woordje voor iem. doen* **1.3** ~ guards for the President's protection *bewakers aanstellen voor de bescherming v.d. president;* the Conservative Party was ~ *de Conservatieve Partij kwam aan de macht* **1.4** he ~ a lot of hard work on the project *hij heeft een boel werk in het project gestopt;* we had another hour to ~ *we moesten nog een uur passeren* **1.5** ~ a plea of not guilty *onschuldig pleiten* **6.5** ~ a claim **for** damages *een eis tot schadevergoeding indienen* **6.¶** put s.o. in **for** an award *iem. voor een onderscheiding voordragen.*

putoff ⟨inf.⟩ **0.1** ***smoes(je).***

put off 0.1 ***uitstellen*** *⇒afzeggen* **0.2** ***afzetten*** *⇒uit laten stappen* ⟨passagiers⟩ **0.3** ***afschrikken*** *⇒(v. zich) afstoten* **0.4** ***afschepen*** *⇒ontmoedigen* **0.5** ***v. de wijs brengen*** **0.6** ***uitdoen*** *⇒uitdraaien, afzetten* ⟨licht, gas, radio e.d.⟩ **0.7** ***uittrekken*** ⟨kleding⟩ *⇒afleggen* ⟨ook fig.⟩; *laten varen* ◆ **1.1** we had to ~ our friends *we moesten de afspraak met onze vrienden afzeggen* **1.3** the smell of that food put me off *de reuk v. dat eten deed me walgen* **1.4** I tried in vain to ~ my tax-collector *ik trachtte tevergeefs de belastingontvanger v. mij af te schudden* **1.5** the speaker was ~ by the noise *de spreker werd door het lawaai v. streek gemaakt* **1.7** ~ your doubts! *laat uw twijfels varen!* **6.3** put s.o. off **from** a plan *iem. een plan afraden* **¶.1** ⟨sprw.⟩ never ~ till tomorrow what you can do today *laat nimmer iets tot morgen staan, wat nog voor heden kan gedaan.*

put on 0.1 ***voorwenden*** *⇒aannemen* ⟨houding⟩ **0.2** ***toevoegen*** *⇒verhogen* **0.3** ***opvoeren*** *⇒op de planken brengen* **0.4** ***inzetten*** *⇒opstellen* ⟨voor optreden, wedstrijd⟩ **0.5** ***aantrekken*** ⟨kleding⟩ *⇒opzetten* ⟨bril, hoed⟩ **0.6** ***inzetten*** *⇒inleggen* ⟨extratrein e.d.⟩ **0.7** ***vooruitzetten*** ⟨klok⟩ **0.8** ***in werking/beweging stellen*** *⇒aandoen* ⟨licht⟩; *aanzetten* ⟨radio e.d.⟩; *opzetten* ⟨plaat, fluitketel⟩ **0.9** ***opleggen*** ⟨belasting⟩ **0.10** ***inzetten*** ⟨geld; bij weddenschap⟩ **0.11** ***in contact brengen*** *⇒doorverbinden* **0.12** ⟨sl.⟩ ***beduvelen*** ◆ **1.1** ~ a brave/bold face/front *flink zijn;* ~ an accent *een accent aannemen;* ~ airs *zich een air geven* **1.2** ~ pressure *de druk verhogen* ⟨ook fig.⟩; ~ speed *sneller/harder gaan;* ~ weight/flesh *aankomen, zwaarder worden;* ~ years *ouder gaan lijken* **1.3** ~ a play *een toneelstuk op de planken brengen* **1.4** the player was ~ for the next game *de speler was opgesteld voor de volgende wedstrijd* **1.5** she had ~ too much lipstick *ze had te veel lipstick gebruikt* **1.8** ⟨inf.⟩ ~ a/the brake(s) *afremmen* ⟨vnl. fig.⟩ **4.2** ⟨inf.⟩ put it on *aankomen* ⟨in gewicht⟩; *overdrijven* **4.3** ⟨inf.⟩ put it on *doen alsof* **6.11** put me on **to** the director himself *verbind me door met de directeur zelf;* who put the police on **to** me? *wie heeft de politie op mijn spoor gezet?;* he put me on **to** this vacancy *hij bracht me v. deze vacature op de hoogte.*

put out **I** ⟨onov.ww.⟩ **0.1** ⟨scheep.⟩ ***uitvaren*** ◆ **6.1** ~ **from** *uitvaren uit;* ~ **to** sea *zee kiezen;*
II ⟨ov.ww.⟩ **0.1** ***uitsteken*** ⇒*tonen* **0.2** ***aanwenden*** ⇒*inzetten, gebruiken* **0.3** ***uitdoen*** ⇒*(uit)doven, blussen* **0.4** ***verdoven*** ⇒*bewusteloos maken/slaan* **0.5** ***van zijn stuk brengen*** ⇒*verontrusten, irriteren* **0.6** ***storen*** ⇒*last aandoen* **0.7** ***buiten zetten*** ⟨huisvuil⟩ ⇒*eruit gooien, de deur wijzen* **0.8** ***ontwrichten*** ⇒⟨fig.⟩ *een afwijking doen ontstaan in* ⟨berekening⟩ **0.9** ***voortbrengen*** **0.10** ***uitvaardigen*** ⇒*uitgeven, uitzenden* ⟨bericht⟩ **0.11** ***uitbesteden*** ⟨werk⟩ **0.12** ***uitzetten*** ⇒*lenen, beleggen* ◆ **1.1** ⟨inf.; fig.⟩ ~ feelers *zijn voelhoorns uitsteken;* put one's tongue out *zijn tong uitsteken* **1.3** ~ the fire/light *het vuur/licht doven* **1.4** the injection put me out in a few seconds *de injectie verdoofde me in enkele seconden* **1.8** the calculations may have been ~ by one percent *er kan een afwijking v. een percent in de berekeningen geslopen zijn* **1.9** the factory puts out 200 engines a day *de fabriek produceert 200 motoren per dag* **1.10** the BBC puts out a news bulletin every hour *de BBC zendt elk uur een nieuwsbulletin uit;* ~ an official statement *een communiqué uitgeven* **1.¶** ~ s.o.'s eye *iemands oog verblinden* **4.6** put o.s. out *zich moeite getroosten* **6.11** ~ a job **to** a subcontractor *een werk aan een onderaannemer uitbesteden* **6.12** ~ one's money **at** a high interest *zijn geld tegen een hoge rente uitzetten.*

put over **I** ⟨onov.ww.⟩ **0.1** ***overvaren;***
II ⟨ov.ww.⟩ **0.1** ***overbrengen*** ⟨ook fig.⟩ ⇒*aan de man brengen* **0.2** ⟨AE⟩ ***uitstellen*** ◆ **6.1** ⟨inf.⟩ put (a fast) one/sth. over **on** s.o. *iem. iets wijsmaken.*

putrefaction [pjoe:trifæksjn] **0.1** ***(ver)rotting*** ⇒*bederf.*

putref|y [pjoe:triffaj] ⟨-ied⟩ **0.1** ***(doen) (ver)rotten*** ⇒*(doen) bederven.*

putrescent [pjoe:tresnt] **0.1** ***rottend*** ⇒*bedervend.*

putrid [pjoe:trid] ⟨zn.: **-ity**⟩ **0.1** ***(ver)rot*** ⇒*vergaan, verpest* **0.2** ⟨sl.⟩ ***waardeloos*** ⇒*klere-, rot-.*

putsch [poetsj] **0.1** ***staatsgreep*** ⇒*putsch.*

putt[1], **put** [put] ⟨zn.⟩⟨golf⟩ **0.1** ***puttslag.***

putt[2], **put** ⟨ww.⟩⟨golf⟩ **0.1** ***putten.***

puttee [puttie, puttie:] ⟨vaak mv.⟩ **0.1** ***beenwindsel*** ⇒*puttee.*

putter[1] [puttəl] ⟨zn.⟩ **0.1** ***putter*** ⟨soort golfstok⟩.

putter[2] ⟨ww.⟩ →**potter.**

put through **0.1** ***(door)verbinden*** ⟨telefoongesprek⟩ **0.2** ***tot stand brengen*** ◆ **1.1** put a call through *een gesprek doorschakelen;* put s.o. through (to) *iem. doorverbinden (met).*

putting green [putting grie:n] ⟨golf⟩ **0.1** ***green*** ⟨deel v. golfbaan om de hole⟩.

put to **I** ⟨onov.ww.⟩⟨scheep.⟩ **0.1** ***landwaarts stevenen;***
II ⟨ov.ww.⟩ **0.1** ⟨scheep.⟩ ***landwaarts richten*** ⟨schip⟩.

put together **0.1** ***samenvoegen*** ⇒*samenstellen, combineren* **0.2** ***verzamelen*** ⇒*verenigen* ◆ **1.1** more than all the others ~ *meer dan alle anderen bij elkaar* **1.2** ⟨inf.; fig.⟩ put one's heads together *de koppen bij elkaar steken* **4.¶** ⟨inf.; fig.⟩ put two and two together *zijn conclusies trekken.*

putty[1] [puttie] ⟨zn.⟩ **0.1** ***stopverf*** **0.2** ***plamuur*** ◆ **1.¶** be ~ in s.o.'s hands *als was in iemands handen zijn.*

putt|y[2] ⟨ww.; -ied⟩ **0.1** ***stoppen*** ⟨met stopverf⟩ **0.2** ***plamuren.***

put up **I** ⟨onov.ww.⟩ **0.1** ⟨+ for; vnl. BE⟩ ***zich kandidaat stellen (voor)*** **0.2** ⟨vnl. BE⟩ ***logeren*** ◆ **6.2** ~ **at** an inn *in een herberg logeren* **6.¶** ⟨inf.⟩ I wouldn't ~ **with** it any longer *ik zou het niet langer meer dulden/pikken;*
II ⟨ov.ww.⟩ **0.1** ***opzetten*** ⇒*oprichten, bouwen* ⟨tent, standbeeld e.d.⟩ **0.2** ***opsteken*** ⇒*hijsen, ophangen* **0.3** ***bekendmaken*** ⇒*afkondigen, ophangen* **0.4** ***voorleggen*** ⇒*naar voren brengen* **0.5** ***verhogen*** ⇒*opslaan* **0.6** ***huisvesten*** ⇒ *logeren* **0.7** ***beschikbaar stellen*** ⟨gelden⟩ ⇒*voorschieten* **0.8** ***bieden*** ⇒*tonen* **0.9** ***(te koop) aanbieden*** **0.10** ***kandidaat stellen*** ⇒*voordragen* ◆ **1.1** ⟨fig.⟩ ~ a front/façade *zich achter een façade verbergen;* ~ a show *iets voor de show doen;* ⟨vnl. fig.⟩ ~ a smokescreen *een rookgordijn leggen* **1.2** she had put her hair up *ze had haar haar opgestoken;* put one's hands up *de handen opsteken* ⟨vnl. om zich over te geven⟩ **1.3** ~ a notice *een bericht ophangen* **1.4** ~ a case *een zaak naar voren brengen/verdedigen;* ~ a proposal *een voorstel voorleggen* **1.5** ~ the rent *de huurprijs verhogen* **1.7** who will ~ money for new research? *wie stelt geld beschikbaar voor nieuw onderzoek?* **1.8** the boxers ~ a good fight *de boksers lieten een goede kamp zien;* the rebels ~ strong resistance *de rebellen boden hevig weerstand* **6.9** they ~ their house **for** sale *zij boden hun huis te koop aan* **6.10** they put him up **for** chairman *zij droegen hem als voorzitter voor* **6.¶** put s.o. up **to** sth. *iem. opstoken/aanzetten tot iets; iem. op de hoogte brengen v. iets.*

put-up **0.1** ***afgesproken*** ◆ **1.1** it's a ~ job *het is doorgestoken kaart.*

put-upon **0.1** ***misbruikt*** ◆ **3.1** feel ~ *zich misbruikt voelen.*

puzzle[1] [puzl] ⟨zn.⟩ **0.1** ***raadsel*** ⇒*probleem* **0.2** ***moeilijkheid*** ⇒*probleem* **0.3** ***puzzel*** ⇒*legkaart* **0.4** ***verwarring*** ◆ **1.3** crossword ~ *kruiswoordraadsel* **6.4** be **in** a ~ **about** sth. *ergens mee zitten.*

puzzle[2] **I** ⟨onov.ww.⟩ **0.1** ***peinzen*** ⇒*piekeren;*
II ⟨ov.ww.⟩ **0.1** ⟨vaak pass.⟩ ***voor een raadsel zetten*** ⇒ *verbazen, verbijsteren* **0.2** ***in verwarring brengen*** **0.3** ***overpeinzen*** ◆ **1.3** ~ one's brains (about/over) *zich het hoofd breken (over)* **5.3** ~ sth. **out** *iets uitpluizen/uitknobbelen.*

puzzled [puzld] **0.1** ***in de war*** ⇒*verbluft, perplex.*

puzzlement [puzlmənt] **0.1** ***verwarring*** **0.2** ***onzekerheid*** ⇒ *verlegenheid.*

puzzler [puzlə] **0.1** ***puzzelaar(ster)*** **0.2** ***probleem*** ⇒*moeilijke vraag.*

puzzling [puzling] **0.1** ***onbegrijpelijk*** ⇒*raadselachtig, verwarrend.*

PVC ⟨afk.⟩ **0.1** [polyvinyl chloride] ***pvc.***

pygm|y[1], **pigm|y** [pigmie] ⟨zn.; mv.: -ies⟩ **0.1** ***pygmee*** ⇒ *dwerg;* ⟨fig.⟩ *nietig persoon.*

pygmy[2], **pigmy** ⟨bn.⟩ **0.1** ***heel klein*** ⇒*dwerg-.*

pyjama, ⟨AE sp.⟩ **pajama** [pədzja:mə] **0.1** ***pyjama-*** ◆ **1.1** ~ bottoms/trousers *pyjamabroek;* ~ jacket/top *pyjamajasje.*

pyjamas, ⟨AE sp.⟩ **pajamas** [pədzja:məz] **0.1** ***pyjama*** ◆ **1.1** four pairs of ~ *vier pyjama's.*

pylon [pajlən] **0.1** ***pyloon*** ⇒*(ere)poort* **0.2** ***luchtbaken*** **0.3** ***hoogspanningsmast.***

pyracantha [pajrəkænθə] ⟨plantk.⟩ **0.1** ***vuurdoorn.***

pyramid[1] [pirrəmid] ⟨zn.⟩ **0.1** ***piramide.***

pyramid[2] **I** ⟨onov.ww.⟩ **0.1** ***piramidevormig opgebouwd zijn*** **0.2** ***zich piramidevormig ontwikkelen*** **0.3** ⟨geldw.⟩ ***papieren winst gebruiken voor speculatie*** ⟨op beurs⟩;
II ⟨ov.ww.⟩ **0.1** ***piramidevormig opbouwen*** **0.2** ⟨geldw.⟩ ***voor speculatie gebruiken*** ⟨winst op beurs⟩ **0.3** ⟨geldw.⟩ ***in vroeg stadium belasten*** ⟨producten, zodat in volgende stadia sneeuwbaleffect ontstaat⟩.

pyramidal [piræmidl] **0.1** ***piramidaal*** ⇒*piramidevormig;* ⟨fig.⟩ *enorm.*

pyramid selling ⟨ec.⟩ **0.1** ***het (telkens) doorverkopen v.h. verkooprecht.***

pyre [pajjə] **0.1** ***brandstapel*** ⟨ihb. voor rituele lijkverbranding⟩.

Pyrex [pajreks] ⟨ook attr.⟩ **0.1** ***pyrex*** ⟨merknaam⟩ ⇒⟨bij uitbr.⟩ *vuurvast glas* ◆ **1.1** a ~ dish *een vuurvaste schotel.*

pyromania [-meeniə] **0.1** ***pyromanie.***
pyromaniac [-meenie·æk] **0.1** ***pyromaan.***
pyrotechnic [pajjərooteknik] ⟨-ally⟩ **0.1** ***pyrotechnisch*** ⇒*vuurwerk-* **0.2** ***briljant*** ⇒*sensationeel (goed)* ◆ **1.1** a ~ display *een vuurwerk(show)* **1.2** his ~ wit *zijn briljante geest.*
pyrotechnics [-tekniks] ⟨ww. ook enk.⟩ **0.1** ***pyrotechniek*** **0.2** ***vuurwerk*** **0.3** ***briljante opvoering.***
Pyrrhic victory [pirrik -] **0.1** ***Pyrrusoverwinning*** ⇒*schijnsucces.*
python [pajθen] **0.1** ***python.***

q

q, Q [kjoe:] ⟨mv.: q's, Q's⟩ **0.1** ***q, Q.***
Q.C. ⟨afk.⟩ **0.1** [Queen's Counsel].
Q.E.D. ⟨afk.⟩ **0.1** [quod erat demonstrandum] ***q.e.d.***
qq. ⟨afk.⟩ **0.1** [questions].
qua [kwee, kwa:] ⟨schr.⟩ **0.1** ***qua*** ◆ **1.1** he accepted art ~ art *hij aanvaardde kunst als zijnde kunst.*
quack[1] [kwæk] ⟨zn.⟩ **0.1** ***kwakzalver*** ⇒*charlatan* **0.2** ***kwak*** ⟨v. eend⟩ ⇒*gekwaak.*
quack[2] ⟨ww.⟩ **0.1** ***kwaken*** ⟨v. eend⟩ **0.2** ***zwetsen*** ⇒*kletsen.*
quacker|y [kwækərie] ⟨mv.: -ies⟩ **0.1** ***kwakzalverij.***
quad [kwod] **0.1** ⟨verk.⟩ [quadrangle, quadruplet].
Quadragesima [kwodrədzjessimmə], **Quadragesima Sunday** **0.1** *Quadragesima* ⇒*eerste vastenzondag.*
quadrangle [kwodrænggl] **0.1** ***vierhoek*** ⇒⟨ihb.⟩ *vierkant, rechthoek* **0.2** ***(vierhoekige) binnenplaats*** ⇒*vierkant plein (met de gebouwen eromheen).*
quadrangular [kwodrænggjoelə] **0.1** ***vierhoekig.***
quadrant [kwodrənt] **0.1** ***kwadrant*** **0.2** ⟨wisk.⟩ ***assenstelsel.***
quadratic [kwodrætik] ◆ **1.¶** ~ equation *kwadratische vergelijking.*
quadrilateral [kwodrilætrəl] **0.1** ⟨bn.⟩ ***vierzijdig*** **0.2** ⟨zn.⟩ ***vierhoek.***
quadrillion [kwodrilliən] ⟨mv.: ook quadrillion⟩ **0.1** ⟨BE⟩ ***quadriljoen*** ⇒*miljoen tot de vierde macht,* 10^{24} **0.2** ⟨AE⟩ ***biljard*** ⇒*miljoen miljard* ⟨10^{15}⟩.
quadruped [kwodroepəd] **0.1** ***viervoeter*** ⇒*(als) v.e. viervoeter.*
quadruple[1] [kwodroe:pl] ⟨zn.; bn.⟩ **0.1** ⟨bn.⟩ ***vierdelig*** **0.2** ⟨bn.⟩ ***viervoudig*** **0.3** ⟨zn.⟩ ***viervoud.***
quadruple[2] ⟨ww.⟩ **0.1** ***verviervoudigen.***
quadruplet [kwodroeplit] ⟨vnl. mv.⟩ **0.1** ***één v.e. vierling*** ⇒ ⟨mv.⟩ *vierling.*
quadruplicate[1] [kwodroe:plikkət] ⟨zn.; bn.⟩ **0.1** ⟨bn.⟩ ***viervoudig*** ⇒*in viervoud* **0.2** ⟨zn.; vnl. mv.⟩ ***één v. vier (gelijke) exemplaren*** **0.3** ⟨zn.⟩ ***viervoud*** ◆ **6.1 in** ~ *in viervoud, met/in vier identieke exemplaren.*
quadruplicate[2] [kwodroe:plikkeet] ⟨ww.⟩ **0.1** ***verviervoudigen.***
quaff [kwof, kwa:f] ⟨schr.⟩ **0.1** ***zwelgen*** ⇒*grote slokken nemen (van)* ◆ **5.1** ~ **off** a glass of wine *een glas wijn verzwelgen.*
quagmire [kwægmajjə] **0.1** ***moeras*** ⟨ook fig.⟩ ⇒*poel.*
quail[1] [kweel] ⟨zn.; mv.: ook quail⟩ **0.1** ***kwartel.***
quail[2] ⟨ww.⟩ **0.1** ***(terug)schrikken*** ⇒*bang/ontmoedigd worden.*
quaint [kweent] ⟨-ness⟩ **0.1** ***apart*** ⇒*curieus, ongewoon* **0.2** ***vreemd*** ⇒*grillig* ◆ **1.1** a ~ old building *een bijzonder, oud gebouw* **1.2** a very ~ remark *een zeer merkwaardige opmerking.*
quake[1] [kweek] ⟨zn.⟩ **0.1** ***schok*** **0.2** ⟨inf.⟩ ***aardbeving.***
quake[2] ⟨ww.⟩ **0.1** ***schokken*** ⇒*trillen, bibberen.*
Quaker [kweekə] **0.1** ***quaker.***
qualification [kwolliffikkeesjn] **0.1** ***beperking*** ⇒*voorbehoud* **0.2** ***kwaliteit*** ⇒*verdienste, kwalificatie* **0.3** ***(bewijs v.) geschiktheid/bevoegdheid*** **0.4** ***beschrijving*** ⇒*kenmerking* ◆ **2.3** a medical ~ *een medische bevoegdheid* **6.1** what's the ~ **for** entering this tournament? *wat zijn de vereisten*

om mee te doen aan dit toernooi?; a statement **with** many ~s *een verklaring met veel kanttekeningen.*

qualified [kwolliffajd] **0.1** ***beperkt*** ⇒*voorwaardelijk, voorlopig* **0.2** ***bevoegd*** ⇒*geschikt* ◆ **1.1** a ~ agreement *een voorwaardelijk akkoord;* ~ optimism *gematigd optimisme* **1.2** a ~ doctor *een afgestudeerde/bevoegde dokter;* a ~ nurse *een gediplomeerde verpleegster.*

qualifier [kwolliffajjə] ⟨sport⟩ **0.1** ***iem. die zich voor de volgende ronde heeft geplaatst*** **0.2** ***kwalificatiewedstrijd.***

qualif|y [kwolliffaj] ⟨-ied⟩ **I** ⟨onov.ww.⟩ **0.1** ***zich kwalificeren*** ⇒*zich bekwamen, bevoegd/geschikt zijn/worden* ◆ **1.1** ~ as a pilot *zijn vliegbrevet halen* **3.1** do you ~ to vote? *heb je stemrecht?* **6.1** ~ **for** membership *in aanmerking komen voor lidmaatschap;*
II ⟨ov.ww.⟩ **0.1** ***beperken*** ⇒*kwalificeren, (verder) bepalen* **0.2** ***kenmerken*** ⇒*kenschetsen, karakteriseren* **0.3** ***geschikt/bevoegd maken*** ⇒*het recht geven* **0.4** ***verzachten*** ⇒*matigen* ◆ **1.1** a ~ing exam *een akte-examen;* a ~ing match *een kwalificatiewedstrijd;* ~ one's statement *zijn verklaring nader preciseren* **1.2** ~ s.o. as an honest person *iem. als een eerlijk persoon beschrijven* **1.4** ~ one's judgement *zijn oordeel verzachten.*

qualitative [kwollittətiv] **0.1** ***kwalitatief.***

qualit|y [kwollətie] ⟨mv.: -ies⟩ **I** ⟨telb.zn.⟩ **0.1** ***kwaliteit*** ⇒*deugd, capaciteit* **0.2** ***eigenschap*** ⇒*kenmerk, karakteristiek* ◆ **1.1** s.o.'s faults and qualities *iemands slechte en goede eigenschappen;* ~ of life *leefbaarheid, kwaliteit v.h. bestaan* **1.2** a ~ of water *een eigenschap v. water* **3.1** have the ~ of gaining people's confidence *het vermogen bezitten het vertrouwen v.d. mensen te winnen* **6.2** **in** the ~ **of** President *in de hoedanigheid v. President;*
II ⟨n.-telb.zn.; ook attr.⟩ **0.1** ***kwaliteit*** ⇒*waarde, gehalte* ◆ **1.1** ~ goods *kwaliteitsgoederen;* ~ newspaper *kwaliteitskrant* **2.1** high/low ~ wood *hout v. goede/slechte kwaliteit;* of poor/good ~ *v. slechte/goede kwaliteit* **6.1** people **of** ~ *mensen v. standing* **¶.1** ⟨sprw.⟩ ~, not quantity *kwaliteit gaat boven kwantiteit.*

quality control **0.1** ***kwaliteitscontrole.***

qualm [kwa:m, kwo:m] ⟨vaak mv.⟩ **0.1** ***(gevoel v.) onzekerheid*** ⇒*ongemakkelijk/onbehaaglijk gevoel* **0.2** ***(gewetens)wroeging*** ◆ **6.1** she had no ~s **about** going on her own *ze zag er niet tegenop om alleen te gaan;* he felt no ~s **about** inviting himself *hij had er geen moeite mee zichzelf uit te nodigen.*

quandar|y [kwond(ə)rie] ⟨mv.: -ies⟩ **0.1** ***moeilijke situatie*** ⇒*dilemma, onzekerheid* ◆ **6.1** we were **in** a ~ about how to react *we wisten niet goed hoe we moesten reageren.*

quango [kwænggoo] ⟨oorspr. afk.; BE⟩ **0.1** [quasi-autonomous non-government(al) organisation] ⟨ong.⟩ ***semi-overheidsinstelling.***

quanta [kwontə] ⟨mv.⟩ →**quantum.**

quantifiable [kwontiffajjəbl] **0.1** ***kwantificeerbaar*** ⇒*meetbaar, telbaar.*

quantif|y [kwontiffaj] ⟨-ied; zn.: **-ication**⟩ **0.1** ***kwantificeren*** ⇒*in getallen uitdrukken, meten, bepalen* ◆ **1.1** you cannot ~ love *je kunt liefde niet (in omvang) meten.*

quantitative [kwontittətiv] **0.1** ***kwantitatief.***

quantit|y [kwontətie] ⟨mv.: -ies⟩ **0.1** ***hoeveelheid/aantal*** ⇒*som, portie* **0.2** ⟨wisk.⟩ ***grootheid*** ⇒⟨fig.⟩ *persoon, iem., ding* **0.3** ***kwantiteit*** ⇒*hoeveelheid, omvang* ◆ **2.2** a negligible ~ *een te verwaarlozen hoeveelheid; een persoon/zaak waarmee geen rekening gehouden hoeft te worden;* an unknown ~ *een onbekende (grootheid); een nog niet doorgronde/berekenbare persoon* **6.1** **in** large quantities *in grote aantallen/hoeveelheden.* →**quality.**

quantity surveyor **0.1** ***kostendeskundige*** ⟨in de bouw⟩ ⇒*begrotingscalculator.*

quantum[1] [kwontəm] ⟨zn.; mv.: quanta⟩ **0.1** ***kwantum*** ⇒*(benodigde/wenselijke) hoeveelheid.*

quantum[2] ⟨bn.⟩ **0.1** ***spectaculair*** ◆ **1.1** ~ leap *spectaculaire stap vooruit, doorbraak, omwenteling.*

quantum mechanics ⟨mv.⟩ **0.1** ***kwantummechanica.***

quantum physics ⟨nat.⟩ **0.1** ***kwantumfysica.***

quantum theory ⟨nat.⟩ **0.1** ***kwantumtheorie.***

quarantine [kworrəntie:n] **0.1** ⟨zn.⟩ ***quarantaine*** ⇒*isolatie* **0.2** ⟨ww.⟩ ***in quarantaine plaatsen/houden*** ⇒⟨fig. ook⟩ *isoleren* ◆ **6.1** be put **in** ~ *in quarantaine gehouden worden.*

quark [kwa:k, kwo:k] ⟨nat.⟩ **0.1** ***quark.***

quarrel[1] [kworrəl] ⟨zn.⟩ **0.1** ***ruzie*** ⇒*onenigheid* **0.2** ***kritiek*** ⇒*reden tot ruzie* ◆ **3.1** start/pick a ~ (with s.o.) *ruzie zoeken (met iem.);* make up a ~ *een ruzie bijleggen* **6.1** have a ~ **with** s.o. *ruzie hebben met iem.* **6.2** I have no ~ **with** him *ik heb niets tegen hem.*

quarrel[2] ⟨ww.; BE -led⟩ **0.1** ***ruzie maken*** ⇒*onenigheid hebben* **0.2** ***kritiek hebben*** ⇒*aan/opmerkingen hebben* ◆ **1.1** these people are always ~ling *deze mensen hebben altijd ruzie* **6.2** who would like to ~ **with** that? *wie zou dat willen bestrijden?*

quarrelsome [kworrəlsəm] **0.1** ***ruziezoekend*** ⇒*twistziek.*

quarr|y[1] [kworrie] ⟨zn.; mv.: -ies⟩ **0.1** ***(nagejaagde) prooi*** ⇒*wild* **0.2** ***(steen)groeve*** ⇒⟨fig.⟩ *vindplaats/bron v. informatie.*

quarr|y[2] ⟨ww.; -ied⟩ **0.1** ***(steen)houwen*** ⇒*(steen) uithakken* **0.2** ***ijverig zoeken*** ⟨bv. naar feiten/gegevens⟩ ◆ **6.1** ~ **for** *naar iets graven* ⟨ook fig.⟩.

quarry-man [kworrieman] **0.1** ***steenhouwer.***

quart [kwo:t] **0.1** ***quart*** ⇒*kwart gallon, twee pints* ⟨inhoudsmaat⟩ ◆ **1.¶** put a ~ into a pint pot *het onmogelijke proberen.*

quarter[1] [kwo:tə] **I** ⟨telb.zn.⟩ **0.1** ***kwart*** ⇒*vierde deel;* ⟨sport⟩ *kwart, speelperiode van 15 minuten; kwartier* ⟨v. slachtdier⟩ **0.2** ***kwart dollar*** ⇒*kwartje* **0.3** ***kwartaal*** ⇒⟨AE⟩ *collegeperiode, academisch kwartaal* **0.4** ***kwartier*** ⟨v. tijd, maan⟩ **0.5** ***achterste deel*** ⇒*achterwerk* ⟨v. schip⟩, *achterste scheepsdeel; hielstuk* ⟨v. schoen/laars⟩ **0.6** ***quarter*** ⇒*kwart* ⟨gewicht, maat⟩ **0.7** ***(wind)richting*** ⇒*windstreek* ⟨v. kompas⟩, *hoek, kant* **0.8** ***(stads)deel*** ⇒*wijk, gewest* ◆ **1.1** a ~ of a century *een kwarteeuw;* a ~ of an hour *een kwartier;* he chose the best ~ of the ox *hij koos het beste kwartier v.d. os;* three ~s of the people voted *driekwart v.d. mensen stemde* **1.4** for an hour and a ~ *een uur en een kwartier (lang)* **1.8** in some ~s of (the) town there were riots *in sommige stadsdelen waren er rellen* **3.4** this clock also strikes the ~s *deze klok slaat ook de kwartieren* **6.3** he pays his rent **by** the ~ *hij betaalt zijn huur per kwartaal* **6.4** it's a ~ **past/to** eight *het is kwart over/voor acht* **6.7** I expect no help **from** that ~ *ik verwacht geen hulp uit die hoek;* **from** all ~s of the world *uit alle windstreken;* is the wind **in** that ~? *waait de wind uit die hoek?* **7.3** during the last ~ *in het laatste semester;*
II ⟨n.-telb.zn.⟩ **0.1** ***genade*** ⇒*clementie* ◆ **3.1** ask for/cry ~ *om genade smeken;*
III ⟨mv.⟩ **0.1** ⟨vaak mil.⟩ ***kwartier*** ⇒*verblijf, woon/legerplaats, kamer(s);* ⟨fig.⟩ *kring* ◆ **2.1** this information comes from the highest ~s *deze inlichtingen komen uit de hoogste kringen;* find suitable ~s *geschikte huisvesting vinden;* well-informed ~s *goed ingelichte kringen* **3.1** married ~s *familieverblijven;* they took up their ~s *ze sloegen hun tenten op, ze namen hun intrek.* →**close.**

quarter[2] ⟨ww.⟩ **0.1** ***vierendelen*** ⇒*in vier (gelijke) delen verdelen* **0.2** ***inkwartieren*** ⇒*logies/huisvesting verschaffen (aan), legeren* ◆ **1.1** ~ an apple *een appel in vier parten verdelen.*

quarterback ⟨Am. football⟩ **0.1** ***quarterback*** ⇒*kwartback* ⟨spelbepaler die gecodeerde aanwijzingen geeft⟩.

quarter day **0.1** ***betaaldag*** ⟨aan begin/eind v. kwartaal⟩.

quarterdeck ⟨scheep.⟩ **0.1** ⟨vnl. enk.; the⟩ ***(officiers)halfdek*** **0.2** ⟨ww. enk. of mv.⟩ ***(marine)officieren.***

quarterfinal **0.1** ***kwartfinale.***

quartering [kwo:təring] **0.1** ***vierendeling*** **0.2** ***inkwartiering.***

quarter-light ⟨BE⟩ **0.1** ***ventilatieraampje*** ⟨v. auto⟩.

quarterl|y[1] [kwo:təlie] ⟨zn.; mv.: -ies⟩ **0.1** ***driemaandelijks tijdschrift/blad.***

quarterly[2] ⟨bn.; bw.⟩ **0.1** ***driemaandelijks*** ⇒*viermaal per jaar (verschijnend/plaatshebbend), kwartaalsgewijs* ◆ **1.1** a ~ magazine *een driemaandelijks tijdschrift;* ~ payment *betaling per kwartaal.*

quartermaster **0.1** ***kwartiermeester.***

Quartermaster General **0.1** ***kwartiermeester-generaal*** ⇒ *hoofdintendant.*

Quartermaster Sergeant **0.1** ***foerier.***

quarter sessions **0.1** ***rechtszitting*** ⇒*(driemaandelijkse) rechtspraak* ⟨per district⟩.

quartet(te) [kwo:tet] **0.1** ***kwartet*** ⇒*viertal.*

quarto [kwo:too] **0.1** ***kwarto.***

quartz [kwo:ts] **0.1** ***kwarts.***

quasar [kweesa:] ⟨ster.⟩ **0.1** ***quasar*** ⇒*quasi-stellaire radiobron.*

quash [kwosj] **0.1** ⟨jur.⟩ ***verwerpen*** ⇒*vernietigen* **0.2** ***(krachtig) onderdrukken*** ⇒*verijdelen* ◆ **1.1** ~ a verdict *een uitspraak vernietigen* **1.2** ~ a rebellion *een opstand de kop indrukken.*

quasi [kwa:zie, kweezaj] **0.1** ***quasi*** ⇒*zogenaamd.*

quatercentenar|y [kwætəsentie:nrie] ⟨mv.: -ies⟩ **0.1** ***vierhonderdste verjaardag.***

quatrain [kwotreen] **0.1** ***kwatrijn.***

quaver[1] [kweevə] ⟨zn.⟩ **0.1** ***trilling*** **0.2** ⟨BE; muz.⟩ ***achtste (noot).***

quaver[2] ⟨ww.⟩ **0.1** ***trillen*** ⇒*beven, sidderen; zeggen met bevende stem* ◆ **1.1** in a ~ing voice *met bevende stem* **5.1** he ~ed **out** his accusations *met bevende stem uitte hij zijn beschuldigingen.*

quavery [kweevərie] **0.1** ***beverig*** ⇒*trillerig.*

quay [kie:] **0.1** ***kade.***

queas|y [kwie:zie] ⟨-iness⟩ **0.1** ***walgelijk*** ⇒⟨fig.⟩ *afkeer opwekkend, onaangenaam* **0.2** ***misselijk*** ⇒*onpasselijk* **0.3** ***overgevoelig*** ⇒*kieskeurig* ◆ **1.2** a ~ stomach *een zwakke maag* **1.3** he has a ~ conscience *hij neemt het erg nauw.*

queen[1] [kwie:n] ⟨zn.⟩ **0.1** ***koningin*** ⇒⟨fig.⟩ *winnares, heerseres* **0.2** ⟨dierk.⟩ ***koningin*** ⇒*moederbij* **0.3** ⟨schaakspel⟩ ***koningin*** ⇒*dame* **0.4** ⟨kaartspel⟩ ***vrouw*** ⇒*dame* **0.5** ⟨sl.⟩ ***nicht*** ⇒*verwijfde flikker* ◆ **1.4** ~ of hearts *hartenvrouw;* ⟨fig.⟩ *schoonheid, gevierde schone* **1.¶** think one is the Queen of Sheba *zich airs geven.*

queen[2] ⟨ww.⟩ ◆ **4.¶** ⟨inf.⟩ ~ it over s.o. *de mevrouw spelen tov. iem.*

queen ant **0.1** ***mierenkoningin.***

queen bee **0.1** ***bijenkoningin*** ⇒⟨fig.⟩ *heersende schone, schoonheid.*

queen consort ⟨mv.: queens consort; vaak Q- C-⟩ **0.1** ***gemalin v.d. koning*** ⇒*koningin.*

queenl|y [kwie:nlie] ⟨-iness⟩ **0.1** ***als een koningin*** ⇒*majesteitelijk.*

queen mother **0.1** ***koningin-moeder.***

Queen's Bench (Division) →**King's Bench (Division).**

Queensberry Rules [kwie:nzbrie roe:lz] **0.1** ***(officieel boks)reglement*** ⇒⟨fig.⟩ *eerlijk spel.*

Queen's Counsel →**King's Counsel.**

queen's evidence →**king's evidence.**

queensize **0.1** ***queensize*** ⟨tussen normale grootte/lengte en kingsize in⟩.

queen wasp **0.1** ***wespenkoningin.***

queer[1] [kwiə] ⟨zn.⟩⟨sl.⟩ **0.1** ***homo*** ⇒*flikker.*

queer[2] ⟨bn.; -ness⟩ **0.1** ***vreemd*** ⇒*raar, zonderling* **0.2** ***verdacht*** ⇒*onbetrouwbaar* **0.3** ***onwel*** ⇒*niet lekker* **0.4** ⟨sl.⟩ ***homoseksueel*** ◆ **1.1** ⟨inf.⟩ a ~ customer *een rare snuiter* **1.¶** ⟨ook q- s-; vnl. BE; inf.⟩ be in Queer Street *in moeilijkheden zitten;* ⟨ihb.⟩ *schulden hebben* **3.3** she felt ~ that night *ze voelde zich niet lekker die avond* **¶.1** ⟨sprw.⟩ there's nowt so ~ as folks *niets veranderlijker dan de mens.*

queer[3] ⟨ww.⟩⟨sl.⟩ **0.1** ***verknoeien*** ⇒*verpesten.*

queer-basher ⟨BE; inf.⟩ **0.1** ***potenrammer.***

queer-bashing ⟨BE; inf.⟩ **0.1** ***(het) potenrammen.***

quell [kwel] ⟨schr.⟩ **0.1** ***onderdrukken*** ⇒*een eind maken aan, onderwerpen.*

quench [kwentsj] **0.1** ***doven*** ⇒*blussen* **0.2** ***afkoelen*** ⟨in water enz.⟩ ⇒*afharden, afschrikken* ⟨metaal⟩ **0.3** ***een eind maken aan*** ⇒*vernietigen, onderdrukken* **0.4** ***lessen*** ⟨dorst⟩.

quenchless [kwentsjləs] **0.1** ***onblusbaar*** **0.2** ***onlesbaar*** ◆ **1.1** a ~ flame *een eeuwige vlam.*

quern [kwə:n] **0.1** ***stenen handmolen*** ⟨voor graan⟩ **0.2** ***pepermolentje.***

querulous [kwerroeləs] ⟨-ness⟩ **0.1** ***klagend*** **0.2** ***klagerig*** ⇒ *knorrig* ◆ **1.1** ~ person *querulant.*

quer|y[1] [kwiərie] ⟨zn.; mv.: -ies⟩ **0.1** ***vraag(teken)*** ◆ **3.1** raise a ~ *in twijfel trekken.*

quer|y[2] ⟨ww.; -ied⟩ **0.1** ***vragen (naar)*** ⇒*informeren (naar)* **0.2** ***in twijfel trekken*** ⇒*een vraagteken plaatsen bij* ⟨ook lett.⟩, *betwijfelen* **0.3** ⟨AE⟩ ***ondervragen*** ⇒*interviewen* ◆ **6.3** they queried the president **about** his proposal *zij ondervroegen de president over zijn voorstel.*

query language ⟨comp.⟩ **0.1** ***vraagtaal*** ⇒*zoektaal.*

quest[1] [kwest] ⟨zn.⟩⟨schr.⟩ **0.1** ***zoektocht*** **0.2** ***het gezochte*** ◆ **6.1** the ~ **for** the Holy Grail *het zoeken naar de Heilige Graal;* **in** ~ **of** *op zoek naar.*

quest[2] ⟨ww.⟩⟨schr.⟩ **0.1** ***zoeken*** ⇒*speuren.*

question[1] [kwestsjn] **I** ⟨telb.zn.⟩ **0.1** ***vraag*** **0.2** ***vraagstuk*** ⇒ *probleem, kwestie* **0.3** ***stemming*** ◆ **1.2** it is only a ~ of money *het is alleen een kwestie v. geld* **3.1** a leading ~ *een suggestieve vraag;* ⟨sprw.⟩ ask no ~s and be told no lies *vraag mij niet, dan lieg ik niet* **3.3** put the ~ *tot stemming overgaan* **3.¶** beg the ~ *het punt in kwestie als bewezen aanvaarden;* that is begging the ~ ⟨inf.⟩ *dat is moeilijkheden ontlopen;* ⟨ihb.⟩ *dat is een vraag met een wedervraag beantwoorden;* ⟨inf.⟩ pop the ~ (to her) *(haar) ten huwelijk vragen* **6.1** you should obey your father **without** ~ *je moet je vader zonder meer gehoorzamen* **6.2** the man **in** ~ *de man in kwestie/over wie we het hebben;* that is **out of** the ~ *er is geen sprake van, daar komt niets van in* **7.2** that is not the ~ *daar gaat het niet om;* the ~ is ... *waar het om gaat is ...;*

II ⟨n.-telb.zn.⟩ **0.1** ***twijfel*** ⇒*onzekerheid, bezwaar* ◆ **3.1** call sth. into ~ *iets in twijfel trekken* **6.1** there's no ~ **about** his credentials *zijn geloofsbrieven zijn betrouwbaar;* **beyond** (all)/**without** ~ *ongetwijfeld, stellig, buiten kijf.*

question[2] ⟨ww.⟩ **0.1** ***vragen*** ⇒*ondervragen, uithoren* **0.2** ***onderzoeken*** **0.3** ***betwijfelen*** ⇒*zich afvragen* ◆ **6.1** ~ s.o.

about/on his plans *iem. over zijn plannen ondervragen* **8.3** I ~ whether/if ... *ik betwijfel het of ...*

questionab|le [kwestsjnəbl] ⟨-ly⟩ **0.1** ***twijfelachtig*** **0.2** ***verdacht.***

questioner [kwestsjənə] **0.1** ***vragensteller/ster*** ⇒*ondervrager/vraagster.*

questioning [kwestsjəning] **0.1** ***vragend*** **0.2** ***leergierig*** ◆ **1.1** she gave her friend a ~ look *zij keek haar vriend vragend aan.*

question mark **0.1** ***vraagteken*** ⟨ook fig.⟩ ⇒*mysterie, onzekerheid.*

questionnaire [kwestsjənea] **0.1** ***vragenlijst.***

question time ⟨BE⟩ **0.1** ***vragenuurtje*** ⟨voor de leden v.h. parlement⟩.

queue[1] [kjoe:] ⟨zn.⟩ **0.1** ***rij*** ⇒*file;* ⟨comp.⟩ *wachtrij* **0.2** ***staart(vlecht)*** ◆ **1.1** a ~ of cars *een lange rij auto's* **3.¶** jump the ~ *voordringen, voor je beurt gaan.*

queue[2] ⟨ww.⟩ **0.1** ***een rij vormen*** ⇒*in de rij (gaan) staan* ◆ **6.1** they ~d (up) **for** the taxis *zij stonden in de rij voor de taxi's.*

quibble[1] [kwibl] ⟨zn.⟩ **0.1** ***spitsvondigheid*** ⇒*haarkloverij.*

quibble[2] ⟨ww.⟩ **0.1** ***uitvluchten zoeken*** ⇒*bekvechten* ◆ **6.1** we don't have to ~ **about** the details *we hoeven niet over de details te harrewarren.*

quibbler [kwiblə] **0.1** ***muggenzifter*** ⇒*haarklover.*

quiche [kie:sj] ⟨cul.⟩ **0.1** ***quiche*** ⟨taart⟩.

quick[1] [kwik] ⟨zn.⟩ **0.1** ***levend vlees*** ⟨onder de huid/nagel⟩ **0.2** ***hart*** ⇒*kern, essentie* **0.3** ⟨AE⟩ ***kwik*** ◆ **3.2** cut s.o. to the ~ *iem. in zijn hart raken, iemands gevoelens diep kwetsen* **7.1** she bites her nails to the ~ *zij bijt haar nagels af tot op het leven.*

quick[2] ⟨bn.; -ness⟩ **0.1** ***snel*** ⇒*gauw, vlug* **0.2** ***gevoelig*** ⇒*vlug (v. begrip), scherp* **0.3** ***levendig*** ⇒*opgewekt* ◆ **1.1** be as ~ as lightning *bliksemsnel zijn;* quick march! *voorwaarts/ingerukt mars!;* ⟨inf.⟩ be ~ off the mark *er als de kippen bij zijn;* in ~ succession *snel achter elkaar* **1.2** she gave a ~ answer *zij antwoordde gevat;* ⟨inf.⟩ that child is not very ~ *dat kind is niet zo snugger* **1.¶** ⟨sl.⟩ earn a ~ buck *snel geld verdienen;* ⟨sl.⟩ ~ on the draw/uptake *sneldenkend/doorziend, flitsend* **3.1** he is ~ to take offence *hij is gauw beledigd* **4.1** 'Have a drink?' 'Yes, I'll take a ~ one' *'Wat drinken?' 'Ja, een snelle dan'.*

quick[3] ⟨bw.⟩⟨inf.⟩ **0.1** ***vlug*** ⇒*gauw, snel* ◆ **3.1** please, come ~ *kom alsjeblieft snel;* we all want to get rich ~ *we willen allemaal snel rijk worden.*

quick asset ratio ⟨AE; geldw.⟩ **0.1** ***solvabiliteitsratio.***

quicken [kwikkən] **I** ⟨onov.ww.⟩ **0.1** ***levend worden*** ⇒*(weer) tot leven komen* **0.2** ***leven beginnen te vertonen*** ⇒*tekenen v. leven geven* ⟨v. kind in buik⟩ ◆ **1.1** his pulse ~ed *zijn polsslag werd weer sterker;*
II ⟨onov. en ov.ww.⟩ **0.1** ⟨ook +up⟩ ***versnellen*** ⇒*verhaasten;*
III ⟨ov.ww.⟩ **0.1** ***doen herleven*** ⇒*levend maken* **0.2** ***stimuleren*** ⇒*prikkelen, bezielen.*

quick fix ⟨inf.⟩ **0.1** ***lapmiddel*** ⇒*nood/schijnoplossing, snelle/kant-en-klare oplossing.*

quick-freeze **0.1** ***diepvriezen*** ⇒*snelvriezen* ◆ **1.1** a quick-frozen turkey *een diepvrieskalkoen.*

quickie [kwikkie] ⟨inf.⟩ **0.1** ***vluggertje*** ⇒*haastwerk* ⟨in meerdere betekenissen⟩, *prutswerk.*

quicklime **0.1** ***ongebluste kalk.***

quicksand ⟨vaak mv.⟩ **0.1** ***drijfzand.***

quicksilver **0.1** ***kwik(zilver)*** ⇒⟨fig.⟩ *levendig temperament.*

quickstep **0.1** ⟨dansk., muz.⟩ ***quickstep*** ⇒*snelle foxtrot.*

quick-tempered **0.1** ***lichtgeraakt*** ⇒*opvliegend.*

quick time ⟨mil.⟩ **0.1** ***gewone pas.***

quick-witted **0.1** ***vlug v. begrip*** ⇒*gevat, scherp.*

quid [kwid] ⟨in bet. 0.1 mv.: ook quid⟩⟨BE; inf.⟩ **0.1** ***pond*** ⟨sterling⟩ **0.2** ***(tabaks)pruim*** ◆ **7.1** he's earning at least thirty ~ a week *hij verdient op zijn minst dertig pond per week.*

quid pro quo [kwid proo kwoo] ⟨mv.: ook quids pro quos⟩ **0.1** ***vergoeding*** ⇒*compensatie, tegenprestatie.*

quiesc|ent [kwajjesnt] ⟨zn.: **-ence**⟩ **0.1** ***rustig*** ⇒*stil.*

quiet[1] [kwajjət] ⟨zn.⟩ **0.1** ***stilte*** **0.2** ***rust*** ⇒*kalmte* ◆ **1.2** they lived in peace and ~ *zij leefden in rust en vrede.*

quiet[2] ⟨bn.; -ness⟩ **0.1** ***stil*** ⇒*rustig* **0.2** ***vredig*** ⇒*kalm* **0.3** ***stemmig*** ⇒*ernstig, onopvallend* **0.4** ***heimelijk*** ⇒*geheim* **0.5** ***zonder drukte*** ⇒*ongedwongen* ◆ **1.1** ~ as the grave *doodstil;* ~ as a mouse *muisstil* **1.2** live a ~ life *een rustig leven leiden* **1.3** she always wears ~ colours *zij draagt altijd stemmige kleuren* **1.4** a ~ resentment against her brother *een heimelijke wrok tegen haar broer* **1.5** a ~ dinner party *een informeel etentje* **3.4** they kept their engagement ~ *zij hielden hun verloving geheim;* keep ~ about last night *hou je mond over vannacht* **6.4** let's take a drink **on** the ~ *laten we stiekem een borreltje nemen.*

quieten [kwajjətn], ⟨AE⟩ **quiet** **I** ⟨onov. en ov.ww.⟩ **0.1** ⟨vaak +down⟩ ***rustig worden*** ⇒*bedaren, kalmeren;*
II ⟨ov.ww.⟩ **0.1** ⟨vaak +down⟩ ***tot bedaren brengen*** ⇒*kalmeren, tot rust brengen* ◆ **1.1** my reassurance didn't ~ her fear *mijn geruststelling verminderde haar angst niet* **5.1** the teacher could not ~ the children **down** *de leraar kon de kinderen niet stil krijgen.*

quietism [kwajjətizm] **0.1** ⟨rel.⟩ ***quiëtisme*** **0.2** ⟨vaak pej.⟩ ***berusting*** ⇒*gelatenheid.*

quietist [kwajjətist] **0.1** ***aanhanger v. quiëtisme*** ⇒*quiëtist.*

quietude [kwajjətjoe:d] **0.1** ***kalmte*** ⇒*(gemoeds)rust, vrede.*

quiff [kwif] ⟨BE⟩ **0.1** ***vetkuif*** ⇒*spuuglok.*

quill [kwil] **0.1** ***schacht*** **0.2** ***slagpen*** **0.3** ***ganzenpen*** ⇒*ganzenveer* **0.4** ***stekel*** ⟨v.e. stekelvarken⟩ ◆ **3.3** drive a ~ *de pen voeren, schrijven.*

quill pen **0.1** ***ganzenpen*** ⇒*ganzenveer.*

quilt[1] [kwilt] ⟨zn.⟩ **0.1** ***gewatteerde deken*** ⇒*dekbed* **0.2** ***sprei*** ◆ **2.1** a continental ~ *een dekbed.*

quilt[2] ⟨ww.⟩ **0.1** ***watteren*** ⇒*voeren* ◆ **1.1** a ~ed dressing-gown *een gewatteerde peignoir.*

quin [kwin] ⟨verk.⟩ [quintuplet] ⟨inf.⟩ **0.1** ***één v.e. vijfling.***

quince [kwins] ⟨plantk.⟩ **0.1** ***kwee(boom)*** **0.2** ***Japanse kwee*** **0.3** ***kweepeer*** ⇒*kweeappel* ⟨alleen gekonfijt eetbaar⟩.

quincentenar|y [kwinsentie:nərie] ⟨mv.: -ies⟩ **0.1** ⟨bn.⟩ ***vijfhonderdjarig*** **0.2** ⟨zn.⟩ ***vijfhonderdste gedenkdag*** ⇒*5e eeuwfeest.*

quinine [kwinnie:n] **0.1** ***kinine.***

Quinquagesima [kwingkwədzjessimmə], **Quinquagesima Sunday** **0.1** ***Quinquagesima*** ⟨7e zondag voor Pasen⟩ ⇒*vastenavondzondag.*

quins|y [kwinzie] ⟨mv.: -ies⟩ **0.1** ***keelontsteking*** ⇒*angina.*

quintessence [kwintesns] **0.1** ***kern*** ⇒*hoofdzaak, kwintessens* **0.2** ***het beste*** ⇒*het fijnste* ◆ **1.2** the ~ of good behaviour *hét voorbeeld v. goed gedrag.*

quintessential [kwintissensjl] **0.1** ***wezenlijk*** ⇒*zuiver, typisch.*

quintet(te) [kwintet] **0.1** ***vijftal*** ⇒⟨ihb.⟩ *(groep v.) vijf musici, kwintet.*

quintuplet [kwintjoeplit] **0.1** ***groep/combinatie v. vijf*** **0.2** ***één v.e. vijfling.***

quip[1] [kwip] ⟨zn.⟩ **0.1** ***schimpscheut*** ⇒*steek* **0.2** ***geestigheid*** ⇒*woordspeling.*

quip[2] ⟨ww.; -ped⟩ **0.1** ***schimpen*** **0.2** ***geestigheden rondstrooien.***

quire [kwajjə] **0.1** ***katern*** **0.2** ***(set) papiervellen*** ⟨v. boek, manuscript⟩ ◆ **6.2 in** ~s *ongebonden.*

quirk [kwɔ:k] **0.1** ***spitsvondigheid*** ⇒*uitvlucht* **0.2** ***geestigheid*** ⇒*spotternij* **0.3** ***gril*** ⇒*nuk* **0.4** ***(rare) kronkel*** ⇒*eigenaardigheid* ◆ **1.3** a ~ of fate *een gril v.h. lot.*

quisling [kwizling] **0.1** ***quisling*** ⇒*landverrader.*

quit[1] [kwit] ⟨bn.⟩ **0.1** ***vrij*** ⇒*verlost, bevrijd* ◆ **3.1** go ~ *vrijuit gaan* **6.1** we are well ~ **of** those difficulties *goed, dat we van die moeilijkheden af zijn.*

quit[2] ⟨ook, vnl. AE quit, quit⟩ **I** ⟨onov.ww.⟩ **0.1** ***ophouden*** ⇒ ***stoppen*** **0.2** ***opgeven*** **0.3** ***vertrekken*** ⇒*ervandoor gaan, zijn baan opgeven* ◆ **1.3** the neighbours have already had notice to ~ *de buren is de huur al opgezegd;* he's given his servant notice to ~ *hij heeft zijn bediende opgezegd* **4.1** I've had enough, I ~ *ik heb er genoeg van, ik kap ermee;* **II** ⟨ov.ww.⟩ **0.1** ***ophouden met*** ⇒*stoppen met* **0.2** ***opgeven*** ⇒*overlaten, laten varen* **0.3** ***verlaten*** ⇒*vertrekken van/uit, heengaan van* ◆ **1.1** I ~ this job *ik stop met dit werk* **1.2** the child ~ hold of my hand *het kind liet mijn hand los* **3.1** ~ complaining about the cold! *hou op met klagen over de kou!* **4.1** ~ that! *schei (daarmee) uit!*

quite [kwajt] **0.1** ***helemaal*** ⇒*geheel, volledig, absoluut* **0.2** ***nogal*** ⇒*enigszins, tamelijk* **0.3** ***werkelijk*** ⇒*echt, in feite* **0.4** ***erg*** ⇒*veel* ◆ **2.1** ~ possible *best mogelijk;* you're ~ right *je hebt volkomen gelijk* **2.2** it's ~ cold today *het is nogal koud vandaag* **2.3** they seem ~ happy together *zij lijken echt gelukkig samen* **4.1** ⟨inf.⟩ it's ~ something to be a famous author *het is heel wat om een beroemd schrijver te zijn* **7.1** I've heard ~ different stories about you *ik heb heel andere verhalen over je gehoord;* that's ~ another matter *dat is een heel andere zaak* **7.4** there were ~ a few people *er waren flink wat mensen;* that was ~ a party, ⟨AE; inf. ook⟩ that was ~ some party *dat was me het feestje wel* **¶.1** 'It's not easy' 'Quite (so)' *'Het is niet makkelijk' 'Zeker/Zo is het/Precies'.*

quits [kwits] **0.1** ***quitte*** ◆ **3.1** now we are ~ *nu staan we quitte;* call it ~, cry ~ *verklaren quitte te zijn, ophouden.* → **double.**

quittance [kwitns] **0.1** ***vrijstelling*** ⇒*(bewijs v.) ontheffing, kwijtschelding* ◆ **3.¶** give s.o. his ~ *iem. de deur wijzen.*

quitter [kwittə] ⟨inf.⟩ **0.1** ***iem. die het opgeeft*** ⇒*lafaard, slappeling; iem. die zijn werk niet afmaakt; lijntrekker.*

quiver[1] [kwivvə] ⟨zn.⟩ **0.1** ***pijlkoker*** **0.2** ***trilling*** ⇒*siddering, beving.*

quiver[2] ⟨ww.⟩ **0.1** ***(doen) trillen*** ⇒*(doen) beven, sidderen* ◆ **6.1** she was ~ing **with** emotion *zij stond te trillen van emotie.*

quixotic [kwiksottik] ⟨-ally⟩ **0.1** ***als een Don Quichot*** ⇒*wereldvreemd.*

quiz[1] [kwiz] ⟨zn.; mv.: -zes⟩ **0.1** ***ondervraging*** ⇒*verhoor* **0.2** ***test*** ⇒*kort examen* **0.3** ***quiz.***

quiz[2] ⟨ww.; -zed⟩ **0.1** ***ondervragen*** ⇒*uithoren* **0.2** ***mondeling examineren.***

quizmaster **0.1** ***quizmaster*** ⇒*spelleider.*

quizzical [kwizzikl] **0.1** ***komisch*** ⇒*grappig* **0.2** ***spottend*** ⇒*plagerig* **0.3** ***vorsend*** ⇒*vragend.*

quod vide [kwod vajdie] **0.1** ***zie daar*** ⇒*quod vide* ⟨verwijzing⟩.

quoin [kojn] **0.1** ***hoek*** ⇒*uitspringende hoek* **0.2** ***hoeksteen*** **0.3** ***wig.***

quoit [kojt, kwojt] **I** ⟨telb.zn.⟩ **0.1** ***werpring;*** **II** ⟨mv.; ww. steeds enk.⟩ ⟨spel⟩ **0.1** ***ringwerpen.***

quorum [kwo:rəm] **0.1** ***quorum*** ⇒*vereist aantal (aanwezige) leden.*

quota [kwootə] **0.1** ***quota*** ⇒*evenredig deel, aandeel; contingent* ⟨bv. v. te produceren goederen⟩ **0.2** ***(maximum) aantal.***

quotab|le [kwootəbl] ⟨zn.: **-ility**⟩ **0.1** ***citeerbaar*** ◆ **1.¶** my comment is not ~ *mijn commentaar mag niet geciteerd worden.*

quotation [kwooteesjn] **0.1** ***citaat*** ⇒*aanhaling, het citeren* **0.2** ***notering*** ⟨v. beurs, koers, prijs⟩ **0.3** ***prijsopgave*** ◆ **2.1** (in)direct ~ *(in)directe rede.*

quotation mark **0.1** ***aanhalingsteken*** ◆ **6.1 in** ~s *tussen aanhalingstekens.*

quote[1] [kwoot] ⟨zn.⟩⟨inf.⟩ **0.1** ***citaat*** ⇒*aanhaling* **0.2** ***notering*** ⟨v. beurs enz.⟩ **0.3** ⟨vnl. mv.⟩ ***aanhalingsteken*** ◆ **6.3 in** ~s *tussen aanhalingstekens.*

quote[2] ⟨ww.⟩ **0.1** ***citeren*** ⇒*aanhalen* **0.2** ***opgeven*** ⟨prijs⟩ ⇒ ⟨ihb.⟩ *noteren* ⟨koersen⟩ **0.3** ⟨vnl. geb. w.⟩ ***tussen aanhalingstekens plaatsen*** ◆ **1.2** the stocks were ~d at ... *de aandelen werden genoteerd op ...* **8.1** he ~s you as having argued that ... *volgens zijn woorden heb jij betoogd dat ...* **¶.3** according to this newspaper the president said (~) we shall win (unquote) *volgens deze krant zei de president (ik citeer) we zullen overwinnen (einde citaat).*

quotidian [kwootiddiən] **0.1** ***dagelijks*** ◆ **1.1** ~ fever *alledaagse koorts.*

quotient [kwoosjnt] **0.1** ***quotiënt.***

q.v. ⟨afk.⟩ **0.1** [quantum vis, quod vide] ***q.v.***

r, R [a:]⟨mv.: r's, R's [a:z]⟩ **0.1** ***r, R*** ◆ **7.¶** the three R's *lezen, schrijven en rekenen* ⟨reading, writing, arithmetic⟩.

rabbi [ræbaj] **0.1** ***rabbi*** *⇒rabbijn.*

rabbinical [rəbinnikl] **0.1** ***rabbijns.***

rabbit¹ [ræbit] ⟨zn.⟩ **0.1** ***konijn*** *⇒konijnenbont, konijnenvlees.* →**Welsh.**

rabbit² ⟨ww.; -ted⟩ **0.1** ***op konijnen jagen*** **0.2** ⟨BE; inf.⟩ ***kletsen*** *⇒zeuren.*

rabbit hole, rabbit burrow 0.1 *konijnenhol.*

rabbit hutch 0.1 *konijnenhok.*

rabbit punch 0.1 *nekslag.*

rabbit warren 0.1 ***konijnenveld*** **0.2** ***doolhof*** *⇒wirwar v. straatjes.*

rabble [ræbl] **0.1** ***kluwen*** *⇒troep, bende* ◆ **7.1** ⟨bel.⟩ the ~ *het gepeupel.*

rabble-rouser 0.1 *volksmenner.*

rabble-rousing 0.1 ***demagogisch*** *⇒opruiend.*

rabid [ræbid] **0.1** ***razend*** *⇒woest* **0.2** ***fanatiek*** *⇒rabiaat* **0.3** ***dol*** *⇒hondsdol.*

rabies [reebie:z] **0.1** ***hondsdolheid.***

R.A.C. ⟨afk.; BE⟩ **0.1** [Royal Automobile Club] ⟨ong.⟩ *KNAC.*

raccoon →**racoon.**

race¹ [rees] ⟨zn.⟩ **0.1** ***wedren/loop*** *⇒race* **0.2** ***sterke stroom/stroming*** **0.3** ***(toevoer)kanaal*** *⇒*⟨ihb.⟩ *molenbeek* **0.4** ***ras*** **0.5** ***volk*** *⇒natie, stam; slag, klasse* ◆ **1.1** ~ against time *race tegen de klok* **6.1 out of/in** the ~ *kansloos/met een goede kans (om te winnen)* **7.1** the ~s *de (honden/paarden)rennen.*

race² **I** ⟨onov.ww.⟩ **0.1** ***wedlopen*** *⇒aan een wedloop deelnemen, een wedstrijd houden* **0.2** ***rennen*** *⇒hollen, snellen* **0.3** ***doorslaan*** ⟨v. schroef, wiel⟩ *⇒doordraaien* ⟨v. motor⟩ ◆ **1.3** don't let the engine ~ *laat de motor niet loeien* **3.1** let's ~ *laten we doen wie er het eerste is* **5.2** as always, the holidays ~d **by** *zoals altijd vloog de vakantie om;*
II ⟨ov.ww.⟩ **0.1** ***een wedren houden met*** *⇒om het hardst lopen met* **0.2** ***laten rennen*** *⇒aan een wedren laten deelnemen* **0.3** ***laten snellen*** *⇒(op)jagen* **0.4** ***(zeer) snel vervoeren*** **0.5** ***laten doordraaien*** ⟨motor⟩ ◆ **6.1** I'll ~ you **to** that tree *laten we doen wie het eerst bij die boom is* **6.3** the government ~d the bill **through** *de regering joeg het wetsontwerp erdoor* **6.4** they ~d the child **to** hospital *ze vlogen met het kind naar het ziekenhuis.*

race card ⟨vnl. mv.⟩⟨paardenrennen, hondenrennen⟩ **0.1** ***wedstrijdboekje.***

racecourse 0.1 *renbaan.*

racehorse 0.1 *renpaard.*

raceme [rəsie:m] ⟨plantk.⟩ **0.1** ***tros*** ⟨bloeiwijze⟩.

race meeting ⟨vnl. BE⟩ **0.1** ***paardenrennen*** *⇒harddraverij.*

racer [reesə] **0.1** ***renner*** *⇒hardloper* **0.2** ***renpaard*** **0.3** ***racefiets*** **0.4** ***renwagen*** **0.5** ***raceboot*** **0.6** ***wedstrijdjacht*** **0.7** ***renschaats*** *⇒*⟨mv.⟩ *noren.*

race relations 0.1 *interraciale betrekkingen.*

race riots 0.1 *rassenonlusten/rellen.*

race team ⟨sport⟩ **0.1** ***renstal.***

racetrack 0.1 ***(ovale) renbaan*** *⇒circuit.*

race walker ⟨atletiek⟩ **0.1** ***snelwandelaar.***

race walking ⟨atletiek⟩ **0.1** ***(het) snelwandelen.***

racial [reesjl] **0.1** ***raciaal*** *⇒ras-, rassen-* ◆ **1.1** ~ discrimination *ras(sen)discriminatie.*

racialism [reesjəlizm] **0.1** ***rassenhaat*** **0.2** ⟨vnl. BE⟩ ***racisme.***

racialist [reesjəlist] **0.1** ⟨bn.⟩ ***racistisch*** **0.2** ⟨zn.⟩ ***racist.***

racing [reesing] **0.1** ***het wedrennen*** *⇒het deelnemen aan wedstrijden* **0.2** ***rensport.***

racing car, race car 0.1 *raceauto.*

racing colours ⟨paardensport⟩ **0.1** ***stalkleuren.***

racing man 0.1 *liefhebber v. paardenrennen.*

racing shell ⟨roeisport⟩ **0.1** ***wedstrijdscull*** *⇒wedstrijdboot.*

racing stable 0.1 ***renstal*** ⟨v. paarden⟩.

racism [reesizm] **0.1** ***racisme*** **0.2** ***rassenhaat.***

racist [reesist] **0.1** ⟨bn.⟩ ***racistisch*** **0.2** ⟨zn.⟩ ***racist.***

rack¹ [ræk] **I** ⟨telb.zn.⟩ **0.1** ***rek*** **0.2** ***ruif*** **0.3** ***(bagage)rek*** **0.4** ***pijnbank*** **0.5** ***kwelling*** *⇒marteling* **0.6** ⟨tech.⟩ ***heugel*** ◆ **1.6** ~ and pinion *heugel en rondsel* **6.4** ⟨fig.⟩ be **on** the ~ *op de pijnbank liggen; in grote spanning/onzekerheid verkeren;*
II ⟨n.-telb.zn.⟩ **0.1** ***verwoesting*** *⇒afbraak, ondergang* ◆ **1.1** go to ~ and ruin *geheel vervallen, instorten.*

rack² ⟨ww.⟩ **0.1** ***in/op een rek leggen*** **0.2** ***(op de pijnbank) martelen*** *⇒folteren* **0.3** ***kwellen*** *⇒pijnigen, teisteren* **0.4** ***het uiterste vergen van*** *⇒(te) zwaar belasten, afmatten* ◆ **1.3** ~ one's brains *zijn hersens pijnigen;* ~ed with jealousy *verteerd door/v. jaloezie;* the storm ~ed the village *de storm teisterde het dorp.*

racket, ⟨in bet. 0.1, 0.2 ook⟩ **racquet** [rækit] **0.1** ⟨sport⟩ ***racket*** **0.2** ***sneeuwschoen*** **0.3** ⟨geen mv.⟩ ***lawaai*** *⇒herrie, kabaal* **0.4** ⟨geen mv.⟩ ***drukte*** *⇒onrust* **0.5** ⟨inf.; pej.⟩ ***beroep*** *⇒branche* **0.6** ***bedriegerij*** *⇒bedrog, zwendel* **0.7** ⟨inf.⟩ ***gangsterpraktijken*** *⇒misdadige organisatie;* ⟨ihb.⟩ *afpersing, intimidatie* ◆ **3.3** kick up a ~ *een rel/herrie schoppen* **3.4** he could no longer stand the ~ *hij kon de drukte niet meer verdragen* **3.¶** stand the ~ *de vuurproef doorstaan; voor de gevolgen opdraaien* **6.¶** be **on** the ~ *aan de boemel zijn, de bloemetjes buiten zetten* **7.5** what ~ is Peter in? *wat voert Peter uit?*

racketeer [rækittiə] **0.1** ***gangster*** *⇒misdadiger;* ⟨ihb.⟩ *afperser.*

racketeering [rækittiəring] **0.1** ***gangsterpraktijken.***

rack railway 0.1 *tandradbaan.*

rack-rent 0.1 *woekerhuur.*

racoon, raccoon [rəkoe:n] **0.1** ***wasbeer*** **0.2** ***wasberenbont.***

racquet →**racket.**

rac|y [reesie] ⟨-iness⟩ **0.1** ***markant*** *⇒krachtig* ⟨stijl, persoon (lijkheid)⟩ **0.2** ***pittig*** *⇒kruidig, geurig* **0.3** ***pikant*** *⇒gewaagd* ⟨verhaal⟩.

radar [reeda:] **0.1** ***radar.***

radar trap 0.1 ***radarcontrole*** *⇒autoval.*

radial¹ [reediəl] ⟨zn.⟩ **0.1** ***radiaalband.***

radial² ⟨bn.⟩ **0.1** ***radiaal*** *⇒stervormig, straal-* ◆ **1.1** ~ engine *radiale motor* ⟨met cilinders in stervorm⟩; ~ tyre *radiaalband.*

radiance [reediəns] **0.1** ***straling*** *⇒schittering, pracht.*

radiant [reediənt] **0.1** ***stralend*** *⇒schitterend* **0.2** ⟨vnl. plantk.⟩ ***stervormig*** **0.3** ***stralings-*** ◆ **1.3** ~ heat *stralingswarmte* **6.1** he was ~ **with** joy *hij straalde v. vreugde.*

radiate [reedie·eet] **I** ⟨onov.ww.⟩ **0.1** ***stralen*** *⇒schijnen* **0.2** ***een ster vormen*** ◆ **6.2** streets radiating **from** a square *straten die straalsgewijs vanaf een plein lopen;*
II ⟨ov.ww.⟩ **0.1** ***uitstralen*** *⇒(naar alle kanten) verspreiden* **0.2** ⟨med.⟩ ***bestralen*** **0.3** ***beschijnen*** *⇒verlichten* **0.4** ***uitzenden*** ⟨programma⟩ ◆ **1.1** ~ confidence *vertrouwen uitstralen.*

radiation [reedie·eesjn] **0.1** ***straling*** **0.2** ***uitstraling*** ⟨ook v. pijn⟩ **0.3** ⟨med.⟩ ***bestraling.***

radiation sickness 0.1 ***stralingsziekte.***

radiator [reedie·eetə] 0.1 ***radiator*** ⇒*radiatorkachel; radiateur, koeler* ⟨v. motor⟩.

radical[1] [rædikl] ⟨zn.⟩ 0.1 ***basis(principe)*** 0.2 ⟨wisk.⟩ ***wortel(teken)*** 0.3 ⟨schei.⟩ ***radicaal*** 0.4 ⟨pol.⟩ ***radicaal.***

radical[2] ⟨bn.⟩ 0.1 ***radicaal*** ⟨ook med., pol.⟩ ⇒*drastisch* 0.2 ***fundamenteel*** ⇒*wezenlijk, essentieel* 0.3 ⟨plantk., wisk.⟩ ***wortel-*** ◆ 1.1 ⟨pol.⟩ the ~ left *radicaal links, nieuw links;* ⟨pol.⟩ the ~ right *extreem-rechts* 1.2 ~ difficulty *grondprobleem* 1.3 ~ sign *wortelteken.*

radicalism [rædikkəlizm] 0.1 ***radicalisme.***

radicalize [rædikkəlajz] 0.1 ***radicaliseren*** ⇒*radicaal/radicaler (doen) worden.*

radicle [rædikl] 0.1 ***kiemwortel*** ⇒*worteltje.*

radii [reedie·aj] ⟨mv.⟩ →**radius.**

radio[1] [reedie·oo] ⟨zn.⟩ 0.1 ***radio(toestel/ontvanger)*** 0.2 ***radio(-omroep/station)*** ◆ 6.1 **on** the ~ *op/voor de radio* 6.2 have a job **in** ~ *bij de radio werken.*

radio[2] ⟨ww.⟩ 0.1 ***een radiobericht uitzenden/zenden aan*** ⇒*via de radio/radiotelegrafisch/draadloos seinen/uitzenden.*

radioactive [reedie·ooæktiv] 0.1 ***radioactief*** ◆ 1.1 ~ waste *radioactief afval.*

radioactivity [reedie·ooəktivətie] 0.1 ***radioactiviteit.***

radio beacon 0.1 ***radiobaken.***

radio-controlled [reedie·ookəntroold] 0.1 ***radiografisch bestuurd.***

radio frequency 0.1 ***radiofrequentie.***

radiogram [reedie·oogræm] 0.1 ***radiogram*** ⇒*röntgenfoto* 0.2 ***radio(tele)gram.***

radiograph[1] [reedie·oogra:f] ⟨zn.⟩ 0.1 ***radiogram*** ⇒*röntgenfoto.*

radiograph[2] ⟨ww.⟩ 0.1 ***radiograferen*** ⇒*doorlichten.*

radiograph|y [reedie·ogrəfie] ⟨bn.: **-ic**⟩ 0.1 ***radiografie.***

radioisotope [reedie·ooajsətoop] 0.1 ***radio-isotoop.***

radio link 0.1 ***radioverbinding.***

radiolocation [reedie·oolookeesjn] 0.1 ***radioplaatsbepaling*** ⇒*radar.*

radiologist [reedie·olləadzjist] 0.1 ***radioloog.***

radiolog|y [reedie·olləadzjie] ⟨bn.: **-ical**⟩ 0.1 ***radiologie.***

radio play 0.1 ***hoorspel.***

radio set 0.1 ***radiotoestel/ontvanger.***

radio station 0.1 ***radiostation.***

radio telescope 0.1 ***radiotelescoop.***

radiotherapist [reedie·ooθerrəpist] 0.1 ***radiotherapeut.***

radiotherapy [reedie·ooθerrəpie] 0.1 ***radiotherapie.***

radish [rædisj] 0.1 ***radijs.***

radium [reediəm] 0.1 ***radium.***

radius [reediəs] ⟨mv.: ook radii⟩ 0.1 ***straal*** ⇒*radius, halve middellijn* ⟨v. cirkel⟩ 0.2 ***spaak*** ◆ 1.1 the aeroplane has a large ~ of action *het vliegtuig heeft een grote actieradius* 6.1 **within** a ~ of four miles *binnen een straal v. vier mijl.*

R.A.F. [a:r ee ef, ræf] ⟨afk.; BE⟩ 0.1 [Royal Air Force] ***RAF.***

raffia, raphia [ræfiə] ⟨plantk.⟩ 0.1 ***raffia(palm).***

raffish [ræfisj] ⟨-ness⟩ 0.1 ***liederlijk*** ⇒*losbandig, wild.*

raffle[1] [ræfl] ⟨zn.⟩ 0.1 ***loterij*** ⇒*verloting* 0.2 ***rommel*** ⇒*afval, prullen.*

raffle[2] ⟨ww.⟩ 0.1 ⟨vaak +off⟩ ***verloten*** ◆ 5.1 they ~d **off** a bike *zij verlootten een fiets.*

raft[1] [ra:ft] ⟨zn.⟩ 0.1 ***vlot*** ⇒*drijvende steiger* 0.2 ***redding(s)-vlot*** ⟨v. hout, rubber⟩.

raft[2] ⟨ww.⟩ 0.1 ***per vlot reizen*** ⇒*met een vlot vervoeren/oversteken.*

rafter [ra:ftə] 0.1 ***dakspant.***

rafts|man [ra:ftsmən] ⟨mv.: -men [-mən]⟩ 0.1 ***vlotter.***

rag[1] [ræg] ⟨zn.⟩ 0.1 ⟨vnl. mv.⟩ ***versleten kledingstuk*** ⇒*lomp, vod* 0.2 ***lap(je)*** ⇒*vodje, stuk, flard* 0.3 ⟨pej.; ben. voor⟩ ***iets dat lijkt op een vod*** ⇒*vlag; snotlap; gordijn; krant, blaadje* 0.4 ⟨BE; inf.⟩ ***herrie*** ⇒*keet, (studenten)lol;* ⟨ihb.⟩ *jaarlijkse studentenoptocht voor een goed doel* ◆ 1.1 from ~s to riches *v. armoede naar rijkdom* 1.2 ~s of smoke *flarden rook* 2.3 the local ~ *het sufferdje* 3.2 I haven't a ~ to put on *ik heb niets om aan te trekken* 3.¶ ⟨sl.⟩ chew the ~ *mopperen, kankeren* 6.1 dressed **in** ~s *in lompen gehuld* 6.2 cooked **to** ~s *stukgekookt* 6.¶ **for** a ~ *voor de gein, voor de lol.* →**wet.**

rag[2] ⟨-ged⟩⟨inf.⟩ **I** ⟨onov.ww.⟩⟨BE⟩ 0.1 ***dollen*** ⇒*lol trappen;* **II** ⟨ov.ww.⟩ 0.1 ***een standje geven*** ⇒*berispen* 0.2 ***pesten*** ⇒*plagen* 0.3 ***te grazen nemen*** ⇒*een poets bakken* 0.4 ***door elkaar gooien*** ⟨als grap⟩ ◆ 1.2 they ~ged the teacher *zij schopten keet bij de leraar* 1.4 ~ s.o.'s room *iemands kamer overhoop halen.*

ragamuffin [rægəmuffin] 0.1 ***schooiertje.***

ragbag 0.1 ***voddenzak*** ⇒*lappenmand* 0.2 ***allegaartje.***

rag doll 0.1 ***lappenpop.***

rage[1] [reedzj] **I** ⟨telb.zn.⟩ 0.1 ***manie*** ⇒*passie, bevlieging* 0.2 ***rage*** ⇒*mode, trend* ◆ 1.2 short hair is (all) the ~ now *kort haar is nu een rage;*
II ⟨telb. en n.-telb.zn.⟩ 0.1 ***woede(-uitbarsting)*** ⇒*razernij* ◆ 3.1 fall/fly into a ~ *in woede ontsteken* 6.1 be **in** a ~ *woedend zijn.*

rage[2] ⟨ww.⟩ 0.1 ***woeden*** ⇒*tieren, razen;* ⟨fig.⟩ *tekeergaan* ◆ 1.1 a raging headache *een razende hoofdpijn;* a raging fire *een felle brand* 6.1 ~ **against/at** s.o. *tegen iem. tekeergaan.*

ragged [rægid] ⟨-ness⟩ 0.1 ***haveloos*** ⇒*gescheurd, gerafeld* 0.2 ***in lompen*** ⇒*in vodden* 0.3 ***ruig*** ⇒*onverzorgd* 0.4 ***ongelijk*** ⇒*getand, knoestig* 0.5 ***gebrekkig*** ⇒*slordig* 0.6 ***doodop*** ⇒*uitgeput* 0.7 ***rauw*** ⇒*schor* ◆ 1.1 ~ trousers *een kapotte broek* 1.3 a ~ beard *een ruige/onverzorgde baard* 1.4 ~ rocks *scherpe rotsen* 1.5 ~ rhymes *gebrekkige/onregelmatige verzen* 1.¶ ~ robin *koekoeksbloem;* ⟨BE; gesch.⟩ ~ school *armenschool* 3.6 the messenger boy was run ~ *de boodschappenjongen was doodop.*

raglan [ræglən] 0.1 ⟨bn.⟩ ***raglan*** 0.2 ⟨zn.⟩ ***raglan*** ⟨overjas enz. zonder schoudernaden⟩ ◆ 1.1 ~ sleave *raglanmouw* ⟨zonder schoudernaad⟩.

ragout [rægoe:] 0.1 ***ragout.***

ragtag [rægtæg] 0.1 ***plebs*** ⇒*gepeupel, grauw* ◆ 1.¶ ~ and bobtail *uitschot, schorem.*

ragtime 0.1 ***ragtime*** ⟨gesyncopeerde (dans)muziek⟩.

rag trade ⟨the⟩⟨inf.⟩ 0.1 ***kledingindustrie.***

rag week 0.1 ***rag week*** ⟨week met studentenfeesten en acties voor het goede doel⟩.

raid[1] [reed] ⟨zn.⟩ 0.1 ***inval*** ⇒*(verrassings)overval* 0.2 ***rooftocht*** ⇒*roofoverval* 0.3 ***politieoverval*** ⇒*razzia* ◆ 3.2 make a ~ on the fund's reserves *de reserves v.h. staatsfonds plunderen* 6.2 a ~ **on** a bank *een bankoverval.*

raid[2] ⟨ww.⟩ 0.1 ***overvallen*** ⇒*binnenvallen* 0.2 ***(be)roven*** ⇒*plunderen, leegroven.*

raider [reedə] 0.1 ***overvaller*** ⇒*invaller* 0.2 ***gevechtsvliegtuig*** 0.3 ***kaper(schip)*** 0.4 ***rover.***

rail[1] [reel] ⟨zn.⟩ 0.1 ***lat*** ⇒*balk, stang* 0.2 ***leuning*** 0.3 ***omheining*** ⇒*hek(werk), slagboom* 0.4 ***rail*** ⇒*spoorstaaf;* ⟨fig.; vaak attr.⟩ *trein, spoorwegen* 0.5 ***rail*** ⟨om iets aan op te hangen⟩ 0.6 ***dwarshout*** ⇒*dwarsbalk* ⟨v. paneel, deur⟩, *sport* ⟨v. stoel⟩ 0.7 ⟨scheep.⟩ ***reling*** ◆ 3.4 go/get/run off the ~s *ontsporen;* ⟨fig.⟩ *v. streek raken* 3.¶ run off the ~s *uit de band springen, ontsporen* 6.4 travel **by** ~ *sporen, per trein reizen* 6.7 **over** the ~ *over de reling.*

rail[2] **I** ⟨onov.ww.⟩ **0.1** ⟨+ against/at⟩ ***schelden (op)*** ⇒*uitvaren (tegen), tekeergaan (tegen)* **0.2** ***per trein reizen;***
II ⟨ov.ww.⟩ **0.1** ***v. rails voorzien*** **0.2** ***omheinen*** ⇒*afrasteren* **0.3** ***per spoor verzenden*** ◆ **5.2** ~ **in** *omheinen.*

railcar 0.1 ***motorrijtuig*** ⇒*motorwagen* ⟨trein bestaande uit één wagon⟩.

rail card 0.1 ***treinabonnement.***

railhead 0.1 ***eindpunt v. spoorlijn in aanbouw.***

railing [reeling] **I** ⟨telb.zn.; vaak mv.⟩ **0.1** ***traliewerk*** ⇒*spijlen* ⟨v. hek⟩ **0.2** ***leuning*** ⇒*reling, hek, balustrade* **0.3** ***rail*** ⇒*spoorstaaf;*
II ⟨telb. en n.-telb.zn.; als telb. zn. vnl. mv.⟩ **0.1** ***gescheld*** ⇒*geschimp, gehoon* ◆ **6.1** useless ~(s) **against/at** the Government *nutteloos gescheld op de regering.*

railler|y [reelərie] ⟨mv.: -ies; vnl. mv.⟩ **0.1** ***scherts*** ⇒*grap(pen), gekheid* ◆ **6.1** turn it **into** ~ er *een grapje v. maken.*

rail network 0.1 ***spoorwegnet.***

rail pass 0.1 ***treinabonnement.***

railroad[1] ⟨zn.⟩ →**railway.**

railroad[2] ⟨ww.⟩ **0.1** ⟨AE⟩ ***per trein vervoeren*** **0.2** ⟨inf.⟩ ***jagen*** ⇒*haasten, drijven* ◆ **6.2** the union was ~ed **into** signing the agreement *de bond werd sterk onder druk gezet om de overeenkomst te ondertekenen;* ~ a bill **through** Congress *een wetsvoorstel erdoor jagen in het Congres.*

railway, ⟨AE⟩ **railroad 0.1** ⟨vaak attr.⟩ ***spoorweg*** ⇒*spoorbaan/lijn* **0.2** ***spoorwegmaatschappij*** ⇒*de spoorwegen.*

railway line 0.1 ***spoorlijn.***

railway|man [reelweemən] ⟨mv.: -men [-mən]⟩ **0.1** ***spoorwegbeambte.***

rain[1] [reen] **I** ⟨telb. en n.-telb.zn.⟩ **0.1** ***regen*** ⇒*regenbui, regenval* **0.2** ***(stort)vloed*** ⇒*stroom* ◆ **1.2** a ~ of arrows *een regen v. pijlen;* a ~ of blows *een reeks klappen;* a ~ of congratulations *een stroom gelukwensen* **1.¶** (come) ~ or shine *weer of geen weer, onder alle omstandigheden* **3.1** it looks like ~ *het ziet er naar uit dat het gaat regenen.* → **right;**
II ⟨mv.; the⟩ **0.1** ***regentijd*** ⇒*regenseizoen.*

rain[2] **I** ⟨onov.ww.⟩ **0.1** ⟨onpersoonlijk ww.⟩ ***regenen*** **0.2** ***neerstromen*** ◆ **3.¶** it never ~s but it pours *een ongeluk komt zelden alleen* **6.2** tears ~ **down** his cheeks *tranen stromen langs zijn wangen neer;* hospitality ~ed **upon** the visitors *de bezoekers werden overladen met gastvrijheid.* →**rain down;**
II ⟨ov.ww.⟩ **0.1** ***regenen*** ⟨ook fig.⟩ **0.2** ***doen neerdalen*** ⇒*laten neerkomen* ◆ **1.1** it ~s invitations *het regent uitnodigingen* **5.1** ⟨inf.⟩ the match was ~ed **off/**⟨AE⟩ **out** *de wedstrijd werd afgelast/onderbroken vanwege de regen* **6.2** the father ~ed presents **upon** his only daughter *de vader overstelpte zijn enige dochter met cadeaus.* →**rain down.**

rainbow [reenboo] **0.1** ***regenboog*** ◆ **3.¶** he chases the ~ of a university career *hij droomt v.e. carrière aan een universiteit.*

rainbow jersey ⟨wielrennen⟩ **0.1** ***regenboogtrui*** ⟨gedragen door wereldkampioen op de weg⟩.

rainbow trout 0.1 ***regenboogforel.***

rain check ⟨vnl. AE, Can. E⟩ **0.1** ***nieuw toegangsbewijs*** ⟨voor bezoekers v.e. verregende wedstrijd/voorstelling⟩ ◆ **3.1** ⟨inf.; fig.⟩ I don't want a drink now, but I'll take a ~ on it *ik wil nu niets drinken, maar ik hou het v. je te goed.*

raincoat 0.1 ***regenjas.***

rain down I ⟨onov.ww.⟩ **0.1** ***neerkomen*** ⇒*neerdalen (in grote getale)* ◆ **6.1** blows rained down **(up)on** his head *een regen v. klappen kwam neer op zijn hoofd;*
II ⟨ov.ww.⟩ **0.1** ***doen neerdalen*** ⇒*doen neerkomen, neerstorten* ◆ **1.1** they rained down arrows *zij zonden een regen v. pijlen naar beneden.*

raindrop 0.1 ***regendruppel.***

rainfall 0.1 ***regen(val)*** ⇒*neerslag.*

rain forest 0.1 ***regenwoud.***

rain gauge 0.1 ***regenmeter.***

rainless [reenləs] **0.1** ***zonder regen.***

rainproof 0.1 ***regendicht*** ⇒*tegen regen bestand.*

rainstorm 0.1 ***stortbui.***

rainwater 0.1 ***regenwater.***

rainy [reenie] **0.1** ***regenachtig*** ⇒*regen-* ◆ **1.1** ~ clouds *regenwolken;* ⟨fig.⟩ save (up)/provide/put away/keep sth. for a ~ day *een appeltje voor de dorst bewaren.*

raise[1] [reez] ⟨zn.⟩ **0.1** ⟨vnl. AE⟩ ***opslag*** ⇒*loonsverhoging* **0.2** ⟨kaartspel, dobbelen⟩ ***hoger bod*** ⇒*opbod.*

raise[2] **I** ⟨onov.ww.⟩ **0.1** ⟨kaartspel, dobbelen⟩ ***hoger bieden*** ⇒*verhogen;*
II ⟨ov.ww.⟩ **0.1** ***rechtop/overeind zetten*** ⇒*oprichten; doen opstaan* **0.2** ***wekken*** ⇒*opwekken* ⟨uit de dood⟩, *wakker maken* **0.3** ***opzetten*** ⇒*tot opstand bewegen* **0.4** ***opwekken*** ⇒*opbeuren* **0.5** ***bouwen*** ⇒*opzetten, stichten* **0.6** ***kweken*** ⇒*produceren, verbouwen* **0.7** ***grootbrengen*** ⇒*opvoeden* **0.8** ***uiten*** ⇒*aanheffen; ter sprake brengen, opperen* **0.9** ***doen ontstaan*** ⇒*beginnen, in het leven roepen* **0.10** ***(op)heffen*** ⇒*opnemen, opslaan* ⟨ogen⟩, *omhoog doen* **0.11** ***boven brengen*** ⇒*te voorschijn brengen* **0.12** ***bevorderen*** ⇒*promoveren* **0.13** ***versterken*** ⇒*vergroten, verheffen* ⟨stem⟩, *vermeerderen, verhogen* **0.14** ***heffen*** ⇒*innen* ⟨geld⟩, *bijeenbrengen, inzamelen* **0.15** ***op de been brengen*** ⇒*werven* ⟨bv. leger⟩ **0.16** ***opheffen*** ⇒*beëindigen* **0.17** ⟨scheep.⟩ ***in het zicht komen van*** ⇒*naderen* **0.18** ⟨spel⟩ ***verhogen*** ⇒⟨kaartspel, dobbelen⟩ *hoger bieden, meer inzetten dan* **0.19** ⟨wisk.⟩ ***verheffen tot*** ⟨macht⟩ ◆ **1.1** ~ s.o.'s hair *iemands haren te berge doen rijzen* **1.2** ~ expectations *verwachtingen wekken* **1.4** the news of her arrival ~d his hopes *het nieuws v. haar aankomst gaf hem weer hoop* **1.7** ~ a family *kinderen grootbrengen* **1.8** ~ objections to sth. *bezwaren tegen iets naar voren brengen;* ~ questions *vragen opwerpen* **1.9** his behaviour ~s doubts *zijn gedrag roept twijfels op;* the play ~d a storm of applause *het stuk ontketende een storm v. toejuichingen* **1.11** ~ coal *steenkool boven brengen;* the old wreck was ~d to the surface *het oude wrak werd boven water gebracht* **1.13** ~ prices *prijzen verhogen;* ~ the temperature *de verwarming hoger zetten;* ⟨fig.⟩ *de spanning laten oplopen* **1.14** ~ money *aan geld komen, geld bij elkaar krijgen;* ~ taxes *belastingen heffen* **1.16** ~ a blockade *een blokkade opheffen* **1.17** they ~d land after ten weeks *na tien weken kregen ze land in zicht* **6.8** we'll ~ these issues **with** the staff *we zullen deze kwesties met de staf bespreken.*

raiser [reezə] ⟨vnl. in samenstellingen⟩ **0.1** ***fokker*** ⇒*boer* **0.2** ***veroorzaker*** ⇒*stichter.*

raisin [reezn] **0.1** ***rozijn.***

raison d'être 0.1 ***bestaansreden*** ⇒*raison d'être.*

raj [ra:dzj] ⟨Ind. E; gesch.⟩ **0.1** ***bestuur*** ⇒*heerschappij, soevereiniteit.*

raja(h) [ra:dzjə] ⟨gesch.⟩ **0.1** ***radja*** ⇒*Indische vorst.*

rake[1] [reek] ⟨zn.⟩ **0.1** ***hark*** ⇒*riek* **0.2** ***hark*** ⟨v. croupier⟩ **0.3** ***losbol*** **0.4** ***schuinte*** ⇒*val, valling* ⟨v. mast, steven, schoorsteen⟩, *helling* **0.5** ***hellingshoek*** ◆ **2.1** as lean as a ~ *zo mager als een lat.*

rake[2] **I** ⟨onov.ww.⟩ **0.1** ***harken*** **0.2** ***zoeken*** ⇒*snuffelen* **0.3** ***oplopen*** ⇒*hellen* **0.4** ***erop los leven*** **0.5** ⟨scheep.⟩ ***overhangen*** ⟨v. schip⟩ ⇒*achteroverhellen, vallen* ⟨v. mast, schoorsteenpijp⟩ ◆ **6.2** the customs officers ~d **through** their luggage *de douanebeambten doorzochten hun bagage v. onder tot boven;*

II ⟨ov.ww.⟩ **0.1** ***(bijeen)harken*** ⟨ook fig.⟩ ⇒*vergaren, bijeenhalen* **0.2** ***rakelen*** ⇒*poken;* ⟨fig.⟩ *oprakelen* **0.3** ***doorzoeken*** ⇒*uitkammen* **0.4** ***krabben*** ⇒*schuren* **0.5** ***het oog laten gaan over*** ⇒*nauwkeurig bekijken* ◆ **1.3** ~ one's memory *zijn geheugen pijnigen* **5.1** ⟨inf.⟩ he has ~d **in** more than 1,000 pound this week *deze week heeft hij over de 1.000 pond opgestreken;* you must be raking it **in** *je moet wel scheppen geld verdienen* **5.2** ~ **over** old ashes *oprakelen, oude koeien uit de sloot halen.* →**rake out, rake up.**

rake-off ⟨inf.; vnl. pej.⟩ **0.1** ***provisie*** ⇒*aandeel in de winst, commissie.*

rake out **0.1** ***uithalen*** ⟨bv. vuur⟩ **0.2** ⟨inf.⟩ ***opsporen*** ⇒*uitpluizen, bijeenscharrelen.*

rake up **0.1** ***bijeenharken*** ⇒*aanharken* **0.2** ⟨inf.⟩ ***optrommelen*** ⇒*opscharrelen* **0.3** ***oprakelen*** ⟨ook fig.⟩ ◆ **1.3** ~ old stories *oude koeien uit de sloot halen.*

rakish [reekis] ⟨-ness⟩ **0.1** ***liederlijk*** ⇒*losbandig* **0.2** ***zwierig*** ⇒*vlot* **0.3** ⟨scheep.⟩ ***smalgebouwd*** ⇒*snel, snelvarend* ◆ **1.2** the girl wore her hat at a ~ angle *het meisje droeg haar hoedje vlotjes schuin op het hoofd.*

rall|y[1] [rælie] ⟨zn.; mv.: -ies⟩ **0.1** ***verzameling*** ⇒*hergroepering* ⟨v. troepen enz.⟩ **0.2** ⟨vaak attr.⟩ ***bijeenkomst*** ⇒*vergadering* **0.3** ***opleving*** ⇒*herstel* **0.4** ⟨tennis⟩ ***rally*** **0.5** ⟨sport⟩ ***rally*** ⇒*sterrit* **0.6** ⟨ec.⟩ ***herstel*** ⟨v. beursprijzen⟩.

rall|y[2] ⟨-ied⟩ **I** ⟨onov.ww.⟩ **0.1** ***bijeenkomen*** ⇒*zich verzamelen/hergroeperen* **0.2** ***opnieuw beginnen*** ⇒*de strijd weer openen* **0.3** ***zich aansluiten*** **0.4** ***(zich) herstellen*** ⇒*opleven, weer bijkomen* **0.5** ⟨ec.⟩ ***weer omhooggaan*** ⇒*zich herstellen* ⟨v. beursnoteringen⟩ ◆ **6.3** the whole party rallied **behind** the leader *de hele partij schaarde zich achter de leider;* ~ **round** the flag *zich om de vlag scharen;*
II ⟨ov.ww.⟩ **0.1** ***verzamelen*** ⇒*ordenen, herenigen* **0.2** ***bijeenbrengen*** ⇒*verenigen, op de been brengen* **0.3** ***doen opleven*** ⇒*nieuw leven inblazen* **0.4** ***plagen*** ⇒*voor de gek houden* ◆ **1.3** ~ one's strength *weer op krachten komen.*

rally (a)round **0.1** ***te hulp komen*** ⇒*helpen, bijspringen.*

rallycross ⟨autosport⟩ **0.1** ***rallycross.***

ram[1] [ræm] ⟨zn.⟩ **0.1** ***ram*** ⟨mannelijk schaap⟩ **0.2** ***stormram*** **0.3** ***ramschip.***

ram[2] ⟨ww.; -med⟩ **0.1** ***aanstampen*** ⇒*vaststampen* **0.2** ***heien*** **0.3** ***doordringen*** ⇒*overduidelijk maken* **0.4** ***persen*** ⇒*proppen* **0.5** ***rammen*** ⇒*bonken, beuken, botsen op.*

RAM [ræm] ⟨afk.; comp.⟩ **0.1** [random-access memory].

Ramadan [ræmədæn] **0.1** ***ramadan*** ⇒*vastenmaand.*

ramble[1] [ræmbl] ⟨zn.⟩ **0.1** ***zwerftocht*** ⇒*wandeltocht, uitstapje.*

ramble[2] ⟨ww.⟩ **0.1** ***dwalen*** ⇒*zwerven, trekken* **0.2** ***afdwalen*** ⇒*bazelen* **0.3** ***wild groeien*** ⇒*woekeren* ⟨v. planten⟩ **0.4** ***kronkelen*** ⟨v. pad, rivier⟩ ◆ **3.1** the English love rambling *de Engelsen trekken er graag op uit* **5.2** once he gets started he ~s **on** *wanneer hij eenmaal begonnen is, blijft hij maar doorzeuren.*

rambler [ræmblə], ⟨in bet. 0.2 ook⟩ **rambler rose** **0.1** ***wandelaar*** ⇒*trekker, zwerver* **0.2** ***klimroos.***

rambling [ræmbling] **0.1** ***rondtrekkend*** ⇒*ronddolend* **0.2** ***onsamenhangend*** ⇒*verward* **0.3** ***wild groeiend*** ⇒*kruipend* ⟨v. planten⟩ **0.4** ***onregelmatig*** ⇒*grillig* ◆ **1.2** he made a few ~ remarks *hij plaatste hier en daar wat opmerkingen* **1.4** ~ passages *gangetjes die alle kanten op gaan.*

rambunctious [ræmbungksjəs] ⟨-ness⟩ ⟨vnl. AE; inf.⟩ **0.1** ***onstuimig*** ⇒*onbesuisd, luidruchtig* **0.2** ***recalcitrant*** ⇒*(lekker) eigenzinnig.*

rambustious →**rumbustious.**

ramification [ræmiffikkeesjn] ⟨vnl. mv.⟩ **0.1** ***vertakking*** ⇒*het zich vertakken* **0.2** ***takken*** ⟨v. boom⟩ **0.3** ***afsplitsing*** ⇒*vertakking, onderverdeling* ◆ **1.3** all ~s of the plot were not yet known *alle vertakkingen v.d. samenzwering waren nog niet bekend.*

ramif|y [ræmiffaj] ⟨-ied⟩ **I** ⟨onov.ww.⟩ **0.1** ***zich vertakken*** **0.2** ***zich afsplitsen;***
II ⟨ov.ww.; vnl. pass.⟩ **0.1** ***netwerk vormen*** ⇒*doen vertakken, onderverdelen* ◆ **1.1** railways were ramified in the twenties *in de jaren twintig breidden de spoorwegen zich uit.*

ramjet (engine) **0.1** ***stuwstraalmotor*** ⟨in vliegtuig⟩.

ramp [ræmp] **0.1** ***helling*** ⇒*glooiing* **0.2** ***oprit*** ⇒*afrit* ⟨ook v. vrachtwagens e.d.⟩, *hellingbaan* **0.3** ***(verplaatsbare) vliegtuigtrap*** **0.4** ***hoogteverschil*** ⟨in wegdek⟩ ⇒*drempel* **0.5** ***verkeersdrempel.***

rampage[1] [ræmpeedzj, ræmpeedzj] ⟨zn.⟩ **0.1** ***dolheid*** ⇒*uitzinnigheid* ◆ **6.1** be **on** the ~ *uitzinnig tekeergaan;* a crowd **on** the ~ *een losgeslagen menigte.*

rampage[2] [ræmpeedzj] ⟨ww.⟩ **0.1** ***(uitzinnig) tekeergaan*** ⇒*razen, tieren.*

rampageous [ræmpeedzjəs] **0.1** ***woest*** ⇒*dol.*

rampant [ræmpənt] ⟨-ly⟩ **0.1** ***wild*** ⇒*woest, verwoed* **0.2** ***(te) weelderig*** ⇒*welig tierend* **0.3** ***algemeen-heersend*** ⇒*snel om zich heen grijpend* ◆ **1.1** a ~ unionist *een verwoed vakbondslid* **1.2** there was a ~ growth of weeds in their garden *onkruid tierde welig in hun tuin* **1.3** crime was ~ in that neighbourhood *de misdaad vierde hoogtij in die buurt.*

rampart [ræmpa:t] **0.1** ***borstwering*** ⇒*wal* **0.2** ***verdediging*** ⇒*bolwerk.*

ramrod [ræmrod] **0.1** ***laadstok*** ⟨voor het aanstampen v. kruit⟩ ◆ **2.1** as stiff as a ~ *kaarsrecht.*

ramshackle [ræmsjækl] **0.1** ***bouwvallig*** ⇒*vervallen.*

ran ⟨verl. t.⟩ →**run.**

ranch [ra:ntsj] **0.1** ***boerderij*** ⇒*ranch.*

rancher [ra:ntsjə] ⟨vaak in samenstellingen⟩ **0.1** ***boer*** ⇒*veefokker* **0.2** ***boerenknecht.***

ranch house ⟨AE⟩ **0.1** ***bungalow.***

rancid [rænsid] ⟨-ness⟩ **0.1** ***ranzig.***

rancorous [rængk(ə)rəs] **0.1** ***haatdragend*** ⇒*rancuneus.*

rancour, ⟨AE sp.⟩ **rancor** [rængkə] **0.1** ***wrok*** ⇒*haat, rancune.*

rand [rænd] **0.1** ***rand*** ⟨munteenheid v. Zuid-Afrika⟩.

random[1] [rændəm] ⟨zn.⟩ ◆ **6.¶** **at** ~ *op goed geluk af;* ask questions **at** ~ *zomaar wat vragen;* choose **at** ~ *willekeurig kiezen.*

random[2] ⟨bn.⟩ **0.1** ***willekeurig*** ⇒*toevallig, op goed geluk* ◆ **1.1** ~ check *steekproef;* ⟨stat.⟩ ~ sample *aselecte steekproef;* ~ selection *willekeurige selectie.*

random-access ⟨vaak attr.⟩ ⟨comp.⟩ **0.1** ***directe/vrije toegang*** ⟨v.h. geheugen⟩ ◆ **1.1** ~ file *direct toegankelijk bestand.*

rand|y [rændie] ⟨-iness⟩ **0.1** ***geil*** ⇒*wellustig.*

ranee, rani [ra:nie, ra:nie:] **0.1** ***vrouwelijke radja*** ⇒*Hindoevorstin, Hindoeprinses* **0.2** ***vrouw/weduwe v.e. radja.***

rang [ræng] ⟨verl. t.⟩ →**ring.**

range[1] [reendzj] **I** ⟨telb.zn.⟩ **0.1** ***rij*** ⇒*reeks, keten* **0.2** ***woeste (weide)grond*** **0.3** ***schietterrein*** ⇒*testgebied* ⟨v. raketten/projectielen⟩ **0.4** ***verspreidingsgebied*** ⟨v. plant/dier⟩ **0.5** ***gebied*** ⇒*kring, terrein* **0.6** ***sortering*** ⇒*collectie* **0.7** ***groot keukenfornuis*** ◆ **1.1** a ~ of mountains *een bergketen* **1.5** ~ of thought *gedachtekring* **6.5** psycholinguistics is **outside** our ~ *v. psycholinguïstiek hebben wij geen verstand;*
II ⟨telb. en n.-telb.zn.⟩ **0.1** ***bereik*** ⇒*draagkracht/wijdte* **0.2** ***termijn*** ⇒*strekking, periode* ◆ **1.1** ~ of vision *ge-*

zichtsveld; the ~ of his voice *het bereik v. zijn stem* **2.1** he gave free ~ to his thoughts *hij liet zijn gedachten de vrije loop* **6.1 at** a ~ of 200 miles *op 200 mijl;* the man had been shot **at** close ~ *de man was v. dichtbij neergeschoten;* **beyond** ~ *buiten bereik, te ver weg;* I could not hear him, he was **out of** ~ *ik kon hem niet horen, hij was te ver weg* ⟨buiten stembereik⟩; **(with)in** ~ *binnen schootsafstand, binnen bereik.*

range² **I** ⟨onov.ww.⟩ **0.1** ***zich uitstrekken*** **0.2** ***voorkomen*** ⟨v. plant/dier⟩ ⇒*aangetroffen worden* **0.3** ***verschillen*** ⇒*variëren* **0.4** ***zich op één lijn bevinden*** ⇒*gelijk zijn* **0.5** ***zwerven*** ⇒*zich bewegen, gaan* **0.6** ***dragen*** ⇒*een bereik hebben, reiken* ◆ **1.6** my eyes don't ~ that far anymore *mijn ogen reiken niet meer zo ver* **6.3** ticket prices ~ **from** three **to** eight pound *de prijzen v.d. kaartjes liggen tussen de drie en acht pond* **6.5** his new book ~s **over** too many subjects *zijn nieuwe boek omvat te veel onderwerpen;*
II ⟨ov.ww.⟩ **0.1** ***rangschikken*** ⇒*ordenen, (op)stellen* **0.2** ***doorkruisen*** ⇒*zwerven over, aflopen;* ⟨fig.⟩ *afzoeken, gaan over* **0.3** ***weiden*** ⇒*hoeden, houden* ⟨vee; op woeste gronden⟩ ◆ **1.2** his eyes ~d the mountains *zijn ogen zochten de bergen af* **6.1** a big army was ~d **against** the rebels *een groot leger werd tegen de rebellen ingezet;* ~ a subject **under** two heads *een onderwerp in twee rubrieken onderbrengen.*

range finder **0.1** ***afstandmeter.***

range hood **0.1** ***afzuigkap*** ⇒*wasemkap,* ⟨Belg.⟩ *dampkap.*

ranger [reendzjə] **0.1** ***boswachter*** ⟨in USA en Canada⟩ **0.2** ***bereden politie*** **0.3** ⟨BE⟩ ***gids*** ⇒*padvindster* ⟨14-17 jaar⟩ **0.4** ⟨AE⟩ ***commando*** ⟨soldaat⟩.

rani →**ranee.**

rank¹ [rængk] **I** ⟨telb.zn.⟩ **0.1** ***rij*** ⇒*lijn, reeks* **0.2** ***gelid*** ⇒*rij* **0.3** ***taxistandplaats*** ◆ **1.2** the ~ and file *de manschappen* ⟨met inbegrip v.d. onderofficieren⟩; ⟨fig.⟩ *de gewone man* **3.2** close (the) ~s *de gelederen sluiten;* ⟨fig.⟩ *elkaar blijven dekken;* join the ~s of the unemployed *zich voegen bij het leger v. werklozen;* the lieutenant was reduced to the ~s *de luitenant werd tot gewoon soldaat gedegradeerd;* rise from the ~s *tot officier bevorderd worden* ⟨v. gewoon soldaat, onderofficier⟩; he had risen from the ~s through study *door studie had hij zich opgewerkt* **7.2** the ~s, the other ~s *de gewone soldaten* ⟨tgov. de officieren⟩;
II ⟨telb. en n.-telb.zn.⟩ **0.1** ***rang*** ⇒*positie, graad;* ⟨ihb.⟩ *de hogere stand* ◆ **1.1** our neighbours are persons of ~ *onze buren zijn mensen v. stand;* raised to the ~ of major *tot (de rang v.) majoor bevorderd* **3.¶** pull one's ~ on s.o. *misbruik maken v. zijn macht ten opzichte v. iem.* **7.1** a playwright of the first ~ *een v.d. allerbeste toneelschrijvers.*

rank² ⟨-ness⟩ **I** ⟨bn.⟩ **0.1** ***(te) weelderig*** ⇒*(te) welig* **0.2** ***te vet*** ⟨v. bodem⟩ **0.3** ***stinkend*** ⇒*sterk (riekend), scherp (smakend)* **0.4** ***stuitend*** ⇒*smerig, grof* ◆ **1.1** ~ weeds *welig tierend onkruid* **1.4** ~ language *vunzige praat;*
II ⟨bn., attr.⟩ **0.1** ***absoluut*** ⇒*onmiskenbaar, duidelijk* ◆ **1.1** a ~ amateur *een echte amateur;* ~ injustice *schreeuwende onrechtvaardigheid;* ~ nonsense *klinkklare onzin.*

rank³ **I** ⟨onov.ww.⟩ **0.1** ***zich bevinden*** ⟨in bep. positie⟩ ⇒ *staan, behoren* **0.2** ⟨AE⟩ ***de hoogste positie bekleden*** **0.3** ⟨jur., ec.⟩ ***bevoorrecht zijn*** ⟨v. schuldeiser⟩ ⇒*in aanmerking komen voor, aanspraak maken op* ◆ **6.1** this book ~s **among/with** the best *dit boek behoort tot de beste;* ~ **as** *gelden als* **6.3** I hope that my shares will ~ **for** the next dividend *ik hoop dat mijn aandelen voor de volgende dividenduitkering in aanmerking komen;*
II ⟨ov.ww.⟩ **0.1** ***opstellen*** ⇒*in het gelid plaatsen* **0.2** ***plaatsen*** ⇒*neerzetten, rangschikken* **0.3** ***voorgaan*** ⇒*hoger in rang zijn dan* ◆ **1.3** a major ~s a lieutenant *een majoor is hoger in rang dan een luitenant* **6.2** ~ s.o. **with** Chaplin *iem. op één lijn stellen met Chaplin.*

ranking¹ [rængking] ⟨zn.⟩ **0.1** ***classificatie*** ⇒*(positie in een) rangorde/lijst.*

ranking² ⟨bn.⟩⟨AE⟩ **0.1** ***hoog (in rang)*** **0.2** ***vooraanstaand*** ◆ **1.1** who is the ~ officer here? *wie is hier de hoogste officier (in rang)?*

rankle [rængkl] **0.1** ***steken*** ⇒*knagen, woekeren* ◆ **1.1** our failure still ~s *wij hebben onze mislukking nog niet geheel verwerkt;* the remark ~d in his mind *de opmerking bleef hem dwarszitten.*

ransack [rænsæk] **0.1** ***doorzoeken*** ⇒*doorsnuffelen* **0.2** ***plunderen*** ⇒*leegroven, beroven.*

ransom¹ [rænsəm] ⟨zn.⟩ **0.1** ***losgeld*** ⟨ook fig.⟩ ⇒*losprijs, afkoopsom* **0.2** ***vrijlating*** ⟨tegen losgeld⟩ ◆ **1.1** ~ demand *eis om losgeld* **3.¶** hold s.o. to ~ *een losgeld voor iem. eisen* ⟨onder bedreiging v. geweld⟩.

ransom² ⟨ww.⟩ **0.1** ***vrijkopen*** **0.2** ***vrijlaten*** ⟨tegen losgeld⟩ **0.3** ***losgeld voor iem. eisen.***

rant¹ [rænt] ⟨zn.⟩ **0.1** ***bombast*** ⇒*holle frasen.*

rant² ⟨ww.⟩ **0.1** ***bombast uitslaan*** **0.2** ***tieren*** ⇒*tekeergaan* ◆ **3.2** ~ and rave *razen en tieren.*

rap¹ [ræp] ⟨zn.⟩ **0.1** ***tik*** ⇒*slag* **0.2** ***klop*** ⇒*geklop* **0.3** ***duit*** ⇒ *cent;* ⟨fig.⟩ *zier, beetje* **0.4** ⟨sl.⟩ ***schuld*** ⇒*straf* **0.5** ⟨inf.; muz.⟩ ***rap*** ⟨ritmische vertelling op muziek⟩ ◆ **1.1** get a ~ on/over the knuckles *een tik op de vingers krijgen;* ⟨fig.⟩ *op de vingers getikt worden* **1.2** there was a ~ on my door *er werd op mijn deur geklopt* **3.3** he doesn't give a ~ for her *hij geeft helemaal niets om haar* **3.4** I don't want to take the ~ for this *ik wil hier niet voor opdraaien;* beat the ~ *zijn straf ontlopen.*

rap² ⟨-ped⟩ **I** ⟨onov.ww.⟩ **0.1** ***kloppen*** ⇒*tikken* **0.2** ⟨inf.; muz.⟩ ***rappen*** ⟨ritmisch voordragen v. tekst op muziek⟩ **0.3** ⟨sl.⟩ ***praten*** ⇒*erop los kletsen* ◆ **6.1** ~ **at** a door *op een deur kloppen;*
II ⟨ov.ww.⟩ **0.1** ***slaan*** ⇒*een tik geven* **0.2** ***kloppen op*** **0.3** ***bekritiseren*** ⇒*op de vingers tikken* ◆ **1.2** he ~ped the door *hij klopte op de deur* **1.3** the President ~ped the Department of State *de president gaf het ministerie v. Buitenlandse Zaken een schrobbering.* →**rap out.**

rapacious [rəpeesjəs] ⟨-ness⟩ **0.1** ***hebzuchtig*** ⇒*roofzuchtig, inhalig.*

rapacity [rəpæsətie] **0.1** ***hebzucht*** ⇒*roofzucht.*

rape¹ [reep] ⟨zn.⟩ **0.1** ***verkrachting*** ⟨ook fig.⟩ ⇒*ontering, schending* **0.2** ⟨plantk.⟩ ***koolzaad*** ⇒*raapzaad.* →**statutory.**

rape² ⟨ww.⟩ **0.1** ***verkrachten*** ⇒*onteren.*

rape oil **0.1** ***raap(zaad)olie*** ⇒*koolzaadolie.*

rapeseed **0.1** ***raapzaad(je).***

rapid¹ [ræpid] ⟨zn.; vnl. mv.⟩ **0.1** ***stroomversnelling.***

rapid² ⟨bn.⟩ **0.1** ***snel*** ⇒*vlug* **0.2** ***steil*** ⇒*sterk hellend* ◆ **1.1** ~ fire *snelvuur;* in ~ succession *snel achter elkaar;* ⟨vnl. AE⟩ ~ transit *snelverkeer* ⟨ihb. trein, tram, metro⟩ **3.1** he is sinking ~ly *hij gaat zienderogen achteruit.*

rapid-eye-movement **0.1** ***rapid eye movement*** ⟨snelle oogbewegingen tijdens de droom⟩.

rapid-fire **0.1** ***snelvuur-*** **0.2** ***snel opeenvolgend.***

rapidity [ræpidditie] **0.1** ***vlugheid*** **0.2** ***steilte*** ⟨v.e. helling⟩.

rapier [reepiə] **0.1** ***rapier*** ⟨lange degen⟩.

rapier-thrust **0.1** ***rapierstoot*** **0.2** ***steek*** ⇒*gevat antwoord.*

rapist [reepist] **0.1** ***verkrachter.***

rap out **0.1** ***eruit gooien*** ⇒*eruit flappen* **0.2** ***door kloppen meedelen*** ⇒*door kloppen te kennen geven* ◆ **1.1** the sergeant rapped out his commands *de sergeant blafte zijn bevelen* **1.2** ~ an S.O.S. *met klopsignalen een SOS doorgeven.*

rapport [ræpo:] **0.1** ***verstandhouding*** ⇒*betrekking, contact* ◆ **6.1** be **in / en** ~ **with** s.o. *met iem. een goede verstandhouding hebben.*

rapt [ræpt] ⟨-ness⟩ **0.1** ***verrukt*** ⇒*in vervoering* **0.2** ***verdiept*** ⇒*verzonken* ◆ **1.1** they listened to the new record with ~ attention *helemaal gegrepen luisterden zij naar de nieuwe plaat.*

rapture [ræptsjə] **I** ⟨n.-telb.zn.⟩ **0.1** ***vervoering*** ⇒*verrukking, extase;*
II ⟨mv.⟩ **0.1** ***extase*** ⇒*vervoering* ◆ **6.1** she was **in** ~s **about / over** her meeting with the poet *zij was lyrisch over haar ontmoeting met de dichter.*

rapturous [ræptsj(ə)rəs] **0.1** ***hartstochtelijk*** ⇒*meeslepend.*

rare [reə] ⟨-r; -ness⟩ **0.1** ***ongewoon*** ⇒*ongebruikelijk, vreemd* **0.2** ***zeldzaam*** **0.3** ***zeer goed*** ⇒*uitzonderlijk, zeldzaam* **0.4** ***ijl*** ⇒*dun* ⟨v. lucht, gas⟩ **0.5** ***halfrauw*** ⇒*niet gaar, kort gebakken* ⟨v. vlees⟩ ◆ **1.2** ~ bird *zeldzaamheid* **1.3** we have had a ~ time in Jamaica *we hebben het kostelijk gehad op Jamaica;* ~ weather *zeldzaam mooi weer* **1.¶** ⟨schei.⟩ ~ earth *zeldzame aarde, lanthanide, zeldzaam aardmetaal; oxide v. lanthanide;* ~ gas *edelgas.*

rarebit →**Welsh.**

rarefied [reəriffajd] **0.1** ***verheven*** ⇒*hemels* **0.2** ***exclusief*** ⇒*select.*

raref|y [reəriffaj] ⟨-ied⟩ **I** ⟨onov.ww.⟩ **0.1** ***dunner/ijler/zuiverder worden;***
II ⟨ov.ww.⟩ **0.1** ***verdunnen*** ⇒*dunner maken* **0.2** ***verfijnen*** ⇒*zuiveren, verheffen.*

rarely [reəlie] **0.1** ***zelden*** **0.2** ***zeldzaam*** ⇒*ongewoon, uitzonderlijk* ◆ **3.1** it's ~ that he comes home for a weekend *hij komt zelden het weekeinde thuis.*

raring [reəring] ⟨inf.⟩ **0.1** ***dolgraag*** ⇒*enthousiast* ◆ **3.1** be ~ to go *staan te trappelen v. ongeduld (om te gaan).*

rarit|y [reərətie] ⟨mv.: -ies⟩ **0.1** ⟨vnl. enk.⟩ ***zeldzaamheid*** ⇒*rariteit; schaarsheid.*

rascal [ra:skl] **0.1** ***schoft*** ⇒*schurk* **0.2** ⟨scherts.⟩ ***schavuit*** ⇒*deugniet, rakker.*

rascally [ra:sk(ə)lie] **0.1** ***gemeen*** ⇒*laag, smerig.*

rash[1] [ræsj] ⟨zn.; vnl. enk.⟩ **0.1** ***(huid)uitslag*** **0.2** ***uitbarsting*** ⇒*golf* ◆ **1.2** a ~ of criticism *een plotselinge golf v. kritiek* **3.1** come out in a ~ *(huid)uitslag krijgen.*

rash[2] ⟨bn.; -ness⟩ **0.1** ***overhaast*** ⇒*te snel* **0.2** ***onbesuisd*** ⇒*onstuimig* **0.3** ***onbezonnen*** ⇒*ondoordacht* ◆ **1.3** in a ~ moment *op een onbewaakt ogenblik.*

rasher [ræsjə] **0.1** ***plakje (bacon).***

rasp[1] [ra:sp] ⟨zn.⟩ **0.1** ***rasp*** **0.2** ***raspgeluid*** ⇒*gerasp.*

rasp[2] **I** ⟨onov.ww.⟩ **0.1** ***schrapen*** ⇒*krassen* ◆ **1.1** with ~ing voice *met krakende stem;*
II ⟨ov.ww.⟩ **0.1** ***raspen*** ⇒*vijlen, schuren* **0.2** ***irriteren*** ⇒*ergeren* ◆ **1.2** her presence ~s the patient's nerves *haar aanwezigheid werkt de patiënt op de zenuwen* **5.1** ~ sth. **away / off** *iets afraspen/wegvijlen* **5.¶** the superintendent ~ed **out** instructions *op scherpe toon gaf de hoofdcommissaris instructies.*

raspberr|y [ra:zbrie] ⟨mv.: -ies⟩ **0.1** ***frambozenstruik/ boom*** **0.2** ***framboos*** **0.3** ⟨vaak attr.⟩ ***frambozenrood*** **0.4** ⟨inf.⟩ ***lipscheet*** ⇒*afkeurend pf!* ◆ **3.4** blow a ~ at s.o. *iem. uitfluiten, iem. weghonen.*

raspingly [ra:spinglie] **0.1** ***met schorre/raspende stem.***

raster [ræstə] ⟨tv, comp.⟩ **0.1** ***raster.***

rat[1] [ræt] ⟨zn.⟩ **0.1** ***rat*** **0.2** ⟨inf.⟩ ***klootzak*** ⇒*hufter* **0.3** ⟨pol.⟩ ***deserteur*** ⇒*overloper* **0.4** ⟨vnl. AE; sl.⟩ ***verrader*** ⇒*klikspaan* ◆ **3.¶** smell a ~ *lont ruiken, iets in de smiezen hebben* **¶.¶** ⟨inf.⟩ ~s! *lariekoek!, onzin!*

rat[2] ⟨ww.; -ted⟩ **0.1** ***ratten vangen*** ⇒*op ratten jagen* ⟨ihb. met honden⟩ **0.2** ⟨pol.⟩ ***overlopen*** ⇒*deserteren.* →**rat on.**

ratable →**rateable.**

rat-a-(tat)-tat →**rat-tat.**

ratchet [rætsjit] **0.1** ***ratel.***

ratchet wheel **0.1** ***palrad*** ⇒*palwiel.*

rate[1] [reet] ⟨zn.⟩ **0.1** ***snelheid*** ⇒*vaart, tempo* **0.2** ***prijs*** ⇒*tarief, koers* **0.3** ***(sterfte/geboorte)cijfer*** **0.4** ***(kwaliteits)klasse*** ⇒*rang, graad* **0.5** ⟨vnl. mv.; BE⟩ ***gemeentebelasting*** ⇒⟨ihb.⟩ *onroerendgoedbelasting, onroerendezaakbelasting* ◆ **1.2** ~ of exchange *wisselkoers;* ~ of interest *rentevoet;* improve the ~ of pay *het loon/salaris verhogen* **3.2** printed ~ *drukwerk* ⟨op postzending⟩ **6.1** **at** a ~ of sixty miles per hour *met een snelheid v. negentig kilometer per uur* **6.2** buy oranges **at** a ~ of 70p a pound *sinaasappels kopen voor 70p per pond* **6.¶** **at** any ~ *in ieder geval, ten minste;* **at** this / that ~ *in dit/dat geval; op deze/die manier.*

rate[2] **I** ⟨onov.ww.⟩ **0.1** ***gerekend worden*** ⇒*behoren, gelden* ◆ **6.1** she ~s **among / with** the best actresses *zij behoort tot de beste actrices;* he ~s **as** one of the best writers *hij geldt als een v.d. beste schrijvers;*
II ⟨ov.ww.⟩ **0.1** ***schatten*** ⇒*bepalen, waarderen* ⟨ook fig.⟩ **0.2** ⟨inf.⟩ ***op prijs stellen*** **0.3** ***beschouwen*** ⇒*tellen, rekenen* **0.4** ⟨vnl. BE⟩ ***aanslaan*** ⇒*taxeren, schatten* ⟨mbt. onroerendgoedbelasting, onroerendezaakbelasting⟩ **0.5** ⟨vnl. AE; inf.⟩ ***verdienen*** ⇒*waard zijn* ◆ **1.1** ⟨fig.⟩ many tourists ~ the service of this hotel high(ly) *vele toeristen slaan de bediening in dit hotel hoog aan* **4.2** do you ~ him? *sla je hem hoog aan?* **6.1** ~ s.o.'s income **at** *iemands inkomen schatten op* **6.3** ~ **among / with** *rekenen onder/tot* **6.4** our house is ~d **at** £200 a year *ons huis wordt aangeslagen voor tweehonderd pond per jaar.*

rat(e)ab|le [reetəbl] ⟨zn.: **-ility**⟩ **0.1** ***te schatten*** ⇒*taxeerbaar* **0.2** ⟨BE⟩ ***belastbaar*** ⇒*schatbaar* ◆ **1.2** the ~ value of this cottage is £200 *het huurwaardeforfait/*⟨Belg.⟩ *kadastraal inkomen v. dit huisje is tweehonderd pond.*

rate-capping [re·ietkæping] ⟨BE⟩ **0.1** ***(het) maximeren v. gemeentebelasting.***

ratepayer ⟨BE⟩ **0.1** ***belastingbetaler*** **0.2** ***huiseigenaar.***

rather [ra:ðə, ⟨in bet. 0.6⟩ ra:ðə:] **0.1** ***liever*** ⇒*eerder* **0.2** ***juister (uitgedrukt)*** ⇒*liever/beter gezegd* **0.3** ***enigszins*** ⇒*tamelijk, nogal, wel* **0.4** ***meer*** ⇒*sterker, in hogere mate* **0.5** ***integendeel*** **0.6** ⟨vnl. BE; inf.⟩ ***ja zeker*** ⇒*nou en of* ◆ **1.3** it's ~ a pity you couldn't come *het is wel jammer dat je niet kon komen* **2.3** a ~ shocking experience, ~ a shocking experience *een nogal schokkende ervaring* **3.1** I would / had ~ not invite your mother *ik nodig je moeder liever niet uit* **3.3** be ~ surprised *een beetje verbaasd zijn* **3.4** she depends ~ on her husband's than on her own income *ze is meer v. haar mans inkomen afhankelijk dan v.h. hare* **¶.2** she's my wife, or ~ she was my wife *zij is mijn vrouw, of liever ze was mijn vrouw* **¶.5** It's not raining. Rather, it's a sunny day *Het regent niet. Integendeel, het is een zonnige dag* **¶.6** 'Would you like a drink?' 'Rather!' *'Een borrel?' 'Nou en of!', 'Dat sla ik niet af!'.*

ratif|y [rætiffaj] ⟨-ied; zn.: **-ication**⟩ **0.1** ***bekrachtigen*** ⇒*ratificeren, goedkeuren* ⟨verdrag⟩.

rating [reeting] **0.1** ***plaats*** ⇒*positie, kwalificatie;* ⟨ihb.⟩ *graad, klasse, stand* ⟨op schip⟩ **0.2** ⟨BE⟩ ***taxering*** ⟨taxatiewaarde, aanslag⟩ **0.3** ***(toelaatbare) belasting*** ⇒*(maximum)vermogen* ⟨v. machines e.d.⟩ **0.4** ***waarderingscijfer*** ⟨v. tv-programma⟩ ⇒*kijkcijfer* **0.5** ***naam*** ⇒*positie, status* **0.6** ⟨BE⟩ ***matroos*** ◆ **1.1** he has the ~ of boatswain's mate *hij is bootsmaat* **1.3** a ship with a ~ of 300,000 tons *een schip met een tonnage v. 300.000 ton.*

ratio [reesjie·oo] **0.1** ***(evenredige) verhouding.***

ratiocination [rætie·ossinneesjn] **0.1** ***redenering.***

ration[1] [ræsjn] **I** ⟨telb.zn.⟩ **0.1** ***rantsoen*** *⇒portie* ⟨ook fig.⟩; **II** ⟨mv.⟩⟨mil.⟩ **0.1** ***proviand*** *⇒voedsel, rantsoenen.* → **short.**

ration[2] ⟨ww.⟩ **0.1** ***rantsoeneren*** *⇒op rantsoen stellen; distribueren, uitdelen* **0.2** ***provianderen*** *⇒bevoorraden* ◆ **2.1** petrol is ~ed *de benzine is op de bon* **5.1** ~ **out** *uitdelen* **6.1** his G.P. ~ed him **to** two cigarettes a day *zijn huisarts stelde hem op een rantsoen v. twee sigaretten per dag.*

rational [ræsjnəl] ⟨zn.: **-ity**⟩ **0.1** ***rationeel*** *⇒redelijk* **0.2** ***(wel)doordacht*** *⇒logisch* **0.3** ***verstandig*** **0.4** ***gezond*** *⇒ bij zijn/haar verstand* **0.5** ⟨wisk.⟩ ***rationeel*** *⇒meetbaar* ◆ **1.3** man is a ~ being *de mens is een redelijk wezen.*

rationale [ræsjəna:l] **0.1** ***grond(reden)*** *⇒grondgedachte(n), beweegreden(en).*

rationalism [ræsjnəlizm] **0.1** ***rationalisme.***

rationalist [ræsjnəlist] **0.1** ⟨bn.; ook -ic⟩ ***rationalistisch*** **0.2** ⟨zn.⟩ ***rationalist.***

rational|ize, -ise [ræsjnəlajz] ⟨zn.: **-ization**⟩ **I** ⟨onov. en ov.ww.⟩ **0.1** ***rationaliseren*** *⇒aannemelijk maken, verklaren;* ⟨ihb. psych.⟩ *achteraf beredeneren;* **II** ⟨ov.ww.⟩ **0.1** ⟨vnl. BE⟩ ***rationaliseren*** *⇒efficiënter inrichten/opzetten* ⟨bedrijven enz.⟩.

ration book **0.1** ***bonboekje*** ⟨met distributiebonnen⟩.

ratlin(e) [rætlin] ⟨meestal mv.⟩⟨scheep.⟩ **0.1** ***weeflijn*** ⟨dwarslijn in het want⟩.

rat on ⟨inf.⟩ **0.1** ***laten vallen*** *⇒verraden, in de steek laten.*

rat race ⟨the⟩ **0.1** ***moordende competitie*** *⇒carrièrejacht.*

rat-tail **0.1** ⟨tech.⟩ ***rattenstaart*** ⟨vijl⟩.

rattail spoon **0.1** ***rattenstaartlepel*** ⟨met naaldvormig ornament onder de lepelbak⟩.

rattan [rətæn] **0.1** ⟨plantk.⟩ ***rotan*** *⇒Spaans riet* **0.2** ***rotting*** *⇒wandelstok* **0.3** ***rotan(stengels).***

rat-tat [rættæt], **rat-a-(tat)-tat** **0.1** ***geklop*** *⇒klopklop.*

ratter [rætə] **0.1** ***rattenvanger*** ⟨hond, man, kat⟩.

rattle[1] [rætl] ⟨zn.⟩ **0.1** ⟨geen mv.⟩ ***geratel*** *⇒gerammel, gerinkel* **0.2** ***rammelaar*** *⇒ratel* **0.3** ***ratel*** ⟨v. ratelslang⟩.

rattle[2] **I** ⟨onov.ww.⟩ **0.1** ***rammelen*** *⇒ratelen, kletteren* **0.2** ⟨+away/on⟩ ***(door)ratelen*** *⇒(blijven) kletsen* ◆ **6.¶** ~ **through** sth. *iets afraffelen, iets gauw afmaken;* **II** ⟨ov.ww.⟩ **0.1** ***heen en weer rammelen*** *⇒schudden, rinkelen/rammelen met* **0.2** ***afraffelen*** *⇒opdreunen, aframmelen* **0.3** ⟨inf.⟩ ***op stang jagen*** *⇒opjagen, v. streek maken.*

rattlebrained **0.1** ***leeghoofdig*** **0.2** ***doorleuterend.***

rattlesnake **0.1** ***ratelslang.***

rattletrap **0.1** ***ouwe rammelkast*** *⇒ouwe brik* ⟨auto e.d.⟩.

rattling[1] [rætling] ⟨bn.⟩⟨inf.⟩ **0.1** ***levendig*** *⇒stevig, krachtig* ◆ **1.1** a ~ trade *een levendige handel.*

rattling[2] ⟨bw.⟩⟨inf.⟩ **0.1** ***uitzonderlijk*** *⇒uitstekend, zeer* ◆ **1.1** a ~ good match *een zeldzaam mooie wedstrijd.*

ratt|y [rætie] ⟨-ier⟩ **0.1** ***ratachtig*** *⇒vol ratten, rat(ten)-* **0.2** ⟨vnl. BE; inf.⟩ ***kribbig*** *⇒geïrriteerd.*

raucous [ro:kəs] ⟨-ness⟩ **0.1** ***rauw*** *⇒schor.*

raunch|y [ro:ntsjie] ⟨-iness⟩⟨sl.⟩ **0.1** ***geil*** *⇒wellustig* **0.2** ***rauw*** *⇒ruig, ordinair* **0.3** ⟨vnl. AE⟩ ***vies*** *⇒smerig, goor.*

ravage[1] [rævidzj] ⟨zn.⟩ **0.1** ***verwoesting(en)*** *⇒vernietiging* **0.2** ⟨mv.⟩ ***vernietigende werking*** ◆ **1.2** the ~s of time *de tand des tijds.*

ravage[2] ⟨ww.; vaak pass.⟩ **0.1** ***verwoesten*** *⇒vernietigen, teisteren* **0.2** ***leegplunderen*** *⇒leegroven.*

rave[1] [reev] ⟨zn.⟩ **0.1** ⟨vaak attr.; inf.⟩ ***jubelrecensie/kritiek*** *⇒lyrische bespreking* **0.2** ⟨inf.⟩ ***wild feest*** *⇒knalfuif, dansfeest* ◆ **6.¶** ⟨inf.⟩ be **in** a ~ **about** *helemaal weg zijn v.*

rave[2] **I** ⟨onov.ww.⟩ **0.1** ⟨+against/at⟩ ***razen (tegen/op)*** *⇒ ijlen, (als een gek) tekeergaan (tegen)* **0.2** ⟨+about⟩ ***opgetogen/in verrukking zijn/raken (over)*** *⇒lyrisch worden (over), dwepen (met);* **II** ⟨ov.ww.⟩ **0.1** ***wild uiting geven aan*** *⇒zich gek maken, ijlen over* ◆ **4.1** ~ o.s. hoarse *zich schor schreeuwen.*

ravel [rævl] ⟨BE -led⟩ **0.1** ***rafelen*** *⇒uitrafelen* **0.2** ⟨+up⟩ ***in de war/knoop brengen/raken*** *⇒verwarren;* ⟨fig.⟩ *compliceren, ingewikkeld maken.*

raven [reevn] **0.1** ⟨dierk.⟩ ***raaf*** **0.2** ***ravenzwart.***

raven-haired **0.1** ***met ravenzwarte haren.***

ravening [rævning] **0.1** ***roofzuchtig*** *⇒vraatzuchtig, wild.*

ravenous [rævnəs] **0.1** ***uitgehongerd*** *⇒begerig, roofzuchtig* ◆ **1.1** a ~ hunger *een geweldige honger.*

raver [reevə] ⟨inf.⟩ **0.1** ⟨BE⟩ ***snel figuur*** *⇒swinger, vlot/vrijgevochten type.*

rave-up ⟨inf.⟩ **0.1** ***wild feest*** *⇒knalfuif.*

ravine [rəvie:n] **0.1** ***ravijn.***

raving [reeving] ⟨inf.⟩ **0.1** ⟨bn.⟩ ***malend*** *⇒raaskallend* **0.2** ⟨bw.⟩ ***stapel-*** ◆ **1.¶** a ~ beauty *een oogverblindende schoonheid* **2.2** ~ mad *stapelgek.*

ravings [reevingz] **0.1** ***het raaskallen*** *⇒wartaal, geraaskal.*

ravish [rævisj] ⟨zn.: **-ment**⟩ **0.1** ⟨vnl. pass.⟩ ***verrukken*** *⇒in extase/vervoering brengen, betoveren* **0.2** ⟨schr.⟩ ***verkrachten*** *⇒onteren* **0.3** ⟨schr.⟩ ***teisteren*** *⇒ruïneren* ◆ **6.1** ~ed **by/with** her blue eyes *in vervoering over/betoverd door haar blauwe ogen.*

ravishing [rævisjing] **0.1** ***verrukkelijk*** *⇒betoverend, prachtig.*

raw[1] [ro:] ⟨zn.⟩ ◆ **3.¶** ⟨fig.⟩ touch s.o. on the ~ *iem. tegen het zere been schoppen* **6.¶** **in** the ~ *ongeciviliseerd, primitief; naakt.*

raw[2] ⟨bn.; -ness⟩ **0.1** ***rauw*** *⇒ongekookt* ⟨v. groente, vlees⟩ **0.2** ⟨ben. voor⟩ ***onbewerkt*** *⇒rauw* ⟨v. bakstenen⟩; *ruw, ongelooid* ⟨v. leer⟩; ⟨fig.⟩ *onuitgewerkt* ⟨cijfers e.d.⟩; *grof; onaf(gewerkt), onrijp* **0.3** ***groen*** *⇒onervaren, ongetraind* **0.4** ***ontveld*** *⇒rauw, open* **0.5** ***guur*** *⇒ruw, rauw* ⟨v. weer⟩ ◆ **1.2** ~ material *grondstof;* ~ silk *ruwe zijde* **1.¶** ~ deal *oneerlijke/gemene behandeling.*

rawboned **0.1** ***broodmager*** *⇒vel over been.*

rawhide **0.1** ***ongelooide huid*** **0.2** ***zweep*** ⟨v. ongelooide huid⟩.

ray [ree] **0.1** ⟨ook nat.⟩ ***straal*** ⟨v. licht e.d.⟩ **0.2** ***sprankje*** *⇒ glimp, lichtpuntje* **0.3** ⟨dierk.⟩ ***vinstraal*** **0.4** ⟨dierk.⟩ ***rog*** *⇒* ⟨ihb.⟩ *vleet* ◆ **1.2** a ~ of hope *een sprankje hoop.* → **electric.**

rayon [reeon] **0.1** ***rayon*** *⇒kunstzijde.*

raze, rase [reez] **0.1** ***met de grond gelijk maken*** *⇒slechten; volledig verwoesten.*

razor [reezə] **0.1** ***(elektrisch) scheerapparaat*** *⇒scheermes.* → **sharp.**

razorback **0.1** ***(half)wild varken*** ⟨in het zuiden v.d. USA⟩ **0.2** ⟨dierk.⟩ ***vinvis.***

razor-backed **0.1** ***met scherpe rug.***

razorbill, razor-billed auk ⟨dierk.⟩ **0.1** ***alk.***

razor-blade **0.1** ***(veiligheids)scheermesje.***

razor-edge, razor's edge [reezəz edzj] **0.1** ***kritieke situatie*** *⇒netelige toestand;* ⟨fig.⟩ *het scherp v.d. snede* **0.2** ***scherpe kant*** ◆ **6.1** her life was **on** a ~ *haar leven hing aan een zijden draad(je).*

razor job ⟨BE; inf.⟩ **0.1** ***meedogenloze aanval.***

razor wire **0.1** ***prikkeldraad*** ⟨met scheermesjes⟩.

razzle [ræzl], **razzle-dazzle** **0.1** ***braspartij*** *⇒lol, stappen* ◆ **3.1** go/be on the razzle *aan de rol gaan/zijn, de bloemetjes buiten zetten.*

r & b, R & B ⟨afk.⟩ **0.1** [rhythm and blues].

R.C. ⟨afk.⟩ **0.1** [Red Cross] **0.2** [Roman Catholic] ***r.-k.***

Rd, rd ⟨afk.⟩ **0.1** [road] ***str.***

re [rie:, ree] ⟨schr.⟩ **0.1** ***aangaande*** ⇒*betreffende, met betrekking tot* ◆ **1.1** ~ your remark at the meeting ... *wat jouw opmerking in de vergadering betreft ...*

reach[1] [rie:tsj] ⟨zn.⟩ **0.1** ***bereik*** ⟨v. arm, macht enz.; ook fig.⟩ ⇒ *reikwijdte* **0.2** ***recht stuk rivier*** ⟨tussen twee bochten⟩ ⇒ *rak* ◆ **3.1** make a ~ for *een greep doen naar* **6.1 above / beyond / out of** ~ *buiten bereik, onbereikbaar; onhaalbaar, niet te realiseren;* **within** easy ~ **of** *gemakkelijk bereikbaar van(af).*

reach[2] **I** ⟨onov. en ov.ww.⟩ **0.1** ***reiken*** ⇒*(zich) (uit)strekken; (een hand) uitsteken; bereiken, dragen* ⟨v. geluid⟩, *halen* ◆ **5.1** she ~ed **out** (her hand) *ze stak haar hand uit* **6.1** ~ **for** sth. *(naar) iets grijpen, iets pakken;* the forests ~ down **to** the sea *de bossen strekken zich uit tot aan de zee;*
II ⟨ov.ww.⟩ **0.1** ***pakken*** ⇒*(ergens) bij kunnen, grijpen* **0.2** ***aanreiken*** ⇒*geven, overhandigen* **0.3** ***komen tot*** ⟨ook fig.⟩ ⇒*bereiken, arriveren* **0.4** ***bereiken*** ⟨per telefoon, post⟩ ◆ **1.3** ~ a decision *tot een beslissing komen;* ~ Paris *in Parijs aankomen* **5.1** ~ **down** sth. from a shelf *iets v. een plank af pakken / nemen.*

reach-me-down ⟨vnl. mv.⟩⟨BE; inf.; pej.⟩ **0.1** ***confectiekledingstuk*** **0.2** ***tweedehands kledingstuk*** ⇒*afdrager(tje).*

react [rie·ækt] **I** ⟨onov.ww.⟩ **0.1** ***reageren*** ⟨ook fig.⟩ ⇒*ingaan (op)* **0.2** ⟨+ (up)on⟩ ***uitwerking hebben (op)*** ⇒*z'n weerslag hebben (op), veranderen* **0.3** ⟨schei.⟩ ***reageren*** ⇒*een reactie aangaan* ◆ **6.1** she ~ed **against** her mother's ideas *zij zette zich af tegen haar moeders ideeën;*
II ⟨ov.ww.⟩⟨schei.⟩ **0.1** ***laten reageren*** ⇒*een reactie doen aangaan.*

reactant [rie·æktənt] ⟨schei.⟩ **0.1** ***reactiecomponent*** ⇒*reactiebestanddeel.*

reaction [rie·æksjn] **0.1** ***reactie*** ⇒*antwoord, reflex* **0.2** ⟨geen mv.⟩ ***terugslag*** ⇒*weerslag, terugkeer* **0.3** ⟨pol.⟩ ***reactie*** ⇒*conservatieve machten* **0.4** ⟨schei.⟩ ***omzetting*** ⇒ *reactie* ◆ **1.3** the forces of ~ *de reactionaire krachten.*

reactionar|y [rie·æksjənrie] ⟨mv.: -ies⟩⟨pol.⟩ **0.1** ⟨bn.⟩ ***reactionair*** ⇒*behoudend* **0.2** ⟨zn.⟩ ***reactionair.***

reactivate [rie·æktivveet] **0.1** ***weer actief worden / maken*** ⇒*weer reageren* ⟨bv. v. chemicaliën⟩, *reactiveren* **0.2** ***opnieuw tot leven / werking komen*** ⇒*nieuw leven inblazen* ⟨alleen fig.⟩, *opnieuw in werking stellen.*

reactive [rie·æktiv] ⟨-ness⟩ **0.1** ***reagerend*** ⇒*reactie vertonend* **0.2** ⟨schei.⟩ ***chemisch reagerend*** ⇒*reactief.*

reactor [rie·æktə] **0.1** ***atoom / kernreactor*** **0.2** ***reactievat*** ⇒ *reactor.*

read[1] [rie:d] ⟨zn.; geen mv.⟩ ◆ **2.¶** she had a quiet ~ *zij zat rustig te lezen;* that book is a terrific ~ *dat is een heerlijk boek om te lezen.*

read[2] ⟨read, read [red]⟩ **I** ⟨onov.ww.⟩ **0.1** ***studeren*** ⇒*leren* **0.2** ***zich laten lezen*** ⇒*lezen, klinken* **0.3** ***moeten worden gelezen*** ⇒*gaan, lopen* ◆ **1.2** your essay ~s like a translation *je opstel klinkt als een vertaling* **1.3** the law ~s that *volgens de wet* **5.2** Ibsen's plays ~ easily *de stukken v. Ibsen lezen gemakkelijk* **6.1** ~ **for** a degree in Law *rechten studeren;*
II ⟨onov. en ov.ww.⟩ **0.1** ***lezen*** ⇒*kunnen lezen* **0.2** ***oplezen*** ⇒*voorlezen* ◆ **5.1** ~ **over / through** *doorlezen, overlezen;* ~ **up** on sth. *zijn kennis over iets opvijzelen; zich op de hoogte stellen v. iets* **5.2** ~ **out** the instructions *de instructies voorlezen;*
III ⟨ov.ww.⟩ **0.1** ***lezen*** ⇒*begrijpen, weten te gebruiken* **0.2** ***uitleggen*** ⇒*interpreteren, voorspellen* ⟨toekomst⟩; ⟨fig.⟩ *doorgronden, doorzien* **0.3** ***(be)studeren*** **0.4** ***aangeven*** ⇒ *tonen, laten zien* **0.5** ⟨comp.⟩ ***in / uitvoeren*** ⟨gegevens⟩ ⇒ *(in)lezen, opnemen uit* ◆ **1.1** ⟨sport⟩ ~ the game *spelinzicht / overzicht hebben;* ⟨sport⟩ ~ the game *iem. tegen het zere been schoppen;* ~ music *muziek lezen* **1.2** this poem may be ~ in various ways *dit gedicht kan op verschillende manieren geïnterpreteerd worden* **1.3** ~ psychology *psychologie studeren* **1.4** the thermometer ~s twenty degrees *de thermometer geeft twintig graden aan* **5.3** widely ~ *zeer belezen;* ~ **up** *bestuderen* **5.¶** ⟨AE⟩ ~ **out** s.o. *iem. royeren / uitstoten* **6.¶** he ~ more **into** her words than she'd ever meant *hij had meer in haar woorden gelegd dan zij ooit had bedoeld.*

readab|le [rie:dəbl] ⟨zn.: **-ility**⟩ **0.1** ***lezenswaard(ig)*** ⇒*leesbaar* **0.2** ***leesbaar*** ⇒*te lezen.*

readdress [rie:ədres] **0.1** ***doorsturen*** ⇒*v.e. nieuw / ander adres voorzien* ⟨brief⟩.

reader [rie:də] **0.1** ***lezer*** ⟨ook fig., mbt. gedachten e.d.⟩ **0.2** ***lector*** ⟨die manuscripten voor uitgever doorleest⟩ **0.3** ***leesboek*** ⇒*bloemlezing, anthologie* **0.4** ⟨BE⟩ ***lector*** ⟨aan universiteit⟩ ⇒⟨in België ong.⟩ *docent.*

readership [rie:dəsjip] **0.1** ***lezerspubliek*** ⇒*aantal lezers* ⟨v. krant e.d.⟩ **0.2** ⟨BE⟩ ***lectorschap.***

readily [reddillie] **0.1** ***graag*** ⇒*bereidwillig* **0.2** ***gemakkelijk*** ⇒*vlug, dadelijk.*

readiness [reddienəs] **0.1** ***bereid(willig)heid*** ⇒*gewilligheid* **0.2** ***vlugheid*** ⇒*vaardigheid, gemak* **0.3** ***gereedheid*** ◆ **1.2** ~ of tongue *rapheid v. tong* **6.3** all is **in** ~ *alles staat klaar.*

reading [rie:ding] **0.1** ***het (voor)lezen*** **0.2** ***belezenheid*** **0.3** ***(voor)lezing*** ⇒*voordracht* **0.4** ***lezing*** ⇒*versie, interpretatie* **0.5** ***stand*** ⇒*waarde* ⟨zoals afgelezen op meetinstrument⟩ **0.6** ***lectuur*** ⇒*leesstof* ◆ **1.2** a man of (wide) ~ *een (zeer) belezen man* **1.4** ⟨pol.⟩ first / second / third ~ of a bill *eerste / tweede / derde lezing v.e. wetsontwerp* **1.5** the ~s on the thermometer *de afgelezen temperaturen.*

reading comprehension **0.1** ***leesvaardigheid.***

reading desk **0.1** ***lessenaar.***

reading room **0.1** ***leeskamer*** ⇒*leeszaal.*

readjust [rie:ədzjust] ⟨zn.: **-ment**⟩ **I** ⟨onov.ww.⟩ **0.1** ***zich weer aanpassen*** ⇒*weer wennen;*
II ⟨ov.ww.⟩ **0.1** ***weer aanpassen*** ⇒*opnieuw instellen, bijstellen.*

read-only ⟨comp.⟩ **0.1** ***onuitwisbaar*** ⇒*permanent* ◆ **1.1** ~ memory *ROM.*

read-out ⟨comp.⟩ **0.1** ***het lezen*** ⇒*opname (uit het geheugen)* **0.2** ***uitlezing*** ⇒⟨ihb.⟩ *beeldschermtekst.*

read-through **0.1** ***tekstlezing*** ⟨v. toneelstuk, zonder bewegingen e.d.⟩.

ready[1] [reddie] ⟨zn.⟩ ◆ **6.¶ at** the ~ *klaar om te vuren* ⟨v. vuurwapen⟩.

read|y[2] ⟨bn.; -ier⟩ **0.1** ***klaar*** ⇒*gereed, af* **0.2** ***bereid(willig)*** ⇒ *graag* **0.3** ***vlug*** ⇒*rad, gevat* ◆ **1.1** ~ pen *vaardige pen* **1.¶** ~ cash / money *baar geld, klinkende munt;* ~ knowledge *parate kennis;* ~ reckoner *rekentabel;* find a ~ sale *gerede aftrek vinden* **2.1** ~, steady, go! *klaar? af!* **3.2** I am ~ to pay for it *ik wil er best voor betalen* **3.¶** he was ~ to cry *hij stond op het punt in tranen uit te barsten.* →**readily.**

read|y[3] ⟨ww.; -ied⟩ **0.1** ***(zich) klaarmaken*** ⇒*(zich) voorbereiden* ◆ **4.1** they are ~ing themselves for the party *zij maken zich klaar voor het feestje.*

ready[4] ⟨bw.⟩ **0.1** ***(kant-en-)klaar*** ⇒*van tevoren* ◆ **3.1** ~ cut meat *van tevoren gesneden vlees.*

ready-made[1] ⟨zn.⟩ **0.1** ***confectiekledingstuk.***

ready-made[2] ⟨bn.⟩ **0.1** ***kant-en-klaar*** ⇒*confectie-* **0.2** ***stereotiep*** ⟨ook fig.⟩ ⇒*voorgekauwd* ◆ **1.2** ~ opinions *voorgekauwde meningen.*

ready-to-wear 0.1 *confectie-*.
reafforestation [rie:əforristeesjn], ⟨AE⟩ **reforestation** [rie:forri-] 0.1 ***herbebossing***.
Reaganomics [reegənommiks] 0.1 *Reaganomics* ⟨economische politiek v. president Reagan (1981-1989) v.d. USA⟩.
reagent [rie·eedzjnt] ⟨schei.⟩ 0.1 ***reagens***.
real[1] [riəl, rie:l] ⟨zn.⟩ ◆ 6.¶ ⟨AE; inf.⟩ **for** ~ *in werkelijkheid, echt, gemeend*.
real[2] ⟨bn.; -ness⟩ 0.1 ***echt*** ⇒*werkelijk, onvervalst* ◆ 1.1 ⟨inf.⟩ the ~ thing *de/het echte, de/je ware;* he is the ~ boss here *hij is hier de eigenlijke baas;* ⟨comp.⟩ ~ time *ware tijd* 1.¶ in ~ terms *in concrete termen, in de praktijk;* ⟨jur.⟩ ~ property *onroerende goederen;* ⟨optica, wisk.⟩ ~ image / number *reëel beeld/getal*.
real[3] ⟨bw.⟩⟨inf.⟩ 0.1 ***echt*** ⇒*erg* ◆ 2.1 that's ~ good, man! *dat is echt tof, kerel!*
real estate 0.1 ***onroerend goed*** 0.2 ⟨vnl. AE⟩ ***huizen in verkoop*** ◆ 3.2 sell ~ *huizen verkopen*.
real-estate agent ⟨AE⟩ 0.1 ***makelaar in onroerend goed***.
realign [rie:əlajn] ⟨zn.: **-ment**⟩ 0.1 ***weer richten*** ⇒*weer in één lijn opstellen* 0.2 ⟨fig.⟩ ***anders groeperen*** ⇒*hergroeperen, anders opstellen* ⟨in politiek e.d.⟩.
realism [riəlizm] 0.1 ***realisme*** ⇒*werkelijkheidszin* ⟨ook mbt. fil., kunst⟩.
realist [riəlist] 0.1 ***realist***.
realistic [riəlistik] ⟨-ally⟩ 0.1 ***realistisch*** ⇒*mbt. realisme; natuurgetrouw* 0.2 ***realistisch*** ⇒*praktisch, werkelijkheidsbewust*.
realit|y [rie·ælətie] ⟨mv.: -ies⟩ 0.1 ***werkelijkheid*** ⇒*realiteit, werkelijk bestaan* ◆ 3.1 his wish became a ~ *zijn wens werd werkelijkheid/ging in vervulling* 6.1 **in** ~ *in werkelijkheid, in feite*.
realizable, -sable [riəlajzəbl] 0.1 ***realiseerbaar*** ⇒*te verwezenlijken, uitvoerbaar*.
realization, -sation [riəlajzeesjn] 0.1 ***bewustwording*** ⇒*besef, begrip* 0.2 ***realisatie*** ⇒*verwezenlijking, verwerkelijking* 0.3 ***realisatie*** ⇒*realisering*.
realize, -ise [riəlajz] 0.1 ***beseffen*** ⇒*zich bewust zijn/worden, zich realiseren* 0.2 ***realiseren*** ⇒*verwezenlijken, uitvoeren* 0.3 ***realiseren*** ⇒*verkopen, te gelde maken* 0.4 ⟨schr.⟩ ***opbrengen*** ◆ 1.4 the house ~d a profit *het huis bracht winst op* 3.1 don't you ~ that ...? *zie je niet in dat ...?*
really[1] [riəlie, rie:-, ri-] ⟨bw.⟩ 0.1 →**real** 0.2 ***werkelijk*** ⇒*echt, eigenlijk* 0.3 ***werkelijk*** ⇒*echt, zeer* ◆ 2.3 it is ~ cold today *het is ontzettend koud vandaag* 3.2 I don't ~ feel like it *ik heb er eigenlijk geen zin in;* you ~ should / ought to go *je zou er echt naar toe moeten* 5.3 Do you like it? Not ~ *Vind je het leuk/mooi? Nee, eigenlijk niet* ¶.2 (O) really? *O ja?, Echt (waar)?*
really[2] ⟨tw.⟩ 0.1 ***waarachtig!*** ⇒*nou, zeg!* ◆ 1.1 ~, Mike! Mind your manners! *Mike toch! Wat zijn dat voor manieren!* 5.1 well ~! *nee maar!*
realm [relm] 0.1 ⟨vaak R-; schr.; jur.⟩ ***koninkrijk*** ⇒*rijk* 0.2 ***rijk*** ⇒*sfeer, gebied* ⟨vnl. fig.⟩ ◆ 1.1 the defence of the Realm *de verdediging v.h. Koninkrijk* 1.2 the ~(s) of the imagination *de verbeeldingswereld;* the ~ of science *het domein v.d. wetenschap*.
real-time processing ⟨comp.⟩ 0.1 ***directe/onvertraagde verwerking***.
realtor [riəltə, -to:] ⟨AE⟩ 0.1 ***makelaar in onroerend goed***.
realt|y [riəltie] ⟨mv.: -ies⟩⟨jur.⟩ 0.1 ***onroerend goed***.
ream [rie:m] 0.1 ***riem*** ⟨hoeveelheid papier⟩ 0.2 ⟨mv.⟩ ***vel vol*** ⇒*massa* ⟨schrijfwerk e.d.⟩ ◆ 1.2 he wrote ~s of poetry *hij schreef stapels gedichten*.
reanim|ate [rie:ænimmeet] ⟨zn.: **-ation**⟩ 0.1 ***reanimeren*** ⇒*doen herleven, nieuw leven inblazen* ⟨ook fig.⟩.
reap [rie:p] 0.1 ***maaien*** ⇒*oogsten* ⟨ook fig.⟩; *verwerven, opstrijken* ⟨winst⟩ ◆ 1.1 ~ a profit *de winst opstrijken* 3.1 ~ as one has sown *gelijk men zaait, zo zal men oogsten*.
reaper [rie:pə] 0.1 ***maaimachine*** ◆ 1.1 ~ and binder *maaibinder*.
reaping hook, ⟨AE vnl.⟩ **reap hook** 0.1 ***sikkel***.
reappear [rie:əpiə] 0.1 ***weer verschijnen*** ⇒*opnieuw te voorschijn komen, weer komen opdagen*.
reappearance [rie:əpiərəns] 0.1 ***herverschijning*** ⇒*terugkeer*.
reappraisal [rie:əpreezl] 0.1 ***herwaardering***.
rear[1] [riə] ⟨zn.⟩ 0.1 ***achtergedeelte*** ⇒*achterstuk;* ⟨fig.⟩ *achtergrond* 0.2 ⟨inf.⟩ ***achterste*** ⇒*achterwerk* 0.3 ⟨mil.⟩ ***achterhoede*** ◆ 3.¶ bring up the ~ *als laatste komen, de rij sluiten* 6.1 **in** the ~ *achterin* 6.¶ **at** / ⟨AE⟩ **in** the ~ *achteraan, aan de achterkant*.
rear[2] ⟨bn.⟩ 0.1 ***achter-*** ⇒*achterste* ◆ 1.1 ~ door / light / wheel *achterdeur/licht/wiel*.
rear[3] **I** ⟨onov.ww.⟩ 0.1 ⟨vaak +up⟩ ***steigeren;***
II ⟨ov.ww.⟩ 0.1 ***grootbrengen*** ⇒*fokken, kweken* 0.2 ⟨schr.⟩ ***oprichten*** ⇒*stichten, bouwen* ◆ 1.1 ~ children *kinderen opvoeden* 1.2 ~ a monument *een gedenkteken oprichten*.
rear-admiral 0.1 ***schout-bij-nacht***.
rear end collision 0.1 ***kop-staartbotsing***.
rearguard ⟨zn.; the; ook attr.⟩ 0.1 ***achterhoede***.
rearguard action 0.1 ***achterhoedegevecht*** ⟨ook fig.⟩.
rearm [rie:·a:m] 0.1 ***herbewapenen*** ⇒*zich opnieuw v. wapens voorzien; opnieuw met wapens uitrusten*.
rearmament [rie:a:məmənt] 0.1 ***herbewapening*** ⟨ook fig.⟩.
rearmost [riəmoost] 0.1 ***achterste*** ⇒*allerlaatste*.
rearrange [rie:əreendzj] ⟨zn.: **-ment**⟩ 0.1 ***herschikken*** ⇒*herordenen, anders rangschikken/inrichten/opstellen* ◆ 1.1 she ~d her hair *ze bracht haar haar weer in orde*.
rear suspension 0.1 ***achterwielophanging***.
rearview mirror 0.1 ***achteruitkijkspiegel***.
rearward [riəwəd] 0.1 ⟨bn.⟩ ***achter-*** ⇒*achterste, achterwaarts* 0.2 ⟨zn.⟩ ***achterste*** ⇒*achterkant* ◆ 6.1 **to** ~ **of** *achter*.
rearwards [riəwədz] 0.1 ***achterwaarts*** ⇒*achteruit*.
reason[1] [rie:zn] ⟨zn.⟩ 0.1 ***reden*** ⇒*beweegreden, oorzaak* 0.2 ***rede*** ⇒*verstand* 0.3 ***redelijkheid*** ⇒*gezond verstand* ◆ 3.1 ⟨inf.⟩ or I'll want to know the ~ why *anders zwaait er wat* 3.2 lose one's ~ *zijn verstand verliezen* 3.3 bring s.o. to ~, make s.o. hear / listen to / see ~ *iem. tot rede brengen;* it stands to ~ that *het spreekt vanzelf dat* 6.1 **by** ~ **of** *wegens;* **with** (good) ~ *terecht* 6.3 demands **past / beyond** all ~ *onredelijke eisen;* anything **(with)in** ~ *alles wat redelijk/mogelijk is*.
reason[2] **I** ⟨onov.ww.⟩ 0.1 ***redeneren*** ⇒*logisch denken* 0.2 ⟨+ with⟩ ***redeneren (met)*** ⇒*argumenteren (met);*
II ⟨ov.ww.⟩ 0.1 ***door redenering afleiden*** ⇒*beredeneren, veronderstellen* 0.2 ***door redenering overtuigen*** ⇒*ompraten* ◆ 4.1 ⟨inf.⟩ ours is not to ~ why *wij moeten maar gehoorzamen* 5.1 ~ sth. **out** *iets beargumenteren/uitdenken* 6.2 ~ s.o. **into** participation *iem. overreden mee te doen;* ~ s.o. **out of** a plan *iem. een plan uit het hoofd praten*.
reasonable [rie:znəbl] ⟨-ness⟩ 0.1 ***redelijk*** ⇒*verstandig* 0.2 ***redelijk*** ⇒*schappelijk, billijk*.
reasonably [rie:znəblie] 0.1 →**reasonable** 0.2 ***redelijkerwijze*** 0.3 ***vrij*** ⇒*tamelijk, nogal* ◆ 2.3 it is in a ~ good state *het is in vrij behoorlijke staat* 3.2 I cannot ~ believe that *redelijkerwijs kan ik dat niet geloven*.

reasoning [rie:zning] **0.1** ***redenering*** ⇒*redenatie, manier v. redeneren* **0.2** ***redenering*** ⇒*gebruik v. rede.*

reassurance [rie:əsjoeərəns] **0.1** ***geruststelling.***

reassure [rie:əsjoeə] **0.1** ***geruststellen*** ⇒*weer (zelf)vertrouwen geven.*

reassuring [rie:əsjoeəring] **0.1** ***geruststellend.***

rebarbative [ribba:bətiv] ⟨schr.⟩ **0.1** ***afstotend*** ⇒*weerzinwekkend.*

rebate [rie:beet] **0.1** ***korting*** ⇒*rabat* ◆ **1.1** tax ~ *belastingteruggave.*

rebel[1] [rebl] ⟨zn.; ook attr.⟩ **0.1** ***rebel*** ⇒*oproerling, opstandeling* ◆ **1.1** ~ forces *opstandige strijdkrachten.*

rebel[2] [ribbel] ⟨ww.; -led⟩ **0.1** ⟨+ against⟩ ***rebelleren (tegen)*** ⇒*zich verzetten (tegen), in opstand komen (tegen).*

rebellion [ribbelliən] **0.1** ***opstand*** ⇒*opstandigheid, rebellie* ◆ **7.1** the Rebellion *de Eng./Am. Burgeroorlog.*

rebellious [ribbelliəs] ⟨-ness⟩ **0.1** ***opstandig*** ⟨ook fig.⟩ ⇒*oproerig, weerspannig.*

rebind [rie:bajnd] **0.1** ***opnieuw (in)binden*** ⟨boek⟩.

rebirth [rie:bə:θ] ⟨geen mv.⟩ **0.1** ***wedergeboorte*** **0.2** ***herleving*** ⇒*wederopleving.*

reborn [rie:bo:n] **0.1** ***herboren*** ⇒*opnieuw geboren, wedergeboren.*

rebound[1] [rie:baund] ⟨zn.⟩ **0.1** ***terugkaatsing/stuit*** ⟨v. bal⟩ **0.2** ***terugwerking*** ⇒*reactie* ◆ **6.1** catch a ball **on** the ~ *een terugkaatsende bal vangen* **6.2** **on** the ~ *v.d. weeromstuit, als/uit reactie.*

rebound[2] [ribbaund] ⟨ww.⟩ **0.1** ***terugkaatsen*** ⇒*terugspringen/stuiten* **0.2** ⟨+ (up)on⟩ ***terugwerken (op)*** ⇒*neerkomen (op)* ◆ **6.2** your evil deeds will ~ **(up)on** you *je slechte daden zullen op je eigen hoofd neerkomen.*

rebuff[1] [ribbuf] ⟨zn.⟩ **0.1** ***afwijzing*** ⇒*weigering* ⟨v. hulp, voorstel e.d.⟩ ◆ **3.1** he met with/suffered a ~ *hij kwam v.e. koude kermis thuis.*

rebuff[2] ⟨ww.⟩ **0.1** ***afwijzen*** ⇒*weigeren, afschepen.*

rebuild [rie:bild] **0.1** ***herbouwen*** ⇒*verbouwen, opknappen* ⟨huis⟩ **0.2** ***volledig hervormen*** ⇒*vernieuwen* ◆ **1.2** the news rebuilt her hopes *het nieuws gaf haar nieuwe hoop.*

rebuke[1] [ribjoe:k] ⟨zn.⟩⟨schr.⟩ **0.1** ***berisping*** ⇒*standje, reprimande* ◆ **2.¶** his behaviour provoked general ~ *zijn gedrag wekte algemene afkeuring* **3.1** ⟨vnl. mil.⟩ administer a ~ *een berisping toevoegen.*

rebuke[2] ⟨ww.⟩ **0.1** ⟨+ for⟩ ***berispen (om/voor)*** ⇒*een standje geven (voor).*

rebus [rie:bəs] **0.1** ***rebus*** ⇒*beeldraadsel.*

rebut [ribbut] ⟨-ted⟩ **0.1** ***weerleggen*** ⇒*als onwaar afwijzen.*

rebuttal [ribbutl] **0.1** ***tegenbewijs*** **0.2** ***weerlegging.***

recalcitrance [rikælsitrəns], **recalcitrancy** [-sie] **0.1** ***weerspannigheid*** ⇒*onwilligheid, verzet* **0.2** ***recalcitrant gedrag.***

recalcitrant [rikælsitrənt] **0.1** ⟨bn.⟩ ***recalcitrant*** ⇒*opstandig, weerspannig* **0.2** ⟨zn.⟩ ***weerspannige*** ⇒*tegenstribbelaar, ongehoorzame.*

recall[1] [rikko:l] ⟨zn.⟩ **0.1** ***rappel*** ⇒*terugroeping* ⟨v. officieren, gezant e.d.⟩ **0.2** ***herinnering*** ⇒*geheugen* **0.3** ⟨mil.; the⟩ ***rappel*** ⇒*signaal voor terugroeping* ◆ **2.2** total ~ *absoluut geheugen* **3.3** sound the ~ *het rappel blazen* **6.2** **beyond/past** ~ *onmogelijk te herinneren.*

recall[2] [rikko:l] **I** ⟨onov. en ov.ww.⟩ **0.1** ***zich herinneren;***
II ⟨ov.ww.⟩ **0.1** ***terugroepen*** ⇒*rappelleren* ⟨ihb. gezant⟩ **0.2** ***herroepen*** ⇒*intrekken* ⟨bevel e.d.⟩ **0.3** ***terugbrengen*** ⇒*herinneren* **0.4** ***terugnemen*** ⟨geschenk, koopwaar e.d.⟩ ⇒*terugroepen* ⟨product, door fabrikant⟩.

recant [rikænt] ⟨zn.: **-ation**⟩ **I** ⟨onov.ww.⟩ **0.1** ***zijn bewering herroepen*** ⇒*zijn geloof verzaken;*
II ⟨ov.ww.⟩ **0.1** ***terugnemen*** ⇒*terugkomen op, herroepen.*

recap[1] [rie:kæp] ⟨zn.⟩ **0.1** ⟨inf.⟩ ***recapitulatie*** ⇒*korte opsomming.*

recap[2] [rie:kæp] ⟨ww.; -ped⟩ **0.1** ***recapituleren*** ⇒*kort samenvatten, samenvattend herhalen.*

recapitul|ate [rie:kəpitsjoeleet] ⟨zn.: **-ation**⟩ **0.1** ***recapituleren*** ⇒*kort samenvatten.*

recapture [rie:kæptsjə] **0.1** ***heroveren*** ⇒*weer innemen* **0.2** ***oproepen*** ⇒*(zich) in herinnering brengen* **0.3** ***doen herleven.***

recast [rie:ka:st] **0.1** ***hergieten*** **0.2** ***omwerken*** ⇒*herzien, hervormen* **0.3** ***opnieuw verdelen*** ⟨rollen in toneelstuk⟩ ◆ **1.2** ~ a sentence *een zin herschrijven.*

recce [rekkie] ⟨verk.⟩ [reconnaissance] ⟨BE; mil.; sl.⟩ **0.1** ***verkenning*** ⇒*verkenningsexpeditie/vlucht/opdracht.*

recd. ⟨afk.⟩ **0.1** [received].

recede [rissie:d] **0.1** ***achteruitgaan*** ⇒*zich terugtrekken, terugwijken;* ⟨ook fig.⟩ *teruglopen* ⟨in waarde e.d.⟩ **0.2** ⟨+ from⟩ ***terugwijken (van)*** ⇒*langzaam verdwijnen (uit)* **0.3** ***terugkomen*** ⟨op beslissing e.d.⟩ ⇒*terugkrabbelen* ◆ **1.1** a receding forehead *een terugwijkend voorhoofd;* a receding hairline *een kalend hoofd;* receding prices *dalende prijzen.*

receipt[1] [rissie:t] ⟨zn.⟩ **0.1** ***reçu*** ⇒*ontvangstbewijs, kwitantie* **0.2** ***ontvangst*** ⇒*het ontvangen* ◆ **3.1** sign/make out a ~ *een kwitantie opstellen* **6.1** we will send it **on** ~ **of** your payment *we zullen het opsturen na ontvangst van uw betaling* **6.2** ⟨schr.⟩ I am **in** ~ **of** your letter *ik heb uw brief ontvangen.*

receipt[2] ⟨ww.⟩ **0.1** ***kwiteren*** ⇒*voor voldaan/ontvangst tekenen* ⟨rekening e.d.⟩.

receivable [rissie:vəbl] **0.1** ***acceptabel*** ⇒*aanvaardbaar, geldig* ⟨vnl. mbt. betaalmiddel⟩ **0.2** ***te ontvangen*** ⇒*te innen* ◆ **1.2** bills ~ *te innen wissels.*

receive [rissie:v] **I** ⟨onov. en ov.ww.⟩ **0.1** ***ontvangen*** ⇒*verwelkomen, bezoek/gasten ontvangen* ◆ **3.1** the doctor does not ~ on Wednesdays *de dokter heeft 's woensdags geen spreekuur;*
II ⟨ov.ww.⟩ **0.1** ***ontvangen*** ⇒*krijgen, in ontvangst nemen* **0.2** ***opvangen*** ⇒*toelaten, opnemen* **0.3** ***ontvangen*** ⟨bv. via radio⟩ ◆ **1.2** be at/on the receiving end *al de klappen krijgen/klachten incasseren.*

received [rissie:vd] **0.1** ***algemeen aanvaard*** ⇒*standaard-* ◆ **1.1** Received Standard English *Algemeen Beschaafd Engels.*

receiver [rissie:və] ⟨→s3⟩ **0.1** ***ontvanger*** ⟨persoon, toestel⟩ **0.2** ***hoorn*** ⟨v. telefoon⟩ **0.3** ***curator*** ⇒*bewindvoerder* **0.4** ***heler*** **0.5** ⟨Am. football⟩ ***receiver*** ⟨speler die een gooi v.d. quarterback moet vangen⟩ ◆ **2.3** Official Receiver *curator in een faillissement.*

receivership [rissie:vəsjip] **0.1** ***curatorschap*** **0.2** ***curatele*** ⇒*beheer v.e. curator.*

receiving-set **0.1** ***ontvangtoestel.***

recent [rie:snt] ⟨-ness⟩ **0.1** ***recent*** ⇒*van de laatste tijd* **0.2** ***nieuw*** ⇒*modern* **0.3** ⟨R-; geol.⟩ ***jong*** ⟨uit het Holoceen⟩ ◆ **1.1** in ~ years *de laatste jaren;* a ~ book *een onlangs verschenen boek* **1.2** ~ fashion *nieuwe/eigentijdse mode.*

recently [rie:sntlie] **0.1** ***onlangs*** ⇒*kort geleden* **0.2** ***de laatste tijd*** ◆ **3.1** have you seen him ~? *heb je hem onlangs nog gezien?* **3.2** he has been moody, ~ *hij is de laatste tijd humeurig (geweest).*

receptacle [risseptəkl] **0.1** ⟨vnl. schr.⟩ ***vergaarplaats/bak*** ⇒*container; vat, kom* ⟨enz.⟩.

reception [rissepsjn] **0.1** ***ontvangst*** ⟨ook fig.⟩ ⇒*onthaal, welkomst* **0.2** ***receptie*** ⟨bij feest⟩ **0.3** ***receptie*** ⟨in hotel e.d.⟩ **0.4** ***opname*** ⟨in ziekenhuis⟩ **0.5** ***ontvangst*** ⟨radio⟩ ◆

1.1 payment upon ~ of your invoice *betaling na ontvangst v. uw factuur* **2.1** the ~ of his book was mixed *zijn boek werd met gemengde gevoelens ontvangen.*

reception centre 0.1 ***opvangcentrum.***

reception desk 0.1 ***balie*** ⟨v. hotel, bibliotheek e.d.⟩.

receptionist [rissepsjənist] **0.1** ***receptionist(e)*** ⟨bv. in hotel⟩ **0.2** ***assistent(e)*** ⟨bij dokter e.d.⟩.

reception room 0.1 ***ontvangkamer/zaal*** **0.2** ⟨makelaarstaal⟩ ***woonvertrek.***

receptive [risseptiv] ⟨-ness⟩ **0.1** ***ontvankelijk*** *⇒vatbaar, open* ◆ **6.1** be ~ **to** a suggestion *open staan voor een idee.*

receptivity [rie:septivvətie] **0.1** ***ontvankelijkheid.***

receptor [risseptə] ⟨biol.⟩ **0.1** ***receptor*** ⟨elementair voelorgaantje⟩.

recess¹ [risses] ⟨zn.⟩ **0.1** ***reces*** *⇒vakantie, onderbreking* ⟨parlement e.d.⟩ **0.2** ⟨AE⟩ ***(school)vakantie*** **0.3** ⟨AE⟩ ***pauze*** ⟨tussen lesuren⟩ **0.4** ***nis*** *⇒alkoof, uitsparing, holte* ⟨ook biol.⟩ **0.5** ⟨vaak mv.⟩ ***uithoek*** *⇒verborgen plaats;* ⟨ook fig.⟩ *schuilhoek* ◆ **2.5** in the darkest ~es of his mind *in het diepst van zijn gedachten/geest* **6.1 in** ~ *op reces.*

recess² [risses] **I** ⟨onov.ww.⟩ **0.1** ⟨vnl. AE⟩ ***op reces gaan*** *⇒ uiteengaan;*
II ⟨ov.ww.⟩ **0.1** ***in een nis zetten*** *⇒laten inspringen, verzinken* ◆ **1.1** a safe ~ed in the wall *een (in de muur) ingebouwde kluis.*

recession [rissesjn] **0.1** ***recessie*** *⇒economische teruggang* **0.2** ***terugtrekking*** *⇒terugwijking, terugtreding.*

recessional [rissesjnəl] ⟨rel.⟩ **0.1** ⟨bn.⟩ ***slot-*** **0.2** ⟨zn.⟩ ***slotzang*** *⇒eindzang* ⟨na eredienst⟩ ◆ **1.1** ~ hymn *slotzang.*

recessive [rissessiv] **0.1** ⟨biol.⟩ ***recessief*** ⟨erfelijkheidsleer⟩.

recharge [rie:tsja:dzj] **0.1** ***herladen*** *⇒weer opladen* ⟨batterij e.d.⟩.

recherché [rəsjeəsjee] **0.1** ***uitgelezen*** *⇒select* **0.2** ***(ver) gezocht.***

recidivism [rissiddivvizm] **0.1** ***recidive*** *⇒herhaling v. misdrijf.*

recidivist [rissiddivvist] **0.1** ***recidivist*** *⇒oud-veroordeelde.*

recipe [ressippie] **0.1** ***recept*** ⟨ook fig.⟩ *⇒keukenrecept* ◆ **1.1** there is no (single) ~ for happiness *het recept voor geluk is nict tc geven.*

recipient [rissippiənt] **0.1** ***ontvanger.***

reciprocal [rissiprəkl] **0.1** ***wederkerig*** *⇒wederzijds* ◆ **1.1** ~ action *wisselwerking.*

reciproc|ate [rissiprəkeet] ⟨zn.: **-ation**⟩ **I** ⟨onov.ww.⟩ **0.1** ***antwoorden*** **0.2** ***heen en weer/op en neer bewegen*** ◆ **1.2** reciprocating engine *zuigermachine* **3.1** he ~d by wishing me Merry X-mas *hij wenste me op zijn beurt een gelukkig kerstfeest;*
II ⟨ov.ww.⟩ **0.1** ***beantwoorden*** ⟨gevoelens⟩ *⇒vergelden, op gelijke manier behandelen* **0.2** ***uitwisselen.***

reciprocity [ressiprossətie] **0.1** ***wederzijdsheid*** *⇒wederkerigheid* **0.2** ***reciprociteit*** ⟨vnl. in handelsvoorwaarden⟩.

recital [rissajtl] **0.1** ***relaas*** *⇒verhaal* **0.2** ***recital*** ⟨muziek⟩ **0.3** ***voordracht*** ⟨gedicht, tekst⟩.

recitation [ressitteesjn] **0.1** ***voordracht*** *⇒het declameren* ⟨v. gedicht, tekst e.d.⟩ **0.2** ***mondelinge overhoring.***

recite [rissajt] **I** ⟨onov.ww.⟩ **0.1** ⟨AE⟩ ***zijn les opzeggen;***
II ⟨onov. en ov.ww.⟩ **0.1** ***reciteren*** *⇒declameren, opzeggen;*
III ⟨ov.ww.⟩ **0.1** ***opsommen.***

reckless [rekləs] ⟨-ness⟩ **0.1** ***roekeloos*** *⇒onvoorzichtig, wild* **0.2** ***onbekommerd*** *⇒zorgeloos* ◆ **6.2** ~ **of** danger *zonder zich zorgen te maken over gevaar.*

reckon [rekkən] **I** ⟨onov.ww.⟩ **0.1** ⟨+ on⟩ ***rekenen (op)*** *⇒afgaan (op)* **0.2** ⟨+ with⟩ ***rekening houden (met)*** **0.3** ⟨+ with⟩ ***afrekenen (met)*** ◆ **6.1** ~ **on** a large profit *uitzien naar een fikse winst* **6.2** she is a woman to be ~ed **with** *dat is een vrouw met wie je rekening moet houden* **6.3** if you do that you'll have to ~ **with** me *als je dat doet, krijg je het met mij aan de stok;*
II ⟨ov.ww.⟩ **0.1** ***berekenen*** *⇒(op)tellen* **0.2** ***meerekenen*** *⇒ meetellen, rekening houden met* **0.3** ***beschouwen*** *⇒aanzien (voor), houden (voor)* **0.4** ⟨inf.⟩ ***aannemen*** *⇒vermoeden, gissen* ◆ **5.1** have you ~ed it all **up**? *heb je het allemaal opgeteld?* **5.2** ten guests, not ~ing the children *tien gasten, de kinderen niet meegerekend* **6.3** I ~ him **among** my friends *ik beschouw hem als één van mijn vrienden* **8.4** I ~ that he'll be home soon *ik neem aan dat hij gauw thuiskomt.*

reckoner [rekkənə] **0.1** ***rekenaar*** ◆ **2.1** ready ~ *rekentabel.*

reckoning [rekkəning] **0.1** ***berekening*** *⇒schatting* **0.2** ***afrekening*** ◆ **1.2** day of ~ *dag v.d. afrekening;* ⟨fig.⟩ *dag des oordeels.* →**dead.**

reclaim¹ [rikleem] ⟨zn.⟩ ◆ **6.¶** he is **beyond** ~ *hij is onverbeterlijk;* **past/beyond** ~ *onherroepelijk verloren.*

reclaim² ⟨ww.⟩ **0.1** ***terugwinnen*** *⇒hervormen, verbeteren* **0.2** ***terugwinnen*** *⇒recupereren, regenereren* **0.3** ***droogleggen*** ⟨land⟩ **0.4** ***terugvorderen*** **0.5** ***ontginnen*** *⇒bebouwbaar maken* ⟨land⟩ ◆ **1.1** ~ former criminals *vroegere misdadigers weer op het rechte pad brengen* **1.2** ~ed paper *kringlooppapier* **6.3** land ~ed **from** the sea *op de zee teruggewonnen land.*

reclamation [rekləmeesjn] **0.1** ***terugwinning*** **0.2** ***ontginning*** **0.3** ***terugvordering.***

recline [riklajn] **I** ⟨onov.ww.⟩ **0.1** ***achterover leunen*** *⇒(uit)rusten, op de rug liggen;*
II ⟨ov.ww.⟩ **0.1** ***doen leunen*** *⇒doen rusten* ◆ **1.1** ~ one's arms on the table *zijn armen op de tafel laten rusten.*

reclining seat 0.1 ***stoel met verstelbare rugleuning*** ⟨in auto, vliegtuig⟩.

recluse [rikloe:s] **0.1** ***kluizenaar.***

recognition [rekkəgnisjn] **0.1** ***erkenning*** **0.2** ***waardering*** *⇒ erkentelijkheid* **0.3** ***herkenning*** **0.4** ***blijk v. waardering*** ◆ **6.2 in** ~ **of** services rendered *als waardering voor bewezen diensten* **6.4** change **beyond/out of** all ~ *onherkenbaar worden.*

recognizab|le, -sab|le [rekkəgnajzəbl] ⟨-ly⟩ **0.1** ***herkenbaar.***

recognize, -ise [rekkəgnajz] **0.1** ***herkennen*** **0.2** ***erkennen*** **0.3** ***inzien*** **0.4** ***erkentelijkheid betuigen voor*** ◆ **1.4** the government ~d his services *de regering betuigde hem haar erkentelijkheid voor zijn diensten* **8.3** I ~ that he is cleverer than I am *ik erken/geef toe dat hij slimmer is dan ik.*

recoil¹ [rie:kojl, rikkojl] ⟨zn.⟩ **0.1** ***terugslag*** *⇒terugloop/sprong/stoot* ⟨vnl. v. vuurwapen⟩.

recoil² [rikkojl] ⟨ww.⟩ **0.1** ⟨+ from⟩ ***terugdeinzen (voor)*** *⇒terugschrikken (voor), zich terugtrekken* **0.2** ***terugslaan*** *⇒ teruglopen/springen/stoten* ⟨v. vuurwapen⟩ ◆ **6.2** ⟨fig.⟩ lies often ~ **(up)on** the liar *leugens hebben vaak hun terugslag op de leugenaar.*

recollect [rekkəlekt] **0.1** ***zich (moeizaam) herinneren*** *⇒ zich voor de geest brengen/halen.*

recollection [rekkəleksjn] **0.1** ***herinnering*** **0.2** ⟨rel.⟩ ***overpeinzing*** *⇒meditatie* ◆ **1.1** to the best of my ~ *voor zover ik mij herinner.*

recommend [rekkəmend] **0.1** ***aanbevelen*** *⇒aanraden, adviseren* **0.2** ***tot aanbeveling strekken*** **0.3** ***toevertrouwen*** *⇒overgeven, (aan)bevelen* ◆ **1.1** ~ed price *adviesprijs* **6.3** ⟨rel.⟩ ~ o.s. **to** God *zich God(e) (aan)bevelen.*

recommendation [rekkəmendeesjn], **recommend 0.1** ***aanbeveling*** *⇒aanprijzing, advies* **0.2** ***aanbevelingsbrief.***

recompense[1] [rekkəmpens] ⟨zn.⟩ **0.1** ***vergoeding*** *⇒schadeloosstelling, beloning* ◆ **6.1 in ~ for** *als vergoeding/beloning voor.*

recompense[2] ⟨ww.⟩ **0.1** ***vergoeden*** *⇒schadeloosstellen* ◆ **6.1** ~ s.o. **for** sth. *iem. iets vergoeden.*

reconcilable [rekkənsajləbl] **0.1** ***verzoenbaar*** *⇒verenigbaar.*

reconcile [rekkənsajl] **0.1** ***verzoenen*** *⇒in overeenstemming brengen, verenigen* **0.2** ***bijleggen*** **0.3** ⟨rel.⟩ ***opnieuw heiligen*** *⇒opnieuw wijden, reinigen* ◆ **1.2** ~ your quarrels *ruzies bijleggen* **3.1** become ~d to sth. *zich bij iets neerleggen* **4.1** ~ o.s. to sth./with s.o. *zich met iets/iem. verzoenen.*

reconcilement [rekkənsajlmənt], **reconciliation** [-sillie·eesjn] **0.1** ***verzoening*** *⇒vereniging.*

recondite [rikkondajt, rekkən-] ⟨-ness⟩ **0.1** ***obscuur*** *⇒moeilijk te doorgronden, onbekend.*

recondition [rie:kəndisjn] **0.1** ***opnieuw in goede staat brengen*** *⇒herstellen, restaureren.*

reconfirm [rie:kənfə:m] **0.1** ***herbevestigen*** ⟨vnl. vliegtuigreservering⟩.

reconnaissance, ⟨AE ook⟩ **reconnoissance** [rikkonnisns] ⟨mil.⟩ **0.1** ***verkenning*** ⟨ook fig.⟩ **0.2** ***verkenningsoperatie*** *⇒verkenningspatrouille* ◆ **¶.1** ~ in force *verkenningsexpeditie.*

reconnoitre, ⟨AE sp.⟩ **reconnoiter** [rekkə:nojtə] ⟨vnl. mil.⟩ **I** ⟨onov.ww.⟩ **0.1** ***op verkenning uitgaan;***
II ⟨ov.ww.⟩ **0.1** ***verkennen.***

reconsider [rie:kənsiddə] ⟨zn.: **-ation**⟩ **I** ⟨onov. en ov.ww.⟩ **0.1** ***opnieuw bekijken*** *⇒opnieuw overwegen/in overweging nemen;*
II ⟨ov.ww.⟩ **0.1** ***herroepen*** *⇒herzien, terugkomen op* ⟨beslissing⟩.

reconstitute [rie:konstitjoe:t] **0.1** ***opnieuw samenstellen*** *⇒ weer in zijn normale/oude staat brengen, oplossen* ⟨melkpoeder enz.⟩.

reconstruct [rie:kənstrukt] **0.1** ***opnieuw opbouwen*** *⇒herbouwen* **0.2** ***reconstrueren*** ⟨gebeurtenissen⟩.

reconstruction [rie:kənstruksjn] **0.1** ***reconstructie*** ⟨v. gebeurtenissen⟩ **0.2** ***wederopbouw*** ◆ **7.¶** the Reconstruction *periode waarin de zuidelijke staten v.d. USA opnieuw bij de Federatie werden ingelijfd* ⟨1865-77⟩.

record[1] [rekko:d] ⟨zn.⟩ **0.1** ***verslag*** *⇒rapport, aan/optekening* **0.2** ***document*** *⇒archiefstuk, officieel afschrift* **0.3** ***vastgelegd(e) feit(en)*** *⇒het opgetekend/gerapporteerd zijn* **0.4** ***staat v. dienst*** *⇒antecedenten, verleden* **0.5** ***plaat*** *⇒opname* **0.6** ***record*** ◆ **1.3** matter of ~ *te boek gesteld/algemeen bekend feit* **3.4** have a ~ *een strafregister/blad hebben* **3.6** break/make/establish a ~ *een record breken/vestigen* **6.1 for** the ~ *openbaar, officieel;* **off** the ~ *vertrouwelijk, onofficieel* **6.3** be **on** ~ *(officieel) geregistreerd zijn, in de geschiedenis vermeld worden;* go **on** ~ as saying *publiek(elijk) verklaren.* →**straight.**

record[2] ⟨bn.⟩ **0.1** ***record-*** ◆ **1.1** a ~ amount *een recordbedrag;* ~ sales *recordverkoop/omzet.*

record[3] [rikko:d] **I** ⟨onov.ww.⟩ **0.1** ***zich laten opnemen*** *⇒ opnamen maken* ◆ **1.1** her voice ~s badly *haar stem neemt slecht op;*
II ⟨onov. en ov.ww.⟩ **0.1** ***optekenen*** *⇒noteren, te boek stellen* **0.2** ***vastleggen*** *⇒opnemen* ⟨op band/plaat⟩ ◆ **1.1** ⟨BE⟩ ~ed delivery *aangetekend* ⟨poststuk⟩; a thermometer ~s the temperature *een thermometer registreert de temperatuur.*

record-breaking 0.1 ***die/dat een record breekt*** *⇒record-.*

record company 0.1 ***platenmaatschappij.***

recorder [rikko:də] **0.1** ⟨ben. voor⟩ ***rechter*** *⇒*⟨AE⟩ *stadsrechter;* ⟨BE⟩ *voorzitter v. Crown Court* ⟨ong. arrondissementsrechtbank⟩ **0.2** ***(band)recorder*** **0.3** ***blokfluit.***

recording [rikko:ding] **0.1** ***opname*** *⇒opgenomen programma.*

record library 0.1 ***(uitleen)fonotheek.***

record-player 0.1 ***platenspeler*** *⇒grammofoon.*

recount [rikkaunt] **0.1** ***(uitvoerig) vertellen*** *⇒weergeven.*

re-count[1] [rie:kaunt] ⟨zn.⟩ **0.1** ***nieuwe telling*** ⟨bv. bij verkiezingen⟩.

re-count[2] [rie:kaunt] ⟨ww.⟩ **0.1** ***opnieuw tellen*** *⇒overtellen.*

recoup [rikkoe:p] **0.1** ***vergoeden*** *⇒compenseren, schadeloosstellen* **0.2** ***recupereren*** *⇒terugwinnen, inhalen* ◆ **4.1** ~ o.s. for one's losses *zijn verlies goedmaken* **6.2** ~ expenses **from** a company *onkosten verhalen op een maatschappij.*

recourse [rikko:s] **0.1** ***toevlucht*** *⇒hulp* **0.2** ⟨hand.⟩ ***verhaal*** *⇒regres* ◆ **3.1** have ~ to *zijn toevlucht nemen tot* **6.2** **without** ~ *zonder verhaal/regres.*

recover [rikkuvvə] **I** ⟨onov.ww.⟩ **0.1** ***herstellen*** *⇒genezen, er weer bovenop komen* **0.2** ⟨jur.⟩ ***schadevergoeding toegewezen krijgen;***
II ⟨ov.ww.⟩ **0.1** ***terugkrijgen*** *⇒terugvinden* ◆ **1.1** ~ one's breath *op adem komen;* ~ consciousness *weer bijkomen;* ~ damages *schadevergoeding krijgen* **4.1** ⟨fig.⟩ ~ o.s. *weer bijkomen, op verhaal komen.*

re-cover [rie:kuvvə] **0.1** ***opnieuw bedekken/overtrekken.***

recoverable [rikkuvrəbl] **0.1** ***terug te krijgen*** *⇒recupereerbaar.*

recover|y [rikkuv(ə)rie] ⟨mv.: -ies⟩ **0.1** ***herstel*** *⇒recuperatie, genezing* **0.2** ***het terugvinden/winnen*** *⇒het terugkrijgen, herwinning* ◆ **1.2** the ~ of materials from waste *het terugwinnen v. (grond)stoffen uit afval* **3.1** make a quick ~ from an illness *vlug v.e. ziekte herstellen.*

recreant [rekriənt] ⟨schr.⟩ **0.1** ***lafhartige*** *⇒lafaard* **0.2** ***afvallige.***

re-create [rie:krie·eet] **0.1** ***herscheppen*** *⇒reproduceren, opnieuw beleven.*

recreation [rekrie·eesjn] **0.1** ***recreatie*** *⇒ontspanning, hobby.*

recreational [rekrie·eesjnl] **0.1** ***recreatief*** *⇒recreatie-, ontspannings-.*

recreation ground ⟨vnl. BE⟩ **0.1** ***speelterrein*** *⇒recreatieterrein.*

recreation room ⟨vnl. AE⟩ **0.1** ***speelkamer*** *⇒recreatiekamer.*

recriminate [rikrimminneet] **0.1** ⟨+ against⟩ ***(een) tegenbeschuldiging(en) inbrengen (tegen)*** *⇒elkaar beschuldigen.*

recrimination [rikrimminneesjn] **0.1** ***tegenbeschuldiging*** *⇒recriminatie, tegeneis* **0.2** ***het inbrengen v. (een) tegenbeschuldiging(en)*** ◆ **2.1** mutual ~s *beschuldigingen over en weer.*

recriminatory [rikrimminnətrie] **0.1** ***(elkaar/wederzijds) beschuldigend.***

recruit[1] [rikroe:t] ⟨zn.⟩ **0.1** ***rekruut*** **0.2** ***nieuw lid*** ◆ **6.2** new ~s **to** the club *nieuwe leden v.d. club.*

recruit[2] ⟨zn.: **-ment**⟩ **I** ⟨onov.ww.⟩ **0.1** ***rekruten (aan)werven;***
II ⟨ov.ww.⟩ **0.1** ***rekruteren*** *⇒(aan)werven, aantrekken* ◆ **1.1** ~ an army *een leger op de been brengen* **6.1** ~ people **from** the industry *mensen uit de industrie aantrekken.*

recruitment fair 0.1 ***banenmarkt*** *⇒jobbeurs* ⟨vnl. voor hoger opgeleiden⟩.

rectangle [rektænggl] **0.1** ***rechthoek.***
rectangular [rektænggjələ] **0.1** ***rechthoekig.***
rectifier [rektiffajjə] **0.1** ***rectificeerder*** **0.2** ⟨schei.⟩ ***rectificatieapparaat*** ⇒*rectificeerkolom* **0.3** ⟨elek.⟩ ***gelijkrichter.***
rectif|y [rektiffaj] ⟨-ied; zn.: **-ication**⟩ **0.1** ***rectificeren*** ⇒*rechtzetten, verbeteren* **0.2** ⟨schei.⟩ ***rectificeren*** ⇒*herdistilleren* ⟨vnl. alcohol⟩ **0.3** ⟨elek.⟩ ***gelijkrichten.***
rectilinear [rektillinniə] **0.1** ***rechtlijnig.***
rectitude [rektitjoe:d] **0.1** ***rechtschapenheid*** **0.2** ***oprechtheid*** ⇒*eerlijkheid.*
recto [rektoo] ⟨druk.⟩ **0.1** ***rechterbladzij(de)*** ⇒*voorzijde* ⟨v. blad⟩.
rector [rektə] **0.1** ⟨anglicaanse Kerk⟩ ***predikant*** ⟨een rang boven vicar⟩ ⇒*dominee* **0.2** ***rector*** ⟨hoofd v.e. universiteit⟩.
rector|y [rekt(ə)rie] ⟨mv.: -ies⟩⟨anglicaanse Kerk⟩ **0.1** ***predikantswoning*** ⇒*pastorie.*
rectum [rektəm]⟨mv.: ook recta [-tə]⟩ ⟨anat.⟩ **0.1** ***rectum*** ⇒*endeldarm.*
recumbent [rikkumbənt] **0.1** ***liggend*** ⇒*achteroverleunend;* ⟨fig.⟩ *rustend.*
recuper|ate [rik(j)oe:pəreet] ⟨zn.: **-ation**⟩ **I** ⟨onov.ww.⟩ **0.1** ***herstellen*** ⇒*opknappen, er weer bovenop komen;*
II ⟨ov.ww.⟩ **0.1** ***terugwinnen*** ⟨gezondheid, verliezen⟩ ⇒*terugkrijgen.*
recuperative [rik(j)oe:prətiv] **0.1** ***herstellend*** ⇒*versterkend, herstel(lings)-.*
recur [rikkə:] ⟨-red⟩ **0.1** ***terugkomen*** ⇒*terugkeren, zich herhalen* ◆ **1.1** ⟨wisk.⟩ ~ring decimal *repeterende breuk* **6.1** our first meeting ~red **to** my mind *onze eerste ontmoeting kwam me weer voor de geest.*
recurrence [rikkurrəns] **0.1** ***herhaling*** ⇒*het terugkeren/komen.*
recurrent [rikkurrənt] **0.1** ***terugkomend*** ⇒*terugkerend.*
recurve [rie:kə:v] **0.1** ***ombuigen*** ⇒*terugbuigen.*
recusant [rekjoeznt] ⟨gesch.⟩ **0.1** ***weigeraar*** ⇒*ongehoorzame;* ⟨ihb.⟩ *iem. die weigerde naar anglicaanse kerkdiensten te gaan.*
recycle [rie:sajkl] **0.1** ***recyclen*** ⇒*weer bruikbaar maken* ◆ **1.1** ~d paper *kringlooppapier.*
red[1] [red] ⟨zn.⟩ **0.1** ***rood*** ⇒*rode kleur* **0.2** ***iets roods*** ⇒*rode verf; rode kleren* **0.3** ⟨vaak R-⟩ ***rode*** ⇒*rooie, communist* ⟨vaak pej.⟩ ◆ **1.¶** Reds under the bed(s) *het (vermeende) alomtegenwoordige 'rode gevaar'* **6.¶** be **in** the ~ *rood staan;* get **into** the ~ *in de rode cijfers komen.*
red[2] ⟨bn.; -der; -ness⟩ **0.1** ***rood*** **0.2** ***rood*** ⇒*communistisch* ⟨vnl. pej.⟩; ⟨R-⟩ *Russisch* ◆ **1.1** ~ (blood) cell/corpuscule *rode bloedcel, rood bloedlichaampje;* Red Cross *Rode Kruis;* ~ currant *rode aalbes;* ~ flag *rode vlag, gevarenvlag;* ~ light *rood (verkeers)licht;* ~ meat *rood vlees;* like a ~ rag to a bull *als een rode lap op een stier;* ~ setter *rode setter;* ~ tape ⟨fig.⟩ *bureaucratie;* ⟨sprw.⟩ ~ sky at night, shepherd's delight; red sky in the morning, shepherd's warning *avondrood, mooi weer/licht in de boot; morgenrood, water in de sloot* **1.2** the Red Flag *de Rode Vlag* ⟨strijdlied v. pol. links⟩ **1.¶** ⟨dierk.⟩ ~ admiral *admiraalvlinder, atalanta;* roll out the ~ carpet for s.o. *de (rode) loper voor iem. uitleggen* ⟨vnl. fig.⟩; ⟨vnl. AE; inf.⟩ not worth a ~ cent *geen rooie cent waard;* ⟨dierk.⟩ ~ deer *edelhert;* ~ ensign *Britse koopvaardijvlag;* ~ herring *bokking;* ⟨fig.⟩ *vals spoor, afleidingsmanoeuvre;* ⟨vnl. BE⟩ Red Indian *indiaan, roodhuid;* ~ lead *(rode) menie;* ⟨plantk.⟩ ~ pepper *rode paprika, Spaanse peper; cayennepeper;* ⟨dierk.⟩ ~ salmon *blauwrugzalm;* ⟨dierk.⟩ ~ squirrel *eekhoorn;* ⟨inf.; pej.⟩ ~ tape *(administratieve) rompslomp, (bureaucratische) formaliteiten;* ⟨inf.⟩ paint the town ~ *de bloemetjes buitenzetten* **3.¶** see ~ *buiten zichzelf raken (v. woede), witheet zijn/worden* **6.1** ~ **with** shame *rood van schaamte.* →**good, little.**
red-blooded **0.1** ***levenskrachtig*** ⇒*stevig, viriel.*
redbrick, redbrick university ⟨ook R-⟩⟨BE⟩ **0.1** ***(laat-19e-eeuwse) universiteit buiten Londen.***
redcap **0.1** ⟨BE⟩ ***militair politieagent*** **0.2** ⟨AE⟩ ***(stations)-kruier*** ⇒*witkiel.*
redcoat ⟨gesch.⟩ **0.1** ***roodrok*** ⇒*rooirok* ⟨oude ben. voor Brits soldaat⟩.
redden [redn] **0.1** ***rood worden/maken*** ⇒*(doen) blozen.*
reddish [reddisj] **0.1** ***roodachtig*** ⇒*rossig.*
redecorate [rie:dekkəreet] **0.1** ***opknappen*** ⇒*opnieuw schilderen/behangen.*
redeem [riddie:m] **0.1** ***terugkopen*** ⇒*afkopen, inlossen;* ⟨fig.⟩ *terugwinnen* **0.2** ***vervullen*** ⇒*nakomen, inlossen* **0.3** ***vrijkopen*** ⇒*loskopen* **0.4** ***goedmaken*** ⇒*vergoeden* **0.5** ***verlossen*** ⟨vnl. rel.⟩ ⇒*bevrijden, redden* ◆ **1.1** ~ a mortgage *een hypotheek aflossen;* ~ a pawned ring *een verpande ring inlossen* **1.2** ~ a promise *een belofte nakomen* **1.4** a ~ing feature *een verzoenende trek/eigenschap* **6.5** Jesus ~s us **from** sin *Jezus verlost ons v. onze zonden.*
redeemable [riddie:məbl] **0.1** ***afkoopbaar*** ⇒*aflosbaar* **0.2** ***inwisselbaar*** **0.3** ***te verlossen*** ⇒*te redden* **0.4** ⟨geldw.⟩ ***uitlootbaar*** ⇒*aflosbaar door loting* ⟨bv. obligaties⟩.
Redeemer [riddie:mə] ⟨the⟩ **0.1** ***de Verlosser*** ⇒*de Heiland.*
redefine [rie:diffajn] **0.1** ***opnieuw definiëren.***
redemption [riddem(p)sjn] **0.1** ***redding*** ⇒*verlossing, bevrijding* **0.2** ***afkoop*** ⇒*aflossing, inlossing* ◆ **6.1** **beyond / past** ~ *reddeloos (verloren).*
redemptive [riddem(p)tiv] **0.1** ***reddend*** ⇒*verlossend, bevrijdend.*
redeploy [rie:diploj] ⟨zn.: **-ment**⟩ **0.1** ***hergroeperen*** ⇒*verstandiger indelen* ⟨vnl. mil.⟩.
redevelop [rie:divvelləp] ⟨zn.: **-ment**⟩ **0.1** ***renoveren*** ◆ **1.1** ~ a slum district *een krottenwijk renoveren.*
red-handed **0.1** ***op heterdaad*** ◆ **3.1** catch s.o. ~ *iem. op heterdaad betrappen.*
redhead **0.1** ***roodharige*** ⇒*rooie* **0.2** ⟨dierk.⟩ ***roodkopeend.***
red-hot **0.1** ***roodgloeiend*** ⇒⟨fig.⟩ *enthousiast, opgewonden* **0.2** ***heet van de naald*** ⇒*zeer actueel* ◆ **1.2** ~ news *allerlaatste nieuws* **1.¶** ⟨plantk.⟩ ~ poker *vuurpijl.*
redial [rie:dajjəl], **redial facility** **0.1** ***nummerherhaling.***
redistrib|ute [rie:distribjoe:t] ⟨zn.: **-ution**⟩ **0.1** ***opnieuw distribueren/verdelen*** ⇒*herverdelen.*
red-letter day **0.1** ***feestdag*** ⇒*gedenkwaardige dag.*
red-light district **0.1** ***rosse buurt.***
redo [rie:doe:] **0.1** ***overdoen*** ⇒*opnieuw doen* **0.2** ***opknappen.***
redol|ent [reddələnt] ⟨zn.: **-ence**⟩ **0.1** ***geurig*** ⇒*welriekend* ◆ **6.1** be ~ **of / with** *ruiken naar;* ⟨fig.⟩ *doen denken aan.*
redouble [rie:dubl] **0.1** ***verdubbelen.***
redoubtable [riddautəbl] ⟨schr.⟩ **0.1** ***geducht*** ⇒*gevreesd.*
redound [riddaund] **0.1** ⟨+ to⟩ ***bijdragen (tot)*** ⇒*ten goede komen (aan), ten deel/te beurt vallen (aan).*
redraft [rie:dra:ft] ⟨geldw.⟩ **0.1** ***retourwissel*** ⇒*herwissel, retraite, ricambio.*
redress[1] [ridres] ⟨zn.⟩ **0.1** ***vergoeding*** ⇒*herstel.*
redress[2] [ridres] ⟨ww.⟩ **0.1** ***herstellen*** ⇒*vergoeden, goedmaken* ◆ **1.1** ~ the balance *het evenwicht herstellen.*
redshank ⟨dierk.⟩ **0.1** ***tureluur.***
redskin **0.1** ***roodhuid.***
redstart **0.1** ***gekraagde roodstaart.***
reduce [ridjoe:s] **I** ⟨onov.ww.⟩ **0.1** ***afslanken*** ⇒*een vermageringskuur ondergaan;*

II ⟨ov.ww.⟩ **0.1** ***verminderen*** *⇒beperken, verkleinen, verlagen, reduceren* **0.2** ***herleiden*** *⇒reduceren* ⟨ook schei.; tech.⟩, *omzetten/smelten* **0.3** ⟨+to⟩ ***terugbrengen (tot)*** *⇒ degraderen (tot)* **0.4** ***veroveren*** ⟨vesting⟩ **0.5** ⟨+to⟩ ***verpulveren (tot)*** *⇒fijnmalen, klein maken* ⟨ook fig.⟩ **0.6** ⟨med.⟩ ***(in)zetten*** *⇒in het lid plaatsen* **0.7** ⟨foto.⟩ ***verzwakken*** ◆ **1.1** a ~d pullover *een afgeprijsde pullover;* ~ your speed *verminder uw snelheid* **1.3** in a ~d state *in een verzwakte toestand;* be ~d to tears *alleen nog maar kunnen huilen* **1.6** ~ a fractured arm *een gebroken arm zetten* **6.1** ~ this **to** a few pages *vat dit in enkele bladzijden samen* **6.3** ~ **to** obedience/silence *tot gehoorzaamheid/stilte brengen;* ~ s.o. **to** tears *iem. tot tranen bewegen* **6.5** his arguments were ~d **to** nothing *van zijn argumenten bleef niets overeind.*

reducib|le [ridjoe:səbl] ⟨-ly⟩ **0.1** ***reduceerbaar*** *⇒herleidbaar.*

reduction [ridduksjn] **0.1** ***reductie*** *⇒verkleining/mindering, korting* ◆ **1.1** ~ to absurdity *reductio ad absurdum.*

redundanc|y [riddundənsie] ⟨mv.: -ies⟩ **0.1** ***overtolligheid*** *⇒ overbodigheid* **0.2** ***ontslag*** ⟨wegens boventalligheid⟩ ⇒⟨bij uitbr.⟩ *werkloosheid* ◆ **1.2** the company announced 200 redundancies *het bedrijf kondigde aan dat er 200 mensen moesten afvloeien.*

redundancy money **0.1** ***afvloeiingspremie.***

redundancy pay ⟨vnl. BE⟩ **0.1** ***afvloeiingspremie.***

redundant [riddundənt] **0.1** ***overtollig*** *⇒overbodig, redundant* **0.2** ***werkloos*** ◆ **1.2** ⟨vnl. BE⟩ the workers were made ~ *de werknemers moesten afvloeien.*

reduplic|ate [ridjoe:plikkeet] ⟨zn.: **-ation**⟩ **0.1** ***verdubbelen*** **0.2** ***(steeds) herhalen.***

redwing ⟨dierk.⟩ **0.1** ***koperwiek.***

redwood (tree) ⟨plantk.⟩ **0.1** ***Californische sequoia*** **0.2** ***roodhout.***

re-echo [rie:·ekkoo] **0.1** ***weerkaatsen*** *⇒weergalmen.*

reed [rie:d] **0.1** ***riet(soort)*** **0.2** ***riethalm*** *⇒rietstengel* **0.3** ⟨muz.⟩ ***riet*** *⇒tong* ⟨in blaasinstrument of orgelpijp⟩ **0.4** ⟨mv.⟩ ***dekriet*** *⇒dekstro* ◆ **3.¶** ⟨inf.⟩ broken ~ *onbetrouwbaar persoon/ding.*

reed instrument **0.1** ***houten blaasinstrument.***

re-educate [rie:·edzjoekeet] **0.1** ***omscholen*** *⇒heropvoeden.*

re-education [rie:edzjoekeesjn] **0.1** ***omscholing*** **0.2** ***reëducatie*** *⇒heropvoeding.*

reed warbler ⟨dierk.⟩ **0.1** ***kleine karekiet.***

reed|y [rie:die] ⟨-iness⟩ **0.1** ***rietachtig*** *⇒vol riet* **0.2** ***doordringend*** ⟨stem⟩ *⇒schril.*

reef[1] [rie:f] ⟨zn.⟩ **0.1** ***rif*** **0.2** ***klip*** ⟨ook fig.⟩ *⇒obstakel, moeilijkheid* **0.3** ⟨zeilen⟩ ***reef*** *⇒rif.*

reef[2] ⟨ww.⟩⟨zeilen⟩ **0.1** ***reven*** *⇒inhalen, inbinden.*

reefer [rie:fə] **0.1** ***jekker*** **0.2** ⟨sl.⟩ ***marihuanasigaret.***

reef knot ⟨vnl. BE⟩ **0.1** ***dubbele platte knoop.***

reek[1] [rie:k] ⟨zn.⟩ **0.1** ***stank*** **0.2** ⟨Sch. E, schr.⟩ ***rook.***

reek[2] ⟨ww.⟩ **0.1** ***(slecht) ruiken*** ⇒⟨fig.⟩ *stinken* **0.2** ***roken*** *⇒ dampen, wasemen* ◆ **6.1** his statement ~s **of** corruption *zijn verklaring riekt naar corruptie;* he ~s **with** conceit *hij druipt v. verwaandheid.*

reel[1] [rie:l] ⟨zn.⟩ **0.1** ***haspel*** *⇒klos, spoel* **0.2** ***(film)rol*** **0.3** ⟨vnl. BE⟩ ***(garen)klosje*** **0.4** ***reel*** ⟨levendige volksdans(muziek) uit Ierland, Schotland⟩.

reel[2] **I** ⟨onov.ww.⟩ **0.1** ***duizelen*** *⇒draaien* **0.2** ***wervelen*** *⇒ warrelen* **0.3** ***wankelen*** *⇒waggelen* ◆ **5.3** ~ **back** *terugdeinzen/wijken;*

II ⟨ov.ww.⟩ **0.1** ⟨+in/up⟩ ***(op)winden*** *⇒in/ophalen* ⟨lijn, vis⟩ **0.2** ***doen duizelen/wankelen/draaien*** ◆ **5.1** ~ **off** yarn *garen afwinden;* ⟨fig.⟩ ~ **off** a poem *een gedicht afraffelen.*

re-enact [rie:inækt] ⟨zn.: **-ment**⟩ **0.1** ***weer instellen/invoeren*** **0.2** ***weer opvoeren/spelen*** **0.3** ***reënsceneren*** ⟨misdaad⟩ *⇒naspelen.*

re-entr|y [rie:·entrie] ⟨mv.: -ies⟩ **0.1** ***terugkeer*** *⇒terugkomst* ◆ **1.1** the ~ of a spacecraft into the atmosphere *de terugkeer v.e. ruimtevaartuig in de atmosfeer.*

reeve [rie:v] **0.1** ***baljuw*** *⇒stadhouder* **0.2** ***voorzitter v. gemeenteraad*** ⟨in Canada⟩.

re-examin|e [rie:igzæmin] ⟨zn.: **-ation**⟩ **0.1** ***opnieuw onderzoeken*** **0.2** ⟨jur.⟩ ***opnieuw verhoren*** ◆ **1.2** ~ a witness after cross-examination *een getuige na kruisverhoor opnieuw verhoren.*

re-exchange [rie:·ikstsjeendzj] ⟨geldw.⟩ **0.1** ***herwissel*** *⇒ hertrokken wissel* **0.2** ***hertrekking*** *⇒herwissel.*

ref [ref] ⟨verk.⟩ [referee] ⟨inf.; sport⟩ **0.1** ***scheids*** *⇒scheidsrechter.*

reface [rie:fees] **0.1** ***v. een nieuwe buitenlaag voorzien*** ◆ **1.1** ~ a wall with plaster *een muur opnieuw stukadoren.*

refashion [rie:fæsjn] **0.1** ***een nieuwe vorm geven*** *⇒veranderen* ◆ **1.1** ~ a suit *een kostuum vermaken.*

refector|y [riffektrie] ⟨mv.: -ies⟩ **0.1** ***eetzaal.***

refer [riffə:] ⟨-red⟩ **I** ⟨onov.ww.⟩ →**refer to;**

II ⟨ov.ww.⟩ **0.1** ⟨+to⟩ ***verwijzen (naar)*** *⇒doorsturen (naar)* **0.2** ⟨+to⟩ ***toeschrijven (aan)*** *⇒terugvoeren (tot).*

referable [refrəbl] **0.1** ⟨+to⟩ ***toe te schrijven (aan)*** *⇒terug te voeren (tot).*

referee[1] [reffərie:] ⟨zn.⟩⟨→s3⟩ **0.1** ***scheidsrechter*** ⇒⟨fig.⟩ *bemiddelaar* **0.2** ***(vak)referent*** *⇒expert* **0.3** ⟨BE⟩ ***referentie*** ⟨persoon die referentie geeft⟩.

referee[2] ⟨ww.⟩ **0.1** ***als scheidsrechter optreden (bij)*** ◆ **1.1** who is going to ~ the match? *wie gaat de wedstrijd fluiten?*

reference [refrəns] **0.1** ***referentie*** *⇒getuigschrift;* ⟨AE⟩ *pers. die referentie geeft* **0.2** ***verwijzingsteken*** **0.3** ***verwijzing*** **0.4** ***zinspeling*** **0.5** ***raadpleging*** **0.6** ***betrekking*** *⇒verband* ◆ **1.3** letter of ~ *aanbevelingsbrief;* the terms of ~ of a commission *de onderzoeksopdracht/bevoegdheid v.e. commissie* **3.5** make ~ to a dictionary *een woordenboek naslaan* **3.6** bear/have ~ to *betrekking hebben op* **6.3** be **outside** our terms of ~ *buiten onze competentie vallen* **6.6** **in/with** ~ to *in verband met;* **without** ~ to *zonder rekening te houden met* **7.4** make no ~ to *geen toespeling maken op.*

reference book **0.1** ***naslagwerk.***

reference library **0.1** ***naslagbibliotheek.***

reference mark **0.1** ***verwijzingsteken.***

reference material **0.1** ***documentatiemateriaal*** *⇒literatuur.*

reference sample **0.1** ***referentiemonster*** *⇒koopmonster.*

reference work **0.1** ***naslagwerk.***

referendum [reffərendəm]⟨mv.: ook referenda [-də]⟩ **0.1** ***referendum*** *⇒volksstemming* ◆ **3.1** hold a ~ on *een referendum houden over.*

referential [reffərensjl] ⟨-ly⟩ **0.1** ***referentieel*** *⇒verwijzend.*

refer to **0.1** ***verwijzen naar*** *⇒betrekking hebben op, v. toepassing zijn op* **0.2** ***zinspelen op*** *⇒refereren aan, vermelden* **0.3** ***raadplegen*** *⇒naslaan* ◆ **1.1** it refers to all of you *het geldt voor jullie allemaal* **1.3** ~ a dictionary *iets opzoeken in een woordenboek.*

refill[1] [rie:fil] ⟨zn.⟩ **0.1** ***(nieuwe) vulling*** *⇒(nieuw) (op)vulsel;* ⟨ihb.⟩ *inktpatroon.*

refill[2] [rie:fil] ⟨ww.⟩ **0.1** ***opnieuw vullen*** *⇒(opnieuw) aan/bij/opvullen.*

refillable [rie:filləbl] **0.1** ***navulbaar.***

refill pack **0.1** ***navulpak.***

refine [riffajn] **I** ⟨onov.ww.⟩ **0.1** ***zuiver worden*** ⟨ook fig.⟩ ⇒ *verfijnen* ◆ **6.1** ~ **(up)on** *verbeteren;*
II ⟨ov.ww.⟩ **0.1** ***zuiveren*** ⇒*raffineren;* ⟨fig.⟩ *verfijnen, verbeteren.*

refined [riffajnd] **0.1** ***verfijnd*** ⇒*geraffineerd;* ⟨fig.⟩ *verzorgd, beschaafd* ◆ **1.1** ~ manners *goede manieren;* ~ sugar *geraffineerde suiker.*

refinement [riffajnmənt] **0.1** ***verbetering*** ⇒*uitwerking* **0.2** ***raffinage*** **0.3** ***verfijning*** ⇒*raffinement, (over)beschaafdheid* ◆ **1.1** ~s of meaning *betekenisschakeringen* **1.3** lack of ~ *gebrek aan ontwikkeling/beschaving.*

refiner [riffajnə] **0.1** ***raffinadeur*** **0.2** ***raffineermachine.***

refiner|y [riffajn(ə)rie] ⟨mv.: -ies⟩ **0.1** ***raffinaderij.***

refit[1] [rie:fit], **refitment** [rie:fitmənt] ⟨zn.⟩ **0.1** ***herstel*** ⇒ *nieuwe uitrusting/optuiging.*

refit[2] [rie:fit] ⟨-ted⟩ **I** ⟨onov.ww.⟩ **0.1** ***hersteld worden*** ⇒*opnieuw uitgerust/opgetuigd worden;*
II ⟨ov.ww.⟩ **0.1** ***herstellen*** ⇒*opnieuw uitrusten/optuigen.*

refl|ate [rie:fleet] ⟨zn.: **-ation**⟩ ⟨ec.⟩ **0.1** ***reflatie veroorzaken v.*** ⇒*uitbreiden* ⟨ihb. geldcirculatie⟩, *gezond maken, stimuleren* ◆ **1.1** a plan to ~ the economy *een economisch herstelplan.*

reflect [riflekt] **I** ⟨onov. en ov.ww.⟩ **0.1** ***nadenken*** ⇒*overwegen* ◆ **8.1** he ~ed that ... *hij bedacht dat ...* →**reflect (up)on;**
II ⟨ov.ww.⟩ **0.1** ***weerspiegelen*** ⇒*weerkaatsen, reflecteren;* ⟨fig.⟩ *weergeven, getuigen v.* ◆ **1.1** ~ed light *gereflecteerd licht* **6.1** the sunlight was ~ed **from** the water *het zonlicht werd teruggekaatst door het water;* ~ credit **(up)on** *tot eer strekken v.*

reflecting telescope **0.1** ***spiegeltelescoop*** ⇒*reflector.*

reflection, ⟨vnl. BE sp. ook⟩ **reflexion** [rifleksjn] **0.1** ***weerspiegeling*** ⇒*weerkaatsing, reflectie* ⟨ook nat.⟩ **0.2** ***overdenking*** ⇒*overweging* **0.3** ***aanmerking*** ⇒*blamage* ◆ **1.1** angle of ~ *reflectiehoek* **3.2** lost in ~ *in gedachten verzonken* **3.3** cast a ~ (up)on s.o.'s honour *een blaam op iem. werpen;* cast ~s (up)on *bedenkingen hebben bij* **6.2** **on** ~ *bij nader inzien;* **without** ~ *zonder nadenken.*

reflective [riflektiv] **0.1** ***weerspiegelend*** ⇒*reflecterend* **0.2** ***bedachtzaam*** ⇒*reflectief* ◆ **1.1** ~ light *weerkaatst/ontleend licht.*

reflector [riflektə] **0.1** ⟨ben. voor⟩ ***terugkaatsend voorwerp of vlak*** ⇒*reflector* **0.2** ***spiegeltelescoop.***

reflector stud ⟨BE⟩ **0.1** ***lichtreflector*** ⇒*kattenoog.*

reflect (up)on **0.1** ***nadenken over*** ⇒*overdenken* **0.2** ***zich ongunstig uitlaten over*** ⇒*in diskrediet brengen, een ongunstig licht werpen op* ◆ **1.1** I have been reflecting on my response *ik heb mijn antwoord goed overwogen* **1.2** your rude behaviour reflects only on yourself *je onbetamelijk gedrag speelt alleen maar in je eigen nadeel.*

reflex[1] [rie:fleks] ⟨zn.⟩ **0.1** ***weerspiegeling*** ⇒⟨fig.⟩ *afspiegeling* **0.2** ***reflex(beweging)*** ⇒⟨mv.⟩ *reactievermogen* ◆ **3.2** ⟨psych.⟩ conditioned ~ *geconditioneerde/voorwaardelijke reflex.*

reflex[2] ⟨bn.⟩ **0.1** ***weerkaatst*** ⇒*gereflecteerd* **0.2** ***introspectief*** **0.3** ***reflectorisch*** ◆ **1.1** ~ camera *reflexcamera* **1.3** ~ action *reflexbeweging.*

reflexion →**reflection.**

reflexive [rifleksiv] **0.1** ***reflectorisch*** **0.2** ⟨taal.⟩ ***reflexief*** ⇒ *wederkerend* ◆ **1.1** ~ action *reflex(beweging)* **1.2** ~ pronoun/verb *wederkerend voornaamwoord/werkwoord.*

refloat [rie:floot] **I** ⟨onov.ww.⟩ **0.1** ***weer vlot raken;***
II ⟨ov.ww.⟩ **0.1** ***vlot krijgen.***

reflux [rie:fluks] **0.1** ***terugvloeiing*** ⇒*eb;* ⟨fig.⟩ *kentering.*

reforest [rie:forrist] ⟨zn.: **-ation**⟩ ⟨AE⟩ **0.1** ***herbebossen.***

reform[1] [riffo:m] ⟨zn.⟩ **0.1** ***hervorming*** ⇒*verbetering* ◆ **2.1** social ~s *sociale hervormingen.*

reform[2] **I** ⟨onov.ww.⟩ **0.1** ***zich beteren*** ⇒*tot inkeer komen;*
II ⟨ov.ww.⟩ **0.1** ***verbeteren*** ⇒*hervormen* ◆ **1.1** ~ a sinner *een zondaar bekeren* **3.1** Reformed Church *hervormde/gereformeerde Kerk.*

re-form [rie:fo:m] **I** ⟨onov.ww.⟩ **0.1** ***zich opnieuw vormen*** ⇒ ⟨mil.⟩ *zich opnieuw opstellen;*
II ⟨ov.ww.⟩ **0.1** ***opnieuw vormen*** ⇒⟨mil.⟩ *reformeren.*

Reform Act ⟨pol.⟩ **0.1** ***wet tot hervorming v.h. Eng. kiesstelsel*** ⟨ihb. v. 1831-1832⟩.

reformation [reffəmeesjn] **I** ⟨eig.n.; R-; the⟩ ⟨rel.⟩ **0.1** ***Reformatie;***
II ⟨telb. en n.-telb.zn.⟩ **0.1** ***hervorming*** ⇒*verbetering* **0.2** ***nieuwe vorming*** ⇒*nieuwe formatie* ⟨ook mil.⟩.

reformative [riffo:mətiv] **0.1** ***hervormend*** ⇒*hervormings-, reformistisch* ◆ **1.1** ~ measure *hervormingsmaatregel.*

reformator|y [riffo:mətrie] ⟨mv.: -ies⟩ ⟨vero., beh. in USA⟩ **0.1** ***verbeteringsgesticht.***

Reform Bill ⟨pol.⟩ **0.1** ***wetsvoorstel tot hervorming v.h. Eng. kiesstelsel*** ⟨ihb. v. 1831-32⟩.

reformer [riffo:mə] **0.1** ***hervormer.***

refract [rifrækt] **0.1** ***breken*** ⟨stralen⟩.

refracting telescope **0.1** ***refractor.***

refraction [rifræksjn] ⟨nat.⟩ **0.1** ***(straal)breking*** ◆ **1.1** angle of ~ *brekingshoek.*

refractor|y [rifræktrie] ⟨-iness⟩ **0.1** ***(stijf)koppig*** ⇒*halsstarrig* **0.2** ***moeilijk te genezen*** ⇒*hardnekkig* **0.3** ⟨+ to⟩ ***immuun (voor)*** **0.4** ***hittebestendig*** ⇒*vuurvast* ◆ **6.1** be ~ **to** *niet willen weten v.* ¶**.1** as ~ as a mule *zo koppig als een ezel.*

refrain[1] [rifreen] ⟨zn.⟩ **0.1** ***refrein.***

refrain[2] ⟨ww.⟩ **0.1** ⟨+ from⟩ ***zich onthouden (van)*** ⇒*ervan afzien, het nalaten* ◆ **6.1** kindly ~ **from** smoking *gelieve niet te roken.*

refresh [rifresj] **I** ⟨onov.ww.⟩ **0.1** ***zich verfrissen*** ⇒*zich opfrissen* **0.2** ***nieuw proviand inslaan*** ◆ **1.2** harbours where ships can ~ *havens waar een schip nieuwe voorraden kan innemen;*
II ⟨ov.ww.⟩ **0.1** ***verfrissen*** **0.2** ***aanvullen*** ⇒*herbevoorraden* ◆ **1.1** ~ s.o.'s memory *iemands geheugen opfrissen* **6.1** ~ o.s. **with** a bath *een verfrissend bad nemen.*

refresher [rifresjə] **0.1** ***verfrissing*** **0.2** ⟨vnl. BE⟩ ***extra honorarium*** ⟨voor advocaat⟩ **0.3** ***opkikkertje*** ⇒*afzakkertje.*

refresher course **0.1** ***herhalingscursus*** ⇒*bijscholingscursus.*

refreshing [rifresjing] **0.1** ***verfrissend*** ⇒*verkwikkend* **0.2** ***aangenaam*** ⇒*verrassend, hartverwarmend* ◆ **1.1** a ~ breeze *een lekker koel briesje.*

refreshment [rifresjmənt] **0.1** ***verfrissing*** ⟨ook fig.⟩ ⇒*verkwikking; verademing* **0.2** ⟨vnl. mv.⟩ ***iets te drinken met een hapje daarbij.***

refreshment bar **0.1** ***buffet.***

refreshment room **0.1** ***restauratie(zaal).***

refreshment station ⟨atletiek⟩ **0.1** ***verzorgingspost*** ⟨bij marathon of snelwandelen⟩.

refrigerant[1] [rifridzjərənt] ⟨zn.⟩ **0.1** ***koelmiddel.***

refrigerant[2] ⟨bn.⟩ **0.1** ***verkoelend*** ⇒*koel-* ◆ **1.1** ~ latitudes *koude luchtstreken.*

refrigerate [rifridzjəreet] **I** ⟨onov. en ov.ww.⟩ **0.1** ***koelen*** ◆ **3.1** ~d beer *gekoeld bier;*
II ⟨ov.ww.⟩ **0.1** ***invriezen.***

refrigeration [rifridzjəreesjn] **0.1** ***invriezing*** ⇒*het diepvriezen* **0.2** ***afkoeling*** ◆ **6.1** keep sth. **under** ~ *iets koel bewaren/invriezen.*

refrigeration industry **0.1** ***diepvriesindustrie.***
refrigerator [rifridzjəreetə] **0.1** ***koelruimte*** ⇒*koelkast, ijskast* **0.2** ***koeler.***
refuel [rie:fjoe:əl] ⟨BE -led⟩ **I** ⟨onov.ww.⟩ **0.1** ***bijtanken;***
II ⟨ov.ww.⟩ **0.1** ***opnieuw voltanken.***
refuelling stop **0.1** ***tankstop.***
refuge [refjoe:dzj] **0.1** ***toevlucht(soord)*** ⟨ook fig.⟩ ⇒*schuilplaats; toeverlaat* **0.2** ⟨BE⟩ ***vluchtheuvel*** ◆ **6.1** ~ **from** *bescherming tegen;* seek ~ **in** flight *zijn heil in de vlucht zoeken;* take ~ **in** *zijn toevlucht nemen tot;* take ~ **with** *zijn toevlucht zoeken bij.*
refugee [refjoedzjie:] **0.1** ***vluchteling.***
refugee camp **0.1** ***vluchtelingenkamp.***
refund¹ [rie:fund] ⟨zn.⟩ **0.1** ***terugbetaling.***
refund² [riffund] ⟨ww.⟩ **0.1** ***terugbetalen*** ⇒*restitueren* ◆ **1.1** ~ the cost of postage *de verzendkosten vergoeden.*
re-fund [rie:fund] ⟨geldw.⟩ **0.1** ***opnieuw consolideren*** ⇒*opnieuw funderen.*
refurbish [rie:fə:bisj] **0.1** ***opknappen*** ⇒⟨fig.⟩ *opfrissen* ◆ **1.1** ~ one's English *zijn Engels opfrissen;* ~ an old house *een oud huis opknappen.*
refusal [rifjoe:zl] **0.1** ***weigering*** ⇒*afwijzing* **0.2** ***optie*** ⇒*(recht v.) voorkeur* ◆ **6.2** have (the) first ~ **of** a house *een optie op een huis hebben* **7.1** this will take no ~ *dit laat geen uitstel toe.* →**square.**
refuse¹ [refjoe:s] ⟨zn.⟩ **0.1** ***afval*** ⇒*vuil(nis).*
refuse² [rifjoe:z] ⟨ww.⟩ **0.1** ***weigeren*** ⇒*afslaan, afwijzen* ◆ **1.1** ~ a candidate *een kandidaat afkeuren;* the horse ~d the obstacle *het paard weigerde de hindernis te nemen;* ~ a request *op een verzoek niet ingaan* **3.1** the motor ~s to start *de motor wil niet starten* **4.1** ~ o.s. nothing *zich niets ontzeggen.*
refuse collector **0.1** ***vuilnisophaler*** ⇒*vuilnisman.*
refuse dump **0.1** ***vuilnisbelt*** ⇒*stort(plaats).*
refutab|le [refjoetəbl, rifjoe:təbl] ⟨-ly⟩ **0.1** ***weerlegbaar.***
refut|e [rifjoe:t] ⟨zn.: **-ation**⟩ **0.1** ***weerleggen.***
regain [rigeen] **0.1** ***herwinnen*** ⇒*terugwinnen* **0.2** ***opnieuw bereiken*** ◆ **1.1** ~ consciousness *weer tot bewustzijn komen;* ~ one's health *(weer) beter worden* **1.2** ~ one's balance / footing *zijn evenwicht herstellen;* I helped him ~ his footing *ik hielp hem weer op de been* ⟨ook fig.⟩.
regal [rie:gl] **0.1** ***regaal*** ⇒*koninklijk;* ⟨fig.⟩ *luisterrijk, rijkelijk* ◆ **1.1** ~ splendour *vorstelijke praal;* ~ title *koningstitel.*
regale [rigeel] **0.1** ⟨+on, with⟩ ***vergasten (op)*** ⇒*onthalen (op), trakteren (op)* **0.2** ***onderhouden*** ◆ **1.2** a voice that ~s the ear *een aangename stem* **4.1** ~ o.s. on / with *zich te goed doen aan.*
regalia [rigeeliə] ⟨ww. ook enk.⟩ **0.1** ***rijksinsigniën*** ⇒*regalia* **0.2** ***onderscheidingstekenen*** **0.3** ***staatsiegewaad*** ◆ **1.3** unrecognizable in his Sunday ~ *onherkenbaar in zijn zondagse pak* **2.2** the mayor in full ~ *de burgemeester in vol ornaat* **6.3** ⟨fig.⟩ **in** ~ *op zijn paasbest (gekleed).*
regard¹ [riga:d] ⟨zn.⟩ **0.1** ***achting*** ⇒*respect* **0.2** ***betrekking*** ⇒*verband, opzicht* **0.3** ***aandacht*** ⇒*zorg* **0.4** ⟨schr.⟩ ***(starende) blik*** **0.5** ⟨mv.⟩ ***groeten*** ⇒*wensen* ◆ **3.3** give / pay no ~ to *zich niet bekommeren om;* have / pay ~ to *in acht nemen;* leave out of ~ *buiten beschouwing laten* **3.5** give her my (best) ~s *doe haar de groeten* **6.1** have a great / high ~ **for** s.o.'s judgement *iemands oordeel hoog aanslaan;* hold s.o. **in** high ~ *iem. hoogachten / respecteren* **6.2** **in** this ~ *op dit punt;* **in** ~ **of / to** *betreffende* **6.3** have little ~ **for** *weinig rekening houden met;* **without** ~ **for / to** *zonder zich te storen aan / te letten op* **¶.5** kind ~s to you all *ik wens jullie allemaal het beste.*
regard² ⟨ww.⟩ **0.1** ***beschouwen*** ⇒*aanzien* **0.2** ***aandacht besteden aan*** ⇒*rekening houden met* **0.3** ***betreffen*** ⇒*betrekking hebben op, aangaan* **0.4** ⟨schr.⟩ ***aankijken*** ⇒*aanstaren* ◆ **1.2** ~ s.o.'s political convictions *iemands politieke overtuiging respecteren* **6.1** ~ s.o. **as** *iem. aanzien / houden voor;* ~ s.o. **with** admiration *voor iem. bewondering hebben* **8.3** as ~s *met betrekking tot.*
regarding [riga:ding] ⟨schr.⟩ **0.1** ***betreffende*** ⇒*aangaande.*
regardless [riga:dləs] **0.1** ***hoe dan ook*** ◆ **1.¶** they did it ~ *ze hebben het toch gedaan.*
regardless of **0.1** ***ongeacht*** ⇒*zonder rekening te houden met* ◆ **1.1** ~ expense *zonder op een cent te letten.*
regatta [rigætə] **0.1** ***regatta.***
regenc|y [rie:dzjənsie] ⟨mv.: -ies⟩ **0.1** ***regentschap.***
regenerate¹ [ridzjennərət] ⟨bn.⟩ **0.1** ***herboren*** ⇒*bekeerd* **0.2** ***geregenereerd*** ⇒*hernieuwd.*
regenerate² [ridzjennəreet] **I** ⟨onov.ww.⟩ **0.1** ***zich beteren*** ⇒*zich bekeren* **0.2** ***herleven*** ⇒*regenereren;*
II ⟨ov.ww.⟩ **0.1** ***verbeteren*** ⇒*bekeren, vernieuwen* **0.2** ***nieuw leven inblazen*** ⇒*doen herleven / opbloeien* ◆ **1.2** ~ hatred *haatgevoelens weer aanwakkeren.*
regeneration [ridzjennəreesjn] **0.1** ***regeneratie*** ⟨ook biol.⟩.
regent¹ [rie:dzjənt] ⟨zn.; vaak R-⟩ **0.1** ***regent(es)*** **0.2** ⟨AE⟩ ***curator*** ⇒*bestuurslid* ⟨v. universiteit⟩.
regent² ⟨bn.; vaak R-⟩ ◆ **1.¶** the Prince Regent *de prins-regent.*
reggae [regee] ⟨ook R-⟩ **0.1** ***reggae.***
regicide [redzjissajd] **0.1** ***koningsmoord*** **0.2** ***koningsmoordenaar.***
regime [reezjie:m] **0.1** ***regime*** ⟨ook med.⟩ ◆ **2.1** a totalitarian ~ *een totalitair regime.*
regimen [redzjimmin] **0.1** ***regime*** ⇒*verloop* ⟨bv. v. rivier⟩ **0.2** ⟨med.⟩ ***regime*** ⇒*kuur* ◆ **3.2** put s.o. on a ~ *iem. op dieet stellen.*
regiment [redzjimmənt] ⟨zn.⟩⟨mil.⟩ **0.1** ***regiment*** ⇒⟨fig.⟩ *groot aantal.*
regimental [redzjimmentl] **0.1** ***regiments-*** ⇒⟨fig.⟩ *streng, strikt.*
regimentals [redzjimmentlz] **0.1** ***regimentsuniform*** ◆ **2.1** in full ~ *in groot tenue.*
regimented [redzjimmentid] ⟨pej.⟩ **0.1** ***gereglementeerd.***
Regina [ridzjajnə] **0.1** ***koningin*** **0.2** ⟨jur.⟩ ***de Kroon*** ◆ **1.1** Elizabeth ~ *Koningin Elizabeth.*
region [rie:dzjən] **0.1** ***streek*** ⇒*gebied;* ⟨fig.⟩ *sfeer, terrein* **0.2** ***gewest*** ⇒⟨mv.⟩ *provincie, regio* ◆ **1.1** the ~ of the heart *de hartstreek* **2.1** the Arctic ~s *de Arctica;* the shaded ~ *het gearceerde gedeelte* **6.1** **in** the ~ **of** *in de buurt v.* ⟨ook fig.⟩.
regional [rie:dzjnəl] **0.1** ***v.d. streek*** ⇒*regionaal* ◆ **1.1** ~ custom *plaatselijk gebruik.*
register¹ [redzjistə] ⟨zn.⟩ **0.1** ***register*** ⇒*(naam)lijst, rol; gastenboek; kiezerslijst* **0.2** ***registratie*** ⇒*inschrijving* **0.3** ***(kas)register*** **0.4** ***(schoorsteen)register*** **0.5** ⟨taal.⟩ ***register*** ⇒*stijlniveau* ◆ **1.1** keep a ~ of births and deaths *een geboorte- en sterfregister houden;* ~ of shipping *scheepsregister;* the Register of voters *de kiezerslijst, het kiezersregister* **1.2** port of ~ *thuishaven* **2.1** the Parliamentary Register *de kiezerslijst.*
register² **I** ⟨onov.ww.⟩ **0.1** ***zich (laten) inschrijven*** **0.2** ⟨vaak +with⟩ ***doordringen tot*** ⇒*(in zich) opnemen* **0.3** ***samenvallen*** ⇒*passen* ◆ **1.1** ~ at a hotel *inchecken* **6.1** ~ **for** an examination *zich inschrijven / opgeven voor een examen;* ~ **with** the police *zich aanmelden bij de politie* **6.2** it hasn't ~ed **with** her *het is niet (echt) tot haar doorgedrongen, ze heeft het niet (echt) in zich opgenomen;*
II ⟨ov.ww.⟩ **0.1** ***(laten) registreren*** ⇒*(laten) inschrijven;*

⟨fig.⟩ *nota nemen v.* **0.2** ***registreren*** *⇒aanwijzen* ⟨bv. graden⟩ **0.3** ***uitdrukken*** *⇒tonen* **0.4** ***(laten) aantekenen*** *⇒ aangetekend opsturen/versturen* ⟨post⟩ **0.5** ***noteren*** ⟨bv. winst⟩ ◆ **1.1** ~ a protest against *protest aantekenen tegen* **1.3** her face ~ed surprise *uit haar gezicht sprak verwondering* **6.1** ~ one's name **with** *zich aanmelden bij.*

registered [redzjistəd] **0.1** ***geregistreerd*** *⇒ingeschreven* **0.2** ***gediplomeerd*** *⇒erkend, bevoegd* **0.3** ***aangetekend*** ⟨v. brief⟩ ◆ **1.1** ~ horse *stamboekpaard;* ~ share *aandeel op naam;* ~ trademark *(wettig) gedeponeerd handelsmerk* **1.2** ⟨AE⟩ ~ nurse *gediplomeerd verpleegkundige;* ⟨BE⟩ State Registered nurse *gediplomeerd verpleegkundige.*

register office **0.1** ***registratiebureau*** **0.2** ***(bureau v.d.) burgerlijke stand.***

register ton ⟨scheep.⟩ **0.1** ***registerton.***

registrar [redzjistra:] **0.1** ***registrator*** *⇒ambtenaar v.d. burgerlijke stand/v.h. bevolkingsbureau* **0.2** ***archivaris*** **0.3** ***administratief hoofd*** ⟨v. universiteit⟩ **0.4** ⟨BE; jur.⟩ ***gerechtssecretaris*** *⇒griffier* **0.5** ⟨BE; med.⟩ ***stagelopend specialist.***

registration [redzjistreesjn] **0.1** ***registratie*** *⇒inschrijving, aangifte* **0.2** ⟨AE⟩ ***aantal inschrijvingen*** *⇒opkomst* ◆ **1.1** ~ of birth *geboorteaangifte.*

registration book **0.1** ***eigendomsbewijs*** ⟨v. auto⟩ *⇒autopapieren, kentekenbewijs* ⟨in Engeland⟩.

registration number, registration mark **0.1** ***registratienummer*** *⇒autokenteken.*

registr|y [redzjistrie] ⟨mv.: -ies⟩ **0.1** ***archief*** *⇒registratiekantoor* **0.2** ***(bureau v.d.) burgerlijke stand*** **0.3** ***register*** **0.4** ***registratie*** ◆ **1.4** port of ~ *thuishaven.*

registry office **0.1** ***(bureau v.d.) burgerlijke stand*** ◆ **3.1** married at a ~ *getrouwd voor de wet.*

regress [rigres] **0.1** ***achteruitgaan*** *⇒teruggaan.*

regression [rigresjn] **0.1** ***regressie*** *⇒achteruitgang* ◆ **1.1** ~ of the fever *vermindering v.d. koorts.*

regressive [rigressiv] **0.1** ***regressief*** *⇒teruglopend.*

regret[1] [rigret] **I** ⟨n.-telb.zn.⟩ **0.1** ***spijt*** *⇒leed(wezen), berouw* ◆ **6.1** feel ~ **at/for** *spijt hebben v./over;* greatly/much **to** my ~ *tot mijn grote spijt;* hear **with** ~ *met spijt/tot zijn spijt (moeten) vernemen;*
II ⟨mv.⟩ **0.1** ***(betuigingen v.) spijt*** *⇒verontschuldigingen* ◆ **3.1** give s.o. one's ~s *iem. zijn verontschuldigingen aanbieden;* have no ~s *geen spijt/berouw hebben;* send one's ~s *zich laten verontschuldigen.*

regret[2] ⟨ww.; -ted⟩ **0.1** ***betreuren*** *⇒spijt hebben v., berouw/verdriet hebben over* ◆ **1.1** you will ~ it *het zal je berouwen* **3.1** we ~ to inform you *tot onze spijt moeten wij u meedelen.*

regretful [rigretfl] **0.1** ***bedroefd*** *⇒vol spijt.*

regretfully [rigretflie] **0.1** →**regretful** **0.2** ***met spijt/leedwezen.***

regrettable [rigrettəbl] **0.1** ***bedroevend*** *⇒betreurenswaardig, te betreuren.*

regrettably [rigrettəblie] **0.1** →**regrettable** **0.2** ***helaas*** *⇒ jammer genoeg* ◆ **7.1** ~ little response *bedroevend weinig reactie* ¶**.2** ~, I cannot come *helaas kan ik niet komen.*

regroup [rie:groe:p] **0.1** ***(zich) hergroeperen.***

regular[1] [regjoelə] ⟨zn.⟩ **0.1** ***regulier (geestelijke)*** **0.2** ***beroeps(militair/soldaat)*** **0.3** ⟨inf.⟩ ***vaste klant*** *⇒stamgast* ◆ **7.2** the ~s *de geregelde troepen.*

regular[2] **I** ⟨bn.⟩ **0.1** ***regelmatig*** **0.2** ***correct*** **0.3** ***regulier*** **0.4** ⟨vnl. AE⟩ ***gewoon*** *⇒standaard-* ◆ **1.1** ~ bowels *regelmatige stoelgang;* a ~ customer *een vaste klant;* a ~ job *vast werk;* a ~ life *een geregeld leven;* drive at a ~ speed *met dezelfde snelheid doorrijden* **1.2** follow the ~ procedure *de gewone/vereiste procedure volgen* **1.3** the ~ clergy *de reguliere geestelijkheid* **1.4** the ~ size *het gewone formaat* **3.1** keep ~ hours *zich aan vaste uren houden, een geregeld/rustig/gezond leven leiden* ¶**.1** as ~ly as clockwork *met de regelmaat v.d. klok, zo precies als een uurwerk;*
II ⟨bn., attr.⟩ **0.1** ***professioneel*** **0.2** ⟨inf.⟩ ***echt*** *⇒onvervalst* **0.3** ⟨AE; inf.⟩ ***geschikt*** ◆ **1.1** the ~ army *het beroepsleger* **1.2** a ~ fool *een volslagen idioot;* it is a ~ treat to ... *het is een waar genot (om) ...* **1.3** a ~ guy *een prima vent.*

regularity [regjoelærətie] **0.1** ***regelmatigheid*** ◆ **2.1** with clock-like ~ *met de regelmaat v.d. klok.*

regular|ize, -ise [regjoelərajz] ⟨zn.: **-ization**⟩ **0.1** ***reguliseren*** *⇒regelen.*

regulate [regjoeleet] **0.1** ***regelen*** *⇒reglementeren, ordenen* ◆ **1.1** ~ one's expenditure *zijn uitgaven onder controle houden;* ~ the traffic *het verkeer regelen* **3.1** a regulating effect *een regulerende werking;* ~d by law *bij de wet geregeld.*

regulation [regjoeleesjn] **0.1** ***regeling*** *⇒reglement(ering), (wettelijk) voorschrift, bepaling.*

regulation dress **0.1** ***modelkleding.***

regulation size **0.1** ***voorgeschreven formaat.***

regulation speed **0.1** ***voorgeschreven snelheid*** *⇒maximumsnelheid.*

regulator [regjoeleetə] **0.1** ***regelaar*** *⇒regulateur, kompassleutel* ⟨v. uurwerk⟩ **0.2** ***regulateur*** ⟨uurwerk⟩.

regulo [regjoeloo] ⟨BE⟩ **0.1** ***(bep.) stand*** ⟨v. warmteregelaar op gasfornuis⟩ ◆ **6.1** **on** ~ six *op stand zes.*

regurgit|ate [rigə:dzjitteet] ⟨zn.: **-ation**⟩ **I** ⟨onov.ww.⟩ **0.1** ***terugstromen;***
II ⟨ov.ww.⟩ **0.1** ***uitbraken*** *⇒opgeven* **0.2** ***(onnadenkend) napraten.***

rehabilitate [rie:(h)əbillitteet] **0.1** ***rehabiliteren*** **0.2** ***herstellen*** ◆ **1.1** ~ s.o.'s memory *iemands nagedachtenis in ere herstellen* **1.2** ~ a slum area *een sloppenwijk saneren* **6.1** ~ s.o. **in** public esteem *iem. zijn goede naam teruggeven.*

rehabilitation [rie:(h)əbillitteesjn] **0.1** ***rehabilitatie*** **0.2** ***herstelling*** ◆ **2.2** economic ~ *economisch herstel.*

rehabilitation centre, rehabilitation clinic **0.1** ***revalidatiecentrum.***

rehash[1] [rie:hæsj] ⟨zn.⟩ **0.1** ***herwerking*** *⇒*⟨fig.⟩ *opgewarmde kost.*

rehash[2] [rie:hæsj] ⟨ww.⟩ **0.1** ***herwerken*** *⇒opnieuw bewerken/gebruiken* ◆ **3.1** it's all ~ed stuff to us *het is allemaal ouwe kost voor ons.*

rehearsal [rihhə:sl] **0.1** ***repetitie*** **0.2** ⟨schr.⟩ ***verhaal*** ◆ **2.1** final ~ *generale repetitie* **6.1** **after** ~ *na de toneelrepetitie;* our play is already **in** ~ *we zijn al met de repetities v.h. stuk begonnen.*

rehearse [rihhə:s] **I** ⟨onov. en ov.ww.⟩ **0.1** ***repeteren*** *⇒(een) repetitie houden;*
II ⟨ov.ww.⟩ **0.1** ***herhalen*** **0.2** ***repeteren met*** *⇒de repetitie leiden v.* **0.3** ⟨schr.⟩ ***verhalen*** ◆ **6.2** ~ s.o. **for** *iem. voorbereiden op.*

rehouse [rie:hauz] **0.1** ***een nieuw onderdak geven*** *⇒herhuisvesten.*

reif|y [rie:iffaj] ⟨-ied; zn.: **-ication**⟩ ⟨vaak pej.⟩ **0.1** ***verstoffelijken*** *⇒materialiseren.*

reign[1] [reen] ⟨zn.⟩ **0.1** ***regering*** ◆ **1.1** ~ of terror *schrikbewind* **6.1** **in/under** the ~ **of** Henry *toen Hendrik koning was.*

reign[2] ⟨ww.⟩ **0.1** ***regeren*** *⇒heersen* ⟨ook fig.⟩ ◆ **1.1** the ~ing champion *de huidige kampioen;* silence ~s *er heerst stilte.*

reimburse [rie:imbə:s] ⟨zn.: **-ment**⟩ **0.1** ***terugbetalen*** *⇒vergoeden.*

reimpose [rie:impooz] **0.1** ***opnieuw invoeren/opleggen.***
rein[1] [reen] ⟨zn.; vaak mv.⟩ **0.1** ***teugel*** ◆ **3.1** draw in the ~(s) *de teugels aanhalen;* ⟨fig.⟩ give (free/full) ~(s)/give the ~s to s.o./sth. *iem./iets de vrije teugel laten;* hold/take the ~s *de teugels in handen hebben/nemen* ⟨ook fig.⟩; ⟨fig.⟩ keep a tight ~ on s.o. *bij iem. de teugels stevig aanhalen.*
rein[2] ⟨ww.⟩ **0.1** ***inhouden*** ⟨ook fig.⟩ ⇒*beteugelen, in bedwang houden* **0.2** ***v. teugels voorzien*** ◆ **5.1** ~ **back/in/up** *halt doen houden.*
reincarnate[1] [rie:inka:nət] ⟨bn.⟩ **0.1** ***gereïncarneerd.***
reincarn|ate[2] [rie:inka:neet] ⟨ww.; zn.: **-ation**⟩ **0.1** ***doen reïncarneren*** ⇒*opnieuw belichamen* ◆ **3.1** be ~d *gereïncarneerd zijn.*
reindeer [reendiə] ⟨mv.: ook reindeer⟩ **0.1** ***rendier.***
reinforce, ⟨AE sp. ook⟩ **re-enforce** [rie:info:s] **0.1** ***versterken*** **0.2** ⟨psych.⟩ ***bekrachtigen*** ⇒*belonen* ◆ **1.1** ~d concrete *gewapend beton.*
reinforcement [rie:info:smənt] **0.1** ***versterking*** ⇒⟨mv.; mil.⟩ *versterkingen.*
reinstate [rie:insteet] ⟨zn.: **-ment**⟩ **0.1** ***herstellen.***
reinsurance [rie:insjoeərəns] **0.1** ***herverzekering.***
reinsure [rie:insjoeə] **0.1** ***herverzekeren.***
re-integrate [rie:·intigreet] **I** ⟨onov. en ov.ww.⟩ **0.1** ***(zich) reïntegreren;***
II ⟨ov.ww.⟩ **0.1** ***herenigen.***
reissue[1] [rie:·isjoe:] ⟨zn.⟩ **0.1** ***heruitgave*** ⇒*nieuwe uitgave/uitgifte.*
reissue[2] ⟨ww.⟩ **0.1** ***heruitgeven*** ⇒*opnieuw uitgeven/in omloop brengen* ◆ **6.¶** ~ s.o. **with** sth. *iem. opnieuw voorzien v. iets.*
reiter|ate [rie:·ittəreet] ⟨zn.: **-ation**⟩ **0.1** ***herhalen.***
reiterative [rie:·itrətiv] **0.1** ***herhalend.***
reject[1] [rie:dzjekt] ⟨zn.⟩ **0.1** ⟨ben. voor⟩ ***afgekeurd persoon/voorwerp*** ⇒*afgekeurde* ⟨voor militaire dienst⟩; *uitschot.*
reject[2] [ridzjekt] ⟨ww.⟩ **0.1** ***verwerpen*** ⇒*afwijzen, weigeren* **0.2** ***uitwerpen.***
rejection [ridzjeksjn] **0.1** ***verwerping*** ⇒*afkeuring, afwijzing* **0.2** ***uitwerping*** **0.3** ⟨med.⟩ ***afstoting*** ⟨bij transplantatie⟩.
rejection slip ⟨boek.⟩ **0.1** ***bedankbriefje*** ⟨voorgedrukt briefje v. uitgever bij geweigerd manuscript⟩.
reject shop **0.1** ***winkel met tweedekeusartikelen.***
rejoice [ridzjojs] **0.1** ⟨+ at, over⟩ ***zich verheugen (over)*** ◆ **3.1** I ~ to hear *het verheugt me te vernemen* **6.¶** ⟨scherts.⟩ ~ **in** the name of Puck *met de naam Puck door het leven gaan.*
rejoicing [ridzjojsing] ⟨schr.⟩ **I** ⟨n.-telb.zn.⟩ **0.1** ***vreugde*** ⇒ *feestviering;*
II ⟨mv.⟩ **0.1** ***feestelijkheden.***
rejoin [ridzjojn] **0.1** ***antwoorden.***
re-join [rie:dzjojn] **I** ⟨onov. en ov.ww.⟩ **0.1** ***(zich) weer verenigen*** **0.2** ***weer lid worden (van);***
II ⟨ov.ww.⟩ **0.1** ***zich weer voegen bij.***
rejoinder [ridzjojndə] **0.1** ***repliek*** ⇒*(vinnig) antwoord.*
rejuven|ate [ridzjoe:vəneet] ⟨zn.: **-ation**⟩ **I** ⟨onov. en ov.ww.⟩ **0.1** ***verjongen;***
II ⟨ov.ww.⟩ **0.1** ***opknappen*** ⟨oude meubelen⟩.
rekindle [rie:kindl] **0.1** ***opnieuw ontsteken*** ⇒*opnieuw aanwakkeren.*
relapse[1] [rilæps, rie:læps] ⟨zn.⟩ **0.1** ***instorting*** ⇒*terugval* ⟨tot kwaad⟩ ◆ **3.1** have a ~ *opnieuw achteruitgaan.*
relapse[2] [rilæps] ⟨ww.⟩ **0.1** ***terugvallen*** ⇒*weer vervallen* ⟨tot kwaad⟩; *(weer) instorten* ◆ **6.1** ~ **into** poverty *weer tot armoede vervallen.*
relate [rilleet] **I** ⟨onov.ww.⟩ **0.1** ⟨+ to⟩ ***in verband staan (met)*** ⇒*betrekking hebben (op)* **0.2** ⟨+ to⟩ ***(kunnen) opschieten (met);***
II ⟨ov.ww.⟩⟨schr.⟩ **0.1** ***verhalen*** ⇒*berichten* **0.2** ***(met elkaar) in verband brengen*** ⇒*relateren* ◆ **2.1** strange to ~ *... hoe onwaarschijnlijk het ook moge klinken, maar ...* ⟨bij begin v. ongelofelijk verhaal⟩ **6.2** ~ sth. **to/with** sth. else *iets met iets anders in verband brengen.*
related [rilleetid] ⟨-ness⟩ **0.1** ***verwant*** ⇒*samenhangend, verbonden* ◆ **6.1** I'm ~ **to** her by marriage *zij is aangetrouwde familie v. me.*
relation [rilleesjn] **0.1** ***bloedverwant*** ⇒*familielid* **0.2** ***bloedverwantschap*** ⇒*verwantschap* ⟨ook fig.⟩ **0.3** ***betrekking*** ⇒*relatie, verband* **0.4** ⟨schr.⟩ ***verhaal*** ◆ **3.3** bear no ~ to *geen verband houden met; geen betrekking hebben op* **6.3** **in/with** ~ **to** *met betrekking tot; in verhouding tot;* have business ~s **with** s.o. *handelsbetrekkingen onderhouden met iem.;* have (sexual) ~s **with** s.o. *geslachtelijke omgang met iem. hebben.*
relational [rilleesjnəl] **0.1** ***een betrekking uitdrukkend*** **0.2** ***verwantschaps-.***
relationship [rilleesjnsjip] **0.1** ***betrekking*** ⇒*verhouding* **0.2** ***bloedverwantschap*** ⇒*verwantschap* ⟨ook fig.⟩.
relative[1] [rellətiv] ⟨zn.⟩ **0.1** ***familielid*** ⇒*(bloed)verwant(e).*
relative[2] ⟨bn.⟩ **0.1** ***betrekkelijk*** ⇒*relatief* ⟨ook taal.⟩ **0.2** ***toepasselijk*** ⇒*relevant* **0.3** ***respectief*** ◆ **1.1** ~ clause *betrekkelijke/relatieve bijzin;* ~ pronoun *betrekkelijk/relatief voornaamwoord.*
relativity [rellətivvətie] **0.1** ***betrekkelijkheid*** ⇒*relativiteit* ⟨ook nat.⟩ ◆ **2.1** general (theory of) ~ *algemene relativiteit(stheorie).*
relax [rilæks] **I** ⟨onov.ww.⟩ **0.1** ***verslappen*** ⇒*verminderen;* ⟨fig.⟩ *ontdooien* **0.2** ***zich ontspannen*** ⇒*relaxen* ◆ **6.1** you must not ~ **in** your efforts *je moet het blijven proberen;*
II ⟨ov.ww.⟩ **0.1** ***ontspannen*** ⇒*verslappen, verminderen* ◆ **1.1** ~ one's attention *zijn aandacht laten verslappen;* ~ the bowels *laxeren;* ~ one's efforts *zich minder inspannen.*
relaxation [rie:lækseesjn] **0.1** ***ontspanning(svorm)*** **0.2** ***gedeeltelijke kwijtschelding/verlichting*** ⟨v. straf, plicht enz.⟩.
relaxing [rilæksing] **0.1** ***rustgevend*** ⇒*ontspannend.*
relay[1] [rie:lee] ⟨zn.⟩ **0.1** ***aflossing*** ⇒*verse paarden; nieuwe ploeg; verse voorraad* **0.2** ***relais*** ⟨ook elek., telecommunicatie⟩ ⇒*heruitzending* **0.3** ***estafettewedstrijd*** ◆ **6.1** work **in/by** ~(s) *in ploegen werken.*
relay[2] [rie:lee] ⟨ww.⟩ **0.1** ***relayeren*** ⇒*heruitzenden; doorgeven* ⟨informatie⟩.
re-lay [rie:le·ie] **0.1** ***opnieuw leggen.***
relay event ⟨ihb. atletiek⟩ **0.1** ***estafettenummer.***
relay race **0.1** ***estafettewedstrijd.***
relay station **0.1** ***relaisstation*** ⇒*steunzender.*
release[1] [rillie:s] ⟨zn.⟩ **0.1** ***bevrijding*** ⇒*vrijgeving, verlossing* **0.2** ***ontslag*** ⇒*ontheffing* ⟨v. verplichting⟩; *kwijting, vrijspreking* **0.3** ***het uitbrengen*** ⟨v. film/grammofoonplaat⟩ **0.4** ***nieuwe film/grammofoonplaat*** ⇒*release* **0.5** ***communiqué*** ⇒*(artikel voor) publicatie* **0.6** ⟨foto., tech.⟩ ***ontspanner*** **0.7** ***vrijlatingsbericht*** ◆ **6.3** **on** general ~ *in alle bioscopen (te zien)* ⟨film⟩.
release[2] ⟨ww.⟩ **0.1** ⟨+ from⟩ ***bevrijden (uit)*** ⇒*vrijlaten, vrijgeven* **0.2** ⟨+ from⟩ ***ontslaan (van)*** ⇒*vrijstellen, ontheffen (van)* ⟨verplichting⟩ **0.3** ***uitbrengen*** ⟨film⟩ ⇒*in de handel brengen* ⟨grammofoonplaat⟩ ◆ **1.1** ~ the handbrake *'m van de handrem zetten.*
releg|ate [relligeet] ⟨zn.: **-ation**⟩ **0.1** ⟨+ to⟩ ***deporteren (naar)*** ⇒*verbannen (naar)* ⟨ook fig.⟩ **0.2** ⟨+ to⟩ ***verwijzen (naar)*** **0.3** ***overplaatsen*** **0.4** ⟨+ to⟩ ***overdragen (aan)*** ⇒ *overlaten (aan)* **0.5** ⟨sport⟩ ***degraderen.***
relent [rillent] **0.1** ***minder streng worden*** ⇒*toegeven;* ⟨fig.⟩ *afnemen, verbeteren.*

relentless [rillentləs] ⟨-ness⟩ **0.1** ***meedogenloos*** ⇒*zonder medelijden* **0.2** ***gestaag*** ⇒*aanhoudend.*

relevance [rellivvəns], **relevancy** [-sie] **0.1** ***relevantie.***

relevant [rellivvənt] **0.1** ⟨+to⟩ ***relevant (voor)*** ◆ **1.1** the ~ literature *de desbetreffende literatuur.*

reliab|le [rillajjəbl] ⟨-ly; zn.: **-ility**⟩ **0.1** ***betrouwbaar*** ⇒*te vertrouwen, geloofwaardig.*

reliance [rillajjəns] **0.1** ***vertrouwen*** **0.2** ***op wie/waarop men rekent*** ⇒*steunpilaar* ⟨fig.⟩.

reliant [rillajjənt] **0.1** ***vertrouwend*** ◆ **6.1** be ~ **on** s.o. *vertrouwen stellen in iem.*

relic [rellik] **0.1** ***relikwie*** **0.2** ***overblijfsel*** ⇒*souvenir* **0.3** ⟨mv.; schr.⟩ ***stoffelijk overschot.***

relict [rellikt] **0.1** ⟨plantk.⟩ ***relict.***

relief [rillie:f] **0.1** ***reliëf*** ⇒⟨fig.⟩ *levendigheid, contrast* **0.2** ***verlichting*** ⇒*opluchting, ontlasting* **0.3** ***aflossing*** ⇒⟨mil.; ww. enk. of mv.⟩ *versterking* **0.4** ***afwisseling*** ⇒*onderbreking* **0.5** ***ondersteuning*** ⇒*steun, hulp* **0.6** ***ontzet*** ⇒*bevrijding* ⟨v. belegerde stad⟩ ◆ **2.2** it was a great ~ *het was een pak v. mijn hart* **3.1** be/stand out in (bold/sharp) ~ against *zich (scherp) aftekenen tegen* ⟨ook fig.⟩; bring/throw into ~ *doen contrasteren/uitkomen* ⟨ook fig.⟩ **3.4** provide a little light ~ *voor wat afwisseling zorgen.*

relief agency **0.1** ***hulporganisatie*** ⇒*hulpverlenende instantie.*

relief fund **0.1** ***ondersteuningsfonds*** ⇒*hulpfonds.*

relief map **0.1** ***reliëfkaart.***

relief pitcher ⟨honkbal⟩ **0.1** ***vervangende werper.***

relief train **0.1** ***extra trein.***

relief valve **0.1** ***ontlastklep*** ⇒*afblaasklep.*

relief worker **0.1** ***noodhulpverlener/verleenster.***

relieve [rillie:v] **0.1** ***verlichten*** ⇒*opluchten, ontlasten* **0.2** ***afwisselen*** ⇒*onderbreken* **0.3** ***ondersteunen*** ⇒*helpen, troosten, bemoedigen* **0.4** ***aflossen*** ⇒*vervangen* **0.5** ⟨mil.⟩ ***ontzetten*** ⇒*bevrijden* ◆ **1.1** ~ one's feelings *zijn hart luchten;* it will ~ your mind *het zal je opluchten* **4.1** ⟨schr.; euf.⟩ ~ o.s. *zijn behoefte doen* **6.1** ~ **of** *ontlasten v., afhelpen v.;* ⟨scherts.⟩ *afhandig maken;* ⟨vaak pass.; euf.⟩ *ontslaan uit, ontheffen v.* **6.2** a dress ~d **with** lace *een jurk met kant afgezet.*

relieved [rillie:vd] **0.1** ***opgelucht.***

religion [rillidzjən] **0.1** ***godsdienst*** **0.2** ***godsvrucht*** ⇒*vroomheid* **0.3** ***kloosterleven*** **0.4** ***gewetenszaak*** ⇒*heilige plicht* ◆ **1.1** freedom of ~ *godsdienstvrijheid* **3.1** established ~ *staatsgodsdienst* **3.2** ⟨scherts.⟩ get/experience ~ *zich bekeren* **3.4** make a ~ of sth. *v. iets een erezaak maken.*

religiosity [rillidzjie·ossətie] **0.1** ***godsdienstigheid*** ⇒*religiositeit* **0.2** ***dweperige godsvrucht*** ⇒*bigotterie.*

religious[1] [rillidzjəs] ⟨zn.; mv.: religious⟩ **0.1** ***kloosterling(e).***

religious[2] ⟨bn.⟩ **0.1** ***godsdienstig*** ⇒*religieus* **0.2** ***godvruchtig*** ⇒*vroom* **0.3** ***klooster-*** **0.4** ***scrupuleus*** ⇒*gewetensvol* ◆ **1.1** ~ liberty *godsdienstvrijheid* **1.4** with ~ exactitude *met pijnlijke nauwgezetheid.*

religiously [rillidzjəslie] **0.1** ***godsdienstig*** **0.2** ***scrupuleus*** ⇒*gewetensvol, nauwgezet* **0.3** ***werkelijk*** ⇒*echt.*

reline [rie:lajn] **0.1** ***v.e. nieuwe voering voorzien.***

relinquish [rillingkwisj] ⟨schr.⟩ **0.1** ***opgeven*** ⇒*prijsgeven* ⟨bv. geloof⟩ **0.2** ***afstand doen v.*** ⟨aanspraak, recht⟩ **0.3** ***loslaten*** ◆ **1.2** ~ one's hold of/over s.o./sth. *de controle over iem./iets afstaan.*

reliquar|y [rellikwərie] ⟨mv.: -ies⟩ **0.1** ***relikwieënschrijn.***

relish[1] [rellisj] ⟨zn.⟩ **0.1** ***bekoring*** ⇒*aantrekkingskracht* **0.2** ***genoegen*** ⇒*lust, plezier, zin* **0.3** ***smaak*** ⟨ook fig.⟩ ⇒*trek* **0.4** ***saus*** **0.5** ***pikant smaakje*** ◆ **3.1** it loses its ~ *de aardigheid gaat er af* **3.2** read with great ~ *met veel plezier lezen* **3.3** add/give (a) ~ to *prikkelen* **6.3** eat **with** (a) ~ *met smaak eten.*

relish[2] **I** ⟨onov.ww.⟩ **0.1** ***smaken*** ⇒*iets weg hebben, zwemen* **0.2** ***de smaak beïnvloeden*** ◆ **6.1** ~ **of** olives *naar olijven smaken;*

II ⟨ov.ww.⟩ **0.1** ***smakelijk/pikant maken*** ⇒*kruiden* **0.2** ***genieten v.*** ⇒*genoegen scheppen in, zich laten smaken* **0.3** ***tegemoet zien*** ⇒*verlangen naar* ◆ **1.3** ~ the prospect/idea *het een prettig vooruitzicht/idee vinden.*

relive [rie:liv] **0.1** ***weer beleven/doorleven.***

reload [rie:lood] **0.1** ***herladen*** ⟨vuurwapen⟩.

relocate [rie:lookeet] **0.1** ***(zich) opnieuw vestigen*** ⇒*verplaatsen.*

relocation [rie:lookeesjn] **0.1** ***vestiging elders*** ⇒*verhuizing/verplaatsing naar elders.*

reluctance [rilluktəns] **0.1** ***tegenzin*** ⇒*weerzin, onwil* ◆ **6.1** **with** great/a certain ~ *met grote/zekere tegenzin.*

reluctant [rilluktənt] **0.1** ***onwillig*** ⇒*aarzelend, afkerig* ◆ **1.1** a ~ answer *een schoorvoetend gegeven antwoord.*

reluctantly [rilluktəntlie] **0.1** ***met tegenzin*** ⇒*schoorvoetend.*

rely (up)on [rillaj (əp)on] ⟨-ied⟩ **0.1** ***vertrouwen (op)*** ⇒*zich verlaten op, steunen op* ◆ **3.1** you can ~ it *daar kan je v. op aan;* can he be relied upon? *kun je op hem rekenen?* **6.1** don't ~ me **for** help *op mijn hulp hoef je niet te rekenen.*

rem [rem] ⟨mv.: ook rem⟩⟨afk.⟩ **0.1** [Roentgen Equivalent (in) Man] ***rem*** ⇒*röntgenequivalent mens.*

remain [rimmeen] **0.1** ***blijven*** ⇒*overblijven* **0.2** ***verblijven*** ⇒*zich ophouden* **0.3** ***voortduren*** ⇒*blijven bestaan* ◆ **1.3** one thing ~s certain *één ding is zeker* **4.1** it ~s to be seen *het staat te bezien;* nothing ~s but *er blijft niets anders over dan* **4.3** I ~ yours sincerely ... *verblijf ik, hoogachtend* **5.1** ~ **behind** *achterblijven; nablijven.*

remainder[1] [rimmeendə] ⟨zn.; ww. enk. of mv.⟩ **0.1** ***rest*** ⇒*overblijfsel, restant* **0.2** ***ramsj*** ⟨v. boeken⟩ **0.3** ⟨wisk.⟩ ***verschil*** ⟨bij aftrekking⟩.

remainder[2] ⟨ww.⟩ **0.1** ***opruimen*** ⇒*uitverkopen* ⟨vnl. boeken tegen lage prijs⟩, *ramsjen.*

remains [rimmeenz] **0.1** ***overblijfselen*** ⇒*ruïnes, resten* **0.2** ***nagelaten werken*** **0.3** ⟨schr.⟩ ***stoffelijk overschot*** ◆ **1.1** ⟨fig.⟩ with the ~ of his strength *met zijn laatste restje kracht.*

remake[1] [rie:meek] ⟨zn.⟩ **0.1** ***remake*** ⇒*nieuwe versie.*

remake[2] [rie:meek] ⟨ww.⟩ **0.1** ***opnieuw maken*** ⇒*omwerken; een nieuwe versie maken.*

remand[1] [rimma:nd] ⟨zn.⟩⟨jur.⟩ **0.1** ***preventief gedetineerde*** **0.2** ***terugzending*** ⟨in voorlopige hechtenis⟩ **0.3** ***voorarrest*** ◆ **6.3** **on** ~ *in voorarrest.*

remand[2] ⟨ww.⟩ **0.1** ***terugzenden*** **0.2** ⟨jur.⟩ ***terugzenden in voorlopige hechtenis*** ◆ **1.2** ~ into custody *terugzenden in voorlopige hechtenis.*

remand centre, remand home ⟨BE⟩ **0.1** ***observatiehuis*** ⇒⟨ong.⟩ *huis v. bewaring/detentie* ⟨voor voorlopige hechtenis⟩.

remark[1] [rimma:k] ⟨zn.⟩ **0.1** ***opmerking*** **0.2** ⟨schr.⟩ ***aandacht*** ⇒*waarneming* **0.3** ⟨schr.⟩ ***commentaar*** ◆ **2.2** worthy of ~ *opmerkelijk* **3.1** make/pass a ~ *een opmerking maken.*

remark[2] **I** ⟨onov.ww.⟩ **0.1** ⟨+(up)on⟩ ***op/aanmerkingen maken (over);***

II ⟨ov.ww.⟩ **0.1** ***opmerken*** ⇒*bemerken.*

remarkable [rimma:kəbl] **0.1** ***merkwaardig*** ⇒*opmerkelijk* **0.2** ***opvallend.***

remarkably [rimma:kəblie] **0.1** →**remarkable** **0.2** *opmer-*

kelijk genoeg ⇒*verrassenderwijs* ◆ ¶.2 ~, he decided not to come *opmerkelijk genoeg besloot hij niet te komen.*

remarriage [rie:mæridzj] **0.1** ***nieuw huwelijk.***

remarr|y [rie:mærie] ⟨-ied⟩ **0.1** ***opnieuw trouwen (met).***

remediable [rimmie:diəbl] **0.1** ***herstelbaar*** ⇒*te verhelpen.*

remedial [rimmie:diəl] **0.1** ***beter makend*** ⇒*genezend, herstellend, verbeterend.*

remed|y[1] [remmiddie] ⟨zn.; mv.: -ies⟩ **0.1** ***remedie*** ⇒*(genees)middel, hulpmiddel* ◆ **6.1 beyond / past** ~ *ongeneeslijk; niet te verhelpen.*

remed|y[2] ⟨ww.; -ied⟩ **0.1** ***verhelpen*** ⟨ook fig.⟩ ⇒*voorzien in, genezen.*

remember [rimmembə] **I** ⟨onov. en ov.ww.⟩ **0.1** ***(zich) herinneren*** ⇒*onthouden, v. buiten kennen; denken aan/om* ◆ **3.1** I don't ~ *ik weet het niet meer;* ~ to post that letter *vergeet niet die brief te posten;* I can't ~ posting that letter *ik kan me niet herinneren dat ik die brief heb gepost;*
II ⟨ov.ww.⟩ **0.1** ***bedenken*** ⟨in testament; met fooi⟩ **0.2** ***gedenken*** ⟨de doden; in gebeden⟩ **0.3** ⟨+ to⟩ ***de groeten doen (aan)*** ◆ **1.1** ~ the guide! *vergeet de gids niet!* **4.¶** ~ o.s. *tot bezinning komen;* ⟨inf.⟩ I'll give him something to ~ me by *ik zal hem eens iets geven dat hem zal heugen* ⟨bv. pak slaag⟩.

remembrance [rimmembrəns] **0.1** ***herinnering*** **0.2** ***herinnering*** ⇒*aandenken, souvenir* **0.3** ⟨mv.⟩ ***groet*** ◆ **6.1** have sth. **in** ~ *zich iets (kunnen) herinneren;* **in** ~ **of** *ter herinnering aan;* **within** my ~ *zolang mij heugt.*

Remembrance Day ⟨BE⟩ **0.1** ***wapenstilstandsdag*** ⟨11 november⟩.

Remembrance Sunday ⟨BE⟩ **0.1** ***zondag waarop de wapenstilstand herdacht wordt.***

remind [rimmajnd] **0.1** ***herinneren*** ⇒*doen denken* ◆ **3.1** will you ~ me? *help me eraan denken, wil je?* **4.1** that ~s me! *dat is waar ook!* **6.1** she ~s me **of** s.o. *ze doet me aan iem. denken.*

reminder [rimmajndə] **0.1** ***herinnering*** ⇒*aanmaning(sbrief)* **0.2** ***geheugensteuntje.***

reminisce [remminnis] **0.1** ***herinneringen ophalen.***

reminiscence [remminnisns] **0.1** ***herinnering*** ⇒*heugenis;* ⟨mv.; ihb.⟩ *memoires* **0.2** ***anekdote*** ◆ **6.1** there's a ~ **of** her mother in the way she talks *ze heeft iets van haar moeder in haar praten.*

reminiscent [remminnisnt] **I** ⟨bn., attr.⟩ **0.1** ***de herinnering(en) betreffend*** ◆ **1.1** with a ~ smile *met een glimlach bij de herinnering;*
II ⟨bn., pred.⟩ **0.1** ***herinnerend*** ⇒*het verleden koesterend* ◆ **6.1** be ~ **of** sth. *aan iets herinneren.*

remiss [rimmis] ⟨-ness⟩ **0.1** ***nalatig*** ⇒*onachtzaam* ◆ **6.1** be ~ **in** one's duties *in zijn plichten tekortschieten.*

remission [rimmisjn] **0.1** ***vergeving*** **0.2** ***kwijtschelding*** **0.3** ***vermindering*** ⟨v. straf, bv.⟩ ⇒*remissie* **0.4** ***verzwakking*** ⇒⟨med.⟩ *remissie.*

remit [rimmit] ⟨-ted⟩ **I** ⟨onov.ww.⟩ **0.1** ***afnemen;***
II ⟨ov.ww.⟩ **0.1** ***vergeven*** ⟨zonden⟩ **0.2** ***kwijtschelden*** ⇒*schenken* ⟨schuld, straf⟩; *vrijstellen v.* **0.3** ⟨ben. voor⟩ ***doen afnemen*** ⇒*verminderen, laten verslappen* ⟨aandacht⟩; *ophouden met, opheffen* ⟨beleg⟩; *verzachten, verlichten* ⟨pijn⟩ **0.4** ***terugzenden*** ⇒*zenden, sturen* **0.5** ***uitstellen*** **0.6** ***overmaken*** ⇒*doen overschrijven* ⟨geld⟩ ◆ **1.2** ~ taxes *v. belastingen ontheffen* **6.¶** ~ a case **to** a lower court *een zaak naar een lagere rechtbank verwijzen.*

remittance [rimmitns] **0.1** ***overschrijving*** ⟨v. geld⟩ ⇒*overmaking, betalingsopdracht; overgemaakt bedrag.*

remnant [remnənt] **0.1** ***restant*** ⇒*rest, overblijfsel* **0.2** ***coupon*** ⟨stof⟩ **0.3** ⟨vaak mv.⟩ ***overlevende.***

remnant sale **0.1** ***(restanten)opruiming*** ⇒*restantenuitverkoop.*

remodel [rie:modl] ⟨BE -led⟩ **0.1** ***remodelleren*** ⇒*omvormen, vernieuwen; in een nieuw model brengen.*

remold →**remould.**

remonstrance [rimmonstrəns] **0.1** ***remonstrantie*** ⇒*vermaning, protest.*

remonstrant [rimmonstrənt] **0.1** ***protesteerder*** **0.2** ⟨R-; rel.⟩ ***remonstrant.***

remonstrate [remmənstreet] **0.1** ***protesteren*** ⇒*tegenwerpingen maken* ◆ **6.1** ~ **with** s.o. **(up)on / about** sth. *iem. iets verwijten.*

remorse [rimmo:s] **0.1** ***wroeging*** **0.2** ***medelijden*** ◆ **6.1** ~ **for** *wroeging over.*

remorseful [rimmo:sfl] ⟨-ness⟩ **0.1** ***berouwvol.***

remorseless [rimmo:sləs] ⟨-ness⟩ **0.1** ***meedogenloos.***

remote [rimmoot] ⟨-ness⟩ **0.1** ***ver (weg)*** ⇒*ver uiteen* **0.2** ***afgelegen*** **0.3** ***gereserveerd*** ⇒*terughoudend* **0.4** ⟨vaak overtr. trap⟩ ***gering*** ⇒*flauw* **0.5** ***afwezig*** ⇒*verstrooid* ◆ **1.1** ~ control *afstandsbediening;* a ~ cousin *een verre neef;* the ~ past / future *het verre verleden / de verre toekomst* **1.4** I haven't the ~st idea *ik heb er geen flauw benul v.* **6.1** considerations ~ **from** the subject *overwegingen die weinig met het onderwerp te maken hebben.*

remould[1], ⟨AE sp.⟩ **remold** [rie:moold] ⟨zn.⟩ **0.1** ***gecoverde (auto)band*** ⇒*remouldband.*

remould[2], ⟨AE sp.⟩ **remold** [rie:moold] ⟨ww.⟩ **0.1** ***opnieuw vormen / gieten*** **0.2** ***coveren*** ⟨band⟩.

remount [rie:maunt] **I** ⟨onov.ww.⟩ **0.1** ***opnieuw opstijgen;***
II ⟨ov.ww.⟩ **0.1** ***opnieuw bestijgen / beklimmen*** **0.2** ***opnieuw inlijsten*** ⟨portret⟩.

removal [rimmoe:vl] **0.1** ***verwijdering*** ⇒*wegruiming* **0.2** ***verplaatsing*** **0.3** ***afzetting*** ⇒*wegzending, overplaatsing* **0.4** ***verhuizing.***

removal van **0.1** ***verhuiswagen.***

remove[1] [rimmoe:v] ⟨zn.⟩ ◆ **6.¶** be but one ~ / a few ~s **from** anarchy *maar één stap / een paar stappen verwijderd zijn v.d. anarchie.*

remove[2] **I** ⟨onov.ww.⟩⟨schr.⟩ **0.1** ***verhuizen*** ⇒*vertrekken;*
II ⟨ov.ww.⟩ **0.1** ***verwijderen*** ⇒*wegnemen, opheffen* ⟨twijfel, vrees⟩; *afnemen* ⟨hoed⟩; *afruimen* ⟨tafel⟩; *uitwissen* ⟨sporen⟩; *schrappen, afvoeren* ⟨v.e. lijst⟩; *op straat zetten* ⟨huurder⟩; *uitnemen, uittrekken* **0.2** ***afzetten*** ⇒*ontslaan, wegzenden* **0.3** ***verhuizen*** ⇒*verplaatsen, overplaatsen, overbrengen* **0.4** ⟨euf.⟩ ***uit de weg ruimen*** ⇒*vermoorden* ◆ **1.3** ~ furniture *meubelen verhuizen* **6.2** ~ s.o. **from** office *iem. uit zijn ambt ontslaan.*

removed [rimmoe:vd] **0.1** ***verwijderd*** ⇒*afgelegen, ver* ◆ **5.¶** a first cousin once / twice ~ *een achterneef / achterachterneef* **6.1** far ~ **from** the truth *ver bezijden de waarheid.*

remover [rimmoe:və] **0.1** ***verhuizer*** **0.2** ***afbijtmiddel*** ⇒*vlekkenwater.*

remuner|ate [rimjoe:nəreet] ⟨zn.: **-ation**⟩⟨schr.⟩ **0.1** ***belonen*** ⇒*lonen* **0.2** ***vergoeden*** ⇒*schadeloosstellen.*

remunerative [rimjoe:nərətiv] **0.1** ***belonend*** ⇒*winstgevend* ◆ **1.1** ~ justice *belonende rechtvaardigheid.*

renaissance [rinneesns] **I** ⟨eig.n.; R-; the; ook attr.⟩⟨gesch.⟩ **0.1** ***renaissance;***
II ⟨telb.zn.⟩ **0.1** ***renaissance*** ⇒*herleving.*

renal [rie:nl] ⟨med.⟩ **0.1** ***nier-.***

rename [rie:neem] **0.1** ***herdopen*** ⇒*een andere naam geven.*

renascent [rinæsnt] ⟨schr.⟩ **0.1** ***herlevend.***

rend [rend]⟨rent, rent [rent]⟩ **0.1** ***scheuren*** ⇒*verscheuren* **0.2** ***ontrukken*** ⇒*uitrukken* **0.3** ***doorklieven*** ⇒*kloven, splijten* **0.4** ***kwellen*** ⇒*verdriet doen* ⟨hart⟩ ◆ **1.2** ~ one's hair *zich de haren uitrukken* **1.3** ⟨fig.⟩ a cry rent the skies/air *een gil doorkliefde de lucht* **5.1** ~ **apart/asunder** *vaneenscheuren.*

render [rendə] **0.1** ***(terug)geven*** ⇒*geven, vergelden; betalen* ⟨tol⟩; *betonen* ⟨gehoorzaamheid⟩; *verlenen, verschaffen* ⟨hulp⟩; *bewijzen* ⟨dienst⟩; *betuigen* ⟨dank⟩; *opgeven* ⟨reden⟩; *voorleggen* ⟨rekening⟩; *afleggen* ⟨rekenschap⟩; *uitbrengen* ⟨verslag⟩; *uitspreken* ⟨vonnis⟩ **0.2** ***overgeven*** ⇒*overleveren* **0.3** ***vertolken*** ⇒*weergeven, spelen; afschilderen* **0.4** ***vertalen*** ⇒*om/overzetten* **0.5** ***maken*** ⇒*veranderen in* ◆ **1.1** account ~ed *blijkens rekening;* ~ good for evil *kwaad met goed vergelden;* services ~ed *bewezen diensten* **1.3** Hamlet was ~ed rather poorly *Hamlet werd nogal zwak vertolkt* **6.4** ~ **into** German *in het Duits vertalen* **¶.1** ⟨sprw.⟩ ~ unto Caesar the things that are Caesar's *geef de keizer wat de keizer toekomt en God wat God toekomt.*

rendering [rendring] **0.1** ***vertolking*** ⇒*weergave* **0.2** ***vertaling.***

rendezvous[1] [rondivvoe:, -dee-]⟨zn.; mv.: rendezvous [-voe:z]⟩ **0.1** ***rendez-vous*** ⇒*ontmoeting(splaats);* ⟨mil.⟩ *verzamelplaats.*

rendezvous[2] ⟨ww.; rendezvoused [rondivvoe:d, -dee-], rendezvousing [-voe:ing]⟩ **0.1** ***samenkomen*** ⇒*zich verzamelen, afspreken.*

rendition [rendisjn] **0.1** ***vertolking*** ⇒*voorstelling* **0.2** ***vertaling*** **0.3** ***teruggave.***

renegade[1] [rennigeed] ⟨zn.⟩ **0.1** ***renegaat*** ⇒*afvallige; overloper.*

renegade[2] ⟨bn.⟩ **0.1** ***afvallig.***

renege[1] [rinnie:g, rinneeg] ⟨zn.⟩ ⟨kaartspel⟩ **0.1** ***verzaking.***

renege[2] ⟨ww.⟩ **0.1** ***een belofte verbreken*** **0.2** ⟨kaartspel⟩ ***verzaken*** ◆ **6.1** ⟨inf.⟩ ~ **on** one's word *zijn woord breken.*

renew [rinjoe:] **0.1** ***vernieuwen*** ⇒*hernieuwen, oplappen* ⟨jas⟩; *verversen, bijvullen* ⟨water⟩; *versterken* ⟨garnizoen⟩; *vervangen* ⟨banden⟩ **0.2** ***doen herleven*** ⇒*verjongen* **0.3** ***hervatten*** ⇒*weer opnemen* ⟨conversatie⟩; *herhalen* **0.4** ***verlengen*** ⟨contract⟩ **0.5** ***prolongeren*** ⟨wissel⟩.

renewab|le [rinjoe:əbl] ⟨-ly⟩ **0.1** ***vernieuwbaar*** ⇒*herwinbaar, recycleerbaar* **0.2** ***verlengbaar*** ◆ **1.1** ~ energy *zonne- en windenergie.*

renewal [rinjoe:əl] **0.1** ***vernieuwing*** ⇒*vervanging* **0.2** ***verlenging.***

rennet [rennit] **0.1** ***stremsel*** ⇒*leb.*

renounce [rinnauns] **0.1** ***afstand doen v.*** ⇒*opgeven, laten varen* **0.2** ***niet langer erkennen*** ⇒*verloochenen, verstoten* ⟨kind⟩ ◆ **1.1** ~ the world *de wereld vaarwel zeggen.*

renov|ate [rennəveet] ⟨zn.: **-ation**⟩ **0.1** ***vernieuwen*** ⇒*opknappen, renoveren, verbouwen* **0.2** ***doen herleven.***

renown [rinnaun] **0.1** ***faam*** ⇒*roem, vermaardheid* ◆ **6.1** a town **of** (great/high) ~ *een (zeer) vermaarde stad.*

renowned [rinnaund] **0.1** ***vermaard*** ⇒*beroemd.*

rent[1] [rent] ⟨zn.; in bet. 0.1 en 0.2 meestal enk.⟩ **0.1** ***huur*** ⇒*pacht* **0.2** ⟨ec.⟩ ***(meer)opbrengst v. landbouwgrond*** **0.3** ***scheur(ing)*** ⇒*kloof, barst; tweespalt, schisma* ◆ **2.1** free of ~ *pachtvrij* **2.2** economic ~ *(meer)opbrengst v. landbouwgrond* **6.1** ⟨AE⟩ **for** ~ *te huur.*

rent[2] **I** ⟨onov.ww.⟩ **0.1** ***verhuurd worden*** ◆ **6.1** this flat ~s **at/for** $150 a month *de huurprijs v. deze flat is $150 per maand;*
II ⟨ov.ww.⟩ **0.1** ***huren*** **0.2** ⟨vaak +out⟩ ***verhuren.***

rent[3] ⟨verl. t. en volt. deelw.⟩ →**rend.**

rental [rentl] **0.1** ***huuropbrengst*** **0.2** ***huur/pacht(geld)*** **0.3** ⟨AE⟩ ***het gehuurde*** ⇒*het verhuurde* ⟨bv. huurhuis⟩.

rent arrears **0.1** ***achterstallige huur.***

rent boy ⟨BE; sl.⟩ **0.1** ***schandknaap*** ⇒*homohoer.*

rent collector **0.1** ***huurophaler.***

rent-free **0.1** ***pachtvrij.***

rent rebate ⟨BE⟩ **0.1** ***huurrabat.***

rent-roll **0.1** ***huuropbrengst.***

renunciation [rinnunsie·eesjn] **0.1** ***afstand*** ⇒*verwerping, verstoting* **0.2** ***zelfverloochening.***

reopen [rie:·oopən] **0.1** ***opnieuw opengaan/openen*** ⇒*weer beginnen, heropenen* ⟨v. winkel e.d.⟩ **0.2** ***hervatten*** ⟨discussie⟩.

reorder [rie:·o:də] **0.1** ***nabestellen*** ⇒*bijbestellen* **0.2** ***herschikken*** ⇒*reorganiseren.*

reorgan|ize, -ise [rie:·o:gənajz] ⟨zn.: **-ization**⟩ **0.1** ***reorganiseren*** **0.2** ⟨ec.⟩ ***saneren.***

rep, ⟨in bet. 0.3 ook⟩ **repp** [rep] **0.1** ⟨verk.⟩ [representative] ⟨inf.⟩ ***handelsreiziger*** ⇒*vertegenwoordiger* **0.2** ⟨verk.⟩ [repertory] ⟨inf.⟩ ***repertoiregezelschap/theater*** **0.3** ***rips.***

repaint [rie:peent] **0.1** ***opnieuw schilderen*** ⇒*overschilderen.*

repair[1] [rippeə] ⟨zn.⟩ **0.1** ***herstelling*** ⇒*reparatie, herstel* ◆ **1.1** be in need of ~ *dringend hersteld moeten worden* **2.1** in (a) good (state of) ~ *in goede toestand, goed onderhouden* **6.1** **beyond** ~ *niet te herstellen;* closed **during** ~s *gesloten wegens herstelwerkzaamheden;* **under** ~ *in reparatie.*

repair[2] **I** ⟨onov.ww.⟩ **0.1** ***hersteld/gemaakt kunnen worden*** **0.2** ⟨+to; schr.⟩ ***zich begeven (naar)*** ◆ **1.1** this shirt won't ~ *dit hemd kan niet meer gemaakt worden;*
II ⟨ov.ww.⟩ **0.1** ***herstellen*** ⇒*repareren* **0.2** ⟨schr.⟩ ***vergoeden*** ⇒*(weer) goedmaken.*

repairable [rippeərəbl] **0.1** ***herstelbaar*** ⇒*te herstellen.*

repairer [rippeərə] **0.1** ***hersteller*** ⇒*reparateur.*

repair|man [rippeəmən] ⟨mv.: -men [-mən]⟩ ⟨AE⟩ **0.1** ***hersteller*** ⇒*reparateur* ⟨vnl. mechanisch⟩.

reparable [reprəbl] **0.1** ***herstelbaar*** ⇒*te herstellen, (goed) te maken.*

reparation [reppəreesjn] **0.1** ***herstel(ling)*** ⇒*reparatie* **0.2** ***vergoeding*** ⇒*schadeloosstelling;* ⟨mv.⟩ *herstelbetaling.*

repartee [reppa:tie:] **0.1** ***gevatte/snedige repliek*** ⇒*gevatheid.*

repast [rippa:st] ⟨schr.⟩ **0.1** ***maaltijd.***

repatriate[1] [ripætriət] ⟨zn.⟩ **0.1** ***gerepatrieerde.***

repatri|ate[2] [rie:pætrie·eet] ⟨ww.; zn.: **-ation**⟩ **0.1** ***repatriëren.***

repay [rippee] **0.1** ***terugbetalen*** ⇒*aflossen* **0.2** ***beantwoorden*** **0.3** ***vergoeden*** ⇒*goedmaken* **0.4** ***betaald zetten*** ◆ **6.2** ~ kindness **by/with** ingratitude *goedheid met ondankbaarheid beantwoorden* **6.3** ~ s.o. **for** his generosity *iem. voor zijn edelmoedigheid belonen.*

repayable [rippeeəbl] **0.1** ***terug te betalen*** ⇒*te vergoeden.*

repayment [rippeemənt] **0.1** ***terugbetaling*** ⇒*aflossing* **0.2** ***vergoeding*** ⇒*vergelding, beloning.*

repeal[1] [rippie:l] ⟨zn.⟩ **0.1** ***herroeping*** ⇒*afschaffing, intrekking.*

repeal[2] ⟨ww.⟩ **0.1** ***herroepen*** ⇒*afschaffen, intrekken.*

repeat[1] [rippie:t] ⟨zn.⟩ **0.1** ***herhaling*** **0.2** ***heruitzending*** **0.3** ⟨ec.⟩ ***nabestelling.***

repeat[2] **I** ⟨onov.ww.⟩ **0.1** ***zich herhalen*** ⇒*terugkeren* **0.2** ***repeteren*** ⟨bv. uurwerk, vuurwapen⟩ ◆ **1.2** ~ing decimal *repeterende breuk;* ~ing rifle *repeteergeweer* **4.1** history ~s itself *de geschiedenis herhaalt zich;*
II ⟨ov.ww.⟩ **0.1** ***herhalen*** **0.2** ***nazeggen*** ⇒*navertellen* **0.3** ***opzeggen*** ⇒*voordragen* ⟨gedicht⟩ ◆ **1.1** ~ a course/year *blijven zitten* ⟨op school⟩; ~ an order *nabestellen* **3.2** such language will not bear ~ing *zulke taal laat zich niet herhalen* **5.¶** not, ~ not *zeer zeker niet.*

repeated [rippie:tid] **0.1** ***herhaald.***
repeatedly [rippie:tidlie] **0.1** ***herhaaldelijk*** ⇒*steeds weer, telkens.*
repeater [rippie:tə] **0.1** ***repeteergeweer*** **0.2** ***repetitiehorloge.***
repeat order ⟨ec.⟩ **0.1** ***nabestelling.***
repêchage [reppəsja:zj] ⟨roeisport⟩ **0.1** ***herkansing.***
repel [rippel] ⟨-led⟩ **I** ⟨onov.ww.⟩ **0.1** ***afkeer opwekken;***
II ⟨ov.ww.⟩ **0.1** ***afweren*** ⇒*terugdrijven, afslaan* ⟨aanbod, aanval(ler)⟩; *afstoten* ⟨vocht⟩; *afwijzen* ⟨verzoek⟩; *verwerpen* ⟨suggestie⟩; *weerstaan* ⟨bekoring⟩ **0.2** ***afkeer opwekken bij*** ◆ **1.2** that man ~s me *ik walg v. die man.*
repellent[1] [rippellənt] ⟨zn.⟩ **0.1** ***afweermiddel*** ⇒⟨vnl.⟩ *insectenwerend middel* **0.2** ***waterafstotend middel.***
repellent[2] ⟨bn.⟩ **0.1** ***afwerend*** ⇒*afstotend* **0.2** ***weerzinwekkend*** ⇒*walgelijk* **0.3** ***onaantrekkelijk.***
repent [rippent] ⟨schr.⟩ **0.1** ***berouw hebben (over)*** ⇒*berouwen.*
repentance [rippentəns] **0.1** ***berouw.***
repentant [rippentənt] **0.1** ***berouwvol.***
repercussion [rie:pəkusjn] **0.1** ⟨vaak mv.⟩ ***terugslag*** ⇒*(onaangename) reactie, repercussie* **0.2** ***weerkaatsing*** ⇒ *echo* **0.3** ***terugstoot.***
repertoire [reppətwa:] **0.1** ***repertoire*** ⟨ook fig.⟩.
repertory [reppətrie] **0.1** ***repertoire*** **0.2** ***repertoiregezelschap/theater.***
repertory company **0.1** ***repertoiregezelschap.***
repertory theatre **0.1** ***repertoiretheater.***
repetition [reppittisjn] **0.1** ***herhaling*** ⇒*repetitie.*
repetitious [reppittisjəs] ⟨-ness⟩⟨vnl. pej.⟩ **0.1** ***(zich) herhalend*** ⇒*herhaald, monotoon.*
repetitive [rippettittiv] ⟨-ness⟩ **0.1** ***(zich) herhalend*** ⇒*herhaald, herhalings-.*
rephrase [rie:freez] **0.1** ***herformuleren*** ⇒*anders uitdrukken.*
repine [rippajn] **0.1** ***morren*** ⇒*klagen* ◆ **6.1** ~ **against/at** sth. *over iets mopperen.*
replace [riplees] **0.1** ***terugplaatsen*** ⇒*terugleggen, terugzetten* **0.2** ***vervangen*** ⇒*in de plaats stellen* **0.3** ***de plaats innemen v.*** ⇒*verdringen* ◆ **1.1** ~ the receiver *de hoorn neerleggen* ⟨v. telefoon⟩ **6.3** coal has been ~d **by/with** oil *olie heeft de plaats ingenomen v. steenkool.*
replaceable [ripleesəbl] **0.1** ***vervangbaar*** ⇒*te vervangen.*
replacement [ripleesmənt] **0.1** ***vervanging*** **0.2** ***vervanger*** ⇒*plaatsvervanger* ⟨vnl. mil.⟩; *opvolger* **0.3** ***vervangstuk*** ⇒ *nieuwe aanvoer, versterking* ⟨vnl. mil.⟩.
replacement cost ⟨ec.⟩ **0.1** ***vervangingswaarde*** ⇒*nieuwwaarde.*
replay[1] [rie:plee] ⟨zn.⟩ **0.1** ***terugspeelknop*** ⟨v. recorder⟩ **0.2** ⟨sport⟩ ***overgespeelde wedstrijd*** **0.3** ***herhaling*** ⟨v. opname⟩.
replay[2] [rie:plee] ⟨ww.⟩ **0.1** ***opnieuw spelen*** ⇒*overspelen* **0.2** ***terugspelen*** ⇒*herhalen.*
replenish [riplennisj] ⟨zn.: **-ment**⟩ **0.1** ***weer vullen*** ⇒*aanvullen, bijvullen.*
replete [riplie:t] ⟨schr.⟩ **0.1** ⟨+ with⟩ ***vol (van)*** ⇒*gevuld, volgepropt.*
repletion [riplie:sjn] ⟨schr.⟩ **0.1** ***volheid*** ⇒*verzadiging* ◆ **6.1** eat **to** ~ *zich overeten;* filled **to** ~ *barstensvol.*
replica [replikkə] **0.1** ***replica*** ⟨kopie door kunstenaar zelf⟩ **0.2** ***reproductie*** ⇒*facsimile;* ⟨fig.⟩ *evenbeeld.*
replicate [replikkeet] **0.1** ***herhalen*** **0.2** ***een kopie maken van.***
repl|y[1] [riplaj] ⟨zn.; mv.: -ies⟩ **0.1** ***antwoord*** ⇒*repliek* ⟨ook jur.⟩ ◆ **3.1** make a ~ *een antwoord geven* **6.1** **in** ~ **to** your letter *in antwoord op uw brief.*
repl|y[2] ⟨ww.; -ied⟩ **0.1** ***antwoorden*** ◆ **6.1** ~ **to** *antwoorden op, beantwoorden.*
reply-paid **0.1** ***met betaald antwoord*** ◆ **1.1** ~ envelope/letter/postcard *antwoordenvelop(pe)/brief/kaart;* ~ telegram *antwoordtelegram.*
repoint [rie:pojnt] **0.1** ***opnieuw voegen*** ⟨muur⟩.
report[1] [rippo:t] **I** ⟨telb.zn.⟩ **0.1** ***rapport*** ⇒*verslag, bericht* **0.2** ***knal*** ⇒*slag, schot* **0.3** ***schoolrapport*** **0.4** ⟨vnl. mv.; jur.⟩ ***(juridisch) verslag;***
II ⟨telb. en n.-telb.zn.⟩ **0.1** ***gerucht*** ⇒*praatje(s)* ◆ **3.1** the ~ goes that ..., ~ has it that ... *het gerucht doet de ronde dat* ... **6.1** **by** mere ~ *alleen v. horen zeggen;*
III ⟨n.-telb.zn.⟩⟨schr.⟩ **0.1** ***faam*** ⇒*reputatie* ◆ **2.1** be of good ~ *te goeder naam en faam bekend zijn.*
report[2] **I** ⟨onov.ww.⟩ **0.1** ***verslag uitbrengen*** ⇒*verslag doen, rapport opstellen* **0.2** ***zich aanmelden*** ⇒*verantwoording afleggen* **0.3** ***schrijven*** ⟨voor een dagblad⟩ ⇒ *verslaggever zijn* ◆ **5.1** ~ **back** *verslag komen uitbrengen* **6.1** ~ **(up)on** sth. *over iets verslag uitbrengen* **6.2** ~ (o.s.) **to** s.o. **for** duty/work *zich bij iem. voor de dienst/het werk aanmelden;*
II ⟨ov.ww.⟩ **0.1** ***rapporteren*** ⇒*berichten, melden* **0.2** ***opschrijven*** ⇒*noteren, samenvatten* ⟨verslagen, handelingen⟩ **0.3** ***rapporteren*** ⇒*doorvertellen* ◆ **1.1** ⟨BE⟩ ~ progress *over de stand v. zaken berichten* **4.1** it is ~ed that ... *naar verluidt* ... **5.1** ~ **back** sth. *verslag uitbrengen over iets* **6.3** ~ s.o. **to** the police *iem. bij de politie aangeven.*
reportage [rippo:tidzj, reppo:ta:zj] **0.1** ***reportage*** ⇒*verslag, het verslaan* **0.2** ***dagbladstijl*** ⇒*reportagestijl.*
report card ⟨AE⟩ **0.1** ***(school)rapport.***
reportedly [rippo:tidlie] **0.1** ***naar verluidt*** ⇒*naar men zegt.*
reporter [rippo:tə] **0.1** ***reporter*** ⇒*verslaggever* **0.2** ⟨jur., pol.⟩ ***rapporteur*** **0.3** ***stenograaf*** ⟨in parlement/gerechtshof⟩.
repose[1] [rippooz] ⟨zn.⟩⟨schr.⟩ **0.1** ***rust*** ⇒*slaap, ontspanning* **0.2** ***kalmte*** ⇒*gemoedsrust* ◆ **6.1** **in** ~ *uitgestreken, onbewogen* ⟨v. gezicht⟩.
repose[2] ⟨schr.⟩ **I** ⟨onov.ww.⟩ **0.1** ***rusten*** ⇒*uitrusten;* ⟨euf.⟩ *begraven liggen* **0.2** ⟨+ on⟩ ***berusten (op)*** ⇒*steunen;*
II ⟨ov.ww.⟩ **0.1** ***laten (uit)rusten*** ⇒*rust geven* **0.2** ***stellen*** ⇒*vestigen* ⟨vertrouwen, hoop⟩ ◆ **6.2** ~ confidence/trust **in** sth. *vertrouwen stellen in iets.*
reposeful [rippoozfl] **0.1** ***rustig*** ⇒*kalm.*
repositor|y [rippozzitrie] ⟨mv.: -ies⟩ **0.1** ***magazijn*** ⇒*pakhuis, opslagplaats* **0.2** ***vertrouweling*** ⇒*drager* ⟨v. geheim⟩ **0.3** ***schatkamer*** ⟨fig.⟩ ⇒*bron, centrum* ⟨v. informatie⟩.
repossess [rie:pəzes] **0.1** ***weer in bezit nemen*** ⇒⟨ihb.⟩ *terugnemen* ⟨door bank/winkel v. op lening/afbetaling gekochte goederen⟩.
repot [rie:pot] ⟨-ted⟩ **0.1** ***verpotten*** ⟨plant⟩.
rep(p) [rep] **0.1** ***rips.***
reprehend [reprihhend] ⟨schr.⟩ **0.1** ***berispen*** ⇒*terechtwijzen.*
reprehensib|le [reprihhensəbl] ⟨-ly⟩ **0.1** ***berispelijk*** ⇒*laakbaar.*
represent [reprizzent] **0.1** ***voorstellen*** ⇒*weergeven, afbeelden* **0.2** ***voorhouden*** ⇒*onder het oog brengen* **0.3** ***aanvoeren*** ⇒*beweren, voorgeven, meedelen* **0.4** ***verklaren*** ⇒ *uitleggen, duidelijk maken* **0.5** ***symboliseren*** ⇒*staan voor, betekenen* **0.6** ***vertegenwoordigen*** ◆ **4.3** ~ o.s. as *zich uitgeven voor.*
re-present [rie:prizzent] **0.1** ***opnieuw aanbieden/voorleggen.***
representation [reprizzenteesjn] **0.1** ***voorstelling*** ⇒*af/uit-*

beelding, opvoering **0.2** ***vertegenwoordiging*** **0.3** ⟨vaak mv.⟩ ***protest*** **0.4** ***verklaring*** ⇒*bedenking, bewering* ◆ **3.3** make ~s to s.o. about sth. *over iets protest aantekenen bij iem.* **6.2** ⟨pol.⟩ no taxation **without** ~ *zonder vertegenwoordiging (in het parlement) geen belastingen.*

representational [reprizzenteesjnəl] **0.1** ***veraanschouwelijkend*** ⇒*representatief* ◆ **1.1** ~ art *voorstellingskunst, representatieve kunst.*

representative[1] [reprizzentətiv] ⟨zn.⟩ **0.1** ***vertegenwoordiger*** ⇒*agent* **0.2** ***afgevaardigde*** ⇒*gedelegeerde, gemachtigde* **0.3** ***volksvertegenwoordiger*** ◆ **1.3** ⟨AE⟩ House of Representatives *Huis v. Afgevaardigden.*

representative[2] ⟨bn.⟩ **0.1** ***representatief*** ⇒*typisch* **0.2** ***voorstellend*** ⇒*afbeeldend, symboliserend* **0.3** ⟨pol.⟩ ***vertegenwoordigend*** ⇒*uit volksvertegenwoordigers samengesteld* ◆ **6.¶** be ~ **of** *typisch/representatief zijn voor.*

repress [ripres] **0.1** ***onderdrukken*** ⟨ook fig.⟩ ⇒*verdrukken, in bedwang/toom houden; smoren* **0.2** ⟨psych.⟩ ***verdringen.***

repressed [riprest] **0.1** ***onderdrukt*** **0.2** ⟨psych.⟩ ***verdrongen.***

repression [ripresjn] **0.1** ***onderdrukking*** ⇒*verdrukking* **0.2** ⟨psych.⟩ ***verdringing.***

repressive [ripressiv] ⟨-ness⟩⟨pej.⟩ **0.1** ***repressief*** ⇒*onderdrukkend, verdrukkend; hardvochtig en wreed* ⟨v. regime⟩.

reprieve[1] [riprie:v] ⟨zn.⟩ **0.1** ***(bevel tot) uitstel*** ⇒*opschorting* ⟨v. doodstraf⟩ **0.2** ***kwijtschelding*** ⇒*gratie, omzetting* ⟨v. doodstraf⟩ **0.3** ***respijt*** ⇒*verlichting, verademing* ◆ **2.3** temporary ~ *(voorlopig) uitstel v. executie.*

reprieve[2] ⟨ww.⟩ **0.1** ***uitstel/gratie/opschorting verlenen*** ⟨v. doodstraf⟩ **0.2** ***respijt geven*** ⟨fig.⟩ ⇒*een adempauze geven.*

reprimand[1] [reprimma:nd] ⟨zn.⟩ **0.1** ***(officiële) berisping*** ⇒ *uitbrander.*

reprimand[2] ⟨ww.⟩ **0.1** ***(officieel) berispen*** ⇒*laken.*

reprint[1] [rie:print] ⟨zn.⟩ **0.1** ***overdruk(je)*** **0.2** ***herdruk.***

reprint[2] [rie:print] **I** ⟨onov.ww.⟩ **0.1** ***in herdruk zijn*** ◆ **1.1** this book is ~ing *dit boek is in herdruk;*
II ⟨ov.ww.⟩ **0.1** ***herdrukken.***

reprisal [riprajzl] ⟨vaak mv. met enk. bet.⟩ **0.1** ***represaille*** ⇒ *vergelding(smaatregel)* ◆ **3.1** make ~s (up)on s.o. *represaillemaatregelen nemen tegen iem.* **6.1** **as** a ~, **by** way of ~, **in** ~ *als represaille.*

reprisal attack, reprisal raid **0.1** ***vergeldingsactie.***

reproach[1] [riprootsj] ⟨zn.⟩ **0.1** ***schande*** ⇒*smaad, blaam* **0.2** ***verwijt*** ⇒*uitbrander, berisping* ◆ **1.2** a look of ~ *een verwijtende blik* **6.1** **above/beyond** ~ *onberispelijk, perfect;* that's a ~ **to** our town *dat is een schande voor onze stad.*

reproach[2] ⟨ww.⟩ **0.1** ***verwijten*** ⇒*berispen, afkeuren* ◆ **4.1** I have nothing to ~ myself with *ik heb mezelf niets te verwijten* **6.1** she ~ed him **for** being false *zij verweet hem zijn valsheid.*

reproachful [riprootsjfl] ⟨-ly⟩ **0.1** ***verwijtend.***

reprobate [reprəbeet] **0.1** ⟨bn.; vaak scherts.⟩ ***verdorven*** **0.2** ⟨bn.; rel.⟩ ***verdoemd*** **0.3** ⟨zn.; vaak scherts.⟩ ***onverlaat*** **0.4** ⟨zn.; rel.⟩ ***verdoemde.***

reprobation [reprəbeesjn] **0.1** ***afkeuring*** ⇒*berisping* **0.2** ⟨rel.⟩ ***verdoeming*** ⇒*verdoemenis.*

reprocess [rie:prooses] **0.1** ***recyclen*** ⇒*terugwinnen, opwerken* ⟨splijtstof⟩.

reproduce [rie:prədjoe:s] **I** ⟨onov.ww.⟩ **0.1** ***zich voortplanten*** ⇒*zich vermenigvuldigen* **0.2** ***zich lenen voor reproductie;***
II ⟨ov.ww.⟩ **0.1** ***weergeven*** ⇒*reproduceren, vermenigvuldigen* **0.2** ***voortbrengen*** **0.3** ***opnieuw/weer voortbrengen*** ⇒*herscheppen;* ⟨biol.⟩ *regenereren.*

reproducer [rie:prədjoe:sə] **0.1** ***reproductieapparaat*** ⟨platenspeler e.d.⟩.

reproducible [rie:prədjoe:səbl] **0.1** ***reproduceerbaar*** ⇒ *herhaalbaar.*

reproduction [rie:prəduksjn] **0.1** ***reproductie*** ⇒*weergave, afbeelding* **0.2** ***voortplanting.***

reproductive [rie:prəduktiv] **0.1** ***reproductief*** **0.2** ***voortplantings-*** **0.3** ⟨biol.⟩ ***reproducerend*** ⇒*regeneratief, regenererend* ◆ **1.2** ~ organs *voortplantingsorganen.*

reproof [riproe:f], **reproval** [riproe:vl] ⟨schr.⟩ **0.1** ***berisping*** ⇒*verwijt* ◆ **1.1** a glance of ~ *een verwijtende blik.*

re-proof [rie:proe:f] **0.1** ***weer waterdicht maken.***

reprove [riproe:v] ⟨schr.⟩ **0.1** ***berispen*** ⇒*terechtwijzen* ◆ **6.1** ~ s.o. **for** sth. *iem. om iets berispen.*

reproving [riproe:ving] ⟨schr.⟩ **0.1** ***berispend*** ⇒*verwijtend.*

reptile [reptajl] **0.1** ***reptiel*** **0.2** ***(lage) kruiper*** ⟨fig.⟩.

reptilian [reptilliən] **0.1** ⟨bn.⟩ ***reptiel-*** ⇒⟨vaak ook scherts.⟩ *als een reptiel* **0.2** ⟨bn.⟩ ***kruiperig*** ⇒*laag, gemeen* **0.3** ⟨zn.⟩ ***reptiel.***

republic [rippublik] **0.1** ***republiek*** ⟨ook fig.⟩.

republican [rippublikkən] **0.1** ⟨bn.⟩ ***republikeins*** **0.2** ⟨bn.; R-; AE⟩ ***Republikeins*** ⇒*v.d. Republikeinse Partij* **0.3** ⟨zn.⟩ ***republikein*** **0.4** ⟨zn.; R-; AE⟩ ***Republikein*** ⟨lid v.d. Republikeinse Partij⟩.

republicanism [rippublikkənizm] **0.1** ***republicanisme*** **0.2** ⟨R-; AE⟩ ***republikeinse gezindheid/politiek.***

repudi|ate [ripjoe:die·eet] ⟨zn.: **-ation**⟩ **0.1** ***verstoten*** ⟨vrouw, kind⟩ **0.2** ***verwerpen*** ⇒*niet erkennen* ⟨schuld e.d.⟩; *afwijzen, ontkennen* ⟨beschuldiging⟩.

repugnance [rippugnəns] **0.1** ***afkeer*** ⇒*weerzin* ◆ **6.1** feel ~ **against/towards** sth. *weerzin voelen tegen iets.*

repugnant [rippugnənt] **0.1** ***weerzinwekkend*** ◆ **6.1** it's ~ **to** me *ik walg ervan.*

repulse[1] [rippuls] ⟨zn.⟩ **0.1** ***terugdrijving*** **0.2** ***afwijzing*** ⇒ *weigering, verwerping* ◆ **3.2** meet with a ~ *afgeslagen worden;* ⟨fig.⟩ *een blauwtje lopen.*

repulse[2] ⟨ww.⟩ **0.1** ***terugdrijven*** ⇒*terugslaan* ⟨vijand⟩; *afslaan* ⟨aanval⟩; ⟨fig.⟩ *verijdelen* **0.2** ***afslaan*** ⇒*afwijzen* ⟨hulp, aanbod⟩.

repulsion [rippulsjn] ⟨geen mv.⟩ **0.1** ***tegenzin*** ⇒*afkeer, walging* **0.2** ⟨nat.⟩ ***afstoting*** ◆ **3.1** feel (a) ~ for s.o. *een afkeer v. iem. hebben.*

repulsive [rippulsiv] ⟨-ness⟩ **0.1** ***afstotend*** ⇒*weerzinwekkend, walgelijk* **0.2** ⟨nat.⟩ ***repulsief*** ⇒*afstotend.*

reputab|le [repjoetəbl] ⟨-ly⟩ **0.1** ***achtenswaardig*** ⇒*fatsoenlijk.*

reputation [repjoeteesjn] **0.1** ***reputatie*** ⇒*(goede) naam, faam* ◆ **3.1** ⟨iron.⟩ have a ~ *een slechte reputatie hebben;* justify one's ~, live up to one's ~ *zijn naam eer aandoen* **6.1** have the ~ **for/of** being corrupt *de naam hebben corrupt te zijn.*

repute[1] [ripjoe:t] ⟨zn.⟩ **0.1** ***reputatie*** ⇒*(goede) naam, faam* ◆ **2.1** be held in high ~ *hoog aangeschreven staan* **6.1** know s.o. **by** ~ *iem. kennen v. horen zeggen.*

repute[2] ⟨ww.⟩⟨vnl. pass.⟩ **0.1** ***beschouwen (als)*** ⇒*houden voor* ◆ **2.1** be ~d (to be) rich *voor rijk doorgaan* **5.1** be well/highly ~d *een goede/zeer goede naam hebben.*

reputed [ripjoe:tid] **0.1** ***befaamd*** **0.2** ***vermeend*** ◆ **1.2** her ~ father *haar vermeende vader.*

reputedly [ripjoe:tidlie] **0.1** ***naar men zegt*** ⇒*naar het heet.*

request[1] [rikwest] ⟨zn.⟩ **0.1** ***verzoek*** ⇒*(aan)vraag* ◆ **3.1** grant a ~ *een verzoek inwilligen;* make a ~ for help *om hulp verzoeken* **6.1** **at** the ~ of *op verzoek v.;* be **in** great ~, be much **in** ~ *veel gevraagd/populair zijn;* **on** ~ *op verzoek.*

request[2] ⟨ww.⟩ **0.1** ***verzoeken*** ⇒*vragen (om)* ◆ **3.1** it is ~ed not to smoke *men wordt verzocht niet te roken* **6.1** ~ sth. **from / of** s.o. *iem. om iets verzoeken.*
request programme **0.1** ***verzoekprogramma*** ⟨radio⟩.
request stop **0.1** ***halte op verzoek.***
requiem (mass) [rekwiəm] **0.1** ***requiem*** ⇒*dodenmis* **0.2** ***klaagzang*** ⇒*lijkzang.*
require [rikwajjə] **0.1** ***nodig hebben*** ⇒*behoeven* **0.2** ⟨schr.⟩ ***vereisen*** ⇒*eisen, vorderen* ◆ **1.1** it ~d all his authority to ... *hij had al zijn gezag nodig om ...* **3.2** ~d reading *verplichte lectuur* **6.2** ~ sth. **from / of** s.o. *iets v. iem. vereisen.*
requirement [rikwajjəmənt] **0.1** ***eis*** ⇒*(eerste) vereiste* **0.2** ***behoefte*** ⇒*benodigdheid* ◆ **3.1** meet / fulfil the ~s *aan de vereisten / voorwaarden voldoen.*
requisite [rekwizzit] **0.1** ⟨bn.⟩ ***vereist*** ⇒*essentieel, nodig* **0.2** ⟨zn.⟩ ***vereiste*** **0.3** ⟨zn.; vaak mv.⟩ ***rekwisiet*** ⇒*benodigdheid.*
requisition[1] [rekwizzisjn] ⟨zn.⟩ **0.1** ***(op)vordering*** ⇒*eis, oproep(ing);* ⟨mil.⟩ *rekwisitie* **0.2** ***uitleveringsverzoek*** ◆ **6.1** ⟨fig.⟩ be **in / under** constant / continual ~ *voortdurend ingezet / nodig zijn.*
requisition[2] ⟨ww.⟩ ⟨vnl. mil.⟩ **0.1** ***rekwireren*** ⇒*(op)vorderen.*
requital [rikwajtl] **0.1** ***vergelding*** ⇒*(weer)wraak* **0.2** ***beloning*** ⇒*vergoeding, schadeloosstelling* ◆ **6.1** **in** ~ **for / of** *uit wraak voor* **6.2** **in** ~ **for / of** *als beloning, in ruil voor.*
requite [rikwajt] **0.1** ***vergelden*** ⇒*betaald zetten, wreken* **0.2** ***belonen*** **0.3** ***beantwoorden*** ◆ **1.3** ~ s.o.'s love *iemands liefde beantwoorden.*
reread [rie:rie:d] **0.1** ***herlezen*** ⇒*overlezen.*
reredos [riədos] **0.1** ***retabel*** ⇒*altaarstuk.*
reroute [rie:roe:t] **0.1** ***langs een andere route sturen.***
rerun[1] [rie:run] ⟨zn.⟩ **0.1** ***herhaling*** ⇒*reprise* ⟨v. film, toneelstuk e.d.⟩.
rerun[2] [rie:run] ⟨ww.⟩ **0.1** ***opnieuw (laten) spelen*** ⇒*herhalen* ⟨film, tv-programma⟩.
resale price maintenance ⟨hand.⟩ **0.1** ***verticale prijsbinding.***
reschedule [rie:sjedjoe:l] **0.1** ***herschikken*** ◆ **1.1** rescheduling of debts *herschikking v.d. schulden(last).*
rescind [rissind] **0.1** ***herroepen*** ⇒*afschaffen, intrekken.*
rescript [rie:skript] **0.1** ***rescript*** ⟨schriftelijk stuk v. vorst, minister of paus⟩ **0.2** ***edict*** ⇒*decreet.*
rescue[1] [reskjoe:] ⟨zn.⟩ **0.1** ***redding*** ⇒*verlossing, bevrijding* **0.2** ***hulp*** ⇒*bijstand, steun* ◆ **6.2** come / go **to** s.o.'s ~ / **to** the ~ of s.o. *iem. te hulp komen / snellen.*
rescue[2] ⟨ww.⟩ **0.1** ***redden*** ⇒*verlossen, bevrijden* ◆ **6.1** ~ s.o. **from** drowning *iem. v.d. verdrinkingsdood redden.*
rescue operation **0.1** ***reddingsoperatie.***
rescue-party **0.1** ***reddingsbrigade.***
rescue plan **0.1** ***reddingsplan.***
rescuer [reskjoe:ə] **0.1** ***redder.***
rescue team **0.1** ***reddingsploeg.***
rescue worker **0.1** ***reddingswerker.***
research[1] [rissə:tsj] ⟨zn.⟩ **0.1** ***(wetenschappelijk) onderzoek*** ⇒*onderzoekingswerk* ◆ **6.1** be engaged **in** ~ **on** sth., carry out a ~ / ~es **into** sth. *wetenschappelijk onderzoek verrichten naar iets.*
research[2] ⟨ww.⟩ **0.1** ***onderzoekingen doen*** ⇒*wetenschappelijk werk verrichten; wetenschappelijk onderzoeken* ◆ **5.1** this book has been well ~ed *dit boek berust op gedegen onderzoek.*
research centre **0.1** ***onderzoekscentrum.***
researcher [rissə:tsjə] **0.1** ***onderzoeker.***
research programme **0.1** ***onderzoeksprogramma.***
research student, ⟨AE⟩ **research assistant** **0.1** ***aio*** ⇒*promovendus.*
reseat [rie:sie:t] **0.1** ***v.e. nieuwe zitting voorzien*** ⟨stoel⟩ **0.2** ***een nieuw kruis zetten in*** ⟨broek⟩ **0.3** ***weer doen neerzitten.***
resemblance [rizzembləns] **0.1** ***gelijkenis*** ⇒*overeenkomst* ◆ **6.1** show great ~ **to** s.o. *een grote gelijkenis met iem. vertonen.*
resemble [rizzembl] **0.1** ***(ge)lijken op.***
resent [rizzent] **0.1** ***kwalijk nemen*** ⇒*verontwaardigd zijn over, zich storen aan.*
resentful [rizzentfl] ⟨-ness⟩ **0.1** ***boos*** ⇒*verontwaardigd, ontstemd* **0.2** ***wrokkig*** ⇒*haatdragend.*
resentment [rizzentmənt] **0.1** ***verontwaardiging*** ⇒*verbolgenheid* **0.2** ***wrok*** ⇒*haat.*
reservation [rezzəveesjn] **I** ⟨telb.zn.⟩ **0.1** ⟨BE⟩ ***middenberm*** ⇒*middenstrook* ⟨v. autoweg⟩ **0.2** ⟨AE⟩ ***reservaat*** ⟨voor indianen⟩ **0.3** ***gereserveerde plaats*** ◆ **2.1** central ~ *middenberm* **3.3** make ~s *plaatsen bespreken;*
II ⟨telb. en n.-telb.zn.⟩ **0.1** ***reserve*** ⇒*voorbehoud, bedenking* **0.2** ***reservering*** ⇒*plaatsbespreking* ◆ **6.1** accept **with** (some) ~s *onder voorbehoud accepteren;* **without** ~(s) *zonder voorbehoud.*
reserve[1] [rizzə:v] **I** ⟨telb.zn.⟩ **0.1** ⟨vaak mv. met enk. bet.⟩ ***reserve*** ⇒*(nood)voorraad* **0.2** ***reservaat*** **0.3** ***reservespeler*** ⇒*invaller* **0.4** ⟨mil.⟩ ***reservist*** ◆ **2.2** natural ~ *natuurreservaat* **6.1** have / keep sth. **in** ~ *iets in reserve hebben / houden* ¶**.1** the ~s *de reserve;*
II ⟨telb. en n.-telb.zn.⟩ **0.1** ***reserve*** ⇒*voorbehoud, bedenking* **0.2** ***gereserveerdheid*** ⇒*reserve, terughoudendheid* ◆ **6.1** ⟨schr.⟩ **without** ~ *zonder enig voorbehoud.*
reserve[2] ⟨ww.⟩ **0.1** ***reserveren*** ⇒*achterhouden, in reserve houden* **0.2** ***(zich) voorbehouden*** ⟨recht⟩ **0.3** ***opschorten*** ⟨oordeel, uitspraak⟩ **0.4** ***bespreken*** ⟨plaats⟩ ⇒*openhouden, laten vrijhouden* ◆ **1.2** all rights ~d *alle rechten voorbehouden* **6.2** ~ **for / to** o.s. the right to ... *zich het recht voorbehouden om ...*
reserve bench **0.1** ***reservebank.***
reserve currency **0.1** ***monetaire reserve.***
reserved [rizzə:vd] ⟨-ly⟩ **0.1** ***gereserveerd*** ⇒*terughoudend, gesloten* **0.2** ***gereserveerd*** ⇒*besproken* ⟨v. plaats⟩ **0.3** ***voorbestemd*** ◆ **6.3** ~ **for** great things *voor grote dingen voorbestemd.*
reserve fund **0.1** ***reservefonds.***
reserve price ⟨BE; hand.⟩ **0.1** ***limietprijs*** ⇒*inzet, ophoudprijs* ⟨bij veilingen⟩.
reservist [rizzə:vist] **0.1** ***reservist.***
reservoir [rezzəvwa:] **0.1** ***(water)reservoir*** ⇒*stuwmeer* **0.2** ***reserve*** ⟨fig.⟩ ⇒*voorraad* ⟨feiten, kennis e.d.⟩.
reset [rie:set] **0.1** ***opnieuw zetten*** ⟨juweel, been, plant, boek⟩ **0.2** ***opnieuw scherpen*** ⟨zaag⟩ **0.3** ***terugstellen*** ⟨ook comp.⟩ ⇒*terugzetten op nul* ⟨meter⟩.
resettle [rie:setl] **I** ⟨onov.ww.⟩ **0.1** ***zich opnieuw vestigen;***
II ⟨ov.ww.⟩ **0.1** ***opnieuw (helpen) vestigen.***
resettlement [rie:setlmənt] **0.1** ***nieuwe vestiging.***
reshape [rie:sjeep] **0.1** ***een nieuwe vorm geven.***
reshuffle[1] [rie:sjufl] ⟨zn.⟩ ⟨inf.⟩ **0.1** ***herschikking*** ⟨v. regering⟩ ⇒*herverdeling, wijziging* ⟨v. posten⟩ ◆ **1.1** Cabinet ~ *portefeuillewisseling.*
reshuffle[2] ⟨ww.⟩ **0.1** ***opnieuw schudden*** ⟨kaarten⟩ **0.2** ⟨inf.⟩ ***herschikken*** ⟨regering⟩ ⇒*wijzigen, opnieuw verdelen* ⟨posten⟩.
reside [rizzajd] ⟨schr.⟩ **0.1** ***resideren*** ⇒*wonen, zetelen* **0.2** ⟨+ in⟩ ***berusten (bij)*** ⟨v. macht, recht⟩.
residence [rezziddəns] **0.1** ***residentie*** ⇒*verblijf(plaats), woonplaats* **0.2** ***(voorname) woning*** ⇒*villa, herenhuis;* ⟨fig.⟩ *zetel* **0.3** ***ambtswoning*** ⟨vnl. v. gouverneur⟩ ◆ **3.1** take up ~ in *zich metterwoon vestigen in.*

residence permit 0.1 ***verblijfsvergunning.***
residenc|y [rezziddənsie] ⟨mv.: -ies⟩ **0.1** ⟨vaak R-; BE; gesch.⟩ ***residentswoning*** ⇒*ambtsgebied v.d. resident* ⟨in Indië⟩ **0.2** ⟨AE; med.⟩ ***klinische opleidingsperiode.***
resident¹ [rezziddənt] ⟨zn.⟩ **0.1** ***ingezetene*** ⇒*(vaste) inwoner, bewoner* **0.2** ⟨R-; BE; gesch.⟩ ***resident*** ⟨in Indië⟩ ⇒*minister-resident* **0.3** ⟨AE; med.⟩ ***dokter in klinische opleidingsperiode*** ⇒*inwonend arts.*
resident² ⟨bn.⟩ **0.1** ***woonachtig*** ⇒*residerend, inwonend, intern* **0.2** ***vast*** ⟨v. inwoner⟩ **0.3** ***inherent*** ⇒*eigen (aan), gevestigd* ◆ **1.1** ⟨AE⟩ ~ alien *vreemdeling met een verblijfsvergunning* **1.2** the ~ population *de vaste inwoners.*
residential [rezziddensjl] **0.1** ***woon-*** ⇒*v.e. woonwijk* **0.2** ***verblijf(s)-*** ⇒*mbt. residentie* ◆ **1.1** ~ area / district / quarter / estate *(deftige/betere) woonwijk;* ~ hotel *familiehotel.*
residents' association 0.1 ***buurtcomité.***
residual [rizzidzjoeəl] **0.1** ⟨bn.⟩ ***achterblijvend*** ⇒*een residu vormend, rest-* **0.2** ⟨zn.⟩ ***residu*** ⇒*overblijfsel, rest(ant)* ⟨ook wisk., schei.⟩ **0.3** ⟨zn.; schei.⟩ ***bijproduct.***
residuary [rizzidzjoeərie] **0.1** ***residuair*** ⇒*overgebleven, overblijvend* ⟨ook jur.⟩ ◆ **1.1** ~ legatee *universeel erfgenaam.*
residue [rezzidjoe:] **0.1** ***residu*** ⟨ook jur., schei.⟩ ⇒*overblijfsel, rest(ant).*
resign [rizzajn] **I** ⟨onov.ww.⟩ **0.1** ***berusten*** ⇒*zich schikken* **0.2** ***afstand doen v.e. ambt*** ⇒*aftreden, ontslag nemen, bedanken* ⟨voor betrekking⟩; *opgeven* ⟨schaakspel⟩ ◆ **6.2** ~ **as** chairman, ~ **from** the chairmanship *aftreden als voorzitter;*
II ⟨ov.ww.⟩ **0.1** ***berusten in*** ⇒*zich schikken in, zich neerleggen bij* **0.2** ***afstaan*** ⇒*afstand doen v.* ⟨recht, eis, eigendom⟩; *overgeven* **0.3** ***opgeven*** ⟨hoop⟩ **0.4** ***neerleggen*** ⟨ambt, taak⟩ ◆ **1.4** ~ one's post *zijn ambt neerleggen* **6.1** ~ o.s. **to** sth., be ~ed **to** sth. *zich bij iets neerleggen* **6.2** ~ one's children **to** s.o.'s care *de zorg over zijn kinderen aan iem. toevertrouwen.*
resignation [rezzigneesjn] **0.1** ***ontslag(brief)*** ⇒*aftreding, ontslagneming* **0.2** ***afstand*** **0.3** ***berusting*** ⇒*gelatenheid, overgave* ◆ **3.1** hand in / offer / send in / tender one's ~ *zijn ontslag indienen/aanbieden.*
resigned [rizzajnd] **0.1** ***gelaten*** ⇒*berustend.*
resilience [rizzilliəns], **resiliency** [-sie] **0.1** ***veerkracht*** ⟨ook fig.⟩ ⇒*herstellingsvermogen.*
resilient [rizzilliənt] **0.1** ***veerkrachtig*** ⟨ook fig.⟩ ⇒*(terug)verend, onverwoestbaar.*
resin [rezzin] **0.1** ***(kunst)hars*** ◆ **2.1** synthetic ~ *kunsthars.*
resinated [rezzinneetid] **0.1** ***met hars doortrokken/gekruid.***
resinous [rezzinnəs] **0.1** ***harsachtig*** ⇒*harshoudend, hars-.*
resist [rizzist] **0.1** ***weerstaan*** ⇒*weerstand bieden (aan), tegenhouden; bestand zijn tegen* ⟨kou, hitte, vocht⟩; *resistent zijn tegen* ⟨ziekte, infectie⟩ **0.2** ***zich verzetten (tegen)*** ⇒ *bestrijden* **0.3** ⟨vnl. met ontkenning⟩ ***nalaten*** ⇒*zich onthouden v.* ◆ **1.1** ~ heat *bestand zijn tegen de hitte;* ~ temptation *de bekoring weerstaan* **1.3** I cannot ~ a joke *ik kan het niet nalaten een grapje te maken.*
resistance [rizzistəns], ⟨in bet. 0.4 ook⟩ **resistance movement 0.1** ***weerstand*** ⟨ook elek., psych., schei.⟩ ⇒*tegenstand, verzet* **0.2** ***weerstandsvermogen*** **0.3** ***onwil*** **0.4** ⟨vaak R-; the⟩ ***verzetsbeweging*** ⇒*verzet* ◆ **1.3** sales ~ *onwil om te kopen* **3.1** make / offer no / not much ~ *geen/weinig weerstand bieden* **7.1** ⟨fig.⟩ take the line of least ~ *de weg v.d. minste weerstand kiezen.*
resistance fighter 0.1 ***verzetsstrijder.***
resistant [rizzistənt] **0.1** ***weerstand biedend*** ⇒*resistent, bestand* ◆ **6.1** be / become ~ **to** DDT *immuun zijn/worden voor DDT* ¶**.1** heat-~ *hittebestendig.*
resistib|le [rizzistəbl] ⟨-ly⟩ **0.1** ***weerstaanbaar.***
resistor [rizzistə] ⟨elek.⟩ **0.1** ***weerstand.***
resit¹ [rie:sit] ⟨zn.⟩ ⟨BE⟩ **0.1** ***herexamen.***
resit² [rie:sit] ⟨ww.⟩ ⟨BE⟩ **0.1** ***opnieuw afleggen*** ⟨examen⟩.
resole [rie:sool] **0.1** ***verzolen*** ⟨schoenen⟩.
resolute [rezzəloe:t] ⟨-ness⟩ **0.1** ***resoluut*** ⇒*vastberaden, beslist.*
resolution [rezzəloe:sjn] **I** ⟨telb.zn.⟩ **0.1** ***resolutie*** ⇒*motie, voorstel, plan* **0.2** ***besluit*** ⇒*beslissing, voornemen* ◆ **2.2** good ~s *goede voornemens* **3.1** pass / carry / adopt a ~ *een motie aannemen/goedkeuren;* reject a ~ *een motie verwerpen;*
II ⟨n.-telb.zn.⟩ **0.1** ***oplossing*** ⇒*ontbinding, ontleding* **0.2** ***vastberadenheid*** ⇒*beslistheid, vastbeslotenheid* **0.3** ⟨med.⟩ ***verdwijning*** ⇒*opdroging* ⟨zonder ettering; v. gezwel⟩ **0.4** ***resolutie*** ⟨fijnheid v. tv-beeld⟩.
resolvable [rizzolvəbl] **0.1** ***oplosbaar*** **0.2** ***analyseerbaar*** ⇒ *ontleedbaar* ◆ **6.2** ~ **into** *herleidbaar tot.*
resolve¹ [rizzolv] **I** ⟨telb.zn.⟩ **0.1** ***besluit*** ⇒*beslissing, voornemen* **0.2** ⟨AE⟩ ***resolutie*** ⇒*motie, voorstel* ◆ **2.1** a firm ~ to stay *een vast voornemen om te blijven* **3.1** keep one's ~ *bij zijn beslissing blijven;*
II ⟨n.-telb.zn.⟩ ⟨schr.⟩ **0.1** ***vastberadenheid*** ⇒*beslistheid.*
resolve² **I** ⟨onov.ww.⟩ **0.1** ***een beslissing/besluit nemen*** ⇒ *besluiten, zich voornemen* **0.2** ***zich uitspreken*** ⇒*een uitspraak doen* **0.3** ***zich oplossen*** ⇒*zich ontbinden, uiteenvallen* ◆ **6.1** they ~d **(up)on** doing sth. *zij besloten iets te doen* **6.2** the committee ~d **against** nuclear energy *het comité sprak zich uit tegen kernenergie;*
II ⟨ov.ww.⟩ **0.1** ***beslissen*** ⇒*besluiten* **0.2** ***oplossen*** ⇒*een oplossing vinden voor* **0.3** ***verklaren*** ⇒*uitleggen* **0.4** ***opheffen*** ⇒*wegnemen* ⟨twijfel⟩ **0.5** ***ontbinden*** ⇒*(doen) oplossen* **0.6** ***omzetten*** ⇒*veranderen* **0.7** ***ertoe brengen*** ⇒ *doen beslissen* **0.8** ***besluiten*** ⇒*beëindigen, bijleggen* ⟨geschil⟩ **0.9** ⟨tech., wisk.⟩ ***ontbinden*** ⟨krachten; vector⟩ ◆ **3.1** he ~d to leave *hij besloot weg te gaan* **4.7** that ~d us to ... *dat deed ons besluiten om ...* **6.6** ~ sth. **into** *iets omzetten in.*
resolved [rizzolvd] **0.1** ***vastbesloten*** ⇒*beslist.*
resonance [rezzənəns] **0.1** ***resonantie*** ⇒*weerklank, weergalm.*
resonant [rezzənənt] **0.1** ***resonerend*** ⇒*weerklinkend, weergalmend* **0.2** ***vol*** ⇒*diep* ⟨v. stem⟩ **0.3** ***gevuld*** ⇒*vol* ⟨met geluid⟩ ◆ **6.3** ~ **with** music *vol muziek.*
resonate [rezzəneet] **0.1** ***resoneren*** ⇒*weerklinken, weergalmen.*
resonator [rezzəneetə] **0.1** ***resonator*** ⇒*klankbodem.*
resort [rizzo:t] **I** ⟨telb.zn.⟩ **0.1** ***hulpmiddel*** ⇒*redmiddel, toevlucht* **0.2** ***druk bezochte plaats*** ⇒*(vakantie)oord* ◆ **2.1** you are my last ~ *jij bent mijn laatste toevlucht;* in the last ~, as a last ~ *in laatste instantie, in geval v. nood;*
II ⟨n.-telb.zn.⟩ **0.1** ***toevlucht*** ◆ **6.1** **without** ~ **to** *zonder zijn toevlucht te nemen tot.*
resort to 0.1 ***zijn toevlucht nemen tot*** **0.2** ***zich (dikwijls) begeven naar*** ⇒*druk/vaak/in groten getale bezoeken* ◆ **1.1** ~ violence *zijn toevlucht nemen tot geweld.*
resound [rizzaund] **0.1** ***weerklinken*** ⟨ook fig.⟩ ⇒*weergalmen* ◆ **6.1** the streets ~ed **with** cheering *de straten weergalmden v.h. gejuich.*
resounding [rizzaunding] **0.1** ***(weer)klinkend*** **0.2** ***zeer groot*** ⇒*onmiskenbaar* ◆ **1.2** a ~ success *een daverend succes.*
resource [rizzo:s, -so:s] **I** ⟨telb.zn.⟩ **0.1** ***hulpbron*** ⇒*red-*

middel **0.2** ***toevlucht*** *⇒uitweg* ◆ **1.1** be at the end of one's ~s *aan het einde v. zijn Latijn zijn* **2.2** as a last ~ *als laatste uitweg* **6.1** left **to** one's own ~s *aan zijn lot overgelaten;*
II ⟨n.-telb.zn.⟩ **0.1** ***vindingrijkheid*** ◆ **2.1** he is full of ~/a man of ~ *hij is (zeer) vindingrijk;*
III ⟨mv.⟩ **0.1** ***rijkdommen*** *⇒(geld)middelen, voorraden* **0.2** ⟨AE⟩ ***activa*** *⇒bedrijfsmiddelen* ◆ **2.1** natural ~s *natuurlijke rijkdommen.*

resourceful [rizzo:sfl, -so:s-] ⟨-ness⟩ **0.1** ***vindingrijk.***

respect¹ [rispekt] **I** ⟨telb.zn.⟩ **0.1** ***opzicht*** *⇒detail, (oog)punt* ◆ **6.1 in** all/many/some/several ~s *in alle/vele/sommige/verschillende opzichten;* **in** some ~ *in zeker opzicht, enigermate;*
II ⟨n.-telb.zn.⟩ **0.1** ***betrekking*** *⇒relatie* **0.2** ***aandacht*** *⇒ zorg, inachtneming* **0.3** ***eerbied*** *⇒achting, ontzag* ◆ **3.2** have no ~ for *geen oog hebben voor* **3.3** be held in the greatest ~ *zeer in aanzien zijn;* have/show ~ for s.o. *eerbied hebben voor iem.;* win the ~ of everybody *bij iedereen respect afdwingen* **6.1** ⟨schr.⟩ **in** ~ **of** *met betrekking tot, wat betreft; (als betaling) voor;* ⟨schr.⟩ **with** ~ **to** *met betrekking tot, wat betreft* **6.2 without** ~ **to** *zonder te letten op, ongeacht* **6.3 with** ~ *als u mij toestaat;*
III ⟨mv.⟩ **0.1** ***eerbetuigingen*** *⇒groeten, complimenten* ◆ **3.1** give her my ~s *doe haar de groeten;* ⟨schr.⟩ pay one's ~s to s.o. *bij iem. zijn opwachting maken;* pay one's last ~s to s.o. *iem. de laatste eer bewijzen* ⟨bij overlijden⟩.

respect² ⟨ww.⟩ **0.1** ***respecteren*** *⇒eerbiedigen, (hoog)achten* **0.2** ***ontzien*** *⇒ongemoeid laten* ◆ **4.1** ~ o.s. *zelfrespect hebben.*

respectability [rispektəbilləti] **0.1** ***fatsoen*** *⇒achtenswaardigheid, fatsoenlijkheid.*

respectab|le [rispektəbl] ⟨-ly⟩ **0.1** ***achtenswaardig*** *⇒eerbiedwaardig* **0.2** ***respectabel*** *⇒(tamelijk) groot, behoorlijk* **0.3** ***fatsoenlijk*** ⟨ook iron.⟩ *⇒presentabel* **0.4** ***solide*** *⇒degelijk, ordelijk; bekend* ⟨v. adres⟩ ◆ **1.2** a ~ income *een behoorlijk inkomen.*

respectful [rispek(t)fl] ⟨-ness⟩ **0.1** ***eerbiedig*** ◆ **4.1** yours ~ly *met eerbiedige hoogachting.*

respecting [rispekting] **0.1** ***in acht nemend*** *⇒in overweging nemend* **0.2** ***betreffende*** *⇒aangaande, met betrekking tot* ◆ **1.1** ~ his bad reputation ... *zijn slechte reputatie in acht nemend* ... **1.2** suggestions ~ the new timetable *voorstellen in verband met het nieuwe rooster.*

respective [rispektiv] **0.1** ***respectief.***

respectively [rispektivlie] **0.1** ***respectievelijk.***

respiration [respirreesjn] ⟨schr.⟩ **0.1** ***ademhaling*** **0.2** ⟨plantk.⟩ ***respiratie.***

respirator [respirreetə] **0.1** ***ademhalingstoestel*** *⇒respirator* **0.2** ***gasmasker*** *⇒rook/stofmasker.*

respiratory [resprətrie, rispi-] **0.1** ***ademhalings-*** *⇒respiratoir.*

respire [rispajjə] **0.1** ***ademhalen*** *⇒(in)ademen* **0.2** ***herademen*** *⇒op adem komen.*

respite [respit, -pajt] **0.1** ***respijt*** *⇒uitstel, opschorting* ◆ **6.1** work **without** ~ *zonder onderbreking werken.*

resplend|ent [risplendənt] ⟨zn.: **-ence, -ency**⟩ **0.1** ***luisterrijk*** *⇒schitterend, prachtig.*

respond [rispond] **0.1** ***antwoorden*** **0.2** ⟨+to⟩ ***reageren (op)*** *⇒gehoor geven (aan), gevoelig zijn (voor)* **0.3** ⟨AE⟩ ***verantwoordelijk/aansprakelijk zijn*** *⇒instaan.*

respondent [rispondənt] **0.1** ***respondent*** *⇒verdediger* ⟨v. dissertatie⟩ **0.2** ⟨jur.⟩ ***gedaagde*** ⟨in beroep of echtscheidingsproces⟩ **0.3** ***ondervraagde*** *⇒geënquêteerde* ⟨bij enquête⟩.

response [rispons] **0.1** ***antwoord*** *⇒repliek, tegenzet* **0.2** ***reactie*** *⇒gehoor; weerklank, respons* **0.3** ⟨rel.⟩ ***responsorium*** *⇒tegenzang* ◆ **3.1** he made/gave no ~ *hij bleef het antwoord schuldig* **3.2** meet with no ~ *geen weerklank vinden* **6.2 in** ~ **to** *ingevolge, als antwoord op.*

responsibilit|y [risponsəbilləti] ⟨mv.: -ies⟩ **0.1** ***verantwoordelijkheid*** *⇒aansprakelijkheid* ◆ **3.1** assume full ~ for sth. *de volle verantwoordelijkheid voor iets op zich nemen* **6.1 on** one's own ~ *op eigen verantwoordelijkheid.*

responsib|le [risponsəbl] ⟨-ly⟩ **I** ⟨bn.⟩ **0.1** ***betrouwbaar*** *⇒degelijk, solide* **0.2** ***verantwoordelijk*** *⇒belangrijk* ⟨v. baan⟩;
II ⟨bn., pred.⟩ **0.1** ⟨+for⟩ ***verantwoordelijk (voor)*** *⇒aansprakelijk* ◆ **6.1** be ~ **to** *verantwoording verschuldigd zijn aan.*

responsive [risponsiv] ⟨-ness⟩ **0.1** ⟨+to⟩ ***ontvankelijk (voor)*** *⇒gevoelig (voor), vlug reagerend (op).*

rest¹ [rest] **I** ⟨telb.zn.⟩ **0.1** ***rustplaats*** *⇒verblijf, tehuis* **0.2** ***steun*** *⇒standaard, houder, statief;* ⟨biljart⟩ *bok* **0.3** ⟨muz.⟩ ***rust(teken);***
II ⟨telb. en n.-telb.zn.⟩ **0.1** ***rust*** ⟨ook muz.⟩ *⇒slaap, pauze* ◆ **3.1** come to ~ *tot stilstand komen;* give it a ~ *laat het even rusten, hou er even mee op;* lay to ~ *te ruste leggen, begraven; sussen, doen bedaren;* set at ~ *uit de weg ruimen, wegnemen* ⟨vrees, twijfels⟩; set s.o.'s mind at ~ *iem. geruststellen;*
III ⟨zn.; ww. enk. of mv.; the⟩ **0.1** ***de rest*** *⇒het overige, de overigen* ◆ **6.1 for** the ~ *voor de rest, overigens* **7.1** and the ~ of it, all the ~ of it *en de rest.*

rest² **I** ⟨onov.ww.⟩ **0.1** ***rusten*** *⇒stil staan, slapen, pauzeren* **0.2** ***blijven*** ⟨in een bep. toestand⟩ **0.3** ***braak liggen*** ◆ **1.1** there the matter ~s *daar blijft het bij* **3.1** I feel completely ~ed *ik voel me helemaal uitgerust* **3.2** ~ assured *wees gerust, wees ervan verzekerd.* →**rest (up)on, rest with;**
II ⟨ov.ww.⟩ **0.1** ***laten (uit)rusten*** *⇒rust geven* **0.2** ***doen rusten*** *⇒leunen, steunen* **0.3** ***braak laten liggen*** ◆ **1.1** ⟨jur.⟩ ~ one's case *zijn pleidooi/requisitoir beëindigen;* God ~ his soul *God hebbe zijn ziel.*

restage [rie:steedzj] **0.1** ***opnieuw opvoeren*** ⟨toneelstuk⟩.

restart [rie:sta:t] **0.1** ***opnieuw beginnen*** **0.2** ***opnieuw starten*** *⇒weer op gang brengen* **0.3** ⟨sport⟩ ***(het spel/de race) hervatten.***

restate [rie:steet] ⟨zn.: **-ment**⟩ **0.1** ***herformuleren*** *⇒opnieuw zeggen.*

restaurant [restrõ, -ront] **0.1** ***restaurant.***

restaurant car ⟨BE⟩ **0.1** ***restauratiewagen.***

restaurateur [restrətə:] **0.1** ***restauranthouder*** *⇒restaurateur.*

rest cure **0.1** ***rustkuur.***

rest day **0.1** ***rustdag.***

restful [restfl] ⟨-ness⟩ **0.1** ***rustig*** *⇒kalm, vredig* **0.2** ***rustgevend*** *⇒kalmerend.*

rest home **0.1** ***rusthuis.***

rest house **0.1** ***rustig pension.***

resting place **0.1** ***rustplaats*** ⟨ook fig.⟩ *⇒graf.*

restitution [restitjoe:sjn] **0.1** ***restitutie*** *⇒teruggave, schadeloosstelling* **0.2** ***herstel*** ◆ **3.1** make ~ of sth. to s.o. *iem. iets teruggeven/vergoeden.*

restive [restiv] ⟨-ness⟩ **0.1** ***weerspannig*** *⇒onhandelbaar, dwars, koppig* ⟨v. paard⟩ **0.2** ***ongedurig*** *⇒onrustig, rusteloos* ⟨v. persoon⟩.

restless [restləs] ⟨-ness⟩ **0.1** ***rusteloos*** *⇒onrustig, ongedurig.*

restock [rie:stok] **0.1** ***(de voorraad) aanvullen*** *⇒opnieuw bevoorraden/inslaan.*

restoration [restəreesjn] **0.1** ***restauratie(werk)*** *⇒recon-*

structie **0.2** ***herstel*** ⇒*herinvoering, rehabilitatie* **0.3** ***teruggave.***

restorative [ristoːrətiv] **0.1** ⟨bn.⟩ ***versterkend*** ⇒*herstellend* **0.2** ⟨zn.⟩ ***versterkend middel.***

restore [ristoː] **0.1** ***teruggeven*** ⇒*terugbetalen, terugbrengen* **0.2** ***restaureren*** **0.3** ***reconstrueren*** **0.4** ***in ere herstellen*** ⇒*rehabiliteren* **0.5** ***genezen*** ⇒*beter maken* **0.6** ***herstellen*** ⇒*weer invoeren, vernieuwen* ◆ **5.5** she is quite ~d *zij is weer helemaal de oude* **6.1** the sculpture has been ~d **to** its owner *het beeld is aan de eigenaar teruggegeven.*

restorer [ristoːrə] **0.1** ***restaurateur*** ⟨v. beschadigde kunstwerken⟩.

restrain [ristreen] **0.1** ***tegenhouden*** ⇒*weerhouden* **0.2** ***aan banden leggen*** ⇒*beteugelen, beperken, in toom houden* **0.3** ***opsluiten*** ◆ **6.1** ~ **from** *weerhouden v.*

restrained [ristreend] **0.1** ***beheerst*** ⇒*kalm* **0.2** ***ingetogen*** ⇒ *sober, gematigd* ⟨v. kleur⟩.

restraint [ristreent] **0.1** ***terughoudendheid*** ⇒*gereserveerdheid, zelfbeheersing* **0.2** ***beteugeling*** ⇒*bedwang* **0.3** ***ingetogenheid*** ⇒*soberheid* **0.4** ***beperking*** ⇒*belemmering* ◆ **1.4** a ~ of trade *een handelsbelemmering* **6.2** be put **under** ~ *opgesloten worden in een inrichting;* **without** ~ *vrijelijk, in onbeperkte mate.*

restrict [ristrikt] **0.1** ***beperken*** ⇒*begrenzen, aan banden leggen* ◆ **6.1** ~ **to** *beperken tot.*

restricted [ristriktid] **0.1** ***beperkt*** ⇒*begrensd* **0.2** ***vertrouwelijk*** ⟨v. informatie⟩.

restriction [ristriksjn] **0.1** ***beperking*** ⇒*(beperkende) bepaling, restrictie, voorbehoud.*

restrictive [ristriktiv] ⟨-ness⟩ **0.1** ***beperkend*** ⟨ook taal.⟩ ⇒ *restrictief* ◆ **1.1** ⟨ec.⟩ ~ trade practices *beperkende handelspraktijken.*

rest room ⟨AE⟩ **0.1** ***toilet*** ⟨in restaurant, kantoor enz.⟩.

restructure [rieːstruktsjə] **0.1** ***herstructureren.***

rest (up)on **0.1** ***(be)rusten op*** ⇒*steunen op.*

rest with **0.1** ***berusten bij.***

result[1] [rizzult] ⟨zn.⟩ **0.1** ***resultaat*** ⇒*uitkomst, uitslag* ⟨v. sportwedstrijden⟩ **0.2** ***gevolg*** ⇒*effect, uitvloeisel* **0.3** ***uitkomst*** ⟨v. rekensom⟩ ⇒*antwoord* **0.4** ⟨BE; inf.; sport⟩ ***overwinning*** ⇒*gewonnen partij* ◆ **6.2** **as** a ~ *dientengevolge;* **as** a ~ **of** *tengevolge v.*

result[2] ⟨ww.⟩ **0.1** ***volgen*** ⇒*het gevolg zijn* **0.2** ***aflopen*** ⇒*uitpakken* ◆ **6.1** ~ **from** *voortvloeien uit* **6.2** ~ **in** *tot gevolg hebben.*

resultant [rizzultənt] **0.1** ⟨bn.⟩ ***resulterend*** ⇒*eruit voortvloeiend* **0.2** ⟨zn.⟩ ***resultaat*** ⇒*uitkomst, uitwerking.*

resume [rizjoeːm] **0.1** ***opnieuw beginnen*** ⇒*hervatten, hernemen* **0.2** ***terugnemen*** ⇒*terugkrijgen* **0.3** ***voortzetten*** ⇒ *vervolgen* **0.4** ***resumeren*** ⇒*samenvatten.*

résumé [rez(j)oemee, ree-] **0.1** ***resumé*** ⇒*(korte) samenvatting, beknopt overzicht* **0.2** ⟨vnl. AE⟩ ***curriculum vitae.***

resumption [rizzumpsjn] **0.1** ***hervatting*** ⇒*voortzetting.*

resurface [rieːsəːfis] **I** ⟨onov.ww.⟩ **0.1** ***weer opduiken*** ⇒ *weer boven water komen;*

II ⟨ov.ww.⟩ **0.1** ***het oppervlak vernieuwen v.*** ⇒*v.e. nieuw wegdek voorzien.*

resurg|ent [rissəːdzjnt] ⟨zn.: **-ence**⟩ **0.1** ***weer oplevend*** ⇒ *herlevend, herrijzend.*

resurrect [rezzərekt] **0.1** ***(doen) herleven*** ⇒*(doen) herrijzen* **0.2** ***opgraven*** ⇒*weer voor de dag halen.*

resurrection [rezzəreksjn] **I** ⟨eig.n.; R-; the⟩ ⟨rel.⟩ **0.1** ***de verrijzenis*** ⇒*de opstanding;*

II ⟨telb. en n.-telb.zn.⟩ **0.1** ***herleving*** ⇒*opleving, opstanding* **0.2** ***het opgraven*** ⇒*het weer voor de dag halen.*

resuscit|ate [rissussitteet] ⟨zn.: **-ation**⟩ **0.1** ***weer bijbrengen*** ⇒*reanimeren* **0.2** ***doen herleven.***

retail[1] [rieːteel] ⟨zn.⟩ **0.1** ***kleinhandel*** ⇒*detailhandel* ◆ **6.1** **at** ~ *en détail.*

retail[2] ⟨bn.⟩ **0.1** ***v.d. detailhandel*** ⇒*kleinhandels-* ◆ **1.1** ~ prices *kleinhandelsprijzen;* ~ sale *detailverkoop;* ~ trade *de kleinhandel.*

retail[3] [rieːteel] **I** ⟨onov.ww.⟩ **0.1** ***in het klein verkocht worden*** ◆ **6.1** ~ **at/for** fifty cents *in de winkel voor vijftig cent te koop zijn;*

II ⟨ov.ww.⟩ **0.1** ***in het klein verkopen.***

retail[4] [ritteel] ⟨ww.⟩ **0.1** ***omstandig vertellen*** ◆ **1.1** ~ gossip *roddelpraatjes rondstrooien.*

retail[5] ⟨bw.⟩ **0.1** ***via de detailhandel.***

retailer [rieːteelə] **0.1** ***detailhandelaar*** ⇒*winkelier, kleinhandelaar* **0.2** ***slijter.***

retail price index ⟨the⟩ **0.1** ***index v.d. kleinhandelsprijzen.***

retail shop, retail store **0.1** ***winkel*** ⇒*detailhandel.*

retain [ritteen] **0.1** ***vasthouden*** ⇒*binnenhouden* **0.2** ***(in dienst) nemen*** ⟨ihb. een advocaat⟩ ⇒*in de arm nemen, inhuren* **0.3** ***houden*** ⇒*handhaven, bewaren* ◆ **1.1** ⟨ec.⟩ ~ed earnings/profit *ingehouden winst(en);* a ~ing wall *steunmuur;* this will ~ the warmth *dit zal de warmte vasthouden* **1.2** a ~ing fee *een voorschot* ⟨op het honorarium⟩ **1.3** we ~ happy memories of those days *wij bewaren goede herinneringen aan die dagen.*

retainer [ritteenə] **0.1** ***voorschot*** ⟨op het honorarium⟩ **0.2** ***volgeling*** ⇒*bediende* ◆ **2.2** ⟨scherts.⟩ an old ~ *een oude getrouwe.*

retake[1] [rieːteek] ⟨zn.⟩ **0.1** ***herhaalde opname*** ⟨film⟩ **0.2** ***herexamen*** ⇒*herkansing.*

retake[2] [rieːteek] ⟨ww.⟩ **0.1** ***opnieuw (gevangen)nemen*** ⇒ *terugnemen, heroveren* **0.2** ***opnieuw fotograferen/filmen*** **0.3** ***opnieuw afleggen*** ⇒*herkansen* ⟨examen⟩.

retali|ate [ritælie·eet] ⟨zn.: **-ation**⟩ **0.1** ***wraak nemen*** ⇒*represailles nemen, terugslaan* ◆ **6.1** ~ **against/upon** s.o. *wraak nemen op iem.*

retaliatory [ritæliətrie], **retaliative** [ritæliətiv] **0.1** ***vergeldings-*** ⇒*represaille-, wraak-* ◆ **1.1** ~ duties/tariff *retorsierechten.*

retard [rittaːd] **0.1** ***ophouden*** ⇒*tegenhouden, vertragen.*

retardation [rieːtaːdeesjn] **I** ⟨telb. en n.-telb.zn.⟩ **0.1** ***vertraging*** ⇒*oponthoud, uitstel;*

II ⟨n.-telb.zn.⟩ **0.1** ***achterlijkheid.***

retarded [rittaːdid] **0.1** ***achtergebleven*** ⇒*achterlijk, geestelijk gehandicapt.*

retch [retsj] **0.1** ***kokhalzen.***

retell [rieːtel] **0.1** ***navertellen.***

retention [rittensjn] **0.1** ***het vasthouden*** ⇒*het binnenhouden* **0.2** ***handhaving*** ⇒*behoud* **0.3** ***geheugen*** ⇒*het onthouden;(geheugen)opslag* ⟨comp.⟩.

retentive [rittentiv] ⟨-ness⟩ **0.1** ***vasthoudend*** ⇒*binnenhoudend* **0.2** ***sterk*** ⟨v. geheugen⟩ ⇒*goed* ◆ **6.1** be ~ **of** moisture *goed vocht vasthouden.*

rethink[1] [rieːθingk] ⟨zn.; alleen enk.⟩ **0.1** ***heroverweging*** ⇒ *het opnieuw doordenken.*

rethink[2] [rieːθingk] ⟨ww.⟩ **0.1** ***heroverwegen*** ⇒*opnieuw bezien.*

reticence [rettisns] **0.1** ***terughoudendheid*** ⇒*gereserveerdheid* **0.2** ***het verzwijgen*** ⇒*het achterhouden* **0.3** ***zwijgzaamheid*** ⇒*geslotenheid.*

reticent [rettisnt] **0.1** ***terughoudend*** ⇒*gereserveerd* **0.2** ***zwijgzaam*** ⇒*gesloten.*

reticulated [rittikjoeleetid] **0.1** ***een netwerk vormend*** **0.2** ***met een netvormig patroon.***

reticulation [rittikjoeleesjn] ⟨vaak mv.⟩ **0.1** ***netwerk.***
reticule [rettikjoe:l] **0.1** ***dradenkruis*** ⟨in optische instrumenten⟩.
retina [rettinnə]⟨mv.: ook retinae [-nie:]⟩ **0.1** ***retina*** ⇒*netvlies.*
retinue [rettinjoe:] ⟨zn.⟩ **0.1** ***gevolg*** ⇒*hofstoet.*
retire [rittajjə] **I** ⟨onov.ww.⟩ **0.1** ***zich terugtrekken*** ⟨ook mil.⟩ ⇒*weggaan, heengaan;* ⟨schr.⟩ *zich ter ruste begeven* **0.2** ***met pensioen gaan*** ◆ **6.1** ~ **for** the night / **to** bed *zich ter ruste/te bed begeven* **6.2** ~ **from** the navy *de marine verlaten* **6.¶** ~ **into** o.s. *in gedachten verzinken;*
II ⟨ov.ww.⟩ **0.1** ***terugtrekken*** ⟨ook mil.⟩ ⇒*intrekken* **0.2** ***pensioneren*** ⇒*op pensioen stellen* **0.3** ⟨geldw.⟩ ***aflossen*** ⇒*inlossen* **0.4** ⟨geldw.⟩ ***intrekken*** ⇒*terugnemen, aan de circulatie onttrekken* ◆ **1.3** ~ bonds / debts *obligaties/schulden aflossen* **1.4** ~ notes *bankbiljetten intrekken.*
retired [rittajjəd] **0.1** ***teruggetrokken*** ⇒*afgezonderd, afgelegen* **0.2** ***gepensioneerd*** ⇒*stil levend, rentenierend* ◆ **1.2** ~ list *lijst v. gepensioneerde officieren;* ~ pay *ambtenarenpensioen, pensioen v. officier.*
retirement [rittajjəmənt] **0.1** ***pensionering*** ⇒*het gepensioneerd worden/zijn, het met pensioen gaan* **0.2** ***pensioen*** **0.3** ***afzondering*** ⇒*eenzaamheid* ◆ **6.1** go **into** ~ *stil gaan leven.*
retirement pension **0.1** ***(ouderdoms)pensioen*** ⇒*AOW.*
retiring [rittajjəring] **0.1** ***teruggetrokken*** ⇒*niet opdringerig* **0.2** ***pensioen-*** ◆ **1.2** ~ age *de pensioengerechtigde leeftijd;* ~ allowance *pensioen.*
retort[1] [ritto:t] ⟨zn.⟩ **0.1** ***retort*** ⇒*distilleerkolf* **0.2** ***weerwoord*** ⇒*repliek, antwoord* ◆ **6.2** say (sth.) **in** ~ *(iets) als weerwoord gebruiken.*
retort[2] **I** ⟨onov.ww.⟩ **0.1** ***een weerwoord geven*** ⇒*antwoorden;*
II ⟨ov.ww.⟩ **0.1** ***repliceren*** ⇒*(vinnig) antwoorden;* ⟨fig.⟩ *de bal terugkaatsen* ◆ **6.1** I ~ed the argument **against** him *ik gebruikte hetzelfde argument tegen hem.*
retouch [rie:tutsj] **0.1** ***retoucheren.***
retrace [ritrees, rie:-] **0.1** ***herleiden*** ⇒*terugvoeren tot* **0.2** ***weer nagaan*** ⟨in het geheugen⟩ **0.3** ***terugkeren*** ◆ **1.3** ~ one's steps / way *op zijn schreden terugkeren.*
retract [ritrækt] **I** ⟨onov.ww.⟩ **0.1** ***ingetrokken (kunnen) worden*** ⟨v. klauwen, hoorns enz.⟩;
II ⟨onov. en ov.ww.⟩ **0.1** ***intrekken*** ⟨ook fig.⟩ ⇒*herroepen, zich distantiëren v.*
retractable [ritræktəbl] **0.1** ***intrekbaar*** ⇒*optrekbaar.*
retractile [ritræktajl] **0.1** ***intrekbaar.***
retraction [ritræksjn] **0.1** ***terugtrekking*** ⇒*intrekking, herroeping.*
retrain [rie:treen] **0.1** ***herscholen*** ⇒*zich laten herscholen.*
retread[1] [rie:tred] ⟨zn.⟩ **0.1** ***band met nieuw loopvlak*** ⇒*coverband.*
retread[2] [rie:tred] ⟨ww.⟩ **0.1** ***coveren*** ⇒*van een nieuw loopvlak voorzien.*
retreat[1] [ritrie:t] **I** ⟨telb.zn.⟩ **0.1** ***toevluchtsoord*** ⇒*schuilplaats* **0.2** ***tehuis*** ⇒*asiel;*
II ⟨telb. en n.-telb.zn.⟩ **0.1** ⟨mil.⟩ ***terugtocht*** ⇒*aftocht* **0.2** ⟨rel.⟩ ***retraite*** ◆ **3.1** beat a (hasty) ~ *zich (snel) terugtrekken;* ⟨fig.⟩ *(snel) de aftocht blazen;* make good one's ~ *weten te ontkomen* **6.2** **in** ~ *op retraite;*
III ⟨n.-telb.zn.⟩ **0.1** ***afzondering*** **0.2** ⟨the; mil.⟩ ***sein voor de aftocht*** ◆ **3.2** sound the ~ *de aftocht blazen.*
retreat[2] **I** ⟨onov.ww.⟩ **0.1** ***teruggaan*** ⇒*zich terugtrekken* ⟨ook mil.; ook fig.⟩; *terugwijken* ⟨v. kin, voorhoofd e.d.⟩;
II ⟨ov.ww.⟩⟨schaakspel⟩ **0.1** ***naar achteren zetten*** ⇒*wegzetten.*
retrench [ritrentsj] ⟨zn.: **-ment**⟩ **I** ⟨onov.ww.⟩ **0.1** ***bezuinigen;***
II ⟨ov.ww.⟩ **0.1** ***besnoeien*** ⇒*inkrimpen, bekorten; weglaten* ⟨alinea⟩ **0.2** ⟨mil.⟩ ***verschansen.***
retrial [rie:trajjəl] **0.1** ⟨jur.⟩ ***nieuw onderzoek*** ⇒*revisie.*
retribution [retribjoe:sjn] **0.1** ***vergelding*** ⇒*straf* **0.2** ***vergoeding.***
retributive [ritribjoetiv] **0.1** ***vergeldend*** ⇒*vergeldings-.*
retrievab|le [ritrie:vəbl] ⟨-ly⟩ **0.1** ***terug te winnen*** ⇒*opvraagbaar, terug te vinden* **0.2** ***herstelbaar*** ⇒*te verhelpen.*
retrieval [ritrie:vl] **0.1** ***herwinning*** ⇒*het terugvinden* **0.2** ***het herstellen*** ⇒*het verhelpen* **0.3** ⟨comp.⟩ ***het ophalen*** ⟨gegevens uit bestanden⟩ ◆ **6.¶** **beyond / past** ~ *voorgoed verloren; onherstelbaar.*
retrieval system ⟨comp.⟩ **0.1** ***retrieval systeem.***
retrieve [ritrie:v] **0.1** ***terugwinnen*** ⇒*terugvinden, terugkrijgen* **0.2** ***herstellen*** ⇒*weer goedmaken, verhelpen* **0.3** ⟨comp.⟩ ***ophalen*** ⟨gegevens uit bestanden⟩ **0.4** ⟨sport ihb. tennis⟩ ***halen*** ⟨moeilijke bal⟩ ◆ **6.¶** ~ **from** *redden uit.*
retriever [ritrie:və] **0.1** ***retriever*** ⟨soort jachthond⟩.
retro[1] [retroo] ⟨zn.⟩⟨verk.⟩ [retrospective] ⟨AE; inf.⟩ **0.1** ***retrospectief*** ⇒*overzichtstentoonstelling.*
retro[2] ⟨bn.⟩ **0.1** ***retro-*** ◆ **1.1** ~ looks *retrolook.*
retroactive [retrooæktiv] **0.1** ***retroactief*** ⇒*(met) terugwerkend(e kracht).*
retrograde [retrəgreed] **0.1** ***achteruitgaand*** ⇒*teruggaand, achterwaarts* **0.2** ***omgekeerd*** **0.3** ***terugvallend*** ⇒*degenererend.*
retrogress [retrəgres] ⟨zn.: **-ion**⟩ **0.1** ***achteruitgaan*** ⇒*terugvallen.*
retrogressive [retrəgressiv] **0.1** ***teruggaand*** ⇒*achteruitgaand.*
retrorocket [retroorokkit] **0.1** ***remraket.***
retrospect [retrəspekt] **0.1** ***terugblik*** ◆ **6.1** **in** ~ *achteraf gezien.*
retrospection [retrəspeksjn] **0.1** ***terugblik*** ⇒*retrospectieve.*
retrospective[1] [retrəspektiv] ⟨zn.⟩ **0.1** ***retrospectief*** ⇒*overzichtstentoonstelling.*
retrospective[2] ⟨bn.⟩ **0.1** ***retrospectief*** ⇒*terugblikkend* **0.2** ***retroactief*** ⇒*met terugwerkende kracht.*
retroversion [retroovə:sjn] **0.1** ***teruggang*** ⇒*terugval* **0.2** ***retroflexie*** ⇒*achteroverbuiging.*
retrovirus [retroovajjərəs] ⟨med.⟩ **0.1** ***retrovirus.***
return[1] [rittə:n] ⟨zn.⟩ **0.1** ***terugkeer*** ⇒*terugkomst, thuiskomst; nieuwe aanval* ⟨v. ziekte⟩; *terugreis* **0.2** ⟨inf.⟩ ***retourtje*** **0.3** ***teruggave*** ⟨ook mbt. belasting⟩ ⇒*terugzending;* ⟨bij uitbr. ook⟩ *teruggezonden artikel* **0.4** ***antwoord*** ⇒*beantwoording* **0.5** ⟨vaak mv.⟩ ***opbrengst*** ⇒*winst, rendement* **0.6** ***aangifte*** ⇒*officieel rapport* **0.7** ⟨vnl. BE⟩ ***verkiezing*** ⇒*afvaardiging* **0.8** ⟨balspel⟩ ***terugslag*** ⇒*return, terugspeelbal* **0.9** ⟨sport⟩ ***return(wedstrijd)*** ⇒*revanche* ◆ **1.1** the point of no ~ *punt waarna er geen weg terug is* **1.3** on sale and ~ *op commissie* **1.5** ⟨ec.⟩ ~ on capital / investment *kapitaalopbrengst, resultaat v.d. investering;* a good ~ on one's investments *een aardige winst op zijn investeringen;* ⟨ec.⟩ the law of diminishing ~s *de wet v.d. verminderende meeropbrengsten;* ⟨ec.⟩ ~ on sales *rendement op omzet* **3.5** ⟨ec.⟩ diminishing ~s *verminderende meeropbrengst* **6.¶** **by** ~ (of post) *per omgaande, per kerende post;* **in** ~ **for** *in ruil voor.* →**happy.**
return[2] **I** ⟨bn.⟩⟨BE⟩ **0.1** ***retour-*** ◆ **1.1** ~ cargo *retourlading;* ~ fare *geld voor de terugreis;* ~ ticket *retour(tje);*
II ⟨bn., attr.⟩ **0.1** ***tegen-*** ⇒*terug-* ◆ **1.1** a ~ game / match *een return(wedstrijd);* a ~ visit *een tegenbezoek.*

return[3] **I** ⟨onov.ww.⟩ **0.1** ***terugkeren*** ⇒*terugkomen, teruggaan* ◆ **6.1** ~ **to** *terugkeren op/naar; vervallen in;*
II ⟨onov. en ov.ww.⟩ **0.1** ***antwoorden*** ⇒*repliceren;*
III ⟨ov.ww.⟩ **0.1** ***retourneren*** ⇒*terugbrengen, teruggeven* **0.2** ***opleveren*** ⇒*opbrengen* **0.3** ***beantwoorden*** ⇒*terugbetalen* **0.4** ⟨sport⟩ ***terugslaan*** ⇒*retourneren, terugspelen* **0.5** ***opgeven*** ⇒*verklaren* **0.6** ***kiezen*** ⇒*verkiezen, afvaardigen* ◆ **1.1** ~ thanks *danken; dankzeggen na de maaltijd* **1.3** ~ like for like *met gelijke munt terugbetalen* **1.5** ⟨jur.⟩ ~ a verdict *een uitspraak doen.*
returnable [rittə:nəbl] **0.1** ***te retourneren*** ⇒*terug te betalen/geven; met statiegeld* ⟨flessen⟩.
returnee [rittə:nie:] ⟨vnl. AE⟩ **0.1** ***repatriant*** ⟨ihb. na militaire dienst in het buitenland⟩.
returning officer ⟨BE⟩ **0.1** ⟨ong.⟩ ***verkiezingsambtenaar*** ⇒*voorzitter v.h. stembureau.*
return key ⟨comp.⟩ **0.1** ***return/entertoets.***
reunion [rie:joe:niən] **0.1** ***reünie*** ⇒*hereniging, samenkomst.*
reunite [rie:joe:najt] **0.1** ***(zich) herenigen*** ⇒*weer bij elkaar komen/brengen.*
reusable [rie:joe:zəbl] **0.1** ***geschikt voor hergebruik.***
reuse [rie:joe:z] **0.1** ***opnieuw/weer gebruiken.***
rev[1] [rev] ⟨zn.⟩⟨verk.⟩ [revolution] ⟨inf.⟩ **0.1** ***omwenteling*** ⇒*toer* ⟨v. motor⟩.
rev[2] ⟨ww.; -ved⟩⟨inf.⟩ **0.1** ⟨ook +up⟩ ***sneller doen/gaan lopen*** ⟨(v.) motor⟩ ⇒*het toerental opvoeren* **0.2** ⟨ook +up⟩ ***activeren*** ⇒*stimuleren, opwekken.*
rev., Rev. ⟨afk.⟩ **0.1** [Reverend] ***Eerw.***
revalu|e [rie:væljoe:] ⟨zn.: **-ation**⟩ **0.1** ***revalueren*** ⇒*herwaarderen, opwaarderen.*
revamp [rie:væmp] ⟨inf.⟩ **0.1** ***opknappen*** ⇒*vernieuwen.*
reveal [rivvie:l] **0.1** ***openbaren*** ⇒*reveleren* **0.2** ***onthullen*** ⇒*bekendmaken, uitwijzen* ◆ **2.2** ~ itself *bekend worden.*
revealing [rivvie:ling] **0.1** ***onthullend*** ⇒*veelzeggend* ◆ **1.1** a ~ dress *een blote jurk.*
reveille [rivælie] ⟨mil.⟩ **0.1** ***reveille.***
revel[1] [revl] ⟨zn.; vnl. mv.⟩ **0.1** ***pret(makerij)*** ⇒*festiviteit* ◆ **3.1** our ~s are ended *het is uit met de pret.*
revel[2] ⟨ww.; BE -led⟩ **0.1** ***pret maken*** ⇒*feestvieren* ◆ **6.1** ~ **in** *erg genieten v., zich te buiten gaan aan;* he ~s **in** his work *hij gaat volledig op in zijn werk.*
revelation [revvəleesjn] **0.1** ***revelatie*** ⇒*bekendmaking, openbaring, onthulling* ◆ **6.1** it was a ~ **to** me *het verraste me zeer* **¶.¶** ⟨inf.⟩ (the) Revelation(s) *de Openbaring.*
revelatory [revvələtrie] **0.1** ***onthullend*** ⇒*openbarend.*
reveller, ⟨AE sp.⟩ **reveler** [revlə] **0.1** ***pretmaker*** ⇒*pierewaaier.*
revelr|y [revlrie] ⟨mv.: -ies; ook mv. met enk. bet.⟩ **0.1** ***pret(makerij)*** ⇒*uitgelatenheid.*
revenge[1] [rivvendzj] ⟨zn.⟩ **0.1** ***wraak*** ⇒*wraakneming, vergelding* **0.2** ⟨sport, spel⟩ ***revanche*** ⇒*revanchepartij* ◆ **3.1** get/have one's ~ on s.o. for sth., take ~ on s.o. for sth. *wraak nemen/zich wreken op iem. vanwege iets* **6.1** **in/out of** ~ **for** *uit wraak voor.*
revenge[2] ⟨ww.⟩ **0.1** ***wreken*** ⇒*vergelden, wraak nemen* ◆ **6.1** be ~d **for** sth. **of/(up)on** s.o., ~ o.s. **for** sth. **(up)on** s.o. *zich wreken wegens iets op iem.*
revengeful [rivvendzjfl] ⟨-ness⟩ **0.1** ***wraakzuchtig*** ⇒*wraakgierig.*
revenue [revvinjoe:] **0.1** ***inkomen*** ⇒*opbrengst, inkomsten* ⟨uit bezit, investering e.d.⟩ **0.2** ⟨soms mv. met enk. bet.⟩ ***inkomsten*** ⇒⟨ihb.⟩ *rijksmiddelen* **0.3** ***fiscus*** ⇒*rijksbelastingdienst.* →**Inland Revenue.**
revenue officer **0.1** ***douanebeambte.***
revenue tariff **0.1** ***belastingtarief*** ⇒*douanetarief.*
revenue tax, revenue duty **0.1** ***fiscaal recht*** **0.2** ⟨vaak mv.⟩ ***douanerecht*** ⇒*in- en uitvoerrecht.*
reverberant [rivvə:brənt] **0.1** ***weerkaatsend*** ⇒*weerklinkend.*
reverber|ate [rivvə:bəreet] ⟨zn.: **-ation**⟩ **0.1** ***weerkaatsen*** ⟨geluid, licht, hitte⟩ ⇒*terugkaatsen, echoën, weerklinken* ◆ **6.1** ~ **over/upon** *terugwerken op* ⟨ook fig.⟩.
revere [rivviə] **0.1** ***(ver)eren*** ⇒*respecteren, eerbied/ontzag hebben voor.*
reverence[1] [revrəns] ⟨zn.⟩ **0.1** ***verering*** ⇒*respect, (diepe) eerbied, ontzag* ◆ **3.1** hold s.o./sth. in ~ *eerbied koesteren voor iem./iets;* pay ~ to *eerbied bewijzen aan* **7.¶** Your ~(s) *(Uwe) eerwaarde(n).*
reverence[2] ⟨ww.⟩ **0.1** ***vereren*** ⇒*eerbied/ontzag hebben voor.*
reverend [revrənd] **0.1** ⟨bn.⟩ ***eerwaard(ig)*** ⟨vnl. v. geestelijken⟩ ⇒*achtenswaard(ig)* **0.2** ⟨bn.; R-; the; vaak als titel⟩ ***Eerwaarde*** **0.3** ⟨zn.; inf.⟩ ***geestelijke*** ⇒*predikant* ◆ **1.1** a ~ old gentleman *een eerbiedwaardige grijsaard* **1.2** the Reverend Father Brown *(de) Eerwaarde Heer Brown.*
reverent [revrənt] **0.1** ***eerbiedig*** ⇒*respectvol.*
reverential [revvərensjl] **0.1** ***eerbiedig*** ⇒*respectvol.*
reverie [revvərie] **0.1** ***mijmerij*** ⇒*mijmering, (dag)dromerij* ◆ **3.1** lost in (a) ~ *in mijmerij verzonken.*
revers [rivviə]⟨vaak mv.; mv.: revers [rivviəz]⟩ **0.1** ***revers*** ⇒*opslag, omslag.*
reversal [rivvə:sl] **0.1** ***omkering*** ⇒*om(me)keer* ◆ **6.1** the ~ **of** fortune *het keren v.d. kansen.*
reverse[1] [rivvə:s] **I** ⟨telb.zn.⟩ **0.1** ***tegenslag*** ⇒*nederlaag;*
II ⟨telb. en n.-telb.zn.⟩ **0.1** ⟨the⟩ ***keerzijde*** ⟨ihb. v. munten; ook fig.⟩ ⇒*rugzijde, achterkant* **0.2** ***omkeerinrichting*** ⇒⟨ihb.⟩ *achteruit* ⟨v. auto⟩ ◆ **1.1** the ~ of the medal *de keerzijde v.d. medaille* **6.2** put a car **into** ~ *een auto in zijn achteruit zetten;*
III ⟨n.-telb.zn.; vaak the⟩ **0.1** ***tegendeel*** ⇒*omgekeerde, tegengestelde* ◆ **6.¶** **in** ~ *omgekeerd, in omgekeerde volgorde/richting.*
reverse[2] ⟨bn.⟩ **0.1** ***tegen(over)gesteld*** ⇒*omgekeerd, achteraan* ◆ **1.1** ⟨mil.⟩ ~ fire *rugvuur;* ~ gear *achteruit* ⟨v. auto⟩; in ~ order *in omgekeerde volgorde;* ⟨AE⟩ ~ racism *positieve discriminatie.*
reverse[3] **I** ⟨onov.ww.⟩ **0.1** ***achteruitrijden*** ⟨v. auto⟩ ⇒*achteruitgaan* **0.2** ⟨dansk.⟩ ***linksom draaien;***
II ⟨ov.ww.⟩ **0.1** ***(om)keren*** ⇒*omdraaien, omschakelen;* ⟨ihb.⟩ *achteruitrijden* ⟨auto⟩ **0.2** ***herroepen*** ⟨beslissing⟩ ⇒*intrekken;* ⟨ihb. jur.⟩ *herzien* ◆ **1.1** ~ one's policy *radicaal v. politiek veranderen* **1.2** ⟨jur.⟩ ~ a sentence *een vonnis vernietigen* **4.1** ⟨vnl. AE⟩ ~ o.s. (about/over) *v. mening veranderen (over/wat betreft).*
reverse-charge ⟨BE⟩ **0.1** ***te betalen door/voor rekening v. opgeroepene*** ⟨v. telefoongesprek⟩.
reverse dive ⟨schoonspringen⟩ **0.1** ***contrasprong.***
reversib|le [rivvə:səbl] ⟨zn.: **-ility**⟩ **0.1** ***omkeerbaar*** ⇒*aan twee kanten draagbaar* ⟨v. kleding⟩ ◆ **1.1** ⟨schei.⟩ ~ reaction *omkeerbare reactie.*
reversion [rivvə:sjn] **0.1** ***terugkeer*** ⟨tot eerdere toestand⟩ ⇒*het terugvallen* ⟨in gewoonte⟩ **0.2** ⟨jur.⟩ ***het terugkeren*** ⟨v. bezit aan schenker/diens erfgenamen⟩ **0.3** ⟨jur.⟩ ***erfrecht*** ◆ **6.1** ~ **to** old habits *het terugvallen in oude gewoonten.*
revert [rivvə:t] **I** ⟨onov.ww.⟩ **0.1** ⟨+ to⟩ ***terugkeren (tot)*** ⟨eerdere toestand⟩ ⇒*terugvallen (in)* ⟨gewoonte⟩ **0.2** ⟨+ to⟩ ***terugkomen (op)*** ⟨eerder onderwerp v. gesprek⟩ **0.3** ⟨jur.⟩ ***terugkeren*** ⟨v. bezit aan eigenaar⟩;
II ⟨ov.ww.⟩ **0.1** ***(om)keren*** ⇒*draaien* ⟨ogen⟩, *wenden.*
review[1] [rivjoe:] ⟨zn.⟩ **0.1** ***terugblik*** ⇒*overzicht, bezinning*

0.2 ⟨ihb. jur.⟩ ***revisie*** *⇒herziening, het herzien* ⟨v. vonnis⟩ **0.3** ⟨mil.⟩ ***parade*** *⇒inspectie* **0.4** ***recensie*** *⇒(boek)bespreking, kritiek* **0.5** ***tijdschrift*** *⇒review, periodiek* ◆ **3.3** pass in ~ *de revue (laten) passeren* ⟨ook fig.⟩ **6.1** be **under** ~ *opnieuw bekeken worden;* come **under** ~ *opnieuw bekeken gaan worden.*

review[2] ⟨ww.⟩ **0.1** ***opnieuw bekijken*** **0.2** ⟨ihb. jur.⟩ ***herzien*** **0.3** ***terugblikken op*** *⇒overzien* **0.4** ⟨mil.⟩ ***parade houden*** *⇒inspecteren* **0.5** ***recenseren*** *⇒bespreken, recensies schrijven* **0.6** ⟨AE⟩ ***repeteren*** ⟨les⟩ *⇒herhalen.*

review copy **0.1** ***recensie-exemplaar.***

reviewer [rivjoe:ə] **0.1** ***recensent.***

revile [rivvajl] ⟨schr.⟩ **0.1** ***(uit)schelden*** *⇒(be)schimpen* ◆ **6.1** ~ **against/at** sth./s.o. *afgeven op iets/iem.*

revise[1] [rivvajz] ⟨zn.⟩⟨boek.⟩ **0.1** ***revisie*** *⇒gecorrigeerde drukproef.*

revise[2] ⟨ww.⟩ **0.1** ***herzien*** *⇒verbeteren, corrigeren* **0.2** ⟨BE⟩ ***repeteren*** ⟨les⟩ *⇒herhalen; studeren* ⟨voor tentamen⟩ ◆ **1.1** ~d edition *herziene uitgave* ⟨v. boek⟩; ~ one's opinions of s.o. *zijn mening over iem. herzien.*

reviser [rivvajzə] **0.1** ***corrector*** *⇒revisor.*

revision [rivvizjn] **0.1** ***revisie*** *⇒herziening, wijziging* **0.2** ***herziene uitgave*** ⟨v. boek⟩ *⇒gecorrigeerde proef/versie* **0.3** ⟨BE⟩ ***herhaling*** ⟨v. les⟩ *⇒het studeren* ⟨voor tentamen⟩.

revital|ize, -ise [rivvajtlajz] ⟨zn.: **-ization**⟩ **0.1** ***nieuwe kracht geven*** *⇒nieuw leven geven.*

revival [rivvajvl] **I** ⟨telb.zn.⟩ **0.1** ***reprise*** ⟨v. toneelstuk⟩ *⇒heropvoering, heruitgave* ⟨v. boek⟩ **0.2** ⟨rel.⟩ ***revival*** *⇒reveil;*
II ⟨telb. en n.-telb.zn.; meestal +of⟩ **0.1** ***(her)opleving*** *⇒wedergeboorte, hernieuwde belangstelling* **0.2** ***herstel*** ⟨v. krachten⟩.

revivalist [rivvajvəlist] **0.1** ***promotor v. revivals.***

revive [rivvajv] **I** ⟨onov.ww.⟩ **0.1** ***herleven*** *⇒bijkomen, weer tot leven/op krachten komen* **0.2** ***weer in gebruik/de mode komen*** *⇒opnieuw ingevoerd worden;*
II ⟨ov.ww.⟩ **0.1** ***doen herleven*** *⇒vernieuwen, weer tot leven brengen* **0.2** ***opnieuw invoeren*** ⟨oud gebruik⟩ *⇒weer opvoeren* ⟨toneelstuk⟩ **0.3** ***weer voor de geest halen*** *⇒ophalen* ⟨verhalen⟩ ◆ **1.1** ~ s.o.'s memory *iemands geheugen opfrissen.*

revivif|y [rie:vivviffaj] ⟨-ied⟩ **0.1** ***bijbrengen*** *⇒weer tot leven brengen.*

revocable [revvəkəbl] ⟨-ly; -ness⟩ ◆ **1.¶** ⟨hand.⟩ ~ credit *herroepelijk krediet.*

revocation [revvəkeesjn] **0.1** ***herroeping*** *⇒revocatie.*

revoke [rivvook] **I** ⟨onov.ww.⟩⟨kaartspel⟩ **0.1** ***verzaken;***
II ⟨ov.ww.⟩ **0.1** ***herroepen*** *⇒intrekken* ⟨bevel, belofte, vergunning⟩.

revolt[1] [rivvoolt] **I** ⟨telb. en n.-telb.zn.⟩ **0.1** ***opstand*** *⇒oproer* ◆ **3.1** break out in ~ *in opstand komen;* stir people to ~ *mensen opruien* **6.1** **in** ~ *opstandig, oproerig;*
II ⟨n.-telb.zn.⟩ **0.1** ***walging*** *⇒afkeer, weerzin* ◆ **6.1** turn away **in** ~ **(from** sth./s.o.) *zich vol walging (v. iets/iem.) afwenden.*

revolt[2] **I** ⟨onov.ww.⟩ **0.1** ⟨+ against⟩ ***in opstand komen (tegen)*** *⇒rebelleren, muiten* **0.2** ***walgen*** ⟨ook fig.⟩ ◆ **6.2** ~ **at/against/from** *walgen v.;*
II ⟨ov.ww.; vaak pass.⟩ **0.1** ***doen walgen*** *⇒afstoten, afkerig maken v.* ⟨ook fig.⟩ ◆ **6.1** be ~ed **by** sth. *v. iets walgen.*

revolting [rivvoolting] **0.1** ***opstandig*** **0.2** ***walg(e)lijk*** *⇒onsmakelijk, weerzinwekkend.*

revolution [revvəloe:sjn] **I** ⟨telb.zn.⟩ **0.1** ***(om)wenteling*** *⇒draaiing* ⟨rond middelpunt⟩; ⟨wisk.⟩ *omwenteling* **0.2** ***rotatie*** *⇒draai(ing)* ⟨rond as⟩, *toer, slag;*
II ⟨telb. en n.-telb.zn.⟩ **0.1** ***revolutie*** *⇒(staats)omwenteling* **0.2** ***ommekeer*** *⇒omkering* ◆ **6.2** a ~ **in** thought *algehele verandering in denkbeelden.*

revolutionar|y [revvəloe:sjənrie] ⟨mv.: -ies⟩ **0.1** ⟨bn.⟩ ***revolutionair*** ⟨ook fig.⟩ **0.2** ⟨zn.⟩ ***revolutionair.***

revolutionize, -ise [revvəloe:sjənajz] **0.1** ***radicaal veranderen*** **0.2** ***in opstand brengen.***

revolve [rivvolv] **I** ⟨onov. en ov.ww.⟩ **0.1** ***(rond)draaien*** *⇒(doen) (rond)wentelen* ◆ **6.1** the discussion always ~s **around/about** the same problem *de discussie draait altijd om hetzelfde probleem;* ~ **on** an axis *om een as draaien;*
II ⟨ov.ww.⟩ **0.1** ***(goed) overwegen*** *⇒overpeinzen, overdenken* ◆ **1.1** ~ sth. in one's mind *over iets nadenken.*

revolver [rivvolvə] **0.1** ***revolver.***

revolving [rivvolving] **0.1** ***draaiend*** *⇒roterend, draai-* ◆ **1.1** ~ door *draaideur;* ~ stage *draaitoneel* **1.¶** ~ credit *automatisch hernieuwd/doorlopend krediet.*

revue [rivjoe:] **0.1** ***revue*** ◆ **3.1** appear/perform in a ~ *in een revue optreden.*

revulsion [rivvulsjn] **0.1** ***walging*** *⇒afkeer, weerzin* **0.2** ***ommekeer*** *⇒reactie* ◆ **6.1** a ~ **against/from** *een afkeer v./weerzin tegen.*

reward[1] [riwwo:d] ⟨zn.⟩ **0.1** ***beloning*** *⇒compensatie, loon* ◆ **3.1** offer a ~ of £100 *een beloning uitloven v. £100.*

reward[2] ⟨ww.⟩ **0.1** ***belonen*** ◆ **6.1** ~ s.o. **with** £100 **(for** sth.) *iem. (ergens voor) belonen met £100.*

rewarding [riwwo:ding] **0.1** ***lonend*** *⇒de moeite waard, dankbaar* ⟨v. werk, taak⟩.

rewind [rie:wajnd] **0.1** ***opnieuw opwinden*** *⇒terugwinden, terugspoelen* ⟨film, geluidsband⟩.

rewire [rie:wajjə] **0.1** ***opnieuw bedraden.***

reword [rie:wə:d] **0.1** ***anders stellen*** *⇒in andere bewoordingen uitdrukken.*

rewrite[1] [rie:rajt] ⟨zn.⟩ **0.1** ***omwerking*** *⇒bewerking* **0.2** ***bewerkt boek/stuk/artikel.***

rewrite[2] [rie:rajt] ⟨ww.⟩ **0.1** ***omwerken*** *⇒bewerken, herschrijven.*

Rex [reks] ⟨BE; schr.⟩ **0.1** ⟨jur.⟩ ***Kroon*** ◆ **1.1** ~ v. Smith *de Kroon tegen Smith.*

rhapsodize, -ise [ræpsədajz] **0.1** ***buitengewoon enthousiast spreken/schrijven*** ◆ **6.1** ~ **about/on/over** sth. *zich (overdreven) enthousiast over iets uitlaten.*

rhapsod|y [ræpsədie] ⟨mv.: -ies⟩ **0.1** ***rapsodie*** ⟨ook muz.⟩ *⇒episch gedicht* ◆ **3.¶** go into a ~/rhapsodies about/over sth. *lyrisch over iets worden, enthousiast zijn over iets.*

rhea [riə] ⟨dierk.⟩ **0.1** ***nandoe*** *⇒Zuid-Amerikaanse pampastruis.*

rhesus [rie:səs], **rhesus monkey** **0.1** ***resusaap.***

Rhesus factor, Rh factor ⟨the⟩ **0.1** ***resusfactor.***

rhetoric [rettərik] **0.1** ***redekunst*** *⇒retoriek, retorica* **0.2** ***welsprekendheid*** ⇒⟨ihb. pej.⟩ *bombast, holle frasen* **0.3** ***overredingskracht.***

rhetorical [rittorrikl] **0.1** ***retorisch*** *⇒redekunstig, gekunsteld* ◆ **1.¶** ~ question *retorische vraag.*

rhetorician [rettərisjn] **0.1** ***redekunstenaar*** *⇒redenaar* **0.2** ***mooiprater*** *⇒praatjesmaker.*

rheumatic[1] [roe:mætik] **I** ⟨telb.zn.⟩ **0.1** ***reumalijder*** *⇒reumapatiënt;*
II ⟨mv.⟩⟨inf.⟩ **0.1** ***reumatiek.***

rheumatic[2] ⟨bn.⟩ **0.1** ***reumatisch*** ◆ **1.1** ~ fever *acuut reuma.*

rheumaticky [roe:mætikkie] ⟨inf.⟩ **0.1** ***reumatiekerig.***

rheumatism [roe:mətizm] **0.1** ***reuma(tiek)*** *⇒reumatisme,* ⟨ihb.⟩ *gewrichtsreumatiek.*

rheumatoid [roe:mətojd] **0.1** ***reumatoïde*** ◆ **1.1** ~ arthritis *gewrichtsreuma(tiek).*

Rh factor →**Rhesus factor.**

Rhine [rajn] ⟨the; ook attr.⟩ **0.1** ***Rijn.***

rhinestone **0.1** ***bergkristal.***

rhino [rajnoo] ⟨mv.: ook rhino⟩ ⟨verk.⟩ [rhinoceros].

rhinoceros [rajnosrəs] ⟨mv.: ook rhinoceros⟩ **0.1** ***rinoceros*** ⇒*neushoorn.*

rhizome [rajzoom] ⟨plantk.⟩ **0.1** ***wortelstok*** ⇒*rizoom.*

Rhodes [roodz] **0.1** ***Rhodos.***

rhododendron [roodədendrən] **0.1** ***rododendron.***

rhomb [rom] ⟨bn.: **-ic**⟩ **0.1** ***ruit*** ⇒*rombus.*

rhomboid(al) [rombojd(l)] **0.1** ⟨bn.⟩ ***romboïdaal*** ⇒*ruitvormig* **0.2** ⟨zn.⟩ ***(scheefhoekig) parallellogram.***

rhombus [rombəs] ⟨geometrie⟩ **0.1** ***ruit*** ⇒*rombus.*

rhubarb [roe:ba:b] **0.1** ⟨plantk.⟩ ***rabarber*** **0.2** ***rabarbermoes*** **0.3** ***rabarberrabarberrabarber*** ⇒*gemompel* ⟨geluid v. mensenmassa⟩.

rhyme¹, rime [rajm] ⟨zn.⟩ **0.1** ***rijm(woord)*** **0.2** ***(berijmd) gedicht*** ⇒*vers* **0.3** ***gebruik v. rijm*** ◆ **1.¶** without ~ or reason *zonder enige betekenis, onzinnig.*

rhyme², rime I ⟨onov.ww.⟩ **0.1** ***rijmen*** ⇒*rijm hebben* **0.2** ***dichten*** ⇒*rijmen;*
II ⟨ov.ww.⟩ **0.1** ***laten rijmen*** **0.2** ***berijmen*** ◆ **1.2** ~d verses *berijmde verzen.*

rhyming, riming [rajming] **0.1** ***rijmend*** ⇒*op rijm* ◆ **1.1** ~ couplet *rijmpaar, gepaard rijm;* ~ slang *rijmend slang.*

rhythm [riðm] **0.1** ***ritme*** ⟨ook fig.⟩ ⇒*maat.*

rhythmic|(al) [riðmik(l)] ⟨-ally⟩ **0.1** ***ritmisch*** ⇒*regelmatig.*

rhythm method **0.1** ***periodieke onthouding.***

rhythm section ⟨muz.⟩ **0.1** ***ritmesectie*** ⇒*slagwerk.*

rib¹ [rib] ⟨zn.⟩ **0.1** ***rib*** **0.2** ***balein*** ⟨v. paraplu⟩ **0.3** ***bladnerf*** **0.4** ***ribstuk*** **0.5** ***ribbelpatroon*** ⟨in breiwerk⟩.

rib² ⟨ww.; -bed⟩ **0.1** ⟨inf.⟩ ***plagen*** ⇒*voor de gek houden.*

ribald [ribld] **0.1** ***(oneerbiedig) spottend*** ⇒*grof, schunnig.*

ribaldry [ribldrie] **0.1** ***grove taal*** ⇒*vuile praat.*

ribbed [ribd] **0.1** ***gerib(bel)d*** ⇒*ribbelig* ◆ **1.1** ~ material *geribbelde stof.*

ribbing [ribbing] **0.1** ***ribbeling*** ⇒*rib(bel)patroon.*

ribbon [ribbən] **0.1** ***lint(je)*** ⇒*onderscheiding* **0.2** ⟨vaak mv.⟩ ***flard*** **0.3** ***lint*** ⇒*schrijfmachinelint* ◆ **3.2** ⟨fig.⟩ cut to ~s *in de pan hakken.*

ribbon building, ribbon development ⟨vaak pej.⟩ **0.1** ***lintbebouwing.***

rib cage **0.1** ***ribbenkast.***

riboflavin [rajboo fleevin] **0.1** ***riboflavine*** ⇒*vitamine-B_2.*

ribwort, rib grass **0.1** ***smalle weegbree.***

rice [rajs] **0.1** ***rijst*** ◆ **2.1** unpolished ~ *ongepelde rijst, zilvervliesrijst.*

rice paper **0.1** ***rijstpapier.***

rice pudding **0.1** ***rijstebrij*** ⇒*rijstpudding.*

rich [ritsj] ⟨-ness⟩ **0.1** ***rijk*** **0.2** ***kostbaar*** ⇒*luxueus* **0.3** ***rijkelijk*** ⇒*overvloedig* **0.4** ***vruchtbaar*** **0.5** ***machtig*** ⟨v. voedsel⟩ **0.6** ***vol*** ⟨v. klank⟩ ⇒*warm* ⟨v. kleur⟩ **0.7** ⟨inf.; vaak iron.⟩ ***kostelijk*** ⟨v. grap⟩ ◆ **1.4** ~ soil *vruchtbare aarde* **1.6** ~ perfume *doordringend parfum* **3.¶** strike it ~ *een goudmijn ontdekken, fortuin maken* **4.7** that's ~! *dat is een goeie!; wat een flater!* **6.1** ~ **in** *rijk aan* **7.1** the ~ *de rijken.*

riches [ritsjiz] **0.1** ***rijkdom*** ⇒*het rijk-zijn* **0.2** ***kostbaarheden*** ⇒*weelde.*

richly [ritsjlie] **0.1** →**rich** **0.2** ***volledig*** ⇒*dubbel en dwars* ◆ **3.2** ~ deserve *volkomen verdienen.*

Richter scale [riktə skeel] ⟨the⟩ ⟨seismologie⟩ **0.1** ***schaal v. Richter.***

rick¹ [rik] ⟨zn.⟩ **0.1** ***(hooi)hoop*** ⇒*(hooi)mijt.*

rick², ⟨in bet. 0.2 ook⟩ **wrick** ⟨ww.⟩ **0.1** ***ophopen*** **0.2** ⟨vnl. BE⟩ ***verdraaien*** ⇒*verstuiken.*

rickets [rikkits] ⟨med.⟩ **0.1** ***Engelse ziekte*** ⇒*rachitis.*

rickety [rikkətie] **0.1** ***rachitisch*** ⇒*lijdend aan Engelse ziekte* **0.2** ***gammel*** ⇒*wankel.*

ricksha(w) [riksjo:] **0.1** ***riksja.***

ricochet¹ [rikkəsjee] ⟨zn.; ook attr.⟩ **0.1** ***ricochet*** ⇒*het keilen* ⟨v.e. projectiel tegen een plat vlak⟩ **0.2** ***ricochetschot*** ◆ **3.2** hit by a ~ *getroffen door een verdwaalde kogel.*

ricochet² ⟨ww.; ook -ted⟩ **0.1** ***(doen) ricocheren*** ⇒*(laten) afketsen* ◆ **6.1** the bullet ~ted **off** the wall *de kogel ketste af op de muur.*

ricotta [rikkottə] ⟨cul.⟩ **0.1** ***ricotta.***

rid [rid] ⟨rid, rid⟩ **0.1** ***bevrijden*** ⇒*ontdoen van* ◆ **5.1** be well ~ of s.o. *goed v. iem. af zijn* **6.1** ~ s.o. **of** s.o. / sth. *iem. v. iem. / iets afhelpen;* get ~ **of** *kwijt raken, v.d. hand doen.*

riddance [ridns] ⟨inf.⟩ **0.1** ***bevrijding*** ⇒*verwijdering.*

ridden [ridn] ⟨volt. deelw.⟩ →**ride.**

-ridden [ridn] **0.1** ***gedomineerd door*** ⇒*beheerst door* **0.2** ***vergeven v.*** ◆ **¶.1** conscience-ridden *gewetensbezwaard* **¶.2** this place is vermin-ridden *het wemelt hier v.h. ongedierte.*

riddle¹ [ridl] ⟨zn.⟩ **0.1** ***raadsel*** ⇒*mysterie* **0.2** ***(grove) zeef*** ◆ **2.1** John is a complete ~ to me *John is voor mij een volslagen raadsel* **3.1** he's good at solving ~s *hij is goed in het oplossen v. raadseltjes.*

riddle² ⟨ww.⟩ **0.1** ***zeven*** ⟨ook fig.⟩ ⇒*schiften; natrekken* **0.2** ***schudden*** ⟨om as in kachel op te vangen⟩ **0.3** ***doorzeven*** ◆ **1.2** ~ the grate *het rooster / de kachel schudden* **6.3** the body was ~d **with** bullets *het lichaam was met kogels doorzeefd.*

riddled [ridld] **0.1** ***gevuld*** ⇒*vol, bezaaid* ◆ **6.1** the paper was ~ **with** errors *de verhandeling stond vol fouten.*

ride¹ [rajd] ⟨zn.⟩ **0.1** ***rit(je)*** ⇒*tocht(je)* **0.2** ***rijpad*** ⇒*ruiterpad* ◆ **2.1** it's only a short ~ in the car *het is maar een kort ritje met de auto* **2.¶** this pony is an easy ~ *deze pony laat zich makkelijk berijden* **3.1** can you give me a ~ to the station? *kan je mij een lift geven tot aan het station?* **3.¶** ⟨inf.⟩ take s.o. for a ~ *iem. voor de gek houden;* ⟨vnl. AE; euf.⟩ *een ritje met iem. gaan maken* ⟨onder dwang, met de bedoeling hem te vermoorden⟩.

ride² ⟨rode [rood], ridden [ridn]⟩ **I** ⟨onov.ww.⟩ **0.1** ***rijden*** ⇒*paardrijden* **0.2** ⟨scheep.⟩ ***rijden*** ⇒*voor anker liggen / rijden* **0.3** ***drijven*** ⟨ook fig.⟩ ⇒*zich (drijvend) voortbewegen* **0.4** ***rijden*** ⇒*berijdbaar zijn* ◆ **1.2** ~ at anchor *voor anker liggen* **2.2** ~ high *hoog op het water liggen* **5.1** ~ astride / side-saddle *schrijlings / in amazonenzit (paard) rijden* **5.4** this horse ~s **well** *dit paard rijdt goed / is goed berijdbaar* **5.¶** Batman ~s again *Batman slaat weer toe / is weer in actie;* ~ roughshod over s.o. / sth. *(gemakkelijk) over iem. heen lopen, over iets heen stappen, zich niet storen aan iem. / iets;* ~ **up** *omhoogkruipen, opkruipen;* this skirt is always riding **up** *die rok kruipt altijd omhoog* **6.3** the eagle rode **on** the wind *de arend liet zich op de wind meedrijven;*
II ⟨ov.ww.⟩ **0.1** ***berijden*** ⇒*doorrijden* **0.2** ***(be)rijden*** ⇒*rijden met* **0.3** ***(laten / doen) rijden*** **0.4** ⟨vnl. pass.⟩ ***beheersen*** ⇒*tiranniseren* **0.5** ⟨vnl. schr.⟩ ***drijven op*** ⇒*gedragen worden door* **0.6** ⟨vnl. AE⟩ ***jennen*** ⇒*kwellen* ◆ **1.2** ~ a bicycle / bike *op de fiets rijden, fietsen* **1.3** ~ the baby on one's knee *de baby op z'n knie laten rijden* **1.4** the robber was ridden by fears *de dief werd door schrik bevangen.* →**ride down, ride out.**

ride down **0.1** ***inhalen*** ⟨te paard⟩ ⇒*bijbenen* **0.2** ***omverrijden*** ⇒⟨fig.⟩ *uit de weg ruimen* ⟨bezwaar e.d.⟩.

ride out **0.1** ***overleven*** ⟨ook fig.⟩ ⇒*heelhuids doorkomen* **0.2** ***afjakkeren*** ⇒*afrijden* ◆ **1.1** the ship rode out the storm *het schip doorstond de storm.*

rider [rajdə] **0.1** ***(be)rijder*** *⇒ruiter* **0.2** ***aanvullingsakte*** *⇒ amendement.*

ridge[1] [ridzj] ⟨zn.⟩ **0.1** ***(berg)kam*** *⇒richel* **0.2** ***nok*** ⟨v. dak⟩ **0.3** ***bergketen*** **0.4** ***ribbel*** **0.5** ***golftop*** **0.6** ⟨meteo.⟩ ***rug*** *⇒ (uitgerekt) hogedrukgebied.*

ridge[2] ⟨ww.⟩ **0.1** ***richels/ribbels/plooien vormen in.***

ridge pole **0.1** ***nok(balk)*** **0.2** ⟨horizontale⟩ ***tentbalk.***

ridge tile **0.1** ***nokpan.***

ridicule[1] [riddikjoe:l] ⟨zn.⟩ **0.1** ***spot*** *⇒hoon* ◆ **3.¶** hold s.o. up to ~ *iem. voor schut zetten.* →**open.**

ridicule[2] ⟨ww.⟩ **0.1** ***ridiculiseren*** *⇒bespotten.*

ridiculous [riddikjoeləs] ⟨-ness⟩⟨vnl. pej.⟩ **0.1** ***ridicuul*** *⇒belachelijk.*

riding [rajding] **0.1** ***ruiterpad*** **0.2** ⟨the; vnl. R-⟩ ***arrondissement*** *⇒gouw* ⟨ihb. administratief district v. Yorkshire (tot 1974)⟩.

riding boot **0.1** ***rijlaars.***

riding breeches **0.1** ***rijbroek.***

riding habit **0.1** ***amazonen(mantel)pak*** *⇒ruiterkledij.*

riding master **0.1** ***rijmeester*** *⇒pikeur, rij-instructeur.*

riding school **0.1** ***ruiterschool*** *⇒manege.*

rife [rajf] ⟨-r⟩ **0.1** ***wijdverbreid*** *⇒vaak voorkomend* **0.2** ⟨+ with⟩ ***goed voorzien (van)*** *⇒legio* ◆ **1.1** violence is ~ in westerns *er is veel geweld in cowboyfilms.*

riff [rif] **0.1** ⟨muz.⟩ ***rif*** *⇒riedel.*

riffle [rifl] **0.1** ***(haastig) doorbladeren.***

riffle through **0.1** ***vluchtig doorbladeren.***

riffraff [rifræf] ⟨zn.; ww. steeds mv.⟩ **0.1** ***uitschot*** *⇒schorem.*

rifle[1] [rajfl] ⟨zn.⟩ **0.1** ***geweer*** *⇒karabijn* **0.2** ⟨mv.; R-; mil.⟩ ***karabiniers*** *⇒jagers.*

rifle[2] ⟨ww.⟩ **0.1** ***inwendig voorzien v. spiraalvormige groeven*** *⇒trekken* ⟨geweerloop⟩ **0.2** ***doorzoeken*** ⟨om te plunderen⟩ *⇒leeghalen* ◆ **1.2** the burglar had ~d every cupboard *de dief had iedere kast overhoop gehaald/leeggeplunderd.*

rifle|man [rajflmən]⟨mv.: -men [-mən]⟩ **0.1** ***karabinier*** *⇒ schutter.*

rifle range **I** ⟨telb.zn.⟩ **0.1** ***schietbaan;***

II ⟨n.-telb.zn.⟩ **0.1** ***schootsafstand*** *⇒draagwijdte* ◆ **6.1 within** ~ *binnen schot(bereik).*

rifle shooting ⟨sport⟩ **0.1** ***(het) geweerschieten*** *⇒(het) karabijnschieten.*

rifleshot **0.1** ***geweerschot*** **0.2** ***schotbereik*** *⇒draagwijdte.*

rifle through **0.1** ***doorzoeken*** ⟨ihb. om te plunderen⟩ *⇒leeghalen, overhoophalen.*

rift [rift] ⟨vnl. schr.⟩ **0.1** ***spleet*** *⇒kloof* **0.2** ***onenigheid*** *⇒ tweedracht.*

rig[1] [rig] ⟨zn.⟩ **0.1** ⟨scheep.⟩ ***tuig(age)*** *⇒takelage* **0.2** ***uitrusting*** *⇒(olie)booruitrusting* **0.3** ⟨inf.⟩ ***plunje*** *⇒uitrusting* **0.4** ⟨AE⟩ ***trekker/truck met oplegger*** ◆ **2.3** in full ~ *in vol ornaat.*

rig[2] ⟨ww.; -ged⟩ **0.1** ⟨scheep.⟩ ***(op)tuigen*** *⇒optakelen* **0.2** ***uitrusten*** *⇒uitdossen* **0.3** ***knoeien met*** *⇒sjoemelen met* ◆ **1.3** the exams were ~ged *de examens waren doorgestoken kaart;* ⟨geldw.⟩ ~ the market *de markt manipuleren.* → **rig out, rig up.**

rigger [rigə] **0.1** ***(scheeps)tuiger*** *⇒takelaar.*

rigging [riging] ⟨the⟩ **0.1** ⟨scheep.⟩ ***tuig(age)*** *⇒takelage; het optuigen* **0.2** ***knoeierij.***

right[1] [rajt] **I** ⟨telb.zn.⟩ **0.1** ***rechterhand*** *⇒rechtse* ⟨vnl. bij boksen⟩ **0.2** ***rechter(hand)schoen;***

II ⟨telb. en n.-telb.zn.⟩ **0.1** ***recht*** *⇒voorrecht, (gerechtvaardigde) eis* **0.2** ⟨vaak mv.; ec.⟩ ***recht*** *⇒claimrecht(certificaat)* ◆ **1.1** ~ of common *recht op de gemeenteweiden;* ~s and duties *rechten en plichten;* ~ of entry *recht v. toegang;* ~ of primogeniture *eerstgeboorterecht;* the ~ of free speech *het recht op vrije meningsuiting;* ~ of way ⟨jur.⟩ *recht v. overweg/overpad/drijfweg;* ⟨verkeer⟩ *voorrang(srecht)* **3.1** stand on one's ~s *op zijn recht(en) staan;* all ~s reserved *alle rechten voorbehouden* **6.1 by** ~s *eigenlijk;* **by** ~ **of** *krachtens, uit rechte v., op grond v.;* (as) **of** ~ *rechtmatig, op grond v. een gerechtigde eis;* he has a ~ **to** the money *hij heeft recht op het geld;* **within** one's ~s *in zijn recht.* →**own;**

III ⟨n.-telb.zn.⟩ **0.1** ***recht*** *⇒gerechtigheid* **0.2** ***rechterkant*** **0.3** ⟨the; vnl. R-; pol.⟩ ***rechts*** *⇒de conservatieven* ◆ **3.1** do s.o. ~ *iem. recht laten wedervaren* **3.2** keep to the ~ *rechts houden* **6.1** he is **in** the ~ *hij heeft gelijk/heeft het recht aan zijn kant;* put s.o. **in** the ~ *iem. in het gelijk stellen* **6.2 on/to** the/your ~ *aan de/je rechterkant;*

IV ⟨mv.⟩ **0.1** ***ware toedracht*** ◆ **1.1** the ~s (and wrongs) of the case *de rechte/ware toedracht v.d. zaak* **3.¶** put/set to ~s *in orde brengen, rechtzetten.*

right[2] ⟨-ness⟩ **I** ⟨bn.⟩ **0.1** ***juist*** *⇒correct, rechtmatig* **0.2** ***juist*** *⇒gepast, geëigend* ⟨in de gegeven omstandigheden⟩, *recht* **0.3** ***in goede staat*** *⇒in orde* **0.4** ⟨soms R-⟩ ***rechts*** *⇒rechter-, conservatief* **0.5** ⟨wisk.⟩ ***orthogonaal*** *⇒recht, met een hoek v. negentig graden* **0.6** ⟨sl.⟩ ***eerlijk*** *⇒betrouwbaar* ◆ **1.1** what's the ~ time? *hoe laat is het precies?* **1.2** the ~ man in the ~ place *de juiste man op de juiste plaats;* strike the ~ note, touch the ~ chord *de juiste toon aanslaan/vinden;* ⟨fig.⟩ have one's heart in the ~ place *het hart op de juiste plaats hebben;* on the ~ side of fifty *nog geen vijftig (jaar oud);* keep on the ~ side of the law *zich (keurig) aan de wet houden;* ⟨fig.⟩ get on the ~ side of s.o. *goede maatjes worden met iem.;* ⟨fig.⟩ be on the ~ track *op het rechte spoor zitten* **1.3** the patient doesn't look ~ *de patiënt ziet er niet goed uit* **1.4** the ~ wing of the party *de rechtervleugel v.d. partij* **1.5** ~ angle *rechte hoek* **1.6** the ~ sort *het goede soort (mensen)* **1.¶** ⟨inf.⟩ not (quite) ~ in the/one's head *niet goed bij zijn hoofd;* not in one's ~ mind *niet wel/helemaal bij (zijn) zinnen;* Mister Right *de ware Jakob;* ⟨inf.⟩ (as) ~ as rain *perfect/helemaal in orde, kerngezond* **3.1** he got the answers ~ *hij heeft de vragen juist (beantwoord);* you were ~ to tell her *je deed er goed aan het haar te vertellen;* put/set the clock ~ *de klok juist/gelijk zetten* **3.3** let's get this ~ *laten we de dingen even op een rijtje zetten;* put/set sth. ~ *iets in orde brengen;* put/set s.o. ~ again *iem. genezen/op de been helpen* **3.¶** put/set s.o. ~ *iem. terechtwijzen;* see s.o. ~ *zorgen dat iem. aan zijn trekken komt/recht wordt gedaan* **4.¶** all ~ *(erg) goed, prima;* that's ~ *dat klopt, ja zeker* **5.¶** ~ enough *bevredigend; ja hoor* **¶.¶** ~ (you are)!, ⟨BE⟩ ~ oh! *komt in orde, doen we;*

II ⟨bn., attr.⟩ **0.1** ***rechter-*** *⇒rechts* **0.2** ⟨inf.⟩ ***waar*** *⇒echt, heus* ◆ **1.2** he's a ~ berk *hij is een echte sul;* it's a ~ mess *het is een puinzooi* **1.¶** ~ arm/hand *rechterhand, assistent;* ⟨honkbal⟩ ~ field *rechtervleugel;* keep on the ~ side *rechts houden;*

III ⟨bn., pred.⟩ **0.1** ***gelijk*** **0.2** ***rechtvaardig*** *⇒gerechtvaardigd* ◆ **3.1** you are ~ *je hebt gelijk* **3.2** it seemed only ~ to tell you this *ik vond dat je dit moest weten* **5.1** how ~ you are! *gelijk hebt u!* **5.¶** and quite ~ **so** *en maar goed ook.*

right[3] ⟨ww.⟩ **0.1** ⟨vaak wk. ww.⟩ ***rechtmaken*** *⇒recht(op) zetten* **0.2** ***genoegdoening geven*** *⇒rehabiliteren* **0.3** ⟨vaak wk. ww.⟩ ***verbeteren*** *⇒rechtzetten* ⟨fouten⟩ ◆ **1.1** the yacht ~ed itself *het jacht kwam weer recht te liggen* **1.3** ~ a wrong *een onrecht herstellen* **4.¶** ~ o.s. *zich herstellen.*

right[4] ⟨bw.⟩ **0.1** ***naar rechts*** *⇒aan de rechterzijde* **0.2** ***juist*** *⇒vlak, regelrecht* **0.3** ***onmiddellijk*** *⇒direct* **0.4** ***juist*** *⇒ correct* **0.5** ***helemaal*** *⇒volledig* **0.6** ⟨inf.⟩ ***zeer*** *⇒heel,* *recht* **0.7** ⟨R-; in aanspreektitels⟩ ***Zeer*** ◆ **2.7** Right Honourable *Zeer Geachte* **3.4** nothing seems to go ~ for her *niets wil haar lukken* **5.1** ~ and left *aan alle kanten, overal, links en rechts;* ~, left and centre, left, ~, and centre *aan alle kanten* **5.2** ~ ahead *recht/pal vooruit* **5.3** I'll be ~ **back** *ik ben zó terug* **5.5** she turned ~ **round** *zij maakte volledig rechtsomkeert* **5.¶** ~ **away** *onmiddellijk;* ⟨AE; inf.⟩ ~ **off** *onmiddellijk;* ⟨vnl. AE; sl.⟩ ~ **on** *zo mogen wij het horen* **6.2** ~ **behind** you *vlak achter je* **¶.¶** ~, let's go *okay, laten we gaan.*

right-about 0.1 ***in tegenovergestelde richting*** ◆ **1.¶** ⟨mil.⟩ ~ face / turn! *rechtsomkeert!;* (do a) ~ turn / face *rechtsomkeert (maken), (een) volledige ommezwaai (maken)* ⟨ook fig.⟩.

right-angled 0.1 ***rechthoekig*** ⇒*met rechte hoek(en).*

right-back ⟨sport⟩ **0.1** ***rechtsback*** ⇒*rechtsachter.*

righteous [rajtsjəs] ⟨-ness⟩⟨schr.⟩ **0.1** ***rechtschapen*** ⇒ *rechtvaardig, deugdzaam* **0.2** ***gerechtvaardigd*** ⇒*gewettigd* ◆ **1.2** ~ indignation *gerechtvaardigde verontwaardiging* **7.1** the ~ *de rechtschapenen.*

right-footed ⟨-ness⟩⟨sport⟩ **0.1** ***rechts(benig)*** ⟨v. voetballer⟩.

rightful [rajtfl] ⟨-ness⟩ **0.1** ***wettelijk*** ⇒*rechtmatig* **0.2** ***gerechtvaardigd*** ⇒*rechtvaardig* ◆ **1.1** the ~ owner *de rechtmatige eigenaar.*

right-hand 0.1 ***rechts*** ⇒*mbt. de rechterhand* ◆ **1.1** ~ man *rechterhand, onmisbare helper;* ~ turn *bocht naar rechts.*

right-hand-drive 0.1 ***met het stuur aan de rechterkant*** ◆ **1.1** ~ cars *auto's met het stuur rechts.*

righthanded ⟨-ness⟩ **0.1** ***rechtshandig*** **0.2** ***met de rechterhand toegebracht/uitgevoerd*** **0.3** ***voor rechtshandigen.***

right-hander 0.1 ***rechtshandige*** **0.2** ***rechtse (slag)*** ⇒*slag met de rechterhand.*

rightist [rajtist] ⟨soms R-⟩⟨pol.⟩ **0.1** ⟨bn.⟩ ***rechts*** ⇒*reactionair* **0.2** ⟨zn.⟩ ***rechtse*** ⇒*conservatief.*

right-justify ⟨druk.⟩ **0.1** ***uitvullen.***

rightly [rajtlie] **0.1** ***terecht*** **0.2** ***rechtvaardig*** ⇒*oprecht* **0.3** ⟨inf.⟩ ***met zekerheid*** ⇒*precies* ◆ **3.3** I can't ~ say whether he's married *ik kan niet met zekerheid zeggen of hij getrouwd is* **5.1** she has been sacked, and ~ **so** *zij is de laan uitgestuurd, en terecht.*

right-minded ⟨-ness⟩ **0.1** ***weldenkend*** ⇒*rechtschapen.*

rights issue ⟨geldw.⟩ **0.1** ***uitgifte voor bestaande aandeelhouders.***

right-to-life [rajtəlajf] **0.1** ***anti-abortus-.***

right-to-lifer [rajtəlajfə] **0.1** ***voorstander v.h. recht op leven*** ⟨v.h. ongeboren kind⟩ ⇒*tegenstander v. vrije abortus(wetgeving).*

rightward [rajtwəd] **0.1** ***(naar) rechts*** ◆ **1.1** a ~ turn *een bocht naar rechts.*

rightwards [rajtwədz], ⟨AE ook⟩ **rightward 0.1** ***naar rechts.***

right-wing 0.1 ***v.d. rechterzijde*** ⇒*conservatief.*

right-winger 0.1 ***lid v.d. rechterzijde*** ⇒*conservatief* **0.2** ***rechtsbuiten*** ⇒*rechtervleugelspeler.*

rigid [ridzjid] ⟨zn.: **-ity**⟩ **0.1** ***onbuigzaam*** ⇒*stijf, stug, strak* **0.2** ***star*** ⇒*verstard* ◆ **1.1** ~ plastics *hard plastic* **3.¶** ⟨inf.⟩ shake s.o. ~ *iem. een ongeluk laten schrikken* **6.1** he was ~ **with** fear *hij was verstijfd v. angst.*

rigmarole [rigmərool] ⟨inf.; pej.⟩ **0.1** ***onzin*** ⇒*gewauwel* **0.2** ***rompslomp.***

rigor [rigə, rajgo:] **0.1** ⟨med.⟩ ***(koorts)rilling*** **0.2** →**rigour.**

rigor mortis [rigə mo:tis, rajgo:-] **0.1** ***rigor mortis*** ⇒*(lijk)verstijving.*

rigorous [rigərəs] **0.1** ***onbuigzaam*** ⇒*streng, ongenadig* **0.2** ***rigoureus*** ⇒*nauwgezet, zorgvuldig.*

rigour, ⟨AE sp.⟩ **rigor** [rigə] **I** ⟨telb.zn.; the; vaak mv.⟩ **0.1** ***ontbering*** ⇒*ongemak, barheid* ◆ **1.1** the ~s of the arctic winter *de ontberingen v.d. poolwinter;*
II ⟨n.-telb.zn.⟩ **0.1** ***gestrengheid*** ⇒*strikte/stipte toepassing* **0.2** ***hardheid*** ⇒*meedogenloosheid* **0.3** ***accuratesse*** ⇒*uiterste nauwkeurigheid* ◆ **1.1** with the utmost ~ of the law *met strenge toepassing v.d. wet.*

rig out 0.1 ***uitrusten*** ⇒*v.e. uitrusting voorzien* **0.2** ⟨ook wk. ww.⟩ ***uitdossen*** ◆ **4.2** he had rigged himself out as a general *hij had zich als generaal uitgedost.*

rig-out ⟨BE; inf.⟩ **0.1** ***plunje*** ⇒*(apen)pak.*

rig up ⟨vnl. inf.⟩ **0.1** ***monteren*** ⇒*op/afstellen* **0.2** ***in elkaar flansen.***

rile [rajl] **0.1** ⟨vnl. inf.⟩ ***op stang jagen*** ⇒*nijdig maken, irriteren.*

rill [ril] **0.1** ⟨schr.⟩ ***ril*** ⇒*beekje.*

rim[1] [rim] ⟨zn.⟩ **0.1** ***rand*** ⇒*boord, velg; montuur* ⟨v. bril⟩ **0.2** ⟨schr.; ben. voor⟩ ***cirkelvormig voorwerp.***

rim[2] ⟨ww.; -med⟩ **0.1** ***omranden*** ⇒*omringen.*

rime[1] [rajm] **I** ⟨telb. en n.-telb.zn.⟩ **0.1** →**rhyme;**
II ⟨n.-telb.zn.⟩ **0.1** ***rijp*** ⇒*aangevroren mist.*

rime[2] **I** ⟨onov. en ov.ww.⟩ **0.1** →**rhyme;**
II ⟨ov.ww.⟩ **0.1** ***met rijp overdekken.***

rimless [rimləs] **0.1** ***randloos*** ⇒*zonder rand(en)* ◆ **1.1** she wore ~ specs *zij droeg een bril zonder montuur.*

rind [rajnd] **0.1** ***schil*** ⇒*korst, zwoerd.*

rinderpest [rindəpest] **0.1** ***runderpest*** ⇒*veepest.*

ring[1] [ring] **I** ⟨telb.zn.⟩ **0.1** ***ring*** ⇒*kring; piste, arena* **0.2** ***groepering*** ⇒*bende* **0.3** ***gerinkel*** ⇒*klank;* ⟨inf.⟩ *telefoontje* **0.4** ***bijklank*** ⇒*ondertoon* **0.5** ***beiaard*** ⇒*klokkenspel* ◆ **1.4** have the ~ of truth *oprecht klinken* **2.4** her offer has a suspicious ~ *er zit een luchtje aan haar aanbod* **3.3** give s.o. a ~ *iem. opbellen* **3.¶** make / run ~s round s.o. *iem. de loef afsteken;*
II ⟨n.-telb.zn.; the⟩ **0.1** ***het boksen*** ⇒*bokswereld, ring* **0.2** ***circus*** ⇒*circuswereld, piste* ◆ **3.2** he left the stage for the ~ *hij ruilde het toneel voor het circus.*

ring[2] ⟨ww.⟩ **0.1** ***omringen*** ⇒*omcirkelen* **0.2** ***ringelen*** ⇒*ringen* ⟨dieren⟩ **0.3** ⟨spel⟩ ***een ring gooien over.***

ring[3] ⟨rang [ræng], rung [rung]⟩ **I** ⟨onov.ww.⟩ **0.1** ***rinkelen*** ⇒ *klinken, (over)gaan* ⟨v. bel⟩, *bellen* **0.2** ***bellen*** ⇒*de klok luiden, aanbellen* **0.3** ***tuiten*** ⟨v. oren⟩ ⇒*weerklinken* **0.4** ***telefoneren*** ⇒*bellen* **0.5** ⟨+ with⟩ ***weergalmen (van)*** ⇒*gonzen* **0.6** ***naklinken*** ⇒*blijven hangen* ◆ **1.6** her last words are still ~ing in my ears *haar laatste woorden zijn me bijgebleven* **2.1** ~ true *oprecht/gemeend klinken* **5.4** ⟨vnl. BE⟩ ~ **off** *opleggen, ophangen* ⟨telefoon⟩ **6.2** the old lady rang **for** a drink *de oude dame belde voor een drankje.* →**ring up;**
II ⟨ov.ww.⟩ **0.1** ***doen/laten rinkelen*** ⇒*luiden* **0.2** ***opbellen*** ⇒*telefoneren naar* **0.3** ***aankondigen*** ⇒*inluiden, slaan* ⟨het uur; v. uurwerk⟩ ◆ **1.1** ~ an alarm *alarm slaan* ⟨door te bellen / luiden⟩ **5.2** I'll ~ you **back** in a minute *ik bel je dadelijk terug* **5.3** ring **out** the Old and ring **in** the New *het oude jaar uitluiden en het nieuwe inluiden.* → **ring up.**

ring (a)round 0.1 ***rondbellen (naar)*** ⇒*iedereen afbellen.*

ring binder 0.1 ***ringmap*** ⇒*ringband.*

ringer [ringə] **0.1** ***klokkenluider*** **0.2** ***schellekoord.***

ring fence 0.1 ***omheining*** ⇒*ringhek.*

ring finger 0.1 ***ringvinger.***

ringleader 0.1 ***leider*** ⟨v. groep oproerkraaiers⟩.

ringlet [ringlit] **0.1** ***lange krul.***

ringmaster 0.1 ***circusdirecteur.***

ring road ⟨BE⟩ **0.1** ***ring(weg)*** *⇒randweg* ⟨rond stad⟩.

ringside ⟨vaak attr.⟩ **0.1** ***plaatsen dicht bij de ring*** ◆ **1.1** ~ seat *plaats op de eerste rij* ⟨ook fig.⟩.

ring spanner **0.1** ***ringsleutel.***

ringster [ringstə] **0.1** ***lid v.e. (pol./ec.) groepering*** *⇒kartellid.*

ring up **I** ⟨onov. en ov.ww.⟩⟨vnl. BE⟩ **0.1** ***opbellen*** *⇒telefoneren;*
II ⟨ov.ww.⟩ **0.1** ***(al luidend) optrekken*** ⟨klok⟩ **0.2** ***registreren*** *⇒aanslaan* ⟨mbt. kassa⟩.

ringworm ⟨med.⟩ **0.1** ***ringworm*** *⇒ringvuur* ⟨huidziekte⟩.

rink [ringk] **0.1** ***(kunst)ijsbaan*** **0.2** ***rolschaatsbaan.***

rinse[1] [rins] ⟨zn.⟩ **0.1** ***spoeling*** **0.2** ***kleurspoeling*** ⟨voor haar⟩.

rinse[2] ⟨ww.⟩ **0.1** ***spoelen*** **0.2** ***een kleurspoeling geven aan*** ⟨haar⟩ ◆ **5.1** ~ **down** one's food *zijn eten doorspoelen.*

riot[1] [rajjət] **I** ⟨telb.zn.⟩ **0.1** ***rel*** *⇒ordeverstoring, ongeregeldheid* **0.2** ***braspartij*** *⇒uitbundig feest* **0.3** ***overvloed*** *⇒weelde* **0.4** ⟨geen mv.; inf.⟩ ***giller*** *⇒succes* ◆ **1.3** a ~ of colour *een bonte kleurenpracht* **1.4** her latest show is a ~ *haar nieuwste show is een denderend succes;*
II ⟨n.-telb.zn.⟩ **0.1** ***oproer*** *⇒tumult* **0.2** ***dolle pret*** *⇒pretmakerij* ◆ **3.¶** run ~ *relletjes trappen, op hol slaan; uit de band springen; woekeren* ⟨v. planten⟩.

riot[2] ⟨ww.⟩ **0.1** ***relletjes trappen*** **0.2** ***er ongebreideld op los leven*** *⇒uitspatten.*

Riot Act ⟨the⟩⟨BE⟩ **0.1** ⟨jur.⟩ ***wet tegen oproer*** *⇒oproerwet* ◆ **3.¶** read the ~ ⟨scherts.⟩ *een fikse uitbrander geven.*

rioter [rajjətə] **0.1** ***relschopper*** *⇒oproerkraaier.*

riotous [rajjətəs] ⟨-ness⟩ **0.1** ***oproerig*** *⇒wanordelijk* **0.2** ***luidruchtig*** *⇒uitgelaten* **0.3** ***denderend.***

riot police ⟨zn.; ww. steeds mv.⟩ **0.1** ***oproerpolitie*** *⇒ME.*

rip[1] [rip] ⟨zn.⟩ **0.1** ***(lange) scheur*** *⇒snee* **0.2** ⟨inf.⟩ ***losbol*** *⇒snoeper* **0.3** ***getijdestroom*** ◆ **2.2** two birds at once! You old ~! *twee grietjes tegelijkertijd! Jij ouwe snoeper!*

rip[2] ⟨-ped⟩ **I** ⟨onov.ww.⟩ **0.1** ***scheuren*** *⇒splijten* **0.2** ***vooruitsnellen*** *⇒scheuren* ⟨fig.⟩ ◆ **3.2** ⟨inf.⟩ let it/her ~ *plankgas geven* **3.¶** let sth./things ~ *iets/de dingen zijn/hun beloop laten* **5.2** ~ **along** *op topsnelheid gaan/voorbijvliegen;*
II ⟨ov.ww.⟩ **0.1** ***openrijten*** *⇒los/af/wegscheuren* **0.2** ⟨sl.⟩ ***jatten*** *⇒pikken* ◆ **5.1** the bag had been ~ped open *de zak was opengereten;* ~ **up** *aan stukken rijten/scheuren* **5.2** ~ **off** *te veel doen betalen, afzetten;* ⟨vnl. AE⟩ *stelen.*

R.I.P. ⟨afk.⟩ **0.1** [requiesca(n)t in pace] ***RIP.***

riparian [rajpeəriən] **0.1** ***aan*** *⇒oever-* ◆ **1.1** ~ proprietor *aanwonende.*

ripcord **0.1** ***trekkoord*** ⟨v. parachute⟩ **0.2** ***scheurkoord*** ⟨v. luchtballon⟩.

ripe [rajp] ⟨-ness⟩ **I** ⟨bn.⟩ **0.1** ***rijp*** ⟨ook fig.⟩ *⇒volgroeid; belegen* ⟨v. kaas, wijn⟩ **0.2** ***wijs*** *⇒verstandig* **0.3** ⟨inf.; euf.⟩ ***op het kantje af*** *⇒plat* ◆ **1.1** he lived to the ~ age of ninety-five *hij bereikte de gezegende leeftijd v. vijfennegentig jaar* **1.2** of ~ age *volwassen, ervaren;* a ~ judgement *een doordacht oordeel;*
II ⟨bn., pred.⟩ **0.1** ***klaar*** *⇒rijp, geschikt* ◆ **1.1** the time is ~ for action *de tijd is rijp voor actie.*

ripen [rajpən], ⟨schr.⟩ **ripe** **0.1** ***rijpen*** *⇒rijp/wijs worden; doen rijpen.*

rip-off ⟨sl.⟩ **0.1** ***te duur artikel*** *⇒afzetterij* **0.2** ⟨vnl. AE⟩ ***diefstal*** *⇒roof.*

riposte[1] [rippost] ⟨zn.⟩ **0.1** ***repartie*** *⇒gevat/vinnig antwoord.*

riposte[2] ⟨ww.⟩ **0.1** ***vinnig antwoorden.***

ripping [ripping] ⟨BE; vero.; sl.⟩ **0.1** ***mieters*** *⇒tof.*

ripple[1] [ripl] ⟨zn.⟩ **0.1** ***rimpeling*** *⇒golfje(s), deining* **0.2** ***gekabbel*** *⇒geruis* ◆ **1.2** a ~ of laughter *een kabbelend gelach.*

ripple[2] **I** ⟨onov.ww.⟩ **0.1** ***kabbelen*** *⇒ruisen* ◆ **1.1** the corn ~s in the breeze *het koren wiegt zachtjes in de wind;*
II ⟨onov. en ov.ww.⟩ **0.1** ***rimpelen*** *⇒(doen) golven/deinen.*

rip-roaring ⟨inf.⟩ **0.1** ***lawaaierig*** *⇒totaal uitgelaten.*

ripsaw **0.1** ***schulpzaag*** *⇒trekzaag.*

riptide [riptajd] **0.1** ***getijdestroom.***

rise[1] [rajz] **I** ⟨telb.zn.⟩ **0.1** ***helling*** *⇒verhoging, hoogte* **0.2** ***stijging*** ⟨ook fig.⟩ *⇒verhoging;* ⟨beurs⟩ *hausse* **0.3** ⟨BE⟩ ***loonsverhoging*** ◆ **3.¶** get/take a/the ~ out of s.o. *iem. op de kast jagen* **6.2** wages **on** the ~ *stijgende lonen;*
II ⟨n.-telb.zn.⟩ **0.1** ***het rijzen*** *⇒het omhooggaan* **0.2** ***het opgaan*** *⇒opgang, opkomst* ⟨v. hemellichaam⟩ **0.3** ***oorsprong*** *⇒begin* **0.4** ***opkomst*** *⇒groei* ◆ **1.3** the ~ of a river *de oorsprong v.e. rivier* **3.3** give ~ to *aanleiding geven tot.*

rise[2] ⟨ww.; rose [rooz], risen [rizn]⟩ **0.1** ***opstaan*** ⟨ook uit bed⟩ **0.2** ***(op)stijgen*** ⟨ook fig.⟩ *⇒(op)klimmen* **0.3** ***opkomen*** *⇒opgaan, rijzen* ⟨v. hemellichaam⟩ **0.4** ***promotie maken*** *⇒bevorderd worden* **0.5** ***opdoemen*** *⇒verschijnen* **0.6** ***toenemen*** ⟨ook fig.⟩ *⇒stijgen* ⟨v. prijzen⟩ **0.7** ***in opstand komen*** *⇒rebelleren* **0.8** ***ontstaan*** ⟨ook fig.⟩ *⇒ontspringen* **0.9** ***uiteengaan*** *⇒op reces gaan* ⟨v. vergadering⟩ ◆ **1.1** my hair rose in terror *de haren rezen mij te berge van schrik* **1.4** ~ in the world *vooruitkomen in de wereld* **1.6** the good news made her spirits ~ *het goede nieuws vrolijkte haar op* **3.1** ⟨scherts.⟩ ~ and shine *sta op en wees het zonnetje in huis* **5.1** ~ **again** *uit de dood opstaan* **6.1** ~ **to** one's feet *opstaan* **6.2** good teamworkers should ~ **above** personal jealousies *goede teamgenoten moeten boven persoonlijke naijver staan;* the curtain ~s **on** a Victorian room *het gordijn gaat op en toont een Victoriaanse kamer;* ⟨fig.⟩ ~ **to** the occasion *zich tegen de moeilijkheden opgewassen tonen;* he rose **to** the suggestion *hij begreep de wenk* **6.4** ~ **to** the rank of lieutenant *bevorderd worden tot luitenant* **6.7** ~ **in** arms *de wapens opnemen.*

riser [rajzə] **0.1** ***stootbord*** **0.2** ***iem. die opstaat*** ◆ **1.2** an early ~ *iem. die vroeg opstaat;* a late ~ *een langslaper.*

risibilit|y [rizzəbillətie] ⟨mv.: -ies; vaak mv. met enk. bet.⟩ **0.1** ***lachvermogen*** *⇒gevoel voor humor* **0.2** ***lachlust*** *⇒lacherigheid.*

risible [rizzəbl] **I** ⟨bn.⟩ **0.1** ***lacherig*** *⇒lachziek* **0.2** ***lachwekkend;***
II ⟨bn., attr.⟩ **0.1** ***lach-*** *⇒om te lachen* ◆ **1.1** ~ muscles *lachspieren.*

rising[1] [rajzing] ⟨zn.⟩ **0.1** ***opstand*** *⇒revolte.*

rising[2] ⟨bn.⟩ **0.1** ***opkomend*** *⇒aankomend* **0.2** ***stijgend*** *⇒oplopend* **0.3** ***opstaand*** *⇒rijzend* ◆ **1.1** the ~ generation *de aankomende generatie;* a ~ politician *een opkomend politicus* **1.2** ~ damp *opstijgend grondwater.*

risk[1] [risk] **I** ⟨telb.zn.⟩ **0.1** ***verzekerd bedrag*** **0.2** ⟨verz.⟩ ***risico(factor);***
II ⟨telb. en n.-telb.zn.⟩ **0.1** ***risico*** *⇒kans, gevaar* ◆ **3.1** take the ~ *het erop wagen;* take ~s *risico's nemen* **6.1** **at** ~ *in gevaar;* **at** one's own risk *op/voor eigen risico;* I don't want to run the ~ **of** losing my job *ik wil mijn baan niet op het spel zetten.*

risk[2] ⟨ww.⟩ **0.1** ***wagen*** *⇒op het spel zetten* **0.2** ***riskeren*** *⇒gevaar/kans lopen.*

risk|y [riskie] ⟨-iness⟩ **0.1** ***gewaagd*** *⇒gevaarlijk* **0.2** ***gedurfd*** *⇒gewaagd.*

rissole [rissool] ⟨cul.⟩ **0.1** ***rissole.***

rite [rajt] **0.1** ***rite*** ⟨ook fig.⟩ *⇒ritus; (kerkelijke) ceremonie* ◆ **1.1** ⟨etnologie⟩ ~ of passage *overgangsrite* **2.1** ⟨r.-k.⟩ say the last ~s over *de laatste sacramenten/het heilig oliesel toedienen.*

ritual[1] [ritsjoeəl] ⟨zn.⟩ **0.1** ⟨ook mv.⟩ ***ritueel*** ⟨ook fig.⟩ ⇒*ritus, riten; kerkelijke plechtigheid.*

ritual[2] ⟨bn.⟩ **0.1** ***ritueel*** ⟨ook fig.⟩ ◆ **1.1** a ~ murder *een rituele moord* **3.1** ~ly prepared meat *ritueel (bereid) vlees; koosjer vlees.*

ritualism [ritsjoeəlizm] **0.1** ***ritueel formalisme*** **0.2** ***studie v. riten.***

ritualistic [ritsjoeəlistik] ⟨-ally⟩ **0.1** ***ritualistisch.***

ritz [rits] ◆ **3.¶** ⟨inf.⟩ put on the ~ *indruk proberen te maken.*

rival[1] [rajvl] ⟨zn.; bn.⟩ **0.1** ⟨bn.⟩ ***rivaliserend*** ⇒*mededingend* **0.2** ⟨zn.⟩ ***rivaal.***

rival[2] ⟨ww.; -led⟩ **0.1** ***naar de kroon steken*** ⇒*wedijveren met* **0.2** ***evenaren.***

rivalr|y [rajvlrie] ⟨mv.: -ies⟩ **0.1** ***rivaliteit.***

rive [rajv] ⟨rived [rajvd], riven [rivn]⟩ **0.1** ***(af)splijten*** ⟨ook fig.⟩ ⇒*verscheuren* ◆ **6.1** his heart is ~n **by** sorrow *zijn hart wordt verscheurd door verdriet.*

river [rivvə] **0.1** ***rivier*** ⟨ook fig.⟩ ⇒*stroom* ◆ **1.1** ~s of blood *stromen bloed;* ⟨BE⟩ the river Thames, ⟨AE⟩ the Thames river *de (rivier de) Theems* **3.¶** sell s.o. down the ~ *iem. bedriegen/verraden.*

riverbank **0.1** ***rivieroever.***

river basin **0.1** ***stroomgebied.***

riverbed **0.1** ***rivierbedding.***

riverside **0.1** ⟨zn.⟩ ***rivieroever*** ⇒*waterkant* **0.2** ⟨bn.⟩ ***aan de oever(s) (v.d. rivier)*** ◆ **1.2** an old ~ house *een oud huis aan de oever v.d. rivier.*

rivet[1] [rivvit] ⟨zn.⟩ **0.1** ***klinknagel.***

rivet[2] ⟨ww.⟩ **0.1** ***vastnagelen*** ⟨ook fig.⟩ **0.2** ***vastleggen*** ⇒*fixeren* **0.3** ***boeien*** ⟨ook fig.⟩ ⇒*richten; concentreren* ⟨aandacht, ogen⟩ ◆ **6.1** he stood ~ed **to** the ground *hij stond als aan de grond genageld.*

riveter [rivvittə] **0.1** ***klinker*** **0.2** ***klinkhamer*** ⇒*klinkmachine.*

riveting [rivvitting] ⟨inf.⟩ **0.1** ***geweldig*** ⇒*meeslepend; opwindend* ◆ **1.1** a ~ story *een geweldig verhaal.*

rivulet [rivjoelit] **0.1** ***riviertje*** ⇒*beek(je).*

RNA ⟨afk.; bioch.⟩ **0.1** [ribonucleic acid] ***RNA.***

R.N.L.I. ⟨afk.; BE⟩ **0.1** [Royal National Lifeboat Institution].

roach [rootsj] ⟨mv.: voor bet. 0.1 ook roach⟩ ⟨dierk.⟩ **0.1** ***voorn*** ⇒*witvis* **0.2** ⟨inf.⟩ ***kakkerlak*** ◆ **2.1** sound as a ~ *zo gezond als een vis.*

road [rood] **0.1** ***weg*** ⟨in straatnamen R-; ook fig.⟩ ⇒*straat, baan* **0.2** ⟨vnl. mv.; scheep.⟩ ***rede*** ◆ **1.1** ⟨fig.⟩ on the ~ to recovery *aan de beterende hand, herstellende;* rule(s) of the ~ *verkeersregels; scheepvaartreglement* **2.1** the main ~ *de hoofdweg;* subsidiary ~s *secundaire wegen* **3.1** hit the ~ *gaan reizen; weer vertrekken;* ⟨sl.⟩ hit the ~! *smeer 'm!* **6.1** ⟨inf.⟩ one **for** the ~ *een afzakkertje, eentje voor onderweg;* **on** the ~ *onderweg, op pad/weg* ⟨vnl. v. handelsreiziger⟩; *rondreizend* ⟨v. toneelgezelschap⟩; take **to** the ~ *gaan zwerven* **¶.¶** ⟨sprw.⟩ all ~s lead to Rome *alle wegen leiden naar Rome.*

road accident **0.1** ***verkeersongeval.***

roadbed **0.1** ***ballastbed*** ⟨v. (spoor)weg⟩ **0.2** ⟨AE⟩ ***wegverharding*** ⟨incl. wegdek⟩.

roadblock **0.1** ***wegversperring.***

road fund licence ⟨BE; inf.⟩ **0.1** ***wegenbelastingkaart*** ⇒ ⟨inf.⟩ *deel III.*

road hog **0.1** ***wegpiraat*** ⇒*snelheidsmaniak.*

roadholding **0.1** ***wegligging.***

road house **0.1** ***pleisterplaats*** ⇒*wegrestaurant.*

roadie [roodie] ⟨verk.⟩ [road manager] ⟨inf.⟩ **0.1** ***sjouwer*** ⟨v. popgroepen⟩.

roadman [roodmən], **roadmender** **0.1** ***stratenmaker*** ⇒ *wegwerker.*

road manager **0.1** ***road manager*** ⇒*roadie, manager* ⟨v. popgroep op tournee⟩.

road rage **0.1** ***agressie in het verkeer/op de weg*** ⇒⟨Belg.⟩ *verkeersagressie.*

road safety **0.1** ***verkeersveiligheid.***

road sense **0.1** ***gevoel voor veilig verkeer.***

road show **0.1** ***drive-inshow*** ⟨v. radio-omroep⟩ **0.2** ***(hit)-team*** ⟨dat drive-inshow verzorgt⟩ **0.3** ***(band/theatergroep op) tournee*** **0.4** ***promotietour.***

roadside ⟨ook attr.⟩ **0.1** ***kant v.d. weg*** ◆ **1.1** ~ restaurant *wegrestaurant.*

roadsign **0.1** ***verkeersbord*** ⇒*verkeersteken.*

roadstead ⟨scheep.⟩ **0.1** ***rede*** ◆ **6.1** **in** the ~ *op de rede.*

road tax **0.1** ***wegenbelasting.***

road test **0.1** ***wegtest.***

road-test **0.1** ***een testrit/proefrit maken in/met.***

road toll **0.1** ***aantal verkeersslachtoffers.***

road user **0.1** ***weggebruiker.***

roadway **0.1** ***rijweg.***

roadwork ⟨sport, ihb. atletiek⟩ **0.1** ***wegtraining.***

road works **0.1** ***wegwerkzaamheden*** ⇒*werk in uitvoering.*

roadworth|y ⟨-iness⟩ **0.1** ***geschikt voor het verkeer*** ⟨v. voertuig⟩ **0.2** ***in staat om te reizen*** ⟨v. pers.⟩.

roam [room] **0.1** ***ronddolen*** ⇒*zwerven (in)* ◆ **5.1** ~ **about/ around** *ronddwalen.*

roamer [roomə] **0.1** ***zwerver.***

roan [roon] **0.1** ⟨bn.⟩ ***grijs en bruin gespikkeld*** ⇒*voskleurig* ⟨v. vacht⟩ **0.2** ⟨zn.⟩ ***dier met grauw en bruin gespikkelde vacht*** ⇒⟨ihb.⟩ *vos* ⟨paard⟩.

roar[1] [ro:] ⟨zn.⟩ **0.1** ***gebrul*** ⇒*gebulder; geronk* ⟨v. machine⟩; *het rollen* ⟨v. donder⟩ **0.2** ***schaterlach*** ⇒*gegier.*

roar[2] ⟨ww.⟩ **0.1** ***brullen*** ⇒*bulderen, schreeuwen; rollen* ⟨v. donder⟩; *ronken* ⟨v. machine⟩; *weergalmen* **0.2** ***schateren*** ⇒*gieren* ◆ **4.1** ~ o.s. hoarse *zich hees schreeuwen* **6.2** ~ **with** laughter *brullen v.h. lachen.*

roaring[1] [ro:ring] ⟨zn.⟩ **0.1** ***gedruis*** ⇒*gebrul, geraas.*

roaring[2] ⟨bn.⟩ **0.1** ***luidruchtig*** ⇒*rumoerig; stormachtig* **0.2** ***voorspoedig*** ⇒*gezond, levendig* ◆ **1.2** be in ~ health *blaken v. gezondheid;* a ~ success *een denderend succes;* do a ~ trade *gouden zaken doen* **1.¶** the ~ forties *gordel der westenwinden* ⟨op ong. 40° NB of ZB in de oceaan⟩.

roaring[3] ⟨bw.⟩ **0.1** ***zeer*** ⇒*erg* ◆ **2.1** ~ drunk *straalbezopen.*

roast[1] [roost] ⟨zn.⟩ **0.1** ***braadstuk.***

roast[2] ⟨bn.⟩ **0.1** ***geroosterd*** ⇒*gegril(leer)d, gebraden* ◆ **1.1** ~ beef *rosbief, rosstbeef.*

roast[3] **I** ⟨onov. en ov.ww.⟩ **0.1** ***roosteren*** ⇒*grill(er)en; poffen* ⟨aardappelen⟩ **0.2** ***branden*** ⟨koffie⟩ ◆ **1.1** ~ in the sun *in de zon (liggen) braden;*
II ⟨ov.ww.⟩ ⟨AE; inf.⟩ **0.1** ***de mantel uitvegen*** ⇒*een uitbrander geven.*

roasting[1] [roosting] ⟨zn.⟩ **0.1** ***uitbrander*** ◆ **2.1** give s.o. a good/real ~ *iem. een flinke uitbrander geven.*

roasting[2] ⟨bn.; bw.⟩ **0.1** ***schroei-*** ⇒*gloeiend* ◆ **2.1** ~ hot *schroeiheet.*

rob [rob] ⟨-bed⟩ **0.1** ***(be)roven*** ⟨ook fig.⟩ ⇒*(be)stelen.*

robber [robbə] **0.1** ***rover*** ⇒*dief.*

robber economy ⟨ec.⟩ **0.1** ***roofbouw(economie).***

robber|y [robbərie] ⟨mv.: -ies⟩ **0.1** ***diefstal*** ⇒*roof, beroving.*

robe[1] [roob] ⟨zn.⟩ **0.1** ***robe*** ⇒*gewaad* **0.2** ⟨vaak mv. met enk. bet.⟩ ***ambtsgewaad*** ⇒*toga* **0.3** ***kamerjas*** ⇒*badjas* **0.4** ⟨AE⟩ ***plaid*** ⇒*reisdeken.*

robe[2] **I** ⟨onov.ww.; wk.ww.⟩ **0.1** ***zich aankleden*** ⇒*zich uitdossen;*
II ⟨ov.ww.⟩ **0.1** ***aankleden*** ⇒*hullen in* ◆ **4.1** ~ o.s. in *zich hullen in.*

robin [robbin], **robin redbreast** ⟨dierk.⟩ **0.1** ***roodborstje.*** →**round.**

robot [roobot] **0.1** ***robot*** ⟨ook fig.⟩.

robot bomb **0.1** ***vliegende bom*** ⇒*geleid projectiel.*

robust [rəbust, roobust] ⟨-ness⟩ **0.1** ***krachtig*** ⇒*robuust, fors; gezond* **0.2** ***zwaar*** ⇒*inspannend* **0.3** ***gecorseerd*** ⟨v. wijn⟩ **0.4** ***onstuimig*** ⇒*ruw* ◆ **1.4** ⟨euf.⟩ a ~ conversation *een vrijmoedige conversatie* **1.¶** a ~ girl *een rondborstige meid.*

rock[1] [rok] **I** ⟨eig.n.; R-; the⟩ **0.1** ⟨inf.⟩ ***Rots (v. Gibraltar);*** **II** ⟨telb.zn.⟩ **0.1** ***rots*** ⇒*klip* **0.2** ***rotsblok*** **0.3** ***(steen)rots*** ⇒*steun, toeverlaat* **0.4** ⟨vnl. BE⟩ ***zuurstok/pepermuntstaaf/kaneelstok*** **0.5** ⟨AE; sl.⟩ ***steen(tje)*** ⇒*juweel, diamant* ◆ **1.¶** the Rock of Ages *Jezus Christus* **2.1** as firm as a ~ *muurvast; betrouwbaar; kerngezond;* as solid as a ~ *oersolide, onwrikbaar; betrouwbaar* **6.¶** be **on** the ~s *op de klippen gelopen/gestrand zijn* ⟨ook fig.⟩; *naar de knoppen zijn;* ⟨inf.⟩ *(financieel) aan de grond (zitten);* ⟨vnl. AE⟩ **on** the ~s *on the rocks/op ijs(blokjes) geserveerd* ⟨v. dranken⟩; **III** ⟨n.-telb.zn.⟩ **0.1** ***rots*** ⇒*vast gesteente* **0.2** ***rots*** ⇒*mineraal gesteente* **0.3** ***rock(muziek)*** ⇒*rock-'n-roll.*

rock[2] **I** ⟨onov.ww.⟩ **0.1** ***schommelen*** ⇒*wieg(el)en, deinen* **0.2** ***(hevig) slingeren*** ⇒*schudden* **0.3** ***rocken*** ⇒*op rock-'n-roll muziek dansen;*
II ⟨ov.ww.⟩ **0.1** ***(doen) heen en weer schommelen*** ⇒*wiegen* **0.2** ***heen en weer slingeren*** ⇒*doen wankelen* **0.3** ***schokken*** ⇒*doen opschrikken* ◆ **1.1** ~ s.o. to sleep *iem. in slaap wiegen.*

rock-bottom ⟨inf.⟩ **0.1** ***(absoluut) dieptepunt*** ◆ **3.1** fall to ~ *een dieptepunt bereiken.*

rock bunting ⟨dierk.⟩ **0.1** ***grijze gors.***

rock-cake, rock bun ⟨vnl. BE⟩ **0.1** ***rotsje*** ⟨koekje met krenten⟩.

rock climbing **0.1** ***het bergbeklimmen*** ⇒*alpinisme.*

rock-crystal **0.1** ***bergkristal*** (SiO_2).

rocker [rokkə] **0.1** ***schommelhout*** ⟨onder wieg, schommelstoel enz.⟩ **0.2** ⟨vnl. AE⟩ ***schommelstoel*** **0.3** ***tuimelschakelaar*** **0.4** ***rocker*** ⟨teenager uit het Engeland v.d. jaren '60⟩ ⇒*nozem* ◆ **6.¶** ⟨sl.⟩ **off** one's ~ *knetter(gek).*

rocker|y [rokkərie] ⟨mv.: -ies⟩ **0.1** ***rotstuin(tje).***

rocket[1] [rokkit] ⟨zn.⟩ **0.1** ***raket*** ⇒*vuurpijl* **0.2** ***raket*** ⟨zichzelf voortstuwend projectiel⟩ **0.3** ⟨BE; inf.⟩ ***uitbrander*** ◆ **3.3** give s.o. a ~ *iem. een uitbrander geven.*

rocket[2] ⟨ww.⟩ **0.1** ***omhoog schieten*** ⇒*flitsen* ◆ **5.1** ⟨fig.⟩ prices ~ **up** *de prijzen vliegen omhoog.*

rocket base **0.1** ***raketbasis.***

rocket launch **0.1** ***raketlancering.***

rocket launcher **0.1** ***raketwerper*** ⇒*raketlanceerder.*

rock garden **0.1** ***rotstuin*** ⇒*rotspartij.*

Rockies [rokkiez] ⟨the; ww. mv.⟩ ⟨inf.⟩ **0.1** ***de Rocky Mountains*** ⇒*het Rotsgebergte.*

rocking chair **0.1** ***schommelstoel.***

rocking horse **0.1** ***hobbelpaard.***

rock nuthatch ⟨dierk.⟩ **0.1** ***rotsklever.***

rock plant **0.1** ***rotsplant*** ⇒*rotstuinplant.*

rockrose **0.1** ***zonneroosje.***

rock salmon ⟨mv.: ook -salmon⟩ ⟨dierk.⟩ **0.1** ⟨BE⟩ ***vis*** ⇒⟨ihb.⟩ *hondsvis; zeewolf.*

rock salt **0.1** ***steenzout.***

rock steady ⟨muz.⟩ **0.1** ***rocksteady*** ⟨voorloper v. reggae met rustig ritme⟩.

rock wool ⟨tech.⟩ **0.1** ***steenwol.***

rock|y [rokkie] ⟨-iness⟩ **0.1** ***rotsachtig*** **0.2** ***steenhard*** ⟨ook fig.⟩ ⇒*keihard* **0.3** ⟨inf.⟩ ***wankel*** ⟨ook fig.⟩ ⇒*onvast* ◆ **1.1** ⟨fig.⟩ the ~ road to recognition *de harde/moeizame weg naar erkenning.*

rococo [rəkookoo] **0.1** ***rococo*** ⇒*in rococostijl* **0.2** ***overladen*** ⇒*bloemrijk.*

rod [rod] **0.1** ***stok*** ⇒*scepter* ⟨ook fig.⟩; *heerschappij* **0.2** ***roe(de)*** ⇒*gesel* **0.3** ⟨the⟩ ***geseling*** ⇒*tuchtiging, straf* **0.4** ***stang*** **0.5** ***stok*** ⇒*hengel; maatstok* **0.6** ***roede*** ⟨oude maat; →t⟩ **0.7** ⟨AE; sl.⟩ ***blaffer*** ◆ **3.3** kiss the ~ *de roede kussen, zich aan de straf onderwerpen;* make a ~ for one's own back *zijn eigen graf delven* **3.¶** rule with a ~ of iron *met ijzeren vuist regeren.*

rode ⟨verl. t.⟩ →**ride.**

rodent [roodnt] **0.1** ***knaagdier.***

rodeo [roodie·oo, roodeeoo] **0.1** ***rodeo.***

roe[1] [roo] ⟨zn.⟩ **0.1** ***kuit*** **0.2** ***hom*** ◆ **2.1** hard ~ *kuit* **2.2** soft ~ *hom.*

roe[2], **roe deer** ⟨zn.; mv.: ook roe, roe deer⟩ **0.1** ***ree.***

roebuck ⟨mv.: ook roebuck⟩ **0.1** ***reebok*** ⇒*mannetjesree.*

roentgen, röntgen [rontjən] ⟨nat.⟩ **0.1** ⟨zn.⟩ ***röntgen*** ⟨stralingseenheid⟩ **0.2** ⟨bn.⟩ ***röntgen-.***

rogation [roogeesjn] **0.1** ⟨vaak mv.; rel.⟩ ***heiligenlitanie*** ⟨gezongen op de kruisdagen⟩.

roger [rodzjə] ⟨ook R-⟩ **0.1** ⟨com.⟩ ***roger*** ⇒*ontvangen en begrepen.*

rogue [roog] **0.1** ***schurk*** ⇒*bandiet* **0.2** ⟨scherts.⟩ ***snuiter*** ⇒*deugniet* **0.3** ⟨ook attr.⟩ ***solitair*** ⟨eenzaam levend wild dier⟩ ◆ **1.3** a ~ elephant *een solitaire olifant.*

roguer|y [roogərie] ⟨mv.: -ies⟩ **0.1** ***schurkenstreek*** ⇒*gemene streek* **0.2** ***guitenstreek*** ⇒*deugnieterij, kwajongensstreek.*

rogues' gallery **0.1** ***fotoboek v. misdadigers*** ⟨v. politie⟩.

roguish [roogisj] ⟨-ness⟩ **0.1** ***schurkachtig*** ⇒*gemeen* **0.2** ***guitig*** ⇒*kwajongensachtig.*

roisterer [rojst(ə)rə] **0.1** ***lawaai/druktemaker.***

role, rôle [rool] **0.1** ***rol*** ⇒*toneelrol* **0.2** ***rol*** ⇒*functie, taak.*

role model **0.1** ***voorbeeld.***

role play **0.1** ***rollenspel.***

role reversal **0.1** ***rolwisseling.***

roll[1] [rool] **I** ⟨telb.zn.⟩ **0.1** ***rol*** ⇒*rolletje* **0.2** ***rol*** ⇒*perkament(rol)* **0.3** ***rol*** ⇒*register, (naam)lijst;* ⟨BE⟩ *officiële lijst van advocaten* **0.4** ***broodje*** **0.5** ***omslag*** ⇒*overslag* ⟨vnl. aan kleding⟩ **0.6** ***buiteling*** ⇒*duikeling* **0.7** ***schommelgang*** ⇒*waggelgang* **0.8** ⟨tech.⟩ ***wals*** ⇒*rol* ◆ **1.1** a ~ of paper *een rol papier* **1.3** the ~ of honour *de lijst der gesneuvelden* **3.3** call the ~ *appel houden, de namen afroepen.* →**Swiss;**
II ⟨telb. en n.-telb.zn.⟩ **0.1** ***rollende beweging*** ⇒*geslinger* ⟨v. schip⟩; *deining* ⟨v. water⟩; ⟨fig.⟩ *golving* ⟨v. landschap⟩ **0.2** ***(ge)roffel*** ⟨op trom bv.⟩ ⇒*gerommel, gedreun* ⟨v. donder, geschut⟩ ◆ **1.1** a ~ of the dice *een worp met de dobbelstenen* **1.2** the ~ of Scottish r's *het rollen v.d. Schotse r.*

roll[2] **I** ⟨onov.ww.⟩ **0.1** ***rollen*** ⇒*rijden, lopen; draaien* ⟨v. pers, camera e.d.⟩ **0.2** ***zich rollend/schommelend bewegen*** ⇒*buitelen; slingeren* ⟨v. schip⟩; ⟨fig.⟩ *rondtrekken, zwerven* **0.3** ***dreunen*** ⇒*roffelen* ⟨v. trom⟩ **0.4** ***zich laten rollen*** ⇒*te rollen zijn* **0.5** ⟨AE; inf.⟩ ***beginnen*** ⇒*aan de slag gaan, onderweg gaan* ◆ **1.4** this dough ~s easily *dit deeg laat zich gemakkelijk rollen* **3.5** let's ~! *aan de slag!* **3.¶** his jokes kept us ~ing *we lachten ons krom om zijn grappen* **5.1** lorries ~ed **by** *vrachtwagens reden voorbij;* ⟨fig.⟩ the years ~ed **by** *de jaren gingen/gleden voorbij;* the waves ~ed **in** to the beach *de golven rolden op het strand aan;* ⟨inf.; fig.⟩ ~ **on** the day this work is finished! *leve de dag waarop dit werk af is!* **5.4** those tights ~ **on** easily *die panty is gemakkelijk aan te trekken* **6.1** tears were ~ing **down** her face *tranen rolden/liepen over haar wangen* **6.2** ⟨inf.⟩ be ~ing **in** it/money *bulken v.h. geld.* →**roll back, roll over, roll up;**

II ⟨ov.ww.⟩ **0.1** ***rollen*** ⇒*laten/doen rollen* **0.2** ***een rollende/schommelende beweging doen maken*** ⇒*rollen* ⟨met ogen⟩; *doen slingeren* ⟨schip⟩; *gooien* ⟨dobbelstenen⟩; *laten lopen* ⟨camera⟩ **0.3** ***een rollend geluid doen maken*** ⇒ *roffelen* ⟨trom⟩; *rollen* ⟨r-klank⟩ **0.4** ***oprollen*** ⇒*draaien* **0.5** ***rollen*** ⇒*walsen, pletten* **0.6** ⟨AE; sl.⟩ ***rollen*** ⇒*beroven* ◆ **1.2** ~ the camera! *laat de camera lopen!* **1.3** ~ one's r's *de r rollend uitspreken* **1.4** ~ed meat *rollade* **5.1** ~ **on** one's stockings *zijn kousen aantrekken* **5.¶** ~ **off** some extra copies *een paar extra kopieën afdrukken/maken* **6.4** ~ a baby **in** a blanket *een baby in een deken wikkelen* **7.4** ⟨sl.⟩ ~ one's own *shag roken.* →**roll back, roll out, roll over, roll up.**

roll back I ⟨onov.ww.⟩ **0.1** ***terugrollen*** ⇒*teruglopen* ◆ **1.1** the waves rolled back *de golven trokken zich terug;*
II ⟨ov.ww.⟩ **0.1** ***terugrollen*** ⇒*terugdrijven/dringen* **0.2** ***weer oproepen*** ⇒*weer voor de geest brengen* **0.3** ⟨AE⟩ ***terugschroeven*** ⟨prijzen⟩ ◆ **1.1** ~ the hood of a car *de kap v.e. wagen achteruitschuiven.*

roll bar 0.1 ***rolstang*** ⟨om inzittenden te beschermen wanneer auto over kop gaat⟩.

roll call 0.1 ***appel*** ⇒*naamafroeping.*

roller [roolə] **0.1** ***roller*** ⇒*walser* ⟨arbeider⟩ **0.2** ***rol(letje)*** ⇒ *wals; cilinder; krulspeld* **0.3** ***roller*** ⇒*breker* ⟨zware golf⟩.

roller bandage 0.1 ***bandage*** ⇒*rolverband.*

roller blade 0.1 ***skeeleren.***

roller blind ⟨BE⟩ **0.1** ***rolgordijn.***

roller coaster ⟨AE⟩ **0.1** ***roetsjbaan*** ⇒*achtbaan.*

roller derby ⟨sport, vnl. in USA⟩ **0.1** ***hardrijderij op een wielerbaan*** ⟨tussen twee teams v. vijf rolschaatsers/sters, met spectaculair gooi- en smijtwerk⟩.

roller disco I ⟨telb.zn.⟩ **0.1** ***rolschaatsdisco;***
II ⟨n.-telb.zn.⟩ **0.1** ***(het) discodansen op rolschaatsen.***

roller skate 0.1 ⟨zn.⟩ ***rolschaats*** **0.2** ⟨ww.⟩ ***rolschaatsen.***

roller skater 0.1 ***rolschaatser/ster.***

roller towel 0.1 ***rolhanddoek.***

roll-film 0.1 ***rolfilm.***

rollicking[1] [rollikking] ⟨zn.⟩⟨sl.⟩ **0.1** ***schrobbering*** ⇒*uitbrander.*

rollicking[2] ⟨bn.⟩ **0.1** ***uitgelaten*** ⇒*vrolijk, onstuimig.*

rolling [rooling] **0.1** ***rollend*** ⇒*golvend* **0.2** ***elkaar opvolgend*** ◆ **1.1** a ~ plain *een golvende vlakte* **1.2** ~ strikes *estafettestakingen* **1.¶** ⟨sprw.⟩ a ~ stone gathers no moss *een rollende steen vergaart geen mos* **6.¶** be ~ **in** it/money *bulken v.h. geld.*

rolling mill 0.1 ***walserij*** **0.2** ***pletmolen.***

rolling pin 0.1 ***deegrol.***

rolling stock 0.1 ***rijdend materieel*** ⟨vnl. v.d. spoorwegen⟩.

rollneck 0.1 ***rolkraag.***

roll-on 0.1 ***gaine*** ⟨licht korset⟩ **0.2** ***(deodorant)roller.***

roll-on/roll-off, ro-ro [rooroo] **0.1** ***rij-op-rij-af-*** ⇒*roll-on-roll-off-, roro-* ◆ **1.1** a ~ ferry *een rij-op-rij-af-veerboot* ⟨die geladen vrachtwagens vervoert⟩.

roll out 0.1 ***uitrollen*** ⇒*open/losrollen* **0.2** ⟨vaak pej.⟩ ***opdreunen*** ◆ **1.1** ~ dough *deeg (uit)rollen* **1.2** ~ a poem *een gedicht afraffelen.*

roll over I ⟨onov.ww.⟩ **0.1** ***zich omdraaien*** **0.2** ***op zijn rug gaan liggen*** ⟨bv. v. hond⟩ ◆ **1.1** he often rolls over in his sleep *hij woelt veel in zijn slaap;*
II ⟨ov.ww.⟩ **0.1** ***over de grond doen rollen*** ⇒*omverstoten, neerschieten* **0.2** ⟨geldw.⟩ ***verlengen*** ⇒*prolongeren* ⟨lening, schuld⟩.

roll-over[1] ⟨zn.⟩⟨geldw.⟩ **0.1** ***verlenging*** ⇒*prolongatie* ⟨v. schuld, lening⟩.

roll-over[2] ⟨bn.⟩⟨geldw.⟩ **0.1** ***verlengd*** ⇒*geprolongeerd* ◆ **1.1** a ~ loan *een geprolongeerde lening.*

roll-top desk 0.1 ***cilinderbureau.***

roll up I ⟨onov.ww.⟩ **0.1** ***zich oprollen*** **0.2** ⟨inf.⟩ ***(komen) aanrijden*** ⇒⟨fig.⟩ *opdagen* ◆ **1.1** he rolled up like a hedgehog *hij rolde zich op als een egel* **1.2** the whole family rolled up *de hele familie kwam aanzetten* **¶.¶** ~!~! The best show in London! *Kom binnen, komt dat zien! De beste show in Londen!;*
II ⟨ov.ww.⟩ **0.1** ***oprollen*** ⇒*opstropen* **0.2** ***vergaren*** ◆ **1.1** roll one's sleeves up *zijn mouwen opstropen;* ⟨fig.⟩ *de handen uit de mouwen steken* **1.2** ~ a fortune *een fortuin vergaren.*

roll-up 0.1 ***sjekkie.***

roly-pol|y[1] [rooliepoolie] ⟨mv.: -ies⟩ **I** ⟨telb.zn.⟩ **0.1** ***kort en dik persoon/kind*** ⇒*propje;*
II ⟨telb. en n.-telb.zn.⟩ **0.1** ***Engelse pudding*** ⟨met jam belegd, opgerold⟩.

roly-poly[2] ⟨bn.⟩ **0.1** ***kort en dik.***

ROM ⟨afk.; comp.⟩ **0.1** [read-only memory] ***ROM.***

roman [roomən] ⟨druk.⟩ **0.1** ⟨bn.⟩ ***romeins*** **0.2** ⟨zn.⟩ ***romein*** ⟨recht lettertype⟩ ◆ **1.2** ~ type *romeins lettertype.*

Roman[1] [roomən] ⟨zn.⟩ **0.1** ***Romeins*** ⟨dialect v. Rome⟩ **0.2** ***Romein*** **0.3** ***rooms-katholiek*** ◆ **¶.¶** ⟨sprw.⟩ when in Rome do as the ~s do *'s lands wijs, 's lands eer.*

Roman[2] ⟨bn.⟩ **0.1** ***Romeins*** ⇒*mbt. het oude Rome/de stad Rome* **0.2** ⟨rel.⟩ ***Romeins*** ⇒*rooms-katholiek* ◆ **1.1** the ~ Empire *het Romeinse Rijk;* ~ numerals *Romeinse cijfers* **1.2** ~ Catholic *rooms-katholiek* **1.¶** ~ holiday *wreed vermaak* ⟨ten koste v. anderen⟩.

romance[1] [rəmæns, roomæns] **I** ⟨telb.zn.⟩ **0.1** ***roman*** ⇒*middeleeuws ridderverhaal* **0.2** ***romantisch verhaal*** ⇒*avonturenroman* **0.3** ***geromantiseerd verhaal*** ⇒⟨fig.⟩ *romantische overdrijving* **0.4** ***(romantisch) liefdesverhaal*** **0.5** ***romance*** ⇒*liefdesavontuur;*
II ⟨n.-telb.zn.⟩ **0.1** ***romantische literatuur*** **0.2** ***liefdesromantiek*** ⟨ook als genre⟩ **0.3** ***romantiek*** ⇒*zucht naar avontuur.*

romance[2] **I** ⟨onov.ww.⟩ **0.1** ***avonturen vertellen*** ⇒⟨fig.⟩ *fantaseren* **0.2** ***romantisch doen*** ◆ **6.1** ~ **about** one's love-affairs *sterke verhalen vertellen over zijn liefdesavonturen* **6.2** ~ **with** *een avontuurtje hebben met;*
II ⟨ov.ww.⟩⟨inf.⟩ **0.1** ***het hof maken*** ⇒*opvrijen.*

Romance [rəmæns, roomæns] ⟨bouwk., taal.⟩ **0.1** ***Romaans*** ◆ **1.1** ~ languages *Romaanse talen.*

Romanesque [roomənesk] ⟨bouwk.⟩ **0.1** ⟨bn.⟩ ***Romaans*** **0.2** ⟨zn.⟩ ***Romaanse stijl.***

Romania [roomeeniə], **Rumania** [roemeeniə] **0.1** ***Roemenië.***

Romanian [roomeeniən], **Rumanian** [roemeeniən] **0.1** ⟨bn.⟩ ***Roemeens*** **0.2** ⟨eig.n.⟩ ***Roemeens*** ⟨taal⟩ **0.3** ⟨telb. zn.⟩ ***Roemeen.***

romantic[1] [rəmæntik] ⟨zn.⟩ **0.1** ***romanticus.***

romantic[2] ⟨bn.; -ally⟩ **0.1** ***romantisch*** **0.2** ***fantastisch*** ⇒*onrealistisch* ◆ **1.1** ⟨gesch.⟩ the Romantic Movement *de Romantische School, de romantiek.*

romanticism [rəmæntissizm] ⟨R-⟩ **0.1** ***romantiek*** ⟨als kunstrichting⟩.

romanticist [rəmæntissist] **0.1** ***romanticus.***

romanticize, -ise [rəmæntissajz] **0.1** ***romantiseren.***

Romany [rommənie, roo-] **0.1** ⟨bn.⟩ ***zigeuner-*** ⇒*v.d. zigeuners* **0.2** ⟨eig.n.⟩ ***Romani*** ⟨zigeunertaal⟩ **0.3** ⟨telb. zn.⟩ ***zigeuner.***

Rome [room] **0.1** ***Rome.*** →**Roman.**

Romish [roomisj] ⟨vaak bel.⟩ **0.1** ***rooms(gezind).***

romp[1] [romp] ⟨zn.⟩ **0.1** ***stoeipartij.***

romp[2] ⟨ww.⟩ **0.1** ***stoeien*** **0.2** ⟨inf.⟩ ***flitsen*** ⇒*(voorbij)schieten*

◆ **5.¶** ~ home / **in** *op zijn gemak winnen* **6.¶** ~ **through** an exam *met gemak voor een examen slagen.*

romper [rompə] **I** ⟨telb.zn.⟩ **0.1** ***kruippakje*** ⇒*speelpakje;* **II** ⟨mv.⟩ **0.1** ***kruippakje*** ⇒*speelpakje* ◆ **1.1** a pair of ~s *een kruippakje.*

romper suit 0.1 ***boxpakje*** ⇒*kruippakje.*

roneo[1] [roonie·oo] ⟨zn.; ook merknaam⟩⟨BE⟩ **0.1** ***stencilmachine*** ⇒*duplicator* **0.2** ***stencil*** ⇒*gestencild blad.*

roneo[2] ⟨ww.⟩⟨BE⟩ **0.1** ***stencilen.***

rood [roe:d] **0.1** ***kruisbeeld*** ⇒*crucifix.*

rood screen ⟨bouwk.⟩ **0.1** ***koorhek*** ⟨tussen koor en schip v.e. kerk⟩.

roof[1] [roe:f] ⟨zn.⟩ **0.1** ***dak*** ⇒⟨fig.⟩ *dak, hoogste punt;* ⟨fig.⟩ *dak, onderdak, huis* ◆ **1.1** have a ~ over one's head *een dak boven het hoofd hebben;* ~ of the mouth *gehemelte, verhemelte* **3.1** ⟨inf.⟩ go through / hit the ~ *ontploffen, woedend worden; uit zijn slof schieten; de pan uit rijzen, omhoogschieten* ⟨v. prijzen⟩ **3.¶** ⟨inf.⟩ lift / raise the ~ *een hels lawaai maken, de pannen v.h. dak schreeuwen.* →**hot.**

roof[2] ⟨ww.⟩ **0.1** ***overdekken*** ⇒*onder dak brengen.*

roof garden 0.1 ***daktuin.***

roofing [roe:fing] **0.1** ***dakwerk*** **0.2** ***dakbedekking.***

roofless [roe:fləs] **I** ⟨bn., attr.⟩ **0.1** ***zonder dak;*** **II** ⟨bn., pred.⟩ **0.1** ***dakloos*** ⇒*zonder onderdak.*

roof rack ⟨vnl. BE⟩ **0.1** ***imperiaal.***

rooftop 0.1 ***top v.h. dak*** **0.2** ***dak*** ⟨vnl. plat⟩ ◆ **1.2** shout sth. from the ~s *iets v.d. daken schreeuwen.*

rooftree 0.1 ***nokbalk*** ◆ **6.¶ under** s.o.'s ~ *onder iemands dak.*

rook[1] [roek] ⟨zn.⟩ **0.1** ***valsspeler*** ⇒*bedrieger* **0.2** ⟨dierk.⟩ ***roek*** **0.3** ⟨schaakspel⟩ ***toren.***

rook[2] ⟨ww.⟩ **0.1** ***bedriegen*** ⇒*afzetten* **0.2** ***bedriegen door vals spel.***

rooker|y [roekərie] ⟨mv.: -ies⟩ **0.1** ⟨dierk.⟩ ***roekenkolonie*** **0.2** ⟨dierk.⟩ ***kolonie*** ⟨v. pinguïns, zeehonden e.d.⟩.

rookie [roekie] ⟨inf.⟩ **0.1** ⟨mil.⟩ ***rekruut*** **0.2** ⟨AE⟩ ***rekruut*** ⇒*nieuweling, groentje;* ⟨ihb.⟩ *nieuwe speler* ⟨bij honkbal e.d.⟩.

room[1] [roe:m, roem] **I** ⟨telb.zn.⟩ **0.1** ***kamer*** ⇒*vertrek, zaal;* ⟨mv. ook⟩ *kamers, appartement, flat* ◆ **1.1** ~ and board *kost en inwoning* **7.¶** the whole ~ *alle aanwezigen;* **II** ⟨n.-telb.zn.⟩ **0.1** ***ruimte*** ⇒*plaats* **0.2** ***ruimte*** ⇒*gelegenheid, kans* ◆ **1.2** there is ~ for improvement *het laat te wensen over* **1.¶** ⟨inf.⟩ there's not enough ~ to swing a cat in *je kunt er je kont niet keren* **3.1** make ~ *plaats maken;* take up ~ *plaats innemen* **7.2** there's no ~ for doubt *geen twijfel mogelijk.*

room[2] ⟨ww.⟩⟨AE⟩ **0.1** ***een kamer bewonen*** ⇒*inwonen, op kamers wonen* ◆ **6.1** ~ **in** *inwonend bediende zijn;* she ~ed **with** us for six months *ze heeft een half jaar bij ons (in)gewoond.*

room clerk 0.1 ***receptionist.***

roomer [roe:mə, roemə] ⟨AE⟩ **0.1** ***kamerbewoner*** ⇒*huurder.*

roomful [roe:mfoel, roem-] **0.1** ***(een) kamer vol*** ⇒*verzameling* ◆ **7.1** the whole ~ *alle aanwezigen, alle spullen.*

rooming house ⟨AE⟩ **0.1** ***pension.***

roommate 0.1 ***kamergenoot.***

room service 0.1 ***bediening op de kamer*** ⟨in hotel⟩ ⇒*room service.*

room|y [roe:mie, roemie] ⟨-iness⟩ **0.1** ***ruim*** ⇒*groot, wijd.*

roost[1] [roe:st] ⟨zn.⟩ **0.1** ***roest*** ⇒*stok, kippenhok* **0.2** ***nest*** ⇒*bed, slaapplaats* ⟨v. vogels⟩ ◆ **3.¶** it will come home to ~ *je zult er zelf de wrange vruchten v. plukken, het zal zich wreken;* rule the ~ *de baas zijn, de lakens uitdelen.*

roost[2] ⟨ww.⟩ **0.1** ***roesten*** ⇒*op stok zitten, slapen.*

rooster [roe:stə] **0.1** ***haan*** ⇒⟨fig.⟩ *hanig type.*

root[1] [roe:t] ⟨zn.⟩ **0.1** ***oorsprong*** ⇒*wortel, basis* **0.2** ***kern*** ⇒*het wezenlijke* **0.3** ⟨plantk.⟩ ***wortel*** ⇒*hechtwortel* **0.4** ⟨med., wisk.⟩ ***wortel*** ◆ **1.1** the ~ of all evil *de wortel v. alle kwaad* **1.2** get to the ~ of the problem *tot de kern v.h. probleem doordringen* **1.¶** ~ and branch *met wortel en tak, grondig* **3.3** strike ~, take ~ *wortel schieten;* ⟨fig.⟩ *ingeburgerd raken* ⟨v. ideeën⟩ **3.¶** pull up one's ~s *een ander leven beginnen;* put down ~s *zich vestigen, zich thuis gaan voelen;* strike at the ~s of *een vernietigende aanval doen op.*

root[2], ⟨BE in bet. I, 0.3 en II 0.3 ook⟩ **rootle** [roe:tl] **I** ⟨onov.ww.⟩ **0.1** ***wortelschieten*** ⇒*wortelen;* ⟨fig.⟩ *zich vestigen* **0.2** ***wortelen*** ⇒*zijn oorsprong hebben* **0.3** ***wroeten*** ⇒*graven, woelen* ◆ **5.3** the pigs were ~ing **about** in the earth *de varkens wroetten rond in de aarde* **6.¶** ~ **for** the team *het team toejuichen / steunen;* **II** ⟨ov.ww.⟩ **0.1** ***planten*** ⇒*doen wortelschieten* **0.2** ***vestigen*** ⇒*doen wortelen* **0.3** ***uitgraven*** ⇒*ontwortelen* ◆ **5.2** a deeply ~ed love *een diepgewortelde liefde* **6.¶** she stood ~ed to the ground / spot *ze stond als aan de grond genageld.* →**root out.**

root beer 0.1 ***limonade v. wortelextracten.***

root crop ⟨landb.⟩ **0.1** ***wortelgewas.***

rootless [roe:tləs] ⟨-ness⟩ **0.1** ***ontworteld*** ⇒*ontheemd.*

root out 0.1 ***uitwroeten*** ⇒*uitgraven;* ⟨fig.⟩ *te voorschijn brengen* **0.2** ***vernietigen*** ⇒*uitroeien* ◆ **1.2** the regime tries to ~ hostile elements *het nieuwe regime tracht vijandige elementen te vernietigen.*

root sign ⟨wisk.⟩ **0.1** ***wortelteken.***

rope[1] [roop] ⟨zn.⟩ **0.1** ***(stuk) touw*** ⇒*koord, kabel* **0.2** ***snoer*** ⇒*streng* ◆ **1.2** a ~ of garlic *een streng knoflook* **1.¶** money for old ~ *een fluitje v.e. cent* **3.1** give s.o. the ~ *iem. de ruimte laten* **3.¶** give s.o. ~ enough to hang himself *iem. door schade en schande wijs laten worden;* show s.o. the ~s *iem. wegwijs maken / inwijden;* know / learn the ~s *de kneepjes v.h. vak kennen / leren* **6.1** ⟨bergbeklimmen⟩ **on** the ~ *aan het touw* **7.1** the ~ *de strop;* ⟨boksen⟩ on the ~s *in de touwen;* ⟨sl.; fig.⟩ *uitgeteld.*

rope[2] ⟨ww.⟩ **0.1** ***vastbinden*** **0.2** ***met touwen afzetten*** **0.3** ⟨AE⟩ ***vangen*** ⟨met een lasso⟩ ◆ **6.¶** ~ s.o. **in** to help / join *iem. zo ver krijgen dat hij komt helpen / meedoet.*

rope dancer, rope walker 0.1 ***koorddanser(es).***

rope ladder 0.1 ***touwladder.***

ropewalk, ropeyard, ropery [roopərie] **0.1** ***touwslagerij*** ⇒*lijnbaan.*

ropeway ⟨ind.⟩ **0.1** ***kabelbaan*** ⇒*transportbaan.*

rop|y, ropey [roopie] ⟨-iness⟩ **0.1** ⟨inf.⟩ ***armzalig*** ⇒*miezerig, beroerd.*

ro-ro →**roll-on / roll-off.**

rosar|y [roozrie] ⟨mv.: -ies⟩ **0.1** ***rozentuin*** **0.2** ⟨rel.⟩ ***rozenkrans*** ⇒⟨ihb. r.-k.⟩ *paternoster* ◆ **3.2** say the ~ *de rozenkrans bidden.*

rose[1] [rooz] ⟨zn.⟩ **0.1** ***roos*** ⇒*rozenstruik* **0.2** ***roos*** ⇒*rozet* **0.3** ***sproeidop*** ⇒*sproeier* **0.4** ⟨vaak attr.⟩ ***rozerood*** ⇒*dieproze* ◆ **3.¶** it is not all ~s *het is niet allemaal rozengeur en maneschijn;* ⟨BE; inf.⟩ come up ~s *goed uitvallen* **6.¶ under** the ~ *onder geheimhouding, sub rosa* **¶.¶** ⟨sprw.⟩ a ~ by any other name (would smell as sweet) *hoe men een roos ook zou noemen, ze blijft altijd even heerlijk ruiken.*

rose[2] ⟨verl. t.⟩ →**rise.**

roseate [rooziət, -zie·eet] **0.1** ***rozerood*** ⇒*rooskleurig;* ⟨fig.⟩ *optimistisch.*

rosebed 0.1 ***rozenperk.***

rosebud 0.1 ***rozenknop*** ⟨ook fig.⟩ ⇒*jong meisje.*

rose-coloured, rose-colored 0.1 ***rooskleurig*** ⟨ook fig.⟩ ⇒

optimistisch ◆ **1.1** ~ spectacles ⟨fig.⟩ *een optimistische kijk.*
rose hip **0.1** ***rozenbottel.***
roseleaf **0.1** ***rozenblaadje.***
rosemary [roozmərie] ⟨plantk.⟩ **0.1** ***rozemarijn.***
rosette [roozet] **0.1** ***rozet*** **0.2** ⟨bouwk.⟩ ***rozet/roosvenster.***
rosewater **0.1** ***rozenwater.***
rose window ⟨bouwk.⟩ **0.1** ***roosvenster.***
rosewood **0.1** ***rozenhout*** ⇒*palissanderhout.*
rosin [rozzin] **0.1** ⟨zn.⟩ ***hars*** ⇒⟨ihb. muz.⟩ *snarenhars* **0.2** ⟨ww.⟩ ***harsen*** ⇒*met hars insmeren* ⟨ihb. strijkstok⟩.
roster [rostə] **0.1** ***rooster*** ⇒*werkschema;* ⟨ihb. mil.⟩ *dienstrooster.*
rostrum [rostrəm]⟨mv.: ook rostra [-trə]⟩ **0.1** ***rostrum*** ⇒*podium, spreekgestoelte.*
ros|y [roozie] ⟨-iness⟩ **0.1** ***rooskleurig*** ⇒*rozig;* ⟨ihb.⟩ *blozend, gezond* **0.2** ***rooskleurig*** ⇒*optimistisch* ◆ **1.1** be ~ about the gills *een gezonde kleur hebben.*
rot[1] [rot] ⟨zn.⟩ **0.1** ***verrotting*** ⇒*bederf, ontbinding;* ⟨fig.⟩ *verval, de klad* **0.2** ***vuur*** ⟨in hout⟩ **0.3** ⟨plantk.⟩ ***voetrot*** **0.4** ⟨sl.⟩ ***onzin*** ⇒*flauwekul* ◆ **3.1** then the ~ set in *toen ging alles mis* **3.4** talk ~ *onzin uitkramen.* →**dry.**
rot[2] ⟨-ted⟩ **I** ⟨onov.ww.⟩ **0.1** ***rotten*** ⇒*ontbinden, bederven* **0.2** ***vervallen*** ⇒*ten onder gaan* **0.3** ***wegkwijnen*** ⇒*wegteren;*
II ⟨ov.ww.⟩ **0.1** ***laten rotten*** ⇒*doen wegrotten* **0.2** ***aantasten*** ⇒*bederven.*
rota [rootə] ⟨vnl. BE⟩ **0.1** ***rooster*** ⇒*aflossingsschema.*
Rotarian [rooteəriən] **0.1** ***Rotarian*** ⇒*lid v.d. Rotary (club).*
rotary [rootərie] **0.1** ***roterend*** ⇒*ronddraaiend* **0.2** ⟨tech.⟩ ***roterend*** ⇒*rotatie-* ◆ **1.2** ~ press *rotatiepers.*
rotate [rooteet] **I** ⟨onov.ww.⟩ **0.1** ***roteren*** ⇒*om een as draaien* **0.2** ***elkaar aflossen*** **0.3** ***rouleren*** ◆ **1.3** this function ~s *deze functie rouleert;*
II ⟨ov.ww.⟩ **0.1** ***ronddraaien*** ⇒*laten rondwentelen* **0.2** ***afwisselen*** ◆ **1.2** ⟨landb.⟩ ~ crops *wisselbouw toepassen.*
rotation [rooteesjn] **0.1** ***omwenteling*** ⇒*rotatie* **0.2** ***het omwentelen*** ⇒*rotatie* **0.3** ***het afwisselen*** ⇒*het aflossen* ◆ **1.3** ⟨landb.⟩ the ~ of crops *de wisselbouw* **6.3** **by/in** ~ *bij toerbeurt.*
rotatory [rooteetərie] **0.1** ***rotatie-*** ⇒*omwentelings-, ronddraaiend* **0.2** ***afwisselend*** ⇒*beurtelings.*
rote [root] **0.1** ***het mechanisch leren/herhalen*** ⇒*het opdreunen, stampwerk* ◆ **6.1** learn sth. **by** ~ *iets uit het hoofd leren.*
rotgut, gutrot ⟨inf.⟩ **0.1** ***slechte sterkedrank*** ⇒*bocht.*
rotisserie [rotissərie] **0.1** ***roosterspit*** ⇒*grill* **0.2** ***rotisserie.***
rotor [rootə] ⟨tech.⟩ **0.1** ***rotor*** ⇒⟨ihb.⟩ *horizontale schroef v.e. helikopter.*
rotten [rotn] ⟨-ness⟩ **0.1** ***rot*** ⇒*verrot, bedorven* **0.2** ***vergaan*** ⇒*verteerd* **0.3** ***verdorven*** ⇒*gedegenereerd* **0.4** ***waardeloos*** ⇒*slecht* **0.5** ⟨sl.⟩ ***ellendig*** ⇒*vreselijk, beroerd* ◆ **1.3** he's ~ to the core *hij is door en door slecht* **1.¶** ⟨BE; gesch., pol.⟩ ~ borough ⟨stad met weinig/geen stemgerechtigden, maar toch met de macht een parlementslid te kiezen⟩ **3.5** she felt ~ *ze voelde zich ellendig.*
rotter [rottə] ⟨inf.⟩ **0.1** ***rotzak*** ⇒*schoft.*
rotund [rootund] ⟨zn.: **-ity**⟩ **0.1** ***rond*** ⇒*cirkelvormig* **0.2** ***diep*** ⇒*vol* **0.3** ***breedsprakig*** ⇒*pompeus* **0.4** ***dik*** ⇒*rond, mollig.*
rouble, ruble [roe:bl] ⟨geldw.⟩ **0.1** ***roebel.***
rouge[1] [roe:zj] ⟨zn.⟩ **0.1** ***rouge.***
rouge[2] ⟨ww.⟩ **0.1** ***rood maken met rouge*** ⇒*rouge aanbrengen op.*
rough[1] [ruf] **I** ⟨telb.zn.⟩ **0.1** ***schets*** ⇒*probeersel* **0.2** ***gewelddadige kerel*** ⇒*agressieveling;*
II ⟨n.-telb.zn.⟩ **0.1** ***ruw terrein*** ⇒⟨ihb.⟩ *rough* ⟨ruig gedeelte v. golfterrein⟩ **0.2** ***tegenslag*** ⇒*onaangename kanten* **0.3** ***ruwe staat*** ⇒*onbewerkte/onvoltooide staat* ◆ **1.2** through ~ and smooth *in voor- en tegenspoed* **3.2** ⟨fig.⟩ take the ~ with the smooth *tegenslagen voor lief nemen* **6.3** write sth. **in** ~ *iets in het klad schrijven.*
rough[2] ⟨bn.; -ness⟩ **0.1** ***ruw*** ⇒*ruig, oneffen* **0.2** ***rauw*** ⇒*onbehouwen* **0.3** ***wild*** ⇒*woest* **0.4** ***ruw*** ⇒*scherp, naar; wrang v. smaak* **0.5** ***ruw*** ⇒*schetsmatig, niet uitgewerkt* ◆ **1.1** ⟨boek.⟩ ~ edges *niet schoongesneden randen* **1.3** ~ behaviour *wild/baldadig gedrag;* ⟨fig.⟩ give s.o. a ~ passage/ride *het iem. moeilijk maken* **1.4** ~ luck *pech, tegenslag;* a ~ time *een zware tijd;* ~ wine *wrange wijn* **1.5** a ~ diamond *een ruwe diamant;* ⟨fig.⟩ *een ruwe bolster;* ~ copy *eerste schets; exemplaar met correcties;* ~ justice *min of meer rechtvaardige behandeling* **1.¶** show s.o. the ~ side of one's tongue *iem. harde woorden toevoegen;* ~ quarter of the town *gevaarlijke buurt;* ⟨BE; sl.⟩ ~ stuff *geweld; opschudding* **6.4** it is ~ **on** him *het is heel naar voor hem.* → **roughly.**
rough[3] ⟨ww.⟩ ◆ **4.¶** ~ it *zich behelpen, op een primitieve manier leven.* →**rough out, rough up.**
rough[4] ⟨bw.⟩ **0.1** ***ruw*** ⇒*grof* **0.2** ***wild*** ⇒*ruw, woest* ◆ **3.1** treat s.o. ~ *iem. ruw behandelen* **3.2** play ~ *wilde spelletjes doen;* live ~ *zwerven, in de open lucht leven.*
roughage [ruffidzj] **0.1** ***ruwvoer*** **0.2** ***ruwe vezels*** ⇒*onverteerbare vezels* ⟨in voedsel⟩.
rough-and-ready **0.1** ***eenvoudig*** ⇒*ruw maar doeltreffend* **0.2** ***hard*** ⇒*onbeleefd.*
rough-and-tumble[1] ⟨zn.⟩ **0.1** ***knokpartij*** **0.2** ***ruwe ordeloosheid.***
rough-and-tumble[2] ⟨bn.⟩ **0.1** ***ordeloos*** ⇒*wild.*
roughcast[1] ⟨zn.⟩ **0.1** ***ruwe pleisterkalk.***
roughcast[2] ⟨ww.⟩ **0.1** ***ruw pleisteren.***
rough-dry **0.1** ***alleen (laten) drogen*** ⇒*ongestreken laten* ⟨de was⟩.
roughen [rufn] **I** ⟨onov.ww.⟩ **0.1** ***ruw/oneffen worden;***
II ⟨ov.ww.⟩ **0.1** ***ruw maken.***
rough-hewn **0.1** ***ruw (uit)gehakt*** ⇒*ruw (uit)gesneden* **0.2** ***onbehouwen*** ⇒*lomp.*
rough-house[1] ⟨zn.⟩⟨inf.⟩ **0.1** ***vechtpartij*** ⇒*knokpartij.*
rough-house[2] ⟨ww.⟩⟨inf.⟩ **0.1** ***een rel schoppen*** ⇒*geweld plegen* **0.2** ***ruw aanpakken.***
roughly [ruflie] **0.1** →**rough**[2] **0.2** ***ruwweg*** ⇒*ongeveer* ◆ **3.2** ~ speaking *ongeveer* **¶.2** ~, it comes down to this *ruwweg komt het hier op neer.*
roughneck ⟨AE; sl.⟩ **0.1** ***gewelddadig iem.*** ⇒*ruwe klant.*
rough out **0.1** ***een ruwe schets maken v.*** ⇒*(in grote lijnen) schetsen.*
rough-rider **0.1** ***paardentemmer.***
rough-shod **0.1** ***onmenselijk*** ⇒*wreed* ◆ **3.¶** ride ~ over s.o. *over iem. heen lopen.*
rough-spoken **0.1** ***ruw in de mond.***
rough up **0.1** ***ruw/in de war maken*** ⟨haar e.d.⟩ **0.2** ⟨inf.⟩ ***aftuigen*** ⇒*afrossen.*
roulade [roe:la:d] **0.1** ⟨cul.⟩ ***rollade.***
roulette [roe:let] ⟨spel⟩ **0.1** ***roulette.***
round[1] [raund] **I** ⟨telb.zn.⟩ **0.1** ***bol*** ⇒*ronding* **0.2** ***ronde*** ⇒*rondgang; toer* **0.3** ***snee*** ⇒*stuk* **0.4** ***schot*** ⇒*geweerschot* **0.5** ***kring*** ⇒*groep mensen* **0.6** ⟨muz.⟩ ***drie/vierstemmige canon*** ◆ **1.3** ~ of beef *lendestuk* **1.¶** a ~ of applause *een applaus* **3.2** go/make one's ~s *zijn ronde maken, visites afleggen* ⟨v. dokter⟩; go/do the ~s *de ronde doen, doorverteld worden* **6.2** he stood us a ~ **of** drinks *hij gaf een rondje;*

II ⟨n.-telb.zn.⟩ **0.1** ***rondheid*** ⇒*het rond-zijn* **0.2** ***volledigheid*** ⇒*totaliteit* **0.3** ***rondte*** ◆ **6.3** **in** the ~ *losstaand, vrijstaand* ⟨v. beeld⟩; ⟨fig.⟩ *alles welbeschouwd;* theatre **in** the ~ *théâtre en rond, arenatoneel.*

round[2] ⟨bn.; -ness⟩ **0.1** ***rond*** ⇒*bol, bolvormig* **0.2** ***rond*** ⇒*gebogen, cirkelvormig* **0.3** ***rond*** ⇒*compleet; afgerond* ⟨v. getal⟩; ⟨fig.⟩ *rond, oprecht* ◆ **1.1** ~ cheeks *bolle wangen* **1.2** ~ brackets *ronde haakjes;* ⟨gesch.⟩ the Round Table *de tafelronde;* ~ trip *rondreis;* ⟨AE⟩ *retour* **1.3** in ~ figures *in afgeronde getallen;* in ~ terms *ronduit* **1.¶** ~ robin *petitie;* ⟨ook attr.⟩ ~ robin *toernooi waarbij elke deelnemer tegen elke andere uitkomt.*

round[3] **I** ⟨onov.ww.⟩ **0.1** ***rond worden*** ⇒*zich ronden* ◆ **1.1** her eyes ~ed with surprise *haar ogen werden groot v. verbazing* **5.1** ~ **out** *dik worden, opzwellen;*
II ⟨ov.ww.⟩ **0.1** ***ronden*** ⇒*rond maken;* ⟨ook fig.⟩ *afronden* **0.2** ***ronden*** ⇒*om(heen) gaan* **0.3** ***omringen*** **0.4** ***rondgaan*** ⇒*rondrijden/lopen (op/in)* ◆ **1.2** ~ a corner *een hoek omgaan* **5.1** ~ **down** *naar beneden afronden;* ~ **off** sharp edges *scherpe randen rond afwerken;* ~ **off** *besluiten, afsluiten* ⟨avondje e.d.⟩ **5.¶** ~ **out** *afronden* ⟨verhaal, studie⟩ **6.¶** ~ **(up)on** s.o. *tegen iem. v. leer trekken, zich woedend tot iem. keren.* →**round up.**

round[4] ⟨bw.⟩ **0.1** ⟨richting; ook fig.⟩ ***rond*** ⇒*om* **0.2** ⟨plaats; ook fig.⟩ ***rondom*** ⇒*in het rond* **0.3** ***bij*** ⇒*bij/voor zich* **0.4** ⟨tijd⟩ ***doorheen*** ◆ **1.1** next time ~ *de volgende keer;* he did it the right/wrong way ~ *hij deed het goed/verkeerd* **1.4** all year ~ *het hele jaar door* **3.1** send ~ *verspreiden;* he talked her ~ *hij praatte haar om* **3.2** they were shown ~ *ze werden rondgeleid* **3.3** they asked us ~ for tea *ze nodigden ons bij hen uit voor de thee;* they brought her ~ *ze brachten haar weer bij (bewustzijn);* send ~ for the girl *stuur iem. om het meisje te halen* **5.1** ~ and ~ *alsmaar rond* **5.2** all ~ *rondom; voor alles en iedereen; in alle opzichten;* I lost my ring ~ here *ik ben mijn ring hier in de buurt verloren.*

round[5] ⟨vz.⟩ **0.1** ⟨plaats en richting; ook fig.⟩ ***om*** ⇒*rondom, om ... heen* **0.2** ⟨plaats en tijd⟩ ***nabij*** ⇒*omstreeks* ◆ **1.1** ~ the corner *om de hoek;* they sat ~ the storyteller *ze zaten rond de verteller* **1.2** ~ 8 o'clock *omstreeks acht uur;* it must be somewhere ~ the house *het moet ergens in (het) huis zijn.*

roundabout[1] [raundəbaut] ⟨zn.⟩ **0.1** ⟨BE⟩ ***draaimolen*** **0.2** ⟨BE⟩ ***rotonde*** ⇒*verkeersplein.* →**swing.**

roundabout[2] ⟨bn.⟩ **0.1** ***indirect*** ⇒*omslachtig* ◆ **1.1** we heard of it in a ~ way *we hebben het via via gehoord.*

roundel [raundl] **0.1** ***identificatieplaat*** ⇒*kentekenschildje* ⟨ihb. op mil. vliegtuig⟩ **0.2** ⟨bk., bouwk.⟩ ***medaillon.***

roundelay [raundillee] **0.1** ***rondedans*** **0.2** ***refrein*** ⇒*liedje met refrein.*

rounder [raundə] ⟨BE; sport⟩ **I** ⟨telb.zn.⟩ **0.1** ***run*** ⟨bij rounders⟩;
II ⟨mv.; ww. steeds enk.⟩ **0.1** ***rounders*** ⟨soort baseball⟩.

round-eyed **0.1** ***met wijd open ogen*** ⇒*met verwonderde ogen.*

Roundhead ⟨gesch.⟩ **0.1** ***rondkop*** ⇒*puritein/lid v.d. regeringspartij* ⟨ten tijde v. Cromwell⟩.

round-house **0.1** ⟨AE⟩ ***reparatieloods voor locomotieven.***

roundish [raundisj] **0.1** ***nogal rond*** ⇒*rondachtig.*

roundly [raundlie] **0.1** →**round** **0.2** ***ronduit*** ⇒*onomwonden* **0.3** ***volkomen*** ⇒*volslagen.*

rounds|man [raun(d)zmən] ⟨mv.: -men [-mən]⟩ **0.1** ⟨AE⟩ ***commandant v.e. politiepatrouille.***

round-table conference **0.1** ***rondetafelconferentie.***

round-the-clock **0.1** ***de klok rond*** ⇒*dag en nacht* ◆ **1.1** a ~ party *een feest dat de hele nacht doorgaat.*

round-trip ⟨AE⟩ **0.1** ***retour-*** ◆ **1.1** ~ ticket *retourtje, retourbiljet.*

round up **0.1** ***bijeenjagen*** ⇒*bijeendrijven* **0.2** ***grijpen*** ⇒*aanhouden* ⟨misdadigers⟩, *oprollen* ⟨bende⟩ **0.3** ***naar boven toe afronden.***

round-up **0.1** ***overzicht*** **0.2** ***verzameling*** **0.3** ***bijeengedreven vee*** **0.4** ***arrestatie*** ⟨oprollen v. bende⟩.

roup [roop] ⟨dierk.⟩ **0.1** ***pip*** **0.2** ***hoenderpest.***

rouse [rauz] **I** ⟨onov.ww.⟩ **0.1** ***ontwaken*** ⇒*wakker worden* **0.2** ***in actie komen;***
II ⟨ov.ww.⟩ **0.1** ***wakker maken*** ⇒*wekken;* ⟨fig.⟩ *opwekken* **0.2** ***prikkelen*** ⇒*tergen* **0.3** ***oproepen*** ⇒*te voorschijn roepen* ◆ **1.3** his conduct ~d suspicion *zijn gedrag wekte argwaan* **4.1** ~ o.s. to action *zichzelf tot actie aanzetten.*

rousing [rauzing] **0.1** ***opwindend*** ⇒*bezielend* **0.2** ***levendig*** ⇒*krachtig* ◆ **1.2** a ~ cheer *luid gejuich.*

roustabout **0.1** ***werkman*** ⇒*dokwerker;* ⟨AE⟩ *dekknecht;* ⟨AE⟩ *ongeschoold arbeider.*

rout[1] [raut] ⟨zn.⟩ **0.1** ***totale nederlaag*** ⇒*aftocht, vlucht* ◆ **3.1** put to ~ *een verpletterende nederlaag toebrengen.*

rout[2] ⟨ww.⟩ **0.1** ***verslaan*** ⇒*verpletteren* **0.2** ⟨+ out⟩ ***eruit jagen*** ⇒*wegjagen* **0.3** ⟨+ out⟩ ***opduike(le)n*** ⇒*opsnorren* ◆ **6.2** ~ out **of** bed *uit bed jagen.*

route[1] [roe:t] ⟨zn.⟩ **0.1** ***route*** ⇒*weg* **0.2** ⟨AE⟩ ***ronde*** ⇒*dagelijkse route* ◆ **¶.1** en ~ *onderweg.*

route[2] ⟨ww.⟩ **0.1** ***sturen*** ⇒*leiden* **0.2** ***zenden*** ⇒*sturen.*

route-march ⟨mil.⟩ **0.1** ***(afstands)mars.***

routine[1] [roe:tie:n] ⟨zn.⟩ **0.1** ***routine*** ⇒*gebruikelijke procedure* **0.2** ⟨dram.; circus⟩ ***nummer*** **0.3** ⟨dansk.⟩ ***figuur*** **0.4** ⟨comp.⟩ ***routine*** ⟨deel v. programma met op zichzelf staande functie⟩.

routine[2] ⟨bn.⟩ **0.1** ***routine-*** ⇒*routinematig* **0.2** ***gewoon*** ⇒*niet oorspronkelijk* ◆ **1.1** on a ~ basis *volgens vaste regels;* a ~ job *routinewerk.*

roux [roe:] ⟨cul.⟩ **0.1** ***roux.***

rove [roov] **I** ⟨onov.ww.⟩ **0.1** ***zwerven*** ⇒*dolen, dwalen* ◆ **1.1** he has a roving eye *hij kijkt steeds naar andere vrouwen;*
II ⟨ov.ww.⟩ **0.1** ***doorzwerven*** ⇒*dolen, dwalen.*

rover [roovə] **0.1** ***zwerver.***

row[1] [rau] ⟨zn.⟩ ⟨inf.⟩ **0.1** ***rel*** ⇒*ruzie* **0.2** ***herrie*** ⇒*kabaal* ◆ **3.2** kick up/make a ~ *luidkeels protesteren* **3.¶** get into a ~ *een uitbrander krijgen.*

row[2] [roo] ⟨zn.⟩ **0.1** ***rij*** ⇒*reeks* **0.2** ***huizenrij*** ⇒*straat met (aan weerszijden) huizen;* ⟨in straatnamen: R-⟩ *Straat* **0.3** ***roeitochtje*** ◆ **6.1** ⟨inf.⟩ for days **in** a ~ *dagen achtereen.*

row[3] [rau] ⟨ww.⟩ ⟨inf.⟩ **0.1** ***ruzie maken*** **0.2** ***vechten*** ⇒*een rel schoppen.*

row[4] [roo] ⟨ww.⟩ **0.1** ***roeien*** ⇒*in een roeiboot varen, per roeiboot vervoeren.*

rowan(berr|y) [rooən, rauən] ⟨mv.: -ies⟩ ⟨plantk.⟩ **0.1** ***lijsterbes.***

rowd|y[1] [raudie] ⟨zn.; mv.: -ies⟩ **0.1** ***lawaaischopper*** ⇒*rouwdouw.*

rowd|y[2] ⟨bn.; -iness⟩ **0.1** ***ruw*** ⇒*wild, ordeloos.*

rowdyism [raudie-izm] **0.1** ***ordeloosheid*** ⇒*wilde taferelen.*

rowel [rauəl] **0.1** ***spoorradje.***

rower [rooə] **0.1** ***roeier.***

rowing-boat, ⟨AE ook⟩ **row-boat** **0.1** ***roeiboot.***

rowing-machine ⟨sport⟩ **0.1** ***roeitrainer*** ⇒*trainingsapparaat voor roeiers.*

rowlock [rollək, roolok] ⟨vnl. BE; scheep.⟩ **0.1** ***dol*** ⇒*riem/roeiklamp.*

royal[1] [rojjəl] ⟨zn.⟩ **0.1** ⟨inf.⟩ ***lid v.d. koninklijke familie*** **0.2** ***twaalf/veertienender*** ⟨hert⟩ ◆ **7.¶** ⟨mil.⟩ the Royals *Eerste Regiment Infanterie; de Koninklijke Marine.*

royal[2] ⟨bn.⟩ **0.1** ***koninklijk*** ⇒*v.d. koning(in)* **0.2** ***koninklijk*** ⇒ *vorstelijk* ◆ **1.1** the Royal Academy (of Arts) ⟨ong.⟩ *de Koninklijke Academie/Maatschappij voor Schone Kunsten;* Royal Air Force *Koninklijke Luchtmacht;* ⟨pol.⟩ ~ assent *koninklijke goedkeuring* ⟨v. wetsvoorstel⟩; ⟨BE; mil.⟩ Royal Engineers *de Genie;* Royal Highness *Koninklijke Hoogheid;* Royal Navy *Koninklijke Marine;* Royal Society (of London) ⟨ong.⟩ *Academie v. Wetenschappen* **1.¶** ⟨kaartspel⟩ ~ flush *de hoogste kaart;* ⟨dierk.⟩ ~ jelly *koninginnengelei;* ~ stag *twaalf/veertienender* ⟨hert⟩ **5.¶** treat s.o. ~ly *iem. uitstekend behandelen.*

royalist [rojjəlist] **0.1** ***royalist*** ⇒*monarchist.*

royalt|y [rojjəltie] ⟨mv.: -ies⟩ **I** ⟨telb.zn.⟩ **0.1** ***iem. v. koninklijken bloede*** ⇒*koning(in), prins(es)* **0.2** ⟨boek., ind.⟩ ***royalty*** ⇒*aandeel in de opbrengst;*
II ⟨n.-telb.zn.⟩ **0.1** ***koningschap;***
III ⟨zn.; ww. ook mv.⟩ **0.1** ***leden v.h. koninklijk huis*** ◆ **1.1** in the presence of ~ *in de aanwezigheid v. leden v.h. koninklijk huis.*

RPI ⟨afk.⟩ **0.1** [retail price index].

r.p.m., RPM ⟨afk.⟩ **0.1** [revolutions per minute] ***rpm*** ⇒*omwentelingen per minuut, -toeren.*

R rating [a: reeting] ⟨AE⟩ **0.1** ⟨ong.⟩ ***niet geschikt voor jeugdige kijkers.***

RRP ⟨afk.⟩ **0.1** [recommended retail price].

RSC ⟨afk.⟩ **0.1** [Royal Shakespeare Company] **0.2** [Royal Society of Chemistry].

RSI [a:r es aj] ⟨afk.; med.⟩ **0.1** [Repetitive Strain Injury] ***RSI*** ⇒ *herhalingsoverbelasting.*

R.S.P.C.A. ⟨afk.; BE⟩ **0.1** [Royal Society for the Prevention of Cruelty to Animals] ***dierenbescherming.***

R.S.V.P., r.s.v.p. ⟨afk.⟩ **0.1** [répondez s'il vous plaît] ***r.s.v.p.***

RTE ⟨afk.⟩ **0.1** [Radio Telefis Éireann] ⟨Ierse radio en tv⟩.

Rt.Hon. ⟨afk.; BE⟩ **0.1** [Right Honorable].

rub[1] [rub] ⟨zn.⟩ **0.1** ***poetsbeurt*** ⇒*wrijfbeurt* **0.2** ***hindernis*** ⇒ *moeilijkheid* ◆ **5.2** there's the ~ *daar zit de moeilijkheid, dat is het hem juist.*

rub[2] ⟨-bed⟩ **I** ⟨onov.ww.⟩ **0.1** ***schuren langs*** ⇒*wrijven* **0.2** ***slijten*** ⇒*dun/ruw/kaal worden* ◆ **6.¶** ~ up **against** s.o. *tegen iem. aanlopen.* →**rub along, rub off;**
II ⟨ov.ww.⟩ **0.1** ***wrijven*** ⇒*af/in/doorheen wrijven; poetsen, boenen* **0.2** ***schuren*** **0.3** ***beschadigen*** ⇒*afslijten* **0.4** ⟨bk.⟩ ***een rubbing maken*** ⟨v. reliëf⟩ ◆ **1.1** ~ one's hands *zich in de handen wrijven;* ~ cream on one's skin *crème op zijn huid smeren* **5.1** ~ o.s. **down** *zich stevig afdrogen* **5.3** ~ **away** *wegslijten, afslijten.* →**rub in, rub off, rub out, rub up.**

rub along **0.1** ***zich staande houden*** ⇒*het net klaarspelen* **0.2** ***het goed samen kunnen vinden*** ◆ **5.2** we ~ nicely *wij kunnen het goed met elkaar vinden.*

rubber [rubbə] **I** ⟨telb.zn.⟩ **0.1** ***wrijver*** ⇒*wisser; gum* **0.2** ⟨AE⟩ ***overschoen*** **0.3** ⟨sl.⟩ ***condoom*** ⇒*kapotje* **0.4** ⟨sport, spel⟩ ***robber*** ⇒*reeks v. drie partijen;*
II ⟨n.-telb.zn.⟩ **0.1** ***rubber*** **0.2** ***synthetisch rubber*** ⇒*rubberachtig materiaal.*

rubber band **0.1** ***elastiekje.***

rubber bullet **0.1** ***rubberkogel.***

rubber dinghy **0.1** ***rubberbootje.***

rubberize, -ise [rubbərajz] **0.1** ***met rubber behandelen/bekleden.***

rubber johnny ⟨sl.⟩ **0.1** ***kapotje*** ⇒*condoom.*

rubber-neck ⟨AE; inf.⟩ **0.1** ***nieuwsgierige*** ⇒⟨ihb.⟩ *zich vergapende toerist* **0.2** ***provinciaaltje*** ⇒*sul.*

rubber plant ⟨plantk.⟩ **0.1** ***rubberplant*** ⇒⟨ihb.⟩ *ficus.*

rubber sheath **0.1** ***condoom.***

rubber stamp **0.1** ***stempel*** **0.2** ***marionet*** ⟨fig.⟩.

rubber-stamp **0.1** ***automatisch goedkeuren*** ⇒*gedachteloos instemmen met.*

rubber tree ⟨plantk.⟩ **0.1** ***rubberboom.***

rubbery [rubbərie] **0.1** ***rubberachtig*** ⇒*taai.*

rubbing [rubbing] ⟨bk.⟩ **0.1** ***wrijfsel*** ⇒*rubbing* ⟨v. reliëf⟩.

rubbish[1] [rubbisj] ⟨zn.⟩ **0.1** ***vuilnis*** ⇒*afval* **0.2** ***nonsens*** ⇒ *onzin* ◆ **3.1** shoot ~ *vuil storten.*

rubbish[2] ⟨ww.⟩ **0.1** ***afbrekende kritiek leveren op*** ⇒*afkraken.*

rubbish bin ⟨BE⟩ **0.1** ***vuilnisbak.***

rubbishy [rubbisjie] **0.1** ***waardeloos*** ⇒*onzinnig.*

rubble [rubl] **0.1** ***puin*** ⇒*steengruis/brokken.*

rub-down **0.1** ***wrijfbeurt*** ⇒*massage* **0.2** ***schuurbehandeling.***

rubella [roe:bellə] ⟨med.⟩ **0.1** ***rodehond.***

Rubicon [roe:bikkən, -kon] **0.1** ***Rubicon*** ◆ **3.¶** ⟨vero.⟩ cross/pass the ~ *de Rubicon overtrekken, de onherroepelijke stap doen.*

rubicund [roe:bikkənd] **0.1** ***blozend*** ⇒*met rode wangen.*

rub in **0.1** ***inwrijven*** ⇒*(in)masseren* ◆ **4.¶** there's no need to rub it in *je hoeft er niet steeds op terug te komen.*

rub off **I** ⟨onov.ww.⟩ **0.1** ***weggewreven worden*** **0.2** ***overgaan op*** ⇒*overgenomen worden* **0.3** ***afslijten*** ⇒*minder worden* ◆ **1.3** the novelty has rubbed off a bit *de nieuwigheid is er een beetje af* **6.2** his stinginess has rubbed off **on** you *je hebt zijn krenterigheid overgenomen;*
II ⟨ov.ww.⟩ **0.1** ***wegvegen*** ⇒*afwrijven* **0.2** ***afslijten*** ⇒*afschuren* ◆ **1.2** I rubbed off the skin of my elbow *ik heb mijn elleboog ontveld.*

rub out **0.1** ***wegvegen*** ⇒*uitgummen* **0.2** ⟨sl.⟩ ***vermoorden*** ⇒ *uit de weg ruimen.*

rubric [roe:brik] **0.1** ***rubriek*** ⇒*titel* ⟨ihb. titel v. (hoofdstuk in) wetboek⟩ **0.2** ***rubriek*** ⇒*categorie* **0.3** ***aantekening*** ⇒ *uitleg* **0.4** ***voorschrift*** ⇒*aanwijzing.*

rub up **0.1** ***oppoetsen*** ⇒*opwrijven* **0.2** ***ophalen*** ⇒*bijvijlen* ◆ **1.2** ~ one's Italian *zijn Italiaans ophalen* **1.¶** ⟨inf.⟩ rub s.o. up the wrong way *iem. tegen de haren instrijken, iem. irriteren.*

rub-up **0.1** ***poetsbeurt*** ◆ **1.¶** give one's Latin a ~ *zijn Latijn eens wat ophalen.*

rub|y [roe:bie] ⟨mv.: -ies⟩ **0.1** ***robijn*** **0.2** ⟨vaak attr.⟩ ***robijnrood.***

R.U.C. ⟨afk.⟩ **0.1** [Royal Ulster Constabulary].

ruck [ruk] **0.1** ***het gewone slag mensen*** ⇒*de massa* **0.2** ***de gewone dingen*** ⇒*dagelijkse/oninteressante dingen* **0.3** ⟨rugby⟩ ***ruck*** ⇒*strijdende groep spelers v. beide partijen* **0.4** ***vouw*** ⇒*kreukel, plooi.*

rucksack **0.1** ***rugzak.***

ruck up **0.1** ***in elkaar kreuke(le)n.***

ruckus [rukkəs] ⟨inf.⟩ **0.1** ***tumult*** ⇒*ordeverstoring.*

ruction [ruksjn] ⟨vaak mv.⟩ ⟨inf.⟩ **0.1** ***kabaal*** ⇒*luid protest.*

rudder [ruddə] **0.1** ⟨scheep., luchtv.⟩ ***roer.***

rudderless [ruddələs] **0.1** ***stuurloos*** ⇒⟨fig.⟩ *zonder richting.*

ruddle[1] [rudl] ⟨zn.⟩ **0.1** ***roodaarde*** ⟨voor het merken v. schapen⟩ ⇒*roodsel.*

ruddle[2] ⟨ww.⟩ **0.1** ***met roodaarde kleuren/merken*** ⟨ihb. schapen⟩.

rudd|y [ruddie] ⟨-iness⟩ **0.1** ***blozend*** ⇒*gezond* **0.2** ***rossig*** ⇒ *rood(achtig)* **0.3** ⟨sl.; euf.⟩ ***verdraaide*** ◆ **1.3** who took that ~ pen? *wie heeft die vervloekte pen nu weer gepikt?*

rude [roe:d] ⟨-ness⟩ **0.1** ***primitief*** ⟨volk⟩ ⇒*onbeschaafd, wild* **0.2** ***ruw*** ⇒*primitief, eenvoudig, onbewerkt* **0.3** ***ongemanierd*** ⇒*onbeleefd, grof* ◆ **1.2** ~ material *onbewerkt materiaal* **1.¶** ⟨fig.⟩ a ~ awakening *een ruwe ontgoocheling;* ~

health *onverwoestbare gezondheid* **6.3** be ~ **to** s.o. *onbeleefd tegen iem. zijn.*

rudiment [roe:dimmənt] **0.1** ⟨biol.⟩ ***rudiment*** **0.2** ⟨mv.⟩ ***beginselen*** ⇒*grondslagen.*

rudimentary [roe:dimmentrie] **0.1** ***rudimentair*** ⟨ook biol.; ook fig.⟩ ⇒*elementair, wat de grondslagen betreft* **0.2** ***in een beginstudium.***

rue[1] [roe:] ⟨zn.⟩⟨plantk.⟩ **0.1** ***wijnruit.***

rue[2] ⟨ww.⟩ **0.1** ***spijt hebben v.*** ⇒*berouw hebben v.* ◆ **1.1** you'll ~ the day you said this *je zal de dag berouwen dat je dit gezegd hebt.*

rueful [roe:fl] **0.1** ***berouwvol*** ⇒*treurig, bedroefd.*

ruff[1] [ruf] ⟨zn.⟩ **0.1** ⟨gesch.⟩ ***fraise*** ⇒*plooikraag* **0.2** ⟨dierk.⟩ ***kraag*** ⇒*verenkraag/kraag v. haar* **0.3** ⟨dierk.⟩ ***pos*** **0.4** ⟨kaartspel⟩ ***het troeven.***

ruff[2] ⟨ww.⟩⟨kaartspel⟩ **0.1** ***troeven.***

ruffian [ruffiən] **0.1** ***bruut*** ⇒*woesteling, bandiet.*

ruffianly [ruffiənlie] **0.1** ***bruut*** ⇒*rauw, gewelddadig.*

ruffle[1] [rufl] ⟨zn.⟩ **0.1** ***ruche*** ⟨langs kraag/manchet⟩ ⇒*geplooide rand.*

ruffle[2] **I** ⟨onov.ww.⟩ **0.1** ***zich ergeren*** ⇒*zich opwinden* ◆ **5.1** he ~s so easily *hij ergert zich zo gauw;*
II ⟨ov.ww.⟩ **0.1** ***verstoren*** ⇒*doen rimpelen, verwarren* **0.2** ⟨+up⟩ ***opzetten*** ⟨veren⟩ **0.3** ***ergeren*** ⇒*kwaad maken, opwinden* **0.4** ⟨kaartspel⟩ ***schudden*** ◆ **1.1** ~ s.o.'s hair *iemands haar in de war maken.*

rug [rug] **0.1** ***tapijt*** ⇒*vloerkleed* **0.2** ⟨vnl. BE⟩ ***deken*** ⇒*plaid.*

rugby [rugbie], **rugby football** ⟨ook R-⟩⟨→s2⟩⟨sport⟩ **0.1** ***rugby.***

rugby league, rugby league football ⟨ook R- L-⟩⟨BE; sport⟩ **0.1** ***rugby*** ⟨voor beroeps, met teams v. 13 spelers⟩.

rugby union, rugby union football ⟨ook R- U-⟩⟨BE; sport⟩ **0.1** ***rugby*** ⟨voor amateurs, met teams v. 15 spelers⟩.

rugged [rugid] ⟨-ness⟩ **0.1** ***ruw*** ⇒*ruig, grof* **0.2** ***onregelmatig v. trekken*** ⇒*markant, doorploegd.*

rugger [rugə] ⟨BE; sl.; sport⟩ **0.1** ***rugby.***

ruin[1] [roe:in] ⟨zn.⟩ **0.1** ***ruïne*** ⇒*vervallen bouwwerk* **0.2** ***ondergang*** ⇒*verval* **0.3** ⟨mv.⟩ ***ruïne*** ⇒*bouwval, overblijfsel* ◆ **6.3** **in** ~s *vervallen, tot een ruïne geworden;* ⟨fig.⟩ *ingestort, verijdeld* **7.2** this will be the ~ of him *dit zal hem nog kapot maken.*

ruin[2] ⟨ww.⟩ **0.1** ⟨vaak pass.⟩ ***verwoesten*** ⇒*vernietigen* **0.2** ***ruïneren*** ⇒*bederven* **0.3** ***ruïneren*** ⇒*tot de ondergang brengen.*

ruination [roe:inneesjn] **0.1** ⟨inf.⟩ ***ondergang*** ⇒*ruïnering* ◆ **7.1** that boy will be the ~ of her *die jongen zal haar nog eens te gronde richten.*

ruinous [roe:innəs] **0.1** ***vervallen*** ⇒*ingestort, bouwvallig* **0.2** ***rampzalig*** ⇒*ruïneus.*

rule[1] [roe:l] ⟨zn.⟩ **0.1** ***regel*** ⇒*voorschrift* **0.2** ***gewoonte*** ⇒*gebruik, regel* **0.3** ***duimstok*** ⇒*meetlat* **0.4** ***regering*** ⇒*bewind, bestuur* **0.5** ⟨druk.⟩ ***wit*** ⟨zetmateriaal⟩ ◆ **1.1** ~s of the road *verkeersregels/code* **1.¶** ⟨pej.⟩ ~s and regulations *de kleine lettertjes, de regels;* ~ of thumb *vuistregel, natte vingerwerk* **3.¶** bend/stretch the ~s *soepel zijn, iets door de vingers zien* **6.1** **according to/by** ~ *volgens de regels, stipt* **6.2** **as** a ~ *gewoonlijk, in het algemeen* **6.4** **under** British ~ *onder Britse heerschappij.* →**exception, golden.**

rule[2] **I** ⟨onov.ww.⟩ **0.1** ***heersen*** ⇒*regeren, de zeggenschap hebben* **0.2** ***een bevel uitvaardigen*** ⇒*bepalen, verordenen* **0.3** ⟨geldw.⟩ ***een bepaalde hoogte hebben*** ◆ **5.3** oil ~s **low** today *de olieprijzen staan laag genoteerd vandaag* **6.1** she ~s **over** her children with a firm hand *ze houdt haar kinderen stevig in het gareel;*
II ⟨ov.ww.⟩ **0.1** ***beheersen*** ⟨ook fig.⟩ ⇒*heersen over, regeren* **0.2** ***beslissen*** ⇒*bepalen, bevelen* **0.3** ***liniëren*** ⇒*belijnen* **0.4** ***trekken*** ⟨lijn⟩ ◆ **1.3** ~d paper *gelinieerd papier* **5.2** ~ sth. **out** *iets uitsluiten, iets voor onmogelijk verklaren* **5.3** ~ sth. **off** *iets aflijnen, eindstreep trekken* **6.1** be ~d **by** *zich laten leiden door.*

rule book **0.1** ***reglement*** ⇒*handleiding, arbeidsvoorschriften.*

ruler [roe:lə] **0.1** ***heerser*** ⇒*regeerder, vorst* **0.2** ***liniaal.***

ruling[1] [roe:ling] ⟨zn.⟩ **0.1** ***regel*** ⇒*bepaling, uitspraak* ◆ **3.1** ⟨vnl. jur.⟩ give a ~ *uitspraak doen.*

ruling[2] ⟨bn.⟩ **0.1** ***(over)heersend*** ⇒*dominant* ◆ **1.1** the ~ classes *de heersende klassen;* those children are his ~ passion *die kinderen zijn zijn lust en zijn leven.*

rum[1] [rum] ⟨zn.⟩ **0.1** ***rum*** **0.2** ⟨AE⟩ ***drank*** ⇒*alcohol.*

rum[2] ⟨bn.; -mer⟩⟨BE; sl.⟩ **0.1** ***vreemd*** ⇒*eigenaardig* ◆ **1.1** he's a ~ old bird *'t is een vreemde vogel.*

Rumania [roe:meeniə], **Romania** [roo-] **0.1** ***Roemenië.***

Rumanian [roe:meeniən], **Romanian** [roo-] **0.1** ⟨bn.⟩ ***Roemeens*** **0.2** ⟨eig.n.⟩ ***Roemeens*** ⟨taal⟩ **0.3** ⟨telb. zn.⟩ ***Roemeen.***

rumble[1] [rumbl] ⟨zn.⟩ **0.1** ***gerommel*** ⇒*rommelend geluid* **0.2** ⟨AE⟩ ***kattenbak*** ⇒*achterbankje* **0.3** ⟨AE; sl.⟩ ***tip*** ⇒*informatie* **0.4** ⟨AE; sl.⟩ ***knokpartij*** ⇒*straatgevecht.*

rumble[2] **I** ⟨onov.ww.⟩ **0.1** ***rommelen*** ⇒*donderen* **0.2** ***voortdonderen*** ⇒*voortrollen, ratelen* ◆ **1.1** my stomach is rumbling *mijn maag knort;*
II ⟨ov.ww.⟩ **0.1** ***mompelen*** ⇒*mopperen, grommen* **0.2** ⟨BE; sl.⟩ ***door hebben*** ⇒*doorzien, in de gaten hebben.*

rumble strip ⟨vnl. mv.⟩⟨verkeer⟩ **0.1** ***geribbelde streep*** ⟨om auto's snelheid te laten verminderen⟩ ⇒⟨in mv.; ong.⟩ *attentiebelijning.*

rumbling [rumbling] **0.1** ***gerommel*** ⇒*rommelend geluid* **0.2** ⟨meestal mv.⟩ ***praatje*** ⇒*gerucht, geklets* **0.3** ⟨vaak mv.⟩ ***geklaag*** ⇒*gemopper, klachten.*

rumbustious [rumbustsjəs] ⟨vnl. BE; inf.⟩ **0.1** ***onstuimig*** ⇒ *onbesuisd, uitgelaten* **0.2** ***recalcitrant*** ⇒*(lekker) eigenzinnig.*

ruminant [roe:minnənt] ⟨dierk.⟩ **0.1** ⟨bn.⟩ ***herkauwend*** **0.2** ⟨zn.⟩ ***herkauwer.***

rumin|ate [roe:minneet] ⟨zn.: **-ation**⟩ **0.1** ***herkauwen*** **0.2** ***peinzen*** ⇒*nadenken, piekeren.*

ruminative [roe:minnətiv] **0.1** ***peinzend*** ⇒*in gedachten verzonken.*

rummage[1] [rummidzj] ⟨zn.⟩ **0.1** ⟨inf.⟩ ***onderzoek*** ⇒*het doorzoeken* **0.2** ⟨AE⟩ ***rommel*** ⇒*oude spullen/kleren, troep* ◆ **3.1** I'll have a ~ in the attic *ik zal eens op zolder gaan zoeken.*

rummage[2] ⟨ww.⟩ **0.1** ⟨+about/through/among⟩ ***rondrommelen (in)*** ⇒*snuffelen (in), (door)zoeken.*

rummage sale **0.1** ***rommelmarkt*** ⇒*(liefdadigheids)bazaar.*

rummy [rummie] ⟨kaartspel⟩ **0.1** ***rummy.***

rumour[1], ⟨AE sp.⟩ **rumor** [roe:mə] ⟨zn.⟩ **0.1** ***gerucht(en)*** ⇒ *praatje(s), verhalen* ◆ **3.1** ~ has it that you'll be fired *er gaan geruchten dat je ontslagen zult worden.*

rumour[2], ⟨AE sp.⟩ **rumor** ⟨ww.⟩ **0.1** ***geruchten verspreiden*** ⇒*praatjes rondstrooien* ◆ **5.1** it is ~ed that you'll be fired *er doen praatjes de ronde dat je ontslagen zult worden.*

rumourmonger, ⟨AE sp.⟩ **rumormonger** **0.1** ***roddelaar*** ⇒ *kletskous.*

rump [rump] **0.1** ***achterdeel*** ⇒*bout* ⟨v. dier⟩, *stuit* ⟨v. vogel⟩ **0.2** ⟨scherts.⟩ ***achterste*** **0.3** ***rest(ant)*** ⇒*armzalig overblijfsel* ⟨ihb. v. parlement/bestuur⟩.

rumple [rumpl] **0.1** ***kreuken*** ⇒*door de war maken, verfrommelen.*

rump steak **0.1** ***lendebiefstuk.***

rumpus [rumpəs] ⟨sl.⟩ **0.1** ***tumult*** *⇒ruzie, geschreeuw* ◆ **3.1** cause/kick up/make a ~ *ruzie/lawaai maken.*

rumpus room ⟨AE⟩ **0.1** ***speelkelder*** *⇒hobbykelder.*

run[1] [run] ⟨zn.⟩ **0.1** ***looppas*** *⇒het rennen* **0.2** ⟨ben. voor⟩ ***tocht*** *⇒afstand; eindje hollen; tocht, vlucht, rit; traject, route, lijn; tochtje, uitstapje* ⟨v. trein, boot⟩; ⟨skiën⟩ *baan, helling;* ⟨cricket, honkbal⟩ *run* ⟨score v. 1 punt⟩ **0.3** ***opeenvolging*** *⇒reeks, serie;* ⟨dram.⟩ *looptijd;* ⟨muz.⟩ *loopje* **0.4** ⟨+on⟩ ***vraag (naar)*** *⇒stormloop (op)* **0.5** ***terrein*** *⇒veld, ren* ⟨voor dieren⟩ **0.6** ***eind*** *⇒stuk, lengte* ⟨v. materiaal⟩ **0.7** ⟨AE⟩ ***ladder*** ⟨in kous⟩ **0.8** ***school vissen*** *⇒*⟨ihb.⟩ *trek* ◆ **1.3** a ~ of success *een succesvolle periode* **3.1** make a ~ for it *het op een lopen zetten* **3.3** the play had a five months' ~ in London *het stuk heeft vijf maanden in Londen gespeeld* **3.¶** we'll give them a (good) ~ for their money *we zullen ze het niet makkelijk maken;* get/have a (good) ~ for one's money *waar voor zijn geld krijgen;* give s.o. the ~ of *iem. de (vrije) beschikking geven over* **6.1** **at** a/the ~ *in looppas;* **on** the ~ *op de vlucht; druk in de weer* **6.4** ⟨hand.⟩ a ~ **on** copper *een plotselinge grote vraag naar koper* **6.¶** ⟨geldw.⟩ a ~ **on** the bank *een run op de bank* **7.¶** ⟨sl.⟩ the ~s *buikloop, diarree.* →**dry, long, short.**

run[2] ⟨ran [ræn], run [run]⟩ **I** ⟨onov.ww.⟩ **0.1** ***rennen*** *⇒hollen, hardlopen* **0.2** ⟨ben. voor⟩ ***gaan*** *⇒(voort)bewegen; lopen; (hard) rijden; pendelen, heen en weer rijden/varen* ⟨v. bus, pont e.d.⟩; *voorbijgaan, aflopen* ⟨v. tijd⟩; *lopen, werken* ⟨v. machines⟩; *(uit)lopen, (weg)stromen, druipen* ⟨v. vloeistoffen e.d.⟩; ⟨fig.⟩ *(voort)duren, lopen, gaan, zich uitstrekken, gelden* **0.3** ***rennen*** *⇒vliegen, zich haasten* **0.4** ***lopen*** *⇒ zich uitstrekken, gaan;* ⟨ook fig.⟩ *neigen, een tendens hebben* **0.5** ***wegrennen*** *⇒vluchten* **0.6** ***luiden*** *⇒klinken* **0.7** ⟨pol.⟩ ***kandidaat zijn*** **0.8** ⟨sport⟩ ***meedoen*** **0.9** ⟨cricket⟩ ***een run (proberen te) maken*** **0.10** ⟨ec.⟩ ***accumuleren*** ⟨v. kapitaal⟩ **0.11** ⟨AE⟩ ***ladderen*** ⟨v. kous⟩ ◆ **1.2** the play will ~ for ten performances *er zullen tien voorstellingen v.h. stuk gegeven worden* **1.6** the third line ~s as follows *de derde regel luidt als volgt* **5.1** ⟨sport⟩ ~ **up** *een aanloop nemen* **5.2** ~ afoul/foul of ⟨fig.⟩ *stuiten op, in botsing komen met;* ⟨scheep.⟩ ~ aground *aan de grond lopen;* ⟨scheep.⟩ ~ free *voor de wind zeilen;* feelings ran high *de gemoederen raakten verhit/liepen hoog op* **5.4** prices are running high *de prijzen zijn over het algemeen hoog* **5.7** also ran Black Beauty *niet bij de eerste drie was Black Beauty* ⟨in paarden- of hondenrace⟩; he ran fifth *hij kwam als vijfde binnen* **5.¶** ⟨inf.⟩ ~ **along**! *vooruit!, laat me eens met rust!* **6.1** ~ **at** s.o. *iem. aanvallen;* ~ **at** sth. *toestormen op iets;* ⟨voetbal⟩ ~ **off** the ball *zich vrijlopen* **6.2** ⟨scheep.⟩ ~ **before** the wind *voor de wind zeilen;* ~ **on** electricity *elektrisch zijn;* ⟨scheep.⟩ ~ **(up)on** a reef *op een rif lopen;* ⟨hand., geldw.⟩ the note ~s **to** 1 May *de wissel wordt op 1 mei betaalbaar gesteld* **6.4** ~ **to** crabbiness *geneigd zijn tot vitten;* ~ **to** extremes *in uitersten vervallen* **6.7** ⟨pol.⟩ ~ **for** *zich kandidaat stellen voor* **6.¶** ~ **across** s.o./sth. *iem. tegen het lijf lopen/ergens tegen aan lopen;* ~ **for** it *op de vlucht slaan, het op een lopen zetten;* Roman noses ~ **in** our family *de adelaarsneus zit bij ons in de familie;* ~ **through** the minutes *de notulen doornemen;* his inheritance was ~ **through** within a year *hij had binnen een jaar zijn erfenis erdoor gejaagd;* my allowance doesn't ~ **to/I** can't ~ **to** a car *mijn toelage is niet toereikend/ik heb geen geld genoeg voor een auto.* →**run around, run away, run back, run down, run in, run into, run off, run on, run out, run over, run up;**
II ⟨ov.ww.⟩ **0.1** ***rijden/lopen over*** *⇒volgen* ⟨weg⟩, *afleggen* ⟨afstand⟩ **0.2** ⟨ben. voor⟩ ***doen bewegen*** *⇒laten gaan; varen, rijden; doen stromen, gieten; in werking stellen, laten lopen* ⟨machines e.d.⟩; ⟨fig.⟩ *doen voortgaan, leiden, runnen* **0.3** ***smokkelen*** **0.4** ***ontvluchten*** *⇒weglopen van* **0.5** ⟨pol.⟩ ***kandidaat stellen*** **0.6** ⟨sport⟩ ***laten deelnemen*** **0.7** ⟨ec.⟩ ***laten oplopen*** *⇒laten accumuleren* ◆ **1.1** ~ a race *een wedstrijd lopen* **1.2** ~ the bath *het bad laten vollopen;* ~ a business *een zaak hebben;* ~ a car *autorijden, een auto hebben* **1.¶** ⟨AE⟩ ~ a (traffic-)light *door rood rijden* **3.6** we won't ~ him *we zullen hem niet inschrijven/laten deelnemen* **5.1** ~ s.o. **over** *iem. overrijden* **5.2** ~ s.o. close/hard *iem. (dicht) op de hielen zitten;* ⟨fig.⟩ *weinig voor iem. onderdoen* **6.2** ~ a comb **through** one's hair *(even) een kam door zijn haar halen.* →**run back, run down, run in, run off, run on, run out, run through, run up.**

runabout ⟨inf.⟩ **0.1** ***wagentje*** *⇒(open) autootje.*

run around ⟨AE⟩ **0.1** ⟨+with⟩ ***omgaan (met).***

run-around **0.1** ⟨inf.⟩ ***het iem. afschepen*** *⇒het iem. een rad voor ogen draaien* ◆ **3.1** get the ~ from s.o. *nooit weten waar je aan toe bent met iem., bedrogen worden door iem.;* give s.o. the ~ *een spelletje spelen met iem., iem. bedriegen.*

runaway [runnəwee] ⟨ook attr.⟩ **0.1** ***vluchteling*** *⇒ontsnapte* ◆ **1.¶** ~ inflation *galopperende inflatie.*

run away **0.1** ***weglopen*** *⇒vluchten, op de loop gaan* ◆ **6.1** ~ **from** home *v. huis weglopen* **6.¶** he let his fantasy ~ **with** him *hij liet zich meeslepen door zijn verbeelding;* don't ~ **with** the idea *geloof dat nu maar niet te snel;* ~ **with** the money *er met het geld vandoor gaan;* ⟨sport⟩ ~ **with** the race *de wedstrijd op zijn sloffen winnen.*

runaway child **0.1** ***weggelopen kind.***

runaway horse **0.1** ***op hol geslagen paard.***

runaway marriage **0.1** ***schaking*** *⇒huwelijk zonder toestemming.*

runaway win ⟨sport⟩ **0.1** ***gemakkelijke overwinning.***

run back **I** ⟨onov.ww.⟩ **0.1** ⟨+over⟩ ***(in gedachten) terugkeren (naar)*** *⇒doorlopen/nemen* **0.2** ⟨geldw.⟩ ***zakken*** ⟨v. aandelen⟩;
II ⟨ov.ww.⟩ **0.1** ***terugdraaien*** *⇒terugspoelen* ⟨band, film⟩.

run down **I** ⟨onov.ww.⟩ **0.1** ***afnemen*** *⇒minder worden* **0.2** ***uitgeput raken*** *⇒verzwakken, op raken* **0.3** ⟨+to⟩ ***reiken (tot)*** *⇒zich uitstrekken (tot)* ◆ **1.1** the school staff is running down rapidly *het lerarenkorps wordt snel kleiner* **1.2** the battery has ~ *de accu is leeg;*
II ⟨ov.ww.⟩ **0.1** ***reduceren*** *⇒verminderen in capaciteit* **0.2** ***aanrijden*** **0.3** ***opsporen*** *⇒vinden, te pakken krijgen* **0.4** ***kritiseren*** *⇒naar beneden halen* **0.5** ⟨honkbal⟩ ***uittikken*** ⟨honkloper⟩ ◆ **1.3** run a criminal down *een misdadiger opsporen* **4.4** how dare you run her down? *hoe durf je haar te kleineren?*

run-down[1] ⟨zn.⟩ **0.1** ***vermindering*** *⇒afname* **0.2** ⟨inf.⟩ ***opsomming*** *⇒zeer gedetailleerd verslag.*

run-down[2] ⟨bn.⟩ **0.1** ***vervallen*** *⇒verwaarloosd* ⟨v. iets⟩ **0.2** ***uitgeput*** *⇒verzwakt, doodmoe.*

rune [roe:n] **0.1** ***rune*** *⇒letterteken v.h. Oud-Germaanse alfabet* **0.2** ***rune*** *⇒magisch teken.*

rung[1] [rung] ⟨zn.⟩ **0.1** ***sport*** *⇒trede* ◆ **6.1** ⟨fig.⟩ **at/on** the highest/lowest ~ of the ladder *boven/onder aan de ladder.*

rung[2] ⟨verl. t. en volt. deelw.⟩ →**ring.**

runic [roe:nik] **0.1** ***met rune-inscriptie*** **0.2** ***in runen geschreven.***

run in **I** ⟨onov.ww.⟩ **0.1** ***binnen (komen) lopen;***
II ⟨ov.ww.⟩ **0.1** ⟨inf.⟩ ***oppakken*** *⇒aanhouden; inrekenen* **0.2** ***inrijden*** ⟨auto⟩.

run-in **0.1** ***aanloop*** **0.2** ⟨inf.⟩ ***ruzie*** *⇒twist, woordenwisseling.*

run into 0.1 *stoten op* ⇒*in botsing komen met, botsen tegen* 0.2 ***terechtkomen in*** 0.3 ***tegen het lijf lopen*** ⇒*onverwacht ontmoeten* 0.4 ***belopen*** ⇒*bedragen, oplopen* ◆ 1.2 ~ difficulties / debts *in de problemen/schulden raken;* the book ran into six editions *het boek beleefde zes drukken* 1.4 the costs ~ thousands of pounds *de kosten lopen in de duizenden.*

runnel [runl] 0.1 ***beekje*** ⇒*stroompje* 0.2 ***goot*** ⇒*straatgoot.*

runner [runnə] 0.1 ⟨ben. voor⟩ ***agent*** ⇒*vertegenwoordiger;* ⟨hand. ook⟩ *loopjongen, bezorger;* ⟨gesch.⟩ *boodschapper, koerier* 0.2 ***glij-ijzer*** ⟨v. schaats/slee⟩ ⇒*glijgoot; glijplank* 0.3 ***loper*** ⇒*tafel/trap/vloerloper* 0.4 ⟨plantk.⟩ ***slingerplant*** 0.5 ⟨plantk.⟩ ***uitloper*** 0.6 ⟨sport⟩ ***deelnemer*** ⟨bv. (hard)loper, renpaard⟩.

runner bean ⟨BE⟩ 0.1 ***pronkboon.***

runner-up ⟨mv.: runners-up⟩ 0.1 ⟨vnl. sport⟩ ***tweede*** ⇒*wie op de tweede plaats eindigt;* ⟨mv. ook⟩ *de overige medaille/prijswinnaars.*

running[1] [running] ⟨zn.⟩ 0.1 ***het rennen*** ⇒⟨ihb. sport⟩ *hardlopen* ◆ 3.¶ make the ~ *het tempo bepalen;* ⟨fig.⟩ *de toon aangeven, de leiding hebben* 6.1 **out of / in** the ~ *kansloos/met een goede kans (om te winnen).*

running[2] ⟨bn.⟩ 0.1 ***hardlopend*** ⇒*rennend, hollend* 0.2 ***lopend*** ⇒*stromend* 0.3 ***(door)lopend*** ⇒*continu, opeenvolgend* ◆ 1.1 ~ jump *sprong met aanloop* 1.2 ~ water *stromend water* 1.3 ~ commentary *direct verslag;* ⟨kaartspel⟩ ~ flush *hand met opeenvolgende kaarten v. dezelfde kleur;* ⟨boek.⟩ ~ head(line) *hoofdregel, kopregel;* ⟨mil.⟩ ~ fire *snelvuur;* ~ stitch *rijgsteek* 1.¶ ⟨machines⟩ ~ gear *loopwerk;* ~ mate ⟨AE; pol.⟩ *kandidaat voor de tweede plaats;* in ~ order *goed werkend* 3.¶ ⟨sl.⟩ take a ~ jump *maak dat je weg komt!* 7.3 five times ~ *vijf keer achter elkaar.*

running board 0.1 ***treeplank.***

running dive ⟨schoonspringen⟩ 0.1 ***sprong met aanloop.***

running event ⟨atletiek⟩ 0.1 ***loopnummer.***

running shoe ⟨vaak mv.⟩ ⟨sport, ihb. atletiek⟩ 0.1 ***(hard)loopschoen.***

runn|y [runnie] ⟨-ier⟩ 0.1 ***vloeibaar*** ⇒*dun, gesmolten* ◆ 1.1 ~ nose *loopneus.*

run off I ⟨onov.ww.⟩ 0.1 ***weglopen*** ⇒*wegvluchten* ◆ 6.1 ~ **with** s.o. *er vandoor gaan met iem.;*
II ⟨ov.ww.⟩ 0.1 ***laten weglopen*** ⇒*laten wegstromen, aftappen* 0.2 ***reproduceren*** ⇒*afdraaien, fotokopiëren.*

run-of-the-mill 0.1 ***doodgewoon*** ⇒*niet bijzonder, alledaags.*

run on I ⟨onov.ww.⟩ 0.1 ***doorgaan*** ⇒*doorlopen, voortgaan* ◆ 1.1 time ran on *de tijd ging voorbij* 1.¶ he will ~ for ever *hij houdt geen seconde zijn mond;*
II ⟨ov.ww.⟩ 0.1 ***door laten lopen*** ⇒*door laten gaan, verbinden* ◆ 1.1 run the sentences on *de zinnen aan elkaar plakken (zonder nieuwe alinea);* ⟨lit.⟩ a run-on line *versregel met enjambement.*

run out I ⟨onov.ww.⟩ 0.1 ***op raken*** ⇒*aflopen* 0.2 ***niets meer hebben*** ⇒*te weinig hebben* 0.3 ***weglopen*** ⇒*wegstromen* 0.4 ⟨plantk.⟩ ***uitspruiten*** ⇒*uitlopen* ◆ 1.1 our supplies have run out *onze voorraden zijn uitgeput* 6.2 we are running out **of** time *we komen tijd te kort* 6.¶ ~ **on** s.o. / sth. *iem./iets in de steek laten;*
II ⟨ov.ww.⟩ 0.1 ***uitrollen*** ⇒*afwikkelen, laten aflopen* ⟨touw⟩ 0.2 ⟨cricket⟩ ***uitgooien*** ⟨lopende batsman⟩ 0.3 ⟨sport⟩ ***tot het eind volhouden*** ⇒*uitlopen.*

run over I ⟨onov.ww.⟩ 0.1 ***overlopen*** ⇒*overstromen* ◆ 6.¶ ~ **with** energy *overlopen v. energie;*
II ⟨ww. + vz.⟩ 0.1 ***doornemen*** ⇒*nakijken, repeteren.*

runt [runt] 0.1 ***ondermaats dier*** ⇒⟨ihb. AE⟩ *kleinste v.e. worp;* ⟨inf.; vaak pej.⟩ *onderdeurtje, onderkruipsel* 0.2 ⟨pej.⟩ ***hufter*** ⇒*ezel, rund.*

run through 0.1 ***doorboren*** ⇒*doorsteken* 0.2 ***repeteren*** ⇒*doorlopen.*

run-through 0.1 ***doorloop, ononderbroken repetitie.***

run up I ⟨onov.ww.⟩ 0.1 ⟨+ against⟩ ***(toevallig) tegenkomen*** ◆ 6.1 ~ **against** difficulties *op moeilijkheden stuiten;*
II ⟨onov. en ov.ww.⟩ ⟨geldw.⟩ 0.1 ***(doen) oplopen*** ⇒*snel (doen) toenemen, opjagen* ◆ 1.1 ~ bids *de prijs opjagen* ⟨op veiling⟩; her debts ran up / she ran up debts *ze maakte steeds meer schulden;* ~ a score *schuld maken, een rekening laten oplopen;*
III ⟨ov.ww.⟩ 0.1 ***hijsen*** 0.2 ⟨inf.⟩ ***in elkaar flansen*** ⇒*haastig in elkaar zetten, snel vastnaaien.*

run-up 0.1 ***voorbereiding(stijd)*** ⇒*vooravond* ◆ 1.1 ~ to an election *verkiezingsperiode.*

runway 0.1 ***start/landingsbaan.***

rupee [roe:pie:] ⟨geldw.⟩ 0.1 ***roepie*** ⟨Aziatische munt(eenheid), ihb. v. India en Pakistan⟩.

rupiah [roe:piə] ⟨ook rupiah⟩ ⟨geldw.⟩ 0.1 ***roepia*** ⟨Indonesische munt(eenheid)⟩.

rupture[1] [ruptsjə] ⟨zn.⟩ 0.1 ***breuk*** ⇒*scheiding, onenigheid* 0.2 ⟨med.⟩ ***scheur*** ⟨in weefsel⟩ 0.3 ⟨med.⟩ ***breuk*** ⇒*hernia, ingewandsbreuk.*

rupture[2] ⟨ww.⟩ 0.1 ***verbreken*** ⇒*verbroken worden* 0.2 ⟨med.⟩ ***scheuren*** ⟨v. spier e.d.⟩ 0.3 ⟨med.⟩ ***een breuk krijgen*** ◆ 7.3 ~ o.s. lifting sth. *zich een breuk tillen.*

rural [roeərəl] 0.1 ***landelijk*** ⇒*plattelands, dorps* ◆ 1.1 ⟨pol.⟩ ~ district *bestuursdistrict v. plattelandsgemeenten.*

Ruritanian [roeəritteeniən] 0.1 ***Ruritaans*** ⇒*avontuurlijk, romantisch.*

ruse [roe:z] 0.1 ***list*** ⇒*truc.*

rush[1] [rusj] ⟨zn.⟩ 0.1 ***heftige beweging*** ⇒*snelle beweging; stormloop, grote vraag, toevloed* 0.2 ***haast*** ⇒*haastige activiteiten* 0.3 ⟨the⟩ ***spits(uur)*** ⇒*drukte* 0.4 ⟨vaak mv.; film.⟩ ***eerste afdruk*** ⟨voor het knippen⟩ 0.5 ⟨plantk.⟩ ***rus*** ⇒*bies* 0.6 ⟨vaak mv.⟩ ***biezen*** ⟨voor het vlechten v. manden, matten e.d.⟩ ◆ 3.1 carry with a ~ *stormenderhand innemen* 6.1 there is a ~ **for** his latest novel *er is een grote vraag naar zijn laatste roman* 7.2 what's the ~? *vanwaar die haast?*

rush[2] I ⟨onov.ww.⟩ 0.1 ***stormen*** ⇒*vliegen, zich haasten* 0.2 ***ondoordacht handelen*** ⇒*overijld doen* ◆ 1.1 the blood ~ed to her face *het bloed vloog haar naar het gezicht* 6.2 ~ **into** marriage *zich overhaast in een huwelijk storten;*
II ⟨ov.ww.⟩ 0.1 ***meeslepen*** ⇒*haastig vervoeren, meesleuren* 0.2 ***opjagen*** ⇒*tot haast dwingen* 0.3 ***haastig behandelen*** ⇒*afraffelen* 0.4 ***bestormen*** ⟨ook mil.⟩ ⇒*stormenderhand innemen, overmeesteren* ◆ 5.3 ~ **out** *massaal produceren;* ~ a bill **through** *een wetsontwerp erdoor jagen/haastig afhandelen.*

rush candle, rushlight 0.1 ***bieskaars*** ⇒*kaars met biezen pit.*

rush delivery 0.1 ***spoedbestelling.***

rush hour 0.1 ***spitsuur.***

rush job 0.1 ***haastklus.***

rush order ⟨hand.⟩ 0.1 ***spoedbestelling.***

rush|y [rusjie] ⟨-ier⟩ 0.1 ***biesachtig*** ⇒*begroeid/vol met biezen.*

rusk [rusk] 0.1 ***(harde) beschuit*** ⇒*scheepsbeschuit.*

russet [russit] 0.1 ⟨bn.⟩ ***roodbruin*** 0.2 ⟨zn.⟩ ***roodbruin*** 0.3 ⟨zn.⟩ ***winterappel.***

Russia [rusjə] 0.1 ***Rusland.***

Russian [rusjn] 0.1 ⟨bn.⟩ ***Russisch*** 0.2 ⟨eig.n.⟩ ***Russisch*** ⟨taal⟩ 0.3 ⟨telb. zn.⟩ ***Rus(sin).***

rust[1] [rust] ⟨zn.⟩ **0.1** ***roest*** ⟨ook plantk.⟩ ⇒*oxidatie* **0.2** ***roestkleur*** ⇒*roestbruin*.

rust[2] **I** ⟨onov.ww.⟩ **0.1** ***roesten*** ⇒*oxideren* ◆ **5.1** ~ **away** *wegroesten, vergaan door roest;*
II ⟨ov.ww.⟩ **0.1** ***met roest bedekken/aantasten*** ⇒*laten roesten*.

rust bucket ⟨inf.⟩ **0.1** ***roestbak*** ⟨auto, schip⟩.

rustic[1] [rustik] ⟨zn.⟩ **0.1** ***plattelander*** ⇒*buitenman, boer*.

rustic[2] ⟨bn.; -ally; zn.: **-ity**⟩ **0.1** ***boers*** ⇒*simpel, niet beschaafd* **0.2** ***rustiek*** ⇒*uit grof materiaal gemaakt* **0.3** ***landelijk*** ⇒*dorps, provinciaal* **0.4** ⟨bouwk.⟩ ***rustiek*** ⟨in ruw behouwen natuursteen⟩ ◆ **1.2** ~ bridge *rustieke brug* ⟨uit onbewerkt hout⟩.

rusticate [rustikkeet] **I** ⟨onov.ww.⟩ **0.1** ⟨schr.; scherts.⟩ ***buiten (gaan) wonen*** ⇒*zich terugtrekken op het platteland;*
II ⟨ov.ww.⟩ **0.1** ***verwijderen*** ⇒*(tijdelijk) wegsturen v.d. universiteit* **0.2** ⟨bouwk.⟩ ***in rustiek werk uitvoeren***.

rustication [rustikkeesjn] **0.1** ⟨bouwk.⟩ ***rustiek werk*** **0.2** ***(tijdelijke) verwijdering v.d. universiteit*** **0.3** ***het landleven*** ⇒*het buiten wonen*.

rustle[1] [rusl] ⟨zn.⟩ **0.1** ***geruis*** ⇒*geritsel*.

rustle[2] **I** ⟨onov.ww.⟩ **0.1** ***ruisen*** ⇒*ritselen, een ritselend geluid maken* ◆ **6.1** ~ **through** the bracken *ritselend door de varens lopen;*
II ⟨ov.ww.⟩ **0.1** ***laten ruisen/ritselen*** ⇒*ritselen met* **0.2** ⟨AE⟩ ***roven*** ⟨vee, paarden⟩ **0.3** ⟨inf.⟩ ***weten te bemachtigen*** ⇒*bij elkaar weten te krijgen* ◆ **5.3** ~ s.o. **up** a meal *een maaltijd in elkaar draaien voor iem.*

rustler [ruslə] ⟨AE; inf.⟩ **0.1** ***veedief***.

rustless [rustləs] **0.1** ***niet geroest*** ⇒*vrij v. roest*.

rustling [rusling] **0.1** ***geritsel*** ⇒*ritselend geluid, het ritselen* **0.2** ***het roven v. vee*** ⇒*veedieverij*.

rustproof **0.1** ⟨bn.⟩ ***roestvrij*** **0.2** ⟨ww.⟩ ***roestvrij maken***.

rust|y [rustie] ⟨-iness⟩ **0.1** ***roestig*** ⇒*verroest* **0.2** ***verwaarloosd*** ⇒*niet goed meer te gebruiken;* ⟨fig.⟩ *verstoft, niet meer paraat* **0.3** ***verschoten*** ⇒*bruin geworden* ⟨v. zwarte stof⟩ **0.4** ***roestbruin*** ⇒*roestkleurig* ◆ **3.2** my French is a bit ~ *mijn Frans is niet meer zo goed* **6.2** a bit ~ **on** French *niet meer zo goed in Frans*.

rut[1] [rut] ⟨zn.⟩ **0.1** ***voor*** ⇒*groef, spoor* **0.2** ***vaste gang v. zaken*** ⇒*sleur* **0.3** ⟨dierk.⟩ ***bronst*** ⇒*paartijd* ◆ **6.2** be **in** a ~ *vastzitten in een sleur;* get **into** a ~ *vastroesten in de dagelijkse routine*.

rut[2] ⟨ww.; -ted⟩ **0.1** ***groeven maken in***.

rutherfordium [ruðəfo:diəm] ⟨schei.⟩ **0.1** ***rutherfordium***.

ruthless [roe:θləs] ⟨-ness⟩ **0.1** ***meedogenloos*** ⇒*wreed, hard*.

rutting [rutting] **0.1** ***bronstig*** ⇒*in de bronst/paartijd*.

rye [raj] **0.1** ***rogge*** **0.2** ⟨vnl. AE⟩ ***roggebrood*** **0.3** ***whisky*** ⇒*roggewhisky* ◆ **2.3** double ~ *een dubbele whisky*.

S

s, S [es] ⟨mv.: s's, S's⟩ **0.1** ***s, S***.

s., S. ⟨afk.⟩ **0.1** [second] ***sec.*** **0.2** [shilling] ***S*** **0.3** [South].

Sabbatarian [sæbəteəriən] ⟨rel.⟩ **0.1** ***sabbatheiliger*** ⇒*wie het sabbatsgebod streng handhaaft*.

Sabbath [sæbəθ] ⟨rel.⟩ **0.1** ***sabbat*** ⇒*rustdag, zaterdag* **0.2** ***sabbat*** ⇒*zondag* ⟨ook scherts.⟩ ◆ **3.1** keep/break the ~ *de sabbat houden/schenden*.

sabbatical [səbætikl], **sabbatical leave** **0.1** ***sabbatsverlof*** ⇒*verlofjaar* ⟨aan universiteit⟩.

sable [seebl] **0.1** ⟨zn.; dierk.⟩ ***sabelmarter*** ⇒*sabeldier* **0.2** ⟨zn.⟩ ***sabelbont*** **0.3** ⟨bn. en zn.; schr.⟩ ***zwart*** ⇒*donker*.

sable antelope ⟨dierk.⟩ **0.1** ***zwarte paardantilope***.

sabot [sæboo] **0.1** ***klomp***.

sabotage [sæbəta:zj] **0.1** ⟨zn.⟩ ***sabotage*** **0.2** ⟨ww.⟩ ***saboteren*** ⇒*sabotage plegen (op)*.

saboteur [sæbətə:] **0.1** ***saboteur***.

sabra [sa:brə] **0.1** ***sabra*** ⇒*in Israël geboren Israëli*.

sabre[1], ⟨AE sp.⟩ **saber** [seebə] ⟨zn.⟩ **0.1** ⟨mil.⟩ ***sabel*** ⇒⟨sport⟩ *(scherm)sabel* **0.2** ***het schermen (op de sabel)***.

sabre[2], ⟨AE sp.⟩ **saber** ⟨ww.⟩ **0.1** ***een sabelhouw geven*** ⇒*neersabelen*.

sabre-rattling **0.1** ***sabelgekletter*** ⇒*(het dreigen met) militair geweld*.

sabre-toothed tiger ⟨dierk.⟩ **0.1** ***sabeltijger*** ⟨uitgestorven diersoort⟩.

saccharin [sækərin] ⟨schei.⟩ **0.1** ***sacharine***.

saccharine [sækərie:n] **0.1** ***suikerachtig*** ⇒*sacharine-, mierzoet* **0.2** ⟨fig.⟩ ***suikerzoet*** ⇒*zoet(sappig)*.

sacerdotal [sækədootl] **0.1** ***priesterlijk*** ⇒*sacerdotaal* **0.2** ***grote macht aan priesters toeschrijvend***.

sacerdotalism [sækədootəlizm] **0.1** ***toekenning v. bovennatuurlijke macht aan priesters***.

sachet [sæsjee] **0.1** ***sachet*** ⇒*reukzakje* **0.2** ***(plastic) ampul*** ⟨ihb. voor shampoo⟩.

sack[1] [sæk] ⟨zn.⟩ **0.1** ***zak*** ⇒*baal, jutezak* **0.2** ⟨vnl. AE⟩ ***papieren zak*** ⟨voor boodschappen⟩ **0.3** →**sackful** **0.4** ⟨the; inf.⟩ ***zak*** ⇒*ontslag* **0.5** ⟨the⟩ ***plundering*** **0.6** ⟨the; AE; inf.⟩ ***bed*** **0.7** ⟨gesch.⟩ ***sec*** ⟨Spaanse wijn⟩ ◆ **3.4** get the ~ *eruit vliegen;* give s.o. the ~ *iem. de laan uitsturen* **3.5** they put the town to the ~ *ze plunderden de stad* **3.6** hit the ~ *gaan pitten*.

sack[2] ⟨ww.⟩ **0.1** ***plunderen*** **0.2** ⟨inf.⟩ ***de laan uitsturen*** ⇒*ontslaan*. →**sack out**.

sackbut [sækbut] **0.1** ***trombone*** ⟨uit de Middeleeuwen⟩.

sackcloth **0.1** ***jute*** ◆ **1.¶** in ~ and ashes *in zak en as, in rouw*.

sackful [sækfoel] ⟨mv.: ook sacksful⟩ **0.1** ***zak*** ⇒*zak vol* ◆ **1.1** sacksful of flour *zakken vol bloem*.

sacking [sæking] **0.1** ***jute***.

sack out ⟨AE; inf.⟩ **0.1** ***gaan pitten*** ⇒*onder de wol gaan*.

sack race **0.1** ***zakloopwedstrijd***.

sacral [seekrəl] **0.1** ***heilig*** ⇒*gewijd, geheiligd*.

sacrament [sækrəmənt] **0.1** ⟨rel.⟩ ***sacrament*** ⟨bv. doop, Avondmaal⟩ **0.2** ⟨r.-k.; S-; the⟩ ***eucharistie*** ◆ **2.1** the last ~ *de laatste sacramenten* **2.2** the Blessed/Holy ~ *de eucharistie, het heilig Avondmaal*.

sacramental [sækrəmentl] **0.1** ***sacramenteel*** ⇒*tot het sacrament behorend; offer-*.

sacred [seekrid] ⟨-ness⟩ **0.1** ***gewijd*** *⇒heilig, geheiligd* **0.2** ***plechtig*** *⇒heilig, oprecht* **0.3** ***veilig*** *⇒gevrijwaard, onschendbaar* ◆ **1.1** ~ books/writings *heilige geschriften;* ~ cow *heilige koe;* ~ music *geestelijke/gewijde muziek, kerkmuziek* **1.2** a ~ promise *een plechtige belofte* **4.¶** nothing is ~ to him *niets is hem heilig.*

sacrifice[1] [sækriffajs] ⟨zn.⟩ **0.1** ***offer*** *⇒offerande, het offeren* **0.2** ***opoffering*** *⇒offer, het op/prijsgeven* ◆ **3.2** he made many ~s to finish his studies *hij ontzegde zich veel om zijn studie af te kunnen maken.*

sacrifice[2] **I** ⟨onov.ww.⟩ **0.1** ***offeren*** *⇒een offer brengen;*
II ⟨onov. en ov.ww.⟩ **0.1** ***met verlies verkopen*** ◆ **6.1** ~ **on** the price *geld toeleggen op de prijs;*
III ⟨ov.ww.⟩ **0.1** ***offeren*** *⇒aanbieden, opdragen* **0.2** ***opofferen*** *⇒opgeven, zich ontzeggen* ◆ **1.2** she ~d all pleasures *ze ontzegde zich alle pleziertjes;* he ~d his life to save her *hij waagde zijn leven om haar te redden.*

sacrificial [sækriffisjl] **0.1** ***offer-*** *⇒offerande-* ◆ **1.1** a ~ animal *een offerdier.*

sacrilege [sækrillidzj] **0.1** ***heiligschennis.***

sacrilegious [sækrillidzjəs] **0.1** ***heiligschennend*** *⇒ontheiligend, onterend.*

sacristan [sækristən] **0.1** ***sacristein.***

sacrist|y [sækristie] ⟨mv.: -ies⟩ **0.1** ***sacristie.***

sacrosanct [sækroosæng(k)t] **0.1** ⟨ook scherts.⟩ ***heilig*** *⇒onaantastbaar* ◆ **1.1** his spare time is ~ to him *zijn vrije tijd is hem heilig.*

sad [sæd] ⟨-der; -ness⟩ **0.1** ***droevig*** *⇒verdrietig, ongelukkig* **0.2** ***schandelijk*** *⇒bedroevend (slecht), betreurenswaardig* ◆ **1.1** ~der but wiser *grijzer maar wijzer* **1.2** it's a ~ state of affairs to leave these children by themselves *het is een droeve zaak/ongehoord om deze kinderen aan hun lot over te laten* **2.1** ~ to say, we didn't enjoy ourselves *helaas/jammer genoeg hebben we ons niet vermaakt* **3.1** to be ~ly mistaken *er totaal/jammerlijk naast zitten.* →**sadly.**

sadden [sædn] **I** ⟨onov.ww.⟩ **0.1** ***bedroefd worden*** *⇒neerslachtig worden;*
II ⟨ov.ww.⟩ **0.1** ***bedroeven*** *⇒verdrietig maken, somber stemmen.*

saddle[1] [sædl] ⟨zn.⟩ **0.1** ***zadel*** *⇒rij/pakzadel, (motor)fietszadel* **0.2** ***zadelrug*** ⟨v. paard e.d.⟩ **0.3** ⟨vnl. BE⟩ ***lendestuk*** *⇒ rugstuk* **0.4** ***zadel*** ⟨lager gedeelte v. bergrug⟩ *⇒pas, col* ◆ **1.3** ~ of lamb *lamszadel* **6.1** be **in** the ~ *te paard zitten;* ⟨fig.⟩ *de baas zijn, het voor het zeggen hebben.*

saddle[2] **I** ⟨onov.ww.⟩ **0.1** ⟨+ up⟩ ***opzadelen*** *⇒een paard zadelen;*
II ⟨ov.ww.⟩ **0.1** ⟨+ up⟩ ***zadelen*** *⇒opzadelen* **0.2** ⟨+ with/(up)on⟩ ***opzadelen (met)*** *⇒opschepen (met), afschuiven op* ◆ **5.1** ~ **up** one's horse *zijn paard zadelen* **6.2** he ~d all responsibility **on** her *hij schoof alle verantwoordelijkheid op haar af.*

saddlebag **0.1** ***zadeltas(je).***

saddler [sædlə] **0.1** ***zadelmaker*** *⇒tuigmaker.*

saddler|y [sædlərie] ⟨mv.: -ies⟩ **0.1** ***zadelmakerswinkel*** **0.2** ***zadelmakersambacht*** *⇒zadelmakerij* **0.3** ***zadeltuig*** *⇒ zadelmakersartikelen.*

saddlesore **0.1** ***doorgereden*** *⇒doorgezeten, met zadelpijn.*

saddle stitch **0.1** ***zadelsteek*** **0.2** ***het nieten*** ⟨v. tijdschriften⟩.

sadism [seedizm] **0.1** ***sadisme.***

sadist [seedist] **0.1** ***sadist(e).***

sadistic [sədistik] ⟨-ally⟩ **0.1** ***sadistisch.***

sadly [sædlie] **0.1** →**sad** **0.2** ⟨aan het begin v.d. zin⟩ ***helaas.***

sadomasochism [seedoomæsəkizm] **0.1** ***sadomasochisme.***

s.a.e. ⟨afk.⟩ **0.1** [stamped addressed envelope] ***antwoordenvelop.***

safari [səfa:rie] **0.1** ***safari*** *⇒jacht/filmexpeditie* ◆ **6.1** **on** ~ *op safari.*

safari jacket **0.1** ***safari-jasje.***

safari park **0.1** ***safaripark.***

safari suit **0.1** ***safaripak/kostuum.***

safe[1] [seef] ⟨zn.⟩ **0.1** ***brandkast*** *⇒(bewaar)kluis, safe(loket)* **0.2** ***provisiekast*** *⇒vliegenkast.*

safe[2] ⟨bn.; -ness⟩ **0.1** ***veilig*** *⇒beschermd, beschut* **0.2** ***veilig*** *⇒zeker, gevrijwaard* **0.3** ***betrouwbaar*** *⇒vertrouwd, gegarandeerd* **0.4** ***behouden*** *⇒ongedeerd* **0.5** ⟨honkbal⟩ ***in*** *⇒op het honk aangekomen* ◆ **1.1** ~ sex *veilig vrijen* **1.2** it's a ~ bet that he'll refuse *je kunt er donder op zeggen dat hij weigert;* as ~ as houses *zo veilig als een huis;* be on the ~ side *het zekere voor het onzekere nemen* **1.3** that dog is not ~ *die hond is niet te vertrouwen;* the party has twenty ~ seats *de partij kan zeker rekenen op twintig zetels* **2.2** better (to be) ~ than sorry *beter blo Jan dan do Jan* **2.4** she arrived ~ and sound *ze kwam heelhuids aan* **3.2** in ~ keeping *in veilige bewaring;* it's ~ to say *je kunt gerust zeggen;* play it ~ *op veilig spelen/geen risico nemen* **6.1** ~ **from** attack *beveiligd tegen aanvallen* **¶.2** ⟨sprw.⟩ it's better to be ~ than sorry *beter hard geblazen dan de mond verbrand; beter een kwaaie loop dan een kwaaie koop.*

safebreaker, ⟨vnl. AE⟩ **safecracker** **0.1** ***brandkastkraker.***

safe-conduct **0.1** ***vrijgeleide*** *⇒vrije doorgang.*

safe-deposit **0.1** ***(brand)kluis*** *⇒bankkluis.*

safe-deposit box **0.1** ***safeloket*** *⇒safe.*

safeguard[1] [seefga:d] ⟨zn.⟩ **0.1** ***waarborg*** *⇒bescherming, voorzorg(smaatregel).*

safeguard[2] ⟨ww.⟩ **0.1** ***beveiligen*** *⇒beschermen, waarborgen.*

safehouse **0.1** ***betrouwbaar pand*** ⟨voor geheime dienst/politie⟩.

safekeeping **0.1** ***(veilige) bewaring*** *⇒hoede* ◆ **6.1** leave sth. in the bank **for** ~ *iets bij de bank in (veilige) bewaring geven.*

safet|y [seeftie] ⟨mv.: -ies⟩ **0.1** ***veiligheid*** *⇒zekerheid* **0.2** ***veiligheid(sinrichting)*** *⇒⟨ihb.⟩ veiligheidspal/grendel* **0.3** ⟨Am. football⟩ ***achterste verdediger*** ◆ **1.1** let's not split up, there's ~ in numbers *laten we ons niet opsplitsen, in een groep is het veiliger.*

safety belt **0.1** ***veiligheidsgordel*** *⇒veiligheidsriem.*

safety catch **0.1** ***veiligheidspal*** *⇒haanpal.*

safety curtain **0.1** ***brandscherm*** ⟨in theater⟩.

safety glass **0.1** ***veiligheidsglas*** *⇒gelaagd glas.*

safety island ⟨AE⟩ **0.1** ***vluchtheuvel.***

safety lamp **0.1** ***veiligheidslamp*** ⟨voor mijnwerkers⟩ *⇒ mijnlamp.*

safety lock **0.1** ***veiligheidsslot.***

safety match **0.1** ***veiligheidslucifer.***

safety measure **0.1** ***veiligheidsmaatregel.***

safety net **0.1** ***vangnet*** ⟨voor acrobaten⟩ **0.2** ⟨ec.⟩ ***buffer.***

safety pin **0.1** ***veiligheidsspeld.***

safety razor **0.1** ***veiligheidsscheermes.***

safety shot ⟨biljart⟩ **0.1** ***defensieve stoot.***

safety valve **0.1** ***veiligheidsklep*** *⇒uitlaat(klep)* ⟨ook fig.⟩.

saffron [sæfrən] **0.1** ⟨zn.; plantk.⟩ ***saffraankrokus*** **0.2** ⟨bn. en zn.⟩ ***saffraan*** *⇒oranjegeel.*

sag[1] [sæg] ⟨zn.⟩ **0.1** ***verzakking*** *⇒doorzakking, doorbuiging.*

sag[2] ⟨ww.; -ged⟩ **0.1** ⟨ook + down⟩ ***verzakken*** *⇒doorzakken, doorbuigen* **0.2** ***dalen*** *⇒afnemen, teruglopen* ⟨ihb. v. prijzen⟩ **0.3** ***oninteressant/saai worden*** *⇒minder worden, afzakken* ◆ **1.1** these trousers ~ at the knees *er staan/zit-*

ten knieën in deze broek **1.2** her spirits sagged *de moed zonk haar in de schoenen.*

saga [sa:gə] **0.1** ***saga*** **0.2** ***familiekroniek*** **0.3** ***(lang) verhaal.***

sagacious [səgeesjəs] **0.1** ***scherpzinnig*** ⇒*verstandig, (wel)doordacht.*

sagacity [səgæsətie] **0.1** ***scherpzinnigheid*** ⇒*wijsheid, inzicht.*

sage[1] [seedzj] ⟨zn.⟩ **0.1** ⟨vaak mv.⟩ ***wijze (man)*** ⇒*wijsgeer* **0.2** ⟨plantk., cul.⟩ ***salie.***

sage[2] ⟨bn.; -r⟩ **0.1** ***wijs(gerig)*** ⇒*verstandig.*

sagebrush [seedzjbrusj] ⟨plantk.⟩ **0.1** ***alsem.***

Sagittarius [sædzjitteəriəs]⟨mv.: Sagittarii [-rie·aj]⟩ ⟨astrol., ster.⟩ **0.1** ***(de) Boogschutter.***

sago [seegoo] ⟨cul.⟩ **0.1** ***sago.***

sag wagon ⟨wielrennen⟩ **0.1** ***bezemwagen.***

Sahelian [səhie:liən] **0.1** ***Sahel-*** ⇒*mbt. de Sahel(landen).*

sahib [sa:b] ⟨ook aanspreektitel; ook S-⟩⟨Ind. E⟩ **0.1** ***heer*** ⇒ *mijnheer* ⟨gebruikt voor Europeanen⟩.

said[1] [sed] ⟨bn.⟩⟨schr.⟩ **0.1** ***(boven)genoemd*** ⇒*voornoemd* ◆ **7.1** the ~ David Stoker *de bovengenoemde David Stoker.*

said[2] ⟨verl. t. en volt. deelw.⟩ →**say.**

sail[1] [seel] ⟨zn.⟩ **0.1** ***zeil*** ⇒*de zeilen* **0.2** ⟨mv.: sail⟩ ***(zeil)schip*** ⇒*zeil* **0.3** ⟨geen mv.⟩ ***zeiltocht(je)*** ⇒*boottocht(je)* **0.4** ***molenwiek*** ⇒*zeil* ◆ **1.3** it will be a week's ~ *het is een weekje varen* **3.1** crowd (on) ~ *veel zeil bijzetten;* make ~ *zeil bijzetten;* set ~ *de zeilen hijsen; onder zeil gaan* **3.3** take s.o. for a ~ *met iem. gaan zeilen* **6.1** **under** ~ *met de zeilen gehesen.* →**wind.**

sail[2] **I** ⟨onov.ww.⟩ **0.1** ***varen*** ⇒*zeilen, per schip reizen* **0.2** ***afvaren*** ⇒*vertrekken, uitvaren* **0.3** ***glijden*** ⇒*zweven, zeilen* ◆ **1.1** ~ close to/near the wind *scherp bij de wind zeilen;* ⟨fig.⟩ *bijna zijn boekje te buiten gaan* **3.1** did you go ~ing at all? *heb je nog gezeild?* **6.2** we're ~ing **for** England tomorrow *we vertrekken morgen naar Engeland* **6.3** she ~ed **through** her finals *ze haalde haar eindexamen op haar sloffen.* →**false;**
II ⟨ov.ww.⟩ **0.1** ***bevaren*** **0.2** ***besturen*** ⟨schip⟩.

sailcloth **0.1** ***canvas*** ⟨ook voor kleding⟩ ⇒*zeildoek, tentdoek.*

sailing [seeling] **0.1** ***bootreis*** **0.2** ***afvaart*** ⇒*vertrek(tijd)* **0.3** ***navigatie*** ⇒*het besturen v.e. schip* **0.4** ***het zeilen*** ⇒*zeilsport* ◆ **2.2** when is the next ~? *wanneer vertrekt de volgende boot?* →**plain.**

sailing boat, ⟨AE⟩ **sail boat** **0.1** ***zeilboot(je).***

sailing ship **0.1** ***zeilschip.***

sailor [seelə] **0.1** ***zeeman*** ⇒*matroos, zeevaarder* ◆ **2.1** Andy is a good/bad ~ *Andy heeft nooit/snel last van zeeziekte.*

sailor suit **0.1** ***matrozenpak(je).***

sailplane **0.1** ***zweefvliegtuig.***

saint[1] [seent] ⟨zn.⟩ **0.1** ***heilige*** ⇒*sint* **0.2** ***vrome*** ⇒*godvruchtige* **0.3** ⟨S-; vaak mv.⟩ ***gelovige*** ⇒*heilige* **0.4** ***engel*** ⇒⟨fig.⟩ *iem. met engelengeduld* ◆ **1.1** All Saints' Day *Allerheiligen* **2.3** Latter Day Saints *Heiligen der Laatste Dagen* ⟨mormonen⟩.

saint[2] [sənt] ⟨bn.; S-⟩ **0.1** ***sint*** ⇒*heilig.*

sainthood [seenthoed] **0.1** ***heiligheid*** **0.2** ***de heiligen.***

saintl|y [seentlie] ⟨-iness⟩ **0.1** ***heilig*** ⇒*vroom* ◆ **1.1** lead a ~ life *als een heilige leven.*

saint's day [seentsdee] **0.1** ***heiligendag*** ⇒*naamdag.*

Saint Valentine's Day [sənt væləntajnz dee] **0.1** ***Valentijnsdag*** ⟨14 februari⟩.

sake[1] [seek] ⟨zn.⟩ **0.1** ***belang*** ⇒*(best)wil* **0.2** ***doel*** ⇒*oogmerk* ◆ **1.1** for God's/Christ's/goodness'/pity's ~ get out of there *in godsnaam/jezusnaam/vredesnaam/alsjeblieft, kom daaruit vandaan* **6.1** **for** both our ~s *in ons beider belang* **6.2** I'm not driving around here **for** the ~ **of** driving *ik rijd hier niet rond voor de lol* **7.1** we're only doing this for your ~ *we doen dit alleen maar ter wille v. jou.*

sake[2], **saké, saki** [sa:kie] ⟨zn.⟩ **0.1** ***sake*** ⇒*saki* ⟨Japanse rijstdrank⟩.

saker falcon [seekə] **0.1** ⟨dierk.⟩ ***sakervalk.***

salaam[1] [səla:m] ⟨zn.⟩ **0.1** ***oosterse groet*** ⟨diepe buiging met rechterhand op voorhoofd⟩.

salaam[2] ⟨ww.⟩ **0.1** ***groeten.***

salable →**saleable.**

salacious [səleesjəs] ⟨-ness⟩ **0.1** ***geil*** ⇒*(zeer) wellustig* **0.2** ***obsceen*** ⇒*schunnig, schuin.*

salacity [səlæsətie] **0.1** ***geilheid*** ⇒*wellustigheid* **0.2** ***obsceniteit*** ⇒*schunnigheid.*

salad [sæləd] **0.1** ***salade*** ⇒*slaatje* **0.2** ***sla.***

salad bar ⟨cul.⟩ **0.1** ***salad(e) bar*** ⇒*koud buffet* ⟨met verschillende salades en hapjes⟩.

salad cream, salad dressing **0.1** ***slasaus.***

salad days **0.1** ***(onschuldige) jonge jaren*** ⇒*groene jeugd/tijd* ◆ **6.1** it happened **in** his ~ *het gebeurde toen hij nog jong en onervaren was.*

salad oil **0.1** ***slaolie.***

salamander [sæləmændə] **0.1** ⟨dierk.⟩ ***salamander.***

sal ammoniac [sæləmoonie·æk] ⟨schei.⟩ **0.1** ***salmiak*** ⇒*sal(am)moniak* ⟨ammoniumchloride⟩.

salaried [sæləried] **0.1** ***bezoldigd*** ⟨per maand betaald⟩ ⇒*gesalarieerd.*

salar|y [sælərie] ⟨mv.: -ies⟩ **0.1** ***salaris*** ⇒*bezoldiging.*

salary scale **0.1** ***salarisschaal.***

sale [seel] **0.1** ***verkoop*** ⇒*afzet(markt)* **0.2** ***verkoping*** ⇒*veiling, bazaar* **0.3** ***uitverkoop*** ⇒*opruiming* ◆ **1.1** on ~ or return *in commissie;* last week's ~s were satisfactory *we hebben vorige week aardig verkocht* **1.2** ~ of work *liefdadigheidsbazaar* **6.1** **for** ~ *te koop;* be put up **for** ~ *geveild worden;* **on** ~ in the supermarket *in de supermarkt verkrijgbaar/te koop* **6.3** ⟨AE⟩ did you get that **on** ~? *heb je dat in de uitverkoop gekocht?*

saleab|le, salab|le [seeləbl] ⟨-ly⟩ **0.1** ***verkoopbaar*** ⇒*goed in de markt liggend, gewild.*

sale price **0.1** ***opruimingsprijs*** ⇒⟨op winkelraam⟩ *koopjes.*

saleroom, ⟨AE⟩ **salesroom** **0.1** ***veilinglokaal.***

salesclerk ⟨AE⟩ **0.1** ***winkelbediende.***

sales department **0.1** ***verkoopafdeling.***

salesgirl **0.1** ***winkelmeisje*** ⇒*verkoopster.*

saleslady **0.1** ***verkoopster.***

sales|man [seelzmən]⟨mv.: -men [-mən]⟩ **0.1** ***verkoper*** ⇒ *winkelbediende* **0.2** ***vertegenwoordiger*** ⇒*agent, handelsreiziger* ◆ **3.¶** ⟨AE⟩ traveling ~ *handelsreiziger.*

sales manager **0.1** ***sales manager*** ⇒*verkoopleider.*

salesmanship [seelzmənsjip] **0.1** ***verkoopkunde*** ⇒*verkooptechniek; overredingskracht.*

sales office **0.1** ***verkoopkantoor.***

sales pitch **0.1** ***verkooppraat(je).***

sales representative **0.1** ***vertegenwoordiger.***

salesresistance **0.1** ***gebrek aan kooplust.***

sales slip ⟨AE⟩ **0.1** ***kassabon.***

sales talk **0.1** ***verkooppraatje(s).***

sales tax **0.1** ***omzetbelasting.***

saleswoman **0.1** ***verkoopster*** ⇒*winkelbediende* **0.2** ***vertegenwoordigster*** ⇒*agente, handelsreizigster.*

salient [seeliənt] **0.1** ***saillant*** ⇒*opvallend, meest belangrijk.*

saliferous [səlifrəs] **0.1** ***zouthoudend*** ⇒*zout leverend.*

salif|y [sæliffaj] ⟨-ied⟩ **0.1** ***in zout omzetten*** **0.2** ***zouten.***

saline [seelajn] **0.1** ***zout(houdend)*** ⇒*zoutachtig, zilt.*

salinity [səlinnətie] **0.1** ***zoutheid*** *⇒zoutgehalte.*
salinometer [sælinnommittə] **0.1** ***zoutmeter*** *⇒salinometer.*
saliva [səlajvə] **0.1** ***speeksel.***
salivary [səlajvrie] **0.1** ***speeksel-*** *⇒speeksel producerend* ◆ **1.1** ~ glands *speekselklieren.*
saliv|ate [sælivveet] ⟨zn.: **-ation**⟩ **0.1** ***kwijlen*** ⟨ook fig.⟩ ⇒ *speeksel produceren.*
sallow[1] [sæloo] ⟨zn.⟩ **0.1** ***wilg.***
sallow[2] ⟨bn.; -ness⟩ **0.1** ***vaal(geel)*** *⇒(ziekelijk geel)bleek, grauw(bruin).*
sallow[3] ⟨ww.⟩ **0.1** ***vergelen*** *⇒grauw(bruin) (doen) worden, vaal/bleek (doen) worden* ◆ **1.1** the fever had ~ed his face *zijn gezicht was grauw (geworden) v.d. koorts.*
sall|y [sælie] ⟨mv.: -ies⟩ **0.1** ***uitval*** ⟨vnl. mil.⟩ **0.2** ***uitbarsting*** *⇒opwelling* **0.3** ***uitstapje*** *⇒tochtje* **0.4** ***kwinkslag*** *⇒ (geestige) inval.*
Sally Army ⟨the⟩ ⟨verk.⟩ [Salvation Army] ⟨BE; inf.⟩ **0.1** ***Leger des Heils*** *⇒Heilsleger.*
sall|y forth ⟨-ied⟩ **0.1** ***een uitval doen*** **0.2** ***erop uit gaan*** *⇒ op stap gaan, naar buiten rennen.*
salmon [sæmən] ⟨mv.: ook salmon⟩ **0.1** ***zalm*** **0.2** ***zalmkleur.*** →**red.**
salmonella [sælmənellə] ⟨mv.: ook salmonella, salmonellae [-lie:]⟩ **0.1** ***salmonella(bacterie).***
salmon trout **0.1** ***zalmforel*** *⇒zeeforel.*
salon [sælon] **0.1** ***salon*** *⇒ontvangkamer, mooie kamer.*
saloon [səloe:n] **0.1** ***zaal*** ⟨ook op schip⟩ *⇒salon* **0.2** ⟨AE⟩ ***bar*** *⇒café* **0.3** ⟨BE⟩ ***sedan.***
saloon bar ⟨BE⟩ **0.1** ***nette gelagkamer.***
saloon car ⟨BE⟩ **0.1** ***sedan.***
salsa [sælsə] ⟨dansk.; muz.⟩ **0.1** ***salsa.***
salsify [sælsiffaj] ⟨plantk.⟩ **0.1** ***schorseneer*** *⇒paarse morgenster.*
salt[1] [so:lt] ⟨zn.⟩ **0.1** ⟨ook schei.⟩ ***(keuken)zout*** **0.2** ***zoutvaatje*** **0.3** ***geestigheid*** *⇒pikantheid, smaak* ◆ **1.3** motorbikes are the ~ of life to her *motoren zijn haar lust en haar leven* **1.¶** the ~ of the earth *het zout der aarde* **2.¶** he's not worth his ~ *hij is het zout in de pap niet waard.*
salt[2] ⟨bn.; -ness⟩ **0.1** ***zout*** *⇒zout(acht)ig, zilt* **0.2** ***gepekeld*** *⇒ gezouten* ◆ **1.2** ~ fish *gezouten vis* **1.¶** ~ plants *zoutwaterplanten.*
salt[3] ⟨ww.⟩ **0.1** ***zouten*** *⇒pekelen, inmaken* **0.2** ***pekelen*** ⟨wegen⟩ *⇒met zout bestrooien* **0.3** ⟨fig.⟩ ***kruiden*** *⇒pittig/ aangenaam maken* ◆ **5.¶** he's got quite some money ~ed **away/down** *hij heeft aardig wat geld opgepot/opzij gelegd.*
S.A.L.T [so:lt] ⟨afk.⟩ **0.1** [Strategic Arms Limitation Talks].
saltcellar **0.1** ***zoutvaatje*** *⇒zoutstrooier.*
salt lake **0.1** ***zoutmeer.***
salt lick **0.1** ***liksteen.***
saltpan **0.1** ***zoutpan*** *⇒zoutziederij.*
saltpetre, ⟨AE⟩ **saltpeter** [so:ltpie:tə] **0.1** ***salpeter.***
saltshaker ⟨AE⟩ **0.1** ***zoutvaatje*** *⇒zoutstrooier.*
saltwater **0.1** ***zoutwater-*** *⇒zeewater-.*
saltworks **0.1** ***zoutziederij*** *⇒zouttuin, zoutmijn.*
salt|y [so:ltie] ⟨-iness⟩ **0.1** ***zout(achtig)*** *⇒naar zout smakend, zout bevattend* **0.2** ***gezouten*** *⇒gekruid, pikant* ⟨v. taal⟩ **0.3** ⟨inf.⟩ ***zee(mans)-*** **0.4** ⟨sl.⟩ ***schuin*** *⇒gedurfd* ◆ **1.2** his ~ humour went down well *zijn pikante humor sloeg goed aan* **1.3** ~ look *zeemansuiterlijk.*
salubrious [səloe:briəs] ⟨-ness⟩ ⟨schr.⟩ **0.1** ***heilzaam*** *⇒gezond.*
salubrity [səloe:brətie] ⟨schr.⟩ **0.1** ***heilzaamheid.***
salutar|y [sæljoetrie] ⟨-ily⟩ **0.1** ***weldadig*** *⇒heilzaam, gunstig, gezond.*
salutation [sæljoeteesjn] **0.1** ***aanhef*** ⟨in brief⟩ **0.2** ***begroeting*** *⇒groet, begroetingskus* ◆ **6.2** **in** ~ *bij wijze v. groet.*
salute[1] [səloe:t] ⟨zn.⟩ **0.1** ***saluut*** *⇒militaire groet, saluutschot* **0.2** ***begroeting*** *⇒groet* **0.3** ⟨AE⟩ ***rotje*** *⇒knalvuurwerk* ◆ **3.1** take the ~ *de parade/het defilé afnemen* **6.2** **in** ~ *ter/als begroeting.*
salute[2] **I** ⟨onov. en ov.ww.⟩ **0.1** ***groeten*** *⇒begroeten, verwelkomen* **0.2** ***salueren*** *⇒een saluutschot/saluutschoten lossen (voor);*
II ⟨ov.ww.⟩ **0.1** ***eer bewijzen aan*** *⇒huldigen.*
salvage[1] [sælvidzj] ⟨zn.⟩ **0.1** ***berging*** *⇒redding, het in veiligheid brengen* **0.2** ***geborgen goed*** *⇒het geborgene* **0.3** ***bruikbaar afval*** *⇒recycling.*
salvage[2] ⟨ww.⟩ **0.1** ***bergen*** *⇒redden, in veiligheid brengen* **0.2** ***terugwinnen*** *⇒verzamelen voor hergebruik.*
salvage operation **0.1** ***bergingsoperatie*** ⇒⟨fig.⟩ *reddingsoperatie.*
salvation [sælveesjn] **0.1** ***redding*** **0.2** ***verlossing*** *⇒zaligmaking* ◆ **3.2** find ~ *bekeerd worden* **7.1** that was my ~ *dat was mijn redding.*
Salvation Army ⟨the⟩ **0.1** ***Leger des Heils.***
salvationist [sælveesjənist] ⟨vaak S-⟩ **0.1** ***heilsoldaat/heilsoldate.***
salve[1] [sa:v] ⟨zn.⟩ **0.1** ***zalf*** ⟨ook fig.⟩ *⇒smeersel;* ⟨schr.⟩ *balsem.*
salve[2] ⟨ww.⟩ **0.1** ***sussen*** *⇒kalmeren, tevreden stellen* ◆ **1.1** ~ one's conscience *zijn geweten sussen.*
salver [sælvə] **0.1** ***presenteerblad*** *⇒dienblad.*
salvia [sælviə] ⟨plantk.⟩ **0.1** ***salie*** ⇒⟨ihb.⟩ *vuursalie.*
salvo [sælvoo] ⟨mv.: ook -es⟩ **0.1** ***salvo*** *⇒plotselinge uitbarsting* ◆ **1.1** a ~ of applause *een daverend applaus.*
Samaritan [səmæritn] **0.1** ***Samaritaan(se)*** *⇒inwoner/inwoonster v. Samaria* **0.2** ⟨mv.; the⟩ ***telefonische hulpdienst*** ◆ **2.1** good ~ *barmhartige Samaritaan.*
same[1] [seem] ⟨vnw.; bijna altijd met the⟩ **0.1** ***de/hetzelfde*** ◆ **3.1** the ~ applies to you *hetzelfde geldt voor jou* **4.1** one and the ~ *één en dezelfde* **5.1** ⟨inf.⟩ ~ again please! *schenk nog maar eens in, hetzelfde a.u.b.!;* ⟨inf.⟩ ~ here *ik ook (niet); met mij precies zo; idem dito;* they are much the ~ *ze lijken (vrij) sterk op elkaar* **6.1** it's all the ~ **to** me *het is mij om het even, het maakt me niet uit;* (the) ~ **to** you *insgelijks, van 't zelfde.* →**all.**
same[2] ⟨bw.; met the, beh. soms inf.⟩ **0.1** ***net zo*** *⇒precies hetzelfde* ◆ **3.1** they both told it the ~ *ze vertelden het op dezelfde wijze* **6.1** he found nothing, (the) ~ **as** my own dentist *hij vond niets, net als mijn eigen tandarts.* →**all, just.**
same[3] ⟨det.; the⟩ **0.1** ***zelfde*** *⇒gelijke, overeenkomstige* ◆ **1.1** the ~ old story *(het is) altijd hetzelfde liedje;* it comes/ amounts to the ~ thing *het komt op hetzelfde neer;* at the ~ time *tegelijkertijd* **5.1** much the ~ problem *vrijwel hetzelfde probleem.* →**street, time, token.**
sameness [seemnəs] **0.1** ***gelijkheid*** *⇒overeenkomst* **0.2** ***eentonigheid*** *⇒monotonie.*
samey [seemie] ⟨inf.⟩ **0.1** ***saai*** *⇒monotoon.*
samosa [sæmoosə] ⟨cul.⟩ **0.1** ***samosa*** ⟨Indiaas pasteitje⟩.
samovar [sæməva:] **0.1** ***samowaar*** ⟨Russisch toestel om thee te zetten⟩.
sampan [sæmpæn] **0.1** ***sampan*** ⟨Chinees of Japans rivier/ kustbootje⟩.
sample[1] [sa:mpl] ⟨zn.⟩ **0.1** ***(proef)monster*** *⇒staal, voorbeeld* **0.2** ***steekproef*** **0.3** ⟨muz.⟩ ***sample*** ◆ **1.1** take a ~ of blood *een bloedmonster nemen.*
sample[2] ⟨ww.⟩ **0.1** ***een steekproef nemen uit*** *⇒monsters trekken/nemen uit* **0.2** ***(be)proeven*** *⇒testen, keuren* **0.3** ⟨muz.⟩ ***samplen.***

sample copy 0.1 *proefexemplaar/nummer.*
sampler [sa:mplə] 0.1 *merklap.*
sampling [sa:mpling] 0.1 *het proeven* 0.2 *steekproef(trekking)* 0.3 ⟨muz.⟩ *sampling* ⇒*klankjatten* ⟨het pikken v. stukken muziek uit andermans werk voor eigen plaat⟩ ◆ 1.2 ~ techniques *technieken voor het nemen/trekken v. steekproeven.*
samurai [sæmoeraj] ⟨mv.: ook samurai⟩ 0.1 *officier* ⟨v. Japans leger⟩ 0.2 ⟨gesch.⟩ *samoeraikrijger/ridder.*
sanatorium [sænəto:riəm], ⟨AE ook⟩ **sanatarium** [-teəriəm] ⟨mv.: ook sanatoria [-to:riə], sanataria [-teəriə]⟩ 0.1 *sanatorium* ⇒*herstellingsoord.*
sanctif|y [sængktiffaj] ⟨-ied; zn.: **-ication**⟩ 0.1 *heiligen* ⇒*wijden, consacreren* 0.2 ⟨vaak pass.⟩ *rechtvaardigen* ⇒*heiligen, accepteren* 0.3 *heilig maken* ⇒*louteren, verlossen v. zonde(schuld).*
sanctimonious [sængktimmooniəs] ⟨-ness⟩ 0.1 *schijnheilig* ⇒*huichelachtig, hypocriet.*
sanction[1] [sængksjn] ⟨zn.⟩ 0.1 *toestemming* ⇒*bekrachtiging, goedkeuring* 0.2 *sanctie* ⇒*dwang(middel), strafmaatregel* 0.3 *wet* ⇒*maatregel, verordening* ◆ 3.2 apply ~s against racist regimes *sancties instellen tegen racistische regimes.*
sanction[2] ⟨ww.⟩ 0.1 *sanctioneren* ⇒*bekrachtigen, bevestigen* 0.2 *goedkeuren* ⇒*toestaan, instemmen met.*
sanctit|y [sængktətie] ⟨mv.: -ies⟩ 0.1 *heiligheid* ⇒*godvruchtigheid, vroomheid* 0.2 *heiligheid* ⇒*gewijdheid* 0.3 ⟨mv.⟩ *(heilige) verplichtingen* ⇒*(heilige) plichten/rechten.*
sanctuar|y [sængktsjoeərie] ⟨mv.: -ies⟩ 0.1 ⟨ben. voor⟩ *heiligdom* ⇒*sanctuarium, heilige plaats* 0.2 *sanctuarium* ⇒ *omtrek v. (hoog)altaar, priesterkoor* 0.3 *vogel/wildreservaat* 0.4 *asiel* ⇒*vrij/wijkplaats, toevlucht(soord).*
sanctum [sængktəm]⟨mv.: ook sancta [-tə]⟩ 0.1 *heilige plaats* ⇒*gewijde plaats, heiligdom* ⟨inf., ook fig.⟩.
Sanctus [sængktəs] ⟨the⟩ 0.1 *sanctus* ⟨kerkelijk gezang⟩.
sand[1] [sænd] ⟨zn.⟩ 0.1 *zand* 0.2 ⟨vaak mv.⟩ *zandvlakte* ⇒ *strand; woestijn* 0.3 ⟨mv.⟩ *periode* ⇒*tijd* ⟨als gemeten in een zandloper⟩ ◆ 3.1 build on ~ *op zand bouwen, (iets) op losse grondslag ondernemen* 3.3 the ~s (of life) are running out *de tijd is bijna om/verstreken, de dagen zijn geteld.*
sand[2] ⟨ww.⟩ 0.1 *met zand bestrooien* ⇒*met zand bedekken* 0.2 ⟨+ down⟩ *(glad)schuren* ⇒*polijsten* ◆ 1.1 ~ slippery roads *gladde wegen met zand bestrooien.*
sandal [sændl] 0.1 *sandaal.*
sandal tree 0.1 *sandelboom.*
sandalwood 0.1 *sandelhout* 0.2 ⟨vaak attr.⟩ *licht/grijsbruin* ⇒*sandelhoutkleur.*
sandbag[1] ⟨zn.⟩ 0.1 *zandzak.*
sandbag[2] ⟨ww.; -ged⟩ 0.1 *met zandzakken versterken* ⇒ *met zandzakken barricaderen/ophogen/afsluiten* 0.2 ⟨AE; inf.⟩ *dwingen* ◆ 6.2 he was sandbagged **into** leaving *hij werd op ruwe wijze gedwongen te vertrekken.*
sandbank 0.1 *zandbank* ⇒*ondiepte.*
sandbar 0.1 *drempel* ⟨ondiepte voor of in de mond v.e. rivier/haven⟩.
sandblast 0.1 *zandstralen.*
sandblaster 0.1 *zandstraler* ⟨persoon⟩.
sandbox 0.1 ⟨AE⟩ *zandbak.*
sandcastle 0.1 *zandkasteel.*
sand dune 0.1 *duin.*
sander [sændə] 0.1 *schuurmachine.*
sand fly ⟨dierk.⟩ 0.1 *zandmug* 0.2 *knijt* ⇒*kriebelmugje.*
sandglass 0.1 *zandloper.*
Sandhurst [sændhə:st] 0.1 *Sandhurst* ⇒⟨mil. academie; ong.⟩ *KMA.*
sanding machine [sænding məsjie:n] 0.1 *schuurmachine.*
sand iron ⟨golf⟩ 0.1 *sand iron* ⟨ijzer met breed slagvlak om bal uit bunker te slaan⟩.
sandman ⟨the⟩ 0.1 *zandmannetje* ⇒*Klaas Vaak.*
sand martin ⟨BE; dierk.⟩ 0.1 *oeverzwaluw.*
sandpaper 0.1 ⟨zn.⟩ *schuurpapier* ⇒*glaspapier* 0.2 ⟨ww.⟩ *schuren.*
sandpiper ⟨dierk.⟩ 0.1 *strandloper.*
sandpit 0.1 *zandgraverij* ⇒*zandgroeve* 0.2 ⟨BE⟩ *zandbak.*
sandshoe ⟨BE⟩ 0.1 *strandschoen.*
sandstone 0.1 *zandsteen.*
sandstorm 0.1 *zandstorm.*
sandwich[1] [sænwidzj] ⟨zn.⟩ 0.1 *sandwich* ⇒*dubbele boterham* 0.2 ⟨BE; ong.⟩ *Zwitsers gebak.*
sandwich[2] ⟨ww.⟩ 0.1 *klemmen* ⇒*vastzetten, plaatsen* ◆ 5.1 I'll ~ her **in** between two other appointments *ik ontvang haar wel tussen twee andere afspraken door.*
sandwich board 0.1 *advertentiebord* ⇒*reclamebord* ⟨gedragen door iem. op borst en rug⟩.
sandwich course ⟨BE⟩ 0.1 *studie waarin lange stage is opgenomen.*
sandwich man 0.1 *sandwichman* ⟨iem. met reclamebord op borst en rug⟩.
sand|y [sændie] ⟨-iness⟩ 0.1 *zand(er)ig* ⇒*zandachtig* 0.2 *ros(sig)* ⟨v. haar⟩ ⇒*roodachtig.*
sane [seen] ⟨-r⟩ 0.1 *(geestelijk) gezond* ⇒*bij zijn volle verstand* 0.2 *verstandig* ⟨v. ideeën enz.⟩ ⇒*redelijk.*
sang [sæng] ⟨verl. t.⟩ →**sing.**
sang-froid [sã frwa:] 0.1 *sangfroid* ⇒*koelbloedigheid.*
sanguinar|y [sænggwinrie] ⟨-ily⟩⟨schr.⟩ 0.1 *bloed(er)ig* ⇒ *met veel bloedvergieten* 0.2 *bloeddorstig* 0.3 ⟨BE⟩ *grof* ⟨taalgebruik⟩ ⇒*vol krachttermen, ruw.*
sanguine [sænggwin] 0.1 *optimistisch* ⇒*hoopvol, opgewekt* 0.2 *blozend* ⇒*met een gezonde/rode kleur* 0.3 ⟨schr.⟩ *(bloed)rood* ⇒*keel.*
sanguinity [sænggwinnətie] 0.1 *optimisme* ⇒*goede hoop, opgewektheid.*
sanitarium [sænitteəriəm], **sanitorium** [-to:r]⟨mv.: ook sanitaria [-riə]⟩ ⟨AE⟩ 0.1 *sanatorium* ⇒*herstellingsoord.*
sanitar|y [sænitrie] ⟨-ily⟩ 0.1 *sanitair* ⇒*mbt. de gezondheid* 0.2 *hygiënisch* ⇒*sanitair, schoon* ◆ 1.2 ~ fittings *het sanitair* ⟨inrichting v. wc's en badkamers⟩ 1.¶ ~ stop *sanitaire stop* ⟨om naar de wc te kunnen gaan, bv. tijdens busrit⟩.
sanitary bag 0.1 *zakje voor maandverband.*
sanitary inspector 0.1 *inspecteur v.d. volksgezondheid.*
sanitary towel, ⟨AE⟩ **sanitary napkin** 0.1 *maandverband* ⇒*damesverband.*
sanitation [sænitteesjn] 0.1 *bevordering v.d. volksgezondheid* 0.2 *afvalverwerking* ⇒*rioolzuivering.*
sanitation worker ⟨AE; schr.⟩ 0.1 *vuilnisophaler* ⇒*vuilnisman.*
sanity [sænətie] 0.1 *(geestelijke) gezondheid* 0.2 *het oordeelkundig zijn* ⇒*verstandigheid, gezond verstand.*
sank [sængk] ⟨verl. t.⟩ →**sink.**
sanserif, sans-serif [sænserrif], **sans** ⟨druk.⟩ 0.1 ⟨bn.⟩ *schreefloos* 0.2 ⟨zn.⟩ *schreefloze letter.*
Sanskrit [sænskrit] 0.1 *Sanskriet.*
Santa Claus [sæntə klo:z], ⟨inf.⟩ **Santa** 0.1 *kerstman(netje).*
sap[1] [sæp] ⟨zn.⟩ 0.1 *(planten)sap* 0.2 *levenskracht* ⇒*energie, vitaliteit* 0.3 ⟨AE⟩ *slagwapen* ⇒*knuppel* 0.4 ⟨inf.⟩ *sul* ⇒*sukkel, oen* ◆ 1.2 the ~ of youth *jeugdige levenskracht.*
sap[2] ⟨ww.; -ped⟩ 0.1 *aftappen* ⟨ook fig.⟩ ⇒*sap onttrekken aan;* ⟨fig.⟩ *levenskracht onttrekken aan, uitputten.*
sapi|ent [seepiənt] ⟨zn.: **-ence**⟩⟨schr.⟩ 0.1 *wijs* ⇒*geleerd, inzicht hebbend.*

sapless [sæpləs] **0.1** ***uitgedroogd*** ⇒*futloos, zonder energie.*
sapling [sæpling] **0.1** ***jong boompje.***
sapper [sæpə] ⟨mil.⟩ **0.1** ***sappeur*** **0.2** ⟨BE; inf.⟩ ***soldaat (v.d. genie).***
Sapphic [sæfik] **0.1** ***sapfisch*** ⇒*saffisch, mbt. Sappho* **0.2** ⟨schr.⟩ ***lesbisch.***
sapphire [sæfajjə] **0.1** ***saffier*** **0.2** ***saffier(blauw).***
sapp|y [sæpie] ⟨-ily⟩ **0.1** ***sappig*** **0.2** ⟨AE; inf.⟩ ***onnozel*** ⇒*sullig, dwaas* **0.3** ⟨BE; inf.⟩ ***krachtig*** ⇒*energiek.*
sapwood **0.1** ***spint(hout)*** ⟨buitenste jaarringen v. boom⟩.
sarcasm [sa:kæzm] **0.1** ***sarcasme*** ⇒*bijtende spot.*
sarcastic [sa:kæstik] ⟨-ally⟩ **0.1** ***sarcastisch*** ⇒*bijtend.*
sarcophagus [sa:koffəgəs]⟨mv.: ook sarcophagi [-gajl]⟩ **0.1** ***sarcofaag*** ⇒*stenen doodskist.*
sardine [sa:die:n] **0.1** ***sardine*** ⇒*sardien, sprot* ◆ **6.1** ⟨inf.⟩ (packed) **like** ~s *als haringen in een ton.*
sardonic [sa:donnik] ⟨-ally⟩ **0.1** ***sardonisch*** ⇒*boosaardig spottend, cynisch* ◆ **1.1** a ~ laugh *een sardonische lach, grijnslach.*
sarge [sa:dzj] ⟨inf.⟩ **0.1** ***sergeant.***
sari, saree [sa:rie] **0.1** ***sari*** ⟨Indiaas kledingstuk voor vrouwen⟩.
sarky [sa:kie] ⟨BE; inf.⟩ **0.1** ***sarcastisch.***
sarong [sərong] **0.1** ***sarong*** ⟨Indisch kledingstuk⟩.
sarsaparilla [sa:spərillə] ⟨plantk.⟩ **0.1** ***struikwinde*** **0.2** ***frisdrank met sarsaparillasmaak.***
sartorial [sa:to:riəl] **0.1** ***kleermakers-*** **0.2** ***mbt./v. (heren)kleding*** ◆ **1.2** ~ elegance *elegante kleding.*
SAS ⟨afk.⟩ **0.1** [Special Air Service].
sash [sæsj] **0.1** ***sjerp*** **0.2** ***raam*** ⇒⟨ihb.⟩ *schuifraam.*
sashay [sæsjee] ⟨AE; inf.⟩ **0.1** ***nonchalant lopen*** ⇒*paraderen.*
sash cord **0.1** ***raamkoord.***
sash window **0.1** ***schuifraam.***
sass[1] [sæs] ⟨zn.⟩⟨AE; inf.⟩ **0.1** ***tegenspraak*** ⇒*brutaliteit.*
sass[2] ⟨ww.⟩⟨AE; inf.⟩ **0.1** ***brutaal zijn tegen*** ⇒*brutaliseren* ◆ **1.1** don't ~ your mother! *sla niet zo'n toon aan tegen je moeder!*
sassafras [sæsəfræs] **0.1** ***sassafras*** ⟨hout en bast v.d. wortel v. sassafras(boom), o.a. gebruikt als zweetmiddel⟩.
Sassenach [sæsənæk] ⟨IE, Sch. E; vnl. pej.⟩ **0.1** ⟨bn.⟩ ***Engels*** **0.2** ⟨zn.⟩ ***Engelsman.***
sassy →**saucy.**
sat [sæt] ⟨verl. t. en volt. deelw.⟩ →**sit.**
Satan [seetn] **0.1** ***Satan*** ⇒*(de) duivel.*
satanic [sətænik] ⟨-ally⟩ **0.1** ⟨ook S-⟩ ***v. Satan/de duivel*** **0.2** ***satanisch*** ⇒*duivels, hels.*
Satanism [seetnizm] **0.1** ***satanisme*** ⇒*dienst/aanbidding v. Satan.*
Satanist [seetnist] **0.1** ***satanist.***
satay, satai, saté [sætee] **0.1** ***saté.***
satchel [sætsjl] **0.1** ***(school)tas*** ⟨vaak met schouderband⟩ ⇒ *pukkel.*
sate [seet] **0.1** ***(over)verzadigen*** ⇒*bevredigen, overvoeden/laden* ◆ **6.1** be sated **with** *verzadigd zijn van; de buik vol hebben van.*
sateen [sətie:n] **0.1** ***satinet*** ⟨katoenen, geglansd satijnweefsel⟩.
satellite [sætlajt] **0.1** ***satelliet*** ⇒*(kunst)maan, bijplaneet* **0.2** ***voorstad*** ⇒*randgemeente* **0.3** ***satellietstaat*** ⇒*vazalstaat.*
satellite broadcasting **0.1** ***(het) uitzenden via een/per satelliet*** ⟨v. tv- of radioprogramma's⟩.
satellite town **0.1** ***satellietstad*** ⇒*overloopgemeente.*
satiab|le [seesjəbl] ⟨-ly⟩⟨schr.⟩ **0.1** ***verzadigbaar*** ⇒*bevredigbaar.*
satiate [seesji·eet] **0.1** ***(over)verzadigen*** ⇒*bevredigen, overvoeden/laden* ◆ **6.1** be ~d **with** *verzadigd zijn van; zijn buik vol hebben van.*
satiety [sətajjətie] **0.1** ***(over)verzadiging*** ⇒*bevrediging* ◆ **6.1** **to** (the point of) ~ *tot men meer dan genoeg heeft gehad, tot vervelens toe.*
satin [sætin] **0.1** ⟨bn.⟩ ***satijnachtig*** ⇒*satijnen, satijnzacht* **0.2** ⟨zn.⟩ ***satijn.***
satinwood **0.1** ***satijnhout.***
satiny [sætinnie] **0.1** ***satijnachtig*** ⇒*satijnzacht.*
satire [sætajjə] **0.1** ***satire*** ⇒*hekeldicht/roman, hekelschrift* **0.2** ***satire*** ⇒*bespotting* **0.3** ***hekelliteratuur*** ◆ **6.2** our lives are a ~ **(up)on** our principles *onze levenswandel steekt schril af bij onze principes.*
satiric|(al) [sətirrik(l)] ⟨-ally⟩ **0.1** ***satirisch.***
satirist [sætirrist] **0.1** ***satiricus*** ⇒*hekeldichter.*
satirize, -ise [sætirrajz] **0.1** ***hekelen*** ⇒*bespotten, ridiculiseren* **0.2** ***een satire schrijven op.***
satisfaction [sætisfæksjn] **0.1** ⟨vnl. enk.⟩ ***genoegen*** ⇒*plezier, tevredenheid* **0.2** ***voldoening*** ⇒*satisfactie, bevrediging;* ⟨bij uitbr.⟩ *zekerheid* **0.3** ***genoegdoening*** ⇒*eerherstel, voldoening;* ⟨rel. ook⟩ *verzoening* **0.4** ***(schuld)vereffening/delging*** ⇒*(af/terug)betaling, voldoening;* ⟨rel. ook⟩ *boetedoening* ◆ **1.4** Christ's ~ *de voldoening door Christus* **3.1** find ~ in/take ~ from *genoegen vinden in, plezier hebben aan* **3.3** demand ~ *genoegdoening eisen;* obtain/refuse ~ *genoegdoening (ver)krijgen/weigeren* **3.4** the company got ~ from him *hij betaalde de firma zijn schulden terug* **6.1** my work is a great ~ **to** me *mijn werk is voor mij een bron van vreugde* **6.2** prove sth. **to** s.o's ~ *iets tot iemands volle tevredenheid bewijzen.*
satisfactor|y [sætisfæktrie] ⟨-ily⟩ **0.1** ***toereikend*** ⇒*voldoende, (goed) genoeg* **0.2** ***voldoening schenkend*** ⇒*bevredigend* **0.3** ***geschikt*** ◆ **3.2** only one of the cars was ~ *er was maar één auto die voldeed.*
satisf|y [sætisfaj] ⟨-ied⟩ **I** ⟨onov.ww.⟩ **0.1** ***voldoen*** ⇒*toereikend zijn, (goed) genoeg zijn* **0.2** ***voldoen*** ⇒*genoegen schenken, tevreden stemmen;*
II ⟨ov.ww.⟩ **0.1** ***tevredenstellen*** ⇒*genoegen/voldoening schenken, bevredigen* **0.2** ***vervullen*** ⇒*voldoen aan, beantwoorden aan* **0.3** ***nakomen*** ⟨een verplichting⟩ ⇒*vervullen* **0.4** ***stillen*** ⇒*bevredigen, verzadigen* **0.5** ⟨vaak pass.⟩ ***overtuigen*** ⇒*verzekeren* **0.6** ***(terug/af)betalen*** ⇒*voldoen, vereffenen* ⟨schuld⟩ **0.7** ⟨wisk.⟩ ***voldoen*** ⟨bv. aan een vergelijking⟩ ⇒*doen uitkomen/kloppen, oplossen* ◆ **1.2** ~ the conditions *aan de voorwaarden voldoen* **1.4** ~ one's curiosity *zijn nieuwsgierigheid bevredigen* **4.5** ~ o.s. that *zich ervan overtuigen dat* **6.1** be satisfied **with** *tevreden/voldaan zijn over* **8.5** be satisfied that *ervan overtuigd zijn dat, de zekerheid (verkregen) hebben dat.*
satsuma [sætsoe:mə] **0.1** ***(satsoema)mandarijn.***
saturate [sætsjəreet] **0.1** ***doordrenken*** ⟨ook fig.⟩ ⇒*doordringen, onderdompelen* **0.2** ⟨vaak pass.⟩ ***(over)verzadigen*** ⇒ *volledig vullen* **0.3** ⟨nat., schei.⟩ ***verzadigen*** ◆ **1.2** the computer market will soon be ~d *de afzetmarkt voor computers zal weldra verzadigd zijn* **1.3** ~d fats *verzadigde vetten;* a ~d solution of sugar *een verzadigde suikeroplossing* **3.1** be ~d *kletsnat zijn.*
saturation [sætsjəreesjn] **0.1** ***(over)verzadiging*** ⇒*verzadigdheid, voldaanheid* **0.2** ⟨schei.⟩ ***verzadiging*** ⇒*saturatie* ⟨bij magnetisme⟩ ◆ **1.¶** ~ with heavy bombing *volledig platbombarderen.*
saturation point **0.1** ***verzadigingspunt*** ◆ **3.1** reach (the/one's) ~ *het/zijn verzadigingspunt bereiken.*
Saturday [sætədie, -dee] **0.1** ***zaterdag.*** →**Monday** voor voorbeelden.

Saturn [sætən] **0.1** ***Saturnus.***
saturnalia [sætəneeliə] ⟨mv.: ook saturnalia; soms S-⟩ **0.1** ***uitspatting*** ⇒*orgie, losbandigheid.*
saturnine [sætənajn] **0.1** ***zwaarmoedig*** ⇒*somber, bedrukt.*
satyr [sætə] **0.1** ***sater*** ⇒*halfgod* **0.2** ***wellusteling.***
sauce[1] [so:s], ⟨in bet. 0.2 ook⟩ **sass** [sæs] ⟨zn.⟩ **0.1** ***saus*** ⟨ook fig.⟩ ⇒*sausje* **0.2** ⟨inf.⟩ ***brutaliteit*** ⇒*tegenspraak, vrijpostigheid* ◆ **1.¶** ⟨sprw.⟩ what's ~ for the goose is sauce for the gander *gelijke monniken, gelijke kappen.*
sauce[2], ⟨AE ook⟩ **sass** ⟨ww.⟩ **0.1** ⟨inf.⟩ ***brutaal zijn tegen*** ⇒*een brutale mond opzetten tegen.*
saucepan [so:spən] **0.1** ***steelpan.***
saucer [so:sə] **0.1** ***(thee)schoteltje*** **0.2** ⟨com.⟩ ***schotelantenne.*** →**flying.**
sauc|y [so:sie], ⟨AE ook⟩ **sass|y** [sæsie] ⟨-iness⟩ **0.1** ***brutaal*** ⇒*vrijpostig; (lichtjes) uitdagend* ⟨ook seksueel⟩ **0.2** ***energiek*** ⇒*met pit* **0.3** ⟨inf.⟩ ***vlot*** ⇒*knap, tof* ◆ **1.1** ⟨inf.⟩ she is a ~ bit of goods *zij is een lekker stuk* **1.3** a ~ hat *een vlot hoedje.*
Saudi Arabia **0.1** ***Saoedi-Arabië.***
Saudi Arabian **0.1** ⟨bn.⟩ ***Saoedisch*** ⇒*Saoedi-Arabisch* **0.2** ⟨telb. zn.⟩ ***Saoediër, Saoedische.***
sauna [so:nə], **sauna bath** **0.1** ***sauna.***
saunter[1] [so:ntə] ⟨zn.⟩ **0.1** ***kuier(ing)*** ⇒*wandeling(etje)* **0.2** ***slentergang.***
saunter[2] ⟨ww.⟩ **0.1** ***drentelen*** ⇒*slenteren, kuieren.*
saunterer [so:ntrə] **0.1** ***drentelaar(ster)*** ⇒*slenteraar(ster).*
saurian [so:riən] **0.1** ⟨bn.⟩ ***hagedisachtig*** ⇒*hagedis-* **0.2** ⟨zn.⟩ ***saurus*** ⇒*hagedisachtige.*
sausage [sossidzj] **0.1** ***worst*** ⇒*worstvormig voorwerp, saucijs* **0.2** ***worstvlees.*** →**German.**
sausage dog ⟨BE; inf.⟩ **0.1** ***dashond*** ⇒*teckel, worst op poten.*
sausage meat **0.1** ***worstvlees.***
sausage roll **0.1** ***saucijzenbroodje*** ⟨meestal koud gegeten⟩.
sauté[1] [sootee] ⟨zn.⟩⟨cul.⟩ **0.1** ***gesauteerde schotel*** ⇒*gesauteerd gerecht, snel gebakken/gebraden gerecht.*
sauté[2] ⟨ww.; -(e)d⟩⟨cul.⟩ **0.1** ***sauteren*** ⇒*laten bruinen, snel bakken/braden.*
savage[1] [sævidzj] ⟨zn.⟩ **0.1** ***wilde*** ⇒*primitieve (mens)* **0.2** ***woesteling*** ⇒*wildeman* **0.3** ***barbaar*** ⇒*boerenkinkel.*
savage[2] ⟨bn.; ook -r; -ness⟩ **0.1** ***primitief*** ⇒*onbeschaafd* **0.2** ***wreed(aardig)*** ⇒*woest, wild* **0.3** ***heftig*** ⇒*fel* **0.4** ***lomp*** ⇒*ongemanierd* **0.5** ⟨vnl. BE; inf.⟩ ***woest*** ⇒*razend, woedend* ◆ **1.2** a ~ dog *een valse hond* **1.3** ~ criticism *meedogenloze kritiek* **3.5** make s.o. ~ *iem. woest maken.*
savage[3] ⟨ww.⟩ **0.1** ***aanvallen en bijten*** ⇒*bijten en trappen* ⟨v. dieren, ihb. paard⟩.
savager|y [sævidzjrie] ⟨mv.: -ies⟩ **0.1** ⟨vnl. mv.⟩ ***wreedheid/heden*** ⇒*ruwheid, gewelddadigheid/heden* **0.2** ***wildheid*** ⇒*woestheid.*
savanna(h) [səvænə] **0.1** ***savanne*** ⟨tropische grasvlakte⟩.
savant [sævənt] **0.1** ***(groot) geleerde.***
save[1] [seev] ⟨zn.⟩ **0.1** ⟨sport⟩ ***save*** ⇒*redding* ⟨vermeden doelpunt⟩.
save[2] **I** ⟨onov.ww.⟩ **0.1** ⟨+ up⟩ ***sparen (voor)*** ⇒*geld opzij leggen* **0.2** ***sparen*** ⇒*zuinig/spaarzaam zijn* **0.3** ⟨sport⟩ ***een doelpunt (weten te) voorkomen*** **0.4** ⟨rel.⟩ ***verlossing/heil brengen*** ⇒*redden, verlossen* ◆ **6.4** ~ (man) **from** *(de mens) verlossen van;*
II ⟨ov.ww.⟩ **0.1** ***redden*** ⇒*bevrijden, verlossen* **0.2** ***(be/uit)sparen*** ⇒*bewaren;* ⟨comp.⟩ *veilig stellen* **0.3** ***overbodig maken*** ⇒*voorkomen, besparen* **0.4** ⟨sport⟩ ***redden*** **0.5** ⟨sport⟩ ***voorkomen*** ⟨doelpunt⟩ ⇒*stoppen* ⟨(straf)schop⟩ ◆ **1.1** ~ the situation *de situatie redden, een fiasco voorkomen* **1.2** ~ one's strength *zijn krachten sparen;* ~ time *tijd (uit)sparen;* ~ a seat for me *hou een plaats voor mij vrij* **1.3** I've been ~d a lot of trouble *er werd me heel wat moeite bespaard* **1.¶** God ~ the Queen *God beware/behoede de koningin* **3.3** ⟨vnl. BE⟩ this will ~ me going into town *dat bespaart me een rit naar het dorp* **6.1** ~ s.o. **from** danger *iem. uit het gevaar redden.*
save[3], **save for** ⟨vz.⟩⟨schr.⟩ **0.1** ***behalve*** ⇒*met uitzondering v.* ◆ **1.1** all ~ (for) Gill *allen behalve Gill.*
save-as-you-earn ⟨vnl. BE; geldw.⟩ **0.1** ***automatisch sparen.***
saveloy [sævəloj] **0.1** ***cervelaatworst.***
saver [seevə] **0.1** ***spaarder/ster*** **0.2** ⟨vaak in samenstellingen⟩ ***bezuiniger*** ⇒*bespaarder, middel om uit te sparen* ◆ **¶.2** this machine is a real money-saver *deze machine spaart veel geld uit.*
saving[1] [seeving] ⟨zn.⟩ **0.1** ***redding*** ⇒*verlossing* **0.2** ***besparing*** ◆ **6.2** a ~ **of** ten dollars *een besparing v. tien dollar.*
saving[2] ⟨bn.⟩ **0.1** ***spaarzaam*** ⇒*zuinig* **0.2** ***(alles) goedmakend*** ⇒*(alles) reddend* ◆ **1.2** ~ grace *reddende/alles goedmakende eigenschap;* a ~ sense of humour *een alles goedmakend gevoel voor humor.*
saving[3] [seeving] ⟨vz.⟩ **0.1** ***uitgezonderd*** ⇒*behalve, tenzij.*
savings [seevingz] **0.1** ***spaargeld.***
savings account ⟨geldw.⟩ **0.1** ⟨BE⟩ ***spaarrekening*** ⟨met hogere rente dan depositorekening⟩ **0.2** ⟨AE⟩ ***deposito/spaarrekening.***
savings bank **0.1** ⟨geldw.⟩ ***spaarbank*** ⇒*spaarkas.*
savings bond ⟨AE; geldw.⟩ **0.1** ***spaarobligatie.***
savings certificate ⟨BE; geldw.⟩ **0.1** ***staatspapier.***
savings plan ⟨geldw.⟩ **0.1** ***spaarplan.***
savings stamp ⟨geldw.⟩ **0.1** ***spaarzegel.***
saviour, ⟨AE sp.⟩ **savior** [seeviə] **0.1** ***redder*** ⇒*bevrijder* **0.2** ⟨the; S-; rel.⟩ ***(de) Verlosser*** ⇒*(de) Heiland* ⟨Jezus Christus⟩.
savoir faire [sævwa: feə] **0.1** ***savoir-faire*** ⇒*sociale vaardigheid.*
savor|y [seevrie] ⟨AE⟩ **0.1** →**savoury** **0.2** ⟨plantk.⟩ ***steentijm*** ⇒*bonenkruid.*
savour[1], ⟨AE sp.⟩ **savor** [seevə] ⟨zn.⟩ **0.1** ***bijsmaak*** ⟨ook fig.⟩ ⇒*zweem* **0.2** ***smaak*** ⟨ook fig.⟩ ⇒*aroma, geur* ◆ **1.1** a view with a ~ of intolerance *een standpunt dat naar onverdraagzaamheid zweemt/riekt* **3.2** danger adds (a) ~ to life *gevaar geeft iets pikants aan het leven* **6.2** the ~ **of** local life *de eigenheid v.h. plaatselijke leven.*
savour[2], ⟨AE sp.⟩ **savor** **I** ⟨onov.ww.⟩ →**savour of;**
II ⟨ov.ww.⟩ **0.1** ***met smaak proeven*** ⇒*genieten (van).*
savour of **0.1** ***geuren/smaken naar*** ⟨ook fig.⟩ ⇒*rieken naar, iets weg hebben van.*
savour|y[1], ⟨AE sp.⟩ **savor|y** [seevrie] ⟨zn.; mv.: -ies⟩⟨vnl. BE⟩ **0.1** ***hartig voor/nagerecht*** ⇒*hartig hapje.*
savoury[2], ⟨AE sp.⟩ **savory** ⟨bn.⟩ **0.1** ***smakelijk*** ⇒*lekker* **0.2** ***hartig*** ⇒*pikant* **0.3** ***eerbaar*** ⇒*respectabel, aanvaardbaar.*
savoy [səvoj], **savoy cabbage** **0.1** ***savooi(e)kool.***
savvy[1], **savvey** [sævie], **sabe** ⟨zn.⟩⟨sl.⟩ **0.1** ***(gezond) verstand*** ⇒*savvie.*
savv|y[2] ⟨ww.; -ied⟩ **0.1** ***(het) snappen*** ⇒*('t/'m) vatten* ◆ **¶.¶** ~? *gesnapt?, gesnopen?;* no ~ *geen idee.*
saw[1] [so:] ⟨zn.⟩ **0.1** ***zaag(machine)*** ◆ **2.1** circular ~ *cirkelzaag.*
saw[2] ⟨volt. deelw. ook sawn [so:n]⟩ **I** ⟨onov.ww.⟩ **0.1** ***zagen*** ⇒*gezaagd worden, zich laten zagen* ◆ **1.1** this wood ~s easily *dit hout zaagt gemakkelijk;*
II ⟨onov. en ov.ww.⟩ **0.1** ***heen en weer/op en neer bewegen*** ⇒*zagen, zaagbewegingen maken (met)* ◆ **6.1** ~ **at** the fiddle *op de viool krassen;*

III ⟨ov.ww.⟩ **0.1** *zagen* ⇒*in stukken zagen* ◆ **5.1** ~ **down** a tree *een boom om/afzagen;* ~ **off** *afzagen;* ~ **up** *in stukken zagen, opzagen.*

saw[3] ⟨verl. t.⟩ →**see.**

sawbones ⟨mv.: ook sawbones⟩⟨sl.⟩ **0.1** ***chirurg*** ⇒*slager.*

sawbuck ⟨AE⟩ **0.1** ⟨sl.⟩ ***tientje*** ⇒*biljet v. tien dollar.*

sawdust 0.1 ***zaagsel.***

sawfish ⟨dierk.⟩ **0.1** ***zaagvis.***

sawhorse 0.1 ***zaagbok*** ⇒*zaagpaard.*

sawmill 0.1 ***houtzagerij.***

sawn [so:n] ⟨volt. deelw.⟩ →**saw.**

sawn-off shot-gun, sawed-off 0.1 ***geweer met verkorte/afgezaagde loop.***

sawpit 0.1 ***zaagkuil.***

sawyer [so:jə] **0.1** ***zager.***

sax [sæks] **0.1** ⟨verk.⟩ [saxophone] ⟨inf.⟩ ***sax.***

saxifrage [sæksifridzj] ⟨plantk.⟩ **0.1** ***steenbreek.***

Saxon [sæksn] **0.1** ***Angelsaksisch*** ⇒*Oud-Engels, v. Angelsaksische oorsprong* **0.2** ***Saksisch*** ◆ **1.1** ~ architecture *(voor-Normandische) Angelsaksische architectuur.*

saxophone [sæksəfoon] **0.1** ***saxofoon.***

saxophonist [sæksoffənist] **0.1** ***saxofonist.***

say[1] [see] ⟨zn.; geen mv.⟩ **0.1** ***invloed*** ⇒*zeggen(schap)* **0.2** ***zegje*** ⇒*mening* ◆ **3.1** have a ~ in the matter *iets in de melk te brokkelen hebben* **3.2** have/say one's ~ *zijn zegje zeggen/doen* **6.1** he has the ~ **about** that matter *hij heeft het voor het zeggen in die zaak.*

say[2] [see, ⟨3e pers. enk. teg. t.⟩ sez]⟨said, said [sed]⟩ **I** ⟨onov.ww.⟩ **0.1** ***zeggen*** ⇒*praten, vertellen* ◆ **3.1** I could not ~ *ik zou het niet kunnen zeggen* **4.1** ⟨BE; inf.⟩ I ~! *hé (zeg), zeg; je meent het!* **5.1** so to ~ *bij wijze v. spreken* **6.1** it's not **for** me to ~ *daar kan ik niet over beslissen/me niet over uitlaten* **¶.1** I'd rather not ~ *ik laat me er liever niet over uit;* a man, they ~, of bad reputation *een man, (zo) zegt men, met een slechte reputatie;* ⟨inf.⟩ you don't ~ (so) *'t is niet waar!, ongelofelijk!;* ⟨sprw.⟩ ~ing is one thing and doing another *zeggen en doen is twee.* →**dare;**

II ⟨ov.ww.⟩ **0.1** ***(op)zeggen*** ⇒*uiten, (uit)spreken* **0.2** ***zeggen*** ⇒*vermelden, verkondigen* **0.3** ***zeggen*** ⇒*aanvoeren, te kennen geven* **0.4** ***zeggen*** ⇒*aannemen, veronderstellen* **0.5** ***aangeven*** ⇒*tonen, zeggen* ◆ **1.1** ~ grace/one's prayers *dank zeggen, bidden;* ~ one's lesson *zijn les opzeggen* **1.2** the text ~s *in de tekst staat* **1.5** what time does your watch ~? *hoe laat is het op jouw horloge?* **2.2** to ~ the least *op zijn zachtst uitgedrukt* **3.1** I dare ~ that *het zou zelfs heel goed kunnen dat;* ⟨BE; inf.⟩ I wouldn't ~ no *ik zeg geen nee* **3.2** she is said to be very rich *men zegt dat ze heel rijk is, ze zou heel rijk zijn* **3.4** let's ~, shall we ~ *laten we zeggen/aannemen* **3.¶** when all is said and done *alles bij elkaar genomen, al met al;* no sooner said than done *zo gezegd, zo gedaan;* it goes without ~ing *het spreekt vanzelf* **4.1** ~ no more! *geen woord meer!; praat er mij niet van!; dat zegt al genoeg!;* to ~ nothing of *om nog maar te zwijgen over;* ~ to o.s. *bij zichzelf denken;* I've sth. to ~ to you *ik moet je iets vertellen;* ⟨vaak scherts.⟩ as they ~ *zoals men zegt/dat noemt, zoals dat heet;* ⟨inf.⟩ ~ what you like *je mag zeggen wat je wil;* who shall I ~, sir? *wie kan ik zeggen dat er is, meneer?;* ⟨sprw.⟩ least said, soonest mended *zwijgen en denken kan niemand krenken* **4.2** it is said/they ~ *men zegt/ze zeggen;* it ~s on the bottle *op de fles staat* **4.3** what have you to ~ for yourself? *wat heb je ter verdediging aan te voeren?;* let's do it together, what do you ~? *laten we het samen doen, wat zou je daarvan zeggen/vinden?* **4.¶** ⟨inf.⟩ I'll ~, you can ~ that again, ⟨AE⟩ you said it *zeg dat wel, daar zeg je zo iets, en of!* **5.¶** ~ when *zeg het als 't genoeg is* **6.3** what do you ~ **to** this? *wat zou je hiervan vinden/zeggen?* **8.2** it ~s here that *hier staat dat* **8.4** ~ it were true *aangenomen/stel dat het waar is* **¶.1** that is to ~ *met andere woorden, dat wil zeggen, tenminste* **¶.4** ~ seven a.m. *laten we zeggen/pakweg zeven uur ('s ochtends).*

SAYE ⟨afk.; vnl. BE; geldw.⟩ **0.1** [save-as-you-earn].

saying [seeing] **0.1** ***gezegde*** ⇒*spreekwoord, spreuk* ◆ **3.1** as the ~ goes *zoals men gewoonlijk zegt.*

say-so ⟨vnl. enk.⟩⟨inf.⟩ **0.1** ***bewering*** ⇒*woord* **0.2** ***toestemming*** ⇒*permissie* ◆ **6.1** why should he believe you **on** your ~? *waarom zou hij je op je woord geloven?*

scab[1] [skæb] ⟨zn.⟩ **0.1** ⟨inf.; bel.⟩ ***onderkruiper*** ⇒*werkwillige, stakingsbreker* **0.2** ⟨inf.⟩ ***zwartwerker*** ⟨niet-vakbondslid⟩ **0.3** ***korst(je)*** **0.4** ***schurft(ziekte)*** ⇒*scabiës, schurftkwaal* ⟨bij dieren en planten⟩.

scab[2] ⟨ww.; -bed⟩ **0.1** ⟨inf.⟩ ***onderkruipen*** ⇒*werkwillig zijn, staking breken.*

scabbard [skæbəd] **0.1** ***schede*** ⟨voor zwaard, mes⟩ **0.2** ⟨vnl. AE⟩ ***holster.***

scabb|y [skæbie] ⟨-ily⟩ **0.1** ***schurftig*** ⇒*schurftziek* **0.2** ***met korsten bedekt.***

scabies [skeebiez] **0.1** ***schurft*** ⇒*scabiës.*

scabious [skeebiəs] ⟨plantk.⟩ **0.1** ***scabiosa*** ⇒*schurftkruid.*

scabrous [skeebrəs] **0.1** ***ruw*** ⇒*oneffen* **0.2** ***schunnig*** ⇒*gewaagd, scabreus.*

scads [skædz] ⟨AE; inf.⟩ **0.1** ***massa's*** ⇒*hopen* ◆ **6.1** ~s **of** people *massa's mensen.*

scaffold [skæfəld, -foold] **0.1** ***schavot*** **0.2** ***(bouw)steiger*** ⇒*stellage* **0.3** ⟨schr.; the⟩ ***schavot(straf)*** ⇒*doodstraf.*

scaffolding [skæfəlding] **0.1** ***steiger(constructie)*** ⇒*stelling(en), stellage.*

scalar [skeelə] ⟨wisk.⟩ **0.1** ⟨bn.⟩ ***scalair*** **0.2** ⟨zn.⟩ ***scalair*** ⇒*scalaire grootheid.*

scalawag →**scallywag.**

scald[1] [sko:ld] ⟨zn.⟩ **0.1** ***brandwond*** ⇒*brandblaar/vlek* **0.2** ***brand(ziekte)*** ⟨ihb. in het koren⟩.

scald[2] **I** ⟨onov.ww.⟩ **0.1** ***zich branden*** ⟨door heet water/stoom⟩;

II ⟨ov.ww.⟩ **0.1** ***branden*** ⇒*(doen) branden/verbranden* **0.2** ***(uit)wassen*** ⇒*(uit)koken, steriliseren* **0.3** ***bijna tot kookpunt verhitten*** ⟨ihb. melk⟩.

scalding [sko:lding] **0.1** ⟨ook bw.⟩ ***kokend(heet)*** **0.2** ***bijtend*** ⇒*vernietigend* ⟨v. oordeel⟩ ◆ **2.1** ~ hot *kokend heet.*

scale[1] [skeel] ⟨zn.⟩ **0.1** ***schub*** ⇒*schaal, (huid)schilfer* **0.2** ⟨vaak mv. met enk. bet.⟩ ***(weeg)schaal*** **0.3** ***aanslag*** ⇒*ketelsteen* **0.4** ***schaal(verdeling)*** ⇒*schaalaanduiding; maatstok, meetlat* **0.5** ⟨muz.⟩ ***toonladder*** **0.6** ⟨wisk.⟩ ***schaal*** **0.7** ***schildluis*** ⟨plantenziekte⟩ ◆ **1.2** a pair of ~s *een weegschaal* **1.4** the ~ of the problem *de omvang v.h. probleem;* ~ of wages *loonschaal* **3.1** ⟨fig.⟩ the ~s fell from her eyes *de schellen vielen haar v.d. ogen* **3.2** tip/turn the ~(s) *de balans doen doorslaan, de doorslag geven* **6.2** ⟨inf.⟩ he tipped the ~(s) **at** sixty kilograms *hij woog zestig kilo* **6.4** ⟨fig.⟩ **on** a large/grand/small ~ *op grote/kleine schaal;* a map **on** a ~ **of** a centimetre **to** the kilometre *een kaart met een schaal van 1 op 100.000;* draw **to** ~ *op schaal tekenen.*

scale[2] **I** ⟨onov.ww.⟩ **0.1** ***(af)schilferen*** ⇒*(af)bladderen* **0.2** ***bepaald gewicht hebben*** ⇒*wegen* ⟨ihb. v. bokser⟩;

II ⟨ov.ww.⟩ **0.1** ⟨+ off⟩ ***ontdoen van*** ⟨aanslag⟩ ⇒*schrap(p)en, pellen* **0.2** ***(be)klimmen*** ⇒*(op)klauteren, opgaan* ⟨ladder⟩ **0.3** ⟨vaak pass.⟩ ***aanzetten aan/op*** ⟨v. kalk, ketelsteen⟩ ⇒*zich vasthechten aan/in* ◆ **5.¶** ~ **back/down** *verlagen, verkleinen, terugschroeven;* ~ **up** *verhogen, vergroten, opschroeven.*

scale drawing 0.1 ***schaaltekening*** ⇒*tekening op schaal.*
scale model 0.1 ***schaalmodel.***
scalene [skeelie:n] 0.1 ***ongelijkzijdig*** ⟨v. driehoek⟩ ◆ 1.1 ~ triangle *ongelijkzijdige driehoek.*
scaling ladder 0.1 ***brandladder*** ⇒*stormladder.*
scallion [skæliən] 0.1 ***sjalotje*** 0.2 ***bosuitje*** ⇒*lente-uitje.*
scallop¹, scollop [skolləp] ⟨zn.⟩ 0.1 ***kamschelp*** 0.2 ***sint-jakobsschelp*** 0.3 ⟨mv.⟩ ***schulp(rand)*** ⇒*uitschulping.*
scallop², scollop, ⟨in bet. 0.1 ook⟩ **escallop** [eskolləp] ⟨ww.⟩ 0.1 ***in de schelp bakken/koken*** ⇒*gratineren* 0.2 ***(uit)-schulpen*** ⇒*met schulprand versieren.*
scallywag [skæliewæg], ⟨AE sp. meestal⟩ **scalawag** [skæləwæg] 0.1 ⟨meestal scherts.⟩ ***deugniet*** ⇒*rakker, schavuit.*
scalp¹ [skælp] ⟨zn.⟩ 0.1 ***schedel/hoofdhuid*** 0.2 ***scalp*** ⟨als zegeteken⟩ ⇒⟨fig.; inf.⟩ *zegeteken.*
scalp² ⟨ww.⟩ 0.1 ***scalperen*** 0.2 ⟨vnl. AE; inf.⟩ ***speculeren in/met*** ⟨aandelen, toegangskaartjes e.d.⟩.
scalpel [skælpl] ⟨med.⟩ 0.1 ***scalpel*** ⇒*ontleed/operatiemes.*
scal|y [skeelie] ⟨-iness⟩ 0.1 ***schilferig*** ⇒*bladderig, geschilferd* 0.2 ***geschubd.***
scamp [skæmp] ⟨pej., scherts.⟩ 0.1 ***boef(je)*** ⇒*rakker, deugniet* ◆ 4.1 you ~! *(jij) boef!*
scamper [skæmpə] 0.1 ***hollen*** ⇒*rennen, draven.*
scampi [skæmpie] 0.1 ***scampi*** ⇒*grote garnalen* 0.2 ***scampigerecht.***
scan¹ [skæn] ⟨zn.⟩ 0.1 ***onderzoekende blik*** 0.2 ⟨tech.⟩ ***scanning*** ⇒*het aftasten/onderzoeken.*
scan² ⟨-ned⟩ I ⟨onov.ww.⟩ 0.1 ***zich laten scanderen*** ⟨v. gedicht⟩ ⇒*metrisch juist zijn;*
II ⟨ov.ww.⟩ 0.1 ***scanderen*** ⟨gedicht⟩ 0.2 ***nauwkeurig onderzoeken*** ⇒*afspeuren/zoeken* 0.3 ***snel, vluchtig doorlezen*** 0.4 ⟨tech.⟩ ***aftasten*** ⇒*scannen* ⟨met radar⟩.
scandal [skændl] 0.1 ***schandaal*** ⇒*schande* 0.2 ***achterklap*** ⇒*laster(praat)* ◆ 3.2 talk ~ *roddelen.*
scandalize, -ise [skændlajz] 0.1 ⟨vaak pass.⟩ ***choqueren*** ⇒*ergernis/aanstoot geven.*
scandalmonger [skændlmunggə] 0.1 ***kwaadspreker/spreekster*** ⇒*lasteraar(ster).*
scandalous [skændələs] 0.1 ***schandelijk*** ⇒*schandalig, aanstootgevend.*
Scandinavian [skændinneeviən] 0.1 ⟨bn.⟩ ***Scandinavisch*** 0.2 ⟨zn.⟩ ***Scandinaviër.***
scanner [skænə] ⟨tech.⟩ 0.1 ***aftaster*** ⇒*scanner, (draaiende) radarantenne.*
scant [skænt] ⟨schr.⟩ 0.1 ***weinig*** ⇒*spaarzaam, gering* ◆ 1.1 do ~ justice to sth. *iets weinig/nauwelijks recht doen.*
scant|y [skæntie] ⟨-iness⟩ 0.1 ***karig*** ⇒*krap, gering.*
scapegoat 0.1 ***zondebok*** ⇒⟨fig.⟩ *wrijfpaal.*
scapula [skæpjoelə] ⟨mv.: ook scapulae [-lie:]⟩ ⟨med.⟩ 0.1 ***schouderblad.***
scar¹ [ska:] ⟨zn.⟩ 0.1 ⟨ook plantk.⟩ ***litteken*** ⇒*schram, kras;* ⟨fig.⟩ *schandvlek, smet.*
scar² ⟨-red⟩ I ⟨onov.ww.⟩ 0.1 ***een litteken vormen/achterlaten*** ⟨v. wond⟩;
II ⟨ov.ww.⟩ 0.1 ⟨vnl. volt. deelw.⟩ ***met littekens bedekken*** ⇒*schrammen* 0.2 ***een litteken vormen op*** ⟨wond⟩.
scarab [skærəb], ⟨in bet. 0.1 ook⟩ **scarab beetle** 0.1 ***(mest)-kever*** ⇒*scarabee* ⟨ihb. heilig dier der oude Egyptenaren⟩ 0.2 ***(voorstelling v.) scarabee*** ⟨als amulet⟩.
scarce [skeəs] ⟨-r⟩ 0.1 ***schaars*** ⟨v. voedsel, geld e.d.⟩ ⇒*zeldzaam* ◆ 3.1 ⟨inf.⟩ make o.s. ~ *zich uit de voeten maken.*
scarcely [skeəslie] 0.1 ***nauwelijks*** ⇒*met moeite* 0.2 ⟨vnl. pompeus⟩ ***zeker niet*** ◆ 5.1 ~ ever *haast nooit.*
scarcit|y [skeəsətie] ⟨mv.: -ies⟩ 0.1 ***schaarste*** ⇒*gebrek.*
scare¹ [skeə] ⟨zn.⟩ 0.1 ***(redeloze) schrik*** ⇒*vrees, paniek-(stemming)* ◆ 3.1 give s.o. a ~ *iem. de stuipen op het lijf jagen.*
scare² ⟨bn.⟩⟨inf.⟩ 0.1 ***angstaanjagend*** ⇒*paniek-, paniek-(zaaiend)* ◆ 1.1 ~ tactics *paniektactiek.*
scare³ ⟨inf.⟩ I ⟨onov.ww.⟩ 0.1 ***schrikken*** ⇒*bang worden* ◆ 5.1 ~ easily *snel bang worden;*
II ⟨ov.ww.⟩ 0.1 ***doen schrikken*** ⇒*bang maken* 0.2 ⟨+ off/away⟩ ***wegjagen*** ⇒*afschrikken* ◆ 1.1 ~d to death *doodsbang* 2.1 ⟨inf.⟩ ~ s.o. shitless, silly/stiff *iem. de stuipen op het lijf jagen* 6.1 ~d **of** *bang voor;* ~d **out of** one's wits *buiten zichzelf v. schrik, doodsbang.* →**scare up.**
scarecrow [skeəkroo] 0.1 ***vogelverschrikker*** ⟨ook fig.⟩.
scare head(line) 0.1 ***sensatiekop*** ⟨in krant⟩.
scaremonger [skeəmunggə] 0.1 ***bangmaker*** ⇒*paniekzaaier.*
scare story 0.1 ***paniekverhaal.***
scare up ⟨vnl. AE; inf.⟩ 0.1 ***optrommelen*** ⇒*bij elkaar scharrelen* 0.2 ***klaarmaken*** ⇒*vervaardigen* ◆ 6.2 ~ a meal **from** leftovers *uit restjes een maaltijd in elkaar flansen.*
scarf [ska:f] ⟨mv.: ook scarves [ska:vz]⟩ 0.1 ***sjaal(tje)*** ⇒*sjerp.*
scarif|y [skeəriffaj] ⟨-ied⟩ 0.1 ⟨med.⟩ ***insnijden*** ⇒*kerven* 0.2 ⟨schr.⟩ ***aanvallen*** ⟨met woorden⟩ 0.3 ***loswerken*** ⟨grond⟩.
scarlatina [ska:lətie:nə] 0.1 ***roodvonk.***
scarlet [ska:lit] 0.1 ⟨bn. en zn.⟩ ***scharlaken(rood)*** ◆ 1.¶ ~ fever *roodvonk;* ⟨med.⟩ ~ rash *roseola* ⟨huiduitslag⟩.
scarp [ska:p] 0.1 ***steile (rots)wand*** 0.2 ***escarpe.***
scarper [ska:pə] ⟨BE; sl.⟩ 0.1 ***'m smeren.***
scar tissue 0.1 ***littekenweefsel.***
scarves [ska:vz] ⟨mv.⟩ →**scarf.**
scar|y [skeərie] ⟨-ier⟩⟨inf.⟩ 0.1 ***eng*** ⇒*schrikaanjagend* 0.2 ***(snel) bang*** ⇒*schrikachtig.*
scat [skæt] ⟨-ted⟩ 0.1 ⟨vaak onpersoonlijk; inf.⟩ ***snel vertrekken*** 0.2 ⟨jazz⟩ ***betekenisloze lettergrepen zingen*** ⟨met stem als instrument⟩ ⇒*scat* ◆ ¶.1 ~! *ga weg!*
scathing [skeeðing] 0.1 ***vernietigend*** ⇒*bijtend* ⟨sarcasme bv.⟩ ◆ 1.1 ~ remark *vernietigende opmerking.*
scatolog|y [skætolledzjie] ⟨bn.: **-ical**⟩ 0.1 ***scatologie.***
scatter¹ [skætə], **scattering** [skætəring] ⟨zn.⟩ 0.1 ***(ver)spreiding*** ⇒*verstrooiing* ⟨ook nat.⟩ ◆ 6.1 a ~ **of** houses *een paar huizen hier en daar.*
scatter² I ⟨onov.ww.⟩ 0.1 ***verstrooid raken*** ⇒*zich verspreiden;*
II ⟨ov.ww.⟩⟨vaak pass.⟩ 0.1 ***verstrooien*** ⟨ook nat.⟩ ⇒*verspreiden* ⟨ook fig.⟩ 0.2 ***uiteendrijven*** 0.3 ***de bodem inslaan*** ⟨hoop⟩ ◆ 5.1 ~ **about/around** *rondstrooien* 6.1 ~ **over** *uitstrooien over.*
scatterbrain ⟨inf.⟩ 0.1 ***warhoofd.***
scatterbrained ⟨inf.⟩ 0.1 ***warhoofdig*** ⇒*warrig.*
scatter (dia)gram ⟨stat.⟩ 0.1 ***strooidiagram.***
scattered [skætəd] 0.1 ***verspreid (liggend)*** ⇒*ver uiteen* ◆ 1.1 ~ showers *hier en daar een bui.*
scatter-gun 0.1 ***(jacht)geweer.***
scatt|y [skætie] ⟨-iness⟩⟨vnl. BE; inf.⟩ 0.1 ***gek*** ⇒*daas, warrig.*
scavenge [skævindzj] I ⟨onov.ww.⟩ 0.1 ***vuil ophalen*** ⟨op straat⟩ 0.2 ***afval doorzoeken*** 0.3 ***aas eten;***
II ⟨ov.ww.⟩ 0.1 ***reinigen*** ⟨straat⟩ 0.2 ***doorzoeken*** ⟨afval⟩.
scavenger [skævindzjə] 0.1 ***aaseter*** 0.2 ***aaskever*** 0.3 ⟨vnl. BE⟩ ***vuilnisman*** ⇒⟨ihb.⟩ *voddenraper.*
scenario [sinna:rie·oo] 0.1 ***scenario*** ⇒*draaiboek* ⟨ook fig.⟩, *(film)script.*
scenarist [sinna:rist] 0.1 ***scenarioschrijver*** ⇒*scriptschrijver.*
scene [sie:n] 0.1 ***plaats v. handeling*** ⇒*lokatie, toneel* 0.2 ⟨dram.⟩ ***scène*** 0.3 ⟨inf.⟩ ***scène*** ⇒*ophef, misbaar* 0.4 ***decor(s)*** ⇒*coulisse(n)* 0.5 ***wereldje*** ⇒*scene* 0.6 ***landschap***

0.7 ⟨inf.⟩ *interesse* ◆ 1.1 change of ~ *verandering v. omgeving* 3.1 the ~ is laid *het speelt zich af* 3.5 ⟨inf.⟩ be on the ~, make the ~ *aanwezig zijn; tot het wereldje behoren;* come on the ~ *verschijnen* 3.¶ quit the ~ *van het toneel verdwijnen;* ⟨ihb.⟩ *sterven;* set the ~ (for sth.) *(iets) voorbereiden;* ⟨inf.⟩ steal the ~ *de show stelen* 4.7 that isn't my ~ *dat is niets voor mij, daar moet ik niets van hebben* 6.4 **behind** the ~s *achter de schermen* ⟨ook fig.⟩.

scene artist, scene painter 0.1 *decorschilder.*

scene change 0.1 *wisseling v. decor* ⇒*decorwisseling* ⟨ook fig.⟩.

scenery [sien(ə)rie] 0.1 *decors* ⇒*coulissen* 0.2 *landschap.*

sceneshifter 0.1 *toneelknecht.*

scenic [sie:nik] ⟨-ally⟩ 0.1 *dramatisch* ⇒*toneel-* 0.2 *pittoresk* 0.3 *v.d. natuur* ⇒*landschap(s)-* ◆ 1.¶ ~ railway *miniatuurspoorbaan.*

scent[1] [sent] ⟨zn.⟩ 0.1 *geur* ⇒*lucht* ⟨ook jacht⟩ 0.2 ⟨vnl. enk.⟩ *spoor* ⟨ook fig.⟩ 0.3 ⟨vnl. BE⟩ *parfum* ⇒*luchtje, geurtje* 0.4 *reuk(zin)* ⇒*neus* ⟨ook fig.⟩ ◆ 2.2 on a false / wrong ~ *op een verkeerd spoor* 3.2 ⟨fig.⟩ put / throw s.o. off the ~ *iem. van het spoor / op een dwaalspoor brengen* 6.2 **on** the (right) ~ *op het goede spoor.*

scent[2] I ⟨onov. en ov.ww.⟩ 0.1 *ruiken* ⟨ook fig.⟩ ⇒*geuren, lucht krijgen van* ◆ 5.1 ~ **out** *opsporen* ⟨door op de lucht af te gaan⟩;
II ⟨ov.ww.⟩⟨vaak pass.⟩ 0.1 *parfumeren* ◆ 6.1 ~ed **with** *vervuld met de lucht van.*

scentless [sentləs] 0.1 *reukloos* ⇒*geurloos.*

sceptic [skeptik] 0.1 *scepticus* ⇒⟨fil.⟩ *aanhanger v. Pyrrho* ⟨Griekse scepticus⟩ 0.2 *twijfelaar.*

sceptical [skeptikl] 0.1 ⟨+ about / of⟩ *sceptisch (over)* ⇒*twijfelend* 0.2 *twijfelzuchtig* ⇒*sceptisch.*

scepticism [skeptissizm] 0.1 *scepticisme* ⇒*twijfelzucht;* ⟨fil.⟩ *leer v. Pyrrho* 0.2 *kritische houding.*

sceptre [septə] ⟨ook fig.⟩ 0.1 *scepter.*

schedule [sjedjoe:l] 0.1 *programma* 0.2 *(inventaris)lijst* 0.3 ⟨vnl. AE⟩ *dienstregeling* ⇒*rooster* ◆ 6.1 **(according) to** ~ *volgens plan;* **ahead of** ~ *vóór op het schema;* be **behind** ~ *achter liggen op het schema, vertraging hebben;* **on** ~ *op tijd.*

scheduled [sjedjoe:ld] 0.1 *gepland* ⇒*in het rooster / de dienstregeling opgenomen* 0.2 *op een lijst gezet* ⟨BE vnl. op monumentenlijst⟩ 0.3 *lijn-* ⟨dienst, vlucht⟩.

schema [skie:mə]⟨mv.: schemata [skie:mətə]⟩ ⟨schr.⟩ 0.1 *diagram* ⇒*schema.*

schematic [skie:mætik] ⟨-ally⟩ 0.1 *schematisch* 0.2 *planmatig.*

schematize, -ise [skie:mətajz] 0.1 *schematisch voorstellen* 0.2 *in een schema zetten.*

scheme[1] [skie:m] ⟨zn.⟩ 0.1 *stelsel* ⇒*ordening, systeem* 0.2 *programma* 0.3 *oogmerk* ⇒*project* 0.4 *snood plan* ⇒*complot* 0.5 *ontwerp* ◆ 1.1 ~ of things *wereldplan.*

scheme[2] I ⟨onov.ww.⟩ 0.1 *plannen maken* ⇒⟨ihb.⟩ *plannen smeden* ◆ 6.1 ~ **for** sth. *iets plannen;*
II ⟨ov.ww.⟩ 0.1 *beramen* ⟨plannen⟩ ⇒*smeden* 0.2 *intrigeren tegen.*

schemer [skie:mə] 0.1 *plannenmaker* 0.2 *intrigant.*

scheming [skie:ming] 0.1 *sluw.*

schism [sizm, skizm] 0.1 *scheuring* ⟨ihb. in kerk⟩ ⇒*afscheiding* 0.2 *afgescheiden groep / sekte.*

schismatic [sizmætik, skiz-] 0.1 ⟨bn.⟩ *schismatiek* 0.2 ⟨zn.⟩ *schismaticus.*

schizoid [skitsojd] 0.1 ⟨bn.⟩ *schizoïde* 0.2 ⟨zn.⟩ *schizoïde persoon.*

schizophrenia [skitsəfrie:niə] 0.1 *schizofrenie.*

schizophrenic [skitsəfrennik], ⟨inf.⟩ **schizo** [skitsoo] ⟨med.⟩ 0.1 ⟨bn. en zn.⟩ *schizofreen.*

schmalz, schmaltz [sjmo:ltz] ⟨inf.⟩ 0.1 *sentimentaliteit* ⇒*sentimentele muziek.*

schmalz|y [sjmo:ltsie] ⟨-ier⟩⟨inf.⟩ 0.1 *sentimenteel.*

schmuck [sjmuk] ⟨sl.⟩ 0.1 *lul* ⇒*zakkenwasser.*

scholar [skollə] 0.1 *geleerde* 0.2 *beursstudent* 0.3 ⟨inf.⟩ *geletterde* ◆ 1.1 a ~ and a gentleman *een geleerde heer* 4.3 not much of a ~ *geen studiehoofd.*

scholarly [skolləlie] 0.1 *wetenschappelijk* 0.2 *geleerd* 0.3 *leergierig.*

scholarship [skollәsjip] 0.1 *(studie)beurs* 0.2 *wetenschappelijkheid* 0.3 *wetenschap* 0.4 *geleerdheid* ◆ 3.1 win a ~ to a college *een beurs voor een 'college' verkrijgen.*

scholastic [skəlæstik] ⟨-ally⟩ 0.1 *school-* 0.2 ⟨vaak S-⟩ *scholastisch* 0.3 *schools.*

scholasticism [skəlæstissizm] ⟨ook S-⟩ 0.1 *scholastiek.*

school[1] [skoe:l] I ⟨telb.zn.⟩ 0.1 *school* ⟨v. gedachten⟩ ⇒*richting* 0.2 *school* ⟨vissen e.d.⟩ ◆ 1.1 ~ of thought *denkwijze, (filosofische) school* 3.1 he left no ~ behind him *hij vond geen navolging;*
II ⟨telb. en n.-telb.zn.⟩ 0.1 *school* ⇒⟨fig.⟩ *leerschool* 0.2 *collegeruimte* ⇒*examengebouw, leslokaal* 0.3 ⟨BE⟩ *studierichting* 0.4 ⟨AE⟩ *(universitair) instituut* ⇒*faculteit* ◆ 2.1 lower / upper ~ *onderbouw / bovenbouw;* ⟨BE⟩ modern ~ ⟨ong.⟩ *mavo* 2.4 medical ~ *faculteit (der) geneeskunde* 3.1 go to ~ *(naar) school gaan;* keep in after ~ *na laten blijven;* leave ~ *van school gaan;* ⟨BE⟩ maintained ~ *(door de staat) gesubsidieerde school;* quit ~ *van school gaan* 6.1 **after** ~ *na school(tijd);* **at** ~ *op school.* →**approve, comprehensive, elementary, primary, private, public, ragged, secondary;**
III ⟨n.-telb.zn.⟩ 0.1 *scholing* ⇒*(school)opleiding.*

school[2] ⟨ww.⟩ 0.1 *naar school sturen* 0.2 *scholen* ⇒*trainen; africhten* ⟨paard⟩ ◆ 1.2 ~ one's temper *zich beheersen* 6.2 ~ed **in** *opgeleid tot / in.*

school age 0.1 *leerplichtige leeftijd.*

school bag 0.1 *schooltas.*

school board ⟨ww. ook mv.⟩⟨AE⟩ 0.1 *schoolcommissie.*

schoolboy 0.1 *schooljongen* ⇒*scholier.*

school certificate 0.1 *einddiploma.*

school chaplain 0.1 *moderator* ⇒*schoolpastor.*

school crossing patrol 0.1 *klaar-overbrigade.*

schooldays 0.1 *schooltijd.*

schoolfee 0.1 ⟨ook mv.⟩ *schoolgeld.*

schoolfellow 0.1 *schoolkameraad.*

schoolgirl 0.1 *schoolmeisje.*

schoolhouse 0.1 *schoolgebouw* ⇒⟨ihb.⟩ *dorpsschool.*

schooling [skoe:ling] 0.1 *scholing* ⇒*onderwijs* 0.2 *dressuur.*

school-leaver ⟨BE⟩ 0.1 *schoolverlater.*

schoolma'am, schoolmarm [skoe:lma:m] ⟨AE; inf., scherts.⟩ 0.1 *schooljuffrouw* 0.2 *schoolfrik.*

school|man [skoe:lmən]⟨mv.: -men [-mən]⟩ 0.1 ⟨vaak S-⟩ *scholasticus* 0.2 ⟨AE⟩ *onderwijzer.*

schoolmaster ⟨verouderend⟩ 0.1 *schoolmeester.*

schoolmate ⟨inf.⟩ 0.1 *schoolkameraad.*

schoolmistress ⟨verouderend⟩ 0.1 *schooljuffrouw.*

schoolroom 0.1 *(les)lokaal.*

school superintendent 0.1 *schooldirecteur* 0.2 *onderwijsinspecteur.*

schoolteacher 0.1 *onderwijzer(es)* 0.2 *leraar.*

schooltime 0.1 *schooltijd.*

schoolwork 0.1 *schoolwerk* ⇒*huiswerk.*

school yard 0.1 *schoolplein.*

schooner [skoe:nə] **0.1** ⟨scheep.⟩ ***schoener*** **0.2** ⟨AE⟩ ***groot bierglas*** **0.3** ⟨BE⟩ ***groot sherry/portglas.***
sciatic [sajætik] ⟨-ally⟩⟨med.⟩ **0.1** ***heup-*** ◆ **1.1** the ~ nerve *de grote beenzenuw.*
sciatica [sajætikkə] **0.1** ***ischias.***
science [sajjəns] **0.1** ***natuurwetenschap*** **0.2** ***wetenschap*** **0.3** ***techniek*** ⇒*vaardigheid* ◆ **3.2** applied ~ *toegepaste wetenschap.* →**noble.**
science fiction ⟨ook attr.⟩ **0.1** ***sciencefiction.***
science park **0.1** ***researchpark.***
scientific [sajjəntiffik] ⟨-ally⟩ **0.1** ***wetenschappelijk*** **0.2** ***vakkundig*** ◆ **2.2** a ~ boxer *een bokser met een goede techniek.*
scientist [sajjəntist] **0.1** ***wetenschapsman*** ⟨ihb. op het gebied v.d. natuurwetenschappen⟩.
scientology [sajjəntolləd zjie] ⟨rel.⟩ **0.1** ***sciëntologie.***
sci-fi [sajfaj] ⟨verk.⟩ [sciencefiction].
scimitar [simmittə] **0.1** ***kromzwaard.***
scintilla [sintillə] ⟨geen mv.⟩ **0.1** ***sprankje*** ⇒*spoor(tje)* ◆ **1.1** there's not a ~ of truth in his account *er is helemaal niets waar v. zijn verhaal.*
scintillate [sintilleet] **I** ⟨onov.ww.⟩ **0.1** ***schitteren*** ⇒*fonkelen* **0.2** ***vonken*** ⇒*vonken schieten* **0.3** ***sprankelen*** ⇒*geestig/scherpzinnig zijn* ◆ **1.3** scintillating humour *tintelende humor* **6.3** ~ **with** wit *sprankelen van geest(igheid);*
II ⟨ov.ww.⟩ **0.1** ***sprankelen van*** ◆ **1.1** he usually ~s good ideas in his articles *gewoonlijk sprankelen zijn artikelen v.d. goede ideeën.*
scintillation [sintilleesjn] **0.1** ***fonkeling*** ⇒*glinstering* **0.2** ***vonk*** **0.3** ***flits.***
scion [sajjən] **0.1** ***ent*** ⇒*spruit, stek* **0.2** ***telg.***
scissors [sizzəz] **I** ⟨telb.zn.; geen mv.⟩ **0.1** ⟨gymnastiek⟩ ***schaar(sprong);***
II ⟨mv.⟩ **0.1** ***schaar*** ◆ **1.1** a pair of ~ *een schaar.*
scissors kick ⟨zwemsport⟩ **0.1** ***(scharende) beenslag.***
sclerosis [sklirroosis]⟨mv.: scleroses [-sie:z]⟩ **0.1** ⟨med.⟩ ***sclerose*** ⇒*weefselverharding* **0.2** ⟨plantk.⟩ ***verharding*** ⇒*verhouting* ⟨v.d. celwanden⟩.
scoff[1] [skof] ⟨zn.⟩ **0.1** ⟨vaak mv.⟩ ***spottende opmerking*** **0.2** ***mikpunt v. spotternij*** **0.3** ⟨vnl. BE; inf.⟩ ***vreten.***
scoff[2] **I** ⟨onov.ww.⟩ **0.1** ⟨+ at⟩ ***spotten (met);***
II ⟨onov. en ov.ww.⟩⟨inf.⟩ **0.1** ***schrokken*** ⇒*vreten;*
III ⟨ov.ww.⟩ **0.1** ***bespotten*** ⇒*uitlachen.*
scoffer [skoffə] **0.1** ***spotter.***
scoffingly [skoffinglie] **0.1** ***spottend.***
scold[1] [skoold] ⟨zn.⟩ **0.1** ***viswijf*** ⇒*feeks.*
scold[2] **I** ⟨onov.ww.⟩ **0.1** ⟨+ at⟩ ***schelden (op)*** ⇒*vitten;*
II ⟨ov.ww.⟩ **0.1** ***uitvaren tegen*** ◆ **6.1** ~ s.o. **for** sth. *iem. om iets berispen.*
scolding [skoolding] **0.1** ***standje.***
scollop →**scallop.**
sconce [skons] **0.1** ***muurarm/haak/houder.***
scone [skon, skoon] **0.1** ***scone*** ⟨kleine, stevige cake⟩.
scoop[1] [skoe:p] ⟨zn.⟩ **0.1** ***schep*** ⇒*lepel; hoosvat; bak; schoep* **0.2** ***schepbeweging*** ⇒*greep* **0.3** ***primeur*** ⟨in krant⟩ ⇒⟨bij uitbr.⟩ *sensationeel nieuwtje* **0.4** ⟨geen mv.; inf.⟩ ***fortuin*** ⇒*speculatiewinst* ◆ **1.1** three ~s of ice cream *drie scheppen ijs* **6.2** **at/with** one ~ *in één beweging;* ⟨fig.⟩ *in één keer.*
scoop[2] ⟨ww.⟩ **0.1** ***scheppen*** ⇒*lepelen* **0.2** ***uithollen*** ⇒*(uit)graven* **0.3** ***hozen*** **0.4** ***binnenhalen*** ⇒*grijpen* ⟨geld⟩, *in de wacht slepen* **0.5** ⟨inf.⟩ ***vóór zijn*** ⇒*de loef afsteken* ◆ **1.5** the Observer ~ed the other newspapers *The Observer was de andere kranten vóór* **5.1** ~ **out** *opscheppen;* ~ **up** *opscheppen* ⟨met handen, lepel⟩ **5.3** ~ **out** *leeghozen* **5.4** ~ **in/up** *binnenhalen.*

scoopful [skoe:pfoel] **0.1** ***schep*** ⇒*schop, bak.*
scoot [skoe:t] **0.1** ***rennen*** ⇒*vliegen.*
scooter [skoe:tə] **0.1** ***autoped*** **0.2** ***scooter.***
scope [skoop] **0.1** ***bereik*** ⇒*gebied, omvang* **0.2** ***ruimte*** ⇒*armslag, gelegenheid* **0.3** ⟨verk.⟩ [microscope, periscope, telescope] ⟨enz.⟩ ◆ **6.1** **beyond/outside** the ~ of this essay *buiten het bestek v. dit opstel* **6.2** this job gives you ~ **for** your abilities *deze baan geeft je de kans je talenten te ontplooien.*
scorch[1] [sko:tsj] ⟨zn.⟩ **0.1** ***schroeiplek*** **0.2** ⟨inf.⟩ ***dolle rit.***
scorch[2] **I** ⟨onov.ww.⟩⟨BE; inf.⟩ **0.1** ***razendsnel rijden*** ⇒*vliegen* ⟨v. motorrijders⟩, *scheuren* **0.2** ⟨sl.; honkbal⟩ ***snelle, harde bal gooien;***
II ⟨onov. en ov.ww.⟩ **0.1** ***(ver)schroeien*** ⇒*(ver)zengen, verbranden* **0.2** ***verdorren.***
scorcher [sko:tsjə] ⟨inf.⟩ **0.1** ***snikhete dag/periode*** **0.2** ***scherpe kritiek*** ⇒*scherpe uithaal* **0.3** ***snelheidsduivel.***
scorching [sko:tsjing] **0.1** ⟨ook als bw.⟩ ***verschroeiend*** ⇒*verzengend* **0.2** ***vernietigend*** ⇒*bijtend* ◆ **2.1** ~ hot *snikheet.*
score[1] [sko:] ⟨zn.⟩ **0.1** ***stand*** ⇒*puntentotaal, score* **0.2** ⟨vnl. enk.⟩ ***(doel)punt*** ⟨ook fig.⟩ ⇒*rake opmerking; succes* **0.3** ***getrokken/ingesneden lijn*** ⇒*kerf, kras; striem, schram; lijn* **0.4** ⟨vnl. enk.⟩ ***reden*** ⇒*grond* **0.5** ***rekening*** ⇒*schuld* **0.6** ***grief*** **0.7** ***onderwerp*** ⇒*thema, punt* **0.8** ⟨muz.⟩ ***partituur*** ⇒⟨bij uitbr.⟩ *muziek* ⟨voor musical e.d.⟩ ◆ **3.1** what is the ~? *hoeveel staat het?;* keep (the) ~ *de stand bijhouden;* level the ~ *gelijkmaken* **3.5** pay one's ~ *de rekening vereffenen;* run up a ~ *in de schulden raken* **3.6** pay off/settle/wipe off old ~s *een oude rekening vereffenen* **3.¶** know the ~ *de stand v. zaken weten* **6.2** ⟨fig.⟩ make a ~ **against/off** one's opponent *een punt scoren tegen zijn tegenstander* **6.4** **on** more ~s than one *om meer dan één reden;* **on** the ~ **of** *vanwege;* **on** that ~ *daarom* **6.7** **on** the ~ **of** food *op het punt v. voedsel;* **on** this/that ~ *wat dit/dat betreft.*
score[2] **I** ⟨onov.ww.⟩ **0.1** ***scoren*** ⇒*(doel)punt maken; puntentotaal halen* ⟨bv. in test⟩ **0.2** ***de score noteren*** **0.3** ***succes hebben/boeken*** **0.4** ⟨inf.⟩ ***geluk hebben*** **0.5** ⟨sl.⟩ ***scoren*** ⇒*drugs op de kop tikken* **0.6** ⟨sl.⟩ ***een nummertje maken*** ⟨v. man⟩ ◆ **6.¶** ⟨inf.⟩ ~ **off/against/over** s.o. *iem. aftroeven; iem. de grond in trappen* ⟨in debat⟩; *iem. voor gek zetten;*
II ⟨ov.ww.⟩ **0.1** ***lijn(en) trekken/krassen*** ⇒*(in)kerven; schrammen* **0.2** ⟨+ up⟩ ***noteren*** ⟨schuld, score⟩ **0.3** ***scoren*** ⇒*maken* ⟨punt⟩; ⟨fig.⟩ *behalen, boeken* ⟨succes⟩, *winnen* **0.4** ***tellen voor*** ⇒*waard zijn* ⟨v. punt, run⟩ **0.5** ***toekennen*** ⟨punten⟩ ⇒*geven* **0.6** ***een score/puntentotaal halen van*** ⟨bv. in test⟩ **0.7** ⟨vnl. AE; inf.⟩ ***fel bekritiseren*** ⇒*hekelen* ◆ **5.1** ~ **out/through** *doorstrepen* **6.2** ~ sth. (up) **against/to** s.o. *iets op iemands rekening schrijven* ⟨ook fig.⟩; *iem. iets aanrekenen.*
scoreboard ⟨sport⟩ **0.1** ***scorebord.***
scorecard, ⟨in bet. 0.2 ook⟩ **scoresheet** ⟨sport, vnl. cricket, honkbal⟩ **0.1** ***spelerslijst*** **0.2** ***scorelijst.***
scoreless [sko:ləs] ⟨sport⟩ **0.1** ***doelpuntloos.***
scorer [sko:rə], ⟨in bet. 0.1 ook⟩ **scorekeeper** **0.1** ***scoreteller*** **0.2** ***(doel)puntenmaker.***
scorn[1] [sko:n] ⟨zn.⟩ **0.1** ***(voorwerp v.) minachting*** ⇒*geringschatting* ◆ **3.1** pour ~ on *verachten* **3.¶** laugh s.o. to ~ *iem. smalend uitlachen.*
scorn[2] ⟨ww.⟩ **0.1** ***minachten*** ⇒*verachten* **0.2** ***versmaden*** ⇒*beneden zich achten.*
scornful [sko:nfl] **0.1** ***minachtend*** ◆ **6.1** ~ **of** sth. *met minachting voor iets.*
Scorpio [sko:pie·oo] ⟨astrol., ster.⟩ **0.1** ***(de) Schorpioen.***
scorpion [sko:piən] **0.1** ***schorpioen.***

scorzonera [skɔ:zənɪərə] **0.1** ***schorseneer.***
Scot [skot] **0.1** *Schot.*
scotch [skotsj] **0.1** ***een eind maken aan*** ⇒*ontzenuwen* ⟨theorie⟩, *de kop indrukken* ⟨gerucht⟩ **0.2** ***verijdelen*** ⟨plan⟩.
Scotch¹ [skotsj] **I** ⟨eig.n.⟩ **0.1** ***Schots*** ⟨taal⟩ ⇒⟨ihb.⟩ *Laagland-Schots;*
II ⟨telb. en n.-telb.zn.⟩ **0.1** ***Schotse whisky;***
III ⟨zn.; ww. steeds mv.; the⟩ **0.1** ***de Schotten.***
Scotch² ⟨bn.⟩ **0.1** ***Schots*** **0.2** ***zuinig*** ◆ **1.1** ~ egg *Schots ei* ⟨hard gekookt ei in worstvlees⟩; ~ fir / pine *grove den;* ~ terrier *Schotse terriër;* ~ whisky *Schotse whisky* **1.¶** ~ broth *Schotse maaltijdsoep;* ⟨s-⟩ ~ tape *plakband.*
Scotchman →**Scotsman.**
Scotchwoman →**Scotswoman.**
scot-free **0.1** *ongedeerd* **0.2** *ongestraft* ◆ **3.1** go / get off / escape ~ *er zonder kleerscheuren afkomen.*
Scotland [skotlənd] **0.1** *Schotland.*
Scotland Yard ⟨zn.⟩ **0.1** *Scotland Yard* ⟨(hoofdkwartier v.d.) Londense politie⟩ ⇒⟨ihb.⟩ *opsporingsdienst.*
Scots [skots] ⟨vnl. Sch. E⟩ **0.1** ⟨bn.⟩ ***Schots*** **0.2** ⟨zn.⟩ ***Schots*** ⟨taal⟩.
Scots|man [skotsmən], **Scotch|man** [skotsjmən] ⟨mv.: -men [-mən]⟩ **0.1** *Schot.*
Scotswoman, Scotchwoman **0.1** *Schotse.*
Scottish [skottisj] ⟨zn.⟩ ⟨vnl. Sch. E⟩ **0.1** ⟨bn.⟩ ***Schots*** **0.2** ⟨bn.; scherts.⟩ ***zuinig*** **0.3** ⟨eig.n.⟩ ***Schots*** ⟨taal⟩ **0.4** ⟨zn.; ww. steeds mv.; the⟩ ***de Schotten.***
scoundrel¹ [skaundrəl] ⟨zn.⟩ **0.1** ***schoft.***
scoundrel², scoundrelly [skaundrəlie] ⟨bn.⟩ **0.1** ***schurkachtig.***
scour¹ [skauə] ⟨zn.⟩ ⟨geen mv.⟩ **0.1** ***schuurbeurt*** ⇒*poetsbeurt.*
scour² **I** ⟨onov.ww.⟩ **0.1** ***rondzwerven*** **0.2** ***rennen*** ◆ **5.2** ~ **off** *ervandoor gaan* **6.2** ~ **about after / for** s.o. / sth. *rondrennen op zoek naar iem. / iets;*
II ⟨onov. en ov.ww.⟩ **0.1** ***schuren*** ⇒*schrobben* ◆ **5.1** ~ **out** the pans *de pannen schoonschuren;*
III ⟨ov.ww.⟩ **0.1** ***reinigen*** ⇒*verwijderen* **0.2** ***(door/uit)spoelen*** **0.3** ⟨+ out⟩ ***uitschuren*** ⇒*uithollen* **0.4** ***doorkruisen*** **0.5** ***af/doorzoeken*** ⇒*afstropen* ◆ **1.5** ~ the shops for a record *de winkels aflopen voor een plaat* **5.1** ~ **away / off** stains *vlekken verwijderen;* ⟨fig.⟩ ~ **away / off** the enemy *de vijand verdrijven.*
scourer [skauərə] **0.1** ***schuursponsje*** **0.2** ***purgeermiddel.***
scourge¹ [skə:dzj] ⟨zn.⟩ ⟨ook fig.⟩ **0.1** ***gesel.***
scourge² ⟨ww.⟩ **0.1** ***geselen*** **0.2** ***teisteren*** **0.3** ⟨schr.⟩ ***straffen*** ◆ **1.2** ~d by the plague *getroffen door de pest.*
scouring powder **0.1** ***schuurpoeder.***
Scouse [skaus] **0.1** ⟨bn.⟩ ***uit Liverpool*** ⇒*Liverpools* **0.2** ⟨eig.n.⟩ ***Liverpools*** ⟨dialect⟩ **0.3** ⟨telb. zn.⟩ ***Scouse*** ⟨inwoner v. Liverpool⟩.
scout¹ [skaut] ⟨zn.⟩ **0.1** ***verkenner*** ⇒⟨bij uitbr.⟩ *verkenningsvliegtuig; verkenningsvaartuig; verkenningswagen* **0.2** ⟨vnl. mil.⟩ ***verkenning*** **0.3** ***talentenjager*** ⇒*scout* ⟨in voetbal / filmwereld⟩ **0.4** ⟨S-⟩ ***verkenner / ster*** ⇒*padvinder / ster, gids* **0.5** ⟨BE⟩ ***wegenwacht(er)*** **0.6** ⟨stud.; Oxford⟩ ***bediende*** ◆ **6.2** **on** the ~ *op verkenning.*
scout² **I** ⟨onov.ww.⟩ **0.1** ***zoeken*** **0.2** ***terrein verkennen*** **0.3** ⟨+ at⟩ ***spotten (met)*** ⇒*de spot drijven* ◆ **6.1** ~ (about / around) **for** sth. *naar iets op zoek zijn;*
II ⟨ov.ww.⟩ **0.1** ***verkennen*** **0.2** ***minachtend afwijzen*** ◆ **5.¶** our soldiers ~ed **out** the Germans *onze soldaten spoorden de Duitsers op.*
scoutmaster **0.1** ***hopman.***
scow [skau] **0.1** ***schouw*** ⇒*praam.*
scowl¹ [skaul] ⟨zn.⟩ **0.1** ***frons*** ⇒*norse / stuurse blik.*
scowl² **I** ⟨onov.ww.⟩ **0.1** ⟨+ at⟩ ***het voorhoofd fronsen (tegen)*** ⇒*stuurs / dreigend kijken (naar)* ◆ **6.1** ⟨fig.⟩ ~ **on** a proposal *afkeurend staan tegenover een voorstel;*
II ⟨ov.ww.⟩ **0.1** ***uitstralen*** ⟨door norse blik⟩ ◆ **1.1** he ~ed his dissatisfaction *zijn blik straalde onvrede uit.*
scrabble¹ [skræbl] ⟨zn.⟩ **0.1** ⟨geen mv.⟩ ***gegraai*** **0.2** ***krabbel(tje)*** **0.3** ⟨geen mv.⟩ ***gekrab.***
scrabble² ⟨ww.⟩ **0.1** ***graaien*** ⇒*grabbelen, scharrelen* ◆ **6.1** ~ about **for** sth. *naar iets graaien / grabbelen, in het wilde weg rondtasten naar iets.*
scrag¹ [skræg], ⟨in bet. 0.3 ook⟩ **scrag end** ⟨zn.⟩ **0.1** ***mager iem. / iets*** ⇒*scharminkel* **0.2** ⟨sl.⟩ ***hals*** **0.3** ***halsstuk*** ⇒*nekstuk* ⟨vnl. v. schaap, voor de soep⟩.
scrag² ⟨ww.; -ged⟩ ⟨inf.⟩ **0.1** ***de nek omdraaien*** **0.2** ***wurgen.***
scraggl|y [skræglie] ⟨-ier⟩ ⟨AE; inf.⟩ **0.1** ***onverzorgd.***
scraggy [skrægie] **0.1** ***(brood)mager*** **0.2** ***van geringe kwaliteit*** ⟨vlees⟩.
scram [skræm] ⟨-med⟩ ⟨sl.⟩ ◆ **¶.¶** ~! *maak dat je wegkomt!*
scramble¹ [skræmbl] ⟨zn.⟩ **0.1** ⟨geen mv.⟩ ***klauterpartij*** **0.2** ⟨geen mv.⟩ ***gedrang*** ⇒*gevecht* **0.3** ⟨BE⟩ ***motorcross*** ◆ **1.1** it was a bit of a ~ to reach the top *het was een hele toer om de top te bereiken.*
scramble² **I** ⟨onov.ww.⟩ **0.1** ***klauteren*** ⇒*klimmen* **0.2** ⟨+ for⟩ ***vechten (om)*** ⇒*zich verdringen* **0.3** ***zich haasten*** **0.4** ***scharrelen*** ⟨voor levensonderhoud⟩ ◆ **6.3** ~ **to** one's feet *overeind krabbelen;*
II ⟨ov.ww.⟩ **0.1** ***door elkaar gooien*** ⇒*in de war brengen* **0.2** ***roeren*** ⟨ei⟩ **0.3** ***afraffelen*** **0.4** ***te grabbel gooien*** ⇒*rondstrooien* ⟨geld⟩ **0.5** ***vervormen*** ⟨om radio / telefoonboodschap te coderen⟩ ⇒*verdraaien* ◆ **5.¶** ~ **up** a meal *een maaltijd bijeenscharrelen.*
scrambler [skræmblə] **0.1** ***vervormer*** ⟨om radio / telefoonberichten te coderen⟩.
scrap¹ [skræp] ⟨zn.⟩ **0.1** ***stukje*** ⇒*beetje; fragment* **0.2** ***knipsel*** **0.3** ⟨inf.⟩ ***ruzie*** **0.4** ***afval*** ⟨ook mv.⟩ ⇒⟨ihb.⟩ *schroot* **0.5** ⟨mv.⟩ ***restjes*** ◆ **1.1** ~ of paper *papiertje;* there's not a ~ of truth in what they've told you *er is niets waar van wat ze je verteld hebben.*
scrap² ⟨-ped⟩ **I** ⟨onov.ww.⟩ **0.1** ***ruziën*** ⇒*bakkeleien;*
II ⟨ov.ww.⟩ **0.1** ***afdanken*** ⇒*dumpen; laten varen* ⟨ideeën⟩ **0.2** ***slopen*** ⇒*tot schroot verwerken.*
scrapbook **0.1** ***plakboek.***
scrape¹ [skreep] ⟨zn.⟩ **0.1** ***geschraap*** ⇒*geschuur* **0.2** ***(ge)kras*** **0.3** ***schaafwond*** **0.4** ⟨inf.⟩ ***netelige situatie*** **0.5** ⟨inf.⟩ ***ruzie*** ◆ **3.4** get into ~s *in moeilijkheden verzeild raken* **3.5** get into a ~ with s.o. *het aan de stok krijgen met iem.*
scrape² **I** ⟨onov.ww.⟩ **0.1** ***schuren*** ⇒*strijken* **0.2** ***schrapen*** ⇒*zagen* ⟨bv. op viool⟩ **0.3** ***met weinig rondkomen*** ⇒*sober leven* **0.4** ***het op het kantje af halen*** ⟨ook examen⟩ ◆ **5.4** ~ **through** in *maar net een voldoende halen voor* **5.¶** ~ **along** on money from friends *het uit weten te zingen met geld v. vrienden;* ~ **by** on a little money *net rond komen met een beetje geld* **6.4** ⟨inf.⟩ ~ **into** university *kantje boord op de universiteit komen;*
II ⟨onov. en ov.ww.⟩ **0.1** ***krassen;***
III ⟨ov.ww.⟩ **0.1** ***(af)schrapen*** ⇒*(af)krabben* **0.2** ***uitschrapen*** **0.3** ***schaven*** ⟨bv. knie⟩ ◆ **1.1** he ~d his plate clean *hij schraapte zijn bord schoon* **1.3** ~ the paintwork *de verf beschadigen* **5.1** ~ **away** *wegschrapen;* ~ **off** sth. *iets afkrabben* **5.¶** ⟨inf.⟩ ~ **together / up** *bij elkaar schrapen* ⟨geld⟩ **6.1** ~ the skin **off** one's hands *zijn handen openhalen.*
scraper [skreepə] **0.1** ***schraper*** ⇒*krabber, schraapmes* **0.2** ***flessenlikker.***
scrapheap ⟨ook fig.⟩ **0.1** ***vuilnisbelt*** ⇒*schroothoop* ◆ **3.1**

⟨fig.⟩ throw s.o./sth. on the ~ *iem./iets afdanken/op de schroothoop gooien.*

scrapings [skreepings] **0.1** ***afschra(a)psel*** **0.2** ***kliekjes.***

scrap iron, scrap metal 0.1 ***schroot*** ⇒*oud ijzer.*

scrap paper 0.1 ***kladpapier.***

scrappy [skræpie] **0.1** ***fragmentarisch*** **0.2** ⟨inf.⟩ ***vechtlustig.***

scratch[1] [skrætsj] ⟨zn.⟩ **0.1** ***krasje*** ⇒*schram* **0.2** ***krabbeltje*** **0.3** ⟨geen mv.⟩ ***gekrab*** **0.4** ***startstreep*** ◆ **1.2** ~ of the pen *berichtje; krabbeltje* **2.3** have a good ~ *zich eens goed krabben* **3.4** start from ~ ⟨fig.⟩ *bij het begin beginnen, met niets beginnen* **6.1 without** a ~ *ongedeerd* **6.¶ up to** ~ *in vorm; op het vereiste niveau;* bring s.o. **up to** ~ for a test *iem. klaarmaken voor een test;* come **up to** ~ *het halen/ redden;* it comes **up to** ~ *het voldoet.*

scratch[2] ⟨bn.⟩ **0.1** ***samengeraapt*** ◆ **1.1** a ~ meal *een restjesmaaltijd.*

scratch[3] **I** ⟨onov.ww.⟩ **0.1** ***scharrelen*** ⇒*wroeten* **0.2** ***zich terugtrekken*** ⟨uit de (wed)strijd⟩ **0.3** ⟨inf.; muz.⟩ ***scratchen*** ◆ **5.¶** ~ **along** *het hoofd boven water weten te houden;*
II ⟨onov. en ov.ww.⟩ **0.1** ***krassen*** ⇒*(zich) krabben, krassen maken/krijgen (in)* ◆ **1.1** a dog was ~ing at the door *een hond krabde aan de deur* **1.¶** ⟨sprw.⟩ you ~ my back and I'll scratch yours *als de ene hand de andere wast, dan zijn ze beide schoon;*
III ⟨ov.ww.⟩ **0.1** ***(zich) schrammen*** **0.2** ***krabbelen*** ⟨briefje⟩ **0.3** ***schrappen*** ⟨ook fig.⟩ ⇒*doorhalen* **0.4** ***terugtrekken*** ⇒*intrekken* ⟨inschrijving⟩ **0.5** ***uitschrapen*** **0.6** ⟨+together/up⟩ ***bijeenschrapen*** ⟨geld; informatie⟩ ⇒*bijeenrapen* ⟨ploeg⟩ ◆ **1.1** he ~ed his hand *hij schramde zijn hand* **1.5** ~ (out) a hole *een gat graven* **5.3** ~ **out** sth. *iets uitkrassen.*

scratch card 0.1 ***kraslot.***

scratch pad ⟨vnl. AE⟩ **0.1** ***kladblok.***

scratch paper ⟨AE⟩ **0.1** ***kladpapier.***

scratch|y [skrætsjie] ⟨-iness⟩ **0.1** ***slordig*** **0.2** ***krassend*** ⇒*vol krassen* ⟨bv. grammofoonplaat⟩ **0.3** ***ongelijk*** **0.4** ***kriebelig*** ⇒*ruw.*

scrawl[1] [skro:l] ⟨zn.⟩ **0.1** ***krabbeltje*** **0.2** ⟨geen mv.⟩ ***poot*** ⇒ *krabbelpootje.*

scrawl[2] ⟨ww.⟩ **0.1** ***krabbelen*** ⇒*slordig schrijven.*

scrawny [skro:nie] **0.1** ***broodmager.***

scream[1] [skrie:m] ⟨zn.⟩ **0.1** ***gil*** ⇒*krijs* **0.2** ⟨geen mv.⟩ ***giller*** ⇒ *dolkomisch iets/iem.*

scream[2] **I** ⟨onov.ww.⟩ **0.1** ***tieren*** ⇒*razen, te keer gaan* **0.2** ⟨inf.⟩ ***langsgieren;***
II ⟨onov. en ov.ww.⟩ **0.1** ***gillen*** ⇒*schreeuwen* ◆ **1.1** a ~ing farce *een dolle klucht;* ~ing fun *dolle pret* **6.1** ~ **for** water *om water schreeuwen;* ~ **with** laughter *gieren van het lachen.*

screamingly [skrie:minglie] **0.1** ***om te gieren/gillen*** ◆ **2.1** ~ funny *dolkomisch.*

scree [skrie:] **0.1** ***puin*** ⟨op berghelling⟩.

screech[1] [skrie:tsj] ⟨zn.⟩ **0.1** ***gil*** ⇒*krijs, schreeuw* **0.2** ***(ge)knars*** ⇒*(ge)piep* ⟨v. deur⟩ ◆ **1.1** a ~ of brakes *gierende remmen.*

screech[2] **I** ⟨onov.ww.⟩ **0.1** ***knarsen*** ⇒*kraken, piepen* ◆ **1.1** ⟨inf.⟩ come to a ~ing halt, ~ to a halt *met gierende remmen tot stilstand komen;* ⟨fig.⟩ *plotseling ophouden;*
II ⟨onov. en ov.ww.⟩ **0.1** ***gillen*** ⇒*gieren* ◆ **1.1** ~ing monkeys *krijsende apen.*

screech owl 0.1 ***kerkuil.***

screen[1] [skrie:n] ⟨zn.⟩ **0.1** ***scherm*** ⇒*schut; koorhek* ⟨in kerk⟩ **0.2** ***beschutting*** ⇒*bescherming; afscherming* ⟨in elektrische apparatuur e.d.⟩; *muur* **0.3** ***doek*** ⇒*projectiescherm; beeldscherm* **0.4** ⟨the⟩ ***het witte doek*** ⇒*de film* **0.5** ***hor*** **0.6** ***zeef*** ⇒*rooster;* ⟨fig.⟩ *selectie(procedure)* **0.7** ***voorruit*** ⟨auto⟩ ◆ **1.2** under a ~ of indifference *achter een masker v. onverschilligheid;* under ~ of night *onder dekking v.d. nacht.*

screen[2] **I** ⟨onov.ww.⟩ **0.1** ***zich laten verfilmen*** **0.2** ***fotogeniek zijn*** ⟨in film⟩;
II ⟨ov.ww.⟩ **0.1** ***afschermen*** ⟨ook tegen straling⟩ ⇒*afschutten, beschermen;* ⟨ihb.⟩ *dekken* ⟨soldaat⟩ **0.2** ***beschermen*** ⇒*de hand boven het hoofd houden* **0.3** ***verbergen*** ⇒*camoufleren* **0.4** ***zeven*** **0.5** ***doorlichten*** ⇒*op geschiktheid testen, screenen* **0.6** ***van horren voorzien*** **0.7** ***vertonen*** ⇒*projecteren* **0.8** ***verfilmen*** ◆ **5.1** ~ **off** one corner of the room *een hoek v.d. kamer afschermen;* ~ **out** the light *het licht buiten houden* **5.5** ~ **out** lazy people *luie mensen eruit werken* **6.1** ~ s.o. **from** sth. *iem. voor iets behoeden.*

screen editor ⟨comp.⟩ **0.1** ***schermeditor*** ⟨editor die het scherm opmaakt⟩.

screening [skrie:ning] **0.1** ***filmvertoning*** **0.2** ***doorlichting*** ⇒*screening* **0.3** ***afscherming.***

screenplay 0.1 ***scenario*** ⇒*script.*

screen print 0.1 ***zeefdruk.***

screen test 0.1 ***proefopname*** ⟨v. acteur/actrice⟩.

screenwriter 0.1 ***scenarioschrijver*** ⇒*scriptschrijver.*

screw[1] [skroe:] ⟨zn.⟩ **0.1** ***schroef*** **0.2** ***propeller*** ⇒*scheepsschroef* **0.3** ***draai v.e. schroef*** **0.4** ⟨BE; inf.⟩ ***vrek*** **0.5** ⟨BE; sl.⟩ ***loon*** ⇒*salaris* **0.6** ⟨sl.⟩ ***cipier*** **0.7** ⟨sl.⟩ ***neukpartij*** ⇒ *wip* ◆ **2.¶** there's a ~ loose *daar klopt iets niet* **3.1** put the ~(s) on/to s.o. *iem. de duimschroeven aandraaien.* → **loose.**

screw[2] **I** ⟨onov.ww.⟩ **0.1** ***zich spiraalsgewijs bewegen*** **0.2** ***schrapen*** ⇒*zuinig aan doen;*
II ⟨onov. en ov.ww.⟩ ⟨sl.⟩ **0.1** ***neuken;***
III ⟨ov.ww.⟩ **0.1** ***schroeven*** ⇒*aandraaien* **0.2** ***verfrommelen*** **0.3** ⟨inf.⟩ ***afzetten*** **0.4** ⟨sl.⟩ ***belazeren*** ◆ **1.1** I could ~ his neck *ik zou hem zijn nek wel kunnen omdraaien* **4.¶** ⟨sl.⟩ ~ you! *val dood!* **5.1** ~ **down** *vastschroeven;* ~ **on** *vastschroeven.* →**screw out of, screw up.**

screwball ⟨0.1 ook attr.⟩ **0.1** ⟨AE; sl.⟩ ***idioot*** **0.2** ⟨honkbal⟩ ***screwball*** ⇒*omgekeerde curve.*

screw bolt 0.1 ***schroefbout*** **0.2** ***schroef.***

screwdriver 0.1 ***schroevendraaier.***

screwed [skroe:d] ⟨sl.⟩ **0.1** ***dronken.***

screwed-up ⟨sl.⟩ **0.1** ***verpest*** **0.2** ***verknipt*** ⇒*opgefokt.*

screw-in stud ⟨sport, ihb. voetbal⟩ **0.1** ***schroefnop.***

screw out of 0.1 ***afpersen*** ⇒*uitzuigen* ◆ **1.1** screw money out of s.o. *iem. geld afhandig maken;* screw s.o. out of sth. *zorgen dat iem. iets niet krijgt.*

screw propeller 0.1 ***schroef*** ⟨v. boot of vliegtuig⟩ ⇒*scheepsschroef, propeller.*

screw top 0.1 ***schroefdop.***

screw-topped 0.1 ***met een schroefdop.***

screw up 0.1 ***verwringen*** ⇒*verdraaien, verfrommelen* **0.2** ***verzieken*** ⇒*verknoeien* **0.3** ***bij elkaar rapen*** ⇒*verzamelen* ⟨moed⟩ **0.4** ***nerveus maken*** ◆ **1.1** she screwed up her eyes *zij kneep haar ogen dicht.*

screw wrench 0.1 ***schroefsleutel*** ⇒*Engelse sleutel.*

screwy [skroe:ie] ⟨inf.⟩ **0.1** ***excentriek*** ⇒*zonderling.*

scribble[1] [skribl] ⟨zn.⟩ **0.1** ***gekrabbel*** **0.2** ***briefje*** ⇒*kladje.*

scribble[2] **I** ⟨onov.ww.⟩ **0.1** ***een derderangs schrijver zijn*** ⇒ *schrijven;*
II ⟨onov. en ov.ww.⟩ **0.1** ***krabbelen.***

scribbler [skriblə] **0.1** ***iem. die krabbelt*** ⇒*(derderangs) schrijver.*

scribbling block 0.1 ***kladblok.***
scribe [skrajb] 0.1 ***schrijver*** ⇒*klerk* 0.2 ***schriftgeleerde.***
scrimmage[1] [skrimmidzj] ⟨zn.⟩ 0.1 ***schermutseling*** 0.2 ***scrimmage*** ⟨Am. football⟩.
scrimmage[2] ⟨ww.⟩ 0.1 ***schermutselen*** ⇒*vechten.*
scrimmage line ⟨Am. football⟩ 0.1 ***scrimmagelijn.***
scrimp [skrimp] I ⟨onov.ww.⟩ 0.1 ***zich bekrimpen*** ◆ 1.1 ~ and save *heel zuinig aan doen;*
II ⟨ov.ww.⟩ 0.1 ***beknibbelen op.***
scrimshank [skrimsjængk] ⟨BE; sl.⟩ 0.1 ***lijntrekken*** ⇒*proberen ergens onderuit te komen.*
scrip [skrip] 0.1 ***briefje*** ⇒*bon* 0.2 ⟨geldw.⟩ ***recepis*** ⇒*bewijs van storting, tijdelijk certificaat, scrip.*
scrip issue ⟨BE; geldw.⟩ 0.1 ***bonusuitgifte.***
script [skript] 0.1 ***geschrift*** 0.2 ***script*** ⇒*manuscript, draaiboek; tekst* 0.3 ⟨BE⟩ ***schriftelijk examenwerk*** 0.4 ***schrijfletters*** ⇒*handschrift.*
scripted [skriptid] 0.1 ***opgelezen*** ⟨v. script⟩ ⇒*naar een script.*
script girl 0.1 ***scriptgirl*** ⇒*regieassistente.*
scriptural [skriptsjərəl] 0.1 ***bijbels.***
scripture [skriptsjə], **scriptures** [skriptsjəz] ⟨the⟩ 0.1 ⟨vnl. S-⟩ ***de H. Schrift*** ⇒*de bijbel* 0.2 ***heilig geschrift.***
scriptwriter 0.1 ***scenarioschrijver.***
scrivener [skrivnə] 0.1 ***schrijver*** ⇒*klerk, secretaris.*
scroll [skrool] 0.1 ***rol*** ⇒*perkamentrol, geschrift* 0.2 ⟨ben. voor⟩ ***krul*** ⇒*volute.*
scrolling [skrooling] ⟨comp.⟩ 0.1 ***(het) (ver)rollen*** ⟨schuiven v. tekst op beeldscherm⟩.
Scrooge [skroe:dzj] 0.1 ***vrek*** ⟨naar Dickens⟩.
scrotum [skrootəm]⟨mv.: ook scrota [skrootə]⟩ 0.1 ***scrotum*** ⇒*balzak.*
scrounge [skraundzj] ⟨inf.⟩ I ⟨onov.ww.⟩ 0.1 ***schooien*** ⇒*bietsen;*
II ⟨ov.ww.⟩ 0.1 ***in de wacht slepen*** ⇒*achteroverdrukken* 0.2 ***bietsen.***
scrounger [skraundzjə] 0.1 ***klaploper*** ⇒*bietser, profiteur.*
scrub[1] [skrub] ⟨zn.⟩ 0.1 ***met struikgewas bedekt gebied*** 0.2 ***struikgewas*** ⇒*kreupelhout* 0.3 ***schrobbing*** ⇒*het boenen.*
scrub[2] ⟨-bed⟩ I ⟨onov.ww.⟩ 0.1 ***een boender gebruiken*** ⇒*boenen* 0.2 ⟨+up⟩ ***zich wassen*** ⟨v. chirurg⟩;
II ⟨ov.ww.⟩ 0.1 ***schrobben*** ⇒*boenen* 0.2 ⟨ook +out; inf.⟩ ***schrappen*** ⇒*afgelasten; vergeten* ◆ 5.1 ~ **out** *uit/wegboenen.*
scrubber [skrubbə] 0.1 ***boender*** 0.2 ⟨BE; sl.⟩ ***hoer.***
scrubbing brush [skrubbing brusj], ⟨AE⟩ **scrub brush** 0.1 ***boender.***
scrubby [skrubbie] 0.1 ***miezerig*** 0.2 ***met struikgewas bedekt*** 0.3 ***borstelig.***
scrub nurse ⟨AE⟩ 0.1 ***operatiezuster*** ⇒*o.k.-verpleegkundige.*
scruff [skruf] 0.1 ***nekvel*** 0.2 ⟨inf.⟩ ***schooier*** ⇒*sjofel iem.* ◆ 1.1 take by the ~ of the neck *bij het nekvel grijpen.*
scruff|y [skruffie] ⟨-ier⟩ 0.1 ***smerig*** ⇒*vuil, slordig.*
scrum [skrum] ⟨verk.⟩ [scrummage].
scrumhalf ⟨→s2⟩⟨rugby⟩ 0.1 ***scrum-half*** ⟨halfback⟩.
scrummage [skrummidzj], **scrum** ⟨→s2⟩⟨rugby⟩ 0.1 ⟨zn.⟩ ***scrum*** 0.2 ⟨ww.⟩ ***meedoen aan een scrum.***
scrumptious [skrumpsjəs] ⟨inf.⟩ 0.1 ***zalig*** 0.2 ***uitstekend*** ⇒*chic, mooi.*
scrumpy [skrumpie] ⟨BE⟩ 0.1 ***cider.***
scrunch →**crunch.**
scruple[1] [skroe:pl] I ⟨telb.zn.⟩ 0.1 ***scrupel;***
II ⟨telb. en n.-telb.zn.⟩ 0.1 ***scrupule*** ⇒*gewetensbezwaar* ◆ 3.1 make no ~ about doing sth. *er geen been in zien om iets te doen.*
scruple[2] ⟨ww.⟩ 0.1 ***aarzelen.***
scrupulous [skroe:pjoeləs] ⟨-ness⟩ 0.1 ***scrupuleus*** ⇒*nauwgezet* ◆ 2.1 ~ly clean *kraakhelder.*
scrutineer [skroe:tinniə] ⟨BE⟩ 0.1 ***stemopnemer.***
scrutinize, -ise [skroe:tinnajz] 0.1 ***in detail onderzoeken*** ⇒*nauwkeurig bekijken.*
scrutin|y [skroe:tinnie] ⟨mv.: -ies⟩ 0.1 ***nauwkeurig toezicht/onderzoek*** 0.2 ***kritische blik*** 0.3 ⟨BE⟩ ***officiële stemopneming.***
scuba diver [skjoe:bə] 0.1 ***scubaduiker*** ⇒*duiker met zuurstoffles(sen)/scuba-uitrusting.*
scuba diving 0.1 ***(het) duiken met scuba-uitrusting/zuurstoffles(sen).***
scud [skoed] ⟨-ded⟩ 0.1 ***voortscheren*** ⇒*ijlen, snellen.*
scuff[1] [skuf], ⟨in bet. 0.1 ook⟩ **scuffmark** ⟨zn.⟩ 0.1 ***slijtplek*** 0.2 ***muil*** ⇒*slipper.*
scuff[2] I ⟨onov.ww.⟩ 0.1 ***sloffen*** ⇒*sleepvoeten* 0.2 ***versleten zijn*** ⟨v. schoen, vloer⟩;
II ⟨ov.ww.⟩ 0.1 ***schuren*** ⇒*slepen* 0.2 ⟨+up⟩ ***schaven*** ⇒*slijten.*
scuffle[1] [skufl] ⟨zn.⟩ 0.1 ***handgemeen*** ⇒*schermutseling* 0.2 ***geslof.***
scuffle[2] ⟨ww.⟩ 0.1 ***bakkeleien*** ⇒*knokken* 0.2 ***sloffen*** ⇒*schuifelen.*
scull[1] [skul] ⟨zn.⟩ 0.1 ***korte (roei)riem*** 0.2 ***sculler.***
scull[2] ⟨ww.⟩ 0.1 ***roeien.***
sculler [skullə] 0.1 ***sculler*** ⟨roeiboot⟩.
sculler|y [skullərie] ⟨mv.: -ies⟩ 0.1 ***bijkeuken.***
scullery maid 0.1 ***keukenhulpje.***
sculpt [skulpt] ⟨verk.⟩ [sculpture].
sculptor [skulptə] 0.1 ***beeldhouwer.***
sculptress [skulptris] 0.1 ***beeldhouwster.***
sculptural [skulptsjərəl] 0.1 ***plastisch*** ⇒*beeldhouw-.*
sculpture[1] [skulptsjə] ⟨zn.⟩ 0.1 ***beeldhouwwerk*** 0.2 ***beeldhouwkunst*** 0.3 ***plastiek.***
sculpture[2], **sculpt** [skulpt] ⟨ww.⟩ 0.1 ***in plastiek voorstellen*** ⇒*beeldhouwen* 0.2 ***met plastiek/sculptuur versieren*** ⇒*bewerken.*
scum [skum] 0.1 ***schuim*** ⟨op water⟩ 0.2 ***uitschot*** ⟨ook fig.⟩ ⇒*afval* ◆ 1.2 the ~ of humanity/the earth *het schorem* 4.2 you ~! *ploert!*
scumm|y [skummie] ⟨ook -ier⟩ 0.1 ***schuimachtig*** ⇒*schuimend* 0.2 ***gemeen.***
scupper[1] [skuppə] ⟨zn.⟩ 0.1 ***spuigat.***
scupper[2] ⟨ww.⟩⟨BE⟩ 0.1 ***tot zinken brengen*** 0.2 ⟨inf.⟩ ***(overvallen en) in de pan hakken*** ⇒*afmaken* ◆ 3.2 be ~ed *eraan gaan.*
scurf [skə:f] 0.1 ***roos*** ⟨v. huid⟩ 0.2 ***korst.***
scurrilit|y [skərillətie] ⟨mv.: -ies⟩ 0.1 ***grofheid*** 0.2 ***grove taal.***
scurrilous [skurrilləs] ⟨-ness⟩ 0.1 ***grof*** ◆ 1.1 ~ language *grove taal.*
scurry[1] [skurrie] ⟨zn.⟩ 0.1 ***gejaag*** ⇒*drukte.*
scurr|y[2] ⟨ww.; -ied⟩ 0.1 ***dribbelen*** ⇒*zich haasten* ◆ 6.1 ~ **for** shelter *haastig een onderdak zoeken.*
scurvy[1] [skə:vie] ⟨zn.⟩⟨med.⟩ 0.1 ***scheurbuik.***
scurv|y[2] ⟨bn.; -ily⟩ 0.1 ***gemeen.***
scut [skut] 0.1 ⟨vnl. jacht⟩ ***rechtopstaand staartje*** ⇒*pluim* ⟨v. haas/konijn⟩; *bloem* ⟨v. hert⟩.
scutcheon [skutsjn] 0.1 ***wapenschild.***
scuttle[1] [skutl] ⟨zn.⟩ 0.1 ***luik(gat)*** ⇒*ventilatieopening* 0.2 ***kolenbak*** 0.3 ***overhaaste vlucht.***
scuttle[2] I ⟨onov.ww.⟩ 0.1 ***zich wegscheren*** ◆ 5.1 ~ **off/away** *zich uit de voeten maken;*
II ⟨ov.ww.⟩ 0.1 ***doen zinken*** ⟨door gaten te maken⟩.

Scylla [sillə] ◆ **6.¶ between** ~ and Charybdis *tussen Scylla en Charybdis, tussen twee gevaren.*
scythe[1] [sajð] ⟨zn.⟩ **0.1** ***zeis.***
scythe[2] ⟨ww.⟩ **0.1** ***(af)maaien*** ⟨ook fig.⟩.
SDI ⟨afk.⟩ **0.1** [Strategic Defence/Defense Initiative].
SDP ⟨afk.⟩ **0.1** [Social Democratic Party].
S.E. ⟨afk.⟩ **0.1** [southeast] ***Z.O.***
sea [sie:] **0.1** ⟨ook mv.⟩ ***zee*** ⇒*oceaan;* ⟨fig.⟩ *massa, overvloed* **0.2** ***zeegolf*** ⇒*baar; sterke golfslag* **0.3** ***kust*** ⇒*strand* **0.4** ***maanzee*** ◆ **1.1** a ~ of flame *een vlammenzee* **2.2** heavy ~ *onstuimige/zware zee;* ~s mountains high *huizenhoge golven;* long/short ~ *kalme/woelige zee* **3.1** go to ~ *zeeman worden;* put (out) to ~ *uitvaren* **6.1 at** ~ *op zee;* **beyond** (the) ~s *overzee(s);* **by** ~ and by land *te land en ter zee;* travel **by** ~ *over zee/met de boot reizen;* **on** the ~ *op zee* (op de boot) **6.3 on** the ~ *aan zee* **6.¶** be (all) (completely) **at** ~ *verbijsterd zijn; geen notie hebben* **7.1** the seven ~s *de zeven oceanen.*
sea air **0.1** ***zeelucht.***
sea anemone **0.1** ***zeeanemoon.***
sea animal **0.1** ***zeedier.***
sea-bathing **0.1** ***het baden in zee.***
sea battle **0.1** ***zeeslag.***
seabed **0.1** ***zeebedding*** ⇒*zeebodem.*
sea bird **0.1** ***zeevogel.***
seaboard **0.1** ***kustlijn.***
seaborne **0.1** ***over zee (vervoerd/aangevoerd).***
sea breeze, sea wind **0.1** ***zeebries*** **0.2** ***wind op zee.***
SEAC [sie:æk] ⟨afk.⟩ **0.1** [School Examination and Assessment Council] ⟨in GB⟩.
sea captain **0.1** ***zeekapitein*** ⇒⟨fig.⟩ *(groot) zeevaarder.*
sea change ⟨schr.⟩ **0.1** ***ommekeer.***
seacoast **0.1** ***zeekust.***
sea cow **0.1** ***doejoeng*** ⟨(Indische) zeekoe⟩.
sea dog **0.1** ***zeebonk*** ⇒*zeerob.*
sea elephant **0.1** ***zeeolifant.***
seafarer **0.1** ***zeevaarder.***
seafaring **0.1** ⟨bn.⟩ ***zeevarend*** **0.2** ⟨zn.⟩ ***zeevaart*** ◆ **1.1** ~ nation *zeevarende natie.*
sea-fish **0.1** ***zeevis*** ⇒*zoutwatervis.*
sea fog **0.1** ***zeemist.***
seafood **0.1** ***eetbare zeevis en schaal- en schelpdieren*** ⇒ *fruits de mer.*
seafood sticks **0.1** ***krabsticks.***
sea front **0.1** ***strandboulevard*** ⇒*zeekant* ⟨v.d. stad⟩.
seagoing **0.1** ***zeevarend.***
sea-green ⟨vaak attr.⟩ **0.1** ***zeegroen.***
sea gull **0.1** ***zeemeeuw.***
sea horse **0.1** ⟨dierk.⟩ ***zeepaardje.***
sea kale **0.1** ***zeekool.***
seal[1] [sie:l] ⟨zn.⟩ **0.1** ***zegel*** ⇒*stempel* ⟨ook fig.⟩; *lakzegel; (plak)zegel;* ⟨fig.⟩ *kenmerk;* ⟨fig.⟩ *bezegeling* **0.2** ***dichting*** ⇒ *dichtingsmateriaal; (lucht/waterdichte) (af)sluiting; stankafsluiting* **0.3** ***feeststicker*** **0.4** ⟨dierk.⟩ ***(zee)rob*** ⇒ *zeehond; zeeleeuw* **0.5** ***robbenvel*** ⇒*sealskin* ◆ **1.1** have the ~ of death on one's face *door de dood getekend zijn;* ~ of love *bezegeling v.d. liefde* **3.1** set one's ~ to *bezegelen* ⟨ook fig.⟩; *bekrachtigen;* set the ~ on *bezegelen* ⟨ook fig.⟩; ⟨schr.⟩ *afsluiten* **3.4** eared ~s *oorrobachtigen* ⟨zeeleeuw⟩ **6.1 under** ~ of confession *onder biechtgeheim;* **under** ~ of secrecy *onder het zegel van geheimhouding.* →**privy.**
seal[2] **I** ⟨onov.ww.⟩ **0.1** ***op robben/zeehondenvangst gaan/zijn;***
II ⟨ov.ww.⟩ **0.1** ***zegelen*** ⇒*verzegelen* ⟨vonnis, orders e.d.⟩; ⟨fig.⟩ *opsluiten* **0.2** ***dichten*** ⇒*verzegelen; (lucht/water)dicht maken; dichtschroeien* ⟨vlees⟩ **0.3** ***bezegelen*** ⇒*bevestigen* ◆ **1.2** ⟨fig.⟩ a ~ed book to me *een gesloten boek voor mij;* ⟨fig.⟩ my lips are ~ed *ik zal er niets over zeggen* **1.3** ⟨inf.⟩ ~ s.o.'s doom/fate *iemands (nood)lot bezegelen* **5.1** ~ **in** *insluiten;* ~ the flavour **in** *het aroma vasthouden* **5.2** ~ **off** an area *een gebied afgrendelen;* ~ **up** *verzegelen; opsluiten.*
sea lane **0.1** ***vaarroute.***
sea league **0.1** ***league*** ⟨UK 5559,55 m; internationaal 5556 m; →t⟩.
sea legs **0.1** ***zeebenen*** ◆ **3.1** get/find one's ~ *zeebenen krijgen.*
sealer [sie:lə] **0.1** ***(ver)zegelaar*** **0.2** ***ijker*** **0.3** ***robbenjager*** ⇒*robbenvanger* ⟨ook vaartuig⟩ **0.4** ***poriënvulsel.***
sea level **0.1** ***zeeniveau*** ⇒*zeespiegel.*
sealing wax **0.1** ***zegelwas.***
sea lion ⟨dierk.⟩ **0.1** ***zeeleeuw.***
seal ring **0.1** ***zegelring.***
sealskin **0.1** ***robbenvel*** ⇒*zeehondenhuid, sealskin.*
seam[1] [sie:m] ⟨zn.⟩ **0.1** ***naad*** ⟨ook v. schip⟩ ⇒*voeg* **0.2** ***scheurtje*** ⟨in metaal⟩ **0.3** ***rimpel*** ⇒*groef, plooi* **0.4** ***(steenkool)laag*** ◆ **3.¶** ⟨inf.⟩ burst at the ~s *tot barstens toe vol zitten;* ⟨inf.⟩ come apart at the ~s *helemaal over zijn toeren zijn; totaal mislukken* ⟨v. plan⟩.
seam[2] ⟨ww.⟩ **0.1** ***samennaaien*** **0.2** ***doorgroeven*** ⟨met littekens bv.⟩ ⇒*doorsnijden.*
sea mail **0.1** ***zeepost.***
sea|man [sie:mən] ⟨mv.: -men [-mən]⟩ **0.1** ***zeeman*** ⇒*matroos.*
seamanlike [sie:mənlajk] **0.1** ***een zeeman/matroos waardig.***
seamanship [sie:mənsjip] **0.1** ***zeemanschap*** ⇒*zeevaartkunde.*
sea mile **0.1** ***zeemijl*** ⟨internationale: 1852 m; Engelse: 1853,18 m⟩.
seamless [sie:mləs] **0.1** ***naadloos*** ⇒⟨fig.⟩ *consistent.*
seamstress [sie:mstris], ⟨BE ook⟩ **sempstress** [sem(p)stris] **0.1** ***naaister.***
seam|y [sie:mie] ⟨-iness⟩ **0.1** ***met een naad*** ⇒⟨fig.⟩ *minder mooi* ◆ **1.1** the ~ side of life *de zelfkant v.h. leven.*
sea pink **0.1** ***Engels gras.***
seaplane **0.1** ***watervliegtuig.***
seaport **0.1** ***zeehaven.***
sea power **0.1** ***zeemacht.***
sear [siə] **0.1** ***schroeien*** ⇒*verschroeien, (dicht)branden* **0.2** ***(doen) verdorren*** ⇒*op/uitdrogen;* ⟨fig.⟩ *verharden* ◆ **1.2** a ~ed conscience *een vereelt geweten.*
search[1] [sə:tsj] ⟨zn.⟩ **0.1** ***grondig onderzoek*** ⇒*opsporing; speurwerk;* ⟨fig.⟩ *jacht; fouillering; huiszoeking;* ⟨comp.⟩ *zoekbewerking/functie* ◆ **1.1** ~ of conscience *gewetensonderzoek* **6.1** his ~ **after** glory *zijn jacht op/naar roem;* the ~ **for** terrorists *de jacht op terroristen;* **in** ~ **of** *op zoek naar.*
search[2] **I** ⟨onov.ww.⟩ **0.1** ⟨+for⟩ ***grondig zoeken (naar)*** ⇒ *speuren* ◆ **6.¶** ~ **after** glory *roem najagen;*
II ⟨ov.ww.⟩ **0.1** ***grondig onderzoeken*** ⇒*grondig bekijken; fouilleren; naspeuren* ◆ **1.1** ~ one's conscience *zijn geweten onderzoeken* **4.¶** ⟨inf.⟩ ~ me! *weet ik veel!* **5.1** ~ **out** *op het spoor komen.*
searching [sə:tsjing] **0.1** ***onderzoekend*** ⟨blik⟩ **0.2** ***grondig.***
searchlight **0.1** ***zoeklicht*** ⇒*schijnwerper.*
search operation **0.1** ***zoekactie.***
search party ⟨zn.; ww. enk. of mv.⟩ **0.1** ***opsporingsexpeditie/patrouille*** ⇒*reddingsteam.*
search warrant **0.1** ***bevel(schrift) tot huiszoeking.***

searing [siəring] **0.1** ***brandend*** *⇒schroeiend* **0.2** ***kwellend.***
searing iron 0.1 ***brandijzer.***
sea rover 0.1 ***piratenschip*** **0.2** ***zeerover.***
seascape 0.1 ***zeegezicht*** ⟨schilderij⟩.
sea serpent, sea snake 0.1 ***zeeslang.***
sea-shanty 0.1 ***shanty*** ⟨zeemanslied⟩.
seashell 0.1 ***zeeschelp.***
seashore 0.1 ***zeekust.***
seasick ⟨-ness⟩ **0.1** ***zeeziek.***
seaside ⟨ook attr.; the⟩ **0.1** ***kust*** *⇒zee(kust).*
sea snake →sea serpent.
season¹ [sie:zn] ⟨zn.⟩ **0.1** ***seizoen*** ⇒⟨fig.⟩ *jaar* **0.2** ***geschikte/ drukke tijd*** *⇒seizoen; jachtseizoen; vakantieperiode; bronsttijd* **0.3** ***feesttijd*** ⇒⟨vnl.⟩ *kerst- en nieuwjaarstijd* ◆ **1.1** a man for all ~s *een man voor alle tijden* **1.2** London in the ~ *Londen in het seizoen* ⟨vnl. de vroege zomer⟩ **1.3** the ~ of good cheer *de gezellige kerst- en nieuwjaarstijd* **2.1** rainy ~ *regentijd* **3.2** come into ~ *aanwezig/te koop zijn* ⟨v. seizoenproducten⟩ **6.2** cherries are **in** ~ *het is kersentijd;* the mare is **in** ~ *de merrie is bronstig;* a word **in** ~ *een woord op het passende moment; een gepast woord;* **in** and **out of** ~ *te pas en te onpas;* strawberries are **out of** ~ *het is nu geen aardbeientijd.* **→high, low season, silly season.**
season² ⟨ww.⟩ **0.1** ***kruiden*** ⟨ook fig.⟩ **0.2** ***(ge)wennen*** *⇒harden* **0.3** ***laten liggen/drogen*** ⟨hout⟩ **0.4** ⟨schr.⟩ ***verzachten*** ◆ **1.2** ~ed troops *doorgewinterde/geharde troepen* **1.3** ~ed timber *belegen/droog hout* **1.4** let mercy ~ justice! *laat medelijden gerechtigheid milderen!*
seasonab|le [sie:znəbl] ⟨-ly⟩ **0.1** ***passend bij het seizoen/de tijd*** **0.2** ***tijdig*** **0.3** ***passend.***
seasonal [sie:znəl] **0.1** ***volgens het seizoen*** *⇒seizoengevoelig* ⟨handel⟩ ◆ **1.1** ~ employment *seizoenarbeid.*
seasoning [sie:zning] **0.1** ***het kruiden*** **0.2** ***specerij.***
season's greetings 0.1 ***kerst- en nieuwjaarswensen.***
season ticket 0.1 ***seizoenkaart*** *⇒abonnement.*
seat¹ [sie:t] ⟨zn.⟩ **0.1** ***(zit)plaats*** *⇒stoel* **0.2** ***zitting*** ⟨v. stoel, klep⟩ **0.3** ***zitvlak*** **0.4** ***zetel*** *⇒centrum, haard* ⟨v. ziekte, brand⟩ **0.5** ***landgoed*** **0.6** ***zetel*** *⇒lidmaatschap* ⟨ook pol.⟩ **0.7** ⟨paardensport⟩ ***zit*** **0.8** ***wc-bril*** **0.9** ⟨vnl. BE⟩ ***kiesdistrict*** ◆ **1.4** a ~ of learning *een zetel/centrum v. wetenschap* **1.7** she has a good ~ *ze zit goed (te paard)* **1.¶** ⟨inf.⟩ by the ~ of one's pants *gevoelsmatig* **2.1** the back ~ of a car *de achterbank v.e. auto* **3.1** have/take a ~ *neem plaats;* keep your ~s! *blijf (rustig) zitten!;* lose one's ~ *zijn plaats kwijt raken* **3.6** lose one's ~ *niet herkozen worden;* win a ~ *verkozen worden* **6.6** have a ~ **on** a board *zitting hebben in een commissie.* **→back.**
seat² ⟨ww.⟩ **0.1** ⟨vaak pass.⟩ ***zetten*** *⇒doen zitten, zetelen* **0.2** ***(zit)plaats bieden aan/voor*** **0.3** ***plaatsen*** *⇒bevestigen* ⟨onderdeel e.d.⟩ ◆ **1.1** the government is ~ed in the capital *de regering zetelt in de hoofdstad* **3.1** be ~ed *ga zitten* **4.1** ~ o.s. *gaan zitten* **5.1** be deeply ~ed *diep ingeworteld zijn* ⟨v. gevoel, ziekte enz.⟩.
seat belt 0.1 ***veiligheidsgordel.***
seating [sie:ting], ⟨in bet. 0.2 ook⟩ **seating room, seating accommodation 0.1** ***plaatsing*** *⇒het geven v.e. plaats* **0.2** ⟨vaak attr.⟩ ***plaatsruimte*** *⇒zitplaatsen.*
sea trout 0.1 ***zeeforel.***
sea urchin 0.1 ***zee-egel.***
seawall 0.1 ***zeedijk.***
seaward [sie:wəd] **0.1** ***zeewaarts.***
seawater 0.1 ***zeewater.***
seaway 0.1 ***zeeweg*** **0.2** ***vaarroute naar zee.***
seaweed 0.1 ***zeewier*** **0.2** ***zeegras.***
seaworthy 0.1 ***zeewaardig.***
sec [sek] **0.1** ⟨verk.⟩ [second] ⟨inf.⟩ ***seconde*** ◆ **5.1** just a ~ *een ogenblikje.*
secateurs [sekkətə:z] ⟨ww. steeds mv.⟩ ⟨BE⟩ **0.1** ***(kleine) snoeischaar*** *⇒(kleine) tuinschaar.*
secede [sissie:d] **0.1** ***zich afscheiden*** *⇒zich afsplitsen.*
secession [sissesjn] **0.1** ***afscheiding*** *⇒het afscheiden* **0.2** ⟨vnl. S-; gesch.⟩ ***secessie*** ⟨aanleiding tot de Am. burgeroorlog⟩.
secessionist [sissesjənist] **0.1** ***separatist.***
seclude [sikloe:d] **0.1** ***afzonderen*** *⇒af/opsluiten, afschermen.*
secluded [sikloe:did] **0.1** ***afgezonderd*** *⇒teruggetrokken, stil* ◆ **1.1** a ~ life *een teruggetrokken leven;* a ~ house *een afgelegen huis.*
seclusion [sikloe:zjn] **0.1** ***afzondering*** *⇒eenzaamheid, rust* ◆ **3.1** live in ~ *in afzondering leven* **6.1 in** the ~ **of** one's own room *in de beslotenheid v. zijn eigen kamer.*
seclusive [sikloe:siv] ⟨-ness⟩ **0.1** ***geneigd zich af te zonderen*** *⇒zich afzonderend* ◆ **1.1** he's a very ~ person *hij heeft sterk de neiging zich af te zonderen.*
second¹ [sekkənd] **I** ⟨telb.zn.⟩ **0.1** ***seconde*** ⟨eenheid v. tijd⟩ ⇒ ⟨fig.⟩ *moment(je), ogenblik(je)* **0.2** ***seconde*** ⟨eenheid v. hoekmaat⟩ **0.3** ***tweede*** ⟨v.d. maand⟩ **0.4** ⟨universiteit; ong.⟩ ***met veel genoegen*** **0.5** ***secondant*** *⇒getuige* ⟨bij boksen, duel⟩ ◆ **2.4** lower ~ *met (veel) genoegen;* upper ~ *met (zeer) veel genoegen* **3.1** wait a ~ *wacht even* **6.1** I'll be back **in** a ~ *ik ben zo terug;*
II ⟨mv.⟩ **0.1** ***tweede kwaliteitsgoederen*** *⇒tweede keus/ klas(se)* **0.2** ***tweede keer*** ⟨bij maaltijd⟩ ◆ **3.2** who would like ~s? *wie wil er nog?*
second² [sekkənd] ⟨ww.⟩ **0.1** ***(onder)steunen*** *⇒bijstaan, meewerken* **0.2** ***ondersteunen*** *⇒goedkeuren, bijvallen* ⟨voorstel e.d.⟩.
second³ [sikkond] ⟨ww.⟩ ⟨BE⟩ **0.1** ***tijdelijk overplaatsen*** *⇒ detacheren.*
second⁴ [sekkənd] ⟨telw.; als vnw.⟩ **0.1** ***tweede*** *⇒ander(e)* ◆ **1.1** ⟨mil.⟩ ~ in command *onderbevelhebber;* ~ in line for promotion *tweede op de ranglijst voor promotie* **4.1** he was ~ to none *hij was v. niemand de mindere.*
second⁵ [sekkənd] ⟨bw.⟩ **0.1** ***op één na*** **0.2** ***ten tweede*** **0.3** ⟨verkeer⟩ ***(in) tweede klas*** ◆ **2.1** ~ best *op één na de beste;* come off ~ best *als tweede eindigen;* ⟨fig.⟩ *aan het kortste eind trekken* **3.3** travel ~ *(in) tweede klas reizen.*
second⁶ [sekkənd] ⟨telw.; als det.⟩ **0.1** ***tweede*** *⇒ander(e);* ⟨fig.⟩ *tweederangs, minderwaardig* ◆ **1.1** ~ class *tweede klas* ⟨ook v. post⟩; ⟨fig.⟩ ~ nature *tweede natuur;* in the ~ place *ten tweede, bovendien* **7.1** every ~ day *om de andere dag.* **→childhood, hand, name, string.**
secondar|y¹ [sekkəndrie] ⟨zn.; mv.: -ies⟩ **0.1** ***ondergeschikte*** *⇒assistent* **0.2** ***afgevaardigde*** *⇒vertegenwoordiger.*
secondar|y² ⟨-ily⟩ **I** ⟨bn.⟩ **0.1** ***secundair*** *⇒bijkomend/komstig, ondergeschikt* **0.2** ***secundair*** *⇒tweederangs* ◆ **1.1** ~ colour *secundaire kleur, mengkleur;* ~ planet *bijplaneet, satelliet* **1.¶** ⟨dierk.⟩ ~ feather *kleine slagpen* **6.1** ~ **to** *ondergeschikt aan* **6.2** ~ **to** *inferieur aan;*
II ⟨bn., attr.⟩ **0.1** ***secundair*** *⇒middelbaar* ◆ **1.1** ~ education *middelbaar onderwijs;* ~ school *middelbare school;* ~ modern (school), ⟨inf.⟩ ~ mod *middelbare school;* ⟨ong.⟩ *mavo;* ~ technical school *middelbare technische school.*
second-class¹ ⟨bn.⟩ **0.1** ***tweedeklas-*** **0.2** ***tweederangs*** *⇒inferieur, minderwaardig* ◆ **1.1** ~ compartment *tweedeklascoupé;* ~ mail *tweedeklaspost* ⟨in Engeland: langzamere verzending tegen lagere tarieven; in Am. en Canada: kranten en tijdschriften⟩ **1.2** ~ citizens *tweederangsburgers.*
second-class² ⟨bw.⟩ **0.1** ***tweede klas*** ◆ **3.1** go/travel ~ *tweede klas reizen.*

second-degree 0.1 *v.d. tweede graad* ⇒*tweedegraads-* ◆ 1.1 ~ burn *tweedegraadsverbranding.*
seconder [sekkəndə] 0.1 *voorstander* ◆ 3.1 his proposal had no ~ *er was niemand die achter zijn voorstel stond.*
second-floor 0.1 ⟨BE⟩ *op de tweede verdieping* 0.2 ⟨AE⟩ *op de eerste verdieping.*
second-generation 0.1 *v.d. tweede generatie* ⟨ihb. Am.; met ouders die zelf in Am. geboren zijn⟩.
second-guess ⟨vnl. AE⟩ 0.1 *achteraf bekritiseren* ⇒*achteraf kritiek leveren op.*
second-half ⟨sport⟩ 0.1 *van/in de tweede (speel)helft* ◆ 1.1 two ~ goals were scored *in de tweede helft werden twee doelpunten gescoord.*
secondhand[1] I ⟨bn.⟩ 0.1 *tweedehands* 0.2 *uit de tweede hand* ◆ 1.1 a ~ car *een tweedehands auto* 1.2 a ~ report *een verslag uit de tweede hand;*
II ⟨bn., attr.⟩ 0.1 *tweedehands-* ⇒*in/v. tweedehands goederen* ◆ 1.1 ~ dealer *handelaar in tweedehands goederen;* a ~ shop *een tweedehandswinkel.*
secondhand[2] ⟨bw.⟩ 0.1 *uit de tweede hand* ⇒*indirect.*
second hand 0.1 *secondewijzer.*
second-in-command ⟨mv.: seconds in command⟩ 0.1 *onderbevelhebber.*
secondly [sekkəndlie], **second** [sekkənd] 0.1 *ten tweede* ⇒ *in de tweede plaats.*
secondment [sikkondmənt] ⟨BE⟩ 0.1 *detachering.*
second-rate 0.1 *tweederangs* ⇒*inferieur, middelmatig.*
second-rater 0.1 *tweederangsfiguur* 0.2 *ding v. tweede rang.*
second-sighted 0.1 *helderziend.*
second-strike ⟨mil.⟩ 0.1 *voor een tegenaanval bestemd* ⟨atoomwapen⟩ ◆ 1.1 ~ capability *capaciteit voor de tegenaanval.*
second-string ⟨vnl. AE⟩ 0.1 ⟨sport⟩ *vervangend* ⇒*reserve-.*
secrecy [sie:krissie] 0.1 *geheimhouding* ⇒*geheimzinnigheid* ◆ 6.1 **with** ~ *onder geheimhouding.*
secret[1] [sie:krit] ⟨zn.⟩ 0.1 *geheim* ⇒*mysterie* 0.2 *geheim* ⇒ *sleutel* ◆ 1.2 the ~ of your health *het geheim van uw gezondheid* 3.1 keep a/the ~ *een/het geheim bewaren* 5.1 be **in** on the ~ *in het geheim ingewijd zijn* 6.1 **in** ~ *in het geheim;* let s.o. **into** a/the ~ *iem. in een/het geheim inwijden.* →**open.**
secret[2] ⟨bn.⟩ 0.1 *geheim* ⇒*verborgen, vertrouwelijk* 0.2 *geheimhoudend* ⇒*gesloten, discreet* 0.3 *verborgen* ⇒*afgezonderd, afgesloten* ◆ 1.1 a ~ admirer *een stille aanbidder;* ~ agent *geheim agent;* ~ ballot *geheime stemming;* ~ police *geheime politie;* ~ service *geheime dienst* 6.1 keep sth. ~ **from** s.o. *iets voor iem. geheim houden.*
secretarial [sekrəteəriəl] 0.1 *v.e. secretaresse* ⇒*secretariaats-* ◆ 1.1 ~ training *opleiding voor secretaresse.*
secretariat [sekrəteəriət] 0.1 *secretariaat.*
secretar|y [sek(r)ətrie] ⟨mv.: -ies⟩ 0.1 *secretaresse* 0.2 *secretaris* ⇒*secretaris-generaal* ⟨v. ministerie⟩ 0.3 ⟨vnl. S-; verk.⟩ [Secretary of State] ⟨BE; inf.⟩ *minister* ⇒*staatssecretaris, onderminister* 0.4 ⟨vnl. S-; AE⟩ *minister* ⇒*administrateur* ◆ 1.3 ⟨BE⟩ Secretary of State *Minister* 1.4 ⟨AE⟩ Secretary of State *Minister v. Buitenlandse Zaken* 6.1 ~ **to** the chairman *secretaris/secretaresse van de voorzitter.* → **foreign, parliamentary.**
secretary bird 0.1 *secretarisvogel.*
secretary-general ⟨vaak S- G-; mv.: secretaries-general⟩ 0.1 *secretaris-generaal* ⟨bv. v.d. VN⟩.
secrete [sikrie:t] 0.1 *verbergen* ⇒*ver/wegstoppen* 0.2 *afscheiden* ⟨v. organen, klieren⟩ ◆ 1.2 the nose ~s mucus *door de neus wordt slijm afgescheiden* 6.1 ~ sth. **about** one's person *iets op zijn lichaam verstoppen.*
secretion [sikrie:sjn] I ⟨telb.zn.⟩ 0.1 ⟨med.⟩ *afscheiding(sproduct);*
II ⟨n.-telb.zn.⟩ 0.1 *het verbergen* ⇒*het verstoppen.*
secretive [sie:krittiv] ⟨-ness⟩ 0.1 *geheimzinnig* ⇒*gesloten, gereserveerd.*
secretly [sie:kritlie] 0.1 →**secret** 0.2 *in het geheim.*
sect [sekt] 0.1 *sekte* ⇒*geloofsgemeenschap.*
sectarian [sekteəriən] 0.1 ⟨bn.⟩ *sektarisch* ⇒*sekte-* 0.2 ⟨zn.⟩ *sektariër.*
sectarianism [sekteəriənizm] 0.1 *sektarisme* ⇒*sektegeest.*
sectar|y [sektərie] ⟨mv.: -ies⟩ 0.1 *sektariër.*
section[1] [seksjn] I ⟨telb.zn.⟩ 0.1 *sectie* ⇒*(onder)deel; afdeling; lid; stuk, segment; partje* ⟨v. citrusvrucht⟩; ⟨vnl. AE⟩ *wijk, district, stads/landsdeel;* ⟨vnl. AE⟩ *baanvak* ⟨v. spoorlijn⟩ 0.2 *groep* ⟨binnen samenleving⟩ 0.3 *(onder)afdeling* ⇒*paragraaf, lid, sectie; katern* ⟨v. krant/boek⟩ 0.4 *paragraaf(teken)* ⟨§, ook als verwijzingsteken naar voetnoot⟩ 0.5 *(dwars)doorsnede* ⟨ook in wisk.⟩ ⇒*profiel* 0.6 ⟨AE⟩ *een vierkante mijl* ⟨640 acres⟩ ◆ 1.1 brass ~ *koper(sectie)* ⟨v. orkest⟩; all ~s of the population *alle lagen v.d. bevolking* 2.1 a residential ~ *een woonwijk* 6.¶ **in** ~ *in profiel;*
II ⟨telb. en n.-telb.zn.⟩ ⟨med.⟩ 0.1 *(chirurgische) snee* ⇒*incisie, (in)snijding, sectie* ◆ 2.1 c(a)esarean ~ *keizersnede.*
section[2] ⟨ww.⟩ 0.1 ⟨vnl. +off⟩ *in secties verdelen/schikken* ⇒*segmenteren* 0.2 *een doorsnede tonen v.*
sectional [seksjnəl] 0.1 *uit afzonderlijke elementen/delen bestaand* ⇒*uitneembaar, demonteerbaar* 0.2 *sectioneel* ⇒*mbt. een bep. landsdeel/bevolkingsgroep, particularistisch* 0.3 *mbt. een doorsnede* ◆ 1.1 ~ furniture *aanbouwmeubilair* 1.2 ~ interests *(tegenstrijdige) groepsbelangen* 1.3 a ~ view *een zijaanzicht (in doorsnede).*
sectionalism [seksjnəlizm] 0.1 *particularisme.*
section gang ⟨AE⟩ 0.1 *ploeg spoorlijnarbeiders* ⟨die een sectie onderhouden⟩.
section mark 0.1 *paragraaf(teken)* ⟨§, ook als verwijzingsteken naar voetnoot⟩.
sector [sektə] 0.1 *sector* ⟨v. maatschappelijk leven⟩ ⇒*(bedrijfs)tak, afdeling, terrein, branche* 0.2 ⟨vnl. mil.⟩ *sector* ⇒ *zone, (deel v.) operatiegebied.*
secular [sekjoelə] 0.1 *seculair* ⇒*wereldlijk, niet-kerkelijk* 0.2 *secularistisch* ⇒*vrijzinnig* 0.3 ⟨r.-k.⟩ *seculier* ⟨v. geestelijke⟩ ⇒*wereldlijk, niet tot een orde behorend* ◆ 1.1 ~ music *profane muziek;* the ~ power *de staat* ⟨tgov. de kerk⟩ 1.3 the ~ clergy *de seculiere clerus.*
secularist [sekjoelərist] 0.1 ⟨bn.⟩ *secularistisch* 0.2 ⟨zn.⟩ *secularist* ⇒*vrijdenker.*
secular|ize, -ise [sekjoelərajz] ⟨zn.: **-ization**⟩ 0.1 *seculariseren* ⇒*verwereldlijken; aan de staat trekken* ⟨v. kerkelijke goederen⟩.
secure[1] [sikjoeə] ⟨ook -r; -ness⟩ I ⟨bn.⟩ 0.1 *veilig* ⇒*beschut, beveiligd* 0.2 *veilig* ⇒*stevig, zeker* 0.3 *onbevreesd* ⇒*vol vertrouwen* 0.4 *(ver)zeker(d)* ⇒*gewaarborgd* ◆ 1.1 ~ existence *veilig bestaan* 1.2 this ladder is ~ *deze ladder is veilig* 1.4 ~ investment *veilige belegging;* she was ~ of victory *de overwinning kon haar niet ontgaan* 6.1 ~ **against/from** *veilig voor;*
II ⟨bn., pred.⟩ 0.1 *in verzekerde bewaring* ◆ 3.1 they 've got him ~ *hij zit achter slot en grendel.*
secure[2] ⟨ww.⟩ 0.1 *beveiligen* ⇒*in veiligheid brengen* 0.2 *bemachtigen* ⇒*zorgen voor* 0.3 *opsluiten* ⇒*pakken* 0.4 *stevig vastmaken* ⇒*vastleggen, afsluiten* ◆ 1.2 I will ~ you some good seats *ik versier wel een paar goede plaatsen voor je* 6.1 the village was ~d **against/from** floods *het dorp werd tegen overstroming beveiligd.*
securit|y [sikjoeərətie] ⟨mv.: -ies⟩ I ⟨telb.zn.⟩ 0.1 ⟨vaak mv.⟩

obligatie(certificaat) ⇒*effect, aandeel* **0.2** ***borg*** ⟨persoon⟩ ◆ **1.2** be s.o.'s ~ *zich voor iem. borg stellen;*
II ⟨telb. en n.-telb.zn.⟩ **0.1** ***(waar)borg*** ⇒*onderpand* ◆ **3.1** give as (a) ~ *in onderpand geven* **6.1** ⟨fig.⟩ **in ~ for** *als waarborg voor;*
III ⟨n.-telb.zn.⟩ **0.1** ***veiligheid(sgevoel)*** **0.2** ***veiligheidsvoorziening*** ⇒*verzekering* ⟨bv. voor slechtere tijden⟩ **0.3** ***beveiliging*** ⇒*(openbare) veiligheid* ◆ **2.3** tight ~ is in force *er zijn strenge veiligheidsmaatregelen getroffen* **6.1** is there any ~ **against/from** nuclear weapons? *is er enige bescherming mogelijk tegen kernwapens?* →**social.**

security check **0.1** ***veiligheidscontrole.***

security clearance ⟨pol.⟩ **0.1** ⟨ong.⟩ ***betrouwbaarheidsverklaring.***

Security Council ⟨zn.; the; ww. enk. of mv.⟩ **0.1** ***Veiligheidsraad*** ⟨v. UN⟩.

security forces **0.1** ***ordestrijdkrachten*** ⇒*politietroepen.*

security guard **0.1** ***veiligheidsagent/beambte.***

security measure **0.1** ***veiligheidsmaatregel.***

security officer **0.1** ***veiligheidsagent.***

security police ⟨zn.⟩ **0.1** ***veiligheidspolitie*** ⇒*geheime politie, veiligheidsdienst.*

security prison ◆ **2.¶** maximum/minimum ~ *zwaar/licht bewaakte gevangenis.*

security reason ⟨vnl. mv.⟩ **0.1** ***veiligheidsoverweging*** ◆ **6.1** **for** ~s *uit veiligheidsoverwegingen.*

security risk **0.1** ***(pers. met verhoogd) veiligheidsrisico*** ⇒*potentieel staatsgevaarlijk individu.*

sedan [sidæn] **0.1** ⟨vnl. AE⟩ ***sedan*** ⟨dichte (vierdeurs) personenwagen⟩ **0.2** ⟨verk.⟩ [sedan chair].

sedan chair, sedan ⟨gesch.⟩ **0.1** ***gesloten draagstoel.***

sedate[1] [siddeet] ⟨bn.; -ness⟩ **0.1** ***bezadigd*** ⇒*onverstoorbaar, kalm.*

sedate[2] ⟨ww.⟩ **0.1** ***kalmeren*** ⇒*tot rust brengen,* ⟨ihb.⟩ *een kalmerend middel toedienen aan.*

sedation [siddeesjn] ⟨vnl. med.⟩ **0.1** ***het kalmeren*** ⇒*het toedienen v.e. kalmerend middel.*

sedative [seddətiv] ⟨vnl. med.⟩ **0.1** ⟨bn.⟩ ***sedatief*** ⇒*kalmerend, pijnstillend* **0.2** ⟨zn.⟩ ***sedatief*** ⇒*kalmerend middel, slaapmiddel.*

sedentar|y [sedntrie] ⟨-iness⟩ **0.1** ***(stil)zittend*** ⇒*sedentair* **0.2** ***sedentair*** ⟨ook biol.⟩ ⇒*aan één plaats gebonden* ◆ **1.1** ~ job/work *zittend (uitgevoerd) werk* **1.2** ~ birds *standvogels.*

sedge [sedzj] ⟨plantk.⟩ **0.1** ***cypergras*** ⇒⟨ihb.⟩ *zegge.*

sedge warbler ⟨dierk.⟩ **0.1** ***rietzanger.***

sediment [seddimmənt] **I** ⟨telb. en n.-telb.zn.⟩ **0.1** ***sediment*** ⇒*neerslag, bezinksel;*
II ⟨n.-telb.zn.⟩⟨geol.⟩ **0.1** ***sediment*** ⇒*afzetting(smateriaal)* ⟨door water, wind enz.⟩.

sedimentary [seddimmentrie] **0.1** ***sedimentair*** ⇒*door afzetting gevormd* ◆ **1.1** ~ rock(s) *sediment/afzettings/bezinkingsgesteente.*

sedimentation [seddimmənteesjn] **0.1** ***sedimentatie*** ⇒*het neerslaan, afzetting, bezinking.*

sedimentology [seddimmentollədzjie] **0.1** ***sedimentologie.***

sedition [siddisjn] **0.1** ***opruiing*** ⇒*ongehoorzaamheid, ordeverstoring.*

seditious [siddisjəs] ⟨-ness⟩ **0.1** ***opruiend*** ⇒*oproerig, opstandig.*

seduce [sidjoe:s] **0.1** ***verleiden*** ⟨ook fig.⟩ ⇒*overhalen* ◆ **6.1** ~ s.o. **into** sth. *iem. tot iets overhalen/brengen.*

seducer [sidjoe:sə] **0.1** ***verleider.***

seduction [sidduksjn], **seducement** [sidjoe:smənt] **0.1** ***verleiding(spoging)*** **0.2** ⟨vaak mv.⟩ ***iets aan/verlokkelijks*** ⇒*aantrekkelijke kwaliteit, iets onweerstaanbaars* ◆ **1.2** the ~s of simple country life *de aanlokkelijkheden v.h. eenvoudige buitenleven.*

seductive [sidduktiv] ⟨-ness⟩ **0.1** ***verleidelijk.***

sedulous [sedjoeləs] ⟨schr.⟩ **0.1** ***volhardend*** ⇒*nauwgezet, ijverig* ◆ **1.1** with ~ care *nauwgezet, angstvallig.*

see[1] [sie:] ⟨zn.⟩ **0.1** ***(aarts)bisdom*** ⇒*diocees* **0.2** ***(aarts)bisschopszetel*** ◆ **2.2** the Holy See *de Heilige Stoel.*

see[2] ⟨saw [so:], seen [sie:n]⟩ **I** ⟨onov.ww.⟩ **0.1** ***nadenken*** ⇒*bekijken, zien* ◆ **3.1** let me ~ *wacht eens, even denken* **6.1** ⟨inf.⟩ we will ~ **about** it *dat zullen we nog wel (eens) zien;*
II ⟨onov. en ov.ww.⟩ **0.1** ***zien*** ⇒*kijken (naar), aankijken tegen* **0.2** ***zien*** ⇒*(het) begrijpen, (het) inzien* **0.3** ***toezien (op)*** ⇒*opletten, ervoor zorgen, zorgen voor* ◆ **1.1** ~ chapter 4 *zie hoofdstuk 4;* things ~n *waargenomen dingen/zaken* ⟨tgov. wat in de verbeelding bestaat⟩ **1.2** I don't ~ the fun of doing that *ik zie daar de lol niet van in* **2.1** worth ~ing *de moeite waard, opmerkelijk* **2.2** as far as I can ~ *volgens mij* **3.1** I cannot ~ him doing it *ik zie het hem nog niet doen;* go and ~! *ga dan/maar kijken!;* we shall ~ *we zullen wel zien, wie weet* **3.3** ~ sth. done *ervoor zorgen dat iets gedaan wordt* **4.2** I ~ *(o,) ik begrijp het;* as I ~ it *volgens mij* **6.1** ~ **into** a matter *een zaak onderzoeken;* ⟨fig.⟩ ~ **through** s.o./sth. *iem./iets doorzien/doorhebben* **6.3** ~ **about/after** *zorgen voor, iets doen aan; onderzoeken;* ~ **to** it that *ervoor zorgen dat* **¶.2** ⟨inf.⟩ ~? *snap je?;*
III ⟨ov.ww.⟩ **0.1** ***voor zich zien*** ⇒*zich voorstellen* **0.2** ***lezen*** ⟨in krant enz.⟩ ⇒*zien* **0.3** ***tegenkomen*** ⇒*ontmoeten* **0.4** ***ontvangen*** ⇒*spreken met* **0.5** ***bezoeken*** ⇒*opzoeken, langs gaan bij* **0.6** ***raadplegen*** ⇒*bezoeken* **0.7** ***meemaken*** ⇒*ervaren, getuige zijn v.* **0.8** ***begeleiden*** ⇒*(weg)brengen* **0.9** ⟨gokspel⟩ ***aannemen*** ⇒*evenveel inzetten als* ◆ **1.5** ~ a tennis match *naar een tenniswedstrijd gaan;* ~ the town *de stad bezichtigen* **1.6** ~ a doctor *een arts raadplegen* **1.7** ⟨fig.⟩ have ~n better days *betere tijden gekend hebben* **1.8** ~ a girl home *een meisje naar huis brengen* **4.3** ~ you (later)!, (I'll) be ~ing you! *tot ziens!, tot kijk!;* I'd like to ~ more of you *ik zou je wel vaker willen zien* **5.5** ~ **over/round** a house *een huis bezichtigen* **5.7** ~ the new year **in** *het nieuwe jaar inluiden;* ~ the old year **out** *het oude jaar uitluiden* **5.8** ~ s.o. **in** *iem. binnenlaten;* ~ s.o. **off** at the station *iem. uitwuiven op het station;* ~ s.o. **out** *iem. uitlaten;* I'll ~ you **through** *ik help je er wel doorheen* **5.¶** ~ **off** (an attack) *(een aanval) afslaan;* ~ sth. **out/through** *iets tot het einde volhouden/doorzetten* **6.3** ~ a lot **of** s.o. *iem. veel/vaak zien/ontmoeten* **6.6** ~ s.o. **about** sth. *iem. over iets raadplegen/advies vragen* **6.8** have enough money to ~ one **through** the month *genoeg geld hebben om de maand door te komen;* ~ s.o. **to** the door *iem. uitlaten.*

seed[1] [sie:d] **I** ⟨telb.zn.⟩ **0.1** ⟨plantk.⟩ ***zaadje*** **0.2** ***korreltje*** ⇒*bolletje* **0.3** ***kiem*** ⟨fig.⟩ ⇒*zaad, begin* **0.4** ⟨sport, ihb. tennis⟩ ***geplaatste speler*** ◆ **7.4** he is the third ~ *hij is als derde geplaatst;*
II ⟨n.-telb.zn.⟩ **0.1** ⟨plantk.⟩ ***zaad*** ◆ **3.1** go/run to ~ *uitbloeien, doorschieten;* ⟨fig.⟩ *verlopen, aftakelen.*

seed[2] **I** ⟨onov.ww.⟩ **0.1** ***zaad vormen*** ⇒*uitbloeien, doorschieten;*
II ⟨onov. en ov.ww.⟩ **0.1** ***zaaien*** ⇒*zaad uitstrooien;*
III ⟨ov.ww.⟩ **0.1** ***bezaaien*** ⟨ook fig.⟩ ⇒*bestrooien* **0.2** ***van zaad ontdoen*** **0.3** ⟨sport, ihb. tennis⟩ ***plaatsen.***

seedbed **0.1** ***zaaibed*** **0.2** ⟨fig.⟩ ***voedingsbodem.***

seedcake **0.1** ***kruidcake*** ⇒*kummelcake.*

seeder [sie:də] ⟨landb.⟩ **0.1** ***zaaimachine*** **0.2** ***machine om vruchten v. zaden te ontdoen.***

seed fern ⟨plantk.⟩ **0.1** ***zaadvaren.***

seed leaf ⟨plantk.⟩ **0.1** ***zaadlob.***
seedless [sie:dləs] **0.1** ***zonder zaad/pitjes.***
seedling [sie:dling] ⟨plantk.⟩ **0.1** ***zaailing.***
seed pearl **0.1** ***zaadparel.***
seed potato **0.1** ***pootaardappel.***
seeds|man [sie:dzmən]⟨mv.: -men [-mən]⟩ **0.1** ***zaadhandelaar.***
seedtime **0.1** ***zaaitijd.***
seed|y [sie:die] ⟨-iness⟩ **0.1** ⟨inf.⟩ ***slonzig*** ⇒*verwaarloosd, vervallen* **0.2** ⟨inf.⟩ ***niet lekker*** ⇒*een beetje ziek, slap* **0.3** ***vol zaden/pitten.***
seeing [sie:ing], **seeing that, seeing as** **0.1** ***aangezien*** ⇒*in aanmerking genomen dat* ◆ **¶.1** ~ (that)/~ as (how) there is nothing I can do *aangezien ik niets kan doen.*
seek [sie:k]⟨sought, sought [so:t]⟩ **I** ⟨onov.ww.⟩ **0.1** ⟨+after/for⟩ ***zoeken (naar)*** ◆ **6.1** ~ **for** a solution *een oplossing zoeken;*
II ⟨ov.ww.⟩ **0.1** ***nastreven*** ⇒*proberen te bereiken, zoeken* **0.2** ***vragen*** ⇒*wensen, verlangen* **0.3** ***opzoeken*** **0.4** ***proberen (te)*** ⇒*trachten (te)* ◆ **1.3** ~ the coolness of the water *de koelte van het water opzoeken* **3.4** ~ to escape *proberen te ontsnappen* **5.3** ~ s.o. **out** *naar iem. toekomen, iem. opzoeken* **5.¶** the reason is not far to ~ *de reden hoef je niet ver te zoeken/ligt voor de hand.*
seem [sie:m] **0.1** ***(toe)schijnen*** ⇒*lijken, eruitzien* ◆ **1.1** he ~s (to be) the leader *hij schijnt de leider te zijn* **2.1** he ~s certain to lose *het zit er dik in dat hij verliest;* it ~s good to me *het lijkt mij goed* **3.1** ⟨inf.⟩ I can't ~ to complete the book *het lijkt alsof ik het boek maar niet af krijg;* he ~s to have done it *het ziet ernaar uit dat hij het gedaan heeft;* I ~ to know it *het komt me bekend voor* **4.1** ⟨vaak iron. of verwijtend⟩ it ~s that/as if *het lijkt wel dat/alsof, klaarblijkelijk;* it would ~ to me that/as if *het lijkt mij dat/alsof;* he's not satisfied, it would ~ *hij is niet tevreden, naar het schijnt* **6.1** it ~s to me *mij dunkt.*
seeming [sie:ming] **0.1** ***schijnbaar*** ⇒*ogenschijnlijk, onoprecht* **0.2** ***klaarblijkelijk*** ◆ **1.1** in ~ friendship *onder schijn v. vriendschap* **1.2** with ~ sincerity *met klaarblijkelijke oprechtheid* **¶.2** ~ly there's nothing I can do *klaarblijkelijk kan ik er niets aan doen.*
seeml|y [sie:mlie] ⟨-iness⟩ **0.1** ***juist*** ⇒*correct, fatsoenlijk.*
seen [sie:n] ⟨volt. deelw.⟩ →**see.**
seep [sie:p] **0.1** ***(uit/weg)sijpelen*** ⇒*lekken, doorsijpelen;* ⟨fig.⟩ *doordringen* ◆ **6.1** ~ **into** *doorsijpelen in;* ⟨fig.⟩ *doordringen in, zich verspreiden door.*
seepage [sie:pidzj] **0.1** ***lekkage*** ⇒*het sijpelen* **0.2** ***lekkage*** ⇒*weggelekt vocht.*
seer [siə] **0.1** ***ziener*** ⇒*profeet* **0.2** ***helderziende.***
seersucker [siəsukkə] ⟨textiel⟩ **0.1** ***seersucker*** ⇒*bobbeltjesstof.*
seesaw[1] [sie:so:] **I** ⟨telb.zn.⟩ **0.1** ***wip*** **0.2** ⟨mil.⟩ ***getouwtrek*** ⇒*het steeds beurtelings aan de winnende hand zijn;*
II ⟨n.-telb.zn.⟩ **0.1** ***het wippen*** ◆ **3.1** play (at) ~ *wippen, op de wip spelen.*
seesaw[2] ⟨ww.⟩ **0.1** ***(op en neer) wippen*** ⇒*op en neer wippen, op de wip spelen* **0.2** ***schommelen*** ⇒*zigzaggen, veranderlijk zijn* ◆ **1.2** ~ing prices *schommelende prijzen* **6.2** ~ **between** two possibilities *steeds aarzelen tussen twee mogelijkheden.*
seethe [sie:ð] **0.1** ***koken*** ⟨ook fig.⟩ ⇒*zieden, kolken* ◆ **6.1** he ~d **with** rage *hij ziedde van woede.*
see-through ⟨inf.⟩ **0.1** ⟨bn.⟩ ***doorkijk-*** **0.2** ⟨zn.⟩ ***doorzichtig kledingstuk*** ⇒*doorkijkbloes/jurk* ◆ **1.1** ~ blouse *doorkijkbloes.*
segment[1] [segmənt] ⟨zn.⟩ **0.1** ***deel*** ⇒*segment, part(je)* ◆ **1.1** ⟨wisk.⟩ ~ of circle *cirkelsegment.*
segment[2] [segment] **I** ⟨onov.ww.⟩⟨biol.⟩ **0.1** ***delen*** ⟨v. cellen⟩ ⇒*gespleten worden, zich splijten;*
II ⟨ov.ww.⟩ **0.1** ***(in segmenten) verdelen.***
segmentation [segmənteesjn] ⟨geen mv.⟩ **0.1** ***segmentatie*** ⇒*verdeling, opsplitsing* **0.2** ⟨biol.⟩ ***celdeling.***
segregate [segrigeet] **0.1** ***afzonderen*** ⇒*scheiden;* ⟨ihb.⟩ *rassenscheiding toepassen op.*
segregation [segrigeesjn] ⟨geen mv.⟩ **0.1** ***afzondering*** ⇒*scheiding;* ⟨ihb.⟩ *rassenscheiding, apartheid.*
seigneur [senjə:], ⟨AE⟩ **seignior** [seenjə] ⟨gesch.⟩ **0.1** ***landheer*** ⇒*seigneur.*
seismic [sajzmik] ⟨geol.⟩ **0.1** ***seismisch*** ⇒*aardbevings-.*
seismograph [sajzməgra:f] **0.1** ***seismograaf.***
seismologist [sajzmolledzjist] **0.1** ***seismoloog.***
seismology [sajzmolledzjie] **0.1** ***seismologie*** ⇒*leer der aardbevingen.*
seize [sie:z] **0.1** ***grijpen*** ⇒*pakken, nemen* **0.2** ***in beslag nemen*** ⇒*afnemen* **0.3** ***in hechtenis nemen*** ⇒*opbrengen, arresteren* **0.4** ***bevatten*** ⇒*begrijpen, inzien* ◆ **1.1** ~ the occasion with both hands *de kans met beide handen aangrijpen* **1.4** she never seemed to ~ the point *ze scheen helemaal niet te begrijpen waar het om ging* **6.1** ~d **with** fear *door angst bevangen;* he was ~d **with** the idea *hij was bezeten door het idee.*
seize up **0.1** ***vastlopen*** ⟨v. machine⟩ ⇒*blijven hangen;* ⟨fig. ook⟩ *blijven steken, niet verder kunnen.*
seize (up)on **0.1** ***aangrijpen*** ⟨kans, aanleiding e.d.⟩.
seizure [sie:zjə] **0.1** ***confiscatie*** ⇒*inbeslagneming, beslaglegging* **0.2** ***attaque*** ⇒*aanval;* ⟨fig. ook⟩ *vlaag.*
seldom [seldəm] **0.1** ***zelden*** ⇒*haast nooit* ◆ **5.1** ~ if ever, ~ or never *zelden of nooit.*
select[1] [sillekt] ⟨bn.⟩ **0.1** ***uitgezocht*** ⇒*zorgvuldig gekozen, geselecteerd* **0.2** ***select*** ⇒*exclusief* ◆ **1.¶** ⟨BE; pol.⟩ ~ committee *parlementaire commissie.*
select[2] **I** ⟨onov.ww.⟩ **0.1** ***een keuze maken;***
II ⟨ov.ww.⟩ **0.1** ***(uit)kiezen*** ⇒*uitzoeken, selecteren.*
selection [silleksjn] **0.1** ***keuze*** ⇒*selectie, verzameling* **0.2** ⟨biol.⟩ ***selectie.***
selection committee **0.1** ***benoemingscommissie*** ⇒*sollicitatiecommissie.*
selective [sillektiv] ⟨-ness⟩ **0.1** ***selectief*** ⇒*uitkiezend* **0.2** ***kritisch*** ⇒*precies, kieskeurig* ◆ **1.1** ⟨geldw.⟩ ~ employment tax *selectieve loonbelasting;* ~ strike action *prikactie.*
selectivity [sillektivvətie] **0.1** ***het selectief/kritisch zijn.***
selector [sillektə] **0.1** ***selecteur*** ⇒*lid v. selectie/benoemingscommissie* **0.2** ⟨tech.⟩ ***kiezer/keuzeschakelaar.***
selenium [sillie:niəm] **0.1** ***seleen*** ⇒*selenium.*
selenium cell ⟨foto.⟩ **0.1** ***seleniumcel.***
self [self] ⟨mv.: selves⟩ **0.1** ***(het) zelf*** ⇒*(het) eigen wezen, (het) ik* **0.2** ***persoonlijkheid*** ⇒*karakter* **0.3** ***de eigen persoon*** ⇒*zichzelf, het eigenbelang* ◆ **2.2** he's still not quite his old ~ *hij is nog steeds niet helemaal de oude* **3.3** think only of ~ *alleen maar aan zichzelf denken* **6.3** ⟨geldw.⟩ cheque drawn **to** ~ *cheque aan eigen order.*
-self ⟨mv.: -selves⟩ **0.1** ⟨vormt wederkerend voornaamwoord⟩ ***-zelf*** **0.2** ⟨als nadrukwoord⟩ ***zelf*** ◆ **¶.1** oneself *zichzelf* **¶.2** I did it myself *ik heb het zelf gedaan.*
self-abasement **0.1** ***zelfvernedering.***
self-absorbed **0.1** ***in zichzelf verdiept*** ⇒*door zijn eigen gedachten in beslag genomen.*
self-abuse [selfəbjoe:s] **0.1** ***zelfverwijt*** **0.2** ***masturbatie*** ⇒*zelfbevlekking.*
self-acting **0.1** ***zelfwerkend*** ⇒*automatisch.*
self-activating **0.1** ***zelfwerkend*** ⇒*automatisch.*

self-addressed 0.1 *aan zichzelf geadresseerd* ◆ 1.1 ~ envelope *antwoordenvelop.*
self-appointed ⟨inf.⟩ 0.1 ***opgedrongen*** ⇒*zichzelf ongevraagd opwerpend (als)* ◆ 1.1 a ~ critic *iem. die zich een oordeel aanmatigt.*
self-assurance 0.1 ***zelfverzekerdheid*** ⇒*zelfvertrouwen.*
self-assured ⟨-ness⟩ 0.1 ***zelfverzekerd*** ⇒*vol zelfvertrouwen.*
self-catering 0.1 ***zelf voor eten zorgend*** ⇒*maaltijden niet inbegrepen* ◆ 1.1 ~ flat *flat, appartement* ⟨waar men zelf voor het eten moet zorgen⟩; ~ holiday *vakantie zonder verzorgde maaltijden.*
self-centred, ⟨AE sp.⟩ **self-centered** ⟨-ness⟩ 0.1 ***egocentrisch*** ⇒*zelfzuchtig.*
self-coloured, ⟨AE sp.⟩ **self-colored** 0.1 ***effen*** ⇒*eenkleurig.*
self-command 0.1 ***zelfbeheersing.***
self-complac|ent ⟨zn.: **-ency**⟩ 0.1 ***zelfingenomen*** ⇒*zelfvoldaan.*
self-confessed 0.1 ***openlijk*** ⇒*onverholen* ◆ 1.1 he is a ~ swindler *hij komt er rond voor uit dat hij een zwendelaar is.*
self-confidence 0.1 ***zelfvertrouwen*** ⇒*zelfverzekerdheid.*
self-confident 0.1 ***vol zelfvertrouwen*** ⇒*zelfverzekerd.*
self-conscious ⟨-ness⟩ 0.1 ***bewust*** ⇒*zich v. zichzelf bewust* 0.2 ***verlegen*** ⇒*niet op zijn gemak.*
self-contained 0.1 ***onafhankelijk*** 0.2 ***vrij*** ⇒*op zichzelf staand, apart* ⟨v. flat e.d.⟩.
self-contradictory 0.1 ***tegenstrijdig.***
self-control 0.1 ***zelfbeheersing*** ⇒*kalmte.*
self-controlled 0.1 ***beheerst*** ⇒*kalm.*
self-copying paper 0.1 ***doorschrijfpapier.***
self-criticism 0.1 ***zelfkritiek.***
self-defeating 0.1 ***zichzelf hinderend*** ⇒*zijn doel voorbijstrevend.*
self-defence, ⟨AE sp.⟩ **self-defense** 0.1 ***zelfverdediging*** ⇒ ⟨ihb. jur.⟩ *noodweer* ◆ 1.1 the (noble) art of ~ *bokssport/judo* 6.1 in ~ *uit zelfverdediging.*
self-denial 0.1 ***zelfopoffering*** ⇒*zelfverloochening.*
self-denying 0.1 ***zelfverloochenend*** ⇒*opofferend.*
self-destruct [self-distrukt] ⟨vnl. AE⟩ 0.1 ***zichzelf vernietigen.***
self-destruction 0.1 ***zelfvernietiging*** ⇒⟨ihb.⟩ *zelfmoord.*
self-determination 0.1 ⟨ook pol.⟩ ***zelfbeschikking(srecht).***
self-discipline 0.1 ***zelfdiscipline.***
self-drive ⟨BE⟩ 0.1 ***zonder chauffeur*** ⟨v. huurauto⟩.
self-educated 0.1 ***autodidactisch*** ◆ 1.1 a ~ man *een autodidact.*
self-effacing 0.1 ***bescheiden*** ⇒*zichzelf wegcijferend.*
self-employed 0.1 ***zelfstandig*** ⇒*met een eigen onderneming, eigen baas.*
self-esteem 0.1 ***eigendunk*** ⇒*trots.*
self-evident 0.1 ***vanzelfsprekend.***
self-examination 0.1 ***zelfonderzoek.***
self-explanatory 0.1 ***duidelijk*** ⇒*onmiskenbaar, wat voor zichzelf spreekt.*
self-fertilization ⟨biol.⟩ 0.1 ***zelfbevruchting/bestuiving.***
self-financing [-fajnænsing] ⟨ec.⟩ 0.1 ***zelffinanciering*** ⇒*autofinanciering.*
self-fulfilling 0.1 ***zichzelf vervullend*** ⇒*zichzelf realiserend* ◆ 1.1 a ~ prophecy *een zichzelf vervullende voorspelling.*
self-governing 0.1 ***autonoom*** ⇒*onafhankelijk.*
self-government 0.1 ***zelfbestuur*** ⇒*autonomie* 0.2 ***democratie.***
self-help 0.1 ***zelfhulp*** ⇒*het zichzelf helpen, het zichzelf kunnen redden.*
self-help group 0.1 ***zelfhulpgroep.***
self-importance 0.1 ***gewichtigheid*** ⇒*eigendunk.*
self-important 0.1 ***gewichtig*** ⇒*verwaand.*
self-imposed 0.1 ***(aan) zichzelf opgelegd*** ◆ 1.1 a ~ task *een taak die men vrijwillig op zich genomen heeft.*
self-induced 0.1 ***zelf teweeggebracht*** ⇒*zelf toegebracht.*
self-induction ⟨elek.⟩ 0.1 ***zelfinductie.***
self-indulg|ent ⟨zn.: **-ence**⟩ 0.1 ***genotzuchtig.***
self-inflicted 0.1 ***zelf teweeggebracht*** ⇒*zichzelf toegebracht* ⟨bv. wond⟩.
self-interest 0.1 ***eigenbelang.***
self-interested 0.1 ***egoïstisch.***
selfish [selfisj] ⟨-ness⟩ 0.1 ***zelfzuchtig*** ⇒*egoïstisch.*
self-knowledge 0.1 ***zelfkennis.***
selfless [selfləs] ⟨-ness⟩ 0.1 ***onbaatzuchtig*** ⇒*onzelfzuchtig.*
self-locking 0.1 ***zelfsluitend*** ⇒*met automatisch slot.*
self-made 0.1 ***zelfgemaakt*** 0.2 ***opgewerkt*** ⇒*opgeklommen* ◆ 1.2 a ~ man *een man die zich opgewerkt heeft tot wat hij is, een selfmade man.*
self-opinionated 0.1 ***eigenwijs*** ⇒*van zichzelf overtuigd.*
self-ordained 0.1 ***eigenmachtig*** ⇒*onafhankelijk, zelf bepaald/bepalend.*
self-perpetuating 0.1 ***zichzelf voortzettend*** ⇒*zichzelf in stand houdend.*
self-pity 0.1 ***zelfmedelijden*** ⇒*zelfbeklag.*
self-pollination ⟨plantk.⟩ 0.1 ***zelfbestuiving.***
self-portrait 0.1 ***zelfportret.***
self-possessed 0.1 ***kalm*** ⇒*beheerst.*
self-possession 0.1 ***kalmte*** ⇒*zelfbeheersing.*
self-preservation 0.1 ***zelfbehoud.***
self-raising, ⟨AE⟩ **self-rising** 0.1 ***zelfrijzend*** ◆ 1.1 ~ flour *zelfrijzend bakmeel.*
self-realization 0.1 ***zelfontplooiing*** ⇒*zelfverwerkelijking.*
self-reli|ant ⟨zn.: **-ance**⟩ 0.1 ***onafhankelijk*** ⇒*zelfstandig.*
self-respect 0.1 ***zelfrespect.***
self-respecting 0.1 ***zichzelf respecterend.***
self-righteous ⟨-ness⟩ 0.1 ***vol eigendunk*** ⇒*intolerant, star.*
self-righting ⟨scheep.⟩ 0.1 ***zichzelf oprichtend*** ⟨na kapseizen⟩.
self-rising →**self-raising.**
self-rule 0.1 ***zelfbestuur*** ⇒*onafhankelijkheid.*
self-sacrifice 0.1 ***zelfopoffering.***
self-sacrificing 0.1 ***zelfopofferend.***
selfsame ⟨schr.⟩ 0.1 ***precies dezelfde/hetzelfde*** ⇒*identiek, juist die/datzelfde* ◆ 1.1 on the ~ day *nog wel op diezelfde dag.*
self-satisfaction 0.1 ***zelfvoldaanheid*** ⇒*eigendunk.*
self-satisfied 0.1 ***tevreden met zichzelf*** ⇒*(te) zelfvoldaan.*
self-sealing 0.1 ***zelfdichtend*** ⟨v. tank, band⟩.
self-searching 0.1 ***zelfonderzoek*** ⇒*het zich rekenschap geven v. zijn daden.*
self-seeker 0.1 ***zelfzuchtige streber*** ⇒*egoïst.*
self-seeking 0.1 ⟨bn.⟩ ***zelfzuchtig*** ⇒*egoïstisch* 0.2 ⟨zn.⟩ ***egoïsme.***
self-service ⟨vaak attr.⟩ 0.1 ***zelfbediening*** ◆ 1.1 ~ restaurant/shop *zelfbedieningsrestaurant/winkel.*
self-serving 0.1 ***uit eigenbelang.***
self-starter ⟨tech.⟩ 0.1 ***automatische starter*** ⇒*zelfstarter.*
self-styled 0.1 ***zogenaamd*** ⇒*zichzelf noemend* ◆ 1.1 ~ professor *iem. die zich voor professor uitgeeft.*
self-suffici|ent ⟨zn.: **-ency**⟩ 0.1 ***onafhankelijk*** ⇒⟨ihb. ec.⟩ *autarkisch.*
self-support ⟨vnl. ec.⟩ 0.1 ***zelfstandigheid*** ⇒*het in eigen behoefte kunnen voorzien.*
self-supporting ⟨vnl. ec.⟩ 0.1 ***zelfstandig*** ⇒*selfsupporting, in eigen behoefte voorziend.*

self-taught 0.1 ***zelf geleerd*** ⇒*zichzelf aangeleerd* **0.2** ***autodidactisch*** ⇒*zichzelf opgeleid.*

self-will 0.1 ***koppigheid*** ⇒*eigenwijsheid.*

self-willed 0.1 ***koppig*** ⇒*eigenwijs.*

self-winding 0.1 ***zichzelf opwindend*** ⟨horloge⟩.

self-worth 0.1 ***eigenwaarde*** ◆ **1.1** a sense of ~ *een gevoel v. eigenwaarde.*

sell[1] [sel] **I** ⟨telb.zn.⟩ **0.1** ⟨inf.⟩ ***bedrog*** ⇒*verlakkerij, zwendel;* **II** ⟨n.-telb.zn.⟩ **0.1** ***verkoop*** ⇒*het verkopen.*

sell[2] ⟨sold, sold [soold]⟩ **I** ⟨onov.ww.⟩ **0.1** ***verkocht worden*** ⇒ *verkopen, kosten, in de handel zijn* **0.2** ***handel drijven*** ⇒ *verkopen* **0.3** ***aanvaard worden*** ⇒*goedgekeurd worden, populair zijn* ◆ **5.¶** ~ **up** *zijn zaak sluiten/opheffen.* →**sell out;**
II ⟨ov.ww.⟩ **0.1** ***verkopen*** ⇒*in voorraad hebben, doen/handelen in; verkwanselen* **0.2** ***aanprijzen*** **0.3** ***overhalen*** ⇒*warm maken voor, aanpraten* **0.4** ⟨inf.⟩ ***misleiden*** ⇒*bedriegen, bezwendelen* ◆ **1.1** ~ one's soul *zijn ziel verkopen, zich verlagen* **4.2** ~ o.s. *zichzelf goed verkopen* **5.1** ~ **off** *uitverkopen;* ~ **up** *sluiten, opheffen;* ⟨zijn zaak⟩ *uitverkopen en sluiten;* ~ s.o. **up** *iemands bezittingen laten veilen* ⟨bij schuld⟩ **5.¶** ~ s.o. short *iem. te kort doen* **6.1** ~ **at** five pounds/**at** a loss *voor vijf pond/met verlies verkopen* **6.3** be sold **on** sth. *ergens helemaal weg van zijn.* →**sell out.**

sell-by date 0.1 ***uiterste verkoopdatum.***

seller [sellə] **0.1** ***verkoper*** **0.2** ***succes*** ⇒*artikel dat goed verkoopt.*

seller's market ⟨hand.⟩ **0.1** ***verkopersmarkt.***

selling point ⟨hand.⟩ **0.1** ***belangrijkste pluspunt*** ⇒*voordeel, aanbeveling* ⟨bv. v. artikel⟩.

selling price 0.1 ***verkoopprijs*** ⇒*winkelwaarde.*

sell-off 0.1 ***uitverkoop.***

sellotape [selləteep] ⟨BE⟩ **0.1** ⟨zn.⟩ ***plakband*** **0.2** ⟨ww.⟩ ***met plakband vastmaken.***

sell out I ⟨onov.ww.⟩ **0.1** ***de hele voorraad verkopen*** ⇒*door de voorraad heen raken* **0.2** ***verkocht worden*** ⇒*uitverkocht raken* **0.3** ***zijn zaak/aandeel in een zaak verkopen*** **0.4** ***verraad plegen*** ◆ **6.1** I am/I have sold out **of** this book *ik heb dit boek niet meer in voorraad* **6.4** ~ **to** the enemy *gemene zaak maken met de vijand;*
II ⟨ov.ww.⟩ **0.1** ***verkopen*** ⇒*uitverkopen, doorheen raken* **0.2** ***van de hand doen*** ⇒*ermee ophouden, verkopen* **0.3** ***verraden*** ◆ **1.2** ~ one's shop *zijn winkel wegdoen.*

sell-out 0.1 ***volle zaal*** ⇒*uitverkochte voorstelling* **0.2** ***verraad.***

seltzer (water) [seltsə] **0.1** ***mineraalwater.***

selvage, selvedge [selvidzj] **0.1** ***zelfkant*** ⟨v. textiel⟩.

selves [selvz] ⟨mv.⟩ →**self.**

-selves ⟨mv.⟩ →**-self.**

semantics [simæntiks] **0.1** ***semantiek*** ⇒*betekenisleer.*

semaphore[1] [semməfo:] **I** ⟨telb.zn.⟩ **0.1** ⟨spoorwegen⟩ ***seinpaal;***
II ⟨n.-telb.zn.⟩ **0.1** ⟨vnl. mil.⟩ ***vlaggenspraak*** ⇒*het seinen met vlaggen.*

semaphore[2] ⟨ww.⟩ **0.1** ⟨vnl. mil.⟩ ***met vlaggen seinen.***

semblance [sembləns] **0.1** ***schijn*** ⇒*uiterlijk, vorm* **0.2** ***gelijkenis*** **0.3** ***afbeelding*** ⇒*beeld, kopie* ◆ **3.1** bear the ~ of *lijken op;* put on a ~ of enthousiasm *geestdriftig doen* **6.¶** **without** a ~ of guilt *zonder ook maar een zweem van schuldgevoel.*

semen [sie:mən] ⟨biol.⟩ **0.1** ***sperma*** ⇒*zaad.*

semester [simmestə] ⟨vnl. AE⟩ **0.1** ***semester*** ⟨universiteit⟩.

semi [semmie] ⟨BE; inf.⟩ **0.1** ***halfvrijstaand huis*** ⇒*(een v.) twee onder een kap.*

semi-annual [-ænjoeəl] **0.1** ***halfjaarlijks.***

semi-automatic [-o:təmætik] **0.1** ***halfautomatisch*** ⟨ook v. vuurwapens⟩.

semibasement [-beesmənt] ⟨bouwk.⟩ **0.1** ***souterrain.***

semicircle [-sə:kl] **0.1** ***halve cirkel*** **0.2** ***halve kring.***

semicircular [-sə:kjoelə] **0.1** ***halfrond.***

semicolon [semmiekoolən] ⟨druk.⟩ **0.1** ***puntkomma.***

semiconductor [-kənduktə] ⟨elek.⟩ **0.1** ***halfgeleider.***

semiconscious [-konsjəs] **0.1** ***halfbewust.***

semidetached [-ditætsjt] **0.1** ⟨bn.⟩ ***halfvrijstaand*** **0.2** ⟨zn.⟩ ***halfvrijstaand huis*** ⇒*huis v. twee onder een kap.*

semidome [-doom] ⟨bouwk.⟩ **0.1** ***halfkoepel.***

semifinal [-fajnl] ⟨sport⟩ **0.1** ***halve finale.***

semifinalist [-fajnlist] ⟨sport⟩ **0.1** ***semi-finalist*** ⇒*deelnemer aan de halve finale.*

seminal [semminnəl] **0.1** ***sperma-*** ⇒*zaad-* **0.2** ***embryonaal*** ⇒⟨fig. ook⟩ *rudimentair, in wording* **0.3** ***vruchtbaar*** ⟨fig.⟩ ⇒*vrucht afwerpend* ◆ **1.2** in the ~ state *in staat v. wording* **1.3** a ~ mind *een oorspronkelijke geest.*

seminar [semminna:] ⟨universiteit⟩ **0.1** ***werkgroep*** ⇒*cursus* **0.2** ⟨AE⟩ ***congres.***

seminarist [semminnərist], ⟨AE ook⟩ **seminarian** [semmineəriən] **0.1** ***seminarist.***

seminar|y [semminrie] ⟨mv.: -ies⟩ **0.1** ***seminarie.***

semiofficial [-əfisjl] **0.1** ***semi-officieel.***

semiology [semmie·olədzjie] **0.1** ***semiotiek*** ⇒*semiologie* **0.2** ⟨med.⟩ ***semiologie*** ⇒*symptomatologie.*

semiotics [semmie·ottiks] **0.1** ***semiotiek*** ⇒*tekenleer.*

semiprecious [-prəsjes] **0.1** ***halfedel-*** ◆ **1.1** ~ stone *halfedelsteen.*

semi-quarter finals 0.1 ***achtste finales.***

semiquaver [-kweevə] ⟨BE; muz.⟩ **0.1** ***16e noot.***

Semite [sie:majt], **Shemite** [sjemmajt] **0.1** ***Semiet.***

Semitic [simmittik] **0.1** ⟨bn.⟩ ***Semitisch*** **0.2** ⟨zn.⟩ ***Semitisch*** ⟨taal⟩.

semitropical [-troppikl] **0.1** ***subtropisch.***

semiweekly [-wie:klie] **0.1** ⟨bn.⟩ ***tweemaal per week verschijnend/plaats hebbend*** **0.2** ⟨zn.⟩ ***tweemaal per week verschijnend tijdschrift.***

semolina [semməlie:nə] **0.1** ***griesmeel.***

sen [sen] ⟨geldw.⟩ **0.1** ***sen*** ⇒*1/100 yen (Japan)/1/100 roepia (Indonesië)/1/100 riel (Cambodja).*

S.E.N. ⟨afk.⟩ **0.1** [State Enrolled Nurse].

senate [sennət] ⟨zn.; vnl. S-; vnl. the; ww. enk. of mv.⟩ **0.1** ***senaat*** ⟨ook gesch.⟩ ⇒⟨ong.⟩ *Hogerhuis, Eerste Kamer;* ⟨ihb.⟩ *Amerikaanse Senaat* **0.2** ***senaat*** ⇒*universitaire bestuursraad.*

senator [sennətə] ⟨ook S-⟩ **0.1** ***senator*** ⟨ook gesch.⟩ ⇒*senaatslid;* ⟨ong.⟩ *Hogerhuis/Eerste-Kamerlid;* ⟨ihb.⟩ *lid v.d. Amerikaanse Senaat.*

senatorial [sennəto:riəl] **0.1** ***senaats-*** ⇒*mbt. een senaat* **0.2** ***senatoriaal*** ⇒*mbt. een senator* ◆ **1.1** ~ powers *bevoegdheden v.e. senaat* **1.2** ~ district *district dat een senator mag kiezen* ⟨in USA⟩.

send [send]⟨sent, sent [sent]⟩ **I** ⟨onov.ww.⟩ **0.1** ***bericht sturen*** ⇒*laten weten* ◆ **3.1** I sent to warn her *ik heb haar laten waarschuwen;*
II ⟨onov. en ov.ww.⟩ **0.1** ***(uit)zenden*** ◆ **6.1** ~ **after** her and bring her back *laat iem. haar terughalen;* ~ s.o. **after** her *stuur iem. achter haar aan.* →**send away, send down, send for, send off, send out;**
III ⟨ov.ww.⟩ **0.1** ***(ver)sturen*** ⇒*(ver)zenden* **0.2** ***sturen*** ⇒ *zenden, (doen) overbrengen* ⟨bij uitbr.⟩; *dwingen tot* **0.3** ***teweegbrengen*** ⇒*veroorzaken;* ⟨vnl. schr.⟩ *geven* **0.4** ***jagen*** ⇒*drijven* **0.5** ***maken*** ⇒*doen worden* **0.6** ⟨inf.⟩ ***opwinden*** ⇒*meeslepen* ◆ **1.2** ~ to bed *naar bed sturen;* ~ s.o. to his

death *iem. de dood injagen/insturen;* the fire sent me looking for a new house *door de brand moest ik omzien naar een ander huis;* she ~s her love *je moet de groeten van haar hebben* **1.3** Heaven ~ that *de hemel/God geve dat;* ~ pestilence *verderf zaaien* **1.4** ~ a bullet through s.o.'s head *iem. een kogel door het hoofd jagen* **1.6** this music really ~s me *ik zie die muziek helemaal zitten* **2.5** this rattle ~s me crazy *ik word gek van dat geratel* **3.¶** ~ flying *in het rond doen vliegen; op de vlucht jagen; ondersteboven lopen;* ~ packing *de laan uit sturen; afschepen* **5.2** ~ **ahead** *vooruit sturen;* ~ **in** *inzenden, insturen* ⟨ihb. ter beoordeling⟩; *indienen* **6.3** the news sent us **into** deep distress *het nieuws bracht diepe droefenis bij ons teweeg.* →**send on, send up.**

send away I ⟨onov.ww.⟩ **0.1** ***schrijven*** ⇒*een bestelbon opsturen* ◆ **6.1** ~ **for** *schrijven om, schriftelijk bestellen;*
II ⟨ov.ww.⟩ **0.1** ***wegsturen*** ⇒⟨bij uitbr.⟩ *ontslaan.*

send down I ⟨onov.ww.⟩ **0.1** ***bericht sturen*** ⇒*opdracht geven;*
II ⟨ov.ww.⟩ **0.1** ***naar beneden sturen*** ⇒⟨bij uitbr.⟩ *doen dalen* ⟨prijzen, temperatuur⟩ **0.2** ⟨BE⟩ ***verwijderen (wegens wangedrag)*** ⟨v.d. universiteit⟩ **0.3** ⟨BE; inf.⟩ ***opsluiten*** ⟨in gevangenis⟩.

sender [sendə] **0.1** ***afzender*** ⇒*verzender* ◆ **3.1** return to ~ *retour afzender.*

send for 0.1 ***(schriftelijk) bestellen*** **0.2** ***(laten) waarschuwen*** ⇒*laten halen/komen* ◆ **1.2** ~ help *hulp laten halen.*

send off I ⟨onov.ww.⟩ **0.1** ***schrijven*** ⇒*een bestelbon opsturen* ◆ **6.1** ~ **for** *schriftelijk bestellen;*
II ⟨ov.ww.⟩ **0.1** ***versturen*** ⇒⟨ihb.⟩ *op de post doen* **0.2** ***uitgeleide doen*** ⇒*uitzwaaien* **0.3** ***op pad sturen*** ⇒*de deur uit laten gaan* **0.4** ***wegsturen*** ⇒⟨ihb. sport⟩ *uit het veld sturen;*
III ⟨ww. + vz.⟩⟨sport⟩ **0.1** ***sturen uit/van*** ◆ **1.1** ~ the field *uit/van het veld sturen.*

send-off 0.1 ***uitgeleide*** ⇒*afscheid, het uitzwaaien;* ⟨bij uitbr.⟩ *de beste wensen (voor een nieuwe onderneming)* ◆ **3.1** give s.o. a ~ *iem. uitzwaaien.*

send on 0.1 ***vooruitsturen*** ⇒*(alvast) doorsturen* **0.2** ***doorsturen*** ⟨post⟩.

send out I ⟨onov. en ov.ww.⟩ **0.1** ***sturen*** ◆ **6.1** send (s.o.) out **for/to** collect sth. *(iem.) om iets sturen/iets laten (op)halen;*
II ⟨ov.ww.⟩ **0.1** ***weg/naar buiten sturen*** ⇒⟨ihb.⟩ *eruit/de klas uit sturen* **0.2** ***uitstralen*** ⇒*afgeven; uitzenden* ⟨signaal⟩ ◆ **1.2** the trees ~ leaves *de bomen krijgen bladeren.*

send up 0.1 ***opdrijven*** ⇒*omhoogstuwen, doen stijgen* **0.2** ***vernielen*** ⇒*doen opgaan* **0.3** ⟨BE⟩ ***parodiëren*** ⇒*de draak steken met* **0.4** ⟨AE; inf.⟩ ***opsluiten*** ⟨in gevangenis⟩ ◆ **1.1** ~ prices *de prijzen opdrijven* **1.2** ~ in flames/smoke *in vlammen/rook doen opgaan.*

send-up ⟨ook attr.⟩⟨BE; inf.⟩ **0.1** ***parodie*** ⇒*persiflage.*

senescence [sinnesns] **0.1** ***senescentie*** ⇒*(beginnende) ouderdom.*

senescent [sinnesnt] **0.1** ***(een dagje) ouder wordend.***

senile [sie:najl] **0.1** ***ouderdoms-*** **0.2** ***seniel*** ⇒*afgetakeld* ◆ **1.1** ~ decay *seniele aftakeling;* ⟨med.⟩ ~ dementia *ouderdomsdementie.*

senility [sinnillətie] **0.1** ***seniliteit.***

senior¹ [sie:niə] ⟨zn.⟩ **0.1** ***oudere*** ⇒⟨ihb.⟩ *iem. met meer dienstjaren* **0.2** ***oudgediende*** ⇒*senior* **0.3** ⟨AE⟩ ***laatstejaars*** **0.4** ⟨BE⟩ ***oudere leerling/student*** ◆ **1.1** she's four years my ~, she's my ~ by four years *ze is vier jaar ouder dan ik.*

senior² I ⟨bn.⟩ **0.1** ***oud*** ⇒*op leeftijd, bejaard;* ⟨bij uitbr.⟩ *oudst(e)* **0.2** ***hooggeplaatst*** ⇒*hoofd-* **0.3** ***hoger geplaatst*** ⇒⟨ihb.⟩ *ouder in dienstjaren* **0.4** ***eerstaanwezend*** ⇒ *hoogst in rang* **0.5** ⟨AE⟩ ***laatstejaars*** **0.6** ⟨BE⟩ ***ouderejaars*** ⟨v. school: met leerlingen in de hogere leeftijdsklassen⟩ ◆ **1.1** ⟨euf.⟩ a ~ citizen *een 65-* ⟨vrouwen: 60-⟩ *plusser, bejaarde, oude v. dagen;* the ~ organization in this field *de oudste organisatie op dit terrein* **1.2** a ~ position *een leidinggevende positie* **1.¶** ⟨BE; mil.⟩ ~ service *marine* **5.1** too ~ for the job *te oud voor de baan;*
II ⟨bn., pred.⟩ **0.1** ***ouder*** ⇒*van gevorderde leeftijd* ◆ **6.1** she's ~ **to** me *zij is ouder dan ik;*
III ⟨bn., attr. na het zn.; S-⟩ **0.1** ***senior*** ◆ **1.1** Jack Jones Senior *Jack Jones senior.*

senior common room ⟨BE⟩ **0.1** ⟨ong.⟩ ***leraarskamer*** ⇒*docentenkamer.*

senior high (school) ⟨AE⟩ **0.1** ***laatste vier jaar v.d. middelbare school.***

seniority [sie:nie-orrətie] **0.1** ***hogere leeftijd*** **0.2** ***anciënniteit*** ⇒⟨ihb.⟩ *voorrang op grond v. dienstjaren/leeftijd* ◆ **6.2** promotion **through** ~ *promotie naar anciënniteit.*

senior school ⟨BE⟩ **0.1** ***middelbare school*** ⟨voor kinderen v. 14 - 17 jaar⟩.

senna [sennə] **0.1** ***kassie*** ⇒*seneplant/struik* **0.2** ***sennabladen*** ⟨purgeermiddel⟩.

sensation [senseesjn] **0.1** ***gevoel*** ⇒*(zintuiglijke) gewaarwording, sensatie* **0.2** ***sensatie*** ⇒*beroering* ◆ **3.2** cause/create a ~ *voor grote opschudding zorgen.*

sensational [senseesjnəl] **0.1** ***sensationeel*** ⇒*opzienbarend* **0.2** ***sensatie-*** ⇒*sensatiebelust* **0.3** ⟨inf.⟩ ***sensationeel*** ⇒*te gek, fantastisch* **0.4** ⟨med., psych.⟩ ***zintuiglijk*** ⇒*sensorisch* ◆ **1.2** ~ paper *sensatiekrant.*

sensationalism [senseesjnəlizm] **0.1** ***sensatiezucht*** **0.2** ***sensatielectuur*** **0.3** ⟨fil.⟩ ***sensualisme*** ⟨tgov. rationalisme⟩.

sensationalist [senseesjnəlist] **0.1** ***sensatiezoeker.***

sense¹ [sens] **I** ⟨telb.zn.⟩ **0.1** ***bedoeling*** ⇒*strekking* **0.2** ***betekenis*** ⇒*zin* ◆ **2.2** in the strict ~ *in strikte zin* **6.2 in** a ~ *in zekere zin;* **in** one ~ *in één opzicht;*
II ⟨telb. en n.-telb.zn.⟩ **0.1** ***(vaag) gevoel*** ⇒*begrip, (instinctief) besef* **0.2** ***(zintuiglijk) vermogen*** ⇒*zin, zintuig* ◆ **1.1** ~ of duty *plichtsbesef/gevoel;* ~ of humour *gevoel voor humor;* ~ of responsibility *verantwoordelijkheidsbesef/gevoel* **1.2** ~ of hearing *gehoor;* ~ of smell *reuk(zinvermogen);* ~ of touch *tastzin, gevoel* **7.2** the (five) ~s *de (vijf) zintuigen;* sixth ~ *zesde zintuig;*
III ⟨n.-telb.zn.⟩ **0.1** ***(gezond) verstand*** ⇒*benul* **0.2** ***zin*** ⇒ *nut* **0.3** ***(groeps)mening*** ⇒*(algemene) stemming* ◆ **1.1** there was a lot of ~ in her words *er stak heel wat zinnigs in haar woorden* **3.¶** make ~ *zinnig/*⟨inf.⟩ *verstandig zijn; ergens op slaan; steekhoudend zijn;* make ~ of sth. *ergens uit wijs kunnen (worden);* talk ~ *verstandig praten* **7.2** what's the ~? *wat heeft het voor zin?* →**common;**
IV ⟨mv.⟩ **0.1** ***positieven*** ⇒*gezond verstand* ◆ **3.1** frighten s.o. out of his ~s *iem. de stuipen op het lijf jagen;* bring s.o. to his ~s *iem. tot bezinning brengen; iem. weer bij bewustzijn brengen* **6.1 in** one's (right) ~s *bij zijn (volle) verstand;* **out of** her ~s *niet goed bij haar hoofd.*

sense² ⟨ww.⟩ **0.1** ***(zintuiglijk) waarnemen*** ⇒*gewaar worden* **0.2** ***zich (vaag) bewust zijn*** ⇒*voelen* **0.3** ⟨AE; inf.⟩ ***begrijpen*** ⇒*door hebben* **0.4** ⟨tech.⟩ ***opsporen*** ⇒*registreren, ontdekken, meten.*

senseless [sensləs] ⟨-ness⟩ **0.1** ***bewusteloos*** **0.2** ***gevoelloos*** **0.3** ***onzinnig*** ⇒*idioot.*

sense organ 0.1 ***zintuig.***

sensibilit|y [sensəbillətie] ⟨mv.: -ies⟩ **I** ⟨telb. en n.-telb.zn.;

vnl. mv.⟩ **0.1** ***(over)gevoeligheid*** ⟨voor indrukken, kunst⟩ ⇒ *(over)ontvankelijkheid* **0.2** ***lichtgeraaktheid*** ⇒*prikkelbaarheid* ◆ **3.1** offend s.o.'s sensibilities *iemands gevoelens kwetsen;*
II ⟨n.-telb.zn.⟩ **0.1** ***gevoel(igheid)*** ⇒*waarnemingsvermogen;* ⟨bij uitbr.⟩ *bewustzijn, erkenning* ⟨v. probleem⟩.

sensib|le [sensəbl] ⟨-ly⟩ **I** ⟨bn.⟩ **0.1** ***verstandig*** ⇒*zinnig* **0.2** ***praktisch*** ⇒*functioneel* ⟨v. kleren e.d.⟩ **0.3** ***merkbaar*** ⇒ *aanwijsbaar, waarneembaar* **0.4** ⟨+to⟩ ***gevoelig (voor)*** ⇒ *ontvankelijk (voor);*
II ⟨bn., pred.⟩ **0.1** ***(zich) bewust*** ◆ **6.1** ~ **of** *(zich) bewust van* **8.1** be ~ that *weten dat.*

sensitive [sensətiv] ⟨-ness⟩ **0.1** ***gevoelig*** ⇒*ontvankelijk* **0.2** ***precies*** ⇒*gevoelig* ⟨v. instrument⟩ **0.3** ***(fijn)gevoelig*** ⇒ *smaakvol* **0.4** ⟨ook pej.⟩ ***over/teergevoelig*** ⇒*lichtgeraakt* **0.5** ⟨foto.⟩ ***(licht)gevoelig*** **0.6** ***gevoelig*** ⇒*geheim* ◆ **1.5** ~ paper *lichtgevoelig papier* **1.6** ~ post *vertrouwenspost;* ~ issue/topic *gevoelig onderwerp* **1.¶** ~ market *snel reagerende markt;* ⟨plantk.⟩ ~ plant *gevoelige plant; kruidje-roer-mij-niet.*

sensitivity [sensətivvətie] **0.1** ***gevoeligheid*** ⇒*ontvankelijkheid* **0.2** ***gevoeligheid*** ⇒*precisie* ⟨v. instrument⟩ **0.3** ***(fijn)gevoeligheid*** ⇒*smaak.*

sensitivity training ⟨psych.⟩ **0.1** ***sensitivitytraining*** ⇒*communicatie/relatietraining.*

sensitize, -ise [sensittajz] **0.1** ***(over)gevoelig/ontvankelijk maken*** ⇒⟨ihb.⟩ *sensibiliseren* ⟨ook foto.⟩.

sensor [sensə] ⟨tech.⟩ **0.1** ***aftaster*** ⇒*sensor.*

sensory [sensrie] **0.1** ***zintuiglijk*** **0.2** ***sensibel*** ⇒*centripetaal* ◆ **1.1** ~ hair *tasthaar* ⟨bij geleedpotige dieren⟩; ~ perception *zintuiglijke waarneming* **1.2** ~ nerve *gevoelszenuw.*

sensual [sensjoeəl] **0.1** ***zintuiglijk (waarneembaar)*** **0.2** ***sensueel*** ⇒*zinnelijk, wellustig* ◆ **1.2** ~ enjoyment *zinnelijk/seksueel genot;* ~ lips *sensuele lippen.*

sensualism [sensjoeəlizm] **0.1** ***genotzucht*** ⇒*wellust* **0.2** ***hedonisme.***

sensualist [sensjoeəlist] **0.1** ***genotzuchtig mens*** ⇒*wellusteling.*

sensuality [sensjoe·ælətie] **0.1** ***sensualiteit*** ⇒*wellust.*

sensuous [sensjoeəs] ⟨-ness⟩ **0.1** ***zinnelijk*** ⇒*zintuiglijk* **0.2** ***aangenaam*** ⇒*behaaglijk, prettig* ◆ **1.2** with ~ pleasure *vol behagen, behaaglijk.*

sent [sent] ⟨verl. t. en volt. deelw.⟩ →**send.**

sentence[1] [sentəns] **I** ⟨telb.zn.⟩ **0.1** ***(vol)zin*** ◆ **2.1** complex/compound ~ *samengestelde zin;*
II ⟨telb. en n.-telb.zn.⟩ **0.1** ***vonnis(sing)*** ⇒*(rechterlijke) uitspraak;* ⟨ihb.⟩ *veroordeling, straf* ◆ **6.1** pass ~ **on** s.o. *een vonnis uitspreken over iem.;* **under** ~ **of** death *ter dood veroordeeld.*

sentence[2] ⟨ww.⟩ **0.1** ***veroordelen*** ⇒*vonnissen* ◆ **3.1** be ~d to pay a fine *veroordeeld worden tot een geldboete* **6.1** ~ **to** death *ter dood veroordelen.*

sententious [sentensjəs] **0.1** ***moraliserend*** ⇒*prekerig.*

sentient [sensjnt] **0.1** ⟨+of⟩ ***bewust (van).***

sentiment [sentimmənt] **I** ⟨telb.zn.⟩ **0.1** ⟨vaak mv.⟩ ***gevoelen*** ⇒*mening, opvatting* **0.2** ***(geluk)wens*** ◆ **1.1** (those are) my ~s exactly *zo denk ik er ook over, precies wat ik wou zeggen* **2.2** have you got a card with a suitable ~? *heb je een kaart met een toepasselijke wens?;*
II ⟨telb. en n.-telb.zn.⟩ **0.1** ***gevoel*** ⇒*gevoelen(s), stemming* ⟨ook op beurs/markt⟩, *emotie, voorkeur* ◆ **1.1** a matter of ~ *een gevoelskwestie/zaak* **2.1** the public ~ *de publieke opinie* **3.1** be swayed by ~ *zich laten leiden door zijn gevoel;*
III ⟨n.-telb.zn.⟩ **0.1** ***sentiment(aliteit)*** ⇒*gevoeligheid* ◆ **6.1** **for** ~ *om sentimentele redenen.*

sentimental [sentimmentl] **0.1** ***sentimenteel*** ⇒*(over)gevoelig* ◆ **1.1** ~ value *gevoelswaarde.*

sentimentalism [sentimmentəlizm] **0.1** ***sentimentaliteit.***

sentimentalist [sentimmentəlist] **0.1** ***sentimenteel iem.***

sentimentalit|y [sentimməntælətie] ⟨mv.: -ies⟩ **0.1** ***sentimentaliteit.***

sentinel [sentinnəl] **0.1** ⟨schr.⟩ ***schildwacht.***

sentr|y [sentrie] ⟨mv.: -ies⟩ **0.1** ***schildwacht.***

sentry box **0.1** ***(schild)wachthuisje.***

sepal [sepl] ⟨plantk.⟩ **0.1** ***kelkblad.***

separab|le [seprəbl] ⟨-ly; zn.: **-ility**⟩ **0.1** ***(af)scheidbaar*** ⇒ *verdeelbaar, ontbindbaar.*

separate[1] [seprət] ⟨bn.; -ness⟩ **0.1** ***afzonderlijk*** ⇒*(af)gescheiden, apart; verschillend, onderscheiden; op zichzelf staand, alleenstaand* ◆ **1.1** ~ copy *overdruk(je);* one's own ~ interests *zijn eigen, persoonlijke belangen;* ~ ownership *particulier eigendom(srecht);* we went our ~ ways home *we gingen (elk) apart naar huis* **3.1** keep ~ from *afgezonderd/(af)gescheiden houden van* **6.1** be ~ **from** *verschillen/los staan van.*

separate[2] [seppəreet] **I** ⟨onov.ww.⟩ **0.1** ***zich (van elkaar) afscheiden*** ⇒*zich afzonderen/verdelen, uiteenvallen* **0.2** ***scheiden*** ⇒*uit elkaar gaan* ◆ **6.1** ~ **from** *zich afscheiden van;* ~ (up) **into** *(onder)verdeeld kunnen worden/uiteenvallen in;*
II ⟨ov.ww.⟩ **0.1** ***(van elkaar) (af/onder)scheiden*** ⇒*afzonderen, losmaken, verdelen* ◆ **1.1** ~d milk *afgeroomde melk* **3.1** legally ~d *gescheiden v. tafel en bed;* widely ~d *ver uit elkaar gelegen* **6.1** ~ sth. **(up) into** *iets verdelen/scheiden in;* ~ **from** *(af/onder)scheiden/afzonderen van;* ⟨schei.⟩ *(af)scheiden/extraheren uit.*

separates [seprəts] **0.1** ***afzonderlijk combineerbare kledingstukken*** ⟨bv. bloes en rok⟩.

separation [seppəreesjn] **0.1** ***(af)scheiding*** ⇒*afzondering, afscheuring; extractie; verschil, onderscheid; het uiteengaan, vertrek; (tussen)ruimte, afstand* ◆ **1.1** ~ of church and state *scheiding v. kerk en staat;* a clear line of ~ *een duidelijke/scherpe scheidingslijn* **2.1** judicial/legal ~ *scheiding v. tafel en bed.*

separation allowance **0.1** ***kostwinnersvergoeding*** ⇒*alimentatie(geld).*

separatism [seprətizm] **0.1** ***separatisme*** ◆ **2.1** racial ~ *rassenscheiding.*

separatist [seprətist] **0.1** ***separatist*** ⇒⟨rel.⟩ *afgescheidene, sektariër;* ⟨pol.⟩ *autonomist, nationalist.*

separator [seppəreetə] **0.1** ***separator*** ⇒*afscheidingstoestel; melkseparator/ontromer.*

sepia [sie:piə] ⟨vaak attr.⟩ **0.1** ***sepia*** ⇒*donkerbruine (water)verf/kleurstof/inkt;* ⟨bij uitbr.⟩ *rood/donkerbruin.*

sepoy [sie:poj] **0.1** ***sepoy.***

sepsis [sepsis] ⟨mv.: sepses [-sie:z]⟩ **0.1** ***sepsis*** ⇒*bederf, bacteriële infectie;* ⟨ihb.⟩ *bloedvergiftiging.*

September [septembə] **0.1** ***september.***

septet(te) [septet] **0.1** ***zevental*** ⇒*groep v. zeven (personen/objecten).*

septic [septik] **0.1** ***septisch*** ⇒*(ver)rottings-, bederf/infectie veroorzakend* **0.2** ⟨vnl. BE⟩ ***ontstoken*** ⇒*geïnfecteerd* ◆ **1.1** ~ matter *etter;* ~ tank *septic tank.*

septicaemia, ⟨AE sp.⟩ **septicemia** [septissie:miə] ⟨med.⟩ **0.1** ***septikemie*** ⇒*bloedvergiftiging.*

septuagenarian [septsjoeədzjinneəriən] **0.1** ⟨bn.⟩ ***zeventigjarig*** ⇒*in de zeventig* **0.2** ⟨zn.⟩ ***zeventigjarige*** ⇒*zeventiger.*

Septuagesima [septsjoeədzjessimmə] **0.1** ***Septuagesima.***

Septuagint [septsjoeədzjint] ⟨the⟩ ⟨rel.⟩ **0.1** ***Septuagint(a).***

sepulchral [sippulkrəl] **0.1** ***graf-*** ⇒*begrafenis-* ⟨ook fig.⟩; ⟨fig.⟩ *somber, akelig* ◆ **1.1** ~ customs *begrafenisgewoonten;* ~ inscription *grafschrift;* in a ~ voice *met een grafstem.*

sepulchre, ⟨AE sp.⟩ **sepulcher** [seplkə] **0.1** ***graf(kelder/ tombe)*** ⇒*sepulcrum;* ⟨fig.⟩ *einde, laatste rustplaats* **0.2** ⟨rel.⟩ ***sepulcrum*** ⇒*(reliek)schrijn* ◆ **2.1** the Holy Sepulchre *het Heilig Graf* ⟨v. Jezus⟩ **3.¶** whited ~s *huichelaars, hypocrieten.*

sequel [sie:kwəl] **0.1** ***gevolg*** ⇒*resultaat, afloop* **0.2** ***vervolg*** ⟨ihb. op een boek⟩ ⇒*voortzetting* ◆ **2.1** have an unfortunate ~ *slecht/ongelukkig aflopen* **6.1** as a ~ **to** *als gevolg van* **6.2** a ~ **to** *een vervolg op.*

sequence [sie:kwəns] **I** ⟨telb.zn.⟩ **0.1** ***reeks*** ⟨gedichten, toneelstukken⟩ **0.2** ***episode*** ⇒*fragment, (onder)deel;* ⟨film.⟩ *(film)opname, scène;*
II ⟨telb. en n.-telb.zn.⟩ **0.1** ***opeenvolging*** ⇒*reeks, rij, volgorde* **0.2** ***gevolg*** ⇒*resultaat* ◆ **1.1** the ~ of events *de loop der gebeurtenissen* **6.1** **in** ~ *in/op volgorde, de een na de ander* **6.2** **in** ~ **to** *als gevolg van.*

sequential [sikwensjl] **0.1** ***(opeen)volgend*** ⇒*na elkaar komend, een reeks vormend* **0.2** ***daaruit volgend*** ⇒*resulterend;* ⟨ihb.⟩ *bijkomend/als complicatie optredend* ⟨v. ziekte⟩.

sequester [sikwestə], ⟨in bet. 0.2 ook⟩ **sequestrate** [-street] **0.1** ***afzonderen*** ⇒*verborgen/afgezonderd houden* **0.2** ⟨jur.⟩ ***sekwestreren*** ⇒*in bewaring stellen, beslag leggen op.*

sequestered [sikwestəd] **0.1** ***afgezonderd*** ⇒*afgelegen, eenzaam* ◆ **1.1** a ~ life *een teruggetrokken leven.*

sequestration [sie:kwistreesjn] **0.1** ***afzondering*** ⇒*(af)scheiding, isolement* **0.2** ⟨jur.⟩ ***(bevelschrift tot) sekwestratie*** ⇒*beslaglegging.*

sequin [sie:kwin] **0.1** ***lover(tje).***

sequoia [sikwojjə] **0.1** ***sequoia*** ⇒*reuzen(pijn)boom, mammoetboom.*

sera [siərə] ⟨mv.⟩ →**serum.**

seraglio [sirra:ljoo] **0.1** ***serail*** ⇒*harem.*

seraph [serrəf]⟨mv.: ook seraphim [-fim]⟩ ⟨rel.⟩ **0.1** ***seraf(ijn).***

seraphic [siræfik] **0.1** ***serafijns.***

Serb [sə:b] **0.1** ⟨bn.⟩ ***Servisch*** **0.2** ⟨zn.⟩ ***Serviër.***

Serbia [sə:biə] **0.1** ***Servië.***

Serbian [sə:biən] **0.1** ⟨bn.⟩ ***Servisch*** **0.2** ⟨eig.n.⟩ ***Servisch*** ⟨taal⟩ **0.3** ⟨telb.zn.⟩ ***Serviër.***

Serbo-Croat [sə:boo krooæt] **0.1** ***Servo-Kroatisch*** ⟨taal⟩ **0.2** ***Servo-Kroaat.***

serenade[1] [serrinneed] ⟨zn.⟩ **0.1** ***serenade(muziek).***

serenade[2] ⟨ww.⟩ **0.1** ***een serenade brengen (aan).***

serendipity [serrəndippətie] **0.1** ***gave om toevallig waardevolle dingen te ontdekken.***

serene [sərie:n] **0.1** ***sereen*** ⇒*helder* **0.2** ⟨vaak S-⟩ ***doorluchtig*** ◆ **1.1** a ~ sky *een heldere hemel;* a ~ summer night *een kalme zomeravond* **1.2** Your Serene Highness *Uwe Doorluchtige Hoogheid.*

serenity [sərennətie] **0.1** ***helderheid*** ⇒*kalmte, rust.*

serf [sə:f] **0.1** ***lijfeigene*** ⇒*horige;* ⟨fig.⟩ *slaaf.*

serfdom [sə:fdəm] **0.1** ***lijfeigenschap*** ⇒⟨fig.⟩ *slavernij.*

serge [sə:dzj] ⟨vaak attr.⟩ **0.1** ***serge*** ⟨gekeperde wollen stof⟩.

sergeant [sa:dzjənt] **0.1** ⟨mil.⟩ ***sergeant*** ⇒*wachtmeester* **0.2** ***brigadier (v. politie).***

sergeant-at-arms →**serjeant-at-arms.**

sergeant major ⟨mv.: ook sergeants major⟩ **0.1** ***(sergeant-)majoor.***

serial[1] [siəriəl] ⟨zn.⟩ **0.1** ***feuilleton*** ⇒*vervolgverhaal, (radio/televisie)serie* **0.2** ***seriepublicatie.***

serial[2] **I** ⟨bn.⟩ **0.1** ***serieel*** ⇒*in serie, serie-, opeenvolgend* **0.2** ⟨muz.⟩ ***serieel*** ⇒⟨ihb.⟩ *twaalftonig* ◆ **1.1** ~ number *volgnummer, serienummer;* in ~ order *in/op volgorde;* ~ production *serieproductie;*
II ⟨bn., attr.⟩ **0.1** ***in afleveringen/delen verschijnend*** ⇒*vervolg-, serie-, periodiek* ◆ **1.1** ~ publication *seriepublicatie, vervolgwerk* **3.1** be published ~ly *in afleveringen/als serie verschijnen.*

serial|ize, -ise [siəriəlajz] ⟨zn.: **-ization**⟩ **0.1** ***als feuilleton/serie publiceren*** ⇒*in (verschillende) afleveringen/delen uitgeven/uitzenden* **0.2** ***rangschikken*** ⇒*ordenen/indelen in reeksen.*

serial killer **0.1** ***seriemoordenaar.***

serial rights **0.1** ***feuilletonrechten.***

sericulture [serrikkultsjə] **0.1** ***zijde(rups)teelt.***

series [siərie:z] ⟨mv.: series⟩ **I** ⟨telb.zn.⟩ **0.1** ***reeks*** ⇒*serie* ⟨ook biol., geol., schei., wisk.⟩; *rij, verzameling, groep* ◆ **1.1** one long ~ of accidents *een aaneenschakeling v. ongelukken* **2.1** ⟨wisk.⟩ arithmetical ~ *rekenkundige reeks* **7.1** second ~ *tweede reeks/jaargang* ⟨bv. v. tijdschrift⟩;
II ⟨n.-telb.zn.⟩⟨elek.⟩ **0.1** ***serie(schakeling)*** ◆ **6.1** **in** ~ *in serie (geschakeld).*

serif [serrif] ⟨druk.⟩ **0.1** ***dwarsstreepje*** ⇒*schreef* **0.2** ***schreef(letter).***

serious [siəriəs] **0.1** ***ernstig*** ⇒*serieus; belangrijk, aanzienlijk; oprecht, gemeend* ◆ **1.1** ~ alterations *ingrijpende veranderingen;* ~ damage *aanzienlijke schade;* ~ illness *ernstige ziekte;* ~ offence *zwaar vergrijp;* after ~ thought *na rijp beraad* **3.1** be ~ *het (ernstig/werkelijk) menen;* are you ~? *meen je dat nu echt?*

seriously [siəriəslie] **0.1** →**serious** **0.2** ***echt, heus*** ⇒*zonder gekheid* ◆ **2.1** ~ ill *ernstig ziek* **3.1** take sth. ~ *iets ernstig/zwaar opnemen/opvatten* **¶.2** but ~, are you really thinking of moving? *maar serieus, ben je echt van plan te verhuizen?*

seriousness [sirriəsnəs] **0.1** ***ernst(igheid)*** ◆ **6.1** **in** all ~ *in alle ernst, zonder gekheid.*

serjeant-at-arms **0.1** ***ceremoniemeester*** ⟨in gerechtshof, parlement⟩ ⇒*ordebewaarder, zaalwachter.*

sermon [sə:mən] **0.1** ***preek*** ⟨ook fig.⟩ ⇒*vermaning.*

sermonize, -ise [sə:mənajz] **0.1** ***preken (tegen/over)*** ⟨ook fig.⟩ ⇒*zedenpreken.*

serology [sirrolləдzjie] ⟨med.⟩ **0.1** ***serologie.***

seropositive [siəroopozzittiv] ⟨med.⟩ **0.1** ***seropositief.***

serous [siərəs] ⟨biol.⟩ **0.1** ***waterig*** ⇒*waterachtig, sereus* ◆ **1.1** ~ gland *sereuze klier.*

serpent [sə:pənt] **0.1** ***slang*** ⇒*serpent* **0.2** ***onderkruiper*** ⇒*geniepigerd.*

serpentine [sə:pəntajn] **0.1** ***slangachtig*** ⇒*slange(n)-* **0.2** ***kronkelig.***

serrated [serreetid] **0.1** ***zaagvormig*** ⇒*getand, gezaagd* ⟨ook biol.⟩ ◆ **1.1** a ~ knife *een kartelmes.*

serried [serried] **0.1** ***aaneengesloten*** ⇒*opeengepakt* ◆ **1.1** plants in ~ rows *dichte rijen planten;* soldiers in ~ ranks *soldaten in gesloten gelid.*

serum [siərəm] ⟨mv.: ook sera⟩ **0.1** ***serum.***

serval [sə:vl] ⟨dierk.⟩ **0.1** ***serval*** ⇒*boskat.*

servant [sə:vnt] **0.1** ***dienaar*** ⇒*bediende, (huis)knecht, dienstbode* **0.2** ⟨mv.⟩ ***personeel*** **0.3** ***(hulp)middel*** ⇒*instrument.* →**civil, public.**

serve[1] [sə:v] ⟨zn.⟩ **0.1** ⟨sport⟩ ***service*** ⇒*serve, opslag.*

serve[2] **I** ⟨onov.ww.⟩ **0.1** ***misdienen*** ◆ **6.1** ~ **at** Mass *de mis dienen.* →**serve on;**
II ⟨onov. en ov.ww.⟩ **0.1** ***dienen (bij)*** ⇒*in dienst zijn van* **0.2** ***serveren*** ⇒*opdienen* **0.3** ***dienen*** ⇒*dienst doen, hel-*

pen, baten **0.4** ⟨sport⟩ ***serveren*** ⇒*opslaan* ◆ **1.1** ⟨fig.⟩ ~ two masters *twee heren dienen* **1.2** ~ dinner *het eten opdienen* **1.3** that excuse ~d him well *dat smoesje is hem goed van pas gekomen;* £50 ~s him for a week *aan vijftig pond heeft hij een week genoeg;* it will ~ *daarmee lukt het wel;* as occasion ~s *al naar gelang de gelegenheid zich voordoet* **3.3** are you being ~d? *wordt u al geholpen?* **6.1** ~ **as** a clerk *werken als kantoorbediende;* he ~d **in** North Africa *hij heeft in Noord-Afrika gediend* **6.2** ~ **at** table *bedienen, opdienen* **6.3** the sky ~ him **for** a roof *de hemel diende hem als dak;*
III ⟨ov.ww.⟩ **0.1** ***dienen*** ⇒*voorzien in/van, volstaan, vervullen* **0.2** ***behandelen*** ⇒*bejegenen* **0.3** ***ondergaan*** ⇒ *vervullen, (uit)zitten* **0.4** ***dagvaarden*** ⇒*betekenen* **0.5** ***dekken*** ⟨dieren⟩ ◆ **1.1** ~ a purpose *een bepaald doel dienen;* ~ the purpose of *dienst doen als;* buses ~ the suburbs *de voorsteden zijn per bus bereikbaar;* this recipe will ~ four people *dit recept is genoeg voor vier personen* **1.3** he ~d ten years in prison *hij heeft tien jaar in de gevangenis gezeten* **1.4** ~ a writ on s.o., ~ s.o. with a writ *iem. dagvaarden* **5.2** that ~s him right! *dat is zijn verdiende loon!, net goed!;* he ~d me shamefully *hij heeft me schandelijk behandeld* **6.1** the house is ~d **with** water *het huis is aangesloten op de waterleiding.* →**serve out, serve up.**

serve on **0.1** ***zitting hebben in*** ⇒*lid zijn van* ◆ **1.1** Jones serves on the company board *Jones is lid van de raad van bestuur.*

serve out **0.1** ***verdelen*** ⇒*ronddelen* **0.2** ***uitdienen*** ⇒*uitzitten* ◆ **1.2** he served out his time on the Bench *hij diende zijn tijd als rechter uit.*

server [sə:və] **0.1** ***ober*** ⇒*kelner, serveerster* **0.2** ⟨sport⟩ ***server*** ⇒*degene die serveert* **0.3** ***misdienaar*** ⇒*koorknaap* **0.4** ***opscheplepel*** **0.5** ***dienblad.***

server|y [sə:vrie] ⟨mv.: -ies⟩ **0.1** ***buffet*** ⟨in zelfbedieningsrestaurant⟩ **0.2** ***doorgeefluik*** ⟨tussen keuken en eetkamer⟩.

serve up **0.1** ***opdienen*** **0.2** ***voorzetten*** ◆ **1.2** they keep serving up the same old rubbish *ze komen steeds weer met dezelfde oude troep aanzetten.*

service[1] [sə:vis] **I** ⟨telb.zn.⟩ **0.1** ***dienst*** ⇒*(overheids)instelling, bedrijf* **0.2** ***krijgsmachtonderdeel*** ⟨leger, marine of luchtmacht⟩ **0.3** ⟨vaak mv.⟩ ***hulp*** ⇒*bijstand, dienst(verlening)* **0.4** ***dienst*** ⇒*kerkdienst* **0.5** ***verbinding*** ⇒*dienst* ⟨dmv. bus, trein of boot⟩ **0.6** ***onderhoudsbeurt*** ⇒*onderhoud, service* **0.7** ***servies*** **0.8** ***nutsbedrijf*** **0.9** ⟨sport⟩ ***opslag*** ⇒*service(beurt)* **0.10** ***gas/waterleiding*** ⟨in woning⟩ ⇒*huisaansluiting* ◆ **2.1** secret ~ *geheime dienst* **3.3** do s.o. a ~ *iem. een dienst bewijzen* **3.¶** see ~ *dienst doen* ⟨vnl. bij de strijdkrachten⟩; the U.S. Army saw ~ in Europe *het Amerikaanse leger heeft in Europa gevochten* **6.2** **on** (active) ~ *in actieve dienst* **7.2** the (fighting) ~s *de strijdkrachten.* →**senior;**
II ⟨n.-telb.zn.⟩ **0.1** ***dienstbaarheid*** ⇒*dienst, het dienen/dienstbaar zijn* **0.2** ***nut*** ⇒*dienst* **0.3** ***bediening*** ⇒*service* ◆ **3.2** his typewriter has seen a lot of ~ *zijn schrijfmachine gaat al een hele tijd mee* **6.1** **in** ~ *in dienst* ⟨bv. v.e. bus of trein⟩; be **in/go into** ~ *in de huishouding (gaan) werken* **6.2** **at** your ~ *tot je/uw dienst;* is it **of** any ~ **to** you? *heb je er iets aan?, kun je het gebruiken?*

service[2] ⟨ww.⟩ **0.1** ***onderhouden*** ⇒*een (onderhouds)beurt geven* **0.2** ***(be)dienen*** ⇒*voorzien van* **0.3** ***dekken*** ⟨dieren⟩.

serviceab|le [sə:vissəbl] ⟨-ly; zn.: **-ility**⟩ **0.1** ***nuttig*** ⇒*bruikbaar, handig* **0.2** ***sterk*** ⇒*stevig, duurzaam.*

service agreement **0.1** ***arbeidsovereenkomst*** ⇒*arbeidscontract* **0.2** ***onderhoudscontract.***

service area **0.1** ***wegrestaurant*** ⟨samen met benzinestation⟩ **0.2** ⟨com.⟩ ***reikwijdte*** ⇒*bereik* ⟨v. zender⟩.

service charge **0.1** ***bedieningsgeld*** **0.2** ***administratiekosten.***

service entrance **0.1** ***dienstingang.***

service flat ⟨BE⟩ **0.1** ***verzorgingsflat.***

service industry **0.1** ***dienstverlenend bedrijf*** ⇒*dienstverlenende industrie* ◆ **7.1** the service industries *de dienstensector.*

service|man [sə:vismən]⟨mv.: -men [-mən]⟩ **0.1** ***militair*** ⇒ *soldaat.*

service occupation ⟨ec.⟩ **0.1** ***dienstverlenende activiteit.***

service road **0.1** ***ventweg*** ⇒*parallelweg.*

service station **0.1** ***servicestation*** ⇒*benzinestation, pompstation* **0.2** ***(auto)wegrestaurant*** ⟨met garage, wc enz.⟩.

serviette [sə:vie·et] ⟨vnl. BE⟩ **0.1** ***servet(je)*** ⇒*vingerdoekje.*

servile [sə:vajl] **0.1** ***slaafs*** ⇒*onderdanig, kruiperig* ◆ **2.1** ~ flattery *kruiperige vleierij;* ~ imitation *slaafse navolging.*

servility [sə:villətie] **0.1** ***slaafsheid*** ⇒*kruiperige houding.*

serving [sə:ving] **0.1** ***portie*** ◆ **7.1** three ~s of ice-cream *drie porties ijs.*

servitude [sə:vitjoe:d] **0.1** ***slavernij*** ⇒*onderworpenheid* ◆ **6.1** ~ **to** the enemy *onderworpenheid aan de vijand.* →**penal.**

servo [sə:voo] **0.1** ***servomotor*** **0.2** ***servomechanisme.***

servo-assisted [-əsistid] **0.1** ***servo-*** ⇒*(door servomotor/mechanisme) bekrachtigd* ◆ **1.1** ~ brakes *bekrachtigde remmen; rembekrachtiging.*

servomechanism [-mekkənizm] **0.1** ***servomechanisme.***

servomotor [-mootə] **0.1** ***servomotor.***

sesame [sessəmie] **0.1** ⟨plantk.⟩ ***sesamkruid*** **0.2** ***sesamzaad*** ◆ **3.¶** Open ~! *Sesam, open u!*

sessile [sessajl] **0.1** ⟨plantk., dierk.⟩ ***sessiel*** ⇒*zittend, vastzittend* **0.2** ⟨plantk.⟩ ***ongesteeld.***

session [sesjn] **0.1** ***zitting*** ⟨gerechtshof, bestuur, commissie⟩ ⇒*vergadering, sessie* **0.2** ***zitting*** ⇒*zittingsperiode/tijd* **0.3** ***academiejaar*** ⇒⟨AE, Sch. E⟩ *semester, halfjaar* **0.4** ***schooltijd*** **0.5** ***bijeenkomst*** ⇒*partij, vergadering* ◆ **2.1** secret ~ *geheime zitting* **3.5** gossip(ing) ~ *roddelpartij* **6.1** **in** ~ *in zitting;* be **in** ~ *zitting houden.* →**petty.**

set[1] [set] **I** ⟨telb.zn.⟩ **0.1** ***stel*** ⇒*span, servies, set* ⟨pannen enz.⟩; *reeks* ⟨gebouwen, vertrekken, postzegels⟩; *serie, suite; set* ⟨v. liedjes⟩ **0.2** ***kring*** ⇒*gezelschap, groep, kliek* **0.3** ***toestel*** ⇒⟨ihb.⟩ *radio/tv-toestel* **0.4** ***stek*** ⇒*loot, jonge plant* **0.5** ***vierkante straatkei*** **0.6** ⟨sport⟩ ***set*** ⇒*spel, partij* **0.7** ⟨wisk.⟩ ***verzameling*** ◆ **1.1** ~ of (false) teeth *een (vals) gebit* **2.2** the fast ~ *de uitgaande wereld;* the smart ~ *de chic;*
II ⟨n.-telb.zn.⟩ **0.1** ***het (zich) zetten*** ⇒*het hard/vast worden* ⟨v. cement, gelei e.d.⟩ **0.2** ***richting*** ⟨v. stroming, getijde, wind⟩ ⇒⟨fig.⟩ *tendens, neiging* **0.3** ***vorm*** ⇒*houding* ⟨v. hoofd⟩; *ligging* ⟨v. heuvels⟩ **0.4** ***val*** ⇒*model, snit, het zitten* ⟨v. jurk⟩ **0.5** ***watergolf*** **0.6** ***toneelopbouw*** ⇒*scène, (film)decor;* ⟨bij uitbr.⟩ *studiohal, set* **0.7** ⟨schr.⟩ ***(zons)ondergang*** ◆ **1.2** the ~ of public opinion is against tolerance *er is een neiging bij het publiek tegen tolerantie* **1.3** the ~ of her head *de houding v. haar hoofd* **6.6** on (the) ~ *op de set.*

set[2] **I** ⟨bn.⟩ **0.1** ***vast*** ⇒*bepaald, vastgesteld; stereotiep, routine-, onveranderlijk* **0.2** ***voorgeschreven*** ⇒*opgelegd* ⟨boek, onderwerp⟩ **0.3** ***strak*** ⇒*onbeweeglijk, stijf* ⟨gezicht⟩; *koppig, hardnekkig* **0.4** ***klaar*** ⇒*gereed* ◆ **1.1** ~ formula *stereotiepe/vaste formule;* ~ hours of work *vaste werkuren;* ~ phrase *stereotiepe uitdrukking;* ~ price/time *vast(e) prijs/tijdstip;* ~ purpose *vast vooropgesteld doel* **1.2** ~ reading *verplichte lectuur* **1.3** man of ~ opinions *man die halsstarrig bij zijn mening blijft;* ~ smile *strakke glimlach;* ~ in one's ways *met vaste gewoonten* **1.¶** ⟨cul.⟩ ~

menu *keuzemenu;* ~ piece *groot vuurwerk op stellage; doorwrocht(e) stuk/compositie* ⟨in kunst en literatuur⟩; ⟨toneel⟩ *zetstuk; zorgvuldig vooraf geplande militaire operatie;* ⟨BE; sport⟩ *spelhervatting* ⟨hoekschop, vrije schop⟩; ⟨rugby⟩ ~ scrum *scrum opgelegd door de scheidsrechter;* ~ square *tekendriehoek;* ~ teeth *op elkaar geklemde tanden* **2.3** ~ fair *bestendig* ⟨weer⟩; *prettig, goed* ⟨vooruitzicht⟩ **2.4** ready, ~, go *aan de lijn, klaar, start* **3.4** ⟨sport⟩ ⟨get⟩ ~! *klaar!* **5.4** ⟨inf.⟩ be all ~ for sth. / to do sth. *(helemaal) klaar zijn voor iets/om iets te doen;*

II ⟨bn., attr.⟩ ⟨BE⟩ **0.1** ***volledig en tegen vaste prijs*** ⟨maaltijd in restaurant⟩ ◆ **1.1** ~ dinner *dagschotel, dagmenu;*

III ⟨bn., pred.⟩ **0.1** ***geplaatst*** ⇒*gevestigd* **0.2** ***vastbesloten*** ◆ **1.1** eyes ~ deep in the head *diepliggende ogen* **1.2** my mind is ~ *ik ben vastbesloten* **6.2** her mind is ~ **on** pleasure *ze wil alleen plezier maken;* he's very ~ **(up)on** becoming an actor *hij wil absoluut acteur worden.*

set[3] ⟨set, set⟩ **I** ⟨onov.ww.⟩ **0.1** ***vast worden*** ⇒*stijf/hard worden* ⟨v. cement, gelei⟩; *verharden, stollen, een vaste vorm aannemen; bestendig worden* ⟨v. weer⟩ **0.2** ***ondergaan*** ⟨v. zon, maan⟩ **0.3** ***afnemen*** ⇒*verminderen, achteruitgaan* **0.4** ***zijn positie innemen*** ⇒*voor de partner plaatsnemen* ⟨bij dans⟩ **0.5** ***aan elkaar groeien*** ⟨v. gebroken been⟩ **0.6** ***wasecht worden*** ⟨v. kleur⟩ **0.7** ***vruchten vormen*** ⟨v. boom⟩ ◆ **1.3** ⟨fig.⟩ his star ~s *zijn roem begint te tanen* **6.4** ~ **to** partner(s) *tegenover elkaar gaan staan* ⟨bij dans⟩. →**set about, set forth, set in, set off, set on, set out, set to, set up;**

II ⟨ov.ww.⟩ **0.1** ***zetten*** ⇒*plaatsen, stellen, leggen, doen zitten* **0.2** ***gelijkzetten*** ⟨klok, uurwerk⟩ **0.3** ***opleggen*** ⇒*opdragen, opgeven* ⟨taak⟩; *geven* ⟨voorbeeld⟩; *stellen* ⟨voorbeeld, probleem⟩; *opstellen, (samen)stellen* ⟨vragen e.d.⟩ **0.4** ***bepalen*** ⟨datum⟩ ⇒*voorschrijven* ⟨de mode⟩; *aangeven* ⟨maat, pas, toon, tempo⟩; *vaststellen* ⟨limiet, tijd, prijs⟩ **0.5** ***brengen*** ⇒*aanleiding geven tot, veroorzaken* **0.6** ***stijf/hard doen worden*** ⟨cement, gelei e.d.⟩ **0.7** ***instellen*** ⟨camera, lens, toestel⟩ ⇒*justeren* ⟨instrument⟩ **0.8** ***dekken*** ⟨tafel⟩ ⇒*klaarzetten* ⟨maaltijd⟩ **0.9** ***aanhitsen*** ⇒*aanzetten, ophitsen* **0.10** ***op elkaar klemmen*** ⟨tanden, lippen⟩ **0.11** ***watergolven*** ⇒*onduleren* **0.12** ***zetten*** ⟨letters, tekst⟩ **0.13** ***invatten*** ⇒*kassen* ⟨steen, juweel⟩; *afzetten, inzetten, voorzien van, tooien* **0.14** ***uitzetten*** ⟨wacht, netten⟩ ⇒*posteren* **0.15** ***zetten*** ⟨gebroken been⟩ ⇒*bij elkaar voegen/plaatsen, samenvoegen* **0.16** ***toonzetten*** ⇒*op muziek zetten* ⟨tekst⟩ **0.17** ***dichten*** ⇒*van tekst voorzien* ⟨melodie⟩ **0.18** ⟨vaak pass.⟩ ***situeren*** ⟨verhaal, toneelstuk⟩ **0.19** ***inrichten*** ⇒*opbouwen* ⟨het toneel⟩ **0.20** ***wasecht maken*** ⟨kleuren⟩ **0.21** ***te broeden zetten*** ⟨klokhen⟩ ⇒*laten uitbroeden* **0.22** ⟨AE⟩ ***vestigen*** ⟨record⟩ **0.23** ⟨AE⟩ ***aansteken*** ⟨vuur⟩ ◆ **1.1** ~ a trap *een val zetten* **1.2** ~ one's watch by s.o. else's *zijn horloge met die van iem. anders gelijkzetten;* ~ the alarm clock *de wekker zetten* **1.3** who will ~ the examination papers? *wie stelt de examenvragen op?;* ~ s.o. a good example *iem. het goede voorbeeld geven;* ~ a problem *een probleem stellen;* ~ questions *vragen stellen;* ~ s.o. a task *iem. een taak opleggen* **1.4** ~ conditions *voorwaarden stellen;* ~ the fashion *de mode bepalen;* ~ a price on sth. *de prijs v. iets bepalen;* ~ a high value on sth. *veel waarde aan iets hechten;* ~ the wedding-day *de trouwdag bepalen* **1.8** ~ the chairs *de stoelen (klaar)zetten;* ~ the table *de tafel dekken* **1.10** ~ one's teeth / lips *zijn tanden/lippen op elkaar klemmen* **1.12** ~ (up) type *het zetsel klaarmaken* **1.13** ~ jewels *juwelen (in)zetten/kassen;* ~ a crown with gems *een kroon met juwelen bezetten* **1.14** ~ a watch / ⟨scheep.⟩ the watch *een schildwacht uitzetten* **1.15** ~ a broken bone *een gebroken been zetten* **1.18** the novel is ~ in nineteenth-century London *de roman speelt zich af in het Londen v.d. negentiende eeuw* **1.21** ~ eggs *eieren laten uitbroeden;* ~ a hen *een hen op eieren zetten* **1.22** ~ a new record *een nieuw record vestigen* **1.23** ~ a fire *een vuur aansteken* **2.1** ~ free *vrijlaten, bevrijden* **3.3** ~ s.o. to write a report *iem. een rapport laten opstellen* **3.5** ~ a machine / an engine going *een machine in werking stellen;* ~ s.o. laughing *iem. aan het lachen brengen;* that ~ me thinking *dat bracht me aan het denken* **4.3** ~ o.s. a difficult task *zichzelf een moeilijke taak opleggen* **4.5** ~ o.s. to do sth. *zich erop toeleggen/zijn best doen om iets te doen* **5.1** ~ ashore *aan land zetten* **5.¶** ~ little / much by sth. *iets geringschatten/hoogschatten, weinig/veel geven om;* ~ **about** rumours *geruchten verspreiden* **6.1** ⟨fig.⟩ ~ duty **before** pleasure *de plicht voor het plezier laten gaan;* ~ sth. **before** s.o. *iem. iets voorzetten/voorleggen;* ~ flowers **in** water *bloemen in water zetten;* ~ **on** the shore *aan land zetten;* ~ pen **to** paper *beginnen te schrijven;* ~ spurs **to** the horse *het paard de sporen geven* **6.3** ~ sth. **in** motion *iets in beweging zetten;* ~ sth. **in** order *iets in orde brengen;* ~ **to** work *zich aan het werk zetten; beginnen te werken* **6.9** ~ a dog **at / (up)on** s.o. *een hond tegen iem. ophitsen/op iem. loslaten* **6.13** ⟨fig.⟩ the sky was ~ **with** bright stars *sterren schitterden als juwelen aan de hemel* **6.16** ~ **to** music *op muziek zetten* **6.¶** ~ **(up)on** s.o. *iem. aanvallen/overvallen;* **against** that fact you must ~ that ... *daartegenover moet je stellen dat ...;* public opinion is ~ting **against** him *de publieke opinie kant zich tegen hem;* ~ s.o. **against** s.o. *iem. opzetten tegen iem.;* ~ s.o. **beside** s.o. else *iem. met iem. anders vergelijken;* ~ s.o. **over** s.o. *iem. boven iem. (aan)stellen;* ~ s.o. **over** sth. *iem. aan het hoofd stellen v. iets.* →**set apart, set aside, set back, set down, set forth, set in, set off, set on, set out, set up.**

set about **0.1** ***beginnen (met/aan)*** ⇒*aanpakken* **0.2** ⟨inf.⟩ ***aanvallen.***

set apart **0.1** ***terzijde leggen*** ⇒*reserveren* **0.2** ⟨+ from⟩ ***scheiden (van)*** ⇒*afzonderen* ◆ **6.2** he felt ~ **from** the others *hij voelde zich opzij gezet door de anderen.*

set aside **0.1** ***terzijde zetten/leggen*** ⇒*reserveren, sparen* ⟨geld⟩ **0.2** ***veronachtzamen*** ⇒*buiten beschouwing laten, geen aandacht schenken aan* **0.3** ⟨jur.⟩ ***nietig verklaren*** ⇒*vernietigen, naast zich neerleggen* ⟨eis⟩ ◆ **1.2** setting aside the details *afgezien van de details* **6.1** ~ **for** *reserveren/bestemmen voor.*

setback **0.1** ***inzinking*** **0.2** ***tegenslag*** ⇒*nederlaag.*

set back **0.1** ***terugzetten*** ⇒*achteruitzetten.*

set designer **0.1** ***decorbouwer/ontwerper.***

setdown **0.1** ***terechtwijzing.***

set down **0.1** ***neerzetten*** **0.2** ***afzetten*** ⇒*laten af/uitstappen* ⟨uit voertuig⟩ **0.3** ***neerschrijven*** ⇒*opschrijven* **0.4** ⟨jur.⟩ ***vaststellen*** ⇒*bepalen* ⟨termijn⟩ ◆ **1.4** ~ a case for trial *een zaak aanhangig maken* **6.¶** set o.s. down **as** a genius *zichzelf voor een genie houden;* set sth. down **to** *iets toeschrijven aan.*

set forth ⟨schr.⟩ **I** ⟨onov.ww.⟩ **0.1** ***zich op weg begeven*** ⇒*vertrekken;*

II ⟨ov.ww.⟩ **0.1** ***uitvaardigen*** ⇒*uiteenzetten.*

set in **I** ⟨onov.ww.⟩ **0.1** ***intreden*** ⟨jaargetijde, reactie⟩ ⇒*invallen* ⟨duisternis, dooi⟩; *beginnen* **0.2** ***opkomen*** ⇒*landinwaarts gaan* ⟨vloed, wind⟩ ◆ **1.1** rain has ~ *het is gaan regenen;*

II ⟨ov.ww.⟩ **0.1** ***inpassen*** ⟨deel v. kledingstuk⟩.

set off **I** ⟨onov.ww.⟩ **0.1** ***zich op weg begeven*** ⇒*vertrekken* ◆ **6.1** ~ **in** pursuit *de achtervolging inzetten;* ~ **on** a trip *een reis ondernemen;*

II ⟨ov.ww.⟩ **0.1** ***versieren*** **0.2** ***doen uitkomen*** ⟨kleuren⟩ **0.3** ***doen ontbranden*** ⇒*tot ontploffing brengen* ⟨bom⟩ **0.4** ***doen opwegen*** ⇒*goedmaken* **0.5** ***aan de gang maken*** ⇒ *doen* ⟨lachen, praten⟩, *stimuleren* **0.6** ***afzetten*** ⇒*afpassen* ◆ **3.5** set s.o. off laughing *iem. aan het lachen brengen* **6.4** ~ **against** *doen opwegen tegen* **6.5** set s.o. off **on** his pet subject *iem. op zijn stokpaardje zetten.*

set on I ⟨onov.ww.⟩⟨schr.⟩ **0.1** ***voortschrijden;***
II ⟨ov.ww.⟩ **0.1** ***ertoe brengen*** ⇒*aansporen.*

set out I ⟨onov.ww.⟩ **0.1** ***zich op weg begeven*** ⇒*vertrekken* **0.2** ***zich voornemen*** ⇒*het plan opvatten* ◆ **6.1** ~ **for** Paris *vertrekken met bestemming Parijs;* ~ **on** a journey *op reis gaan;*
II ⟨ov.ww.⟩ **0.1** ***uitzetten*** ⇒*klaarzetten; opzetten* ⟨schaakstukken⟩ **0.2** ***tentoonstellen*** ⇒*uitstallen* ⟨goederen⟩ **0.3** ***uitplanten*** **0.4** ***verklaren*** ⇒*uiteenzetten.*

set point ⟨sport⟩ **0.1** ***setpunt.***

setscrew **0.1** ***stelschroef.***

setsquare **0.1** ***tekendriehoek.***

sett [set] **0.1** ***dassenhol.***

settee [settie:] **0.1** ***canapé*** ⇒*sofa.*

setter [settə] **0.1** ***zetter*** **0.2** ***setter*** ⟨hond⟩.

setting [setting] **0.1** ***ondergang*** ⟨zon, maan⟩ **0.2** ***stand*** ⇒*instelling* ⟨op instrument, machine⟩ **0.3** ⟨vnl. enk.⟩ ***omlijsting*** ⇒*achtergrond* **0.4** ***montering*** ⇒*aankleding* ⟨film, toneelstuk⟩ **0.5** ***couvert*** ⟨v. diner⟩ **0.6** ***kas*** ⇒*vatting* ⟨v. juweel⟩ ◆ **1.3** the story has its ~ in London *het verhaal speelt zich af in Londen.*

settle[1] [setl] ⟨zn.⟩ **0.1** ⟨ong.⟩ ***zittekist.***

settle[2] **I** ⟨onov.ww.⟩ **0.1** ***gaan zitten*** ⇒*zich neerzetten, neerstrijken* **0.2** ***neerslaan*** ⇒*bezinken* ⟨v. stof, droesem⟩ **0.3** ***zich vestigen*** ⇒*gaan wonen* ◆ **1.1** his cold had ~d in/on his chest *zijn verkoudheid had zich vastgezet in zijn borst;* darkness ~d on the town *duisternis daalde neer op de stad* **5.1** ~ **back** in a chair *gemakkelijk gaan zitten in een stoel* **5.¶** ~ **in** *zich installeren* ⟨in huis⟩; *zich inwerken;* we haven't yet ~d **in** *we zijn nog niet op orde* **6.¶** ~ **for** sth. *genoegen nemen met iets;* ~ **into** new surroundings *wennen aan een nieuwe omgeving;* ~ (down) **to** sth. *zich ergens op concentreren, zich ergens toe zetten.* →**settle down;**
II ⟨onov. en ov.ww.⟩ **0.1** ***kalmeren*** ⇒*(doen) bedaren* **0.2** ***opklaren*** ⟨vloeistof⟩ ⇒*helderder worden/maken* **0.3** ⟨+ (up)on⟩ ***overeenkomen (mbt.)*** ⇒*een besluit nemen, afspreken* **0.4** ***betalen*** ⟨bv. rekening⟩ ⇒*voldoen, vereffenen* ◆ **1.1** ⟨fig.⟩ the storm ~d the weather *de storm zorgde voor stabieler weer* **1.4** ~ a claim *schade uitbetalen* **5.4** ~ **up** *verrekenen* ⟨onder elkaar⟩ **6.3** ~ **(up)on** a date *een datum vaststellen* **6.4** ~ **with** s.o. *rekening/schulden betalen aan iem.;* ⟨fig.⟩ ~ (an account/old score) **with** s.o. *het iem. betaald zetten.* →**settle down;**
III ⟨ov.ww.⟩ **0.1** ***regelen*** ⇒*in orde brengen* ⟨ook kleren, kamer⟩ **0.2** ***vestigen*** ⟨in woonplaats, maatschappij⟩ ⇒⟨bij uitbr.⟩ *aan een goede baan helpen, aan de man/vrouw brengen* **0.3** ⟨vaak pass.⟩ ***koloniseren*** **0.4** ⟨ook wk. ww.⟩ ***zetten*** ⇒*plaatsen, leggen* **0.5** ⟨ben. voor⟩ ***vaster doen worden*** ⇒*doen inklinken* **0.6** ***(voorgoed) beëindigen*** ⇒ *beslissen* ⟨woordenwisseling, twijfels⟩, *de doorslag geven* **0.7** ***schikken*** ⇒*bijleggen, tot een schikking komen* **0.8** ⟨inf.⟩ ***afrekenen met*** ⟨alleen fig.⟩ ⇒*tot zwijgen brengen, doen ophouden; betaald zetten* ◆ **1.4** she ~d her mother among the pillows *zij legde haar moeder comfortabel neer tussen de kussens* **4.4** she ~d herself in the chair *zij nestelde zich in haar stoel* **4.6** that ~s it! *dat doet de deur dicht!* **5.1** ~ **up** sth. *iets definitief regelen* **5.¶** ~ **in** *installeren, inrichten* ⟨huis⟩; *zich thuis doen voelen in* ⟨baan⟩; *inwerken* **6.¶** ~ **into** *zich thuis doen voelen in;* ~ **on** *vastzetten op.*

settled [setld] **0.1** →**settle** **0.2** ***vast*** ⇒*onwrikbaar, gevestigd* ⟨mening⟩, *bestendig* ⟨weer⟩, *onveranderlijk* **0.3** ***blijvend*** ⇒ *vast* ⟨bevolking⟩ **0.4** ***bewoond*** ⇒*bevolkt* **0.5** ***vastgesteld*** ⇒*bepaald* **0.6** ***betaald.***

settle down I ⟨onov.ww.⟩ **0.1** ***een vaste betrekking aannemen*** ⇒*zich vestigen, zich settelen* **0.2** ***wennen*** ⇒*zich thuis gaan voelen, ingewerkt raken* **0.3** ⟨+ to⟩ ***zich concentreren (op)*** ⇒*zich toeleggen (op)* **0.4** ***vast/stabiel worden*** ⟨v. weer⟩ **0.5** ***minder worden*** ⟨bv. opwinding⟩ ⇒*(weg)zakken* ◆ **3.1** marry and ~ *trouwen en gesetteld raken* **6.1** ~ **in** a job *een vaste baan nemen;*
II ⟨onov. en ov.ww.⟩ **0.1** ***kalmeren*** ⇒*tot rust komen/brengen* **0.2** ⟨ook wk. ww.⟩ ***(gemakkelijk) gaan zitten*** ⇒*onderuit/achterover zakken* ◆ **6.2** ~ **to** an evening of reading *een avond gaan zitten lezen.*

settlement [setlmənt] **0.1** ***nederzetting*** ⇒*kolonie; groepje kolonisten; plaatsje* **0.2** ***kolonisatie*** **0.3** ***schikking*** ⇒ *overeenkomst* **0.4** ***afrekening*** **0.5** ***schenking*** **0.6** ***(vestiging v.) lijfrente*** **0.7** ***wijkcentrum*** ⇒*buurthuis* **0.8** ***bezinking*** ⇒*opklaring* ⟨wijn e.d.⟩ **0.9** ***verzakking*** ⇒*inklinking* ◆ **3.6** make a ~ on s.o. *iets vastzetten op iem.* **6.4** **in** ~ **of** *ter vereffening van.*

settler [setlə] **0.1** ***kolonist.***

settling day ⟨BE; hand.⟩ **0.1** ***liquidatiedag*** ⇒*(vierde/vijfde) rescontredag* ⟨op beurs⟩.

set to **0.1** ***aanpakken*** ⇒*aan de slag gaan, toetasten* ⟨eten⟩; *van leer trekken.*

set-to **0.1** ***vechtpartij*** **0.2** ***ruzie.***

setup **0.1** ***houding*** **0.2** ***opstelling*** ⟨bij filmopname⟩ **0.3** ⟨inf.⟩ ***opbouw*** ⇒*organisatie* **0.4** ⟨inf.⟩ ***doorgestoken kaart.***

set up I ⟨onov.ww.⟩ **0.1** ***zich vestigen*** ◆ **1.1** ~ as a dentist *zich als tandarts vestigen* **6.1** ~ **for** o.s. *voor zichzelf beginnen;* ~ **in** business *een zaak beginnen;*
II ⟨ov.ww.⟩ **0.1** ***opzetten*** ⟨bv. tent⟩ ⇒*opstellen, monteren* ⟨machine⟩; *zetten* ⟨boek⟩; *stichten, oprichten* ⟨school⟩; *beginnen* ⟨winkel⟩; *aanstellen* ⟨comité⟩; *opstellen* ⟨regels⟩; *organiseren* **0.2** ***vooropstellen*** ⇒*voor de dag komen met* ⟨plan⟩; *aankomen met* ⟨eisen⟩; *aanvoeren* ⟨argumenten⟩ **0.3** ***te koop aanbieden*** **0.4** ***aanheffen*** ⇒*slaken* ⟨kreet⟩; *verheffen* ⟨stem⟩ **0.5** ***veroorzaken*** **0.6** ***er bovenop helpen*** ⇒*op de been helpen* **0.7** ***vestigen*** ⟨ook: record⟩ ⇒*in een zaak zetten* **0.8** ***beramen*** ⟨overval⟩ **0.9** ***belazeren*** ⇒*de schuld in de schoenen schuiven* ◆ **6.7** set s.o. up **in** business *iem. in een zaak zetten* **6.¶** set o.s. up **against** the authority *zich tegen het gezag verzetten;* be well ~ **for/with** money *goed voorzien zijn van geld.*

seven [sevn] **0.1** ***zeven*** ⟨ook voorwerp/groep ter waarde/grootte v. zeven⟩ ⇒⟨in mv.; rugby⟩ *wedstrijd(en) voor ploegen v. zeven spelers* ◆ **3.1** he bought ~ *hij kocht er zeven* **5.1** at ~ o'clock *om zeven uur* **6.1** arranged **by** ~s *per zeven gegroepeerd.*

sevenfold [sevnfoold] **0.1** ***zevenvoudig*** **0.2** ***zevendelig.***

seven-league ◆ **1.¶** ~ boots *zevenmijlslaarzen.*

seventeen [sevntie:n] **0.1** ***zeventien*** ⟨ook voorwerp/groep ter waarde/grootte v. zeventien⟩.

seventeenth [sevntie:nθ] **0.1** ***zeventiende*** ⇒⟨als zn.⟩ *zeventiende deel.*

seventh [sevnθ] **0.1** ***zevende*** ⇒⟨als zn.⟩ *zevende deel;* ⟨muz.⟩ *septime* ◆ **1.1** the ~ day *de zevende dag; de sabbat* **3.1** she came in ~ *ze kwam als zevende aan.*

Seventh-Day Adventists [sevnθdee ædventists] ⟨rel.⟩ **0.1** ***zevendedagadventisten.***

seventhly [sevnθlie], **seventh** **0.1** ***ten/als zevende.***

seventieth [sevntie·iθ] **0.1** ***zeventigste*** ⇒⟨als zn.⟩ *zeventigste deels.*
seventy [sevntie] **0.1** ***zeventig*** ⟨ook voorwerp/groep ter waarde/grootte v. zeventig⟩ ◆ **6.1** he is **in** his seventies *hij is in de zeventig.*
seventy-eight **0.1** ***78-toerenplaat.***
seven-year **0.1** ***zevenjarig*** ◆ **1.¶** ⟨scherts.⟩ ~ itch *huwelijkskriebels* ⟨na zeven jaar huwelijk⟩.
sever [sevvə] **I** ⟨onov.ww.⟩ **0.1** ***breken*** ⇒*het begeven, losgaan* **0.2** ***uiteen gaan*** ⇒*scheiden* ◆ **1.1** the arms of the chair had ~ed *de armleuningen v.d. stoel waren afgebroken;*
II ⟨ov.ww.⟩ **0.1** ***afbreken*** ⇒*af/doorhakken, door/afsnijden* **0.2** ***(af)scheiden*** **0.3** ***verbreken*** ⟨relatie e.d.⟩ ◆ **1.1** ~ the rope *het touw doorsnijden* **4.2** ~ o.s. from *zich afscheiden van* **6.1** ~ the hand **from** the arm *de hand van de arm afhakken.*
several[1] [sevrəl] ⟨vnw.⟩ **0.1** ***verscheidene(n)*** ⇒*enkele(n), een aantal (ervan)* ◆ **6.1** ~ **of** my friends *verscheidene van mijn vrienden.*
several[2] ⟨det.⟩ **0.1** ***enkele*** ⇒*een aantal, verscheidene* **0.2** ***apart(e)*** ⇒*respectievelijk(e), verschillend(e)* ◆ **1.1** she has written ~ books *ze heeft verscheidene boeken geschreven;* ~ days *een aantal dagen* **1.2** each gave their ~ contributions *elk gaf zijn afzonderlijke bijdrage;* collective and ~ responsibility *gezamenlijke en hoofdelijke verantwoordelijkheid.*
severally [sevrəlie] **0.1** ***afzonderlijk*** ⇒*hoofdelijk* **0.2** ***elk voor zich*** ⇒*respectievelijk.*
severance [sevrəns] **0.1** ***verbreking*** ⇒*opzegging* ⟨v. betrekkingen⟩ **0.2** ***scheiding*** ⇒*(ver)deling* **0.3** ***ontslag*** ⇒*verbreking v. arbeidscontract.*
severance pay **0.1** ***ontslagpremie*** ⇒*ontslaguitkering* ⟨v. bedrijf waar men werkte⟩.
severe [sivviə] **0.1** ***streng*** ⇒*strikt, onverbiddelijk* **0.2** ***hevig*** ⇒*bar* **0.3** ***zwaar*** ⇒*moeilijk, ernstig* **0.4** ***sober*** ⇒*strak* ⟨bouwstijl⟩, *kaal* ◆ **1.2** ~ conditions *barre omstandigheden* **1.3** ~ competition *zware concurrentie;* ~ requirements *zware eisen* **2.¶** leave/let sth. ~ly alone *ergens z'n handen niet aan willen vuilmaken;* ⟨scherts.⟩ *ergens z'n vingers niet aan willen branden.*
severit|y [sivverrətie] ⟨mv.: -ies⟩ **I** ⟨n.-telb.zn.⟩ **0.1** ***strengheid*** ⇒*hardheid* **0.2** ***striktheid*** ⇒*nauwgezetheid* **0.3** ***hevigheid*** ⇒*barheid* **0.4** ***soberheid*** ⇒*strakheid;*
II ⟨mv.⟩ **0.1** ***barheid*** ⇒*hardheid, ruwheid.*
Seville orange [sevvil orrindzj] **0.1** ***pomerans*** ⇒*zure sinaasappel.*
sew [soo]⟨sewed [sood], sewn [soon]⟩ **0.1** ***naaien*** ⇒*hechten* ⟨wond⟩, *aannaaien* **0.2** ***innaaien*** ◆ **1.1** ~ buttons *knopen aanzetten* **1.2** he had sewn some money inside/into his pocket *hij had wat geld in zijn zak ingenaaid* **5.1** ~ **down** the lapels *de revers vastzetten.* →**sew up.**
sewage [s(j)oe:idzj] **0.1** ***afvalwater*** ⇒*rioolwater* ◆ **2.1** raw ~ *ongezuiverd afvalwater.*
sewage disposal **0.1** ***rioolwaterzuivering.***
sewage farm **0.1** ***rioolwaterzuiveringsinrichting*** ⟨met vloeiweides⟩ **0.2** ***vloeiweide*** ⟨met afvalwater als mest⟩.
sewage works **0.1** ***rioolwaterzuiveringsinrichting.***
sewer[1] [sooə] ⟨zn.⟩ **0.1** ***naaister.***
sewer[2] [s(j)oe:ə] ⟨zn.⟩ **0.1** ***riool(buis).***
sewerage [s(j)oe:əridzj] **0.1** ***riolering*** ⇒*rioolstelsel* **0.2** ***(afval)waterafvoer.***
sewer gas **0.1** ***rioolgas.***
sewer rat **0.1** ***rioolrat*** ⇒*bruine rat.*
sewing [sooing] **0.1** ***naaiwerk.***
sewing machine **0.1** ***naaimachine.***
sewn [soon] ⟨volt. deelw.⟩ →**sew.**
sew up **0.1** ***dichtnaaien*** ⇒*hechten* **0.2** ⟨inf.⟩ ***succesvol afsluiten/afhandelen*** ⇒*beklinken, regelen.*
sex[1] [seks] ⟨vaak attr.⟩ **I** ⟨telb. en n.-telb.zn.⟩ **0.1** ***geslacht*** ⇒*sekse* ◆ **7.¶** the second ~ *de tweede sekse, de vrouw(en).* → **fair, gentle;**
II ⟨n.-telb.zn.⟩ **0.1** ***seks*** ⇒*erotiek* **0.2** ***seksuele omgang*** ⇒*geslachtsgemeenschap* ◆ **3.2** have ~ with s.o. *met iem. naar bed gaan/vrijen.*
sex[2] ⟨ww.⟩ **0.1** ***seksen*** ⇒*het geslacht vaststellen v.* ⟨kuikens⟩.
sexagenarian [seksədzjinneəriən] **0.1** ⟨bn.⟩ ***zestigjarige*** ⇒*in de zestig* **0.2** ⟨zn.⟩ ***zestigjarige*** ⇒*zestiger.*
Sexagesima [seksədzjessimmə] **0.1** ***Sexagesima.***
sex appeal **0.1** ***sex-appeal*** ⇒*seksuele aantrekkingskracht.*
sex bomb **0.1** ***seksbom.***
sex change **0.1** ***sekse/geslachtsverandering.***
sex drive **0.1** ***libido*** ⇒*geslachtsdrift.*
sex education **0.1** ***seksuele opvoeding*** ⇒*seksuele voorlichting.*
sexism [seksizm] **0.1** ***seksisme*** ⇒*ongelijke behandeling naar sekse.*
sexist [seksist] **0.1** ⟨bn.⟩ ***seksistisch*** **0.2** ⟨zn.⟩ ***seksist.***
sex kitten ⟨inf.⟩ **0.1** ***stoeipoes*** ⇒*lekker stuk.*
sexless [seksləs] **0.1** ***onzijdig*** ⇒*geslachtloos* **0.2** ***seksloos*** ⇒*niet opwindend.*
sex life **0.1** ***seksueel leven*** ⇒*liefdesleven.*
sex-linked ⟨genetica⟩ **0.1** ***in geslachtschromosomen*** ⟨v. genen⟩ **0.2** ***geslachtsgebonden.***
sex maniac **0.1** ***seksmaniak.***
sex object **0.1** ***seks/lustobject*** **0.2** ***sekssymbool.***
sex role ⟨vaak mv.⟩ **0.1** ***rollenpatroon.***
sex shop **0.1** ***sexshop*** ⇒*sekswinkel.*
sex symbol **0.1** ***sekssymbool.***
sextant [sekstənt], **Sextans** [-tænz] **0.1** ***sextant*** ⟨navigatie-instrument⟩.
sextet(te) [sekstet] **0.1** ⟨muz.⟩ ***sextet*** ⟨muziekstuk/ensemble⟩ **0.2** ***zestal.***
sex therapy **0.1** ***sekstherapie.***
sexton [sekstən] **0.1** ***koster.***
sextuplet [sekstjoe:plit] **0.1** ***zesling*** ⟨één v.d. zes⟩.
sex-typed [sekstajpt] **0.1** ***seksegebonden.***
sexual [seksjoeəl] **0.1** ***seksueel*** ⇒*geslachts-* **0.2** ***geslachtelijk*** ⇒*mbt. het geslacht* ◆ **1.1** ~ harassment *ongewenste intimiteiten* ⟨vnl. op werk⟩; ~ intercourse *geslachtsgemeenschap;* ~ organs *geslachtsorganen;* ~ revolution *seksuele revolutie.*
sexuality [seksjoe·æləlie] **0.1** ***seksualiteit.***
sex|y [seksie] ⟨-iess⟩ **0.1** ***sexy*** ⇒*opwindend.*
s.f. ⟨afk.⟩ **0.1** [science fiction] *SF.*
Sgt. ⟨afk.⟩ **0.1** [sergeant].
sh, shh, ssh [sjsjsj] **0.1** ***sst.***
shabb|y [sjæbie] ⟨-iess⟩ **0.1** ***versleten*** ⇒*af(gedragen), kaal* **0.2** ***sjofel*** ⇒*armoedig* **0.3** ***min*** ⇒*gemeen.*
shack [sjæk] **0.1** ***hut*** **0.2** ***hok*** ⇒*keet, schuurtje.*
shackle[1] [sjækl] ⟨zn.⟩ **0.1** ⟨vaak mv.⟩ ***(voet/hand)boei*** ⇒*keten, kluister;* ⟨mv.; fig.⟩ *belemmering* **0.2** ***schakel*** ⇒*sluiting.*
shackle[2] ⟨ww.; vaak pass.⟩ **0.1** ***boeien*** ⇒*ketenen* **0.2** ***koppelen*** ⇒*vastmaken* **0.3** ***belemmeren*** ⇒*hinderen* ◆ **6.¶** be ~d **with** sth. *met iets opgezadeld zitten.*
shack up ⟨inf.⟩ **0.1** ***hokken*** ⇒*samenwonen/leven* **0.2** ***wonen*** ⇒*uithangen, zitten* ◆ **5.1** ~ **together** *(samen)hokken, samenwonen.*

shade[1] [sjeed] **I** ⟨telb.zn.⟩ **0.1** ⟨vaak mv.⟩ ***schaduwplek(je)*** ⇒ ⟨fig.⟩ *rustig plekje, afzondering* **0.2** ***schakering*** ⇒*nuance* **0.3** ⟨vaak attr.⟩ ***scherm*** ⇒*kap; lampenkap; zonneklep; zonnescherm* **0.4** ***schim*** ⇒*geest, spook* **0.5** ***tikkeltje*** ⇒ *ietsje, beetje* **0.6** ⟨AE⟩ ***(rol)gordijn*** ◆ **1.2** ~s of meaning *(betekenis)nuances;*
II ⟨telb. en n.-telb.zn.⟩ **0.1** ***schaduw*** ⇒*diepsel* ⟨bij schilderen e.d.⟩;
III ⟨n.-telb.zn.⟩ **0.1** ***schaduw*** ⇒*lommer;* ⟨fig.⟩ *achtergrond* ◆ **3.1** ⟨fig.⟩ cast s.o./sth. into the ~, put s.o./sth. in the ~ *iem./iets overtreffen/overschaduwen;*
IV ⟨mv.⟩ **0.1** ***duisternis*** ⇒*schemerduister* **0.2** ⟨vaak Shades; the⟩ ***schimmenrijk*** ⇒*Hades, onderwereld* **0.3** ⟨vnl. AE; inf.⟩ ***zonnebril*** ◆ **6.¶** ⟨inf.⟩ ~s **of** your granny *je lijkt je opoe wel/sprekend je opoe.*

shade[2] **I** ⟨onov. en ov.ww.⟩ **0.1** ***geleidelijk veranderen*** ⇒ *(doen) overgaan* ◆ **5.¶** ~ **away/off** *geleidelijk aan (laten) verdwijnen;*
II ⟨ov.ww.⟩ **0.1** ***beschermen*** ⇒*beschutten;* ⟨fig.⟩ *in de schaduw stellen* **0.2** ***afschermen*** ⟨licht⟩ ⇒*dimmen* **0.3** ***arceren*** ⇒*schaduw aanbrengen in* ◆ **1.1** ~ one's eyes *zijn hand boven de ogen houden;* the trees ~d the little square *het pleintje lag in de schaduw v.d. bomen.*

shade tree **0.1** ***schaduwboom.***

shading [sjeeding] **0.1** ***arcering*** ⇒*het schaduwen.*

shadow[1] [sjædoo] **I** ⟨telb.zn.⟩ **0.1** ***schaduw(beeld)*** ⟨ook fig.⟩ ⇒*silhouet* **0.2** ***schaduwplek*** ⇒*schaduwhoek;* ⟨ihb.⟩ *arcering, schaduw* ⟨in schilderij⟩; ⟨fig.⟩ *kring* ⟨onder ogen⟩ **0.3** ***zwakke afspiegeling*** ⇒*schaduw, schim* **0.4** ***onafscheidelijke metgezel/kameraad*** **0.5** ***(be)dreiging*** ⇒*voorspiegeling, somber voorteken* **0.6** ***iem. die schaduwt*** ⇒*spion, detective* ◆ **1.3** a ~ of democracy *een schijn v. democratie* **1.¶** he is the ~ of his former self *hij is bij lange na niet meer wat hij geweest is* **2.1** afraid of one's own ~ *zo bang als een wezel* **3.1** cast a ~ on sth. *een schaduw werpen op iets* ⟨ook fig.⟩ **3.5** coming events cast their ~s before them *komende gebeurtenissen werpen hun schaduw vooruit* **6.¶** **beyond/without** the ~ of a doubt, **beyond/without** a ~ of doubt *zonder ook maar de geringste twijfel;*
II ⟨n.-telb.zn.⟩ **0.1** ***schaduw*** ⇒*duister(nis), schemerduister* **0.2** ***hoede*** ⇒*bescherming* ◆ **6.2** **under** the ~ **of** *onder de hoede van;*
III ⟨mv.; the⟩ **0.1** ***schemerduister*** ⇒*invallende duisternis.*

shadow[2] ⟨ww.⟩ **0.1** ***beschaduwen*** **0.2** ***schaduwen*** ⇒*volgen* ⟨v. detective⟩.

shadowbox **0.1** ***schaduwboksen.***

shadow cabinet ⟨BE⟩ **0.1** ***schaduwkabinet.***

shadowy [sjædoo·ie] **0.1** ***onduidelijk*** ⇒*vaag, schimmig* **0.2** ***schaduwrijk*** ⇒*in schaduw gehuld.*

shady [sjeedie] **0.1** ***schaduwrijk*** ⇒*lommerrijk* **0.2** ***onbetrouwbaar*** ⇒*verdacht, louche* ◆ **1.¶** on the ~ side of sixty *boven de zestig.*

shaft[1] [sja:ft] ⟨zn.⟩ **0.1** ***schacht*** ⟨v. pijl, speer⟩ ⇒⟨bij uitbr.⟩ *pijl, speer* **0.2** ***steel*** ⇒*stok* **0.3** ***arm v.e. disselboom*** ⇒*lamoenstok* **0.4** ***lichtstraal/bundel*** ⇒*bliksemstraal, lichtflits* **0.5** ***koker*** ⇒*schacht* ⟨lift, mijn⟩ **0.6** ⟨tech.⟩ ***(drijf)as*** ◆ **3.¶** ⟨AE; sl.⟩ get the ~ *te grazen genomen worden;* give s.o. the ~ *iem. te grazen nemen.*

shaft[2] ⟨ww.⟩ ⟨AE; sl.⟩ **0.1** ***te grazen nemen*** ⇒*belazeren.*

shag[1] [sjæg] **I** ⟨telb.zn.⟩ **0.1** ***warboel*** ⇒*kluwen* **0.2** ***kuifaalscholver*** **0.3** ⟨sl.⟩ ***nummertje*** ◆ **3.3** have a ~ *een nummertje maken;*
II ⟨n.-telb.zn.⟩ **0.1** ***shag*** ⇒*gekorven tabak.*

shag[2] ⟨ww.; -ged⟩ ⟨BE; sl.⟩ **0.1** ***naaien*** ⇒*een nummertje maken met.*

shagged (out) [sjægd] ⟨BE; inf.⟩ **0.1** ***afgepeigerd*** ⇒*bekaf, uitgeteld.*

shagg|y [sjægie] ⟨-iness⟩ **0.1** ***harig*** ⇒*ruigbehaard* **0.2** ***ruig*** ⇒ *wild, woest* **0.3** ***noppig*** ⇒*ruw* ⟨stof⟩ ◆ **1.1** a ~ dog *een ruwharige hond* **1.2** ~ forests *ruige bossen.*

shaggy-dog story **0.1** ***paardenmop.***

shah [sja:] **0.1** ***sjah*** ⟨v. Perzië⟩.

shake[1] [sjeek] **I** ⟨telb.zn.⟩ **0.1** ⟨geen mv.⟩ ***het schudden*** ⇒ ⟨ihb.⟩ *handdruk* **0.2** ***milkshake*** **0.3** ⟨inf.⟩ ***ogenblikje*** ⇒ *momentje* ◆ **1.1** a ~ of the hand *een handdruk;* he said no with a ~ of the head *hij schudde (van) nee* **4.1** be all of a ~ *over zijn hele lichaam trillen* **6.3** **in** two ~s (of a lamb's tail) *zo, direct, in een seconde;*
II ⟨mv.; the⟩ **0.1** ***tremor*** ⇒*(koorts)rillingen, bibbers;* ⟨ihb.⟩ *delirium (tremens).* →**great.**

shake[2] ⟨shook [sjoek], shaken [sjeekən]⟩ **I** ⟨onov.ww.⟩ **0.1** ***schudden*** ⇒*schokken, beven, (t)rillen* **0.2** ***wankelen*** **0.3** ⟨inf.⟩ ***de hand geven*** ◆ **6.1** ~ **with** laughter *schudden v.h. lachen* **¶.3** ~ (on it)! *geef me de vijf!, hand erop!* →**shake down;**
II ⟨ov.ww.⟩ **0.1** ***doen schudden*** ⇒*schokken, doen beven/trillen* **0.2** ***(uit)schudden*** ⇒*zwaaien, heen en weer schudden* **0.3** ***geven*** ⇒*schudden* ⟨hand⟩ **0.4** ⟨vaak pass.⟩ ***schokken*** ⇒*verontrusten, overstuur maken* **0.5** ***aan het wankelen brengen*** ⟨fig.⟩ ⇒*verzwakken, verminderen* **0.6** ⟨inf.⟩ ***kwijtraken*** ⇒*afkomen van* ◆ **1.2** ~ dice *dobbelstenen schudden;* ~ sugar on bread *suiker op brood strooien* **1.4** mother was shaken by Paul's death *moeder was getroffen/geschokt door de dood v. Paul* **1.5** these stories have shaken the firm's credit *deze verhalen hebben de firma in diskrediet gebracht* **1.6** he couldn't ~ gambling *hij kon het gokken niet laten* **5.2** ~ **off** *(van zich) afschudden* ⟨ook fig.⟩; *ontsnappen aan;* ~ **out** *uit/leegschudden* **7.1** get a shaking *door elkaar geschud worden* **¶.2** ~ before use/using *schudden voor gebruik.* →**shake down, shake up.**

shakedown **0.1** ***kermisbed*** **0.2** ⟨vaak attr.⟩ ***laatste proefvlucht/vaart*** ⟨met bemanning⟩ **0.3** ⟨AE; inf.⟩ ***afpersing*** ⇒ *geld-uit-de-zakklopperij* **0.4** ⟨AE; inf.⟩ ***grondig onderzoek*** ⇒*(grondige) fouillering.*

shake down **I** ⟨onov.ww.⟩ **0.1** ***gewend raken*** ⇒*ingewerkt raken* **0.2** ***goed/gesmeerd gaan lopen*** ⇒*werken, goed afgesteld zijn* ⟨v. machine e.d.⟩ **0.3** ***(gaan) slapen*** ◆ **1.2** the engines shook down properly *de motoren werkten zoals het hoorde;*
II ⟨ov.ww.⟩ **0.1** ***(af/uit)schudden*** **0.2** ***(op de grond) uitspreiden*** ⟨stro e.d., als kermisbed⟩ **0.3** ***laatste proefvlucht laten maken*** ⟨met bemanning⟩ **0.4** ⟨AE; inf.⟩ ***afpersen*** ⇒*geld uit de zak kloppen* **0.5** ⟨AE; inf.⟩ ***grondig doorzoeken*** ◆ **6.4** shake s.o. down **for** fifty dollars *iem. vijftig dollar lichter maken.*

shaker [sjeekə] **0.1** ***schudbeker*** ⇒*mengglas* **0.2** ***strooibus*** ⇒⟨ihb.⟩ *zoutbusje, suikerstrooier.*

Shakespearian, Shakespearean [sjeekspiəriən] **0.1** ***v. Shakespeare*** ⇒*Shakespeare-* **0.2** ***Shakespeareaans*** ⇒*in de stijl v. Shakespeare.*

shakeup **0.1** ***radicale reorganisatie*** ◆ **3.¶** they need a thorough ~ *ze moeten eens flink wakker geschud worden.*

shake up **0.1** ***(door elkaar) schudden*** ⟨ook fig.⟩ ⇒*hutselen* ⟨drankje⟩ **0.2** ***reorganiseren*** ⇒*orde op zaken stellen in* ◆ **4.¶** ⟨sl.⟩ shake it up *schiet op.*

shak|y [sjeekie] ⟨-iness⟩ **0.1** ***beverig*** ⇒*trillerig, zwak(jes)* **0.2** ***wankel*** ⟨ook fig.⟩ ⇒*gammel, onbetrouwbaar* ◆ **1.2** ⟨fig.⟩ my Swedish is rather ~ *mijn Zweeds is nogal zwak.*

shale [sjeel] **0.1** ***schalie.***

shale oil **0.1** ***schalieolie.***

shall [sj(ə)l, ⟨sterk⟩ sjæl] ⟨verk. 'll; ontkennende verk. shan't; verl. t. should⟩ **0.1** ***zullen*** **0.2** ⟨gebod; ook belofte, dreiging, plan enz.; schr.⟩ ***zullen*** ⇒*moeten* **0.3** ⟨in inversie; vraagt om beslissing⟩ ***zullen*** ⇒*moeten* ◆ **3.1** how ~ I recognize her? *hoe zal ik haar herkennen?* **3.2** you ~ do as I tell you *doe wat ik zeg;* you ~ have the book you want *je krijgt het boek dat je wil hebben;* thou shalt not kill *gij zult niet doden* **3.3** what ~ we do when Jimmy leaves us? *wat moeten we doen als Jimmy ons verlaat?;* ~ I open the window? *zal ik het raam openzetten?*

shallop [sjæləp] **0.1** ***sloep.***

shallot [sjəlot] **0.1** ***sjalot.***

shallow[1] [sjæloo] ⟨bn.; -ness⟩ **0.1** ***ondiep*** **0.2** ***oppervlakkig*** ⇒ *niet diepgaand* **0.3** ***licht*** ⇒*niet diep* ⟨v. ademhaling⟩ ◆ **1.1** ~ dish *plat bord;* ~ river *ondiepe rivier* **1.2** ~ arguments *oppervlakkige argumenten;* ~ optimism *lichtvaardig optimisme.*

shallow[2] ⟨ww.⟩ **0.1** ***ondiep(er) worden.***

shallows [sjæIooz] **0.1** ***ondiepte*** ⇒*ondiepe plaats, wad.*

shalom [sjəlom] **0.1** ***sjalom*** ⇒*vrede.*

shalt [sjəlt, ⟨sterk⟩ sjælt] ⟨2e pers. enk. teg. t.⟩⟨vero., beh. rel.⟩ →**shall.**

sham[1] [sjæm] ⟨zn.⟩ **0.1** ***veinzerij*** ⇒*komedie, schijn(vertoning), bedrog* **0.2** ***voorwendsel*** ⇒*smoes* **0.3** ***namaaksel*** ⇒ *imitatie* **0.4** ***bedrieger*** ⇒*hypocriet* ◆ **1.1** the promise was a ~ *de belofte was maar geveinsd/schijn* **4.2** all ~ *één en al komedie.*

sham[2] ⟨bn.⟩ **0.1** ***namaak-*** ⇒*imitatie-, vals* **0.2** ***schijn-*** ⇒*gesimuleerd, pseudo-* ◆ **1.2** ~ pity *voorgewend medelijden.*

sham[3] ⟨-med⟩ **I** ⟨onov.ww., kww.⟩ **0.1** ***doen alsof*** ⇒*veinzen, simuleren* ◆ **2.1** ~ dead *zich dood houden* **¶.1** he's only ~ming *hij doet maar alsof;*
II ⟨ov.ww.⟩ **0.1** ***voorwenden*** ⇒*simuleren* ◆ **1.1** ~ illness *doen alsof je ziek bent.*

shaman [sja:mən] **0.1** ***sjamaan.***

shamble[1] [sjæmbl] ⟨zn.⟩ **0.1** ***schuifelgang(etje).***

shamble[2] ⟨ww.⟩ **0.1** ***schuifelen*** ⇒*sloffen* ⟨ook fig.⟩ ◆ **1.1** a shambling gait *een sukkelgangetje.*

shambles [sjæn.blz] **0.1** ***janboel*** ⇒*mesthoop* ⟨alleen fig.⟩, *troep, bende* ◆ **2.1** the house is a complete ~ *het huis is een echte varkensstal* **6.1** leave sth. **in** a ~ *iets als één grote bende achterlaten.*

shame[1] [sjeem] **I** ⟨telb.zn.; alleen enk.⟩ **0.1** ***schande*** ⇒*schandaal* **0.2** ***zonde*** ◆ **4.¶** what a ~! *het is een schande!; wat jammer!;*
II ⟨n.-telb.zn.⟩ **0.1** ***schaamte(gevoel)*** **0.2** ***schande*** ⇒ *smaad, vernedering* ◆ **1.1** have no sense of ~ *zich nergens voor schamen* **3.1** have no ~ *geen schaamte kennen* **3.2** bring ~ on s.o. *iem. te schande maken;* cry ~ on s.o. *schande v. iem. spreken* **3.¶** put to ~ *in de schaduw stellen; beschaamd maken/doen staan* **6.1** don't you feel ~ **at** having told lies? *schaam je je niet dat je leugens verteld hebt?;* **for** ~ *uit schaamte;* be **past** ~ *geen schaamte meer kennen;* be dead/lost **to** ~ *alle schaamte verloren hebben* **6.2 to** my ~ *tot mijn (grote) schande* **6.¶** ~ **on** you! *schaam je!, je moest je schamen!* **¶.2** ⟨tegen spreker⟩ ~! *schandalig!, hoe durft u!*

shame[2] ⟨ww.⟩ **0.1** ***beschamen*** ⇒*beschaamd doen staan/maken* **0.2** ***schande aandoen*** ⇒*te schande maken* **0.3** ***in de schaduw stellen*** ⇒*overtreffen* ◆ **4.1** it ~s me to say this *ik schaam me ervoor dit te (moeten) zeggen* **6.1** she ~d him **out of** copying his homework *ze maakte hem zo beschaamd, dat hij het huiswerk niet meer durfde overschrijven.*

shamefaced [-fa:st] **0.1** ***beschaamd*** ⇒*beschroomd.*

shameful [sjeemfl] ⟨-ness⟩ **0.1** ***beschamend*** **0.2** ***schandelijk*** ⇒*schandalig.*

shameless [sjeemləs] ⟨-ness⟩ **0.1** ***schaamteloos*** ⇒*onbeschaamd.*

shammy →**chamois.**

shampoo[1] [sjæmpoe:] ⟨zn.⟩ **0.1** ***shampoo*** **0.2** ***shampoobeurt*** ◆ **2.1** dry ~ *droogshampoo* **3.2** give o.s. a ~ *zijn haar (met shampoo) wassen.*

shampoo[2] ⟨ww.; shampooed [sjæmpoe:d]⟩ **0.1** ***shampooën*** ⇒*shamponeren* **0.2** ***shamponeren*** ⇒*met shampoo reinigen/schoonmaken* ⟨ihb. auto, tapijt⟩.

shamrock [sjæmrok] **0.1** ***klaver.***

shand|y [sjændie] ⟨mv.: -ies⟩ **0.1** ***shandy*** ⟨bier met limonade⟩.

shanghai [sjænghaj] **0.1** ***shanghaaien*** ⇒*(door list of onder dwang) ronselen* ⟨ihb. als matroos, door hem dronken te voeren⟩ **0.2** ***shanghaaien*** ⇒*(door list/onder dwang) overhalen, chanteren* ◆ **6.2** ~ **into** *pressen/dwingen tot.*

Shangri-La [sjænggrie la:] **0.1** ***Shangri-La*** ⇒*aards paradijs, Utopia.*

shank [sjængk] **I** ⟨telb.zn.⟩ **0.1** ⟨anat.⟩ ***(onder/scheen)been*** ⇒*schenkel* **0.2** ***schacht*** ⟨v. anker, zuil, sleutel⟩ **0.3** ***steel*** ⟨v. gebruiksvoorwerpen⟩;
II ⟨n.-telb.zn.⟩ **0.1** ***schenkel(vlees).***

shanks'(s) pony ⟨scherts.⟩ ◆ **3.¶** go on/ride ~ *met de benenwagen gaan.*

shan't [sja:nt] ⟨samentr. v. shall not⟩.

shantung [sjæntung] **0.1** ***shantoeng.***

shant|y [sjæntie], ⟨in bet. 0.2 ook⟩ **chanty,** ⟨AE sp. ook⟩ **chantey** [tsjæntie] ⟨mv.: -ies⟩ **0.1** ***barak*** ⇒*hut, keet* **0.2** ***shanty*** ⇒*zeemansliedje.*

shantytown **0.1** ***sloppenwijk*** ⇒*barakkenkamp.*

shape[1] [sjeep] **I** ⟨telb. en n.-telb.zn.⟩ **0.1** ***vorm*** ⇒*gestalte, gedaante, verschijning* **0.2** ***(bak/giet)vorm*** ⇒*model, sjabloon* ◆ **1.1** in all ~s and sizes *in alle vormen en maten* **1.¶** ⟨met ontkenning⟩ in any ~ or form *in welke vorm dan ook, van welke aard dan ook;* I've had no trouble with him in any ~ or form *ik heb op geen enkele manier moeilijkheden met hem gehad* **3.1** give ~ to *vorm geven aan, tot uitdrukking brengen;* take ~ *(vaste/vastere) vorm aannemen/krijgen* **3.¶** knock/lick sth. into ~ *iets fatsoeneren/bijschaven;* knock out of ~ *vervormen* **6.1** round **in** ~ *rond van vorm;* **in** the ~ **of** *in de vorm/gedaante van;*
II ⟨n.-telb.zn.⟩⟨inf.⟩ **0.1** ***(goede) conditie*** ⇒*(goede) toestand, vorm* ◆ **2.1** in bad/good ~ *in slechte/goede conditie* **6.1** **in(to)** ~ *in (goede) conditie;* that's the ~ **of** it *zo staan de zaken (ervoor);* **out of** ~ *in slechte conditie.*

shape[2] **I** ⟨onov.ww.⟩ **0.1** ⟨ook +up⟩ ***zich ontwikkelen*** ⇒*zich vormen, vorm aannemen/krijgen* ◆ **1.1** we'll see how things ~ (up) *we zullen zien hoe de dingen zich ontwikkelen* **5.1** ~ (up) **well** *zich gunstig ontwikkelen* **5.¶** ~ **up** *zich goed (gaan) gedragen, zijn fatsoen houden;*
II ⟨ov.ww.⟩ **0.1** ***vormen*** ⇒*maken, ontwerpen* **0.2** ***plannen*** ⇒*regelen* **0.3** ***bepalen*** ⇒*vormen, vorm/richting geven aan* **0.4** ***passend maken*** ⟨bv. kledingstuk⟩ ◆ **1.1** ~ earth and leaves to make a bed *met aarde en bladeren een bed maken* **1.2** ~ one's course for home *op huis aan gaan* **6.1** ~ sth. **from** *iets vormen uit/met, iets maken van;* ~ plastic **into** buckets *uit/van plastic emmers maken;* ~d **like** (a pear) *in de vorm v. (een peer), (peer)vormig.*

shaped [sjeept] **0.1** ***gevormd*** ⇒*in de vorm van* ◆ **6.1** ~ **like** a pear *peervormig.*

shapeless [sjeepləs] ⟨-ness⟩ **0.1** ***vorm(e)loos*** ⇒*ongevormd* **0.2** ***misvormd*** ⇒*vervormd.*

shapel|y [sjeeplie] ⟨-iness⟩ **0.1** ***goedgevormd*** ⇒*welgemaakt/gevormd, knap* ◆ **1.1** a ~ pair of legs *een mooi stel benen.*

shard [sja:d], **sherd** [sjə:d] **0.1** ***(pot)scherf*** *⇒stuk, brok.*
share[1] [sjeə] **I** ⟨telb.zn.⟩ **0.1** ⟨vaak mv.; ec.⟩ ***aandeel*** *⇒effect* **0.2** ⟨verk.⟩ [ploughshare] ***ploegschaar/ijzer*** ◆ **2.1** ⟨BE⟩ ordinary ~s *gewone aandelen* **3.1** deferred ~s *uitgestelde aandelen;* ⟨geldw.⟩ partly paid ~s *niet volstorte aandelen;* ⟨BE⟩ preferred ~s/preference ~s *preferente aandelen;* **II** ⟨telb. en n.-telb.zn.⟩ **0.1** ***(aan/onder)deel*** *⇒part, gedeelte, portie* ◆ **1.1** ~ and ~ alike *op gelijke voet* **2.1** do one's fair ~ *zijn deel inbrengen;* get one's fair ~ *zijn rechtmatig (aan)deel krijgen* **3.¶** go ~s (with s.o. in sth.) *de kosten (v. iets met iem.) delen* **6.1** have no ~ **in** *niets te maken hebben met;* take ~ **in** a conversation *deelnemen in/aan een gesprek;* take a ~ **in** the expenses *een deel v.d. kosten op zich nemen/betalen.*
share[2] **I** ⟨onov.ww.⟩ **0.1** ***deelnemen*** *⇒delen* **0.2** ***aandeelhouder zijn*** ◆ **3.1** ~ and ~ alike *eerlijk delen* **6.1** he will ~ **in** the cost **with** me *hij zal de kosten met mij delen;* **II** ⟨onov. en ov.ww.⟩ **0.1** ***delen;*** **III** ⟨ov.ww.⟩ **0.1** ***(ver)delen*** **0.2** ***deelgenoot maken van*** ◆ **1.1** ~ a bedroom *een slaapkamer delen* **5.1** ~ **out** *ver/uitdelen* **6.1** ~ (out) **among/between** *verdelen onder/over;* ~ **with** *delen met* **6.2** ~ sth. **with** s.o. *iem. deelgenoot maken v. iets.*
share capital ⟨BE; ec.⟩ **0.1** ***aandelenkapitaal.***
shareholder, ⟨AE ook⟩ **stockholder** **0.1** ***aandeelhouder.***
share index **0.1** ***aandelenindex.***
share option ⟨geldw.⟩ **0.1** ***aandelenoptie.***
share-out **0.1** ***verdeling.***
share shop **0.1** ***'beurswinkel'*** *⇒aandelen- en effectenwinkel/afdeling* ⟨bv. in warenhuis⟩.
shareware ⟨comp.⟩ **0.1** ***shareware*** ⟨gratis probeersoftware⟩.
shark [sja:k] **0.1** ***haai*** **0.2** ***afzetter*** *⇒woekeraar.*
sharkskin **0.1** ***rayon(stof)*** ⟨ihb. voor boven/sportkledij⟩.
sharp[1] [sja:p] ⟨zn.⟩⟨muz.⟩ **0.1** ***(noot met) kruis.***
sharp[2] **I** ⟨bn.; -ness⟩ **0.1** ***scherp*** *⇒spits, puntig* **0.2** ***schril*** *⇒duidelijk/scherp uitkomend/afstekend* **0.3** ***abrupt*** *⇒plotseling, steil, sterk* **0.4** ***bijtend*** *⇒doordringend, snijdend* **0.5** ***scherp*** *⇒pikant, sterk* **0.6** ***hevig*** *⇒krachtig* **0.7** ***streng*** *⇒vinnig, bijtend* **0.8** ***scherpzinnig*** *⇒bijdehand, pienter, vlug* **0.9** ***geslepen*** *⇒sluw, gewiekst, gehaaid* **0.10** ***stevig*** *⇒flink, vlug* **0.11** ⟨inf.⟩ ***knap*** *⇒net, vlot* ◆ **1.1** a ~ angle *een scherpe hoek;* a ~ knife *een scherp mes* **1.2** a ~ contrast *een schril contrast;* a ~ image *een scherp/duidelijk beeld* **1.3** a ~ fall/rise in prices *een plotselinge/scherpe daling/stijging v.d. prijzen;* a ~ turn to the right *een scherpe bocht naar rechts* **1.4** ~ frost *bijtende vrieskou;* a ~ voice *een scherpe/schelle stem;* a ~ wind *een snijdende wind* **1.5** a ~ flavour *een scherpe smaak;* ~ sauce *pikante saus* **1.6** a ~ blow *een hevige/gevoelige klap* ⟨ook fig.⟩ **1.7** ~ punishment *strenge straf;* a ~ reproof *een scherp/hard verwijt;* have a ~ tongue *een scherpe tong hebben* **1.8** a ~ child *een schrander kind;* ~ ears *scherpe/waakzame oren;* keep a ~ look-out *scherp uitkijken* **1.9** a ~ salesman *een gehaaid verkoper* **1.10** at a ~ pace *in een stevig tempo;* a ~ appetite *een stevige eetlust* **1.11** he's a ~ dresser *hij kleedt zich erg vlot* **1.¶** as ~ as a needle/tack *heel slim;* ~ practice *oneerlijke praktijken, een vuil zaakje;* as ~ as a razor *buitengewoon intelligent* **6.7** be ~ **with** s.o. *iem. hard aanpakken* **6.8** ~ **at** maths *goed in wiskunde;* be too ~ **for** s.o. *iem. te slim af zijn;* he's got a ~ eye **for** detail *hij heeft een goed oog voor details;* **II** ⟨bn., attr. na het zn.⟩⟨muz.⟩ **0.1** ***(-)kruis*** ◆ **1.1** C ~ *C-kruis, do kruis, cis;* F ~ *F-kruis, fa kruis, fis.*
sharp[3] ⟨bw.; -er⟩ **0.1** →**sharp**[2] **0.2** ***stipt*** *⇒precies, klokslag* **0.3** ***opeens*** *⇒plotseling* **0.4** ***scherp*** ◆ **1.2** three o'clock ~ *klokslag drie uur* **2.4** turn ~ right *scherp naar rechts draaien* **3.3** pull up ~ *opeens optrekken* **3.¶** look ~! *schiet op, haast je!*
sharpen [sja:pən] **0.1** ***scherp(er) worden/maken*** *⇒(zich) (ver)scherpen; slijpen.*
sharpener [sja:pənə] **0.1** ***slijper*** ⟨ihb. puntenslijper⟩.
sharper [sja:pə], ⟨AE ook⟩ **sharp** **0.1** ***afzetter*** *⇒oplichter.*
sharp-eyed **0.1** ***scherpziend*** *⇒waakzaam, alert.*
sharpish [sja:pisj] ⟨inf.⟩ **0.1** ***snel*** *⇒(nu) meteen, direct.*
sharpshooter **0.1** ***scherpschutter.***
sharp-tongued **0.1** ***met een scherpe tong*** *⇒bits, bijtend.*
sharp-witted ⟨-ness⟩ **0.1** ***scherp(zinnig)*** *⇒schrander, gevat.*
shat [sjæt] ⟨verl. t. en volt. deelw.⟩ →**shit.**
shatter [sætə] **I** ⟨onov.ww.⟩ **0.1** ***uiteenspatten*** *⇒barsten, in stukken (uiteen)vallen;* **II** ⟨ov.ww.⟩ **0.1** ***aan gruzelementen/diggelen slaan*** *⇒(compleet) vernietigen* ⟨ook fig.⟩ **0.2** ⟨inf.⟩ ***schokken*** *⇒in de war brengen* **0.3** ⟨vnl. BE; inf.⟩ ***afmatten*** *⇒totaal uitputten* ◆ **1.1** his death ~ed our hopes *zijn dood ontnam ons alle hoop* **1.2** a ~ed look *een ontredderde blik;* ~ed nerves *geschokte zenuwen* **5.3** I feel completely ~ed *ik ben doodop.*
shave[1] [sjeev] ⟨zn.⟩ **0.1** ***het scheren*** *⇒scheerbeurt* ◆ **3.1** I must have a ~ *ik moet me eens (laten) scheren* **6.¶** he got through **by** a ~ *hij kwam er op het nippertje door* ⟨examen⟩. →**close, narrow.**
shave[2] ⟨vnl. als bn. shaven [sjeevn]⟩ **I** ⟨onov. en ov.ww.; ook wk.ww.⟩ **0.1** ***(zich) scheren*** ◆ **4.1** he doesn't ~ every day *hij scheert zich niet dagelijks* **5.1** ~ **off** one's beard *zijn baard er afscheren;* **II** ⟨ov.ww.⟩ **0.1** ⟨vaak +off⟩ ***(af)schaven*** *⇒afraspen* **0.2** ⟨inf.⟩ ***scheren langs*** *⇒schampen, rakelings gaan langs* ◆ **1.2** the car just ~d me by an inch *de wagen miste me op een haar na.*
shaven [sjeevn] ⟨volt. deelw.⟩ →**shave.**
shaver [sjeevə] **0.1** ***(elektrisch) scheerapparaat*** **0.2** ⟨scherts.⟩ ***jongen*** *⇒jochie.*
shaving [sjeeving] **I** ⟨telb.zn.; vnl. mv.⟩ **0.1** ***schijfje*** *⇒*⟨mv.⟩ *flenters, spaanders;* **II** ⟨n.-telb.zn.⟩ **0.1** ***het scheren*** *⇒scheerbeurt.*
shaving brush **0.1** ***scheerkwast.***
shaving cream **0.1** ***scheerzeep.***
shaving stick **0.1** ***staafje scheerzeep*** *⇒scheerstaaf.*
shawl [sjo:l] **0.1** ***sjaal(tje)*** *⇒omslagdoek, hoofddoek.*
shay [sjee] ⟨AE; inf.⟩ **0.1** ***sjees.***
she[1] [sjie:] ⟨zn.; vaak attr.⟩ **0.1** ⟨inf.⟩ ***vrouw*** *⇒wijfje, zij, meisje* **0.2** ⟨plantk.⟩ ***inferieure variant*** ◆ **1.1** is it a he or a ~? *is het een jongen of een meisje?*
she[2] [sjie, ⟨sterk⟩ sjie:] ⟨vnw.⟩ **0.1** ***zij/ze*** *⇒*⟨in sommige constructies⟩ *die, dat, het* ◆ **3.1** England's problem was that ~ had neglected her fleet *Engelands probleem was dat het zijn vloot verwaarloosd had;* ~'s left *ze is weg* **4.1** ⟨schr.⟩ this is ~ *zij is het.*
sheaf [sjie:f] ⟨mv.: sheaves⟩ **0.1** ***schoof*** **0.2** ***bundel.***
shear [sjiə] ⟨volt. deelw. ook shorn [sjo:n]⟩ **I** ⟨onov.ww.⟩ **0.1** ⟨tech.⟩ ***afschuiven*** *⇒afknappen* ⟨onder zijdelingse druk⟩; **II** ⟨ov.ww.⟩ **0.1** ***(af)scheren*** **0.2** ***ontdoen*** *⇒plukken, villen* **0.3** ⟨tech.⟩ ***doen schuiven*** ⟨door zijdelingse druk⟩ *⇒breken* ◆ **1.1** ~ cloth *laken scheren;* ~ing sheep *schapen scheren* **6.2** shorn **of** *ontdaan van.*
shears [sjiəz] **0.1** ***(grote) schaar*** *⇒heggenschaar* ◆ **1.1** a pair of ~ *een schaar.*
shearwater ⟨dierk.⟩ **0.1** ***pijlstormvogel.***

she-ass 0.1 *ezelin.*
sheatfish [sjie:tfisj] 0.1 *meerval.*
sheath [sjie:θ]⟨mv.: sheaths [sjie:ðz]⟩ **0.1** ***schede*** ⇒*foedraal, (bescherm)huls, koker* **0.2** ⟨vnl. attr.⟩ ***nauwaansluitende jurk*** **0.3** ***condoom*** ⇒*kapotje* ◆ **2.3** protective ~ *condoom.*
sheath(e) [sjie:ð] **0.1** ***in de schede steken*** ⇒*van een omhulsel voorzien* **0.2** ***terug/intrekken*** ⟨klauwen⟩ **0.3** ***steken*** ◆ **1.3** she sheathed a dagger in his back *zij plantte een dolk in zijn rug.*
sheathing [sjie:ðing] **0.1** ***(beschermende) bekleding*** ⇒*omhulling, mantel* **0.2** ***het bekleden*** ⇒*bekleding.*
sheath knife **0.1** ***steekmes*** ⇒*dolk.*
sheaves [sjie:vz] ⟨mv.⟩ →**sheaf.**
shebang [sjibæng] ⟨vnl. AE; inf.⟩ **0.1** ***zootje*** ⇒*zaak(je), santenkraam* ◆ **2.1** the whole ~ *het hele zootje.*
she-bear **0.1** ***berin.***
shebeen [sjibbie:n] ⟨IE⟩ **0.1** ***stille/illegale kroeg.***
shed[1] [sjed] ⟨zn.⟩ **0.1** ***schuur(tje)*** ⇒*keet, loods* **0.2** ***waterscheiding.***
shed[2] ⟨shed, shed⟩ **I** ⟨onov.ww.⟩ **0.1** ***ruien;***
II ⟨ov.ww.⟩ **0.1** ***afwerpen*** ⇒*verliezen, afleggen, afschudden* **0.2** ⟨schr.⟩ ***storten*** ⇒*vergieten* **0.3** ***uitstralen*** ⇒*verspreiden* ◆ **1.1** they began to ~ their clothes *ze begonnen hun kleren uit te trekken;* ~ eggs/spawn *kuit schieten;* ~ bad habits *met slechte gewoonten breken;* the tree had ~ its leaves *de boom had zijn bladeren laten vallen;* ⟨fig.⟩ the lorry ~ its load *de vrachtwagen verloor zijn lading* **1.2** ~ hot tears *hete tranen storten* **1.3** ~ love and affection around one *liefde en genegenheid uitstralen.*
she'd [sjied, ⟨sterk⟩ sjie:d] ⟨samentr. v. she had, she would⟩.
she-devil **0.1** ***duivelin*** ⟨ook fig.⟩ ⇒*rotwijf, kreng.*
sheen [sjie:n] **0.1** ***glans*** ⇒*schittering, (weer)schijn.*
sheep [sjie:p] ⟨mv.: sheep⟩ **I** ⟨telb.zn.⟩ **0.1** ***schaap*** ⟨ook fig.⟩ ⇒ *onnozel kind, gedwee persoon* **0.2** ⟨vnl. mv.; rel.⟩ ***schapen*** ⇒*parochianen, gemeente* ◆ **1.¶** separate the ~ and the goats *de goeden van de slechten/het koren van het kaf scheiden* **2.1** the black ~ *het zwarte schaap;*
II ⟨n.-telb.zn.⟩ **0.1** ***schapenleer.***
sheep dip **0.1** ***(dompelbad met) ontsmettingsmiddel*** ⇒ *ontluizingsvloeistof.*
sheepdog **0.1** ***(schaap)herdershond*** ⟨ihb. collie⟩.
sheepfold **0.1** ***schaapskooi.***
sheepish [sjie:pisj] ⟨-ness⟩ **0.1** ***verlegen*** ⇒*onnozel, dom.*
sheeprun **0.1** ***schapenweide.***
sheep's eyes ⟨inf.⟩ ◆ **3.¶** make/cast ~ at s.o. *verliefde/smachtende blikken werpen naar iem.*
sheepskin **0.1** ***schapenhuid*** ⇒*schaapsvacht* **0.2** ***schapenleer*** ⇒*nappa* **0.3** ⟨AE; scherts.⟩ ***diploma.***
sheepstation ⟨Austr. E⟩ **0.1** ***(grote) schapenfokkerij.***
sheer[1] [sjiə] ⟨-ness⟩ **I** ⟨bn.⟩ **0.1** ***dun*** ⇒*doorschijnend, transparant* **0.2** ***erg steil*** ⇒*loodrecht* ◆ **1.1** ~ nylon *dun/doorzichtig nylon;*
II ⟨bn., attr.⟩ **0.1** ***volkomen*** ⇒*zuiver, je reinste* ◆ **1.1** that's ~ nonsense *dat is klinkklare onzin!*
sheer[2] ⟨ww.⟩⟨scheep.⟩ **0.1** ***gieren*** ⇒*scherp uitwijken, zwenken* ◆ **5.¶** ~ **off** *uit 't roer lopen;* ⟨inf.⟩ *'m smeren* **6.¶** ~ away **from** *mijden.*
sheer[3] ⟨bw.⟩ **0.1** ***erg steil*** ⇒*(bijna) loodrecht* **0.2** ***compleet*** ⇒ *regelrecht, volkomen.*
sheet [sjie:t] **I** ⟨telb.zn.⟩ **0.1** ***(bedden)laken*** ⇒*doek, lijkwade* **0.2** ***blad*** ⇒*vel* ⟨papier⟩; ⟨inf.⟩ *krantje* **0.3** ***plaat*** ⇒*(dunne) laag* **0.4** ***gordijn*** ⇒*muur, vlaag* **0.5** ⟨scheep.⟩ ***schoot*** ◆ **1.3** a ~ of glass *een glasplaat/stuk glas* **1.4** a ~ of flame *een vuurzee* **3.1** fitted ~ *hoeslaken* **6.2** **in** ~s *in losse vellen* ⟨drukwerk⟩ **6.4** the rain came down **in** ~s *de regen kwam in stromen naar beneden* **6.¶** **between** the ~s *tussen de lakens, onder de wol.* →**white;**
II ⟨mv.⟩⟨scheep.⟩ **0.1** ***voor- en achterplecht.***
sheet anchor **0.1** ⟨scheep.⟩ ***(groot) noodanker*** ⇒*plechtanker;* ⟨fig.⟩ *laatste toevlucht.*
sheet copper **0.1** ***bladkoper*** ⇒*koperblik.*
sheet ice **0.1** ***ijs(laag)*** ⟨op water⟩ **0.2** ⟨BE⟩ ***ijzel.***
sheeting [sjie:ting] **0.1** ***lakenstof*** **0.2** ***bekleding(smateriaal).***
sheet iron **0.1** ***bladstaal*** ⇒*plaatijzer.*
sheet lightning **0.1** ***weerlicht.***
sheet metal **0.1** ***bladmetaal*** ⇒*metaalblik.*
sheet music **0.1** ***(muziek uitgegeven op) losse muziekbladen.***
she-goat **0.1** ***geit.***
sheik(h) [sjeek] **0.1** ***sjeik.***
sheik(h)dom [sjeekdəm] **0.1** ***sjeikdom.***
sheila [sjie:lə] ⟨Austr. E; sl.⟩ **0.1** ***meisje*** ⇒*jonge vrouw.*
shekels [sjeklz] ⟨inf., scherts.⟩ **0.1** ***poen*** ⇒*duiten, geld.*
sheldrake [sjeldreek] ⟨mv.: ook sheldrake⟩⟨dierk.⟩ **0.1** ***(woerd v.d.) bergeend.***
shelduck [sjelduk] ⟨mv.: ook shelduck⟩⟨dierk.⟩ **0.1** ***(wijfje v.) bergeend.***
shelf [sjelf]⟨mv.: shelves [sjelvz]⟩ **0.1** ***(leg)plank*** ⇒*boekenplank* **0.2** ***(rots)richel*** ◆ **6.¶** ⟨inf.⟩ be (put/left) **on** the ~ *afgeschreven worden; in onbruik raken, afgedankt worden; blijven zitten, niet meer aan een man raken* ⟨v. vrouw⟩. → **continental.**
shelfload ⟨inf.⟩ **0.1** ***hele plank*** ◆ **1.1** ~s of reports *planken vol rapporten.*
shell[1] [sjel] **I** ⟨telb.zn.⟩ **0.1** ***geraamte*** ⟨v. gebouw⟩ ⇒*skelet, romp* ⟨v. schip⟩, *chassis* **0.2** ***lichte roeiboot*** **0.3** ***deegbakje*** ⇒*pasteikorst* **0.4** ***huls*** ⇒*granaat;* ⟨AE⟩ *patroon;*
II ⟨telb. en n.-telb.zn.⟩ **0.1** ⟨ben. voor⟩ ***hard omhulsel*** ⇒ *schelp; slakkenhuis; dop, schaal; schulp; rugschild, dekschild; cocon* ◆ **3.1** come out of one's ~ *loskomen, ontdooien;* go/retire into one's ~ *in zijn schulp kruipen.*
shell[2] ⟨ww.⟩ **0.1** ***van zijn schil ontdoen*** ⇒*schillen, doppen, pellen* **0.2** ***beschieten*** ⇒*onder vuur nemen, bombarderen.* →**shell out.**
she'll [sjiel, ⟨sterk⟩ sjie:l] ⟨samentr. v. she will⟩.
shellac[1] [sjəlæk] ⟨zn.⟩ **0.1** ***schellak.***
shellac[2] ⟨ww.; -ked⟩ **0.1** ***met schellak vernissen*** **0.2** ⟨AE; sl.⟩ ***in de pan hakken.***
shellfish ⟨mv.: ook shellfish⟩ **0.1** ***schaal/schelpdier.***
shell out ⟨inf.⟩ **0.1** ***dokken*** ⇒*afschuiven.*
shellproof **0.1** ***bomvrij.***
shell shock ⟨med.⟩ **0.1** ***(shell)shock.***
shell suit ⟨BE⟩ **0.1** ***trainingspak*** ⇒*(nylon) joggingpak.*
shelter[1] [sjeltə] **I** ⟨telb.zn.⟩ **0.1** ***schuilgelegenheid*** ⇒*schuilkelder; bushokje; tramhuisje* **0.2** ***schuilplaats*** ⇒*toevluchtsoord, tehuis* ⟨AE⟩; *asiel* ◆ **1.2** ~ for battered women *opvang(te)huis voor mishandelde vrouwen;*
II ⟨n.-telb.zn.⟩ **0.1** ⟨+ from⟩ ***beschutting (tegen)*** ⇒*bescherming* ◆ **3.1** give ~ *onderdak/een schuilplaats verlenen;* take ~ *schuilen.*
shelter[2] **I** ⟨onov.ww.⟩ **0.1** ⟨+ from⟩ ***schuilen (voor/tegen);***
II ⟨ov.ww.⟩ **0.1** ⟨+ from⟩ ***beschutten (tegen)*** ⇒*beschermen* **0.2** ***huisvesten*** ⇒*onderdak verlenen* ◆ **1.1** ~ed industries *beschermde industrieën;* a ~ed workshop *een sociale werkplaats.*
shelve [sjelv] **I** ⟨onov.ww.⟩ **0.1** ***geleidelijk aflopen*** ⟨v. bodem⟩ ⇒*glooien, (zacht) hellen;*
II ⟨ov.ww.⟩ **0.1** ***op een plank zetten*** **0.2** ***op de lange baan schuiven*** ⇒*opschorten.*

shelves [sjelvz] ⟨mv.⟩ →**shelf.**
shelving [sjelving] **0.1** ***(materiaal voor) planken.***
shenanigan [sjinænigən] ⟨vnl. mv.⟩⟨inf.⟩ **0.1** ***trucje*** ⇒*foefje* **0.2** ***streek*** ⇒*bedriegerij.*
shepherd[1] [sjeppəd] ⟨zn.⟩ **0.1** ***(schaap)herder.***
shepherd[2] ⟨ww.⟩ **0.1** ***hoeden*** ⇒*leiden, in de gaten houden.*
shepherdess [sjeppədis] **0.1** ***herderin.***
shepherd moon ⟨ster.⟩ **0.1** ***herdersmaan(tje).***
shepherd's pie ⟨BE⟩ **0.1** ***gehakt met een korst van aardappelpuree.***
shepherd's-purse ⟨plantk.⟩ **0.1** ***herderstasje.***
sherbet [sjə:bət] **0.1** ⟨vnl. AE⟩ ***sorbet*** **0.2** ***zoete poeder als snoep of om een frisdrank mee te maken.***
sherd [sjə:d], **shard** [sja:d] **0.1** ***(pot)scherf.***
sheriff [sjerrif] **0.1** ⟨BE⟩ ***sheriff*** ⇒⟨ong.⟩ *drost* ⟨hoogste rechterlijke en bestuursambtenaar in een graafschap⟩ **0.2** ⟨AE⟩ ***sheriff*** ⟨hoofd v.d. politie in een district⟩.
Sherpa [sjə:pə] ⟨ook attr.⟩ **0.1** ***sherpa.***
sherr|y [sjerrie] ⟨mv.: -ies⟩ **0.1** ***sherry.***
she's [sjiez, ⟨sterk⟩ sjie:z] ⟨samentr. v. she has, she is⟩.
shibboleth [sjibbəleθ] **0.1** ***schibbolet*** ⇒*wachtwoord.*
shied ⟨verl. t. en volt. deelw.⟩ →**shy.**
shield[1] [sjie:ld] ⟨zn.⟩ **0.1** ***schild*** **0.2** ***beveiliging*** ⇒*bescherming.*
shield[2] ⟨ww.⟩ **0.1** ⟨+from⟩ ***beschermen (tegen)*** ⇒*in bescherming nemen.*
shift[1] [sjift] ⟨zn.⟩ **0.1** ***verschuiving*** ⇒*verandering;* ⟨vnl. BE⟩ *verhuizing* **0.2** ***ploeg*** ⟨werklieden⟩ **0.3** ***werktijd*** ⇒*arbeidsduur* **0.4** ***redmiddel*** ⇒*hulpmiddel* **0.5** ***hemdjurk*** ◆ **3.¶** make ~ *zich behelpen, zichzelf zien te redden;* make ~ without *het stellen zonder.*
shift[2] **I** ⟨onov.ww.⟩ **0.1** ***van plaats veranderen*** ⇒*zich verplaatsen, schuiven* **0.2** ***wisselen*** ⇒*veranderen* **0.3** ***zich redden*** ⇒*zich behelpen, het klaarspelen* ◆ **1.1** ~ing sands *drijfzand* **1.2** the scene ~s *de achtergrond v.h. verhaal verandert* **4.3** ~ for o.s. *het zelf klaarspelen;*
II ⟨ov.ww.⟩ **0.1** ***verplaatsen*** ⇒*verschuiven, verzetten* **0.2** ***verwisselen*** ⇒*verruilen, veranderen;* ⟨AE⟩ *schakelen* ⟨versnelling⟩ ◆ **1.1** ~ the blame onto *de schuld schuiven op;* ~ the helm *het roer omgooien* **1.2** ~ one's ground *plotseling een ander standpunt innemen.*
shift key **0.1** ***hoofdlettertoets.***
shiftless [sjiftləs] ⟨-ness⟩ **0.1** ***niet vindingrijk*** ⇒*inefficiënt, onbeholpen.*
shift work **0.1** ***ploegendienst.***
shift|y [sjiftie] ⟨-iness⟩ **0.1** ***niet recht door zee*** ⇒*stiekem, onbetrouwbaar.*
Shiite [sjie:ajt] **0.1** ***sjiiet*** ⟨lid v.d. islamitische Sji'a sekte⟩.
shiksa [sjiksə] ⟨AE; jud.; vnl. pej.⟩ **0.1** ***sjikse*** ⟨niet-joods meisje⟩.
shilling [sjilling] **0.1** ***shilling*** ⟨Engelse munt, tot 1971⟩.
shilly-shall|y [sjilliesjælie] ⟨-ied⟩ **0.1** ***dubben*** ⇒*weifelen, aarzelen.*
shimmer[1] [sjimmə] ⟨zn.⟩ **0.1** ***flikkering*** ⇒*flauw schijnsel.*
shimmer[2] ⟨ww.⟩ **0.1** ***glinsteren*** ⇒*flakkeren.*
shin[1] [sjin] ⟨zn.⟩ **0.1** ***scheen*** ◆ **1.¶** a ~ of beef *een runderschenkel.*
shin[2] ⟨ww.; -ned⟩ **0.1** ***klauteren*** ⇒*klimmen* ⟨met handen en voeten⟩ ◆ **6.1** ~ **up** a tree *in een boom klimmen.*
shinbone **0.1** ***scheenbeen.***
shindig [sjindig] ⟨inf.⟩ **0.1** ***partij(tje)*** ⇒*feest(je)* **0.2** ***herrie*** ⇒*tumult, opschudding.*
shind|y [sjindie] ⟨mv.: -ies⟩⟨inf.⟩ **0.1** ***herrie*** ⇒*tumult, opschudding* ◆ **3.1** kick up a ~ *herrie schoppen.*
shine[1] [sjajn] ⟨zn.⟩ **0.1** ***schijn(sel)*** ⇒*licht, uitstraling* **0.2** ***glans*** ⇒*schittering* **0.3** ***poetsbeurt*** ⇒*het poetsen* ⟨v. schoenen⟩ ◆ **3.2** take the ~ out of *van zijn glans beroven; maken dat de aardigheid af gaat van* **3.¶** ⟨AE; inf.⟩ take a ~ to s.o. *iem. zomaar/direct aardig vinden.*
shine[2] ⟨ww.⟩⟨inf.⟩ **0.1** ***poetsen*** ⟨schoenen⟩.
shine[3] ⟨shone, shone [sjon]⟩ **I** ⟨onov.ww.⟩ **0.1** ***glanzen*** ⇒*glimmen, blinken* **0.2** ***schitteren*** ⇒*uitblinken* ◆ **5.2** ~ **out** *duidelijk naar voren komen;*
II ⟨onov. en ov.ww.⟩ **0.1** ***schijnen*** ⇒*lichten, gloeien* ◆ **1.1** he shone his light in my face *hij scheen met zijn lantaarn in mijn gezicht.*
shiner [sjajnə] **0.1** ⟨inf.⟩ ***blauw oog.***
shingle[1] [sjinggl] **I** ⟨telb.zn.⟩ **0.1** ***dakspaan*** ◆ **3.¶** hang out/hang up/put up one's ~ *zich vestigen als arts enz.;*
II ⟨n.-telb.zn.⟩ **0.1** ***kiezel*** ⇒*grind, kiezelstrand;*
III ⟨mv.⟩⟨med.⟩ **0.1** ***gordelroos.***
shingle[2] ⟨ww.⟩ **0.1** ***met dakspanen bedekken.***
shining [sjajning] **0.1** ***schitterend*** ⇒*glanzend* **0.2** ***uitstekend*** ⇒*uitmuntend.*
Shinto(ism) [sjintoo(izm)] **0.1** ***shintoïsme*** ⟨Japanse godsdienst⟩.
shin|y [sjajnie] ⟨-iness⟩ **0.1** ***glanzend*** ⇒*glimmend.*
ship[1] [sjip] ⟨zn.⟩ **0.1** ***schip*** ⇒*vaartuig* **0.2** ⟨AE⟩ ***vliegtuig*** ⇒*kist* **0.3** ***ruimteschip*** ◆ **1.1** on board ~ *aan boord* **1.¶** (like) ~s that pass in the night *mensen die elkaar toevallig een keer tegenkomen* **3.1** ⟨inf.⟩ when my ~ comes in/home *als het schip met geld (binnen)komt;* take ~ *aan boord gaan.*
ship[2] ⟨-ped⟩ **I** ⟨onov.ww.⟩ **0.1** ***aanmonsteren;***
II ⟨ov.ww.⟩ **0.1** ***verschepen*** ⇒*(per schip) verzenden/vervoeren* **0.2** ***aan boord nemen, laden*** **0.3** ***binnenkrijgen*** ◆ **1.3** ~ water *water maken/binnenkrijgen* **5.1** ~ **off/out** *verschepen* **5.¶** ~ **off** *wegsturen/zenden.*
ship biscuit, ⟨vnl. BE⟩ **ship's biscuit** **0.1** ***scheepsbeschuit.***
shipboard **0.1** ***scheepsboord*** ◆ **6.1** **on** ~ *aan boord.*
shipbreaker **0.1** ***scheepssloper*** ⇒*opkoper v. oude schepen.*
ship broker **0.1** ***scheepsmakelaar*** ⇒*scheepsbevrachter* **0.2** ***scheepsmakelaar*** ⟨die schepen verhandelt⟩.
shipbuilding **0.1** ***scheepsbouw.***
ship canal **0.1** ***kanaal*** ⟨bevaarbaar voor zeeschepen⟩.
ship chandler, ship's chandler **0.1** ***scheepsleverancier*** ⇒*verkoper v. scheepsbenodigdheden.*
shipload **0.1** ***scheepslading*** ⇒*scheepsvracht.*
shipmate **0.1** ***scheepsmaat*** ⇒*medebemanningslid.*
shipment [sjipmənt] **0.1** ***zending*** ⇒*vracht;* ⟨ihb.⟩ *scheepslading* **0.2** ***vervoer*** ⟨niet alleen per schip⟩.
shipowner **0.1** ***reder.***
shipper [sjippə] **0.1** ***expediteur*** ⟨BE alleen per schip⟩ ⇒*verzender.*
shipping [sjipping] **0.1** ***verscheping*** ⇒*verzending* **0.2** ***inscheping*** **0.3** ***scheepvaart.***
shipping agent **0.1** ***scheepsbevrachter*** ⇒*cargadoor.*
shipping company, shipping line **0.1** ***scheepvaartmaatschappij.***
shipping document **0.1** ***verschepings/verladingsdocument.***
ship's chandler →**ship chandler.**
shipshape [sjipsjeep] **0.1** ***netjes*** ⇒*in orde, keurig.*
shipwreck[1] ⟨zn.⟩ **0.1** ***schipbreuk*** ⇒⟨fig.⟩ *ondergang, mislukking.*
shipwreck[2] ⟨ww.⟩ **0.1** ***schipbreuk (doen) lijden*** ⇒⟨fig.⟩ *(doen) mislukken.*
shipwright [sjiprajt] **0.1** ***scheepsbouwer*** ⇒*scheepstimmerman.*
shipyard **0.1** ***scheeps(timmer)werf.***
shire [sjajjə], ⟨in bet. 0.2 ook⟩ **shire horse** **0.1** ⟨BE⟩ ***graaf-***

schap ⟨Eng. provincie⟩ **0.2** *shire* ⟨zwaar Engels trekpaardenras⟩.

shirk [sjə:k] **I** ⟨onov.ww.⟩ **0.1** *zich drukken;* **II** ⟨ov.ww.⟩ **0.1** *zich onttrekken aan* ◆ **1.1** ~ school *spijbelen.*

shirker [sjə:kə] **0.1** *lijntrekker* ⟨iem. die zich aan zijn plicht e.d. onttrekt⟩.

shirring [sjə:ring] **0.1** *smokwerk.*

shirt [sjə:t] **0.1** *overhemd* ⇒*overhemdbloes* ◆ **1.1** give away the ~ off one's back *zijn laatste cent weggeven* **3.¶** ⟨inf.⟩ keep one's ~ on *zich gedeisd houden;* ⟨inf.⟩ put one's ~ on sth. *al zijn geld op iets zetten* ⟨ihb. paarden⟩; ⟨inf.⟩ stuffed ~ *opgeblazen persoon, blaaskaak.*

shirtfront **0.1** *front(je).*

shirting [sjə:ting] **0.1** *(katoenen) overhemdstof.*

shirtsleeve ⟨vaak attr.⟩⟨inf.⟩ **0.1** ⟨meestal mv.⟩ *hemdsmouw* ◆ **6.1** **in** one's ~s *in hemdsmouwen.*

shirty [sjə:tie] ⟨inf.⟩ **0.1** *nijdig* ⇒*kwaad, geërgerd.*

shish kebab [sjisj kibæb] **0.1** *sjisj kebab.*

shit[1] [sjit] ⟨vulg.⟩ **I** ⟨telb.zn.⟩ **0.1** *zeiker(d)* ⇒*lul* ◆ **4.1** you ~! *klootzak!;* **II** ⟨telb. en n.-telb.zn.⟩ **0.1** *stront* ⇒*kak, poep* **0.2** *het schijten* **0.3** *rommel* ⇒*rotzooi* ◆ **2.¶** not worth a ~ *niets waard* **3.2** go and have a ~ *gaan schijten* **3.¶** beat the ~ out of s.o. *iem. een pak op zijn sodemieter geven;* not give a ~ *er schijt aan hebben;* **III** ⟨n.-telb.zn.⟩ **0.1** *gezeik* ⇒*gelul, onzin* **0.2** *hasj.* → **tough;** **IV** ⟨mv.; the⟩ **0.1** *schijterij* ⇒*'dunne', diarree.*

shit[2] ⟨-ted; ook shat [sjæt]⟩ ⟨vulg.⟩ **I** ⟨onov.ww.⟩ **0.1** *schijten* ⇒*poepen* ◆ **6.¶** ~ **on** s.o. *iem. verlinken* ⟨bij de politie⟩; **II** ⟨ov.ww.⟩ **0.1** *schijten op/in* ◆ **4.1** ~ o.s. *het in zijn broek doen* ⟨ook fig.⟩.

shit[3] ⟨tw.⟩⟨vulg.⟩ **0.1** *verdomme* ⇒*shit.*

shitless [sjitləs] ⟨inf.⟩ ◆ **3.¶** be bored ~ *zich stierlijk vervelen;* be scared ~ *het in zijn broek doen van angst; bagger schijten.*

shitty [sjittie] ⟨vulg.⟩ **0.1** *lullig* ⇒*stom, akelig.*

shiver[1] [sjivvə] ⟨zn.; meestal mv.⟩ **0.1** *rilling* ⟨ook fig.⟩ ⇒*siddering;* ⟨ihb.⟩ *gevoel v. angst/afkeer* ◆ **3.1** ⟨inf.⟩ get the ~s *de rillingen krijgen;* ⟨inf.⟩ give s.o. the ~s *iem. de rillingen geven* **6.1** send cold ~s **(up and) down** s.o.'s back/spine *iem. de koude rillingen langs de rug doen lopen.*

shiver[2] **I** ⟨onov.ww.⟩ **0.1** *rillen* ⟨v. angst, kou⟩ ⇒*sidderen* ◆ **1.1** be ~ing in one's shoes *op zijn benen staan te trillen;* **II** ⟨ov.ww.⟩ **0.1** *breken* ⇒*versplinteren.*

shiver|y [sjivvərie] ⟨ook -ier⟩ **0.1** *rillerig* ⇒*beverig* **0.2** *kil* ⟨v. weer⟩.

shoal [sjool] **0.1** *ondiepte* **0.2** *zandbank* **0.3** *menigte* ⇒*troep;* ⟨ihb.⟩ *school* ⟨v. vissen⟩ ◆ **6.3** **in** ~s *in scholen.*

shock[1] [sjok] **I** ⟨telb.zn.⟩ **0.1** *aardschok* **0.2** ⟨inf.⟩ *schokbreker* **0.3** ⟨inf.⟩ *dikke bos* ⟨v. haar⟩ ◆ **1.3** ~ of hair *dikke bos haar;* **II** ⟨telb. en n.-telb.zn.⟩ **0.1** *schok* ⇒*schrik, (onaangename) verrassing* **0.2** *(elektrische) schok* ◆ **6.1** come **upon** s.o. **with** a ~ *een (grote) schok zijn voor iem.;* **III** ⟨n.-telb.zn.⟩ **0.1** *shock* ⟨ook med.⟩ ◆ **6.1** die **of** ~ *sterven tengevolge v.e. shock.*

shock[2] **I** ⟨onov.ww.⟩ **0.1** *een schok veroorzaken;* **II** ⟨ov.ww.⟩⟨vaak pass.⟩ **0.1** *schokken* ⇒*choqueren, laten schrikken* **0.2** *een schok geven* ⟨ook elek.⟩ ⇒*een shock veroorzaken bij* ◆ **3.1** be ~ed at/by *geschokt zijn door* **3.2** get ~ed *een (elektrische) schok krijgen.*

shock absorber ⟨tech.⟩ **0.1** *schokdemper* ⇒*schokbreker.*

shocker [sjokkə] ⟨scherts.⟩ **0.1** *schokkend iets* ⇒⟨ihb.⟩ *schokkend verhaal/boek.*

shock-headed **0.1** *met een dikke bos haar.*

shocking [sjokking] **0.1** ⟨inf.⟩ *zeer slecht* **0.2** *stuitend* ⇒*schokkend, weerzinwekkend* **0.3** ⟨inf.⟩ *vreselijk* ⇒*erg* ◆ **1.3** ~ weather *rotweer.*

shockingly [sjokkinglie] **0.1** →**shocking** **0.2** *uiterst* ⇒*zeer.*

shockproof **0.1** *schokvast.*

shock tactics **0.1** ⟨mil.⟩ *stoottactiek* ⇒⟨fig.⟩ *overrompeling(stactiek).*

shock therapy, shock treatment ⟨med.⟩ **0.1** *schoktherapie* ⇒*schokbehandeling.*

shock troops **0.1** *stoottroepen* ⇒*keur/elitetroepen.*

shock wave **0.1** *schokgolf.*

shod [sjod] ⟨verl. t. en volt. deelw.⟩ →**shoe.**

shodd|y[1] [sjoddie] ⟨zn.; mv.: -ies⟩ **0.1** *scheurwol* ⇒*herwonnen wol, kunstwol* **0.2** *weefsel uit scheurwol* **0.3** *goedkoop/inferieur materiaal.*

shodd|y[2] ⟨bn.; -iness⟩ **0.1** *prullig* ⇒*niet degelijk.*

shoe[1] [sjoe:] ⟨zn.⟩ **0.1** *schoen* **0.2** *hoefijzer* **0.3** *schoenvormig voorwerp* ⇒*remschoen/blok* ◆ **1.1** a pair of ~s *een paar schoenen* **3.1** put on/take off one's ~s *zijn schoenen aantrekken/uittrekken* **3.¶** ⟨inf.⟩ be in s.o.'s ~s *in iemands schoenen staan;* ⟨inf.⟩ fill s.o.'s ~s *iem. opvolgen;* ⟨inf.⟩ (know) where the ~ pinches *(weten) waar de schoen wringt;* put o.s. in s.o.'s ~s *zich in iemands positie verplaatsen;* step into s.o. else's ~s *de rol/taak v. iem. anders overnemen;* ⟨sprw.⟩ if the ~ fits, wear it *wie de schoen past, trekke hem aan.*

shoe[2] ⟨ww.; meestal shod, shod [sjod]⟩ **0.1** *beslaan* ⟨paard⟩ **0.2** *schoeien.*

shoeblack **0.1** *schoenpoetser.*

shoehorn **0.1** *schoenlepel.*

shoelace **0.1** *(schoen)veter.*

shoe leather **0.1** *schoenleer* ◆ **3.1** save ~ *zijn schoenen sparen* ⟨door weinig te lopen⟩.

shoemaker **0.1** *schoenmaker.*

shoe polish **0.1** *schoensmeer.*

shoeshine **0.1** *het schoenpoetsen.*

shoeshine boy **0.1** *schoenpoetser.*

shoestring[1] ⟨zn.⟩ **0.1** ⟨vnl. AE⟩ *(schoen)veter* **0.2** ⟨inf.⟩ *(te) klein budget* ◆ **6.2** **on** a ~ *met erg weinig geld.*

shoestring[2] ⟨bn.⟩ **0.1** *erg gering* ⇒*erg klein/weinig* ◆ **1.1** ~ budget *zeer beperkt budget.*

shone [sjon] ⟨verl. t. en volt. deelw.⟩ →**shine.**

shoo[1] [sjoe:] ⟨ww.⟩ **0.1** *ks(t) roepen* ⇒*wegjagen* ◆ **5.1** ~ sth./s.o. **away/off** *iets/iem. wegjagen.*

shoo[2] ⟨tw.⟩ **0.1** *ks(t).*

shook [sjoek] ⟨verl. t.⟩ →**shake.**

shoot[1] [sjoe:t] ⟨zn.⟩ **0.1** *(jonge) spruit* ⇒*loot, scheut* **0.2** *schietoefening* ⇒*schietwedstrijd* **0.3** *jacht(partij)* **0.4** *jachtgebied* **0.5** ⟨vnl. AE; inf.⟩ *lancering* ⟨v. raket e.d.⟩.

shoot[2] ⟨shot, shot [sjot]⟩ **I** ⟨onov.ww.⟩ **0.1** *snel bewegen* ⇒*(voort/weg)schieten;* ⟨ihb.⟩ *schuiven* ⟨v. grendel⟩ **0.2** *schieten* ⟨met wapen⟩ **0.3** *afgaan* ⟨v. wapen⟩ **0.4** *steken* ⟨v. pijn, wond⟩ **0.5** *uitlopen* ⇒*ontspruiten* **0.6** ⟨sport⟩ *(op doel) schieten* **0.7** *plaatjes schieten* ⇒*foto's nemen, filmen* ◆ **5.1** ~ **ahead** *vooruitschieten* **6.2** ~ **at/for** *schieten op;* ⟨ihb. AE; inf., ook fig.⟩ *(zich) richten op* **6.4** the pain shot **through/up** his arm *een stekende pijn ging door zijn arm* **¶.¶** ⟨AE; inf.⟩ ~! *zeg op!, zeg het maar!* →**shoot out, shoot up;** **II** ⟨ov.ww.⟩ **0.1** *(af)schieten* ⟨kogel, pijl enz.⟩ ⇒*afvuren* ⟨ook fig.; vragen e.d.⟩ **0.2** *neerschieten* ⇒*doodschieten;* ⟨ihb.⟩ *fusilleren* **0.3** *jagen (op)* ⇒*afjagen* ⟨terrein⟩ **0.4** ⟨ben. voor⟩ *doen bewegen* ⇒*schuiven* ⟨grendel⟩; ⟨AE; inf.⟩ *spuiten* ⟨drugs⟩ **0.5** *(naar doel) schieten* ⟨bal⟩ ⇒*schieten*

0.6 *snel passeren* ⇒*snel onderdoor varen* ⟨brug⟩; *snel varen over* ⟨stroomversnelling⟩ **0.7** *schieten* ⟨plaatjes⟩ ⇒*opnemen* ⟨film⟩ **0.8** ⟨AE⟩ *spelen* ⟨biljart e.d.⟩ ◆ **3.2** ⟨fig.⟩ I'll be shot if *ik mag doodvallen als* **5.1** ~ **away** *verschieten* ⟨munitie⟩; *eraf schieten* ⟨ledemaat⟩; ~ **down** *neerschieten;* ⟨fig.⟩ *afkeuren;* ~ **off** *afschieten, afsteken* ⟨vuurwerk⟩; *afvuren* ⟨geweer⟩; ⟨sl.⟩ *spuiten, ejaculeren.* →**shoot out, shoot up.**

shooter [sjoe:tə] **0.1** *schutter* ⇒*jager.*

shooting[1] [sjoe:ting] ⟨zn.⟩ **0.1** *jacht* **0.2** *het schieten* ⇒*het jagen* **0.3** *schietpartij* **0.4** *scheut* ⟨v. plant⟩ **0.5** *opname* ⟨film, scene⟩.

shooting[2] ⟨bn.⟩ **0.1** *schietend* **0.2** *stekend* ◆ **1.2** ~ pains *pijnscheuten* **1.¶** ⟨inf.⟩ ~ star *vallende ster.*

shooting box, shooting lodge ⟨BE⟩ **0.1** *jachthut.*

shooting brake ⟨BE⟩ **0.1** *stationcar.*

shooting gallery 0.1 *schietbaan.*

shooting match 0.1 *schietwedstrijd* ◆ **2.1** ⟨inf.⟩ the whole ~ *het hele zaakje.*

shooting range 0.1 *schietterrein.*

shooting script 0.1 *draaiboek* ⟨voor film⟩.

shooting stick 0.1 *zitstok.*

shoot out I ⟨onov.ww.⟩ **0.1** *naar buiten schieten;*
II ⟨ov.ww.⟩⟨inf.⟩ **0.1** *een vuurgevecht leveren over* ◆ **4.1** they're going to shoot it out *ze gaan het uitvechten (met de revolver).*

shoot-out ⟨inf.⟩ **0.1** *vuurgevecht* ⟨met handwapens⟩.

shoot up I ⟨onov.ww.⟩⟨inf.⟩ **0.1** *omhoog schieten* ⟨v. planten, kinderen⟩ ⇒*snel groeien/stijgen* ⟨v. temperatuur, prijzen⟩;
II ⟨ov.ww.⟩ **0.1** *kapot schieten* ⇒*overhoop schieten* **0.2** *spuiten* ⟨drugs⟩.

shop[1] [sjop] **I** ⟨telb.zn.⟩ **0.1** *winkel* ⇒*zaak* **0.2** *werkplaats* ⇒*atelier* ◆ **3.1** keep a ~ *een winkel drijven;* mind the ~ *de winkel runnen;* ⟨fig.⟩ *de touwtjes in handen hebben* **3.¶** closed ~ *closed shop* ⟨(principe v.) onderneming waarin lidmaatschap v. vakbond verplicht is voor alle werknemers⟩ **6.¶** ⟨sl.⟩ all **over** the ~ *door elkaar, her en der.* → **wrong;**
II ⟨n.-telb.zn.⟩ **0.1** *werk* ⇒*zaken, beroep* ◆ **3.1** close/shut up ~ *de zaak sluiten/opdoeken;* keep ~ *op de zaak passen;* set up ~ *een zaak opzetten;* talk ~ *over zaken/het vak praten.*

shop[2] ⟨-ped⟩ **I** ⟨onov.ww.⟩ **0.1** *winkelen* ◆ **3.1** go ~ping *gaan winkelen* **5.1** ~ **around** *rondkijken, zich oriënteren (alvorens te kopen)* ⟨ook fig.⟩ **6.1** ~ **for** a dress *op een jurk uitgaan;*
II ⟨ov.ww.⟩ **0.1** ⟨AE⟩ *bezoeken* ⟨winkels⟩ **0.2** ⟨BE; sl.⟩ *verlinken* ⟨bij de politie⟩.

shop assistant ⟨BE⟩ **0.1** *winkelbediende.*

shop floor ⟨the⟩ **0.1** *werkplaats* ⇒*werkvloer* **0.2** *arbeiders* ⟨tgov. bazen⟩.

shop front 0.1 *winkelpui.*

shopkeeper 0.1 *winkelier.*

shoplift I ⟨onov.ww.⟩ **0.1** *winkeldiefstal(len) plegen;*
II ⟨ov.ww.⟩ **0.1** *stelen* ⟨uit een winkel⟩.

shoplifter 0.1 *winkeldief/dievegge.*

shoplifting 0.1 *winkeldiefstal.*

shopper [sjoppə] **0.1** *koper* ⇒*klant.*

shopping [sjopping] **0.1** *het boodschappen doen* **0.2** *boodschappen* ◆ **3.1** do one's ~ *boodschappen doen.*

shopping arcade, shopping mall 0.1 *winkelgalerij.*

shopping bag 0.1 *boodschappentas.*

shopping centre 0.1 *winkelcentrum.*

shopping street 0.1 *winkelstraat.*

shopping trolley 0.1 *winkelwagentje* ⇒*boodschappenwagentje.*

shopsoiled, shopworn ⟨BE⟩ **0.1** *minder geworden* ⟨v. goederen, door te lang liggen; ook fig.⟩ ⇒*verbleekt.*

shop steward 0.1 *vakbondsvertegenwoordiger.*

shoptalk 0.1 *gepraat over het vak/werk.*

shopwalker ⟨BE⟩ **0.1** *(afdelings)chef.*

shop window 0.1 *etalage.*

shopworn →**shopsoiled.**

shore[1] [sjo:] ⟨zn.⟩ **0.1** *kust* ⇒*oever* ⟨v. meer⟩ **0.2** *steunbalk* ⇒*schoor(balk)* ◆ **6.1 off** the ~ *voor de kust;* **on** ~ *aan (de) wal, op het land* **7.¶** these ~ s *dit land/eiland.*

shore[2] ⟨ww.⟩ **0.1** ⟨ook fig.⟩ *steunen* ⇒*schragen* ◆ **5.1** ~ **up** *(onder)steunen.*

shore bird 0.1 *waadvogel.*

shore leave ⟨scheep.⟩ **0.1** *verlof (om aan wal te gaan).*

shoreline 0.1 *waterlijn* ⇒*oever; kustlijn.*

shore radar 0.1 *walradar.*

shorn [sjo:n] ⟨volt. deelw.⟩ →**shear.**

short[1] [sjo:t] **I** ⟨telb.zn.⟩ **0.1** ⟨verk.⟩ [short-circuit] ⟨inf.⟩ *kortsluiting* **0.2** ⟨inf.⟩ *korte (voor)film* **0.3** ⟨geldw.⟩ *baissier* **0.4** ⟨inf.⟩ *borrel* ◆ **¶.¶** ⟨inf.⟩ get s.o. by the ~ and curlies *iem. in zijn nekvel grijpen;*
II ⟨mv.⟩ **0.1** *korte broek* **0.2** ⟨AE⟩ *onderbroek* **0.3** ⟨geldw.⟩ *kortzichtpapieren.*

short[2] ⟨bn.; -ness⟩ **0.1** *kort* ⇒*klein, beknopt* **0.2** *kort(durend)* **0.3** *te kort* ⇒*onvoldoende, karig, krap* **0.4** *kortaf* ⇒*bits* **0.5** *bros* ⇒*kruimelig* ⟨bv. deeg⟩ **0.6** *onverdund* ⟨sterkedrank⟩ **0.7** ⟨geldw.⟩ *à la baisse* ◆ **1.1** ~ division *deling zonder staart;* ⟨fig.⟩ get/have (s.o.) by the ~ hairs *(iem.) volledig in zijn macht hebben;* ~ haul *transport over korte afstand;* ⟨BE⟩ ~ list *aanbevelingslijst* ⟨v. sollicitant⟩; ~ story *kort verhaal;* ⟨kaartspel⟩ ~ suit *korte kleur;* ~ view *kortzichtigheid;* take the ~ view of sth. *iets op korte termijn zien* **1.2** ⟨geldw.⟩ ~ bill/bond *kortzichtpapier;* ⟨geldw.⟩ ~ date *kortzicht;* (at) ~ notice *(op) korte termijn;* ⟨AE⟩ ~ order *snelbuffet;* ⟨AE⟩ in ~ order *onmiddellijk;* in the ~ run/term *op korte termijn;* ⟨fig.⟩ give ~ shrift to, make ~ shrift of *korte metten maken met;* ~ time *korte(re) werktijd;* ⟨inf.⟩ make ~ work of *snel een einde maken aan* **1.3** ~ of breath *kortademig;* ~ change *te weinig wisselgeld;* ~ measure *krappe maat, manco;* ~ memory *slecht geheugen;* ~ of money *krap bij kas;* be on ~ rations *(te) krap gerantsoeneerd zijn;* in ~ supply *schaars, beperkt leverbaar;* ~ weight *ondergewicht* **1.5** ~ pastry *kruimeldeeg* **1.6** ~ drink/one *borrel* **1.7** ~ sale *verkoop à la baisse* **1.¶** ~ circuit *kortsluiting;* ~ odds *bijna gelijke kansen* ⟨bij gokken⟩; ~ temper *drift(igheid);* ~ waist *verhoogde taille* **2.1** ⟨inf.; meestal iron.⟩ ~ and sweet *kort en bondig* **4.1** nothing ~ of *niets minder dan, in één woord;* something ~ of *weinig minder dan, bijna* **5.1** little ~ of *weinig minder dan, bijna* **6.1** ~ **for** *een afkorting van;* **in** ~ *in het kort* **6.3** ~ **by** ten *tien te kort/te weinig/verwijderd van;* two ~ **of** fifty *op twee na vijftig;* (be) ~ **of/on** *te kort (hebben) aan.*

short[3] ⟨bw.⟩ **0.1** *niet (ver) genoeg* **0.2** *plotseling* ◆ **1.1** four inches ~ *vier inches te kort/te weinig* **3.1** come/fall ~ *tekortschieten;* come/fall ~ of *niet voldoen aan* ⟨verwachtingen⟩; ⟨fig.⟩ cut s.o. ~ *iem. onderbreken;* go ~ (of) *gebrek hebben (aan);* run ~ *bijna op zijn;* run ~ of (sth.) *bijna zonder (iets) zitten* **3.2** bring/pull up ~ *plotseling stoppen/tegenhouden;* stop ~ *plotseling ophouden;* ⟨inf.⟩ be taken/caught ~ *nodig moeten* **3.¶** ⟨geldw.⟩ sell ~ *à la baisse speculeren;* ⟨inf.⟩ sell s.o. ~ *iem. te kort doen* **4.¶** nothing ~ of *slechts, alleen maar; niets minder dan* **6.¶** ~ **of** *behalve, zonder.* → **long.**

shortage [sjo:tidzj] **0.1** ***gebrek*** *⇒tekort, schaarste.*
shortbread 0.1 *zandkoek.*
shortcake 0.1 ⟨BE⟩ ***theebeschuit* 0.2** ⟨AE⟩ ***zandgebak.***
short-change ⟨inf.⟩ **0.1** ***te weinig wisselgeld geven aan*** **0.2** ⟨sl.⟩ ***afzetten*** ◆ **1.1** be ~d *te weinig (wisselgeld) terugkrijgen.*
short-circuit I ⟨onov.ww.⟩ **0.1** ***kortsluiting veroorzaken;*** **II** ⟨ov.ww.⟩ **0.1** ***kortsluiten* 0.2** ⟨fig.⟩ ***verkorten*** ⟨procedure e.d.⟩ *⇒vereenvoudigen.*
shortcoming ⟨vaak mv.⟩ **0.1** ***tekortkoming.***
short course ⟨zwemsport⟩ **0.1** ***kort bassin*** *⇒25 m-bad.*
shortcrust pastry [sjo:tkrust] **0.1** ***kruimeldeeg*** *⇒brokkeldeeg.*
short cut ⟨inf.⟩ **0.1** ***korte(re) weg.***
short-cut I ⟨onov.ww.⟩ **0.1** ***een korte(re) weg nemen;*** **II** ⟨ov.ww.⟩ **0.1** ***afsnijden*** ⟨weg⟩.
short-dated ⟨geldw.⟩ **0.1** ***kortzicht-.***
short-eared ⟨dierk.⟩ ◆ **1.¶** ~ owl *velduil.*
shorten [sjo:tn] **I** ⟨onov.ww.⟩ **0.1** ***kort(er) worden;*** **II** ⟨ov.ww.⟩ **0.1** ***verkorten* 0.2** ⟨scheep.⟩ ***minderen*** ⟨zeil⟩ ◆ **1.1** ~ed form *verkorting.*
shortening [sjo:tning] **0.1** ***bakvet.***
shortfall 0.1 ***tekort.***
shorthand 0.1 ***steno(grafie).***
short-handed 0.1 ***met te weinig personeel/arbeiders.***
shorthand typist, shorthand secretary 0.1 ***stenotypist(e).***
shorthorn 0.1 ***korthoorn(rund).***
shortish [sjo:tisj] **0.1** ***vrij kort.***
short-life ⟨BE⟩ **0.1** ***korte tijd meegaand*** *⇒wegwerp-* **0.2** ***bederfelijk*** *⇒aan bederf onderhevig* **0.3** ***kortstondig*** *⇒tijdelijk* ◆ **1.2** ~ foods *bederfelijke etenswaren.*
short-list ⟨BE⟩ **0.1** ***voordragen.***
short-lived 0.1 ***kortdurend*** *⇒kortlevend.*
shortly [sjo:tlie] **0.1** ***spoedig*** *⇒binnenkort* **0.2** ***kort(af)*** *⇒ongeduldig* ◆ **5.1** ~ **afterwards** *korte tijd later* **6.1** ~ **after/before** *korte tijd na/voor.*
short-range 0.1 ***op korte termijn* 0.2** ***met kort bereik*** *⇒korteafstands-.*
short-sighted ⟨-ness⟩ **0.1** ***bijziend* 0.2** ⟨fig.⟩ ***kortzichtig.***
short-staffed 0.1 ***met te weinig personeel.***
shortstop 0.1 ⟨sport⟩ ***korte stop.***
short-tempered 0.1 ***opvliegend.***
short-term 0.1 ***op korte termijn*** *⇒kortetermijn-.*
short-time working 0.1 ***korte(re) werktijd*** *⇒werktijdverkorting.*
short-wave 0.1 ***kortegolf-.***
short-winded 0.1 ***kortademig* 0.2** ⟨fig.⟩ ***geen lange adem hebbend.***
short|y, shortie [sjo:tie] ⟨mv.: -ies⟩⟨inf.⟩ **0.1** ***kleintje*** ⟨gezegd v. persoon⟩.
shot¹ [sjot] **I** ⟨telb.zn.⟩ **0.1** ***schot*** ⟨ook sport⟩ *⇒worp, stoot* **0.2** ***schutter* 0.3** ***lancering*** ⟨v. raket e.d.⟩ **0.4** ⟨inf.⟩ ***(snedige) opmerking* 0.5** ⟨inf.⟩ ***gok*** *⇒poging* **0.6** ⟨foto.⟩ ***opname*** *⇒kiekje, shot* **0.7** ⟨inf.⟩ ***injectie*** *⇒shot* **0.8** ⟨atletiek⟩ ***(stoot)kogel* 0.9** ⟨inf.⟩ ***borrel*** ◆ **1.¶** ~ in the arm *stimulans, injectie;* ⟨inf.⟩ *borrel(tje);* ~ across the bows *schot voor de boeg, waarschuwing;* ~ in the dark *slag in de lucht* **3.5** have/make a ~ (at sth.) *(ergens) een slag (naar) slaan* **3.6** have a ~ at *een kiekje nemen van* **3.¶** ⟨sl.⟩ call the ~s *de leiding hebben;* pay one's ~ *zijn (deel v.d.) (drank)rekening betalen* **6.¶** (do sth.) **like** a ~ *onmiddellijk (iets doen).* →**big, long, Parthian, snap;**
II ⟨telb. en n.-telb.zn.; mv. vaak: shot⟩ **0.1** ***lading*** ⟨v. vuurwapen⟩ *⇒schroot;*
III ⟨n.-telb.zn.⟩ **0.1** ***bereik* 0.2** ⟨atletiek⟩ ***(het) kogelstoten*** ◆ **6.1 out of/within** ~ *buiten/binnen schot/bereik.*
shot² I ⟨bn.⟩ **0.1** ***changeant*** *⇒met weerschijn* ⟨v. weefsel⟩; **II** ⟨bn., pred.⟩ **0.1** ⟨inf.⟩ ***uitgeput* 0.2** ***doorweven*** *⇒vol* ◆ **1.1** his nerves are ~ *hij is kapot/doodmoe* **3.¶** ⟨inf.⟩ get ~ of *afhandelen* **6.2** ~ (through) **with** *doorspekt met* **6.¶** ⟨inf.⟩ be ~ **of** *klaar zijn met, af zijn van.*
shot³ ⟨verl. t. en volt. deelw.⟩ →**shoot.**
shotgun¹ ⟨zn.⟩ **0.1** ***(jacht)geweer.***
shotgun² ⟨bn.⟩⟨inf.⟩ **0.1** ***gedwongen* 0.2** ⟨vnl. AE⟩ ***lukraak*** *⇒in het wilde weg, grof* ◆ **1.1** a ~ merger *een gedwongen fusie;* ~ wedding/marriage *moetje* **1.2** ~ approach *(zeer) grove benadering.*
shot-put ⟨the⟩⟨sport⟩ **0.1** ***kogelstoten.***
shot-putter [sjot poetə] ⟨sport⟩ **0.1** ***kogelstoter.***
should [sj(ə)d, ⟨sterk⟩ sjoed] ⟨verl. t. v. shall; verk. vorm 'ld⟩ **0.1** ⟨voorwaarde⟩ ***zou(den)*** *⇒mochten* **0.2** ⟨gebod, verplichting of noodzakelijkheid⟩ ***moet(en)* 0.3** ⟨gebod; ook plechtige belofte, dreiging, plan, intentie enz. in verl. context⟩ ***zou(den)*** *⇒zou(den) moeten, moest(en)* **0.4** ⟨verwijst naar toekomst in verleden context⟩ ***zou(den)* 0.5** ⟨voorwaarde; ook te vertalen door verl. t.⟩ ***zou(den)* 0.6** ⟨onderstelling⟩ ***moet(en)*** *⇒zullen/zal, zou(den)* **0.7** ⟨als beleefdheidsnorm; vnl. BE⟩ ***zou(den)* 0.8** ⟨in bijzin afhankelijk v.e. uitdrukking die wil of wens uitdrukt; vaak onvertaald; vnl. BE⟩ ***zou(den)*** *⇒moeten* **0.9** ⟨in bijzin afhankelijk v.e. uitdrukking die een opinie weergeeft; blijft onvertaald; vnl. BE⟩ ◆ **3.1** ~ the dead return, they would be amazed *als de doden zouden terugkeren, zouden zij versteld staan;* ~ I ever see him again, he will rue the day *als ik hem ooit weer zie zal hij die dag vervloeken* **3.2** you ~ be more obedient *je moet gehoorzamer zijn;* why ~ I listen to him? *waarom zou ik naar hem luisteren?* **3.3** he told her that she ~ be quieter *hij zei dat ze stiller moest zijn;* he promised that she ~ have a holiday *hij beloofde dat zij vakantie zou krijgen* **3.4** he hoped that he ~ be accepted *hij hoopte dat hij aangenomen zou worden* **3.5** if Sheila came, I ~ come too *als Sheila kwam, dan kwam ik ook/dan zou ik ook komen* **3.6** it ~ be easy for you *het moet voor jou gemakkelijk zijn;* she ~ have returned by now *ze zou nu al terug moeten zijn* **3.7** I ~ like to mention that *ik zou willen opmerken dat ...;* yes, I ~ love to *ja, dat zou ik echt graag doen;* I ~ say that ... *ik zou zeggen dat ...;* ⟨BE; iron.⟩ whether you can come? I ~ think so! *of jij ook kunt komen? dat zou ik denken!* **3.8** I suggest that we ~ leave *ik stel voor dat wij naar huis (zouden) gaan* **3.9** it's surprising he ~ be so attractive *het is verbazingwekkend dat hij zo aantrekkelijk is.*
shoulder¹ [sjooldə] ⟨zn.⟩ **0.1** ***schouder*** *⇒*⟨cul.⟩ *schouderstuk* **0.2** ⟨vnl. enk.⟩ ***(weg)berm* 0.3** ***berghelling onder top* 0.4** ***verwijding (onder hals v. fles)* 0.5** ***schoft*** ⟨v. dier⟩ ◆ **1.1** stand head and ~s above *met kop en schouders uitsteken boven* ⟨ook fig.⟩; a ~ of lamb *een lamsbout* **1.¶** put/set one's ~ to the wheel *zijn schouders ergens onder zetten, ergens hard aan werken* **3.¶** ⟨inf.⟩ rub ~s with *omgaan met* **6.1** ~ **to** ~ *schouder aan schouder;* ⟨fig.⟩ *met een gemeenschappelijk doel* **6.¶** ⟨inf.⟩ (straight) **from** the ~ *op de man af, recht voor z'n raap.* →**broad, cold, good, hard.**
shoulder² I ⟨onov. en ov.ww.⟩ **0.1** ***duwen*** *⇒(met de schouders) dringen* ◆ **1.1** he ~ed his way through the crowd *hij baande zich een weg door de menigte* **5.1** ~ people **aside** *mensen opzij duwen met de schouders;*
II ⟨ov.ww.⟩ **0.1** ***op zich nemen*** *⇒op zijn schouders nemen* ◆ **1.1** ~ a great burden/responsibility *een zware last/verantwoording op zich nemen.*
shoulder blade 0.1 ***schouderblad.***
shoulder charge ⟨voetbal⟩ **0.1** ***schouderduw.***
shoulder pad 0.1 ***schoudervulling.***

shoulder strap 0.1 ***schouderbandje*** ⟨bv. v. jurk⟩.
shouldst ⟨2e pers. enk., vero. of relig.⟩ →**should.**
shout[1] [sjaut] ⟨zn.⟩ **0.1** ***schreeuw*** ⇒*kreet, gil* ◆ **1.1** ~ of joy *vreugdekreet;* a ~ of pain *een schreeuw v. pijn.*
shout[2] ⟨ww.⟩ **0.1** ***schreeuwen*** ⇒*(uit)roepen, brullen, gillen* ◆ **1.1** ~ the news *het nieuws uitschreeuwen;* ~ orders *bevelen roepen* **2.1** ~ o.s. hoarse *zich schor schreeuwen* **5.1** the audience ~ed **down** the speaker *het publiek joelde de spreker uit* **6.1** don't ~ **about** it! *maak je er niet zo druk om!;* don't ~ **at** me! *ga niet zo tegen me tekeer!;* ~ **for** joy *het uitroepen v. vreugde;* he ~ed **for / to** me to come *hij riep dat ik moest komen;* ~ **with** pain *schreeuwen/gillen v.d. pijn.*
shouting[1] [sjauting] ⟨zn.⟩ **0.1** ***geschreeuw*** ⇒*geroep, gejuich* ◆ **8.¶** it's all over but/bar the ~ *het spel is gespeeld.*
shouting[2] ⟨bn.⟩ **0.1** ***(onaangenaam) opvallend*** ⇒*scherp in het oog vallend* ◆ **1.1** ~ needs *zeer dringende noden.*
shove[1] [sjuv] ⟨zn.⟩ **0.1** ***duw*** ⇒*zet, stoot* ◆ **3.1** give s.o. a good ~ *iem. een flinke zet geven.*
shove[2] ⟨ww.⟩ **0.1** ***(weg)duwen*** ⇒*dringen (tegen), een zet geven;* ⟨inf.⟩ *stoppen, leggen* ◆ **3.1** a lot of pushing and shoving *heel wat geduw en gedrang* **5.1** ~ **along** *heen en weer duwen; vooruitdringen* **5.¶** ~ **off** *afschuiven; afduwen* ⟨in boot⟩; ⟨inf.⟩ let's ~ **off** *laten we er vandoor gaan;* ~ **off**! *hoepel op!;* ~ **over** *opschuiven* **6.1** ~ it **in** the drawer *stop/gooi het in de la.*
shove around ⟨inf.⟩ **0.1** ***heen en weer duwen*** **0.2** ***commanderen*** ⇒*ruw/hardvochtig behandelen.*
shove-halfpenny, shove-ha'penny 0.1 ⟨oneig.⟩ ***sjoelbak*** ⟨spel met munten⟩.
shovel[1] [sjuvl] ⟨zn.⟩ **0.1** ***schop*** ⇒*spade, schep* **0.2** ***schoep*** ⟨v. machine⟩ **0.3** ***laadschop*** **0.4** ***schepvol.***
shovel[2] ⟨ww.; BE -led⟩ **0.1** ***(op)scheppen*** ⇒*schuiven, opruimen (met een schep)* ◆ **1.1** ⟨inf.⟩ ~ food into one's mouth *eten in zijn mond proppen;* ~ a path through the snow *een pad graven door de sneeuw.*
shovelboard, shuffleboard 0.1 ⟨oneig.⟩ ***sjoelbak*** ⟨spel met munten⟩.
shovelful [sjuvlfoel] ⟨mv.: ook shovelsful⟩ **0.1** ***schep(vol).***
show[1] [sjoo] **I** ⟨telb.zn.⟩ **0.1** ***vertoning*** ⇒*show;* ⟨inf.⟩ *uitzending, opvoering* **0.2** ***spektakel(stuk)*** ⇒*grootse vertoning* **0.3** ***tentoonstelling*** **0.4** ***indruk*** ⇒*uiterlijk* **0.5** ***spoor*** ⇒ *aanwijzing* **0.6** ⟨inf.⟩ ***poging*** ⇒*gooi, beurt* **0.7** ⟨vnl. enk.⟩ ***zaak*** ⇒*onderneming* ◆ **1.1** a ~ in the theatre *een toneelopvoering* **1.2** a ~ of force/strength *een machtsvertoon;* a fine ~ of blossoms *een prachtige bloesemtooi* **1.5** he wasn't even given a ~ of appraisal *hij kreeg zelfs geen schijntje waardering;* no ~ of resistance *geen enkel blijk v. verzet* **1.¶** vote by (a) ~ of hands *dmv. handopsteking stemmen;* let's get this ~ on the road *laten we nu maar eens beginnen* **2.6** a bad/poor ~ *een slechte beurt;* good ~! *goed geprobeerd!* **3.2** ⟨fig.⟩ make a ~ of sth. *ergens een hele drukte om maken;* make a ~ of one's learning *te koop lopen met zijn geleerdheid* **3.4** make a ~ of interest *belangstelling voorwenden* **3.6** put up a good ~ *een goede prestatie leveren* **3.¶** give the (whole) ~ away *de hele zaak verraden;* steal the ~ *de show stelen* **6.4 under** a ~ of benevolence *onder het mom v. welwillendheid* **6.7** the man **behind** the ~ *de man achter de schermen* **6.¶** ⟨inf.⟩ all **over** the ~ *door elkaar, overal;*
II ⟨n.-telb.zn.⟩ **0.1** ***uiterlijk*** ⇒*schijn, opschepperij* **0.2** ***pracht (en praal)*** **0.3** ***vertoning*** ⇒*demonstratie* ◆ **2.1** this is all empty ~ *dit is allemaal slechts schijn* **6.1** she only does it **for** ~ *ze doet het alleen voor de show* **6.3** what's **on** ~ today? *wat wordt er vandaag vertoond?;* objects **on** ~ *de tentoongestelde voorwerpen.*
show[2] [sjoo] ⟨showed [sjood], shown [sjoon]⟩ **I** ⟨onov.ww.⟩ **0.1** ***(zich) (ver)tonen*** ⇒*(duidelijk) zichtbaar zijn, (ver)schijnen, eruitzien, vertoond worden* ⟨v. film⟩ **0.2** ***blijken (te zijn)*** ⇒*duidelijk worden* **0.3** ⟨AE⟩ ***als derde (of hoger) eindigen*** ⟨in paarden/hondenrace, bij weddenschap⟩ **0.4** ⟨inf.⟩ ***komen opdagen*** ◆ **1.1** some buds start ~ing *enkele knoppen beginnen te voorschijn te komen;* his education ~s *het is goed merkbaar dat hij goed onderlegd is;* the scar still ~s *het litteken is nog goed te zien;* your slip is ~ing *je onderjurk komt eruit;* time will ~ *de tijd zal het leren* **1.2** the hero in him ~ed *de held in hem kwam naar boven* **1.4** the man never ~ed *de man is niet komen opdagen* **3.¶** it just goes to ~! *zo zie je maar!* **4.1** what's ~ing at the cinema? *wat draait er in de bioscoop?* **5.1** her Dutch accent still ~s **through** *haar Nederlandse accent is nog (goed) hoorbaar.* →**show off, show up;**
II ⟨ov.ww.⟩ **0.1** ***(aan)tonen*** ⇒*laten zien, tentoonstellen, vertonen* **0.2** ***uitleggen*** ⇒*demonstreren, bewijzen* **0.3** ***te kennen geven*** ⇒*ten toon spreiden* **0.4** ***(rond)leiden*** **0.5** ***aanwijzen*** **0.6** ⟨schr.⟩ ***bewijzen*** ⇒*schenken, verlenen* **0.7** ⟨ec.⟩ ***sluiten met*** ◆ **1.1** ~ one's cards/hand *open kaart spelen* ⟨ook fig.⟩; ~ me an example *geef me een voorbeeld;* she never ~s her feelings *ze toont haar gevoelens nooit;* this year's figures ~ some recovery *de cijfers v. dit jaar geven enig herstel te zien;* which film are they ~ing? *welke film draaien ze?;* ~ (s.o.) the way *iem. de weg wijzen* ⟨ook fig.⟩; *een voorbeeld stellen* **1.2** that remark ~s her stupidity *die opmerking illustreert hoe dom ze is;* ~ me the truth of what you're saying *bewijs me dat het waar is wat je zegt* **1.3** ~ one's feelings *zijn gevoelens uiten;* ~ one's kindness *vriendelijk blijken te zijn;* impressed by the vast knowledge she ~ed *onder de indruk v.d. enorme kennis die ze aan de dag legde;* ~ bad taste *v.e. slechte smaak getuigen* **1.5** the clock ~s five minutes past *de klok staat op vijf over* **1.6** Lord, ~ mercy *Heer, schenk genade* **1.7** ~ a deficit *sluiten met een tekort* **3.2** this goes to ~ that crime doesn't pay *dit bewijst dat misdaad niet loont;* he ~ed me how to write *hij leerde me schrijven* **4.1** ~ o.s. *je (gezicht) laten zien; je ware aard tonen* **5.4** ~ s.o. **about / (a)round** *iem. rondleiden;* ~ s.o. **in / out** *iem. binnenlaten/uitlaten* **6.1** he has nothing to ~ **for** all his work *zijn werk heeft helemaal geen vruchten afgeworpen* **6.4** he ~ed us **(a)round** the house *hij liet ons het huis zien;* ~ her **into** the waiting room *breng haar naar de wachtkamer;* I'll ~ you **out of** the house *ik zal u uitlaten;* ~ s.o. **over** the factory *iem. een rondleiding geven door de fabriek.* →**show off, show up.**
showboat 0.1 ***theaterboot*** ⟨vnl. in USA, waarop voorstellingen gegeven worden⟩.
show business, ⟨inf. ook⟩ **show biz 0.1** ***amusementsbedrijf*** ⇒*show business.*
showcase[1] ⟨zn.⟩ **0.1** ***vitrine*** ⟨in winkel/museum⟩ ⇒*uitstalkast.*
showcase[2] ⟨ww.⟩⟨AE⟩ **0.1** ***tentoonstellen*** ⇒*onder de aandacht brengen.*
showdown ⟨vnl. enk.⟩⟨inf.⟩ **0.1** ⟨poker⟩ ***het zijn kaarten op tafel leggen*** ⟨ook fig.⟩ **0.2** ***directe confrontatie*** ⇒*krachtmeting* ◆ **3.2** call for a ~ *uitdagen om het uit te vechten.*
shower[1] [sjauə], ⟨in bet. 0.2 ook⟩ **shower bath** ⟨zn.⟩ **0.1** ⟨vaak mv.⟩ ***bui*** **0.2** ***douche*** ⇒*stortbad* **0.3** ***stroom*** ⇒*toevloed, golf* **0.4** ⟨AE⟩ ***feest waarbij geschenken worden aangeboden*** ⟨bv. voor toekomstige bruid, pasgeboren baby⟩ ◆ **1.3** a ~ of arrows/bullets *een regen v. pijlen/kogels;* a ~ of insults *een stroom v. beledigingen* **2.4** a bridal ~ *feest waarbij de toekomstige bruid geschenken worden aangeboden* **3.2** take a ~ *douchen* **¶.¶** you're a right ~! *wat een stelletje lamzakken zijn jullie!*

shower[2] **I** ⟨onov.ww.⟩ **0.1** ***zich douchen*** **0.2** ***(stort)regenen*** **0.3** ***(toe)stromen*** ◆ **5.3** apples ~ed **down** the tree *het regende appels uit de boom;*
II ⟨ov.ww.⟩ **0.1** ⟨+ with⟩ ***overgieten (met)*** ⇒*uitstorten, doen neerstromen* **0.2** ⟨+ with⟩ ***overladen (met)*** ⇒*overstelpen* ◆ **6.2** ~ questions **on** s.o. *een heleboel vragen op iem. afvuren;* be ~ed **with** honours *met eerbewijzen overstelpt worden.*

shower cubicle **0.1** ***douchecel.***

shower head **0.1** ***douchekop.***

showerproof **0.1** ***waterafstotend*** ⇒*tegen lichte regen bestand.*

shower slipper **0.1** ***badslipper.***

showery [sjauərie] **0.1** ***buiig*** ⇒*regenachtig.*

showgirl **0.1** ***revuemeisje.***

show house **0.1** ***kijkwoning*** ⇒*modelwoning.*

showing [sjooing] **0.1** ***vertoning*** ⇒*voorstelling, voorkomen, figuur* ◆ **2.1** make a good ~ *een goed figuur slaan;* ⟨fig.⟩ a poor ~ *een zwakke vertoning* ⟨bv. v.e. voetbalclub⟩ **6.¶ on** any ~ *hoe je het ook bekijkt;* **on** your own ~, sth. must be done soon *zoals je zelf al aangeeft, er moet gauw iets gebeuren;* **on** present ~ *zoals de zaak er nu voor blijkt te staan.*

show jumper ⟨paardensport⟩ **0.1** ***springruiter.***

show jumping ⟨paardensport⟩ **0.1** ***(het) jachtspringen*** ⇒ *springconcours.*

show|man [sjoomən]⟨mv.: -men [-mən]⟩ **0.1** ***impresario*** **0.2** ***aansteller.***

showmanship [sjoomənsjip] **0.1** ***gave voor het trekken v. publiciteit*** ⇒*propagandistisch talent.*

shown [sjoon] ⟨volt. deelw.⟩ →**show.**

showoff ⟨inf.⟩ **0.1** ***opschepper.***

show off I ⟨onov.ww.⟩ **0.1** ***opscheppen*** ⇒*indruk proberen te maken;*
II ⟨ov.ww.⟩ **0.1** ***pronken met*** **0.2** ***goed doen uitkomen*** ◆ **1.1** don't ~ your knowledge *loop niet zo te koop met je kennis;* she likes to ~ her son *ze loopt graag te pronken met haar zoon.*

showpiece **0.1** ***pronkstuk*** ⇒*paradepaardje.*

show place **0.1** ***(toeristische) trekpleister.***

show room **0.1** ***toonzaal.***

show trial **0.1** ***schijnproces.***

show up I ⟨onov.ww.⟩ **0.1** ⟨inf.⟩ ***opdagen*** ⇒*verschijnen* **0.2** ***zichtbaar worden/zijn*** ⇒*duidelijk worden* ◆ **1.1** only three guests showed up *slechts drie gasten kwamen opdagen* **1.2** her wrinkles ~ now *haar rimpeltjes zijn nu zichtbaar;*
II ⟨ov.ww.⟩ **0.1** ***ontmaskeren*** ⇒*aan het licht brengen* **0.2** ***zichtbaar maken*** **0.3** ⟨vnl. BE⟩ ***in verlegenheid brengen*** ◆ **1.1** ~ an impostor *een bedrieger ontmaskeren* **1.2** only strong light shows up her wrinkles *slechts sterk licht toont haar rimpeltjes* **1.3** his daughter's remark showed him up *de opmerking v. zijn dochter zette hem voor gek.*

show window **0.1** ***etalage.***

show|y [sjooie] ⟨-iness⟩ **0.1** ***opvallend*** ⇒*opzichtig* ◆ **1.1** ~ clothes *opzichtige kleren.*

shrank [sjrængk] ⟨verl. t.⟩ →**shrink.**

shrapnel [sjræpnəl] **0.1** ***(soort) granaat*** **0.2** ***granaatscherven.***

shred[1] [sjred] ⟨zn.⟩ **0.1** ***stukje*** ⇒*reepje, snipper* **0.2** ***greintje*** ◆ **1.1** not a ~ of clothing *geen draadje kleding* **1.2** not a ~ of truth *geen greintje waarheid* **3.1** tear sth. to ~s *iets aan flarden scheuren* ⟨ook fig.⟩; *niets heel laten van.*

shred[2] ⟨ww.; -ded⟩ **0.1** ***verscheuren*** ⇒*versnipperen, in stukjes/repen snijden* ◆ **1.1** ~ded cabbage *gesneden/geschaafde kool;* ~ded clothes *gescheurde kleren.*

shredder [sjreddə] **0.1** ***(grove keuken)schaaf*** ⟨voor groente, kaas⟩ ⇒*rasp* **0.2** ***papierversnipperaar.***

shrew [sjroe:] **0.1** ***feeks*** **0.2** ⟨dierk.⟩ ***spitsmuis.***

shrewd [sjroe:d] ⟨-ness⟩ **0.1** ***slim*** ⇒*schrander* **0.2** ***sluw*** ⇒ *doortrapt* ◆ **1.1** ~ businessmen *slimme zakenlui;* ~ guess *intelligente gok;* a ~ idea where to find sth. *een nauwkeurig idee waar iets te zoeken;* ~ observer *scherp waarnemer* **1.2** his ~ plan to cheat her *zijn boosaardige plan om haar te bedriegen.*

shrewish [sjroe:isj] ⟨-ness⟩ **0.1** ***feeksachtig*** ⇒*kijfachtig.*

shriek[1] [sjrie:k] ⟨zn.⟩ **0.1** ***schreeuw*** ⇒*gil, (schrille) kreet* ◆ **1.1** the ~ of a locomotive engine *het gillen v.e. locomotief;* ~ of pain *gil v.d. pijn.*

shriek[2] ⟨ww.⟩ **0.1** ***schreeuwen*** ⇒*gillen* ◆ **1.1** ~ing headlines *schreeuwende krantenkoppen* **5.1** ~ **out** *uitschreeuwen* **6.1** ~ **with** laughter *gieren v.h. lachen.*

shrift [sjrift]. →**short.**

shrike [sjrajk] ⟨dierk.⟩ **0.1** ***wurger*** ⇒⟨ihb.⟩ *klauwier; klapekster.*

shrill [sjril] ⟨-ness⟩ **0.1** ***schel*** ⇒*schril, doordringend;* ⟨fig.⟩ *fel* ◆ **1.1** ~ contrast *schril contrast;* ~ voice *schelle stem.*

shrimp [sjrimp] ⟨mv.: ook shrimp⟩ **0.1** ***garnaal*** **0.2** ⟨inf.⟩ ***garnaal*** ⇒*klein opdondertje.*

shrine[1] [sjrajn] ⟨zn.⟩ **0.1** ***relikwieënkist*** **0.2** ***(heiligen)tombe*** **0.3** ***heiligdom*** ⇒⟨fig.⟩ *gedenkplaats.*

shrine[2] ⟨ww.⟩⟨schr.⟩ **0.1** ***zorgvuldig bewaren (als iets heiligs).***

shrink[1] [sjringk] ⟨zn.⟩⟨verk.⟩ [headshrinker] ⟨AE; inf.⟩ **0.1** ***zielenknijper*** ⇒*psych* ⟨psychiater⟩.

shrink[2] ⟨shrank [sjrængk], shrunk [sjrungk] / vnl. als bn. ook shrunken [sjrungkən]⟩ **I** ⟨onov.ww.⟩ **0.1** ***krimpen*** ⇒*afnemen, slinken* **0.2** ***wegkruipen*** ⇒*ineenkrimpen;* ⟨fig.⟩ *huiveren* ◆ **5.2** ~ **back** *terugdeinzen* ⟨ook fig.⟩ **6.2** ~ **at/from** a situation *terugschrikken voor een situatie;*
II ⟨ov.ww.⟩ **0.1** ***doen krimpen*** ⇒*kleiner maken, doen slinken* ◆ **1.1** cooking ~s mushrooms *champignons slinken bij het koken.*

shrinkage [sjringkidzj] **0.1** ***krimp*** ⇒*inkrimping, verkleining* **0.2** ***(waarde)vermindering*** ⇒*bezuiniging.*

shrive [sjrajv]⟨vnl. shrove [sjroov], shriven [sjrivn]⟩ ⟨vero.⟩ **0.1** ***biecht horen van*** ⇒*absolutie verlenen.*

shrivel [sjrivl] ⟨BE -led⟩ **0.1** ***verschrompelen*** ⇒*uitdrogen, inkrimpen* ◆ **1.1** a ~led face *een gerimpeld gezicht;* this plant ~s (up) *deze plant verdort.*

shriven [sjrivn] ⟨volt. deelw.⟩ →**shrive.**

shroud[1] [sjraud] ⟨zn.⟩ **0.1** ***lijkwa(de)*** ⇒*doodskleed* **0.2** ⟨fig.⟩ ***sluier*** **0.3** ⟨vaak mv.; scheep.⟩ ***hoofdtouwen*** ⇒*want, tuig* ◆ **1.2** ~ of mist *sluier v. mist* **3.2** wrapped in a ~ of mystery *in een sluier v. geheimzinnigheid gehuld.*

shroud[2] ⟨ww.⟩ **0.1** ***(om)hullen*** ⇒*verbergen* ◆ **6.1** mountains ~ed **in** mist *in mist gehulde bergen.*

shrove [sjroov] ⟨verl. t.⟩ →**shrive.**

Shrove Tuesday **0.1** ***Vastenavond*** ⇒⟨AZN⟩ *vette dinsdag* ⟨dinsdag vóór Aswoensdag⟩.

shrub [sjrub] **0.1** ***struik*** ⇒*heester.*

shrubber|y [sjrubbərie] ⟨mv.: -ies⟩ **0.1** ***heesterperk*** **0.2** ***struikgewas*** ⇒*heestergewas.*

shrug[1] [sjrug] ⟨zn.⟩ **0.1** ***schouderophalen*** ◆ **3.1** give a ~ *de schouders ophalen.*

shrug[2] ⟨ww.; -ged⟩ **0.1** ***(de schouders) ophalen.***

shrug off **0.1** ***van zich afschudden*** ⟨kleding⟩ ⇒⟨fig.⟩ *geen belang hechten aan.*

shrunk [sjrungk], **shrunken** [sjrungkən] ⟨volt. deelw.⟩ → **shrink.**

shuck[1] [sjuk] ⟨zn.⟩ **0.1** ⟨vnl. AE; ben. voor⟩ ***omhulsel*** ⇒*peul, dop* ⟨v. vrucht⟩; *schaal, schelp* ⟨v. oester⟩.

shuck[2] ⟨ww.⟩ **0.1** ⟨vnl. AE⟩ ***pellen*** ⇒*doppen* ⟨erwten⟩; *kraken* ⟨noten⟩ **0.2** ⟨AE; inf.⟩ ***uitgooien*** ⟨kleren⟩.
shucks! [sjuks] ⟨AE; inf.⟩ **0.1** ***onzin!*** **0.2** ***verdorie!*** ⇒*stik!*
shudder[1] [sjuddə] ⟨zn.⟩ **0.1** ***huivering*** ⇒*rilling* ◆ **3.1** it gives me the ~s *het geeft me koude rillingen;* a ~ ran through the crowd *een huivering ging door de menigte.*
shudder[2] ⟨ww.⟩ **0.1** ***huiveren*** ⇒*sidderen, beven* **0.2** ***trillen*** ◆ **3.1** I ~ to think *ik huiver bij de gedachte* **6.1** he ~ed **at** the sight of *hij huiverde bij het zien van;* ~ **with** fear *sidderen v. angst.*
shuffle[1] [sjufl] ⟨zn.⟩ **0.1** ***schuifelgang*** **0.2** ⟨dans⟩ ***schuifelpas*** **0.3** ***het schudden*** ⟨kaarten, dominostenen⟩ **0.4** ***verwisseling*** ⇒*herverdeling* ◆ **1.4** Cabinet ~ *herverdeling v.d. regeringsportefeuilles.*
shuffle[2] **I** ⟨onov.ww.⟩ **0.1** ***heen en weer bewegen*** ◆ **6.¶** ~ **out of** one's responsibility *zich aan zijn verantwoordelijkheid onttrekken, zich eruit draaien;*
II ⟨onov. en ov.ww.⟩ **0.1** ***schuifelen*** ⇒*sloffen* ◆ **1.1** ~ one's feet *met de voeten schuifelen;*
III ⟨ov.ww.⟩ **0.1** ***mengen*** ⇒*door elkaar halen/gooien; schudden* ⟨kaarten⟩ **0.2** ***heen en weer bewegen*** ⇒*herverdelen* **0.3** ***schuiven*** ⇒*al schuivend aan/uittrekken* ◆ **1.1** ~ the cards *de kaarten schudden;* ⟨fig.⟩ *de rollen herverdelen* **1.2** ~ the Cabinet *de regeringsportefeuilles herverdelen;* ~ one's papers *in zijn papieren rommelen* **5.3** ⟨fig.⟩ try to ~ **off** one's responsibility *zijn verantwoordelijkheid proberen af te schuiven;* ~ **on/off** one's slippers *zijn pantoffels al schuifelend aan/uittrekken.*
shuffleboard **0.1** ⟨ong.⟩ ***sjoelbak.***
shufty [sjoeftie] ⟨geen mv.⟩ ⟨BE; sl.⟩ **0.1** ***kijkje*** ◆ **3.1** have/take a ~ at *een blik werpen op.*
shun [sjun] ⟨-ned⟩ **0.1** ***mijden*** ⇒*schuwen.*
shunt [sjunt] **I** ⟨onov.ww.⟩ **0.1** ***afgeleid worden*** ⇒*gerangeerd worden* ⟨wagon⟩;
II ⟨ov.ww.⟩ **0.1** ***afleiden*** ⇒*afvoeren; rangeren* ⟨trein, wagon⟩; *op een dood spoor zetten* ⟨persoon⟩ **0.2** ***ontlopen*** ⇒ *van zich af schuiven* ⟨bv. verantwoordelijkheid⟩ ◆ **6.1** ~ a train **onto** a siding *een trein op een zijspoor rangeren;* he has been ~ed **to** a post where he could do no harm *ze hebben hem naar een post overgeheveld waar hij geen kwaad kon.*
shunting-yard **0.1** ***rangeerterrein.***
shush[1] [sjusj] **I** ⟨onov.ww.; vaak geb. w.⟩ **0.1** ***stil zijn*** ⇒*stil worden* ◆ **5.1** ~ now, let's be quiet *sst, stil nu, iedereen rustig;*
II ⟨ov.ww.⟩ **0.1** ***doen zwijgen.***
shush[2] ⟨tw.⟩ **0.1** ***sst!*** ⇒*stilte!*
shut[1] [sjut] ⟨bn.⟩ **0.1** ***dicht*** ⇒*gesloten* ◆ **3.1** slam the door ~ *de deur dichtsmijten.*
shut[2] ⟨shut, shut⟩ **I** ⟨onov.ww.⟩ **0.1** ***sluiten*** ⇒*dichtgaan, dichtslaan/klappen;* ⟨fig.⟩ *stopgezet worden* ⟨bv. bedrijf⟩, *dicht/toe zijn* ◆ **1.1** the shop ~s on Sundays *de winkel is 's zondags gesloten* **5.1** the door ~s badly *de deur sluit niet goed;* the factory ~s **down** for a fortnight this summer *de fabriek gaat van de zomer twee weken dicht;* the door ~s **to** *de deur gaat helemaal dicht.* →**shut up;**
II ⟨ov.ww.⟩ **0.1** ***sluiten*** ⇒*dichtdoen, dichtslaan/klappen/draaien* **0.2** ***sluiten*** ⇒*stopzetten* **0.3** ***opsluiten*** **0.4** ***vastklemmen*** ◆ **1.1** ~ a book *een boek dichtklappen;* ~ one's eyes/ears/mind to sth. *iets niet willen zien/horen/weten;* ⟨inf.⟩ ~ your mouth *hou je mond* **1.4** ~ one's finger in the door *zijn vinger tussen de deur klemmen* **5.1** ~ **in** by mountains *door bergen ingesloten;* ~ **off** the water/gas *het water/gas afsluiten;* live ~ **off** from society *van de maatschappij afgezonderd leven;* ~ **out** *buitensluiten; aan het zicht onttrekken;* ⟨AE; sport⟩ *niet laten scoren;* ~ the door **to** *de deur (pot)dicht doen* **5.2** ~ **down** a plant *een fabriek (voorgoed) sluiten* **5.3** ~ sth. **away** *iets (veilig) opbergen;* ~ o.s. **in** *zichzelf opsluiten* ⟨bv. in kamer⟩ **6.1** ~ **out of** *de toegang ontzeggen tot* **6.3** ~ s.o. **into** a room *iem. in een kamer opsluiten.* →**shut up.**
shutdown **0.1** ***sluiting*** ⇒*stopzetting* ⟨v. bedrijf⟩.
shut-eye ⟨sl.⟩ **0.1** ***slaap*** ⇒*dutje* ◆ **1.1** have a bit of ~ *een dutje doen.*
shutout **0.1** ⟨AE; vnl. honkbal⟩ ***wedstrijd waarin één team niet scoort.***
shutter[1] [sjuttə] ⟨zn.⟩ **0.1** ***blind*** ⇒*(rol)luik* **0.2** ***sluiter*** ⟨ook v. camera⟩ ◆ **3.1** put up the ~s *de zaak sluiten* ⟨tijdelijk of voorgoed⟩.
shutter[2] ⟨ww.⟩ **0.1** ***met (een) luik(en) sluiten*** ◆ **1.1** ~ed windows/houses *vensters/huizen met gesloten luiken.*
shuttle[1] [sjutl] ⟨zn.⟩ **0.1** ***schietspoel*** **0.2** ***schuitje*** ⟨v. naaimachine⟩ **0.3** ***pendeldienst*** **0.4** →**shuttlecock** **0.5** →**space shuttle.**
shuttle[2] **I** ⟨onov.ww.⟩ **0.1** ***pendelen;***
II ⟨ov.ww.⟩ **0.1** ***heen en weer vervoeren*** ⟨met pendeltrein e.d.⟩.
shuttlecock **0.1** ***pluimbal*** ⇒*shuttle* ⟨badminton⟩.
shuttle diplomacy **0.1** ***pendeldiplomatie.***
shuttle service **0.1** ***pendeldienst.***
shut up **I** ⟨onov.ww.⟩ **0.1** ⟨vaak geb. w.⟩ ***zwijgen*** **0.2** ***sluiten*** ⟨winkel e.d.⟩ ◆ **¶.1** ⟨inf.⟩ shut up! *kop dicht!;*
II ⟨ov.ww.⟩ **0.1** ***sluiten*** ⇒*(zorgvuldig) afsluiten* **0.2** ***opsluiten*** ⇒*achter slot en grendel zetten, opbergen* **0.3** ⟨inf.⟩ ***doen zwijgen*** ⇒*de mond snoeren* ◆ **1.1** they ~ the house before they left *ze sloten het huis af voordat ze weggingen;* ~ shop *de zaak sluiten.*
shy[1] [sjaj] ⟨zn.; mv.: shies⟩ **0.1** ***gooi*** ⇒*worp* **0.2** ⟨inf.⟩ ***gooi*** ⇒ *poging, experiment* ◆ **6.1** have a ~ **at** s.o. *iem. proberen te raken* **6.2** have a ~ **at** sth. *een gooi doen naar iets, het (ook) eens proberen.*
shy[2] ⟨bn.; ook shyer, shyly, shyness⟩ **0.1** ***verlegen*** **0.2** ***voorzichtig*** ⇒*behoedzaam* **0.3** ***schuw*** ⇒*schichtig* ⟨dieren⟩ **0.4** ⟨vnl. AE; inf.⟩ ***te kort*** ⇒*gebrek hebbend* ◆ **1.1** give s.o. a ~ look *iem. verlegen aankijken* **1.3** he's ~ three quid/three quid ~ *hij is drie pond kwijt, hij komt drie pond te kort* **3.2** fight/be ~ of *uit de weg gaan;* I am ~ of saying sth. on this subject *ik zeg liever niets over dit onderwerp* **6.2** be ~ **about/of** doing sth. *ervoor terugschrikken iets te doen.*
shy[3] ⟨shied⟩ **I** ⟨onov.ww.⟩ **0.1** ***schichtig opspringen/opzij springen*** **0.2** ***terugschrikken*** ◆ **6.1** ~ **at** sth. *schichtig worden voor iets* ⟨v. paarden⟩ **6.2** ~ away **from** sth. *iets vermijden, voor iets terugschrikken;*
II ⟨onov. en ov.ww.⟩ ⟨inf.⟩ **0.1** ***gooien*** ⇒*slingeren.*
shylock [sjajlok] ⟨ook S-⟩ **0.1** ***Shylock*** ⇒*harteloze woekeraar.*
shyster [sjajstə] ⟨AE; sl.⟩ **0.1** ***gewetenloos mens*** ⟨vnl. advocaat of politicus⟩.
Siamese[1] [sajjəmie:z] ⟨mv.: Siamese⟩ **I** ⟨eig.n.⟩ **0.1** ***Siamees*** ⇒*Thai(se taal);*
II ⟨telb.zn.⟩ **0.1** ***Siamees*** ⟨inwoner v. Siam⟩ **0.2** ***siamees*** ⇒ *Siamese kat.*
Siamese[2] ⟨bn.⟩ **0.1** ***Siamees*** ◆ **1.1** ~ cat *siamees, Siamese kat* **1.¶** ~ twin(s) *Siamese tweeling(en)* ⟨ook fig.⟩.
Siberian [sajbiəriən] **0.1** ⟨bn.⟩ ***Siberisch*** **0.2** ⟨zn.⟩ ***Siberiër.***
sibilant [sibbillənt] **0.1** ⟨bn.⟩ ***sissend*** **0.2** ⟨zn.⟩ ***sisklank.***
sibling [sibling] ⟨schr.⟩ **0.1** ***broer*** **0.2** ***zuster.***
sibyl [sibl] **0.1** ***sibille*** ⇒*profetes, waarzegster.*
sibylline [sibbillajn] **0.1** ***sibillijns*** ⇒*profetisch, orakelachtig.*

sic [sik] **0.1** ***sic*** ⇒*aldus.*

Sicilian [sissilliən] **0.1** ⟨bn.⟩ ***Siciliaans*** **0.2** ⟨eig.n.⟩ ***Siciliaans*** ⟨dialect⟩ **0.3** ⟨telb. zn.⟩ ***Siciliaan.***

Sicily [sissillie] **0.1** ***Sicilië.***

sick[1] [sik] ⟨zn.⟩⟨BE⟩ **0.1** ***braaksel*** ⇒*spuugsel.*

sick[2] **I** ⟨bn.⟩ **0.1** ⟨AE⟩ ***ziek(elijk)*** ⇒*sukkelend* **0.2** ***ziekelijk*** ⇒*ongezond, morbide; wrang* ⟨spot⟩; *geperverteerd* **0.3** ***geestesziek*** ⇒⟨sl.⟩ *(gevaarlijk) psychopathisch* ◆ **1.2** a ~ joke *een lugubere grap;* a ~ mind *een ziekelijke geest* **3.1** fall ~ *ziek worden;* ⟨mil.⟩ go / report ~ *zich ziek melden;*
II ⟨bn., attr.⟩ **0.1** ⟨BE⟩ ***ziek*** **0.2** ***wee*** ⇒*onpasselijk/misselijk makend* ◆ **1.2** a ~ feeling *een wee gevoel* **7.1** the ~ *de zieken;*
III ⟨bn., pred.⟩ **0.1** ***misselijk*** ⇒⟨fig. ook⟩ *met walging vervuld* **0.2** ***diepbedroefd*** **0.3** ***beu*** ⇒*moe(de)* ◆ **1.1** ⟨AE⟩ ~ to one's stomach *misselijk* **1.¶** ~ to death of s.o. / sth. *iem. / iets spuugzat zijn;* ~ with envy *groen v. nijd* **3.1** ⟨vnl. BE⟩ be ~ *overgeven, braken;* turn ~ *misselijk worden/maken;* be worried ~ *doodongerust zijn;* you make me ~! *je doet me walgen!* **6.2** ⟨inf.⟩ I am ~ **at** having to do this *ik vind het treurig dit te moeten doen;* I am ~ **at** heart *ik ben diepbedroefd* **6.3** ⟨inf.⟩ I am ~ (and tired) **of** it *ik ben het spuugzat;* I am ~ **of** the sight of it *ik word misselijk als ik het zie.*

sickbay ⟨scheep.⟩ **0.1** ***ziekenboeg.***

sickbed **0.1** ***ziekbed.***

sick-benefit, sickness benefit ⟨BE⟩ **0.1** ***ziekengeld.***

sick building syndrome **0.1** ***sickbuildingsyndroom*** ⟨bv. door slechte ventilatie in gebouwen⟩.

sick call **0.1** ***ziekenbezoek*** ⟨door dokter of geestelijke⟩.

sicken [sikkən] **I** ⟨onov.ww.⟩ **0.1** ***ziek worden*** **0.2** ***misselijk worden*** **0.3** ***het beu worden*** **0.4** ⟨+for⟩ ***smachten (naar)*** **0.5** ⟨vnl. BE⟩ ***de eerste tekenen (v.e. ziekte) vertonen*** ⇒*onder de leden hebben* ◆ **6.2** ~ **at** the sight of *misselijk worden bij het zien van iets* **6.3** I ~ed **of** it after a few days *na een paar dagen was ik het spuugzat* **6.5** be ~ing **for** measles *de mazelen onder de leden hebben;*
II ⟨ov.ww.⟩ **0.1** ***ziek/misselijk maken*** ⇒*doen walgen.*

sickening [sikkəning] **0.1** ***ziekmakend*** ⇒*ziekteverwekkend* **0.2** ***walgelijk*** ⇒*weerzinwekkend.*

sickle [sikl] **0.1** ***sikkel.***

sick leave **0.1** ***ziekteverlof*** ◆ **6.1 on** ~ *met ziekteverlof.*

sick list **0.1** ***ziekenlijst*** ◆ **6.1 on** the ~ *afwezig wegens ziekte.*

sickl|y [siklie] ⟨-iness⟩ **0.1** ***ziekelijk*** ⇒*sukkelend* **0.2** ***bleek*** ⟨gelaat(skleur)⟩ ⇒*flauw* ⟨glimlach⟩ **0.3** ***ongezond*** ⟨klimaat⟩ **0.4** ***walgelijk*** ⟨geur⟩ ⇒*wee* ⟨lucht⟩.

sickness [siknəs] **0.1** ***ziekte*** **0.2** ***misselijkheid*** ◆ **3.1** falling ~ *vallende ziekte, epilepsie.*

sickness benefit ⟨BE⟩ **0.1** ***ziektegeld*** ⇒*uitkering wegens ziekte.*

sickpay **0.1** ***ziekengeld.***

sick room **0.1** ***ziekenkamer.***

side[1] [sajd] ⟨zn.⟩ **0.1** ⟨ben. voor⟩ ***zij(de)*** ⇒*(zij)kant, flank, helling* ⟨v. berg⟩; *oever* ⟨v. rivier⟩; *richting; aspect, trek* ⟨v. karakter⟩; *partij; afstammingslijn* **0.2** ***bladzijde*** **0.3** ***gedeelte*** ⇒*deel* ⟨v. stad⟩ **0.4** ***gezichtspunt*** **0.5** ***(studie)richting*** ⇒*afdeling* ⟨v. school⟩ **0.6** ⟨BE; sport⟩ ***ploeg*** ⇒*team* **0.7** ⟨AE⟩ ***bijgerecht*** ◆ **1.1** on the mother's ~ *van moederskant* **1.¶** know (on) which ~ one's bread is buttered *weten waar men zijn kaarsje moet laten branden;* the other ~ of the coin *de keerzijde v.d. medaille;* laugh on the other ~ of one's face / mouth *lachen als een boer die kiespijn heeft;* on this ~ of the grave *in leven* **2.1** ⟨fig.⟩ on the fat / high / safe / small ~ *aan de vette/hoge/veilige/kleine kant;* ⟨fig.⟩ to be on the safe ~ *voor alle zekerheid* **2.3** he went to the far ~ of the room *hij liep tot achter in de kamer* **2.4** look on the black ~ *zich alles zwart voorstellen;* look on the bright ~ of life *het leven van de zonzijde zien* **3.1** ⟨fig.⟩ burst / hold / shake / split one's ~s (laughing / with laughter) *zich te barsten lachen;* change ~s *overlopen;* study all ~s of sth. *alle aspecten v. iets bestuderen;* take ~s with s.o. *partij voor iem. kiezen* **3.6** let the ~ down *niet aan de verwachtingen van de anderen voldoen* **3.¶** brush to one ~ *in de wind slaan;* place / put sth. on one ~ *iets terzijde leggen; iets uitstellen;* put on / to one ~, set on one ~ *terzijde leggen; sparen, reserveren;* take on / to one ~ *terzijde nemen* ⟨voor een gesprek⟩ **5.1** this ~ **up** *boven* ⟨op dozen voor verzending⟩ **6.1** look **at** all ~s of the question *het probleem van alle kanten bekijken;* **at / by** my ~ *naast mij;* **by** the ~ of *naast, vergeleken met;* ⟨fig.⟩ ~ **by** ~ *zij aan zij;* they came **from** all ~s *ze kwamen uit alle richtingen;* **on** the north ~ of *aan de noordkant van* **6.¶ on** the ~ ⟨vnl. AE⟩ *als bijverdienste;* ⟨BE⟩ *zwart; in het geniep;* gin and coke **on** the ~ *gin met cola* **7.1** the Lord is on our ~ *de Heer is met ons;* ⟨inf.⟩ the best food this ~ of Paris *om (nóg) beter te eten moet je naar Parijs;* whose ~ is he on, anyway? *aan wiens kant staat hij eigenlijk?* **7.6** the other ~ *de tegenpartij, de vijand* **7.¶** on his ~ *van zijn kant;* (on) this ~ (of) Christmas *vóór Kerstmis;* ⟨rugby⟩ no ~ *eindsignaal;* ⟨euf.⟩ the other ~ *het hiernamaals.* →**better, right, rough, seamy, shady, sunny, wrong.**

side[2] ⟨bn.⟩ **0.1** ***zij-*** **0.2** ***bij-*** ⇒*neven-* ◆ **1.1** ~ entrance *zij-ingang.*

side[3] ⟨ww.⟩ **0.1** (+ against / with) ***partij kiezen (tegen/voor).***

sidearm ⟨honkbal⟩ **0.1** ***onderarms geworpen.***

side arm ⟨vnl. mv.⟩ **0.1** ***zijdgeweer*** ⇒*sabel, degen.*

sideboard **I** ⟨telb.zn.⟩ **0.1** ***buffet*** **0.2** ***dientafel;***
II ⟨mv.⟩⟨BE; inf.⟩ **0.1** ***bakkebaarden.***

sideburns ⟨AE; inf.⟩ **0.1** ***bakkebaarden.***

sidecar **0.1** ***zijspan(wagen).***

side-dish **0.1** ***bijgerecht.***

side-door **0.1** ***zijdeur*** ⟨ook fig.⟩ ◆ **6.1 in by** the ~ *langs een achterpoortje.*

side effect **0.1** ***bijwerking*** ⟨v. geneesmiddel of therapie⟩.

side-glance **0.1** ***zijdelingse blik.***

side issue **0.1** ***bijzaak.***

sidekick ⟨AE; inf.⟩ **0.1** ***handlanger*** ⇒*ondergeschikte partner.*

sidelight **I** ⟨telb.zn.⟩ **0.1** ***zijlicht*** ⇒⟨ihb.⟩ *stadslicht* ⟨v. auto⟩ **0.2** ***zijraam;***
II ⟨telb. en n.-telb.zn.⟩ **0.1** ⟨fig.⟩ ***toevallige/bijkomstige informatie*** ◆ **2.1** that throws some interesting ~s on the problem *dat werpt een interessant licht op de zaak;*
III ⟨n.-telb.zn.⟩ **0.1** ***zijlicht*** ⇒*schamplicht.*

sideline[1] **I** ⟨telb.zn.⟩ **0.1** ***bijbaan*** ⇒*nevenactiviteit;*
II ⟨mv.⟩ **0.1** ⟨sport⟩ ***zijlijnen*** ◆ **6.¶** be / sit / stand **on** the ~s *de zaak van een afstand bekijken.*

sideline[2] ⟨ww.⟩⟨sport⟩ **0.1** ***van het veld sturen*** ⟨speler⟩ ⇒⟨fig.⟩ *buiten spel zetten, negeren.*

sidelong **0.1** ***zijdelings.***

side order ⟨AE⟩ **0.1** ***bijgerecht*** ⟨in restaurant⟩.

sidereal [sajdiəriəl] ⟨ster.⟩ **0.1** ***siderisch*** ⇒*sterre(n)-* ◆ **1.1** ~ day *siderische dag, sterrendag.*

side-road **0.1** ***zijweg*** ⇒*zijstraat.*

sidesaddle[1] ⟨zn.⟩ **0.1** ***dameszadel.***

sidesaddle[2] ⟨bw.⟩ **0.1** ***in een dameszadel.***

side show **0.1** ***bijkomende voorstelling/vertoning*** ⇒*extra attractie* ⟨op kermis; in circus⟩.

sideslip **0.1** ⟨zn.⟩ ***zijwaartse slip/beweging*** ⟨v. auto, vliegtuig, skiër⟩ **0.2** ⟨ww.⟩ ***(zijwaarts) slippen.***

sides|man [sajdzmən]⟨mv.: -men [-mən]⟩ **0.1** ***onderkerkmeester.***

sidesplitting **0.1** ***om je te barsten/krom te lachen.***

sidestep I ⟨onov.ww.⟩ **0.1** ***opzij gaan*** ⇒*uitwijken;*
II ⟨ov.ww.⟩ **0.1** ***ontwijken*** ⇒*uit de weg gaan* ⟨ook fig.; verantwoordelijkheid, problemen⟩.

side step **0.1** ***zijstap*** ⇒*stap zijwaarts.*

sidestreet **0.1** ***zijstraat.***

sidestroke **0.1** ***zijslag*** ⟨zwemmen⟩.

sideswipe[1] ⟨zn.⟩⟨vnl. AE; inf.⟩ **0.1** ***zijslag*** ⇒*zijstoot* **0.2** ***schampscheut.***

sideswipe[2] ⟨ww.⟩⟨AE; inf.⟩ **0.1** ***schampen (langs)*** ⇒*zijdelings raken.*

sidetrack[1] ⟨zn.⟩ **0.1** ***zijspoor*** ⟨ook fig.⟩ ⇒*rangeerspoor.*

sidetrack[2] ⟨ww.⟩ **0.1** ***op een zijspoor zetten*** ⟨ook fig.⟩ ⇒*rangeren, opzij schuiven* **0.2** ***van zijn onderwerp afbrengen*** ⇒*afleiden.*

side-view **0.1** ***zijaanzicht*** ⇒*profiel.*

sidewalk ⟨AE⟩ **0.1** ***stoep*** ⇒*trottoir.*

sideward[1] [sajdwəd], **sideways** [-weez] ⟨bn.⟩ **0.1** ***zijwaarts*** ⇒*zijdelings.*

sideward[2], **sidewards** [sajdwədz], **sideways** ⟨bw.⟩ **0.1** ***zijwaarts*** ⇒*zijdelings.*

side-whiskers **0.1** ***bakkebaarden.***

sidewindow **0.1** ***zijraam.***

siding [sajding] **0.1** ***rangeerspoor*** ⇒*wisselspoor* **0.2** ⟨AE⟩ ***afbouwmateriaal.***

sidle [sajdl] **0.1** ***zich schuchter/steels bewegen*** ◆ **6.1** ~ up **to**/~ away **from** s.o. *schuchter naar iem. toe/van iem. weglopen.*

SIDS [sidz] ⟨afk.; med.⟩ **0.1** [Sudden Infant Death Syndrome] ***wiegendood.***

siege [sie:dzj] **0.1** ***beleg(ering)*** ⇒*blokkade* ◆ **3.1** lay ~ to *belegeren;* raise the ~ *het beleg opbreken.*

sienna [sie·ennə] **0.1** ***oker*** ⇒*(terra)siena.*

sieve[1] [siv] ⟨zn.⟩ **0.1** ***zeef*** ◆ **1.1** a head/memory like a ~ *een hoofd/geheugen als een zeef.*

sieve[2] ⟨ww.⟩ **0.1** ***ziften*** ⟨ook fig.⟩ ⇒*zeven, schiften* ◆ **5.1** ~ **out** *uitzeven, uitziften.*

sift [sift] **I** ⟨onov.ww.⟩ **0.1** ***vallen*** ⟨als door een zeef⟩ ◆ **6.1** the light is ~ing **through** the curtains *het licht filtert door de gordijnen;*
II ⟨onov. en ov.ww.⟩ **0.1** ***ziften*** ⟨ook fig.⟩ ⇒*strooien* ⟨suiker⟩ **0.2** ***uit/doorpluizen*** ◆ **5.1** ~ **out** *uitzeven* **6.2** he ~ed **through** his papers *hij doorzocht zijn papieren.*

sifter [siftə] **0.1** ***kleine zeef*** ⇒*strooibusje.*

sigh[1] [saj] ⟨zn.⟩ **0.1** ***zucht.***

sigh[2] ⟨ww.⟩ **0.1** ***zuchten*** ◆ **6.1** ~ **for** *smachten/zuchten naar.*

sight[1] [sajt] **I** ⟨telb.zn.⟩ **0.1** ***(aan)blik*** ⇒*(uit)zicht, schouwspel, bezienswaardigheid* **0.2** ⟨vaak mv.⟩ ***vizier*** **0.3** ***waarneming*** ⟨met instrument⟩ **0.4** ⟨inf.⟩ ***boel*** **0.5** ***mening*** ◆ **2.1** the garden is a wonderful ~/a ~ to see *de tuin is prachtig* **2.4** he is a ~ too clever for me *hij is me veel te vlug af* **3.1** I cannot stand/bear the ~ of him *ik kan hem niet luchten of zien;* catch ~ of, have/get a ~ of *in het oog krijgen; een glimp opvangen van;* keep ~ of *in het oog houden;* ⟨inf.; iron.⟩ what a ~ you look/are! *wat zie je eruit!;* lose ~ of *uit het oog verliezen* ⟨ook fig.⟩; see the ~s *de bezienswaardigheden bezoeken* **3.2** ⟨fig.⟩ have one's ~s set on, set one's ~s on *op het oog hebben, erg willen* **3.3** take a careful ~ before shooting *goed mikken voor het schieten* **3.¶** raise/lower one's ~s *meer/minder verwachten* **6.5** **in** the ~ of law *volgens de wet* **6.¶** you are a ~ **for** the gods/**for** sore eyes *je bent door de hemel gezonden;*
II ⟨n.-telb.zn.⟩ **0.1** ***(ge)zicht*** ⇒*gezichtsvermogen* **0.2** ***gezicht*** ⇒*het zien, het gezien worden* **0.3** ***(uit)zicht*** ⇒*gezicht(sveld)* ◆ **1.1** loss of ~ *het blind worden* **3.3** come into/within ~ *zichtbaar worden;* go out of ~ *uit het gezicht verdwijnen;* keep s.o. in ~ *iem. in het oog houden;* keep in ~ of *binnen het gezichtsveld blijven van* **6.2** ⟨geldw.⟩ ten days **after** ~ *(betaalbaar) tien dagen na zicht* ⟨mbt. wissels⟩; **at** the ~ of *bij het zien van;* **at** first ~ *op het eerste gezicht;* ⟨geldw.⟩ **at** ten days' ~ *(betaalbaar) tien dagen na zicht* ⟨mbt. wissels⟩; play music **at** ~ *van het blad spelen;* **at/on** ~ *op zicht;* know s.o. **by** ~ *iem. v. gezicht kennen;* shoot **on** ~ *schieten zonder waarschuwing* **6.3** ⟨sprw.⟩ out of ~, out of mind *uit het oog, uit het hart;* we are **(with)in** ~ of the end *het einde is in zicht;* **in** ~ *in zicht* ⟨ook fig.⟩; **out of** my ~! *uit mijn ogen!;* stay/keep **out of** ~ *blijf uit het gezicht* **6.¶** ⟨AE; inf.⟩ **out of** ~! *fantastisch!, te gek!* **7.¶** second ~ *helderziendheid.*

sight[2] ⟨ww.⟩ **0.1** ***in zicht krijgen*** ⇒*in het vizier krijgen* **0.2** ***waarnemen*** ⇒*zien* **0.3** ***richten*** ⇒*mikken* **0.4** ⟨hand.⟩ ***presenteren*** ⟨rekening⟩.

sight bill **0.1** ***zichtwissel.***

sighted [sajtid] **0.1** ***ziende*** ⟨niet blind⟩.

sighting [sajting] **0.1** ***waarneming*** ◆ **2.1** there have been numerous ~s of UFO's lately *er zijn de laatste tijd veel vliegende schotels gezien.*

sightless [sajtləs] **0.1** ***blind.***

sightl|y [sajtlie] ⟨-iness⟩ **0.1** ***aantrekkelijk.***

sight-read **0.1** ***van het blad lezen/spelen/zingen.***

sightscreen ⟨cricket⟩ **0.1** ***wit scherm om zichtbaarheid v.d. bal te verbeteren.***

sightseeing **0.1** ***sightseeing*** ⇒*het bezoeken v. bezienswaardigheden.*

sightseer [sajtsie:ə] **0.1** ***toerist.***

sign[1] [sajn] ⟨zn.⟩ **0.1** ***teken*** ⇒*symbool* **0.2** ***aanwijzing*** ⇒ *(ken)teken, blijk; voorteken* **0.3** ***wenk*** ⇒*teken, seintje* **0.4** ***(uithang)bord*** **0.5** ***(ken)teken*** **0.6** ⟨med.⟩ ***symptoom*** **0.7** ⟨rel.⟩ ***wonder*** **0.8** ***sterrenbeeld*** ◆ **1.5** ~ of the times *teken des tijds* **1.7** ~s and wonders *mirakels* **1.8** ~ of the zodiac *sterrenbeeld.*

sign[2] **I** ⟨onov.ww.⟩ **0.1** ***gebarentaal gebruiken;***
II ⟨onov. en ov.ww.⟩ **0.1** ***(onder)tekenen*** **0.2** ***signeren*** ⇒ *ondertekenen* **0.3** ***wenken*** ⇒*een teken geven, gebaren* **0.4** ⟨+on/up⟩ ***contracteren*** ⟨speler⟩ ◆ **1.1** ~ one's name *tekenen;* ~ one's name to *ondertekenen* **5.1** ~ **away** *schriftelijk afstand doen van;* ~ **in** *tekenen bij aankomst, intekenen;* ~ **off** *een brief beëindigen;* ~ **off/on** *een radio/tv-uitzending beëindigen/beginnen;* ~ **on** at the Job Centre *inschrijven op het arbeidsbureau;* ~ **on/up** as a sailor *als matroos aanmonsteren;* ~ **out** *tekenen bij vertrek;* she ~ed **over** her estate to her daughter *ze deed schriftelijk afstand van haar landgoed ten gunste van haar dochter;* ~ **up** for a course *zich voor een cursus inschrijven.*

signal[1] [signl] ⟨zn.⟩ **0.1** ***signaal*** ⟨ook fig.; ook mbt. radio, tv⟩ ⇒ *teken, sein* **0.2** ***sein(apparaat)*** ⇒*signaal* **0.3** ***verkeerslicht*** ◆ **1.1** ~ of distress *noodsignaal* **3.1** get the ~ *het signaal ontvangen* ⟨fig.⟩; *de wenk begrijpen* **6.1** the police action was the ~ **for** the revolution *het politieoptreden was het signaal voor de opstand.*

signal[2] ⟨bn.⟩ **0.1** ***buitengewoon*** ⇒*glansrijk* ◆ **3.1** fail ~ly *duidelijk verliezen.*

signal[3] ⟨BE -led⟩ **I** ⟨onov. en ov.ww.⟩ **0.1** ***(over)seinen*** ⇒*een teken geven* ◆ **6.1** the leader signalled **to** his men for the attack to begin *de leider gaf zijn mannen het teken tot de aanval;*
II ⟨ov.ww.⟩ **0.1** ***aankondigen*** ⇒*te kennen geven.*

signal-box, ⟨AE ook⟩ **signal tower** ⟨BE⟩ **0.1** ***seinhuisje.***

signalize, -ise [signəlajz] **0.1** ***doen opvallen*** ⇒*de aandacht vestigen op; opluisteren.*

signaller, ⟨AE sp. ook⟩ **signaler** [signələ] **0.1** ***seiner*** ⟨bij leger⟩.

signalman [signəlmən] ⟨spoorwegen, marine⟩ **0.1** ***seiner*** ⇒ ⟨spoorwegen ook⟩ *sein(huis)wachter.*

signator|y [signətrie] ⟨mv.: -ies; ook attr.⟩ **0.1** ***ondertekenaar.***

signature [signətsjə] **0.1** ***handtekening*** **0.2** ⟨boek.⟩ ***katern(merk)*** ⇒*signatuur.*

signature campaign **0.1** ***handtekeningenactie.***

signature tune **0.1** ***herkenningsmelodie*** ⇒*tune* ⟨v. radio, tv⟩.

signboard **0.1** ***uithangbord*** **0.2** ⟨AE⟩ ***bord met opschrift.***

signet [signit] **0.1** ***zegel*** ⇒*signet.*

signet ring **0.1** ***zegelring.***

significance [signiffikkəns] **0.1** ***betekenis*** ⇒*belang* **0.2** ⟨stat.⟩ ***significantie*** ◆ **3.1** don't read ~ into every careless gesture *je moet geen betekenis hechten aan elk achteloos gebaar.*

significant [signiffikkənt] **0.1** ***belangrijk*** **0.2** ***veelbetekenend*** ⇒*significant* **0.3** ⟨stat.⟩ ***significant*** ⟨niet door toeval verklaarbaar geacht⟩ ◆ **6.2** be ~ **of** *aanduiden, kenmerkend zijn voor.*

signification [signiffikkeesjn] **0.1** ***(precieze) betekenis*** ⇒ *significatie* **0.2** ***aanzegging.***

signif|y [signiffaj] ⟨-ied⟩ **I** ⟨onov.ww.⟩ **0.1** ***van belang zijn*** ◆ **5.1** it does not ~ *het heeft niets te betekenen;*
II ⟨ov.ww.⟩ **0.1** ***betekenen*** ⇒*beduiden* **0.2** ***te kennen geven.***

signing [sajning] ⟨sport⟩ **0.1** ***iem. die gecontracteerd wordt*** ⇒*aanwinst.*

sign language **0.1** ***gebarentaal.***

sign-on **0.1** ***herkenningsmelodie*** ⟨v. radio/tv-programma⟩ ⇒*tune.*

signpost **0.1** ⟨zn.⟩ ***wegwijzer*** **0.2** ⟨ww.⟩ ***van wegwijzers voorzien.***

silage [sajlidzj] **0.1** ***kuilvoeder*** ⇒*silovoer.*

silence¹ [sajləns] ⟨zn.⟩ **0.1** ***stilte*** ⇒*het stil zijn, stilzwijgen(dheid), zwijgzaamheid* ◆ **1.1** a one-minute's ~ *een minuut stilte* **3.1** break ~ *de stilte/het stilzwijgen verbreken;* keep ~ *het stilzwijgen bewaren;* put/reduce s.o. to ~ *iem. tot zwijgen brengen* ⟨vnl. fig.⟩ **6.1** **in** ~ *in stilte, stilzwijgend;* his ~ **on** the riots was significant *zijn stilzwijgen/terughoudendheid over de rellen was veelbetekenend* **¶.1** ~! *stil!, zwijg!*

silence² ⟨ww.⟩ **0.1** ***tot zwijgen brengen*** ⇒*het stilzwijgen opleggen* ⟨ook fig.⟩; *stil doen zijn.*

silencer [sajlənsə] **0.1** ***geluiddemper*** ⟨aan vuurwapen⟩ **0.2** ⟨BE⟩ ***knalpot.***

silent [sajlənt] **0.1** ***stil*** ⇒*(stil)zwijgend, zwijgzaam; onuitgesproken, stom; rustig* ◆ **1.1** ~ assassin *sluipmoordenaar;* a ~ film *een stomme film;* ~ as the grave *doodstil;* the k in 'know' is a ~ letter *de k in 'know' is een stomme letter;* the ~ majority *de zwijgende meerderheid;* the ~ screen *de stomme film* **1.¶** ⟨AE⟩ ~ partner *stille/commanditair vennoot* **3.1** keep ~ *rustig/stil blijven* **6.1** the report is ~ **(up)on** the incident *het rapport zegt niets over het incident.*

silhouette¹ [silloe:et] ⟨zn.⟩ **0.1** ***silhouet*** ⇒*beeltenis; schaduwbeeld, omtrek.*

silhouette² ⟨ww.⟩ **0.1** ⟨vnl. pass.⟩ ***aftekenen*** ◆ **6.1** he saw the tower ~d **against** the blue sky *hij zag het silhouet v.d. toren tegen de blauwe lucht.*

silica [sillikkə], **silicon dioxide** ⟨schei.⟩ **0.1** ***siliciumdioxide*** ⇒*kiezelaarde.*

silicate [sillikkət, -keet] **0.1** ⟨geol., schei.⟩ ***silicaat(gesteente).***

siliceous [sillisjəs] ⟨geol., schei.⟩ **0.1** ***siliciumachtig*** ⇒*kiezelachtig, kiezel-.*

silicon [sillikkən] ⟨schei.⟩ **0.1** ***silicium.***

silicon chip ⟨comp.⟩ **0.1** ***siliciumchip.***

silicone [sillikkoon] ⟨schei., tech.⟩ **0.1** ***silicone.***

silicosis [sillikkoosis] **0.1** ***silicose*** ⇒*stoflong.*

silk¹ [silk] ⟨zn.⟩ **0.1** ***zij(de)*** ⇒*zijdedraad* **0.2** ***zijden kledingstuk*** **0.3** ⟨BE; inf.⟩ ***King's/Queen's Counsel*** ⟨raadgever v.d. Kroon, die zijden toga mag dragen⟩ ◆ **1.1** ⟨schr.⟩ ~ and satins *zijden en satijnen kleren;* ⟨fig.⟩ *zeer fijne/chique kleren* **3.¶** ⟨BE⟩ take ~ *zijde mogen dragen* ⟨als King's/Queen's Counsel⟩; *King's/Queen's Counsel worden.*

silk² ⟨bn.⟩ **0.1** ***zijden*** ⇒*zijde-.*

silken [silkən] **0.1** ***zij(de)achtig*** **0.2** ***zoetvleiend*** ⇒*zacht* **0.3** ⟨schr.⟩ ***zijden*** ⇒*zijde-.*

silk-screen printing **0.1** ***zijdezeefdruk.***

silkworm ⟨dierk.⟩ **0.1** ***zijderups.***

silk|y [silkie] ⟨-iness⟩ **0.1** ***zij(de)achtig*** **0.2** ***zijden*** **0.3** ***zoetvleiend.***

sill, cill [sil] **0.1** ***vensterbank*** **0.2** ***drempel.***

sillabub, syllabub [silləbub] **0.1** ***room of melk gestremd met wijn of likeur en vaak geklopt met eiwit of gelatine*** ⇒⟨ong.⟩ *Haagse bluf.*

sill|y¹ [sillie] ⟨zn.; mv.: -ies⟩ ⟨inf.⟩ **0.1** ***domoor.***

sill|y² ⟨bn.; -iness⟩ ⟨→s1⟩ **0.1** ***dwaas*** ⇒*dom, onverstandig* **0.2** ⟨inf.⟩ ***verdwaasd*** ⇒*suf, murw* **0.3** ⟨cricket⟩ ***heel dicht bij de batsman (geplaatst)*** ◆ **1.3** ~ mid-off/mid-on *silly mid-off/mid-on* **3.2** bore s.o. ~ *iem. dood vervelen;* knock s.o. ~ *iem. murw slaan.*

silly season ⟨BE⟩ **0.1** ***komkommertijd.***

silo [sajloo] **0.1** ***silo*** ⇒*voederkuil* **0.2** ***silo*** ⇒*raketsilo.*

silt [silt] **0.1** ***slib*** ⇒*slik.*

siltation [silteesjn] **0.1** ***verzilting.***

silt up **0.1** ***dichtslibben*** ⇒*verzanden.*

silvan, sylvan [silvn] **0.1** ***bos-*** ⇒*bosrijk, bebost.*

silver¹ [silvə] ⟨zn.⟩ **0.1** ***zilver*** **0.2** ***zilvergeld*** **0.3** ***zilver(werk)*** ⇒⟨fig.⟩ *tafelgerei* **0.4** ***zilver(en medaille)*** ◆ **6.2** **in** ~ *in munten.*

silver² ⟨bn.⟩ **0.1** ***van zilver*** ⇒*zilveren, zilver-* **0.2** ***verzilverd*** **0.3** ***zilverachtig*** ◆ **1.1** ~ birch *zilverberk;* ~ fir *zilverspar/den;* ~ foil *zilverfolie;* ~ fox *zilvervos;* ~ paper *zilverpapier; tinfo(e)lie* **1.2** ~ plate *verzilverd vaatwerk/tafelgerei* **1.¶** ~ jubilee *zilveren (herdenkings)feest;* be born with a ~ spoon in one's mouth *van rijke afkomst zijn; een gelukskind zijn;* ~ wedding (anniversary) *zilveren bruiloft.*

silver³ ⟨ww.⟩ **0.1** ***verzilveren*** ⇒⟨fig.⟩ *(als) zilver kleuren* ◆ **1.1** the years have ~ed his hair *met de jaren is zijn haar zilverwit geworden.*

silver-fish ⟨dierk.⟩ **0.1** ***zilvervisje*** ⇒*papiermot.*

silverside ⟨BE⟩ **0.1** ***runderhaas.***

silversmith **0.1** ***zilversmid.***

silver-tongued **0.1** ***met een fluwelen tong*** ⇒*welsprekend.*

silverware **0.1** ***zilverwerk*** **0.2** ⟨AE⟩ ***tafelzilver.***

silvery [silvrie] **0.1** ***zilverachtig*** **0.2** ***zilverkleurig.***

simian [simmiən] ⟨dierk.⟩ **0.1** ⟨bn.⟩ ***(mens)aapachtig*** ⇒ *apen-* **0.2** ⟨zn.⟩ ***(mens)aap.***

similar [sim(i)lə] **0.1** ⟨+ to⟩ ***gelijk (aan)*** ⇒*vergelijkbaar; hetzelfde;* ⟨wisk.⟩ *gelijkvormig* ◆ **1.1** ~ triangles *gelijkvormige driehoeken.*

similarit|y [simmilærətie] ⟨mv.: -ies⟩ **0.1** ***vergelijkbaarheid*** ⇒*overeenkomst* **0.2** ***punt v. overeenkomst*** ⇒*gelijkenis.*

similarly [sim(i)ləlie] **0.1** ***op dezelfde manier*** ⇒*op een vergelijkbare manier* **0.2** ⟨aan het begin v.d. zin⟩ ***evenzo.***

simile [simmillie] **0.1** ***vergelijking*** ⇒*gelijkenis* ⟨stijlfiguur⟩.

similitude [simmillitjoe:d] **0.1** ***gelijkenis*** ⇒*overeenkomst* **0.2** ***vergelijking*** ◆ **6.2** talk **in** ~s *in vergelijkingen spreken.*

simmer[1] [simmə] ⟨zn.; geen mv.⟩ **0.1** ***gesudder*** ⇒*gepruttel* ◆ **3.1** bring sth. to a ~ *iets aan het sudderen brengen.*

simmer[2] **I** ⟨onov.ww.⟩ **0.1** ***sudderen*** ⇒*pruttelen* **0.2** ***zich inhouden*** ⟨mbt. woede, lach⟩ ◆ **5.2** ~ **down** *bedaren* **6.2** he was ~ing **with** anger *inwendig kookte hij van woede;*
II ⟨ov.ww.⟩ **0.1** ***aan het sudderen/pruttelen brengen/houden.***

simper[1] [simpə] ⟨zn.⟩ **0.1** ***onnozele glimlach*** ⇒*zelfvoldane/gemaakte grijnslach.*

simper[2] ⟨ww.⟩ **0.1** ***onnozel glimlachen*** ⇒*zelfvoldaan grijnslachen* ◆ **1.1** he ~ed his approval *met een grijnslach gaf hij zijn toestemming.*

simperingly [simpəringlie] **0.1** ***met een onnozele glimlach.***

simple [simpl] **0.1** ***enkel(voudig)*** **0.2** ***eenvoudig*** ⇒*ongekunsteld, eerlijk* **0.3** ***simpel*** ⇒*eenvoudig, gewoon* **0.4** ***dwaas*** ⇒*onnozel;* ⟨sl.⟩ *afgestompt* **0.5** ***eenvoudig*** ⇒*gemakkelijk, simpel* **0.6** ***eenvoudig*** ⇒*bescheiden* **0.7** ⟨vero.⟩ ***simpel*** ⇒*zwakzinnig* ◆ **1.1** ~ forms of life *eenvoudige/primaire levensvormen;* ⟨med.⟩ ~ fracture *enkelvoudige (been)breuk* **1.2** ~ beauty *natuurlijke schoonheid;* the ~ life *het ongekunstelde/natuurlijke leven* **1.3** ~ majority of votes *eenvoudige meerderheid van stemmen;* the ~ truth *de nuchtere/zuivere waarheid* **1.4** Simple Simon *onnozele hals* **1.5** ~ solution *eenvoudige oplossing* **1.6** ~ peasant *eenvoudige boer* **2.3** deceit pure and ~ *regelrecht bedrog.*

simple-hearted ⟨schr.⟩ **0.1** ***eenvoudig*** ⇒*eerlijk, ongekunsteld.*

simple-minded ⟨-ness⟩ **0.1** ***argeloos*** ⇒*onnadenkend* **0.2** ***zwakzinnig.***

simpleton [simpltən] **0.1** ***dwaas*** ⇒*sul.*

simplicity [simplissətie] **0.1** ***eenvoud*** ⇒*ongecompliceerdheid* **0.2** ***simpelheid*** ⇒*argeloosheid* ◆ **4.1** ⟨inf.⟩ it is ~ itself *het is een koud kunstje.*

simplif|y [simpliffaj] ⟨-ied; zn.: **-ication**⟩ **0.1** ***vereenvoudigen*** ⟨ook wisk.⟩ **0.2** ***(te) eenvoudig voorstellen*** ⇒*simplificeren.*

simplistic [simplistik] ⟨-ally⟩ **0.1** ***simplistisch.***

simply [simplie] **0.1** ***eenvoudig*** ⇒*gewoonweg* **0.2** ***stomweg*** **0.3** ***enkel*** ⇒*maar, slechts.*

simulacrum [simjoeleekrəm] ⟨mv.: ook simulacra [-leekrə]⟩ **0.1** ***beeld*** ⇒*voorstelling* **0.2** ***schijnbeeld.***

simul|ate [simjoeleet] ⟨zn.: **-ation**⟩ **0.1** ***simuleren*** ⇒*voorwenden, doen alsof* **0.2** ***imiteren*** ⇒*nabootsen* ◆ **1.2** ~d gold *namaakgoud.*

simulator [simjoeleetə] **0.1** ***simulant*** ⇒*huichelaar.*

simulcast [simlka:st] **0.1** ⟨zn.⟩ ***simultane uitzending*** ⟨op radio, tv⟩ **0.2** ⟨ww.⟩ ***simultaan uitzenden.***

simultaneity [simltənie:ətie] **0.1** ***gelijktijdigheid.***

simultaneous [simlteeniəs] ⟨-ness⟩ **0.1** ***gelijktijdig*** ⇒*simultaan* ◆ **6.1** ~ly **with** *tegelijk/gelijktijdig met.*

sin[1] [sin] ⟨zn.⟩ **0.1** ***zonde*** ⇒⟨fig. ook⟩ *misdaad* ◆ **2.1** deadly/mortal ~ *doodzonde* **3.1** live in ~ *in zonde leven;* ⟨inf. vnl.⟩ *samenwonen* **6.1** ⟨scherts.⟩ **for** my ~s *voor mijn straf.*

sin[2] ⟨ww.; -ned⟩ **0.1** ⟨+ against⟩ ***zondigen (tegen).***

sin bin ⟨inf.; ijshockey, rugby league⟩ **0.1** ***strafbankje.***

since[1] [sins] ⟨bw.⟩ ⟨tijd⟩ **0.1** ***sindsdien*** ⇒*van dan af, ondertussen, inmiddels* **0.2** ***geleden*** ◆ **3.1** he has seen her twice ~ *hij heeft haar sindsdien twee keer gezien* **3.2** he left some years ~ *hij is enige jaren geleden weggegaan* **5.1** I've lived here ever ~ *ik heb hier sindsdien onafgebroken gewoond* **5.2** it has long ~ become obvious that *het is allang duidelijk (geworden) dat.*

since[2] ⟨vz.⟩ **0.1** ***sinds*** ⇒*sedert, van … af* ◆ **1.1** he has never been the same ~ his wife's death *hij is nooit meer dezelfde geweest sinds de dood v. zijn vrouw.*

since[3] [siθ] ⟨vw.⟩ **0.1** ⟨verleden tijd⟩ ***sinds*** ⇒*vanaf de tijd dat* **0.2** ⟨reden/oorzaak⟩ ***aangezien*** ⇒*daar* ◆ ¶**.1** I haven't seen you ~ you were a child *ik heb je niet meer gezien sinds je klein was.* ¶**.2** ~ you don't want me around I might as well leave *aangezien je me niet in de buurt wilt hebben, kan ik evengoed vertrekken.*

sincere [sinsiə] **0.1** ***eerlijk*** ⇒*oprecht, gemeend.*

sincerely [sinsiəlie] **0.1** ***eerlijk*** ⇒*oprecht, gemeend* ◆ **4.1** yours ~ *met vriendelijke groeten* ⟨slotformule in brief aan bekenden⟩.

sincerity [sinserrətie] **0.1** ***eerlijkheid*** ⇒*gemeendheid* ◆ **6.1** **in** all ~ *in alle oprechtheid.*

sine [sajn] ⟨wisk.⟩ **0.1** ***sinus.***

sinecure [sajnikjoeə] **0.1** ***sinecure.***

sine die [sajnie dajjie:] **0.1** ***sine die*** ⇒*voor onbepaalde tijd.*

sine qua non [sinnie kwa: noon] **0.1** ***conditio/voorwaarde sine qua non*** ⇒*absolute voorwaarde.*

sinew [sinjoe:] **0.1** ***pees*** **0.2** ⟨vaak mv. met enk. bet.; the⟩ ***kracht*** ◆ **1.**¶ ~s of war *geldmiddelen.*

sinewy [sinjoe:ie] **0.1** ***pezig*** **0.2** ***gespierd*** ⇒*krachtig.*

sinful [sinfl] ⟨-ness⟩ **0.1** ***zondig*** ⇒*schuldig* **0.2** ***slecht*** ⇒*verdorven* **0.3** ***schandalig*** ◆ **1.3** ~ waste of money *schandalige geldverspilling.*

sing [sing] ⟨sang [sæng], sung [sung]⟩ **I** ⟨onov.ww.⟩ **0.1** ⟨ben. voor⟩ ***zingend geluid maken*** ⇒*suizen* ⟨v. wind⟩; *fluiten* ⟨v. kogel⟩; *tjirpen* ⟨v. krekel⟩ **0.2** ***gonzen*** ⟨v. oor⟩ ◆ **1.1** the kettle is ~ing on the cooker *de ketel fluit op het fornuis* **1.2** his ears were ~ing from the roaring *zijn oren zoemden van het gedreun* **5.**¶ ~ sth. **out** *iets uitroepen;* ~ **out** (for) *schreeuwen (om);* ~ **up** *luider zingen;*
II ⟨onov. en ov.ww.⟩ **0.1** ***zingen*** **0.2** ***dichten*** ◆ **6.1** ~ **to** sleep *in slaap zingen;*
III ⟨ov.ww.⟩ **0.1** ***bezingen*** ⇒*verheerlijken.*

sing. ⟨afk.⟩ **0.1** [singular].

Singapore [singəpo:] **0.1** ***Singapore.***

Singaporean [singəpo:riən] **0.1** ⟨bn.⟩ ***Singaporees*** **0.2** ⟨telb. zn.⟩ ***Singaporees, Singaporese.***

singe[1] [sindzj] ⟨zn.⟩ **0.1** ***schroeiing*** **0.2** ***schroeiplek.***

singe[2] ⟨ww.⟩ **0.1** ***(ver)schroeien*** **0.2** ***friseren*** ⟨haar⟩.

singer [singə] **0.1** ***zanger(es).***

Singhalese →**Sinhalese.**

singing [singing] **0.1** ***(ge)zang*** ⇒*het zingen* **0.2** ***zangkunst.***

single[1] [singgl] **I** ⟨telb.zn.⟩ **0.1** ⟨BE⟩ ***enkeltje*** ⇒*enkele reis* **0.2** ⟨cricket⟩ ***één run*** **0.3** ⟨vaak mv.⟩ ***vrijgezel*** **0.4** ***single*** ⇒*45-toeren plaatje* **0.5** ⟨inf.⟩ ***bankbiljet v. één dollar/pond*** **0.6** ⟨honkbal⟩ ***honkslag;***
II ⟨mv.⟩ **0.1** ***enkel(spel)*** ⟨ihb. bij tennis⟩.

single[2] **I** ⟨bn.⟩ **0.1** ***enkel(voudig)*** **0.2** ***ongetrouwd*** ⇒*alleenstaand* ◆ **1.1** ~ entry *enkelvoudig boekhouden;* ~ flower *enkelvoudige bloem;* ⟨ec.⟩ ~ tax *enkelvoudige belastingheffing;*
II ⟨bn., attr.⟩ **0.1** ***enig*** **0.2** ***afzonderlijk*** ⇒*individueel* **0.3** ***eenpersoons-*** **0.4** ⟨BE⟩ ***enkele reis*** ◆ **1.2** in ~ file *in/op één rij, allemaal achter elkaar;* not a ~ man helped *niet één man hielp* **1.3** ~ bed *eenpersoonsbed* **1.4** a ~ ticket *een (kaartje) enkele reis* **1.**¶ in ~ file *achter elkaar (in de rij), in ganzenmars;* ⟨AE; ec.⟩ ~ liability *beperkte aansprakelijkheid;* ⟨ec.⟩ ~ market *binnenmarkt.*

single-breasted **0.1** ***met één rij knopen.***

single-decker **0.1** ***eenverdiepingsbus*** ⇒*eendekker.*

single-handed **0.1** ***alleen*** ⇒*zonder steun.*

single-lens reflex **0.1** ***eenlenzige reflexcamera.***

single-minded ⟨-ness⟩ **0.1** ***doelbewust*** **0.2** ***vastberaden.***
singleness [singglnəs] **0.1** ***concentratie*** ◆ **1.¶** with ~ of mind *met één doel voor ogen;* ~ of purpose *doelgerichte toewijding.*
single out 0.1 ***uitkiezen*** *⇒selecteren.*
single-parent family 0.1 ***eenoudergezin.***
single-phase ⟨nat.⟩ **0.1** ***eenfasig*** *⇒eenfase-.*
singles bar 0.1 ***vrijgezellenbar.***
single-sex ⟨BE; school.⟩ **0.1** ***niet-gemengd.***
singlet [singglit] **0.1** ⟨BE⟩ ***(onder)hemd*** *⇒sporthemd.*
singleton [singgltən] **0.1** ***singleton*** ⟨bij kaarten⟩ ◆ **6.1** a ~ **in** diamonds *een singleton in ruiten.*
singly [singglie] **0.1** ***afzonderlijk*** *⇒apart, alleen* **0.2** ***één voor één.***
sing-song[1] ⟨zn.⟩ **0.1** ***dreun*** *⇒eentonige manier van opzeggen* **0.2** ⟨BE⟩ ***samenzang*** ◆ **6.1** say sth. **in** a ~ *iets opdreunen.*
sing-song[2] ⟨bn.⟩ **0.1** ***eentonig*** ◆ **1.1** in a ~ voice *met eentonige stem.*
singular[1] [singgjoelə] ⟨zn.⟩⟨taal.⟩ **0.1** ***enkelvoud(svorm).***
singular[2] ⟨bn.⟩ **0.1** ***bijzonder*** *⇒uitzonderlijk, opmerkelijk* **0.2** ***ongewoon*** *⇒eigenaardig, vreemd* ◆ **1.2** ~ event *eigenaardige gebeurtenis.*
singularit|y [singgjoelærətie] ⟨mv.: -ies⟩ **0.1** ***bijzonderheid*** *⇒uitzonderlijkheid* **0.2** ***eigenaardigheid*** *⇒ongewoonheid.*
Sinhalese [sin(h)əlie:z], **Singhalese** [sing(g)əlie:z] ⟨mv.: Sinhalese⟩ **0.1** ⟨bn.⟩ ***Singalees*** *⇒uit/van Sri Lanka* **0.2** ⟨eig.n.⟩ ***Singalees*** ⟨taal⟩ **0.3** ⟨telb. zn.⟩ ***Singalees*** ⟨bewoner v. Sri Lanka⟩.
sinister [sinnistə] **0.1** ***boosaardig*** *⇒onguur* **0.2** ***onheilspellend*** *⇒duister, sinister* ◆ **1.1** ~ face *onguur gezicht* **1.2** ~ gesture *onheilspellend gebaar.*
sink[1] [singk] ⟨zn.⟩ **0.1** ***gootsteen(bak)*** **0.2** ***wasbak*** **0.3** ***poel (v. kwaad)*** ◆ **6.3** ~ of iniquity *poel v. ongerechtigheid.*
sink[2] ⟨sank [sængk]/sunk, sunk [sungk]/sunken [sungkən]⟩ **I** ⟨onov.ww.⟩ **0.1** ***(weg)zinken*** *⇒(weg)zakken, verzakken* **0.2** ***(neer)dalen*** **0.3** ***afnemen*** *⇒verflauwen, verdwijnen* **0.4** ***achteruit gaan*** *⇒zwakker worden* **0.5** ***doordringen*** *⇒indringen (in)* **0.6** ***glooien*** *⇒afhellen* ◆ **1.1** ⟨fig.⟩ sunken cheeks *ingevallen wangen;* sunken road *verzakte/holle weg;* ⟨fig.⟩ her spirits sank *de moed zonk haar in de schoenen* **1.2** darkness sank quickly *de duisternis viel snel in* **1.4** the sick man is ~ing fast *de zieke man gaat snel achteruit* **1.6** the ground ~s to the shore *de grond loopt naar de kust af* **3.¶** ~ or swim *pompen of verzuipen* **5.5** his words will ~ **in** *zijn woorden zullen inslaan/doordringen* **6.1** ⟨fig.⟩ ~ **into** a doze *insluimeren;* ⟨fig.⟩ ~ **into** oblivion *in vergetelheid raken;* ~ **to** the ground *op de grond neerzijgen;* his voice sank **to** a whisper *zijn stem daalde tot op fluisterniveau* **6.2** ~ **in** one's estimation *in iemands achting dalen* **6.5** the news finally sank **into** his mind *het nieuws drong eindelijk tot hem door;*
II ⟨ov.ww.⟩ **0.1** ***laten zinken*** *⇒doen zakken* **0.2** ***vergeten*** *⇒laten rusten* **0.3** ***investeren*** **0.4** ***(bal) in gat/korf krijgen*** ⟨golf, basketbal enz.⟩ **0.5** ***graven*** *⇒boren* **0.6** ***bederven*** ⟨plan e.d.⟩ *⇒verpesten* **0.7** ***achterover slaan*** ⟨drank⟩ ◆ **1.1** ~ a ship *een schip tot zinken brengen* **1.2** ~ the differences *de geschillen vergeten* **1.5** ~ a well *een put boren* **6.1** ~ one's head **into** one's hands *zijn hoofd in zijn handen laten zakken;* ~ a pole **into** the ground *een paal de grond in drijven* **6.3** ~ one's capital **in** *zijn geld steken in* **6.¶** be sunk **in** thought *in gedachten verzonken zijn* **¶.¶** be sunk *reddeloos verloren zijn.*
sinker [singkə] **0.1** ***zinklood*** ⟨aan vissnoer⟩.
sinking fund 0.1 ***amortisatiefonds.***
sinless [sinləs] ⟨-ness⟩ **0.1** ***zondeloos.***
sinner [sinnə] **0.1** ***zondaar.***
Sinn Fein [sjin feen] **0.1** ***Sinn Fein*** ⟨politieke vleugel v.d. IRA⟩.
Sinologist [sajnolləDzjist] **0.1** ***sinoloog.***
Sinology [sajnolləDzjie] **0.1** ***sinologie.***
sinuosit|y [sinjoe·ossətie] ⟨mv.: -ies⟩ **0.1** ***kronkeling*** *⇒bocht* **0.2** ***bochtigheid*** **0.3** ***lenigheid*** *⇒buigzaamheid.*
sinuous [sinjoeəs] ⟨-ness⟩ **0.1** ***kronkelend*** *⇒bochtig* **0.2** ***lenig*** *⇒buigzaam.*
sinus [sajnəs] **0.1** ***holte*** *⇒opening* **0.2** ⟨biol.⟩ ***sinus*** **0.3** ⟨med.⟩ ***fistel.***
Sioux [soe:] ⟨mv.: Sioux⟩ **0.1** ⟨bn.⟩ ***Sioux-*** *⇒van/mbt. de Sioux* **0.2** ⟨zn.⟩ ***Siouxindiaan.***
sip[1] [sip] ⟨zn.⟩ **0.1** ***slokje*** *⇒teugje.*
sip[2] ⟨-ped⟩ **I** ⟨onov.ww.⟩ **0.1** ⟨+at⟩ ***nippen (aan);***
II ⟨onov. en ov.ww.⟩ **0.1** ***met kleine teugjes drinken.***
siphon[1], **syphon** [sajfn] ⟨zn.⟩ **0.1** ***sifon*** *⇒hevel* **0.2** ***sifon*** *⇒hevelfles, spuitfles* **0.3** ⟨dierk.⟩ ***zuigbuis v. insect.***
siphon[2], **syphon** ⟨ww.⟩ **0.1** ⟨ook +off/out⟩ ***(over)hevelen*** ⟨ook fig.⟩ *⇒overtappen.*
sir, Sir [sə:, ⟨in bet. 0.2⟩ sə] **0.1** ***meneer*** *⇒mijnheer* ⟨aanspreektitel⟩ **0.2** ***Sir*** ⟨titel v. baronet en ridder⟩ ◆ **2.1** Dear Sir *geachte heer;* Dear Sirs *mijne heren* ⟨in brief⟩ **9.1** ⟨AE; inf.⟩ no sir! *geen sprake van!*
sire[1] [sajjə] ⟨zn.⟩ **0.1** ***vader v. dier*** ⟨ihb. v. paard⟩ **0.2** ⟨vero.⟩ ***Sire*** *⇒heer* ⟨aanspreektitel v. keizer/koning⟩.
sire[2] ⟨ww.⟩ **0.1** ***verwekken*** ⟨ihb. v. paard⟩.
siren [sajjərən] **0.1** ***(alarm)sirene*** **0.2** ⟨mythologie⟩ ***sirene*** **0.3** ***verleidster.***
sirloin [sə:lojn] **0.1** ***sirloin*** *⇒lendestuk v. rund.*
sirocco [sirrokkoo] **0.1** ***sirocco.***
sis [sis] ⟨mv.: sisses⟩⟨verk.⟩ [sister] ⟨inf.⟩ **0.1** ***zusje*** *⇒zus(ter).*
sisal [sajsl] **0.1** ***sisal(vezel).***
siskin [siskin] ⟨dierk.⟩ **0.1** ***sijsje.***
siss|y[1], **ciss|y** [sissie] ⟨zn.; mv.: -ies⟩⟨inf.⟩ **0.1** ***fat*** *⇒mietje* **0.2** ***lafbek*** *⇒bangerik.*
sissy[2], **sissified** [sissiffajd] ⟨bn.⟩⟨inf.⟩ **0.1** ***verwijfd*** **0.2** ***laf(hartig)*** *⇒slap.*
sister [sistə] **0.1** ***zus(ter)*** **0.2** ***non*** *⇒zuster* **0.3** ***meid*** *⇒feministe* **0.4** ⟨BE⟩ ***(hoofd)verpleegster*** **0.5** ⟨AE; inf.⟩ ***zus*** *⇒meid* ⟨vnl. aanspreekvorm⟩.
sisterhood [sistəhoed] **0.1** ***zusterschap*** **0.2** ***nonnenorde*** **0.3** ⟨vaak S-; vaak the⟩ ***vrouwenbeweging.***
sister-in-law ⟨mv.: sisters-in-law⟩ **0.1** ***schoonzus(ter).***
sisterly [sistəlie] **0.1** ***zusterlijk.***
sit [sit] ⟨sat, sat [sæt]⟩ **I** ⟨onov.ww.⟩ **0.1** ***zitten*** **0.2** ***zijn*** *⇒zich bevinden, liggen, staan* **0.3** ***te paard zitten*** **0.4** ***poseren*** *⇒model staan* **0.5** ***oppassen*** ⟨bv. op baby⟩ **0.6** ***(zitten te) broeden*** **0.7** ***zitting hebben/houden*** **0.8** ***passen*** *⇒zitten, staan;* ⟨fig.⟩ *betamen* ◆ **5.1** ⟨inf.⟩ ~ tight *rustig blijven zitten, volharden* **5.2** ~ heavy on the stomach *zwaar op de maag liggen* **5.8** that hat ~s well on her *die hoed staat haar goed* **5.¶** ⟨inf.⟩ ~ pretty *op rozen zitten;* that idea doesn't ~ well with me *dat idee zit me niet lekker;* ~ **about/around** *lanterfanten;* ~ **back** *gemakkelijk gaan zitten;* ⟨fig.⟩ *zijn gemak nemen, zich terugtrekken;* ~ **by** *lijdelijk toekijken;* ~ **down** *gaan zitten;* ~ **down** under *lijdelijk ondergaan, slikken;* ~ **in** *als vervanger optreden; een gebouw bezetten als uiting v. protest;* ~ **in** on *als toehoorder bijwonen* **6.1** ⟨fig.⟩ ~ **for** *vertegenwoordigen (in het Parlement);* ~ **through** a meeting *een vergadering uitzitten* **6.4** ~ **for** a portrait *voor een portret poseren* **6.¶** ⟨BE⟩ ~ **for** an exam *een examen afleggen;* ⟨rel.⟩ ~ **under** *deel uit-*

maken v.d. gemeente van (dominee); ~ **with** *helpen verplegen.* →**sit on/upon, sit out, sit up;**
II ⟨ov.ww.⟩ **0.1** ***laten zitten*** **0.2** ***berijden*** ⟨paard⟩ **0.3** ⟨BE⟩ ***afleggen*** ⟨examen⟩. →**sit out.**
sitar [sitta:] **0.1** ***sitar.***
sitcom [sitkom] ⟨verk.⟩ [situation comedy] ⟨vnl. BE; inf.⟩ **0.1** ***komische tv-serie.***
sit-down[1] ⟨zn.⟩ **0.1** ***sit-downdemonstratie/staking.***
sit-down[2] ⟨bn.⟩ **0.1** ***zittend*** ⇒*zit-* **0.2** ***sit-down*** ⇒*zit-* ◆ **1.1** ~ meal *zittend/aan tafel genuttigde maaltijd* **1.2** ~ strike *sit-downstaking.*
site[1] [sajt] ⟨zn.⟩ **0.1** ***plaats*** ⇒*lokatie* **0.2** ***(bouw)terrein.***
site[2] ⟨ww.⟩ **0.1** ***plaatsen*** ⇒*situeren* ◆ **5.1** the cottage is beautifully ~d *het huisje is prachtig gelegen.*
sit-in **0.1** ***sit-indemonstratie*** ⇒*bezetting.*
sit on, ⟨in bet. 0.1 ook⟩ **sit upon** **0.1** ***zitting hebben in*** **0.2** ***onderzoeken*** **0.3** ⟨inf.⟩ ***laten liggen*** ⇒*niets doen aan* **0.4** ⟨inf.⟩ ***terechtwijzen*** ⇒*op z'n kop zitten.*
sit out I ⟨onov.ww.⟩ **0.1** ***buiten zitten;***
II ⟨ov.ww.⟩ **0.1** ***uitzitten*** ⟨bv. concert⟩ **0.2** ***niet meedoen aan*** ⟨dans enz.⟩ ⇒*blijven zitten tijdens.*
sitter [sittə] **0.1** ***model*** ⇒*iem. die poseert* **0.2** ***broedende vogel*** ⇒*broedhen* **0.3** ⟨inf.⟩ ***makkelijk schot/vangst*** ⇒⟨fig.⟩ *makkelijk werkje* **0.4** ⟨verk.⟩ [babysitter].
sitter-in **0.1** ***(baby)oppas.***
sitting[1] [sitting] **I** ⟨telb.zn.⟩ **0.1** ***zitting*** ⇒*vergadering* **0.2** ***tafel*** ⇒*gelegenheid om te eten* ◆ **1.2** there will be two ~s of lunch, one at noon and one at two o'clock *er kan op twee tijdstippen geluncht worden, nl. om twaalf en om twee uur* **6.¶** he read the story at one ~ *hij las het verhaal in één ruk uit;*
II ⟨n.-telb.zn.⟩ **0.1** ***het zitten*** **0.2** ***het poseren.***
sitting[2] ⟨bn.⟩ **0.1** ***zittend*** ◆ **1.1** ⟨fig.⟩ ~ duck/target *makkelijke kans/doel; weerloos slachtoffer;* ~ member *zittend lid;* ~ tenant *huidige huurder.*
sitting-room **0.1** ***zitkamer*** ⇒*woon/huiskamer.*
situate [sitsjoe·eet] **0.1** ***plaatsen*** ⇒*situeren.*
situated [sitsjoe·eetid] **0.1** ***geplaatst*** **0.2** ***gelegen*** ⇒*gesitueerd* **0.3** ⟨inf.⟩ ***in een bep. positie verkerend*** ◆ **5.3** I'm rather awkwardly ~ right now *ik zit momenteel nogal moeilijk.*
situation [sitsjoe·eesjn] **0.1** ***toestand*** ⇒*situatie, omstandigheden* **0.2** ***ligging*** ⇒*plaats* **0.3** ***betrekking*** ⇒*baan* ◆ **2.3** ~ vacant *functie aangeboden.*
situation comedy ⟨vnl. BE⟩ **0.1** ***komische televisieserie.***
situation report **0.1** ***situatierapport*** ⇒*verslag over de stand v. zaken.*
sit up **0.1** ***rechtop (gaan) zitten*** **0.2** ***opblijven*** ⇒*waken* ⟨bij zieke⟩ **0.3** ***opkijken v. iets*** ◆ **3.1** ⟨fig.⟩ that will make him ~ and take notice! *daar zal hij van opkijken!*
sit-up **0.1** ***opzitoefening*** ⟨gymnastiek⟩.
six [siks] **0.1** ***zes*** ⟨ook voorwerp/groep ter waarde/grootte v. zes⟩ ◆ **1.1** ~ foot high *zes voet hoog* **1.¶** I'm all at ~es and sevens *ik ben de kluts kwijt;* everything is at ~es and sevens *alles is helemaal in de war* **4.¶** it's ~ of one and half a dozen of the other/~ and two threes *het is lood om oud ijzer* **5.1** it is ~ o'clock *het is zes uur* **6.1** arranged **by** ~es *per zes geschikt.* →**knock.**
sixfold [siksfoold] **0.1** ***zesvoudig.***
six-footer ⟨inf.⟩ **0.1** ***iem./iets van zes voet.***
six-pack ⟨inf.⟩ **0.1** ***(kartonnetje/omverpakking met) zes flesjes/blikjes (bier enz.).***
sixpence [sikspəns] **0.1** ⟨BE⟩ ***(waarde v.) sixpence*** ⇒⟨ong.⟩ *kwartje.*
sixshooter, six-gun **0.1** ***revolver*** ⟨met zes kamers⟩.
sixteen [sikstie:n] **0.1** ***zestien*** ⟨ook voorwerp/groep ter waarde/grootte v. zestien⟩.
sixteenth [sikstie:nθ] **0.1** ***zestiende*** ⇒⟨als zn.⟩ *zestiende.*
sixth [siksθ] **0.1** ***zesde*** ⇒⟨als zn.⟩ *zesde deel* ◆ **2.1** the ~ smallest business *het zesde kleinste bedrijf* **3.1** he came ~ *hij kwam als zesde.*
sixth form ⟨zn.⟩ **0.1** ⟨ong.⟩ ***bovenbouw vwo/atheneum*** ⟨van twee jaar; in GB⟩.
sixth-form college **0.1** ⟨ong.⟩ ***(staats)school met alleen bovenbouw vwo/atheneum van twee jaar*** ⟨in GB⟩.
sixth-former **0.1** ⟨ong.⟩ ***leerling in bovenbouw vwo/atheneum*** ⟨gedurende twee jaar; in GB⟩.
sixthly [siksθlie], **sixth** **0.1** ***ten/als zesde.***
sixtieth [sikstie·iθ] **0.1** ***zestigste*** ⇒⟨als zn.⟩ *zestigste deel.*
sixty [sikstie] **0.1** ***zestig*** ⟨ook voorwerp/groep ter waarde/grootte v. zestig⟩ ◆ **6.1** a man **in** his sixties *een man in de zestig;* temperatures **in** the sixties *temperaturen boven de zestig graden;* **in** the sixties *in de zestiger jaren* **6.¶** ⟨AE; inf.⟩ **like** ~ *allemachtig hard.*
sixty-four (thousand) dollar question ⟨the⟩ ⟨AE⟩ **0.1** ***hamvraag.***
sizable, sizeable [sajzəbl] **0.1** ***vrij groot*** ⇒*flink.*
size[1] [sajz] **I** ⟨telb. en n.-telb.zn.⟩ **0.1** ***afmeting*** ⇒*formaat, grootte, omvang* **0.2** ***maat*** ◆ **1.1** in all ~s and styles *in alle maten en vormen;* trees of various ~s *bomen v. verschillende grootte* **3.2** she takes ~ eight *ze heeft maat acht* **3.¶** ⟨fig.⟩ cut down to ~ *iem. op zijn plaats zetten* **4.¶** of some ~ *nogal groot;* ⟨inf.⟩ that is the ~ of it *zo is het verlopen;*
II ⟨n.-telb.zn.⟩ **0.1** ***stijfsel*** ⇒*pap, sterksel.*
size[2] ⟨ww.⟩ **0.1** ***stijven*** ⇒*pappen.*
size up **0.1** ***opnemen*** ⟨personen, situaties⟩.
size-up **0.1** ***taxatie.***
sizzle[1] [sizl] ⟨zn.⟩ **0.1** ***gesis*** ⇒*geknetter.*
sizzle[2] ⟨ww.⟩ **0.1** ⟨inf.⟩ ***sissen*** ⇒*knetteren.*
sizzler [sizlə] ⟨inf.⟩ **0.1** ***snikhete dag.***
sizzling [sizling] ⟨inf.⟩ **0.1** ***snik-*** ◆ **2.1** a ~ hot day *een snikhete dag.*
skate[1] [skeet] ⟨zn.⟩ **0.1** ***schaats*** **0.2** ***rolschaats*** ◆ **3.1** ⟨inf.; fig.⟩ get/put one's ~s on *opschieten.*
skate[2] ⟨zn.; mv.: ook skate⟩ ⟨dierk.⟩ **0.1** ***vleet*** ⇒*spijkerrog.*
skate[3] ⟨ww.⟩ **0.1** ***schaatsen(rijden)*** **0.2** ***rolschaatsen*** ◆ **6.¶** ~ **over/round** sth. *ergens luchtig overheen lopen/praten.*
skateboard[1] ⟨zn.⟩ **0.1** ***skateboard*** ⇒*rol(schaats)plank.*
skateboard[2] ⟨ww.⟩ **0.1** ***skateboarden*** ⇒*skaten, schaatsplankrijden.*
skateboarder **0.1** ***skateboarder*** ⇒*rolplankschaatser.*
skateboarding ⟨spel, sport⟩ **0.1** ***skateboarding*** ⇒*(het) skateboarden.*
skater [skeetə] **0.1** ***schaatser*** **0.2** ***rolschaatser.***
skating-rink **0.1** ***ijsbaan*** ⇒*schaatsbaan* **0.2** ***rolschaatsbaan.***
skedaddle [skidædl], **skeddle** [skedl] ⟨inf.⟩ **0.1** ***ervandoor gaan*** ⇒*'m smeren.*
skeet [skie:t], **skeet-shooting** ⟨AE; sport⟩ **0.1** ***skeet*** ⇒*soort kleiduivenschieten.*
skein [skeen] **0.1** ***streng*** **0.2** ***vlucht wilde ganzen.***
skeletal [skellitl] **0.1** ***skeletachtig*** ⇒*v.h. geraamte.*
skeleton [skellitn] **0.1** ***skelet*** ⇒*geraamte* **0.2** ***uitgemergeld persoon/dier*** **0.3** ***schema*** ⇒*schets* ◆ **1.1** the ~ of the building *het geraamte v.h. gebouw* **1.¶** ~ in the cupboard/⟨AE⟩ closet *onplezierig (familie)geheim.*
skeleton key **0.1** ***loper.***
skeleton service **0.1** ***basisdienst*** ⇒*minimale dienst.*
skeleton staff **0.1** ***kern v.e. staf.***
skeptic- →**sceptic-.**

sketch[1] [sketsj] ⟨zn.⟩ **0.1** ***schets*** ⇒*beknopte beschrijving* **0.2** ***schets*** ⇒*tekening* **0.3** ***sketch*** ⇒*kort toneelstukje/verhaal.*

sketch[2] **I** ⟨onov. en ov.ww.⟩ **0.1** ***schetsen*** ⇒*tekenen;*
II ⟨ov.ww.⟩ **0.1** ⟨ook +in/out⟩ ***schetsen*** ⇒*kort beschrijven/omschrijven.*

sketchbook, sketchpad 0.1 ***schetsblok*** ⇒*tekenblok.*

sketch|y [sketsjie] ⟨-iness⟩ **0.1** ***schetsmatig*** ⇒*ruw;* ⟨fig.⟩ *oppervlakkig* ◆ **1.1** ~ knowledge of history *oppervlakkige kennis v. geschiedenis.*

skew[1] [skjoe:] ⟨zn.⟩ ◆ **6.¶ on** the ~ *schuin, scheef.*

skew[2] ⟨bn.; -ness⟩ **0.1** ***schuin*** ⇒*scheef* ◆ **1.1** ~ arch *scheve boog.*

skewbald 0.1 ⟨bn.⟩ ***bont*** ⇒*gevlekt* **0.2** ⟨zn.⟩ ***gevlekt dier*** ⟨ihb. paard⟩.

skewer[1] [skjoe:ə] ⟨zn.⟩⟨cul.⟩ **0.1** ***vleespen*** ⇒*spies, brochette.*

skewer[2] ⟨ww.⟩ **0.1** ***doorsteken*** ⟨(als) met vleespen⟩.

ski[1] [skie:] ⟨zn.; mv.: skis⟩ **0.1** ***ski.***

ski[2] ⟨ww.; skis, skiing; skied; verl. t. ook ski'd⟩ **0.1** ***skiën*** ⇒*skilopen.*

skid[1] [skid] ⟨zn.⟩ **0.1** ***steunblok*** ⇒*steunbalk/plank* **0.2** ***glijbaan*** ⇒*glijplank* **0.3** ***remschoen*** ⇒*remblok* **0.4** ***schuiver*** ⇒*slip, slippartij* ◆ **3.¶** ⟨inf.⟩ put the ~s on/under s.o./sth. *iem./iets naar de verdommenis helpen; iem. achter zijn vodden zitten* **6.4** the car went **into** a ~ *de wagen raakte in een slip* **6.¶** ⟨inf.⟩ **on** the ~s *bergafwaarts, van kwaad tot erger.*

skid[2] ⟨ww.; -ded⟩ **0.1** ***slippen*** ⟨ook v. wiel⟩ ⇒*schuiven.*

skid mark 0.1 ***slipspoor*** ⇒*remspoor.*

skid-pan ⟨BE⟩ **0.1** ***slipbaan.***

skid row ⟨AE; inf.⟩ **0.1** ***achterbuurt.***

skied ⟨verl. t. en volt. deelw.⟩ →**sky.**

skier [skie:ə] **0.1** ***skiër/skiester.***

skies ⟨mv.⟩ →**sky.**

skiff [skif] **0.1** ***skiff*** ⟨eenpersoonsroeiboot⟩.

skiffle [skifl] ⟨vnl. BE⟩ **0.1** ***skiffle*** ⟨soort volksmuziek met zelfgemaakte instrumenten⟩.

ski glasses ⟨mv.⟩ **0.1** ***skibril.***

ski hut 0.1 ***skihut*** ⇒*schuilhut.*

skiing goggles [skie:ing] ⟨mv.⟩⟨skiën⟩ **0.1** ***skibril.***

ski instructor 0.1 ***skileraar/lerares*** ⇒*ski-instructeur.*

ski-jump 0.1 ***skischans*** **0.2** ***skisprong*** **0.3** ***het schansspringen.***

skilful, ⟨AE sp.⟩ **skillful** [skilfl] **0.1** ***bekwaam*** ⇒*(des)kundig* **0.2** ***vakkundig*** ⇒*ervaren.*

ski lift 0.1 ***skilift.***

skill [skil] **0.1** ***bekwaamheid*** **0.2** ***vakkundigheid*** ⇒*vaardigheid.*

skilled [skild] **0.1** ***bekwaam*** **0.2** ***vakkundig*** ⇒*geschoold, ervaren* ◆ **1.2** ~ labour *geschoolde arbeid;* ~ worker *geschoolde arbeider, vakman.*

skillet [skillit] **0.1** ⟨AE⟩ ***braadpan*** ⇒*koekenpan.*

ski lodge 0.1 ***skihut*** ⇒*skichalet.*

skim[1] [skim], **skimmed** [skimd] ⟨bn.⟩ **0.1** ***afgeroomd*** ◆ **1.1** ~ milk *taptemelk.*

skim[2] ⟨-med⟩ **I** ⟨onov.ww.⟩ **0.1** ***(heen) glijden*** ⇒*scheren* ◆ **6.1** sea-gulls skimmed **along/over** the waves *meeuwen scheerden over de golven;*
II ⟨onov. en ov.ww.⟩ **0.1** ***vluchtig inkijken*** ◆ **1.1** ~ (through/over) a book *een boek vlug doornemen;*
III ⟨ov.ww.⟩ **0.1** ***afschuimen*** ⇒*afscheppen* **0.2** ***afromen*** ⟨melk⟩ **0.3** ***(doen) scheren over*** ⇒*(doen) (heen) glijden over* ◆ **1.3** ~ the ground *over de grond scheren;* ~ a stone over the water *een steen op het water doen springen/keilen* **5.1** ~ the cream **off** from *de room afscheppen van;* ⟨fig.⟩ *het beste deel nemen van, afromen.*

skimmer [skimmə] **0.1** ***schuimspaan*** **0.2** ⟨dierk.⟩ ***schaarbek*** ⟨vogel⟩.

skimp [skimp] **I** ⟨onov.ww.⟩ **0.1** ⟨+on⟩ ***bezuinigen (op)*** ⇒*beknibbelen;*
II ⟨ov.ww.⟩ **0.1** ***karig (toe)bedelen*** ⇒*zuinig zijn met* **0.2** ***kort/krap houden.***

skimp|y [skimpie] ⟨-iness⟩ **0.1** ***karig*** ⇒*schaars.*

skin[1] [skin] ⟨zn.⟩ **0.1** ***huid*** ⟨ook v. vliegtuig, schip⟩ ⇒*vel, pels* **0.2** ***schil*** ⇒*vlies, bast* **0.3** ***leren waterzak*** ◆ **1.¶** ~ and bone(s) *vel over been;* ⟨inf.⟩ be no ~ of s.o.'s nose *iem. niet aangaan, iem. niet interesseren;* escape by the ~ of one's teeth *op het nippertje ontsnappen* **2.1** ⟨fig.⟩ have a thick ~ *een olifantshuid hebben;* ⟨fig.⟩ have a thin ~ *erg gevoelig zijn* **3.¶** ⟨inf.⟩ get under s.o.'s ~ *iem. irriteren; bezeten zijn van iem.;* jump out of one's ~ *zich dood schrikken;* save one's ~ *er heelhuids afkomen* **5.1 next** to the ~ *op de huid* **6.¶ under** the ~ *in wezen.*

skin[2] ⟨ww.; -ned⟩ **0.1** ***villen*** ⇒*(af)stropen* ⟨ook fig.⟩ **0.2** ***schillen*** ⇒*pellen* **0.3** ***oplichten*** ⇒*afzetten* ◆ **3.¶** ⟨inf.⟩ keep one's eye ~ned *alert zijn, wakker blijven.*

skin-deep 0.1 ***oppervlakkig*** ⟨ook fig.⟩. →**beauty.**

skin-dive 0.1 ***sportduiken.***

skin diver 0.1 ***sportduiker.***

skinflick ⟨AE; sl.⟩ **0.1** ***pornofilm.***

skinflint 0.1 ***vrek.***

skinful [skinfoel] ⟨inf.⟩ **0.1** ***genoeg drank om dronken van te worden.***

skin game ⟨inf.⟩ **0.1** ***oneerlijk gokspel*** **0.2** ***afzetterij*** ⇒ *zwendel.*

skin-graft 0.1 ***getransplanteerd stukje huid.***

skinhead 0.1 ***skinhead.***

skinn|y [skinnie] ⟨-ier⟩ **0.1** ***broodmager.***

skint [skint] ⟨BE; inf.⟩ **0.1** ***platzak*** ⇒*blut.*

skin-tight 0.1 ***nauwsluitend*** ⇒*strak* ⟨v. kleren⟩.

skip[1] [skip] ⟨zn.⟩ **0.1** ***sprongetje*** **0.2** ⟨BE⟩ ***afvalcontainer*** ⟨voor puin, afbraak e.d.⟩ **0.3** ***aanvoerder v. bowlingteam.***

skip[2] ⟨-ped⟩ **I** ⟨onov.ww.⟩ **0.1** ***huppelen*** ⇒*(over)springen* **0.2** ***touwtjespringen*** **0.3** ⟨+off/out; inf.⟩ ***ervandoor gaan*** **0.4** ***van de hak op de tak springen*** ◆ **6.¶** ~ **over** *overslaan, luchtig overheen gaan;*
II ⟨ov.ww.⟩ **0.1** ***overslaan*** ⇒*weglaten; wegblijven van.*

ski-plane 0.1 ***vliegtuig voorzien v. ski's.***

skipper[1] [skippə] ⟨zn.⟩ **0.1** ***kapitein*** ⇒*schipper* **0.2** ⟨sport⟩ ***trainer/aanvoerder v.e. team.***

skipper[2] ⟨ww.⟩ **0.1** ***schipper/kapitein/gezagvoerder zijn van*** **0.2** ***aanvoeren*** ⇒*leiden.*

skipping rope, ⟨AE⟩ **skip rope 0.1** ***springtouw.***

skirl [skə:l] **0.1** ***gesnerp*** ⇒*gegil* ⟨ihb. v. doedelzak⟩.

skirmish[1] [skə:misj] ⟨zn.⟩ **0.1** ***schermutseling*** ⟨ook fig.⟩ **0.2** ***woordenwisseling.***

skirmish[2] ⟨ww.⟩ **0.1** ***schermutselen*** ⇒*tirailleren* **0.2** ***(rede)twisten.***

skirmisher [skə:misjə] **0.1** ***tirailleur.***

skirt[1] [skə:t] ⟨zn.⟩ **0.1** ***rok*** **0.2** ***pand*** ⇒*slip* **0.3** ⟨vaak mv.⟩ ***rand*** ⇒*zoom, uiteinde* **0.4** ⟨sl.⟩ ***stuk*** ⇒*grietje* ◆ **1.3** the ~ of the forest *de zoom v.h. woud* **1.4** what a piece of ~! *wat een stuk!*

skirt[2] ⟨ww.⟩ **0.1** ***begrenzen*** ⇒*lopen langs* **0.2** ***omringen*** **0.3** ***ontwijken*** ⇒*omzeilen.*

skirting board [skə:ting bo:d] **0.1** ***plint.***

ski run 0.1 ***skihelling.***

ski suit 0.1 ***skipak.***

skit [skit] **0.1** ***parodie*** ⇒*scherts.*

skitter [skittə] **0.1** ***snellen*** ⇒*rennen* **0.2** ⟨sport⟩ ***vliegvissen.***

skittish [skittisj] ⟨-ness⟩ **0.1** ***schichtig*** ⟨ihb. v. paard⟩ ⇒*nerveus* **0.2** ***grillig*** **0.3** ***koket*** ⇒*frivool.*

skittle [skitl], **skittle pin** ⟨BE⟩ **0.1** *kegel.*

skittle-alley ⟨BE⟩ **0.1** *kegelbaan.*

skittles ⟨BE⟩ **0.1** *kegelspel.*

skive [skajv] ⟨BE; inf.⟩ **0.1** ***zich aan het werk onttrekken*** ⇒ *zich drukken.*

skiver [skajvə] **0.1** ***luiwammes.***

skivv|y[1] [skivvie] ⟨zn.; mv.: -ies⟩ **0.1** ⟨BE; inf.⟩ ***dienstmeisje.***

skivv|y[2] ⟨ww.; -ied⟩⟨BE; inf.⟩ **0.1** ***het vuile werk doen.***

skua [skjoe:ə], **skua gull** ⟨dierk.⟩ **0.1** ***jager.***

skulk [skulk] **0.1** ***zich verschuilen*** **0.2** ***sluipen*** ⇒*gluipen.*

skull [skul] **0.1** ***schedel*** **0.2** ***doodshoofd*** **0.3** ⟨vnl. enk.; inf.⟩ ***hersenpan*** ⇒*hersenen* ◆ **1.2** ~ and crossbones *doodshoofd met gekruiste beenderen* ⟨bv. op piratenvlag⟩ **3.3** he couldn't get it into his ~ that it is impossible *het drong niet tot zijn hersenen door dat het onmogelijk is.* →**thick.**

skullcap **0.1** ***petje*** ⇒*kalotje, keppeltje.*

skul(l)duggery [skuldugərie] **0.1** ***bedriegerij*** ⇒*geïntrigeer.*

skunk [skungk] **0.1** ⟨dierk.⟩ ***stinkdier*** **0.2** ⟨inf.⟩ ***schoft*** ⇒ *schooier.*

sky[1] [skaj] ⟨zn.⟩ **0.1** ***hemel*** ⇒*lucht* ◆ **1.¶** ⟨inf.⟩ the ~ is the limit *het kan niet op* ⟨vnl. mbt. geld⟩ **2.1** sunny skies are expected *er wordt zonnig weer verwacht* **3.1** praise s.o. to the skies *iem. hemelhoog prijzen;* reach for the ~ *hemelhoog reiken;* ⟨fig.⟩ *het hoogste nastreven;* read the ~ ⟨meteo.⟩ *aan de hand van waarnemingen v.d. lucht het weer voorspellen* **6.1** **under** the open ~ *in de open lucht.* → **clear, red.**

sky[2] ⟨ww.; skied⟩ **0.1** ***omhoogslaan*** ⟨vnl. cricketbal⟩.

sky blue **0.1** ***hemelsblauw.***

sky-blue **0.1** ***hemelsblauw.***

skydive ⟨parachutespringen⟩ **0.1** ***vrije val maken*** ◆ **¶.1** skydiving *vrije val.*

skydiver ⟨parachutespringen⟩ **0.1** ***vrijevaller.***

sky-high **0.1** ***hemelhoog*** ⇒⟨fig.⟩ *buitensporig hoog* ⟨bv. prijzen⟩ ◆ **3.1** blow ~ *in de lucht laten vliegen, opblazen;* ⟨inf.; fig.⟩ *geen spaan heel laten van.*

skyhook ⟨AE; inf.⟩ **0.1** ***denkbeeldige haak/steun uit de hemel.***

skyjacking ⟨inf.⟩ **0.1** ***(vliegtuig)kaping.***

skylark[1] ⟨zn.⟩ **0.1** ***veldleeuwerik.***

skylark[2] ⟨ww.⟩ **0.1** ***stoeien*** **0.2** ***pret maken.***

skylight **0.1** ***dakraam.***

skyline **0.1** ***horizon*** **0.2** ***skyline*** ⇒*silhouet* ⟨gezien tegen de lucht⟩.

skyrocket[1] ⟨zn.⟩ **0.1** ***vuurpijl.***

skyrocket[2] ⟨ww.⟩ **0.1** ***omhoogschieten*** ⟨v. prijzen⟩.

skyscraper **0.1** ***wolkenkrabber.***

skywalk **0.1** ***(overdekte) voetgangersbrug.***

skyward(s) [skajwəd(z)] **0.1** ***hemelwaarts.***

sky wave ⟨nat.⟩ **0.1** ***ethergolf*** ⟨radio⟩.

skywriting **0.1** ***rookschrift*** ⇒*luchtschrift.*

slab [slæb] **0.1** ***plaat*** ⟨bv. ijzer⟩ **0.2** ***plat rechthoekig stuk steen*** ⟨bv. in lijkenhuisje⟩ **0.3** ***plak*** ⟨bv. kaas⟩ **0.4** ⟨inf.⟩ ***(snee) brood.***

slack[1] [slæk] **I** ⟨telb.zn.⟩ **0.1** ***los/slap (hangend) deel van zeil of touw*** ⇒*loos* ◆ **3.1** take up/in the ~ *aantrekken* ⟨touw e.d.⟩; ⟨fig.⟩ *de teugel(s) kort houden;*
II ⟨n.-telb.zn.⟩ **0.1** ***steenkoolgruis*** **0.2** ***slappe tijd*** ⟨in hand.⟩ ⇒*komkommertijd* ⟨in nieuws⟩;
III ⟨mv.⟩ **0.1** ***sportpantalon*** ⇒*lange broek.*

slack[2] ⟨bn.; -ness⟩ **0.1** ***slap*** ⇒*los* **0.2** ***zwak*** ⇒*laks* **0.3** ***lui*** ⇒ *traag* ◆ **1.1** reign with a ~ hand *met slappe hand regeren* **1.¶** ~ season *slappe tijd;* ~ water *stil water; dood getijde.*

slack[3] **I** ⟨onov.ww.⟩ **0.1** ***lijntrekken*** ⇒*traag/minder hard werken* **0.2** ⟨+ up⟩ ***vaart verminderen*** ◆ **5.¶** ~ **off** *verslappen* ⟨in het werk⟩;
II ⟨onov. en ov.ww.⟩ **0.1** ***verslappen*** ⇒*(zich) ontspannen;*
III ⟨ov.ww.⟩ **0.1** ***los(ser) maken*** ⇒*(laten) vieren* ◆ **5.¶** ~ **away/off** *losmaken* ⟨bv. touw⟩.

slacken [slækən] **I** ⟨onov.ww.⟩ **0.1** ***langzamer lopen/rijden;***
II ⟨onov. en ov.ww.⟩ **0.1** ***verslappen*** ⇒*(zich) ontspannen* **0.2** ***verminderen*** ⇒*afnemen* ◆ **1.2** ~ speed *vaart verminderen;* the storm is ~ing *de storm neemt af* **5.2** ~ **off/up** *verminderen;*
III ⟨ov.ww.⟩ **0.1** ***los(ser) maken*** ⇒*(laten) vieren.*

slacker [slækə] **0.1** ***luilak.***

slag [slæg] **0.1** ***(metaal)slak(ken)*** **0.2** ⟨BE; inf.⟩ ***slet.***

slag-heap ⟨BE⟩ **0.1** ***heuvel v. mijnafval.***

slag off ⟨inf.⟩ **0.1** ***afkraken, kleineren.***

slain [sleen] ⟨volt. deelw.⟩ →**slay.**

slake [sleek] **0.1** ***lessen*** ⇒*laven* **0.2** ***blussen*** ⟨kalk⟩ ◆ **1.2** ~d lime *gebluste kalk.*

slalom [sla:ləm] ⟨sport⟩ **0.1** ***slalom.***

slam[1] [slæm] **I** ⟨telb.zn.⟩ **0.1** ***harde slag*** ⇒⟨honkbal⟩ *rake slag;*
II ⟨n.-telb.zn.⟩⟨bridge⟩ **0.1** ***slem*** ⇒*alle slagen* ◆ **2.1** grand ~ *groot slem* ⟨fig. ook voor het winnen v.e. reeks tennis/golftoernooien e.d.⟩; little/small ~ *klein slem.*

slam[2] ⟨-med⟩ **I** ⟨onov. en ov.ww.⟩ **0.1** ***met een klap dichtslaan*** **0.2** ⟨inf.⟩ ***harde klap met de hand geven;***
II ⟨ov.ww.⟩ **0.1** ***(neer/dicht)smijten*** **0.2** ⟨inf.⟩ ***scherp bekritiseren*** **0.3** ⟨inf.⟩ ***inmaken*** ⇒*volledig verslaan* ◆ **1.1** ⟨inf.⟩ ~ the door (in s.o.'s face) *de deur (voor iemands neus) dichtslaan* ⟨ook fig.⟩ **5.1** ~ **down** *neersmijten.*

slander[1] [sla:ndə] ⟨zn.⟩ **0.1** ***laster(praat).***

slander[2] ⟨ww.⟩ **0.1** ***(be)lasteren.***

slanderer [sla:ndərə] **0.1** ***lasteraar(ster).***

slanderous [sla:ndrəs] **0.1** ***lasterlijk.***

slang[1] [slæng] ⟨zn.; ook attr.⟩ **0.1** ***slang*** ⇒*zeer gemeenzame taal; taal v. bep. sociale klasse of beroep; jargon; platte/onbeschofte taal.*

slang[2] ⟨ww.⟩⟨BE; inf.⟩ **0.1** ***uitschelden.***

slanging match **0.1** ***scheldpartij.***

slang|y [slængie] ⟨-iness⟩ **0.1** ***slangachtig*** **0.2** ***met ruwe en onbeschofte taal.***

slant[1] [sla:nt] ⟨zn.⟩ **0.1** ***helling*** ⇒*schuinte* **0.2** ***gezichtspunt*** ⇒*kijk, optiek* ◆ **6.¶** **on** a/the ~ *scheef, schuin.*

slant[2] **I** ⟨onov.ww.⟩ **0.1** ***hellen*** ⇒*schuin aflopen;*
II ⟨ov.ww.⟩ **0.1** ***laten hellen*** ⇒*scheef houden* **0.2** ***tendentieus weergeven*** ◆ **1.2** ~ed news *tendentieuze nieuwsberichten.*

slantingly [sla:ntinglie] **0.1** ***schuin*** ⇒*hellend.*

slantwise [sla:ntwajz] **0.1** ***schuin*** ⇒*hellend.*

slap[1] [slæp] ⟨zn.⟩ **0.1** ***klap*** ⇒*mep* ◆ **1.1** ~ on the back *joviale klap op de rug;* ⟨fig.⟩ *schouderklopje;* ⟨inf.⟩ ~ in the face ⟨ook fig.⟩ *klap in het gezicht;* ⟨inf.; fig.⟩ ~ on the wrist *vermaning, lichte straf;* ⟨BE; inf.⟩ ~ and tickle *geflirt.*

slap[2] ⟨-ped⟩ **I** ⟨onov.ww.⟩ **0.1** ***kletteren*** ⇒*kletsen;*
II ⟨onov. en ov.ww.⟩ **0.1** ***een klap geven*** ⇒*meppen* ◆ **6.1** ⟨fig.⟩ ~ s.o. **on** the back *iem. op zijn schouder kloppen/feliciteren;*
III ⟨ov.ww.⟩ **0.1** ***smakken*** ⇒*smijten, kwakken* ◆ **5.1** ~ **down** *neersmijten;* ⟨inf.⟩ *hard aanpakken* ⟨bv. een misstand⟩.

slap[3] ⟨bw.⟩ **0.1** ***met een klap*** ⇒*regelrecht* **0.2** ***eensklaps*** ⇒ *pardoes.*

slap-bang **0.1** ***pardoes*** ⇒*eensklaps.*

slapdash **0.1** ***nonchalant*** ⇒*lukraak.*

slaphappy ⟨inf.⟩ **0.1** ***uitgelaten*** **0.2** ⟨BE⟩ ***nonchalant.***

slapstick **0.1** ***gooi-en-smijtfilm/toneelstuk*** **0.2** ***grove humor.***

slap-up ⟨BE; inf.⟩ **0.1** ***super-de-luxe*** ⇒*eersteklas.*
slash¹ [slæsj] ⟨zn.⟩ **0.1** ***houw*** ⇒*slag* **0.2** ***snee*** ⇒*jaap* **0.3** ⟨inf.⟩ ***schuine streep*** **0.4** ⟨AE⟩ ***split*** ⟨in kleding⟩ **0.5** ⟨vulg.⟩ ***het zeiken.***
slash² **I** ⟨onov.ww.⟩ **0.1** ***erop inhakken;***
II ⟨onov. en ov.ww.⟩ **0.1** ***houwen*** **0.2** ***snijden*** **0.3** ***striemen;***
III ⟨ov.ww.⟩ **0.1** ***drastisch verlagen*** ⟨prijzen⟩ **0.2** ***scherp bekritiseren*** **0.3** ***een split maken in*** ◆ **1.3** ~ed sleeve *mouw met split.*
slash-and-burn ◆ **1.¶** ~ agriculture *zwerflandbouw.*
slat [slæt] **0.1** ***lat*** ⟨bv. v. jaloezie⟩.
slate¹ [sleet] ⟨zn.⟩ **0.1** ***lei*** ⟨gesteente⟩ **0.2** ***lei*** ⇒*schrijfbordje* **0.3** ***daklei*** **0.4** ⟨AE⟩ ***kandidatenlijst*** **0.5** ***kerfstok*** ◆ **3.¶** clean the ~ *oude zaken afdoen en opnieuw beginnen* **6.5** ⟨inf.⟩ put it **on** the ~! *schrijf het maar op (de lat)!* →**clean.**
slate² ⟨ww.⟩ **0.1** ***met lei dekken*** **0.2** ⟨AE⟩ ***beleggen*** ⟨bv. vergadering⟩ ⇒*vaststellen* **0.3** ⟨BE; inf.⟩ ***scherp bekritiseren*** **0.4** ⟨AE: inf.⟩ ***(als kandidaat) voordragen*** ⇒*voorstellen.*
slating [sleeting] ⟨geen mv.⟩ **0.1** ⟨BE⟩ ***scherpe/hekelende kritiek*** ◆ **3.1** give s.o. a ~ *iem. er flink van langs geven.*
slatted [sleetid] **0.1** ***met latten*** ⟨als bij jaloezie⟩.
slattern [slætən] **0.1** ***del*** ⇒*slons.*
slatternly [slætənlie] **0.1** ***slonzig.***
slaughter¹ [slo·tə] ⟨zn.⟩ **0.1** ***slachting*** ⇒*het slachten; bloedbad.*
slaughter² ⟨ww.⟩ **0.1** ***slachten*** ⇒*vermoorden* **0.2** ⟨inf.⟩ ***totaal verslaan*** ⇒*inmaken.*
slaughterhouse **0.1** ***slachthuis*** ⇒*abattoir.*
Slav [sla:v] **0.1** ⟨bn.⟩ ***Slavisch*** **0.2** ⟨zn.⟩ ***Slaaf.***
slave¹ [sleev] ⟨zn.⟩ **0.1** ***slaaf/slavin.***
slave² ⟨ww.⟩ **0.1** ***zich uitsloven*** ⇒*zwoegen* ◆ **5.1** ~ **away** (at sth.) *zwoegen (op iets), ploeteren* ⟨bv. voor examen⟩.
slave driver **0.1** ***slavendrijver*** ⟨ook fig.⟩.
slave labour **0.1** ***slavenarbeid*** ⟨ook fig.⟩.
slaver¹ [sleevə] ⟨zn.⟩ **0.1** ***slavenhandelaar*** **0.2** ***slavenschip.***
slaver² [slævə] ⟨zn.⟩ **0.1** ***kwijl*** ⇒*speeksel.*
slaver³ [slævə] ⟨ww.⟩ **0.1** ***kwijlen*** ⟨ook fig.⟩.
slavery [sleevərie] **0.1** ***slavernij*** **0.2** ***slavenarbeid.***
slave trade, slave traffic **0.1** ***slavenhandel.***
Slavic [sla.vik, slæ-] **0.1** ***Slavisch.***
slavish [sleevisj] **0.1** ***slaafs*** ⇒*onderdanig* ◆ **1.1** a ~ imitation *een fantasieloze nabootsing.*
Slavonic [slə·vonnik] **0.1** ***Slavisch*** ◆ **1.1** ~ languages *Slavische talen.*
slay [slee]⟨slew [sloe:], slain [sleen]⟩ **0.1** ***doden*** ⇒*afmaken, slachten.*
SLD ⟨afk.⟩ **0.1** [Social and Liberal Democrats].
sleaze [slie:z] ⟨inf.⟩ **I** ⟨telb.zn.⟩ **0.1** ***vieze kerel/man*** ⇒*viespeuk, voddenbaal;*
II ⟨n.-telb.zn.⟩ **0.1** ***goorheid*** ⇒*verlopenheid, viesheid.*
sleaz|y [sliezie] ⟨-iness⟩ **0.1** ***goor*** ⇒*vies* **0.2** ***armoedig*** ⇒ *goedkoop, waardeloos* ◆ **1.1** ~ alley *goor steegje* **1.2** ~ excuse *waardeloos excuus.*
sled¹ [sled] ⟨zn.⟩⟨vnl. AE⟩ **0.1** ***slee.***
sled² ⟨ww.; -ded⟩ **0.1** ***sleeën.***
sled dog, sledge dog **0.1** ***sledehond.***
sledge¹ [sledzj] ⟨zn.⟩ **0.1** ***slee*** **0.2** ***voorhamer*** ⇒*moker.*
sledge² ⟨ww.⟩ **0.1** ***sleeën.***
sledgehammer **0.1** ***voorhamer*** ⇒*moker.*
sleek¹ [slie:k] ⟨bn.; -ness⟩ **0.1** ***zacht en glanzend*** ⟨ihb. van haar⟩ **0.2** ***(te) keurig verzorgd*** **0.3** ***mooi gestroomlijnd*** ⟨v. auto⟩ ⇒*chic en gestroomlijnd.*
sleek² ⟨ww.⟩ **0.1** ***gladmaken*** **0.2** ***glanzend maken.***
sleep¹ [slie:p] ⟨zn.⟩ **0.1** ***slaap*** ⇒*nachtrust* **0.2** ***rust(periode)*** ⇒*winterslaap* **0.3** ***slaap*** ⇒*oogvuil* ◆ **3.1** get to ~ *in slaap vallen;* go to ~ *gaan slapen, in slaap vallen;* my foot has gone to ~ *mijn voet slaapt;* not lose ~ over sth. *niet wakker liggen van iets;* put to ~ *in slaap brengen; wegmaken* ⟨narcose⟩; *een spuitje geven* ⟨dier⟩; send to ~ *in slaap doen vallen* **7.1** have a good ~ *goed slapen.*
sleep² ⟨slept, slept [slept]⟩ **I** ⟨onov.ww.⟩ **0.1** ***slapen*** ⇒*rusten* ◆ **1.1** ~ round the clock *de klok rond slapen* **1.¶** ⟨sprw.⟩ let ~ing dogs lie *men moet geen slapende honden wakker maken* **5.1** ~ late *uitslapen;* ~ **in** *in huis slapen* ⟨bv. oppas⟩; *uitslapen;* ~ **on** *doorslapen;* ~ **out** *buitenshuis/in de open lucht slapen* **5.¶** ⟨inf.⟩ ~ **around** *met jan en alleman naar bed gaan;* ~ **together** *met elkaar naar bed gaan* **6.1** ~ **on/over** sth. *een nachtje over iets slapen;* ~ **through** sth. *door iets heen slapen* ⟨bv. wekker⟩ **6.¶** ~ **with** s.o. *met iem. naar bed gaan;*
II ⟨ov.ww.⟩ **0.1** ***slaapplaats hebben voor*** ◆ **1.1** this hotel ~s eighty (guests) *dit hotel biedt plaats voor tachtig gasten* **5.¶** ~ **away** *verslapen* ⟨bv. tijd⟩; ~ **off** one's hangover *zijn roes uitslapen.*
sleeper [sliepə] **0.1** ***slaper*** ⇒*slaapkop* **0.2** ***dwarsbalk*** ⟨ihb. v. spoorbaan⟩ ⇒*biel(s)* **0.3** ***slaapwagen*** ⇒*couchette* **0.4** ***slaaptrein*** **0.5** ***onverwacht succes*** **0.6** ***spion*** ⟨die op later tijdstip pas actief wordt⟩.
sleeping bag **0.1** ***slaapzak.***
sleeping car **0.1** ***slaapwagen.***
sleeping coach **0.1** ***slaapbus.***
sleeping draught **0.1** ***slaapdrank(je).***
sleeping pill, sleeping tablet **0.1** ***slaaptablet*** ⇒*slaappil.*
sleeping quarters **0.1** ***slaapzaal*** ⇒*slaapvertrekken.*
sleeping sickness **0.1** ***slaapziekte.***
sleepless [slie:pləs] ⟨-ness⟩ **0.1** ***slapeloos.***
sleepwalker **0.1** ***slaapwandelaar.***
sleep|y [slie:pie] ⟨-iness⟩ **0.1** ***slaperig*** **0.2** ***loom*** **0.3** ***buikziek*** ⟨fruit⟩ ⇒*overrijp* **0.4** ***saai.***
sleepyhead ⟨inf.⟩ **0.1** ***slaapkop.***
sleet¹ [slie:t] ⟨zn.⟩ **0.1** ***natte sneeuw(bui)*** ⇒*natte hagel(bui).*
sleet² ⟨ww.⟩ **0.1** ***sneeuwen/hagelen en regenen tegelijk.***
sleety [slie:tie] **0.1** ***als/met natte sneeuw/hagel.***
sleeve [slie:v] **0.1** ***mouw*** **0.2** ***koker*** ⇒*mof* **0.3** ***hoes*** ⟨ihb. v. grammofoonplaat⟩ ◆ **3.¶** have sth. up one's ~ *iets achter de hand houden;* laugh in/up one's ~ *in zijn vuistje lachen;* roll up one's ~s *de handen uit de mouwen steken.*
sleeveless [slie:vləs] **0.1** ***mouwloos.***
sleigh¹ [slee] ⟨zn.⟩ **0.1** ***ar(renslee).***
sleigh² ⟨ww.⟩ **0.1** ***arren.***
sleight-of-hand **0.1** ***goochelarij*** ⇒*gegoochel* ⟨ook fig.⟩ **0.2** ***vingervlugheid.***
slender [slendə] ⟨-ness⟩ **0.1** ***slank*** ⇒*tenger* **0.2** ***schaars*** ⇒ *karig* **0.3** ***zwak*** ⇒*teer* ◆ **1.2** ~ income *karig inkomen.*
slenderize, -ise [slendərajz] ⟨AE; inf.⟩ **0.1** ***slank(er) worden/maken*** ⇒*(doen) afslanken.*
slept [slept] ⟨verl. t. en volt. deelw.⟩ →**sleep.**
sleuth [sloe:θ] **0.1** ***bloedhond*** ⇒*speurhond* **0.2** ⟨scherts.⟩ ***detective.***
slew¹, slue [sloe:] ⟨zn.⟩⟨AE; inf.⟩ **0.1** ***massa*** ⇒*hoop.*
slew², slue ⟨ww.⟩ **0.1** ***(rond)zwenken*** ⇒*met kracht omdraaien/ronddraaien.*
slew³ ⟨verl. t.⟩ →**slay.**
slice¹ [slajs] ⟨zn.⟩ **0.1** ***plak(je)*** ⇒*snee(tje), schijf(je)* **0.2** ***deel*** **0.3** ***schep*** **0.4** ***slag met effect*** ⇒*effectbal* ⟨bv. bij tennis⟩ ◆ **1.1** ~ of cake *sneetje cake* **1.¶** ⟨fig.⟩ ~ of the cake *deel v.d. koek;* it is a ~ of life *het is uit het leven gegrepen;* ~ of luck *meevaller.*
slice² **I** ⟨onov. en ov.ww.⟩ **0.1** ***kappen*** ⟨(bal) met effect slaan⟩;

II ⟨ov.ww.⟩ **0.1** ⟨vaak +up⟩ ***in plakken snijden*** **0.2** ***snijden*** ⇒⟨+ off⟩ *afsnijden* **0.3** ***verdelen*** ◆ **1.2** ~d bread *gesneden brood.*

slick[1] [slik], ⟨in bet. 0.1 ook⟩ **oil slick** ⟨zn.⟩ **0.1** ***olievlek*** ⟨ihb. op zeeoppervlak⟩ **0.2** ⟨AE; inf.⟩ ***populair tijdschrift op glanzend papier*** **0.3** ⟨autosport⟩ ***slick*** ⇒*droogweerband, profielloze raceband.*

slick[2] ⟨bn.; -ness⟩ ⟨inf.⟩ **0.1** ***glad*** ⇒*glibberig, glanzend* **0.2** ***glad*** ⇒*uitgeslapen, gehaaid* **0.3** ***oppervlakkig*** ⇒*glad, zich mooi voordoend* **0.4** ***goed (uitgevoerd)*** ⇒*kundig, soepel (draaiend/verlopend).*

slick down **0.1** ***(haar) glad tegen het hoofd plakken met water/olie.***

slicker [slikkə] ⟨AE; inf.⟩ **0.1** ***gladjanus*** **0.2** ***waterafstotende regenjas.***

slide[1] [slajd] ⟨zn.⟩ **0.1** ***glijbaan*** **0.2** ***sleehelling*** **0.3** ***val*** ⇒ *achteruitgang* ⟨ook fig.⟩ **0.4** ***(stoom)schuif*** **0.5** ***objectglaasje*** ⟨van microscoop⟩ **0.6** ***dia(positief)*** **0.7** ***(aard)verschuiving*** ⇒*lawine* **0.8** ***haarspeld*** ◆ **6.¶** ⟨inf.⟩ he is **on** the ~ *het gaat bergaf met hem.*

slide[2] ⟨slid, slid [slid]⟩ **I** ⟨onov.ww.⟩ **0.1** ***(uit)glijden*** **0.2** ***glippen*** ⇒*slippen* ◆ **5.¶** youth ~s **by** *de jeugd gaat ongemerkt voorbij* **6.¶** ~ **into** lies *tot leugens vervallen;* ~ **over** sth. *luchtig over iets heen praten;*
II ⟨onov. en ov.ww.⟩ **0.1** ***schuiven*** **0.2** ***slippen*** ◆ **1.1** sliding door *schuifdeur;* sliding roof *schuifdak;* sliding scale *kalibermaat; variabele schaal, glijdende (loon)schaal;*
III ⟨ov.ww.⟩ **0.1** ***(voort) laten glijden.***

slide frame, slide mount **0.1** ***diaraampje.***

slide guitar **0.1** ***bottleneck(gitaar)*** ⟨met metalen/glazen cilindertje bespeeld⟩ ⇒*slideguitar.*

slide rule **0.1** ***rekenliniaal.***

slide tackle, sliding tackle ⟨voetbal⟩ **0.1** ***sliding.***

slight[1] [slajt] ⟨zn.⟩ **0.1** ***(blijk v.) geringschatting*** ◆ **3.1** put a ~ upon *geringschatten, kleineren.*

slight[2] ⟨bn.; -ness⟩ **0.1** ***tenger*** ⇒*broos, frêle* **0.2** ***gering*** ⇒ *klein, onbeduidend* ◆ **1.2** ~ cold *lichte verkoudheid* **6.2** not **in** the ~est *niet in het minst.*

slight[3] ⟨ww.⟩ **0.1** ***geringschatten*** ⇒*kleineren.*

slightly [slajtlie] **0.1** ***onstevig*** ⇒*zwak* **0.2** ***een beetje*** ⇒ *enigszins* **0.3** ***onzorgvuldig*** ◆ **2.2** ~ longer *een beetje langer.*

slim[1] [slim] ⟨bn.; -mer; -ness⟩ **0.1** ***slank*** ⇒*tenger* **0.2** ***klein*** ⇒ *gering* ◆ **1.2** ~ chance *geringe kans.*

slim[2] ⟨-med⟩ **I** ⟨onov.ww.⟩ **0.1** ***afslanken*** ⇒*aan de (slanke) lijn doen;*
II ⟨ov.ww.⟩ **0.1** ***slanker maken.***

slime [slajm] **0.1** ***slijm.***

slim|y [slajmie] ⟨-iness⟩ **0.1** ***slijmerig*** ⟨ook fig.⟩ ⇒*glibberig* **0.2** ***kruiperig.***

sling[1] [sling] ⟨zn.⟩ **0.1** ***slinger*** **0.2** ***zwaai*** ⇒*slingering* **0.3** ⟨AE⟩ ***katapult*** **0.4** ***slingerverband*** ⇒*draagdoek* **0.5** ***draagriem*** ⇒*draagband* **0.6** ***lus*** ⇒*(hijs)strop.*

sling[2] ⟨ww.; slung, slung [slung]⟩ **0.1** ***(weg)slingeren*** ⇒ *zwaaien, smijten* **0.2** ***ophangen*** **0.3** ***(op)hijsen met een strop/leng*** ◆ **4.¶** ~ it *(te veel) praten; ouwehoeren* **6.1** ~ s.o. **out** *iem. eruit smijten.*

slingback **0.1** ***pump met open hiel.***

sling bag ⟨AE⟩ **0.1** ***schoudertas.***

sling shot ⟨AE⟩ **0.1** ***katapult.***

slink [slingk] ⟨slunk, slunk [slungk]⟩ **0.1** ***(weg)sluipen*** ◆ **5.1** ~ **away/off/out** *zich stilletjes uit de voeten maken;* ~ **in** *heimelijk binnensluipen.*

slip[1] [slip] ⟨zn.⟩ ⟨→s1⟩ **0.1** ***misstap*** ⟨ook fig.⟩ ⇒*vergissing, ongelukje* **0.2** ***hoesje*** ⇒*(kussen)sloop* **0.3** ***onderrok/jurk*** **0.4** ⟨ben. voor⟩ ***strookje (papier)*** **0.5** ***stek(je)*** ⇒*ent* **0.6** ⟨cricket⟩ ***slip(positie)*** ⟨veldspeler/positie vlak achter de wicketkeeper⟩ **0.7** ***jong tenger persoontje*** **0.8** ⟨vnl. mv.; cricket⟩ ***slips*** **0.9** ⟨keramiek⟩ ***slip*** ◆ **1.1** ~ of the pen *verschrijving;* ~ of the tongue *verspreking* **1.7** ~ of a girl *tenger meisje* **3.1** make a ~ *een vergissing maken, een misstap begaan* **3.¶** give s.o. the ~ *aan iem. ontsnappen/ontglippen* **¶.1** ⟨sprw.⟩ there's many a ~ 'twixt cup and lip *tussen lepel en mond valt veel pap op de grond; tussen neus en lippen kan een goede kans ontglippen.*

slip[2] ⟨-ped⟩ **I** ⟨onov.ww.⟩ **0.1** ***(uit)glijden*** ⇒*slippen* **0.2** ***glippen*** ⇒*(snel) sluipen* **0.3** ***afglijden*** ⇒*vervallen* ◆ **1.1** ~ped disc *hernia* **3.¶** let ~ *zich verspreken* **5.1** time ~s **away/by** *de tijd gaat ongemerkt voorbij;* ~ **down** *naar beneden glijden;* ~ **through** *doorschieten* **5.2** ~ **away** *wegglippen;* ~ **in/out** *naar binnen/buiten glippen;* ~ **off** *wegglippen* **5.¶** ~ **up** *zich vergissen* **6.1** ~ **on** sth. *ergens over uitglijden* **6.2** ~ **from** *ontglippen aan;* ~ **past** s.o. *langs iem. glippen;* ~ **through** one's fingers *door zijn vingers glippen* **6.¶** ~ **into/out** of a dress *een jurk aanschieten/uittrekken;*
II ⟨ov.ww.⟩ **0.1** ***schuiven*** ⇒*slippen, laten glijden* **0.2** ***ontglippen*** ⇒*ontschieten* **0.3** ***(onopvallend) toestoppen/geven*** **0.4** ***afschuiven*** ⇒*zich losmaken v.* **0.5** ***laten voorbijgaan*** ◆ **1.2** ~ one's attention *ontgaan;* ~ one's foot *uitglijden;* ~ one's memory/mind *vergeten* **1.4** the dog had ~ped his collar *de hond had zich van zijn riem ontdaan* **1.5** ~ an opportunity *een gelegenheid voorbij laten gaan* **3.2** let ~ *zich laten ontvallen; laten ontsnappen* **5.1** ⟨fig.⟩ ~ **in** a remark *een opmerking invoegen* **5.¶** ~ **off** clothes *kleren snel uittrekken;* ~ **on** sth. comfortable *iets gemakkelijks aanschieten;* ⟨AE⟩ ~ one **over** on s.o. *iem. beetnemen.*

slipcover **0.1** ***losse (meubel)hoes.***

slipknot **0.1** ***schuifknoop*** **0.2** ***slipsteek.***

slip-on **0.1** ***makkelijk aan te schieten*** ⟨v. kleding⟩ ◆ **1.1** ~ shoes *instappers.*

slipover **0.1** ***slip-over*** **0.2** ***pullover.***

slipper [slippə] **0.1** ***pantoffel*** ⇒*slipper.*

slipper|y [slippərie] ⟨-iness⟩ **0.1** ***glad*** ⇒*glibberig* **0.2** ***moeilijk te pakken te krijgen*** ⇒*ontwijkend;* ⟨fig. ook⟩ *moeilijk te begrijpen* **0.3** ***glibberig*** ⇒*riskant* **0.4** ***onbetrouwbaar*** ⇒*vals* ◆ **1.3** on ~ ground *op glibberig terrein* **1.4** as ~ as an eel *glad als een aal* **1.¶** ⟨BE⟩ ~ slope *glibberig pad, gevaarlijke koers.*

slippy [slippie] **0.1** ⟨inf.⟩ ***glad*** ⇒*glibberig.*

slip road ⟨BE⟩ **0.1** ***op/afrit*** ⟨v. autoweg⟩ ⇒*in/uitvoegstrook.*

slipshod [slipsjod] **0.1** ***onzorgvuldig*** ⇒*slordig* ⟨v. taal, stijl⟩.

slipslide away **0.1** ***weg/afglijden*** ⇒*(langzaam) populariteit verliezen.*

slipstream **0.1** ⟨luchtv.⟩ ***schroefwind*** **0.2** ***zuiging*** ⟨achter auto⟩ ◆ **6.¶** ⟨fig.⟩ **in** the ~ of *in het kielzog v.*

slip-up ⟨inf.⟩ **0.1** ***vergissing*** ⇒*fout(je).*

slipway **0.1** ***(scheeps)dok.***

slit[1] [slit] ⟨zn.⟩ **0.1** ***spleet*** ⇒*gleuf; lange snee* **0.2** ***split*** ⟨in jurk bv.⟩.

slit[2] ⟨ww.; -ted⟩ **0.1** ***snijden*** **0.2** ***scheuren.***

slit-eyed **0.1** ***met spleetogen.***

slither [sliðə] **0.1** ***glijden*** ⇒*glibberen.*

slithery [sliðərie] **0.1** ***glibberig.***

sliver[1] [slivvə] ⟨zn.⟩ **0.1** ***splinter*** ⇒*scherf* **0.2** ***dun plakje.***

sliver[2] **I** ⟨onov.ww.⟩ **0.1** ***versplinteren;***
II ⟨ov.ww.⟩ **0.1** ***versnipperen*** **0.2** ***aan repen/plakken snijden.***

slob [slob] ⟨inf.⟩ **0.1** ***smeerlap*** ⇒*slons, luie stomkop.*

slobber[1] [slobbə] ⟨zn.⟩ **0.1** ***kwijl*** **0.2** ***sentimentele praat.***

slobber[2] **I** ⟨onov.ww.⟩ **0.1** ***kwijlen*** **0.2** ***sentimenteel doen*** ⇒ *zwijmelen* ◆ **6.2** ⟨inf.⟩ ~ **over** sth. *zwijmelig doen over iets;*

II ⟨ov.ww.⟩ **0.1** ***bekwijlen*** **0.2** ***natte zoenen geven.***
sloe [sloo] **0.1** ⟨plantk.⟩ ***sleedoorn*** **0.2** ***sleepruim.***
sloegin **0.1** ***sleepruimenbrandewijn.***
slog[1] [slog] ⟨zn.⟩⟨inf.⟩ **0.1** ***geploeter*** *⇒gezwoeg* **0.2** ⟨cricket, boksen⟩ ***harde klap/stoot*** *⇒woeste slag, uithaal.*
slog[2], ⟨AE⟩ **slug** [sloeg] ⟨-ged⟩ **I** ⟨onov.ww.⟩ **0.1** ⟨+at⟩ ***zwoegen (op)*** *⇒noest doorwerken (aan)* **0.2** ***ploeteren*** *⇒sjokken* ◆ **5.1** ⟨inf.⟩ ~ **away** (at) *ijverig doorworstelen (met);*
II ⟨ov.ww.⟩ **0.1** ⟨vnl. cricket, boksen⟩ ***hard stoten/treffen*** *⇒uithalen naar, een ontzettende mep geven* ◆ **5.¶** ~ it **out** *het uitvechten.*
slogan [sloogən] **0.1** ***strijdkreet*** **0.2** ***motto*** **0.3** ***slagzin*** ⟨in reclame⟩.
slogger [slogə] **0.1** ***zwoeger.***
slo-mo [sloomoo] ⟨verk.⟩ [slow motion].
sloop [sloe:p] ⟨scheep.⟩ **0.1** ***sloep*** **0.2** ***klein oorlogsschip*** ⟨ihb. met antiduikbootwapens⟩.
slop[1] [slop] ⟨zn.⟩ **0.1** ***sentimenteel gewauwel*** *⇒gezwijmel* **0.2** ⟨vaak mv. met ww. in enk.⟩ ***waterige soep*** *⇒slappe kost* **0.3** ⟨vaak mv. met ww. in enk.⟩ ***spoeling*** *⇒dun varkensvoer* **0.4** ⟨vaak mv. met ww. in enk.⟩ ***menselijke ontlasting*** *⇒drek* **0.5** ⟨mv.⟩ ***vuil waswater.***
slop[2] **I** ⟨onov.ww.⟩ **0.1** ⟨+over⟩ ***overstromen*** **0.2** ***plassen*** *⇒ kliederen* **0.3** ***sloffen*** ◆ **5.1** ~ **about/around** *rondklotsen* **5.¶** ~ **about/around** *rondhannesen;* ~ **out** *toiletemmers leegmaken* **6.¶** ~ **over** s.o. *walgelijk sentimenteel doen tegen iem.;*
II ⟨onov. en ov.ww.⟩ **0.1** ***morsen (op)*** *⇒kliederen (op).*
slop basin, slop bowl ⟨BE⟩ **0.1** ***spoelkom.***
slop bucket, slop pail **0.1** ***toiletemmer.***
slope[1] [sloop] ⟨zn.⟩ **0.1** ***helling*** **0.2** ⟨wisk.⟩ ***hellingsgraad*** ◆ **6.¶** (rifle) **at** the ~ *(het geweer) op schouder.*
slope[2] **I** ⟨onov.ww.⟩ **0.1** ***hellen*** *⇒schuin af/oplopen, glooien* ◆ **5.¶** ~ **off** *er vandoor gaan* **6.1** ~ **down (to)** *aflopen (naar);*
II ⟨ov.ww.⟩ **0.1** ***laten hellen*** *⇒laten af/oplopen.*
slopp|y [sloppie] ⟨-iness⟩ **0.1** ***slordig*** *⇒slonzig, onzorgvuldig* **0.2** ***melig*** *⇒sentimenteel* **0.3** ***vies en nat*** ◆ **1.¶** Sloppy Joe, ~ joe *slobbertrui; hamburgergehakt met barbecuesaus.*
slop-shop **0.1** ***kledingzaak*** *⇒confectiezaak.*
slosh [slosj] **I** ⟨onov.ww.⟩ **0.1** ***plassen*** *⇒ploeteren* **0.2** ***klotsen;***
II ⟨ov.ww.⟩ **0.1** ***klotsen met*** **0.2** ⟨BE; sl.⟩ ***meppen*** *⇒een dreun verkopen* ◆ **5.1** ~ **about** *rondklotsen* **6.¶** ~ the paint **on** the wall *de verf op de muur smeren.*
sloshed [slosjt] ⟨inf.⟩ **0.1** ***dronken.***
slot[1] [slot] ⟨zn.⟩ **0.1** ***groef*** *⇒geul, gleuf* **0.2** ⟨inf.⟩ ***plaatsje*** *⇒ ruimte;* ⟨com.⟩ *zendtijd* ◆ **6.2** find a ~ **for** *een plaats inruimen voor* ⟨in het programma⟩.
slot[2] ⟨ww.; -ted⟩ **0.1** ***een gleuf/gleuven maken in*** **0.2** ***in een gleuf plaatsen*** **0.3** ⟨+in; vnl. BE⟩ ***inlassen*** *⇒een plaatsje vinden voor.*
sloth [slooθ] **I** ⟨telb.zn.⟩⟨dierk.⟩ **0.1** ***luiaard;***
II ⟨n.-telb.zn.⟩ **0.1** ***luiheid.***
slot machine **0.1** ⟨BE⟩ ***automaat*** **0.2** ⟨spel⟩ ***fruitmachine.***
slouch[1] [slautsj] ⟨zn.⟩ **0.1** ***slappe houding*** *⇒ronde rug* **0.2** ⟨inf.⟩ ***zoutzak*** ◆ **5.2** be no ~ at *handig zijn in* **6.1** move **with** a ~ *er sloom bij lopen.*
slouch[2] ⟨ww.⟩ **0.1** ***hangen*** *⇒erbij hangen* **0.2** ***een slappe houding hebben.***
slouch hat **0.1** ***slappe vilthoed.***
slouching [slautsjing] **0.1** ***slap*** *⇒krom.*
slough[1] [slau] ⟨zn.⟩ **0.1** ***moeras*** **0.2** ***modderpoel*** **0.3** ***inzinking*** *⇒wanhoop* ◆ **1.¶** the Slough of Despond *een poel van ellende.*
slough[2] [sluf] ⟨zn.⟩ **0.1** ***afgeworpen huid*** ⟨v. slang enz.⟩.
slough off [sluf] **0.1** ***afwerpen*** *⇒*⟨fig. ook⟩ *afschaffen, kwijt raken.*
Slovak [sloovæk] **0.1** ⟨bn.⟩ ***Slowaaks*** **0.2** ⟨zn.⟩ ***Slowaaks*** ⟨taal⟩.
Slovakia [sloovækiə] **0.1** ***Slowakije.***
Slovakian [sloovækiən] **0.1** ⟨bn.⟩ ***Slowaaks*** **0.2** ⟨zn.⟩ ***Slowaak.***
sloven [sluvn] **0.1** ***slons*** *⇒sloddervos.*
Slovene [sloovie:n] **0.1** ⟨bn.⟩ ***Sloveens*** **0.2** ⟨eig.n.⟩ ***Sloveens*** ⟨taal⟩ **0.3** ⟨telb.zn.⟩ ***Sloveen.***
Slovenia [sloovie:niə] **0.1** ***Slovenië.***
Slovenian [sloovie:niən] **0.1** ⟨bn.⟩ ***Sloveens*** **0.2** ⟨zn.⟩ ***Sloveen.***
slovenl|y [sluvnlie] ⟨-iness⟩ **0.1** ***slonzig*** *⇒slordig.*
slow[1] [sloo] ⟨bn.; -ness⟩ **0.1** ***langzaam*** *⇒traag; geleidelijk* **0.2** ***saai*** *⇒flauw* **0.3** ***laat*** ⟨bv. trein⟩ *⇒vertraagd* ◆ **1.1** ~ handclap *traag handgeklap* ⟨als teken v. verveling⟩; a ~ job *een karwei dat veel tijd kost;* ⟨film.⟩ in ~ motion *in slow motion;* ~ poison *langzaam werkend vergif;* I had a ~ puncture *mijn band liep langzaam leeg;* ~ train *boemeltrein* **1.2** ~ fire *zacht vuur;* ~ oven *laagbrandende oven;* ~ party *vervelend feestje* **1.3** the train is ~ *de trein is (te) laat* **1.¶** ~ off the mark, ⟨AE⟩ ~ on the uptake *traag v. begrip;* ⟨sport⟩ a ~ pitch / court *een trage pitch/baan;* be ~ of wit *traag v. begrip zijn* **3.¶** be ~ to anger *niet gauw kwaad worden.*
slow[2] ⟨ww.⟩ **0.1** ***vertragen*** *⇒inhouden* ◆ **5.1** ~ (the car) **down** *snelheid minderen;* ~ **down** *het kalmer aan doen;* ~ **up** *minder energie hebben.*
slow[3] ⟨bw.⟩ **0.1** ***langzaam*** ◆ **1.1** be four minutes ~ *vier minuten achterlopen* **3.1** go ~ *het langzaam aan doen;* ⟨sl.⟩ take it ~ *voorzichtig zijn.*
slowcoach, ⟨AE⟩ **slowpoke** ⟨inf.⟩ **0.1** ***slak*** *⇒slome.*
slow-down **0.1** ***vertraging*** *⇒vermindering;* ⟨ihb. ind.⟩ *productievermindering* **0.2** ***langzaam-aan-actie.***
slow ramp **0.1** ***verkeersdrempel.***
slow-worm **0.1** ***hazelworm.***
SLR ⟨afk.⟩ **0.1** [single-lens reflex].
sludge [sludzj] **0.1** ***slijk*** *⇒modder* **0.2** ***rioolspecie*** *⇒bezinksel in het riool* **0.3** ***olieklont*** *⇒oliekorst.*
slue →**slew.**
slug[1] [slug] ⟨zn.⟩ **0.1** ***naakte slak*** **0.2** ***metaalklomp*** **0.3** ***kogel*** **0.4** ⟨AE; inf.⟩ ***slok*** **0.5** ⟨sl.⟩ ***klap*** ◆ **3.5** put the ~ on s.o. *iem. een dreun geven.*
slug[2] ⟨ww.⟩ →**slog.**
sluggard [slugəd] **0.1** ***luiaard.***
slugger [slugə] ⟨sl.; honkbal⟩ **0.1** ***goede slagman.***
sluggish [slugisj] ⟨-ness⟩ **0.1** ***traag.***
sluice[1] [sloe:s] ⟨zn.⟩⟨vnl. bouwk.⟩ **0.1** ***sluis*** **0.2** ***sluiskolk*** **0.3** ***sluisdeur.***
sluice[2] **I** ⟨onov.ww.⟩ **0.1** ⟨ook +out⟩ ***uitstromen;***
II ⟨ov.ww.⟩ **0.1** ***laten uitstromen*** **0.2** ⟨ook +out/down⟩ ***overspoelen*** *⇒water laten stromen over* ◆ **1.2** ~ ore *erts wassen.*
sluice-gate ⟨wwb.⟩ **0.1** ***sluisdeur.***
slum[1] [slum] ⟨zn.; vaak mv.; ook attr.⟩ **0.1** ***achterbuurt*** **0.2** ⟨inf.⟩ ***rotzooi.***
slum[2] ⟨ww.; -med⟩ **0.1** ***(voor zijn plezier) in achterbuurten rondlopen*** ◆ **4.¶** ~ it *armoedig leven.*
slumber[1] [slumbə] ⟨zn.; vaak mv.⟩⟨vnl. schr.⟩ **0.1** ***slaap*** *⇒ sluimer.*
slumber[2] ⟨ww.⟩⟨vnl. schr.⟩ **0.1** ***slapen*** *⇒sluimeren* ◆ **5.¶** ~ **away** the afternoon *de middag verslapen.*
slumber button **0.1** ***sluimerknop.***

slumberous [slumbrəs] **0.1** ***slaperig*** ⇒⟨fig. ook⟩ *vredig* **0.2** ***slaapverwekkend.***

slumber-wear ⟨hand.; mode⟩ **0.1** ***nachtmode*** ⇒*nachtkleding.*

slum clearance 0.1 ***krotopruiming*** ⇒*woningsanering.*

slummy [slummie] **0.1** ***vervallen*** **0.2** ***vuil.***

slump¹ [slump] ⟨zn.⟩⟨vnl. geldw.⟩ **0.1** ***ineenstorting*** ⇒*snelle daling.*

slump² ⟨ww.⟩ **0.1** ***in elkaar zakken*** **0.2** ***instorten*** ⇒*mislukken;* ⟨ihb. geldw.⟩ *vallen* ◆ **5.1** ~ **down** to the floor *op de vloer in elkaar zakken.*

slumpflation [slumpfleesjn] ⟨ec.⟩ **0.1** ***stagflatie.***

slung [slung] ⟨verl. t. en volt. deelw.⟩ →**sling.**

slunk [slungk] ⟨verl. t. en volt. deelw.⟩ →**slink.**

slur¹ [slə:] ⟨zn.⟩ **0.1** ***smet*** ⇒*blaam* **0.2** ***gemompel*** **0.3** ***gekrabbel*** ◆ **3.1** cast a ~ on sth. *een smet werpen op iets* **6.1** put a ~ **upon** s.o. *iemands reputatie schaden.*

slur² ⟨ww.; -red⟩ **0.1** ***brabbelen*** ⇒*onduidelijk (uit)spreken* **0.2** ***slordig schrijven*** ◆ **6.¶** that fact was ~red **over** *aan dat feit werd achteloos voorbij gegaan.*

slurp [slə:p] **0.1** ***slobberen*** ⇒*(op)slurpen.*

slush¹ [slusj] ⟨zn.⟩ **0.1** ***sneeuwbrij*** **0.2** ***dunne modder*** **0.3** ***gezwijmel*** ⇒*sentimentele onzin.*

slush² I ⟨onov. ww.⟩ **0.1** ***plassen*** ⇒*plonzen;*
II ⟨ov. ww.⟩⟨bouwk.⟩ **0.1** ***voegen.***

slush fund ⟨AE⟩ **0.1** ***omkooppot*** **0.2** ***potje voor smeergeld.***

slush|y [slusjie] ⟨-ier⟩ **0.1** ***modderig*** **0.2** ***dun*** ⇒*waterig* **0.3** ***sentimenteel.***

slut [slut] **0.1** ***slons*** **0.2** ***slet*** **0.3** ***hoer.***

sluttish [sluttisj] **0.1** ***slonzig*** **0.2** ***lichtzinnig*** ⇒*hoerig.*

sly [slaj] ⟨-ness⟩ **0.1** ***sluw*** ⇒*geslepen* **0.2** ***geniepig*** **0.3** ***plagerig*** ⇒*pesterig* ◆ **1.1** ⟨fig.⟩ ~ old fox *sluwe vos* **6.¶** **on** the ~ *in het geniep.*

smack¹ [smæk] **I** ⟨telb. zn.⟩ **0.1** ***smaak*** **0.2** ***vleugje*** **0.3** ***trek*** **0.4** ***smakkend geluid*** ⇒*smak* **0.5** ***klap*** **0.6** ***klapzoen*** ⇒ *smakkerd* **0.7** ⟨scheep.⟩ ***smak*** **0.8** ⟨inf.⟩ ***heroïne*** ◆ **1.3** he has a ~ of inflexibility in him *hij heeft iets onverzettelijks* **3.¶** ⟨fig.⟩ get a ~ in the eye *zijn neus stoten;* have a ~ at sth. *een poging wagen (te);*
II ⟨n. telb. zn.⟩⟨sl.⟩ **0.1** ***heroïne.***

smack² I ⟨onov. ww.⟩ **0.1** ⟨+ of⟩ ***rieken (naar);***
II ⟨ov. ww.⟩ **0.1** ***slaan*** **0.2** ***smakken met*** ⟨de lippen⟩ **0.3** ***met een smak neerzetten.***

smack³ ⟨bw.⟩⟨inf.⟩ **0.1** ***met een klap*** **0.2** ***recht*** ⇒*precies* ◆ **3.1** hit s.o. ~ on the head *iem. een rake klap op zijn kop geven.*

smacker [smækə] **0.1** ***klap*** ⇒*smak* **0.2** ***klapzoen*** **0.3** ⟨vaak mv.; sl.⟩ ***pond*** **0.4** ⟨vaak mv.; sl.⟩ ***dollar.***

smacking¹ [smæking] ⟨zn.⟩ **0.1** ***pak slaag.***

smacking² ⟨bn.⟩⟨inf.⟩ **0.1** ***kwiek*** ⇒*vief, energiek, vlug* ◆ **1.1** at a ~ pace *in een stevig tempo.*

small¹ [smo:l] ⟨zn.⟩ **0.1** ***het smalste gedeelte*** **0.2** ⟨mv.; inf.⟩ ***kleine was*** ◆ **1.1** the ~ of the back *lende(streek)* **6.¶** **in** (the) ~ *in het klein.*

small² ⟨bn.; -ness⟩ **0.1** ***klein*** ⇒*gering; jong; fijn; onbelangrijk* **0.2** ***bescheiden*** **0.3** ***kleingeestig*** ⇒⟨inf.⟩ *gierig* **0.4** ***slap*** ⇒ *licht, met weinig alcohol* ◆ **1.1** ~ arms *handvuurwapens;* ~ business *kleinbedrijf;* ⟨spel⟩ a ~ card *een lage kaart;* ~ change *kleingeld;* a ~ eater *een kleine eter;* a ~ farmer *een kleine boer;* ⟨med.⟩ ~ intestine *dunne darm;* ~ letters *kleine letters;* ~ print *kleine druk;* ⟨fig.⟩ *de kleine lettertjes;* ⟨inf.⟩ the ~est room *de wc;* ⟨spel⟩ ~ slam *klein slem;* a ~ voice *een klein/zacht/hoog stemmetje;* ~ wonder *geen wonder* **1.2** in a ~ way *op kleine schaal* **1.3** ~ beer *zwak alcoholisch bier;* ⟨fig.⟩ *onbelangrijke zaken* **1.¶** ⟨hand.⟩ ~ profits and quick returns *kleine winst, snelle omzet;* the ~ hours *de kleine uurtjes* **3.1** feel/look ~ *zich schamen.* →**great, still.**

small³ ⟨bw.⟩ **0.1** ***klein*** ◆ **3.1** cut sth. ~ *iets klein snijden.*

small ad ⟨BE⟩ **0.1** ***rubrieksadvertentie*** ⇒*kleine annonce.*

small fry ⟨inf.⟩ **0.1** ***onbelangrijke lieden.***

smallholder ⟨BE⟩ **0.1** ***kleine boer.***

smallholding ⟨BE; landb.⟩ **0.1** ***stuk akkerland kleiner dan twintig hectare.***

small-minded ⟨-ness⟩ **0.1** ***kleingeestig.***

smallpox ⟨med.⟩ **0.1** ***pokken.***

small-scale 0.1 ***kleinschalig.***

small talk 0.1 ***geklets.***

small-time ⟨inf.⟩ **0.1** ***gering*** ⇒*onbelangrijk.*

smalltimer 0.1 ***onbelangrijke figuur.***

smarm [sma:m] ⟨BE; inf.⟩ **0.1** ***(be)smeren*** **0.2** ***vleien*** ◆ **6.2** ~ one's way **into** sth. *door gevlei iets bereiken.*

smarm|y [sma:mie] ⟨-ier⟩⟨BE; inf.⟩ **0.1** ***zalvend*** ⇒*flikflooiend.*

smart¹ [sma:t] ⟨zn.⟩ **0.1** ***steek*** ⇒*pijn(scheut).*

smart² ⟨bn.; -ness⟩ **0.1** ***heftig*** ⇒*fel* **0.2** ***bijdehand*** ⇒*slim, gevat* **0.3** ***sluw*** **0.4** ***keurig*** ⇒*knap* **0.5** ***toonaangevend*** ◆ **1.1** at a ~ pace *met flinke pas* **1.2** ~ card *chipkaart, smartcard* ⟨(bank)kaart met geheugen⟩; ~ talker *vlotte prater* **1.5** the ~ people *de bekende mensen* **1.¶** ~ aleck / alick, ⟨sl.⟩ ~ ass / guy *wijsneus* **3.4** how ~ you look! *wat zie je er mooi uit!* **3.¶** don't (you) get ~ (with me)! *niet te slim/brutaal worden, hè!;* look ~! *schiet op!;* ⟨AE; inf.⟩ play it ~ *het handig aanpakken.*

smart³ ⟨ww.⟩ **0.1** ***pijn doen*** ⇒*steken* **0.2** ***pijn hebben*** ⇒*lijden* ◆ **6.2** ~ **for** one's deeds *boeten voor zijn daden;* ~ **over / under** an insult *zich gekwetst voelen door een belediging.*

smartalecky [sma:tælikkie] **0.1** ***eigenwijs.***

smart-alick [sma:tælik] **0.1** ***gewiekst.***

smarten [sma:tn] **0.1** ⟨ook +up⟩ ***opknappen*** ⇒*(zichzelf) opdoffen* ◆ **5.1** you really have ~ed **up** *je ziet er echt veel beter uit.*

smart|y [sma:tie] ⟨mv.: -ies⟩ **0.1** ***wijsneus.***

smash¹ [smæsj] ⟨zn.⟩ **0.1** ***slag*** ⇒*gerinkel* **0.2** ***klap*** ⇒*slag, dreun* **0.3** ***ineenstorting*** ⇒⟨ihb. ec.⟩ *krach, bankroet* **0.4** ⟨AE; inf.⟩ ***topper*** ⇒*groot succes* **0.5** ⟨tennis⟩ ***smash*** ◆ **3.3** go to ~ *mislukken.*

smash² I ⟨onov. ww.⟩ **0.1** ***razen*** ⇒*beuken, botsen* **0.2** ***geruïneerd worden*** ⇒⟨ihb.⟩ *failliet gaan* **0.3** ⟨tennis⟩ ***een smash slaan*** ◆ **6.1** the car ~ed **into** the garage door *de auto vloog met een klap tegen de garagedeur;*
II ⟨onov. en ov. ww.⟩ **0.1** ⟨ook +up⟩ ***breken*** ⇒*kapot vallen;*
III ⟨ov. ww.⟩ **0.1** ***slaan op*** ⇒*beuken tegen* **0.2** ⟨vaak +up⟩ ***vernielen*** ⇒*in de prak rijden* **0.3** ***uiteenjagen*** ⇒*verpletteren* ⟨de vijand⟩ **0.4** ⟨tennis⟩ ***smashen*** ◆ **5.2** ~ **in** *in elkaar slaan, inslaan.*

smash³ ⟨bw.⟩ **0.1** ***met een klap.***

smash-and-grab raid ⟨BE⟩ **0.1** ***etalagediefstal.***

smashed [smæsjt] ⟨BE; inf.⟩ **0.1** ***dronken.***

smasher [smæsjə] ⟨inf.⟩ **0.1** ***iets geweldigs*** **0.2** ***dreun*** ⇒*vernietigend antwoord.*

smash hit ⟨sl.⟩ **0.1** ***geweldig succes.***

smashing [smæsjing] ⟨BE; inf.; vnl. kind.⟩ **0.1** ***geweldig.***

smash-up 0.1 ***klap*** ⇒*dreun;* ⟨ihb.⟩ *botsing* **0.2** ***catastrofe.***

smattering [smætəring] **0.1** ***beetje*** ◆ **1.1** have a ~ of French *een paar woordjes Frans spreken.*

smear¹ [smiə] ⟨zn.⟩ **0.1** ***smeer*** ⇒*vlek* **0.2** ⟨inf.⟩ ***verdachtmaking*** ⇒*smet* **0.3** ⟨med.⟩ ***uitstrijkje.***

smear² I ⟨onov. ww.⟩ **0.1** ***vies worden*** ⇒*uitlopen* **0.2** ***afgeven;***

II ⟨ov.ww.⟩ **0.1** ***smeren*** ⇒*uitsmeren* **0.2** ***besmeren*** **0.3** ***vlekken maken op*** **0.4** ***vlekkerig maken*** **0.5** ***verdacht maken.***

smear campaign **0.1** ***lastercampagne.***

smear test ⟨med.⟩ **0.1** ***uitstrijkje.***

smell[1] [smel] ⟨zn.⟩ **0.1** ***reuk*** ⇒*geur;* ⟨fig.⟩ *sfeer* **0.2** ***vieze lucht*** **0.3** ***snuf*** ◆ **3.3** take a ~ at this *ruik hier eens even aan.*

smell[2] ⟨ook smelt, smelt [smelt]⟩ **I** ⟨onov.ww.⟩ **0.1** ⟨+of⟩ ***ruiken (naar)*** ⇒*geuren (naar)* **0.2** ***snuffelen*** ⇒⟨fig.⟩ *speuren* **0.3** ⟨+of⟩ ***stinken (naar)*** ⇒*rieken (naar)* ⟨ook fig.⟩ **0.4** ***lijken*** ⇒*eruitzien als* ◆ **1.3** the meat ~s *het vlees stinkt* **5.2** ~ **about/round** *rondsnuffelen;* ⟨fig.⟩ *op zoek zijn;*
II ⟨onov. en ov.ww.⟩ **0.1** ⟨+at⟩ ***ruiken (aan).*** →**smell out.**

smelling bottle **0.1** ***flesje reukzout.***

smelling salts **0.1** ***reukzout.***

smell out **0.1** ***opsporen*** ⇒*op het spoor komen* **0.2** ⟨inf.⟩ ***doen stinken*** ⇒*met stank vullen* ◆ **1.2** that chicken is smelling the kitchen out *de hele keuken stinkt naar die kip.*

smell|y [smellie] ⟨-iness⟩⟨inf.⟩ **0.1** ***vies*** ⇒*stinkend.*

smelt[1] [smelt] ⟨zn.; mv.: ook smelt⟩⟨dierk.⟩ **0.1** ***spiering.***

smelt[2] ⟨ww.⟩⟨ind.⟩ **0.1** ***uitsmelten*** ⟨erts⟩ **0.2** ***uit erts uitsmelten*** ⟨metaal⟩.

smelter [smeltə] ⟨ind.⟩ **0.1** ***smeltoven*** ⟨erts⟩ **0.2** ***ertssmelterij*** **0.3** ***smelter.***

smile[1] [smajl] ⟨zn.⟩ **0.1** ***glimlach*** ◆ **1.1** wipe the ~ off s.o.'s face *iem. het lachen doen vergaan* **5.1** be all ~s *stralen.*

smile[2] **I** ⟨onov.ww.⟩ **0.1** ⟨+at⟩ ***glimlachen (naar/tegen)*** **0.2** ***er stralend uitzien*** ⟨natuur⟩ **0.3** ***lachen*** ⇒*toelachen, gunstig gezind zijn* ◆ **3.¶** come up smiling *het niet opgeven* **6.3** the Commission ~s **on** deregulation *de Commissie is de deregulering gunstig gezind;*
II ⟨ov.ww.⟩ **0.1** ***glimlachend uiten*** ◆ **1.1** she ~d her approval *ze glimlachte goedkeurend;* he ~d an uncanny smile *er kwam een eigenaardig lachje op zijn gezicht.*

smilingly [smajlinglie] **0.1** ***met een glimlach.***

smirch[1] [smə:tsj] ⟨zn.⟩ **0.1** ***vlek*** **0.2** ⟨fig.⟩ ***smet.***

smirch[2] ⟨ww.⟩ **0.1** ***bevuilen*** **0.2** ***een smet werpen op.***

smirk[1] [smə:k] ⟨zn.⟩ **0.1** ***zelfgenoegzaam lachje.***

smirk[2] ⟨ww.⟩ **0.1** ***zelfgenoegzaam glimlachen*** ⇒*meesmuilen.*

smite [smajt]⟨smote [smoot], smitten [smitn]⟩ ⟨schr.; scherts.⟩ **0.1** ***slaan*** **0.2** ***verslaan*** ⇒*vellen* **0.3** ***straffen*** **0.4** ***raken*** ⇒*treffen* ◆ **1.4** her conscience smote her *haar geweten stak* **6.4** smitten **with** a disease *getroffen door een ziekte;* smitten **with** s.o. *smoorverliefd op iem.*

smith [smiθ] **0.1** ***smid*** **0.2** ***maker*** ⇒*smeder.*

smithereens [smiðərie:nz] ⟨inf.⟩ ◆ **6.¶** smash **into/to** ~ *aan diggelen gooien.*

smith|y [smiðie] ⟨mv.: -ies⟩ **0.1** ***smederij.***

smock [smok] **0.1** ***kieltje*** ⇒*schortje* **0.2** ***jak*** ⇒*kiel.*

smocking [smokking] **0.1** ***smokwerk.***

smog [smog] **0.1** ***smog.***

smoke[1] [smook] ⟨zn.⟩ **0.1** ***rook*** **0.2** ***rokertje*** ⇒*sigaret* ⟨e.d.⟩ **0.3** ***damp*** **0.4** ***trekje*** ◆ **3.¶** go up in ~ *in rook opgaan;* ⟨fig.⟩ *op niets uitlopen* **7.¶** ⟨sprw.⟩ there's no ~ without fire *geen rook zonder vuur.* →**holy.**

smoke[2] **I** ⟨onov. en ov.ww.⟩ **0.1** ***roken*** ⟨ook cul.⟩ ◆ **1.1** ~d ham *gerookte ham* **4.1** ~ o.s. to death *zich doodroken* **7.1** no smoking *verboden te roken;*
II ⟨ov.ww.⟩ **0.1** ***beroken*** ◆ **1.1** ~d glass *beroet glas.* → **smoke out.**

smoke alarm **0.1** ***rookmelder*** ⇒*rookdetector.*

smokebomb **0.1** ***rookbom.***

smoke detector **0.1** ***rookdetector*** ⇒*rookmelder.*

smoke-free **0.1** ***rookvrij*** ◆ **1.1** ~ area/zone *rookvrije ruimte/zone* ⟨waar niet gerookt mag worden⟩.

smoke hood ⟨luchtv.⟩ **0.1** ***rookmasker*** ⟨tegen giftige gassen bij vliegtuigongelukken⟩.

smoke out **0.1** ***uitroken*** ⟨uit hol e.d.⟩ **0.2** ***te weten komen*** ⟨bv. plannen⟩.

smoker [smookə] **0.1** ***roker*** **0.2** ***rookcoupé/rijtuig*** **0.3** ***mannenbijeenkomst.***

smoker's cough [smookəs kof] **0.1** ***rokershoest.***

smokescreen **0.1** ***rookgordijn*** ⇒⟨ook fig.⟩ *afleidingsmanoeuvre.*

smokestack **0.1** ***schoorsteen.***

smoking carriage **0.1** ***rookrijtuig.***

smoking compartment **0.1** ***rookcoupé.***

smoking jacket **0.1** ***huisjasje.***

smoking mixture **0.1** ***pijptabak.***

smoking room, smoke room **0.1** ***rooksalon.***

smok|y [smookie] ⟨-iness⟩ **0.1** ***rokerig.***

smolder →**smoulder.**

smooch[1] [smoe:tsj] ⟨zn.; geen mv.⟩⟨inf.⟩ **0.1** ***gezoen*** ⇒*gevrij, geknuffel* ◆ **3.1** have a ~ *vrijen, scharrelen.*

smooch[2] ⟨ww.⟩⟨inf.⟩ **0.1** ***vrijen*** ⇒*knuffelen.*

smooth[1] [smoe:ð] ⟨zn.⟩ ◆ **3.¶** give sth. a ~ *iets gladstrijken.*

smooth[2] ⟨bn.; -ness⟩ **0.1** ***glad*** **0.2** ***soepel*** ⇒*gelijkmatig* **0.3** ***gemakkelijk*** **0.4** ***vreedzaam*** ⇒*rustig* **0.5** ***overmatig vriendelijk*** ⇒*glad* **0.6** ***zacht smakend*** **0.7** ***zoetvloeiend*** ⇒*zacht, strelend* ⟨v. stem, klank⟩ ◆ **1.1** ⟨cul.⟩ a ~ batter *een glad beslag;* ~ surface *glad oppervlak* **1.5** ⟨inf.⟩ ~ operator *gladjanus* **1.¶** in ~ water *in rustig vaarwater.*

smooth[3], **smoothen** [smoe:ðn] **I** ⟨onov.ww.⟩ **0.1** ***glad worden*** ◆ **5.1** ~ **down** *kalm worden;*
II ⟨ov.ww.⟩ **0.1** ***gladmaken*** ⇒*effen/regelmatig maken* **0.2** ⟨ook +out⟩ ***gladstrijken*** ⇒⟨fig.⟩ *(onregelmatigheden/verschillen) wegnemen* **0.3** ***effenen*** ⇒*obstakels wegnemen in* **0.4** ⟨+down⟩ ***kalmeren*** ◆ **5.2** ~ **away** *wegnemen;* ~ **down** one's clothes *zijn kleren gladstrijken* **5.3** ~ **out** a problem *een moeilijkheid wegnemen;* ~ **over** an argument *een woordentwist bijleggen.*

smooth-bore **0.1** ***gladloopsgeweer.***

smooth|ie, smooth|y [smoe:ðie] ⟨mv.: -ies⟩ **0.1** ⟨inf.⟩ ***gladde*** ⇒*handige prater.*

smoothing iron **0.1** ***strijkijzer.***

smoothing plane **0.1** ***gladschaaf.***

smote [smoot] ⟨verl. t.⟩ →**smite.**

smother[1] [smuðə] ⟨zn.⟩ **0.1** ***(verstikkende) walm*** **0.2** ***wolk*** ⟨bv. stof, sneeuw⟩ **0.3** ***massa.***

smother[2] **I** ⟨onov. en ov.ww.⟩ **0.1** ***(ver)stikken*** ⇒*(ver)smoren;*
II ⟨ov.ww.⟩ **0.1** ***(uit)doven*** **0.2** ***(ver)smoren*** ⇒*onderdrukken* **0.3** ⟨+in⟩ ***overladen (met)*** ⇒*overdekken (met)* ⟨fig.⟩; *verstikken* **0.4** ⟨AE⟩ ***overweldigen*** ◆ **1.2** all opposition was ~ed *elke oppositie werd onderdrukt* **1.3** medals ~ed his chest *zijn borst was met medailles beladen* **6.3** ~ed **in** cream *rijkelijk met room bedekt.*

smoulder[1], ⟨AE sp. vnl.⟩ **smolder** [smooldə] ⟨zn.⟩ **0.1** ***(dikke) rookwolk*** **0.2** ***smeulend vuur.***

smoulder[2], ⟨AE sp. vnl.⟩ **smolder** ⟨ww.⟩ **0.1** ***(na)smeulen*** ⇒*gloeien.*

smudge[1] [smudzj] ⟨zn.⟩ **0.1** ***vlek*** ⇒*smet* **0.2** ⟨AE⟩ ***smeulend vuur*** ⟨tegen insecten/vorst⟩.

smudge[2] **I** ⟨onov.ww.⟩ **0.1** ***vlekken;***
II ⟨ov.ww.⟩ **0.1** ***(be)vlekken*** ⇒*vuilmaken* **0.2** ***een smet werpen op*** ⇒*bezoedelen* **0.3** ***uitsmeren.***

smudg|y [smudzjie] ⟨-ier⟩ **0.1** ***vlekkerig*** ⇒*besmeurd* **0.2** ***wazig.***

smug [smug] ⟨-ness⟩ **0.1** ***zelfvoldaan.***
smuggle [smugl] **0.1** ***smokkelen*** ◆ **5.1** ~ **in/out** *binnensmokkelen/naar buiten smokkelen.*
smuggler [smuglə] **0.1** ***smokkelaar.***
smuggling [smugling] **0.1** ***smokkel(handel).***
smut[1] [smut] ⟨zn.⟩ **0.1** ***vuiltje*** ⇒*stofje* **0.2** ***roetdeeltje*** **0.3** ***roet*** ⇒*kolenstof* **0.4** ***vuiligheid*** **0.5** ⟨plantk.⟩ ***(koren)-brand*** ◆ **3.4** talk ~ *vuile taal uitslaan.*
smut[2] ⟨ww.; -ted⟩ **0.1** ***zwart/vuil maken.***
smutt|y [smuttie] ⟨-iness⟩ **0.1** ***vuil*** ⇒*bezoedeld, vies.*
snack[1] [snæk] ⟨zn.⟩ **0.1** ***snack*** ⇒*hapje, tussendoortje.*
snack[2] ⟨ww.⟩⟨AE⟩ **0.1** ***lunchen*** **0.2** ***een tussendoortje gebruiken.***
snack bar **0.1** ***snackbar*** ⇒*snelbuffet.*
snaffle[1] [snæfl] ⟨zn.⟩ **0.1** ***trens*** ⟨paardenbit⟩.
snaffle[2] ⟨ww.⟩⟨BE; inf.⟩ **0.1** ***gappen*** **0.2** ***pakken*** ⇒*(op)vangen* ⟨bal⟩.
snafu[1] [snæfoe:] ⟨zn.⟩⟨afk.; AE; sl.⟩ **0.1** [situation normal all fouled/fucked up] ***troep.***
snafu[2] ⟨ww.⟩⟨AE; sl.⟩ **0.1** ***overhoop gooien.***
snag[1] [snæg] ⟨zn.⟩ **0.1** ***uitsteeksel*** ⇒*punt, stomp* **0.2** ***probleem*** ⇒*tegenvaller* **0.3** ***(winkel)haak*** ⇒*scheur, haal* **0.4** ⟨vnl. AE⟩ ***boom(stronk)*** ◆ **3.2** hit a ~ *op een moeilijkheid stuiten/botsen* **¶.2** the ~ is that *'t probleem is dat;* there's a ~ in it somewhere *er schuilt ergens een addertje onder 't gras.*
snag[2] ⟨ww.; -ged⟩ **0.1** ***blijven haken met*** **0.2** ***scheuren*** ⟨kleding⟩ **0.3** ⟨AE; inf.⟩ ***te pakken krijgen*** ◆ **3.1** be ~ged *vastzitten;* get ~ged *vast raken.*
snail [sneel] **0.1** ***(huisjes)slak*** ⟨ook fig.⟩ ⇒*slome.*
snail's pace **0.1** ***slakkengang(etje).***
snake[1] [sneek] ⟨zn.⟩ **0.1** ***slang*** **0.2** ***ontstoppingsveer*** **0.3** ⟨geldw.⟩ ***(munt)slang*** ◆ **1.3** Snake in a/the Tunnel *(Europese) muntslang* **1.¶** a ~ in one's bosom *een valse vriend;* a ~ in the grass *een valsaard; een addertje onder het gras.*
snake[2] ⟨ww.⟩ **0.1** ***kronkelen (als een slang)*** **0.2** ***sluipen.***
snakebite **0.1** ***(vergiftiging door) slangenbeet/steek.***
snake charmer **0.1** ***slangenbezweerder.***
snak|y [sneekie] ⟨-ier⟩ **0.1** ***v.e. slang*** **0.2** ***slangachtig*** ⇒*kronkelig.*
snap[1] [snæp] ⟨zn.⟩ **0.1** ***klap*** **0.2** ***hap*** ⇒*beet* **0.3** ***knip*** ⟨met vingers, schaar⟩ **0.4** ⟨vaak attr.⟩ ***knip(slot)*** ⇒*drukknoop* **0.5** ***foto*** **0.6** ***(knappend) koekje*** **0.7** ⟨AE; inf.⟩ ***karweitje van niets*** ⇒*kleinigheid* **0.8** ⟨Am. football⟩ ***beginpass*** ⟨door benen v.d. center naar (quarter)back⟩ **0.9** ⟨BE⟩ ***snap*** ⟨kaartspel⟩ **0.10** ⟨inf.⟩ ***pit*** ⇒*energie* ◆ **3.1** shut a book/lid with a ~ *een boek/deksel met een klap sluiten;* put some ~ into it! *een beetje meer fut!* **3.¶** not care a ~ (of one's fingers) for sth. *zich niets aantrekken v. iets;* I don't care a ~ for what she says *wat zij zegt kan me geen barst/lor schelen.*
snap[2] ⟨bn.⟩ **0.1** ***impulsief*** **0.2** ***onverwacht*** ⇒*onvoorbereid* ◆ **1.1** ~ decision *beslissing van 't moment (zelf)* **1.2** ~ check *steekproef* **1.¶** a ~ shot *een direct schot.*
snap[3] ⟨-ped⟩ **I** ⟨onov.ww.⟩ **0.1** ⟨+ at⟩ ***happen (naar)*** ⇒*bijten* **0.2** ***klikken (zonder af te gaan)*** ⟨v. geweer⟩ ◆ **6.¶** ~ **at** *grijpen naar; aangrijpen* ⟨kans e.d.⟩; ⟨inf.⟩ ~ **out of** it *ermee ophouden;* ⟨inf.⟩ ~ **to** it *vooruit, schiet 'ns op;*
II ⟨onov. en ov.ww.⟩ **0.1** ***(af)breken*** ⇒*(af)knappen, het begeven* ⟨ook fig.⟩ **0.2** ***knallen*** ⟨met zweep, geweer⟩ **0.3** ***(dicht)klappen*** ⇒*dichtslaan* **0.4** ***(toe)knippen*** ⇒*met een knip sluiten* **0.5** ⟨ook +out⟩ ***snauwen*** **0.6** ***met een ruk/schok bewegen*** ◆ **1.1** ~ped nerves *geknakte zenuwen* **1.4** ~ one's eyes shut *zijn ogen toeknippen* **1.6** he ~ped to attention *opeens had hij er zijn volle aandacht bij* **5.2** ~ **down** a bird *een vogel neerschieten* **5.3** the door ~ped **to/shut** *de deur sloeg dicht;*
III ⟨ov.ww.⟩ **0.1** ***(weg)grissen*** ⇒*grijpen, (weg)rukken* **0.2** ***happen*** ⇒*bijten* **0.3** ***knippen met*** ⟨vingers⟩ **0.4** ***kieken*** ⇒*een foto maken van* ◆ **5.1** ~ **away** *weggappen;* ~ **up** *op de kop tikken;* ~ **up** a bargain *een koopje meepakken* **5.¶** ⟨AE; inf.⟩ ~ it **up** *vooruit, aan de slag.*
snap[4] ⟨tw.⟩ **0.1** ***klap*** ⇒*knal* **0.2** ***knak*** ◆ **3.1** ~ went the glass *klap ging/zei het glas* **¶.¶** ⟨BE; inf.⟩ ~! you're wearing the same dress as me *wat een toeval! je hebt dezelfde jurk aan als ik.*
snapdragon [snæpdrægən] ⟨plantk.⟩ **0.1** ***leeuwenbek.***
snap election ⟨vnl. mv.⟩⟨inf.; pol.⟩ **0.1** ***vervroegde verkiezingen.***
snap fastener ⟨vnl. AE⟩ **0.1** ***drukknoop(je).***
snapper [snæpə] ⟨mv.: ook snapper⟩⟨dierk.⟩ **0.1** ***snapper.***
snapp|y [snæpie], ⟨in bet. 0.4 - 0.6 ook⟩ **snappish** [-pisj] ⟨-iness⟩ **0.1** ⟨inf.⟩ ***pittig*** ⇒*levendig* **0.2** ⟨inf.⟩ ***chic*** ⇒*net* **0.3** ***fris*** ⟨bv. wind⟩ **0.4** ***bijtgraag*** **0.5** ***snauwerig*** ⇒*bits* **0.6** ***prikkelbaar*** ◆ **3.¶** ⟨inf.⟩ look ~!, make it ~! *schiet op!*
snapshot **0.1** ***kiekje*** ⇒*snapshot, momentopname* ⟨ook fig.⟩.
snare[1] [sneə] ⟨zn.⟩ **0.1** ⟨vaak mv. in fig. bet.⟩ ***(val)strik*** ⇒*val* **0.2** ***verleiding*** **0.3** ***snaar*** ⟨v. trommel⟩ **0.4** →**snare drum** ◆ **1.1** caught in the ~s of *verstrikt in de netten van* **3.1** lay a ~ for s.o. *voor iem. een valstrik leggen.*
snare[2] ⟨ww.⟩ **0.1** ***(ver)strikken*** ⟨ook fig.⟩ ⇒*vangen* ◆ **1.1** ~ a good job *een goede baan versieren.*
snare drum **0.1** ***roffeltrom*** ⇒*kleine trom.*
snarl[1] [sna:l] ⟨zn.⟩ **0.1** ***grauw*** ⇒*snauw* **0.2** ***knoop*** ⟨ook fig.⟩ ⇒*wirwar* ◆ **6.¶** be **in** a ~ *in de war zijn.*
snarl[2] ⟨ww.⟩ **0.1** ⟨+ at⟩ ***grauwen (tegen)*** ⇒*grommen; snauwen* **0.2** ***in de war raken/brengen.***
snarl up **0.1** ***in de war raken/brengen*** ⇒*in de knoop raken/brengen* **0.2** ***vastlopen*** ⟨v. verkeer⟩ ◆ **3.1** get snarled up *vastlopen* **6.¶** ~ **in** *verwikkeld raken/verwikkelen in.*
snarl-up **0.1** ***(verkeers)knoop*** **0.2** ***warboel.***
snatch[1] [snætsj] ⟨zn.⟩ **0.1** ***greep*** ⇒*ruk* **0.2** ***brok*** ⇒*stuk, fragment* **0.3** ⟨BE; sl.⟩ ***roof*** ⇒*kidnapping* **0.4** ⟨gewichtheffen⟩ ***het trekken*** **0.5** ⟨vulg.⟩ ***kut*** ◆ **1.2** a ~ of conversation *een brokstuk v.e. gesprek;* a ~ of sleep *een hazenslaapje* **6.1** make a ~ **at** *een greep doen naar* **6.¶** **by/in** ~es *(zo) nu en dan;* sleep **in** ~es *met tussenpozen slapen;* work **in** ~es *met vlagen werken.*
snatch[2] ⟨bn.⟩ **0.1** ***impulsief*** ◆ **1.1** a ~ decision *een beslissing v.h. moment (zelf).*
snatch[3] **I** ⟨onov.ww.⟩ **0.1** ***rukken*** ◆ **6.¶** ~ **at** *grijpen naar; (dadelijk) aangrijpen;*
II ⟨ov.ww.⟩ **0.1** ***(weg)rukken*** ⇒*(weg)grijpen, bemachtigen;* ⟨sl.⟩ *stelen* **0.2** ***aangrijpen*** ⇒*te baat nemen* **0.3** ⟨gewichtheffen⟩ ***trekken*** ◆ **1.1** death ~ed her prematurely *de dood rukte haar vroegtijdig weg;* ~ a kiss *een kus stelen;* ~ a meal *vlug iets eten* **5.1** ~ **away** *wegrukken/pakken;* ~ **off** *afrukken; uitrukken/gooien;* ~ **up** *oppakken* **6.1** be ~ed **from** death *aan de dood ontrukt worden;* she ~ed the letter **out of** my hand *ze rukte de brief uit mijn hand.*
snatcher [snætsjə] **0.1** ***grijper*** **0.2** ***(gauw)dief*** **0.3** ***lijkenrover*** **0.4** ***kidnapper*** ⇒*ontvoerder.*
snazz|y [snæzie] ⟨-ily⟩⟨inf.⟩ **0.1** ***chic*** **0.2** ***opzichtig.***
sneak[1] [snie:k] ⟨zn.⟩ **0.1** ⟨inf.⟩ ***gluiper(d)*** **0.2** ⟨BE; kind.⟩ ***klikspaan.***
sneak[2] ⟨bn.⟩ **0.1** ***onverwacht*** ⇒*verrassings-* ◆ **1.1** a ~ preview *een onaangekondigde voorvertoning.*
sneak[3] **I** ⟨onov.ww.⟩ **0.1** ***sluipen*** ◆ **5.1** ~ **away** *wegsluipen* **6.1** ~ (up)**on** s.o. *naar iem. toesluipen* **6.¶** ⟨BE; kind.⟩ ~ **on** s.o. *over iem. klikken, iem. verklikken;*

II ⟨ov.ww.⟩ **0.1** ***heimelijk doen*** ⇒*smokkelen* **0.2** ⟨sl.⟩ ***pikken*** ⇒*gappen* ◆ **1.1** ~ a smoke *heimelijk een trekje doen.*

sneaker [snie:kə] **0.1** ***sluiper*** **0.2** ***gluiperd*** **0.3** ⟨BE; kind.⟩ ***klikspaan*** **0.4** ⟨sl.⟩ ***gapper*** ⇒*dief* **0.5** ⟨mv.; AE⟩ ***gympies.***

sneaking [snie:king], ⟨in bet. 0.1 en 0.2 ook⟩ **sneaky** [snie:kie] **0.1** ***gluiperig*** **0.2** ***heimelijk*** **0.3** ***vaag*** ◆ **1.3** a ~ suspicion *een vaag vermoeden.*

sneak thief **0.1** ***insluiper.***

sneer[1] [sniə] ⟨zn.⟩ **0.1** ***grijns(lach)*** **0.2** ⟨+ at⟩ ***spottende opmerking (over)*** ⇒*hatelijkheid.*

sneer[2] ⟨ww.⟩ **0.1** ⟨+ at⟩ ***grijnzen (naar)*** ⇒*spottend lachen* **0.2** ***spotten (met).***

sneeze[1] [snie:z] ⟨zn.⟩ **0.1** ***nies(geluid)*** ⇒⟨mv.⟩ *genies.*

sneeze[2] ⟨ww.⟩ **0.1** ***niezen*** ◆ **5.¶** ⟨inf.⟩ not ~ at *niet versmaden;* not to be ~d at *de moeite waard.*

snick[1] [snik] ⟨zn.⟩ **0.1** ***knip(je)*** ⇒*inkeping* **0.2** ⟨cricket⟩ ***slag op de rand (v.h. bat).***

snick[2] ⟨ww.⟩ **0.1** ***insnijden*** **0.2** ⟨cricket⟩ ***met de rand v.h. bat slaan*** ⟨waardoor de bal lichtjes afwijkt⟩.

snicker[1] [snikkə] ⟨zn.⟩ **0.1** ⟨vnl. BE⟩ ***hinnikgeluid*** **0.2** →**snigger.**

snicker[2] ⟨ww.⟩ **0.1** ⟨vnl. BE⟩ ***(zacht) hinniken*** **0.2** →**snigger.**

snide [snajd] ⟨-ness⟩⟨inf.⟩ **0.1** ***hatelijk.***

sniff[1] [snif] ⟨zn.⟩ **0.1** ***snuivend geluid*** **0.2** ***luchtje*** ⇒*snuifje* ◆ **3.2** get a ~ of sea air *de zeelucht opsnuiven.*

sniff[2] **I** ⟨onov.ww.⟩ **0.1** ***snuiven*** ⇒*snuffen* **0.2** ***snuffelen*** ◆ **6.2** ~ **at** *besnuffelen* **6.¶** ⟨vnl. met ontkenning⟩ ~ **at** *zijn neus ophalen voor, minachten;* not to be ~fed **at** *niet te versmaden;*

II ⟨ov.ww.⟩ **0.1** ***snuiven*** **0.2** ***besnuffelen*** **0.3** ***ruiken*** ⇒*de geur opsnuiven v.* ◆ **1.1** ~ heroin *heroïne snuiven* **5.1** ~ **up** *opsnuiven* **5.¶** ~ **out** *opsporen.*

sniffer dog **0.1** ***snuffelhond*** ⟨voor explosieven, narcotica⟩ ⇒ *drugshond, hasjhond, heroïnehond.*

sniffish [sniffisj] **0.1** ***hooghartig.***

sniffle[1] [snifl] ⟨zn.⟩ **0.1** ***gesnuif*** ⇒*gesnotter* **0.2** ⟨mv.; the; inf.⟩ ***verstopt(e) neus*** ⇒*loopneus.*

sniffle[2] ⟨ww.⟩ **0.1** ***snuffen*** ⇒*snotteren.*

sniff|y [sniffie] ⟨-ier⟩⟨inf.⟩ **0.1** ***arrogant*** ⇒*hooghartig* **0.2** ⟨BE⟩ ***duf*** ⇒*muf.*

snifter [sniftə] **0.1** ⟨vnl. BE; sl.⟩ ***neutje*** **0.2** ⟨AE⟩ ***(ballonvormig) cognacglas.***

snigger[1] [snigə], ⟨AE ook⟩ **snicker** [snikkə] ⟨zn.⟩ **0.1** ***giechel.***

snigger[2], ⟨AE ook⟩ **snicker** ⟨ww.⟩ **0.1** ***gniffelen.***

snip[1] [snip] ⟨zn.⟩ **0.1** ***knip*** **0.2** ***snipper*** ⇒*stukje, fragment* **0.3** ⟨BE; inf.⟩ ***koopje*** ⇒*buitenkans* **0.4** ⟨vnl. AE; inf.⟩ ***nietig persoontje/ding.***

snip[2] ⟨-ped⟩ **I** ⟨onov.ww.⟩ **0.1** ***snijden*** ⇒*knippen* ◆ **6.1** ~ **at** sth. *naar iets knippen;*

II ⟨ov.ww.⟩ **0.1** ⟨ook +off⟩ ***(af/door) knippen*** ⇒*versnipperen.*

snipe[1] [snajp] ⟨zn.; mv.: ook snipe⟩⟨dierk.⟩ **0.1** ***snip.***

snipe[2] ⟨ww.⟩ **0.1** ⟨+ at⟩ ***sluipschieten*** ⇒*uit een hinderlaag schieten (op);* ⟨fig.⟩ *aanvallen.*

sniper [snajpə] **0.1** ***sluipschutter.***

snippet [snippit] **0.1** ***stukje*** ⇒*fragment, knipsel.*

snitch[1] [snitsj] ⟨zn.⟩⟨BE; inf.; vnl. scherts.⟩ **0.1** ***snuitje*** ⇒*neus.*

snitch[2] ⟨inf.⟩ **I** ⟨onov.ww.⟩ **0.1** ***klikken*** ◆ **6.1** he ~ed **on** John *hij verklikte John;*

II ⟨ov.ww.⟩ **0.1** ***gappen.***

snivel [snivl] ⟨BE -led⟩ **0.1** ***een loopneus hebben*** **0.2** ***(minachtend) snuiven*** **0.3** ***grienen*** ⇒*snotteren.*

sniveller, ⟨AE sp.⟩ **sniveler** [snivlə] **0.1** ***huilebalk.***

snob [snob] **0.1** ***snob.***

snobbery [snobbərie] **0.1** ***snobisme.***

snobbish [snobbisj] ⟨-ness⟩ **0.1** ***snobistisch.***

snog[1] [snog] ⟨zn.; geen mv.⟩⟨BE; inf.⟩ **0.1** ***vrijpartijtje*** ⇒*(ge)knuffel.*

snog[2] ⟨ww.; -ged⟩⟨BE; inf.⟩ **0.1** ***vrijen.***

snood [snoe:d] **0.1** ***haarnet.***

snook [snoe:k] ⟨mv.: ook snook⟩⟨dierk.⟩ **0.1** ***(zee)snoek*** ◆ **3.¶** ⟨BE; sl.⟩ cock a ~ at s.o. *een lange neus maken naar iem.*

snooker[1] [snoe:kə] ⟨zn.⟩⟨BE⟩ **0.1** ***snooker(biljart)*** **0.2** ***obstructiestoot*** ⟨biljart⟩.

snooker[2] ⟨ww.⟩ **0.1** ***verhinderen rechtstreeks te stoten*** ⟨door een bal tussen de speelbal en de te spelen bal te leggen⟩ **0.2** ⟨inf.⟩ ***in het nauw drijven*** ⇒*dwarsbomen.*

snoop[1] [snoe:p] ⟨zn.⟩⟨inf.⟩ **0.1** ***het snuffelen*** **0.2** ***snuffelaar*** ◆ **3.1** have a ~ around *rondsnuffelen.*

snoop[2] ⟨ww.⟩⟨inf.⟩ **0.1** ⟨+ about/around⟩ ***rondsnuffelen*** ◆ **6.1** don't ~ **into** my correspondence *zit niet in mijn brieven te neuzen.*

snooper [snoe:pə] ⟨inf.⟩ **0.1** ***snuffelaar.***

snoot [snoe:t] ⟨sl.⟩ **0.1** ***snuit*** ◆ **3.¶** cock a ~ at/to s.o. *een lange neus maken naar iem.*

snoot|y [snoe:tie] ⟨-iness⟩⟨inf.⟩ **0.1** ***verwaand.***

snooze[1] [snoe:z] ⟨zn.⟩⟨inf.⟩ **0.1** ***dutje.***

snooze[2] ⟨ww.⟩⟨inf.⟩ **0.1** ***dutten*** ⇒*een uiltje knappen.*

snore[1] [sno:] ⟨zn.⟩ **0.1** ***(ge)snurk.***

snore[2] ⟨ww.⟩ **0.1** ***snurken.***

snorer [sno:rə] **0.1** ***snurker.***

snorkel [sno:kl] **0.1** ***snorkel.***

snort[1] [sno:t] ⟨zn.⟩ **0.1** ***gesnuif*** **0.2** ⟨inf.⟩ ***neutje*** ⇒*borrel* ◆ **3.1** he gave a ~ of contempt *hij snoof minachtend.*

snort[2] **I** ⟨onov.ww.⟩ **0.1** ***snuiven*** **0.2** ⟨inf.⟩ ***het uitproesten*** ◆ **6.1** John ~ed **with** rage *John snoof van woede* **6.¶** ~ **at** s.o. *(snuivend) tegen iem. uitvaren;*

II ⟨ov.ww.⟩ **0.1** ***snuivend uitdrukken.***

snorter [sno:tə] **0.1** ***buitengewoon kolossaal iets*** **0.2** ⟨sl.⟩ ***borrel.***

snot [snot] ⟨vulg.⟩ **0.1** ***snot*** **0.2** ***snotjong.***

snott|y [snottie] ⟨-ier⟩ **0.1** ⟨vulg.⟩ ***snott(er)ig*** ⇒*met snot* **0.2** ⟨sl.⟩ ***verwaand*** ⇒*snobistisch.*

snotty-nosed ⟨sl.⟩ **0.1** ***verwaand.***

snout [snaut] **0.1** ***snuit*** **0.2** ⟨sl.⟩ ***verklikker*** ⇒*informant* **0.3** ⟨BE; sl.⟩ ***sigaret*** ⇒*saffie* **0.4** ⟨BE; sl.⟩ ***tabak.***

snow[1] [snoo] ⟨zn.⟩ **0.1** ***sneeuw*** ⟨ook op tv⟩ **0.2** ***sneeuwbui*** **0.3** ⟨sl.⟩ ***sneeuw*** ⇒*cocaïne.*

snow[2] **I** ⟨onov.ww.⟩ **0.1** ***sneeuwen*** **0.2** ***neerdwarrelen;***

II ⟨ov.ww.⟩ **0.1** ⟨AE; inf.⟩ ***omverpraten*** ⇒*overbluffen* ◆ **5.¶** be ~ed **in/up** *ingesneeuwd zijn;* be ~ed **off** *wegens sneeuwval niet doorgaan;* be ~ed **under** *ondergesneeuwd worden; bedolven worden.*

snowball[1] ⟨zn.⟩ **0.1** ***sneeuwbal*** ◆ **1.¶** ⟨inf.⟩ a ~'s chance in hell *geen schijn van kans.*

snowball[2] **I** ⟨onov.ww.⟩ **0.1** ***een sneeuwbaleffect hebben*** ⇒ *escaleren;*

II ⟨ov.ww.⟩ **0.1** ***(met sneeuwballen) bekogelen*** **0.2** ***doen escaleren.***

snowberr|y [snoobrie] ⟨mv.: -ies⟩⟨plantk.⟩ **0.1** ***sneeuwbes.***

snow-blind ⟨-ness⟩ **0.1** ***sneeuwblind.***

snowblower **0.1** ***sneeuwblazer*** ⇒*sneeuwruimer, sneeuwruimmachine.*

snowboard ⟨sport⟩ **0.1** ***snowboard*** ⟨surfplank voor sneeuw⟩.

snowboarding **0.1** ***(het) snowboarden.***

snowbound **0.1** ***ingesneeuwd.***

snowcapped ⟨schr.⟩ **0.1** ***met sneeuw op de top*** ⟨v. berg⟩.

snowcat **0.1** ***sneeuwkat.***

snow chain ⟨vaak mv.⟩ **0.1** ***sneeuwketting.***

snow-clad ⟨schr.⟩ **0.1** ***met sneeuw bedekt*** ⇒*onderge-sneeuwd.*
snowdrift 0.1 ***sneeuwbank*** **0.2** ***sneeuwjacht.***
snowdrop ⟨plantk.⟩ **0.1** ***sneeuwklokje.***
snowfall 0.1 ***sneeuwval.***
snowfield 0.1 ***(eeuwig) sneeuwveld.***
snowflake 0.1 ***sneeuwvlok(je).***
snow leopard 0.1 ***sneeuwluipaard.***
snow line ⟨the⟩ **0.1** ***sneeuwgrens.***
snow|man ⟨mv.: -men⟩ **0.1** ***sneeuwman*** ⇒*sneeuwpop.* → **abominable.**
snowmobile ⟨vnl. AE⟩ **0.1** ***skimotor*** ⇒*sneeuwkat.*
snowplough, ⟨AE sp.⟩ **snowplow 0.1** ***sneeuwploeg.***
snow report 0.1 ***sneeuwbericht(en).***
snowshoe 0.1 ***sneeuwschoen.***
snowstorm 0.1 ***sneeuwstorm.***
snow-white 0.1 ***sneeuwwit.***
Snowwhite 0.1 ***Sneeuwwitje.***
snow|y [snooie] ⟨-iness⟩ **0.1** ***besneeuwd*** **0.2** ***sneeuw(acht)ig*** **0.3** ***sneeuwwit.***
Snr ⟨afk.; vnl. BE⟩ **0.1** [Senior/senior].
snub¹ [snub] ⟨zn.⟩ **0.1** ***affront*** ⇒*onheuse bejegening.*
snub² ⟨bn.⟩ ◆ **1.¶** a ~ nose *een korte dikke wipneus.*
snub³ ⟨ww.; -bed⟩ **0.1** ***afstoten*** ⇒*onheus bejegenen, met de nek aanzien* ◆ **5.¶** ⟨inf.⟩ ~ **out** *uitdrukken* ⟨sigaret⟩.
snub-nosed 0.1 ***stompneuzig*** **0.2** ***met extra korte loop*** ⟨v. pistool⟩.
snuff¹ [snuf] ⟨zn.⟩ **0.1** ***snuif(tabak)*** **0.2** ***(ge)snuif*** ◆ **1.1** take ~ *snuiven.*
snuff² **I** ⟨onov.ww.⟩ **0.1** ***snuiven*** ⟨tabak, cocaïne⟩;
II ⟨ov.ww.⟩ **0.1** ***snuiten*** ⟨kaars⟩ **0.2** ***opsnuiven*** **0.3** ***be-snuffelen*** ◆ **4.¶** ⟨BE; sl.⟩ ~ it *'t hoekje omgaan* **5.¶** ~ **out** *uit-snuiten* ⟨kaars⟩; ⟨inf.⟩ *een eind maken aan* ⟨verwachtingen, opstand enz.⟩.
snuffbox 0.1 ***snuifdoos.***
snuffer [snuffə] **0.1** ***(kaarsen)domper*** ◆ **1.¶** a pair of ~s *een kaarsensnuiter.*
snuffle¹ [snufl] ⟨zn.⟩ **0.1** ***snuif*** **0.2** ⟨mv.; the⟩ ***verstopte neus.***
snuffle² ⟨ww.⟩ **0.1** ***snuffen*** ⇒*snotteren* ◆ **5.¶** ~ **out** *nasaal uitspreken.*
snug¹ [snug] ⟨zn.⟩⟨BE⟩ **0.1** ***gelagkamer.***
snug² ⟨bn.; -ness⟩ **0.1** ***behaaglijk*** ⇒*beschut, knus* **0.2** ***goed ingericht*** **0.3** ***nauwsluitend*** **0.4** ***ruim*** ⟨inkomen⟩ **0.5** ***knap*** ⇒*ordelijk* ◆ **1.1** be as ~ as a bug in a rug *een lekker leventje leiden.*
snuggle [snugl] **I** ⟨onov.ww.⟩ **0.1** ***zich nestelen*** ◆ **5.¶** ~ **down** *lekker onder de dekens kruipen* **6.1** ~ **up to** s.o. *lek-ker tegen iem. aan gaan liggen;*
II ⟨ov.ww.⟩ **0.1** ***dicht tegen zich aantrekken.***
so¹ [soo] ⟨bn.⟩ **0.1** ***zo*** ⇒*waar* **0.2** ***dat*** ⇒*het* ◆ **4.1** is that really ~? *is dat echt waar?* **4.2** she was chubby but not exceed-ingly ~ *ze was mollig maar niet buitenmate;* 'She's the tal-lest' 'Yes, ~ she is' *'Ze is de grootste' 'Dat is ze inderdaad'* **8.1** if ~ *als dat zo is.*
so² ⟨vnw.⟩ **0.1** ***dusdanig*** ⇒*dat* **0.2** ***iets dergelijks*** ⇒*zo(iets)* ◆ **1.1** I was born a beggar and I will die ~ *ik ben als bede-laar geboren en zal er als een sterven* **3.1** 'You blundered' 'So I did/But ~ did you' *'Je hebt geblunderd' 'Ja, inder-daad/maar jij ook';* 'I'm tired' 'So you should be' *'Ik ben moe' 'Dat zou je ook moeten zijn';* 'Is Jill coming' 'I think ~' *'Komt Jill' 'Ik denk het/van wel'* **8.2** six days or ~ *zes da-gen of zo;* in June or ~ *in of omstreeks de maand juni.*
so³ ⟨bw.⟩ **0.1** ⟨wijze of graad⟩ ***zo*** ⇒*aldus* **0.2** ⟨emfatische graadaanduiding⟩ ***zozeer*** ⇒*zo erg* **0.3** ⟨reden⟩ ***bijgevolg*** ⇒ *daarom, zodoende* ◆ **2.1** she went ~ fast as she could *ze ging zo snel als ze kon;* the distance is ~ great that you can-not walk it in a day *het is zo ver dat je er niet in één dag naar toe kan lopen;* (would you) be ~ kind as to leave im-mediately *zou u zo goed willen zijn onmiddellijk te ver-trekken* **2.2** it's ~ sad *het is heel erg droevig;* ⟨inf.⟩ ~ sorry *sorry, pardon;* she's not ~ stupid *ze is niet zo dom* **3.1** ~ it is said *zo wordt er gezegd;* he presented it ~ *hij stelde het aldus voor* **3.2** I love you ~ *ik hou zo veel van je* **3.3** she only spoke French; ~ we could not understand her *ze sprak alleen Frans, en dus konden wij haar niet verstaan* **4.2** ~ many came *er kwamen er zo veel;* I can only do ~ much *ik kan niets bovenmenselijks doen* **4.3** ~ what? *en dan?, wat dan nog?* **5.1** but even ~ *maar toch;* (in) ~ far as I know *voor zover ik weet;* ~ far it hasn't happened *tot nu toe/tot nog toe is het niet gebeurd;* and ~ forth/on *enzo-voort(s);* ~ long as you don't tell anybody *als je 't maar aan niemand vertelt;* ~ much the worse *des te erger* **5.¶** ~ far from letting him go she followed him home *ze liet hem niet gaan maar volgde hem integendeel naar huis;* ⟨inf.⟩ ~ long! *tot ziens!;* every ~ often *nu en dan;* ~ there *nu weet je het* **8.1** if ~ *als dat zo is* **¶.3** ~ here we are! *hier zijn we dan!;* ~ that's who did it *aha, dus die heeft het gedaan;* ~ there you are *daar zit je dus.*
so⁴, so that, ⟨in bet. I ook⟩ **so as I** ⟨ondersch.vw.⟩ **0.1** ***zodat*** ⇒ *opdat, om* ◆ **¶.1** warn her, ~ (that) she may avoid all dan-ger *waarschuw haar zodat/opdat ze geen gevaar zou lo-pen;* be careful ~ you don't get hurt *pas op dat je je geen pijn doet;*
II ⟨nevensch.vw.⟩ **0.1** ***zodat*** ⇒*(en) dus* ◆ **¶.1** he's late, ~ (that) we can't start yet *hij is te laat, zodat we nog niet kunnen beginnen.*
so⁵ ⟨tw.⟩ **0.1** ***ziezo.***
soak¹ [sook] ⟨zn.⟩ **0.1** ***week*** ⇒*het nat maken* **0.2** ⟨sl.⟩ ***zuip-schuit*** ◆ **6.1 in** ~ *in de week.*
soak² **I** ⟨onov.ww.⟩ **0.1** ***sijpelen*** ⇒*doortrekken* ◆ **6.1** ~ **through** the paper *het papier doordrenken.* →**soak in;**
II ⟨onov. en ov.ww.⟩ **0.1** ***weken*** ⇒*in de week zetten/staan* ◆ **5.1** ~ **off** *losweken;*
III ⟨ov.ww.⟩ **0.1** ***doorweken*** ⇒*(door)drenken* **0.2** ***(onder)-dompelen*** **0.3** ***afzetten*** ◆ **1.1** ~ed to the skin *doornat* **1.3** ~ the rich *de rijken plukken* **4.2** ~ o.s. in *zich verdiepen in* **5.1** ~ed **through** *kletsnat.* →**soak up.**
soaked [sookt] **0.1** ***doornat*** **0.2** ***stomdronken*** ◆ **6.¶** ~ **in/with** *doortrokken van.*
soak in 0.1 ***doordringen*** ⇒*intrekken, inwerken* ⟨v. opmer-king, vocht enz.⟩.
soaking¹ [sooking] ⟨bn.⟩ **0.1** ***doorweekt.***
soaking² ⟨bw.⟩ **0.1** ***door en door*** ◆ **2.1** ~ wet *doorweekt.*
soak up 0.1 ***opnemen*** ⇒*absorberen* **0.2** ***kunnen incasse-ren*** ⟨kritiek, klap⟩.
so-and-so [sooənsoo] **0.1** ***die en die*** ⇒*dinges* **0.2** ***dit en dit*** **0.3** ⟨euf.⟩ ***je-weet-wel*** ◆ **2.3** a real ~ *een rotzak.*
soap¹ [soop] ⟨zn.⟩ **0.1** ***zeep*** ⟨ook schei.⟩ **0.2** →**soap opera.**
soap² ⟨ww.⟩ **0.1** ***(in)zepen.***
soapbox 0.1 ***zeepdoos*** **0.2** ***zeepkist*** ⇒*geïmproviseerd plat-form.*
soap bubble 0.1 ***zeepbel.***
soap opera ⟨ook attr.⟩⟨AE⟩ **0.1** ***melodramatische serie*** ⟨op radio/tv⟩.
soapsuds 0.1 ***zeepsop.***
soap|y [soopie] ⟨-iness⟩ **0.1** ***zeepachtig*** ⇒*zeep-* **0.2** ⟨inf.⟩ ***me-lodramatisch.***
soar [so:] **0.1** ***hoog vliegen*** ⇒⟨fig.⟩ *een hoge vlucht nemen* **0.2** ***(omhoog) rijzen*** ⇒*stijgen* **0.3** ***zweven*** ◆ **1.2** a ~ing spire *een hoge toren;* prices ~ed *de prijzen vlogen omhoog.*

sob[1] [sob] ⟨zn.⟩ **0.1** ***snik.***

sob[2], ⟨voor II 0.1 ook⟩ **sob out** ⟨-bed⟩ **I** ⟨onov.ww.⟩ **0.1** ***snikken;***
II ⟨ov.ww.⟩ **0.1** ***snikkend vertellen*** **0.2** ***huilend doen*** ◆ **1.1** sob one's heart out *hartverscheurend snikken* **4.2** he ~bed himself to sleep *hij huilde zichzelf in slaap.*

sober[1] [soobə] ⟨bn.⟩ **0.1** ***nuchter*** ⇒*niet beschonken* **0.2** ***matig*** ⇒*ingetogen* **0.3** ***beheerst*** ⇒*kalm* **0.4** ***verstandig*** ⇒*afgewogen* **0.5** ***ernstig*** ◆ **1.1** ⟨fig.⟩ as ~ as a judge *zo nuchter als een kalf* **1.2** ~ colours *gedekte kleuren;* a ~ dress *een stemmige jurk* **1.4** in ~ fact *in werkelijkheid* **5.1** ⟨inf.⟩ stone cold ~ *broodnuchter.*

sober[2] ⟨ww.⟩ **0.1** ⟨+ down/up⟩ ***nuchter worden/maken*** ⇒*(doen) bedaren.*

sobriety [səbrajjətie] **0.1** ***nuchterheid*** **0.2** ***gematigdheid*** **0.3** ***kalmte*** **0.4** ***ernst.***

sobriquet, soubriquet [soobrikkee] **0.1** ***bijnaam.***

sob story **0.1** ***pathetisch verhaal*** ⇒*tranentrekker.*

soca [sookə] **0.1** ***soca(muziek)*** ⟨met elementen uit soul en calypso⟩.

so-called [sooko:ld] **0.1** ***zogenaamd.***

soccer [sokkə] **0.1** ***voetbal.***

sociabilit|y [soosjəbillətie] ⟨mv.: -ies⟩ **0.1** ***vriendelijkheid*** **0.2** ***gezelligheid.***

sociab|le [soosjəbl] ⟨-ly⟩ **0.1** ***sociabel*** ⇒*gezellig, vriendelijk.*

social[1] [soosjl] ⟨zn.⟩ **0.1** ***gezellige bijeenkomst*** ⇒*feestje.*

social[2] ⟨bn.⟩ **0.1** ***sociaal*** ⇒*maatschappelijk* **0.2** ⟨plantk.⟩ ***bijeen groeiend*** **0.3** ***sociabel*** ⇒*gezellig, vriendelijk* **0.4** ***gezelligheids-*** ◆ **1.1** man is a ~ animal *de mens is een sociaal wezen;* ~ anthropology *culturele antropologie;* ~ climber *iem. die in de hogere kringen wil doordringen;* ⟨ec.⟩ ~ credit *sociaal krediet;* ~ critic *maatschappijcriticus;* ~ democrat *sociaal-democraat;* ~ security *uitkering, sociale voorzieningen;* ⟨AE⟩ *stelsel v. sociale zekerheid;* ⟨vnl. BE⟩ ~ services *sociale voorzieningen;* ~ welfare *bijstand* **1.4** a ~ club *een gezelligheidsvereniging;* active ~ life *druk uitgaansleven* **3.3** I'm not feeling very ~ today *ik blijf liever alleen vandaag.*

socialism [soosjəlizm] **0.1** ***socialisme.***

socialist [soosjəlist] **0.1** ⟨bn.; ook -ic⟩ ***socialistisch*** **0.2** ⟨zn.⟩ ***socialist.***

socialite [soosjəlajt] ⟨vnl. AE⟩ **0.1** ***lid v.d. beau monde.***

social|ize, -ise [soosjəlajz] ⟨zn.: **-ization**⟩ **I** ⟨onov.ww.⟩ **0.1** ***zich sociabel gedragen*** ⇒*gezellig doen, zich aanpassen* ◆ **6.1** ~ **with** *omgaan met;*
II ⟨ov.ww.⟩ **0.1** ***socialiseren*** **0.2** ***geschikt maken voor de maatschappij*** ◆ **1.1** ⟨AE⟩ ~ed medicine *openbare gezondheidszorg.*

social science **0.1** ***sociale wetenschap*** **0.2** ***sociale wetenschappen*** ⇒*maatschappij/gammawetenschappen.*

social service ⟨vnl. BE⟩ **I** ⟨telb. en n.-telb.zn.⟩ **0.1** ***liefdadig werk;***
II ⟨mv.⟩ **0.1** ***sociale voorzieningen.***

social studies **0.1** ***sociale wetenschappen.***

social work **0.1** ***maatschappelijk werk.***

social worker **0.1** ***maatschappelijk werker/werkster.***

societ|y [səsajjətie] ⟨mv.: -ies⟩ **0.1** ***vereniging*** ⇒*genootschap* **0.2** ***(de) samenleving*** ⇒*(de) maatschappij/gemeenschap* **0.3** ***gezelschap*** **0.4** ⟨ook attr.⟩ ***society*** ⇒*hogere kringen, beau monde* ◆ **1.1** Society of Jesus *Sociëteit v. Jezus* ⟨jezuïetenorde⟩ **3.3** I try to avoid his ~ *ik probeer zijn gezelschap te mijden.* →**permissive.**

sociological [soosiəlodzjikl, soosjə-] ⟨-ly⟩ **0.1** ***sociologisch.***

sociologist [soosie·olledzjist, soosjie-] **0.1** ***socioloog.***

sociology [soosie·olledzjie, soosjie-] **0.1** ***sociologie.***

sock[1] [sok] ⟨zn.; in bet. 0.1 AE sp. mv. ook: sox⟩ **0.1** ***sok*** ⇒*(korte) kous* **0.2** ***inlegzool(tje)*** **0.3** ⟨inf.⟩ ***(vuist)slag*** ⇒*oplawaai* **0.4** ***windzak*** ◆ **3.¶** ⟨BE; inf.⟩ pull one's ~s up *er tegen aan gaan;* ⟨sl.⟩ put a ~ in it *kop dicht.*

sock[2] ⟨ww.⟩ ⟨inf.⟩ **0.1** ***meppen*** ⇒*slaan, dreunen* ◆ **4.¶** ~ it to s.o. *iem. op zijn donder geven; grote indruk op iem. maken.*

sock[3] ⟨bw.⟩ ⟨vnl. BE; inf.⟩ **0.1** ***precies*** ◆ **6.1** ~ **in** the eye *middenin het oog.*

socket [sokkit] **0.1** ***holte*** ⇒*(oog)kas, gewrichtsholte* **0.2** ***kandelaar*** ⇒*kaarshouder* **0.3** ⟨tech.⟩ ***sok*** ⇒*mof, buis* **0.4** ⟨elek.⟩ ***contactdoos*** **0.5** ⟨elek.⟩ ***contrastekker*** **0.6** ⟨elek.⟩ ***fitting*** ⇒*lamphouder.*

socket wrench **0.1** ***dopsleutel*** ⇒*inbussleutel.*

Socratic [səkrætik] ⟨-ally⟩ **0.1** ***socratisch*** ◆ **1.1** ~ irony *socratische ironie.*

sod[1] [sod] **I** ⟨telb.zn.⟩ ⟨BE; inf.; pej. of scherts.⟩ **0.1** ***sodemieter*** **0.2** ***vent*** **0.3** ***stinkklus*** ⇒*ellende* ◆ **2.2** dirty ~ *viezerik;* kind old ~ *vriendelijke oude kerel* **3.1** not care/give a ~ *zich geen bliksem interesseren;*
II ⟨telb. en n.-telb.zn.⟩ **0.1** ***(gras)zode.*** →**old.**

sod[2] ⟨ww.⟩ ⟨BE; vulg.⟩ ◆ **4.¶** ~ it! *verdomme!;* ~ you! *krijg de klere!* →**sod off.**

soda [soodə] **0.1** ⟨schei.⟩ ***soda*** ⇒*natriumcarbonaat* **0.2** ***soda(water)*** **0.3** ⟨verk.⟩ [soda pop] ◆ **3.1** baking ~ *zuiveringszout.*

soda fountain ⟨AE⟩ **0.1** ***fristap(installatie).***

soda pop ⟨AE; inf.⟩ **0.1** ***prik(limonade)*** ⇒*fris* ⟨koolzuurhoudende drank⟩.

soda siphon **0.1** ***spuitwaterfles.***

soda water **0.1** ***soda(water)*** ⇒*spuitwater.*

sodden [sodn] **0.1** ***doorweekt*** ⇒*doordrenkt* **0.2** ***klef*** ⟨v. brood e.d.⟩ **0.3** ***opgeblazen*** ⇒*opgezwollen* ⟨door drank⟩ ◆ **1.3** ~ features *opgeblazen gezicht* **6.1** ~ **with** water *kleddernat.*

sodium [soodiəm] ⟨schei.⟩ **0.1** ***natrium.***

sodium chloride ⟨schei.⟩ **0.1** ***keukenzout.***

sod off **0.1** ***opsodemieteren.***

sodomite [soddəmajt] **0.1** ***iem. die sodomie bedrijft*** ⇒*homoseksueel.*

sodomy [soddəmie] **0.1** ***sodomie.***

Sod's Law ⟨BE; inf.; scherts.⟩ **0.1** ***de wet v. 'Sod'*** ⟨als er iets fout kán gaan, gaat dat ook fout; zie ook Murphy's Law⟩ ◆ **¶.1** oh God, ~ again! *verdorie, alles wat maar kan, zit weer tegen!*

soever [sooevvə] ⟨vaak suffix bij what en who⟩ **0.1** ⟨ong.⟩ ***(wat) dan ook*** ◆ **7.1** any town ~ *welke plaats dan ook* **¶.1** whosoever *wie dan ook.*

sofa [soofə] **0.1** ***bank*** ⇒*sofa, canapé.*

sofa bed **0.1** ***slaapbank.***

soft [soft] ⟨-ness⟩ **0.1** ***zacht*** ⇒*buigzaam; gedempt* ⟨licht⟩; *onscherp; rustig; mild, teder* **0.2** ***slap*** ⟨ook fig.⟩ ⇒*week, sentimenteel* **0.3** ⟨BE⟩ ***vochtig*** ⟨weer⟩ **0.4** ⟨inf.⟩ ***niet-verslavend*** ⇒*soft* ⟨drugs⟩ **0.5** ⟨geldw.⟩ ***laaggeprijsd*** ⟨aandelen⟩ **0.6** ⟨inf.⟩ ***eenvoudig*** **0.7** ⟨inf.⟩ ***onnozel*** **0.8** ⟨inf.⟩ ***niet-alcoholisch*** ⇒*fris* ⟨drank⟩ **0.9** ***zwak*** ⇒*gek, verliefd* ◆ **1.1** have a ~ heart *vriendelijk zijn;* ~ iron *weekijzer* **1.2** ~ muscles *slappe spieren;* ~ nothings *mooie praatjes;* (have) a ~ spot for s.o. *een zwak voor iem. hebben* **1.6** ~ option *gemakkelijke weg* **1.7** have gone ~ in the head *niet goed wijs zijn geworden* **1.8** ~ drink *fris(drank)* **1.¶** ~ currency *zwakke valuta;* ~ loan *lening op gunstige voorwaarden;* ~ mark *dupe, willig slachtoffer;* ~ money *papiergeld* **6.9** be ~ **about/on** *gek/verliefd zijn op, een zwak hebben voor.*

softball **0.1** ***softbal.***

soft-boiled **0.1** ***zacht(gekookt)*** ⟨v. ei⟩ **0.2** ***weekhartig.***

soft copy ⟨comp.⟩ **0.1** ***beeldschermtekst.***
soft-core 0.1 ***soft*** ⇒*zacht* ⟨mbt. porno⟩ ◆ **1.1** ~ pornography *softporno.*
soft drink 0.1 ***fris(drank).***
soften [sofn] **I** ⟨onov.ww.⟩ **0.1** ***zacht(er) worden* 0.2** ***vertederd worden;***
II ⟨ov.ww.⟩ **0.1** ***zacht(er) maken*** ⇒*dempen* ⟨licht⟩, *ontharden* ⟨water⟩ **0.2** ***verwennen*** ⇒*verslappen* **0.3** ***vertederen*** ◆ **1.¶** ~ing of the brain *hersenverweking, seniele aftakeling.*
softener [sofnə] **0.1** ***(water)verzachter*** ⇒*waterontharder;* ⟨ihb.⟩ *wasverzachter.*
soften up 0.1 ***mild/gunstig stemmen*** ⇒*vermurwen* **0.2** ***verzwakken*** ⇒*murw maken.*
softhearted ⟨-ness⟩ **0.1** ***teerhartig.***
softie →**softy.**
softish [softisj] **0.1** ***vrij zacht.***
soft-pedal I ⟨onov.ww.⟩ **0.1** ***een uitspraak afzwakken;***
II ⟨ov.ww.⟩ **0.1** ***afzwakken*** ⇒*matigen.*
soft-soap, soft-sawder ⟨inf.⟩ **0.1** ***stroop smeren bij*** ⇒*vleien.*
soft-spoken ⟨ook softer-spoken⟩ **0.1** ***met zachte/vriendelijke stem.***
software [sof(t)weə] ⟨comp.⟩ **0.1** ***(computer)programmatuur*** ⇒*software.*
software package ⟨comp.⟩ **0.1** ***softwarepakket.***
softwood 0.1 ***zachthout*** ⟨vnl. naaldhout⟩.
softy, softie [softie] **0.1** ***slappeling*** ⇒*dwaas.*
sogg|y [sogie] ⟨-iness⟩ **0.1** ***doorweekt* 0.2** ***drassig* 0.3** ***klef*** ⟨v. brood e.d.⟩.
soigné, ⟨vr.⟩ **soignée** [swa:njee] **0.1** ***gesoigneerd.***
soil[1] [sojl] **I** ⟨telb. en n.-telb.zn.⟩ **0.1** ***grond*** ⟨ook fig.⟩ ⇒*land, teelaarde* **0.2** ***(vader)land* 0.3** ***vuil*** ⇒*smet* ⟨ook fig.⟩ ◆ **2.2** on Dutch ~ *op Nederlandse bodem;* native ~ *geboortegrond;*
II ⟨n.-telb.zn.⟩ **0.1** ***(ver)vuil(ing)* 0.2** ***afval*** ⇒*drek* **0.3** ⟨the⟩ ***aarde*** ⇒*grond, land* ◆ **1.3** son of the ~ *kind v.h. land.*
soil[2] I ⟨onov.ww.⟩ **0.1** ***vuil worden*** ⇒*smetten;*
II ⟨ov.ww.⟩ **0.1** ***vuil maken*** ⇒*bezoedelen.*
soil pipe 0.1 ***afvoerpijp*** ⇒*riool.*
soiree, soirée [swa:ree] **0.1** ***soiree*** ⇒*avondje.*
sojourn[1] [sodzjə:n] ⟨zn.⟩⟨schr.⟩ **0.1** ***(tijdelijk) verblijf*** ⇒*oponthoud.*
sojourn[2] [sodzjə:n] ⟨ww.⟩⟨schr.⟩ **0.1** ***vertoeven*** ⇒*(tijdelijk) verblijven.*
solace[1] [sollis], **solacement** [-mənt] ⟨zn.⟩ **0.1** ***troost*** ⇒*verlichting, bemoediging.*
solace[2] ⟨ww.⟩ **0.1** ***(ver)troosten*** ⇒*verlichten, opbeuren* ◆ **4.1** ~ o.s. (with sth.) *zich troosten (met iets).*
solar [soolə] **0.1** ***solair*** ⇒*v.d. zon, zonne-, zons-* ◆ **1.1** ~ battery/cell *zonnecel;* ~ eclipse *zonsverduistering;* ~ energy *zonne-energie;* ~ heating *zonneverwarming;* ~ panel *zonnepaneel;* ~ power *zonne-energie.*
solarium [sooleəriəm]⟨mv.: ook solaria [-riə]⟩ **0.1** ***solarium.***
solar system 0.1 ***zonnestelsel.***
sold ⟨verl. t. en volt. deelw.⟩ →**sell.**
solder[1] [soldə, sooldə] ⟨zn.⟩ **0.1** ***soldeer(sel).***
solder[2] ⟨ww.⟩ **0.1** ***solderen*** ⇒⟨fig.⟩ *verbinden* ◆ **5.1** ~ **up** *solderen, herstellen.*
soldering iron [sooldring ajjən, sol-] **0.1** ***soldeerbout*** ⇒*soldeerijzer.*
soldier[1] [sooldzjə] ⟨zn.⟩ **0.1** ***militair*** ⇒*soldaat* **0.2** ***strijder*** ⇒*voorvechter* ◆ **1.1** ~ of fortune *avonturier, huurling* **2.1** common ~ *(gewoon) soldaat, onderofficier* **3.1** play at ~s *soldaatje spelen.* →**old, private, unknown.**
soldier[2] ⟨ww.⟩ **0.1** ***dienen*** ⟨als soldaat⟩ ⇒*dienst doen.*
soldier ant ⟨dierk.⟩ **0.1** ***strijdmier* 0.2** ***rode mier.***
soldier on 0.1 ***volhouden.***
soldiery [soo·oeldzjərie] ⟨zn.⟩⟨schr.⟩ **0.1** ***militairen* 0.2** ***soldatenvolk.***
sole[1] [sool] ⟨zn.; in bet. 0.2 mv.: ook sole⟩ **0.1** ***zool*** ⟨v. voet en schoen⟩ **0.2** ***tong*** ⟨vis en gerecht⟩.
sole[2] ⟨bn.⟩ **0.1** ***enig*** ⇒*enkel* **0.2** ***exclusief*** ⇒*uitsluitend* ◆ **1.2** ~ agent *alleenvertegenwoordiger.*
sole[3] ⟨ww.⟩ **0.1** ***(ver)zolen.***
solecism [sollissizm] **0.1** ***taalfout* 0.2** ***onbetamelijkheid.***
solely [soollie] **0.1** ***alleen* 0.2** ***enkel*** ⇒*uitsluitend.*
solemn [solləm] ⟨-ness⟩ **0.1** ***plechtig* 0.2** ***ernstig* 0.3** ***(plecht)statig* 0.4** ***belangrijk*** ⇒*gewichtig* ◆ **1.1** a ~ oath *een plechtige eed* **1.2** look as ~ as a judge *doodernstig kijken* **1.4** ~ warning *dringende waarschuwing.*
solemnit|y [səlemnətie] ⟨mv.: -ies⟩ **0.1** ***plechtigheid* 0.2** ***plechtstatigheid*** ⇒*ceremonieel* **0.3** ***ernst.***
solemn|ize, -ise [solləmnajz] ⟨zn.: **-ization**⟩⟨schr.⟩ **0.1** ***(plechtig) vieren*** ⇒*solemniseren* **0.2** ***voltrekken*** ⟨huwelijk⟩.
soli [soolie] ⟨mv.⟩ →**solo.**
solicit [səlissit] ⟨zn.: **-ation**⟩ **I** ⟨onov.ww.⟩ **0.1** ***een verzoek doen* 0.2** ***tippelen*** ◆ **6.1** ⟨schr.⟩ ~ **for** custom *om klandizie verzoeken;*
II ⟨ov.ww.⟩ **0.1** ***(dringend) verzoeken* 0.2** ***aanspreken*** ⟨v. prostituee⟩ ◆ **1.1** ~ s.o.'s attention *iemands aandacht vragen.*
solicitor [səlissittə] **0.1** ⟨BE; jur.; ong.⟩ ***procureur* 0.2** ⟨BE; jur.⟩ ***rechtskundig adviseur*** ⇒⟨ong.⟩ *advocaat* ⟨voor lagere rechtbank⟩ **0.3** ⟨BE; jur.; ong.⟩ ***notaris* 0.4** ⟨AE⟩ ***rechterlijk ambtenaar.***
Solicitor General ⟨mv.: Solicitors General⟩⟨jur.⟩ **0.1** ⟨BE; ong.⟩ ***advocaat-generaal.***
solicitous [səlissittəs] ⟨-ness⟩ **0.1** ⟨+ of⟩ ***verlangend (naar)*** ⇒*gretig* **0.2** ⟨+ about/for⟩ ***bezorgd (om)*** ⇒*bekommerd* **0.3** ***aandachtig*** ⇒*nauwgezet.*
solicitude [səlissitjoe:d] **0.1** ***zorg*** ⇒*bezorgdheid, angst* **0.2** ***aandacht*** ⇒*nauwgezetheid.*
solid[1] [sollid] **I** ⟨telb.zn.⟩ **0.1** ***vast lichaam* 0.2** ***(driedimensionaal) lichaam;***
II ⟨mv.⟩ **0.1** ***vast voedsel.***
solid[2] ⟨bn.; -ness⟩ **0.1** ***vast*** ⟨ook schei.⟩ ⇒*stevig, compact, solide* **0.2** ***massief*** ⇒*dicht* **0.3** ⟨inf.⟩ ***ononderbroken*** ⟨v. tijd⟩ **0.4** ***betrouwbaar*** ⟨ihb. financieel⟩ **0.5** ***kubiek*** ⇒*driedimensionaal* **0.6** ⟨inf.⟩ ***unaniem* 0.7** ***gegrond*** ⇒*degelijk* **0.8** ***zuiver*** ⇒*massief, puur* **0.9** ⟨AE⟩ ***effen*** ⟨v. kleur⟩ ◆ **1.1** of ~ build *stevig gebouwd;* ⟨fig.⟩ on ~ ground *goed onderbouwd;* ~ rock *vast gesteente;* ⟨schei.⟩ ~ solution *vaste oplossing* ⟨mengkristal⟩ **1.2** ~ wall *blinde muur* **1.4** ~ evidence *betrouwbaar/concreet bewijs;* ~ firm *kredietwaardige zaak* **1.5** ~ geometry *stereometrie* **1.6** ~ vote *eenstemmigheid* **1.7** ~ arguments *sterke argumenten;* ~ reasons *gegronde redenen* **1.8** ~ gold *puur goud* **1.9** a ~ blue dress *een effen blauwe jurk* **3.3** Castro talked ~ly for three hours *Castro sprak drie uur aan één stuk* **6.6** ~ **against/for** sth. *unaniem tegen/voor iets.*
solidarity [sollidærətie] **0.1** ***solidariteit.***
solidif|y [səliddiffaj] ⟨zn.: **-ication**⟩ **0.1** ***hard(er) (doen) worden*** ⇒*(doen) verharden;* ⟨fig.⟩ *(zich) consolideren.*
solidit|y [səliddətie] **I** ⟨telb.zn.; mv.: -ies⟩ **0.1** ***vast lichaam;***
II ⟨n.-telb.zn.⟩ **0.1** ***soliditeit*** ⇒*hardheid* **0.2** ***dichtheid*** ⇒*compactheid* **0.3** ***kracht*** ⟨v. argumenten⟩ **0.4** ***betrouwbaarheid.***
solidus [solliddəs]⟨mv.: solidi [-daj]⟩ **0.1** ***schuine streep.***

soliloqu|y [səlilləkwie] ⟨mv.: -ies⟩ **0.1** ***alleenspraak*** ⇒*monoloog.*
solipsism [sollipsizm] ⟨fil.⟩ **0.1** ***solipsisme.***
solitaire [sollitteə] **I** ⟨telb.zn.⟩ **0.1** ***solitair(e)*** ⟨afzonderlijk gezette diamant, enz.⟩ **0.2** ***ring/oorbel met solitair(e);***
II ⟨n.-telb.zn.⟩ **0.1** ⟨AE⟩ ***patience(spel)*** **0.2** ***solitair(spel)*** ⟨met pinnetjes⟩.
solitar|y¹ [sollitrie] ⟨mv.: -ies⟩ **I** ⟨telb.zn.⟩ **0.1** ***kluizenaar*** ⇒ *eenling;*
II ⟨n.-telb.zn.⟩⟨inf.⟩ **0.1** ***eenzame opsluiting*** ⇒*afzondering, isoleercel.*
solitar|y² ⟨bn.; -iness⟩ **0.1** ***alleen(levend)*** ⇒*solitair* ⟨ook biol.⟩ **0.2** ***eenzelvig*** **0.3** ***afgezonderd*** ⇒*eenzaam* **0.4** ***enkel*** ◆ **1.3** ~ confinement *eenzame opsluiting* **1.4** give me one ~ example *geef mij één enkel voorbeeld.*
solitude [sollitjoe:d] **0.1** ***eenzaamheid.***
solo¹ [sooloo] ⟨zn.; mv.: ook soli⟩ **0.1** ***solo-optreden*** **0.2** ***solovlucht.***
solo² ⟨bn.⟩ **0.1** ***mbt. een solo*** ⇒*solistisch, solo-* ◆ **1.1** ~ flight *solovlucht.*
solo³ ⟨ww.⟩ **0.1** ***als solist(e) optreden*** **0.2** ***solo vliegen.***
solo⁴ ⟨bw.⟩ **0.1** ***solo*** ⇒*alleen* ◆ **3.1** fly ~ *solo vliegen.*
soloist [sooloo·ist] **0.1** ***solist(e).***
so long ⟨inf.⟩ **0.1** ***tot ziens.***
solstice [solstis] ⟨ster.⟩ **0.1** ***zonnestilstand*** ⇒*zonnewende.*
solub|le [soljoebl] ⟨zn.: **-ility**⟩ **0.1** ***oplosbaar*** **0.2** ***verklaarbaar.***
solute [soljoe:t] ⟨schei.⟩ **0.1** ***opgeloste stof.***
solution [səloe:sjn] **0.1** ***solutie*** ⇒*oplossing* **0.2** ***oplossing*** ⇒ *uitweg* ◆ **6.1 in** ~ *in opgeloste vorm* **6.2** ~ **for/of/to** a problem *oplossing v.e. probleem.*
solvab|le [solvəbl] ⟨zn.: **-ility**⟩ **0.1** ***oplosbaar*** **0.2** ***verklaarbaar.***
solve [solv] **0.1** ***oplossen*** ⇒*een uitweg vinden voor* **0.2** ***verklaren.***
solvency [solvənsie] ⟨schei., ec.⟩ **0.1** ***solventie*** ⇒*het solvent zijn.*
solvent¹ [solvnt] ⟨zn.⟩ **0.1** ***solvent*** ⇒*oplosmiddel.*
solvent² ⟨bn.⟩ **0.1** ⟨ec.⟩ ***solvent*** ⇒*solvabel* **0.2** ***oplossend.***
somatic [soomætik] ⟨med.⟩ **0.1** ***somatisch*** ⇒*lichamelijk.*
sombre, ⟨AE sp. ook⟩ **somber** [sombə] ⟨-ness⟩ **0.1** ***somber*** ⇒ *duister, zwaarmoedig.*
some¹ [sum] ⟨vnw.⟩ **0.1** ***wat*** ⇒*iets, enkele(n), sommige(n), een aantal* ◆ **3.1** I've made a cake; would you like ~? *ik heb een cake gebakken; wil je er wat van/een stukje?;* ~ say so *er zijn er die dat zeggen.*
some² [sum] ⟨bw.⟩ **0.1** ***ongeveer*** ⇒*zo wat* **0.2** ⟨vnl. AE; inf.⟩ ***enigszins*** ⇒*een beetje;* ⟨iron.⟩ *geweldig, formidabel* ◆ **2.2** she felt ~ stronger *ze voelde zich wat sterker* **3.2** he was annoyed ~ *hij was een tikje geïrriteerd* **7.1** it costs ~ fifty pounds *het kost zo'n vijftig pond.*
some³ [sum, ⟨in bet. 0.1⟩ s(ə)m, ⟨sterk⟩ sum] ⟨det.⟩ **0.1** ⟨hoeveelheid of aantal⟩ ***wat*** ⇒*een stuk, een aantal* **0.2** ⟨entiteit⟩ ***sommige*** ⇒*een of ander(e), een* **0.3** ⟨ook iron.⟩ ***geweldig*** ⇒*fantastisch* ◆ **1.1** she bought ~ oranges *ze kocht wat sinaasappels* **1.2** ~ child broke the window *een of ander kind heeft de ruit gebroken;* ~ day I'll know *ik zal het ooit weten* **1.3** that was ~ holiday *dat was nu eens een fijne vakantie;* ~ plumber he is! *wat een klungelaar van een loodgieter!* →**someplace, sometime.**
somebody¹ [sumbədie] ⟨zn.; alleen enk.⟩ **0.1** ***een belangrijk persoon*** ⇒*een hele piet* ◆ **3.1** he wanted to be ~ *hij wilde aanzien verwerven.*
somebody², someone [sumwun] ⟨vnw.⟩ **0.1** ***iemand*** ◆ **3.1** ~ will take care of you *er zal iemand voor je zorgen.*
someday [sumdee] **0.1** ***op een dag*** ⇒*ooit* ◆ **3.1** we all must die ~ *we moeten allen eens sterven.*
somehow [sumhau], ⟨AE⟩ **someway(s)** [-wee(z)] **0.1** ***op de een of andere manier*** ⇒*hoe dan ook, ergens* **0.2** ***om de een of andere reden*** ⇒*waarom dan ook* ◆ **3.1** ~ (or other) I'll have to tell him *op de een of andere wijze moet ik het hem vertellen* **3.2** we never got round to it ~ *we zijn er om de een of andere reden nooit aan toegekomen.*
someone →**somebody.**
someplace [sumplees] **0.1** ***ergens*** ⇒*op een of ander plaats* ◆ **3.1** do it ~ else *doe het ergens anders.*
somersault [summəso:lt] **0.1** ⟨zn.⟩ ***salto (mortale)*** ⇒*buiteling* **0.2** ⟨ww.⟩ ***een salto/koprol maken*** ◆ **3.1** turn/throw a ~ *een salto/koprol maken.*
something¹ [sumθing] ⟨zn.⟩ **0.1** ***iets*** ◆ **2.1** I've bought you a little ~ to take with you *ik heb een kleinigheidje voor je gekocht om mee te nemen.*
something² ⟨vnw.⟩ **0.1** ***iets*** ⇒*wat* **0.2** ⟨+of⟩ ***iets*** ⇒*enigszins* ◆ **1.1** the party was really ~ *het feestje was geweldig* **1.2** it's ~ of a problem *het is enigszins een probleem;* it came as ~ of a surprise *het kwam een beetje als een verrassing;* he's ~ of a painter *het is een niet onverdienstelijk schilder* **3.1** he dropped ~ *hij liet iets vallen* **3.¶** you may have ~ there *je zou wel eens gelijk kunnen hebben* **4.1** he must have forgotten ~ or other *hij moet het een of ander vergeten zijn;* seventy ~ *zeventig en nog wat* **6.1** there's ~ **in/to** it *daar is iets v. aan;* it's ~ **like** a church *het ziet er min of meer uit als een kerk.*
something³ ⟨bw.⟩⟨inf.⟩ **0.1** ⟨intensiverend⟩ ***heel erg*** ⇒*in hoge mate* ◆ **2.1** he had a fever ~ terrible *hij had een verschrikkelijk hoge koorts.*
sometime¹ [sumtajm] ⟨bn.⟩ **0.1** ***vroeger*** ⇒*voormalig* ◆ **1.1** Mr. Jones, ~ teacher at this school *meneer Jones, voormalig leraar aan deze school.*
sometime² ⟨bw.⟩ **0.1** ***ooit*** ⇒*eens* ◆ **3.1** I'll show it to you ~ *ik zal het je (ooit) eens laten zien* **6.1** ~ **in** the future *in de toekomst.*
sometimes [sumtajmz] **0.1** ***soms*** ⇒*af en toe, bij gelegenheid.*
someway →**somehow.**
somewhat [sumwot] **0.1** ***enigszins*** ⇒*in zekere mate, een beetje, wat, iets* ◆ **2.1** the soil is ~ moist *de aarde is een beetje vochtig* **5.1** ⟨inf.⟩ he was more than ~ surprised *hij was niet weinig verbaasd.*
somewhere **0.1** ⟨plaats of richting; ook fig.⟩ ***ergens (heen)*** **0.2** ⟨benadering⟩ ***ongeveer*** ⇒*ergens, om en bij* ◆ **3.1** he'll get ~ yet *hij zal het nog ver brengen;* we're getting ~ at last *dat lijkt er al meer op;* he lives ~ in the desert *hij woont ergens in de woestijn* **6.2** ~ **about** sixty *zo'n zestig;* they had ~ **between** twenty and forty members *ze hadden ergens tussen de twintig en de veertig leden.*
somnambulism [somnæmbjəlizm] **0.1** ***het slaapwandelen.***
somnambulist [somnæmbjəlist] **0.1** ***slaapwandelaar.***
somnolence [somnələns] **0.1** ***slaperigheid.***
somnolent [somnələnt] **0.1** ***slaperig*** **0.2** ***slaapverwekkend*** ⇒*saai* ◆ **1.2** a ~ speech *een saaie toespraak.*
son [sun] **0.1** ***zoon*** ⇒*mannelijk(e) afstammeling, jongen* ◆ **1.1** he's his father's ~ *hij is een (echte) zoon v. zijn vader; hij lijkt op zijn vader;* ~ of the soil *iem. die geboren en getogen is op het land.* →**father, favourite.**
sonar [soona:] ⟨afk.⟩ **0.1** [sound navigation and ranging] ***sonar*** ⇒*echopeilingssysteem.*
sonata [səna:tə] ⟨muz.⟩ **0.1** ***sonate.***
son et lumière [son ee loe:mjeə] ⟨vnl. BE⟩ **0.1** ***klank- en lichtspel.***

song [song] **0.1** ***lied(je)*** ⇒*wijsje* **0.2** ***gedicht(je)*** **0.3** ***gezang*** ◆ **1.1** ⟨inf.⟩ nothing to make a ~ and dance about *niets om drukte/ophef over te maken* **1.2** Song of Songs/Solomon *Hooglied* **3.3** he burst forth into ~ *hij barstte in gezang uit* **3.¶** buy sth. for a(n old) ~ *iets voor een appel en een ei kopen;* go for a ~ *bijna voor niets van de hand gaan* **6.¶** **on** ~ *op dreef, op volle toeren; in topvorm.*

songbird **0.1** ***zangvogel.***

songbook **0.1** ***zangboek*** ⇒*liedboek.*

song contest **0.1** ***songfestival*** ◆ **¶.1** the Eurovision ~ *het Eurovisie songfestival.*

songster [songstə] **0.1** ***zanger*** **0.2** ***zangvogel*** **0.3** ⟨schr.⟩ ***liedjesschrijver.***

songstress [songstris] **0.1** ***zangeres*** **0.2** ***liedjesschrijfster.***

song thrush **0.1** ***zanglijster.***

songwriter **0.1** ***liedjesschrijver/schrijfster.***

sonic [sonnik] **0.1** ***sonisch*** ⇒*mbt. geluid(sgolven), geluids-* ◆ **1.1** ~ barrier *geluidsbarrière;* ~ boom, ⟨BE ook⟩ ~ bang *supersone knal.*

son-in-law ⟨mv.: sons-in-law⟩ **0.1** ***schoonzoon.***

sonnet [sonnit] **0.1** ***sonnet.***

sonn|y [sunnie] ⟨mv.: -ies⟩⟨vnl. aanspreekvorm; inf.⟩ **0.1** ***jochie*** ⇒*mannetje.*

son-of-a-bitch ⟨mv.: sons of bitches⟩⟨vulg.⟩ **0.1** ***klootzak*** ◆ **¶.¶** ~! *godverdomme!*

son-of-a-gun ⟨mv.: son of a guns, sons of guns⟩⟨inf.; man.⟩ **0.1** ***(stoere) bink*** ◆ **¶.¶** ~! *godverdomme!*

sonority [sənorrətie] **0.1** ***sonoriteit.***

sonorous [sonnərəs] ⟨-ness⟩ **0.1** ***sonoor*** ⇒*(helder)klinkend* ◆ **1.1** a ~ voice *een sonore stem.*

soon[1] [soe:n] ⟨bn.; -er⟩ **0.1** ***snel*** ⇒*vlug, vroeg* ◆ **1.1** the ~est date that can be arranged *de eerste datum die mogelijk is.*

soon[2] ⟨bw.⟩ **0.1** ***spoedig*** ⇒*gauw, snel (daarna)* **0.2** ***graag*** ⇒*bereidwillig* ◆ **3.1** I'm going ~ *ik ga al spoedig;* he ~ saw me *hij zag me gauw;* speak too ~ *te voorbarig zijn* **3.2** I'd ~er walk *ik loop liever* **5.1** the ~er the better *hoe eerder hoe beter;* ~(er) or late(r) *vroeg of laat, uiteindelijk* **8.1** as ~ as *zodra (als), meteen toen/als;* no ~er ... than *nauwelijks ... of;* no ~er had he arrived than she left *nauwelijks was hij aangekomen of zij ging al weg* **8.2** as ~ as not *liever (wel dan niet);* I'd (just) as ~ stay home *ik blijf net zo lief thuis;* he would ~er die than apologize *hij gaat liever dood dan dat hij zijn verontschuldigingen aanbiedt.*

soot [soet] **0.1** ⟨zn.⟩ ***roet(vlokjes)*** **0.2** ⟨ww.⟩ ***met roet bedekken*** ⇒*vuil maken.*

soothe [soe:ð] **I** ⟨onov. en ov.ww.⟩ **0.1** ***kalmeren*** ⇒*geruststellen, troosten* ◆ **1.1** his anger was ~d *zijn boosheid werd gesust/zijn woede zakte;* sth. to ~ your nerves *een kalmeringsmiddel;*
II ⟨ov.ww.⟩ **0.1** ***verzachten*** ⟨pijn⟩.

soothingly [soe:ðinglie] **0.1** ***op kalmerende wijze*** ⇒*op geruststellende toon* **0.2** ***op verzachtende wijze.***

soothsayer [soe:θseeə] **0.1** ***waarzegger.***

soot|y [soetie] ⟨-ier⟩ **0.1** ***roetig*** ⇒*(als) met roet bedekt* **0.2** ***roetkleurig.***

sop[1] [sop] ⟨zn.⟩ **0.1** ***sopbroodje*** ⇒*crouton* **0.2** ***zoenoffer*** ⇒*zoethoudertje.*

sop[2] ⟨ww.; -ped⟩ **0.1** ***doorweken*** ⇒*soppen.* →**sop up.**

sophism [soffizm] **0.1** ***sofisme*** ⇒*drogreden.*

sophist [soffist] **0.1** ***sofist*** ⇒*drogredenaar.*

sophisticate [səfistikkeet] **0.1** ***wijsneus*** ⇒*mondain iem.* **0.2** ***subtiel persoon.***

sophisticated [səfistikkeetid] **0.1** ***subtiel*** ⇒*ver ontwikkeld, verfijnd* **0.2** ***wereldwijs*** ⇒*erudiet, ontwikkeld* **0.3** ***ingewikkeld*** ⇒*complex* ◆ **1.1** a ~ taste *een verfijnde/gedistingeerde smaak* **1.3** a ~ machine *een ingewikkelde machine.*

sophistication [səfistikkeesjn] **0.1** ***subtiliteit*** ⇒*raffinement* **0.2** ***wereldwijsheid*** ⇒*mondaniteit* **0.3** ***complexiteit.***

sophistr|y [soffistrie] ⟨mv.: -ies⟩ **0.1** ***sofisterij*** ⇒*spitsvondigheid* **0.2** ***sofisme.***

sophomore [soffəmo:] ⟨vnl. AE⟩ **0.1** ***tweedejaarsstudent*** ⟨op Am. school/universiteit⟩.

soporific [soppəriffik] ⟨-ally⟩ **0.1** ***slaapverwekkend*** ⇒⟨ook fig.⟩ *saai* ◆ **1.1** a ~ drug *een slaapmiddel.*

sopping [sopping], **sopping wet** ⟨inf.⟩ **0.1** ***doorweekt*** ⇒*doornat* ◆ **6.1** ~ **with** rain *kletsnat v.d. regen.*

sopp|y [soppie] ⟨-ier⟩ **0.1** ***doorweekt*** ⇒*kletsnat* **0.2** ⟨BE; inf.⟩ ***sentimenteel*** ⇒*zoetig* ◆ **1.2** a ~ film *een sentimentele film.*

soprano [səpra:noo], **soprano singer** **0.1** ***sopraan(zangeres).***

sop up **0.1** ***opnemen*** ⟨vloeistoffen⟩ ⇒*opdweilen, absorberen* ◆ **1.1** ~ this water with a towel *neem dit water op met een handdoek.*

sorbet [so:bit, so:bee] **0.1** ***sorbet*** ⇒*waterijs(je).*

sorcerer [so:sərə] **0.1** ***tovenaar.***

sorceress [so:səris] **0.1** ***tovenares.***

sorcery [so:sərie] **0.1** ***tovenarij.***

sordid [so:did] ⟨-ness⟩ **0.1** ***gemeen*** ⇒*laag, verachtelijk* **0.2** ***vuil*** ⟨ook fig.⟩ ⇒*vies, smerig* **0.3** ***armzalig*** ◆ **1.1** a ~ criminal *een vuile boef* **1.2** the ~ details *de smerige details* **1.3** ~ living conditions *zeer slechte levens/woonomstandigheden.*

sore[1] [so:] ⟨zn.⟩ **0.1** ***pijnlijke plek*** ⇒*zweer, wond* **0.2** ⟨vnl. mv.⟩ ***zeer*** ⇒*pijnlijk(e) onderwerp(en)* ◆ **2.2** recall/reopen old ~s *oude wonden openrijten.*

sore[2] ⟨-r; -ness⟩ **I** ⟨bn.⟩ **0.1** ***pijnlijk*** ⇒*irriterend* **0.2** ⟨inf.⟩ ***(over)gevoelig*** **0.3** ***bedroefd*** ◆ **1.1** ⟨inf.⟩ he's like a bear with a ~ head *hij is een oude mopperpot;* a ~ spot on your arm *een pijnlijke plek op je arm;* a ~ throat *keelpijn* **1.3** a ~ heart *een bedroefd hart* **1.¶** a sight for ~ eyes *aangenaam iets/iem.;* I stuck out like a ~ thumb with that red hat on *ik viel lelijk uit de toon met die rode hoed op* **3.2** he is ~ on this point *hij is overgevoelig op dit punt;*
II ⟨bn., attr.⟩ **0.1** ***onaangenaam*** ⇒*pijnlijk* ◆ **1.1** a ~ point *een teer punt;*
III ⟨bn., pred.⟩⟨vnl. AE⟩ **0.1** ***beledigd*** ⇒*kwaad, nijdig, gepikeerd* ◆ **3.1** don't get ~ about your defeat *maak je niet zo nijdig over je verlies.*

sorehead ⟨AE; inf.⟩ **0.1** ***zeur(kous).***

sorely [so:lie] **0.1** ***ernstig*** ⇒*in belangrijke mate, pijnlijk* ◆ **3.1** she was ~ afflicted *ze had het heel erg te kwaad;* he was ~ tempted *hij werd zwaar in verzoeking gebracht.*

sororit|y [sərorrətie] ⟨mv.: -ies⟩⟨AE⟩ **0.1** ***meisjesstudentenclub*** ⟨aan Am. universiteit⟩.

sorrel[1] [sorrəl] ⟨zn.⟩ **0.1** ***vos*** ⇒*voskleurig/roodbruin paard* **0.2** ⟨plantk.⟩ ***zuring*** **0.3** ⟨plantk.⟩ ***klaverzuring.***

sorrel[2] ⟨bn.⟩ **0.1** ***voskleurig*** ⇒*roodbruin, rossig.*

sorrow[1] [sorroo] ⟨zn.⟩ **0.1** ***smart*** ⇒*verdriet, leed* ◆ **1.1** joy(s) and ~(s) *lief en leed* **3.1** drown one's ~s *zijn verdriet verdrinken* **6.1** ~ **at/for/over** the loss of a friend *verdriet/rouw over het verlies v.e. vriend* **7.1** cause s.o. much ~/many ~s *iem. veel verdriet aandoen/zorgen baren.*

sorrow[2] ⟨ww.⟩ **0.1** ***treuren*** ⇒*rouwen* ◆ **6.1** ~ **for** one's mother *om (de dood van) zijn moeder treuren;* ~ **over/for** one's misfortune *treuren over zijn ongeluk.*

sorrowful [sorroofl] ⟨-ness⟩ **0.1** ***treurig*** **0.2** ***bedroefd.***

sorry[1] [sorrie] **I** ⟨bn., attr.⟩ **0.1** ***droevig*** ⇒*erbarmelijk* **0.2** ***naar*** ⇒*ellendig* **0.3** ***waardeloos*** ⟨excuus e.d.⟩ ◆ **1.1** he came home in a ~ condition *hij kwam thuis in een trieste toestand* **1.2** be in a ~ plight *in een nare situatie verkeren;*

II ⟨bn., pred.⟩ **0.1** ***bedroefd*** **0.2** ***medelijdend*** **0.3** ***berouwvol*** ◆ **2.2** it's better to be safe than ~ *laten we het zekere voor het onzekere nemen* **3.1** I'm ~ (to hear that) your brother died *het spijt me (te horen) dat je broer overleden is* **3.2** be/feel ~ for s.o. *medelijden hebben met iem.;* don't feel so ~ for yourself *wees niet zo met jezelf begaan* **3.3** I'm ~ *het spijt me; neem (het) me niet kwalijk;* you'll be ~ *het zal je berouwen* **6.3** I'm ~ **for/about** that *het/dat spijt me (zeer).* →**safe.**

sorry[2] ⟨tw.⟩ **0.1** ***sorry*** ⇒*het spijt me, pardon* **0.2** ***wat zegt u?***

sort[1] [so:t] ⟨zn.⟩ **0.1** ***soort*** ⇒*klas(se), type* **0.2** ⟨inf.⟩ ***persoon*** ⇒*type, slag* **0.3** ⟨comp.⟩ ***sortering*** ◆ **1.1** of every ~ and kind *v. allerlei slag/soorten;* that ~ of thing *zoiets, zulks* **2.2** he is a bad ~ *hij deugt niet* **6.1** a ~ **of** (a) *een soort(ement) van, een of andere;* a painter **of** ~s *een of ander soort schilder;* nothing **of** the ~! *niets dergelijks, geen sprake van!* **6.¶** be **out of** ~s *zich niet lekker/kregelig voelen* **7.1** all ~s of *allerlei* **¶.1** ⟨sprw.⟩ it takes all sorts (to make a world) *op de wereld vind je allerlei soorten mensen; onze Lieve Heer heeft rare kostgangers.* →**sort of.**

sort[2] **I** ⟨onov.ww.⟩⟨schr.⟩ **0.1** ***stroken*** ⇒*overeenstemmen* ◆ **6.1** his actions ~ ill/well **with** his character *zijn daden stemmen slecht/goed met zijn karakter overeen;*
II ⟨ov.ww.⟩ **0.1** ***sorteren*** ⇒*klasseren* ◆ **1.1** ~ letters *brieven sorteren* **5.1** ~ **over/through** *sorteren, klasseren.* → **sort out.**

sorter [so:tə] **0.1** ***sorteerder*** ⟨postbeambte⟩ **0.2** ***sorteermachine.***

sortie [so:tie] **0.1** ⟨mil.⟩ ***uitval*** **0.2** ⟨mil.⟩ ***vlucht*** ⟨v. gevechtsvliegtuig⟩ **0.3** ⟨fig.⟩ ***uitstapje*** ⟨op/naar onbekend/vijandig gebied⟩.

sort of [so:təv] ⟨inf.⟩ **0.1** ***min of meer*** ⇒*zo ongeveer, een beetje* ◆ **2.1** I feel ~ ill *ik voel me een beetje ziek* **3.1** I ~ wondered *ik vroeg me zo min of meer af.*

sort out **0.1** ***sorteren*** ⇒*indelen, rangschikken* **0.2** ⟨BE⟩ ***ordenen*** ⇒*regelen* **0.3** ⟨BE; inf.⟩ ***te pakken krijgen*** ⇒*een opdonder geven* ◆ **1.2** ~ a difficult problem *een moeilijk probleem ontwarren* **4.2** things will sort themselves out *de zaak komt wel terecht;* sort o.s. out *met zichzelf in het reine komen* **4.3** stop that or I'll come and sort you out *hou daarmee op of je krijgt het met mij aan de stok* **6.1** ~ the chaff **from** the wheat *het kaf v.h. koren scheiden.*

sort-out ⟨BE⟩ **0.1** ***ordening*** ◆ **3.1** your room needs a ~ *je kamer moet opgeruimd worden.*

SOS **0.1** ***SOS*** ⇒*noodsignaal; dringende oproep* ⟨om hulp, aan familie e.d.⟩.

so-so ⟨inf.⟩ **0.1** ***zozo*** ⇒*middelmatig* ◆ **1.1** a ~ student *een middelmatig student* **3.1** business is ~ *de zaken gaan maar zozo.*

sot [sot] **0.1** ***dronkaard.***

sottish [sottisj] ⟨-ness⟩ **0.1** ***bezopen*** ⇒*dwaas.*

sou [soe:] **0.1** ⟨inf.⟩ ***duit*** ⇒*cent* ⟨vnl. in negatieve zin⟩ ◆ **5.1** not worth a ~ *geen cent waard.*

soubrette [soe:bret] **0.1** ***soubrette*** ⇒*kamermeisje* ⟨in toneelstuk, operette e.d.⟩.

soubriquet →**sobriquet.**

soufflé [soe:flee] **0.1** ***soufflé.***

sought [so:t] ⟨verl. t. en volt. deelw.⟩ →**seek.**

sought after, ⟨pred. ook⟩ **sought-after** ⟨vnl. BE⟩ **0.1** ***veelgevraagd*** ⇒*in trek, gezocht.*

soul [sool] **I** ⟨telb. en n.-telb.zn.⟩ **0.1** ***ziel*** ⇒*geest* ◆ **1.¶** ⟨BE; inf.⟩ he is the (life and) ~ of the party *hij is de animator v.h. feest* **2.1** poor ~! *(arme) stakker!* **3.1** ⟨fig.⟩ that fellow has no ~ *die knaap heeft geen pit/hart* **6.1** ⟨vero.⟩ **upon** my ~! *bij mijn ziel!, wis en waarachtig!;* **with** (all one's) heart and ~ *met hart en ziel* **6.¶** she is the ~ **of** kindness *zij is de vriendelijkheid in persoon/zelf* **7.1** All Souls' Day *Allerzielen;* not a (living) ~ *geen levende ziel, geen sterveling;* the ship went down with 300 ~s *het schip zonk met 300 zielen aan boord;*
II ⟨n.-telb.zn.⟩ **0.1** ⟨AE; sl.⟩ ***soul*** ⟨Afro-Am. cultuur, het neger-zijn; sterk emotionele moderne Afro-Am. muziek⟩.

soul brother ⟨AE; sl.⟩ **0.1** ***Afro-Amerikaan*** ⇒*medeneger.*

soul-destroying ⟨inf.⟩ **0.1** ***geestdodend*** ⇒*afstompend.*

soulful [soolfl] ⟨-ness⟩ **0.1** ***vol (verheven) gevoelens*** ⇒*gevoelvol* ⟨soms iron.⟩.

soulless [soollәs] ⟨-ness⟩ **0.1** ***zielloos*** ⇒*geestdodend.*

soul mate **0.1** ***boezemvriend(in)*** ⇒*minnaar, minnares.*

soul music ⟨AE⟩ **0.1** ***soul*** ⟨sterk emotionele, moderne Afro-Am. muziek⟩.

soul-searching **0.1** ⟨bn.⟩ ***de ziel doorvorsend*** **0.2** ⟨zn.⟩ ***gewetensonderzoek.***

soul sister ⟨AE; sl.⟩ **0.1** ***Afro-Amerikaanse*** ⇒*medenegerin.*

soul-stirring **0.1** ***(ont)roerend*** ⇒*aandoenlijk.*

sound[1] [saund] **I** ⟨telb.zn.⟩ **0.1** ***zee-engte*** ⇒*zeestraat* **0.2** ***inham*** ⇒*baai, golf* **0.3** ⟨med.⟩ ***sonde;***
II ⟨telb. en n.-telb.zn.⟩ **0.1** ***geluid*** ⇒*klank, toon* **0.2** ***gehoorsafstand*** **0.3** ***sound*** ⇒*muziek* ◆ **1.¶** ~ and fury *geraas en gebral* **3.1** I don't like the ~ of it *het bevalt me niet, het zit me niet lekker* **6.1** **from/by** the ~(s) of it/things *zo te horen.*

sound[2] ⟨bn.; -ness⟩ **0.1** ***gezond*** ⇒*krachtig; gaaf;* ⟨inf.⟩ *fit* **0.2** ***correct*** ⇒*logisch; gegrond* ⟨argument⟩; *wijs* ⟨raad⟩ **0.3** ***solvent*** ⇒*financieel gezond; evenwichtig, betrouwbaar* **0.4** ***vast*** ⟨slaap⟩ **0.5** ***grondig*** ⟨onderzoek⟩ **0.6** ***hard*** ⇒*krachtig* ◆ **1.1** ⟨inf.⟩ be (as) ~ as a bell *(zo) gezond als een vis zijn; perfect functioneren* ⟨machine⟩; a ~ mind in a ~ body *een gezonde geest in een gezond lichaam* **1.2** ⟨AE; pol.⟩ ~ on the goose *zuiver in de leer* **1.6** a ~ thrashing *een flink pak ransel.*

sound[3] **I** ⟨onov.ww.⟩ **0.1** ***klinken*** ⟨ook fig.⟩ ⇒*luiden, galmen* **0.2** ***de diepte peilen*** ⇒*de oceaanbodem onderzoeken* ◆ **2.1** that ~s reasonable *dat klinkt redelijk* **5.¶** ⟨inf.⟩ ~ **off** *opscheppen; zijn mening luid te kennen geven;*
II ⟨ov.ww.⟩ **0.1** ***laten klinken*** **0.2** ***uiten*** ⇒*uitspreken* **0.3** ***blazen*** ⟨alarm, aftocht⟩ ⇒*blazen op* ⟨bv. trompet⟩ **0.4** ***testen*** ⟨door bekloppen v. longen, wielen v. spoorwagon⟩ **0.5** ***peilen*** ⟨ook fig.⟩ ⇒*onderzoeken, polsen* ◆ **1.1** ~ a warning *een waarschuwing laten horen* **1.3** ~ the attack *ten aanval blazen* **5.5** ~ s.o. **out** about/on sth. *iem. over iets polsen.*

sound[4] ⟨bw.⟩ **0.1** ***vast*** ⇒*diep* ⟨slaap⟩ ◆ **2.1** ~ asleep *vast in slaap.*

sound barrier **0.1** ***geluidsbarrière.***

sound box **0.1** ***klankkast*** ⟨v. viool, gitaar, cello enz.⟩.

soundcheck **0.1** ***geluidstest.***

sound effects **0.1** ***geluidseffecten.***

sound engineer **0.1** ***geluidsingenieur.***

sounding [saunding] **0.1** ***peiling*** ⟨ook fig.⟩ **0.2** ⟨mv.; scheep.⟩ ***peilbare grond*** ⇒*aangelode plaats(en)/diepte(n)* ◆ **3.1** make/take ~s *loden;* ⟨fig.⟩ *poolshoogte nemen; opiniepeilingen houden.*

sounding board **0.1** ***klankbord*** **0.2** ***klankbodem*** **0.3** ⟨fig.⟩ ***spreekbuis.***

sounding line ⟨scheep.⟩ **0.1** ***loodlijn.***

soundless [saundlәs] **0.1** ***geluidloos.***

soundly [saundlie] **0.1** ***gezond*** ⇒*stevig* **0.2** ***vast*** ⟨in slaap⟩.

sound mixer ⟨tech.⟩ **0.1** ***geluidmixer*** ⇒*geluidstechnicus* **0.2** ***mengpaneel.***

sound-proof **0.1** ⟨bn.⟩ ***geluiddicht*** **0.2** ⟨ww.⟩ ***geluiddicht maken.***

sound recording 0.1 *geluidsopname.*
sound-suppressing 0.1 *geluiddempend.*
soundtrack 0.1 *soundtrack* ⇒*geluidsspoor* ⟨v. geluidsfilm⟩ 0.2 *opgenomen filmmuziek.*
sound wave 0.1 *geluidsgolf.*
soup [soe:p] 0.1 *soep* 0.2 ⟨sl.⟩ *dichte mist* ⇒*erwtensoep* ◆ 6.¶ ⟨AE; inf.⟩ **from** ~ **to** nuts *v. begin tot einde;* ⟨sl.⟩ **in** the ~ *in de puree/rats.*
soupçon [soe:pson] 0.1 *beetje* ⇒*ietsje, tikkeltje.*
souped-up ⟨inf.⟩ 0.1 *opgepept* ⇒*groter, sensationeler, opwindender.*
soup kitchen 0.1 *gaarkeuken* ⟨voor armen, daklozen⟩ 0.2 ⟨mil.⟩ *veldkeuken.*
soup up 0.1 *opvoeren* ⟨motor(vermogen)⟩.
sour[1] [sauə] ⟨bn.; -ness⟩ 0.1 *zuur* ⇒*wrang* 0.2 *nors* ⇒*ongelukkig, pessimistisch* ⟨persoon⟩; *scherp* ⟨tong⟩ 0.3 *guur* ⇒ *onaangenaam, slecht* ⟨weer⟩ ◆ 1.1 ⟨plantk.⟩ ~ cherry *zure kers, morel;* ~ cream *zure room* 1.¶ ~ grapes *de druiven zijn zuur* 3.1 go/turn ~ *verzuren, bitter worden* 3.¶ go/turn ~ *slecht aflopen.*
sour[2] ⟨ww.⟩ 0.1 *(doen) verzuren* ⇒*verbitteren* ◆ 1.1 ⟨BE⟩ ~ed cream *zure room* 6.¶ ⟨AE⟩ ~ s.o. **on** sth. *iem. een afkeer van iets doen krijgen.*
source [so:s] 0.1 *bron* ⟨ook fig.⟩ ⇒*oorsprong, oorzaak* ◆ 1.1 ~ of income *bron van inkomsten* 2.1 reliable ~ *betrouwbare bron.*
source code ⟨comp.⟩ 0.1 *broncode.*
source language 0.1 ⟨ook comp.⟩ *brontaal.*
sourpuss ⟨sl.; scherts.⟩ 0.1 *zuurpruim.*
souse [saus] I ⟨onov.ww.⟩ 0.1 *doornat worden* 0.2 ⟨AE; sl.⟩ *zuipen;*
II ⟨ov.ww.⟩ 0.1 *doornat maken* ⇒*(een vloeistof) gieten (over iets)* 0.2 *pekelen* ⇒*marineren.*
soused [saust] ⟨sl.⟩ 0.1 *bezopen* ⇒*dronken.*
soutane [soe:ta:n] ⟨rel.⟩ 0.1 *soutane* ⇒*(priester)toog.*
south[1] [sauθ] ⟨zn.; the⟩ 0.1 *zuiden* ⟨windrichting⟩ 0.2 ⟨S-⟩ *Zuiden* ⟨deel v. wereld, land, stad⟩ ◆ 2.2 Deep South *het diepe Zuiden* ⟨de meest zuidelijke staten v.d. USA⟩ 6.1 **(to** the) ~ **of** *ten zuiden van.*
south[2] ⟨bn.⟩ 0.1 *zuidelijk* ⇒*zuid-, zuiden-, zuider-* 0.2 ⟨S-⟩ *Zuid-* ⇒*Zuider-* ⟨vnl. in aardr. namen⟩ ◆ 1.1 the wind is ~ *de wind zit in het zuiden* 1.2 South Africa *Zuid-Afrika;* South America *Zuid-Amerika.*
south[3] ⟨bw.⟩ 0.1 *zuid* ⇒*ten zuiden, naar/in/uit het zuiden* ◆ 5.1 ⟨inf.⟩ **down** ~ *in het zuiden* 6.1 ~ **by** east *zuid ten oosten.*
South African 0.1 ⟨bn.⟩ *Zuid-Afrikaans* 0.2 ⟨zn.⟩ *Zuid-Afrikaner* ◆ 1.1 ~ Dutch *Afrikaans* ⟨taal⟩.
southbound 0.1 *op weg naar het zuiden.*
south-east 0.1 ⟨zn.; the; ook S-⟩ *zuidoosten* 0.2 ⟨bn.⟩ *zuidoostelijk* 0.3 ⟨bw.⟩ *in/naar/uit het zuidoosten* ⇒*ten zuidoosten.*
southeaster 0.1 *zuidooster* ⟨wind⟩.
southeasterly 0.1 *zuidoostelijk* ⇒*zuidoosten-.*
southeastern ⟨vaak S-⟩ 0.1 *zuidoostelijk* ⟨vnl. als deel v. land⟩.
southeastward(s) 0.1 *zuidoost(waarts)* ⇒*zuidoostelijk.*
southerl|y [suðəlie] 0.1 ⟨zn.; mv.: -ies⟩ *zuidenwind* ⇒ *zuiderstorm* 0.2 ⟨bn.⟩ *zuidelijk* 0.3 ⟨bw.⟩ *naar/uit het zuiden.*
southern [suðn] ⟨vaak S-⟩ 0.1 *zuidelijk* ⇒*zuider-, zuid(en), op/uit het zuiden* ◆ 1.1 ⟨ster.⟩ Southern Cross *Zuiderkruis;* Southern Hemisphere *zuidelijk(e) halfrond;* ~ lights *zuiderlicht, aurora australis;* Southern States *zuidelijke staten* ⟨v.d. USA⟩.
southerner [suðənə] ⟨vaak S-⟩ 0.1 *zuiderling* ⇒⟨ihb. AE⟩ *Amerikaan uit de zuidelijke staten.*
southernmost [suðnmoost] 0.1 *meest zuidelijk* ⇒*zuidelijkst.*
southpaw ⟨honkbal, boksen; inf.⟩ 0.1 *linkshandige werper/bokser.*
South Pole 0.1 *zuidpool.*
southward [sauθwəd] 0.1 *zuid(waarts)* ⇒*zuidelijk.*
southwards [sauθwədz], ⟨AE ook⟩ **southward** 0.1 *zuid(waarts)* ⇒*zuidelijk.*
south-west 0.1 ⟨zn.; the; ook S-⟩ *zuidwesten* 0.2 ⟨bn.⟩ *zuidwestelijk* 0.3 ⟨bw.⟩ *in/naar/uit het zuidwesten* ⇒*ten zuidwesten.*
southwester [sauθwestə] 0.1 *zuidwester (storm).*
southwesterly 0.1 *zuidwestelijk* ⇒*zuidwesten-.*
southwestern ⟨vaak S-⟩ 0.1 *zuidwestelijk* ⟨vnl. als deel v. land⟩.
southwestward 0.1 *zuidwest(waarts)* ⇒*zuidwestelijk.*
southwestwards, ⟨AE ook⟩ **southwestward** 0.1 *zuidwestwaarts.*
souvenir [soe:vənie] 0.1 *souvenir* ⇒*aandenken.*
souwester [sauwestə] 0.1 *zuidwester* ⟨hoed, wind⟩.
sovereign[1] [sovrin] ⟨zn.⟩ 0.1 *soeverein* ⇒*vorst* 0.2 *sovereign* ⇒*soeverein* ⟨Engels gouden pondstuk⟩.
sovereign[2] ⟨bn.⟩ 0.1 *soeverein* ⇒*onafhankelijk, autonoom* 0.2 *soeverein* ⇒*heersend, oppermachtig* 0.3 *onovertroffen* ⇒*buitengewoon; puur* 0.4 *doeltreffend* ⇒*efficiënt, krachtig* ⟨remedie⟩ ◆ 1.2 our ~ lord the King *onze landsheer/vorst* 1.3 with ~ contempt *met de diepste minachting* 1.4 there is no ~ remedy for cancer yet *er is nog geen afdoend middel tegen kanker.*
sovereignt|y [sovrəntie] ⟨mv.: -ies⟩ 0.1 *soevereine staat* 0.2 *soevereiniteit* ⇒*zelfbeschikking* 0.3 *soevereiniteit* ⇒ *heerschappij.*
soviet [soovie·it, so-] ⟨vaak S-⟩ I ⟨telb.zn.⟩ 0.1 *sovjet* ⟨bestuursraad in de USSR⟩ ◆ 2.1 the Supreme Soviet *de opperste Sovjet;*
II ⟨mv.; the⟩ 0.1 *de Sovjets* ⇒*de Russen.*
Soviet 0.1 *sovjet-, Sovjet-* ⇒*van/uit/mbt. de Sovjet-Unie;* ⟨bij uitbr.⟩ *Russisch.*
sow[1] [sau] ⟨zn.⟩ 0.1 *zeug.*
sow[2] [soo]⟨sowed [sood], sowed/sown [soon]⟩ I ⟨onov. en ov.ww.⟩ 0.1 *zaaien* ⟨ook fig.⟩ ⇒*verspreiden* 0.2 *zaaien* ⇒ *(be)planten, poten* ◆ 6.2 ~ a piece of land **with** barley *een stuk land volzaaien met gerst;*
II ⟨ov.ww.⟩ 0.1 *opwekken* ⇒*de kiem leggen van* ◆ 1.1 ~ the seeds of doubt *twijfel zaaien.*
sower [sooə] 0.1 *zaaier* 0.2 *zaaimachine.*
sox [soks] ⟨vnl. AE; hand.⟩ 0.1 *sokken.*
soy [soj], **soya** [sojjə] 0.1 *soja(saus)* 0.2 *soja(bonen).*
soybean, soya bean 0.1 *soja(boon).*
soy sauce 0.1 *sojasaus.*
sozzled [sozld] ⟨BE; sl.⟩ 0.1 *straalbezopen.*
spa [spa:] 0.1 *minerale bron* 0.2 *badplaats* ⟨bij bron⟩ ⇒ *kuuroord.*
space[1] [spees] I ⟨telb.zn.⟩ 0.1 *afstand* ⇒*interval* 0.2 *plaats* ⇒*ruimte, gebied* 0.3 *tijdsspanne* 0.4 ⟨druk.⟩ *spatie* ◆ 1.3 during the ~ of three years *binnen het bestek v. drie jaar* 3.1 keep a ~ of thirty yards between cars *tussen de wagens een afstand van honderd meter bewaren* 3.2 clear a ~ for s.o./sth. *ruimte maken voor iem./iets;*
II ⟨telb. en n.-telb.zn.⟩ 0.1 *ruimte* 0.2 *(wereld)ruimte* ⇒ *heelal, universum* ◆ 3.2 vanish into ~ *in het niet verdwijnen.*
space[2] ⟨ww.⟩ 0.1 *uit elkaar plaatsen* ⇒*over de tijd verdelen*

0.2 ⟨druk.⟩ *spatiëren* ◆ **5.1** ~ **out** *over meer ruimte/tijd verdelen, spreiden;* ~ **out** payments *betalen in termijnen.*

space age 0.1 ***tijdperk v.d. ruimtevaart.***

space-age 0.1 ***futuristisch*** ⇒*ultramodern, mbt. het ruimtetijdperk.*

space capsule 0.1 ***ruimtecapsule.***

space centre 0.1 ***ruimtevaartcentrum.***

spacecraft 0.1 ***ruimtevaartuig.***

spaced out ⟨AE; sl.⟩ **0.1** ***zweverig*** ⇒*high, onder invloed* **0.2** ***wereldvreemd*** ⇒*excentriek.*

space flight 0.1 ***ruimtevlucht.***

spacelab 0.1 ***ruimtelab.***

space|man ⟨mv.: -men⟩ **0.1** ***ruimtevaarder.***

space probe 0.1 ***ruimtesonde.***

spaceship 0.1 ***ruimteschip.***

space shuttle 0.1 ***ruimtependel.***

space suit 0.1 ***ruimtepak.***

space-time 0.1 ***ruimte-tijdcontinuüm.***

spac(e)y [speesie] ⟨AE; sl.⟩ **0.1** ***versuft*** ⇒*stoned, verdwaasd* ⟨door drugs⟩ **0.2** ***vreemd*** ⇒*raar, excentriek.*

spacing [speesing] **0.1** ***afstand*** ⇒*tussenruimte* **0.2** ⟨druk.⟩ ***spatie*** ◆ **2.2** single / double / triple ~ *zonder/met één/met twee spaties.*

spacious [speesjəs] ⟨-ness⟩ **0.1** ***ruim*** ⇒*groot.*

spade¹ [speed] ⟨zn.⟩ **0.1** ***spade*** ⇒*schop* **0.2** ⟨vnl. mv.; kaartspel⟩ ***schoppen(s)*** **0.3** ⟨AE; sl.; bel.⟩ ***nikker*** ◆ **2.2** the five of ~s *schoppen vijf* **3.¶** call a ~ a ~ *het beestje bij zijn naam noemen.*

spade² ⟨ww.⟩ **0.1** ***(om)spitten.***

spadeful [speedfoel] **0.1** ***steek.***

spadework ⟨fig.⟩ **0.1** ***pionierswerk.***

Spain [speen] **0.1** ***Spanje.***

spake [speek] ⟨verl. t.⟩ →**speak.**

spam [spæm] ⟨S-⟩⟨handelsmerk⟩ **0.1** ***gekookte ingeblikte ham.***

span¹ [spæn] ⟨zn.⟩ **0.1** ***breedte*** ⇒*wijdte; vleugelbreedte, spanwijdte* ⟨v. vliegtuig⟩ **0.2** ***(tijd)span(ne)*** **0.3** ***overspanning*** ⇒*spanwijdte* **0.4** ***span(ne)*** ⟨lengtemaat; →t⟩ **0.5** ⟨AE⟩ ***span*** ⇒*stel* ⟨paarden⟩ ◆ **1.2** during the whole ~ of human history *gedurende heel de geschiedenis van de mensheid.*

span² ⟨ww.; -ned⟩ **0.1** ***overspannen*** ⟨ook fig.⟩ ⇒*overbruggen.*

spangle¹ [spænggl] ⟨zn.⟩ **0.1** ***paillet*** ⇒*lovertje.*

spangle² ⟨ww.⟩ **0.1** ***met pailletten/lovertjes versieren*** ⟨ook fig.⟩ ◆ **1.1** ~d with stars *met sterren bezaaid.*

Spaniard [spænjəd] **0.1** ***Spanjaard*** **0.2** ***Spaanse.***

spaniel [spæniəl] **0.1** ***spaniël*** ⇒*spaniël* ⟨hond⟩.

Spanish¹ [spænisj] ⟨zn.⟩ **0.1** ***Spaans*** ⟨taal⟩.

Spanish² ⟨bn.⟩ **0.1** ***Spaans*** ◆ **1.1** ~ America *Spaans(sprekend) Amerika* **1.¶** ⟨plantk.⟩ ~ chestnut *tamme kastanje(boom);* ⟨dierk.⟩ ~ fly *Spaanse vlieg;* ⟨gesch.⟩ ~ Main *noordoostkust v. Zuid-Amerika en aangrenzend deel v.d. Caribische Zee;* ~ onion *grote, gele ui met zachte smaak.*

Spanish-American 0.1 ⟨bn.⟩ ***van/uit/mbt. Spaanssprekend Amerika*** ⇒*Spaans-Amerikaans* **0.2** ⟨bn.⟩ ***van/mbt. bewoners v.d. USA v. Spaanse afkomst*** **0.3** ⟨zn.⟩ ***bewoner v. Spaanssprekend Amerika*** **0.4** ⟨zn.⟩ ***bewoner v.d. USA v. Spaanse afkomst.***

spank [spængk] **I** ⟨onov.ww.⟩ **0.1** ***voortsnellen*** ◆ **5.1** ~ **along** *zich reppen, vliegen* ⟨v. paard, boot⟩;
II ⟨ov.ww.⟩ **0.1** ***(een pak) voor de broek geven*** ⟨ihb. met vlakke hand / plat voorwerp⟩ ⇒*een pak slaag geven.*

spanker [spængkə] **0.1** ⟨scheep.⟩ ***bezaan.***

spanking¹ [spængking] ⟨zn.⟩ **0.1** ***pak voor de broek.***

spanking² ⟨bn.⟩⟨inf.⟩ **0.1** ***kolossaal*** ⇒*mieters, prima* **0.2** ***kwiek*** ⇒*vlug, krachtig* ◆ **1.2** a ~ breeze *een stevige bries.*

spanking³ ⟨bw.⟩⟨inf.⟩ **0.1** ***kolossaal*** ⇒*mieters, prima* ◆ **2.1** ~ new *spiksplinternieuw.*

spanner [spænə] ⟨BE⟩ **0.1** ***moersleutel*** ⇒*schroefsleutel* ◆ **1.¶** throw a ~ into the works *een spaak/stok in het wiel steken* **2.1** adjustable ~ *Engelse sleutel;* open-end(ed) ~ *steeksleutel.*

span roof 0.1 ***zadeldak.***

spar¹ [spa:] **I** ⟨telb.zn.⟩ **0.1** ⟨ben. voor⟩ ***lange paal*** ⇒ ⟨scheep.⟩ *rondhout;*
II ⟨n.-telb.zn.⟩ **0.1** ***spaat*** ⟨mineraal⟩.

spar² ⟨ww.; -red⟩ **0.1** ***sparren*** ⇒*boksen* **0.2** ***redetwisten.***

spare¹ [speə] ⟨zn.⟩ **0.1** ***reserve*** ⇒*dubbel; reserveonderdeel;* ⟨ihb.⟩ *reservewiel* **0.2** ⟨bowling⟩ ***het omvergooien v. alle kegels met de eerste twee ballen.***

spare² ⟨bn.; -ness⟩ **0.1** ***extra*** ⇒*reserve* **0.2** ***vrij*** ⟨tijd⟩ **0.3** ***mager*** **0.4** ***schraal*** ⇒*karig, krap* ◆ **1.1** ~ part *reserveonderdeel;* ~ room *logeerkamer;* ~ tyre *reservewiel;* ⟨scherts.⟩ *zwembandje* **1.3** a man of ~ frame *een tenger mannetje* **1.4** a ~ style of prose *een sobere (schrijf)stijl* **3.¶** ⟨BE; sl.⟩ go ~ *verbijsterd/razend worden.*

spare³ ⟨ww.⟩ **0.1** ***het stellen zonder*** ⇒*missen, overhebben; geven, afstaan* **0.2** ***sparen*** ⇒*ontzien* **0.3** ***besparen*** **0.4** ***sparen*** ⇒*bezuinigen op* ◆ **1.2** ~ s.o.'s feelings *iemands gevoelens sparen* **1.3** ~ me your excuses *bespaar me je excuses* **1.4** no expense(s) / pains ~d *zonder geld/moeite te sparen* **3.1** I have exactly £1 to ~ *ik heb nog precies £1 over* **4.1** enough and to ~ *meer dan genoeg;* can you ~ me a few moments? *heb je een paar minuten voor mij?* **4.2** not ~ o.s. *zichzelf niet sparen.*

spare-part surgery ⟨inf.⟩ **0.1** ***transplantatiechirurgie.***

sparerib ⟨vnl. mv.⟩ **0.1** ***krab*** ⇒*magere varkensrib(ben).*

sparing [speəring] **0.1** ***zuinig*** ⇒*spaarzaam; schraal.*

spark¹ [spa:k] ⟨zn.⟩ **0.1** ***vonk*** ⇒⟨fig.⟩ *sprank(je), greintje* ◆ **1.1** a ~ of compassion *een greintje medelijden* **2.¶** ⟨BE; inf.⟩ a bright ~ *een groot licht/slimme kerel.*

spark² I ⟨onov.ww.⟩ **0.1** ***vonken;***
II ⟨ov.ww.⟩ **0.1** ***ontsteken*** ⇒*doen ontbranden* **0.2** ***aanvuren*** ⇒*aanwakkeren* **0.3** ***uitlokken*** ◆ **5.3** ~ **off** a war *een oorlog uitlokken/doen ontbranden.*

sparkle¹ [spa:kl] ⟨zn.⟩ **0.1** ***sprankel*** ⟨ook fig.⟩ **0.2** ***fonkeling*** ⇒*glinstering* **0.3** ***gefonkel*** ⇒*geglinster* ◆ **1.1** ~s of wit *sprankels (van) geestigheid.*

sparkle² ⟨ww.⟩ **0.1** ***fonkelen*** ⇒*glinsteren* **0.2** ***parelen*** ⇒ *(op)bruisen* **0.3** ***sprankelen*** ⇒*geestig zijn* ◆ **1.2** ⟨AE⟩ sparkling water *spuitwater;* sparkling wine *mousserende wijn* **6.1** sparkling **with** wit *sprankelend van geest(igheid).*

sparkler [spa:klə] **0.1** ***sterretje*** ⟨vuurwerk⟩ **0.2** ⟨sl.⟩ ***glimmer*** ⟨diamant⟩.

spark plug, ⟨BE ook⟩ **sparking plug 0.1** ***(ontstekings)bougie.***

spark|y [spa:kie] ⟨-ier⟩ **0.1** ***levendig*** ⇒*energiek, sprankelend.*

sparling [spa:ling] ⟨mv.: ook sparling⟩⟨dierk.⟩ **0.1** ***spiering.***

sparring match [spa:ring mætsj] **0.1** ***oefenboksmatch*** **0.2** ***dispuut.***

sparring partner 0.1 ***sparringpartner*** ⟨ook fig.⟩.

sparrow [spæroo] **0.1** ***mus.***

sparrow hawk 0.1 ***sperwer*** **0.2** ***Amerikaanse torenvalk.***

sparse [spa:s] ⟨-ness⟩ **0.1** ***dun*** ⇒*schaars, karig* ◆ **3.1** a ~ly furnitured house *een spaarzaam gemeubileerd huis;* a ~ly populated area *een dunbevolkt gebied.*

sparsity [spa:sətie] **0.1** ***dunheid*** ⇒*schraalheid.*

Spartan [spa:tn] **0.1** ⟨bn.⟩ ***Spartaans*** ⇒⟨fig.⟩ *zeer hard/streng* **0.2** ⟨zn.⟩ ***Spartaan*** ⇒⟨fig.⟩ *zeer gehard persoon.*

spasm [spæzm] **0.1** ***kramp*** ⇒*huivering* **0.2** ⟨med.⟩ ***spasme***

⇒*kramp* **0.3** ***aanval*** ⇒*opwelling* ◆ **1.1** ~s of laughter *lachkrampen* **1.3** ~s of grief *opwellingen v. smart.*

spasmodic [spæzmoddik] ⟨-ally⟩ **0.1** ***spasmodisch*** ⇒*spastisch, krampachtig* **0.2** ***bij vlagen*** ⇒*met tussenpozen* ◆ **1.2** ~ gunfire *ongestadig kanonvuur.*

spastic [spæstik] ⟨-ally⟩ **0.1** ⟨bn.⟩ ***spastisch*** ⇒*krampachtig* **0.2** ⟨zn.⟩ ***spastisch persoon.***

spat[1] [spæt] ⟨zn.; mv.: ook spat⟩ **0.1** ⟨ben. voor⟩ ***kuit van schelpdieren*** ⇒⟨vnl.⟩ *oesterzaad* **0.2** ⟨inf.⟩ ***klappen*** ⇒*ruzietje* **0.3** ⟨vnl. mv.⟩ ***slobkous.***

spat[2] ⟨ww.; -ted⟩ **0.1** ***kuit schieten*** ⟨v. schelpdieren, vnl. oesters⟩ **0.2** ⟨inf.⟩ ***kibbelen.***

spat[3] ⟨verl. t. en volt. deelw.⟩ →**spit.**

spate [speet] **0.1** ⟨BE⟩ ***hoge waterstand*** ⟨v. rivier⟩ **0.2** ***(toe/over)vloed*** ⇒*stroom* ◆ **1.2** a ~ of words *een woordenvloed* **6.1** the rivers are **in** ~ *de rivieren zijn gezwollen.*

spatial, spacial [speesjl] **0.1** ***ruimtelijk*** ⇒*ruimte-.*

spatter[1] [spætə] ⟨zn.⟩ **0.1** ***spat(je)*** ⇒*vlekje* **0.2** ***gespat*** ⇒*klatering, geklater* **0.3** ***buitje*** ◆ **1.3** a ~ of rain *een regenbuitje.*

spatter[2] ⟨ww.⟩ **0.1** ***(be)spatten*** ⇒*(be)sprenkelen, klateren* **0.2** ***bekladden*** ⇒*besmeuren, bezoedelen* ⟨ook fig.⟩ ◆ **6.1** the lorry ~ed my clothes with mud *de vrachtauto bespatte mijn kleren met modder;* he ~ed water **on(to)** my face *hij spatte water in mijn gezicht.*

spatula [spætjoelə] **0.1** ***spatel*** **0.2** ⟨med.⟩ ***(tong)spatel.***

spawn[1] [spo:n] ⟨zn.⟩ **0.1** ***kuit*** ⟨v. vissen⟩ **0.2** ***kikkerdril*** **0.3** ***broedsel*** ⇒*(ge)broed* ⟨ook fig.; pej. mbt. mensen⟩ **0.4** ⟨plantk.⟩ ***zwamvlokken.***

spawn[2] **I** ⟨onov.ww.⟩ **0.1** ***kuit schieten;***
II ⟨ov.ww.⟩ **0.1** ***schieten*** ⟨kuit/kikkerdril⟩ **0.2** ⟨vaak pej.⟩ ***uitbroeden*** ⇒*voortbrengen, produceren.*

spay [spee] **0.1** ***steriliseren*** ⟨vrouwelijk dier⟩.

speak [spie:k]⟨spoke [spook], spoken [spookən]⟩ **I** ⟨onov.ww.⟩ **0.1** ***spreken*** ⇒*een toespraak/voordracht houden* **0.2** ***aanslaan*** ⇒*(beginnen te) blaffen* **0.3** ***klinken*** ⇒*toon geven, aanspreken* ◆ **1.2** the dog spoke immediately *de hond sloeg onmiddellijk aan* **1.3** the guns spoke in the distance *de kanonnen weerklonken in de verte* **4.¶** that ~s for itself *dat spreekt voor zich* **5.1** generally ~ing *in het algemeen gesproken;* legally ~ing *volgens de wet;* personally ~ing *voor mijn part;* properly ~ing *in eigenlijke zin;* so to ~ *(om) zo te zeggen, bij wijze van spreken;* strictly ~ing *strikt genomen;* ⟨sprw.⟩ ~ well of the dead *van de doden niets dan goeds;* ~ **out** against sth. *zich tegen iets uitspreken;* ~ **out/up** *duidelijk spreken;* ~ **up** for s.o./sth. *het voor iem./iets opnemen* **5.¶** could you ~ **up** please *wat harder a.u.b.* **6.1** ~ **for** s.o. *spreken voor/uit naam v. iem.;* nothing to ~ **of** *niets noemenswaard(ig)s;* ~ ill/well **of** s.o./sth. *kwaad/gunstig spreken over iem./iets;* ~ **to** s.o. **(about** sth.) *iem. (om iets) aanspreken; iem. (over iets) aanspreken/aanpakken* **6.¶** ~ **for** sth. *iets bestellen/reserveren; v. iets getuigen; een toespraak houden/pleiten voor* ⟨ook fig.⟩; ~ **to** a subject *iets zeggen over een onderwerp;* I can ~ **to** his having been here *ik kan bevestigen dat hij hier geweest is* **¶.1** ⟨telefoon⟩ ~ing! *spreekt u mee!;*
II ⟨ov.ww.⟩ **0.1** ***(uit)spreken*** ⇒*zeggen, uitdrukken* ◆ **1.1** ~ English *Engels spreken;* ~ one's mind *zijn mening zeggen;* it ~s volumes for his moderation *het spreekt boekdelen over zijn gematigdheid;* ~ the word! *zeg het maar!*

-speak ⟨produktief achtervoegsel⟩ **0.1** ***-jargon*** ◆ **¶.1** educationspeak *onderwijsjargon;* computerspeak *computerjargon.*

speakeas|y ⟨mv.: -ies⟩⟨AE; sl.⟩ **0.1** ***speakeasy*** ⇒*clandestiene kroeg.*

speaker [spie:kə] **0.1** ***spreker/spreekster*** **0.2** ***zegsman*** **0.3** ***luidspreker*** **0.4** ⟨S-⟩ ***voorzitter v.h. Lagerhuis*** ◆ **1.1** a ~ of French *iem. die Frans spreekt* **3.¶** catch (the) Speaker's eye *het woord krijgen* ⟨in het Lagerhuis⟩.

speaking [spie:king] **0.1** ***sprekend*** ⇒*levensecht, treffend* ◆ **1.1** a ~ likeness *een sprekende gelijkenis;* a ~ portrait *een levensecht portret.*

speaking engagement **0.1** ***spreekbeurt.***

speaking terms ◆ **6.¶** be **on** ~ **with** s.o. *iem. goed genoeg kennen om hem aan te spreken;* not be **on** ~ **with** s.o. *niet (meer) spreken tegen iem., onenigheid met iem. hebben.*

speaking tube **0.1** ***spreekbuis*** ⟨vnl. op schip⟩.

spear[1] [spiə] ⟨zn.⟩ **0.1** ***speer*** ⇒*lans* **0.2** ***harpoen*** **0.3** ***spriet*** ⇒*(gras)halm, (riet)stengel;* ⟨fig.⟩ *(haar)spriet.*

spear[2] **I** ⟨onov.ww.⟩ **0.1** ⟨inf.⟩ ***doorklieven*** ⇒*schieten, snijden* ◆ **1.1** the torpedo ~ed through the water *de torpedo schoot door het water;*
II ⟨ov.ww.⟩ **0.1** ***(met een speer) doorboren/steken*** ⇒*spietsen.*

spearhead[1] ⟨zn.⟩ **0.1** ***speerpunt*** ⇒⟨fig.⟩ *legerspits* **0.2** ***spits*** ⇒*leider, aanvoerder;* ⟨ihb.⟩ *campagneleider.*

spearhead[2] ⟨ww.⟩ **0.1** ***de spits/voorhoede zijn van*** ⇒*aan de spits staan van* ⟨ook fig.⟩; *leiden, aanvoeren* ⟨bv. actie, campagne⟩.

spearmint **0.1** ***groene munt*** **0.2** ***kauwgom met muntsmaak.***

spec [spek] ⟨verk.⟩ [speculation] ⟨inf.⟩ **0.1** ***gok*** ⇒*speculatie* ◆ **6.1** buy shares **on** ~ *aandelen op speculatie/de bonnefooi kopen.*

special[1] [spesjl] ⟨zn.⟩ **0.1** ***iets bijzonders/speciaals*** ⇒*extratrein; extra-editie; speciaal gerecht op menu; speciale attractie; (tv-)special, speciaal programma* **0.2** ⟨BE⟩ ***hulppolitieagent*** **0.3** ⟨AE; inf.⟩ ***(speciale) aanbieding*** ◆ **1.1** today's ~ *de aanbevolen dagschotel* **6.3** what have you got **on** ~? *wat hebt u in de aanbieding?*

special[2] ⟨bn.⟩ **0.1** ***speciaal*** ⇒*bijzonder, apart, extra* ◆ **1.1** ⟨BE⟩ ~ constable *hulppolitieagent;* ⟨AE⟩ ~ court-martial *bijzondere krijgsraad* ⟨voor ernstige vergrijpen⟩; ⟨geldw.⟩ ~ drawing rights *speciale trekkingsrechten* ⟨v.h. IMF⟩ **1.¶** ⟨BE; vnl. ec.⟩ ~ area *noodgebied;* ⟨BE⟩ Special Branch *Politieke Veiligheidspolitie;* ~ delivery *expressebestelling;* ~ effects *trucage;* ⟨BE⟩ ~ licence *speciale toelating voor huwelijk;* ⟨jur.⟩ ~ pleading *aanvoering v. bijzondere/nieuwe elementen.*

specialism [spesjəlizm] **0.1** ***specialisme*** ⇒*specialisatie.*

specialist [spesjəlist] **0.1** ***specialist.***

specialit|y [spesjie-ælətie], ⟨AE sp.⟩ **specialt|y** [spesjltie] ⟨mv.: -ies⟩ **0.1** ***bijzonder kenmerk*** ⇒*bijzonderheid, detail* **0.2** ***specialiteit*** ⟨vak, product e.d.⟩.

specialization, -sation [spesjəlajzeesjn] **0.1** ***specialisering*** ⇒*specialisatie* **0.2** ***specificering*** **0.3** ***beperking*** ⇒*wijziging* ⟨v. verklaring e.d.⟩ **0.4** ⟨biol.⟩ ***differentiatie.***

specialize, -ise [spesjəlajz] **I** ⟨onov.ww.⟩ **0.1** ***zich specialiseren*** **0.2** ***in bijzonderheden treden*** **0.3** ⟨biol.⟩ ***zich bijzonder ontwikkelen;***
II ⟨ov.ww.⟩ **0.1** ***specificeren*** ⇒*speciaal vermelden* **0.2** ***beperken*** ⇒*wijzigen, preciseren* ⟨verklaring e.d.⟩ **0.3** ⟨biol.⟩ ***differentiëren.***

specially [spesjlie] **0.1** ***speciaal*** ⇒*apart, op speciale/bijzondere wijze* **0.2** ***bepaald*** ⇒*bijzonder* ◆ **5.2** he is not ~ interesting *hij is niet bepaald interessant.*

special needs pupil **0.1** ***achterstandsleerling.***

species [spie:sjie:z, -sie:z] ⟨mv.: species⟩ **0.1** ***soort*** ⇒*type* **0.2** ***gestalte*** ⇒*gedaante, vorm* **0.3** ⟨biol.⟩ ***species*** ⇒*soort* **0.4** ⟨logica⟩ ***categorie*** ⇒*klasse, soort* ◆ **6.1** a remarkable

~ **of** car *een vreemd soort auto* **7.3** the (human)/our ~ *het mensdom, de menselijke soort.*
specific[1] [spissiffik] ⟨zn.⟩ **0.1** ***iets specifieks*** ⇒*specifiek kenmerk* **0.2** ⟨mv.⟩ ***bijzonderheden*** ⇒*details.*
specific[2] **I** ⟨bn.⟩ **0.1** ***specifiek*** ⇒*duidelijk, gedetailleerd* **0.2** ***specifiek*** ⇒*kenmerkend, eigen* ◆ **1.1** a ~ description *een precieze beschrijving* **3.1** be ~ *de dingen bij hun naam noemen, er niet omheen draaien* **6.2** this style is ~ **to** Rembrandt *deze stijl is kenmerkend voor Rembrandt;*
II ⟨bn., attr.⟩ **0.1** ***specifiek*** ⇒*soortelijk, soort-* ◆ **2.1** ⟨nat.⟩ ~ gravity *soortelijk gewicht;* ⟨nat.⟩ ~ heat *soortelijke warmte.*
specifically [spissiffiklie] **0.1** →**specific** **0.2** ***duidelijk*** ⇒*precies, gedetailleerd* **0.3** ***bepaald*** ⇒*bijzonder* **0.4** ***speciaal, in het bijzonder*** ⇒*met name* ◆ **2.3** this is not a ~ correct procedure *dit is niet bepaald een correcte procedure* **¶.4** two people, ~ you and I *twee mensen, met name jij en ik.*
specification [spessiffikkeesjn] **0.1** ***specificatie*** ⇒*gedetailleerde beschrijving* **0.2** ***specificering*** **0.3** ⟨mv.⟩ ***bestek*** ⇒ *technische beschrijving.*
specif|y [spessiffaj] ⟨-ied⟩ **0.1** ***specificeren*** ⇒*precies vermelden/omschrijven.*
specimen [spessimmən] **0.1** ***specimen*** ⇒*monster, staaltje* **0.2** ⟨inf.⟩ ***(mooi) exemplaar*** ⇒*(rare) snuiter, vreemde vogel.*
specious [spie:sjəs] ⟨-ness⟩ **0.1** ***schoonschijnend*** ⇒*misleidend.*
speck [spek] **0.1** ***vlek(je)*** ⇒*stip, plek(je);* ⟨fig.⟩ *greintje* ◆ **1.1** the apples were full of ~s *de appels zaten vol (rotte) plekjes;* not a ~ of common sense *geen greintje gezond verstand.*
speckle[1] [spekl] ⟨zn.⟩ **0.1** ***spikkel*** ⇒*stippel, vlekje.*
speckle[2] ⟨ww.⟩ **0.1** ***(be)spikkelen*** ⇒*stippelen* ◆ **1.1** a ~d cow *een bonte/gevlekte koe.*
specs ⟨inf.⟩ **0.1** ⟨verk.⟩ [spectacles] ***bril.***
spectacle [spektəkl] **I** ⟨telb.zn.⟩ **0.1** ***schouwspel*** ⇒*vertoning* **0.2** ***aanblik*** ⇒*gezicht* ◆ **3.1** make a ~ of o.s. *spektakel maken;*
II ⟨mv.⟩ **0.1** ***bril*** ◆ **1.1** a pair of ~s *een bril.*
spectacle case **0.1** ***brillendoos.***
spectacled [spektəkld] **0.1** ***gebrild.***
spectacular[1] [spektækjoeləl] ⟨zn.⟩ **0.1** ***spectaculaire show*** ⟨vnl. op tv⟩.
spectacular[2] ⟨bn.⟩ **0.1** ***spectaculair*** ⇒*sensationeel.*
spectate [spekteet] **0.1** ***toekijken*** ⇒*bekijken.*
spectator [spekteetə] **0.1** ***toeschouwer*** ⇒*kijker, ooggetuige.*
spectra [spektrə] ⟨mv.⟩ →**spectrum.**
spectral [spektrəl] **0.1** ***spookachtig*** ⇒*spook-, geest-* **0.2** ⟨nat.⟩ ***spectraal.***
spectre, ⟨AE sp.⟩ **specter** [spektə] **0.1** ***spook*** ⇒*geest, schim* ⟨ook fig.⟩; ⟨fig.⟩ *(bang) voorgevoel* ◆ **1.1** the ~ of war *het schrikbeeld v.d. oorlog.*
spectroscop|e [spektrəskoop] ⟨bn.: **-ic**⟩ **0.1** ***spectroscoop.***
spectrum [spektrəm] ⟨mv.: ook spectra⟩ **0.1** ***spectrum*** ⇒ *kleurenbeeld;* ⟨bij uitbr.⟩ *radio/klankspectrum* **0.2** ***spectrum*** ⇒*gamma, reeks* ◆ **2.2** a wide ~ of *een breed gamma van.*
speculate [spekjoeleet] **0.1** ***speculeren*** ⇒*berekenen; mijmeren* ◆ **6.1** ~ **about/on/upon** *overdenken, overpeinzen;* ~ **in** *speculeren in.*
speculation [spekjoeleesjn] **0.1** ***speculatie*** ⇒*beschouwing, overpeinzing* **0.2** ***speculatie*** ⇒*het speculeren.*
speculative [spekjoelətiv] ⟨-ness⟩ **0.1** ***speculatief*** ⇒*bespiegelend, theoretisch* **0.2** ***speculatief*** ⇒*op gissingen berustend* ◆ **1.2** ~ builder *bouwspeculant;* ~ market *termijnmarkt.*
speculator [spekjoeleetə] **0.1** ***speculant.***
sped [sped] ⟨verl. t. en volt. deelw.⟩ →**speed.**
speech [spie:tsj] **I** ⟨telb.zn.⟩ **0.1** ***speech*** ⇒*toespraak, rede(voering)* **0.2** ***opmerking*** ⇒*uitlating* **0.3** ***gesprek*** ⇒*conversatie* **0.4** ***rede*** ◆ **1.1** ⟨BE⟩ Queen's/King's ~ *troonrede* **2.1** maiden ~ *maidenspeech, redenaarsdebuut;* a set ~ *een vooraf geprepareerde speech* **2.4** (in)direct ~ *(in)directe rede;* reported ~ *indirecte rede* **3.1** deliver/give/make a ~ *een toespraak houden, een speech afsteken;*
II ⟨n.-telb.zn.⟩ **0.1** ***spraak(vermogen)*** ⇒*uiting, taal* **0.2** ***uitspraak*** ⇒*accent* ◆ **1.1** freedom of ~ *vrijheid van meningsuiting.*
speech day ⟨BE⟩ **0.1** ***prijsuitdeling(sdag)*** ⟨op school⟩.
speech defect **0.1** ***spraakgebrek.***
speechif|y [spie:tsjiffaj] ⟨-ied⟩⟨scherts.⟩ **0.1** ***speechen*** ⇒*een speech afsteken.*
speechless [spie:tsjləs] ⟨-ness⟩ **0.1** ***sprakeloos*** ⇒*stom, verstomd* **0.2** ***onbeschrijfelijk*** **0.3** ***zwijgzaam*** ⇒*stil* ◆ **1.2** ~ admiration *onbeschrijfelijke/woordeloze bewondering.*
speech recognition ⟨comp.⟩ **0.1** ***spraakherkenning.***
speech therapist **0.1** ***logopedist.***
speech therapy **0.1** ***logopedie.***
speed[1] [spie:d] **I** ⟨telb.zn.⟩ **0.1** ***versnelling*** ⟨v. fiets⟩ **0.2** ⟨AE⟩ ***versnelling(sbak)*** ⟨v. auto⟩;
II ⟨telb. en n.-telb.zn.⟩ **0.1** ***(rij)snelheid*** ⇒*vaart, gang* **0.2** ⟨foto.⟩ ***(sluiter)snelheid*** **0.3** ***omwentelingssnelheid*** ⇒ *toerental* ◆ **2.1** average ~ *gemiddelde snelheid;* (at) full ~ *et volle kracht, in volle vaart* **6.1** **at** a ~ **of** *met een snelheid van;*
III ⟨n.-telb.zn.⟩ **0.1** ***spoed*** ⇒*haast* **0.2** ⟨sl.⟩ ***speed*** ⇒*amfetamine.*
speed[2] ⟨ook sped, sped [sped]⟩ **I** ⟨onov.ww.⟩ **0.1** ***(te) snel rijden*** ⇒*de maximumsnelheid overschrijden* **0.2** ***(voorbij)snellen*** ⟨ook fig.⟩ **0.3** ***zich haasten*** ⇒*haast maken* ◆ **5.1** ~ **up** *sneller gaan rijden, gas geven* **5.2** ~ **on** *voortsnellen* **5.3** ~ **up**! *haast je wat!;*
II ⟨ov.ww.⟩ **0.1** ***verhaasten*** ⇒*haast doen maken, opjagen* **0.2** ***versnellen*** ⇒*opvoeren* **0.3** ***uitgeleide doen*** ⇒*afscheid nemen van* **0.4** ⟨+away⟩ ***(snel) vervoeren*** ◆ **1.3** ~ a parting guest *een gast uitgeleide doen* **5.1** it needs ~ing **up** *er moet schot in worden gebracht* **5.2** ~ **up** (production) *(de productie) opvoeren.*
speedboat **0.1** ***speedboot.***
speed bump **0.1** ***verkeersdrempel.***
speedcop ⟨sl.⟩ **0.1** ***motoragent*** ⟨die o.a. snelheid controleert⟩.
speeder [spie:də] **0.1** ***snelheidsmaniak*** **0.2** ***snelheidsregelaar.***
speeding [spie:ding] **0.1** ***het te hard rijden.***
speed limit **0.1** ***topsnelheid*** ⇒*maximumsnelheid* ◆ **3.1** exceed the ~ *de maximumsnelheid overschrijden;* keep within the ~ *de maximumsnelheid niet overschrijden.*
speed limiter, speed limiting device **0.1** ***snelheidsbegrenzer.***
speedometer [spiddommittə, spie:-] **0.1** ***snelheidsmeter*** ⇒ *tachometer* **0.2** ***afstandmeter.***
speed ramp **0.1** ***verkeersdrempel*** **0.2** ***rollend trottoir*** ⟨op luchthaven⟩.
speed trap **0.1** ***autoval*** ⟨opgezet door de politie⟩.
speedup **0.1** ***opdrijving*** ⟨v.d. productie⟩ ⇒*versnelling.*
speedway **0.1** ***(auto/motor)renbaan*** ⇒*speedway(baan)* **0.2** ⟨AE⟩ ***autosnelweg.***
speedwell ⟨plantk.⟩ **0.1** ***ereprijs.***
speed|y [spie:die] ⟨-iness⟩ **0.1** ***snel*** ⇒*vlug, prompt.*
spel(a)eologist [spie:lie-olləd zjist] **0.1** ***speleoloog*** ⇒*grotonderzoeker.*

spel(a)eolog|y [spie:lie·olladzjie] ⟨bn.: **-ical**⟩ **0.1** ***speleologie.***

spell[1] [spel] ⟨zn.⟩ **0.1** ***bezwering(sformule)*** ⇒*ban, betovering, toverformule;* ⟨fig.⟩ *bekoring* **0.2** ***periode*** ⇒*tijd(je), (werk)beurt* **0.3** ***vlaag*** ⇒*aanval, bui* ◆ **1.2** ~ of work abroad *arbeidsperiode in het buitenland* **2.3** cold ~ *koudegolf* **3.1** break the ~ *de betovering verbreken;* cast/lay/put a ~ on/over *betoveren;* fall under the ~ of *in de ban raken van* **3.2** rest for a (short) ~ *een poosje rusten;* take a ~ at *zich wat bezighouden met* **6.1 under** the ~ of *in de ban van* **6.2 for** a ~ *een poosje.*

spell[2] ⟨ook spelt, spelt⟩ **I** ⟨onov. en ov.ww.⟩ **0.1** ***spellen*** ◆ **3.1** learn to ~ *zonder fouten leren schrijven* **5.1** ~ **out/over** *uitleggen, nauwkeurig omschrijven;*
II ⟨ov.ww.⟩ **0.1** ***de spelling zijn van*** **0.2** ***(voor)spellen*** ⇒ *betekenen, inhouden* ◆ **1.1** b o o k ~s 'book' *de letters b o e k vormen het woord 'boek'* **1.2** these measures ~ the ruin of *deze maatregelen betekenen de ondergang van.*

spellbinder **0.1** ***boeiend spreker*** ⇒*charismatisch redenaar;* ⟨pej.⟩ *volksmenner.*

spellbinding **0.1** ***boeiend*** ⇒*fascinerend.*

spellbound **0.1** ***geboeid*** ⇒*gefascineerd* ◆ **3.1** hold one's audience ~ *het publiek in zijn ban houden.*

speller [spelle] **0.1** ***speller/ster*** **0.2** ***spelboek(je)*** ⇒*abcboek.*

spelling [spelling] **0.1** ***spelling(wijze)*** ⇒*spellingleer.*

spelling checker ⟨comp.⟩ **0.1** ***spellingchecker.***

spelt[1] [spelt] ⟨zn.⟩ **0.1** ***spelt*** ⟨soort tarwe⟩.

spelt[2] ⟨verl. t. en volt. deelw.⟩ →**spell.**

spend [spend] ⟨spent, spent [spent]⟩ **I** ⟨onov.ww.⟩ **0.1** ***geld uitgeven*** ⇒*betalen;*
II ⟨ov.ww.⟩ **0.1** ***uitgeven*** ⇒*spenderen, besteden* **0.2** ***doorbrengen*** ⇒*wijden* **0.3** ***verkwisten*** ⇒*verspillen* **0.4** ***uitputten*** ◆ **1.2** ~ the evening watching TV *de avond doorbrengen met tv kijken* **1.4** the storm had soon spent its force *de storm was spoedig uitgeraasd* **4.4** ~ o.s. in friendly words *zich uitputten in vriendelijke woorden* **6.1** ~ money **on/**⟨vnl. AE⟩ **for** *geld spenderen aan.*

spender [spende] **0.1** ***verkwister*** **0.2** ***consument*** ⇒*verbruiker* ◆ **2.1** be a big ~ *het breed laten hangen.*

spending cut **0.1** ***bezuinigingsmaatregel.***

spending money ⟨vnl. AE⟩ **0.1** ***zakgeld.***

spending power **0.1** ***koopkracht.***

spending spree **0.1** ***vlaag v. koopwoede*** ◆ **3.1** go on a ~ *veel geld uitgeven bij het winkelen.*

spendthrift **0.1** ***verkwister*** ⇒*verspiller.*

spent [spent] **0.1** ***(op)gebruikt*** ⇒*af, leeg* **0.2** ***uitgeput*** ⇒*afgemat* ◆ **1.1** ~ cartridge *lege huls;* ~ horse *afgeleefd paard.*

sperm [spe:m] ⟨mv.: ook sperm⟩ **0.1** ***spermacel*** ⇒*zaadcel* **0.2** ***sperma*** ⇒*zaad.*

spermaceti [spe:mesettie] **0.1** ***spermaceti*** ⇒*walschot.*

spermatophyte [spe:metefajt] ⟨plantk.⟩ **0.1** ***zaadplant*** ⇒ *spermatophyton.*

spermatozoon [spe:metezooen] ⟨mv.: spermatozoa [-zooe]⟩ **0.1** ***spermatozoön*** ⇒*(dierlijke) zaadcel.*

sperm bank **0.1** ***spermabank.***

sperm whale **0.1** ***potvis.***

spew [spjoe:] **0.1** ***(uit)braken*** ⇒*spuwen* ◆ **5.1** ~ **out** *uitspugen;* ~ **up** *overgeven.*

sphere [sfie] **0.1** ***sfeer*** ⇒*bol, bal, kogel* **0.2** ***hemellichaam*** ⇒ *globe, wereldbol* **0.3** ***sfeer*** ⇒*kring, gebied, terrein* **0.4** ⟨gesch.⟩ ***sfeer*** ⟨om de aarde, waarin planeten draaien⟩ ◆ **1.3** ~ of influence *invloedssfeer;* ~ of interest *belangensfeer* **1.4** harmony/music of the ~s *harmonie der sferen.*

spherical [sferrikl] **0.1** ***sferisch*** ⇒*bolvormig, (bol)rond, bol-* **0.2** ⟨schr.⟩ ***hemels*** ◆ **1.1** ~ geometry *bolmeetkunde;* ~ triangle *sferische driehoek;* ~ trigonometry *boldriehoeksmeting;* ~ vault *koepelgewelf.*

spheroid [sfierojd] **0.1** ***sferoïde*** ⇒*afgeplatte bol.*

sphincter [sfing(k)te] ⟨anat.⟩ **0.1** ***sfincter*** ⇒*sluitspier.*

sphinx [sfingks] **0.1** ***sfinx*** ⟨ook fig.⟩.

spice[1] [spajs] ⟨zn.⟩ **0.1** ***kruid(en)*** ⇒*specerij(en)* **0.2** ***bijsmaak*** ⇒*zweem, vleugje* ◆ **1.2** a ~ of malice *een vleugje kwaadaardigheid* **3.1** ⟨fig.⟩ add ~ to *kruiden, smaak geven aan.*

spice[2] ⟨ww.⟩ **0.1** ***kruiden*** ⇒*smaak geven aan* ⟨ook fig.⟩.

spick-and-span **0.1** ***kraakschoon*** ⇒*keurig, in de puntjes* **0.2** ***(spik)splinternieuw*** ⇒*fonkel/gloednieuw* ◆ **1.1** in ~ order *tot in de puntjes in orde, picobello* **2.2** ~ new *spiksplinternieuw.*

spic|y [spajsie] ⟨-iness⟩ **0.1** ***kruidig*** ⇒*gekruid, heet* **0.2** ***geurig*** ⇒*aromatisch* **0.3** ***pikant*** ⟨fig.⟩ ⇒*pittig* ◆ **1.3** ~ story *gewaagd verhaal.*

spider [spajde] **0.1** ***spin*** ⇒*spinnenkop.*

spidery [spajderie] **0.1** ***spinachtig*** ⇒⟨fig.⟩ *krabbelig* ⟨handschrift⟩ **0.2** ***spichtig*** ⇒*broodmager* **0.3** ***ragfijn*** ⇒⟨fig.⟩ *krabbelig* ⟨handschrift⟩ ◆ **1.2** ~ legs *spillebenen.*

spied ⟨verl. t. en volt. deelw.⟩ →**spy.**

spiel [sjpie:l, spie:l] ⟨vnl. AE; sl.⟩ **0.1** ***woordenstroom*** ⇒*relaas, (breedsprakig) verhaal* **0.2** ***reclametekst*** ⟨radio⟩ ◆ **3.1** give a ~ *een heel verhaal doen.*

spies ⟨mv.⟩ →**spy.**

spigot [spiget] **0.1** ***spon*** ⇒*stop* **0.2** ***tapkraan.***

spike[1] [spajk] **I** ⟨telb.zn.⟩ **0.1** ***(scherpe) punt*** ⇒*pin, piek; prikker* ⟨voor rekeningen e.d.⟩; *piek* ⟨in grafiek⟩ **0.2** ***spijker*** ⇒*(draad)nagel* **0.3** ***(koren)aar*** ⇒*(koren)halm;*
II ⟨mv.⟩ **0.1** ***spikes*** ⟨sportschoenen⟩.

spike[2] ⟨ww.⟩ **0.1** ***(be/vast)spijkeren*** ⇒*(vast)nagelen* **0.2** ***v. spijkers/punten/spikes voorzien*** **0.3** ***vernagelen*** ⟨vuurwapen⟩ ⇒*onbruikbaar maken;* ⟨fig.⟩ *verijdelen* ⟨plan⟩ **0.4** ***kwetsen*** ⇒*doorboren, beschadigen* **0.5** ⟨AE⟩ ***ontzenuwen*** ⇒*weerleggen* **0.6** ⟨vnl. AE; inf.⟩ ***alcohol toevoegen aan*** ◆ **1.2** ~d shoes *spikes* **1.3** ~ a plan *een plan verijdelen* **1.5** ~ a rumour *een gerucht de kop indrukken* **1.6** ~ coffee with cognac *wat cognac in de koffie doen* **6.6** ⟨fig.⟩ ~ sth. **with** humour *iets opfrissen met wat humor.*

spike heel **0.1** ***naaldhak.***

spik|y [spajkie] ⟨-iness⟩ **0.1** ***puntig*** ⇒*stekelig* **0.2** ***bits*** ⇒*onvriendelijk, lichtgeraakt* ◆ **1.2** that's a ~ boy *die jongen is gauw op zijn teentjes getrapt.*

spill[1] [spil] **I** ⟨telb.zn.⟩ **0.1** ***val(partij)*** ⇒*tuimeling, duik* **0.2** ***vlek*** **0.3** ***stukje papier/hout*** ⟨om lamp, kachel aan te steken⟩ ◆ **1.2** coffee ~s *koffievlekken* **3.1** give s.o. a ~ *iem. doen vallen;* have/take a ~ *vallen, een smak maken;*
II ⟨n.-telb.zn.⟩ **0.1** ***afwerping*** ⟨v. ruiter⟩ **0.2** ***morserij*** ⇒ *verspilling.*

spill[2] ⟨ook spilt [spilt]⟩ **I** ⟨onov.ww.⟩ **0.1** ***overlopen*** ⇒*overstromen, uitstromen* **0.2** ***(af)vallen*** ◆ **1.1** the milk ~ed *de melk liep over* **5.1** the classes ~ed **out** into the streets *de klassen stroomden naar buiten de straat op;* ~ **over** *overlopen, zich verspreiden;* ⟨fig.⟩ *te veel inwoners hebben* ⟨v. gemeente⟩;
II ⟨ov.ww.⟩ **0.1** ***doen overlopen*** ⇒*laten overstromen/uitstromen; morsen (met); omgooien, (ver)spillen* **0.2** ***vergieten*** ⟨bloed⟩ ⇒*doen vloeien* **0.3** ⟨inf.⟩ ***verklappen*** ⇒*onthullen* ◆ **1.1** ~ the wine *met wijn morsen* **1.2** ~ blood *bloed vergieten.*

spillage [spillidzj] **0.1** ***lozing*** ⟨bv. v. olie in zee⟩.

spillover **0.1** ***overloop*** ⇒*surplus* ◆ **1.1** ~ population *overloop, surplusbevolking.*

spillway **0.1** ***overlaat*** **0.2** ***afvoerkanaal.***
spilt [spilt] ⟨verl. t. en volt. deelw.⟩ →**spill.**
spin[1] [spin] ⟨zn.⟩ **0.1** ***draaibeweging*** ⇒*rotatie;* ⟨sport⟩ *spin, effect* ⟨op bal⟩ **0.2** ***ritje*** ⇒*tochtje* **0.3** ***(terug)val*** ⇒*duik* ⟨ook fig.⟩ **0.4** ⟨luchtv.⟩ ***spin*** ⇒*tolvlucht* ◆ **3.2** ⟨inf.⟩ let's go for a ~ *laten we 'n eindje gaan rijden* **6.¶ in** a (flat) ~ *in paniek, van de kaart.*
spin[2] ⟨spun, spun [spun]⟩ **I** ⟨onov.ww.⟩ **0.1** ***tollen*** ⇒*snel draaien* **0.2** ***(voort)snellen*** ◆ **1.1** ⟨fig.⟩ make s.o.'s head ~ *iemands hoofd doen tollen;*
II ⟨ov.ww.⟩ **0.1** ***spinnen*** ⟨ook fig.⟩ **0.2** ***fabriceren*** ⇒*produceren* ⟨ihb. verhaal⟩ **0.3** ***spineffect geven*** ⟨aan bal⟩ **0.4** ***snel laten ronddraaien*** ◆ **1.2** ~ a story *een verhaal spinnen/verzinnen* **1.4** ~ a coin *kruis of munt gooien;* ~ a top *tollen* ⟨spel⟩ **5.¶** ~ **out** *uitspinnen* ⟨verhaal⟩; *rekken* ⟨tijd⟩; *zuinig zijn met* ⟨geld⟩.
spina bifida [spajnə biffiddə] ⟨med.⟩ **0.1** ***open rug.***
spinach [spinnidzj] **0.1** ***spinazie.***
spinal [spajnl] **0.1** ***van/mbt. de ruggengraat*** ⇒*ruggengraats-* ◆ **1.1** ~ anaesthesia *verdoving in het ruggenmerg;* ~ column *ruggengraat;* ~ cord *ruggenmerg;* ~ marrow *ruggenmerg.*
spin bowler ⟨cricket⟩ **0.1** ***met spineffect gooiende bowler.***
spindle [spindl] **0.1** ***spindel*** ⇒*(spin)klos, spoel* **0.2** ***as*** ⇒*spil* **0.3** ***stang*** ⇒*staaf, pijp.*
spindlelegs, spindleshanks ⟨ww. vnl. enk.⟩ **0.1** ***spillebeen*** ⟨bijnaam⟩.
spindle tree ⟨plantk.⟩ **0.1** ***kardinaalsmuts.***
spindl|y [spindlie] ⟨-ier⟩ **0.1** ***spichtig*** ⇒*stakig.*
spindoctor **0.1** ***mannetjesmaker.***
spin-drier, spin-dryer **0.1** ***centrifuge.***
spindrift [spindrift] **0.1** ***vlokschuim.***
spin-dr|y ⟨-ied⟩ **0.1** ***centrifugeren.***
spine [spajn] **0.1** ***ruggengraat*** **0.2** ***stekel*** ⇒*doorn* **0.3** ***rug*** ⟨v. boek⟩.
spine-chiller **0.1** ***horrorfilm/roman/verhaal*** ⇒*griezel/gruwelfilm* ⟨enz.⟩.
spineless [spajnləs] ⟨-ness⟩ **0.1** ***zonder ruggengraat*** ⟨ook fig.⟩ **0.2** ***karakterloos*** ⇒*slap.*
spinet [spinnet] ⟨muz.⟩ **0.1** ***spinet.***
spinnaker [spinnəkə] ⟨scheep.⟩ **0.1** ***spinnaker.***
spinner [spinnə] **0.1** ***spinner*** ⇒*spinster* **0.2** ***spinmachine*** **0.3** ⟨cricket⟩ ***spinner*** ⇒*effectbal* **0.4** ⟨cricket⟩ ***bowler die spinner gooit.***
spinney [spinnie] ⟨BE⟩ **0.1** ***bosje*** ⇒*struikgewas.*
spinning [spinning] **0.1** ***spin-*** ⇒*spinne-, om te spinnen.*
spinning jenny **0.1** ***spinmachine.***
spinning wheel **0.1** ***spinnewiel.***
spin-off **0.1** ***(winstgevend) nevenproduct/resultaat*** ⇒*bijproduct.*
spinster [spinstə] **0.1** ***oude vrijster*** **0.2** ⟨BE; jur.⟩ ***ongehuwde vrouw.***
spinsterhood [spinstəhoed] **0.1** ***ongehuwde staat v.e. vrouw.***
spin|y [spajnie] ⟨-iness⟩ **0.1** ***doornig*** ⇒*stekelig; stekelachtig, doornvormig* **0.2** ***moeilijk*** ⇒*netelig* ◆ **2.¶** ~ lobster *langoest.*
spiral[1] [spajjərəl] ⟨zn.⟩ **0.1** ***spiraal*** ⇒*schroeflijn* **0.2** ***spiraalvormige winding*** ⟨ihb. v. schelp⟩ **0.3** ⟨ec.⟩ ***spiraal*** ⟨v. prijzen, lonen⟩.
spiral[2] ⟨bn.⟩ **0.1** ***spiraalvormig*** ⇒*schroefvormig* **0.2** ***kronkelend*** ◆ **1.1** ~ staircase *wenteltrap.*
spiral[3] ⟨ww.; BE -led⟩ **0.1** ***zich in een spiraalbaan bewegen*** ⇒*een spiraal beschrijven* ◆ **1.1** prices are ~ling *prijzen stijgen/dalen spiraalsgewijs* **6.1** ~ **up** *omhoogkringelen* ⟨rook⟩; *spiraalsgewijs stijgen.*
spire [spajjə] **0.1** ***(toren)spits*** ⇒*piek, punt.*
spirit[1] [spirrit] **I** ⟨telb.zn.⟩ **0.1** ***mens met karakter*** ⇒*karakter* **0.2** ***bovennatuurlijk wezen*** ⇒*geest* ◆ **3.¶** when the ~ moves him *als hij geïnspireerd wordt, als hij zich geneigd voelt;*
II ⟨telb. en n.-telb.zn.⟩ **0.1** ***geest*** ⇒*ziel, karakter, wezen* ◆ **1.1** the poor in ~ *de armen v. geest* **2.1** the Holy Spirit *de Heilige Geest;* kindred ~s *verwante zielen* **2.¶** public ~ *gemeenschapszin* **6.1** be with s.o. **in** (the) ~ *in gedachten bij iem. zijn* **¶.1** ⟨sprw.⟩ the ~ is willing but the flesh is weak *de geest is gewillig maar het vlees is zwak;*
III ⟨n.-telb.zn.⟩ **0.1** ***levenskracht*** ⇒*vitaliteit, energie* **0.2** ***levenslust*** ⇒*opgewektheid* **0.3** ***moed*** ⇒*durf, lef* **0.4** ***zin*** ⇒*diepe betekenis* **0.5** ***spiritus*** ⇒*alcohol* ◆ **1.4** the ~ of the law *de geest v.d. wet* ⟨tgov. de letter v.d. wet⟩ **1.¶** ~(s) of turpentine *terpentijnolie* **3.1** ⟨inf.⟩ knock the ~ out of s.o. *iem. murw slaan* ⟨ook fig.⟩ **3.5** methylated ~ *(brand)spiritus.* →**white;**
IV ⟨mv.⟩ **0.1** ***gemoedsgesteldheid*** ⇒*geestesgesteldheid, stemming* **0.2** ⟨soms enk.⟩ ***spiritualiën*** ⇒*sterkedrank(en), alcohol* **0.3** ***spiritus*** ⇒*geest* ◆ **2.1** be in great/high ~s *opgewekt zijn;* be in low/poor ~s *neerslachtig/down zijn* **3.1** my ~s fell *ik raakte terneergeslagen;* raise s.o.'s ~s *iem. opmonteren.* →**animal.**
spirit[2] ⟨ww.⟩ **0.1** ⟨+ away/off⟩ ***wegtoveren*** ⇒*ontfutselen;* ⟨fig.⟩ *heimelijk laten verdwijnen.*
spirited [spirrittid] **0.1** ***levendig*** ⇒*geanimeerd* **0.2** ***bezield*** ⇒*energiek.*
spirit lamp **0.1** ***spirituslamp.***
spiritless [spirritləs] ⟨-ness⟩ **0.1** ***lusteloos*** ⇒*moedeloos* **0.2** ***levenloos*** ⇒*doods, saai.*
spirit level **0.1** ***luchtbelwaterpas.***
spirit stove **0.1** ***spiritusstel*** ⇒*spiritusbrander.*
spiritual[1] [spirritsjoeəl] ⟨zn.⟩ **0.1** ***(negro)spiritual.***
spiritual[2] ⟨bn.⟩ **0.1** ***geestelijk*** ⇒*spiritueel* **0.2** ***mentaal*** ⇒*intellectueel* **0.3** ***godsdienstig*** ⇒*religieus* **0.4** ***geestig*** ⇒*gevat* **0.5** ⟨BE⟩ ***kerkelijk*** ◆ **1.5** ⟨BE⟩ Lords Spiritual *bisschoppen in het Hogerhuis* **1.¶** ~ healing *geloofsgenezing.*
spiritual|ism [spirritsjoelizm] ⟨bn.: **-istic**⟩ **0.1** ⟨fil.⟩ ***spiritualisme*** **0.2** ***spiritisme.***
spiritualist [spirritsjoelist] **0.1** ***spiritist.***
spirituality [spirritsjoe·æləlie] **0.1** ***onstoffelijkheid*** ⇒*spiritualiteit* **0.2** ***vroomheid*** ⇒*godsvrucht.*
spiritual|ize, -ise [spirritsjoelajz] ⟨zn.: **-ization**⟩ **0.1** ***vergeestelijken.***
spirituous [spirritsjoeəs] **0.1** ***alcoholisch*** ⇒*geestrijk* ◆ **1.1** ~ liquors *sterkedranken.*
spit[1] [spit] **I** ⟨telb.zn.⟩ **0.1** ***spit*** ⇒*braadspit* **0.2** ***landtong*** **0.3** ***spade*** ⇒*schop* ◆ **2.3** dig a hole two ~(s) deep *een gat twee spaden diep graven;*
II ⟨n.-telb.zn.⟩ **0.1** ***spuug*** ⇒*speeksel* **0.2** ***geblaas*** ⇒*gesis* ⟨v. kat⟩ **0.3** ***buitje*** ◆ **1.3** a ~ of snow *een sneeuwbuitje* **1.¶** the ~ting of *het evenbeeld van;* ~ and polish *(grondig) poetswerk* ⟨bv. in het leger⟩. →**dead, very.**
spit[2] ⟨spit/spat, spit/spat [spæt]⟩ **I** ⟨onov.ww.⟩ **0.1** ***spuwen*** ⇒*spugen* **0.2** ***sputteren*** ⇒*blazen* ⟨bv. kat⟩ **0.3** ***lichtjes neervallen*** ⇒*druppelen* ⟨regen⟩; *zachtjes sneeuwen* ◆ **1.1** I could have spat in his eye *ik had hem in het gezicht kunnen spugen* **¶.¶** he is the ~ting image of his father *hij lijkt als twee druppels water op zijn vader;*
II ⟨ov.ww.⟩ **0.1** ⟨ook +out⟩ ***(uit)spuwen*** ⇒*(uit)spugen, opgeven* ◆ **1.1** ~ blood *bloed opgeven* **5.¶** ~ **out** a curse *er een vloek uitgooien;* ⟨inf.⟩ ~ it **out**! *voor de dag ermee!*
spit[3] ⟨ww.; -ted⟩ **0.1** ***aan het spit steken/rijgen*** ⇒*spietsen.*
spite[1] [spajt] ⟨zn.⟩ **0.1** ***wrok*** ⇒*boosaardigheid* ◆ **6.1 from/**

out of ~ *uit kwaadaardigheid* **6.¶ in** ~ **of** *ondanks;* **in** ~ **of** o.s. *of men wil of niet.*

spite[2] ⟨ww.⟩ **0.1** ***treiteren*** ⇒*pesten.*

spiteful [spajtfl] ⟨-ness⟩ **0.1** ***hatelijk.***

spitfire 0.1 ***heethoofd*** ⇒*driftkop.*

spittle [spitl] **0.1** ***speeksel*** ⇒*spuug.*

spittoon [spittoe:n] **0.1** ***kwispedoor*** ⇒*spuwbakje.*

spiv [spiv] ⟨BE; sl.⟩ **0.1** ***handige jongen*** ⇒*scharrelaar* **0.2** ***charlatan*** ⇒*zwendelaar.*

splash[1] [splæsj] **I** ⟨telb.zn.⟩ **0.1** ***plons*** **0.2** ***vlek*** ⇒*spat* **0.3** ***schreeuwende krantenkop*** ⇒*voorpaginanieuws* **0.4** ⟨inf.⟩ ***succes*** ⇒*faam* ◆ **3.4** ⟨inf.⟩ make a ~ *opzien baren;*
II ⟨n.-telb.zn.⟩ **0.1** ***gespetter*** ⇒*gespat* **0.2** ⟨BE; inf.⟩ ***(spuit)-water*** ⇒*scheutje (spuit)water* ◆ **1.2** scotch and ~ *whisky-soda.*

splash[2] **I** ⟨onov.ww.⟩ **0.1** ***(rond)spatten*** ⇒*uiteenspatten* **0.2** ***plassen*** ⇒*rondspetteren* **0.3** ***klateren*** ⇒*kletteren* ◆ **5.1** **about** *rondspatten* **5.¶** ~ **down** *landen in zee* ⟨v. ruimtevaartuig⟩;
II ⟨ov.ww.⟩ **0.1** ***(be)spatten*** **0.2** ***laten spatten*** **0.3** ***met grote koppen in de krant zetten*** **0.4** ⟨BE; inf.⟩ ***verkwisten*** ◆ **5.4** ⟨inf.⟩ he ~es his money **about**, he ~es **out** money *hij smijt met geld.*

splash[3] ⟨bw.⟩ **0.1** ***met een plons.***

splashdown 0.1 ***landing in zee*** ⟨v. ruimtevaartuig⟩.

splash|y [splæsjie] ⟨-iness⟩ **0.1** ***opzichtig*** ⇒*in het oog vallend.*

splat[1] [splæt] ⟨zn.⟩ **0.1** ***rugleuning*** ⇒*rugstijl* **0.2** ***klets.***

splat[2] ⟨bw.⟩ **0.1** ***met een klets.***

splatter [splætə] **0.1** ***spetteren*** ⇒*(be)spatten* **0.2** ***plassen*** ⇒ *poedelen* **0.3** ***klateren*** ⇒*kletteren.*

splay[1] [splee] ⟨zn.⟩ **0.1** ***verwijding*** ⇒*verbreding.*

splay[2] **I** ⟨onov.ww.⟩ **0.1** ***naar buiten staan*** ⟨ihb. van voet⟩;
II ⟨onov. en ov.ww.⟩ **0.1** ⟨ook +out⟩ ***(zich) verwijden*** ⇒ *(zich) verbreden* **0.2** ⟨ook +out⟩ ***(zich) uitspreiden.***

splayfoot 0.1 ***naar buiten gedraaide platvoet.***

spleen [splie:n] **I** ⟨telb.zn.⟩ **0.1** ***milt;***
II ⟨n.-telb.zn.⟩ **0.1** ***zwaarmoedigheid*** ⇒*neerslachtigheid* **0.2** ***gemelijkheid*** ⇒*boze bui* ◆ **3.¶** vent one's ~ *zijn gal spuwen.*

splendid [splendid] **0.1** ***schitterend*** ⇒*prachtig* **0.2** ***groots*** ⇒ *imposant* **0.3** ⟨inf.⟩ ***voortreffelijk*** ⇒*uitstekend.*

splendiferous [splendifrəs] ⟨inf.; vaak iron.⟩ **0.1** ***groots*** ⇒*indrukwekkend* **0.2** ***prachtig*** ⇒*schitterend.*

splendour, ⟨AE sp.⟩ **splendor** [splendə] **0.1** ***pracht*** ⇒*praal* **0.2** ***glorie*** ⇒*grootsheid.*

splenetic [splinnettik] **0.1** ***humeurig*** ⇒*knorrig* **0.2** ***milt-.***

splice[1] [splajs] ⟨zn.⟩ **0.1** ***las*** ⇒*verbinding* **0.2** ***splits*** ⟨v. touwwerk⟩ **0.3** ***houtverbinding.***

splice[2] ⟨ww.⟩ **0.1** ***verbinden*** ⇒*aan elkaar verbinden, een verbinding maken* **0.2** ***lassen*** ⇒*koppelen* ⟨film, geluidsband⟩ ◆ **3.¶** get ~d *trouwen.*

splicer [splajsə] **0.1** ***lasapparaat*** ⟨voor films, geluidsbanden⟩.

splint[1] [splint] ⟨zn.⟩ **0.1** ***metaalstrook*** ⇒*metaalstrip* **0.2** ⟨med.⟩ ***spalk.***

splint[2] ⟨ww.⟩⟨med.⟩ **0.1** ***spalken.***

splinter[1] [splintə] ⟨zn.⟩ **0.1** ***splinter*** ⇒*scherf* **0.2** ***splintergroepering*** ⇒*splinterpartij.*

splinter[2] **I** ⟨onov.ww.⟩ **0.1** ⟨+off⟩ ***zich afsplitsen;***
II ⟨onov. en ov.ww.⟩ **0.1** ***versplinteren*** ⇒*splinteren.*

splinter group, splinter party ⟨pol.⟩ **0.1** ***splintergroepering*** ⇒*splinterpartij.*

split[1] [split] **I** ⟨telb.zn.⟩ **0.1** ***spleet*** ⇒*scheur, kloof;* ⟨fig.⟩ *breuk, scheiding* **0.2** ***deel*** ⇒*gedeelte, aandeel* **0.3** ***ijscoupe*** ⇒*ijs met fruit* **0.4** ⟨pol.⟩ ***gesplitste stem*** ⇒*stem uitgebracht op tegengestelde kandidaten;*
II ⟨n.-telb.zn.⟩ **0.1** ***splitsing;***
III ⟨mv.; the⟩ **0.1** ***spagaat*** ◆ **3.1** do the ~s *een spagaat maken.*

split[2] ⟨bn.⟩⟨→s3⟩ **0.1** ***gespleten*** ⇒*gebarsten* **0.2** ***gesplitst*** ⇒ *gescheurd* ◆ **1.2** ⟨sport⟩ ~ decision *niet-eenstemmige beslissing;* ⟨bouwk.⟩ ~ level *met halve verdiepingen;* ⟨psych.⟩ ~ mind / personality *gespleten persoonlijkheid;* ~ pea *spliterwt;* ~ pin *splitpen;* ~ second *onderdeel v.e. seconde, flits;* ~ shift *gebroken dienst;* ⟨AE, vnl. pol.⟩ ~ ticket *gesplitste stem* ⟨stem uitgebracht op kandidaten v. verschillende partijen⟩ **1.¶** ⟨Am. football⟩ ~ end *split end;* ⟨sport⟩ ~ striker *schaduwspits.*

split[3] ⟨split, split⟩ **I** ⟨onov.ww.⟩⟨inf.⟩ **0.1** ⟨+on⟩ ***verraden*** **0.2** ***'m smeren*** ◆ **6.1** I know you have split **on** me *ik weet dat je me verraden hebt;*
II ⟨onov. en ov.ww.⟩ **0.1** ***splijten*** ⇒*splitsen;* ⟨fig.⟩ *afsplitsen, scheuren* **0.2** ***delen*** ⇒*onder elkaar verdelen* ◆ **1.2** let's ~ (the bill) *laten we (de kosten) delen* **5.1** John and I have split **up** *John en ik zijn uit elkaar gegaan;* ~ **up** into groups *(zich) in groepjes verdelen;*
III ⟨ov.ww.⟩ **0.1** ***verdunnen*** ⟨sterkedrank⟩.

split time ⟨sport⟩ **0.1** ***tussentijd.***

splitting [splitting] **0.1** ***fel*** ⇒*scherp, hevig* ◆ **1.1** ~ headache *barstende hoofdpijn.*

split-up ⟨inf.⟩ **0.1** ***breuk*** ⟨na ruzie⟩ ⇒*echtscheiding, het uitelkaar-gaan.*

splodge [splodzj], ⟨AE sp.⟩ **splotch** [splotsj] **0.1** ***vlek*** ⇒*plek, veeg.*

splurge[1] [splə:dzj] ⟨zn.⟩ **0.1** ***uitspatting*** ⇒*het zich te buiten gaan* **0.2** ***vertoon*** ⇒*spektakel.*

splurge[2] ⟨ww.⟩⟨inf.⟩ **0.1** ***(geld) verspillen/verkwisten*** ⇒ *zich te buiten gaan* **0.2** ***een vertoning weggeven*** ⇒*demonstratief doen* ◆ **6.1** ~ **on** a twelve-course dinner *zich te buiten gaan aan een diner v. twaalf gangen.*

splutter[1] [spluttə] ⟨zn.⟩ **0.1** ***gesputter*** ⇒*gespetter.*

splutter[2] **I** ⟨onov.ww.⟩ **0.1** ***sputteren*** ⇒*sissen* **0.2** ***proesten*** ⇒*spetteren;*
II ⟨onov. en ov.ww.⟩ **0.1** ***sputteren*** ⇒*stamelen, hakkelen.*

spoil[1] [spojl] ⟨zn.; vaak mv. met enk. bet.⟩ **0.1** ***buit*** ⇒*geplunderde/geroofde goederen.*

spoil[2] ⟨ook spoilt, spoilt [spojlt]⟩ **I** ⟨onov. en ov.ww.⟩ **0.1** ***bederven*** ⇒*(doen) rotten* ◆ **6.¶** ⟨inf.⟩ be ~ing **for** a fight *staan te trappelen om te vechten;*
II ⟨ov.ww.⟩ **0.1** ***bederven*** ⇒*beschadigen, verpesten* **0.2** ***bederven*** ⇒*verwennen, vertroetelen* ◆ **1.1** ~ the fun *het plezier vergallen.*

spoilage [spojlidzj] **0.1** ***bederf*** **0.2** ***bedorven waar.***

spoiler [spojlə] **0.1** ***spoiler*** ⟨v. auto⟩.

spoil-sport 0.1 ***spelbreker.***

spoke[1] [spook] ⟨zn.⟩ **0.1** ***spaak*** **0.2** ***sport*** ⇒*trede* ◆ **3.¶** put a ~ in s.o.'s wheel *iem. een spaak in het wiel steken.*

spoke[2] ⟨verl. t.⟩ →**speak.**

spoken [spookən] ⟨volt. deelw.⟩ →**speak.**

spokes|man [spooksmən]⟨mv.: -men [-mən]⟩ **0.1** ***woordvoerder*** ⇒*afgevaardigde.*

spokesperson [spookspə:sn] **0.1** ***woordvoerder/ster.***

spokeswoman [spookswoemən] **0.1** ***woordvoerster*** ⇒*afgevaardigde.*

spoliation [spoolie·eesjn] **0.1** ***beroving*** ⇒*plundering.*

sponge[1] [spundzj] **I** ⟨telb.zn.⟩ **0.1** ***klaploper*** ⇒*parasiet* **0.2** ***spons*** ⇒*zuiplap;*
II ⟨telb. en n.-telb.zn.⟩ **0.1** ***spons*** **0.2** ⟨med.⟩ ***wondgaas*** **0.3** ⟨cul.⟩ ***cake v. biscuitdeeg*** ◆ **3.1** ⟨boksen⟩ toss / throw in / up the ~ *de spons opgooien;* ⟨fig.⟩ *de strijd opgeven.*

sponge² I ⟨onov.ww.⟩ **0.1** ***klaplopen*** ⇒*parasiteren* ◆ **6.1** ~ **from/on** s.o. *op iem. (parasi)teren;*
II ⟨ov.ww.⟩ **0.1** ***sponzen*** ⇒⟨+ down/off⟩ *schoon/afsponzen* **0.2** ***afspoelen met een spons*** **0.3** ⟨vaak +out⟩ ***uitvegen*** ⇒ *wegvegen;* ⟨fig.⟩ *wegvagen* **0.4** ***afbedelen*** ⇒*aftroggelen* ◆ **5.3** ~ **off** a debt *een schuld delgen* **6.4** he always manages to ~ some money **from** her *hij ziet altijd kans om wat geld van haar los te krijgen.*

sponge bag ⟨BE⟩ **0.1** ***toilettasje.***

sponge biscuit ⟨cul.⟩ **0.1** ***eierbiscuit.***

sponge cake ⟨cul.⟩ **0.1** ***biscuitgebak.***

sponge finger ⟨cul.⟩ **0.1** ***lange vinger.***

sponger [spundzjə] **0.1** ***sponzenduiker*** **0.2** ⟨inf.⟩ ***klaploper.***

spong|y [spundzjie] ⟨-iness⟩ **0.1** ***sponzig*** ⇒*sponsachtig.*

sponsor¹ [sponsə] ⟨zn.⟩ **0.1** ***sponsor*** ⇒*geldschieter* **0.2** ***indiener*** ⟨v. wetsontwerp⟩ **0.3** ***beschermheer*** **0.4** ***peter/meter.***

sponsor² ⟨ww.⟩ **0.1** ***propageren*** ⇒*steunen, bevorderen* **0.2** ***sponsoren.***

sponsorship [sponsəsjip] **0.1** ***sponsorschap*** ⇒*sponsoring* ⟨in ruil voor reclame⟩ **0.2** ***peetschap.***

spontaneity [spontənie:ətie] **0.1** ***spontaniteit.***

spontaneous [sponteeniəs] ⟨-ness⟩ **0.1** ***spontaan*** ⇒*in een opwelling* **0.2** ***spontaan*** ⇒*natuurlijk, ongedwongen* **0.3** ***uit zichzelf*** ⇒*vanzelf* ◆ **1.3** ~ combustion *zelfontbranding; suggestie.*

spoof¹ [spoe:f] ⟨zn.⟩ **0.1** ***poets*** ⇒*bedrog* **0.2** ***parodie*** **0.3** ***onzin*** ⇒*flauwe kul.*

spoof² ⟨ww.⟩ **0.1** ***voor de gek houden*** ⇒*een poets bakken* **0.2** ***parodiëren.***

spook¹ [spoe:k] ⟨zn.⟩ **0.1** ⟨scherts.⟩ ***geest*** ⇒*spook.*

spook² ⟨ww.⟩⟨vnl. AE; inf.⟩ **0.1** ***opschrikken*** ⇒*opjagen* ⟨dieren⟩.

spook|y [spoe:kie] ⟨-ier⟩⟨inf.⟩ **0.1** ***spookachtig*** ⇒*griezelig, eng.*

spool [spoe:l] **0.1** ***spoel*** **0.2** ⟨BE⟩ ***klos*** ⇒*garenklos.*

spoon¹ [spoe:n] ⟨zn.⟩ **0.1** ***lepel.*** →**silver, wooden.**

spoon² ⟨ww.⟩ **0.1** ***(op)lepelen*** ⇒*opscheppen* ◆ **5.1** ~ **out** *opscheppen, uitdelen;* ~ **up** *oplepelen.*

spoon-feed **0.1** ***voeren*** ⇒*met een lepel voeren* **0.2** ***iets met de lepel ingieten*** ⇒*iem. iets voorkauwen* **0.3** ⟨ec.⟩ ***kunstmatig beschermen*** ⟨industrieën⟩.

spoonful [spoe:nfoel] **0.1** ***lepel (vol).***

spoor [spoeə, spo:] **0.1** ***dierspoor.***

sporadic [spərædik] ⟨-ally⟩ **0.1** ***sporadisch.***

spore [spo:] ⟨biol.⟩ **0.1** ***spore.***

sporozoan [spo:rəzooən] **0.1** ***sporozoön.***

sporran [sporrən] **0.1** ***tasje*** ⇒*beurs* ⟨op kilt, gedragen door Schotse Hooglanders⟩.

sport¹ [spo:t] **I** ⟨telb.zn.⟩ **0.1** ***sportieve meid/kerel*** **0.2** ⟨inf.⟩ ***meid/kerel*** ⇒*vriend(in), kameraad* ◆ **2.2** hello, old ~ *zo, beste kerel!;*
II ⟨telb. en n.-telb.zn.⟩ **0.1** ***sport*** **0.2** ***jacht*** **0.3** ***spel*** ⇒*tijdverdrijf* ◆ **3.¶** show ~ *een sportieve tegenstander zijn;*
III ⟨n.-telb.zn.⟩ **0.1** ***pret*** ⇒*spel, plezier* **0.2** ***speelbal*** ⇒ *slachtoffer, mikpunt* ◆ **1.2** the ~ of Fortune *de speelbal der Fortuin* **6.1** **in** ~ *voor de grap;* make ~ **of** *voor de mal houden;*
IV ⟨mv.⟩ **0.1** ***sportdag*** ⇒*sportevenement/manifestatie* **0.2** ***atletiek*** **0.3** ***sport.***

sport² I ⟨onov.ww.⟩ **0.1** ***spelen*** ⟨v. dieren⟩ ⇒*zich vermaken;*
II ⟨ov.ww.⟩ **0.1** ***pronken met*** ⇒*vertonen, te koop lopen met* ◆ **1.1** she was ~ing her dress *ze liep te pronken met haar jurk.*

sporting [spo:ting] **0.1** ***sport beoefenend*** ⇒*in sport geïnteresseerd* **0.2** ***sportief*** ⇒*eerlijk, fair* **0.3** ***sport-*** ⇒*mbt. de sport* ◆ **1.1** ~ man *amateur sportman* **1.2** ~ chance *redelijke kans.*

sportive [spo:tiv] ⟨-ness⟩ **0.1** ***speels*** **0.2** ***sport-*** ⇒*sportief.*

sports car **0.1** ***sportwagen.***

sports day **0.1** ***sportdag.***

sports event, sporting event **0.1** ***sportevenement.***

sports jacket, sports coat, ⟨AE ook⟩ **sport coat** **0.1** ***sportjasje.***

sports|man [spo:tsmən]⟨mv.: -men [-mən]⟩ **0.1** ***sportieve man*** **0.2** ***sportman.***

sportsmanlike [spo:tsmənlajk] **0.1** ***sportief*** ⇒*als een goede winnaar/verliezer.*

sportsmanship [spo:tsmənsjip] **0.1** ***sportiviteit*** ⇒*het zich een goede winnaar/verliezer betonen.*

sports medicine **0.1** ***sportgeneeskunde.***

sportswear [spo:tsweə] **0.1** ***sportieve kleding.***

sportswoman **0.1** ***sportieve vrouw*** **0.2** ***sportvrouw.***

sport|y [spo:tie] ⟨-ier⟩ **0.1** ***sportief*** ⇒*sport-* **0.2** ***zorgeloos*** ⇒ *vrolijk* **0.3** ***opvallend*** ⇒*bijzonder* ⟨v. kleren⟩.

spot¹ [spot] ⟨zn.⟩ **0.1** ***plaats*** ⇒*plek(je)* **0.2** ***vlek(je)*** ⇒*stip, spikkel;* ⟨fig.⟩ *smet, blaam* **0.3** ***puistje*** **0.4** ***positie*** ⇒*plaats, functie* **0.5** ***spot(je)*** ⟨mbt. reclame e.d.⟩ **0.6** ***lapje*** ⇒*stuk grond* **0.7** ⟨inf.⟩ ***spotlight*** **0.8** ⟨BE; inf.⟩ ***beetje*** ⇒*wat* **0.9** ⟨hand.⟩ ***onmiddellijke levering*** ⇒*loco-, contant-* ◆ **1.8** a ~ of bother *een probleem, onenigheid* **3.¶** change one's ~s *van richting/overtuiging veranderen, een ander leven gaan leiden;* ⟨inf.⟩ now he is in a (tight) ~ *nu zit hij in de penarie;* ⟨BE⟩ knock ~s off *gemakkelijk verslaan, de vloer aanvegen met* **6.1** they were **on** the ~ *ze waren ter plaatse* **6.¶** he had to leave **on** the ~ *hij moest op staande voet/onmiddellijk vertrekken;* put s.o. **on** the ~ *iem. in het nauw brengen.* →**leopard, soft, tender.**

spot² ⟨-ted⟩ **I** ⟨onov.ww.⟩ **0.1** ***verkleuren*** ⇒*vlekken krijgen* **0.2** ***vlekken*** ⇒*vlekken maken* **0.3** ⟨BE⟩ ***spetteren*** ⇒*licht regenen* ◆ **1.3** it's ~ting with rain *er vallen dikke regendruppels;*
II ⟨ov.ww.⟩ **0.1** ***vlekken maken in/op*** ⇒*bevlekken;* ⟨fig.⟩ *een smet werpen op* **0.2** ***stippelen*** ⇒*stippels maken op* **0.3** ***herkennen*** ⇒*eruit halen/pikken, ontdekken* **0.4** ***plaatsen*** ⇒*situeren, neerzetten* **0.5** ⟨AE⟩ ***ontvlekken*** ⇒ *verwijderen, uithalen* ⟨vlek⟩ ◆ **1.3** ~ a mistake *een fout ontdekken* **5.3** I ~ted him right away as a Dutchman *ik wist meteen dat hij een Nederlander was.*

spot³ ⟨bw.⟩⟨BE; inf.⟩ **0.1** ***precies*** ◆ **3.1** arrive ~ on time *precies op tijd komen.*

spot ball ⟨biljart⟩ **0.1** ***stip*** ⇒*met stippen gemerkte bal.*

spot cash ⟨hand.⟩ **0.1** ***contant geld.***

spot check **0.1** ⟨zn.⟩ ***steekproef*** **0.2** ⟨ww.⟩ ***aan een steekproef onderwerpen.***

spotless [spotləs] ⟨-ness⟩ **0.1** ***brandschoon*** ⇒*vlekkeloos;* ⟨fig. ook⟩ *onberispelijk.*

spotlight¹ ⟨zn.⟩ **0.1** ***bundellicht*** ⇒*spotlight* **0.2** ***bermlicht*** ⟨v. auto⟩ ◆ **3.¶** be in the ~, hold the ~ *in het middelpunt v.d. belangstelling staan.*

spotlight² ⟨ww.⟩ **0.1** ***beschijnen*** **0.2** ***onder de aandacht brengen.***

spot-market ⟨hand.⟩ **0.1** ***locohandel.***

spot-on ⟨BE; inf.⟩ **0.1** ***juist*** ⇒*precies (goed).*

spot-price ⟨hand.⟩ **0.1** ***locoprijs.***

spot remover **0.1** ***vlekkenmiddel*** ⇒*vlekkenwater.*

spotted [spottid] **0.1** ***vlekkerig*** ⇒*vuil;* ⟨fig. ook⟩ *besmet, onzuiver* **0.2** ***gevlekt*** ⇒*met vlekken* ◆ **1.2** ⟨med.⟩ ~ fever *nekkramp; vlektyfus* **1.¶** ⟨BE⟩ ~ Dick, ~ dog *rozijnenpudding.*

spotter [spottə] **0.1** ***wachter*** ⇒*iem. die op de uitkijk zit;*

spotter ⟨v. vogels, treinen e.d.⟩ **0.2** ***detective*** ⇒*spion* **0.3** ***ontvlekker.***

spott|y [spottie] ⟨-iness⟩ **0.1** ***vlekkerig*** **0.2** ⟨AE⟩ ***ongelijkmatig*** ⇒*onregelmatig* **0.3** ⟨BE; inf.⟩ ***puisterig.***

spouse [spaus,spauz] ⟨schr.; jur.⟩ **0.1** ***echtgeno(o)t(e).***

spout[1] [spaut] ⟨zn.⟩ **0.1** ***pijp*** ⇒*buis* **0.2** ***tuit*** **0.3** ***stortkoker*** **0.4** ***straal*** ⇒*opspuitende vloeistof/zand* ⟨e.d.⟩ ◆ **6.¶ up** the ~ *naar de knoppen, verknald* ⟨bv. geld, leven⟩; *totaal verkeerd* ⟨bv. cijfers⟩; *hopeloos in de knoei, reddeloos verloren* ⟨v. persoon⟩; ⟨sl.⟩ *zwanger.*

spout[2] ⟨ww.⟩ **0.1** ***spuiten*** ⇒*met kracht uitstoten* **0.2** ⟨inf.⟩ ***oreren*** ⇒*galmen, spuien* ◆ **1.2** ~ rubbish *onzin uitkramen;* she was always ~ing German verses *ze liep altijd Duitse verzen te galmen* **6.1** the water ~ed **from** the broken pipe *het water spoot uit de gebarsten leiding.*

sprain[1] [spreen] ⟨zn.⟩ **0.1** ***verstuiking.***

sprain[2] ⟨ww.⟩ **0.1** ***verstuiken.***

sprang ⟨verl. t.⟩ →**spring.**

sprat [spræt] **0.1** ***sprot*** ◆ **3.¶** (set) a ~ to catch a herring/mackerel/whale *een spiering (uitwerpen) om een kabeljauw te vangen.*

sprawl[1] [spro:l] ⟨zn.⟩ **0.1** ***nonchalante houding*** **0.2** ***slordige massa*** ⇒*vormeloos geheel* ◆ **1.2** the ~ of the suburbs *de uitdijende voorsteden.*

sprawl[2] **I** ⟨onov.ww.⟩ **0.1** ***armen en benen uitspreiden*** ⇒ *nonchalant liggen, onderuit zakken* **0.2** ***zich uitspreiden*** ⇒*alle kanten op gaan* ◆ **1.2** ~ing suburbs *naar alle kanten uitgroeiende voorsteden;*
II ⟨ov.ww.⟩ **0.1** ***uitspreiden*** ⇒*alle kanten op steken/laten hangen* ⟨armen, benen⟩.

spray[1] [spree] **I** ⟨telb.zn.⟩ **0.1** ***takje*** ⟨ook als corsage⟩ ⇒*twijg* **0.2** ***verstuiver*** ⇒*spuitbus, vaporisator* **0.3** ***straal*** ⇒*wolk* ⟨verstoven vloeistof⟩ **0.4** ***spray;***
II ⟨n.-telb.zn.⟩ **0.1** ***nevel*** ⇒*wolk v. druppels.*

spray[2] ⟨ww.⟩ **0.1** ***(be)sproeien*** ⇒*(be)spuiten, (een vloeistof) verstuiven; vaporiseren.*

spray can **0.1** ***spuitbus.***

sprayer [spreeə] **0.1** ***spuiter*** **0.2** ***spuitbus*** ⇒*vaporisator.*

spray-gun **0.1** ***spuitpistool*** ⇒*verfspuit.*

spray-paint **0.1** ***met verf spuiten.***

spread[1] [spred] ⟨zn.⟩ **0.1** ***wijdte*** ⇒⟨fig. ook⟩ *reikwijdte* **0.2** ***uitdijing*** **0.3** ***breedte*** **0.4** ***verbreiding*** ⇒*verspreiding* **0.5** ***stuk land*** ⇒⟨ihb. AE⟩ *landbezit v. één boer* **0.6** ***sprei*** ⇒ *kleed* **0.7** ***smeersel*** **0.8** ⟨inf.⟩ ***(feest)maal*** ⇒*onthaal* **0.9** ***dubbele pagina*** ⇒*tekst/foto over twee (tegenover elkaar liggende) pagina's, spread* **0.10** ⟨ec., geldw.⟩ ***marge*** ⇒*verschil* ⟨bv. tussen aan- en verkoopprijs⟩ **0.11** ⟨geldw., verz.⟩ ***spreiding*** ⟨v. portefeuille, risico's⟩ **0.12** ⟨AE; geldw.⟩ ***stellage*** ⇒*dubbele optie* ⟨voor koop/verkoop v. aandelen⟩.

spread[2] ⟨spread, spread⟩ **I** ⟨onov.ww.⟩ **0.1** ***zich uitstrekken*** ⇒*zich uitspreiden* **0.2** ***zich verspreiden*** ⇒*overal bekend worden* **0.3** ***uitgespreid/uitgesmeerd worden*** **0.4** ***zich uitrollen*** ⇒*zich ontvouwen* ◆ **5.1** the contract ~s **over** into next season *het contract loopt door tot in het volgende seizoen* **5.3** cold butter does not ~ easily *koude boter smeert niet gemakkelijk* **6.2** the disease ~ quickly **to** other villages *de ziekte breidde zich snel uit naar andere dorpen;*
II ⟨ov.ww.⟩ **0.1** ***uitspreiden*** ⇒⟨fig. ook⟩ *spreiden, verdelen* **0.2** ***uitsmeren*** ⇒*uitstrijken* **0.3** ***bedekken*** ⇒*beleggen/besmeren* **0.4** ***verbreiden*** ⇒*verspreiden* **0.5** ***klaarzetten*** ⟨een maaltijd⟩ ⇒*dekken* ⟨tafel⟩ ◆ **5.1** ~ **out** one's arms *zijn armen uitspreiden* **5.¶** ⟨sl.⟩ ~ it **on** thick *overdrijven; vleien.*

spreadeagle **0.1** ***adelaar*** ⟨met uitgespreide vleugels⟩.

spread-eagle **0.1** ***(zich) met armen en benen wijd neerleggen*** **0.2** ***volkomen verslaan*** ⇒*verpletteren.*

spreadsheet ⟨comp.⟩ **0.1** ***spreadsheet.***

spree [sprie:] ⟨inf.⟩ **0.1** ***pret(je)*** ⇒*lol* ◆ **3.1** spending ~ *geldsmijterij;* go on a spending ~ *veel geld uitgeven* ⟨bij het winkelen⟩.

sprig [sprig] **0.1** ***twijg(je)*** ⇒*takje* **0.2** ***telg*** ⇒*spruit.*

sprigged [sprigd] **0.1** ***(met twijgjes/bloemfiguren) versierd.***

sprightl|y [sprajtlie] ⟨-iness⟩ **0.1** ***levendig*** ⇒*opgewekt.*

spring[1] [spring] **I** ⟨telb.zn.⟩ **0.1** ⟨vaak mv.⟩ ***bron*** ⟨ook fig.⟩ ⇒ *oorsprong, herkomst* **0.2** ***(metalen) veer*** ⇒*springveer* **0.3** ***sprong*** ◆ **2.1** hot ~s *geisers, warme springbronnen* **3.3** make a ~ at *springen naar;*
II ⟨telb. en n.-telb.zn.⟩ **0.1** ***lente*** ⟨ook fig.⟩ ⇒*voorjaar* ◆ **1.1** the ~ of life *de lente v.h. leven* **6.1 in** (the) ~ *in het voorjaar;*
III ⟨n.-telb.zn.⟩⟨ook fig.⟩ **0.1** ***veerkracht*** ⇒*energie.*

spring[2] ⟨sprang [spræng]/AE ook sprung [sprung], sprung⟩ **I** ⟨onov.ww.⟩ **0.1** ***(op)springen*** **0.2** ***(terug)veren*** **0.3** ⟨vaak +up⟩ ***ontspringen*** ⇒*ontstaan, voortkomen* **0.4** ***openspringen*** ⇒*barsten, splijten* ◆ **1.1** ~ to life *plotseling tot leven komen;* the first thing that ~s to one's mind *het eerste wat je te binnen schiet* **6.1** ~ **to** one's feet *opspringen* **6.3** ~ **from** *afstammen v.;* ~ **from/out of** *voortkomen/ontstaan uit;*
II ⟨ov.ww.⟩ **0.1** ***doen opspringen*** **0.2** ***springen over*** ⟨v. paard, hindernis⟩ **0.3** ***plotseling bekendmaken*** **0.4** ***opjagen*** ⟨wild⟩ **0.5** ***doen (open)springen*** ⇒*opblazen* ◆ **6.3** ⟨inf.⟩ ~ sth. **on** s.o. *iem. met iets verrassen/overvallen.*

springboard ⟨ook fig.⟩ **0.1** ***springplank*** ⇒*duikplank.*

springboard diving ⟨schoonspringen⟩ **0.1** ***(het) plankspringen.***

springbok [springbok] ⟨dierk.⟩ **0.1** ***springbok.***

spring-clean[1]**,** ⟨AE⟩ **spring-cleaning** ⟨zn.⟩ **0.1** ***voorjaarsschoonmaak*** ⇒*grote schoonmaak.*

spring-clean[2] ⟨ww.⟩ **0.1** ***voorjaarsschoonmaak/grote schoonmaak houden (in)*** ⇒*grondig schoonmaken.*

spring fever ⟨sl.⟩ **0.1** ***lentekoorts*** ⇒*voorjaarskoorts.*

springless [springləs] **0.1** ***zonder vering.***

spring mattress **0.1** ***spring(veer)matras.***

spring onion ⟨BE⟩ **0.1** ***bosuitje*** ⇒*lente-uitje.*

spring roll ⟨BE⟩ **0.1** ***loempia.***

spring tide **0.1** ***springtij*** ⇒*springvloed* **0.2** ⟨schr.⟩ ***lente-(tijd)*** ⇒*voorjaar.*

springtime **0.1** ***lente(tijd)*** ⇒*voorjaar.*

spring|y [springie] ⟨-iness⟩ **0.1** ***veerkrachtig*** **0.2** ***elastisch.***

sprinkle[1] [springkl] ⟨zn.⟩ **0.1** ***regenbuitje*** **0.2** →**sprinkling** ◆ **6.¶** a ~ **of** houses *enkele (verspreid liggende) huizen.*

sprinkle[2] **I** ⟨onov.ww.⟩ **0.1** ***stofregenen*** ⟨fijne, zachte regen⟩;
II ⟨ov.ww.⟩ **0.1** ***sprenkelen*** ⟨ook fig.⟩ ⇒*strooien* **0.2** ***bestrooien*** ⟨ook fig.⟩ ⇒*besprenkelen* ◆ **6.2** ~ **with** *bestrooien met.*

sprinkler [springklə] **0.1** ***(tuin)sproeier*** **0.2** ***sprenkelinstallatie*** ⇒*blusinstallatie.*

sprinkling [springkling] **0.1** ***kleine hoeveelheid*** ⇒*greintje.*

sprint[1] [sprint] ⟨zn.⟩ **0.1** ***sprint*** ⇒*spurt.*

sprint[2] ⟨ww.⟩ **0.1** ***sprinten*** ⇒*spurten.*

sprinter [sprintə] **0.1** ⟨sport⟩ ***sprinter*** **0.2** ***sprinter*** ⟨trein⟩.

sprit [sprit] **0.1** ***(zeil)spriet.***

sprite [sprajt] **0.1** ***(boze) geest*** **0.2** ***elf(je).***

spritsail [spritseel, ⟨scheep.⟩ spritsl] ⟨scheep.⟩ **0.1** ***sprietzeil.***

sprocket [sprokkit] **0.1** ***tand(je)*** ⟨v. tandrad⟩.

sprocket wheel, sprocket **0.1** ***kettingrad*** ⇒*tandrad, kettingschijf* ⟨v. fiets e.d.⟩.

sprout[1] [spraut] ⟨zn.⟩ **0.1** ***spruit*** ⇒*loot, scheut* **0.2** ⟨inf.⟩ ***jongmens*** ⇒*spruit* **0.3** ⟨vaak mv.⟩ ***spruitje*** ⟨groente⟩.

sprout[2] **I** ⟨onov.ww.⟩ **0.1** ***(ont)spruiten*** ⇒*uitlopen* **0.2** ***de hoogte in schieten*** ⇒*groeien* ◆ **5.2** ~ **up** *de hoogte in schieten;*
II ⟨ov.ww.⟩ **0.1** ***doen ontspruiten*** **0.2** ***laten groeien*** ⟨ook fig.⟩ ◆ **1.2** ~ a beard *zijn baard laten staan.*
spruce[1] [sproe:s] ⟨zn.⟩ **0.1** ***spar(renhout).***
spruce[2] ⟨bn.; -r; -ness⟩ **0.1** ***net(jes)*** ⇒*keurig.*
spruce[3] ⟨ww.⟩⟨inf.⟩ ◆ **5.¶** get ~d **up**, ~ (o.s.) **up** *zich opdoffen/opdirken.*
sprung ⟨verl.t. en volt. deelw.⟩ →**spring.**
spry [spraj] ⟨sprier of spryer; -ly; -ness⟩ **0.1** ***levendig*** ⇒*actief, kwiek* ◆ **1.1** a ~ old man *een krasse oude baas.*
spud [spud] **0.1** ***(smalle) schoffel*** ⇒*wiedijzer* **0.2** ⟨inf.⟩ ***pieper*** ⇒*aardappel.*
spume [spjoe:m] ⟨vnl. schr.⟩ **0.1** ***schuim*** ⇒*bruis.*
spun[1] [spun] ⟨bn.⟩ **0.1** ***gesponnen*** ◆ **1.1** ~ sugar *suikerspin.*
spun[2] [spun] ⟨verl.t. en volt. deelw.⟩ →**spin.**
spunk [spungk] **0.1** ⟨inf.⟩ ***pit*** ⇒*lef, durf* **0.2** ⟨BE; vulg.⟩ ***kwakje*** ⇒*sperma.*
spunk|y [spungkie] ⟨-iness⟩⟨inf.⟩ **0.1** ***flink*** ⇒*pittig, moedig.*
spur[1] [spə:] ⟨zn.⟩ **0.1** ***spoor*** ⟨v. ruiter, haan⟩ **0.2** ***aansporing*** ⇒*prikkel, stimulans* **0.3** ⟨plantk.⟩ ***spoor*** **0.4** ***uitloper*** ⟨v. berg⟩ ◆ **1.2** (act) on the ~ of the moment *spontaan/impulsief/in een opwelling (iets doen)* **3.1** win one's ~s *zijn sporen verdienen* ⟨ook fig.⟩; *zich onderscheiden.*
spur[2] ⟨-red⟩ **I** ⟨onov.ww.⟩⟨ook fig.⟩ **0.1** ***er vaart achter zetten*** ◆ **5.1** ~ **forward/on** *spoorslags rijden;*
II ⟨ov.ww.⟩ **0.1** ***de sporen geven*** **0.2** ***aansporen*** ⇒*aanmoedigen* **0.3** ⟨vaak volt. deelw.⟩ ***v. sporen voorzien*** ⇒ *sporen* ◆ **5.2** ~ **on** (to) *aanzetten, aansporen (tot).*
spurious [spjoeəriəs] ⟨-ness⟩ **0.1** ***onecht*** ⇒*vals, vervalst* **0.2** ***buitenechtelijk*** ⇒*bastaard-* ⟨v. kind⟩ **0.3** ***onlogisch*** ◆ **1.1** ~ edition *pirateneditie* **1.3** ~ argument *verkeerd argument.*
spurn [spə:n] **0.1** ***(weg)trappen*** **0.2** ***afwijzen*** ⇒*versmaden, v.d. hand wijzen.*
spur-of-the-moment ⟨inf.⟩ **0.1** ***spontaan*** ⇒*in een opwelling.*
spurt[1] [spə:t], ⟨BE sp. ook⟩ **spirt** ⟨zn.⟩ **0.1** ***uit/losbarsting*** ⇒ *vlaag, opwelling* **0.2** ⟨sport⟩ ***sprint(je)*** ⇒*spurt(je)* **0.3** ***(krachtige) straal*** ⇒*stroom, vloed* **0.4** ***piek*** ⇒*hoogtepunt* ◆ **1.1** a ~ of anger *een uitbarsting v. woede;* a ~ of flames *een plotselinge zee v. vlammen* **1.3** a ~ of water *een krachtige waterstraal* **1.4** the annual ~ in sales *de jaarlijkse piek in de verkoop* **3.2** put on a ~ *een sprintje trekken* **6.1** **by/in** ~s *bij/met vlagen.*
spurt[2], ⟨BE sp. ook⟩ **spirt** **I** ⟨onov.ww.⟩ **0.1** ***spurten*** ⇒*sprinten* **0.2** ***spuiten*** ⇒*opspatten* ◆ **5.2** the blood ~ed **out** *het bloed gutste eruit;*
II ⟨ov.ww.⟩ **0.1** ***spuiten*** ⇒*doen stromen/vloeien.*
spur-winged ⟨dierk.⟩ ◆ **1.¶** ~ plover *sporenkieviet.*
sputter[1] [sputtə] ⟨zn.⟩ **0.1** ***gesputter*** **0.2** ***gestamel*** ⇒*gebrabbel.*
sputter[2] ⟨ww.⟩ **0.1** ***sputteren*** ⇒*proesten* **0.2** ***sputteren*** ⇒ *stamelen, brabbelen* ◆ **1.1** the diver was ~ing *de duiker proestte;* the engine only ~ed a bit *de motor sputterde alleen een beetje* **5.¶** the candle ~ed **out** *de kaars ging sputterend uit;* the riot ~ed **out** when the police arrived *het oproer bloedde dood toen de politie er aankwam.*
sputum [spjoe:təm] **0.1** ***sputum*** ⇒*slijm.*
spy[1] [spaj] ⟨zn.; mv.: spies⟩ **0.1** ***spion(ne)*** ⇒*geheim agent* ◆ **6.1** be a ~ **on** *bespioneren.*
spy[2] ⟨spied⟩ **I** ⟨onov.ww.⟩ **0.1** ***spioneren*** ⇒*spieden, loeren; een spion zijn* ◆ **6.1** ~ **(up)on** *bespioneren, bespieden;* ~ **at** *kijken/gluren/loeren naar;* ~ **into** *bespioneren; zijn neus steken in;*
II ⟨ov.ww.⟩ **0.1** ***bespioneren*** ⇒*bespieden* **0.2** ***ontwaren*** ⇒ *in het oog krijgen* ◆ **4.¶** I ~ (with my little eye) *ik zie, ik zie, wat jij niet ziet.*
spyglass **0.1** ***kijker*** **0.2** ⟨mv.⟩ ***verrekijker*** ⇒*toneelkijker.*
spyhole **0.1** ***kijkgat*** ⇒*loergat.*
spy out **0.1** ***verkennen*** ⇒*onderzoeken* **0.2** ***opsporen*** ⇒*zoeken, op zoek gaan naar.*
sq. ⟨afk.⟩ **0.1** [square].
Sq. ⟨afk.⟩ **0.1** [Squadron] **0.2** [Square].
squabble[1] [skwobl] ⟨zn.⟩ **0.1** ***kibbelpartij*** ⇒*schermutseling, gekibbel.*
squabble[2] ⟨ww.⟩ **0.1** ***krakelen*** ⇒*kibbelen, overhoop liggen.*
squad [skwod] ⟨zn.⟩ **0.1** ⟨sport⟩ ***selectie*** **0.2** ⟨mil.⟩ ***sectie.***
squad car ⟨AE⟩ **0.1** ***patrouilleauto.***
squadron [skwodrən] ⟨zn.; ww. enk. of mv.⟩⟨mil.⟩ **0.1** ***eskadron*** **0.2** ⟨marine, luchtmacht⟩ ***eskader*** **0.3** ***groep*** ⇒ *ploeg, team.*
squadron leader ⟨BE; mil.⟩ **0.1** ***majoor*** ⇒*eskadercommandant* ⟨bij luchtmacht⟩.
squalid [skwollid] ⟨-ness⟩ **0.1** ***smerig*** ⇒*vuil, vies; gemeen, laag* **0.2** ***ellendig*** ⇒*beroerd.*
squall[1] [skwo:l] ⟨zn.⟩ **0.1** ***(wind/regen/sneeuw/hagel)-vlaag*** ⇒*rukwind, windstoot, bui, storm* **0.2** ***kreet*** ⇒*gil, schreeuw.*
squall[2] ⟨ww.⟩ **0.1** ***gillen*** ⇒*krijsen, (uit)schreeuwen.*
squall|y [skwo:lie] ⟨-ier⟩ **0.1** ***buiig*** ⇒*regenachtig, winderig* **0.2** ***stormachtig*** ⇒*onstuimig.*
squalor [skwollə] **0.1** ***misère*** **0.2** ***smerigheid.***
squander [skwondə] **0.1** (+ on) ***verspillen (aan)*** ◆ **1.1** ~ money *met geld smijten.*
square[1] [skweə] ⟨zn.⟩ **0.1** ***vierkant*** **0.2** ***doek*** ⇒*vierkante sjaal* **0.3** ⟨in straatnamen S-⟩ ***plein*** **0.4** ***teken/winkelhaak*** **0.5** ***veld*** ⇒*hokje, ruit* ⟨op speelbord⟩ **0.6** ⟨AE⟩ ***(huizen)blok*** **0.7** ***blok(je)*** ⇒*klomp(je)* ⟨boter bv.⟩ **0.8** ***oefenplein/terrein*** **0.9** ⟨wisk.⟩ ***kwadraat*** ⇒*tweede macht, vierkant* **0.10** ⟨cricket⟩ ***square*** ⇒*wicketveldje* **0.11** ⟨inf.⟩ ***bourgeois*** ⇒*ouderwets/conventioneel persoon* ◆ **1.1** a ~ of carpet *een vierkant stuk tapijt* **1.7** a ~ of cheese *een kaasblokje* **6.¶** be/go **back to** ~ one *van voren af aan/opnieuw moeten beginnen;* **on** the ~ *recht door zee; in een rechte hoek;* **out of** ~ *niet haaks; niet op zijn plaats.* → **magic.**
square[2] ⟨-ness⟩⟨→s1⟩ **I** ⟨bn.⟩ **0.1** ***vierkant*** ⇒*kwadraat-; in het vierkant; fors, breed* ⟨v. gestalte⟩ **0.2** ***recht(hoekig)*** **0.3** ***eerlijk*** ⇒*fair; open(hartig)* ⟨antwoord, bv.⟩; *regelrecht, vierkant* ⟨weigering, bv.⟩ **0.4** ⟨inf.⟩ ***bourgeois*** **0.5** ***stevig*** ⟨v. maaltijd⟩ ◆ **1.1** ~ brackets *vierkante haakjes;* a ~ chin *een vierkante kin;* one ~ metre *één vierkante meter;* three metres ~ *drie meter in het vierkant* **1.2** a ~ corner *een rechte hoek* **1.3** a ~ deal *een rechtvaardige behandeling; een eerlijke transactie;* meet (with) a ~ refusal *nul op het rekest krijgen* **1.¶** ⟨cricket⟩ ~ leg *square leg;* a ~ peg (in a round hole) *de verkeerde persoon (voor iets)* **3.3** get a ~ deal *eerlijk behandeld worden;* give s.o. a ~ deal *iem. eerlijk/royaal behandelen* **6.2** ~ **to** *recht(hoekig) op* **6.3** be ~ **with** s.o. *eerlijk zijn tegen/met iem.;*
II ⟨bn., pred.⟩ **0.1** ***effen*** ⟨v. rekening⟩ ⇒*vereffend, voldaan* **0.2** ***in orde*** **0.3** ⟨sport, ihb. golf⟩ ***gelijk*** ◆ **3.2** get things ~ *orde op zaken stellen* **3.3** be (all) ~ *gelijk staan* **6.¶** be ~ **with** *effen/quitte zijn/staan met; op gelijke hoogte/voet staan met;* get ~ **with** s.o. *met iem. afrekenen; het iem. betaald zetten* **7.¶** all ~ *we staan quitte;* ⟨sport, ihb. golf⟩ *gelijke stand;* call it all ~ *beschouw het als vereffend; we zijn/staan quitte, okay?*
square[3] **I** ⟨onov.ww.⟩ **0.1** ***overeenstemmen*** ⇒*kloppen, stro-*

ken **0.2** ***in een rechte hoek staan*** ◆ **6.1** ~ **to** *aansluiten/passen bij.* →**square up;**
II ⟨ov.ww.⟩ **0.1** ***vierkant maken*** **0.2** ***rechthoekig maken*** **0.3** ***rechten*** ⟨schouders⟩ ⇒*rechtzetten* **0.4** ***v.e. vierkant/vierkanten voorzien*** **0.5** ***in overeenstemming brengen*** **0.6** ***in orde brengen*** ⇒*regelen, vereffenen* **0.7** ⟨inf.⟩ ***omkopen*** **0.8** ⟨wisk.⟩ ***kwadrateren*** ⇒*in/tot de tweede macht verheffen* **0.9** ⟨sport, ihb. golf⟩ ***op gelijke stand brengen*** ◆ **4.8** three ~d equals nine *drie tot de tweede (macht) is negen* **5.1** ~ **off/up** *(tot een) vierkant maken* **5.2** ~ **off/up** *rechthoekig maken* **5.4** ~ **off** *ruitjes tekenen op* **5.6** ⟨inf.⟩ ~ **up** *vereffenen;* ~ **up** one's debts *zijn schuld voldoen* **6.5** ~ **to/with** *doen aansluiten bij, in overeenstemming brengen met.* →**square away.**

square[4] ⟨bw.⟩ **0.1** ***recht(hoekig)*** ⇒*rechtop* **0.2** ***(regel)recht*** **0.3** ***eerlijk*** ⇒*rechtvaardig* **0.4** ***rechtuit*** ⇒*open(hartig)* ◆ **3.2** look s.o. ~ in the eye *iem. recht in de ogen kijken* **3.3** play ~ *eerlijk spelen* **3.4** come ~ out with an answer *onomwonden antwoorden* **6.2** ~ **to** *vlak/pal tegenover.* →**fair.**

square away **0.1** ***in orde brengen/maken*** ⇒*regelen.*

square ball ⟨voetbal⟩ **0.1** ***breedtepass.***

square-bashing ⟨BE; sl.; sold.⟩ **0.1** ***dril*** ⇒*exercities.*

square-built **0.1** ***vierkant*** ⇒*hoekig, breed.*

square dance **0.1** ***quadrille.***

square knot ⟨AE⟩ **0.1** ***platte knoop.***

squarely [skweəlie] **0.1** →**square** **0.2** ***recht(hoekig)*** ⇒*rechtop* **0.3** ***(regel)recht*** **0.4** ***eerlijk*** ◆ **3.4** act ~ *eerlijk handelen.*

square measure **0.1** ***(opper)vlaktemaat.***

square pass →**square ball.**

square-rigged ⟨scheep.⟩ **0.1** ***vierkant getuigd/gebrast.***

square sail ⟨scheep.⟩ **0.1** ***razeil.***

square-toed [skweətood] **0.1** ***met brede neus*** ⟨v. schoen⟩.

square up **0.1** ***in gevechtshouding gaan staan*** **0.2** ***afrekenen*** ⇒⟨fig.⟩ *orde op zaken stellen* ◆ **6.1** ⟨fig.⟩ ~ **to** reality *de werkelijkheid onder ogen zien* **6.2** ~ **with** s.o. *het iem. betaald zetten.*

squash[1] [skwosj] ⟨zn.; mv.: in bet. 0.3 ook squash⟩ **0.1** ⟨BE⟩ ***kwast*** ⇒*vruchtendrank* **0.2** ⟨bijna altijd enk.⟩ ***gedrang*** ⇒*oploop* **0.3** ⟨plantk.⟩ ***pompoen*** **0.4** ***pulp*** **0.5** ***squash*** ⟨balspel⟩.

squash[2] **I** ⟨onov.ww.⟩ **0.1** ***geplet worden*** **0.2** ***dringen*** ⇒*zich persen* **0.3** ***soppen*** ⇒*zompen* ◆ **5.2** can I ~ **in** next to you? *kan ik me nog naast u wringen?;* ~ **up** *zich opeendringen;*
II ⟨ov.ww.⟩ **0.1** ***pletten*** ⇒*platdrukken* **0.2** ***verpletteren*** ⟨alleen fig.⟩ ⇒*de mond snoeren* **0.3** ***de kop indrukken*** **0.4** ***wringen*** ◆ **5.4** ~ **in** *erin/erbij persen;* ~ **up** *samenduwen.*

squash rackets, squash racquets **0.1** ***squash*** ⟨balspel⟩.

squash|y [skwosjie] ⟨-iness⟩ **0.1** ***zacht*** ⇒*overrijp* **0.2** ***pap-p(er)ig*** ⟨v. gezicht, bv.⟩ **0.3** ***drassig*** ◆ **1.1** a ~ pillow *een zacht vormeloos kussen.*

squat[1] [skwot] ⟨zn.⟩ **0.1** ***hurkende houding*** **0.2** ***ineengedoken houding*** ⟨v. dier⟩ **0.3** ***kraakpand*** **0.4** ***het kraken*** ⟨v.e. huis⟩ ◆ **6.1** put o.s. **into** a ~ *hurken.*

squat[2] ⟨bn.; -ter⟩ **0.1** ***gedrongen*** ⇒*plomp* **0.2** ***gehurkt.***

squat[3] ⟨ww.; -ted⟩ **0.1** ⟨ook +down⟩ ***(neer)hurken*** **0.2** ***zich tegen de grond drukken*** ⟨v. dier⟩ **0.3** ***zich illegaal vestigen*** ⟨op een stuk land⟩ **0.4** ***een kraker zijn*** **0.5** ⟨ook +down; BE; inf.⟩ ***(gaan) zitten.***

squatter [skwottə] **0.1** ***(illegale) kolonist*** ⇒*landbezetter* **0.2** ***kraker*** ◆ **1.1** ~'s rights *de rechten v.e. kolonist.*

squaw [skwo:] **0.1** ***squaw.***

squawk[1] [skwo:k] ⟨zn.⟩ **0.1** ***schreeuw*** ⇒*gekrijs* **0.2** ⟨inf.⟩ ***luid protest.***

squawk[2] ⟨ww.⟩ **0.1** ***krijsen*** ⇒*schril schreeuwen, angstig kakelen* **0.2** ⟨inf.⟩ ***heftig/luid protesteren.***

squeak[1] [skwie:k] ⟨zn.⟩ **0.1** ***(ge)piep*** ⇒*geknars* **0.2** ***klein kansje*** ◆ **2.¶** ⟨inf.⟩ that was a close/narrow/near ~ *dat was op het nippertje.*

squeak[2] **I** ⟨onov.ww.⟩ **0.1** ***piepen*** ⇒*knarsen, gilletjes slaken* **0.2** ⟨inf.⟩ ***doorslaan*** ◆ **5.¶** ⟨vnl. AE⟩ ~ **through/by** *het nog net halen;*
II ⟨ov.ww.⟩ **0.1** ***(laten/doen) piepen*** ⇒*schril uitroepen.*

squeak|y [skwie:kie] ⟨-ily⟩ **0.1** ***piepend*** ⇒*schril, krakend* ◆ **2.¶** ⟨vnl. AE; inf.⟩ ~ clean *kraaknet, brandschoon.*

squeal[1] [skwie:l] ⟨zn.⟩ **0.1** ***gil*** ⇒*schreeuw, gepiep* **0.2** ⟨sl.⟩ ***klacht*** **0.3** ⟨sl.⟩ ***varkensvlees*** ⇒*ham.*

squeal[2] **I** ⟨onov.ww.⟩ **0.1** ***krijsen*** ⇒*piepen, snerpen* **0.2** ⟨inf.⟩ ***klikken*** ⇒*doorslaan* **0.3** ⟨vnl. BE; inf.⟩ ***luid klagen*** ◆ **6.2** ~ **on** s.o. *iem. aanbrengen;*
II ⟨ov.ww.⟩ **0.1** ***(uit)krijsen.***

squeamish [skwie:misj] ⟨-ness⟩ **0.1** ***(gauw) misselijk*** **0.2** ***teergevoelig*** **0.3** ***(al te) kieskeurig*** **0.4** ***gauw bang.***

squeegee[1] [skwie:dzjie:] ⟨zn.⟩ **0.1** ***rubber wisser*** ⇒*schuiver, trekker* **0.2** ⟨foto.⟩ ***rubberrol.***

squeegee[2] ⟨ww.⟩ **0.1** ***afwissen*** **0.2** ⟨foto.⟩ ***aandrukken*** ◆ **1.1** ~ the floor *de vloer (droog)trekken.*

squeeze[1] [skwie:z] ⟨zn.⟩ **0.1** ***samendrukking*** ⇒*pressie, druk* **0.2** ***uitgeperste/uitgeknepen hoeveelheid*** **0.3** ***gedrang*** **0.4** ⟨BE⟩ ***(stevige) handdruk*** ⇒*(innige) omarming/omhelzing* **0.5** ⟨inf.⟩ ***moeilijkheid*** **0.6** ⟨ec.⟩ ***beperking*** ⇒*schaarste* ◆ **1.2** a ~ of lemon juice *enkele druppels citroensap* **2.¶** it was a close/narrow/tight ~ *we zaten als haringen in een ton* **3.1** she gave his hand a little ~ *ze kneep even in zijn hand;* put the ~ on s.o. *iem. onder druk zetten* **6.5** be **in** a ~ *problemen hebben.*

squeeze[2] **I** ⟨onov.ww.⟩ **0.1** ***druk uitoefenen*** **0.2** ***wurmen*** ⇒*dringen, zich wringen* ◆ **5.2** ~ **through** *zich erdoorheen wurmen* ⟨ook fig.⟩; ~ **up** a bit *schuif nog wat op* **6.2** ~ **through** the crowd *zich een weg door de menigte banen;*
II ⟨ov.ww.⟩ **0.1** ***drukken (op)*** ⇒*knijpen (in)* **0.2** ***(uit)persen*** ⇒*uitknijpen* **0.3** ***onder (financiële) druk zetten*** **0.4** ***duwen*** ⇒*wurmen* **0.5** ***tegen zich aan drukken*** ⇒*stevig omhelzen* ◆ **1.2** ~ a lemon *een citroen uitpersen* **5.3** ~ **out** *afpersen* **6.4** how can she ~ so many things **into** one single day? *hoe krijgt ze zoveel dingen op één dag gedaan?*

squeezebox ⟨inf.⟩ **0.1** ***trekdoos*** ⇒*trekzak, accordeon.*

squeezer [skwie:zə] **0.1** ***(fruit)pers*** **0.2** ***knijper*** ⇒*drukker.*

squelch[1] [skweltsj] ⟨zn.⟩ **0.1** ***verplettering*** ⇒*onderdrukking* **0.2** ***plassend/zompend geluid.***

squelch[2] ⟨ww.⟩ **0.1** ***een zuigend geluid maken*** ⇒*zompen, ploeteren.*

squib [skwib] **0.1** ***voetzoeker*** **0.2** ***blindganger*** **0.3** ***schotschrift.*** →**damp.**

squid [skwid] ⟨mv.: ook squid⟩ **0.1** ***pijlinktvis.***

squidg|y [skwidzjie] ⟨-ier⟩ ⟨BE; inf.⟩ **0.1** ***zompig.***

squiff|y [skwiffie], **squiffed** [skwift] ⟨-ier⟩ ⟨inf.⟩ **0.1** ***aangeschoten*** ⇒*licht beneveld.*

squiggle [skwigl] ⟨inf.⟩ **0.1** ***kronkel(lijn)*** ⇒*krabbel.*

squiggl|y [skwiglie] ⟨-ier⟩ **0.1** ***kronkelig.***

squint[1] [skwint] ⟨zn.; vnl. enk.⟩ **0.1** ***scheel oog*** **0.2** ***turend oog*** **0.3** ⟨BE; inf.⟩ ***(vluchtige) blik*** **0.4** ***steelse/zijdelingse blik*** ◆ **3.3** have/take a ~ at sth. *een blik werpen op iets* **6.4** ⟨fig.⟩ with a ~ **to/towards** *met één oog gericht op.*

squint[2] ⟨ww.⟩ **0.1** ***scheel kijken*** **0.2** ***gluren*** ⇒*turen* ◆ **6.2** ~ **at** sth. *een steelse blik op iets werpen.*

squint-eyed **0.1** ***scheel.***

squint|y [skwintie] ⟨-ier⟩ **0.1** ***scheel(kijkend)*** ⇒*loensend.*

squirarch|y, squirearch|y [skwajjəra:kie] ⟨ww. enk. of mv.; mv.: -ies⟩ **0.1** ***landjonkerdom.***

squire[1] [skwajjə] ⟨zn.⟩ **0.1** ***landjonker*** ⇒*landheer* ⟨in Engeland⟩ **0.2** ⟨gesch.⟩ ***schildknaap*** **0.3** ⟨BE; inf.⟩ ***meneer*** ⟨aanspreekvorm tussen mannen onderling⟩.

squire[2] ⟨ww.⟩⟨schr., inf.⟩ **0.1** ***(als cavalier) begeleiden*** ⇒*escorteren.*

squirm[1] [skwə:m] ⟨zn.⟩ **0.1** ***(lichaamsge)kronkel*** ⇒*gewriemel.*

squirm[2] ⟨ww.⟩ **0.1** ***kronkelen*** ⇒*zich in bochten wringen* **0.2** ***de grond in kunnen kruipen*** ◆ **6.1** ~ **out of** sth. *onder iets uit komen* **6.2** be ~ing **with** embarrassment *zich geen raad weten v. verlegenheid.*

squirrel [skwirrəl] **0.1** ***eekhoorn.***

squirt[1] [skwə:t] ⟨zn.⟩ **0.1** ***straal*** ⟨v. vloeistof enz.⟩ **0.2** ***spuit(je)*** ⇒⟨bij uitbr.⟩ *waterpistool* **0.3** ⟨inf.⟩ ***nul*** ⇒*stuk onbenul* **0.4** ⟨inf.⟩ ***snotneus*** ⇒*snotaap.*

squirt[2] **I** ⟨onov.ww.⟩ **0.1** ***(krachtig) naar buiten spuiten;***
II ⟨ov.ww.⟩ **0.1** ***(uit)spuiten*** ⇒*uitspuwen.*

sr., Sr. ⟨afk.⟩ **0.1** [senior] ***sr.*** ⇒*Sen.*

S.R.N. ⟨afk.⟩ **0.1** [State Registered Nurse].

S.S. ⟨afk.⟩ **0.1** [steamer] *SS* ⇒*ss.*

Ssh [sjsjsj] **0.1** ***sst.***

St ⟨afk.⟩ **0.1** [Saint] ***St.*** ⇒*H.*

St. ⟨afk.⟩ **0.1** [Street] ***str.*** **0.2** [strait].

stab[1] [stæb] ⟨zn.⟩ **0.1** ***steek(wond)*** ⇒*stoot, uithaal* **0.2** ***pijnscheut*** ⇒*plotse opwelling* **0.3** ⟨inf.⟩ ***poging*** ⇒*gooi* ◆ **1.¶** a ~ in the back *dolkstoot in de rug* **3.3** have/make a ~ at *eens proberen.*

stab[2] ⟨-bed⟩ **I** ⟨onov.ww.⟩ **0.1** ⟨+ at⟩ ***(toe)stoten (naar)*** ⇒*steken, uithalen (naar)* ◆ **1.1** a ~bing pain *een stekende pijn;*
II ⟨ov.ww.⟩ **0.1** ***(door/dood/neer)steken*** ⇒*doorboren* **0.2** ***een stekende pijn bezorgen*** ⟨ook fig.⟩ ⇒*kwellen* ◆ **1.1** be ~bed to death *doodgestoken worden* **1.2** it ~bed me to the heart *het raakte me in mijn ziel.*

stabilit|y [stəbillətie] ⟨mv.: -ies⟩ **0.1** ***stabiliteit*** ⇒*duurzaamheid.*

stabil|ize, -ise [steebillajz] ⟨zn.: **-ization**⟩ **0.1** ***(zich) stabiliseren*** ⇒*in evenwicht blijven/brengen, duurzaam maken.*

stabilizer, -iser [steebillajzə] **0.1** ***stabilisator.***

stable[1] [steebl] ⟨zn.⟩ **0.1** ***stal*** ⇒⟨fig.⟩ *ploeg, groep* **0.2** ***(ren)stal*** ◆ **1.1** the same ~ of newspapers *dezelfde krantengroep* **3.¶** ⟨sprw.⟩ it's no use locking the ~ door after the horse has bolted *als het kalf verdronken is, dempt men de put.*

stab|le[2] ⟨bn.; -ly⟩ **0.1** ***stabiel*** ⇒*vast, duurzaam* **0.2** ***standvastig.***

stable[3] ⟨ww.⟩ **0.1** ***stallen*** ⇒*op stal zetten.*

stableboy, stablelad **0.1** ***staljongen.***

stable-companion, stablemate **0.1** ***paard uit dezelfde stal*** **0.2** ***kameraad*** ⇒*clubgenoot.*

stable|man [steeblmən]⟨mv.: -men [-mən]⟩ **0.1** ***stalknecht.***

stabling [steebling] **0.1** ***stalgelegenheid.***

staccato [stəka:too] **0.1** ⟨muz.⟩ ***staccato (te spelen)*** **0.2** ***hortend.***

stack[1] [stæk] ⟨zn.⟩ **0.1** ***(hooi/hout)mijt*** ⇒*(hooi)opper/berg* **0.2** ***stapel*** ⇒*hoop* **0.3** ***schoorsteen*** **0.4** ⟨vnl. mv.⟩ ***boekenrek(ken)*** ⇒*depot, (boeken)magazijn* ⟨in bibliotheek⟩ **0.5** ⟨luchtv.⟩ ***wachtende groep vliegtuigen*** ⟨voor landing⟩ ⇒ *wachtruimte* **0.6** ⟨comp.⟩ ***stapelgeheugen*** ◆ **1.2** ~s of money *bergen geld* **3.¶** ⟨vnl. AE; inf.⟩ blow one's ~ *uit zijn vel springen v. woede.*

stack[2] **I** ⟨onov.ww.⟩ **0.1** ***stapelbaar zijn;***
II ⟨ov.ww.⟩ **0.1** ***(op)stapelen*** ⇒*op een hoop leggen* **0.2** ***arrangeren*** **0.3** ***op verschillende hoogten laten rondvliegen*** ⟨vliegtuigen, voor landing⟩ **0.4** ***volstapelen*** ◆ **1.1** ~ arms *geweren aan rotten zetten* **1.2** ~ the cards *de kaarten vals schikken.*

stack up **I** ⟨onov.ww.⟩ **0.1** ***een file/rij vormen*** ⟨v. auto's, vliegtuigen⟩ ⇒*aanschuiven,* ⟨ihb.⟩ *wachten op landingsinstructies* **0.2** ⟨+ against; AE; inf.⟩ ***de vergelijking doorstaan (met)*** ⇒*op kunnen (tegen)* **0.3** ⟨AE; inf.⟩ ***ervoor staan;***
II ⟨ov.ww.⟩ **0.1** ***opstapelen*** **0.2** ***ophouden*** ⇒⟨ihb.⟩ *boven het vliegveld doen rondcirkelen* ◆ **1.2** traffic was stacked up for miles *het verkeer werd kilometers lang opgehouden.*

stadium [steediəm]⟨mv.: ook stadia [-diə]⟩ **0.1** ***stadion.***

staff[1] [sta:f]⟨zn.; mv.: in bet. 0.3 ook staves [steevz]⟩ **0.1** ***staf*** ⟨ook fig.⟩ ⇒*steun* **0.2** ***steunstok*** ⇒*vlaggenstok* **0.3** ⟨muz.⟩ ***notenbalk*** **0.4** ⟨ww. enk. of mv.⟩ ***staf*** ⟨ook mil.⟩ ⇒*personeel, korps* ◆ **1.¶** the ~ of life *brood; ons dagelijks brood;* ~ and staple *hoofdbestanddeel/schotel* **2.1** pastoral ~ *kromstaf* **3.4** be ~ *tot het personeel behoren.*

staff[2] ⟨ww.⟩ **0.1** ***bemannen*** ⇒*van personeel voorzien* ◆ **5.¶** ~ **up** *meer personeel aanwerven voor.*

staff association **0.1** ***personeelsraad.***

staff college ⟨BE; mil.⟩ **0.1** ***stafschool.***

staff manager **0.1** ***personeelschef.***

staff member **0.1** ***staflid.***

staff nurse ⟨BE⟩ **0.1** ***stafverpleegster*** ⟨onderzuster in rang⟩.

staff-office **0.1** ***personeelsdienst.***

staff officer ⟨mil.⟩ **0.1** ***stafofficier.***

staff room **0.1** ***leraarskamer.***

staff sergeant ⟨mil.⟩ **0.1** ***stafonderofficier.***

stag[1] [stæg] ⟨zn.⟩ **0.1** ***hertenbok*** **0.2** ⟨AE⟩ ***ongeëscorteerde heer*** ⇒*man die alleen op stap is* **0.3** ⟨BE; geldw.⟩ ***premiejager.***

stag[2] ⟨bn.⟩ **0.1** ***mannen-*** **0.2** ⟨AE; man.⟩ ***ongeëscorteerd*** ⇒ *alleen op stap* ◆ **1.1** a ~ party *een herenpartijtje.*

stag[3] ⟨ww.⟩ **0.1** ⟨BE; geldw.⟩ ***speculeren*** **0.2** ⟨AE; man.⟩ ***ongeëscorteerd uitgaan*** ⇒*alleen op stap gaan* ◆ **4.¶** ⟨AE; man.⟩ ~ it *de vrouw(en) thuislaten.*

stag beetle **0.1** ***vliegend hert.***

stage[1] [steedzj] ⟨zn.⟩ **0.1** ⟨the⟩ ***toneel*** ⟨ook fig.⟩ **0.2** ***podium*** ⇒ *platform, toneel* **0.3** ***fase*** ⇒*stadium* **0.4** ***pleisterplaats*** ⇒ *stopplaats;* ⟨BE⟩ *halte aan het eind v.e. tariefzone* **0.5** ***etappe*** ⇒*traject;* ⟨BE⟩ *tariefzone* **0.6** ***trap v. raket*** **0.7** ***diligence*** ⇒*postkoets* ◆ **3.1** put on the ~ *opvoeren* **3.¶** hold the ~ *alle aandacht trekken;* set the ~ for *de weg bereiden voor* **6.1** be **on** the ~ *aan het toneel verbonden zijn* **6.3** **at** this ~ *op dit punt, in dit stadium* **6.5** **by** easy ~s *in korte etappes;* **in** ~s *gefaseerd.*

stage[2] ⟨ww.⟩ **0.1** ***opvoeren*** ⇒*ten tonele brengen* **0.2** ***produceren*** **0.3** ***regisseren*** **0.4** ***organiseren.***

stagecoach **0.1** ***diligence*** ◆ **6.1** **by** ~ *met de postkoets.*

stage direction ⟨vnl. mv.⟩ **0.1** ***toneelaanwijzing.***

stage door **0.1** ***artiesteningang.***

stage fright **0.1** ***plankenkoorts.***

stage-manage **0.1** ***ensceneren*** ⇒*opzetten.*

stage manager **0.1** ***toneelmeester.***

stager [steedzjə] ◆ **2.¶** an old ~ *een oude rot in het vak.*

stage race ⟨sport, ihb. wielrennen⟩ **0.1** ***etappewedstrijd*** ⇒ ⟨Belg.⟩ *rittenwedstrijd.*

stagestruck **0.1** ***gek op toneel*** ◆ **3.1** she is ~ *zij wil dolgraag aan het toneel.*

stage whisper **0.1** ***terzijde*** **0.2** ***luid gefluister*** ⟨voor iedereen bedoeld⟩.

stagey →**stagy.**

stagflation [stægfleesjn] ⟨ec.⟩ **0.1** ***stagflatie.***

stagger[1] [stægə] ⟨zn.⟩ **0.1** ***wankeling*** **0.2** ⟨mv.; the⟩ ***duizeligheid*** **0.3** ⟨mv.; the; dierk.⟩ ***kolder.***

stagger[2] **I** ⟨onov.ww.⟩ **0.1** ***wankelen*** ◆ **5.1** ~ **along** *moeizaam vooruitkomen;*

II ⟨ov.ww.⟩ **0.1** ***doen wankelen*** ⇒⟨fig.⟩ *onthutsen* **0.2** ***zigzagsgewijs aanbrengen*** **0.3** ***doen alterneren*** ⇒*spreiden* ⟨vakantie⟩ ◆ **1.2** a ~ed road crossing *een kruising met verspringende zijwegen* **1.3** ~ed office hours *glijdende werk/openingstijden.*

staggering [stægəring] **0.1** ***wankelend*** **0.2** ***onthutsend*** ⇒ *duizelingwekkend.*

staging [steedzjing] **0.1** ***steiger*** ⇒*platform* **0.2** ***opvoering.***

stagnancy [stægnənsie] **0.1** ***stilstand.***

stagnant [stægnənt] **0.1** ***stilstaand*** **0.2** ***stagnerend*** ⟨ook ec.⟩.

stagn|ate [stægneet] ⟨zn.: **-ation**⟩ **0.1** ***stilstaan*** ⇒*stagneren, stremmen* **0.2** ***mat worden/zijn.***

stag party **0.1** ***bokkenfuif*** ⇒*herenpartijtje, hengstenbal* ⟨ihb. ter afscheid v.h. vrijgezellenbestaan⟩.

stag|y, stag|ey [steedzjie] ⟨-iness⟩ **0.1** ***theatraal*** ⇒*overdreven.*

staid [steed] ⟨-ness⟩ **0.1** ***bezadigd*** **0.2** ***vast*** ⇒*stellig.*

stain[1] [steen] ⟨zn.⟩ **0.1** ***vlek*** **0.2** ***smet*** ⇒*schandvlek* **0.3** ***kleurstof.***

stain[2] **I** ⟨onov.ww.⟩ **0.1** ***vlekken;***
II ⟨ov.ww.⟩ **0.1** ***bevlekken*** ⇒⟨fig.⟩ *bezoedelen* **0.2** ***kleuren*** ◆ **1.2** ~ed glass *gebrandschilderd glas.*

stainless [steenləs] **0.1** ***vlekkeloos*** ⇒*smetteloos* **0.2** ***roestvrij*** ⟨staal⟩.

stain-proof **0.1** ***vlekvrij.***

stain remover **0.1** ***vlekkenmiddel.***

stair [steə] **0.1** ⟨ook mv.⟩ ***trap*** **0.2** ***trede*** ◆ **3.1** a winding ~ *een wenteltrap* **6.¶** **below** ~s *bij de bedienden.*

stair carpet **0.1** ***traploper.***

staircase, stairway **0.1** ***trap*** ◆ **2.1** a moving ~ *een roltrap.*

stair rod **0.1** ***traproede.***

stairwell **0.1** ***trappenhuis.***

stake[1] [steek] ⟨zn.⟩ **0.1** ***staak*** ⇒*paal* **0.2** ***brandstapel*** **0.3** ***inzet*** ⇒⟨fig.⟩ *belang, interesse* **0.4** ⟨mv.⟩ ***(wedstrijd met) prijzengeld*** ⇒*paardenrennen* ◆ **3.2** go to the ~ *op de brandstapel sterven;* ⟨fig.⟩ *de zure vruchten plukken (v.e. onverstandig besluit)* **3.3** have a ~ in sth. *zakelijk belang hebben/betrokken zijn bij iets;* lose one's ~ *zijn inzet/de weddenschap verliezen* **3.¶** pull up ~s *zijn biezen pakken* **6.¶** be **at** ~ *op het spel staan;* the issue **at** ~ *waar het om gaat.*

stake[2] ⟨ww.⟩ **0.1** ***vastbinden aan een staak*** ⇒*stutten* **0.2** ⟨+ off/out⟩ ***afpalen*** ⟨land bv.⟩ ⇒*afbakenen* **0.3** ***spietsen*** **0.4** ⟨+ on⟩ ***verwedden (om)*** ⇒*inzetten (op);* ⟨fig.⟩ *op het spel zetten* ◆ **5.2** ~ **out** a claim *aanspraak maken op* **5.¶** ⟨AE; inf.⟩ ~ **out** *posten bij, in de gaten houden* ⟨bv. (huis v.) misdadiger⟩ **6.4** I'd ~ my life **on** it *ik durf er mijn hoofd om te verwedden.*

stakeholder **0.1** ***beheerder v.d. inzet/pot.***

stakeout ⟨AE; inf.⟩ **0.1** ***plaats die (door politie) wordt bespied*** **0.2** ***politiebewaking/toezicht/surveillance*** ⟨v. plaats of verdacht persoon⟩.

stalactite [stæləktajt] ⟨geol.⟩ **0.1** ***stalactiet.***

stalagmite [stæləgmajt] ⟨geol.⟩ **0.1** ***stalagmiet.***

stale [steel] ⟨-r; -ness⟩ **0.1** ***niet vers*** ⇒*oud(bakken); muf* **0.2** ***afgezaagd*** **0.3** ***(afge)mat*** ⇒*machinaal* **0.4** ⟨jur.⟩ ***verjaard*** ◆ **1.4** ⟨geldw.⟩ a ~ cheque *een verjaarde cheque* **3.¶** go ~ on *genoeg hebben van.*

stalemate[1] [steelmeet] ⟨zn.⟩ **0.1** ⟨schaakspel⟩ ***pat*** **0.2** ***impasse*** ⇒*dood punt.*

stalemate[2] ⟨ww.⟩ **0.1** ⟨schaakspel⟩ ***pat zetten*** ⇒⟨fig.⟩ *vast/klem zetten.*

stalk[1] [sto:k] ⟨zn.⟩ **0.1** ⟨plantk.⟩ ***stengel*** ⇒*steel* **0.2** ***stronk.***

stalk[2] **I** ⟨onov.ww.⟩ **0.1** ⟨vnl. + out⟩ ***(uit) schrijden*** ◆ **5.1** the chairman ~ed **out** in anger *de voorzitter stapte kwaad op;*
II ⟨ov.ww.⟩ **0.1** ***besluipen*** **0.2** ***achtervolgen*** **0.3** ***rondwaren door.***

stalker [sto:kə] **0.1** ***iem. die wild besluipt*** ⇒*jager.*

stalking-horse ⟨fig.⟩ **0.1** ***voorwendsel*** ⇒*dekmantel.*

stall[1] [sto:l] ⟨zn.⟩ **0.1** ***box*** ⇒*hok, stal* **0.2** ***stalletje*** ⇒*stand* **0.3** ***koorstoel*** ⇒⟨fig.⟩ *decanaat/kanunnikdij* **0.4** ⟨BE⟩ ***stallesplaats*** ⇒⟨mv.⟩ *stalles* **0.5** ⟨paardenrennen; vnl. mv.⟩ ***startbox*** ⇒*starthok.*

stall[2] **I** ⟨onov.ww.⟩ **0.1** ***blijven steken*** ⇒*ingesneeuwd zijn* **0.2** ***afslaan*** ⟨v. motor⟩ **0.3** ***draaien*** ⇒*uitvluchten zoeken, tijd rekken;*
II ⟨ov.ww.⟩ **0.1** ***stallen*** **0.2** ***ophouden*** ⇒*blokkeren* ◆ **5.2** ~ **off** *aan het lijntje houden.*

stallholder ⟨BE⟩ **0.1** ***houd(st)er v.e. kraam.***

stallion [stæliən] **0.1** ***(dek)hengst.***

stalwart[1] [sto:lwət] ⟨zn.⟩ **0.1** ***trouwe aanhanger.***

stalwart[2] ⟨bn.; -ness⟩ **0.1** ***stevig*** ⇒*stoer* **0.2** ***flink*** **0.3** ***standvastig*** ⇒*trouw.*

stamen [steemən] **0.1** ***meeldraad.***

stamina [stæminnə] **0.1** ***uithoudingsvermogen.***

stammer[1] [stæmə] ⟨zn.; vnl. enk.⟩ ◆ **3.¶** speak with a ~ *stotteren.*

stammer[2] ⟨ww.⟩ **0.1** ***stotteren*** ⇒*stamelen.*

stammerer [stæmərə] **0.1** ***stotteraar.***

stammeringly [stæməringlie] **0.1** ***stotterend*** ⇒*stamelend.*

stamp[1] [stæmp] ⟨zn.⟩ **0.1** ***stempel*** ⇒⟨fig.⟩ *(ken)merk* **0.2** ***zegel*** ⇒*postzegel, waarmerk* **0.3** ***kenmerk*** ⇒*label* **0.4** ***soort*** ⇒*slag* ◆ **3.1** embossed ~ *reliëfstempel;* leave one's ~ on *zijn stempel drukken op.*

stamp[2] **I** ⟨onov. en ov.ww.⟩ **0.1** ***stampen*** ⇒*trappen* ◆ **5.1** ⟨fig.⟩ ~ **out** *uitroeien* **6.1** ⟨fig.⟩ ~ **on** *onderdrukken;*
II ⟨ov.ww.⟩ **0.1** ***stempelen*** ⇒*persen, waarmerken* **0.2** ***frankeren*** ⇒*een postzegel plakken op* **0.3** ***fijnstampen*** ⇒ *verpulveren* **0.4** ***stempelen tot*** ⇒*tekenen* ◆ **1.2** ~ed addressed envelope *antwoordenvelop* **6.1** be ~ed **on** one's memory *in zijn geheugen gegrift zijn.*

stamp album **0.1** ***postzegelalbum.***

stamp collector **0.1** ***postzegelverzamelaar.***

stamped addressed envelope **0.1** ***antwoordenvelop.***

stampede[1] [stæmpie:d] ⟨zn.⟩ **0.1** ***wilde vlucht*** ⟨ihb. v. dieren⟩ ⇒*paniek* **0.2** ***stormloop.***

stampede[2] **I** ⟨onov.ww.⟩ **0.1** ***op de vlucht slaan*** ⇒*op hol slaan;* ⟨fig.⟩ *het hoofd verliezen;*
II ⟨ov.ww.⟩ **0.1** ***op de vlucht jagen*** ⇒⟨fig.⟩ *het hoofd doen verliezen* ◆ **6.1** don't be ~d **into** selling all your shares *besluit niet overhaastig al je aandelen te verkopen.*

stamping ground ⟨ook mv.⟩ **0.1** ***gewone/geliefde verblijfplaats.***

stance [sta:ns] ⟨vnl. enk.⟩ **0.1** ***houding*** ⇒*stand* **0.2** ***pose*** ⇒ *gezindheid.*

stanch[1] →**staunch.**

stanch[2] [sta:ntsj], **staunch** [sto:ntsj] ⟨ww.⟩ **0.1** ***stelpen*** **0.2** ***tot staan brengen*** **0.3** ***waterdicht maken.***

stanchion [sta:ntsjən] **0.1** ***paal*** **0.2** ***ijzeren kraag*** ⟨voor koe⟩.

stand[1] [stænd] ⟨zn.⟩ **0.1** ***stilstand*** ⇒*halt* **0.2** ***stelling*** ⟨ook mil.⟩ ⇒⟨fig.⟩ *standpunt* **0.3** ***plaats*** ⇒*positie, post* **0.4** ***stander*** ⇒*statief, standaard* **0.5** ***stand*** ⇒*kraam* **0.6** ***standplaats*** ⟨v. taxi's enz.⟩ **0.7** ***tribune*** ⇒*platform, podium;* ⟨AE⟩ *getuigenbank* ◆ **3.1** bring to a ~ *tot staan brengen* **3.2** make a ~ for *opkomen voor;* ⟨fig.⟩ take a ~ on *zich uitspreken over* **3.3** take one's ~ *post vatten* **3.7** ⟨AE⟩ take the ~ *plaats nemen in de getuigenbank.*

stand[2] ⟨stood, stood [stoed]⟩ **I** ⟨onov.ww.⟩ **0.1** ***(rechtop) staan*** ⇒*opstaan* **0.2** ***zich bevinden*** ⇒*staan, liggen* **0.3**

stilstaan ⇒*halt houden;* ⟨AE⟩ *stoppen* ⟨v. voertuigen⟩ **0.4** ***blijven staan*** ⇒*stand houden* **0.5** ***gelden*** ⇒*opgaan* **0.6** ***zijn*** ⇒*(ervoor) staan, zich in een bepaalde situatie bevinden* **0.7** ⟨BE⟩ ***kandidaat zijn*** ⇒*zich kandidaat stellen* ◆ **1.5** the offer still ~s *het aanbod is nog v. kracht* **1.6** they stood under heavy obligations *zij hadden zware verplichtingen* **3.4** ~ and deliver! *je geld of je leven!* **3.¶** I ~ corrected *ik neem mijn woorden terug;* ~ to lose sth. *waarschijnlijk/zeker iets zullen verliezen* **5.1** ~ clear of *vrijlaten* ⟨deur e.d.⟩ **5.¶** ~ aloof *zich op een afstand houden;* ~ apart *zich afzijdig houden;* ~ easy! *op de plaats rust!;* ~ pat *passen* ⟨in poker⟩; ⟨fig.⟩ *voet bij stuk houden;* ~ well with s.o. *met iem. op goede voet staan;* ~ **in** (for s.o.) *(iem.) vervangen;* ~ **over** *wachten* ⟨v. zaak, project⟩ **6.4** he ~s **at** nothing *hij staat nergens voor* **6.6** ~ **at** thirty degrees *op dertig graden staan* **6.¶** ~ **on** *aandringen op;* ~ **on** ceremony *aan plichtplegingen hechten;* ~ **over** *toezicht houden op;* ~ **upon** *staan op* **8.1** as I ~ here *zowaar ik hier sta* **8.6** as it ~s *momenteel, zoals het nu is;* know where he ~s *weten waar hij aan toe is.* →**stand aside, stand back, stand by, stand down, stand for, stand off, stand out, stand up;**
II ⟨ov.ww.⟩ **0.1** ***plaatsen*** ⇒*rechtop zetten* **0.2** ***verdragen*** ⇒*uitstaan* **0.3** ***doorstaan*** ⇒*ondergaan* **0.4** ***weerstaan*** **0.5** ***trakteren (op)*** ◆ **1.1** ~ everything on its head *alles op zijn kop zetten* **1.5** ~ s.o. (to) a drink *iem. op een drankje trakteren.* →**stand off, stand out, stand up.**

stand-alone ⟨ook attr.⟩⟨comp.⟩ **0.1** ***stand-alone*** ⇒⟨attr.⟩ *zelfstandig, autonoom* ⟨v. computersysteem⟩.

standard¹ [stændəd] ⟨zn.⟩ **0.1** ***peil*** ⇒*niveau* **0.2** ***vaandel*** ⟨ook fig.⟩ ⇒*standaard, vlag* **0.3** ⟨vaak mv.⟩ ***maat(staf)*** ⇒ *norm* **0.4** ***standaard(maat)*** **0.5** ***houder*** **0.6** ***(munt)standaard*** **0.7** ***staander*** ⇒*steun, paal* **0.8** ***hoogstammige plant/struik*** ◆ **1.1** ~ of living/life *levensstandaard* **1.2** ⟨fig.⟩ raise the ~ of revolt *tot opstand oproepen* **3.1** set a high/low ~ *hoge/lage eisen stellen* **6.1** **below** ~ *beneden peil;* **up to** ~ *op peil.*

standard² ⟨bn.⟩ **0.1** ***normaal*** ⇒*gebruikelijk, standaard-; doorsnee-* **0.2** ***staand*** ◆ **1.1** ~ coin *standaardmunt;* Standard English *Standaardengels;* ~ time *zonnetijd* **1.2** ~ rose *stamroos.*

standard-bearer **0.1** ***banierdrager*** ⟨ook fig.⟩ ⇒*vaandeldrager.*

standard|ize, -ise [stændədajz] ⟨zn.: **-ization**⟩ **0.1** ***standaardiseren*** ⇒*normaliseren.*

standard lamp ⟨BE⟩ **0.1** ***staande lamp.***

stand aside **0.1** ***opzij/aan de kant gaan (staan)*** **0.2** ***zich afzijdig houden.***

stand back **0.1** ***achteruit gaan*** **0.2** ***op een afstand liggen*** **0.3** ***afstand nemen*** **0.4** ***zich op de achtergrond houden.***

standby¹ ⟨zn.; mv.: standbys⟩ **0.1** ***reserve*** **0.2** ***stand-by.***

standby² ⟨bn.⟩ **0.1** ***reserve-*** ⇒*nood-, hulp-* **0.2** ⟨luchtv.⟩ ***stand-by*** ◆ **1.1** be on ~ duty *klaar/paraat moeten staan;* ~ equipment *nooduitrusting;* ~ mode *sluimerstand* ⟨bv. van tv⟩; ~ power plant *noodaggregaat* **1.¶** ⟨geldw.⟩ ~ credit *overbruggingskrediet.*

stand by I ⟨onov.ww.⟩ **0.1** ***erbij staan*** **0.2** ***werkloos toezien*** **0.3** ***gereed staan;***
II ⟨ww. + vz.⟩ **0.1** ***bijstaan*** ⇒*steunen* **0.2** ***zich houden aan*** ⟨belofte⟩ ⇒*trouw blijven aan* ⟨iem.⟩.

stand down **0.1** ***zich terugtrekken*** ⇒*aftreden* **0.2** ⟨AE; jur.⟩ ***de getuigenbank verlaten.***

stand for **0.1** ***staan voor*** ⇒*betekenen* **0.2** ⟨inf.⟩ ***goedvinden*** ⇒*zich laten welgevallen, dulden* **0.3** ⟨BE⟩ ***kandidaat staan voor*** **0.4** ⟨BE⟩ ***voorstaan*** ⇒*verdedigen.*

stand-in **0.1** ***vervanger.***

standing¹ [stænding] ⟨zn.⟩ **0.1** ***status*** ⇒*rang, positie* **0.2** ***reputatie*** ⇒*achting* **0.3** ***(tijds)duur*** ◆ **2.1** a member in full/good ~ *een gerespecteerd lid* **2.3** friendship of long ~ *oude vriendschap* **6.1** s.o. **of** ~ *iem. v. aanzien/standing.*

standing² ⟨bn.⟩ **0.1** ***blijvend*** ⇒*v. kracht/in gebruik blijvend, vast, constant* **0.2** ***staand*** ⇒*stilstaand* **0.3** ***zonder aanloop*** ⟨v. sprong e.d.⟩ ◆ **1.1** ~ committee *permanente commissie;* ~ joke *vaste grap;* ~ order *doorlopende order; staande opdracht;* ⟨ihb.⟩ *automatische overschrijving;* pay by ~ order *via automatische overschrijving betalen;* ~ orders *statuten;* ⟨boek.⟩ ~ type *vaste drukplaat;* ⟨nat.⟩ ~ wave *staande/transversale golf* **1.2** ~ ovation *staande ovatie.*

standing dive ⟨schoonspringen⟩ **0.1** ***sprong uit stand.***

standing room **0.1** ***staanplaatsen.***

standoff **0.1** ***impasse*** **0.2** ***evenwicht*** **0.3** ⟨vnl. AE⟩ ***(periode v.) nietsdoen/zich afzijdig houden*** **0.4** →**stand-off.**

stand off I ⟨onov.ww.⟩ **0.1** ***opzij gaan staan*** **0.2** ***zich op een afstand houden;***
II ⟨ov.ww.⟩ **0.1** ***(tijdelijk) ontslaan.***

stand-off, stand-off half ⟨→s2⟩⟨rugby⟩ **0.1** ***stand-off half*** ⟨halfback⟩.

standoffish [stændoffisj] ⟨-ness⟩ **0.1** ***op een afstand*** ⇒*afstandelijk.*

standout¹ ⟨zn.⟩⟨AE; inf.⟩ **0.1** ***uitblinker*** ⇒*kanjer, schoonheid* ◆ **1.1** Mary was a ~ *Mary stak met kop en schouder boven de rest uit.*

standout² ⟨bn.⟩⟨AE; inf.⟩ **0.1** ***uitmuntend*** ⇒*opmerkelijk, opzienbarend, opvallend (goed/mooi).*

stand out I ⟨onov.ww.⟩ **0.1** ***duidelijk uitkomen*** ⇒*in het oog vallen* **0.2** ***zich onderscheiden*** **0.3** ***blijven volhouden*** ◆ **6.3** ~ **for** *verdedigen* **6.¶** ~ **to** sea *zee kiezen;*
II ⟨ov.ww.⟩ **0.1** ***weerstaan.***

standpipe ⟨tech.⟩ **0.1** ***standpijp.***

standpoint [stæn(d)pojnt] **0.1** ***standpunt*** ⟨ook fig.⟩ ◆ **6.1** **from** a commercial ~ *commercieel gezien.*

standstill [stæn(d)stil] **0.1** ***stilstand*** ◆ **6.1** **at** a ~ *tot stilstand gekomen.*

stand up I ⟨onov.ww.⟩ **0.1** ***overeind staan*** **0.2** ***gaan staan*** **0.3** ***standhouden*** ⇒*overeind blijven;* ⟨fig.⟩ *doorstaan* ◆ **1.3** that won't ~ in court *daar blijft niets van overeind in the rechtszaal* **3.2** ~ and be counted *voor zijn mening uitkomen* **6.2** ⟨fig.⟩ ~ **against** *in verzet komen tegen;* ~ **for** *opkomen voor* **6.3** it stood up **to** the years *het heeft al die jaren goed doorstaan* **6.¶** ~ **to** *trotseren;*
II ⟨ov.ww.⟩ **0.1** ***laten zitten*** ◆ **4.1** she stood me up *zij is niet op komen dagen.*

stand-up **0.1** ***rechtop staand*** **0.2** ***lopend*** ⟨v. souper e.d.⟩ **0.3** ***flink*** ⟨gevecht⟩ ⇒*stevig* ◆ **1.¶** ~ comedian *solo-entertainer.*

stank ⟨verl. t.⟩ →**stink.**

stannic [stænik] ⟨schei.⟩ **0.1** ***tin-.***

stanza **0.1** ***stanza*** ⇒*couplet, strofe.*

staple¹ [steepl] ⟨zn.⟩ **0.1** ***niet(je)*** **0.2** ***kram(metje)*** **0.3** ⟨vaak mv.⟩ ***belangrijk artikel*** ⇒*stapelproduct* **0.4** ***ruw product*** **0.5** ⟨vaak mv.⟩ ***hoofdbestanddeel*** ⟨ook fig.⟩ ⇒*hoofdschotel* **0.6** ***vezel.***

staple² ⟨bn.⟩ **0.1** ***voornaamste*** **0.2** ***belangrijk*** ◆ **1.1** ~ diet *hoofdvoedsel;* ~ products *stapelproducten.*

staple³ ⟨ww.⟩ **0.1** ***(vast)nieten*** ⇒*hechten* **0.2** ***sorteren*** ⟨wol⟩.

staple gun **0.1** ***nietpistool.***

stapler [steeplə] **0.1** ***nietmachine*** **0.2** ***krammachine.***

star¹ [sta:] ⟨zn.⟩ **0.1** ***ster*** ⟨ook fig.⟩ **0.2** ***asterisk*** ⇒*sterretje* **0.3** ***gesternte*** **0.4** ***uitblink(st)er*** ⇒⟨ihb.⟩ *beroemdheid,* *(film)ster, vedette* ◆ **1.1** Star of David *davidster* **1.¶** with ~s in one's eyes *met een gevoel v. verrukking;* ⟨AE⟩ the Stars and Stripes *Amerikaanse vlag* **2.3** born under a lucky ~ *onder een gelukkig gesternte geboren* **3.1** falling ~ *vallende ster;* see ~s *sterretjes zien* ⟨na val e.d.⟩; shooting ~ *vallende/verschietende ster;* thank one's (lucky) ~s *zich gelukkig prijzen* **¶.4** all-~ cast *sterbezetting.*

star² ⟨-red⟩ **I** ⟨onov.ww.⟩ **0.1** ***(als ster) optreden;***
II ⟨ov.ww.⟩ **0.1** ⟨vnl. volt. deelw.⟩ ***met sterren versieren*** **0.2** ***een ster geven aan*** ⟨als kwaliteitsaanduiding⟩ **0.3** ***met een sterretje/asterisk aanduiden*** **0.4** ***als ster laten optreden*** ◆ **1.4** a film ~ring Eddy Murphy *een film met (in de hoofdrol) Eddy Murphy.*

starboard¹ [sta:bəd] ⟨zn.⟩ **0.1** ***stuurboord.***

starboard² ⟨ww.⟩⟨scheep.⟩ **0.1** ***naar stuurboord draaien*** ⟨roer⟩.

starch¹ [sta:tsj] ⟨zn.⟩ **0.1** ***zetmeel*** **0.2** ***stijfsel*** ◆ **¶.1** ~-reduced *met minder zetmeel.*

starch² ⟨ww.⟩ **0.1** ***stijven*** **0.2** ***verstijven*** ◆ **1.2** ~ed manners *vormelijkheid.*

star chamber **0.1** ***willekeurig, streng gerecht.***

starch|y [sta:tsjie] ⟨-ily⟩ **0.1** ***zetmeelrijk*** **0.2** ***gesteven*** **0.3** ⟨inf.⟩ ***stijfjes*** ◆ **1.1** ~ food *meelkost.*

star-crossed ◆ **1.¶** ~ lovers *geliefden die het lot niet gunstig gezind is.*

stardom [sta:dəm] **0.1** ***roem*** **0.2** ***sterren.***

stardust **0.1** ***kosmische stof*** ⇒*sterrenwolk* **0.2** ***romantisch gevoel.***

stare¹ [steə] ⟨zn.⟩ **0.1** ***starende blik.***

stare² **I** ⟨onov.ww.⟩ **0.1** ⟨+ at⟩ ***staren (naar)*** **0.2** ***in het oog springen*** ◆ **3.1** ⟨fig.⟩ make s.o. ~ *iem. verbijsteren* **6.1** ~ **with** surprise *verbaasd staren;*
II ⟨ov.ww.⟩ **0.1** ***staren naar*** ◆ **1.1** ⟨fig.⟩ it is staring you in the face *het ligt voor de hand* **5.1** ~ s.o. **down/out** *iem. aanstaren tot hij de ogen neerslaat.*

starfish **0.1** ***zeester.***

starfruit **0.1** ***carambola*** ⇒*stervrucht.*

stargazer [sta:geezə] **0.1** ***sterrenkijker*** **0.2** ***dromer.***

staring¹ [steəring] ⟨bn.⟩⟨vnl. BE⟩ **0.1** ***(te) fel*** ⟨kleur⟩.

staring² ⟨bw.⟩ **0.1** ***volledig*** ◆ **2.1** stark ~ mad *knettergek.*

stark¹ [sta:k] ⟨bn.⟩ **0.1** ***grimmig*** **0.2** ***stijf*** **0.3** ***onbuigzaam*** **0.4** ⟨fig.⟩ ***schril*** **0.5** ***verlaten*** ⟨v. landschap⟩ ⇒*kaal* **0.6** ***spiernaakt*** ◆ **1.4** ~ contrast *schril contrast* **1.¶** ~ nonsense *klinkklare onzin;* ~ poverty *bittere armoede;* ~ truth *naakte waarheid.* →**stiff.**

stark² ⟨bw.⟩ **0.1** ***volledig*** ◆ **2.1** ~ naked *spiernaakt.*

starkers [sta:kəz] ⟨BE; inf.⟩ **0.1** ***poedelnaakt.***

starless [sta:ləs] **0.1** ***sterreloos*** ⇒*zonder sterren.*

starlet [sta:lit] **0.1** ***(film)sterretje.***

starlight **0.1** ***sterrenlicht.***

starling [sta:ling] **0.1** ***spreeuw.***

starlit [sta:lit] ⟨schr.⟩ **0.1** ***door sterren verlicht*** ◆ **1.1** ~ night *sterrennacht.*

starr|y [sta:rie] ⟨-ily⟩ **0.1** ***sterrig*** **0.2** ***stralend*** ◆ **1.2** ~ eyes *ogen als sterren.*

starry-eyed ⟨inf.⟩ **0.1** ***(te) idealistisch.***

star sign **0.1** ***sterrenbeeld*** ⟨v.d. dierenriem⟩.

star-spangled [sta:spænggld] **0.1** ***met sterren bezaaid*** ◆ **1.¶** the Star-Spangled Banner *het Am. volkslied; de Am. vlag.*

star-studded **0.1** ***met sterren bezaaid*** **0.2** ⟨inf.⟩ ***vol bekende namen*** ◆ **1.2** ~ play *stuk met veel sterren.*

start¹ [sta:t] ⟨zn.⟩ **0.1** ⟨vnl. enk.⟩ ***schok*** ⇒*ruk* **0.2** ***start*** **0.3** ***startsein*** **0.4** ***voorsprong*** ⇒*voordeel* ◆ **1.2** from ~ to finish *v. begin tot eind* **2.2** ⟨sport⟩ false ~ *valse start* ⟨ook fig.⟩ **3.1** give s.o. a ~ *iem. laten schrikken; iem. doen opkijken;* wake up with a ~ *wakker schrikken* **3.2** get off to a good/bad ~ *goed/slecht beginnen;* make a ~ on *beginnen met;* make an early ~ *vroeg vertrekken;* make a fresh/new ~ *opnieuw beginnen* **3.4** get the ~ of s.o. *vóór komen op iem.;* give s.o. a ~ (in life) *iem. op gang/op weg helpen* **6.2** **at** the ~ *in het begin;* ⟨inf.⟩ **for** a ~ *om te beginnen;* **from** the (very) ~ *vanaf het (allereerste) begin* **6.4** ~ **on/over** *voorsprong op.*

start² **I** ⟨onov.ww.⟩ **0.1** ***beginnen*** ⇒*starten, beginnen te lopen/werken* **0.2** ***vertrekken*** ⇒⟨ihb.⟩ *opstijgen, afvaren* **0.3** ***(op)springen*** ⇒*(op)schrikken* **0.4** ⟨ben. voor⟩ ***(plotseling) bewegen*** ⇒*losspringen* ⟨v. hout⟩; *aanslaan* ⟨v. motor⟩; *te voorschijn springen* **0.5** ***startsein geven*** **0.6** ***uitpuilen*** ◆ **1.1** ~ing next month *vanaf volgende maand* **5.1** ~ **out** *vertrekken;* ⟨fig.⟩ *zijn loopbaan beginnen;* ~ (all) **over** again/⟨AE⟩ (all) **over** *(helemaal) opnieuw beginnen* **5.3** ~ **back** (from) *terugdeinzen (voor)* **6.1** ~ **at** *beginnen bij/met;* ~ **from** *beginnen bij/met;* ⟨fig.⟩ *uitgaan van;* to ~ (off) **with** *om (mee) te beginnen; in het begin; in de eerste plaats* **6.2** ~ (out) **for** *op weg gaan naar* **6.3** ~ **at** *(op)schrikken van* **6.4** ~ **for** the door *richting deur gaan/lopen;* tears ~ed **to** their eyes *de tranen sprongen hen in de ogen* **6.6** eyes ~ing **from** their sockets *uitpuilende ogen.* →**start off, start up;**
II ⟨ov.ww.⟩ **0.1** ***(doen) beginnen*** ⇒*in beweging zetten, aan de gang brengen/helpen; aanzetten, starten* ⟨motor⟩; *opwerpen* ⟨vraag⟩; *aanrichten; aansteken* ⟨vuur⟩; *op touw zetten; stichten, opzetten* ⟨zaak e.d.⟩; *naar voren/te berde brengen, aansnijden* ⟨onderwerp⟩ **0.2** ***brengen tot*** ⇒*laten* **0.3** ***aannemen*** ⇒*laten beginnen* ◆ **1.1** ~ school *voor het eerst naar school gaan* **1.2** the dust ~ed me coughing *door het stof moest ik hoesten* **4.¶** ~ sth. *moeilijkheden maken/zoeken.* →**start off, start up.**

START [sta:t] ⟨afk.⟩ **0.1** [Strategic Arms Reduction Talks].

starter [sta:tə] **0.1** ***beginner*** **0.2** ⟨sport⟩ ***starter*** **0.3** ⟨sport⟩ ***deelnemer*** **0.4** ***startmotor*** **0.5** ⟨ook mv.⟩ ***voorafje*** ⇒*voorgerecht* ◆ **1.2** ⟨sport⟩ be under ~'s orders *in de startklaarpositie staan* **2.1** a slow ~ *iem. die langzaam op gang komt* **6.¶** ⟨AE; inf.⟩ **for** ~s *om te beginnen.*

starting block ⟨sport⟩ **0.1** ***startblok.***

starting gate ⟨paardensport⟩ **0.1** ***starthek*** ⇒*startbox.*

starting grid ⟨autosport⟩ **0.1** ***startplaats.***

starting gun ⟨sport⟩ **0.1** ***startpistool.***

starting height ⟨atletiek⟩ **0.1** ***beginhoogte*** ⟨v. lat bij (polsstok)hoogspringen⟩.

starting point **0.1** ***uitgangspunt*** ⟨ook fig.⟩.

starting position ⟨sport⟩ **0.1** ***startpositie*** ⇒*startopstelling.*

starting price ⟨paardensport⟩ **0.1** ***inzetprijs.***

starting signal ⟨sport⟩ **0.1** ***startsignaal*** ⟨meestal hoorbaar⟩.

starting time **0.1** ***aanvangs/begintijd.***

startle [sta:tl] **I** ⟨onov.ww.⟩ **0.1** ***(op)schrikken;***
II ⟨ov.ww.⟩ **0.1** ***doen schrikken*** **0.2** ***schokken*** **0.3** ***opschrikken.***

startling [sta:tling] **0.1** ***verrassend*** **0.2** ***alarmerend*** ⇒*ontstellend.*

start off **I** ⟨onov.ww.⟩ **0.1** ⟨inf.⟩ ***beginnen*** **0.2** ***vertrekken*** **0.3** ***beginnen te zeggen*** ◆ **3.1** he started off (by) saying that *hij begon met te zeggen dat;*
II ⟨ov.ww.⟩ **0.1** ⟨+ on⟩ ***aan de gang laten gaan (met)*** ⇒*laten beginnen (met).*

start up **I** ⟨onov.ww.⟩ **0.1** ***opspringen*** **0.2** ***een loopbaan beginnen*** **0.3** ***ontstaan*** ⇒*opkomen* ◆ **6.2** ~ **in** business *in zaken gaan;*

II ⟨ov.ww.⟩ **0.1** ***aan de gang brengen*** ⇒*opzetten* ⟨zaak⟩, *starten* ⟨motor⟩.

star turn ⟨vnl. BE⟩ **0.1** ***hoofdnummer.***

starvation [sta:veesjn] **0.1** ***hongerdood*** **0.2** ***verhongering*** ◆ **3.2** die of ~ *verhongeren.*

starvation wages **0.1** ***hongerloon.***

starve [sta:v] **I** ⟨onov.ww.⟩ **0.1** ***verhongeren*** **0.2** ***honger lijden*** **0.3** ⟨inf.; fig.⟩ ***sterven v.d. honger*** **0.4** ⟨+for⟩ ***hunkeren (naar)*** ◆ **1.1** ~ to death *verhongeren;*
II ⟨ov.ww.⟩ **0.1** ***uithongeren*** **0.2** ***doen kwijnen*** ⇒⟨ook fig.⟩ *laten hunkeren, onthouden* **0.3** ***door uithongering dwingen*** ◆ **1.1** ~ to death *uithongeren;* ~ an illness *een ziekte door vasten genezen* **4.1** ~ o.s. *een hongerkuur volgen* **5.1** ~ **out** *uithongeren* **6.2** be ~d **of** *behoefte hebben aan* **6.3** be ~d **into** surrender *door uithongering tot overgave gedwongen worden.*

starveling [sta:vling] ⟨schr.⟩ **0.1** ***hongerlijder.***

stash [stæsj] ⟨inf.⟩ **0.1** ⟨ook +away⟩ ***verbergen*** ⇒*opbergen* **0.2** ***verlaten.***

stasis [steesis, stæsis] **0.1** ***stilstand*** ⟨ook fig.⟩ ⇒*stagnatie.*

state[1] [steet] ⟨zn.⟩ **0.1** ⟨alleen enk.⟩ ***toestand*** ⇒*staat* **0.2** ***(gemoeds)toestand*** ⇒*stemming* **0.3** ⟨vaak S-⟩ ***staat*** ⇒*natie, rijk* **0.4** ⟨druk.⟩ ***staat*** **0.5** ***rang*** ⇒*stand* **0.6** ***staatsie*** ⇒ *praal* **0.7** ⟨the; S-; mv.⟩ ***Verenigde Staten*** ◆ **1.1** ~ of affairs *stand v. zaken;* ⟨rel.⟩ ~ of grace *genadestaat;* a poor ~ of health *een slechte gezondheidstoestand;* ~ of mind *geestes/gemoedstoestand* **1.3** affairs of ~ *staatszaken;* ⟨BE⟩ State Registered Nurse ⟨ong.⟩ *verpleegkundige* **1.6** ~ banquet *staatsiebanket* **1.¶** ~ of the art *(overzicht v.d.) stand v. zaken;* ~ of life *status* **3.¶** lie in ~ *opgebaard liggen* ⟨op praalbed⟩ **6.2** be **in** a ~ *in alle staten zijn;* get **into** a ~ *v. streek/overstuur raken.*

state[2] ⟨ww.⟩ **0.1** ***(formeel) verklaren*** ⇒*uitdrukken* **0.2** ***aangeven*** ⇒*opgeven* **0.3** ***vaststellen*** ⇒*specificeren* ◆ **1.2** at ~d intervals *op gezette tijden.*

statecraft **0.1** ***staatsmanschap.***

State Department **0.1** ***Ministerie v. Buitenlandse Zaken*** ⟨v.d. USA⟩.

statehood [steethoed] **0.1** ***soevereiniteit*** ⇒⟨ihb. AE⟩ *positie als staat.*

State House ⟨AE⟩ **0.1** ***Statengebouw.***

stateless [steetləs] ⟨-ness⟩ **0.1** ***staatloos*** ◆ **1.1** ~ person *stateloze.*

statel|y [steetlie] ⟨-iness⟩ **0.1** ***statig*** **0.2** ***waardig*** **0.3** ***formeel*** ◆ **1.¶** ⟨BE⟩ ~ home *landhuis.*

statement [steetmənt] **0.1** ***verklaring*** ⟨ook jur.⟩ ⇒*bewering* **0.2** ***(bank)afschrift*** **0.3** ***uitdrukking*** **0.4** ⟨ec.⟩ ***borderel*** ⇒ *lijst* ◆ **1.2** ~ of account *rekeningafschrift* **1.4** ~ of affairs *staat v. baten en schulden* **2.2** daily ~ *dagafschrift* **3.1** make a ~ *een verklaring afleggen.*

state-of-the-art **0.1** ***ultramodern*** ⇒*met de nieuwste snufjes, state-of-the-art.*

state-owned **0.1** ***overheids-*** ⇒*genationaliseerd.*

State Rights, State's Rights ⟨AE⟩ **0.1** ***rechten v.d. afzonderlijke staten.***

stateroom **0.1** ***staatsiezaal*** **0.2** ***passagiershut*** **0.3** ⟨AE⟩ ***(privé)coupé.***

State school **0.1** ***staatsschool.***

State's evidence ⟨ook s-⟩⟨AE⟩ **0.1** ***getuigenis tegen medeplichtigen*** **0.2** ***getuige die tegen zijn medeplichtigen getuigt*** ◆ **3.2** turn ~ *getuigen tegen zijn medeplichtigen.*

stateside ⟨ook S-⟩⟨AE; inf.⟩ **0.1** ***v./naar/in de USA*** ⇒*Amerikaans.*

states|man [steetsmən]⟨mv.: -men [-mən]⟩ **0.1** ***staatsman*** **0.2** ***politicus*** ◆ **2.1** elder ~ *groot staatsman.*

statesmanlike [steetsmənlajk] **0.1** ***als een staatsman.***

statesmanship [steetsmənsjip] **0.1** ***(goed) staatsmanschap.***

state trooper ⟨AE⟩ **0.1** ***staatspolitieman.***

statewide ⟨AE⟩ **0.1** ***over de gehele staat.***

static[1] [stætik] ⟨zn.⟩ **0.1** ***statische elektriciteit*** **0.2** ⟨tech.⟩ ***atmosferische storing*** ⇒*luchtstoring.*

static[2] ⟨bn.; -ally⟩ **0.1** ***statisch*** ⇒*stabiel* **0.2** ***in rust*** **0.3** ***atmosferisch.***

statics [stætiks] ⟨ww. steeds enk.⟩ **0.1** ***evenwichtsleer*** ⇒*statica.*

station[1] [steesjn] ⟨zn.⟩ **0.1** ***station*** ⟨ook v. spoor, radio, tv⟩ ⇒ ⟨AE⟩ *benzinestation;* ⟨BE⟩ *goederenstation* **0.2** ***standplaats*** ⇒*plaats; post* ⟨ook mil.⟩; *station* **0.3** ***brandweerkazerne*** **0.4** ***politiebureau*** **0.5** ⟨mil.⟩ ***basis*** ⇒*post* **0.6** ⟨rel.⟩ ***statie*** **0.7** ***positie*** ⇒*rang, status* **0.8** ⟨AE⟩ ***toestel*** ⇒ *telefoon* ◆ **1.6** ~s of the Cross *kruiswegstaties* **2.1** naval ~ *marinebasis* **3.2** take up one's ~ *post vatten* **6.2** **on** ~ *op zijn post* **6.7** marry **above/beneath** one's ~ *boven/beneden zijn stand trouwen;* men **of** (high) ~ *mannen v. (hoge) stand.*

station[2] ⟨ww.⟩ **0.1** ***plaatsen*** ⇒*stationeren* ◆ **4.1** ~ o.s. *post vatten.*

stationary [steesjənrie] **0.1** ***stationair*** ⇒*stilstaand* ◆ **1.1** ⟨meteo.⟩ ~ front *stationair front;* ⟨ruim.⟩ ~ orbit *vaste baan.*

station break ⟨AE⟩ **0.1** ***omroeppauze.***

stationer [steesjənə] **0.1** ***handelaar in kantoorbenodigdheden.***

stationer|y [steesjənrie] ⟨mv.: -ies⟩ **0.1** ***kantoorbenodigdheden*** **0.2** ***kleinhandel in kantoorbenodigdheden*** **0.3** ***brief/postpapier en enveloppen.***

Stationery Office ⟨BE⟩ **0.1** ***staatsdrukkerij.***

stationmaster **0.1** ***stationschef.***

station wagon ⟨AE⟩ **0.1** ***stationcar.***

statistic [stətistik] **0.1** ***statistisch gegeven.***

statistical [stətistikl] **0.1** ***statistisch.***

statistician [stætistisjn] **0.1** ***statisticus.***

statistics [stətistiks] **I** ⟨n.-telb.zn.⟩ **0.1** ***statistiek;***
II ⟨mv.⟩ **0.1** ***statistieken*** ⇒*cijfers, percentages.*

statuar|y[1] [stætsjoeərie] ⟨zn.; mv.: -ies⟩ **0.1** ***beeldhouwwerken*** **0.2** ***beeldhouwkunst.***

statuary[2] ⟨bn.⟩ **0.1** ***beeldhouw-*** ⇒*statuair* ⟨v. marmer bv.⟩.

statue [stætsjoe:] **0.1** ***(stand)beeld*** ◆ **1.1** Statue of Liberty *Vrijheidsbeeld.*

statuesque [stætsjoe·esk] **0.1** ***statuesk*** ⇒*als een standbeeld* **0.2** ***plastisch.***

statuette [stætsjoe·et] **0.1** ***beeldje.***

stature [stætsjə] **0.1** ***gestalte*** ⇒*(lichaams)lengte* **0.2** ⟨fig.⟩ ***formaat.***

status [steetəs] **0.1** ***status.***

status report **0.1** ***stand-van-zakenrapport.***

status seeker **0.1** ***statusjager/zoeker.***

status symbol **0.1** ***statussymbool.***

statute [stætsjoe:t] **0.1** ⟨jur.⟩ ***statuut*** ⇒*wet* **0.2** ⟨rel.⟩ ***Goddelijk gebod*** ◆ **1.1** ⟨gesch., pol.⟩ Statute of Westminster *Grondwet v.h. Britse Gemenebest.*

statute book ⟨the⟩⟨jur.⟩ **0.1** ***(verzameling der) geschreven wetten.***

statute law **0.1** ***geschreven wet(ten)/recht.***

statutor|y [stætsjoetrie] ⟨-ily⟩ **0.1** ⟨jur.⟩ ***statutair*** ⇒*volgens de wet* ◆ **1.1** ⟨BE; ec.⟩ ~ corporation *wettelijk erkende vennootschap;* ~ incomes policy *geleide loonpolitiek;* ⟨AE⟩ ~ rape *seksueel contact met/verkrachting v. minderjarig meisje.*

staunch[1], ⟨AE sp. ook⟩ **stanch** [sto:ntsj] ⟨zn.⟩ **0.1** ***stuw*** ⇒*sluis.*

staunch[2], ⟨AE sp. ook⟩ **stanch** ⟨bn.; -ness⟩ **0.1** ***betrouwbaar*** ⇒*trouw* **0.2** ***solide.***

staunch[3] ⟨ww.⟩ →**stanch.**

stave [steev] **0.1** ***duig*** **0.2** ***stok*** ⇒*knuppel* **0.3** ***stang*** ⇒*staaf* **0.4** ***sport*** ⟨v. ladder, stoel⟩ **0.5** ***couplet*** ⇒*strofe* **0.6** ⟨muz.⟩ ***notenbalk.***

stave in ⟨ook stove, stove [stoov]⟩ **I** ⟨onov.ww.⟩ **0.1** ***in duigen vallen*** **0.2** ***lek slaan;***
II ⟨ov.ww.⟩ **0.1** ***in duigen slaan*** **0.2** ***een gat slaan in*** ⇒*indrukken, kapotslaan* ◆ **1.2** he staved in several ribs *hij brak verscheidene ribben.*

stave off **0.1** ***van zich af/op een afstand houden*** **0.2** ***(tijdelijk) afwenden*** ⇒*voorkomen.*

staves [steevz] ⟨mv.⟩ →**staff, stave.**

stay[1] [stee] ⟨zn.⟩ **0.1** ***verblijf*** ⇒*oponthoud* **0.2** ***steun*** ⟨ook fig.⟩ ⇒*schoor* **0.3** ***verbindingsstuk*** ⟨bv. in vliegtuig⟩ **0.4** ***balein*** **0.5** ⟨jur.⟩ ***schorsing*** ◆ **1.5** ~ of execution *uitstel v. executie* **6.1** be **on** a short ~ *maar enkele dagen blijven.*

stay[2] **I** ⟨onov.ww.⟩ **0.1** ***blijven*** ⇒⟨+ for⟩ *wachten op* **0.2** ***verblijven*** ⇒*logeren* **0.3** ***stilhouden*** ⇒*ophouden* **0.4** ***resideren*** ⇒*verblijven* **0.5** ⟨poker⟩ ***de inzet aanvaarden zonder hem te verhogen*** ◆ **1.2** ~ the night *de nacht doorbrengen* **3.1** ⟨inf.⟩ come to ~, be here to ~ *blijven;* ⟨fig.⟩ *zich een blijvende plaats verwerven* **6.1** ~ **for / to** dinner *blijven eten* **6.2** ~ **at** a hotel *in een hotel logeren;* ~ **with** friends *bij vrienden logeren;*
II ⟨onov. en ov.ww.⟩ **0.1** ***(het) uithouden*** ⟨vnl. sport⟩;
III ⟨ov.ww.⟩ **0.1** ***uitstellen*** ⟨executie, oordeel⟩ **0.2** ⟨ook +up⟩ ***schoren*** ⇒*(onder)steunen* **0.3** ***kracht geven*** ⇒*troosten* **0.4** ⟨vnl. lit.⟩ ***stillen*** ⇒*bevredigen* ⟨honger⟩ **0.5** ⟨schr.⟩ ***tegenhouden*** ⇒*stoppen; tot staan brengen* ⟨ziekte⟩ ◆ **1.4** ~ one's appetite / stomach *zijn honger/maag stillen* **6.5** ~ s.o. **from** his duty *iem. van zijn plicht afhouden;*
IV ⟨kww.⟩ **0.1** ***blijven*** ◆ **2.1** ~ seated *blijven zitten* **5.1** ~ **abreast** (of) *op de hoogte blijven van;* ~ **ahead** *aan de leiding blijven;* ~ **ahead** of the others *de anderen voor blijven;* ~ **away** *wegblijven;* ~ **away** from s.o. / sth. *zich niet bemoeien met iem./iets;* ~ **behind** *(achter)blijven;* ~ **down** *beneden/erin blijven (staan);* ~ **in** *binnen blijven;* ~ **in** (after school) *nablijven;* ~ **indoors** *binnen blijven;* ~ **on** *erop blijven; aanblijven* ⟨v. licht e.d.⟩; *(aan)blijven* ⟨in ambt⟩; ~ **out** *buiten(shuis) blijven; buiten blijven, wegblijven; blijven staken;* ~ **up** *recht blijven (staan); boven blijven* ⟨in het water⟩; *blijven staan/hangen; in de lucht blijven;* ~ **up** late *laat opblijven;* ~ **up** (at the University) *niet met vakantie gaan* **6.1** ~ **off** the bottle *niet meer drinken;* ~ **out of** trouble *moeilijkheden vermijden.*

stay-at-home **0.1** ***huismus.***

stayer [steeə] **0.1** ***blijver*** **0.2** ⟨inf.⟩ ***volhouder*** ⇒*doorzetter;* ⟨sport⟩ *langeafstandsloper/zwemmer/* ⟨enz.⟩.

staying power **0.1** ***uithoudingsvermogen.***

stay-press **0.1** ***plooivast.***

St. Bernard [sn(t) bə:nəd] **0.1** ***sint-bernard(shond).***

STD ⟨afk.⟩ **0.1** [Subscriber Trunk Dialling] **0.2** [Sexually Transmitted Disease] ***soa.***

STD-code ⟨BE⟩ **0.1** ***kengetal.***

stead [sted] **0.1** ***hofstede*** ⇒*hoeve, erf* ◆ **2.¶** stand one in good ~ *iem. van pas komen* **6.¶ in** s.o.'s ~ *in iemands plaats.*

steadfast, stedfast [stedfa:st] ⟨-ness⟩ **0.1** ***vast*** ⇒*standvastig* **0.2** ***trouw.***

steady[1] [steddie] ⟨zn.⟩ **0.1** ⟨inf.⟩ ***vrijer*** ⇒*vaste vriend(in).*

stead|y[2] ⟨bn.; -iness⟩ **0.1** ***vast*** ⇒*vaststaand, stabiel* **0.2** ***gestaag*** ⇒*bestendig, geregeld; vast* ⟨v. baan, inkomen e.d.⟩; *regelmatig* ⟨v. leven⟩; *sterk* ⟨v. zenuwen⟩ **0.3** ***kalm*** ⇒*evenwichtig* **0.4** ***standvastig*** ⇒*trouw* **0.5** ***betrouwbaar*** ⇒*oppassend, solide* **0.6** ***gematigd*** ⟨v. klimaat⟩ ⇒*matig* ◆ **1.1** ~ hand *vaste hand;* (as) ~ as a rock *rotsvast* **3.¶** ⟨scheep.⟩ keep her ~! *zo houden!* **5.3** ~ **on**! *kalm aan!, langzaam!* **5.¶** ⟨scheep.⟩ ~ on! *recht zo!* **6.4** be ~ **in** one's principles *vasthouden aan zijn principes.*

stead|y[3] ⟨-ied⟩ **I** ⟨onov.ww.⟩ **0.1** ***vast/bestendig worden*** **0.2** ***kalm worden*** ◆ **5.2** ~ **down** *een regelmatig leven (gaan) leiden;*
II ⟨ov.ww.⟩ **0.1** ***vastheid geven*** ⇒*steunen* **0.2** ***bestendigen*** ⇒*stabiliseren* **0.3** ***kalmeren*** ◆ **4.1** ~ o.s. *zich staande houden* **4.3** ~ o.s. *bedaren.*

steady[4] ⟨bw.⟩ **0.1** ***vast*** ⇒*gestaag* ◆ **3.¶** ⟨inf.⟩ go ~ *vaste verkering hebben.*

steady[5] ⟨tw.⟩ **0.1** ***kalm aan*** ⇒*rustig* **0.2** ⟨scheep.⟩ ***recht zo.***

steak [steek] **0.1** ***(lapje) vlees*** ⇒⟨ihb.⟩ *runderlapje* **0.2** ***(vis)moot*** **0.3** ***visfilet*** **0.4** ⟨BE⟩ ***gehakt.***

steak and kidney pie ⟨cul.⟩ **0.1** ***pastei met rundvlees en nieren.***

steal[1] [stie:l] ⟨zn.⟩ ⟨vnl. AE⟩ **0.1** ⟨inf.⟩ ***koopje*** **0.2** ⟨honkbal⟩ ***gestolen honk.***

steal[2] ⟨stole [stool], stolen [stoolən]⟩ **I** ⟨onov.ww.⟩ **0.1** ***stelen*** **0.2** ***sluipen*** ◆ **5.2** ~ **away** *er heimelijk vandoor gaan;* the months stole **away / on** *de maanden verstreken ongemerkt* **6.2** ~ up **on** s.o. *iem. bekruipen; iem. besluipen;* ~ **over** s.o. *iem. bekruipen* ⟨v. gevoel/gedachte⟩;
II ⟨ov.ww.⟩ **0.1** ***(ont)stelen*** ⇒*ontvreemden* ◆ **1.1** ~ an idea / a joke *een idee/grap pikken;* ~ a kiss *een kus ontstelen;* ~ a ride *stiekem meerijden.*

stealth [stelθ] **0.1** ***heimelijkheid*** ⇒*geheim* ◆ **6.1 by** ~ *stiekem, in het geniep.*

stealth|y [stelθie] ⟨-ily⟩ **0.1** ***heimelijk*** ⇒*ongemerkt.*

steam[1] [stie:m] ⟨zn.⟩ **0.1** ***stoom(kracht)*** ⇒*wasem, condensatie;* ⟨fig.⟩ *kracht(ige gevoelens), vaart* ◆ **2.1** full ~ ahead *met volle kracht vooruit* **3.1** blow / let / work off ~ *stoom afblazen* ⟨ook fig.⟩; *zijn agressie kwijtraken;* get up ~ ⟨fig.⟩ *zich boos maken; energie opdoen; goed op gang komen* ⟨v. plannen e.d.⟩; run out of ~ *zijn drijfkracht/energie verliezen; futloos worden* **6.1 under** one's own ~ *op eigen (wils)kracht.*

steam[2] **I** ⟨onov.ww.⟩ **0.1** ***stomen*** ⇒*dampen, stoom afgeven/vormen* **0.2** ***opstomen*** ⇒*zich (op stoomkracht) voortbewegen;* ⟨fig.⟩ *energiek werken* ◆ **1.1** ~ing hot milk *gloeiend hete melk* **5.2** ~ **ahead / away** *doorstomen, er vaart achter zetten;* the ship ~s **out** *het schip vertrekt.* →**steam up;**
II ⟨ov.ww.⟩ **0.1** ***(gaar) stomen*** ⇒*klaarstomen, bewerken met stoom* ◆ **1.1** ~ed fish / rice *gestoomde vis/rijst* **5.1** ~ **open** a letter *een brief open stomen.* →**steam up.**

steamboat **0.1** ***stoomboot.***

steam boiler **0.1** ***stoomketel.***

steam engine **0.1** ***stoommachine.***

steamer [stie:mə] **0.1** ***stoompan*** ⇒*stoomketel* **0.2** ***stoomschip/boot.***

steaming [stie:ming] **0.1** ***(erg) heet*** ⇒*kokend heet* **0.2** ***witheet*** ⇒*woedend* ◆ **2.1** ~ hot *snik/smoor/stikheet.*

steam iron **0.1** ***stoomstrijkijzer.***

steamroller[1] ⟨zn.⟩ **0.1** ***stoomwals*** ⟨ook fig.⟩.

steamroller[2] ⟨ww.⟩ ⟨inf.⟩ **0.1** ***met een stoomwals platwalsen*** **0.2** ***verpletteren*** ⇒*vernietigen* ◆ **1.2** ~ all opposition *alle verzet de kop indrukken.*

steamship **0.1** ***stoomschip.***

steam shovel ⟨vnl. AE⟩ **0.1** ***grondgraafmachine.***

steam up **I** ⟨onov.ww.⟩ **0.1** ***beslaan*** ⇒*met condensatie/wa-*

sem bedekt worden **0.2** ***opstomen*** ⇒*oprukken* ◆ **1.1** my glasses are steaming up *mijn bril beslaat* **1.2** the ships are steaming up *de schepen rukken op;*
II ⟨ov.ww.⟩ **0.1** ***doen beslaan*** ⇒*met condensatie/wasem bedekken* **0.2** ⟨vnl. pass.; inf.⟩ ***opgewonden/enthousiast maken*** ⇒*opwinden, ergeren* ◆ **3.2** don't get steamed up about it *maak je er niet druk om.*

steam|y [stie:mie] ⟨-ier⟩ **0.1** ***mbt. stoom*** ⇒*dampig* **0.2** ⟨inf.⟩ ***heet*** ⇒*sensueel.*

steed [stie:d] ⟨schr., beh. scherts.⟩ **0.1** ***(strijd)ros*** ⇒*paard.*

steel[1] [stie:l] **I** ⟨telb.zn.⟩ **0.1** ***(wet)staal*** ⇒*slijpstaal* **0.2** ⟨vnl. enk.; schr.⟩ ***(stalen) strijdwapen*** ⇒*zwaard, mes, degen* **0.3** ***vuurslag;***
II ⟨n.-telb.zn.; vaak attr.⟩ **0.1** ***(stuk) staal*** **0.2** ***grote kracht*** ⇒*staal* ⟨fig.⟩ ◆ **1.2** a man of ~ *een man v. staal, een sterke man.*

steel[2] ⟨ww.⟩ **0.1** ***(ver)stalen*** ⇒*pantseren* ⟨ook fig.⟩, *harden, sterken* ◆ **3.1** ~ o.s. to do sth. *zich dwingen iets te doen* **4.1** ~ o.s. against/for disappointment *zich pantseren/wapenen tegen teleurstelling.*

steel-clad, steel-plated [stie:lpleetid] **0.1** ***gepantserd (met staal)*** ⟨bv. v. oorlogsschip⟩ **0.2** ***(met staal) bewapend*** ⟨in wapenrusting⟩.

steel industry **0.1** ***staalindustrie.***

steel mill **0.1** ***staalwalserij.***

steel town **0.1** ***(staal)industriestad.***

steel wool **0.1** ***staalwol.***

steelworker **0.1** ***staalwerker*** ⇒*werknemer in de staalindustrie.*

steelworks ⟨ww. ook enk.⟩ **0.1** ***staalfabriek.***

steel|y [stie:lie] ⟨-ier⟩ **0.1** ***stalen*** ⇒*(als) v. staal;* ⟨fig.⟩ *onbuigzaam* ◆ **1.1** ~ composure *ijzige kalmte;* a ~ glance *een staalharde/ijskoude blik.*

steelyard **0.1** ***unster*** ⇒*weeghaak.*

steenbok [stie:nbok], **steinbok** [stajn-] ⟨mv.: ook steenbok, steinbok⟩ **0.1** ***steenbokantilope.***

steep[1] [stie:p] ⟨bn.; -ness⟩ **0.1** ***steil*** ⇒*sterk hellend* **0.2** ***scherp (oplopend)*** ⇒*snel (stijgend)* **0.3** ⟨inf.⟩ ***onredelijk*** ⟨bv. v. eis⟩ ⇒*sterk* ⟨v. verhaal⟩ ◆ **1.1** a ~ slope *een steile helling* **1.2** a ~ rise in prices *scherpe prijsstijgingen* **1.3** I thought it a bit ~ *ik vond het een beetje te veel gevraagd.*

steep[2] **I** ⟨onov.ww.⟩ **0.1** ***(in)trekken*** ⇒*weken* ◆ **1.1** leave the coffee to ~ *de koffie laten trekken;*
II ⟨ov.ww.⟩ **0.1** ***onderdompelen*** ⟨ook fig.⟩ ⇒*laten trekken/weken* ◆ **1.1** ~ almonds in wine *amandelen in wijn weken;* ~ the coffee *de koffie laten trekken* **4.1** ~ o.s. in *zich verdiepen in* **6.1** your mind is ~ed **in** useless facts *je geest is doordrongen v. nutteloze feiten;* ~ed **in** mystery *omhuld door geheimzinnigheid.*

steepen [stie:pən] **I** ⟨onov.ww.⟩ **0.1** ***steil(er) worden*** ◆ **1.1** the slope ~ed near the top *de helling werd steiler bij de top;*
II ⟨ov.ww.⟩ **0.1** ***steil(er) maken*** ⇒*hoger maken, verhogen.*

steeple [stie:pl] **0.1** ***(toren)spits*** ⇒*bovenste deel v.e. toren.*

steeplechase **0.1** ⟨paardensport, atletiek⟩ ***steeplechase*** ⇒*hindernisren/loop.*

steeplechasing ⟨paardensport⟩ **0.1** ***(het) hindernisrennen.***

steeplejack **0.1** ***hoogtewerker*** ⇒*toren/schoorsteenreparateur.*

steer[1] [stiə] ⟨zn.⟩ **0.1** ***jonge os*** **0.2** ***stierkalf.***

steer[2] ⟨ww.⟩ **0.1** ***sturen*** ⇒*koers (doen) zetten* ◆ **1.1** learn how to ~ (a car) *leren hoe je (een auto) moet (be)sturen;* the vessel ~s well/badly *het schip stuurt goed/slecht* **5.¶** ⟨inf.⟩ ~ clear of sth. *uit de buurt blijven v. iets* **6.1** he ~ed **for** home *hij ging op huis aan.*

steerage [stiəridzj] **0.1** ***het sturen*** ⇒*stuurmanskunst* **0.2** ***stuurvermogen*** ⇒*bestuurbaarheid* **0.3** ***vooronder*** ⇒*tussendek* ◆ **6.2** a ship **with** easy ~ *een gemakkelijk bestuurbaar schip.*

steerageway ⟨scheep.⟩ **0.1** ***voortgang voor roercontrole*** ⇒*bestuurbaarheidsafstand.*

steering column **0.1** ***stuurkolom.***

steering committee ⟨zn.⟩ **0.1** ***stuurgroep.***

steering wheel **0.1** ***stuur(wiel)*** ⟨v. boot, auto⟩.

steers|man [stiəzmən] ⟨mv.: -men [-mən]⟩ **0.1** ***stuurman*** ⇒*roerganger.*

stein [stajn] **0.1** ***stenen bierkroes.***

stellar [stellə] **0.1** ***stellair*** ⇒*v./mbt. de sterren.*

stem[1] [stem] ⟨zn.⟩ **0.1** ***stam*** ⟨v. boom/woord⟩ ⇒*basisvorm* **0.2** ***(hoofd)stengel*** ⟨v. bloem⟩ ⇒*steel(tje)* **0.3** ***stamvormig deel*** ⇒*steel* ⟨v. glas, pijp⟩ **0.4** ***voorsteven*** ⇒*boeg* ◆ **1.4** from ~ to stern *v.d. voor- tot de achtersteven;* ⟨fig.⟩ *v. top tot teen.*

stem[2] ⟨ww.; -med⟩ **0.1** ***doen stoppen*** ⇒*stelpen* **0.2** ***het hoofd bieden aan*** ⇒*weerstand bieden aan* ◆ **1.1** ~ blood *bloed stelpen* **1.2** ~ the tide (of public opinion) *tegen het getijde (v.d. publieke opinie) ingaan.*

stem from **0.1** ***stammen uit*** ⇒*voortkomen uit* ◆ **1.1** his bitterness stems from all his disappointments *zijn verbittering komt door al zijn teleurstellingen.*

stench [stentsj] **0.1** ***stank.***

stencil[1] [stensl] ⟨zn.⟩ **0.1** ***stencil*** ⇒*stencilafdruk* **0.2** ***modelvorm*** ⇒*sjabloon.*

stencil[2] ⟨ww.; BE -led⟩ **0.1** ***stencilen*** ⇒*stencilafdrukken maken v.* **0.2** ***sjabloneren*** ⇒*(sjabloon)afdrukken maken v.*

sten gun [sten] **0.1** ***sten(gun)*** ⟨licht machinepistool⟩.

stenographer [stənogrəfə] ⟨AE⟩ **0.1** ***stenograaf*** ⇒*stenotypist(e).*

stenography [stənogrəfie] ⟨AE⟩ **0.1** ***steno(grafie).***

stentorian [stento:riən] ⟨schr.⟩ **0.1** ***zeer luid*** ⇒*machtig* ⟨v. stem⟩ ◆ **1.1** a ~ voice *een stentorstem.*

step[1] [step] **I** ⟨telb.zn.⟩ **0.1** ***(voet)stap*** ⇒*(dans)pas* **0.2** ***stap*** ⇒*daad* **0.3** ***(trap)trede*** ⇒*stoepje* **0.4** ***niveau*** ⟨bv. in bep. schaal⟩ ⇒*fase* ◆ **1.1** he heard father's ~s from afar *hij hoorde vaders voetstappen v. verre* **1.4** rise a ~ on the scale of wages *een trapje op de loonschaal stijgen* **2.1** dance a fast ~ *een snelle danspas dansen* **2.2** a false ~ *een misstap, een verkeerde stap/daad* **3.1** break ~ *uit de pas/maat gaan;* ⟨fig.⟩ fall into ~ with *zich aansluiten bij, in de pas lopen met;* follow in s.o.'s ~s *in iemands voetsporen treden* **3.2** take ~s to prevent sth. *stappen ondernemen om iets te voorkomen;* watch/mind your ~ *wees voorzichtig, pas op* **3.3** watch/mind the ~ *pas op het afstapje* **6.1** ~ **by** ~ *stapje voor stapje, geleidelijk;* **in** ~ ⟨ook fig.⟩ *in de pas/maat; in harmonie, ermee eens;* **out of** ~ *uit de pas/maat* ⟨ook fig.⟩; *niet ermee eens, uit de toon;*
II ⟨mv.⟩ **0.1** ***(stenen) trap*** ⇒*stoep(je)* **0.2** ***trap(ladder)*** ⇒*trapleer.*

step[2] ⟨-ped⟩ **I** ⟨onov.ww.⟩ **0.1** ***stappen*** ⇒*gaan* ◆ **1.1** ~ this way *volgt u mij;* ~ on s.o.'s toes/corns *iem. op zijn teentjes trappen* **5.1** ~ **forward** *naar voren komen, zich aanbieden als vrijwilliger;* ~ **inside** *komt u binnen* **6.1** ~ **into** the house *het huis binnengaan;* ~ **off** the plane *uit het vliegtuig stappen;* ~ **on** the gas, ⟨inf.⟩ ~ **on** it *gas geven;* ⟨fig.⟩ *opschieten;* ~ **on** s.o. *iem. onverschillig/arrogant behandelen;* ~ **out of** line *uit het gareel raken.* →**step aside, step down, step in, step off, step out, step up;**
II ⟨ov.ww.⟩ **0.1** ***stappen*** ⇒*zetten* **0.2** ***dansen*** ⇒*uitvoeren* ⟨dans⟩, *de stapjes doen v.* ◆ **1.2** ~ a measure *een nummertje dansen.* →**step out, step up.**

step aside 0.1 ***opzij stappen*** ⇒*uit de weg gaan* **0.2** ***zijn plaats afstaan.***
stepbrother 0.1 ***stiefbroer*** ⇒*halfbroer.*
stepdaughter 0.1 ***stiefdochter.***
step down 0.1 ***aftreden*** **0.2** ***zijn plaats afstaan.***
stepfather 0.1 ***stiefvader.***
step in 0.1 ***binnenkomen*** **0.2** ***tussenbeide komen*** ⇒*inspringen* ◆ **1.2** when a fight was imminent, he stepped in *toen een vechtpartij dreigde, kwam hij tussenbeide.*
stepladder 0.1 ***trap(ladder)*** ⇒*trapleer.*
stepmother 0.1 ***stiefmoeder*** ⟨ook fig.⟩.
step off 0.1 ⟨inf.⟩ ***beginnen*** ⇒*aanvangen, starten* ◆ **1.1** ~ on the wrong foot *op de verkeerde manier beginnen;* ~ with the left foot *wegmarcheren, te beginnen met je linkerbeen.*
step out I ⟨onov.ww.⟩ **0.1** ***snel(ler) gaan lopen*** ⇒*flink doorstappen* **0.2** ***(even) naar buiten gaan*** **0.3** ⟨inf.⟩ ***een vrolijk leven(tje) leiden*** ⇒*gaan stappen;*
II ⟨ov.ww.⟩ **0.1** ***afstappen*** ⇒*meten dmv. passen nemen* ◆ **1.1** ~ ten metres *tien meter afstappen.*
stepparent 0.1 ***stiefouder.***
steppe [step] ⟨vaak mv.⟩ **0.1** ***steppe*** ⇒*steppeland.*
stepped-up 0.1 ***opgevoerd*** ⇒*verhoogd, versneld* ◆ **1.1** ~ production *opgevoerde productie.*
steppingstone [steppingstoon] **0.1** ***stapsteen*** ⟨om bv. rivier te doorwaden⟩ ⇒*stepping stone* **0.2** ***springplank*** ⇒*stepping stone, hulp (bij een bep. streven)* ◆ **1.2** a ~ to success *een springplank naar het succes.*
stepsister 0.1 ***stiefzuster.***
stepson 0.1 ***stiefzoon.***
step up I ⟨onov.ww.⟩ **0.1** ***naar voren komen*** ⇒*opstaan;*
II ⟨ov.ww.⟩ **0.1** ***doen toenemen*** ⇒*opvoeren* ◆ **1.1** ~ production *de productie opvoeren.*
stereophonic [sterriəfonnik] ⟨-ally⟩ **0.1** ***stereofonisch.***
stereoscop|e [sterriəskoop] ⟨bn.: **-ic**⟩ **0.1** ***stereoscoop.***
stereotype¹ [-tajp] ⟨zn.; ook attr.⟩ **0.1** ***stereotype*** ⇒*stereotypeplaat* **0.2** ***stereotype*** ⇒*stereotiep beeld, vaststaande opvatting; karakteristiek vertegenwoordiger.*
stereotype² ⟨ww.⟩ **0.1** ***stereotyperen*** ⇒*in stereotypie drukken* **0.2** ***stereotyperen*** ⇒*in stereotypen indelen* ◆ **1.2** ~d ideas *vastgeroeste/stereotiepe opvattingen.*
ster|ile [sterrajl] ⟨zn.: **-ility**⟩ **0.1** ***steriel*** ⇒*onvruchtbaar* **0.2** ***steriel*** ⇒*kiemvrij* **0.3** ***steriel*** ⇒⟨fig.⟩ *weinig creatief/oorspronkelijk* ◆ **1.3** a ~ discussion *een niets opleverende discussie.*
steril|ize, -ise [sterrillajz] ⟨zn.: **-ization**⟩ **0.1** ***steriliseren*** ⇒*onvruchtbaar maken* **0.2** ***steriliseren*** ⇒*kiemvrij maken* ⟨melk, flessen enz.⟩.
sterling¹ [stə:ling] ⟨zn.⟩ **0.1** ***pond sterling*** ◆ **1.1** the value of ~ *de waarde v.h. Britse pond.*
sterling² ⟨bn.⟩ **0.1** ***echt*** ⇒*zuiver, onvervalst* ⟨zilver, goud⟩; ⟨fig.⟩ *degelijk, betrouwbaar* ◆ **1.1** a ~ friend *een echte vriend;* ~ silver *92,5% zuiver zilver.*
sterling area ⟨the⟩ **0.1** ***sterlinggebied*** ⇒*sterlingblok.*
stern¹ [stə:n] ⟨zn.⟩ **0.1** ⟨scheep.⟩ ***achterschip*** ⇒*spiegel, achtersteven* **0.2** ***achterste*** ⇒*achterwerk.*
stern² ⟨bn.; -ness⟩ **0.1** ***streng*** ⇒*hard, onbuigzaam* **0.2** ***streng*** ⇒*strikt* ◆ **1.2** ~ countenance *grimmige uitdrukking.*
sternum [stə:nəm]⟨mv.: ook sterna [-nə]⟩ **0.1** ***borstbeen.***
steroid [stiərojd] **0.1** ***steroïde*** ◆ **2.1** anabolic ~s *anabole steroïden.*
stethoscope [steθəskoop] ⟨med.⟩ **0.1** ***stethoscoop.***
stetson [stetsn] **0.1** ***cowboyhoed*** ⟨breedgerand⟩.
stevedore [stie:viddo:] **0.1** ***stuwadoor.***
stew¹ [stjoe:] ⟨zn.⟩ **0.1** ***hutspot*** **0.2** ***stoofpot*** ⇒*stoofschotel* ◆ **2.1** Irish ~ *stoofschotel v. schapenvlees, ui en aardappelen* **6.¶** ⟨inf.⟩ be **in/get into** a ~ *opgewonden zijn/raken.*
stew² ⟨ww.⟩ **0.1** ***stoven*** ⇒*smoren* ◆ **3.¶** let s.o. ~ (in one's own juice) *iem. in zijn eigen vet gaar laten koken.*
steward [stjoe:əd] **0.1** ***rentmeester*** ⇒*administrateur, beheerder* **0.2** ***steward*** ⇒*hofmeester* **0.3** ***ceremoniemeester*** ⇒*commissaris v. orde; zaalwachter* **0.4** ⟨sport⟩ ***wedstrijdcommissaris*** ⇒*(wedstrijd)official.*
stewardess [stjoe:ədes] **0.1** ***stewardess.***
stewardship [stjoe:ədsjip] **0.1** ***rentmeesterambt*** ⟨ook ambtsperiode⟩ **0.2** ***rentmeesterschap.***
stewed [stjoe:d] **0.1** ⟨BE⟩ ***sterk*** ⇒*te lang getrokken* ⟨thee⟩ **0.2** ⟨sl.⟩ ***bezopen.***
stewing steak 0.1 ***runderstoofvlees*** ⇒*sudderlapjes/vlees.*
stick¹ [stik] **I** ⟨telb.zn.⟩ **0.1** ***stok*** ⇒*tak; stuk hout; trommelstok; dirigeerstok* **0.2** ***staf*** ⇒*stok(je)* **0.3** ***staaf(je)*** ⇒*reep(je), stuk* **0.4** ***roede*** ⇒*stok, knuppel* **0.5** ***stick*** ⇒*hockeystick; (polo)hamer* **0.6** ***stengel*** ⇒*steel* ⟨selderie⟩ **0.7** ***hek*** ⇒*hindernis, horde* ⟨bij wedren⟩ **0.8** ⟨inf.⟩ ***figuur*** ⇒*snuiter;* ⟨ihb.⟩ *droogstoppel* ◆ **1.3** a ~ of chalk *een krijtje* **2.4** ⟨fig.⟩ the big ~ *de stok achter de deur, machtsvertoon* **2.5** ⟨fig.⟩ wield the big ~ *dreigen* **2.8** you clever old ~! *jij oude slimmerik!* →**dirty, thick, wrong;**
II ⟨n.-telb.zn.⟩ **0.1** ***het afranselen*** ⟨ook fig.⟩ ⇒*afranseling* ◆ **3.1** ⟨vnl. fig.⟩ get/take (a lot of) ~ *er (flink) van langs krijgen;* give s.o. some ~ *iem. een pak slaag geven;*
III ⟨mv.⟩ **0.1** ⟨inf.⟩ ***(schamele) inboedel/huisraad*** **0.2** ⟨the; AE; inf.⟩ ***rimboe*** ⇒*afgelegen gebied* ◆ **1.1** ~s of furniture *schamele meubelstukken.*
stick² ⟨stuck, stuck [stuk]⟩ **I** ⟨onov.ww.⟩ **0.1** ***klem zitten*** ⇒*vastzitten* **0.2** ***blijven steken*** ⇒*(blijven) vastzitten* **0.3** ***plakken*** ⟨ook fig.⟩ ⇒*(vast)kleven;* ⟨inf.⟩ *blijven* ◆ **1.2** ⟨fig.⟩ ~ in the mud *blijven steken, niet met zijn tijd meegaan* **1.3** it will always ~ in my mind *dat zal me altijd bijblijven* **5.3** ⟨inf.⟩ ~ **together** *bij elkaar blijven;* ⟨fig.⟩ ~ **about/around** *rondhangen, in de buurt blijven* **6.3** ⟨inf.⟩ ~ **by** one's old friends *zijn oude vrienden trouw blijven;* ⟨inf.⟩ ~ **to** it! *volhouden!;* ~ **to** the point *bij het onderwerp blijven;* ~ **to** one's principles *trouw blijven aan zijn principes.* →**stick at, stick out, stick up;**
II ⟨ov.ww.⟩ **0.1** ***(vast)steken*** ⇒*(vast)prikken, bevestigen; opprikken* **0.2** ***doodsteken*** ⇒*neersteken* **0.3** ⟨inf.⟩ ***steken*** ⇒*zetten, leggen* **0.4** ***(vast)kleven*** ⇒*vastlijmen/plakken* **0.5** ⟨alleen ontkennend; inf.⟩ ***pruimen*** ⇒*uitstaan, verdragen* ◆ **4.5** I can't ~ him *ik heb de pest aan hem* **6.3** ~ it **in** your pocket *stop/doe het in je zak.* →**stick out, stick up.**
stick at 0.1 ***opzien tegen*** ⇒*terugdeinzen voor* **0.2** ***doorgaan (met)*** ⇒*volhouden* ◆ **4.1** ~ nothing *nergens voor terugdeinzen.*
sticker [stikkə] **0.1** ***plakkertje*** ⇒*zelfklevend etiket;* ⟨ihb.⟩ *sticker* **0.2** ***plakker*** ⇒*iem. die maar niet weggaat* **0.3** ***doorzetter*** ⇒*volhouder.*
sticking plaster 0.1 ⟨BE⟩ ***kleefpleister*** ⇒*hechtpleister.*
stick-in-the-mud ⟨vaak attr.⟩⟨inf.⟩ **0.1** ***conservatieveling.***
stickleback 0.1 ***stekelbaars.***
stickler [stiklə] **0.1** ⟨+for⟩ ***(hardnekkig) voorstander (van)*** ⇒*ijveraar* ◆ **1.1** ~ for accuracy *Pietje precies.*
stick-on 0.1 ***zelfklevend.***
stick out I ⟨onov.ww.⟩⟨inf.⟩ **0.1** ***overduidelijk zijn;***
II ⟨onov. en ov.ww.⟩ **0.1** ***volhouden*** ⇒*doorbijten* **0.2** ***uitsteken*** ⇒*vooruit steken* ◆ **4.1** ⟨inf.⟩ stick it out! *hou vol!* **6.1** ~ **for** sth. *zich blijven inzetten voor iets.*
stickpin ⟨AE⟩ **0.1** ***dasspeld.***
stick up I ⟨onov.ww.⟩ **0.1** ***omhoogstaan*** ⇒*uitsteken* **0.2** ***in de bres springen*** ⇒*opkomen* ◆ **6.2** ~ **for** s.o. *het voor iem. opnemen;* ~ **for** yourself *kom voor jezelf op;*

II ⟨ov.ww.⟩ **0.1** ***omhoogsteken*** ⇒*uitsteken* **0.2** ***opplakken*** ⇒*aanplakken* **0.3** ⟨inf.⟩ ***overvallen*** ⇒*beroven* ◆ **4.1** stick 'em/your hands up *handen omhoog.*

stick-up **0.1** ***overval.***

stick|y [stikkie] ⟨-iness⟩ **0.1** ***kleverig*** ⇒*plakkerig* **0.2** ⟨inf.⟩ ***weerspannig*** ⇒*stug, onwillig* **0.3** ⟨inf.⟩ ***penibel*** ⇒*pijnlijk, lastig* **0.4** ***zwoel*** ⇒*broeierig, drukkend* ◆ **1.3** be on a ~ wicket *in een benarde situatie zitten;* he will come to/meet a ~ end *het zal slecht met hem aflopen* **1.¶** she's got ~ fingers *ze heeft lange vingers, zij jat.*

stiff[1] [stif] ⟨zn.⟩⟨sl.⟩ **0.1** ***lijk*** ⇒*kadaver.*

stiff[2] ⟨-ness⟩ **I** ⟨bn.⟩ **0.1** ***stijf*** ⇒*onbuigzaam* **0.2** ***vastberaden*** ⇒*koppig, halsstarrig* **0.3** ***stram*** ⇒*stijf, stroef* **0.4** ***stijf*** ⇒*stug, vormelijk, gereserveerd* **0.5** ***zwaar*** ⇒*moeilijk, lastig* **0.6** ***sterk*** ⇒*stevig, krachtig* **0.7** ***(te) groot/erg*** ⇒*overdreven, onredelijk* ◆ **1.1** a ~ collar *een stijve/gesteven boord* **1.2** put up (a) ~ resistance *hardnekkig weerstand bieden* **1.3** a ~ neck *een stijve nek* **1.5** a ~ job *een hele toer* **1.6** a ~ breeze *een stevige bries* **1.7** ~ demands *pittige eisen* **1.¶** keep a ~ upper lip *het been stijf houden; zich flink houden* **2.3** ~ and stark *stijf en stram;*

II ⟨bn., attr.⟩ **0.1** ***sterk*** ⟨alcoholische drank⟩ ◆ **1.1** a ~ drink *een stevige borrel.*

stiff[3] ⟨bw.⟩⟨inf.⟩ **0.1** ***door en door*** ⇒*intens* ◆ **3.1** bore s.o. ~ *iem. gruwelijk vervelen;* scare s.o. ~ *iem. de stuipen op het lijf jagen.*

stiffen [stifn] **I** ⟨onov.ww.⟩ **0.1** ***verstijven*** ⇒*een vastere vorm aannemen* **0.2** ***verstevigen*** ⇒*in kracht toenemen* **0.3** ***verstijven*** ⇒*koeler/stuurser worden* ◆ **6.3** she ~ed **at** his insolent remark *ze verstijfde bij zijn brutale opmerking;*

II ⟨ov.ww.⟩ **0.1** ***verstijven*** ⇒*stijf maken* **0.2** ***dikker maken*** ⇒*doen verdikken* **0.3** ***verstevigen*** ⇒*krachtiger maken;* ⟨ook fig.⟩ *versterken; vastberadener maken* ◆ **5.1** that long walk ~ed me **up** *die lange wandeling heeft me helemaal stram gemaakt.*

stiffener [stifnə] **0.1** ***versteviger*** ⇒*versterking* **0.2** ***opkikkertje*** ⇒*hartversterking, borrel.*

stiffening [stifning] **0.1** ***versteviging*** **0.2** ***stijfsel.***

stiff-necked **0.1** ***koppig*** ⇒*halsstarrig; eigenzinnig* **0.2** ***verwaand.***

stifle [stajfl] **I** ⟨onov.ww.⟩ **0.1** ***stikken*** ⇒*(ver)smoren* ⟨ook fig.⟩;

II ⟨ov.ww.⟩ **0.1** ***verstikken*** ⇒*doen stikken, (ver)smoren;* ⟨fig. ook⟩ *in de doofpot stoppen* **0.2** ***onderdrukken*** ◆ **1.1** a stifling heat *een verstikkende hitte* **1.2** ~ one's laughter *zijn lach inhouden.*

stigma [stigmə]⟨mv.: ook stigmata [-mətə]⟩ **0.1** ***brandmerk*** ⇒*(schand)vlek, stigma* ⟨vnl. fig.⟩ **0.2** ***merkteken*** ⇒*litteken; geboortevlek* **0.3** ⟨plantk.⟩ ***stigma*** ⇒*stempel* **0.4** ⟨mv. alleen: -ta; rel.⟩ ***stigma*** ⇒*wondteken* ⟨(zoals) v. Christus⟩.

stigmat|ize, -ise [stigmətajz] ⟨zn.: **-ization**⟩ **0.1** ***stigmatiseren*** ⇒*brandmerken* **0.2** ⟨rel.⟩ ***stigmatiseren*** ⟨met de stigma's v. Christus⟩.

stile [stajl] **0.1** ***overstap*** **0.2** ***tourniquet*** ⇒*draaikruis.*

stiletto [stillettoo] ⟨mv.: ook -es⟩ **0.1** ***stiletto*** **0.2** ⟨inf.⟩ ***schoen met naaldhak.***

stiletto heel **0.1** ***naaldhak.***

still[1] [stil] ⟨zn.⟩ **0.1** ***filmfoto*** ⇒*stilstaand (film)beeld* **0.2** ***distilleertoestel*** **0.3** ***stilte*** ⇒*rust, kalmte* ◆ **1.3** the ~ of the night *de nachtelijke stilte.*

still[2] ⟨bn.; -ness⟩ **0.1** ***stil*** ⇒*onbeweeglijk* **0.2** ***stil*** ⇒*geluidloos, gedempt* **0.3** ***stil*** ⇒*rustig, kalm* **0.4** ***stil*** ⇒*niet mousserend* ◆ **1.1** a ~ evening *een stille/windloze avond;* ~ water *stilstaand water* **1.4** ~ wine *niet-mousserende wijn* **1.¶** ~ picture *filmfoto, stilstaand (film)beeld;* the ~ small voice *de stem v.h. geweten;* ⟨sprw.⟩ ~ waters run deep *stille waters hebben diepe gronden.*

still[3] ⟨ww.⟩⟨schr.⟩ **0.1** ***stillen*** ⇒*stil doen worden* **0.2** ***stillen*** ⇒*tot rust brengen;* ⟨fig.⟩ *bedaren, kalmeren.*

still[4] ⟨bw.⟩ **0.1** ***stil*** **0.2** ***nog*** ⇒*nog altijd* **0.3** ***nog*** ⟨mbt. graad, hoeveelheid⟩ **0.4** ***toch*** ⇒*nochtans, niettemin* ◆ **2.3** he is ~ taller, he is taller ~ *hij is nog groter* **3.1** keep ~ *(zich) stilhouden;* my heart stood ~ *mijn hart stond stil* ⟨v. schrik⟩ **3.2** is he ~ here? *is hij hier nog?* **3.4** ... but he ~ agreed ... *maar hij stemde er toch mee in.*

stillbirth **0.1** ***geboorte v.e. dood kind*** **0.2** ***doodgeborene.***

stillborn **0.1** ***doodgeboren*** ⟨ook fig.⟩.

still frame **0.1** ***stilstaand beeld.***

still-life ⟨ook attr.⟩ **0.1** ***stilleven.***

still-room ⟨BE⟩ **0.1** ***distilleerkamer*** **0.2** ***provisiekamer.***

stilt [stilt] **0.1** ***stelt*** **0.2** ***paal*** ⇒*pijler.*

stilted [stiltid] **0.1** ***(als) op stelten*** **0.2** ***stijf*** ⇒*gekunsteld* **0.3** ***hoogdravend*** ⇒*pompeus.*

stimulant [stimjoelənt] **0.1** ***stimulans*** ⇒*opwekkend middel;* ⟨fig.⟩ *prikkel.*

stimulate [stimjoeleet] **0.1** ***stimuleren*** ⇒*opwekken* ◆ **6.1** ~ s.o. **(in)to** more efforts *iem. tot meer inspanningen aanmoedigen.*

stimulation [stimjoeleesjn] **0.1** ***stimulering*** ⇒*prikkeling.*

stimulus [stimjoeləs]⟨mv.: stimuli [-lajl]⟩ **0.1** ⟨ook psych.⟩ ***stimulus*** ⇒*prikkel;* ⟨fig.⟩ *aanmoediging.*

sting[1] [sting] **I** ⟨telb.zn.⟩ **0.1** ***angel*** **0.2** ***giftand*** **0.3** ***brandhaar*** ⇒*netelhaar;*

II ⟨telb. en n.-telb.zn.⟩ **0.1** ***steek*** ⇒*beet; prikkel(ing)* ⟨ook fig.⟩; *vinnigheid* ◆ **1.1** the ~ of his remark *de stekeligheid v. zijn opmerking;* ~s of remorse *knagende wroeging.*

sting[2] ⟨ww.; stung, stung [stung]⟩ **0.1** ***steken*** ⇒*bijten;* ⟨fig.⟩ *grieven* **0.2** ***prikkelen*** ⇒*branden;* ⟨fig.⟩ *aansporen* **0.3** ⟨sl.⟩ ***afzetten*** ⇒*oplichten* ◆ **1.1** a bee ~s *een bij steekt;* his conscience stung him *zijn geweten knaagde* **1.2** that stung him (in)to action *dat zette hem tot actie aan* **6.3** ~ s.o. **for** a few dollars *iem. een paar dollar lichter maken.*

stinger [stingə] **0.1** ⟨inf.⟩ ***mep*** ⇒*por;* ⟨fig.⟩ *steek* **0.2** ⟨sl.⟩ ***obstakel*** ⇒*onopgelost probleem.*

stinging [stinging] **0.1** ***stekend*** ⇒*bijtend* **0.2** ***prikkelend*** ◆ **1.1** a ~ reproach *een scherp verwijt.*

sting-ray **0.1** ***pijlstaartrog.***

sting|y [stindzjie] ⟨-iness⟩ **0.1** ***vrekkig*** ⇒*gierig.*

stink[1] [stingk] **I** ⟨telb.zn.⟩ **0.1** ***stank*** **0.2** ⟨inf.⟩ ***herrie*** ◆ **3.2** create/kick up/make/raise a ~ about sth. *herrie schoppen over iets;*

II ⟨mv.⟩⟨BE; sl.⟩ **0.1** ***scheikunde*** ⟨als leervak⟩ **0.2** ***scheikundeleraar.***

stink[2] ⟨stank [stængk]/stunk [stungk], stunk⟩ **I** ⟨onov.ww.⟩ **0.1** ***stinken*** **0.2** ⟨sl.⟩ ***oerslecht zijn*** ⇒*niet deugen* ◆ **1.1** it ~s to high heaven *het stinkt uren in de wind* **1.2** his reputation ~s *hij heeft een slechte reputatie;*

II ⟨ov.ww.⟩ **0.1** ***doen stinken*** ⇒*met stank vullen* ◆ **5.1** ~ **out** *door stank verdrijven;* ⟨inf.⟩ *met stank vullen;* ~ **out** a fox *een vos uitroken.*

stink-bomb **0.1** ***stinkbom.***

stinker [stingkə] **0.1** ***stinker(d)*** **0.2** ⟨sl.⟩ ***iets beledigends/slechts*** ⇒*moeilijke opdracht/examen.*

stinking [stingking] **0.1** ***stinkend*** ⟨ook fig.⟩ **0.2** ⟨sl.⟩ ***oerslecht*** ⇒*gemeen* ◆ **2.1** ~ rich *stinkend rijk.*

stint[1] [stint] ⟨zn.⟩ **0.1** ***portie*** ⇒*karwei(tje), taak* ◆ **3.1** do one's daily ~ *zijn dagtaak volbrengen* **6.¶** **without** ~ *onbeperkt.*

stint[2] **I** ⟨onov.ww.⟩ **0.1** ***zich bekrimpen*** ⇒*zich beperken;*

II ⟨ov.ww.⟩ **0.1** ***beperken*** ⇒*inperken* **0.2** ***karig toebedelen*** ⇒*krap houden* ◆ **4.2** ~ o.s. / s.o. of food *zichzelf/iem. karig voedsel toebedelen.*

stipend [stajpend] **0.1** ***salaris*** ⇒*bezoldiging.*

stipendiar|y [stajpendiərie] ⟨mv.: -ies⟩ **0.1** ⟨bn.⟩ ***bezoldigd*** **0.2** ⟨zn.⟩ ***bezoldigde*** ⇒*bezoldigd ambtenaar.*

stipple[1] [stipl] ⟨zn.⟩⟨bk.⟩ **0.1** ***stippelgravure*** ⇒*punteerwerk; punteerkunst* **0.2** ***pointillé*** ⇒*pointillisme.*

stipple[2] ⟨ww.⟩ **0.1** ***(be)stippelen*** **0.2** ⟨graveer-, tekenkunst⟩ ***punteren*** **0.3** ⟨schilderkunst⟩ ***pointilleren.***

stipulate [stipjoeleet] **0.1** ***bedingen*** ⇒*stipuleren, bepalen* ◆ **6.1** ~ **for** the best conditions *de beste voorwaarden bedingen.*

stipulation [stipjoeleesjn] **0.1** ***stipulatie*** ⇒*bepaling, voorwaarde.*

stir[1] [stə:] ⟨zn.⟩ **0.1** ***het roeren*** ⇒*het poken* **0.2** ***beroering*** ⇒*opwinding, sensatie* ◆ **3.1** give the fire a ~ *pook het vuur even op* **3.2** cause a / make a great / quite a ~ *(veel) opzien baren.*

stir[2] ⟨-red⟩ **I** ⟨onov.ww.⟩ **0.1** ***(zich) (ver)roeren*** ⇒*(zich) bewegen* **0.2** ***opstaan*** ⇒*op zijn;* ⟨ook fig.⟩ *opkomen* ◆ **1.2** compassion ~ red in his heart *deernis kwam in zijn hart op* **3.1** don't ~! *beweeg niet!;*

II ⟨ov.ww.⟩ **0.1** ***bewegen*** ⇒*roeren, in beweging brengen;* ⟨fig.⟩ *verontrusten;* ⟨fig.⟩ *wakker maken* **0.2** ⟨vnl. +up⟩ ***(op)poken*** ⇒*opporren;* ⟨fig.⟩ *aanwakkeren;* ⟨fig.⟩ *aan/opstoken* **0.3** ⟨vaak +up⟩ ***(om)roeren*** ◆ **1.2** ~ one's curiosity *iemands nieuwsgierigheid prikkelen;* ~ the fire *het vuur oppoken/opporren* **4.1** ~ o.s. *in beweging komen, actief worden.*

stirrer [stə:rə] **0.1** ⟨sl.⟩ ***(op)stoker*** ⇒*opruier.*

stirring [stə:ring] **0.1** ***druk*** ⇒*levendig* **0.2** ***opwekkend*** ⇒*stimulerend* **0.3** ***bezielend*** ⇒*inspirerend.*

stirrup [stirrəp] **0.1** ***(stijg)beugel.***

stirrup cup **0.1** ***afscheidsdronk*** ⇒*glaasje op de valreep.*

stitch[1] [stitsj] ⟨zn.⟩ **0.1** ⟨geen mv.⟩ ***steek in de zij*** **0.2** ***steek*** **0.3** ***lapje*** ⇒*stukje (stof);* ⟨fig.⟩ *beetje* **0.4** ⟨med.⟩ ***hechting*** ◆ **1.3** not do a ~ of work *geen lor uitvoeren* **3.2** drop a ~ *een steek laten vallen* **3.3** not have a ~ on *spiernaakt zijn* **6.¶** in ~es *ziek/slap v.h. lachen* **¶.¶** ⟨sprw.⟩ a ~ in time saves nine *werk op tijd maakt veel bereid.*

stitch[2] ⟨ww.⟩ **0.1** ***stikken*** ⇒*(vast/dicht)naaien* **0.2** ***borduren*** **0.3** ***nieten*** ◆ **5.1** ~ **on** a pocket *een zak opzetten/stikken;* ~ **up** a wound *een wond hechten.*

stoat [stoot] **0.1** ***wezel*** ⇒⟨ihb.⟩ *hermelijn* ⟨ihb. in bruine zomerpels⟩.

stock[1] [stok] **I** ⟨telb.zn.⟩ **0.1** ***stok*** ⇒*stam, (boom)stronk* **0.2** ***onderstam*** ⟨voor ent⟩ **0.3** ***moederstam*** ⟨waarvan enten genomen worden⟩ **0.4** ***steel*** **0.5** ***blok*** **0.6** ***familie*** ⇒*ras, geslacht* **0.7** ⟨AE; ec.⟩ ***aandeel*** ⇒*effect* **0.8** ⟨plantk.⟩ ***violier*** **0.9** ⟨gesch.⟩ ***stropdas*** ⇒*halsboord;*

II ⟨telb. en n.-telb.zn.⟩ **0.1** ***voorraad*** ⇒*stock, inventaris* **0.2** ***bouillon*** **0.3** ⟨ec.⟩ ***aandelenkapitaal*** **0.4** ⟨ec.⟩ ***aandelen(bezit/portefeuille)*** ⇒*effecten, fonds* **0.5** ⟨BE; ec.⟩ ***overheids/staatspapier*** ◆ **1.1** ~ in trade *voorhanden/beschikbare voorraad; kneep (v.h. vak), truc* **2.4** active ~s *actieve/druk verhandelde aandelen;* ⟨BE⟩ ordinary / ⟨AE⟩ common ~ *gewone aandelen* **3.1** while ~s last *zolang de voorraad strekt;* lay in ~ *voorraad inslaan;* take ~ *de inventaris opmaken;* ⟨fig.⟩ take ~ (of the situation) *de toestand bekijken* **3.4** buy / hold ~ *aandelen kopen/bezitten;* deferred ~ *uitgestelde aandelen, aandelen met uitgesteld dividend;* ⟨fig.⟩ his ~ is falling *zijn ster verbleekt;* ⟨AE⟩ preferred ~ *preferente/prioriteitsaandelen;* ⟨fig.⟩ her ~ is rising *haar ster gaat op/rijst;* take ~ in *aandelen kopen van;* ⟨fig.⟩ *zich interesseren voor;* ⟨inf.⟩ *vertrouwen, geloven, belang hechten aan* **6.1** **in** ~ *in voorraad;* **out of** ~ *niet in voorraad;*

III ⟨n.-telb.zn.⟩ **0.1** ***afkomst*** ⇒*familie, komaf* **0.2** ***materiaal*** ⇒*materieel, grondstof* **0.3** ***vee(stapel)*** ◆ **3.2** rolling ~ *rollend materieel/materiaal* ⟨v. spoorwegen⟩ **6.1** be / come of good ~ *van goede komaf zijn;*

IV ⟨mv.⟩ **0.1** ⟨scheep.⟩ ***stapel(blokken)*** ⇒*helling* **0.2** ⟨gesch.⟩ ***blok*** ⟨straftuig⟩ **0.3** ⟨the; BE; ec.⟩ ***staatsschulden*** ◆ **3.3** consolidated ~s *consols* **6.1** on the ~s *op stapel* ⟨ook fig.⟩; ⟨fig.⟩ *in voorbereiding.*

stock[2] ⟨bn.⟩ **0.1** ***courant*** ⇒*gangbaar* **0.2** ***stereotiep*** ⇒*vast* ◆ **1.1** ~ sizes *courante maten* **1.2** a ~ remark *een stereotiepe opmerking.*

stock[3] **I** ⟨onov.ww.⟩ **0.1** ***voorraad inslaan*** ⇒*zich bevoorraden;* ⟨fig.⟩ *hamsteren* ◆ **5.1** ~ **up** on / with sugar *suiker inslaan/hamsteren;*

II ⟨ov.ww.⟩ **0.1** ***van het nodige voorzien*** **0.2** ***inslaan*** ⇒*een voorraad bewaren v.* **0.3** ***in voorraad hebben*** ◆ **1.1** a well- ~ed department store *een goed voorzien warenhuis* **1.2** ~ oil *olievoorraden aanleggen.*

stockade[1] [stokkeed] ⟨zn.⟩ **0.1** ***palissade*** **0.2** ***met palissade omheind terrein.***

stockade[2] ⟨ww.⟩ **0.1** ***palissaderen*** ⇒*omheinen.*

stockbreeder, stockfarmer **0.1** ***veefokker.***

stockbroker **0.1** ***effectenmakelaar.***

stockbroker belt ⟨BE; inf.⟩ **0.1** ***chique woonwijk*** ⇒*rijkeluisbuurt* ⟨rondom grote steden⟩.

stockbuilding **0.1** ***het verwerven v. aandelen.***

stock car **0.1** ⟨BE; autosport⟩ ***stockcar*** ⟨speciaal aangepaste auto voor stockcarraces⟩ **0.2** ⟨AE; autosport⟩ ***stockcar*** ⟨speciaal opgevoerde productietoerwagen voor speedwayraces en soms wegracecircuits⟩ **0.3** ⟨AE⟩ ***veewagen.***

stock company ⟨AE⟩ **0.1** ***maatschappij op aandelen*** **0.2** ***repertoiregezelschap.***

stock cube **0.1** ***bouillonblokje.***

stock exchange ⟨the⟩ **0.1** ***effectenbeurs*** ⇒*beurs(gebouw)* **0.2** ***beursnoteringen*** ⇒*beurskoersen* ◆ **3.2** the ~ fell sharply today *de beursnoteringen zijn vandaag scherp gedaald* **7.1** the Stock Exchange *de (Londense) Beurs.*

stockfish **0.1** ***stokvis.***

stockholder **0.1** ***aandeelhouder.***

stocking [stokking] **0.1** ***kous*** ◆ **1.1** a pair of ~s *een paar kousen* **2.1** ⟨fig.⟩ blue ~ *blauwkous* **6.1** **in** his ~(ed) feet *op kousenvoeten.*

stock-in-trade **0.1** ***(goederen)voorraad*** **0.2** ***(geldelijke) middelen*** **0.3** ***gereedschap*** ◆ **1.¶** that joke is part of his ~ *dat is één v. zijn standaardgrappen.*

stockist [stokkist] ⟨BE⟩ **0.1** ***leverancier (uit voorraad).***

stockjobber **0.1** ⟨BE⟩ ***beursagent*** ⇒*hoekman* **0.2** ⟨AE⟩ ***effectenmakelaar*** **0.3** ⟨AE; pej.⟩ ***beursspeculant.***

stocklist **0.1** ***koerslijst*** ⇒*beursnoteringen.*

stock|man [stokmən]⟨mv.: -men [-mən]⟩ **0.1** ***veehoeder*** ⇒*veedrijver* ⟨voor eigenaar⟩.

stock market ⟨the⟩ **0.1** ***(effecten)beurs.***

stockpile **0.1** ⟨zn.⟩ ***voorraad*** ⇒*reserve* **0.2** ⟨ww.⟩ ***voorraden aanleggen/inslaan (van).***

stockpot ⟨BE⟩ **0.1** ***bouillonketel.***

stockroom **0.1** ***magazijn*** **0.2** ***monsterkamer*** ⇒*showroom* ⟨bv. in hotel⟩.

stock size ⟨hand.⟩ **0.1** ***vaste maat*** ⇒⟨vnl.⟩ *confectiemaat.*

stock-still **0.1** ***doodstil.***

stock-taking **0.1** ***inventarisatie*** ⇒⟨fig.⟩ *onderzoek v.d. toestand.*

stock-turn, stock turnover ⟨ec.⟩ **0.1** ***omzetsnelheid*** ⟨v. voorraad⟩.

stock|y [stokkie] ⟨-iness⟩ **0.1** ***gedrongen*** ⇒*kort en dik, stevig.*

stockyard 0.1 ***omheinde, tijdelijke ruimte voor vee.***

stodge [stodzj] ⟨inf.⟩ **0.1** ***zware kost*** ⇒*onverteerbaar eten;* ⟨fig.⟩ *moeilijke stof.*

stodg|y [stodzjie] ⟨-iness⟩ **0.1** ***zwaar*** ⇒*onverteerbaar* **0.2** ***zwaar*** ⇒*moeilijk, droog* **0.3** ***saai*** ⇒*vervelend.*

stoic|(al) [stooik(l)] ⟨-ally⟩ **0.1** ***stoïcijns*** ⇒*onaangedaan.*

stoic [stooik] **0.1** ***stoïcijn.***

stoicism [stooissizm] **0.1** ***stoïcisme.***

stoke [stook] **I** ⟨onov.ww.⟩ **0.1** ⟨ook +up⟩ ***het vuur aan/opstoken*** **0.2** ⟨inf.; +up⟩ ***zich met eten volproppen;***
II ⟨ov.ww.⟩⟨ook +up⟩ **0.1** ***aan/opstoken*** ⟨vuur⟩ ⇒*opvullen* ⟨kachel⟩.

stokehold, stokehole 0.1 ***stookplaats*** **0.2** ***stookgat.***

stoker [stookə] **0.1** ***stoker.***

stole[1] [stool] ⟨zn.⟩ **0.1** ***stola*** ⟨bij avondjurk⟩ **0.2** ***stool*** ⟨bandstrook door priester/diaken gedragen⟩.

stole[2] ⟨verl. t.⟩ →**steal.**

stolen [stoolən] ⟨volt. deelw.⟩ →**steal.**

stolid [stollid] ⟨-ness; zn.: **-ity**⟩ **0.1** ***flegmatiek*** ⇒*onverstoorbaar, onaangedaan, standvastig.*

stomach[1] [stummək] ⟨zn.⟩ **0.1** ***maag*** **0.2** ***buik*** **0.3** ***eetlust*** ⇒*trek* **0.4** ***zin*** ◆ **2.1** on an empty ~ *op een nuchtere maag* **3.2** lie on one's ~ *op zijn buik liggen* **7.4** I have no ~ for a fight *ik heb geen zin om ruzie te maken.*

stomach[2] ⟨ww.⟩ **0.1** ***slikken*** ⇒*eten* **0.2** ***slikken*** ⇒*aanvaarden* ◆ **3.1** I can't ~ Indian food *ik krijg Indisch eten niet door mijn keel* **3.2** you needn't ~ such an affront *zo'n belediging hoef je niet zomaar te slikken.*

stomachache 0.1 ***maagpijn*** **0.2** ***buikpijn.***

stomachful [stumməkfoel] ⟨geen mv.⟩⟨inf.; fig.⟩ **0.1** ***een buik vol*** ◆ **2.1** I've had my ~ of your complaints *ik heb mijn buik vol van je gejammer.*

stomach pump 0.1 ***maagpomp.***

stomp[1] [stomp] ⟨zn.⟩⟨inf.⟩ **0.1** ***stomp*** ⟨jazzdans/muziek⟩.

stomp[2] ⟨ww.⟩⟨inf.⟩ **0.1** ***stampen.***

stone[1] [stoon] ⟨zn.; mv.: in bet. 0.3 ook stone⟩ **0.1** ***steen*** ⇒*kiezelsteen; straatsteen; grafsteen; edelsteen; pit* ⟨v. vrucht⟩; *niersteen* **0.2** ***steen*** ⟨harde delfstof⟩ **0.3** ***stone*** ⇒*14 Eng. pond* ⟨→t⟩ ◆ **1.2** he has a heart of ~ *hij heeft een hart v. steen* **2.1** precious ~ *edelsteen* **3.¶** leave no ~ unturned *geen middel onbeproefd laten;* rolling ~ *zwerver* **7.3** he weighs 14 ~(s) *hij weegt 14 stone/90 kilo.* →**glass, rolling.**

stone[2] ⟨ww.⟩ **0.1** ***stenigen*** ⇒*met stenen bekogelen* **0.2** ***ontpitten*** ⇒*v.d. pitten ontdoen.*

Stone Age ⟨gesch.⟩ **0.1** ***stenen tijdperk*** ⟨ook fig.⟩.

stone-blind 0.1 ***stekeblind.***

stone-breaker 0.1 ***steenbreker*** ⇒*steenbreekmachine.*

stone-cold 0.1 ***steenkoud*** ◆ **2.1** ~ sober/dead *broodnuchter/morsdood.*

stonecrop ⟨plantk.⟩ **0.1** ***vetkruid*** ⇒⟨ihb.⟩ *muurpeper.*

stone curlew ⟨dierk.⟩ **0.1** ***griel.***

stonecutter 0.1 ***steenhouwer.***

stoned [stoond] ⟨inf.⟩ **0.1** ***stomdronken*** **0.2** ***stoned*** ⇒*high* ◆ **1.1** ~ out of one's head/mind *straalbezopen* **1.2** ~ out of one's head/mind *apestoned.*

stone-deaf 0.1 ***stokdoof.***

stone fruit 0.1 ***steenvrucht(en).***

stoneless [stoonləs] **0.1** ***zonder pit*** ⇒*ontpit.*

stonemason 0.1 ***steenhouwer.***

stone's throw 0.1 ***steenworp*** ◆ **6.1 within** a ~ *op een steenworp afstand.*

stoneware 0.1 ***steengoed*** ⟨zwaar aardewerk⟩.

stonework 0.1 ***steenwerk*** **0.2** ***metselwerk.***

ston|y [stoonie] ⟨-ily⟩ **0.1** ***steenachtig*** ⇒*stenig, vol stenen* **0.2** ***keihard*** ⇒*steenhard;* ⟨fig.⟩ *hardvochtig, gevoelloos.*

stony broke 0.1 ***platzak*** ⇒*blut.*

stony-faced 0.1 ***ernstig*** ⇒*met een stalen gezicht.*

stood [stoed] ⟨verl. t. en volt. deelw.⟩ →**stand.**

stooge[1] [stoe:dzj] ⟨zn.⟩ **0.1** ⟨dram.⟩ ***mikpunt*** ⇒*aangever* **0.2** ***knechtje*** ⇒*slaafje, duvelstoejager* **0.3** ***stroman.***

stooge[2] ⟨ww.⟩ **0.1** ⟨+ about/around⟩ ***heen en weer vliegen*** ⇒*rondvliegen* **0.2** ⟨+ about/around⟩ ***rondhangen/lummelen.***

stool [stoe:l] **0.1** ***kruk*** ⇒*bankje* **0.2** ***voetenbank(je)*** **0.3** ***stoelgang*** **0.4** ⟨schr.⟩ ***ontlasting*** ⇒*feces* ◆ **3.1** fall between two ~s *tussen twee stoelen in de as zitten.*

stool pigeon, stool, ⟨AE ook⟩ **stoolie** [stoe:lie] ⟨sl.⟩ **0.1** ***lokvogel*** ⇒*lokaas* **0.2** ***politieverklikker.***

stoop[1] [stoe:p] ⟨zn.⟩ **0.1** ***gebukte houding*** **0.2** ***ronde rug*** ⇒*kromme/gebogen rug.*

stoop[2] **I** ⟨onov.ww.⟩ **0.1** ***(zich) bukken*** ⇒*voorover buigen* **0.2** ***zich verwaardigen*** **0.3** ***zich vernederen*** ⇒*zich verlagen* **0.4** ***gebogen lopen*** ⇒*met ronde rug lopen* ◆ **3.3** ~ to conquer *winnen door zich te vernederen* **6.3** ~ **to** folly *zich tot onbezonnenheden verlagen;*
II ⟨ov.ww.⟩ **0.1** ***buigen*** ◆ **1.1** ~ one's head *het hoofd buigen.*

stop[1] [stop] ⟨zn.⟩ **0.1** ***einde*** ⇒*beëindiging, het stoppen; pauze, onderbreking* **0.2** ***halte*** ⇒*stopplaats* **0.3** ***afsluiting*** ⇒*blokkade, belemmering* **0.4** ***interpunctieteken*** ⇒⟨ihb.⟩ *punt* **0.5** ⟨foto.⟩ ***diafragma*** ⇒*lensopening* **0.6** ⟨tech.⟩ ***pal*** ⇒*plug, begrenzer* ◆ **3.1** bring to a ~ *stopzetten, een halt toeroepen;* put a ~ to *een eind maken aan* **3.¶** pull all the ~s out *alle registers opentrekken; alle zeilen bijzetten.*

stop[2] ⟨-ped⟩ **I** ⟨onov.ww.⟩ **0.1** ***ophouden*** ⇒*tot een eind komen, stoppen* **0.2** ***halt houden*** ⇒*stilhouden, tot stilstand komen* **0.3** ⟨inf.⟩ ***blijven*** ⇒*verblijven, overblijven* ◆ **2.2** ~ short *plotseling halt houden;* they ~ped short of doing it *ze gingen niet zover, dat ze het deden* **5.3** ⟨vnl. AE⟩ ~ **by** *(even) langskomen;* ~ **in** *binnenblijven;* ~ **off** *zijn reis onderbreken;* ~ **over** *de (vlieg)reis onderbreken* **6.2** ~ **at** nothing *tot alles in staat zijn* **6.3** ~ **to** tea *blijven eten;*
II ⟨ov.ww.⟩ **0.1** ***(af)sluiten*** ⇒*dichten, dichtstoppen* ⟨ook gat op blaasinstrument⟩ **0.2** ***verhinderen*** ⇒*afhouden, tegenhouden* **0.3** ***blokkeren*** ⇒*afsnijden, tegenhouden, stoppen* **0.4** ***een eind maken aan*** ⇒*stopzetten, beëindigen* **0.5** ***ophouden met*** ⇒*staken, beëindigen* ◆ **1.1** ~ one's ears *zijn oren dichthouden;* ⟨fig.⟩ *niet willen luisteren* **1.2** ~ thief! *houd de dief!* **1.3** ~ blood *bloed stelpen;* ~ a cheque *een cheque blokkeren* **1.5** ~ work *het werk neerleggen* **3.2** ~ s.o. (from) getting into trouble *zorgen dat iem. niet in moeilijkheden raakt* **3.5** ~ muttering *ophouden met foeteren* **4.5** ~ it! *hou op!* **5.1** ~ **up** a leak *een lek dichten* **6.3** ~ a fee **out of** one's wages *contributie v. iemands salaris inhouden.*

stopcock ⟨tech.⟩ **0.1** ***plugkraan.***

stopgap 0.1 ***noodoplossing*** **0.2** ***invaller/invalster.***

stop-go, go-stop ⟨meestal enk.; ook attr.⟩⟨BE; inf.⟩ **0.1** ***wisselvallige belastingpolitiek*** ⟨gericht op economische expansie of bezuiniging⟩.

stopoff 0.1 ***kort verblijf*** ⇒*reisonderbreking.*

stopover 0.1 ***reisonderbreking*** ⇒*kort verblijf.*

stoppage [stoppidzj] **0.1** ***verstopping*** ⇒*stremming, blokkering* **0.2** ***inhouding*** **0.3** ***staking*** ⇒*stilstand; (werk)onderbreking, prikactie* **0.4** ⟨sport⟩ ***(spel)onderbreking*** ◆ **1.2** ~ of pay *inhouden v. loon.*

stoppage time ⟨sport⟩ **0.1** ***(extra) bijgetelde tijd*** ⟨voor spelonderbrekingen⟩.

stopper [stoppə] **0.1** ***stop*** ⇒*plug, kurk* ◆ **3.1** put the ~(s) on sth. *ergens een eind aan maken.*
stop-press ⟨the⟩⟨BE⟩ **0.1** ***laatste nieuws.***
stop sign 0.1 ***stopsignaal.***
stopwatch 0.1 ***stopwatch.***
storage [sto:ridzj] **0.1** ***opslag*** ⇒*bewaring* **0.2** ***bergruimte*** ⇒ *opslagplaats, pakhuis;* ⟨comp.⟩ *geheugen* **0.3** ***opslagkosten*** ◆ **6.1** put one's piano **in** ~ *zijn piano laten opslaan.* → **cold.**
storage chip ⟨comp.⟩ **0.1** ***geheugenchip.***
storage heater 0.1 ***warmteaccumulator.***
storage space 0.1 ***opslagruimte*** ⇒*bergruimte.*
storage tank 0.1 ***opslagtank.***
store[1] [sto:] ⟨zn.⟩ **0.1** ***voorraad*** **0.2** ***voorraadkast*** ⇒*provisiekast* **0.3** ***opslagplaats*** ⇒*magazijn, pakhuis* **0.4** ⟨mv.; ihb. mil.⟩ ***provisie*** ⇒*goederen, proviand* **0.5** ***grote hoeveelheid*** ⇒*overvloed, hoop* **0.6** ⟨AE⟩ ***winkel*** ⇒*zaak* **0.7** ⟨BE⟩ ***warenhuis*** ◆ **3.¶** set (great) ~ by *veel waarde hechten aan* **6.1** **in** ~ *in voorraad;* there's a surprise **in** ~ **for** you *je zult voor een verrassing komen te staan.*
store[2] ⟨ww.⟩ **0.1** ***bevoorraden*** ⇒*volstoppen, inslaan* **0.2** ***opslaan*** ⇒*opbergen, bewaren* ◆ **1.2** this chest will ~ a lot of blankets *je kunt heel wat dekens in deze kist kwijt* **3.2** ⟨hand.⟩ sell on ~d terms *op ceel leveren* **5.1** ~ **up** tins *een voorraad blikjes aanleggen.*
storehouse 0.1 ***pakhuis*** ⇒*opslagplaats* ⟨ook fig.⟩ ◆ **1.1** Steve is a ~ of information *Steve is een bron v. informatie.*
storekeeper 0.1 ⟨AE⟩ ***winkelier.***
storeroom 0.1 ***opslagkamer*** ⇒*voorraadkamer.*
stores 0.1 ⟨geen mv.; BE⟩ ***(dorps)winkel*** **0.2** ⟨ww. enk. of mv.; vnl. mil.⟩ ***opslagplaats*** ⇒*magazijn.*
storeship ⟨mil.⟩ **0.1** ***proviandschip.***
storey, ⟨AE sp.⟩ **stor|y** [sto:rie] ⟨mv.: -ies⟩ **0.1** ***verdieping*** ⇒ *woonlaag* ◆ **2.1** the second ~ *de eerste verdieping.* →**upper.**
storied [sto:ried] **0.1** ***legendarisch*** ⇒*veelbezongen.*
stork [sto:k] **0.1** ***ooievaar.***
storm[1] [sto:m] ⟨zn.⟩ **0.1** ***(hevige) bui*** ⇒*noodweer* **0.2** ***storm-(wind)*** ⇒*orkaan* **0.3** ***uitbarsting*** ⇒*vlaag* ◆ **1.2** ~ in a teacup *storm in een glas water* **1.3** ~ of protests *regen v. protesten* **3.¶** kick up a ~ *opschudding verwekken;* take by ~ *stormenderhand veroveren* ⟨ook fig.⟩.
storm[2] **I** ⟨onov.ww.⟩ **0.1** ***stormen*** ⇒*waaien, onweren* **0.2** ⟨+ at⟩ ***tekeergaan (tegen)*** ⇒*uitvallen, razen* **0.3** ***rennen*** ⇒ *denderen* ◆ **4.1** it ~ed last night *het was gisteravond noodweer* **5.3** ~ **in** *binnen komen stormen;*
II ⟨ov.ww.⟩⟨mil.⟩ **0.1** ***bestormen*** ⇒*stormlopen op.*
stormbound 0.1 ***door storm/noodweer opgehouden.***
storm centre 0.1 ⟨fig.⟩ ***haard van onrust.***
storm cloud 0.1 ***regenwolk*** ⇒*onweerswolk;* ⟨fig.⟩ *donkere wolk, teken van onheil.*
storm door 0.1 ***dubbele deur*** **0.2** ***tochtdeur.***
storm lantern ⟨BE⟩ **0.1** ***stormlamp*** ⇒*stormlantaarn.*
storm petrel ⟨dierk.⟩ **0.1** ***stormvogeltje.***
storm trooper 0.1 ***lid v. stormtroep/stoottroep*** **0.2** ***SA-man*** ⟨in nazi-Duitsland⟩.
storm troops 0.1 ***stormtroepen*** ⇒*stoottroepen* **0.2** ***SA*** ⟨in nazi-Duitsland⟩.
storm water 0.1 ***overtollig regenwater.***
storm window 0.1 ***voorzetraam*** ⇒*dubbel raam.*
storm|y [sto:mie] ⟨-ier⟩ **0.1** ***stormachtig*** ⇒*winderig* **0.2** ***onbesuisd*** ⇒*heftig, ruw* ◆ **1.2** ~ temper *opvliegend temperament* **1.¶** ~ petrel *stormvogeltje;* ⟨fig.⟩ *onheilsbode, onrustzaaier.*
stor|y [sto:rie] ⟨mv.: -ies⟩ **0.1** ***(levens)geschiedenis*** ⇒*historie* **0.2** ***verhaal*** ⇒*relaas* **0.3** ⟨lit.⟩ ***vertelling*** ⇒*novelle, verhaal* **0.4** ⟨journalistiek⟩ ***(materiaal voor) artikel*** ⇒ *verhaal* **0.5** ⟨inf.⟩ ***smoesje*** ⇒*praatje* **0.6** →**storey** ◆ **2.2** cut a long ~ short *om kort te gaan;* the (same) old ~ *het oude liedje* **3.5** tell stories *jokken.*
storyboard ⟨film., show⟩ **0.1** ***storyboard*** ⟨reeks tekeningen / foto's v. nog op te nemen scènes⟩.
storybook 0.1 ⟨bn.⟩ ***als in een sprookje*** ⇒*sprookjesachtig* **0.2** ⟨zn.⟩ ***verhalenboek*** ◆ **1.1** a ~ ending *een gelukkige afloop, een happy end.*
story line ⟨lit.⟩ **0.1** ***intrige*** ⇒*plot.*
storyteller 0.1 ***verteller*** **0.2** ⟨inf.⟩ ***jokkebrok*** ⇒*praatjesmaker.*
stout[1] [staut] ⟨zn.⟩ **0.1** ***stout*** ⇒*donker bier.*
stout[2] ⟨bn.; -ness⟩ **0.1** ***moedig*** ⇒*vastberaden, krachtig* **0.2** ***solide*** ⇒*stevig* **0.3** ***gezet*** ⇒*corpulent, dik* ◆ **1.1** ~ resistance *krachtig verzet;* he was a ~ supporter of co-education *hij was een groot voorvechter van het gemengd onderwijs.*
stouthearted 0.1 ***dapper*** ⇒*moedig, kloek.*
stove[1] [stoov] ⟨zn.⟩ **0.1** ***(elektrische) kachel*** ⇒*gas/kolenkachel* **0.2** ***(elektrisch(e)) fornuis/oven*** ⇒*gasoven/fornuis.*
stove[2] ⟨verl. t. en volt. deelw.⟩ →**stave.**
stovepipe, ⟨in bet. 0.2 AE ook⟩ **stovepipe hat 0.1** ***kachelpijp*** **0.2** ⟨inf.⟩ ***hoge hoed*** ⇒*kachelpijp.*
stow [stoo] **0.1** ***opbergen*** ⇒*inpakken, wegstoppen* ◆ **4.¶** ~ it! *kap ermee!, hou op!* **6.1** a trunk ~ed **with** blankets *een hutkoffer volgepakt met dekens.*
stowage [stooidzj] **0.1** ***het stouwen*** ⇒*het inpakken, het wegbergen;* ⟨scheep.⟩ *stuwing* **0.2** ***bergruimte*** ⇒*laadruimte* **0.3** ⟨scheep.⟩ ***stuwagegeld*** ⇒*stuwkosten.*
stowaway [stooəwee] **0.1** ***verstekeling.***
stow away I ⟨onov.ww.⟩ **0.1** ***zich verbergen*** ⟨aan boord v.e. schip / vliegtuig⟩;
II ⟨ov.ww.⟩ **0.1** ***opbergen*** ⇒*wegbergen, uit de weg zetten.*
Str. ⟨afk.⟩ **0.1** [strait] **0.2** [street].
straddle [strædl] **I** ⟨onov.ww.⟩ **0.1** ***in spreidstand staan/ zitten*** ⇒*schrijlings zitten, wijdbeens staan;*
II ⟨ov.ww.⟩ **0.1** ***schrijlings zitten op*** ⇒*wijdbeens/met gespreide benen zitten op/staan boven* ◆ **1.1** ~ a horse *schrijlings op een paard zitten* **1.¶** ~ a problem *een probleem omzeilen.*
strafe [stra:f] ⟨inf.⟩ **0.1** ***beschieten*** ⇒*bombarderen.*
straggle [strægl] **0.1** ***(af)dwalen*** ⇒*achterblijven, van de groep af raken* **0.2** ***(wild) uitgroeien*** ⇒*verspreid groeien/ liggen* ◆ **1.2** straggling town *stadskern met grillige uitlopers.*
straggler [stræglə] **0.1** ***achterblijver*** ⇒*uitvaller.*
straggl|y [stræglie] ⟨-ier⟩ **0.1** ***(onregelmatig) verspreid*** ⇒ *verstrooid, schots en scheef* **0.2** ***verwilderd*** ⇒*verward* ⟨haar, baard⟩.
straight[1] [street] ⟨zn.⟩ **0.1** ***recht stuk*** ⟨ihb. v. renbaan⟩ **0.2** ***straat*** ⟨bij poker⟩ ◆ **6.¶** **on** the ~ and narrow *op het (smalle) rechte pad.*
straight[2] ⟨bn.; -ness⟩ **0.1** ***recht*** ⇒*steil, sluik* ⟨haar⟩; *rechtop* **0.2** ***puur*** ⇒*onverdund;* ⟨fig.⟩ *zonder franje, serieus* **0.3** ***open(hartig)*** ⇒*eerlijk, recht door zee* **0.4** ***strak*** ⇒*in de plooi, correct* **0.5** ***ordelijk*** ⇒*geordend, netjes* **0.6** ***direct*** ⇒ *rechtstreeks, zonder voorbehoud* **0.7** ***opeenvolgend*** ⇒*direct achter elkaar* **0.8** ⟨inf.⟩ ***hetero(seksueel)*** ◆ **1.1** (as) ~ as a die / an arrow *kaarsrecht;* ⟨fig.⟩ *goudeerlijk, door en door betrouwbaar* **1.2** a ~ rendering of the facts *een letterlijk verslag v.d. feiten;* ~ whisky *whisky puur* **1.3** ~ answer *eerlijk antwoord* **1.4** keep a ~ face *niet verblikken of verblozen;* keep (s.o.) to the ~ and narrow path *(iem.) op het rechte pad houden* **1.6** ⟨BE; pol.⟩ ~ fight *directe confronta-*

tie tussen twee kandidaten; ⟨AE; pol.⟩ ~ ticket *stem op alle kandidaten van één partij* **1.7** five ~ wins *vijf overwinningen op rij* **3.5** get this ~ *knoop dit even goed in je oren, begrijp me goed;* put/set the facts/record ~ *alle feiten op een rijtje zetten;* set s.o. ~ about sth. *iem. de ware toedracht over iets meedelen.*

straight³ ⟨bw.⟩ **0.1** ***rechtstreeks*** ⇒*meteen, zonder omwegen* **0.2** ***recht*** ⇒*rechtop* ◆ **3.1** come ~ to the point *meteen ter zake raken* **3.¶** go ~ *een eerlijk mens worden;* think ~ *helder denken;* ⟨inf.⟩ tell s.o. ~ *iem. eerlijk de waarheid zeggen* **5.1** tell s.o. ~ **out** *iem. iets vierkant in zijn gezicht zeggen* **5.2** ~ **on** *rechtdoor* **5.¶** ~ **away/off** *onmiddellijk.*

straight-away **0.1** ***onmiddellijk.***

straighten [streetn] **I** ⟨onov.ww.⟩ **0.1** ***recht worden*** ⇒*recht trekken, bijtrekken* ⟨ook fig.⟩ ◆ **5.1** ~ up *overeind gaan staan;*
II ⟨ov.ww.⟩ **0.1** ***rechtmaken*** ⇒*rechtzetten, rechttrekken* ⟨ook fig.⟩ ◆ **1.1** ~ one's legs *de benen strekken;* ~ the room *de kamer aan kant brengen* **5.1** ~ o.s. **up** *zich oprichten.*

straighten out **0.1** ***recht leggen*** ⇒*rechtmaken* **0.2** ***ordenen*** ⇒*ontwarren, op orde brengen* **0.3** ⟨inf.⟩ ***op het rechte spoor zetten*** ◆ **4.2** things will soon straighten themselves out *alles zal gauw op zijn pootjes terechtkomen.*

straightforward **0.1** ***oprecht*** ⇒*open, eerlijk* **0.2** ***duidelijk*** ⇒*ongecompliceerd.*

straightlimbed **0.1** ***recht v. lijf en leden.***

straight-line **0.1** ***lineair*** ⇒*vast* ⟨v. afschrijving e.d.⟩.

straight up ⟨BE; sl.⟩ **0.1** ***eerlijk (waar)*** ⇒*serieus, zonder gekheid.*

strain¹ [streen] ⟨zn.⟩ **0.1** ***spanning*** ⇒*druk, trek;* ⟨fig.⟩ *belasting; inspanning* **0.2** ⟨nat., tech.⟩ ***vervorming*** ⇒*vormverandering, rek* **0.3** ***overbelasting*** ⇒*uitputting* **0.4** ***verrekking*** ⟨v. spieren⟩ ⇒*verstuiking* **0.5** ⟨meestal mv.⟩ ***flard*** ⟨v. muziekstuk, gedicht⟩ ⇒*melodie* **0.6** ***stijl*** ⇒*trant, toon* ⟨v. uitdrukken⟩ **0.7** ***(karakter)trek*** ⇒*element* **0.8** ***stam*** ⇒*ras, soort* ◆ **3.1** place/put a ~ on s.o. *een zware belasting zijn voor iem.*

strain² **I** ⟨onov.ww.⟩ **0.1** ***zich inspannen*** ⇒*moeite doen, zwoegen* **0.2** ⟨+ at⟩ ***rukken (aan)*** ⇒*trekken* ◆ **6.2** ~ **at** the leash *aan de teugels trekken, zich los willen rukken* ⟨ihb. fig.⟩ **6.¶** ~ **against** *zich aandrukken tegen;*
II ⟨ov.ww.⟩ **0.1** ***spannen*** ⇒*(uit)rekken* **0.2** ***inspannen*** ⇒*maximaal belasten* **0.3** ***overbelasten*** ⇒*te veel vergen van;* ⟨fig.⟩ *geweld aandoen* **0.4** ***verrekken*** ⟨spieren⟩ ⇒*verdraaien* **0.5** ***vastklemmen*** **0.6** ***zeven*** ⇒*laten doorsijpelen* **0.7** ***afgieten*** ◆ **1.2** ~ one's eyes *turen, ingespannen kijken* **1.3** ~ the truth *de waarheid geweld aandoen;* ~ one's voice *zijn stem forceren.*

strained [streend] **0.1** ***gedwongen*** ⇒*geforceerd, onnatuurlijk* **0.2** ***gewrongen*** ⇒*verdraaid* **0.3** ***gespannen*** ⇒*geladen, (zwaar)belast* ◆ **1.1** ~ smile *geforceerd lachje* **1.2** ~ interpretation *vergezochte interpretatie.*

strainer [streenə] **0.1** ***zeef*** **0.2** ***vergiet*** **0.3** ***filter(doek).***

strait [street] ⟨vaak mv.⟩ **0.1** ***zee-engte*** ⇒*(zee)straat* **0.2** ***netelige omstandigheden*** ⇒*moeilijkheden* ◆ **1.1** the Straits of Dover *het Nauw v. Calais* **2.2** be in dire ~s *ernstig in het nauw zitten.*

straitened [streetnd] **0.1** ***behoeftig*** ◆ **1.1** ~ circumstances *behoeftige omstandigheden, geldproblemen.*

straitjacket **0.1** ***dwangbuis*** ⇒*keurslijf* ⟨ook fig.⟩.

strait-laced ⟨pej.⟩ **0.1** ***puriteins*** ⇒*bekrompen, preuts.*

strand¹ [strænd] ⟨zn.⟩ **0.1** ***streng*** ⇒*snoer, draad* **0.2** ***lijn*** ⇒*draad* ⟨in verhaal⟩, *element* **0.3** ⟨schr.⟩ ***strand*** ⇒*kust, oever* ◆ **1.1** a ~ of pearls *een parelsnoer.*

strand² ⟨ww.⟩ **0.1** ***laten stranden*** ⇒*aan de grond laten lopen.*

stranded [strændid] **0.1** ***gestrand*** ⇒*aan de grond, vast(gelopen)* ⟨ook fig.⟩ ◆ **6.1** Alan was ~ **in** Rome *Alan zat in Rome vast.*

strange [streendzj] ⟨-r; -ness⟩ **0.1** ***vreemd*** ⇒*onbekend, nieuw* **0.2** ***eigenaardig*** ⇒*ongewoon, onverklaarbaar* ◆ **3.2** it feels ~ *het is een gek gevoel;* ~ to say *vreemd genoeg* **6.1** he is ~ **to** the business *hij heeft nog geen ervaring in deze branche.*

stranger [streendzjə] **0.1** ***vreemde(ling)*** ⇒*onbekende, buitenlander* ◆ **5.1** Simon has become quite a ~ *we zien Simon nog maar zelden* **6.1** ⟨jur.⟩ be a ~ **to** *ergens part noch deel aan hebben;* Simon is no ~ **to** me *ik ken Simon heel goed* **7.1** I'm a ~ here *ik ben hier vreemd.*

strangle [strænggl] **0.1** ***wurgen*** **0.2** ***onderdrukken*** ⇒*smoren* ⟨neiging, kreet⟩.

stranglehold **0.1** ***wurggreep*** ⇒*verstikkende greep* ⟨ook fig.⟩ ◆ **6.1** have a ~ **on** *in zijn greep/macht hebben.*

strangler [strængglə] **0.1** ***wurger*** ⇒*wurgmoordenaar.*

strangulate [strænggjoeleet] **0.1** ⟨med.⟩ ***beknellen*** ⇒*af/beklemmen* ◆ **1.1** ~d hernia *beklemde/beknelde breuk.*

strangulation [strænggjoeleesjn] **0.1** ***wurging*** **0.2** ⟨med.⟩ ***beknelling*** ⇒*beklemming.*

strap¹ [stræp] ⟨zn.⟩ **0.1** ***riem*** ⇒*band(je)* **0.2** ⟨tech.⟩ ***strop*** ⇒*band, reep* ⟨ook v. metaal⟩ **0.3** ⟨the⟩ ***de knoet*** ⇒*pak rammel/ransel.*

strap² ⟨ww.; -ped⟩ **0.1** ***vastbinden*** ⇒*vastsnoeren, vastgespen* **0.2** ⟨ook +up⟩ ***verbinden*** ⇒*met pleisters afdekken* **0.3** ***pak rammel/ransel geven.***

straphanger **0.1** ***lushanger*** ⟨in tram e.d.⟩.

strapless [stræpləs] ⟨mode⟩ **0.1** ***strapless*** ⇒*zonder schouderbandjes.*

strapline **0.1** ***ondertitel*** ⇒*onderkop.*

strapping [stræping] **0.1** ***flink*** ⇒*potig, stoer.*

Strasbourg [stræzbɔ:g] **0.1** ***Straatsburg.***

strata [stra:tə] ⟨mv.⟩ →**stratum.**

stratagem [strætədzjəm] **0.1** ***(krijgs)list*** ⇒*truc.*

strategic [strətie:dzjik] ⟨-ally⟩ **0.1** ***strategisch.***

strategist [strætidzjist] **0.1** ***strateeg.***

strateg|y [strætədzjie] ⟨mv.: -ies⟩ **0.1** ***plan*** ⇒*methode, strategie* **0.2** ***strategie*** ⇒*beleid.*

strath [stræθ] ⟨Sch. E⟩ **0.1** ***(breed) dal.***

strathspey [stræθspee] ⟨Sch. E⟩ **0.1** ***(muziek voor een) Schotse dans.***

stratification [strætiffikkeesjn] **0.1** ***laagvorming*** **0.2** ⟨ook geol.⟩ ***gelaagdheid*** ⇒*verdeling in lagen, stratificatie.*

stratif|y [strætiffaj] ⟨-ied⟩ **I** ⟨onov.ww.⟩ **0.1** ***lagen vormen*** ⇒*gelaagd zijn/worden;*
II ⟨ov.ww.⟩ **0.1** ***in lagen verdelen*** ⟨ook fig.⟩ ◆ **1.1** stratified society/soil *gelaagde maatschappij/bodem.*

stratosphere [strætəsfiə] **0.1** ***stratosfeer.***

stratum [stra:təm] ⟨mv.: strata⟩ **0.1** ***laag*** ⇒*stratum* ⟨v. bodem, weefsel enz.; ook fig.⟩.

stratus [stra:təs] ⟨mv.: strati [-aj]⟩ ⟨meteo.⟩ **0.1** ***stratus*** ⇒*laagwolk.*

straw [stro:] **0.1** ***stro*** **0.2** ***strohalm*** ⇒*strootje* **0.3** ***rietje*** ⟨om mee te drinken⟩ ◆ **1.2** a ~ in the wind *een voorteken, een teken aan de wand* **2.2** the last ~, the ~ that broke the camel's back *de druppel die de emmer doet overlopen* **3.2** clutch at a ~ *zich aan iedere strohalm vastklampen* **3.¶** not care a ~ about *geen moer geven om.* →**last.**

strawberr|y [stro:brie] ⟨mv.: -ies⟩ **0.1** ***aardbeiplant*** **0.2** ***aardbei*** **0.3** ⟨vaak attr.⟩ ***donkerroze.***

strawberry mark ⟨med.⟩ **0.1** ***aardbeivlek*** ⇒*moedervlek.*

strawboard **0.1** ***strokarton.***

strawcolour, strawcoloured **0.1** ***strokleurig*** ⇒*strogeel.*

straw man [stro:mən]⟨mv.: straw men [-mən]⟩⟨vnl. AE⟩ **0.1** ***stropop*** ⇒⟨fig. ook⟩ *stroman, marionet.*

straw poll, straw vote 0.1 ***(onofficiële) steekproef*** ⇒*voorlopige peiling* ◆ **3.1** as a ~ among my friends demonstrated *zoals bleek uit een steekproef/kleine enquête onder mijn vrienden.*

stray[1] [stree] ⟨zn.⟩ **0.1** ***zwerver*** ⇒*verdwaalde* ⟨ook fig.⟩; ⟨ihb.⟩ *zwerfdier* **0.2** ***dakloos kind.***

stray[2] ⟨bn.⟩ **0.1** ***verdwaald*** ⇒*zwervend, afgedwaald* **0.2** ***verspreid*** ⇒*sporadisch, toevallig* ◆ **1.1** ~ bullet *verdwaalde kogel;* ~ cats *zwerfkatten* **1.2** a shop with a ~ customer coming in *een winkel met zo nu en dan eens een klant.*

stray[3] ⟨ww.⟩ **0.1** ***dwalen*** ⇒*dolen, rondzwerven* ⟨ook fig.⟩ ◆ **6.1** ~ **from** the subject *v.h. onderwerp afdwalen.*

streak[1] [strie:k] ⟨zn.⟩ **0.1** ***streep*** ⇒*lijn, strook* **0.2** ***(karakter)trek*** ⇒*element, tikje* ◆ **1.1** a ~ of light *een streepje licht* **1.2** there's a ~ of madness in Mel *er zit (ergens) een draadje los bij Mel* **1.¶** like a ~ of lightning *bliksemsnel* **2.¶** a winning/losing ~ *een reeks overwinningen/successen/nederlagen/verliezen.*

streak[2] **I** ⟨onov.ww.⟩ **0.1** ***(weg)schieten*** ⇒*flitsen, snellen* **0.2** ⟨inf.⟩ ***streaken*** ⇒*naakt rondrennen;*
II ⟨ov.ww.⟩ **0.1** ***strepen zetten op*** ⇒*strepen maken in* ◆ **6.1** ~ed **with** grey *met grijze strepen.*

streaker [strie:kə] ⟨inf.⟩ **0.1** ***streaker*** ⟨iem. die naakt rondrent⟩.

streak|y [strie:kie] ⟨-ily⟩ **0.1** ***gestreept*** ⇒*met strepen, doorregen* ⟨v. bacon⟩.

stream[1] [strie:m] ⟨zn.⟩ **0.1** ***stroom(pje)*** ⇒*water, beek* **0.2** ⟨meestal enk.⟩ ***stroomrichting*** ⇒*stroom* **0.3** ⟨vnl. enk.⟩ ***stroming*** ⇒*heersende mening* **0.4** ***(stort)vloed*** ⇒*stroom* **0.5** ⟨BE; school.⟩ ***richting*** ⇒*stroom, niveaugroep* ◆ **1.4** ⟨lit.⟩ ~ of consciousness *monologue intérieur* **6.3** go **with/against** the ~ *met de stroom mee/tegen de stroom in gaan.*

stream[2] **I** ⟨onov.ww.⟩ **0.1** ***stromen*** ⟨ook fig.⟩ ⇒*vloeien, druipen* **0.2** ***wapperen*** ⇒*waaien, fladderen* ◆ **6.1** the people ~ed **out of** the church *de mensen stroomden de kerk uit;* his face was ~ing **with** sweat *het zweet liep hem langs het gezicht;*
II ⟨ov.ww.⟩ **0.1** ***doen stromen*** ⇒*druipen van* **0.2** ***laten wapperen*** ◆ **1.1** the wound was ~ing blood *het bloed gutste uit de wond.*

streamer [strie:mə] **0.1** ***wimpel*** ⇒*lint, serpentine.*

streamline 0.1 ***stroomlijnen*** ⇒⟨fig.⟩ *lijn brengen in, vereenvoudigen* ◆ **1.1** ~ an organization *een organisatie efficiënter maken.*

streamlined [strie:mlajnd] **0.1** ***gestroomlijnd*** ⟨ook fig.⟩.

street [strie:t] **0.1** ⟨in straatnamen S-⟩ ***straat*** ⇒*weg, straatweg* ◆ **2.1** dead-end street *doodlopende straat* **3.1** be on/walk the ~s *dakloos zijn/worden, op straat zwerven (op zoek naar werk); tippelen* **5.1** ⟨inf.⟩ ~s **ahead** (of) *(mijlen)ver uitstekend boven, veel beter/verder dan* **6.1** ⟨BE⟩ **in/** ⟨AE⟩ **on** the ~ *op straat;* that's (right) **up** my ~ *dat is precies in mijn straatje;* that's not **up** my ~ *dat is niets voor mij/mijn vak niet* **7.¶** ⟨inf.⟩ not be in the same ~ as *niet kunnen tippen aan.* →**easy, queer.**

streetcar ⟨AE⟩ **0.1** ***tram.***

street credibility, street cred ⟨inf.⟩ **0.1** ***geloofwaardigheid/populariteit (bij de jeugd)*** ⇒*straatimago.*

street dog 0.1 ***straathond.***

street level 0.1 ***gelijkvloers.***

street lighting 0.1 ***straatverlichting.***

street map, street plan 0.1 ***stratenplan.***

street trader 0.1 ***straatventer*** ⇒*straathandelaar/koopman.*

street value 0.1 ***handelswaarde*** ⇒*straatwaarde.*

street vendor 0.1 ***venter.***

streetwalker 0.1 ***tippelaarster*** ⇒*straathoer.*

streetwise, street-smart ⟨inf.⟩ **0.1** ***door het (straat)leven gehard*** ⇒*door de wol geverfd, slim, doortrapt.*

strength [streng(k)θ] **0.1** ***sterkte*** ⟨ook fig.⟩ ⇒*kracht(en), vermogen* **0.2** ***(getal)sterkte*** ⇒*macht, bezetting* **0.3** ***gehalte*** ⇒*concentratie, zwaarte* ⟨v. tabak⟩, *sterkte* ◆ **1.1** ~s and weaknesses *sterke en zwakke punten;* ~ of will *wilskracht* **3.1** measure one's ~ with *zijn krachten meten met;* give me ~! *wel, allemachtig!* **4.1** that is not his ~ *dat is zijn sterkste punt niet* **6.1** **on** the ~ of *op grond van, uitgaand van* **6.2** **on** the ~ *in dienst;* (bring) **up to** (full) ~ *op (volle) sterkte (brengen), voltallig maken* **6.¶** go **from** ~ **to** ~ *het ene succes na het andere behalen.*

strengthen [streng(k)θən] **I** ⟨onov.ww.⟩ **0.1** ***sterk(er) worden*** ⇒*aansterken, in kracht toenemen;*
II ⟨ov.ww.⟩ **0.1** ***sterk(er) maken*** ⇒*versterken, verstevigen.*

strength training ⟨sport⟩ **0.1** ***krachttraining.***

strenuous [strenjoeəs] ⟨-ness⟩ **0.1** ***zwaar*** ⇒*inspannend, vermoeiend* **0.2** ***energiek*** ⇒*onvermoeibaar, ijverig* **0.3** ***luid*** ⇒*fors, krachtig* ◆ **1.2** ~ supporter *fervent aanhanger.*

strep throat 0.1 ***keelontsteking.***

stress[1] [stres] ⟨zn.⟩ **0.1** ***spanning*** ⇒*druk, stress, belasting* **0.2** ***klem(toon)*** ⇒*nadruk, accent;* ⟨fig.⟩ *gewicht, belang* **0.3** ⟨tech.⟩ ***spanning*** ⇒*druk, (be)last(ing)* ◆ **3.1** put ~ on *(zwaar) belasten* **3.2** lay ~ on *benadrukken* **6.1** (be) **under** great ~ *onder (hoog)spanning (staan), onder (hoge) druk (staan).*

stress[2] ⟨ww.⟩ **0.1** ***beklemtonen*** ⟨ook fig.⟩ ⇒*de nadruk leggen op, accentueren* **0.2** ***belasten*** ⟨lett. en fig.⟩ ⇒*onder druk/spanning zetten* ◆ **5.1** we can't ~ enough that *we kunnen er niet voldoende de nadruk op leggen dat.*

stressful [stresfl] **0.1** ***zwaar*** ⇒*veeleisend, stressig.*

stress mark 0.1 ***klemtoonteken*** ⇒*accent.*

stretch[1] [stretsj] ⟨zn.⟩ **0.1** ***(groot) stuk*** ⟨land, weg, zee enz.⟩ ⇒*uitgestrektheid, vlakte; eind(je), lap, stuk* **0.2** ⟨vnl. enk.⟩ ***rechte stuk*** ⟨v. renbaan⟩ **0.3** ***tijd(ruimte)*** ⇒*tijdspanne, periode* **0.4** ⟨sl.⟩ ***straftijd*** ⇒⟨ihb.⟩ *gevangenisstraf v.e. jaar* **0.5** ⟨vnl. enk.⟩ ***rekbeweging*** ⇒*strekoefening, het zich uitrekken* **0.6** ***rek(baarheid)*** ⇒*elasticiteit* ◆ **1.1** ~ of road *stuk weg* **1.¶** not by any ~ of the imagination *met de beste wil van de wereld niet* **2.2** final/finishing/⟨AE⟩ home ~ *laatste stuk* ⟨v. renbaan⟩ **3.4** do a ~ *brommen, zitten* **3.5** go for a ~ *de benen strekken, een wandelingetje maken* **6.3** ten hours **at** a ~ *tien uur aan een stuk* **6.¶** **at** full ~ *met inspanning van al zijn krachten;* ⟨vnl. BE⟩ **at** a ~ *desnoods; als het moet.*

stretch[2] **I** ⟨onov.ww.⟩ **0.1** ⟨+ out⟩ ***zich uitstrekken*** ⇒*(languit) gaan liggen* **0.2** ***zich uitstrekken (tot)*** ⇒*reiken (tot)* **0.3** ***zich uitrekken*** **0.4** ***rekbaar zijn*** ⇒*elastisch zijn* **0.5** ⟨+ over⟩ ***duren*** ⇒*zich uitspreiden (over)* ◆ **1.2** his memories ~ to his childhood *zijn herinneringen gaan terug tot zijn kindertijd;*
II ⟨onov. en ov.ww.⟩ **0.1** ***(uit)rekken*** ⟨ook fig.⟩ ⇒*wijder/langer/ruimer worden/maken* ◆ **1.1** ~ the law *de wet ruim interpreteren;* ~ s.o.'s patience *iemands geduld op de proef stellen;* my new sweater ~ed when I washed it *mijn nieuwe sweater is uitgerekt bij het wassen* **5.1** will the beer ~ **out**? *is er genoeg bier?;*
III ⟨ov.ww.⟩ **0.1** ***(aan)spannen*** ⇒*opspannen, strak trekken* **0.2** ***(uit)strekken*** ⇒*reiken* **0.3** ***tot het uiterste inspannen*** ⇒*forceren* **0.4** ***ruim interpreteren/nemen*** ⇒*het niet zo nauw nemen (met)* ⟨regels⟩; ⟨bij uitbr.⟩ *geweld*

aandoen, overdrijven **0.5** ***verrekken*** ⟨spieren⟩ ◆ **1.1** ~ a rope *een touw spannen* **1.4** ~ the rules *de regels overtreden* **4.2** ~ o.s. *zich uitrekken* **4.3** ~ o.s. *zich tot het uiterste inspannen* **5.3** be fully ~ed *zich helemaal geven* **¶.4** that's rather ~ed *dat is nogal overdreven.*

stretcher [stretsjə] **0.1** ***brancard*** ⇒*draagbaar* **0.2** ***rekker*** ⇒ *handschoenrekker, schoenspanner* **0.3** ***spanraam.***

stretcher-bearer **0.1** ***ziekendrager*** ⇒*brancardier.*

stretcher off ⟨sport⟩ **0.1** ***(per brancard) afvoeren/van het veld dragen.***

stretcher party ⟨zn.⟩ **0.1** ***groep dragers/brancardiers.***

stretching [stretsjing] **0.1** ***stretching*** ⟨statisch rekken v. spieren⟩.

stretch mark **0.1** ***zwangerschapsstriem.***

stretch|y [stretsjie] ⟨-iness⟩⟨inf.⟩ **0.1** ***elastisch*** ⇒*(te) rekbaar.*

strew [stroe:]⟨ook strewn [stroe:n]⟩ **0.1** ⟨+ on/over⟩ ***uitstrooien (over)*** ⇒⟨+ with⟩ *bestrooien/bezaaien (met)* **0.2** ⟨schr.⟩ ***verspreid liggen op*** ◆ **6.1** books were strewn all **over** his desk *zijn bureau was bezaaid met boeken.*

'strewth →**'struth.**

striated [-eetid] **0.1** ***(fijn)gegroefd*** ⇒*(fijn)gestreept.*

striation [strajjeesjn] **0.1** ***(fijne) streep*** ⇒*lijn* **0.2** ***gestreeptheid*** ⇒*gegroefdheid.*

stricken [strikkən] **0.1** ***getroffen*** ⇒*geslagen, aangetast; (zwaar) beproefd, bedroefd; gewond* ◆ **1.1** ~ heart *bedrukt gemoed;* ~ look *verslagen blik* **6.1** ~ **with** fever, fever-stricken *door koorts overmand.*

strict [strikt] ⟨-ness⟩ **0.1** ***strikt*** ⇒*nauwkeurig, precies, streng* ◆ **1.1** in ~(est) confidence *in strikt vertrouwen;* ~ parents *strenge ouders* **3.1** interpret (a law) ~ly *(een wet) strikt interpreteren;* ~ly speaking *strikt genomen* **6.1** be ~ **with** *streng zijn voor.* →**bird.**

stricture [striktsjə] **0.1** ⟨vaak mv.⟩ ***aanmerking*** ⇒*berisping, afkeuring* ◆ **3.1** pass ~s (up)on *kritiek uitoefenen op.*

stride[1] [strajd] ⟨zn.⟩ **0.1** ***pas*** ⇒*stap, schrede* **0.2** ***gang*** ◆ **3.1** ⟨fig.⟩ get into one's ~ *op dreef komen;* ⟨inf.; fig.⟩ put s.o. off his ~ *iem. uit zijn gewone doen brengen;* take sth. in (one's) ~ *ergens makkelijk overheen stappen; iets spelenderwijs doen/klaren* **3.¶** make great ~s *grote vooruitgang boeken.*

stride[2] ⟨ww.; strode [strood], stridden [stridn]⟩ **0.1** ***schrijden*** ⇒*(voort)stappen, grote passen nemen* ◆ **5.1** ~ **away/off** *wegstappen* **6.1** ~ **across/over** *stappen over.*

strid|ent [strajdnt] ⟨zn.: **-ency, -ence**⟩ **0.1** ***schel*** ⇒*schril, scherp* ◆ **1.1** ~ cry *schrille/doordringende kreet.*

stride pattern ⟨atletiek⟩ **0.1** ***pasritme*** ⟨v. hordeloper⟩.

strife [strajf] **0.1** ***ruzie*** ⇒*conflict, geharrewar* ◆ **2.1** industrial ~ *industriële onrust.*

strike[1] [strajk] ⟨zn.⟩ **0.1** ***slag*** ⇒*klap* **0.2** ***(lucht)aanval*** **0.3** ***staking*** **0.4** ***vondst*** ⟨v. olie enz.⟩ ⇒*ontdekking;* ⟨fig.⟩ *succes, vangst* **0.5** ⟨honkbal⟩ ***slag*** ⟨gemist door slagman⟩ **0.6** ⟨bowling⟩ ***strike*** ⟨het omwerpen v. alle kegels met 1e bal⟩ **0.7** ⟨geol.⟩ ***horizontale ligging*** ◆ **6.3** (out) **on** ~ *in staking.*

strike[2] ⟨struck, struck [struk]⟩ **I** ⟨onov. en ov.ww.⟩ **0.1** ***slaan*** ⇒*slaan in/met/op/tegen; uithalen; treffen, raken; aanvallen, toeslaan; aanslaan* ⟨snaar, noot⟩; *aan de haak slaan, vangen; munten, geld slaan; aansteken* ⟨lucifer⟩; *botsen (met/op), stoten (op/tegen)* **0.2** ***staken*** ⇒*in staking gaan* **0.3** ***wortel (doen) schieten*** ⇒*stekken; (zich) vasthechten (in)* **0.4** ***aanvoelen*** ⇒*aandoen, lijken* **0.5** ***(op pad/weg) gaan*** ⇒*beginnen (met)* ◆ **1.1** ~ a blow *een klap uitdelen;* the clock ~s *de klok slaat;* ⟨fig.⟩ ~ a note of warning *een waarschuwend geluid laten horen* **2.1** struck dumb *met stomheid geslagen;* they were struck silent *ze stonden als verstomd* **2.4** the room ~s cold *de kamer doet koud aan;* ~ false *vals klinken* ⟨v. noot⟩ **5.1** ~ **down** *neerslaan* ⟨ook fig.⟩; *vellen; branden* ⟨v. zon⟩; ~ **through** *doorstrepen, schrappen* **5.¶** ~ home to s.o. *grote indruk maken op/geheel doordringen tot iem.* ⟨v. opmerking⟩ **6.1** ~ **(up)on** *treffen, slaan op; stoten op, ontdekken; krijgen, komen op* ⟨idee⟩; ~ **at** *uithalen naar, een slag toedienen* ⟨ook fig.⟩; struck **by** lightning *door de bliksem getroffen;* ~ s.o. **off** the list *iem. royeren* **6.5** ~ **for** home *de weg naar huis inslaan* **6.¶** ⟨sl.⟩ struck **on** *smoor(verliefd) op.* →**strike off, strike out, strike up;**

II ⟨ov.ww.⟩ **0.1** ***strijken*** ⇒*neerlaten* ⟨vlag e.d.⟩; *opbreken* ⟨kamp, tent⟩ **0.2** ***bereiken*** ⇒*sluiten, halen* **0.3** ***aannemen*** ⟨houding⟩ **0.4** ***uitkomen op*** ⇒*tegenkomen, stuiten op* **0.5** ***ontdekken*** ⇒*vinden, stoten op* **0.6** ***een indruk maken op*** ⇒*opvallen, lijken* **0.7** ***opkomen bij*** ⇒*invallen* ⟨idee⟩ ◆ **1.2** ~ a bargain *een koopje sluiten;* ~ a bargain with *het op een akkoordje gooien met* **1.3** ~ a pose *een houding aannemen* **1.5** ~ oil *olie aanboren;* ⟨fig.⟩ *fortuin maken* **1.¶** ~ terror into s.o.'s heart *iem. met schrik vervullen/de schrik op het lijf jagen* **4.6** it ~s me that *het valt mij op dat;* did it ever ~ you that *heb je er wel eens aan gedacht dat.*

strikebound **0.1** ***lamgelegd*** ⟨door staking⟩.

strikebreaker **0.1** ***stakingsbreker.***

strike-call **0.1** ***stakingsoproep.***

strike force **0.1** ***aanvalsmacht*** ⇒⟨ihb.⟩ *(direct inzetbare) aanvals/interventietroepen.*

strike fund **0.1** ***stakingsfonds*** ⇒*stakingskas.*

strike off **0.1** ***schrappen*** ⇒*royeren* **0.2** ***afdraaien*** ⇒*drukken.*

strike out **I** ⟨onov.ww.⟩ **0.1** ***(fel) uithalen*** ⟨ook fig.⟩ ⇒*(fel) tekeergaan* **0.2** ***armen en benen krachtig uitslaan*** ⟨bij zwemmen⟩ **0.3** ***nieuwe wegen inslaan*** ◆ **6.2** ~ **for/towards** *met krachtige slag/snel afzwemmen op* **6.3** ~ **on** one's own *zijn eigen weg inslaan/gaan;*

II ⟨ov.ww.⟩ **0.1** ***schrappen*** ⇒*doorhalen* **0.2** ⟨honkbal⟩ ***(met 3 maal slag) uitgooien*** ⟨slagman⟩.

strike pay **0.1** ***stakingsuitkering.***

striker [strajkə] **0.1** ***staker*** **0.2** ⟨sport⟩ ***slagman*** **0.3** ⟨voetbal⟩ ***spits.***

strike up **I** ⟨onov. en ov.ww.⟩ **0.1** ***gaan spelen/zingen*** ⇒*inzetten, aanheffen;*

II ⟨ov.ww.⟩ **0.1** ***beginnen*** ◆ **1.1** ~ an acquaintance (with) *(toevallig) kennismaken (met);* ~ a conversation (with) *een gesprek aanknopen (met).*

striking [strajking] **0.1** ***opvallend*** ⇒*treffend, aantrekkelijk* ◆ **2.1** ~ly beautiful *buitengewoon mooi.*

striking distance **0.1** ***bereik*** ◆ **6.1 within** ~ *binnen het bereik, binnen loopafstand.*

string[1] [string] ⟨zn.⟩ **0.1** ***koord*** ⇒*touw(tje), garen* **0.2** ***draad*** ⇒*band* **0.3** ***snaar*** **0.4** ⟨mv.⟩ ***strijkinstrumenten*** ⇒*strijkers* **0.5** ***aaneenschakeling*** ⇒*snoer, ris(t); reeks, sliert; streng* ◆ **1.5** ~ of cars *rij/file auto's* **1.¶** have two ~s/a second ~ to one's bow *op twee paarden wedden, meer pijlen op zijn boog hebben* **3.1** ⟨fig.⟩ pull (some) ~s *invloed uitoefenen, kruiwagens gebruiken;* ⟨fig.⟩ pull the ~s *de touwtjes in handen hebben* **3.3** ⟨fig.⟩ touch a ~ *een (gevoelige) snaar aanraken* **3.¶** play second ~ *de tweede viool spelen* **6.1** ⟨fig.⟩ have s.o. **on** a ~ *iem. in zijn macht hebben/houden; iem. aan het lijntje houden* **6.¶ with** no ~s attached *zonder kleine lettertjes/beperkende bepalingen.*

string[2] ⟨strung, strung [strung]⟩ **I** ⟨onov.ww.⟩ →**string along, string out;**

II ⟨ov.ww.⟩ **0.1** ***(vast)binden*** **0.2** ***(aan elkaar) rijgen*** ⇒ *ritsen, aaneenschakelen* **0.3** ⟨+ up; inf.⟩ ***opknopen*** ⇒*ophangen* **0.4** ***bespannen*** ⇒*besnaren* ◆ **1.2** ~ words together *woorden aan elkaar rijgen* **5.4** ⟨fig.⟩ highly strung *fijnbesnaard, overgevoelig* **5.¶** strung **up** *zenuwachtig, gespannen, opgewonden.* →**string along, string out.**

string along I ⟨onov.ww.⟩ **0.1** ⟨+with⟩ ***zich aansluiten (bij)*** ⇒*meegaan/doen/werken (met), volgen;*
II ⟨ov.ww.⟩⟨inf.⟩ **0.1** ***beduvelen*** ⇒*misleiden, aan het lijntje houden.*

string bag 0.1 ***boodschappennet.***

string band 0.1 ***strijkje*** ⇒*strijkorkest.*

string bass 0.1 ***contrabas.***

string bean ⟨AE⟩ **0.1** ***(snij)boon.***

string(ed) instrument [stringd] **0.1** ***snaarinstrument.***

stringenc|y [strindzjənsie] ⟨mv.: -ies⟩ **0.1** ***strengheid*** ⇒*striktheid, bindendheid* **0.2** ***nood(situatie)*** ⇒*beperking, schaarste* ◆ **1.1** the ~ of the law *de bindende kracht v.d. wet.*

stringent [strindzjənt] **0.1** ***stringent*** ⇒*streng, dwingend* **0.2** ***krap*** ⇒*schaars* ◆ **1.1** ~ rule *strikte regel.*

string orchestra 0.1 ***strijkorkest.***

string out I ⟨onov.ww.⟩ **0.1** ***een rij vormen*** ⇒*zich verspreiden (in een rij);*
II ⟨ov.ww.⟩ **0.1** ***een rij doen vormen*** ⇒*in een lange rij plaatsen, rekken.*

string quartet 0.1 ***strijkkwartet.***

string vest 0.1 ***nethemd.***

string|y [stringie] ⟨-iness⟩ **0.1** ***draderig*** ⇒*pezig, zenig* **0.2** ***mager*** ⇒*lang en dun* ◆ **1.1** ~ arm *pezige arm.*

strip[1] [strip] ⟨zn.⟩ **0.1** ***strook*** ⇒*strip, reep* **0.2** ***kleur(en)*** ⟨v. sportploeg⟩ **0.3** ***striptease(nummer)*** ◆ **3.3** do a ~ *een striptease opvoeren* **3.¶** ⟨sl.⟩ tear s.o. off a ~, tear a ~ / ~s off s.o. *iem. een uitbrander geven.*

strip[2] ⟨-ped⟩ **I** ⟨onov.ww.⟩ **0.1** ⟨ook +off⟩ ***zich uitkleden*** **0.2** ***een striptease opvoeren*** ◆ **6.1** ~ped **to** the waist *met ontbloot bovenlijf;*
II ⟨ov.ww.⟩ **0.1** ***uitkleden*** **0.2** ⟨ook +off⟩ ***van iets ontdoen*** ⇒*pellen, (af)schillen; ontbloten; verwijderen; aftrekken, afscheuren; aftuigen* ⟨scheep.⟩; *afhalen* ⟨bed⟩; *afkrabben* ⟨verf⟩ **0.3** ***doldraaien*** ⟨schroef⟩ ◆ **2.1** ~ s.o. naked/to the skin *iem. (helemaal) uitkleden* ⟨ook fig.⟩ **5.2** ~ **down** *uit elkaar nemen, ontmantelen* ⟨machines⟩ **6.2** ~ **of** *ontdoen van; beroven.*

strip artist →**stripper.**

strip cartoon 0.1 ***stripverhaal*** ⇒*beeldverhaal.*

strip club, ⟨AE; inf. ook⟩ **strip joint 0.1** ***strip(tease)tent.***

stripe [strajp] **0.1** ***streep*** ⇒*lijn, strook* **0.2** ***streep*** ⟨onderscheidingsteken⟩ ⇒*chevron* **0.3** ⟨AE⟩ ***opvatting*** ⇒*opinie, mening* ◆ **2.3** of all political ~s *van alle politieke kleuren* **3.2** lose one's ~s *gedegradeerd worden.*

striped [strajpt] **0.1** ***gestreept.***

striplighting 0.1 ***tl-verlichting*** ⇒*buisverlichting.*

stripling [stripling] **0.1** ***knaap*** ⇒*jongmens, melkmuil.*

strip mine ⟨mijnw.⟩ **0.1** ***bovengrondse mijn.***

strip mining ⟨mijnw.⟩ **0.1** ***dagbouw.***

stripper [strippə], **strip artist 0.1** ⟨sl.⟩ ***stripper*** ⇒*stripteasedanser(es).*

strip-search ⟨sl.⟩ **0.1** ⟨zn.⟩ ***visitatie*** **0.2** ⟨ww.⟩ ***visiteren.***

striptease, strip show 0.1 ***striptease.***

strip|y [strajpie] ⟨-ier⟩ **0.1** ***streperig*** ⇒*met/vol strepen.*

strive [strajv] ⟨strove [stroov], striven [strivn]⟩ **0.1** ⟨+after/for⟩ ***(na)streven*** ⇒*zich inspannen (voor)* **0.2** ***vechten.***

strobe light 0.1 ***stroboscooplamp*** ⇒*flitslamp/licht.*

strobe(s) [stroob(z)], **strobe lighting 0.1** ***stroboscooplicht.***

strode [strood] ⟨verl. t.⟩ →**stride.**

stroke[1] [strook] ⟨zn.⟩ **0.1** ***slag*** ⇒*klap, stoot; donder/klok/hamer/zwem/hartslag* **0.2** ***aanval*** ⇒*beroerte* **0.3** ***haal*** ⇒*pennenstreek, streep* **0.4** ***schuine streep*** ⇒*breukstreep* **0.5** ***streling*** ⇒*aai* **0.6** ⟨roeien⟩ ***slag(roeier)*** ⟨achterste roeier⟩ ◆ **1.1** ~ of genius *geniale zet/vondst* **1.2** ~ of paralysis *verlamming* **1.¶** ~ of (good) luck *buitenkansje, geluk(je);* he has not done a ~ of work *hij heeft geen klap uitgevoerd* **6.1 at** a/one ~ *in één klap;* **on** the ~ **of** twelve *klokslag twaalf (uur), op slag v. twaalven.* →**different.**

stroke[2] ⟨ww.⟩ **0.1** ***aaien*** ⇒*strelen, (glad)strijken* **0.2** ⟨roeien⟩ ***de slag aangeven in/aan*** ⇒*slag(roeier) zijn* **0.3** ***(beheerst/bekeken) slaan/stoten*** ⟨bal⟩.

stroll[1] [strool] ⟨zn.⟩ **0.1** ***wandeling(etje)*** ⇒*ommetje* ◆ **3.1** go for a ~ *een ommetje maken.*

stroll[2] ⟨ww.⟩ **0.1** ***wandelen*** ⇒*kuieren, slenteren.*

stroller [stroolə] **0.1** ***wandelaar*** ⇒*slenteraar* **0.2** ⟨vnl. AE⟩ ***wandelwagen(tje)*** ⇒*kinderwagentje, buggy.*

strong [strong] ⟨-er [stronggə]⟩ **0.1** ***sterk*** ⇒*stoer, krachtig, fors; stevig, vast; flink, gezond; zwaar* ⟨v. bier, sigaar⟩; *geconcentreerd, sterk* ⟨v. oplossing⟩; *sterk, scherp* ⟨v. geur, smaak⟩; *drastisch* ⟨v. maatregel⟩; *rans* ⟨v. boter⟩; *groot, sterk* ⟨v. groep⟩; *bekwaam; hevig, stevig* ⟨v. wind⟩; *hoog* ⟨v. koorts, prijs enz.⟩; *vurig; onregelmatig* ⟨v. werkwoord⟩; *uitgesproken; vastbesloten; kras* ⟨v. taal⟩ ◆ **1.1** ~ argument *sterk/sluitend argument;* ~ arm *macht, geweld;* ~ arm of the law *(sterke) arm der wet;* ~ belief/conviction *vaste overtuiging;* ~ dollar *sterke dollar;* ~ feelings *intense gevoelens, groot ongenoegen;* ~ language/stuff *krasse/krachtige taal, gevloek;* take a ~ line *zich (kei)hard opstellen;* ~ man *krachtpatser;* ⟨fig.⟩ *steunpilaar; dictator, sterke man;* ~ measure *drastische maatregel;* ~ nerves *stalen zenuwen;* ~ point/suit ⟨fig.⟩ *sterke kant;* ~ stomach *sterke maag, maag die veel verdraagt;* ~ supporter *hevig/vurig aanhanger/supporter;* hold ~ views *er een uitgesproken mening op nahouden;* ~ voice *krachtige stem* **3.1** ⟨sl.⟩ (still) going ~ *nog steeds actief, nog steeds in de running/op dreef* **4.1** two hundred ~ *tweehonderd man sterk* **6.1** be ~ **for** *veel ophebben met, krachtig steunen;* be ~ **in** *uitblinken/goed zijn in.*

strong-arm 0.1 ***hardhandig*** ⇒*ruw, gewelddadig* ◆ **1.1** ~ methods *grove middelen.*

strongbox 0.1 ***brandkast*** ⇒*geldkist, safe(loket).*

stronghold 0.1 ⟨ook fig.⟩ ***bolwerk*** ⇒*vesting, sterkte.*

strongly [stronglie] **0.1** →**strong 0.2** ***met klem*** ⇒*nadrukkelijk* ◆ **3.1** feel ~ about sth. *iets uitgesproken belangrijk vinden.*

strong|man ⟨mv.: -men⟩ **0.1** ***sterke man*** ⇒*krachtpatser;* ⟨fig.⟩ *steunpilaar; machthebber, leider, dictator.*

strong-minded ⟨-ness⟩ **0.1** ***gedecideerd*** ⇒*vastberaden, stijfkoppig* ◆ **3.1** be very ~ *(verdraaid goed) weten wat men wil.*

strong room 0.1 ***(bank)kluis*** ⇒*bewaarkluis.*

strong-willed 0.1 ***wilskrachtig*** ⇒*gedecideerd, vastberaden.*

strop[1] [strop] ⟨zn.⟩ **0.1** ***scheerriem.***

strop[2] ⟨ww.; -ped⟩ **0.1** ***aanzetten*** ⇒*scherpen* ⟨op scheerriem⟩.

strophe [stroofie] **0.1** ***strofe*** ⇒*(beurt)zang* ⟨in Grieks drama⟩.

stropp|y [stroppie] ⟨-ier⟩⟨BE; inf.⟩ **0.1** ***onbeschoft dwars.***

strove [stroov] ⟨verl. t.⟩ →**strive.**

struck ⟨verl. t. en volt. t.⟩ →**strike.**

structural [struktsjrəl] **0.1** ***structureel*** ⇒*bouw-, constructie-* ◆ **1.1** ~ alterations *verbouwing;* ~ fault in a building *constructiefout in een gebouw.*

structure[1] [struktsjə] ⟨zn.⟩ **0.1** ***bouwwerk*** ⇒*constructie, (op)bouw* **0.2** ***structuur*** ⇒*samenstel(ling), constructie.*

structure[2] ⟨ww.⟩ **0.1** ***structureren*** *⇒organiseren, ordenen* **0.2** ***bouwen*** *⇒construeren.*

struggle[1] [strugl] ⟨zn.⟩ **0.1** ***worsteling*** *⇒gevecht, (wed)strijd* **0.2** ***(kracht)inspanning*** ◆ **1.1** ~ for freedom *vrijheidsstrijd* **2.2** quite a ~ *een heel karwei* **3.1** put up a ~ *zich verzetten* **¶.2** I had a ~ helping/to help them *het kostte me veel moeite om hen te helpen.*

struggle[2] ⟨ww.⟩ **0.1** ***worstelen*** *⇒vechten;* ⟨ook fig.⟩ *strijden, zich inspannen* ◆ **6.1** ~ **against** poverty *opboksen tegen de armoede;* ~ **into** one's clothes *zich in zijn kleren wurmen;* ~ **to** one's feet *overeind krabbelen.*

strum [strum] ⟨-med⟩ **0.1** ***(be)tokkelen*** *⇒t(j)ingelen* ◆ **1.1** he was ~ming his guitar *hij zat een beetje op zijn gitaar te tokkelen.*

strumpet [strumpit] ⟨vero.⟩ **0.1** ***hoer*** *⇒lichtekooi.*

strung [strung] ⟨verl. t. en volt. deelw.⟩ →**string.**

strung out ⟨AE; sl.⟩ **0.1** ***verslaafd*** **0.2** ***afgeleefd*** ◆ **6.1** ~ **on** *verslaafd aan.*

strut[1] [strut] ⟨zn.⟩ **0.1** ⟨vnl. enk.⟩ ***pompeuze/pronkerige gang*** **0.2** ***stut*** *⇒steun; schoor, stijl.*

strut[2] ⟨ww.; -ted⟩ **0.1** ***pompeus/pronkerig schrijden (op/over)*** *⇒paraderen, heen en weer stappen (op)* ◆ **6.1** ~ **about** the place *rondparaderen.*

'struth, 'strewth [stroe:θ] **0.1** ***warempel*** *⇒allemachtig* ⟨verk. v. God's truth⟩.

strychnine [striknie:n] **0.1** ***strychnine.***

stub[1] [stub] ⟨zn.⟩ **0.1** ***stomp*** *⇒stompje, eind(je), peuk* **0.2** ***souche*** ⟨v. bon- of chequeboekje⟩ *⇒reçustrook, controlestrook.*

stub[2] ⟨ww.; -bed⟩ **0.1** ***stoten*** **0.2** ⟨+ out⟩ ***uitdrukken*** *⇒uitdoven* ◆ **1.1** ~ one's toe *zijn teen stoten* **5.2** ~ **out** a cigarette *een sigaret uitmaken.*

stubble [stubl] **0.1** ***stoppel(s)*** **0.2** ***stoppelveld*** **0.3** ***stoppelbaard.***

stubbly [stublie] **0.1** ***stoppelig.***

stubborn [stubbən] ⟨-ness⟩ **0.1** ***koppig*** *⇒eigenwijs, obstinaat, eigenzinnig* **0.2** ***weerbarstig, weerspannig*** *⇒hardnekkig, moeilijk te bewerken* ◆ **1.2** ~ lock *stroef slot;* ~ soil *taaie grond.*

stubb|y [stubbie] ⟨-ily⟩ **0.1** ***stomp*** *⇒gedrongen, kort en dik.*

stucco[1] [stukkoo] ⟨zn.⟩ **0.1** ***stuc*** *⇒pleister(kalk), gipspleister.*

stucco[2] ⟨ww.; -ed⟩ **0.1** ***pleisteren*** *⇒stukadoren.*

stuck[1] [stuk] ⟨bn.⟩ **0.1** ***vast*** ⟨ook fig.⟩ *⇒klem, onbeweeglijk; ten einde raad* **0.2** ***vastgekleefd/geplakt*** ◆ **6.1** be ~ **for** an answer *met zijn mond vol tanden staan;* ⟨inf.⟩ get ~ **in**! *val aan!, tast toe!;* ⟨inf.⟩ get ~ **in(to)** sth. *iets enthousiast aanpakken;* he got ~ **on** mathematics *hij bleef hangen op zijn wiskunde;* ⟨inf.⟩ be / get ~ **with** s.o. / sth. *met iem. / iets opgezadeld/opgescheept zitten.*

stuck[2] [stuk] ⟨verl. t. en volt. deelw.⟩ →**stick.**

stuck-up ⟨inf.⟩ **0.1** ***bekakt*** *⇒verwaand.*

stud[1] [stud] ⟨zn.⟩ **0.1** ***(sier)spijker*** *⇒sierknopje* **0.2** ***knoop(je)*** *⇒overhemds/boorde/manchetknoopje* **0.3** ***verbindingsbout*** ⟨in schakels v. ketting⟩ **0.4** ***stoeterij*** *⇒(ren)stal, fokbedrijf* **0.5** ***fokhengst*** *⇒dekhengst* ⟨ook fig.⟩ **0.6** ***nop*** ⟨onder voetbalschoen⟩ ⇒⟨AZN⟩ *stud* ◆ **6.5** **at/in** ~ *als fokhengst beschikbaar.*

stud[2] ⟨ww.; -ded⟩ **0.1** ⟨+ with⟩ ***beslaan (met)*** *⇒versieren met/voorzien van spijkers/knopjes* **0.2** ***bezetten*** *⇒bezaaien, bedekken* ◆ **6.2** ~ded **with** quotations *vol citaten.*

studbook **0.1** ***stamboek*** ⟨vnl. v. paarden⟩.

student [stjoe:dnt] **0.1** ***student(e)*** *⇒studerende* **0.2** ***navorser*** *⇒kenner* ◆ **1.1** ~ of law, law ~ *student in de rechten, rechtenstudent* **1.2** ~ of bird-life *vogelkenner.*

student charter **0.1** ***leerlingenstatuut.***

student grant **0.1** ***studiebeurs.***

student hostel **0.1** ***studentenhuis/flat.***

student loan **0.1** ***studielening.***

student nurse **0.1** ***leerling-verpleegster.***

students' union ⟨BE⟩ **0.1** ***studentenvereniging.***

student teacher **0.1** ***(leraar-)stagiair*** **0.2** ***student pabo/nlo.***

student teaching ⟨AE; onderw.⟩ **0.1** ***stage*** ⟨ter verkrijging v. onderwijsbevoegdheid⟩.

stud farm **0.1** ***fokbedrijf*** *⇒stoeterij.*

studied [studdied] **0.1** ***weloverwogen*** *⇒(wel)doordacht, berekend* ◆ **1.1** ~ insult *opzettelijke belediging;* ~ smile *gemaakte/geforceerde glimlach.*

studio [stjoe:die·oo] **0.1** ***studio*** *⇒werkplaats, atelier* ⟨v. kunstenaar⟩; *opnamekamer;* ⟨vaak mv.⟩ *filmstudio.*

studio audience ⟨zn.⟩ **0.1** ***studiopubliek.***

studio couch **0.1** ***divanbed.***

studio flat, ⟨AE⟩ **studio apartment** **0.1** ***eenkamerappartement*** *⇒studio.*

studious [stjoe:diəs] ⟨-ness⟩ **0.1** ***leergierig*** *⇒vlijtig, ijverig* **0.2** ***nauwgezet*** **0.3** ***bestudeerd*** *⇒weloverwogen, opzettelijk* ◆ **1.3** ~ politeness *bestudeerde/gemaakte beleefdheid.*

studmare **0.1** ***fokmerrie.***

stud|y[1] [studdie] ⟨mv.: -ies⟩ **I** ⟨telb.zn.⟩ **0.1** ***studie*** *⇒monografie, werk, thesis; oefenschets/schilderij* **0.2** ***studeerkamer*** ⇒⟨AZN⟩ *bureau* **0.3** ⟨meestal mv.⟩ ***studie(vak)*** ◆ **2.3** graduate studies ⟨ong.⟩ *postkandidaatsstudie;* ⟨AZN⟩ *derde cyclus* **3.1** make a ~ of sth. *een studie van iets maken.* → **brown;**

II ⟨n.-telb.zn.⟩ **0.1** ***studie*** *⇒het studeren, onderzoek; aandacht, attentie* ◆ **6.1** spend an evening **in** ~ *een namiddag met studeren doorbrengen.*

stud|y[2] ⟨-ied⟩ **I** ⟨onov.ww.⟩ **0.1** ***studeren*** *⇒les(sen) volgen, college lopen* ◆ **3.1** ~ to be a doctor *voor dokter studeren* **5.1** ~ **up** on *bestuderen* **6.1** ~ **for** the Bar *voor advocaat studeren;*

II ⟨ov.ww.⟩ **0.1** ***(be)studeren*** *⇒onderzoeken* **0.2** ***instuderen*** *⇒van buiten leren* **0.3** ***nastreven*** *⇒behartigen, in het oog houden* ◆ **1.1** ~ law *rechten studeren* **1.3** ~ s.o.'s interests *iemands belangen behartigen.*

stuff[1] [stuf] ⟨zn.⟩ **0.1** ***materiaal*** *⇒(grond)stof, elementen* **0.2** ***kern*** *⇒(het) wezen(lijke), essentie* **0.3** ***spul*** *⇒goed(je), waar* **0.4** ***troep*** *⇒rommel* **0.5** ⟨sl.⟩ ***stuff*** *⇒hasj, shit* ◆ **1.2** the ~ of life *de essentie v.h. leven* **1.3** a drop of the hard ~ *een lekker neutje* **1.¶** ~ and nonsense! *kletskoek, klinkklare onzin!* **2.3** sweet ~ *zoetigheid* **3.1** we must first know what ~ she's made off *we moeten eerst weten uit welk hout zij gesneden is;* she has the ~ of an actrice in her *er zit een actrice in haar* **3.3** do you call this ~ coffee? *noem jij dit goedje koffie?* **3.4** throw that ~ away! *gooi die rommel/vuiligheid weg!* **3.¶** ⟨sl.⟩ do your ~ *eens tonen wat je kan;* know one's ~ *zijn vak verstaan* **6.1** be **of** the ~ that *v.h. soort/slag zijn dat* **7.¶** ⟨inf.⟩ that's the ~! *(dat is) je ware!, zo mag ik 't horen.* →**hot, rough.**

stuff[2] **I** ⟨onov.ww.⟩ ⟨inf.⟩ **0.1** ***zich volproppen;***

II ⟨ov.ww.⟩ **0.1** ***(op)vullen*** *⇒volproppen/stoppen* **0.2** ***(dicht/vol)stoppen*** *⇒toeproppen* **0.3** ***proppen*** *⇒stoppen, steken, duwen* **0.4** ***opzetten*** **0.5** ⟨cul.⟩ ***farceren*** *⇒vullen* ◆ **1.2** ~ (up) one's ears *zijn oren dichtstoppen;* ~ (up) a hole *een gat stoppen;* ~ed nose *verstopte neus* **1.4** - a bird *een vogel opzetten* **1.5** ~ed pepper *gevulde paprika;* ~ed turkey *gefarceerde kalkoen* **4.1** ⟨inf.⟩ ~ o.s. *zich volproppen, zich overeten;* ~ s.o. *iem. volproppen* **5.1** ~ full *volproppen* **5.2** my nose is completely ~ed **up** *mijn neus is helemaal* *verstopt* **6.1** my mind is ~ed **with** facts *mijn hersenpan zit vol (met) feiten* **6.3** ~ sth. **in(to)** *iets proppen/stoppen/duwen/steken in* **¶.¶** ⟨sl.⟩ (you can) ~ yourself! *je kunt me de bout hachelen, je kunt me wat!;* ⟨sl.⟩ he can ~ his job! *hij kan naar de maan lopen met zijn baan.*

stuffing [stuffing] **0.1** ***(op)vulsel*** *⇒vulling, stopsel;* ⟨cul.⟩ *farce* ◆ **3.¶** knock/take the ~ out of s.o. *iem. tot moes slaan, iem. uitschakelen.*

stuff|y [stuffie] ⟨-iness⟩ **0.1** ***bedompt*** *⇒benauwd, muf* **0.2** ***saai*** *⇒vervelend* **0.3** ***bekrompen*** *⇒preuts.*

stultif|y [stultiffaj] ⟨-ied; zn.: **-ication**⟩ **0.1** ***afstompen*** *⇒gevoelloos maken.*

stumble[1] [stumbl] ⟨zn.⟩ **0.1** ***struikeling*** *⇒misstap;* ⟨fig.⟩ *blunder.*

stumble[2] ⟨ww.⟩ **0.1** ***struikelen*** *⇒vallen* **0.2** ***hakkelen*** *⇒haperen, stamelen* ◆ **6.2** he always ~s **at/over** the difficult words *hij struikelt altijd over de moeilijke woorden;* ~ **in** one's speech *hakkelen.*

stumble across, stumble (up)on **0.1** ***tegen het lijf lopen*** *⇒toevallig ontmoeten, treffen; stuiten op; toevallig vinden.*

stumble into **0.1** ***(door dwaling) komen tot*** **0.2** ***door een toeval belanden in*** *⇒terechtkomen in, geraken tot* ◆ **1.1** ~ crime *tot misdaden vervallen* **1.2** ~ fame *door toeval beroemd worden;* he stumbled into that job *hij kreeg die baan in de schoot geworpen.*

stumbling block **0.1** ***struikelblok*** **0.2** ***steen des aanstoots.***

stump[1] [stump] ⟨zn.⟩ ⟨→s1⟩ **0.1** ***(boom)stronk*** *⇒stomp* **0.2** ***(arm/been/tak)stomp*** **0.3** ***(potlood)stompje*** *⇒eindje, stukje, (sigaren/sigaretten)peukje* **0.4** ⟨cricket⟩ ***stump*** *⇒wicketpaaltje* ◆ **3.¶** ⟨inf.⟩ stir one's ~s *er vaart achter zetten, opschieten* **6.¶** ⟨inf.⟩ **on** the ~ *bezig met het houden van (verkiezings)toespraken.*

stump[2] **I** ⟨onov.ww.⟩ **0.1** ***stampen*** **0.2** ***al rondreizend campagne voeren.*** →**stump up;**
II ⟨ov.ww.⟩ **0.1** ⟨inf.⟩ ***voor raadsels stellen*** *⇒moeilijke vragen stellen* **0.2** ***doorreizen om campagne te voeren.*** → **stump up.**

stumper [stumpə] ⟨inf.⟩ **0.1** ***moeilijke/lastige vraag.***

stump oratory **0.1** ***politieke redevoeringen.***

stump up ⟨BE; inf.⟩ **0.1** ***dokken*** *⇒betalen, neertellen.*

stumpy [stumpie] **0.1** ***gedrongen*** *⇒kort en dik.*

stun [stun] ⟨-ned⟩ **0.1** ***bewusteloos slaan*** **0.2** ***schokken*** *⇒verwarren, verdoven* **0.3** ***versteld doen staan*** *⇒verbluft doen staan, verbazen* ◆ **6.3** be ~ned **into** speechlessness *met stomheid geslagen zijn.*

stung [stung] ⟨verl. t. en volt. deelw.⟩ →**sting.**

stunk [stungk] ⟨verl. t. en volt. deelw.⟩ →**stink.**

stunner [stunnə] **0.1** ⟨inf.⟩ ***schoonheid.***

stunning [stunning] ⟨inf.⟩ **0.1** ***ongelofelijk/verbluffend mooi*** *⇒verrukkelijk, prachtig.*

stunt[1] [stunt] ⟨zn.⟩ **0.1** ⟨inf.⟩ ***stunt*** *⇒(acrobatische) toer, kunst(je)* **0.2** ⟨inf.⟩ ***(reclame)stunt*** *⇒attractie* **0.3** ⟨inf.⟩ ***kunstvlucht*** *⇒stuntvlucht* ◆ **3.¶** pull a ~ *een stunt uithalen.*

stunt[2] ⟨ww.⟩ **0.1** ***(in zijn groei) belemmeren.***

stunt flying **0.1** ***luchtacrobatiek*** *⇒het stuntvliegen.*

stunt man **0.1** ***stuntman.***

stunt woman **0.1** ***stuntvrouw.***

stupefaction [stjoe:pifæksjn] **0.1** ***verbijstering*** *⇒(stomme) verbazing.*

stupef|y [stjoe:piffaj] ⟨-ied; vaak pass.⟩ **0.1** ***bedwelmen*** *⇒verdoven* **0.2** ***afstompen*** **0.3** ***verbijsteren*** *⇒versteld/verstomd doen staan* ◆ **1.1** be stupefied by drink *door de drank versuft zijn.*

stupendous [stjoe:pendəs] **0.1** ***fantastisch*** *⇒enorm, kolossaal* ◆ **1.1** a ~ effort *een ongelofelijke inspanning.*

stupid[1] [stjoe:pid] ⟨zn.⟩ ⟨inf.⟩ **0.1** ***domoor*** *⇒sufferd.*

stupid[2] ⟨bn.⟩ **0.1** ***dom*** *⇒traag (v. begrip), stom(pzinnig)* **0.2** ***suf*** *⇒versuft* ◆ **6.2** I'm still ~ **with** sleep *ik heb mijn ogen nog niet open, ik ben nog slaapdronken.*

stupidit|y [stjoe:piddətie] ⟨mv.: -ies⟩ **0.1** ***dom(mig)heid*** *⇒stommiteit, domme streek/opmerking* **0.2** ***domheid*** *⇒traagheid (v. begrip).*

stupor [stjoe:pə] **0.1** ***(toestand v.) verdoving/bedwelming*** ◆ **2.1** in a drunken ~ *in benevelde toestand.*

sturd|y [stə:die] ⟨-iness⟩ **0.1** ***sterk*** *⇒flink, stevig (gebouwd)* **0.2** ***vastberaden*** *⇒resoluut, krachtig.*

sturgeon [stə:dzjən] **0.1** ***steur.***

stutter[1] [stuttə] ⟨zn.; vnl. enk.⟩ **0.1** ***gestotter*** ◆ **3.1** have a ~ *stotteren* **6.1** **without** a ~ *zonder te stotteren.*

stutter[2] ⟨ww.⟩ **0.1** ***stotteren*** *⇒stamelen* ◆ **5.1** ~ **out** *stotterend uitbrengen.*

stutterer [stutrə] **0.1** ***stotteraar(ster).***

sty [staj], ⟨in bet. 0.2 ook⟩ **stye** ⟨mv.: sties, styes⟩ **0.1** ***varkenskot*** *⇒varkensstal/hok* **0.2** ***strontje*** ⟨zweertje aan oog⟩.

stygian [stidzjiən] ⟨vaak S-⟩ **0.1** ⟨Griekse mythologie⟩ ***Stygisch*** *⇒v.d. Styx* **0.2** ⟨schr.⟩ ***somber (als de Styx)*** *⇒donker (als de Styx), onheilspellend.*

style[1] [stajl] **I** ⟨telb.zn.⟩ **0.1** ***stift*** *⇒stilus* **0.2** ***genre*** *⇒type, model, vorm* **0.3** ***benaming*** *⇒(volledige) (aanspreek)titel, (firma)naam* **0.4** ⟨plantk.⟩ ***stijl*** ◆ **1.2** in all sizes and ~s *in alle maten en vormen;*
II ⟨telb. en n.-telb.zn.⟩ **0.1** ***(schrijf)stijl*** *⇒(schrijf)trant/wijze* **0.2** ***stijl*** *⇒stroming, school* ⟨mbt. lit., bouwk. e.d.⟩ **0.3** ***manier v. doen*** *⇒levenswijze, stijl* **0.4** ***mode*** *⇒stijl* ◆ **1.2** the new ~ of building *de nieuwe bouwstijl* **1.3** the ~ of a gentleman *de stijl/manier v. doen v.e. gentleman* **1.¶** ~ of swimming *zwemslag* **2.1** spaghetti Italian ~ *spaghetti op zijn Italiaans* **2.3** in fine ~ *met (veel) stijl, stijlvol;* live in great/grand ~ *op grote voet leven* **3.¶** cramp s.o.'s ~ *iem. in zijn doen en laten belemmeren* **6.1** **in** the ~ **of** *in/volgens de stijl van* **6.4** **in** ~ *in de mode.*

style[2] ⟨ww.⟩ **0.1** ***stileren*** **0.2** ***(volgens een bep. stijl) ontwerpen*** *⇒vorm geven aan* **0.3** ⟨vaak pass.⟩ ***noemen*** *⇒de titel geven van.*

stylish [stajlisj] ⟨-ness⟩ **0.1** ***modieus*** *⇒naar de mode (gekleed)* **0.2** ***stijlvol*** *⇒elegant, deftig, chic.*

stylist [stajlist] **0.1** ***stilist(e)*** *⇒auteur met (goede) stijl* **0.2** ***ontwerp(st)er*** **0.3** ***stilist(e)*** ◆ **2.3** an industrial ~ *een industrieel adviseur.*

stylistic [stajlistik] ⟨-ally⟩ **0.1** ***stilistisch*** *⇒stijl-* ◆ **1.1** a ~ change *een stijlverandering.*

stylistics [stajlistiks] **0.1** ***stilistiek.***

stylize, -ise [stajlajz] **0.1** ***stileren*** ◆ **1.1** ~d representations *gestileerde afbeeldingen.*

stylus [stajləs] ⟨mv.: ook styli [-laj]⟩ **0.1** ***(grammofoon)naald*** **0.2** ***ets/graveernaald*** *⇒schrijfpriem/stift.*

stym|ie [stajmie] ⟨-ied⟩ **0.1** ***dwarsbomen*** *⇒(ver)hinderen.*

styrene [stajrie:n] ⟨schei.⟩ **0.1** ***styreen.***

Styx [stiks] ⟨Griekse mythologie⟩ **0.1** ***Styx*** ◆ **2.1** black as ~ *zo zwart als de nacht* **3.¶** cross the ~ *naar het schimmenrijk gaan.*

suav|e [swa:v] ⟨zn.: **-ity**⟩ **0.1** ***hoffelijk*** *⇒beleefd;* ⟨pej.⟩ *glad.*

sub[1] [sub] ⟨zn.⟩ **0.1** ***voorschot*** ⟨op loon⟩ **0.2** ⟨verk.⟩ [subeditor, submarine, subscription, substitute].

sub[2] ⟨bn.⟩ **0.1** ***ondergeschikt*** *⇒bijkomend, hulp-* ◆ **1.1** ~ post office *hulppostkantoor.*

sub[3] ⟨-bed⟩ ⟨inf.⟩ **I** ⟨onov.ww.⟩ **0.1** ***als plaatsvervanger optreden*** *⇒invallen* **0.2** ⟨BE⟩ ***voorschot betalen/ontvangen;***
II ⟨ov.ww.⟩ **0.1** ⟨verk.⟩ [subedit].

subaltern [sublt∂n] **0.1** ⟨vnl. BE⟩ ***subalterne officier*** ⟨beneden de rang v. kapitein⟩.
subatomic [-∂tommik] **0.1** ***subatomair.***
subbrand 0.1 ***huismerk*** ⇒*eigen merk.*
subcategory [-kætəgrie] **0.1** ***subcategorie.***
subclass [subkla:s] **0.1** ***subklasse*** ⇒*onderklasse.*
subclinical [-klinnikl] ⟨med.⟩ **0.1** ***vóór het verschijnen v.d. symptomen*** ⇒*zonder duidelijke symptomen.*
subcommittee [-kəmittie] ⟨zn.; ww. enk. of mv.⟩ **0.1** ***subcommissie.***
subconscious [-konsjəs] **0.1** ⟨bn.⟩ ***onderbewust*** **0.2** ⟨zn.; the⟩ ***het onderbewustzijn.***
subcontinent [-kontinnənt] **0.1** ***subcontinent.***
subcontract[1] [-kontrækt] ⟨zn.⟩ **0.1** ***onderaanbestedings/toeleveringscontract.***
subcontract[2] [-kəntrækt] ⟨ww.⟩ **0.1** ⟨+ to⟩ ***een onderaanbestedings/toeleveringscontract sluiten (met)*** ◆ **6.1** ~ some of the work **to** a plumber *een gedeelte v.h. werk uitbesteden aan een loodgieter.*
subcontractor [-kəntræktə] **0.1** ***onderaannemer*** ⇒*toeleveringsbedrijf.*
subculture [-kultsjə] **0.1** ***subcultuur.***
subcutaneous [-kjoe:teeniəs] ⟨med.⟩ **0.1** ***subcutaan*** ⇒*onderhuids.*
subdivide [subdivvajd] **0.1** ***(zich) verder verdelen/opsplitsen.***
subdivision [subdivvizjn] **0.1** ***(onder)verdeling*** ⇒*onderafdeling.*
subdue [səbdjoe:] **0.1** ***onderwerpen*** ⇒*beheersen* **0.2** ***temperen*** ⇒*matigen, verzachten* ◆ **1.1** ~ one's passions *zijn hartstochten beteugelen* **1.2** ~ the light *het licht temperen.*
subdued [səbdjoe:d] **0.1** ***getemperd*** ⇒*gematigd, gedempt; ingehouden, ingetogen, stil* ◆ **1.1** ~ colours *zachte kleuren;* ~ lighting *getemperd licht;* ~ mood *ingetogen stemming.*
subedit [-eddit] **0.1** ***redigeren*** ⇒*persklaar maken.*
subeditor [-eddittə] **0.1** ***adjunct-hoofdredacteur.***
subfamily [subfæm(i)lie] **0.1** ***subfamilie*** ⇒*onderfamilie.*
subgroup [-groe:p] **0.1** ***subgroep.***
subhead [-hed], **subheading** [-hedding] **0.1** ***ondertitel.***
subhuman [-hjoe:mən] **0.1** ***minder dan menselijk*** ⇒*dierlijk.*
subjacent [subdzjeesnt] **0.1** ***lager/dieper gelegen*** ⇒*onderliggend.*
subject[1] [subdzjikt] ⟨zn.⟩ **0.1** ***onderdaan*** ⇒*ondergeschikte* **0.2** ***onderwerp*** ⇒*thema* **0.3** ***(studie)object*** ⇒*studiegebied, (leer)vak* **0.4** ***aanleiding*** ⇒*omstandigheid, reden* ⟨tot klagen, gelukwensing enz.⟩ **0.5** ⟨taal., logica⟩ ***subject*** ⇒*onderwerp* **0.6** ⟨med.⟩ ***lijk*** ⟨voor dissectie⟩ ⇒*kadaver; proefkonijn* **0.7** ⟨med.⟩ ***patiënt*** ◆ **3.2** change the ~ *van onderwerp veranderen;* wander from the ~ *v.h. onderwerp afwijken/afdwalen* **6.2 on** the ~ **of** *omtrent, aangaande, over.*
subject[2] [subdzjikt] **I** ⟨bn.⟩ **0.1** ***onderworpen*** ◆ **1.1** a ~ nation *een onderdrukte natie* **6.1** ~ **to** foreign rule *onder vreemde heerschappij;* ~ **to** the laws of nature *onderworpen aan de wetten v.d. natuur;*
II ⟨bn., pred.⟩ **0.1** ***onderhevig*** ⇒*blootgesteld, vatbaar* **0.2** ***afhankelijk*** ◆ **6.1** ~ **to** change *vatbaar voor wijziging(en)* **6.2** ~ **to** these conditions *op deze voorwaarden;* ~ **to** your consent *behoudens uw toestemming;* ~ **to** contract *afhankelijk v.h. sluiten v.e. contract.*
subject[3] [səbdzjekt] ⟨ww.⟩ **0.1** ⟨+ to⟩ ***onderwerpen (aan)*** ⇒ *blootstellen (aan), doen ondergaan* ◆ **1.1** ~ to torture *martelen.*
subject catalogue 0.1 ***systematische catalogus.***
subject heading 0.1 ***indexering.***
subject index 0.1 ***klapper*** ⇒*systematisch register* **0.2** ***trefwoordenregister.***
subjection [səbdzjeksjn] **0.1** ***onderwerping*** ⇒*afhankelijkheid, onderworpenheid.*
subjectiv|e [səbdzjektiv] ⟨zn.: **-ity**⟩ **0.1** ***subjectief.***
subject matter 0.1 ***onderwerp*** ⇒*inhoud* ⟨v. boek⟩.
subjoin [subdzjojn] ⟨schr.⟩ **0.1** ***(eraan) toevoegen*** ⇒*bijvoegen.*
subjug|ate [subdzjoegeet] ⟨zn.: **-ation**⟩ **0.1** ***onderwerpen*** ⇒ *onder het juk brengen.*
subjunctive [səbdzjungktiv] ⟨taal.⟩ **0.1** ***conjunctief*** ⇒*aanvoegende wijs, subjunctief.*
subkingdom [subkingdəm] ⟨biol.⟩ **0.1** ***fylum*** ⇒*stam.*
sublease[1] [-lie:s] ⟨zn.⟩ **0.1** ***onderverhuringscontract.***
sublease[2] [-lie:s] ⟨ww.⟩ **0.1** ***onderverhuren.***
sublet [-let] ⟨sublet, sublet⟩ **0.1** ***onderverhuren.***
sublieutenant [subleftennənt] ⟨BE⟩ **0.1** ***luitenant-ter-zee 3e klasse.***
sublim|ate [sublimmeet] ⟨zn.: **-ation**⟩ **0.1** ⟨psych.⟩ ***sublimeren.***
sublime [səblajm] **0.1** ***subliem*** ⇒*verheven* **0.2** ⟨inf.; pej.⟩ ***subliem*** ⇒*ongehoord, ongelofelijk* ◆ **7.1** (from) the ~ (to the ridiculous) *(van) het sublieme (tot het potsierlijke).*
subliminal [sublimminnəl] ⟨psych.⟩ **0.1** ***subliminaal*** ⇒*onderbewust.*
sublimity [səblimmətie] **0.1** ***sublimiteit*** ⇒*verhevenheid.*
submachine gun [subməsjie:n gun] **0.1** ***machinepistool.***
submarine[1] [submərie:n] ⟨zn.⟩ **0.1** ***duikboot*** ⇒*onderzeeër.*
submarine[2] [submərie:n] ⟨bn.⟩ **0.1** ***onderzees.***
submariner [submærinnə] **0.1** ***bemanningslid v.e. duikboot.***
submerge [səbmə:dzj] **0.1** ***(doen) duiken*** ⟨v. duikboot⟩ ⇒*onderduiken* **0.2** ***(doen) zinken*** ⇒*(doen) ondergaan, overstromen* **0.3** ⟨fig.⟩ ***(doen) verdwijnen*** ◆ **1.2** ~d rocks *blinde klippen* **6.3** ~d **in** thought *in gepeins/gedachten verzonken.*
submersible [səbmə:səbl] **0.1** ⟨bn.⟩ ***met duikvermogen*** **0.2** ⟨zn.⟩ ***duikboot.***
submersion [səbmə:sjn] **0.1** ***het duiken*** **0.2** ***onderdompeling*** ⇒*overstroming.*
submission [səbmisjn] **I** ⟨telb.zn.⟩⟨schr.⟩ **0.1** ***oordeel*** ⇒*suggestie* ◆ **4.1** my ~ is that *sta me toe op te merken dat* **6.1 in** my ~ *naar mijn bescheiden mening;*
II ⟨n.-telb.zn.⟩ **0.1** ***onderwerping*** ⇒*onderdanigheid, onderworpenheid* **0.2** ***voorstel*** ◆ **3.1** starve the enemy into ~ *de vijand uithongeren.*
submissive [səbmissiv] ⟨-ness⟩ **0.1** ***onderdanig*** ⇒*onderworpen* ◆ **6.1** ~ **to** advice *ontvankelijk voor goede raad.*
submit [səbmit] ⟨-ted⟩ **I** ⟨onov.ww.⟩ **0.1** ***toegeven*** ⇒*zwichten* ◆ **6.1** ~ **to** threats *onder dreiging toegeven;* ~ **to** s.o.'s wishes *iemands wensen inwilligen;*
II ⟨onov. en ov.ww.⟩ **0.1** ***(zich) overgeven*** ⇒*(zich) onderwerpen* ◆ **6.1** ~ (o.s.) **to** *zich onderwerpen aan;* ~ **to** defeat *zich gewonnen geven;* I will never ~ **to** being parted from you *ik zal nooit toestaan dat we van elkaar gescheiden worden;*
III ⟨ov.ww.⟩ **0.1** ⟨+ to⟩ ***voorleggen (aan)*** ◆ **1.1** ~ s.o.'s name for appointment *iem. ter benoeming voordragen* **6.1** ~ a case **to** court *een zaak voor het gerecht brengen* **8.1** I ~ that *ik meen te mogen beweren dat.*
subnormal [subno:ml] **0.1** ***subnormaal*** ⇒*achterlijk, beneden de norm.*
suborbital [-o:bitl] **0.1** ***geen volledige baan beschrijvend.***
subordinate[1] [səbo:dinnət] ⟨zn.⟩ **0.1** ***ondergeschikte.***

subordinate² ⟨bn.⟩ **0.1** ⟨+to⟩ ***ondergeschikt (aan)*** ⇒*onderworpen, afhankelijk* ◆ **1.1** ⟨taal.⟩ ~ clause *bijzin, ondergeschikte zin.*

subordinate³ [səbo:dinneet] ⟨ww.⟩ **0.1** ⟨+to⟩ ***ondergeschikt maken (aan)*** ⇒*achterstellen (bij)* ◆ **1.1** subordinating conjunction *onderschikkend voegwoord.*

subordination [səbo:dinneesjn] **0.1** ***ondergeschiktheid*** **0.2** ⟨taal.⟩ ***onderschikking.***

suborn [səbo:n] ⟨zn.: **-ation**⟩⟨jur.⟩ **0.1** ***omkopen*** ⟨vnl. tot meineed⟩.

subpar [subpa:] **0.1** ***v. mindere kwaliteit*** ⇒*beneden het gemiddelde.*

subplot [subplot] ⟨lit.⟩ **0.1** ***ondergeschikte intrige/plot.***

subpoena¹ [səpie:nə] ⟨zn.⟩⟨jur.⟩ **0.1** ***dagvaarding.***

subpoena² ⟨ww.⟩⟨jur.⟩ **0.1** ***dagvaarden.***

subroutine [subroe:tie:n] ⟨comp.⟩ **0.1** ***subroutine.***

subscribe [səbskrajb] **I** ⟨onov.ww.⟩ **0.1** ⟨+to⟩ ***intekenen (voor)*** ⇒*zich abonneren (op)* ⟨tijdschrift⟩ **0.2** ⟨+to⟩ ***onderschrijven*** ⟨mening⟩ **0.3** ⟨+to⟩ ***(geldelijk) steunen*** ◆ **6.1** ~ **for** *(vooraf) bestellen* ⟨boek(enreeks)⟩;
II ⟨onov. en ov.ww.⟩ **0.1** ***(onder)tekenen*** ⇒*zijn handtekening zetten onder* **0.2** ***inschrijven (voor)*** ◆ **1.1** ~ one's name (to sth.) *(iets) ondertekenen;*
III ⟨ov.ww.⟩ **0.1** ***geld bijeenbrengen voor*** ⟨inzamelingsactie⟩ **0.2** ***aanbieden*** ◆ **1.¶** ⟨hand.⟩ ~d capital *geplaatst kapitaal;* a ~d loan *een voltekende lening.*

subscriber [səbskrajbə] **0.1** ***ondertekenaar*** **0.2** ***intekenaar*** ⇒*abonnee.*

subscriber trunk dialling **0.1** ***automatisch (interlokaal) telefoneren*** ⟨zonder tussenkomst v. centrale⟩.

subscription [səbskripsjn] **0.1** ***ondertekening*** **0.2** ***abonnement*** ⇒*intekening, inschrijving* **0.3** ***contributie*** ⇒*bijdrage, steun* ◆ **3.2** take out a ~ to sth. *zich op iets abonneren.*

subscription rate **0.1** ***abonnementsprijs.***

subscription television **0.1** ***abonneetelevisie*** ⇒*betaaltelevisie.*

subsection [subseksjn] **0.1** ***onderafdeling.***

subsequent [subsikwənt] **0.1** ⟨+to⟩ ***volgend (op)*** ⇒*later, aansluitend.*

subsequently [subsikwəntlie] **0.1** ***vervolgens*** ⇒*nadien, daarna.*

subservi|ent [səbsə:viənt] ⟨zn.: **-ence**⟩ **0.1** ***bevorderlijk*** ⇒*nuttig* **0.2** ***ondergeschikt*** **0.3** ***kruiperig*** ⇒*onderdanig, overgedienstig* ◆ **6.1** ~ **to** *bevorderlijk voor.*

subset [subset] **0.1** ***ondergroep.***

subside [səbsajd] **0.1** ***(be)zinken*** ⇒*(in)zakken, verzakken* **0.2** ***slinken*** ⇒*inkrimpen, afnemen* **0.3** ***luwen*** ⇒*bedaren* ◆ **6.1** ⟨scherts.⟩ ~ **into** an armchair *in een fauteuil wegzinken.*

subsidence [səbsajdns, subsiddəns] **0.1** ***instorting*** ⇒*het wegzakken, verzakking.*

subsidiarity [səbsiddie·ærittie] ⟨pol.⟩ **0.1** ***subsidiariteit.***

subsidiar|y¹ [səbsidzjərie] ⟨zn.; mv.: -ies⟩ **0.1** ***dochtermaatschappij.***

subsidiary² ⟨bn.⟩ **0.1** ***helpend*** ⇒*steunend, hulp-, aanvullings-* **0.2** ⟨+to⟩ ***ondergeschikt (aan)*** ⇒*afhankelijk (van), bijkomstig* ◆ **1.1** ~ troops *hulptroepen* **1.2** ~ company *dochtermaatschappij/onderneming;* ~ road *secundaire weg;* ~ stream *zijrivier;* ~ subject *bijvak.*

subsid|ize, -ise [subsiddajz] ⟨zn.: **-ization**⟩ **0.1** ***subsidiëren.***

subsid|y [subsiddie] ⟨mv.: -ies⟩ **0.1** ***subsidie.***

subsist [səbsist] **0.1** ***(in) leven (blijven).***

subsistence [səbsistəns] **0.1** ***bestaan*** ⇒*leven* **0.2** ***onderhoud*** ⇒*bestaansmiddelen, kost, levensonderhoud.*

subsistence allowance **0.1** ***onderhoudstoelage.***

subsistence crop **0.1** ***oogst voor eigen gebruik.***

subsistence farming **0.1** ***landbouw voor eigen gebruik.***

subsistence level **0.1** ***bestaansminimum*** ◆ **3.1** live at ~ *nauwelijks rond komen.*

subsistence wage **0.1** ***minimumloon.***

subsoil [subsojl] **0.1** ***ondergrond.***

subsonic [-sonnik] **0.1** ***subsonisch.***

subspecies [-spie:sjie:z] ⟨mv.: subspecies⟩ **0.1** ***subspecies*** ⇒*ondersoort.*

substance [substəns] **0.1** ***substantie*** ⇒*wezen, essentie; stof, materie; kern, hoofdzaak; vastheid* ◆ **1.1** the ~ of his remarks *de kern v. zijn opmerkingen;* man of ~ *rijk/vermogend man* **6.1** **in** ~ *in hoofdzaak/wezen;* **of** little ~ *met weinig substantie/inhoud.*

substance abuse **0.1** ***drugs/alcoholmisbruik.***

substandard [-stændəd] **0.1** ***beneden de maat*** **0.2** ⟨taal.⟩ ***niet-/substandaard*** ⇒*afwijkend v.d. standaardtaal.*

substantial [səbstænsjl] **0.1** ***substantieel*** ⇒*wezenlijk, werkelijk, aanzienlijk; stoffelijk; degelijk, solide; belangrijk; vermogend* ◆ **1.1** ~ damage *aanzienlijke schade;* ~ meal *stevige/krachtige maaltijd.*

substanti|ate [səbstænsjie·eet] ⟨zn.: **-ation**⟩ **0.1** ***substantiëren*** ⇒*van gronden voorzien, bewijzen; verwezenlijken* ◆ **1.1** ~ a claim *een bewering staven.*

substantive [substəntiv] **0.1** ***substantief*** ⇒*zelfstandig* **0.2** ***overtuigend*** ⇒*steekhoudend* ⟨argument⟩ **0.3** ***aanzienlijk*** ⇒*belangrijk, substantieel* ◆ **1.¶** ⟨jur.⟩ ~ law *materieel recht;* ~ rank *effectieve rang.*

substation [substeesjn] **0.1** ⟨elek.⟩ ***onderstation.***

substitute¹ [substitjoe:t] ⟨zn.⟩ **0.1** ***vervanger*** ⇒*plaatsvervanger;* ⟨ook sport⟩ *invaller, wisselspeler; vervangmiddel, surrogaat.*

substitute² ⟨bn.⟩ **0.1** ***plaatsvervangend.***

substitute³ ⟨ww.⟩ **0.1** ***in de plaats stellen/treden (voor)*** ⇒*vervangen;* ⟨ook sport⟩ *invallen (voor)* ◆ **6.1** ~ A **by/with** B *A door B vervangen;* ~ A **for** B *B vervangen door A.*

substitution [substitjoe:sjn] **0.1** ***vervanging.***

substratal [substreetl] **0.1** ***substraat-*** **0.2** ***fundamenteel.***

substratum [-stra:təm]⟨mv.: substrata [-tə]⟩ **0.1** ***substraat*** ⇒*onderlaag;* ⟨biol.⟩ *voedingsbodem* **0.2** ⟨fig.⟩ ***grond*** ⇒*grondslag.*

substructure [-struktsjə] **0.1** ***fundering*** ⇒*grondslag, fundament, onderbouw.*

subsume [səbsjoe:m] ⟨schr.⟩ **0.1** ⟨+under⟩ ***onderbrengen (bij)*** ⇒*opnemen.*

subtenant [subtennənt] **0.1** ***onderhuurder.***

subtend [səbtend] **0.1** ⟨meetkunde⟩ ***onderspannen.***

subterfuge [subtəfjoe:dzj] **0.1** ***uitvlucht*** ⇒*voorwendsel* **0.2** ***trucje*** ⇒*list.*

subterranean [-təreeniən] **0.1** ***onderaards*** ⇒*ondergronds.*

subtitle¹ [subtajtl] ⟨zn.⟩ **0.1** ⟨vnl. mv.⟩ ***ondertitel.***

subtitle² ⟨ww.⟩ **0.1** ***ondertitelen*** **0.2** ***van onderschriften voorzien.***

subt|le [sutl] ⟨-ly⟩ **0.1** ***subtiel*** ⇒*fijn, doordringend, teer; nauwelijks merkbaar; scherp(zinnig), schrander* ◆ **1.1** ~ mind *scherpzinnige geest* **3.1** smile subtly *fijntjes lachen.*

subtlet|y [sutltie] ⟨mv.: -ies⟩ **0.1** ***subtiliteit*** ⇒*fijnheid, teerheid; scherpzinnigheid; subtiel onderscheid.*

subtopia [subtoopiə] ⟨samentr. v. suburb-utopia⟩⟨BE; pej.⟩ **0.1** ***monotone voorstad.***

subtotal [-tootl] **0.1** ***subtotaal.***

subtract [səbtrækt] **0.1** ⟨+from⟩ ***aftrekken (van).***

subtraction [səbtræksjn] **0.1** ***aftrekking*** ⇒*vermindering.*

subtropical [subtroppikl] **0.1** ***subtropisch.***

suburb [subbə:b] **0.1** ***voorstad*** ⇒*buitenwijk.*

suburban [səbə:bən] **0.1** ***van/in de voorstad*** *⇒voorstedelijk;* ⟨pej.⟩ *bekrompen* ◆ **1.1** ~ life *het leven in de voorsteden.*

suburbanite [səbə:bənajt] **0.1** ***bewoner v.e./v.d. voorstad.***

suburbia [səbə:biə] ⟨ook S-⟩ **0.1** ***suburbia*** *⇒(gebied/bewoners v.d./leven in de) voorstad/voorsteden.*

subvention [səbvensjn] **0.1** ***subsidie.***

subversion [səbvə:sjn] **0.1** ***ontwrichting*** *⇒omverwerping; ondermijning.*

subversive [səbvə:siv] **0.1** ⟨bn.⟩ ***subversief*** *⇒ontwrichtend, ondermijnend, revolutionair* **0.2** ⟨zn.⟩ ***subversief element.***

subvert [səbvə:t] **0.1** ***ontwrichten*** *⇒omverwerpen; ondermijnen.*

subway [subwee] **0.1** ***(voetgangers)tunnel*** *⇒ondergrondse (door)gang* **0.2** ⟨AE⟩ ***metro*** *⇒ondergrondse (spoorweg).*

subzero [subziəroo] **0.1** ***onder nul*** *⇒onder het vriespunt.*

succeed [səksie:d] **I** ⟨onov.ww.⟩ **0.1** ***slagen*** *⇒gelukken, succes hebben* ◆ **6.1** ~ **in** (doing) sth. *slagen in iets, erin slagen iets te doen* **¶.1** ⟨sprw.⟩ if at first you don't ~, try, try, try again *de aanhouder wint;*
II ⟨onov. en ov.ww.⟩ **0.1** ***(op)volgen*** *⇒komen na* ◆ **6.1** ~ **to** the property *de bezittingen overerven;* ~ **to** the throne *de kroon erven, als vorst opvolgen.*

success [səkses] **0.1** ***succes*** *⇒goede afloop/uitslag; bijval* ◆ **2.1** military ~es *militaire overwinningen/successen* **3.1** be a ~, meet with ~ *succes boeken;* make a ~ of it *het er goed afbrengen* **6.1** be **without** ~ *zonder succes blijven, geen resultaat opleveren.*

successful [səksesfl] **0.1** ***succesvol*** *⇒geslaagd* ◆ **6.1** he is ~ **in** everything *hij brengt het er overal goed af.*

succession [səksesjn] **0.1** ***reeks*** *⇒serie, opeenvolging* **0.2** ***opvolging*** *⇒successie, erf/troonopvolging* ◆ **1.1** ~ of defeats *reeks nederlagen* **1.2** law of ~ *successiewet;* title by ~ *geërfde titel* **3.2** settle the ~ *een opvolger aanwijzen* **6.2 by** ~ *volgens erfrecht;* **in** ~ **to** *als opvolger van* **6.¶ in** ~ *achtereen(volgens), na elkaar;* **in** quick ~ *vlak na elkaar.*

successive [səksessiv] **0.1** ***opeenvolgend*** ◆ **1.1** on five ~ days *vijf dagen na elkaar/achtereen.*

successor [səksessə] **0.1** ***opvolger*** ◆ **6.1** ~ **to** the throne *troonopvolger.*

succinct [səksingkt] ⟨-ness⟩ **0.1** ***beknopt*** *⇒kort, bondig.*

succour[1], ⟨AE sp.⟩ **succor** [sukkə] ⟨zn.⟩⟨schr.⟩ **0.1** ***hulp*** *⇒steun.*

succour[2], ⟨AE sp.⟩ **succor** ⟨ww.⟩⟨schr.⟩ **0.1** ***helpen*** *⇒bijstaan.*

succulent[1] [sukjoelənt] ⟨zn.⟩⟨plantk.⟩ **0.1** ***vetplant.***

succul|ent[2] ⟨bn.; zn.: **-ence**⟩ **0.1** ***sappig.***

succumb [səkum] **0.1** ⟨+ to⟩ ***bezwijken (aan/voor)*** ◆ **6.1** ~ **to** one's enemies *zwichten voor zijn vijanden;* ~ **to** one's wounds *bezwijken aan zijn wonden.*

such[1] [sutsj] ⟨bn.; fungeert als predeterminator in combinatie met onb. lidw.⟩ **0.1** ⟨hoedanigheid⟩ ***zulk(e)*** **0.2** ⟨graad of hoeveelheid⟩ ***zodanig*** *⇒zulk* **0.3** ⟨met aanwijzende of anaforische functie⟩ ***zo*** *⇒zulk* **0.4** ⟨intensiverend element⟩ **0.5** ⟨duidt identiteit of overeenkomst aan⟩ ***dergelijke*** *⇒zulke, zo een, zo'n* **0.6** ⟨ongespecifieerd⟩ ***die en die*** *⇒dat en dat* ◆ **1.1** you shall have ~ a bag as you like *je krijgt zo'n tas als je verlangt* **1.2** his anger was ~ / ~ was his anger that he hit her *hij was zo woedend dat hij haar sloeg;* ~ clothes as he would need *de kleren die hij nodig zou hebben;* it was ~ a disaster that ... *het werd zo'n mislukking dat ...;* ~ lovely weather *zulk mooi weer* **1.3** did you ever see ~ colours *heb je ooit zulke kleuren gezien;* the work was brilliant but no-one recognized it as ~ *het werk was briljant maar niemand erkende het als zodanig* **1.4** ~ a day! *wat een dag!;* music, and ~ music! *muziek, en wat voor muziek!;* ~ rubbish! *wat een onzin!;* I've never seen ~ a thing before *ik heb nog nooit zoiets gezien* **1.5** twenty ~ novels *twintig van dergelijke romans;* all ~ matters *al dergelijke zaken* **1.6** at ~ (and ~) a place and at ~ (and ~) a time *op die en die plaats en op dat en dat uur/tijdstip* **4.4** ~ a lot of fun *zoveel pret* **4.5** give him Burgundy? I won't give him any ~ thing! *hem bourgogne geven? Niets daarvan!;* there's no ~ thing *iets dergelijks bestaat niet* **8.1** ~ as *zoals;* a man ~ as John *een man als John* **8.2** I have accepted his help, ~ as it is *ik heb zijn hulp aangenomen, ook al is die vrijwel niets waard* **8.¶** a scream ~ as would make your blood curdle *een gil die je bloed zou doen stollen.*

such[2] ⟨vnw.⟩ **0.1** ***zulke*** *⇒zo iem./iets, dergelijke(n), zulks* ◆ **1.1** his book was not a biography though he called it ~ *zijn boek was geen biografie hoewel hij het zo noemde;* ~ was not my intention *dat was niet mijn bedoeling* **1.¶** ~ being the case *nu de zaken er zo voorstaan* **8.1** lentils, beans, and ~ *linzen, bonen, en dergelijke.*

such[3] ⟨bw.⟩ **0.1** ***zodanig*** *⇒op zulke wijze* ◆ **2.1** she's not in ~ good health *ze verkeert niet in erg goede gezondheid* **8.1** it was built ~ that the walls sloped *het was zodanig gebouwd dat de muren helden.*

suchlike[1] [sutsjlajk] ⟨bn.⟩⟨inf.⟩ **0.1** ***zo'n*** *⇒zulk(e), dergelijke* ◆ **1.1** worms and ~ creatures *wormen en dergelijke beestjes.*

suchlike[2] ⟨vnw.⟩⟨inf.⟩ **0.1** ***dergelijke*** ◆ **8.1** clowns, jesters and ~ *clowns, narren en dergelijke.*

suck[1] [suk] **I** ⟨telb.zn.⟩ **0.1** ***slokje*** *⇒teugje;*
II ⟨n.-telb.zn.⟩ **0.1** ***het zuigen*** ◆ **3.1** give ~ (to) *zogen.*

suck[2] ⟨ww.⟩ **0.1** ***zuigen (aan/op)*** *⇒aan/in/op/uitzuigen, halen uit* **0.2** ⟨sl.⟩ ***likken*** *⇒vleien* **0.3** ⟨sl.⟩ ***(goed) waardeloos zijn*** *⇒klote/kut zijn* ◆ **1.1** ~ sweets *op snoepjes zuigen* **5.1** ~ **in** *in/opzuigen, absorberen, in zich opnemen;* ~ **in** knowledge *kennis vergaren;* ~ **up** *opzuigen* **5.2** ~ **up** (to) s.o. *iem. likken, iem. vleien* **5.¶** ⟨vulg.⟩ ~ **off** *pijpen.*

sucker [sukkə] **0.1** ⟨ben. voor⟩ ***iets dat zuigt*** *⇒zuiger; uitloper, scheut; zuigorgaan/nap/snuit* **0.2** ⟨sl.⟩ ***onnozele hals*** *⇒sukkel* ◆ **¶.2** be a ~ for *zich altijd laten inpakken door, (altijd) vallen op.*

sucking pig **0.1** ***speenvarken.***

suckle [sukl] **0.1** ***de borst krijgen/geven*** *⇒zuigen, zogen.*

suckling [sukling] **0.1** ***zuigeling*** **0.2** ***jong*** (dat nog gezoogd wordt).

sucrose [soe:krooz] **0.1** ***sucrose*** *⇒sacharose, rietsuiker.*

suction [suksjn] **0.1** ***het zuigen*** *⇒zuigwerking, zuigkracht; zuiging, (kiel)zog.*

suction pump **0.1** ***zuigpomp.***

Sudan [soe:da:n] ⟨the⟩ **0.1** ***Soedan.***

Sudanese [soe:dənie:z] ⟨mv.: Sudanese⟩ **0.1** ⟨bn. en zn.⟩ ***Soedanees.***

sudden [sudn] ⟨-ness⟩ **0.1** ***plotseling*** *⇒onverhoeds; haastig, overijld; snel; scherp* ◆ **1.1** ~ bend *scherpe bocht;* ⟨sport⟩ ~ death (play-off) *verlenging waarbij de eerste die een punt of goal scoort, wint;* ~ departure *onverwacht vertrek* **¶.1** all of a ~ *plotseling, ineens.*

suddenly [sudnlie] **0.1** →**sudden** **0.2** ***plotseling*** *⇒opeens, ineens.*

suds [sudz] ⟨ww. ook enk.⟩ **0.1** ***(zeep)sop*** *⇒schuim.*

sudsy [sudzie] **0.1** ***schuimend*** *⇒schuimig.*

sue [soe:] **0.1** ***(gerechtelijk) vervolgen*** *⇒dagvaarden, in rechte(n) aanspreken* **0.2** ***verzoeken*** *⇒smeken* ◆ **6.1** ~ **for** divorce *(echt)scheiding aanvragen* **6.2** ~ **for** mercy *(iem.) om genade smeken.*

suede, suède [sweed] **0.1** ***(peau de) suède.***

suet [s<u>oe:</u>it] **0.1** ***niervet.***
suety [s<u>oe:</u>ittie] **0.1** ***met/van niervet.***
suffer [s<u>u</u>ffə] **I** ⟨onov.ww.⟩ **0.1** ***lijden*** ⇒*schade lijden; beschadigd worden* **0.2** ⟨+for⟩ ***boeten (voor)*** ◆ **6.1** ~ **by** *schade lijden door;* ~ **from** *lijden aan/door/onder;* ~ **with** *sukkelen met;*
II ⟨ov.ww.⟩ **0.1** ***lijden*** ⇒*ondergaan, ondervinden* **0.2** ***verdragen*** ⇒*dulden* ◆ **1.1** ~ death *(de marteldood) sterven, terechtgesteld worden* **1.2** not ~ fools (gladly) *dwazen slecht kunnen uitstaan.*
sufferance [s<u>u</u>frəns] **0.1** ***(stilzwijgende) toestemming*** ⇒ *het dulden, toelating* ◆ **6.1** be somewhere **on** ~ *ergens geduld worden.*
sufferer [s<u>u</u>frə] **0.1** ***lijder*** ⇒*patiënt.*
suffering [s<u>u</u>fring] **0.1** ***pijn*** ⇒*lijden.*
suffice [səf<u>aj</u>s] ⟨schr.⟩ **0.1** ***genoeg/voldoende zijn (voor)*** ⇒ *volstaan, voldoen* ◆ **1.1** your word will ~ me *uw woord is me voldoende* **3.1** ~ (it) to say that *het zij voldoende te zeggen dat.*
sufficiency [səf<u>i</u>sjnsie] **I** ⟨telb.zn.; geen mv.⟩ **0.1** ***voldoende voorraad*** ⇒*toereikend(e) hoeveelheid;*
II ⟨n.-telb.zn.⟩ **0.1** ***toereikendheid.***
sufficient [səf<u>i</u>sjnt] **0.1** ***voldoende*** ⇒*toereikend, genoeg.*
suffoc|ate [s<u>u</u>ffəkeet] ⟨zn.: **-ation**⟩ **0.1** ***(doen) stikken*** ⇒*verstikken.*
suffocating [s<u>u</u>ffəkeeting] **0.1** ***stikkend*** ⇒*om te stikken, stikheet.*
suffrage [s<u>u</u>fridzj] **0.1** ***stemrecht*** ⇒*kiesrecht* ◆ **2.1** female ~ *stemrecht voor vrouwen;* universal ~ *algemeen stemrecht.*
suffragette [s<u>u</u>frədzj<u>e</u>t] **0.1** ***suffragette.***
suffuse [səfj<u>oe:</u>z] **0.1** ***bedekken*** ◆ **6.1** eyes ~d **with** tears *ogen vol tranen;* ~d **with** light *overgoten door licht.*
sugar¹ [sj<u>oe</u>gə] ⟨zn.⟩ **0.1** ***suiker*** **0.2** ⟨vnl. als aanspreekvorm; AE; inf.⟩ ***schat(je)*** ⇒*liefje* **0.3** ***zoete woordjes*** ⇒*vleierij.*
sugar² ⟨ww.⟩ **0.1** ***zoeten*** ⇒*suiker doen in* **0.2** ⟨fig.⟩ ***aangenamer maken*** ⇒*verzoeten* ◆ **1.2** ~ the pill *de pil vergulden* **5.2** ~ **over** *verbloemen.*
s<u>u</u>gar beet **0.1** ***suikerbiet.***
s<u>u</u>gar bowl, ⟨BE ook⟩ **s<u>u</u>gar basin** **0.1** ***suikerpot.***
s<u>u</u>gar candy **0.1** ***kandij(suiker).***
s<u>u</u>garcane **0.1** ***suikerriet.***
s<u>u</u>gar caster, s<u>u</u>gar dredger **0.1** ***suikerstrooier*** ⇒*strooibus.*
s<u>u</u>garcoated **0.1** ***met een suikerlaagje (bedekt)*** **0.2** ⟨fig.⟩ ***verbloemd, verfraaid.***
s<u>u</u>gar daddy ⟨inf.⟩ **0.1** ***rijke (oudere) mainteneur.***
s<u>u</u>gar maple **0.1** ***suikerahorn.***
s<u>u</u>gar pea **0.1** ***peultje.***
s<u>u</u>gar refinery **0.1** ***suikerraffinaderij*** ⇒*suikerfabriek.*
s<u>u</u>gar tongs **0.1** ***suikertang(etje).***
sugary [sj<u>oe</u>gərie] **0.1** ***suikerachtig*** ⇒*suiker-* **0.2** ***suikerzoet*** ⟨fig.⟩ ⇒*stroperig.*
suggest [sədzj<u>e</u>st] **0.1** ***suggereren*** ⇒*doen denken aan; duiden/wijzen op; influisteren, ingeven; opperen, aanvoeren; voorstellen, aanraden* ◆ **3.1** ~ doing sth. *voorstellen iets te doen* **4.1** an idea ~ed itself *er ging mij een licht op* **6.1** ~ sth. **to** s.o. *iem. iets voorstellen* **8.1** I ~ that he come/should come home now *ik stel voor dat hij nu thuis komt;* are you ~ing that I'm mad? *wil je daarmee zeggen/bedoel je daarmee dat ik gek ben?*
suggestib|le [sədzj<u>e</u>stəbl] ⟨zn.: **-ility**⟩ **0.1** ***suggestibel*** ⇒ *beïnvloedbaar.*
suggestion [sədzj<u>e</u>stsjn] **0.1** ***suggestie*** ⇒*aanduiding, aanwijzing; ingeving, wenk, zinspeling; mededeling; idee, overweging; voorstel, raad* **0.2** ***zweem*** ⇒*tikje* ◆ **1.2** a ~ of anger *een zweem van woede* **2.1** hypnotic ~ *hypnotische suggestie* **3.2** have a ~ of *de indruk geven van* **6.1** **at** the ~ of *op aanraden/voorstel van.*
sugg<u>e</u>stion box **0.1** ***ideeënbus.***
suggestive [sədzj<u>e</u>stiv] **0.1** ***suggestief*** ⇒*suggererend, veelbetekenend* **0.2** ***gewaagd*** ⇒*v. verdacht allooi, schuin.*
suicidal [s<u>oe:</u>iss<u>aj</u>dl] **0.1** ***zelfmoord-*** ⇒*zelfmoordenaars-* **0.2** ***met zelfmoordneigingen*** ◆ **1.¶** a ~ plan *een levensgevaarlijk plan.*
suicide [s<u>oe:</u>issajd] **I** ⟨telb.zn.⟩ **0.1** ***zelfmoordenaar;***
II ⟨telb. en n.-telb.zn.⟩ **0.1** ***zelfmoord*** ⟨ook fig.⟩ ◆ **3.1** commit ~ *zelfmoord plegen.*
s<u>u</u>icide attempt, s<u>u</u>icide bid **0.1** ***zelfmoordpoging.***
s<u>u</u>icide squad **0.1** ***zelfmoordcommando.***
suit¹ [soe:t] ⟨zn.⟩ **0.1** ***kostuum*** ⇒*pak* **0.2** ⟨kaartspel⟩ ***kleur*** ⇒ *kaarten v. één kleur* **0.3** ***stel*** ⇒*uitrusting* **0.4** ***(rechts)geding*** ⇒*proces, rechtszaak* **0.5** ⟨schr.⟩ ***verzoek*** ⇒*petitie* ◆ **1.3** ~ of armour *wapenrusting* **2.4** criminal/civil ~ *strafrechtelijke/civiele procedure* **3.1** bathing ~ *badpak* **3.2** follow ~ *kleur bekennen;* ⟨fig.⟩ *iemands voorbeeld volgen* **3.4** bring a ~ against *een aanklacht indienen tegen.* → **long, short, strong.**
suit² **I** ⟨onov. en ov.ww.⟩ **0.1** ***passen (bij)*** ⇒*geschikt zijn (voor), staan (bij)* **0.2** ***gelegen komen (voor)*** ⇒*uitkomen (voor), schikken* ◆ **1.1** this dress does not ~ you *deze jurk staat je niet;* this colour ~s her complexion *deze kleur past bij haar teint* **1.2** that date will ~ (me) *die datum komt (me) goed uit;* it does not ~ his purpose *het komt niet in zijn kraam te pas* **6.1** ~ s.o. (down) **to** the ground *voor iem. geknipt zijn;*
II ⟨ov.ww.⟩ **0.1** ***aanpassen*** ⇒*geschikt maken* **0.2** ***goed zijn voor*** **0.3** ***voldoen*** ⇒*aanstaan, bevredigen* ◆ **1.2** I know what ~s me best *ik weet wel wat voor mij het beste is* **1.3** ~ all tastes *aan alle smaken beantwoorden;* ~ s.o.'s needs *aan iemands behoeften voldoen;* ~ the qualifications *aan de vereisten voldoen* **4.3** ~ yourself! *ga je gang maar!; moet je zelf weten!* **6.1** ~ one's style **to** one's audience *zijn stijl aan zijn publiek aanpassen.*
suitab|le [s<u>oe:</u>təbl] ⟨zn.: **-ility**⟩ **0.1** ⟨+to/for⟩ ***geschikt (voor)*** ⇒*gepast, passend.*
s<u>u</u>itcase **0.1** ***koffer*** ⇒⟨AZN⟩ *valies.*
suite [swie:t] **0.1** ***stel*** ⇒*rij; suite; ameublement* **0.2** ***suite*** ⇒ *gevolg* **0.3** ⟨muz.⟩ ***suite*** ◆ **1.1** ~ of furniture *ameublement;* ~ of rooms *suite* **2.1** three-piece ~ *driedelige zitcombinatie.*
suited [s<u>oe:</u>tid] **0.1** ***geschikt*** ⇒*(bij elkaar) passend* **0.2** ***gericht (op)*** ⇒*beantwoordend (aan)* **0.3** ***gekleed*** ◆ **1.3** velvet ~ *met een fluwelen pak* **6.1** ~ **for** the job *geschikt/geknipt voor het karwei;* seem well ~ **to** one another *voor elkaar gemaakt lijken.*
suitor [s<u>oe:</u>tə] ⟨schr.⟩ **0.1** ⟨jur.⟩ ***aanklager*** ⇒*eiser* **0.2** ⟨vero. of scherts.⟩ ***huwelijkskandidaat*** ⇒*vrijer.*
sulfur →**sulphur.**
sulk¹ [sulk] ⟨zn.; vnl. mv.⟩ **0.1** ***kwade luim*** ⇒*boze bui* ◆ **3.1** have a ~ /(a fit of) the ~s *een chagrijnige bui hebben.*
sulk² ⟨ww.⟩ **0.1** ***mokken*** ⇒*chagrijnig zijn.*
sulk|y¹ [s<u>u</u>lkie] ⟨zn.; mv.: -ies⟩ **0.1** ***sulky*** ⟨tweewielig voertuigje bij harddraverijen⟩.
sulk|y² ⟨bn.; -iness⟩ **0.1** ***chagrijnig.***
sullen [s<u>u</u>llən] ⟨-ness⟩ **0.1** ***nors*** ⇒*stuurs, knorrig* **0.2** ***somber*** ◆ **1.2** ~ sky *sombere/donkere hemel.*
sully [s<u>u</u>llie] **0.1** ***bevlekken*** ⟨ook fig.⟩ ⇒*bezoedelen* ⟨reputatie⟩.
sulpha, ⟨AE sp.⟩ **sulfa** [s<u>u</u>lfə], **s<u>u</u>lpha drug, sulphonamide** [sulf<u>o</u>nnəmajd] **0.1** ***sulfa(preparaat)*** ⇒*sulfonamide, sulfamide.*

sulphate, ⟨AE sp.⟩ **sulfate** [sulfeet] **0.1** ***sulfaat*** *⇒zwavelzuurzout* ◆ **1.1** ~ of copper *kopersulfaat.*
sulphide, ⟨AE sp.⟩ **sulfide** [sulfajd] **0.1** ***sulfide.***
sulphite, ⟨AE sp.⟩ **sulfite** [sulfajt] **0.1** ***sulfiet.***
sulphur, ⟨AE sp.⟩ **sulfur** [sulfə] **0.1** ***zwavel.***
sulphuret, ⟨AE sp.⟩ **sulfuret** [sulfjoeret] ⟨BE -ted⟩ **0.1** ***zwavelen*** ◆ **1.1** ~(t)ed hydrogen *zwavelwaterstof.*
sulphuric, ⟨AE sp.⟩ **sulfuric** [sulfjoeərik] **0.1** ***zwavelachtig*** *⇒zwavelhoudend* ◆ **1.1** ~ acid *zwavelzuur.*
sulphurous, ⟨AE sp.⟩ **sulfurous** [sulf(ə)rəs], **sulphureous,** ⟨AE sp.⟩ **sulfureous** [sulfjoeəriəs] **0.1** ***zwavelachtig*** *⇒zwavelhoudend* **0.2** ***zwavelkleurig*** *⇒groengeel* ◆ **1.1** sulphurous acid *zwaveligzuur.*
sultan [sultən] **0.1** ***sultan.***
sultana [sulta:nə] **0.1** ***rozijn*** **0.2** ***sultane.***
sultanate [sultəneet, -nət] **0.1** ***sultanaat.***
sultr|y [sultrie] ⟨-iness⟩ **0.1** ***zwoel*** *⇒drukkend* **0.2** ***wellustig*** *⇒sensueel.*
sum [sum] **0.1** ***som*** *⇒totaal, geheel* **0.2** ***som*** *⇒bedrag* **0.3** ***(reken)som*** *⇒berekening, optelling* **0.4** ***samenvatting*** *⇒kern, strekking* ◆ **3.3** do ~s *sommen maken* **6.3** good **at** ~s *goed in rekenen* **6.4 in** ~ *in één woord.*
summarily [sum(ə)rillie] **0.1** ***summier*** *⇒in het kort* **0.2** ***terstond*** *⇒zonder vorm v. proces* ◆ **3.1** deal ~ with *summier behandelen.*
summarize, -ise [summərajz] **0.1** ***samenvatten.***
summar|y[1] [summərie] ⟨zn.; mv.: -ies⟩ **0.1** ***samenvatting*** *⇒korte inhoud, uittreksel.*
summary[2] ⟨bn.⟩ **0.1** ***summier*** *⇒beknopt* ◆ **1.1** ~ account *summier overzicht;* ~ jurisdiction / justice / proceedings *korte rechtspleging, snelrecht;* ~ offence *kleine overtreding.*
summation [səmeesjn] **I** ⟨telb.zn.⟩ **0.1** ***optelling*** **0.2** ***som*** *⇒totaal* **0.3** ***samenvatting*** *⇒resumé;*
II ⟨n.-telb.zn.⟩ **0.1** ***het optellen.***
summer [summə] **0.1** ***zomer*** *⇒zomerweer* **0.2** ⟨vnl. mv.⟩ ***zomer*** *⇒(levens)jaar* **0.3** ***zomer*** ⟨fig.⟩ *⇒bloeitijd* ◆ **6.1 in** (the) ~ *in de zomer.* →**Indian.**
summer house **0.1** ***zomerhuis(je)*** *⇒tuinhuisje.*
Summer Olympics **0.1** ***Olympische Zomerspelen.***
summer school **0.1** ***zomercursus*** *⇒vakantiecursus* ⟨vnl. aan universiteit⟩.
summertime **0.1** ***zomerseizoen*** *⇒zomer(tijd).*
summer time **0.1** ***zomertijd*** ⟨zomertijdregeling⟩.
summery [summərie] **0.1** ***zomers.***
summing-up [summing up] ⟨mv.: summings-up⟩ **0.1** ***samenvatting*** ⟨vnl. door rechter⟩.
summit [summit] **0.1** ***top*** *⇒hoogste punt* **0.2** ***toppunt*** *⇒hoogtepunt* **0.3** ***topconferentie*** ◆ **6.2 at** the ~ *op het hoogste niveau.*
summit meeting **0.1** *topconferentie.*
summit talks **0.1** *topconferentie.*
summon [summən] **0.1** ***bijeenroepen*** *⇒oproepen, ontbieden, sommeren* **0.2** ***dagvaarden.*** →**summon up.**
summons[1] [summənz] ⟨zn.⟩ **0.1** ***oproep*** **0.2** ***sommatie*** *⇒aanmaning* **0.3** ***dagvaarding*** ◆ **3.3** issue a ~ *een dagvaarding uitschrijven;* serve a ~ on s.o. *iem. dagvaarden.*
summons[2] ⟨ww.⟩ **0.1** ***sommeren*** **0.2** ***dagvaarden.***
summon up **0.1** ***vergaren*** *⇒verzamelen* ◆ **1.1** ~ one's courage (to do sth.) *zich vermannen (om iets te doen);* ~ all one's strength (for) *al zijn krachten verzamelen (voor/om).*
sump [sump] **0.1** ***(olie)carter*** *⇒oliereservoir* ⟨v. auto⟩.
sumptuous [sum(p)tsjoeəs] ⟨-ness⟩ **0.1** ***weelderig*** *⇒luxueus, rijk.*
sum total ⟨the⟩ **0.1** ***totaal*** **0.2** ***resultaat.***
sum up **I** ⟨onov.ww.⟩ **0.1** ***samenvatten;***
II ⟨ov.ww.⟩ **0.1** ***samenvatten*** *⇒resumeren* **0.2** ***beoordelen*** *⇒doorzien* ◆ **1.1** ~ the evidence *het aangevoerde bewijsmateriaal samenvatten* **1.2** sum s.o. up as a fool *iem. voor gek verslijten.*
sun[1] [sun] ⟨zn.⟩ **0.1** ***zon*** ⟨ook fig.⟩ *⇒zonlicht, zonneschijn* ◆ **1.1** a place in the ~ *een plaatsje in de zon;* ⟨fig.⟩ *een gunstige positie;* touch of the ~ *(lichte) zonnesteek* **3.1** rise / be up with the ~ *bij het krieken v.d. dag opstaan* **6.1 against** the ~ *tegen de wijzers v.d. klok in, tegen de zon in;* **beneath / under** the ~ *onder de zon, op aarde;* **with** the ~ *met de klok mee, met de zon mee.*
sun[2] ⟨ww.⟩ **0.1** ***(zich) zonnen*** *⇒in de zon leggen/gaan liggen.*
sunbaked **0.1** ***in de zon gebakken/gedroogd*** *⇒*⟨fig.⟩ *in de zon bakkend* **0.2** ***zonovergoten*** *⇒in zonlicht badend.*
sunbathe **0.1** ***zonnebaden.***
sunbather **0.1** ***zonnebader.***
sunbeam **0.1** ***zonnestraal.***
sunblind ⟨BE⟩ **0.1** ***zonneblind*** *→jaloezie, zonnescherm, markies.*
sunblock **0.1** ***zonblok*** ⟨zonnebrandmiddel met hoge beschermingsfactor⟩ *⇒sunblock.*
sunbonnet **0.1** ***zonnehoed.***
sunburn **0.1** ***zonnebrand*** *⇒roodverbrande huid.*
sunburnt, sunburned **0.1** ⟨BE⟩ ***gebruind*** **0.2** ⟨AE⟩ ***verbrand.***
sunburst **0.1** ***zonnebundel*** *⇒plotselinge zonneschijn.*
sundae [sundee] **0.1** ***ijscoupe.***
Sunday [sundie, sundee] **0.1** ⟨zn. en bw.⟩ ***zondag*** *⇒feestdag, rustdag* **0.2** ⟨zn.⟩ ***zondagskrant*** *⇒zondageditie* ⟨v. krant⟩. →**Monday** voor voorbeelden.
Sunday best **0.1** ***zondagse kleren*** ◆ **6.1 in** one's ~ *op zijn zondags.*
Sunday clothes **0.1** ***zondagse kleren*** ◆ **6.1 in** one's ~ *op zijn zondags.*
Sundays [sundiez] ⟨vnl. AE⟩ **0.1** ***'s zondags*** *⇒op zondag.*
Sunday school **0.1** ***zondagsschool.***
sun deck **0.1** ***bovendek*** *⇒zonnedek* ⟨v. schip⟩ **0.2** ***plat dak*** *⇒(zonne)terras.*
sunder[1] [sundə] ⟨zn.⟩⟨schr.⟩ ◆ **6.¶ in** ~ *in stukken, uit/van elkaar.*
sunder[2] ⟨ww.⟩⟨schr.⟩ **0.1** ***(zich) (af)scheiden*** *⇒(zich) splitsen, verdelen.*
sundew ⟨plantk.⟩ **0.1** ***zonnedauw.***
sundial, sun-clock **0.1** ***zonnewijzer.***
sundown **0.1** ***zonsondergang*** ◆ **6.1 at** ~ *bij zonsondergang.*
sundowner [sundaunə] ⟨sl.⟩ **0.1** ⟨vnl. BE⟩ ***borrel*** *⇒drankje (aan het eind v.d. dag).*
sundrenched **0.1** ***zonovergoten.***
sun-dried **0.1** ***zondroog*** *⇒in de zon gedroogd.*
sundries [sundriez] **0.1** ***diversen*** *⇒allerlei.*
sundry [sundrie] **0.1** ***divers*** *⇒allerlei, verschillend* ◆ **1.1** ~ articles *diverse artikelen* **4.¶** all and ~ *iedereen (zonder onderscheid), allemaal.*
sunfish **0.1** ***zonnevis*** *⇒zonnebaars.*
sunflower **0.1** ***zonnebloem.***
sung [sung] ⟨volt. deelw.⟩ →**sing.**
sunglasses **0.1** ***zonnebril*** ◆ **1.1** a pair of ~ *een zonnebril.*
sun god **0.1** ***zonnegod.***
sun helmet **0.1** ***tropenhelm.***
sunk [sungk] ⟨volt. deelw.⟩ →**sink.**
sunken [sungkən] **0.1** ***gezonken*** *⇒onder water; ingevallen, diepliggend* **0.2** ***verzonken*** *⇒ingegraven, verlaagd* ◆ **1.1** ~ eyes *diepliggende ogen;* ~ rock *blinde klip* **1.2** ~ garden *verdiepte tuin;* ~ road *holle weg.*

sun lamp **0.1** ***hoogtezon.***

sunlight **0.1** ***zonlicht.***

sunlit **0.1** ***door de zon verlicht*** ⇒*in het zonlicht, zonovergoten.*

sun lounge, sun room, ⟨AE⟩ **sun parlor** **0.1** ***serre.***

sunn|y [sunnie] ⟨-iness⟩ **0.1** ***zonnig*** ⇒*vrolijk* ◆ **1.1** ~ room *zonnige kamer;* the ~ side of life *de zonnige kant(en) v.h. leven;* on the ~ side of forty *nog geen veertig.*

sunny-side up ⟨AE⟩ **0.1** ***aan één kant gebakken*** ⟨v. eieren⟩ ◆ **1.1** two eggs ~ *twee spiegeleieren.*

sunray **0.1** ***zonnestraal*** **0.2** ⟨mv.⟩ ***ultraviolette stralen.***

sunray lamp **0.1** ***hoogtezon(lamp).***

sunray treatment **0.1** ***hoogtezonbehandeling.***

sunrise **0.1** ***zonsopgang*** ◆ **6.1** **at** ~ *bij zonsopgang.*

sun roof **0.1** ***plat dak*** ⟨om te zonnen⟩ **0.2** ***schuifdak*** ⟨v. auto⟩.

sunscreen **0.1** ***zonnescherm*** **0.2** ***zonnefilter*** ⟨in zonnebrandcrème e.d.⟩.

sunset **0.1** ***zonsondergang*** ⇒*avondrood* ◆ **6.1** **at** ~ *bij zonsondergang.*

sunshade **0.1** ***zonnescherm*** ⇒*parasol, zonneklep.*

sunshine **0.1** ***zonneschijn*** ⇒⟨fig.⟩ *zonnetje* ◆ **1.1** a ray of ~ *wat vrolijkheid;* ⟨inf.⟩ *het zonnetje in huis.*

sunspot **0.1** ***zonnevlek*** **0.2** ⟨BE; inf.⟩ ***vakantieoord.***

sunstroke **0.1** ***zonnesteek.***

suntan **0.1** ***(bruine) kleur.***

suntan lotion, suntan oil **0.1** ***zonnebrandolie.***

suntanned **0.1** ***gebruind*** ⟨door de zon⟩ ⇒*bruin.*

sun-trap **0.1** ***zonnig hoekje.***

sunup ⟨vnl. AE; inf.⟩ **0.1** ***zonsopgang.***

sun worship **0.1** ***zonnedienst*** ⟨ook fig.⟩ ⇒*zonaanbidding.*

sun worshipper **0.1** ***zonaanbidder*** ⟨ook fig.⟩.

sup[1] [sup] ⟨zn.⟩ ⟨vnl. Sch. E⟩ **0.1** ***slok(je)*** ⇒*teug.*

sup[2] ⟨ww.; -ped⟩ ⟨vnl. Sch. E⟩ **0.1** ***drinken*** ⇒*nippen, een teug nemen (van)* ◆ **1.1** ~ one's beer *van zijn bier nippen.*

super[1] [soe:pə] ⟨zn.⟩ ⟨verk.⟩ [superintendent].

super[2] ⟨bn.⟩ **0.1** ⟨inf.⟩ ***super*** ⇒*fantastisch, prachtig* ◆ **¶.1** ⟨als tw.⟩ ~! *geweldig!*

superabund|ant [soe:pərəbundənt] ⟨zn.: **-ance**⟩ **0.1** ***(zeer/al te) overvloedig*** ⇒*rijkelijk (aanwezig).*

superannuate [soe:pərænjoe·eet] **I** ⟨onov.ww.⟩ **0.1** ***met pensioen gaan;***
II ⟨ov.ww.⟩ **0.1** ***pensioneren.***

superannuated [soe:pərænjoe·eetid] **0.1** ***gepensioneerd*** **0.2** ***verouderd*** ⇒*ouderwets.*

superannuation [soe:pərænjoe·eesjn] **0.1** ***pensionering*** ⇒*pensioen* **0.2** ***pensioen*** ⇒*lijfrente.*

superb [soe:pə:b] **0.1** ***groots*** ⇒*prachtig, voortreffelijk, uitmuntend.*

superbike **0.1** ⟨motorsport⟩ ***zware machine*** ⇒*superfiets, zware jongen* **0.2** ***super-de-luxe fiets.***

supercargo **0.1** ***supercarga.***

supercharged **0.1** ***aangejaagd*** ⇒⟨fig.⟩ *(zeer) energiek.*

supercharger **0.1** ***aanjager*** ⇒*compressor* ⟨v. verbrandingsmotor⟩.

supercilious [soe:pəsilliəs] ⟨-ness⟩ **0.1** ***hooghartig*** ⇒*uit de hoogte, verwaand.*

superclass ⟨biol.⟩ **0.1** ***superklasse.***

superconductivity **0.1** ***supergeleiding.***

superduper [soe:pədoe:pə] ⟨sl.⟩ **0.1** ***super*** ⇒*je van het, het einde.*

supererogation [soe:pərerrəgeesjn] **0.1** ***overdadigheid*** ⇒*het meer doen dan nodig is.*

superfamily ⟨biol.⟩ **0.1** ***onderorde.***

superficial [soe:pəfisja] **0.1** ***oppervlakkig*** ⇒*oppervlakte-, niet diepgaand, vluchtig* ◆ **1.1** ~ knowledge *oppervlakkige kennis;* ~ wound *ondiepe wond.*

superficiality [soe:pəfisjie·æləti] **0.1** ***oppervlakkigheid.***

superfine **0.1** ***superfijn*** ⇒*allerfijnst, v. superkwaliteit* ◆ **1.1** ~ flour *bloem, extra fijn meel.*

superfluit|y [soe:pəfloe:ittie] ⟨mv.: -ies⟩ **0.1** ***overtolligheid*** ⇒*overbodigheid, overvloed* ◆ **1.1** a ~ of good things *teveel v.h. goede.*

superfluous [soe:pə:floeəs] ⟨-ness⟩ **0.1** ***overtollig*** ⇒*overbodig.*

superhuman **0.1** ***bovenmenselijk*** ⇒*buitengewoon.*

superimpose [soe:pərimpooz] **0.1** ***bovenop/overheen leggen*** ⇒*opleggen* ◆ **6.1** ~ one photograph **(up)on** another *de ene foto over de andere heen maken.*

superintend [soe:pərintend] **0.1** ***toezicht houden/hebben (op)*** ⇒*controleren, toezien (op).*

superintendence [soe:pərintendəns] **0.1** ***toezicht*** ⇒*supervisie.*

superintendent [soe:pərintendənt] **0.1** ***(hoofd)opzichter*** ⇒*hoofd, directeur/trice* **0.2** ⟨vnl. BE⟩ ***hoofdinspecteur*** ⟨v. politie⟩.

superior[1] [soe:piəriə] ⟨zn.⟩ **0.1** ***meerdere*** ⇒*superieur, hogere in rang, chef* **0.2** ⟨vnl. S-⟩ ***overste*** ⟨v. rel. orde⟩ ⇒*superieur* ◆ **1.2** Mother Superior *moeder-overste* **3.1** have no ~ *zijn eigen baas zijn.*

superior[2] **I** ⟨bn.⟩ **0.1** ***superieur*** ⇒*beter* **0.2** ***superieur*** ⇒*buitengewoon, onovertroffen, uitstekend* **0.3** ***verwaand*** ⇒*arrogant* ◆ **1.1** ~ force / numbers / strength *overmacht;* ~ grades of coffee *betere kwaliteit koffie* **1.2** ~ wine *uitgelezen wijn* **1.3** ~ smile *hooghartig lachje* **6.1** ~ **in** numbers *talrijker;* ~ **to** *beter* ⟨v. kwaliteit⟩; *hoger* ⟨in rang⟩ **6.¶** be ~ **to** *verheven zijn boven, staan boven;*
II ⟨bn., attr.⟩ **0.1** ***superieur*** ⇒*bovenst, opperst;* ⟨fig. ook⟩ *hoger, hoofd-* **0.2** ***hoger*** ⇒*voornaam, deftig* ◆ **1.1** ~ officer *hoger (geplaatst) officier;* his ~ officer *zijn superieur/meerdere (in rang)* **1.¶** ~ court *hogere rechtbank.*

superiority [soe:piərie·orrətie] **0.1** ***superioriteit*** ⇒*grotere kracht/bekwaamheid, hogere kwaliteit* ◆ **2.1** military ~ *militaire overmacht.*

superiority complex **0.1** ***meerderwaardigheidscomplex.***

superlative[1] [soe:pə:lətiv] ⟨zn.⟩ **0.1** ***superlatief*** ⟨ook taal.⟩ ⇒*overtreffende trap* ◆ **3.1** speak in ~s *in superlatieven spreken.*

superlative[2] ⟨bn.⟩ **0.1** ***superlatief*** ⇒*ongeëvenaard, v.d. hoogste graad/beste soort, voortreffelijk, prachtig.*

super|man [-mæn] ⟨mv.: -men [-men]⟩ **0.1** ***superman*** ⇒*supermens.*

supermarket [soe:pəma:kit] **0.1** ***supermarkt.***

supernatural [-nætsjrəl] **0.1** ⟨bn.⟩ ***bovennatuurlijk*** **0.2** ⟨zn.; the⟩ ***het bovennatuurlijke.***

supernumerar|y[1] [-njoe:mərərie] ⟨zn.; mv.: -ies⟩ **0.1** ***extra*** ⇒*reserve* **0.2** ⟨dram.⟩ ***figurant.***

supernumerary[2] ⟨bn.⟩ **0.1** ***extra*** ⇒*meer dan noodzakelijk, reserve-* **0.2** ***overtollig*** ⇒*overbodig.*

superorder [soe:pəro:də] ⟨biol.⟩ **0.1** ***onderklasse.***

superordinate [soe:pəro:dinnət] **0.1** ***superieur*** ⇒*beter.*

superpower [-pauə] **0.1** ***grootmacht*** ⇒*supermacht.*

superscript [-skript] ⟨boek.⟩ **0.1** ***superscript (teken/letter/cijfer).***

superscription [-skripsjn] **0.1** ***opschrift.***

supersede [soe:pəsie:d] **0.1** ***vervangen*** ⇒*de plaats doen innemen van* **0.2** ***afschaffen*** ◆ **1.1** ~d methods *verouderde methodes.*

supersession [-sesjn] **0.1** ***vervanging*** ⇒*ontheffing* **0.2** ***afschaffing*** ⇒*stopzetting.*

supersonic [-sonnik] **0.1** ***supersonisch*** ⇒*sneller dan het geluid.*
superstar [-sta:] **0.1** ***superstar*** ⇒*superster.*
superstition [-stisjn] **0.1** ***bijgeloof.***
superstitious [-stisjəs] **0.1** ***bijgelovig*** ◆ **1.1** ~ beliefs *bijgeloof.*
superstructure [-struktsjə] **0.1** ***bovenbouw.***
supertanker [-tængkə] **0.1** ***supertanker*** ⇒*mammoettanker.*
supertax [-tæks] **0.1** ***extra inkomstenbelasting.***
supervene [-vie:n] **0.1** ***optreden*** ⇒*zich voordoen;* ⟨ihb.⟩ *ertussen komen.*
supervise [-vajz] **0.1** ***aan het hoofd staan (van)*** ⇒*leiden* **0.2** ***toezicht houden/toezien (op)*** ⇒*controleren.*
supervision [-visjn] **0.1** ***supervisie*** ⇒*leiding, toezicht.*
supervisor [-vajzə] **0.1** ***supervisor*** ⇒*opzichter, controleur, inspecteur* **0.2** ⟨AE⟩ ***schoolsupervisor*** ⇒*coördinator* **0.3** ⟨BE⟩ ***promotor*** ⟨v. promovendus⟩.
supervisory [-vajzərie] **0.1** ***toeziend*** ⇒*toezicht uitoefenend, controle-.*
supine [soe:pajn] **0.1** ***achteroverliggend*** ⇒*op de rug liggend* **0.2** ***lui*** ⇒*traag, lusteloos.*
supper [suppə] **0.1** ***(licht) avondmaal*** ⇒*avondeten, souper.* →**last.**
supplant [səpla:nt] **0.1** ***verdringen*** ⇒*vervangen.*
supplanter [səpla:ntə] **0.1** ***verdringer*** ⇒*vervanger.*
supple [supl] ⟨-r⟩ **0.1** ***soepel*** ⟨ook fig.⟩ ⇒*buigzaam, lenig.*
supplement[1] [suplimmənt] ⟨zn.⟩ **0.1** ***aanvulling*** ⇒*bijvoegsel;* ⟨ihb.⟩ *supplement* ◆ **3.1** pay a ~ *bijbetalen.*
supplement[2] [suplimment] ⟨ww.⟩ **0.1** ***aanvullen*** ⇒⟨ihb.⟩ *v.e. supplement voorzien* ◆ **6.1** ~ **by/with** *aanvullen met.*
supplementary [suplimmentrie] **0.1** ***aanvullend*** ⇒*supplementair, toegevoegd, extra* ◆ **1.1** ⟨BE⟩ ~ benefit *aanvullende uitkering.*
suppleness [suplnəs] **0.1** ***soepelheid*** ⟨ook fig.⟩ ⇒*souplesse, buigzaamheid.*
suppliant[1] [supliənt], **supplicant** [suplikkənt] ⟨zn.⟩⟨schr.⟩ **0.1** ***smekeling(e).***
suppliant[2], **supplicant** ⟨bn.⟩⟨schr.⟩ **0.1** ***smekend.***
supplicate [suplikkeet] ⟨schr.⟩ **0.1** ***smeken*** ◆ **1.1** ~ s.o.'s protection *iemands bescherming afsmeken* **6.1** ~ **for** pardon *vergeving afsmeken.*
supplication [suplikkeesjn] **0.1** ***smeekbede.***
supplier [səplajjə] **0.1** ***leverancier.***
suppl|y[1] [səplaj] ⟨mv.: -ies⟩ **I** ⟨telb.zn.⟩ **0.1** ***voorraad*** ◆ **1.1** ~ of food *voedselvoorraad.* →**short;**
II ⟨n.-telb.zn.⟩ **0.1** ***bevoorrading*** ⇒*aanvoer, toevoer, levering* **0.2** ***aanbod*** ◆ **1.2** ⟨ec.⟩ ~ and demand *vraag en aanbod;*
III ⟨mv.⟩ **0.1** ***(mond)voorraad*** ⇒*proviand, benodigdheden.*
suppl|y[2] ⟨ww.; -ied⟩ **0.1** ***leveren*** ⇒*verschaffen, bezorgen, voorzien van* **0.2** ***voorzien in*** ⇒*verhelpen, vervullen* ◆ **1.2** ~ a need/want *voorzien in een behoefte/nood;* ~ a demand *aan een verzoek voldoen* **6.1** ~ sth. **to** s.o., ~ s.o. **with** sth. *iem. iets bezorgen, iem. v. iets voorzien.*
supply-side economics **0.1** ***aanbodeconomie.***
supply teacher **0.1** ***vervanger.***
support[1] [səpo:t] **I** ⟨telb.zn.⟩ **0.1** ***steun(stuk)*** ⇒*stut, drager, draagbalk* **0.2** ***kostwinner;***
II ⟨n.-telb.zn.⟩ **0.1** ***steun*** ⇒*hulp, ondersteuning* **0.2** ***onderhoud*** ⇒*levensonderhoud, middelen v. bestaan* ◆ **1.2** a means of ~ *een bron v. inkomsten* **6.1** **in** ~ **of** *tot steun van.*
support[2] ⟨ww.⟩ **0.1** ***(onder)steunen*** ⇒*stutten, dragen* **0.2** ***steunen*** ⇒*helpen, bijstaan; verdedigen, bijvallen; subsidiëren* **0.3** ***onderhouden*** ⇒*voorzien in de levensbehoeften van* **0.4** ***(ver)dragen*** ⇒*doorstaan, verduren* ◆ **1.2** ~ a candidate *een kandidaat steunen;* ~ a policy *een beleid verdedigen* **1.3** ~ o.s./one's family *zichzelf/zijn familie onderhouden* **1.¶** ~ing programme *bijfilm, voorfilm(pje);* ~ing part/role *bijrol* **4.¶** ⟨hand.⟩ coffee is ~ing itself *de koffie blijft vast.*
supportable [səpo:təbl] **0.1** ***houdbaar*** ⇒*verdedigbaar* **0.2** ***draaglijk*** ⇒*duldbaar, te verdragen.*
support act ⟨muz.⟩ **0.1** ***voorprogramma*** **0.2** ***voorprogrammaband.***
supporter [səpo:tə] **0.1** ***steun(stuk)*** ⇒*stut, drager, draagbalk* **0.2** ***verdediger*** ⇒*aanhanger, voorvechter* **0.3** ⟨sport⟩ ***supporter.***
supportive [səpo:tiv] **0.1** ***steunend*** ⇒*helpend, aanmoedigend.*
suppose [spooz, səpooz] **0.1** ***(ver)onderstellen*** ⇒*menen, aannemen, vermoeden, geloven, denken* **0.2** ***vooronderstellen*** ◆ **1.2** every effect ~s a cause *elk effect vooronderstelt/heeft een oorzaak* **3.1** and he's ~d to be a leader! *en zo iem. moet doorgaan voor een leider!;* he is ~d to be in London *hij zou in Londen moeten zijn;* not be ~d to do sth. *iets niet mogen doen* **5.1** I suppose so/not *ik neem aan van wel/niet* **8.1** let us ~ that *aangenomen dat* **¶.1** ~ we go/went for a walk *laten we een wandelingetje maken;* ~ it rains *maar wat als het regent?*
supposed [səpoozd] **0.1** ***vermeend*** ⇒*vermoedelijk, zogenaamd* ◆ **1.1** his ~ wealth *zijn vermeende rijkdom.*
supposedly [səpoozidlie] **0.1** ***vermoedelijk*** ⇒*naar alle waarschijnlijkheid, naar verluidt.*
supposing [spoozing, səpoozing] **0.1** ***indien*** ⇒*verondersteld/aangenomen dat* ◆ **3.1** ~ it rains, what then? *maar wat als het regent?*
supposition [suppəzisjn] **0.1** ***(ver)onderstelling*** ⇒*vermoeden, gissing* ◆ **6.1** **in/on** the ~ that *in de veronderstelling dat.*
suppositor|y [səpozzitrie] ⟨mv.: -ies⟩⟨med.⟩ **0.1** ***zetpil.***
suppress [səpres] **0.1** ***onderdrukken*** ⇒*bedwingen, beteugelen; achterhouden* ◆ **1.1** ~ evidence/facts *bewijsstukken/feiten achterhouden;* ~ feelings *gevoelens onderdrukken;* ~ the truth *de waarheid verzwijgen.*
suppression [səpresjn] **0.1** ***onderdrukking.***
suppression order ⟨jur.⟩ **0.1** ***publicatieverbod*** ⟨v. naam v. verdachte⟩.
suppressive [səpressiv] ⟨-ness⟩ **0.1** ***onderdrukkend*** ⇒*bedwingend.*
suppressor [səpressə] **0.1** ***onderdrukker.***
suppur|ate [supjoereet] ⟨zn.: **-ation**⟩ **0.1** ***etteren*** ⇒*pus afscheiden.*
supranational [-næsjnəl] **0.1** ***supranationaal.***
supremacy [səpremməsie] **0.1** ***suprematie*** ⇒*overmacht, superioriteit* ◆ **3.1** gain ~ over *de suprematie verwerven over.*
supreme [soe:prie:m, sə-] **0.1** ⟨vaak S-⟩ ***opperst*** ⇒*opper-; hoogst, belangrijkst* ◆ **1.1** Supreme Being *Opperwezen, God;* Supreme Command *opperbevel;* ⟨AE⟩ Supreme Court *hooggerechtshof;* ~ happiness *het toppunt v. geluk;* make the ~ sacrifice *zijn leven geven.*
surcharge[1] [sə:tsja:dzj] ⟨zn.⟩ **0.1** ***toeslag*** ⇒*strafport* **0.2** ***extra belasting.***
surcharge[2] ⟨ww.⟩ **0.1** ***extra/een toeslag laten betalen*** **0.2** ***overladen*** ⇒*overbelasten.*
surcoat [sə:koot] **0.1** ***overmantel.***
sure[1] [sjoeə] ⟨-r⟩ **I** ⟨bn.⟩ **0.1** ***zeker*** ⇒*waar, onbetwistbaar* **0.2** ***zeker*** ⇒*veilig; betrouwbaar, onfeilbaar* ◆ **1.2** ~ proof *wa-*

terdicht bewijs **1.¶** ~ card *iem./iets waar men van op aan kan/op kan bouwen;* ⟨AE⟩ ~ thing *feit, zekerheid;* ⟨als uitroep⟩ *natuurlijk!* **3.1** one thing is ~ *één ding staat vast;*
II ⟨bn., pred.⟩ **0.1** ***zeker*** ⇒*verzekerd, overtuigd* ◆ **3.1** I am ~ I do not know *ik weet het echt niet;* I am not ~ *ik weet het niet zeker* **3.¶** be ~ to/and do it, be ~ you do it *zorg dat je het in elk geval doet;* be ~ to tell her *vergeet vooral niet het haar te vertellen;* to be ~ *natuurlijk, toegegeven;* to be ~ she is not rich *ze is weliswaar niet rijk;* it is ~ to be a girl *het wordt vast een meisje;* he is ~ to come *hij komt zeker;* be/make ~ that *ervoor zorgen dat; zich ervan vergewissen dat;* you had better be/make ~ *je moest het maar even nakijken;* just to make ~ *voor alle zekerheid* **4.1** ~ of o.s. *zelfverzekerd, zelfbewust* **6.1** be/feel ~ **about** sth. *overtuigd zijn v. iets, iets zeker weten;* you can be ~ **of** it *daar kan je van op aan.*

sure[2] ⟨bw.⟩ ⟨vnl. AE⟩ **0.1** ***zeker*** ⇒*natuurlijk, ongetwijfeld, inderdaad* ◆ **2.1** ~ enough! *natuurlijk!;* he promised to come and ~ enough he did *hij beloofde te komen en inderdaad, hij kwam ook* **3.1** ⟨vnl. AE; inf.⟩ it ~ was painful *en of het pijn deed* **6.1** I don't know **for** ~ *ik ben er niet (zo) zeker van;* that's **for** ~ *dat staat vast, zoveel is zeker* **8.1** as ~ as I am standing here *zo waar ik hier sta.*

sure-fire ⟨vnl. AE; inf.⟩ **0.1** ***onfeilbaar*** ⇒*zeker* ◆ **1.1** ~ winner *zekere winnaar.*

sure-footed ⟨-ness⟩ **0.1** ***vast van voet/gang*** ⇒*stevig op de benen;* ⟨fig.⟩ *betrouwbaar.*

surely [sjoeəlie] **0.1** ***zeker*** ⇒*ongetwijfeld, stellig, toch* **0.2** ⟨vnl. AE⟩ ***natuurlijk*** ⇒*ga je gang* ⟨als antwoord op verzoek⟩ ◆ **3.1** he will ~ fall *hij gaat gegarandeerd vallen* **5.1** slowly but ~ *langzaam maar zeker;* ~ not! *geen sprake van!* **¶.1** ~ I've met you before? *ik heb je zeker al eerder ontmoet?*

suret|y [sjoeərətie] ⟨mv.: -ies⟩ **0.1** ***borgsteller*** **0.2** ***borg(som)*** ◆ **3.2** stand ~ for s.o. *zich borg stellen voor iem.*

surf[1] [sə:f] ⟨zn.⟩ **0.1** ***branding.***

surf[2] ⟨ww.⟩ **0.1** ***surfen*** ◆ **1.1** ⟨comp.⟩ ~ the Net *internetten, op het Net surfen.*

surface[1] [sə:fis] ⟨zn.⟩ **0.1** ***oppervlak(te)*** ⟨ook fig.⟩ ◆ **3.1** come to the ~ *te voorschijn komen, bovenkomen* **6.1 of/on** the ~ *aan de oppervlakte, op het eerste gezicht.*

surface[2] **I** ⟨onov.ww.⟩ **0.1** ***aan de oppervlakte komen/treden*** ⟨ook fig.⟩ ⇒*opduiken, verschijnen;*
II ⟨ov.ww.⟩ **0.1** ***vlak/glad maken*** ⇒*polijsten* **0.2** ***bedekken*** ⇒*bestraten, asfalteren* **0.3** ***aan de oppervlakte brengen.***

surface mail **0.1** ***land/zeepost*** ⟨tgov. luchtpost⟩.

surface-to-air **0.1** ***grond-lucht-*** ◆ **1.1** ~ missile *grondluchtraket.*

surfboard **0.1** ***surfplank.***

surfboat **0.1** ***lichte boot*** ⟨voor gebruik in de branding⟩.

surfeit[1] [sə:fit] ⟨zn.; vnl. enk.⟩ **0.1** ***overdaad*** ⇒*overlading* ⟨v.d. maag⟩ ◆ **3.1** have a ~ of *zich ziek eten aan.*

surfeit[2] ⟨ww.⟩ **0.1** ***overvoeden*** ⇒*doen overeten.*

surfer [sə:fə] **0.1** ***surfer.***

surfing [sə:fing], **surf-riding** **0.1** ***surfen*** ⇒*surfing.*

surge[1] [sə:dzj] ⟨zn.; vnl. enk.⟩ **0.1** ***(hoge) golf*** ⇒*stortzee* **0.2** ***golving*** **0.3** ***opwelling*** ⇒*vlaag, golf* ◆ **1.2** the ~ of the hills *het glooien v.d. heuvels* **1.3** a ~ of interest *een vlaag v. interesse.*

surge[2] ⟨ww.⟩ **0.1** ***golven*** ⇒*deinen, stromen* **0.2** ***schommelen*** ⇒*(plots) stijgen/dalen* **0.3** ***dringen*** ⇒*duwen* **0.4** ***opwellen*** ⇒*opbruisen* ⟨v. gevoelens⟩ ◆ **1.3** surging crowd *opdringende massa* **5.1** ~ **by** *voorbijstromen.*

surgeon [sə:dzjən] **0.1** ***chirurg*** **0.2** ***scheepsdokter.***

surgeon general ⟨mv.: surgeons general⟩ ⟨AE⟩ **0.1** ⟨ong.⟩ ***directeur-generaal*** ⟨v.d. nationale gezondheidsdienst⟩.

surger|y [sə:dzjərie] ⟨mv.: -ies⟩ **I** ⟨telb.zn.⟩ **0.1** ***behandelkamer*** ⇒*spreekkamer* ⟨v. arts⟩;
II ⟨telb. en n.-telb.zn.⟩ **0.1** ***spreekuur;***
III ⟨n.-telb.zn.⟩ **0.1** ***chirurgie*** ⇒*heelkunde* ◆ **2.1** plastic ~ *plastische chirurgie* **3.1** be in/have/undergo ~ *geopereerd worden.*

surgical [sə:dzjikl] **0.1** ***chirurgisch*** ⇒*operatief* ◆ **1.¶** ~ boot *orthopedische schoen;* ~ stocking *steunkous, elastische kous.*

Surinam [soeərinæm] **0.1** ⟨bn.⟩ ***Surinaams*** **0.2** ⟨zn.⟩ ***Suriname.***

Surinamese [soeərinnəmie:z] **0.1** ***Surinaams.***

surly [sə:lie] **0.1** ***knorrig*** ⇒*nors.*

surmise[1] [səmajz,sə:majz] ⟨zn.⟩ **0.1** ***gissing*** ⇒*vermoeden.*

surmise[2] [səmajz] ⟨ww.⟩ **0.1** ***gissen*** ⇒*vermoeden.*

surmount [səmoont] **0.1** ***overwinnen*** ⇒*te boven komen* **0.2** ***bedekken*** ⇒*overdekken* **0.3** ***springen over/op*** ⇒*beklimmen* ◆ **1.2** peaks ~ed with snow *met sneeuw bedekte toppen.*

surmountable [səmoontəbl] **0.1** ***overwinbaar*** ⇒*overkomelijk.*

surname [sə:neem] **0.1** ***achternaam.***

surpass [səpa:s] **0.1** ***overtreffen*** ⇒*te boven gaan* ◆ **1.1** ~ all expectations *alle verwachtingen overtreffen.*

surpassing [səpa:sing] **0.1** ***ongeëvenaard*** ⇒*weergaloos, buitengewoon.*

surplice [sə:plis] ⟨rel.⟩ **0.1** ***superplie*** ⇒*koorhemd.*

surplus[1] [sə:pləs] ⟨zn.⟩ **0.1** ***overschot*** ⇒*teveel;* ⟨vnl. BE⟩ *rest(ant).*

surplus[2] ⟨bn.⟩ **0.1** ***overtollig*** ⇒*extra, over-* ◆ **1.1** ~ grain *graanoverschot;* ~ population *bevolkingsoverschot;* ~ value *meerwaarde.*

surprise[1] [səprajz] ⟨zn.⟩ **0.1** ***verrassing*** ⇒*verbazing, verwondering; overrompeling* ◆ **3.1** come as a ~ (to s.o.) *totaal onverwacht komen (voor iem.);* look up in ~ *verrast opkijken;* take by ~ *overrompelen* **6.1 to** my great ~ *tot mijn grote verbazing.*

surprise[2] ⟨ww.⟩ **0.1** ***verrassen*** ⇒*verbazen; overvallen, betrappen* ◆ **4.1** you'd be ~ed! *daar zou je van opkijken!;* you ~ me! *dat had ik niet van je verwacht!* **6.1** she ~d him **into** an answer *voor hij het wist had ze hem een antwoord ontfutseld.*

surprised [səprajzd] **0.1** ***verrast*** ⇒*verbaasd* ◆ **6.1** be ~ **at** *zich verbazen over.*

surprise party ⟨vnl. AE⟩ **0.1** ***(onverwacht) feest(je)*** ⟨voor gastheer/vrouw⟩.

surprise visit **0.1** ***onverwacht bezoek.***

surprising [səprajzing] **0.1** ***verrassend*** ⇒*verbazingwekkend.*

surreal [səriəl] **0.1** ***surreëel*** ⇒*surrealistisch.*

surrealism [səriəlizm] **0.1** ***surrealisme.***

surrealist [səriəlist] **0.1** ⟨bn.⟩ ***surrealistisch*** **0.2** ⟨zn.⟩ ***surrealist.***

surrender[1] [sərendə] ⟨zn.⟩ **0.1** ***overgave.***

surrender[2] **I** ⟨onov.ww.⟩ **0.1** ***zich overgeven*** ⇒*capituleren;*
II ⟨ov.ww.⟩ **0.1** ***overgeven*** ⇒*uitleveren; afstaan, afstand doen van* **0.2** ***afkopen*** ⟨verzekering⟩ ◆ **1.2** ~ a policy *een polis afkopen* **6.1** ~ **to** *zich overgeven aan.*

surreptitious [surrəptisjəs] ⟨-ness⟩ **0.1** ***clandestien*** ⇒*heimelijk, stiekem* ◆ **1.1** ~ glance *steelse blik.*

surrogacy [surrəgəsie] **0.1** ***leen/draagmoederschap.***

surrogate[1] [surrəgət,-geet] ⟨zn.⟩ **0.1** ***plaatsvervanger*** ⇒*substituut* **0.2** ***vervangmiddel*** ⇒*surrogaat.*

surrogate[2] ⟨bn.⟩ **0.1** ***plaatsvervangend*** ⇒*surrogaat-* ◆ **1.¶** ~ mother(hood) *draagmoeder(schap).*
surround[1] [səraund] ⟨zn.⟩ **0.1** ⟨BE⟩ ***(sier)rand.***
surround[2] ⟨ww.⟩ **0.1** ***omringen*** ⇒*omsingelen* ◆ **6.1** ~ed **by/with** *omringd/omgeven door.*
surrounding [səraunding] **0.1** ***omliggend*** ⇒*omringend, nabijgelegen* ◆ **1.1** ~ villages *omliggende dorpen.*
surroundings [səraundingz] **0.1** ***omgeving*** ⇒*buurt, streek, omtrek.*
surround sound ⟨vaak attr.⟩⟨vnl. BE; muz.⟩ **0.1** ***(meerkanaals)stereofonie*** ⇒⟨oneig.⟩ *quadrafonie.*
surtax [sə:tæks] **0.1** ***extra belasting.***
surveillance [sə:veeləns] **0.1** ***toezicht*** ⇒*bewaking* ◆ **6.1 under** (close) ~ *onder (strenge) bewaking.*
surveillance airplane **0.1** ***verkenningsvliegtuig.***
survey[1] [sə:vee] ⟨zn.⟩ **0.1** ***overzicht*** **0.2** ***onderzoek*** **0.3** ***taxering*** ⇒*taxatierapport* ⟨v. huis⟩ **0.4** ***opmeting*** ⇒*opname, kartering* ⟨v. terrein⟩ ◆ **6.2** be **under** ~ *geïnspecteerd worden.*
survey[2] [səvee] ⟨ww.⟩ **0.1** ***overzien*** ⇒*toezien op* **0.2** ***onderzoeken*** **0.3** ***taxeren*** ⟨huis⟩ **0.4** ***opmeten*** ⇒*karteren.*
surveying [səveeing] **0.1** ***landmeetkunde.***
surveyor [səveeə] **0.1** ***opziener*** ⇒*opzichter, inspecteur* **0.2** ***landmeter*** **0.3** ***taxateur.***
survival [səvajvl] **0.1** ***overleving*** ⇒*het overleven* **0.2** ***overblijfsel*** ◆ **1.1** ~ of the fittest *natuurlijke selectie.*
survivalist [səvajvəlist] ⟨ook attr.⟩⟨AE⟩ **0.1** ***quasi-overlever*** ⟨die onder mom v. zelfbescherming zichzelf bewapent⟩.
survival kit **0.1** ***nooduitrusting.***
survive [səvajv] **0.1** ***overleven*** ⇒*voortbestaan, bewaard blijven, langer leven dan;* ⟨fig.⟩ *zich (weten te) handhaven* ◆ **1.1** ~ an earthquake *een aardbeving overleven;* ~ one's children *zijn kinderen overleven.*
survivor [səvajvə] **0.1** ***overlevende*** **0.2** ⟨inf.⟩ ***doordouwer*** ⇒ *iem. die zich weet te handhaven.*
susceptibilit|y [səseptəbilləti̇e] ⟨mv.: -ies⟩ **I** ⟨n.-telb.zn.⟩ **0.1** ***gevoeligheid*** ⇒*vatbaarheid;*
II ⟨mv.⟩ **0.1** ***zwakke/tere plek*** ◆ **3.1** wound s.o. in his susceptibilities *iem. op zijn zwakke plek raken.*
susceptible [səseptəbl] **0.1** ***ontvankelijk*** ⇒*gevoelig, lichtgeraakt* **0.2** ⟨+ to⟩ ***vatbaar (voor)*** ⇒*gevoelig (voor), onderhevig (aan)* ◆ **1.1** a ~ girl *een licht ontvlambaar meisje.*
suspect[1] [suspekt] ⟨zn.⟩ **0.1** ***verdachte.***
suspect[2] ⟨bn.⟩ **0.1** ***verdacht.***
suspect[3] [səspekt] ⟨ww.⟩ **0.1** ***vermoeden*** ⇒*vrezen, geloven, denken* **0.2** ⟨+ of⟩ ***verdenken (van)*** ⇒*wantrouwen.*
suspend [səspend] **0.1** ***(op)hangen*** **0.2** ***uitstellen*** **0.3** ***schorsen*** **0.4** ⟨schei.⟩ ***suspenderen*** ⇒*in suspensie doen overgaan* ◆ **1.2** ~ed sentence *voorwaardelijke straf* **6.3** be ~ed **from** school *(tijdelijk) van school gestuurd worden.*
suspender [səspendə] **I** ⟨telb.zn.⟩⟨BE⟩ **0.1** ***jarretelle*** ⇒*(sok)ophouder;*
II ⟨mv.⟩⟨AE⟩ **0.1** ***bretels*** ◆ **1.1** a pair of ~s *bretels.*
suspender belt ⟨BE⟩ **0.1** ***jarretellegordel(tje).***
suspense [səspens] **0.1** ***spanning*** ⇒*onzekerheid* ◆ **3.1** hold/keep in ~ *in onzekerheid laten.*
suspension [səspensjn] **0.1** ***suspensie*** ⇒*opschorting* ⟨v.e. oordeel, vonnis e.d.⟩, *onderbreking, uitstel* ⟨v. betaling⟩ **0.2** ***vering*** ⇒*ophanging* **0.3** ⟨schei.⟩ ***suspensie.***
suspension bridge **0.1** ***hangbrug*** ⇒*kettingbrug.*
suspension file **0.1** ***hangmap.***
suspicion [səspisjn] **0.1** ***vermoeden*** ⇒*veronderstelling* **0.2** ***verdenking*** ⇒*achterdocht* **0.3** ***zweempje*** ⇒*schijntje* ◆ **1.3** a ~ of irony *een zweempje ironie* **3.1** have a ~ that *vermoeden dat* **6.2 above** ~ *boven alle verdenking verheven;* **on/under** ~ of *onder verdenking van.*
suspicious [səspisjəs] **0.1** ***verdacht*** **0.2** ***wantrouwig*** ⇒*achterdochtig* ◆ **6.1** be/feel ~ **about/of** s.o./sth. *iem./iets verdacht vinden/wantrouwen.*
suss out ⟨sl.⟩ **0.1** ***doorkrijgen*** ⟨iets⟩ **0.2** ***doorhebben*** ⟨iem.⟩.
sustain [səsteen] **0.1** ***(onder)steunen*** ⇒*dragen; staven, bevestigen* **0.2** ***volhouden*** ⇒*aanhouden* **0.3** ***doorstaan*** **0.4** ***ondergaan*** ⇒*lijden, oplopen* **0.5** ***aanvaarden*** ⇒*erkennen* ◆ **1.1** ~ing food *versterkend voedsel* **1.2** ~ a conversation *een gesprek gaande houden;* ~ an effort *een inspanning volhouden;* ~ a note *een noot aanhouden* **1.3** ~ an attack *een aanval afslaan/doorstaan* **1.4** ~ a defeat/an injury *een nederlaag/letsel oplopen* **1.5** ~ s.o.'s claim/s.o. in his claim *iem. zijn eis toewijzen;* ⟨jur.⟩ ~ an objection *een bezwaar toekennen.*
sustained [səsteend] **0.1** ***volgehouden*** ⇒*voortdurend, aanhoudend* ◆ **1.1** ~ argumentation *onafgebroken discussie;* ~ effort *volgehouden inspanning.*
sustenance [sustənəns] **0.1** ***voedsel*** ⟨ook fig.⟩ **0.2** ***voeding(swaarde).***
suture[1] [soe:tsjə] **I** ⟨telb.zn.⟩ **0.1** ***sutuur*** ⇒⟨anat.⟩ *naad, schedelnaad;* ⟨med.⟩ *wondnaad, hechting;*
II ⟨telb. en n.-telb.zn.⟩ **0.1** ***hechtdraad.***
suture[2] ⟨ww.⟩⟨med.⟩ **0.1** ***hechten.***
svelte [svelt] **0.1** ***slank*** ⇒*rank.*
S.W. ⟨afk.⟩ **0.1** [South-West(ern)].
swab[1] [swob] ⟨zn.⟩ **0.1** ***zwabber*** ⇒*stokdweil* **0.2** ***prop (watten)*** ⇒*wattenstokje* **0.3** ⟨med.⟩ ***uitstrijk(je)*** ◆ **3.3** take a ~ *een uitstrijkje maken.*
swab[2] ⟨ww.; -bed⟩ **0.1** ***zwabberen*** ⇒*(op)dweilen, opnemen* **0.2** ⟨med.⟩ ***(af)betten.***
swaddle [swodl] **0.1** ***inbakeren.***
swaddling clothes **0.1** ***windsels*** ⇒*doeken, luiers.*
swag [swæg] ⟨sl.⟩ **0.1** ***buit.***
swagger[1] [swægə] ⟨zn.⟩ **0.1** ***geparadeer*** ⇒*zwier(ige gang)* **0.2** ***pocherij*** ⇒*gesnoef, grootsprekerij.*
swagger[2] ⟨bn.⟩ **0.1** ⟨inf.⟩ ***chic.***
swagger[3] ⟨ww.⟩ **0.1** ***paraderen*** ⇒*lopen als een pauw* **0.2** ***opscheppen*** ⇒*pochen.*
swagger stick ⟨BE; mil.⟩ **0.1** ***rottinkje.***
swagman [swægmən] ⟨Austr. E⟩ **0.1** ***landloper*** ⇒*zwerver.*
Swahili [swohhillie] ⟨mv.: ook Swahili⟩ **I** ⟨eig.n.⟩ **0.1** ***Swahili*** ⟨taal⟩;
II ⟨telb.zn.⟩ **0.1** ***Swahili.***
swain [sween] ⟨schr.⟩ **0.1** ***boerenjongen*** ⇒⟨vnl. scherts.⟩ *vrijer.*
swallow[1] [swolloo] ⟨zn.⟩ **0.1** ***zwaluw*** **0.2** ***slok*** ◆ **7.¶** ⟨sprw.⟩ one ~ doesn't make a summer *één zwaluw maakt nog geen zomer.*
swallow[2] **I** ⟨onov.ww.⟩ **0.1** ***slikken;***
II ⟨ov.ww.⟩ **0.1** ***(door/in)slikken*** ⇒*binnenkrijgen* **0.2** ***opslokken*** ⇒*verzwelgen, verslinden* **0.3** ⟨fig.⟩ ***slikken*** ⇒*geloven* **0.4** ***inslikken*** ⟨woorden of klanken⟩ **0.5** ***herroepen*** ⇒*terugnemen* **0.6** ***onderdrukken*** ⇒*verbijten* ◆ **1.3** ~ an insult *een belediging incasseren;* ~ a story *een verhaal slikken* **1.5** ~ one's words *zijn woorden terugnemen* **1.6** ~ one's pride *zijn trots terzijde schuiven* **5.2** ~ **up** *opslokken, inlijven* **5.6** ~ hard *zich vermannen.*
swallow dive, ⟨AE⟩ **swan dive** ⟨duiksport⟩ **0.1** ***sprong met gespreide armen.***
swallowtailed **0.1** ***zwaluwstaartvormig*** ⇒*gevorkt* ◆ **1.1** ~ coat *rok(jas), zwaluwstaart.*
swam [swæm] ⟨verl. t.⟩ →**swim.**
swamp[1] [swomp] ⟨zn.⟩ **0.1** ***moeras(land).***
swamp[2] ⟨ww.⟩ **0.1** ***doen vollopen*** **0.2** ***doen onderlopen*** ⇒ *onder water doen lopen, overstromen* **0.3** ***overstelpen*** ⇒

bedelven, overspoelen ◆ **6.3** ~ **with** work/letters *bedelven onder het werk/de brieven.*

swampland 0.1 ***moerasland.***

swamp|y [swompie] ⟨-ier⟩ **0.1** ***moerassig*** ⇒*drassig, zompig.*

swan [swon] **0.1** ***zwaan*** ◆ **1.¶** the Swan of Avon *Shakespeare.* →**mute.**

swan around ⟨-ned⟩⟨inf.⟩ **I** ⟨onov.ww.⟩ **0.1** ***rondtrekken/zwerven*** ⇒*zwalken, (rond)banjeren;*
II ⟨ww. + vz.⟩ **0.1** ***rondtrekken/zwerven in.***

swan dive →**swallow dive.**

Swanee [swonnie] **0.1** ***Swanee*** ◆ **3.¶** ⟨inf.⟩ go down the ~ *naar de knoppen gaan.*

swank¹ [swængk] ⟨inf.⟩ **I** ⟨telb.zn.⟩ **0.1** ***opschepper;***
II ⟨n.-telb.zn.⟩ **0.1** ***opschepperij*** **0.2** ***elegantie*** ⇒*stijl, show.*

swank², swank|y [swængkie] ⟨bn.; -ily⟩⟨inf.⟩ **0.1** ***opschepperig*** **0.2** ***chic*** ⇒*modieus, stijlvol.*

swank³ ⟨ww.⟩⟨inf.⟩ **0.1** ***opscheppen*** ⇒*snoeven, zich aanstellen* ◆ **5.1** ~ **about** in a new fur coat *rondparaderen in een nieuwe bontmantel.*

swanky →**swank.**

swan off ⟨-ned⟩⟨inf.⟩ **0.1** ⟨vaak +to⟩ ***gewoon gaan (naar)*** ◆ **6.1** she just went swanning off **to** the cinema while she should have been at school *ze is gewoon mooi naar de bioscoop gegaan terwijl ze op school had moeten zijn.*

swansdown [swonzdaun] **0.1** ***zwanendons.***

swan song 0.1 ***zwanenzang.***

swap¹, swop [swop] ⟨zn.⟩⟨inf.⟩ **0.1** ***ruil*** ⇒⟨geldw.⟩ *swap* ⟨ruil v. schulden⟩ **0.2** ***ruilmiddel*** ◆ **3.1** do/make a ~ *ruilen.*

swap², swop ⟨ww.; -ped⟩⟨inf.⟩ **0.1** ***ruilen*** ⇒*uitwisselen* ◆ **1.1** ~ jokes *moppen tappen onder elkaar;* ⟨fig.⟩ ~ notes *bevindingen uitwisselen* **5.1** ~ **over/round** *van plaats verwisselen* **6.1** ~ **for** *(in)ruilen tegen;* ~ sth. **with** s.o. *iets met iem. ruilen.*

swarm¹ [swo:m] ⟨zn.⟩ **0.1** ***zwerm*** ⇒*massa* ◆ **1.1** ~ of bees *bijenzwerm;* ~s of children *drommen kinderen.*

swarm² ⟨ww.⟩ **0.1** ***(uit)zwermen*** ⇒*een zwerm vormen, samendrommen* **0.2** ⟨+ with⟩ ***krioelen (van)*** ⇒*wemelen* **0.3** ***klimmen*** ◆ **5.1** ~ **in/out** *naar binnen/buiten stromen* **6.1** ~ **about/round** *samendrommen rond* **6.3** ~ **up** a tree *in een boom klauteren.*

swarth|y [swo:ðie] ⟨-ier⟩ **0.1** ***donker*** ⇒*bruin, zwart(achtig).*

swashbuckler [swosjbuklə] **0.1** ***stoere vent*** ⇒*durfal, avonturier.*

swashbuckling [swosbukling] **0.1** ***stoer*** ⇒*roekeloos, koen.*

swastika [swostikkə] **0.1** ***hakenkruis.***

swat¹ [swot] ⟨zn.⟩ **0.1** ***mep*** ⇒*slag, klap* **0.2** ***(vliegen)mepper*** **0.3** ⟨BE⟩ ***blokker.***

swat² ⟨ww.; -ted⟩ **0.1** ***meppen*** ⇒*(dood)slaan* ◆ **1.1** ~ a fly *een vlieg doodmeppen.*

swatch [swotsj] **0.1** ***monster(boek)*** ⇒*staal* ⟨vnl. v. textiel⟩.

swathe¹ [sweeð], **swath** [swo:θ] ⟨zn.⟩ **0.1** ***zwad(e)*** ⟨v. koren, gras enz.⟩ **0.2** ***(gemaaide) strook*** ⇒*baan* ◆ **3.2** ⟨fig.⟩ cut a wide ~ through *zware sporen achterlaten in, verwoesten.*

swathe² ⟨ww.⟩ **0.1** ***zwachtelen*** ⇒*verbinden, inpakken* ◆ **1.1** ⟨fig.⟩ hills ~d in mist *in mist gehulde heuvels.*

sway¹ [swee] ⟨zn.⟩ **0.1** ***slingering*** ⇒*zwaai, schommeling* ⟨v.e. schip enz.⟩ **0.2** ***invloed*** ⇒*druk, overwicht, dwang* **0.3** ⟨schr.⟩ ***heerschappij*** ⇒*regering, bewind* ◆ **1.2** under the ~ of his arguments *overgehaald door zijn argumenten* **1.3** under Caesar's ~ *onder het bewind v. Caesar* **3.3** bear/hold ~ *de scepter zwaaien.*

sway² **I** ⟨onov. en ov.ww.⟩ **0.1** ***slingeren*** ⇒*(doen) zwaaien/schommelen;* ⟨fig. ook⟩ *(doen) weifelen* ◆ **6.1** ~ **to** the music *deinen/wiegen op de maat v.d. muziek;*
II ⟨ov.ww.⟩ **0.1** ***beïnvloeden*** **0.2** ⟨schr.⟩ ***regeren*** ⇒*beheersen* ◆ **3.1** be ~ed by *zich laten leiden door.*

swear¹ [sweə] ⟨zn.⟩⟨inf.⟩ **0.1** ***vloekpartij*** ◆ **3.1** have a good ~ *lekker vloeken.*

swear² ⟨swore [swo:], sworn [swo:n]⟩ **I** ⟨onov.ww.⟩ **0.1** ⟨+ at, about⟩ ***vloeken (op, over);***
II ⟨onov. en ov.ww.⟩ **0.1** ***zweren*** ⇒*een eed afleggen; met kracht beweren, wedden* ◆ **1.1** ~ an oath *een eed afleggen* **3.1** ~ to do sth. *plechtig beloven iets te zullen doen* **6.1** ⟨inf.⟩ be sworn **against** *zich hardnekkig verzetten tegen;* ~ **by** (all that is holy) *zweren bij (alles wat heilig is);* ⟨inf.; fig.⟩ ~ **by** s.o./sth. *bij iem./iets zweren, volkomen op iem./iets vertrouwen;* ~ **on** the Bible that *op de bijbel zweren dat;* ~ **to** sth. *zweren dat iets het geval is, een eed doen op iets;* ~ **to** God that *zweren bij God dat;*
III ⟨ov.ww.⟩ **0.1** ***beëdigen*** ⇒*de eed afnemen* ◆ **1.1** sworn translator *beëdigd vertaler;* ⟨fig.⟩ sworn enemies *gezworen vijanden;* sworn evidence *verklaring/getuigenis onder ede* **5.1** ~ **in** *beëdigen* **6.1** ~ **to** secrecy/silence *een eed van geheimhouding afnemen van.*

swearword 0.1 ***vloek(woord)*** ⇒*krachtterm.*

sweat¹ [swet] **I** ⟨telb.zn.⟩ **0.1** ***zweet*** **0.2** ⟨inf.⟩ ***inspanning*** ⇒ *karwei* **0.3** ⟨inf.⟩ ***eng gevoel*** ⇒*angst, spanning* **0.4** ⟨BE; sl.⟩ ***(oude) rot*** ◆ **2.1** he was in a cold ~ *het klamme zweet brak hem uit* **2.2** a frightful ~ *een vreselijk karwei* **2.4** old ~ *oudgediende, oude rot* **6.1** **in** a ~, ⟨inf.⟩ all **of** a ~ *helemaal bezweet* **6.3** **in** a ~ *benauwd, bang;*
II ⟨n.-telb.zn.⟩ **0.1** ***zweet*** ⇒*transpiratie* ◆ **1.1** by/in the ~ of one's brow/face *in het zweet des aanschijns* **7.¶** no ~ *geen probleem.*

sweat² ⟨ww.⟩ **0.1** ***zweten*** ⇒*(doen) (uit)zweten, (doen) transpireren* **0.2** ***uitbuiten*** ⇒*(doen) zweten, (laten) werken tegen een hongerloon* ◆ **1.1** ⟨inf.⟩ ~ blood *bloed/etter/*⟨AZN⟩ *water en bloed zweten* **5.1** ~ **out** (a cold) *(een verkoudheid) uitzweten;* ⟨inf.⟩ ~ it **out** *(tot het einde) volhouden, stand houden; zweten* **6.1** ~ **with** fear *zweten v.d. angst.*

sweatband 0.1 ***zweetband(je).***

sweated [swettid] **0.1** ***door uitbuiting verkregen*** ⇒*uitgebuit* ◆ **1.1** ~ clothes/goods *tegen hongerloon vervaardigde kleren/goederen;* ~ labour *slavenarbeid.*

sweater [swettə] **0.1** ***sweater*** ⇒*sportvest, (wollen) trui.*

sweat gland 0.1 ***zweetklier.***

sweat shirt 0.1 ***sweatshirt*** ⇒*sporttrui* ⟨v. katoen⟩.

sweatshop 0.1 ***slavenhok*** ⟨werkplaats v. uitbuiter⟩.

sweat suit 0.1 ***trainingspak*** ⇒*joggingpak.*

sweaty [swettie] **0.1** ***zwetend*** ⇒*bezweet, zweterig* **0.2** ***broeierig*** ⇒*heet.*

swede [swie:d], **swede turnip 0.1** ***koolraap*** ⇒*koolrabi.*

Swede 0.1 ***Zweed(se).***

Sweden [swie:dn] **0.1** ***Zweden.***

Swedish [swie:disj] **0.1** ⟨bn.⟩ ***Zweeds*** **0.2** ⟨zn.⟩ ***Zweeds*** ⟨taal⟩.

sweep¹ [swie:p] **I** ⟨telb.zn.⟩ **0.1** ***(schoonmaak)beurt*** ⇒*opruiming* **0.2** ***veger*** ⇒*bezem, stoffer* **0.3** ***veger*** ⇒⟨inf.⟩ *schoorsteen/straatveger* **0.4** ***veeg*** ⇒*haal (met een borstel), streek* **0.5** ***zwaai*** ⇒*slag, houw, riemslag; zwier, draai, bocht* **0.6** ⟨ben. voor⟩ ***gebogen traject/lijn*** **0.7** ⟨inf.⟩ ***sweepstake*** ◆ **1.5** ~ of the eye *oogopslag, blik* **1.¶** ~ of mountain country *stuk bergland, berglandschap* **2.1** clean ~ *grote opruiming* **2.5** wide ~ *wijde draai/bocht* **2.¶** clean ~ *verpletterende overwinning* **3.1** make a clean ~ *schoon schip maken* **3.5** make a ~ *een bocht maken, draaien* **6.5** **at** one/a ~ *in één klap;*
II ⟨n.-telb.zn.⟩ **0.1** ***het vegen*** **0.2** ⟨ben. voor⟩ ***bereik*** ⇒*domein; draagwijdte, portee* **0.3** ***beweging*** ⇒*stroom, golving*

◆ 1.2 the ~ of his argument *de draagwijdte v. zijn argument* **1.3** the ~ of the tide *de getijdebeweging* **6.2 beyond / within** the ~ of *buiten/binnen het bereik van.*

sweep[2] ⟨swept, swept [swept]⟩ **I** ⟨onov.ww.⟩ **0.1** ***zich (snel) (voort)bewegen*** ⇒*spoeden, vliegen* **0.2** ***zich uitstrekken*** ◆ **5.1** ~ **along** *voortsnellen;* ~ **by / past** *voorbijschieten;* ~ **down** on *aanvallen;* ~ **on** *voortijlen;* ~ **round** *zich (met een zwaai) omdraaien* **5.2** ~ **down** to the sea *zich uitstrekken tot aan de zee* **6.1** ~ **from / out of** the room *de kamer uit stuiven;* ~ **into** power *aan de macht komen;* a wave swept **over** the ship *een golf sloeg over het schip;* ⟨fig.⟩ fear swept **over** him *hij werd bevangen door angst;*
II ⟨onov. en ov.ww.⟩ **0.1** ***vegen*** ⇒*aan/af/op/wegvegen* **0.2** ***(laten) slepen*** ⇒*slepen over, strijken langs/over* ◆ **1.1** ~ the country of crime *het land v. misdaad zuiveren;* ~ the house clean / clear of dirt *het huis schoonvegen;* ⟨fig.⟩ ~ the seas *de zeeën schoonvegen/zuiveren v. piraten;* ⟨fig.⟩ be swept from sight *aan het gezicht onttrokken worden* **5.1** ~ the dirt **away** *het vuil wegvegen;* ~ **up** *aan/uitvegen, bijeenvegen;*
III ⟨ov.ww.⟩ **0.1** ***(toe)zwaaien*** ⇒*slaan* **0.2** ***mee/wegsleuren*** ⇒*meevoeren, afrukken* **0.3** ***doorkruisen*** ⇒*teisteren, razen over* **0.4** ***afzoeken*** ⇒*aftasten, afvissen* **0.5** ***bestrijken*** **0.6** ***(volledig) winnen*** ◆ **1.1** ~ one's arm above one's head *zijn arm boven zijn hoofd zwaaien;* ~ s.o. a bow / curtsey *statig buigen voor iem.* **1.3** the storm swept the country *de storm raasde over het land;* a new fashion ~ing America *een nieuwe mode die Amerika verovert* **1.4** his eyes swept the distance *zijn ogen tastten de horizon af* **4.6** ~ all before one *eindeloze successen boeken* **5.1** ~ **aside** *(met een zwaai) opzij schuiven;* ⟨fig.⟩ *naast zich neerleggen;* ~ **off** *(met een zwaai) afnemen* ⟨hoed⟩ **5.2** ~ **along** *meesleuren/slepen* **6.2** be swept **off** one's feet *omvergelopen worden;* ⟨fig.⟩ *overdonderd worden; versteld staan, hals over kop verliefd worden;* be swept **out to** sea *in zee gesleurd worden.*

sweeper [swie:pə] **0.1** ***veger*** ⇒*straatveger, schoorsteenveger* **0.2** ***veger*** ⇒*tapijtenroller, (straat)veegmachine* **0.3** ⟨voetbal⟩ ***vrije verdediger*** ⇒*laatste man.*

sweeping [swie:ping] **0.1** ***verreikend*** ⇒*veelomvattend, ingrijpend* **0.2** ***radicaal*** ⇒*veralgemenend* **0.3** ***geweldig*** ⇒ *kolossaal* ◆ **1.1** ~ changes *ingrijpende veranderingen* **1.2** ~ condemnation *radicale veroordeling;* ~ statement *apodictische uitspraak* **1.3** ~ reductions *reusachtige prijsverminderingen.*

sweepings [swie:pingz] **0.1** ***veegsel*** **0.2** ***uitvaagsel*** ⇒*uitschot, afval.*

sweepstake, sweepstakes [swie:psteeks] **0.1** ***sweepstake*** ⟨(wedren met) prijs bestaande uit de inleggelden v.d. deelnemers⟩.

sweet[1] [swie:t] **I** ⟨telb.zn.⟩ **0.1** ***lieveling*** ⇒*liefje, schatje* **0.2** ⟨vaak mv.; BE⟩ ***snoepje*** ⇒*lekkers* ◆ **1.¶** the ~s of success *de zaligheden v.h. succes* **4.1** my ~ *mijn schatje;*
II ⟨telb. en n.-telb.zn.⟩ ⟨BE⟩ **0.1** ***dessert*** ⇒*toetje.*

sweet[2] ⟨bn.; -ness⟩ **0.1** ⟨ben. voor⟩ ***zoet*** ⇒*lekker, heerlijk, geurig; melodieus, zacht; goed; lief, schattig, charmant, lief(elijk), aangenaam; vleiend* ◆ **1.1** ~ face *lief gezicht(je);* ~ nature *zachte natuur, beminnelijk karakter;* ~ pickles *zoetzuur;* ~ scent *lekkere geur* **1.¶** ~ cherry *zoete kers;* ~ dreams! *slaap lekker!;* ⟨sl.⟩ ~ Fanny Adams *geen donder, geen ene moer;* ⟨inf.⟩ ~ nothings *lieve woordjes;* ~ pepper *paprika;* ~ potato *bataat* ⟨Ipomoea batatas⟩; ⟨inf.⟩ *ocarina;* have a ~ tooth *een zoetekauw zijn;* ~ violet *maarts viooltje;* ⟨plantk.⟩ ~ William *duizendschoon* **3.1** keep s.o. ~ *iem. zoet/te vriend houden* **6.1 at** one's own ~ will *naar believen, naar eigen goeddunken;* ⟨inf.⟩ **be ~ on** s.o. *gek zijn op iem.;* **of** its own ~ will *zomaar vanzelf* **¶.1** how ~ of you *wat aardig van je.*

sweet-and-sour **0.1** ***zoetzuur.***

sweetbread **0.1** ***zwezerik.***

sweetbrier, sweetbriar **0.1** ***egelantier.***

sweet corn ⟨vnl. BE⟩ **0.1** ***(zoete) maïs.***

sweeten [swie:tn] **I** ⟨onov. en ov.ww.⟩ **0.1** ***zoeten*** ⇒*zoet(er) maken/worden;*
II ⟨ov.ww.⟩ **0.1** ***verzachten*** ⇒*verlichten, veraangenamen* **0.2** ***verversen*** ⇒*zuiveren* **0.3** ⟨inf.⟩ ***sussen*** ⇒*omkopen, zoet houden.*

sweetener [swie:tnə] **0.1** ***zoetstof*** **0.2** ⟨sl.⟩ ***smeergeld*** ⇒*fooi, steekpenning.*

sweetening [swie:tning] **0.1** ***zoetmiddel.***

sweetheart **0.1** ***schat*** **0.2** ***liefje*** ⇒*vriend(in).*

sweetie [swie:tie], ⟨in bet. 0.1 ook⟩ **sweetie pie** ⟨inf.⟩ **0.1** ***liefje*** ⇒*schatje* **0.2** ***snoesje*** ⇒*dotje* **0.3** ⟨BE⟩ ***snoepje.***

sweetish [swie:tisj] **0.1** ***zoetig*** ⇒*vrij zoet.*

sweetmeat **0.1** ***snoepje*** ⇒*lekkernij;* ⟨mv.⟩ *snoepgoed.*

sweetness [swie:tnəs] **0.1** ***zoetheid*** ◆ **1.1** Sarah is all ~ and light *Sarah is een en al beminnelijkheid.*

sweet pea **0.1** ***lathyrus.***

sweet-scented, sweet-smelling **0.1** ***geurig*** ⇒*welriekend.*

sweetshop ⟨vnl. BE⟩ **0.1** ***snoepwinkel.***

sweet spot ⟨tennis⟩ **0.1** ⟨ong.⟩ ***meest effectieve slagpunt*** ⟨v. racket⟩.

sweet-talk ⟨vnl. AE⟩ **0.1** ***vleien.***

sweet-tempered **0.1** ***lief*** ⇒*aardig, zacht v. aard.*

swell[1] [swel] ⟨zn.⟩ **0.1** ***zwelling*** ⇒*het zwellen, volheid* **0.2** ***deining.***

swell[2] ⟨bn.⟩ **0.1** ⟨vnl. AE; inf.⟩ ***voortreffelijk*** ⇒*prima* ◆ **1.1** a ~ teacher *een prima leraar.*

swell[3] ⟨ook swollen [swoolən]⟩ **I** ⟨onov.ww.⟩ **0.1** ***(op)zwellen*** ⇒*bol gaan staan* ◆ **5.1** ~ **out** *bollen;* ~ **up** *(op)zwellen* **6.1** ~ **with** pride *zwellen v. trots;*
II ⟨ov.ww.⟩ **0.1** ***doen zwellen*** ⇒*bol doen staan* ◆ **1.1** ~ one's funds *wat bijverdienen.*

swelled [sweld] **0.1** ***gezwollen*** ⇒*opgeblazen.* →**head.**

swelled-headed, swellheaded **0.1** ***verwaand*** ⇒*pretentieus.*

swelling [swelling] **0.1** ***zwelling*** ⇒*het zwellen.*

swelter [sweltə] **0.1** ***stikken (van de hitte)*** ⇒*baden in het zweet.*

sweltering [sweltring] **0.1** ***smoorheet*** ⇒*drukkend* ◆ **1.1** ~ (hot) day *drukkend hete dag.*

swept [swept] ⟨verl. t. en volt. deelw.⟩ →**sweep.**

swept-back **0.1** ***pijlvormig*** ⟨vnl. v. vleugels v. vliegtuig⟩ ◆ **1.1** ~ wing *pijlvleugel.*

swerve[1] [swə:v] ⟨zn.⟩ **0.1** ***zwenking*** ⇒*wending, zijbeweging.*

swerve[2] **I** ⟨onov.ww.⟩ **0.1** ***zwenken*** ⇒*plotseling uitwijken* **0.2** ***afwijken*** ⇒*afdwalen* ◆ **6.1** ~ **from** the path *v.h. pad afdwalen* ⟨ook fig.⟩; ~ **from** one's purpose *zijn doel uit het oog verliezen;*
II ⟨ov.ww.⟩ **0.1** ***doen zwenken*** ⇒*opzij doen gaan* **0.2** ***doen afwijken.***

swift[1] [swift] ⟨zn.⟩ **0.1** ***gierzwaluw.***

swift[2] ⟨bn.; -ness⟩ **0.1** ***vlug*** ⇒*snel, rap* ◆ **1.1** ~ of foot *vlug ter been* **3.1** ~ to forgive *vergevensgezind.*

swift-flowing **0.1** ***snelvlietend/stromend.***

swift-footed **0.1** ***snelvoetig*** ⇒*vlug ter been.*

swig[1] [swig] ⟨zn.⟩ ⟨inf.⟩ **0.1** ***slok.***

swig[2] ⟨-ged⟩ ⟨inf.⟩ **I** ⟨onov.ww.⟩ **0.1** ***met grote teugen drinken;***
II ⟨ov.ww.⟩ **0.1** ***naar binnen gieten*** ⇒*leegzuipen.*

swill[1] [swil], ⟨in bet. I 0.1 ook⟩ **swill-down, swill-out I** ⟨telb.zn.⟩ **0.1** ***spoeling*** ⇒*spoelbeurt* **0.2** ***teug sterkedrank*** ◆ **3.1** give a ~ *uitspoelen;*
II ⟨n.-telb.zn.⟩ **0.1** ***spoelwater*** ⟨ook fig.⟩ ⇒*afwaswater* **0.2** ***afval*** **0.3** ***spoeling*** ⇒*varkensdraf.*

swill[2] **I** ⟨onov.ww.⟩ **0.1** ⟨inf.⟩ ***zuipen*** ⇒*gretig drinken;*
II ⟨ov.ww.⟩ **0.1** ***af/door/uitspoelen*** **0.2** ⟨inf.⟩ ***opzuipen*** ⇒ *gretig opdrinken* ◆ **5.1** ~ **down** *afspoelen;* ~ **out** *uitspoelen* **5.2** ~ **down** *opzuipen.*

swim[1] [swim] ⟨zn.⟩ **0.1** ***zwempartij*** ◆ **3.1** have / go for a ~ *gaan zwemmen, een duik (gaan) nemen* **6.¶** be **in / out of** the ~ *(niet) op de hoogte zijn, (niet) meedoen.*

swim[2] ⟨swam [swæm], swum [swum]⟩ **I** ⟨onov.ww.⟩ **0.1** ***zwemmen*** ⟨ook fig.⟩ ⇒*baden* **0.2** ***vlotten*** ⇒*drijven, zweven* **0.3** ***duizelen*** ⇒*draaierig worden* ◆ **1.1** ~ to the bottom / like a stone *zinken als een baksteen* **1.3** my head is ~ming *het duizelt mij* **6.2** ~ming **in** blood *badend in het bloed;* ~ming **in** butter *drijvend in de boter;*
II ⟨ov.ww.⟩ **0.1** ***(over)zwemmen*** **0.2** ***doen/laten zwemmen/drijven*** **0.3** ***doen duizelen*** ◆ **1.1** ~ a river *een rivier overzwemmen* **5.2** ~ s.o. **across** *iem. overzwemmen.*

swim bladder, swimming bladder **0.1** ***zwemblaas.***

swimmer [swimmə] **0.1** ***zwemmer.***

swimming [swimming] **0.1** ***het zwemmen*** ⇒*de zwemsport.*

swimming bath ⟨vaak mv.⟩ ⟨BE⟩ **0.1** ***(overdekt) zwembad.***

swimming costume, swimsuit **0.1** ***zwempak*** ⇒*badpak.*

swimmingly [swimminglie] **0.1** ***vlot*** ⇒*moeiteloos, als van een leien dakje* ◆ **3.1** everything goes on / off ~ *alles loopt gesmeerd.*

swimming pool, swimpool **0.1** ***zwembad.***

swimming trunks **0.1** ***zwembroek.***

swimwear **0.1** ***badkleding/mode.***

swindle[1] [swindl] ⟨zn.⟩ **0.1** ***zwendelzaak*** **0.2** ***zwendel*** ⇒*bedrog, oplichterij.*

swindle[2] ⟨ww.⟩ **0.1** ***oplichten*** ⇒*afzetten, bedriegen* ◆ **6.1** ~ money **out of** s.o., ~ s.o. **out of** money *iem. geld afhandig maken.*

swindler [swindlə] **0.1** ***zwendelaar(ster)*** ⇒*oplichter.*

swine [swajn] ⟨mv.: swine; fig. mv.: ook swines⟩ ⟨ook fig.⟩ **0.1** ***zwijn*** ⇒*varken.*

swineherd **0.1** ***varkenshoeder/ster.***

swing[1] [swing] **I** ⟨telb.zn.⟩ **0.1** ***schommel*** **0.2** ***schommelpartijtje*** ◆ **3.2** have a ~ *schommelen* **3.¶** ⟨sprw.⟩ what one loses on the ~s one makes up on the roundabout *men moet de bluts tegen de buil stellen;*
II ⟨telb. en n.-telb.zn.⟩ **0.1** ***schommeling*** ⇒*zwaai, slingerbeweging* **0.2** ***forse beweging*** **0.3** ***veerkrachtige gang*** **0.4** ***(fors) ritme*** **0.5** ***swing(muziek)*** ◆ **1.1** ~ in public opinion *kentering in de publieke opinie;* the ~ of the pendulum *de wisseling(en) v.h. lot;* ~ in prices *prijzenschommeling* **3.1** give full / free ~ to *de vrije teugel laten* **3.¶** go with a ~ *van een leien dakje gaan;*
III ⟨n.-telb.zn.⟩ **0.1** ***actie*** ⇒*vaart, gang* **0.2** ***bezieling*** ⇒*inspiratie* ◆ **6.1** **in** full ~ *in volle actie/gang;* get **into** the ~ of things *op dreef komen.*

swing[2] ⟨swung [swung], swung⟩ **I** ⟨onov.ww.⟩ **0.1** ***met veerkrachtige tred gaan*** ⇒*met zwaaiende gang lopen* **0.2** ***swingen*** **0.3** ⟨inf.⟩ ***opgehangen worden*** **0.4** ⟨sl.⟩ ***(goed) bij zijn*** ⇒*(flink) meedoen* ◆ **5.1** ~ **along / by / past** *met veerkrachtige gang voorbijlopen* **6.3** ~ **for** it *ervoor gestraft/gehangen worden;*
II ⟨onov. en ov.ww.⟩ **0.1** ***slingeren*** ⇒*schommelen, zwaaien* **0.2** ***draaien*** ⇒*(doen) zwenken* **0.3** ***(op)hangen*** **0.4** ***spelen op swingritme*** ◆ **1.1** ~ a stick *met een stok zwaaien* **5.1** ~ **to** and **fro** *heen en weer schommelen* **5.2** ~ **round** *(zich) omdraaien, omgooien;* ~ **to** *dichtslaan* ⟨deur e.d.⟩ **5.¶** ~ **in** (with) *zich aansluiten (bij)* **6.1** ⟨fig.⟩ ~ **into** action *in actie komen* **6.3** ~ **from** the ceiling *aan het plafond hangen;*
III ⟨ov.ww.⟩ **0.1** ***beïnvloeden*** ⇒*bepalen, manipuleren* **0.2** ***wijsmaken*** ◆ **1.1** ~ a deal *een goede slag slaan* **1.2** you can't ~ that sort of stuff to her *zoiets maak je haar niet wijs* **4.1** ~ it *het klaarspelen, het voor elkaar brengen;* what swung it was the money *wat de doorslag gaf, was het geld.*

swing bridge **0.1** ***draaibrug.***

swing door, swinging door **0.1** ***klapdeur*** ⇒*tochtdeur.*

swingeing, swinging [swindzjing] ⟨vnl. BE⟩ **0.1** ***geweldig*** ⇒ *enorm* ◆ **1.1** ~ blow *geweldige klap;* ~ cuts *zeer drastische bezuinigingen.*

swinger [swingə] ⟨sl.⟩ **0.1** ***iem. die bij is*** ⇒*snelle jongen* **0.2** ***iem. die aan partnerruil doet*** **0.3** ***een biseksueel iem.***

swinging [swinging] **0.1** ***schommelend*** ⇒*slingerend, zwaaiend* **0.2** ***veerkrachtig*** **0.3** ***ritmisch*** ⇒*swingend* **0.4** ⟨sl.⟩ ***bij*** ⇒*gedurfd, gewaagd* ◆ **1.2** ~ step *veerkrachtige tred.*

swing wing **0.1** ***met zwenkvleugel*** ⇒*met verstelbare vleugel* ⟨v. vliegtuig⟩.

swinish [swajnisj] ⟨-ness⟩ **0.1** ***beestachtig.***

swipe[1] [swajp] ⟨zn.⟩ **0.1** ⟨inf.⟩ ***mep*** ⇒*(harde) slag* **0.2** ⟨inf.⟩ ***veeg*** ⇒*verwijt, schimpscheut* ◆ **3.1** have / take a ~ at *uithalen naar* **6.1** ~ **round** the ear *oorveeg.*

swipe[2] **I** ⟨onov. en ov.ww.⟩ **0.1** ***(hard) slaan*** ⇒*meppen* ◆ **6.1** ~ **at** *slaan/uithalen naar;* ⟨fig.⟩ *beschimpen;*
II ⟨ov.ww.⟩ ⟨sl.⟩ **0.1** ***gappen*** ⇒*jatten, stelen.*

swirl[1] [swə:l] ⟨zn.⟩ **0.1** ***(draai)kolk*** ⇒*maalstroom* **0.2** ***werveling.***

swirl[2] ⟨ww.⟩ **0.1** ***(doen) wervelen*** ⇒*(doen) dwarrelen* **0.2** ***(doen) kolken*** ⇒*(doen) draaien* ◆ **5.1** ~ **about** *rondwervelen, ronddwarrelen* **5.¶** ~ **away / off** *wegdwarrelen, meevoeren.*

swish[1] [swisj] ⟨zn.⟩ **0.1** ***zwiep*** ⇒*slag* **0.2** ***zoevend geluid*** ⇒ *geruis* ◆ **1.2** the ~ of a cane *het zoeven v.e. rietje;* the ~ of silk *het geruis v. zijde.*

swish[2] ⟨bn.⟩ ⟨sl.⟩ **0.1** ⟨vnl. BE⟩ ***chic*** ⇒*modieus.*

swish[3] **I** ⟨onov.ww.⟩ **0.1** ***zoeven*** ⇒*suizen, ruisen* **0.2** ***zwiepen*** ◆ **1.1** ~ing silk *ruisende zijde* **5.1** ~ **past** *voorbijzoeven;*
II ⟨ov.ww.⟩ **0.1** ***doen zwiepen*** ⇒*slaan met* ◆ **1.1** ~ing tail *zwiepende staart.*

Swiss [swis] ⟨mv.: Swiss⟩ **0.1** ⟨bn.⟩ ***Zwitsers*** **0.2** ⟨zn.⟩ ***Zwitsers(e)*** ◆ **1.1** ~ army knife *padvindersmes;* ~ cottage *chalet;* ~ guards *Zwitserse garde* ⟨in Vaticaan⟩ **1.¶** ~ roll *koninginnenbrood* ⟨opgerolde cake met jam⟩.

switch[1] [switsj] ⟨zn.⟩ **0.1** ⟨elek.⟩ ***schakelaar*** ⇒*stroomwisselaar* **0.2** ⟨spoorwegen⟩ ***wissel*** **0.3** ***omkeer*** ⇒*ommezwaai, verandering* **0.4** ***twijgje*** ⇒*loot* **0.5** ***(valse) haarlok*** ⇒*(valse) haarvlecht.*

switch[2] **I** ⟨onov. en ov.ww.⟩ **0.1** ***(om)schakelen*** ⟨ook elek.⟩ ⇒ *veranderen (van), overgaan (op)* **0.2** ***draaien*** ⇒*(doen) omzwaaien* **0.3** ***meppen*** ⇒*slaan, (af)ranselen* **0.4** ***zwaaien*** ⇒ *(doen) zwiepen* ◆ **1.1** ~ places *van plaats veranderen;* ~ a train to another track *een trein op een ander spoor zetten* **5.1** ~ **off** *uitschakelen, afzetten;* ⟨inf.⟩ *versuffen;* ~ **over** *overschakelen;* ⟨radio, tv⟩ *een ander kanaal kiezen;* ~ **through** (to) *doorverbinden* **5.2** ~ **round** *omdraaien* **6.1** ~ **to** *overgaan naar/op;*
II ⟨ov.ww.⟩ **0.1** ***verwisselen*** **0.2** ***ontsteken*** **0.3** ⟨fig.⟩ ***afleiden*** ⟨gedachten enz.⟩ ◆ **5.1** ~ **(a)round** *verwisselen.* → **switch on.**

switchable [switsjəbl] **0.1** ***verwisselbaar.***

switchback, ⟨in bet. 0.2 ook⟩ **switchback railway,** ⟨in bet. 0.1 ook⟩ **switchback road 0.1** ***bochtige, heuvelige weg*** **0.2** ⟨BE⟩ ***roetsjbaan*** ⇒*achtbaan.*

switchblade ⟨vnl. AE⟩ **0.1** ***stiletto*** ⇒*springmes.*

switchboard 0.1 ***schakelbord.***

switched-on 0.1 ⟨inf.⟩ ***levendig*** ⇒*alert* **0.2** ⟨inf.⟩ ***bij (de tijd)*** ⇒*vooruitstrevend* **0.3** ⟨sl.⟩ ***high.***

switch|man [switsjmən]⟨mv.: -men [-mən]⟩ ⟨vnl. AE⟩ **0.1** ***wisselwachter.***

switch on 0.1 ***inschakelen*** ⇒*aanzetten/doen* **0.2** ⟨inf.⟩ ***stimuleren*** ⇒*doen opleven, inspireren* **0.3** ⟨sl.⟩ ***(seksueel) opwinden.***

switchover 0.1 ***overschakeling*** ⇒*omschakeling* **0.2** ***overgang*** ⇒*verandering.*

swivel[1] [swivl] ⟨zn.⟩ **0.1** ***(ketting)wartel*** ⇒*wervel.*

swivel[2] ⟨ww.; BE -led⟩ **0.1** ***draaien (als) om een spil*** ◆ **5.1** ~ **round** in one's chair *ronddraaien in zijn stoel.*

swivel chair 0.1 ***draaistoel.***

swiz(z) [swiz] ⟨geen mv.⟩⟨BE; inf.⟩ **0.1** ***bedrog*** **0.2** ***ontgoocheling.***

swizzle [swizl] **0.1** ⟨inf.⟩ ***cocktail*** ⇒*borrel.*

swizzle stick ⟨inf.⟩ **0.1** ***roerstokje.***

swob →**swab.**

swollen [swoolən] ⟨-ness⟩ **0.1** ***gezwollen*** ⟨ook fig.⟩ ⇒*opgeblazen* ◆ **1.1** ⟨BE⟩ ~ head *eigendunk, verwaandheid.*

swollen-headed 0.1 ***verwaand*** ⇒*arrogant* **0.2** ***overmoedig.***

swoon[1] [swoe:n] ⟨zn.⟩ **0.1** ⟨schr.⟩ ***(appel)flauwte*** ⇒*bezwijming* ◆ **3.1** go off in a ~ *in zwijm vallen.*

swoon[2] ⟨ww.⟩⟨schr.⟩ **0.1** ***in vervoering geraken*** ⟨ook scherts.⟩ **0.2** ***bezwijmen*** ⇒*in onmacht vallen.*

swoop[1] [swoe:p] ⟨zn.⟩ **0.1** ***duik*** **0.2** ***veeg*** ⇒*haal* ◆ **6.2 at** one (fell) ~ *met één slag.*

swoop[2] ⟨ww.⟩ **0.1** ***stoten*** ⟨v. roofvogel⟩ ⇒*(op een prooi) neerschieten, zich storten op* ⟨ook fig.⟩ ◆ **5.1** ~ **down** *stoten.*

swop →**swap.**

sword [so:d] **0.1** ***zwaard*** ⇒*sabel, degen* ◆ **3.¶** cross ~s (with) *in conflict komen (met);* draw the ~ *naar het zwaard grijpen;* measure ~s (against/with) *zijn krachten meten (met), de degen kruisen (met);* put to the ~ *over de kling jagen.*

sword cane 0.1 ***degenstok.***

sword dance 0.1 ***zwaarddans.***

swordfish 0.1 ***zwaardvis.***

swordplay 0.1 ***het schermen*** ⇒⟨fig.⟩ *woordentwist.*

swords|man [so:dzmən]⟨mv.: -men [-mən]⟩ **0.1** ***zwaardvechter*** **0.2** ***schermer*** ⇒*schermmeester.*

swordsmanship [so:dzmənsjip] **0.1** ***schermkunst.***

sword stick 0.1 ***degenstok.***

sword swallower 0.1 ***degenslikker.***

swore [swo:] ⟨verl. t.⟩ →**swear.**

sworn [swo:n] **0.1** ***gezworen*** **0.2** ***beëdigd*** ◆ **1.1** ~ enemies *gezworen vijanden* **1.2** ~ statement *verklaring onder ede.*

swot[1] [swot] ⟨zn.⟩⟨BE; inf.⟩ **0.1** ***blokker*** ⇒*zwoeger* **0.2** ***karwei*** ⇒*kluif* **0.3** ***geblok*** ⇒*gezwoeg* ◆ **7.2** what a ~! *wat een klus!*

swot[2] ⟨ww.; -ted⟩⟨BE; inf.⟩ **0.1** ***blokken op*** **0.2** →**swat** ◆ **5.1** ~ sth. **up**, ~ **up** on sth. *iets erin pompen/stampen; iets repeteren* **6.1** ~ **for** an exam *blokken voor een examen.*

swum [swum] ⟨volt. deelw.⟩ →**swim.**

swung [swung] ⟨verl. t. en volt. deelw.⟩ →**swing.**

sybarite [sibbərajt] ⟨vaak S-⟩⟨schr.⟩ **0.1** ***sybariet*** ⇒*wellusteling.*

sybaritic [sibbərittik] ⟨-ally⟩⟨schr.⟩ **0.1** ***sybaritisch*** ⇒*wellustig, genotzuchtig.*

sycamore [sikkəmo:] **0.1** ***esdoorn*** **0.2** ⟨vnl. AE⟩ ***plataan*** **0.3** ⟨rel.⟩ ***sycomoor.***

sycophancy [sikkəfænsie] **0.1** ***pluimstrijkerij*** ⇒*hielenlikkerij.*

sycophant [sikkəfənt] **0.1** ***pluimstrijker*** ⇒*vleier.*

sycophantic [sikkəfæntik] **0.1** ***pluimstrijkend*** ⇒*kruiperig, vleierig.*

syllabic [silæbik] **0.1** ***syllabisch*** ⇒*lettergreep-.*

syllable [silləbl] **0.1** ***syllabe*** ⇒*lettergreep* ◆ **7.1** not a ~! *geen woord!*

syllabub →**sillabub.**

syllabus [silləbəs]⟨mv.: ook syllabi [-baj]⟩ **0.1** ***syllabus*** ⇒*samenvatting, leerplan.*

syllog|ism [sillədzjizm] ⟨bn.: **-istic**⟩ **0.1** ***syllogisme*** ⇒*sluitrede.*

sylph [silf] **0.1** ***sylfe*** ⇒*luchtgeest* **0.2** ***tengere, elegante dame.***

sylphlike [silflajk] **0.1** ***sylfeachtig*** ⇒*sierlijk, elegant.*

sylvan →**silvan.**

symbiosis [simbie·oosis]⟨symbioses [-sie:z]⟩ ⟨biol.⟩ **0.1** ***symbiose.***

symbol [simbl] **0.1** ***symbool*** ⇒*(lees/onderscheidings)teken.*

symbolic|(al) [simbollik(l)] ⟨-ally⟩ **0.1** ***symbolisch*** ◆ **1.1** ~ logic *symbolische logica* **3.1** be ~ of *voorstellen, het symbool zijn van.*

symbolism [simbəlizm] **0.1** ***symbolisme*** **0.2** ***symboliek*** ⇒ *symbolische betekenis.*

symbolist [simbəlist] **0.1** ***symbolist.***

symbol|ize, -ise [simbəlajz] ⟨zn.: **-ization**⟩ **0.1** ***symboliseren*** ⇒*symbool zijn van.*

symmetric|(al) [simmetrik(l)] ⟨-ally⟩ **0.1** ***symmetrisch*** ⇒ *symmetrie-.*

symmetry [simmitrie] **0.1** ***symmetrie.***

sympathetic [simpəθettik] ⟨-ally⟩ **0.1** ***sympathiek*** ⇒*genegen, welwillend* **0.2** ***meevoelend*** ⇒*deelnemend* ◆ **1.1** ~ strike *solidariteitsstaking* **6.1** be/feel ~ **to/toward(s)** s.o. *iem. genegen zijn.*

sympathize, -ise [simpəθajz] **0.1** ***sympathiseren*** **0.2** ***meevoelen*** ⇒*deelneming voelen* ◆ **6.1** ~ **with** *sympathiseren met; meevoelen met.*

sympathizer, -iser [simpəθajzə] **0.1** ***sympathisant.***

sympath|y [simpəθie] ⟨mv.: -ies⟩ **0.1** ***sympathie*** ⇒*genegenheid; deelneming* **0.2** ***overeenstemming*** ◆ **1.1** letter of ~ *condoléancebrief* **3.1** accept my sympathies *aanvaard mijn innige deelneming;* come out in ~ (for sth.) *sympathie (voor iets) tonen; in solidariteitsstaking gaan;* feel ~ for *meeleven met;* his sympathies lie with *hij sympathiseert met, zijn voorkeur gaat uit naar* **6.1** be **in** ~ **with** *gunstig/welwillend staan tegenover, begrip hebben voor* **6.2** be **in** ~ **with** *in overeenstemming zijn met.*

symphon|y [simf(ə)nie] ⟨mv.: -ies; bn.: **-ic**⟩⟨muz.⟩ **0.1** ***symfonie.***

symphony orchestra 0.1 ***symfonieorkest.***

symposium [simpooziəm]⟨mv.: ook symposia [-ziə]⟩ **0.1** ***symposium*** ⇒*conferentie.*

symptom [sim(p)təm] ⟨ook med.⟩ **0.1** ***symptoom*** ⇒*(ziekte)-verschijnsel, indicatie.*

symptomatic [sim(p)təmætik] ⟨-ally⟩ **0.1** ***symptomatisch*** ◆ **6.1** be ~ **of** *symptomatisch zijn voor, wijzen op.*

synagogue [sinnəgog] **0.1** ***synagoge*** ⇒*sjoel.*

sync, synch [singk] ⟨verk.⟩ [synchronization] ⟨inf.⟩ **0.1** ***synchronisatie*** ◆ **6.1 out of** ~ *niet synchroon.*

synchromesh [singkroomesj] ⟨ook attr.⟩⟨tech.⟩ **0.1** ***synchromesh*** ⟨synchronisatie in versnellingsbak⟩.

synchronic [singkronnik] **0.1** ***synchronisch*** ⇒*synchroon.*

synchron|ize, -ise [singkrənajz] ⟨zn.: **-ization**⟩ **I** ⟨onov.ww.⟩ **0.1** ***gelijktijdig gebeuren*** **0.2** ***samenvallen*** **0.3** ***gelijk staan*** ⟨v. klok⟩;
II ⟨onov. en ov.ww.⟩ **0.1** ***synchroniseren*** ⟨ook film.⟩ ⇒ *(doen) samenvallen (in de tijd)* ◆ **6.1** ~ **with** *synchroniseren met;*
III ⟨ov.ww.⟩ **0.1** ***gelijk zetten*** ⟨klok⟩.

synchronous [singkrənəs] **0.1** ***synchroon*** ⇒*gelijktijdig.*

syncop|ate [sinkəpeet] ⟨zn.: **-ation**⟩ **0.1** ⟨taal.⟩ ***samentrekken*** ⟨bv. weder tot weer⟩ **0.2** ⟨muz.⟩ ***syncoperen.***

syndic [sindik] **0.1** ***gezagsdrager*** ⇒*magistraat* **0.2** ***bewindvoerder*** ⇒*zaakwaarnemer.*

syndicalism [sindikkəlizm] ⟨pol.⟩ **0.1** ***syndicalisme.***

syndicalist [sindikkəlist] ⟨pol.⟩ **0.1** ***syndicalist.***

syndicate[1] [sindikkət] ⟨zn.⟩ **0.1** ***syndicaat*** ⇒*belangengroepering* **0.2** ***perssyndicaat*** ⇒*persbureau.*

syndic|ate[2] [sindikkeet] ⟨zn.: **-ation**⟩ **I** ⟨onov.ww.⟩ **0.1** ***een syndicaat vormen;***
II ⟨ov.ww.⟩ **0.1** ***tot een syndicaat maken*** **0.2** ***via een perssyndicaat publiceren*** ⇒*gelijktijdig in verschillende bladen publiceren.*

syndrome [sindroom] **0.1** ***syndroom*** ⟨ook med.⟩ ⇒*complex v. kenmerkende verschijnselen.*

synergy **0.1** ***synergie.***

synod [sinnəd] **0.1** ***synode.***

synonym [sinnənim] **0.1** ***synoniem.***

synonymous [sinnonnimməs] **0.1** ***synoniem.***

synopsis [sinnopsis]⟨mv.: synopses [-sie:z]⟩ **0.1** ***synopsis*** ⇒ *samenvatting, overzicht.*

synoptic [sinnoptik] ⟨-ally⟩ **0.1** ***samenvattend*** ⇒*een overzicht gevend* **0.2** ⟨rel.⟩ ***synoptisch*** ◆ **1.2** Synoptic Gospels *de synoptische evangeliën.*

syntactic|(al) [sintæktik(l)] ⟨-ally⟩ **0.1** ***syntactisch.***

syntax [sintæks] **0.1** ⟨taal.⟩ ***syntaxis*** ⇒*zinsbouw.*

synthesis [sinθəsis]⟨mv.: syntheses [-sie:z]⟩ **0.1** ***synthese*** **0.2** ⟨med.⟩ ***samenvoeging.***

synthesize, -ise [sinθəsajz] **0.1** ***maken*** ⇒*samenstellen* **0.2** ***bijeenvoegen*** ⇒*tot een geheel maken* **0.3** ***synthetisch bereiden*** ⇒*langs synthetische weg maken.*

synthesizer, -siser [sinθəsajzə] **0.1** ⟨muz.⟩ ***synthesizer.***

synthetic [sinθettik] ⟨-ally⟩ **0.1** ***synthetisch*** ⇒*op synthese berustend* **0.2** ***synthetisch*** ⇒*kunstmatig vervaardigd.*

syphilis [siffəlis] **0.1** ***syfilis.***

syphilitic [siffəlittik] **0.1** ⟨bn.⟩ ***syfilitisch*** **0.2** ⟨zn.⟩ ***syfilislijder.***

Syria [sirriə] **0.1** ***Syrië.***

Syrian [sirriən] **0.1** ⟨bn.⟩ ***Syrisch*** **0.2** ⟨eig.n.⟩ ***Syrisch*** ⟨taal⟩ **0.3** ⟨telb. zn.⟩ ***Syriër.***

syringe[1] [sirrindzj] ⟨zn.⟩ **0.1** ***(injectie)spuit.***

syringe[2] ⟨ww.⟩ **0.1** ***inspuiten*** ⇒*een injectie geven* **0.2** ***uitspuiten*** ⇒*schoonspuiten.*

syrup, ⟨AE sp. ook⟩ **sirup** [sirrəp] **0.1** ***siroop*** **0.2** ***stroop.***

syrupy [sirrəpie] **0.1** ***stroperig*** ⇒⟨fig.⟩ *kleverig, sentimenteel.*

system [sistim] **0.1** ***stelsel*** ⇒*systeem* **0.2** ***geheel*** ⇒*samenstel* **0.3** ***methode*** **0.4** ***gestel*** ⇒*lichaam(sgesteldheid), constitutie* **0.5** ***het ordenen*** ⇒*systematiek* ◆ **3.¶** get sth. out of one's ~ *iets verwerken;* get it out of your ~ *je moet ermee afrekenen.*

systematic [sistimætik] ⟨-ally⟩ **0.1** ***systematisch*** ⇒*methodisch.*

systemat|ize, -ise [sistimmətajz] ⟨zn.: **-ization**⟩ **0.1** ***systematiseren*** ⇒*tot een systeem maken.*

systemic [sistie:mik] **0.1** ⟨med.⟩ ***systemisch*** ⟨ook plantk.⟩ ⇒ *v.h. hele lichaam.*

systems analysis ⟨comp.⟩ **0.1** ***systeemanalyse.***

systems analyst ⟨comp.⟩ **0.1** ***systeemanalist(e).***

t

t, T [tie:] ⟨mv.: t's, T's⟩ **0.1** ***t, T*** ◆ **3.¶** cross one's t's (and dot one's i's) *de puntjes op de i zetten, op de details letten* **6.¶** to a T *precies, tot in de puntjes.*
ta [ta:] ⟨BE; inf., kind.⟩ **0.1** ***dank je.***
tab [tæb] **0.1** ***lus*** ⇒*ophanglusje* **0.2** ***etiketje*** ⇒*label* **0.3** ***klepje*** ⇒*flapje, lipje* **0.4** ⟨AE; inf.⟩ ***rekening*** **0.5** ⟨inf.⟩ ***tabulator*** ◆ **3.4** pick up the ~ *betalen* **3.¶** keep ~s / a ~ on *in de gaten houden.*
tabb|y [tæbie] ⟨mv.: -ies⟩ **0.1** ***cyperse kat*** ⇒*tabby* **0.2** ***poes*** ⇒ *vrouwtjeskat* **0.3** ⟨BE; pej.⟩ ***oude vrijster.***
tabernacle [tæbənækl] ⟨rel.⟩ **0.1** ⟨rel.⟩ ***tabernakel*** ⇒*(veld)hut, tent* **0.2** ⟨r.-k.⟩ ***tabernakel*** ⇒*kastje waarin het Allerheiligste bewaard wordt* **0.3** ⟨vaak T-⟩ ***tabernakel*** ⇒*heiligdom, tempel.*
table¹ [teebl] ⟨zn.⟩ **0.1** ***tafel*** **0.2** ***tafel*** ⇒*maaltijd* **0.3** ***tafel*** ⇒ *tafelgezelschap* **0.4** ***tabel*** ⇒*lijst, tafel* **0.5** ⟨aardr.⟩ ***tafelland*** ⇒*plateau* **0.6** ⟨aardr.⟩ ***horizontale aardlaag*** ◆ **3.1** lay the ~ *de tafel dekken* **3.2** they keep a good ~ *ze eten altijd lekker* **3.4** learn one's ~s *de tafels v. vermenigvuldiging leren* **3.¶** turn the ~s (on s.o.) *de rollen omdraaien* **6.1** at ~ *aan tafel* **6.¶** under the ~ *dronken;* drink s.o. **under** the ~ *iem. onder de tafel drinken* **7.¶** ⟨rel.⟩ the two ~s, the ~s of the law *de stenen tafelen, de tafelen der wet.*
table² ⟨ww.⟩ **0.1** ⟨BE⟩ ***ter tafel brengen*** ⇒*indienen* **0.2** ⟨vnl. AE⟩ ***opschorten*** ⇒*uitstellen* **0.3** ***in een tabel opnemen.***
tableau [tæbloo]⟨mv.: ook tableaux [-oo(z)]⟩ **0.1** ***tableau*** ⇒ *tafereel, vertoning* **0.2** ***tableau vivant.***
tablecloth **0.1** ***tafelkleed.***
table d'hôte [ta:bl doot]⟨mv.: tables d'hôte [ta:blz doot]⟩ **0.1** ***(vast) menu*** ⟨in Frans restaurant⟩.
tableland ⟨aardr.⟩ **0.1** ***tafelland*** ⇒*plateau.*
table linen **0.1** ***tafellinnen*** ⇒*tafellakens en servetten.*
table manners **0.1** ***tafelmanieren.***
tablemat **0.1** ***onderzetter.***
table napkin **0.1** ***servet.***
table salt **0.1** ***tafelzout*** **0.2** ⟨schei.⟩ ***natriumchloride*** ⇒*keukenzout.*
tablespoon **0.1** ***opscheplepel.***
tablespoonful ⟨inhoudsmaat⟩ **0.1** ***grote eetlepel*** ⟨14,2 ml⟩.
tablet [tæblit] **0.1** ***(gedenk)plaat*** ⇒*plaquette* **0.2** ***tablet*** ⇒ *pil* **0.3** ⟨gesch.⟩ ***tablet*** ⇒*tafel, schrijftablet.*
table talk **0.1** ***tafelgesprekken.***
table tennis **0.1** ***tafeltennis.***
tabletop **0.1** ***tafelblad.***
tableware [teeblweə] **0.1** ***tafelgerei*** ⇒*servies en bestek.*
tabloid [tæblojd] **0.1** ***krant(je)*** ⟨op kwart of half van gewoon dagbladformaat⟩.
tabloid press **0.1** ***sensatiepers.***
taboo, tabu [təboe:] **0.1** ⟨bn. en zn.⟩ ***taboe*** ◆ **6.1** put sth. **under** ~ *iets taboe verklaren.*
tabu →**taboo.**
tabular [tæbjoelə] **0.1** ***tabellarisch*** ⇒*in tabelvorm* ◆ **1.¶** ⟨geldw.⟩ ~ standard *conversietabel waarmee schuld (v. importeur) aan variabele wisselkoers gekoppeld wordt.*
tabul|ate [tæbjoeleet] ⟨zn.: **-ation**⟩ **0.1** ***tabelleren*** ⇒*tabellarisch rangschikken.*
tabulator [tæbjoeleetə] **0.1** ***tabulator*** ⟨v. schrijfmachine⟩.
tacit [tæsit] **0.1** ***stilzwijgend*** ⇒*geïmpliceerd* ◆ **1.1** ~ agreement *stilzwijgende overeenkomst.*
taciturn [tæsittə:n] ⟨zn.: **-ity**⟩⟨schr.⟩ **0.1** ***zwijgzaam*** ⇒*(stil)zwijgend.*
tack¹ [tæk] ⟨zn.⟩ **0.1** ***kopspijker(tje)*** ⇒*nageltje* **0.2** ⟨scheep.⟩ ***koers*** ⟨tov. de stand der zeilen en de windrichting⟩ ⇒*boeg* ⟨bij het laveren⟩ **0.3** ⟨scheep.⟩ ***het loeven*** ⇒*het overstag gaan* **0.4** ***koers(verandering)*** ⇒*strategie, aanpak* **0.5** ⟨BE⟩ ***rijgsteek*** **0.6** ***tuig*** ⟨v. paard⟩ ◆ **1.2** the captain ordered a change of ~ *de kapitein liet het schip v. koers veranderen.* →**brass.**
tack² **I** ⟨onov.ww.⟩ **0.1** ⟨scheep.⟩ ***loeven*** ⇒*overstag gaan, laveren* **0.2** ***v. koers veranderen*** ⇒*het anders aanpakken;*
II ⟨ov.ww.⟩ **0.1** ***vastspijkeren*** **0.2** ⟨vnl. BE⟩ ***rijgen*** ◆ **5.1** he ~ed **down** the lid *hij spijkerde het deksel dicht;* ⟨fig.⟩ ~ **on** *toevoegen aan.*
tackle¹ [tækl] **I** ⟨telb.zn.⟩ **0.1** ***takel*** **0.2** ⟨sport⟩ ***tackle*** **0.3** ⟨Am. football⟩ ***tackle*** ⇒*stopper;*
II ⟨n.-telb.zn.⟩ **0.1** ***uitrusting*** ⇒*gerei* **0.2** ⟨scheep.⟩ ***takelage*** ⇒*takelwerk.*
tackle² **I** ⟨onov.ww.⟩⟨sport⟩ **0.1** ***tackelen*** ⇒*de tegenstander neerleggen;*
II ⟨ov.ww.⟩ **0.1** ⟨sport⟩ ***tackelen*** ⇒*neerleggen, (met fysieke kracht) van de bal zetten* ⟨tegenstander⟩ **0.2** ***aanpakken*** ⇒*onder de knie proberen te krijgen* **0.3** ***aanpakken*** ⇒*een hartig woordje spreken met* **0.4** ⟨sl.⟩ ***pakken*** ⇒*grijpen, vloeren* ◆ **1.2** ~ a problem *een probleem aanpakken.*
tack|y [tækie] ⟨-iness⟩ **0.1** ***plakkerig*** ⇒*kleverig* **0.2** ⟨AE; inf.⟩ ***haveloos*** ⇒*sjofel* **0.3** ⟨AE; inf.⟩ ***smakeloos*** ⇒*ordinair.*
tact [tækt] **0.1** ***tact*** ⇒*discretie.*
tactful [tæktfl] **0.1** ***tactvol*** ⇒*omzichtig.*
tactic [tæktik] **0.1** ***tactische zet*** ⇒*tactiek, manoeuvre* **0.2** ⟨mv.⟩ ***tactiek*** ⟨ook mil.⟩ ⇒*krijgskunst, strategie.*
tactical [tæktikl] **0.1** ⟨mil.⟩ ***tactisch*** **0.2** ***tactisch*** ⇒*diplomatiek.*
tactician [tæktisjn] **0.1** ***tacticus.***
tactile [tæktajl] **0.1** ***tactiel*** ⇒*tast-* **0.2** ***tastbaar*** ⇒*voelbaar* ◆ **1.1** ~ organs *tastorganen.*
tactless [tæktləs] ⟨-ness⟩ **0.1** ***tactloos.***
tadpole [tædpool] **0.1** ***dikkop(je)*** ⇒*kikkervisje.*
Tadzhik [ta:dzjik, ta:dzjie:k] ⟨mv.: Tadzhik⟩ **0.1** ***Tadzjiek.***
Tadzhiki [ta:dzjikkie:] **0.1** ***Tadzjieks*** ⟨taal⟩.
Tadzhikistan [ta:dzjikkista:n, -stæn] **0.1** ***Tadzjikië, Tadzjikistan.***
taekwondo [tajkwondoo] ⟨vechtsport⟩ **0.1** ***taekwondo.***
taffeta [tæfittə] **0.1** ***taf*** ⇒*tafzijde.*
taffrail [tæfreel] ⟨scheep.⟩ **0.1** ***reling*** ⟨aan achterschip⟩.
taff|y [tæfie] ⟨mv.: -ies⟩ **0.1** ⟨vaak T-; BE; sl.⟩ ***taffy*** ⇒⟨bijnaam voor een⟩ *Welshman* **0.2** ⟨AE⟩ ***toffee.***
tag¹ [tæg] **I** ⟨telb.zn.⟩ **0.1** ***etiket*** ⟨ook fig.⟩ ⇒*insigne, label* **0.2** ***stiftje*** ⟨aan uiteinde v. veter e.d.⟩ **0.3** ***gemeenplaats*** ⇒*cliché* **0.4** ***flard*** ⇒*rafel, los uiteinde* **0.5** ***klis haar*** ⇒*vlok gekliste wol;*
II ⟨n.-telb.zn.⟩ **0.1** ⟨sport⟩ ***het aantikken*** ⟨bv. speler bij honkbal⟩.
tag² ⟨-ged⟩ **I** ⟨onov.ww.⟩ **0.1** ⟨vnl. +along⟩ ***dicht volgen*** ⇒ *slaafs/ongevraagd nakomen* ◆ **5.¶** the reporters were ~ging **along** behind the moviestar *de reporters zaten de filmster achterna;* ⟨AE; honkbal⟩ ~ **up** *terugkeren naar een honk om het aan te tikken;*
II ⟨ov.ww.⟩ **0.1** ***van een etiket voorzien*** ⟨ook fig.⟩ ⇒*etiketteren, merken* **0.2** ***vastknopen*** ⇒*toevoegen* **0.3** ⟨vnl. AE⟩ ***beschuldigen*** ⇒*bekeuren* ◆ **1.1** every item was nicely ~ged *elk artikel was keurig geëtiketteerd/v.e. prijskaartje voorzien* **5.2** a label had been ~ged **on** at the top *aan de bovenkant was een kaartje vastgemaakt* **6.3** she was ~ged for murder *ze werd v. moord beschuldigd.*

tail[1] [teel] **I** ⟨telb.zn.⟩ **0.1** ***staart*** **0.2** ⟨ben. voor⟩ ***laatste/onderste/achterste deel*** ⇒*uiteinde; pand, sleep* ⟨v. kleding⟩; *staart* ⟨v. o.m. komeet, vliegtuig⟩; *munt/keerzijde* ⟨v. muntstuk⟩ **0.3** ⟨sl.⟩ ***achterwerk*** ⇒*kont* **0.4** ⟨inf.⟩ ***schaduwmannetje*** ⇒*spionerend agent* ◆ **1.¶** with one's ~ between one's legs *met hangende pootjes* **3.1** the dog wagged its ~ *de hond kwispelstaartte* **3.¶** turn ~ on *ervandoor gaan voor;* turn ~ and run *hard weglopen* **6.4** put a ~ **on** s.o. *iem. laten schaduwen* **6.¶** be **on** s.o.'s ~ *iem. op de hielen zitten;*
II ⟨n.-telb.zn.⟩⟨vulg.⟩ **0.1** ***stoot*** ⇒*lekker wijf* ◆ **1.1** what a bit/piece of ~! *wat een stuk/stoot!;*
III ⟨mv.⟩ **0.1** ***munt(zijde)*** ⇒*keerzijde* ⟨v. muntstuk⟩ **0.2** ⟨inf.⟩ ***jacquet*** ⇒*rokkostuum.*

tail[2] **I** ⟨onov.ww.⟩ →**tail after, tail away, tail off;**
II ⟨ov.ww.⟩ **0.1** ⟨inf.⟩ ***schaduwen*** ⇒*volgen* **0.2** ***ontstelen*** ⇒ *de steeltjes afdoen van.*

tail after **0.1** ***dicht op de hielen zitten.***

tail away →**tail off.**

tailback **0.1** ⟨BE⟩ ***file*** ⇒*verkeersopstopping* **0.2** ⟨Am. football⟩ ***tailback*** ⟨speler die het verst v.d. scrimmagelijn staat⟩.

tailboard ⟨vnl. BE⟩ **0.1** ***laadklep*** ⇒*achterklep.*

tailcoat **0.1** ***jacquet*** ⇒*rok.*

tail end **0.1** ***(uit)einde*** ⇒*sluitstuk, uitloper.*

tailgate[1] ⟨zn.⟩ **0.1** ⟨vnl. AE⟩ ***achterklep*** ⇒*laadklep; vijfde deur* ⟨v. stationcar⟩.

tailgate[2] ⟨ww.⟩ **0.1** ***te dicht achter een ander voertuig rijden*** ⇒*geen afstand houden.*

tailless [teelləs] **0.1** ***staartloos*** ⇒*zonder staart.*

taillight, tail lamp **0.1** ***(rood) achterlicht.***

tail off, tail away **0.1** ***geleidelijk afnemen*** ⇒*verminderen* **0.2** ***verstommen*** **0.3** ***uiteenvallen.***

tailor[1] [teelə] ⟨zn.⟩ **0.1** ***kleermaker.***

tailor[2] ⟨ww.⟩ **0.1** ***maken*** ⟨kleren⟩ ⇒*op maat snijden en aaneennaaien* **0.2** ***aanpassen*** ⇒*op maat knippen, afstemmen* ◆ **6.2** we ~ our insurance **to** your needs *wij stemmen onze verzekering af op uw behoeften.*

tailor-made **0.1** ***maat-*** **0.2** ***geknipt*** ⇒*perfect aangepast* ◆ **1.1** ~ suit *maatkostuum* **6.2** she's ~ **for** him *zij past uitstekend bij hem.*

tailpiece **0.1** ⟨graf.⟩ ***vignet*** **0.2** ***staartstuk*** ⇒*verlengstuk, sluitstuk* **0.3** ***staartstuk*** ⟨v. viool⟩.

tailspin **0.1** ***staartspin*** ⟨tolvlucht v. vliegtuig⟩.

tail wind **0.1** ***rugwind.***

taint[1] [teent] ⟨zn.⟩ **0.1** ***smet(je)*** ⇒*vlekje.*

taint[2] **I** ⟨onov.ww.⟩ **0.1** ***bederven*** ⇒*rotten, ontaarden;*
II ⟨ov.ww.⟩ **0.1** ***besmetten*** ⇒*bezoedelen.*

taintless [teentləs] **0.1** ***smetteloos*** ⇒*onbedorven.*

Taiwan [tajwa:n] **0.1** ***Taiwan.***

Taiwanese [tajwənnie:z] ⟨mv.: Taiwanese⟩ **0.1** ⟨bn.⟩ ***Taiwanees*** **0.2** ⟨telb. zn.⟩ ***Taiwanees, Taiwanese.***

take[1] [teek] ⟨zn.⟩ **0.1** ***vangst*** **0.2** ***opbrengst*** ⇒*ontvangst(en);* ⟨sl.⟩ *grote winst* **0.3** ⟨film.⟩ ***opname.***

take[2] ⟨took [toek], taken [teekən]⟩ **I** ⟨onov.ww.⟩ **0.1** ***pakken*** ⇒ *aanslaan, wortel schieten* **0.2** ***effect sorteren*** ⇒*inslaan, slagen* **0.3** ***bijten*** ⟨v. vis⟩ **0.4** ***worden*** **0.5** ***vlam vatten*** ◆ **2.4** he took cold/ill *hij werd verkouden/ziek* **6.¶** ~ **after** *lijken op;* I took **against** him at first sight *ik vond hem al direct niet aardig.* →**take away, take off, take on, take over, take to, take up;**
II ⟨ov.ww.⟩ **0.1** ***nemen*** ⇒*grijpen, (beet)pakken* **0.2** ***veroveren*** ⇒*innemen, vangen;* ⟨schaakspel, damspel⟩ *slaan* **0.3** ***winnen*** ⇒*(be)halen* **0.4** ***nemen*** ⇒*zich verschaffen, gebruiken* **0.5** ***vergen*** ⇒*vereisen, in beslag nemen* **0.6** ***meenemen*** ⇒*brengen* **0.7** ***weghalen*** ⇒*wegnemen* **0.8** ***krijgen*** ⇒*vatten, voelen* **0.9** ***opnemen*** ⇒*noteren, meten* **0.10** ***begrijpen*** ⇒*snappen, opvatten, aannemen* **0.11** ***aanvaarden*** ⇒*accepteren, incasseren* **0.12** ***maken*** ⇒*doen, nemen* ⟨(studie)vak⟩ **0.13** ***fotograferen*** ⇒*nemen* **0.14** ***raken*** ⇒ *treffen* **0.15** ***behandelen*** ⟨probleem enz.⟩ **0.16** ***gebruiken*** ⇒*nuttigen, innemen* ◆ **1.1** ⟨fig.⟩ ~ my father, he is still working *neem nou mijn vader, die werkt nog steeds* **1.2** ⟨schaakspel⟩ he took my bishop *hij sloeg mijn loper* **1.4** I'll have to ~ the bus *ik zal de bus moeten nemen;* ~ a degree *een graad/titel behalen;* this seat is taken *deze stoel is bezet;* do you ~ sugar in your tea? *gebruikt u suiker in de thee?;* we ~ the Times *we zijn geabonneerd op de Times* **1.5** it won't ~ too much time *het zal niet al te veel tijd kosten* **1.6** that bus will ~ you to the station *met die bus kom je bij het station* **1.7** he could not ~ his eyes off her *hij kon zijn ogen niet v. haar afhouden;* it took her mind off things *het bezorgde haar wat afleiding* **1.8** she took an immediate dislike to him *zij kreeg onmiddellijk een hekel aan hem;* ~ fire *vlamvatten* **1.9** let me ~ your temperature *laat mij even je temperatuur opnemen* **1.10** I ~ your point, point ~n *jij hebt gelijk* **1.11** ~ a beating *een pak ransel krijgen;* ~ sides *partij kiezen* **1.12** he took the corner too fast *hij nam de bocht te snel;* ~ a decision *een besluit nemen;* ~ an exam *een examen afleggen;* ~ notes *aantekeningen maken;* ~ a trip *een reisje maken* **1.13** ~ s.o.'s likeness *iem. portretteren* **2.10** ~ it easy! *kalm aan!, maak je niet druk!* **2.¶** be ~n ill *ziek worden* **3.5** have what it ~s *aan de eisen voldoen* **3.10** ~ for granted *als vanzelfsprekend aannemen;* ~ as read *voor gelezen houden* **3.¶** ~ it or leave it *graag of niet;* she took it lying down *zij verzette zich niet* **4.4** the man took her by force *de man nam haar met geweld* **4.10** I ~ it that he'll be back soon *ik neem aan dat hij gauw terugkomt;* how am I to ~ that? *hoe moet ik dat opvatten?* **4.11** you may ~ it from me *je kunt v. mij aannemen;* I can ~ it *ik kan het wel hebben;* you (can) ~ it from there *daar neem jij het wel (weer) over, verder kun je het wel alleen aan* **5.2** he took me unawares *hij verraste mij* **5.6** ~ **about** *rondleiden;* ~ **across** *naar de overkant meenemen; helpen oversteken;* ~ s.o. **around** *iem. rondleiden;* ~ s.o. **aside** *iem. apart nemen* **5.10** ~ it badly *het zich erg aantrekken;* ~ it well *iets goed opvatten* **5.¶** ~ aback *verrassen, v. zijn stuk brengen, overdonderen* **6.7** ~ five **from** twelve *trek vijf v. twaalf af* **6.8** ~ it **into** one's head *het in zijn hoofd krijgen* **6.10** what do you ~ me **for**? *waar zie je me voor aan?* **6.12** she took a long time **over** it *zij deed er lang over* **6.¶** she was rather ~n **by/with** it *zij was er nogal mee in haar schik;* ~ it **(up)on** o.s. *het op zich nemen, het wagen, zich aanmatigen* **7.4** ~ five/ten *even pauzeren/rusten.* →**take apart, take away, take back, take down, take in, take off, take on, take out, take over, take up.**

take apart **0.1** ***uit elkaar halen*** ⇒*demonteren* **0.2** ***een vreselijke uitbrander geven.***

takeaway ⟨BE⟩ **0.1** ⟨zn.⟩ ***afhaalrestaurant*** **0.2** ⟨zn.⟩ ***meeneemmaaltijd*** **0.3** ⟨bn.⟩ ***afhaal-*** ⇒*meeneem-.*

take away **I** ⟨onov.ww.⟩ **0.1** ⟨+from⟩ ***afbreuk doen (aan)*** ⇒ *verkleinen;*
II ⟨ov.ww.⟩ **0.1** ***aftrekken*** **0.2** ***weghalen*** **0.3** ⟨BE⟩ ***meenemen*** ⟨maaltijd⟩ **0.4** ***verminderen*** ⇒*afbreuk doen aan* ◆ **6.4** it takes sth. away **from** the total effect *het doet een beetje afbreuk aan het geheel.*

take back **0.1** ***terugbrengen*** ⇒⟨fig.⟩ *doen denken aan* **0.2** ***terugnemen*** **0.3** ***intrekken*** ⇒*terugnemen* ◆ **6.1** it took me back **to** my childhood *het deed me denken aan mijn jeugd.*

take down **0.1** ***afhalen*** ⇒*naar beneden halen* **0.2** ***opschrij-***

ven ⇒*noteren* **0.3** ***vernederen*** ⇒*op zijn nummer zetten* **0.4** ***uit elkaar halen*** ⇒*demonteren, slopen.*

take-home 0.1 ***afhaal-*** ⇒*meeneem-* ◆ **1.1** ~ dinners *afhaalmaaltijden;* ~ exam *tentamen dat je thuis maakt.*

take-home pay 0.1 ***nettoloon.***

take in 0.1 ***in huis nemen*** ⇒*kamers verhuren aan* **0.2** ***naar binnen halen/brengen*** ⇒*meenemen* **0.3** ***aannemen*** ⟨thuiswerk⟩ **0.4** ***omvatten*** ⇒*betreffen* **0.5** ***innemen*** ⟨kleding⟩ ⇒⟨scheep.⟩ *oprollen* ⟨zeilen⟩ **0.6** ***begrijpen*** ⟨bedoeling e.d.⟩ ⇒*doorzien, beseffen* **0.7** ***(in zich) opnemen*** ⟨omgeving e.d.⟩ ⇒*bekijken* **0.8** ***bedriegen*** ⇒*in de luren leggen* **0.9** ***geabonneerd zijn op*** **0.10** ***beuren*** ⇒*opbrengen* **0.11** ***in bezit nemen*** ⟨land⟩ ⇒*herwinnen* **0.12** ***opbrengen*** ⇒ *naar het politiebureau brengen* **0.13** ⟨scheep.⟩ ***maken*** ⟨water⟩ ◆ **3.3** she takes in sewing *zij doet thuis naaiwerk.*

taken ⟨volt. deelw.⟩ →**take.**

take off I ⟨onov.ww.⟩ **0.1** ***zich afzetten*** **0.2** ***vertrekken*** ⇒ *weggaan* **0.3** ***opstijgen*** ⇒*starten* ⟨ook fig.; v. project e.d.⟩ **0.4** ⟨inf.⟩ ***(snel) populair worden*** ⇒*succes hebben* ◆ **6.2** they took off **for** Paris *ze vertrokken naar Parijs;*
II ⟨ov.ww.⟩ **0.1** ***uittrekken*** ⇒*uitdoen* **0.2** ***meenemen*** ⇒ *wegvoeren* **0.3** ***afhalen*** ⇒*weghalen, verwijderen* **0.4** ***afdoen*** ⟨v.d. prijs⟩ **0.5** ***parodiëren*** ⇒*nadoen* **0.6** ***vrij nemen*** ◆ **1.2** she took the children off to bed *zij bracht de kinderen naar bed* **4.¶** take o.s. off *ervandoor gaan, zich uit de voeten maken.*

take-off 0.1 ***start*** ⇒*het opstijgen, vertrek* **0.2** ***parodie*** ⇒ *imitatie.*

take-off board ⟨atletiek⟩ **0.1** ***afzetbalk.***

take-off leg ⟨atletiek⟩ **0.1** ***afzetbeen*** ⇒*sprongbeen.*

take on I ⟨onov.ww.⟩ **0.1** ***tekeergaan*** ⇒*zich aanstellen* **0.2** ***aanslaan*** ⟨v. mode(trend) e.d.⟩ ⇒*populair worden* ◆ **6.¶** ~ **with** *het aanleggen met;*
II ⟨ov.ww.⟩ **0.1** ***op zich nemen*** ⇒⟨sl.⟩ *als uitdaging accepteren* **0.2** ***krijgen*** ⇒*aannemen* ⟨kleur⟩; *overnemen* **0.3** ***aannemen*** ⇒*in dienst nemen* **0.4** ***het opnemen tegen*** ⇒ *vechten tegen* **0.5** ***aan boord nemen.***

take out 0.1 ***mee naar buiten nemen*** ⇒*mee uit nemen, naar buiten brengen* **0.2** ***verwijderen*** ⇒*uithalen* **0.3** ***te voorschijn halen*** **0.4** ***nemen*** ⇒*aanschaffen* **0.5** ***buiten gevecht stellen*** ⟨tegenstander⟩ ◆ **1.1** ⟨AE⟩ ~ food *eten afhalen en mee naar huis nemen* **1.4** ~ an insurance (policy) *een verzekering afsluiten;* ⟨jur.⟩ ~ a summons against s.o. *iem. een dagvaarding sturen* **6.1** take s.o. out **for** a walk/meal *iem. meenemen uit wandelen, iem. mee uit eten nemen* **6.¶** take it out **of** s.o. *veel v. iemands krachten vergen;* the book took him out **of** himself *het boek bezorgde hem wat afleiding;* don't take it out **on** him *reageer het niet op hem af.*

take over 0.1 ***overnemen*** ⇒*het heft in handen nemen* **0.2** ***navolgen*** ⇒*overnemen* **0.3** ***overbrengen*** ⇒*overzetten.*

take-over 0.1 ***overname.***

take-over zone ⟨atletiek⟩ **0.1** ***wisselvak*** ⟨bij estafette⟩.

taker [teekə] **0.1** ***afnemer/neemster*** ⇒*koper, koopster* **0.2** ***wedder/ster*** ◆ **7.1** no ~s *geen liefhebbers.*

take to 0.1 ***beginnen te*** ⇒*gaan doen aan, zich toeleggen op* **0.2** ⟨inf.⟩ ***aardig vinden*** ⇒*mogen* **0.3** ***de wijk nemen naar*** ⇒*vluchten naar* ◆ **1.3** ~ one's bed *het bed houden* **5.2** he did not take kindly to it *hij moest er niet veel v. hebben.*

take up I ⟨onov.ww.⟩ **0.1** ***verder gaan*** ⟨v. verhaal, hoofd stuk⟩ ◆ **6.¶** ⟨AE⟩ ~ **for** *het opnemen voor;* ~ **with** *bevriend raken met;*
II ⟨ov.ww.⟩ **0.1** ***oplichten*** ⇒*optillen, oppakken* **0.2** ***absorberen*** ⟨ook fig.⟩ ⇒*opnemen; in beslag nemen* **0.3** ***oppikken*** ⟨reizigers⟩ ⇒*onderweg opnemen* **0.4** ***protegeren*** ⇒*onder zijn hoede nemen* **0.5** ***ter hand nemen*** ⇒*gaan doen aan* **0.6** ***in de rede vallen*** ⇒*onderbreken* **0.7** ***vervolgen*** ⟨verhaal⟩ ⇒*hervatten* **0.8** ***korter maken*** ⟨kleding⟩ ⇒*innemen* **0.9** ***aannemen*** ⇒*aanvaarden, ingaan op* **0.10** ***innemen*** ⟨positie⟩ ⇒*aannemen* ⟨houding⟩ **0.11** ***accepteren*** ⟨wissel⟩ ◆ **1.1** ~ the hatchet *de strijdbijl opgraven* **1.2** it nearly took up all the room *het nam bijna alle ruimte in beslag* **1.5** ~ a cause *een zaak omhelzen;* ~ gardening *gaan tuinieren;* ~ a matter *een zaak aansnijden* **6.2** he was completely taken up **with** his new book *hij werd volkomen in beslag genomen door zijn nieuwe boek* **6.9** he took me up **on** my offer *hij nam mijn aanbod aan* **6.¶** I'll take you up **on** that *daar zal ik je aan houden;* I'll take things up **with** your superior *ik zal de zaak aan je chef voorleggen.*

take-up 0.1 ***gebruikmaking*** ⇒*benutting* ◆ **6.1** there wasn't much ~ **of** ... *er werd weinig gebruik gemaakt van ..., er werd weinig aanspraak gemaakt op.*

taking[1] [teeking] **I** ⟨n.-telb.zn.⟩ ◆ **6.¶ for** the ~ *voor het grijpen/oprapen;*
II ⟨mv.⟩ **0.1** ***verdiensten*** ⇒*recette, ontvangsten.*

taking[2] ⟨bn.⟩ **0.1** ***innemend*** **0.2** ***boeiend*** ⇒*pakkend* **0.3** ***aantrekkelijk.***

talc [tælk], **talcum** [tælkəm] **0.1** ***talk(poeder).***

talcum powder 0.1 ***talkpoeder.***

tale [teel] **0.1** ***verhaal(tje)*** **0.2** ***sprookje*** ⇒*legende* **0.3** ***leugen*** ⇒*smoes(je)* **0.4** ***gerucht*** ⇒*roddel, praatje* ◆ **2.4** if all ~s be true *als alles waar was wat gezegd wordt* **3.1** thereby hangs a ~ *daar zit een (heel) verhaal aan vast;* tell its/one's own ~ *voor zichzelf spreken;* tell ~s *kletsen, roddelen;* ⟨sprw.⟩ a ~ never loses in the telling *hoe vaker een verhaal wordt verteld, hoe mooier het wordt.* →**good.**

talebearer 0.1 ***roddelaar(ster)*** **0.2** ***kwaadspreker/spreekster.***

talent [tælənt] **0.1** ***talent*** ⇒*(natuurlijke) begaafdheid, gave; kundigheid* **0.2** ***talent*** ⇒*begaafd(e) persoon/personen.*

talented [tæləntid] **0.1** ***getalenteerd*** ⇒*talentvol.*

talent scout, talent spotter 0.1 ***talentenjager.***

taleteller 0.1 ***kwaadspreker/spreekster*** **0.2** ***roddelaar(ster).***

talisman [tælizmən] **0.1** ***talisman*** ⇒*amulet.*

talk[1] [to:k] **I** ⟨telb.zn.⟩ **0.1** ***praatje*** ⇒*lezing, causerie* ⟨ihb. op de radio⟩ **0.2** ***gesprek*** **0.3** ⟨vaak mv.⟩ ***bespreking*** ⇒*onderhandeling* ◆ **3.2** have a ~ (to/with s.o.) *(met iem.) spreken* **6.1** a ~ **on/about** sth. *een praatje over iets;*
II ⟨n.-telb.zn.⟩ **0.1** ***gepraat*** **0.2** ***manier v. spreken*** ⇒*taal(tje)* **0.3** ⟨the⟩ ***(onderwerp v.) gesprek*** **0.4** ***gerucht*** ⇒ *praatjes* **0.5** ***holle frasen*** ⇒*geklets* ◆ **1.3** the ~ of the town *hét onderwerp v. gesprek* **3.¶** end in ~ *tot niets (concreets) leiden* **5.5** be all ~ *praats hebben* ⟨maar niets presteren⟩ **6.4** there is ~ **of** *er is sprake van (dat), het gerucht gaat dat.* →**tall.**

talk[2] **I** ⟨onov.ww.⟩ **0.1** ***spreken*** ⇒*praten* **0.2** ***roddelen*** ⇒ *praten* ◆ **1.2** people will ~ *er zal geroddeld worden, er wordt nu eenmaal geroddeld* **3.1** ⟨inf.⟩ now you're ~ing *zo mag ik het horen;* ⟨inf.⟩ you can/can't ~ *moet je horen wie het zegt;* do the ~ing *het woord voeren* **5.1** ~ **away** for hours *urenlang praten;* ~ big/large/tall *een grote mond hebben; opscheppen* **6.1** ⟨aan begin v.d. zin⟩ ~ing **of** plants *over planten gesproken;* ~ **round** sth. *ergens omheen draaien/praten* **6.¶** ⟨inf.⟩ ~ **to** s.o. *eens ernstig praten met iem.* →**talk about, talk at, talk back, talk down, talk of;**
II ⟨ov.ww.⟩ **0.1** ***spreken (over)*** ⇒*discussiëren over, bespreken* **0.2** ***zeggen*** ⇒*uiten* **0.3** ***(kunnen) spreken*** ⟨een taal⟩ ◆ **1.1** ⟨inf.⟩ ~ s.o.'s head/⟨AE; sl.⟩ ear off *iem. de oren*

v.h. hoofd praten; ~ one's way out of sth. *zich ergens uitpraten* **1.3** ~ Spanish *Spaans spreken* **2.1** ~ o.s. hoarse *praten tot men hees is* **5.¶** ~ s.o. **round** (to sth.) *iem. ompraten/overhalen (tot iets)* **6.¶** ~ s.o. **into** (doing) sth. *iem. overhalen iets te doen;* ~ o.s. **into** a job *door overredingskracht een baan krijgen;* ~ s.o. **out of** (doing) sth. *iem. iets uit het hoofd praten.* **→talk down, talk out, talk over.**

talk about 0.1 ***spreken over*** *⇒bespreken, het hebben over* **0.2** ***roddelen over*** **0.3** ***spreken van*** *⇒zijn voornemen uiten (om)* **◆ 1.1** ⟨inf.⟩ ~ problems! *over problemen gesproken!* **3.1** know what one is talking about *weten waar men het over heeft* **3.2** be talked about *over de tong gaan* **3.3** they're talking about emigrating to Australia *zij overwegen emigratie naar Australië.*

talk at 0.1 ***spreken tot*** *⇒zich richten tot* **0.2** ***spreken over*** *⇒opmerkingen maken over* ⟨iem., binnen gehoorsafstand, tegen anderen⟩ **◆ 4.1** don't ~ me, but to me! *spreek niet tot mij, maar tegen/met mij!* **4.2** he rather talked at me than to his wife *zijn woorden waren eerder voor mij bedoeld dan voor zijn vrouw.*

talkative [to:kətiv] ⟨-ness⟩ **0.1** ***praatgraag*** *⇒praatziek.*

talk back 0.1 ***(brutaal) reageren*** *⇒v. repliek dienen* **◆ 6.1** ~ **to** s.o. *iem. v. repliek dienen.*

talk down I ⟨onov.ww.⟩ **0.1** ***neerbuigend praten*** **◆ 6.1** ~ **to** one's audience *afdalen tot het niveau v. zijn gehoor;*
II ⟨ov.ww.⟩ **0.1** ***overstemmen*** **0.2** ***onder de tafel praten*** **0.3** ***binnenpraten*** ⟨vliegtuig⟩.

talker [to:kə] **0.1** ***prater*** **0.2** ***sprekende vogel*** **◆ 2.1** good ~ *vlotte prater.*

talkie [to:kie] ⟨inf.⟩ **0.1** ***sprekende film*** *⇒geluidsfilm* **0.2 → walkie-talkie.**

talking [to:king] **0.1** ***sprekend*** ⟨ook fig.⟩ *⇒expressief* **◆ 1.1** ~ bird *sprekende vogel;* ~ film/picture *sprekende film.*

talking point 0.1 ***discussiepunt.***

talking-to ⟨inf.⟩ **0.1** ***reprimande*** **◆ 2.1** (give s.o.) a good ~ *een hartig woordje (met iem. spreken).*

talk of 0.1 ***spreken over*** *⇒bespreken* **0.2** ***spreken van*** *⇒het hebben over* **◆ 1.1** ⟨aan begin v.d. zin⟩ talking of plants *over planten gesproken* **3.2** ~ doing sth. *v. plan zijn/voornemens zijn iets te doen.*

talk out 0.1 ***uitvoerig spreken over*** *⇒doodpraten* **0.2** ***uitpraten*** **◆ 1.1** ~ a bill *door lange redevoeringen het aannemen v.e. wet bewust vertragen.*

talk over 0.1 ***(uitvoerig) spreken over*** *⇒uitvoerig bespreken* **0.2** ***ompraten*** **◆ 6.1** talk things over **with** s.o. *de zaak (uitvoerig) met iem. bespreken* **6.2** talk s.o. over **to** sth. *iem. overhalen tot iets.*

talk show 0.1 ***praatprogramma*** ⟨op tv⟩.

tall [to:l] ⟨-ness⟩ **0.1** ***lang*** ⟨v. persoon⟩ *⇒groot* **0.2** ***hoog*** ⟨v. boom, mast enz.⟩ **0.3** ⟨inf.⟩ ***exorbitant*** *⇒overdreven, te groot* **◆ 1.1** 6 feet ~ *1.80 m (lang)* **1.2** 10 feet ~ *3 m hoog* **1.3** ~ order *onredelijke eis;* ~ story *sterk verhaal* **1.¶** ⟨inf.⟩ ~ talk *opschepperij.*

tallboy ⟨BE⟩ **0.1** ***hoge ladekast.***

tallish [to:lisj] **0.1** ***vrij groot*** *⇒vrij hoog/lang.*

tallow [tæloo] **0.1** ***talg*** *⇒talk.*

tall|y[1] [tælie] ⟨mv.: -ies⟩ **I** ⟨telb.zn.⟩ **0.1** ***rekening*** **0.2** ***inkeping*** **0.3** ***label*** *⇒etiket, merk* **0.4** ***score(bord)*** **0.5** ⟨gesch.⟩ ***kerfstok*** *⇒lat;*
II ⟨telb. en n.-telb.zn.⟩ **0.1** ***aantekening*** **◆ 3.1** keep (a) ~ (of) *aantekening houden (van).*

tall|y[2] ⟨-ied⟩ **I** ⟨onov.ww.⟩ **0.1** ⟨+with⟩ ***overeenkomen (met)*** *⇒gelijk zijn, kloppen;*
II ⟨ov.ww.⟩ **0.1** ***berekenen*** *⇒tellen* **0.2** ***aantekenen*** *⇒aanstrepen* **◆ 5.1** ~ **up** *optellen, berekenen.*

tallyho [tæliehoo] ⟨jacht⟩ **0.1** ***hallali*** ⟨jagerskreet⟩.

tally|man [tælieman] ⟨mv.: -men [-mən]⟩ ⟨BE⟩ **0.1** ⟨ong.⟩ ***eigenaar v./verkoper in afbetalingsmagazijn*** **0.2** ***afbetalingscolporteur.***

Talmud [tælmoed] ⟨the⟩ **0.1** ***talmoed.***

talon [tælən] **0.1** ***klauw*** ⟨ihb. v.e. roofvogel⟩.

tamable →tameable.

tamarind [tæmərind] **0.1** ***tamarinde*** ⟨boom, vrucht⟩.

tamarisk [tæmərisk] ⟨plantk.⟩ **0.1** ***tamarisk.***

tambour [tæmboeə] **0.1** ***trom(mel)*** *⇒tamboer* **0.2** ***schuifklep*** ⟨v.e. bureau⟩.

tambourine [tæmbərie:n] **0.1** ***tamboerijn.***

tame[1] [teem] ⟨bn.; -r; -ness⟩ **0.1** ***tam*** *⇒mak* **0.2** ***gedwee*** *⇒meegaand* **0.3** ⟨AE⟩ ***gekweekt*** *⇒veredeld* ⟨v. planten⟩ **0.4** ⟨inf.⟩ ***oninteressant*** *⇒saai.*

tame[2] ⟨ww.⟩ **0.1** ***temmen*** *⇒*⟨fig.⟩ *bedwingen, beteugelen* **0.2** ***temperen*** *⇒verzachten* **◆ 1.1** man ~s nature *de mens bedwingt de natuur* **1.2** time will ~ his passion *de tijd zal zijn passie temperen.*

tameable, tamable [teeməbl] **0.1** ***tembaar*** *⇒te temmen.*

tamer [teemə] **0.1** ***temmer.***

tam-o'-shanter [tæməsjæntə], **tammy** [tæmie] **0.1** ***(Schotse) baret.***

tamper with 0.1 ***knoeien met*** *⇒verknoeien* **0.2** ***zich bemoeien met*** **0.3** ***komen aan*** *⇒zitten aan* **0.4** ***omkopen*** **◆ 1.1** ~ documents *documenten vervalsen.*

tampon [tæmpon] **0.1** ***tampon.***

tan[1] [tæn] ⟨zn.⟩ **0.1** ***geelbruine kleur*** *⇒*⟨ihb.⟩ *bruine kleur* ⟨v.d. huid door zonnebrand⟩.

tan[2] ⟨bn.⟩ **0.1** ***geelbruin*** **0.2** ***zongebruind.***

tan[3] ⟨-ned⟩ **I** ⟨onov.ww.⟩ **0.1** ***bruin worden*** ⟨door de zon⟩;
II ⟨ov.ww.⟩ **0.1** ***bruinen*** ⟨zon⟩ **0.2** ***looien*** *⇒tanen* **◆ 1.2** ⟨fig.⟩ ~ s.o.'s hide/the hide off s.o. *iem. afranselen.*

tan[4] ⟨verk.⟩ [tangent] **0.1** ***tg.***

tandem[1] [tændəm] ⟨zn.⟩ **0.1** ***tandem*** **◆ 6.¶ in** ~ *achter elkaar.*

tandem[2] ⟨bw.⟩ **0.1** ***achter elkaar.***

tandoori [tændoeərie] ⟨ook attr.⟩ **0.1** ***tandoori*** ⟨boven houtskool in kleioven bereid(e) vlees/groenten⟩.

tang [tæng] **0.1** ***scherpe (karakteristieke) lucht*** *⇒indringende geur* **0.2** ***scherpe smaak*** **0.3** ***smaakje*** ⟨fig.⟩ *⇒zweem, tikje.*

tanga [tænggə] ⟨mode⟩ **0.1** ***tanga(slipje).***

tangent [tændzjənt] **0.1** ***raaklijn*** *⇒tangens* **◆ 3.¶** ⟨inf.⟩ fly/go off at a ~ *een gedachtesprong maken, plotseling v. koers veranderen.*

tangential [tændzjensjl] **0.1** ***rakend*** **0.2** ***tangentieel*** **0.3** ⟨schr.⟩ ***divergerend*** **0.4** ⟨fig.⟩ ***oppervlakkig.***

tangerine (orange) [tændzjərie:n] **0.1** ***mandarijn(tje)*** **0.2** ***feloranje.***

tangib|le [tændzjəbl] ⟨-ly; zn.: **-ility**⟩ **0.1** ***tastbaar*** ⟨ook fig.⟩ *⇒voelbaar, concreet* **◆ 1.1** ⟨jur.⟩ ~ assets *activa.*

tangle[1] [tænggl] ⟨zn.⟩ **0.1** ***knoop*** *⇒klit* ⟨in haar, wol e.d.⟩ **0.2** ***verwarring*** *⇒wirwar* **0.3** ***conflict*** *⇒onenigheid, moeilijkheden* **◆ 3.3** get into a ~ with s.o. *met iem. in conflict raken* **6.1 in** a ~ *in de war/knoop.*

tangle[2] **I** ⟨onov.ww.⟩ **0.1** ***in de knoop raken*** *⇒klitten* **0.2** ***in de war raken*** *⇒in verwarring raken* **◆ 6.2** ⟨fig.⟩ ~ **with** s.o. *verwikkeld raken in een ruzie met iem.;*
II ⟨ov.ww.⟩ **0.1** ***verwarren*** **0.2** ***compliceren*** **◆ 1.2** a ~d matter *een ingewikkelde zaak.*

tang|y [tængie] ⟨-ier⟩ **0.1** ***scherp*** *⇒pittig.*

tank [tængk] **0.1** ***(voorraad)tank*** *⇒reservoir* **0.2** ⟨mil.⟩ ***tank*** *⇒pantserwagen* **0.3** ⟨AE; sl.⟩ ***nor*** *⇒bak, bajes.*

tankard [tængkəd] **0.1** ***drinkkan*** *⇒(bier)kroes* ⟨ook als hoeveelheid⟩.

tank-car 0.1 ***tankwagon.***
tanked up ⟨sl.⟩ 0.1 ***bezopen*** ⇒*zat.*
tanker [tængkə] 0.1 ***tanker.***
tankship, tanker ship 0.1 ***tanker*** ⇒*tankschip.*
tank suit ⟨AE⟩ 0.1 ***(onaantrekkelijk) eendelig badpak.***
tank top 0.1 ***(mouwloos) T-shirt*** ⇒*topje.*
tank up 0.1 ***tanken*** ⇒*(bij)vullen* 0.2 ⟨sl.⟩ ***zich volgieten*** ⇒ *zuipen.*
tanner [tænə] 0.1 ***looier*** ⇒*leerbereider.*
tanner|y [tænərie] ⟨mv.: -ies⟩ 0.1 ***looierij.***
tannic [tænik] 0.1 ***looi-*** ◆ **1.1** ~ acid *tannine, looizuur.*
tannin [tænin], **tannate** [tæneet] 0.1 ***looizuur*** ⇒*tannine.*
tanning [tæning] ⟨sl.⟩ 0.1 ***pak slaag*** ◆ **3.1** give him a good ~! *geef hem een goed pak slaag!*
tannoy [tænoj] ⟨BE⟩ 0.1 ***intercom*** ⟨oorspr. merknaam⟩.
tans|y [tænzie] ⟨mv.: -ies⟩ 0.1 ***wormkruid.***
tantalize, -ise [tæntəlajz] 0.1 ***doen watertanden*** ⇒*kwellen* 0.2 ***verwachtingen wekken.***
tantalizing, -lising [tæntəlajzing] 0.1 ***aanlokkelijk*** ⇒*verleidelijk, aantrekkelijk, verlokkend* ◆ **1.1** ~ blouse *verleidelijke/opwindende bloes* **3.1** it is ~ to think that ... *het is verleidelijk om te denken dat ...* **¶.1** we were ~ly close *we waren er ontzettend dicht bij.*
tantalus [tæntələs] 0.1 ***afsluitbaar drankkastje.***
tantamount [tæntəmaunt] 0.1 ⟨+to⟩ ***gelijk(waardig) (aan)*** ◆ **6.1** be ~ **to** *neerkomen op.*
tantrum [tæntrəm] 0.1 ***woede-uitbarsting*** ◆ **6.1** get **into** a ~, throw a ~ *een woedeaanval krijgen.*
tap[1] [tæp] **I** ⟨telb.zn.⟩ 0.1 ***kraan*** ⇒*tap(kraan), stop* ⟨v. vat⟩ 0.2 ***tik(je)*** ⇒*klopje* 0.3 ***aftakking*** ⟨v. elektriciteit⟩ 0.4 ***(tap)drank*** ⇒*drank v.d. tap* 0.5 ⟨med.⟩ ***punctie*** 0.6 ⟨AE; inf.⟩ ***afluisterapparatuur*** ◆ **1.2** the ~ of a pen *de klik v.e. pen;* a ~ on a shoulder *een schouderklopje* **2.5** spinal ~ *lumbaalpunctie* **3.1** turn the ~ on / off *doe de kraan open/dicht* **6.1** on ~ *uit het vat, v.d. tap;* ⟨fig.⟩ *meteen voorradig, zo voorhanden;*
II ⟨mv.; ww. vnl. enk.⟩ ⟨AE; mil.⟩ 0.1 ***(trommel/hoorn)signaal*** ⟨voor lichten uit; ook op mil. begrafenis⟩.
tap[2] ⟨-ped⟩ **I** ⟨onov.ww.⟩ 0.1 ***tikken*** ⇒*kloppen* ◆ **6.1** ~ **at/on** the door *op de deur tikken;*
II ⟨ov.ww.⟩ 0.1 ***doen tikken/kloppen*** 0.2 ***(af)tappen*** ⇒*afnemen* 0.3 ***onttrekken*** ⇒*ontfutselen (aan);* ⟨fig.⟩ *afluisteren, onderscheppen* 0.4 ***openen*** ⇒*aanbreken* ⟨ook fig.⟩; *aanboren, aansnijden;* ⟨fig. ook⟩ *gebruiken* 0.5 ⟨inf.⟩ ***(om geld) vragen/bedelen*** ⇒*(proberen) los (te) krijgen van* 0.6 ⟨tech.⟩ ***schroefdraad tappen*** 0.7 ⟨med.⟩ ***laten weglopen*** ⟨vloeistof uit lichaam⟩ ⇒*wegnemen* ◆ **1.1** ~ s.o. on the shoulder *iem. op de schouder kloppen* **1.2** ~ a power line *(heimelijk) energie aftappen;* her telephone was ~ped *haar telefoon werd afgeluisterd* **1.4** ~ a new market *een nieuwe markt openleggen;* ~ new sources of energy *nieuwe energiebronnen aanboren* **1.5** I ~ped an old aunt *ik vroeg om geld aan een oude tante* **5.1** ~ **out** a message *een boodschap uitzenden* **5.2** ~ **off** wine from a cask *wijn tappen uit een vat* **6.2** ⟨fig.⟩ ~ a person **for** information *informatie aan iem. ontfutselen.*
tap dancing 0.1 ***het tapdansen.***
tape[1] [teep] ⟨zn.⟩ 0.1 ***lint*** ⇒*band, koord* 0.2 ***finishlint*** 0.3 ***meetlint*** ⇒*centimeter* 0.4 ***(magneet)band*** ⇒*geluidsband, videoband* 0.5 ***(plak/kleef)band*** ⇒*tape* ◆ **1.1** a parcel tied up with ~ *een pakketje ingepakt met touw* **2.5** adhesive ~ *plak/kleefband* **3.1** insulating ~ *isolatieband* **3.2** breast the ~ *het finishlint doorbreken, winnen.* →**red, Scotch.**
tape[2] **I** ⟨onov.ww.⟩ 0.1 ***meten*** ⇒*de maat opnemen;*
II ⟨onov. en ov.ww.⟩ 0.1 ***opnemen*** ⇒*een (band)opname maken (van);*
III ⟨ov.ww.⟩ 0.1 ***(vast)binden*** ⇒*inpakken, samenbinden* 0.2 ⟨vnl. pass.; AE⟩ ***verbinden*** ⇒*met verband omwikkelen* ◆ **1.1** ~ a card on the wall *een kaart met plakband aan de muur bevestigen* **3.¶** ⟨inf.⟩ have / get s.o. ~d *iem. helemaal doorhebben* **5.2** his knee was ~d **up** *zijn knie zat in het verband* **5.¶** ~ sth. **off** *iets afplakken.*
tape deck 0.1 ***tapedeck.***
tape measure 0.1 ***meetlint*** ⇒*centimeter.*
taper[1] [teepə] ⟨zn.⟩ 0.1 ***(dunne) kaars*** 0.2 ***(was)pit*** ⇒*lontje* 0.3 ***(geleidelijke) versmalling*** ⟨bv. v. lang voorwerp⟩ ⇒ *spits/taps toelopend voorwerp.*
taper[2] **I** ⟨onov.ww.⟩ 0.1 ***taps/spits toelopen*** ⇒*geleidelijk smaller worden* 0.2 ⟨+ off⟩ ***(geleidelijk) kleiner worden*** ⇒ *verminderen, afnemen* ◆ **5.1** this stick ~s **off** to a point *deze stok loopt scherp toe in een punt;*
II ⟨ov.ww.⟩ 0.1 ***smal(ler) maken*** ⇒*taps/spits doen toelopen* 0.2 ***verkleinen*** ⇒*doen afnemen* ◆ **5.1** ~ a pole *een paal punten* **5.2** ~ **off** unemployment *de werkloosheid terugbrengen.*
tape recorder 0.1 ***bandrecorder.***
tape recording 0.1 ***bandopname.***
tapescript 0.1 ***transcriptie v. tekst op band*** ⇒*tapescript.*
tapestreamer ⟨comp.⟩ 0.1 ***tapestreamer.***
tapestr|y [tæpistrie] ⟨mv.: -ies⟩ 0.1 ***tapisserie*** ⇒*wandtapijt* 0.2 ***tapestry*** ⟨bekledingsstof v. meubelen, muren⟩.
tapeworm 0.1 ***lintworm.***
tapioca [tæpie·ookə] 0.1 ***tapioca*** ⟨zetmeel⟩.
tapir [teepə] ⟨mv.: ook tapir⟩ ⟨dierk.⟩ 0.1 ***tapir.***
taproom 0.1 ***tapperij*** ⇒*gelagkamer.*
tap root 0.1 ***hoofdwortel*** ⟨v. plant⟩.
tapster [tæpstə] 0.1 ***tapper*** ⇒*barman, barmeisje.*
tap water 0.1 ***leidingwater.***
tar[1] [ta:] ⟨zn.⟩ 0.1 ***teer.***
tar[2] ⟨ww.; -red⟩ 0.1 ***teren*** ⇒*met teer insmeren;* ⟨fig.⟩ *zwartmaken* ◆ **3.1** ~ and feather s.o. *iem. met teer en veren bedekken* ⟨als straf⟩.
taramasalata [tærəməsəla:tə] ⟨cul.⟩ 0.1 ***taramasalata*** ⟨roze vispaté⟩.
tarantula [təræntjoelə] ⟨mv.: ook tarantulae [-lie:]⟩ ⟨dierk.⟩ 0.1 ***vogelspin*** 0.2 ***tarantula.***
tarboosh, tarbush [ta:boe:sj] 0.1 ***(moslim)hoed*** ⇒*(rode) fez.*
tard|y [ta:die] ⟨-iness⟩ 0.1 ***traag*** ⇒*sloom* 0.2 ⟨AE⟩ ***(te) laat*** 0.3 ***weifelend*** ⇒*onwillig* ◆ **1.1** ~ progress *langzame vooruitgang* **1.2** be ~ for work *te laat op je werk komen* **1.3** his ~ acceptance of the situation *zijn aarzelende aanvaarding v.d. situatie* **3.1** he is ~ in paying *hij is slecht v. betalen.*
tare [teə] 0.1 ⟨vnl. mv.; rel.⟩ ***stuk onkruid*** ⇒*onkruidplant* 0.2 ***tarra(gewicht)*** ⟨verschil tussen bruto- en nettogewicht⟩ 0.3 ***dood gewicht*** ⇒*leeg gewicht* ⟨v. motorvoertuig⟩ ◆ **2.2** actual/real ~ *nettotarra, reële tarra.*
target[1] [ta:git] ⟨zn.⟩ 0.1 ***doel*** ⇒*roos, schietschijf;* ⟨fig.⟩ *streven, doeleinde* 0.2 ***doelwit*** ⟨v. spot/kritiek⟩ ⇒*mikpunt* ◆ **6.1** on ~ *op de goede weg, in de goede richting.*
target[2] ⟨ww.⟩ 0.1 ***mikken op*** 0.2 ***richten*** ◆ **1.1** he ~s his audiences carefully *hij neemt zijn publiek zorgvuldig op de korrel* **6.2** missiles ~ed **on** Europe *raketten op Europa gericht.*
target date 0.1 ***streefdatum.***
target seat ⟨BE; pol.⟩ 0.1 ***parlementszetel die de andere partij (dan de zittende) denkt te kunnen winnen.***
tariff [tærif] 0.1 ***(tol)tarief*** ⇒*invoer/uitvoerrechten* 0.2 ***prijslijst*** ⇒*tarievenlijst* ◆ **2.1** postal ~s *posttarieven.*

tariff duty ⟨vaak mv.⟩ **0.1** ***invoer/uitvoerrecht(en).***

tariff wall ⟨hand.⟩ **0.1** ***tariefmuur*** *⇒invoerbarrière.*

tarmac [ta:mæk], **tarmacadam** [ta:məkædəm] **0.1** ⟨zn.⟩ ***teermacadam(weg)*** *⇒tarmac, teermacadambaan* ⟨bv. als landingsbaan⟩ **0.2** ⟨ww.; -ked⟩ ***met teermacadam bedekken/verharden.***

tarn [ta:n] **0.1** ***bergmeertje.***

tarnish[1] [ta:nisj] ⟨zn.⟩ **0.1** ***glansverlies*** *⇒dofheid;* ⟨fig.⟩ *smet.*

tarnish[2] **I** ⟨onov.ww.⟩ **0.1** ***dof/mat worden*** *⇒verkleuren, aanslaan* ⟨v. metaal⟩; ⟨fig.⟩ *aangetast/bezoedeld worden* ◆ **1.1** this bracelet ~es *deze armband verliest zijn glans;* his fame started to ~ *zijn roem begon te tanen;*
II ⟨ov.ww.⟩ **0.1** ***dof/mat maken*** *⇒doen aanslaan;* ⟨fig.⟩ *bezoedelen* ◆ **1.1** a ~ed reputation *een bezoedelde naam.*

tarot [tæroo] ⟨kaartspel⟩ **0.1** ***tarot*** *⇒tarok.*

tarpaulin [ta:po:lin], ⟨AE, Austr. E; inf.⟩ **tarp** [ta:p] **0.1** ***tarpaulin*** *⇒geteerd zeildoek.*

tarragon [tærəgən] **0.1** ***dragon.***

tarr|y[1] [ta:rie] ⟨bn.; -ier⟩ **0.1** ***teerachtig*** *⇒geteerd, teer-.*

tarr|y[2] [tærie] ⟨ww.; -ied⟩⟨schr.⟩ **0.1** ***talmen*** *⇒treuzelen, op zich laten wachten* **0.2** ***(ver)blijven*** *⇒zich ophouden* ◆ **3.1** ~ in taking a decision *talmen bij het nemen v.e. beslissing.*

tarsus [ta:səs] ⟨mv.: tarsi [-sajl]⟩ ⟨anat.⟩ **0.1** ***voetwortel.***

tart[1] [ta:t] **I** ⟨telb.zn.⟩⟨inf.⟩ **0.1** ***slet*** *⇒del;*
II ⟨telb. en n.-telb.zn.⟩⟨vnl. BE⟩ **0.1** ***(vruchten)taart(je).***

tart[2] ⟨bn.; -ness⟩ **0.1** ***scherp(smakend)*** *⇒zuur, wrang* **0.2** ***scherp*** *⇒sarcastisch* ◆ **1.1** a ~ taste *een wrange smaak* **1.2** a ~ remark *een wrange opmerking.*

tartan [ta:tn] **0.1** ***Schots ruitpatroon*** *⇒Schotse ruit* **0.2** ***doek/deken in Schotse ruit*** **0.3** ***tartan*** *⇒(geruite) Schotse wollen stof.*

tartar [ta:tə] **I** ⟨telb.zn.⟩ **0.1** ⟨T-⟩ ***Ta(r)taar*** **0.2** ⟨ook T-⟩ ***woesteling*** ◆ **3.¶** catch a ~ *een onverwacht sterke tegenstander treffen;*
II ⟨n.-telb.zn.⟩ **0.1** ***wijnsteen*** *⇒tartar(us)* **0.2** ***tandsteen.***

tartar(e) sauce **0.1** ***tartaarsaus.***

tartaric [ta:tærik] **0.1** ***wijnsteen-*** ◆ **1.1** ~ acid *wijnsteenzuur.*

tart up ⟨inf.⟩ **0.1** ***opdirken*** *⇒optutten* ◆ **1.1** ~ a house *een huis kitscherig inrichten.*

task[1] [ta:sk] ⟨zn.⟩ **0.1** ***taak*** *⇒karwei, opdracht* ◆ **3.1** that's quite a ~ *dat is een heel karwei* **3.¶** take s.o. to ~ (for) *iem. onderhanden nemen (vanwege).*

task[2] ⟨ww.⟩ **0.1** ***belasten*** *⇒eisen stellen aan* ◆ **1.1** John is ~ed too much *John wordt te zwaar belast;* don't ~ your powers too much *stel je krachten niet te veel op de proef.*

task force **0.1** ***speciale eenheid*** ⟨vnl. v. leger, politie⟩ *⇒gevechtsgroep.*

taskmaster **0.1** ***taakgever*** *⇒opdrachtgever* ◆ **2.1** a hard ~ *een harde leermeester.*

taskmistress **0.1** ***taakgeefster*** *⇒opdrachtgeefster.*

Tass [tæs] ⟨afk.⟩ **0.1** [Telegrafnoye agenstvo Sovetskovo Soyuza] ***TASS.***

tassel [tæsl] **0.1** ***kwastje*** ⟨v. gordijn, schoen enz.⟩.

taste[1] [teest] **I** ⟨telb.zn.⟩ **0.1** ***kleine hoeveelheid*** *⇒hapje, slokje; beetje, tikkeltje* **0.2** ***ervaring*** *⇒ondervinding* ◆ **1.1** have a ~ of this cake/wine *neem eens een hapje/slokje van deze cake/wijn;* ⟨fig.⟩ give s.o. a ~ of his own medicine *iem. een koekje v. eigen deeg geven* **1.2** give s.o. a ~ of the whip *iem. de zweep laten voelen* **2.1** it is a ~ better than before *het is een tikkeltje beter dan voorheen;*
II ⟨telb. en n.-telb.zn.⟩ **0.1** ***smaak*** *⇒smaakje* **0.2** ***smaak*** *⇒voorkeur, genoegen* ◆ **2.1** leave a bad/nasty/unpleasant ~ in the mouth *een bittere/onaangename nasmaak hebben* ⟨ook fig.⟩ **3.2** there is no accounting for ~s *over smaak valt niet te twisten* **4.2** everyone to his ~ *ieder zijn meug* **6.2** have (a) ~ **for** music *genoegen scheppen in muziek;* add sugar **to** ~ *suiker toevoegen naar smaak;*
III ⟨n.-telb.zn.⟩ **0.1** ***smaak*** *⇒smaakzin; schoonheidszin; gevoel* ⟨voor gepast gedrag, mode, stijl e.d.⟩ ◆ **2.1** that is good/bad ~ *dat getuigt v. goede/slechte smaak;* in good ~ *smaakvol; behoorlijk* **6.1** the remark was **in** bad ~ *de opmerking getuigde v. slechte smaak;* sweet **to** the ~ *zoet v. smaak.*

taste[2] **I** ⟨onov.ww.⟩ **0.1** ***smaken*** ◆ **1.1** the soup ~s good *de soep smaakt lekker* **6.1** the pudding ~d **of** garlic *de pudding smaakte naar knoflook;*
II ⟨ov.ww.⟩ **0.1** ***proeven*** *⇒keuren* **0.2** ***smaken*** *⇒aanraken* ⟨voedsel e.d.⟩ **0.3** ***ervaren*** *⇒ondervinden* ◆ **1.2** he has not ~d food or drink for days *hij heeft dagenlang geen voedsel of drank aangeraakt* **1.3** ~ defeat *het onderspit delven.*

taste bud **0.1** ***smaakknop*** *⇒smaakpapil.*

tasteful [teestfl] ⟨-ness⟩ **0.1** ***smaakvol.***

tasteless [teestləs] ⟨-ness⟩ **0.1** ***smaakloos*** *⇒geen smaak hebbend* **0.2** ***smakeloos*** *⇒v. slechte smaak getuigend.*

taster [teestə] **0.1** ***proever*** *⇒kaas/wijnproever; voorproever* **0.2** ***proefje*** ⟨v. voedsel e.d.⟩ *⇒monster.*

tast|y [teestie] ⟨-iness⟩ **0.1** ***smakelijk*** **0.2** ***hartig.***

tat[1] [tæt] ⟨zn.⟩ **0.1** ***klap*** **0.2** ⟨BE; inf.⟩ ***troep*** *⇒rommel.*

tat[2] ⟨ww.⟩ **0.1** ***frivolité maken*** *⇒frivolité knopen/klossen.*

ta-ta [tæta:] ⟨kind.⟩ **0.1** ***dada.***

tatter [tætə] **0.1** ***flard*** *⇒lomp, vod* ◆ **6.1** **in** ~s *aan flarden, kapot* ⟨ook fig.⟩.

tattered [tætəd] **0.1** ***haveloos*** *⇒aan flarden* ⟨kleren⟩ **0.2** ***in lompen gekleed*** ⟨persoon⟩.

tattie [tætie] ⟨Sch. E, Noord-Eng.; inf.⟩ **0.1** ***aardappel.***

tatting [tæting] **0.1** ***frivolité*** *⇒kantwerk met lussen en bogen.*

tattle[1] [tætl] ⟨zn.⟩ **0.1** ***geklets*** *⇒geroddel* **0.2** ***geklik.***

tattle[2] **I** ⟨onov.ww.⟩ **0.1** ***kletsen*** *⇒roddelen* **0.2** ***klikken*** ◆ **6.2** ~ **on** s.o. *over iem. klikken;*
II ⟨ov.ww.⟩ **0.1** ***verklikken.***

tattler [tætlə] **0.1** ***kletskous*** **0.2** ***klikspaan.***

tattoo[1] [tætoe:] ⟨zn.⟩ **0.1** ***taptoe*** ⟨trommel/klaroensignaal⟩ *⇒militaire avondparade* **0.2** ***tromgeroffel*** **0.3** ***tatoeëring*** **0.4** ⟨mv.⟩ ***tatoeage*** ◆ **3.1** beat/sound the ~ *taptoe slaan/blazen.*

tattoo[2] ⟨ww.⟩ **0.1** ***tatoeëren.***

tatt|y [tætie] ⟨-ily⟩ **0.1** ***slordig*** *⇒slonzig, sjofel; verward* ⟨v. haar⟩.

taught [to:t] ⟨verl. t. en volt. deelw.⟩ →**teach.**

taunt[1] [to:nt] ⟨zn.; vaak mv.⟩ **0.1** ***schimpscheut*** *⇒bespotting* ◆ **¶.1** ~s *spot, hoon.*

taunt[2] ⟨ww.⟩ **0.1** ***honen*** *⇒beschimpen, hekelen* ◆ **6.1** they ~ed him **into** losing his temper *ze tergden hem tot hij in woede uitbarstte.*

tauntingly [to:ntinglie] **0.1** ***honend*** *⇒op schimpende/tergende toon/wijze.*

Taurus [to:rəs] ⟨astrol., ster.⟩ **0.1** ***(de) Stier.***

taut [to:t] ⟨-ness⟩ **0.1** ***strak*** *⇒gespannen* **0.2** ***keurig*** *⇒netjes* **0.3** ***strikt*** *⇒streng* ◆ **1.1** a ~ expression on s.o.'s face *een gespannen uitdrukking op iemands gezicht;* ~ nerves/muscles *gespannen zenuwen/spieren.*

tautolog|y [to:tolədzjie] ⟨mv.: -ies; bn.: **-ical**⟩ **0.1** ***tautologie.***

tavern [tævən] **0.1** ***taveerne*** *⇒herberg.*

tawdr|y [to:drie] ⟨-iness⟩ **0.1** ***opzichtig*** *⇒smakeloos, opgedirkt.*

tawny [to:nie] **0.1** ***getaand*** *⇒geelbruin* ◆ **1.¶** ~ eagle *steppearend;* ~ owl *bosuil.*

tax[1] [tæks] **I** ⟨telb.zn.; geen mv.⟩ **0.1** ***last*** ⇒*druk, gewicht* ◆ **6.1** lay/be a ~ **on** *veel vergen van;*
II ⟨telb. en n.-telb.zn.⟩ **0.1** ***belasting*** ⇒*rijksbelasting* ◆ **2.1** value-added ~ *belasting op de toegevoegde waarde, btw.*

tax[2] ⟨ww.⟩ **0.1** ***belasten*** ⇒*belastingen opleggen* **0.2** ***veel vergen van*** ⇒*zwaar op de proef stellen* ◆ **1.2** ~ your memory *denk eens goed na.* →**tax with.**

taxab|le [tæksəbl] ⟨zn.: **-ility**⟩ **0.1** ***belastbaar.***

tax agent **0.1** ***belastingconsulent/adviseur.***

tax assessment **0.1** ***belastingaanslag.***

taxation [tækseesjn] **0.1** ***belasting(gelden)*** **0.2** ***belastingsysteem.***

tax avoidance **0.1** ***belastingontwijking.***

tax burden **0.1** ***belastingdruk.***

tax collector **0.1** ***ontvanger*** ⟨v. belastingen⟩.

tax cut **0.1** ***belastingverlaging.***

tax-deductible **0.1** ***aftrekbaar v.d. belastingen.***

tax disc ⟨BE⟩ **0.1** ***belastingplaatje*** ⟨op voorruit v. auto aan te brengen⟩ ⇒⟨ong.⟩ *deel III* ⟨v.h. kentekenbewijs⟩.

tax dodge ⟨inf.⟩ **0.1** ***belastingontduikingstrucje.***

tax-dodger ⟨inf.⟩ **0.1** ***belastingontduiker.***

tax evader **0.1** ***belastingontduiker.***

tax evasion **0.1** ***belastingontduiking.***

tax exemption **0.1** ***belastingvrijstelling.***

tax form **0.1** ***belastingformulier.***

tax-free **0.1** ***belastingvrij*** **0.2** ***na belasting*** ⟨bv. dividenduitkering⟩.

tax haven **0.1** ***belastingparadijs.***

taxi[1] [tæksie] ⟨zn.; mv.: ook -es⟩ **0.1** ***taxi.***

tax|i[2] ⟨ww.; -ies; teg. deelw. ook taxying⟩ **0.1** ***(doen) taxiën*** **0.2** ***in een taxi rijden/vervoeren.***

taxicab **0.1** ***taxi.***

taxidermist [tæksiddə:mist] **0.1** ***taxidermist*** ⇒*opzetter v. dieren.*

taxidermy [tæksiddə:mie] **0.1** ***taxidermie*** ⟨opzetten v. dieren⟩.

taxi driver **0.1** ***taxichauffeur.***

taximeter [tæksiemie:tə] **0.1** ***taxameter*** ⇒*taximeter.*

taxi rank, ⟨vnl. AE⟩ **taxi stand** **0.1** ***taxistandplaats.***

taxiway ⟨luchtv.⟩ **0.1** ***taxibaan.***

tax law **0.1** ***belastingwet.***

tax lawyer ⟨AE⟩ **0.1** ***fiscaal jurist.***

taxman **0.1** ***belastingontvanger*** **0.2** ⟨the; inf.⟩ ***belastingen*** ⇒*fiscus.*

taxonom|y [tæksonnəmie] ⟨mv.: -ies⟩ ⟨vnl. biol.⟩ **0.1** ***taxonomie.***

taxpayer **0.1** ***belastingbetaler.***

tax rebate **0.1** ***belastingteruggave.***

tax rejection **0.1** ***weigering belasting te betalen.***

tax return **0.1** ***belastingaangifte*** ⇒*aangiftebiljet.*

tax shelter ⟨hand.⟩ **0.1** ***constructie ter ontduiking v. belasting.***

tax stamp **0.1** ***belastingzegel.***

tax with **0.1** ***beschuldigen van*** ⇒*ten laste leggen* **0.2** ***rekenschap vragen voor*** ⇒*op het matje roepen wegens.*

tax year **0.1** ***belastingjaar*** ⇒*fiscaal jaar.*

T.B. ⟨afk.⟩ **0.1** [tuberculosis] ***tb(c).***

TBA, tba ⟨afk.⟩ **0.1** [to be announced].

TBD, tbd ⟨afk.⟩ **0.1** [to be determined].

T-bone (steak) **0.1** ***T-bonesteak*** ⇒*biefstuk v.d. rib.*

tbs(p). ⟨afk.⟩ **0.1** [tablespoon(ful)].

T-dress ⟨mode⟩ **0.1** ***lang T-shirt*** ⟨als jurk te dragen⟩.

tea [tie:] **I** ⟨telb.zn.⟩ **0.1** ⟨vnl. BE⟩ ***thee*** ⇒*theevisite, theekransje; lichte maaltijd om 5 uur 's middags* **0.2** ***(kopje) thee.*** →**high;**
II ⟨n.-telb.zn.⟩ **0.1** ***thee*** ⇒*theeplant/struik* **0.2** ***thee(bladeren/bloemen)*** **0.3** ***(kruiden)aftreksel*** ◆ **1.¶** ⟨inf.; scherts.⟩ not for all the ~ in China *voor geen goud, voor niets ter wereld.*

tea bag **0.1** ***theezakje*** ⇒*theebuiltje.*

tea ball **0.1** ***thee-ei.***

tea-break **0.1** ***thee/koffiepauze.***

tea caddy **0.1** ***theebus*** ⇒*theedoosje.*

teacake **0.1** ⟨BE⟩ ***krentenbroodje*** ⇒*theebroodje* **0.2** ⟨AE⟩ ***koekje.***

teach [tie:tsj] ⟨taught, taught [to:t]⟩ **I** ⟨onov. en ov.ww.⟩ **0.1** ***onderwijzen*** ⇒*leren, lesgeven* ◆ **1.1** ~ s.o. chess, ~ chess to s.o. *iem. leren schaken;* ⟨AE⟩ ~ school *onderwijzer(es)/docent(e) zijn* **3.1** be taught (how) to swim *zwemmen leren;*
II ⟨ov.ww.⟩ **0.1** ***(af)leren*** **0.2** ***doen inzien*** ⇒*leren* ◆ **1.2** experience taught him that ... *bij ondervinding wist hij dat ...* **3.1** I will ~ him to betray our plans *ik zal hem leren onze plannen te verraden.*

teacher [tie:tsjə] **0.1** ***leraar/lerares*** ⇒*docent(e)* **0.2** ***onderwijzer(es).***

teachers(') college ⟨AE⟩ **0.1** ***onderwijsopleiding*** ⇒*lerarenopleiding.*

tea chest **0.1** ***theekist.***

teach-in ⟨inf.⟩ **0.1** ***teach-in*** ⇒*(politiek) debat in universiteit.*

teaching [tie:tsjing] **0.1** ***het lesgeven*** **0.2** ***onderwijs*** **0.3** ***leer*** ⇒*leerstelling.*

teaching hospital ⟨BE⟩ **0.1** ***academisch ziekenhuis.***

teaching load **0.1** ***onderwijslast*** ⇒*aantal te geven lesuren/colleges.*

teaching machine **0.1** ***onderwijsmachine*** ⇒*onderwijscomputer.*

teaching practice ⟨BE; onderw.⟩ **0.1** ***stage*** ⟨ter verkrijging v.d. onderwijsbevoegdheid⟩.

tea-cloth, ⟨in bet. 0.2 ook⟩ **tea-towel** **0.1** ***theekleed*** ⇒*tafelkleedje* **0.2** ***theedoek*** ⇒*droogdoek.*

tea-cosy **0.1** ***theemuts.***

teacup **0.1** ***theekopje.***

teacupful ⟨mv.: ook teacupsful⟩ **0.1** ***theekopje*** ⟨als maat⟩.

teagarden **0.1** ***theetuin*** ⇒*terras* **0.2** ***theeplantage.***

teahouse **0.1** ***theehuis.***

teak [tie:k] **0.1** ***teakhout.***

teakettle **0.1** ***waterketel*** ⇒*theeketel.*

teal [tie:l] ⟨mv.: ook teal⟩ **0.1** ***taling*** ⟨kleine wilde eend⟩ ⇒ ⟨ihb.⟩ *wintertaling.*

tea-leaf **0.1** ***theeblad*** ⟨blad v. theeplant⟩.

team[1] [tie:m] ⟨zn.⟩ **0.1** ***team*** ⇒*(sport)ploeg, elftal* **0.2** ***span*** ⟨v. trekdieren⟩.

team[2] **I** ⟨onov.ww.⟩ **0.1** ⟨vnl. +up⟩ ***een team vormen*** ◆ **5.1** ⟨inf.⟩ ~ **up** with *samenwerken/samenspelen met;*
II ⟨ov.ww.⟩ **0.1** ***inspannen*** ⇒*aanspannen* ◆ **5.1** ⟨inf.⟩ ~ **up** *laten samenwerken/samenspelen.*

team bench ⟨sport⟩ **0.1** ***spelersbank.***

teammate **0.1** ***teamgenoot.***

team spirit **0.1** ***teamgeest.***

teamster [tie:mstə], **teamer** [tie:mə] **0.1** ***voerman*** ⇒*menner* **0.2** ⟨AE⟩ ***vrachtwagenchauffeur.***

teamwork **0.1** ***teamwork*** ⇒*groepsarbeid* **0.2** ***samenwerking*** ⇒*samenspel.*

tea-party **0.1** ***theekransje*** ⇒*theevisite.*

teapot **0.1** ***theepot.***

tear[1] [tiə] ⟨zn.⟩ **0.1** ***traan*** **0.2** ***drup(pel)*** ◆ **3.1** break into ~s *in tranen uitbarsten;* move s.o. to ~s *iem. aan het huilen brengen;* shed ~s over *tranen storten over* ⟨ihb. iets/iem. dat/die het niet waard is⟩.

tear[2] [teə] ⟨zn.⟩ **0.1** ***scheur*** **0.2** ***flard.***

tear[3] [tiə] ⟨ww.⟩ **0.1** ***(doen) tranen*** ⟨v. oog⟩ ⇒*met tranen vullen.*

tear[4] [teə]⟨tore [to:], torn [to:n]⟩ **I** ⟨onov.ww.⟩ **0.1** ***rennen*** ⇒ ⟨fig.⟩ *stormen, vliegen* **0.2** ***scheuren*** ⇒*stuk gaan* **0.3** ***rukken*** ⇒*trekken* ◆ **1.2** silk ~s easily *zijde scheurt makkelijk* **6.1** the boy tore **across** the street *de jongen vloog de straat over* **6.3** ~ **at** sth. *aan iets rukken/trekken.* →**tear into;**
II ⟨ov.ww.⟩ **0.1** ***(ver)scheuren*** ⟨ook fig.⟩ **0.2** ***(uit)rukken*** ⇒ *(uit)trekken* ◆ **1.1** the girl tore a hole in her coat *het meisje scheurde haar jas* **1.2** ⟨fig.⟩ ~ one's hair *zich de haren uittrekken* ⟨bv. v. woede⟩ **5.1** ~ **across** *doormidden scheuren;* ~ **up** *verscheuren;* ⟨fig.⟩ *tenietdoen* **5.¶** ~ **down** a building *een gebouw afbreken* **6.1** ⟨fig.⟩ be torn **between** love and hate *tussen liefde en haat in tweestrijd staan;* ~ **in** half/two *in tweeën scheuren.* →**tear apart, tear away, tear off.**

tear apart **0.1** ***verscheuren*** ⟨vnl. fig.⟩ **0.2** ***overhoop halen*** **0.3** ⟨inf.⟩ ***zich vernietigend uitlaten over*** **0.4** ⟨inf.⟩ ***uitschelden*** ◆ **1.3** the critics tore his latest novel apart *de critici velden een vernietigend oordeel over zijn laatste roman.*

tearaway[1] ⟨zn.⟩⟨BE; inf.⟩ **0.1** ***herrieschopper.***

tearaway[2] ⟨bn.⟩ **0.1** ***onstuimig*** ⇒*wild.*

tear away **0.1** ***afrukken*** ⇒*af/wegtrekken, afscheuren;* ⟨fig.⟩ *wegnemen, verwijderen* ◆ **4.1** ⟨fig.⟩ I could hardly tear myself away from the party *ik kon het feest maar met tegenzin verlaten.*

teardrop [tiədrop] **0.1** ***traan.***

tearful [tiəfoel] ⟨-ness⟩ **0.1** ***huilend*** ⇒*betraand* **0.2** ***huilerig.***

teargas **0.1** ***traangas gebruiken tegen.***

tear gas [tiə gæs] **0.1** ***traangas.***

tear into **0.1** ***inslaan*** ⟨bv. v. granaatscherf⟩ **0.2** ***in alle hevigheid aanvallen*** ⟨ook fig.⟩ ⇒*heftig tekeergaan tegen.*

tear-jerker [tiədzjə:kə] ⟨inf.⟩ **0.1** ***tranentrekker*** ⇒*smartlap, sentimente(e)l(e) film/liedje/tv-programma* ⟨enz.⟩.

tear-jerking [tiədzjə:king] **0.1** ***sentimenteel*** ⇒*aandoenlijk.*

tear off **0.1** ***afrukken*** ⇒*aftrekken, afscheuren;* ⟨fig.⟩ *wegnemen, verwijderen* **0.2** ⟨inf.⟩ ***snel doen*** ⇒*in elkaar flansen* ◆ **1.1** ~ the plaster from the wall *het pleister v.d. muur afhalen* **1.2** ~ a letter *een brief in elkaar flansen.*

tear-off [teərof] **0.1** ***scheur-*** ◆ **1.1** ~ calendar *scheurkalender.*

tearoom **0.1** ***tearoom*** ⇒*theesalon.*

tea rose **0.1** ***theeroos.***

tease[1] [tie:z] ⟨zn.⟩ **0.1** ***plaaggeest*** ⇒*kwelgeest* **0.2** ***flirt*** **0.3** ***plagerij*** ⇒*geplaag.*

tease[2] ⟨ww.⟩ **0.1** ***plagen*** ⇒*lastig vallen, pesten* **0.2** ***opgewonden doen raken*** ⇒*opvallend flirten met* ⟨vnl. seksueel⟩ **0.3** ***afvleien*** ⇒*ontlokken* **0.4** ***touperen*** ⟨haar⟩ **0.5** ***kammen*** ⇒*kaarden, opborstelen* ⟨bv. wol, stof⟩ ◆ **3.1** ~ s.o. to do sth. *iem. aanzetten/pressen iets te doen* **5.1** ~ s.o. **for** sth. *iem. lastig vallen om* **5.¶** ~ **out** *ontwarren* ⟨ook fig.⟩.

teasel, teazel [tie:zl] **0.1** ***kaarde(bol)*** ⇒*kaardedistel/kruid;* ⟨ihb.⟩ *weverskaarde(bol)* **0.2** ***kaardmachine.***

teaser [tie:zə] **0.1** ***plaaggeest*** ⇒*plager* **0.2** ⟨inf.⟩ ***moeilijke vraag*** ⇒*probleemgeval* **0.3** ***lokmiddel*** ⇒*lokaas.*

tea service, tea set **0.1** ***theestel*** ⇒*theeservies.*

teaspoon **0.1** ***theelepeltje*** ⇒*koffielepeltje.*

teaspoonful ⟨mv.: ook teaspoonsful⟩ **0.1** ***theelepeltje*** ⟨als maat⟩.

teastrainer **0.1** ***theezeefje.***

teat [tie:t] **0.1** ***tepel*** **0.2** ***speen.***

tea-table ⟨vaak attr.⟩ **0.1** ***theetafel*** ◆ **1.1** ~ conversation *babbeltje.*

tea-time **0.1** ***theetijd*** ⇒*thee-uur.*

tea towel **0.1** ***theedoek*** ⇒*droogdoek.*

tea-tray **0.1** ***theeblad*** ⇒*schenkblad.*

tea-trolley ⟨vnl. BE⟩ **0.1** ***theewagen*** ⇒*theeboy.*

tea wagon **0.1** ***theewagen.***

TEC [tek] ⟨afk.⟩ **0.1** [Training and Enterprise Council].

tech [tek] ⟨verk.⟩ [technical college].

technical [teknikl] **0.1** ***technisch*** **0.2** ***wettelijk*** ⇒*formeel* ◆ **1.1** ~ college *hogere technische school;* ⟨boksen⟩ ~ knock-out *technisch knock-out* **1.2** a ~ defeat for the politicians *een formele nederlaag voor de politici.*

technicalit|y [teknikælətie] ⟨mv.: -ies⟩ **0.1** ***technische term*** **0.2** ***technisch detail*** ⇒*(klein) formeel punt* **0.3** ***technisch karakter*** ◆ **6.2** he lost the case **on** a ~ *hij verloor de zaak op/door een formeel foutje.*

technically [tekniklie] **0.1** →**technical** **0.2** ⟨aan het begin v.d. zin⟩ ***technisch gezien.***

technician [teknisjn] **0.1** ***technicus*** ⇒*specialist* ◆ **2.1** dental ~ *tandtechnicus.*

Technicolor [teknikkullə] **0.1** ***technicolor*** ⇒⟨fig.⟩ *levendige, helle kleuren* ⟨oorspr. merknaam⟩.

technique [teknie:k] **I** ⟨telb.zn.⟩ **0.1** ***techniek*** ⇒*procédé;*
II ⟨n.-telb.zn.⟩ **0.1** ***techniek*** ⇒*bedrevenheid, vaardigheid.*

technocrac|y [teknokrəsie] ⟨mv.: -ies⟩ **0.1** ***technocratie.***

technocrat [teknəkræt] **0.1** ***technocraat.***

technologist [teknolladzjist] **0.1** ***technoloog.***

technolog|y [teknolladzjie] ⟨mv.: -ies; bn.: **-ical**⟩ **0.1** ***technologie.***

technophobe [teknəfoob] **0.1** ***technofoob.***

techy →**tetchy.**

Teddy (bear) ⟨ook t-⟩ **0.1** ***teddy(beer).***

Teddy (boy) [teddie] ⟨ook t-⟩⟨BE⟩ **0.1** ***teddy(boy)*** ⇒*nozem* ⟨omstreeks 1950-60⟩.

Teddy girl ⟨ook t-⟩⟨BE⟩ **0.1** ***teddygirl*** ⇒*nozemmeisje.*

tedious [tie:diəs] ⟨-ness⟩ **0.1** ***vervelend*** ⇒*langdradig, saai.*

tedium [tie:diəm] **0.1** ***verveling*** **0.2** ***saaiheid*** ⇒*eentonigheid, langdradigheid.*

tee [tie:] **0.1** ***(letter) t*** **0.2** ***T-stuk*** **0.3** ⟨curling⟩ ***tee*** ⟨midden v.d. cirkel⟩ **0.4** ⟨ringwerpen⟩ ***(werp)paaltje*** **0.5** ⟨golf⟩ ***tee*** ⟨houten/plastic afslagpaaltje⟩ ◆ **6.¶** **to** a ~ *precies, tot in de puntjes.*

teem [tie:m] **0.1** ***wemelen*** ⇒*krioelen, tieren* **0.2** ***stortregenen*** ⇒*gieten* ◆ **5.2** the rain was ~ing **down** *het goot* **6.1** his head ~s **with** new ideas *zijn hoofd zit vol nieuwe ideeën.*

teeming [tie:ming] ⟨schr.⟩ **0.1** ***wemelend*** ⇒*krioelend, (over)vol* ◆ **6.1** forests ~ **with** snakes *wouden die krioelen v.d. slangen.*

teen [tie:n] **I** ⟨telb.zn.⟩⟨AE⟩ **0.1** ***tiener;***
II ⟨mv.⟩ **0.1** ***tienerjaren/tijd*** ◆ **6.1** boy/girl in his/her ~s *tiener.*

teen-age, teen-aged [tie:needzjd] **0.1** ***tiener-*** ◆ **1.1** a ~ boy/girl *een tiener.*

teen-ager [tie:needzjə] **0.1** ***tiener.***

teeny(-weeny) [tie:niewie:nie], **teensy(-weensy)** [tie:nsiewie:nsie] ⟨inf.⟩ **0.1** ***piepklein.***

teen|y [tie:nie] ⟨mv.: -ies⟩⟨inf.⟩ **0.1** ***tiener.***

teenybopper [tie:nieboppə] ⟨sl.⟩ **0.1** ***(dweperig) jong tienermeisje.***

tee off **0.1** ⟨golf⟩ ***de bal v.d. tee afslaan*** **0.2** ⟨inf.⟩ ***beginnen.***

tee shirt →**T-shirt.**

tee shot ⟨golf⟩ **0.1** ***tee shot*** ⟨slag vanaf de tee⟩.

teeter [tie:tə] **I** ⟨onov.ww.⟩ **0.1** ***wankelen*** ⇒*waggelen* **0.2** ⟨AE⟩ ***wippen*** ⇒*op de wip spelen* ◆ **6.1** ⟨fig.⟩ ~ **on** the edge of collapse *op de rand v.d. ineenstorting staan;*
II ⟨ov.ww.⟩ **0.1** ***doen wankelen*** **0.2** ⟨AE⟩ ***(doen) wippen.***

teeth [tie:θ] ⟨mv.⟩ →**tooth.**
teethe [tie:ð] **0.1** ***tandjes krijgen*** ⟨vnl. melktanden⟩.
teething troubles **0.1** ***kinderziekten*** ⟨vnl. fig.⟩.
teetotal [tie:tootl] **0.1** ***alcoholvrij*** ⇒*geheelonthouders-.*
teetotaller, ⟨AE sp.⟩ **teetotaler** [tie:tootələ] **0.1** ***geheelonthouder.***
tee up **0.1** ⟨golf⟩ ***de bal op de tee leggen*** **0.2** ⟨inf.⟩ ***opzetten*** ⇒*organiseren.*
TEFL ⟨afk.⟩ **0.1** [(the) Teaching (of) English as a Foreign Language].
Teflon [teflon] **0.1** ***teflon.***
telebanking [tellibængking] **0.1** ***(het) telebankieren.***
telecast[1] [tellikka:st] ⟨zn.⟩ **0.1** ***tv-uitzending.***
telecast[2] ⟨ww.⟩ **0.1** ***op tv uitzenden.***
telecaster [tellikka:stə] **0.1** ***tv-presentator.***
telecom [tellikkom] ⟨verk.⟩ [telecommunication].
telecommunications [tellikkəmjoe:nikkeesjnz] **0.1** ⟨ww. steeds enk.⟩ ***telecommunicatietechniek/wetenschap*** **0.2** ⟨ww. steeds mv.⟩ ***(telecommunicatie)verbindingen.***
teleconference [tellikkonfərəns] **0.1** ***conferentie per telefoon*** ⇒*telefonische conferentie.*
teleconferencing [tellikkonfərənsing] **0.1** ***televergaderen*** ⇒*confereren per telefoon.*
telefax [tellifæks] **0.1** ***telefax.***
telegram [telligræm] **0.1** ***telegram*** ◆ **6.1 by** ~ *per telegram.*
telegraph[1] [telligra:f] **I** ⟨telb.zn.⟩ **0.1** ***telegraaf*** ⇒*seintoestel;* **II** ⟨n.-telb.zn.⟩ **0.1** ***telegraaf*** ⇒*telegrafie* ◆ **6.1 by** ~ *per telegraaf.*
telegraph[2] ⟨ww.⟩ **0.1** ***telegraferen*** ◆ **4.1** shall I ~ him? *zal ik hem een telegram sturen?*
telegrapher [tillegrəfə], **telegraphist** [-grəfist] **0.1** ***telegrafist(e).***
telegraphese [telligrəfie:z] ⟨inf.⟩ **0.1** ***telegramstijl.***
telegraphic [telligræfik] ⟨-ally⟩ **0.1** ***telegrafisch*** ⇒*telegram-* **0.2** ***beknopt*** ◆ **1.1** ~ address *telegramadres.*
telegraph-pole, telegraph-post **0.1** ***telegraafpaal.***
telegraphy [tillegrəfie] **0.1** ***telegrafie*** ◆ **2.1** wireless ~ *draadloze telegrafie.*
telemarketer [tellimma:kətə] **0.1** ***telefonisch verkoper*** ⇒ *telemarketeer.*
telemarketing [tellimma:kəting], **teleselling** [tellisselling] **0.1** ***handel/verkoop via telefoon.***
telemeter [tillemmittə] **0.1** ***telemeter*** ⇒*afstandmeter.*
teleolog|y [tellie·ollədzjie] ⟨bn.: **-ical**⟩ ⟨fil.⟩ **0.1** ***teleologie*** ⇒ *doelmatigheidsleer.*
telepathist [tilleppəθist], **telepath** [tellipæθ] **0.1** ***telepaat*** ⇒ *gedachtelezer.*
telepath|y [tilleppəθie] ⟨bn.: **-ic**⟩ **0.1** ***telepathie.***
telephone[1] [telliffoon] ⟨zn.⟩ **0.1** ***telefoon*** ⇒*(telefoon)toestel* ◆ **3.1** pick up the ~ *de telefoon opnemen* **6.1 by** ~ *telefonisch;* **on / over** the ~ *telefonisch.*
telephone[2] ⟨ww.⟩ **0.1** ***telefoneren*** ⇒*(op)bellen* ◆ **5.1** he has just ~d **through** from Beirut *hij heeft zojuist uit Beiroet opgebeld* **6.1** I ~d **to** my friend *ik heb mijn vriend opgebeld.*
telephone answering machine **0.1** ***(telefoon)antwoordapparaat*** ⇒*telefoonbeantwoorder.*
telephone booth **0.1** ***telefooncel.***
telephone call **0.1** ***telefoongesprek*** ◆ **3.1** place a ~ *een gesprek aanvragen.*
telephone conversation **0.1** ***telefoongesprek.***
telephone directory, telephone book **0.1** ***telefoongids.***
telephone exchange **0.1** ***telefooncentrale.***
telephonist [tilleffənist] **0.1** ***telefonist(e).***
telephony [tilleffənie] **0.1** ***telefonie.***
telephotograph [telliffootəgra:f], **telephoto** [telliffootoo] **0.1** ***telelensfoto*** **0.2** ***telefoto*** ⟨telegrafisch doorgeseind⟩.
telephotograph|y [telliffətogrəfie] ⟨bn.: **-ic**⟩ **0.1** ***telefotografie*** ⟨dmv. telelenzen⟩ **0.2** ***beeldtelegrafie.***
telephoto lens **0.1** ***telelens*** ⇒*teleobjectief.*
telepoint [tellippojnt] ⟨ook attr.⟩ **0.1** ***greenpoint*** ◆ **1.1** ~ phone *kermit; greenpointzaktelefoon.*
teleprinter [telliprintə] ⟨BE⟩ **0.1** ***telex*** ⇒*telexapparaat* ◆ **6.1 by** ~ *per telex.*
teleprocessing [telliproosessing] ⟨comp.⟩ **0.1** ***verwerking op afstand.***
Teleprompter [telliprom(p)tə] **0.1** ***afleesapparaat voor tv-omroepers*** ⟨merknaam⟩.
telesales [tellisseelz] **0.1** ***telefonische verkoop*** ⇒*telemarketing.*
telescope[1] [telliskoop] ⟨zn.⟩ **0.1** ***telescoop*** ⇒*(astronomische) verrekijker.*
telescope[2] **I** ⟨onov.ww.⟩ **0.1** ***telescoperen*** ⇒*in elkaar schuiven* **0.2** ***ineengedrukt worden*** ◆ **5.2** two cars ~d **together** in the accident *twee auto's werden bij het ongeval ineengedrukt;*
II ⟨ov.ww.⟩ **0.1** ***in elkaar schuiven*** ⇒*ineen/samendrukken* **0.2** ***be/ver/inkorten*** ◆ **6.2** the encyclopaedia was ~d **into** four volumes *de encyclopedie werd tot vier delen ingekort.*
telescopic [telliskoppik] ⟨-ally⟩ **0.1** ***telescopisch*** ⇒*ineen/uitschuifbaar* **0.2** ***verziend*** ◆ **1.1** ~ lens *telelens;* ~ rod *telescoophengel;* ~ sight *vizierkijker.*
teleselling →**telemarketing.**
teleshopping [tellisjopping] **0.1** ***(het) telewinkelen*** ⇒*(het) teleshoppen.*
Teletype[1] [tellittajp] ⟨zn.; ook t-⟩ **0.1** ***telex*** ⇒*telexapparaat* ◆ **6.1 by** ~ *per telex.*
Teletype[2] ⟨ww.; ook t-⟩ **0.1** ***telexen.***
teletypewriter [tellittajprajtə] ⟨AE⟩ **0.1** ***telex(apparaat/toestel).***
televangelist [tellivændzjillist] **0.1** ***tv-dominee*** ⇒*televisiepredikant.*
televise [tellivvajz] **I** ⟨onov.ww.⟩ **0.1** ***voor de televisie geschikt zijn*** ◆ **1.1** tennis ~s well *tennis is goed geschikt voor de televisie;*
II ⟨ov.ww.⟩ **0.1** ***op de televisie uitzenden*** ⇒*op televisie geven.*
television [tellivvizjn, tellivvizjn] **0.1** ***televisie(apparaat/ontvanger/toestel)*** ⇒*tv(-toestel)* ◆ **3.1** watch ~ *tv kijken* **6.1 on** (the) ~ *op de televisie.*
television audience, TV audience ⟨zn.⟩ **0.1** ***televisiepubliek*** ⇒*televisiekijkers* **0.2** ***publiek bij een tv-opname.***
television broadcast, TV broadcast **0.1** ***televisie-uitzending.***
television commentator, TV commentator **0.1** ***televisiecommentator.***
television commercial, TV commercial **0.1** ***reclamespot.***
television film, TV film **0.1** ***televisie/tv-film.***
television programme, TV programme **0.1** ***televisieprogramma.***
television screen, TV screen **0.1** ***televisiescherm.***
television series, TV series **0.1** ***televisieserie.***
television set, TV set **0.1** ***televisietoestel.***
teleworker [telliwwə:kə] **0.1** ***telewerker*** ⇒*thuiswerker* ⟨per computer en fax⟩.
teleworking [telliwwə:king] **0.1** ***telewerk*** ⇒*(het) thuiswerk(en)* ⟨per computer en fax⟩.
telex[1] [tellekṣ] ⟨zn.⟩ **0.1** ***telex*** ⇒*telexbericht* **0.2** ***telex*** ⇒*telexsysteem/dienst* ◆ **6.1 by** ~ *per telex.*

telex[2] (ww.) **0.1** *telexen.*

telfer →**telpher.**

tell [tel](told, told [toold]) **I** (onov.ww.) **0.1** ***spreken*** ⇒*zeggen, vertellen; getuigen* (fig.) **0.2** ***het/iets verklappen*** ⇒ *het/iets verraden* **0.3** ***(mee)tellen*** ⇒*meespelen, v. belang zijn* ◆ **1.1** time will ~ *dat zal de tijd leren* **1.3** every penny ~s *elke penny telt mee* **3.2** don't ~! *verklap het niet!* **5.1** as far as we can ~ *voor zover we weten;* you can never ~/ never can ~ *je weet maar nooit* **6.1** his blush told **of** his embarrassment *zijn blos getuigde v. zijn verlegenheid* **6.2** (inf.; kind.) ~ **on** s.o. *iem. verklikken* **6.3** his age will ~ **against** him *zijn leeftijd zal in zijn nadeel pleiten;* the long drive began to ~ **(up)on** the passengers *de lange rit begon de passagiers zwaar te vallen;*
II (ov.ww.) **0.1** ***vertellen*** ⇒*zeggen, spreken* **0.2** ***weten*** ⇒ *kennen, uitmaken* **0.3** ***onderscheiden*** ⇒*uit elkaar houden, onderkennen* **0.4** ***zeggen*** ⇒*bevelen; waarschuwen* **0.5** (vero.) ***tellen*** ◆ **1.1** (AE) ~ goodbye *afscheid nemen;* ~ a secret *een geheim verklappen* **1.2** can you ~ the difference? *ken jij het verschil?;* can she ~ the time yet? *kan ze al klok kijken?* **1.5** ~ the votes *de stemmen tellen* (vnl. in het Lagerhuis) **3.1** (inf.) ~ s.o. where he gets off/to get off *iem. op zijn plaats/nummer zetten* **4.1** (inf.) ~ me another! *maak dat een ander/de kat wijs!;* I (can) ~ you! *ik verzeker het je!;* (inf.) you're ~ing me! *vertel mij wat!* **4.¶** all told *alles bij elkaar (genomen); over het geheel;* sth. ~s me that ... *ik heb zo het idee dat ...;* I'll ~ you what: let's stop *weet je wat?: laten we ermee ophouden* **5.3** can you ~ these twins apart? *kun jij deze tweeling uit elkaar houden?* **5.4** I told you so! *ik had het je nog gezegd!* **5.¶** (inf.) ~ s.o. **off** (for sth.) *iem. (om iets) berispen/op zijn nummer zetten* **6.1** ~ **about/of** sth. *over iets vertellen/berichten* **6.2** I could ~ **by/from** his look *ik kon het aan zijn oogopslag zien* **6.3** ~ truth **from** lies *de waarheid v. leugens onderscheiden* **7.2** there is no ~ing what will happen *je weet maar nooit wat er gebeurt* **8.2** how can I ~ if/whether it is true or not? *hoe kan ik weten of het waar is of niet?*

teller [tellə] **0.1** ***verteller*** **0.2** ***(stemmen)teller*** (bv. in Lagerhuis) **0.3** (AE) ***kasbediende.***

telling [telling] (-ly) **0.1** ***treffend*** ⇒*raak* **0.2** ***veelbetekenend*** ⇒*veelzeggend* ◆ **1.1** a ~ blow *een rake klap* **1.2** a ~ gesture *een veelbetekenend gebaar.*

telling-off (mv.: tellings-off) **0.1** ***uitbrander*** ⇒*reprimande.*

telltale (ook attr.) **0.1** ***roddelaar(ster)*** ⇒*babbelkous* **0.2** ***klikspaan*** ⇒*verklikker/ster* **0.3** ***teken*** ⇒*aanduiding* **0.4** ***verklikker(inrichting)*** ⇒*verklikkerlamp/signaal; tijdklok* ◆ **1.3** (fig.) a ~ nod *een veelbetekenend knikje.*

tell|y [tellie] (mv.: -ies) (BE; inf.) **0.1** ***teevee*** ⇒*tv.*

telpher, telfer [telfə] **0.1** ***luchtkabelcontainer*** **0.2** ***luchtkabeltransport(systeem).***

temerity [timmerrətie] **0.1** ***roekeloosheid*** ⇒*onbezonnenheid.*

temp[1] [temp] (zn.) (verk.) [temporary employee] (inf.) **0.1** ***tijdelijk medewerker(ster)*** ⇒(ihb.) *uitzendkracht.*

temp[2] (ww.) **0.1** ***als uitzendkracht werken*** ⇒*werken bij/ via een uitzendbureau.*

temp agency **0.1** ***uitzendbureau.***

temper[1] [tempə] **I** (telb.zn.) **0.1** ***humeur*** ⇒*stemming* **0.2** ***kwade/slechte bui*** **0.3** ***driftbui*** ⇒*woedeaanval* ◆ **2.1** be in a bad ~ *in een slecht humeur zijn, de pest in hebben* **3.3** fly/get into a ~ *een woedeaanval krijgen;*
II (telb. en n.-telb.zn.) **0.1** ***temperament*** ⇒*geaardheid, natuur* **0.2** ***opvliegendheid*** ⇒*opvliegend karakter, drift(igheid)* ◆ **2.1** a person of (a) sweet ~ *een zachtaardig mens* **3.2** have a ~ *opvliegend zijn;*
III (n.-telb.zn.) **0.1** ***kalmte*** ⇒*beheersing* **0.2** ***irritatie*** ⇒ *woede* **0.3** ***tempering*** ⇒*harding* (v. metaal) ◆ **3.1** keep one's ~ *zijn kalmte bewaren;* lose one's ~ *zijn kalmte verliezen* **6.1** (schr.) **out of** ~ **with** *boos/woedend op.*

temper[2] (ww.) **0.1** ***temperen*** ⇒*ontlaten* (vnl. staal) **0.2** ***temperen*** ⇒*matigen, intomen.*

tempera [tempərə] **0.1** ***tempera*** (techniek, verf).

temperament [temprəmənt] **0.1** ***temperament*** (ook fig.) ⇒ *aard, gestel; vurigheid* **0.2** ***humeurigheid*** ⇒*prikkelbaarheid.*

temperamental [temprəmentl] **0.1** ***natuurlijk*** ⇒*aan/ingeboren* **0.2** ***grillig*** ⇒*onberekenbaar, vol nukken/kuren.*

temperance [temprəns] **0.1** ***gematigdheid*** ⇒*matigheid* **0.2** ***zelfbeheersing*** **0.3** ***geheelonthouding.***

temperance hotel **0.1** *geheelonthoudershotel.*

temperance society **0.1** *geheelonthoudersgenootschap* ⇒ (ong.) *de blauwe knoop.*

temperate [tempərət] **0.1** ***matig*** ⇒*gematigd* **0.2** ***met zelfbeheersing*** ◆ **1.1** ~ zone *gematigde luchtstreek.*

temperature [temp(r)ətsjə] **0.1** ***temperatuur*** ⇒(bij uitbr.) *verhoging, koorts* ◆ **3.1** take s.o.'s ~ *iemands temperatuur opnemen;* have/run a ~ *verhoging hebben.*

tempest [tempist] **0.1** ***(hevige) storm*** (ook fig.) **0.2** ***oproer*** ⇒ *tumult, lawaai* ◆ **1.2** a ~ of laughter *een bulderend gelach.*

tempestuous [tempestsjoeəs] (-ness) **0.1** ***stormachtig*** (ook fig.) ⇒*onstuimig, hartstochtelijk.*

temping agency [temping] **0.1** ***uitzendbureau.***

Templar [templə] **0.1** (gesch.) ***tempelier*** ⇒*tempelridder.*

template, templet [templit] **0.1** ***mal(plaatje)*** ⇒*vormplaat, sjabloon.*

temple [templ] **0.1** ***tempel*** ⇒*kerk* **0.2** ***slaap*** (v. hoofd).

tempo [tempoo](mv.: ook tempi [-pie:]) **0.1** ***tempo*** ⇒*vaart, snelheid* (ihb. v. muziek).

temporal [temprəl] **0.1** ***tijdelijk*** **0.2** ***wereldlijk*** ⇒*tijdelijk.*

temporar|y[1] [temp(r)ərie] (zn.; mv.: -ies) **0.1** ***tijdelijke werkkracht*** ⇒*los werkman.*

temporar|y[2] (bn.; -iness) **0.1** ***tijdelijk*** ⇒*voorlopig* ◆ **1.1** ~ buildings *noodgebouwen;* ~ employment agency *uitzendbureau;* ~ officer *reserveofficier.*

temporize, -ise [tempərajz] **0.1** ***temporiseren*** ⇒*proberen tijd te winnen, een slag om de arm houden.*

tempt [tem(p)t] **0.1** ***verleiden*** ⇒*in verleiding brengen* **0.2** ***verzoeken*** ⇒*in verzoeking brengen* **0.3** ***tarten*** ⇒*tergen* ◆ **1.3** ~ Providence *het lot tarten* **3.1** I am ~ed not to believe that *ik ben geneigd dat niet te geloven.*

temptation [tem(p)teesjn] **0.1** ***aanlokkelijkheid*** ⇒*verleidelijkheid* **0.2** ***verleiding*** ⇒*verzoeking* ◆ **3.2** (rel.) lead us not into ~ *leid ons niet in bekoring.*

tempter [tem(p)tə] **0.1** ***verleider.***

tempting [tem(p)ting] **0.1** ***verleidelijk*** ⇒*aanlokkelijk.*

temptress [tem(p)tris] **0.1** ***verleidster.***

ten [ten] **0.1** ***tien*** (ook voorwerp/groep ter waarde/grootte v. tien) ◆ **3.1** he wears a ~ *hij draagt maat tien* **4.1** I bet you ~ to one she'll come *ik wed tien tegen één dat ze komt.*

tenab|le [tennəbl] (zn.: **-ility**) **0.1** ***verdedigbaar*** ⇒*houdbaar* (ook fig.) ◆ **1.1** a ~ theory *een houdbare theorie* **6.1** the job is ~ **for** a year *de baan geldt voor een jaar.*

tenacious [tinneesjəs] (-ness) **0.1** ***vasthoudend*** ⇒*standvastig, hardnekkig* **0.2** ***krachtig*** ⇒*goed* (v. geheugen) ◆ **6.1** he is ~ **of** his rights *hij staat op zijn recht(en).*

tenacity [tinæsətie] **0.1** ***vasthoudendheid*** ⇒*standvastigheid, hardnekkigheid* **0.2** ***kracht*** (v. geheugen).

tenanc|y [tennənsie] (mv.: -ies) **0.1** ***huur(termijn)*** ⇒*pacht(termijn/tijd)* **0.2** ***bewoning*** ⇒*gebruik, genot.*

tenant [tennənt] **0.1** ***huurder*** ⇒*pachter* **0.2** ***bewoner*** ◆ **¶.1** sorry no ~s *alleen voor bezitters v.e. eigen huis.* →**feudal.**

tenant farmer 0.1 *pachter.*

tenantry [tennəntrie] ⟨zn.; ww. enk. of mv.⟩ **0.1** ***(gezamenlijke) pachters.***

tenants association ⟨zn.; ww. enk. of mv.⟩ **0.1** ***huurdersvereniging.***

tench [tentsj] ⟨mv.: ook tench⟩ ⟨dierk.⟩ **0.1** ***zeelt.***

tend [tend] **I** ⟨onov.ww.⟩ **0.1** ***gaan*** ⟨in zekere richting⟩ ⇒*zich richten, zich uitstrekken* **0.2** ***neigen*** ⇒*geneigd zijn* **0.3** ***strekken tot*** ⇒*bijdragen tot, leiden tot* ◆ **1.1** prices are ~ing downwards *de prijzen dalen* **3.2** John ~s to get angry *John wordt gauw boos* **6.2** he ~s **towards** sarcasm *hij heeft een sarcastische inslag* **6.3** his words ~ed **to** action *zijn woorden spoorden aan tot handelen* **6.¶** ~ **to** *zwemen naar;* ⟨vnl. AE⟩ *aandacht besteden aan;* ~ **(up)on** *bedienen;*
II ⟨ov.ww.⟩ **0.1** ***verzorgen*** ⇒*zorgen voor, passen op* **0.2** ⟨AE⟩ ***bedienen*** ◆ **1.1** ~ sheep *schapen hoeden* **1.2** who's ~ing bar? *wie staat er achter de bar?*

tendenc|y [tendənsie] ⟨mv.: -ies⟩ **0.1** ***neiging*** ⇒*tendens, trend* **0.2** ***aanleg*** **0.3** ⟨geldw.⟩ ***stemming*** ◆ **3.2** he has a ~ to grow fat *hij heeft een aanleg tot dik worden* **6.1** there is a ~ **towards** moderation *er bestaat een tendens tot gematigdheid.*

tendentious [tendensjəs] ⟨-ness⟩ **0.1** ***tendentieus*** ⇒*partijdig, vooringenomen.*

tender[1] [tendə] ⟨zn.⟩ **0.1** ***verzorger*** ⇒*oppasser* **0.2** ***operator*** ⟨v. machines⟩ **0.3** ***tender*** ⇒*hulpschip* **0.4** ***tender*** ⟨v. locomotief⟩ **0.5** ***offerte*** ⇒*inschrijving* ◆ **3.5** put out to ~ *aanbesteden (voor inschrijving).* →**legal.**

tender[2] ⟨-ness⟩ **I** ⟨bn.⟩ **0.1** ***mals*** ⟨v. vlees⟩ **0.2** ***gevoelig*** ⇒*delicaat* **0.3** ***broos*** ⇒*breekbaar, teer* **0.4** ***liefhebbend*** ⇒*aardig, vriendelijk, teder* **0.5** ***pijnlijk*** ⇒*zeer* ◆ **1.2** ⟨fig.⟩ ~ spot *gevoelige plek* **1.5** ~ place *gevoelige plek* **1.¶** left to the ~ mercies of *overgeleverd aan de genade v.;*
II ⟨bn., attr.⟩ **0.1** ***jong*** ⇒*onbedorven, onervaren* ◆ **1.1** of ~ age *van prille leeftijd.*

tender[3] **I** ⟨onov.ww.⟩ **0.1** ***inschrijven*** ◆ **6.1** ~ **for** the building of a new road *inschrijven op de aanleg van een nieuwe weg;*
II ⟨ov.ww.⟩ **0.1** ***aanbieden*** ◆ **1.1** please ~ the exact change *verzoeke met gepast geld te betalen;* ~ one's resignation *zijn ontslag indienen.*

tenderfoot ⟨mv.: ook -feet⟩ **0.1** ***groentje*** ⇒*nieuwkomer.*

tenderhearted ⟨-ness⟩ **0.1** ***teerhartig.***

tenderize, -ise [tendərajz] **0.1** ***mals maken*** ⟨vlees⟩.

tenderloin **0.1** ***haasbiefstuk*** **0.2** ***varkenshaas.***

tendinitis [tendənajtəs] **0.1** ***peesontsteking.***

tendon [tendən] **0.1** ***(spier)pees.***

tendril [tendril] **0.1** ***(hecht)rank*** ⇒⟨fig.⟩ *streng, sliert* ◆ **1.1** ~ of hair *lok haar, haarvlecht;* ~s of mist *mistflarden.*

tenement [tennimmənt] **0.1** ***(particulier) eigendom*** ⟨stuk grond⟩ ⇒*vast goed, vrij goed* **0.2** ⟨jur.⟩ ***pachtgoed*** **0.3** → **tenement house.**

tenement house **0.1** ***huurkazerne*** ⇒*etagewoning, flat(gebouw)* ⟨in verpauperde wijk⟩.

tenet [tennit] ⟨schr.⟩ **0.1** ***(basis)principe*** ⇒*(grond)beginsel, (leer)stelling.*

tenfold [tenfoold] **0.1** ***tienvoudig*** ⇒*tiendubbel.*

ten-foot-pole ⟨AE; inf.⟩ ◆ **3.¶** I wouldn't touch it/him with a ~ *ik zou het/hem met geen tang (willen) aanraken, ik mijd het/hem als de pest.*

tenner [tennə] **0.1** ⟨inf.⟩ ***tientje*** ⇒*(briefje v.) tien pond/dollar.*

tennis [tennis] **0.1** ***tennis(spel).***

tennis ball **0.1** ***tennisbal.***

tennis court **0.1** ***tennisbaan.***

tennis elbow **0.1** ***tenniselleboog.***

tennis racket **0.1** ***tennisracket.***

tenon [tennən] **0.1** ***tap*** ⇒*houten (verbindings)pen* ◆ **3.1** dovetailed ~ *zwaluwstaartpen.*

tenon-and-mortise joint **0.1** ***pen-en-gatverbinding.***

tenor [tennə] **I** ⟨telb.zn.⟩ **0.1** ***tenor*** ⟨zanger, partij, stem, instrument⟩;
II ⟨n.-telb.zn.; the⟩ **0.1** ***gang*** ⟨ihb. v. iemands leven⟩ ⇒*(ver)loop, (algemene) richting* **0.2** ***teneur*** ⟨v. tekst, gesprek⟩ ⇒ *strekking* ◆ **1.1** the ~ of s.o.'s life/way *iemands (vaste/normale) levensstijl* **3.2** get the ~ of what is being said *in grote lijnen begrijpen wat er wordt gezegd.*

tenpin **0.1** ***kegel*** ⟨een v.d. tien (houten) kegels v.h. bowlingspel⟩.

tenpin bowling, ⟨AE⟩ **tenpins** **0.1** ***kegelspel*** ⟨met tien kegels⟩ ⇒*bowling.*

tense[1] [tens] ⟨zn.⟩ ⟨taal.⟩ **0.1** ***tijd*** ⇒*tijdsvorm, werkwoordsvorm.*

tense[2] ⟨bn.; -r; -ness⟩ **0.1** ***gespannen*** ⇒*strak/stijf (gespannen); zenuwachtig, angstig; in/vol spanning; spannend, zenuwslopend; ingespannen* ◆ **1.1** ~ muscles *gespannen spieren* **6.1** a face ~ **with** anxiety *een v. angst vertrokken gezicht.*

tense[3] **I** ⟨onov.ww.⟩ **0.1** ⟨+up⟩ ***zenuwachtig/gespannen worden*** ⇒*in spanning komen; verstijven* ⟨v. spieren⟩;
II ⟨ov.ww.⟩ **0.1** ⟨+up⟩ ***gespannen maken*** ⇒*in spanning brengen; zenuwachtig/spannend maken* ◆ **1.1** ~ one's muscles *zijn spieren spannen* **5.1** get ~d **up** *gespannen/zenuwachtig worden, zich zenuwachtig maken.*

tensile [tensajl] **0.1** ***(uit)rekbaar*** ⇒*elastisch* **0.2** ***trek-*** ⇒ *span-* ◆ **1.2** ~ force *span/trekkracht.*

tension [tensjn] **0.1** ***spanning*** ⇒*(graad/toestand v.) gespannenheid, strakheid* ⟨bv. v. touw⟩ **0.2** ***spanning*** ⇒*gespannenheid, zenuwachtigheid* **0.3** ***(trek)spanning*** ⟨v. vaste stof⟩ ⇒*trek(king/kracht), spankracht* **0.4** ⟨vnl. mv.⟩ ***spanning*** ⇒*gespannen verhouding/toestand* **0.5** ***(elektrische) spanning*** ◆ **2.2** suffer from nervous ~ *overspannen zijn* **2.4** racial ~s *rassenonlusten.*

ten-speed ⟨wielrennen⟩ **0.1** ***met tien versnellingen.***

tent [tent] **0.1** ***tent*** ⇒*kampeertent;* ⟨med.⟩ *zuurstoftent* ◆ **3.1** ⟨fig.⟩ pitch one's ~ *zijn tenten opslaan.*

tentacle [tentəkl] **0.1** ⟨dierk.⟩ ***tentakel*** ⇒*tastorgaan; voelspriet, vangarm, grijporgaan;* ⟨fig.⟩ *klauw* **0.2** ⟨plantk.⟩ ***tentakel*** ⇒*klierhaar.*

tentative [tentətiv] ⟨-ness⟩ **0.1** ***tentatief*** ⇒*voorlopig* **0.2** ***aarzelend*** ⇒*weifelachtig* ◆ **1.1** a ~ conclusion *een voorzichtige conclusie.*

tenterhooks ◆ **6.¶** **on** ~ *ongerust, in gespannen verwachting.*

tenth [tenθ] **0.1** ***tiende*** ⇒⟨als zn.⟩ *tiende deel* ◆ **1.1** the ~ time *de tiende keer.*

tenthly [tenθlie], **tenth** **0.1** ***ten/als tiende.***

tent peg, tent pin **0.1** ***(tent)haring*** ⇒*tentpin.*

tent trailer **0.1** ***vouw(kampeer)wagen.***

tenuity [tinjoe:ətie] **0.1** ***dunheid*** ⇒*fijnheid, breekbaarheid* **0.2** ***onbeduidendheid*** ⇒*zwakheid, vaagheid.*

tenuous [tenjoeəs] ⟨-ness⟩ **0.1** ***dun*** ⇒*(rag)fijn* **0.2** ***(te) subtiel*** **0.3** ***onbeduidend*** ⇒*vaag, zwak* ◆ **1.3** a ~ argument *een zwak argument.*

tenure [tenjə] **0.1** ***pachtregeling*** ⇒*pachtstelsel/voorwaarde* **0.2** ***ambtstermijn*** ⇒*ambtsbekleding/periode* **0.3** ***beschikkingsrecht*** ⇒*eigendomsrecht* **0.4** ***vaste aanstelling*** ◆ **1.2** ~ of office *ambtsbekleding/periode.*

tepee, teepee, tipi [tie:pie:] **0.1** ***tipi*** ⟨kegelvormige indianententent⟩.

tepid [teppid] ⟨-ness; zn.: **-ity**⟩ **0.1** ***lauw*** ⇒*halfwarm;* ⟨fig.⟩ *koel, mat.*

tercentenar|y [tə:sentie:nrie], **tercentennial** [tə:sentenniəl] ⟨mv.: -ies⟩ **0.1** ⟨bn.⟩ ***driehonderdjarig*** ⇒*driehonderdste* **0.2** ⟨zn.⟩ ***(viering v.) driehonderdste verjaardag*** ⇒*driehonderdjarig bestaan, derde eeuwfeest.*

term[1] [tə:m] ⟨zn.⟩ **0.1** ***onderwijsperiode*** ⇒*trimester, semester, kwartaal* **0.2** ***termijn*** ⇒*periode; duur, tijd; ambtstermijn; zittingsperiode* ⟨v. rechtbank, parlement⟩; *huurtermijn; aflossingstermijn, (af)betalingstermijn* **0.3** ***begin/eindpunt v. periode/termijn*** ⇒*ingangs/afloopdatum, het aflopen* ⟨v. huur, contract enz.⟩ **0.4** ⟨wisk.⟩ ***term*** ⟨v. verhouding, reeks, vergelijking⟩ ⇒*lid* **0.5** ***(vak)term*** ⇒*woord, uitdrukking;* ⟨mv.⟩ *bewoordingen, manier v. uitdrukken* **0.6** ⟨mv.⟩ ***voorwaarden*** ⟨v. overeenkomst, contract⟩ ⇒*condities, bepalingen* ◆ **1.2** during her ~ of office as president *onder/tijdens haar voorzitterschap* **1.5** ~ of abuse *scheldwoord* **1.6** her ~s are 10 dollars a lesson *ze vraagt/rekent 10 dollar per les;* ⟨ec.⟩ ~s of trade *(handels)ruilvoet* **1.¶** ~s of reference *taakomschrijving, omschrijving v. bevoegdheid/onderzoeksopdracht* ⟨bv. v. commissie⟩ **2.2** in the short/medium/long ~ *op korte/middellange/lange termijn* **2.5** tell s.o. in no uncertain ~s *in niet mis te verstane bewoordingen te kennen geven* **2.¶** on equal ~s *als gelijken;* to be on bad/good/friendly ~s with s.o. *op gespannen/vriendschappelijke voet met iem. staan* **3.1** ~ has started *de lessen/colleges zijn begonnen* **3.6** come to/make ~s *tot een vergelijk komen, het eens worden* **3.¶** come to ~s with *zich verzoenen met, zich neerleggen bij* **6.3** our contract is getting **near** its ~ *ons contract loopt binnenkort af;* she is **near** her ~ *ze kan elk moment bevallen* **6.¶ in** ~s **of** money *financieel gezien, wat geld betreft;* think **in** ~s of moving to the South *overwegen/van plan zijn naar het zuiden te verhuizen;* they are not **on** speaking ~s *ze spreken niet meer met elkaar, ze hebben onenigheid.*

term[2] ⟨ww.⟩ **0.1** ***noemen*** ⇒*omschrijven, aanduiden als.*

termagant [tə:məgənt] **0.1** ***furie*** ⇒*helleveeg, (vis)wijf.*

terminable [tə:minnəbl] **0.1** ***beëindigbaar*** ⇒*aflosbaar; aflopend.*

terminal[1] [tə:minl] ⟨zn.⟩ **0.1** ⟨tech.⟩ ***(contact/(aan)sluit/pool)klem*** **0.2** ***eindpunt*** ⟨v. buslijn, spoorweglijn, luchtvaartlijn enz.⟩ ⇒*eindhalte/station* **0.3** ⟨comp.⟩ ***(computer)terminal.***

terminal[2] ⟨bn.⟩ **0.1** ***eind-*** ⇒*slot-, laatste* **0.2** ⟨med.⟩ ***terminaal*** ⇒*ongeneeslijk* **0.3** ***van/mbt. (onderwijs)periode/termijn*** ⇒*termijn-, trimester-, kwartaal-, semester-* **0.4** ⟨plantk.⟩ ***eindstandig*** ⟨v. bloem/bloeiwijze bv.⟩ ◆ **1.1** ~ station *eind/kopstation* **1.2** the ~ ward *de afdeling (v.) terminale patiënten* **1.3** ~ examinations *trimester/semesterexamens.*

termin|ate [tə:minneet] ⟨zn.: **-ation**⟩ **I** ⟨onov.ww.⟩ **0.1** ***eindigen*** ⇒*ten einde lopen, aflopen;*
II ⟨ov.ww.⟩ **0.1** ***beëindigen*** ⇒*eindigen, een eind maken aan, (af)sluiten* ◆ **1.1** ~ a contract *een contract opzeggen/vernietigen;* ~ a pregnancy *een zwangerschap onderbreken.*

terminolog|y [tə:minnolledzjie] ⟨mv.: -ies; bn.: **-ical**⟩ **0.1** ***(vak)terminologie*** ⇒*(systeem v.) vaktermen* **0.2** ***leer v.d. terminologie.***

terminus [tə:minnəs] ⟨mv.: ook termini [-najl⟩ **0.1** ***eindpunt*** ⟨v. buslijn, spoorweglijn⟩ ⇒*eindstation; eindhalte; laatste station/halte.*

termite [tə:majt] **0.1** ***termiet.***

tern [tə:n] **0.1** ⟨dierk.⟩ ***stern.***

terpsichorean [tə:psikkərie̲ən] ⟨schr.⟩ **0.1** ***van/mbt. dans(en)*** ⇒*dans-.*

Terr. ⟨afk.⟩ **0.1** [Terrace].

terrace[1] [terris] ⟨zn.⟩ **0.1** ***(verhoogd) vlak oppervlak*** ⇒*(dak/wandel)terras* **0.2** ***bordes*** ⇒*(open) tribune, staanplaatsen* **0.3** ***rij huizen*** ⇒*huizenblok; Terrace* ⟨in straatnamen T-⟩.

terrace[2] ⟨ww.⟩ **0.1** ***tot terras(sen) vormen*** ⇒*in terrassen verdelen; terrasgewijs aanleggen* ◆ **1.1** ~d garden *terrastuin* **1.¶** ~d house *rijtjeshuis.*

terra cotta [terrə kottə] **0.1** ***(voorwerp(en)/aardewerk in) terracotta*** **0.2** ***terracotta (klei)*** **0.3** ***terracotta(kleur).***

terrain [təreen] **0.1** ***terrein*** ⇒*gebied* ⟨ook fig.⟩.

terrapin [terrəpin] ⟨mv.: ook terrapin⟩ **0.1** ***moerasschildpad.***

terrestrial [tirrestriəl] **0.1** ***van/mbt. de aarde/het land*** ⇒*aards;* ⟨biol.⟩ *op de aarde/het land voorkomend* ◆ **1.1** the ~ globe *de aarde/aardbol.*

terrible [terrəbl] **0.1** ***verschrikkelijk*** ⇒*vreselijk, afschuwelijk* **0.2** ***ontzagwekkend*** ⇒*geweldig, enorm* **0.3** ⟨inf.⟩ ***(verschrikkelijk/ontzettend) moeilijk/groot/slecht*** ◆ **1.2** a ~ responsibility *een zware verantwoordelijkheid* **1.3** the heat is ~ *de hitte is ondraaglijk* **6.3** he is ~ **at** tennis *hij speelt ontzettend slecht tennis.*

terribly [terrəblie] **0.1** →**terrible** **0.2** ⟨inf.⟩ ***vreselijk*** ⇒*zeer, uiterst; erg; ontzettend.*

terrier [terriə] **0.1** ***terriër*** ⇒*aardhond.*

terrific [təriffik] **0.1** ⟨inf.⟩ ***geweldig (goed)*** ⇒*fantastisch, uitstekend* **0.2** ⟨inf.⟩ ***(verschrikkelijk/erg/ontzettend) groot/hoog/veel*** ◆ **1.1** a ~ chap *een reusachtige kerel* **1.2** at a ~ speed *razendsnel.*

terrifically [təriffiklie] ⟨inf.⟩ **0.1** ***verschrikkelijk*** ⇒*vreselijk, afschuwelijk; ontzettend; buitengewoon.*

terrif|y [terriffaj] ⟨-ied⟩ **0.1** ***schrik/angst aanjagen*** ⇒*bang/aan het schrikken maken* ◆ **1.1** be terrified of s.o./sth. *doodsbang zijn voor iem./iets.*

terrifying [terriffajjing] **0.1** ***angstaanjagend*** ⇒*schrikwekkend, afschuwelijk.*

territorial[1] [territto:riəl] ⟨zn.⟩ **0.1** ***soldaat v.d. vrijwillige landmacht.***

territorial[2] ⟨bn.⟩ **0.1** ***territoriaal*** ⇒*territorium-; grond(gebied)-, land-* **0.2** ⟨vaak T-⟩ ***territoriaal*** ⇒*van/mbt. (het) territorium(s)* ⟨gebied(en) met beperkte vorm v. zelfbestuur in de USA⟩ **0.3** ***territoriaal*** ⇒*van/mbt. territoriale troepen/vrijwillige landmacht* ⟨ihb. v. Engeland⟩ ◆ **1.1** ~ waters *territoriale wateren, driemijlszone* **1.3** the Territorial Army *het territoriale (vrijwilligers)leger/nationale reserveleger* ⟨v. Engeland, 1908-1967⟩.

territor|y [territrie] ⟨mv.: -ies⟩ **0.1** ***territorium*** ⇒*(stuk) grondgebied/staatsgebied* **0.2** ⟨biol.⟩ ***territorium*** ⇒*(eigen) woongebied/(grond)gebied* **0.3** ***(stuk) land*** ⇒*gebied, terrein* ⟨ook fig.⟩; *district; werkterrein;* ⟨hand.⟩ *rayon, handelsgebied* **0.4** ⟨vaak T-⟩ ***territory*** ⇒*territorium* ⟨gebied met beperkte vorm v. zelfbestuur⟩ ◆ **2.3** unknown ~ *onbekend gebied/terrein.*

terror [terrə] **0.1** ***verschrikking*** ⇒*schrik, plaag* **0.2** ⟨inf.⟩ ***lastig/angstaanjagend iem.*** ⇒*rotjoch/meid* **0.3** ***(gevoel v.) schrik*** ⇒*(hevige/panische) angst* ◆ **1.1** the ~ of the neighbourhood *de schrik v.d. buurt* **2.2** a real ~ *een echte plaaggeest/pestkop* **6.3** run away **in** ~ *in paniek wegvluchten.*

terrorism [terrərizm] **0.1** ***terrorisme.***

terrorist [terrərist] **0.1** ⟨bn.⟩ ***terroristisch*** ⇒*terreur-* **0.2** ⟨zn.⟩ ***terrorist.***

terrorize, -ise [terrərajz] **0.1** ***terroriseren*** ⇒*schrik/angst aanjagen.*

terror-stricken, terror-struck **0.1** ***doodsbang*** ⇒*in paniek.*

terse [tə:s] ⟨-ness⟩ **0.1** ***beknopt*** ⇒*kort(af), zakelijk.*

tertian [tə:sjn] **0.1** ***anderdaags*** ⇒*derdendaags* ◆ **1.1** ~ fever *anderdaagse koorts.*

tertiary [tə:sjərie] **0.1** ***tertiair*** ⟨ook schei.⟩ ⇒*v.d. derde orde/graad/rang* ◆ **1.1** ~ burn *derdegraadsverbranding.*

TESOL ⟨afk.⟩ **0.1** [Teachers of English to Speakers of Other Languages].

TESSA [tessə] ⟨afk.⟩ **0.1** [Tax Exempt Special Savings Account] ⟨in GB⟩.

tessellated [tessilleetid] **0.1** ***met mozaïek(en) belegd/versierd*** ⇒*mozaïek-* ◆ **1.1** a ~ pavement *een mozaïekvloer.*

test[1] [test] ⟨zn.⟩ **0.1** ***test*** ⇒*toets(ing), proef; keuring; schooltoets, proefwerk;* ⟨schei.⟩ *reactie* **0.2** ***toets(steen)*** ⟨alleen fig.⟩ ⇒*criterium, maat(staf)* **0.3** ⟨schei.⟩ ***reagens*** ⇒*reageermiddel* **0.4** ⟨inf.; cricket⟩ ***testmatch*** ◆ **1.1** stand the ~ of time *de tand des tijds weerstaan* **3.1** pass a ~ *slagen voor een toets;* put sth. to the ~ *iets op de proef stellen, iets (uit)testen/onderzoeken.*

test[2] **I** ⟨onov. en ov.ww.⟩ **0.1** ***(dmv. een test) onderzoeken*** ◆ **6.1** ~ **for** *onderzoeken (op), het gehalte bepalen van;* **II** ⟨ov.ww.⟩ **0.1** ***toetsen*** ⇒*testen, aan een toets/test/proef onderwerpen; nagaan/kijken, onderzoeken* **0.2** ***(zwaar) op de proef stellen*** ⇒*veel vergen van, hoge eisen stellen aan* ◆ **1.2** ~ s.o.'s patience *iemands geduld zwaar op de proef stellen* **3.2** ~ing times *zware/moeilijke tijden.*

testament [testəmənt] **0.1** ⟨T-; the⟩ ***Testament*** ⟨deel v.d. bijbel⟩ **0.2** ⟨jur.⟩ ***testament*** ⇒*wil(sbeschikking)* **0.3** ⟨rel.⟩ ***testament*** ⇒*verbond* ⟨tussen God en mensheid⟩ ◆ **1.2** last will and ~ *uiterste wil(sbeschikking), testament.*

testate [testeet] ⟨jur.⟩ **0.1** ***een rechtsgeldig testament nalatend.***

testator [testeetə] ⟨jur.⟩ **0.1** ***testateur*** ⇒*erflater.*

test ban (treaty) **0.1** ***kernstopverdrag*** ⟨verbod op bovengrondse kernproeven⟩.

test card ⟨tv⟩ **0.1** ***testbeeld.***

test case ⟨jur.⟩ **0.1** ***test case*** ⇒*proefproces.*

test drive **0.1** ***proefrit.***

tester [testə] **0.1** ***test/meetapparaat*** ⇒*toetser; keurder.*

testes ⟨mv.⟩ →**testis.**

test flight **0.1** ***proefvlucht.***

testicle [testikl] **0.1** ***testis*** ⇒*(teel/zaad)bal, testikel.*

testif|y [testiffaj] ⟨-ied⟩ **0.1** ⟨+ against/for⟩ ***getuigen (tegen/voor)*** ⇒*getuigenis afleggen; (als getuige/onder ede) een verklaring afleggen* ◆ **6.1** ~ **to** *bevestigen; getuigenis afleggen van; een teken/bewijs zijn van.*

testimonial [testimmooniəl] ⟨ook attr.⟩ **0.1** ***testimonium*** ⇒*getuigschrift, aanbevelingsbrief* **0.2** ***huldeblijk*** ⇒*eerbewijs* **0.3** ⟨sport; ong.⟩ ***benefietwedstrijd.***

testimon|y [testimmənie] ⟨mv.: -ies⟩ **0.1** ***getuigenis*** ⇒*(getuigen)verklaring; bewijs, (ken)teken, blijk* ◆ **3.1** his expression bore ~ to his unhappiness/that he was unhappy *het was van zijn gezicht af te lezen dat hij ongelukkig was.*

testis [testis]⟨mv.: testes [testie:z]⟩ **0.1** ***testis*** ⇒*(teel/zaad)bal, testikel.*

test match ⟨cricket⟩ **0.1** ***testmatch*** ⟨wedstrijd tussen landenteams⟩.

test paper ⟨schei.⟩ **0.1** ***reageerpapier*** ⟨bv. lakmoespapier⟩.

test pilot **0.1** ***testpiloot*** ⇒*proefvlieger.*

test strip **0.1** ***proefvak*** →*proefstrook.*

test tube **0.1** ***reageerbuisje.***

test-tube baby **0.1** ***reageerbuisbaby.***

test|y [testie] ⟨-iness⟩ **0.1** ***prikkelbaar*** ⇒*lichtgeraakt, opvliegend* **0.2** ***geërgerd*** ⇒*geïrriteerd* ◆ **1.2** a ~ remark *een knorrige opmerking.*

tetanus [tettənəs] **0.1** ***tetanus*** ⇒*klem, wondkramp.*

tetch|y, techy [tetsjie] ⟨-iness⟩ **0.1** ***prikkelbaar*** ⟨persoon⟩ ⇒ *lichtgeraakt* **0.2** ***vervelend*** ⟨iets⟩ ⇒*ergerlijk* ◆ **1.2** a ~ situation *een gespannen toestand.*

tether[1] [teðə] ⟨zn.⟩ **0.1** ***tuier (touw/ketting)*** ⟨waarmee grazend dier wordt vastgelegd; ook fig.⟩ ◆ **1.¶** at the end of one's ~ *uitgeteld, aan het eind v. zijn Latijn.*

tether[2] ⟨ww.⟩ **0.1** ***vastmaken*** ⇒⟨ihb.⟩ *tuien, (aan een paal/met een tuier) vastleggen; (vast)binden;* ⟨fig.⟩ *aan banden leggen.*

tetrameter [tetræmittə] ⟨lit.⟩ **0.1** ***tetrameter*** ⇒*viervoetig vers.*

Teutonic [tjoe:tonnik] **0.1** ***Teutoons*** ⇒*Germaans, Duits.*

Tex-Mex [teksmeks] ⟨AE⟩ **0.1** ***Texaans-Mexicaans*** ◆ **1.1** ~ cooking *tex-mex, de Texaans-Mexicaanse keuken.*

text [tekst] **0.1** ***tekst(gedeelte)*** ⇒*gedrukte tekst, inhoud* **0.2** ***tekst*** ⇒*onderwerp;* ⟨ihb.⟩ *bijbeltekst* **0.3** ***(tekst)uitgave/editie*** ⇒*exemplaar* **0.4** ⟨AE⟩ →**textbook** ◆ **3.3** the revised ~ *de herziene uitgave/druk* **3.¶** stick to one's ~ *voet bij stuk houden.*

textbook[1] [teks(t)boek] ⟨zn.⟩ **0.1** ***leerboek*** ⇒*studieboek, schoolboek.*

textbook[2] ⟨bn.⟩ **0.1** ***model-*** ⇒*volgens het boekje* ◆ **1.1** ~ example *schoolvoorbeeld.*

text editing ⟨comp.⟩ **0.1** ***tekstverwerking.***

text editor ⟨comp.⟩ **0.1** ***teksteditor*** ⟨zorgt voor invoer en wijzigen v. tekst⟩.

text file ⟨comp.⟩ **0.1** ***tekstbestand.***

textile [tekstajl] **0.1** ⟨bn.⟩ ***textiel-*** ⇒*geweven* **0.2** ⟨zn.⟩ ***weefsel*** ⇒*textielproduct, (geweven/gebreide) stof* ◆ **¶.2** ~s *textiel, weefstoffen.*

textual [tekstsjoeəl] **0.1** ***tekstueel*** ⇒*tekst-, volgens de tekst* ◆ **1.1** ~ error *fout in de tekst.*

texture [tekstsjə] **0.1** ***textuur*** ⇒*weefselstructuur;* ⟨bij uitbr.⟩ *structuur, samenstelling* **0.2** ***substantie*** ⇒*karakter, aard* ◆ **2.1** a skin of coarse ~ *een ruwe/ruw aanvoelende huid;* the smooth ~ of ivory *de gladheid/effenheid v. ivoor.*

textured [tekstsjəd] **0.1** ***gestructureerd*** ⇒*v. samenstelling/textuur/oppervlak* ◆ **¶.1** coarse-textured *ruw (aanvoelend), grof(dradig).*

Thai [taj] ⟨mv.: Thai⟩ **0.1** ⟨bn.⟩ ***Thai(land)s*** **0.2** ⟨eig.n.⟩ ***Thai*** ⟨taal⟩ **0.3** ⟨telb.zn.⟩ ***Thailander.***

Thailand [tajlænd, -lənd] **0.1** ***Thailand.***

thalidomide [θəliddəmajd] **0.1** ***thallidomide*** ⇒*softenon.*

thalidomide baby **0.1** ***softenonbaby*** ⇒*misvormd geboren kind.*

Thames [temz] ⟨the⟩ **0.1** ***Theems*** ◆ **1.¶** ⟨BE; inf.⟩ set the ~ on fire *iets opmerkelijks/verrassends/schranders doen.*

than [ðən, ⟨sterk⟩ ðæn] **0.1** ***dan*** ⇒*als* **0.2** ⟨vw.⟩ ***of*** ⇒*dan, en, toen* ◆ **¶.1** she's better ~ I am / ~ me *zij is beter dan ik;* easier said ~ done *gemakkelijker gezegd dan gedaan;* he would sooner die ~ give in *hij zou eerder sterven dan toegeven;* none other ~ Joe *niemand anders dan Joe* **¶.2** hardly had she finished ~ the bell rang *ze was nauwelijks klaar of/toen de bel ging.*

thane, thegn [θeen] ⟨gesch.⟩ **0.1** ***thane*** ⇒*leenman* ⟨tussen erfadel en gewone vrijen in Engeland⟩.

thank [θængk] **0.1** ***(be)danken*** ⇒*dank betuigen, dankbaar zijn* **0.2** ***danken*** ⇒*(ver)wijten, verantwoordelijk stellen* ◆ **1.1** ~ God / goodness / heaven(s) *God(e) zij dank, goddank, gelukkig* **1.2** he has his own stupidity to ~ for it *hij heeft het aan zijn eigen domheid te danken/wijten* **4.1** ~ you *dank u/je (wel), (ja) graag, alstublieft;* no, ~ you *(nee) dank u/je* **4.2** she has herself to ~ for that *het is haar eigen schuld* **¶.1** I will ~ you to be a little more polite! *een beetje beleefder kan ook wel!*

thankful [θængkfl] ⟨-ness⟩ **0.1** ***dankbaar*** ⇒*erkentelijk, blij* ◆ **6.1** we have much to be ~ **for** *er is veel reden tot dankbaarheid.*

thankfully [θængkflie] **0.1** ***gelukkig*** ◆ **¶.1** ~, he's not coming *gelukkig komt hij niet.*

thankless [θængkləs] ⟨-ness⟩ **0.1** ***ondankbaar*** ⇒*onerkentelijk, niet lonend* ◆ **1.1** a ~ task *een ondankbare taak.*

thanks [θængks] **0.1** ***dank(baarheid/betuiging)*** ⇒⟨ihb.⟩ *(kort) dankgebed* ◆ **1.1** a letter of ~ *een schriftelijk bedankje* **3.1** give ~ to God *God danken;* received with ~ *in dank ontvangen* **5.¶** ~ awfully/ever so much *ontzettend bedankt* **6.1** ⟨iron.⟩ small/no ~ **to** you *maar niet bepaald dankzij jouw hulp* **¶.1** ⟨inf.⟩ ~! *bedankt!, merci!;* no, ~ *(nee) dank je (wel), laat maar (zitten).* →**thanks to.**

thanksgiving [θængksgivving] **0.1** ***dankbetuiging*** ⇒*dankbetoon, dankzegging* ◆ **2.1** ⟨anglicaanse liturgie⟩ General Thanksgiving *het grote dankgebed.*

Thanksgiving (Day) **0.1** ***Thanksgiving Day*** ⟨nationale dankdag/feestdag; vierde donderdag v. november (USA)⟩ **0.2** ⟨ook t- (d-)⟩ ***dankdag*** ⇒*biddag.*

thanks to **0.1** ***dank zij*** ⇒*door (toedoen van).*

thank-you ⟨ook attr.⟩ **0.1** ***bedankje*** ⇒*woord v. dank* ◆ **1.1** a ~ letter *een bedankbriefje.*

that[1] [ðæt, ⟨in bet. II⟩ ðət, ⟨sterk⟩ ðæt] ⟨mv.: those [ðooz]⟩ **I** ⟨aanw.vnw.⟩ **0.1** ***die/dat*** **0.2** ***die/datgene*** ⇒*hij, zij, dat* ◆ **1.1** ~'s Alice *dat is Alice;* ~'s life *zo is het leven* **2.2** those going by train *diegenen die met de trein gaan* **3.1** ~ is (to say) *dat wil zeggen, te weten, tenminste* **4.1** who's ~ crying? *wie huilt daar (zo)?;* ⟨aan telefoon; BE⟩ who's ~? *met wie spreek ik?* **4.¶** ⟨inf.⟩ ~'s it *dat is 't hem nu juist, dat is (nu juist) het probleem; dat is wat we nodig hebben/de oplossing/het; dit/dat is het einde* **6.1** the best linen is ~ **from** Flanders *het beste linnen komt uit Vlaanderen;* just **like** ~ *zo maar (even);* don't yell **like** ~ *schreeuw niet zo* **6.¶** it's practical and beautiful **at** ~ *het is praktisch, en bovendien nog mooi ook;* we left it **at** ~ *we lieten het daarbij/maar zo;* **with** ~ *(onmiddellijk) daarna* **7.1** he's into Zen and all ~ *hij interesseert zich voor zen en zo;* he isn't as stupid as all ~ *zo stom is hij ook weer niet* **¶.1** ~'s ~ *dat was het dan, zo, voor mekaar, dat zit erop;* ⟨als bevel⟩ *en nou is 't uit!;*
II ⟨betr.vnw.⟩ **0.1** ***die/dat*** ⇒*wat, welke* **0.2** ⟨ook als betr. bw. te beschouwen⟩ ***dat*** ⇒*waarop/in/mee* ⟨enz.⟩ ◆ **1.1** the chair(s) ~ I bought *de stoel(en) die ik gekocht heb* **1.2** the day ~ he arrived *de dag dat/waarop hij aankwam;* the house ~ he lives in *het huis waarin hij woont.*

that[2] [ðæt] ⟨bw.⟩ ⟨inf.⟩ **0.1** ***zo(danig)*** **0.2** ***heel*** ⇒*heel erg, zo* ◆ **2.1** she's about ~ tall *ze is ongeveer zo groot* **5.2** its not all ~ expensive *het is niet zo verschrikkelijk duur.*

that[3] [ðæt] ⟨det.; mv.: those⟩ **0.1** ***die/dat*** **0.2** ***dat/die*** ⇒*de/het* ◆ **1.1** at ~ point *toen;* do you see ~ house? *zie je dat huis daar?* **1.2** ~ smile of his *die glimlach van hem* **7.1** do you want this hat or ~ one? *wil je deze hoed of die?*

that[4] [ðət, ⟨sterk⟩ ðæt] **I** ⟨ondersch.vw.⟩ **0.1** ***dat*** ⇒*het feit dat* **0.2** ⟨doel⟩ ***opdat*** ⇒*zodat* **0.3** ⟨reden of oorzaak⟩ ***omdat*** ⇒*(om het feit) dat, doordat* **0.4** ⟨gevolg⟩ ***dat*** ⇒*zodat* ◆ **6.3** he's the better candidate **in** ~ he has experience *hij is de beste kandidaat omdat hij ervaring heeft* **¶.1** it was only then ~ I found out that ... *pas toen ontdekte ik dat ...;* ⟨schr.⟩ ~ he refused surprised her *(het feit) dat hij weigerde verbaasde haar;* she knew ~ he was ill *ze wist dat hij ziek was* **¶.2** she held it up ~ all could see *ze hield het omhoog zodat iedereen het kon zien* **¶.3** not ~ I care, but ... *niet dat het mij iets kan schelen, maar ...* **¶.4** so high ~ one cannot see the top *zo hoog dat men de top niet kan zien;* I didn't go, ~ he would not follow me *ik ben niet gegaan, zodat hij me niet zou volgen* **¶.¶** for all ~ she tried *hoe zeer zij zich ook inspande;* anywhere ~ you would like to go *waar je ook naar toe zou willen;*
II ⟨nevensch.vw.; in uitroep⟩ **0.1** ***dat*** ◆ **¶.1** ~ it should come to this! *dat het zover moest komen!*

thatch[1] [θætsj] ⟨zn.⟩ **0.1** ***strodak*** ⇒*rieten dak* **0.2** ***(dak/dek)stro/riet*** ⇒*dakbedekking* **0.3** ⟨scherts.⟩ ***haarbos*** ⇒*(ruige) haardos.*

thatch[2] ⟨ww.⟩ **0.1** ***(een dak) (met stro) bedekken*** ◆ **1.1** ~ed roof *strodak.*

Thatcherite [θætsjərajt] **0.1** ⟨vaak pej.⟩ ***Thatcheriaans*** ⟨mbt. het no-nonsense beleid v. Margaret Thatcher⟩.

thaw[1] [θo:] ⟨zn.⟩ **0.1** ***dooi*** ⇒*dooiweer;* ⟨fig. ook⟩ *het ontdooien.*

thaw[2] **I** ⟨onov.ww.⟩ **0.1** ***(ont)dooien*** ⇒*smelten;* ⟨fig.⟩ *ontdooien, vriendelijker/minder stijf worden* ◆ **5.1** the ground is ~ing **out** *de grond is aan het ontdooien;*
II ⟨ov.ww.⟩ **0.1** ***ontdooien*** ⟨ook fig.⟩ ⇒*zorgen dat iem. zich thuis gaat voelen.*

the[1] [ðə, ⟨voor klinkers⟩ ðie] ⟨bw.⟩ **0.1** ⟨met vergr. trap⟩ ***hoe*** ⇒*des te* **0.2** ⟨met overtr. trap⟩ ***de/het*** ◆ **2.1** so much ~ better *zoveel/des te beter;* I'm none ~ wiser for it *ik ben er niet veel wijzer op geworden* **5.1** (all) ~ more so because *temeer omdat;* ~ sooner ~ better *hoe eerder hoe beter* **5.2** he finished ~ fastest *hij was als eerste/het eerste klaar.*

the[2] [ðə, ⟨voor klinkers⟩ ðie, ⟨sterk⟩ ðie:] ⟨lidw.⟩ **0.1** ***de/het*** **0.2** ⟨beklemtoond⟩ ***de/het (enige/echte/grote/enz.)*** **0.3** ⟨bij onvervreemdbaar eigendom, ihb. lichaamsdelen⟩ ***mijn/jouw/enz.*** **0.4** ***per*** ⇒*voor elk* ◆ **1.1** she looks after ~ children *zij zorgt voor de kinderen;* history of ~ cinema *geschiedenis v.d. film;* ~ Duke of Wellington *de hertog van Wellington;* ~ earth *de aarde;* ~ Italians love spaghetti *(de) Italianen zijn dol op spaghetti;* play ~ piano *piano spelen;* ~ story he told them *het verhaal dat hij hun vertelde* **1.2** ah, this is ~ life! *ah, dit is pas leven!* **1.3** I've got a pain in ~ leg *ik heb pijn in mijn been;* ⟨BE; inf.⟩ how's ~ wife? *hoe gaat het met je vrouw?* **1.4** a shilling ~ dozen *een shilling per dozijn;* paid by ~ week *per week betaald* **2.1** help ~ blind *help de blinden* **3.1** it shrinks in ~ washing *het krimpt bij het wassen.*

theatre, ⟨AE sp.⟩ **theater** [θiətə, θie-ettə] **0.1** ***theater*** ⇒*schouwburg* **0.2** ***toneel(stukken)*** ⇒*drama* **0.3** ***collegezaal*** ⇒*gehoorzaal, auditorium* **0.4** ⟨BE⟩ ***o.k.*** ⇒*operatiekamer* **0.5** ***toneel*** ⇒*(actie)terrein, operatieterrein* ◆ **1.5** ~ of war *oorlogstoneel* **2.2** contemporary French ~ *hedendaags Frans toneel.*

theatregoer **0.1** ***theater/schouwburgbezoeker.***

theatre nuclear forces **0.1** ***tactische atoomstrijdkrachten.***

theatrical [θie-ætrikl] **0.1** ***toneel-*** ⇒*theater-* **0.2** ***theatraal*** ⇒*overdreven, onnatuurlijk* ◆ **1.1** ~ company *toneelgezelschap.*

theatricals [θie-ætriklz] **0.1** ***toneelvoorstelling(en)*** ⇒⟨ihb.⟩ *amateurtoneel.*

thee [ðie:] ⟨rel., vero. of gew.⟩ **0.1** ***u*** ⇒*gij;* ⟨vnl. gew.⟩ *jou* **0.2** ***uzelf*** ⇒*jezelf* ◆ **3.1** I shall give ~ gold and silver *ik zal u goud en zilver geven* **3.2** find ~ a wife *zoek u een vrouw.*

theft [θeft] **0.1** ***diefstal.***

their [ðeə, ⟨voor klinkers⟩ ðər] **0.1** ***hun*** ⇒*haar* **0.2** ***zijn/haar*** ◆ **1.1** ~ coats *hun mantels;* they studied ~ French *ze leerden hun Frans* **1.2** no-one gave ~ address *niemand gaf zijn adres;* the person who finishes ~ tea first *de persoon die het eerst zijn thee op heeft* **3.1** ~ eating biscuits annoyed her *(het feit) dat zij koekjes aten irriteerde haar.*

theirs [ðeəz] **0.1** ***de/het hunne*** ⇒*van hen* **0.2** ***de/het zijne, de/het hare*** ⇒*van hem/haar* ◆ **2.1** our gardens are prettier than ~ *onze tuinen zijn mooier dan die van hen* **3.2** will somebody lend me ~ *wil iemand mij het zijne lenen* **6.1** that cat **of** ~ *die kat van hen;* a friend **of** ~ *een vriend van hen.*

the|ism [θie:izm] ⟨bn.: **-istic**⟩ **0.1** ***theïsme.***

them[1] [ðəm, ⟨sterk⟩ ðem], ⟨inf.⟩ **'em** [əm] ⟨vnw.⟩ **0.1** ***hen/hun*** ⇒*aan/voor hen, ze* **0.2** ⟨vnl. inf.⟩ ***zij/ze*** **0.3** ⟨inf. of gew.⟩ ***(voor/aan) henzelf*** ⇒*(voor/aan) zich(zelf)* ◆ **3.1** I bought ~ a present/a present for ~ *ik heb een cadeau voor hen gekocht* **3.2** I hate ~ worrying like that *ik vind het vreselijk als ze zich zo'n zorgen maken* **3.3** they built ~ a house *ze bouwden een huis voor zichzelf* **4.2** it is ~ *zij zijn het.*

them[2] ⟨det.⟩⟨substandaard⟩ **0.1** ***deze/die*** ◆ **1.1** I don't like ~ fellows *ik mot die kerels niet* **5.1** ~ there horses *die paarden daar.*

thematic [θimætik] ⟨-ally⟩ **0.1** ***thematisch*** ◆ **1.1** ~ analysis *thematische analyse.*

theme [θie:m] **0.1** ***thema*** ⇒*onderwerp, gegeven* **0.2** ⟨AE⟩ ***(school)opstel*** ⇒*essay* **0.3** ⟨muz.⟩ ***thema*** ⇒*hoofd/herkenningsmelodie* ◆ **1.1** a daily ~ in the newspapers *een dagelijks terugkerend onderwerp in de kranten.*

theme park **0.1** ***themapark*** ⟨met bep. thema, zoals sprookjes, ruimtevaart enz.⟩ ⇒⟨oneig.⟩ *pretpark.*

theme song, theme tune **0.1** ***herkenningsmelodie.***

themselves [ðəmselvz] ⟨3e pers. mv.⟩ **0.1** ***zich*** ⇒*zichzelf* **0.2** ***zelf*** ⇒*zij zelf; hen zelf* ◆ **1.2** ~ amateurs they sought advice *omdat zij zelf amateurs waren, zochten zij raad* **3.1** they allowed ~ nothing *ze gunden zichzelf niets* **4.2** they ~ started *zij zelf zijn ermee begonnen* **6.1** they came **to** ~ *ze kwamen bij, ze kwamen tot zichzelf;* they kept it **to** ~ *ze hielden het voor zich.*

then[1] [ðen] ⟨bn.⟩⟨schr.⟩ **0.1** ***toenmalig*** ⇒*v. toen* ◆ **1.1** the ~ king *de toenmalige koning.*

then[2] ⟨bw.⟩ **0.1** ***toen*** ⇒*op dat ogenblik/moment, destijds* **0.2** ***dan*** ⇒*(onmiddellijk) daarna, verder* **0.3** ***dan (toch)*** ⇒*in dat geval* ◆ **4.1** ~ this, ~ that *nu dit, dan weer dat* **5.¶** ~ and there *onmiddellijk, dadelijk* **6.1** **before** ~ *voor die tijd;* **by** ~ *dan, toen, ondertussen;* **till** ~ *tot dan, voor het zover is;* not **till** ~ *eerst dan, pas van dan af* **8.¶** (but) ~ (again) *maar aan de andere kant, (maar) per slot van rekening;* but ~, why did you do it? *maar waarom heb je het dan toch gedaan?* **¶.1** he was still king ~ *hij was in die tijd nog steeds koning* **¶.2** ~ they went home *daarna zijn ze naar huis gegaan;* ~ there are the children to look after *(en) dan zijn er nog de kinderen voor wie gezorgd moet worden* **¶.3** why did you go ~? *waarom ben je dan gegaan?* →**now.**

thence [ðens] ⟨schr.⟩ **0.1** ***vandaar*** ⇒*van daaruit* **0.2** ***daarom*** ⇒*dus, daaruit* ◆ **6.1** **from** ~, he flew to London *vandaar vloog hij naar Londen* **¶.2** ~, we conclude that *op grond daarvan concluderen wij dat.*

thenceforth [ðensfo:θ], **thenceforward** [-fo:wəd] ⟨schr.⟩ **0.1** ***vanaf dat ogenblik*** ⇒*van die tijd af.*

theocrac|y [θie·okrəsie] ⟨mv.: -ies⟩ **0.1** ***theocratie.***

theocratic [θiəkrætik] ⟨-ally⟩ **0.1** ***theocratisch.***

theologian [θiəloodzjən] **0.1** ***theoloog*** ⇒*godgeleerde.*

theological [θiəlodzjikl] **0.1** ***theologisch*** ⇒*godgeleerd.*

theolog|y [θie·olləd zjie] ⟨mv.: -ies⟩ **0.1** ***theologie*** ⇒*godgeleerdheid* **0.2** ***theologie*** ⇒*theologische doctrine, geloofsovertuiging* ◆ **2.2** protestant ~ *protestantse leer.*

theorem [θiərəm] **0.1** ***(grond)stelling*** ⇒*principe, theorie* **0.2** ⟨wisk.; fil.⟩ ***theorema*** ⇒*(grond)stelling, formule.*

theoretical [θiərettikl], **theoretic** **0.1** ***theoretisch*** ⇒*beschouwend* **0.2** ***theoretisch*** ⇒*hypothetisch, speculatief* ◆ **1.2** ~ amount *fictief bedrag.*

theoretically [θiərettiklie] **0.1** ***theoretisch*** ⇒*in theorie, idealiter* ◆ **¶.1** ~ you shouldn't have any problem *theoretisch gezien zou je geen problemen mogen hebben.*

theoretician [θiərətisjn], **theorist** [θiərist] **0.1** ***theoreticus.***

theorize, -ise [θiərajz] **0.1** ⟨+ about/on⟩ ***theoretiseren (over)*** ⇒*theorieën opbouwen, theoretisch analyseren.*

theor|y [θiərie] ⟨mv.: -ies⟩ **0.1** ***theorie*** ⇒*leer* **0.2** ***theorie*** ⇒*veronderstelling, vermoeden* **0.3** ***theorie*** ⇒*grondprincipes* **0.4** ***theorie*** ⇒*principe* ◆ **1.1** ~ of evolution *evolutietheorie;* ~ of relativity *relativiteitstheorie* **1.3** ⟨wisk.⟩ ~ of chances *kansrekening* **3.2** he has a ~ that *volgens hem* **6.1** **in** ~ *in theorie, op papier.*

theosophist [θie·ossəfist] **0.1** ***theosoof.***

theosoph|y [θie·ossəfie] ⟨bn.: **-ical**⟩ **0.1** ***theosofie.***

therapeutic|(al) [θerrəpjoe:tik(l)] ⟨-ally⟩ **0.1** ***therapeutisch*** ⇒*genezend* ◆ **1.1** ~ dose *geneeskrachtige dosis.*

therapeutics [θerrəpjoe:tiks] ⟨ww. vnl. enk.⟩ **0.1** ***therapie*** ⇒*geneeskunst.*

therap|y [θerrəpie] ⟨mv.: -ies⟩ **0.1** ***therapie*** ⇒*geneeswijze, (psychiatrische) behandeling.*

there[1] [ðeə, ⟨in bet. 0.3 ook⟩ ðə] ⟨bw.⟩ **0.1** ***daar*** ⇒*er, ginds;* ⟨fig.⟩ *op dat punt, wat dat betreft* **0.2** ***daar(heen)*** ⇒*daar naar toe* **0.3** ⟨ook als voorlopig onderwerp⟩ ***er*** ⇒*daar* ◆ **1.1** that house ~ *dat huis daar* **3.1** ~ I don't agree with you *op dat punt ben ik het niet met je eens;* ~ they come *daar komen ze;* he left ~ *hij is daar weggegaan* **3.2** he goes ~ every day *hij gaat er elke dag heen* **3.3** ~'s no rush *er is geen haast bij;* ~ was no stopping him *hij was niet tegen te houden;* ~'s been a car stolen *er is een auto gestolen* **3.¶** ~ you are *alstublieft, alsjeblieft; zie je wel, wat heb ik je gezegd* **5.1** he lives **over** ~ *hij woont daarginds* **5.2** ~ and **back** *heen en terug* **5.¶** ~ and **then** *onmiddellijk, ter plekke* **6.¶** ⟨ook iron.⟩ ~'s courage **for** you! *dat noem ik nou eens moed!* →**all, go, here.**

there[2] [ðeə] ⟨tw.⟩ **0.1** ***daar*** ⇒*zie je, nou* ◆ **¶.1** ~, what did I tell you! *nou, wat heb ik je gezegd!;* ~, ~, never mind *kom, kom/stil maar, trek het je niet zo aan;* ~, you've made me cry *kijk, nou heb je me aan het huilen gemaakt.*

thereabouts [ðeərəbauts], **thereabout** **0.1** ***daar ergens*** ⇒*(daar) in de buurt, daaromtrent;* ⟨fig.⟩ *rond die tijd, (daar/zo) ongeveer* ◆ **1.1** twenty years or ~ *zo ongeveer twintig jaar.*

thereafter ⟨schr.⟩ **0.1** ***daarna*** ⇒*naderhand, sindsdien.*

thereby ⟨schr.⟩ **0.1** ***daardoor*** ⇒*daarmee* **0.2** ***daardoor*** ⇒*als gevolg daarvan* ◆ **3.1** he was born in Boston and ~ obtained US nationality *hij is in Boston geboren en verwierf daardoor de Am. nationaliteit* **3.¶** ~ hangs a tale *daar zit nog een verhaaltje aan vast.*

therefore **0.1** ***daarom*** ⇒*om die reden, dus.*

therein ⟨schr.⟩ **0.1** ***daarin.***

thereinafter **0.1** ***verder(op)*** ⇒*later* ⟨in boek, document⟩.

thereof ⟨schr.⟩ **0.1** ***daarvan*** ⇒*ervan* ◆ **1.1** the subject and the position ~ in the sentence *het onderwerp en de plaats ervan in de zin.*

thereon **0.1** ⟨schr.⟩ ***daarop*** ⇒*daarover, erop* ◆ **1.1** his comments ~ *zijn commentaar erop.*

thereto **0.1** ⟨schr.⟩ ***daaraan*** ⇒*daarbij, daartoe.*

thereunder ⟨schr.⟩ **0.1** ***daaronder*** ⇒*eronder.*

thereupon **0.1** ⟨schr.⟩ ***daarop*** ⇒*(onmiddellijk) daarna, dan, vervolgens.*

therm, therme [θə:m] **0.1** ***warmte-eenheid*** ⇒*1000 kilocalorieën; 100.000 Britse warmte-eenheden* ⟨bij gaslevering⟩.

thermal[1] [θə:ml] ⟨zn.⟩⟨luchtv.⟩ **0.1** ***thermiekbel.***

thermal[2] ⟨bn.⟩ **0.1** ***thermisch*** ⇒*warmte-, hitte-* **0.2** ***thermaal*** ◆ **1.1** ~ capacity *warmtecapaciteit;* ~ power station *thermische centrale* **1.2** ~ springs *warmwaterbronnen.*

thermionic [θə:mie·onnik] ⟨-ally⟩⟨nat.⟩ **0.1** ***thermionisch*** ◆ **1.1** ⟨BE⟩ ~ valve, ⟨AE⟩ ~ tube *elektronenbuis, gloeikathodebuis.*

thermionics [θə:mie·onniks] ⟨ww. vnl. enk.⟩ **0.1** ***thermionenfysica.***

thermodynamics [θə:moodajnæmiks] ⟨ww. vnl. enk.⟩ **0.1** ***thermodynamica.***

thermometer [θəmommittə] **0.1** ***thermometer.*** →**clinical.**

thermonuclear [θə:moonjoe:kliə] **0.1** ***thermonucleair.***

thermoplastic [-plæstik] ⟨tech.⟩ **0.1** ⟨bn.⟩ ***thermoplastisch*** **0.2** ⟨zn.⟩ ***thermoplast*** ⇒*thermoplastische stof.*

thermos [θə:məs], **thermos flask,** ⟨AE⟩ **thermos bottle 0.1** ***thermosfles*** ⇒*thermoskan.*

thermosetting [θə:məsetting] ⟨tech.⟩ **0.1** ***thermohardend.***

thermostat [θə:məstæt] **0.1** ***thermostaat*** ⇒*warmteregulator.*

thesaurus [θisso:rəs]⟨mv.: ook thesauri [-raj]⟩ **0.1** ***thesaurus*** ⇒*(vak)woordenboek; lexicon;* ⟨ihb.⟩ *woordenboek v. synoniemen.*

these [ðie:z] ⟨mv.⟩ →**this.**

thesis [θie:sis]⟨mv.: theses [-sie:z]⟩ **0.1** ***thesis*** ⇒*(hypo)these* **0.2** ***thesis*** ⇒*(academisch) proefschrift.*

they [ðee] **0.1** ***zij*** ⇒*ze* **0.2** ⟨verwijst naar onb. persoon of personen in het alg.⟩ ***zij*** ⇒*ze, de mensen, men* **0.3** ⟨gebruikt als 3e persoon enk. wanneer het geslacht er niet toe doet⟩ ***hij*** ⇒*hij of zij* ◆ **3.1** ~ chased each other *ze zaten elkaar achterna* **3.2** ~ never consult the women *de vrouwen worden nooit geraadpleegd;* so ~ say *dat zeggen ze/de mensen toch* **3.3** everyone is proud of the work ~ do themselves *iedereen is trots op het werk dat hij zelf doet;* s.o. told me the other day that ~ had read about a new Woody Allen film *iem. vertelde me van de week dat hij over een nieuwe Woody Allen film had gelezen.*

thick[1] [θik] ⟨zn.⟩ **0.1** ⟨vnl. the⟩ ***dichtste/drukste/actiefste gedeelte*** ⇒*drukte, midden* **0.2** ⟨the⟩ ***het dikste/dikke gedeelte/stuk*** ⇒*dik(te)* ◆ **1.1** in the ~ of the battle *in het heetst v.d. strijd;* in the ~ of the mob *midden in de massa* **1.2** the ~ of the thumb *het dik v.d. duim* **4.1** be in the ~ of it *er midden in zitten* **¶.¶** through ~ and thin *door dik en dun.*

thick[2] ⟨bn.⟩ **0.1** ***dik*** ⇒*breed* ⟨lijn⟩; *vet* ⟨lettertype⟩; *zwaar(gebouwd), (op)gezwollen, onduidelijk, dubbel* ⟨tong⟩ **0.2** ***dik/dicht*** ⇒⟨+ with⟩ *dicht bezet/bezaaid/opeengepakt (met), druk;* ⟨+ with⟩ *vol (van/met), overvloedig; weinig vloeibaar/doorzichtig; mistig, betrokken* ⟨weer⟩ **0.3** ***zwaar*** ⟨accent⟩ **0.4** ***dom*** ⇒*traag v. begrip* **0.5** ⟨inf.⟩ ***intiem*** ⇒*dik bevriend* **0.6** ⟨inf.⟩ ***kras*** ⇒*sterk (overdreven)* ◆ **1.1** a ~ board *een dikke plank;* two inches ~ *twee inch dik;* ~ type *vette letter* **1.2** ~ on the ground *dik gezaaid, zeer talrijk/frequent;* a ~ head *een houten kop* **1.4** ⟨sl.⟩ as ~ as two short planks *zo dom als het achtereind v.e. varken* **1.5** be as ~ as thieves *de beste maatjes met elkaar zijn* **1.¶** give s.o. a ~ ear *iem. een oorveeg geven;* get the ~ end of the stick *aan het kortste eind trekken;* have a ~ skin *een olifantshuid hebben;* he has a ~ skull *hij is traag v. begrip* **3.2** the crowd grew ~er *er kwam voortdurend meer volk bij* **3.¶** lay it on ~ *flink overdrijven* **5.6** a bit ~ *nogal/al te kras* **6.1** a voice ~ **with** sleep *een slaperige stem* **6.2** the sky was ~ **with** planes *de lucht zag zwart v. vliegtuigen* **6.5** very ~ **with** *dik bevriend met.*

thick[3] ⟨bw.⟩ **0.1** ***dik*** ⇒*breed; vet; onduidelijk* **0.2** ***dik/dicht*** ⇒*dicht opeengepakt/op elkaar; talrijk, overvloedig* ◆ **3.2** the snow lay ~ everywhere *er lag overal een dik pak sneeuw* **5.2** blows came ~ and fast *het regende slagen.*

thicken [θikkən] **I** ⟨onov.ww.⟩ **0.1** ***dik(ker)/dicht(er) worden*** ⇒*gebonden/geconcentreerder worden* ⟨v. vloeistof⟩; *toenemen (in dikte/aantal)* **0.2** ***ingewikkeld(er) worden*** ◆ **1.1** the mist ~ed *de mist werd dichter* **1.2** the plot ~s *en nu wordt het nog ingewikkelder;*

II ⟨ov.ww.⟩ **0.1** ***dik(ker)/dicht(er) maken*** ⇒*indikken; binden* ⟨vloeistof⟩; *doen toenemen (in dikte/aantal)* **0.2** ***ingewikkeld(er) maken*** ⇒*meer substantie/inhoud geven aan* ◆ **1.1** ~ gravy with flour *saus binden met bloem.*

thickener [θikkənə] **0.1** ***bindmiddel.***

thickening [θikkəning] **0.1** ***bindmiddel*** **0.2** ⟨med.⟩ ***sclerose*** ⟨ihb. v. bloedvaten⟩ ◆ **1.2** ~ of the arteries *arteriosclerose.*

thicket [θikkit] **0.1** ***(heester/kreupel)bosje*** ⇒*struikgewas.*

thickheaded 0.1 ***dom*** ⇒*bot (v. verstand).*

thickness [θiknəs] **0.1** ***dikte*** ⇒*afmeting in de dikte; dik gedeelte/stuk; dichtheid, lijvigheid, concentratie* ⟨v. vloeistoffen⟩; *het dicht bezet/bezaaid/opeengepakt zijn; troebelheid; mistigheid* **0.2** ***dom(mig)heid*** ⇒*botheid* **0.3** ***schorheid*** **0.4** ***laag*** ◆ **1.1** length, width, and ~ *lengte, breedte en dikte;* a ~ of five inches *een dikte/breedte v. vijf inch.*

thickset 0.1 ***dicht (beplant/bezaaid)*** **0.2** ***zwaar (gebouwd)*** ⇒*dik, gedrongen.*

thick-skinned 0.1 ***dikhuidig*** ⇒⟨fig.⟩ *ongevoelig.*

thick-witted 0.1 ***dom*** ⇒*bot (v. verstand).*

thief [θie:f]⟨mv.: thieves [θie:vz]⟩ **0.1** ***dief/dievegge*** ◆ **3.¶** ⟨sprw.⟩ give a ~ enough rope and he'll hang himself *het kwaad straft zichzelf* **5.¶** ⟨sprw.⟩ once a ~, always a thief *eens een dief, altijd een dief.* →**thick.**

thieve [θie:v] **0.1** ***stelen.***

thiever|y [θie:vərie] ⟨mv.: -ies⟩⟨schr.⟩ **0.1** ***dieverij.***

thieving [θie:ving] **0.1** ***het stelen*** ⇒*diefstal.*

thievish [θie:visj] ⟨-ness⟩ **0.1** ***steels*** ⇒*dieven-, heimelijk* ◆ **1.1** ~ trick *stiekeme streek.*

thigh [θaj] **0.1** ***dij.***

thighbone 0.1 ***dijbeen.***

thimble [θimbl] **0.1** ***vingerhoed(je).***

thimbleful [θimblfoel] **0.1** ***zeer kleine hoeveelheid*** ⟨ihb. drank⟩ ⇒*vingerhoed(je); bodempje.*

thin[1] [θin] ⟨bn.; thinner; -ness⟩ **0.1** ***dun*** ⇒*smal, fijn; schraal; mager, slank* **0.2** ***dun (bezet/gezaaid)*** ⇒*dunbevolkt* **0.3** ***dun (vloeibaar)*** ⇒*slap, waterig* **0.4** ***zwak*** ⇒*armzalig* **0.5** ⟨foto.⟩ ***dun*** ⟨v. negatief⟩ ◆ **1.1** ~ air *dunne/ijle lucht* **1.2** a ~ audience *een klein/gering publiek;* ⟨inf.⟩ ~ on top *kalend* **1.3** ~ beer *dun/schraal bier* **1.4** a ~ excuse *een mager excuus;* a ~ voice *een zwak stemmetje* **1.¶** disappear/vanish into ~ air *spoorloos/volledig verdwijnen;* the ~ end of the wedge *de eerste (ogenschijnlijk onbelangrijke) stap, het (aller)eerste begin;* skate on ~ ice *zich op glad ijs/gevaarlijk terrein begeven/wagen;* have a ~ skin *erg gevoelig zijn;* ⟨inf.⟩ have a ~ time *een moeilijke tijd doormaken;* ⟨ihb.⟩ *weinig succes boeken* **3.2** his hair is getting pretty ~ on top *zijn haar begint al aardig te dunnen* **3.4** wear ~ *op raken* ⟨v. geduld⟩.

thin[2] ⟨ww.; -ned⟩ **0.1** ***(ver)dunnen*** ⇒*dun(ner) worden/maken; uitdunnen, vermageren; (doen) afnemen (in dikte/dichtheid/aantal)* **0.2** ***verzwakken*** ⇒*(doen) afnemen (in kracht/belangrijkheid)* ◆ **1.1** ~ wine with water *wijn aanlengen met water* **5.1** ~ **down/off/out** *(uit/ver)dunnen, dunner worden/maken, (geleidelijk) verminderen;* ~ **out** hair *haar (uit)dunnen.*

thin[3] ⟨bw.⟩ **0.1** ***dun(netjes)*** ⇒*karig, schaars;* ⟨fig. ook⟩ *zwak, armzalig* ◆ **3.1** ~-clad *schaars gekleed.*

thine[1] [ðajn] ⟨vnw.⟩⟨vero. of rel.⟩ **0.1** ***van u*** ⇒*de/het uwe* ◆ **3.1** take what is ~ *neem wat het uwe is.*

thine[2] ⟨det.⟩⟨vero. of rel.⟩ **0.1** ***uw*** ◆ **1.1** open ~ eyes *open uw ogen.*

thing [θing] **I** ⟨telb.zn.⟩ **0.1** ⟨ben. voor⟩ ***iets concreets*** ⇒*ding(etje), zaak(je), voorwerp* **0.2** ⟨ben. voor⟩ ***iets abstracts*** ⇒ *ding, iets; zaak* **0.3 *schepsel*** ⇒*wezen, ding* **0.4 *(favoriete) bezigheid*** ◆ **1.2** in / by the nature of ~s *volgens de natuur der dingen* **2.1** sweet ~s *zoetigheid, snoep(goed)* **2.2** it's a bad ~ to *het is onverstandig om;* have better ~s to do *wel wat beters te doen hebben;* a good ~ too! *(dat is) maar goed ook!;* it's a good ~ that *het is maar goed/gelukkig dat;* it's a good ~ to *je doet er goed aan (om);* a lucky ~ no one got caught *gelukkig werd (er) niemand gepakt;* not the same ~ *niet hetzelfde* **2.3** the poor ~ *de (arme) stakker* **3.1** not a ~ to wear *niks om aan te doen/trekken* **3.2** get a ~ done *iets gedaan krijgen;* make a ~ of *een kwestie/punt/zaak maken van;* it didn't mean a ~ to me *het zei me totaal niets;* take ~s too seriously *alles te ernstig opnemen;* taking one ~ with another *alles bij elkaar genomen* **3.¶** ⟨inf.⟩ have a / this ~ about *geobsedeerd zijn door; dol zijn op; als de dood zijn voor;* know a ~ or two *niet v. gisteren zijn;* know a ~ or two about *het een en ander weten over;* let ~s rip / slide *de boel maar laten waaien;* be seeing / see ~s *spoken zien, hallucinaties hebben* **6.3** a ~ like you *iem. v. jouw slag/ soort* **7.2** and another ~ *bovendien, meer nog;* the first ~ that comes into her head *het eerste (het beste) dat haar te binnen schiet;* for one ~ *in de eerste plaats, om te beginnen; immers* **7.4** ⟨inf.⟩ do one's (own) ~ *doen waar men zin in heeft/goed in is* **7.¶** of all ~s *vreemd genoeg;* well, of all ~s! *wel heb ik ooit!;* I'll do it first ~ in the morning *ik doe het morgenochtend meteen;* the first ~ I knew she had hit him *voor ik wist wat er gebeurde had ze hem een mep gegeven;* first ~s first *wat het zwaarst is moet het zwaarst wegen;* it is (just) one of those ~s *(zo) v. die dingen, dat gebeurt nu eenmaal.* →**close, good, great, hot, near, old, square, warm;**
II ⟨n.-telb.zn.; the⟩ **0.1 *(dat) wat gepast/de mode is*** **0.2 *(dat) wat nodig is*** **0.3 *het belangrijkste (punt/kenmerk)*** **0.4 *zaak in kwestie*** ◆ **1.4** just for the fun of the ~ *gewoon voor de grap/lol* **1.¶** and that sort of ~ *en (zo meer) v. die dingen, en zo* **2.1** the very ~ for you *echt iets voor jou* **3.1** be not (quite) the ~ *niet passen/horen* **3.3** the ~ is to do sth. *de hoofdzaak is iets te doen* **3.¶** not know the first ~ about *niet het minste verstand hebben van* **5.1** quite the ~ *erg in (de mode/trek)* **5.2** just the ~ I need *juist/precies wat ik nodig heb* **6.1** the latest ~ **in** ties *een das naar de laatste mode* **6.3** the ~ **about** Stephen *wat Steven zo typeert* **8.3** the ~ is that *het is zaak/het belangrijkste is/het komt erop aan (om/dat).* →**sure;**
III ⟨mv.⟩ **0.1 *spullen*** **0.2 *(algemene) toestand*** **0.3** ⟨gevolgd door bn.⟩ ***al(les) (wat ... is)*** ⟨vaak scherts.⟩ ◆ **2.3** ~s political *de politiek/politieke wereld* **3.1** pack one's ~s *zijn boeltje bijeenpakken* **3.2** ~s are changing for the worse *de toestand gaat achteruit;* that would only make ~s worse *dat zou het allemaal alleen maar verergeren* **5.2** how are ~s, ⟨inf.⟩ how's ~s? *hoe gaat het (ermee)?;* ⟨sprw.⟩ ~s are seldom what they seem *schijn bedriegt.*

thingamajig, thingumajig [θingəmidzjig], **thingamabob** [-bob], **thingumm|y** [θingəmie] ⟨mv.: -ies⟩ **0.1 *dinges*** ⟨ook mbt. persoon⟩.

think[1] [θingk] ⟨zn.⟩ ⟨inf.⟩ **0.1 *gedachte*** **0.2** ⟨geen mv.⟩ ***bedenking*** ⇒*overweging* ◆ **2.2** have a hard ~ about *diep/hard nadenken over* **3.¶** ⟨inf.⟩ have got another ~ coming *het lelijk mis hebben.*

think[2] ⟨thought, thought [θo:t]⟩ **I** ⟨onov.ww.⟩ **0.1 *denken*** ⇒ ⟨ihb.⟩ *(erover) nadenken, zich (goed) bedenken* **0.2 *het verwachten*** ⇒*het vermoeden/in de gaten hebben* ◆ **1.1** ~ a moment *denk eens even na* **3.1** let me ~ *wacht eens (even)* **4.1** ~ for o.s. *zelfstandig denken/oordelen;* ~ to o.s. *bij zichzelf denken* **5.1** ~ **ahead** to *(vooruit)denken aan;* ~ aloud *hardop denken, zeggen wat men denkt;* ~ **back** to *terugdenken aan;* yes, I ~ so *ja, ik denk/geloof v. wel;* I don't ~ so, I ~ not *ik denk/geloof v. niet;* ~ twice *er (nog eens) goed over nadenken* **5.2** I thought as much *dat was te verwachten, ik vermoedde al zo iets* **5.¶** ~ big *het groots aanpakken;* ⟨sl.; iron.⟩ you did a nice piece of work, I don't ~ *dat heb je (werkelijk) fantastisch gedaan (maar niet heus)* **6.1** ~ **about** *denken aan, nadenken over; overwegen* ⟨idee, voorstel, plan⟩; *(terug)denken aan;* ~ **about** moving *er ernstig over denken om te verhuizen;* what are they ~ing **about**? *waaraan denken ze?* →**think of;**
II ⟨ov.ww.⟩ **0.1 *denken*** ⇒*vinden, geloven* **0.2 *(na)denken over*** **0.3 *overwegen*** ⇒*(eraan/erover) denken, (half) v. plan zijn, willen* **0.4 *denken aan*** ⇒*zich herinneren* **0.5 *(in)zien*** ⇒*zich voorstellen, begrijpen* **0.6 *verwachten*** ⇒ *vermoeden, bedacht zijn op* ◆ **1.2** ~ business all day *de hele dag door met zaken bezig zijn* **2.1** ~ s.o. pretty *iem. knap/mooi vinden;* it is not thought proper *het hoort niet* **3.3** we thought to return early *we waren niet v. plan lang te blijven* **3.4** he didn't ~ to switch off the headlights *hij vergat de koplampen uit te doen* **3.6** she never thought to see us here *ze had nooit verwacht ons hier te treffen* **4.¶** ~ nothing of s.o. *niet veel met iem. ophebben;* ~ nothing of sth. *iets niets bijzonders vinden, zijn hand voor iets niet omdraaien;* ~ nothing of it *dat is niets/helemaal niet erg; geen dank, graag gedaan* **5.2** she thought **away** the whole afternoon *ze heeft de hele middag zitten (na)denken;* ~ **out** *overdenken, goed (na)denken over;* ~ **over** *overdenken, in bedenking/overweging houden;* one day to ~ the matter **over** *één dag bedenktijd;* ~ **through** *doordenken, (goed) nadenken over;* ~ **up** *bedenken, verzinnen* **6.1** ~ **about/of** *vinden/denken van, staan tegenover* ⟨verklaring, beslissing, aanbod⟩; ~ **out for** o.s. *voor zichzelf beslissen/bepalen* **8.2** and to ~ (that) *en dan te moeten bedenken dat;* ~ what you're doing *bedenk wat je doet* **8.4** I can't ~ now what her name was *haar naam wil me nu niet te binnen schieten* **8.5** she couldn't ~ how he did it *ze begreep niet hoe hij het voor elkaar had gekregen.*

thinker [θingkə] **0.1 *denker*** ⇒*geleerde, filosoof.*

thinking[1] [θingking] ⟨zn.⟩ **0.1 *(het) (na)denken*** **0.2 *mening*** ⇒*oordeel* **0.3 *denkwijze*** ⇒*denkwereld* ◆ **1.1** way of ~ *denkwijze, zienswijze;* be of s.o.'s way of ~ *v. dezelfde gedachte zijn als iem.* **2.3** in modern ~ *in het moderne denken* **3.1** he did some hard ~ *hij dacht er (eens) diep over na.*

thinking[2] ⟨bn.⟩ **0.1 *(na)denkend*** ⇒*verstandig, bewust* ◆ **1.1** the ~ public *iedereen die nadenkt/op de hoogte is.*

thinking cap ◆ **3.¶** put on one's ~ *diep nadenken, prakkeseren.*

think of **0.1 *denken aan*** ⇒*rekening houden met* **0.2 *(erover) denken om*** ⇒*v. plan zijn* **0.3** ⟨vnl. na can/could not, en na try, want e.d.⟩ ***zich herinneren*** **0.4 *bedenken*** ⇒ *voorstellen, verzinnen, (uit)vinden* **0.5 *aanzien*** ⇒*aanslaan* ◆ **1.4** ~ a number *neem/kies een getal* **3.2** be thinking of doing sth. *(juist) overwegen/v. plan zijn iets te doen* **3.3** she couldn't ~ my name *ze kon niet op mijn naam komen* **4.1** (just/to) ~ it! *stel je voor!;* now that I come to ~ it *nu, als ik me goed bedenk* **4.4** we'll ~ sth. *we vinden er wel iets op* **5.2** he would never ~ (doing) such a thing *zo iets zou nooit bij hem opkomen;* I won't/wouldn't/can't/couldn't ~ it! *ik denk er niet aan!, geen sprake van!* **5.5** think highly of *een hoge dunk hebben van;* think little / not much of *een lage dunk hebben van; heel gewoon/niets bij-*

zonders vinden; be well thought of *hoog aangeslagen worden* **5.¶** think better of it *zich bedenken, ervan afzien.*

think tank ⟨zn.; ww. enk. of mv.⟩ **0.1** ***denktank*** ⇒*groep specialisten.*

thinner [θinnə] **0.1** ***verdunningsmiddel.***

thin-skinned **0.1** ***overgevoelig*** ⟨soms pej.⟩ ⇒*lichtgeraakt.*

third [θə:d] ⟨→s1⟩ **0.1** ***derde*** ⇒⟨als zn.⟩ *derde deel;* ⟨muz.⟩ *terts;* ⟨ec.⟩ *tertiawissel;* ⟨school., bij examen⟩ *derde rang;* ⟨ong.⟩ *voldoende;* ⟨hand.⟩ *derde kwaliteit/keus* ◆ **1.1** ~ dimension *derde dimensie;* ~ in line *(als) derde op de lijst;* ⟨geldw.⟩ ~ market *parallelmarkt* ⟨niet-officieel genoteerd⟩ **6.1 in** ~ (gear) *in zijn drie/zijn derde versnelling* **¶.1** ⟨cricket⟩ ~ man *third man* ⟨veldspeler/positie achter de slips⟩.

third-class **0.1** ***derderangs-*** ⇒*derdeklas(se)-, v.d. derde rang/klasse* ⟨mbt. kwaliteit⟩.

third-degree **0.1** ***derdegraads-*** ⇒*in de derde graad* ◆ **1.1** ~ burns *derdegraadsverbranding.*

thirdly [θə:dlie], **third** **0.1** ***ten/als derde.***

third-party ⟨verz.⟩ **0.1** ***tegenover derden*** ⇒*(wettelijke/burgerlijke) aansprakelijkheids-* ◆ **1.1** ~ insurance *aansprakelijkheidsverzekering, WA-verzekering.*

third-rate **0.1** ***derderangs*** ⇒*v. slechte kwaliteit.*

Third World ⟨the; ook attr.⟩ **0.1** ***derde wereld*** ◆ **1.1** ~ countries *derdewereldlanden.*

thirst[1] [θə:st] ⟨zn.; geen mv.⟩ **0.1** ***dorst*** ⟨ook fig.⟩ ⇒*sterk/vurig verlangen* ◆ **3.1** satisfy one's ~ *zijn dorst lessen* **6.1** ~ **after/for/of** *dorst naar* ⟨ook fig.⟩.

thirst[2] ⟨ww.⟩ **0.1** ***sterk/vurig verlangen*** ◆ **6.1** ~ **after/for** *snakken/smachten naar;* ~ **after** revenge *op wraak belust zijn.*

thirst|y [θə:stie] ⟨-ily⟩ **0.1** ***dorstig*** **0.2** ***droog*** ⇒*dor* ⟨seizoen, grond⟩ **0.3** ***dorstig makend*** **0.4** ***verlangend*** ◆ **3.1** be/feel ~ *dorst hebben* **6.4** be ~ **for** *snakken/verlangend uitkijken naar.*

thirteen [θə:tie:n] **0.1** ***dertien*** ⟨ook voorwerp/groep ter waarde/grootte v. dertien⟩.

thirteenth [θə:tie:nθ] **0.1** ***dertiende*** ⇒⟨als zn.⟩ *dertiende deel.*

thirtieth [θə:tie-iθ] **0.1** ***dertigste*** ⇒⟨als zn.⟩ *dertigste deel.*

thirty [θə:tie] **0.1** ***dertig*** ⟨ook voorwerp/groep ter waarde/grootte v. dertig⟩ ◆ **6.1** a man **in** his thirties *een man van in de dertig;* **in** the late thirties *in de late dertiger jaren.*

this[1] [ðis] ⟨vnw.; mv.: these⟩ **0.1** ***dit/deze*** ⇒*die/dat* **0.2** ***nu*** ⇒*dit* ◆ **1.1** these are my daughters *dit zijn mijn dochters;* a fine mess, ~ *een mooie rommel is dit;* the points at issue are these: housing, employment, ... *de punten waarover het gaat zijn de volgende: huisvesting, tewerkstelling, ...* **1.2** ~ is the fifth of June *dit is de vijfde juni* **4.1** ~ is a rose and that a lily *dit is een roos en dat een lelie;* what's all ~? *wat is hier (allemaal) aan de hand?;* ~ is where I live *hier woon ik;* ⟨AE; aan telefoon⟩ who is ~? *met wie spreek ik?* **4.¶** ~ is it! *dit is het einde/geweldig; nu heb ik er genoeg van!;* they talked about ~ and that *ze praatten over ditjes en datjes* **6.1** do it **like** ~ *doe het zo;* it's/things are **like** ~ *'t zit zo, de zaken liggen zo* **6.2 after** ~ *hierna;* **at** ~ *op dit/dat ogenblik* **6.¶ for** all ~ *niettegenstaande dit alles.*

this[2] ⟨bw.⟩ **0.1** ***zo*** ◆ **2.1** I'm surprised it's ~ bad *het verbaast mij dat het zo slecht is* **4.1** I know ~ much, that the idea's crazy *ik weet in elk geval dat het een krankzinnig idee is.*

this[3] ⟨mv.: these⟩ **I** ⟨aanw.det.⟩ **0.1** ***dit/deze*** ⇒*die/dat* **0.2** ⟨temporele nabijheid⟩ ***laatste/voorbije*** **0.3** ⟨temporele nabijheid⟩ ***komende*** ⇒*aanstaande* ◆ **1.1** ~ accident you mentioned *dat ongeval waarover je het had;* ~ very moment *op ditzelfde ogenblik* **1.2** ~ day *(de dag v.) vandaag/heden;* she's so grumpy these days *ze is tegenwoordig zo humeurig;* ~ morning *vanmorgen;* after all these years *na al die jaren* **1.3** where are you travelling ~ summer? *waar ga je de komende zomer naar toe?;* I'm leaving ~ Wednesday *ik vertrek (aanstaande) woensdag* **7.1** do you want ~ suit or that one? *wil je dit pak of dat?;*

II ⟨onb.det.⟩⟨inf.⟩ **0.1** ***een (zekere)*** ◆ **1.1** there was ~ beautiful cupboard *er stond daar zo'n prachtige kast;* ~ fellow came cycling along *er kwam een kerel aangefietst.*

thistle [θisl] **0.1** ***distel.***

thistledown **0.1** ***distelpluis.***

thither [ðiðə] ⟨vero.⟩ **0.1** ***derwaarts*** ⇒*ginds.*

tho' →**though.**

thole [θool], **thole pin** **0.1** ***dol(pen)*** ⇒*riempin.*

Thomas [tommәs] ◆ **3.¶** a doubting ~ *een ongelovige Thomas.*

thong [θong] **0.1** ***(leren) riem(pje)*** **0.2** ⟨vnl. mv.; AE⟩ ***(teen)slipper*** ⇒*sandaal.*

thorax [θo:ræks] ⟨mv.: ook thoraces [θo:rәsie:z]⟩ **0.1** ⟨anat.⟩ ***thorax*** ⇒*borst(kas)* ⟨v. mens, dier⟩.

thorn [θo:n] **0.1** ***doorn*** **0.2** ***doorn(boom/plant/struik)*** ◆ **1.¶** a ~ in one's flesh/side *een doorn in het vlees/oog.*

thorn apple ⟨plantk.⟩ **0.1** ***doornappel.***

thorn|y [θo:nie] ⟨-iness⟩ **0.1** ***doorn(acht)ig*** ⇒*stekelig;* ⟨fig.⟩ *lastig, netelig; ergerlijk.*

thorough[1] [θurrә] ⟨bn.; -ness⟩ **0.1** ***grondig*** ⇒*diepgaand, gedetailleerd* **0.2** ***echt*** ⇒*volmaakt, onvervalst* ◆ **1.1** a ~ change *een ingrijpende verandering* **1.2** a ~ fool *een volslagen idioot* **3.1** ~ly tired *doodmoe;* know s.o. ~ly *iem. door en door kennen.*

thorough[2] ⟨bw.⟩ **0.1** ⟨gew.; vnl. BE⟩ ***door en door*** ◆ **2.1** a ~ good lad *een door en door goede jongen.*

thoroughbred [θurrәbred] **0.1** ⟨bn.⟩ ***volbloed*** ⇒*rasecht, ras-* ⟨ook fig.⟩ **0.2** ⟨zn.⟩ ***rasdier*** ⇒⟨ihb.⟩ *raspaard.*

thoroughfare [θurrәfeә] **0.1** ***(drukke) verkeersweg*** ⇒*verkeersader; belangrijke waterweg* **0.2** ***doorgang*** ⇒*doortocht, doorreis* ◆ **7.2** no ~ *geen doorgang/doorgaand verkeer, verboden toegang, doodlopende weg.*

thoroughgoing **0.1** ***zeer grondig*** ⇒*volledig, doortastend* **0.2** ***echt*** ⇒*volmaakt, onvervalst* ◆ **1.1** ~ cooperation *intense/verregaande samenwerking.*

those [ðooz] ⟨mv.⟩ →**that.**

thou [θau] ⟨vero. of rel.⟩ **0.1** ***gij*** ◆ **3.1** ~ shalt not kill *gij zult niet doden.*

though[1], ⟨inf.⟩ **tho'** [ðoo] ⟨bw.⟩ **0.1** ***niettemin*** ⇒*desondanks, toch wel* ◆ **3.1** I never really liked it, ~ *toch heb ik het nooit echt leuk gevonden.*

though[2], **tho'**, ⟨meer schr. en niet in combinatie met even, as, what⟩ **although** [o:lðoo] ⟨vw.⟩ **0.1** ***(al)hoewel*** ⇒*niettegenstaande dat, ondanks (het feit) dat, ofschoon* ◆ **5.¶** as ~ *alsof* **¶.1** ~ he smiles I do not trust him *hoewel hij glimlacht vertrouw ik hem toch niet;* ⟨elliptisch⟩ ~ only six, he is a bright lad *hoewel hij nog maar zes jaar is, is hij een slim jongetje;* bad ~ it may be, it's not a catastrophe *hoe erg het ook mag zijn, het is geen catastrofe.*

thought[1] [θo:t] **I** ⟨telb.zn.⟩ **0.1** ***gedachte*** **0.2** ***bedoeling*** ⇒*plan* **0.3** ⟨vaak mv.⟩ ***idee*** ⇒*opinie* ◆ **3.1** perish the ~! *ik moet er niet aan denken!* **6.1** be **in** s.o.'s ~s *in iemands gedachten zijn* **6.3** I don't know his ~s **on** those matters *ik weet niet hoe hij over die zaken denkt* **7.2** she had no ~ of hurting him *het was niet haar bedoeling om hem te kwetsen* **7.¶** on second ~(s) *bij nader inzien;* have second ~s *zich bedenken;*

II ⟨n.-telb.zn.⟩ **0.1** ***het denken*** ⇒*de gedachte* **0.2** ***denkwijze*** **0.3** ***de rede*** ⇒*het denkvermogen* **0.4** ***het nadenken*** ⇒*de aandacht* **0.5** ***hoop*** ⇒*verwachting* ◆ **3.4** give ~ to *in* *overweging nemen* **3.5** I had given up all ~ of ever getting away from there *ik had alle hoop opgegeven er nog ooit vandaan te komen* **5.¶** quick as ~ *bliksemsnel* **6.1 in** ~ *in gedachten verzonken* **6.4 after** serious ~ *na rijp beraad.*

thought[2] (verl. t. en volt. deelw.) →**think.**

thoughtful [θo:tfl] (-ness) **0.1** ***nadenkend*** **0.2** ***diepzinnig*** **0.3** ***attent*** ⇒*zorgzaam.*

thoughtless [θo:tləs] **0.1** ***gedachteloos*** **0.2** ***onnadenkend*** ⇒ *achteloos* **0.3** ***roekeloos*** **0.4** ***onattent*** ⇒*zelfzuchtig.*

thought-out **0.1** ***doordacht.***

thought-reader **0.1** ***gedachtelezer.***

thousand [θauznd] **0.1** ***duizend*** (ook voorwerp / groep ter waarde / grootte v. duizend) ⇒(fig.) *talloos* ◆ **1.1** she asked a ~ (and one) questions *ze stelde een massa/duizend en één vragen* **4.1** he's one in a ~ *hij is er een uit duizend.*

thousandfold [θauzndfoold] **0.1** ***duizendvoudig*** ⇒*duizendmaal.*

thousandth [θauzndθ] **0.1** ***duizendste*** ⇒(als zn.) *duizendste deel.*

thrall [θro:l] **0.1** ***slaaf*** (ook fig.) ⇒*verslaafde* **0.2** ***slavernij*** ⇒ *verslaafdheid* (ook fig.) ◆ **6.2 in** ~ **to** *onderworpen aan.*

thrash [θræsj] **0.1** ***geselen*** ⇒*aframmelen* **0.2** ***verslaan*** ⇒ *niets heel laten van* ◆ **5.¶** ~ **out** a problem *een probleem uitpluizen/ontrafelen;* ~ **out** a solution *tot een oplossing komen.*

thrash about **0.1** ***tekeergaan*** ⇒*woelen, spartelen* ◆ **5.1** the sick child thrashed about feverishly *het zieke kind lag koortsig te woelen.*

thrashing [θræsjing] **0.1** ***pak rammel*** **0.2** ***nederlaag.***

thread[1] [θred] (zn.) **0.1** ***draad*** ⇒(fig. ook) *lijn* **0.2** ***garen*** **0.3** ***schroefdraad*** **0.4** ***draadje*** ⇒*straaltje* ◆ **1.4** a ~ of light *een streepje licht* **3.1** lose the ~ of one's story *de draad v. zijn verhaal kwijtraken;* take up / pick up the ~s *de draad weer opnemen* **3.¶** hang by a (single) ~ *aan een zijden draad hangen.*

thread[2] **I** (onov.ww.) **0.1** (+ through) ***moeizaam zijn weg vinden (door)*** ⇒(fig. ook) *zich heen worstelen (door);*
II (ov.ww.) **0.1** ***een draad steken in*** (een naald) **0.2** ***rijgen*** (kralen) **0.3** ***inpassen*** ⇒*inleggen* (film, geluidsband enz.) **0.4** ***zich een weg banen door*** ⇒(fig.) *zich heen worstelen door* **0.5** ***banen*** ⇒*zoeken, vinden* (pad, weg) **0.6** ***van schroefdraad voorzien*** ◆ **6.5** ~ one's way **through** the crowd *zich een weg banen door de menigte.*

threadbare [θredbeə] **0.1** ***versleten*** ⇒*kaal* **0.2** ***armoedig*** **0.3** ***versleten*** ⇒*afgezaagd* ◆ **1.3** a ~ joke *een afgezaagde grap.*

threadlike [θredlajk] **0.1** ***lang en dun.***

threat [θret] **0.1** ***dreigement*** ⇒*bedreiging* (ook jur.) **0.2** ***gevaar*** ⇒*bedreiging* ◆ **6.1 under** ~ of *onder bedreiging met* **6.2** they are a ~ **to** our society *ze vormen een gevaar voor de maatschappij.*

threaten [θretn] **I** (onov.ww.) **0.1** ***dreigen (te gebeuren)*** **0.2** ***er dreigend uitzien*** ◆ **1.1** danger ~ed *er dreigde gevaar* **1.2** the weather ~s *de lucht ziet er dreigend uit;*
II (ov.ww.) **0.1** ***bedreigen*** ⇒*een dreigement uiten tegen* **0.2** ***bedreigen*** ⇒*een gevaar vormen voor* **0.3** ***dreigen (met)*** ◆ **1.2** peace is ~ed *de vrede is in gevaar* **3.3** they ~ed to kill him *ze dreigden hem te doden* **6.1** the boys were ~ed **with** punishment *de jongens werden met straffen bedreigd.*

threateningly [θretninglie] **0.1** ***dreigend.***

three [θrie:] **0.1** ***drie*** (ook voorwerp / groep ter waarde / grootte v. drie) ⇒*drietje; maat drie; drie uur;* (mv.; geldw.) *drieprocentsaandelen* ◆ **1.1** ~ parts *drievierde, driekwart;* size ~ *maat drie.*

three-cornered **0.1** ***driehoekig*** **0.2** ***driehoeks-*** ⇒*tussen drie partijen* ◆ **1.1** ~ hat *driekant, steek* **1.2** ~ election *driehoeksverkiezing.*

three-D, 3-D **0.1** (bn.) ***driedimensionaal*** **0.2** (zn.) ***driedimensionale vorm/weergave.***

three-day event (the) (paardensport) **0.1** ***(de) military.***

three-dimensional **0.1** ***driedimensionaal*** **0.2** ***stereoscopisch.***

threefold [θrie:foold] **0.1** ***drievoudig.***

three-legged **0.1** ***met drie poten*** ◆ **1.¶** ~ race *driebeenswedloop* (waarbij de deelnemers met een been aan dat v.d. ander zijn vastgebonden).

three-line whip (BE; pol.) **0.1** ***dringende oproep*** ⇒*v. partijleider aan parlementsleden.*

three-piece **0.1** ***driedelig*** ◆ **1.1** ~ suit *driedelig pak.*

three-point belt **0.1** ***driepuntsgordel.***

three-point turn (vnl. BE; verkeer) **0.1** ***straatje keren*** (keren op de weg).

three-quarter (→s2) **0.1** (bn.) ***driekwart*** **0.2** (zn.; rugby) ***driekwart*** ◆ **1.1** ~ length coat *driekwartjas.*

threesome [θrie:sm] **0.1** ***drietal*** ⇒*driemanschap.*

threnod|y [θrennədie] (mv.: -ies) **0.1** ***klaagzang*** ⇒(ihb.) *lijkzang.*

thresh [θresj] **0.1** ***(graan) dorsen.***

thresher [θresjə] **0.1** ***dorser*** **0.2** ***dorsmachine.***

threshing floor **0.1** ***dorsvloer.***

threshing machine **0.1** ***dorsmachine.***

threshold [θresj(h)oold] **0.1** ***drempel*** (ook fig.) ⇒*aanvang, begin* **0.2** ***ingang*** ◆ **1.1** ~ of pain *pijndrempel.*

threw [θroe:] (verl. t.) →**throw.**

thrice [θrajs] (schr.) **0.1** ***drie maal*** ◆ **3.1** she came ~ daily *ze kwam drie keer per dag.*

thrift [θrift] **0.1** ***zuinigheid*** ⇒*spaarzaamheid* **0.2** (plantk.) ***standkruid*** ⇒(ihb.) *Engels gras.*

thrift account (AE; geldw.) **0.1** ***spaarrekening.***

thriftless [θriftləs] (-ness) **0.1** ***verkwistend.***

thrift|y [θriftie] (-iness) **0.1** ***zuinig*** ⇒*spaarzaam.*

thrill[1] [θril] (zn.) **0.1** ***beving*** ⇒*golf v. ontroering/opwinding* **0.2** ***huivering*** (v. angst / afschuw) **0.3** ***opwindende gebeurtenis*** ◆ **1.1** it gave me a ~ of joy *mijn hart sprong op van blijdschap* **1.2** he felt a ~ of horror *hij huiverde van afgrijzen* **5.3** it was **quite** a ~ *het was heel opwindend.*

thrill[2] **I** (onov.ww.) **0.1** ***beven*** ⇒*worden aangegrepen* **0.2** ***huiveren*** ◆ **6.2** we ~ed **with** horror *we huiverden van afgrijzen;*
II (ov.ww.) **0.1** ***doen beven*** ⇒*opwinden* **0.2** ***doen huiveren*** ⇒*angst aanjagen* ◆ **¶.1** be ~ed (to bits) with sth. *ontzettend gelukkig met iets zijn.*

thriller [θrillə] **0.1** ***iets opwindends*** ⇒(ihb.) *thriller, spannend misdaadverhaal.*

thrilling [θrilling] **0.1** ***spannend*** ⇒*opwindend.*

thrive [θrajv] (ook throve [θroov], ook thriven [θrivn]) **0.1** ***gedijen*** ⇒*bloeien* **0.2** ***voorspoedig groeien*** ⇒*welig tieren, het goed doen* (v. planten, dieren) ◆ **6.1** he seems to ~ **on** hard work *hard werken schijnt hem goed te doen.*

thro' →**through.**

throat [θroot] **0.1** ***hals*** **0.2** ***keel*** ⇒*strot* ◆ **3.2** clear one's ~ *zijn keel schrapen;* take s.o. by the ~ *iem. bij de keel grijpen* **3.¶** be at each other's ~s *elkaar in de haren vliegen;* cut one's own ~ *zijn eigen glazen ingooien;* cut one another's ~ *elkaar naar het leven staan;* his remark sticks in my ~ *ik vind zijn opmerking onverteerbaar;* force / ram / thrust sth. down s.o.'s ~ *iem. iets opdringen.* →**sore.**

throat|y [θrootie] (-iness) **0.1** ***hees*** ⇒*schor.*

throb[1] [θrob] (zn.) **0.1** ***(ge)klop*** ⇒*gebons.*

throb[2] ⟨ww.; -bed⟩ **0.1** ***kloppen*** **0.2** ***bonzen*** ⇒*bonken* ⟨v. hart⟩.

throe [θroo] ⟨vaak mv.⟩ **0.1** ***heftige pijn*** ◆ **6.¶** ⟨fig.⟩ **in** the ~s **of** *worstelend met.*

thrombosis [θromboosis]⟨mv.: thromboses [-sie:z]⟩ **0.1** ***trombose.***

throne [θroon] **0.1** ***troon*** ⇒*zetel;* ⟨fig. ook⟩ *macht, heerschappij* ◆ **3.1** come to the ~ *op de troon komen.*

throng[1] [θrong] ⟨zn.⟩ **0.1** ***menigte*** ⇒*mensenmassa.*

throng[2] **I** ⟨onov.ww.⟩ **0.1** ***zich verdringen*** ⇒*toestromen;*
II ⟨ov.ww.⟩ **0.1** ***vullen*** ⇒*overstelpen, overvol maken* ◆ **1.1** people ~ed the streets *in de straten waren drommen mensen.*

throttle[1] [θrotl] ⟨zn.⟩ **0.1** ⟨tech.⟩ ***smoorklep.***

throttle[2] ⟨ww.⟩ **0.1** ***doen stikken*** ⇒*(ver)smoren;* ⟨fig. ook⟩ *onderdrukken* **0.2** ***wurgen*** **0.3** ***gas minderen*** ⟨auto⟩.

throttle back, throttle down I ⟨onov.ww.⟩ **0.1** ***(vaart) minderen*** ⟨ook fig.⟩;
II ⟨ov.ww.⟩ **0.1** ***afremmen*** ⟨ook fig.⟩.

through[1], **thro'**, ⟨AE sp.; inf. ook⟩ **thru** [θroe:] ⟨bn.⟩ **0.1** ***doorgaand*** ⇒*doorlopend, ononderbroken* ◆ **1.1** ~ beam *doorlopende balk;* ~ passengers *passagiers op doorreis;* ~ train *doorgaande trein* **1.¶** ⟨hand.⟩ ~ bill of lading *doorvoercognossement* **5.1** no ~ road *geen doorgaand verkeer.*

through[2], **thro'**, ⟨AE sp.; inf. ook⟩ **thru** ⟨bw.⟩ **0.1** ***door*** ⇒*verder* **0.2** ***door(heen)*** **0.3** ***klaar*** ⇒*erdoorheen* **0.4** ***door(gesleten)*** ⇒*kapot* **0.5** ***helemaal*** ⇒*v. begin tot eind* ◆ **1.2** five meters ~ *vijf meter doorsnede* **1.4** my sweater is ~ at the elbows *mijn trui is door aan de ellebogen* **3.1** go ~ with *doorgaan met* **3.2** get ~ *erdoorheen komen, slagen; weten over te brengen;* read sth. ~ *iets doornemen; iets uitlezen* **3.5** get soaked/wet ~ *doornat worden* **3.¶** Ralph and I are ~ *het is uit tussen Ralph en mij;* are you ~? *heeft u verbinding?* ⟨telefoon⟩; ⟨AE⟩ *bent u klaar?;* I will put you ~ *ik zal u doorverbinden;* see sth. ~ *ergens v. begin tot eind bijblijven* **5.5** ~ and ~ *door en door; in hart en nieren.* →**be through, come through etc.**

through[3], **thro'**, ⟨AE sp.; inf. ook⟩ **thru** ⟨vz.⟩ **0.1** ⟨aanduiding v. richting, weg of medium; ook fig.⟩ ***(helemaal) door*** ⇒*via, langs, over, gedurende* **0.2** ⟨wijze⟩ ***door middel van*** **0.3** ⟨oorzaak⟩ ***door*** ⇒*wegens, uit* **0.4** ⟨AE⟩ ***tot en met*** ◆ **1.1** he went ~ six beers in an hour *hij goot in een uur zes biertjes naar binnen;* did my application get ~ the board? *is mijn aanvraag door de raad aanvaard?;* seen ~ a child's eyes *gezien met de ogen van een kind;* he peered ~ his glasses *hij tuurde door zijn bril;* get ~ one's exams *slagen voor zijn examen;* all ~ his life *gedurende heel zijn leven;* I could not speak ~ the noise *ik kon het lawaai niet overstemmen;* he remained calm ~ the whole trial *hij bleef kalm gedurende heel het proces;* he stayed ~ the summer *hij bleef tot het einde van de zomer* **1.2** we are related ~ an old aunt *we zijn via een oude tante familie v. elkaar;* we get our information ~ the papers *we ontvangen onze informatie via de kranten;* he spoke ~ his representative *hij sprak via zijn vertegenwoordiger* **1.3** he could not travel ~ illness *hij kon wegens ziekte niet reizen* **1.4** Monday ~ Thursday *v. maandag tot en met donderdag* **8.1** ~ and ~ *helemaal door(heen)* ⟨ook fig.⟩.

through ball ⟨voetbal⟩ **0.1** ***through-pass.***

throughout[1] ⟨bw.⟩ **0.1** ***helemaal*** ⇒*door en door, steeds* ◆ **2.1** apples should be juicy ~ *appelen moeten door en door sappig zijn* **3.1** our aim has been ~ ... *ons doel is steeds geweest ...*

throughout[2] ⟨vz.⟩ **0.1** ***(helemaal) door*** ⇒*door heel* ◆ **1.1** ~ the country *door/in/over heel het land.*

throughput **0.1** ***verwerkte hoeveelheid*** ⇒*productie* **0.2** ⟨ook comp.⟩ ***verwerkingscapaciteit.***

throughway, ⟨AE sp. ook⟩ **thruway** **0.1** ***snelweg.***

throve [θroov] ⟨verl. t.⟩ →**thrive.**

throw[1] [θroo] ⟨zn.⟩ **0.1** ***worp*** ⇒*gooi* ◆ **2.1** a high/low ~ *een hoge/lage gooi* ⟨met dobbelstenen⟩.

throw[2] ⟨threw [θroe:], thrown [θroon]⟩ **I** ⟨onov.ww.⟩ **0.1** ***met iets gooien*** ⇒*werpen;*
II ⟨ov.ww.⟩ **0.1** ***werpen*** ⇒*gooien;* ⟨fig. ook⟩ *terecht doen komen* **0.2** ***richten*** ⇒*(toe)werpen, toezenden* **0.3** ***werpen*** ⇒*baren* **0.4** ***afschieten*** ⟨projectiel⟩ **0.5** ***omzetten*** ⇒*veranderen in* **0.6** ***draaien*** ⟨hout, aardewerk⟩ **0.7** ***snel op zijn plaats brengen*** ⇒*werpen, leggen, maken* **0.8** ***verslaan*** **0.9** ***maken*** ⇒*hebben, organiseren* **0.10** ⟨inf.⟩ ***verwarren*** ⇒*van de wijs brengen* **0.11** ⟨AE; boksen⟩ ***opzettelijk verliezen*** ◆ **1.1** ~ dice *dobbelstenen gooien, dobbelen;* the horse threw him *het paard wierp hem af;* ~ its feathers *ruien;* snakes ~ their skins *slangen werpen hun huid af* **1.2** ~ s.o. a blow *iem. een opstopper verkopen;* he threw us a sarcastic look *hij wierp ons een sarcastische blik toe* **1.8** ~ one's opponent *zijn tegenstander vellen* ⟨ook sport⟩ **1.9** ~ a fit/a tantrum/a scene *een scène maken;* ⟨inf.⟩ ~ a party *een fuif geven* **4.1** ~ o.s. at s.o. *zich op iem. storten/werpen; zich aan iem. opdringen;* ~ o.s. into sth. *zich ergens op werpen, zich enthousiast ergens in storten* **5.¶** ~ open *openstellen* **6.1** he was thrown **into** prison *hij werd in de gevangenis geworpen;* ~ a cape **over** one's shoulders *zich een cape over de schouders gooien;* be thrown (back) **upon** one's own resources *op zichzelf worden teruggeworpen* **6.7** ~ a bridge **across** the river *een brug slaan over de rivier;* ~ the switch **to** 'off' *de schakelaar op 'uit' zetten* **6.¶** ~ s.o. **into** confusion/**into** a fit *iem. in verwarring brengen/een stuip bezorgen;* they were thrown **out of** work *ze waren ineens zonder werk;* thrown **upon** each other *op elkaar aangewezen.* →**throw about, throw around, throw away, throw back, throw down, throw in, throw off, throw out, throw over, throw overboard, throw together, throw up.**

throw about, throw around **0.1** ***rondsmijten*** ◆ **1.1** throw one's money about *met geld smijten.*

throwaway **0.1** ***strooibiljet*** **0.2** ***wegwerpding.***

throw away **0.1** ***weggooien*** **0.2** ***verspelen*** ⇒*missen* **0.3** ***vergooien*** ◆ **1.2** ~ a chance *een kans verspelen* **6.3** throw one's money away **on** *zijn geld weggooien aan;* she has thrown herself away **on** an unworthy man *ze heeft zich vergooid aan een waardeloze vent.*

throw-away **0.1** ***wegwerp-*** **0.2** ***zonder nadruk*** ◆ **1.2** a ~ remark *een quasi-nonchalante opmerking.*

throw back **0.1** ***teruggooien*** **0.2** ***openslaan*** ⇒*opzij werpen* **0.3** ***terugslaan*** ⇒*terugdringen* **0.4** ***belemmeren*** ⇒*achterop doen raken* ◆ **1.2** ~ the blankets *de dekens terugslaan* **1.3** the army was thrown back *het leger werd teruggeslagen* **1.4** my illness has thrown me back a whole year *door mijn ziekte ben ik een heel jaar achterop geraakt* **6.¶** don't throw his faults back **at** him *je moet hem zijn fouten niet voor de voeten gooien;* be thrown back **on** *moeten teruggrijpen naar, weer aangewezen zijn op.*

throw-back **0.1** ***terugslag*** ⇒*atavisme* **0.2** ***terugkeer*** ◆ **6.2** it is a ~ **to** fin de siècle design *het grijpt terug naar fin de siècle ontwerpen.*

throw down **0.1** ***neergooien*** **0.2** ***neerhalen*** ⇒*afbreken.*

throw in **0.1** ***erin/naar binnen gooien*** ⇒*inwerpen* **0.2** ***gratis toevoegen*** **0.3** ***terloops opmerken*** **0.4** ⟨sport⟩ ***ingooien.***

throw-in **0.1** ⟨sport⟩ ***inworp.***

throwing arm ⟨atletiek⟩ **0.1** ***werparm.***
throwing cage ⟨atletiek⟩ **0.1** ***(werp)kooi*** ⟨bij discuswerpen en kogelslingeren⟩.
throwing circle ⟨atletiek⟩ **0.1** ***werpcirkel.***
throwing event ⟨atletiek⟩ **0.1** ***werpnummer.***
throw off 0.1 ***zich bevrijden van*** ⇒*van zich af schudden* **0.2** ***uitgooien*** ⇒*haastig uittrekken* **0.3** ***uitstoten*** ⇒⟨ook fig.⟩ *produceren* ◆ **1.1** ~ a persecutor *een achtervolger van zich afschudden* **1.2** ~ one's mask *zijn masker afwerpen* ⟨ook fig.⟩.
throw out 0.1 ***weggooien*** ⇒*wegdoen* **0.2** ***verwerpen*** ⇒*afwijzen* **0.3** ***uiten*** ⇒*suggereren* **0.4** ***geven*** ⇒*uitzenden* **0.5** ***in de war brengen*** **0.6** ***wegsturen*** ⇒*eruit gooien* **0.7** ***te voorschijn brengen*** ◆ **1.4** ~ heat *warmte uitstralen* **1.5** now all our calculations are thrown out *nu zijn al onze berekeningen fout* **1.7** the trees are already throwing out young leaves *de bomen zijn al aan het uitlopen.*
throw over 0.1 ***in de steek laten*** ⇒*laten zitten* ◆ **4.1** he threw her over after a couple of weeks *na een paar weken heeft hij haar laten zitten.*
throw overboard ⟨inf.⟩ **0.1** ***overboord gooien*** ⟨ook fig.⟩.
throw together 0.1 ***bij elkaar vegen*** ⇒*in elkaar flansen* **0.2** ***bij elkaar brengen*** ⇒*samenbrengen* ◆ **1.1** throw a meal together *een maaltijd in elkaar flansen* **1.2** throw people together *mensen met elkaar in contact brengen.*
throw up I ⟨onov. en ov.ww.⟩ **0.1** ⟨inf.⟩ ***overgeven*** ⇒*kotsen;*
II ⟨ov.ww.⟩ **0.1** ***omhoog gooien*** ⇒*optillen* **0.2** ***voortbrengen*** **0.3** ***optrekken*** ⇒*opbouwen* **0.4** ***opgeven*** ⇒*opzeggen* ◆ **1.1** ~ your hands *handen omhoog, geef je over;* ~ one's eyes *de ogen ten hemel slaan* **1.3** ~ barricades *barricaden opwerpen* **1.4** ~ one's job *zijn baan vaarwel zeggen.*
thru →**through.**
thrum [θrum] ⟨-med⟩ **0.1** ***tokkelen (op)*** ⇒*pingelen (op)* ⟨gitaar⟩ **0.2** ***ronken*** ⇒*brommen, dreunen.*
thrush [θrusj] **0.1** ***lijster.***
thrust[1] [θrust] ⟨zn.⟩ **0.1** ***stoot*** ⇒*duw, zet* **0.2** ***steek*** ⟨ook fig.⟩ **0.3** ***druk*** ⇒*(drijf)kracht* **0.4** ***beweging*** ⇒*streven, richting* **0.5** ⟨mil.⟩ ***uitval.***
thrust[2] ⟨thrust, thrust⟩ **I** ⟨onov.ww.⟩ **0.1** ***uitvallen*** ⇒*toestoten* **0.2** ***dringen*** ⇒*worstelen* ◆ **5.2** ~ **in** *zich een weg banen naar binnen;*
II ⟨ov.ww.⟩ **0.1** ***stoten*** **0.2** ***steken*** ⇒*stoppen* **0.3** ***duwen*** ⇒*dringen* ◆ **6.1** he thrust a knife **into** his victim's heart *hij stak zijn slachtoffer een mes in het hart* **6.2** he thrust his hands **into** his pockets *hij stak zijn handen in zijn zakken* **6.3** she thrust her way **through** the crowd *ze worstelde zich door de menigte heen* **6.¶** ~ o.s. **upon** s.o. *zich aan iem. opdringen;* ~ sth. **upon** s.o. *iem. ergens mee opschepen.*
thruster [θrustə] **0.1** ***ellebogenwerker*** ⇒*streber* **0.2** ⟨ruim.⟩ ***thruster*** ⇒*stuwraket.*
thruway →**throughway.**
thud[1] [θud] ⟨zn.⟩ **0.1** ***plof*** ⇒*slag, bons.*
thud[2] ⟨ww.; -ded⟩ **0.1** ***(neer)ploffen*** ⇒*bonzen.*
thug [θug] **0.1** ***(gewelddadige/brutale) misdadiger.***
thuggery [θugərie] **0.1** ***gewelddadigheid.***
thumb[1] [θum] ⟨zn.⟩ **0.1** ***duim*** ◆ **3.¶** give the ~s up/down *goedkeuren/afkeuren;* twiddle one's ~s *duimendraaien* **5.¶** ~s **down** *afgewezen;* ~s **up**! *prima!; kop op!, hou je taai* **6.¶** be **under** s.o.'s ~ *bij iem. onder de plak zitten.* → **green, sore.**
thumb[2] **I** ⟨onov.ww.⟩ **0.1** ***liften*** ⇒*de duim opsteken* **0.2** ⟨+ through⟩ ***(door)bladeren*** ⟨bv. boek⟩;
II ⟨ov.ww.⟩ **0.1** ***beduimelen*** ⇒*vuile vingerafdrukken achterlaten in/op* **0.2** ***vragen*** ⟨een lift⟩ ⇒*liften* ◆ **1.2** ~ a ride *liften.*
thumb-index ⟨boek.⟩ **0.1** ***duimindex.***
thumb-nail 0.1 ***duimnagel.***
thumb-nail sketch 0.1 ***schetsje*** ⇒⟨fig.⟩ *korte beschrijving.*
thumb-pin, ⟨AE⟩ **thumb-tack 0.1** ***punaise.***
thumb-screw 0.1 ***duimschroef*** **0.2** ***vleugelschroef.***
thump[1] [θump] ⟨zn.⟩ **0.1** ***dreun*** ⇒*klap.*
thump[2] **I** ⟨onov.ww.⟩ **0.1** ***dreunen*** ⇒*bonzen* **0.2** ***bonken*** ⇒*met dreunende stap lopen;*
II ⟨ov.ww.⟩ **0.1** ***dreunen op*** ⇒*beuken* **0.2** ***stompen*** **0.3** ⟨inf.⟩ ***een pak slaag geven*** ◆ **5.1** he was ~ing **out** a well-known song *timmerend op de toetsen speelde hij een bekend liedje.*
thump[3] ⟨bw.⟩⟨inf.⟩ **0.1** ***met een dreun*** ◆ **3.1** the boy ran ~ with his head against the bookcase *de jongen liep bam met zijn hoofd tegen de boekenkast.*
thumping[1] [θumping] ⟨bn.⟩ **0.1** ***bonzend*** **0.2** ⟨inf.⟩ ***geweldig*** ◆ **1.1** a ~ headache *een barstende hoofdpijn* **1.2** a ~ boat *een joekel v.e. boot.*
thumping[2] ⟨bw.⟩⟨inf.⟩ **0.1** ***vreselijk*** ⇒*geweldig.*
thunder[1] [θundə] ⟨zn.⟩ **0.1** ***donder*** ⇒*onweer* **0.2** ***gedonder*** ⟨ook fig.⟩ ◆ **1.2** ~s of applause *een donderend applaus;* the ~ of the waves *het beuken v.d. golven* **3.¶** steal s.o.'s ~ *met de eer gaan strijken.* →**black.**
thunder[2] **I** ⟨onov.ww.⟩ **0.1** ***donderen*** ⇒*onweren* **0.2** ***denderen*** ⇒*dreunen* **0.3** ***donderen*** ⇒*razen, tekeergaan;*
II ⟨ov.ww.⟩ **0.1** ***uitbulderen*** ⇒*brullen* ◆ **5.1** ~ **out** curses *verwensingen uitschreeuwen.*
thunderbolt 0.1 ***bliksemflits*** **0.2** ***donderslag*** ⇒*schok, klap.*
thunderclap 0.1 ***donderslag*** ⟨ook fig.⟩.
thunder cloud 0.1 ***onweerswolk.***
thundering [θundring] **0.1** ***donderend*** **0.2** ⟨inf.⟩ ***buitengewoon*** ⇒*kolossaal.*
thunderous [θundrəs] **0.1** ***donderend.***
thunder shower 0.1 ***onweersbui*** ⇒*regenbui met onweer.*
thunderstorm 0.1 ***onweersbui.***
thunderstruck 0.1 ***(als) door de bliksem getroffen.***
thundery [θundrie] **0.1** ***onweerachtig*** **0.2** ***dreigend.***
thurible [θjoeərəbl] **0.1** ***wierookvat.***
Thursday [θə:zdie, -dee] **0.1** ⟨zn. en bw.⟩ ***donderdag.*** → **Monday** voor voorbeelden.
thus [ðus] ⟨schr.⟩ **0.1** ***(al)dus*** ⇒*zo, bijgevolg* ◆ **5.¶** ~ far *tot hier/nu toe.*
thwack →**whack.**
thwart[1] [θwo:t] ⟨zn.⟩ **0.1** ⟨scheep.⟩ ***doft*** ⇒*roeibank.*
thwart[2] ⟨ww.⟩ **0.1** ***verijdelen*** ⇒*dwarsbomen* **0.2** ***tegenwerken*** ⇒*tegenhouden.*
thy [ðaj] ⟨vero. of rel.⟩ **0.1** ***uw.***
thyme [tajm] **0.1** ***tijm.***
thyroid [θajrojd], ⟨in bet. 0.1 ook⟩ **thyroid gland** ⟨anat.⟩ **0.1** ⟨zn.⟩ ***schildklier*** **0.2** ⟨bn.⟩ ***schildklier-.***
thyself [ðajself] ⟨vero. of rel.⟩ **0.1** ***uzelf*** **0.2** ***gij zelf*** ◆ **4.2** thou ~ hast killed him *gij zelf hebt hem gedood.*
tiara [tie·a:rə] **0.1** ***tiara*** **0.2** ***diadeem.***
tibia [tibbiə]⟨mv.: ook tibiae [tibbi·ie:]⟩ **0.1** ⟨anat.⟩ ***scheenbeen.***
tic [tik] **0.1** ***tic*** ⇒*zenuwtrekje.*
tick[1] [tik] ⟨zn.⟩ **0.1** ***teek*** ⇒⟨BE; inf.; fig.⟩ *lastpost* **0.2** ***(ge)tik*** ⟨ihb. v. klok⟩ **0.3** ⟨BE; inf.⟩ ***momentje*** ⇒*ogenblikje* **0.4** ***vink(je)*** ⇒*(merk)teken(tje)* ⟨bij controle v. lijst⟩ **0.5** ***(bedden)tijk*** ⇒*overtrek* **0.6** ⟨inf.⟩ ***tijk*** ⟨stof⟩ **0.7** ⟨BE; inf.⟩ ***krediet*** ⇒*pof* ◆ **6.3** **in** a ~ *in een wip* **6.7** **on** ~ *op de pof.*
tick[2] **I** ⟨onov.ww.⟩ **0.1** ***tikken*** ◆ **3.¶** what makes s.o./sth. ~ *wat het geheim is v. iem./iets, wat iem. drijft/wat het in beweging houdt* **5.1** ~ **away/by** *tikken; voorbijgaan* ⟨v. tijd⟩ **5.¶** ~ **over** *stationair draaien* ⟨v. motor⟩; ⟨inf.⟩ *zijn gangetje gaan;*

II ⟨ov.ww.⟩ **0.1** ***aanstrepen*** ⟨op lijst⟩ ◆ **5.1** ~ **off** *afvinken, aankruisen* ⟨op lijst⟩ **5.¶** ⟨inf.⟩ ~ **off** *een uitbrander geven.*

ticker [tikkə] **0.1** ⟨sl.⟩ ***horloge*** ⇒*klok* **0.2** ⟨sl.⟩ ***hart*** ⇒*rikketik* **0.3** ***tikker*** ⟨telegraaf⟩.

ticker-tape **0.1** ***serpentine.***

ticker-tape parade ⟨AE⟩ **0.1** ***ticker-tape parade*** ⇒*serpentineoptocht.*

ticket¹ [tikkit] ⟨zn.⟩ **0.1** ***kaart(je)*** ⇒*toegangsbewijs, plaatsbewijs* **0.2** ***prijskaartje*** ⇒*etiket* **0.3** ⟨mil.⟩ ***ontslagbriefje*** **0.4** ⟨inf.⟩ ***bon*** ⇒*bekeuring* **0.5** ⟨AE⟩ ***kandidatenlijst*** ◆ **7.¶** ⟨inf.⟩ that's just the ~ *dát is het (precies).* →**straight.**

ticket² ⟨ww.⟩ **0.1** ***etiketteren*** ⇒*prijzen* **0.2** ***bestemmen*** ⇒ *aanduiden* **0.3** ⟨AE; inf.⟩ ***een bon/bekeuring geven.***

ticket collector **0.1** ***(kaartjes)controleur*** ⇒*conducteur.*

ticket holder **0.1** ***iem. met toegangsbewijs/kaartje*** ⟨tot theater e.d.⟩ ⇒*kaarthouder.*

ticket office **0.1** ***loket*** ⇒*plaatskaartenbureau.*

ticket tout **0.1** ***zwartekaartjesverkoper.***

ticking [tikking] **0.1** ***getik*** **0.2** ***(bedden)tijk*** ⟨stof⟩.

ticking-off ⟨inf.⟩ **0.1** ***uitbrander.***

tickle¹ [tikl] ⟨zn.⟩ **0.1** ***gekietel*** **0.2** ***kietelend gevoel.***

tickle² I ⟨onov.ww.⟩ **0.1** ***kietelen*** ⇒*kriebelen;*
II ⟨ov.ww.⟩ **0.1** ***kietelen*** ⇒*kriebelen;* ⟨fig.⟩ *(aangenaam) prikkelen* **0.2** ***amuseren*** ⇒*aan het lachen maken* ◆ **1.1** it ~s the senses *het prikkelt de zinnen* **1.2** ⟨inf.⟩ be ~d to death *zich kostelijk amuseren.*

tickler [tiklə] **0.1** ***netelig(e) vraag/probleem.***

ticklish [tiklisj] ⟨-ness⟩ **0.1** ***kittelig*** ⇒*kittelachtig* **0.2** ***netelig*** ⇒*delicaat* ◆ **6.1** be ~ *niet tegen kietelen kunnen.*

tick-tack-toe, tic-tac-toe [tiktæktoo] ⟨AE⟩ **0.1** ***boter-kaas-en-eieren*** ⟨spel⟩.

tidal [tajdl] **0.1** ***getijde-*** ⇒*v.h. getijde* ◆ **1.1** ~ river *getijderivier.*

tidal wave **0.1** ***getijdegolf*** ⇒*vloedgolf;* ⟨fig.⟩ *golf v. emotie.*

tidbit →**titbit.**

tiddler [tidlə] ⟨BE; inf.⟩ **0.1** ***visje*** **0.2** ***klein kind*** ⇒⟨fig.⟩ *kleine broertje.*

tiddly, tiddley [tidlie] ⟨BE; inf.⟩ **0.1** ***aangeschoten*** **0.2** ***nietig*** ⇒*klein.*

tiddlywinks [tidliewingks] ⟨ww. vnl. enk.⟩ **0.1** ***vlooienspel.***

tide [tajd] **0.1** ***getij(de)*** ⇒*tij* **0.2** ***stroom*** ⇒*stroming* ⟨ook fig.⟩ **0.3** ⟨vero., beh. in samenstellingen⟩ ***tijd*** ⇒*seizoen, (kerkelijk) feest* ◆ **1.2** ⟨fig.⟩ ~ of events *loop der gebeurtenissen* **2.1** high ~ *vloed;* low ~ *eb* **3.1** ⟨fig.⟩ turn the ~ *het getijde doen keren* **3.2** ⟨inf.; fig.⟩ swim / go with / against the ~ *met de stroom mee/tegen de stroom in gaan* **5.1** the ~ is **in/out** *het is hoog/laag water.* →**time.**

tide mark **0.1** ***hoogwaterlijn.***

tide over I ⟨ov.ww.⟩ **0.1** ***(iem.) verder/voorthelpen*** ⟨ihb. financieel⟩;
II ⟨ww. + vz.⟩ **0.1** ***helpen over/door*** ◆ **1.1** she gave me £15 to tide me over the next four days *ze gaf me £15 om me door de volgende vier dagen te helpen.*

tidewater **0.1** ***vloedwater*** **0.2** ⟨vaak attr.; AE⟩ ***laagliggend kustgebied.***

tideway **0.1** ***stroombed*** ⇒*stroomgeul* **0.2** ***eb/vloed in stroombed.***

tidings [tajdingz] ⟨ww. ook enk.⟩ ⟨vero.⟩ **0.1** ***tijding(en).***

tid|y¹ [tajdie] ⟨zn.; mv.: -ies⟩ **0.1** ***opbergdoosje voor prulletjes.***

tid|y² ⟨bn.; -iness⟩ **0.1** ***netjes*** ⇒*keurig, op orde* **0.2** ***proper*** ⇒ *zindelijk* **0.3** ***aardig (groot)*** ◆ **1.3** ~ income *aardig inkomen.*

tid|y³ ⟨ww.; -ied⟩ **0.1** ***opruimen*** ⇒*schoonmaken* ◆ **5.1** ~ **away** *opruimen, wegbergen;* ~ **up** *opruimen, in orde brengen.*

tie¹ [taj] ⟨zn.⟩ **0.1** ***touw(tje)*** ⇒*koord* **0.2** ***(strop)das*** **0.3** ***band*** ⇒*verbondenheid* **0.4** ***handenbinder*** ⟨bv. lastig kind⟩ **0.5** ***verbindingsbalk*** **0.6** ⟨sport, spel⟩ ***gelijk spel*** **0.7** ⟨sport⟩ ***(afval)wedstrijd*** ⇒*voorronde* **0.8** ⟨AE⟩ ***dwarsligger*** ⇒ *dwarsbalk, biel(s).*

tie² I ⟨onov.ww.⟩ **0.1** ***vastgemaakt worden*** **0.2** ***een knoop leggen*** **0.3** ⟨vnl. sport⟩ ***gelijk eindigen*** ◆ **5.1** that ~s easily *dat kun je makkelijk vastmaken* **5.¶** ~ **in** (with) *verband houden (met);* ⟨fig.⟩ *kloppen* **6.3** they ~d **for** a second place *ze deelden de tweede plaats.* →**tie up;**
II ⟨ov.ww.⟩ **0.1** ***(vast)binden*** ⇒*(vast)knopen* **0.2** ***(ver)binden*** **0.3** ***binden*** ⇒*beperken* **0.4** ⟨vnl. sport⟩ ***gelijk eindigen/spelen/staan met*** ◆ **1.1** his hands are ~d *zijn handen zijn gebonden* ⟨vnl. fig.⟩; ~ a knot *een knoop leggen* **1.4** ~d game *gelijkspel* **5.1** ~ **back** *opbinden, bijeen binden* ⟨bv. haar⟩ **5.3** ~ **down** *de handen binden, bezig houden;* ~ o.s. **down** *zich(zelf) beperkingen opleggen;* ~ s.o. **down to** *iem. zich laten houden aan.* →**tie up.**

tiebreak(er) **0.1** ***beslissingswedstrijd*** ⇒⟨tennis⟩ *tiebreak(er)* ⟨game om set te beslissen⟩.

tied [tajd] ⟨BE⟩ **0.1** ***(vast)gebonden*** ⇒*vastgelegd* ◆ **1.1** ~ cottage *niet-vrije arbeiderswoning* ⟨waarvan de huurder moet werken voor de eigenaar⟩; ~ house *gebonden café* ⟨met alleen bier van een bep. brouwerij⟩.

tie-dye, tie and dye **0.1** ***met de tie-and-dyetechniek verven*** ⇒*knoopverven.*

tie-on **0.1** ***hang-*** ◆ **1.1** ~ label *hangetiket.*

tiepin **0.1** ***dasspeld.***

tier [tiə] **0.1** ***rij*** ⇒*verdieping, rang* ⟨bv. in theater⟩.

tie up I ⟨onov.ww.⟩ **0.1** ⟨scheep.⟩ ***afgemeerd worden*** **0.2** ⟨inf.⟩ ***zich verbinden*** ⇒*connecties aanknopen* **0.3** ***verband houden*** **0.4** ***kloppen*** ◆ **6.¶** ~ **with** *verband houden met; kloppen met;*
II ⟨ov.ww.⟩ **0.1** ***vastbinden*** ⇒*ver/dichtbinden* **0.2** ⟨scheep.⟩ ***afmeren*** **0.3** ***(druk) bezig houden*** ⇒*ophouden; stopzetten* **0.4** ***vastzetten/leggen*** ⟨geld⟩ ◆ **1.1** ~ a dog *een hond vastleggen* **3.3** be tied up *bezet/druk bezig zijn* **6.1** ⟨fig.⟩ be tied up **with** *verband houden met.*

tie-up **0.1** ***(ver)band*** ⇒*relatie, connectie* **0.2** ⟨AE⟩ ***stilstand*** ⟨ihb. v. werk⟩ ⇒*staking.*

tiff [tif] **0.1** ***kibbelpartij*** ⇒*ruzietje.*

tiger [tajgə] **0.1** ***tijger*** ⟨ook fig.⟩ ◆ **2.1** ⟨fig.⟩ paper ~ *papieren tijger.*

tiger lily ⟨plantk.⟩ **0.1** ***tijgerlelie.***

tiger moth ⟨dierk.⟩ **0.1** ***beervlinder.***

tiger shark ⟨dierk.⟩ **0.1** ***tijgerhaai.***

tight¹ [tajt] ⟨bn.; -ness⟩ ⟨→s3⟩ **0.1** ***strak*** ⇒*nauw(sluitend), (strak) gespannen, krap* **0.2** ***propvol*** **0.3** ***potdicht*** **0.4** ***beklemmend*** **0.5** ***schaars*** ⇒*krap* **0.6** ***gierig*** **0.7** ***stevig*** ⇒ *vast* **0.8** ***streng*** **0.9** ⟨inf.⟩ ***dronken*** ◆ **1.1** ~ shoes *te kleine/nauwe schoenen* **1.2** a ~ schedule *een overladen programma* **1.4** be in a ~ corner / place / ⟨inf.⟩ spot *in een lastig parket zitten* **1.7** ~ knot *ferme/stevige knoop;* a ~ team *een hecht/harmonieus team* **1.8** keep a ~ grip / hold on s.o. *iem. goed in de hand houden* **1.¶** ~ end ⟨Am. football⟩ *tight end;* ⟨inf.⟩ it will be a ~ match / race *het zal erom spannen;* a ~ squeeze *een hele toer/opgave.*

tight² ⟨bw.⟩ **0.1** ***vast*** ⇒*stevig* ◆ **3.1** hold me ~ *hou me goed/stevig vast;* good night, sleep ~ *goedenacht, welterusten.*

tightassed ⟨AE; sl.⟩ **0.1** ***stijf*** ⇒⟨fig.⟩ *tuttig, benepen.*

tighten [tajtn] I ⟨onov.ww.⟩ **0.1** ***zich spannen*** ⇒*strakker worden* **0.2** ***krap worden;***
II ⟨ov.ww.⟩ **0.1** ***aanhalen*** ⇒*spannen, vastsnoeren* **0.2** ***vastklemmen*** ⇒*vastdraaien* **0.3** ***verscherpen*** ⟨maatregelen⟩ ◆ **1.1** ~ one's belt *de buikriem aanhalen* ⟨vnl. fig.⟩ **5.3** ~ **up** *verscherpen.*

tightfisted ⟨-ness⟩⟨inf.⟩ **0.1** ***krenterig.***
tight-fitting 0.1 ***nauwsluitend.***
tightknit 0.1 ***hecht*** ◆ **1.1** a ~ society *een hechte maatschappij.*
tight-lipped 0.1 ***met opeengeklemde lippen*** **0.2** ***gesloten*** ⇒*stil* ◆ **1.2** a ~ fellow *een vent waar je geen woord uitkrijgt.*
tightrope 0.1 ***strakke koord.***
tightrope act 0.1 ***een nummertje koorddansen*** ⟨ook fig.⟩.
tightrope walker 0.1 ***koorddanser.***
tights [tajts] **0.1** ***panty*** ◆ **1.1** a pair of ~ *een panty.*
tightwad ⟨inf.⟩ **0.1** ***vrek.***
tigress [tajgris] **0.1** ***tijgerin*** ⟨ook fig.⟩.
tike →**tyke.**
tile[1] [tajl] ⟨zn.⟩ **0.1** ***tegel*** ⇒*(dak)pan* ◆ **2.¶** ⟨inf.⟩ he has a ~ loose *d'r zit een steekje los bij hem* **6.¶** ⟨inf.⟩ be (out) **on** the ~s *aan de rol/zwier zijn.*
tile[2] ⟨ww.⟩ **0.1** ***betegelen*** ⇒*plaveien* **0.2** ***met pannen dekken.***
till[1] [til] ⟨zn.⟩ **0.1** ***geldlade*** ⇒*kassa.*
till[2] ⟨ww.⟩ **0.1** ***bewerken*** ⟨grond⟩.
till[3] [t(ə)l, ⟨sterk⟩ til] ⟨vz.⟩ **0.1** ⟨tijd⟩ ***tot (aan)*** ⇒*voor* ◆ **1.1** he lived ~ a hundred *hij werd honderd jaar oud;* ~ tomorrow *tot morgen* **6.1** not ~ **after** dinner *niet vóór/pas na het middageten.*
till[4] [t(ə)l, ⟨sterk⟩ til] ⟨vw.⟩ **0.1** ⟨tijd⟩ ***tot(dat)*** ⇒*voordat* ◆ **¶.1** he read ~ Harry arrived *hij las tot Harry (aan)kwam;* it was a long time ~ she emerged *het duurde lang voor zij verscheen;* wait ~ I get you *wacht maar, ik krijg je nog wel!*
tillage [tillidzj] **0.1** ***het bewerken*** **0.2** ***bewerkte grond.***
tiller [tillə] **0.1** ***roer(pen)*** ⇒*helmstok.*
tilt[1] [tilt] ⟨zn.⟩ **0.1** ***schuine stand*** **0.2** ***steekspel*** ⇒⟨fig.⟩ *woordenwisseling* ◆ **6.1** he wore his hat **at** a ~ *hij had zijn hoed schuin op* **6.2** he made a ~ **at** the Prime Minister *hij nam de premier onder vuur.* →**full.**
tilt[2] **I** ⟨onov.ww.⟩ **0.1** ***scheef/schuin/op zijn kant staan*** ⇒ *(over)hellen* **0.2** ***op en neer gaan*** ⇒*wiegelen, schommelen* ◆ **5.1** ~ **over** *wippen, kantelen;*
II ⟨ov.ww.⟩ **0.1** ***scheef/schuin houden/zetten*** ⇒*doen (over)hellen, kantelen.*
tilt at 0.1 ***aanvallen.***
tilth [tilθ] **0.1** ***akkerland.***
timber [timbə] **I** ⟨telb.zn.⟩ **0.1** ***balk*** **0.2** ⟨scheep.⟩ ***spant*** ◆ **3.¶** shiver my ~s *duizend bommen en granaten* ⟨vloek/bezwering v. zeelui in komische literatuur⟩;
II ⟨n.-telb.zn.⟩ **0.1** ***(timmer)hout*** **0.2** ***opgaand hout*** **0.3** ***kenmerken*** ⇒*kwaliteiten* ◆ **2.3** a man of professorial ~ *iem. met hoogleraarskwaliteiten* **¶.¶** ~! *van onderen!* ⟨waarschuwingsroep bij het vellen v. bomen⟩.
timbered [timbəd] **0.1** ***in vakwerk uitgevoerd*** **0.2** ***bebost*** ⇒ *met opgaand hout begroeid* ◆ **1.1** a ~ house *een huis in vakwerk.*
timberline 0.1 ***boomgrens.***
timber yard 0.1 ***stapelplaats/terrein*** ⟨v. hout⟩.
timbre [tæmbə] **0.1** ***timbre*** ⇒*klankkleur.*
timbrel [timbrəl] **0.1** ***tamboerijn.***
time[1] [tajm] **I** ⟨telb. en n.-telb.zn.⟩ **0.1** ***tijd*** ⇒*tijdsduur* **0.2** ***tijdstip*** ⇒*tijd* **0.3** ⟨vaak mv.⟩ ***tijdperk*** ⇒*periode* **0.4** ***gelegenheid*** ⇒*moment, ogenblik* **0.5** ***keer*** ⇒*maal* ◆ **1.2** the ~ of day *de juiste tijd* **1.4** have ~ on one's hands *genoeg/te veel vrije tijd hebben;* there's a ~ and place for everything *alles op zijn tijd* **1.¶** pass the ~ of day with s.o. *iem. goedendag zeggen; even met iem. staan praten;* take ~ by the forelock *de gelegenheid/kans aangrijpen;* get ~ and a half for working on Saturdays *anderhalf keer betaald krijgen voor werken op zaterdag;* I had the ~ of my life *ik heb ontzettend genoten;* since ~ out of mind *sinds onheuglijke tijden* **3.1** gain ~ *tijd winnen;* kill ~ *de tijd doden;* lose ~ *tijd verliezen; achterlopen* ⟨v. uurwerk⟩; lose no ~ *geen tijd verliezen, direct doen;* make ~ for sth. *ergens tijd voor vrijmaken;* take one's ~ *zich niet haasten;* ⟨sprw.⟩ ~ flies *de tijd vliegt* **3.2** do you have the ~? *weet u hoe laat het is?;* keep (good) ~ *goed lopen* ⟨v. klok⟩ **3.3** move with the ~s *met zijn tijd meegaan;* ~ was when Britain ruled the world *eens heerste Engeland over de wereld* **3.4** bide one's ~ *afwachten* **3.¶** do ~ *zitten* ⟨in gevangenis⟩; your ~ is drawing near *jouw tijd is bijna gekomen;* have a ~ (of it) *het lastig/moeilijk hebben;* I have no ~ for him *ik mag hem niet, ik heb een hekel aan hem;* last one's ~ *zijn tijd wel duren;* mark ~ ⟨mil.⟩ *pas op de plaats maken;* ⟨fig.⟩ *een afwachtende houding aannemen;* play for ~ *tijd rekken;* serve one's ~ *een gevangenisstraf uitzitten;* ~ will tell *de tijd zal het uitwijzen* **5.1** ~ and (~) again *steeds weer/opnieuw;* in next to no ~ *in een mum v. tijd;* let's take some ~ **off**/⟨AE⟩ ~ **out** *laten we er even tussenuit gaan* **5.¶** ~'s **up**! *het is de hoogste tijd!* **6.1** I'm working **against** ~ *ik moet me (vreselijk) haasten, het is een race tegen de klok;* **for** a ~ *een tijdje;* **in** (less than) no ~ (at all) *in minder dan geen tijd* **6.2** he arrived **ahead of** ~ *hij kwam (te) vroeg;* **at** the ~ *toen, indertijd;* she is often **behind** ~ with her payments *ze is vaak te laat/achter met haar betalingen;* **by** the ~ the police arrived, ... *tegen de tijd dat/toen de politie arriveerde, ...* **6.3** be **ahead of** one's ~ *zijn tijd vooruit zijn;* **at** one ~ *vroeger, eens;* be **behind** the ~s *achterlopen, niet meer van deze tijd zijn;* once **upon** a ~ *er was eens* **6.¶** (and) **about** ~ too! *(en) het werd ook tijd;* ~ **after** ~ *keer op keer;* **at** all ~s *altijd, te allen tijde;* one **at** a ~ *één tegelijk;* **at** the same ~ *tegelijkertijd; toch, desalniettemin;* **at** this ~ of day *in dit late stadium;* **at** ~s *soms;* **between** ~s *nu en dan;* **for** the ~ being *voorlopig;* **from** ~ **to** ~ *van tijd tot tijd;* **in** ~ *op tijd; na verloop van tijd;* **on** ~ *op tijd;* ⟨AE⟩ *op afbetaling* **7.1** all the ~ *de hele tijd, voortdurend; altijd* **7.2** what ~ is it?, what's the ~? *hoe laat is het?* **7.4** ⟨inf.⟩ any ~ *altijd, om 't even wanneer;* every ~ *elke keer, altijd; steeds/telkens (weer);* many ~s, many a ~ *vaak, dikwijls* **7.5** nine ~s out of ten *bijna altijd, negen op de tien keer* **¶.1** ⟨sprw.⟩ ~ and tide wait for no man *het getij wacht op niemand;* ⟨sprw.⟩ ~ is the great healer *de tijd heelt alle wonden.* →**double-quick, easy, evil, good, hard, heavy, high, own, short, thin;**
II ⟨n.-telb.zn.⟩⟨muz.⟩ **0.1** ***maat*** **0.2** ***tempo*** ◆ **3.1** beat ~ *de maat slaan;* keep ~ *in de maat blijven, de maat houden* **6.1** **in** ~ *in de maat;* **out of** ~ *uit de maat, vals.* →**common.**
time[2] ⟨ww.⟩ **0.1** ***vaststellen*** ⇒*berekenen* ⟨tijdstip, tijdsduur⟩ **0.2** ***het juiste moment kiezen voor/om te*** **0.3** ***timen*** ⇒ *klokken* ◆ **1.1** the train is ~d to leave at four o'clock *de trein moet om vier uur vertrekken* **1.2** his visit was ill ~d *zijn bezoek kwam ongelegen.*
time bomb 0.1 ***tijdbom*** ⟨ook fig.⟩.
timecard, time sheet 0.1 ***tijdkaart*** ⇒*rooster* ⟨v. werkuren⟩.
time clock 0.1 ***prikklok.***
time-consuming 0.1 ***tijdrovend.***
time deposit ⟨ec.⟩ **0.1** ***termijndeposito.***
time exposure ⟨foto.⟩ **0.1** ***tijdopname.***
time fault ⟨paardensport⟩ **0.1** ***tijdfout*** ⇒*strafseconden.*
time fuse 0.1 ***tijdontsteker.***
time-honoured 0.1 ***traditioneel*** ⇒*aloud.*
timekeeper 0.1 ***uurwerk*** **0.2** ***tijdwaarnemer*** ⇒*tijdopnemer* ◆ **1.1** my watch is a good ~ *mijn horloge loopt altijd op tijd.*

time lag **0.1** ***pauze*** ⟨tussen twee opeenvolgende verschijnselen⟩ ⇒*tijdsverloop, vertraging, tijdsinterval.*
timeless [tajmləs] ⟨-ness⟩ **0.1** ***oneindig*** ⇒*eeuwig* **0.2** ***tijd(e)loos.***
time limit **0.1** ***tijdslimiet.***
time lock **0.1** ***tijdslot.***
timel|y [tajmlie] ⟨-iness⟩ **0.1** ***tijdig*** **0.2** ***van pas komend*** ⇒ *gelegen* ◆ **1.2** yours was a ~ remark *uw opmerking kwam precies op het juiste moment.*
time out ⟨AE; sport⟩ **0.1** ***time-out*** ⇒*onderbreking.*
time payment ⟨AE; ec.⟩ **0.1** ***betaling in termijnen.***
timepiece **0.1** ***uurwerk*** ⇒*klok, horloge.*
timer [tajmə] **0.1** ***timer*** ⟨bv. op video⟩ **0.2** ***tijdopnemer*** **0.3** ***tijdwaarnemer.***
timesaving **0.1** ***tijdsbesparend.***
timeserver **0.1** ***opportunist.***
timeserving **0.1** ⟨bn.⟩ ***opportunistisch*** **0.2** ⟨zn.⟩ ***opportunisme.***
time-share ⟨ook attr.⟩ **0.1** ***deeltijdeigenaarschap*** ⟨v. vakantiewoning/flat⟩.
time-sharing **0.1** ⟨comp.⟩ ***timesharing*** **0.2** ⟨vaak attr.⟩ ***timesharing*** ⇒*deeltijdeigenaarschap* ⟨v. vakantiewoning/flat⟩.
time sheet →**timecard.**
time signal **0.1** ***tijdsein.***
time signature ⟨muz.⟩ **0.1** ***maatteken.***
time switch **0.1** ***tijdschakelaar.***
timetable[1] ⟨zn.⟩ **0.1** ***dienstregeling*** **0.2** ***(les/college)rooster.***
timetable[2] **I** ⟨onov. en ov.ww.⟩ **0.1** ***roosteren*** ⇒*een rooster maken;*
II ⟨ov.ww.⟩⟨vaak pass.⟩ **0.1** ***plannen*** ⇒*in het rooster opnemen, inroosteren.*
time trial ⟨vnl. wielrennen⟩ **0.1** ***tijdrit.***
time trial(l)ist [tajm trajjəlist] ⟨sport, ihb. wielrennen⟩ **0.1** ***tijdrijder.***
time warp **0.1** ***vervorming v./onderbreking in de tijd*** ⇒ *tijdsvervorming.*
time-wasting ⟨sport⟩ **0.1** ***(het) tijdrekken*** ⇒*(het) tijd-winnen.*
timework **0.1** ***per uur/dag betaald werk*** ◆ **6.1** he's not on piecework but **on** ~ *hij krijgt geen stukloon, maar uurloon.*
timeworn **0.1** ***versleten*** ⇒*oud* **0.2** ***afgezaagd.***
time zone **0.1** ***tijdzone.***
timid [timmid] ⟨-ness⟩ **0.1** ***bang*** ⇒*angstig* **0.2** ***timide*** ⇒ *schuchter, verlegen.*
timidity [timmiddətie] **0.1** ***angst*** **0.2** ***bedeesdheid.***
timing [tajming] **0.1** ***timing.***
timing system ⟨sport, ihb. zwemsport⟩ **0.1** ***elektronische tijdwaarneming*** ⇒*gatsometer.*
timorous [timrəs] ⟨-ness⟩ **0.1** ***bang*** ⇒*angstig* **0.2** ***timide*** ⇒ *bedeesd, beschroomd.*
timothy [timməθie], **timothy grass** ⟨plantk.⟩ **0.1** ***timothee-(gras).***
timpani, tympani [timpənie] ⟨ww. steeds mv.⟩ **0.1** ***pauk(en).***
timpanist [timpənist] **0.1** ***paukenist.***
tin[1] [tin] ⟨zn.⟩ **0.1** ***tin*** **0.2** ***blik*** **0.3** ⟨BE⟩ ***blik(je)*** ⇒*conservenblik* **0.4** ***bus.***
tin[2] ⟨bn.⟩ **0.1** ***tinnen*** **0.2** ***blikken*** **0.3** ***prullerig*** ◆ **1.1** ~ soldier *tinnen soldaatje* **1.2** ~ can *(leeg) blikje;* ~ whistle *blikken fluitje* **1.¶** ⟨AE; sl.⟩ ~ can *oude torpedojager;* ⟨AE; sl.⟩ *auto;* (little) ~ god *(vals) idool;* ⟨sl.; mil.⟩ ~ hat *helm;* ⟨inf.⟩ ~ lizzie/Lizzie *rammelkar.*
tin[3] ⟨ww.; -ned⟩ **0.1** ***vertinnen*** **0.2** ⟨BE⟩ ***inblikken.***
tincture[1] [ting(k)tsjə] ⟨zn.⟩ **0.1** ***tinctuur*** **0.2** ⟨schr.⟩ ***vleugje*** **0.3** ***tint.***
tincture[2] ⟨ww.⟩⟨schr.⟩ **0.1** ***tinten*** **0.2** ***doordringen.***
tinder [tində] **0.1** ***tondel*** **0.2** ***olie op het vuur.***
tinderbox **0.1** ***tondeldoos*** **0.2** ⟨fig.⟩ ***kruitvat.***
tine [tajn] **0.1** ***scherpe punt*** ⇒*tand* ⟨v. (hooi)vork⟩ **0.2** ***geweitak.***
tinfoil **0.1** ***tinfoelie*** ⇒*bladtin, aluminiumfolie.*
ting[1] [ting] ⟨zn.⟩ **0.1** ***ting*** ⟨geluid⟩.
ting[2] ⟨ww.⟩ **0.1** ***(doen) tingelen*** ⇒*(laten) rinkelen.*
tinge[1] [tindzj] ⟨zn.⟩ **0.1** ***tint(je)*** ⟨ook fig.⟩.
tinge[2] ⟨ww.⟩ **0.1** ***tinten*** **0.2** ***doortrekken*** ◆ **6.2** comedy ~d **with** tragedy *tragikomedie.*
tingle[1] [tinggl] ⟨zn.⟩ **0.1** ***tinteling.***
tingle[2] **I** ⟨onov.ww.⟩ **0.1** ***opgewonden zijn*** ⇒*popelen;*
II ⟨onov. en ov.ww.⟩ **0.1** ***(laten) tintelen*** ⇒*(doen) suizen* ⟨v. oren⟩.
tinhorn ⟨vnl. AE; sl.⟩ **0.1** ***pretentieus kereltje*** ⇒*pochhans, bluffer.*
tinker[1] [tingkə] ⟨zn.⟩ **0.1** ***ketellapper*** **0.2** ***prutser*** **0.3** ⟨inf.⟩ ***rotjong*** **0.4** ⟨IE⟩ ***zwerver.***
tinker[2] ⟨ww.⟩ **0.1** ***ketellappen*** **0.2** ⟨+ at/with⟩ ***prutsen (aan)*** **0.3** ⟨ook +about⟩ ***zijn tijd verbeuzelen.***
tinker's cuss ◆ **3.¶** not care a ~ *er geen snars/sikkepit om geven.*
tinkle[1] [tingkl] ⟨zn.⟩ **0.1** ***gerinkel*** **0.2** ⟨BE; inf.; euf.⟩ ***plasje*** **0.3** ⟨BE; inf.⟩ ***belletje*** ⇒*telefoontje.*
tinkle[2] **I** ⟨onov.ww.⟩ **0.1** ***rinkelen*** ⇒*tingelen* **0.2** ⟨BE; inf.; euf.⟩ ***plassen;***
II ⟨ov.ww.⟩ **0.1** ***laten rinkelen.***
tinn|y [tinnie] ⟨-iness⟩ **0.1** ***tin-*** ⇒*blikachtig* **0.2** ***metaalachtig*** ⟨v. klank⟩ **0.3** ⟨sl.⟩ ***waardeloos.***
tin opener ⟨vnl. BE⟩ **0.1** ***blikopener.***
tin-pan alley ⟨vaak T- P- A-⟩ **0.1** ⟨ong.⟩ ***het wereldje v.d. populaire muziek*** ⇒*stadsdeel waar popmusici zich ophouden.*
tinplate **0.1** ***blik.***
tin-pot ⟨BE; inf.⟩ **0.1** ***prullig*** ⇒*waardeloos, armetierig.*
tinsel [tinsl] **0.1** ***klatergoud*** ⟨ook fig.⟩ ⇒*tinsel.*
tinsmith **0.1** ***tinnegieter*** **0.2** ***blikslager.***
tint[1] [tint] ⟨zn.⟩ **0.1** ***(pastel)tint*** **0.2** ***kleurshampoo*** ⇒*verdunde haarverf* **0.3** ***ondertoon*** ⇒*spoortje, zweempje.*
tint[2] ⟨ww.⟩ **0.1** ***kleuren.***
tin-tack **0.1** ***(vertind) kopspijkertje.***
tintinnabulation [tintinæbjoeleesjn] **0.1** ***geklingel*** ⇒*gelui.*
tin|y [tajnie] ⟨-ier⟩ **0.1** ***uiterst klein*** ⇒*nietig.*
tip[1] [tip] ⟨zn.⟩ **0.1** ***tip(je)*** ⇒*top(je), punt; filter(stuk)* ⟨v. sigaret⟩, *pomerans* ⟨v. biljartkeu⟩ **0.2** ⟨BE⟩ ***stort(plaats)*** ⇒*vuilnisbelt;* ⟨fig.⟩ *zwijnenstal* **0.3** ⟨BE⟩ ***kolentip*** ⇒*wagonkieper* **0.4** ***fooi*** **0.5** ***tip*** ⇒*wenk, raad* **0.6** ***tik(je)*** ⇒*duwtje* **0.7** ***overhelling*** ◆ **1.1** the ~ of the iceberg *het topje v.d. ijsberg* **1.¶** have sth. on the ~ of one's tongue *iets voor op de tong hebben liggen* **6.5** give s.o. a ~ **on** *iem. een tip geven over.*
tip[2] ⟨-ped⟩ **I** ⟨onov.ww.⟩ **0.1** ***kiep(er)en*** ⇒*kantelen* **0.2** ***omkantelen*** ⇒*omvervallen* **0.3** ***fooien uitdelen*** ◆ **5.1** these bunks ~ **up** *deze slaapbanken klappen omhoog* **5.2** ~ **over** *omvallen;*
II ⟨ov.ww.⟩ **0.1** ***van een tip/punt voorzien*** **0.2** ***doen overhellen*** **0.3** ***doen omslaan*** ⇒*omvergooien* **0.4** ⟨vnl. BE⟩ ***(weg)kieperen*** **0.5** ***overgieten*** **0.6** ***aantikken*** ⇒*eventjes aanraken, (aans)tippen* **0.7** ***tippen*** ⇒*(als fooi) geven* **0.8** ***tippen*** ⇒*als kanshebber aanwijzen* ◆ **1.8** I'm ~ping Andrew as the next president *ik denk dat Andrew kans heeft de volgende voorzitter te worden* **5.2** ~ sth. **up** *iets schuin/op zijn kant houden* **5.3** ~ **over** *omgooien.* →**tip off.**
tip off **0.1** ***waarschuwen*** ⇒*een tip geven.*
tip-off ⟨inf.⟩ **0.1** ***waarschuwing*** ⇒*hint.*

tipper [tippə] **0.1** ***fooiengever*** **0.2** ***kieper*** *⇒kiepkar.*
tipple[1] [tipl] ⟨zn.⟩⟨inf.⟩ **0.1** ***(sterke)drank*** *⇒drankje.*
tipple[2] ⟨ww.⟩⟨inf.⟩ **0.1** ***aan de drank zijn*** *⇒pimpelen.*
tippler [tiplə] **0.1** ***(gewoonte)drinker*** *⇒pimpelaar* **0.2** ***sierduif.***
tipstaff ⟨vnl. BE⟩ **0.1** ***gerechtsdienaar*** ⟨die de orde in de zaal handhaaft⟩ *⇒deurwaarder.*
tipster [tipstə] **0.1** ***tipgever*** *⇒informant.*
tips|y [tipsie] ⟨-iness⟩⟨vnl. BE⟩ **0.1** ***aangeschoten.***
tiptoe[1] [tiptoo] ⟨zn.⟩ **0.1** ***teentop*** **◆ 6.¶ on** ~ *op zijn tenen; vol verwachting; stilletjes.*
tiptoe[2] ⟨ww.⟩ **0.1** ***op zijn tenen lopen.***
tip-top ⟨inf.⟩ **0.1** ***tiptop*** *⇒piekfijn* **0.2** ***chic.***
tip-up ◆ 1.¶ a ~ seat *een klapstoeltje.*
tirade [tajreed] **0.1** ***tirade*** *⇒scheldkanonnade.*
tire[1] [tajjə] ⟨zn.⟩ **0.1** ***hoepel*** **0.2** ⟨AE⟩ **→tyre.**
tire[2] **I** ⟨onov.ww.⟩ **0.1** ***moe worden*** **0.2** ⟨+ of⟩ ***beu worden*** **◆ 6.2** I never ~ **of** it *het verveelt me nooit;*
II ⟨ov.ww.⟩ **0.1** ⟨ook +out⟩ ***afmatten*** *⇒vermoeien* **0.2** ***vervelen.***
tired [tajjəd] **0.1** ***moe*** **0.2** ***afgezaagd*** **◆ 5.1** ~ **out** *doodop* **6.¶** be ~ **of** sth. *iets beu zijn.*
tireless [tajjələs] **0.1** ***onvermoeibaar*** **0.2** ***onophoudelijk.***
tiresome [tajjəsəm] **0.1** ***vermoeiend*** **0.2** ***vervelend*** *⇒saai.*
tiro, tyro [tajroo] **0.1** ***beginneling.***
'tis [tiz] ⟨samentr. v. it is⟩.
tissue [tisjoe:, -sjoe:] **0.1** ***doekje*** *⇒gaasje* **0.2** ***papieren (zak)doekje*** *⇒velletje vloeipapier* **0.3** ***web*** *⇒netwerk* **0.4** ⟨biol.⟩ ***(cel)weefsel*** **0.5** ***zijdepapier*** **◆ 1.3** ~ of lies *aaneenschakeling v. leugens.*
tissue culture ⟨med.⟩ **0.1** ***weefselkweek/cultuur.***
tissue paper **0.1** ***zijdepapier.***
tissular [tisjoelə, -sjoelə] ⟨biol.⟩ **0.1** ***weefsel-.***
tit [tit] **0.1** ***mees*** **0.2** ⟨vulg.⟩ ***tiet*** **0.3** ⟨BE; sl.⟩ ***sukkel*** *⇒klier* **◆ 1.¶** ⟨inf.⟩ ~ for tat *leer om leer; woordentwist.* **→bearded, great.**
titan [tajtn] **0.1** ⟨ook T-; Griekse mythologie⟩ ***titan*** **0.2** ***kolos.***
titanic [tajtænik] ⟨-ally⟩ **0.1** ***titanisch*** *⇒reusachtig.*
titbit [titbit], ⟨AE sp.⟩ **tidbit** [tidbit] **0.1** ***lekker hapje*** **0.2** ***interessant nieuwtje*** *⇒roddeltje.*
titer **→titre.**
titfer [titfə] ⟨BE; sl.⟩ **0.1** ***hoed.***
tit-for-tat **0.1** ***vergeldings-*** *⇒uit wraak.*
tithe [tajð] ⟨meestal mv.⟩ **0.1** ⟨gesch.⟩ ***tiend*** **0.2** ⟨schr.⟩ ***tiende deel*** ⟨ook fig.⟩.
titill|ate [titilleet] ⟨zn.: **-ation**⟩ **0.1** ***prikkelen*** *⇒aangenaam opwinden, strelen.*
titivate, tittivate [tittivveet] ⟨inf.⟩ **0.1** ***mooi maken*** *⇒opdirken.*
title [tajtl] **0.1** ***titel*** *⇒titelblad;* ⟨sport⟩ *kampioen(schap);* ⟨jur.⟩ *eigendomsrecht; ondertitel, aftiteling* ⟨v. film⟩.
title-chaser ⟨sport⟩ **0.1** ***titelkandidaat.***
titled [tajtld] **0.1** ***met een (adellijke) titel*** *⇒getiteld.*
title deed ⟨jur.⟩ **0.1** ***eigendomsakte*** *⇒titelbewijs.*
title-holder ⟨sport⟩ **0.1** ***titelhouder/houdster.***
title page **0.1** ***titelpagina.***
title role **0.1** ***titelrol.***
titmouse ⟨schr.; dierk.⟩ **0.1** ***echte mees.*** **→great.**
titr|ate [tajtreet] ⟨zn.: **-ation**⟩⟨schei.⟩ **0.1** ***titreren.***
titre, ⟨AE sp.⟩ **titer** [tajtə] ⟨schei.⟩ **0.1** ***titer.***
titter[1] [tittə] ⟨zn.⟩ **0.1** ***gegiechel*** **◆ 6.1** be **in** a ~ *giechelen.*
titter[2] ⟨ww.⟩ **0.1** ***(onderdrukt/nerveus) giechelen.***
tittivate **→titivate.**
tittle [titl] **0.1** ***tittel*** ⟨ook fig.⟩ *⇒puntje* **◆ 6.1 to** a ~ *precies.*
tittle-tattle[1] [titltætl] ⟨zn.⟩⟨inf.⟩ **0.1** ***kletspraat*** *⇒roddelpraat.*
tittle-tattle[2] ⟨ww.⟩⟨inf.⟩ **0.1** ***kletsen.***
titt|y [tittie] ⟨mv.: -ies⟩ **0.1** ⟨inf.⟩ ***tiet.***
titular [titsjoelə] **0.1** ***aan een titel verbonden*** **0.2** ***titulair*** *⇒in naam* **◆ 1.1** ~ possessions *bezittingen die bij een bep. titel horen.*
tizz|y [tizzie] ⟨mv.: -ies; vnl. enk.⟩⟨sl.⟩ **◆ 6.¶** be **in / all of** a ~ *in alle staten zijn.*
T-junction **0.1** ***T-verbindingspunt*** *⇒T-kruising* **0.2** ***T-stuk.***
T.N.T. ⟨afk.⟩ **0.1** [trinitrotoluene] ***TNT.***
to[1] [toe:] ⟨bw.⟩ **0.1** ⟨richting⟩ ***(er)heen*** **0.2** ⟨plaats; ook fig.⟩ ***tegen*** *⇒bij, eraan* **◆ 3.2** bring s.o. ~ *iem. bijbrengen;* he put his signature ~ *hij zette zijn handtekening erop* **5.1** ~ and fro *heen en weer;* pace ~ and fro *ijsberen.* **→come to.**
to[2] [tə, toe, ⟨sterk⟩ toe, toe:] ⟨vz.⟩ **0.1** ⟨richting, afstand en doel; ook fig.⟩ ***naar*** *⇒naar ... toe, tot* **0.2** ⟨plaats; ook fig.⟩ ***tegen*** *⇒op, in* **0.3** ⟨vergelijkend⟩ ***met*** *⇒ten opzichte van, voor* **0.4** ⟨tijd⟩ ***tot*** *⇒tot op, op* **0.5** ⟨duidt inherente verbondenheid aan⟩ ***bij*** *⇒aan, van* **◆ 1.1** he came ~ our aid *hij kwam ons te hulp;* pale ~ clear blue *bleek tot hel blauw;* covered up ~ his chin *tot de kin bedekt;* hurry ~ church *zich naar de kerk haasten;* his money went ~ clothes *zijn geld besteedde hij aan kleren;* ~ her dismay *tot haar ontzetting;* sing hymns ~ God *hymnen zingen voor God;* drink ~ her health *op haar gezondheid drinken;* it seemed strange ~ John *het kwam John vreemd voor;* she held the letter ~ the light *ze hield de brief tegen het licht;* loyal ~ a man *stuk voor stuk trouw;* ~ my mind *volgens mij;* turn ~ your right *sla rechtsaf;* travel ~ Rome *naar Rome reizen;* go ~ sea *zee kiezen* **1.2** I've been ~ my aunt's *ik ben bij mijn tante gaan logeren* **1.3** use 50 lbs. ~ the acre *gebruik 50 pond per acre;* this is nothing ~ the capital *dit is niets vergeleken bij de hoofdstad;* superior ~ synthetic fabric *beter dan synthetische stof;* Jack had eight marbles ~ Bill's forty *Jack had slechts acht knikkers tegenover Bill, die er veertig had;* compared ~ Jack *vergeleken bij Jack;* he wrote music ~ his lyrics *hij schreef muziek bij zijn teksten;* he sang ~ the music *hij zong op de muziek/met de muziek mee;* a disaster ~ the nation *een ramp voor het volk;* true ~ nature *natuurgetrouw;* different ~ Philip's *verschillend van die van Philip;* I'm new ~ the place *ik ben hier nieuw;* made ~ size *op maat gemaakt;* sweeten ~ taste *zoeten naar smaak* **1.4** three years ago ~ the day *precies drie jaar geleden;* ~ the present day *tot op heden;* paid ~ the day *stipt betaald;* stay ~ the end *tot het einde blijven;* from week ~ week *van week tot week* **1.5** son ~ Mr Boswell *de zoon van dhr. Boswell;* the key ~ the house *de sleutel van het huis;* there's more ~ the story *het verhaal is nog niet af* **2.1** from bad ~ worse *v. kwaad tot erger* **4.2** he kept it ~ himself *hij hield het voor zich;* we beat them eleven ~ seven *we hebben ze met elf tegen zeven verslagen* **4.4** ⟨vnl. BE⟩ five (minutes) ~ three *vijf (minuten) voor drie* **4.5** there's more ~ it *er zit meer achter.*
to[3] [tə, toe, ⟨sterk⟩ toe, toe:] ⟨partikel⟩ **0.1** ⟨vaak onvertaald⟩ ***te*** **0.2** ⟨vaak onvertaald⟩ ***dat/het*** **◆ 3.1** ~ accept is ~ approve *aanvaarden is goedkeuren;* I don't want ~ apologize *ik wil mij niet verontschuldigen;* the plane took off (only) ~ crash two minutes later *het vliegtuig steeg op en/maar stortte twee minuten later neer/*⟨substandaard ook⟩ *om twee minuten later neer te storten* **3.2** I don't want ~ *dat wil ik niet;* I'd like to apologize, but I don't know how ~ *ik zou graag mijn verontschuldigingen aanbieden, maar ik weet niet hoe.*
toad [tood] **0.1** ⟨dierk.⟩ ***pad*** **0.2** ***ellendeling*** *⇒kwal.*
toad-in-the-hole ⟨BE; cul.⟩ **0.1** ***in beslag gebakken saucijsjes/rundvlees.***

toadstool 0.1 ***paddestoel*** ⟨ihb. giftige⟩.
toad|y[1] [toodie] ⟨zn.; mv.: -ies⟩ **0.1** ***vleier*** ⇒*pluimstrijker.*
toad|y[2] ⟨ww.; -ied⟩ **0.1** ***vleien*** ◆ **6.1** ~ **to** s.o. *iem. vleien.*
to-and-fro [toe:ənfroo] **0.1** ⟨bn.⟩ ***heen en weer (gaand)*** ⇒ *schommelend* **0.2** ⟨zn.; the⟩ ***heen-en-weergeloop*** ⇒*komen en gaan.*
toast[1] [toost] ⟨zn.⟩ **0.1** ***(heil)dronk*** ⇒*toast* **0.2** ***iem./iets waarop getoast wordt*** ⇒*gevierde schoonheid* **0.3** ***geroosterd(e) boterham/brood*** ⇒*toast* ◆ **1.2** the ~ was the Queen *men bracht een toast uit op de koningin* **3.1** drink a ~ to s.o. *een dronk uitbrengen op iem.;* propose a ~ to s.o. *een toast uitbrengen op iem.* **3.¶** have s.o. on ~ *iem. helemaal in zijn macht hebben.*
toast[2] ⟨ww.⟩ **0.1** ***roosteren*** ⇒*toast maken van* **0.2** ***toasten op*** ◆ **4.1** ⟨fig.⟩ ~ o.s. at the fire *zich warmen bij het vuur.*
toaster [toostə] **0.1** ***broodrooster.***
toastingfork, toastingiron **0.1** ***roostervork.***
toastmaster **0.1** ***ceremoniemeester*** ⟨bij een diner⟩.
toast rack **0.1** ***toastrekje.***
tobacco [təbækoo] **0.1** ***tabak.***
tobacconist [təbækənist] **0.1** ***tabakshandelaar*** **0.2** ***tabaksfabrikant.***
toboggan[1] [təbogən] ⟨zn.⟩ **0.1** ***slee.***
toboggan[2] ⟨ww.⟩ **0.1** ***sleeën*** ⇒*rodelen.*
tob|y [toobie], **toby jug** ⟨mv.: -ies⟩ **0.1** ***beker/kan in de vorm v.e. oude man met een steek.***
tocsin [toksin] **0.1** ***alarmbel*** ⇒*noodklok;* ⟨fig.⟩ *alarmsignaal.*
tod [tod] ◆ **6.¶** **on** one's ~ *in z'n uppie.*
today [tədee] **0.1** ***vandaag*** ⇒*tegenwoordig* ◆ **1.1** ~'s paper *de krant v. vandaag* **5.¶** ⟨sprw.⟩ here ~ (and) gone tomorrow *heden gezond, morgen in de grond.*
toddle [todl] **0.1** ***met kleine onvaste stapjes lopen*** ⟨v. kind⟩ ⇒*waggelen* **0.2** ⟨inf.⟩ ***kuieren*** ⇒*lopen, wandelen* **0.3** ⟨ook +along; inf.⟩ ***opstappen*** ◆ **5.2** ~ **round/over** *even aanlopen.*
toddler [todlə] **0.1** ***dreumes*** ⇒*hummel.*
todd|y [toddie] ⟨mv.: -ies⟩ **0.1** ***grog*** **0.2** ***palmwijn.***
to-do [tədoe:] ⟨vnl. enk.⟩ **0.1** ***drukte*** ⇒*gedoe, ophef.*
toe[1] [too] ⟨zn.⟩ **0.1** ***teen*** ⇒*neus, punt* **0.2** ***toon*** ⟨v. hoef(ijzer)⟩ ◆ **3.¶** tread on s.o.'s ~s *op iemands tenen trappen;* ⟨inf.⟩ turn up one's ~s *de pijp uitgaan* **6.¶** **on** one's ~s *alert;* keep **on** one's ~s *altijd bij de pinken zijn;* keep s.o. **on** his ~s *iem. achter de broek zitten.*
toe[2] ⟨ww.⟩ **0.1** ***van een teen(stuk) voorzien*** ⇒*een teen breien aan* **0.2** ***met de tenen aanraken.***
toecap **0.1** ***neus*** ⟨v. schoen⟩.
toeclip ⟨wielrennen⟩ **0.1** ***toeclip*** ⟨beugel aan pedaal v. fiets⟩.
toe dance **0.1** ***dans op de spitzen.***
toehold **0.1** ***steunpuntje*** ⇒⟨fig.⟩ *houvast, opstapje.*
toenail **0.1** ***teennagel.***
toff [tof] ⟨BE; sl.⟩ **0.1** ***fijne meneer*** ◆ **7.1** the ~s *de rijkelui, de chic.*
toffee, toff|y [toffie] ⟨mv.: -ies⟩ **0.1** ***toffee*** ◆ **6.¶** ⟨sl.⟩ he can't drive **for** ~ *hij kan absoluut niet autorijden.*
toffee apple **0.1** ***met karamel overgoten appel op een stokje.***
toffee-nosed ⟨BE; sl.⟩ **0.1** ***snobistisch*** ⇒*verwaand.*
tofu [toofoe:] **0.1** ***tahoe*** ⇒*tofoe.*
toga [toogə] **0.1** ***toga.***
together [təgeðə] **0.1** ***samen*** ⇒*bijeen* **0.2** ***tegelijk(ertijd)*** **0.3** ***aaneen*** ⇒*bij elkaar, tegen elkaar* **0.4** ⟨inf.⟩ ***voor elkaar*** ⇒*geregeld* **0.5** ***achtereen*** ⇒*zonder tussenpozen* ◆ **1.5** for hours ~ *uren aan een stuk/achter elkaar* **3.1** come ~ *samenkomen* **3.3** tie ~ *aan elkaar binden* **3.4** get things ~ *de boel regelen* **4.2** all ~ now *nu allemaal tegelijk* **6.¶** ~ **with** *met.*
togetherness [təgeðənəs] **0.1** ***(gevoel v.) saamhorigheid.***
toggle [togl] **0.1** ***knevel*** **0.2** ***houtje*** ⟨v. houtje-touwtjessluiting⟩.
togs [togz] ⟨inf.⟩ **0.1** ***kloffie*** ⇒*plunje* ◆ **3.1** put on one's best ~ *zich piekfijn uitdossen.*
tog up [tog up], **tog out** ⟨-ged⟩ **0.1** ***uitdossen*** ◆ **4.1** tog o.s. out/up *zich opdoffen.*
toil[1] [tojl] ⟨zn.⟩ **0.1** ***hard werk*** ⇒*gezwoeg* **0.2** ⟨mv.; fig.⟩ ***netten*** ⇒*strikken* ◆ **1.1** ~ and moil *gezwoeg.*
toil[2] ⟨ww.⟩ **0.1** ⟨+at/on⟩ ***hard werken (aan)*** **0.2** ***moeizaam vooruitkomen*** ◆ **3.1** ~ and moil *zwoegen en slaven* **5.1** ~ **away** *ploeteren.*
toilet [tojlit] **0.1** ***wc*** ⇒*toilet* **0.2** ***toilet*** ⇒*gewaad* **0.3** ***toilet/kaptafel*** ◆ **3.2** make one's ~ *toilet maken.*
toilet bag **0.1** ***toilettas.***
toilet paper, toilet tissue **0.1** ***toiletpapier.***
toilet roll **0.1** ***closetrol.***
toiletr|y [tojlitrie] ⟨mv.: -ies⟩ **0.1** ***toiletartikel*** **0.2** ***toiletgerei.***
toilet set **0.1** ***toiletgarnituur*** **0.2** ***toiletstel.***
toilet train **0.1** ***zindelijk maken*** ⟨kind⟩.
toing [toe:ing] ◆ **1.¶** ~ and froing *heen-en-weergaande beweging; heen-en-weergeloop; over en weer gepraat.*
token[1] [tookən] ⟨zn.⟩ **0.1** ***teken*** ⇒*blijk, bewijs* **0.2** ***herinnering*** ⇒*aandenken* **0.3** ***bon*** ⇒*cadeaubon* **0.4** ***munt*** ⇒*fiche, penning* ◆ **6.1** **in** ~ **of** *ten teken/bewijze van* **6.¶** **by** this/the same ~ *evenzo; bovendien; dus.*
token[2] ⟨bn.⟩ **0.1** ***symbolisch*** ◆ **1.1** ~ black *obligate neger;* ~ payment *symbolische betaling;* ~ resistance *symbolisch verzet;* ~ strike *symbolische staking;* ~ woman *excuus-Truus, alibi-Jet* **1.¶** ~ money *tekengeld.*
told [toold] ⟨verl. t. en volt. deelw.⟩ →**tell.**
tolerable [tolrəbl] **0.1** ***verdraaglijk*** ⇒*draaglijk* **0.2** ***toelaatbaar*** **0.3** ***redelijk.***
tolerably [tolrəblie] **0.1** →**tolerable** **0.2** ***redelijk*** **0.3** ***enigszins*** ◆ **2.2** ~ sure of sth. *vrij zeker v. iets.*
tolerance [tollərəns] **0.1** ***verdraagzaamheid*** ⇒*tolerantie* ⟨ook med.⟩ **0.2** ⟨tech.⟩ ***toegestane afwijking*** ⇒*tolerantie, speling* **0.3** ⟨geldw.⟩ ***remedie*** ⇒*speelruimte* ⟨voor munten toegestane speling in gehalte en gewicht⟩ ◆ **6.1** ~ **of/to** hardship *het verdragen van ontberingen.*
tolerant [tollərənt] **0.1** ***verdraagzaam*** ◆ **6.1** be ~ **of** opposition *tegenstand (kunnen) verdragen.*
toler|ate [tolləreet] ⟨zn.: **-ation**⟩ **0.1** ***tolereren*** ⇒*verdragen, dulden* **0.2** ***(kunnen) verdragen*** ⟨ook med.⟩.
toll[1] [tool] ⟨zn.⟩ **0.1** ***tol*** ⇒⟨fig.; meestal enk.⟩ *prijs* **0.2** ⟨AE⟩ ***kosten v.e. interlokaal telefoongesprek*** **0.3** ***(klok)gelui*** ◆ **1.1** ~ of the road *verkeersslachtoffers* **3.1** take ~ *tol heffen;* take a heavy ~ *een zware tol eisen.*
toll[2] **I** ⟨onov. en ov.ww.⟩ **0.1** ***luiden*** ⟨(v.) klok⟩;
II ⟨ov.ww.⟩ **0.1** ***slaan*** ⟨het uur⟩.
toll bar, tollgate **0.1** ***tolboom*** ⇒*tolhek.*
toll bridge **0.1** ***tolbrug.***
toll call ⟨AE⟩ **0.1** ***interlokaal telefoongesprek.***
toll-free ⟨AE⟩ **0.1** ***gratis*** ⇒*zonder kosten* ⟨v. telefoongesprek, bv. 06-nummer⟩ ◆ **1.1** ~ 800 service ⟨in Ned.⟩ *gratis 06-nummer;* ⟨in Belg.⟩ *groen (telefoon)nummer.*
tollhouse **0.1** ***tolhuis.***
toluene [toljoe·ie:n] ⟨schei.⟩ **0.1** ***tolueen.***
toluic [toljoe·ik] ⟨schei.⟩ **0.1** ***tolu(een)-*** ◆ **1.1** ~ acid *toluylzuur.*
toluol [toljoe·ol] ⟨schei.⟩ **0.1** ***toluol*** ⇒*tolueen.*
tom [tom] **I** ⟨eig.n., telb.zn.; T-⟩ **0.1** ***Tom*** **0.2** ⟨verk. v. Uncle Tom; AE; sl.⟩ ***onderdanige neger*** ◆ **1.¶** (every) Tom, Dick and Harry *Jan, Piet en Klaas* **3.¶** peeping Tom *gluurder;*
II ⟨telb.zn.⟩ **0.1** ***kater.***

tomahawk [tommәho:k] **0.1** ***strijdbijl*** ⇒*tomahawk.*
tomato [tәma:too] ⟨mv.: -es⟩ **0.1** ***tomaat.***
tomato juice 0.1 ***tomatensap.***
tomb [toe:m] **0.1** ***(praal)graf* 0.2** ***(graf)tombe* 0.3** ***grafmonument.***
tombola [tombool ә] ⟨vnl. BE⟩ **0.1** ***tombola*** ⟨loterijspel⟩.
tomboy 0.1 ***wilde meid*** ⇒*robbedoes.*
tombstone 0.1 ***grafsteen.***
tomcat 0.1 ***kater.***
tome [toom] **0.1** ***(dik) boekdeel.***
tomfool[1] ⟨zn.⟩ **0.1** ***dwaas* 0.2** ***clown*** ⇒*hansworst.*
tomfool[2] ⟨bn.⟩ **0.1** ***stom.***
tomfooler|y ⟨mv.: -ies; vaak mv.⟩ **0.1** ***dwaasheid*** ⇒*malligheid, flauw gedrag* **0.2** ***onzin.***
tommy gun ⟨ook T-⟩⟨inf.⟩ **0.1** ***tommygun*** ⇒*pistoolmitrailleur.*
tommyrot ⟨inf.⟩ **0.1** ***volslagen onzin.***
tomorrow, to-morrow [tәmorroo] **0.1** ***morgen*** ◆ **1.1** ~'s newspaper *de krant v. morgen;* ~ week *morgen over een week* **3.¶** ⟨sprw.⟩ ~ never comes *van uitstel komt afstel.*
Tom Thumb [tom θum] **0.1** ⟨ong.⟩ ***Kleinduimpje.***
tomtit ⟨inf.; dierk.⟩ **0.1** ***mees*** ⇒⟨ihb.⟩ *pimpelmees.*
tomtom 0.1 ***tamtam*** ⇒*trommel.*
ton, ⟨in bet. 0.1 ook⟩ **tonne** [tun] ⟨mv.: ook ton⟩ **0.1** ***ton*** ⟨gewicht; →t⟩ **0.2** ***tonnage* 0.3** ⟨meestal mv.; inf.⟩ ***grote hoeveelheid* 0.4** ⟨BE; sl.⟩ ***honderd (pond/mijl per uur)*** ◆ **1.¶** (come down) like a ~ of bricks *duchtig (tekeergaan)* **2.1** gross ~ *Eng. ton* **3.1** ⟨fig.⟩ it weighs (half) a ~ *het weegt een ton* **3.4** do the ~ *honderd mijl per uur rijden.* →**long.**
tonal [toonl] ⟨muz.⟩ **0.1** ***tonaal.***
tonalit|y [toonælәtie] ⟨mv.: -ies⟩⟨muz.⟩ **0.1** ***tonaliteit*** ⟨ook schilderkunst⟩ **0.2** ***toonaard.***
tone[1] [toon] ⟨zn.⟩ **0.1** ***toon*** ⇒*klank; stem(buiging); tint* **0.2** ***intonatie*** ⇒*accent* **0.3** ⟨foto.⟩ ***toon*** ⇒*tint* **0.4** ⟨muz.⟩ ***(hele) toon*** ⇒*grote seconde* **0.5** ⟨alleen enk.⟩ ***geest*** ⇒*stemming* ⟨ook v. markt⟩ **0.6** ⟨med.⟩ ***tonus*** ◆ **2.1** take a high ~ (with s.o.) *een hoge toon aanslaan (tegen iem.)* **3.1** a rising/falling ~ *een stijgende/dalende toon* **3.5** set the ~ *de toon aangeven* **6.1** speak **in** an angry ~ *op boze toon spreken.*
tone[2] **I** ⟨onov.ww.⟩ **0.1** ***harmoniëren*** ⇒*overeenstemmen* ◆ **6.1** ~ (in) **with** *kleuren bij, harmoniëren met.* →**tone up;**
II ⟨ov.ww.⟩ **0.1** ***tinten* 0.2** ***doen harmoniëren*** ◆ **1.1** ~d paper *(licht) gekleurd papier* **6.2** ~ (in) **with** *doen harmoniëren/kleuren met, laten passen bij.* →**tone down, tone up.**
tone arm 0.1 ***(pick-up)arm.***
tone-deaf 0.1 ***geen (muzikaal) gehoor hebbend.***
tone down 0.1 ***afzwakken*** ⟨ook fig.⟩ **0.2** ***verzachten*** ◆ **1.1** ~ one's language *op zijn woorden passen.*
toneless [toonlәs] **0.1** ***toonloos* 0.2** ***kleurloos* 0.3** ***monotoon.***
toner ⟨druk.⟩ **0.1** ***toner.***
tone up I ⟨onov.ww.⟩ **0.1** ***krachtig(er) worden;***
II ⟨ov.ww.⟩ **0.1** ***(nieuwe) energie geven aan.***
tongs [tongz] **0.1** ***tang*** ◆ **1.1** pair of ~ *tang.*
tongue [tung] **0.1** ***tong*** ⇒*spraak* **0.2** ***taal* 0.3** ***tongvormig iets*** ⇒*lipje* ⟨v. schoen⟩; *landtong; naald* ⟨v. balans⟩; *klepel* ⟨v. klok⟩; *messing* ⟨v. plank⟩ ◆ **1.1** ~ and groove *messing en groef* **1.¶** (speak) with ~ in cheek *ironisch/spottend (spreken)* **3.¶** find one's ~ *zijn spraak hervinden;* get one's ~ around a word *erin slagen een woord uit te spreken;* hold your ~! *houd je mond!;* have lost one's ~ *zijn tong verloren hebben;* set ~s wagging *de tongen in beweging brengen.* → **civil, rough, sharp.**
tongue depressor ⟨AE⟩ **0.1** ***tongspatel.***
tongue-in-cheek 0.1 ***ironisch*** ⇒*spottend.*
tongue-tied 0.1 ***met de mond vol tanden.***
tongue twister 0.1 ***moeilijk uit te spreken woord/zin.***
tonic[1] [tonnik] ⟨zn.⟩ **0.1** ***tonicum*** ⇒*tonisch/versterkend middel* ⟨ook fig.⟩.
tonic[2] ⟨bn.; -ally⟩ **0.1** ***versterkend*** ⟨ook fig.⟩ **0.2** ⟨muz.⟩ ***mbt. (grond)toon*** ◆ **1.2** ~ sol-fa *solmisatie.*
tonight [tәnajt] **0.1** ***vanavond* 0.2** ***vannacht.***
tonnage [tunnidzj] **0.1** ***tonnage* 0.2** ***tonnengeld.***
tonne →**ton.**
tonsil [tonsl] **0.1** ***(keel)amandel*** ◆ **3.1** have one's ~s out *zijn amandelen laten wegnemen.*
tonsil(l)itis [tonsillajtis] **0.1** ***amandelontsteking.***
tonsorial [tonso:riәl] ⟨scherts.⟩ **0.1** ***mbt. een barbier.***
tonsure[1] [tonsjә] ⟨zn.⟩ **0.1** ***tonsuur.***
tonsure[2] ⟨ww.⟩ **0.1** ***het hoofd scheren (van)* 0.2** ***tonsureren.***
ton-up ⟨BE; inf.⟩ ◆ **1.¶** ~ boys ⟨ong.⟩ *snelheidsduivels* ⟨ihb. mbt. Hell's Angels⟩.
too [toe:] **0.1** ***te (zeer)* 0.2** ⟨inf.⟩ ***erg*** ⇒*al te* **0.3** ⟨niet aan begin v.e. zin⟩ ***ook*** ⇒*eveneens* **0.4** ***bovendien* 0.5** ⟨AE; inf.⟩ ***en of*** ◆ **2.1** ~ good to be true *te mooi om waar te zijn* **2.2** it's ~ bad *(het is) erg jammer* **2.4** conceited, ~! *en nog verwaand ook!* **3.5** 'He won't go' 'He will ~' *'Hij wil niet gaan' 'Hij moet'/'En of hij gaat'* **¶.3** he, ~, went to Rome *híj ging ook naar Rome;* he went to Rome, ~ *hij ging ook naar Róme* **¶.4** they did it; on Sunday ~! *zij hebben het gedaan; en nog wel op zondag!*
toodle-oo [toe:dloe:] ⟨inf.⟩ **0.1** ***tot ziens.***
took [toek] ⟨verl. t.⟩ →**take.**
tool[1] [toe:l] ⟨zn.⟩ **0.1** ***handwerktuig*** ⇒*(stuk) gereedschap, instrument* **0.2** ***werktuig*** ⟨alleen fig.⟩ **0.3** ⟨sl.⟩ ***lul*** ◆ **1.2** numbers are the ~s of his trade *hij werkt met getallen* **3.1** down ~s *het werk neerleggen* ⟨uit protest⟩. →**bad.**
tool[2] **I** ⟨onov.ww.⟩ **0.1** ⟨inf.⟩ ***toeren*** ⇒*rijden* ◆ **5.1** ~ **along** *rondtoeren, voortsnorren* **5.¶** ~ **up** *(opnieuw) geoutilleerd/uitgerust worden* ⟨v. fabriek⟩;
II ⟨ov.ww.⟩ **0.1** ***bewerken* 0.2** ***stempelversiering maken op*** ◆ **5.¶** ~ **up** *outilleren* ⟨fabriek⟩.
toolbag 0.1 ***gereedschapstas.***
toolbox 0.1 ***gereedschapskist.***
toolkit 0.1 ***(set) gereedschappen.***
tool-shed 0.1 ***gereedschapsschuurtje.***
toot[1] [toe:t] ⟨zn.⟩ **0.1** ***(hoorn)stoot* 0.2** ***getoeter.***
toot[2] ⟨ww.⟩ **0.1** ***toeteren*** ⇒*blazen (op).*
tooth [toe:θ]⟨mv.: teeth [tie:θ]⟩ **0.1** ***tand*** ⟨ook fig.; v. kam, zaag enz.⟩ ⇒*kies;* ⟨mv. ook⟩ *gebit* **0.2** ***smaak*** ⇒*voorkeur* **0.3** ⟨mv.; inf.⟩ ***kracht*** ⇒*effect* ◆ **1.1** ⟨fig.⟩ (fight) ~ and nail *met hand en tand (vechten)* **1.¶** in the teeth of the wind *tegen de wind in* **3.1** ⟨fig.⟩ armed to the teeth *tot de tanden gewapend;* ⟨fig.⟩ get one's teeth into sth. *ergens zijn tanden in zetten;* ⟨fig.⟩ show one's teeth *zijn tanden laten zien* **3.¶** ⟨sl.⟩ be fed up to the (back) teeth *er schoon genoeg v. hebben;* kick in the teeth *voor het hoofd stoten;* lie in one's teeth/throat *liegen of het gedrukt staat;* the sound set his teeth on edge *het geluid ging hem door merg en been* **5.1** have a ~ (pulled) **out** *een tand/kies laten trekken* **6.1 in** the teeth of ... *ondanks ...;* fly **in** the teeth of *trotseren, ingaan tegen* **6.2** have a ~ **for** meat *v. vlees houden.* →**long.**
toothache 0.1 ***tandpijn*** ⇒*kiespijn.*
toothbrush 0.1 ***tandenborstel.***
toothed [toe:θt] **0.1** ***getand* 0.2** ***met tanden.***
toothless [toe:θlәs] **0.1** ***tandeloos* 0.2** ***krachteloos.***
toothpaste 0.1 ***tandpasta.***
toothpick 0.1 ***tandenstoker.***

toothpowder 0.1 *tandpoeder.*
toothsome [toe:θsəm] **0.1** ⟨vaak scherts.⟩ ***smakelijk*** ⟨v. voedsel⟩ ⇒*lekker.*
tooth|y [toe:θie] ⟨-ily⟩ **0.1** ***met veel/grote/vooruitstekende tanden* 0.2** ***getand.***
tootle[1] [toe:tl] ⟨zn.⟩ **0.1** ***getoeter.***
tootle[2] **I** ⟨onov.ww.⟩ **0.1** ***blazen*** ⇒*toeteren* ⟨op instrument⟩ **0.2** ⟨inf.⟩ ***(rond)toeren*** ◆ **5.2** ~ **along** *toeren;* ~ **around** *rondtoeren/karren;* ~ **down to** *afzakken naar;*
II ⟨ov.ww.⟩ **0.1** ***blazen op*** ⟨instrument⟩ ◆ **1.1** ~ one's horn *toeteren.*
toots [toe:ts], **tootsy** [toe:tsie] ⟨geen mv.⟩ **0.1** ***schatje.***
toots|y, tootsie [toetsie] ⟨mv.: -ies⟩⟨scherts., kind.⟩ **0.1** ***voet(je).***
top[1] [top] ⟨zn.⟩ **0.1** ***top*** ⇒*hoogste punt* **0.2** ***bovenstuk/kant*** ⇒*tafelblad; bergtop; boomtop; kap* ⟨v. kinderwagen, auto enz.⟩; *dop* ⟨v. fles, vulpen⟩; *top(je)* ⟨kledingstuk⟩; *bovenleer* ⟨v. schoen⟩; *deksel; kroonkurk; room* ⟨op melk⟩; *bovenrand* ⟨v. bladzijde⟩ **0.3** ***beste/belangrijkste*** ⟨v. klas/organisatie⟩ **0.4** ***oppervlakte*** **0.5** ***hoogste versnelling*** **0.6** ⟨ook mv.⟩ ***beste*** ⇒*puikje, elite* **0.7** ⟨vnl. mv.⟩ ***groen*** ⇒*loof* ⟨v. knol⟩ **0.8** ***tol*** ⟨speelgoed⟩ **0.9** ⟨scheep.⟩ ***mars*** **0.10** ⟨sport⟩ ***(slag met) topspin*** ◆ **1.1** from ~ to bottom *v. onder tot boven;* at the ~ of his career *op het hoogtepunt v. zijn carrière;* from ~ to toe *v. top tot teen;* ⟨inf.⟩ at the ~ of the ladder/tree *bovenaan de (maatschappelijke) ladder;* ⟨shout⟩ at the ~ of one's voice *luidkeels (schreeuwen)* **1.2** ~ of the car *autodak* **1.6** the ~ of our team *de besten van onze ploeg* **1.¶** off the ~ of one's head *onvoorbereid* ⟨spreken⟩; ⟨IE⟩ the ~ of the morning (to you) *goeiemorgen;* (feel) on ~ of the world *(zich) heel gelukkig (voelen)* **3.1** come to the ~, reach the ~ *de top bereiken* **3.3** be/come out (at the) ~ of the form/school *de beste v.d. klas/school zijn* **3.¶** ⟨inf.⟩ blow one's ~ *in woede uitbarsten;* come out on ~ *overwinnen;* get on ~ of sth. *iets de baas worden;* the problems got on ~ of him *de problemen werden hem te veel;* go over the ~ *te ver gaan; uit de loopgraven komen;* keep on ~ of *de baas blijven;* sleep like a ~ *slapen als een os* **6.1** (sit) **at** the ~ (of the table) *aan het hoofd (v.d. tafel zitten);* **on** ~ *boven(aan)* **6.¶** **on** ~ **of** his salary *boven op zijn salaris;* **on** ~ **of** that *daar komt nog bij, bovendien.* →**big.**
top[2] ⟨bn.⟩⟨ook fig.⟩ **0.1** ***hoogste*** ⇒*top-* ◆ **1.1** ~ drawer *bovenste la;* ⟨fig.⟩ out of the ~ drawer *v. goede komaf;* ~ leader *topleider;* ~ prices *hoogste prijzen;* at ~ speed *op topsnelheid.*
top[3] ⟨ww.; -ped⟩ **0.1** ***v. top voorzien*** ⇒*bedekken* **0.2** ***de top bereiken v.*** ⟨berg bv.; ook fig.⟩ **0.3** ***aan/op de top staan*** ⟨ook fig.⟩ ⇒*aanvoeren* ⟨lijst, team⟩ **0.4** ***overtreffen*** **0.5** ***toppen*** ⟨plant⟩ **0.6** ⟨sport, ihb. golf⟩ ***boven het midden raken*** ⟨bal⟩ ◆ **1.4** that even ~s your story *dat is zelfs nog sterker dan jouw verhaal* **3.5** ~ and tail *afhalen, doppen* **4.4** to ~ it all *tot overmaat v. ramp* **5.1** ⟨fig.⟩ ~ **off/up** sth. *iets bekronen/afronden* **5.¶** ~ **up** *bijvullen* **6.1** ~ped **off with** *met bovenop; met ter afronding;* ~ped **with** *met een top v.*
topaz [toopæz] **0.1** ***topaas.***
top boot 0.1 ***kaplaars.***
topbrass ⟨zn.; ww. enk. of mv.; (the)⟩⟨inf.; vnl. mil.⟩ **0.1** ***hoge omes.***
topcoat I ⟨telb.zn.⟩ **0.1** ***overjas;***
II ⟨telb. en n.-telb.zn.⟩ **0.1** ***bovenste verflaag*** ⇒*deklaag.*
top copy 0.1 ***origineel*** ⟨tgov. doorslag⟩.
topdog ⟨sl.⟩ ◆ **3.¶** be ~ *de overhand hebben, het voor het zeggen hebben.*
top-down 0.1 ***van boven af*** ⇒*van boven naar beneden* ⟨mbt. bedrijfsstructuur⟩.
top-drawer 0.1 ⟨inf.⟩ ***v. goede komaf*** **0.2** ⟨sl.; mil.⟩ ***belangrijkst*** ⇒*meest geheim.*
top-dress 0.1 ***bestrooien*** ⟨met zand, mest enz.⟩.
top dressing 0.1 ***mest*** ⟨op land uitgestrooid⟩.
topflight, topnotch ⟨inf.⟩ **0.1** ***eersteklas*** ⇒*uitstekend* **0.2** ***best mogelijk.***
top-gear ⟨BE⟩ **0.1** ***hoogste versnelling*** **0.2** ***topconditie*** ◆ **6.2** he's back **into** ~ *hij draait weer op volle toeren.*
top hat 0.1 ***hoge zijden/hoed.***
top-heavy ⟨ook fig.⟩ **0.1** ***topzwaar.***
topi, topee [toopie:] ⟨Ind. E⟩ **0.1** ***tropenhelm.***
topiar|y [toopiərie] ⟨mv.: -ies⟩ **0.1** ***vormboom*** **0.2** ***vormsnoei.***
topic [toppik] **0.1** ***onderwerp (v. gesprek)*** ◆ **1.1** ~ of conversation *gespreksthema.*
topical [toppikl] **0.1** ***actueel*** **0.2** ***plaatselijk*** ⟨ook med.⟩ **0.3** ***naar onderwerp gerangschikt*** ⇒*thematisch.*
topicalit|y [toppikæləlie] ⟨mv.: -ies; meestal mv.⟩ **0.1** ***actualiteit.***
topknot 0.1 ***(haar)knotje*** **0.2** ***strik*** ⟨in haar⟩ **0.3** ***kam*** ⟨v. haan⟩.
topless [topləs] **0.1** ***topless*** ⇒⟨ook⟩ *zonder bovenstuk(je)* ⟨v. kleding⟩ **0.2** ***met topless bediening*** **0.3** ***zonder top(je).***
topmast [topməst] ⟨scheep.⟩ **0.1** ***(mars)steng.***
topmost [topmoost] **0.1** ***(aller)hoogst.***
topnotch →**topflight.**
top-of-the-bill 0.1 ***bekendst*** ⇒*belangrijkst.*
topographer [təpogrəfə] **0.1** ***topograaf.***
topograph|y [təpogrəfie] ⟨bn.: **-ical**⟩ **0.1** ***topografie.***
topper [toppə] **0.1** ⟨inf.⟩ ***kachelpijp*** ⇒*hoge hoed* **0.2** ⟨inf.⟩ ***topper*** ⇒*bovenste beste* **0.3** ⟨inf.⟩ ***klap op de vuurpijl.***
topping[1] [topping] ⟨zn.⟩⟨vnl. cul.⟩ **0.1** ***toplaag(je)*** ⇒*sierlaagje* ◆ **1.1** a frosted ~ *een glazuurlaagje.*
topping[2] ⟨bn.⟩ **0.1** ⟨BE; inf.; vero.⟩ ***mieters.***
topple [topl] **I** ⟨onov.ww.⟩ **0.1** ***(bijna) omvallen*** ⇒*kantelen* **0.2** ***sterk dalen*** ⟨v. koers enz.⟩ ◆ **5.1** ~ **down/over** *omtuimelen* **6.1** ~ **from** power *ten val komen/gebracht worden;*
II ⟨ov.ww.⟩ **0.1** ***(bijna) doen omvallen*** ⇒*omkieperen* **0.2** ⟨ook +down/over⟩ ***omverwerpen*** ⇒*ten val brengen.*
top-ranking 0.1 ***v.d. hoogste rang*** ⇒*hoogstgeplaatst.*
tops [tops] ⟨inf.⟩ **0.1** ***je van het*** ◆ **3.1** come out ~ *als de beste uit de bus komen* **7.1** the ~ *het neusje v.d. zalm.*
topsail [topsl] ⟨scheep.⟩ **0.1** ***marszeil.***
top-secret 0.1 ***uiterst geheim.***
top seed ⟨tennis⟩ **0.1** ***als eerste geplaatste speler.***
topside 0.1 ***bovenkant*** **0.2** ⟨vnl. BE; ong.⟩ ***biefstuk.***
topsoil 0.1 ***bovenste laag losse (teel)aarde*** ⇒*bovengrond.*
topsy-turvy [topsieta:vie] **0.1** ***ondersteboven (gekeerd)*** ⇒ *op zijn kop (gezet)* ◆ **3.1** the world is going ~ *de wereld wordt op zijn kop gezet;* turn ~ *op zijn kop zetten.*
top-up 0.1 ⟨bn.⟩ ***aanvullend*** **0.2** ⟨zn.⟩ ***aanvulling.***
toque [took] **0.1** ***toque.***
tor [to:] **0.1** ***rotspunt.***
torch [to:tsj] **0.1** ***toorts*** ⇒*fakkel* ⟨ook fig.⟩ **0.2** ⟨BE⟩ ***zaklamp*** **0.3** ⟨AE⟩ ***blaaslamp*** ⇒*soldeerlamp* ◆ **3.¶** ⟨inf.⟩ carry a/the ~ for s.o. *(onbeantwoorde) liefde koesteren voor iem.*
torchbearer 0.1 ***fakkeldrager*** ⟨ook fig.⟩ ⇒*kennisoverdrager.*
torchlight 0.1 ***fakkellicht*** ⇒*toortslicht* **0.2** ⟨BE⟩ ***licht v.e. zaklantaarn.***
tore [to:] ⟨verl. t.⟩ →**tear.**
toreador [torriədo:] **0.1** ***toreador.***
torment[1] [to:ment] ⟨zn.⟩ **0.1** ***kwelling.***
torment[2] [to:ment] ⟨ww.⟩ **0.1** ***kwellen*** ⇒*plagen* **0.2** ***verdraaien*** ⟨tekst⟩ ◆ **1.1** ~ed by mosquitoes *bestookt door muggen.*

tormentor [to:mentə] **0.1** ***kweller*** ⇒*plaaggeest.*
torn [to:n] ⟨volt. deelw.⟩ →**tear.**
tornado [to:needoo] ⟨mv.: ook -es⟩ **0.1** ***tornado*** **0.2** ⟨fig.⟩ ***storm*** ⇒*stortvloed.*
torpedo[1] [to:pie:doo] ⟨zn.; mv.: -es⟩ **0.1** ***torpedo.***
torpedo[2] ⟨ww.⟩ ⟨ook fig.⟩ **0.1** ***torpederen.***
torpedo-boat 0.1 ***torpedoboot.***
torpedo tube 0.1 ***torpedobuis.***
torpid [to:pid] ⟨-ness⟩ **0.1** ***gevoelloos*** ⇒*torpide* **0.2** ***traag*** ⇒ *apathisch* **0.3** ***in winterslaap.***
torpidit|y [to:piddətie] ⟨mv.: -ies⟩ **0.1** ***torpiditeit*** ⇒*traagheid, apathie.*
torpor [to:pə] **0.1** ***torpiditeit*** ⇒*traagheid, apathie.*
torque [to:k] **0.1** ***torque*** ⟨halsring⟩ **0.2** ***torsie*** ⇒*draaimoment.*
torque converter 0.1 ***koppelomvormer*** ⟨v. auto⟩.
torque tube 0.1 ***cardanbuis*** ⟨v. auto⟩.
torrent [torrənt] ⟨ook fig.⟩ **0.1** ***stortvloed*** ◆ **6.1** the rain fell **in** ~s *het stortregende.*
torrential [tərensjl] ⟨ook fig.⟩ **0.1** ***als een stortvloed*** ◆ **1.1** ~ applause *overweldigend applaus;* ~ rains *stortregens.*
torrid [torrid] ⟨zn.: **-ity**⟩ **0.1** ***zeer heet*** ⇒*tropisch, verzeng(en)d* ⟨hitte⟩ **0.2** ***intens*** ⇒*gepassioneerd* ◆ **1.1** the ~ zone *de tropen* **1.2** a ~ story *een hartstochtelijk verhaal.*
torsion [to:sjn] **0.1** ⟨mechanica⟩ ***torsie*** ⇒*wringing* **0.2** ⟨plantk.⟩ ***spiraalvormige draaiing.***
torso [to:soo] ⟨mv.: ook torsi [-saj]⟩ ⟨ook fig.⟩ **0.1** ***torso*** ⇒*tors.*
tort [to:t] ⟨jur.⟩ **0.1** ***onrechtmatige daad.***
tortoise [to:təs] **0.1** ***landschildpad*** **0.2** ⟨vnl. BE⟩ ***schildpad.***
tortoiseshell, ⟨in bet. 0.1 ook⟩ **tortoiseshell cat 0.1** ***lapjeskat*** **0.2** ***schoenlapper*** ⟨vlinder⟩ **0.3** ***schildpad*** ⟨als stof⟩.
tortuous [to:tsjoeəs] ⟨-ness⟩ **0.1** ***kronkelend*** ⇒*slingerend, bochtig* ⟨v. weg⟩ **0.2** ***omslachtig*** ⇒*gecompliceerd; misleidend, bedrieglijk.*
torture[1] [to:tsjə] ⟨zn.⟩ **0.1** ***marteling*** ⇒*zware kwelling.*
torture[2] ⟨ww.⟩ **0.1** ***martelen*** **0.2** ***verdraaien*** ⇒*uit het verband rukken* ⟨bv. woorden⟩ ◆ **1.1** ~d by doubt/jealousy *gekweld door twijfels/jaloezie* **1.2** ~d style *verkrampte stijl.*
torture chamber 0.1 ***martelkamer*** ⇒*folterkamer.*
torturer [to:tsjərə] **0.1** ***folteraar*** ⇒*beul.*
Tor|y [to:rie] ⟨mv.: -ies⟩ ⟨BE; pol.; inf.⟩ **0.1** ⟨bn.⟩ ***v.d. Eng. conservatieve partij*** **0.2** ⟨zn.⟩ ***Tory*** ⟨conservatief⟩.
tosh [tosj] ⟨BE; inf.⟩ **0.1** ***onzin.***
toss[1] [tos] ⟨zn.⟩ **0.1** ***worp*** **0.2** ⟨vnl. enk.⟩ ***beweging*** ⇒*knik; slinger; zwaai; val* **0.3** ⟨vnl. enk.⟩ ***kans v. vijftig procent*** ⇒ *(kwestie v.) kruis of munt* **0.4** ***opgooi*** ⟨vnl. bij sport⟩ ⇒*toss* ◆ **3.2** take a ~ *v.h. paard geslingerd worden;* ⟨fig.⟩ *vallen* **3.4** argue the ~ *een definitieve beslissing aanvechten;* lose/win the ~ *verliezen/winnen bij het tossen.*
toss[2] **I** ⟨onov.ww.⟩ **0.1** ***tossen*** ⇒*een munt opgooien, loten* ◆ **6.1** we'll have to ~ **for** it *we zullen erom moeten tossen.* → **toss off, toss up;**
II ⟨onov. en ov.ww.⟩ **0.1** ***slingeren*** **0.2** ***schudden*** ⇒*(doen) zwaaien, afwerpen* ◆ **1.2** she ~ed her head *ze wierp haar hoofd in haar nek* **5.1** the ship was ~ed **about** *het schip werd heen en weer geslingerd;* ~ **about** (in one's bed) *(in zijn bed) liggen te woelen* **5.2** ~ one's head **back** with contempt *zijn hoofd minachtend in de nek gooien.* →**toss off;**
III ⟨ov.ww.⟩ **0.1** ***gooien*** ⇒*aan/op/toegooien, in de lucht werpen* **0.2** ***(grondig) overwegen*** **0.3** ***een munt opgooien met*** **0.4** ⟨cul.⟩ ***fatigeren*** ⇒*husselen, mengen* ⟨bv. sla⟩ ◆ **1.1** be ~ed and gored by a bull *op de hoorns genomen worden door een stier;* ~ hay *hooi keren;* ~ a pancake *een pannenkoek in de lucht keren* **5.¶** ~ **down** *naar binnen gieten* **6.3** I'll ~ you **for** it *we loten erom.*
toss off I ⟨onov. en ov.ww.; wk.ww.⟩ **0.1** ⟨vulg.⟩ ***zich aftrekken*** ◆ **4.1** ~ o.s. *zich afrukken;*
II ⟨ov.ww.⟩ **0.1** ***achteroverslaan*** ⟨drank⟩ **0.2** ***razendsnel produceren*** **0.3** ***(v. zich) afschudden*** ◆ **1.2** ~ jokes *grappen uit zijn mouw schudden;* ~ a speech *voor de vuist weg een toespraak houden.*
toss up 0.1 ***tossen*** ⇒*kruis of munt gooien.*
toss-up 0.1 ⟨vnl. enk.⟩ ***toss*** ⇒*opgooi* **0.2** ⟨inf.⟩ ***twijfelachtige zaak*** ⇒*onbesliste zaak* ◆ **8.2** it's a ~ whether *het is een gok/nog maar de vraag of.*
tot [tot] **0.1** ***dreumes*** **0.2** ⟨BE; inf.⟩ ***neutje*** ⇒*scheutje* ⟨v. sterkedrank⟩ ◆ **2.1** a tiny ~ *een kleine hummel, een peutertje.*
total[1] [tootl] ⟨zn.⟩ **0.1** ***totaal*** ◆ **1.1** the ~ of human experience *het geheel v.d. menselijke ervaring.*
total[2] ⟨bn.⟩ **0.1** ***totaal*** ⇒*geheel, volledig* ◆ **1.1** ~ abstainer *geheelonthouder;* a ~ eclipse of the sun *een totale zonsverduistering;* in ~ ignorance *in absolute onwetendheid;* ~ loss *volledig/definitief verlies;* ⟨verz.⟩ *total loss;* ⟨psych.⟩ ~ recall *absoluut geheugen;* sum ~ *totaalbedrag.*
total[3] ⟨-led⟩ **I** ⟨onov.ww.⟩ **0.1** ⟨+(up) to⟩ ***oplopen (tot);***
II ⟨ov.ww.⟩ **0.1** ***bedragen*** ⇒*tot een bedrag komen van, oplopen tot* **0.2** ⟨ook +up⟩ ***het totaal vaststellen van*** **0.3** ⟨vnl. AE; inf.⟩ ***total loss rijden.***
totalitarian [tootælitteəriən] ⟨pol.⟩ **0.1** ***totalitair.***
totalitarianism [tootælitteəriənizm] ⟨pol.⟩ **0.1** ***totalitarisme.***
totalit|y [tootæləti e] ⟨mv.: -ies⟩ **0.1** ***totaal*** **0.2** ***totaliteit*** **0.3** ***(periode v.) totale zonsverduistering.***
totalizator, -sator [tootlajzeetə] **0.1** ***totalisator*** ⟨vnl. sport⟩ **0.2** ***totalisatorsysteem.***
tote[1] [toot] ⟨zn.⟩ ⟨inf.⟩ **0.1** ⟨verk.⟩ [totalizator] ⟨vnl. sport⟩ ***toto*** ⇒*totalisator.*
tote[2] ⟨ww.⟩ ⟨inf.⟩ **0.1** ***(bij zich) dragen*** ⟨bv. geweer⟩ ⇒*meevoeren.*
tote bag ⟨AE⟩ **0.1** ***(grote) draagtas.***
totem [tootəm] **0.1** ***totem.***
totempole 0.1 ***totempaal.***
totter [tottə] **0.1** ***wankelen*** ⟨ook fig.⟩ ⇒*heen en weer zwenken, waggelen* **0.2** ***wankelend overeind komen*** ◆ **6.1** she ~ed **towards** suicide *ze verkeerde op de rand v. zelfmoord* **6.2** ~ **to** one's feet *wankelend/wiebelend opstaan.*
tottery [totrie] ⟨ook fig.⟩ **0.1** ***wankel(end).***
tot up ⟨-ted⟩ **I** ⟨onov.ww.⟩ **0.1** ⟨+to⟩ ***oplopen (tot)*** ⇒*bedragen;*
II ⟨ov.ww.⟩ **0.1** ***optellen.***
toucan [toe:kən] **0.1** ***toekan.***
touch[1] [tutsj] ⟨zn.⟩ **0.1** ***aanraking*** ⇒*tik(je), contact* ⟨ook fig.⟩ **0.2** ***gevoel bij aanraking*** ⇒⟨bij uitbr.⟩ *tastzin* **0.3** ***vleugje*** ⇒*tikje, snufje* ⟨zout bv.⟩; *lichte aanval* ⟨v. ziekte⟩ **0.4** ***toets*** ⇒*stijl, manier* **0.5** ***aanslag*** ⟨o.m. muz.⟩ ⇒*toucher* **0.6** ⟨sport⟩ ***deel v. veld buiten de zijlijnen*** ⟨vnl. voetbal, rugby⟩ ◆ **1.3** a ~ of the sun *een lichte zonnesteek;* ⟨fig.⟩ *een klap v.d. molen;* have a ~ of the tarbrush *enig neger/indianenbloed hebben* **1.4** the ~ of a master *meesterhand* **2.3** not the least ~ of *niet het minste beetje* **2.4** give/put the final/finishing ~(es) to sth. *de laatste hand leggen aan iets* **3.1** I felt a ~ on my shoulder *ik voelde een tikje op mijn schouder* **3.4** lose one's ~ *achteruitgaan, het verleren* **6.1** it will break **at** a ~ *het breekt zodra men het aanraakt;* be/keep **in** ~ **with** *contact/voeling hebben/onderhouden met;* be **out of** ~ **with** *geen contact/voeling (meer) hebben met;* lose ~ **with** *uit het oog verliezen;* **within** ~ **of** *binnen bereik v.* **6.¶** play **at** ~ *krijgertje/tikkertje spelen.*
touch[2] **I** ⟨onov.ww.⟩ **0.1** ***(elkaar) raken*** ⇒*aan elkaar grenzen.* →**touch at, touch down, touch (up)on;**

II ⟨ov.ww.⟩ **0.1** ***raken*** ⟨ook fig.⟩ ⇒*aanraken, beroeren* **0.2** ***een tikje geven*** ⇒*aantasten;* ⟨fig.⟩ *aankunnen* **0.3** ***doen raken*** ⇒*tegen elkaar tikken* **0.4** ***raken*** ⇒*ontroeren* **0.5** ***treffen*** ⇒*betreffen* **0.6** ***benaderen*** ⇒*bereiken;* ⟨fig.⟩ *evenaren* **0.7** ***toetsen*** ⇒*aanzetten, aanstippen* ⟨schilderij⟩ ◆ **1.1** I dare not ~ liquor *ik durf geen sterkedrank aan te raken;* you haven't ~ed your meal *je hebt nog geen hap gegeten;* ~ a topic *een onderwerp aanroeren* **1.2** he ~ed his cap *hij tikte zijn pet aan;* blossom ~ed by the frost *door de vorst aangetaste bloesem;* nothing will ~ those stains *niets kan deze vlekken wegkrijgen* **1.3** ~ glasses *klinken* **1.5** he does not want to ~ politics *hij wil zich niet met politiek inlaten* **1.6** the thermometer ~ed 50° *de thermometer liep tot 50° op;* nothing can ~ his talent *niets kan zijn talent evenaren* **5.5** the matter ~es him closely *de zaak is v. groot belang voor hem* **5.7** ~ **in** *bijtekenen/schilderen* **6.4** ~ed **with** pity *door medelijden bewogen* **6.6** ~ s.o. **for** a fiver *iem. vijf pond aftroggelen.* →**touch down, touch off, touch up.**

touch and go **0.1** ***een precaire situatie*** ⇒*een dubbeltje op zijn kant* **0.2** ***veranderlijkheid.***

touch-and-go **0.1** ***riskant*** ⇒*precair* ◆ **1.1** it's a ~ state of affairs *het is een dubbeltje op zijn kant.*

touch at **0.1** ***aandoen*** ⇒*onderweg bezoeken* ◆ **1.1** the ship touched at Port Said *het schip deed Port Said aan.*

touchdown **0.1** ***landing*** ⟨vliegtuig⟩ **0.2** ⟨rugby, Am. football⟩ ***touch-down.***

touch down I ⟨onov.ww.⟩ **0.1** ***landen;***
II ⟨ov.ww.⟩ **0.1** ⟨rugby, Am. football⟩ ***aan de grond brengen achter de doellijn*** ⟨bal; door tegenstander⟩.

touched [tutsjt] **0.1** ***ontroerd*** **0.2** ***getikt.***

touching [tutsjing] **0.1** ***(ont)roerend.***

touch judge ⟨sport⟩ **0.1** ***grensrechter.***

touchline ⟨sport⟩ **0.1** ***zijlijn.***

touch-me-not ⟨plantk.⟩ **0.1** ***springzaad.***

touch off **0.1** ***afvuren*** ⇒*doen ontploffen* **0.2** ***de stoot/aanleiding geven tot.***

touch-paper **0.1** ***salpeterpapier*** ⇒*lont* ⟨bv. v. vuurwerk⟩.

touchscreen ⟨comp.⟩ **0.1** ***aanraakscherm.***

touchstone **0.1** ***toetssteen*** ⟨ook fig.⟩ ⇒*maatstaf.*

touch-tone **0.1** ***toets-*** ⇒*drukknop-* ◆ **1.1** ~ phone *toetstelefoon.*

touch-type **0.1** ***blind typen/tikken.***

touch up **0.1** ***retoucheren*** **0.2** ***bijschaven*** ⇒⟨fig.⟩ *opfrissen* ⟨geheugen⟩ **0.3** ⟨inf.⟩ ***betasten*** ⟨vrouw, man⟩ ⇒*zitten aan* **0.4** ⟨inf.⟩ ***opvrijen*** ⇒*opgeilen.*

touch (up)on **0.1** ***terloops behandelen.***

touch|y [tutsjie] ⟨-iness⟩ **0.1** ***overgevoelig*** ⇒*prikkelbaar* **0.2** ***netelig*** ⇒*precair.*

tough[1] [tuf] ⟨zn.⟩ ⟨inf.⟩ **0.1** ***woesteling*** ⇒*zware jongen.*

tough[2] ⟨bn.; -ness⟩ **0.1** ***taai*** ⟨ook fig.⟩ ⇒*stoer, gehard* **0.2** ***moeilijk*** ⇒*lastig* **0.3** ***onbuigzaam*** **0.4** ***ruw*** **0.5** ⟨inf.⟩ ***tegenvallend*** ⇒*hard* ◆ **1.1** as ~ as old boots *vreselijk taai; keihard* ⟨ook fig.⟩ **1.2** a ~ job *een lastig karwei* **1.3** a ~ guy/customer *een keiharde* **1.5** it's your ~ luck *het is je eigen stomme schuld* **1.¶** ~ as nails *spijkerhard;* ⟨sl.⟩ ~ shit/tit *lik mijn reet; zo gaat het nu eenmaal* **6.3** get ~ **with** *hard optreden tegen* **6.5** it's ~ **on** him *het is een erge tegenvaller voor hem* **¶.5** ~ (luck)! *pech!, jammer!*

tough[3] ⟨bw.⟩ **0.1** ***hard*** ⇒*onbuigzaam, onverzettelijk* ◆ **3.1** play ~ *het hard spelen;* talk ~ *zich keihard opstellen* ⟨bij onderhandelen⟩.

toughen [tufn] **0.1** ***taai/hard/onbuigzaam (doen) worden*** ◆ **5.1** ~ **up** *harder/sterker worden/maken.*

toughie, tough|y [tuffie] ⟨mv.: -ies⟩ **0.1** ***rouwdouw*** **0.2** ***lastig probleem*** ⇒*harde noot.*

toupee [toe:pee] **0.1** ***haarstukje.***

tour[1] [toeə] ⟨zn.⟩ **0.1** ***reis*** ⇒*rondreis* **0.2** ⟨+ of⟩ ***(kort) bezoek (aan)*** **0.3** ***tournee*** **0.4** ***verblijf*** ⇒*detachering* ◆ **1.4** the ambassador did a four-year ~ in Washington *de ambassadeur heeft vier jaar Washington als standplaats gehad* **6.2** a guided ~ **of/round** the castle *een rondleiding door het kasteel* **6.3** **on** ~ *op tournee.*

tour[2] I ⟨onov.ww.⟩ **0.1** ***reizen*** ⇒*rondreizen;*
II ⟨ov.ww.⟩ **0.1** ***bereizen*** **0.2** ***op tournee gaan door/in.***

tourism [toeərizm] **0.1** ***toerisme.***

tourist [toeərist] **0.1** ***toerist.***

tourist class **0.1** ***toeristenklasse.***

tourist office **0.1** ***VVV-kantoor.***

tourist official **0.1** ***VVV-beambte.***

touristy [toeəristie] ⟨inf.; vnl. pej.⟩ **0.1** ***toeristisch.***

tournament [toeənəmənt, to:-] **0.1** ***toernooi*** ⇒⟨gesch.⟩ *steekspel.*

tourniquet [toeənikkee] ⟨med.⟩ **0.1** ***tourniquet.***

tour operator **0.1** ***reisorganisator*** ⇒*touroperator.*

tousle [tauzl] **0.1** ***in de war maken*** ⟨haar⟩.

tout[1] [taut] ⟨zn.⟩ **0.1** ***klantenlokker*** **0.2** ***scharrelaar*** ⇒*handelaar* ⟨vooral in zwarte kaartjes en informatie over renpaarden⟩.

tout[2] I ⟨onov.ww.⟩ **0.1** ***klanten lokken*** ⇒*werven* **0.2** ***sjacheren*** ⇒*handelen* ⟨in informatie over renpaarden⟩ ◆ **6.1** ~ing **for** orders *orders zien binnen te halen;*
II ⟨ov.ww.⟩ **0.1** ***verhandelen*** ⟨informatie over renpaarden⟩ **0.2** ***op de zwarte markt verkopen*** ⟨kaartjes⟩.

tow[1] [too] ⟨zn.⟩ **0.1** ***sleep*** **0.2** ***het (mee)slepen*** **0.3** ***werk*** ⟨vlas- of hennepdraden⟩ ◆ **6.1** take a car **in** ~ *een auto slepen;* take s.o. **in** ~ *iem. op sleeptouw nemen.*

tow[2] ⟨ww.⟩ **0.1** ***(weg)slepen*** ⇒*op sleeptouw nemen, (weg)trekken.*

toward [təwo:d], **towards** [təwo:dz] **0.1** ⟨doel of richting; ook fig.⟩ ***naar*** ⇒*naar ... toe, tot, richting* **0.2** ⟨relatie⟩ ***ten opzichte van*** ⇒*met betrekking tot* **0.3** ⟨tijdaanduiding⟩ ***voor*** ⇒*vlak voor, naar ... toe* **0.4** ⟨vnl. towards⟩ ***bijna*** ⇒*ongeveer, bij benadering* ◆ **1.1** she felt drawn ~ Bill *ze voelde zich tot Bill aangetrokken;* she lives out ~ the convent *ze woont op de weg naar het klooster;* she turned ~ Mary *ze keerde zich naar Mary toe,* her window faced ~ the sea *haar raam keek uit op de zee;* he walked ~ the signpost *hij ging op de wegwijzer af* **1.2** her attitude ~ the problem *haar houding ten opzichte van het probleem* **1.3** ~ six (o'clock) *tegen zessen* **1.4** ~ six thousand people watched the match *bijna zesduizend toeschouwers woonden de wedstrijd bij* **3.1** we're saving ~ buying a house *we sparen met het oog op de aankoop v.e. huis.*

towbar **0.1** ***trekhaak*** **0.2** ⟨skiën⟩ ***sleepbeugel*** ⟨v. skilift⟩ ⇒*anker.*

towel[1] [tauəl] ⟨zn.⟩ **0.1** ***handdoek*** ◆ **3.1** throw in the ~ *de handdoek in de ring gooien;* ⟨fig.⟩ *het opgeven.* →**Turkish.**

towel[2] ⟨ww.; BE -led⟩ **0.1** ⟨vnl. +down⟩ ***(zich) afdrogen*** ⇒*afwrijven.*

towelling, ⟨AE sp.⟩ **toweling** [tauəling] **0.1** ***badstof*** ⇒*handdoekenstof.*

tower[1] [tauə] ⟨zn.⟩ **0.1** ***toren*** ⇒*(zend)mast* **0.2** ***torengebouw*** ⇒*toren/kantoorflat* ◆ **1.¶** ~ of strength *steun en toeverlaat, rots in de branding* **7.1** the Tower (of London) *de Tower (van Londen).*

tower[2] ⟨ww.⟩ **0.1** ⟨+ over/above⟩ ***uittorenen (boven)*** ⇒*(hoog) uitsteken, oprijzen.*

tower block ⟨BE⟩ **0.1** ***torengebouw*** ⇒*torenflat.*

tower crane **0.1** ***torenkraan.***

towering [tauəring] **0.1** ***torenhoog*** ⇒*hoog oprijzend* **0.2** ***enorm*** ⇒*hevig* ◆ **1.2** he's in a ~ rage *hij is razend.*

towing zone 0.1 *wegsleepzone.*
towline, towrope 0.1 *sleeptouw/kabel* ⇒*jaaglijn.*
town [taun] 0.1 *stad* 0.2 ⟨AE⟩ *gemeente* ◆ 1.¶ ~ and gown *burgerij en studenten* ⟨ihb. Oxbridge⟩ 3.¶ go to ~ *zich inzetten, zich uitsloven;* ⟨inf.⟩ *uitspatten, zich uitleven* 6.1 he is **out of** ~ *hij is de stad uit* 6.¶ (out) **on** the ~ *(aan het) stappen, (een avondje) uit;* he went **up to** ~ from Nottingham *hij is vanuit Nottingham naar Londen gegaan.* →**red.**
town clerk 0.1 *gemeentesecretaris.*
town council ⟨BE⟩ 0.1 *gemeenteraad.*
town councillor ⟨BE⟩ 0.1 *(gemeente)raadslid.*
town crier 0.1 *(stads)omroeper.*
town gas 0.1 *stadsgas.*
town hall 0.1 *stadhuis* ⇒*raadhuis.*
town house 0.1 *huis in de stad* 0.2 *huis in stadswijk.*
townscape [taunskeep] 0.1 *stadsgezicht.*
township [taunsjip] 0.1 ⟨AE⟩ *gemeente* 0.2 ⟨Z. Afr. E⟩ *kleurlingenwijk* ⇒*woonstad.*
towns|man [taunzmən]⟨mv.: -men [-mən]⟩ 0.1 *stedeling* 0.2 *stadsmens.*
townspeople [taunzpie:pl], **townsfolk** [-fook] ⟨ww. steeds mv.⟩ 0.1 *stedelingen* ⇒*ingezetenen* 0.2 *stadsmensen.*
townswoman [taunzwoemən] 0.1 *stedelinge* 0.2 *stadsmens.*
towpath 0.1 *jaagpad.*
toxaemia, toxemia [toksie:miə] 0.1 *toxemie* ⇒*bloedvergiftiging.*
toxic [toksik] ⟨-ally; zn.: **-ity**⟩ 0.1 *toxisch* ⇒*giftig, vergiftigings-.*
toxicologist [toksikkolləd zjist] 0.1 *toxicoloog.*
toxicolog|y [toksikkollədzjie] ⟨bn.: **-ical**⟩ 0.1 *toxicologie* ⇒*vergiftenleer.*
toxin [toksin] 0.1 *toxine* ⇒*giftige stof.*
toxoplasmosis [taksooplæzmoosis] ⟨med.⟩ 0.1 *toxoplasmose.*
toy[1] [toj] ⟨zn.⟩ 0.1 *speeltje* ⇒*(stuk) speelgoed;* ⟨fig.⟩ *speelbal* 0.2 *schoothondje* ⇒*miniatuurhondje.*
toy[2] ⟨ww.⟩ 0.1 ⟨+ with⟩ *spelen (met)* ⟨ook fig.⟩ ⇒*zich amuseren (met)* ◆ 1.1 he ~ed with the idea of stopping smoking again *hij speelde met de gedachte weer met roken te stoppen.*
toy library 0.1 *spelotheek.*
toyshop 0.1 *speelgoedwinkel.*
trace[1] [trees] ⟨zn.⟩ 0.1 *spoor* ⇒*voetspoor;* ⟨ook fig.⟩ *overblijfsel, vleugje* 0.2 ⟨wisk.⟩ *snijpunt* ⇒*doorgangspunt* ⟨v.e. matrix⟩ 0.3 *streng* ⟨touw of ketting waarmee een paard voor een wagen gespannen wordt⟩ ◆ 1.1 not a ~ of humour *geen greintje humor* 3.1 lose ~ of *uit het oog verliezen* 3.¶ kick over the ~s *uit de band springen* 6.1 gone **without** ~ *spoorloos verdwenen.*
trace[2] ⟨ww.⟩ 0.1 ⟨+ out⟩ *(uit)tekenen* ⇒*schetsen, trekken* ⟨lijn⟩ 0.2 *(moeizaam) schrijven* 0.3 *overtrekken* ⇒*calqueren* 0.4 *volgen* ⇒*nagaan* 0.5 ⟨+ back⟩ *nagaan/speuren* ⇒*opsporen, terugvoeren* 0.6 *vinden* ⇒*ontdekken* ◆ 1.6 I can't ~ that book *ik heb dat boek niet kunnen vinden* 5.5 the rumour was ~d **back** to his aunt *men kwam erachter dat het gerucht afkomstig was v. zijn tante.*
traceable [treesəbl] 0.1 *opspoorbaar* ⇒*naspeurbaar* ◆ 6.1 ~ **to** *terug te voeren op.*
trace element 0.1 *spoorelement.*
tracer [treesə] 0.1 ⟨mil.⟩ *lichtspoorkogel* ⇒*lichtspoorammunitie, tracer* 0.2 ⟨schei., med.⟩ *tracer* ⇒*merkstof.*
tracer|y [trees(ə)rie] ⟨mv.: -ies⟩ 0.1 *tracering* ⟨versiering bij een gothisch venster⟩ ⇒*traceer/maaswerk.*
trachea [trəkiə]⟨mv.: ook tracheae [-ki·ie:]⟩ 0.1 ⟨anat.⟩ *luchtpijp* 0.2 ⟨dierk.⟩ *luchtbuis/vat* ⟨v. gelede dieren⟩ 0.3 ⟨plantk.⟩ *luchtvat* ⇒*houtvat.*
tracheotom|y [trækie·ottəmie] ⟨mv.: -ies⟩⟨med.⟩ 0.1 *tracheotomie* ⇒*luchtpijpsnede.*
trachoma [trəkoomə] ⟨med.⟩ 0.1 *trachoom* ⇒*oogbindvliesontsteking.*
tracing [treesing] 0.1 *doordruk* ⇒*overgetrokken tekening.*
tracing paper 0.1 *overtrekpapier* ⇒*calqueerpapier.*
track[1] [træk] ⟨zn.⟩ 0.1 *spoor* ⟨ook fig.⟩ 0.2 ⟨vnl. mv.⟩ *voetspoor* ⇒*(voet)afdruk; prent* ⟨v. dieren⟩ 0.3 *pad* ⇒*bos/landweg;* ⟨fig. ook⟩ *weg, baan* 0.4 *ren/racebaan* ⇒*wielerbaan* 0.5 *(spoor)rails* 0.6 *rupsband* 0.7 *soundtrack* ⇒*klankstrook* ⟨v. film⟩ 0.8 *nummer* ⟨op cd, grammofoonplaat⟩ 0.9 *track* ⇒*(opname)spoor* ⟨op (cassette)band⟩ ◆ 1.¶ ⟨AE⟩ the wrong side of the (railroad) ~s *de achterbuurten* 2.1 on the right/wrong ~ *op het goede/verkeerde spoor* ⟨ook fig.⟩ 3.1 go off the beaten ~ *ongebaande wegen bewandelen* ⟨vnl. fig.⟩ 3.2 ⟨fig.⟩ cover (up) one's ~s *zijn sporen uitwissen* 3.¶ lose/keep ~ of *uit het oog verliezen/contact houden met;(niet meer) op de hoogte blijven van;* ⟨sl.⟩ make ~s *'m smeren* 6.1 be **on** s.o.'s ~ *iem. op het spoor zijn* 6.¶ ⟨AE⟩ **across** the ~s *in de achterbuurten;* ⟨inf.⟩ **in** one's ~s *ter plaatse/plekke.* →**hot.**
track[2] **I** ⟨onov.ww.⟩ 0.1 *in de (platen)groef lopen* ⟨v. grammofoonnaald⟩ 0.2 *bewegen en filmen* ⟨v. camera(man)⟩;
II ⟨ov.ww.⟩ 0.1 *het spoor volgen van* ⇒*volgen* 0.2 ⟨+ down⟩ *(op)sporen* ⇒*ontdekken, naspeuren.*
track and field 0.1 *atletiek.*
tracker [trækə], ⟨in bet. 0.2 ook⟩ **tracker dog** 0.1 *spoorvolger* ⟨bij jacht⟩ 0.2 *speurhond.*
track events ⟨atletiek⟩ 0.1 *loopnummers.*
tracking station 0.1 *volgstation* ⟨v. satellieten e.d.⟩.
trackless [trækləs] 0.1 *ongebaand* ⇒*zonder paden.*
tracksuit 0.1 *trainingspak.*
tract [trækt] 0.1 *uitgestrekt gebied* ⇒*uitgestrektheid, landstreek* 0.2 *traktaat* ⟨vnl. rel., moraal⟩ 0.3 ⟨anat.⟩ *kanaal* ◆ 2.3 the digestive ~ *het spijsverteringskanaal.*
tractab|le [træktəbl] ⟨-ly; zn.: **-ility**⟩ 0.1 *handelbaar* ⇒*goed te bewerken, buigzaam* ⟨materiaal⟩ 0.2 *handelbaar* ⇒*gewillig, meegaand.*
traction [træksjn] 0.1 *tractie* ⇒*trekking, het (voort)trekken* 0.2 *trekkracht* ⇒*aandrijving, voortstuwing* 0.3 *grip* ⇒*greep* ⟨v. band/wiel op weg⟩.
traction engine 0.1 *trekker* ⇒*tractor.*
tractor [træktə] 0.1 *tractor* ⇒*(landbouw)trekker.*
trade[1] [treed] ⟨zn.⟩ 0.1 *handel* ⇒*zaken* 0.2 *bedrijfstak* ⇒*branche* 0.3 ⟨ww. enk. of mv.; the⟩ *de handel* ⇒*(mensen v.) het vak, handelaars* 0.4 *vak* ⇒*ambacht, beroep* 0.5 ⟨vaak mv.⟩ *passaat(wind)* ◆ 1.1 balance of ~ *handelsbalans;* ⟨BE⟩ Department of Trade and Industry ⟨ong.⟩ *Ministerie v. Economische Zaken;* terms of ~ *(handels)ruilvoet* 1.4 the ~ of a baker *het bakkersberoep* 2.1 bad for ~ *nadelig voor de handel* 2.2 the wool ~ *de wolbranche* 3.1 do a good ~ *goede zaken doen* 6.2 be **in** ~ *een zaak/winkel hebben* 6.4 a butcher **by** ~ *slager v. beroep.* →**jack.**
trade[2] **I** ⟨onov.ww.⟩ 0.1 *handel drijven* ⇒*handelen, zaken doen* 0.2 ⟨AE; + at/with⟩ *(vaste) klant zijn (van/in)* ◆ 6.1 ~ **with** s.o. *met iem. zaken doen* 6.¶ ~ **(up)on** s.o.'s generosity *misbruik maken v. iemands vrijgevigheid;*
II ⟨ov.ww.⟩ 0.1 *verhandelen* ⇒*uitwisselen, (om)ruilen* ◆ 5.1 ~ **in** an old car for a new one *een oude auto voor een nieuwe inruilen.*
trade association 0.1 *beroepsvereniging.*
trade deficit 0.1 *handelstekort.*
trade embargo 0.1 *handelsembargo.*

trade fair **0.1** ***handelsbeurs.***
trade gap **0.1** ***tekort op de handelsbalans.***
trade-in **0.1** ***inruilobject*** **0.2** ***inruil.***
trademark **0.1** ***handelsmerk*** ⇒(fig.) *typisch kenmerk* ⟨v. persoon⟩.
trade mission **0.1** ***handelsmissie.***
trade name **0.1** ***handelsnaam.***
trade price **0.1** ***(groot)handelsprijs.***
trader [treedə] **0.1** ***handelaar*** **0.2** ***handelsvaartuig*** ⇒ *koopvaardijschip.*
trade relations **0.1** ***handelsbetrekkingen.***
trades|man [treedzmən]⟨mv.: -men [-mən]⟩ **0.1** ***kleinhandelaar*** ⇒*winkelier* **0.2** ***leverancier.***
tradespeople, tradesfolk **0.1** ***kleinhandelaars*** ⇒*winkeliers* ⟨als groep⟩.
trade(s) union [treed(z) joe:niən] **0.1** ***(vak)bond*** ⇒*vakvereniging.*
Trades Union Congress ⟨the⟩ **0.1** ***Britse vakcentrale.***
trade ties **0.1** ***handelsbetrekkingen.***
trade unionism **0.1** ***vakbondswezen.***
trade unionist **0.1** ***vakbondslid*** ⇒*aanhanger v.e. vakbond.*
trade union movement ⟨zn.; ww. enk. of mv.⟩ **0.1** ***vakbeweging.***
trade wind **0.1** ***passaatwind.***
trading estate **0.1** ***industriegebied/terrein.***
trading partner **0.1** ***handelspartner.***
trading post **0.1** ***handelsnederzetting*** ⇒*factorij.*
trading stamp **0.1** ***spaarzegel.***
tradition [trədisjn] **0.1** ***traditie*** ⇒*overlevering.*
traditional [trədisjnəl] **0.1** ***traditioneel*** ⇒*vanouds gebruikelijk.*
traditionally [trədisjnəlie] **0.1** ***traditiegetrouw*** ⇒*vanouds.*
traduce [trədjoe:s] ⟨schr.⟩ **0.1** ***kwaadspreken van*** ⇒*belasteren.*
traffic[1] [træfik] ⟨zn.⟩ **0.1** ***verkeer*** ⇒*vervoer, transport* **0.2** ***handel*** ⇒*koophandel* ◆ **6.2** ~ **in** drugs *drugshandel.*
traffic[2] ⟨ww.; -ked⟩ **0.1** ***handel drijven (in)*** ⇒*handelen (in), zaken doen (in)* **0.2** ***zwarte handel drijven (in)*** ⇒*sjacheren (met)* ◆ **6.¶** ~ **in** arms *wapenhandel drijven.*
trafficator [træfikkeetə] ⟨vnl. BE⟩ **0.1** ***richtingaanwijzer.***
traffic circle ⟨AE⟩ **0.1** ***rotonde*** ⇒*(rond) verkeersplein.*
traffic cop ⟨BE; inf.⟩ **0.1** ***verkeersagent(e).***
traffic diversion **0.1** ***(weg)omlegging.***
traffic island **0.1** ***vluchtheuvel.***
traffic jam **0.1** ***(verkeers)opstopping.***
trafficker [træfikkə] **0.1** ***zwarthandelaar*** ⇒*sjacheraar, dealer* ⟨in drugs e.d.⟩.
traffic lane **0.1** ***rijstrook.***
traffic light, traffic signal ⟨vaak mv.⟩ **0.1** ***verkeerslicht*** ⇒ *stoplicht.*
traffic policeman **0.1** ***verkeersagent.***
traffic sign **0.1** ***verkeersteken*** ⇒*verkeersbord.*
traffic warden ⟨BE⟩ **0.1** ***parkeercontroleur/controleuse.***
tragedian [trədzjie:diən] **0.1** ***tragicus*** ⇒*treurspeldichter (es), tragedieschrijver/schrijfster* **0.2** ***treur(spel)speler.***
tragedienne [trədzjie:die·en] **0.1** ***tragédienne*** ⇒*treurspelspeelster.*
traged|y [trædzjiddie] ⟨mv.: -ies⟩ **0.1** ***tragedie*** ⇒*drama, treurspel* **0.2** ***tragedie*** ⇒*tragiek, het tragische* ◆ **2.1** Greek ~ *de Griekse tragedie.*
tragic [trædzjik] ⟨-ally⟩ **0.1** ***tragisch*** ⇒*treurig, droevig* **0.2** ***tragisch*** ⇒*tragedie-, treurspel-* ◆ **1.1** a ~ event *een tragische/droevige gebeurtenis* **1.2** a ~ actor *een treur(spel)-speler.*
tragically [trædzjiklie] **0.1** →**tragic** **0.2** ***tragisch genoeg*** ◆ **¶.2** ~, he died at the age of thirty *tragisch genoeg stierf hij op dertigjarige leeftijd.*
tragicomed|y [trædzjiekommiddie] ⟨mv.: -ies⟩ **0.1** ***tragikomedie.***
trail[1] [treel] ⟨zn.⟩ **0.1** ***slier(t)*** ⇒*stroom, rij* **0.2** ***spoor*** ⇒*pad* **0.3** ***spoor*** ⇒*prent* ⟨v. dier⟩; *geur(vlag)* ⟨als spoor⟩ ◆ **1.1** ~s of smoke *rookslierten* **1.2** a ~ of destruction *een spoor v. vernieling* **2.3** be hard/hot on s.o.'s ~ *iem. op de hielen zitten* **3.2** blaze a ~ ⟨fig.⟩ *de weg banen, baanbrekend werk verrichten.*
trail[2] **I** ⟨onov.ww.⟩ **0.1** ***slepen*** ⇒*slieren, loshangen* **0.2** ***zich (voort)slepen*** ⇒*strompelen* **0.3** ***kruipen*** ⟨v. planten⟩ **0.4** ⟨+ behind; sport⟩ ***achterliggen*** ⇒*achterstaan/aankomen* ◆ **5.1** her gown was ~ing **along** on the ground *haar japon sleepte over de grond* **5.¶** his voice ~ed **off** *zijn stem stierf weg;*
II ⟨ov.ww.⟩ **0.1** ***slepen*** ⇒*sleuren, slieren* **0.2** ***nasporen*** ⇒ *volgen, schaduwen* **0.3** ⟨sport⟩ ***achterliggen op*** ⇒*achterstaan op, komen achter.*
trailer [treelə] **0.1** ***kruipplant*** **0.2** ***trailer*** ⇒*aanhangwagen, oplegger* **0.3** ⟨vnl. AE⟩ ***trailer*** ⇒*caravan* **0.4** ***trailer*** ⟨voorproefje als reclame voor nieuwe film⟩.
train[1] [treen] ⟨zn.⟩ **0.1** ***trein*** **0.2** ***sleep*** ⟨vnl. v. japon⟩ ⇒⟨fig.⟩ *nasleep* **0.3** ***gevolg*** ⇒*stoet, sleep* **0.4** ***rij*** ⇒*reeks, opeenvolging;* ⟨fig.⟩ *aaneenschakeling, gang* **0.5** ⟨tech.⟩ ***tandwieltrein*** ⇒*raderwerk* **0.6** ***loopvuur*** ⟨om explosieven te ontsteken⟩ ◆ **1.4** a ~ of events *een aaneenschakeling v. gebeurtenissen;* a ~ of thoughts *een gedachtegang* **6.1 by** ~ *per/met de trein* **6.4** preparations are **in** ~ *de voorbereidingen zijn aan de gang.*
train[2] **I** ⟨onov.ww.⟩ **0.1** ***(zich) trainen*** ⇒*(zich) oefenen* **0.2** ***een opleiding volgen*** ⇒*studeren* ◆ **3.2** he is ~ing to be a lawyer *hij studeert voor advocaat;*
II ⟨ov.ww.⟩ **0.1** ***trainen*** ⇒*oefenen* **0.2** ***trainen*** ⇒*africhten* ⟨dier⟩ **0.3** ***opleiden*** ⇒*scholen, opvoeden* **0.4** ***leiden*** ⟨plant⟩ **0.5** ***richten*** ⇒*mikken* ◆ **6.5** the guns are ~ed **(up)on** the camp *de kanonnen zijn op het kamp gericht.*
trainbearer **0.1** ***sleepdrager/draagster.***
trained [treend] **0.1** ***getraind*** ⇒*geoefend, ervaren, geschoold* ◆ **1.1** ~ nurse *geschoold/gediplomeerd verpleegster.*
trainee [treenie:] **0.1** ***stagiair(e).***
trainer [treenə] **0.1** ***trainer*** ⇒*oefenmeester* **0.2** ***trainer*** ⇒ *africhter, dompteur* **0.3** ⟨mv.⟩ ***trainingsschoenen.***
train ferry **0.1** ***(trein)ferry.***
training [treening] **0.1** ***training*** ⇒*oefening, opleiding* ◆ **2.1** physical ~ *conditietraining* **6.1 in** ~ *in conditie/vorm;* go **into** ~ *in training gaan, gaan trainen;* **out of** ~ *niet in conditie/vorm.*
training college **0.1** ***pedagogische academie.***
training ship **0.1** ***opleidingsvaartuig.***
training shoes **0.1** ***trainingsschoenen.***
train|man [treenmən]⟨mv.: -men [-mən]⟩ ⟨AE⟩ **0.1** ***treinbeambte.***
train robbery **0.1** ***treinroof.***
train spotter **0.1** ***treinenspotter*** ⇒*treinnummerverzamelaar.*
traipse, trapse [treeps] ⟨inf.⟩ **0.1** ***sjouwen*** ⇒*slepen, moeizaam lopen* ◆ **5.¶** ~ **about** *rondslenteren.*
trait [treet] **0.1** ***trek(je)*** ⇒*karaktertrek/eigenschap.*
traitor [treetə] **0.1** ***(land)verrader*** ⇒*overloper* ◆ **3.1** turn ~ *een/tot verrader worden.*
traitorous [treetərəs] **0.1** ***verraderlijk.***
trajector|y [trədzjektrie] ⟨mv.: -ies⟩ **0.1** ***baan*** ⟨v. projectiel⟩.
tram [træm], **tramcar** **0.1** ⟨vnl. BE⟩ ***tram*** ⇒*tramwagen* ◆ **6.1** by ~ *met de tram.*

tramline 0.1 ⟨vnl. mv.; BE⟩ ***tramrail*** 0.2 ⟨mv.; inf.⟩ ***dubbele zijlijnen*** ⟨op tennisbaan⟩.
trammel [træml] ⟨BE -led⟩ 0.1 ***kluisteren*** ⟨ook fig.⟩ ⇒*belemmeren, (ver)hinderen.*
trammels [træmlz] 0.1 ***kluisters*** ⟨alleen fig.⟩ ⇒*keurslijf, belemmeringen* ◆ 1.1 the ~ of etiquette *het keurslijf v.d. etiquette.*
tramp¹ [træmp], ⟨in bet. 0.4 ook⟩ **tramp steamer** ⟨zn.⟩ 0.1 ***getrappel*** ⇒*gestamp, zware tred* 0.2 ***voettocht*** ⇒*trektocht* 0.3 ***tramp*** ⇒*zwerver, landloper* 0.4 ***tramp(boot)*** ⇒ *vrachtzoeker, schip v.d. wilde vaart* 0.5 ⟨sl.⟩ ***slet.***
tramp² I ⟨onov.ww.⟩ 0.1 ***stappen*** ⇒*marcheren, stampen* 0.2 ***lopen*** ⇒*trekken, een voettocht maken* 0.3 ***rondzwerven*** ⇒ *rondtrekken;*
II ⟨ov.ww.⟩ 0.1 ***aflopen*** ⇒*afzwerven, doorlopen* 0.2 ***trappen op*** ⇒*stampen op* ◆ 5.2 ~ **down** *plattrappen.*
trample [træmpl] I ⟨onov.ww.⟩ 0.1 ***stampen*** ⇒*trappelen, stappen* ◆ 5.1 ~ **about** *rondstappen/marcheren* 6.1 ~ **(up)on** *trappen op;* ⟨fig.⟩ *met voeten treden;* ~ **on** s.o.'s feelings *iemands gevoelens kwetsen;*
II ⟨ov.ww.⟩ 0.1 ***vertrapp(el)en*** ⇒*trappen op, vertreden* ◆ 1.1 ~ to death *doodtrappen.*
trampoline [træmpəlie:n] 0.1 ***trampoline.***
trampolining [træmpəlie:ning] 0.1 ***(het) trampolinespringen.***
trance [tra:ns] 0.1 ***trance*** ◆ 6.1 be **in** a ~ *in trance zijn.*
tranche [tra:nsj] 0.1 ***tranche*** ⇒*deel* ⟨v.e. lening⟩.
tranquil [trængkwil] 0.1 ***kalm*** ⇒*vredig, rustig* ◆ 1.1 ~ lake *rimpelloos meer.*
tranquillity, ⟨AE sp.⟩ **tranquility** [trængkwillətie] 0.1 ***kalmte*** ⇒*rust(igheid).*
tranquillize, -ise, ⟨AE sp. vnl.⟩ **tranquilize** [trængkwillajz] 0.1 ***kalmeren*** ⇒*tot bedaren/rust brengen.*
tranquillizer, -iser, ⟨AE sp.⟩ **tranquilizer** [trængkwillajzə] 0.1 ***tranquillizer*** ⇒*kalmerend middel.*
transact [trænzækt] 0.1 ***verrichten*** ⇒*afhandelen, afwikkelen* ◆ 1.1 ~ business with s.o. *met iem. zaken doen.*
transaction [trænzæksjn] 0.1 ***transactie*** ⇒*zaak, handelsovereenkomst* 0.2 ***afhandeling*** ⇒*afwikkeling, uitvoering* 0.3 ⟨mv.⟩ ***handelingen*** ⇒*rapport, verslag(en)* ⟨bv. v. genootschap⟩.
transalpine [trænzælpajn] 0.1 ***transalpijns.***
transatlantic [trænzətlæntik] 0.1 ***transatlantisch*** ⟨Amerikaans voor Europa; Europees voor Amerika⟩ 0.2 ***transatlantisch*** ⟨over de Atlantische Oceaan⟩ ◆ 1.2 ~ flights *transatlantische vluchten.*
transceiver [trænsie:və] ⟨radio⟩ 0.1 ***zendontvanger*** ⇒*zendontvangapparaat.*
transcend [trænsend] 0.1 ***te boven gaan*** ⇒*uitreiken boven* 0.2 ***overtreffen*** ◆ 4.2 he ~s himself *hij overtreft zichzelf.*
transcendence [trænsendəns], **transcendency** [-sie] 0.1 ***superioriteit*** ⇒*voortreffelijkheid.*
transcendent [trænsendənt] 0.1 ***superieur*** ⇒*alles/allen overtreffend, buitengewoon.*
transcendental [trænsendentl] 0.1 ***transcendentaal*** ⇒*bovenzinnelijk, bovenzintuiglijk* ◆ 1.1 ~ meditation *transcendente meditatie.*
transcontinental [trænskontinnentl] 0.1 ***transcontinentaal.***
transcribe [trænskrajb] 0.1 ***transcriberen*** ⇒*overschrijven, (in een andere spelling/tekens) overbrengen;* ⟨muz.⟩ *bewerken* ◆ 6.1 ~ the music **for** organ *de muziek voor orgel bewerken.*
transcript [trænskript] 0.1 ***afschrift*** ⇒*kopie.*
transcription [trænskripsjn] 0.1 ***transcriptie*** ⇒*afschrift, het overschrijven;* ⟨muz.⟩ *bewerking, arrangement.*
transept [trænsept] ⟨bouwk.⟩ 0.1 ***transept*** ⇒*kruis/dwarsbeuk, dwarsschip.*
transfer¹ [trænsfə:] ⟨zn.⟩ 0.1 ***overplaatsing*** ⇒*overdracht, overbrenging;* ⟨sport⟩ *transfer* 0.2 ***overgeplaatste*** ⇒ ⟨sport⟩ *transfer(speler)* 0.3 ⟨geldw.⟩ ***overdracht*** ⇒*overschrijving, overboeking* 0.4 ⟨jur.⟩ ***overdrachtsakte/brief*** 0.5 ***overdrukplaatje*** 0.6 ⟨vnl. AE⟩ ***overstapkaartje.***
transfer² [trænsfə:] ⟨-red⟩ I ⟨onov.ww.⟩ 0.1 ***overstappen*** 0.2 ***overgaan*** ⇒*overgeplaatst worden, veranderen* ⟨van plaats, werk, school⟩ ◆ 6.1 ~ **from** the train **to** the subway *van de trein op de metro overstappen;*
II ⟨ov.ww.⟩ 0.1 ***overmaken*** ⇒*overhandigen, overdragen* 0.2 ***overplaatsen*** ⇒*verplaatsen, overbrengen* 0.3 ***overdrukken*** 0.4 ⟨sport⟩ ***transfereren*** ⟨speler⟩ ◆ 6.1 ~ one's rights **to** s.o. *zijn rechten aan iem. (anders) overdragen.*
transferab|le [trænsfə:rəbl] ⟨zn.: **-ility**⟩ 0.1 ***verplaatsbaar*** 0.2 ***overdraagbaar*** 0.3 ⟨geldw.⟩ ***transferabel*** ⇒*inwisselbaar, verhandelbaar* ⟨cheque e.d.⟩.
transfer deal ⟨sport⟩ 0.1 ***transferovereenkomst.***
transferee [trænsfərie:] 0.1 ***overgeplaatste.***
transference [trænsfrəns] 0.1 ***overplaatsing*** ⇒*verplaatsing, overbrenging.*
transfer fee ⟨sport⟩ 0.1 ***transfersom*** ⟨voor speler⟩.
transfer list ⟨sport⟩ 0.1 ***transferlijst.***
transfer RNA ⟨bioch.⟩ 0.1 ***transfer-RNA*** ⇒*transport-RNA.*
Transfiguration [trænsfigjoereesjn] 0.1 ⟨the⟩ ***transfiguratie*** ⇒*verheerlijking* ⟨v. Christus⟩ 0.2 ***feest v.d. transfiguratie*** ⟨6 augustus⟩.
transfigur|e [trænsfigə] ⟨zn.: **-ation**⟩ 0.1 ***transfigureren*** ⇒ *herscheppen, van gedaante veranderen.*
transfix [trænsfiks] 0.1 ***doorboren*** ⇒*doorsteken* ⟨bv. met lans⟩ 0.2 ***(vast)spietsen*** 0.3 ***als aan de grond nagelen*** ⇒ *verlammen.*
transform [trænsfo:m] I ⟨onov.ww.⟩ 0.1 ***(van vorm/gedaante/karakter) veranderen*** ⇒*een gedaanteverwisseling ondergaan;*
II ⟨ov.ww.⟩ 0.1 ***(van vorm/gedaante/karakter doen) veranderen*** ⇒*transformeren, her/omvormen* 0.2 ⟨ook elek.⟩ ***omzetten*** ⇒*transformeren* ◆ 6.1 stress ~ed him **into** an aggressive man *de stress veranderde hem in een agressief man* 6.2 ~ sugar **into** energy *suiker in/tot energie omzetten.*
transformation [trænsfəmeesjn] 0.1 ***transformatie*** ⇒*omvorming, (gedaante)verandering, omzetting.*
transformer [trænsfo:mə] 0.1 ⟨elek.⟩ ***transformator.***
transf|use [trænsfjoe:z] ⟨zn.: **-usion**⟩ 0.1 ***een transfusie/infusie geven (van)*** ◆ 1.1 ~ blood *een bloedtransfusie geven.*
transgress [trænzgres] ⟨zn.: **-ion**⟩ ⟨schr.⟩ I ⟨onov.ww.⟩ 0.1 ***een overtreding begaan*** 0.2 ***zondigen;***
II ⟨ov.ww.⟩ 0.1 ***overtreden*** ⇒*inbreuk maken op, schenden* 0.2 ⟨ook geldw.⟩ ***overschrijden*** ⇒*passeren.*
transgressor [trænzgressə] ⟨schr.⟩ 0.1 ***overtreder*** ⇒*schender, zondaar.*
transience [trænziəns], **transiency** [-sie] 0.1 ***vluchtigheid*** ⇒*kortstondigheid, vergankelijkheid.*
transient¹ [trænziənt] ⟨zn.⟩ 0.1 ⟨vnl. AE⟩ ***iem. op doorreis.***
transient² ⟨bn.⟩ 0.1 ***voorbijgaand*** ⇒*kortstondig, vergankelijk* 0.2 ***doorreizend*** ⇒*doortrekkend.*
transire [trænsajjərie] ⟨BE; hand.⟩ 0.1 ***geleidebiljet.***
transistor [trænzistə, -si-], ⟨in bet. 0.2 ook⟩ **transistor radio** 0.1 ⟨elek.⟩ ***transistor*** ⟨halfgeleider⟩ 0.2 ***transistor(radio).***
transistorize, -ise [trænzistərajz, -si-] 0.1 ***transistoriseren*** ⇒*met transistors uitrusten.*
transit [trænsit, -zit] 0.1 ***doorgang*** ⇒*doortocht, passage* 0.2

transit ⇒*doorvoer, vervoer, transport* **0.3** ***overgang*** ⇒*voorbijgang, passage* ⟨v. hemellichaam⟩ ◆ **6.2 in** ~ *tijdens het vervoer, onderweg.*

transit camp 0.1 ***doorgangskamp.***

transition [trænzisjn] **0.1** ***overgang*** ⇒*transitie* ◆ **1.1** period of ~ *overgangsperiode.*

transitional [trænzisjnəl] **0.1** ***tussenliggend*** ⇒*overgangs-, tussen-.*

transition period 0.1 ***overgangsperiode.***

transitive [trænsittiv, -zittiv] ⟨taal.⟩ **0.1** ***transitief*** ⇒*overgankelijk.*

transitor|y [trænsitrie, -zi-] ⟨-ily⟩ **0.1** ***voorbijgaand*** ⇒*kortstondig, vergankelijk.*

transit visa 0.1 ***doorreisvisum.***

translatable [trænzleetəbl, træns-] **0.1** ***vertaalbaar.***

translate [trænzleet, træns-] **0.1** ***vertalen*** ⇒*overzetten/brengen* **0.2** ***interpreteren*** ⇒*uitleggen, vertolken* **0.3** ***omzetten*** ⇒*omvormen* ⟨ook bioch.⟩ **0.4** ⟨schr.; rel.⟩ ***overplaatsen*** ⇒*overbrengen* ◆ **1.3** ~ ideas into actions *ideeën in daden omzetten* **6.1** ~ a sentence **from** English **into** Dutch *een zin uit het Engels in het Nederlands vertalen.*

translation [trænzleesjn, træns-] **0.1** ***vertaling*** **0.2** ***omzetting*** ⇒*omvorming* ◆ **2.1** simultaneous ~ *simultaanvertaling.*

translator [trænzleetə, træns-] **0.1** ***vertaler/vertaalster*** **0.2** ***tolk*** **0.3** ⟨com.⟩ ***omzetter*** ⇒*vertolker* ⟨v. signaal⟩.

transliter|ate [trænzlittəreet, træns-] ⟨zn.: **-ation**⟩ **0.1** ***transcriberen*** ⇒*omspellen.*

transluc|ent [trænzloe:snt, træns-], **translucid** [-loe:sid] ⟨zn.: **-ence, -ency**⟩ **0.1** ***doorschijnend*** ⟨ook fig.⟩.

transmigration [trænzmajgreesjn] **0.1** ***transmigratie*** ⇒*zielsverhuizing.*

transmission [trænzmisjn, træns-] **0.1** ***uitzending*** ⇒*programma* **0.2** ***overbrenging*** ⇒*overdracht* ⟨ook mbt. ziekte, erfelijkheid⟩ **0.3** ⟨tech.⟩ ***transmissie*** ⇒*overbrenging, versnellingsbak* **0.4** ***het doorgeven*** ⇒*overlevering* **0.5** ⟨com.⟩ ***uitzending*** ⇒*het over/doorseinen* **0.6** ⟨nat.⟩ ***het doorlaten*** ⇒*doorlating, geleiding.*

transmit [trænzmit, træns-] ⟨-ted⟩ **0.1** ***overbrengen*** ⇒*overdragen* ⟨ook mbt. ziekte, erfelijkheid⟩ **0.2** ***overleveren*** ⇒*doorgeven* ⟨tradities e.d.⟩ **0.3** ⟨com.⟩ ***overseinen*** ⇒*doorseinen, uitzenden* **0.4** ⟨nat.⟩ ***doorlaten*** ⇒*geleiden* ◆ **1.1** ~ a message *een boodschap overbrengen;* ~ power from the engine to the weels *kracht v.d. motor naar de wielen overbrengen.*

transmitter [trænzmittə, træns-] **0.1** ***overbrenger*** ⇒*overdrager* **0.2** ***overleveraar*** **0.3** ⟨com.⟩ ***seintoestel*** ⇒*seingever* **0.4** ⟨com.⟩ ***microfoon*** ⟨v. telefoon⟩ **0.5** ⟨com.⟩ ***zender*** ⟨radio, tv⟩.

transmogrif|y [trænzmogriffaj] ⟨-ied; zn.: **-ication**⟩ ⟨scherts.⟩ **0.1** ***omtoveren*** ⇒*een metamorfose/gedaanteverandering ondergaan.*

transmut|e [trænzmjoe:t, træns-] ⟨zn.: **-ation**⟩ ⟨alchemie, biol., kernfysica⟩ **0.1** ***transmuteren*** ⇒*(in een andere soort) veranderen/doen overgaan* ◆ **6.1** ~ copper **into** gold *koper in goud doen veranderen.*

transnational [trænznæsjnəl] **0.1** ***transnationaal*** ⇒*grensoverschrijdend, internationaal.*

transom [trænsm], ⟨in bet. 0.3 en 0.4 ook⟩ **transom window 0.1** ***dwarsbalk*** ⟨ihb. in raam⟩ **0.2** ***bovendorpel*** ⟨tussen deur en bovenraam⟩ **0.3** ***raam met dwarsbalk*** **0.4** ⟨AE⟩ ***bovenlicht*** ⇒*bovenraam.*

transparenc|y [trænspærənsie], **transparence** [-rəns] ⟨mv.: -ies⟩ **0.1** ⟨foto.⟩ ***dia(positief)*** ⇒*projectieplaatje* **0.2** ***doorzichtigheid.***

transparent [trænspærənt] **0.1** ***doorzichtig*** ⟨ook fig.⟩ ⇒*transparant* **0.2** ***eenvoudig*** ⇒*gemakkelijk te begrijpen* **0.3** ⟨tech.⟩ ***doorlatend*** ⟨straling⟩ ◆ **1.1** a ~ lie *een doorzichtige leugen.*

transpiration [trænspirreesjn] **0.1** ***transpiratie*** ⇒*(uit)waseming, zweet, het zweten.*

transpire [trænspajjə] **I** ⟨onov.ww.⟩ **0.1** ***transpireren*** ⇒*zweten* ⟨v. mens, dier⟩ **0.2** ***transpireren*** ⇒*(uit)wasemen, waterdamp afgeven* ⟨bv. planten⟩ **0.3** ***uitlekken*** ⇒*aan het licht komen, bekend/duidelijk worden* **0.4** ***plaatsvinden*** ⇒*zich voordoen* ◆ **4.3** it ~d that the president himself was involved *het lekte uit dat de president er zelf bij betrokken was;*

II ⟨ov.ww.⟩ **0.1** ***uitwasemen*** ⇒*uitzweten.*

transplant[1] [trænspla:nt] ⟨zn.⟩ **0.1** ***getransplanteerd orgaan/weefsel*** ⇒*transplantaat* **0.2** ***transplantatie*** ⇒*het transplanteren.*

transplant[2] [trænspla:nt] ⟨ww.⟩ **0.1** ***verplanten*** ⇒*overplanten* **0.2** ***overbrengen*** ⇒*doen verhuizen* **0.3** ⟨med.⟩ ***transplanteren*** ⇒*overplanten.*

transport[1] [trænspo:t] ⟨zn.⟩ **0.1** ***vervoer(middel)*** ⇒*transport* **0.2** ⟨mil.⟩ ***transportmiddel*** ⇒*transportschip; transportvliegtuig* ◆ **2.1** public ~ *openbaar vervoer* **3.1** I'd like to come, but I've no ~ *ik zou wel mee willen, maar ik heb geen vervoer* **6.¶** she was **in** a ~ / **in** ~s of joy *zij was in vervoering v. vreugde.*

transport[2] [trænspo:t] ⟨ww.⟩ **0.1** ***vervoeren*** ⇒*transporteren, overbrengen* **0.2** ⟨gesch.⟩ ***deporteren*** ⇒*verbannen* **0.3** ⟨schr.; vnl. pass.⟩ ***in vervoering brengen*** ◆ **6.3** ~ed **with** joy *in de wolken v. vreugde.*

transportable [trænspo:təbl] **0.1** ***vervoerbaar*** ⇒*transporteerbaar.*

transport aircraft 0.1 ***transportvliegtuig.***

transportation [trænspo:teesjn] ⟨AE⟩ **0.1** ***vervoer/transportmiddel*** **0.2** ***vervoer*** ⇒*transport, overbrenging* **0.3** ⟨gesch.⟩ ***deportatie*** ⇒*verbanning.*

transport cafe 0.1 ***wegrestaurant*** ⟨ihb. voor vrachtwagenchauffeurs⟩.

transporter [trænspo:tə] **0.1** ***transportmiddel*** ⇒*autotransportwagen; transportkraan; transportband.*

transporter crane 0.1 ***transportkraan*** ⇒*rijdende hefkraan.*

transpos|e [trænspooz] ⟨zn.: **-ition**⟩ **0.1** ***anders schikken*** ⇒*(onderling) verwisselen, omzetten* **0.2** ⟨wisk.⟩ ***transponeren*** ⇒*overbrengen* ⟨v.h. ene lid v.e. vergelijking naar het andere⟩ **0.3** ⟨muz.⟩ ***transponeren.***

transputer [trænzpjoe:tə] ⟨comp.⟩ **0.1** ***transputer*** ⟨krachtige microchip⟩.

transubstantiation [trænsəbstænsjie·eesjn] **0.1** ***transsubstantiatie*** ⟨vnl. rel.⟩ ⇒*wezensverandering.*

transverse [trænzvə:s, træns-] **0.1** ***transvers*** ⇒*dwars, kruiselings* ◆ **1.1** ⟨nat.⟩ ~ wave *transversale golf.*

transvestite [trænzvestajt, træns-] **0.1** ***tra(ns)vestiet.***

trap[1] [træp] ⟨zn.⟩ **0.1** ***val*** ⇒*(val)strik, hinderlaag; strikvraag* **0.2** ***sifon*** ⇒*hevel, stankafsluiter* **0.3** ***(op)vangapparaat*** ⇒*(afvoer)filter; afvalfilter* **0.4** ***katapult*** ⟨bv. bij kleiduivenschieten, slagbal⟩ ⇒*werpmachine* **0.5** ***starthok*** ⟨bij hondenraces⟩ **0.6** ***tweewielige koets/kar*** ⇒*wagentje, hondenkar* **0.7** ***valluik*** ⇒*valdeur* **0.8** ⟨sl.⟩ ***smoel*** ⇒*waffel, bek* ◆ **3.1** lay / set a ~ *een val (op)zetten, een strik spannen* **3.8** shut your ~! *hou je kop!*

trap[2] ⟨-ped⟩ **I** ⟨onov.ww.⟩ **0.1** ***vallen zetten*** ⇒*vallenzetter zijn;*

II ⟨ov.ww.⟩ **0.1** ***(ver)strikken*** ⇒*(in een val) vangen;* ⟨fig.⟩ *in de val laten lopen* **0.2** ***opsluiten*** **0.3** ***opvangen*** ⟨bv. energie⟩ ◆ 1.2 ~ped in the wreck *opgesloten in het wrak* 3.2 be ~ped *opgesloten zitten, in de val zitten, vastzitten* 6.1 ~ s.o. **into** a confession *iem. door een list tot een bekentenis dwingen.*

trapdoor 0.1 ***valdeur*** ⇒*val, (val)luik.*

trapeze [trəpie:z] 0.1 ***trapeze*** ⇒*zweefrek.*

trapezium [trəpie:ziəm]⟨mv.: ook trapezia [-ziə]⟩ 0.1 ⟨BE⟩ ***trapezium*** 0.2 ⟨AE⟩ ***trapezoïde.***

trapezoid [træpizzojd] 0.1 ⟨BE⟩ ***trapezoïde*** ⇒*onregelmatige vierhoek* 0.2 ⟨AE⟩ ***trapezium.***

trapper [træpə] 0.1 ***vallenzetter*** ⇒*pelsjager.*

trappings [træpingz] 0.1 ***(uiterlijke) sieraden*** ⇒*opschik, (uiterlijk) vertoon.*

Trappist [træpist] 0.1 ***trappist*** ⟨monnik⟩.

trapse →**traipse.**

trapshooting 0.1 ***het kleiduivenschieten.***

trash [træsj] 0.1 ***rotzooi*** ⇒*(oude) rommel, troep* ⟨ook fig. v. kunst enz.⟩ 0.2 ***onzin*** ⇒*geklets* 0.3 ⟨vnl. AE⟩ ***afval*** ⇒*vuil(nis)* 0.4 ⟨vnl. AE⟩ ***nietsnut(ten)*** ⇒*uitschot, tuig.*

trash can ⟨AE⟩ 0.1 ***vuilnisemmer.***

trash|y [træsjie] ⟨-iness⟩ 0.1 ***waardeloos*** ⇒*kitscherig* ◆ 1.1 ~ novel *flutroman.*

trauma [tro:mə]⟨mv.: ook traumata [-mətə]⟩ 0.1 ***(ver)wond(ing)*** ⇒*letsel* 0.2 ⟨psych.⟩ ***trauma.***

traumatic [tro:mætik] ⟨-ally⟩ 0.1 ***traumatisch*** ⇒*beangstigend, onvergetelijk* ◆ 1.1 ~ experience *traumatische ervaring.*

travel¹ [trævl] ⟨zn.; vaak mv.⟩ 0.1 ***(lange/verre) reis*** ⇒*rondreis* 0.2 ***(het) reizen*** 0.3 ⟨mv.⟩ ***reisverha(a)l(en)*** ⇒*reizen, reisbeschrijving* ◆ 1.1 on our ~s *tijdens onze rondreis* 1.3 Gulliver's Travels *Gullivers Reizen.*

travel² ⟨BE -led⟩ I ⟨onov.ww.⟩ 0.1 ***reizen*** ⇒*een reis maken* 0.2 ***vertegenwoordiger/handelsreiziger zijn*** 0.3 ***dwalen*** ⇒*gaan* ⟨v. blik, gedachten⟩ 0.4 ***zich (voort)bewegen*** ⇒*zich voortplanten, gaan* 0.5 ⟨inf.⟩ ***vliegen*** ⇒*rennen, hollen* 0.6 ⟨sport, basketbal⟩ ***(met de bal) lopen*** ⟨overtreding⟩ ◆ 1.1 ~ling circus *rondreizend circus* 1.4 light ~s faster than sound *het licht plant zich sneller voort dan het geluid;* news ~s fast *nieuws verspreidt zich snel* 1.¶ flowers ~ badly *bloemen kunnen slecht tegen vervoer* 6.2 ~ **in** electrical appliances *vertegenwoordiger in huishoudelijke apparaten zijn* 6.3 his mind ~led **over** the past *in gedachten trok het verleden aan hem voorbij;*
II ⟨ov.ww.⟩ 0.1 ***doorreizen*** ⇒*doortrekken, afreizen* ⟨ook als handelsreiziger⟩ 0.2 ***afleggen*** ◆ 1.1 the circus ~s Europe *het circus reist heel Europa af* 1.2 ~ 500 miles a day *500 mijl per dag afleggen.*

travel agency, travel bureau 0.1 ***reisbureau.***

travel agent 0.1 ***reisagent.***

travel document 0.1 ***reisdocument.***

travelled, ⟨AE sp.⟩ **traveled** [trævəld] 0.1 ***bereisd*** ⟨persoon⟩ 0.2 ***druk bereden*** ⇒*veel bereisd, veel bezocht* ◆ 1.2 ~ country *veel bezocht land.*

traveller, ⟨AE sp.⟩ **traveler** [trævlə] 0.1 ***reiziger*** ⇒*bereisd man* 0.2 ***handelsreiziger*** ⇒*vertegenwoordiger.*

traveller's cheque 0.1 ***reischeque.***

travelling fellowship 0.1 ***reisbeurs.***

travelog(ue) [trævəlog] 0.1 ***(geïllustreerd) reisverhaal*** ⇒*reisfilm.*

travel-sick 0.1 ***reisziek*** ⇒*wagen/lucht/zeeziek.*

travel writer 0.1 ***schrijver/schrijfster v. reisverhalen.***

traverse¹ [trævə:s] ⟨zn.⟩ 0.1 ***dwarsstuk*** ⇒*dwarsbalk* 0.2 ***zijwaartse beweging*** ⇒*traverse, horizontale passage* ⟨v. bergwand⟩.

traverse² [trævə:s, trəvə:s] I ⟨onov.ww.⟩ 0.1 ***traverseren*** ⇒*schuins klimmen/afdalen;*
II ⟨ov.ww.⟩ 0.1 ***(door)kruisen*** ⇒*oversteken, (dwars) trekken door, doorsnijden* 0.2 ***dwars beklimmen*** ⟨helling⟩ ◆ 1.1 land ~d by canals *met kanalen doorsneden land;* search lights ~ the sky *zoeklichten doorklieven de lucht.*

travest|y¹ [trævistie] ⟨zn.; mv.: -ies⟩ 0.1 ***travestie*** ⇒*karikatuur, parodie, bespotting* ◆ 1.1 ~ of justice *karikatuur v. rechtvaardigheid.*

travest|y² ⟨ww.; -ied⟩ 0.1 ***travesteren*** ⇒*parodiëren, belachelijk maken/inkleden.*

trawl¹ [tro:l] ⟨zn.⟩ 0.1 ***treilnet*** ⇒*sleepnet, trawl* 0.2 ***zoek/speurtocht*** ⟨bv. naar talent⟩ 0.3 ⟨AE⟩ ***zetlijn.***

trawl² ⟨ww.⟩ 0.1 ***met een sleepnet vissen (naar)*** ⇒⟨fig.⟩ *uitkammen, uitpluizen* 0.2 ⟨AE⟩ ***met een zetlijn vissen (naar)*** ◆ 6.1 ⟨fig.⟩ ~ for *zorgvuldig doorzoeken.*

trawler [tro:lə] 0.1 ***treiler*** ⇒*trawler.*

tray [tree] 0.1 ***dienblad*** ⇒*(presenteer)blad* 0.2 ***bak(je)*** ⇒*brievenbak(je).*

treacherous [tretsjərəs] 0.1 ***verraderlijk*** ⇒*bedrieglijk, onbetrouwbaar* ◆ 1.1 ~ ice *verraderlijk ijs;* ~ memory *onbetrouwbaar geheugen.*

treacher|y [tretsjərie] ⟨mv.: -ies⟩ 0.1 ***daad van ontrouw/verraad*** 0.2 ***verraad*** ⇒*ontrouw, onbetrouwbaarheid.*

treacle [trie:kl] 0.1 ⟨BE⟩ ***(suiker)stroop*** ⟨ook fig.⟩ ◆ 1.1 a voice like ~ *een suikerzoete stem.*

treacly [trie:klie] 0.1 ***stroperig*** ⇒*kleverig;* ⟨fig.⟩ *(honing)zoet, vleiend.*

tread¹ [tred] ⟨zn.⟩ 0.1 ***tred*** ⇒*pas, gang* 0.2 ***trede*** ⇒*opstapje* 0.3 ***loopvlak*** ⟨v. band⟩ 0.4 ***profiel*** ⟨v. band⟩ ◆ 2.1 a heavy ~ *een zware stap/gang.*

tread² ⟨trod [trod], trodden [trodn]/trod [trod]⟩ I ⟨onov.ww.⟩ 0.1 ***treden*** ⇒*stappen, lopen, wandelen* ◆ 1.1 no foot has trod here *hier heeft nog nooit iem. een voet gezet* 6.1 ~ **in** the mud *in de modder trappen;* don't ~ **on** the grass *niet op het gras lopen;*
II ⟨ov.ww.⟩ 0.1 ***betreden*** ⇒*bewandelen, begaan* 0.2 ***trappen*** ⇒*(ver)trappe(le)n, in/stuk/uit/vasttrappen;* ⟨fig.⟩ *onderdrukken* 0.3 ***heen en weer lopen in*** ⇒*lopen door* 0.4 ***(zich) banen*** ⇒*platlopen* ◆ 1.2 ~ grapes *(met de voeten) druiven persen;* ~ the soil *de aarde aanstampen* 5.2 ~ **out** the fire *het vuur uittrappen* 6.2 ~ mud **into** the carpet *modder in het tapijt trappen.*

treadle¹ [tredl] ⟨zn.⟩ 0.1 ***trapper*** ⇒*pedaal.*

treadle² ⟨ww.⟩ 0.1 ***de trapper/het pedaal bedienen*** ⇒*trappen.*

treadmill 0.1 ***tredmolen*** ⟨ook fig.⟩.

treason [trie:zn] 0.1 ***hoogverraad*** ⇒*landverraad.*

treasonab|le [trie:znəbl], **treasonous** [trie:znəs] ⟨-ly⟩ 0.1 ***verraderlijk*** ⇒*schuldig aan (land)verraad, trouweloos.*

treasure¹ [trezjə] ⟨zn.⟩ 0.1 ***schat*** ⇒*kostbaarheid, kostbaar stuk;* ⟨inf.⟩ *juweel, parel* 0.2 ***schat(ten)*** ⇒*rijkdom* ◆ 1.1 my secretary is a ~ *ik heb een juweeltje v.e. secretaresse* 1.2 ~ of ideas *schat aan ideeën.*

treasure² ⟨ww.⟩ 0.1 ⟨+ up⟩ ***verzamelen*** ⇒*bewaren, ophopen* 0.2 ***waarderen*** ⇒*op prijs stellen, koesteren.*

treasure house 0.1 ***schatkamer*** ⟨ook fig.⟩ ◆ 1.1 the museum is a ~ of paintings *dit museum heeft een schat aan schilderijen.*

treasurer [trezjrə] 0.1 ***schatmeester*** ⇒*thesaurier, penningmeester.*

treasure trove 0.1 ***(gevonden) schat*** ⇒*(waardevolle) vondst, rijke bron* ⟨ook fig.⟩.

treasur|y [trezjrie] ⟨mv.: -ies⟩ 0.1 ***schatkamer*** ⇒*schatkist;* ⟨fig.⟩ *bron* 0.2 ⟨T-; the⟩ ***Ministerie v. Financiën*** ◆ 1.2 First Lord of the Treasury *Eerste Minister* ⟨v. Engeland⟩ 6.1 that book is a ~ **of** information *dat boek bevat een schat aan informatie.*

treasury bill ⟨ook T-⟩⟨BE⟩ **0.1** ***schatkistpromesse.***

treat¹ [trie:t] ⟨zn.⟩ **0.1** ***traktatie*** ⇒*(feestelijk) onthaal, feest, plezier* ◆ **7.1** it's my ~ *ik trakteer.*

treat² **I** ⟨onov.ww.⟩ **0.1** ***trakteren*** ⇒*fuiven, uitpakken* **0.2** ⟨+ with⟩ ***onderhandelen (met)*** ⇒*(vredes)besprekingen voeren (met), zaken doen (met)* ◆ **6.¶** ~ **of** *behandelen, handelen over;*
II ⟨ov.ww.⟩ **0.1** ***behandelen*** ⟨ook med.⟩ **0.2** ***beschouwen*** ⇒ *afdoen* **0.3** ***aan de orde stellen*** ⇒*behandelen* ⟨onderwerp⟩ **0.4** ***trakteren*** ⇒*onthalen* ◆ **1.3** ~ sth. from different angles *iets van verschillende zijden belichten* **5.1** ~ s.o. kindly *iem. vriendelijk behandelen* **6.2** ~ sth. **as** a joke *iets als een grapje opvatten.*

treatable [trie:təbl] **0.1** ***te behandelen.***

treatise [trie:tis] **0.1** ***verhandeling*** ⇒*beschouwing.*

treatment [trie:tmənt] **0.1** ***behandeling*** ⇒*bejegening, verzorging* ◆ **3.1** receive unfair ~ *onbillijk behandeld worden* **6.1** be **under** ~ *onder behandeling staan/zijn.*

treat|y [trie:tie] ⟨mv.: -ies⟩ **0.1** ***verdrag*** ⇒*overeenkomst* **0.2** ***contract*** ⇒*afspraak* ◆ **6.2** be **in** ~ **with** *in onderhandeling zijn met.*

treaty port **0.1** ***verdragshaven.***

treble¹ [trebl] ⟨zn.⟩ **0.1** ***hogetonenregelaar*** ⟨op versterker e.d.⟩.

treb|le² ⟨bn.; -ly⟩ **0.1** ***driemaal*** ⇒*drievoudig/dubbel* **0.2** ***(jongens)sopraan-*** ◆ **1.¶** the ~ chance *het voorspellen v. gelijk spel en de gewonnen uit- en thuiswedstrijden* ⟨in Engeland⟩; ~ recorder *altblokfluit.*

treble³ ⟨ww.⟩ **0.1** ***verdrievoudigen*** ⇒*met drie vermenigvuldigen.*

tree¹ [trie:] ⟨zn.⟩ **0.1** ***boom*** **0.2** ***paal*** ⇒*staak* ⟨in constructie⟩ **0.3** ***boomdiagram*** ⇒*stamboom* ◆ **1.2** clothes ~ *kapstok;* shoe ~ *leest* **1.3** family ~ *stamboom* **6.1** be **up** a (gum) ~ *in het nauw zitten.* →**wrong.**

tree² ⟨ww.⟩ **0.1** ***de boom in jagen.***

tree fern **0.1** ***boomvaren.***

tree frog ⟨dierk.⟩ **0.1** ***boomkikker.***

tree-house **0.1** ***boomhut.***

tree sparrow ⟨BE; dierk.⟩ **0.1** ***ringmus.***

trefoil [trie:fojl, tre-] **0.1** ⟨plantk.⟩ ***klaver(blad)*** **0.2** ⟨bouwk.⟩ ***driepas.***

trek¹ [trek] ⟨zn.⟩ **0.1** ***tocht*** ⇒*lange, zware reis.*

trek² ⟨ww.; -ked⟩ **0.1** ***trekken*** ⇒*een lange, zware tocht maken.*

trellis¹ [trellis] ⟨zn.⟩ **0.1** ***latwerk*** ⇒*traliewerk.*

trellis² ⟨ww.⟩ **0.1** ***langs een latwerk leiden.***

tremble¹ [trembl] ⟨zn.; alleen enk.⟩ **0.1** ***trilling*** ⇒*huivering, rilling* ◆ **4.1** ⟨inf.⟩ be all of a ~ *over zijn hele lichaam beven.*

tremble² ⟨ww.⟩ **0.1** ***beven*** ⇒*rillen, bibberen* **0.2** ***schudden*** ⟨gebouw, grond⟩ ⇒*trillen* **0.3** ***huiveren*** ⇒*in angst zitten* ◆ **1.1** in fear and trembling *met angst en beven* **3.3** I ~ to think *ik moet er niet aan denken* **6.3** ~ **for** s.o.'s safety *zijn hart voor iem. vasthouden.*

trembling [trembling] **0.1** ***bevend*** ⇒*trillend.*

tremendous [trimmendəs] **0.1** ***enorm*** ⇒*ontzagwekkend, geweldig* **0.2** ⟨inf.⟩ ***fantastisch*** ⇒*uitstekend, prima.*

tremor [tremmə] **0.1** ***aardschok*** ⇒*lichte aardbeving* **0.2** ***huivering*** ⇒*siddering* ◆ **1.2** ~ of fear *rilling van angst.*

tremulous [tremjoeləs] ⟨-ness⟩ **0.1** ***trillend*** ⇒*sidderend, bevend* **0.2** ***weifelig*** ⇒*schuchter, nerveus* ◆ **1.2** ~ voice *onvaste stem.*

trench¹ [trentsj] ⟨zn.⟩ **0.1** ***geul*** ⇒*greppel* **0.2** ⟨mil.⟩ ***loopgraaf*** **0.3** ⟨geol.⟩ ***trog.***

trench² ⟨ww.⟩ **0.1** ***loopgraven/greppels/geulen graven in*** **0.2** ***voorzien van geulen*** ⇒*versterken met loopgraven.*

trench|ant [trentsjnt] ⟨zn.: **-ancy**⟩ **0.1** ***scherp*** ⇒*krachtig, effectief, ter zake* ◆ **1.1** ~ remark *spitse opmerking.*

trench coat **0.1** ***trenchcoat*** ⇒*regenjas.*

trencher|man [trentsjəmən] ⟨mv.: -men [-mən]⟩ ◆ **2.¶** good/poor ~ *flinke/slechte eter.*

trend¹ [trend] ⟨zn.⟩ **0.1** ***tendens*** ⇒*neiging, trend* ◆ **3.1** set the ~ *de toon aangeven* **3.¶** ⟨geldw.⟩ sliding ~ *ineenstorting v.d. (aandelen)markt.*

trend² ⟨ww.⟩ **0.1** ***neigen*** ⇒*overhellen, geneigd zijn* ◆ **5.1** prices are ~ing **downwards** *de prijzen lijken te gaan zakken.*

trendsetter ⟨inf.⟩ **0.1** ***voorloper*** ⇒*toonaangever, trendsetter.*

trend-setting **0.1** ***toonaangevend*** ⇒*trendsettend, modebepalend.*

trend|y¹ [trendie] ⟨zn.; mv.: -ies⟩⟨BE; inf.⟩ **0.1** ***modieus type*** ⇒*snelle/blitse jongen.*

trend|y² ⟨bn.; -iness⟩⟨BE; inf.⟩ **0.1** ***in*** ⇒*modieus.*

trepidation [treppiddeesjn] **0.1** ***ongerustheid*** ⇒*angst, schroom.*

trespass¹ [trespəs] ⟨zn.⟩ **0.1** ***overtreding*** ⟨ook jur.⟩ ⇒*inbreuk, schending* **0.2** ⟨rel.⟩ ***zonde*** ⇒*schuld.*

trespass² ⟨ww.⟩ **0.1** ***op verboden terrein komen*** ⟨ook fig.⟩ **0.2** ⟨rel.⟩ ***een overtreding begaan*** ⇒⟨ihb.⟩ *zondigen.* → **trespass on/upon.**

trespasser [trespəsə] **0.1** ***overtreder*** ⇒⟨ihb.⟩ *indringer, onbevoegde* ◆ **3.1** ~s will be prosecuted *verboden toegang voor onbevoegden.*

trespass (up)on **0.1** ***wederrechtelijk betreden*** ⟨terrein⟩ **0.2** ***beslag leggen op*** ⇒*inbreuk maken op, misbruik maken van* ⟨tijd, gastvrijheid⟩.

tresses [tressiz] **0.1** ***lang haar*** ⇒*(lange) lokken* ⟨v. vrouw⟩.

trestle [tresl] **0.1** ***schraag*** ⇒*bok, onderstel* **0.2** →**trestle bridge.**

trestle bridge **0.1** ***schraagbrug.***

trestle table **0.1** ***schragentafel.***

triad [trajæd] ⟨zn.⟩ **0.1** ***triade*** ⇒*groep v. drie personen/dingen, drietal* **0.2** ⟨muz.⟩ ***drieklank.***

trial¹ [trajjəl] ⟨zn.⟩ **0.1** ***(gerechtelijk) onderzoek*** ⇒*proces, rechtszaak* **0.2** ***proef(neming)*** ⇒*test, experiment* **0.3** ***poging*** **0.4** ***beproeving*** ⟨ook fig.⟩ ⇒*bezoeking, probleem* ◆ **1.2** ~ and error *vallen en opstaan* **1.4** he's a ~ for his teachers *hij is een plaag voor zijn leraren;* ~s and tribulations *wederwaardigheden, zorgen en problemen* **3.1** put s.o. on ~ *iem. voor het gerecht/de rechter brengen;* stand (one's) ~ *terechtstaan* **3.2** give s.o. a ~ *het met iem. proberen;* give sth. a ~ *iets testen* **6.2** take s.o./sth. **on** ~ *iem./iets op proef nemen.*

trial² ⟨ww.; -led⟩ **0.1** ***testen*** ⟨apparatuur⟩.

trial marriage **0.1** ***proefhuwelijk.***

trial order ⟨hand.⟩ **0.1** ***proeforder.***

trial period **0.1** ***proeftijd.***

trial run **0.1** ***proeftocht*** ⇒*proefrit; het proefdraaien* ⟨ook fig.⟩.

triangle [trajænggl] **0.1** ***driehoek*** ⇒*triangel* **0.2** ***drietal*** **0.3** ***driehoeksverhouding*** ◆ **1.1** ⟨nat., mechanica⟩ ~ of forces *krachtendriehoek.* →**eternal.**

triangular [trajænggjoelə] **0.1** ***driehoekig*** ⇒*driezijdig* **0.2** ***driezijdig*** ⇒*trilateraal* ◆ **1.2** ~ treaty *trilateraal verdrag.*

tribal [trajbl] **0.1** ***stam(men)-*** ⇒*v.e. stam.*

tribalism [trajbəlizm] **0.1** ***stamverband*** **0.2** ***stamtradities*** ⇒*stamcultuur.*

tribe [trajb] ⟨zn.; ww. enk. of mv.⟩ **0.1** ***stam*** ⇒*volksstam* **0.2** ***groep*** ⇒*geslacht* ⟨verwante dingen; niet specifiek⟩; ⟨vaak scherts.⟩ *bende, kliek* **0.3** ⟨biol.⟩ ***tribus*** ◆ **1.2** the ~ of film critics *de kliek filmcritici.*

tribes|man [trajbzmən]⟨mv.: -men [-mən]⟩ **0.1** ***stamlid*** **0.2** ***stamgenoot.***

tribulation [tribjoeleesjn] **0.1** ***bron v. ellende*** **0.2** ***beproeving*** ⇒*rampspoed.*

tribunal [trajbjoe:nl] ⟨zn.; ww. enk. of mv.⟩ **0.1** ***rechtbank*** ⇒ *gerecht, tribunaal* **0.2** ⟨ong.⟩ ***commissie*** ⇒*raad;* ⟨ihb.⟩ *huuradviescommissie; raad v. onderzoek* ◆ **6.1** ⟨fig.⟩ **before** the ~ of public opinion *voor het gerecht v.d. publieke opinie.*

tribune [tribjoe:n] **0.1** ⟨ook gesch.⟩ ***(volks/krijgs)tribuun*** ⇒ *voorvechter v.h. volk* **0.2** ***volksleider*** ⇒*demagoog* **0.3** ***spreekgestoelte*** ⇒*podium, tribune.*

tributar|y [tribjoetrie] ⟨mv.: -ies⟩ **0.1** ⟨bn.⟩ ***schatplichtig*** **0.2** ⟨bn.⟩ ***zij-*** ⇒*bij-* ⟨v. rivier⟩ **0.3** ⟨zn.⟩ ***schatplichtige*** ⟨staat, persoon⟩ **0.4** ⟨zn.⟩ ***zijrivier*** ⇒*bijrivier.*

tribute [tribjoe:t] **0.1** ***schatting*** ⇒*bijdrage, belasting* **0.2** ***hulde(blijk)*** ⇒*eerbetoon* ◆ **3.2** pay (a) ~ to s.o. *iem. eer bewijzen.*

trice[1] [trajs] ⟨zn.⟩ **0.1** ***ogenblik*** ⇒*moment* ◆ **6.1 in** a ~ *in een wip.*

trice[2], **trice up** ⟨ww.⟩⟨scheep.⟩ **0.1** ***ophalen (en sjorren)*** ⇒ *(op)hijsen (en vastsjorren).*

triceps [trajseps] ⟨mv.: ook triceps⟩⟨anat.⟩ **0.1** ***driehoofdige strekspier*** ⟨v. bovenarm⟩ ⇒*triceps.*

trick[1] [trik] ⟨zn.; in bet. 0.1 t/m 0.3 vaak attr.⟩ **0.1** ***truc*** ⟨ook fig.⟩ ⇒*foefje; kneep* **0.2** ***handigheid*** ⇒*slag* **0.3** ***streek*** ⇒ *kattenkwaad* **0.4** ***aanwensel*** ⇒*tic, maniertje* **0.5** ***stommiteit*** ⇒*domme zet* **0.6** ***werktijd*** ⇒*(werk)beurt, dienst* **0.7** ⟨kaartspel⟩ ***slag*** ◆ **1.1** ⟨fig.⟩ know the ~s of the trade *het klappen v.d. zweep kennen* **2.1** magic ~s *goocheltrucs* **2.3** she's full of ~s *zij zit vol kattenkwaad* **3.2** get/learn the ~ of it *de slag te pakken krijgen (v. iets)* **3.3** play a ~ (up)on s.o., play s.o. a ~ *iem. een streek leveren* **3.¶** ⟨inf.⟩ this poison should do the ~ *dit vergif moet het hem doen;* ⟨inf.⟩ not/never miss a ~ *overal v. op de hoogte zijn;* play ~s *de hoer uithangen* **6.4** you have the ~ **of** pulling your hair *je hebt de vreemde gewoonte om aan je haren te trekken* **6.¶** be up **to** s.o.'s ~s *iem. doorhebben* **¶.¶** how's ~s? *hoe staat het ermee?* →**worth.**

trick[2] ⟨ww.⟩ **0.1** ***bedriegen*** ⇒*beetnemen, misleiden* **0.2** ***oplichten*** ⇒*afzetten* ◆ **5.¶** ~ed **out/up** in blue silk *getooid in blauwe zijde* **6.1** ~ s.o. **into** sth. *iem. iets aanpraten, iem. ergens inluizen* **6.2** ~ s.o. **out of** his money *iem. zijn geld afhandig maken.*

tricker|y [trikkərie] ⟨mv.: -ies⟩ **0.1** ***bedrog*** ⇒*bedriegerij.*

trickle[1] [trikl] ⟨zn.⟩ **0.1** ***stroompje*** ⇒*straaltje* **0.2** ***het druppelen*** ⇒*het sijpelen.*

trickle[2] **I** ⟨onov. ww.⟩ **0.1** ***druppelen*** ⇒*sijpelen* **0.2** ***druppelsgewijs komen/gaan*** ⇒*binnendruppelen* ◆ **5.1** milk was trickling **out** over the table *er sijpelde melk over de tafel* **5.2** the first guests ~d **in** at ten o'clock *om tien uur druppelden de eerste gasten binnen;*
II ⟨ov. ww.⟩ **0.1** ***(laten) druppelen*** ◆ **1.1** he ~d the sand through his fingers *hij liet het zand door zijn vingers glijden.*

trick question 0.1 ***strikvraag.***

trickster [trikstə] **0.1** ***oplichter*** ⇒*bedrieger.*

tric(k)trac(k) [triktræk] ⟨spel⟩ **0.1** ***triktrak.***

trick|y [trikkie], **trickish** [-isj] ⟨-iness⟩ **0.1** ***sluw*** ⇒*listig* **0.2** ***lastig*** ⇒*moeilijk* **0.3** ***netelig*** ⇒*delicaat* ◆ **1.3** ~ question *netelige/delicate zaak; lastige vraag.*

tricolour, ⟨AE sp.⟩ **tricolor** [trajkullə] **0.1** ***driekleur*** ⇒*tricolore* **0.2** ⟨ook T-; the⟩ ***tricolore*** ⇒*Franse vlag.*

tricycle [trajsikl] **0.1** ***driewieler*** ⇒⟨ihb.⟩ *driewielige invalidenwagen.*

trident [trajdnt] **0.1** ***drietand.***

tried[1] [trajd] ⟨bn.⟩ **0.1** ***beproefd*** ⇒*betrouwbaar.*

tried[2] ⟨verl. t.⟩ →**try.**

triennial [trajjenniəl] **0.1** ***driejaarlijks*** ⇒*om de drie jaar terugkomend* **0.2** ***driejarig*** ⇒*drie jaar durend.*

trier [trajjə] **0.1** ***volhouder*** ⇒*doorzetter.*

tries ⟨mv.⟩ →**try.**

trifle [trajfl] **0.1** ***kleinigheid*** ⇒*wissewasje* **0.2** ***habbekrats*** ⇒*prikje, schijntje* **0.3** ***beetje*** **0.4** ⟨BE⟩ ***trifle*** ⟨custardtoet(je)⟩ ◆ **3.1** not stick at ~s *geen belang hechten aan kleinigheden* **7.3** he's a ~ slow *hij is ietwat langzaam.*

trifle away 0.1 ***verspillen*** ⇒*verdoen* ◆ **1.1** ~ money *geld verspillen.*

trifler [trajflə] **0.1** ***verkwanselaar*** **0.2** ***lichtzinnig iem.***

trifle with 0.1 ***niet serieus nemen*** **0.2** ***spelen met*** ◆ **1.1** she is not a woman to be trifled with *zij is geen vrouw die met zich laat spotten.*

trifling [trajfling] **0.1** ***onbelangrijk*** ⇒*onbeduidend* **0.2** ***waardeloos*** ◆ **1.1** of ~ importance *v. weinig belang.*

trifoliate [trajfooliət] ⟨plantk.⟩ **0.1** ***driebladig.***

trigger[1] [trigə] ⟨zn.⟩ **0.1** ***trekker*** ⇒*pal* ⟨v. pistool, veermechanisme e.d.⟩ **0.2** ⟨schei.⟩ ***reactiestarter*** ⇒*reactieaanzetter* ⟨v. kettingreactie⟩ ◆ **3.1** pull the ~ *de trekker overhalen;* ⟨fig.⟩ *het startschot geven.*

trigger[2] ⟨ww.⟩ **0.1** ***teweegbrengen*** ⇒*veroorzaken* ◆ **5.1** ~ **off** *op gang brengen; ten gevolge hebben.*

trigger-happy 0.1 ***schietgraag*** ⇒*snel schietend;* ⟨bij uitbr.⟩ *heethoofdig, strijdlustig.*

trigonometry [trigənommitrie] **0.1** ***trigonometrie*** ⇒*driehoeksmeting.*

trike [trajk] ⟨verk.⟩ [tricycle] ⟨BE; inf.⟩ **0.1** ***driewieler.***

trilateral [trajlætrəl] **0.1** ***driezijdig*** ⇒*trilateraal.*

trilb|y [trilbie], **trilby hat** ⟨mv.: -ies⟩⟨vnl. BE⟩ **0.1** ***slappe vilthoed*** ⇒*slappe deukhoed.*

trill[1] [tril] ⟨zn.⟩ **0.1** ***roller*** ⇒*triller* ⟨v. vogels⟩ **0.2** ***trilling*** ⟨v. spraakorganen⟩ **0.3** ***met trilling geproduceerde klank*** ⇒ *rollende medeklinker* ⟨bv. gerolde r⟩.

trill[2] **I** ⟨onov. en ov. ww.⟩ **0.1** ***trillen*** ⇒*kwinkeleren; vibreren; tremolo spelen;*
II ⟨ov. ww.⟩ **0.1** ***met trilling produceren*** ⇒*rollen* ◆ **1.1** ~ the r *een rollende r maken.*

trillion [trilliən] **0.1** ⟨BE⟩ ***triljoen*** ⟨10^{18}⟩ ⇒⟨fig.⟩ *talloos* **0.2** ⟨AE⟩ ***biljoen*** ⟨10^{12}⟩ ⇒*miljoen maal miljoen;* ⟨fig.⟩ *talloos.*

trilog|y [trillədzjie] ⟨mv.: -ies⟩ **0.1** ***trilogie.***

trim[1] [trim] **I** ⟨telb. zn.⟩ **0.1** ***versiering*** ⇒⟨ihb.⟩ *sierstrip(pen)* ⟨op auto⟩ **0.2** ⟨geen mv.⟩ ***het bijpunten*** ⇒*het bijknippen;*
II ⟨telb. en n.-telb. zn.⟩⟨scheep.⟩ **0.1** ***trim*** ⇒*evenwicht, stabiliteit* ⟨ihb. bij duikboot⟩;
III ⟨n.-telb. zn.⟩ **0.1** ***staat (v. gereedheid)*** ⇒*conditie* ◆ **6.1** the players were **in** (good) ~ *de spelers waren in (goede) vorm.*

trim[2] ⟨bn.; -mer⟩ **0.1** ***net(jes)*** ⇒*goed verzorgd* **0.2** ***in vorm*** ⇒ *in goede conditie* ◆ **1.1** a ~ garden *een keurig onderhouden tuin.*

trim[3] ⟨ww.; -med⟩ **0.1** ***in orde brengen*** ⇒*net(jes) maken; (bij)knippen* **0.2** ***afknippen*** ⇒⟨fig.⟩ *besnoeien* **0.3** ***versieren*** ⇒ *garneren* **0.4** ***naar de wind zetten*** ⇒⟨fig.⟩ *aanpassen, schikken* **0.5** ⟨inf.⟩ ***verpletterend verslaan*** ⇒*onder de voet lopen* **0.6** ⟨scheep.⟩ ***trimmen*** ◆ **1.1** ~ s.o.'s hair *iemands haar bijpunten/bijknippen* **1.2** ~ (down) the expenditure *de uitgaven beperken* **6.3** a coat ~med **with** fur *een jas afgezet met bont* **6.4** he ~s his opinions **to** the circumstances *hij past zijn mening aan de omstandigheden aan.*

trimaran [trajməræn] **0.1** ***trimaran.***

trimmer [trimmə] **0.1** ***snoeier*** ⇒*snoeimes, tuinschaar; tondeuse* **0.2** ***weerhaan*** ⟨fig.⟩ ⇒*opportunist.*

trimming [trimming] **0.1** ***garneersel*** **0.2** ⟨mv.⟩ ***garnituur*** ⇒*toebehoren* **0.3** ⟨mv.⟩ ***(af)snoeisel*** ⇒*afknipsel* **0.4** ⟨mv.⟩ ***opsmuk*** ⇒*franje* ◆ **7.4** tell us the story without the ~s *vertel ons het verhaal zonder opsmuk.*

Trinity [trinnətie], ⟨in bet. 0.2 ook⟩ **Trinity Sunday** **0.1** ⟨the; rel.⟩ ***Drie-eenheid*** **0.2** ⟨rel.⟩ ***drievuldigheids(zon)dag*** ◆ **2.1** the Holy ~ *de heilige Drie-eenheid.*

Trinity term ⟨BE⟩ **0.1** ***derde trimester*** ⇒*laatste trimester* ⟨v. studiejaar⟩.

trinket [tringkit] **0.1** ***kleinood*** ⇒*bijou* **0.2** ***snuisterij.***

trio [trie:oo] ⟨zn.; ww. enk. of mv.⟩ **0.1** ***drietal*** ⇒*groep v. drie, trio* **0.2** ⟨muz.⟩ ***trio*** ⟨ensemble⟩.

trip[1] [trip] ⟨zn.⟩ **0.1** ***tocht*** ⇒*reis* **0.2** ***uitstapje*** ⇒*tochtje* **0.3** ***misstap*** ⟨ook fig.⟩ ⇒*val, vergissing* **0.4** ***het beentje lichten*** **0.5** ***pal*** ⇒*ontkoppelingsmechanisme;* ⟨ihb. mil.⟩ *ontstekingsmechanisme* **0.6** ⟨sl.⟩ ***trip*** ⟨op LSD; ook fig.⟩ ⇒*reuze ervaring* **0.7** ⟨sl.⟩ ***toer*** ◆ **2.2** the annual ~ to Brighton *het jaarlijkse uitje naar Brighton* **6.7** they are **on** the vegetarian ~ *zij zijn op de vegetarische toer.* →**bad.**

trip[2] ⟨-ped⟩ **I** ⟨onov.ww.⟩ **0.1** ⟨ook +up⟩ ***struikelen*** ⇒*uitglijden* ⟨ook fig.⟩ **0.2** ***huppelen*** ⇒*trippelen* **0.3** ⟨+ up⟩ ***een fout begaan*** **0.4** ⟨sl.⟩ ***trippen*** ⇒*een trip maken* ⟨op LSD⟩ ◆ **5.3** the man ~ped **up** after a few questions *de man versprak zich na een paar vragen* **6.2** the girl ~ped **across** the room *het meisje huppelde door de kamer;*
II ⟨ov.ww.⟩ **0.1** ⟨ook +up⟩ ***laten struikelen*** ⇒*beentje lichten* **0.2** ⟨ook +up⟩ ***op een fout betrappen*** **0.3** ⟨ook +up⟩ ***erin laten lopen*** ⇒*strikken, zich laten verspreken* **0.4** ***losgooien*** ⟨pal v. machine⟩.

tripartite [trajpa:tajt] **0.1** ***drieledig*** ⇒*driedelig* **0.2** ***driezijdig*** ⇒*trilateraal.*

tripe [trajp] **0.1** ***pens*** ⇒*trijp* **0.2** ⟨inf.⟩ ***onzin*** ⇒*troep, rommel* ◆ **3.2** don't talk ~ *verkoop geen onzin.*

triphibious [trajfibbiəs] **0.1** ***te land, ter zee en in de lucht*** ⇒ *v. leger, vloot en luchtmacht* ⟨bv. v. operatie⟩.

trip|le[1] [tripl] ⟨bn.; -ly⟩ **0.1** ***drievoudig*** ⇒*drieledig* **0.2** ***driedubbel*** ⇒*verdrievoudigd* ◆ **1.¶** ⟨sport⟩ ~ play *triple spel* ⟨uitschakeling v. drie honklopers⟩.

triple[2] ⟨ww.⟩ **0.1** ***verdrievoudigen.***

triple jump ⟨the; geen mv.⟩ ⟨atletiek⟩ **0.1** ***driesprong.***

triple jumper ⟨atletiek⟩ **0.1** ***hink-stap-springer.***

triplet [triplit] **0.1** ***één v.e. drieling*** ⇒⟨mv.⟩ *drieling* **0.2** ***drietal*** ⇒*drie, trio* **0.3** ***triplet*** ⟨drieregelige strofe⟩ **0.4** ⟨muz.⟩ ***triool*** ◆ **7.1** one of the ~s has survived *één v.d. drieling is nog in leven.*

triplex [tripleks], ⟨in bet. II ook⟩ **triplex glass** **I** ⟨telb.zn.⟩ **0.1** ⟨AE⟩ ***woning/appartement met drie verdiepingen;***
II ⟨n.-telb.zn.; vaak T- (G-)⟩ **0.1** ***triplexglas.***

triplicate[1] [triplikkət] ⟨zn.⟩ **0.1** ***triplicaat*** ⇒*derde exemplaar* ◆ **6.1** **in** ~ *in triplo/drievoud.*

triplicate[2] ⟨bn.⟩ **0.1** ***drievoudig*** ⇒*in triplo.*

triplicate[3] [triplikkeet] ⟨ww.⟩ **0.1** ***in triplo schrijven/typen/maken*** ⇒*driemaal kopiëren.*

tripod [trajpod] **0.1** ***drievoetig voorwerp*** ⇒*driepoot, statief.*

tripos [trajpos] ⟨BE; Cambridge; stud.⟩ **0.1** ⟨ong.⟩ ***kandidaatsexamen.***

tripper [trippə] **0.1** ⟨BE; vaak pej.⟩ ***dagjesmens.***

tripping [tripping] **0.1** ***lichtvoetig*** ⟨ook fig.⟩ ⇒*luchtig.*

triptych [triptik] **0.1** ***drieluik.***

trip wire **0.1** ***struikeldraad*** ⟨als alarm / ontstekingsmechanisme⟩ ⇒*valstrik.*

trireme [trajrie:m] ⟨gesch.⟩ **0.1** ***trireem*** ⇒*triëre.*

trisect [trajsekt] **0.1** ***in drie (gelijke) delen verdelen.***

trite [trajt] ⟨-ness⟩ **0.1** ***afgezaagd*** ⇒*cliché, banaal.*

triumph[1] [trajjəmf] ⟨zn.⟩ **0.1** ***triomf*** ⟨ook fig.⟩ ⇒*overwinning; groot succes* **0.2** ⟨gesch.⟩ ***triomf(tocht)*** ⇒*zegetocht* ◆ **1.1** the ~s of science *de triomfen v.d. wetenschap.*

triumph[2] ⟨ww.⟩ **0.1** ***zegevieren*** ⇒*overwinnen, triomferen* **0.2** ***jubelen*** ⇒*juichen, victorie roepen* ◆ **6.1** ~ **over** difficulties *moeilijkheden overwinnen/te boven komen.*

triumphal [trajjumfl] **0.1** ***triomf-*** ⇒*zege-* ◆ **1.1** ~ arch *triomfboog.*

triumphant [trajjumfənt] **0.1** ***zegevierend*** ⇒*triomferend* **0.2** ***triomfantelijk*** ⇒*jubelend, juichend* ◆ **1.2** ~ look *triomfantelijke blik.*

triumvir [trajjumvə] ⟨gesch.⟩ **0.1** ***drieman*** ⇒*triumvir, lid v.e. triumviraat.*

triumvirate [trajjumvirrət] **I** ⟨telb.zn.⟩ ⟨gesch.⟩ **0.1** ***ambt v. drieman*** ⇒*triumviraat, driemanschap;*
II ⟨zn.; ww. enk. of mv.⟩ **0.1** ***driemanschap*** ⇒*triumviraat, triarchie.*

trivet [trivvit] **0.1** ***treeft*** ⇒*drievoet* **0.2** ⟨vnl. AE⟩ ***onderzetter*** ⇒*treeft* ⟨voor pannen e.d.⟩.

trivia [trivviə] **0.1** ***onbelangrijke dingen.***

trivial [trivviəl] **0.1** ***onbelangrijk*** ⇒*onbeduidend* **0.2** ***gewoon*** ⇒*alledaags* **0.3** ***oppervlakkig*** ⇒*op kleinigheden gericht* ◆ **1.1** ~ loss *onbetekenend verlies.*

trivialit|y [trivvie·ælətie] ⟨mv.: -ies⟩ **0.1** ***iets v. weinig belang*** **0.2** ***onbeduidendheid*** ⇒*onbelangrijkheid.*

trivialize, -ise [trivviəlajz] **0.1** ***minder belangrijk/onbelangrijk maken*** ⇒*bagatelliseren* ◆ **1.1** ~ the losses *de verliezen bagatelliseren.*

trochaic [trookeeik] ⟨vnl. mv.⟩ **0.1** ⟨bn.⟩ ***trocheïsch*** **0.2** ⟨zn.⟩ ***trocheïsche versvoet/regel*** ⇒*trochee.*

trochee [trookie:] **0.1** ***trochee*** ⇒*trocheus* ⟨bep. versvoet⟩.

trod [trod] ⟨verl. t. en volt. deelw.⟩ →**tread.**

trodden [trodn] ⟨volt. deelw.⟩ →**tread.**

troglodyte [trogladajt] **0.1** ***holbewoner*** ⇒*troglodiet* **0.2** ***kluizenaar.***

troika [trojkə] ⟨zn.⟩ **0.1** ***trojka*** ⟨Russische slee / wagen met driespan⟩ **0.2** ⟨ww. enk. of mv.⟩ ***driemanschap*** ⇒*trojka.*

Trojan[1] [troodzjən] ⟨zn.⟩ **0.1** ***Trojaan*** ◆ **3.¶** work like a ~ *werken als een paard.*

Trojan[2] ⟨bn.⟩ **0.1** ***Trojaans*** ◆ **1.1** ~ War *Trojaanse oorlog;* ~ Horse *paard v. Troje* ⟨ook fig.⟩; *ondergang.*

troll [trool] **0.1** ***trol*** ⟨in mythen⟩.

trolley [trollie] **0.1** ⟨BE⟩ ***twee/vierwielig karretje*** ⇒*winkelwagentje* **0.2** ⟨ind., mijnw., spoorwegen⟩ ***lorrie*** **0.3** →**trolley wheel** **0.4** →**trolley car** **0.5** ⟨BE⟩ ***theeboy*** ⇒*theewagen.*

trolley bus **0.1** ***trolleybus.***

trolley car ⟨AE⟩ **0.1** ***tram.***

trolley wheel **0.1** ***trolley*** ⇒*(rol)stroomafnemer.*

trollop [trolləp] **0.1** ***slons*** ⇒*sloddervos* **0.2** ***slet*** ⇒*sloerie.*

trombone [tromboon] **0.1** ***trombone*** ⇒*schuiftrompet.*

trombonist [tromboonist] **0.1** ***trombonist*** ⇒*schuiftrompettist.*

troop[1] [troe:p] ⟨zn.⟩ **0.1** ***troep*** ⇒*menigte* **0.2** ***troep*** ⟨verkenners⟩ **0.3** ⟨mil.⟩ ***troep*** ⇒⟨ihb.⟩ *peloton* ⟨cavalerie / artillerie⟩ **0.4** ⟨mv.⟩ ***troepen(macht)*** ⇒*strijdmachten.*

troop[2] **I** ⟨onov.ww.⟩ **0.1** ***als groep gaan*** ⇒*en masse gaan, marcheren (in een rij)* **0.2** ***zich scharen*** ⇒*samenscholen* ◆ **5.1** his children ~ed **in** *zijn kinderen marcheerden naar binnen;*
II ⟨ov.ww.⟩ **0.1** ***in troepen formeren/opstellen.***

troop carrier ⟨mil.⟩ **0.1** ***troepentransportmiddel*** ⇒*transportvoertuig.*

trooper [troe:pə] **0.1** ***cavalerist*** **0.2** ***gewoon soldaat*** ⟨in artillerie / cavalerie⟩ **0.3** ⟨AE⟩ ***(staats)politieagent*** ◆ **3.¶** swear like a ~ *vloeken als een ketter.*

troopship ⟨mil.⟩ **0.1** ***(troepen)transportschip*** ⇒*transportvaartuig.*

trope [troop] **0.1** ***stijlfiguur*** ⇒*trope.*

troph|y [troofie] ⟨mv.: -ies⟩ **0.1** ***prijs*** ⇒*trofee* **0.2** ***trofee*** ⟨ook fig.⟩ ⇒*aandenken* ⟨oorspr. verzameling oorlogsbuit⟩.

tropic [troppik] **0.1** ***keerkring*** **0.2** ⟨mv.; the⟩ ***tropen*** ◆ **1.1** ~ of Cancer *kreeftskeerkring;* ~ of Capricorn *steenbokskeerkring.*

tropical [troppikl] **0.1** ***tropisch*** ⇒⟨fig.⟩ *heet, drukkend.*

tropism [troopizm] ⟨biol.⟩ **0.1** ***tropisme.***

trot[1] [trot] ⟨zn.⟩ **0.1** ***draf(je)*** ⇒*haastige beweging/bezigheid* **0.2** ⟨mv.; sl.⟩ ***diarree*** ◆ **3.2** have the ~s *aan de dunne zijn* **6.1** ⟨inf.⟩ be **on** the ~ *ronddraven, niet stilzitten* **6.¶** ⟨inf.⟩ five times **on** the ~ *vijf opeenvolgende keren.*

trot[2] ⟨-ted⟩ **I** ⟨onov.ww.⟩ **0.1** ***draven*** ⟨ook v. persoon⟩ **0.2** ***trippelen*** **0.3** ⟨inf.⟩ ***lopen*** ⇒*(weg)gaan* ◆ **5.3** ~ **along**! *maak dat je wegkomt!;*
II ⟨ov.ww.⟩ **0.1** ***doen draven*** ⟨ook persoon⟩ ◆ **5.¶** ⟨inf.⟩ ~ **out** *voor de dag komen met.*

troth [trooθ] ⟨vero.⟩ **0.1** ***waarheid*** **0.2** ***(goede) trouw*** ⇒*betrouwbaarheid* ◆ **6.2** **by** my ~ *op mijn woord.*

trotter [trottə] **0.1** ***draver*** ⟨vnl. paard⟩ **0.2** ***varkenspoot.***

troubadour [troe:bədo:, -doeə] ⟨gesch.⟩ **0.1** ***troubadour*** ⇒*minstreel.*

trouble[1] [trubl] **I** ⟨telb. en n.-telb.zn.⟩ **0.1** ***zorg*** ⇒*bezorgdheid* **0.2** ***tegenslag*** ⇒*narigheid; probleem* **0.3** ***ongemak*** ⇒*overlast* **0.4** ***moeite*** ⇒*inspanning* **0.5** ***kwaal*** ⇒*ongemak* **0.6** ⟨vaak mv.⟩ ***onlust*** ⇒*onrust* ◆ **2.5** he suffers from back ~ *hij heeft rugklachten* **2.6** social ~(s) *sociale onrust* **3.2** get into ~ *in moeilijkheden raken/brengen;* ⟨inf.⟩ get a girl into ~ *een meisje zwanger maken* **3.4** save o.s. the ~ *zich de moeite besparen* **4.1** that is the least of my ~s! *dat is mij een zorg!* **7.3** I do not want to be any ~ *ik wil (u) niet tot last zijn* **7.4** no ~ at all! *het is geen moeite hoor, graag gedaan!;*
II ⟨n.-telb.zn.⟩ **0.1** ***pech*** ⇒*mankement* **0.2** ***gevaar*** ⇒*nood* ◆ **3.1** the car has got engine ~ *de wagen heeft motorpech.*

trouble[2] **I** ⟨onov.ww.⟩ **0.1** ***moeite doen*** ◆ **3.1** do not ~ to explain *doe geen moeite het uit te leggen;*
II ⟨ov.ww.⟩ **0.1** ***verontrusten*** **0.2** ***lastig vallen*** ⇒*storen* **0.3** ***kwellen*** ◆ **3.1** you look ~d *je ziet er bezorgd uit* **4.1** what ~s me is ... *wat me dwars zit is* ... **4.2** may I ~ you for the salt? *wilt u het zout even geven?*

trouble-free **0.1** ***probleemloos*** ◆ **1.1** a ~ trip *een uitstapje zonder problemen.*

troublemaker [trublmeekə] **0.1** ***onruststoker*** ⇒*herrieschopper.*

troubleshooter [trublsjoe:tə] **0.1** ***probleemoplosser*** ⇒*troubleshooter;* ⟨ong.⟩ *puinruimer;* ⟨tech.⟩ *storingzoeker.*

troublesome [trublsəm] **0.1** ***lastig*** ⇒*moeilijk* ◆ **1.1** ~ situation *moeilijke situatie.*

trouble-spot **0.1** ***haard v. onrust.***

trough [trof] **0.1** ***trog*** ⇒*drink/eetbak* **0.2** ***goot*** **0.3** ***laagte(punt)*** ⇒*diepte(punt)* ⟨op meetapparaat, statistiek e.d.⟩ **0.4** ⟨meteo.⟩ ***trog*** ⟨uitloper v. lagedrukgebied⟩.

trounce [trauns] **0.1** ***afrossen*** ⇒*afranselen, afstraffen;* ⟨vnl. sport; fig.⟩ *inmaken.*

troupe [troe:p] **0.1** ***troep*** ⇒*groep* ⟨vnl. acteurs, artiesten⟩.

trouper [troe:pə] **0.1** ***lid v.e. troep/groep*** ⇒⟨fig.⟩ *betrouwbare collega* ◆ **2.1** ⟨fig.⟩ a good ~ *een goede collega.*

trouser [trauzə] **0.1** ***broek(s)-*** ◆ **1.1** ~ buttons *broeksknopen.*

trouser-leg **0.1** ***broekspijp.***

trouser press **0.1** ***broekpers.***

trousers [trauzəz] **0.1** ***(lange) broek*** ◆ **1.1** a pair of ~ *een (lange) broek* **3.1** wear the ~ *de broek aan hebben.*

trouser suit ⟨BE⟩ **0.1** ***broekpak.***

trousseau [troe:soo] ⟨mv.: ook trousseaux [-sooz]⟩ **0.1** ***uitzet.***

trout [traut] ⟨mv.: ook trout⟩ **0.1** ***(zee)forel*** ◆ **2.¶** ⟨BE; sl.; bel.⟩ old ~ *oude tang.*

trove →**treasure trove.**

trowel [trauəl] **0.1** ***troffel*** ⇒*truweel* ◆ **3.¶** lay it on (thick) with a ~ *het er dik op leggen, aandikken.*

troy [troj], **troy weight** **0.1** ***troysysteem*** ⟨gewichtenstelsel⟩.

Troy [troj] **0.1** ***Troje.***

truancy [troe:ənsie] **0.1** ***het spijbelen.***

truant [troe:ənt] **0.1** ***spijbelaar*** **0.2** ⟨pej.⟩ ***lijntrekker*** ◆ **3.1** play ~ *spijbelen.*

truant officer ⟨AE⟩ **0.1** ***spijbelambtenaar.***

truce [troe:s] **0.1** ***(tijdelijk) bestand*** ⇒*(tijdelijke) wapenstilstand.*

truck [truk] **I** ⟨telb.zn.⟩ **0.1** ⟨vnl. AE⟩ ***vrachtwagen*** ⇒*truck* **0.2** ***handkar*** ⇒*bagagekar* ⟨vnl. spoorwegen⟩ **0.3** ⟨BE⟩ ***open goederenwagen;***
II ⟨n.-telb.zn.⟩ **0.1** ***ruilhandel*** ⇒*ruilverkeer* **0.2** ***handelsgoederen*** ⇒*handelswaar* **0.3** ⟨AE⟩ ***producten v. marktkwekers*** ⇒*groenten* ◆ **3.¶** have no ~ with *geen zaken doen met, weigeren iets te maken te hebben met.*

trucker [trukkə] ⟨AE⟩ **0.1** ***vrachtwagenchauffeur.***

truck farm, truck garden ⟨AE⟩ **0.1** ***marktkwekerij*** ⇒*groentekwekerij.*

trucking [trukking] **0.1** ***vervoer per vrachtwagen.***

truckle [trukl] **0.1** ***kruipen*** ⇒*kruiperig doen* ◆ **6.1** ~ **to** s.o. *voor iem. kruipen.*

truckle bed **0.1** ***(laag) rolbed.***

truckload **0.1** ***(vracht)wagen/trucklading.***

truck|man [trukmən] ⟨mv.: -men [-mən]⟩ **0.1** ***vrachtwagenchauffeur.***

truck stop ⟨AE⟩ **0.1** ***chauffeurscafé.***

trucul|ent [trukjoelənt] ⟨zn.: **-ence, -ency**⟩ **0.1** ***wreed*** ⇒*gewelddadig* **0.2** ***vernietigend*** ⟨fig.⟩ ⇒*onbarmhartig* **0.3** ***vechtlustig*** ⇒*agressief* ◆ **1.2** ~ criticism *vernietigende kritiek.*

trudge[1] [trudzj] ⟨zn.⟩ **0.1** ***(trek)tocht*** ⇒*mars.*

trudge[2] **I** ⟨onov.ww.⟩ **0.1** ***sjokken*** ⇒*slepen* ◆ **5.1** ~ **along** *zich voortslepen;*
II ⟨ov.ww.⟩ **0.1** ***afsjokken*** ⇒*afsukkelen* ⟨afstand⟩.

true[1] [troe:] ⟨bn.; -r⟩ **0.1** ***waar*** ⇒*juist* **0.2** ***echt*** ⇒*waar* **0.3** ***trouw*** ⇒*getrouw* **0.4** ⟨tech.⟩ ***in de juiste positie*** ⇒*recht* ◆ **1.1** a ~ story *een waar (gebeurd) verhaal;* ⟨sprw.⟩ many a ~ word is spoken in jest *al gekkende en mallende zeggen de boeren de waarheid* **1.2** ~ love *ware liefde;* ⟨aardr.⟩ ~ north *waar/geografisch noorden* **1.3** a ~ friend *een trouwe vriend* **3.1** come ~ *werkelijkheid worden* **6.2** be ~ **for/of** *gelden voor;* ~ **to** life *levensecht, (getrouw) naar het leven* **6.4** **out of** (the) ~ *niet in de juiste positie* ⟨v. balk, deur, wiel e.d.⟩ **¶.¶** (it is) ~, he is a little hot-tempered *weliswaar is hij wat opvliegend; inderdaad, hij is wat opvliegend.*

true[2] ⟨bw.⟩ **0.1** ***waarheidsgetrouw*** **0.2** ***juist*** **0.3** ***rasecht/zuiver*** ◆ **3.1** ring ~ *echt klinken* ⟨v. munten; ook fig.⟩ **3.3** breed ~ *zich raszuiver voortplanten.*

trueblue **0.1** ⟨bn.⟩ ***betrouwbaar*** ⇒*eerlijk, loyaal* **0.2** ⟨bn.; BE⟩ ***onwrikbaar*** ⇒*aarts-* ⟨mbt. conservatief politicus⟩ **0.3** ⟨zn.⟩ ***loyaal persoon*** **0.4** ⟨zn.; BE⟩ ***onwrikbaar conservatief.***

trueborn **0.1** ***(ras)echt*** ⇒*geboren* ◆ **1.1** a ~ Londoner *een geboren Londenaar.*

true-hearted **0.1** ***trouwhartig*** ⇒*eerlijk, loyaal.*

truelove **0.1** ***lief(ste).***

truffle [trufl] **0.1** ***truffel*** ⟨ook bonbon⟩.

trug [trug] ⟨BE⟩ **0.1** ***houten melkpan.***

truism [troe:izm] **0.1** ***truïsme*** ⇒*waarheid als een koe* **0.2** ***gemeenplaats*** ⇒*afgezaagd gezegde.*

truly [troe:lie] **0.1** ***oprecht*** ⇒*waarlijk* **0.2** ***echt*** ⇒*werkelijk* **0.3** ***(ge)trouw*** ⇒*toegewijd* **0.4** ***terecht*** ⇒*juist* ◆ **2.1** I am ~ grateful to you *ik ben u oprecht dankbaar* **2.2** a ~ beautiful sight *een echt mooi uitzicht* **3.3** he had served them ~ for years *hij had hen jaren trouw gediend* **3.4** it has been ~ said *er is terecht gezegd* **4.¶** yours ~ *hoogachtend* ⟨slotformule v. brieven⟩; ⟨scherts.⟩ *ondergetekende, ik.*

trump[1] [trump] ⟨zn.⟩ **0.1** ***troef*** ⟨ook fig.⟩ ⇒*troefkaart* **0.2** ⟨inf.⟩ ***fijne kerel*** ◆ **1.1** spades are ~s *schoppen is troef* **3.¶** ⟨BE; inf.⟩ come/turn up ~s *voor een meevaller zorgen; geluk hebben met.*

trump[2] ⟨ww.⟩ **0.1** ***troeven*** ⇒*troef(uit)spelen* ◆ **5.¶** ~ **up** *verzinnen;* the charge was clearly ~ed **up** *de beschuldiging was duidelijk verzonnen.*

trump card **0.1** ***troefkaart*** ⟨ook fig.⟩ ◆ **3.1** ⟨fig.⟩ play one's ~ *een hoge/zijn laatste troef uitspelen* **¶.1** that was my ~ *dat was mijn kans/laatste redmiddel.*

trumpery[1] [trumpərie] ⟨zn.⟩⟨schr.⟩ **0.1** ***protserige opschik*** **0.2** ***onzin*** ⇒*nonsens.*

trumpery[2] ⟨bn.⟩ **0.1** ***prots(er)ig*** ⇒*prull(er)ig* **0.2** ***misleidend*** ⇒*bedrieglijk* ◆ **1.1** ~ jewels *nepjuwelen* **1.2** ~ arguments *misleidende argumenten.*

trumpet[1] [trumpit] ⟨zn.⟩ **0.1** ***trompet*** **0.2** ***trompetgeluid*** ⇒*getrompetter* ⟨bv. v. olifant⟩ **0.3** ***trompetvormig voorwerp*** ⇒*spreektrompet; trompetvormige bloemkroon* ◆ **3.1** ⟨fig.⟩ blow one's own ~ *zijn eigen lof zingen.*

trumpet[2] **I** ⟨onov.ww.⟩ **0.1** ***trompet spelen*** **0.2** ***trompetten*** ⟨v. olifant⟩;
II ⟨ov.ww.⟩ **0.1** ***trompetten*** ⟨ook fig.⟩ ⇒*uitbazuinen* ◆ **1.1** ⟨fig.⟩ ~ (forth) s.o.'s praise *de loftrompet steken over iem.*

trumpeter [trumpittə] **0.1** ***trompettist*** ⇒*trompetblazer.*

truncate[1] [trungkeet] ⟨bn.⟩ **0.1** ***afgeknot*** ◆ **1.1** ⟨wisk.⟩ a ~ cone *een afgeknotte kegel;* ⟨plantk.⟩ a ~ leaf *een afgeknot blad.*

truncate[2] [trungkeet] ⟨ww.⟩ **0.1** ***beknotten*** ⟨ook fig.⟩ ⇒*aftoppen; besnoeien* ◆ **1.1** ~ a story *een verhaal inkorten.*

truncheon [truntsjn] **0.1** ⟨vnl. BE⟩ ***wapenstok.***

trundle [trundl] **0.1** ***(voort)rollen.***

trundle bed ⟨AE⟩ **0.1** ***onderschuifbed.***

trunk [trungk] **0.1** ***(boom)stam*** **0.2** ***romp*** ⇒*tors(o)* **0.3** ***(hut)koffer*** ⟨vaak ook meubel⟩ **0.4** ***slurf*** ⇒*snuit* ⟨v. olifant⟩ **0.5** ⟨AE⟩ ***kofferbak*** ⟨v. auto⟩ **0.6** ⟨mv.⟩ ***korte broek*** ⇒*zwembroek* ⟨voor heren⟩.

trunk call ⟨BE⟩ **0.1** ***interlokaal (telefoon)gesprek.***

trunk line **0.1** ***hoofdlijn*** ⟨v. spoor/waterweg, telefoon⟩.

trunk road **0.1** ***hoofdweg.***

truss[1] [trus] ⟨zn.⟩ **0.1** ***gebint*** ⇒*dakkap/spant* **0.2** ***bruggebint*** **0.3** ⟨med.⟩ ***breukband*** **0.4** ⟨BE⟩ ***bundel*** ⇒*bos, pak.*

truss[2] ⟨ww.⟩ **0.1** ***verankeren*** ⇒*ondersteunen* ⟨dak, brug⟩ **0.2** ***(stevig) inbinden*** ⇒*opmaken* ⟨bv. kip, voor het koken⟩ ◆ **5.2** ~ **up** *inbinden, opmaken* ⟨kip⟩; *knevelen.*

trust[1] [trust] **I** ⟨telb.zn.⟩ **0.1** ***trust*** ⇒*kartel* **0.2** ***aan iemands hoede toevertrouwd vermogen/persoon*** ⇒⟨ihb. jur.⟩ *vermogen onder beheer v. trustee* ◆ **3.¶** fulfill one's ~ *zijn opdracht/plicht vervullen;*
II ⟨n.-telb.zn.⟩ **0.1** ***vertrouwen*** **0.2** ***(goede) hoop*** ⇒*verwachting* ⟨fig. ook mbt. persoon, onderneming⟩ **0.3** ***(handels)krediet*** **0.4** ***zorg*** ⇒*hoede* **0.5** ⟨jur.⟩ ***trust*** ⇒*machtiging tot beheer v. goederen voor een begunstigde* ◆ **1.1** a position of ~ *een vertrouwenspositie* **6.3** supply goods **on** ~ *goederen op krediet leveren* **6.4** commit a child **to** s.o.'s ~ *een kind aan iemands zorgen toevertrouwen* **6.5** hold property **in/under** ~ *eigendom in bewaring/onder trust hebben.*

trust[2] **I** ⟨onov.ww.⟩ **0.1** ***vertrouwen*** **0.2** ***vertrouwen hebben*** ⇒*hopen* ◆ **6.1** you should not ~ **in** him *je mag hem niet vertrouwen;*
II ⟨ov.ww.⟩ **0.1** ***vertrouwen op*** ⇒*aannemen, hopen* **0.2** ***toevertrouwen*** ◆ **3.1** do not ~ him to do it! *reken er maar niet op dat hij dat doet!* **6.1** I ~ everything is all right with him *ik hoop maar dat alles met hem in orde is* **6.2** he ~ed his car **to** a friend *hij gaf zijn auto bij een vriend in bewaring.*

trustee [trustie:] ⟨vnl. jur.⟩ **0.1** ***beheerder*** ⇒*bewindvoerder* ⟨v. vermogen/boedel⟩, *bestuurder, commissaris* ⟨v. inrichting/school⟩.

trusteeship [trustie:sjip] **0.1** ***trustgebied*** ⇒*mandaatgebied* **0.2** ***beheerderschap*** **0.3** ***beheer*** ⇒*mandaat.*

trustful [trustfl] ⟨-ness⟩ **0.1** ***vertrouwend*** ⇒*goed van/vol vertrouwen.*

trust fund ⟨vaak mv.⟩ **0.1** ***toevertrouwde gelden*** ⇒*beheerd fonds.*

trusting [trusting] **0.1** ***vertrouwend*** ⇒*vriendelijk.*

trust receipt ⟨hand.⟩ **0.1** ***trustcertificaat*** ⟨voor handelskrediet⟩.

trust territory **0.1** ***trustgebied*** ⇒*mandaatgebied.*

trustworth|y [trustwə:ðie] ⟨-iness⟩ **0.1** ***betrouwbaar*** ⇒*te vertrouwen.*

trust|y [trustie] ⟨-ier⟩⟨vero.⟩ **0.1** ***betrouwbaar*** ⇒*trouw, beproefd* ◆ **2.1** ⟨BE⟩ my ~ steed *mijn trouwe ros.*

truth [troe:θ]⟨mv.: ook truths [troe:ðz, troe:θs]⟩ **0.1** ***waarheid*** **0.2** ***echtheid*** **0.3** ***oprechtheid*** ◆ **3.1** to tell the ~, ~ to tell *om de waarheid te zeggen* **¶.1** there is (some) ~ in it *er is wel wat van waar.*

truth drug **0.1** ***waarheidsserum.***

truthful [troe:θfl] ⟨-ness⟩ **0.1** ***eerlijk*** ⇒*oprecht* **0.2** ***waar*** ⇒*(waarheids)getrouw* ◆ **1.2** ~ account of what happened *getrouwe weergave v.d. feiten.*

try[1] [traj] ⟨zn.; mv.: tries⟩ **0.1** ***poging*** **0.2** ⟨rugby⟩ ***try*** ◆ **3.1** give it a ~ *het eens proberen, een poging wagen.*

try[2] ⟨tried⟩ **I** ⟨onov. en ov.ww.⟩ **0.1** ***proberen*** ⇒*uitproberen, op de proef stellen;* ⟨ook fig.⟩ *vermoeien* ◆ **1.1** ~ s.o.'s courage/patience *iemands moed/geduld op de proef stellen;* ~ soap and water *het met water en zeep proberen* **3.1** ~ to be on time *proberen op tijd te komen;* tried and found wanting *gewogen en te licht bevonden* **5.1** ~ **on** *aanpassen* ⟨kleren⟩; ~ **out** *testen, de proef nemen met;* ⟨dram., muz.⟩ *auditeren;* ⟨AE⟩ ~ **out** for *solliciteren naar; auditeren voor* **6.1** ~ sth. **on** s.o. *iets op iem. uitproberen* **8.1** just ~ and stop me! *probeer me maar eens tegen te houden!;*
II ⟨ov.ww.⟩ **0.1** ⟨jur.⟩ ***berechten*** ⇒*verhoren* ◆ **6.1** ~ s.o. **for** murder/**for** his life *iem. voor moord berechten;* be tried **on** a charge of *terechtstaan wegens.*

trying [trajjing] **0.1** ***moeilijk*** ⇒*zwaar, hard* ◆ **1.1** ~ person to deal with *lastige klant;* ~ times *benarde tijden.*

tryout **0.1** ***test*** ⇒*proef;* ⟨dram., muz.⟩ *auditie;* ⟨dram.⟩ *proefopvoering* ◆ **3.1** give s.o. a ~ *het met iem. proberen.*

tryst [trist, trajst] **0.1** ⟨scherts.⟩ ***rendez-vous*** ⇒*afspraakje.*

tsar, czar [za:] ⟨gesch.⟩ **0.1** ***tsaar.***

tsarina, czarina [za:rie:nə] ⟨gesch.⟩ **0.1** ***tsarina*** ⇒*keizerin.*

tsarist, czarist [za:rist] ⟨gesch.⟩ **0.1** ⟨bn.⟩ ***tsaristisch*** **0.2** ⟨zn.⟩ ***tsarist.***

T-shirt, tee shirt **0.1** ***T-shirt*** ⇒*T-shirt.*

tsp. ⟨afk.⟩ **0.1** [teaspoon].

T-square **0.1** ***(T-vormige) tekenhaak.***

T.T. ⟨afk.⟩ **0.1** [teetotal(ler)] **0.2** ⟨motorrace⟩ [Tourist Trophy].

tub [tub] **0.1** ***tobbe*** *⇒(was)kuip, ton* **0.2** ***ton*** ⟨inhoudsmaat⟩ **0.3** ⟨inf.⟩ ***bad*** **0.4** ⟨mijnw.⟩ ***mijnwagen(tje)*** ◆ **1.2** a ~ of butter *een ton boter.*

tuba [tjoe:bə]⟨mv.: ook tubae [-bie:]⟩ **0.1** ***tuba.***

tubb|y [tubbie] ⟨-ier⟩ **0.1** ***tonvormig*** *⇒rond, dik* **0.2** ***dofklinkend.***

tube [tjoe:b] **0.1** ***buis(je)*** *⇒pijp, slang; huls, koker; tube;* ⟨anat.⟩ *tubulus;* ⟨AE⟩ *elektronenbuis* **0.2** ***binnenband*** **0.3** ⟨inf.⟩ ***metro*** **0.4** ⟨the; AE; inf.⟩ ***televisie*** ◆ **2.2** inner ~ *binnenband.*

tubeless [tjoe:bləs] **0.1** ***zonder binnenband.***

tuber [tjoe:bə] ⟨plantk.⟩ **0.1** ***knol.***

tubercle [tjoe:bəkl] **0.1** ***knobbeltje*** ⟨ook med.⟩.

tubercle bacillus ⟨dierk., med.⟩ **0.1** ***tuberkelbacil.***

tubercular [tjoebə:kjoelə], **tuberculous** [-ləs] **0.1** ***tuberculeus*** ◆ **1.1** ~ consumption *tbc.*

tuberculosis [tjoebə:kjoeloosis] **0.1** ***tuberculose.***

tube skirt **0.1** ***kokerrok.***

tube station **0.1** ***metrostation.***

tubing [tjoe:bing] **0.1** ***(gummi)slang*** *⇒stuk buis/pijp.*

tubular [tjoe:bjoelə] **0.1** ***buisvormig*** ◆ **1.1** ~ bells *klokkenspel;* ~ furniture *buismeubelen;* ~ post *buispost.*

T.U.C. ⟨afk.; BE⟩ **0.1** [Trades Union Congress].

tuck[1] [tuk] ⟨zn.⟩ **0.1** ⟨conf.⟩ ***plooi*** **0.2** ⟨BE; sl.⟩ ***zoetigheid.***

tuck[2] **I** ⟨onov.ww.⟩ **0.1** ***plooien maken*** ◆ **5.¶** ⟨BE; inf.⟩ ~ **in**! *val aan, tast toe!* **6.¶** ⟨BE; inf.⟩ ~ **into** *flink smullen van;*
II ⟨ov.ww.⟩ **0.1** ***plooien*** *⇒plisseren* **0.2** ***inkorten*** *⇒innemen* **0.3** ⟨+ up⟩ ***opstropen*** *⇒optrekken* **0.4** ***intrekken*** **0.5** ⟨vaak +away⟩ ***(ver)stoppen*** *⇒wegstoppen, verschuilen* **0.6** ⟨+ in⟩ ***instoppen*** ⇒⟨ook +up⟩ *toedekken; wikkelen* ◆ **5.4** with his legs ~ed **up** under him *in kleermakerszit* **5.5** ⟨BE; inf.⟩ ~ **away / in** *verorberen* **6.6** ~ one's shirt **into** one's trousers *zijn hemd in zijn broek stoppen.*

tucker[1] [tukkə] ⟨zn.⟩ **0.1** ***plooi(st)er*** **0.2** ***plooivoet*** ⟨v. naaimachine⟩ **0.3** ⟨Austr. E; inf.⟩ ***kost*** *⇒eten.*

tucker[2] ⟨ww.⟩⟨AE; inf.⟩ **0.1** ⟨vaak +out⟩ ***afmatten.***

tuckerbag ⟨Austr. E; inf.⟩ **0.1** ***knapzak.***

tuck-in ⟨BE; inf.⟩ **0.1** ***smulpartij.***

tuck-shop ⟨BE; sl.⟩ **0.1** ***snoepwinkeltje*** ⟨vnl. v., in school⟩.

Tuesday [tjoe:zdie, -dee] **0.1** ⟨zn. en bw.⟩ ***dinsdag.*** →**Monday** voor voorbeelden.

tuft [tuft] **0.1** ***bosje*** *⇒kwastje; kuifje.*

tufted [tuftid] **0.1** ***in bosjes groeiend*** **0.2** ***met/vol bosjes*** **0.3** ⟨vnl. dierk.⟩ ***gekuifd*** ◆ **1.3** ~ duck *kuifeend.*

tuft-hunter **0.1** ***snob.***

tug[1] [tug] ⟨zn.⟩ **0.1** ***ruk*** *⇒haal* **0.2** ***(felle) strijd*** *⇒conflict* **0.3** ***sleepboot*** ◆ **1.2** ⟨inf.⟩ ~ of love *touwtrekkerij om (de voogdij over) een kind* ⟨tussen gescheiden ouders⟩ **3.1** give a ~ at *(heftig) rukken aan* **3.2** parting was a ~ (at his heartstrings) *het vertrek deed hem pijn (aan het hart).*

tug[2] ⟨-ged⟩ **I** ⟨onov.ww.⟩ **0.1** ⟨+ at⟩ ***rukken (aan)*** **0.2** ***zich inspannen*** ◆ **5.2** ~ **away** at *zich met overgave toeleggen op;*
II ⟨ov.ww.⟩ **0.1** ***rukken aan*** **0.2** ***sleuren*** **0.3** ***slepen*** ⟨sleepboot⟩.

tugboat **0.1** ***sleepboot.***

tug-of-war ⟨mv.: tugs-of-war⟩ **0.1** ***touwtrekken*** *⇒touwtrekwedstrijd* **0.2** ***krachtproef*** ◆ **2.2** the real ~ *de grote moeilijkheid.*

tuition [tjoe·isjn] **0.1** ***schoolgeld*** *⇒lesgeld* **0.2** ***onderwijs.***

tulip [tjoe:lip] **0.1** ***tulp.***

tulip tree **0.1** ***tulpenboom.***

tulle [tjoe:l] **0.1** ***tule.***

tumble[1] [tumbl] ⟨zn.⟩ **0.1** ***val(partij)*** *⇒tuimel(ing)* **0.2** ***salto (mortale)*** **0.3** ***warboel*** ◆ **3.1** have / take a ~ *vallen* **6.3** **in** a ~ *overhoop.*

tumble[2] **I** ⟨onov.ww.⟩ **0.1** ***vallen*** *⇒tuimelen, struikelen* **0.2** ***rollen*** *⇒woelen* **0.3** ***stormen*** *⇒lopen* **0.4** ***(snel) zakken*** *⇒kelderen* **0.5** ***duikelen*** *⇒buitelen* ◆ **1.4** tumbling prices *dalende prijzen* **5.1** ~ **down** *neerploffen;* ~ **in** *binnenvallen;* ⟨inf.⟩ *te kooi gaan;* ~ **over** *omtuimelen* **5.2** ~ **about** *rondtollen* **5.5** ~ **about** *buitelen* **6.1** ~ **down** the stairs *van de trap rollen* **6.3** ~ **into / out of** bed *in zijn bed ploffen/uit zijn bed springen;* ~ **up** the stairs *de trap(pen) opstormen* **6.¶** ~ **to** *snappen;* ~ **upon** *(toevallig) vinden;*
II ⟨ov.ww.⟩ **0.1** ***doen vallen*** *⇒omgooien* **0.2** ***in de war brengen*** **0.3** ***drogen*** ⟨in droogtrommel⟩.

tumble-down **0.1** ***bouwvallig.***

tumble drier **0.1** ***droogtrommel.***

tumbler [tumblə] **0.1** ***duikelaar*** **0.2** ***acrobaat*** **0.3** ***tumbler*** *⇒tuimelglas, (groot) bekerglas* **0.4** ***tuimelaar*** ⟨v. slot⟩ **0.5** ***droogtrommel*** **0.6** ***tuimelaar*** ⟨duif⟩.

tumbleweed ⟨vnl. AE⟩ **0.1** ***amarant.***

tumbrel [tumbril] ⟨gesch.⟩ **0.1** ***gevangenkar.***

tumesc|ent [tjoe:mesnt] ⟨zn.: **-ence**⟩ **0.1** ***(op)zwellend.***

tumid [tjoe:mid] ⟨zn.: **-ity**⟩ **0.1** ***gezwollen*** ⇒⟨fig.⟩ *bombastisch.*

tumm|y [tummie] ⟨mv.: -ies⟩⟨inf.; kind.⟩ **0.1** ***buik(je).***

tummy button ⟨inf.; kind.⟩ **0.1** ***navel.***

tumorous [tjoe:mərəs], **tumoral** [tjoe:mərəl] **0.1** ***mbt./v.e. tumor*** *⇒tumorachtig.*

tumour, ⟨AE sp.⟩ **tumor** [tjoe:mə] **0.1** ***tumor.***

tumult [tjoe:mult] **0.1** ***tumult*** ◆ **6.1** **in** a ~ *totaal verward.*

tumultuous [tjoe:multsjoeəs] **0.1** ***tumultueus*** *⇒onstuimig; wanordelijk.*

tumulus [tjoe:mjoeləs]⟨mv.: tumuli [-laj]⟩ **0.1** ***tumulus*** *⇒(graf)heuvel.*

tun [tun] **0.1** ***vat.***

tuna [tjoe:nə] ⟨mv.: ook tuna⟩ **0.1** ***tonijn.***

tuna fish ⟨cul.⟩ **0.1** ***tonijn.***

tundra [tundrə] **0.1** ***toendra.***

tune[1] [tjoe:n] ⟨zn.⟩ **0.1** ***wijsje*** *⇒melodie;* ⟨fig.⟩ *toon* **0.2** ***juiste toonhoogte*** **0.3** ***overeenstemming*** **0.4** ***welluidendheid*** ◆ **3.1** ⟨inf.⟩ give us a ~ *speel/zing eens wat (voor ons)* **3.¶** call the ~ *de lakens uitdelen;* change one's ~, sing another / dance to another ~ *een andere toon aanslaan;* ⟨ihb.⟩ *een toontje lager gaan zingen* **6.1** **to** the ~ **of** *op de wijs van* **6.2** sing **in** ~ *zuiver zingen;* that violin is **out of** ~ *die viool is ontstemd;* sing **out of** ~ *vals zingen* **6.3** it is **in** ~ **with** the spirit of the time *het is in overeenstemming met de tijdgeest* **6.¶** **out of** ~ *niet in goede conditie;* **to** the ~ **of** £1000 *voor het bedrag v. £1000.* →**good.**

tune[2] **I** ⟨onov.ww.⟩ **0.1** ⟨+ with⟩ ***harmoniëren (met)*** ⟨ook fig.⟩ **0.2** ***zingen.*** →**tune in, tune up;**
II ⟨ov.ww.⟩ **0.1** ***stemmen*** **0.2** ***afstemmen*** ⟨ook fig.⟩ *⇒instellen* **0.3** ***afstellen*** ⟨motor⟩ ◆ **4.2** ~ o.s. to *zich aanpassen aan* **6.2** ~d **to** *afgestemd op.* →**tune in, tune up.**

tuneful [tjoe:nfl] ⟨-ness⟩ **0.1** ***welluidend.***

tune in **0.1** ***afstemmen*** *⇒de radio/televisie aanzetten* ◆ **6.1** ~ **to** *afstemmen op;* ⟨fig.⟩ be tuned in **to** *voeling hebben met.*

tuneless [tjoe:nləs] **0.1** ***onwelluidend*** **0.2** ***geen muziek makend*** *⇒stom stil.*

tuner [tjoe:nə] **0.1** ***tuner*** *⇒ontvangtoestel.*

tune up **I** ⟨onov.ww.⟩ **0.1** ***stemmen*** ⟨v. orkest⟩;
II ⟨ov.ww.⟩ **0.1** ***in gereedheid brengen*** *⇒afstellen.*

tune-up **0.1** ***beurt*** ⟨v. auto, motor⟩ *⇒het afstellen.*

tunic [tjoe:nik] **0.1** ***tunica*** ⟨ook v. bisschop enz.⟩ **0.2** ***tuniek*** *⇒(korte) uniformjas.*

tuning [tjoe:ning] ⟨muz.⟩ **0.1** ***het stemmen*** **0.2** ***het afstellen*** ⟨motor⟩.

tuning fork ⟨muz.⟩ **0.1** ***stemvork.***
Tunisia [tjoenizziə] **0.1** ***Tunesië.***
Tunisian [tjoenizziən] **0.1** ⟨bn.⟩ ***Tunesisch*** **0.2** ⟨bn.⟩ ***Tunisch*** **0.3** ⟨zn.⟩ ***Tunesiër.***
tunnel[1] [tunl] ⟨zn.⟩ **0.1** ***tunnel*** **0.2** ***onderaardse gang*** ⟨v. mol⟩.
tunnel[2] ⟨BE -led⟩ **I** ⟨onov. en ov.ww.⟩ **0.1** ***een tunnel graven (in/door/onder)*** ◆ **1.1** ~ the Channel *een tunnel graven onder het Kanaal;*
II ⟨ov.ww.⟩ **0.1** ***graven*** ⇒*boren, banen.*
tunnel vision **0.1** ***tunnelvisie*** ⇒*het slechts oog hebben voor één zaak, kortzichtigheid, bekrompen kijk, beperkte blik* **0.2** ⟨med.⟩ ***tunnelvisus/zicht.***
tunn|y [tunnie], **tunnyfish** ⟨mv.: -ies, ook tunny⟩ **0.1** ***tonijn.***
tup [tup] **0.1** ***ram*** ⟨mannelijk schaap⟩.
tuppence →**twopence.**
tuppenny →**twopenny.**
turban [tə:bən] **0.1** ***tulband*** **0.2** ***turban.***
turbaned [tə:bənd] **0.1** ***met een tulband.***
turbid [tə:bid] ⟨-ness; zn.: **-ity**⟩ **0.1** ***troebel*** ⇒*drabbig* **0.2** ***verward*** **0.3** ***dicht*** ⟨mist bv.⟩ ⇒*zwaar* ◆ **1.2** ~ emotions *verwarde emoties.*
turbine [tə:bajn] **0.1** ***turbine.***
turbojet [tə:boodzjet] ⟨luchtv.⟩ **0.1** ***turbojet*** **0.2** ***turbojetvliegtuig.***
turboprop [-prop] ⟨luchtv.⟩ **0.1** ***turboprop*** ⇒*schroefturbine* **0.2** ***turbopropmachine.***
turbo(super)charger [-soe:pətsja:dzjə] ⟨tech.⟩ **0.1** ***turbocompressor*** ⟨voor drukvulling/oplading v. motoren⟩.
turbot [tə:bət] **0.1** ***tarbot.***
turbul|ent [tə:bjoelənt] ⟨zn.: **-ence**⟩ **0.1** ***wild*** ⇒*woest, onstuimig* **0.2** ***woelig*** **0.3** ***oproerig*** **0.4** ⟨meteo.⟩ ***turbulent*** ◆ **1.2** ~ times *roerige tijden* **1.3** ~ crowd *oproerige menigte.*
turd [tə:d] ⟨vulg.⟩ **0.1** ***drol*** **0.2** ***verachtelijk persoon*** ⇒*misbaksel, lul.*
tureen [tjoerie:n] **0.1** ***terrine.***
turf[1] [tə:f] ⟨zn.; mv.: ook turves [tə:vz]⟩ **0.1** ***graszode*** ⇒*plag* **0.2** ⟨vnl. IE⟩ ***turf*** **0.3** ***gras(veld)*** **0.4** ⟨the⟩ ***renbaan*** ⇒*racebaan;* ⟨bij uitbr.⟩ *het paardenrennen.*
turf[2] ⟨ww.⟩ **0.1** ⟨ook +over⟩ ***bezoden*** ⇒*met zoden bekleden* ◆ **5.¶** ⟨vnl. BE; inf.⟩ ~ s.o. **out** *iem. eruit gooien.*
turf accountant ⟨vnl. BE⟩ **0.1** ***bookmaker.***
turgid [tə:dzjid] ⟨zn.: **-ity**⟩ **0.1** ⟨vnl. med.⟩ ***(op)gezwollen*** **0.2** ***bombastisch.***
Turk [tə:k] **0.1** ***Turk(se).*** →**young.**
turkey [tə:kie] **0.1** ***kalkoen*** **0.2** ⟨AE; inf.⟩ ***flop*** ◆ **3.¶** ⟨inf.⟩ talk ~ *geen blad voor de mond nemen* ⟨in zakengesprek⟩. → **cold.**
Turkey [tə:kie] **0.1** ***Turkije.***
turkey buzzard **0.1** ***kalkoengier.***
turkey cock **0.1** ***kalkoense haan*** **0.2** ***protser.***
Turkish [tə:kisj] **0.1** ⟨bn.⟩ ***Turks*** **0.2** ⟨zn.⟩ ***Turks*** ⟨taal⟩ ◆ **1.¶** ~ bath *Turks bad;* ~ delight *Turks fruit;* ~ towel *ruwe badhanddoek.*
Turkmenistan [tə:kmennista:n, -stæn] **0.1** ***Turkmenistan*** ⇒ *Turkmenistan.*
turmeric [tə:mərik] **0.1** ***kurkuma*** ⇒*koenjit* ⟨specerij⟩ **0.2** ⟨plantk.⟩ ***kurkuma.***
turmoil [tə:mojl] ⟨geen mv.⟩ **0.1** ***beroering*** ⇒*opschudding* ◆ **6.1** the whole country was **in** (a) ~ *het gehele land was in opschudding.*
turn[1] [tə:n] **I** ⟨telb.zn.⟩ **0.1** ***draai*** ⇒*slag, omwenteling;* ⟨fig.⟩ *ommekeer, kentering* ⟨v. getijde⟩, *wisseling* **0.2** ***bocht*** ⇒ *draai, kromming;* ⟨bij uitbr.⟩ *afslag* **0.3** ***wending*** ⇒*draai, (verandering v.) richting* **0.4** ***beurt*** **0.5** ***dienst*** ⇒*daad* **0.6** ***aanleg*** ⇒*neiging* **0.7** ⟨ben. voor⟩ ***korte bezigheid*** ⇒*wandelingetje, ommetje; ritje, tochtje; nummer(tje)* ⟨in circus, show⟩; ⟨bij uitbr.⟩ *artiest* ⟨in show⟩ **0.8** ***(korte) tijd*** ⟨v. deelname, werk⟩ →*poos* **0.9** ***slag*** ⇒*winding* ⟨in touw e.d.⟩ **0.10** ⟨inf.⟩ ***schok*** ⇒*draai, schrik* **0.11** ⟨inf.⟩ ***aanval*** ⇒*vlaag* ⟨v. woede, ziekte⟩ **0.12** ⟨ec.⟩ ***effectentransactie*** ⟨met koop én verkoop⟩ ⇒⟨bij uitbr.⟩ *transactie* **0.13** ⟨ec.⟩ ***verschil tussen koop- en verkoopprijzen*** ◆ **1.1** a few ~s of the screwdriver will do *een paar slagen met de schroevendraaier zal genoeg zijn;* ~ of the tide *getijwisseling, kentering* ⟨ook fig.⟩ **1.2** take a ~ to the right *rechts afslaan; naar rechts zwenken* **1.3** take a ~ for the worse *een ongunstige wending nemen* **1.6** have a ~ for mathematics *een wiskundeknobbel hebben* **1.13** ~ of the market *makelaarswinstmarge* **1.¶** ~ of phrase *formulering;* have a ~ of speed *zeer snel kunnen gaan* ⟨v. auto⟩ **2.2** the next right ~ *de volgende afslag rechts* **2.5** do s.o. a bad/ill ~ *iem. een slechte dienst bewijzen* **2.6** be of a musical ~ (of mind) *muzikaal aangelegd zijn* **3.4** is it my ~ to cook tonight? *moet ik vanavond koken?;* take ~s at sth. *iets om beurten doen, elkaar aflossen met iets;* wait one's ~ *zijn beurt afwachten* **3.7** take a ~ *een blokje om gaan* **3.8** take a ~ at the wheel *het stuur een tijdje overnemen* **3.10** she gave him quite a ~ *zij joeg hem flink de stuipen op het lijf* **5.4** ~ and ~ **about** *om en om, om de beurt* **6.1** be **on** the ~ *op het keerpunt zijn; omslaan; keren;* the tide is **on** the ~ *het tij keert* **6.4** **by** ~s *om en om, om de beurt;* **in** ~ *om de beurt, achtereenvolgens; op zijn beurt;* take it **in** ~(s) to do sth. *iets om beurten doen;* **in** one's ~ *op zijn beurt;* **out of** ~ *vóór zijn beurt; niet op zijn beurt; op een ongeschikt moment;* talk **out of** ~ *zijn mond voorbij praten; vóór zijn beurt spreken* **6.¶** **at** every ~ *bij elke stap/gelegenheid, overal;* **on** the ~ *tegen het zure aan* ⟨v. melk⟩; *tegen het ranzige aan* ⟨v. boter⟩; done **to** a ~ *perfect klaargemaakt, precies gaar genoeg* **7.4** your ~ *jij bent.* →**good;**
II ⟨n.-telb.zn.⟩ **0.1** ***wisseling*** ◆ **1.1** ~ of the century *eeuwwisseling.*
turn[2] **I** ⟨onov.ww.⟩ **0.1** ***woelen*** ⇒*draaien* **0.2** ***zich richten*** ⇒ *zich wenden* **0.3** ⟨ben. voor⟩ ***v. richting veranderen*** ⇒*afslaan, draaien, een bocht/draai maken; (zich) omkeren, (zich) omdraaien; een keer nemen, kenteren* ⟨v. getijde⟩ **0.4** ***draaien*** ⟨v. hoofd, maag⟩ ⇒*tollen, duizelen* **0.5** ***gisten*** ⇒ *bederven* ◆ **1.1** toss and ~ all night *de hele nacht (liggen) draaien en woelen* **1.2** the conversation ~ed to sex *het gesprek kwam op seks;* his thoughts ~ed to his mother *hij dacht aan zijn moeder* **1.3** the aeroplane ~ed sharply *het vliegtuig maakte een scherpe bocht;* the car ~ed left, right, and then ~ed into Bond Street *de auto sloeg linksaf, rechtsaf, en draaide toen Bond Street in;* the tide ~s *het tij keert* ⟨ook fig.⟩ **1.4** my head is ~ing *het duizelt mij* **5.2** ~ **aside** (from) *zich afwenden (van);* ~ **away** (from) *zich afwenden (van); weggaan (van)* **5.3** ~ **about** *zich omkeren;* **about** ~! *rechtsom(keert)!* ⟨bevel aan troepen⟩; ~ **(a)round** *zich omdraaien* ⟨v. iem.⟩; *een ommekeer maken* ⟨bv. v. economie⟩; *v. gedachten/mening veranderen;* ~ **back** *terugkeren, omkeren* **5.¶** ~ to *aan het werk gaan* **6.2** ~ **to** a book *een boek raadplegen;* ~ **to** drink *aan de drank raken;* ~ **to** s.o. *zich tot iem. wenden* ⟨om hulp⟩ **6.3** ~ **down** a side street *een zijstraat inslaan;* we ~ed **off** the M1 at Hatfield *we gingen van de M1 af bij Hatfield;* he ~ed **to** teaching *hij switchte naar (het) onderwijs* **6.¶** ~ **into** *veranderen in, worden;* ~ **on** *draaien om, afhangen van; gaan over* ⟨v. gesprek⟩; the success of a film ~s **on** many factors *het succes v.e. film hangt van vele factoren af;* water ~s **to** ice *water wordt ijs;* ~ **(up)on** s.o. *iem. aanvallen, zich tegen iem. ke-*

ren. →**turn down, turn in, turn off, turn on, turn out, turn over, turn up;**
II ⟨onov. en ov.ww.⟩ **0.1** ***(rond)draaien*** ⇒*(doen) draaien* **0.2** ⟨ben. voor⟩ ***omdraaien*** ⇒*(doen) omkeren; omploegen, omspitten; omslaan, keren* ⟨kraag⟩; *omvouwen* **0.3** ***draaien*** ⟨aan draaibank, bij pottenbakkerij e.d.⟩ ⇒⟨fig.⟩ *vormen, maken* **0.4** ***verzuren*** ⇒*zuur worden/maken* **0.5** ***verkleuren*** ⇒*v. kleur (doen) veranderen* ◆ **1.1** this machine ~s the wheels *deze machine laat de wielen draaien;* the wheels ~ fast *de wielen draaien snel* **1.2** the car ~ed *de auto keerde;* she ~ed the car *zij keerde de auto;* she ~ed my old coat *zij keerde mijn oude jas (binnenstebuiten);* ~ the collar *de kraag omslaan;* ~ the page *de bladzijde omslaan* **1.3** ⟨fig.⟩ finely ~ed legs *fraai gevormde benen;* ~ a phrase *iets mooi zeggen* **1.4** the milk ~ed *de melk verzuurde;* the warm weather ~ed the milk *door het warme weer verzuurde de melk* **1.5** his hair ~ed *zijn haar veranderde v. kleur* **5.2** ~ **about** *omkeren, omdraaien;* ~ **(a)round** *ronddraaien; omkeren, omdraaien;* ~ **back** *omvouwen, omslaan;* ~ **back** the sheets *de lakens omslaan/open slaan;* ~ sth. **inside out** *iets binnenstebuiten keren;* ⟨fig.⟩ *grondig doorzoeken, overhoophalen;* it seemed as if the world had ~ed **topsy-turvy** *het leek wel de omgekeerde wereld;* ~ **upside down** *ondersteboven keren* **6.2** ~ **to** page seven *sla bladzijde zeven op;*
III ⟨ov.ww.⟩ **0.1** ***maken*** ⇒*draaien, beschrijven* ⟨cirkel enz.⟩ **0.2** ***overdenken*** ⇒*overwegen* **0.3** ***omgaan*** ⟨hoek⟩ ⇒ *omdraaien, omzeilen* ⟨kaap⟩, *omtrekken* **0.4** ***(doen) veranderen (van)*** ⇒*omzetten, verzetten; (ver)maken; een wending geven aan* ⟨gesprek⟩; *bocht/draai laten maken, draaien; afwenden, omleiden* **0.5** ***richten*** ⇒*wenden* **0.6** ***doen worden*** ⇒*maken* **0.7** ***verdraaien*** ⇒*verzwikken* ⟨enkel enz.⟩ **0.8** ***misselijk maken*** **0.9** ***worden*** ⟨tijd, leeftijd⟩ ⇒ ⟨bij uitbr.⟩ *passeren, geweest zijn* **0.10** ***(weg)sturen*** ⇒ *(weg)zenden* **0.11** ⟨ben. voor⟩ ***in bep. toestand brengen*** ⇒ *doen, brengen, zetten, laten gaan* **0.12** ***omzetten*** ⇒*draaien, een omzet hebben v.;* ⟨bij uitbr.⟩ *maken* ⟨winst⟩ ◆ **1.1** ~ a circle *een cirkel maken/beschrijven* **1.4** ~ the car into the garage *de auto de garage indraaien;* ~ the conversation *een andere wending aan het gesprek geven;* ~ a stream *een stroom omleiden;* ~ the switch *de wissel omzetten* **1.5** ~ your attention to the subject *richt je aandacht op het onderwerp;* ~ a gun on s.o. *een geweer op iem. richten* **1.6** the sun ~ed the papers yellow *de zon maakte de kranten geel* **1.8** Chinese food ~s my stomach *Chinees eten maakt mijn maag v. streek* **1.9** Nancy has just ~ed twenty-one *Nancy is net eenentwintig geworden;* my wife is/has ~ed fifty *mijn vrouw is de vijftig gepasseerd/is vijftig geworden* **1.11** ~ the dog loose at night *de hond 's avonds loslaten* **1.12** ~ a profit *winst maken* **2.6** ⟨AE⟩ ~ loose *los/vrijlaten* **4.9** it is/has ~ed six o'clock *het is zes uur geweest* **5.5** she ~ed her face **away** from the corpses *zij wendde haar hoofd af van de lijken* **5.10** ~ s.o. **adrift** *iem. aan zijn lot overlaten;* ~ **away** *wegsturen, wegjagen, ontslaan;* ⟨fig.⟩ *verwerpen, afwijzen;* we were ~ed **back** at the entrance *bij de ingang werden we teruggestuurd* **5.¶** ⟨scheep.⟩ ~ **round** *lossen, laden en laten vertrekken* **6.4** ~ **into** *veranderen in, (ver)maken tot; omzetten in;* ⟨fig.⟩ the terrible hangover ~ed him **off** drink for some time *door de enorme kater had hij een tijdje geen enkele interesse in drank;* ~ the conversation **to** sth. different *het gesprek op iets anders brengen* **6.5** ~ a child **against** his parents *een kind tegen zijn ouders opstoken* **6.11** ~ s.o. **into** the street *iem. op straat zetten.* →**turn down, turn in, turn off, turn on, turn out, turn over, turn up;**
IV ⟨kww.⟩ **0.1** ***worden*** ◆ **1.1** ~ traitor *verrader worden* **2.1** her skin ~ed brown *haar vel werd bruin;* his wife ~ed Catholic *zijn vrouw werd katholiek;* the milk ~ed sour *de melk werd zuur.*

turnabout **0.1** ***ommekeer*** ⇒*om(me)zwaai, radicale verandering.*

turnaround →**turnround.**

turncoat **0.1** ***overloper*** ⇒*afvallige, deserteur.*

turncock **0.1** ***afsluiter*** **0.2** ***afsluitkraan.***

turn down I ⟨onov.ww.⟩ **0.1** ⟨ec.⟩ ***achteruitgaan*** ⇒*een recessie doormaken* ◆ **1.1** our economy is turning down *onze economie gaat achteruit;*
II ⟨ov.ww.⟩ **0.1** ***omvouwen*** ⇒*omslaan* **0.2** ***(om)keren*** ⇒ *omdraaien* ⟨kaart⟩ **0.3** ***afwijzen*** ⟨plan, persoon⟩ ⇒*verwerpen* **0.4** ***lager zetten/draaien*** ⟨gas, licht⟩ **0.5** ***zachter zetten/draaien*** ⟨radio, volume⟩ ◆ **1.1** I don't like turned down corners in my books *ik houd niet v. ezelsoren in mijn boeken;* ~ the sheets *de lakens omslaan/openslaan* **1.3** they turned your suggestion down *ze wezen je voorstel v.d. hand.*

turned-on ⟨sl.⟩ **0.1** ***opgewonden.***

turner [tə:nə] **0.1** ***draaier*** ⟨aan draaibank⟩.

turn in I ⟨onov.ww.⟩ **0.1** ***binnengaan*** ⇒*indraaien* **0.2** ***naar binnen staan*** **0.3** ⟨inf.⟩ ***onder de wol kruipen*** ⇒*erin duiken* ◆ **1.2** his feet ~ *zijn voeten staan naar binnen* **6.¶** ~ **(up)on** o.s. *in zichzelf keren;*
II ⟨ov.ww.⟩ **0.1** ***naar binnen vouwen*** ⇒*naar binnen omslaan/draaien* **0.2** ***overleveren*** ⇒*uitleveren* ⟨aan politie⟩ **0.3** ***teruggeven*** ⇒*weer inleveren* **0.4** ***inleveren*** ⇒*geven* ◆ **1.1** he turned his knees in *hij draaide zijn knieën naar elkaar toe* **1.2** ~ a suspect *een verdachte overleveren* **1.3** please, ~ your sheet sleeping bag when you leave *lever a.u.b. uw lakenzak in wanneer u weggaat* **1.4** ~ an excellent piece of work *een uitstekend stukje werk inleveren.*

turning [tə:ning] **0.1** ***afsplitsing/takking*** ⇒*zijstraat; afslag* **0.2** ***bocht*** **0.3** ***het draaien*** **0.4** ***gedraaid voorwerp*** **0.5** → **turn** ◆ **2.1** the next ~ on/to the right *de volgende straat rechts.*

turning circle **0.1** ***draaicirkel*** ⟨v. auto⟩.

turning lathe [tə:ning leeð] **0.1** ***draaibank.***

turning point **0.1** ***keerpunt*** ⟨ook fig.⟩ ◆ **6.1** ~ **in/of** s.o.'s life *keerpunt in iemands leven.*

turnip [tə:nip] **0.1** ***raap*** ⇒*knol* ⟨voor vee⟩.

turnoff **0.1** ***afslag*** **0.2** ⟨inf.⟩ ***afknapper*** **0.3** ***product*** **0.4** ***productie.***

turn off I ⟨onov.ww.⟩ **0.1** ***afslaan*** **0.2** ⟨inf.⟩ ***interesse verliezen*** ⇒*afhaken;*
II ⟨ov.ww.⟩ **0.1** ***afsluiten*** ⟨gas, water⟩ **0.2** ***uit/afzetten*** ⇒ *uitdoen* ⟨licht bv.⟩ **0.3** ⟨inf.⟩ ***weerzin opwekken bij*** ⇒*totaal niet aanslaan bij, doen afknappen* ◆ **1.1** ~ the gas *draai het gas dicht* **1.3** it really turns me off *ik word er niet goed van.*

turn-of-the-century **0.1** ***v. rond de eeuwwisseling.***

turn on I ⟨onov.ww.⟩ **0.1** ***enthousiast/opgewonden raken*** **0.2** ⟨sl.⟩ ***drugs gebruiken*** ⇒⟨bij uitbr.⟩ *high worden;*
II ⟨ov.ww.⟩ **0.1** ***aanzetten*** ⇒*aandoen* ⟨radio e.d.⟩; ⟨fig.⟩ *laten werken* **0.2** ***opendraaien*** ⇒*openzetten* ⟨water, gas⟩ **0.3** ⟨inf.⟩ ***enthousiast maken*** ⇒⟨ihb.⟩ *(seksueel) opwinden* **0.4** ⟨sl.⟩ ***werken (bij/op)*** ⟨v. drugs⟩ ◆ **1.3** does leather turn you on? *geeft leer je een kick?*

turn-on ⟨inf.⟩ **0.1** ***opwindend iem./iets.***

turnout **0.1** ***opkomst*** ⇒*publiek, menigte* **0.2** ***het uitrukken*** **0.3** ***kleding*** **0.4** ***opruimbeurt*** **0.5** ⟨geen mv.⟩ ***productie*** ◆ **2.2** ready for a nightly ~ *klaar om 's nachts uit te rukken* **2.4** your kitchen needs a good ~ *jouw keuken heeft een flinke schoonmaakbeurt nodig.*

turn out I ⟨onov.ww.⟩ **0.1** ***(op)komen*** ⇒*verschijnen* **0.2** ***zich ontwikkelen*** ⇒*aflopen* **0.3** ***naar buiten staan*** ⟨v. voeten e.d.⟩ **0.4** ⟨mil.⟩ ***aantreden*** ⟨v.d. wacht⟩ ◆ **1.2** things will ~ all right *het zal goed aflopen;*
II ⟨ov.ww.⟩ **0.1** ***uitdoen*** ⇒*uitdraaien* ⟨licht, kachel e.d.⟩ **0.2** ***eruit gooien*** ⇒*wegsturen* **0.3** ***produceren*** ⇒*afleveren* **0.4** ***leegmaken*** ⇒⟨bij uitbr.⟩ *opruimen, een beurt geven* **0.5** ***uitrusten*** ⇒⟨ihb.⟩ *kleden, uitdossen* **0.6** ***naar buiten draaien/zetten*** ⟨voeten⟩ **0.7** ***optrommelen*** ⇒*bijeenroepen* ◆ **1.4** ~ your handbag *je handtas omkeren* **6.2** be turned out **of** a job *ontslagen worden;*
III ⟨kww.⟩ **0.1** ***blijken (te zijn)*** ⇒*uiteindelijk zijn* ◆ **3.1** the man turned out to be my son *de man bleek mijn zoon te zijn* **8.1** as it turns out/as things ~ *zoals blijkt;* it turned out that he didn't come at all *het bleek/het werd duidelijk dat hij helemaal niet kwam.*

turnover **0.1** ***omkanteling*** ⇒*omverwerping* **0.2** ***omwenteling*** ⇒*ommezwaai* **0.3** ⟨geen mv.⟩ ***omzetsnelheid*** ⟨v. artikelen⟩ **0.4** ⟨geen mv.⟩ ***omzet*** **0.5** ⟨geen mv.⟩ ***verloop*** ⟨v. personeel⟩ **0.6** ***(appel)flap.***

turn over I ⟨onov.ww.⟩ **0.1** ***zich omkeren/omdraaien*** **0.2** ***kantelen*** ⇒*omvallen* **0.3** ***aanslaan*** ⇒*starten* ⟨v. (auto)motor⟩;
II ⟨ov.ww.⟩ **0.1** ***omkeren*** ⇒*omdraaien, op zijn kop zetten* **0.2** ***omslaan*** ⟨bladzij⟩ ⇒⟨bij uitbr.⟩ *doorbladeren* **0.3** ***starten*** ⟨auto e.d.⟩ **0.4** ***overwegen*** **0.5** ***overgeven*** ⇒*overdoen;* ⟨ihb.⟩ *uit/overleveren* ⟨aan politie⟩ **0.6** ***omzetten*** ⇒*draaien* ⟨v. winkel, bedrijf⟩ ◆ **1.4** turn sth. over in one's mind *iets (goed) overdenken* **6.5** the burglar was turned over **to** the police *de inbreker werd aan de politie overgeleverd/overgedragen* **¶.2** please ~ *zie ommezijde.*

turnover rate **0.1** ***omzetsnelheid.***

turnpike **0.1** ⟨AE⟩ ***tolweg*** **0.2** ⟨gesch.⟩ ***tolweg*** **0.3** ⟨gesch.⟩ ***tolhek*** ⇒*draai/slagboom.*

turnround **0.1** ⟨scheep.⟩ ***aankomst, lossing, lading en vertrek*** **0.2** ***(succesvolle) ommekeer*** ⇒*verbetering.*

turnstile **0.1** ***tourniquet*** ⇒*draaihek.*

turntable **0.1** ***draaischijf*** **0.2** ***platenspeler.***

turnup **0.1** ⟨vnl. BE⟩ ***omslag*** ⇒*omgeslagen rand* ⟨v. broekspijp⟩ ◆ **7.¶** what a ~ (for the book)! *wat een verrassing!*

turn up I ⟨onov.ww.⟩ **0.1** ***verschijnen*** ⇒*komen (opdagen)* **0.2** ***te voorschijn komen*** ⇒*voor de dag komen* **0.3** ***zich voordoen*** **0.4** ***naar boven gedraaid/gebogen zijn*** **0.5** ⟨ec.⟩ ***aantrekken*** ◆ **1.2** your brooch has turned up *je broche is terecht* **1.3** the opportunity will ~ *de gelegenheid doet zich wel voor;*
II ⟨ov.ww.⟩ **0.1** ***vinden*** **0.2** ***blootleggen*** ⇒*aan de oppervlakte brengen* **0.3** ***naar boven draaien/keren*** ⇒*opzetten* ⟨kraag⟩; *omslaan* ⟨mouw, pijp⟩; *omhoogslaan, om(hoog)vouwen; opslaan* ⟨ogen⟩ **0.4** ***opslaan*** ⟨bladzij⟩ ⇒ ⟨bij uitbr.⟩ *naslaan* **0.5** ***hoger draaien*** ⟨dmv. knop⟩ ⇒*harder zetten* ⟨radio⟩ **0.6** ⟨BE; inf.⟩ ***misselijk maken*** ◆ **1.3** turn one's collar up *zijn kraag opzetten* **1.4** ~ an address *een adres opzoeken* **4.¶** turn it up *de brui eraan geven;* turn it up! *stop er mee!*

turpentine [tə:pəntajn] **0.1** ***terpentijnolie*** **0.2** ***terpentijn.***

turpitude [tə:pitjoe:d] **0.1** ***verdorvenheid.***

turps [tə:ps] ⟨verk.⟩ [turpentine] ⟨inf.⟩ **0.1** ***terpentijnolie.***

turquoise [tə:kwojz] ⟨vaak attr.⟩ **0.1** ***turkoois.***

turret [turrit] **0.1** ***torentje*** **0.2** ***geschutkoepel.***

turtle [tə:tl] **0.1** ***schildpad*** **0.2** ⟨vnl. BE⟩ ***zeeschildpad*** **0.3** ⟨vnl. AE⟩ ***zoetwaterschildpad*** **0.4** ***schildpadvlees*** ◆ **3.¶** turn ~ *kapseizen.*

turtledove **0.1** ***tortelduif*** **0.2** ⟨mv.⟩ ***tortelduifjes*** ⇒*verliefd stel.*

turtleneck **0.1** ***col*** **0.2** ***coltrui.***

turves ⟨mv.⟩ →**turf.**

tusk [tusk] **0.1** ***slagtand*** ⇒*stoottand* **0.2** ***scherp uitsteeksel.***

tusker [tuskə] **0.1** ***olifant*** **0.2** ***wild zwijn.***

tussle[1] [tusl] ⟨zn.⟩ **0.1** ***vechtpartij*** ⇒*worsteling.*

tussle[2] ⟨ww.⟩ **0.1** ⟨+with⟩ ***vechten (met)*** ⇒*worstelen (met).*

tussock [tussək] **0.1** ***pol*** ⟨gras e.d.⟩.

tut[1] [tut], **tut-tut** ⟨ww.; -ted⟩ **0.1** ***afkeurend 'ts ts'/'jeetje' mompelen (bij/tegen).***

tut[2], **tut-tut** ⟨tw.⟩ **0.1** ***ts (ts)*** ⇒*jeetje, nou (nou).*

tutelage [tjoe:tillidzj] ⟨geen mv.⟩ **0.1** ***voogdijschap*** **0.2** ***onderricht*** ⇒*begeleiding* ◆ **6.1** **in** ~ *onder voogdij.*

tutelary [tjoe:tillərie] **0.1** ***bescherm-*** **0.2** ***voogd-*** ⇒*voogdij-* ◆ **1.1** ~ goddess *schutsgodin.*

tutor[1] [tjoe:tə] ⟨zn.⟩ **0.1** ***privéleraar*** **0.2** ⟨BE; stud.⟩ ***studiebegeleider*** ⇒⟨ong.⟩ *mentor* **0.3** ⟨AE; stud.⟩ ***docent.***

tutor[2] **I** ⟨onov.ww.⟩ **0.1** ***als privéleraar werken*** **0.2** ⟨AE⟩ ***college krijgen v.e. docent;***
II ⟨ov.ww.⟩ **0.1** ⟨+in⟩ ***(privé)les geven (in)*** **0.2** ***bedwingen*** ⇒*beteugelen* **0.3** ***de voogdij hebben over*** ◆ **1.2** ~ one's feelings *zijn gevoelens in toom houden.*

tutorial[1] [tjoe:to:riəl] ⟨zn.⟩⟨vnl. BE⟩ **0.1** ***college/werkgroep.***

tutorial[2] ⟨bn.⟩ **0.1** ***v.e. privéleraar*** **0.2** ⟨BE⟩ ***v.e. studiebegeleider*** **0.3** ⟨AE⟩ ***v.e. docent.***

tutti-frutti [toe:tie froe:tie] **0.1** ***tuttifrutti*** ⇒⟨ihb.⟩ *tuttifrutti-ijs.*

tut tut →**tut.**

tutu [toe:toe:] **0.1** ***tutu*** ⟨balletrokje⟩.

tu-whit tu-whoo [təwit təwoe:] **0.1** ***oehoe(geroep)*** ⇒*gekras* ⟨v. uil⟩.

tuxedo [tuksie:doo], ⟨inf.⟩ **tux** [tuks] ⟨AE⟩ **0.1** ***smoking(kostuum).***

TV ⟨afk.⟩ **0.1** [television] ***tv.***

TV dinner **0.1** ***diepvriesmaal(tijd).***

twaddle [twodl] **0.1** ***gewauwel.***

twain [tween] ⟨vero.⟩ **0.1** ***twee(tal)*** ◆ **6.¶ in** ~ *in tweeën.*

twang[1] [twæng] ⟨zn.⟩ **0.1** ***tjing*** ⇒*ploink* ⟨v. snaar⟩ **0.2** ***neusgeluid*** ◆ **6.2** speak **with** a ~ *door de neus praten.*

twang[2] **I** ⟨onov.ww.⟩ **0.1** ***geplukt worden*** ⟨v. snaar⟩ **0.2** ***snorren*** ⇒*zoeven* ⟨v. pijl⟩ **0.3** ⟨bel.⟩ ***spelen*** ⟨op instrument⟩ ⇒*rammen; zagen* ⟨op viool⟩ ◆ **6.3** ~ing **on** a guitar *jengelend op een gitaar;*
II ⟨ov.ww.⟩ **0.1** ***scherp laten weerklinken*** **0.2** ***nasaal uitspreken*** **0.3** ⟨bel.⟩ ***bespelen*** ⇒*jengelen op; krassen/zagen op.*

'twas [twəz, ⟨sterk⟩ twoz] ⟨samentr. v. it was⟩.

twat [twot, twæt] **0.1** ⟨sl., bel.⟩ ***trut*** **0.2** ⟨sl.; bel.⟩ ***lul*** ⇒*klootehommel* **0.3** ⟨vulg.⟩ ***kut.***

tweak[1] [twie:k] ⟨zn.⟩ **0.1** ***ruk*** ⟨aan oor, neus⟩.

tweak[2] ⟨ww.⟩ **0.1** ***beetpakken (en omdraaien)*** ⇒*knijpen in, trekken aan* ⟨oor, neus⟩.

twee [twie:] ⟨tweer⟩⟨BE⟩ **0.1** ***fijntjes*** ⇒*popp(er)ig* **0.2** ***zoetelijk.***

tweed [twie:d] **I** ⟨n.-telb.zn.; vaak attr.⟩ **0.1** ***tweed;***
II ⟨mv.⟩ **0.1** ***tweed pak*** **0.2** ***tweed kleding.***

tweedy [twie:die] **0.1** ***tweed-*** **0.2** ***(vaak) in tweed gekleed.***

tween|y [twie:nie] ⟨mv.: -ies⟩⟨BE⟩ **0.1** ***dienstmeisje.***

tweer →**twee.**

tweet[1] [twie:t] ⟨zn.⟩ **0.1** ***tjiep*** ⇒*(ge)tjilp* ⟨v. vogel⟩.

tweet[2] ⟨ww.⟩ **0.1** ***tjilpen*** ⇒*tjirpen.*

tweeter [twie:tə] **0.1** ***hogetonenluidspreker*** ⇒*tweeter.*

tweezers [twie:zəz] **0.1** ***pincet*** ◆ **1.1** a pair of ~ *een pincet.*

twelfth [twelfθ] **0.1** ***twaalfde*** ⇒⟨als zn.⟩ *twaalfde deel* ◆ **7.¶** ⟨BE; jacht⟩ the (glorious) ~ *12 augustus* ⟨opening v.d. jacht op korhoenders⟩.

Twelfth-night 0.1 ***driekoningenavond.***

twelve [twelv] **0.1** ***twaalf*** ⟨ook voorwerp/groep ter waarde/grootte v. twaalf⟩ ◆ **7.¶** the Twelve *de twaalf apostelen.*

twelve-inch ⟨muz.⟩ **0.1** ***maxisingle*** ⟨tgov. 'gewone' seven-inch⟩ ⇒*discosingle, twelve-inch.*

twelvemonth ⟨geen mv.⟩⟨vero.⟩ **0.1** ***jaar.***

twentieth [twentie·iθ] **0.1** ***twintigste*** ⇒⟨als zn.⟩ *twintigste deel.*

twenty [twentie] **0.1** ***twintig*** ⟨ook voorwerp/groep ter grootte/waarde v. twintig⟩ **0.2** ***briefje van twintig*** ◆ **1.1** he takes a (size) ~ *hij draagt maat twintig* **6.1** a man **in** his twenties *een man van in de twintig;* **in** the twenties *in de jaren twintig;* temperatures **in** the twenties *temperaturen boven de twintig (graden).*

twerp, twirp [twə:p] ⟨sl.⟩ **0.1** ***sul*** **0.2** ***vervelende klier.***

twice [twajs] **0.1** ***tweemaal*** ⇒*twee keer* ◆ **1.1** ~ a day *tweemaal per dag;* ~ the man he was *weer helemaal de oude, en nog beter* **2.1** ~ as good/much *dubbel zo goed/veel* **3.1** think ~! *denk er goed over na!* **5.1** once or ~ *een keer of twee;* ~ daily *tweemaal daags/per dag.*

twice-born ⟨rel.⟩ **0.1** ***wedergeboren*** ⟨fig.⟩ ⇒*bekeerd.*

twiddle[1] [twidl] ⟨zn.⟩ **0.1** ***draai*** **0.2** ***krul*** ⇒*kronkel.*

twiddle[2] ⟨ww.⟩ **0.1** ***zitten te draaien (met/aan)*** ⇒*spelen (met), friemelen (met)* ◆ **6.1** ~ **with** the knobs *aan de knoppen zitten te draaien.*

twig[1] [twig] ⟨zn.⟩ **0.1** ***twijg*** ⇒*takje* ◆ **3.¶** hop the ~ *het hoekje omgaan.*

twig[2] ⟨ww.; -ged⟩⟨BE; inf.⟩ **0.1** ***(het) snappen*** ⇒*(het) begrijpen.*

twigg|y [twigie] ⟨-ier⟩ **0.1** ***twijgachtig*** ⇒*rank, slank.*

twilight [twajlajt] **0.1** ***schemering*** ⟨ook fig.⟩ ⇒*vage voorstelling* **0.2** ***schemerlicht*** ◆ **1.1** ⟨fig.⟩ ~ of the gods *godenschemering.*

twill[1] [twil] ⟨zn.⟩ **0.1** ***keper(stof).***

twill[2] ⟨ww.⟩ **0.1** ***keperen.***

twin[1] [twin] ⟨zn.⟩ **0.1** ***(een v.e.) tweeling*** **0.2** ***bijbehorende*** ⇒ *tegenhanger* **0.3** ⟨mv.⟩ ***tweeling.***

twin[2] ⟨bn.⟩ **0.1** ***tweeling-*** ◆ **1.1** ~ beds *lits-jumeaux;* ~ brother/sister *tweelingbroer/zuster;* ~ towers *twee identieke torens naast elkaar.*

twin[3] ⟨ww.; -ned⟩ **0.1** ***samenbrengen*** ◆ **1.1** our two towns are ~ned *onze twee steden zijn een jumelage aangegaan.*

twine[1] [twajn] ⟨zn.⟩ **0.1** ***streng*** ⇒*vlecht, tres.*

twine[2] **I** ⟨onov. en ov.ww.⟩ **0.1** ***zich wikkelen*** ⇒*zich winden* ◆ **6.1** the vines ~d (themselves) **round** the tree *de ranken slingerden zich om de boom;*
II ⟨ov.ww.⟩ **0.1** ***wikkelen*** ⇒*winden, vlechten* **0.2** ***omwikkelen*** ◆ **6.1** she ~d her arms **(a)round** my neck *zij sloeg haar armen om mijn nek.*

twin-engined 0.1 ***tweemotorig.***

twinge [twindzj] **0.1** ***scheut*** ⇒*steek* **0.2** ⟨fig.⟩ ***knaging*** ⟨v. geweten⟩ ⇒*kwelling* ◆ **1.2** ~s of conscience *gewetenswroeging.*

twinjet 0.1 ***tweemotorig straalvliegtuig.***

twinkle[1] [twingkl] ⟨zn.⟩ **0.1** ***schittering*** ⇒*fonkeling* **0.2** ***knip*** ⇒*knipoog* **0.3** ***trilling*** ◆ **1.1** a ~ of delight in her eyes *een schittering v. verrukking in haar ogen;* the ~ of the stars *het schitteren/fonkelen v.d. sterren* **2.1** a mischievous ~ *een guitige flikkering* **6.¶ in** a ~ *in een oogwenk.*

twinkle[2] **I** ⟨onov.ww.⟩ **0.1** ***schitteren*** ⇒*fonkelen* ⟨v. ster⟩ **0.2** ***knipperen*** **0.3** ***trillen*** ◆ **6.1** his eyes ~d **with** amusement *zijn ogen schitterden van plezier* **6.2** my eyes ~d **at** the light *ik knipperde met mijn ogen tegen het licht;*
II ⟨ov.ww.⟩ **0.1** ***knipperen met*** ⟨ogen⟩.

twinkling [twingkling] ⟨geen mv.⟩ ◆ **1.¶** in the/a ~ of an eye *in een ogenblik/mum v. tijd.*

twirl[1] [twə:l] ⟨zn.⟩ **0.1** ***draai*** ⇒*pirouette* **0.2** ***krul*** ◆ **3.1** give one's top a ~ *zijn tol opzetten.*

twirl[2] **I** ⟨onov. en ov.ww.⟩ **0.1** ***snel (doen) draaien*** ⇒*(doen) tollen/wervelen* ◆ **1.1** ~ one's thumbs *met zijn duimen draaien;*
II ⟨ov.ww.⟩ **0.1** ***(doen) krullen.***

twirp →**twerp.**

twist[1] [twist] ⟨zn.⟩ **0.1** ***draai*** ⇒*draaibeweging; bocht, kromming;* ⟨fig.⟩ *wending* **0.2** ***verdraaiing*** ⇒*vertrekking* ⟨v. gelaat⟩ **0.3** ***kneep*** ⟨v.h. vak⟩ **0.4** ***afwijking*** ⇒⟨v. karakter⟩ *trek* **0.5** ***twist*** ⟨garen; dans; cocktail⟩ **0.6** ***gedraaid deeg*** ◆ **1.1** a road full of ~s and turns *een weg vol draaien en bochten* **2.1** a strange ~ of events *een vreemde wending der gebeurtenissen* **3.1** give s.o.'s arm a ~ *iemands arm omdraaien;* give the truth a ~ *de waarheid een beetje verdraaien* **6.¶** ⟨sl.⟩ **round** the ~ *stapelgek.*

twist[2] **I** ⟨onov.ww.⟩ **0.1** ***draaien*** ⇒*zich wentelen* **0.2** ***kronkelen*** ⇒*zich winden* **0.3** ***zich wringen*** **0.4** ***de twist dansen*** ◆ **5.1** the corners of his mouth ~ed **down** *zijn mondhoeken trokken naar beneden* **5.3** ~ **about** in pain *liggen te krimpen v.d. pijn;*
II ⟨ov.ww.⟩ **0.1** ***samendraaien*** ⇒*samenstrengelen;* ⟨tabak⟩ *spinnen* **0.2** ***vlechten*** ⟨touw bv.⟩ **0.3** ***winden*** ⇒*draaien om* **0.4** ***verdraaien*** ⇒*verwringen; vertrekken* ⟨gezicht⟩; *verrekken* ⟨spier⟩; *verstuiken* ⟨voet⟩; *verbuigen* ⟨sleutel⟩; *omdraaien* ⟨arm⟩ **0.5** ⟨fig.⟩ ***verdraaien*** ⟨verhaal, woorden e.d.⟩ **0.6** ***wringen*** ⇒*af/uitwringen* ◆ **1.1** ~ flowers into a garland *bloemen tot een krans samenvlechten* **1.5** a ~ed mind *een verwrongen geest* **5.6** ~ed **up** with pain *verwrongen v.d. pijn* **6.3** ~ the lid **off** a jar *het deksel v.e. jampot afdraaien.*

twist dive ⟨schoonspringen⟩ **0.1** ***schroefsprong.***

twister [twistə] **0.1** ***twister*** ⇒*touwdraaier* **0.2** ⟨vnl. BE⟩ ***bedrieger*** **0.3** ***moeilijk karweitje/probleem*** **0.4** ***twistdanser*** **0.5** ⟨AE⟩ ***wervelwind.***

twist|y [twistie] ⟨-ier⟩ **0.1** ***kronkelig.***

twit[1] [twit] ⟨zn.⟩⟨BE; inf.⟩ **0.1** ***sufferd*** ⇒*domkop.*

twit[2] ⟨ww.; -ted⟩⟨inf.⟩ **0.1** ***bespotten*** **0.2** ***verwijten*** ◆ **6.2** ~ s.o. **with/about/on** his clumsiness *iem. (een beetje spottend) zijn onhandigheid verwijten.*

twitch[1] [twitsj] ⟨zn.⟩ **0.1** ***trek*** ⇒*kramp* **0.2** ***steek*** ⇒*scheut* ⟨v. pijn e.d.⟩ **0.3** ***ruk.***

twitch[2] **I** ⟨onov.ww.⟩ **0.1** ***trekken*** ⇒*trillen* **0.2** ***steken*** **0.3** ⟨+ at⟩ ***rukken (aan)*** ◆ **1.1** a ~ing muscle *een trillende spier;*
II ⟨ov.ww.⟩ **0.1** ***vertrekken*** **0.2** ***trekken aan*** ◆ **1.1** ⟨fig.⟩ he didn't ~ an eyelid *hij vertrok geen spier.*

twitch-grass 0.1 ***kweek.***

twitter[1] [twittə] ⟨zn.⟩ **0.1** ***getjilp*** ⇒*gekwetter* ◆ **7.¶** all of a ~ *opgewonden.*

twitter[2] ⟨ww.⟩ **0.1** ***tjilpen*** ⇒*kwetteren.*

twittery [twittərie] **0.1** ***zenuwachtig*** ⇒*opgewonden.*

'twixt →**betwixt.**

two [toe:] **0.1** ***twee*** ⟨ook voorwerp/groep ter waarde/grootte v. twee⟩ ⇒*tweetal* ◆ **1.1** ~ years old *twee jaar oud;* ⟨sprw.⟩ ~ heads are better than one *twee weten meer dan een;* ⟨sprw.⟩ ~ is company, three is a crowd *twee is genoeg, drie is teveel; de derde man brengt de stilte aan;* ⟨sprw.⟩ ~ wrongs don't make a right *dat iemand een fout maakt is geen excuus om ook die fout te maken* **3.1** give me a ~ *geef me een briefje v. twee;* I had ~ *ik had er twee;* ⟨sprw.⟩ ~ can play at that game *zo men doet, zo men ontmoet;* ⟨sprw.⟩ it takes ~ to make a quarrel *waar twee kijven, hebben beiden schuld* **4.1** ~ or three *een paar, een stuk of wat* **5.1** it's ~ o'clock *het is twee uur* **6.1** ~ **by** ~ *twee aan twee;* arranged **in** ~s *per twee gerangschikt;* cut **in** ~ *in tweeën gesneden*

6.¶ ⟨BE; inf.⟩ **in** ~ ~s *in een paar tellen* **8.1** an apple or ~ *een paar appelen;* ~ and ~ *twee aan twee.*
two-bit ⟨AE; inf.⟩ **0.1** ***klein*** *⇒waardeloos.*
two-by-four **0.1** ***balkje van twee bij vier duim doorsnede.***
two-dimensional **0.1** ***tweedimensionaal.***
two-earner **0.1** ***tweeverdiener(s)-*** ◆ **1.1** ~ couple, ~ family *tweeverdieners;* ~ household *tweeverdienershuishouden.*
two-edged ⟨ook fig.⟩ **0.1** ***tweesnijdend.***
two-faced **0.1** ***met twee aangezichten*** ⇒⟨fig.⟩ *onoprecht.*
twofold [toe:foold] **0.1** ***tweevoudig.***
two-footed ⟨voetbal⟩ **0.1** ***tweebenig*** *⇒zowel links- als rechtsbenig.*
two-handed **0.1** ***voor twee handen*** **0.2** ***voor twee personen*** **0.3** ***zowel links- als rechtshandig*** ◆ **1.1** ~ sword *tweehandig zwaard* **1.2** ~ saw *trekzaag.*
two-income family **0.1** ***tweeverdienersgezin.***
twopence, ⟨BE ook⟩ **tuppence** [tuppəns] **0.1** ***(muntstuk v.) twee pence*** ⟨Brits⟩ ◆ **3.**¶ I don't care ~ *ik geef er geen zier om.*
twopenny, ⟨BE ook⟩ **tuppenny** [tupnie] **0.1** ***twee pence kostend/waard*** ◆ **1.1** ~ piece *(Brits) muntstuk ter waarde v. twee new pence.*
twopenny-halfpenny [tupnieheepnie] **0.1** ***goedkoop*** *⇒ waardeloos.*
two-piece[1] ⟨zn.⟩ **0.1** ***deux-pièces*** **0.2** ***bikini.***
two-piece[2] ⟨bn.⟩ **0.1** ***tweedelig.***
two-ply[1] ⟨zn.⟩ **0.1** ***tweedraadse wol.***
two-ply[2] ⟨bn.⟩ **0.1** ***tweedraads.***
twoseater **0.1** ***two-seater.***
twosome [toe:sm] ⟨inf.⟩ **0.1** ***tweetal*** **0.2** ***spel voor twee.***
two-stage **0.1** ***tweetraps-*** ◆ **1.1** ~ rocket *tweetrapsraket.*
two-step **0.1** ***two-step*** ⟨dans⟩.
two-stroke **0.1** ***tweetakt-.***
two-time ⟨inf.⟩ **I** ⟨onov.ww.⟩ **0.1** ***dubbel spel spelen;***
II ⟨ov.ww.⟩ **0.1** ***bedriegen*** *⇒ontrouw zijn.*
two-timer ⟨inf.⟩ **0.1** ***iem. die dubbel spel speelt*** *⇒bedrieger, ontrouwe minnaar.*
two-tone **0.1** ***tweekleurig.***
two-way **0.1** ***tweerichtings-*** **0.2** ***wederzijds*** **0.3** ***tweezijdig*** ◆ **1.1** ~ street *straat voor tweerichtingsverkeer;* ⟨fig.⟩ *zaak v. geven en nemen;* ~ traffic *tweerichtingsverkeer* **1.2** ⟨fig.⟩ ~ communication *wederzijdse verstandhouding.*
tycoon [tajkoe:n] **0.1** ***magnaat.***
tying ⟨onvolt. deelw.⟩ →**tie.**
tyke [tajk] **0.1** ***bastaardhond*** **0.2** ⟨inf.⟩ ***dondersteen(tje)*** *⇒ boefje).*
tympanist [timpənist] **0.1** ***paukenist.***
tympanum [timpənəm] ⟨mv.: ook tympana [-nə]⟩ **0.1** ***trommelvlies*** **0.2** ***trommelholte*** *⇒middenoor.*
type[1] [tajp] ⟨zn.⟩ **0.1** ***type*** ⟨ook druk.⟩ *⇒soort, model* **0.2** ⟨druk.⟩ ***zetsel*** **0.3** ⟨biol.⟩ ***(zuiver) ras*** **0.4** ***afdeling*** ⟨in systematiek⟩ ◆ **1.1** a car of an old ~ *een wagen v.e. oud model* **6.2** **in** ~ *gezet;* **in** italic ~ *in cursief (schrift).*
type[2] **I** ⟨onov. en ov.ww.⟩ **0.1** ***typen*** *⇒tikken* ◆ **5.1** ~ **out** *uittikken;* ~ **up** *in definitieve vorm uittikken;*
II ⟨ov.ww.⟩ **0.1** ***typeren*** *⇒karakteriseren* **0.2** ***bepalen*** ⟨bv. bloedgroep, ziekte⟩.
typecast ⟨dram.⟩ **0.1** ***steeds een zelfde soort rol geven*** ⟨acteur⟩ ◆ **6.1** be ~ **as** a villain *altijd maar weer de schurk spelen.*
typeface ⟨druk.⟩ **0.1** ***letterbeeld*** **0.2** ***lettertype/soort.***
typescript **0.1** ***getypte kopij*** *⇒typoscript.*
typesetter ⟨druk.⟩ **0.1** ***(letter)zetter*** *⇒typograaf* **0.2** ***(letter)zetmachine.***
typewrite **0.1** ***typen.***
typewriter **0.1** ***schrijfmachine.***
typewritten **0.1** ***in machineschrift*** *⇒getypt.*
typhoid [tajfojd], **typhoid fever** **0.1** ***tyfus.***
typhoon [tajfoe:n] **0.1** ***tyfoon.***
typhus [tajfəs] **0.1** ***vlektyfus.***
typical [tippikl] **0.1** ***typisch*** *⇒typerend, kenmerkend* **0.2** ***symbolisch*** ◆ **6.1** be ~ **of** *karakteriseren.*
typif|y [tippiffaj] ⟨-ied⟩ **0.1** ***typeren*** *⇒karakteriseren* **0.2** ***symboliseren.***
typing pool ⟨zn.; ww. enk. of mv.⟩ **0.1** ***alle typisten v.e. bedrijf*** *⇒typekamer.*
typist [tajpist] **0.1** ***typist(e).***
typographer [tajpogrəfə] **0.1** ***typograaf.***
typographic|(al) [tajpəgræfik(l)] ⟨-ally⟩ **0.1** ***typografisch*** ◆ **1.1** ~ error *druk/zet/tik/schrijffout.*
typograph|y [tajpogrəfie] ⟨mv.: -ies⟩ **0.1** ***typografie.***
tyrannical [tirænikl] **0.1** ***tiranniek.***
tyrannize, -ise [tirrənajz] **I** ⟨onov.ww.⟩ **0.1** ⟨+ over⟩ ***als een tiran regeren (over)*** ⇒⟨fig.⟩ *de tiran spelen;*
II ⟨ov.ww.⟩ **0.1** ***tiranniseren.***
tyrannosaurus [tirænəso:rəs] **0.1** ***tyrannosaurus.***
tyrannous [tirrənəs] **0.1** ***tiranniek.***
tyrann|y [tirrənie] ⟨mv.: -ies⟩ **0.1** ***tirannie*** **0.2** ***tirannieke daad.***
tyrant [tajjərənt] **0.1** ***tiran.***
tyre, ⟨AE sp.⟩ **tire** [tajjə] **0.1** ***band.*** →**spare.**
tyre-gauge **0.1** ***(band)spanningsmeter.***
tyro [tajroo] **0.1** ***beginner.***
tzar →**tsar.**

u, U [joe:] ⟨mv.: u's, U's⟩ **0.1** ***u, U.***
U [joe:] ⟨BE; inf.⟩ **0.1** ***(typisch) upper class*** ⟨vnl. mbt. taalgebruik⟩.
UAE ⟨afk.⟩ **0.1** [United Arab Emirates].
UB-40 [joe:bie:fo:tie] ⟨BE⟩ **0.1** ***bewijs v. inschrijving*** ⟨bij arbeidsbureau⟩ ⇒*stempelkaart* **0.2** ⟨inf.⟩ ***stempelaar*** ⇒ *werkloze.*
ubiquitous [joe:bikwittəs] ⟨-ness⟩ **0.1** ***alomtegenwoordig*** ⟨ook fig.⟩.
ubiquity [joe:bikwətie] **0.1** ***alomtegenwoordigheid*** ⟨ook fig.⟩.
U-boat **0.1** ***U-boot*** ⇒*onderzeeër* ⟨Duitse⟩.
U.D.C., UDC ⟨afk.; BE⟩ **0.1** [Urban District Council].
udder [uddə] **0.1** ***uier.***
U.D.I. ⟨afk.⟩ **0.1** [Unilateral Declaration of Independence].
UDM ⟨afk.⟩ **0.1** [Union of Democratic Mineworkers] ⟨GB⟩.
UEFA [joe:fə, joe·eefə] ⟨afk.⟩ **0.1** [Union of European Football Associations].
U.F.O. [joe:foo, joe:effoo] ⟨afk.⟩ **0.1** [unidentified flying object] ***ufo*** ⇒*vliegende schotel.*
Uganda [joe:gændə] **0.1** ***Oeganda.***
Ugandan [joe:gændən] **0.1** ⟨bn. en zn.⟩ ***Oegandees.***
ugh [oech, ug] **0.1** ***bah.***
uglif|y [ugliffaj] ⟨-ied⟩ **0.1** ***lelijk maken.***
ugl|y [uglie] ⟨-iness⟩ **0.1** ***lelijk*** ⇒*afstotend* **0.2** ***verfoeilijk*** ⇒ *gemeen* **0.3** ***dreigend*** **0.4** ⟨inf.⟩ ***vervelend*** ⇒*lastig* ⟨mbt. karakter⟩ ◆ **1.1** ⟨fig.⟩ ~ duckling *lelijk eendje;* ⟨inf.⟩ (as) ~ as sin *(zo) lelijk als de hel/nacht* **1.2** ~ behaviour *laakbaar gedrag* **1.3** an ~ look *een dreigende blik* **1.4** an ~ customer *een lastig mens.*
uh [ə:, a:] **0.1** ***eh*** ⟨duidt o.m. aarzeling bij het spreken aan⟩.
UHF, U.H.F., uhf [joe:eetsjef] ⟨afk.⟩ **0.1** [ultrahigh frequency] ***UHF.***
UHT ⟨afk.⟩ **0.1** [ultra heat treated] **0.2** [ultrahigh temperature].
U.K. ⟨afk.⟩ **0.1** [United Kingdom].
ukase [joe:keez] **0.1** ***oekaze*** ⟨ook fig.⟩ ⇒*verordening.*
Ukraine [joe:kreen] ⟨the⟩ **0.1** ***Oekraïne.***
ukulele [joe:kəleelie], **uke** [joe:k] **0.1** ***ukelele.***
ulcer [ulsə] **0.1** ***(open) zweer*** ⇒⟨ihb.⟩ *maagzweer;* ⟨fig.⟩ *rotte toestand.*
ulcer|ate [ulsəreet] ⟨zn.: **-ation**⟩ **0.1** ***(doen) zweren*** ⇒*(doen) etteren;* ⟨fig.⟩ *te gronde gaan/richten.*
ulcerous [ulsrəs] **0.1** ***zwerend*** ⇒*etterend; vol zweren;* ⟨fig.⟩ *verderfelijk.*
ullage [ullidzj] **0.1** ***wan*** ⇒*ullage* ⟨lege ruimte in gevuld(e) fles, vat e.d.⟩.
ulna [ulnə] ⟨mv.: ulnae [-nie:]⟩ **0.1** ***ellepijp.***
ulster [ulstə] **0.1** ***ulster*** ⟨lange, dikke overjas⟩.
ulterior [ultiəriə] **0.1** ***aan gene zijde*** ⇒*aan de overkant; verderop gelegen* **0.2** ⟨inf.⟩ ***verborgen*** ⇒*heimelijk* ◆ **1.2** an ~ motive *een heimelijk motief, een bijbedoeling.*
ultimate¹ [ultimmət] ⟨zn.⟩ **0.1** ***maximum*** ⇒⟨fig.⟩ *toppunt, (het) einde.*
ultimate² ⟨bn.; -ness⟩ **0.1** ***ultiem*** ⇒*uiteindelijk, laatst* **0.2** ***fundamenteel*** **0.3** ***uiterst*** ⇒*maximaal* **0.4** ***verst*** ⇒*meest afgelegen* ◆ **1.1** ~ cause *uiteindelijke oorzaak* **1.2** the ~ facts of nature *de bouwstenen v.d. natuur* **1.3** the ~ chic *het toppunt van chic.*
ultimately [ultimmətlie] **0.1** ***uiteindelijk.***
ultimatum [ultimmeetəm] ⟨mv.: ook ultimata [-meetə]⟩ **0.1** ***ultimatum.***
ultimo [ultimmoo] ⟨schr.; hand.⟩ **0.1** ***v.d. vorige maand*** ⇒ *passato* ◆ **1.1** your letter of the 3rd ~ *uw brief v.d. derde v. vorige maand.*
ultra [ultrə] **0.1** ⟨bn.⟩ ***extremistisch*** ⇒*radicaal* **0.2** ⟨zn.⟩ ***ultra*** ⇒*extremist.*
ultrahigh [-haj] ⟨tech.⟩ **0.1** ***ultrahoog.***
ultraleft [ultrəleft] ⟨pol.⟩ **0.1** ***extreem-links.***
ultramarine [-mərie:n] **0.1** ⟨bn.⟩ ***ultramarijn*** **0.2** ⟨zn.⟩ ***ultramarijn*** ⇒*lazuur(blauw)* ⟨kleur⟩.
ultramodern [-modn] **0.1** ***hypermodern.***
ultra-right [- rajt] ⟨pol.⟩ **0.1** ***uiterst rechts*** ⇒*ultrarechts.*
ultrashort [-sjo:t] **0.1** ***ultrakort.***
ultrasonic [-sonnik] ⟨-ally⟩ ⟨nat.⟩ **0.1** ***ultrasoon*** ⇒*ultrasonoor.*
ultrasonics [-sonniks] ⟨nat.⟩ **0.1** ***ultrasone geluidsleer.***
ultrasound scan ⟨med.⟩ **0.1** ***echoscopie.***
ultraviolet [-vajjəlit] **0.1** ***ultraviolet.***
ulul|ate [joe:ljoeleet] ⟨zn.: **-ation**⟩ **0.1** ***huilen*** ⇒*jammeren, weeklagen.*
Ulysses [joe:lissie:z] **0.1** ***Odysseus*** ⇒*Ulysses.*
um¹ [um, mmm] ⟨ww.⟩ ⟨inf.⟩ ◆ **3.¶** ~ and aah *geen ja en geen nee zeggen, eromheen draaien.*
um² ⟨tw.⟩ **0.1** ***hm*** ⇒*h'm.*
umbel [umbl] ⟨plantk.⟩ **0.1** ***scherm*** ⇒*umbella* ⟨bloeiwijze⟩.
umber [umbə] **0.1** ⟨bn.⟩ ***omberkleurig*** ⇒*donkerbruin* **0.2** ⟨zn.⟩ ***omber*** ⟨bruine aarden kleurstof⟩ **0.3** ⟨zn.⟩ ***omberkleur*** ◆ **3.2** burnt ~ *gebrande omber* ⟨rood getint⟩.
umbilical [umbillikl] **0.1** ***navel-*** ◆ **1.1** ~ cord *navelstreng.*
umbra [umbrə] ⟨mv.: ook umbrae [-brie:]⟩ ⟨ster.⟩ **0.1** ***kernschaduw*** ⇒*volle schaduw, umbra* **0.2** ***umbra*** ⟨v. zonnevlek⟩.
umbrage [umbridzj] **0.1** ***ergernis*** ⇒*aanstoot* ◆ **3.1** give ~ *aanstoot geven;* take ~ at/over *aanstoot nemen aan.*
umbrella¹ [umbrellə] ⟨zn.⟩ **0.1** ***paraplu*** ⇒⟨fig.⟩ *bescherming, beschutting* ⟨ook mil.⟩; *overkoepelende organisatie* **0.2** ***(tuin)parasol*** ⇒*zonnescherm* ◆ **1.1** under the ~ of the EC *onder de bescherming v.d. EG.*
umbrella² ⟨bn.⟩ **0.1** ***algemeen*** ⇒*verzamel-* ◆ **1.1** ~ term *overkoepelende term.*
umbrella stand **0.1** ***paraplubak.***
umpire¹ [umpajjə] ⟨zn.⟩ ⟨→s1⟩ **0.1** ⟨sport⟩ ***scheidsrechter*** ⇒ *umpire* ⟨vnl. bij tennis, honkbal, hockey, cricket, Am. football⟩ **0.2** ⟨inf.⟩ ***bemiddelaar.***
umpire² ⟨ww.⟩ **0.1** ***als scheidsrechter/umpire optreden (in).***
umpteen [umptie:n] ⟨inf.⟩ **0.1** ***een hoop*** ⇒*een massa, heel wat.*
umpteenth [umptie:nθ] ⟨inf.⟩ **0.1** ***zoveelste.***
'un →**one.**
U.N. ⟨the; ww. mv.⟩ ⟨afk.⟩ **0.1** [United Nations] ***VN*** ⇒*UNO.*
unabashed [unnəbæsjt] **0.1** ***niet verlegen*** ⇒*ongegeneerd.*
unabated [unnəbeetid] **0.1** ***onverminderd.***
unable [unneebl] **0.1** ***niet in staat*** ◆ **3.1** he was ~ to come *hij was verhinderd/kon niet komen.*
unabridged [unnəbridzjd] **0.1** ***onverkort.***
unacceptable [unnəkseptəbl] ⟨-ness⟩ **0.1** ***onaanvaardbaar.***
unaccommodating [unnəkommədeeting] **0.1** ***niet inschikkelijk.***
unaccompanied [unnəkumpnied] **0.1** ***onvergezeld*** **0.2** ⟨muz.⟩ ***zonder begeleiding.***
unaccountab|le [unnəkauntəbl] ⟨-ly⟩ **0.1** ***onverklaarbaar.***
unaccounted for [unnəkauntid] **0.1** ***onverklaard*** ⇒*onverantwoord.*

unaccustomed [unnəkustəmd] **0.1** ***ongewoon*** ⇒*ongebruikelijk* **0.2** ***niet gewend*** ◆ **6.2** he is ~ **to** writing letters *hij is niet gewend brieven te schrijven.*

unacquainted [unnəkweentid] **0.1** ***onbekend*** ⇒*niet op de hoogte* **0.2** ***niet kennend*** ⇒*niet bekend* ◆ **6.1** he is ~ **with** the facts *hij is niet v.d. feiten op de hoogte* **6.2** I was ~ **with** him *hij was mij niet bekend.*

unadopted [unnədoptid] **0.1** ***niet aangenomen*** **0.2** ***niet geadopteerd*** ⟨kind⟩.

unadulterated [unnədultəreetid] **0.1** ***onvervalst*** ⇒*zuiver, echt.*

unadvised [unnədvajzd] **0.1** ***ondoordacht*** **0.2** ***niet geadviseerd.***

unaffected [unnəfektid] ⟨-ness⟩ **0.1** ***ongekunsteld*** ⇒*natuurlijk* **0.2** ***onaangetast*** ⇒⟨fig.⟩ *niet beïnvloed, ongewijzigd* ◆ **6.1** ~ **by** *niet aangetast/beïnvloed door.*

unaffordable [unnəfo:dəbl] **0.1** ***onbetaalbaar.***

unafraid [unnəfreed] **0.1** ⟨+ of⟩ ***niet bang (voor)*** ⇒*onbevreesd.*

unaided [unneedid] **0.1** ***zonder hulp.***

unalienab|le [unneeliənəbl] ⟨-ly⟩ **0.1** ***onvervreemdbaar.***

unalloyed [unnəlojd] **0.1** ***onvermengd*** ⟨ook fig.⟩ ⇒*zuiver, puur* ◆ **1.1** ~ metal *niet gelegeerd/zuiver metaal.*

unalterable [unno:ltrəbl] **0.1** ***onveranderlijk*** ⇒*onwrikbaar.*

unaltered [unno:ltəd] **0.1** ***onveranderd.***

unambiguous [unæmbigjoeəs] **0.1** ***ondubbelzinnig.***

unamenab|le [unnəmie:nəbl] ⟨-ly⟩ **0.1** ***onvatbaar*** ◆ **6.1** ~ **to** criticism *onontvankelijk voor kritiek.*

un-American [unnəmerrikkən] **0.1** ***on-Amerikaans*** ⇒*tegen de Amerikaanse gewoonten/belangen.*

unanimity [joe:nənimmətie] **0.1** ***eenstemmigheid*** ⇒*unanimiteit* **0.2** ***eensgezindheid.***

unanimous [joe:nænimməs] **0.1** ***eenstemmig*** ⇒*unaniem* **0.2** ***eensgezind.***

unannounced [unnənaunst] **0.1** ***onaangekondigd.***

unanswerable [unna:nsrəbl] **0.1** ***onweerlegbaar*** **0.2** ***niet te beantwoorden.***

unanswered [unna:nsəd] **0.1** ***onbeantwoord.***

unapplied [unnəplajd] **0.1** ***niet aangewend*** ⇒*niet toegepast;* ⟨geldw.⟩ *dood* ⟨kapitaal⟩

unapproachable [unnəprootsjəbl] **0.1** ***ontoegankelijk*** ⇒ *onbenaderbaar;* ⟨fig.⟩ *ongenaakbaar.*

unappropriated [unnəproopri-eetid] **0.1** ⟨hand.⟩ ***onverdeeld*** ⟨mbt. winst⟩.

unapt [unæpt] ⟨-ness⟩ **0.1** ⟨+ for⟩ ***ongeschikt (voor)*** **0.2** ***niet geneigd*** ◆ **3.2** ~ to do sth. *niet geneigd iets te doen.*

unarguab|le [unna:gjoeəbl] ⟨-ly⟩ **0.1** ***ontegenzeglijk.***

unarmed [unna:md] **0.1** ***ongewapend*** ⇒⟨fig.⟩ *weerloos.*

unashamed [unnəsjeemd] **0.1** ***zich niet schamend*** **0.2** ***onbeschaamd.***

unasked [unna:s(k)t] **0.1** ***ongevraagd*** ◆ **3.1** he came in ~ *hij kwam ongevraagd binnen* **6.1** my opinion was ~ **for** *er werd niet naar mijn mening gevraagd.*

unassisted [unnəsistid] **0.1** ***niet geholpen*** ⇒*zonder hulp.*

unassuming [unnəsjoe:ming] **0.1** ***pretentieloos*** ⇒*bescheiden.*

unattached [unnətætsjt] **0.1** ***los*** **0.2** ***niet gebonden*** ⇒*onafhankelijk* **0.3** ***alleenstaand*** ⇒*ongetrouwd.*

unattended [unnətendid] **0.1** ***niet begeleid*** **0.2** ***onbeheerd*** ◆ **3.2** leave sth. ~ *iets onbeheerd laten (staan).*

unattractive [unnətræktiv] ⟨-ness⟩ **0.1** ***onaantrekkelijk.***

unauthorized, -ised [unno:θərajzd] **0.1** ***onbevoegd*** **0.2** ***ongeoorloofd.***

unavailable [unnəveeləbl] **0.1** ***niet beschikbaar*** ⇒*niet voorhanden.*

unavailing [unnəveeling] **0.1** ***vergeefs*** ⇒*nutteloos.*

unavoidab|le [unnəvojdəbl] ⟨-ly⟩ **0.1** ***onvermijdelijk.***

unaware [unnəweə] **0.1** ⟨+ of⟩ ***zich niet bewust (van)*** ◆ **8.1** be ~ that *niet weten dat.*

unawares [unnəweəz], **unaware** **0.1** ***onverwacht(s)*** **0.2** ***onbewust*** ◆ **3.1** catch/take s.o. ~ *iem. verrassen/overrompelen.*

unbalance [unbæləns] **0.1** ***uit zijn evenwicht brengen*** ⟨ook fig.⟩ ⇒*in verwarring brengen.*

unbalanced [unbælənst] **0.1** ***niet in evenwicht*** **0.2** ***in de war*** **0.3** ***onevenwichtig*** **0.4** ***niet sluitend*** ⟨begroting⟩.

unbar [unba:] ⟨-red⟩ **0.1** ***ontsluiten*** ⇒*ontgrendelen;* ⟨fig.⟩ *openstellen, vrij maken.*

unbearab|le [unbeərəbl] ⟨-ly⟩ **0.1** ***ondraaglijk*** **0.2** ***onuitstaanbaar.***

unbeaten [unbie:tn] **0.1** ***niet verslagen*** ⇒*ongeslagen* ⟨vnl. sport⟩ **0.2** ***onovertroffen*** ⇒*ongebroken* ⟨record⟩.

unbecoming [unbikkumming] **0.1** ***niet (goed) staand*** **0.2** ***ongepast*** ⇒*onbetamelijk* ◆ **6.1** this dress is ~ **to** her *deze jurk staat haar niet* **6.2** your conduct is ~ **for/to** a gentleman! *zo gedraagt een heer zich niet!*

unbeknown [unbinnoon], **unbeknownst** [-noonst] ⟨inf.⟩ **0.1** ***onbekend*** ◆ **6.1** she did it ~ **to** me *ze deed het buiten mijn medeweten.*

unbelief [unbillie:f] **0.1** ⟨rel.⟩ ***ongeloof*** ⇒*ongelovigheid.*

unbelievab|le [unbillie:vəbl] ⟨-ly⟩ **0.1** ***ongelofelijk.***

unbeliever [unbillie:və] **0.1** ***ongelovige.***

unbelieving [unbillie:ving] **0.1** ***ongelovig.***

unbend [unbend] **0.1** ***(zich) ontspannen*** ◆ **1.1** ~ one's mind *zijn geest ontspannen.*

unbending [unbending] **0.1** ***onbuigzaam*** ⇒*onverzettelijk.*

unbias(s)ed [unbajjəst] **0.1** ***onbevooroordeeld*** **0.2** ⟨stat.⟩ ***zuiver*** ⇒*onvertekend.*

unbidden [unbidn] ⟨schr.⟩ **0.1** ***ongenood*** ◆ **1.1** ~ guests *ongenode gasten.*

unbind [unbajnd] **0.1** ***losbinden*** ⇒*losmaken* **0.2** ***bevrijden.***

unblushing [unblusjing] **0.1** ***schaamteloos*** **0.2** ***niet blozend.***

unbolt [unboolt] **0.1** ***ontgrendelen.***

unborn [unbo:n] **0.1** ***(nog) ongeboren*** **0.2** ***toekomstig.***

unbosom [unboezəm] **I** ⟨onov.ww.⟩ **0.1** ***zijn hart uitstorten*** ⇒*zijn hart luchten;*
II ⟨ov.ww.⟩ **0.1** ***ontboezemen*** ◆ **4.1** ~ o.s. (to) *zijn hart uitstorten (bij).*

unbounded [unbaundid] **0.1** ***grenzeloos*** **0.2** ***teugelloos.***

unbowed [unbaud] **0.1** ***ongebogen*** **0.2** ***ongebroken*** ⟨fig.⟩ ⇒ *niet onderworpen.*

unbridled [unbrajdld] **0.1** ***ongebreideld*** ⇒*teugelloos* ◆ **1.1** ~ tongue *losse tong.*

unbroken [unbrookən] **0.1** ***ongebroken*** ⇒*heel* **0.2** ***ongetemd*** ⟨ook fig.⟩ **0.3** ***ononderbroken*** **0.4** ***onovertroffen*** ⇒ *ongebroken* ⟨record⟩.

unbuckle [unbukl] **0.1** ***losgespen.***

unburden [unbə:dn] **0.1** ***ontlasten*** ⇒*verlichten, van een last bevrijden* **0.2** ***zich bevrijden van*** ⇒*opbiechten* ◆ **1.1** ~ one's conscience *zijn geweten ontlasten* **6.1** ~ o.s. **of** sth. *iets opbiechten;* ~ o.s./one's heart **to** s.o. *zijn hart uitstorten bij iem.*

unbuttoned [unbutnd] **0.1** ***met de knopen los*** ⇒*niet (dicht)geknoopt.*

uncalled [unko:ld] ⟨ec.⟩ **0.1** ***onopgevraagd*** ⇒*ongestort* ⟨kapitaal⟩.

uncalled-for [unko:ld fo:] **0.1** ***ongewenst*** ⇒*ongepast* **0.2** ***onnodig*** **0.3** ***ongegrond*** ◆ **1.2** that remark was ~ *die opmerking was nergens voor nodig.*

uncann|y [unkænie] ⟨-ily⟩ **0.1** ***geheimzinnig*** ⇒*griezelig.*
uncared-for [unkeəd fo:] **0.1** ***onverzorgd*** ⇒*verwaarloosd.*
uncaring [unkeəring] **0.1** ***gevoelloos*** ⇒*onverschillig, ongevoelig.*
unceasing [unsie:sing] **0.1** ***onophoudelijk.***
unceremonious [unserrimmooniəs] ⟨-ness⟩ **0.1** ***informeel*** ⇒ *ongedwongen* **0.2** ***onhoffelijk.***
uncertain [unsə:tn] ⟨-ness⟩ **0.1** ***onzeker*** **0.2** ***onbepaald*** ⇒ *vaag* **0.3** ***veranderlijk*** ⇒*onbestendig* ◆ **1.1** in no ~ terms *in niet mis te verstane bewoordingen;* tell s.o. in no ~ terms that *iem. (over)duidelijk te verstaan/kennen geven dat* **1.2** ⟨vnl. scherts.⟩ of ~ age *van onbepaalde leeftijd;* ~ plans *vage plannen* **1.3** a woman with an ~ temper *een wispelturige vrouw* **6.1** be ~ **of/about** s.o.'s intentions *twijfelen aan iemands bedoelingen.*
uncertaint|y [unsə:tntie] ⟨mv.: -ies⟩ **0.1** ***onzekerheid*** ⇒*twijfel(achtigheid)* **0.2** ***onduidelijkheid*** ⇒*vaagheid* **0.3** ***veranderlijkheid*** ⇒*onbetrouwbaarheid* ◆ **3.1** whether Peter is coming is still an ~ *het is nog onzeker of Peter komt.*
unchain [untsjeen] **0.1** ***ontketenen*** ⇒*vrijlaten;* ⟨fig.⟩ *de vrije loop laten.*
unchallenged [untsjælindzjd] **0.1** ***onbetwist*** ⇒*zonder tegenspraak/protest* ◆ **3.1** we cannot let this pass ~ *we kunnen dit niet zo maar laten gebeuren.*
unchanged [untsjeendzjd] **0.1** ***onveranderd*** ⇒*ongewijzigd.*
unchanging [untsjeendzjing] **0.1** ***niet veranderend*** ⇒ *standvastig.*
uncharitab|le [untsjærittəbl] ⟨-ly⟩ **0.1** ***harteloos*** ⇒*hard(vochtig).*
uncharted [untsja:tid] **0.1** ***niet in kaart gebracht*** ⟨gebied⟩ ⇒*onbekend.*
unchecked [untsjekt] **0.1** ***ongehinderd*** **0.2** ***ongecontroleerd.***
unchristian [unkristsjən] **0.1** ***onchristelijk*** ⇒*heidens* **0.2** ⟨inf.⟩ ***onchristelijk*** ⇒*schandelijk* ⟨tijdstip⟩.
uncircumcised [unsə:kəmsajzd] **0.1** ***onbesneden.***
uncivil [unsivl] **0.1** ***onbeleefd.***
uncivilized, -ised [unsivvillajzd] **0.1** ***onbeschaafd*** ⇒*barbaars.*
unclad [unklæd] ⟨schr.⟩ **0.1** ***ongekleed.***
unclaimed [unkleemd] **0.1** ***niet opgeëist*** **0.2** ***niet afgehaald*** ⟨bagage⟩.
unclassified [unklæsiffajd] **0.1** ***niet geclassificeerd*** **0.2** ***niet geheim/vertrouwelijk*** ⟨informatie⟩.
uncle [ungkl] **0.1** ***oom*** ◆ **3.¶** ⟨AE; inf., kind.⟩ cry/say ~ *zich gewonnen geven.* →**Dutch.**
unclean [unklie:n] ⟨-ness⟩ **0.1** ***vuil*** **0.2** ***bevuild*** ⟨fig.⟩ ⇒*bevlekt* **0.3** ***onkuis*** **0.4** ***onrein*** ⟨vnl. rel.⟩ ◆ **1.4** ~ meat *onrein vlees.*
unclear [unkliə] **0.1** ***onduidelijk.***
Uncle Sam [ungkl sæm] ⟨inf.⟩ **0.1** ***Uncle Sam*** ⇒*de Am. regering, het Am. volk* ⟨naar de afk. US⟩.
Uncle Tom [ungkl tom] ⟨pej.⟩ **0.1** ***onderdanige neger*** ⇒ *kruiper* ⟨naar de hoofdpersoon v.d. roman Uncle Tom's Cabin⟩.
unclog [unklog] ⟨-ged⟩ **0.1** ***vrijmaken*** ⇒*ontstoppen.*
unclouded [unklaudid] **0.1** ***helder*** **0.2** ***zorgeloos.***
uncoil [unkojl] **0.1** ***(zich) ontrollen.***
uncollected [unkəlektid] **0.1** ***niet geïnd.***
uncoloured, ⟨AE sp.⟩ **uncolored** [unkulləd] **0.1** ***ongekleurd*** ⟨ook fig.⟩ ⇒*objectief.*
uncomfortab|le [unkum(p)ftəbl] ⟨-ly⟩ **0.1** ***ongemakkelijk*** ⇒ *oncomfortabel* **0.2** ***niet op zijn gemak*** ⇒*verlegen* ◆ **1.1** ~ situation *pijnlijke situatie* **3.2** feel ~ *zich niet op zijn gemak voelen.*
uncommitted [unkəmittid] **0.1** ***niet-gebonden*** ⇒*neutraal* **0.2** ***zonder verplichting(en)*** ◆ **1.1** ~ countries *niet-gebonden landen* **3.1** he wants to remain ~ *hij wil zich niet vastleggen.*
uncommon [unkommən] **0.1** ***ongewoon*** ⇒*bijzonder* ◆ **2.1** ~ly handsome *bijzonder knap.*
uncompromising [unkomprəmajzing] **0.1** ***onbuigzaam*** ⇒ *niet toegeeflijk* **0.2** ***vastberaden*** ◆ **1.1** have ~ opinions about sth. *ergens een besliste mening over hebben.*
unconcealed [unkənsie:ld] **0.1** ***onverholen*** ⇒*openlijk.*
unconcern [unkənsə:n] **0.1** ***onverschilligheid*** **0.2** ***onbezorgdheid.***
unconcerned [unkənsə:nd] **0.1** ***onbezorgd*** **0.2** ***onverschillig*** **0.3** ***niet betrokken*** ◆ **6.3** be ~ **in/with** *niet betrokken zijn bij.*
unconditional [unkəndisjnəl] **0.1** ***onvoorwaardelijk*** ◆ **1.1** ~ surrender *onvoorwaardelijke overgave.*
unconditioned [unkəndisjnd] **0.1** ***onvoorwaardelijk*** ⇒*absoluut* **0.2** ⟨psych.⟩ ***ongeconditioneerd*** ◆ **1.2** ~ reflex/response *niet geconditioneerde reflex.*
unconfirmed [unkənfə:md] ◆ **1.¶** ⟨geldw.⟩ ~ letter of credit *ongeconfirmeerd(e)/niet-geconfirmeerd(e) kredietbrief/accreditief.*
unconnected [unkənektid] **0.1** ***niet verbonden*** **0.2** ***onsamenhangend*** ⇒*verward.*
unconscionab|le [unkonsjnəbl] ⟨-ly⟩ **0.1** ***overdreven*** ⇒*onredelijk* ◆ **1.1** we had to wait an ~ time *we moesten onmenselijk lang wachten.*
unconscious[1] [unkonsjəs] ⟨zn.; the⟩ ⟨psych.⟩ **0.1** ***het onbewuste*** ⇒*het onderbewuste.*
unconscious[2] ⟨bn.; -ness⟩ **0.1** ***onbewust*** ⇒*niet wetend* **0.2** ***onbewust*** ⇒*onopzettelijk* **0.3** ***bewusteloos*** ◆ **6.1** be ~ **of** sth. *zich ergens niet bewust van zijn.*
unconsidered [unkənsiddəd] **0.1** ***onbezonnen*** ⇒*ondoordacht.*
uncontested [unkəntestid] **0.1** ***onbetwist*** ◆ **1.1** ~ election *verkiezing zonder tegenkandidaten.*
uncontrollab|le [unkəntrooləbl] ⟨-ly⟩ **0.1** ***niet te beheersen*** ⇒*onbedwingbaar* **0.2** ***onbeheerst*** ◆ **1.2** ~ laughter *onbedaarlijk gelach.*
uncontrolled [unkəntroold] **0.1** ***niet onder controle*** ⟨ook fig.⟩ ⇒*onbeheerst.*
unconventional [unkənvensjnəl] **0.1** ***onconventioneel*** ⇒ *ongebruikelijk* **0.2** ***onconventioneel*** ⇒*natuurlijk* **0.3** ***niet-conventioneel*** ⇒*nucleair, atoom-* ⟨wapens, energie⟩.
unconvincing [unkənvinsing] **0.1** ***niet overtuigend.***
uncork [unko:k] **0.1** ***ontkurken.***
uncouple [unkupl] **0.1** ***ontkoppelen*** ⇒*af/loskoppelen.*
uncouth [unkoe:θ] ⟨-ness⟩ **0.1** ***onhandig*** ⇒*ongemanierd, grof.*
uncover [unkuvvə] **I** ⟨onov.ww.⟩ **0.1** ***zijn hoofddeksel afnemen;***
II ⟨ov.ww.⟩ **0.1** ***de bedekking wegnemen van*** ⇒*het (hoofd)deksel afnemen van; ontsluieren; opgraven* **0.2** ***aan het licht brengen*** ⇒*onthullen.*
uncovered [unkuvvəd] **0.1** ***onbedekt*** **0.2** ***onbeschermd*** **0.3** ***blootshoofds*** **0.4** ***ongedekt*** ⟨door verzekering⟩.
uncritical [unkrittikl] **0.1** ***onkritisch*** ⇒*kritiekloos.*
uncrowned [unkraund] **0.1** ***ongekroond*** ⟨ook fig.⟩.
uncrushable [unkrusjəbl] **0.1** ***kreukvrij*** **0.2** ***onverzettelijk*** ⇒*standvastig, onbedwingbaar* ◆ **3.2** be ~ *zich niet uit het veld laten slaan.*
unction [ungksjən] **0.1** ***zalving*** ⟨ook fig.⟩. →**extreme.**
unctuous [ungktsjoeəs] ⟨-ness⟩ **0.1** ***zalvend*** ⇒*vleierig.*
uncultivated [unkultivveetid] **0.1** ***onbeschaafd*** ⇒*weinig ontwikkeld* **0.2** ***onbebouwd*** ⟨land⟩.

uncultured [unkultsjəd] **0.1** ***onbebouwd*** ⟨land⟩ **0.2** ***weinig ontwikkeld*** ⇒*onbeschaafd.*

uncut [unkut] **0.1** ***ongesneden*** ⇒*ongemaaid* **0.2** ***onopengesneden*** ⟨bladzijden v. boek⟩ **0.3** ***onverkort*** ⇒*ongecensureerd* ⟨boek, film⟩ **0.4** ***ongeslepen*** ⟨diamant⟩.

undaunted [undo:ntid] **0.1** ***onverschrokken*** ◆ **6.1** ~ **by** *niet ontmoedigd door.*

undeceive [undissie:v] **0.1** ***uit de droom helpen*** ⇒*de ogen openen.*

undecided [undissajdid] ⟨-ness⟩ **0.1** ***onbeslist*** **0.2** ***weifelend*** ⇒*besluiteloos* ◆ **1.1** the match was left ~ *de wedstrijd eindigde onbeslist* **6.2** be ~ **about** *in dubio/tweestrijd staan omtrent.*

undeclared [undikleəd] **0.1** ***niet aangegeven*** ⟨bij douane⟩ **0.2** ***niet (openlijk) verklaard*** ⇒*verzwegen.*

undemonstrative [undimmonstrətiv] **0.1** ***gereserveerd*** ⇒ *afstandelijk.*

undeniab|le [undinnajjəbl] ⟨-ly⟩ **0.1** ***onbetwistbaar*** ◆ **2.1** that is undeniably true *dat is ontegenzeglijk waar.*

under[1] [undə] ⟨bw.⟩ **0.1** ***(er/hier/daar)onder*** ⇒*(naar) beneden, omlaag* ⟨ook fig.⟩ **0.2** ***in bedwang*** ⇒*onder controle* **0.3** ***bewusteloos*** ◆ **3.1** when does the sun go ~? *wanneer gaat de zon onder?;* see ~ for details *voor nadere toelichting zie onderaan* **3.2** they kept their voices ~ *zij spraken op gedempte toon* **3.3** the drug put her ~ for the evening *door het verdovingsmiddel raakte zij buiten bewustzijn die avond* **4.1** groups of nine and ~ *groepen v. negen en minder* **5.1** he is down ~ *hij is beneden.* →**down.**

under[2] ⟨vz.⟩ **0.1** ⟨plaats; ook fig.⟩ ***onder*** ⇒*onder het gezag v., onder toezicht v.* **0.2** ⟨omstandigheid⟩ ***onder*** ⇒*in, in een toestand v., krachtens, tijdens* **0.3** ⟨graad of hoeveelheid⟩ ***minder dan*** ◆ **1.1** it's listed ~ Biology *het staat (geklasseerd) onder Biologie;* ~ the cliffs *aan de voet v.d. klippen;* my father served ~ Montgomery *mijn vader diende onder Montgomery;* he wrote ~ another name *hij schreef onder een andere naam;* he spoke to her ~ the pretext of asking the way *hij sprak haar aan onder het mom de weg te vragen;* be ~ full sail *met volle zeilen varen;* born ~ a lucky star *onder een goed gesternte geboren;* place ~ the sun *plekje onder de zon* **1.2** ~ construction *in aanbouw;* I am ~ contract to stay *ik ben contractueel verplicht om te blijven;* the issue ~ discussion *het probleem dat ter discussie staat;* ~ fire *onder vuur;* placed ~ guard *onder bewaking gesteld;* ~ the law *volgens/krachtens de wet;* ~ penalty of death *op straffe des doods;* it's ~ repair *het wordt gerepareerd;* collapse ~ the strain *het onder de spanning begeven* **1.3** ~ age *minderjarig;* just ~ a mile *net iets minder dan een mijl* **4.3** children ~ six *kinderen beneden de zes jaar.*

underact ⟨dram.⟩ **0.1** ***zwak spelen*** **0.2** ***ingehouden/bewust onemotioneel spelen.***

underage [undəreedzj] **0.1** ***minderjarig.***

underarm[1] [undəra:m] ⟨zn.⟩⟨euf.⟩ **0.1** ***oksel.***

underarm[2] ⟨bn.; bw.⟩ **0.1** ***onderhands*** ⇒*met de hand onder schouderhoogte* ⟨vnl. sport⟩.

underbelly [-bellie] **0.1** ***buik*** ⟨v. dier⟩ **0.2** ***kwetsbare plaats*** ⇒*zwak punt.*

underbid [-bid] **I** ⟨onov.ww.⟩ **0.1** ***te laag/weinig bieden;*** **II** ⟨ov.ww.⟩ **0.1** ***onderbieden*** ⇒*een lager bod doen dan.*

underbrush [-brusj] ⟨vnl. AE⟩ **0.1** ***kreupelhout.***

undercarriage [-kæridzj] **0.1** ***onderstel*** ⟨v. wagen⟩ ⇒*chassis* **0.2** ***landingsgestel.***

undercharge[1] ⟨zn.⟩ **0.1** ***te lage prijs.***

undercharge[2] ⟨ww.⟩ **0.1** ***te weinig (be)rekenen (voor).***

underclothes [-klooðz], **underclothing** [-klooðing] **0.1** ***ondergoed.***

undercoat [-koot] **0.1** ***grond(verf)laag.***

underconsumption ⟨ec.⟩ **0.1** ***onderconsumptie.***

undercover [-kuvvə] **0.1** ***geheim*** ◆ **1.1** ~ agent *geheim agent.*

undercurrent [-kurrənt] **0.1** ***onderstroom*** ⟨ook fig.⟩ ⇒*verborgen/onderdrukte gedachten/gevoelens.*

undercut[1] [-kut] ⟨zn.⟩⟨vnl. BE⟩ **0.1** ***filet*** ⇒*(ossen)haas.*

undercut[2] [-kut] ⟨ww.⟩ **0.1** ***onderbieden*** ⇒*een lagere prijs vragen dan.*

underdeveloped **0.1** ***onderontwikkeld*** ⟨ook ec., foto.⟩ ⇒ *(nog) onvoldoende ontwikkeld* ◆ **1.1** ~ country/nation *ontwikkelingsland.*

underdog [-dog] **0.1** ***underdog*** ⇒*(verwachte) verliezer.*

underdone **0.1** ***niet (helemaal) gaar.***

underemployed **0.1** ***geen volledige baan hebbend*** **0.2** ***geen passend werk hebbend.***

underestimate[1], **underestimation** ⟨zn.⟩ **0.1** ***te lage schatting*** ⟨v. kosten e.d.⟩ **0.2** ***onderschatting*** ⟨bv. v. tegenstander⟩.

underestimate[2] **I** ⟨onov. en ov.ww.⟩ **0.1** ***te laag schatten;*** **II** ⟨ov.ww.⟩ **0.1** ***onderschatten.***

underexpose ⟨foto.⟩ **0.1** ***onderbelichten.***

underexposure ⟨foto.⟩ **0.1** ***onderbelichting.***

underfeed **0.1** ***onvoldoende voeden*** ◆ **1.1** underfed children *ondervoede kinderen.*

underfelt [-felt] **0.1** ***viltpapier*** ⇒*ondertapijt.*

underfloor [-flo:] **0.1** ***onder de vloer*** ◆ **1.1** ~ heating *vloerverwarming.*

underfoot [-foet] **0.1** ***onder de voet(en)*** ⇒*op de grond;* ⟨fig.⟩ *onderdrukt* **0.2** ***in de weg*** ⇒*voor de voeten* ◆ **3.1** crush/trample sth. ~ *iets vertrappen.*

undergarment [-ga:mənt] **0.1** ***onderkledingstuk.***

undergo [-goo] **0.1** ***ondergaan*** ⇒*doorstaan.*

undergraduate [-grædzjoeət], ⟨verk.; inf.⟩ **undergrad** [-græd] **0.1** ***student(e)*** ⟨die nog geen graad heeft⟩.

underground[1] [-graund] ⟨zn.⟩ **0.1** ⟨BE⟩ ***metro*** **0.2** ***underground*** ⇒*subcultuur* ◆ **6.1** **by** ~ *met de metro.*

underground[2] ⟨bn.⟩ **0.1** ***ondergronds*** ⇒*(zich) onder de grond (bevindend)* **0.2** ***ondergronds*** ⇒*clandestien* **0.3** ***underground*** ⇒*alternatief.*

underground[3] [-graund] ⟨bw.⟩ **0.1** ***ondergronds*** ⇒*onder de grond* **0.2** ***ondergronds*** ⇒*clandestien* ◆ **3.2** go ~ *onderduiken; ondergronds gaan werken.*

undergrowth [-grooθ] **0.1** ***kreupelhout.***

underhand [-hænd] **0.1** ***onderhands*** ⇒*clandestien* **0.2** ***achterbaks*** **0.3** ***onderhands*** ⇒*met de hand onder schouderhoogte* ⟨vnl. sport⟩.

underhanded ⟨-ness⟩ **0.1** →**underhand** **0.2** ***onderbezet*** ⇒ *met te weinig personeel* ◆ **1.1** ~ methods *achterbakse methoden.*

underhung [-hung] **0.1** ***vooruitstekend*** ⟨onderkaak⟩.

underlay [-lee] **0.1** ***ondertapijt.***

underlie [-laj] **0.1** ***liggen onder*** ⇒*zich bevinden onder* **0.2** ***ten grondslag liggen aan*** ⇒*verklaren* **0.3** ***schuil gaan achter*** **0.4** ⟨ec.⟩ ***voorrang hebben boven*** ⇒*gaan/komen voor* ◆ **1.2** underlying principles *grondprincipes* **1.3** underlying meaning *werkelijke betekenis.*

underline [-lajn] **0.1** ***onderstrepen*** ⟨ook fig.⟩ ⇒*benadrukken.*

underling [undəling] **0.1** ***ondergeschikte*** ⟨vnl. pej.⟩ ⇒*loopjongen.*

undermanned **0.1** ***onderbezet*** ⇒*met te weinig personeel.*

undermentioned [-mensjnd] ⟨BE⟩ **0.1** ***onderstaand*** ⇒*(hier)onder genoemd.*

undermine [-majn] **0.1** ***ondermijnen*** ⇒*ondergraven* ⟨ook fig.⟩; *verzwakken.*

underneath[1] [-nie:θ] ⟨zn.; the⟩ **0.1** ***onderkant.***

underneath[2] ⟨bw.⟩ **0.1** ⟨plaats; ook fig.⟩ ***onderaan*** ⇒*eronder, aan de onderkant* **0.2** ***in de grond*** ◆ **3.1** what's written ~? *wat staat er aan de onderkant geschreven?* ¶.**2** … but ~ he was kindhearted … *maar in de grond had hij een goed hart.*

underneath[3] ⟨vz.⟩ **0.1** ⟨plaats; ook fig.⟩ ***beneden*** ⇒*(vlak) onder* ◆ **1.1** ~ his coat he wore a suit *onder zijn jas droeg hij een pak.*

undernourish ⟨zn.: **-ment**⟩ **0.1** ***onvoldoende te eten geven*** ◆ **1.1** ~ed children *ondervoede kinderen.*

underpants [-pænts] **0.1** ***onderbroek.***

underpass [-pa:s] **0.1** ***onderdoorgang*** ⇒*tunnel* ⟨onder (spoor)weg⟩.

underpay ⟨zn.: **-ment**⟩ **0.1** ***onderbetalen.***

underpin [-pin] **0.1** ***de fundamenten verstevigen van*** ⇒ ⟨fig.⟩ *ondersteunen.*

underpinning [-pinning] **0.1** ***fundering*** ⟨ook fig.⟩ ⇒*ondersteuning.*

underplay **0.1** ***bagatelliseren*** ⇒*afzwakken* **0.2** ⟨dram.⟩ ***ingehouden spelen.*** →**hand.**

underpopulated **0.1** ***onderbevolkt*** ⇒*te dun bevolkt.*

underprice **0.1** ***een lagere prijs vragen dan*** ⟨concurrent⟩ **0.2** ***te laag prijzen*** ⟨artikel⟩.

underprivileged **0.1** ***(kans)arm*** ⇒*sociaal zwak.*

underproof **0.1** ***onder het standaard alcoholgehalte.***

underquote **0.1** ***een lagere prijs opgeven/vragen dan*** ⟨concurrent⟩.

underrate **0.1** ***te laag schatten*** ⟨kosten⟩ **0.2** ***onderschatten*** ⟨tegenstander⟩.

underreport **0.1** ***te weinig aangifte doen van*** ◆ **1.1** rape was ~ed *er werd te weinig aangifte gedaan van verkrachting.*

underscore [-sko:] **0.1** ***onderstrepen*** ⟨ook fig.⟩ ⇒*benadrukken.*

undersea [-sie:] **0.1** ***onderzees*** ⇒*onderzee-, onderwater-.*

undersecretary [-sek(r)ətrie] **0.1** ***ondersecretaris*** ⇒*tweede secretaris* **0.2** ***staatssecretaris*** ◆ **2.2** parliamentary ~ ⟨ong.⟩ *staatssecretaris;* permanent ~ ⟨ong.⟩ *secretaris-generaal* ⟨v. ministerie⟩.

undersell **0.1** ***tegen een lagere prijs verkopen dan*** ⟨concurrent⟩ **0.2** ***onder de prijs verkopen*** ⇒*verkwanselen.*

undersexed **0.1** ***weinig seksueel aangelegd.***

undershirt [-sjə:t] ⟨vnl. AE⟩ **0.1** ***(onder)hemd.***

undershoot **I** ⟨onov.ww.⟩ **0.1** ***te vroeg landen/aan de grond komen*** ⟨voor landingsbaan⟩;
II ⟨ov.ww.⟩ **0.1** ***landen/aan de grond komen voor*** ⟨landingsbaan⟩ **0.2** ***niet halen*** ⇒*missen* ⟨doel⟩.

underside [-sajd] **0.1** ***onderkant/zijde.***

undersign [-sajn] **0.1** ***ondertekenen.***

undersigned [-sajnd] **0.1** ***ondertekend (hebbend)*** ◆ **7.1** I, the ~ *ik, ondergetekende.*

undersized, undersize **0.1** ***te klein*** ⇒*onder de normale grootte.*

understaffed **0.1** ***onderbezet*** ⇒*met te weinig personeel.*

understand [undəstænd] **I** ⟨onov.ww.⟩ **0.1** ***(het) begrijpen*** **0.2** ***het begrijpen*** ⇒*er begrip voor hebben* **0.3** ***(goed) op de hoogte zijn*** ◆ **3.2** he begged her to ~ *hij smeekte haar begrip voor de situatie te hebben* **4.1** I simply don't ~ *ik snap het gewoon niet* **6.3** ~ **about** *verstand hebben van;*
II ⟨onov. en ov.ww.⟩ **0.1** ***begrijpen*** ⇒*(er)uit opmaken/afleiden, vernemen* ◆ **8.1** I understood that you knew him *ik had begrepen dat je hem kende;* do I ~ / am I to ~ that … *moet ik daaruit opmaken dat …;* it is understood that they will arrive tomorrow *naar verluidt komen zij morgen aan;*
III ⟨ov.ww.⟩ **0.1** ***begrijpen*** ⇒*inzien, verstand hebben van* **0.2** ***begrijpen*** ⇒*begrip hebben voor* **0.3** ***verstaan*** ⟨taal⟩ **0.4** ***opvatten*** **0.5** ⟨vnl. pass.⟩ ***erbij denken*** ⇒*(in gedachte) aanvullen* **0.6** ⟨vnl. pass.⟩ ***als vanzelfsprekend aannemen*** ◆ **1.1** he ~s children *hij weet hoe je met kinderen moet omgaan* **1.4** ~ a remark literally *een opmerking letterlijk opvatten* **1.5** in this construction the object is understood *in deze constructie moet het voorwerp erbij gedacht worden* **3.1** give s.o. to ~ that *iem. te verstaan/kennen geven dat;* make o.s. understood *duidelijk maken wat men bedoelt* **4.1** ~ each other / one another *elkaar begrijpen, op een lijn zitten* **4.6** that is understood! *(dat spreekt) vanzelf!* **6.1** what do you ~ **by** that? *wat versta je daaronder?*

understandab|le [undəstændəbl] ⟨-ly⟩ **0.1** ***begrijpelijk.***

understandably [undəstændəblie] **0.1** →**understandable** **0.2** ***begrijpelijkerwijs*** ◆ ¶.**2** ~, we were all annoyed *begrijpelijkerwijs waren we allemaal geïrriteerd.*

understanding[1] [undəstænding] **I** ⟨telb.zn.; vnl. enk.⟩ **0.1** ***afspraak*** ⇒*overeenkomst* ◆ **3.1** come to / reach an ~ *het eens worden* **6.1** **on** the ~ that *met dien verstande dat;*
II ⟨telb. en n.-telb.zn.⟩ **0.1** ***(onderling) begrip*** ⇒*verstandhouding* ◆ **6.1** there is not much ~ **between** them *ze hebben weinig begrip voor elkaar;*
III ⟨n.-telb.zn.⟩ **0.1** ***verstand*** ⇒*intelligentie, begrip* **0.2** ***interpretatie*** ⇒*beoordeling, opvatting* ◆ **6.2** a wrong ~ **of** the situation *een verkeerde beoordeling v.d. situatie.*

understanding[2] ⟨bn.⟩ **0.1** ***begripvol*** ⇒*begrip tonend, welwillend.*

understate **0.1** ***te laag opgeven*** ⟨leeftijd, inkomen enz.⟩ **0.2** ***(te) zwak uitdrukken.***

understatement **0.1** ***understatement*** ⇒*(te) zwakke aanduiding/weergave.*

understud|y[1] [-studdie] ⟨zn.; mv.: -ies⟩ **0.1** ⟨dram.⟩ ***doublure*** ⟨tweede speler voor zelfde rol als evt. vervanger⟩.

understudy[2] ⟨ww.⟩⟨dram.⟩ **0.1** ***als doublure optreden voor*** ⇒*vervangen* **0.2** ***als doublure instuderen*** ⟨rol⟩.

undertake [undəteek] **0.1** ***ondernemen*** **0.2** ***op zich nemen*** ⇒*aangaan* **0.3** ***beloven*** ⇒*zich verplichten tot* **0.4** ***garanderen*** ⇒*instaan voor* ◆ **8.4** I can't ~ that you will succeed *ik kan niet garanderen dat je zult slagen.*

undertaker [undəteekə] **0.1** ***begrafenisondernemer.***

undertaking[1] [-teeking] ⟨zn.⟩ **0.1** ***onderneming*** **0.2** ***(plechtige) belofte*** ⇒*garantie.*

undertaking[2] [-teeking] ⟨zn.⟩ **0.1** ***het verzorgen v. begrafenissen.***

under-the-counter **0.1** ***onder de toonbank*** ⇒*clandestien.*

undertone [-toon] **0.1** ***gedempte toon*** **0.2** ***ondertoon*** ⟨fig.⟩ **0.3** ***lichte tint*** ⇒*zweem* ◆ **1.3** red with a slight ~ of yellow *rood met een klein beetje geel erin* **3.1** speak in ~s / an ~ *met gedempte stem spreken.*

undertow [-too] **0.1** ***onderstroom*** ⟨in branding⟩.

undervalu|e ⟨zn.: **-ation**⟩ **0.1** ***onderwaarderen*** ⟨ook ec.⟩ ◆ **1.1** an ~d currency *een ondergewaardeerde valuta.*

underwater [-wo:tə] **0.1** ***onder water*** ⇒*onderwater-* ◆ **1.1** ~ camera *onderwatercamera.*

underwear [-weə] **0.1** ***ondergoed.***

underweight **0.1** ***te licht*** ⇒*onder zijn (normale) gewicht.*

underworld [-wə:ld] **0.1** ***onderwereld*** ⇒*rijk der schimmen* **0.2** ***onderwereld*** ⇒*misdadigerswereld.*

underwrite [undərajt] **0.1** ***ondertekenen*** ⟨polis⟩ ⇒*afsluiten* ⟨verzekering⟩ **0.2** ***(door ondertekening) op zich nemen*** ⟨risico, aansprakelijkheid⟩ **0.3** ***verzekeren*** ⇒*assureren* ⟨vnl. scheep.⟩ **0.4** ⟨ec.⟩ ***zich verplichten tot het kopen v.*** ⟨niet-geplaatste aandelen⟩ ⇒*de verkoop garanderen van*

0.5 ***zich garant stellen voor*** **0.6** ***onderschrijven*** *⇒goedvinden* ◆ **1.4** ~ an issue *een emissie waarborgen.*

underwriter [undərajtə] **0.1** ***verzekeraar.***

undeserved [undizzə:vd] **0.1** ***onverdiend*** *⇒onterecht.*

undeserving [undizzə:ving] **0.1** ***onwaardig*** ◆ **6.1** be ~ **of** sth. *iets niet waard zijn/verdienen.*

undesirable[1] [undizzajjərəbl] ⟨zn.⟩ **0.1** ***ongewenst persoon*** *⇒persona non grata.*

undesirab|le[2] ⟨bn.; -ly; zn.: **-ility**⟩ **0.1** ***ongewenst*** *⇒onwenselijk* ◆ **1.1** ~ aliens *ongewenste vreemdelingen;* ~ discharge *oneervol ontslag.*

undetermined [undittə:mind] **0.1** ***onbeslist*** **0.2** ***onbepaald*** *⇒onbestemd* **0.3** ***besluiteloos.***

undeterred [undittə:d] **0.1** ***niet afgeschrikt*** *⇒niet ontmoedigd.*

undeveloped [undivvelləpt] **0.1** ***onontwikkeld*** **0.2** ***onontgonnen.***

undies [undiez] ⟨inf.⟩ **0.1** ***(dames)ondergoed.***

undignified [undigniffajd] **0.1** ***niet (achtens/eerbied)-waardig.***

undiluted [undajloe:tid] **0.1** ***onverdund*** *⇒onvermengd;* ⟨fig.⟩ *zuiver, onvervalst* ◆ **1.1** ~ pleasure *puur plezier.*

undischarged [undistsja:dzjd] **0.1** ***onbetaald*** *⇒niet afgedaan* ⟨schuld⟩ **0.2** ***niet afgeschoten*** ⟨geweer⟩ **0.3** ***niet gelost*** *⇒niet uitgeladen* ⟨goederen⟩ **0.4** ⟨jur.⟩ ***niet gerehabiliteerd*** ⟨gefailleerde⟩.

undisciplined [undissiplind] **0.1** ***ongedisciplineerd.***

undisputed [undispjoe:tid] **0.1** ***onbetwist.***

undistinguished [undistinggwisjt] **0.1** ***niet bijzonder*** *⇒alledaags, gewoon.*

undisturbed [undistə:bd] **0.1** ***ongestoord.***

undivided [undivvajdid] **0.1** ***onverdeeld*** *⇒volkomen.*

undo [undoe:] **I** ⟨onov.ww.⟩ **0.1** ***losgaan;***
II ⟨ov.ww.⟩ **0.1** ***losmaken*** *⇒losknopen* **0.2** ***uitkleden*** **0.3** ***tenietdoen*** *⇒ongedaan maken* ◆ **1.3** this mistake can never be undone *deze fout kan nooit goedgemaakt worden.*

undock [undok] ⟨ruim.⟩ **0.1** ***loskoppelen.***

undoing [undoe:ing] **0.1** ***ondergang*** *⇒verderf, ongeluk.*

undomesticated [undəmestikkeetid] **0.1** ***ongetemd*** *⇒wild* **0.2** ***niet huishoudelijk (aangelegd).***

undone [undun] **0.1** ***ongedaan*** *⇒onafgemaakt* **0.2** ***los(gegaan)*** ◆ **3.2** come ~ *losgaan, losraken.*

undoubted [undautid] **0.1** ***ongetwijfeld*** **0.2** ***ontwijfelbaar.***

undreamed [undrie:md], **undreamt** [undremt] **0.1** ***onvoorstelbaar*** ◆ **6.1** ~ **of** *onvoorstelbaar.*

undress[1] [undres] ⟨zn.⟩ **0.1** ***naaktheid*** ◆ **1.1** in a state of ~ *naakt.*

undress[2] [undres] ⟨ww.⟩ **0.1** ***(zich) uitkleden.***

undressed [undrest] **0.1** ***ongekleed*** *⇒naakt* **0.2** ***zonder saus*** **0.3** ***niet geprepareerd*** ⟨v. huid⟩ **0.4** ***niet verbonden*** ⟨v. wond⟩ ◆ **3.1** get ~ *zich uitkleden.*

undue [undjoe:] **0.1** ***overmatig*** **0.2** ***onbehoorlijk*** ◆ **1.1** exercise ~ influence upon s.o. *te grote invloed op iem. uitoefenen.*

undulate [undjoeleet] **0.1** ***(doen) golven*** ◆ **1.1** undulating wheat *golvend graan.*

undulation [undjoeleesjn] **I** ⟨telb.zn.; vaak mv.⟩ **0.1** ***golving;***
II ⟨n.-telb.zn.⟩ **0.1** ***het golven*** *⇒golfbeweging, deining.*

unduly [undjoe:lie] **0.1** →**undue** **0.2** ***uitermate*** *⇒overmatig* **0.3** ***onbehoorlijk*** **0.4** ***onrechtmatig.***

undying [undajjing] ⟨vnl. attr.⟩ **0.1** ***onsterfelijk*** *⇒eeuwig.*

unearned [unnə:nd] **0.1** ***onverdiend*** ◆ **1.1** ~ income *inkomen uit vermogen.*

unearth [unnə:θ] **0.1** ***opgraven*** ⇒⟨fig.⟩ *opdiepen, opsnorren* **0.2** ***onthullen.***

unearthl|y [unnə:θlie] ⟨-iness⟩ **0.1** ***bovenaards*** **0.2** ***bovennatuurlijk*** *⇒mysterieus* **0.3** ***angstaanjagend*** *⇒eng* **0.4** ⟨inf.⟩ ***onmogelijk*** ⟨tijd⟩ ◆ **1.4** wake s.o. up at an ~ hour *iem. op een belachelijk vroeg uur wakker maken.*

uneasiness [unnie:zinnəs], ⟨schr.⟩ **unease** [unnie:z] **0.1** ***onbehaaglijkheid*** **0.2** ***bezorgdheid*** **0.3** ***onrustigheid*** **0.4** ***verontrusting*** ◆ **3.2** cause s.o. ~ over sth. *iem. over iets ongerust maken.*

uneas|y [unnie:zie] ⟨-ily⟩ **0.1** ***onbehaaglijk*** **0.2** ***bezorgd*** **0.3** ***onrustig*** ⟨bv. in slaap⟩ **0.4** ***verontrustend*** ◆ **1.1** ~ conscience *bezwaard geweten* **6.1** be ~ **with** *zich niet op zijn gemak voelen met* **6.2** be ~ **about**, grow ~ **at** *zich zorgen maken over.*

uneconomic|(al) [unnie:kənommik(l), unnekkə-] ⟨-ally⟩ **0.1** ***oneconomisch*** *⇒onrendabel* **0.2** ***verkwistend.***

uneducated [unnedzjoekeetid] **0.1** ***ongeschoold*** *⇒onontwikkeld.*

unemployable [unnimplojjəbl] **0.1** ***ongeschikt voor een betrekking*** **0.2** ***arbeidsongeschikt.***

unemployed [unnimplojd] **0.1** ***ongebruikt*** **0.2** ***werkloos*** *⇒ zonder werk/betrekking* **0.3** ***niet geïnvesteerd*** ◆ **7.2** the ~ *de werklozen.*

unemployment [unnimplojmənt] **0.1** ***werkloosheid.***

unemployment benefit **0.1** ***werkloosheidsuitkering.***

unemployment figures **0.1** ***werkloosheidscijfers.***

unemployment rate **0.1** ***werkloosheidscijfer.***

unending [unnending] **0.1** ***oneindig*** *⇒eindeloos* **0.2** ***onophoudelijk.***

un-English [unninggIisj] **0.1** ***on-Engels*** *⇒niet (typisch) Engels.*

unenlightened [unninlajtnd] **0.1** ***onwetend*** *⇒ongeïnformeerd* **0.2** ***onontwikkeld*** **0.3** ***bevooroordeeld*** **0.4** ***bijgelovig.***

unenviable [unnenviəbl] **0.1** ***niet benijdenswaard(ig)*** *⇒onplezierig* ⟨taak⟩.

unequal [unnie:kwəl] ⟨-ness⟩ **0.1** ***ongelijk(waardig)*** **0.2** ***onregelmatig*** **0.3** ***niet opgewassen tegen*** ◆ **6.1** ~ **in** size *ongelijk in maat;* ~ **to** the other *ongelijk aan de ander* **6.3** be ~ **to** one's work *zijn werk niet aankunnen.*

unequalled, ⟨AE sp.⟩ **unequaled** [unnie:kwəld] **0.1** ***ongeëvenaard.***

unequivocal [unnikwivvəkl] **0.1** ***duidelijk*** *⇒ondubbelzinnig.*

unerring [unnə:ring] **0.1** ***onfeilbaar*** ◆ **1.1** ~ devotion *nimmer/niet aflatende toewijding.*

UNESCO [joe:noskoo] ⟨afk.⟩ **0.1** [United Nations Educational, Scientific, and Cultural Organization] ***Unesco.***

uneven [unnie:vn] ⟨-ness⟩ **0.1** ***ongelijk*** *⇒oneffen* ⟨bv. oppervlak⟩ **0.2** ***onregelmatig*** *⇒ongelijkmatig* **0.3** ***van ongelijke kwaliteit*** ⇒⟨euf.⟩ *middelmatig* ◆ **1.2** he ran at a rather ~ speed *hij liep met een onregelmatige snelheid* **1.3** poems of ~ quality *gedichten v. ongelijke/middelmatige kwaliteit.*

uneventful [unnivventfl] ⟨-ness⟩ **0.1** ***onbewogen*** *⇒rustig, saai* ◆ **1.1** ~ day *dag zonder belangrijke gebeurtenissen.*

unexampled [unnigza:mpld] **0.1** ***weergaloos.***

unexceptionab|le [unniksepsjnəbl] ⟨-ly⟩ **0.1** ***onberispelijk.***

unexpected [unnikspektid] ⟨-ness⟩ **0.1** ***onverwacht.***

unexplained [unnikspleend] **0.1** ***onverklaard.***

unexplored [unniksplo:d] **0.1** ***onverkend.***

unfailing [unfeeling] **0.1** ***onuitputtelijk*** *⇒onophoudelijk.*

unfair [unfeə] ⟨-ness⟩ **0.1** ***oneerlijk*** *⇒onrechtvaardig* ◆ **1.1** ~ competition *oneerlijke concurrentie.*

unfaithful [unfeeθfl] ⟨-ness⟩ **0.1** ***ontrouw*** ⇒⟨ihb.⟩ *overspelig* ◆ **6.1** be ~ **with** *overspel plegen met.*

unfaltering [unfo:ltring] **0.1** ***zonder te aarzelen*** **0.2** ***onwankelbaar*** ⇒*standvastig* ◆ **1.2** ~ love *onwankelbare liefde;* ~ steps *vaste tred.*

unfamiliar [unfəmiljə] ⟨zn.: **-ity**⟩ **0.1** ***onbekend*** ⇒*niet vertrouwd* **0.2** ***ongewoon*** ⇒*vreemd* ◆ **6.1** the girl was not ~ **to** him *het meisje was hem niet onbekend;* ~ **with** their customs *niet vertrouwd met hun gewoonten.*

unfashionable [unfæsjnəbl] **0.1** ***niet modieus.***

unfasten [unfa:sn] **I** ⟨onov.ww.⟩ **0.1** ***los raken*** ⇒*losgaan;* **II** ⟨ov.ww.⟩ **0.1** ***losmaken*** ⇒*losknopen.*

unfathomab|le [unfæðəməbl] ⟨-ly⟩ **0.1** ***onpeilbaar*** ⇒*ondoorgrondelijk.*

unfathomed [unfæðəmd] **0.1** ***ongepeild*** ⇒*onopgelost, ondoorgrondelijk.*

unfavourab|le, ⟨AE sp.⟩ **unfavorab|le** [unfeevrəbl] ⟨-ly⟩ **0.1** ***ongunstig*** ◆ **1.1** ⟨ec.⟩ ~ balance (of trade) *passieve handelsbalans.*

unfeeling [unfie:ling] **0.1** ***gevoelloos*** ⟨ook fig.⟩ ⇒*hardvochtig.*

unfettered [unfettəd] **0.1** ***ontketend*** ⟨ook fig.⟩ ⇒*vrij.*

unfinished [unfinnisjt] **0.1** ***onbeëindigd*** ⇒*onaf, onvoltooid* **0.2** ***onbewerkt*** ⟨bv. v. hout⟩ ◆ **1.1** ~ business *onafgedane kwestie(s).*

unfit[1] [unfit] ⟨bn.; -ness⟩ **0.1** ***ongeschikt*** **0.2** ***in slechte conditie*** ◆ **3.1** ~ to be a marine *ongeschikt voor marinier* **6.1** ~ **for** duty *ongeschikt voor de dienst.*

unfit[2] ⟨ww.; -ted⟩ **0.1** ***ongeschikt maken.***

unflagging [unflæging] **0.1** ***onvermoeibaar*** ⇒*ononderbroken.*

unflappab|le [unflæpəbl] ⟨-ly⟩⟨inf.⟩ **0.1** ***onverstoorbaar.***

unflinching [unflintsjing] **0.1** ***onbevreesd*** **0.2** ***vastberaden.***

unfold [unfoold] **0.1** ***(zich) openvouwen*** **0.2** ***(zich) uitspreiden*** **0.3** ***(zich) openbaren*** ⇒*(zich) ontvouwen* ◆ **1.1** ~ a newspaper *een krant openslaan* **1.2** ~ the arms *de armen spreiden.*

unforeseeable [unfo:sie:əbl] **0.1** ***onvoorspelbaar.***

unforeseen [unfo:sie:n] **0.1** ***onvoorzien.***

unforgettab|le [unfəgettəbl] ⟨-ly⟩ **0.1** ***onvergetelijk.***

unforgivable [unfəgivvəbl] **0.1** ***onvergeeflijk.***

unforgiving [unfəgivving] **0.1** ***onverzoenlijk.***

unfortunate [unfo:tsjnət] ⟨-ness⟩ **0.1** ⟨bn.⟩ ***ongelukkig*** ⇒*betreurenswaardig* **0.2** ⟨zn.⟩ ***ongelukkige*** ◆ **1.1** ~ place for trade *ongunstige plek voor handel;* ~ term *ongelukkige term.*

unfounded [unfaundid] **0.1** ***ongegrond.***

unfrequented [unfrikwentid] **0.1** ***niet veel bezocht.***

unfriendl|y [unfrendlie] ⟨-iness⟩ **0.1** ***onvriendelijk*** ⇒*vijandig, slechtgezind* **0.2** ***ongunstig*** ⟨bv. v. wind, weer⟩ ◆ **1.1** ~ area *ongastvrij/onherbergzaam gebied;* ~ welcome *koele ontvangst.*

unfrock [unfrok] **0.1** ***uit de orde stoten.***

unfruitful [unfroe:tfl] **0.1** ***onvruchtbaar*** ⟨ook fig.⟩ **0.2** ***niet winstgevend.***

unfulfilled [unfoelfild] **0.1** ***onvervuld*** ⇒*niet gerealiseerd.*

unfunded [unfundid] ⟨geldw.⟩ **0.1** ***ongefundeerd*** ◆ **1.1** ~ debt *vlottende schuld.*

unfurl [unfə:l] **0.1** ***(zich) ontrollen*** ⇒*(zich) ontvouwen* ⟨bv. (v.) vlag⟩.

unfurnished [unfə:nisjt] **0.1** ***ongemeubileerd.***

ungainl|y [ungeenlie] ⟨-iness⟩ **0.1** ***lomp.***

ungenerous [undzjenrəs] **0.1** ***hard(vochtig)*** **0.2** ***gierig.***

ungentlemanly [undzjentlmənlie] ⟨vnl. sport⟩ **0.1** ***onsportief*** ◆ **1.1** ~ conduct *onsportief gedrag.*

ungetatable [ungetætəbl] ⟨inf.⟩ **0.1** ***onbereikbaar*** ⇒*ongenaakbaar.*

ungodl|y [ungodlie] ⟨-iness⟩ **0.1** ***goddeloos*** **0.2** ⟨inf.⟩ ***afgrijselijk*** ◆ **1.2** he rang me at an ~ hour *hij belde me op een onchristelijk uur.*

ungovernab|le [unguvnəbl] ⟨-ly⟩ **0.1** ***onbedwingbaar*** ⇒*ontembaar, onhandelbaar.*

ungracious [ungreesjəs] **0.1** ***onhoffelijk*** ⇒*onbeleefd, lomp* **0.2** ***onaangenaam*** ◆ **1.2** ~ task *ondankbare taak.*

ungrateful [ungreetfl] ⟨-ness⟩ **0.1** ***ondankbaar*** **0.2** ***onplezierig*** ⇒*ondankbaar* ⟨bv. taak⟩.

ungrudging [ungrudzjing] **0.1** ***gul*** ⇒*royaal* ◆ **6.1** be ~ **in** helping *zonder morren helpen.*

unguarded [unga:did] **0.1** ***onbewaakt*** **0.2** ***onbedachtzaam*** **0.3** ***achteloos*** ◆ **1.1** in an ~ moment *op een onbewaakt ogenblik.*

unguent [unggwənt] **0.1** ***zalf.***

ungulate [unggjoeleet] ⟨dierk.⟩ **0.1** ***gehoefd*** **0.2** ***hoefvormig.***

unhallowed [unhælood] **0.1** ***ongewijd*** **0.2** ***goddeloos.***

unhand [unhænd] ⟨vero. of scherts.⟩ **0.1** ***loslaten.***

unhapp|y [unhæpie] ⟨-iness⟩ **0.1** ***ongelukkig*** ⇒*bedroefd* **0.2** ***noodlottig*** **0.3** ***ongepast*** ⇒*ongelukkig* ◆ ¶**.2** unhappily, I lost my passport *ongelukkigerwijs verloor ik mijn paspoort.*

unharmed [unha:md] **0.1** ***ongedeerd*** ⇒*onbeschadigd.*

unhealth|y [unhelθie] ⟨-iness⟩ **0.1** ***ongezond*** ⟨ook fig.⟩ ⇒*ziekelijk* **0.2** ⟨inf.⟩ ***link*** ⇒*gevaarlijk.*

unheard [unhə:d] **0.1** ***niet gehoord*** ⇒*ongehoord* ◆ **3.1** his advice went ~ *naar zijn advies werd niet geluisterd* **6.1** ~ **of** *onbekend.*

unheard-of [unhə:dov] **0.1** ***ongekend*** ⇒*buitengewoon.*

unheeded [unhie:did] **0.1** ***genegeerd*** ⇒*in de wind geslagen.*

unhelpful [unhelpfl] **0.1** ***niet behulpzaam*** **0.2** ***nutteloos.***

unhesitating [unhezzitteeting] **0.1** ***prompt*** ⇒*zonder te aarzelen* **0.2** ***vastberaden.***

unhinge [unhindzj] **0.1** ***uit de scharnieren tillen*** ⟨deur⟩ **0.2** ⟨inf.⟩ ***uit zijn evenwicht brengen*** ◆ **1.2** his mind is ~d *hij is v.d. kaart.*

unhol|y [unhoolie] ⟨-iness⟩ **0.1** ***onheilig*** **0.2** ⟨inf.⟩ ***verschrikkelijk*** ◆ **1.2** ⟨inf.⟩ at an ~ hour *op een onchristelijk tijdstip;* ~ noise *heidens lawaai.*

unhook [unhoek] **0.1** ***loshaken*** ⇒*losmaken.*

unhoped-for [unhoop(t)fo:] **0.1** ***ongehoopt*** ⇒*onverwacht.*

unhorse [unho:s] **0.1** ***v.h. paard werpen*** ⇒*uit het zadel lichten; omverwerpen* ⟨ook fig.⟩.

unhurried [unhurried] **0.1** ***niet gehaast*** ⇒*rustig.*

UNICEF [joe:nissef] ⟨afk.⟩⟨United Nations International Children's Emergency Fund⟩ **0.1** ***Unicef.***

unicorn [joe:nikko:n] **0.1** ***eenhoorn.***

unidentified [unnajdentiffajd] **0.1** ***niet geïdentificeerd*** ◆ **1.1** ~ flying object *vliegende schotel.*

unification [joe:niffikkeesjn] **0.1** ***eenmaking*** ⇒*unificatie.*

uniform[1] [joe:niffo:m] ⟨zn.⟩ **0.1** ***uniform.***

uniform[2] ⟨bn.⟩ **0.1** ***uniform*** ⇒*gelijkvormig, eensluidend* **0.2** ***gelijkmatig*** ⇒*onveranderlijk* ⟨bv. v. temperatuur⟩.

uniformed [joe:niffo:md] **0.1** ***geüniformeerd*** ⇒*in uniform.*

uniformity [joe:niffo:mətie] **0.1** ***uniformiteit*** ⇒*gelijk(vormig)heid, eensluidendheid* **0.2** ***gelijkmatigheid*** ⇒*onveranderlijkheid.*

unif|y [joe:niffaj] ⟨-ied⟩ **0.1** ***(zich) verenigen*** ⇒*tot één maken.*

unilateral [joe:nilætrəl] **0.1** ***eenzijdig*** ⇒*unilateraal, v. één kant.*

unimaginable [unnimædzjinnəbl] **0.1** ***onvoorstelbaar.***

unimaginative [unnimædzjinnətiv] **0.1** ***fantasieloos.***

unimpaired [unnimpeəd] **0.1** ***ongeschonden.***

unimpeachab|le [unnimpie:tsjəbl] ⟨-ly⟩ **0.1** ***onbetwistbaar*** *⇒onweerlegbaar* **0.2** ***onberispelijk.***
unimportant [unnimpo:tnt] **0.1** ***onbelangrijk.***
unimpressed [unnimprest] **0.1** ***niet onder de indruk.***
uninformed [unninfo:md] **0.1** ***niet/slecht ingelicht*** *⇒onwetend.*
uninhabitable [unninhæbittəbl] **0.1** ***onbewoonbaar.***
uninhibited [unninhæbittid] **0.1** ***ongeremd*** *⇒open, vrijuit.*
uninitiated [unninnisjie·eetid] **0.1** ***oningewijd.***
uninspired [unninspajjəd] **0.1** ***ongeïnspireerd*** *⇒saai.*
uninspiring [unninspajjəring] **0.1** ***niet inspirerend.***
unintentional [unnintensjnəl] **0.1** ***onbedoeld.***
uninterested [unnintristid] **0.1** ***ongeïnteresseerd*** **0.2** ***zonder belangen.***
uninteresting [unnintristing] **0.1** ***oninteressant.***
uninterrupted [unnintəruptid] **0.1** ***ononderbroken*** *⇒doorlopend.*
uninvited [unninvajtid] **0.1** ***ongenood*** *⇒ongewenst.*
uninviting [unninvajting] **0.1** ***onaantrekkelijk.***
union [joe:niən] **0.1** ⟨vaak U-⟩ ***verbond*** *⇒unie* **0.2** ⟨ww. enk. of mv.⟩ ***(vak)bond*** *⇒vakvereniging/centrale* **0.3** ⟨ww. enk. of mv.; ook U-⟩ ***studentenvereniging/sociëteit*** **0.4** ***vereniging*** ⟨vnl. wisk., v. verzamelingen⟩ **0.5** ***harmonie*** *⇒ eendracht, verbond* **0.6** ***huwelijk*** **0.7** ⟨tech.⟩ ***verbinding*** *⇒ koppelstuk* ◆ **3.3** join the Union *lid worden v.d. sociëteit* **6.5** live **in** ~ *in harmonie leven* **7.1** the Union *de Verenigde Staten; de Unie v. Zuid-Afrika; het Verenigd Koninkrijk; de Sovjet-Unie.*
union baron **0.1** ***vakbondsbonze*** *⇒vakbondsleider.*
union branch **0.1** ***vakbondsafdeling.***
union card **0.1** ***lidmaatschapskaart v. vakbond.***
unionism [joe:niənizm] **0.1** ⟨ook U-⟩ ***unionisme*** *⇒het streven naar een unie* **0.2** ***vakbondssysteem/wezen.***
unionist [joe:niənist] **0.1** ***vakbondslid*** **0.2** ***aanhanger/voorstander v.d. vakbeweging*** **0.3** ⟨ook U-⟩ ***unionist*** **0.4** ⟨rel.⟩ ***unionist*** *⇒voorstander v.e. unie v. kerken.*
unionize, -ise [joe:niənajz] **I** ⟨onov.ww.⟩ **0.1** ***een vakbond organiseren*** **0.2** ***lid worden v.e. vakbond;***
II ⟨ov.ww.⟩ **0.1** ***tot een vakbond maken*** **0.2** ***(tot) vakbondslid maken.***
Union Jack, ⟨ook⟩ **Union Flag** **0.1** ***Union Jack*** *⇒Britse vlag.*
union leader **0.1** ***vakbondsleider.***
union shop ⟨AE⟩ **0.1** ***vakbondsbedrijf*** *⇒bedrijf dat zijn werknemers verplicht lid te worden v.d. vakbond.*
union suit ⟨AE⟩ **0.1** ***hemdbroek*** *⇒combinaison.*
unique [joe:nie:k] ⟨-ness⟩ **0.1** ***uniek*** *⇒*⟨inf.⟩ *opmerkelijk.*
unisex [joe:nisseks] **0.1** ***uniseks-.***
unisexual [joe:nisseksjoeəl] ⟨biol.⟩ **0.1** ***eenslachtig.***
unison [joe:nisn, -zn] **0.1** ***koor*** *⇒het tegelijk spreken* **0.2** ***harmonie*** ◆ **6.1** speak **in** ~ *in koor spreken* **6.2** work **in** ~ *eendrachtig samenwerken.*
unit [joe:nit] **0.1** ***eenheid*** *⇒onderdeel, afdeling; meetgrootheid;* ⟨tech.⟩ *apparaat, module;* ⟨med.⟩ *dosis* **0.2** ***combineerbaar onderdeel*** ⟨v. meubilair⟩ *⇒unit, blok* **0.3** ⟨BE; geldw.⟩ ***aandeel in een beleggingsmaatschappij*** *⇒depotbewijs* ◆ **1.1** ~ of account *rekeneenheid.* →**British.**
unitarian¹ [joe:nitteəriən] ⟨zn.⟩ **0.1** ⟨U-; rel.⟩ ***unitariër*** **0.2** ⟨pol.⟩ ***unitariër*** *⇒voorstander v. centralisatie.*
unitarian² ⟨bn.⟩ **0.1** ⟨U-; rel.⟩ ***unitariërs-*** *⇒unitaristisch* **0.2** ⟨pol.⟩ ***unitaristisch*** ◆ **1.1** Unitarian church *unitariërskerk.*
unitary [joe:nitrie] **0.1** ***eenheids-*** **0.2** ⟨pol.⟩ ***gecentraliseerd.***
unit cost ⟨ec.⟩ **0.1** ***gemiddelde kostprijs.***
unite [joe:najt] **I** ⟨onov.ww.⟩ **0.1** ***zich verenigen*** *⇒samenwerken, fuseren* **0.2** ***zich verbinden*** *⇒aaneengroeien* **0.3** ***zich mengen*** ◆ **6.1** they ~d **in** fighting the enemy *tezamen bestreden zij de vijand;*
II ⟨ov.ww.⟩ **0.1** ***verbinden*** **0.2** ***verenigen*** *⇒tot een geheel maken* **0.3** ***in de echt verbinden.***
united [joe:najtid] **0.1** ⟨vaak U-⟩ ***verenigd*** **0.2** ***saamhorig*** *⇒ hecht, harmonieus* **0.3** ***gezamenlijk*** ◆ **1.1** United Arab Emirates *Perzische golfstaten, Verenigde Arabische Emiraten;* United Kingdom *Verenigd Koninkrijk;* United Nations *Verenigde Naties;* United States *Verenigde Staten* **1.3** with their ~ powers *met vereende krachten.*
unit furniture **0.1** ***combinatiemeubilair*** *⇒aanbouwmeubilair.*
unit holder ⟨BE; geldw.⟩ **0.1** ***aandeelhouder in beleggingsmaatschappij.***
unit trust ⟨BE; geldw.⟩ **0.1** ***beleggingsfonds.***
unit|y [joe:nətie] ⟨mv.: -ies⟩ **0.1** ***geheel*** *⇒eenheid, samenhang* **0.2** ***samenwerking*** **0.3** ***harmonie*** **0.4** ⟨dram.⟩ ***eenheid*** **0.5** ⟨wisk.⟩ ***identiteit*** ◆ **6.3** **at/in** ~ *eendrachtig.*
Univ. ⟨afk.⟩ **0.1** [university].
universal¹ [joe:nivvə:sl] ⟨zn.⟩ **0.1** ***algeme(e)n(e) begrip/principe/eigenschap*** **0.2** ⟨logica⟩ ***universele propositie.***
universal² ⟨bn.; zn.: **-ity**⟩ **0.1** ***universeel*** *⇒algemeen, wereldomvattend* **0.2** ***universeel*** **0.3** ***algeheel*** *⇒alomvattend* **0.4** ***kosmisch*** ◆ **1.1** ~ language *wereldtaal;* ~ product code *streepjescode;* ~ rule *algemeen geldende regel;* ~ time *universele tijd, wereldtijd* **1.2** ⟨tech.⟩ ~ coupling/joint *kruiskoppeling;* ~ donor *donor met bloedgroep O* **1.3** ~ agreement *algemene instemming;* ~ suffrage *algemeen kiesrecht.*
Universalism [joe:nivvə:səlizm] ⟨rel.⟩ **0.1** ***universalisme*** ⟨opvatting dat Gods genade universeel is⟩.
universally [joe:nivvə:səlie] **0.1** →**universal** **0.2** *overal ⇒ door iedereen* ◆ **2.2** ~ present *alomtegenwoordig.*
universe [joe:nivvə:s] **0.1** ⟨vnl. the; ook U-⟩ ***heelal*** **0.2** ⟨vnl. the; ook U-⟩ ***wereld*** *⇒*⟨ook⟩ *gebied* **0.3** ⟨statistiek⟩ ***universum*** *⇒populatie* **0.4** ⟨logica⟩ ***verzameling*** *⇒domein.*
universit|y [joe:nivvə:sətie] ⟨mv.: -ies⟩ **0.1** ***universiteit*** *⇒hogeschool* ◆ **6.1** be **at** ~, go **to** a ~, ⟨alleen BE⟩ go **to** ~ *(aan de universiteit) studeren.*
unjust [undzjust] **0.1** ***onrechtvaardig.***
unjustifiab|le [undzjustiffajjəbl] ⟨-ly⟩ **0.1** ***niet te verantwoorden.***
unjustified [undzjustiffajd] **0.1** ***ongerechtvaardigd.***
unkempt [unkempt] **0.1** ***ongekamd*** **0.2** ***slonzig.***
unkind [unkajnd] **0.1** ***onaardig*** *⇒onvriendelijk* **0.2** ***ruw.***
unknowing [unnooing] **0.1** ***niet wetend*** *⇒onbewust* **0.2** ***onwetend*** ◆ **6.1** ~ **of** *onkundig van.*
unknown¹ [unnoon] ⟨zn.⟩ **0.1** ***onbekende*** ⟨ook wisk.⟩.
unknown² ⟨bn.⟩ **0.1** ***onbekend*** ◆ **1.1** ~ quantity *onbekende grootheid;* ⟨fig.⟩ *onzekere factor;* the Unknown Soldier/Warrior *de Onbekende Soldaat* **6.1** it is ~ **to** me *het is mij niet bekend.*
unknown³ ⟨bw.⟩ ◆ **6.¶** ~ **to** s.o. *buiten iemands medeweten.*
unlawful [unlo:fl] **0.1** ***onwettig*** *⇒illegaal; buitenechtelijk* ⟨v. kind⟩.
unleaded [unleddid] **0.1** ***loodvrij*** ⟨benzine⟩.
unlearn [unlə:n] ⟨ook unlearnt, unlearnt⟩ **0.1** ***afleren*** *⇒verleren.*
unleash [unlie:sj] **0.1** ***losmaken v.d. riem*** ⟨hond⟩ *⇒*⟨ook fig.⟩ *ontketenen* ◆ **6.1** ~ a dog **on** s.o. *een hond op iem. loslaten;* ~ one's rage **(up)on** s.o. *zijn woede op iem. koelen.*
unleavened [unlevnd] **0.1** ***ongedesemd*** ◆ **6.1** ⟨fig.⟩ ~ **by** *niet vermengd met.*
unless¹ [ənles, ⟨sterk⟩ unles] ⟨vz.⟩ **0.1** ***behalve*** *⇒tenzij (misschien).*

unless[2] ⟨vw.⟩ **0.1** ***tenzij*** ⇒*behalve, zonder dat* ◆ ¶.**1** I daren't go ~ you come with me *ik durf niet gaan tenzij jij meekomt.*

unlettered [unlettəd] **0.1** ***ongeletterd*** ⇒*onontwikkeld* **0.2** ***analfabeet.***

unlicensed [unlajsnst] **0.1** ***zonder vergunning*** **0.2** ***zonder goedkeuring*** **0.3** ⟨druk.⟩ ***vrij.***

unlike[1] [unlajk] ⟨bn.; bw.⟩ **0.1** ***verschillend*** ⇒*niet gelijkend* **0.2** ***ongelijkwaardig*** **0.3** ⟨wisk.⟩ ***tegengesteld*** ◆ **1.1** the photograph is ~ *de foto lijkt niet.*

unlike[2] ⟨vz.⟩ **0.1** ***anders dan*** ⇒*in tegenstelling tot* **0.2** ***niet typisch voor*** ◆ **1.2** that's ~ John *dat is niets voor John.*

unlikelihood [unlajkliehoed] **0.1** ***onwaarschijnlijkheid.***

unlikel|y [unlajklie] ⟨-iness⟩ **0.1** ***onwaarschijnlijk*** **0.2** ***weinig belovend*** ⇒*niet hoopgevend* ◆ **3.2** he is ~ to succeed *hij heeft weinig kans v. slagen.*

unlimited [unlimmittid] **0.1** ***onbeperkt*** ⇒*ongelimiteerd.*

unlisted [unlistid] **0.1** ***niet geregistreerd*** **0.2** ⟨geldw.⟩ ***incourant*** ◆ **1.1** ~ number *geheim telefoonnummer* **1.¶** ⟨geldw.⟩ ~ securities market *parallelmarkt (officieel genoteerd).*

unload [unlood] **I** ⟨onov. en ov.ww.⟩ **0.1** ***lossen*** ⇒*uitladen;* **II** ⟨ov.ww.⟩ **0.1** ***leegmaken*** **0.2** ***wegdoen*** ⇒*zich ontdoen van* **0.3** ***ontladen*** ⟨vuurwapen; ook fig.⟩ ⇒*afreageren* **0.4** ***de film halen uit*** ⟨camera⟩ ◆ **6.2** ~ responsibilities **onto** s.o. *de verantwoordelijkheid op iem. afschuiven.*

unlock [unlok] **I** ⟨onov.ww.⟩ **0.1** ***opengaan*** **0.2** ***losgaan;*** **II** ⟨ov.ww.⟩ **0.1** ***openmaken*** ⇒*opendoen, v.h. slot doen;* ⟨ook fig.⟩ *ontsluieren* **0.2** ***losmaken*** ⇒*bevrijden* ⟨ook fig.⟩; *de vrije loop laten* ◆ **1.1** ~ one's heart *zijn hart uitstorten;* ~ the truth *de waarheid onthullen.*

unlooked-for [unloekt fo:] **0.1** ***onverwacht.***

unloose(n) [unloe:s(n)] **0.1** ***losmaken*** ⇒*losknopen, vrijlaten* ⟨ook fig.⟩ **0.2** ***ontspannen*** ◆ **1.1** old memories were unloose(ne)d *oude herinneringen kwamen boven.*

unluck|y [unlukkie] ⟨-ily⟩ **0.1** ***ongelukkig*** ◆ **1.1** ~ fellow *pechvogel* **3.1** be ~ *pech hebben* ¶.**1** ⟨sprw.⟩ ~ at cards, lucky in love *ongelukkig in het spel, gelukkig in de liefde.*

unmade [unmeed] **0.1** ***onopgemaakt*** ⟨bed⟩.

unmanageab|le [unmænidzjəbl] ⟨-ly⟩ **0.1** ***onhandelbaar*** **0.2** ***onhanteerbaar*** ⇒*niet te besturen.*

unmanl|y [unmænlie] ⟨-ier⟩ **0.1** ***eerloos*** ⇒*laf* **0.2** ***verwijfd.***

unmanned [unmænd] **0.1** ***onbemand*** ⇒*zonder bemanning.*

unmannerly [unmænəlie] **0.1** ***ongemanierd*** ⇒*ruw, onbeschaafd.*

unmarked [unma:kt] **0.1** ***ongemerkt*** ⇒*zonder merk(teken)* **0.2** ***zonder cijfer*** ⇒*onbeoordeeld* ◆ **6.¶** a novel ~ **by** psychological insight *een roman die niet uitblinkt door psychologisch inzicht.*

unmarried [unmæried] **0.1** ***ongetrouwd.***

unmask [unma:sk] **0.1** ***het/zijn masker afnemen*** ⟨ook fig.⟩ ⇒*ontmaskeren, onthullen.*

unmatched [unmætsjt] **0.1** ***ongeëvenaard*** ⇒*onovertroffen.*

unmeasured [unmezjəd] **0.1** ***onmetelijk*** ⇒*onbegrensd* **0.2** ***ongebreideld*** ⇒*onbeheerst.*

unmentionable [unmensjnəbl] **0.1** ***taboe*** **0.2** ***niet (nader) te noemen*** **0.3** ***niet te beschrijven.***

unmindful [unmajndfl] **0.1** ***zorgeloos*** ⇒*vergeetachtig* ◆ **6.1** ~ **of** *zonder acht te slaan op.*

unmistakab|le [unmisteekəbl] ⟨-ly⟩ **0.1** ***onmiskenbaar*** ⇒*ondubbelzinnig* **0.2** ***overbekend.***

unmitigated [unmittigeetid] **0.1** ***onverminderd*** ⇒*onverzacht* **0.2** ***absoluut*** ⇒*volkomen* ◆ **1.2** ~ disaster *regelrechte ramp;* ~ scoundrel *(drie)dubbel overgehaalde schelm.*

unmoor [unmoeə] **0.1** ***(een schip) ontmeren.***

unmounted [unmauntid] **0.1** ***onbereden*** ⇒*niet bereden* ⟨politie⟩ **0.2** ***niet ingelijst/ingeraamd.***

unmoved [unmoe:vd] **0.1** ***onbewogen*** ⇒*onaangedaan* **0.2** ***onveranderd*** ⇒*ongestoord.*

unmoving [unmoe:ving] **0.1** ***bewegingloos*** **0.2** ***onaandoenlijk.***

unnameable [unneeməbl] **0.1** ***onnoembaar*** ⇒*onbeschrijfelijk.*

unnamed [unneemd] **0.1** ***naamloos*** **0.2** ***onbekend*** ⇒*niet genoemd.*

unnatural [unnætsjrəl] **0.1** ***onnatuurlijk*** ⇒*tegennatuurlijk, abnormaal; ongewoon, vreemd; pervers* ◆ **5.1** not ~ly *vanzelfsprekend, uit de aard der zaak.*

unnecessar|y [unnessəsrie] ⟨-ily⟩ **0.1** ***onnodig*** ⇒*niet noodzakelijk* **0.2** ***overbodig.***

unnerve [unnə:v] **0.1** ***v. zijn stuk brengen*** ⇒*ontmoedigen* **0.2** ***nerveus maken.***

unnoticed [unnootist] **0.1** ***ongemerkt*** ⇒*ongezien.*

unnumbered [unnumbəd] **0.1** ***ongenummerd*** **0.2** ***ontelbaar*** ⇒*talloos.*

UNO [joe:noo] ⟨afk.⟩ **0.1** [United Nations Organisation] ***VN.***

unobtainable [unnəbteenəbl] **0.1** ***onverkrijgbaar*** ⇒*niet te krijgen* **0.2** ***niet te bereiken*** ⟨bv. telefonisch⟩.

unobtrusive [unnəbtroe:siv] ⟨-ness⟩ **0.1** ***onopvallend*** **0.2** ***discreet*** ⇒*voorzichtig.*

unoccupied [unnokjoepajd] **0.1** ***leeg*** ⇒*onbezet, vrij* **0.2** ***niet bezig*** ⇒*werkeloos.*

unofficial [unnəfisjl] **0.1** ***onofficieel*** ⇒*niet vormelijk* **0.2** ***onofficieel*** ⇒*officieus, niet bevestigd* ◆ **1.¶** ~ strike *wilde staking.*

unorganized, -ised [unno:gənajzd] **0.1** ***ongeorganiseerd*** ⇒ *niet tot een vakbond behorend.*

unorthodox [unno:θədoks] **0.1** ***onorthodox*** ⇒*onconventioneel.*

unpack [unpæk] **0.1** ***uitpakken*** ◆ **1.1** ~ one's suitcase/clothes *zijn koffer/kleren uitpakken.*

unpaid [unpeed] **0.1** ***onbetaald.***

unparalleled [unpærəleld] **0.1** ***zonder weerga*** ⇒*ongeëvenaard.*

unparliamentary [unpa:ləmentrie] **0.1** ***onparlementair*** ⇒ *ongepast* ◆ **1.1** ~ language *onbeschaafd(e) taal(gebruik).*

unpassable [unpa:səbl] ⟨geldw.⟩ **0.1** ***ongangbaar.***

unperceived [unpəsie:vd] **0.1** ***onbemerkt*** ⇒*ongemerkt.*

unperson [unpə:sn] **0.1** ***niemand*** ⇒*iem. die doodgezwegen wordt.*

unpick [unpik] **0.1** ***lostornen*** ◆ **1.1** ~ a seam/stitches *een naad/steken lostornen.*

unplaced [unpleest] **0.1** ***niet geplaatst*** ⇒*zonder vaste plaats/positie* **0.2** ⟨paardenrennen⟩ ***niet geplaatst*** ⇒*niet bij de eerste drie (behorend).*

unplayable [unpleeəbl] **0.1** ***niet afspeelbaar*** ⟨plaat⟩ **0.2** ⟨sport⟩ ***onbespeelbaar*** ⟨veld⟩ **0.3** ⟨sport⟩ ***niet (terug) te spelen*** ⇒*onspeelbaar* ⟨bal⟩ **0.4** ⟨muz.⟩ ***onspeelbaar*** ⇒*niet te spelen.*

unpleasant [unpleznt] **0.1** ***onaangenaam*** ⇒*onplezierig.*

unpleasantness [unplezntnəs] **I** ⟨telb.zn.⟩ **0.1** ***onaangenaam voorval*** **0.2** ***wrijving*** ⇒*woorden, ruzie;* **II** ⟨n.-telb.zn.⟩ **0.1** ***onaangenaamheid.***

unplumbed [unplumd] **0.1** ***ongepeild*** ⟨ook fig.⟩ ⇒*ononderzocht.*

unpolished [unpollisjt] **0.1** ***ongepolijst*** ⟨ook stijl⟩ ⇒*ongepeld* ⟨rijst⟩ **0.2** ***ruw, onbeschaafd*** ⟨manieren⟩.

unpopular [unpopjoelə] **0.1** ***impopulair.***

unpractised, ⟨AE sp.⟩ **unpracticed** [unpræktist] **0.1** ***onervaren*** ⇒*ongeoefend.*

unprecedented [unpressiddentid] **0.1** ***ongekend*** *⇒ongehoord, nooit eerder voorgekomen.*
unpredictab|le [unpriddiktəbl] ⟨-ly⟩ **0.1** ***onvoorspelbaar.***
unprejudiced [unpredzjədist] **0.1** ***onbevooroordeeld*** *⇒onpartijdig.*
unprepared [unprippeəd] **0.1** ***onvoorbereid*** *⇒geïmproviseerd* **0.2** ***onverwachts.***
unpretentious [-tensjəs] **0.1** ***bescheiden*** *⇒zonder pretenties.*
unprincipled [unprinsipld] **0.1** ***zonder scrupules*** *⇒gewetenloos.*
unprintable [unprintəbl] **0.1** ***niet geschikt voor publicatie.***
unproductive [unprədüktiv] **0.1** ***niet/weinig vruchtbaar*** *⇒niets/weinig opleverend, onproductief* ⟨ook ec.⟩ ◆ **1.¶** ⟨ec.⟩ ~ assets/capital *dood kapitaal;* ⟨ec.⟩ ~ credit *consumptief krediet.*
unprofessional [unprəfesjnəl] **0.1** ***niet professioneel*** *⇒niet beroeps, amateur-* **0.2** ***amateuristisch.***
unprofitable [unproffittəbl] **0.1** ***onvruchtbaar*** *⇒nutteloos, vergeefs.*
unprompted [unprom(p)tid] **0.1** ***spontaan*** *⇒uit zichzelf.*
unprotected [unprətektid] **0.1** ***onbeschermd*** *⇒onbeschut.*
unproved [unproe:vd] **0.1** ***niet bewezen.***
unprovided-for [unprəvajdidfo:] **0.1** ***onvoorzien*** *⇒niet voorzien* **0.2** ***onvoorzien*** *⇒onverwacht* ◆ **6.1** he died young and left his family ~ *hij stierf jong en liet zijn gezin onverzorgd achter.*
unprovoked [unprəvookt] **0.1** ***niet uitgelokt*** *⇒zonder aanleiding.*
unpublished [unpublisjt] **0.1** ***ongepubliceerd.***
unqualified [unkwolliffajd] **0.1** ***niet gekwalificeerd*** *⇒onbevoegd* **0.2** ***ongeschikt*** *⇒incompetent* **0.3** ***zonder voorbehoud*** *⇒onvoorwaardelijk* ◆ **1.3** ~ success *volledig succes.*
unquestionable [unkwestsjənəbl] **0.1** ***onbetwistbaar.***
unquestionably [unkwestsjənəblie] **0.1** ***ongetwijfeld*** *⇒zonder twijfel, zonder meer* ◆ **3.1** they are ~ the best team of the U.S.A. *dat ze het beste team v. Amerika zijn, staat buiten kijf.*
unquestioned [unkwestsjənd] **0.1** ***niet ondervraagd*** **0.2** ***onbetwistbaar*** **0.3** ***onbetwist*** *⇒niet tegengesproken.*
unquestioning [unkwestsjəning] **0.1** ***onvoorwaardelijk.***
unquiet [unkwajjit] ⟨vnl. schr.⟩ **0.1** ***rusteloos*** *⇒nerveus* **0.2** ***onrustig*** *⇒roerig.*
unquotable [unkwootəbl] **0.1** ***niet aan te halen*** *⇒te lang/schokkend enz. om te citeren.*
unquote [unkwoot] ⟨vnl. in geb. wijs⟩ **0.1** ***een citaat beëindigen*** *⇒aanhalingstekens sluiten* ◆ **¶.1** he said (quote) 'Over my dead body' (~) *hij zei (begin citaat/aanhalingstekens openen) 'Over mijn lijk' (einde citaat/aanhalingstekens sluiten).*
unquoted [unkwootid] **0.1** ⟨geldw.⟩ ***niet genoteerd*** ⟨op de beurs⟩.
unravel [unrævl] ⟨BE -led⟩ **I** ⟨onov.ww.⟩ **0.1** ***rafelen*** *⇒rafelig worden;*
II ⟨ov.ww.⟩ **0.1** ***ontrafelen*** ⟨ook fig.⟩ *⇒uithalen;* ⟨fig. ook⟩ *uitzoeken, oplossen.*
unreadab|le [unrie:dəbl] ⟨-ly⟩ **0.1** ***onleesbaar*** *⇒niet te ontcijferen; vervelend, slecht.*
unreal [unriəl] **0.1** ***onwerkelijk*** *⇒denkbeeldig* **0.2** ***onecht*** *⇒onwaar, vals.*
unrealistic [unriəlistik] ⟨-ally⟩ **0.1** ***niet realistisch*** *⇒onrealistisch.*
unrealit|y [unrie·ælətie] ⟨mv.: -ies⟩ **0.1** ***onwerkelijkheid.***
unreasonab|le [unrie:znəbl] ⟨-ly⟩ **0.1** ***redeloos*** *⇒verstandeloos* **0.2** ***onredelijk*** **0.3** ***buitensporig*** *⇒overdreven.*
unreasoning [unrie:zning] **0.1** ***redeloos*** *⇒irrationeel, onnadenkend.*
unrecognized, -ised [unrekkəgnajzd] **0.1** ***onherkend*** *⇒niet herkend* **0.2** ***niet erkend*** *⇒onaanvaard.*
unrelated [unrilleetid] **0.1** ***niet verwant*** **0.2** ***geen verband (met elkaar) houdend.***
unrelenting [unrillenting] **0.1** ***onverminderd*** *⇒niet aflatend, voortdurend* **0.2** ***meedogenloos*** *⇒onverbiddelijk.*
unreliab|le [unrillajjəbl] ⟨-ly⟩ **0.1** ***onbetrouwbaar.***
unrelieved [unrillie:vd] **0.1** ***onverzacht*** *⇒onverminderd* **0.2** ***eentonig*** *⇒vlak, saai* **0.3** ***hevig*** *⇒sterk, intens* ◆ **6.2** ~ **by** *niet afgewisseld met.*
unremitting [unrimmitting] **0.1** ***constant*** *⇒niet aflatend, onverminderd.*
unrequited [unrikwajtid] **0.1** ***onbeantwoord*** ◆ **1.1** ~ love *onbeantwoorde liefde.*
unreserved [unrizzə:vd] **0.1** ***onverdeeld*** *⇒geheel, onvoorwaardelijk* **0.2** ***openhartig*** *⇒eerlijk.*
unrest [unrest] **0.1** ***onrust*** *⇒beroering.*
unrestrained [unristreend] **0.1** ***ongebreideld*** *⇒heftig, wild* **0.2** ***ongeremd*** *⇒spontaan.*
unrestricted [unristriktid] **0.1** ***onbeperkt*** *⇒onbelemmerd.*
unrewarding [unriwwo:ding] **0.1** ***niet lonend*** *⇒niet de moeite waard;* ⟨fig.⟩ *ondankbaar* ◆ **1.1** a very ~ job *zeer ondankbaar werk.*
unrig [unrig] ⟨-ged⟩ **0.1** ⟨scheep.⟩ ***onttakelen.***
unrip [unrip] ⟨-ped⟩ **0.1** ***openscheuren*** **0.2** ***lostornen.***
unripe [unrajp] ⟨-r⟩ **0.1** ***onrijp*** ⟨ook fig.⟩.
unrivalled, ⟨AE sp.⟩ **unrivaled** [unrajvld] **0.1** ***ongeëvenaard*** *⇒ongekend, weergaloos.*
unroll [unrool] **0.1** ***(zich) uitrollen*** *⇒(zich) ontrollen;* ⟨ook fig.⟩ *(zich) tonen, (zich) onthullen.*
unruffled [unrufld] **0.1** ***kalm*** *⇒onverstoord.*
unrul|y [unroe:lie] ⟨-iness⟩ **0.1** ***onhandelbaar*** *⇒tegendraads, weerspannig.*
unsaddle [unsædl] **I** ⟨onov. en ov.ww.⟩ **0.1** ***afzadelen*** *⇒(een paard) ontzadelen;*
II ⟨ov.ww.⟩ **0.1** ***ontzadelen*** *⇒uit het zadel werpen.*
unsafe [unseef] **0.1** ***onveilig*** *⇒onzeker.*
unsaid [unsed] **0.1** ***onuitgesproken*** *⇒verzwegen.*
unsatisfactor|y [unsætisfæktrie] ⟨-iness⟩ **0.1** ***onbevredigend.***
unsaturated [unsætsjəreetid] ⟨schei.⟩ **0.1** ***onverzadigd.***
unsavoury, ⟨AE sp.⟩ **unsavory** [unseevrie] **0.1** ***onsmakelijk*** *⇒vies;* ⟨ook fig.⟩ *weerzinwekkend* **0.2** ***smakeloos*** *⇒flauw.*
unsay [unsee] ⟨schr.⟩ **0.1** ***terugnemen*** *⇒herroepen* ⟨woorden⟩.
unsayable [unseeəbl] **0.1** ***onzegbaar.***
unscathed [unskeeðd] **0.1** ***ongedeerd*** *⇒onbeschadigd* ◆ **3.1** return ~ *heelhuids terugkeren.*
unschooled [unskoe:ld] **0.1** ***ongeoefend*** *⇒onervaren* **0.2** ***natuurlijk*** *⇒onaangeleerd* ◆ **1.2** ~ talent *natuurtalent.*
unscientific [unsajjəntiffik] ⟨-ally⟩ **0.1** ***onwetenschappelijk.***
unscramble [unskræmbl] **0.1** ***ontcijferen*** *⇒decoderen* **0.2** ***ontwarren*** *⇒uit elkaar halen.*
unscrew [unskroe:] **I** ⟨onov.ww.⟩ **0.1** ***losraken*** **0.2** ***losgeschroefd worden;***
II ⟨ov.ww.⟩ **0.1** ***losschroeven*** **0.2** ***losdraaien*** *⇒eraf draaien* ◆ **1.2** can you ~ this bottle *krijg jij deze fles open?*
unscripted [unskriptid] **0.1** ***zonder papiertje*** *⇒voor de vuist (weg).*
unscrupulous [unskroe:pjoeləs] ⟨-ness⟩ **0.1** ***zonder scrupules*** *⇒immoreel, gewetenloos.*
unseasonab|le [unsie:znəbl] ⟨-ly⟩ **0.1** ***abnormaal voor het seizoen*** ◆ **1.1** an ~ summer *een slechte zomer.*

unseasoned [unsie:znd] **0.1** ***ongekruid*** **0.2** ***onvolgroeid*** ⇒*onrijp* **0.3** ***onervaren.***

unseat [unsie:t] **0.1** ***afwerpen*** ⇒*uit het zadel werpen* **0.2** ***doen vallen*** **0.3** ***zijn positie afnemen*** ⇒⟨ihb. pol.⟩ *zijn zetel doen verliezen.*

unsecured [unsikjoeəd] **0.1** ***onbeveiligd*** **0.2** ⟨geldw.⟩ ***ongedekt*** ⟨schuld⟩ ◆ **1.2** ~ loan *fiduciaire/ongedekte lening* **1.¶** ⟨geldw.⟩ ~ creditor *concurrente crediteur.*

unseeded [unsie:did] ⟨sport⟩ **0.1** ***niet-geplaatst*** ⟨bv. tennisser⟩.

unseeing [unsie:ing] **0.1** ***niet(s) ziend*** ⇒*wezenloos* ◆ **1.1** look at sth. with ~ eyes *met (een) wezenloze blik naar iets kijken.*

unseeml|y [unsie:mlie] ⟨-iness⟩ **0.1** ***onbetamelijk*** ⇒*onbehoorlijk* **0.2** ***ongelegen*** ⇒*ongeschikt* **0.3** ***onaantrekkelijk*** ⇒*lelijk* ◆ **1.2** at the most ~ hours *op de meest onmogelijke uren.*

unseen[1] [unsie:n] **I** ⟨telb.zn.⟩⟨vnl. BE⟩ **0.1** ***ongeziene tekst*** ◆ **2.1** Latin ~s *ongeziene teksten Latijn;*
II ⟨n.-telb.zn.; the⟩ **0.1** ***(de wereld v.)h. onzichtbare*** ⇒*de wereld v.d. geest.*

unseen[2] ⟨bn.⟩ **0.1** ***onzichtbaar*** **0.2** ***onvoorbereid*** ◆ **1.2** do an ~ translation *een vertaling op zicht maken.*

unselfish [unselfisj] ⟨-ness⟩ **0.1** ***onbaatzuchtig*** ⇒*onzelfzuchtig.*

unserviceab|le [unsə:vissəbl] ⟨-ly⟩ **0.1** ***onbruikbaar*** **0.2** ***nutteloos.***

unsettle [unsetl] **I** ⟨onov.ww.⟩ **0.1** ***onvast worden*** ⇒*wankelen* **0.2** ***(aan het) wankelen (slaan)*** ⟨fig.⟩ ⇒*op losse schroeven komen te staan, onzeker worden* **0.3** ***van streek raken*** **0.4** ***wisselvallig worden*** ⇒*veranderlijk worden* ⟨v. weer⟩;
II ⟨ov.ww.⟩ **0.1** ***doen loskomen*** ⇒*los maken* **0.2** ***doen wankelen*** ⟨fig.⟩ ⇒*op losse schroeven zetten* **0.3** ***van streek maken*** ⇒*in de war brengen* ◆ **1.2** unsettling changes *veranderingen die alles op losse schroeven zetten* **1.3** this kind of food always ~s my stomach *dit soort voedsel maakt mijn maag altijd van streek.*

unsettled [unsetld] **0.1** ***onzeker*** ⇒*verwar(ren)d* **0.2** ***wisselvallig*** ⇒*veranderlijk* ⟨ihb. weer⟩ **0.3** ***onbeslist*** ⇒*(nog) niet uitgemaakt* **0.4** ***onbetaald*** ⇒*(nog) niet afbetaald* **0.5** ***in de war*** ⇒*v. streek, niet goed wijs* ◆ **1.1** ~ times *onzekere tijden* **1.3** this issue is still ~ *deze kwestie is nog niet afgedaan* **1.4** an ~ bill *een nog niet betaalde rekening* **1.¶** live an ~ life *een ongeregeld leven leiden.*

unsexed [unsekst] **0.1** ***geslachtloos*** ⇒*aseksueel* ◆ **1.¶** ~ chicks *eendagskuikens.*

unshaded [unsjeedid] **0.1** ***onbeschaduwd*** ⇒*zonder schaduw* **0.2** ***zonder kap/scherm*** ⟨lamp⟩.

unshak(e)ab|le [unsjeekəbl] ⟨-ly⟩ **0.1** ***onwrikbaar*** ⇒*onwankelbaar.*

unship [unsjip] ⟨-ped⟩ **0.1** ***ontschepen*** ⇒*lossen* **0.2** ***wegnemen*** ⇒*uitnemen* ⟨onderdeel v. vaartuig⟩ **0.3** ***buiten boord brengen*** ⟨roeispanen⟩.

unshod [unsjod] **0.1** ⟨schr.⟩ ***ongeschoeid*** ⇒*blootsvoets* **0.2** ***onbeslagen*** ⟨paard⟩.

unshrinkable [unsjrinkəbl] **0.1** ***krimpvrij.***

unsightl|y [unsajtlie] ⟨-iness⟩ **0.1** ***onooglijk*** ⇒*lelijk.*

unskilled [unskild] **0.1** ***ongeschoold*** **0.2** ***onervaren*** ⇒*onbedreven* **0.3** ***onafgewerkt*** ⇒*ruw* ◆ **1.1** ~ worker *ongeschoolde arbeider.*

unsociab|le [unsoosjəbl] ⟨-ly⟩ **0.1** ***terughoudend*** ⇒*gereserveerd; teruggetrokken* **0.2** ***asociaal*** ⇒*ongezellig.*

unsocial [unsoosjl] **0.1** ***asociaal*** ⇒*onmaatschappelijk* ◆ **1.1** ~ hours *ongebruikelijke/ongewone (werk)tijden/uren.*

unsolds [unsooldz] ⟨hand.⟩ **0.1** ***onverkochte goederen.***

unsophisticated [unsəfistikkeetid] **0.1** ***onbedorven*** ⇒*echt, eerlijk* **0.2** ***onervaren*** ⇒*naïef* **0.3** ***ongekunsteld*** ⇒*ongedwongen* **0.4** ***ongecompliceerd.***

unsound [unsaund] **0.1** ***ongezond*** ⇒*ziek(elijk)* **0.2** ***ongaaf*** **0.3** ***onstevig*** ⇒*zwak* **0.4** ***ondeugdelijk*** ⇒*onjuist* **0.5** ***ongegrond*** ⇒*ongeldig* **0.6** ***onbetrouwbaar*** ⇒*vals* ◆ **1.1** of ~ mind *krankzinnig, ontoerekeningsvatbaar.*

unsparing [unspeəring] **0.1** ***kwistig*** ⇒*gul, vrijgevig* **0.2** ***meedogenloos*** ⇒*ongenadig* ◆ **6.1** ~ **of** *kwistig met.*

unspeakab|le [unspie:kəbl] ⟨-ly⟩ **0.1** ***onuitsprekelijk*** ⇒*onuitspreekbaar, onbeschrijf(e)lijk* **0.2** ***abominabel*** ⇒*afschuwelijk.*

unspecified [unspessiffajd] **0.1** ***ongespecificeerd*** ⇒*niet nader om/beschreven.*

unspoiled [unspojld], **unspoilt** [unspojlt] **0.1** ***onbeschadigd*** ⇒*niet getroffen* **0.2** ***onbedorven.***

unspoken [unspookən] **0.1** ***stil(zwijgend)*** ⇒*onuitgesproken* **0.2** ***onaangesproken*** ◆ **6.2** ~ **to** *zonder aangesproken te worden.*

unspotted [unspottid] **0.1** ***ongevlekt*** ⇒*onbezoedeld, zuiver* ⟨ook fig.⟩ **0.2** ***on(op)gemerkt*** ⇒*ongezien.*

unsprayed [unspreed] **0.1** ***onbespoten.***

unstable [unsteebl] **0.1** ***veranderlijk*** ⇒*wisselvallig* **0.2** ***onevenwichtig*** ⇒*wispelturig* **0.3** ***onstabiel*** ⟨ook nat., schei.⟩ ⇒*labiel* **0.4** ***onvast*** ⇒*los* ◆ **1.3** ~ equilibrium *wankel evenwicht.*

unstamped [unstæmpt] **0.1** ***ongefrankeerd*** ⇒*ongezegeld.*

unsteady [unsteddie] **0.1** ***onvast*** ⇒*wankel* **0.2** ***onstandvastig*** ⇒*veranderlijk, wisselvallig* **0.3** ***onregelmatig*** ◆ **1.1** ~ light *flikkerlicht;* her voice was ~ *haar stem was onvast* **1.3** an ~ rhythm *een onregelmatig ritme.*

unstinted [unstintid], **unstinting** [unstinting] **0.1** ***royaal*** ⇒*gul, kwistig.*

unstop [unstop] ⟨-ped⟩ **0.1** ***ontstoppen*** ⇒*openmaken.*

unstoppab|le [unstoppəbl] ⟨-ly⟩ **0.1** ***onweerhoudbaar*** ⇒*onstuitbaar, niet te stoppen/stuiten.*

unstressed [unstrest] **0.1** ***niet benadrukt.***

unstructured [unstruktsjəd] **0.1** ***niet gestructureerd*** ⇒*onsystematisch.*

unstrung [unstrung] **0.1** ***zonder snaren*** **0.2** ***overstuur*** ⇒*v. streek, in de war.*

unstuck [unstuk] **0.1** ***los*** ◆ **3.1** come ~ *loskomen, losgaan* **3.¶** ⟨inf.⟩ come (badly) ~ *in de war raken.*

unstudied [unstuddied] **0.1** ***ongekunsteld*** ⇒*natuurlijk* **0.2** ***ongestudeerd*** ⇒*ongeschoold* ◆ **6.2** ~ **in** *onwetend v., niet bekend met.*

unsubstantial [unsəbstænsjl] **0.1** ***onvast*** ⇒*slap, onstevig* **0.2** ***onwezenlijk*** ⇒*onwerkelijk* **0.3** ***ongefundeerd*** ⇒*ongegrond* ◆ **1.3** ~ arguments *ongefundeerde argumenten.*

unsuccessful [unsəksesfl] **0.1** ***niet succesvol*** ⇒*zonder succes/resultaat* **0.2** ***niet geslaagd*** ⇒*afgewezen* ◆ **3.2** be ~ *niet slagen.*

unsuitab|le [unsoe:təbl] ⟨-ly⟩ **0.1** ***ongeschikt*** ⇒*ongepast, ongelegen.*

unsuited [unsoe:tid] **0.1** ***ongeschikt*** ⇒*ongepast* ◆ **6.1** ~ **for** *ongeschikt voor;* ~ **to** *niet passend bij.*

unsullied [unsullied] ⟨schr.⟩ **0.1** ***onverdorven*** **0.2** ***zuiver*** ⇒*rein.*

unsung [unsung] **0.1** ***onbezongen*** **0.2** ***miskend*** ◆ **1.2** ~ hero *miskende held.*

unsure [unsjoeə] **0.1** ***onzeker*** ⇒*onvast* **0.2** ***onbetrouwbaar*** ⇒*twijfelachtig* **0.3** ***onveilig.***

unsuspected [unsəspektid] **0.1** ***onverdacht*** **0.2** ***onverwacht*** ⇒*onvermoed.*

unsuspecting [unsəspekting], **unsuspicious** [unsəspisjəs] **0.1** ***niets vermoedend*** **0.2** ***niet achterdochtig*** ⇒*argeloos.*

unswerving [unswə:ving] **0.1** ***recht*** ⇒*rechtdoor/aan* **0.2** ***onwankelbaar*** ⇒*onwrikbaar.*

unsympathetic [unsimpəθettik] ⟨-ally⟩ **0.1** ***ontoeschietelijk*** ⇒*onwelwillend* **0.2** ***geen medeleven tonend*** ◆ **6.¶** this is ~ **to** me *dit ligt me niet.*

untangle [untænggl] **0.1** ***ontwarren*** **0.2** ***ophelderen*** ⇒*oplossen.*

untapped [untæpt] **0.1** ***onaangesproken*** ⇒*(nog) niet gebruikt* ◆ **1.1** ~ sources *onaangeboorde bronnen.*

untenable [untennəbl] **0.1** ***onhoudbaar*** ⟨ook fig.⟩ ⇒*niet te verdedigen* ◆ **1.1** ~ proposition *onhoudbare stelling.*

unthinkable [unθingkəbl] **0.1** ***ondenkbaar*** ⇒*onvoorstelbaar* **0.2** ***onaanvaardbaar*** **0.3** ***onwaarschijnlijk*** ◆ **4.2** it's ~! *geen sprake v.!, daar komt niets v. in!*

unthinking [unθingking] **0.1** ***onnadenkend*** ⇒*onbezonnen* **0.2** ***onbewust*** ⇒*onbedoeld* ◆ **1.1** ~ moment *onbewaakt ogenblik.*

unthought-of [unθo:tov] **0.1** ***ondenkbaar*** ⇒*onverwacht* **0.2** ***ondenkbaar*** ⇒*onvoorstelbaar;* ⟨bij uitbr.⟩ *onaanvaardbaar* ◆ **6.2** it is still ~ **for** a girl to choose her own husband *het is nog steeds ondenkbaar dat een meisje haar eigen man kiest.*

untid|y [untajdie] ⟨-iness⟩ **0.1** ***onordelijk*** ⇒*slordig.*

untie [untaj] ⟨-d⟩ **0.1** ***losknopen*** ⇒*losmaken* **0.2** ***bevrijden*** ⟨vastgebonden persoon⟩ ⇒*vrijlaten.*

until[1] [əntil, ⟨sterk⟩ until] ⟨vz.⟩ **0.1** ⟨tijd⟩ ***tot*** ⇒*voor;* ⟨met ontkenning⟩ *niet voor* **0.2** ⟨richting en doel⟩ ***tot aan*** ⇒*naar toe* ◆ **1.1** she waited ~ midnight *ze wachtte tot middernacht;* I cannot leave ~ Sunday *ik kan niet vertrekken voor zondag* **1.2** they walked ~ the hotel *ze liepen tot aan het hotel* **5.1** I did not know about it ~ now *ik wist er niets van tot nu.*

until[2] ⟨vw.⟩⟨tijd⟩ **0.1** ***totdat*** ⇒*tot, voor* ◆ **¶.1** I was very lonely ~ I met Mary *ik was erg eenzaam tot/voor ik Mary ontmoette.*

untimel|y [untajmlie] ⟨-iness⟩ **0.1** ***ongelegen*** ⇒*ongeschikt* **0.2** ***voortijdig*** ⇒*te vroeg* ◆ **1.1** don't call me again at such an ~ hour *bel me niet nog eens op zo'n onchristelijk uur* **1.2** ~ death *te vroege dood;* come to an ~ end *te vroeg sterven.*

untinged [untindzjd] **0.1** ***ongekleurd*** ⇒*niet beïnvloed* ◆ **6.1** ~ **by** grief *zonder enig teken v. verdriet.*

untiring [untajjəring] **0.1** ***onvermoeibaar.***

unto →**to.**

untold [untoold] **0.1** ***niet verteld*** **0.2** ***onnoemelijk*** ⇒*onmetelijk* ◆ **1.1** ~ history *niet geopenbaarde geschiedenis.*

untouchable[1] [untutsjəbl] ⟨zn.; ook U-⟩ **0.1** ***onaanraakbare*** ⟨laagste hindoekaste⟩ ⇒*paria, onreine.*

untouchable[2] ⟨bn.⟩ **0.1** ***onaanraakbaar*** ⇒*onrein* **0.2** ***on(aan)tastbaar*** ⇒*onbereikbaar.*

untouched [untutsjt] **0.1** ***onaangeraakt*** ⇒*onaangeroerd/getast.*

untoward [untəwo:d] ⟨-ness⟩ **0.1** ***ongelegen*** ⇒*ongewenst* **0.2** ***ongepast*** ⇒*onbetamelijk* ◆ **1.1** ~ circumstances *ongunstige omstandigheden.*

untrained [untreend] **0.1** ***ongeoefend*** ⇒*onervaren.*

untranslatable [untrænsleetəbl] **0.1** ***onvertaalbaar.***

untried [untrajd] **0.1** ***niet geprobeerd*** ⇒*onbeproefd* **0.2** ***niet getest*** **0.3** ***(nog) niet berecht*** ⟨v. gevangene⟩ **0.4** ***(nog) niet behandeld*** ⟨v. zaak voor gerecht⟩.

untrue [untroe:] **0.1** ***onwaar*** ⇒*niet waar* **0.2** ***ontrouw*** ⇒*niet loyaal* **0.3** ***afwijkend*** ⟨v. norm⟩ ⇒*onzuiver; scheef* ◆ **2.3** ~ tone *onzuivere toon/klank* **6.2** ~ **to** *niet trouw aan.*

untruth [untroe:θ] **0.1** ***onwaarheid*** ⇒*leugen, het onwaar zijn.*

untruthful [untroe:θfl] **0.1** ***leugenachtig*** ⇒*oneerlijk* **0.2** ***onwaar*** ⇒*onjuist.*

untutored [untjoe:təd] **0.1** ***ongeschoold*** **0.2** ***naïef*** **0.3** ***onbeschaafd.***

untypical [untippikl] **0.1** ***atypisch.***

unused[1] [unjoe:zd] ⟨bn.⟩ **0.1** ***ongebruikt*** ⇒*onbenut* ◆ **1.1** ~ opportunity *onbenutte gelegenheid.*

unused[2] [unjoe:st] ⟨bn.⟩ **0.1** ***niet gewend*** ◆ **6.1** ~ **to** hard work/working hard *er niet aan gewend hard te (moeten) werken.*

unusual [unjoe:zj(oe)əl] **0.1** ***ongebruikelijk*** ⇒*ongewoon* **0.2** ***opmerkelijk*** ⇒*buitengewoon.*

unusually [unjoe:zj(oe)əlie] **0.1** →**unusual** **0.2** ***bijzonder*** ⇒*erg.*

unutterab|le [unnutrəbl] ⟨-ly⟩ **0.1** ***onuitsprekelijk*** ⟨ook fig.⟩ ⇒*onbeschrijf(e)lijk* **0.2** ***onuitspreekbaar*** ◆ **1.1** ~ idiot *volslagen idioot.*

unvarnished [unva:nisjt] **0.1** ***onverbloemd*** ⇒*onopgesmukt* ◆ **1.1** ~ truth *onverbloemde waarheid.*

unveil [unveel] **I** ⟨onov.ww.⟩ **0.1** ***de sluier afdoen*** ⇒*de sluier laten vallen;*
II ⟨ov.ww.⟩ **0.1** ***onthullen*** ⇒*ontsluieren;* ⟨fig.⟩ *openbaren, aan het licht brengen.*

unversed [unvə:st] ⟨schr.⟩ **0.1** ***onervaren*** ◆ **6.1** ~ **in** *niet ervaren in.*

unvoiced [unvojst] **0.1** ***onuitgesproken*** ⇒*ongeuit* ◆ **1.1** ~ protest *stil protest.*

unwaged [unweedzjd] **0.1** ***zonder inkomen*** ⇒*werkloos.*

unwanted [unwontid] **0.1** ***ongewenst*** **0.2** ***onnodig.***

unwarranted [unworrəntid] **0.1** ***ongerechtvaardigd*** ⇒*ongewettigd, ongegrond.*

unwed [unwed] **0.1** ***ongehuwd*** ⇒*ongetrouwd.*

unwelcome [unwelkəm] ⟨-ness⟩ **0.1** ***niet welkom*** ⇒*ongewenst.*

unwell [unwel] **0.1** ***onwel*** ⇒*ziek* **0.2** ⟨euf.⟩ ***ongesteld.***

unwholesome [unhoolsəm] ⟨-ness⟩ **0.1** ***ongezond*** ⟨ook fig.⟩ ◆ **1.1** ~ book *verderfelijk boek.*

unwield|y [unwie:ldie] ⟨-iness⟩ **0.1** ***onhandelbaar*** ⇒*onhandig, onpraktisch* **0.2** ***onbehouwen*** ⇒*lomp.*

unwilling [unwilling] ⟨-ness⟩ **0.1** ***onwillig*** ⇒*niet genegen* **0.2** ***met tegenzin gegeven/gedaan*** ◆ **3.1** ~ to do sth. *er niets voor voelen om iets te doen;* he's ~ to go out of the way *hij is niet v. plan uit de weg te gaan.*

unwind [unwajnd] **I** ⟨onov.ww.⟩ **0.1** ***zich afwikkelen*** ⟨ook fig.⟩ ⇒*zich ontrollen* **0.2** ⟨inf.⟩ ***zich ontspannen;***
II ⟨ov.ww.⟩ **0.1** ***afwikkelen*** ⇒*ontrollen* **0.2** ***ontwarren.***

unwinnable [unwinnəbl] **0.1** ***niet te winnen*** ⟨wedstrijd bv.⟩ **0.2** ***oninneembaar*** ⟨fort bv.⟩.

unwise [unwajz] ⟨-r; -ness⟩ **0.1** ***onverstandig*** ⇒*dwaas.*

unwitting [unwitting] **0.1** ***onwetend*** ⇒*onbewust* **0.2** ***onopzettelijk*** ⇒*ongewild.*

unworkable [unwə:kəbl] **0.1** ***(bijna) onuitvoerbaar*** ⇒*onpraktisch.*

unworth|y [unwə:ðie] ⟨-iness⟩ **0.1** ***onwaardig*** **0.2** ***onbetamelijk*** ⇒*ongepast* ◆ **6.2** that attitude is ~ **of** you *die houding siert je niet.*

unwrap [unræp] ⟨-ped⟩ **0.1** ***openmaken*** ⇒*uitpakken.*

unwritten [unritn] **0.1** ***ongeschreven*** ⇒*niet opgetekend* **0.2** ***mondeling overgeleverd*** ⇒*traditioneel* ◆ **1.¶** ~ law *ongeschreven wet, gewoonterecht.*

unyielding [unjie:lding] **0.1** ***onbuigzaam*** ⇒*onverzettelijk, koppig.*

unzip [unzip] ⟨-ped⟩ **I** ⟨onov.ww.⟩ **0.1** ***los/opengaan*** ⇒

openritsen ◆ **1.1** her dress ~ped *de rits v. haar japon ging open;*
II ⟨ov.ww.⟩ **0.1** ***openritsen*** ⇒*losmaken.*

up[1] ⟨zn.⟩ **0.1** ***(opgaande) helling*** **0.2** ***opwaartse beweging*** ◆ **1.¶** ~s and downs *wisselvalligheden, voor- en tegenspoed* **6.¶** ⟨inf.⟩ **on** the ~(-)and(-)~ ⟨vnl. BE⟩ *gestaag stijgend/vooruitgaand;* ⟨vnl. AE⟩ *eerlijk, openhartig.*

up[2] **I** ⟨bn., attr.⟩ **0.1** ***omhoog-*** ⇒*op-, opgaand* **0.2** ⟨vnl. BE⟩ ***naar een belangrijker/hoger gelegen plaats gaand*** ⟨v. trein⟩ **0.3** ⟨vnl. AE; sl.⟩ ***opgewekt*** ⇒*vrolijk* ◆ **1.1** an ~ stroke *opwaartse uithaal* ⟨met pen⟩ **1.2** the ~ line *de Londenlijn* **1.3** ~ tunes *vrolijke deuntjes;*
II ⟨bn., pred.⟩ **0.1** ***(om)hoog*** ⇒*hoger(geplaatst), op, rechtstaand* **0.2** ***op*** ⇒*uit bed, wakker* **0.3** ***actief*** ⇒*gezond* **0.4** ***in beweging*** ⇒*versnellend* **0.5** ***gestegen*** **0.6** ***in aanmerking komend (voor)*** ⇒*ter studie* **0.7** ***verkiesbaar gesteld*** ⇒*kandidaat* **0.8** ***in beschuldiging gesteld*** ⇒*voor de rechtbank gedaagd* **0.9** ***om*** ⇒*op, voorbij* **0.10** ⟨inf.⟩ ***welingelicht*** ⇒*onderlegd, goed op de hoogte* **0.11** ***met voorsprong*** ⇒*vóór op tegenstrever* **0.12** ⟨sport, honkbal⟩ ***aan slag*** **0.13** ***opgebroken*** ⟨v. weg⟩ **0.14** ***duurder (geworden)*** ⇒*in prijs gestegen* ◆ **1.1** the sun is ~ *de zon is op* **1.4** the winds are ~ *de wind is in kracht toegenomen* **1.5** the temperature is ~ eight degrees *de temperatuur ligt acht graden hoger* **1.6** the house is ~ for sale *het huis staat te koop;* that matter is ~ for discussion *die zaak is voor discussie vatbaar* **1.7** Senator Smith is ~ for re-election *senator Smith stelt zich herkiesbaar* **1.8** he'll be ~ before the judge soon *hij zal weldra voor de rechter moeten komen* **1.9** time's ~ *de/je tijd is om/verstreken* **1.13** road ~ *werk in uitvoering* ⟨waarschuwingsbord⟩ **1.14** coffee is ~ again *de koffie is weer eens duurder geworden* **3.¶** what's ~? *wat gebeurt er (hier)?* **5.¶** ~ and **about/around** *weer op de been, (druk) in de weer* **6.10** be well ~ **in/on** *veel afweten van, goed op de hoogte zijn van;* I'm not ~ **on** this subject *ik weet geen snars v. dit onderwerp af* **7.¶** ⟨sport⟩ not ~ *meer dan eenmaal gestuit alvorens geslagen te worden* ⟨v. bal⟩;
III ⟨bn., attr. na het zn.⟩ **0.1** ***naar boven lopend*** ⇒*omhooggericht* ◆ **1.1** the road ~ *de weg omhoog/naar boven.*

up[3] ⟨-ped⟩ **I** ⟨onov.ww.⟩ **0.1** ⟨met: and +ww.; inf.⟩ ***plotseling/onverwacht doen/beginnen*** ⇒*plotseling beginnen* ◆ **3.1** she ~ped and left *zij vertrok plotseling/zomaar;*
II ⟨ov.ww.⟩⟨inf.⟩ **0.1** ***(plotseling) de hoogte in jagen*** ⇒*verhogen, (abrupt) doen stijgen* ◆ **1.1** he ~ped the offer *hij deed een hoger bod.*

up[4] [up] ⟨bw.; vaak pred.⟩ **0.1** ⟨plaats of richting; ook fig.⟩ ***omhoog*** ⇒*op, naar boven, sterker, hoger, meer, verder* ⟨enz.⟩, *op-, uit-* **0.2** ***te voorschijn*** ⇒*zichtbaar, voor, uit-, over-* **0.3** ⟨finaliteit of volledigheid⟩ ***helemaal*** ⇒*op, door-, af-, uit-* **0.4** ⟨plaats of richting⟩ ***in/naar*** ⇒⟨BE ihb.⟩ *in/naar de universiteit(sstad)/Londen* ◆ **1.1** six floors ~ *zes hoog;* hands ~! *handen omhoog!;* face ~ *met de bovenkant omhoog;* ~ the republic *leve de republiek* **2.3** full ~ *(helemaal) vol* **3.1** come ~ for air *aan de oppervlakte komen om lucht te happen;* help her ~ *help haar opstaan;* live ~ in the hills *boven in de bergen wonen;* puffed ~ *opgeblazen;* sail ~ against the wind *tegen de wind in zeilen;* she tore ~ the flowers *ze rukte de bloemen uit de grond;* turn ~ the music *zet de muziek harder;* he went ~ north *hij ging naar het noorden* **3.2** I held it ~ to him *ik hield het hem voor;* own ~ *bekennen;* it will turn ~ *het zal wel aan het licht komen* **3.3** drink ~ *drink je glas uit;* all sold ~ *helemaal uitverkocht* **3.4** he went ~ to Cambridge *hij ging in Cambridge studeren* **4.¶** ⟨sport⟩ be two (goals) ~ *twee goals voorstaan* **5.1** ~ and **down** *op en neer, heen en weer* **5.¶** ~ and **down** *overal* **6.1** ~ **through** history *door heel de geschiedenis heen;* ~ **till/to** now *tot nu toe;* ~ **to** and including *tot en met;* sums of ~ **to** sixty pounds *bedragen tot zestig pond* **6.¶** I don't feel ~ **to** it *ik voel er mij niet toe in staat* **¶.1** from £4 ~ *vanaf vier pond;* from then on ~ *van dan af aan;* children from six years ~ *kinderen van zes jaar en ouder.* →**be up, be up to etc.**

up[5] ⟨vz.⟩ **0.1** ⟨plaats of richting; ook fig.⟩ ***op*** ⇒*boven in/op, omhoog* **0.2** ⟨richting naar een centraal punt toe⟩ ***naar*** ⇒*in* ◆ **1.1** escaped ~ the chimney *ontsnapte langs de schoorsteen;* ~ the coast to Edinburgh *langs de kust omhoog naar Edinburgh;* it's ~ the coast from here *het is hier vandaan verder langs de kust;* ~ (the) river *stroomopwaarts;* ⟨dram.⟩ ~ stage *achter op de scène;* ~ the stairs *de trap op* **1.2** she travelled ~ the country *ze reisde het land in;* ~ the street *verderop in de straat;* ~ the valley *(verder) het dal in* **6.¶** ~ and **down** the country *door/in het gehele land.* →**yours.**

up-and-coming ⟨inf.⟩ **0.1** ***veelbelovend.***

up-and-under ⟨rugby⟩ **0.1** ***up-en-under*** ⟨hoge, verre bal naar voren⟩.

upbraid [upbreed] ⟨schr.⟩ **0.1** ***verwijten*** ⇒*een (fikse) uitbrander geven* ◆ **6.1** ~ s.o. **for** doing sth. / **with** sth. *iem. iets verwijten.*

upbringing [upbringing] **0.1** ***opvoeding.***

upcoming ⟨vnl. AE⟩ **0.1** ***voor de deur staand*** ⇒*aanstaande.*

upcountry[1] ⟨bn.⟩ **0.1** ***in/naar/uit het binnenland*** **0.2** ***achtergebleven*** ⇒*naïef.*

upcountry[2] ⟨bw.⟩ **0.1** ***naar/in/van het binnenland*** ⇒*landinwaarts* ◆ **3.1** travel ~ *de boer op trekken.*

update **0.1** ***moderniseren*** ⇒*bijwerken, herzien.*

upend **0.1** ***op zijn kop zetten*** ⇒*ondersteboven zetten* **0.2** ***omverslaan.***

upgrade[1] ⟨zn.⟩ **0.1** ***(oplopende) helling*** ◆ **6.¶** **on** the ~ *oplopend, toenemend; vooruitgang boekend.*

upgrade[2] ⟨ww.⟩ **0.1** ***bevorderen*** ⇒*promotie geven* **0.2** ***verbeteren*** **0.3** ***opvijzelen*** ⇒*opwaarderen.*

upheaval [uphie:vl] **0.1** ***opheffing*** **0.2** ***omwenteling*** ⇒*opschudding* **0.3** ⟨geol.⟩ ***bodemop-/verheffing*** ◆ **2.2** social ~ *sociale beroering.*

uphill[1] ⟨bn.⟩ **0.1** ***hellend*** ⇒*oplopend, (berg)opwaarts* **0.2** ***(aarts)moeilijk*** ⇒*zwaar* ◆ **1.2** ~ task *hels karwei.*

uphill[2] ⟨bw.⟩ **0.1** ***bergop*** ⇒*naar boven, omhoog* **0.2** ***moeizaam*** ⇒*tegen de stroom in.*

uphold [uphoold] **0.1** ***op/rechthouden*** ⇒*hoog houden* **0.2** ***(moreel) steunen*** ⇒*goedkeuren* **0.3** ***(her)bevestigen*** ⇒*blijven bij.*

upholder [uphooldə] **0.1** ***handhaver*** ⇒*steun* **0.2** ⟨amb.⟩ ***stoffeerder.***

upholster [uphoolstə] **0.1** ***stofferen*** ⟨vertrek, zetels⟩ ⇒*bekleden.*

upholstered [uphoolstəd] ◆ **5.¶** ⟨inf.; scherts.⟩ well ~ *gezet, flink in het vlees zittend.*

upholsterer [uphoolstrə] **0.1** ***stoffeerder.***

upholstery [uphoolstrie] **0.1** ***stoffering*** ⇒*bekleding.*

U.P.I. ⟨afk.⟩ **0.1** [United Press International].

upkeep **0.1** ***onderhoud(skosten).***

upland[1] [uplənd] ⟨zn.; vaak mv.⟩ **0.1** ***hoogland*** ⇒*plateau* **0.2** ***binnenland.***

upland[2] ⟨bn.⟩ **0.1** ***van/uit/in het hoogland*** ⇒*bovenlands.*

uplift[1] ⟨zn.; vaak attr.⟩ **0.1** ***ondersteuning*** ⇒*opheffing* **0.2** ***opbeuring*** ⇒*stichting, lotsverbetering.*

uplift[2] ⟨ww.⟩ **0.1** ⟨schr.⟩ ***omhoogsteken*** ⇒*optillen, in de hoogte houden* **0.2** ***(geestelijk) verheffen*** ⇒*stichten, aanmoedigen.*

upload ⟨comp.⟩ **0.1** ***van klein systeem naar groot systeem zenden.***

up-market **0.1** ***voor de betere inkomensklasse*** ⇒*uit de duurdere prijsklasse* ◆ **1.1** an ~ bookshop *een exclusieve boekhandel.*

upmost →**uppermost.**

upon →**on.**

upper[1] [uppə] ⟨zn.⟩ **0.1** ***bovenleer*** ⟨v. schoeisel⟩ **0.2** ⟨vnl. AE; inf.⟩ ***pepmiddel*** ⇒⟨fig.⟩ *stimulans, leuke ervaring* ◆ **6.¶** ⟨inf.⟩ be (down) **on** one's ~s *berooid/straatarm zijn.*

upper[2] ⟨bn.⟩ **0.1** ***hoger*** ⇒*boven-, opper-* **0.2** ***meer noordelijk/landinwaarts/stroomopwaarts gesitueerd*** ⇒*hoger gelegen* **0.3** ***belangrijker*** ⇒*hoger geplaatst, superieur* **0.4** ⟨aardr.; U-⟩ ***Opper-*** ⇒*Boven-, Laat-* ◆ **1.1** ~ arm *bovenarm;* ⟨meteo.⟩ ~ atmosphere *hogere atmosfeer* ⟨boven troposfeer⟩; ~ lip *bovenlip* **1.2** ~ reaches of the Nile *bovenloop v.d. Nijl* **1.3** ~ servants *het hogere huispersoneel* **1.4** Upper Volta *Boven-Volta* **1.¶** ⟨druk.⟩ ~ case *bovenkast, kapitaal, hoofdletters(chrift);* Upper Chamber *Hogerhuis;* the ~ class *de hogere stand; de aristocratie;* ⟨inf.⟩ the ~ crust *de toplaag; de betere kringen;* have/get/gain the ~ hand of *de overhand hebben/krijgen/nemen op;* the Upper House *het Hogerhuis; Senaat, Eerste Kamer;* ⟨vnl. schr.⟩ the ~ regions *de hogere regionen, de lucht;* ⟨inf.⟩ he is wrong in the ~ storey *hij is niet goed bij zijn hoofd;* ⟨inf.⟩ the ~ ten (thousand) *de hoogste kringen.*

upper-class **0.1** ***mbt./uit/v.d. hogere stand*** ⇒*aristocratisch.*

upper-crust ⟨sl.⟩ **0.1** ***chic*** ⇒*uit de betere kringen.*

uppercut ⟨boksen⟩ **0.1** ***opstoot*** ⇒*uppercut.*

uppermost **0.1** ***in/op de eerste plaats*** ◆ **3.1** say what comes ~ *zeg maar wat je het sterkst voor de geest komt.*

up(per)most [up(ə)moost] **0.1** ***hoogst*** ⇒*bovenst, belangrijkst.*

uppish [uppisj] ⟨-ness⟩⟨BE⟩ **0.1** ⟨inf.⟩ ***verwaand*** ⇒*arrogant.*

uppity [uppətie] ⟨inf.⟩ **0.1** ***verwaand*** ⇒*arrogant* **0.2** ***weerbarstig*** ⇒*stijfhoofdig.*

upright[1] ⟨zn.⟩ **0.1** ***stijl*** ⇒*staander, stut* **0.2** ***pianino*** ⇒*gewone piano.*

upright[2] ⟨bn.; -ness⟩ **0.1** ***recht(opstaand)*** ⇒*loodrecht staand, kaarsrecht* **0.2** ***oprecht*** ⇒*recht door zee* ◆ **1.¶** ~ piano *pianino, gewone piano.*

upright[3] ⟨bw.⟩ **0.1** ***rechtop*** ⇒*verticaal.*

uprising [uprajzing] **0.1** ***opstand*** ⇒*revolte.*

uproar [upro:] **0.1** ***tumult*** ⇒*rumoer, herrie.*

uproarious [upro:riəs] **0.1** ***luidruchtig*** ⇒*tumultueus, uitgelaten* **0.2** ***lachwekkend.***

uproot **0.1** ***ontwortelen*** ⟨ook fig.⟩ ⇒*uit zijn vertrouwde omgeving wegrukken* ⟨personen⟩ **0.2** ***uitroeien.***

upset[1] [upset] ⟨zn.⟩ **0.1** ***omverwerping*** ⇒*verstoring, totale ommekeer* **0.2** ***ontsteltenis*** ⇒*(bron v.) ellende, (emotionele) schok* **0.3** ***lichte (maag)stoornis*** **0.4** ⟨sport⟩ ***verrassende nederlaag/wending*** ◆ **1.1** his death was a complete ~ of their plans *zijn dood stuurde hun plannen in het honderd* **2.2** Sheila has had a terrible ~ *Sheila heeft een flinke opdoffer gekregen.*

upset[2] [upset] **I** ⟨bn.⟩ **0.1** ***lichtjes ziek*** **0.2** ***omvergeworpen*** ⇒*omgekanteld* **0.3** ***verstoord*** ⇒*verward* **0.4** ***verslagen*** ◆ **1.¶** ~ price *inzet, limietprijs* ⟨laatste prijs bij openbare verkoop⟩;

II ⟨bn., pred.⟩ **0.1** ***van streek*** ⇒*overstuur, geërgerd.*

upset[3] [upset] **I** ⟨onov.ww.⟩ **0.1** ***omkantelen*** ⇒*omslaan, omvallen* **0.2** ***overlopen*** **0.3** ***verstoord worden*** ⇒*in de war raken;*

II ⟨ov.ww.⟩ **0.1** ***omstoten*** ⇒*omverwerpen, omgooien* **0.2** ***doen overlopen*** **0.3** ***in de war sturen*** ⇒*verstoren, van zijn stuk brengen* **0.4** ***ziek maken*** ⇒*van streek maken* ⟨de maag⟩ ◆ **1.3** a very ~ting experience *een heel nare/onplezierige ervaring* **5.3** it ~ me greatly *ik ben er erg van geschrokken.*

upshot [upsjot] ⟨the⟩ **0.1** ***(eind)resultaat*** ⇒*uitkomst.*

upside [upsajd] **0.1** ***bovenkant*** ⇒*oppervlak.*

upside-down, upside down **0.1** ***ondersteboven*** ⇒*omgekeerd* **0.2** ***compleet in de war.***

upstage[1] ⟨bn.⟩ **0.1** ⟨inf.⟩ ***hooghartig*** ⇒*afstandelijk* ◆ **2.¶** ⟨BE; inf.⟩ be ~ and county *snobistisch zijn.*

upstage[2] ⟨ww.⟩ **0.1** ⟨inf.⟩ ***meer aandacht trekken dan*** ⇒*de show stelen van, in de schaduw stellen.*

upstage[3] ⟨bw.⟩ **0.1** ⟨dram.⟩ ***achteraan op het toneel*** ⇒*naar het tweede plan.*

upstairs[1] ⟨zn.⟩ **0.1** ***bovenverdieping(en)*** **0.2** ⟨inf.⟩ ***bovenkamer*** ⇒*hoofd.*

upstairs[2], **upstair** ⟨bn.⟩ **0.1** ***mbt./liggend op de bovenverdieping(en)*** ⇒*boven-.*

upstairs[3] ⟨bw.⟩ **0.1** ***naar/op de bovenverdieping(en)*** ⇒*de trap op, naar boven* **0.2** ⟨inf.⟩ ***naar een hogere graad/functie.***

upstanding **0.1** ***recht overeind (staand)*** **0.2** ***flinkgebouwd*** **0.3** ***eerlijk*** ⇒*oprecht* ◆ **3.¶** be ~! *sta op!* ⟨verzoek wanneer de rechter het hof betreedt/verlaat⟩.

upstart [upsta:t] ⟨pej.⟩ **0.1** ***parvenu.***

upstate[1] ⟨bn.⟩⟨AE⟩ **0.1** ***meer naar het binnenland/noorden gelegen*** ⇒*provinciaal, provincie-, afgelegen.*

upstate[2] ⟨bw.⟩⟨AE⟩ **0.1** ***uit/naar/in de provincie/het binnenland*** ⇒*noordelijk.*

upstream **0.1** ***tegen de stroom in(gaand)*** ⇒*stroomopwaarts.*

upsurge [upsə:dzj] **0.1** ***opwelling*** ⇒*vlaag* **0.2** ***plotselinge toename.***

upswing **0.1** ***toename.***

uptake [upteek] **0.1** ***opname*** ⟨v. voedsel, vloeistof⟩ ◆ **2.¶** slow/quick in/on the ~ *niet zo vlug/vlug v. begrip.*

uptight ⟨inf.⟩ **0.1** ***zenuwachtig*** ⇒*gespannen* **0.2** ***nijdig*** ⇒ *kwaad.*

up-to-date **0.1** ***bijgewerkt*** **0.2** ***modern*** ⇒*bij(detijds), hedendaags* ◆ **3.1** bring s.o. ~ *iem. v.h. laatste nieuws op de hoogte stellen;* bring sth. ~ *iets bijwerken, moderniseren.*

up-to-the-minute **0.1** ***zeer modern*** ⇒*allerlaatst/nieuwst.*

uptown[1] ⟨bn.⟩ **0.1** ***v.d. bovenstad*** **0.2** ⟨AE⟩ ***van/mbt. de betere woonwijk(en).***

uptown[2] ⟨bw.⟩ **0.1** ***in/naar de bovenstad*** **0.2** ⟨AE⟩ ***in/naar de betere woonwijk(en).***

uptrend ⟨ec.⟩ **0.1** ***opleving.***

upturn **0.1** ***ontreddering*** ⇒*beroering* **0.2** ***verbetering*** ⇒ *ommekeer.*

upturned **I** ⟨bn.⟩ **0.1** ***omhoog gedraaid*** ◆ **1.1** with ~ eyes *met opgeslagen ogen;* an ~ nose *een wipneus;*

II ⟨bn., attr.⟩ **0.1** ***ondersteboven gekeerd.***

upward[1] [upwəd] ⟨bn.⟩ **0.1** ***stijgend*** ⇒*opwaarts, toenemend* ◆ **1.1** an ~ tendency *een stijgende lijn.*

upward[2], **upwards** [upwədz] ⟨bw.⟩ **0.1** ***(naar) omhoog*** ⇒ *naar boven, in stijgende lijn* ◆ **6.1** **from** the knees ~ *boven de knieën;* ~ **of** twenty people *meer dan twintig mensen.*

Ural [joeərəl] ⟨the⟩ **0.1** ***Oeral*** ⟨rivier⟩.

Urals [joeərəlz], **Ural Mountains** **0.1** ***Oeralgebergte.***

uranium [joereeniəm] **0.1** ***uranium.***

uranium fuel **0.1** ***uraniumsplijtstof.***

urban [ə:bən] **0.1** ***stedelijk*** ⇒*stads-* ◆ **1.1** ~ guerilla *stadsguerrilla;* ⟨AE⟩ ~ renewal *stadsvernieuwing.*

urbane [ə:been] **0.1** ***hoffelijk*** ⇒*wellevend.*

urbanit|y [ə:bænətie] ⟨mv.: -ies⟩ **I** ⟨n.-telb.zn.⟩ **0.1** ***hoffelijkheid*** ⇒*wellevendheid* **0.2** ***stadsleven;***
II ⟨mv.⟩ **0.1** ***beleefdheden.***

urban|ize, -ise [ə:bənajz] ⟨zn.: **-ization**⟩ **0.1** ***verstedelijken*** ⇒*urbaniseren.*

urchin [ə:tsjin] **0.1** ***rakker*** ⇒*boefje, kwajongen.*

Urdu [ə:doe:, oeədoe:] **0.1** ***Urdu*** ⟨officiële taal v. Pakistan⟩.

ureter [joerie:tə] ⟨anat.⟩ **0.1** ***ureter*** ⇒*urineleider.*

urethra [joerie:θrə]⟨mv.: ook urethrae [-θrie:]⟩ ⟨anat.⟩ **0.1** ***urethra*** ⇒*urinekanaal.*

urethroscope [joerie:θrəskoop] ⟨med.⟩ **0.1** ***uretroscoop.***

urge[1] [ə:dzj] ⟨zn.⟩ **0.1** ***drang*** ⇒*impuls, neiging, behoefte.*

urge[2] ⟨ww.⟩ **0.1** ***drijven*** ⇒*aansporen* **0.2** ***dringend verzoeken*** ⇒*bidden, smeken* **0.3** ***bepleiten*** ⇒*aandringen op* **0.4** ***trachten te overtuigen*** ◆ **5.1** ~ **on** *voortdrijven* **6.4** she ~d **(up)on** us the need for secrecy *zij drukte ons de noodzaak v. geheimhouding op het hart.*

urgenc|y [ə:dzjənsie] ⟨mv.: -ies⟩ **0.1** ***(aan)drang*** ⇒*pressie* **0.2** ***urgentie*** ⇒*dringende noodzaak.*

urgent [ə:dzjənt] **0.1** ***urgent*** ⇒*dringend* **0.2** ***aanhoudend*** ⇒*hardnekkig.*

uric [joeərik] **0.1** ***urine-*** ◆ **1.1** ~ acid *urinezuur.*

urinal [joeərinl, jərajnl] **0.1** ***urinaal*** ⇒*(pis)fles* **0.2** ***urinoir*** ⇒*openbare waterplaats.*

urinary [joeərinrie] **0.1** ***urine-.***

urin|ate [joeərinneet] ⟨zn.: **-ation**⟩ **0.1** ***urineren*** ⇒*wateren.*

urine [joeərin] **0.1** ***urine*** ⇒*plas.*

urine sample **0.1** ***urinemonster.***

urn [ə:n] **0.1** ***urn.***

us [əs, ⟨sterk⟩ us], ⟨verk.⟩ **'s** [s] **I** ⟨pers.vnw.⟩ **0.1** ***(voor/aan) ons*** **0.2** ***wij*** ⇒*ons* **0.3** ⟨verwijst naar 1e persoon enk.⟩ ***mij*** ◆ **1.2** ~ girls refused to join in *wij meisjes weigerden mee te doen* **3.1** he couldn't believe ~ stealing bicycles *hij kon niet geloven dat wij fietsen stalen* **3.2** ~ being educated people ought to have known *daar wij ontwikkelde mensen zijn, hadden wij het moeten weten* **3.3** give ~ a kiss (now) *geef me eens een kusje;* let ~ hear it again *laat het nog eens horen* **4.2** who, ~? *wie, wij?* **6.1** all **of** ~ enjoyed it *wij genoten er allen van;* he helps them more **than** ~ *hij helpt hen meer dan ons* **6.2** they are stronger **than** ~ *ze zijn sterker dan wij* ¶.**2** 'who did she say did it?' '~' *'Wie zei ze had het gedaan?' 'Wij';*
II ⟨wdk.vnw.⟩⟨inf. of gew.⟩ **0.1** ***ons(zelf)*** ◆ **3.1** we built ~ a house *we bouwden ons een huis.*

U.S. ⟨afk.⟩ **0.1** [United States] ***VS.***

U.S.A. ⟨afk.⟩ **0.1** [United States of America] ***VS*** **0.2** ***United States Army.***

usable [joe:zəbl] **0.1** ***bruikbaar.***

U.S.A.F. ⟨afk.⟩ **0.1** [United States Air Force].

usage [joe:zidzj, -sidzj] **0.1** ***gebruik*** ⇒*behandeling, gewoonte; taalgebruik;* ⟨hand.⟩ *usance.*

usance [joe:zns] ⟨hand.⟩ **0.1** ***uso*** ⇒*gewone betalingstermijn.*

use[1] [joe:s] **I** ⟨telb. en n.-telb.zn.⟩ **0.1** ***gebruik*** ⇒*aanwending, toepassing* ◆ **2.1** she has the free ~ of the kitchen *zij heeft het vrije gebruik v.d. keuken* **3.1** make a good ~ of *goed gebruik maken van* **6.1 for** ~ in factories *voor industrieel gebruik;* **in** ~ *in gebruik;* **out of** ~ *in onbruik;*
II ⟨n.-telb.zn.⟩ **0.1** ***nut*** ⇒*bruikbaarheid* ◆ **3.1** insects also have their ~ *insecten hebben ook hun nut;* have no ~ for *niet kunnen gebruiken; niets moeten hebben van* **6.1** this will be **of** ~ *dit zal goed van pas komen* **7.1** do you have any ~ for this? *kun je dit nog gebruiken?;* it is no ~ arguing *tegenspreken heeft geen zin;* what is the ~ of it? *wat heeft het voor zin?*

use[2] [joe:z] ⟨ww.⟩ **0.1** ***gebruiken*** ⟨ook drugs⟩ ⇒*aanwenden, gebruik maken van* **0.2** ***behandelen*** ⇒*bejegenen* ◆ **1.1** ~ s.o.'s name *iem. als referentie opgeven* **1.2** ~ some sense! *gebruik je hersens even!* **5.1** ~ **up** *opmaken* **5.2** he was ill ~d *hij werd slecht behandeld.*

used [joe:zd] **0.1** ***gebruikt*** ⇒*tweedehands.*

used to[1] [joe:st tə, -toe] ⟨bn.⟩ **0.1** ***gewend aan*** ⇒*gewoon aan* ◆ **1.1** she is ~ noise *ze is lawaai gewend* **3.1** he is ~ driving *hij is het rijden gewend;* she was ~ being pampered *ze was gewend vertroeteld te worden.*

used to[2] [joe:stə, -stoe] ⟨ww.; ontkenning didn't use(d) to, of vnl. BE, use(d)n't to; vragend did I use(d) to; vragend ontkennend didn't I use(d) to⟩⟨vnl. te vertalen met bw.⟩ **0.1** ***had(den) de gewoonte te*** ⇒⟨elliptisch⟩ *deed, deden* ◆ **3.1** the summers ~ be hotter *de zomers waren vroeger warmer;* she ~ do her shopping on Wednesday *ze ging altijd 's woensdags winkelen;* let's sit around the fire like we ~ *laten we rond het vuur gaan zitten zoals we vroeger deden.*

useful [joe:sfl] ⟨-ness⟩ **0.1** ***bruikbaar*** ⇒*nuttig* **0.2** ⟨sl.⟩ ***verdienstelijk*** ◆ **1.1** he is a ~ fellow *je hebt wat aan hem;* ~ load *nuttige lading* **3.1** come in ~ *goed van pas komen;* make o.s. ~ *zich verdienstelijk maken* **6.1** be ~ **to** *van nut zijn voor.*

useless [joe:sləs] ⟨-ness⟩ **0.1** ***nutteloos*** ⇒*vergeefs* **0.2** ***onbruikbaar*** ⇒*waardeloos, hopeloos.*

user [joe:zə] **0.1** ***gebruiker*** ⇒*verbruiker* **0.2** ***gebruiker*** ⇒*verslaafde* ⟨alcohol, drugs⟩.

user-friendly **0.1** ***gebruikersvriendelijk*** ⇒*consumentvriendelijk.*

user interface ⟨comp.⟩ **0.1** ***gebruikersinterface.***

user-unfriendly **0.1** ***gebruikersonvriendelijk.***

usher[1] [usjə] ⟨zn.⟩ **0.1** ***portier*** ⇒*zaalwachter* **0.2** ***plaatsaanwijzer*** **0.3** ***ceremoniemeester.***

usher[2] ⟨ww.⟩ **0.1** ***als portier/plaatsaanwijzer/ceremoniemeester optreden voor*** ⇒*voorgaan; brengen naar* **0.2** ⟨+ in⟩ ***aankondigen*** ⇒⟨fig.⟩ *inluiden, de voorbode zijn van* ◆ **5.1** ~ **out** *uitlaten, naar buiten geleiden* **6.1** ~ **into** *binnenleiden in.*

usherette [usjəret] **0.1** ***ouvreuse.***

U.S.N. ⟨afk.⟩ **0.1** [United States Navy].

U.S.S. ⟨afk.⟩ **0.1** [United States Ship].

U.S.S.R. ⟨afk.⟩ **0.1** [Union of Soviet Socialist Republics] ***USSR.***

usu. ⟨afk.⟩ **0.1** [usually].

usual [joe:zjoeəl, joe:zjl] **0.1** ***gebruikelijk*** ⇒*gewoon* ◆ **1.1** business as ~ *alles gaat zijn gangetje* **4.1** what's his ~? *wat drinkt hij altijd?* **6.1** ⟨scherts.⟩ as **per** ~ *zoals gewoonlijk* **8.1** as ~ *zoals gebruikelijk;* it is ~ to *het is de gewoonte om.*

usually [joe:zj(oe)əlie] **0.1** ***gewoonlijk.***

usurer [joe:zjərə] **0.1** ***woekeraar.***

usurious [joe:zjoeəriəs] **0.1** ***woekerachtig*** ⇒*woeker-* ◆ **1.1** ~ prices *woekerprijzen.*

usurp [joe:zə:p] **0.1** ***onrechtmatig in bezit nemen*** ⇒*zich toe-eigenen, zich aanmatigen.*

usurpation [joe:zə:peesjn] **0.1** ***wederrechtelijke inbezitneming*** ⇒*overweldiging, aanmatiging.*

usurper [joe:zə:pə] **0.1** ***overweldiger.***

usury [joe:zjərie] **0.1** ***woeker*** ⇒*woekerrente.*

utensil [joe:tensl] **0.1** ***gebruiksvoorwerp*** **0.2** ⟨mv.⟩ ***werktuigen*** ⟨ook fig.⟩ ⇒*gereedschap* ◆ **3.1** cooking ~s *keukengerei.*

uterine [joe:tərajn] **0.1** ***van/mbt. de baarmoeder*** ⇒*uterus-, baarmoeder-* **0.2** ***met/van dezelfde moeder*** ◆ **1.2** ~ sister *halfzuster met dezelfde moeder.*

uterus [joe:tərəs]⟨mv.: ook uteri [-raj]⟩ **0.1** ***baarmoeder.***

utilitarian [joe:tillitteəriən] **0.1** ⟨bn.⟩ ***utilitair*** ⇒*nuttigheids-; utilitaristisch* **0.2** ⟨zn.⟩ ***utilist*** ⇒*utilitarist.*
utilitarianism [joe:tillitteəriənizm] **0.1** ***utilisme*** ⇒*utilitarisme.*
utilit|y [joe:tillətie] ⟨mv.: -ies⟩ **I** ⟨telb.zn.⟩ **0.1** ***(openbare) voorziening*** ⇒⟨ihb.⟩ *nutsbedrijf, waterleidings/gas/elektriciteitsbedrijf;*
II ⟨n.-telb.zn.⟩ **0.1** ***nut(tigheid).*** →**public.**
utility company 0.1 ***(openbaar) nutsbedrijf*** ⇒*waterleiding/gas/elektriciteitsbedrijf.*
utility man 0.1 ⟨AE⟩ ***manusje-van-alles*** ⇒*factotum.*
utility room 0.1 ⟨ong.⟩ ***bijkeuken.***
utility value 0.1 ***gebruikswaarde.***
utilizable, utilisable [joe:tillajzəbl] **0.1** ***bruikbaar.***
utilization, -sation [joe:tillajzeesjn] **0.1** ***(nuttig) gebruik.***
utilize, -ise [joe:tillajz] **0.1** ***gebruiken*** ⇒*gebruik maken van.*
utmost[1] [utmoost], ⟨schr.⟩ **uttermost** [uttəmoost] ⟨zn.⟩ **0.1** ***uiterste (grens)*** **0.2** ***uiterste best*** ⇒*al het mogelijke* ◆ **3.2** do one's ~ *zijn uiterste best doen.*
utmost[2], ⟨schr.⟩ **uttermost** ⟨bn.⟩ **0.1** ***uiterst*** ⇒*hoogst, grootst* ◆ **1.1** of the ~ importance *v.h. (aller)grootste belang.*
Utopia [joe:toopiə] **0.1** ***utopie*** ⇒*hersenschim, droombeeld.*
utopian [joe:toopiən] **0.1** ***utopisch.***
utricle [joe:trikl] ⟨biol.⟩ **0.1** ***celblaasje*** ⟨in plant/dier⟩ **0.2** ***kleine lichaamsholte*** ⇒⟨ihb.⟩ *utriculus* ⟨in middenoor⟩.
utter[1] [uttə] ⟨bn.⟩ **0.1** ***uiterst*** ⇒*absoluut; volslagen.*
utter[2] ⟨ww.⟩ **0.1** ***uiten*** ⇒*slaken* ⟨bv. zucht, kreet⟩ **0.2** ***uitspreken*** ⇒*zeggen* **0.3** ***in omloop brengen*** ⟨vals geld⟩.
utterance [utrəns] **I** ⟨telb.zn.⟩ **0.1** ***uiting*** ⟨ook taal.⟩ ⇒*uitlating, woorden;*
II ⟨n.-telb.zn.⟩ **0.1** ***het uiten*** ⇒*het uitdrukken* ◆ **3.1** give ~ to *uiting/uitdrukking geven aan.*
utterly [uttəlie] **0.1** →**utter 0.2** ***volkomen*** ⇒*volslagen* ◆ **2.2** ~ mad *volslagen krankzinnig.*
uttermost →**utmost.**
U-turn 0.1 ***(totale) ommezwaai/ommekeer*** ◆ **7.1** ⟨verkeer⟩ no ~s *keren verboden.*
uvula [joe:vjoelə] ⟨mv.: ook uvulae [-lie:]⟩ **0.1** ***huig.***
uvular [joe:vjoelə] **0.1** ***v.d. huig*** ⇒*huig-, uvulaar.*
uxorious [ukso:riəs] ⟨-ness⟩ **0.1** ***dol op zijn echtgenote*** **0.2** ***slaafs*** ⟨tgov. echtgenote⟩.
Uzbek [oezbek, uz-] ⟨mv. ook: Uzbek⟩ **0.1** ⟨bn.⟩ ***Oezbeeks*** **0.2** ⟨eig.n.⟩ ***Oezbeeks*** ⟨taal⟩ **0.3** ⟨telb. zn.⟩ ***Oezbeek.***
Uzbekistan [uzbekkista:n, -stæn] **0.1** ***Oezbekistan.***

v[1], **V** [vie:] ⟨zn.; mv.: v's, V's⟩ **0.1** ***v, V*** **0.2** ***V-vorm(ig iets)*** ⇒*V-formatie* ⟨v. vliegtuigen⟩; *V-hals.*
v[2] ⟨afk.; nat.⟩ **0.1** [velocity] ***v.***
v. ⟨afk.⟩ **0.1** [verb] ***ww.*** **0.2** [verse] ***v.*** **0.3** [verso] **0.4** [versus] ***v.*** **0.5** [very] **0.6** [vide] ***v.*** **0.7** [volume] ***vol.***
V ⟨afk.⟩ **0.1** [volt(s)] ***V.***
vac [væk] ⟨verk.⟩ [vacation].
vacanc|y [veekənsie] ⟨mv.: -ies⟩ **I** ⟨telb.zn.⟩ **0.1** ***vacature*** **0.2** ***lege plaats*** ⇒⟨ihb.⟩ *onbezette kamer* ◆ **7.2** no vacancies *vol* ⟨v. hotel⟩;
II ⟨telb. en n.-telb.zn.⟩ **0.1** ***lege ruimte*** ⇒*leegte, ruimte* **0.2** ***afwezigheid*** ⇒*wezenloosheid.*
vacant [veekənt] **0.1** ***leeg*** **0.2** ***leeg(staand)*** ⟨v. huis⟩ ⇒*onbewoond* **0.3** ***vacant*** ⟨v. baan⟩ ⇒*open(staand)* **0.4** ***afwezig*** ⟨v. geest⟩ ⇒*wezenloos* ◆ **1.2** ⟨BE; jur.⟩ ~ possession *leeg te aanvaarden.*
vacate [vəkeet, vee-] **0.1** ***doen vrijkomen*** ⇒*vrij maken; ontruimen* ⟨huis⟩ **0.2** ***opgeven*** ⟨positie⟩ ⇒*neerleggen* ⟨ambt⟩.
vacation[1] [vəkeesjn] ⟨zn.⟩ **0.1** ***vakantie*** ⟨vnl. AE; BE vnl. v. rechtbank en universiteiten⟩ **0.2** ***ontruiming*** ⟨v. huis⟩ ◆ **2.1** long ~ *zomervakantie.*
vacation[2] ⟨ww.⟩ ⟨AE⟩ **0.1** ***vakantie nemen/hebben/houden.***
vaccin|ate [væksinneet] ⟨zn.: **-ation**⟩ **0.1** ⟨+ against⟩ ***vaccineren (tegen)*** ⇒*inenten.*
vaccine [væksie:n] **0.1** ***vaccin*** ⇒*entstof.*
vacill|ate [væsilleet] ⟨zn.: **-ation**⟩ **0.1** ⟨+ between⟩ ***aarzelen (tussen)*** ⇒*weifelen, onzeker zijn.*
vacua [vækjoeə] ⟨mv.⟩ →**vacuum.**
vacuit|y [vəkjoe:ətie] ⟨mv.: -ies⟩ **I** ⟨telb.zn.; vaak mv.⟩ **0.1** ***onbenullige opmerking;***
II ⟨telb. en n.-telb.zn.; vaak mv.⟩ **0.1** ***leegheid.***
vacuous [vækjoeəs] ⟨-ness⟩ ⟨schr.⟩ **0.1** ***leeg*** ⟨ook fig.⟩ ⇒ *dwaas, nietszeggend.*
vacuum[1] [vækjoeəm] ⟨zn.; mv. tech.: ook vacua⟩ **0.1** ***vacuüm*** ⇒*leegte.*
vacuum[2] ⟨ww.⟩ ⟨inf.⟩ **0.1** ⟨ook + out⟩ ***(stof)zuigen.***
vacuum bottle, ⟨BE⟩ **vacuum flask 0.1** ***thermosfles.***
vacuum cleaner 0.1 ***stofzuiger.***
vacuum-packed 0.1 ***vacuümverpakt.***
vacuum pump 0.1 ***vacuümpomp.***
vacuum valve, ⟨AE⟩ **vacuum tube** ⟨nat.⟩ **0.1** ***elektronenbuis.***
vade mecum [va:diemeekəm] **0.1** ***handleiding*** ⇒*vademecum.*
vagabond[1] [vægəbond] ⟨zn.⟩ **0.1** ***vagebond*** ⇒*landloper.*
vagabond[2] ⟨bn.⟩ **0.1** ***(rond)zwervend.***
vagar|y [veegərie] ⟨mv.: -ies; vaak mv.⟩ **0.1** ***gril*** ⇒*nuk, kuur.*
vagina [vədzjajnə] **0.1** ***vagina*** ⇒*schede.*
vaginal [vədzjajnl] **0.1** ***vaginaal*** ⇒*schede-.*
vagrancy [veegrənsie] **0.1** ***landloperij.***
vagrant [veegrənt] **0.1** ⟨bn.⟩ ***(rond)zwervend*** ⇒*rondtrekkend* **0.2** ⟨zn.⟩ ***landloper*** ⇒*zwerver.*
vague [veeg] ⟨-ness⟩ **I** ⟨bn.⟩ **0.1** ***vaag*** ⇒*onduidelijk; onscherp* ◆ **1.1** ~ questions *onduidelijke vragen* **6.1** be ~ **about** sth. *vaag zijn over iets;*
II ⟨bn., attr.; meestal overtr. trap⟩ **0.1** ***gering*** ◆ **1.1** I haven't the ~st idea *ik heb geen flauw idee.*

vain [veen] **0.1** ***ijdel*** ⇒*verwaand* **0.2** ***zinloos*** ⇒*nutteloos, vals* ⟨hoop⟩, *vergeefs* ⟨moeite, poging⟩ **0.3** ***triviaal*** ⇒*leeg* ◆ **1.¶** take God's name in ~ *Gods naam ijdel gebruiken* **6.2 in** ~ *tevergeefs.*

vainglorious [veenglo:riəs] ⟨schr.⟩ **0.1** ***verwaand*** ⇒*ijdel; opschepperig.*

vainglory [veenglo:rie] ⟨schr.⟩ **0.1** ***verwaandheid*** ⇒*opschepperij.*

vainly [veenlie] **0.1** →**vain 0.2** ***tevergeefs*** ⇒*ijdel(lijk)* **0.3** ***(op) verwaand(e wijze)*** ◆ **3.3** ~ they tried *zij deden vergeefse pogingen.*

valance [væləns] **0.1** ***valletje*** ⇒*(af)hangende rand* **0.2** ⟨AE⟩ ***gordijnkap.***

vale [veel] ⟨schr.⟩ **0.1** ***vallei*** ⇒*dal.*

valediction [væliddiksjn] ⟨schr.⟩ **0.1** ***afscheidswoorden/rede*** ⇒*afscheid.*

valedictory [væliddiktrie] **0.1** ***afscheids-*** ◆ **1.1** ⟨vnl. AE⟩ ~ speech *afscheidsrede.*

valence [veeləns], ⟨BE ook⟩ **valency** [-sie] ⟨schei.⟩ **0.1** ***valentie.***

valentine [væləntajn] ⟨ook V-⟩ **0.1** ***liefje*** ⟨gekozen op Valentijnsdag, 14 febr.⟩ **0.2** ***valentijnskaart.***

valerian [vəliəriən] **0.1** ***valeriaan(wortel/tinctuur).***

valet [vælit, vælee] **0.1** ***lijfknecht*** ⇒*(persoonlijke) bediende* **0.2** ***hotelbediende.***

valet service, valeting service 0.1 ***was- en strijkservice*** ⟨bv. in hotel⟩.

valetudinarian [vælitjoe:dinneəriən] **0.1** ⟨bn.⟩ ***ziekelijk*** **0.2** ⟨bn.⟩ ***hypochondrisch*** **0.3** ⟨zn.⟩ ***ziekelijk persoon*** **0.4** ⟨zn.⟩ ***hypochonder.***

Valhalla [vælhælə] ⟨mythologie⟩ **0.1** ***walhalla*** ⟨ook fig.⟩.

valiant [væliənt] **0.1** ***moedig*** ⇒*heldhaftig.*

valid [vælid] **0.1** ***redelijk*** ⟨v. argumenten e.d.⟩ ⇒*steekhoudend, gegrond* **0.2** ***geldig*** ⟨v. kaartje⟩ **0.3** ⟨jur.⟩ ***(rechts)geldig*** ⇒*wettig, v. kracht.*

valid|ate [væliddeet] ⟨zn.: **-ation**⟩ **0.1** ***bevestigen*** ⇒*bekrachtigen.*

validity [vəliddətie] **0.1** ***(rechts)geldigheid*** ⇒*het van kracht zijn* **0.2** ***redelijkheid*** ⟨v. argumenten e.d.⟩.

valise [vəlie:z] **0.1** ⟨AE⟩ ***valies*** ⇒*reistas.*

Valium® [væliəm] **0.1** ***valium.***

valley [vælie] **0.1** ***dal*** ⇒*vallei.*

valorization, -sation [vælərajzeesjn] ⟨geldw.⟩ **0.1** ***valorisatie.***

valorize, -ise [vælərajz] ⟨geldw.⟩ **0.1** ***valoriseren.***

valorous [vælərəs] **0.1** ***moedig*** ⇒*dapper.*

valour, ⟨AE sp.⟩ **valor** [vælə] ⟨schr.⟩ **0.1** ***(helden)moed*** ⇒*dapperheid.* →**discretion.**

valuable[1] [væljəbl] ⟨zn.; vaak mv.⟩ **0.1** ***kostbaarheid.***

valuable[2] ⟨bn.⟩ **0.1** ***waardevol*** ⇒*nuttig* **0.2** ***kostbaar.***

valuation [væljoe·eesjn] **0.1** ***taxatie*** **0.2** ***taxatieprijs*** ⇒*vastgestelde waarde* **0.3** ***waarde*** ⇒*beoordeling.*

value[1] [væljoe:] **I** ⟨telb.zn.⟩ **0.1** ***(gevoels)waarde*** ⇒*betekenis* **0.2** ⟨vaak mv.⟩ ***maatstaf*** ⇒*waarde* **0.3** ⟨tech., wet.⟩ ***waarde;***
II ⟨telb. en n.-telb.zn.⟩ **0.1** ***(gelds)waarde*** ⇒*valuta, prijs* **0.2** ***nut*** ⇒*waarde* **0.3** ***lichtverdeling*** ⟨op schilderij⟩ ◆ **1.1** (get) ~ for money *waar voor zijn geld (krijgen)* **2.1** be good ~ *zijn geld waard zijn* **2.2** of great ~ *erg nuttig/waardevol* **3.1** ~ received *waarde genoten* ⟨op wissel⟩; set (a high) ~ on sth. *(veel) waarde aan iets hechten* **6.1 to** the ~ **of** *ter waarde van.*

value[2] ⟨ww.⟩ **0.1** ⟨+ at⟩ ***taxeren (op)*** ⇒*schatten* **0.2** ***waarderen*** ⇒*op prijs stellen.*

value-added tax 0.1 ***belasting op de toegevoegde waarde*** ⇒*btw.*

value-free 0.1 ***waardevrij.***

value judgement 0.1 ***waardeoordeel.***

valueless [væljoeləs] **0.1** ***waardeloos.***

valuer [væljoeə] **0.1** ***taxateur.***

valve [vælv] **0.1** ***klep*** ⇒*ventiel* ⟨ook muz.⟩, *schuif* **0.2** ***klep(vlies)*** ⟨v. hart, bloedvaten⟩ **0.3** ⟨BE; tech.⟩ ***(elektronen)buis.***

valvular [vælvjoelə] **0.1** ***klepvormig*** **0.2** ***met klep(pen)*** **0.3** ***mbt. kleppen*** ⟨v.h. hart⟩ ⇒*valvulair.*

vamoose [vəmoe:s] ⟨AE; inf.⟩ **0.1** ***'m smeren*** ⇒*er vandoor gaan.*

vamp[1] [væmp] ⟨zn.⟩ **0.1** ⟨inf.⟩ ***vamp*** **0.2** ***bovenleer*** ⟨v. schoen⟩.

vamp[2] ⟨ww.⟩ **0.1** ***repareren (met nieuw bovenleer)*** ⟨schoen⟩ ◆ **5.¶** ~ **up** *opkalefateren, opknappen.*

vampire [væmpajjə] **0.1** ***vampier*** **0.2** ***uitzuiger*** ⟨fig.⟩ **0.3** → **vampire bat.**

vampire bat ⟨dierk.⟩ **0.1** ***vampier.***

van [væn] **I** ⟨telb.zn.⟩ **0.1** ***bestelwagen*** ⇒*bus(je)* ⟨in samenstellingen vaak⟩; *wagen;* ⟨ihb.⟩ *verhuiswagen, conducteurswagen* **0.2** ⟨BE⟩ ***(goederen)wagon;***
II ⟨n.-telb.zn.⟩ **0.1** ⟨the; schr.⟩ ***voorhoede*** ⟨ook fig.⟩ ⇒*spits.*

vandal [vændl] **0.1** ***vandaal.***

vandalism [vændəlizm] **0.1** ***vandalisme*** ⇒*vernielzucht.*

vandalize, -ise [vændəlajz] **0.1** ***(moedwillig) vernielen.***

vane [veen] **0.1** ***vin*** ⇒*blad, schoep* ⟨v. schroef⟩, *vleugel* **0.2** ***windwijzer*** ⇒*weerhaantje* **0.3** ***vlag*** ⟨v. veer⟩.

vanguard [vængga:d] ⟨the⟩ **0.1** ***voorhoede*** ⟨ook fig.⟩ ⇒*spits.*

vanilla [vənillə] **0.1** ***vanille*** ⟨ook plant⟩.

vanish [vænisj] **0.1** ***(plotseling) verdwijnen.***

vanishing act, vanishing trick 0.1 ***grote verdwijntruc*** ◆ **3.¶** do a ~ with sth. *iets wegtoveren/snel wegmoffelen.*

vanishing cream 0.1 ⟨ong.⟩ ***dagcrème.***

vanishing point ⟨vaak enk.⟩ **0.1** ***verdwijnpunt*** ⇒*vluchtpunt* **0.2** ***punt waarop iets ophoudt (te bestaan)*** ⇒*einde, nulpunt.*

vanit|y [vænətie] ⟨mv.: -ies⟩ **0.1** ***ijdelheid*** ⇒*verbeelding* **0.2** ***leegheid*** ⇒*vruchteloosheid* ◆ **1.¶** the vanities of this life *de lichtzinnigheden van dit leven* **3.1** injured ~ *gekrenkte ijdelheid;* tickle s.o.'s ~ *iemands eigenliefde strelen.*

vanity bag, vanity case 0.1 ***make-uptasje.***

vanity unit, Vanitory unit [vænitrie] **0.1** ***ingebouwde wastafel.***

vanquish [vængkwisj] ⟨schr.⟩ **0.1** ***overwinnen*** ⟨ook fig.⟩ ⇒ *verslaan, bedwingen.*

vantage [va:ntidzj] ⟨AE⟩ **0.1** ***voordeel*** ⟨ihb. tennis⟩ ⇒*voorsprong.*

vantage point, vantage ground 0.1 ***gunstige ligging*** ⇒*geschikt (uitkijk)punt.*

vapid [væpid] ⟨-ness⟩ **0.1** ***geesteloos*** ⇒*duf, flauw* **0.2** ***smakeloos*** ⇒*verschaald* ⟨bier⟩.

vapidit|y [vəpiddətie] ⟨mv.: -ies⟩ **I** ⟨telb.zn.; vaak mv.⟩ **0.1** ***geesteloze opmerking;***
II ⟨n.-telb.zn.⟩ **0.1** ***smakeloosheid*** **0.2** ***geesteloosheid.***

vapor →**vapour.**

vapor|ize, -ise [veepərajz] ⟨zn.: **-ization**⟩ **0.1** ***(laten) verdampen.***

vaporizer, -iser [veepərajzə] **0.1** ***verstuiver*** ⇒*vaporisateur.*

vaporous [veep(ə)rəs] **0.1** ***dampig*** ⇒*nevelig; mistig.*

vapour, ⟨AE sp.⟩ **vapor** [veepə] **0.1** ***damp*** ⇒*gas, wasem* **0.2** ⟨mv.: the⟩ ***vapeurs*** ⟨ook scherts.⟩ ⇒*opvliegers.*

vapour bath 0.1 ***stoombad.***

vapour trail 0.1 ***condensatiestreep/spoor.***

variable[1] [veəriəbl] ⟨zn.⟩ **0.1** ***variabele (grootheid)*** **0.2** ***variabele waarde.***

variab|le[2] ⟨bn.; -ly; zn.: **-ility**⟩ **0.1** ***veranderlijk*** ⇒*variabel, wisselend, onbestendig* ◆ **1.1** ~ cost *variabele kosten.*
variance [veəriəns] **0.1** ***verschil*** ⇒*afwijking;* ⟨fig.⟩ *verschil v. mening* ◆ **6.1** be **at** ~ *het oneens zijn; gebrouilleerd zijn;* **at** ~ **with** *in strijd met, in tegenspraak met.*
variant [veəriənt] **0.1** ⟨bn.⟩ ***afwijkend*** ⇒*alternatief* **0.2** ⟨zn.⟩ ***variant*** ⇒*afwijkende vorm/spelling* ⟨enz.⟩.
variation [veərie·eesjn] **0.1** ***variatie*** ⟨ook muz.⟩ ⇒*(af)wisseling, verandering, afwijking, verscheidenheid* ◆ **1.1** ~s on a theme *variaties op een thema;* ⟨biol.⟩ this is a ~ of the same vulture *dit is een variant v. dezelfde gier.*
varicoloured, ⟨AE sp.⟩ **varicolored** [veəriekulləd] **0.1** ***veelkleurig.***
varicose vein ⟨vnl. mv.⟩ **0.1** ***spatader.***
varied [veəried] **0.1** ***gevarieerd*** ⇒*afwisselend.*
variegated [veəriəgeetid] **0.1** ***(onregelmatig) gekleurd*** ⇒ *(bont) geschakeerd/gevlekt* ◆ **1.1** a ~ flower *een gevlekte/meerkleurige bloem.*
variegation [veəriəgeesjn] **0.1** ***(kleur)schakering*** ⟨bv. v. plant⟩ ⇒*(onregelmatig) kleurpatroon.*
variet|y [vərajjətie] ⟨mv.: -ies⟩ **I** ⟨telb.zn.⟩ **0.1** ⟨enk.⟩ ***verscheidenheid*** ⇒*assortiment* **0.2** ⟨ben. voor⟩ ***variëteit*** ⟨vnl. biol.⟩ ⇒*verscheidenheid; ras, (onder)soort* ◆ **1.1** they gave a ~ of details *ze gaven allerlei details;*
II ⟨n.-telb.zn.⟩ **0.1** ***afwisseling*** ⇒*variatie, verandering* **0.2** ***variété*** ⇒*music-hall, vaudeville* ◆ **¶.1** ⟨sprw.⟩ ~ is the spice of life *verandering van spijs doet eten.*
variety show 0.1 ***variété(programma/voorstelling).***
variform [veəriffo:m] ⟨schr.⟩ **0.1** ***v. verschillende vorm.***
variola [vərajjələ] ⟨med.⟩ **0.1** ***pokken.***
various [veəriəs] **0.1** ***gevarieerd*** ⇒*uiteenlopend, verschillend (v. soort)* **0.2** ***verscheiden*** ⇒*talrijk, divers* ◆ **1.1** their ~ social backgrounds *hun verschillende sociale achtergrond;* ~ rolls *allerlei broodjes* **1.2** he mentioned ~ reasons *hij noemde diverse redenen.*
varlet [va:lit] **0.1** ⟨scherts.⟩ ***boef*** ⇒*schurk.*
varnish[1] [va:nisj] ⟨zn.⟩ **0.1** ***vernis(laag)*** ⟨ook fig.⟩ ⇒*lak, glazuur* ⟨mbt. aardewerk⟩ ◆ **1.1** a ~ of civilization *een dun laagje beschaving.*
varnish[2] ⟨ww.⟩ **0.1** ***vernissen*** ⇒*lakken* ⟨ook nagels⟩; ⟨fig.⟩ *mooier voorstellen* ◆ **5.1** she tried to ~ **over** his misbehaviour *ze probeerde zijn wangedrag te verbloemen.*
varsit|y [va:sətie] ⟨mv.: -ies⟩ **0.1** ⟨vnl. BE; inf.⟩ ***universiteit*** ⟨vnl. Oxford en Cambridge⟩ **0.2** ⟨AE⟩ ***universiteitsteam*** ⟨bv. bij sport⟩.
varsity match ⟨vaak V-⟩ ⟨BE⟩ **0.1** ***wedstrijd tussen de universiteiten v. Oxford en Cambridge.***
var|y [veərie] ⟨-ied⟩ **0.1** ***variëren*** ⇒*(doen) veranderen/afwisselen, v. elkaar (doen) verschillen, afwijken* ◆ **1.1** he hardly ever varies his eating habits *hij wijzigt/varieert zijn eetgewoonten bijna nooit;* their expectations varied too much *hun verwachtingen liepen te zeer uiteen;* with ~ing success *met afwisselend succes* **6.1** temperatures ~ **from** 12° **to** 20° *de temperatuur varieert v. 12 tot 20 graden.*
vascular [væskjoelə] **0.1** ⟨biol.⟩ ***vasculair*** ⇒*v./met/door (bloed)vaten* ◆ **1.1** ~ tissue *vaatweefsel.*
vase [va:z] **0.1** ***vaas.***
vasectom|y [vəsektəmie] ⟨mv.: -ies⟩ ⟨med.⟩ **0.1** ***vasectomie*** ⟨(operatieve) verwijdering v. zaadleider⟩.
vaseline [væsillie:n, -lin] ⟨ook V-⟩ **0.1** ***vaseline.***
vassal [væsl] **0.1** ***vazal*** ⇒⟨fig.⟩ *ondergeschikte.*
vassalage [væslidzj] **0.1** ***vazalliteit*** ⇒*vazallenplicht/trouw* **0.2** ***ondergeschiktheid*** ⇒*onderdanigheid.*
vassal state 0.1 ***vazalstaat*** ⇒*leenstaat.*
vast [va:st] ⟨-ness⟩ **0.1** ***enorm (groot)*** ⇒*geweldig, onmetelijk* ◆ **1.1** ~ auditorium *kolossale aula;* ~ territory *uitgestrekt gebied* **3.1** ~ly exaggerated *vreselijk overdreven;* prices have ~ly increased *de prijzen zijn ontzettend gestegen.*
vat [væt] **0.1** ***vat*** ⇒*ton, kuip.*
V.A.T. [vie:eetie:, væt] ⟨afk.⟩ **0.1** [value-added tax] ***btw.***
Vatican [vætikkən] ⟨zn.⟩ **0.1** ⟨bn.⟩ ***Vaticaans*** ⇒*pauselijk* **0.2** ⟨zn.; the; ww. ook mv.⟩ ***Vaticaan*** ◆ **1.1** the ~ Council *het Vaticaans concilie;* a ~ decree *een Vaticaans/pauselijk besluit.*
vaudeville [vo:dəvil] **0.1** ***variété(voorstelling).***
vault[1] [vo:lt] ⟨zn.⟩ **0.1** ***gewelf*** ⇒*boog* **0.2** ***gewelf*** ⇒*(gewelfde) grafkelder/wijnkelder* ⟨enz.⟩ **0.3** ***(bank)kluis*** **0.4** ***sprong*** ⇒⟨atletiek⟩ *polsstok(hoog)sprong* ◆ **1.1** ⟨schr.⟩ the ~s of heaven *het hemelgewelf, de lucht.*
vault[2] ⟨ww.⟩ ⟨ook fig.⟩ **0.1** ***springen (op/over)*** ⇒*een sprong maken;* ⟨atletiek⟩ *polsstokhoogspringen* ◆ **6.1** ~ **onto** a horse *te paard springen.*
vaulted [vo:ltid] **0.1** ***boog-*** ⇒*gewelfd* ◆ **1.1** ~ bridge *boogbrug.*
vaulter [vo:ltə] ⟨atletiek⟩ **0.1** ***(polsstokhoog)springer.***
vaulting[1] [vo:lting] ⟨zn.⟩ **0.1** ***gewelven*** ⇒*gewelf.*
vaulting[2] ⟨bn.⟩ ⟨vnl. schr.⟩ **0.1** ***zeer hoog gegrepen*** ◆ **1.1** ~ ambition *grenzeloze ambitie.*
vaulting box ⟨gymnastiek⟩ **0.1** ***springkast.***
vaulting horse ⟨gymnastiek⟩ **0.1** ***springpaard*** ⇒*lange springbok.*
vaunt[1] [vo:nt] ⟨zn.⟩ ⟨schr.⟩ **0.1** ***snoeverij*** ⇒*opschepperij.*
vaunt[2] ⟨ww.⟩ ⟨schr.⟩ **0.1** ***opscheppen (over)*** ◆ **1.¶** his much-vaunted secretary *zijn veelgeprezen secretaresse* **6.1** ~ **of/about** one's job *opscheppen over zijn baan, hoog opgeven v. zijn baan.*
V.C. ⟨afk.⟩ **0.1** [Victoria Cross] **0.2** [Viet Cong].
VCR ⟨afk.⟩ **0.1** [video cassette recorder] ***video(recorder).***
V.D. ⟨afk.⟩ **0.1** [venereal disease].
VDT ⟨afk.; comp.⟩ **0.1** [visual display terminal].
VDU ⟨afk.; comp.⟩ **0.1** [visual display unit] ***VDU*** ⇒*beeldscherm, terminal.*
VDU-screen ⟨comp.⟩ **0.1** ***beeldscherm.***
've [v] ⟨samentr. v. have⟩.
veal [vie:l] **0.1** ***kalfsvlees.***
vector [vektə] **0.1** ⟨wisk.⟩ ***vector*** **0.2** ⟨med.⟩ ***vector*** ⇒*bacillendrager, ziekte/infectieoverbrenger* ⟨bv. insect⟩.
vectorial [vekto:riəl] **0.1** ⟨wisk.⟩ ***vectorieel.***
vector product ⟨wisk.⟩ **0.1** ***vectorproduct.***
V-E Day ⟨afk.⟩ **0.1** [Victory in Europe Day] ⟨8 mei 1945⟩.
veer [viə] **0.1** ***v. richting/koers (doen) veranderen*** ⇒*omlopen, (met de klok mee)draaien* ⟨v. wind⟩; ⟨fig.⟩ *een andere kant (doen) opgaan* ◆ **5.1** ~ **away** from a subject *van een onderwerp afdwalen;* the wind ~ed **round** to the east *de wind draaide naar het oosten* **6.1** the car ~ed **off/across** the road *de auto schoot (plotseling) van de weg af/(dwars) over de weg.*
veg [vedzj] ⟨mv.: veg⟩ ⟨verk.⟩ [vegetable] ⟨vnl. BE; inf.⟩ **0.1** ***groente*** ◆ **3.1** order meat and two ~ *vlees (, aardappelen) en twee verschillende groentes bestellen.*
vegan [vie:gən] **0.1** ***veganist*** ⇒*strikte vegetariër.*
vegetable[1] [vedzjtəbl] ⟨zn.⟩ **0.1** ***groente*** ⇒*eetbaar gewas* **0.2** ***plant*** ⇒⟨fig.⟩ *vegeterend mens* ◆ **2.1** fresh ~s *verse groenten.*
vegetable[2] ⟨bn.⟩ **0.1** ***planten-*** ⇒*plantaardig, groente-* ◆ **1.1** ~ oil *plantenolie* **1.¶** ⟨vnl. BE⟩ ~ marrow *pompoen.*
vegetable garden 0.1 ***moestuin*** ⇒*groentetuin.*
vegetable kingdom ⟨the⟩ **0.1** ***plantenrijk.***
vegetable soup 0.1 ***groentesoep.***

vegetarian [vedzjitteərian] **0.1** ⟨bn.⟩ ***vegetarisch*** **0.2** ⟨zn.⟩ ***vegetariër.***

vegetarianism [vedzjitteərianizm] **0.1** ***vegetarisme.***

vegetate [vedzjitteet] **0.1** ***groeien*** ⇒*spruiten* ⟨(als) v. plant⟩ **0.2** ***vegeteren*** ⟨fig.⟩.

vegetation [vedzjitteesjn] **0.1** ***vegetatie*** ⇒*(planten)groei* **0.2** ⟨med.⟩ ***vegetatie*** ⇒*woekering.*

vegetational [vedzjitteesjnəl], **vegetatious** [-teesjəs] **0.1** ***vegetaal*** ⇒*plantaardig, planten-, vegetatief.*

vegetative [vedzjittətiv] **0.1** ***vegetatief*** ⇒*planten-, plantaardig; groeiend, groei-; ongeslachtelijk* ◆ **1.1** ~ reproduction *ongeslachtelijke voortplanting.*

veggie [vedzjie] ⟨verk.⟩ [vegetarian] ⟨inf.⟩ **0.1** ⟨bn.⟩ ***vegetarisch*** **0.2** ⟨telb. zn.⟩ ***vegetariër.***

veggieburger [vedzjiebə:gə] **0.1** ***vegaburger*** ⇒*groenteburger.*

veg(g)ies [vedzjie:z] ⟨inf.⟩ **0.1** ***(aardappelen en) groenten.***

vehemence [viəməns] **0.1** ***felheid*** ⇒*hevigheid* ◆ **1.1** the ~ of his behaviour *de onstuimigheid v. zijn gedrag.*

vehement [viəmənt] **0.1** ***fel*** ⇒*hevig, heftig, hartstochtelijk; krachtig* ◆ **1.1** ~ aversion *sterke afkeer;* ~ desire *vurig/hartstochtelijk verlangen;* ~ protests *felle/hevige protesten.*

vehicle [vie:ikl] **0.1** ***voertuig*** **0.2** ***middel*** ⇒*voertuig, medium* **0.3** ***oplosmiddel*** ⇒*bindmiddel* **0.4** ***drager*** ⇒*overbrenger, vehikel* ◆ **1.2** language is the ~ of thought *taal is het voertuig v.d. gedachte;* this play is a ~ for this actress *dit toneelstuk is deze actrice op het lijf geschreven;* television is a powerful ~ *televisie is een machtig medium* **1.4** the ~ of this culture *de overbrenger v. deze cultuur.*

vehicular [vie:hikjoelə] **0.1** ***v./mbt. voertuigen*** ◆ **1.1** ~ traffic *rijdend verkeer.*

veil[1] [veel] ⟨zn.⟩ **0.1** ***sluier*** ⇒*voile;* ⟨fig.⟩ *(dek)mantel, mom* ◆ **1.1** a ~ of mist on the fields *een sluier v. nevel op de velden* **2.1** a bridal ~ *een bruidssluier* **3.1** draw a ~ over sth. *een sluier over iets trekken;* ⟨ook fig.⟩ *iets in de doofpot stoppen;* take the ~ *non worden* **6.1** **under** the ~ of kindness *onder het mom v. vriendelijkheid.*

veil[2] ⟨ww.⟩ **0.1** ***(ver)sluieren*** ⟨ook fig.⟩ ⇒*verdoezelen, vermommen* ◆ **1.1** the bride was ~ed *de bruid was gesluierd;* ~ed threat *verholen dreigement.*

vein [veen] **0.1** ***ader*** ⇒*bloedvat; ertsader; nerf* **0.2** ***vleugje*** ⇒*klein beetje* **0.3** ***gemoedstoestand*** ⇒*bui* ◆ **1.1** ~s of gold in the rock *goudaderen in de rots;* ~s run through marble and other kinds of stone *er lopen aderen door marmer en andere soorten steen* **1.2** a ~ of irony *een vleugje ironie* **2.3** he was in a jolly ~ *hij had een jolige bui* **3.3** sorry, I'm not in the (right) ~ for this *sorry, ik ben hiervoor niet in de (juiste) stemming* **6.¶** **in** the same ~ *in dezelfde geest, van hetzelfde soort.*

veining [veening] **0.1** ***aderpatroon.***

Velcro [velkroo] ⟨oorspr. merknaam⟩ **0.1** ***klittenband.***

veld(t) [felt, velt] ⟨vaak the⟩⟨Z. Afr. E⟩ **0.1** ***open vlakte*** ⇒*grasvlakte.*

vellum [velləm] **0.1** ***velijn*** ⇒*kalfsperkament* **0.2** ***velijnpapier.***

velocit|y [villossətie] ⟨mv.: -ies⟩⟨ook nat.⟩ **0.1** ***snelheid*** ◆ **1.1** ⟨ec.⟩ ~ of circulation *omloopsnelheid* ⟨v. geld⟩.

velour(s) [vəloeə] **0.1** ***velours*** ⇒*fluweel.*

velvet [velvit] **0.1** ⟨zn.⟩ ***fluweel*** **0.2** ⟨bn.⟩ ***fluwelen*** ◆ **1.¶** walk/more with (a) ~ tread *met zachte/onhoorbare pas lopen* **3.¶** be/stand on ~ ⟨fig.⟩ *op fluweel zitten; er goed voor staan.* →**black.**

velveteen [velvittie:n] **0.1** ***katoenfluweel*** ⇒*velveteen.*

velvety [velvətie] **0.1** ***fluweelachtig*** ⇒⟨ook fig.⟩ *zacht.*

Ven. ⟨afk.⟩ **0.1** [Venerable] ***Eerw.***

venal [vie:nl] ⟨zn.: **-ity**⟩⟨schr.⟩ **0.1** ***corrupt*** ⇒*(om)koopbaar* ◆ **1.1** ~ practices *corrupte praktijken.*

vend [vend] **0.1** ***verkopen*** ⟨ook jur.⟩ **0.2** ***venten*** ⇒*aan de man brengen.*

vendetta [vendettə] **0.1** ***bloedwraak.***

vending machine **0.1** ***automaat*** ⟨voor sigaretten e.d.⟩.

vendor, vender [vendə] **0.1** ***verkoper.***

veneer[1] [vinniə] ⟨zn.⟩ **0.1** ***fineer*** **0.2** ⟨fig.⟩ ***vernisje*** ⇒*dun laagje (vernis)* ◆ **6.1** **under** a ~ **of** good manners *onder een dun laagje/vernisje van goede manieren.*

veneer[2] ⟨ww.⟩ **0.1** ***fineren*** **0.2** ⟨fig.⟩ ***een vernisje geven.***

venerab|le [venrəbl] ⟨zn.: **-ility**⟩ **0.1** ***eerbiedwaardig*** **0.2** ⟨rel.⟩ ***hoogeerwaard*** ⟨titel v. aartsdiaken⟩ **0.3** ⟨r.-k.⟩ ***eerwaardig.***

vener|ate [vennəreet] ⟨zn.: **-ation**⟩ **0.1** ***aanbidden.***

venereal [vinniəriəl] **0.1** ***venerisch*** ⇒*geslachts-* ◆ **1.1** ~ disease *geslachtsziekte.*

Venetian [vinnie:sjn] **0.1** ***Venetiaans*** ◆ **1.¶** ~ blind *jaloezie, zonneblind.*

vengeance [vendzjəns] **0.1** ***wraak*** ◆ **3.1** take ~ (up)on s.o. *zich op iem. wreken* **5.¶** the wind blew **with** a ~ *de wind waaide er duchtig op los;* work **with** a ~ *werken dat de stukken eraf vliegen.*

vengeful [vendzjfl] ⟨-ness⟩ **0.1** ***wraakzuchtig.***

venial [vie:niəl] **0.1** ***vergeeflijk*** ⇒*onbetekenend* ◆ **1.1** ~ fault *klein foutje;* ⟨rel.⟩ ~ sin *pekelzonde* ⟨tgov. doodzonde⟩.

Venice [vennis] **0.1** ***Venetië.***

venison [vennisn, vennizn] **0.1** ***hertenvlees.***

venom [vennəm] **0.1** ***vergif*** ⟨v. slang, schorpioen enz.⟩ **0.2** ***venijn*** ⇒*boosaardigheid.*

venomous [vennəməs] **0.1** ***(ver)giftig*** **0.2** ***venijnig*** ⇒*boosaardig* ◆ **1.1** ⟨scherts.⟩ what a ~ drink! *wat een gif!;* ~ snake *gifslang.*

venous [vie:nəs] **0.1** ⟨med.⟩ ***v./mbt. (de) ader(en)*** **0.2** ⟨plantk.⟩ ***geaderd*** ⇒*generfd.*

vent[1] [vent] **I** ⟨telb.zn.⟩ **0.1** ***(lucht)opening*** ⇒*(ventilatie)gat, luchtgat* **0.2** ***split*** ⟨in jas e.d.⟩ **0.3** ⟨dierk.⟩ ***anus*** ⟨v. lagere dieren⟩;

II ⟨telb. en n.-telb.zn.; geen mv.⟩⟨ook fig.⟩ **0.1** ***uitlaat*** ⇒*uitweg* ◆ **3.1** give ~ to one's feelings *zijn hart luchten.*

vent[2] ⟨ww.⟩ **0.1** ***uiten*** ⟨gevoelens⟩ ⇒*luchten* **0.2** ***afreageren*** **0.3** ⟨tech.⟩ ***ontluchten*** ⇒*afblazen, aftappen* ◆ **6.2** ~ sth. **on** s.o./sth. *iets afreageren op iem./iets;* ~ one's fury **on** *zijn woede koelen op.*

ventilate [ventilleet] **0.1** ***ventileren*** ⇒*luchten* ⟨kamer e.d.⟩ **0.2** ***(in het openbaar) bespreken*** ⇒*ventileren* ⟨plan e.d.⟩; *naar buiten brengen* ⟨mening⟩.

ventilation [ventilleesjn] **0.1** ***het ventileren*** ⇒*ventilatie* **0.2** ***ventilatie(systeem)*** ⇒*luchtverversing* **0.3** ***openbare discussie*** ⇒*ventilatie* **0.4** ***uiting*** ⇒*het naar buiten brengen* ⟨v. mening e.d.⟩.

ventilator [ventilleetə] **0.1** ***ventilator.***

ventricle [ventrikl] ⟨med.⟩ **0.1** ⟨ben. voor⟩ ***(orgaan)holte*** ⇒*ventrikel; hartkamer; hersenholte.*

ventriloquism [ventrilləkwizm] **0.1** ***het buikspreken.***

ventriloquist [ventrilləkwist] **0.1** ***buikspreker.***

venture[1] [ventsjə] ⟨zn.⟩ **0.1** ***(gevaarlijke) onderneming*** ⇒*gewaagd project,* ⟨ihb.⟩ *speculatie; avontuurlijke reis/stap.*

venture[2] **I** ⟨onov.ww.⟩ **0.1** ***zich wagen*** ◆ **5.1** ~ **out** *zich buiten wagen* **6.1** ~ **out of** doors *zich op straat wagen;*

II ⟨onov. en ov.ww.⟩ **0.1** ***(aan)durven*** ⇒*wagen (iets te doen), durven (te beweren)* ◆ **3.1** ~ to say *zo vrij zijn te zeggen* **6.1** ~ **(up)on** sth. *iets aandurven/wagen, zich wagen aan iets* **8.1** ~ that *durven te beweren dat;*

III ⟨ov.ww.⟩ **0.1** ***wagen*** ⇒*riskeren* **0.2** ***inzetten*** **0.3** ***trotseren*** ◆ **1.1** ~ one's life *zijn leven op het spel zetten* **1.2** ~ a small bet *een gokje wagen* **1.3** ~ the stormy weather *het stormachtige weer trotseren* **4.1** ⟨sprw.⟩ nothing ~d, nothing gained *wie niet waagt, die niet wint.*
venture capital ⟨ec.⟩ **0.1** ***risicodragend kapitaal*** ⟨om nieuwe onderneming te financieren⟩.
venture capital firm 0.1 ***participatiemaatschappij.***
venturesome [ventsjəsəm], **venturous** [ventsjrəs] ⟨-ness⟩ **0.1** ***avontuurlijk*** ⇒*(stout)moedig, gewaagd.*
venue [venjoe:] **0.1** ***plaats v. samenkomst*** ⇒*ontmoetingsplaats, trefpunt* **0.2** ***plaats v. handeling*** ⇒*terrein, toneel* ◆ **6.1** tickets **from** the ~ *kaarten aan de kassa verkrijgbaar.*
Venus [vie:nəs] **0.1** ⟨ster.⟩ ***Venus*** **0.2** ***Venus*** ⇒*schoonheid.*
Venus's-fly-trap [vie:nəs(iz)flajtræp] ⟨plantk.⟩ **0.1** ***venusvliegenvanger.***
veracious [vəreesjəs] ⟨schr.⟩ **0.1** ***oprecht*** ⇒*eerlijk* **0.2** ***waar(heidsgetrouw).***
veracity [vəræsətie] **0.1** ***oprechtheid*** ⇒*eerlijkheid* **0.2** ***geloofwaardigheid*** ⇒*nauwkeurigheid.*
veranda(h) [vərændə] **0.1** ***veranda.***
verb [və:b] ⟨taal.⟩ **0.1** ***werkwoord.***
verbal [və:bl] **0.1** ***mondeling*** ⇒*gesproken, verbaal* **0.2** ***v./mbt. woorden*** ⇒*woord(en)-* **0.3** ***woordelijk*** ⇒*woord voor woord* **0.4** ⟨taal.⟩ ***werkwoordelijk*** ◆ **1.1** ~ agreement *mondelinge overeenkomst* **1.2** ⟨inf.⟩ ~ diarrhoea *gezwets, spraakwaterval* **1.3** ~ translation *letterlijke vertaling.*
verbal|ize, -ise [və:bəlajz] ⟨zn.: **-ization**⟩ **I** ⟨onov.ww.⟩ **0.1** ***zich uitdrukken in woorden;***
II ⟨ov.ww.⟩ **0.1** ***onder woorden brengen*** ⇒*formuleren.*
verbatim [və:beetim] **0.1** ***woordelijk*** ⇒*woord voor woord.*
verbena [və:bie:nə] ⟨plantk.⟩ **0.1** ***ijzerhard.***
verbiage [və:bie·idzj] **0.1** ***woordenstroom*** ⇒*breedsprakigheid.*
verbose [və:boos] ⟨-ness⟩ **0.1** ***breedsprakig.***
verbosity [və:bossətie] **0.1** ***breedsprakigheid.***
verd|ant [və:dnt] ⟨zn.: **-ancy**⟩ **0.1** ***(gras)groen*** **0.2** ***met gras bedekt.***
verdict [və:dikt] **0.1** ***oordeel*** ⇒*vonnis, beslissing* **0.2** ⟨jur.⟩ ***(jury)uitspraak*** ◆ **3.2** bring in a ~ *uitspraak doen* **3.¶** ⟨jur.⟩ sealed ~ *schriftelijke uitspraak* **6.1** ~ **on** *oordeel/mening over* **6.2** ~ **of** not guilty *juryvrijspraak.* →**open.**
verdigris [və:digrie:s] **0.1** ***kopergroen*** ⟨oxidatielaag op koper, brons e.d.⟩.
verdure [və:dzjə] ⟨schr.⟩ **0.1** ***groen*** ⇒*loof, gebladerte.*
verge [və:dzj] **0.1** ***rand*** ⇒*kant* ⟨vnl. fig.⟩; *berm* ◆ **6.1** **on** the ~ **of** death *de dood nabij;* bring s.o. **to** the ~ **of** despair *iem. op de rand v.d. wanhoop brengen.*
vergeboard ⟨bouwk.⟩ **0.1** ***gevellijst*** ⇒*windveer.*
verge on 0.1 ***grenzen aan*** ◆ **1.1** verging on the tragic *op het randje v.h. tragische.*
verger [və:dzjə] **0.1** ⟨vnl. BE⟩ ***koster*** **0.2** ⟨BE⟩ ***pedel.***
Vergil →**Virgil.**
verifiable [verriffajjəbl] **0.1** ***verifieerbaar.***
verification [verriffikkeesjn] **0.1** ***verificatie*** ⇒*onderzoek* **0.2** ***staving*** ⇒*bevestiging.*
verif|y [verriffaj] ⟨-ied⟩ **0.1** ***verifiëren*** ⇒*de waarheid/juistheid onderzoeken/nagaan v.* **0.2** ***waarmaken*** ⇒*staven, bevestigen.*
verily [verrillie] ⟨vero., beh. rel.⟩ **0.1** ***waarlijk*** ⇒*voorwaar.*
verisimilitude [verrissimmillitjoe:d] **0.1** ***waarschijnlijkheid*** ⇒*aannemelijkheid.*
veritab|le [verrittəbl] ⟨-ly⟩ **0.1** ***waar*** ⇒*echt, werkelijk.*
verit|y [verrətie] ⟨mv.: -ies; vnl. mv.⟩⟨schr.⟩ **0.1** ***(algemeen aanvaarde) waarheid.***
vermilion, vermillion [vəmilliən] **0.1** ⟨bn. en zn.⟩ ***vermiljoen.***
vermin [və:min] ⟨zn.; ww. vnl. mv.⟩ **0.1** ***ongedierte*** ⇒*schadelijk gedierte* **0.2** ***gespuis.***
verminous [və:minnəs] **0.1** ***vol (met) ongedierte*** **0.2** ***door ongedierte overgebracht*** ⟨ziekte⟩ **0.3** ⟨pej.⟩ ***vies.***
vermouth [və:məθ] **0.1** ***vermout.***
vernacular [vənækjoelə] **0.1** ⟨bn.⟩ ***in de lands/streektaal*** **0.2** ⟨zn.; (the)⟩ ***lands/streektaal.***
vernal [və:nl] ⟨schr.⟩ **0.1** ***lente-*** ⇒*voorjaars-.*
veronica [vərronnikkə] ⟨plantk.⟩ **0.1** ***ereprijs.***
versat|ile [və:sətajl] ⟨zn.: **-ility**⟩ **0.1** ***veelzijdig*** ⇒⟨ook⟩ *flexibel* ⟨v. geest⟩ **0.2** ***ruim toepasbaar*** ⇒*veelzijdig bruikbaar* ◆ **1.2** a ~ material *een materiaal met veel toepassingsmogelijkheden.*
verse [və:s] **I** ⟨telb.zn.⟩ **0.1** ***vers*** ⇒*versregel, dichtregel; bijbelvers* **0.2** ***vers*** ⇒*couplet, strofe;*
II ⟨n.-telb.zn.⟩ **0.1** ***versvorm*** ⇒*verzen* **0.2** ***verzen*** ⇒*gedichten* ◆ **2.1** blank ~ *blanke/onberijmde verzen.*
versed [və:st] **0.1** ***bedreven*** ⇒*ervaren* ◆ **1.¶** ⟨driehoeksmeting⟩ ~ cosine *cosinus versus* ⟨1 - sin⟩; ~ sine *sinus versus* ⟨1 - cos⟩ **6.1** well ~ **in** *bedreven/ervaren in.*
versification [və:siffikkeesjn] **0.1** ***verskunst*** ⇒*rijmkunst* **0.2** ***versbouw*** ⇒*metrum.*
versifier [və:siffajjə] **0.1** ***verzenschrijver*** ⇒*dichter.*
versif|y [və:siffaj] ⟨-ied⟩ **I** ⟨onov.ww.⟩ **0.1** ***rijmen*** ⇒*dichten* **0.2** ***rijmelen;***
II ⟨ov.ww.⟩ **0.1** ***berijmen*** ⇒*in/op rijm zetten.*
version [və:sjn] **0.1** ***vertaling*** ⇒⟨ihb.: V-⟩ *bijbelvertaling* **0.2** ***versie*** ⇒*lezing* **0.3** ***versie*** ⇒*variant; interpretatie; bewerking.*
verso [və:soo] **0.1** ***versozijde*** ⇒*ommezijde* ⟨v. blad⟩; *linkerpagina* ⟨in open boek⟩ **0.2** ***keerzijde*** ⟨v. munt⟩.
versus [və:səs] **0.1** ⟨tegenstelling; vnl. jur. of sport⟩ ***tegen*** ⇒ *contra* **0.2** ⟨vergelijkend⟩ ***vergeleken met*** ⇒*tegenover* ◆ **1.1** John's team ~ Bill's *de ploeg van John tegen die van Bill.*
vertebra [və:tibrə]⟨mv.: meestal vertebrae [-brie:]⟩ **0.1** ***(ruggen)wervel*** ◆ **7.1** the ~e *de wervelkolom.*
vertebral [və:tibrəl] **0.1** ***gewerveld*** **0.2** ***vertebraal*** ⇒*wervel-* ◆ **1.2** ⟨anat.⟩ ~ canal *wervelkanaal;* ~ column *wervelkolom.*
vertebrate [və:tibrət] **0.1** ⟨bn.⟩ ***gewerveld*** **0.2** ⟨zn.⟩ ***gewerveld dier.***
vertex [və:teks] ⟨mv.: ook vertices⟩ **0.1** ***top(punt)*** ⇒*zenit.*
vertical[1] [və:tikl] **I** ⟨telb.zn.⟩ **0.1** ***loodlijn*** **0.2** ***loodrecht/verticaal vlak;***
II ⟨n.-telb.zn.; the⟩ **0.1** ***loodrechte/verticale stand*** ◆ **6.1** **out of** the ~ *niet loodrecht, uit het lood.*
vertical[2] ⟨bn.⟩ **0.1** ***verticaal*** ⇒*loodrecht* ◆ **1.1** ~ integration *verticale integratie;* ~ take-off *verticale start* ⟨v. vliegtuig⟩.
vertices [və:tissie:z] ⟨mv.⟩ →**vertex.**
vertiginous [və:tidzjinnəs] **0.1** ***duizelingwekkend.***
vertigo [və:tigoo] **0.1** ***duizeligheid*** ⇒*draaierigheid.*
verve [və:v] **0.1** ***elan*** ⇒*vuur, geestdrift.*
very[1] [verrie] ⟨bn.⟩⟨emf.; niet altijd vertaalbaar⟩ **0.1** ***absoluut*** ⇒*uiterst* **0.2** ***zelf*** ⇒*zelfde, juist, precies* **0.3** ***enkel*** ⇒*alleen (al)* ◆ **1.1** from the ~ beginning *vanaf het allereerste begin;* do one's ~ best *zijn uiterste best doen;* at the ~ height of his career *op het absolute hoogtepunt v. zijn carrière* **1.2** under my ~ eyes *uitgerekend/vlak onder mijn ogen;* the ~ man he needed *precies de man die hij nodig had;* he is the ~ picture/spit of his father *hij is het evenbeeld van zijn vader;* he died in this ~ room *hij stierf in deze zelfde kamer;* this is the ~ thing for me *dat is net iets voor mij;* these were

his ~ words *dit waren letterlijk zijn woorden* **1.3** the ~ fact that ... *alleen al het feit dat* ... **1.¶** the ~ idea! *wat een idee!*

very[2] (bw.) **0.1** ***heel*** ⇒*erg, zeer; aller-* **0.2** ***helemaal*** **0.3** ***precies*** ◆ **2.1** that is ~ difficult *dat is erg moeilijk;* the ~ last day *de allerlaatste dag* **2.3** in the ~ same hotel *in precies hetzelfde hotel* **3.1** he looked ~ tired *hij zag er heel moe uit* **5.1** ~ good / well, Sir! *heel goed / zeker, meneer!;* thanks ~ much *heel erg bedankt;* he is ~ much better today *hij is heel wat beter vandaag;* not so ~ difficult *niet zo (erg)/(al) te moeilijk;* oh, ~ well then! *oh, goed dan (, als het moet)!* **¶.2** keep this for your ~ own *houd dit helemaal voor jezelf.* →**well.**

Very light [viərie lajt] **0.1** ***lichtkogel*** ⇒*lichtgranaat.*

vespers [vespəz] (ook V-) **0.1** ***avonddienst*** (in anglicaanse Kerk).

vessel [vesl] (schr.) **0.1** ***vat*** (voor vloeistof) **0.2** (anat., plantk.) ***vat*** ⇒*kanaal, buis* (voor bloed, vocht) **0.3** ***vaartuig*** ⇒*schip.*

vest[1] [vest] (zn.) **0.1** (BE) ***(onder)hemd*** ⇒*hempje* **0.2** (AE) ***vest.***

vest[2] (ww.) **0.1** ***toekennen*** ⇒*bekleden* ◆ **1.1** ~ed interests *gevestigde belangen* **6.1** ~ power **in** s.o., ~ s.o. **with** power *iem. met macht bekleden;* the power is ~ed **in** the people *de macht ligt/berust bij het volk;* ~ one's property **in** s.o. *iem. met zijn bezittingen begiftigen.*

vestal [vestl] **0.1** ***Vestaals*** ⇒(fig.) *maagdelijk, kuis* ◆ **1.1** ~ virgin *Vestaalse maagd.*

vestibule [vestibjoe:l] **0.1** ***vestibule*** ⇒*hal* **0.2** ***kerkportaal.***

vestige [vestidzj] **0.1** ***spoor*** **0.2** (biol.) ***rudiment*** (onfunctioneel geworden orgaan) ◆ **1.1** ~s of an old civilization *sporen v.e. oude beschaving;* not a ~ of regret *geen spoor van spijt.*

vestigial [vestidzjl] **0.1** ***overblijvend*** ⇒*resterend* **0.2** (biol.) ***rudimentair*** (mbt. orgaan).

vestment [ves(t)mənt] (schr.) **0.1** ***(ambts)kleed/gewaad*** **0.2** (rel.) ***liturgisch gewaad*** ⇒(ihb.) *misgewaad.*

vest-pocket **0.1** ***vestzak-*** ⇒*klein.*

vestr|y [vestrie] (mv.: -ies) **0.1** ***sacristie*** **0.2** ***consistoriekamer.***

vet[1] [vet] (zn.) (verk.) [veterinary surgeon] (inf.) **0.1** ***dierenarts*** ⇒*veearts.*

vet[2] (ww.; -ted) **0.1** ***medisch behandelen*** (dier) **0.2** (vnl. BE; inf.) ***grondig onderzoeken*** ⇒*(medisch) keuren;* (fig.) *doorlichten.*

vetch [vetsj] (plantk.) **0.1** ***wikke.***

vetchling [vetsjling] (plantk.) **0.1** ***lathyrus*** ⇒(ihb.) *veldlathyrus.*

veteran[1] [vetrən] (zn.) **0.1** ***veteraan*** ⇒*oudgediende* (ook fig.); *oud-soldaat* (ook indien nog jong) **0.2** ***oldtimer*** (v. voor 1916).

veteran[2] (bn.) **0.1** ***vergrijsd in het vak*** ⇒*door en door ervaren* **0.2** ***veteranen-*** ◆ **1.¶** (BE) ~ car *oldtimer* (v. voor 1916).

Veterans Day (AE) **0.1** ***11 november*** (herdenking v.d. wapenstilstand in 1918).

veterinarian [vetrinneəriən] (vnl. AE) **0.1** ***dierenarts*** ⇒*veearts.*

veterinary [vet(ri)nrie] **0.1** ***veeartsenij-*** ⇒*veterinair* ◆ **1.1** ~ medicine *veeartsenijkunde;* ~ surgeon *dierenarts, veearts.*

veto [vie:too] **0.1** (zn.; mv.: -es) ***veto(recht)*** **0.2** (ww.) ***zijn veto uitspreken over*** ⇒*zijn toestemming weigeren.*

vex [veks] **0.1** ***ergeren*** ⇒*plagen, irriteren* **0.2** ***in de war/ verlegenheid brengen.***

vexation [vekseesjn] **0.1** ***ergernis*** ⇒*irritatie* **0.2** ***kwelling*** ⇒ *bron v. ergernis.*

vexatious [vekseesjəs] (-ness) **0.1** ***vervelend*** ⇒*ergerlijk.*

vexed [vekst] **0.1** ***geërgerd*** ⇒*geïrriteerd* **0.2** ***hachelijk*** ⇒ *netelig* ◆ **1.2** ~ question *heikele kwestie.*

vexing [veksing] **0.1** ***ergerlijk*** ⇒*vervelend.*

VHF (afk.) **0.1** [very high frequency] ***FM*** ⇒*VHF.*

via [vajjə] **0.1** (plaats en richting; ook fig.) ***via*** ⇒*door, langs* **0.2** (middel) ***door middel v.*** ◆ **1.1** he left ~ the garden *hij vertrok door de tuin;* they communicated ~ the radio *zij praatten met elkaar over de radio.*

viab|le [vajjəbl] (-ly; zn.: **-ility**) **0.1** ***levensvatbaar*** (ook fig.) **0.2** ***uitvoerbaar.***

viaduct [vajjədukt] **0.1** ***viaduct.***

vial [vajjəl] **0.1** ***medicijnflesje.***

viand [vajjənd] (vaak mv.) (schr.) **0.1** ***eetwaar*** ⇒*spijs.*

vibes [vajbz] (zn.) (verk.) **0.1** (inf.) [vibraphone] ***vibrafoon*** **0.2** (inf.) [vibrations] ***vibraties*** ⇒*uitstralende gevoelens.*

vibr|ant [vajbrənt] (zn.: **-ancy**) **0.1** ***trillend*** ⇒*vibrerend* **0.2** ***helder*** (v. kleur) **0.3** ***levendig*** ⇒*krachtig* (v. stem).

vibraphone [vajbrəfoon] **0.1** ***vibrafoon.***

vibrate [vajbreet] **0.1** ***(doen) trillen*** (ook fig.) ⇒*(doen) vibreren.*

vibration [vajbreesjn] **I** (telb.zn.; vnl. mv.) (inf.) **0.1** ***geestelijke invloed*** ⇒*(atmo)sfeer, stemming;*
II (telb. en n.-telb.zn.) **0.1** ***trilling*** ⇒*vibratie.*

vibrator [vajbreetə] **0.1** ***vibrator.***

vicar [vikkə] **0.1** ***predikant*** ⇒*dominee* (anglicaanse Kerk) **0.2** (r.-k.) ***plaatsvervanger*** ⇒*vicaris* ◆ **1.2** the Vicar of (Jesus) Christ *de paus.*

vicarage [vikkəridzj] **0.1** ***pastorie.***

vicar-general (mv.: vicars-general) **0.1** ***vicaris-generaal.***

vicarious [vikkeəriəs] (-ness) **0.1** ***overgedragen*** ⇒*gedelegeerd, afgevaardigd* **0.2** ***indirect.***

vice [vajs], (AE in bet. I 0.3 ook) **vise** [vajs] **I** (telb.zn.) **0.1** ***gebrek*** ⇒*onvolmaaktheid;* (inf., scherts.) *slechte gewoonte/ eigenschap* **0.2** ***kuur*** ⇒*gril* (v. paard, hond e.d.) **0.3** (vnl. BE) ***handschroef*** ⇒*bankschroef* **0.4** (inf.) ***plaatsvervanger*** ⇒*vice-;*
II (telb. en n.-telb.zn.) **0.1** ***ondeugd*** ⇒*slechtheid;*
III (n.-telb.zn.) **0.1** ***ontucht*** ⇒*prostitutie.*

vice-admiral **0.1** ***vice-admiraal.***

vice-chairman **0.1** ***vice-president*** ⇒*vice-voorzitter.*

vice-chancellor **0.1** ***vice-kanselier*** (v. gerecht) **0.2** (BE; ong.) ***rector magnificus*** (v. universiteit).

vicelike [vajslajk] **0.1** ***als in een bankschroef*** ⇒*stevig vast* ◆ **1.1** a ~ grip *een ijzeren greep.*

vice-president **0.1** ***vice-president*** ⇒*vice-voorzitter.*

viceroy [vajsroj] **0.1** ***onderkoning.***

vice squad (zn.; ww. enk. of mv.) **0.1** ***zedenpolitie.***

vice versa [vajs və:sə, vajsie-] **0.1** ***vice versa*** ⇒*omgekeerd.*

vicinit|y [vissinnətie] (mv.: -ies) **0.1** ***buurt*** ⇒*wijk* **0.2** ***nabijheid*** ⇒*buurt, omgeving* ◆ **6.2** (schr.) **in** the ~ **of** *om en bij, ongeveer.*

vicious [visjəs] (-ness) **0.1** ***wreed*** ⇒*boosaardig, gemeen* **0.2** ***gevaarlijk*** ⇒*gewelddadig* **0.3** ***weerspannig*** (v. dieren) ⇒ *vol kuren* **0.4** (inf.) ***hevig*** (v. weer, hoofdpijn) ⇒*gemeen* ◆ **1.1** ~ blow *gemene mep* **1.2** ~(-looking) knife *gevaarlijk (uitziend) mes* **1.4** ~ headache *gemene hoofdpijn* **1.¶** ~ circle *vicieuze cirkel* (ook fig.); *kring/cirkelredenering.*

vicissitude [vississitjoe:d] **0.1** (vaak mv.) ***wisselvalligheid*** ⇒*onbestendigheid* ◆ **1.1** the ~s of fortune *de wisselvalligheden v.h. lot.*

victim [viktim] **0.1** ***slachtoffer*** ⇒*dupe* **0.2** ***offer*** (mens, dier) ⇒*slachtoffer, offerdier* ◆ **1.1** ~s of the flood *slachtoffers v.d. overstroming* **3.1** fall ~ to s.o. / sth. *aan iem. / iets ten prooi vallen.*

victim|ize, -ise [viktimmajz] ⟨zn.: **-ization**⟩ **0.1** ***slachtofferen*** ⇒*doen lijden* **0.2** ***rancunemaatregelen/represailles nemen tegen*** ⟨bv. enkele stakers/personen⟩ ⇒*(onverdiend) straffen.*
victor [viktə] ⟨schr.⟩ **0.1** ***overwinnaar*** ⇒*winnaar.*
Victoria Cross 0.1 ***Victoriakruis*** ⟨hoge militaire onderscheiding⟩.
Victorian [vikto:riən] **0.1** ⟨bn.⟩ ***Victoriaans*** ⟨fig.⟩ ⇒⟨ong.⟩ *(overdreven) preuts; hypocriet* **0.2** ⟨zn.⟩ ***Victoriaan*** ⟨vnl. auteur⟩.
Victoriana [vikto:rie·a:nə] **0.1** ***Victoriaanse (kunst)voorwerpen.***
victorious [vikto:riəs] **0.1** ***zegevierend*** **0.2** ***overwinnings-*** ◆ **3.1** be ~ *zegevieren.*
victor|y [viktrie] ⟨mv.: -ies⟩ **0.1** ***overwinning*** ⇒*zege* ◆ **3.1** gain/win a ~ over s.o. *over iem. zegevieren.*
victory ceremony ⟨sport⟩ **0.1** ***cérémonie protocollaire.***
victory lap ⟨sport, ihb. atletiek⟩ **0.1** ***ererondje.***
victory platform, victory stand ⟨sport⟩ **0.1** ***erepodium.***
victual [vitl] ⟨-led⟩ **I** ⟨onov.ww.⟩ **0.1** ***proviand inslaan/opdoen;***
II ⟨ov.ww.⟩ **0.1** ***provianderen*** ⇒*v. mondvoorraad voorzien.*
victualler, ⟨AE sp.⟩ **victualer** [vitlə] **0.1** ***leverancier v. levensmiddelen*** ◆ **3.¶** licensed ~ *caféhouder met vergunning.*
victuals [vitlz] **0.1** ***levensmiddelen*** ⇒*proviand.*
vicuña, vicuna [vikjoe:n(j)ə] **0.1** ***vicuña*** ⟨wilde lama; wol⟩.
video[1] [viddie·oo] ⟨zn.⟩ **0.1** ***video(film)*** **0.2** ***video(recorder)*** **0.3** ***video(cassette).***
video[2] ⟨ww.⟩ **0.1** ***op (de) video opnemen.***
video camera 0.1 ***videocamera.***
video cassette 0.1 ***videocassette.***
video cassette recorder →**video recorder.**
video conferencing 0.1 ***(het) videovergaderen*** ⇒*(het) televergaderen.*
videodisc 0.1 ***videoplaat*** ⇒*beeldplaat.*
videogame 0.1 ***videospel(letje)*** ⇒*tv-spelletje.*
video nasties [viddie·oo na:stiez] **0.1** ***gewelddadige en/of hard-pornografische videofilms.***
videophone, viewphone 0.1 ***videofoon*** ⇒*beeldtelefoon.*
video-record ⟨vnl. BE⟩ **0.1** ***op video/beeldband opnemen.***
video recorder 0.1 ***videorecorder.***
videoshop 0.1 ***videotheek*** ⇒*videozaak/shop.*
videotape 0.1 ⟨zn.⟩ ***videoband*** **0.2** ⟨ww.⟩ ***op videoband opnemen.***
video tape recorder 0.1 ***videorecorder.***
videotex [viddie·i·ooteks] ⟨comp.⟩ **0.1** ***videotex*** ⇒*viditel.*
vie [vaj] ⟨vied⟩ **0.1** ***wedijveren*** ⇒*rivaliseren.*
Vienna [vie·ennə] ⟨ook attr.⟩ **0.1** ***Wenen.***
Viennese [vie:ənie:z] ⟨mv.: Viennese⟩ **0.1** ⟨bn.⟩ ***Weens*** **0.2** ⟨zn.⟩ ***Wener/Weense.***
Vietnam [vjetnæm] **0.1** ***Vietnam.***
Vietnamese [vjetnəmie:z] ⟨mv.: Vietnamese⟩ **0.1** ⟨bn.⟩ ***Vietnamees*** **0.2** ⟨eig.n.⟩ ***Vietnamees*** ⟨taal⟩ **0.3** ⟨telb. zn.⟩ ***Vietnamees*** ⟨bewoner v. Vietnam⟩.
view[1] [vjoe:] **I** ⟨telb.zn.⟩ **0.1** ***bezichtiging*** ⇒*inspectie;* ⟨fig.⟩ *overzicht* **0.2** ⟨vaak mv.⟩ ***zienswijze*** ⇒*opvatting* **0.3** ***uitzicht*** ⇒*gezicht;* ⟨fig.⟩ *vooruitzicht* **0.4** ***gezicht*** ⇒*afbeelding;* ⟨fig.⟩ *beeld* **0.5** ***intentie*** ⇒*bedoeling* ◆ **1.1** a general ~ of the subject *een algemeen overzicht v.h. onderwerp* **2.2** ⟨inf.⟩ take a dim/poor ~ of s.o.'s conduct *iemands gedrag maar matig/nauwelijks waarderen* **2.3** what a magnificent ~! *wat een prachtig gezicht!* **3.2** fall in with/meet s.o.'s ~s *iemands zienswijze delen* **3.¶** ⟨tech.⟩ exploded ~ *opengewerkte tekening* **6.2** **in** my ~ *volgens mij* **6.5** **with** a ~ **to** doing sth. *met de bedoeling iets te doen.* →**long, short;**
II ⟨n.-telb.zn.⟩ **0.1** ***zicht*** ⇒*gezicht(svermogen)* **0.2** ***zicht*** ⇒*uitzicht, gezichtsveld* ◆ **3.2** come into ~ *in zicht komen* **3.¶** have in ~ *op het oog hebben;* keep in ~ *voor ogen houden* **6.¶** **in** ~ **of** *vanwege, gezien;* **on** ~ *te zien, geëxposeerd.*
view[2] **I** ⟨onov.ww.⟩ **0.1** ***tv kijken;***
II ⟨ov.ww.⟩ **0.1** ***bekijken*** ⇒*beschouwen* ⟨ook fig.⟩; *bezichtigen* **0.2** ***inspecteren*** ◆ **1.1** ~ a house *een huis bezichtigen.*
viewdata [vjoe:deetə] ⟨comp.⟩ **0.1** ***viewdata*** ⇒*viditel.*
viewer [vjoe:ə] **0.1** ***kijker*** ⇒⟨ihb.⟩ *tv-kijker* **0.2** ***viewer*** ⟨voor het bekijken v. dia's⟩.
viewership ⟨mv.; ww. steeds mv.⟩ **0.1** ***kijkerspubliek*** ⟨v. televisie⟩ ⇒*aantal tv-kijkers.*
view finder ⟨foto.⟩ **0.1** ***(beeld)zoeker.***
viewing figures 0.1 ***kijkcijfers.***
viewless [vjoe:ləs] **0.1** ***zonder uitzicht*** **0.2** ⟨vnl. AE⟩ ***zonder mening.***
viewpoint 0.1 ***gezichtspunt*** ⇒*oogpunt* ⟨ook fig.⟩.
vigil [vidzjil] **0.1** ***waak*** ⇒*(nacht)wake* ◆ **3.1** keep ~ *waken.*
vigilance committee ⟨vnl. AE⟩ **0.1** ***waakzaamheidscomité*** ⇒*(niet-officiële) burgerwacht.*
vigil|ant [vidzjillənt] ⟨zn.: **-ance**⟩ **0.1** ***waakzaam*** ⇒*oplettend, alert.*
vigilante [vidzjilæntie] **0.1** ***(lid v.) burgerwacht.***
vignette [vinjet] **0.1** ***vignet*** ⟨als boekversiering⟩ **0.2** ***karakterschets.***
vigorous [vigərəs] **0.1** ***krachtig*** ⇒*sterk* **0.2** ***krachtig*** ⇒*gespierd* ⟨taal⟩ **0.3** ***energiek*** ⇒*vitaal* **0.4** ***groeizaam*** ⇒*gezond* ⟨planten⟩.
vigour, ⟨AE sp.⟩ **vigor** [vigə] **0.1** ***kracht*** ⇒*sterkte* **0.2** ***kracht*** ⇒*bloei* ⟨v. leven⟩ **0.3** ***energie*** ⇒*vitaliteit* **0.4** ***uitdrukkingskracht*** ⇒*gespierdheid* ⟨v. taal⟩ **0.5** ***groeikracht*** ⇒ *levenskracht* ⟨v. planten, dieren⟩ ◆ **1.2** in the ~ of his life *in de kracht/bloei v. zijn leven.*
Viking [vajking] ⟨ook v-⟩ **0.1** ***viking*** ⇒*Noorman.*
vile [vajl] ⟨-ness⟩ **0.1** ***gemeen*** ⇒*verachtelijk* **0.2** ***ellendig*** ⇒ *miserabel* **0.3** ***walgelijk*** ⇒*afschuwelijk* ⟨bv. voedsel⟩ **0.4** ⟨inf.⟩ ***gemeen*** ⇒*beroerd* ⟨weer⟩.
vilification [villiffikkeesjn] **0.1** ***lasterpraat*** ⇒*kwaadsprekerij.*
vilif|y [villiffaj] ⟨-ied⟩⟨schr.⟩ **0.1** ***belasteren*** ⇒*kwaadspreken over.*
villa [villə] **0.1** ***villa*** ⟨ook gesch.⟩ ⇒*landhuis* **0.2** ⟨BE⟩ ***huis in betere buitenwijk.***
village [villidzj] **0.1** ***dorp*** **0.2** ⟨ww. enk. of mv.⟩ ***dorp*** ⇒*dorpsbewoners.*
village green 0.1 ⟨ong.⟩ ***dorpsplein*** ⇒*dorpsweide/veld.*
villager [villidzjə] **0.1** ***dorpsbewoner.***
villain [villən] **0.1** ***boef*** ⇒*schurk* **0.2** ⟨vaak inf.⟩ ***boosdoener*** ⇒*slechte(rik)* **0.3** ⟨inf., scherts.⟩ ***rakker*** ⇒*deugniet* ◆ **1.2** the ~ of the piece *de boosdoener* **4.3** you ~! *deugniet!*
villainous [villənəs] **0.1** ***schurkachtig*** ⇒*gemeen, doortrapt* **0.2** ⟨inf.⟩ ***gemeen*** ⇒*heel slecht* ◆ **1.2** a ~ road *een ellendige weg.*
villain|y [villənie] ⟨mv.: -ies⟩ **0.1** ***schurkenstreek*** **0.2** ***schurkachtigheid*** ⇒*doortraptheid.*
villein [villən] ⟨gesch.⟩ **0.1** ***horige*** ⇒*lijfeigene.*
vim [vim] ⟨inf.⟩ **0.1** ***fut*** ⇒*pit* ◆ **1.1** ~ and vigour *uitbundige energie.*
vinaigrette [vinnigret] **0.1** ***vinaigrette(saus).***
vindic|ate [vindikkeet] ⟨zn.: **-ation**⟩ **0.1** ***rechtvaardigen*** **0.2** ***v. verdenking/blaam zuiveren*** ⇒*rehabiliteren.*
vindictive [vindiktiv] ⟨-ness⟩ **0.1** ***wrekend*** ⇒*straffend;* ⟨bij

uitbr.⟩ *rancuneus, wraakzuchtig* ◆ **1.¶** ⟨jur.⟩ ~ damages *morele schadevergoeding, smartengeld.*

vine [vajn], ⟨in bet. 0.1 ook⟩ **grapevine 0.1** ***wijnstok*** ⇒*wingerd* **0.2** ⟨AE⟩ ***kruiper*** ⇒*klimplant.*

vinedresser 0.1 ***wijnbouwer*** ⇒*wijngaardenier.*

vinegar [vinnigə] **0.1** ***azijn.***

vinegary [vinnigrie] **0.1** ***azijnachtig*** ⟨ook fig.⟩ ⇒*zuur, wrang* ◆ **1.1** ~ remarks *zure opmerkingen.*

viner|y [vajnərie] ⟨mv.: -ies⟩ **0.1** ***druivenkas*** ⇒*druivenserre.*

vineyard [vinjəd] **0.1** ***wijngaard.***

vino [vie:noo] ⟨mv.: ook -es⟩⟨inf.⟩ **0.1** ***(goedkope rode) wijn.***

vinous [vajnəs] **0.1** ***wijnkleurig*** ⇒*wijnrood* **0.2** ***onder de invloed v. wijn*** ⇒*door de wijn veroorzaakt* ◆ **1.2** ~ eloquence *door de wijn losgemaakte tong.*

vintage[1] [vintidzj] **I** ⟨telb.zn.; vnl. enk.⟩ **0.1** ***wijnoogst*** ⇒*wijnpluk* **0.2** ***wijntijd*** ⇒*(tijd v.d.) wijnoogst;*
II ⟨telb. en n.-telb.zn.⟩ **0.1** ***wijnoogst/opbrengst*** ⇒⟨bij uitbr.⟩ *(goed) wijnjaar* **0.2** ***(kwaliteits)wijn*** ⇒*wijn v.e. goed jaar* **0.3** ⟨inf.⟩ ***jaar(gang)*** ⇒*bouwjaar, lichting* ◆ **1.1** a wine of 1947 ~ / the ~ of 1947 *een wijn v. (het jaar) 1947, een 1947* **1.2** a bottle of ~ *een fles zeer goede wijn* ⟨v.e. bepaald (oud) jaar⟩ **3.3** they belong to the 1960 ~ *zij zijn v.d. lichting v. 1960.*

vintage[2] ⟨bn.⟩ **0.1** ***uitstekend*** ⇒*voortreffelijk, superieur* **0.2** ***oud*** ⇒*antiek* ◆ **1.1** this is ~ Shakespeare *dit is Shakespeare op zijn best;* a ~ silent film *een klassieke stomme film* **1.2** ⟨BE⟩ ~ car *auto uit de periode 1916-1930.*

vintner [vintnə] **0.1** ***wijnhandelaar.***

vinyl [vajnil] **0.1** ***vinyl.***

viola[1] [vajjələ] ⟨zn.⟩⟨plantk.⟩ **0.1** ***viooltje.***

viola[2] [vie·oolə] ⟨zn.⟩⟨muz.⟩ **0.1** ***altviool.***

violate [vajjəleet] **0.1** ***overtreden*** ⇒*inbreuk maken op, breken* **0.2** ***schenden*** ⇒*ontheiligen* ⟨tempel, graf⟩ **0.3** ***verkrachten*** **0.4** ***(grof) verstoren*** ◆ **1.1** ~ s.o.'s rights *inbreuk maken op iemands rechten;* ~ a treaty *een verdrag schenden* **1.4** ~ the peace *de vrede/rust verstoren.*

violation [vajjəleesjn] **0.1** ***overtreding*** ⟨ook sport⟩ ⇒*schending, inbreuk* **0.2** ***schending*** ⇒*schennis* **0.3** ***verkrachting*** **0.4** ***(grove) verstoring*** ◆ **6.1** **in** ~ **of** *met schending van.*

violence [vajjələns] **0.1** ***geweld*** **0.2** ***gewelddadigheid*** **0.3** ***hevigheid*** ⇒*heftigheid* ◆ **1.1** acts of ~ *gewelddadigheden* **1.2** crimes of ~ *geweldmisdrijven* **3.1** do ~ to the truth *de waarheid geweld aandoen.*

violent [vajjələnt] **0.1** ***hevig*** ⇒*heftig, wild* **0.2** ***gewelddadig*** **0.3** ***hel*** ⇒*schreeuwend* ⟨kleur⟩ ◆ **1.1** ~ contrast *schril contrast;* in a ~ temper *woest, driftig* **1.2** ~ death *gewelddadige dood.*

violet[1] [vajjəlit] ⟨zn.⟩ **0.1** ***viooltje*** **0.2** ***verlegen/bescheiden/stil persoon*** **0.3** ***violet*** ⇒*paars(achtig blauw)* ◆ **2.2** a modest/shrinking ~ *een stil persoon.*

violet[2] ⟨bn.⟩ **0.1** ***violet*** ⇒*paars(achtig blauw).*

violin [vajjəlin] **0.1** ***viool*** **0.2** ***viool(speler/speelster)*** ⇒*violist(e)* ◆ **7.2** the first/second ~ *de eerste/tweede viool.*

violinist [vajjəlinnist] **0.1** ***violist(e).***

violoncello [-tsjelloo] **0.1** ***(violon)cello.***

VIP [vie:ajpie:] ⟨afk.; vnl. inf.⟩ **0.1** [very important person] ***vip*** ⇒*hooggeplaatst persoon, beroemdheid.*

viper [vajpə] **0.1** ⟨dierk.⟩ ***adder*** ⟨ook fig.⟩ ⇒*serpent, verrader* **0.2** ***(giftige) slang.***

viperish [vajpərisj] **0.1** ***boosaardig*** ⇒*vals, giftig.*

vip lounge 0.1 ***viproom.***

virago [virra:goo] ⟨mv.: ook -es⟩ **0.1** ⟨pej.⟩ ***virago*** ⇒*helleveeg, kenau.*

viral [vajjərəl] **0.1** ***viraal*** ⇒*mbt./v.e. virus, virus-.*

Virgil, Vergil [və:dzjil] **0.1** ***Vergilius.***

virgin[1] [və:dzjin] ⟨zn.⟩ **0.1** ***maagd*** ⟨ook v. man⟩ **0.2** ⟨r.-k.⟩ ***madonna*** ⇒*afbeelding/beeld v.d. Heilige Maagd* ◆ **7.1** the (Blessed) Virgin (Mary) *de (Heilige) Maagd (Maria).*

virgin[2] ⟨bn.⟩ **0.1** ***maagdelijk*** ⇒*rein, onbevlekt; ongerept; (nog) niet bestudeerd* ◆ **1.1** ~ forest *maagdelijk/onbetreden woud;* the Virgin Queen *Koningin Elizabeth I;* ~ snow *vers gevallen sneeuw.*

virginal [və:dzjinl] **0.1** ***maagdelijk*** ⇒*zuiver, ongerept.*

Virginia [vədzjinniə], **Virginia tobacco 0.1** ***virginia(tabak).***

Virginia creeper 0.1 ***wilde wingerd.***

virginity [və:dzjinnətie] **0.1** ***maagdelijkheid*** ⇒*het (nog) maagd zijn;* ⟨fig.⟩ *ongereptheid.*

Virgo [və:goo] ⟨astrol., ster.⟩ **0.1** ***(de) Maagd.***

virgule [və:gjoe:l] **0.1** ***schuine streep*** ⟨leesteken: / ⟩.

virile [virrajl] **0.1** ***mannelijk*** ⇒*viriel* **0.2** ***potent.***

virility [virrillətie] **0.1** ***mannelijkheid*** ⇒*viriliteit, kracht* **0.2** ***potentie.***

virologist [vajjərolləddzjist] **0.1** ***viroloog.***

virology [vajjərolləddzjie] **0.1** ***virologie*** ⟨leer der virussen/virusziekten⟩.

virtu [və:toe:] **0.1** ***kunstwaarde*** ◆ **1.1** articles/objects of ~ *kunstvoorwerpen.*

virtual [və:tsjoeəl] **0.1** ***feitelijk*** ⇒*eigenlijk, praktisch* ◆ **1.1** to them it was a ~ defeat *voor hen kwam het neer op een nederlaag* **1.¶** ⟨comp.⟩ ~ reality *virtuele werkelijkheid.*

virtually [və:tsjəlie] **0.1** ***praktisch*** ⇒*feitelijk* ◆ **3.1** my work is ~ finished *mijn werk is zo goed als af.*

virtue [və:tsjoe:] **0.1** ***deugd*** ⇒*deugdzaamheid, rechtschapenheid* **0.2** ***kuisheid*** ⇒*zedelijkheid* **0.3** ***verdienste*** ⇒ *goede eigenschap* **0.4** ***(heilzame) werking*** ⇒*geneeskracht* ◆ **1.1** make a ~ of necessity *van de nood een deugd maken* **6.¶** **by/in** ~ **of** *krachtens, op grond van.*

virtuosity [və:tsjoe·ossətie] **0.1** ***virtuositeit*** ⇒*meesterschap.*

virtuoso [və:tsjoe·oozoo]⟨mv.: ook virtuosi [-zie:]⟩ **0.1** ***virtuoos*** ⇒*virtuoze.*

virtuous [və:tsjoeəs] **0.1** ***deugdzaam*** ⇒*rechtschapen* **0.2** ***kuis*** ⇒*zedig* **0.3** ***werkzaam*** ⇒*heilzaam.*

virul|ent [virroelənt] ⟨zn.: **-ence, -ency**⟩ **0.1** ***(zeer) giftig*** ⇒ *dodelijk* ⟨gif⟩ **0.2** ***kwaadaardig*** ⟨ziekte⟩ **0.3** ***venijnig*** ⇒ *kwaadaardig.*

virus [vajjərəs] **0.1** ***virus.***

virus scanner ⟨comp.⟩ **0.1** ***virusscanner.***

visa[1] [vie:zə], ⟨AE ook⟩ **visé** [vie:zee] ⟨zn.⟩ **0.1** ***visum*** ⟨op document, pas⟩.

visa[2], ⟨AE ook⟩ **visé** ⟨ww.; ook visa'd [vi:zəd], visé'd [vi:zeed]⟩ **0.1** ***viseren*** ⇒*een visum plaatsen op.*

visage [vizzidzj] ⟨schr.⟩ **0.1** ***gelaat*** ⇒*gelaatstrekken/uitdrukking.*

vis-à-vis[1] [vie:zəvie:] ⟨bw.⟩ **0.1** ***vis-à-vis*** ⇒*(recht) tegenover elkaar.*

vis-à-vis[2] ⟨vz.⟩ **0.1** ***ten opzichte van*** **0.2** ***vis-à-vis*** ⇒*(recht) tegenover.*

viscera [vissərə] ⟨anat.⟩ **0.1** ***inwendige organen*** ⇒⟨ihb.⟩ *ingewanden.*

visceral [vissərəl] **0.1** ⟨anat.⟩ ***visceraal*** ⇒*mbt./v.d. ingewanden, inwendig* **0.2** ***diepgeworteld*** ⇒*niet oppervlakkig.*

viscid [vissid] **0.1** ***kleverig*** **0.2** ***taai*** ⇒*stroperig* ⟨vloeistof⟩.

viscosit|y [viskossətie] ⟨mv.: -ies⟩ **I** ⟨telb.zn.⟩ **0.1** ***kleverige/taaie substantie;***
II ⟨n.-telb.zn.⟩ **0.1** ***kleverigheid*** **0.2** ***taaiheid*** ⇒*stroperigheid.*

viscount [vajkaunt] **0.1** ***burggraaf*** ⟨Eng. titel tussen baron en earl⟩.

viscountcy [vajkauntsie] **0.1** ***burggraafschap.***
viscountess [vajkauntis] **0.1** ***burggravin.***
viscous [viskəs] **0.1** ***kleverig*** **0.2** ***taai*** ⟨ook fig.⟩ ⇒*stroperig, dik(vloeibaar).*
vise [vajs] ⟨AE⟩ **0.1** ***bankschroef.***
visé →**visa.**
visibilit|y [vizzəbillətie] ⟨mv.: -ies⟩ **0.1** ***zicht*** ⟨vnl. meteo.⟩ **0.2** ***zichtbaarheid*** ◆ **2.1** good/high ~ *goed zicht;* poor/low ~ *slecht zicht.*
visible[1] [vizzəbəl] ⟨zn.; vaak mv.⟩⟨ec.⟩ **0.1** ***(handels)product*** ⇒⟨mv.⟩ *(handels)goederen.*
visib|le[2] ⟨bn.; -ly⟩ **0.1** ***zichtbaar*** ⇒*waarneembaar, merkbaar* ◆ **1.1** ⟨ec.⟩ ~ balance *handelsbalans* ⟨mbt. goederen⟩; ⟨ec.⟩ ~ exports/reserve/supply *zichtbare uitvoer/reserve/voorraad* **5.1** the stain was barely ~ *de vlek was nauwelijks te zien.*
Visigoth [vizzigoθ] ⟨gesch.⟩ **0.1** ***Visi/West-Goot.***
vision [vizjn] **I** ⟨telb.zn.⟩ **0.1** ***visioen*** ⇒*droom(beeld)* **0.2** ***(droom/geestes)verschijning*** **0.3** ***(vluchtige) blik*** ⇒ *glimp, aanblik* ◆ **3.1** I had ~s of missing the train *ik zag het al helemaal voor me dat ik de trein zou missen;* see ~s *visioenen hebben;*
II ⟨n.-telb.zn.⟩ **0.1** ***gezicht(svermogen)*** ⇒*het zien* **0.2** ***visie*** ⇒*inzicht* ◆ **1.1** field of ~ *gezichtsveld* **1.2** a man of ~ *een man met visie.*
visionar|y[1] [vizjənrie] ⟨zn.; mv.: -ies⟩ **0.1** ***ziener*** ⇒*profeet* **0.2** ***dromer*** ⇒*idealist.*
visionary[2] ⟨bn.⟩ **0.1** ***visionair*** ⇒*visioenen hebbend* **0.2** ***dromerig*** ⇒*onpraktisch, onrealistisch* **0.3** ***denkbeeldig*** ⇒*ingebeeld* **0.4** ***met visie*** ⇒*vooruitziend.*
visit[1] [vizzit] ⟨zn.⟩ **0.1** ***bezoek*** ⇒*visite* ⟨ook v. dokter⟩, *(tijdelijk) verblijf* ◆ **3.1** pay s.o. a ~ *iem. een bezoek(je) brengen.*
visit[2] **I** ⟨onov.ww.⟩ **0.1** ***een bezoek/bezoeken afleggen*** ⇒*op bezoek/visite gaan* **0.2** ⟨AE⟩ ***logeren*** ⇒*verblijven* ◆ **6.¶** ⟨AE; inf.⟩ ~ **with** *een praatje (gaan) maken met;*
II ⟨ov.ww.⟩ **0.1** ***bezoeken*** ⇒*op visite gaan bij* **0.2** ⟨AE⟩ ***logeren bij*** ⇒*verblijven bij/in* **0.3** ***inspecteren*** ⇒*onderzoeken* **0.4** ***bezoeken*** ⇒*treffen, teisteren* **0.5** ***overvallen*** ⇒ *(plotseling) opkomen bij* ⟨v. gevoelens⟩ ◆ **1.1** ~ a cathedral *een kathedraal bezoeken/bezichtigen* **6.4** the village was ~ed **by/with** the plague *het dorp werd bezocht/getroffen met/door de pest.*
visitant [vizzittənt] **0.1** ⟨schr.⟩ ***bezoeker*** ⇒⟨ihb.⟩ *(geest)verschijning* **0.2** ⟨dierk.⟩ ***(dwaal/jaar/winter/zomer)gast*** ⇒*trekvogel.*
visitation [vizzitteesjn] **0.1** ***(officieel) bezoek*** ⇒*huisbezoek* **0.2** ⟨inf.⟩ ***onbehoorlijk lang bezoek*** **0.3** ***bezoeking*** ⇒*beproeving* **0.4** ⟨dierk.⟩ ***ongewone, massale trek*** ⟨v. vogels enz.⟩.
visiting[1] [vizzitting] ⟨zn.; vnl. in samenstellingen⟩ **0.1** ***het bezoeken*** ⇒*bezoek-* ◆ **1.1** be on ~ terms with *over de vloer komen bij.*
visiting[2] ⟨bn.⟩ **0.1** ***bezoekend*** ⇒*gast-* ◆ **1.1** ~ professor *gasthoogleraar;* ⟨sport⟩ the ~ team *de gasten.*
visiting card **0.1** ***visitekaartje*** ⟨alleen lett.⟩.
visiting hours **0.1** ***bezoekuur*** ⇒*bezoektijd.*
visitor [vizzittə] **0.1** ***bezoeker*** ⇒*gast;* ⟨bij uitbr.⟩ *toerist* **0.2** ⟨dierk.⟩ ***(dwaal/jaar/winter/zomer)gast*** ⇒*trekvogel* ◆ **3.1** ⟨sport⟩ the ~s are leading *de gasten/bezoekers staan voor.*
visitor's book **0.1** ***gastenboek*** ⇒*naamboek* ⟨in museum⟩.
visor [vajzə] **0.1** ***klep*** ⟨v. pet⟩ **0.2** ***zonneklep*** ⟨v. auto⟩ **0.3** ⟨gesch.⟩ ***vizier*** ⟨v. helm⟩.
vista [vistə] **0.1** ***uitzicht*** ⇒*doorkijk(je), (ver)gezicht* **0.2** ***perspectief*** ⇒*vooruitzicht, verschiet* **0.3** ***terugblik*** ⇒*herinnering* ◆ **3.2** open up new ~s/a new ~ *nieuwe perspectieven openen.*
visual[1] [vizjoeəl] ⟨zn.⟩ **0.1** ⟨vnl. mv.; vnl. AE⟩ ***beeldmateriaal*** ⇒⟨ihb.⟩ *promotiefilm, reclamespot* **0.2** ⟨tech.⟩ ***advertentieontwerp.***
visual[2] **I** ⟨bn.⟩ **0.1** ***visueel*** **0.2** ***zichtbaar*** **0.3** ***optisch*** ◆ **1.1** ⟨school.⟩ ~ aids *visuele hulpmiddelen;* ~ arts *beeldende kunsten;* ⟨comp.⟩ ~ display unit *(beeld)scherm, monitor;*
II ⟨bn., attr.⟩ **0.1** ***gezichts-*** ⇒*oog-* ◆ **1.1** ~ nerve *gezichtszenuw.*
visual|ize, -ise [vizjoeəlajz] **I** ⟨onov.ww.; zn.: **-ization**⟩ **0.1** ***zich een voorstelling maken*** **0.2** ***zichtbaar worden;***
II ⟨ov.ww.⟩ **0.1** ***zich voorstellen*** ⇒*visualiseren* **0.2** ***visualiseren*** ⇒*zichtbaar maken.*
vital [vajtl] **I** ⟨bn.⟩ **0.1** ***essentieel*** ⇒*v. wezenlijk belang, onmisbaar* **0.2** ***vitaal*** ⇒*levenskrachtig* **0.3** ***fataal*** ⇒*dodelijk* ◆ **1.1** your help is ~ for/to the scheme *het plan staat of valt met jouw hulp;* of ~ importance *v. vitaal belang;* a ~ question *een vitale kwestie* **1.3** ~ wound *fatale wond;*
II ⟨bn., attr.⟩ **0.1** ***levens-*** ⇒*vitaal* ◆ **1.1** ⟨fil.⟩ ~ force/principle *levenskracht/principe;* ~ parts *vitale delen* **1.¶** ~ statistics *bevolkingsstatistiek;* ⟨inf.⟩ *belangrijkste feiten; maten* ⟨v. vrouw⟩.
vitality [vajtæl ətie] **0.1** ***vitaliteit*** ⇒*levenskracht* **0.2** ***vitaliteit*** ⇒*levensvatbaarheid.*
vitalize, -ise [vajtlajz] **0.1** ***bezielen*** ⇒*leven geven aan;* ⟨fig.⟩ *activeren.*
vitals [vajtlz] **0.1** ***edele delen.***
vitamin [vittəmin] **0.1** ***vitamine*** ◆ **¶.1** ~ A/B *vitamine A/B.*
vitamin tablet **0.1** ***vitaminetablet.***
viti|ate [visjie·eet] ⟨zn.: **-ation**⟩ **0.1** ***schaden*** ⇒*schenden, verzwakken* **0.2** ***bederven*** ⇒*vervuilen;* ⟨ook fig.⟩ *corrumperen* **0.3** ***ongeldig/nietig maken*** ⟨contract⟩ ◆ **1.2** ~d air *verontreinigde lucht.*
viticulture [vittikkultsjə] **0.1** ***wijnbouw.***
vitreous [vitriəs] **0.1** ***glas-*** ⇒*glazen, v. glas* **0.2** ***glasachtig*** ⇒ *glazig.*
vitrif|y [vitriffaj] ⟨-ied⟩ **0.1** ***verglazen*** ⇒*in glas veranderen.*
vitriol [vitriəl] ⟨schei.⟩ **0.1** ***vitriool*** ⇒*sulfaat* **0.2** ***vitriool*** ⇒ *zwavelzuur;* ⟨fig.⟩ *venijn* ◆ **1.2** oil of ~ *vitrioololie, geconcentreerd zwavelzuur* **2.1** blue ~ *blauwe vitriool, kopersulfaat.*
vitriolic [vitrie·ollik] **0.1** ***vitrioolachtig*** ⇒*vitriool-* **0.2** ***bijtend*** ⇒*venijnig.*
vituper|ate [vitjoe:pəreet] ⟨zn.: **-ation**⟩ **0.1** ***hekelen*** ⇒*uitvaren tegen, beschimpen.*
vituperative [vitjoe:prətiv] **0.1** ***hekelend*** ⇒*scherp, giftig.*
viva [vajvə] **0.1** ⟨BE; inf.⟩ ***mondeling*** ⇒*mondeling (her)examen.*
vivacious [vivveesjəs] ⟨-ness⟩ **0.1** ***levendig*** ⇒*opgewekt.*
vivacity [vivæsətie] **0.1** ***levendigheid*** ⇒*opgewektheid.*
vivid [vivvid] ⟨-ness⟩ **0.1** ***helder*** ⟨kleur, licht⟩ ⇒*sterk* **0.2** ***levendig*** ⇒*krachtig* ◆ **1.2** a ~ imagination *een levendige fantasie.*
vivif|y [vivviffaj] ⟨-ied⟩ **0.1** ***leven geven aan*** ⇒*bezielen* **0.2** ***verlevendigen.***
viviparous [vivvippərəs] **0.1** ⟨dierk.⟩ ***vivipaar*** ⇒*levendbarend.*
vivisect [vivvissekt] **0.1** ***vivisectie toepassen op*** ⇒*levend ontleden.*
vivisection [vivvisseksjn] **0.1** ***vivisectie*** ⟨ook fig.⟩.
vivisectionist [vivvisseksjənist] **0.1** ***vivisector*** ⟨iem. die vivisectie bedrijft⟩ **0.2** ***voorstander v. vivisectie.***
vixen [viksn] **0.1** ***wijfjesvos*** **0.2** ***feeks*** ⇒*helleveeg.*
vixenish [viksənisj] **0.1** ***boosaardig*** ⟨v. vrouw⟩ ⇒*feeksachtig.*

viz. [viz] ⟨wordt vnl. gelezen als namely⟩⟨oorspr. afk.⟩ **0.1** [videlicet] ***namelijk*** *⇒te weten, d.w.z.*
vizier [vizziə] **0.1** ***vizier*** ⟨minister in islamitisch land⟩.
V-neck **0.1** ***V-hals.***
vocab [vookæb] ⟨verk.⟩ [vocabulary] ⟨inf.⟩ **0.1** ***woordenlijst*** *⇒vocabulaire.*
vocabular|y [vəkæbjoelərie] ⟨mv.: -ies⟩ **0.1** ***woordenlijst*** **0.2** ***woordenschat*** *⇒vocabulaire;* ⟨fig.⟩ *(geheel v.) uitdrukkingsvormen.*
vocal[1] [vookl] ⟨zn.⟩ **0.1** ***lied(je)*** *⇒(pop)song* **0.2** ⟨vnl. mv.⟩ ***zang*** ◆ **¶.2** ~s: Nick Cave *zang: Nick Cave.*
vocal[2] **I** ⟨bn.⟩ **0.1** ***gesproken*** *⇒mondeling, vocaal; gezongen* **0.2** ***zich (gemakkelijk/duidelijk) uitend*** *⇒welbespraakt, luidruchtig* ◆ **1.1** ~ communication *mondelinge communicatie;* ~ group *zanggroep;*
II ⟨bn., attr.⟩ **0.1** ***stem-*** *⇒mbt./v.d. stem* ◆ **1.1** ~ cords/chords *stembanden.*
vocalist [vookəlist] **0.1** ***vocalist(e)*** *⇒zanger(es).*
vocalize, -ise [vookəlajz] **0.1** ***(met de stem) uiten*** *⇒zingen; (uit)schreeuwen.*
vocation [vookeesjn] **0.1** ***beroep*** *⇒betrekking* **0.2** ***roeping*** ⟨ook rel.⟩ **0.3** ***aanleg*** *⇒talent* ◆ **3.3** have a ~ for *aanleg/talent hebben voor.*
vocational [vookeesjnəl] **0.1** ***beroeps-*** *⇒vak-* ◆ **1.1** ~ training *beroepsonderwijs;* ~ guidance *beroepsvoorlichting.*
vocifer|ate [vəsiffəreet] ⟨zn.: **-ation**⟩ **0.1** ***schreeuwen*** *⇒heftig protesteren.*
vociferous [vəsiffərəs] ⟨-ness⟩ **0.1** ***schreeuwend*** *⇒tierend* **0.2** ***lawaaierig*** *⇒luidruchtig.*
vodka [vodkə] **0.1** ***wodka.***
vogue [voog] **0.1** ***mode*** **0.2** ***populariteit*** *⇒geliefdheid* ◆ **6.1** be **in** ~ *in de mode zijn, in zijn* **7.1** be (all) the ~ *het helemaal zijn.*
vogue word **0.1** ***modewoord/term.***
voice[1] [vojs] ⟨zn.⟩ **0.1** ***stem*** *⇒(stem)geluid; uiting; mening* **0.2** ⟨taal.⟩ ***vorm*** ◆ **2.1** speak in a low ~ *op gedempte toon spreken* **2.2** active/passive ~ *bedrijvende/lijdende vorm* **3.1** give ~ to *uitdrukking geven aan;* I have no ~ in this matter *ik heb niets te zeggen/geen stem in deze aangelegenheid;* he has lost his ~ *hij is zijn stem kwijt;* raise one's ~ *zijn stem verheffen; protest aantekenen* **6.1** **in** (good) ~ *goed bij stem;* ⟨schr.⟩ **with** one ~ *eenstemmig, unaniem.*
voice[2] ⟨ww.⟩ **0.1** ***uiten*** *⇒uitdrukking geven aan, verwoorden.*
voiceless [vojsləs] **0.1** ***zonder stem*** *⇒stil, zwijgend.*
voice-over **0.1** ***commentaarstem*** ⟨bij film, documentaire⟩.
void[1] [vojd] ⟨zn.; vnl. enk.⟩ **0.1** ***leegte*** *⇒(lege) ruimte, vacuüm* ◆ **3.1** the spaceship disappeared into the ~ *het ruimteschip verdween in de (kosmische) ruimte* **6.1** ⟨bridge⟩ I have a ~ **in** hearts *ik heb een renonce (in harten).*
void[2] ⟨bn.⟩ **0.1** ***leeg*** *⇒verlaten* **0.2** ⟨jur.⟩ ***nietig*** *⇒ongeldig* ◆ **2.2** null and ~ *ongeldig, van nul en gener waarde* **6.1** ~ **of** *zonder, ontbloot van, vrij van.*
void[3] ⟨ww.⟩ **0.1** ***ongeldig maken*** ⟨vnl. jur.⟩ *⇒nietig verklaren* **0.2** ***lozen*** ⟨uitwerpselen⟩ *⇒afscheiden.*
voile [vojl] **0.1** ***voile*** ⟨dun weefsel⟩.
vol [vol] ⟨verk.⟩ [volume] **0.1** ***(boek)deel.***
volatil|e [volləṭajl] ⟨zn.: **-ity**⟩ **0.1** ***vluchtig*** *⇒(snel) vervliegend* **0.2** ***veranderlijk*** *⇒wispelturig, onzeker, onstabiel* ◆ **1.1** ~ oil *vluchtige/etherische olie.*
volatilize, -ise [volætillajz] **0.1** ***(doen) vervliegen.***
vol-au-vent [volloovã] ⟨cul.⟩ **0.1** ***pastei met ragout.***
volcanic [volkænik] ⟨-ally⟩ **0.1** ***vulkanisch*** ⟨ook fig.⟩ *⇒explosief* ◆ **1.1** ~ eruption *vulkaanuitbarsting.*
volcano [volkeenoo] ⟨mv.: ook -es⟩ **0.1** ***vulkaan*** ⟨ook fig.⟩ *⇒ explosieve situatie* ◆ **2.1** dormant ~ *sluimerende vulkaan.*
vole [vool] **0.1** ***woelmuis.***
Volga [volgə] **0.1** ***Wolga.***
volition [vəlisjn] **0.1** ***wil*** *⇒(wils)besluit, wilskracht* ◆ **6.1** **by/of** one's own ~ *uit eigen wil, vrijwillig.*
volitional [vəlisjnəl] **0.1** ***mbt./v.d. wil*** *⇒wils-.*
volley[1] [vollie] ⟨zn.⟩ **0.1** ***salvo*** ⟨ook fig.⟩ *⇒(stort)vloed, kanonnade* **0.2** ⟨sport⟩ ***volley*** *⇒*⟨voetbal⟩ *omhaal* ◆ **1.1** a ~ of oaths/curses *een scheldkanonnade.*
volley[2] **I** ⟨onov.ww.⟩ **0.1** ***(gelijktijdig) losbranden*** *⇒een salvo afvuren* ⟨ook fig.⟩ **0.2** ***in een salvo afgeschoten worden*** *⇒(tegelijk) door de lucht vliegen* **0.3** ⟨sport⟩ ***volleren*** *⇒een volley/volleys maken/slaan;* ⟨voetbal⟩ *omhalen;*
II ⟨ov.ww.⟩ **0.1** ⟨sport⟩ ***uit de lucht/ineens slaan/schieten*** ⟨bal, voordat deze de grond raakt⟩ *⇒*⟨voetbal⟩ *direct op de slof nemen* **0.2** ⟨tennis⟩ ***volleren*** *⇒met een volley passeren.*
volleyball **0.1** ***volleybal*** ⟨balspel en bal⟩.
vols ⟨afk.⟩ **0.1** [volumes].
volt [voolt] ⟨elek.⟩ **0.1** ***volt.***
voltage [vooltidzj] ⟨elek.⟩ **0.1** ***voltage.***
volub|le [voljoebl] ⟨-ly; zn.: **-ility**⟩ **0.1** ***gemakkelijk/vlot/veel pratend*** *⇒spraakzaam;* ⟨vaak pej.⟩ *praatziek* ◆ **1.1** he is a ~ speaker *hij is goed v.d. tongriem gesneden.*
volume [voljoe:m] **I** ⟨telb.zn.⟩ **0.1** ***(boek)deel*** *⇒band, bundel* **0.2** ***jaargang*** **0.3** ⟨ook attr.⟩ ***hoeveelheid*** *⇒omvang, volume* ◆ **1.3** ~ carmakers *grote autoproducenten* **3.1** speak ~s *boekdelen spreken;*
II ⟨n.-telb.zn.⟩ **0.1** ***volume*** *⇒inhoud* **0.2** ***volume*** *⇒(geluids)sterkte* ◆ **3.2** turn down the ~ *het geluid zachter zetten.*
volume control **0.1** ***volumeregelaar/knop.***
voluminous [vəloe:minnəs] ⟨-ness⟩ **0.1** ***omvangrijk*** *⇒volumineus, lijvig, wijd* ⟨bv. kleding, boekwerk⟩.
voluntar|y[1] [vollәntrie] ⟨zn.; mv.: -ies⟩ **0.1** ***vrije improvisatie*** ⟨voor, na kerkdienst⟩ *⇒voor/naspel.*
voluntar|y[2] ⟨-iness⟩ **I** ⟨bn.⟩ **0.1** ***vrijwillig*** *⇒uit vrije/eigen beweging* **0.2** ⟨biol.⟩ ***willekeurig*** ⟨spier⟩ ◆ **1.1** ~ worker *vrijwilliger;*
II ⟨bn., attr.⟩ **0.1** ***vrijwilligers-*** **0.2** ***gefinancierd door vrijwillige giften*** ⟨kerk, school⟩ ◆ **1.1** ~ organization ⟨ong.⟩ *stichting.*
volunteer[1] [vollәntiә] ⟨zn.⟩ **0.1** ***vrijwilliger*** ⟨ook mil.⟩.
volunteer[2] **I** ⟨onov.ww.⟩ **0.1** ***zich (vrijwillig/als vrijwilliger) aanmelden*** *⇒uit eigen beweging meedoen;*
II ⟨ov.ww.⟩ **0.1** ***(vrijwillig/uit eigen beweging) aanbieden*** **0.2** ***(ongevraagd) opperen*** *⇒uit zichzelf zeggen* ⟨opmerking, informatie⟩.
voluptuar|y [vəluptsjoeəarie] ⟨mv.: -ies⟩⟨schr.⟩ **0.1** ***wellusteling*** *⇒zinnelijk/sensueel iem.*
voluptuous [vəluptsjoeəs] ⟨-ness⟩ **0.1** ***zinnelijk*** *⇒sensueel, wellustig* **0.2** ***weelderig*** *⇒overvloedig* ◆ **1.1** ~ life *zinnelijk leven;* ~ mouth *sensuele mond.*
volute [voljoe:t] **0.1** ⟨bouwk.⟩ ***volute*** *⇒voluut, krulversiering.*
voluted [vəloe:tid] **0.1** ⟨bouwk.⟩ ***met voluten/krulversiering.***
vomit[1] [vommit] ⟨zn.⟩ **0.1** ***braking*** **0.2** ***braaksel.***
vomit[2] ⟨ww.⟩ **0.1** ***(uit)braken*** ⟨ook fig.⟩ *⇒overgeven* ◆ **5.1** she ~ed **up** all yesterday's food *zij gaf al het eten v. gisteren over.*
voodoo [voe:doe:] **0.1** ***voodoo*** ⟨magisch-religieuze cultus in West-Indië, ihb. Haïti⟩.
voodooism [voe:doe:izm] **0.1** ***voodoocultus*** *⇒toverij.*
voracious [vəreesjəs] **0.1** ***vraatzuchtig*** ⟨ook fig.⟩ ◆ **1.1** a ~ reader *een alleslezer.*

voracity [vəræsətie] **0.1** ***vraatzucht.***
vortex [vo:teks]⟨mv.: ook vortices [-tissie:z]⟩ **0.1** ***werveling*** ⟨ook fig.⟩ ⇒*maalstroom* ◆ **1.1** be drawn into the ~ of politics *meegesleurd worden in de maalstroom v.d. politiek.*
votar|y [vootrie] ⟨mv.: -ies⟩ **0.1** ***volgeling*** ⇒*aanbidder, vereerder* ◆ **1.1** ~ of music *muziekenthousiast.*
vote[1] [voot] ⟨zn.⟩ **0.1** ***stem*** ⇒*uitspraak* **0.2** ***stemming*** **0.3** ***(gezamenlijke) stemmen*** ⇒*stemmenaantal* **0.4** ***stemrecht*** **0.5** ***stembriefje*** **0.6** ⟨vnl. BE⟩ ***(door parlement gestemd) budget*** ⇒*(goedgekeurde) begroting* ◆ **1.2** ~ of censure *motie v. afkeuring;* ~ of confidence / no-confidence *motie v. vertrouwen / wantrouwen* **1.3** Labour ~ *Labourkiezers / stemmers;* capture the women's ~ *de stemmen v.d. vrouwelijke kiezers winnen* **1.6** the ~ for the army, the army ~ *het budget voor landsverdediging* **2.2** unanimous ~ *eenstemmigheid* **3.1** cast / record one's ~ *zijn stem uitbrengen;* casting ~ *beslissende stem* ⟨vnl. v. voorzitter, bij staking v. stemmen⟩; give one's ~ to / for *zijn stem geven aan, stemmen voor* **3.2** put sth. to the ~ *iets in stemming brengen;* take a ~ on *(laten) stemmen over* **3.3** the floating ~ *de zwevende / onbesliste kiezers.*
vote[2] **I** ⟨onov.ww.⟩ **0.1** ***stemmen*** ⇒*een stemming houden* ◆ **6.1** the Senate ~d **against / for** the bill *de Senaat stemde tegen / voor het wetsontwerp;*
II ⟨ov.ww.⟩ **0.1** ***bij stemming verkiezen*** ⇒*stemmen op* **0.2** ***bij stemming bepalen*** ⇒*beslissen* **0.3** ***voteren*** ⇒*(geld) toestaan* **0.4** ⟨vnl. pass.; inf.⟩ ***uitroepen tot*** ⇒*het ermee eens zijn dat* **0.5** ⟨inf.⟩ ***voorstellen*** ◆ **1.1** ~ Labour *op Labour stemmen;* the resolution was ~d by a large majority *de resolutie werd aanvaard met een grote meerderheid* **1.4** the play was ~d a success *het stuk werd algemeen als een succes beschouwd* **3.5** I ~ we leave now *ik stel voor dat we nu weggaan* **6.2** ~ s.o. **out of** office / power *iem. wegstemmen.* →**vote down, vote in, vote on, vote out.**
vote buying **0.1** ***geronsel v. stemmen.***
vote down **0.1** ***(bij stemming) verwerpen*** ◆ **1.1** ~ a proposal *een voorstel verwerpen.*
vote in **0.1** ***verkiezen*** ◆ **1.1** the Conservatives were voted in again *de Conservatieven werden opnieuw verkozen.*
vote on **0.1** ***verkiezen*** ⟨tot lid⟩.
vote out **0.1** ***wegstemmen*** ⇒*door stemming uitsluiten* ◆ **4.1** they voted themselves out *ze besloten zich af te scheiden.*
voter [vootə] **0.1** ***kiezer*** **0.2** ***stemgerechtigde*** ◆ **3.1** floating ~ *zwevende kiezer.*
votive [vootiv] ⟨rel.⟩ **0.1** ***votief(-)*** ⇒*gelofte-* ◆ **1.1** ~ candle *votiefkaars.*
voucher [vautsjə] **0.1** ***bon*** ⇒*waardebon, cadeaubon; consumptiebon.*
vouch for [vautsj] **0.1** ***instaan voor*** ⇒*waarborgen, borg staan voor.*
vouchsafe [vautsjseef] ⟨schr.⟩ **0.1** ***(genadig) toestaan / verlenen*** **0.2** ***zich verwaardigen*** ◆ **1.1** not ~ s.o. an answer *zich niet verwaardigen iem. antwoord te geven.*
vow[1] [vau] ⟨zn.⟩ **0.1** ***gelofte*** ⇒*eed, plechtige belofte* ◆ **3.1** make / take a ~ *plechtig beloven;* take ~s *kloostergelofte afleggen* **6.1** be **under** a ~ *plechtig beloofd hebben.*
vow[2] ⟨ww.⟩ **0.1** ***(plechtig) beloven*** ⇒*gelofte afleggen v., zweren* ◆ **1.1** ~ obedience *gelofte v. gehoorzaamheid afleggen;* ~ revenge *wraak zweren.*
vowel [vauəl] ⟨taal.⟩ **0.1** ***klinker*** ⇒*vocaal.*
vox pop [voks pop] ⟨inf.⟩ **0.1** ⟨ong.⟩ ***straatinterview*** ⇒*straatenquête.*
voyage[1] [vojjidzj] ⟨zn.⟩ **0.1** ***lange reis*** ⇒*zee / bootreis* ◆ **3.1** go on a ~ *op reis gaan* **5.1** ~ home *thuis / terugreis;* ~ **out** *heenreis.*
voyage[2] ⟨ww.⟩ **0.1** ***reizen.***
voyage charter ⟨hand.⟩ **0.1** ***reisbevrachting(scontract)*** ⇒*reischarter.*
voyager [vojjidzjə] **0.1** ***(ontdekkings)reiziger.***
voyeur [vwa:jə:] **0.1** ***voyeur*** ⇒*gluurder.*
vs. ⟨afk.⟩ **0.1** [versus] ***v., vs.***
V-sign **0.1** ***V-teken*** ⇒*victorieteken* **0.2** ⟨ong.⟩ ***vuist*** ⟨om woede / ongenoegen uit te drukken⟩.
vulcanite [vulkənajt] **0.1** ***eboniet.***
vulcan|ize, -ise [vulkənajz] ⟨zn.: **-ization**⟩ **0.1** ***vulkaniseren.***
vulgar [vulgə] **I** ⟨bn.⟩ **0.1** ***vulgair*** ⇒*laag (bij de gronds), ordinair* **0.2** ***alledaags*** ⇒*gewoon* ◆ **1.1** ~ joke *vulgaire grap;*
II ⟨bn., attr.⟩ **0.1** ***(al)gemeen (bekend / aangenomen)*** ⇒*volks(-), v.h. volk* **0.2** ***v. / in de volkstaal*** ◆ **1.1** ~ herd *grote massa, vulgus;* Vulgar Latin *vulgair Latijn;* ~ opinion *algemene opinie;* ~ tongue *volkstaal* **1.¶** ⟨wisk.⟩ ~ fraction *gewone breuk.*
vulgarism [vulgərizm] **0.1** ***vulgaire uitdrukking / opmerking*** **0.2** ***vulgariteit*** ⇒*platheid* **0.3** ***vulgair gedrag.***
vulgarit|y [vulgærətie] ⟨mv.: -ies⟩ **I** ⟨telb.zn.; vaak mv.⟩ **0.1** ***platte uitdrukking*** ⇒*grove opmerking* **0.2** ***vulgariteit*** ⇒*ordinaire daad* ◆ **3.1** utter vulgarities *vulgaire / grove taal uitslaan;*
II ⟨n.-telb.zn.⟩ **0.1** ***platheid*** **0.2** ***vulgair gedrag.***
vulgar|ize, -ise [vulgərajz] ⟨zn.: **-ization**⟩ **0.1** ***populariseren*** ⇒*gemeengoed maken* **0.2** ***verlagen*** ⇒*vulgair / plat maken.*
Vulgate [vulgeet, -gət] ⟨the⟩⟨rel.⟩ **0.1** ***Vulgata*** ⇒*Vulgaat.*
vulnerab|le [vulnrəbl] ⟨-ly; zn.: **-ility**⟩ **0.1** ***kwetsbaar*** ⟨ook fig.⟩ ⇒*gevoelig.*
vulpine [vulpajn] **0.1** ***vos(sen)-*** ⇒*vosachtig* **0.2** ***sluw*** ⇒*listig.*
vulture [vultsjə] **0.1** ***gier*** **0.2** ***aasgier*** ⟨alleen fig.⟩.
vulva [vulvə]⟨mv.: ook vulvae [-vie:]⟩ **0.1** ***schaamspleet*** ⇒*vulva.*
vying [vajjing] ⟨teg. deelw.⟩ →**vie.**

w, W [dubljoe:] ⟨mv.: w's, W's⟩ **0.1** ***w, W.***

w., W ⟨afk.⟩ **0.1** [watt(s)] *W* **0.2** [west(ern)] *W.*

Waaf [wæf] ⟨afk.; gesch.⟩ **0.1** [Women's Auxiliary Air Force] ⟨ong.⟩ ***Luva.***

WAC [wæk] ⟨afk.; AE⟩ **0.1** [Women's Army Corps] ⟨ong.⟩ ***Milva.***

wack|y [wækie] ⟨-iness⟩ **0.1** ***mesjogge*** ⇒*kierewiet.*

wad¹ [wod] ⟨zn.⟩ **0.1** ***prop*** ⟨watten, papier enz.⟩ ⇒*dot, (op)vulsel* **0.2** ***pak*** ⟨brieven, geld enz.⟩ ⇒⟨inf.⟩ *massa* ⟨tijd, publiciteit enz.⟩ **0.3** ***pak(je)*** ⇒*rolletje* ⟨bankbiljetten⟩.

wad² ⟨ww.; -ded⟩ **0.1** ***tot een prop maken*** ⇒*in een prop oprollen* **0.2** ***proppen*** ⇒*een prop doen in* **0.3** ***opvullen*** ⇒ *watteren.*

wadding [wodding] **0.1** ***opvulsel*** ⇒*prop, watten.*

waddle¹ [wodl] ⟨zn.⟩ **0.1** ***waggelende gang*** ⇒*eendengang.*

waddle² ⟨ww.⟩ **0.1** ***waggelen.***

wade [weed] **0.1** ***waden*** ◆ **5.¶** ⟨inf.⟩ ~ **in** *aanpakken* **6.1** ⟨inf.; fig.⟩ ~ **through** a boring book *een vervelend boek doorworstelen* **6.¶** ⟨inf.⟩ ~ **into** s.o. / sth. *iem. / iets (hard) aanpakken / te lijf gaan.*

wader [weedə] **0.1** ***wader*** **0.2** ***waadvogel*** **0.3** ⟨vnl. mv.⟩ ***lieslaars.***

wadge [wodzj] ⟨BE; inf.⟩ **0.1** ***bundel*** ⇒*pak* ⟨brieven, documenten⟩.

wading bird **0.1** ***waadvogel.***

wafer [weefə] **0.1** ***wafel(tje)*** **0.2** ⟨r.-k.⟩ ***hostie*** **0.3** ***ouwel*** **0.4** ***flentertje*** **0.5** ⟨elektronica⟩ ***wafel*** ⇒*plakje silicium* ⟨wordt verwerkt tot aantal chips⟩ ◆ **3.2** the consecrated ~ *de heilige hostie.*

wafer-thin **0.1** ***wafeldun*** ⇒*zeer dun.*

waffle¹ [wofl] ⟨zn.⟩ **0.1** ***wafel*** **0.2** ⟨BE; inf.⟩ ***gewauwel*** ⇒*gezwets, onzin.*

waffle² ⟨ww.⟩ ⟨BE; inf.⟩ **0.1** ***wauwelen*** ⇒*kletsen.*

waffle iron **0.1** ***wafelijzer.***

waffly [woflie] ⟨BE; inf.⟩ **0.1** ***slap*** ⇒*waardeloos.*

waft¹ [woft] ⟨zn.⟩ **0.1** ⟨schr.⟩ ***vleugje*** ⇒*(rook)wolkje, zuchtje* **0.2** ***gewaai*** ⇒*gezweef.*

waft² I ⟨onov.ww.⟩ ⟨schr.⟩ **0.1** ***zweven*** ⇒*drijven, waaien;*
II ⟨ov.ww.⟩ ⟨schr.⟩ **0.1** ***voeren*** ⇒*dragen, doen zweven.*

wag¹ [wæg] ⟨zn.⟩ **0.1** ***waggeling*** ⇒*kwispeling, wiebeling* **0.2** ⟨inf.⟩ ***grappenmaker*** ⇒*snaak.*

wag² ⟨-ged⟩ **I** ⟨onov.ww.⟩ **0.1** ***waggelen*** ⇒*wiebelen, schommelen* ⟨bij het lopen⟩ **0.2** ***kwispelen*** **0.3** ***bedrijvig zijn*** ◆ **3.1** set the tongues ~ging *de tongen in beweging brengen;*
II ⟨ov.ww.⟩ **0.1** ***schudden*** ⟨hoofd⟩ ⇒*heen en weer bewegen* **0.2** ***kwispelen*** ⟨staart⟩ ◆ **1.1** ~ one's finger at s.o. *iem. met de vinger dreigen.*

wage¹ [weedzj] ⟨zn.; vnl. mv.⟩ **0.1** ***loon*** ⇒*arbeidsloon* **0.2** ⟨mv.; ww. steeds enk.; ec.⟩ ***loonmassa*** ◆ **1.1** minimum ~ *minimumloon.*

wage² ⟨ww.⟩ **0.1** ***voeren*** ⟨oorlog, campagne⟩ ◆ **6.1** ~ war **against / on** *oorlog / strijd voeren tegen.*

wage-cut, ⟨BE⟩ **wages cut** **0.1** ***loonsverlaging.***

wage demand **0.1** ***looneis.***

wage determination **0.1** ***loonbepaling*** ⇒*het vaststellen v. salarisschalen.*

wage earner **0.1** ***loontrekker*** **0.2** ***kostwinner.***

wage freeze, ⟨BE⟩ **wages freeze** **0.1** ***loonstop.***

wage hike, wage increase **0.1** ***loonsverhoging.***

wage packet **0.1** ***loonpakket.***

wager¹ [weedzjə] ⟨zn.⟩ ⟨schr.⟩ **0.1** ***weddenschap*** ◆ **3.1** lay / make a ~ *een weddenschap aangaan.*

wager² ⟨schr.⟩ **I** ⟨onov.ww.⟩ **0.1** ***een weddenschap aangaan;***
II ⟨ov.ww.⟩ **0.1** ***verwedden*** ⇒*wedden (om/met), op het spel zetten* ◆ **8.1** I'll ~ (you £10) that he'll come *ik wed (tien pond met u) dat hij komt.*

wage restraint **0.1** ***loonmatiging.***

wage scale **0.1** ***loonschaal.***

wage settlement **0.1** ***loonakkoord.***

wages floor ⟨ec.⟩ **0.1** ***minimumloon.***

wage structure **0.1** ***loonstelsel.***

wagger|y [wægərie] ⟨mv.: -ies⟩ **0.1** ***kwajongensstreek*** ⇒ *poets* **0.2** ***grappenmakerij.***

waggish [wægisj] ⟨-ness⟩ **0.1** ***guitig*** ⇒*schalks, ondeugend.*

waggle¹ [wægl] ⟨zn.⟩ **0.1** ⟨inf.⟩ ***waggeling*** ⇒*schommeling.*

waggle² **I** ⟨onov.ww.⟩ **0.1** ***waggelen*** ⇒*wiebelen, schommelen* **0.2** ***kwispelen;***
II ⟨ov.ww.⟩ **0.1** ***schudden*** ⟨hoofd⟩ ⇒*heen en weer bewegen* **0.2** ***kwispelen (met).***

wagon, ⟨vnl. BE sp. ook⟩ **waggon** [wægən] **0.1** ***wagen*** ⇒*boerenwagen* **0.2** ***dienwagen(tje)*** ⇒*theewagen* **0.3** ⟨vnl. AE⟩ ***speelgoedwagentje*** **0.4** ⟨vnl. AE⟩ ***stationcar*** **0.5** ⟨AE⟩ ***wagentje*** ⇒*kar* ⟨met ijs, worstjes e.d.⟩ **0.6** ⟨BE⟩ ***goederenwagon*** **0.7** ⟨BE⟩ ***vrachtwagen*** ◆ **6.¶** be / go **on** the (water) ~ *geheelonthouder zijn / worden.*

wagoner, ⟨vnl. BE sp. ook⟩ **waggoner** [wægənə] **0.1** ***vrachtrijder*** ⇒*voerman.*

wagonette, ⟨vnl. BE sp. ook⟩ **waggonette** [wægənet] **0.1** ***brik.***

wagon-lit [vægõlie:] ⟨mv.: ook wagons-lits [-lie:(z)]⟩ **0.1** ***slaapwagen.***

wagonload **0.1** ***wagenvracht*** ⇒*wagenlading.*

wagtail ⟨dierk.⟩ **0.1** ***kwikstaart.***

waif [weef] ⟨vnl. schr.⟩ **0.1** ***dakloze*** ⇒*zwerver;* ⟨ihb.⟩ *verlaten / verwaarloosd kind* ◆ **1.1** ~s and strays *zwervers;* ⟨vnl.⟩ *dakloze / verwaarloosde kinderen / dieren.*

wail¹ [weel] ⟨zn.⟩ **0.1** ***geweeklaag*** ⇒*gejammer* **0.2** ***geloei*** ⇒ *gehuil* ⟨v. sirene⟩.

wail² ⟨ww.⟩ **0.1** ***klagen*** ⇒*jammeren, huilen* ⟨ook v. wind⟩ **0.2** ***loeien*** ⇒*huilen* ⟨v. sirene⟩.

Wailing Wall [weeling wo:l] **0.1** ***Klaagmuur*** ⟨in Jeruzalem⟩.

wain [ween] ⟨schr.⟩ **0.1** ***(grote) boerenwagen.***

wainscot(ting) [weenskət(ing)] **0.1** ***beschot*** ⇒*lambrisering* **0.2** ***plint.***

waist [weest] **0.1** ***middel*** ⇒*taille* ⟨ook v. kledingstuk⟩ **0.2** ***smal(ler) gedeelte*** ⇒*vernauwing* ◆ **6.1** stripped **to** the ~ *met ontbloot bovenlijf.*

waistband, waistbelt **0.1** ***broeksband*** ⇒*rokband.*

waistcoat [weeskoot] ⟨vnl. BE⟩ **0.1** ***vest*** ⟨v. kostuum⟩.

waist-deep, waist-high **0.1** ***tot aan het middel (reikend).***

waisted [weestid] **0.1** ***getailleerd.***

waistline **0.1** ***middel*** ⇒*taille* ⟨ook v. kledingstuk⟩.

wait¹ [weet] ⟨zn.⟩ **0.1** ***wachttijd*** ⇒*(het) wachten, oponthoud* **0.2** ***hinderlaag*** ◆ **2.1** we had a long ~ for the train *we moesten lang op de trein wachten* **6.2** lie **in** ~ **for** s.o. *voor iem. op de loer liggen.*

wait² **I** ⟨onov.ww.⟩ **0.1** ***wachten*** **0.2** ***bedienen (aan tafel)*** ◆ **1.1** ⟨fig.⟩ dinner is ~ing *het eten is klaar;* ~ a minute! *wacht even!;* they ~ed ten minutes *ze hebben tien minuten gewacht* **3.1** he cannot ~ to go home *hij zit te springen om naar huis te gaan* **3.¶** ~ and see *(de dingen) afwachten* **4.¶** (just) you ~! *wacht maar (jij)!* **6.2** ~ **at** table(s) *tafeldienen;*

~ **(up)on** s.o. *iem. (be)dienen* **6.¶** ⟨inf.⟩ ~ **for** it! *wil je wel eens wachten!, wacht!* ⟨op het geschikte moment⟩; ⟨BE⟩ *en nu komt het!;* ~ **for** me! *niet zo vlug!;* you needn't ~ **up for** me *je hoeft voor mij niet op te blijven* **8.1** I'll do it while you ~ *het is zo klaar, u kunt erop wachten;*
II ⟨ov.ww.⟩ **0.1** ***afwachten*** ⇒*wachten op* **0.2** ⟨inf.⟩ ***uitstellen*** **0.3** ***bedienen*** ◆ **1.1** ~ one's turn *zijn beurt afwachten* **1.2** don't ~ dinner for me *wacht niet op mij met het eten* **1.3** ~ table *tafeldienen* **5.¶** ~ **out** the storm *wachten tot de storm voorbij is.*
waiter [weetə] **0.1** ***kelner.***
waiting [weeting] **0.1** ***het wachten*** ⇒*wachttijd* **0.2** ***bediening*** **0.3** ***opwachting*** ⇒*dienst* ◆ **3.2** do the ~ *bedienen* **6.3 in** ~ *dienstdoend/hebbend* **7.¶** no ~ *verboden stil te staan.*
waiting game **0.1** ***afwachtende houding*** ◆ **3.1** play a ~ *de kat uit de boom kijken.*
waiting list **0.1** ***wachtlijst*** ◆ **3.1** put s.o. on the ~ *iem. op de wachtlijst plaatsen.*
waiting room **0.1** ***wachtkamer.***
waiting time **0.1** ***wachttijd.***
waitress [weetris] **0.1** ***serveerster.***
waitress service **0.1** ***bediening aan tafel.***
waive [weev] ⟨vnl. schr.⟩ **0.1** ***afzien van*** ⇒*afstand doen van* ⟨rechten, privileges⟩ **0.2** ***uitstellen*** ⇒*opschorten* ⟨probleem⟩.
waiver [weevə] ⟨jur.⟩ **0.1** ***verklaring v. afstand.***
wake[1] [week] ⟨zn.⟩ **0.1** ***kielwater*** ⇒*(kiel)zog* **0.2** ⟨vnl. fig.⟩ ***spoor*** ⇒*nasleep* **0.3** ***dodenwake*** ⟨vnl. in Ierland⟩ ◆ **6.2 in** the ~ **of** *in het spoor van, in de voetstappen van.*
wake[2] ⟨ook woke [wook], woke(n) [wook(ən)]⟩ **I** ⟨onov.ww.⟩ **0.1** ⟨schr.⟩ ***ontwaken*** ⇒*wakker worden* ⟨ook fig.⟩ ◆ **1.1** in his waking hours *wanneer hij wakker is* **5.1** ~ **up** *ontwaken, wakker worden* **6.1** ~ **up to** sth. *iets gaan inzien;*
II ⟨ov.ww.⟩ **0.1** ⟨vaak +up; schr.⟩ ***wekken*** ⇒*wakker maken/schudden* ⟨ook fig.⟩ **0.2** ***bewust maken*** ⇒*doordringen* ◆ **6.2** ~ s.o. up **to** sth. *iem. van iets doordringen/bewust maken.*
wakeful [weekfl] ⟨-ness⟩ **0.1** ***wakend*** ⇒*waakzaam* **0.2** ***slapeloos*** ◆ **1.2** ~ nights *slapeloze nachten.*
waken [weekən] **I** ⟨onov.ww.⟩ **0.1** ***ontwaken*** ⇒*wakker worden;*
II ⟨ov.ww.⟩ **0.1** ***wekken*** ⇒*wakker maken* **0.2** ***opwekken.***
wakey wakey [weekie weekie] ⟨BE; inf.; scherts.⟩ **0.1** ***word wakker!*** ⇒*oogjes open!*
Wales [weelz] **0.1** ***Wales.***
walk[1] [wo:k] **I** ⟨telb.zn.⟩ **0.1** ***gang*** ⇒*manier v. gaan* **0.2** ***stap*** ⇒*stapvoetse gang* ⟨v. paard⟩ **0.3** ***wandeling*** **0.4** ***levenswandel*** **0.5** ***wandelgang*** ⇒*promenade; voetpad* **0.6** ⟨atletiek⟩ ***snelwandelwedstrijd*** **0.7** ⟨honkbal⟩ ***vrije loop naar eerste honk*** ⟨na vier maal wijd⟩ ◆ **1.4** ~ of life *beroep, roeping; (maatschappelijke) rang/stand;* all ~s of life *elke rang en stand* **3.3** have/take a ~, go for a ~ *een wandeling (gaan) maken* **7.3** a ten-minute ~ *een wandeling v. tien minuten;*
II ⟨n.-telb.zn.⟩ **0.1** ***wandelafstand*** ◆ **1.1** it is ten minutes' ~ *het is tien minuten lopen.*
walk[2] **I** ⟨onov.ww.⟩ **0.1** ***lopen*** **0.2** ***stappen*** ⇒*stapvoets gaan* ⟨vnl. v. paard⟩ **0.3** ***(rond)waren*** ⇒*verschijnen* ◆ **5.¶** ~ **away** from ⟨inf.⟩ *er ongedeerd afkomen bij* ⟨ongeluk⟩; ⟨sport⟩ *met gemak achter zich laten;* ⟨inf.⟩ ~ **away/off** with *er vandoor gaan met, stelen; gemakkelijk winnen;* ~ **off** *opstappen, er vandoor gaan;* ~ **out** ⟨inf.⟩ *het werk onderbreken, staken; opstappen, weglopen* ⟨bv. bij overleg⟩; ⟨inf.⟩ ~ **out** on s.o. *iem. in de steek laten;* ~ tall *het hoofd hoog dragen, trots zijn;* ~ **up**! *kom erin!, komt dat zien!* ⟨bv. bij circus⟩; ~ **up** to s.o. *op iem. afgaan* **6.1** ~ **in** one's sleep *slaapwandelen* **6.¶** ~ **into** a job *gemakkelijk aan een baan komen;* ⟨inf.⟩ ~ **over** *met gemak achter zich laten/overwinnen;* ⟨inf.⟩ ~ (all) **over** s.o. *met iem. de vloer (aan)vegen;*
II ⟨ov.ww.⟩ **0.1** ***lopen*** ⇒*gaan, te voet afleggen* ⟨afstand⟩ **0.2** ***lopen over/door/langs/op*** ⇒*bewandelen* **0.3** ***meelopen met*** **0.4** ***laten/doen lopen*** ⇒*uitlaten* ⟨bv. hond⟩; *stapvoets laten lopen* ⟨paard⟩ ◆ **5.1** ~ **off** one's fat *het buikje eraf lopen* **5.3** ~ s.o. **home** *iem. naar huis brengen* **6.4** ⟨inf.⟩ ~ s.o. **off** his feet *iem. de benen uit zijn lijf laten lopen.* →**learn.**
walkabout ⟨BE; inf.⟩ **0.1** ***periode waarin Australische aborigine door de wildernis trekt*** **0.2** ***rondgang te midden v.h. publiek*** ⟨bv. v. voornaam persoon⟩ ◆ **3.1** go ~ *door de wildernis trekken* **3.2** go ~ *zich onder het publiek begeven.*
walkaway ⟨AE; inf.⟩ **0.1** ***walk-over*** ⇒*gemakkelijke zege.*
walker [wo:kə] **0.1** ***wandelaar*** ⇒*voetganger.*
walkie-talkie [wo:kieto:kie] ⟨inf.⟩ **0.1** ***walkie-talkie*** ⇒*portofoon.*
walk-in ⟨vnl. AE; inf.⟩ **0.1** ***waar een mens in gaat/kan*** **0.2** ***gemakkelijk*** ◆ **1.1** a ~ refrigerator *een manshoge ijskast, koelkamer/cel* **1.2** a ~ victory *een gemakkelijke (verkiezings)overwinning.*
walking →**race walking.**
walking papers ⟨AE; inf.⟩ **0.1** ***ontslag(brief)*** ◆ **3.1** get one's ~ *zijn congé krijgen.*
walking race ⟨atletiek⟩ **0.1** ***snelwandelwedstrijd.***
walking stick **0.1** ***wandelstok.***
walkman® [wo:kmən] **0.1** ***walkman.***
walk-on, ⟨in bet. 0.1 ook⟩ **walk-on part** **0.1** ***figurantenrol*** **0.2** ***figurant(e).***
walkout **0.1** ***staking*** ⇒*werkonderbreking* **0.2** ***het weglopen*** ⟨uit een vergadering, ten teken van protest⟩.
walkover ⟨inf.⟩ **0.1** ***walk-over*** ⇒⟨fig.⟩ *gemakkelijke overwinning.*
walkup ⟨AE; inf.⟩ **0.1** ⟨bn.⟩ ***zonder lift*** **0.2** ⟨zn.⟩ ***flat/kantoorgebouw zonder lift.***
walkway **0.1** ***gang*** ⇒*wandelgang* **0.2** ***wandelweg*** ⇒*promenade.*
wall[1] [wo:l] ⟨zn.⟩ **0.1** ***muur*** ⇒*wand* **0.2** ⟨biol.⟩ ***wand*** ⟨bv. v. ader⟩ **0.3** ⟨vaak mv.⟩ ***wal*** ⇒*stadsmuur* ◆ **1.1** ⟨fig.⟩ a writing on the ~ *een teken aan de wand* **3.¶** drive/push s.o. to the ~ *iem. in het nauw drijven;* drive s.o. up the ~ *iem. razend maken* **7.1** the Wall *de (Berlijnse) Muur* **¶.¶** ⟨sprw.⟩ ~s have ears *de muren hebben oren.*
wall[2] ⟨ww.⟩ **0.1** ***ommuren*** **0.2** ***dichtmetselen*** ◆ **5.1** a ~ed-**in** garden *een ingesloten/ingebouwde tuin* **5.2** ~ **up** a door *een deur dichtmetselen.*
wallab|y [wolləbie] ⟨mv.: -ies⟩ ⟨dierk.⟩ **0.1** ***wallaby*** ⟨kleine kangoeroesoort⟩ **0.2** ***wallabybont.***
walla(h) [wollə] ⟨vaak attr.⟩ ⟨Ind. E⟩ **0.1** ***persoon met bep. taak*** ⟨vnl. man⟩.
wallet [wollit] **0.1** ***portefeuille.***
wall-eyed **0.1** ***met een glasoog/glasogen*** **0.2** ⟨AE⟩ ***met uitpuilende ogen.***
wallflower **0.1** ⟨plantk.⟩ ***muurbloem*** **0.2** ⟨inf.; fig.⟩ ***muurbloempje.***
wall-hanging ⟨AE⟩ **0.1** ***wandkleed*** ⇒*wandtapijt.*
Walloon [wolloe:n] **0.1** ⟨bn.⟩ ***Waals*** ⇒*mbt. Wallonië/het Waals* **0.2** ⟨eig.n.⟩ ***Waals*** ⟨gewesttaal⟩ **0.3** ⟨telb. zn.⟩ ***Waal*** ⟨bewoner v. Wallonië⟩.
wallop[1] [wolləp] ⟨zn.⟩ ⟨inf.⟩ **0.1** ***dreun*** ⇒*mep, opduvel* **0.2** ⟨BE; sl.⟩ ***bier.***
wallop[2] ⟨ww.⟩ ⟨inf.⟩ **0.1** ***aframmelen*** ⇒*hard slaan* ⟨ihb.

honkbal⟩ **0.2** ***inmaken*** ⇒*verslaan* ⟨vnl. sport⟩ ◆ **6.2** ~ s.o. **at** tennis *iem. met tennis inmaken.*

walloping[1] [wolləping] ⟨zn.⟩⟨inf.⟩ **0.1** ***aframmeling*** **0.2** ***zware nederlaag.***

walloping[2] ⟨bn.⟩⟨inf.⟩ **0.1** ***reusachtig*** ⇒*enorm.*

wallow[1] [wolloo] ⟨zn.⟩ **0.1** ***wenteling*** **0.2** ***(modder)poel/plas*** ⟨bv. v. varkens; ook fig.⟩.

wallow[2] ⟨ww.⟩ **0.1** ***(zich) wentelen*** ⇒*(zich) rollen* **0.2** ***rollen*** ⇒*slingeren* ⟨v. schip⟩ ◆ **1.1** ~ in the mud *zich in het slijk wentelen* ⟨vnl. fig.⟩; ⟨fig.⟩ ~ in self-pity *zwelgen in zelfmedelijden* **¶.¶** ⟨inf.⟩ be ~ing in money, be ~ing in it *bulken v.h. geld.*

wall painting **0.1** ***muur/wandschildering*** ⇒*fresco* **0.2** ***muurschilderkunst.***

wallpaper **0.1** ***behang.***

wall plug ⟨elek.⟩ **0.1** ***stekker.***

wall poster **0.1** ***muurkrant.***

Wall Street [wo:l strie:t] **0.1** ***Wall Street*** ⟨financieel centrum v. New York City⟩.

wall-to-wall **0.1** ***kamerbreed*** ⟨bv. tapijt⟩.

wall|y [wollie] ⟨mv.: -ies⟩⟨inf.⟩ **0.1** ***sukkel*** ⇒*stommeling.*

walnut [wo:lnut], ⟨in bet. 0.2 ook⟩ **walnut tree** ⟨plantk.⟩ **0.1** ***walnoot*** **0.2** ***(wal)notenboom*** **0.3** ***noten(bomen)hout*** ◆ **1.¶** crack/break a ~ with a sledgehammer *met een kanon op een mug schieten.*

walrus [wo:lrəs] ⟨mv.: ook walrus⟩ **0.1** ***walrus.***

walrus moustache **0.1** ***hangsnor*** ⟨als v.e. walrus⟩.

waltz[1] [wo:ls] ⟨zn.⟩ **0.1** ***wals*** ⟨dans(muziek)⟩.

waltz[2] **I** ⟨onov.ww.⟩ **0.1** ***walsen*** ⇒*de/een wals dansen;* ⟨fig.⟩ *(rond)dansen* ◆ **5.¶** ⟨inf.⟩ ~ **off** with *er vandoor gaan met;*
II ⟨ov.ww.⟩ **0.1** ***walsen met*** **0.2** ***meetronen.***

wan [won] ⟨-ness⟩ **0.1** ***bleek*** ⇒*flets* ⟨huidskleur⟩ **0.2** ***flauw*** ⇒ *zwak* ⟨licht, lachje⟩.

wand [wond] **0.1** ***toverstokje/staf.***

wander [wondə] **I** ⟨onov.ww.⟩ **0.1** ***(rond)zwerven*** ⇒*(rond)dwalen* **0.2** ***kronkelen*** ⇒*(zich) slingeren* ⟨v. rivier, weg⟩ **0.3** ***verdwalen*** ⇒*op de verkeerde weg raken* ⟨ook fig.⟩ **0.4** ***afdwalen*** ⟨ook fig.⟩ **0.5** ***kuieren*** ◆ **1.1** ~ing Jew *wandelende jood* ⟨legendarisch personage⟩; ⟨fig.⟩ *zwerver* **5.1** ~ **about** *rondzwerven* **6.3** ⟨fig.⟩ ~ **from** the right way *van de rechte weg afwijken* **6.4** ~ **from/off** one's subject *van zijn onderwerp afdwalen;*
II ⟨ov.ww.⟩ **0.1** ***doorkruisen*** ⇒*bereizen* ◆ **1.1** ~ the streets *door de straten dolen.*

wanderer [wondrə] **0.1** ***zwerver.***

wanderings [wondringz] **0.1** ***zwerftochten.***

wanderlust [wondəlust] **0.1** ***trek/zwerflust.***

wane[1] [ween] ⟨zn.⟩ ◆ **6.¶** **on** the ~ *aan het afnemen* ⟨ook fig.⟩.

wane[2] ⟨ww.⟩ **0.1** ***afnemen*** ⇒*verminderen;* ⟨fig.⟩ *vervallen* ◆ **3.1** wax and ~ *toe- en afnemen.*

wangle[1] [wænggl] ⟨zn.⟩⟨inf.⟩ **0.1** ***(slinkse) streek*** ⇒*smoesje* ◆ **6.1** get sth. **by** a ~ *iets versieren.*

wangle[2] ⟨inf.⟩ **I** ⟨onov. en ov.ww.⟩ **0.1** ***zich eruit draaien*** ⇒ *zich redden* ◆ **6.1** ~ (o.s.) **out of** a situation *zich uit een situatie weten te redden;*
II ⟨ov.ww.⟩ **0.1** ***weten los te krijgen*** ⇒*klaarspelen* ◆ **6.1** ~ s.o. **into** doing sth. *iem. zover krijgen dat hij/zij iets doet;* ~ one's way **into** *zich indringen in;* ~ a well-paid job **out of** s.o. *een goed betaalde baan v. iem. weten los te krijgen.*

wank [wængk] ⟨BE; vulg.⟩ **0.1** ⟨ook +off⟩ ***zich aftrekken*** ⇒ *rukken.*

wanker [wængkə] ⟨BE; vulg.⟩ **0.1** ***rukker*** ⇒*trekker* **0.2** ***dilettant.***

wanna [wonnə] ⟨samentr. v. want to; inf.; gew.⟩.

want[1] [wont] **I** ⟨telb.zn.⟩ **0.1** ***behoefte*** ◆ **3.1** meet a long-felt ~ *in een lang gevoelde behoefte voorzien;*
II ⟨n.-telb.zn.⟩ **0.1** ***gebrek*** ⇒*gemis* **0.2** ***tekort*** ⇒*nood* **0.3** ***armoede*** ⇒*behoeftigheid* ◆ **6.1** drink water **for** ~ of anything better *water drinken bij gebrek aan iets beters* **6.2** be **in** ~ of money *in geldnood zitten* **6.3** live **in** ~ *in armoede leven.*

want[2] **I** ⟨onov.ww.⟩ **0.1** ***behoeftig zijn*** ◆ **5.¶** ⟨Sch. E, AE; inf.⟩ ~ **in/out** *naar binnen/buiten willen* **6.¶** he does not ~ **for** anything/~s **for** nothing *hij heeft niets te kort;*
II ⟨ov.ww.⟩ **0.1** ***te kort/niet hebben*** ⇒*missen* **0.2** ***(graag) willen*** ⇒*wensen* **0.3** ***moeten*** ⇒*hoeven* **0.4** ***nodig hebben*** ⇒*vergen, vereisen* **0.5** ***zoeken*** ⇒*vragen* ⟨persoon⟩ ◆ **1.1** ⟨fig., vnl. schr.⟩ his reply ~ed tact *zijn antwoord miste tact* **1.4** the servants are no longer ~ed *de bedienden zijn geëxcuseerd* **1.5** ~ed, experienced mechanic *gevraagd: ervaren monteur* **3.2** I ~ it (to be) done today *ik wil dat het vandaag gedaan wordt;* I ~ you to do it *ik wil dat jij het doet* **3.3** you ~ to see a psychiatrist *je moet naar een psychiater* **4.2** ~ nothing to do with *niets te maken willen hebben met* **4.¶** ~ none of it *er niet van willen weten* **5.2** I do **not** ~ to do it *ik wil het niet doen* **6.5** ~ed **by** the police (**for** a crime) *gezocht door de politie (voor een misdaad).*

wanted ad, ⟨AE⟩ **want ad** **0.1** ***'gevraagd'-advertentie.***

wanted column **0.1** ***'gevraagd'-advertenties.***

wanting[1] [wonting] ⟨bn.⟩ **0.1** ***te kort*** ⇒*niet voorhanden* **0.2** ***onvoldoende*** ◆ **1.1** a few pages are ~ *er ontbreken een paar bladzijden* **6.2** be ~ **in** sth. *in iets tekortschieten; iets missen.*

wanting[2] ⟨vz.⟩ **0.1** ***zonder*** ◆ **1.1** ~ confidence nothing can be done about it *zonder vertrouwen is er niets aan te doen.*

wanton[1] [wontən] ⟨zn.⟩ **0.1** ***lichtzinnig persoon*** ⟨vnl. vrouw⟩ ⇒*lichtekooi.*

wanton[2] ⟨bn.; -ness⟩ **0.1** ***lichtzinnig*** ⇒*wulps* ⟨vnl. mbt. vrouw⟩ **0.2** ***moedwillig*** **0.3** ***buitensporig*** ⇒*onverantwoord.*

war[1] [wo:] ⟨zn.⟩ **0.1** ***oorlog*** ⟨ook fig.⟩ ◆ **1.1** ~ of attrition *uitputtingsoorlog, slijtageslag;* ~ of nerves *zenuw(en)oorlog;* ⟨gesch.⟩ Wars of the Roses *Rozenoorlog* ⟨in Engeland; 16e eeuw⟩ **3.1** ⟨vnl. fig.⟩ carry the ~ into the enemy's camp/country *tot de tegenaanval overgaan;* declare ~ on *de oorlog verklaren (aan);* go to ~ *ten strijde trekken;* make/wage ~ on/upon/against *oorlog voeren tegen* ⟨ook fig.⟩ **3.¶** ⟨inf.⟩ have been in the ~s *er gehavend uitzien* **6.1** **at** ~ **with** *in oorlog met.* →**great.**

war[2] ⟨ww.; -red⟩ **0.1** ***strijd/oorlog voeren*** ⇒*strijden* ⟨vaak fig.⟩ ◆ **6.1** ~ **against/for** *strijden tegen/voor.*

war baby **0.1** ***oorlogskind(je).***

warble[1] [wo:bl] ⟨zn.⟩ **0.1** ***wijsje*** ⇒*lied(je)* ⟨ook v. vogel⟩ **0.2** ***gekweel*** ⇒*gezang* **0.3** ⟨AE⟩ ***gejodel.***

warble[2] ⟨ww.⟩ **0.1** ***kwelen*** **0.2** ⟨AE⟩ ***jodelen*** **0.3** ***zingen*** ⟨vnl. v. vogel⟩.

warbler [wo:blə] **0.1** ***kweler*** ⇒*zanger(es)* **0.2** ⟨dierk.⟩ ***zanger*** ⟨subfam. Sylviinae⟩ **0.3** ⟨dierk.⟩ ***woudzanger*** ⟨fam. Parulidae⟩.

war bride **0.1** ***oorlogsbruid(je).***

war cloud ⟨vnl. mv.⟩ **0.1** ***oorlogswolk.***

war crime **0.1** ***oorlogsmisdaad.***

war criminal **0.1** ***oorlogsmisdadiger.***

war cry **0.1** ***strijdkreet/leus*** ⟨ook fig.⟩.

ward [wo:d] **0.1** ***(ziekenhuis)afdeling/zaal*** **0.2** ***(stads)wijk*** ⟨als onderdeel v.e. kiesdistrict⟩ **0.3** ***pupil*** ⟨vnl. minderjarige onder voogdij⟩ ⇒⟨fig.⟩ *beschermeling* **0.4** ***voogdijschap*** ⇒*hoede, curatele* **0.5** ***afdeling v. gevangenis*** **0.6** ⟨vaak mv.⟩ ***inkeping in sleutelbaard*** **0.7** ⟨vaak mv.⟩ ***slotwerk*** ⟨waarin sleutelbaard past⟩ ◆ **1.3** ⟨jur.⟩ ~ of court *onder bescherming v.h. gerecht staande minderjarige* **3.1** walk the

~s *(als medisch student) co-schappen lopen* **6.4** child **in** ~ *kind onder voogdij;* put s.o. **in / under** ~ *iem. onder voogdij stellen.*

war dance 0.1 ***krijgsdans.***

war dead ⟨vaak mv.; the⟩ **0.1** ***gesneuvelde*** ◆ **7.1** the ~ in the Falkland Islands *zij die op de Falkland Eilanden sneuvelden.*

warden [wo:dn] **0.1** ⟨BE⟩ ***hoofd*** ⇒*beheerder, bestuurder* ⟨v. sommige scholen, ziekenhuizen e.d.⟩; *herbergvader/moeder* **0.2** ⟨AE⟩ ***gevangenisdirecteur*** **0.3** ***wachter*** ⇒*opzichter, bewaker* ⟨voor toezicht op naleving v.d. wet⟩; *suppoost; conciërge, portier.*

warder [wo:də] **0.1** ***cipier*** ⇒*gevangenbewaarder.*

ward off 0.1 ***afweren*** ⇒*afwenden* ◆ **1.1** ~ one's despair by drinking *zijn wanhoop verdrinken.*

wardress [wo:dris] **0.1** ***gevangenbewaarster.***

wardrobe [wo:droob] **0.1** ***kleerkast*** ⇒*hangkast* **0.2** ***garderobe*** ⟨ook v. theater⟩.

wardroom ⟨scheep.⟩ **0.1** ***officierenkajuit*** ⇒*officiersmess.*

ware [weə] **I** ⟨telb.zn.; vnl. mv.⟩ **0.1** ***(koop)waar*** ⇒*goederen;* **II** ⟨n.-telb.zn.⟩ **0.1** ***aardewerk*** ◆ **1.1** Wedgwood ~ *Wedgwoodaardewerk.*

warehouse 0.1 ⟨zn.⟩ ***pakhuis*** ⇒*opslagplaats* **0.2** ⟨ww.⟩ ***opslaan*** ⇒*bewaren.*

warehouse company ⟨hand.⟩ **0.1** ***veem.***

warehouse receipt ⟨hand.⟩ **0.1** ***opslagbewijs.***

warfare [wo:feə] **0.1** ***oorlog(voering)*** ⇒*strijd* ⟨ook fig.⟩.

war game ⟨vaak mv.⟩ **0.1** ***oorlogsspel/scenario*** ⟨theoretische manoeuvres⟩.

warhead 0.1 ***kop v. raket/torpedo/bom*** ⇒⟨ihb.⟩ *kernkop.*

war-horse 0.1 ***oorlogspaard*** ⇒*strijdros* **0.2** ⟨inf.⟩ ***ijzervreter*** **0.3** ⟨inf.⟩ ***oude rot*** ⟨vnl. in de politiek⟩.

warlike [wo:lajk] **0.1** ***krijgshaftig*** ⇒*strijdlustig* **0.2** ***militair*** ⇒*oorlogs-.*

warlord 0.1 ***militair leider.***

warm[1] [wo:m] ⟨zn.⟩ **0.1** ***warmte*** ◆ **3.1** come in and have a ~! *kom binnen en warm je wat!* **7.1** the ~ of his office *de warmte van zijn kantoor.*

warm[2] ⟨bn.; -ness⟩ **0.1** ***warm*** ⟨ook fig.⟩ ⇒*innemend* **0.2** ***warm*** ⇒*teder* **0.3** ***warmbloedig*** ⇒*hartstochtelijk, vurig* **0.4** ***warm*** ⇒*verwarmend* **0.5** ***verhit*** ⟨ook fig.⟩ ⇒*geanimeerd, heftig* ◆ **1.1** ~ greetings *hartelijke groeten;* give a ~ welcome to *hartelijk welkom heten;* ⟨fig.; iron.⟩ *ongunstig onthalen* **1.2** she gave him a ~ glance *ze wierp hem een verliefde blik toe* **1.3** a ~ supporter *een vurig aanhanger* **1.4** ~ clothes *warme kleren* **1.5** a ~ discussion *een geanimeerde discussie* **3.1** keep a place ~ for s.o. *een plaats voor iem. openhouden* **3.¶** make things ~ for s.o. *het iem. moeilijk maken; iem. straffen;* you are getting ~ / ~er *je brandt je!, warm!* ⟨bij spel, bv. mbt. verstopt voorwerp⟩.

warm[3] **I** ⟨onov.ww.⟩ **0.1** ***warm worden*** ⟨ook fig.⟩ ⇒*in de stemming (ge)raken* ◆ **6.1** ~ **to** sth. *geïnteresseerd raken in iets, de smaak te pakken krijgen v. iets;* ~ **to / toward(s)** s.o. *iets gaan voelen voor iem.* →**warm up;**
II ⟨ov.ww.⟩ **0.1** ***(ver)warmen*** **0.2** ***opwarmen*** ⟨ook fig.⟩ ⇒ *warm maken* ◆ **5.1** ⟨AE; vaak pej.⟩ ~ **over** *opwarmen* ⟨ook fig.⟩. →**warm up.**

warm-blooded ⟨ook fig.⟩ **0.1** ***warmbloedig*** ⇒*hartstochtelijk.*

warm front ⟨meteo.⟩ **0.1** ***warmtefront.***

warm-hearted 0.1 ***warm*** ⇒*hartelijk.*

warming pan 0.1 ***beddenpan*** ⇒*bedverwarmer.*

warmonger [wo:munggə] **0.1** ***oorlogs(aan)stoker.***

warmth [wo:mθ] ⟨ook fig.⟩ **0.1** ***warmte*** ⇒*hartelijkheid, vuur.*

warm up I ⟨onov.ww.⟩ **0.1** ***warm(er) worden*** ⟨ook fig.⟩ ⇒*op temperatuur komen;* ⟨fig.⟩ *in de stemming raken* **0.2** ⟨sport⟩ ***een warming-up doen*** ⇒*de spieren losmaken* ◆ **6.1** ~ **to** sth. *opgaan in/enthousiast worden over iets;*
II ⟨ov.ww.⟩ **0.1** ***opwarmen*** ⟨ook fig.⟩ ⇒*warm maken, in de stemming brengen* **0.2** ***(ver)warmen*** ◆ **1.1** ⟨fig.⟩ warmed-up ideas *opgewarmde kost.*

warm-up 0.1 ***opwarming(stijd)*** ⟨vnl. sport, tech.⟩.

warn [wo:n] **0.1** ***waarschuwen*** **0.2** ***waarschuwen*** ⇒*vermanen* ◆ **3.1** ~ s.o. not to do sth. *iem. waarschuwen iets niet te doen* **5.¶** ~ s.o. **off** *iem. weren/uitsluiten* **6.1** ~ **against** s.o. / sth. *voor iem. / iets waarschuwen;* ~ s.o. **of** sth. *iem. op iets opmerkzaam maken/voor iets waarschuwen.*

warning[1] [wo:ning] ⟨zn.⟩ **0.1** ***waarschuwing(steken)*** ⇒⟨fig.⟩ *afschrikwekkend voorbeeld* ◆ **3.1** give a ~ *waarschuwen;* take ~ *met een waarschuwing rekening houden.*

warning[2] ⟨bn.⟩ **0.1** ***waarschuwend*** ◆ **1.1** ~ shot *waarschuwingsschot.*

War Office ⟨the⟩ ⟨BE; gesch.⟩ **0.1** ***Ministerie v. Oorlog.***

warp[1] [wo:p] ⟨zn.⟩ **0.1** ***schering*** ⟨bij weven⟩ **0.2** ⟨geen mv.⟩ ***scheluwte*** ⇒*kromtrekking* ⟨vnl. in hout⟩ **0.3** ***(geestelijke) afwijking*** ⇒*perversiteit* **0.4** ⟨scheep.⟩ ***trektouw voor schip.***

warp[2] **I** ⟨onov.ww.⟩ **0.1** ***scheluw/krom trekken*** ⟨vnl. v. hout⟩;
II ⟨ov.ww.⟩ **0.1** ***scheluw/krom trekken*** ⟨vnl. hout⟩ **0.2** ***scheeftrekken*** ⇒*bevooroordeeld maken* ◆ **1.2** his past has ~ed his judgment *zijn verleden heeft zijn oordeelsvermogen verwrongen.*

war paint 0.1 ***oorlogsverf/opmaak*** ⟨ihb. bij indianen⟩.

warpath ⟨vnl. fig.⟩ **0.1** ***oorlogspad*** ◆ **6.1** be / go **on** the ~ *op het oorlogspad zijn/gaan.*

warrant[1] [worrənt] ⟨zn.⟩ **0.1** ***bevel(schrift)*** ⇒*aanhoudingsbevel* **0.2** ***machtiging*** ⇒*volmacht* **0.3** ***(waar)borg*** **0.4** ***rechtvaardiging*** ⇒*grond* ◆ **1.1** ~ of arrest *arrestatiebevel* **6.1** a ~ is **out against** him *er loopt een aanhoudingsbevel tegen hem* **6.4** no ~ **for** *geen grond/reden tot.*

warrant[2] **I** ⟨onov. en ov.ww.⟩ **0.1** ***garanderen*** **0.2** ⟨inf.⟩ ***verzekeren*** ◆ **2.1** ~ed pure *gegarandeerd zuiver* **4.2** I/I'll ~ (you) *dat kan ik je verzekeren;*
II ⟨ov.ww.⟩ **0.1** ***rechtvaardigen*** **0.2** ***machtigen.***

warrantee [worrəntie:] **0.1** ***pers. aan wie iets gewaarborgd wordt.***

warrant officer, ⟨inf.⟩ **warrant 0.1** ***hogere onderofficier*** ⇒ ⟨scheep.⟩ *dekofficier.*

warrantor [worrəntə] **0.1** ***waarborg*** ⟨persoon⟩.

warrant|y [worrəntie] ⟨mv.: -ies⟩ **0.1** ***(schriftelijke) garantie*** ◆ **6.1** it is still **under** ~ *het valt nog onder de garantie.*

war record 0.1 ***oorlogsverleden.***

warren [worrən] **0.1** ***konijnenpark*** **0.2** ***doolhof*** ⟨v. straatjes⟩ ⇒*wirwar.*

warrior[1] [worriə] ⟨zn.⟩ **0.1** ***strijder*** ⇒*krijger* **0.2** ⟨schr.⟩ ***soldaat.***

warrior[2] ⟨bn.⟩ **0.1** ***krijgshaftig*** ⟨v. volk⟩.

Warsaw [wo:so:] **0.1** ***Warschau.***

warship 0.1 ***oorlogsschip.***

wart [wo:t] **0.1** ***wrat*** ◆ **4.1** ~s and all *met alle gebreken.*

wart hog 0.1 ***wrattenzwijn.***

wartime 0.1 ***oorlogstijd.***

war victim 0.1 ***oorlogsslachtoffer.***

war widow 0.1 ***oorlogsweduwe.***

war|y [weərie] ⟨-iness⟩ **0.1** ***omzichtig*** ⇒*alert* **0.2** ***voorzichtig*** ⇒*behoedzaam* ◆ **6.1** ~ **of** *op zijn hoede voor.*

was [wəz, ⟨sterk⟩ woz] ⟨verl. t. 1e en 3e pers. enk.⟩ →**be.**

wash[1] [wosj] **I** ⟨telb.zn.⟩ **0.1** ***was*** ⇒*het wassen* **0.2** ***vieze, waterige troep*** ⇒*slootwater, slappe thee* ◆ **3.1** give sth. a ~ *iets wassen;* have a ~ *zich wassen;*
II ⟨telb. en n.-telb.zn.⟩ **0.1** ***was(goed)*** ◆ **2.1** a large ~ *veel wasgoed;*
III ⟨n.-telb.zn.⟩ **0.1** ***golfslag*** **0.2** ***zog*** ⇒*kielwater* **0.3** ***spoelwater*** ◆ **3.¶** ⟨inf.⟩ it'll come out in the ~ *het zal wel loslopen/in orde komen.*

wash[2] **I** ⟨onov.ww.⟩ **0.1** ***zich wassen*** ⇒*zich opfrissen* **0.2** ***gewassen (kunnen) worden*** **0.3** ⟨inf.⟩ ***geloofwaardig zijn*** **0.4** ***breken*** ⟨v. golf⟩ ◆ **3.3** that argument won't ~ *dat argument gaat niet op* **5.¶** ~ ashore *aanspoelen;* the stain will ~ **off** *de vlek gaat er (in de was) wel uit* **6.3** it won't ~ **with** him *hij zal het niet geloven* **6.4** the waves ~ **against** the dykes *de golven slaan tegen de dijken.* →**wash out, wash up;**
II ⟨ov.ww.⟩ **0.1** ***wassen*** ⇒⟨fig.⟩ *zuiveren* **0.2** ***wassen*** ⇒*de was doen* **0.3** ***afwassen*** ⇒*de afwas doen* **0.4** ***meesleuren*** ⟨v. water⟩ ⇒*wegspoelen* **0.5** ***uitspoelen*** ⇒*eroderen* **0.6** ***wassen*** ⟨tekening⟩ ◆ **2.1** ~ clean *schoonwassen* **5.1** ~ **off** *(eraf) wassen* **5.4** be ~ed overboard *overboord slaan.* → **wash away, wash down, wash out, wash up.**

washable [wosjəbl] **0.1** ***wasbaar*** ⇒*wasecht.*

wash-and-wear **0.1** ⟨ong.⟩ ***zelfstrijkend*** ⇒*no-iron.*

wash away **0.1** ***afwassen*** ⇒*wegspoelen, uitwassen;* ⟨fig.⟩ *reinigen, zuiveren* ◆ **1.1** ~ s.o.'s sins *iem. reinigen v. zijn zonden.*

washbasin, ⟨AE⟩ **washbowl** **0.1** ***wasbak*** ⇒*fonteintje.*

washboard **0.1** ***wasbord.***

washcloth ⟨AE⟩ **0.1** ***washandje.***

wash-day, washing day **0.1** ***wasdag.***

wash down **0.1** ***wegspoelen*** ⟨voedsel, met drank⟩ **0.2** ***(helemaal) schoonmaken*** ◆ **6.2** ~ **with** ammonia *schoonmaken met ammonia.*

washdrawing **I** ⟨telb.zn.⟩ **0.1** ***gewassen tekening;***
II ⟨n.-telb.zn.⟩ **0.1** ***het maken v. gewassen tekeningen.***

washed-out **0.1** ***verbleekt*** ⟨in de was⟩ **0.2** ***uitgeput*** **0.3** ⟨sport⟩ ***afgelast (wegens regen).***

washed-up **0.1** ⟨inf.⟩ ***verslagen*** ⇒*geruïneerd.*

washer [wosjə] **0.1** ***wasser*** **0.2** ⟨tech.⟩ ***(sluit)ring*** ⇒*afdichtingsring* **0.3** ⟨tech.⟩ ***leertje*** **0.4** ***wasmachine*** ⇒*wasautomaat.*

washerwoman, ⟨AE ook⟩ **washwoman** **0.1** ***wasvrouw.***

washeteria [wosjittiəriə] **0.1** ***wasserette.***

washhouse **0.1** ***washuis*** ⇒*wasserij.*

washing [wosjing] **0.1** ***was(goed).***

washing day →**wash-day.**

washing-machine **0.1** ***wasmachine.***

washing-powder **0.1** ***waspoeder.***

washing-soda **0.1** ***soda*** ⇒*natriumcarbonaat.*

washing-up **0.1** ***afwas*** ⇒*vaat.*

washing-up liquid **0.1** ***afwasmiddel.***

washing-up machine **0.1** ***afwasmachine*** ⇒*vaatwasmachine.*

wash-leather **0.1** ***zeem(leer).***

washout **0.1** ⟨inf.⟩ ***flop*** ⇒*mislukking* **0.2** ⟨inf.⟩ ***mislukkeling.***

wash out **I** ⟨onov.ww.⟩ **0.1** ***(in de was) eruit gaan*** ⟨v. vlekken⟩;
II ⟨ov.ww.⟩ **0.1** ***uitwassen*** ⇒*uitspoelen* **0.2** ***wegspoelen*** **0.3** ⟨inf.⟩ ***onmogelijk maken*** ⟨v. regen, de wedstrijd⟩.

washroom **0.1** ***wasruimte/lokaal*** **0.2** ⟨AE; euf.⟩ ***toilet.***

washstand **0.1** ***wastafel*** ⟨voor wasgerei⟩.

washtub **0.1** ***(was)tobbe.***

wash up **I** ⟨onov.ww.⟩ **0.1** ⟨AE⟩ ***zich opfrissen*** **0.2** ⟨BE⟩ ***afwassen*** ⇒*de vaat doen;*
II ⟨ov.ww.⟩ **0.1** ***doen aanspoelen*** ⟨v. getijde⟩.

washwoman →**washerwoman.**

wash|y [wosjie] ⟨-iness⟩ **0.1** ***waterig*** ⟨v. vloeistof⟩ ⇒*slap* **0.2** ***bleek*** ⇒*kleurloos.*

wasp [wosp] **0.1** ***wesp.***

WASP [wosp] ⟨afk.; vaak pej.; ook attr.⟩ **0.1** [White Anglo-Saxon Protestant] ⟨burgerlijke, traditionele Amerikaan⟩.

waspish [wospisj] ⟨-ness⟩ ⟨vaak pej.⟩ **0.1** ***wespachtig*** **0.2** ***giftig*** ⇒*nijdig* **0.3** ***dun*** ⇒*slank* ⟨als een wesp⟩.

wasp-waisted **0.1** ***met een wespentaille.***

wast ⟨2e pers. enk. verl. t., vero. of relig.⟩ →**be.**

wastage [weestidzj] **0.1** ***verspilling*** ⇒*verlies* ⟨door lekkage⟩ **0.2** ***verloop*** ⟨v. personeel⟩ ◆ **2.2** natural ~ *natuurlijk verloop.*

waste[1] [weest] ⟨zn.⟩ **0.1** ***woestenij*** ⇒*woestijn* ⟨ook fig.⟩ **0.2** ***verspilling*** **0.3** ***afval(product)*** ⇒*puin, vuilnis* ◆ **3.3** go to ~, run to ~ *verloren gaan, verspild worden.*

waste[2] ⟨bn.⟩ **0.1** ***woest*** ⇒*braak(liggend), verlaten* **0.2** ***afval-*** ⇒*overtollig* ◆ **1.1** ~ land *woestenij* **3.1** lay ~ *verwoesten;* lie ~ *braak liggen.*

waste[3] **I** ⟨onov.ww.⟩ **0.1** ***verspillen*** **0.2** ***verspild worden*** **0.3** ⟨vaak +away⟩ ***wegteren*** ⇒*wegkwijnen* ◆ **¶.1** ⟨sprw.⟩ ~ not, want not *verteert vandaag niet wat u morgen kan ontbreken;*
II ⟨ov.ww.⟩ **0.1** ***verspillen*** ⇒*verkwisten* **0.2** ⟨vaak pass.⟩ ***verwoesten*** **0.3** ⟨AE; sl.⟩ ***koud maken*** ⇒*om zeep helpen* ◆ **1.1** not ~ words (on sth.) *(ergens) geen woorden (aan) vuil maken* **6.1** ~ time **on** sth. *tijd verspillen aan iets.*

wastebasket ⟨vnl. BE⟩ **0.1** ***afvalbak*** ⇒⟨ihb.⟩ *prullenmand.*

waste disposal **0.1** ***afvalverwerking.***

wasteful [weestfl] ⟨-ness⟩ **0.1** ***verspillend*** ⇒*spilziek.*

wasteland **0.1** ***woestenij*** ⇒*onbewoonbaar gebied* ◆ **1.1** ⟨fig.⟩ a cultural ~ *een cultureel onderontwikkeld gebied.*

wastepaper **0.1** ***papierafval.***

wastepaperbasket **0.1** ***prullenmand*** ⇒*papiermand.*

wastepipe **0.1** ***afvoer(buis).***

waste product **0.1** ***afvalproduct.***

waster [weestə] **0.1** ***verspiller*** ⇒*verkwister* **0.2** ⟨sl.⟩ ***nietsnut.***

wastrel [weestrəl] **0.1** ***mislukkeling*** **0.2** ***verkwister*** ⇒*verspiller.*

watch[1] [wotsj] **I** ⟨telb.zn.⟩ **0.1** ***horloge*** ⇒*klokje* **0.2** ⟨vaak mv.⟩ ***(nacht)wake*** **0.3** ***bewaker*** ⇒*wachtpost;* ⟨ihb.⟩ *nachtwaker* **0.4** ⟨scheep.⟩ ***waaktijd*** ⇒*wachtkwartier* ◆ **3.3** set a ~ (up)on s.o. *iem. laten bewaken;*
II ⟨telb. en n.-telb.zn.; geen mv.⟩ **0.1** ***wacht*** ⇒*waakzaamheid, hoede* **0.2** ***wacht(dienst)*** ◆ **1.1** keep ~ and ward *goed in de gaten houden* **3.1** keep (a) (close / careful) ~ on *(nauwlettend) in de gaten houden* **3.2** keep ~ over *de wacht houden over;* keep / stand ~ *op wacht staan* **6.1** **on** the ~ **for** *wachtend op, op zijn hoede voor;*
III ⟨zn.; ww. enk. of mv.⟩ **0.1** ***wacht*** ⇒*bewaking, uitkijk.*

watch[2] **I** ⟨onov.ww.⟩ **0.1** ***(toe)kijken*** **0.2** ***wachten*** **0.3** ***uitkijken*** **0.4** ***de wacht houden*** **0.5** ***waken*** ◆ **3.5** ~ and pray *waak en bid* **5.3** ~ **out** *uitkijken, oppassen* **6.2** ~ **for** one's chance *zijn kans afwachten* **6.3** ~ (out) **for** *uitkijken naar, loeren op;*
II ⟨ov.ww.⟩ **0.1** ***bekijken*** ⇒*kijken naar* **0.2** ***afwachten*** ⟨kans, gelegenheid⟩ **0.3** ***gadeslaan*** ⇒*letten op* **0.4** ***bewaken*** ⇒*hoeden* ⟨vee⟩ **0.5** ***verzorgen*** ⇒*zorgen voor* ◆ **1.1** ~ the telly *tv kijken* **1.2** ~ one's chance *zijn kans afwachten* **1.3** I had the feeling of being ~ed all day *ik had het gevoel dat ik de hele dag gevolgd werd;* ~ one's weight *op zijn gewicht letten* **4.3** ~ it! *pas op!, voorzichtig!;* ~ yourself *pas op!*

watchband **0.1** ***horlogeband(je).***

watchdog 0.1 ***waakhond*** (ook fig.) ⇒*(be)waker.*
watchdog commission 0.1 *controlecommissie* ⇒*commissie v. toezicht.*
watcher [watsjə] 0.1 ***wachter*** ⇒*bewaker* 0.2 ***waker*** (bv. bij zieke) 0.3 ***waarnemer.***
watchful [watsjfl] (-ness) 0.1 ***waakzaam*** ⇒*oplettend* ◆ 3.1 be ~ to do sth. *zich ervoor hoeden iets te doen* 6.1 be ~ **for / against** *uitzien naar, op zijn hoede zijn voor.*
watchmaker 0.1 ***horlogemaker.***
watch|man [wotsjmən] (mv.: -men [-mən]) 0.1 ***bewaker*** ⇒ (ihb.) *nachtwaker.*
watchstrap 0.1 ***horlogebandje.***
watchtower 0.1 ***wachttoren.***
watchword 0.1 ***wachtwoord*** 0.2 ***leus*** ⇒*slogan.*
water[1] [wo:tə] **I** (n.-telb.zn.) 0.1 ***water*** ⇒*watermassa;* (schei.) *aqua* (H_2O) 0.2 ***water*** ⇒*regen* 0.3 ***(oplossing in) water*** ⇒*watertje, eau* 0.4 ***water(stand)*** 0.5 ***urine*** ◆ 1.¶ ~ on the brain *waterhoofd;* that is ~ under the bridge *dat is verleden tijd;* run like ~ off a duck's back *niet het minste effect hebben* 2.1 open ~ *open water; volle zee* 2.4 at high / low ~ *bij hoog/laagwater* 3.1 (scheep.) make / take ~ *water maken/in krijgen;* running ~ *stromend water;* tread ~ *watertrappelen* 3.5 make / pass ~ *wateren* 3.¶ hold ~ *steek houden* 6.1 (inf.; fig.) spend money like ~ *geld uitgeven als water* 7.¶ of the first ~ *v.h. eerste/zuiverste water* (ook fig.). →**deep, heavy, holy, hot, smooth;**
II (mv.) 0.1 ***(territoriale) wateren*** 0.2 ***water*** (v.e. rivier) 0.3 ***mineraalwater*** ⇒(fig.) *(water)kuur* 0.4 (schr.) ***zeegebied*** ◆ 2.1 in British ~s *in Britse wateren* 3.3 drink / take the ~s *een kuur doen* 3.¶ fish in troubled ~s *in troebel water vissen.* →**still.**
water[2] **I** (onov.ww.) 0.1 ***tranen*** ⇒*lopen, wateren* 0.2 ***watertanden*** 0.3 ***water drinken*** (v. dieren) ◆ 1.1 my eyes ~ed *mijn ogen traanden* 1.2 make the mouth ~ *doen watertanden;*
II (ov.ww.) 0.1 ***water geven*** ⇒*begieten* 0.2 ***aanlengen*** ⇒ *verdunnen* 0.3 ***v. water voorzien*** ⇒*bespoelen, besproeien* 0.4 (geldw.) ***verwateren*** ◆ 1.1 ~ the plants *de planten water geven* 1.2 ~ milk *melk aanlengen* 1.4 ~ing of capital *kapitaalverwatering* 5.2 ~ **down** *aanlengen;* (fig.) *afzwakken;* a ~ed-down version *een verwaterde versie.*
water beetle 0.1 ***waterkever*** ⇒*watertor.*
water bird 0.1 ***watervogel.***
water biscuit 0.1 ***(cream)cracker.***
water boatman (dierk.) 0.1 ***bootsmannetje.***
waterborne 0.1 ***drijvend*** ⇒*vlot* 0.2 ***over water vervoerd*** ⇒ *zee-* ◆ 1.2 ~ trade *zeehandel* 1.¶ a ~ disease *een door water overgebrachte ziekte.*
water bottle 0.1 ***(water)karaf/fles.***
water buffalo 0.1 ***waterbuffel.***
water butt 0.1 ***regenton.***
water cannon 0.1 ***waterkanon.***
water cart 0.1 ***sproeiwagen.***
water chestnut (plantk.; cul.) 0.1 ***waternoot*** ⇒*waterkastanje.*
water closet 0.1 ***watercloset.***
water colour 0.1 ***aquarel*** ⇒*waterverfschilderij* 0.2 (vaak mv.) ***waterverf.***
water compress (med.) 0.1 ***kompres*** ⇒*natte omslag.*
water-cooled 0.1 ***watergekoeld.***
watercourse 0.1 ***waterloop*** 0.2 ***waterbedding.***
watercress (plantk.) 0.1 ***witte waterkers.***
water diviner 0.1 ***roedeloper*** ⇒*waterzoeker.*
waterfall (ook fig.) 0.1 ***waterval.***
water flea 0.1 ***watervlo.***
waterfowl (mv.: ook waterfowl) **I** (telb.zn.) 0.1 ***watervogel;***
II (zn.; ww. steeds mv.) 0.1 ***watergevogelte.***
waterfront (vnl. enk.) 0.1 ***waterkant*** (v. stadsdeel enz.) ◆ 6.1 **on** the ~ *aan de waterkant.*
water heater 0.1 ***boiler*** 0.2 (vnl. AE) ***geiser.***
water hole 0.1 ***waterpoel.***
water ice 0.1 ***waterijs.***
watering can 0.1 ***gieter.***
watering place 0.1 ***waterplaats*** ⇒*drenkplaats* 0.2 ***kuuroord*** ⇒*badplaats.*
water jacket (tech.) 0.1 ***watermantel*** ⇒*koelmantel* (vnl. v. verbrandingsmotor).
water jump (paardensport) 0.1 ***sloot(sprong).***
water level 0.1 ***(grond)waterpeil.***
water lily 0.1 ***waterlelie.***
water line 0.1 ***waterlijn*** (v. schip).
waterlogged 0.1 ***vol water (gelopen)*** (schip) 0.2 ***met water doortrokken*** (grond, hout).
Waterloo [wo:təloe:] (vnl. enk.) 0.1 ***(verpletterende) nederlaag*** ⇒*beslissende slag* ◆ 3.1 meet one's ~ *verpletterend verslagen worden.*
water main 0.1 ***hoofdleiding*** (v. waterleiding).
water|man [wo:təmən] (mv.: -men [-mən]) 0.1 ***veerman.***
watermark 0.1 ***watermerk*** (in papier) 0.2 ***waterpeil.***
water meadow 0.1 ***uiterwaard.***
watermelon 0.1 ***watermeloen.***
water mill 0.1 ***watermolen.***
water pipe 0.1 ***water(leiding)pijp*** 0.2 ***waterpijp*** (om te roken).
water pipit (dierk.) 0.1 ***waterpieper.***
water pistol 0.1 ***waterpistool.***
water polo 0.1 ***waterpolo.***
waterpower 0.1 ***waterkracht*** ⇒*hydraulische kracht.*
waterproof (vnl. BE) 0.1 (bn.) ***waterdicht*** 0.2 (zn.) ***(waterdichte) regenjas*** 0.3 (ww.) ***waterdicht maken.***
water rat →**water vole.**
water rate (BE) 0.1 ***waterleidingrekening.***
watershed 0.1 ***waterscheiding*** 0.2 (fig.) ***keerpunt.***
waterside (the) 0.1 ***waterkant.***
water-ski 0.1 (zn.) ***waterski*** 0.2 (ww.) ***waterskiën.***
water snake (dierk.) 0.1 ***ringslang.***
water softener 0.1 ***wateronthardingsapparaat.***
water spaniel 0.1 ***waterhond.***
water sports 0.1 ***watersport.***
waterspout 0.1 ***waterspuwer*** ⇒*spuier* 0.2 ***waterhoos.***
water station (atletiek) 0.1 ***waterpost*** (bij marathon of snelwandelen).
water supply 0.1 ***watervoorziening*** 0.2 ***wateraanvoer*** 0.3 ***watervoorraad.***
water table 0.1 ***grondwaterspiegel.***
watertight (ook fig.) 0.1 ***waterdicht*** ◆ 1.1 ~ agreement *waterdichte afspraak.*
water tower 0.1 ***watertoren.***
water vole, water rat 0.1 ***waterrat.***
waterway 0.1 ***waterweg*** 0.2 ***vaarwater.***
water wheel 0.1 ***waterrad.***
water wings 0.1 ***(zwem)vleugels.***
waterworks 0.1 ***waterleiding(bedrijf)*** 0.2 (inf.) ***waterlanders*** ⇒*tranen* ◆ 3.2 turn on the ~ *in tranen uitbarsten.*
water|y [wo:trie] (-iness) 0.1 ***waterachtig*** ⇒*water-, vol water* 0.2 ***nat*** ⇒*vochtig, tranend* 0.3 ***waterig*** ⇒*smakeloos, flauw; slap, bleek* ◆ 1.2 ~ eye *waterig oog, traanoog* 1.¶ ~ grave *zeemansgraf.*
watt [wot] 0.1 ***watt.***
wattage [wottidzj] 0.1 ***wattverbruik.***

wattle [wotl] **I** ⟨telb.zn.⟩ **0.1** ***lel*** *⇒halskwab* ⟨vnl. v. vogels⟩;
II ⟨n.-telb.zn.⟩ **0.1** ***hordewerk*** *⇒gevlochten rijswerk* ◆ **1.1** ~ and da(u)b *met leem opgevuld vlechtwerk.*

wave¹ [weev] ⟨zn.⟩ **0.1** ***golf*** ⟨ook fig.⟩ *⇒vloed;* ⟨fig.⟩ *opwelling* **0.2** ***(haar)golf*** **0.3** ***wuivend gebaar*** **0.4** ***golf(beweging)*** *⇒ verkeersgolf; aanvalsgolf* ◆ **1.1** ~ of violence *golf/stroom v. geweld(daden)* **3.1** ⟨nat.⟩ travelling ~ *lopende golf.* → **continuous, permanent.**

wave² **I** ⟨onov.ww.⟩ **0.1** ***golven*** *⇒fluctueren* **0.2** ***wapperen*** ⟨v. vlag⟩;
II ⟨onov. en ov.ww.⟩ **0.1** ***(toe)wuiven*** *⇒zwaaien* **0.2** ***krullen*** *⇒golven* ◆ **1.1** ~ s.o. goodbye *iem. uitwuiven* **1.2** she ~d her hair *zij krulde haar haar* **5.1** ⟨fig.⟩ ~ sth. **aside** *iets v. tafel vegen;* ~ s.o. **away/on** *iem. gebaren weg/verder te gaan* **6.1** ~ **at/to** s.o. *naar iem. zwaaien.*

waveband ⟨elek.⟩ **0.1** ***(golf)band.***

wave front ⟨nat.⟩ **0.1** ***golffront.***

wavelength ⟨tech.⟩ **0.1** ***golflengte*** ⟨λ; ook fig.⟩ ◆ **6.1** be **on** the same ~ *op dezelfde golflengte zitten* ⟨vnl. fig.⟩.

wave power **0.1** ***golfenergie.***

waver [weevə] **0.1** ***onzeker worden*** *⇒wankelen* **0.2** ***weifelen*** *⇒aarzelen* **0.3** ***flikkeren*** ⟨v. licht⟩ *⇒flakkeren* ⟨v. kaars⟩ ◆ **6.2** ~ **between** *aarzelen tussen.*

waverer [weevrə] **0.1** ***weifelaar(ster).***

wavering [weevring] **0.1** ***wankelend*** **0.2** ***weifelend.***

wave theory ⟨nat.⟩ **0.1** ***golftheorie.***

wav|y [weevie] ⟨-iness⟩ **0.1** ***golvend*** *⇒deinend.*

wax¹ [wæks] ⟨zn.⟩ **0.1** ***(bijen)was*** **0.2** ***(boen)was*** **0.3** ***oorsmeer*** ◆ **1.1** ⟨fig.⟩ be ~ in s.o.'s hands *als was in iemands handen zijn.*

wax² **I** ⟨onov.ww.⟩ **0.1** ***wassen*** *⇒opkomen, toenemen* ⟨v. water, maan⟩ **0.2** ⟨vero.⟩ ***worden*** ◆ **2.2** ~ angry/merry *kwaad/blij worden* **3.1** ⟨fig.⟩ ~ and wane *toenemen en afnemen;*
II ⟨ov.ww.⟩ **0.1** ***in de was zetten*** *⇒boenen.*

wax candle **0.1** ***waskaars.***

waxen [wæksn] **0.1** ***glad als was*** **0.2** ***week als was.***

waxing [wæksing] **0.1** ***epilatie/ontharing met was.***

wax paper, waxed paper **0.1** ***waspapier*** *⇒vetvrij papier.*

waxwork **0.1** ***wassen beeld*** **0.2** ⟨mv.⟩ ***wassenbeeldententoonstelling*** *⇒wassenbeeldenmuseum.*

wax|y [wæksie] ⟨-iness⟩ **0.1** ***wasachtig*** *⇒bleek* **0.2** ⟨sl.⟩ ***woedend*** *⇒opvliegend.*

way¹ [wee] **I** ⟨telb.zn.⟩ **0.1** ***weg*** ⟨ook fig.; in straatnamen W-⟩ **0.2** ***route*** *⇒weg* **0.3** ***manier*** *⇒wijze;* ⟨vaak mv.⟩ *gewoonte, gebruik;* ⟨pej.⟩ *hebbelijkheid* **0.4** ***richting*** **0.5** ***opzicht*** **0.6** ⟨alleen enk.⟩ ***afstand*** *⇒eind, stuk* **0.7** ⟨alleen enk.⟩ ***toestand*** ◆ **1.1** it's all in the ~ of business *dat hoort nu eenmaal bij zaken* **1.3** ~ of life *levenswijze;* ~ of thinking *denkwijze;* to her ~ of thinking *naar haar mening, volgens haar* **1.4** ⟨inf.⟩ somewhere Reading ~ *ergens in de buurt v. Reading* **1.¶** go the ~ of all flesh *sterven;* ~s and means *geldmiddelen;* have ~s and means of getting sth. *de juiste wegen weten om iets (gedaan) te krijgen;* that's the ~ of the world *zo gaat het nu eenmaal (in de wereld)* **2.3** in a big ~ *op grote schaal; grandioos; met enthousiasme;* fall into evil/bad ~s *slechte gewoontes krijgen;* go the right/wrong ~ about sth. *iets op de juiste/verkeerde wijze aanpakken* **2.6** a long ~ away/off *een heel eind weg, ver weg;* your birthday is still a long ~ off *je bent nog lang niet jarig* **2.7** be in the same ~ *er net zo aan toe zijn* **3.2** ask the ~ *de weg vragen;* ⟨fig.⟩ things are going his ~ *het zit hem mee;* lose the/one's ~ *verdwalen, de weg kwijtraken;* ⟨fig.⟩ pave the ~ (for sth./s.o.) *de weg banen/effenen (voor iets/iem.);* ⟨fig.⟩ pay one's ~ *geen schulden maken, zonder verlies werken;* pay one's ~ through college *zelf zijn universiteitsstudie (kunnen) betalen;* ⟨fig.⟩ work one's ~ *zich een weg banen* ⟨ook door boek⟩; work one's ~ through college *werkstudent zijn* **3.3** do sth. a certain ~ *iets op een bepaalde manier doen;* ⟨fig.⟩ find a ~ *een manier vinden, er raad op weten;* have a ~ of doing sth. *er een handje v. hebben iets te doen;* mend one's ~s *zijn leven beteren;* set in one's ~s *met vast(geroest)e gewoontes* **3.4** come/fall (in) s.o.'s ~ *iem. ten deel vallen* ⟨v. kans, onverwachte mogelijkheid⟩; look the other ~ *de andere kant opkijken* ⟨ook fig.⟩; step this ~, please *hierheen, graag;* ⟨fig.⟩ I don't know which ~ to turn *ik weet me geen raad* **3.6** go a long ~ to meet s.o. *iem. een heel eind tegemoet komen* ⟨ook fig.⟩ **3.¶** cut both ~s *goede en slechte gevolgen hebben;* get one's (own) ~, have (it) one's (own) ~ *zijn zin krijgen, doen wat men wil;* ⟨fig.⟩ go one's own ~ *zijn eigen weg gaan;* go out of one's/the ~ to ... *zijn (uiterste) best doen om ...;* have a ~ with elderly people *met ouderen om weten te gaan;* you can't have it both ~s *óf het een óf het ander;* have one's ~ with a woman *zijn zin krijgen bij een vrouw* ⟨met als resultaat: het bed⟩; see one's ~ (clear) to doing sth. *zijn kans schoon zien om iets te doen;* wind one's ~ into s.o.'s affections *bij iem. in de gunst proberen te komen* **4.3** one ~ and another *alles bij elkaar (genomen);* one ~ or another/the other *op de een of andere manier* **5.2** ~ home *thuisreis;* ~ **in** *ingang;* ~ **out** *uitgang;* ⟨fig.⟩ *uitweg* **5.4** the other ~ **around/about** *andersom* **6.2** ⟨inf.⟩ our second child is **on** the ~ *ons tweede kind is op komst* ⟨ongeboren kind⟩; better weather is **on** the ~ *er is beter weer op komst;* we're **on** our/the ~ *we komen eraan, we zijn onderweg;* **on** the ~ out *op weg naar buiten;* ⟨inf.; fig.⟩ *uit (de mode) rakend;* **out of** the ~ *ver weg, afgelegen;* **out of** one's ~ *niet op de route* **6.3** **in** its ~ *in zijn soort;* **in** this ~ *op deze manier, zo* **6.5** **in** a ~ *in zekere zin;* **in** no ~ *helemaal niet* **6.¶** **by** the ~ *terloops, trouwens, à propos;* they had done nothing **out of** the ~ *zij hadden niets bijzonders/extreems/verkeerds gedaan* **7.1** that's the ~ (it is/goes) *zo gaat het nu eenmaal* **7.3** it's only his ~ *zo is hij nu eenmaal;* there are no two ~s about it *er is geen twijfel (over) mogelijk* **7.5** no ~ better *in geen enkel opzicht beter;* in more ~s than one *in meerdere opzichten* **7.6** all the ~ *helemaal, tot het (bittere) einde;* go all the ~ *het echt doen, met iem. neuken* **7.¶** any ~ *in ieder geval, hoe dan ook;* either ~ *hoe dan ook;* ⟨AE; inf.⟩ every which ~ *overal, in alle hoeken en gaten;* ⟨AE; inf.⟩ no ~! *geen sprake van!* → **bad, heart, long, permanent, small, wrong;**
II ⟨n.-telb.zn.⟩ **0.1** ***(voort)gang*** *⇒snelheid, vaart* **0.2** ***ruimte*** ⟨ook fig.⟩ *⇒plaats, gelegenheid* **0.3** ***(werk)gebied*** *⇒branche, lijn;* ⟨in samenstelling vaak⟩ *-handel* ◆ **3.1** ⟨vnl. scheep.⟩ be under ~ *onderweg zijn;* gather/lose ~ *vaart krijgen/minderen* ⟨v. schip⟩ **3.2** clear the ~ *de weg banen* ⟨ook fig.⟩; *ruim baan maken;* give ~ *toegeven, meegeven* ⟨ook fig.⟩; *wijken, voorrang geven; doorzakken, bezwijken;* give ~ to *toegeven aan, wijken voor;* make ~ for *plaats/ruimte maken voor;* put s.o. in the ~ of sth. *iem. op weg helpen (met iets), iem. aan iets helpen;* stand in the ~ *in de weg staan* **3.¶** make ~ *opschieten* ⟨ook fig.⟩; make one's (own) ~ (in life/the world) *in de wereld vooruitkomen* **6.1** negotiations are well **under** ~ *onderhandelingen zijn in volle gang* **6.2** **out of** the/one's ~ *uit de weg* ⟨ook fig.⟩; get sth. **out of** the ~ *iets uit de weg ruimen, iets afhandelen;* put s.o. **out of** the ~ *iem. uit de weg ruimen* **6.¶** **by** ~ **of** *via; door middel v.; als; gewoonlijk;* he's **by** ~ **of** being a musician *hij is om zo te zeggen een muzikant;* **by** ~ **of** Brighton *via Brighton;* **by** ~ **of** illustration/example *als illustratie/voorbeeld;*

III ⟨mv.⟩ **0.1** ⟨scheep.⟩ ***stapel*** ⇒*helling* **0.2** ⟨AE; inf.⟩ ***afstand*** ⇒*eind* **0.3** ⟨AE⟩ ***gedeeltes*** ⇒*stukken* ◆ **7.3** divide sth. four ~s *iets in vieren delen.*

way² ⟨bw.⟩ **0.1** ***ver*** ⇒*lang, een eind* **0.2** ⟨AE⟩ →**away** ◆ **5.1** ~ back *ver terug, (al) lang geleden;* ⟨AE⟩ s.o. from ~ **back** *iem. uit een afgelegen gebied/ver verleden.*

way-ahead ⟨inf.⟩ **0.1** ***zijn tijd vooruit*** ◆ **1.1** ~ art *avant-garde kunst.*

waybill **0.1** ***vrachtbrief*** **0.2** ***passagierslijst.***

wayfarer ⟨schr.⟩ **0.1** ***trekker*** ⇒*(voet)reiziger.*

wayfaring **0.1** ***trekkend*** ⇒*reizend.*

waylay [weelee] **0.1** ***belagen*** ⟨ook fig.⟩ ⇒*opwachten* **0.2** ***onderscheppen.***

way-off ⟨AE; gew.⟩ **0.1** ***afgelegen*** ⇒*ver.*

way-out ⟨inf.⟩ **0.1** ***te gek*** ⇒*geavanceerd, excentriek.*

wayside ⟨the; ook attr.⟩ **0.1** ***kant v.d. weg*** ⇒*berm* ◆ **3.1** ⟨fig.⟩ fall by the ~ *afvallen, uitvallen* **6.1** **by** the ~ *langs de weg.*

wayward [weewəd] ⟨-ness⟩ **0.1** ***eigenzinnig*** ⇒*nukkig, koppig* ◆ **1.1** ~ child *onhandelbaar kind.*

waza-ari [wa:za:rie:] ⟨vechtsport, ihb. judo⟩ **0.1** ***waza-ari*** ⟨een bijna-ippon; 7 punten⟩.

W.C. ⟨afk.⟩ **0.1** [water closet] ***wc.***

we [wie, ⟨sterk⟩ wie:] **0.1** ***wij*** **0.2** ⟨verwijst naar 1e persoon enk.; schr.⟩ ***wij*** ◆ **3.1** ~ voted for him *we hebben voor hem gestemd* **3.2** ~ do not wish to disregard the reader *wij willen de lezer niet voor het hoofd stoten* **4.1** it is ~ who are responsible *wij zijn verantwoordelijk* **6.1** they worked harder **than** ~ *zij werkten harder dan wij.*

weak [wie:k] **0.1** ***zwak*** ⟨ook fig.⟩ ⇒*slap, week* ⟨gestel⟩, *broos* **0.2** ***flauw*** ⇒*zwak, matig* ⟨aanbod, markt, beurs⟩ **0.3** ***niet overtuigend*** ⇒*zwak* **0.4** ***waterig*** ◆ **1.1** ~ eyes *slechte ogen;* have a ~ head *zwakzinnig zijn* **1.2** a ~ demand (for) *weinig vraag (naar)* **1.3** ~ argument *zwak argument* **1.¶** have ~ knees *besluiteloos zijn;* have a ~ spot for *een speciaal plekje in zijn hart hebben voor* **3.1** go ~ at the knees *slappe knieën krijgen* ⟨mbt. verliefdheid⟩; *op zijn benen staan te trillen* ⟨v. angst⟩ **6.1** ~ **at/in** physics *zwak/minder goed in natuurkunde.*

weaken [wie:kən] **I** ⟨onov.ww.⟩ **0.1** ***toegeven*** ⇒*zwichten;*
II ⟨onov. en ov.ww.⟩ **0.1** ***verzwakken*** ⇒*afzwakken, (doen) verslappen.*

weaker sex ⟨the⟩ **0.1** ***zwakke geslacht.***

weak-kneed ⟨-ness⟩ **0.1** ***besluiteloos*** ⇒*slap, niet wilskrachtig* **0.2** ***bangelijk*** ⇒*timide, laf.*

weakling [wie:kling] **0.1** ***zwakkeling*** ⇒*slappeling.*

weakl|y [wie:klie] ⟨-iness⟩ **0.1** ***ziekelijk*** ⇒*slap(jes).*

weak-minded, weak-headed ⟨-ness⟩ **0.1** ***zwakzinnig*** ⇒ ⟨fig.⟩ *achterlijk* **0.2** ***zwak*** ⟨v. wil/karakter⟩.

weakness [wie:knəs] **0.1** ***zwakte*** ⇒*slapheid, zwakheid* **0.2** ***zwak punt*** **0.3** ***zwakheid*** ⇒*zonde, fout* **0.4** ***zwak*** ⇒*voorliefde* ◆ **2.3** drinking is Adrian's only ~ *drinken is Adriaans enige zonde/fout* **6.4** he has a ~ **for** blonde women *hij valt op blonde vrouwen.*

weal [wie:l], ⟨in bet. I ook⟩ **wheal** [wie:l] **I** ⟨telb.zn.⟩ **0.1** ***striem*** ⇒*streep;*
II ⟨n.-telb.zn.⟩ ⟨vnl. schr.⟩ **0.1** ***wel(zijn)*** ◆ **2.1** for the general/public ~ *voor het algemeen welzijn.*

weald [wie:ld] ⟨BE; schr.⟩ **0.1** ***beboste streek*** **0.2** ***open land.***

wealth [welθ] **0.1** ***overvloed*** ⇒*rijkdom* **0.2** ***rijkdom(men)*** ⇒ *bezit(tingen), vermogen.*

wealth|y [welθie] ⟨-iness⟩ **0.1** ***rijk*** ⇒*vermogend.*

wean [wie:n] **0.1** ***spenen*** ⟨kind, jong⟩ ◆ **6.¶** ~ s.o. (away) **from** sth. *iem. iets afleren/afwennen.*

weapon [weppən] ⟨ook fig.⟩ **0.1** ***wapen.***

weaponless [weppənləs] **0.1** ***ongewapend.***

weaponry [weppənrie] **0.1** ***wapentuig.***

wear¹ [weər] ⟨zn.⟩ **0.1** ***dracht*** ⇒*het aanhebben/dragen* ⟨kleding⟩ **0.2** ***het gedragen worden*** ⟨v. kleding⟩ ⇒*gebruik* **0.3** ***slijtage*** **0.4** ***sterkte*** ⇒*kwaliteit* **0.5** ⟨vnl. in samenstellingen⟩ ***(passende) kleding*** ⇒*(-)kleren, (-)tenue, (-)goed* ◆ **1.4** there's a great deal of ~ in it *het kan nog een tijdje mee* **1.¶** ~ and tear *slijtage* **3.3** show (signs of) ~ *slijtageplekken vertonen* **6.1** have sth. **in** ~ *iets regelmatig dragen.* → **worse.**

wear² ⟨wore [wo:], worn [wo:n]⟩ **I** ⟨onov.ww.⟩ **0.1** ***goed blijven*** ⟨ook fig.⟩ **0.2** ⟨vaak +on⟩ ***voortkruipen*** ⟨v. tijd⟩ ⇒ *voortduren* ◆ **1.¶** ~ through the day *de dag doorkomen* **5.1** ~ well *er nog goed uitzien* ⟨v. persoon⟩; *lang meegaan* ⟨v. kleding⟩ **5.2** the meeting wore **on** *de vergadering ging maar door* **6.2** the week ~s **to** its end *de week loopt (langzaam) ten einde.* →**wear away, wear off, wear out;**
II ⟨onov. en ov.ww.⟩ ⟨ook fig.⟩ **0.1** ***verslijten*** ⇒*(af)slijten, uitslijten* ◆ **1.1** worn clothes *afgedragen kleren;* you've worn holes in your elbows *je ellebogen zijn versleten/door* **2.1** ~ thin *dun worden, slijten;* ⟨fig.⟩ *op raken* ⟨v. geduld⟩. → **wear away, wear down, wear off, wear out;**
III ⟨ov.ww.⟩ **0.1** ***dragen*** ⟨aan het lichaam⟩ ⇒*aan hebben* **0.2** ***vertonen*** ⇒*hebben, ten toon spreiden;* ⟨ihb.⟩ *voeren* ⟨kleur, vlag⟩ **0.3** ***uitputten*** **0.4** ⟨inf.; vaak met ontkenning⟩ ***aanvaarden*** ⇒*toestaan* ◆ **1.1** ~ one's age/years well *er nog goed uit zien* **1.2** he ~s a beard *hij heeft een baard;* ~ a smile *glimlachen* **4.4** they won't ~ it *zij nemen/pikken het niet (langer).* →**wear away, wear out.**

wearable [weərəbl] **0.1** ***draagbaar*** ⇒*(geschikt om) te dragen.*

wear away I ⟨onov.ww.⟩ **0.1** ***(langzaam) voortkruipen*** ⇒ *voortduren* ⟨v. tijd, dag e.d.⟩;
II ⟨onov. en ov.ww.⟩ **0.1** ***verslijten*** ⇒*uitslijten, uithollen* ◆ **1.1** the names on the tomb had worn away *de namen op de graftombe waren uit/weggesleten;*
III ⟨ov.ww.⟩ **0.1** ***uitputten*** **0.2** ***doorbrengen*** ⇒*verslijten* ⟨tijd⟩.

wear down **0.1** ***(af)slijten*** ⇒*verslijten* **0.2** ***verzwakken*** ⇒ *afmatten* ◆ **1.2** ~ resistance *tegenstand (geleidelijk) overwinnen.*

wearing [weəring] **0.1** ***vermoeiend*** ⇒*slopend.*

wearing apparel ⟨schr.⟩ **0.1** ***kleding.***

wearisome [wiəriesəm] **0.1** ***vermoeiend*** **0.2** ***vervelend*** ⇒ *langdradig.*

wear off I ⟨onov.ww.⟩ **0.1** ***(geleidelijk) minder worden*** ◆ **1.1** the novelty will soon ~ *het nieuwtje zal er (wel) gauw af gaan;*
II ⟨onov. en ov.ww.⟩ **0.1** ***verslijten*** ⇒*afslijten* ◆ **1.1** the paint soon wore off *de verf sleet er al gauw af.*

wear out I ⟨onov.ww.⟩ **0.1** ***afgemat raken*** ◆ **1.1** his patience wore out *zijn geduld raakte op;*
II ⟨onov. en ov.ww.⟩ **0.1** ***verslijten*** ⇒*afdragen* ◆ **1.1** ~ three pairs of shoes in a year *drie stel schoenen in een jaar verslijten;*
III ⟨ov.ww.⟩ **0.1** ***uitputten*** **0.2** ***doorbrengen*** ◆ **1.2** ~ one's days in trifles *zijn dagen verslijten met onbenulligheden* **4.1** wear o.s. out *uitgeput raken, zich uitsloven.*

wear|y¹ [wiərie] ⟨bn.; -iness⟩ **0.1** ***moe*** ⇒*lusteloos* **0.2** ***vermoeiend*** **0.3** ***vervelend*** ◆ **1.2** a ~ walk *een vermoeiende wandeling* **6.1** ~ **of** *moe van* ⟨ook fig.⟩; ~ **with** waiting *het wachten moe.*

wear|y² ⟨-ied⟩ **I** ⟨onov.ww.⟩ **0.1** ***moe worden*** ◆ **6.1** ~ **of** *moe worden, genoeg krijgen v.;*
II ⟨ov.ww.⟩ **0.1** ***vermoeien.***

weasel¹ [wie:zl] ⟨zn.⟩ **0.1** ***wezel*** **0.2** ⟨inf.⟩ ***gluiperd.***

weasel² ⟨ww.⟩⟨AE; inf.⟩ **0.1** ⟨vaak +out⟩ ***zich drukken*** ⇒*er tussenuit knijpen* ◆ **5.1** ~ **out** (of one's duty) *zich onttrekken (aan zijn plicht).*
weather¹ [weðə] **I** ⟨n.-telb.zn.⟩ **0.1** ***weer*** ◆ **1.1** wet ~ *nat weer* **6.¶** ⟨inf.⟩ (be/feel) **under** the ~ *(zich) niet lekker (voelen); dronken (zijn).* →**heavy;**
II ⟨mv.⟩ **0.1** ***weersomstandigheden*** ◆ **6.1** (a coat) **for** all ~s *(een jas) voor elk weer;* **in** all ~s *weer of geen weer.*
weather² **I** ⟨onov.ww.⟩ **0.1** ***verweren;***
II ⟨ov.ww.⟩ **0.1** ***aan weer en wind blootstellen*** **0.2** ⟨vaak pass.⟩ ***doen verweren*** **0.3** ***doorstaan*** ⟨storm; ook fig.⟩ ⇒*te boven komen* ◆ **1.2** ~ed oak *namaakoud eikenhout* **5.3** ~ **out** *te boven komen.*
weather-beaten **0.1** ***(door storm) beschadigd/geteisterd*** **0.2** ***verweerd*** ⟨v. gezicht⟩.
weatherboard, ⟨in bet. II 0.1 ook⟩ **weatherboarding** **I** ⟨telb.zn.⟩ **0.1** ***waterdorpel;***
II ⟨n.-telb.zn.⟩ **0.1** ***houten buitenbekleding*** ⟨v. elkaar overlappende planken; tegen regen enz.⟩ ⇒*beschot(werk).*
weather-bound **0.1** ***aan huis gebonden*** ⟨door slecht weer⟩.
weather bureau **0.1** ***meteorologisch instituut.***
weather chart, weather map **0.1** ***weerkaart.***
weathercock **0.1** ***weerhaan*** ⇒*windwijzer;* ⟨fig.⟩ *draaier, opportunist.*
weather eye ◆ **3.¶** keep a/one's ~ open (for) *op zijn hoede zijn (voor), oppassen (voor).*
weather forecast **0.1** ***weer(s)voorspelling*** ⇒*weerbericht.*
weather forecaster, weatherperson **0.1** ***meteoroloog*** ⇒*weerman/vrouw.*
weathergirl **0.1** ***weervrouw*** ⇒*meteorologe.*
weatherglass **0.1** ***barometer.***
weather|man ⟨mv.: -men⟩ **0.1** ***weerman*** ⇒*meteoroloog.*
weatherproof **0.1** ⟨bn.⟩ ***weerbestendig*** ⇒*tegen weer en wind bestand* **0.2** ⟨ww.⟩ ***weerbestendig maken.***
weather ship **0.1** ***weerschip.***
weather station **0.1** ***weerstation*** ⇒*meteorologisch station.*
weather vane **0.1** ***windwijzer.***
weave¹ [wie:v] ⟨zn.⟩ **0.1** ***weefsel*** **0.2** ***(weef)patroon.***
weave² **I** ⟨onov.ww.⟩ **0.1** ***zigzaggen*** ⇒*(zich) slingeren;* ⟨verkeer⟩ *weven, van rijstrook wisselen* ◆ **6.1** weaving **in** and **out of** the crowds *zich door de menigtes slingerend;*
II ⟨ov.ww.⟩ **0.1** ***zich slingerend/zigzaggend banen*** ◆ **6.1** they were weaving their way **through** the full hall *zij baanden zich zigzaggend een weg door de volle hal.*
weave³ ⟨wove [woov], woven [woovn]⟩ **I** ⟨onov. en ov.ww.⟩ **0.1** ***weven*** ◆ **1.1** ~ cotton *katoen weven.* →**get;**
II ⟨ov.ww.⟩ **0.1** ***vlechten*** ⇒*weven* **0.2** ***verweven*** ⇒*verwerken* **0.3** ***maken*** ⟨verhaal⟩ ⇒*ophangen* **0.4** ***bedenken*** ◆ **1.1** ~ a crown of flowers *een kroon v. bloemen vlechten* **1.4** they wove an ingenious plan *zij bedachten een ingenieus plan.*
weaver [wie:və] **0.1** ***wever.***
web [web] **0.1** ***(spinnen)web*** **0.2** ***web*** ⇒*weefsel, net(werk)* ⟨ook fig.⟩ **0.3** ***val*** ⇒*netten* **0.4** ***weefsel*** **0.5** ***(zwem)vlies*** ◆ **1.2** a ~ of lies *een web v. leugens;* ~ of roads *netwerk v. wegen.*
webbed [webd] **0.1** ***met (zwem)vliezen.***
webbing [webbing] **0.1** ***singel(band)*** ⇒*geweven band* **0.2** ***omboordsel.***
wed [wed] ⟨-ded, volt. deelw. ook wed⟩ **I** ⟨onov. en ov.ww.⟩ **0.1** ***trouwen*** ⇒*huwen* ◆ **1.1** ~ded couple *getrouwd paar;*
II ⟨ov.ww.⟩ **0.1** ***paren*** ◆ **6.1** ~ **to** *paren/koppelen aan.*
we'd [wied, ⟨sterk⟩ wie:d] ⟨samentr. v. we had, we should, we would⟩.
wedded [weddid] **0.1** ***huwelijks-*** ⇒*v.h. huwelijk* **0.2** ***wettig*** ⟨v. huwelijk e.d.⟩ **0.3** ***verslingerd*** ⇒*verknocht, getrouwd* ◆ **1.1** ~ life *huwelijksleven* **1.2** ~ husband/wife *wettige echtgenoot/echtgenote* **6.3** ~ **to** his job *getrouwd met/verslingerd aan zijn werk.*
wedding [wedding] **0.1** ***huwelijk(splechtigheid)*** ⇒*bruiloft* **0.2** ***koppeling*** ⇒*het samengaan.* →**golden, silver.**
wedding breakfast **0.1** ***bruiloftsmaal*** ⇒*broodmaaltijd/lunch na trouwerij.*
wedding cake **0.1** ***bruidstaart.***
wedding day **0.1** ***trouwdag.***
wedding gift **0.1** ***huwelijksgeschenk/cadeau.***
wedding ring, ⟨vnl. AE⟩ **wedding band** **0.1** ***trouwring.***
wedge¹ [wedzj] ⟨zn.⟩ **0.1** ***wig*** ⟨ook fig.⟩ **0.2** ***wigvorm*** **0.3** ***hoek*** ⇒*punt* ⟨v. kaas, taart⟩ ◆ **3.1** drive a ~ between the parties *tweedracht zaaien tussen de partijen.* →**thin.**
wedge² ⟨ww.⟩ **0.1** ***vastzetten*** ⇒*vastklemmen* **0.2** ***duwen*** ⇒*dringen, proppen* ◆ **1.1** ~ a door (open) *een deur vastzetten (zodat hij open blijft)* **1.2** he ~d his way through the crowded room *hij drong zich door de overvolle kamer heen* **6.1** we were ~d (in) **between** the police and the rioters *we zaten ingeklemd tussen de politie en de relschoppers.*
wedge heel **0.1** ***sleehak.***
wedlock [wedlok] **0.1** ***huwelijk(se staat)*** ◆ **3.¶** born out of ~ *buiten huwelijk geboren, onecht.*
Wednesday [we(d)nzdie, -dee] **0.1** ⟨zn. en bw.⟩ ***woensdag.*** → **Monday** voor voorbeelden.
wee¹ [wie:], ⟨in bet. II ook⟩ **wee-wee** **I** ⟨telb.zn.⟩⟨Sch. E⟩ **0.1** ***tijdje*** ⇒*poosje* ◆ **3.1** bide a ~ *een tijdje blijven;*
II ⟨telb. en n.-telb.zn.; alleen enk.⟩⟨vnl. BE; inf.; kind.⟩ **0.1** ***plasje*** ◆ **3.1** do (a) ~, have a ~ *een plasje plegen/doen.*
wee² ⟨bn.⟩⟨inf.; kind.⟩ **0.1** ***klein*** ◆ **1.1** a ~ bit *een klein beetje, ietsje, een pietsje* ⟨ook iron.⟩.
wee³, wee-wee ⟨ww.⟩⟨vnl. BE; inf.; kind.⟩ **0.1** ***een plasje doen.***
weed¹ [wie:d] **I** ⟨telb.zn.⟩ **0.1** ***onkruid*** **0.2** ⟨inf.⟩ ***sigaret*** ⇒ ⟨ihb.⟩ *stickie, joint* **0.3** ***lange slapjanus;***
II ⟨n.-telb.zn.⟩ **0.1** ⟨the⟩ ***tabak*** ⇒*het kruid* **0.2** ⟨the; sl.⟩ ***marihuana*** ⇒*hasj;*
III ⟨mv.⟩ **0.1** ***rouwkleding.***
weed² ⟨ww.⟩ **0.1** ***wieden*** ⇒*verwijderen, schoffelen* **0.2** ***wieden*** ⟨alleen fig.⟩ ⇒*zuiveren* ◆ **1.1** they ~ed (out) all the flowers *zij verwijderden alle bloemen* **5.2** the manager ~ed **out** the most troublesome employees *de manager zette de lastigste werknemers aan de kant.*
weed killer **0.1** ***onkruidverdelger.***
weedy [wie:die] ⟨-iness⟩ **0.1** ***vol onkruid*** **0.2** ***slungelig*** **0.3** ***zwak*** ⇒*slap* ⟨v. karakter⟩.
week [wie:k] **0.1** ***week*** **0.2** ***werkweek*** ◆ **1.1** what day of the ~ is it? *wat is het vandaag?* **3.2** most people work a 40-hour ~ *de meeste mensen hebben een 40-urige werkweek* **5.¶** ~ **in**, ~ **out** *week in, week uit, wekenlang* **6.1** a ~ **from** Wednesday *woensdag over een week* **¶.1** a ~ (on) Sunday, Sunday ~ *zondag over een week;* yesterday ~ *gisteren een week geleden.*
weekday **0.1** ***doordeweekse dag*** ⇒*weekdag* **0.2** ***werkdag.***
weekend¹ ⟨zn.⟩ **0.1** ***weekend*** ⇒*weekeinde* ◆ **3.1** work at ~s, ⟨AE⟩ work (on) ~s *(in) de weekenden werken.*
weekend² ⟨ww.⟩ **0.1** ***het weekend doorbrengen*** ◆ **6.1** I'm ~ing **at** my parents in London *ik ben het weekend bij mijn ouders in Londen.*
weekender [wie:kendə] **0.1** ***iem. die weekendtochtjes maakt.***
weekl|y¹ [wie:klie] ⟨zn.; mv.: -ies⟩ **0.1** ***weekblad.***
weekly² ⟨bn.; bw.⟩ **0.1** ***wekelijks*** ◆ **1.1** a ~ visit *een wekelijks*

bezoek **3.1** she earns £150 ~ *zij verdient 150 pond in de week.*
weeknight 0.1 ***doordeweekse avond/nacht*** ◆ **3.1** Jane works on ~s, ⟨AE⟩ Jane works ~s *Jane werkt door de week 's avonds.*
ween|y [wie:nie] ⟨-ier⟩⟨inf.⟩ **0.1** ***heel klein*** ⇒*piepklein.*
weep¹ [wie:p] ⟨zn.⟩ **0.1** ***huilbui*** ◆ **7.1** let them have their ~ *laat ze maar (uit)huilen.*
weep² ⟨wept, wept [wept]⟩ **I** ⟨onov.ww.⟩ **0.1** ***wenen*** ⇒*huilen* **0.2** ⟨ben. voor⟩ ***vocht afscheiden/verliezen*** ⇒*regenen; dragen* ⟨v. wond⟩ ◆ **1.1** ~ for/with joy *v. vreugde schreien/huilen;* ~ for/with pain *huilen v.d. pijn* **1.2** the wound keeps ~ing *de wond blijft vocht afscheiden* **6.1** no one will ~ **over** his resignation *niemand zal een traan laten om zijn vertrek;*
II ⟨ov.ww.⟩ **0.1** ***betreuren*** ⇒*rouwen om, bewenen* **0.2** ***storten*** ⇒*schreien* ⟨tranen⟩ **0.3** ***huilen*** ⇒*schreien* ◆ **1.1** ~ one's miserable fate *zijn ellendige lot bewenen* **1.2** ~ many tears over a friend *veel tranen vergieten om een vriend* **4.3** ~ o.s. to sleep *zichzelf in slaap huilen.*
weeping [wie:ping] **0.1** ***met hangende takken*** ⇒*treur-* ◆ **1.1** ~ willow *treurwilg.*
weep|y [wie:pie] ⟨-ier⟩ **0.1** ***huilerig*** ⇒*snotterig* **0.2** ***sentimenteel.***
weevil [wie:vl] ⟨dierk.⟩ **0.1** ***graanklander.***
w.e.f. ⟨afk.⟩ **0.1** [with effect from] ***m.i.v.***
weft [weft] **0.1** ***inslag*** ⇒*inweefsel.*
weigh [wee] **I** ⟨onov.ww.⟩ **0.1** ***v. belang zijn*** ⇒*invloed hebben* **0.2** ***drukken*** ⇒*een last zijn* ◆ **5.¶** ~ **in** *bijdragen, steunen* **6.1** that didn't ~ **with** the judge *dat had geen invloed op de rechter* **6.2** his unemployment ~s **(up)on** him *hij gaat gebukt onder zijn werkloosheid* **6.¶** ~ **against** s.o./sth. *ten nadele v. iem./iets werken;* ~ in **with** *aan komen zetten met, te berde brengen;*
II ⟨onov. en ov.ww.⟩ **0.1** ***wegen*** ⇒*het gewicht hebben/vaststellen (van)* ◆ **1.1** ~ the baby *de baby wegen;* it ~s four pounds *het weegt vier pond* **5.1** ~ **in** *(laten) wegen* ⟨bagage, enz. voor reis⟩; *zich laten wegen* ⟨bokser, jockey⟩; ~ **out** *afwegen;*
III ⟨ov.ww.⟩ **0.1** ***overwegen*** ⇒*afwegen* **0.2** ***lichten*** ⟨anker, schip⟩ ◆ **1.1** ~ various plans *de verschillende plannen tegen elkaar afwegen;* ~ one's words *zijn woorden wegen* **5.1** ~ **up** *wikken en wegen; schatten; zich een mening vormen over;* ~ **up** the situation *de situatie opnemen* **5.¶** ~ **down** *beladen;* ⟨fig.⟩ *deprimeren;* his marriage problems ~ him **down** *hij gaat gebukt onder zijn huwelijksproblemen.*
weighbridge 0.1 ***weegbrug.***
weigh-in 0.1 ***gewichtscontrole*** ⟨v. bokser voor wedstrijd; v. jockey na race⟩ ⇒*wegen na de wedren.*
weight¹ [weet] **I** ⟨telb.zn.⟩ **0.1** ***gewicht*** ⟨voor weegschaal⟩ **0.2** ***gewicht*** ⇒*zwaar voorwerp* **0.3** ***(zware) last*** ⇒⟨fig.⟩ *druk, belasting* ◆ **1.1** ~s and measures *maten en gewichten* **3.2** you're still too weak to lift ~s *je bent nog te zwak om zware dingen te tillen* **3.3** ⟨inf.⟩ get/take the ~ off one's feet *gaan zitten/liggen* **6.3** his departure is a ~ **off** my mind *zijn vertrek is een pak van mijn hart;*
II ⟨n.-telb.zn.⟩ **0.1** ***gewicht*** ⇒*gewichtsklasse, zwaarte* **0.2** ***belang*** ⇒*invloed* **0.3** ***grootste deel, hoofddeel*** ⇒*grootste nadruk* **0.4** ⟨nat.⟩ ***neerwaartse kracht*** ⟨v. lichaam⟩ ⇒ *zwaartekracht* ◆ **1.2** the ~ of this speech *het belang v. deze speech* **1.3** the ~ of evidence is against them *het grootste gedeelte v.h. bewijsmateriaal spreekt in hun nadeel* **2.2** of great ~ *v. groot belang/gewicht;* worth one's ~ in gold *zijn gewicht in goud waard* **3.1** lose ~ *afvallen, vermageren;* put on ~ *aankomen, zwaarder worden* **3.¶** carry ~ *gewicht in de schaal leggen, v. belang zijn;* give ~ to *versterken, extra bewijs leveren voor;* lay ~ on sth. *iets benadrukken;* pull one's ~ ⟨fig.⟩ *(ieder) zijn steentje bijdragen;* throw one's ~ about/around *zich laten gelden, gewichtig doen* **6.1 over** ~ *te zwaar;* **under** ~ *te licht* **7.1** what's your ~? *wat is jouw gewicht?* →**atomic, dead.**
weight² ⟨ww.⟩ **0.1** ***verzwaren*** ⟨ook mbt. stof⟩ **0.2** ***beladen*** ⟨ook fig.⟩ ⇒*gebukt doen gaan* **0.3** ⟨sport⟩ ***met gewicht verzwaren*** ⟨paard; als handicap⟩ ◆ **1.1** ~ed silk *verzwaarde zijde* **5.2** ~ed **down** with many parcels *beladen met/gebukt onder veel pakjes.*
weighted [weetid] ◆ **6.¶** be ~ **against** s.o./sth. *iem./iets benadelen, in het nadeel werken v. iem./iets;* be ~ **in favour of** s.o./sth. *iem./iets bevoordelen, in het voordeel werken v. iem./iets.*
weighting [weeting] ⟨alleen enk.⟩⟨vnl. BE⟩ **0.1** ***(standplaats)toelage*** ⇒*(extra) tegemoetkoming in de woonlasten.*
weightless [weetləs] ⟨-ness⟩ **0.1** ***gewichtloos*** ⟨ook v. ruimtevaarder⟩.
weightlifter 0.1 ***gewichtheffer.***
weightlifting 0.1 ***gewichtheffen.***
weight watcher 0.1 ***lijner*** ⇒*iem. die aan de lijn doet.*
weight|y [weetie] ⟨-iness⟩ **0.1** ***zwaar*** **0.2** ***belangrijk*** ⇒ *zwaarwegend* **0.3** ***invloedrijk*** ⇒*gezaghebbend.*
weir [wiə] **0.1** ***(stuw)dam*** **0.2** ***(vis)weer.***
weird [wiəd] ⟨-ness⟩ **0.1** ⟨inf.⟩ ***raar*** ⇒*gek, vreemd, eng.*
weirdo [wiədoo] ⟨mv.: -es⟩⟨inf.⟩ **0.1** ***rare (snuiter).***
welch →**welsh.**
welcome¹ [welkəm] **I** ⟨telb.zn.⟩ **0.1** ***welkomstgroet*** ⇒*welkom, verwelkoming* ◆ **3.1** give a ~ to s.o. *iem. verwelkomen* **¶.¶** ~! *welkom!;*
II ⟨telb. en n.-telb.zn.⟩ **0.1** ***onthaal*** ◆ **2.1** they gave the speaker a hearty ~ *zij heetten de spreker hartelijk welkom* **3.1** bid s.o. ~ *iem. welkom heten* **3.¶** outstay one's ~ *langer blijven dan men welkom is, blijven plakken.* →**warm.**
welcome² ⟨-ness⟩ **I** ⟨bn.⟩ **0.1** ***welkom*** ⇒*aangenaam* ◆ **1.1** ~ change *welkome verandering* **3.1** make s.o. (feel) ~ *iem. het gevoel geven dat hij welkom is* **¶.¶** ~ home, ~ back *welkom thuis;*
II ⟨bn., pred.⟩ **0.1** ⟨ong.⟩ ***vrij*** ◆ **3.1** you're ~ to live at my place *je mag gerust bij mij komen wonen;* ⟨iron.⟩ you're ~ to give it a try *van mij mag je het proberen* **6.1** you're ~ **to** the use of my books *je mag mijn boeken gerust gebruiken* **¶.¶** 'thank you' 'you're ~' *'dank u' 'geen dank/graag gedaan'.*
welcome³ ⟨ww.⟩ **0.1** ***verwelkomen*** ⇒*welkom heten* **0.2** ***(gunstig) onthalen*** ◆ **1.2** we'd ~ a change *we zouden een verandering toejuichen* **5.1** ~ **back** a team *een ploeg bij terugkomst begroeten.*
weld¹ [weld] ⟨zn.⟩ **0.1** ***las(naad).***
weld² **I** ⟨onov.ww.⟩ **0.1** ***zich laten lassen*** ⟨v. ijzer⟩;
II ⟨ov.ww.⟩ **0.1** ***lassen*** **0.2** ***samenvoegen*** ⇒*aaneensmeden* ◆ **1.1** ~ a pipe *een pijp lassen* **5.2** ~ the various parties **together** *de verschillende partijen tot één samenvoegen.*
welder [weldə] **0.1** ***lasser.***
welfare [welfeə] **0.1** ***welzijn*** ⇒*welvaart, voorspoed* **0.2** ***maatschappelijk werk*** ⇒*welzijnszorg* **0.3** ***bijstand*** ◆ **6.3** be **on** ~ *v.d. bijstand leven.*
welfare shop ⟨BE⟩ **0.1** ***bijstandswinkel*** ⟨gemeentelijk adviesbureau waar bijstandtrekkers terecht kunnen voor het aanvragen v. eenmalige uitkeringen voor de aanschaf v. noodzakelijke, huishoudelijke apparaten⟩.
welfare state ⟨the; ook W- S-⟩ **0.1** ***verzorgingsstaat*** ⇒*welvaartsstaat.*
welfare work 0.1 ***maatschappelijk werk*** ⇒*welzijnszorg.*
welfare worker, welfare officer 0.1 ***welzijnswerker/ster*** ⇒*maatschappelijk werker/ster.*

welkin [welkin] ⟨the⟩⟨schr.⟩ **0.1** ***hemelgewelf.***

well[1] [wel] **I** ⟨telb.zn.⟩ **0.1** ***put*** **0.2** ***boorput*** ⇒*oliebron* **0.3** ***koker*** ⇒*schacht* **0.4** ***inktpot*** **0.5** ***diepe ruimte*** ⇒*diepte, kuil* **0.6** ⟨BE; jur.⟩ ***advocatenbank*** ⟨in rechtszaal⟩ **0.7** ⟨vero.⟩ ***bron*** ⟨ook fig.⟩ ◆ **1.7** ~ of inspiration *bron v. inspiratie* **3.1** drive / sink a ~ *een put boren / slaan.* →**artesian;**
II ⟨n.-telb.zn.⟩ **0.1** ***het beste*** ◆ **3.1** wish s.o. ~ *iem. succes / het beste toewensen* **3.¶** leave / let ~ alone, ⟨AE⟩ leave / let ~ enough alone *laat maar zo, het is wel goed zo;*
III ⟨mv.⟩ **0.1** ***badplaats*** ⟨met bronnen⟩ ⇒*kuuroord.*

well[2] ⟨bn.; better [betto], best [best]⟩ **0.1** ***gezond*** ⇒*goed, beter, wel* **0.2** ***goed*** ⇒*in orde, naar wens* **0.3** ***raadzaam*** ⇒ *wenselijk* **0.4** ***gelukkig*** ⇒*goed* ◆ **1.1** ⟨vnl. AE⟩ a ~ man *een gezond mens* **2.¶** if you accept that offer, (all) ~ and good *als je dat bod aanneemt, goed* **3.1** she's feeling ~ again *zij voelt zich weer goed* **3.3** it would be ~ to contact them first *het zou raadzaam zijn om eerst contact met ze op te nemen* **3.4** it was ~ that we started early today *gelukkig waren we vroeg begonnen vandaag* **4.2** ⟨sprw.⟩ all's ~ that ends well *eind goed, al goed* **5.2** ~ enough *goed genoeg;* all is not quite ~ with him *het gaat niet zo best met hem* **5.3** it would be (just) as ~ to confess your little accident *je kan het beste je ongelukje maar opbiechten* **5.¶** all very ~ (, but) *alles goed en wel (maar), dat kan wel zijn (maar)* ⟨maar⟩; very ~ *(nou) goed dan* **6.¶** she's ~ in **with** my boss *zij staat in een goed blaadje bij mijn baas.*

well[3] ⟨ww.⟩ **0.1** ***vloeien*** ⇒*(op)wellen* ◆ **5.1** blood ~ed **forth / out** (from the gash) *bloed stroomde eruit (uit de gapende wond);* ~ **up** *opborrelen, opkomen* ⟨v. tranen, gevoelens⟩; a feeling of pity ~ed **up** in him *een gevoel v. medelijden welde in hem op.*

well[4] ⟨bw.; better, best⟩ **0.1** ***op de juiste / goede manier*** ⇒ *goed, naar wens* **0.2** ***zorgvuldig*** ⇒*grondig, door en door* **0.3** ***ver*** ⇒*ruim, zeer, een eind* **0.4** ***gunstig*** ⇒*vriendelijk, goedkeurend* **0.5** ***redelijkerwijze*** ⇒*met recht / reden* **0.6** ***verstandig*** **0.7** ***fortuinlijk*** ⇒*voordelig* ◆ **1.3** ~ in advance *ruim v. tevoren* **2.3** the exhibition was ~ worth visiting *de tentoonstelling was een bezoek ruimschoots waard* **3.1** behave ~ *zich goed gedragen;* ~ done! *goed gedaan!;* I don't speak Russian very ~ *ik spreek niet erg goed Russisch* **3.2** ~ cooked *goed gaar;* think ~ before you answer *denk goed na voordat je antwoordt* **3.3** ~ pleased *zeer tevreden* **3.4** treat s.o. ~ *iem. vriendelijk behandelen* **3.5** I cannot very ~ refuse to help him *ik kan moeilijk weigeren om hem te helpen;* it may ~ be that she is right *mogelijk heeft ze gelijk;* you may (just) as ~ go *je kunt net zo goed gaan* **3.6** you're acting ~ *je handelt verstandig* **3.7** marry ~ *goed trouwen* **5.3** be ~ **away** on sth. *flink opschieten met iets* **5.¶** ⟨inf.⟩ ~ **away** *(flink) aangeschoten;* be ~ **off** *er warmpjes bijzitten; geluk hebben;* ~ and truly *helemaal* **6.3** she's ~ up **in** the computer technology *zij is goed thuis in de computertechniek;* she's ~ **over** sixty years of age, ~ **past** sixty *zij is ver over de zestig;* he made it ~ **within** the time *hij haalde het ruimschoots binnen de tijd* **6.¶** be ~ **out of** it *er goed van af komen* ⟨mbt. iets vervelend⟩ **8.1** John did as ~ as you *John deed het net zo goed als jij* **8.¶** as ~ *ook, evenzeer; net zo lief / goed;* as ~ as *zowel ... als, en, niet alleen ... maar ook;* in theory as ~ as in practice *zowel in theorie als in praktijk.* →**card, do, rid, speak, stand.**

well[5] ⟨tw.⟩ **0.1** ***zo*** ⇒*nou, wel* **0.2** ***nou ja*** ⇒*goed dan, jawel* ⟨maar⟩ **0.3** ***goed*** ⇒*nu* ◆ **¶.1** ~, what a surprise *zó, wat een verrassing;* ~, here we are *zo, we zijn er* **¶.2** ~, if she loves the boy *nou ja, als ze v.d. jongen houdt* **¶.3** ~, she continued with a long story about *goed / wel, ze ging verder met een lang verhaal over* **¶.¶** oh ~ / ah ~, you can't win them all *nou ja / ach, je kan niet altijd winnen;* ~ then! *welnu;* ~ then? *wel?, nu?*

we'll [wiel, ⟨sterk⟩ wie:l] ⟨samentr. v. we shall, we will⟩.

well-adjusted **0.1** ***goed (aan)gepast*** **0.2** ***goed afgesteld.***

well-advised ⟨ook better-advised⟩ **0.1** ***verstandig*** ⇒*raadzaam.*

well-appointed ⟨ook better-appointed⟩ **0.1** ***goed ingericht*** ⇒*goed voorzien.*

well-balanced ⟨ook better-balanced⟩ **0.1** ***evenwichtig*** ⇒ *verstandig* ⟨persoon⟩ **0.2** ***goed uitgebalanceerd*** ⟨dieet e.d.⟩.

well-being **0.1** ***welzijn*** ⇒*gezondheid, weldadig / aangenaam gevoel.*

well-born **0.1** ***van goede huize.***

well-bred ⟨ook better-bred⟩ **0.1** ***welopgevoed*** ⇒*beschaafd, welgemanierd.*

well-chosen ⟨better-chosen, best-chosen⟩ **0.1** ***welgekozen*** ⇒ *treffend, passend* ◆ **1.1** in ~ words *in welgekozen bewoordingen.*

well-connected ⟨ook better-connected⟩ **0.1** ***met goede (familie)relaties.***

well-defined ⟨ook better-defined⟩ **0.1** ***duidelijk omlijnd*** ⇒ *scherp afgetekend* ⟨v. omtrek, grenzen⟩.

well-developed **0.1** ***goed ontwikkeld.***

well-disposed ⟨ook better-disposed⟩ **0.1** ⟨+ towards⟩ ***welwillend (jegens)*** ⇒*vriendelijk (tegen), gunstig gezind.*

well-done **0.1** ***goed doorbakken*** ⇒*goed gaar* ⟨v. vlees⟩.

well-earned ⟨ook better-earned⟩ **0.1** ***welverdiend.***

well-endowed **0.1** ⟨inf.⟩ ***fors / weelderig geschapen*** ⟨v. man en vrouw⟩.

well-established ⟨ook better-established⟩ **0.1** ***voldoende bewezen*** ⟨v. principe, e.d.⟩ **0.2** ***(reeds lang) gevestigd*** ⟨firma⟩.

well-fed ⟨ook better-fed⟩ **0.1** ***goed gevoed*** **0.2** ***weldoorvoed*** ⇒*dik, gezet.*

well-found **0.1** ***goed uitgerust*** ⇒*volledig uitgerust* ⟨v. schip⟩.

well-founded ⟨ook better-founded⟩ **0.1** ***gegrond*** ⇒*goed gefundeerd.*

well-groomed ⟨ook better-groomed⟩ **0.1** ***(wel)verzorgd*** ⟨v. paard, persoon⟩ ⇒*gesoigneerd.*

well-grounded ⟨ook better-grounded⟩ **0.1** ***gegrond*** ⇒*goed gefundeerd* **0.2** ⟨+ in⟩ ***goed onderlegd (in).***

well-heeled ⟨inf.⟩ **0.1** ***rijk*** ⇒*vermogend.*

well-hung ⟨ook better-hung⟩⟨sl.⟩ **0.1** ***fors / weelderig geschapen*** ⇒*met grote tieten* ⟨v. vrouw⟩; *zwaar geschapen* ⟨v. man⟩.

well-informed ⟨ook better-informed⟩ **0.1** ***goed op de hoogte*** ⇒*onderlegd* **0.2** ***goed ingelicht*** ⇒*welingelicht* ⟨kring⟩.

Wellington (boot) [wellingtən boe:t], **Well|y** ⟨mv.: -ies⟩ **0.1** ***rubberlaars*** ⇒*regen / kaplaars.*

well-intentioned ⟨ook better-intentioned⟩ **0.1** ***goed bedoeld*** ⇒*met de beste bedoelingen.*

well-knit, well-set **0.1** ***stevig gebouwd*** ⇒*krachtig, gespierd.*

well-known ⟨ook better-known⟩ **0.1** ***bekend*** ⇒*overal / algemeen bekend.*

well-lined ⟨inf.⟩ **0.1** ***goedgevuld*** ⟨beurs, maag⟩.

well-matched **0.1** ***goed bij elkaar passend*** **0.2** ***aan elkaar gewaagd*** ⇒*tegen elkaar opgewassen.*

well-meaning ⟨ook better-meaning⟩ **0.1** ***goedbedoeld*** ⇒ *welgemeend.*

well-meant **0.1** ***goedbedoeld*** ⇒*met de beste bedoelingen.*

well-nigh ⟨schr.⟩ **0.1** ***bijna*** ⇒*vrijwel* ◆ **2.1** it's ~ impossible *het is vrijwel onmogelijk.*

well-off ⟨better-off, best-off⟩ **0.1** ***rijk*** ⇒*welgesteld* ◆ **3.1** you don't know when you're ~ *je hebt geen idee hoe goed je 't hebt.*

well-oiled ⟨sl.⟩ **0.1** ***dronken.***

well-preserved ⟨ook better-preserved⟩ **0.1** ***goed geconserveerd*** ⟨v. ouder iem.⟩.

well-proportioned 0.1 ***regelmatig gebouwd*** ⇒*goed gebouwd.*

well-read [welred] ⟨ook better-read⟩ **0.1** ***belezen.***

well-rounded 0.1 ***veelzijdig*** ⇒*gevarieerd* ⟨opleiding enz.⟩ **0.2** ***volslank.***

well-set →**well-knit.**

well-spoken 0.1 ***welsprekend*** ⇒⟨ihb.; vnl. BE⟩ *met beschaafde uitspraak.*

wellspring 0.1 ***(onuitputtelijke) bron*** ⟨ook fig.⟩.

well-stacked ⟨inf.⟩ **0.1** ***fors/weelderig geschapen*** ⟨v. vrouw⟩ ⇒*met grote tieten.*

well-thought-of ⟨ook better-thought-of⟩ **0.1** ***geacht*** ⇒*gezien.*

well-thought-out ⟨ook better-thought-out⟩ **0.1** ***(wel)doordacht*** ⇒*weloverwogen.*

well-thumbed 0.1 ***beduimeld.***

well-timed ⟨ook better-timed⟩ **0.1** ***op het juiste moment (gedaan/gezegd/komend)*** ⇒*goed getimed.*

well-to-do ⟨inf.⟩ **0.1** ***rijk*** ⇒*bemiddeld.*

well-tried 0.1 ***beproefd.***

well-turned ⟨ook better-turned⟩ **0.1** ***goed uitgedrukt*** ⇒ *goed geformuleerd.*

well-wisher 0.1 ***iem. die iem. het beste toewenst/gelukgewenst*** ⇒*sympathisant.*

well-worn 0.1 ***afgezaagd*** ⇒*cliché(matig), alledaags.*

welsh [welsj], **welch** [weltsj] **0.1** ***zijn woord niet houden*** ⇒ *verplichtingen niet nakomen* ◆ **6.1** ~ **on** debts *schulden niet (af)betalen.*

Welsh [welsj] ⟨zn.⟩ **0.1** ⟨bn.⟩ ***Wels*** ⇒*van/uit Wales; in het Wels* **0.2** ⟨eig.n.⟩ ***Wels*** ⟨taal⟩ **0.3** ⟨verz.n.; the; ww. steeds mv.⟩ ***bewoners v. Wales*** ◆ **1.¶** ⟨plantk.⟩ ~ onion *grof bieslook;* ~ rabbit, ~ rarebit *toast met gesmolten kaas.*

welsher [welsjə], **welcher** [-tsjə] **0.1** ***bedrieger*** ⇒*oplichter* ⟨v. bookmaker⟩.

Welsh|man [welsjmən] ⟨mv.: -men [-mən]⟩ **0.1** ***bewoner v. Wales.***

welt [welt] **0.1** ***rand*** ⟨tussen bovenleer en zool v. schoen⟩ **0.2** ***striem*** ⟨op huid⟩.

Weltanschauung [velta:nsjau·oeng] ⟨mv.: ook Weltanschauungen [-ən]⟩ **0.1** ***wereldbeeld*** ⇒*wereldbeschouwing.*

welter¹ [weltə] ⟨zn.; ww. enk. of mv.⟩ **0.1** ***mengelmoes*** ⇒ *enorm aantal, enorme hoeveelheid.*

welter² ⟨ww.⟩ **0.1** ***zich rollen*** ⇒*zich wentelen* ⟨ook fig.⟩.

welterweight 0.1 ***(bokser uit het) weltergewicht.***

wench¹ [wentsj] ⟨zn.⟩ **0.1** ⟨vero. of scherts.⟩ ***meisje*** ⇒⟨ihb.⟩ *(boeren)deerne, wicht* **0.2** ⟨vero.⟩ ***(dienst)meid.***

wench² ⟨ww.⟩ ⟨scherts.⟩ ◆ **¶.¶** he was out ~ing all night *hij is de hele nacht achter de meiden aan geweest.*

wend [wend] ⟨schr. of scherts.⟩ ◆ **1.¶** ~ one's way (to) *zich begeven (naar).*

Wendy house 0.1 ***modelhuisje*** ⟨waarin kinderen kunnen spelen⟩.

went [went] ⟨verl. t.⟩ →**go.**

wept [wept] ⟨verl. t. en volt. deelw.⟩ →**weep.**

were [wə, ⟨sterk⟩ wə:] ⟨verl. t.⟩ →**be.**

we're [wiə, ⟨sterk⟩ wie:ə] ⟨samentr. v. we are⟩.

weren't [wə:nt] ⟨samentr. v. were not⟩.

wer(e)|wolf [weəwoelf] ⟨mv.: -wolves [-woelvz]⟩ **0.1** ***weerwolf.***

Wesleyan [wezliən] ⟨rel.⟩ **0.1** ⟨bn.⟩ ***methodistisch*** **0.2** ⟨zn.⟩ ***methodist.***

west¹ [west] ⟨zn.⟩ **0.1** ⟨W-; the⟩ ***Westen*** ⟨itt. het Oostblok⟩ **0.2** ⟨vaak W-; the⟩ ***westelijk gedeelte/gebied*** ⇒*het westen* **0.3** ⟨W-; the; AE⟩ ***Westen*** ⟨ten westen v.d. Mississippi⟩. → **wild.**

west² ⟨bn.⟩ **0.1** ***westelijk*** ⇒*west(en)-* ◆ **1.1** ~ wind *westenwind.*

west³ ⟨bw.⟩ **0.1** ***in/uit/naar het westen*** ⇒*ten westen.* →**go.**

westbound 0.1 ***in westelijke richting (gaand/reizend).***

West Country ⟨the⟩ **0.1** ***het zuidwesten v. Engeland.***

westerl|y [westəlie] **0.1** ⟨zn.; mv.: -ies⟩ ***westenwind*** ⇒*westerstorm* **0.2** ⟨bn.⟩ ***westelijk*** **0.3** ⟨bw.⟩ ***naar/uit het westen*** ◆ **7.1** ⟨meteo.⟩ the Westerlies *de (heersende) westenwinden.*

western¹ [westən] ⟨zn.⟩ ⟨vaak W-⟩ **0.1** ***western*** ⇒*wildwestfilm/roman.*

western² ⟨bn.⟩ **0.1** ***westelijk*** ⇒*west(en)-* **0.2** ⟨W-⟩ ***westers*** ⟨itt. Oostblok-⟩.

westerner [westənə] **0.1** ***westerling*** **0.2** ⟨vaak W-⟩ ***iem. uit de westelijke staten v.d. USA.***

western|ize, -ise [westənajz] ⟨zn.: **-ization**⟩ **0.1** ***verwestersen*** ⇒*westerse leefwijze opdringen.*

westernmost [westənmoost] **0.1** ***westelijkst*** ⇒*meest westelijk gelegen.*

West German¹ ⟨zn.⟩ **0.1** ***West-Duitser*** ⇒*inwoner/inwoonster v.d. voormalige BRD.*

West German² ⟨bn.⟩ **0.1** ***West-Duits*** ⇒*van/uit de voormalige BRD.*

West Indian 0.1 ***West-Indisch.***

westward [wes(t)wəd] **0.1** ***westwaarts*** ⇒*westelijk.*

westwards [westwədz], ⟨AE ook⟩ **westward 0.1** ***west(waarts)*** ⇒*westelijk.*

wet¹ [wet] ⟨zn.⟩ **0.1** ⟨the⟩ ***nat weer*** ⇒*regen* **0.2** ⟨the⟩ ***nattigheid*** ⇒*vocht(igheid)* **0.3** ⟨BE; inf.⟩ ***sukkel*** ⇒*doetje;* ⟨pol.⟩ *gematigd conservatief* ◆ **3.¶** have a ~ *een glaasje nemen.*

wet² ⟨bn.; -ter; -ness⟩ **0.1** ***nat*** ⇒*vochtig* **0.2** ***regenachtig*** ⇒ *nat* **0.3** ⟨BE; inf.⟩ ***slap*** ⇒*sullig, sloom* **0.4** ⟨BE; pol.⟩ ***gematigd conservatief*** ◆ **1.1** ~ paint *nat, pas geverfd;* ~ season *regentijd* **1.2** ~ weather *regenachtig weer* **1.3** oh no, not him, he's such a ~ person *o nee, die niet, dat is zo'n ei* **1.¶** ~ blanket *domper, koude douche; spelbreker;* put/throw a ~ blanket on *een domper zetten op;* ~ dream *natte droom;* he's still ~ behind the ears *hij is nog niet droog achter de oren;* get one's feet ~ *zich met een zaak inlaten;* ⟨inf.⟩ feel like a ~ rag *zich voelen als een dweil/vaatdoek* **5.1** ~ **through**, wringing ~ *kletsnat, helemaal doorweekt.*

wet³ ⟨ww.; -ted; BE in bet. 0.2 wet, wet⟩ **0.1** ***nat maken*** ⇒*bevochtigen* **0.2** ***plassen in/op*** ⟨bed e.d.⟩ ◆ **1.2** ~ the bed *bedwateren.*

wetback ⟨AE⟩ **0.1** ***illegale Mexicaanse gastarbeider.***

wet dock 0.1 ***nat dok*** ⟨als lig/los/laadplaats⟩.

wether [weðə] **0.1** ***hamel*** ⇒*gecastreerde ram.*

wet nurse 0.1 ***min*** ⇒*zoogster.*

wet-nurse 0.1 ***zogen*** ⟨v. min⟩ **0.2** ***vertroetelen*** ⇒*in de watten leggen.*

wet suit ⟨sport⟩ **0.1** ***wetsuit*** ⇒*duikerspak.*

wetting [wetting] **0.1** ***het nat (gemaakt) worden*** ◆ **3.1** get a ~ *een bui op zijn kop krijgen.*

wetting agent 0.1 ***bevochtigingsmiddel.***

WEU ⟨afk.⟩ **0.1** [Western European Union] ***WEU.***

we've [wiev, ⟨sterk⟩ wie:v] ⟨samentr. v. we have⟩.

whack¹ [wæk] ⟨zn.⟩ **0.1** ***klap*** ⇒*mep, dreun* **0.2** ⟨inf.⟩ ***(aan)deel*** ⇒*portie* **0.3** ⟨inf.⟩ ***poging*** ◆ **3.3** let me have a ~ at it *laat mij het eens proberen.*

whack² ⟨ww.⟩ **0.1** ⟨inf.⟩ ***een mep/klap geven*** ⇒*een dreun verkopen.*

whacked [wækt], **whacked out** ⟨inf.⟩ **0.1** ***doodmoe*** ⇒*uitgeteld, kapot.*

whacker [wækə] **0.1** ***kanjer*** ⇒*gevaarte, reus* **0.2** ***enorme leugen.***

whacking¹ [wæking] ⟨zn.⟩ **0.1** ***afranseling*** ⇒*pak slaag.*

whacking² ⟨bn.; bw.⟩ ⟨vnl. BE; inf.⟩ **0.1** ***enorm*** ⇒*kolossaal* ◆ **2.1** a ~ big car *een ontzettende grote wagen.*

whale [weel] ⟨mv.: ook whale⟩ **0.1** ***walvis*** ◆ **6.¶** ⟨inf.⟩ **a** ~ **of** a ... *een reusachtig/buitengewoon/geweldig/pracht-...;* a ~ **of** a film *een dijk v.e.film, een prachtfilm;* they had a ~ **of** a time *ze hebben zich uitstekend vermaakt.*

whalebone 0.1 ***balein.***

whaler [weelə] **0.1** ***walvisvaarder*** ⟨persoon en schip⟩.

whaling [weeling] **0.1** ***walvisvangst.***

wham [wæm] **0.1** ***klap*** ⇒*slag, dreun* ◆ **¶.¶** ~! *knal!, boem!*

wharf [wo:f] ⟨mv.: ook wharves [wo:vz]⟩ **0.1** ***kade*** ⇒*aanlegsteiger.*

wharfage [wo:fidzj] **0.1** ***kadegeld*** ⇒*liggeld.*

what¹ [wot] **I** ⟨vr.vnw.⟩ **0.1** ***wat*** ◆ **1.1** ~'s the English for gezellig? *wat is gezellig in het Engels?;* ~ the hell/devil/⟨enz.⟩ *wat voor de duivel/drommel/*⟨enz.⟩; no matter ~ *hoe dan ook;* ⟨inf.⟩ ~'s his/her/⟨enz.⟩ name? *hoe heet hij/zij* ⟨enz.⟩ *ook weer?* **3.1** ~ do you call that? *hoe heet dat?;* ⟨inf.⟩ ~ d'you/d'ye call it, ~ you may call it *hoe-heet-het-ook-weer?, dinges;* you were going to do ~? *wát ging je doen?;* books, clothes, records and ~ have you *boeken, kleren, platen en wat nog allemaal/en dat soort dingen* **4.1** ~ do you think I am? *wat denk je wel dat ik ben?;* ~'s it? *hoe heet het ook weer?;* ~ of it? *en wat (zou dat) dan nog?;* ~ is that to you? *wat heb jij daarmee te maken?* **5.¶** ⟨inf.⟩ and ~ not *en wat al niet, enzovoorts enzovoorts;* so ~? *nou en?, wat dan nog?* **6.1** ~ **about** an ice-cream? *wat zou je denken van een ijsje?;* ~ **for**? *waarom?; waarvoor?, met welk doel?;* ~ did he do that **for**? *waarom deed hij dat?;* ~ do you use it **for**? *waarvoor gebruik je het?;* ~ is he/it **like**? *wat voor iem./iets is hij/het?;* ⟨sl.⟩ ~'s **with** John? *wat is er met John aan de hand?* **8.1** ~ if I die? *stel dat ik doodga, wat dan?;* she won't mind and ~ if she does? *ze zal het best vinden, en zo niet, wat dan nog?;*
II ⟨betr.vnw.⟩ **0.1** ***wat*** ⇒*dat(gene) wat, hetgeen* ◆ **1.1** times are not ~ they were *de tijden zijn veranderd* **2.1** ~'s more *bovendien, meer/erger nog* **3.1** come ~ may *wat er ook moge gebeuren;* say ~ you will *wat je ook zegt* **5.1** just ~ I need *net wat ik nodig heb.*

what² **I** ⟨onb.det.⟩ ⟨schr.⟩ **0.1** ***welke (ook)*** ⇒*die/dat* ◆ **1.1** he brought ~ clothes he could find *hij bracht alle kleren mee die hij maar kon vinden;* ~ work we did was worthwhile *het beetje werk dat we deden was de moeite waard;*
II ⟨vr.det.⟩ **0.1** ***welk(e)*** ◆ **1.1** ~ books do you read? *wat voor boeken lees je?;* who built ~ house? *wie heeft welk huis gebouwd?;*
III ⟨predet.; graadaanduidend; in uitroepen⟩ **0.1** ***wat (voor)*** ⇒*welk (een)* ◆ **1.1** ~ colours and ~ sounds! *wat een kleuren en wat een klanken!;* ~ a delicious meal(!) *wat een lekkere maaltijd(!).*

what³ ⟨tw.⟩ ⟨BE; vero.⟩ **0.1** ***niet waar*** ⇒*hé* ◆ **¶.1** he's a funny little fellow, ~! *het is een raar mannetje, vind je niet!*

whatever¹, ⟨nadrukvorm, vero. in BE⟩ **whatsoever I** ⟨onb.vnw.⟩ **0.1** ***alles wat*** ⇒*wat ook* **0.2** ***om het even wat*** ⇒*wat dan ook* ◆ **3.1** eat ~ you like *eet wat je maar wil;* I'll stay ~ happens *ik blijf, wat er ook gebeurt* **3.2** have you found your scarf or ~ *heb je je sjaal of wat je ook kwijt was gevonden;*
II ⟨vr.vnw.⟩ ⟨inf.⟩ **0.1** ***wat (toch)*** ◆ **3.1** ~ happened *wat is er in 's hemelsnaam gebeurd* **6.1** ~ **for**? *waarom toch?*

whatever², ⟨nadrukvorm, vero. in BE⟩ **whatsoever** ⟨det.⟩ **0.1** ***welke dan ook*** ⇒*om het even welke* **0.2** ⟨geplaatst na het nw.; in vraag of ontkenning⟩ ***helemaal*** ⇒*totaal, überhaupt* ◆ **1.1** any colour ~ *om het even welke kleur* **4.2** noone ~ *helemaal niemand.*

whatnot [wotnot] **0.1** ***etagère*** **0.2** ***wat al niet*** ⇒*noem maar op* ◆ **3.2** she bought books, records and ~ *ze kocht boeken, platen en noem maar op.*

whatsoever →**whatever.**

wheat [wie:t] **0.1** ***tarwe*** **0.2** ***tarwesoort*** ◆ **1.¶** separate the ~ from the chaff *het kaf van het koren scheiden* **¶.¶** ⟨sprw.⟩ there is no ~ without chaff *geen koren zonder kaf.*

wheaten [wie:tn] **0.1** ***tarwe-*** ◆ **1.1** ~ products *tarweproducten.*

wheatfield 0.1 ***tarweveld.***

wheat germ 0.1 ***tarwekiem.***

wheatmeal ⟨BE⟩ **0.1** ***tarwemeel*** ⇒⟨ihb.⟩ *volkoren tarwemeel.*

wheedle [wie:dl] **I** ⟨onov.ww.⟩ **0.1** ***flikflooien*** ⇒*vleien;*
II ⟨ov.ww.⟩ **0.1** ⟨+into⟩ ***met gevlei overhalen (tot)*** ⇒*met mooie praatjes iets gedaan weten te krijgen van* **0.2** ⟨+out of⟩ ***aftroggelen*** ⇒*afvleien* ◆ **6.2** ~ a promise **out of** s.o. *iem. een belofte afvleien.*

wheel¹ [wie:l] ⟨zn.⟩ **0.1** ***wiel*** ⇒*rad; draaischijf* **0.2** ***stuur*** ⇒*stuurrad/wiel, roer* **0.3** ***zwenking*** ⇒*draai* ⟨v. troepen(bewegingen)⟩ **0.4** ⟨mv.; inf.⟩ ***auto*** ⇒*kar* ◆ **3.¶** go on (oiled) ~s *op rolletjes lopen, gesmeerd gaan;* oil the ~s *vlekkeloos laten verlopen, smeren* **6.2** **at/behind** the ~ *aan het roer/stuur, achter het stuur;* ⟨fig.⟩ *aan de leiding* **6.4** **on** ~s *per auto, met de wagen* **6.¶** there are ~s **within** ~s *het zit zeer ingewikkeld in elkaar.* →**big.**

wheel² **I** ⟨onov.ww.⟩ **0.1** ***rollen*** ⇒*rijden* **0.2** ⟨ook +(a)round/about⟩ ***zich omkeren*** ⇒*zich omdraaien, v. richting veranderen* **0.3** ***cirkelen*** ⇒*in rondjes vliegen* ⟨v. vogels⟩ ◆ **3.¶** ~ing and dealing *ritselen, gesjacher, gemarchandeer;*
II ⟨ov.ww.⟩ **0.1** ***duwen/trekken*** ⟨iets op wieltjes⟩ ⇒*(ver)rijden, rollen* ◆ **1.1** ~ a bicycle up the hill *een fiets de berg opduwen;* they ~ed the patient back to his room *ze reden de patiënt terug naar zijn kamer* **5.1** they ~ed **in** the victims *zij reden de slachtoffers naar binnen.*

wheelbarrow 0.1 ***kruiwagen.***

wheelbase ⟨tech.⟩ **0.1** ***wielbasis*** ⇒*radstand.*

wheelchair 0.1 ***rolstoel.***

wheel clamp 0.1 ***parkeerklem*** ⇒*wielklem.*

wheeled [wie:ld] **0.1** ***op/met wielen*** ⇒*verrijdbaar* ◆ **1.1** ~ bed *bed op wieltjes.*

wheeler-dealer 0.1 ***sjacheraar*** ⇒*iem. die van alles ritselt, handige jongen.*

wheel flange 0.1 ***radkrans*** ⇒*flens.*

wheel house 0.1 ***stuurhut*** ⇒*stuurhuis.*

wheel suspension 0.1 ***wielophanging.***

wheelwright 0.1 ***wielenmaker*** ⇒*wagenmaker.*

wheeze¹ [wie:z] ⟨zn.⟩ **0.1** ***gepiep*** ⟨v. ademhaling⟩ **0.2** ⟨inf.⟩ ***grap*** ⇒*geintje* **0.3** ⟨inf.⟩ ***plannetje*** ⇒*idee.*

wheeze² ⟨ww.⟩ **0.1** ***piepen*** ⇒*fluiten(d ademhalen)* **0.2** ***hijgen*** ⇒*puffen.*

wheez|y [wie:zie] ⟨-iness⟩ **0.1** ***hijgend*** ⇒*amechtig, kortademig* **0.2** ***piepend*** ⇒*fluitend.*

whelk [welk] ⟨dierk.⟩ **0.1** ***wulk*** ⇒⟨ihb.⟩ *wulk, kinkhoorn.*

whelp¹ [welp] ⟨zn.⟩ **0.1** ***jong*** ⇒*puppy, welp.*

whelp² ⟨ww.⟩ **0.1** ***jongen*** ⇒*werpen* ⟨v. dieren⟩.

when¹ [wen] ⟨zn.⟩ **0.1** ***wanneer*** ⇒*het tijdstip* ◆ **3.1** they told me the ~ and where *ze vertelden mij plaats en datum* **3.¶** ⟨bij 't inschenken⟩ say ~ *zeg maar ho.*

when² **I** ⟨vr.vnw.⟩ **0.1** ***wanneer*** ◆ **6.1** **since** ~ has he been here? *sinds wanneer/hoe lang is hij al hier?;*
II ⟨betr.vnw.⟩⟨schr.⟩ **0.1** ***welk ogenblik*** ◆ **6.1** they were last seen in May, **since** ~ they haven't been heard from *ze zijn voor het laatst gesignaleerd in mei en sindsdien is er niets meer van hen vernomen.*

when³ ⟨bw.⟩ **0.1** ⟨vragend⟩ ***wanneer*** **0.2** ***wanneer*** ⇒*waarop, dat* ◆ **1.2** I hate winter, ~ all is grey *ik haat de winter, wanneer/als alles grijs is;* the day ~ I went to Paris *de dag dat/waarop ik naar Parijs ging* **3.1** ~ will I see you? *wanneer zie ik je weer?*

when⁴ ⟨vw.⟩ **0.1** ⟨met verl. t.⟩ ***toen*** **0.2** ⟨met teg. t.⟩ ***als*** ⇒*wanneer* **0.3** ***als (het zo is dat)*** **0.4** ***hoewel*** ⇒*terwijl, ondanks (het feit) dat* ◆ **¶.1** she came ~ he called *ze kwam toen hij riep* **¶.2** he laughs ~ you tickle him *hij lacht (telkens) als je hem kietelt* **¶.3** why use gas ~ it can explode? *waarom gas gebruiken als (je weet dat) het kan ontploffen?* **¶.4** he wasn't interested ~ he could have made a fortune *hij was niet geïnteresseerd hoewel/terwijl hij dik geld had kunnen verdienen.*

whence [wens] ⟨vero.⟩ **0.1** ⟨vragend en in relatieve bijzinnen⟩ ***van waar*** ⇒*waar vandaan, waaruit* ◆ **1.1** the dreams ~ his poetry springs *de dromen waaruit zijn gedichten voortkomen.*

whenever¹ ⟨bw.⟩ **0.1** ***om het even wanneer*** **0.2** ***wanneer (toch/in 's hemelsnaam)*** ◆ **¶.2** ~ did I say that? *wanneer in 's hemelsnaam heb ik dat gezegd?*

whenever² ⟨vw.⟩ **0.1** ***telkens wanneer/als*** ⇒*wanneer ook, om het even wanneer* ◆ **¶.1** ~ we meet he turns away *iedere keer als wij elkaar tegenkomen, draait hij zich om.*

where¹ [weə] ⟨zn.; the⟩ **0.1** ***de plaats (waar)*** ◆ **1.1** have they fixed the ~ and when yet? *hebben ze plaats en datum al vastgelegd?*

where² ⟨bw.⟩ **0.1** ⟨vragend⟩ ***waar*** ⇒*waar(heen/in/op/enz.)* ⟨ook fig.⟩ **0.2** ***(al)waar*** ⇒*waarheen* ◆ **1.2** a place ~ I can rest *een plek waar ik kan uitrusten;* Rome, ~ once Caesar reigned *Rome, alwaar eens Caesar heerste* **3.1** ~ can I find him? *waar is hij?;* ~ are you going? *waar ga je naar toe?* **6.2** ⟨inf.⟩ Amsterdam, that's ~ it's **at** *Amsterdam, dáár gebeurt het/daar moet je wezen.*

where³ ⟨vw.⟩ **0.1** ***terwijl*** ⇒*daar waar* **0.2** ***daar waar*** ⇒*in dic omstandigheden waar, waarbij* ◆ **¶.1** ~ she was shy her brother was talkative *terwijl zij verlegen was, was haar broer spraakzaam* **¶.2** nothing has changed ~ Rita is concerned *er is niets veranderd wat Rita betreft.*

whereabouts¹ [weərəbauts] ⟨zn.⟩ **0.1** ***verblijfplaats*** ⇒ *plaats waar iem./iets zich bevindt* ◆ **3.1** his ~ is/are not known *het is niet bekend waar hij uithangt.*

whereabouts² ⟨bw.⟩ **0.1** ***waar ergens*** ⇒*waar ongeveer* ◆ **3.1** ~ did you leave your purse? *waar heb je je portemonnee ergens gelaten?*

whereas [weəræz] ⟨schr.⟩ **0.1** ***hoewel*** ⇒*daar waar, terwijl* **0.2** ⟨vnl. jur.⟩ ***aangezien*** ⇒*in aanmerking genomen dat, daar* ◆ **¶.2** ~ the accused has pleaded guilty ... we conclude that ... *gezien de beschuldigde schuldig pleit ... besluiten wij dat ...*

whereby ⟨schr.⟩ **0.1** ***waardoor.***

wherefore¹ ⟨zn.⟩ →**why.**

wherefore² ⟨vw.⟩⟨schr.⟩ **0.1** ***waarom*** ⇒*om welke reden.*

wherein ⟨schr.; vero.⟩ **0.1** ***waarin*** ⇒*in welk opzicht, hoezo* ◆ **3.1** ~ am I wrong? *waarin ben ik fout?*

whereof ⟨schr.; vero.⟩ **0.1** ***waarvan*** ◆ **1.1** the things ~ he spoke *de dingen waarover hij sprak.*

whereupon **0.1** ***waarna*** ⇒*waarop* ◆ **3.1** he emptied his glass, ~ he left *hij dronk zijn glas leeg, waarna hij vertrok.*

wherever¹ [wərevvə] ⟨bw.⟩⟨inf.⟩ **0.1** ***waar (toch/in 's hemelsnaam)*** ◆ **1.1** ~ can John be? *waar kan John toch zijn?*

wherever², wheresoever ⟨vw.⟩ **0.1** ***waar ook*** ⇒*overal waar* ◆ **¶.1** I'll think of you ~ you go *ik zal aan je denken waar je ook naar toe gaat.*

wherewithal ⟨the⟩ **0.1** ***de middelen*** ⇒*het (benodigde) geld* ◆ **3.1** I don't have the ~ *ik heb er geld niet voor.*

wherr|y [werrie] ⟨mv.: -ies⟩ **0.1** ***roeiboot*** ⇒*jol.*

whet [wet] ⟨-ted⟩ **0.1** ***wetten*** ⇒*slijpen, (aan)scherpen.*

whether [weðə] **0.1** ⟨vragend en mbt. twijfel⟩ ***of*** **0.2** ⟨+or⟩ ***of(wel)*** ⇒*zij het, hetzij* ◆ **¶.1** I asked him ~ or not he liked it *ik vroeg hem of hij het leuk vond of niet;* she wondered ~ he would be in *ze vroeg zich af of hij thuis zou zijn;* he wasn't sure ~ to buy it *hij wist niet of hij het wel zou kopen/of hij het al dan niet zou kopen* **¶.2** ~ he is ill or not I shall tell him *of hij nu ziek is of niet, ik zal het hem zeggen;* ~ by hook or by crook *hoe dan ook.*

whetstone **0.1** ***wetsteen*** ⇒*slijpsteen.*

whew [hjoe:] **0.1** ***oef/oei*** ◆ **¶.¶** ~! *poe, poe, tjonge; pf.*

whey [wee] **0.1** ***wei.***

which¹ [witsj] **I** ⟨vr.vnw.⟩ **0.1** ***welke (ervan)*** ⇒*wie/wat* ◆ **3.1** he could not decide ~ (of them) to choose *hij kon niet beslissen welke hij (ervan) moest kiezen* **4.1** he could not tell ~ was ~ *hij kon ze niet uit elkaar houden* **6.1** ~ **of** the girls hit Sarah? *wie v.d. meisjes heeft Sarah geslagen?;*
II ⟨betr.vnw.⟩ **0.1** ***die/dat*** ⇒*welke, wat* **0.2** ***wat*** ⇒*hetgeen, (iets) wat* ◆ **1.¶** our Father ~ art in heaven *Onze Vader die in de hemelen zijt* **3.1** that ~ she had seen thoroughly upset her *dat wat ze gezien had maakte haar helemaal overstuur;* the clothes ~ you ordered *de kleren die je besteld hebt* **¶.2** he said they were spying on him, ~ is sheer nonsense *hij zei dat ze hem bespioneerden, wat/hetgeen klinkklare onzin is.*

which² **I** ⟨vr.det.⟩ **0.1** ***welk(e)*** ◆ **1.1** ~ colour do you prefer? *welke kleur vind je het mooist?;*
II ⟨betr.det.⟩⟨schr.⟩ **0.1** ***welk(e)*** ◆ **1.1** she hated green, ~ colour reminded her of her school uniform *ze had een hekel aan groen, omdat die kleur haar aan haar schooluniform deed denken.*

whichever **0.1** ⟨vnw. en det.⟩ ***om het even welk(e)*** ⇒*welk(e) ook, die(gene) die* ◆ **1.1** take ~ dress you prefer *neem de jurk die je het leukste vindt;* ~ way you do it *hoe je het ook doet* **3.1** take ~ you prefer *neem degene die je het leukste vindt.*

whiff¹ [wif] ⟨zn.⟩ **0.1** ***vleug*** ⟨v. geur⟩ ⇒*zweem, flard* ⟨v. rook⟩; *zuchtje* ⟨v. lucht/wind⟩; ⟨ook fig.⟩ *spoor* **0.2** ***teug*** ⇒*het opsnuiven, het inademen* **0.3** ***sigaartje.***

whiff² ⟨ww.⟩ **0.1** ***(onaangenaam) ruiken*** ⇒*rieken.*

whiffy [wiffie] ⟨inf.⟩ ◆ **¶.¶** it's a bit ~ here *het stinkt hier nogal.*

Whig [wig] ⟨ook attr.⟩ **0.1** ⟨BE; gesch.⟩ ***Whig*** ⟨lid v.d. partij die de voorloper was v.d. liberale partij⟩.

while¹ [wajl] ⟨zn.; vnl. enk.⟩ **0.1** ***tijd(je)*** ⇒*poos(je)* ◆ **2.1** a good/long ~ *geruime tijd;* worth ~ *de moeite waard;* they will make it worth your ~ *je zult er geen spijt van hebben* **5.1** (every) **once** in a ~ *af en toe, een enkele keer* **6.1** we haven't seen her **for** a long ~ *wij hebben haar lang niet gezien;* **in** a little ~ *binnenkort* **7.1** (for) a ~ *een tijdje, een ogenblik;* all the ~ *de hele tijd.*

while², ⟨vnl. BE⟩ **whilst** [wajlst] ⟨vw.⟩ **0.1** ***terwijl*** ⇒*zo lang als* **0.2** ⟨tegenstelling⟩ ***terwijl*** ⇒*hoewel, daar waar* **0.3** ***terwijl (ook)*** ⇒*en (bovendien)* ◆ **¶.1** ~ I cook the meal you can clear up *terwijl ik het eten maak kun jij opruimen* **¶.2** ~ her classmates played games she would go for walks in the countryside *terwijl haar klasgenoten spelletjes deden, ging zij meestal wandelen;* ~ she has the talent she does not have the perseverance *hoewel ze het talent heeft, zet ze niet door* ¶.3 the house was tidy ~ the garden was in perfect order *het huis was netjes en de tuin was ook perfect in orde.*

while away 0.1 ***verdrijven*** ⟨de tijd⟩.

whim [wim] **0.1** ***gril*** ⇒*opwelling, bevlieging.*

whimper¹ [wimpə] ⟨zn.⟩ **0.1** ***zacht gejank*** ⇒*gejammer* ◆ **6.1 without** a ~ *zonder een kik te geven.*

whimper² I ⟨onov.ww.⟩ **0.1** ***janken*** ⇒*jammeren;* **II** ⟨ov.ww.⟩ **0.1** ***klaaglijk/met bibberende stem zeggen.***

whimsical [wimzikl] **0.1** ***grillig*** ⇒*eigenaardig, fantastisch.*

whimsicalit|y [wimzikæləti̇e] ⟨mv.: -ies⟩ **0.1** ⟨vnl. mv.⟩ ***gril*** ⇒*kuur, luim* **0.2** ***grilligheid*** ⇒*luimigheid.*

whims|y, whimsey [wimzie] ⟨mv.: -ies⟩ **0.1** ***gril*** ⇒*kuur, opwelling* **0.2** ***eigenaardigheid*** ⇒*zonderlingheid.*

whin [win] ⟨plantk.⟩ **0.1** ***gaspeldoorn.***

whine¹ [wajn] ⟨zn.⟩ **0.1** ***gejammer*** ⇒*gejengel.*

whine² ⟨ww.⟩ **0.1** ***janken*** ⇒*jengelen* **0.2** ***zeuren*** ⇒*zaniken.*

whiner [wajnə] **0.1** ***zanik*** ⇒*zeur.*

whinge [windzj] **0.1** ***mopperen*** ⇒*klagen, zeuren.*

whinny¹ [winnie] ⟨zn.; geen mv.⟩ **0.1** ***hinnikend geluid*** ⇒*gehinnik.*

whinn|y² ⟨ww.; -ied⟩ **0.1** ***hinniken.***

whip¹ [wip] ⟨zn.⟩ **0.1** ***zweep*** ⇒*karwats, gesel* **0.2** ⟨pol.⟩ ***whip*** ⇒*fractielid dat zijn medeleden informeert en tot opkomst maant* **0.3** ⟨BE; pol.⟩ ***oproep tot aanwezigheid*** **0.4** ***dessert van stijf geklopte room of eiwit*** ⇒*mousse* ◆ **2.3** a three-line ~ *een dringende* ⟨driemaal onderstreepte⟩ *oproep.* →**fair.**

whip² ⟨-ped⟩ **I** ⟨onov. en ov.ww.⟩ **0.1** ***snel bewegen/doen*** ⇒*snellen, schieten* ◆ **5.1** she ~ped **off** her coat *zij gooide haar jas uit;* ~ **up** *snel oppakken; snel in elkaar draaien/flansen* **6.1** he ~ped **round** the corner *hij schoot de hoek om;* **II** ⟨ov.ww.⟩ **0.1** ***overhands naaien*** **0.2** ***zwepen*** ⟨ook fig.⟩ ⇒*(met de zweep) slaan, ranselen* **0.3** ***afvissen*** **0.4** ***kloppen*** ⟨slagroom enz.⟩ ⇒*stijf slaan* **0.5** ***doen tollen*** ⟨zweeptol⟩ **0.6** ⟨sl.⟩ ***verslaan*** ⇒*kloppen, in de pan hakken* ◆ **1.2** the rain ~ped the windows *de regen striemde tegen de ramen* **1.4** ~ped cream *slagroom* **5.2** he ~ped **up** his audience *hij zweepte zijn toehoorders op.*

whipcord 0.1 ***zweepkoord*** **0.2** ***whipcord*** ⟨soort stof⟩.

whip hand ⟨the⟩ ◆ **6.¶** have (got) the ~ **of/over** *de overhand/macht hebben over.*

whiplash 0.1 ***zweepslag*** ⟨ook fig.⟩ **0.2** ⟨med.⟩ ***whiplash (injury)*** ⟨nekspierverrekking bv. tengevolge v. aanrijding v. achteren⟩ ⇒*zweepslagtrauma.*

whiplash injury ⟨med.⟩ **0.1** ***whiplash*** ⟨nekspierverrekking bv. door auto-ongeluk⟩ ⇒*zweepslagtrauma.*

whipper-in [wippərin]⟨mv.: whippers-in [wippəz-]⟩ **0.1** ⟨jacht⟩ ***whip*** ⇒*hondenmeester.*

whippersnapper [wippəsnæpə] **0.1** ***wijsneus*** ⇒*snotjongen.*

whippet [wippit] **0.1** ***whippet.***

whipping [wipping] **0.1** ***pak slaag*** ⇒*aframmeling.*

whipping boy 0.1 ⟨gesch.⟩ ***geselknaap*** ⇒*strafknaap;* ⟨fig.⟩ *zondebok.*

whippy [wippie] **0.1** ***veerkrachtig*** ⇒*buigzaam.*

whip-round 0.1 ***inzameling*** ◆ **3.1** have a ~ *de pet laten rondgaan.*

whir →**whirr.**

whirl¹ [wə:l] ⟨zn.⟩ **0.1** ***werveling*** ⇒*draaikolk* **0.2** ***verwarring*** ⇒*roes* **0.3** ***drukte*** ⇒*gewoel, maalstroom* **0.4** ⟨AE; sl.⟩ ***poging*** ◆ **1.3** a ~ of activity *koortsachtige bedrijvigheid* **3.4** give it a ~ *probeer het eens een keer* **6.2** my thoughts are **in** a ~ *het duizelt mij.*

whirl² I ⟨onov.ww.⟩ **0.1** ***tollen*** ⇒*rondtuimelen* **0.2** ***stormen*** ⇒*snellen, stuiven* ◆ **1.1** my head ~s *het duizelt mij;* **II** ⟨onov. en ov.ww.⟩ **0.1** ***ronddraaien*** ⇒*wervelen, (doen) dwarrelen* ◆ **5.1** he ~ed **round** *hij draaide zich vliegensvlug om;* **III** ⟨ov.ww.⟩ **0.1** ***met een vaart(je) wegvoeren*** ◆ **5.1** the visitors were ~ed **away/off** *de bezoekers werden snel weggereden.*

whirligig [wə:ligig] **0.1** ***tol*** ⟨speelgoed⟩ ⇒*molentje* **0.2** ***draaimolen*** ⇒*carrousel.*

whirligig beetle ⟨dierk.⟩ **0.1** ***draaikever.***

whirlpool 0.1 ***draaikolk*** **0.2** ***wervelbad*** ⇒⟨oneig.⟩ *bubbelbad.*

whirlpool bath →**whirlpool 0.2.**

whirlwind¹ ⟨zn.⟩ **0.1** ***wervelwind*** ⇒*windhoos.*

whirlwind² ⟨bn.⟩ **0.1** ***bliksem-*** ⇒*zeer snel* ◆ **1.1** a ~ campaign *een bliksemcampagne.*

whirlybird [wə:liebə:d] ⟨AE; sl.⟩ **0.1** ***helikopter.***

whirr¹, ⟨AE sp.⟩ **whir** [wə:] ⟨zn.⟩ **0.1** ***gegons*** ⇒*gezoem, gesnor.*

whirr², ⟨AE sp.⟩ **whir** ⟨ww.; 2e variant: -red⟩ **0.1** ***gonzen*** ⇒*zoemen, snorren.*

whisk¹ [wisk] ⟨zn.⟩ **0.1** ***kwast*** ⇒*plumeau, borstel* **0.2** ⟨cul.⟩ ***garde*** ⇒*(eier)klopper* **0.3** ***vlugge beweging*** ⇒*zwaai, zwiep.*

whisk² ⟨ww.⟩ **0.1** ***zwaaien*** ⇒*zwiepen* **0.2** ⟨ook +up; cul.⟩ ***(op)kloppen*** ⇒*stijf slaan.*

whisk away, whisk off 0.1 ***wegzwiepen*** ⇒*wegvegen, wegslaan* **0.2** ***snel wegvoeren*** ⇒*snel weghalen* ◆ **1.2** the children were whisked off to bed *de kinderen werden snel in bed gestopt.*

whisker [wiskə] **0.1** ***snorhaar*** ⇒*snorharen* ⟨v. kat enz.⟩ **0.2** ⟨mv.⟩ ***bakkebaard(en)*** ◆ **3.¶** win by a ~ *met een neuslengte winnen.*

whiskered [wiskəd] **0.1** ***met bakkebaarden.***

whisk|y, ⟨AE/IE sp.⟩ **whiskey** [wiskie] ⟨mv.: -ies⟩ **0.1** ***whisky*** **0.2** ***glas whisky.***

whisper¹ [wispə] ⟨zn.⟩ **0.1** ***gefluister*** ⇒*geruis* ⟨v. wind⟩ **0.2** ***gerucht*** ⇒*insinuatie* **0.3** ***het fluisteren*** ⇒*fluistering* ◆ **6.1 in** a ~, **in** ~s *fluisterend.*

whisper² ⟨ww.⟩ **0.1** ***fluisteren*** ⇒*ruisen, roddelen* ◆ **3.1** it is ~ed (about) that *het gerucht gaat dat.*

whispering campaign 0.1 ***fluistercampagne.***

whist [wist] **0.1** ***whist*** ⟨kaartspel⟩.

whistle¹ [wisl] ⟨zn.⟩ **0.1** ***fluit*** ⇒*fluitje* **0.2** ***gefluit*** ⇒*fluitend geluid* ◆ **3.¶** wet one's ~ *de keel smeren* ⟨met drank⟩; ⟨inf.⟩ blow the ~ on sth. *een boekje opendoen over iets; een eind maken aan.* →**clean, tin.**

whistle² ⟨ww.⟩ **0.1** ***fluiten*** ⇒*gieren, een fluitsignaal geven* ◆ **5.¶** ~ **up** *in elkaar flansen, uit het niets te voorschijn roepen* **6.¶** he can ~ **for** it *hij kan ernaar fluiten.*

whistlestop ⟨AE⟩ **0.1** ***klein stationnetje*** ⇒*klein plaatsje* **0.2** ***bliksembezoek*** ⟨ihb. v. politicus op verkiezingstournee⟩.

whistle-stop tour ⟨pol.⟩ **0.1** ***verkiezingstournee langs kleine plaatsjes op het platteland.***

whit [wit] ⟨alleen enk.⟩⟨schr.⟩ **0.1** ***grein*** ⇒*sikkepit* ◆ **7.1** not a ~ *geen zier, geen steek.*

Whit [wit] ⟨ook attr.⟩ **0.1** ***Pinksteren.***

white¹ [wajt] ⟨zn.⟩ **0.1** ***wit*** ⟨ook schaakspel, damspel⟩ ⇒*het witte* **0.2** ***oogwit*** ⇒*wit* **0.3** ***blanke*** **0.4** ⟨mv.⟩ ***wit tenue*** ⇒*witte kleding* **0.5** ⟨mv.; the; inf.; med.⟩ ***witte vloed*** ◆ **3.1** dressed in ~ *in het wit (gekleed).*

white² ⟨bn.; -r; -ness⟩ **0.1** ***wit*** ⇒*bleek, blank;* ⟨fig.⟩ *rein, on-*

schuldig **0.2** ***blank*** ⟨v. mens⟩ ◆ **1.1** ~ blood cell/corpuscule *wit bloedlichaampje;* ~ Christmas *witte kerst;* ⟨BE⟩ ~ coffee *koffie met melk/room;* ~ flag *witte vlag* ⟨ook fig.⟩; ~ heat *witte gloeihitte* ⟨v. metaal⟩; ⟨fig.⟩ *kookpunt;* ~ magic *witte magie;* ~ as a sheet *lijkbleek, wit als een doek;* ~ tie *wit strikje* ⟨v. rokkostuum⟩; ⟨bij uitbr.⟩ *rokkostuum* **1.2** ~ hunter *blanke jager/safarileider;* ~ slave *blanke slavin;* ~ slavery *handel in blanke slavinnen* **1.¶** ~ alloy *witmetaal;* ~ ant *termiet;* ⟨plantk.⟩ ~ bryony *heggenrank;* ~ elephant *witte olifant; kostbaar maar nutteloos bezit/geschenk; weggegooid geld;* ~ ensign *Britse marinevlag;* show the ~ feather *zich lafhartig gedragen;* White Friar *karmeliet;* ~ hope *iem. van wie men grote verwachtingen heeft;* ~ horses *witgekuifde golven;* ~ lead *loodwit;* ~ lie *leugentje om bestwil;* ⟨BE⟩ ~ paper, White Paper *witboek;* White Russia *Wit-Rusland;* ~ spirit *terpentine* **3.¶** bleed s.o. ~ *iem. uitkleden, iem. het vel over de oren halen;* go ~ about the gills *bleek/wit om de neus worden van schrik/angst.*

whitebait **0.1** ***zeebliek*** ⟨jonge haring⟩ ⇒*sprot.*

whitecap **0.1** ***witgekuifde golf*** ⇒*schuimkop.*

white-collar **0.1** ***witte boorden-*** ⇒*hoofd-* ◆ **1.1** ~ crime *witteboordencriminaliteit;* ~ job *kantoorbaan.*

white-haired, white-headed **0.1** ***met witte haren*** ⇒*grijs, blond* ◆ **1.¶** the ~ boy *het lievelingetje.*

Whitehall [wajtho:l, wajtho:l] **0.1** ***Whitehall*** ⇒⟨fig.⟩ *de (Britse) regering, Londen.*

white-hot **0.1** ***witheet*** ⇒*witgloeiend.*

White House [wajt haus] ⟨the⟩ **0.1** ***het Witte Huis*** ⇒⟨fig.⟩ *de Amerikaanse president.*

white-livered **0.1** ***laf(hartig).***

white man **0.1** ***blanke*** **0.2** ⟨inf.⟩ ***eerlijke vent.***

white meat **0.1** ***wit vlees*** ⟨kalfsvlees, kip enz.⟩.

whiten [wajtn] **I** ⟨onov.ww.⟩ **0.1** ***wit/bleek worden*** ⇒*opbleken;*

II ⟨ov.ww.⟩ **0.1** ***witten*** ⇒*bleken.*

whitening [wajtning] **0.1** ***witsel.***

whitethorn **0.1** ***witte meidoorn.***

whitethroat ⟨dierk.⟩ **0.1** ***grasmus.***

whitewash[1] ⟨zn.⟩ **0.1** ***witkalk*** ⇒*witsel* **0.2** ***vergoelijking*** ⇒ *dekmantel* **0.3** ⟨BE; geldw.⟩ ***rehabilitatie, witwassen.***

whitewash[2] ⟨ww.⟩ **0.1** ***witten*** **0.2** ***vergoelijken*** **0.3** ⟨BE; geldw.⟩ ***rehabiliteren, witwassen.***

whitey [wajtie] ⟨AE; bel.⟩ **0.1** ***bleekscheet*** ⟨blanke⟩.

whither [wiðə] ⟨vero.; ook fig.⟩ **0.1** ⟨vragend⟩ ***waarheen*** ⇒ *waar naar toe* **0.2** ***naar daar waar*** ⇒*naar ergens waar* ◆ **3.1** ~ goest thou? *waar gaat gij heen?* **3.2** he knew ~ she had gone *hij wist waar zij heengegaan was.*

whiting [wajting] **0.1** ***witsel*** ⇒*witkalk* **0.2** ⟨dierk.⟩ ***wijting.***

whitlow [witloo] ⟨med.⟩ **0.1** ***fijt.***

Whit Monday [witmundie] **0.1** ***pinkstermaandag*** ⇒*tweede pinksterdag.*

Whitsun [witsn] **0.1** ***Pinksteren.***

Whit Sunday **0.1** ***pinksterzondag.***

Whitsuntide **0.1** ***Pinksteren.***

whittle [witl] **0.1** ⟨+ away/down⟩ ***(af)snijden*** ⟨hout⟩ ⇒*snippers afsnijden van, besnoeien;* ⟨fig.⟩ *reduceren, beknibbelen.*

whiz(z)[1] [wiz] ⟨zn.; mv.: whizzes [-iz]⟩ **0.1** ***gefluit*** ⇒*het zoeven, gesuis* **0.2** ⟨sl.⟩ ***kei*** ⇒*wonder* ◆ **6.2** she is a ~ **at** physics *zij is steengoed in natuurkunde.*

whiz|(z)[2] ⟨ww.; -zed⟩ **0.1** ***zoeven*** ⇒*fluiten, suizen* ◆ **5.1** they ~ed **past** *zij zoefden voorbij.*

whiz(z)kid **0.1** ***briljant jongmens*** ⇒*genie, wonder.*

who [hoe:, ⟨in bet. III⟩ (h)oe, ⟨sterk⟩ (h)oe] **I** ⟨onb.vnw.⟩ **0.1** → **whoever;**

II ⟨vr.vnw.⟩ **0.1** ***wie*** ◆ **3.1** ~ cares *wat maakt het uit;* ~ did she meet? *wie kwam zij tegen?;* ~ does he think he is? *wie denkt hij wel dat hij is?;* ~ knows what he'll do next *wie weet wat hij nog zal doen* **6.1** ~ did you get it **from**? *v. wie heb je het gekregen?;*

III ⟨betr.vnw.⟩ **0.1** ***die*** ⇒*wie* ◆ **3.1** anyone ~ disagrees *wie niet akkoord gaat;* the farmer ~ John met last year *de boer die John vorig jaar heeft ontmoet.*

W.H.O. ⟨afk.⟩ **0.1** [World Health Organization].

whoa [woo] **0.1** ***ho.***

whodun(n)it [hoe:dunnit] ⟨inf.⟩ **0.1** ***detective(roman/film).***

whoever, ⟨vero. in BE⟩ **whosoever,** ⟨in bet. I soms⟩ **who I** ⟨onb.vnw.⟩ **0.1** ***om het even wie*** ⇒*wie (dan) ook, al wie* ◆ **3.1** ~ you meet, don't speak to them *wie je ook tegenkomt, spreek hen niet aan;*

II ⟨vr.vnw.⟩ ⟨inf.⟩ **0.1** ***wie (toch)*** ◆ **3.1** ~ can that be? *wie kan dat toch zijn?* **6.1** give it **to** ~ you like *geef het aan wie je ook wil.*

whole[1] [hool] ⟨zn.⟩ **0.1** ***geheel*** ⇒*totaal* ◆ **6.1** **as** a ~ *in zijn geheel;* **on** the ~ *alles bij elkaar; in het algemeen* **7.1** the ~ of Boston *heel Boston.*

whole[2] ⟨bn.⟩ **0.1** ***(ge)heel*** ⇒*totaal, volledig* **0.2** ***geheel*** ⇒ *gaaf, gezond* ◆ **1.1** ~ number *heel getal* **1.¶** ⟨sl.⟩ go (the) ~ hog *tot het einde toe doorgaan;* ⟨AE; sl.⟩ the ~ kit and caboodle *de hele santenkraam/rotzooi;* a ~ lot better *heel wat beter;* a ~ lot of people *een heleboel mensen;* ⟨AE; inf.⟩ the ~ shebang *het hele zootje* **3.1** swallow sth. ~ *iets in zijn geheel doorslikken;* ⟨fig.⟩ *iets voor zoete koek aannemen* **3.2** come back ~ *ongedeerd terugkomen;* make ~ *herstellen, heel maken.*

whole[3] ⟨bw.⟩ **0.1** ***totaal*** ⇒*geheel* ◆ **2.1** a ~ new life *een totaal nieuw leven.*

wholehearted **0.1** ***hartgrondig.***

wholemeal **0.1** ***volkoren.***

wholesale[1] [hoolseel] ⟨zn.⟩ **0.1** ***groothandel.***

wholesale[2] ⟨bn.; bw.⟩ **0.1** ***in het groot*** ⇒*groothandel-, grossiers-* **0.2** ***massaal*** ⇒*op grote schaal* ◆ **1.1** ~ prices *groothandelsprijzen* **1.2** ~ slaughter *massamoord* **3.1** sell ~ *in het groot verkopen.*

wholesaler [hoolseelə] **0.1** ***groothandelaar*** ⇒*grossier.*

wholesome [hoolsəm] ⟨-ness⟩ **0.1** ***gezond*** ⇒*heilzaam* **0.2** ***nuttig*** ⟨advies⟩.

whole-wheat **0.1** ***volkoren*** ◆ **1.1** ~ flour *volkorenmeel.*

who'll [(h)oel, ⟨sterk⟩ hoe:l] ⟨samentr. v. who will⟩.

wholly [hoolie] **0.1** ***geheel*** ⇒*volledig, totaal.*

whom [hoe:m] ⟨vnl. schr.⟩ **I** ⟨onb.vnw.⟩ **0.1** → **whomever;**

II ⟨vr.vnw.⟩ **0.1** ***wie*** ⇒*wien* ◆ **3.1** tell ~ you like *zeg het aan wie je wil;* he wondered ~ John had invited *hij vroeg zich af wie John had uitgenodigd;*

III ⟨betr.vnw.⟩ **0.1** ***die*** ⇒*wie, wien* ◆ **3.1** the clerk ~ you insulted *de bediende die je beledigde* **6.1** a plague **for** ~ he likes *een plaag voor degene die hij mag.*

whomever, ⟨vero. in BE⟩ **whomsoever,** ⟨soms⟩ **whom** ⟨schr.⟩ **0.1** ***wie(n) ook*** ⇒*om het even wie* ◆ **3.1** tell ~ you meet *zeg het aan iedereen die je tegenkomt.*

whomsoever ⟨accusatief v. whosoever⟩ → **whomever.**

whoop[1] [woe:p] ⟨zn.⟩ **0.1** ***uitroep*** ⇒*kreet* ⟨v. vreugde⟩ **0.2** ***haal*** ⟨bij kinkhoest⟩.

whoop[2], **hoop I** ⟨onov.ww.⟩ **0.1** ***schreeuwen*** ⇒*roepen, een kreet slaken* ⟨v. vreugde⟩;

II ⟨ov.ww.⟩ ◆ **5.¶** ⟨inf.⟩ ~ it **up** *uitbundig feestvieren.*

whoopee[1] [woepie] ⟨zn.⟩ ⟨AE; sl.⟩ ◆ **3.¶** make ~ *keet/pret maken, aan de zwier gaan.*

whoopee[2] [woepie:] ⟨tw.⟩ ⟨AE; sl.⟩ **0.1** ***joepie.***

whooping cough [hoe:ping kof] **0.1** ***kinkhoest.***

whoops [woeps] ⟨inf.⟩ **0.1** ***hupsakee*** *⇒hopla, daar gaat ie.*
whoosh¹ [woesj] ⟨zn.⟩ **0.1** ***gesuis*** *⇒geruis, gesis.*
whoosh² ⟨ww.⟩ **0.1** ***suizen*** *⇒ruisen, sissen.*
whop [woop] ⟨-ped⟩⟨sl.⟩ **0.1** ***afranselen*** *⇒slaan;* ⟨fig.⟩ *verslaan.*
whopper [woppə] ⟨inf.⟩ **0.1** ***kanjer*** *⇒kokker(d)* **0.2** ***grove/kolossale leugen.***
whopping¹ [wopping] ⟨zn.⟩⟨inf.⟩ **0.1** ***pak ransel/rammel.***
whopping² ⟨bn.; bw.⟩⟨inf.⟩ **0.1** ***kolossaal*** *⇒geweldig* ◆ **1.1** a ~ (great) lie *een kolossale/grove leugen.*
whore¹ [ho:] ⟨zn.⟩ **0.1** ***hoer.***
whore² ⟨ww.⟩ **0.1** ***hoereren*** ◆ **3.1** go whoring *hoereren.*
whorehouse **0.1** ***bordeel*** *⇒hoerenkast.*
whoremaster, whoremonger **0.1** ***ontuchtige.***
whorl [wə:l] **0.1** ***krans*** ⟨v. bladeren rond stam⟩ **0.2** ***spiraal*** ⟨v. schelp, vingerafdruk⟩.
who's [(h)oez, ⟨sterk⟩ hoe:z] ⟨samentr. v. who is, who has, who does⟩.
whose [hoe:z] **I** ⟨vr.vnw.⟩ **0.1** ***wiens/wier*** *⇒v. wie/wat, waarvan* ◆ **1.1** ~ dress is this? *wiens jurk is dit?;* in ~ house did you stay? *in wie zijn huis verbleef je?* **4.1** ~ is this *v. wie is dit?;*
II ⟨betr.vnw.⟩ **0.1** ***waarvan*** *⇒van wie/welke; wiens, wier* ◆ **1.1** a writer ~ books I've read *een schrijver wiens boeken ik gelezen heb;* a plan ~ development was delayed *een plan waarvan de uitwerking werd vertraagd.*
whosesoever ⟨genitief v. whoever⟩ →**whoever.**
whosoever →**whoever.**
who've [(h)oev, ⟨sterk⟩ hoe:v] ⟨samentr. v. who have⟩.
why¹ [waj] ⟨zn.⟩ ◆ **1.¶** the ~s and wherefores *het hoe en waarom.*
why² ⟨bw.⟩ **0.1** ***waarom*** *⇒om welke reden* ◆ **3.1** ~ not ask him? *waarom vraag je het (hem) niet gewoon?;* ~ did you hit her? *waarom heb je haar geslagen?* **¶.1** that may be ~ he didn't come *misschien is hij daarom niet gekomen.*
why³ ⟨tw.⟩ **0.1** ⟨verrassing⟩ ***wel allemachtig*** *⇒verhip* **0.2** ⟨antwoord op domme vraag⟩ ***natuurlijk*** *⇒nogal wiedes, nou zeg* ◆ **¶.1** ~, if it isn't Mr Smith *wie we daar hebben! Mr. Smith!* **¶.2** three plus five? ~, eight *drie plus vijf? acht natuurlijk;* ~, a child could answer that *nou zeg, een kind zou dat weten.*
W.I. ⟨afk.; BE⟩ **0.1** [Women's Institute].
wick [wik] **0.1** ***wiek*** *⇒pit, kousje* ⟨v. lamp⟩; *katoen* ◆ **3.¶** ⟨sl.⟩ dip one's ~ *neuken;* ⟨BE; sl.⟩ get on s.o.'s ~ *iem. op de zenuwen werken.*
wicked [wikkid] ⟨-ness⟩ **0.1** ***slecht*** *⇒verdorven, zondig* **0.2** ***kwaadaardig*** *⇒gemeen* ⟨tong⟩ **0.3** ***schadelijk*** *⇒kwalijk* ⟨hoest⟩, *gevaarlijk* ⟨storm⟩, *streng* ⟨winter⟩ ◆ **1.1** ~ prices *schandelijk hoge prijzen.*
wicker [wikkə] **0.1** ***mandenwerk*** *⇒vlechtwerk.*
wicker basket **0.1** ***tenen mand.***
wicker chair **0.1** ***rieten stoel.***
wickerwork **0.1** ***mandenwerk*** *⇒vlechtwerk.*
wicket [wikkit] ⟨→s1⟩ **0.1** ***deurtje*** *⇒hekje* **0.2** ⟨cricket⟩ ***wicket*** **0.3** ⟨cricket⟩ ***terrein om, bij en tussen de wickets*** *⇒pitch* ◆ **2.¶** ⟨fig.⟩ bat/be on a sticky ~ *zich in een moeilijk parket bevinden* **3.2** hit ~ *uit* ⟨doordat de slagman de wicket heeft aangeraakt⟩; keep ~ *wicketkeepen;* take a ~ *een batsman out maken;* win by two ~s *winnen met drie batsmen niet out* **6.2** **at** the ~ *aan (de) slag.*
wicket-door, wicket-gate **0.1** ***deurtje*** *⇒poortje.*
wicketkeeper ⟨→s1⟩⟨cricket⟩ **0.1** ***wicketkeeper.***
wide¹ [wajd] ⟨zn.⟩⟨sport⟩ **0.1** ***wijd*** ⟨cricket: bal buiten bereik v.d. slagman⟩.
wide² ⟨bn.⟩ **0.1** ***wijd*** *⇒breed* **0.2** ***ruim*** *⇒uitgestrekt, veelomvattend; rijk* ⟨ervaring⟩; *algemeen* ⟨kennis⟩ **0.3** ***wijd open*** ⟨ogen⟩ **0.4** ***ernaast*** *⇒ver naast* ⟨schot, gissing⟩ ◆ **1.1** the ~ world *de wijde wereld* **1.2** he has ~ interests *hij heeft een brede interesse;* a ~ public *een breed publiek* **1.3** ~ eyes *wijd open ogen* **1.4** ⟨honkbal⟩ ~ ball *wijd(bal)* ⟨bal buiten slagzone⟩ **1.¶** ~ boy *gladde jongen;* give s.o. / sth. (a) ~ berth *iem. / iets uit de weg blijven* **6.4** ~ **of** the mark *compleet ernaast, irrelevant;* his answer was ~ **of** the mark *hij sloeg de plank helemaal mis.*
wide³ ⟨bw.⟩ **0.1** ***wijd*** *⇒breed* **0.2** ***helemaal*** *⇒volledig* **0.3** ***mis*** *⇒(ver) ernaast* ◆ **6.3** the dart went ~ **of** the target *het pijltje ging ver naast het doel.*
wide-angle **0.1** ***groothoek-*** ◆ **1.1** ~ lens *groothoeklens.*
wide-awake **0.1** ***klaar wakker*** *⇒uitgeslapen* ⟨ook fig.⟩.
wide-eyed **0.1** ***met wijd open ogen*** *⇒*⟨fig.⟩ *verbaasd.*
widely [wajdlie] **0.1** →**wide** **0.2** ***wijd (uiteen)*** *⇒ver uit elkaar* **0.3** ***breed*** *⇒over een groot gebied;* ⟨ook fig.⟩ *op vele gebieden* **0.4** ***sterk*** *⇒heel, erg* ◆ **3.3** ~ known *wijd en zijd bekend;* ~ read *zeer belezen* **3.4** differ ~ *sterk verschillen.*
widen [wajdn] **0.1** ***verwijden*** *⇒wijder/breder worden/maken.*
wide-ranging **0.1** ***breed opgezet*** *⇒van grote omvang.*
wide-screen ⟨film.⟩ **0.1** ***breedbeeld-*** ◆ **1.1** ~ TV *breedbeeldtelevisie.*
widespread **0.1** ***wijdverspreid*** *⇒wijdverbreid.*
widgeon [widzjən] ⟨mv.: ook widgeon⟩⟨dierk.⟩ **0.1** ***smient.***
widget [widzjit] ⟨inf.⟩ **0.1** ***dingetje*** *⇒apparaatje.*
widow¹ [widdoo] ⟨zn.⟩ **0.1** ***weduwe*** **0.2** ⟨boek.⟩ ***hoerenjong.***
widow² ⟨ww.⟩ **0.1** ***tot weduwe/weduwnaar maken*** ◆ **1.1** her ~ed father *haar vader, die weduwnaar is.*
widower [widdooə] **0.1** ***weduwnaar.***
widowhood [widdoohoed] **0.1** ***weduwschap.***
width [widθ] **0.1** ***breedte.***
wield [wie:ld] **0.1** ***uitoefenen*** *⇒bezitten* ⟨macht, invloed⟩ **0.2** ***hanteren*** *⇒gebruiken* ⟨gereedschap⟩.
wife [wajf] ⟨mv.: wives⟩ **0.1** ***vrouw*** *⇒echtgenote* ◆ **2.¶** old wives' tale *oudewijvenpraat* **7.1** ⟨BE; inf.⟩ the ~ *vrouwlief, mijn vrouw.*
wifelike [wajflajk], **wifely** [-lie] **0.1** ***vrouwelijk*** *⇒(als) van een vrouw.*
wife-swapping ⟨inf.⟩ **0.1** ***partnerruil.***
wig [wig] **0.1** ***pruik.***
wigged [wigd] **0.1** ***met een pruik (op).***
wigging [wiging] ⟨BE⟩ **0.1** ***uitbrander.***
wiggle¹ [wigl] ⟨zn.⟩⟨inf.⟩ **0.1** ***gewiebel.***
wiggle² ⟨inf.⟩ **I** ⟨onov.ww.⟩ **0.1** ***wiebelen*** **0.2** ***wriemelen*** *⇒kronkelen;*
II ⟨ov.ww.⟩ **0.1** ***doen wiebelen*** *⇒op en neer/heen en weer bewegen* ◆ **1.1** ~ one's toes *zijn tenen bewegen.*
wigwam [wigwæm] **0.1** ***wigwam.***
wilco [wilkoo] ⟨verk.⟩ [will comply] **0.1** ***wilco*** ⟨radio; duidt instemming/inwilliging aan⟩.
wild¹ [wajld] **I** ⟨telb.zn.; the; vaak mv.⟩ **0.1** ***woestenij*** *⇒wildernis* ◆ **6.1** ⟨inf.⟩ (out) **in** the ~s *in de wildernis;*
II ⟨n.-telb.zn.⟩ **0.1** ***(vrije) natuur*** *⇒natuurlijke staat* ◆ **6.1** **in** the ~ *in het wild.*
wild² ⟨-ness⟩ **I** ⟨bn.⟩ **0.1** ***wild*** *⇒ongetemd* **0.2** ***barbaars*** *⇒onbeschaafd* **0.3** ***onbeheerst*** *⇒onstuimig, grillig, losbandig* **0.4** ***stormachtig*** *⇒ruw, guur* ⟨v. weer, zee⟩ **0.5** ***woest*** *⇒onherbergzaam* ⟨v. streek⟩ **0.6** ***dol*** *⇒gek, waanzinnig* **0.7** ***woest*** *⇒woedend, razend* **0.8** ***wanordelijk*** *⇒slordig, verward* ⟨v. haar⟩ **0.9** ***fantastisch*** ⟨v. idee⟩ *⇒buitensporig* **0.10** ***roekeloos*** *⇒gewaagd* **0.11** ⟨inf.⟩ ***prachtig*** *⇒geweldig (goed)* **0.12** ⟨spel⟩ ***wild*** *⇒met een waarde naar keuze* ⟨v. speelkaart⟩ ◆ **1.1** ~ flower *wilde bloem* **1.2** the Wild West

het wilde Westen **1.4** ~ night *stormnacht* **1.6** the ~est nonsense *je reinste onzin* **1.9** the ~est dreams *de stoutste dromen;* ~ idea *fantastisch idee* **1.12** play poker with deuces ~ *pokeren met de tweeën als wilde kaart* **1.¶** ~ boar *wild zwijn;* a ~ guess *een gok/gissing in het wilde weg, zomaar een gok;* ~ horses wouldn't get/drag it from/out of me! *voor geen geld ter wereld vertel ik het;* he has sown his ~ oats *hij is zijn wilde haren kwijt* **3.2** run ~ *verwilderen* ⟨v. tuin bv.⟩ **3.6** drive ~ *gek maken;* go ~ *gek worden* **3.¶** ~ camping *vrij kamperen* **6.7** ~ **with** anger *razend van woede;*

II ⟨bn., pred.⟩ **0.1** ***woest*** ⇒*enthousiast, dol* ◆ **6.1** she's ~ **about** him *ze is weg van hem.*

wild³ ⟨bw.⟩ **0.1** ***wild*** ⇒*in het wilde weg* ◆ **3.1** talk ~ *er maar op los praten.*

wild card ⟨comp., tennis⟩ **0.1** ***wildcard*** ⟨bij tennis: toestemming v. toernooileiding om aan toernooi mee te doen zonder kwalificatie⟩.

wildcat¹ ⟨zn.⟩ **0.1** ***wilde kat*** ⇒*boskat* **0.2** ⟨fig.; inf.⟩ ***heethoofd*** ⇒*kat* ⟨ihb. vrouw⟩.

wildcat² ⟨bn.⟩ **0.1** ***onsolide*** ⟨bank, firma⟩ ⇒*(financieel) onbetrouwbaar* **0.2** ***wild*** ⇒*onofficieel* ⟨v. staking⟩.

wildebeest [wildibbie:st] ⟨mv.: ook wildebeest⟩ **0.1** ***gnoe.***

wilderness [wildənəs] **0.1** ***wildernis*** ⟨ook fig.⟩ **0.2** ***massa*** ⇒ *menigte* ◆ **1.2** a ~ of voices *een massa stemmen* **6.¶** send s.o. **in(to)** the ~ *iem. eruit gooien* ⟨ihb. in de politiek⟩.

wildfire ◆ **6.¶** spread **like** ~ *als een lopend vuurtje (rondgaan).*

wildfowl ⟨zn.; ww. steeds mv.⟩ **0.1** ***wild gevogelte*** ⟨vnl. waterwild⟩.

wild-goose chase **0.1** ***dwaze/hopeloze onderneming*** ◆ **3.1** lead s.o. a ~ *iem. misleiden.*

wildlife **0.1** ***dieren in het wild.***

wile¹ [wajl] ⟨zn.; vnl. mv.⟩ **0.1** ***list*** ⇒*(sluwe) streek.*

wile² ⟨ww.⟩ **0.1** ***(ver)lokken*** ⇒*verleiden* **0.2** ⟨+away⟩ ***verdrijven*** ⟨tijd⟩.

wilful, ⟨AE sp.⟩ **willful** [wilfl] ⟨-ness⟩ **0.1** ***koppig*** ⇒*eigenzinnig* **0.2** ***opzettelijk*** ⇒*expres* ◆ **1.2** ~ murder *moord met voorbedachten rade.*

wiliness [wajlienəs] **0.1** ***sluwheid.***

will¹ [wil] **I** ⟨telb.zn.⟩ **0.1** ***testament*** ◆ **2.1** his last ~ (and testament) *zijn laatste wilsbeschikking;*

II ⟨telb. en n.-telb.zn.⟩ **0.1** ***wil*** ⇒*wilskracht; wens, verlangen* ◆ **2.1** good/ill ~ *goede/slechte wil;* a strong/weak ~ *een sterke/zwakke wil* **3.1** she has a ~ of her own *ze heeft een eigen willetje* **6.1** **against** his ~ *tegen zijn wil/zin;* he did it **of** his own free ~ *hij deed het uit vrije wil/uit eigen beweging* **6.¶** **at** ~ *naar goeddunken/believen;* **with** a ~ *vastberaden, enthousiast* **7.1** ⟨rel.⟩ Thy ~ be done *Uw wil geschiede* **¶.1** ⟨sprw.⟩ where there's a ~ there's a way *waar een wil is, is een weg.*

will² **I** ⟨onov. en ov.ww.⟩ **0.1** ***willen*** ⇒*de vaste wil hebben* ◆ **1.1** God ~ing *als God het wil* **3.1** ~ing and wishing are not the same *willen en wensen zijn twee;*

II ⟨ov.ww.⟩ **0.1** ⟨jur.⟩ ***(bij testament) vermaken/nalaten*** **0.2** ***door wilskracht (af)dwingen*** ⇒*bevelen, zijn wil opleggen aan* ◆ **4.2** can you ~ yourself into contentment? *kan jij jezelf tot tevredenheid dwingen?*

will³ ⟨would⟩ **I** ⟨onov. en ov.ww.⟩ **0.1** ***willen*** ⇒*wensen, verlangen* ◆ **4.1** whether she ~ or no *of ze wil of niet;* tell whatever lies you ~ *vertel maar zoveel leugens als je wil;*

II ⟨hww.⟩ **0.1** ⟨wilsuiting; ook emf.⟩ ***willen*** ⇒*zullen* **0.2** ⟨gewoonte/herhaling; vaak onvertaald⟩ ***plegen*** ⇒*kunnen* **0.3** ⟨onv. toek. t.⟩ ***zullen*** **0.4** ⟨geschiktheid e.d.⟩ ***kunnen*** ⇒ *in staat zijn te* **0.5** ⟨veronderstelling⟩ ***zullen*** **0.6** ⟨gebod⟩ ***zullen*** ⇒*moeten* ◆ **3.1** ⟨emf.⟩ I said I would do it and I ~ *ik heb gezegd dat ik het zou doen en ik zal het ook doen;* ⟨schr.⟩ ~ you have some more tea? *wilt u nog meer thee?;* ~ you hurry up, please? *wil je opschieten, alsjeblieft?;* shut the door, ~ you/won't you? *doe de deur dicht, alsjeblieft* **3.2** boys ~ be boys *jongens zijn nu eenmaal jongens;* accidents ~ happen *ongelukken zijn niet te vermijden* **3.3** John ~ leave for Edinburgh tomorrow *Jan vertrekt morgen naar Edinburgh;* I ~ lend you a hand *ik zal je een handje helpen* **3.4** this ~ do *zo is het genoeg;* this ~ get you nowhere *zo kom je nergens* **3.5** that ~ be John *dat zal John wel zijn* **3.6** you ~ do as I say *je zult doen wat ik zeg;* candidates ~ produce their certificates *de kandidaten moeten hun getuigschriften overleggen.* →**would.**

willies [williez] ⟨sl.⟩ **0.1** ***kriebels*** ⇒*de zenuwen* ◆ **3.1** give s.o. the ~ *iem. op de zenuwen werken.*

willing [willing] ⟨-ness⟩ **0.1** ***gewillig*** ⇒*bereid(willig)* ◆ **1.1** ~ workers *werkwilligen* **1.¶** a ~ horse *een gewillig(e) werker/werkpaard* **3.1** I am ~ to admit that ... *ik geef grif toe dat ...* **5.1** ~ or not ~ *goedschiks of kwaadschiks.*

will-o'-the-wisp [willəðəwisp] **0.1** ***dwaallicht*** ⇒⟨fig.⟩ *ongrijpbaar persoon; hersenschim* ◆ **3.1** chase the ~ *het onbereikbare najagen.*

willow [willoo], **willow-tree** **0.1** ***wilg*** **0.2** ***wilgenhout.***

willowherb **0.1** ***wilgenroosje.***

willow pattern **0.1** ***motief v. wilgen*** ⟨op porselein⟩.

willow tit ⟨dierk.⟩ **0.1** ***matkop.***

willow warbler ⟨dierk.⟩ **0.1** ***fitis.***

willowy [willoo·ie] **0.1** ***slank*** ⇒*soepel, elegant.*

will power **0.1** ***wilskracht.***

willy-nilly [willienillie] **0.1** ***goedschiks of kwaadschiks.***

wilt [wilt] **I** ⟨onov.ww.⟩ **0.1** ***verwelken*** ⇒*kwijnen, verdorren* **0.2** ***hangerig worden*** ⇒*lusteloos/slap worden;*

II ⟨ov.ww.⟩ **0.1** ***doen verwelken*** ⇒*doen verdorren.*

Wilts. [wilts] ⟨afk.⟩ **0.1** [Wiltshire].

wil|y [wajlie] ⟨-iness⟩ **0.1** ***sluw*** ⇒*listig, slim.*

wimp [wimp] ⟨inf.⟩ **0.1** ***sul*** ⇒*lulletje, doetje.*

wimpish [wimpisj], **wimpy** [wimpie] ⟨inf.⟩ **0.1** ***slap*** ⇒*sullig.*

wimple [wimpl] **0.1** ***kap*** ⇒*nonnenkap.*

win¹ [win] ⟨zn.⟩⟨vnl. sport⟩ **0.1** ***overwinning.***

win² ⟨won, won [wun]⟩ **I** ⟨onov.ww.⟩ **0.1** ***zegevieren*** ⇒*de overwinning behalen, (het) winnen* ◆ **1.1** ~ hands down *op zijn gemak winnen* **5.1** ~ **out/through** *zich erdoorheen slaan, het (uiteindelijk) winnen* **6.1** ~ **at** cards *bij het kaarten winnen;*

II ⟨ov.ww.⟩ **0.1** ***winnen*** ⟨race, weddenschap, verkiezing, prijs enz.⟩ **0.2** ***verkrijgen*** ⇒*verwerven, behalen* ⟨zege, roem, eer⟩; *winnen* ⟨vriendschap, vertrouwen⟩; *ontginnen* ⟨mijn, ader⟩; *winnen* ⟨erts, olie⟩ **0.3** ***overreden*** ⇒*overhalen* ◆ **1.2** it won her the first prize *hiermee behaalde zij de eerste prijs* **1.¶** ⟨schr.⟩ ~ the day *overwinnen* **3.1** ⟨inf.; vnl. scherts.⟩ you can't ~ them all *je kunt niet altijd winnen* **3.3** ~ s.o. to do sth. *iem. overreden iets te doen* **5.2** ~ **back** *terugwinnen;* she soon won her audience **over** *zij veroverde al spoedig de harten v. haar toehoorders* **5.3** ~ s.o. **over** *iem. overhalen* **6.3** ~ s.o. over **to** sth. *iem. voor iets winnen.*

winbet **0.1** ***weddenschap dat een paard als eerste zal eindigen.***

wince¹ [wins] ⟨zn.⟩ **0.1** ***huivering*** ⟨v. pijn, angst⟩ ◆ **6.1** **without** a ~ *zonder een spier te vertrekken.*

wince² ⟨ww.⟩ **0.1** ***huiveren*** ⇒*ineenkrimpen* ⟨v. pijn enz.⟩; *terugdeinzen* ◆ **6.1** ~ **at** s.o.'s words *van iemands woorden huiveren.*

winceyette [winsie·et] ⟨BE⟩ **0.1** ***flanel.***

winch [wintsj] **0.1** ⟨zn.⟩ ***windas*** ⇒*lier* **0.2** ⟨ww.⟩ ***opwinden met een windas.***

wind[1] [wajnd] ⟨zn.⟩ **0.1** ***slag*** *⇒(om)wenteling, draai.*

wind[2] [wind, ⟨dicht. ook⟩ wajnd] **I** ⟨telb. en n.-telb.zn.⟩ **0.1** ***wind*** *⇒luchtstroom, tocht; rukwind* **0.2** ***wind(streek)*** *⇒ windrichting* ◆ **1.1** ⟨fig.⟩ take the ~ from / out of s.o.'s sails *iem. de wind uit de zeilen nemen* **2.1** fair ~ *gunstige wind* **3.¶** (see) how the ~ blows / lies *(kijken) uit welke hoek de wind waait;* fling / throw sth. to the ~s *iets in de wind slaan / veronachtzamen* **5.¶** (sail) **close** to the / **near** the ~ ⟨scheep.⟩ *scherp (bij de wind) (zeilen);* ⟨fig.⟩ *de grens v.h. oirbare / toelaatbare (raken)* **6.2** (sail / run) **before** the ~ *voor de wind (zeilen)* **6.¶** there's sth. **in** the ~ *er is iets gaande / aan de hand;*
II ⟨n.-telb.zn.⟩ **0.1** ***adem(haling)*** *⇒lucht* **0.2** ***(buik)wind*** *⇒ darmgassen* **0.3** ***wind*** *⇒kletspraat* ◆ **1.3** load of ~ *kletspraat* **3.1** get back / recover one's ~ *(weer) op adem komen* **3.2** ⟨euf.⟩ break ~ *een wind laten* **3.¶** get ~ of sth. *ergens lucht van krijgen* **5.¶** ⟨inf.⟩ get / have the ~ **up** *hem knijpen, in de rats zitten;* ⟨inf.⟩ put the ~ **up** *de stuipen op het lijf jagen* **7.¶** second ~ *het weer op adem komen; (nieuwe) energie (voor tweede krachtsinspanning);* get one's second ~ *er weer tegenaan kunnen;*
III ⟨mv.⟩ **0.1** ***windstreken*** **0.2** ⟨the⟩ ***blazers(sectie)*** ◆ **6.¶** **to** the (four) ~s *in het rond, alle kanten op.*

wind[3] [wajnd]⟨ww.; ook wound, wound [waund]⟩ **0.1** ***blazen (op)*** *⇒doen schallen* ◆ **1.1** ~ a horn *op een hoorn blazen.*

wind[4] [wajnd]⟨vnl. wound, wound [waund]⟩ **I** ⟨onov.ww.⟩ **0.1** ***kronkelen*** *⇒zich slingeren* **0.2** ***spiralen*** *⇒zich draaien* ◆ **1.1** the river ~s through the landscape *de rivier kronkelt door het landschap* **1.2** ~ing staircase / stairs *wenteltrap;*
II ⟨onov. en ov.ww.⟩ **0.1** ***winden*** *⇒spoelen, draaien* ◆ **5.¶** ~ **on** (a film) *(een filmpje) doorspoelen.* →**wind down, wind up;**
III ⟨ov.ww.⟩ **0.1** ***zich slingerend banen*** *⇒door / indringen* **0.2** ***winden*** *⇒wikkelen, (op)rollen* **0.3** ***omwinden*** *⇒omwikkelen* **0.4** ***(rond)draaien*** *⇒*⟨ihb.⟩ *opwinden* ⟨horloge⟩ **0.5** ***(ver)vlechten*** *⇒sluw verwerken* ◆ **1.1** the river ~s its way through the valley *de rivier kronkelt zich door het dal* **1.2** ~ wool *wol op een kluwen winden* **1.3** ~ one's arms (a)round s.o. *zijn armen om iem. heen slaan* **1.4** ~ one's watch *zijn horloge opwinden* **1.5** ~ a threat into a letter *een dreigement in een brief vervlechten* **5.2** ~ **back** *terugspoelen;* ~ **in** *binnen / inhalen* ⟨v. vis(lijn)⟩. →**wind down, wind up.**

wind[5] [wind] ⟨ww.⟩ **0.1** ***(be)speuren*** *⇒lucht krijgen van* ⟨ihb. v. honden⟩ **0.2** ***buiten adem brengen*** *⇒*⟨ihb.⟩ *naar adem laten snakken / happen* ⟨door een stomp⟩ **0.3** ***op adem laten komen*** *⇒laten uitblazen* ⟨ihb. v. paard⟩ **0.4** ***laten boeren*** ⟨klein kindje⟩.

wind-assisted ⟨atletiek⟩ **0.1** ***met (te veel) rugwind.***

windbag [win(d)bæg] ⟨inf.⟩ **0.1** ***ouwehoer.***

windbreak **0.1** ***beschutting (tegen de wind).***

windbreaker ⟨AE⟩ **0.1** ***windjack*** *⇒windjekker.*

windchill **0.1** ***gevoelstemperatuur*** *⇒windverkilling.*

windchill factor, windchill index **0.1** ***verkillingsfactor.***

wind down [wajnd daun] **I** ⟨onov.ww.⟩ **0.1** ***aflopen*** ⟨v. uurwerkveer⟩ *⇒steeds langzamer gaan lopen* **0.2** ***zich ontspannen*** *⇒uitrusten;*
II ⟨ov.ww.⟩ **0.1** ***omlaagdraaien*** **0.2** ***terugschroeven*** *⇒ verminderen* ◆ **1.1** ~ a car window *een portierraampje naar beneden draaien.*

wind energy **0.1** ***windenergie.***

windfall **0.1** ***afgewaaide vrucht*** **0.2** ***meevaller*** *⇒mazzeltje;* ⟨ihb.⟩ *erfenisje.*

wind farm, windmill farm **0.1** ***windmolenpark.***

windgauge [win(d)geedzj] **0.1** ***windmeter*** *⇒anemometer, anemograaf.*

winding [wajnding] **0.1** ***winding*** *⇒slag;* ⟨ook tech.⟩ *wikkeling* **0.2** ***kronkel(ing)*** *⇒bocht, draai.*

winding sheet [wajnding sjie:t] **0.1** ***lijkwade*** *⇒lijkkleed.*

winding-up [wajndingup] ⟨hand.⟩ **0.1** ***liquidatie*** *⇒opheffing.*

windjammer [win(d)dzjæmə] ⟨scheep.⟩ **0.1** ***windjammer.***

windlass [windləs] **0.1** ***windas*** *⇒lier;* ⟨scheep.⟩ *ankerspil.*

windless [windləs] **0.1** ***windstil.***

windmill [win(d)mil] **0.1** ***windmolen*** *⇒windturbine* **0.2** ***(speelgoed)molentje*** ◆ **3.¶** fight / tilt at ~s *tegen windmolens vechten.*

windmill farm →**wind farm.**

window [windoo] **0.1** ***raam*** *⇒venster;* ⟨ihb.⟩ *ruit* **0.2** ***etalage*** **0.3** ***venster*** ⟨v. envelop(pe)⟩. →**French.**

window-box **0.1** ***bloembak*** ⟨in de buitenvensterbank⟩.

window-cleaner **0.1** ***glazenwasser.***

window-dressing **0.1** ***het etaleren*** *⇒etalage* **0.2** ***etalage(-inrichting / materiaal).***

window envelope **0.1** ***vensterenvelop(pe).***

window frame **0.1** ***(venster)kozijn*** *⇒raamlijst.*

windowpane **0.1** ***(venster)ruit.***

window shade ⟨AE⟩ **0.1** ***(over)gordijn*** *⇒*⟨ihb.⟩ *rolgordijn.*

window-shop ⟨-ped⟩ **0.1** ***etalages kijken*** ◆ **3.1** go ~ping *etalages gaan kijken.*

window-shopper **0.1** ***etalagekijker.***

windowsill **0.1** ***vensterbank*** *⇒raamkozijn.*

windpipe **0.1** ***luchtpijp.***

windscreen ⟨BE⟩ **0.1** ***voorruit*** ⟨v. auto⟩.

windscreen washer, ⟨AE⟩ **windshield washer** **0.1** ***ruitensproeier.***

windscreen wiper ⟨BE⟩ **0.1** ***ruitenwisser.***

windshield **0.1** ***windscherm*** ⟨v. motor / scooter⟩ **0.2** ⟨AE⟩ ***voorruit*** ⟨v. auto⟩.

windshield wiper ⟨AE⟩ **0.1** ***ruitenwisser.***

windsock, windsleeve **0.1** ***windzak*** ⟨op vliegveld⟩.

windstorm **0.1** ***storm*** ⟨met weinig regen⟩.

windsurf ⟨sport⟩ **0.1** ***(wind)surfen*** *⇒plankzeilen.*

windsurfer ⟨sport⟩ **0.1** ***windsurfer*** *⇒plankzeiler.*

windsurfing **0.1** ***windsurfen.***

windswept **0.1** ***winderig*** *⇒door de wind geteisterd* **0.2** ***verwaaid*** *⇒verfomfaaid.*

wind tunnel ⟨tech.⟩ **0.1** ***windtunnel.***

wind turbine **0.1** ***windturbine*** *⇒windgenerator.*

wind up [wajnd up] **I** ⟨onov.ww.⟩ **0.1** ⟨inf.⟩ ***eindigen*** ⟨als⟩ *⇒ terechtkomen* ⟨in⟩, *worden* ⟨tot⟩ **0.2** ⟨hand.⟩ ***sluiten*** *⇒liquideren, zich opheffen* ◆ **1.1** he'll ~ in prison *hij belandt nog eens in de gevangenis* **6.1** you'll ~ **with** an ulcer *jij loopt nog eens een maagzweer op;*
II ⟨onov. en ov.ww.⟩ **0.1** ***besluiten*** *⇒beëindigen, afronden* ◆ **1.1** ~ a conversation / project *een gesprek / project beëindigen* **¶.1** winding up *tot besluit; resumerend;*
III ⟨ov.ww.⟩ **0.1** ***opwinden*** *⇒opdraaien* ⟨v. veermechanisme⟩ **0.2** ***omhoogdraaien*** *⇒ophalen / hijsen* **0.3** ⟨vnl. pass.⟩ ***opwinden*** *⇒opzwepen* **0.4** ⟨inf.⟩ ***pesten*** *⇒treiteren* ◆ **1.1** ~ an alarm *een wekker opwinden* **¶.3** be / get wound up *opgewonden zijn / raken.*

wind-up[1] ⟨zn.⟩ **0.1** ***afsluiting*** **0.2** ***einde.***

wind-up[2] ⟨bn.⟩ **0.1** ***slot-*** **0.2** ***opwindbaar*** ◆ **1.1** ~ speech *slotrede / woord* **1.2** a ~ toy car *een opwindautootje.*

windward[1] [win(d)wəd] ⟨zn.⟩ **0.1** ***loef(zijde).***

windward[2] ⟨bn.⟩ **0.1** ***loef-*** *⇒wind-* **0.2** ***windwaarts*** *⇒tegen de wind (in)* ◆ **1.1** ~ side *loef / windzijde.*

windward[3] ⟨bw.⟩ **0.1** ***windwaarts*** *⇒tegen de wind in.*

wind|y [windie] ⟨-iness⟩ **0.1** ***winderig*** *⇒open, onbeschut* **0.2** ***winderig*** *⇒opgeblazen, gezwollen* ⟨v. woorden e.d.⟩ **0.3** ⟨BE; inf.⟩ ***bang.***

wine[1] [wajn] ⟨zn.⟩ **0.1** ***wijn*** ◆ **1.¶** ~, women and song *wijntje en trijntje; Wein, Weib und Gesang.*
wine[2] ⟨ww.⟩ ◆ **3.¶** ~ and dine *uitgebreid dineren; op een diner trakteren.*
wine bar ⟨BE⟩ **0.1** ***wijnlokaal*** ⇒*bodega.*
winebibber [wajnbibbə] **0.1** ***pimpelaar*** ⇒*drinkebroer.*
winebibbing [wajnbibbing] **0.1** ***het pimpelen.***
wine cellar 0.1 ***wijnkelder*** ⇒⟨bij uitbr.⟩ *wijncollectie.*
wineglass 0.1 ***wijnglas.***
winepress 0.1 ***wijnpers*** ⇒*druivenpers.*
wing[1] [wing] ⟨zn.⟩⟨→s2⟩ **0.1** ***vleugel*** ⟨v. vogel/insect/enz.⟩ **0.2** ⟨bouwk.⟩ ***vleugel, zijstuk*** **0.3** ⟨mil.⟩ ***vleugel, flank*** **0.4** ⟨pol.; fig.⟩ ***(partij)vleugel*** **0.5** ⟨voetbal, rugby; fig.⟩ ***vleugel-(speler)*** **0.6** ⟨vnl. mv.; dram.⟩ ***coulisse*** **0.7** ⟨mv.; BE⟩ ***vliegersinsigne*** ◆ **3.1** ⟨fig.⟩ give/lend ~s to *vleugels geven (aan);* ⟨fig.⟩ spread/stretch one's ~s *op eigen benen gaan staan;* ⟨fig.⟩ take under one's ~s *onder zijn vleugels/hoede nemen* **3.¶** clip s.o.'s ~s *iem. kortwieken;* take ~s *(weg)-vliegen; ervandoor gaan* **6.6 in** the ~s *achter de coulissen* **6.¶ on** the ~ *in de vlucht.*
wing[2] **I** ⟨onov. en ov.ww.⟩ **0.1** ***vliegen*** ⇒*(als) op vleugels gaan;*
II ⟨ov.ww.⟩ **0.1** ***van vleugels voorzien*** ⇒⟨fig.⟩ *vleugels geven, voortjagen* **0.2** ***vleugellam maken*** ⇒*aan de vleugel verwonden;* ⟨scherts.⟩ *aan de arm verwonden.*
wing commander ⟨mil.⟩ **0.1** ***commandant v. luchtgevechtseenheid*** ⟨ong. luitenant-kolonel⟩.
winged [wingd, ⟨dicht.⟩ wingid] **0.1** ***gevleugeld.***
winger [wingə] ⟨→s2⟩⟨vnl. BE; voetbal, rugby⟩ **0.1** ***vleugelspeler*** ⇒⟨ihb.⟩ *buitenspeler.*
wingless [wingləs] **0.1** ***zonder vleugels.***
wing nut 0.1 ***vleugelmoer.***
wing screw 0.1 ***vleugelschroef*** ⇒*vleugelbout.*
wingspan 0.1 ***vleugelspanning*** ⇒⟨ihb. luchtv.⟩ *spanwijdte.*
wink[1] [wingk] ⟨zn.⟩ **0.1** ***knipperbeweging*** ⟨met de ogen⟩ ⇒⟨ihb.⟩ *knipoog(je)* **0.2** ⟨vnl. enk.⟩ ***ogenblik*** ⟨ihb. mbt. slaap⟩ ◆ **3.1** give s.o. a ~ *iem. een knipoog geven* **3.2** not get a ~ (of sleep)/not sleep a ~ *geen oog dichtdoen* **3.¶** ⟨inf.⟩ tip s.o. the ~ *iem. een hint/seintje/wenk geven* **7.¶** forty ~s *dutje.* →**nod.**
wink[2] **I** ⟨onov.ww.⟩ **0.1** ***knipogen*** **0.2** ***twinkelen*** ◆ **6.1** ~ **at** s.o. *iem. een knipoog geven;*
II ⟨onov. en ov.ww.⟩ **0.1** ***knipperen (met) (de ogen)*** **0.2** ⟨BE⟩ ***knipperen (met)*** ⇒*aan en uit doen/gaan* ⟨v. lampen⟩ ◆ **1.2** ~ one's lights *met zijn lichten knipperen.*
winker [wingkə] ⟨vnl. mv.⟩⟨BE; inf.⟩ **0.1** ***richtingaanwijzer*** ⇒*knipperlicht.*
winking light ⟨vnl. mv.⟩⟨BE⟩ **0.1** ***richtingaanwijzer.***
winkle [wingkl] ⟨dierk.⟩ **0.1** ***alikruik.***
winkle out 0.1 ***los/uitpeuteren*** ⇒*uitpersen* ◆ **1.1** winkle information out of s.o. *informatie van iem. lospeuteren.*
winner [winnə] **0.1** ***winnaar*** **0.2** ***(kas)succes*** ◆ **6.2** be **onto** a ~ *een lot uit de loterij hebben.*
winning [winnin] **0.1** ***winnend*** ⇒*zegevierend* **0.2** ***innemend*** ⇒*aantrekkelijk* ⟨glimlach enz.⟩.
winnings [winningz] **0.1** ***(gok/speel)winst.***
winnow [winnoo] **0.1** ***wannen*** ⇒*v. kaf ontdoen* **0.2** ***(uit)ziften*** ⇒*schiften* ◆ **1.1** ~ the chaff (away/out) (from the grain) *het kaf (uit het koren) wannen.*
wino [wajnoo] ⟨mv.: ook -es⟩⟨sl.⟩ **0.1** ***zuiplap*** ⇒*dronkenlap.*
winsome [winsəm] ⟨-ness⟩ **0.1** ***aantrekkelijk*** ⇒*charmant.*
winter[1] [wintə] ⟨zn.⟩ **0.1** ***winter*** ◆ **1.¶** a man of sixty ~s *een man van zestig jaren* **6.1 in** ~ *'s winters, in de winter* **7.1** last/this ~ *afgelopen/komende winter.*
winter[2] ⟨ww.⟩ **0.1** ***overwinteren.***
winter garden 0.1 ***wintertuin*** ⇒*oranjerie.*
wintergreen 0.1 ⟨plantk.⟩ ***Gaultheria van Canada*** ⟨Gaultheria procumbens⟩ **0.2** ***wintergroenolie.***
winter quarters ⟨ww. ook enk.⟩ **0.1** ⟨vnl. mil.⟩ ***winterkwartier(en).***
winter sports 0.1 ***wintersporten.***
wintertime 0.1 ***wintertijd*** ⇒*winter(seizoen)* ◆ **6.1 in** (the) ~ *in de winter.*
winter wheat 0.1 ***wintertarwe.***
wintry, wintery [wintrie] **0.1** ***winters*** ⇒*winter-, guur.*
wipe[1] [wajp] ⟨zn.⟩ **0.1** ***veeg*** ◆ **3.1** give sth. a ~ *iets even afvegen/nemen.*
wipe[2] ⟨ww.⟩ **0.1** ***(af)vegen*** ⇒*(weg)wrijven, (uit/weg)wissen* **0.2** ***(af)drogen*** ⇒*droog wrijven* **0.3** ⟨sl.⟩ ***meppen*** ⇒*slaan* ◆ **1.1** ~ one's eyes *zijn tranen afvegen;* ~ one's feet/shoes *zijn voeten vegen* **1.2** ~ one's hands *zijn handen afdrogen* **5.1** ~ **away** *wegvegen/wrijven;* ~ **down**, give a wipe-down *afnemen* ⟨met natte doek⟩ **6.1** ~ a sentence **off** the board *een zin op het bord uitvegen;* my remark ~d the smile **off** his face *mijn opmerking deed de glimlach v. zijn gezicht verdwijnen.*
wipe off I ⟨onov.ww.⟩ **0.1** ***af/wegveegbaar zijn*** ⇒*uitwisbaar zijn* ◆ **1.1** paint won't ~ *verf kun je niet wegvegen;*
II ⟨ov.ww.⟩ **0.1** ***af/wegvegen*** ⇒*uitwissen* **0.2** ***tenietdoen*** ⇒⟨ihb.⟩ *delgen* ⟨schuld e.d.⟩.
wipe out 0.1 ***uitvegen*** ⇒*uitdrogen, (van binnen) schoonmaken* **0.2** ***vereffenen*** ⇒*delgen, uitwissen* **0.3** ***wegvagen*** ⇒ *met de grond gelijk maken, uitroeien, vernietigen* **0.4** ***uit/wegvegen*** ⇒*uitwissen.*
wiper [wajpə] **0.1** ***ruitenwisser.***
wipe up I ⟨onov. en ov.ww.⟩ **0.1** ***afdrogen*** ◆ **3.1** help to ~ (the dishes)/with the wiping-up *helpen met afdrogen;*
II ⟨ov.ww.⟩ **0.1** ***opnemen*** ⇒*opdweilen.*
wire[1] [wajjə] **I** ⟨telb.zn.⟩ **0.1** ***metaalkabel*** ⇒⟨ihb.⟩ *telefoon/telegraafkabel/lijn* **0.2** ⟨vnl. AE; inf.⟩ ***telegram*** ◆ **6.2 by** ~ *telegrafisch, per telegram.* →**live;**
II ⟨telb. en n.-telb.zn.⟩ **0.1** ***metaaldraad*** ◆ **3.1** barbed ~ *prikkeldraad* **3.¶** pull (the) ~s *achter de schermen stoken.*
wire[2] **I** ⟨onov. en ov.ww.⟩⟨vnl. AE; inf.⟩ **0.1** ***telegraferen*** ◆ **1.1** ~ (to) s.o. *iem. een telegram sturen;*
II ⟨ov.ww.⟩ **0.1** ***met (een) dra(a)d(en) vastmaken/verbinden*** **0.2** ***(aan een draad) rijgen*** **0.3** ⟨elek.⟩ ***bedraden.***
wire-cutter(s) 0.1 ***draadschaar.***
wired [wajjə:d] **0.1** ***(met draad) verstevigd*** ⟨v. kleding⟩ **0.2** ***op het alarmsysteem aangesloten*** **0.3** ***voorzien v. afluisterapparatuur.***
wire-haired 0.1 ***ruwharig*** ⟨v. hond⟩.
wireless[1] [wajjələs], ⟨in bet. 0.2 ook⟩ **wireless set** ⟨zn.⟩ **0.1** ***radiotelegrafie/telefonie*** ⇒*draadloze telegrafie/telefonie* **0.2** ⟨the; vero.; BE⟩ ***radio*** ◆ **6.1** (send a message) **by** ~ *(een boodschap) radiotelefonisch/telegrafisch (verzenden)* **6.2 on/over** the ~ *op/via de radio.*
wireless[2] ⟨bn.⟩ **0.1** ***draadloos*** ⇒⟨ihb.; BE⟩ *radio-* ◆ **1.1** ~ telegraphy *draadloze telegrafie;* ~ telephone *radiotelefoon.*
wire mesh 0.1 ***draadgaas*** ⇒*harmonicagaas, vlechtdraad.*
wire netting 0.1 ***grof draadgaas.***
wirepuller 0.1 ***stoker*** ⇒*iem. die achter de schermen ageert.*
wiretap ⟨-ped⟩⟨vnl. AE⟩ **0.1** ***afluisteren*** ⟨via de telefoon⟩.
wiretapping 0.1 ***het afluisteren.***
wire wool 0.1 ***staalwol.***
wireworm ⟨dierk.⟩ **0.1** ***ritnaald.***
wiring [wajjəring] ⟨elek.⟩ **0.1** ***bedrading.***
wir|y [wajjərie] ⟨-iness⟩ **0.1** ***draad-*** ⇒*als/van draad* **0.2** ***taai*** ⇒*buigzaam/sterk als draad;* ⟨bij uitbr.⟩ *weerbarstig* ⟨haar⟩ **0.3** ***pezig.***

wisdom [wizdəm] **0.1** ***wijsheid.***
wisdom tooth 0.1 ***verstandskies.***
wise [wajz] ⟨-r⟩ **0.1** ***wijs*** ⇒*verstandig* ◆ **1.¶** ~ man *tovenaar;* ⟨ihb.⟩ *(een der) Wijze(n) uit het Oosten;* it is easy to be ~ after the event *achteraf is het (altijd) makkelijk praten* **3.1** he ~ly kept silent *hij zweeg wijselijk* **3.¶** ⟨sl.⟩ get ~ *kapsones krijgen;* put s.o.~ (to s.o./sth.) *iem. (wat iem./iets betreft) uit de droom helpen* **5.1** be ~ enough not to do sth. *zo wijs zijn iets niet te doen* **6.¶** ⟨inf.⟩ be/get ~ **to** (s.o./sth.) *(iem./iets) door/in de gaten hebben/krijgen;* **without** anyone's being the ~r *onopgemerkt, zonder dat er een haan naar kraait* **7.¶** (come away) no/none the ~r/not much ~r *niets/weinig wijzer (zijn geworden).* →**easy, penny.**
wiseacre [wajzeekə], **wise guy** ⟨inf.⟩ **0.1** ***wijsneus*** ⇒*betweter.*
wisecrack ⟨inf.⟩ **0.1** ⟨zn.⟩ ***grappige opmerking*** **0.2** ⟨ww.⟩ ***een grappige opmerking maken.***
wisely [wajzlie] **0.1** →**wise** **0.2** ***wijselijk*** ◆ **¶.2** ~, he decided to stay away *wijselijk besloot hij weg te blijven.*
wise up ⟨vnl. AE; inf.⟩ **I** ⟨onov.ww.⟩ **0.1** ***in de gaten/smiezen krijgen*** ⇒*door krijgen* ◆ **6.1** ~ **to** what is going on *in de smiezen krijgen wat er gaande is;*
II ⟨ov.ww.⟩ **0.1** ***uit de droom helpen*** ◆ **3.1** get wised up *wakker/uit de droom geholpen worden.*
wish¹ [wisj] ⟨zn.⟩ **0.1** ***verlangen*** ⇒*behoefte, zin* **0.2** ***wens*** ◆ **2.1** have a great ~ to go somewhere *een sterk verlangen hebben ergens heen te gaan* **2.2** best/good ~es *beste wensen* **3.1** she had no/not much ~ to go there *ze had geen/weinig zin om erheen te gaan* **3.2** express a ~ to *de wens te kennen geven te;* I have got my ~ *mijn wens is vervuld;* she couldn't grant my ~ *ze kon mijn wens niet inwilligen;* make a ~ *een wens doen* **7.2** a last ~ *een laatste wens.*
wish² ⟨ww.⟩ **0.1** ***wensen*** ⇒*willen, verlangen* **0.2** ***(toe)wensen*** ◆ **1.1** ⟨alleen teg. t.⟩ I ~ I were/⟨BE ook⟩ was a cat *ik wou dat ik een kat was* **1.2** ~ s.o. good day *iem. goedendag zeggen* **5.2** ~ s.o. ill *iem. verwensen;* ~ s.o. well *iem. het beste wensen* **5.¶** ~ **away** *wegwensen, wensen dat iets niet bestond* **6.1** have everything one could (possibly) ~ **for** *alles hebben wat zijn hartje begeert;* what more can you ~ **for**? *wat wil je nog meer?* **6.¶** I wouldn't wish that **on** my worst enemy *dat zou ik mijn ergste vijand nog niet toewensen;* don't wish your kids **on** me again *scheep mij (nu) niet weer met je kinderen op.*
wishbone 0.1 ***vorkbeen*** ⟨v. vogel⟩.
wishful [wisjfl] **0.1** ***wensend*** ⇒*verlangend* ◆ **3.1** ~ thinking *wishful thinking;* ⟨ong.⟩ *vrome wens, ijdele hoop.*
wishy-washy [wisjiewosjie] **0.1** ***waterig*** ⇒*slap, dun* **0.2** ***krachteloos*** ⇒*slap, armzalig.*
wisp [wisp] **0.1** ***bosje*** ⇒*bundeltje* **0.2** ***pluimpje*** ⇒*plukje* **0.3** ***sliert*** ⇒*kringel, (rook)pluim(pje)* ◆ **1.1** ~ of hay *bosje hooi* **1.2** ~ of hair *plukje haar, piek* **1.3** ~ of steam *sliert stoom.*
wispy [wispie] **0.1** ***in (een) bosje(s)*** ⇒*plukkig, piekerig* **0.2** ***sliertig*** ⇒*kringelend* **0.3** ***dun.***
wisteria [wistiəriə] ⟨plantk.⟩ **0.1** ***wisteria*** ⇒⟨ihb.⟩ *blauweregen.*
wistful [wistfl] ⟨-ness⟩ **0.1** ***weemoedig*** ⇒*melancholiek, droefgeestig* **0.2** ***smachtend.***
wit¹ [wit] **I** ⟨telb.zn.⟩ **0.1** ***gevat/geestig iem.;***
II ⟨n.-telb.zn.⟩ **0.1** ***scherpzinnigheid*** **0.2** ***geestigheid*** ◆ **3.1** have the ~ to realise sth. *zo scherpzinnig zijn iets te beseffen;*
III ⟨n.-telb.zn., mv.⟩ ⟨vaak mv. met enk. bet.⟩ **0.1** ***verstand*** ⇒*benul, intelligentie* ◆ **1.¶** at one's ~s' end *ten einde raad* **2.1** have quick/slow ~s *vlug/traag v. begrip zijn* **3.¶** have/keep one's ~s about one *alert zijn; bijdehand/pienter zijn;* live by/on one's ~s *op ongeregelde/bijdehante manier aan de kost komen* **6.1** have enough ~/the ~(s) **to** say no *zo verstandig zijn nee te zeggen* **6.¶ out of** one's ~s *niet goed wijs, gek.*
wit² ⟨ww.⟩ ◆ **¶.¶** ⟨vnl. schr.; jur.⟩ to ~ *te weten, namelijk, dat wil zeggen.*
witch [witsj] **0.1** ***heks*** **0.2** ***verleidelijke vrouw.***
witchcraft 0.1 ***tove(na)rij*** ⇒⟨ihb.⟩ *hekserij.*
witch doctor 0.1 ***medicijnman.***
witchery [witsjərie] **0.1** ***betovering*** ⇒*bekoring, charme* **0.2** ***tovenarij.***
witch hunt 0.1 ***heksenjacht*** ⟨lett. en fig.⟩.
witching [witsjing] **0.1** ***heksen-*** ⇒*spook-* **0.2** ***betoverend*** ⇒*bekoorlijk* ◆ **1.1** the ~ hour *het spookuur, middernacht.*
with [wið, wiθ] **0.1** ⟨betrokkenheid bij handelingstoestand⟩ ***met*** **0.2** ⟨richting⟩ ***mee met*** ⇒*overeenkomstig (met)* **0.3** ⟨begeleiding, samenhang, kenmerk⟩ ***(samen) met*** ⇒*bij, inclusief, hebbende* **0.4** ⟨plaats; ook fig.⟩ ***bij*** ⇒*toevertrouwd aan* **0.5** ⟨tegenstelling⟩ ***niettegenstaande*** **0.6** ⟨middel of oorzaak⟩ ***met*** ⇒*met behulp v., door middel/toedoen v.* **0.7** ⟨tijd⟩ ***bij*** ⇒*tegelijkertijd/samen met* ◆ **1.1** he fell in love ~ Jill *hij werd verliefd op Jill;* a conversation ~ Jill *een gesprek met Jill;* compared ~ Mary *vergeleken bij Mary;* angry ~ Sheila *kwaad op Sheila* **1.2** I walked part of the way ~ the girl *ik wandelde een eindje met het meisje mee;* ~ your permission *met uw toestemming;* it changes ~ the seasons *het verandert met de seizoenen;* ~ the sun *met de zon mee;* sail ~ the wind *met de wind zeilen* **1.3** he assumed, ~ the author, that ... *hij nam, met de auteur, aan dat ...;* she can sing ~ the best of them *ze kan zingen als de beste;* he worked ~ Bayer *hij werkte bij Bayer;* this, ~ the books, should do *met de boeken, zou dit moeten volstaan;* ~ the bow it looks just like new *met de strik ziet het eruit als nieuw;* he came ~ his daughter *hij kwam met zijn dochter;* ~ a gentle disposition *met een zacht karakter;* he did it ~ ease *hij deed het met gemak;* do business ~ the farmers *zaken doen met de boeren;* he watched ~ fear *hij keek toe vol angst;* he walked ~ his hands in his pockets *hij liep met de handen in de zakken;* I like it ~ sauce *ik eet het graag met saus;* it went ~ great speed *het ging heel snel* **1.4** she stayed ~ her aunt *ze verbleef bij haar tante;* I left it ~ Jill *ik vertrouwde het aan (de zorgen van) Jill toe;* the doctor is ~ John *de dokter is bij Jan;* ~ Mary it always fails *bij Mary mislukt het altijd* **1.5** a nice girl, ~ all her faults *een lief meisje, ondanks haar gebreken* **1.6** be ill/down ~ the 'flu *de griep hebben;* bowed down ~ grief *gebukt onder droefenis;* they woke her ~ their noise *zij maakten haar wakker met hun lawaai;* pleased ~ the results *tevreden over de resultaten;* mix it ~ a spoon *meng het met een lepel;* filled ~ water *vol water;* sick ~ worry *ziek van de zorgen* **1.7** he rises ~ the dawn *hij staat op bij het ochtendkrieken;* ~ his death all changed *met zijn dood veranderde alles;* he arrived ~ Mary *hij kwam tegelijkertijd met Mary aan* **4.2** are you still ~ me? *snap je me nog?, kun je me nog volgen?;* come ~ me *kom met mij mee* **4.3** what's ~ him? *wat is er met hem (aan de hand)?;* spring is ~ us *het is lente;* peace be ~ you *vrede zij met u;* it's all right ~ me *ik vind het goed/mij is het om het even* **4.7** ~ that he left *dit gezegd zijnde vertrok hij;* she's not ~ it *ze heeft geen benul; ze is hopeloos ouderwets;* what ~ this, that and the other, I never finished it *met alles wat erbij kwam heb ik het nooit afgekregen* **4.¶** I'm ~ you there *dat ben ik met je eens* **5.¶ away/down** ~ him! *weg met hem!;* ⟨vnl. pej.⟩ he's **in** ~ some oddballs *hij gaat om met enkele rare snuiters;* **off** ~ you *maak dat je wegkomt;* it's all **over** ~ him *het is met hem afgelopen;*

what's **up** ~ him? *wat heeft hij?* ¶.3 ⟨elliptisch⟩ she likes her coffee ~ *ze heeft haar koffie het liefst mét (melk).* →**be with.**

withdraw [wiðdro:, wiθ-]⟨withdrew [-droe:], withdrawn [-dro:n]⟩ **I** ⟨onov.ww.⟩ **0.1** ***uit de weg gaan*** ⇒*opzij gaan* **0.2** ***zich terugtrekken*** **0.3** ***zich onttrekken aan*** ⇒*niet deelnemen* ◆ **1.2** the army withdrew *het leger trok terug* **6.1** ~ **against** a wall *zich tegen een muur drukken* **6.2** ~ **from** a room *zich uit een kamer terugtrekken;*
II ⟨ov.ww.⟩ **0.1** ***terugtrekken*** **0.2** ***onttrekken aan*** ⇒*niet laten deelnemen* **0.3** ***terugnemen*** ⟨opmerking, belofte⟩ ⇒ *herroepen* **0.4** ***opnemen*** ⟨v. bankrekening⟩ ◆ **1.1** ~ an army *een leger terugtrekken;* ~ one's hand *zijn hand terugtrekken;* ~ one's labour *in staking gaan* **1.3** ~ a(n) offer/promise *op een aanbod/belofte terugkomen* **1.4** ~ ten pound *tien pond opnemen* **6.2** ~ a team **from** a tournament *een ploeg uit een toernooi terugtrekken.*

withdrawal [wiðdro:əl, wiθ-] **0.1** ***terugtrekking*** ⇒*terugtocht, het (zich) terugtrekken;* ⟨bij uitbr.⟩ *vervreemding* **0.2** ***intrekking*** ⟨bv. v. belofte⟩ **0.3** ***opname*** ⟨v. bankrekening⟩ **0.4** ***ontwenning*** ⟨v. verslavend middel⟩.

withdrawal symptom ⟨vnl. mv.⟩ **0.1** ***ontwenningsverschijnsel.***

withdrawn [wiðdro:n, wiθ-] **0.1** ***teruggetrokken*** ⇒*op zichzelf (levend)* **0.2** ***(kop)schuw*** ⇒*bescheiden, verlegen.*

wither [wiðə] **I** ⟨onov.ww.⟩ **0.1** ***verwelken*** ⇒*verdorren* **0.2** ***vergaan*** ◆ **1.1** ~ed leaves *dorre bla(de)ren* **1.2** my hopes ~ed (away) *mijn hoop vervloog;*
II ⟨ov.ww.⟩ **0.1** ***doen verwelken/verdorren*** **0.2** ***doen vergaan/wegkwijnen*** **0.3** ***vernietigen*** ⇒*wegvagen;* ⟨ihb.⟩ *het zwijgen opleggen* ◆ **6.3** ~ s.o. **with** a look *iem. met een blik het zwijgen opleggen.*

withers [wiðəz] **0.1** ***schoft*** ⟨v. paard⟩.

withhold [wiðhoold, wiθ-]⟨withheld, withheld [-held]⟩ **0.1** ***onthouden*** ⇒*niet geven/inwilligen/toestaan, inhouden* ◆ **1.1** ~ one's consent *zijn toestemming weigeren* **6.1** ~ one's support **from** s.o. *iem. zijn steun onthouden.*

within[1] [wiðin] ⟨bw.; plaatsaanduidend⟩ **0.1** ⟨vero.⟩ ***binnen*** ⇒ *aan de binnenkant;* ⟨fig., v. gemoed, karakter enz.⟩ *inwendig* ◆ **2.1** rotten without and ~ *rot van binnen en van buiten;* he was fuming ~ *inwendig kookte hij v. woede;* inquire ~ *binnen te bevragen.*

within[2] ⟨vz.⟩ **0.1** ⟨plaats; ook fig.⟩ ***binnen in*** ⇒*in* **0.2** ⟨tijd⟩ ***binnen*** ⇒*vóór het einde v., vóór het verstrijken v.* **0.3** ⟨benadering en beperking⟩ ***binnen de grenzen v.*** ⇒*binnen het bereik v.* ◆ **1.1** ~ the family *in de familiekring;* ~ the organization *binnen de organisatie* **1.2** he returned ~ an hour *hij kwam binnen het uur terug* **1.3** he came to ~ six feet from the goal *hij kwam tot op anderhalve meter v.h. doel;* stay ~ one's limits *binnen de grenzen van zijn mogelijkheden blijven;* ~ ones's reach *binnen zijn bereik;* ~ sight *in zicht;* ~ the time it takes to *binnen de tijd die nodig is om te;* ~ a few years *binnen een tijdspanne v. enkele jaren.*

without[1] [wiðaut] ⟨bw.⟩ **0.1** ⟨vero.⟩ ***buiten*** ⇒*aan de buitenkant, uitwendig* **0.2** ⟨eigenlijk elliptisch gebruik v. vz.⟩ ***zonder*** ◆ **3.1** he cleaned the house within and ~ *hij maakte het huis van binnen en van buiten schoon;* it is cold ~ *het is buiten koud* **3.2** he had to do ~ *hij moest het stellen zonder.*

without[2] ⟨vz.⟩ **0.1** ***zonder*** ◆ **1.1** ~ end *zonder einde;* he spoke ~ enthusiasm *hij sprak zonder geestdrift;* he cannot do ~ his paper *hij kan niet zonder zijn krant;* ~ a penny in her pocket *zonder een cent op zak;* she left ~ a word *zij vertrok zonder een woord te zeggen* **3.1** ~ my knowing about it *zonder dat ik het wist;* it goes ~ saying *het hoeft geen betoog;* speak ~ thinking *spreken zonder nadenken.*

withstand [wiðstænd, wiθ-]⟨withstood, withstood [-stoed]⟩ **0.1** ***weerstaan*** ⇒*het hoofd bieden* **0.2** ***bestand zijn tegen*** ⇒*opgewassen zijn tegen* ◆ **1.1** ~ an attack *een aanval weerstaan/afslaan* **1.2** ~ wind and weather *bestand zijn tegen weer en wind.*

witless [witləs] ⟨-ness⟩ **0.1** ***dwaas*** ⇒*achterlijk, stom.*

witness[1] [witnis] **I** ⟨telb.zn.⟩ **0.1** ***(oog)getuige*** ⟨ook jur.⟩ **0.2** ***getuige*** ⇒*medeondertekenaar* ◆ **1.1** ~ for the defence *getuige à decharge;* ~ for the prosecution *getuige à charge;*
II ⟨n.-telb.zn.⟩ **0.1** ***getuigenis*** ⇒*getuigenverklaring* **0.2** ***getuigenis*** ⇒*(ken)teken, bewijs* ◆ **3.1** bear/give ~ (on behalf of s.o.) *getuigen (ten gunste v. iem.)* **3.¶** bear ~ of/to *staven, bewijzen* **6.2** **in** ~ **of** *als blijk/bewijs van.*

witness[2] **I** ⟨onov.ww.⟩ **0.1** ⟨ook jur.⟩ ***getuigen*** ⇒*als getuige verklaren/bevestigen* **0.2** ***getuigen*** ⇒*als bewijs dienen, pleiten* ◆ **6.1** ~ **against** s.o. *getuigen tegen iem.;* ~ **to** sth. *getuige zijn van iets;* ~ **to** having seen sth. *getuigen/als getuige verklaren dat men iets gezien heeft* **6.2** ~ **against/for** s.o. *tegen/voor iem. pleiten;*
II ⟨ov.ww.⟩ **0.1** ***getuige zijn van*** **0.2** ***getuige zijn bij*** ⇒*als getuige ondertekenen* **0.3** ***getuigen van*** ⇒*een teken/bewijs zijn van* ◆ **1.1** ~ an accident *getuige zijn v.e. ongeluk* **1.2** ~ a signature *(als getuige) medeondertekenen* **1.3** (as) ~ my poverty *waarvan mijn armoede moge getuigen* **¶.¶** ⟨schr.⟩ this is a dangerous stretch, ~ the number of accidents here this year *dit is een gevaarlijk stuk weg, getuige het aantal ongelukken hier dit jaar.*

witness box ⟨BE⟩ **0.1** ***getuigenbank.***

witness stand ⟨AE⟩ **0.1** ***getuigenbank.***

witter on [wittə] ⟨inf.⟩ **0.1** ***kletsen*** ⇒*wauwelen.*

witticism [wittissizm] **0.1** ***geestige opmerking.***

witt|y [wittie] ⟨-iness⟩ **0.1** ***geestig.***

wives [wajvz] ⟨mv.⟩ →**wife.**

wizard[1] [wizzəd] ⟨zn.⟩ **0.1** ***tovenaar*** **0.2** ***genie.***

wizard[2] ⟨bn.⟩⟨BE; sl.⟩ **0.1** ***waanzinnig*** ⇒*te gek, eindeloos* ◆ **5.1** absolutely ~ *helemaal te gek.*

wizardry [wizzədrie] **0.1** ***tove(na)rij*** ⇒*magie* **0.2** ***genialiteit.***

wizened [wiznd] **0.1** ***verschrompeld*** ⇒*gerimpeld, verweerd.*

wk ⟨afk.⟩ **0.1** [week].

woad [wood] **I** ⟨telb.zn.⟩⟨plantk.⟩ **0.1** ***wede;***
II ⟨n.-telb.zn.⟩ **0.1** ***wedeblauw*** ⟨kleurstof⟩.

wobble[1] [wobl] ⟨zn.⟩ **0.1** ***schommeling*** ⇒*afwijking, fluctuatie* **0.2** ***hapering*** ⟨in stem⟩ **0.3** ***beving*** ⇒*trilling.*

wobble[2] **I** ⟨onov.ww.⟩ **0.1** ***waggelen*** ⇒*wankelen* **0.2** ***beven*** ⇒*trillen;*
II ⟨onov. en ov.ww.⟩ **0.1** ***wiebelen/schommelen (met)*** ◆ **1.1** don't ~ your chair *zit niet met/op je stoel te wiebelen;* the table ~s *de tafel wiebelt.*

wobbl|y [woblie] ⟨-ier⟩ **0.1** ***wankel*** ⇒*onvast, wiebelig* **0.2** ***beverig*** ⇒*trillerig.*

wodge [wodzj] ⟨BE; inf.⟩ **0.1** ***homp*** ⇒*brok.*

woe [woo] **I** ⟨telb.zn.; vnl. mv.⟩ **0.1** ***ramp(spoed)*** ⇒*narigheid, ellende;*
II ⟨n.-telb.zn.⟩ **0.1** ***smart*** ⇒*wee* ◆ **1.1** tale of ~ *smartelijk verhaal* **4.1** ~ is me *wee mij* **6.1** ~ be **(un)to** the one who *wee degene die.*

wo(e)begone [woobigon] **0.1** ***treurig*** ⇒*somber, triest.*

wo(e)ful [woofl] **0.1** ***smartelijk*** ⇒*verdrietig.*

wog [wog] ⟨BE; sl.; bel.⟩ **0.1** ***bruine*** ⟨donkere buitenlander; ihb. oosterling⟩.

woke [wook] ⟨verl. t. en volt. deelw.⟩ →**wake.**

woken [wookən] ⟨volt. deelw.⟩ →**wake.**

wolf[1] [woelf] ⟨zn.; mv.: wolves; in bet. 0.1 ook wolf⟩ **0.1** ***wolf***

0.2 ⟨inf.⟩ ***versierder*** ◆ **1.¶** keep the ~ from the door *(nog) brood op de plank hebben;* ~ in sheep's clothing *wolf in schaapskleren* **3.¶** cry ~ (too often) *(te vaak) (lichtvaardig) loos alarm slaan.* →**lone.**

wolf[2] ⟨ww.⟩ **0.1** ⟨ook +down⟩ ***(op)schrokken*** ⇒*naar binnen schrokken* ⟨eten⟩.

wolf cub 0.1 ***wolfsjong*** ⇒*wolfje.*

wolfhound 0.1 ***wolfshond*** ⇒⟨ihb.⟩ *barzoi; Ierse wolfshond.*

wolfish [woelfisj] **0.1** ***wolfachtig*** ⇒*als/v. een wolf, wolf-* ◆ **1.1** a ~ appetite *honger als een paard.*

wolfram [woelfrəm] **0.1** ***wolfraam.***

wolfsbane [woelfsbeen] ⟨plantk.⟩ **0.1** ***akoniet*** ⇒*monnikskap;* ⟨ihb.⟩ *gele monnikskap.*

wolf whistle 0.1 ***lokfluitje*** ⟨v. mannen naar een vrouw⟩ ◆ **3.1** she's always getting ~s *ze wordt altijd nagefloten.*

wolves [woelvz] ⟨mv.⟩ →**wolf.**

woman [woemən] ⟨mv.: women [wimmin]⟩ **0.1** ***vrouw*** ⇒ *vrouwspersoon; de vrouw, het vrouwelijke geslacht* **0.2** ***werkster*** ⇒*(dienst)meid* **0.3** ***maîtresse*** **0.4** ***vrouw*** ⇒*echtgenote* ◆ **1.¶** ~ of the world *vrouw v.d. wereld;* ⟨sprw.⟩ a ~'s work is never done *de huisvrouw is nooit klaar met werken* **7.¶** the other ~ *de ander* ⟨met wie een man het houdt⟩ **¶.1** keep away from me, ~! *blijf van me af, mens!* → **honest, inner, little, old, outer.**

woman-chaser 0.1 ***rokken/vrouwenjager.***

woman driver ⟨mv.: women drivers⟩ **0.1** ***chauffeuse*** ⇒ *vrouw achter het stuur.*

woman-hater 0.1 ***vrouwenhater.***

womanhood [woemənhoed] **I** ⟨n.-telb.zn.⟩ **0.1** ***vrouwelijkheid*** ⇒*het vrouw-zijn;*
II ⟨zn.; ww. enk. of mv.⟩ **0.1** ***de vrouwen*** ⇒*het vrouwelijk geslacht.*

womanish [woemənisj] **0.1** ***vrouwelijk*** ⇒*vrouw(en)-* **0.2** ⟨vnl. pej.⟩ ***verwijfd*** ◆ **1.1** ~ clothes *vrouwenkleren.*

womanize, -ise [woemənajz] **0.1** ***achter de vrouwen aan zitten*** ⇒*(altijd) op de versiertoer zijn.*

womanizer, -iser [woemənajzə] **0.1** ***rokkenjager*** ⇒*versierder.*

womankind ⟨zn.⟩ **0.1** ***de vrouwen*** ⇒*het vrouwelijke geslacht.*

womanlike [woemənlajk] **0.1** ***vrouwelijk.***

womanl|y [woemənlie] ⟨-iness⟩ **0.1** ***vrouwelijk.***

woman's rights, women's rights 0.1 ***gelijkberechtiging v.d. vrouw*** ⇒*de rechten v.d. vrouw.*

womb [woe:m] **0.1** ***baarmoeder*** ⇒⟨ook fig.⟩ *schoot* ◆ **1.¶** the ~ of time *de schoot der toekomst; het begin der tijden.*

wombat [wombæt] ⟨dierk.⟩ **0.1** ***(gewone) wombat.***

women [wimmin] ⟨mv.⟩ →**woman.**

womenfolk ⟨zn.; ww. steeds mv.⟩ **0.1** ***vrouwelijke gezinsleden*** **0.2** ⟨inf.⟩ ***vrouwvolk*** ⇒*vrouwen.*

women's group 0.1 ***vrouwengroep.***

women shelter 0.1 ***blijf-van-mijn-lijfhuis*** ⇒⟨AZN⟩ *vluchthuis voor vrouwen.*

Women's Lib [- lib], **Women's Liberation 0.1** ***vrouwenemancipatiebeweging*** ⇒⟨ong.⟩ *Dolle Mina, feminisme.*

Women's Libber [- libbə] **0.1** ***lid v.d. vrouwenemancipatiebeweging*** ⇒⟨ong.⟩ *Dolle Mina, feministe.*

women's movement ⟨the⟩ **0.1** ***vrouwenbeweging.***

women's refuge, women's refuge centre, women's shelter 0.1 ***blijf-van-mijn-lijfhuis*** ⇒⟨Belg.⟩ *(vrouwen)vluchthuis, vrouwenhuis.*

Women's studies ⟨ww. ook enk.⟩ **0.1** ***vrouwenstudies.***

women's suffrage 0.1 ***stemrecht voor vrouwen.***

won [wun] ⟨verl. t. en volt. deelw.⟩ →**win.**

wonder[1] [wundə] **I** ⟨telb.zn.⟩ **0.1** ***wonder*** ⇒*volmaakt voorwerp* **0.2** ***wonder*** ⇒*mirakel* ◆ **1.1** the seven Wonders of the World *de zeven wereldwonderen* **3.2** ⟨fig.⟩ do/work ~s *wonderen doen/verrichten;* ⟨sprw.⟩ ~s never cease *de wonderen zijn de wereld nog niet uit* **¶.1** it's a ~ (that) *het is een wonder (dat);*
II ⟨n.-telb.zn.⟩ **0.1** ***verwondering*** ⇒*verbazing, bewondering* ◆ **2.1** look at sth. in silent ~ *in stille verbazing naar iets kijken* **3.1** filled with ~ *vol bewondering* **7.¶** (it is/it's) little/no ~ (that) *(het is) geen wonder (dat).* →**small.**

wonder[2] ⟨ww.⟩ **0.1** ⟨+at⟩ ***verbaasd staan (van)*** ⇒*verrast zijn, zich verbazen, (vreemd) opkijken* **0.2** ***benieuwd zijn*** ⇒*zich iets afvragen* **0.3** ***iets betwijfelen*** ⇒*zich iets afvragen* ◆ **3.1** I don't ~ *geen wonder; (dat/het) verbaast me niet(s)* **4.2** I ~ what time/who it is *hoe laat/wie zou het zijn?;* I ~ who will win *ik ben benieuwd wie er wint* **5.2** she was just ~ing how you were *ze vroeg zich net af hoe het met je ging* **6.1** I don't ~ **at** her hesitation *haar aarzeling verbaast me niet* **8.1** I shouldn't ~ if *het zou me niet verbazen als;* I ~ that she didn't leave *het verbaast me dat ze niet is weggegaan* **8.2** I ~ whether I might ask you sth. *zou ik u iets mogen vragen?;* I ~ whether she noticed *ik vraag me af of ze het gemerkt heeft* **¶.3** Is that so? I ~ *O ja? Ik betwijfel het (ten zeerste)/moet het nog zien.*

wonder boy 0.1 ***wonderkind.***

wonder drug 0.1 ***wondermiddel/medicijn.***

wonderful [wundəfl] **0.1** ***schitterend*** ⇒*geweldig, fantastisch.*

wonderingly [wundringlie] **0.1** ***verwonderd*** ⇒*verbaasd, bewonderend.*

wonderland I ⟨telb.zn.; vnl. enk.⟩ **0.1** ***wonderland*** ⇒*wonderschoon gebied;*
II ⟨n.-telb.zn.⟩ **0.1** ***wonderland*** ⇒*sprookjesland.*

wonderment [wundəmənt] **0.1** ***verwondering*** ⇒*verbazing, verrassing.*

wondrous[1] [wundrəs] ⟨bn.⟩⟨schr.⟩ **0.1** ***wonder(baarlijk)*** ◆ **1.1** ~ tales *wondere vertellingen.*

wondrous[2] ⟨bw.; alleen in comb. met bn.⟩ **0.1** ***wonder*** ⇒*bovenmatig* ◆ **2.1** ~ rare *buitengewoon zeldzaam.*

wonk|y [wongkie] ⟨ook -ier⟩⟨BE; sl.⟩ **0.1** ***krakkemikkig*** ⇒ *wankel;* ⟨fig.⟩ *slap, zwak.*

wont[1] [woont] ⟨zn.⟩⟨schr.⟩ **0.1** ***gewoonte*** ◆ **8.1** as is my ~ *zoals ik pleeg te doen/bij mij te doen gebruikelijk (is).*

wont[2] ⟨bn.⟩⟨schr.⟩ **0.1** ***gewoon*** ⇒*gewend* ◆ **¶.1** be ~ to *plegen/gewoon zijn te.*

won't [woont] ⟨samentr. v. will not⟩.

woo [woe:] **0.1** ***dingen naar (de gunst van)*** ⇒*voor zich trachten te winnen* **0.2** ⟨schr.⟩ ***het hof maken*** ⇒*dingen naar de hand van* ◆ **1.1** ~ the voters *dingen naar de gunst v.d. kiezers* **1.2** ~ a woman *een vrouw het hof maken.*

wood[1] [woed] **I** ⟨telb.zn.⟩ **0.1** ⟨vaak mv. met enk. bet.⟩ ***bos*** **0.2** ⟨bowls⟩ ***bowl*** ⟨eenzijdig verzwaarde bal⟩ **0.3** ***golfclub met houten kop*** ◆ **1.1** a walk in the ~s *een wandeling in het bos/de bossen* **3.¶** he can't see the ~ for the trees *hij ziet door de bomen het bos niet meer* **6.¶ out of** the ~ / ⟨AE⟩ ~s *in veilige haven, buiten gevaar, uit de problemen;*
II ⟨n.-telb.zn.⟩ **0.1** ***hout*** ◆ **3.1** made of ~ *van hout;* I haven't had the flu this winter yet, touch/⟨AE⟩ knock (on) ~ *ik heb deze winter nog geen griep gehad, laat ik het afkloppen* **6.¶ from** the ~ *uit het vat/de tap, op fust.* →**dead.**

wood[2] ⟨bn.⟩ **0.1** ***houten.***

wood alcohol 0.1 ***hout/methylalcohol.***

wood anemone 0.1 ***bosanemoon.***

woodbine [woedbajn], **woodbind** [woedbajnd] **0.1** ***wilde kamperfoelie*** **0.2** ⟨AE⟩ ***wilde wingerd.***

woodblock 0.1 ⟨bk.⟩ ***hout(snede)blok*** **0.2** ⟨BE⟩ ***vloerdeel.***

woodcarving **0.1** ***houtsculptuur*** ⇒*houtsnijwerk.*
woodchuck **0.1** ***bosmarmot.***
woodcock ⟨mv.: ook woodcock⟩ **0.1** ***houtsnip.***
woodcraft **0.1** ***houtsnijkunst*** ⇒*houtbewerking* **0.2** ***boskennis*** ⇒*richtingsgevoel, het vermogen zich te redden in een bos.*
woodcut ⟨bk.⟩ **0.1** ***houtsnede*** **0.2** ***hout(snede)blok.***
woodcutter **0.1** ***houthakker.***
wooded [woedid] **0.1** ***bebost*** ⇒*bosrijk.*
wooden [woedn] ⟨-ness⟩ **0.1** ***houten*** **0.2** ***houterig*** ⇒*stijf, harkerig* ◆ **1.1** ⟨gesch.⟩ ~ horse *houten/Trojaans paard;* ~ shoe *klomp;* ⟨BE; inf.⟩ the ~ spoon *de poedelprijs.*
woodenheaded **0.1** ***dom*** ⇒*stom.*
woodgrain ⟨ook attr.⟩ **0.1** ***houtnerf.***
woodland [woedlənd] ⟨vaak attr.; vaak mv. met enk. bet.⟩ **0.1** ***bos(gebied/terrein)*** ⇒*bosrijke streek.*
woodlark **0.1** ***boomleeuwerik.***
wood louse **0.1** ***pissebed.***
wood|man [woedmən] ⟨mv.: -men⟩ ⟨BE⟩ **0.1** ***houtvester*** **0.2** ***boswachter*** **0.3** ***houthakker.***
woodpecker **0.1** ***specht.***
wood pigeon **0.1** ***houtduif.***
woodpile **0.1** ***houtstapel*** ⇒*stapel (brand)hout.*
wood pulp **0.1** ***houtpulp.***
woodshed **0.1** ***houtschuur(tje).***
woods|man [woedzmən] ⟨mv.: -men⟩ **0.1** ***houtvester*** **0.2** ***boswachter*** **0.3** ***houthakker.***
wood sorrel ⟨plantk.⟩ **0.1** ***klaverzuring.***
woods|y [woedsie] ⟨-ier⟩ ⟨AE⟩ **0.1** ***bosachtig*** ⇒*bossig, bos-.*
wood warbler ⟨dierk.⟩ **0.1** ***fluiter.***
woodwind ⟨zn.; mv.: ook woodwind; woodwind met ww. enk. of mv.⟩ ⟨muz.⟩ **0.1** ***hout*** ⟨houten blaasinstrumenten in orkest⟩.
woodwork **0.1** ***houtbewerking*** ⇒*timmermanskunst* **0.2** ***houtwerk.***
woodworm **0.1** ***houtworm.***
wood|y [woedie] ⟨-ier⟩ **0.1** ***houtachtig*** **0.2** ***bosrijk*** ⇒*bebost.*
woof [woef, (in bet. II) woe:f] **I** ⟨telb.zn.⟩ **0.1** ***woef(geluid)*** ⇒*waf, geblaf;*
II ⟨n.-telb.zn.; the⟩ **0.1** ***inslag*** ⟨v. weefsel⟩.
woofer [woe:fə] **0.1** ***woofer*** ⇒*lagetonenconus/luidspreker.*
woofter [woeftə] ⟨BE; sl.; bel.⟩ **0.1** ***nicht*** ⇒*mietje.*
wool[1] [woel] ⟨zn.⟩ **0.1** ***wol*** **0.2** ⟨scherts.⟩ ***(kroes)haar*** ⇒*ragebol* ◆ **1.¶** pull the ~ over s.o.'s eyes *iem. voor het lapje houden/zand in de ogen strooien* **3.¶** keep your ~ on *maak je niet dik, laat je niet opnaaien;* ⟨inf.⟩ lose one's ~ *kwaad worden.*
wool[2] ⟨bn.⟩ **0.1** ***wollen*** ⇒*van wol* ◆ **1.1** is this shawl ~? *is deze sjaal van wol?*
woolgathering **0.1** ⟨bn.⟩ ***verstrooid*** ⇒*afwezig, aan het dagdromen* **0.2** ⟨zn.⟩ ***verstrooidheid*** ⇒*afwezigheid.*
woollen, ⟨AE sp. ook⟩ **woolen** [woelən] **I** ⟨bn.⟩ **0.1** ***wollen*** ⇒*van wol;*
II ⟨bn., attr.⟩ **0.1** ***wol-*** ⇒*mbt. wol* ◆ **1.1** ~ merchant *wolhandelaar.*
woollens, ⟨AE sp. ook⟩ **woolens** [woelənz] **0.1** ***wollen kledingstukken*** ⇒*wolgoed.*
wooll|y[1], ⟨AE sp. ook⟩ **wool|y** [woelie] ⟨zn.; mv.: -ies⟩ ⟨vnl. mv.⟩ **0.1** ***wolletje*** ⇒*trui, wollen kledingstuk/ondergoed.*
woolly[2], ⟨AE sp. ook⟩ **wooly** ⟨bn.; -iness⟩ **0.1** ***wollen*** ⇒*wollig, van wol* **0.2** ***onduidelijk*** ⇒*vaag, wollig, warrig.*
woolly-headed **0.1** ***warhoofdig.***
woolsack ◆ **7.¶** the ~ *de wolzak/woolsack* ⟨waarop de voorzitter v.h. Eng. Hogerhuis zit⟩.
wooz|y [woe:zie] ⟨-ier⟩ ⟨inf.⟩ **0.1** ***wazig*** ⇒*licht in het hoofd, suffig.*

Wop [wop] ⟨ook w-⟩ ⟨pej.⟩ **0.1** ***Italiaan*** ⇒*spaghettivreter.*
Worcester sauce [woestə so:s] **0.1** ***Worcester saus.***
Worcs. [wə:ks] ⟨afk.⟩ **0.1** [Worcestershire].
word[1] [wə:d] **I** ⟨telb.zn.⟩ **0.1** ***woord*** ⟨ook comp.⟩ ⇒⟨bij uitbr.⟩ *(gesproken) uiting;* ⟨mv.⟩ *tekst, woorden* ⟨v. liedje⟩ **0.2** ⟨geen mv.⟩ ***(ere)woord*** ⇒*belofte* **0.3** ***(macht/wacht)-woord*** ⇒*bevel* ◆ **1.1** ~ of command *commando, bevel;* have a ~ in s.o.'s ear *iem. iets toefluisteren;* ⟨rel.⟩ the Word of God, God's ~ *het Woord Gods;* by ~ of mouth *mondeling;* put ~s in(to) s.o.'s mouth *iem. woorden in de mond leggen;* take the ~s out of s.o.'s mouth *iem. de woorden uit de mond halen* **1.2** his ~ is (as good as) his bond *hij is een man v. zijn woord;* ~ of honour *woord v. eer, erewoord* **1.3** his ~ is law *zijn wil is wet* **1.¶** a ~ in season *een woordje op zijn tijd, een raad op het juiste ogenblik* **2.1** a man of few ~s *een man v. weinig woorden;* (not) in so many ~s *(niet) met zoveel woorden* **2.2** he's as good as his ~ *wat hij belooft doet hij* **3.1** right from the ~ go *vanaf het begin;* ~s fail me *woorden schieten mij tekort;* say the ~ *een seintje geven;* say the ~, and I'll leave *als je liever hebt dat ik wegga, hoef je het maar te zeggen;* have a ~ to say *iets te zeggen hebben;* waste ~s *woorden verspillen* **3.2** break one's ~ *zijn woord breken;* I give you my ~ for it *ik verzeker het je op mijn erewoord;* give/pledge one's ~ *zijn woord geven;* go back on one's ~ *zijn woorden/belofte(n) terugnemen;* keep one's ~ *(zijn) woord houden;* take s.o.'s ~ for it *iem. op zijn woord geloven* **3.¶** eat one's ~s *zijn woorden inslikken, iets terugnemen;* I could not get a ~ in edgeways *ik kon er geen speld tussen krijgen;* weigh one's ~s *zijn woorden wegen* **6.1** take s.o. **at** his ~ *iem. aan zijn woord houden;* **beyond** ~s *niet in woorden uit te drukken;* ~ **for** ~ *woord voor woord, woordelijk;* too ... **for** ~s *te ... om waar te zijn/voor woorden;* that is not the ~ **for** it *dat is het (juiste) woord niet;* have no ~s **for** sth. *ergens geen woorden voor hebben;* **in** a/one ~ *kortom, in één woord;* **in** other ~s *met andere woorden;* put **into** ~s *onder woorden brengen;* I don't believe a ~ **of** it *ik geloof er niets van;* have a ~ **with** s.o. *iem. (even) spreken;* ⟨euf.⟩ have ~s **with** s.o. *woorden hebben met iem.* **6.2** **upon** my ~ *op mijn (ere)woord* **¶.2** (upon) my ~! *mijn hemel!* →**action, big, good, true;**
II ⟨n.-telb.zn.⟩ **0.1** ***nieuws*** ⇒*bericht, boodschap* ◆ **3.1** when ~ came of his death *toen het bericht v. zijn overlijden arriveerde;* the ~ got round that *het bericht deed de ronde dat;* leave ~ that *bericht achterlaten dat;* send ~ of *berichten* **¶.1** ~ has it that *het gerucht gaat dat.*
word[2] ⟨ww.⟩ **0.1** ***verwoorden*** ⇒*onder woorden brengen.*
word blindness **0.1** ***woordblindheid.***
wording [wə:ding] **0.1** ***verwoording*** ⇒*formulering, woordkeus.*
wordless [wə:dləs] ⟨-ness⟩ **0.1** ***woordloos*** ⇒*zonder woorden, onuitgesproken.*
word order **0.1** ***woordvolgorde.***
word painter **0.1** ***woordkunstenaar.***
word-perfect ⟨BE⟩ **0.1** ***woordgetrouw*** ⇒*letterlijk, correct tot in detail; rolvast.*
word picture **0.1** ***woordschildering.***
word play **0.1** ***woord(en)spel*** ⇒*woordspelingen.*
word processing ⟨comp.⟩ **0.1** ***tekstverwerking.***
word processor ⟨comp. e.d.⟩ **0.1** ***tekstverwerker.***
word splitting **0.1** ***het afbreken v. woorden.***
word wrap, word wrapping ⟨comp.⟩ **0.1** ***woordoverloop.***
word|y [wə:die] ⟨-iness⟩ **0.1** ***omslachtig*** ⇒*omstandig, langdradig.*
wore [wo:] ⟨verl. t.⟩ →**wear.**
work[1] [wə:k] **I** ⟨telb. en n.-telb.zn.⟩ **0.1** ***werk(stuk)*** ⇒*arbeid*

0.2 ***borduur/hand/naaldwerk*** ◆ **1.1** a ~ of art *een kunstwerk* **1.¶** ⟨boekhouden⟩ ~ in progress *goederen in bewerking, onderhanden werk* **3.1** have one's ~ cut out (for one) *ergens de handen aan vol hebben;* set to ~ *aan het werk gaan/zetten* **6.1** set **about** one's ~ in the wrong way *verkeerd te werk gaan;* **at** ~ *aan het werk; op het/zijn/haar werk;* men **at** ~ *werk in uitvoering;* be **in** regular ~ *vast werk hebben;* this must be the ~ **of** the cat *dit heeft de kat vast gedaan;* the ~ **of** an hour / a day *een uur(tje)/dag werk;* **out of** ~ *werkloos* **7.1** ⟨sprw.⟩ all ~ and no play makes Jack a dull boy *'t is een slecht dorp waar het nooit kermis is; de boog kan niet altijd gespannen zijn.* →**nice, short, woman;**

II ⟨mv.⟩ **0.1** ***oeuvre*** ⇒*werken, verzameld werk* **0.2** ***werk*** ⇒ *mechanisme* ⟨v. klok enz.⟩ **0.3** ⟨the; ww. vnl. enk.; inf.⟩ ***zooi*** ⇒*bups, mikmak* **0.4** ⟨ww. vnl. enk.⟩ ***fabriek*** ⇒*bedrijf, werkplaats* ◆ **3.¶** ⟨sl.⟩ give s.o. the ~s *iem. flink onder handen nemen;* ⟨ihb.⟩ *iem. om zeep helpen;* ⟨inf.⟩ gum up the ~s *de boel in de war sturen;* ⟨vnl. AE; inf.⟩ shoot the ~s *alles op alles zetten, alles riskeren* **6.¶** it's **in** the ~s *er wordt aan gewerkt.* →**public.**

work² **I** ⟨onov.ww.⟩ **0.1** ***werken*** ⇒*functioneren* **0.2** ***trillen*** ⟨v. lip bv.⟩ ⇒*bewegen* **0.3** ***gisten*** ⇒*werken* **0.4** ***raken*** ⟨in een bep. toestand⟩ ◆ **1.1** ~ to rule *een stiptheidsactie houden;* the scheme didn't ~ *het plan werkte niet* **5.1** ~ **away** *(druk) aan het werk zijn;* ~ **on** *doorwerken* **5.4** the boy's socks ~ed **down** *de sokken v.d. jongen zakten af* **6.1** ~ **against** *tegengaan/werken, belemmeren;* ~ **at** *werken aan, zijn best doen op;* it ~s **by** electricity *het loopt op elektriciteit;* ~ **on** *werken aan, bezig zijn met;* ~ **to** *werken volgens/aan de hand van;* ~ **(up)on** *van invloed zijn op, doorwerken in/op;* ~ **with** *(samen)werken met* **6.4** ~ **round to** *toe werken naar/aansturen op.* →**work out, work up;**

II ⟨ov.ww.⟩ **0.1** ***verrichten*** ⇒*tot stand brengen, bewerkstelligen* **0.2** ***laten werken*** ⇒*aan het werk hebben* **0.3** ***in werking zetten*** ⇒*aanzetten, bedienen, bewerken, in bedrijf houden* **0.4** ***zich banen*** ⟨een weg door iets⟩ **0.5** ***bewerken*** ⇒*kneden, werken met* **0.6** ***brengen, maken*** ⟨in bep. toestand⟩ ⇒*aanzetten* ⟨oppeppen/zwepen⟩ **0.7** ***(op)-naaien*** ⇒*stikken, borduren* ◆ **1.1** ~ miracles / wonders *wonderen verrichten* **1.3** ~ a district *een district afwerken/reizen;* ~ a farm *het boerenbedrijf uitoefenen;* ~ a mine *een mijn exploiteren;* ~ed by steam *met stoom aangedreven* **1.5** ~ clay *kleien, boetseren* **2.6** ~ sth. loose *iets loskrijgen* **5.2** ~ s.o. hard *iem. hard laten werken* **6.4** ~ one's way **through** university *zelf zijn studie bekostigen* ⟨als werkstudent⟩; ~ one's way **to** the top *zich naar de top werken* **6.6** ~ s.o. **to** tears *iem. in huilen doen uitbarsten* **¶.1** ⟨inf.⟩ I'll ~ it if I can *ik zal het voor elkaar zien te krijgen.* →**work in, work off, work out, work over, work up.**

workable [wə:kəbl] ⟨-ness⟩ **0.1** ***bedrijfs/gebruiksklaar*** ⇒ *bruikbaar* **0.2** ***uitvoerbaar*** ⇒*haalbaar, werkbaar* **0.3** ***be/verwerkbaar*** ⇒*hanteerbaar.*

workaday [wə:kədee] **0.1** ***(alle)daags.***

workaholic [wə:kəhollik] **0.1** ***werkverslaafde*** ⇒*workaholic.*

workbag **0.1** ***gereedschapstas/zak*** ⇒*naaizak(je).*

workbasket **0.1** ***werkmand*** ⇒*naaimand(je).*

workbench **0.1** ***werkbank.***

workbook **0.1** ***werkboek(je)*** **0.2** ***handleiding*** ⇒*instructieboekje.*

workbox **0.1** ***gereedschapsdoos/kist*** ⇒⟨ihb.⟩ *naaidoos.*

workday **0.1** ***werkdag.***

worker [wə:kə] **0.1** ***werker*** ⇒*arbeider, werknemer.*

worker participation **0.1** ***medezeggenschap (v.d. werknemers).***

worker's compensation, workmen's compensation **0.1** ***ongevallenuitkering.***

work ethic **0.1** ***arbeidsethos.***

work experience **0.1** ***werkervaring*** **0.2** ⟨BE⟩ ***stage.***

work force **0.1** ***aantal arbeidskrachten*** ⇒*personeel(sbestand).*

workhorse **0.1** ***werkpaard*** ⟨ook fig.⟩ ⇒*werkezel.*

workhouse **0.1** ***werkinrichting/huis*** **0.2** ⟨BE; gesch.⟩ ***arm(en)huis.***

workin **0.1** ***(bedrijfs/fabrieks)bezetting.***

work in **0.1** ***insteken*** **0.2** ***verwerken*** ◆ **1.2** try to ~ some more details *probeer nog een paar bijzonderheden op te nemen* **6.¶** ~ **with** *(kunnen) samenwerken met.*

working¹ [wə:king] ⟨zn.; vnl. mv.⟩ **0.1** ***mijn*** ⇒*groeve* **0.2** ***werking.***

working² ⟨bn.⟩ **0.1** ***werkend*** ⇒*werk-* ◆ **1.1** the ~ class *de arbeidersklasse;* ~ man *arbeider;* ~ mother *buitenshuis werkende moeder.*

working capital **0.1** ***bedrijfskapitaal.***

working-class **0.1** ***van/mbt./typisch voor de arbeidersklasse*** ◆ **1.1** a ~ hero *een held v.d. arbeidende klasse.*

working day **0.1** ***werkdag.***

working drawing **0.1** ***constructie/werktekening.***

working knowledge ⟨geen mv.⟩ **0.1** ***praktijkkennis*** ⇒*praktische beheersing* ◆ **1.1** ~ of German *voldoende beheersing v.h. Duits.*

working lunch **0.1** ***werklunch.***

working majority **0.1** ***werkbare/effectieve meerderheid.***

working order ◆ **6.¶** **in** ~ *bedrijfsklaar; goed/normaal functionerend.*

working-out **0.1** ***berekening*** ⇒*uitwerking* **0.2** ***uitvoering.***

working party ⟨zn.; ww. enk. of mv.⟩ **0.1** ***onderzoeks/enquêtecommissie.***

working week **0.1** ***werkweek.***

workload **0.1** ***werk(last)*** ⇒*werkbelasting.*

work|man [wə:kmən] ⟨mv.: -men⟩ **0.1** ***werkman*** ⇒*arbeider.* →**bad.**

workmanlike [wə:kmənlajk] **0.1** ***ambachtelijk*** ⇒*vakbekwaam/kundig.*

workmanship [wə:kmənsjip] **0.1** ***vakmanschap*** ⇒*vakkundigheid* **0.2** ***(hand)werk.***

work off **0.1** ***wegwerken*** ◆ **1.1** ~ steam *stoom afblazen* **6.1** ~ **against/on** *afreageren op.*

workout **0.1** ***training.***

work out **I** ⟨onov.ww.⟩ **0.1** ***zich ontwikkelen*** ⇒*verlopen, (gunstig) uitvallen* **0.2** ***oplosbaar zijn*** ⇒*uitkomen* **0.3** ⟨sport⟩ ***trainen*** ◆ **6.¶** ~ **at/to** *uitkomen op, bedragen;*

II ⟨ov.ww.⟩ **0.1** ***uitwerken*** ⇒*opstellen* ⟨plan enz.⟩ **0.2** ***uitrekenen/werken*** ⇒*berekenen, uitzoeken* **0.3** ⟨inf.⟩ ***hoogte krijgen van*** ⇒*doorgronden, doorzien* **0.4** ⟨vnl. pass.⟩ ***uitputten*** ⟨mijn enz.⟩ ◆ **1.2** ⟨inf.⟩ work things out *de dingen op een rijtje zetten;* ⟨inf.⟩ these things work themselves out *zulke dingen komen vanzelf goed.*

work over **0.1** ⟨vnl. AE; sl.⟩ ***aftuigen.***

workpeople **0.1** ***werkmensen*** ⇒*werknemers.*

work permit **0.1** ***werkvergunning.***

workplace ⟨the⟩ **0.1** ***werk(plek)*** ◆ **6.1** **at/in** the ~ *op het werk.*

work placement **0.1** ***stage.***

work practice **0.1** ***werkwijze.***

workroom **0.1** ***werkruimte.***

workshadowing **0.1** ***(het) in de praktijk meelopen*** ⇒*(het) snuffelstage (lopen).*

worksharing **0.1** ***deeltijdba(a)n(en)*** ⇒*deeltijdse arbeid.*

workshop **0.1** ***werkplaats*** ⇒*atelier* **0.2** ***workshop*** **0.3** ***werkgroep.***

workshy **0.1** ***werkschuw.***
workstation **0.1** ***werkplek*** **0.2** ⟨comp.⟩ ***werkstation.***
work stoppage **0.1** ***werkonderbreking*** ⇒*staking.*
work study **0.1** ***arbeidsanalyse/studie.***
worktable **0.1** ***werktafel*** ⇒⟨ihb.⟩ *naaitafel.*
worktop **0.1** ***werkblad*** ⇒*aanrecht.*
work-to-rule ⟨BE⟩ **0.1** ***stiptheidsactie.***
work up **I** ⟨onov.ww.⟩ **0.1** ⟨+to⟩ ***toe werken (naar);***
II ⟨ov.ww.⟩ **0.1** ***op/uitbouwen*** **0.2** ***stimuleren*** **0.3** ***woedend/nerveus maken*** **0.4** ***op/omhoogwerken*** **0.5** ***(om)vormen*** ◆ **1.2** ~ an appetite *zich inspannen zodat men honger krijgt;* ~ enthusiasm *enthousiasme opbrengen* **3.3** don't get worked up *maak je niet druk* **4.¶** work s.o./o.s. up *iem./zichzelf opjuinen* **6.4** work one's way up **from** *zich omhoogwerken vanuit* **6.5** he's working up his notes **into** a book *hij is bezig zijn aantekeningenmateriaal uit te werken tot een boek.*
workwear **0.1** ***werkkleding/kleren.***
world [wɔ:ld] **0.1** ***wereld*** ⇒⟨fig.⟩ *hoop, boel, menigte* ◆ **1.1** the ~ of the arts *de wereld der (beeldende) kunst;* the ~ of dreams *de droomwereld;* make a ~ of difference *een hoop verschil uitmaken;* it will do you a/the ~ of good *daar zul je reuze v. opknappen/veel baat bij hebben* **1.¶** ⟨rel.⟩ ~ without end *tot in de eeuwen der eeuwen;* all the ~ and his wife *heel de beau monde; iedereen* **3.1** bring into the ~ *ter wereld brengen;* come into the ~ *geboren worden;* the ~ to come *het hiernamaals;* forsake/renounce the ~ *zich v.d. wereld afwenden;* all the ~ knows, the whole ~ knows *de hele wereld/iedereen weet het;* what will the ~ say? *wat zullen de mensen (wel niet) zeggen?* **3.¶** I'd give the ~ to ... *ik zou er alles (ter wereld) voor over hebben om ...;* how goes the ~ with you? *hoe staat het leven?;* set the ~ on fire *iets zeer opmerkelijks doen;* think the ~ of s.o. *een zeer hoge dunk van iem. hebben; iem. op handen dragen* **5.¶** they are ~s apart *ze verschillen als dag en nacht* **6.1** nothing **in** the ~ *niets ter wereld;* why **in** the ~ did you do this? *waarom heb je dat in 's hemelsnaam gedaan?;* ⟨inf.⟩ **out of** this ~ *niet van deze wereld; te gek;* (all) the ~ **over** *over de hele wereld* **6.¶** not **for** (all) the ~ *voor geen goud/prijs;* it is **for** all the ~ like/as if *het lijkt sprekend/als twee druppels water op;* my car is all the ~ **to** me *mijn auto betekent alles voor me;* tired/whacked **to** the ~ *doodop* **7.1** the other ~ *het hiernamaals;* the Third World *de derde wereld.* → **dead.**
World Bank ⟨the⟩ **0.1** ***Wereldbank.***
world-beater **0.1** ***superkampioen.***
world-class **0.1** ***v. wereldklasse.***
WorldCup **0.1** ***wereldbeker/kampioenschap(pen)*** ⟨voetbal⟩.
world-famous **0.1** ***wereldberoemd.***
world language **0.1** ***wereldtaal.***
world leader **0.1** ***(politiek) leider/staatshoofd v.e. grote mogendheid*** **0.2** ⟨ec.⟩ ***toonaangevend bedrijf.***
worldl|y [wɔ:ldlie] ⟨-iess⟩ **0.1** ***werelds*** ⇒*wereldlijk, wereldwijs* **0.2** ***wereldlijk*** ⇒*werelds, aards* ◆ **1.1** ~ wisdom *wereldwijsheid* **1.2** ~ goods *wereldse goederen.*
worldly-wise **0.1** ***wereldwijs.***
world music **0.1** ***wereldmuziek.***
world power **0.1** ***wereldmacht.***
world record **0.1** ***wereldrecord.***
World Series ⟨the⟩ **0.1** ***world series*** ⇒*Amerikaans kampioenschap honkbal.*
world war **0.1** ***wereldoorlog.***
world-wear|y ⟨-iess⟩ **0.1** ***levensmoe.***
worldwide **0.1** ***wereldwijd*** ⇒*over de hele wereld.*
worm[1] [wɔ:m] ⟨zn.⟩ **0.1** ***worm*** ⇒*aard/regen/houtworm, pier;* ⟨bij uitbr.; dierk.⟩ *hazelworm* **0.2** ***worm*** ⇒*verachtelijke figuur* **0.3** ***schroefdraad.***
worm[2] ⟨ww.⟩ **0.1** ***ontwormen*** ⟨hond, kat enz.⟩ **0.2** ***wurmen*** **0.3** ***ontfutselen*** ⇒*ontlokken* ◆ **6.2** ~ one's way **into** *zich weten in te dringen in;* ~ o.s. **out of** sth. *zich ergens uit weten te wringen/draaien* **6.3** ~ a secret **out of** s.o. *iem. een geheim ontfutselen.*
WORM [wɔ:m] ⟨afk.; comp.⟩ **0.1** [Write-Once-Read-Many (times)] ***WORM*** ⇒*worm-schijf.*
worm cast **0.1** ***wormhoop(je).***
worm-eaten **0.1** ***wormstekig*** ⇒⟨bij uitbr.⟩ *versleten, oud.*
worm gear **0.1** ***worm(wiel)overbrenging*** **0.2** ***wormwiel.***
wormhole **0.1** ***wormgaatje.***
worm wheel **0.1** ***wormwiel.***
wormwood **I** ⟨telb.zn.⟩⟨plantk.⟩ **0.1** ***(absint)alsem;***
II ⟨n.-telb.zn.⟩ **0.1** ***alsem*** ⇒*bittere smart.*
wormy [wɔ:mie] **0.1** ***wormachtig/vormig*** ⇒*wormig, worm-* **0.2** ***wormstekig*** **0.3** ***vol wormen.***
worn [wo:n] ⟨volt. deelw.⟩ →**wear.**
worn-out **0.1** ***afgedragen*** ⇒*(tot op de draad) versleten* **0.2** ***uitgeput*** ⇒*doodop, bekaf.*
worried [wurried] **0.1** ***bezorgd*** ⇒*ongerust* ◆ **1.1** a ~ look *een zorgelijk gezicht.*
worrisome [wurriesəm] **0.1** ***zorgwekkend*** ⇒*onrustbarend* **0.2** ***zorgelijk*** ⇒*tobberig.*
worr|y[1] [wurrie] ⟨mv.: -ies⟩ **I** ⟨telb.zn.⟩ **0.1** ⟨vnl. mv.⟩ ***(voorwerp v.) zorg*** **0.2** ***zorgenkind*** ⇒*bron v. zorgen* ◆ **¶.1** it's a ~ to him having to sell his car *hij zit erover in dat hij zijn auto moet verkopen;*
II ⟨n.-telb.zn.⟩ **0.1** ***(be)zorg(dheid)*** ⇒*ongerustheid.*
worr|y[2] ⟨-ied⟩ **I** ⟨onov.ww.⟩ **0.1** ⟨+about/over⟩ ***zich zorgen/ongerust maken (over)*** ◆ **3.1** don't (you) ~ *maak je geen zorgen* **5.¶** ⟨inf.⟩ not to ~! *maak je geen zorgen!* **6.¶** ~ **at** *zich het hoofd breken over* ⟨probleem⟩; *aandringen bij* ⟨iem.⟩ **¶.1** ⟨inf.⟩ I should ~ *(zal) mij een zorg (zijn);*
II ⟨ov.ww.⟩ **0.1** ***lastig vallen*** ⇒*hinderen, storen* **0.2** ***naar de keel vliegen*** ⟨v. hond⟩ ⇒*(herhaaldelijk) aanvallen* ◆ **1.1** his condition worries me *ik maak me ongerust over zijn toestand;* the rain doesn't ~ him *de regen deert hem niet* **4.1** ~ o.s. (about) *zich zorgen maken (om);* you'll ~ yourself to death *je maakt je veel te druk* **6.1** ~ s.o. **for** *bij iem. zeuren om.*
worrying [wurrie-ing] **0.1** ***zorgwekkend*** ⇒*zorgelijk.*
worse[1] [wɔ:s] ⟨zn.⟩ **0.1** ***iets slechters/ergers*** ⇒*slechtere/ergere dingen* ◆ **1.¶** ⟨AE⟩ if ~ comes to worst *in het ergste geval* **3.1** ~ is to follow *het ergste komt nog* **6.1** a change **for** the ~ *een verandering ten kwade, een verslechtering.*
worse[2] **I** ⟨bn.; vergr. trap v. bad⟩ **0.1** ***slechter*** ⇒*erger, minder (goed)* ◆ **1.¶** the ~ for drink/liquor *aangeschoten;* ~ luck! *pech gehad!;* the ~ for wear *versleten; er niet op vooruitgegaan* **3.1** you're making matters ~ *je verergert de zaak (nog);* to make things ~ *tot overmaat van ramp* **5.1** is ~ **off** than ... *is slechter af dan ...;* ~ still *erger/sterker nog* **6.¶** he is none the ~ **for** *hij is niet minder geworden van, hij heeft niet geleden onder* **8.1** ~ and ~ *steeds erger/slechter;*
II ⟨bn., pred.; vergr. trap v. ill⟩ **0.1** ***zieker*** ⇒*zwakker* ◆ **3.1** she's getting ~ every day *ze gaat met de dag achteruit.*
worse[3] ⟨bw.⟩ **0.1** ***slechter*** ⇒*erger* ◆ **3.1** this cheese is smelling ~ than ever *die kaas stinkt erger dan ooit* **5.1** he is ~ **off** than me *hij is slechter af dan ik* **6.¶** I like him none the ~ **for** it *ik mag hem er niet minder om.*
worsen [wɔ:sn] **0.1** ***verergeren*** ⇒*verslechteren, bemoeilijken.*

worship[1] [wə:sjip] ⟨zn.⟩ **0.1** ***verering*** ⇒*aanbidding* **0.2** ***eredienst*** ⇒*godsdienst(oefening)* ◆ **3.2** do ~ *naar de kerk gaan* **7.¶** ⟨BE⟩ His Worship *de Edelachtbare;* ⟨BE⟩ Your Worship *Edelachtbare.*

worship[2] ⟨-ped⟩ **I** ⟨onov.ww.⟩ **0.1** ***naar de kerk gaan*** **0.2** ***v. eerbied vervuld zijn*** ⇒*in aanbidding verzonken zijn;*
II ⟨ov.ww.⟩⟨ook fig.⟩ **0.1** ***aanbidden*** ⇒*vereren.*

worshipful [wə:sjipfl] **I** ⟨bn.⟩ **0.1** ***eerbiedig*** ⇒*devoot;*
II ⟨bn., attr.; vaak W-⟩⟨vero., beh. in titels; BE⟩ **0.1** ***achtbaar.***

worshipper, ⟨AE sp.⟩ **worshiper** [wə:sjippə] **0.1** ***kerkganger*** ⇒*gelovige* **0.2** ***aanbidder*** ⇒*vereerder.*

worst[1] [wə:st] ⟨zn.⟩ **0.1** ***slechtst(e)*** ⇒*ergst(e)* ◆ **3.1** ⟨vnl. BE⟩ if the ~ comes to the ~ *in het ergste geval;* do your ~ *ga je gang maar;* get/have the ~ of it *aan het kortste eind trekken* **6.1 at** (the) ~ *in het ergste/ongunstigste geval.*

worst[2] **I** ⟨bn.; overtr. trap v. bad⟩ **0.1** ***slechtst*** ⇒*ergst;*
II ⟨bn., attr.; overtr. trap v. ill⟩ **0.1** ***ziekst*** ⇒*zwakst.*

worst[3] ⟨bw.⟩ **0.1** ***slechtst*** ⇒*ergst* **0.2** ***ziekst*** ⇒*zwakst* ◆ **3.1** come off ~ *aan het kortste eind trekken;* the ~ dressed man *de slechtst geklede man.*

worsted [woestid] ⟨ook attr.⟩ **0.1** ***kamgaren*** ⇒*wollen garen.*

wort [wə:t] **I** ⟨telb.zn.; vnl. in combinatie⟩ **0.1** ***kruid*** ⇒*plant;*
II ⟨n.-telb.zn.⟩ **0.1** ***wort*** ⟨ter bereiding v. bier⟩.

worth[1] [wə:θ] ⟨zn.; alleen enk.⟩ **0.1** ***waarde*** ⇒*kwaliteit* **0.2** ***markt/tegenwaarde*** ◆ **1.2** I want a dollar's ~ of apples *mag ik voor een dollar appelen* **3.1** know s.o.'s ~ *weten wat iem. waard is* **6.1 of** great/little/no ~ *van grote/geringe/geen waarde.*

worth[2] ⟨bn.⟩ **0.1** ***waard*** ◆ **1.1** land ~ 100,000 dollars *land met een waarde v. 100.000 dollar;* what's your old man ~? *hoeveel bezit jouw vader?;* any biologist ~ the name *iedere bioloog van enige naam;* it is ~ (one's) while *het is de moeite waard* **1.¶** not ~ the paper it is printed/written on *zonde van het papier, waardeloos;* not ~ a red cent *geen cent waard;* he is (not) ~ his salt *hij is zijn geld (niet) waard;* a trick ~ two of that *een beter middel;* make it ~ your while *het de moeite waard maken voor je* **3.1** ~ seeing *bezienswaardig* **5.1** it's well ~ doing *het loont ruimschoots de moeite* **6.1 for** what it's ~ *voor wat het waard is* **6.¶ for** all one is ~ *uit alle macht* **¶.1** it's ~ it *het is de moeite waard.*

worthless [wə:θləs] ⟨-ness⟩ **0.1** ***waardeloos*** **0.2** ***nietswaardig*** ⇒*onwaardig.*

worthwhile **0.1** ***de moeite waard*** ⇒*waardevol, nuttig.*

worth|y[1] [wə:ðie] ⟨zn.; mv.: -ies⟩⟨vaak iron.⟩ **0.1** ***notabele*** ⇒ *vooraanstaande figuur.*

worth|y[2] ⟨bn.; -iness⟩ **0.1** ***waardig*** ⇒*waardevol* **0.2** ***waard*** **0.3** ⟨vaak iron.⟩ ***achtenswaardig*** ⇒*braaf* ◆ **1.2** in clothes ~ of the occasion *in bij de gelegenheid passende kleding* **3.2** ~ to be mentioned *vermeldenswaard* **6.2** he isn't ~ **of** her *hij is haar niet waard;* nothing ~ **of** mention *niets noemenswaardigs;* ~ **of** praise *prijzenswaardig.*

would [(w)əd, ⟨sterk⟩ woed] ⟨verl. t. v. will; verk. 'd⟩ **0.1** ⟨wilsuiting; ook emf. en voorwaardelijk⟩ ***willen*** ⇒*zullen, wensen* **0.2** ⟨gewoonte/herhaling⟩ ***placht*** ⇒⟨vnl. vertaald dmv. bw. als⟩ *gewoonlijk, steeds, altijd* **0.3** ⟨voorwaarde⟩ ***zou(den)*** **0.4** ⟨in afhankelijke bijzinnen die een wens uitdrukken⟩ ***zou(den)*** **0.5** ⟨neutrale aanduiding v. toekomende tijd in verleden context⟩ ***zou(den)*** **0.6** ⟨onderstelling⟩ ***moeten*** ⇒*zullen, zou(den), moest(en)* **0.7** ⟨vriendelijk verzoek⟩ ***zou(den)*** **0.8** ⟨twijfel of onzekerheid⟩ ***zou kunnen*** ◆ **3.1** he ~ not be stopped *hij liet zich niet tegenhouden;* she ~ have her way *ze moest en ze zou haar zin krijgen;* he ~ not hear of it *hij wilde er niet van horen;* I wish he ~ leave me alone *ik wilde/wou dat hij me met rust liet;* I ~ like to show you this *ik zou je dit graag laten zien;* if only he ~ listen *als hij maar wilde luisteren* **3.2** we ~ walk to school together *we liepen gewoonlijk samen naar school* **3.3** I ~ do no such thing *zoiets zou ik nooit doen;* if I had known I ~ have come *als ik het had geweten, zou ik gekomen zijn;* I ~ try it anyway *ik zou het toch maar proberen (als ik jou was)* **3.4** she hoped that Mary ~ be happy *ze hoopte dat Mary gelukkig zou zijn;* I wish John ~ return *ik wou dat John terugkwam* **3.5** he was writing the book that ~ bring him fame *hij was het boek aan het schrijven dat hem beroemd zou maken* **3.6** he ~ be in bed by now *hij zal nu wel in bed liggen* **3.7** ~ you please shut the door? *wil je de deur sluiten alsjeblieft?* **3.8** an impressive result, I ~ say *een indrukwekkend resultaat, zou ik zeggen;* we ~ suggest the following *we zouden het volgende willen voorstellen* **5.1** I ~ rather starve than eat his food *ik zou nog liever verhongeren dan eten van hem aannemen;* he ~ sooner die than surrender *hij zou liever sterven dan zich overgeven.*

would-be **0.1** ⟨pej.⟩ ***would-be*** ⇒*zogenaamd* **0.2** ***toekomstig*** ⇒*in de dop* ◆ **1.1** ~ artist *zogenaamd kunstenaar* **1.2** a ~ lawyer *een advocaat in de dop.*

wouldn't ⟨samentr. v. would not⟩.

wound[1] [woe:nd] ⟨zn.⟩ **0.1** ***(ver)wond(ing)*** ⇒⟨fig.⟩ *belediging* ◆ **3.1** dress a ~ *een wond verbinden* **3.¶** lick one's ~s *zijn wonden likken* ⟨na de nederlaag⟩.

wound[2] ⟨ww.⟩ **0.1** ***(ver)wonden*** ⇒⟨fig.⟩ *grieven, krenken.*

wound[3] [waund] ⟨verl. t. en volt. deelw.⟩ →**wind.**

wove [woov] ⟨verl. t. en, zelden, volt. deelw.⟩ →**weave.**

woven [woovən] ⟨volt. deelw.⟩ →**weave.**

wow [wau] **I** ⟨telb.zn.; alleen enk.⟩⟨inf.⟩ **0.1** ***klapper*** ⇒*groot succes, sensatie* ◆ **¶.¶** ~! *wau!;*
II ⟨n.-telb.zn.⟩ **0.1** ***wow*** ⇒*janken* ⟨v. grammofoon enz.⟩.

WRAC [ræk] **0.1** ***lid v.h. WRAC*** ⇒*vrouwelijke militair;* ⟨ong.⟩ *milva* ⟨in Engeland⟩.

W.R.A.C. ⟨afk.; BE⟩ **0.1** [Women's Royal Army Corps].

wrack [ræk] **0.1** ***verwoesting*** ⇒*verval, ruïne* **0.2** ***aangespoeld zeewier*** ⟨als mest gebruikt⟩.

W.R.A.F. ⟨afk.; BE⟩ **0.1** [Women's Royal Air Force].

wraith [reeθ] **0.1** ***(geest)verschijning*** ⇒*schim, spook(gestalte).*

wrangle[1] [rænggl] ⟨zn.⟩ **0.1** ***ruzie.***

wrangle[2] ⟨ww.⟩ **0.1** ***ruzie maken*** ⇒*ruziën* ◆ **6.1** ~ **with** s.o. about/over sth. *met iem. om/over iets ruziën.*

wrangler [rængglə] **0.1** ***ruziemaker*** **0.2** ***wrangler*** ⟨student die bij het hoogste wiskunde-examen te Cambridge de eerste graad heeft behaald⟩ **0.3** ***cowboy*** ⇒⟨ihb.⟩ *paardenverzorger.*

wrap[1] [ræp] ⟨zn.; vnl. mv.⟩ **0.1** ***omslag(doek)*** ⇒*omgeslagen kledingstuk, sjaal, stola* **0.2** ***(reis)deken*** ⇒*plaid* ◆ **3.¶** take the ~s off *onthullen* **6.¶ under** ~s *geheim.*

wrap[2] ⟨-ped⟩ **I** ⟨onov.ww.⟩ **0.1** ***zich wikkelen/winden.*** → **wrap up;**
II ⟨ov.ww.⟩ **0.1** ***in/verpakken*** **0.2** ***wikkelen*** ⇒*omslaan, vouwen* **0.3** ***(om/ver)hullen*** ⇒*bedekken* ◆ **6.1** he ~ped it (up) **in** paper *hij verpakte het in papier* **6.2** she ~ped her arms **about/around** him *ze sloeg haar armen om hem heen;* John ~ped a cloth **(a)round** his head *John wikkelde een doek om zijn hoofd* **6.3** ~ped **in** mist *in nevelen gehuld.* →**wrap up.**

wraparound sunglasses **0.1** ***halfronde zonnebril*** ⟨die de ogen geheel omsluit⟩.

wrapper [ræpə] **0.1** ⟨vnl. BE⟩ ***(stof)omslag*** ⇒*kaft* **0.2** ***banderol*** ⇒*adresband(je)* **0.3** ***peignoir*** ⇒*huisjasje* **0.4** ***papiertje*** ⇒*pakpapier, wikkel.*

wrapping [ræping], **wrappings** [-pingz] **0.1** ***verpakkingsmateriaal.***

wrapping paper **0.1** *inpakpapier.*

wrap up I ⟨onov.ww.⟩ **0.1** *zich (warm) (aan)kleden* **0.2** ⟨sl.⟩ *zijn mond houden* ◆ **¶.2** ~! *kop dicht!;*
II ⟨ov.ww.⟩ **0.1** *verpakken* ⇒*inpakken;* ⟨fig.⟩ *verhullen* **0.2** *warm aankleden* ⇒*(goed/stevig) inpakken* **0.3** *afwikkelen* ⇒*afronden, sluiten* ◆ **1.3** ~ a deal *een overeenkomst sluiten* **6.¶** be wrapped up **in** *opgaan in* **¶.¶** wrap it up! *hou op!*

wrath [roθ] ⟨schr.⟩ **0.1** *woede.*

wrathful [roθfl] **0.1** *woedend.*

wreak [rie:k] **0.1** *uitstorten* **0.2** *veroorzaken* ⇒*aanrichten* ◆ **1.2** ~ damage *schade aanrichten* **6.1** ~ rage **(up)on** s.o. *zijn woede uitstorten over/koelen op;* ~ vengeance **(up)on** *wraak nemen op.*

wreath [rie:θ]⟨mv.: wreaths [rie:ðz, rie:θs]⟩ **0.1** *(graf/rouw)-krans* **0.2** *(ere/lauwer)krans* **0.3** *bloemkrans* ⇒*slinger* **0.4** *krans* ⇒*ring, kring* ◆ **1.4** ~ of smoke *kringetje rook.*

wreathe [rie:ð] **I** ⟨onov.ww.⟩ **0.1** *kringelen* ⇒*kronkelen;*
II ⟨ov.ww.⟩ **0.1** *omkransen* ⇒*om(k)ringen, omhullen* **0.2** *(om)wikkelen/strengelen* **0.3** *(be)kransen* ⇒*met een krans tooien* ◆ **6.1** ~d **in** *om(k)ringd door, gehuld in;* ⟨fig.⟩ a face ~ **in** smiles *een in glimlachen gehuld gelaat* **6.2** the snake ~d itself **(a)round** the branch *de slang kronkelde om de tak.*

wreck[1] [rek] **I** ⟨telb.zn.⟩ **0.1** *wrak* ⟨ook fig.⟩ ⇒*ruïne* ◆ **1.1** their plan is a ~ *er is weinig over v. hun plan;*
II ⟨n.-telb.zn.⟩ **0.1** *schipbreuk* ⟨ook fig.⟩ ⇒*ondergang, vernietiging.*

wreck[2] ⟨ww.⟩ **0.1** ⟨vnl. pass.⟩ *schipbreuk doen lijden* ⇒*doen stranden, aan de grond doen lopen;* ⟨fig.⟩ *doen mislukken* ⟨plan e.d.⟩ **0.2** *ruïneren* ⇒*verwoesten, te gronde richten* ◆ **1.1** the ship was ~ed on the rocks *het schip liep/verging op de rotsen* **6.1** we were ~ed **off** Flushing *we leden ter hoogte van Vlissingen schipbreuk.*

wreckage [rekkidzj] **0.1** *wrakgoed* ⇒*wrak/brokstukken, restanten.*

wrecker [rekkə] **0.1** *berger* ⇒*bergingsmaatschappij* **0.2** ⟨vnl. gesch.⟩ *strandjutter* **0.3** ⟨vnl. AE⟩ *sloper* ⇒*sloopbedrijf* **0.4** ⟨vnl. AE⟩ *takel/kraanwagen.*

wren [ren] ⟨dierk.⟩ **0.1** *winterkoning.*

wrench[1] [rentsj] ⟨zn.⟩ **0.1** *ruk* ⇒*draai* **0.2** *verrekking* ⇒*verzwikking, verstuiking* **0.3** *verdraaiing* ⟨v. feiten e.d.⟩ **0.4** *afscheidssmart* **0.5** ⟨AE⟩ *moersleutel* ◆ **3.2** he gave his ankle a ~ *hij verzwikte zijn enkel.*

wrench[2] ⟨ww.⟩ **0.1** *(los)wringen/wrikken* ⇒*een ruk geven aan* **0.2** *verzwikken* ⇒*verrekken, verstuiken* **0.3** *verteke-nen* ⇒*verdraaien* ⟨feiten e.d.⟩ **0.4** *een pijnscheut geven* ⇒*steken, pijn doen* ◆ **2.1** ~ open *openwrikken/rukken* **5.1** ~ **away/off** *los/wegrukken, loswrikken.*

wrest [rest] **0.1** *(los/weg)rukken* ⇒*(los)wringen/wrikken* **0.2** *zich meester maken v.* ⇒*zich toe-eigenen* **0.3** *verdraaien* ⇒*geweld aandoen* ⟨betekenis, feiten⟩ ◆ **6.1** ⟨fig.⟩ ~ a confession **from** s.o. *een bekentenis uit iem. persen.*

wrestle [resl] **I** ⟨onov.ww.⟩ **0.1** *worstelen* ⟨ook fig.⟩ ◆ **6.1** ~ **with** problems *met problemen kampen;*
II ⟨ov.ww.⟩ **0.1** *worstelen met/tegen* ◆ **6.1** ~ s.o. **to** the ground *iem. tegen de grond werken.*

wrestler [reslə] **0.1** *worstelaar.*

wrestling [resling] ⟨sport⟩ **0.1** *worstelen.*

wretch [retsj] **0.1** *stakker* ⇒*zielepoot* **0.2** *ellendeling* ⇒*klier* **0.3** ⟨scherts.⟩ *schurk* ⇒*boef, schooier.*

wretched [retsjid] ⟨-ness⟩ **0.1** *beklagenswaardig* ⇒*zielig, droevig* **0.2** *ellendig* ⇒*ongelukkig* **0.3** *verachtelijk* ⇒*laag* **0.4** *waardeloos* ⇒*beroerd, rot-.*

wriggle[1] [rigl] ⟨zn.⟩ **0.1** *kronkel/wriemelbeweging* ⇒*gekronkel/wriemel.*

wriggle[2] **I** ⟨onov.ww.⟩ **0.1** *kronkelen* ⇒*wriemelen;* ⟨fig.⟩ *zich in allerlei bochten wringen* ◆ **6.1** ~ **out of** sth. *ergens onderuit proberen/weten te komen;* ~ **through** the crowd *zich door de menigte heen wriemelen;*
II ⟨ov.ww.⟩ **0.1** *wriemelen met* ⇒*wriemelend heen en weer bewegen* **0.2** *kronkelend afleggen* ◆ **1.2** ~ one's way through sth. *zich ergens doorheen wurmen.*

wring[1] [ring] ⟨zn.⟩ **0.1** *kneepje* ⇒*draai* **0.2** *cider/appelpers* ◆ **3.1** give clothes a ~ *kleren (uit)wringen.*

wring[2] ⟨ww.; wrung, wrung [rung]⟩ **0.1** *omdraaien* **0.2** *(uit)-wringen* ⇒*(uit)persen, samenknijpen* **0.3** *verwringen* ⇒*verrekken* **0.4** *pijnlijk aandoen/treffen* ⇒*kwellen* **0.5** *afpersen* ⇒*afdwingen* ◆ **1.1** ~ a hen's neck *een kip de nek omdraaien* **1.2** ~ your wet shirt out *wring je natte hemd uit;* ~ the water out *wring het water eruit;* ~ s.o.'s hand *iem. stevig de hand drukken* **6.5** ~ a confession **from/out of** s.o. *iem. een bekentenis afdwingen.*

wringer [ringə] **0.1** *wringer* ⇒*wringmachine, mangel.*

wrinkle[1] [ringkl] ⟨zn.⟩ **0.1** *rimpel* ⇒*plooi, kreuk* **0.2** ⟨inf.⟩ *foefje* ⇒*kunstje* **0.3** ⟨inf.⟩ *tip* ⇒*idee.*

wrinkle[2] ⟨ww.⟩ **0.1** *rimpelen* ⇒*rimpels (doen) krijgen, kreuke(le)n.*

wrinkly [ringklie] **0.1** *rimpelig* ⇒*gerimpeld, kreukelig.*

wrist [rist] **0.1** *pols(gewricht)* **0.2** *pols(stuk)* ⟨v. kleding⟩ ⇒*manchet.* →**limp.**

wristband **0.1** *horlogebandje* ⇒*pols(arm)band* **0.2** *manchet.*

wristlet [ristlit] **0.1** *horlogeband(je)* **0.2** *polsband(je)* ⟨bij sport⟩ **0.3** *armband(je).*

wrist watch **0.1** *polshorloge.*

wrist|y [ristie] ⟨-ier⟩⟨vnl. sport⟩ **0.1** *sterk in de pols(en)* ⇒*vanuit de pols(en) spelend.*

writ [rit] **0.1** *bevelschrift* ⇒*dwangbevel, gerechtelijk schrijven* **0.2** *de Schrift* ⟨bijbel⟩ ◆ **1.1** ~ of execution *akte v. executie;* ~ of subpoena *dagvaarding;* ~ of summons *dagvaarding; oproeping* **3.1** serve a ~ on *een dagvaarding betekenen aan.*

write [rajt]⟨wrote [root], written [ritn]⟩ **0.1** *schrijven* ⇒⟨comp.⟩ *(weg)schrijven* ◆ **1.1** ~ a check *een cheque uitschrijven;* ~ a form *een formulier invullen;* ~ a legible hand *een leesbaar handschrift hebben;* ~ one's thoughts *zijn gedachten opschrijven;* a wall written all over *een volgeschreven muur* **5.1** ~ **back** *terugschrijven, antwoorden* **5.¶** nothing to ~ home about *niet(s) om over naar huis te schrijven;* writ/written large *in hoofdletters; duidelijk (herkenbaar)* **6.1** ~ **about/on** a subject *over een onderwerp schrijven;* ~ away **for** *over de post bestellen* **6.¶** envy was written all **over** his face *de jaloezie stond hem op het gezicht te lezen.* →**write down, write in, write off, write out, write up.**

write down **0.1** *neer/opschrijven* ⇒*op papier vastleggen* **0.2** *beschrijven* ⇒*uitmaken voor, beschouwen (als)* ◆ **1.2** write s.o. down a bore/as a bore *iem. uitmaken voor een vervelende vent.*

write in I ⟨onov.ww.⟩ **0.1** *schrijven* ⇒*schriftelijk verzoeken* ◆ **6.1** ~ **for** a free catalogue *schrijven om een gratis catalogus;*
II ⟨ov.ww.⟩ **0.1** *bijschrijven* ⇒*in/toevoegen, inlassen* **0.2** ⟨AE⟩ *stemmen op* ⟨een niet op het stembiljet voorkomende kandidaat⟩ ⇒*toevoegen* ⟨naam v. niet-kandidaat⟩.

write-in ⟨ook attr.⟩⟨AE⟩ **0.1** *stem voor niet-kandidaat* ⇒⟨ong.⟩ *voorkeurstem.*

write off I ⟨onov.ww.⟩ **0.1** *schrijven* ⇒*over de post bestellen* ◆ **6.1** ~ **for** sth./to order sth. *schrijven om iets te bestellen;*
II ⟨ov.ww.⟩ **0.1** *afschrijven* ⟨ook fig.⟩ ⇒*afvoeren* **0.2** *(op)-*

schrijven ⇒*in elkaar draaien* ◆ **1.1** ~ losses / a car *verliezen / een auto afschrijven.*
write-off 0.1 ***afschrijving* 0.2** ***total loss*** ⇒*weggooier* ⟨fig.⟩.
write out 0.1 ***uitschrijven*** ⇒*voluit schrijven* **0.2** ***schrijven*** ⇒*uitschrijven* ⟨cheque e.d.⟩ **0.3** ***schrappen*** ⇒*uitschrijven* ⟨rol in tv-serie⟩ ◆ **1.3** her part was written out *haar rol werd geschrapt.*
writer [rajtə] **0.1** ***schrijver, schrijfster*** ⇒*auteur* ◆ **7.1** the (present) ~ *schrijver dezes, ondergetekende.*
writer's cramp 0.1 ***schrijfkramp.***
write up 0.1 ***bijwerken*** ⟨dagboek⟩ **0.2** ***uitwerken*** ⇒*uitschrijven* **0.3** ***recenseren*** ⇒*bespreken;* ⟨ihb.⟩ *lovend / gunstig bespreken.*
write-up 0.1 ***verslag*** ⇒*recensie;* ⟨ihb.⟩ *lovende bespreking.*
writhe [rajð] **0.1** ***wringen*** ⇒*kronkelen, (ineen)krimpen* ◆ **6.1** ~ **with** pain *kronkelen van de pijn.*
writing [rajting] **I** ⟨n.-telb.zn.⟩ **0.1** ***schrijven* 0.2** ***(hand)-schrift* 0.3** ***schrift*** ⇒*schriftuur* ◆ **1.¶** the ~ on the wall *het teken aan de wand* **3.3** put sth. down in ~ *iets op schrift stellen;*
II ⟨mv.⟩ **0.1** ***werken*** ⇒*geschriften.*
writing desk 0.1 ***schrijfbureau*** ⇒*secretaire.*
writing ink 0.1 ***schrijfinkt.***
writing materials 0.1 ***schrijfbenodigdheden.***
writing pad 0.1 ***schrijfblok*** ⇒*blocnote.*
writing paper 0.1 ***schrijfpapier* 0.2** ***brief/postpapier.***
writing skill 0.1 ***schrijfvaardigheid.***
written [ritn] ⟨volt. deelw.⟩ →**write.**
wrong[1] [rong] ⟨zn.⟩ **0.1** ***kwaad*** ⇒*onrecht* **0.2** ***misstand*** ⇒*wantoestand* **0.3** ⟨jur.⟩ ***onrechtmatige daad*** ◆ **1.1** right and ~ *juist en onjuist* **2.1** do s.o. a great ~ *iem. een groot onrecht aandoen* **3.1** do ~ *onrecht doen, ergens verkeerd aan doen* **6.¶** be **in** the ~ *het mis hebben; de schuldige zijn, het gedaan hebben.* →**two.**
wrong[2] **I** ⟨bn.⟩ **0.1** ***verkeerd*** ⇒*fout, onjuist* ◆ **1.1** ⟨fig.⟩ back the ~ horse *op het verkeerde paard wedden;* ~ number *verkeerd nummer / verbonden;* ~ side out *binnenstebuiten;* (the) ~ way round *achterstevoren, de verkeerde kant op;* go down the ~ way *in het verkeerde keelgat schieten* ⟨v. eten⟩; the clock is ~ *de klok loopt niet gelijk* **1.¶** get hold of the ~ end of the stick *het bij het verkeerde eind hebben;* be caught on the ~ foot *verrast / overvallen worden, verrast worden met de broek op de enkels;* ~ number *verkeerd idee; psychopaat; gevaarlijk persoon; onbetrouwbaar iem.;* ⟨sl.⟩ come to the ~ shop *aan het verkeerde adres (gekomen) zijn;* get on the ~ side of s.o. *iemands sympathie verliezen / verspelen;* get out of bed on the ~ side *met zijn verkeerde been uit bed stappen;* he is laughing on the ~ side of his face / mouth now *het lachen is hem vergaan;* on the ~ side of sixty *de zestig gepasseerd;* ⟨AE⟩ the ~ side of the tracks *de achterbuurten / zelfkant;* bark up the ~ tree *op het verkeerde spoor zijn; aan het verkeerde adres zijn* **3.1** ~ly accused *ten onrechte beschuldigd* **3.¶** you're ~ *je hebt ongelijk / vergist je* **6.1** ⟨inf.⟩ what's ~ **with** ...? *wat is er aan de hand met / fout aan ...?; wat mankeert er aan ...?;*
II ⟨bn., pred.⟩ **0.1** ***slecht*** ⇒*verkeerd, niet goed* ◆ **3.1** you're ~ to do this / it's ~ of you to do this *u doet hier verkeerd aan.*
wrong[3] ⟨ww.⟩ **0.1** ***onrecht doen*** ⇒*onrechtvaardig behandelen, onredelijk zijn tegen* **0.2** ***onbillijk / verkeerd beoordelen*** ◆ **1.1** ~ a person *iem. te kort doen.*
wrong[4] ⟨bw.⟩ **0.1** ***foutief*** ⇒*verkeerd, onjuist* **0.2** ***in de verkeerde richting*** ⇒*de verkeerde kant op* ◆ **3.1** guess ~ *verkeerd gokken;* you told me ~ *je hebt me verkeerd voorgelicht.* →**get, go.**
wrongdoer [rongdoe:ə] **0.1** ***(wets)overtreder*** ⇒*misdadiger.*
wrongdoing [rongdoe:ing] **0.1** ***wandaad*** ⇒*overtreding* **0.2** ***wangedrag*** ⇒*misdadigheid.*
wrongful [rongfl] **0.1** ***onterecht*** ⇒*onbillijk* **0.2** ***onrechtmatig*** ⇒*onwettig.*
wrongheaded ⟨-ness⟩ **0.1** ***dwars(drijverig / liggerig)*** ⇒*obstinaat, eigenwijs* **0.2** ***foutief*** ⇒*verkeerd.*
wrote [root] ⟨verl. t.⟩ →**write.**
wrought-iron [ro:tajjən] **0.1** ***smeedijzer(en)*** ⟨ook attr.⟩.
wrought up 0.1 ***gespannen*** ⇒*nerveus, opgewonden.*
wrung [rung] ⟨verl. t. en volt. deelw.⟩ →**wring.**
wry [raj] ⟨wryer of wrier, wryest of wriest; -ly; -ness⟩ **0.1** ***(ver)zuur(d)*** ⇒*wrang, wrokkig* **0.2** ***(licht) ironisch*** ⇒*spottend; droog, laconiek* ⟨v. humor⟩ ◆ **1.1** ~ mouth *zuinig mondje* **1.2** ~ smile *spottend lachje.*
wt. ⟨afk.⟩ **0.1** [weight].
wurst [wə:st] **0.1** ***worst.***
W.W.I ⟨afk.⟩ **0.1** [World War I] ***WO I.***
W.W.II ⟨afk.⟩ **0.1** [World War II] ***WO II.***
WYSIWYG [wizziwwig] ⟨afk.; comp.⟩ **0.1** [What You See Is What You Get].

x, X [eks] ⟨mv.: x's X's⟩ **0.1** ***x, X*** **0.2** ⟨vnl. x; wisk.⟩ ***x*** ⇒⟨alg.⟩ *onbekende persoon/factor/grootheid* **0.3** ⟨X⟩ ***film voor boven de achttien*** ◆ **3.1** ~ marks the spot *daar ligt/is het.*
xenon [zennon] ⟨schei.⟩ **0.1** ***xenon.***
xenophob|e [zennəfoob] ⟨bn.: **-ic**⟩ **0.1** ***xenofoob*** ⇒*vreemdelingenhater.*
xenophobia [zennəfoobiə] **0.1** ***xenofobie*** ⇒*vreemdelingenangst/haat.*
xerophyte [ziərəfajt], **xerophile** [-fajl] ⟨plantk.⟩ **0.1** ***xerofyt*** ⟨plant die gedijt in droge omgeving⟩.
Xerox[1] [ziəroks, ze-] ⟨zn.; ook x-⟩ **0.1** ***(foto)kopie*** **0.2** ***(foto)kopieerapparaat.***
Xerox[2] ⟨ww.; ook x-⟩ **0.1** ***(foto)kopiëren*** ⇒*xeroxen.*
XL ⟨afk.⟩ **0.1** [extra large] ⟨in kleding⟩.
Xmas [krisməs] ⟨inf.⟩ **0.1** ***kerst*** ⇒*Kerstmis.*
X-rated **0.1** ***(voor) boven de achttien*** ⟨v. film⟩.
X-rating **0.1** ***keuring boven de 18*** ⟨film⟩.
X ray, x ray **0.1** ⟨vnl. mv.; ook attr.⟩ ***röntgenstraal*** **0.2** ***röntgenfoto*** **0.3** ***röntgenonderzoek*** **0.4** ***röntgenapparaat.***
X-ray, x-ray **0.1** ***doorlichten*** ⟨ook fig.⟩ ⇒*röntgenen* **0.2** ***bestralen.***
xylem [zajləm] ⟨plantk.⟩ **0.1** ***xyleem*** ⇒*houtweefsel.*
xylophone [zajləfoon] **0.1** ***xylofoon.***

Y

y, Y [waj] ⟨mv.: y's, Y's⟩ **0.1** ***y, Y.***
yacht[1] [jot] ⟨zn.⟩ **0.1** ***jacht*** ⟨schip⟩.
yacht[2] ⟨ww.⟩ **0.1** ***zeilen.***
yacht club **0.1** ***jachtclub*** ⇒*zeilvereniging.*
yachting [jotting] **0.1** ***(wedstrijd)zeilen.***
yacht racer ⟨zeilsport⟩ **0.1** ***wedstrijdzeiler.***
yachts|man [jotsmən] ⟨mv.: -men [-mən]⟩ **0.1** ***zeiler.***
yackety-yack [jækətiejæk], **ya(c)k** [jæk] ⟨sl.⟩ **0.1** ***geouwehoer*** ⇒*gezeik, gelul.*
yah [ja:] **0.1** ***pf*** ⇒*hm, het zou wat* **0.2** ⟨AE⟩ ***ja.***
yahoo [ja:hoe:] **0.1** ***varken*** ⇒*bruut, schoft.*
yak [jæk] ⟨dierk.⟩ **0.1** ***jak.***
Yale lock [jeel lok] **0.1** ***yaleslot.***
yam [jæm] **0.1** ***yam/jam(swortel)*** **0.2** ⟨AE⟩ ***yam*** ⇒*zoete aardappel.*
yammer [jæmə] ⟨inf.⟩ **0.1** ***jammeren*** ⇒*mekkeren* **0.2** ***kakelen*** ⇒*kleppen.*
yang [jæng] ⟨ook Y-⟩⟨fil.⟩ **0.1** ***yang.***
yank[1] [jængk] ⟨zn.⟩⟨inf.⟩ **0.1** ***ruk*** ⇒*sjor.*
yank[2] ⟨ww.⟩⟨inf.⟩ **0.1** ***een ruk geven aan*** ⇒*sjorren, trekken* ◆ **5.1** ~ **out** a tooth *een tand er uit rukken.*
Yank ⟨verk.⟩ [Yankee] ⟨inf.⟩.
Yankee [jængkie] **0.1** ⟨vnl. AE⟩ ***yank(ee)*** ⇒⟨gesch.⟩ *noorderling.*
yap[1] [jæp] ⟨zn.⟩ **0.1** ***kef(geluid)*** ⇒*gekef.*
yap[2] ⟨ww.; -ped⟩ **0.1** ***keffen*** **0.2** ⟨sl.⟩ ***kleppen*** ⇒*kakelen.*
yard [ja:d] **0.1** ***yard*** ⟨0,914 m; →t⟩ **0.2** ⟨scheep.⟩ ***ra*** **0.3** ⟨meest in samenstellingen⟩ ***(omheind) terrein*** ⇒*binnenplaats, erf, depot* **0.4** ⟨AE⟩ ***plaatsje*** ⇒*(achter)tuin, gazon* ◆ **3.2** man the ~s ⟨lett.⟩ *de ra's bemannen; een eresaluut brengen* **6.1** **by** the ~ *per yard;* ⟨fig.⟩ *ellenlang* **7.¶** ⟨BE; inf.⟩ the Yard *Scotland Yard.*
yardage [ja:didzj] **0.1** ***aantal yards*** ⇒*lengte in yards.*
yardarm ⟨scheep.⟩ **0.1** ***ranok.***
yardstick **0.1** ***meetlat*** ⇒*ellenstok;* ⟨fig.⟩ *maatstaf.*
yarn[1] [ja:n] **I** ⟨telb.zn.⟩⟨inf.⟩ **0.1** ***lang (reis)verhaal*** ⇒⟨vaak pej.⟩ *(langdradig/oeverloos) verhaal* ◆ **3.¶** spin a ~ *een lang verhaal houden, een verhaal opdissen;*
II ⟨n.-telb.zn.⟩ **0.1** ***garen*** ⇒*draad.*
yarn[2] ⟨ww.⟩⟨inf.; vnl. pej.⟩ **0.1** ***lange verhalen houden*** ⇒*oeverloos kletsen.*
yarrow [jæroo] ⟨plantk.⟩ **0.1** ***duizendblad.***
yaw [jo:] **0.1** ***(laten) gieren*** ⇒*niet op koers blijven/(kunnen) houden.*
yawl [jo:l] ⟨scheep.⟩ **0.1** ***jol*** **0.2** ***sloep.***
yawn[1] [jo:n] ⟨zn.⟩ **0.1** ***geeuw*** ⇒*gaap* ◆ **1.¶** ⟨inf.⟩ the film was a ~ *de film was oervervelend.*
yawn[2] **I** ⟨onov.ww.⟩ **0.1** ***geeuwen*** ⇒*gapen* **0.2** ***gapen*** ⟨fig.⟩ ⇒ *wijd geopend zijn* ◆ **1.2** ~ing hole *gapend gat;*
II ⟨ov.ww.⟩ **0.1** ***geeuwend/gapend zeggen*** ◆ **1.1** ~ one's head off *ontzettend gapen.*
yd(s) ⟨afk.⟩ **0.1** [yard(s)].
ye[1] [jie:] ⟨vnw.⟩⟨vero., gew. of scherts.⟩ **0.1** ***gij(lieden)*** ⇒*u, jullie, jij.*
ye[2] [jie:] ⟨lidw.⟩⟨pseudo-oud; vnl. in namen van handelszaken⟩ **0.1** ***de*** ◆ **1.1** ~ olde Spanish inn *de oude Spaanse uitspanning.*
yea[1] [jee] ⟨zn.⟩ **0.1** ***stem vóór*** **0.2** ***voorstemmer*** ◆ **1.1** ~s and nays *stemmen vóór en tegen.*

yea² ⟨bw.⟩ **0.1** *ja* ⟨bij stemprocedures⟩.
yeah, yeh, ⟨AE sp. ook⟩ **yah** [jeə] ⟨inf.⟩ **0.1** *ja.*
year [jiə, jə:] **I** ⟨telb.zn.⟩ **0.1** *jaar* **0.2** *lange tijd* ⇒⟨fig.⟩ *eeuw* ◆ **1.1** a ~ from today *vandaag over een jaar* **5.1** ~ **in**, ~ **out** *jaar in, jaar uit;* all the ~ **round** *het hele jaar door* **6.1** ~ **after / by** ~ *jaar op jaar, van jaar tot jaar;* **for** many ~s *sedert jaar en dag;* **over** the ~s *met de jaren.* →**lean;**
II ⟨mv.⟩ **0.1** *jaren* ⇒*leeftijd* **0.2** *eeuwigheid* ⟨alleen fig.⟩ ⇒ *eeuwen* ◆ **1.1** the ~s of discretion *de jaren des onderscheids* **3.2** it has been ~s *het is eeuwen geleden.*
yearbook 0.1 *jaarboek.*
yearling [jiəling, jə:-] ⟨ook attr.⟩ **0.1** *jaarling* ⇒*éénjarig dier;* ⟨ihb.⟩ *éénjarig renpaard.*
yearlong 0.1 *één jaar durend.*
yearly [jiəlie, jə:lie] **0.1** ⟨bn.⟩ *jaarlijks* ⇒*jaar-* **0.2** ⟨bw.⟩ *jaarlijks* ⇒*elk jaar* ◆ **1.1** a ~ income *een jaarinkomen.*
yearn [jə:n] **0.1** *smachten* ⇒*verlangen* ◆ **6.1** ~ **after / for** *smachten naar.*
yearning [jə:ning] **0.1** *sterk verlangen* ⇒*hunkering.*
yeast [jie:st] **0.1** *gist* ⇒⟨fig.⟩ *desem.*
yeast|y [jie:stie] ⟨-ier⟩ **0.1** *gistend* ⟨ook fig.⟩ ⇒*schuimend, bruisend* **0.2** *luchtig.*
yell¹ [jel] ⟨zn.⟩ **0.1** *gil* ⇒*kreet, schreeuw* **0.2** ⟨AE⟩ *yell* ⟨om sporters aan te moedigen⟩ ⇒*supportersstrijdkreet.*
yell² ⟨ww.⟩ **0.1** *gillen* ⇒*brullen, schreeuwen* ◆ **1.1** ~ one's head off *tekeer gaan, tieren* **5.1** ~ **out** in pain *het uitschreeuwen v.d. pijn* **6.1** ~ **for** help *om hulp schreeuwen.*
yellow¹ [jelloo] ⟨zn.⟩ **0.1** *geel* ⇒*gele kleur/verfstof* **0.2** *eigeel* ⇒*dooier* **0.3** ⟨inf.⟩ *laf(hartig)heid* ◆ **3.1** dressed in ~ *in het geel gekleed.*
yellow² ⟨bn.; ook -er⟩ **0.1** *geel(achtig)* **0.2** *met een gele huid* ⇒*oosters* **0.3** ⟨sl.⟩ *laf* ◆ **1.1** ~ jack, ~ Jack *gele vlag, quarantainevlag;* ⟨bij uitbr.⟩ *gele koorts* **1.2** the ~ peril *het gele gevaar* **1.3** she has a ~ streak in her *zij is laf* **1.¶** ⟨voetbal⟩ show s.o. a ~ card *iem. een gele kaart geven;* ~ metal *messing, geelkoper;* ~ pages *gouden gids;* the ~ press *de sensatie/boulevardpers.*
yellow³ ⟨ww.⟩ **0.1** *vergelen* ⇒*geel worden/maken.*
yellowhammer [jelloohæmə] ⟨dierk.⟩ **0.1** *geelgors* **0.2** ⟨AE⟩ *goudspecht.*
yellowish [jelloo·isj] **0.1** *geelachtig.*
yellowness [jelloonəs] **0.1** *geelheid* **0.2** *lafheid.*
yelp¹ [jelp] ⟨zn.⟩ **0.1** *gekef* **0.2** *gejank* **0.3** *gil.*
yelp² ⟨ww.⟩ **0.1** *keffen* **0.2** *janken* **0.3** *een gil geven* ⇒*gillen.*
yen [jen] ⟨mv.: yen⟩ **0.1** *yen* ⟨Japanse munt⟩ **0.2** ⟨alleen enk.; inf.⟩ *verlangen.*
yeo|man [joomən] ⟨mv.: -men [-mən]⟩ **0.1** ⟨gesch.⟩ *eigenerfde* ⇒*vrijboer, kleine landeigenaar* ◆ **1.¶** ⟨BE⟩ Yeoman of the Guard *soldaat der koninklijke garde* ⟨bewaakt ook de Tower⟩.
yeomanry [joomənrie] ⟨zn.; the⟩ ⟨BE⟩ **0.1** *de klasse v. kleine landeigenaren* **0.2** *bereden vrijwilligerskorpsen.*
yep [jep] ⟨AE; inf.⟩ **0.1** *ja.*
yes¹ [jes] ⟨zn.⟩ **0.1** *ja* ⇒*bevestigend antwoord* **0.2** *ja-stem* **0.3** *voorstemmer* ◆ **3.1** say ~ *ja zeggen, het jawoord geven* **7.2** there were ten ~es *er waren tien stemmen voor.*
yes² ⟨bw.⟩ **0.1** *ja* ⇒*jawel* ⟨na ontkennende zin⟩ ◆ **8.¶** I went, ~, and liked it *ik ben er heen gegaan en vond het zelfs leuk* **¶.1** You didn't pay, did you? Yes, I did *Je hebt niet betaald, hè? Jawel hoor.*
yes-man ⟨geen mv.⟩ ⟨inf.⟩ **0.1** *jaknikker* ⇒*jabroer.*
yesterday¹ [jestədie, -dee] ⟨zn.⟩ **0.1** *gisteren* **0.2** *het (recente) verleden* ◆ **1.1** ~'s weather was terrible *het weer v. gisteren was afgrijselijk* **6.1** the day **before** ~ *eergisteren.*
yesterday² ⟨bw.⟩ **0.1** *gisteren* **0.2** *onlangs* ⇒*kort geleden* ◆ **1.1** where was he ~ morning? *waar was hij gisterochtend?;* I saw him ~ week *ik heb hem gisteren een week geleden gezien.*
yesterday afternoon 0.1 *gisterenmiddag.*
yesterday evening 0.1 *gisteravond.*
yesterday morning 0.1 *gisterochtend.*
yet¹ [jet] ⟨bw.⟩ **0.1** *nog* ⇒*tot nu toe, nog altijd* **0.2** ⟨in vragende zinnen⟩ *al* **0.3** *opnieuw* ⇒*nog* **0.4** *toch nog* ⇒*uiteindelijk* **0.5** *toch* ◆ **2.1** a ~ uglier maid *een nog lelijkere dienstbode* **3.1** she has ~ to ring up *ze heeft nog steeds niet opgebeld* **3.4** he'll beat you ~ *hij zal jou nog wel verslaan* **5.1** as ~ *tot nu toe* **5.3** ~ again *nog weer* **8.5** and ~ she refused *en toch weigerde zij het.*
yet² ⟨vw.⟩ **0.1** *maar (toch)* ⇒*doch* ◆ **2.1** strange ~ true *raar maar waar* **¶.1** she seems shy, ~ she is not *ze lijkt verlegen maar is het toch niet.*
yeti [jettie] **0.1** *yeti.*
yew (tree) [joe:] **0.1** *taxus(boom)* **0.2** *taxushout.*
Y-fronts [wajfrunts] **0.1** *herenslip* ⟨met gulp in vorm v. omgekeerde Y⟩.
Yid [jid] ⟨sl.; pej.⟩ **0.1** *jood* ⇒*jid.*
Yiddish [jiddisj] **0.1** ⟨bn.⟩ *Jiddisch* **0.2** ⟨zn.⟩ *Jiddisch* ⟨taal⟩.
yield¹ [jie:ld] ⟨zn.⟩ **0.1** *opbrengst* ⇒*productie, oogst, rendement* **0.2** *kracht* ⟨v. kernexplosie⟩ ⇒*sterkte.*
yield² I ⟨onov.ww.⟩ **0.1** *opbrengst hebben* ⇒*vrucht dragen* ⟨v. boom⟩ **0.2** *zich overgeven* ⟨aan de vijand⟩ **0.3** *zwichten* ⇒*toegeven, wijken* **0.4** *voorrang verlenen* **0.5** *doorbuigen* ⟨bv. v. planten⟩ ⇒⟨bij uitbr. ook⟩ *begeven, bezwijken* ◆ **5.1** ~ well *een goede opbrengst hebben* **6.3** ~ **to** temptation *voor de verleiding bezwijken* **6.4** ~ **to** the right *voorrang verlenen aan het verkeer v. rechts;*
II ⟨ov.ww.⟩ **0.1** *voortbrengen* ⟨vruchten; ook fig.: winst, resultaten⟩ ⇒*opleveren, opbrengen* **0.2** *overgeven* ⇒*opgeven, afstaan* **0.3** *verlenen* ⇒*gunnen, bieden* **0.4** *toegeven* ◆ **1.2** ~ (up) one's position to the enemy *zijn positie aan de vijand overgeven* **1.3** ⟨AE⟩ ~ the floor to the Republican senator *het woord gunnen aan de Republikeinse senator;* ~ full justice to s.o. *iem. alle recht laten wedervaren;* ~ passage *doorgang verlenen.*
yielding [jie:lding] **0.1** *meegevend* ⇒*buigzaam* **0.2** *meegaand* ⇒*toegeeflijk, inschikkelijk* **0.3** *productief* ⇒ *vruchtbaar* ◆ **1.3** ⟨plantk.⟩ high ~ varieties *variëteiten met een hoge opbrengst.*
yin [jin] ⟨fil.⟩ **0.1** *yin.*
yippee [jippie:] ⟨inf.⟩ **0.1** *joepie* ⇒*hoera.*
Y-level ⟨landmeetk.⟩ **0.1** *waterpasinstrument.*
Y.M.C.A. ⟨afk.⟩ **0.1** [Young Men's Christian Association].
yob [job], **yobo, yobbo** [jobboo] ⟨BE; sl.⟩ **0.1** *vandaal.*
yobbish [jobbisj] **0.1** *baldadig* ⇒*vernielzuchtig, onbeschoft, hondsbrutaal.*
yodel¹ [joodl] ⟨zn.⟩ **0.1** *gejodel* ⇒*jodellied.*
yodel² ⟨ww.; BE -led⟩ **0.1** *jodelen.*
yoga [joogə] ⟨ook Y-⟩ **0.1** *yoga.*
yog(h)urt, yoghourt [jogət] **0.1** *yoghurt.*
yogi [joogie] ⟨mv.: ook yogin [-gin]⟩ **0.1** *yogi* ⇒*yogaleraar/beoefenaar.*
yo-heave-ho [joohie:vhoo] ⟨scheep.⟩ **0.1** *een, twee, hup* ⇒ *hé, hup* ⟨bij hijsen e.d.⟩.
yoke¹ [jook] ⟨zn.; mv.: in bet. 0.2 ook yoke⟩ **0.1** *juk* ⟨ook fig.⟩ ⇒ *heerschappij, slavernij* **0.2** *koppel* ⇒*span, paar* **0.3** *draagjuk* ⇒*emmerjuk* **0.4** ⟨vnl. enk.⟩ *band* ⇒*verbintenis, juk* ⟨v. huwelijk⟩ ◆ **1.2** three ~ of oxen *drie juk/stel ossen* **3.1** bring under the ~ of s.o. *aan iem. onderwerpen;* pass/come under the ~ *zich onderwerpen;* throw off the ~ *in opstand komen tegen de dwingelandij.*

yoke[2] ⟨ww.⟩ **0.1** ***onder een/het juk brengen*** *⇒jukken, in/voorspannen* **0.2** ***koppelen*** *⇒verbinden* ◆ **1.1** ~ the oxen to the cart *de ossen voor de kar spannen* **6.2** ~d **in** marriage *in de echt verbonden;* ~ s.o. **to** another *iem. aan een ander koppelen.*

yokel [jookl] **0.1** ***boerenkinkel.***

yolk [jook] **0.1** ***dooier.***

yonder [jondə] ⟨schr.⟩ **0.1** ⟨bn. en bw.⟩ ***ginds*** *⇒daar ginder.*

yonks [jongks] ⟨BE; inf.⟩ ◆ **6.¶** we haven't been there **for** ~ *we zijn daar in geen tijden geweest.*

yore [jo:] ⟨altijd +of⟩⟨schr.⟩ ◆ **6.¶ of** ~ *(van) vroeger, uit voorbije tijden.*

Yorks. [jo:ks] ⟨afk.⟩ **0.1** [Yorkshire].

Yorkshire pudding ⟨cul.⟩ **0.1** ***yorkshirepudding*** ⟨in roastbeefjus gebakken beslag⟩.

Yorkshire terrier 0.1 ***yorkshireterriër.***

you[1] [joe:] ⟨zn.⟩ **0.1** ***(persoon als) jij*** ◆ **2.1** find the real ~ *zoek jezelf zoals je werkelijk bent.*

you[2] [joe, jə, ⟨sterk⟩ joe:] **I** ⟨pers.vnw.⟩ **0.1** ⟨enk.⟩ ***jij*** *⇒jou, je;* ⟨schr.⟩ *u* **0.2** ⟨mv.⟩ ***jullie, u*** ◆ **3.1** I saw ~ chasing her *ik heb gezien hoe je haar achterna zat* **3.2** what are ~ two up to? *wat voeren jullie twee uit?* **4.1** 'You're a fool' 'You're another' *'Jij bent een stommeling' 'Jij ook'* **6.1** here's **to** ~ *op jouw gezondheid;* I'm Sarah **to** ~ *voor jou heet ik Sarah.* → **good;**
II ⟨onb.vnw.⟩⟨inf.⟩ **0.1** ***je*** *⇒men* ◆ **6.1** that's fame **for** ~ *dat noem ik nou nog eens beroemd zijn;* that's men **for** ~ *zo zijn de mannen.*

you'd [joed, jəd, ⟨sterk⟩ joe:d] ⟨samentr. v. you had, you would⟩.

you'll [joel, jəl, ⟨sterk⟩ joe:l] ⟨samentr. v. you will, you shall⟩.

young[1] [jung] ⟨zn.⟩ **0.1** ⟨the⟩ ***de jongelui*** *⇒de jeugd* **0.2** ***jongen*** ⟨v. dier⟩ ◆ **6.2 with** ~ *drachtig, zwanger.*

young[2] ⟨bn.; -er [junggə]⟩ **0.1** ***jong*** *⇒pasgeboren, klein; nieuw, vers, fris* **0.2** ***vroeg*** *⇒net begonnen* **0.3** ***junior*** *⇒jong(er)e* **0.4** ***jeugdig*** **0.5** ***onervaren*** *⇒net beginnend* ◆ **1.1** ~ child *klein kind, kindje;* a ~ family *een gezin met kleine kinderen;* ~ fry *klein grut;* ⟨schr.⟩ ~ lady *jongedame;* ⟨schr.⟩ ~ man *jongeman* **1.2** the day is (still) ~ *het is nog vroeg* **1.3** ~ Smith *Smith junior, de jonge Smith;* the ~er Smith, Smith the ~er *de jongere/jongste Smith* **1.4** one's ~ day(s) *iemands jonge tijd/jaren* **1.5** ~ marrieds *pasgetrouwd stel* **1.¶** ~ blood *nieuw/vers bloed, nieuwe ideeën/mensen;* ~ lady *schat, lieveling;* ⟨pol.⟩ Young Turk *revolutionair, rebel;* ~ turk *wildebras* **2.1** ~ and old *jong en oud* **4.1** ⟨inf.⟩ ~ 'un *jongen, jochie; jongmens.*

youngish [jungisj, junggisj] **0.1** ***nogal jong.***

youngster [jungstə] **0.1** ***jongmens*** *⇒jongeling* **0.2** ***jochie*** *⇒kereltje.*

your [jə, ⟨sterk⟩ joeə, jo:] **0.1** ***jouw/jullie*** *⇒je, uw, v. jou/jullie* **0.2** ⟨inf.; vnl. pej.⟩ ***zo'n (fameuze)*** *⇒een* ◆ **1.1** this is ~ day *dit is jullie grote dag/geluksdag;* ~ man *de man over wie je 't had* **1.2** so this is ~ Hyde Park! *dit is dus dat (beroemde) Hyde Park van jullie!* **1.¶** where are ~ Pele's now? *waar zijn de Pele's nu?* **2.1** work ~ hardest *werken zo hard je kunt* **3.1** I was surprised at ~ leaving so hastily *ik was verbaasd dat je zo haastig vertrok.*

you're [jə, ⟨sterk⟩ joeə, jo:] ⟨samentr. v. you are⟩.

yours [jo:z] **0.1** ⟨predikatief gebruikt⟩ ***van jou/jullie*** *⇒de/het jouwe, de/het uwe* **0.2** ***de/het jouwe/uwe*** ◆ **1.1** is this sock ~? *is deze sok van jou?* **4.1** take what is ~ *neem wat van jou is* **4.2** you and ~ *u en de uwen;* ⟨scherts.⟩ what's ~? *wat wil je drinken?* **5.¶** (I remain) ~ faithfully *hoogachtend;* sincerely ~ *met vriendelijke groeten;* ~ truly *hoogachtend; uw dienaar;* ⟨scherts.⟩ *de ondergetekende, ik* **6.2** a friend of ~ *een vriend van jou;* in reply to ~ **of** the 25th *in antwoord op uw brief van de 25e* **6.¶** ⟨vulg.⟩ **up** ~! *krijg de klere!*

yourself [jəselfl] ⟨onk.⟩ **0.1** ***je*** *⇒zich* **0.2** ***je zelf*** ⟨als nadrukwoord voor inf. you⟩ *⇒zelf* ◆ **3.1** allow ~ some rest *gun jezelf wat rust* **3.2** it's easier to do it ~ *het is gemakkelijker om het zelf te doen* **4.1** you are not ~ *je bent niet in je gewone doen* **4.2** you ~ told me *je hebt het me zelf gezegd* **5.2** ⟨als antwoord op 'How are you'; sl.⟩ 'How's ~?' *'Hoe gaat het met je?' 'En met jou?'* **6.1** then you came **to** ~ *toen kwam je bij* **6.2** a girl **like** ~ *een meisje zoals jij.*

yourselves [jəselvz] ⟨mv.⟩ **0.1** ***zich*** *⇒jullie* **0.2** ***zelf*** ◆ **3.1** dry ~ properly *droog jullie goed af* **3.2** finish it ~ *maak het zelf af* **4.2** you ~ should know *jullie zouden het zelf moeten weten* **6.1** you ought to be ashamed **of** ~ *jullie zouden je moeten schamen.*

youth [joe:θ] ⟨mv.: youths [joe:ðz]⟩ **I** ⟨telb.zn.⟩ **0.1** ***jongeman*** *⇒jongen* **0.2** ⟨meestal mv.⟩ ***(ml. of vr.) teenager*** *⇒*⟨in mv.⟩ *jongelui* ◆ **1.2** a couple of ~s were waiting for him *een paar jongelui stonden op hem te wachten;*
II ⟨telb. en n.-telb.zn.⟩ **0.1** ***jeugd*** *⇒jonge jaren* ◆ **3.1** the drink restored him to ~ *het drankje gaf hem zijn jeugd terug* **6.1 from** ~ onwards *van jongs af (aan);*
III ⟨zn.; ww. enk. of mv.⟩ **0.1** ***jeugd*** *⇒jongeren* ◆ **1.1** he's always in the company of ~ *hij trekt altijd met jongeren op.*

youth custody centre ⟨BE⟩ **0.1** ***jeugdgevangenis*** *⇒opvoedingsgesticht, tuchtschool* ⟨voor jongeren van 15 tot 21⟩.

youthful [joe:θfl] ⟨-ness⟩ **0.1** ***jeugdig*** *⇒jong, jeugd-* **0.2** ***jong*** *⇒in de beginfase/een vroeg stadium verkerend* ⟨v. project e.d.⟩ **0.3** ***vitaal*** *⇒vief, krachtig* ◆ **1.3** ~ prose *krachtig proza.*

youth hostel 0.1 ***jeugdherberg.***

youth movement ⟨zn.⟩ **0.1** ***jeugdbeweging.***

you've [jəv, ⟨sterk⟩ joe:v] ⟨samentr. v. you have⟩.

yowl[1] [jaul] ⟨zn.⟩ **0.1** ***gejank*** ⟨vnl. v. kat, hond⟩.

yowl[2] ⟨ww.⟩ **0.1** ***janken*** ⟨vnl. v. dieren⟩.

yo-yo [joojoo] **0.1** ***jojo*** *⇒klimtol* **0.2** ⟨sl.⟩ ***domkop*** *⇒idioot.*

YTS ⟨afk.⟩ **0.1** [Youth Training Scheme].

yucca [jukkə] ⟨plantk.⟩ **0.1** ***yucca*** *⇒adamsnaald.*

yu(c)k [juk], **yuch** [juch] ⟨inf.⟩ **0.1** ***bah*** *⇒gadsie, ged.*

yucky, yukky [jukkie] ⟨inf.⟩ **0.1** ***smerig*** *⇒afgrijselijk, vies, walgelijk.*

Yugoslav, Jugoslav [joe:goosla:v] **0.1** ⟨bn.⟩ ***Joegoslavisch*** *⇒van/uit Joegoslavië* **0.2** ⟨zn.⟩ ***Joegoslaaf.***

Yugoslavia [joe:goosla:viə] **0.1** ***Joegoslavië.***

yuk [juk] →**yuck.**

yuko [joekoo] ⟨vechtsport, ihb. judo⟩ **0.1** ***yuko*** ⟨halve ippon; 5 punten⟩.

yule log 0.1 ***joelblok*** ⟨blok hout in kersthaardvuur⟩ **0.2** ***joelblokcake.***

yuletide I ⟨eig.n.; Y-⟩ **0.1** ***Kerstmis*** *⇒kerst;*
II ⟨n.-telb.zn.⟩ **0.1** ***kersttijd.***

yumm|y [jummie] ⟨-ier⟩⟨sl.⟩ **0.1** ***lekker*** *⇒heerlijk* **0.2** ***prachtig*** *⇒verrukkelijk, fijn* ⟨bv. v. kleuren⟩ ◆ **1.1** the ~ flavour of olives *de heerlijke smaak v. olijven.*

yum-yum [jumjum], **yummy 0.1** ***mm*** *⇒lekker, heerlijk.*

yuppie [juppie] ⟨afk.⟩ **0.1** [young urban professional] ***yuppie.***

Y.W.C.A. ⟨afk.⟩ **0.1** [Young Women's Christian Association].

Z

z, Z [zed, ⟨AE⟩ zie:] ⟨mv.: z's, Z's⟩ **0.1** ***z, Z.***
zan|y[1] [zeenie] ⟨zn.; mv.: -ies⟩ **0.1** ***idioot*** *⇒halve gare* **0.2** ⟨dram., gesch.⟩ ***hansworst*** *⇒harlekijn.*
zan|y[2] ⟨bn.; -ier⟩ **0.1** ***grappig*** *⇒zot, leuk* **0.2** ***idioot*** *⇒absurd.*
zap[1] [zæp] ⟨zn.⟩⟨sl.⟩ **0.1** ***pit*** *⇒pep* ◆ **¶.¶** ~! *zoef!, flits!, wam!*
zap[2] ⟨-ped⟩⟨vnl. AE; sl.⟩ **I** ⟨onov.ww.⟩ **0.1** ***snel gaan*** *⇒zoeven, racen* **0.2** ***zappen*** ⟨snel (heen en weer) schakelen tussen diverse tv-kanalen⟩ ◆ **5.1** he was ~ping **off** in his car to London *hij scheurde weg in zijn wagen naar Londen;*
II ⟨ov.ww.⟩ **0.1** ***raken*** *⇒treffen.*
zeal [zie:l] **0.1** ***ijver*** *⇒geestdrift* ◆ **3.1** show ~ for sth. *voor iets ijveren/enthousiast zijn.*
zealot [zellət] **0.1** ***ijveraar*** *⇒dweper, fanatiekeling.*
zealotry [zellətrie] **0.1** ***fanatisme*** *⇒dweepzucht.*
zealous [zelləs] ⟨-ness⟩ **0.1** ***ijverig*** *⇒vurig, enthousiast* **0.2** ***ijverend*** *⇒verlangend, gretig.*
zebra [zebrə] **0.1** ***zebra.***
zebra crossing ⟨BE⟩ **0.1** ***zebra(pad).***
Zen [zen], **Zen Buddhism** **0.1** ***zen(boeddhisme).***
zenith [zenniθ] **0.1** ***toppunt*** *⇒zenit, top, piek.*
zephyr [zeffə] **0.1** ***zefier*** *⇒koele westenwind.*
Zeppelin [zeppəlin] ⟨ook Z-⟩ **0.1** ***zeppelin*** *⇒luchtschip.*
zero[1] [ziəroo] ⟨ww.⟩ **0.1** ***het vizier instellen*** *⇒scherp stellen* ◆ **5.1** ~ **in** on ⟨mil.⟩ *zich inschieten op; het vuur richten op;* ⟨fig.⟩ *zijn aandacht richten op* ⟨probleem⟩; *inhaken op* ⟨bv. op nieuwe markt⟩.
zero[2] ⟨telw.⟩ **0.1** ***nul*** *⇒nulpunt, laagste punt, beginpunt* ⟨ook mil., v.e. operatie⟩; ⟨fig.⟩ *nul(liteit)* ◆ **1.1** his chances of recovery were ~ *hij had geen enkele kans op herstel* **2.1** he is a real ~ *hij is een grote nul* **6.1** temperatures **below** ~ *temperaturen onder nul/het vriespunt.*
zero (economic) growth **0.1** ***nulgroei.***
zero gravity, zero-g. ⟨ruim.⟩ **0.1** ***gewichtloosheid.***
zero hour **0.1** ⟨mil.⟩ ***uur nul*** ⟨v. operatie⟩ **0.2** ***kritiek moment*** *⇒beslissend tijdstip.*
zero option ⟨mil.⟩ **0.1** ***nuloptie.***
zero-rated **0.1** ***met nultarief belast.***
zest [zest] ⟨alleen enk.⟩ **0.1** ***iets extra's*** *⇒jeu, pit* **0.2** ***animo*** *⇒vuur, enthousiasme* **0.3** ***(stukje) sinaasappel/citroenschil*** ◆ **1.2** ~ for life *levenslust/vreugde;* have a ~ for work *graag werken, er met zin tegen aangaan* **3.1** give/add ~ to *meer smaak geven aan, wat meer pit geven* **6.2** **with** ~ *vol vuur, met animo.*
zidovudine [ziddoovjoedajn] **0.1** ***AZT*** ⟨tegen aids⟩.
zigzag[1] [zigzæg] ⟨zn.⟩ **0.1** ***zigzag.***
zigzag[2] ⟨ww.; -ged⟩ **0.1** ***zigzaggen*** ◆ **1.1** the road ~ged down to the valley *de weg zigzagde naar de vallei toe.*
zigzag[3] ⟨bw.⟩ **0.1** ***zigzag*** *⇒in een zigzaglijn.*
zillion [zilliən] ⟨inf.⟩ **0.1** ***eindeloos/onbepaald groot getal.***
Zimmer [zimmə], **Zimmer frame** **0.1** ***loophek(je)*** *⇒looprek(je).*
zinc [zingk] **0.1** ***zink.***
zinnia [zinniə] ⟨plantk.⟩ **0.1** ***zinnia.***
Zionism [zajjənizm] **0.1** ***zionisme.***
Zionist [zajjənist] **0.1** ⟨bn.⟩ ***zionistisch*** **0.2** ⟨zn.⟩ ***zionist.***
zip[1] [zip], ⟨in bet. I 0.2 ook⟩ **zip fastener** **I** ⟨telb.zn.⟩ **0.1** ***snerpend geluid*** *⇒gescheur* ⟨v. kleding⟩ **0.2** ***rits(sluiting)*** *⇒treksluiting* ◆ **1.1** he heard the ~ of an arrow *hij hoorde het zoeven v.e. pijl;*
II ⟨n.-telb.zn.⟩⟨inf.⟩ **0.1** ***pit*** *⇒fut* ◆ **2.1** she's still full of ~ *zij zit nog vol leven/energie.*
zip[2] ⟨-ped⟩ **I** ⟨onov.ww.⟩ **0.1** ***snerpen*** *⇒zoeven, scheuren* **0.2** ***snel gaan*** **0.3** ***vast/los/ingeritst worden*** ◆ **1.1** bullets ~ped over them *kogels floten over hen heen* **1.3** this coat ~s easily *de rits v. deze jas gaat gemakkelijk* **5.2** ~ **by** *voorbijsnellen;*
II ⟨ov.ww.⟩ **0.1** ***ritsen*** **0.2** ***doen voortsnellen*** *⇒voortstuwen* **0.3** ***oppeppen*** *⇒extra leven inblazen* ◆ **5.1** ~ **up** *dichtritsen* **5.3** ~ **up** an old play with some new dialogues *een oud stuk oppeppen met wat nieuwe dialogen.*
Zip code ⟨AE⟩ **0.1** ***postcode.***
zipper [zippə] **0.1** ***rits(sluiting).***
zipp|y [zippie] ⟨-ier⟩⟨inf.⟩ **0.1** ***energiek*** *⇒levendig, vitaal.*
zither [ziðə] **0.1** ***citer.***
zizz [ziz] ⟨alleen enk.⟩⟨BE; inf.⟩ **0.1** ***dutje*** *⇒tukje* ◆ **3.1** have/take a ~ *een tukje doen.*
zodiac [zoodie·æk] **0.1** ***dierenriem*** *⇒zodiak.*
zombie, ⟨AE sp. ook⟩ **zombi** [zombie] **0.1** ⟨inf.⟩ ***levenloos iem.*** *⇒robot, automaat; zoutzak.*
zonal [zoonl] **0.1** ***zonaal*** *⇒zone-, gordel-.*
zone[1] [zoon] ⟨zn.⟩ **0.1** ***streek*** *⇒gebied, terrein, zone* **0.2** ***aardgordel*** *⇒luchtstreek* **0.3** ***ring*** *⇒kring, streep* **0.4** ⟨AE⟩ ***post/telefoon/treindistrict*** ◆ **3.1** demilitarized ~ *gedemilitariseerde zone.*
zone[2] ⟨ww.⟩ **0.1** ***in zones/gebieden/districten onderverdelen*** **0.2** ***bestemmen*** *⇒aanwijzen* ◆ **6.2** ~ a part of the town **as** residential *een deel v.d. stad voor bewoning bestemmen.*
zone defence ⟨sport⟩ **0.1** ***ruimtedekking*** *⇒zonedekking.*
zoning [zooning] **0.1** ***zonering*** *⇒indeling in zones/gebieden/wijken;* ⟨ihb.⟩ *ruimtelijke ordening, (het maken v.e.) bestemmingsplan(nen).*
zonked [zongkt] ⟨vnl. AE; sl.⟩ **0.1** ***zwaar onder invloed*** *⇒ladderzat; apestoned.*
zoo [zoe:] ⟨verk.⟩ [zoological garden(s)] ⟨inf.⟩ **0.1** ***dierentuin.***
zookeeper **0.1** ***dierenverzorger.***
zoologist [zooolləd zjist] **0.1** ***zoöloog*** *⇒dierkundige.*
zoolog|y [zooolləd zjie] ⟨bn.: **-ical**⟩ **0.1** ***dierkunde*** *⇒zoölogie* **0.2** ***dierenleven*** *⇒fauna, dierenwereld* ⟨in bep. streek⟩.
zoom[1] [zoe:m] ⟨zn.⟩ **0.1** ⟨alleen enk.⟩ ***gezoem*** **0.2** ⟨foto.⟩ ***zoom.***
zoom[2] ⟨ww.⟩ **0.1** ***zoemen*** *⇒snorren* **0.2** ***snel stijgen*** ⟨ook fig.⟩ *⇒de hoogte in schieten* **0.3** ⟨inf.⟩ ***zoeven*** *⇒hard rijden* **0.4** ⟨foto.⟩ ***zoomen*** ◆ **5.4** ~ **in** (on) *inzoomen (op);* ~ **out** *uitzoomen.*
zoom lens ⟨foto.⟩ **0.1** ***zoomlens*** *⇒zoomobjectief.*
zoophyte [zooəfajt] **0.1** ***zoöfyt*** *⇒plantdier* ⟨bv. spons⟩.
zucchini [zoe:kienie] ⟨mv.: ook zucchini⟩⟨AE⟩ **0.1** ***courgette.***
zygote [zajgoot, zi-] ⟨biol.⟩ **0.1** ***zygoot.***

Lijst van onregelmatige werkwoorden

R *duidt aan dat ook de regelmatige vorm gebruikt kan worden*

onbepaalde wijs	*verleden tijd*	*verleden deelwoord*
abide	abode (R)	abode (R)
arise	arose	arisen
awake	awoke (R)	awoken (R)
be	was/were	been
bear	bore	borne[1]
beat	beat	beaten
become	became	become
befall	befell	befallen
begin	began	begun
behold	beheld	beheld
bend	bent	bent[2]
beseech	beseeched	besought
bet	bet (R)	bet (R)
bid[3]	bade	bidden
bind	bound	bound[4]
bite	bit	bitten
bleed	bled	bled
blow	blew	blown
break	broke	broken[5]
breed	bred	bred
bring	brought	brought
broadcast	broadcast (R)	broadcast (R)
build	built	built
burn	burnt (R)	burnt (R)
burst	burst	burst
buy	bought	bought
can	could	–
cast	cast	cast
catch	caught	caught
choose	chose	chosen

1. In de betekenis 'dragen', maar *born* = 'geboren': *She was born in 1934*.
2. *Bend* = 'buigen', maar: *on his bended knees* = 'op zijn blote knieën'.
3. *Bid* is regelmatig in de betekenis 'bieden (op een veiling)'. Hier betekent het 'verzoeken, gebieden'.
4. Maar *bounden* in *It is my bounden duty* ('mijn dure plicht').
5. Maar *broke* = 'zonder geld', 'aan lager wal', bv. *I am broke*.

onbepaalde wijs	*verleden tijd*	*verleden deelwoord*
cleave	cleft (clove)	cleft (cloven)[6]
cling	clung	clung
come	came	come
cost[7]	cost	cost
creep	crept	crept
crow	crowed (crew)	crowed
cut	cut	cut
deal	dealt	dealt
dig	dug	dug
do	did	done
draw	drew	drawn
dream	dreamt (R)[8]	dreamt(R)
drink	drank	drunk[9]
drive	drove	driven
dwell	dwelt (R)	dwelt (R)
eat	ate	eaten
fall	fell	fallen
feed	fed	fed
feel	felt	felt
fight	fought	fought
find	found	found
flee[10]	fled	fled
fling	flung	flung
fly	flew	flown
forbear	forbore	forborne
forbid	forbade	forbidden
forecast	forecast (R)	forecast (R)
forego	forewent	foregone
forget	forgot	forgotten
forgive	forgave	forgiven
forsake	forsook	forsaken
freeze	froze	frozen

6. Gewoonlijk gebruikt men *cleft*, maar bv. *a cloven hoof*.
7. *Cost* is een regelmatig werkw. in de betekenis 'de kostprijs berekenen', 'kosten'.
8. In het AE gebruikt men meestal de regelmatige vorm van *dreamed*; dit geldt ook voor *leaned, leaped, learned, spelled* en *spoiled*.
9. Ook *drunk* = 'dronken': *He is drunk*, maar vóór een zn. *drunken: a drunken sailor*, 'een dronken zeeman'.
10. In plaats van *flee* gebruikt men thans overwegend *fly*, en dit in alle vormen, behalve de verleden tijd en het verleden deelwoord: *They are flying, they fled, they have fled*.

onbepaalde wijs	*verleden tijd*	*verleden deelwoord*
get	got	got/AE gotten[11]
give	gave	given
go	went	gone
grind	ground	ground
grow	grew	grown
hang	hung[12]	hung[12]
have	had	had
hear	heard	heard
hew	hewed	hewn (R)
hide	hid	hidden
hit	hit	hit
hold	held	held
hurt	hurt	hurt
keep	kept	kept
kneel	knelt (R)	knelt (R)
knit	knit (R)	knit (R)
know	knew	known
lay	laid	laid
lead	led	led
lean	leant (R)[8]	leant (R)[8]
leap	leapt (R)[8]	leapt (R)[8]
learn	learnt (R)[8]	learnt (R)[8]
leave	left	left
lend	lent	lent
let	let	let
lie[13]	lay	lain
light	lit (R)	lit (R)
lose	lost	lost
make	made	made
may	might	–
mean	meant	meant
meet	met	met
mow	mowed	mown (R)[14]
overcome	overcame	overcome
pay	paid	paid
put	put	put
quit	quit	quit

onbepaalde wijs	*verleden tijd*	*verleden deelwoord*
read	read	read
rend	rent	rent
ride	rode	ridden
ring	rang	rung
rise	rose	risen
run	ran	run
saw	sawed	sawn (R)
say	said	said
see	saw	seen
seek	sought	sought
sell	sold	sold
send	sent	sent
set	set	set
sew	sewed	sewn (R)
shake	shook	shaken
shall	should	–
shear	sheared	shorn (R)
shed	shed	shed
shine[15]	shone	shone
shoe	shod	shod
shoot	shot	shot
show	showed	shown
shrink	shrank	shrunk[16]
shut	shut	shut
sing	sang	sung
sink	sank	sunk[17]
sit	sat	sat
slay	slew	slain
sleep	slept	slept
slide	slid	slid
sling	slung	slung
slink	slunk	slunk
slit	slit	slit
smell	smelt (R)	smelt (R)
smite	smote	smitten
sow	sowed	sown (R)
speak	spoke	spoken
speed[18]	sped (R)	sped (R)
spell	spelt (R)[8]	spelt (R)[8]
spend	spent	spent
spill	R (spilt)	R (spilt)
spin	spun	spun
spit	spat	spat
split	split	split

11. In het AE meestal *gotten* tegenover *got* in BE (maar in BE *illgotten gains* 'onrechtvaardig verkregen winsten').
12. Maar *hang* = 'ophangen' (als straf): *The murderer was hanged; they hanged him.*
13. In de betekenis 'liggen'; *lie* = 'liegen' is een regelmatig werkwoord.
14. Vóór een zelfstandig naamwoord steeds *mown: mown grass.*
15. In de betekenis 'schijnen'. Regelmatig in de betekenis 'poetsen': *I have shined my shoes.*
16. Vóór een zelfstandig naamwoord *shrunken: a shrunken face* 'een verschrompeld gelaat'.
17. Vóór een zelfstandig naamwoord: *a sunken ship.*
18. In overgankelijke betekenissen is *speed* altijd regelmatig: *They have speeded up production/the engine/the train service* enz.

onbepaalde wijs	*verleden tijd*	*verleden deelwoord*
spoil	spoilt (R)[8]	spoilt (R)[8]
spread	spread	spread
spring	sprang	sprung
stand	stood	stood
steal	stole	stolen
stick	stuck	stuck
sting	stung	stung
stink	stank/stunk	stunk
strew	strewed	strewn (R)
stride	strode	stridden
strike	struck	struck[19]
string	strung	strung
strive	strove	striven
swear	swore	sworn
sweat	sweat (R)	sweat (R)
sweep	swept	swept
swell	swelled	swollen (R)[20]
swim	swam	swum
swing	swung	swung
take	took	taken
teach	taught	taught
tear	tore	torn
tell	told	told
think	thought	thought
thrive	R (throve)	R (thriven)
throw	threw	thrown
thrust	thrust	thrust
tread	trod	trodden
understand	understood	understood
upset	upset	upset
wake	woke (R)	woke(n) (R)
wear	wore	worn
weave	wove	woven
wed	R (wed)	R (wed)
weep	wept	wept
wet	R (wet)	R (wet)
will	would	–
win	won	won
wind	wound	wound
withdraw	withdrew	withdrawn
withhold	withheld	withheld
withstand	withstood	withstood
wring	wrung	wrung
write	wrote	written

19. *Stricken* wordt in figuurlijke betekenissen gebruikt: *poverty-stricken* 'door armoede getroffen'.
20. *Swelled* heeft een figuurlijke betekenis: *a swelled head* 'een verwaande kop', maar *a swollen head* 'een gezwollen hoofd'.

Onregelmatige werkwoorden

Onregelmatige vormen van **be**, **do** en **have**

persoon	basisvorm	verkorte vorm	verkorte vraagvorm met ontkenning
vormen van **be**			
tegenwoordige tijd			
ik	I am	I'm	aren't I
jij / u	you are	you're	aren't you
hij / zij / het	he / she / it is	he's / she's / it's	isn't he /she / it
wij / zij	we / they are	we're / they're	aren't we / they
verleden tijd			
ik	I was		wasn't I
jij / u	you were		weren't you
hij / zij / het	he / she / it was		wasn't he / she / it
wij / zij	we / they were		weren't we / they

Opmerkingen:

1. In niet-Standaardengels komt de ontkenningsvorm *ain't* voor bij alle personen, enkelvoud en meervoud, in de tegenwoordige tijd. Dus: I ain't, you ain't, he ain't, we ain't, they ain't.
2. De verkorte vorm *'s* kan óf *is* óf *has* betekenen.

vormen van **do**

tegenwoordige tijd

ik	I do		don't I
jij / u	you do		don't you
hij / zij / het	he / she / it does		doesn't he / she / it
wij / zij	we / they do		don't we / they

verleden tijd

Bij alle personen is de vorm *did*, dus: I did, you did enz.

vormen van **have**

tegenwoordige tijd

ik	I have	I've	haven't I
jij / u	you have	you've	haven't you
hij / zij / het	he / she / it has	he's / she's / it's	hasn't he / she / it
wij / zij	we / they have	we've / they've	haven't we / they

verleden tijd

Bij alle personen is de vorm *had*, dus: I had, you had enz.
De verkorte vorm is *'d*, dus: I'd, you'd, we'd enz.

Opmerkingen:

1. De verkorte vorm *'s* kan óf *has* óf *is* betekenen.
2. De verkorte vorm *'d* kan óf *had* óf *would* betekenen.

Lijst van maten en gewichten

Herleiding van Angelsaksische eenheden tot eenheden van het internationale stelsel (SI) en omgekeerd.
Waar het Angelsaksische eenheden betreft wordt de Engelse interpunctie gebruikt, waar het gaat om eenheden van het internationale stelsel de Nederlandse.

Lengte-eenheden

A - GB- en USA-stelsel

mil				0,0254	mm
line				2,12	mm
inch	(in)	12	lines	25,4	mm
link		7.92	inches	0,201	m
span		9	inches	0,228	m
foot	(ft)	12	inches	0,3048	m
yard	(yd)	3	feet	0,914	m
rod / pole / perch	(rd)	5.5	yards	5,029	m
chain	(ch)	22	yards	20,12	m
furlong	(fur)	10	chains	201,16	m
(statute) mile	(mi)	8	furlongs	1609,34	m
(statute) league		3	miles	4828	m

B - Zeevaart GB- en USA-stelsel

fathom	6 feet	1,82	m
cable('s length)	100 fathoms	185,31	m
(international) nautical / sea mile	10 cables	1852	m
nautical mile ⟨GB⟩		1853,18	m
sea league	3 sea miles	5550	m
international nautical league		5556	m
nautical league ⟨GB⟩		5559,55	m

C - SI-eenheden (metrisch)

millimetre	(mm)		0.039	in
centimetre	(cm)	10 mm	0.393	in
decimetre	(dm)	10 cm	3.937	in
metre	(m)	10 dm	39.37	in
decametre	(dam)	10 m	10.94	yd
hectometre	(hm)	10 dam	109.4	yd
kilometre	(km)	10 hm	1094	yd

Oppervlakte-eenheden

A - GB- en USA-stelsel

square	inch	(sq in; in²)			6,452	cm²
square	foot	(sq ft; ft²)	144	in²	0,092	m²
square	yard	(sq yd; yd²)	9	ft²	0,836	m²
square	rod	(sq rd; rd²)				
square	pole		30.25	yd²	25,29	m²
square	perch					
square	chain	(sq ch; ch²)	484	yd²	404,61	m²
rood			40	rd²	1011,71	m²
acre		(a; ac)	4840	yd²	4046,86	m²
square	mile	(sq mi; mi²)	640	acres	2,599	km²
township			36	mi²	93,24	km²

B - SI-eenheden

square	millimetre	(mm²)		0.0015	in²
square	centimetre	(cm²)	100 mm²	0.155	in²
square	decimetre	(dm²)	100 cm²	15.49	in²
square	metre	(m²)	100 dm²	1.196	yd²
square	decametre	(dam²)	100 m²	119.59	yd²
are (a)					
square	hectometre	(hm²)	100 dam²	2.471	acres
hectare		(ha)	100 ares		
square	kilometre	(km²)	100 hm² / 100 ha	0.386	mi² /
				247.1	acres

Volume-eenheden

A - GB- en USA-stelsel

cubic inch	(cu in; in³)		16,39 cm³
cubic foot	(cu ft; ft³)	1728 in³	0,028 m³
cubic yard	(cu yd; yd³)	27 ft³	0,765 m³

B - GB-stelsel

minim	(min)			0,059	ml
fluid drachm	(fl dr)	60	minims	3,55	ml
fluid ounce	(fl oz)	8	fluid drachms	28,41	ml
gill	(gi)	5	fluid ounces	0,142	l
pint	(pt)	4	gills	0,568	l
quart	(qt)	2	pints	1,136	l
gallon	(gal)	4	quarts	4,546	l
peck	(pk)	2	gallons	9,092	l
bushel	(bu)	4	pecks	36,369	l
hogshead	(hhd)	52½ /		238,5 /	
		54	gallons	245,5	l
quarter		8	bushels	290,94	l

Volume-eenheden (vervolg)

C - USA-stelsel

I *eenheden voor vloeistoffen*

minim	(min)		0,062 ml
fluid dram	(fl dr)	60 minims	3,70 ml
fluid ounce	(fl oz)	8 fluid drams	29,57 ml
gill	(gi)	4 fluid ounces	0,118 l
pint	(liq pt)	4 gills	0,473 l
quart	(liq qt)	2 pints	0,946 l
gallon	(gal)	4 quarts	3,785 l
barrel (petroleum)	(oil bll)	42 gallons	158,97 l
hogshead		63 gallons	238,46 l

II *eenheden voor droge waren*

pint	(dry pt)		0,550 l
quart	(dry qt)	2 pints	1,101 l
gallon	(dry gal)	4 quarts	4,405 l
peck		2 gallons	8,809 l
bushel		4 pecks	35,238 l
barrel	(dry bll)	105 quarts	115,6 l

D - SI-eenheden

cubic millimetre	(mm^3)		0.000061	in^3
cubic centimetre	(cm^3)	1000 mm^3	0.061	in^3
cubic decimetre	(dm^3)	1000 cm^3	61.024	in^3
cubic metre	(m^3)	1000 dm^3	1.308	yd^3

E - Metrisch, litermaten

millilitre	(ml)		0.00176	pint	(GB)
centilitre	(cl)	10 ml	0.0176	pint	(GB)
decilitre	(dl)	10 cl	0.176	pint	(GB)
litre	(l)	10 dl	1.76	pints	(GB)
decalitre	(dal)	10 l	2.20	gallons	(GB)
hectolitre	(hl)	10 dal	22	gallons	(GB)
kilolitre	(kl)	10 hl	220	gallons	(GB)

Maten en gewichten

Massa (gewichten)

A - GB- en USA-stelsel voor avoirdupois massa-eenheden

grain	(gr)			0,0648	g
dra(ch)m	(dr/dr av)	27.34	grains	1,772	g
ounce	(oz/oz av)	16	drachms	28,349	g
pound	(lb/lb av)	16	ounces	0,454	kg
stone		14	pounds	6,35	kg
quarter ⟨GB⟩		2	stones	12,7	kg
quarter ⟨USA⟩		25	pounds	11,34	kg
(long) hundredweight	(cwt) ⟨GB⟩	112	pounds	50,8	kg
(short) hundredweight	(cwt) ⟨USA⟩	100	pounds	45,36	kg
(long) ton	(t/tn) ⟨GB⟩	20	(long) hundredweights	1016	kg
(short) ton	(t/tn) ⟨USA⟩	20	(short) hundredweights	907,18	kg

B - GB- en USA-stelsel voor troy massa-eenheden (voor edelstenen en edele metalen)

carat			0,205 g
pennyweight	(dwt/pwt)	24 grains	1,555 g
ounce	(oz t)	20 pennyweights	31,103 g
pound	(lb t)	12 ounces	0,373 kg

C - GB- en USA-stelsel voor apothekers' massa-eenheden (voor vervaardiging van farmaceutische producten)

scruple	(s ap)	20 grains	1,296 g
dra(ch)m	(dr ap)	3 scruples	3,888 g
ounce	(oz ap)	8 dra(ch)ms	31,103 g
pound	(lb ap)	12 ounces	0,373 kg

D - SI-eenheden

milligram	(mg)		0.015 grain
centigram	(cg)	10 mg	0.154 grain
decigram	(dg)	10 cg	1.543 grains
gram	(g)	10 dg	15.43 grains
decagram	(dag)	10 g	0.353 oz
hectogram	(hg)	10 dag	3.527 oz
kilogram	(kg)	10 hg	2.205 pounds
tonne/metric ton	(t)	1000 kg	2204.6 pounds (0.984 long ton)

Hoekeenheden

second	(″)		seconde
minute	(′)	60 seconds	minuut
degree	(°)	60 minutes	graad
sextant		60 degrees	60 graden
quadrant		90 degrees	kwadrant
circle		360 degrees	cirkel

SI-voorvoegsels

	symbool	factor
atto-	a	10^{-18}
femto-	f	10^{-15}
pico-	p	10^{-12}
nano-	n	10^{-9}
micro-	µ	10^{-6}
milli-	m	10^{-3}
centi-	c	10^{-2}
deci-	d	10^{-1}
deca-	da	10
hecto-	h	10^{2}
kilo-	k	10^{3}
mega-	M	10^{6}
giga-	G	10^{9}
tera-	T	10^{12}
peta-	P	10^{15}
exa-	E	10^{18}

Lijst van temperaturen

	Fahrenheit (F)	Celsius (C)
Boiling point / Kookpunt	212°	100°
	104°	40°
	95°	35°
	86°	30°
	77°	25°
	68°	20°
	59°	15°
	50°	10°
	41°	5°
Freezing point / Vriespunt	32°	0°
	23°	−5°
	14°	−10°
	5°	−15°
Absolute zero / Absoluut nulpunt	−459.67°	−273.15°

Om Fahrenheit in Celsius om te rekenen: $\frac{5}{9}$ (°F − 32)
Om Celsius in Fahrenheit om te rekenen: ($\frac{9}{5}$ °C) + 32

Sporttermen

s1 Cricket

veldposities

De hierboven aangeduide veldposities hebben betrekking op een rechtshandige batsman. Voor de batsman die aan slag is vormt de linkerhelft van het veld de ‘off side’ en de rechterhelft de ‘on side’ of ‘leg side’. Als een linkshandige batsman aan slag zou zijn, zou alles andersom zijn.
Bij cricket geldt dat er in het Nederlands in principe gebruik wordt gemaakt van de Engelstalige termen m.b.t. de veldposities en het scoren.

1 wicket keeper
2 first slip
3 second slip
4 third man
5 gully
6 point
7 silly mid-off
8 cover point
9 extra cover
10 mid-off
11 long-off
12 long-on
13 mid-on
14 midwicket
15 silly mid-on
16 square leg
17 deep backward square leg
18 long leg
19 fine leg

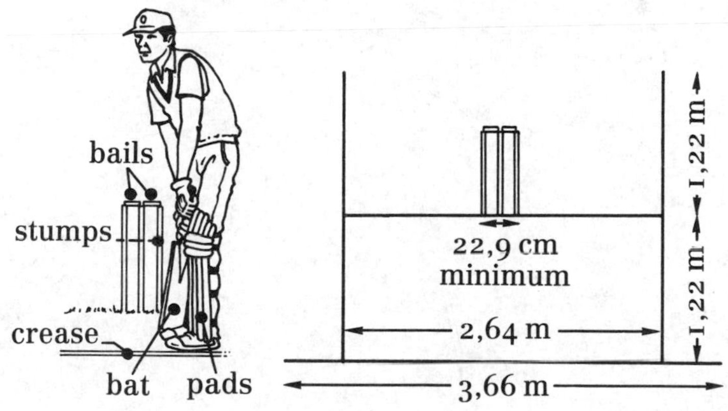
bails
stumps
crease
bat
pads
22,9 cm
minimum
2,64 m
3,66 m
1,22 m
1,22 m

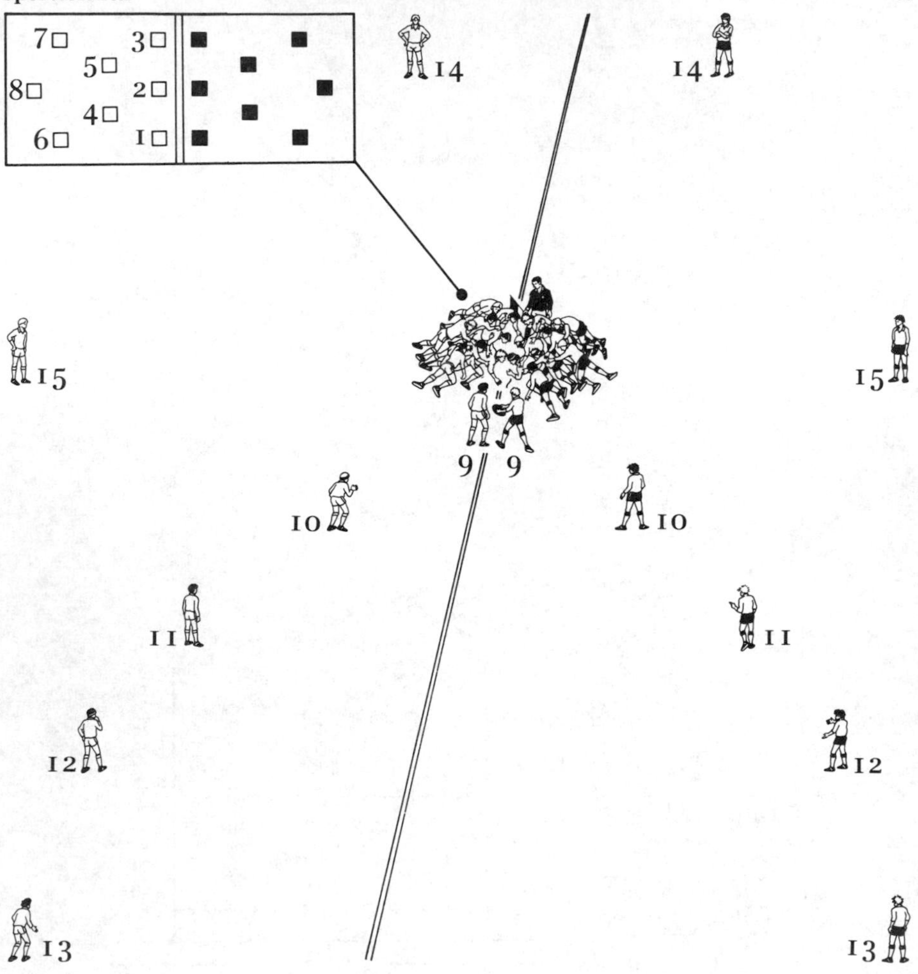

s2 Rugby

veldposities bij een scrum

Er zijn twee verschillende vormen van rugby, te weten Rugby Union en Rugby League. Rugby Union wordt door twee teams van ieder 15 man gespeeld en is tot en met het hoogste internationale niveau een amateursport. Rugby League wordt door twee teams van 13 man gespeeld en is vanaf het landelijke competitieniveau een profsport. De informatie hieronder geldt voor Rugby Union, de vorm die in Nederland gespeeld wordt.
De spelers 1 t/m 8, die deel uitmaken van de scrum, zijn de 'forwards'; de spelers 9 en 10 vormen de 'halfbacks'; de spelers 11 t/m 14 zijn de 'three-quarters' en nummer 15 is de 'fullback'. In het Nederlands worden in principe de Engelstalige termen gebruikt.

1 prop	9 scrum half
2 hooker	10 fly half/stand-off half
3 prop	11 (inside) centre
4 lock	12 (outside) centre
5 lock	13 left wing(er)
6 wing forward	14 right wing(er)
7 wing forward	15 fullback
8 no. 8	

s3 American football

veldposities

Bij American football wordt in het Nederlands bijna uitsluitend gebruik gemaakt van de Engelstalige termen. Twee uitzonderingen hierop zijn 'quarterback' en 'receiver', die in het Nederlands ook wel eens resp. 'spelverdeler' en 'ontvanger' worden genoemd.

1 halfback
2 fullback
3 quarterback
4 wide receiver
5 split end
6 tackle
7 guard
8 centre
9 tight end
10 defensive end
11 defensive tackle
12 linebacker
13 cornerback
14 safety
15 referee
16 umpire
17 head linesman
18 line judge
19 field judge
20 back judge
21 down box

Symbolen

[...]	tussen deze haken staat de uitspraak van een trefwoord
(...)	ronde haken geven een element aan dat ook weggelaten kan worden
⟨...⟩	commentaar staat tussen punthaken
⇒	dubbelschachtige pijl: scheidt een hoofdvertaling van de bijbehorende varianten
→	pijl: verwijst naar een andere ingang van het woordenboek
◆	'dropje': staat tussen het overzicht van vertaalmogelijkheden en de voorbeelden
~	tilde: staat in de plaats van het trefwoord (in voorbeelden)
¶	'vlag': wordt gebruikt om aan te geven (a) dat de betekenis van een uitdrukking niet uit die van de samenstellende delen is af te leiden of (b) dat het meest kenmerkende woord uit de context van een trefwoord niet kon worden bepaald. In geval (a) vervangt de vlag het tweede cijfer van de opzoekcode, in geval (b) vervangt hij het eerste cijfer
/	schuine streep of slash scheidt alternatieve delen van een vertaling, zoals in 'succes proeven/ruiken'
|	verticaal streepje in trefwoord: het woorddeel vóór de streep wordt in de afleiding, de onregelmatige meervoudsvorm e.d. vervangen door een liggend streepje. Voorbeelden: **telepath|y** ⟨bn.: **-ic**⟩. Het hierbij horend bijvoeglijk naamwoord is **telepathic.** **bab|y**[1] ⟨zn.; mv.: -ies⟩. De meervoudsvorm van **baby** is **babies**
®	'registered trademark' wil zeggen dat de geredigeerde betekenis is gedeponeerd als handelsmerk

Uitspraak

ə	stomme e, als in 'de'
g	als in 'goal'
æ	tussen a en e in
θ	als in 'thanks'
ð	als in 'the'
ã	door de neus (nasaal) uitspreken
a̲	onderstreept: klemtoon
:	voorafgaande klank iets langer aanhouden
·	scheidt klinkers

Afkortingen

aanv. w.	aanvoegende wijs
aanw.	aanwijzend
aardr.	aardrijkskunde
abstr.	abstract
adm.	administratie
AE	Amerikaans-Engels
afk.	afkorting
alg.	algemeen
Am.	Amerikaans
amb.	ambacht(elijk)
anat.	anatomie
antr.	antropologie
astrol.	astrologie
attr.	attributief
Austr. E	Australisch-Engels
AZN	Algemeen Zuid-Nederlands
BE	Brits-Engels
beh.	behalve
bel.	beledigend
Belg.	België
ben. voor	benaming voor
bep.	bepaald
bet.	betekenis
betr.	betrekkelijk
bez.	bezittelijk
bijb.	bijbel(s)
bijz.	bijzonder
bioch.	biochemie
biol.	biologie
bk.	beeldende kunst
bn.	bijvoeglijk naamwoord
boek.	boekwezen
bouwk.	bouwkunst
bv.	bijvoorbeeld
bw.	bijwoord
Can. E.	Canadees-Engels
com.	communicatie-(media)
comp.	computer
conf.	confectie
cul.	culinaria
dansk.	danskunst
deelw.	deelwoord
det.	determinator
dierk.	dierkunde
dmv.	door middel van
dram.	dramaturgie
druk.	drukwezen, drukkunst
Dui.	Duits
d.w.z.	dat wil zeggen